I DIZIO

INGLE

ITALIANO-INGLESE

REALIZZATO DAL
Centro Lessicografico Sansoni

SANSONI EDITORE - FIRENZE

I DIZIONARI SANSONI

Direzione: Bona Barbara Schmid

Redazione: Nicoletta Aresca, Maria Leone,
Paola Pasotti, Elide Senna

Grammatica: Luisa Vaccaroni

Revisione: Luisa Sartirana

Fonetica: Frances Hotimsky

Coordinamento Redazionale: Franca Almagioni

Revisione Bozze: Happy Graphics,
Laura Boccardi, Pierangela Fassa

I nomi commerciali accolti in questo dizionario
non sono stati contrassegnati come tali

Si ritengono contraffatte le copie non munite del timbro della S.I.A.E.

Copyright © 1990 RCS Sansoni Editore S.p.A. – Firenze

Composizione: "Fotocompos" Gussago (Brescia)
Stampa: Arnoldo Mondadori Editore - Stab. NSM - Cles (TN)

Presentazione

Questo dizionario, di formato ridotto, pur riprendendo il discorso innovativo nel campo della lessicografia della terza edizione del Dizionario Inglese Sansoni *(1988), costituisce un'opera autonoma che va incontro alle esigenze pratiche di chi, nel lavoro o nello studio, ha contatti continui con il mondo di lingua anglosassone.*

Si è aggiornato il lemmario e, pur rispettando la lingua della tradizione letteraria e storica, si è dato ampio spazio al linguaggio di tutti i giorni, anche a livello tecnico e scientifico. Il gergo delle discipline d'avanguardia, come l'informatica e le scienze umane, viene qui giustamente valorizzato. Per facilitare la consultazione dell'opera sono stati inseriti, in ordine alfabetico, nel corpo del dizionario – in entrambe le sezioni – le principali sigle e abbreviazioni nonché i nomi propri e geografici di maggior rilievo o diffusione.

L'opera è destinata soprattutto allo studente che potrebbe incontrare delle difficoltà pratiche nell'uso di dizionari più impegnativi che, anche per la loro mole, si rivolgono a un pubblico più specializzato. Tuttavia, essa trova una collocazione ideale anche sulla scrivania di un corrispondente in lingue estere o sul tavolo di un professionista che deve affrontare la lettura di giornali o di articoli di aggiornamento. Infine, grazie al suo formato, troverà sempre un posto nella valigetta del manager, che riuscirà così a superare qualsiasi esitazione linguistica nella stesura, in inglese, di una relazione di lavoro.

Non si sono trascurati, anche dal punto di vista della pronuncia, gli americanismi, ormai accettati anche dai dizionari inglesi più accademicamente conservatori. Secondo le nuove tendenze della lessicografia, nella sezione inglese-italiano si è portato a lemma un numero maggiore di sostantivi composti, che hanno finito con l'assumere una loro pregnanza e autonomia semantica. La trascrizione fonetica, secondo il metodo IPA (International Phonetic Alphabet), indicata per tutti i lem-

mi, è di grande aiuto anche in tal senso, in quanto dà la giusta intonazione anche delle parole composte.

Le voci grammaticali sono state ristrutturate con il massimo rigore scientifico, senza però indulgere in un purismo che sarebbe in opposizione dialettica con il naturale evolversi della lingua. Grande risalto è stato dato ai «verbi frasali» (phrasal verbs) *che costituiscono la colonna portante della lingua inglese per le loro infinite possibilità di sviluppo semantico. I verbi irregolari inglesi sono stati segnati con un asterisco nella sezione italiano-inglese, mentre in quella inglese-italiano vengono date le forme principali con eventuali varianti. In appendice, della sezione inglese-italiano, si riporta poi una tavola completa di tutti i verbi forti (irregolari) e difettivi. Per i sostantivi inglesi a lemma con plurali irregolari o plurimi, vengono segnate le varie forme, privilegiando però l'uso moderno della lingua.*

Quest'opera moderna e innovativa – sia nel contenuto, sia nella pratica veste tipografica – si presenta quindi come anticipatrice del grande rinnovamento, anche tecnologico, del Centro Lessicografico Sansoni.

Firenze, febbraio 1990

Bona Barbara Schmid

ISTRUZIONI PER L'USO DEL DIZIONARIO

I. LEMMI

1. Ordine alfabetico

I lemmi sono ordinati secondo il più rigoroso ordine alfabetico. Con lo stesso criterio sono stati inseriti anche i più comuni nomi propri di persona, i nomi geografici e alcune abbreviazioni.

2. Omografi

Le voci che, pur presentando la stessa grafia, si differenziano semanticamente sono state trattate come lemmi distinti e sono state contrassegnate da un esponente, p. es.: *chase*^{1}, *chase*^{2}, *sacrale*^{1}, *sacrale*^{2}.

II. INDICAZIONI ORTOFONICHE

1. Trascrizione fonetica

Nella sezione inglese-italiano a ogni singolo lemma è stata aggiunta in parentesi quadra la trascrizione fonetica per mezzo dei simboli dell'International Phonetic Alphabet (IPA).

Secondo l'uso più comune la «r di collegamento» è stata contrassegnata con un asterisco (*).

2. Segni ortofonici

Nelle parole tronche l'accento viene segnato secondo le regole generali, p. es.: *città, perché, caffè, lunedì, virtù, ciò.*

Delle voci straniere, la cui pronuncia non corrisponde al sistema fonetico italiano, si è data la trascrizione fonetica secondo l'International Phonetic Alphabet.

III. INDICAZIONI GRAMMATICALI

1. Categoria grammaticale

A ogni lemma in nero segue l'indicazione della categoria grammaticale. Se nello sviluppo di una voce si verifica il passaggio da una categoria all'altra, i singoli passaggi vengono contrassegnati da numeri romani; si veda p. es.: *to pass, all*; *brutto, fare.*

2. Sostantivi di persona

Con la traduzione dei sostantivi inglesi che designano persone è stato segnalato se il lemma si riferisce a entrambi i generi, p. es.: *teacher s.* insegnante *m./f.*, *singer s.* cantante *m./f.*

3. Verbi e sostantivi irregolari

Nella sezione inglese-italiano vengono aggiunte dopo il lemma le eventuali forme irregolari. Per le voci composte si rimanda alla voce semplice.

Nella sezione italiano-inglese è stato contrassegnato con un asterisco (*) l'infinito dei verbi irregolari inglesi (ad eccezione di *to have* e *to be*) che appaiono come traduzione del lemma.

In questa sezione si è fatta inoltre distinzione fra verbi riflessivi (abbreviazione *v.r.*), verbi intransitivi pronominali (*v.i.pron.*) e verbi riflessivi reciproci (*v.r.recipr.*), e si sono segnalati i casi di verbi riflessivi apparenti. Es.: *sbrigarsi v.r.* to hurry up; *sbandarsi v.i.pron.* to scatter; *rivedersi v.r.recipr.* to see e.o. again; *godersi v.r. apparente* to enjoy.

Quando uno stesso verbo può essere sia riflessivo sia intransitivo pronominale, si è contrassegnato il passaggio da una categoria grammaticale all'altra mediante l'uso dei numeri romani, p. es.: *scaldarsi* **I** *v.r.* to warm o.s. **II** *v.i.pron.* to warm up.

IV. SVILUPPO DELLE VOCI

1. Significati

Prescindendo dalle parole con un solo significato, le singole voci vengono analizzate nei loro differenti significati e differenziate per mezzo di sinonimi, spiegazioni e abbreviazioni. I singoli significati sono numerati.

2. Fraseologia

La parte fraseologica delle singole voci è separata dalla parte semantica per mezzo del segno □. Le frasi sono ordinate alfabeticamente in base alla parola più importante che, in voci di un certo sviluppo, appare in neretto (cfr. *time*, *cadere*[1], *caduta*).

In neretto appaiono anche le particelle dei verbi composti (verbi frasali) (cfr. *to go by*, *to go off*, *to go up*).

3. Varianti

Le varianti nella formulazione delle frasi e delle traduzioni sono in parentesi tonda.

4. Reggenze

La preposizione retta da un verbo o da un aggettivo della lingua di partenza viene indicata tra parentesi, in corsivo, insieme con l'indicazione della preposizione della lingua di arrivo, in tondo.

SEGNI PARTICOLARI

□ Questo segno separa la parte fraseologica dalla parte semantica.

/ La *sbarra obliqua* viene usata per separare più abbreviazioni grammaticali che si susseguono (*m./f., a./avv.*) e nelle indicazioni delle doppie forme morfologiche di uguale valore.

~ Il *tilde in tondo* sostituisce il lemma invariato negli esempi e nelle frasi.

– Il *trattino*, nel paradigma dei verbi e nei sostantivi con plurale irregolare, sostituisce la parte invariata del lemma.

→ La *freccia* si usa per i rimandi tra lemmi.

= Il *segno di uguale* si usa per i rimandi nell'interno di una sezione fraseologica.

* L'*asterisco* contrassegna, nella trascrizione fonetica della sezione inglese-italiano, la «r di collegamento» e, nella sezione italiano-inglese, i verbi inglesi irregolari.

// La *doppia sbarra obliqua*, nei verbi di un certo sviluppo, introduce i verbi frasali.

‖ La *doppia sbarra verticale* separa la fraseologia vera e propria da quella in cui manca una parola chiave.

TABELLA DEI SIMBOLI FONETICI

Questa tabella presenta i simboli fonetici che compaiono nella tredicesima edizione dell'*English Pronouncing Dictionary* di D. Jones che adotta il metodo IPA (International Phonetic Alphabet).

La scelta degli esempi è mirata a presentare lo stesso "suono" in diverse situazioni, mettendo in risalto l'importanza di avere una trascrizione fonetica completa e puntuale, quale quella presentata da questo dizionario.

Si ricorda che il segno ['] è l'accento tonico principale, che il segno [ˌ] è l'accento tonico secondario e che l'asterisco [*] in fine di parola denota la presenza di una (r) che si pronuncia solo se la parola che segue inizia con un suono vocalico. Inoltre i due punti [:] indicano sempre un suono allungato.

Simbolo fonetico	Esempi
	Vocali
i:	these, sea, keen, yield, receive
i	it, big, this, stick, busy
e	guest, bet, clever, read, said, says
æ	cat, have, angry, match
ɑ:	father, bark, past, half
ɔ	want, hot, was, what, because, cough, honest
ɔ:	sport, floor, shore, saw, tall, bought, taught, jaundice, mourning
u	put, would, hood, foot
u:	spoon, blue, through, knew, who, June, juice, shoe
ʌ	country, company, love, flood, much
ə:	girl, heard, curt, jerk
ə	banana, brother, compass, command, thorough, honour
	Semivocali
w	wonder, want, window, wood, wait, white, when
j	university, yellow, Europe
	Consonanti
p	pen, pepper, pat
b	bet, ball, bin, public
t	true, tight, till, estate
d	dog, door, dull, dance, command
k	cake cushion, octopus, clock, orchestra
m	mind, mist, mean, common
n	nose, know, nut, knee
l	lamp, list, little, balloon
r	road, run, train, write, wring
f	field, fear, flight, elephant, enough, off, philosophy
v	vase, view, vast, of
s	soap, see, small, smile, curse, messy, lakes, psychology
z	zebra, quiz, cause, business, boys, ladies, chairs, legs
h	hat, heat, high, hotel, behold
g	grass, go, glad, ignition, recognize, agog, gynaecologist
tʃ	chin, chew, picture, natural, watch
dʒ	jam, join, joyous, gist, gym
ŋ	song, being, uncle, think
θ	three, path, bredth, thick
ð	mother, breathe, then, clothes
ʃ	ship, brush, sugar, sure, station, national
	pleasure, vision, garage
	Dittonghi
ei	table, play, main, baby, whey
əu	show, joke, boat, sew, harico
ai	fly, buy, mine, sigh, height
au	crowd, found, plough
ɔi	toy, employ, foil, voice
iə	pier, clear, seer, here
ɛə	hair, share, pear
uə	poor, sure, tour

ABBREVIAZIONI USATE NEL DIZIONARIO

a.	aggettivo
abbr.	abbreviazione
Aer.	Aeronautica
Agr.	Agricoltura
Alim.	Alimentare
am.	voce americana
Anat.	Anatomia
ant.	antiquato
Arch.	Architettura
art.	articolo
assol.	in senso assoluto
Astr.	Astronomia
attr.	attributivo
Aut.	Automobilismo
avv.	avverbio/avverbiale
Bibl.	Biblico
Biol.	Biologia
Bot.	Botanica
burocr.	ling. burocratico
card.	cardinale
Chim.	Chimica
Chir.	Chirurgia
Cin.	Cinematografia
coll.	colloquiale
collett.	collettivo
Comm.	Commercio
compar.	comparativo
compl.	complemento
concr.	concreto
condiz.	condizionale
cong.	congiuntivo
congz.	congiunzione
coniug.	coniugato/coniugazione
contraz.	contrazione
costr.	costruzione
deriv.	derivato
det.	determinativo
dial.	dialettale
dif.	difettivo
dim.	diminutivo
dimostr.	dimostrativo
Dir.	Diritto
dispreg.	dispregiativo
ecc.	eccetera
Econ.	Economia/Finanza
Edil.	Edilizia
Edit.	Editoria
El.	Elettricità/Elettronica
e.o.	each other
epist.	stile epistolare
esclam.	esclamativo/esclamazione
e sim.	e simili
estens.	estensivo
eufem.	eufemistico
f.	femminile
fam.	familiare
Farm.	Farmacia
Ferr.	Ferrovia
fig.	figurato
Filol.	Filologia
Filos.	Filosofia
Fis.	Fisica
Fot.	Fotografia
fr.	francese
fut.	futuro
Gastr.	Gastronomia
GB	istituzione della GB
general.	generalmente
Geog.	Geografia
Geol.	Geologia
Geom.	Geometria
ger.	gerundio
gerg.	gergale
Ginn.	Ginnastica
Giorn.	Giornalismo
Gramm.	Grammatica
i.	intransitivo
imperat.	imperativo
impers.	impersonale
ind.	indicativo
indef.	indefinito
inf.	infinito
infant.	linguaggio infantile
Inform.	Informatica
ingl.	inglese
interr.	interrogativo

intz.	interiezione
inv.	invariabile
irl.	irlandese
iron.	ironico
irr.	irregolare
't.	italiano
la .	latino
Leg.	Legale
lett	letterario
Lett	Letteratura
Ling.	Linguistica
Lit.	Liturgia
loc.	locuzione
m.	maschile
Mar.	Marina/Nautica
Mat	Matematica
Mec	Meccanica
Med	Medicina
Met.	Metallurgia
Meteor.	Meteorologia
mil.	linguaggio militare
Mil.	Arte Militare
Min.	Mineralogia
Mitol.	Mitologia
Mot.	Motori
Mus.	Musica
neg.	negativo/negazione
neol.	neologismo
N.pr.	nome proprio
num.	numerale
ogg.	oggetto
onom.	onomatopeico
ord.	ordinale
o.s.	oneself
Ott.	Ottica
Parl.	Parlamento
pass.	passato
p.e.	per esempio
pers.	personale
Pitt.	Pittura
pl.	plurale
poet.	poetico
Pol.	Politica
pop.	popolare
poss.	possessivo
p.p.	participio passato
p.pr.	participio presente
pr.	presente
pred.	predicativo/predicato
pref.	prefisso
prep.	preposizione
pron.	pronome/pronominale
Psic.	Psicologia
qc.	qualcosa
qd.	qualcuno/qualcheduno
r./rifl.	riflessivo
Rad.	Radiofonia/Radio
recipr.	reciproco
region.	regionale
rel.	relativo
Rel.	Religione
rif.	riferito
s.	sostantivo
scherz.	scherzoso
Scient.	Scientifico
scol.	linguaggio scolastico
Scol.	Scuola
scozz.	scozzese
signif.	significato
sim.	simile/i
sing.	singolare
sl.	slang/gergo/gergale
s.o.	someone
Sociol.	Sociologia
sogg.	soggetto
spec.	specialmente
spreg.	spregiativo
s.th.	something
Stor.	Storia
Strad.	costruzioni stadali/traffico
sup.	superlativo
t.	transitivo
Teat.	Teatro
tecn.	termine tecnico
ted.	tedesco
Tel.	Telefonia/Telegrafia
Teol.	Teologia
Tip.	Tipografia/Arti grafiche
TV	Televisione
Univ.	Università
USA	istituzione degli USA
v.	verbo
v.i.	verbo intransitivo
v.i.pron.	verbo intransitivo pronominale
v.r.	verbo riflessivo
v.t.	verbo transitivo
Vest.	Vestiario
vezz.	vezzeggiativo
volg.	volgare
Zool.	Zoologia

INGLESE-ITALIANO

A

a[1], **A**[1] [ei] *s.* (*pl.* **a's/as, A's/As** [eiz]) a, A. ▭ **from** *A to Z* dall'a alla zeta; (*Tel.*) ~ **for** *Andrew*; (*am.*) ~ *for Abel* A come Ancona.

a[2] [ə] *art.indef.* (davanti a suoni vocalici si usa la forma *an*) **1** un, uno, una: *a man* un uomo; *a woman* una donna; *an apple* una mela; (*in sostituzione dell'art. determinativo*) il, lo, la: *a dog is an animal* il cane è un animale. **2** un certo: *a Mr. Brown has telephoned* ha telefonato un certo sig. Brown. **3** (con *few, many,* ecc. general. non si traduce): *a few bottles* alcune bottiglie; *a good many mistakes* parecchi errori. **4** lo stesso: *all of a size* tutti della stessa misura. **5** (*in senso distributivo*) al, allo, alla: *three times a day* tre volte al giorno. **6** (dopo *such* e *what*) un, uno, una: *such a man* un uomo simile; spesso non si traduce: *what a nice day* che bella giornata. **7** (dopo aggettivi preceduti da *as, how, so, too*) il, lo, la: *it's too high a price to pay* il prezzo da pagare è troppo alto.

a[3] = **1** *acre* acro. **2** *are* ara (a).

A[2] = *ampere* ampere (A).

A[3] [ei] *s.* (*Mus.*) la.

A1 = *in first-rate condition* di ottima qualità.

A1/2/3... = *classification and number of road* classificazione delle strade statali.

AA = **1** *Automobile Association* Automobile Club. **2** *Alcoholics Anonymous* Alcolisti Anonimi.

Aachen ['ɑ:kən] *N.pr.* (*Geog.*) Aquisgrana.

aback [ə'bæk] *avv.* all'indietro. ▭ (*fig.*) *to be taken* ~ essere preso alla sprovvista.

abacus ['æbəkəs] *s.* (*pl.* **abaci** ['æbəsai]) abaco (*anche Arch.*); pallottoliere.

abaft [ə'bɑ:ft] **I** *prep.* (*Mar.*) a poppa di. **II** *avv.* a poppa.

abandon [ə'bændən] *s.* **1** abbandono. **2** (*fig.*) slancio. **3** sfrenatezza, mancanza di controllo.

to **abandon** [ə'bændən] *v.t.* **1** rinunciare a, desistere da: *to ~ a career* rinunciare a una carriera. **2** abbandonare, lasciare: *to ~ one's wife* abbandonare la moglie. ▭ *to ~ o.s.* lasciarsi andare.

abandoned [ə'bændənd] *a.* **1** abbandonato, desolato. **2** dissoluto, depravato.

abandonment [ə'bændənmənt] *s.* **1** (*Dir.*) abbandono; cessione. **2** slancio, trasporto.

to **abase** [ə'beis] **I** *v.t.* abbassare, degradare. **II** *v.i.* umiliarsi, degradarsi.

abasement [ə'beismənt] *s.* degradazione.

abashed [ə'bæʃt] *a.* confuso, sconcertato; imbarazzato.

to **abate** [ə'beit] **I** *v.t.* **1** diminuire, ridurre; (*di dolore, ecc.*) alleviare, lenire. **2** (*Dir.*) annullare. **II** *v.i.* calmarsi, placarsi.

abatement [ə'beitmənt] *s.* **1** riduzione, diminuzione; (*di dolore, ecc.*) alleviamento. **2** (*Comm.*) ribasso. **3** (*Dir.*) annullamento.

abattoir ['æbətwɑ:*] *s.* mattatoio, macello.

abbess ['æbes] *s.* badessa.

abbey ['æbi] *s.* abbazia; (*collett.*) monaci di un'abbazia. **The Abbey** l'abbazia di Westminster.

abbot ['æbət] *s.* abate.

abbr. = *abbreviation* abbreviazione (abbr.).

to **abbreviate** [ə'bri:vieit] *v.t.* abbreviare.

abbreviation [ə,bri:vi'eiʃən] *s.* abbreviazione.

ABC ['eibi:'si:] *s.* (*pl.* **ABC's/ABCs** [–z]) **1** abc, alfabeto. **2** abc, primi elementi.

A.B.C. = *American Broadcasting Company* Società Radiofonica Americana.

to **abdicate** ['æbdikeit] *v.t.* **1** abdicare a, rinunciare a. **2** (*assol.*) abdicare.

abdication [,æbdi'keiʃən] *s.* abdicazione, rinuncia.

abdomen ['æbdəmen] *s.* (*Anat.*) addome.

abdominal [æb'dɔminl] *a.* addominale.

abducent [æb'dju:sənt] *a.* (*Anat.*) abduttore: ~ *muscle* muscolo abduttore.

to **abduct** [æb'dʌkt] *v.t.* rapire.

abduction [æb'dʌkʃən] *s.* rapimento, sequestro di persona.

abductor [æb'dʌktə*] *s.* (*Anat.*) abduttore.

abed [ə'bed] *avv.* (*lett.*): *to lie ~* stare a letto.

Abel ['eibəl] *N.pr.m.* Abele.

aberrant [æ'berənt] *a.* **1** (*Med., Astr., Fis.*) aberrante. **2** (*fig.*) anormale.

aberration [,æbə'reiʃən] *s.* aberrazione; deviazione.

to **abet** [ə'bet] *v.t.* (*pass., pp.* **abetted** [–id]) spalleggiare, favoreggiare. ▭ (*Dir.*) *to aid and ~ s.o.* essere complice di qd.

abetment [ə'betmənt] *s.* complicità, favoreggiamento.

abeyance [ə'beiəns] *s.* sospensione. ☐ (*rif. a legge*) *to* **fall** *into* ~ cadere in disuso; *to* **hold** *in* ~ tenere in sospeso.
to **abhor** [əb'hɔ:*] *v.t.* (*pass., p.p.* **abhorred** [–d]) aborrire, detestare.
abhorrence [əb'hɔ:rəns] *s.* ripugnanza; orrore: *to hold in* ~ provare disgusto.
abhorrent [əb'hɔ:rənt] *a.* ripugnante.
to **abide** [ə'baid] *v.t.* (*pass., p.p.* **abode** [ə'boud]) sopportare, tollerare: *she can't* ~ *him* non lo può sopportare. ☐ *to* ~ *by the* **law** rispettare la legge; *to* ~ *by the* **rules** attenersi alle regole.
abiding [ə'baidiŋ] *a.* senza fine, duraturo: *an* ~ *interest in modern literature* un interesse duraturo per la letteratura moderna.
ability [ə'biliti] *s.* **1** capacità, abilità. **2** *pl.* talento, qualità. ☐ *to the best of one's* ~ con il massimo impegno.
abject ['æbdʒekt] *a.* abietto, spregevole.
abjection [æb'dʒekʃən] *s.* abiezione.
abjuration [ˌæbdʒuə'reiʃən] *s.* abiura.
to **abjure** [əb'dʒuə*] *v.t.* abiurare; ripudiare.
ablative ['æblətiv] *a./s.* (*Gramm.*) ablativo.
ablaze [ə'bleiz] *a./avv.* **1** in fiamme. **2** (*fig.*) infervorato, infiammato. ☐ *to set s.th.* ~ dare fuoco a qc.
able ['eibl] *a.* **1** capace di, in grado di. **2** abile, esperto.
able-bodied ['eibl'bɔdid] *a.* robusto, sano. ☐ (*Mar.*) ~ *seaman* marinaio scelto.
ablution [ə'blu:ʃən] *s.* (general. al pl.) abluzione. ☐ (*scherz.*) *to perform one's ablutions* lavarsi.
abnegation [ˌæbni'geiʃən] *s.* abnegazione.
abnormal [æb'nɔ:ml] *a.* anormale; abnorme.
abnormality [ˌæbnɔ:'mæliti] *s.* anormalità.
aboard [ə'bɔ:d] **I** *avv.* a bordo. **II** *prep.* a bordo di. ☐ (*esclam.*) *all* ~ tutti a bordo; in vettura; in carrozza.
abode [ə'bəud] *s.* dimora; residenza. ☐ (*Dir.*) *of no fixed* ~ senza fissa dimora; *place of* ~ domicilio.
to **abolish** [ə'bɔliʃ] *v.t.* abolire, sopprimere; (*di legge*) abrogare.
abolition [ˌæbə'liʃən] *s.* **1** abolizione. **2** (*Stor.am.*) abolizione della schiavitù.
abolitionist [ˌæbə'liʃənist] *s.* (*Stor.am.*) abolizionista *m./f.*
A-bomb ['eibɔm] *s.* bomba atomica.
abominable [ə'bɔminəbl] *a.* **1** abominevole, detestabile. **2** (*fam.*) pessimo, orribile.
to **abominate** [ə'bɔmineit] *v.t.* abominare, aborrire.
abomination [əˌbɔmi'neiʃən] *s.* abominio, obbrobrio. ☐ *to hold in* ~ detestare.
aboriginal [ˌæbə'ridʒinəl] *a./s.* aborigeno.
aborigine [ˌæbə'ridʒini:] *s.* aborigeno.
to **abort** [ə'bɔ:t] **I** *v.i.* **1** abortire (*anche Inform.*). **2** (*fig.*) fallire. **II** *v.t.* **1** far abortire. **2** (*fig.*) far fallire.
abortion [ə'bɔ:ʃən] *s.* **1** (*Med.*) aborto: *induced* ~ aborto provocato. **2** (*fig.*) aborto; fallimento. **3** (*Inform.*) interruzione anzitempo.
abortionist [ə'bɔ:ʃənist] *s.* **1** chi provoca un aborto. **2** fautore dell'aborto.
abortive [ə'bɔ:tiv] *a.* **1** (*Med.*) abortivo. **2** (*fig.*) abortito, fallito.
to **abound** [ə'baund] *v.i.* abbondare, essere ricco (*with, in* di).
about [ə'baut] **I** *prep.* **1** su, di, intorno a, circa: *what are you talking* ~*?* di che cosa state parlando? **2** in: *there is something very strange* ~ *him* c'è qualcosa di molto strano in lui. **3** per, attraverso, in: *he travelled* ~ *the whole country* viaggiò per tutto il paese. **II** *avv.* **1** circa, all'incirca; (*di tempo*) verso, circa: ~ *ten o' clock* verso le dieci. **2** presso, vicino. **3** intorno, attorno, in giro; in circolazione. ☐ *what is it* **all** ~*?* di che si tratta?; *what* **are** *you* ~*?* che stai facendo?; *to* **be** ~ *to do s.th.* essere sul punto di fare qc.; *how did this* **come** ~*?* come è successo?; **go** ~ *your business* bada ai fatti tuoi; *the* **news** *is going* ~ *that* corre voce che; *it's* ~ **time** *we went* è ora di andare; (*Mil.*) ~ **turn***!* dietro front!; **what** ~ *it?* e allora?
above [ə'bʌv] **I** *avv.* **1** (di) sopra, lassù: *the flat* ~ l'appartamento di sopra. **2** in precedenza: *as stated* ~ come detto sopra; di cui sopra. **II** *prep.* sopra, al di sopra, più di, oltre: ~ *ten* più di dieci; *the water came* ~ *our knees* l'acqua arrivava oltre le ginocchia. **III** *s.* **1** summenzionato, suddetto. **2** quanto precede, quanto sopra. **IV** *a.* summenzionato, suddetto. ☐ ~ **all** soprattutto; **as** ~ come sopra; (*fam.*) *to* **be** ~ *o.s.* essere su di giri; (*fam.*) *to* **get** ~ *o.s.* montarsi la testa; ~ **mentioned** suddetto; **over** *and* ~ in aggiunta a, oltre a.
aboveboard [ə'bʌv'bɔ:d] *a.pred.* aperto, onesto.
Abraham ['eibrəhæm] *N.pr.m.* Abramo.
abrasion [ə'breiʒən] *s.* abrasione, escoriazione.
abrasive [ə'breisiv] *a./s.* abrasivo. ☐ ~ **cloth** tela smeriglio; (*fig.*) *an* ~ **voice** una voce stridula.
abreast [ə'brest] *avv.* **1** di fianco, a lato. **2** (*fig.*) al passo con. ☐ (*fig.*) *to* **keep** ~ *of* andare di pari passo con; tenersi aggiornato su; *to* **walk** *two* ~ camminare in fila per due.
to **abridge** [ə'bridʒ] *v.t.* ridurre; abbreviare.
abridgement [ə'bridʒmənt] *s.* compendio, riassunto; edizione ridotta.
abroad [ə'brɔ:d] *avv.* **1** all'estero: *to go* ~ andare all'estero. **2** (*ant.*) fuori; all'aperto. ☐ *there's a rumour* ~ corre voce che.
to **abrogate** ['æbrəugeit] *v.t.* abrogare.
abrogation [ˌæbrəu'geiʃən] *s.* abrogazione.
abrupt [ə'brʌpt] *a.* **1** improvviso, inaspettato. **2** brusco, sgarbato. **3** (*di stile*) sconnesso, discontinuo. **4** scosceso.
abruptness [ə'brʌptnis] *s.* **1** precipitazione, subitaneità. **2** rudezza. **3** (*di stile*) discontinuità. **4** ripidezza.
abscess ['æbsis] *s.* (*Med.*) ascesso.
abscissa [æb'sisə] *s.* (*Mat.*) ascissa.

to **abscond** [əb'skɔnd] *v.i.* **1** fuggire, scappare. **2** (*Dir.*) darsi alla latitanza.
absence ['æbsəns] *s.* **1** assenza. **2** mancanza. □ (*Mil.*) *on* **leave** *of* ~ in licenza; ~ *of* **mind** distrazione; (*Dir.*) **sentence** *in* ~ condanna in contumacia.
absent ['æbsənt] *a.* **1** assente, mancante. **2** (*fig.*) distratto.
to **absent** [æb'sent] *v.t.*: *to* ~ *o.s.* assentarsi; essere assente (*from* da).
absentee [,æbsən'ti:] *s.* assente *m./f.*, assenteista *m./f.*
absenteeism [,æbsən'ti:izm] *s.* assenteismo.
absent-minded ['æbsənt'maindid] *a.* distratto.
absent-mindedness ['æbsənt'maindidnis] *s.* distrazione.
absolute ['æbsəlu:t] *a.* **1** assoluto. **2** completo, totale. **3** sicuro, infallibile; indiscusso. **4** (*Inform.*) ~ *programming* programmazione in linguaggio macchina. □ (*fam.*) *you are an* ~ *idiot* sei un perfetto imbecille.
absolutely ['æbsəlu:tli] *intz.* esatto!
absolution [,æbsə'lu:ʃən] *s.* assoluzione.
absolutism ['æbsəlu:tizəm] *s.* (*Pol.*) assolutismo.
absolutist ['æbsəlu:tist] **I** *s.* assolutista *m./f.* **II** *a.* assolutistico.
to **absolve** [əb'zɔlv] *v.t.* **1** assolvere. **2** sciogliere, liberare. □ *I* ~ *you of all responsibility* ti sollevo da ogni responsabilità.
to **absorb** [əb'sɔ:b] *v.t.* **1** assorbire. **2** (*fig.*) assimilare. **3** (*fig.*) attrarre l'attenzione di. **4** occupare, impegnare.
absorbed [əb'sɔ:bd] *a.* **1** assorbito. **2** (*fig.*) assorto, immerso.
absorbent [əb'sɔ:bənt] *a./s.* assorbente.
absorbing [əb'sɔ:biŋ] *a.* **1** assorbente. **2** (*fig.*) avvincente.
absorption [əb'sɔ:pʃən] *s.* **1** assorbimento. **2** (*fig.*) impegno, dedizione.
to **abstain** [əb'stein] *v.i.* **1** astenersi (*from* da). **2** (*Parl.*) astenersi dal voto.
abstainer [əb'steinə*] *s.* **1** astemio. **2** astenuto. □ *total* ~ astemio.
abstemious [əb'sti:mjəs] *a.* sobrio, moderato. □ *an* ~ *meal* un pasto frugale.
abstention [əb'stenʃən] *s.* astensione.
abstinence ['æbstinəns] *s.* astinenza.
abstract[1] ['æbstrækt] *s.* sommario, riassunto (*anche Inform.*).
abstract[2] ['æbstrækt] *a.* astratto; astruso. □ *in the* ~ in teoria.
to **abstract** [æb'strækt] *v.t.* **1** estrarre, ricavare: *to* ~ *gold from rock* estrarre l'oro dalla roccia. **2** (*fam.*) rubare. **3** riassumere.
abstracted [æb'stræktid] *a.* assorto; distratto.
abstraction [æb'strækʃən] *s.* **1** sottrazione, furto. **2** distrazione. **3** astrazione.
abstractionism [æb'strækʃənizəm] *s.* astrattismo.
abstractionist [æb'strækʃənist] *a./s.* astrattista.
abstruse [æb'stru:s] *a.* astruso.
abstruseness [æb'stru:snis] *s.* astrusità.
absurd [əb'sə:d] *a.* assurdo; ridicolo.
absurdity [əb'sə:diti] *s.* assurdità.
abt. = *about* circa (ca.).
abulia, **aboulia** [ə'bu:liə] *s.* (*Med.*) abulia.
abulic, **aboulic** [ə'bu:lik] *a.* abulico.
abundance [ə'bʌndəns] *s.* abbondanza.
abundant [ə'bʌndənt] *a.* **1** abbondante. **2** ricco (*in, with* di).
abuse [ə'bju:s] *s.* **1** abuso: ~ *of power* abuso di potere. **2** maltrattamento; insulto: *child* ~ maltrattamento di minori.
to **abuse** [ə'bju:z] *v.t.* **1** abusare di, approfittare di: *do not* ~ *your privileges* non abusare dei tuoi privilegi. **2** maltrattare; insultare.
abusive [ə'bju:siv] *a.* offensivo, ingiurioso.
to **abut** [ə'bʌt] *v.i.* (*pass., p.p.* **abutted** [–id]) **1** confinare (*upon, on, against* con). **2** (*Arch.*) appoggiarsi (su).
abutment [ə'bʌtmənt] *s.* (*Edil.*) spalla.
abysmal [ə'bizməl] *a.* abissale.
abyss [ə'bis] *s.* abisso, baratro.
Abyssinia [,æbi'sinjə] *N.pr.* (*Geog.*) Abissinia.
Abyssinian [,æbi'sinjən] *a./s.* abissino.
ac., **a/c** = *account* conto (c.to).
a.c. = *alternating current* corrente alternata (c.a.).
Ac = (*Chim.*) *actinium* attinio.
AC = **1** *Air Corps* Forze Aeree. **2** *Army Corps* Corpo d'Armata. **3** *Appeal Court* Corte d'Appello (C.d.A.). **4** *Ambulance Corps* Corpo di volontari per il servizio ambulanze. **5** *Appellation Controlée* Denominazione di Origine Controllata (DOC).
A/C = *account current* conto corrente (c/c, c.c.).
acacia [ə'keiʃə] *s.* (*Bot.*) acacia.
academic [,ækə'demik] *a./s.* accademico.
academical [,ækə'demikəl] *a.* accademico, universitario.
academy [ə'kædəmi] *s.* **1** accademia. **2** (*am.*) scuola secondaria.
acanthus [ə'kænθəs] *s.* (*Bot.*) acanto.
acarus ['ækərəs] *s.* (*Zool.*) acaro.
to **accede** [æk'si:d] *v.i.* **1** aderire (*to* a): *to* ~ *to a request* aderire a una richiesta. **2** assumere: *to* ~ *to an office* assumere una carica.
to **accelerate** [æk'seləreit] *v.t./i.* accelerare.
acceleration [æk,selə'reiʃən] *s.* accelerazione.
accelerator [æk'seləreitə*] *s.* acceleratore.
accent ['æksənt] *s.* **1** accento. **2** tono, intonazione.
to **accent** [æk'sent] *v.t.* accentare, accentuare.
to **accentuate** [æk'sentjueit] *v.t.* sottolineare, mettere in rilievo.
accentuation [æk,sentju'eiʃən] *s.* **1** accentuazione. **2** rilievo.
to **accept** [ək'sept] *v.t.* **1** accettare, accogliere, acconsentire a: *they accepted our proposal* accolsero la nostra proposta. **2** (*assol.*) accettare, assentire.
acceptability [ək,septə'biliti] *s.* accettabilità.
acceptable [ək'septəbl] *a.* **1** accettabile. **2**

ammissibile; tollerabile. **3** soddisfacente.
acceptance [ək'septəns] *s.* **1** accettazione (*anche Comm.*). **2** approvazione, consenso.
acceptor [ək'septə*] *s.* (*Comm.*) accettante *m./f.*
access ['ækses] *s.* **1** accesso, ingresso: *to have ~ to the library* avere accesso alla biblioteca. **2** mezzo di accesso, via di accesso. **3** (*Inform.*) accesso: *direct ~* accesso diretto; *random ~* accesso casuale; *serial* (o *sequential*) *~* accesso sequenziale; *~ speed* velocità di accesso. **4** attacco.
to **access** ['ækses] *v.t.* (*Inform.*) accedere a.
accessary [æk'sesəri] *s.* (*Dir.*) favoreggiatore.
accessible [ək'sesibl] *a.* **1** accessibile. **2** (*fig.*) (*rif. a persona*) aperto (*to* a).
accession [æk'seʃən] *s.* **1** accessione, assunzione: *~ to the throne* assunzione al trono. **2** aumento; aggiunta.
accessory [æk'sesəri] **I** *s.* **1** accessorio. **2** (*Dir.*) complice *m./f.* **II** *a.* **1** supplementare, accessorio. **2** (*Dir.*) complice.
accident ['æksidənt] *s.* **1** incidente, infortunio: *road ~* incidente stradale. **2** caso (fortuito). □ **by** *~* per caso; *accidents will* **happen** non può andare sempre tutto liscio; *~* **insurance** assicurazione contro gli infortuni.
accidental [,æksi'dentl] *a.* accidentale, casuale.
to **acclaim** [ə'kleim] *v.t.* **1** acclamare, applaudire. **2** eleggere per acclamazione.
acclamation [,æklə'meiʃən] *s.* acclamazione.
to **acclimate** [ə'klaimit] → to **acclimatize**.
acclimation [ə,klai'meiʃən] → **acclimatization**.
acclimatization [ə,klaimətai'zeiʃən] *s.* acclimatazione; ambientamento (*anche fig.*).
to **acclimatize** [ə'klaimətaiz] **I** *v.t.* acclimatare. **II** *v.i.* acclimatarsi (*to* a) (*anche fig.*).
acclivity [ə'kliviti] *s.* salita, erta.
to **accommodate** [ə'kɔmədeit] *v.t.* **1** ospitare, alloggiare. **2** fornire, concedere: *he will ~ me with a loan* mi concederà un prestito. **3** adattare, conciliare: *we must ~ ourselves to the circumstances* dobbiamo adattarci alle circostanze.
accommodating [ə'kɔmədeitiŋ] *a.* accomodante; compiacente.
accommodation [ə,kɔmə'deiʃən] *s.* **1** sistemazione, alloggio. **2** *pl.* (*am.*) vitto e alloggio. **3** compromesso, accordo.
accompaniment [ə'kʌmpənimənt] *s.* accompagnamento.
accompanist [ə'kʌmpənist] *s.* (*Mus.*) accompagnatore.
to **accompany** [ə'kʌmpəni] *v.t.* **1** accompagnare. **2** accompagnarsi (*with* a).
accomplice [ə'kɔmplis] *s.* complice *m./f.*
to **accomplish** [ə'kɔmpliʃ] *v.t.* realizzare, portare a termine.
accomplished [ə'kɔmpliʃt] *a.* **1** compiuto, finito: *an ~ fact* un fatto compiuto. **2** esperto, abile: *an ~ pianist* un pianista esperto. **3** raffinato, di classe.
accomplishment [ə'kɔmpliʃmənt] *s.* **1** realizzazione, adempimento. **2** qualità, dote; talento.
accord [ə'kɔ:d] *s.* **1** accordo, armonia. **2** (*Pol.*) patto, trattato. □ **of** *one's own ~* di propria iniziativa; **with** *one ~* all'unanimità.
to **accord** [ə'kɔ:d] **I** *v.i.* accordarsi, concordare (*with* con): *his story accords with yours* il suo racconto concorda con il vostro. **II** *v.t.* (*lett.*) accordare, concedere.
accordance [ə'kɔ:dəns] *s.* conformità, concordanza: *in ~ with the rules* in conformità alle regole.
according [ə'kɔ:diŋ] **I** *congz.*: *~ as* in proporzione a, a seconda di: *you will be paid ~ as you work* sarai pagato a seconda del tuo lavoro. **II** *prep.*: *~ to* secondo: *~ to him* secondo lui; conformemente a: *~ to law* conformemente alla legge.
accordingly [ə'kɔ:diŋli] *avv.* **1** perciò, quindi. **2** di conseguenza, conseguentemente.
accordion [ə'kɔ:djən] *s.* (*Mus.*) fisarmonica.
to **accost** *am.* [ə'kɔst] *v.t.* abbordare.
account [ə'kaunt] *s.* **1** (*Comm.*) conto; *pl.* contabilità. **2** profitto, vantaggio. **3** resoconto, rapporto, relazione. **4** valore, importanza. **5** ragione, motivo. □ (*fig.*) *to* **bring** *s.o. to ~* fare i conti con qd.; **by** *all accounts* a detta di tutti; **by** *his own ~* a sentir lui; *to* **call** *s.o. to ~* chiedere spiegazione a qd.; (*Comm.*) **for** *the ~ and risk of* per conto e rischio di; (*fig.*) *to* **give** *a bad ~ of o.s.* far brutta figura; (*Comm.*) *to* **have** *an ~ with a bank* avere un conto presso una banca; (*Econ.*) *to* **keep** *the accounts* tenere la contabilità; **on** *~ of* a causa di; per conto di; **on** *every ~* sotto ogni aspetto; **on** *many accounts* per molti aspetti; **on** *one's own ~* per proprio conto; a proprio rischio; **on** *no ~* per nessun motivo; **on** *that ~* perciò; *to leave* **out** *of ~* non tenere in considerazione; (*Comm.*) **overdrawn** *~* conto scoperto; (*Comm.*) *to* **put** *s.th. to ~* mettere qc. in conto; (*fig.*) trarre vantaggio da qc.; **statement** *of ~* estratto conto; *to* **take** *s.th. into ~* tener conto di qc.
to **account** [ə'kaunt] **I** *v.t.* considerare, ritenere: *to ~ o.s. lucky* ritenersi fortunato. **II** *v.i.* **1** rendere conto, essere responsabile (*for* di). **2** spiegare (qc.): *that accounts for it* così si spiega.
accountable [ə'kauntəbl] *a.* responsabile (*for* di).
accountancy [ə'kauntənsi] *s.* **1** professione di contabile. **2** contabilità.
accountant [ə'kauntənt] *s.* (*Comm.*) ragioniere, contabile *m./f.* □ *chartered ~*; (*am.*) *certified public ~* ragioniere iscritto all'albo professionale.
accounting [ə'kauntiŋ] *s.* contabilità, ragioneria.
accoutrements [ə'ku:təmənts] *s.pl.* (*Mil.*) equipaggiamento.
to **accredit** [ə'kredit] *v.t.* **1** accreditare. **2** (*am.*) riconoscere, autorizzare.

accredited [ə'kreditid] *a.* **1** accreditato. **2** generalmente accettato.
accretion [ə'kri:ʃən] *s.* **1** concrescenza, concrezione. **2** aggiunta.
to **accrue** [ə'kru:] *v.i.* (*Econ.*) maturare (di interessi).
to **accumulate** [ə'kju:mjuleit] **I** *v.t.* accumulare, ammucchiare. **II** *v.i.* accumularsi, ammucchiarsi.
accumulation [əˌkju:mju'leiʃən] *s.* **1** cumulo, mucchio. **2** (*Econ.*) capitalizzazione.
accumulative [ə'kju:mjulətiv] *a.* cumulativo.
accumulator [ə'kju:mjuleitə*] *s.* (*El.*) accumulatore.
accuracy ['ækjurəsi] *s.* precisione, accuratezza.
accurate ['ækjurit] *a.* preciso, esatto; accurato.
accursed [ə'kə:sid] *a.* (*poet.*) maledetto; detestabile.
accusation [ˌækju'zeiʃən] *s.* accusa; incriminazione.
accusative [ə'kju:zətiv] *s.* (*Gramm.*) accusativo.
to **accuse** [ə'kju:z] *v.t.* accusare, incriminare (*of* di).
accused [ə'kiu:zd] **I** *a.* (*Dir.*) accusato, incriminato. **II** *s.inv.*: *the* ~ l'accusato, l'imputato.
accuser [ə'kju:zə*] *s.* accusatore.
to **accustom** [ə'kʌstəm] *v.t.* abituare, avvezzare (*to* a). □ *to* ~ *o.s.* abituarsi, avvezzarsi (*to* a).
accustomed [ə'kʌstəmd] *a.* **1** abituale. **2** abituato, avvezzo (*to* a). □ *to get* ~ *to* (*doing*) *s.th.* abituarsi a (fare) qc.
ace [eis] *s.* asso. □ (*fig.*) ~ *in the* **hole** asso nella manica; (*Aut.*) ~ **racing** *driver* asso del volante; (*fig.*) *to have an* ~ *up one's* **sleeve** avere un asso nella manica; (*fig.*) **within** *an* ~ *of* a un pelo da.
acedia [ə'sidiə] *s.* (*Teol.*) accidia.
acerbity [ə'sə:biti] *s.* **1** acerbità, acredine. **2** (*fig.*) asprezza, durezza.
acetic [ə'si:tik] *a.* acetico.
to **acetify** [ə'setifai] **I** *v.t.* acetificare. **II** *v.i.* inacidire.
acetone ['æsitəun] *s.* (*Chim.*) acetone.
acetylene [ə'setili:n] *s.* (*Chim.*) acetilene.
ache [eik] *s.* male, dolore.
to **ache** [eik] *v.i.* **1** far male, dolere. **2** (*fam.*) morire dalla voglia (*for* di). □ *I* ~ *all over* sono tutto indolenzito.
achievable [ə'tʃi:vəbl] *a.* realizzabile, raggiungibile.
to **achieve** [ə'tʃi:v] *v.t.* **1** realizzare, raggiungere: *to* ~ *one's purpose* raggiungere il proprio scopo. **2** ottenere, conquistare.
achievement [ə'tʃi:vmənt] *s.* **1** conquista, realizzazione: *the great achievements of science* le grandi conquiste della scienza. **2** conseguimento, raggiungimento. **3** (*Scol.*) rendimento.
Achilles [ə'kili:z] *N.pr.m.* Achille. □ ~' **heel** tallone di Achille; (*Anat.*) ~' **tendon** tendine di Achille.
achy ['eiki] *a.* (*fam.*) dolorante; indolenzito.
acid ['æsid] **I** *s.* **1** (*Chim.*) acido. **2** (*fig.*) acidità, causticità. **3** (*sl.*) acido, LSD. **II** *a.* **1** acido. **2** (*fig.*) caustico. □ (*fig.*) ~ *test* prova del fuoco.
to **acidify** [ə'sidifai] *v.t./i.* acidificare, inacidire.
acidity [ə'siditi] *s.* **1** acidità. **2** (*pop.*) acidità di stomaco.
acidulous [ə'sidjuləs] *a.* **1** acidulo. **2** (*fig.*) acido, sarcastico.
to **acknowledge** [ək'nɔlidʒ] *v.t.* **1** ammettere, riconoscere. **2** mostrare di riconoscere: *she didn't* ~ *me when I smiled* non ha mostrato di riconoscermi quando le ho sorriso. **3** (*Comm.*) accusare ricevuta di. **4** (*Dir.*) autenticare, legalizzare.
acknowledg(e)ment [ək'nɔlidʒmənt] *s.* **1** riconoscimento, ammissione. **2** ringraziamento; segno di riconoscenza. **3** (*Dir.*) certificato, attestazione; legittimazione.
acme ['ækmi] *s.* acme, culmine.
acne ['ækni] *s.* (*Med.*) acne.
acolyte ['ækəulait] *s.* accolito.
acorn ['eikɔ:n] *s.* (*Bot.*) ghianda.
acoustic [ə'ku:stik] *a.* acustico. □ (*Inform.*) ~ *coupler* accoppiatore acustico.
acoustics [ə'ku:stiks] *s.pl.* (costr. sing.) acustica.
to **acquaint** [ə'kweint] *v.t.* **1** informare, mettere al corrente (*with* di). **2** familiarizzarsi (*with* con). **3** (*am.*) far conoscere a, presentare a.
acquaintance [ə'kweintəns] *s.* **1** conoscente *m./f.* **2** conoscenza. **3** cognizione, nozione: *some* ~ *with French* qualche nozione di francese. □ *to* **make** *s.o.'s* ~ fare la conoscenza di qd.; *to have a* **nodding** ~ *with s.o.* conoscere di vista qd.; *he improves* **on** *further* ~ conoscendolo meglio ci guadagna.
acquainted [ə'kweintid] *a.* al corrente, informato (*with* di). □ *we* **are** *already* ~ ci conosciamo già; *to* **get** ~ *with s.o.* fare la conoscenza di qd.
to **acquiesce** [ˌækwi'es] *v.i.* acconsentire, aderire (*in, to* a).
acquiescence [ˌækwi'esəns] *s.* **1** acquiescenza, tacito consenso. **2** sottomissione, remissività.
acquiescent [ˌækwi'esənt] *a.* remissivo, sottomesso.
to **acquire** [ə'kwaiə*] *v.t.* **1** acquisire, acquistare. **2** ottenere, procurarsi. **3** (*Dir.*) acquisire: *to* ~ *a right* acquisire un diritto.
acquisition [ˌækwi'ziʃən] *s.* **1** acquisizione. **2** acquisto.
acquisitive [ə'kwizitiv] *a.* avido, desideroso (*of* di).
to **acquit** [ə'kwit] *v.t.* (*pass., p.p.* **acquitted** [–id]) assolvere, prosciogliere. □ *to* ~ *o.s. of* liberarsi; assolvere (un) compito; *to* ~ *o.s.*

well assolvere bene il proprio compito.
acquittal [ə'kwitl] *s.* assoluzione, proscioglimento.
acre ['eikə*] *s.* (*unità di misura*) acro → **Appendice.**
acrid ['ækrid] *a.* **1** acre, pungente. **2** (*fig.*) aspro.
acrimonious [,ækri'məunjəs] *a.* acrimonioso, aspro.
acrimony ['ækriməni] *s.* acrimonia, asprezza.
acrobat ['ækrəbæt] *s.* acrobata *m./f.*
acrobatic [,ækrə'bætik] *a.* acrobatico.
acrobatics [,ækrə'bætiks] *s.pl.* **1** acrobazie. **2** (costr. sing.) acrobatismo.
acropolis [ə'krɔpəlis] *s.* acropoli.
across [ə'krɔs] **I** *prep.* **1** attraverso, da una parte all'altra di. **2** dall'altro lato (*o* dall'altra parte) di: *he lives ~ the street* abita dall'altro lato della strada. **II** *avv.* **1** da una parte all'altra, in larghezza. **2** dall'altra parte. **3** per traverso, trasversalmente. □ *to* **come** ~ imbattersi in; ~ **country** per i campi; (*am.*) ~ **from** di fronte a; *to* **get** *an idea ~ to s.o.* far capire un'idea a qd.; *to* **go** ~ traversare.
acrylic [ə'krilik] *a.* acrilico.
act [ækt] *s.* **1** atto, azione. **2** (*Teat., Mus.*) atto; numero (di varietà, ecc.). **3** (*Parl.*) decreto; legge. **4** (*Dir.*) documento, atto. **5** (*fam.*) commedia, messa in scena: *to put on an ~* fare la commedia. □ *to* **catch** *s.o. in the ~* cogliere qd. in flagrante; (*Dir.*) *Act of* **God** calamità naturale; **in** *the ~ of* sul punto di; (*Comm.*) ~ *of* **sale** atto di vendita; ~ *of* **war** azione bellica.
to **act** [ækt] **I** *v.i.* **1** agire. **2** (*Teat., Cin.*) recitare. **3** comportarsi. **4** fare effetto: *this medicine acts fast* questa medicina fa effetto subito; funzionare. **5** (*fam.*) fare la commedia. **II** *v.t.* **1** (*Teat., Cin.*) recitare (la parte di). **2** comportarsi da, fare: *to ~ the fool* fare lo sciocco. □ *to* ~ **as** fungere da; *to* ~ **for** *the best* agire per il meglio; *to* ~ **for** *s.o.* agire per conto di qd.; *to* ~ **on** agire in base a; (*fig.*) *to ~ a* **part** fare la commedia; *to* ~ **up to** agire in conformità di.
acting ['æktiŋ] **I** *s.* **1** recitazione, rappresentazione. **2** finzione, simulazione. **II** *a.* sostituto, supplente. □ (*Teat.*) ~ *copy* copione.
actinium [æk'tiniəm] *s.* (*Chim.*) attinio.
action ['ækʃən] *s.* **1** azione, atto. **2** influenza, effetto. **3** meccanismo, congegno. **4** (*Mil.*) combattimento. **5** (*Lett., Teat.*) intreccio. **6** (*Dir.*) processo, causa: *to bring an ~ against s.o.* far causa a qd. □ *to* **bring** *s.th. into ~* far funzionare qc.; *to* **come** *into ~* entrare in azione; **line** *of ~* linea di condotta; **out** *of ~* fuori uso; *to* **put** *s.th. in ~* mettere in moto qc.; *to* **take** ~ prendere un'iniziativa; (*Dir.*) *to* **take** *legal ~* adire le vie legali.
actionable ['ækʃənəbl] *a.* (*Dir.*) perseguibile.
to **activate** ['æktiveit] *v.t.* **1** attivare. **2** (*Fis.*) rendere radioattivo.
active ['æktiv] **I** *a.* **1** attivo, dinamico. **2** vivace, sveglio. **3** effettivo, concreto. **II** *s.* (*Gramm.*) attivo.
activism ['æktivizəm] *s.* attivismo.
activist ['æktivist] *s.* attivista *m./f.*
activity [æk'tiviti] *s.* attività.
actor ['æktə*] *s.* **1** attore. **2** (*fig.*) protagonista.
actress ['æktris] *s.* attrice.
actual ['æktjuəl] *a.* reale, effettivo. □ *in ~* **fact** effettivamente; *his ~* **words** le sue parole testuali.
actuality [,æktju'æliti] *s.* **1** realtà. **2** *pl.* reali condizioni. **3** (*Cin., TV*) attualità.
to **actualize** ['æktjuəlaiz] *v.t.* realizzare, attuare.
actually ['æktjuəli] *avv.* realmente; davvero, sul serio: *do you ~ mean it?* lo dici sul serio?
to **actuate** ['æktjueit] *v.t.* muovere, animare.
aculeus [ə'kjuliəs] *s.* (*pl.* **–lei** [–liai]) aculeo.
acumen [ə'kjumin] *s.* acume, perspicacia. □ *he has real business ~* ha un grande senso degli affari.
acuminate [ə'kjumineit] *a.* acuminato, appuntito.
acupuncture ['ækjupʌŋktʃə*] *s.* (*Med.*) agopuntura.
acute [ə'kju:t] **I** *a.* **1** acuto, aguzzo. **2** (*fig.*) acuto, perspicace. **3** intenso, penetrante. **4** grave, critico: *the ~ stage of a disease* la fase critica di una malattia. **II** *s.* (*Gramm.*) accento acuto.
acuteness [ə'kju:tnis] *s.* **1** acutezza. **2** (*fig.*) acume, perspicacia. **3** intensità. **4** (*Med.*) stadio acuto.
ad [æd] *s.* (*fam.*) annuncio pubblicitario, inserzione. □ *classified ads* annunci economici.
A.D. = *Anno Domini* Anno Domini (A.D.), dopo Cristo (d.C.).
adage ['ædidʒ] *s.* adagio, massima.
adagio [ə'dɑ:dʒiəu] *s.* (*Mus.*) adagio.
Adam ['ædəm] *N.pr.m.* Adamo. □ *~'s* **apple** pomo d'Adamo; (*fam.*) *not to* **know** *s.o. from ~* non conoscere affatto qd.
adamant ['ædəmənt] *a.* adamantino (*anche fig.*).
adamitic [ædə'mitik] *a.* adamitico.
to **adapt** [ə'dæpt] **I** *v.t.* adattare, modificare. **II** *v.i.* adattarsi (*to* a).
adaptability [ə,dæptə'biliti] *s.* adattabilità.
adaptable [ə'dæptəbl] *a.* adattabile, che si adatta.
adaptation [,ædæp'teiʃən] *s.* adattamento.
adapter [ə'dæptə*] *s.* **1** (*Cin., Teat.*) riduttore. **2** (*Mecc.*) raccordo.
to **add** [æd] *v.t.* **1** aggiungere. **2** soggiungere. **3** (*Mat.*) sommare, addizionare: *to ~ 8 and 2* sommare 8 a 2; (*assol.*) fare addizioni. □ *to ~* **in** includere; *adding* **machine** addizionatrice; *to ~* **to** aumentare, accrescere; *to ~* **up** addizionare, sommare; (*fig.*) significare, voler dire; *these figures don't ~* **up** queste cifre non quadrano.

addend [ə'dend] *s.* (*Mat.*) addendo.
addendum [ə'dendəm] *s.* (*pl.* **–da** [–də]) aggiunta.
adder ['ædə*] *s.* (*Zool.*) vipera.
addict ['ædikt] *s.* **1** persona dedita a (un vizio): *heroin* ~ eroinomane *m./f.* **2** (*fig.*) maniaco: *film* ~ maniaco del cinema.
to **addict** [ə'dikt] *v.t.* (general. al passivo) assuefare. □ *he is addicted to alcohol* è dedito all'alcool.
addiction [ə'dikʃən] *s.* **1** dedizione. **2** tossicomania.
addictive [ə'diktiv] *a.* che dà assuefazione.
addition [ə'diʃən] *s.* **1** (*Mat.*) addizione, somma. **2** aggiunta, aumento. **3** (*Edil.*) ala. **4** (*Inform.*) addizione. □ **in** in più, in aggiunta; **in** ~ *to* oltre a; (*Mat.* **sign** segno dell'addizione.
additional [ə'diʃənl] *a.* supplementare, extra.
additive ['æditiv] *s.* (*Chim.*) additivo.
to **addle** ['ædl] *v.t.* confondere, frastornare. □ *addled eggs* uova marce.
addlebrained ['ædlbreind] *a.* stupido, sciocco.
address [ə'dres, *am.* 'ædres] *s.* **1** indirizzo (*anche Inform.*); recapito. **2** discorso (ufficiale), allocuzione. □ *of no* **fixed** ~ senza fissa dimora; **form** *of* ~ modo di rivolgersi.
to **address** [ə'dres] **I** *v.t.* **1** parlare a, fare un discorso a. **2** rivolgersi (*to* a). **3** indirizzare, scrivere l'indirizzo su. **II** *v.i.* dedicarsi (*to* a).
addressee [ˌædre'si:] *s.* destinatario.
addresser [ə'dresə*] *s.* mittente *m./f.*
addressing [ə'dresiŋ] *s.* (*Inform.*) indirizzamento.
to **adduce** [ə'dju:s] *v.t.* (*ant.*) addurre, portare. □ (*Dir.*) *to* ~ *a witness* produrre un teste.
adducent [ə'dju:sənt] *a.* (*Anat.*) adduttore.
adductor [ə'dʌktə*] *s.* (*Anat.*) adduttore.
adenoid ['ædinɔid] *s.* (general. al pl.) (*Med.*) adenoide.
adept ['ædept] **I** *a.* abile, esperto (*in, at* in). **II** *s.* esperto: *to be an* ~ *at* essere un esperto di.
adequacy ['ædikwəsi] *s.* adeguatezza.
adequate ['ædikwit] *a.* **1** sufficiente. **2** adatto, idoneo (*for* a): *he is more than* ~ *for that job* è più che adatto a quel lavoro.
to **adhere** [əd'hiə*] *v.i.* **1** aderire, attaccarsi (*to* a). **2** aderire (a), accettare (qc.): *to* ~ *to a treaty* aderire a un trattato.
adherence [əd'hiərəns] *s.* **1** adesione, aderenza. **2** (*fig.*) fedeltà, attaccamento.
adherent [əd'hiərənt] **I** *s.* aderente *m./f.*, seguace *m./f.* **II** *a.* aderente, attaccato (*to* a).
adhesion [əd'hi:ʒən] *s.* **1** adesione. **2** (*fig.*) attaccamento, fedeltà. **3** assenso. **4** (*Med.*) aderenza.
adhesive [əd'hi:siv] *a./s.* adesivo. □ ~ **plaster** cerotto; ~ **tape** nastro isolante.
adieu *fr.* [ə'dju:] **I** *intz.* addio. **II** *s.* (*pl.* **–s** [–z]/**–x**) addio.
adipose ['ædipəus] *a.* adiposo.
adjacent [ə'dʒeisənt] *a.* adiacente, attiguo.
adjectival [ˌædʒek'taivl] *a.* (*Gramm.*) aggettivale.
adjective ['ædʒiktiv] **I** *s.* aggettivo. **II** *a.* (*Dir.*) accessorio.
to **adjoin** [ə'dʒɔin] **I** *v.t.* **1** confinare con. **2** unire, congiungere. **II** *v.i.* essere confinante.
adjoining [ə'dʒɔiniŋ] *a.* contiguo, adiacente.
to **adjourn** [ə'dʒə:n] **I** *v.t.* rinviare, aggiornare. **II** *v.i.* **1** aggiornare una seduta. **2** (*fam.*) trasferirsi; passare (*to* in): *after dinner they adjourned to the sitting room* dopo pranzo sono passati in salotto.
adjournment [ə'dʒə:nmənt] *s.* aggiornamento, rinvio; sospensione.
to **adjudge** [ə'dʒʌdʒ] *v.t.* **1** dichiarare, giudicare. **2** assegnare.
to **adjudicate** [ə'dʒu:dikeit] **I** *v.t.* **1** (*Dir.*) giudicare, definire. **2** aggiudicare, assegnare. **II** *v.i.* (*Dir.*) pronunciare una sentenza (*upon* su).
adjudication [əˌdʒu:di'keiʃən] *s.* **1** aggiudicazione. **2** (*Dir.*) sentenza, decreto.
adjudicator [ə'dʒu:dikeitə*] *s.* arbitro; giudice; membro di giuria (nelle competizioni).
adjunct ['ædʒʌŋkt] *s.* **1** aggiunta; appendice. **2** impiegato aggiunto. **3** (*Gramm.*) attributo.
adjuration [ˌædʒuə'reiʃən] *s.* (*Dir.*) giuramento solenne.
to **adjure** [ə'dʒuə*] *v.t.* (*ant.*) **1** ingiungere. **2** scongiurare.
to **adjust** [ə'dʒʌst] **I** *v.t.* **1** adattare. **2** sistemare. **3** regolare. **4** conciliare: *to* ~ *a difference of opinions* conciliare opinioni diverse. **II** *v.i.* adattarsi, abituarsi (*to* a).
adjustable [ə'dʒʌstəbl] *a.* regolabile, adattabile.
adjuster [ə'dʒʌstə*] *s.* **1** (*assicurazioni*) perito. **2** (*Mecc.*) dispositivo di regolazione.
adjustment [ə'dʒʌstmənt] *s.* **1** adattamento, adeguamento. **2** sistemazione. **3** messa a punto; dispositivo di regolazione. **4** (*assicurazioni*) perizia; liquidazione. □ *out of* ~ sregolato.
adjutant ['ædʒutənt] *s.* (*Mil.*) aiutante (di campo).
ad-lib [æd'lib] *avv.* **1** a piacere, a volontà. **2** a profusione.
to **ad-lib** ['æd'lib] *v.t.* (*pass., p.p.* **ad-libbed** [–d]) (*fam.*) improvvisare.
Adm. = **1** *Admiral* Ammiraglio (Amm.). **2** *Admiralty* Ammiragliato.
ad-man *am.* ['ædmən] *s.* (*pl.* **–men**) (*fam.*) pubblicitario.
to **administer** [əd'ministə*] **I** *v.t.* **1** amministrare: *to* ~ *justice* amministrare la giustizia. **2** dare, infliggere: *to* ~ *punishment* infliggere una punizione; (*di leggi*) applicare. **3** (*Med., Rel.*) somministrare. **II** *v.i.* (*Dir.*) fungere da amministratore.
administration [ədˌmini'streiʃən] *s.* **1** amministrazione, gestione; governo. **2** (*Med.*) somministrazione. **3** prestazione (di un giuramento).

administrative [əd'ministrətiv] *a.* amministrativo.
administrator [əd'ministreitə*] *s.* amministratore.
admirable ['ædmərəbl] *a.* **1** ammirevole, ammirabile. **2** eccellente.
admiral ['ædmərəl] *s.* (*Mar.mil.*) ammiraglio. □ (*GB*) *Admiral of the Fleet* comandante in capo della flotta.
admiralty ['ædmərəlti] *s.* ammiragliato. **Admiralty** ['ædmərəlti] *s.* tribunale dell'ammiragliato; (*GB*) Ministero della Marina.
admiration [ˌædmə'reiʃən] *s.* ammirazione.
to **admire** [əd'maiə*] *v.t.* ammirare.
admirer [əd'maiərə*] *s.* ammiratore; corteggiatore.
admiring [əd'maiəriŋ] *a.* pieno di ammirazione.
admissibility [ədˌmisə'biliti] *s.* ammissibilità.
admissible [əd'misəbl] *a.* **1** ammissibile. **2** (*am.*) permesso, concesso.
admission [əd'miʃən] *s.* **1** ammissione, accesso. **2** prezzo (*o* biglietto) d'ingresso. **3** confessione; riconoscimento. □ ~ **free** entrata libera; **on** *his own* ~ per sua stessa confessione.
to **admit** [əd'mit] *v.* (*pass., p.p.* **admitted** [–id]) **I** *v.t.* **1** ammettere, far entrare. **2** (*di biglietto*) essere valido. **3** confessare; riconoscere. **4** accogliere, accettare: *to ~ a claim* accogliere un reclamo. **5** contenere, ospitare: *the hall admits three hundred* la sala contiene trecento persone. **II** *v.i.* lasciar adito, ammettere (*of* a): *it does not ~ of doubts* non lascia adito a dubbi.
admittance [əd'mitəns] *s.* entrata, ingresso. □ *no ~* divieto d'accesso.
admittedly [əd'mitidli] *avv.* **1** dichiaratamente. **2** indubbiamente.
to **admix** [əd'miks] **I** *v.t.* mescolare. **II** *v.i.* mescolarsi.
admixture [əd'mikstʃə*] *s.* (*ant.*) **1** miscela. **2** ingrediente.
to **admonish** [əd'mɔniʃ] *v.t.* **1** ammonire, mettere in guardia. **2** rimproverare.
admonition [ˌædmə'niʃən] *s.* **1** ammonimento, avvertimento. **2** rimprovero.
admonitory [əd'mɔnitəri] *a.* ammonitorio.
ado [ə'du:] *s.* (*pl.* **–es/–s** [–z] (*ant.*) trambusto. □ **much** ~ *about nothing* molto rumore per nulla; **without further** ~ senza fare storie.
adolescence [ˌædə(u)'lesəns] *s.* adolescenza.
adolescent [ˌædə(u)'lesnt] **I** *s.* adolescente *m./f.* **II** *a.* (da) adolescente.
Adolf ['ædɔlf] *N.pr.m.* Adolfo.
Adonis [ə'dəunis] *N.pr.m.* Adone.
to **adopt** [ə'dɔpt] *v.t.* adottare.
adoption [ə'dɔpʃən] *s.* adozione.
adoptive [ə'dɔptiv] *a.* adottivo.
adorable [ə'dɔ:rəbl] *a.* adorabile, delizioso.
adoration [ˌædɔ:'reiʃən] *s.* adorazione.
to **adore** [ə'dɔ:*] *v.t.* **1** adorare, venerare. **2** (*fam.*) piacere molto (costr. impers.).
to **adorn** [ə'dɔ:n] *v.t.* ornare, adornare.
adornment [ə'dɔ:nmənt] *s.* ornamento, decorazione.
ADP = (*Inform.*) *Automatic Data Processing* elaborazione automatica dei dati.
adrenalin [ə'drenəlin] *s.* (*Biol.*) adrenalina.
Adrian ['eidriən] *N.pr.m.* Adriano.
Adriatic [ˌeidri'ætik] *a.* (*Geog.*) Adriatico. □ *the ~* (*sea*) l'Adriatico.
adrift [ə'drift] *a.pred./avv.* (*Mar., fig.*) alla deriva. □ (*fig.*) *to turn s.o. ~* gettare qd. sul lastrico.
adroit [ə'drɔit] *a.* **1** abile. **2** (*fig.*) perspicace.
adroitness [ə'drɔitnis] *s.* **1** abilità. **2** (*fig.*) perspicacia.
to **adulate** ['ædjuleit] *v.t.* adulare, lusingare.
adulation [ˌædju'leiʃən] *s.* adulazione.
adulator ['ædjuleitə*] *s.* adulatore.
adult ['ædʌlt] **I** *a.* **1** adulto. **2** per adulti. **II** *s.* adulto.
to **adulterate** [ə'dʌltəreit] *v.t.* adulterare, sofisticare.
adulterated [ə'dʌltəreitid] *a.* adulterato, sofisticato.
adulteration [əˌdʌltə'reiʃən] *s.* adulterazione, sofisticazione.
adulterer [ə'dʌltərə*] *s.* adultero.
adulteress [ə'dʌltəris] *s.* adultera.
adulterous [ə'dʌltərəs] *a.* adultero, adulterino.
adultery [ə'dʌltəri] *s.* adulterio.
to **adumbrate** ['ædʌmbreit] *v.t.* far presagire.
advance [əd'vɑ:ns, *am.* –'væns] **I** *s.* **1** avanzamento; avanzata. **2** (*fig.*) progresso. **3** *pl.* approcci; approcci amorosi. **4** aumento, rialzo. **5** (*Comm.*) anticipo, acconto. **II** *a.* in anticipo. □ ~ **booking** prenotazione; ~ **copy** copia omaggio (di un libro inviato alla stampa prima della pubblicazione); *to have ~* **notice** avere un preavviso; *to* **send** *out an ~ party* mandare qd. in avanscoperta.
to **advance** [əd'vɑ:ns, *am.* –'væns] **I** *v.t.* **1** (far) avanzare. **2** far progredire. **3** proporre. **4** anticipare. **5** (*di prezzi*) aumentare. **II** *v.i.* **1** procedere. **2** progredire. **3** fare carriera. **4** (*di prezzi*) aumentare.
advanced [ə'vɑ:nst] *a.* **1** avanzato. **2** (di livello) superiore. **3** moderno, progressista. □ *a person ~ in years* una persona di età avanzata.
advancement [əd'vɑ:nsmənt] *s.* **1** avanzamento, avanzata. **2** progresso. **3** promozione. **4** (*di prezzi*) aumento, rialzo.
advantage [əd'vɑ:ntidʒ] *s.* **1** vantaggio. **2** profitto, convenienza. □ *to* **have** (o *gain* o *win*) *the ~ over s.o.* avere il sopravvento su qd.; *to* **have** *the ~ of s.o.* avere un vantaggio su qd.; *to* **take** ~ *of s.o.* approfittare di qd.; *to* **take** ~ *of s.th.* trarre profitto da qc.; **to** *the best ~* col massimo profitto.
to **advantage** [əd'vɑ:ntidʒ] *v.t.* avvantaggiare, favorire.
advantageous [ˌædvən'teidʒəs] *a.* vantaggioso.
advent ['ædvənt] *s.* avvento.
adventitious [ˌædvən'tiʃəs] *a.* (*ant.*) **1** avventizio. **2** accidentale, fortuito, casuale.

adventure [əd'ventʃə*] *s.* avventura.
to **adventure** [əd'ventʃə*] **I** *v.t.* rischiare, azzardare. **II** *v.i.* avventurarsi, arrischiarsi.
adventurer [əd'ventʃərə*] *s.* avventuriero.
adventuress [əd'ventʃəris] *s.* avventuriera.
adventurous [əd'ventʃərəs] *a.* avventuroso.
adverb ['ædvə:b] *s.* (*Gramm.*) avverbio.
adverbial [əd'və:bjəl] *a.* avverbiale.
adversary ['ædvəsəri] *s.* avversario; antagonista *m./f.*
adverse ['ædvə:s] *a.* avverso, sfavorevole.
adversity [əd'və:siti] *s.* avversità; disgrazia.
advert ['ædvə:t] *s.* (*fam.*) annuncio pubblicitario.
to **advert** [əd'və:t] *v.i.* (*lett.*) riferirsi (*to* a).
to **advertise** ['ædvə:taiz] **I** *v.t.* reclamizzare. **II** *v.i.* **1** mettere un annuncio sul giornale. **2** fare pubblicità.
advertisement [əd'və:tismənt, *am.* ædvər'taizmənt] *s.* **1** (*Giorn.*) annuncio pubblicitario, inserzione. **2** (*Rad.*, *TV*) pubblicità.
advertiser ['ædvətaizə*] *s.* inserzionista *m./f.*
advertising ['ædvətaiziŋ] *s.* pubblicità; annunci pubblicitari. □ ~ *agency* agenzia di pubblicità.
advice [əd'vais] *s.* **1** consiglio. **2** *pl.* notizie, informazioni. **3** *pl.* (*Comm.*) avviso, notifica. **4** (*Dir.*) consulenza, parere. □ *to seek* **legal** ~ consultare un avvocato; *a* **piece** *of* ~ un consiglio; *to* **take** *s.o.'s* ~ seguire il consiglio di qd.
advisable [əd'vaizəbl] *a.* consigliabile.
to **advise** [əd'vaiz] **I** *v.t.* **1** consigliare. **2** avvisare, informare. **II** *v.i.* consultarsi (*with* con). □ *I* ~ *you against it* te lo sconsiglio.
advised [əd'vaizd] *a.* **1** informato, al corrente. **2** deliberato.
advisedly [əd'vaizidli] *avv.* a ragion veduta.
adviser, **advisor** [əd'vaizə*] *s.* consigliere, consulente *m./f.*
advisory [əd'vaizəri] *a.* consultivo: ~ *committee* (o *body*) comitato consultivo.
advocacy ['ædvəkəsi] *s.* **1** difesa. **2** avvocatura, professione di avvocato.
advocate ['ædvəkit] *s.* **1** fautore, sostenitore. **2** (*scozz.*) avvocato. □ (*GB*) *Lord High* ~ Primo Magistrato.
to **advocate** ['ædvəkeit] *v.t.* difendere.
AE = *Atomic Energy* Energia Atomica.
to **aerate** ['εəreit] *v.t.* **1** aerare. **2** gassare. **3** (*Med.*) ossigenare.
aeration [ˌεə'reiʃən] *s.* aerazione.
aerator ['εəreitə*] *s.* aeratore.
aerial ['εəriəl] **I** *s.* (*Rad.*) antenna. **II** *a.* **1** (*Aer.*) aereo: ~ *photography* fotografia aerea. **2** dell'aria. **3** (*fig.*) etereo; immateriale. □ ~ **ladder** scala da pompieri; ~ **railway** funivia, teleferica.
aeriform ['εərifɔ:m] *a.* aeriforme.
aerobatics [ˌεərə'bætiks] *s.pl.* (costr. sing.) acrobatica aerea; acrobazie aeree.
aerobics [εə'rɔbiks] *s.pl.* (costr. sing.) (ginnastica) aerobica.
aerodynamic [ˌεərədai'næmik] *a.* aerodinamico.
aerodynamics [ˌεərədai'næmiks] *s.pl.* (costr. sing.) aerodinamica.
aerolite ['εərə(u)lait] *s.* (*Geol.*) aerolito.
aeronaut ['εərənɔ:t] *s.* aeronauta.
aeronautical [ˌεərə'nɔ:tikl] *a.* aeronautico.
aeronautics [ˌεərə'nɔ:tiks] *s.pl.* (costr. sing.) aeronautica.
aeroplane ['εərəplein] *s.* aeroplano.
aerosol ['εərəsɔl] *s.* aerosol.
aerospace ['εərəspeis] **I** *s.* spazio atmosferico. **II** *a.* aerospaziale.
aerostat ['εərəstæt] *s.* aerostato.
aerostatic [ˌεərə'stætik] *a.* aerostatico.
aerostatics [ˌεərə'stætiks] *s.pl.* (costr. sing.) aerostatica.
aesthete ['i:sθi:t] *s.* esteta *m./f.*
aesthetic [i:s'θetik] *a.* estetico.
aesthetics [i:s'θetiks] *s.pl.* (costr. sing.) estetica.
aether ['i:θe*] → **ether**.
AF = (*USA*) *Air Force* Aeronautica.
afar [ə'fɑ:*] *avv.* (*poet.*) lontano: *from* ~ da lontano.
affability [ˌæfə'biliti] *s.* affabilità, gentilezza.
affable ['æfəbl] *a.* affabile, gentile.
affair [ə'fεə*] *s.* **1** affare, affari, faccenda. **2** cosa, aggeggio. **3** relazione amorosa. **4** evento, avvenimento. □ *Foreign Affairs* Ministero degli Affari Esteri; *that's my* ~ sono affari miei.
to **affect**[1] [ə'fekt] *v.t.* **1** influire su, avere effetto su. **2** concernere, riguardare. **3** colpire; commuovere. **4** (*Med.*) attaccare, colpire.
to **affect**[2] [ə'fekt] *v.t.* **1** affettare, ostentare. **2** fingere, simulare. **3** prediligere, preferire.
affectation [ˌæfek'teiʃən] *s.* **1** affettazione, ostentazione. **2** posa, leziosaggine.
affected [ə'fektid] *a.* **1** affettato, lezioso. **2** commosso.
affecting [ə'fektiŋ] *a.* commovente, emozionante.
affection [ə'fekʃən] *s.* **1** affetto, affezione; amore. **2** (*Med.*) affezione.
affectionate [ə'fekʃənit] *a.* affettuoso, amorevole.
affective [ə'fektiv] *a.* affettivo, emotivo.
to **affiance** [ə'faiəns] *v.t.* (general. al passivo) (*ant.lett.*) fidanzare.
affiliate [ə'filieit] *s.* (*Comm.*) società affiliata; filiale.
to **affiliate** [ə'filieit] **I** *v.t.* affiliare. **II** *v.i.* affiliarsi (*with* a); divenire socio (di).
affiliation [əˌfili'eiʃən] *s.* affiliazione.
affinity [ə'finiti] *s.* **1** affinità. **2** parentela acquisita.
to **affirm** [ə'fə:m] *v.t.* **1** affermare, dichiarare. **2** dichiarare solennemente di dire la verità (senza invocare la divinità a Testimone).
affirmation [ˌæfə:'meiʃən] *s.* **1** affermazione, asserzione. **2** (*Dir.*) dichiarazione solenne.
affirmative [ə'fə:mətiv] **I** *a.* **1** affermativo. **2** positivo. **II** *s.* affermativa. □ *to answer in*

the ~ rispondere affermativamente (*o* di sì).
affix ['æfiks] *s.* (*Ling.*) affisso.
to **affix** [ə'fiks] *v.t.* **1** affiggere, attaccare: ~ *a stamp* applicare un francobollo. **2** apporre: *to* ~ *one's signature* apporre la propria firma.
to **afflict** [ə'flikt] *v.t.* affliggere, tormentare.
affliction [ə'flikʃən] *s.* afflizione, tormento.
affluence ['æfluəns] *s.* opulenza, ricchezza.
affluent ['æfluənt] **I** *a.* ricco, opulento. **II** *s.* (*Geog.*) affluente.
to **afford** [ə'fɔ:d] *v.t.* **1** permettersi (il lusso di): *I cannot* ~ *a car* non posso permettermi l'automobile. **2** offrire, fornire. ☐ *it affords me great pleasure* mi fa molto piacere.
to **afforest** [æ'fɔrist] *v.t.* imboschire, rimboscare.
afforestation [ə,fɔrist'eiʃən] *s.* (r)imboschimento.
to **affranchise** [ə'fræntʃaiz] *v.t.* affrancare, liberare.
affray [ə'frei] *s.* rissa, zuffa.
affront [ə'frʌnt] *s.* affronto, insulto.
to **affront** [ə'frʌnt] *v.t.* insultare; oltraggiare.
Afghanistan [æf'gænistæn] *N.pr.* (*Geog.*) Afganistan.
afield [ə'fi:ld] *avv.* lontano.
afire [ə'faiə*] *avv./a.pred.* in fiamme.
AFL = *American Federation of Labor* Federazione Americana del Lavoro.
aflame [ə'fleim] *avv./a.pred.* in fiamme, ardente.
afloat [ə'fləut] *avv./a.pred.* **1** a galla (*anche fig.*). **2** in mare. ☐ (*fig.*) *a rumour is* ~ c'è in giro una voce.
afoot [ə'fut] *avv./a.pred.* (*fig.*) in corso.
aforesaid [ə'fɔ:sed] *a.* summenzionato, suddetto.
aforethought [ə'fɔ:θɔ:t] *a.* premeditato.
afraid [ə'freid] *a.* spaventato, impaurito. ☐ *to be* ~ avere paura, temere: *I'm* ~ *so* (o *not*) temo di sì (*o* no).
afresh [ə'freʃ] *avv.* da capo, di nuovo: *to start* ~ ricominciare da capo.
Africa ['æfrikə] *N.pr.* (*Geog.*) Africa.
African ['æfrikən] *a./s.* africano.
Afrikaans [,æfrikɑ:ns] *s.* (*lingua*) afrikaans.
Afrikaner [,æfri'kɑ:nə*] *s.* afrikaner.
aft [ɑ:ft] *avv.* (*Mar., Aer.*) a poppa.
aft. = *afternoon* pomeriggio (p.m.).
after ['ɑ:ftə*, *am.* 'æ:ftə*] **I** *prep.* **1** dopo: ~ *dinner* dopo pranzo; *one* ~ *another* uno dopo l'altro. **2** dietro: *run* ~ *him* corrigli dietro. **3** secondo, alla maniera di: *to make s.th.* ~ *a model* fare qc. secondo un modello. **II** *avv.* **1** dietro: *I came* ~ io andai dietro. **2** dopo, più tardi: *three hours* ~ tre ore dopo. **III** *congz.* dopo che: *I went in* ~ *he* (*had*) *left* entrai dopo che se ne era andato. **IV** *a.* **1** successivo, seguente. **2** (*Mar.*) di poppa. ☐ ~ **all** dopo tutto; *to* **ask** ~ *s.o.* chiedere di qd.; *to* **be** ~ *s.o.* star dietro a qd.; *to* **be** ~ *s.th.* cercare qc.; **day** ~ *day* un giorno dopo l'altro; *the* **day** ~ *tomorrow* dopodomani; **ever** ~ da allora in poi: *and they lived happily ever* ~ e vissero felici e contenti; **soon** (o *shortly*) ~ poco dopo; **time** ~ *time* ripetutamente, più volte; *in* ~ **years** negli anni futuri.
afterbirth ['ɑ:ftəbə:θ] *s.* (*Med.*) placenta.
aftereffect ['ɑ:ftəi'fekt] *s.* **1** effetto secondario. **2** (*Med.*) postumi.
afterglow ['ɑ:ftəgləu] *s.* riverbero del tramonto.
afterlife ['ɑ:ftəlaif] *s.* vita ultraterrena.
aftermath ['ɑ:ftəmæθ] *s.* (*fig.*) conseguenze (di evento spiacevole).
afternoon [,ɑ:ftə'nu:n] *s.* pomeriggio. ☐ *good* ~ buona sera.
aftertaste ['ɑ:ftəteist] *s.* sapore (che rimane in bocca).
afterthought ['ɑ:ftəθɔ:t] *s.* ripensamento.
afterwards ['ɑ:ftəwədz] *avv.* dopo, poi.
Ag = (*Chim.*) *silver* argento.
AG = *Attorney General* Procuratore Generale; (*USA*) Ministro della Giustizia.
again [ə'gen] *avv.* **1** ancora, di nuovo, un'altra volta; da capo. **2** più: *never* ~ mai più; *don't do that* ~ non farlo più. **3** anche, tuttavia, d'altra parte: *it may rain and* ~ *it may not* può piovere ma può anche non piovere. ☐ ~ **and** ~ ripetutamente; **as** *much* ~ il doppio; **as** *many* ~ altrettanti; **here** *we are* ~ ci risiamo; **now** *and* ~ ogni tanto; **once** ~ ancora una volta; *to be* **o.s.** ~ ristabilirsi; *to* **say** ~ ripetere.
against [ə'genst] *prep.* **1** contro; contrario a: *to sail* ~ *the wind* navigare contro vento; ~ *the law* contrario alla legge. **2** su, sullo sfondo di: ~ *a white background* su sfondo bianco. **3** in vista di, in previsione di: *I will save some money* ~ *my old age* risparmierò in previsione della vecchiaia. ☐ **as** ~ in confronto a; ~ *the* **clock** in corsa con il tempo; **over** ~ di fronte a.
agape [ə'geip] *avv./a.pred.* a bocca aperta (*anche fig.*).
agate ['ægət] *s.* (*Min.*) agata.
Agatha ['ægəθə] *N.pr.f.* Agata.
agave [ə'geivi] *s.* (*Bot.*) agave.
agcy = *agency* agenzia.
age [eidʒ] *s.* **1** età. **2** era, epoca; periodo (*anche Geol.*). **3** generazione: *the ages yet unborn* le generazioni future. **4** (*fam.*) secolo, eternità: *I haven't seen you for ages* è un secolo che non ti vedo. ☐ *to* **come** *of* ~ diventare maggiorenne; *he* **is** *my* ~ ha la mia età; *to* **look** *one's* ~ dimostrare la propria età; *to be* **over** ~ aver superato i limiti d'età; **under** ~ minorenne.
to **age** [eidʒ] *v.t./i.* invecchiare.
aged ['eidʒid] *a.* **1** attempato, anziano. **2** dell'età di: *my daughter is* ~ *three years* mia figlia ha tre anni.
ageless ['eidʒlis] *a.* senza età; eterno.
age-long ['eidʒlɔŋ] *a.* eterno.
agency ['eidʒənsi] *s.* **1** agenzia, ufficio. **2** ente governativo. **3** (*Comm.*) rappresentanza; fi-

liale, succursale. **4** azione; intervento.
agenda [ə'dʒəndə] *s.* ordine del giorno.
agent ['eidʒənt] *s.* **1** agente *m./f.*, rappresentante *m./f.* **2** (*Chim.*, *Fis.*) agente.
age-old ['eidʒəuld] *a.* antico, secolare.
agglomerate [ə'glɔməreit] *a./s.* agglomerato.
to **agglomerate** [ə'glɔməreit] **I** *v.t.* agglomerare. **II** *v.i.* agglomerarsi.
agglomeration [əˌglɔmə'reiʃən] *s.* agglomerazione.
to **agglutinate** [ə'glu:tineit] **I** *v.t.* agglutinare. **II** *v.i.* agglutinarsi.
to **aggrandize** [ə'grændaiz] *v.t.* ingrandire.
to **aggravate** ['ægrəveit] *v.t.* **1** aggravare. **2** (*fam.*) irritare.
aggravating ['ægrəveitiŋ] *a.* **1** aggravante. **2** (*fam.*) irritante.
aggravation [ˌægrə'veiʃən] *s.* **1** aggravamento. **2** (*fam.*) irritazione.
aggregate ['ægrigit] **I** *a.* globale; aggregato. **II** *s.* (*Edil.*) materiale inerte. ☐ *in the* ~ nell'insieme.
to **aggregate** ['ægrigeit] **I** *v.t.* aggregare. **II** *v.i.* aggregarsi.
aggregation [ˌægri'geiʃən] *s.* aggregamento.
aggression [ə'greʃən] *s.* aggressione.
aggressive [ə'gresiv] *a.* aggressivo; combattivo.
aggressor [ə'gresə*] *s.* aggressore.
to **aggrieve** [ə'gri:v] *v.t.* **1** (general. al passivo) affliggere, rattristare. **2** offendere.
aghast [ə'gɑ:st] *a.pred.* atterrito, inorridito.
agile ['ædʒail, *am.* 'ædʒ(ə)l] *a.* agile, svelto.
agility [ə'dʒiliti] *s.* agilità, destrezza.
agio ['ædʒəu] *s.* (*pl.* **–s** [–z]) (*Econ.*) aggio.
agiotage ['ædʒətidʒ] *s.* (*Econ.*) aggiotaggio.
to **agitate** ['ædʒiteit] **I** *v.t.* agitare, scuotere (*anche fig.*). **II** *v.i.* battersi, lottare (*for* per).
agitation [ˌædʒi'teiʃən] *s.* **1** agitazione. **2** turbamento. **3** (*Pol.*) agitazione, fermento.
agitator ['ædʒiteitə*] *s.* agitatore.
aglow [ə'gləu] *a.pred.* **1** acceso, ardente. **2** (*fig.*) raggiante (*with* di).
agnostic [æg'nɔstik] *a./s.* agnostico.
agnosticism [æg'nɔstisizəm] *s.* agnosticismo.
ago [ə'gəu] *avv.* fa, or sono: *a long time* ~ molto tempo fa.
agog [ə'gɔg] *a.pred.* impaziente, ansioso.
to **agonize** ['ægənaiz] *v.i.* tormentarsi, torturarsi.
agonizing ['ægənaiziŋ] *a.* penoso, angoscioso.
agony ['ægəni] *s.* **1** tormento, angoscia. **2** (*fig.*) parossismo. ☐ *to be in* ~ (o *agonies*) soffrire terribilmente.
agoraphobia [ˌægərə'fəubiə] *s.* (*Psic.*) agorafobia.
agrarian [ə'grɛəriən] *a.* agricolo, rurale.
to **agree** [ə'gri:] **I** *v.i.* **1** essere d'accordo, convenire (*with* con); acconsentire (*to* a). **2** accordarsi (*on, upon, about* su, circa). **3** andare d'accordo. **4** corrispondere (*with* a), concordare (con). **5** essere adatto, confarsi (*with* a). **6** (*Gramm.*) concordare (*with* con). **II** *v.t.* **1** convenire, concordare: *to* ~ *all the details* concordare tutti i particolari. **2** approvare: *the Board of Directors agreed the budget* il consiglio d'amministrazione approvò il bilancio.
agreeable [ə'griəbl] *a.* **1** gradevole, piacevole. **2** propizio, propenso.
agreement [ə'gri:mənt] *s.* **1** accordo, intesa. **2** (*Dir.*) contratto. **3** (*Gramm.*) concordanza. ☐ *to* **be** *in* ~ *with s.o.* essere d'accordo con qd.; *to* **come** *to an* ~ accordarsi; **gentlemen***'s* ~ accordo (verbale) fra gentiluomini.
agricultural [ˌægri'kʌltʃərəl] *a.* agricolo.
agriculture ['ægrikʌltʃə*] *s.* agricoltura.
agriculturist [ˌægri'kʌltʃərist] *s.* imprenditore agricolo.
agronomist [ə'grɔnəmist] *s.* agronomo.
agronomy [ə'grɔnəmi] *s.* agronomia.
aground [ə'graund] *avv./a.pred.* (*Mar.*) incagliato, in secca. ☐ *the boat ran* ~ la nave si arenò.
ah [ɑ:] *intz.* ah.
Ah = *ampere-hour* amperora (Ah).
aha [ɑ:'hɑ:] *intz.* ah, bene.
ahead [ə'hed] *avv.* **1** davanti; avanti. **2** in anticipo. ☐ (*Mar.*) **full** *speed* ~ avanti a tutta forza; (*fig.*) *to* **get** ~ farsi strada; **go** ~*!* avanti!; *to* **look** ~ guardare al futuro; *to be* ~ **of** *s.o.* superare qd.; *go* **straight** ~ vai sempre diritto.
ahem [hm] *intz.* ehm.
ahoy [ə'hɔi] *intz.* (*Mar.*) ehi, ohè. ☐ *land* ~ terra in vista.
AI = *Amnesty International* organizzazione internazionale per la difesa dei diritti dell'uomo.
aid [eid] *s.* **1** aiuto: *he came to his* ~ venne in suo aiuto; soccorso, assistenza. **2** aiutante *m./f.*, assistente *m./f.* ☐ *hearing* ~ apparecchio acustico.
to **aid** [eid] *v.t.* aiutare; assistere, soccorrere.
aide [eid], **aide-de-camp** ['eiddə'kɑ̃:ŋ] *s.* (*Mil.*) aiutante di campo.
AIDS = (*Med.*) *Acquired Immune Deficiency Syndrome* Sindrome da Immunodeficienza Acquisita.
to **ail** [eil] **I** *v.t.* (*lett.*) affliggere, addolorare. **II** *v.i.* essere sofferente.
aileron ['eilərɔn] *s.* (*Aer.*) alettone.
ailment ['eilmənt] *s.* indisposizione, disturbo.
aim [eim] *s.* **1** mira. **2** bersaglio. **3** (*fig.*) scopo.
to **aim** [eim] **I** *v.t.* **1** puntare, mirare. **2** (*fig.*) dirigere, destinare. **II** *v.i.* **1** mirare (*at* a) (*anche fig.*). **2** (*fam.*) intendere (qc.), proporsi (di).
aimless ['eimlis] *a.* senza scopo, senza meta.
ain't [eint] (*sl.*) *contraz.* di **am not, is not, are not, has not, have not.**
air [ɛə*] *s.* **1** aria. **2** brezza, venticello. **3** (*fig.*) aria, aspetto; *pl.* (*fig.*) arie: *to put on airs* darsi delle arie. ☐ **by** ~ per via aerea; in aereo; (*am. fam.*) *to* **give** *s.o. the* ~ licenziare qd.; (*fam.*) **hot** ~ fandonie; **in** *the* ~ (*di voci, notizie, ecc.*) in giro, in circolazione; (*Rad.*) **on** *the* ~ in onda; *to* **take** *the* ~

uscire a prendere aria; (*fig.*) *to vanish into* **thin** ~ svanire nel nulla; **up** *in the* ~ campato in aria; (*fam.*) su tutte le furie; (*fig.*) *to* **walk** *on* ~ essere al settimo cielo.
to **air** [ɛə*] *v.t.* **1** arieggiare, dare aria. **2** (*fig.*) esprimere pubblicamente.
air-base ['ɛəbeis] *s.* (*Aer.mil.*) base aerea.
airbed ['ɛəbed] *s.* materassino pneumatico.
airborne ['ɛəbɔ:n] *a.* aviotrasportato.
airbrake ['ɛəbreik] *s.* freno ad aria compressa.
airbrick ['ɛəbrik] *s.* mattone forato.
airbus [ɛə'bʌs] *s.* aerobus.
to **air-condition** ['ɛəkən,diʃən] *v.t.* dotare di aria condizionata; climatizzare.
air-conditioner [,ɛəkən'diʃənə*] *s.* condizionatore d'aria.
air-conditioning ['ɛəkən,diʃəniŋ] *s.* condizionamento d'aria.
air-cooled ['ɛəku:ld] *a.* raffreddato ad aria.
aircraft ['ɛəkrɑ:ft] *s. inv.* aeroplano, aereo. □ (*Mil.*) *~-carrier* portaerei.
aircrew ['ɛəkru:] equipaggio d'aereo.
airdrome *am.* ['ɛədrəum] *s.* aeroporto.
airdrop ['ɛədrɔp] *s.* lancio (con paracadute).
airfield ['ɛəfi:ld] *s.* campo d'aviazione.
airforce ['ɛəfɔ:s] *s.* aeronautica militare.
air-gun ['ɛəgʌn] *s.* fucile ad aria compressa.
air-hole ['ɛəhəul] *s.* sfiatatoio.
airing ['ɛəriŋ] *s.* aria, aerazione. □ *to go for an* ~ andare a prendere una boccata d'aria.
air-jacket ['ɛədʒækit] *s.* (*Aer.*) giubbotto pneumatico.
airlift ['ɛəlift] *s.* (*Aer.*) ponte aereo.
airline ['ɛəlain] *s.* linea aerea, compagnia aerea.
airliner ['ɛəlainə*] *s.* aereo di linea.
airmail ['ɛəmeil] *s.* posta aerea.
airman ['ɛəmən] *s.* (*pl.* **–men**) aviatore.
airplane *am.* ['ɛəplein] *s.* aeroplano, aereo.
air-pocket ['ɛəpɔkit] *s.* (*Aer.*) vuoto d'aria.
airport ['ɛəpɔ:t] *s.* aeroporto.
airproof ['ɛəpru:f] *a.* a tenuta d'aria.
air-raid ['ɛəreid] *s.* incursione aerea.
air-screw ['ɛəskru:] *s.* (*Aer.*) elica.
air-shaft ['ɛəʃɑ:ft] *s.* (*Min.*) pozzo di aerazione.
airship ['ɛəʃip] *s.* (*Aer.*) aeronave.
airsick ['ɛəsik] *a.* che soffre il mal d'aria.
airsickness ['ɛə,siknis] *s.* mal d'aria.
airstrip ['ɛəstrip] *s.* pista di atterraggio.
airtight ['ɛətait] *a.* a tenuta d'aria.
airway ['ɛəwei] *s.* **1** (*Aer.*) aviolinea. **2** (*Min.*) galleria di ventilazione.
airworthy ['ɛə,wə:ði] *a.* atto alla navigazione aerea.
airy ['ɛəri] *a.* **1** arioso, arieggiato. **2** (*fig.*) superficiale. **3** gaio, vivace, leggero.
aisle [ail] *s.* **1** (*Arch.*) navata laterale. **2** passaggio.
ajar [ə'dʒɑ:*] *a.pred./avv.* socchiuso.
akimbo [ə'kimbəu] *avv.* con le mani appoggiate sui fianchi.
akin [ə'kin] *a.pred.* **1** consanguineo. **2** (*fig.*) affine (a).
Al = (*Chim.*) *aluminium* alluminio.
alabaster ['æləbɑ:stə*] *s.* (*Min.*) alabastro.
alacrity [ə'lækriti] *s.* alacrità, prontezza.
alarm [ə'lɑ:m] *s.* **1** (segnale di) allarme. **2** sveglia. **3** timore, preoccupazione.
to **alarm** [ə'lɑ:m] *v.t.* **1** allarmare, spaventare. **2** dare l'allarme a, avvertire.
alarm-clock [ə'lɑ:mklɔk] *s.* sveglia.
alarming [ə'lɑ:miŋ] *a.* allarmante. □ *at an* ~ *rate* con una rapidità impressionante.
alarmism [ə'lɑ:mizəm] *s.* allarmismo.
alarmist [ə'lɑ:mist] **I** *a.* allarmistico. **II** *s.* allarmista *m./f.*
alas [ə'lɑ:s] *intz.* ahime.
Alaska [ə'læskə] *N.pr.* (*Geog.*) Alasca.
Albania [æl'beinjə] *N.pr.* (*Geog.*) Albania.
Albanian [æl'beinjən] *a./s.* albanese.
albatross ['ælbatrɔs] *s.* (*Zool.*) albatro.
albeit [ɔ:l'bi:it] *congz.* (*lett.*) quantunque, sebbene: *he continues to write,* ~ *irregularly* continua a scrivere, sebbene con meno regolarità.
Albert ['ælbət] *N.pr.m.* Alberto.
albinism ['ælbinizəm] *s.* (*Biol.*) albinismo.
albino [æl'bi:nəu, *am.* æl'bai:nəu] *s.* (*pl.* –s [–z]) albino.
album ['ælbəm] *s.* album.
albumen ['ælbjumen] *s.* albume.
albumin ['ælbjumin] *s.* (*Biol.*) albumina.
alchemist ['ælkimist] *s.* alchimista.
alchemy ['ælkimi] *s.* alchimia.
alcohol ['ælkəhɔl] *s.* alcool.
alcoholic [,ælkə'hɔlik] **I** *a.* **1** alcolico. **2** alcolizzato. **II** *s.* alcolizzato.
alcoholism ['ælkəhɔlizəm] *s.* alcolismo.
alcove ['ælkəuv] *s.* **1** alcova. **2** nicchia.
alder ['ɔ:ldə*] *s.* (*Bot.*) ontano.
alderman ['ɔ:ldəmən] *s.* (*pl.* **–men**) (*GB*) consigliere comunale (anziano).
ale [eil] *s.* birra.
alert [ə'lə:t] **I** *a.* vigile, sveglio, pronto. **II** *s.* (segnale o stato di) allarme. □ *on the* ~ all'erta.
to **alert** [ə'lə:t] *v.t.* dare l'allarme a; mettere in stato di allarme.
alertness [ə'lə:tnis] *s.* **1** vigilanza. **2** prontezza.
Alexander [,ælig'ʒɑ:ndə*] *N.pr.m.* Alessandro.
Alexandria [,ælig'ʒɑ:ndriə] *N.pr.* (*Geog.*) Alessandria (d'Egitto).
Alexandrian [,ælig'ʒɑ:ndriən] *a./s.* alessandrino.
Alfred ['ælfrid] *N.pr.m.* Alfredo.
alfresco [æl'freskou] *a./avv.* all'aperto.
alga ['ælgə] *s.* (*pl.* **algae** ['ældʒi:]) alga.
algebra ['ældʒibrə] *s.* algebra.
algebraic [,ældʒi'breiik] *a.* algebrico.
algebraical [,ældʒi'breiikəl] *a.* algebrico.
Algeria [æl'dʒiəriə] *N.pr.* (*Geog.*) Algeria.
Algerian [æl'dʒiəriən] *a./s.* algerino.
Algiers [æl'dʒiəz] *N.pr.* (*Geog.*) Algeri.
ALGOL = (*Inform.*) *Algorithmic Language* (lin-

guaggio di programmazione) (Algol).

algorithm ['ælgəriðm] *s.* (*Mat., Inform.*) algoritmo.

alias ['eiliəs] **I** *s.* pseudonimo, falso nome. **II** *avv.* alias, altrimenti detto.

alibi ['ælibai] *s.* alibi.

Alice ['ælis] *N.pr.f.* Alice.

alien ['eiljən] **I** *s.* **1** straniero; forestiero. **2** extraterrestre, alieno. **II** *a.* **1** straniero, forestiero. **2** (*fig.*) estraneo; contrario (*to* a).

alienable ['eiljənəbl] *a.* alienabile.

to **alienate** ['eiljəneit] *v.t.* alienare.

alienating ['eiljəneitiŋ] *a.* alienante.

alienation [,eiliə'neiʃən] *s.* alienazione.

alight [ə'lait] *a.pred.* **1** acceso. **2** (*fig.*) illuminato (*with* da).

to **alight** [ə'lait] *v.i.* (*pass., p.p.* **–ed** [–id]/**alit** [ə'lit]) **1** scendere (*from* da): *she alighted from the train* scese dal treno. **2** atterrare (*on*).

to **align** [ə'lain] **I** *v.t.* allineare. **II** *v.i.* allinearsi, schierarsi (*with* con).

alignment [ə'lainmənt] *s.* **1** allineamento. **2** (*fig.*) schieramento. **3** (*Inform.*) allineamento.

alike [ə'laik] **I** *avv.* nello stesso modo. **II** *a.pred.* simile.

alimentary [,æli'mentəri] *a.* alimentare.

alimentation [,ælimen'teiʃən] *s.* alimentazione.

alimony ['æliməni] *s.* (*Dir.*) alimenti.

alive [ə'laiv] *a.pred.* **1** vivo, vivente. **2** (*fig.*) vivace, pieno di vita. □ *to* **come** ~ animarsi; *to* **keep** *a memory* ~ mantenere vivo un ricordo; (*fam.*) ~ *and* **kicking** vivo e vegeto; (*esclam.*) **look** ~ muoviti; *any* **man** ~ chiunque; (*fig.*) *to be* ~ **to** essere conscio di; essere sensibile a; *to be* ~ **with** pullulare di.

alkali ['ælkəlai] *s.* (*Chim.*) alcali.

alkaline ['ælkəlain] *a.* (*Chim.*) alcalino.

all [ɔ:l] **I** *a.* **1** tutto, intero: ~ *men* tutti gli uomini. **2** ogni, qualsiasi: *he denied* ~ *complicity* negò qualsiasi complicità. **II** *pron.* **1** tutti: ~ *of us are going* andiamo tutti. **2** tutto: ~ *is lost* tutto è perduto. **III** *avv.* interamente, totalmente. **IV** *s.* tutto (ciò che si possiede): *to lose one's* ~ perdere tutto. □ **above** ~ soprattutto; **after** ~ dopotutto; ~ **alone** solo soletto; da solo; ~ **along** fin dall'inizio; sempre; **at** ~ affatto, per niente: *"Thank you!" "Not at* ~*"* "Grazie" "Prego"; *nothing* **at** ~ assolutamente nulla; ~ *the* **better** tanto meglio; *the coffee is* ~ **but** *finished* il caffè è quasi finito; *to* **do** *one's* ~ fare di tutto; **for** ~ malgrado, nonostante: *for* ~ *my efforts I shall fail to do it* nonostante i miei sforzi non riuscirò a farlo; *for* ~ *I know* per quanto ne so; *for* ~ *that* ciò nonostante; *to be* ~ **for** *doing s.th.* essere dispostissimo a fare qc.; **in** ~ in tutto; (*fam.*) ~ **in** sfinito; ~ **in** ~ tutto sommato; **of** ~ fra tutti; **once** *and for* ~ una volta per tutte; (*fam.*) *to go* ~ **out** *for s.th.* fare tutto il possibile per ottenere qc.; ~ **over** dappertutto; ~ **over** *again* da capo; *that's him* ~ **over** questo è tipico di lui; *him, of* ~ **people** proprio lui; **that**'*s* ~ questo è tutto; *I'm not* ~ **that** *old* non sono proprio tanto vecchio; (*fam.*) *he's not* ~ **there** gli manca qualche venerdì; (*fam.*) *it is* ~ **up** *with him* per lui è finita; *that's* ~ **very** *well but* tutto questo va bene ma; ~ *the* **worse** tanto peggio.

Allah ['ælə] *N.pr.m.* Allah.

to **allay** [ə'lei] *v.t.* alleviare, lenire.

all-clear ['ɔ:l'kliə*] *s.* cessato allarme.

allegation [,æle'geiʃən] *s.* (*Dir.*) imputazione.

to **allege** [ə'ledʒ] *v.t.* asserire; imputare. □ *the alleged culprit* il presunto colpevole.

Alleghenies ['æligeniz] *N.pr.* (*Geog.*) Allegani.

allegiance [ə'li:dʒəns] *s.* fedeltà, obbedienza (ad autorità costituita).

allegoric [,æli'gɔrik], **allegorical** [,æli'gɔrikəl] *a.* allegorico.

allegory ['æligəri] *s.* allegoria.

allegretto [,æli'gretəu] *s.* (*Mus.*) allegretto.

allergic [ə'lə:dʒik] *a.* allergico (*to* a).

allergist ['ælədʒist] *s.* allergologo.

allergy ['ælədʒi] *s.* allergia.

to **alleviate** [ə'li:vieit] *v.t.* alleviare, lenire.

alleviation [ə,li:vi'eiʃən] *s.* alleviamento, lenimento.

alley ['æli] *s.* **1** vicolo. **2** vialetto. **3** (*Sport*) pista: *bowling* ~ pista da bowling. □ ~ *cat* gatto randagio.

All Fools' Day ['ɔ:l'fu:lzdei] *s.* primo aprile; (*fam.*) pesce d'aprile.

alliance [ə'laiəns] *s.* **1** alleanza, patto. **2** unione di famiglie (attraverso un matrimonio). □ *in* ~ *with* insieme a.

allied (ə'laid] *a.* **1** alleato. **2** (*fig.*) affine.

alligator ['æligeitə*] *s.* (*Zool.*) alligatore.

all-important ['ɔ:lim'pɔ:tənt] *a.* della massima importanza.

all-in ['ɔ:l'in] *a.* **1** (*fam.*) esausto. **2** tutto compreso; globale: *an all-in price* prezzo globale.

alliteration [ə,litə'reiʃən] *s.* allitterazione.

to **allocate** ['æləkeit] *v.t.* distribuire, assegnare; (*di fondi*) stanziare.

allocation [,ælə'keiʃən] *s.* **1** distribuzione, assegnazione. **2** (*di fondi*) stanziamento.

allocution [,ælə(u)'kju:ʃən] *s.* allocuzione.

to **allot** [ə'lɔt] *v.t.* (*pass., p.p.* **allotted** [–id]) **1** distribuire, ripartire. **2** assegnare, destinare.

allotment [ə'lɔtmənt] *s.* **1** distribuzione, ripartizione; porzione. **2** piccolo appezzamento.

all-out ['ɔ:l'aut] *a.* (*coll.*): *to make an* ~ *effort* sforzarsi al massimo.

to **allow** [ə'lau] **I** *v.t.* **1** permettere, consentire: *I do not* ~ *your smoking here* non ti permetto di fumare qui. **2** dare, concedere (somme di denaro). **3** ammettere; riconoscere: *I* ~ *she is a smart lady* riconosco che è una signora elegante. **II** *v.i.* **1** ammettere, accettare (*of s.th.* qc.). **2** tener conto (*for* di), considerare (qc.). □ ~ *me* mi permetta.

allowable [ə'lauəbl] *a.* **1** consentito, lecito. **2** accettabile, ammissibile.

allowance [ə'lauəns] *s.* **1** assegno; pensione;

indennità. **2** (*Comm.*) abbuono, riduzione. □ *to make* ~ *for* tenere conto di.
alloy ['ælɔi] *s.* (*Met.*) lega.
to **alloy** ['ælɔi] *v.t.* **1** unire in lega, legare. **2** (*fig.*) guastare.
all-powerful ['ɔ:l'pauəful] *a.* onnipotente.
all-purpose ['ɔ:l'pə:pəs] *a.* per tutti gli usi.
all right ['ɔ:l'rait] **I** *avv.* **1** bene: *he's getting on* ~ procede bene. **2** d'accordo (che), certo. **II** *a.pred.* **1** giusto, corretto. **2** bene. **3** discreto, passabile.
all-round ['ɔ:l'raund] *a.* **1** versatile, completo. **2** ampio, generale.
All Saints' Day [ˌɔ:l'seintsdei] *s.* Ognissanti.
All Souls' Day [ˌɔ:l'səulzdei] *s.* giorno dei morti.
to **allude** [ə'lu:d] *v.i.* alludere (*to* a).
to **allure** [ə'ljuə*] *v.t.* attrarre, attirare.
alluring [ə'ljuəriŋ] *a.* attraente, allettante.
allusion [ə'lu:ʒən] *s.* allusione, accenno.
allusive [ə'lu:siv] *a.* allusivo.
alluvial [ə'lu:viəl] *a.* (*Geol.*) alluvionale.
ally ['ælai] *s.* **1** alleato. **2** sostenitore.
to **ally** [ə'lai] **I** *v.t.* **1** alleare, unire. **2** imparentare. **II** *v.i.* allearsi (*with* a, con).
almanac ['ɔ:lmənæk] *s.* **1** almanacco. **2** annuario.
almighty [ɔ:l'maiti] *a.* onnipotente. **the Almighty** l'Onnipotente.
almond ['ɑ:mənd] *s.* (*Bot.*) mandorla; ~ *tree* mandorlo.
almoner ['ɑ:mənə*] *s.* **1** (*Stor.*) (*am.*) elemosiniere. **2** (*ingl.*) assistente sociale (di ospedale).
almost ['ɔ:lməust] *avv.* quasi: *we're* ~ *there* ci siamo quasi.
alms [ɑ:mz] *s.* (costr. sing. o pl.) elemosina, carità. □ ~ **box** cassetta dell'elemosina; ~ **house** ospizio di carità.
aloe ['æləu] *s.* (*Bot.*) aloe.
aloft [ə'lɔft] *avv.* **1** in alto, lassù; in aria. **2** (*Mar.*) in coffa.
alone [ə'ləun] **I** *a.pred.* **1** solo. **2** unico, impareggiabile. **II** *avv.* **1** da solo. **2** solamente, soltanto. □ *to* **leave** *s.o.* ~ lasciare qd. in pace; **let** ~ per non parlare di; *to* **stand** ~non avere eguali; *let* **well** ~ accontentati.
along [ə'lɔŋ] **I** *prep.* lungo: ~ *the way* lungo la strada. **II** *avv.* **1** avanti, innanzi: *move* ~ *please* andate avanti, prego. **2** con sé. □ **come** ~*!* vieni (via)!; ~ *the* **lines** secondo le direttive; **move** ~*!* sgombrare!, circolare!; **pass** *the word* ~ passa parola; (*am.*) **right** ~ fin dall'inizio; **well** ~ a buon punto; ~ **with** con, insieme a.
alongside [ə'lɔŋ'said] **I** *avv.* **1** accanto, di fianco. **2** (*Mar.*) sottobordo. **II** *prep.* accanto a, a fianco di. □ (*Mar.*) *to go* ~ attraccare.
aloof [ə'lu:f] **I** *avv.* a distanza, lontano. **II** *a. pred.* distaccato, riservato. □ *to stand* ~ *from* tenersi lontano da.
aloofness [ə'lu:fnis] *s.* distacco, riserbo.
aloud [ə'laud] *avv.* a voce alta.
alp [ælp] *s.* **1** alpe, montagna. **2** alpeggio.
alpaca [æl'pækə] *s.* (*Zool.*) alpaca.
alpha ['ælfə] *s.* (*alfabeto greco*) alfa.
alphabet ['ælfəbet] *s.* alfabeto.
alphabetical [ˌælfə'betikl] *a.* alfabetico.
alphanumeric [ˌælfənju:'merik] *a.* (*Inform.*) alfanumerico.
alpine ['ælpain] *a.* alpino.
alpinism ['ælpinizəm] *s.* alpinismo.
alpinist ['ælpinist] *s.* alpinista *m./f.*
Alps [ælps] *N.pr.* (*Geog.*) Alpi.
already [ɔ:l'redi] *avv.* già.
alright ['ɔ:l'rait] → **all right.**
also ['ɔ:lsəu] *avv.* anche, pure: *I'll come* ~ vengo anch'io.
alt. = **1** *alternate* alternato. **2** *altitude* altitudine (alt.).
altar ['ɔ:ltə*] *s.* altare: ~ *boy* chierichetto.
altarpiece ['ɔ:ltəpi:s] *s.* pala d'altare.
to **alter** ['ɔ:ltə*] *v.t./i.* cambiare, modificare, alterare.
alteration [ˌɔ:ltə'reiʃən] *s.* variazione, modifica.
altercation [ˌɔ:ltə:'keiʃən] *s.* alterco.
alternate [ɔ:l'tə:nit] *a.* alternato (*anche Inform.*); alterno.
to **alternate** ['ɔ:ltə:neit] **I** *v.i.* alternarsi, avvicendarsi. **II** *v.t.* alternare, avvicendare.
alternative [ɔ:l'tə:nətiv] **I** *s.* alternativa, scelta: *we have no* ~ non abbiamo altra scelta. **II** *a.* alternativo.
altho *am.*, **although** [ɔ:l'ðəu] *congz.* benché, sebbene, nonostante: *she kept her coat on,* ~ *it was warm* tenne il cappotto sebbene facesse caldo.
altimeter ['æltimi:tə*] *s.* (*Aer.*) altimetro.
altitude ['æltitju:d] *s.* **1** altitudine, quota. **2** (*pl.*) luoghi elevati. **3** (*Astr.*) altezza.
alto ['æltəu] *s.* (*pl.* **–s** [–z]) contralto.
altogether [ˌɔ:ltə'geðə*] *avv.* **1** completamente. **2** tutto sommato. **3** in tutto, complessivamente.
altruism ['æltruizəm] *s.* altruismo.
altruist ['æltruist] *s.* altruista *m./f.*
altruistic [ˌæltru'istik] *a.* altruistico.
alum ['æləm] *s.* (*Chim.*) allume.
aluminium, *am.* **aluminum** [ˌælju'minjəm] *s.* (*Chim.*) alluminio.
alumna *am.* [ə'lʌmnə] *s.* (*pl.* **–nae** [–ni:]) exalunna (di Università).
alumnus *am.* [ə'lʌmnəs] *s.* (*pl.* **–ni** [–nai]) exalunno (di Università).
alveolus [æl'viələs] *s.* (*pl.* **–li** [–lai]) (*Anat.*) alveolo.
always ['ɔ:lweiz] *avv.* sempre.
am [æm] → to **be**.
a.m. = *ante meridiem, before midday* antimeridiano.
Am = **1** (*Chim.*) *americium* americio. **2** *America* America. **3** *American* americano.
AM = **1** *Air Mail* Posta aerea. **2** *Artium Magister, Master of Arts* Dottore in Lettere.
amalgam [ə'mælgəm] *s.* amalgama.
to **amalgamate** [ə'mælgəmeit] **I** *v.t.* amalgamare. **II** *v.i.* amalgamarsi.
amalgamation [əˌmælgə'meiʃən] *s.* **1** amalga-

mazione. **2** (*fig.*) unione, fusione.
amanuensis [ə,mænju'ensis] *s.* amanuense.
amaranth ['æməræn θ] *a./s.* amaranto.
to **amass** [ə'mæs] *v.t.* ammassare, accumulare.
amateur ['æmətə:*] *s.* dilettante *m./f.*
amateurish [,æmə'tə:riʃ] *a.* dilettantesco.
amatory ['æmətəri] *a.* amatorio, amoroso.
to **amaze** [ə'meiz] *v.t.* stupire, sbalordire.
amazement [ə'meizmənt] *s.* stupore, sbalordimento. □ *she looked at him in* ~ lo guardò stupita.
amazing [ə'meiziŋ] *a.* sbalorditivo, stupefacente.
Amazon ['æməzən] *s.* Amazzone.
Amazonia ['æma'zəuniə] *N.pr.* (*Geog.*) Amazzonia.
Amazon river ['æməzən'rivə*] *N.pr.* (*Geog.*) Rio delle Amazzoni.
ambassador [æm'bæsədə*] *s.* ambasciatore.
ambassadorial [æm,bæsə'dɔ:riəl] *a.* di, da ambasciatore.
ambassadress [æm'bæsədris] *s.* ambasciatrice.
amber ['æmbə*] *s.* (*Chim.*) ambra.
ambergris ['æmbəgri:s] *s.* ambra grigia.
ambidextrous [,æmbi'dektrəs] *a.* ambidestro.
ambience ['æmbiəns] *s.* ambiente, atmosfera.
ambient ['æmbiənt] *a.* ambientale.
ambiguity [,æmbi'gjuiti] *s.* ambiguità.
ambiguous [æm'bigjuəs] *a.* ambiguo, equivoco.
ambit ['æmbit] *s.* **1** (spesso al pl.) ambito. **2** (*fig.*) sfera.
ambition [æm'biʃən] *s.* ambizione.
ambitious [æm'biʃəs] *a.* ambizioso.
ambivalence ['æmbi'veiləns] *s.* ambivalenza.
ambivalent ['æmbi'veilənt] *a.* ambivalente.
amble ['æmbl] *s.* (*fig.*) passo lento.
to **amble** ['æmbl] *v.i.* **1** (*Equitazione*) ambiare. **2** (*fig.*) camminare lemme lemme.
Ambrose ['æmbrəuz] *N.pr.m.* Ambrogio.
ambrosia [æm'brəuziə] *s.* ambrosia.
ambulance ['æmbjuləns] *s.* ambulanza; autoambulanza.
ambuscade [,æmbəs'keid] *s.* imboscata, agguato.
to **ambuscade** [,æmbəs'keid] *v.t.* tendere una imboscata.
ambush ['æmbuʃ] *s.* imboscata, agguato: *to lay an* ~ tendere un'imboscata.
to **ambush** ['æmbuʃ] **I** *v.t.* tendere un'imboscata a. **II** *v.i.* essere in agguato.
to **ameliorate** [ə'mi:ljəreit] *v.t./i.* migliorare.
amen ['ɑ:'men, 'eimen] *intz.* amen, così sia.
amenable [ə'mi:nəbl] *a.* **1** docile; sottomesso. **2** riconducibile (*to* a).
to **amend** [ə'mend] **I** *v.t.* correggere. **II** *v.i.* correggersi.
amendment [ə'mendmənt] *s.* emendamento.
amends [ə'mendz] *s.pl.* ammenda: *to make* ~ *for s.th.* fare ammenda per qc.
amenity [ə'meniti] *s.* **1** amenità. **2** *pl.* attrattive. **3** *pl.* cortesie, gentilezze.
America [ə'merikə] *N.pr.* (*Geog.*) America.
American [ə'merikən] *a./s.* americano. □ ~ *Indian* pellerossa *m./f.*, indiano d'America.
Americanism [ə'merikənizəm] *s.* americanismo.
to **Americanize** [ə'merikənaiz] **I** *v.t.* americanizzare. **II** *v.i.* americanizzarsi.
americium [,æmə'riʃiəm] *s.* (*Chim.*) americio.
amethyst ['æmiθist] *s.* (*Min.*) ametista.
amiable ['eimiəbl] *a.* affabile, amabile.
amicable ['æmikəbl] *a.* amichevole.
amid [ə'mid], **amidst** [ə'midst] *prep.* (*lett.*) in mezzo a.
amino acid [ə'mi:nəu 'æsid] *s.* (*Chim.*) amminoacido.
amiss [ə'mis] **I** *avv.* fuori luogo, a sproposito. **II** *a.pred.* **1** inopportuno. **2** sbagliato, errato. □ *is* **something** ~? c'è qualcosa che non va?; *to* **take** ~ offendersi.
amity ['æmiti] *s.* amicizia, rapporti amichevoli.
ammonia [ə'məuniə] *s.* (*Chim.*) ammoniaca.
ammunition [,æmju'niʃən] *s.* (*Mil.*) munizioni.
amnesia [æm'ni:ziə] *s.* amnesia.
amnesty ['æmnisti] *s.* amnistia.
to **amnesty** ['æmnisti] *v.t.* amnistiare.
amoeba [ə'mi:bə] *s.* (*Zool.*) ameba.
amok [ə'mɔk]: *to run* ~ essere in preda a furia selvaggia; correre all'impazzata.
among(st) [ə'mʌŋ(st)] *prep.* tra, fra, in mezzo a: *one* ~ *many* uno fra tanti; ~ *friends* fra amici.
amoral [ei'mɔrəl] *a.* amorale.
amorality [,eimɔ'ræliti] *s.* amoralità.
amorous ['æmərəs] *a.* amoroso.
amorphous [ə'mɔ:fəs] *a.* amorfo.
amortization [,əmɔ:ti'zeiʃən] *s.* (*Econ.*) ammortamento.
to **amortize** [ə'mɔ:taiz] *v.t.* (*Econ.*) ammortizzare, ammortare.
amount [ə'maunt] *s.* **1** ammontare, importo. **2** quantità. □ *he has any* ~ *of* **courage** ha coraggio da vendere; *he has any* ~ *of* **money** è ricco sfondato.
to **amount** [ə'maunt] *v.i.* **1** ammontare (*to* a). **2** equivalere (a). □ *it amounts to this, that* in poche parole, si tratta di.
amour [ə'muə*] *s.* relazione amorosa.
amp = *ampere, amperage* Ampere (A).
amperage [æm'piəridʒ] *s.* (*El.*) amperaggio.
ampere ['æmpɛə*] *s.* (*El.*) ampere.
amphetamine [æm'fetəmi:n] *s.* (*Farm.*) anfetamina.
amphibian [æm'fibiən] *s.* **1** (*Zool.*) anfibio. **2** (*Mil.*) mezzo anfibio.
amphibious [æm'fibiəs] *a.* anfibio.
amphitheater *am.*, **amphitheatre** ['æmfi,θiətə*] *s.* anfiteatro.
amphora ['æmfərə] *s.* (*pl.* **–rae** [–ri:]/**–s** [–z]) anfora.
ample ['æmpl] *a.* **1** ampio, spazioso. **2** abbondante, copioso. **3** del tutto sufficiente.
amplification [,æmplifi'keiʃən] *s.* **1** amplificazione. **2** ampliamento.

amplifier ['æmplifaiə*] *s.* amplificatore.
to **amplify** ['æmplifai] *v.t.* **1** allargare, ampliare. **2** (*tecn.*) amplificare.
amplitude ['æmplitju:d] *s.* (*lett.*) ampiezza; abbondanza.
ampoule, *am.* **ampule** ['æmpu:l] *s.* fiala (per medicinali).
to **amputate** ['æmpjuteit] *v.t.* amputare.
amputation [ˌæmpju'teiʃən] *s.* amputazione.
Amsterdam ['æmstə'dæm] *N.pr.* (*Geog.*) Amsterdam.
amuck [ə'mʌk] → **amok**.
amulet ['æmjulət] *s.* amuleto.
to **amuse** [ə'mju:z] *v.t.* **1** divertire. **2** rallegrare.
amusement [ə'mju:zmənt] *s.* **1** divertimento, spasso. **2** distrazione, svago. ☐ ~ *park* parco dei divertimenti.
amusing [ə'mju:ziŋ] *a.* divertente, spassoso.
an [æn] → **a**.
anachronism [ə'nækrənizəm] *s.* anacronismo.
anachronistic [əˌnækrə'nistik] *a.* anacronistico.
anaemia [ə'ni:mjə] *s.* (*Med.*) anemia.
anaemic [ə'ni:mik] *a.* anemico.
anaesthesia [ˌænis'θi:zjə] *s.* (*Med.*) anestesia.
anaesthetic [ˌænis'θetik] *a./s.* (*Farm.*) anestetico.
anaesthetist [æ'ni:sθətist] *s.* anestesista *m./f.*
to **anaesthetize** [æ'ni:sθətaiz] *v.t.* anestetizzare.
anagram ['ænəgræm] *s.* anagramma.
anal ['einəl] *a.* anale.
analgesia [ˌænæl'dʒi:zjə] *s.* (*Med.*) analgesia.
analgesic [ˌænæl'dʒi:zik] *a./s.* (*Farm.*) analgesico.
analogic [ˌænə'lɔdʒik] *a.* analogico.
analogical [ˌænə'lɔdʒikəl] *a.* analogico.
analogous [ə'næləgəs] *a.* affine, analogo (*to* a); simile, somigliante (a).
analogue ['ænəlɔg] *a.* (*Inform.*) analogico.
analogy [ə'nælədʒi] *s.* analogia, affinità: *by ~ with* per analogia con.
to **analyse** ['ænəlaiz] *v.t.* **1** analizzare. **2** (*am.*) psicanalizzare.
analysis [ə'nælisis] *s.* (*pl.* **–ses** [–si:z]) analisi.
analyst ['ænəlist] *s.* analista *m./f.*
analytic [ˌænə'litik], **analytical** [ˌænə'litikəl] *a.* **1** analitico. **2** (*fig.*) dettagliato.
to **analyze** *am.* ['ænəlaiz] → to **analyse**.
anaphylactic [ˌænəfi'læktik] *a.* (*Med.*): ~ *shock* shock anafilattico.
anarchic [æ'nɑ:kik] *a.* anarchico.
anarchist ['ænəkist] *s.* anarchico.
anarchy ['ænəki] *s.* anarchia.
anathema [ə'næθimə] *s.* anatema.
to **anathematize** [ə'næθəmətaiz] *v.t.* scagliare l'anatema contro.
anatomic(al) [ˌænə'tɔmik(əl)] *a.* anatomico.
anatomist [ə'nætəmist] *s.* anatomista *m./f.*
to **anatomize** [ə'nætəmaiz] *v.t.* anatomizzare.
anatomy [ə'nætəmi] *s.* **1** anatomia. **2** (*fam.*) corpo umano.

ancestor ['ænsistə*] *s.* antenato, avo.
ancestral [æn'sestrəl] *a.* ancestrale, avito.
ancestress ['ænsistris] *s.* antenata, ava.
ancestry ['ænsistri] *s.* stirpe, lignaggio.
anchor ['æŋkə*] *s.* **1** (*Mar.*) ancora. **2** (*fig.*) sostegno; ancora di salvezza. ☐ *to* **come** *to ~* gettare l'ancora; (*fig.*) stabilirsi; *to* **lie** *at ~* essere all'ancora; *to* **weigh** ~ salpare; (*fig.*) andarsene.
to **anchor** ['æŋkə*] **I** *v.t.* (*Mar.*) ancorare. **II** *v.i.* ancorarsi.
anchorage ['æŋkəridʒ] *s.* **1** ancoraggio. **2** (*fig.*) punto fermo.
anchorite ['æŋkərait] *s.* anacoreta.
anchorman ['æŋkəmən] *s.* (*pl.* **–men**) coordinatore di programmi radiotelevisivi.
anchovy ['æntʃəvi] *s.* (*Zool.*) acciuga.
ancient ['einʃənt] *a.* **1** antico. **2** (*scherz.*) antiquato.
ancillary [æn'siləri] *a.* subordinato; sussidiario.
and [ænd] *congz.* **1** e: *dogs ~ cats* cani e gatti. **2** poi, e: *he had breakfast ~ went to work* fece colazione, poi andò a lavorare. **3** (*tra due verbi finiti*) a, di: *let's go ~ see him* andiamo a vederlo; *try ~ come early* cerca di venire presto. **4** (*tra comparativi*) sempre più: *hotter ~ hotter* sempre più caldo. ☐ *he talked ~ talked* non smetteva mai di parlare.
Andes ['ændi:z] *N.pr.* (*Geog.*) Ande.
andiron ['ændaiən] *s.* alare.
Andrew ['ændru:] *N.pr.m.* Andrea.
anecdotal [ˌænek'dəutəl] *a.* aneddotico.
anecdote ['ænekdəut] *s.* aneddoto.
anemia *am.* [ə'ni:miə] *e deriv.* → **anaemia** *e deriv.*
anemone [ə'neməni] *s.* (*Bot.*) anemone.
anesthesia *am.* [ˌænis'θi:zjə] *e deriv.* → **anaesthesia** *e deriv.*
anew [ə'nju:] *avv.* di nuovo, da capo.
angel ['eindʒəl] *s.* angelo.
angelic [æn'dʒelik] *a.* angelico.
anger ['æŋgə*] *s.* rabbia, collera.
to **anger** ['æŋgə*] *v.t.* mandare in collera.
angina [æn'dʒainə] *s.* (*Med.*) angina.
angle ['æŋgl] *s.* **1** angolo. **2** (*fam.*) punto di vista: *look at it from a different ~* guardalo da un altro punto di vista. ☐ *at* **right** *angles with* ad angolo retto con, perpendicolare a; (*fam.*) *present s.th. from the* **right** ~ presentare qc. sotto l'angolazione giusta.
to **angle**[1] ['æŋgl] *v.t.* presentare qc. (secondo un certo punto di vista).
to **angle**[2] ['æŋgl] *v.i.* pescare (con la lenza).
angler ['æŋglə*] *s.* pescatore con la lenza.
Anglican ['æŋglikən] *a./s.* anglicano.
Anglicanism ['æŋglikənizəm] *s.* anglicanesimo.
Anglicism ['æŋglisizəm] *s.* angli(ci)smo.
Anglicist ['æŋglisist] *s.* anglista *m./f.*
to **anglicize** ['æŋglisaiz] *v.t.* anglicizzare.
angling ['æŋgliŋ] *s.* pesca con la lenza.
Anglo-Saxon ['æŋgləu'sæksən] *a./s.* anglosassone.

Angora [æŋ'gɔ:rə] *s.*: ~ *cat* gatto d'angora; ~ *wool* lana d'angora.
angry ['æŋgri] *a.* adirato, in collera (*at, with* con). □ *to* **get** ~ andare in collera; *to* **make** ~ irritare; (*Lett.*) ~ **young** *man* giovane arrabbiato.
angst ['æŋst] *s.* ansietà.
anguish ['æŋgwiʃ] *s.* angoscia, tormento.
angular ['æŋgjulə*] *a.* **1** angoloso. **2** (*fig.*) legnoso, rigido.
anhydride [æn'haidraid] *s.* (*Chim.*) anidride.
aniline ['ænilin] *s.* (*Chim.*) anilina.
animadversion *am.* [,ænimæd'və:ʃən] *s.* critica.
to **animadvert** *am.* [,ænimæd'və:t] *v.i.* criticare (*on s.th.* qc.).
animal ['æniməl] **I** *s.* animale. **II** *a.attr.* **1** animale. **2** (*fig.*) animalesco.
animate ['ænimit] *a.* (*fig.*) vivace, brioso.
to **animate** ['ænimeit] *v.t.* **1** animare. **2** (*fig.*) ravvivare; stimolare.
animated ['ænimeitid] *a.* animato, vivace: ~ *cartoon* cartoni animati.
animation [,æni'meiʃən] *s.* vivacità, animazione.
animosity [,æni'mɔsiti] *s.* animosità, ostilità.
animus ['æniməs] *s.* animosità.
anise ['ænis] *s.* (*Bot.*) anice.
ANK = *Address Not Known* Indirizzo sconosciuto.
ankle ['æŋkl] *s.* (*Anat.*) caviglia. □ ~ *socks* calzini.
ankylosis ['æŋki'ləusis] *s.* (*Med.*) anchilosi.
annalist ['ænəlist] *s.* annalista *m./f.*
annals ['ænlz] *s.pl.* annali.
Anne, Ann [æn] *N.pr.f.* Anna.
annex ['æneks] *s.* **1** allegato. **2** edificio annesso.
to **annex** [ə'neks] *v.t.* annettere; allegare.
annexation [,ænek'seiʃən] *s.* annessione.
to **annihilate** [ə'naiəleit] *v.t.* annichilire.
annihilation [ə,naiə'leiʃən] *s.* annientamento.
anniversary [,æni'və:səri] *s.* anniversario.
to **annotate** ['ænəuteit] *v.t.* annotare; commentare.
annotation [,ænəu'teiʃən] *s.* annotazione; commento.
to **announce** [ə'nauns] *v.t.* **1** comunicare, rendere noto; (*di matrimonio, ecc.*) partecipare **2** (*Rad., TV*) annunciare.
announcement [ə'naunsmənt] *s.* **1** comunicazione; (*di matrimonio, ecc.*) partecipazione. **2** (*Rad., TV*) annuncio.
announcer [ə'naunsə*] *s.* (*Rad., TV*) annunciatore; presentatore.
to **annoy** [ə'nɔi] *v.t.* infastidire, importunare.
annoyance [ə'nɔiəns] *s.* **1** disturbo, seccatura. **2** irritazione, fastidio.
annoying [ə'nɔiŋ] *a.* seccante, fastidioso.
annual ['ænjuəl] **I** *a.* annuo, annuale. **II** *s.* **1** annuario. **2** (*Bot.*) pianta annua.
annuitant *am.* [ə'njuitənt] *s.* beneficiario di rendita annua.
annuity [ə'njuiti] *s.* annualità.
to **annul** [ə'nʌl] *v.t.* (*pass., p.p.* **annulled** [–d]) annullare, abrogare, revocare.
annulment [ə'nʌlmənt] *s.* annullamento.
annunciation [ə,nʌnsi'eiʃən] *s.* annunzio. **Annunciation** (*Rel.*) Annunciazione.
anode ['ænəud] *s.* (*Fis.*) anodo.
anodyne ['ænədain] *a./s.* calmante (*anche Med.*).
to **anoint** [ə'nɔint] *v.t.* ungere; dare l'estrema unzione.
anomalous [ə'nɔmələs] *a.* anomalo.
anomaly [ə'nɔməli] *s.* anomalia.
anonymity [,ænə'nimiti] *s.* anonimato.
anonymous [ə'nɔniməs] *a.* anonimo.
anopheles [ə'nɔfili:z] *s.* (*Zool.*) anofele.
anorak ['ænəræk] *s.* giacca a vento.
anorexia [,ænə'reksiə] *s.* (*Med.*) anoressia.
another [ə'nʌðə*] **I** *a.* **1** un altro, altro: ~ *ten books* altri dieci libri; *at* ~ *time* in un altro momento. **2** diverso, differente: *look at life in* ~ *way!* guarda la vita in modo diverso! **3** un secondo, un nuovo: ~ *Einstein* un secondo Einstein. **II** *pron.* **1** un altro: *give me* ~ dammene un altro. **2** l'altro: *one after* ~ uno dopo l'altro. □ **taking** *one thing with* ~ tutto sommato; *one* **way** *or* ~ in un modo o nell'altro.
answer ['ɑ:nsə*] *s.* **1** risposta. **2** (*fig.*) soluzione: *there is no* ~ *to this problem* non c'è soluzione a questo problema. **3** (*Dir.*) replica. □ (*fam.*) *to know all the answers* saperla lunga.
to **answer** ['ɑ:nsə*] **I** *v.i.* **1** rispondere; replicare. **2** essere responsabile, rispondere (*for* di); pagare (per): *to* ~ *for a crime with one's life* pagare un delitto con la propria vita. **3** corrispondere (*to* a): *to* ~ *to a description* corrispondere alla descrizione. **II** *v.t.* **1** rispondere a: *to* ~ *a question* rispondere a una domanda. **2** risolvere (un enigma, ecc.). **3** soddisfare. **4** (*Dir.*) replicare a. □ *to* ~ **back** rispondere male, rimbeccare; *to* ~ **blow** *with blow* ripagare con la stessa moneta; *to* ~ *the* **doorbell** aprire la porta; *to* ~ *to the* **name** *of* chiamarsi.
answering machine ['ɑ:nsəriŋmə'ʃi:n] *s.* segreteria telefonica (automatica).
answerable ['ɑ:nsərəbl] *a.* **1** a cui si può rispondere. **2** responsabile (*for* di).
ant [ænt] *s.* formica.
antacid [,ænt'æsid] *a./s.* (*Farm.*) antiacido.
antagonism [æn'tægənizəm] *s.* antagonismo.
antagonist [æn'tægənist] *s.* antagonista *m./f.*
antagonistic [æn,tægə'nistik] *a.* antagonistico.
to **antagonize** [æn'tægənaiz] *v.t.* **1** inimicarsi. **2** opporsi a.
antarctic [ænt'ɑ:ktik] *a.* antartico: ~ *Circle* Circolo Polare Antartico.
Antarctica [ænt'ɑ:ktikə] *N.pr.* (*Geog.*) Antartide.
ante ['ænti] *s.* (*nel poker*) buio.
ant-eater ['ænti:tə*] *s.* (*Zool.*) formichiere.
antecedence [,ænti'si:dəns] *s.* precedenza, antecedenza.
antecedent [,ænti'si:dənt] **I** *s.* **1** antecedente.

2 *pl.* antenati. **3** *pl.* precedenti, vita passata. **II** *a.* antecedente, precedente.
antechamber ['ænti'tʃeimbə*] *s.* anticamera.
to **antedate** [,ænti'deit] *v.t.* **1** retrodatare. **2** precorrere.
antediluvian [,æntidi'lu:viən] *a.* antidiluviano.
antelope ['æntiləup] *s.* (*Zool.*) antilope.
antemeridian ['æntimə'ridiən] *a.* antimeridiano.
antenatal ['ænti'neitl] **I** *a.* prenatale. **II** *s.* (*Med.*) esame prenatale.
antenna [æn'tenə] *s.* (*pl.* **–nae** [–ni:]) antenna (di insetti); *am.* (*pl.* **–nas** [–nəz]) (*Rad., TV*) antenna.
antepenultimate ['æntipi'nʌltimit] *a./s.* terzultimo.
anterior [æn'tiəriə*] *a.* anteriore.
anteroom ['æntiru:m] *s.* anticamera.
anthem ['ænθəm] *s.* inno: *national* ~ inno nazionale.
anther ['ænθə*] *s.* (*Bot.*) antera.
anthill ['ænthil] *s.* formicaio.
anthology [,æn'θɔlədʒi] *s.* antologia.
Ant(h)ony ['æntəni] *N.pr.m.* Antonio.
anthracite ['ænθrəsait] *s.* (*Min.*) antracite.
anthropoid ['ænθrəpɔid] *a./s.* antropoide.
anthropologist [,ænθrə'pɔlədʒist] *s.* antropologo.
anthropology [,ænθrə'pɔlədʒi] *s.* antropologia.
anthropomorphic [,ænθrəpə'mɔ:fik] *a.* antropomorfo.
anthropomorphism [,ænθrəpə'mɔ:fizəm] *s.* antropomorfismo.
anthropophagous [,ænθrə'pɔfəgəs] *a.* antropofago.
anthropophagy [,ænθrə'pɔfədʒi] *s.* antropofagia.
anti ['ænti] *prep.* contro: *to be* ~ *s.th.* essere contro qc.
anti-aircraft [,ænti'ɛəkrɑ:ft] *a.* (*Mil.*) antiaereo, contraereo.
anti-allergic [,æntiə'lə:dʒik] *s.* (*Farm.*) antiallergico.
antibiotic [,æntibai'ɔtik] *a./s.* (*Farm.*) antibiotico.
antibody ['æntibɔdi] *s.* (*Biol.*) anticorpo.
antichrist ['ænti'kraist] *s.* anticristo.
to **anticipate** [æn'tisipeit] *v.t.* **1** prevenire, precedere. **2** anticipare. **3** aspettarsi, prevedere.
anticipation [æn,tisi'peiʃən] *s.* **1** previsione. **2** anticipazione. **3** attesa, aspettativa.
anticlerical [,ænti'klerikəl] *a.* anticlericale.
anticlericalism [,ænti'klerikəlizəm] *s.* anticlericalismo.
anticlimax [,ænti'klaimæks] *s.* (*fig.*) doccia fredda, smontatura.
anticlockwise [,ænti'klɔkwaiz] *avv.* in senso antiorario.
anticlotting [,ænti'klɔtiŋ] *a.* anticoagulante.
antics ['æntiks] *s.pl.* buffonate, scherzi.
anticyclone [,ænti'saikləun] *s.* (*Meteor.*) anticiclone.
anti-dandruff [,ænti'dændrəf] *a.* antiforfora.
anti-dazzle *am.* [,ænti'dæzl] *a.* (*Aut.*) antiabbagliante, anabbagliante.
antidemocratic [,æntidemə'krætik] *a.* antidemocratico.
antidiphtheritic [,æntidifθeritik] *a.* (*Farm.*) antidifterico.
antidote ['æntidəut] *s.* antidoto.
antifascism [,ænti'fæʃizəm] *s.* antifascismo.
antifascist [,ænti'fæʃist] *a.* antifascista.
antifreeze [,ænti'fri:z] *s.* (*Mot.*) anticongelante, antigelo.
antigen [æn'tidʒən] (*Med.*) antigene.
antihistamine [,ænti'histəmi:n] *s.* (*Farm.*) antistamina.
antihistaminic [,ænti,histə'minic] *a./s.* (*Farm.*) antistaminico.
Antilles [æn'tili:z] *N.pr.* (*Geog.*) Antille.
antimacassar [,æntimə'kæsə*] *s.* coprischienale.
antimatter ['æntimætə*] *s.* (*Fis.*) antimateria.
antimilitarism [,ænti'militərizəm] *s.* antimilitarismo.
antimilitarist [,ænti'militərist] *a./s.* antimilitarista.
anti-mist [,ænti'mist] *a.* antiappannante.
antimony ['æntiməni] *s.* (*Chim.*) antimonio.
antineuralgic [,æntinjuə'rældʒik] *a.* (*Farm.*) antinevralgico.
antinomy [æn'tinəmi] *s.* (*Filos.*) antinomia.
antinuclear ['ænti'nju:kliə*] *a.* antinucleare.
antioxidant ['ænti'ɔksidənt] *a.* antiossidante.
antipathetic [æn,tipə'θetik] *a.* **1** antipatico. **2** contrario: *our points of view are completely* ~ i nostri punti di vista sono totalmente contrari.
antipathy [æn'tipəθi] *s.* antipatia, avversione; incompatibilità.
antiphlogistic [,æntiflɔ'dʒistik] *a /s.* (*Farm.*) antiflogistico.
antiphon ['æntifən] *s.* (*Lit.*) antifona.
antipodes [æn'tipədi:z] *s.pl.* (*Geog.*) antipodi (*anche fig.*).
antipope ['æntipəup] *s.* antipapa.
antipyretic [,æntipai'retik] *a./s.* (*Farm.*) antipiretico.
antiquarian [,ænti'kwɛəriən] *a./s.* antiquario.
antiquary [æn'tikwəri] *s.* **1** antiquario. **2** collezionista *m./f.* di antichità.
antiquated ['æntikweitid] *a.* antiquato; fuori moda.
antique [æn'ti:k] **I** *a.* **1** antico. **2** antiquato. **II** *s.* pezzo di antiquariato.
antiquity [æn'tikwiti] *s.* **1** antichità. **2** età antica. **3** *pl.* antichità; ruderi.
antirabic [,ænti'ræbik] *a.* (*Farm.*): ~ *shot* antirabbica.
antirheumatic [,æntiru:'mætik] *a./s.* (*Farm.*) antireumatico.
antirust [,ænti'rʌst] *a./s.* antiruggine.
anti-Semite [,ænti'si:mait] *s.* antisemita *m./f.*
anti-Semitism [,ænti'semitizəm] *s.* antisemitismo.
antiseptic [,ænti'septik] *a./s.* **1** (*Farm.*) antisettico. **2** (*fig.*) privo di calore umano.

antiskid [ˌænti'skid] *a.* antisdrucciolevole
antisocial [ˌænti'səuʃl] *a.* antisociale.
antitank [ˌænti'tænk] *a.* (*Mil.*) anticarro: ~ *gun* cannone anticarro.
antitetanus [ˌænti':tetənəs] *s.* (*Farm.*): ~ *injection* antitetanica.
antitheft [ˌænti'θeft] *a.* antifurto.
antithesis [ˌæn'tiθisis] *s.* (*pl.* **–ses** [–si:z]) antitesi.
antithetic [ˌænti'θetik], **antithetical** [ˌænti'θetikəl] *a.* antitetico.
antitrades [ˌænti'treids] *s.pl.* (*Meteor.*) controalisei.
antitubercular [ˌæntitju:'bə:kjulə*] *a./s.* (*Farm.*) antitubercolare.
antler ['æntlə*] *s.* (*Zool.*) ramificazione (di corna di cervidi).
antonym ['æntənˈm *s.* (*Ling.*) antonimo, contrario.
Antwerp ['æntwə:p] *.pr.* (*Geog.*) Anversa.
anus ['einəs] *s.* (*Anat.*) ano.
anvil ['ænvil] *s.* incudine.
anxiety [æŋ'zaiəti] *s.* **1** ansieta; preoccupazione, inquietudine. **2** desiderio.
anxious ['æŋkʃəs] *a.* **1** apprensivo; in ansia (*for* per); inquieto, preoccupato. **2** angoscioso. **3** desideroso.
any ['eni] **I** *a.* **1** (*in frasi interrogative e condizionali*) alcuno, qualche, del, un po' di: *have you got* ~ *money?* hai del denaro?; *if there is* ~ *news* se c'è qualche notizia; (*in frasi negative*) proprio nessuno, alcuno: *we haven't* ~ *money* non abbiamo proprio soldi. **2** qualsiasi, qualunque: *come* ~ *day* vieni in qualsiasi giorno. **II** *pron.* **1** (*in frasi interrogative*) qualcuno: *have you read* ~ *of these books?* hai letto qualcuno di questi libri?; (*in frasi negative*) nessuno. **2** chiunque; qualsiasi: ~ *of us* chiunque di noi. **3** ne: *did he give you* ~*?* Te ne ha dato? **III** *avv.* (*in frasi interrogative*) un po': *do you feel* ~ *better?* ti senti un po' meglio?; (*in frasi negative*) niente affatto, per niente: *you don't look* ~ *better* non hai per niente l'aria di star meglio. □ *in* ~ **case** in ogni caso; ~ **day** *now* da un giorno all'altro; **hardly** ~ quasi nessuno, quasi niente; **if** ~ se ce n'è, se ce ne sono, eventuali: *customers, if any, will receive a gift* gli eventuali clienti riceveranno un dono; *he doesn't* **know** ~ *better* non sa quello che fa; (*fam.*) ~ **old** *how* come viene; (*fam.*) ~ **old** *thing* quello che capita.
anybody ['enibɔdi] **I** *pron.* **1** (*in frasi interrogative, negative e condizionali*) qualcuno: *has* ~ *phoned?* ha telefonato qualcuno?; nessuno: *there was hardly* ~ *there* non c'era quasi nessuno. **2** chiunque, qualunque persona: ~ *can do it* lo può fare chiunque. **II** *s.* qualcuno, persona importante.
anyhow ['enihau] *avv.* **1** in ogni modo, comunque. **2** alla meglio, in qualche modo, senza cura.
anyone ['eniwʌn] → **anybody**.
anyplace *am.* ['enipleis] → **anywhere**.
anything ['eniθiŋ] **I** *pron.* **1** (*in frasi interrogative, negative e condizionali*) qualche cosa, qualcosa: *is* ~ *wrong?* c'è qualcosa che non va? **2** qualunque cosa, qualsiasi cosa, tutto: ~ *you say is all right by me* qualsiasi cosa tu dica, per me va bene; niente, nulla: *I can't see* ~ non vedo nulla. **II** *avv.* in qualche modo; per niente. □ ~ **but** tutto fuorché; tutt'altro che; ~ **else**, *madam?* nient'altro, signora?; *I would have* **given** ~ *to know* avrei dato qualsiasi cosa per sapere; **if** ~ se mai; (*fam.*) **like** ~ da matti.
anytime ['enitaim] *avv.* in qualsiasi momento, a qualsiasi ora.
anyway ['eniwei] *avv.* **1** in qualsiasi modo, comunque. **2** a ogni modo, tuttavia. **3** (*fam.*) bene (come intercalare).
anywhere ['eniwɛə*] *avv.* **1** (*nelle frasi interrogative e negative*) in qualche posto, da qualche parte; in nessun posto, da nessuna parte. **2** dovunque, da qualunque parte.
aorta [ei'ɔ:tə] *s.* (*pl.* **–s** [–z]/**–tae** [–ti:]) (*Anat.*) aorta.
A.P. = *Associated Press* Stampa Associata (agenzia di stampa USA).
apace [ə'peis] *avv.* (*lett., ant.*) velocemente, rapidamente.
apanage ['æpənidʒ] *s.* appannaggio.
apart [ə'pɑ:t] *avv.* **1** lontano, distante. **2** da parte, da un lato: *to set money* ~ mettere da parte denaro. **3** separatamente; a parte: *joking* ~ scherzi a parte. **4** a pezzi, in pezzi: *to tear s.th.* ~ fare qc. a pezzi. □ *to* **come** ~ disfarsi; ~ **from** a parte; a prescindere; *to* **take** ~ smontare; (*fig.*) criticare; *to* **tell** ~ distinguere tra.
apartheid [ə'pɑ:theit] *s.* (*Pol.*) discriminazione (*o* segregazione) razziale (in Sud Africa).
apartment [ə'pɑ:tmənt] *s.* **1** stanza, camera. **2** *pl.* appartamento. **3** (*am.*) ~ *house* casa di appartamenti in affitto; ~ *hotel* residence.
apathetic [ˌæpə'θetik] *a.* apatico, indifferente.
apathy ['æpəθi] *s.* apatia, indifferenza.
ape [eip] *s.* **1** (*Zool.*) scimmia antropomorfa. **2** (*fig.*) imitatore.
to **ape** [eip] *v.t.* scimmiottare, imitare.
Apennines ['æpinainz] *N.pr.pl.* (*Geog.*) Appennini.
aperient [ə'piəriənt] *a./s.* (*Farm.*) lassativo.
aperitif [ə'peritif, *am.* əˌperə'ti:f] *s.* aperitivo.
aperture ['æpətjuə*] *s.* apertura, spiraglio.
apex ['eipeks] *s.* (*pl.* **apexes** [–iz]/**apices** ['eipisi:z]) **1** vertice, sommità. **2** (*fig.*) culmine.
aphasia [ə'feizjə] *s.* (*Med.*) afasia.
aphis ['eifis] *s.* (*pl.* **aphides** ['æfidi:z]) (*Zool.*) afide.
aphonic [æ'fɔnik] *a.* (*Med.*) afono.
aphrodisiac [ˌæfrə'diziæk] *a./s.* afrodisiaco.
Aphrodite [ˌæfrə'daiti] *N.pr.f.* (*Mitol.*) Afrodite.
aphtha ['æfθə] *s.* (*pl.* **–thae** [θi:]) (*Med.*) afta.
apiece [ə'pi:s] *avv.* ciascuno, l'uno; a testa.

apish ['eipiʃ] *a.* **1** scimmiesco. **2** (*fig.*) sciocco, stupido.
aplomb [ə'plɔm] *s.* **1** disinvoltura, padronanza di sé. **2** (*concr.*) appiombo.
apnoea [æp'ni:ə] *s.* apnea.
apocalypse [ə'pɔkəlips] *s.* apocalisse.
apocalyptic [əˌpɔkə'liptik] *a.* apocalittico.
apocope [ə'pɔkəpi] *s.* (*Ling.*) apocope.
Apocrypha [ə'pɔkrifə] *s.pl.* (costr. sing. o pl.) **1** (*Rel.*) libri apocrifi. **2** (*fig.*) opere apocrife.
apocryphal [ə'pɔkrifəl] *a.* apocrifo.
apogee ['æpədʒi:] *s.* (*Astr.*) apogeo (*anche fig.*).
Apollo [ə'pɔləu] *N.pr.m.* (*Mitol.*) Apollo.
apologetic [əˌpɔlə'dʒetik] *a.* spiacente; di scuse: *an* ~ *letter* una lettera di scuse.
apologist [ə'pɔlədʒist] *s.* apologista *m./f.*
to **apologize** [ə'pɔlədʒaiz] *v.i.* scusarsi (*to s.o. for s.th.* con qd. di qc.).
apologue ['æpəlɔg] *s.* (*ant.*) apologo.
apology [ə'pɔlədʒi] *s.* **1** scuse. **2** apologia. **3** (*fig.*) surrogato; ripiego. ☐ *to* **make** *an* ~ *to s.o. for s.th.* fare le proprie scuse a qd. per qc.; *to* **offer** *an* ~ scusarsi.
apophysis [ə'pɔfisis] *s.* (*pl.* **–ses** [–si:z]) (*Anat.*) apofisi.
apoplectic [ˌæpə'plektik] *a.* (*Med.*) apoplettico.
apoplexy ['æpəpleksi] *s.* (*Med.*) apoplessia.
apostasy [ə'pɔstəsi] *s.* apostasia.
apostate [ə'pɔstit] *s.* apostata *m./f.*
apostle [ə'pɔsl] *s.* apostolo.
apostolate [ə'pɔstəlit] *s.* apostolato.
apostolic [ˌæpə'stɔlik] *a.* apostolico.
apostrophe [ə'pɔstrəfi] *s.* **1** (*Retorica*) apostrofe. **2** (*Gramm.*) apostrofo.
to **apostrophize** [ə'pɔstrəfaiz] *v.t.* apostrofare.
apothecary [ə'pɔθikəri] *s.* farmacista *m./f.*
apothem ['æpəθem] *s.* (*Geom.*) apotema.
apotheosis [əˌpɔθi'əusis] *s.* (*pl.* **–ses** [–si:z]) apoteosi.
to **appal**, *am.* to **appall** [ə'pɔ:l] *v.t.* (*pass., p.p.* **–lled** [–d]) spaventare, atterrire.
Appalachians ['æpə'leitʃiənz] *N.pr.pl.* (*Geog.*) Appalachi.
appalling [ə'pɔ:liŋ] *a.* terrificante, spaventoso, terribile.
appanage ['æpənidʒ] → **apanage**.
apparatus [ˌæpə'reitəs] *s.* (*pl.inv./*–**es** [–iz]) **1** apparato, attrezzatura; dispositivo. **2** (*Med.*) apparato, sistema.
apparel [ə'pærəl] *s.* abito; tenuta.
to **apparel** [ə'pærəl] *v.t.* (*pass., p.p.* **apparelled** [–d]/*am.* **appareled**) vestire.
apparent [ə'pærənt] *a.* **1** evidente, palese. **2** apparente. ☐ *heir* ~ erede al trono; (*Dir.*) erede legittimo.
apparition [ˌæpə'riʃən] *s.* **1** apparizione. **2** fantasma.
appeal [ə'pi:l] *s.* **1** appello, supplica, preghiera. **2** (*Dir.*) appello, ricorso in appello. **3** attrazione, fascino.
to **appeal** [ə'pi:l] *v.i.* **1** fare appello, appellarsi (*to* a). **2** attrarre, interessare (qd.); piacere. **3** (*Dir.*) ricorrere in appello.
appealing [ə'pi:liŋ] *a.* **1** attraente. **2** supplichevole.
to **appear** [ə'piə*] *v.i.* **1** apparire, comparire, mostrarsi. **2** sembrare, parere. **3** (*di libri*) essere pubblicato, uscire. **4** (*Dir.*) presentarsi in giudizio. ☐ *it appears* **not** sembra di no; **so** *it appears* così sembra; *it* **would** ~ *that* a quanto pare.
appearance [ə'piərəns] *s.* **1** apparizione, comparsa. **2** aspetto, aria; apparenza: *to judge by appearances* giudicare dalle apparenze. **3** (*di libri*) pubblicazione, uscita. **4** (*Dir.*) comparizione. ☐ **by** *all appearances* a quanto pare; *to* **keep** *up appearances* salvare le apparenze; *to* **make** *an* ~ presentarsi.
to **appease** [ə'pi:z] *v.t.* **1** placare, calmare. **2** appagare, soddisfare.
appeasement [ə'pi:zmənt] *s.* **1** il calmare (facendo concessioni). **2** appagamento, soddisfazione.
appellation [ˌæpə'leiʃən] *s.* (*ant.*) appellativo, nome.
appellative [ə'pelətiv] *s.* **1** (*Gramm.*) (*ant.*) nome comune. **2** appellativo.
to **append** [ə'pend] *v.t.* apporre; aggiungere (*to* a).
appendage [ə'pendidʒ] *s.* aggiunta.
appendicitis [əˌpendi'saitis] *s.* (*Med.*) appendicite.
appendix [ə'pendiks] *s.* (*pl.* **–dices** [–disi:z]) appendice (*anche Anat.*).
to **appertain** [ˌæpə'tein] *v.i.* **1** essere pertinente (*to* a). **2** appartenere.
appetite ['æpitait] *s.* **1** appetito. **2** (*fig.*) avidità, brama.
appetizer ['æpitaizə*] *s.* **1** aperitivo. **2** antipasto, stuzzichino.
appetizing ['æpitaiziŋ] *a.* appetitoso.
to **applaud** [ə'plɔ:d] *v.t./i.* applaudire.
applause [ə'plɔ:z] *s.* applauso.
apple ['æpl] *s.* (*Bot.*) mela. ☐ (*fig.*) *the* ~ *of one's* **eye** la pupilla dei propri occhi; ~ **tree** melo.
apple-cart ['æplkɑ:t]: (*fam.*) *to upset the* ~ mandare all'aria.
apple-pie ['æplpai] *s.* torta di mele. ☐ (*fam.*) ~ **bed** il sacco nel letto; ~ **order** ordine perfetto.
appliance [ə'plaiəns] *s.* apparecchio; congegno, dispositivo. ☐ *electrical appliances* elettrodomestici.
applicable ['æplikəbl] *a.* **1** appropriato, adatto. **2** applicabile.
applicant ['æplikənt] *s.* candidato; richiedente *m./f.*
application [ˌæpli'keiʃən] *s.* **1** domanda, richiesta: ~ *for a job* domanda d'impiego. **2** applicazione. **3** assiduità, diligenza. ☐ (*Med.*) **external** ~ per uso esterno; ~ **form** modulo di domanda; **on** ~ a richiesta. (*Inform.*) ~ **package** pacchetto applicativo, ~ **software** programmi applicativi.

applied [ə'plaid] *a.* applicato: ~ *mathematics* matematica applicata.

to **apply** [ə'plai] **I** *v.t.* **1** applicare. **2** azionare: *to* ~ *the brakes* azionare i freni. **3** dedicarsi (*to* a). **II** *v.i.* **1** applicarsi, essere valido. **2** riferirsi (*to* a), riguardare (qc.). **3** rivolgersi (*for* a); fare domanda (*for* di).

to **appoint** [ə'pɔint] *v.t.* **1** nominare, designare; eleggere. **2** fissare, stabilire. **3** (*Dir.*) assegnare.

appointment [ə'pɔintmənt] *s.* **1** nomina, carica, ufficio. **2** appuntamento. **3** *pl.* arredamento; equipaggiamento. □ **by** ~ per appuntamento; *to* **make** *an* ~ fissare un appuntamento.

to **apportion** [ə'pɔ:ʃən] *v.t.* dividere, spartire.

apposite ['æpəzit] *a.* appropriato, adatto.

apposition [ˌæpə'ziʃən] *s.* (*Gramm.*) apposizione.

appraisal [ə'preizl] *s.* **1** valutazione. **2** stima.

to **appraise** [ə'preiz] *v.t.* **1** valutare. **2** stimare.

appraiser [ə'preizə*] *s.* stimatore, perito.

appreciable [ə'pri:ʃəbl] *a.* notevole, sensibile, rilevante.

to **appreciate** [ə'pri:ʃieit] **I** *v.t.* **1** apprezzare. **2** rendersi conto di, capire. **3** essere grato per, gradire. **II** *v.i.* aumentare di valore.

appreciation [əˌpri:ʃi'eiʃən] *s.* **1** apprezzamento, stima. **2** comprensione, valutazione. **3** riconoscimento. **4** aumento di valore.

appreciative [ə'pri:ʃiətiv] *a.* **1** che apprezza. **2** riconoscente, grato.

to **apprehend** [ˌæpri'hend] *v.t.* **1** (*ant.*) comprendere, capire. **2** (*lett.*) temere. **3** arrestare: *to* ~ *a thief* arrestare un ladro.

apprehensible [ˌæpri'hensəbl] *a.* comprensibile, percepibile.

apprehension [ˌæpri'henʃən] *s.* **1** comprensione, capacità di apprendimento. **2** apprensione, inquietudine. **3** arresto, cattura.

apprehensive [ˌæpri'hensiv] *a.* **1** conscio, consapevole (*of* di). **2** apprensivo, timoroso (*for* per).

apprentice [ə'prentis] *s.* apprendista *m./f.*

to **apprentice** [ə'prentis] *v.t.* collocare come apprendista (*to* presso).

apprenticeship [ə'prentisʃip] *s.* apprendistato; tirocinio. □ *to serve one's* ~ fare il tirocinio.

to **apprise** [ə'praiz] *v.t.* (*lett.*) informare (*of* su).

approach [ə'prəutʃ] *s.* **1** avvicinamento. **2** via d'accesso. **3** (*fig.*) impostazione (di problema, ecc.). □ *difficult to* ~ difficilmente raggiungibile.

to **approach** [ə'prəutʃ] **I** *v.t.* **1** avvicinarsi a, accostarsi a. **2** (*fig.*) rivolgersi a, avvicinare. **3** (*fig.*) impostare (un problema, ecc.). **II** *v.i.* avvicinarsi, approssimarsi.

approachable [ə'prəutʃəbl] *a.* accessibile; avvicinabile.

approbation [ˌæprə'beiʃən] *s.* approvazione, benestare; sanzione.

appropriate [ə'prəupriit] *a.* appropriato, adatto (*for, to* a).

to **appropriate** [ə'prəuprieit] *v.t.* **1** stanziare (fondi). **2** far proprio, appropriarsi.

appropriation [əˌprəupri'eiʃən] *s.* **1** stanziamento. **2** appropriazione.

approval [ə'pru:vəl] *s.* approvazione, benestare. □ (*Comm.*) *goods on* ~ merci in esame.

to **approve** [ə'pru:v] **I** *v.t.* **1** approvare. **2** sanzionare, ratificare. **II** *v.i.* approvare (*of s.th.* qc.). □ *approved school* riformatorio.

approx = **1** *approximate* approssimato. **2** *approximately* approssimativamente.

approximate [ə'prɔksimit] *a.* approssimativo, approssimato.

to **approximate** [ə'prɔksimeit] **I** *v.t.* **1** approssimarsi a, avvicinarsi a. **2** calcolare approssimativamente. **II** *v.i.* approssimarsi, avvicinarsi (*to* a).

approximation [əˌprɔksi'meiʃən] *s.* approssimazione.

appurtenance [ə'pə:tinəns] *s.pl.* (*Dir.*) **1** annessi: *the house and its appurtenances* la casa e i suoi annessi (e connessi). **2** accessori.

appurtenant [ə'pə:tinənt] *a.* (*Dir.*) appartenente, pertinente (*to* a); accessorio.

Apr. = *April* aprile (apr.).

apricot ['eiprikɔt] *s.* **1** albicocca. **2** color albicocca. □ ~ *tree* albicocco.

April ['eiprəl] *s.* aprile. □ ~ **fool** pesce d'aprile; ~ **fool***'s Day* il primo d'aprile.

apron ['eiprən] *s.* **1** grembiule. **2** (*Aer.*) area di stazionamento. □ (*fig.*) *to be tied to s.o.'s* ~ *strings* essere attaccato alle sottane di qd.

apropos ['æprəpəu] *a./avv.* appropriato, opportuno. □ ~ *of* a proposito di.

apse [æps] *s.* (*Arch.*) abside.

apt [æpt] *a.* **1** propenso. **2** adatto, appropriato. **3** sveglio, intelligente.

Apt = *apartment* appartamento.

aptitude ['æptitju:d] *s.* **1** attitudine, disposizione; idoneità, abilità. **2** prontezza, intelligenza. □ ~ *test* test attitudinale.

aptness ['æptnis] *s.* **1** appropriatezza, opportunità. **2** predisposizione.

aqualung ['ækwəlʌŋ] *s.* autorespiratore.

aquamarine [ˌækwəmə'ri:n] *s.* (*Min.*) acquamarina.

aquaplane ['ækwəplein] *s.* acquaplano.

aquarium [ə'kwεəriəm] *s.* (*pl.* **–s** [–z]/**–ria** [–riə]) acquario.

Aquarius [ə'kwεəriəs] *N.pr.* (*Astr.*) Acquario.

aquatic [ə'kwætik] *a.* acquatico.

aqueduct ['ækwidʌkt] *s.* (*Edil.*) acquedotto.

aqueous ['eikwiəs] *a.* acqueo; acquoso.

aquiline ['ækwilain] *a.* aquilino.

Ar = (*Chim.*) *argon* argo.

Arab ['ærəb] **I** *a.* arabo. **II** *s.* arabo (dei paesi arabi).

arabesque [ˌærə'besk] *s.* arabesco.

Arabia [ə'reibjə] *N.pr.* (*Geog.*) Arabia: *Saudi* ~ Arabia Saudita.

Arabian [ə'reibjən] *a./s.* arabo (dell'Arabia Saudita). □ *the ~ Nights* le Mille e una Notte.
Arabic ['ærəbik] **I** *a.* arabico, arabo. **II** *s.* arabo, lingua araba.
arbalest ['ɑ:bəlest] *s.* balestra.
arbiter ['ɑ:bitə*] *s.* arbitro.
arbitral ['ɑ:bitrəl] *a.* arbitrale.
arbitrament [ɑ:'bitrəmənt] *s.* arbitrato.
arbitrariness ['ɑ:bitrərinis] *s.* arbitrarietà.
arbitrary ['ɑ:bitrəri] *a.* **1** arbitrario. **2** dispotico.
to **arbitrate** ['ɑ:bitreit] *v.t./i.* arbitrare.
arbitration [,ɑ:bi'treiʃən] *s.* arbitrato. □ *Arbitration Court* tribunale arbitrale.
arbitrator ['ɑ:bitreitə*] *s.* arbitro.
arbor *am.* ['ɑ:bə*] → **arbour**.
arboreal [ɑ:'bɔ:riəl] *a.* **1** arboreo. **2** (*Zool.*) arboricolo.
arbour ['ɑ:bə*] *s.* pergola, chiosco.
arc [ɑ:k] *s.* arco.
A.R.C. = *American Red Cross* Croce Rossa Americana.
arcade [ɑ:'keid] *s.* **1** arcata. **2** porticato, portico. **3** galleria (con negozi).
Arcadian [ɑ:'keidiən] **I** *a.* arcadico. **II** *s.* arcade *m./f.*
arcane [ɑ:'kein] *a.* arcano, misterioso.
arch[1] [ɑ:tʃ] *s.* **1** arco, arcata. **2** volta. **3** (*Anat.*) arcata plantare.
to **arch** [ɑ:tʃ] **I** *v.t.* inarcare, arcuare. **II** *v.i.* inarcarsi.
arch[2] [ɑ:tʃ] *a.attr.* malizioso, birichino.
arch. = *architect* architetto (arch.).
archaeologic [,ɑ:kiə'lɔdʒik], **archaeological** [,ɑ:kiə'lɔdʒikl] *a.* archeologico.
archaeologist [,ɑ:ki'ɔlədʒist] *s.* archeologo.
archaeology [,ɑ:ki'ɔlədʒi] *s.* archeologia.
archaic [ɑ:'keiik] *a.* **1** arcaico. **2** antiquato.
archaism ['ɑ:keiizəm] *s.* arcaismo.
archangel ['ɑ:keindʒəl] *s.* arcangelo.
archbishop ['ɑ:tʃ'biʃəp] *s.* arcivescovo.
archbishopric [,ɑ:tʃ'biʃəprik] *s.* arcivescovado.
archdeacon ['ɑ:tʃ'di:kən] *s.* arcidiacono.
archduchess ['ɑ:tʃ'dʌtʃis] *s.* arciduchessa.
archduke ['ɑ:tʃ'dju:k, *am.* –du:k] *s.* arciduca.
archer ['ɑ:tʃə*] *s.* arciere.
archery ['ɑ:tʃəri] *s.* tiro all'arco.
archetype ['ɑ:kitaip] *s.* archetipo.
Archimedes [,ɑ:ki'mi:diz] *N.pr.m.* (*Stor.*) Archimede.
archipelago [,ɑ:ki'peligəu] *s.* (*pl.* **–s/–es** [–z]) arcipelago.
architect ['ɑ:kitekt] *s.* **1** architetto. **2** (*fig.*) artefice.
architectural [,ɑ:ki'tektʃərəl] *a.* architettonico.
architecture ['ɑ:kitektʃə*] *s.* **1** architettura. **2** (*fig.*) struttura.
architrave ['ɑ:kitreiv] *s.* (*Arch.*) architrave.
archives ['ɑ:kaivz] *s.pl.* archivio.
archivist ['ɑ:kivist] *s.* archivista *m./f.*
Arctic ['ɑ:ktik] *a.* artico: *~ Circle* Circolo Polare Artico; *~ regions* Artide.
Ardennes [ɑ:'den] *N.pr.pl.* (*Geog.*) Ardenne.
ardent ['ɑ:dənt] *a.* ardente, appassionato, fervente.
ardor *am.*, **ardour** ['ɑ:də*] *s.* ardore, fervore.
arduous ['ɑ:djuəs] *a.* **1** arduo, difficile. **2** strenuo, energico. **3** ripido.
arduousness ['ɑ:djuəsnis] *s.* **1** difficoltà, arduità. **2** ripidezza.
are[1] [ɑ:*] → to **be**.
are[2] [ɑ:*] *s.* ara (unità di misura).
area ['ɛəriə] *s.* **1** zona, distretto. **2** area, superficie. **3** (*fig.*) settore, campo. **4** (*Inform.*) area (di memoria): *hold ~* area di comodo; *input ~* area di introduzione; *instruction ~* area di programma.
arena [ə'ri:nə] *s.* arena.
aren't [ɑ:nt] *contraz. di* **are not**.
Argentina [,ɑ:dʒən'ti:nə] *N.pr.* (*Geog.*) Argentina.
Argentine ['ɑ:dʒəntain] *a./s.* argentino.
argil ['ɑ:dʒil] *s.* argilla.
argon ['ɑ:gɔn] *s.* (*Chim.*) argo.
argonaut ['ɑ:gənɔ:t] *s.* (*Mitol. Zool.*) argonauta (*anche fig.*).
argot ['ɑ:gəu] *s.* argot, gergo.
to **argue** ['ɑ:gju:] **I** *v.i.* **1** discutere, argomentare. **2** litigare (*about, over* per). **II** *v.t.* **1** discutere, dibattere. **2** sostenere. □ *to ~ s.o. out of* (*doing*) *s.th.* dissuadere qd. dal fare qc.
argument ['ɑ:gjumənt] *s.* **1** discussione. **2** disputa, controversia. **3** ragionamento, argomenti. **4** sommario.
argumentation [,ɑ:gjumen'teiʃən] *s.* **1** argomentazione. **2** dibattito, discussione.
argumentative [,ɑ:gju'mentətiv] *a.* polemico.
aria ['ɑ:riə] *s.* (*Mus.*) aria.
Ariadne [,æri'ædni] *N.pr.f.* Arianna.
Arian ['ɛəriən] *a./s.* ariano (seguace di Ario).
Arianism ['ɛəriənizəm] *s.* (*Teol.*) arianesimo.
arid ['ærid] *a.* arido.
aridity [æ'riditi] *s.* aridità.
Aries ['ɛəri:z] *N.pr.* (*Astr.*) Ariete.
aright [ə'rait] *avv.* bene, correttamente.
to **arise** [ə'raiz] *v.i.* (*pass.* **arose** [ə'rouz], *p.p.* **arisen** [ə'rizən]) **1** presentarsi, offrirsi: *if the opportunity arises* se si presenta l'occasione. **2** risultare, derivare, nascere (*from* da). **3** salire, alzarsi; (*del sole*) sorgere.
aristocracy [,æris'tɔkrəsi] *s.* aristocrazia.
aristocrat ['æristəkræt] *s.* aristocratico.
aristocratic [,æristə'krætik] *a.* aristocratico.
Aristotle ['æristɔtl] *N.pr.m.* (*Stor.*) Aristotele.
arithmetic [ə'riθmətik] *s.* aritmetica. □ (*Inform.*) *~ operator* operatore aritmetico.
arithmetical [,æriθ'metikl] *a.* aritmetico.
arithmetician [ə,riθmə'tiʃən] *s.* aritmetico.
ark [ɑ:k] *s.* arca: *Noah's ~* l'arca di Noè.
arm[1] [ɑ:m] *s.* **1** braccio (*anche fig.*). **2** (*di sedia*) bracciolo. **3** manica. **4** ramo. □ *to* **carry** *in one's arms* portare in braccio; *to* **fall** *into s.o.'s arms* cadere nelle braccia di qd.; *to* **fold** *one's arms* incrociare le braccia; *~* **in** *~ with s.o.* a braccetto con qd.; (*fig.*) *to keep s.o. at ~'s* **length** trattare qd. con

freddezza; *to put one's arms* **round** *s.o.* abbracciare qd.
arm[2] [ɑ:m] *s.* **1** arma. **2** *pl.* (*Araldica*) arme, stemma. **3** *pl.* (*fig.*) servizio militare. □ *to* **bear** *arms* essere sotto le armi; **call** *to arms* chiamata alle armi; (*fig.*) *to* **lay** *down one's arms* deporre le armi; *the arms* **race** la corsa agli armamenti; *to* **take** *up arms* ricorrere alle armi; (*fig.*) entrare in polemica; *to be* **up** *in arms* essere in armi.
to **arm** [ɑ:m] **I** *v.t.* armare. **II** *v.i.* armarsi.
armada [ɑ:'ma:də] *s.* armata, flotta.
armadillo [ˌa:mə'diləu] *s.* (*Zool.*) armadillo.
armament ['ɑ:məmənt] *s.* armamento.
arm-band ['ɑ:mbænd] *s.* bracciale, fascia.
armchair ['ɑ:mtʃɛə*] *s.* poltrona.
armed [ɑ:md] *a.* armato: ~ *forces* forze armate.
Armenia [ɑ:'mi:niə] *N.pr.* (*Geog.*) Armenia.
Armenian [ɑ:'mi:niən] *a./s.* armeno.
armful ['ɑ:mful] *s.* bracciata; fascio.
arm-hole ['ɑ:mhəul] *s.* (*Abbigliamento*) giro (della) manica.
armiger ['ɑ:midʒdə*] *s.* (*pl.* **–s** [–z]/**–ri** [–ri]) (*lett.*) armigero.
armistice ['ɑ:mistis] *s.* armistizio.
armor *am.* ['ɑ:mə*] e *deriv.* → **armour** e *deriv.*
armorial [ɑ:'mɔ:riəl] *a.* araldico.
armour ['ɑ:mə*] *s.* **1** armatura; corazza. **2** (*Mil.*) mezzi corazzati. **3** (*fig.*) difesa.
to **armour** ['ɑ:mə*] *v.t.* corazzare, blindare.
armour-bearer ['ɑ:məbɛərə*] *s.* scudiero.
armour-clad ['ɑ:məklæd] *a.* corazzato.
armoured ['ɑ:məd] *a.* (*Mil.*) corazzato, blindato. □ ~ *car* autoblinda.
armourer ['ɑ:mərə*] *s.* **1** armaiolo. **2** (*Mil.*) armiere.
armoury ['ɑ:məri] *s.* armeria, sala d'armi; arsenale.
armpit ['ɑ:mpit] *s.* (*Anat.*) ascella.
armrest ['ɑ:mrest] *s.* bracciolo.
army ['ɑ:mi] *s.* **1** esercito; armata. **2** (*fig.*) schiera; orda. □ *to* **be** *in the* ~ prestare servizio militare; *to* **join** *the* ~ andare sotto le armi.
army-corps ['ɑ:mikɔ:*] *s.* corpo d'armata.
arnica ['ɑ:nikə] *s.* (*Bot.*) arnica.
aroma [ə'rəumə] *s.* aroma, fragranza.
aromatic [ˌærə(u)'mætik] *a.* aromatico.
arose [ə'rəuz] → to **arise**.
around [ə'raund] **I** *prep.* **1** intorno a, attorno a. **2** (in giro) per: *to travel* ~ *the country* viaggiare per il paese. **3** intorno a, vicino a. **4** (*am.*) circa, press'a poco. **II** *avv.* **1** in tondo, in cerchio; in giro. **2** da ogni parte, da tutte le parti. **3** (*fam.*) sulla breccia. □ (*fam.*) *to have* **been** ~ saperla lunga; ~*-the-***clock** ventiquattr'ore su ventiquattro; *to* **get** ~ *to doing s.th.* trovare il tempo per fare qc.; *to* **invite** *s.o.* ~ *for dinner* invitare qd. a pranzo; *to* **turn** ~ fare dietro front; *the other* **way** ~ all'incontrario.
to **arouse** [ə'rauz] *v.t.* **1** destare, svegliare. **2** (*fig.*) smuovere; suscitare, destare.
arquebus ['ɑ:kwibəs] *s.* (*Stor.*) archibugio.
arr. = *arrival* arrivo.
to **arraign** [ə'rein] *v.t.* (*Dir.*) chiamare in giudizio; accusare.
arraignment [ə'reinmənt] *s.* (*Dir.*) chiamata in giudizio; stato di accusa.
to **arrange** [ə'reindʒ] **I** *v.t.* **1** sistemare, ordinare. **2** comporre, conciliare. **3** organizzare, predisporre. **4** (*Mus.*) arrangiare; orchestrare. **II** *v.i.* **1** mettersi d'accordo. **2** provvedere (*for* a), fare in modo che. □ *as arranged* come stabilito.
arrangement [ə'reindʒmənt] *s.* **1** sistemazione, disposizione. **2** *pl.* piani; preparativi. **3** accordo, intesa. **4** composizione: *floral* ~ composizione floreale. **5** (*Mus.*) arrangiamento.
arrant ['ærənt] *a.* completo, perfetto, vero: *a* ~ *nonsense* una vera assurdità.
arras ['ærəs] *s.* arazzo.
array [ə'rei] *s.* **1** ordine, schieramento. **2** (*lett.*) abbigliamento, abito.
to **array** [ə'rei] *v.t.* **1** ordinare, schierare. **2** (*lett.*) abbigliare.
arrear [ə'riə*] *s.* (general. al pl.) arretrato. □ *to fall into arrears with one's work* restare indietro col lavoro.
arrest [ə'rest] *s.* arresto.
to **arrest** [ə'rest] *v.t.* arrestare, fermare. □ *to* ~ *the attention* attirare l'attenzione.
ar(r)hythmia [ə'riθmiə] *s.* (*Med.*) aritmia.
ar(r)hythmic [ə'riθmik] *a.* (*Med.*) aritmico.
arrival [ə'raivəl] *s.* **1** arrivo. **2** comparsa, venuta. **3** persona arrivata. □ **late** *arrivals* ritardatari; *he's a* **new** ~ è un nuovo arrivato; **on** ~ all'arrivo.
to **arrive** [ə'raiv] *v.i.* **1** arrivare, giungere (*at, in* a, in). **2** (*assol.*) affermarsi, arrivare.
arrogance ['ærəgəns] *s.* arroganza, alterigia.
arrogant ['ærəgənt] *a.* arrogante, altezzoso.
to **arrogate** ['ærə(u)geit] *v.t.* **1** arrogarsi. **2** attribuire (ingiustamente).
arrogation [ˌærə(u)'geiʃən] *s.* **1** pretesa ingiusta. **2** attribuzione ingiusta.
arrow ['ærəu] *s.* freccia, (*poet.*) strale.
arsenal ['ɑ:sənl] *s.* arsenale.
arsenic ['ɑ:snik] *s.* (*Chim.*) arsenico.
arson ['ɑ:sn] *s.* (*Dir.*) incendio doloso.
art [ɑ:t] *s.* **1** arte; opere d'arte. **2** *pl.* (costr. sing.) lettere, studi umanistici; (costr. pl.) arti liberali. **3** artificio, espediente. □ **black** ~ magia nera; *arts and* **crafts** arti e mestieri; **fine** *arts* belle arti.
art director [ˌɑ:tdi'rektə*] *s.* direttore artistico.
artefact ['ɑ:tifækt] → **artifact**.
arterial [ɑ:'tiəriəl] *a.* arterioso. □ (*Strad.*) ~ *road* strada di grande comunicazione.
arteriosclerosis [ɑ:ˌtiəriəuskliə'rəusis] *s.* (*Med.*) arteriosclerosi.
artery ['ɑ:təri] *s.* (*Anat.*) arteria.
artesian [ɑ:'ti:zjən] *a.* (*Geol.*) artesiano.
artful ['ɑ:tfəl] *a.* astuto, scaltro; abile.

arthritis [ɑ:'θraitis] *s.* (*Med.*) artrite.
arthropods ['ɑ:θrəpɔds] *s.* (*Zool.*) artropodi.
arthrosis [a:'θrəusis] *s.* (*Med.*) artrosi.
Arthur ['ɑ:θə*] *N.pr.m.* **1** Arturo. **2** (*Lett.*) Artù.
artichoke ['ɑ:titʃəuk] *s.* (*Bot.*) carciofo.
article ['ɑ:tikl] *s.* **1** articolo. **2** clausola; (*di bilancio*) voce. □ (*Dir.*) *articles of association* statuto sociale.
to **article** ['ɑ:tikl] *v.t.* impegnare con contratto.
articular [ɑ:'tikjulə*] *a.* (*Anat.*) articolare.
articulate [ɑ:'tikjulit] *a.* articolato, chiaro; distinto.
to **articulate** [ɑ:'tikjuleit] **I** *v.t.* **1** articolare, pronunciare distintamente; esprimere chiaramente. **2** (*fig.*) coordinare. **3** (*Anat.*) articolare. **II** *v.i.* pronunciare chiaramente.
articulation [ɑ:,tikju'leiʃən] *s.* **1** articolazione. **2** dizione; pronuncia (chiara).
artifact ['ɑ:tifækt] *s.* manufatto.
artifice ['ɑ:tifis] *s.* **1** artificio, espediente. **2** abilità, destrezza.
artificer [ɑ:'tifisə*] *s.* **1** artigiano. **2** (*Mil.*) artificiere.
artificial [,ɑ:ti'fiʃəl] *a.* **1** artificiale (*anche Inform.*): ~ *intelligence* intelligenza artificiale. **2** finto; sintetico. **3** (*fig.*) artificioso, artefatto; affettato.
artillerist [ɑ:'tilərist] → **artilleryman**.
artillery [ɑ:'tiləri] *s.* artiglieria.
artilleryman [ɑ:'tilərimən] *s.* (*pl.* **–men**) (*Mil.*) artigliere.
artisan [,ɑ:ti'zæn] *s.* artigiano.
artist ['ɑ:tist] *s.* artista *m./f.*
artiste [ɑ:'ti:st] *s.* (*Teat.*) artista *m./f.;* attore; cantante *m./f.*
artistic [ɑ:'tistik] *a.* artistico.
artistry ['ɑ:tistri] *s.* **1** qualità artistica. **2** abilità artistica.
artless ['ɑ:tlis] *a.* **1** semplice, ingenuo. **2** naturale, spontaneo. **3** rozzo.
artlessness ['ɑ:tlisnis] *s.* **1** semplicità, naturalezza. **2** rozzezza.
arty ['ɑ:ti] *a.* (*fam.*) che ha pretese artistiche.
Aryan ['ɛəriən] *a./s.* ariano (razza).
as [æz] **I** *avv.* **1** così, tanto (spesso non si traduce): *he is* ~ *tall as I am* è alto quanto me. **2** come. **II** *congz.* **1** come, quanto: *he is* ~ *stupid* ~ *I thought* è così stupido come pensavo. **2** come, nello stesso modo che: *do* ~ *I say* fai come dico. **3** mentre, quando: ~ *I was cooking dinner* mentre preparavo il pranzo. **4** poiché, dal momento che: ~ *it was raining, we didn't go* dal momento che pioveva, non andammo. **5** sebbene, nonostante: *young* ~ *she was* nonostante la sua giovane età. **III** *pron.* **1** che: *it's the same film* ~ *they were showing last week* è lo stesso film che davano la settimana scorsa. **2** il che, la qual cosa, come: *a foreigner,* ~ *is evident from his accent* uno straniero, come appare chiaramente dall'accento. **IV** *prep.* **1** come; in qualità di. **2** nella parte di. □ ~ **from** a partire da; ~ **if** come se, quasi; (*am., fam.*) ~ **is** così com'è; ~ **it** *is* come stanno le cose; *he has trouble enough* ~ **it** *is* ha già abbastanza guai; ~ **long** ~ finché; purché; *be that* ~ *it* **may** sia come sia; **much** ~ per quanto; ~ **much** altrettanto, tanto; *I thought* ~ **much** me l'aspettavo; *I told you* ~ **much** te l'avevo detto; ~ **regards** = *as* **to**; ~ *a* **rule** di regola; ~ **such** di per sé, in sé; ~ **though** come se; ~ **to** quanto a, per quanto riguarda, riguardo a; ~ **well** pure, anche; ~ *it* **were** per così dire; ~ **yet** finora.
As = (*Chim.*) *arsenic* arsenico.
AS = *Academy of Science* Accademia delle Scienze.
ASAP = *As Soon As Possible* con la massima urgenza.
asbestos [æz'bestɔs] *s.* (*Min.*) asbesto, amianto.
to **ascend** [ə'send] **I** *v.i.* salire, elevarsi. **II** *v.t.* salire; scalare (una montagna); risalire (un fiume).
ascendancy [ə'sendənsi] *s.* **1** supremazia, predominio. **2** ascendente, influenza.
ascendant [ə'sendənt] **I** *a.* **1** dominante, predominante. **2** (*Astr.*) ascendente. **II** *s.* **1** (*Astr.*) ascendente. **2** antenato.
ascension [ə'senʃən] *s.* ascesa, ascensione. **Ascension** (*Rel.*) Ascensione.
ascent [ə'sent] *s.* **1** ascesa. **2** (*alpinismo*) scalata.
to **ascertain** [,æsə'tein] *v.t.* accertarsi di, assicurarsi di; appurare.
ascertainable [,æsə'teinəbl] *a.* accertabile.
ascetic [ə'setik] **I** *s.* asceta *m./f.* **II** *a.* ascetico.
asceticism [ə'setisizəm] *s.* ascetismo; ascesi.
ASCII = (*Inform.*) *American Standard Code for Information Interchange* Standard Americano di codifica per lo scambio di informazioni.
ascorbic [əs'kɔ:bik] *a.* (*Chim.*) ascorbico: ~ *acid* acido ascorbico.
to **ascribe** [ə'skraib] *v.t.* ascrivere, attribuire.
asepsis [æ'sepsis] *s.* (*pl.* **–ses** [–sis]) (*Med.*) asepsi.
aseptic [æ'septik] *a.* asettico.
asexual [ei'sekʃuəl] *a.* asessuale, asessuato.
ash[1] [æʃ] *s.* (*Bot.*) frassino.
ash[2] [æʃ] *s.* **1** cenere. **2** grigio cenere. **3** *pl.* (*fig.*) resti, rovine. □ *to* **burn** *to ashes* ridurre in cenere; ~ **grey** grigio cenere.
ashamed [ə'ʃeimd] *a.* che prova vergogna, vergognoso. □ *to* **be** ~ *of s.th.* vergognarsi di qc.; *don't* **be** ~ *to ask* non aver paura di chiedere.
ash-bin *am.* ['æʃbin] *s.* pattumiera.
ash-blond ['æʃ'blɔnd] *a.* biondo-cenere.
ashen ['æʃn] *a.* **1** cinereo, livido. **2** grigio cenere, cenerino.
ashore [ə'ʃɔ:*] *a.pred./avv.* **1** a riva. **2** a terra. □ *to go* ~ sbarcare.
ash-pan ['æʃpæn] *s.* ceneraio.
ash-tray ['æʃtrei] *s.* portacenere.

Ash-Wednesday [ˌæʃ'wenzdi] *s.* (Mercoledì del)le Ceneri.
ashy ['æʃi] *a.* **1** di cenere; coperto di cenere. **2** cinereo.
Asia ['eiʃə] *N.pr.* (*Geog.*) Asia.
Asian ['eiʃən] *a./s.* asiatico. ▭ (*Med.*) ~ *flu* asiatica.
Asiatic [ˌeiʃi'ætik] → **Asian**.
aside [ə'said] *avv.* **1** da parte, di lato, in disparte. **2** a parte: *joking* ~ scherzi a parte. ▭ ~ *from* oltre a; a parte, eccetto.
asinine ['æsinain] *a.* **1** stupido, sciocco. **2** asinino, asinesco.
to **ask** [ɑ:sk] **I** *v.t.* **1** domandare, chiedere. **2** invitare. **II** *v.i.* **1** chiedere, richiedere (*for s.th.* qc.). **2** informarsi, domandare (*about* di). ▭ *to* ~ **after** *s.o.* chiedere notizie di qd.; (*am.*) *to* ~ **around** chiedere in giro; *to* ~ *for s.th.* **back** chiedere la restituzione di qc.; *to* ~ *a* **favour** *of s.o.* chiedere un piacere a qd.; *to* ~ **for** *s.o.* cercare qd.; *to* ~ **for** *s.th.* chiedere qc.; *to* ~ *s.o.* **in** invitare qd. a entrare; *to* ~ *s.o.* **out** invitare qd. a uscire; *to* ~ *s.o. a* **question** fare una domanda a qd.; (*fam.*) *to be asking for* **trouble** andare in cerca di guai.
askance [ə'skæns] *avv.* di traverso: *to look* ~ guardare di traverso.
askew [ə'skju:] **I** *avv.* di traverso. **II** *a.pred.* storto, sghembo.
aslant [ə'slɑ:nt] **I** *avv.* obliquamente, di traverso. **II** *prep.* di traverso a.
asleep [ə'sli:p] *a.pred./avv.* addormentato. ▭ *to* **fall** ~ addormentarsi; *to be* ~ *on one's* **feet** dormire in piedi.
asp [æsp] *s.* (*Zool.*) aspide.
asparagus [əs'pærəgəs] *s.* (*Bot.*) asparago.
aspect ['æspekt] *s.* **1** aspetto. **2** apparenza; espressione, aria. **3** esposizione: *southern* ~ esposizione a sud.
asperity [æs'periti] *s.* **1** asprezza, severità. **2** (*di clima*) rigore, inclemenza. **3** (*concr.*) ruvidità. **4** *pl.* irregolarità.
aspersion [ə'spə:ʃən] *s.* (*lett.*) diffamazione calunnia. ▭ *to cast aspersions* (*on*) diffamare.
asphalt ['æsfælt, *am.* 'æsfɔlt] *s.* asfalto.
to **asphalt** ['æsfælt, *am.* 'æsfɔlt] *v.t.* asfaltare.
asphyxia [æs'fiksiə] *s.* asfissia.
to **asphyxiate** [æs'fiksieit] *v.t./i.* asfissiare.
asphyxiation [æsˌfiksi'eiʃən] *s.* asfissia, soffocamento.
aspirant [əs'paiərənt] *s.* aspirante *m./f.*, candidato (*after, to* a).
aspirate ['æspərit] *s.* consonante aspirata.
to **aspirate** ['æspəreit] *v.t.* aspirare.
aspiration [ˌaspə'reiʃən] *s.* aspirazione.
to **aspire** [ə'spaiə*] *v.i.* aspirare, ambire (*after* a).
aspirin ['æspərin] *s.* (*Farm.*) aspirina.
ass[1] [æs] *s.* asino, somaro. ▭ (*fam.*) *to make an* ~ *of o.s.* rendersi ridicolo.
ass[2] *am.* [æs] *s.* (*volg.*) culo.
to **assail** [ə'seil] *v.t.* assalire, attaccare.
assailant [ə'seilənt] *s.* assalitore.
assassin [ə'sæsin] *s.* assassino; sicario.
to **assassinate** [ə'sæsineit] *v.t.* assassinare.
assassination [əˌsæsi'neiʃən] *s.* assassinio.
assault [ə'sɔ:lt] *s.* **1** assalto, attacco. **2** (*Dir.*) aggressione. ▭ *to take by* ~ espugnare.
to **assault** [ə'sɔ:lt] *v.t.* **1** assaltare, attaccare. **2** (*Dir.*) aggredire.
assay [ə'sei] *s.* (*Met.*) saggiatura; saggio.
to **assay** [ə'sei] *v.t.* (*Met.*) saggiare.
assemblage [ə'semblidʒ] *s.* **1** adunata, assembramento. **2** montaggio.
to **assemble** [ə'sembl] **I** *v.t.* **1** radunare. **2** montare. **3** (*di fatti, notizie*) mettere insieme, raccogliere. **II** *v.i.* riunirsi, radunarsi.
assembler [ə'semblə*] *s.* (*Inform.*) assemblatore.
assembly [ə'sembli] *s.* **1** assemblea; riunione. **2** costruzione; montaggio. **3** (*Mil.*) adunata. ▭ **General** *Assembly* Assemblea generale; ~ **line** catena di montaggio; **unlawful** ~ assembramento illegale.
assent [ə'sent] *s.* assenso, approvazione. ▭ *with one* ~ all'unanimità.
to **assent** [ə'sent] *v.i.* approvare (*to s.th.* qc.); acconsentire.
to **assert** [ə'sə:t] *v.t.* **1** asserire, affermare. **2** sostenere, rivendicare. ▭ *to* ~ *o.s.* farsi valere.
assertion [ə'sə:ʃən] *s.* **1** asserzione, affermazione. **2** (*di diritti, ecc.*) rivendicazione.
assertive [ə'sə:tiv] *a.* assertivo.
to **assess** [ə'ses] *v.t.* **1** stimare, valutare. **2** tassare.
assessable [ə'sesəbl] *a.* **1** valutabile. **2** tassabile.
assessment [ə'sesmənt] *s.* **1** valutazione, stima. **2** tassa, imposta.
assessor [ə'sesə*] *s.* **1** agente delle imposte. **2** perito.
asset ['æset] *s.* **1** *pl.* beni, averi, patrimonio. **2** pregio, qualità. **3** (*Comm.*) attivo. ▭ (*Comm.*) *assets and liabilities* attivo e passivo.
to **asseverate** [ə'sevəreit] *v.t.* (*ant.*) affermare (solennemente).
assiduity [ˌæsi'dju:iti] *s.* **1** assiduità, diligenza. **2** *pl.* attenzioni, premure.
assiduous [ə'sidjuəs] *a.* **1** assiduo, diligente. **2** premuroso.
to **assign** [ə'sain] *v.t.* **1** assegnare. **2** fissare, stabilire. **3** incaricare, designare.
assignation [ˌæsig'neiʃən] *s.* **1** assegnazione. **2** appuntamento.
assignment [ə'sainmənt] *s.* **1** assegnazione. **2** compito, incarico. **3** nomina, designazione. **4** (*Dir.*) trasferimento, cessione.
to **assimilate** [ə'simileit] **I** *v.t.* **1** assimilare. **2** (*Sociol.*) integrare. **II** *v.i.* **1** assimilarsi (*to, with* a, con). **2** (*Sociol.*) integrarsi (in).
assimilation [əˌsimi'leiʃən] *s.* **1** assimilazione. **2** (*Sociol.*) integrazione.
to **assist** [ə'sist] *v.t.* aiutare, assistere.
assistance [ə'sistəns] *s.* aiuto, assistenza.

assistant [ə'sistənt] *s.* **1** aiutante *m./f.*, assistente *m./f.*; (*di parrucchiere, ecc.*) lavorante *m./f.* **2** aiuto *m./f.* **3** commesso. **4** (*am. Univ.*) assistente *m./f.* □ ~ *manager* vicedirettore.
Assize [ə'saiz] *s.pl.* (*Dir.*) Corte d'Assise, Assise.
assn, **assoc.** = *association* associazione (ass.).
associate [ə'souʃiit] **I** *s.* **1** compagno. **2** socio; membro (di società). **II** *a.* associato; aggiunto.
to **associate** [ə'səuʃieit] **I** *v.t.* associare, unire. **II** *v.i.* **1** frequentare (*with s.o.* qd.). **2** unirsi.
association [əˌsəusi'eiʃən] *s.* **1** associazione (*anche fig.*); lega. **2** contatti (di lavoro, ecc.). □ *Association football* gioco del calcio.
associative [ə'səuʃiətiv] *a.* associativo.
assonance ['æsənəns] *s.* assonanza.
to **assort** [ə'sɔ:t] **I** *v.t.* assortire. **II** *v.i.* essere assortito, armonizzare.
assortment [ə'sɔ:tmənt] *s.* assortimento.
to **assuage** [ə'sweidʒ] *v.t.* alleviare; calmare, placare.
to **assume** [ə'sju:m] *v.t.* **1** presupporre, ritenere, supporre. **2** assumere, prendere: *to* ~ *responsibility* assumere una responsabilità. **3** fingere, simulare. □ *to* ~ **office** entrare in carica; *assuming this to be* **true** ammesso che questo sia vero.
assumption [ə'sʌmpʃən] *s.* **1** ipotesi, supposizione. **2** presunzione, arroganza. **3** ostentazione, affettazione; finzione. **4** presa di possesso. **Assumption** (*Rel.*) Assunzione.
assumptive [ə'sʌmptiv] *a.* presunto, ipotetico.
assurance [ə'ʃuərəns] *s.* **1** sicurezza, certezza. **2** assicurazione, promessa; garanzia. **3** fiducia in se stesso. **4** impudenza, sfacciataggine.
to **assure** [ə'ʃuə*] *v.t.* **1** assicurare. **2** rassicurare. **3** garantire.
assured [ə'ʃuəd] *a.* sicuro, certo.
Assyrian [ə'siriən] *a./s.* assiro.
astatine [æs'tætin] *s.* (*Chim.*) astato.
asterisk ['æstərisk] *s.* asterisco.
astern [ə'stə:n] *avv.* (*Mar.*) a poppa.
asteroid ['æstərɔid] *s.* (*Astr.*) asteroide.
asthma ['æsmə] *s.* (*Med.*) asma.
asthmatic [æs'mætik] *a.* (*Med.*) asmatico.
astigmatic [ˌæstig'mætik] *a.* (*Med.*) astigmatico.
astigmatism [ə'stigmətizəm] *s.* (*Med.*) astigmatismo.
astir [ə'stə:*] *a.pred.* **1** in moto, in agitazione. **2** (*lett. scherz.*) in piedi.
to **astonish** [ə'stɔniʃ] *v.t.* stupire, sorprendere.
astonishing [ə'stɔniʃiŋ] *a.* sorprendente, stupefacente.
astonishment [ə'stɔniʃmənt] *s.* sorpresa, stupore.
to **astound** [ə'staund] *v.t.* sbalordire.
astrakhan [ˌæstrə'kæn] *s.* astracan.
astral ['æstrəl] *a.* astrale.
astray [ə'strei] *avv./a.pred.* fuori strada. □ *to* **go** ~ perdersi; *to* **lead** ~ sviare.
astride [ə'straid] *avv./prep.* a cavalcioni (di).
astringent [ə'strindʒənt] *a./s.* astringente.
astrologer [ə'strɔlədʒə*] *s.* astrologo.
astrological [ˌæstrə'lɔdʒikl] *a.* astrologico.
astrology [ə'strɔlədʒi] *s.* astrologia.
astronaut ['æstrənɔ:t] *s.* astronauta *m./f.*
astronautics [ˌæstrə'nɔ:tiks] *s.pl.* (costr. sing.) astronautica.
astronomer [əs'trɔnəmə*] *s.* astronomo.
astronomical [ˌæstrə'nɔmikl] *a.* astronomico.
astronomy [ə'strɔnəmi] *s.* astronomia.
astrophysics [ˌæstrə'fiziks] *s.* (costr. sing.) astrofisica.
astute [əs'tju:t] *a.* furbo, astuto, scaltro.
asunder [ə'sʌndə*] *avv.* **1** a pezzi. **2** separati, lontani (l'uno dall'altro).
Aswan [ə'swən] *N.pr.* (*Geog.*) Assuan.
asylum [ə'sailəm] *s.* **1** asilo, rifugio. **2** (*Dir.*) asilo politico. **3** (*ant.*) ospizio, casa di ricovero.
asymmetric [ˌæsi'metrik], **asymmetrical** [ˌæsi'metrikl] *a.* asimmetrico.
asymmetry [æ'simitri] *s.* asimmetria.
at [æt] *prep.* **1** a, in: ~ *home* a casa; ~ *war* in guerra; ~ *work* al lavoro. **2** da: ~ *my uncle's* da mio zio. **3** (*temporale*) a, in, di: ~ *eight o'clock* alle otto; ~ *Christmas* a Natale; ~ *that time* a quell'epoca. **4** verso, contro: *to rush* ~ *the enemy* lanciarsi contro il nemico. **5** attraverso, per, da. □ *to* **be** ~ *s.th.* fare qc.; ~ **that** così com'è; pure, nonostante.
At = (*Chim.*) *astatine* astato.
AT = *Air Transport* Trasporto Aereo.
ATC = *Air Traffic Control* Controllo del Traffico Aereo.
ATCAS = *Air Traffic Control Automatic System* Sistema di Controllo Automatico del Traffico Aereo.
ate [et] → to **eat**.
atheism ['eiθiizəm] *s.* ateismo.
atheist ['eiθiist] *s.* ateo.
atheistic [ˌeiθi'istik] *a.* ateo, ateistico.
athenaeum [ˌæθi'ni:əm] *s.* ateneo.
Athenian [ə'θi:niən] *a./s.* ateniese.
Athens ['æθinz] *N.pr.* (*Geog.*) Atene.
atherosclerosis [əˌθrəuˌskliə'rəusis] *s.* (*Med.*) aterosclerosi.
athirst [ə'θə:st] *a.pred.* **1** avido, bramoso (*for* di). **2** (*poet.*) assetato.
athlete ['æθli:t] *s.* atleta *m./f.*
athletic [æθ'letik] *a.* atletico.
athletics [æθ'letiks] *s.pl.* (costr. pl.) atletica, atletica leggera.
at-home, **at home** [ət'həum] *s.* ricevimento in casa.
athwart [ə'θwɔ:t] **I** *avv.* (*ant.*) di traverso, obliquamente. **II** *prep.* **1** attraverso. **2** (*fig.*) in contrasto con.
a-tilt [ə'tilt] *avv./a.pred.* inclinato, sghembo. □ (*fig.*) *to run* ~ *at* partire all'attacco di.
Atlantic [ət'læntik] *a.* atlantico.

atlas ['ætləs] *s.* atlante (*anche Anat.*).
atm = *atmosphere* atmosferico; atmosfera.
atmosphere ['ætməsfiə*] *s.* atmosfera.
atmospheric [,ætməs'ferik] *a.* atmosferico.
at. no. = *atomic number* numero atomico.
atoll ['ætɔl] *s.* atollo.
atom ['ætəm] *s.* **1** atomo. **2** (*fig.*) briciolo, grano.
atomic [ə'tɔmik] *a.* atomico, nucleare: ~ *warfare* guerra atomica. □ ~ *bomb* bomba atomica.
atomization [,ætəmai'zeiʃən] *s.* atomizzazione; nebulizzazione.
to **atomize** ['ætəmaiz] *v.t.* atomizzare; nebulizzare.
atomizer ['ætəmaizə*] *s.* atomizzatore; nebulizzatore.
to **atone** [ə'təun] *v.i.* fare ammenda (*for* di), espiare (qc.).
atonement [ə'təunmənt] *s.* espiazione, ammenda.
atonic [æ'tɔnik] **I** *a.* atono. **II** *s.* (*Ling.*) sillaba (*o* parola) atona.
atony ['ætɔni] *s.* (*Med.*) atonia.
atop *am.* [ə'tɔp] *avv.* sopra (*of* a).
atrocious [ə'trouʃəs] *a.* **1** atroce. **2** (*fam.*) pessimo, orrendo.
atrocity [ə'trɔsiti] *s.* **1** atrocità. **2** (*fam.*) orrore, mostruosità.
atrophy ['ætrəfi] *s.* (*Med.*) atrofia (*anche fig.*).
to **atrophy** ['ætrəfi] **I** *v.i.* (*Med.*) atrofizzarsi (*anche fig.*). **II** *v.t.* atrofizzare.
Att. = *Attorney* Procuratore Legale (P.L., Proc. Leg.).
attaboy *am.* ['ætəbɔi] *intz.* (*fam.*) coraggio; bravo.
to **attach** [ə'tætʃ] *v.t.* **1** attaccare, fissare. **2** unire, collegare, connettere. **3** attribuire, annettere. **4** (*epist.*) allegare. **5** (*fig.*) affezionare. **6** (*Mil.*) assegnare, destinare. **7** (*Dir.*) pignorare, sequestrare. □ *to* ~ *one's* **signature** apporre la propria firma; *to* ~ *o.s.* **to** aderire, unirsi (a).
attaché *fr.* [ə'tæʃei, *am.* ,ætə'ʃei] *s.* (*in diplomazia*) addetto. □ ~ *case* borsa per documenti.
attached [ə'tætʃt] *a.* **1** assegnato, addetto (*to* a). **2** (*fig.*) attaccato, affezionato: *the English are very* ~ *to their traditions* gli inglesi sono molto attaccati alle loro tradizioni. **3** (*Edil.*) annesso. **4** (*epist.*) allegato.
attachment [ə'tætʃmənt] *s.* **1** attaccatura, allacciamento. **2** (*fig.*) attaccamento, affetto. **3** accessorio; collegamento, attacco. **4** (*Dir.*) sequestro, pignoramento.
attack [ə'tæk] *s.* **1** attacco. **2** assalto, aggressione.
to **attack** [ə'tæk] **I** *v.t.* **1** attaccare; assalire; (*di malattie*) colpire. **2** intraprendere; affrontare (un problema). **II** *v.i.* attaccare, andare all'assalto.
to **attain** [ə'tein] **I** *v.t.* raggiungere; ottenere, conseguire. **II** *v.i.* arrivare, giungere (*to* a).
attainder [ə'teində*] *s.* (*Dir.*) perdita dei diritti civili (per condanna o proscrizione).
attainment [ə'teinmənt] *s.* **1** conseguimento, raggiungimento; realizzazione. **2** *pl.* cognizioni.
attar ['ætə*] *s.* essenza di fiori: ~ *of roses* essenza di rose.
attempt [ə'tempt] *s.* **1** tentativo, prova. **2** attentato.
to **attempt** [ə'tempt] *v.t.* **1** tentare, provare. **2** attentare a.
to **attend** [ə'tend] **I** *v.t.* **1** intervenire a, partecipare a; frequentare. **2** assistere; curare. **3** essere al servizio di. **II** *v.i.* **1** applicarsi (*to* a). **2** accudire (a), assistere (qd.). **3** essere al servizio (*on, upon* di).
attendance [ə'tendəns] *s.* **1** presenza; frequenza. **2** pubblico, spettatori. **3** assistenza, cura. □ *to* **be** *in* ~ (*up*)*on s.o.* essere al servizio di qd.; *to* **dance** ~ *on s.o.* fare da cavalier servente a qd.
attendant [ə'tendənt] **I** *a.* **1** assistente. **2** (*fig.*) che accompagna (*on, upon* qc.), relativo (a). **II** *s.* **1** addetto, dipendente *m./f.* **2** servitore; guardiano. **3** *pl.* seguito; servitù.
attention [ə'tenʃən] *s.* **1** attenzione. **2** premura, sollecitudine. **3** (*Mil.*) attenti. □ *to* **call** (o *draw*) *s.o.'s* ~ *to s.th.* richiamare l'attenzione di qd. su qc.; (*epist.*) **for** *the* ~ *of* alla cortese attenzione di; **may** *I have your* ~ *please!* attenzione, prego!; **pay** ~ sta' attento.
attentive [ə'tentiv] *a.* **1** attento. **2** premuroso, cortese, sollecito.
attentiveness [ə'tentivnis] *s.* **1** attenzione. **2** sollecitudine, premura.
to **attenuate** [ə'tenjueit] **I** *v.t.* **1** attenuare. **2** assottigliare. **II** *v.i.* **1** attenuarsi. **2** assottigliarsi.
attenuation [ə,tenju'eiʃən] *s.* **1** attenuazione. **2** assottigliamento.
to **attest** [ə'test] **I** *v.t.* **1** attestare, testimoniare. **2** autenticare, legalizzare. **II** *v.i.* testimoniare sotto giuramento, deporre (*to* su).
attestation [,ætes'teiʃən] *s.* **1** attestato, testimonianza. **2** prova, dimostrazione. **3** autenticazione.
Att.Gen. = *Attorney-General* Procuratore Generale (P.G., Proc. Gen.); (*USA*) Ministro della Giustizia.
attic ['ætik] *s.* **1** soffitta, solaio. **2** (*Arch.*) attico.
attire [ə'taiə*] *s.* (*lett.*) abbigliamento, vesti.
to **attire** [ə'taiə*] *v.t.* (*lett.*) vestire, abbigliare.
attitude ['ætitju:d] *s.* **1** atteggiamento. **2** posa. □ *to strike an* ~ assumere una posa.
to **attitudinize** [,æti'tju:dinaiz] *v.i.* posare, assumere un atteggiamento affettato.
attorney [ə'tə:ni] *s.* (*Dir.*) procuratore; rappresentante *m./f.* legale. □ *Attorney* **General** Procuratore Generale; (*USA*) Ministro della Giustizia; ~ *at* **law** procuratore legale; (*USA*) avvocato; **letter** *of* ~ lettera di procura; **power** *of* ~ procura.
to **attract** [ə'trækt] *v.t.* attirare, attrarre.

attraction [ə'trækʃən] *s.* **1** attrazione. **2** (*fig.*) attrattiva, fascino.
attractive [ə'træktiv] *a.* attraente, affascinante; allettante.
attribute ['ætribju:t] *s.* **1** attributo. **2** caratteristica; prerogativa.
to **attribute** [ə'tribju:t] *v.t.* attribuire, ascrivere.
attribution [ˌætri'bju:ʃən] *s.* attribuzione.
attributive [ə'tribjutiv] *a.* (*Gramm.*) attributivo.
attrition [ə'triʃən] *s.* **1** attrito. **2** (*fig.*) logoramento: *war of* ~ guerra di logoramento.
to **attune** [ə'tju:n] *v.t.* accordare; armonizzare (*anche fig.*).
at. vol. = *atomic volume* volume atomico.
at. wt. = *atomic weight* peso atomico.
Au = (*Chim.*) *gold* oro.
aubergine ['əubəʒi:n] *s.* (*Bot.*) melanzana.
auburn ['ɔ:bən] *a.* castano ramato.
auction ['ɔ:kʃən] *s.* asta, incanto: *by* ~ all'asta.
to **auction** ['ɔ:kʃən] *v.t.* (spesso con *off*) vendere all'asta; mettere all'asta.
auctioneer [ˌɔ:kʃə'niə*] *s.* banditore.
audacious [ɔ:'deiʃəs] *a.* **1** audace, intrepido. **2** sfacciato, impudente.
audacity [ɔ:'dæsiti] *s.* **1** audacia. **2** sfacciataggine, impudenza.
audible ['ɔ:dəbl] *a.* udibile, percettibile.
audience ['ɔ:djəns] *s.* **1** pubblico; ascoltatori; spettatori. **2** udienza.
audio [ˌɔ:di'əu] *s.* audio.
audio-visual [ˌɔ:diəu'viʒjuəl] *a.* audiovisivo. □ ~ *aids* sussidi audiovisivi.
audit ['ɔ:dit] *s.* controllo, verifica.
to **audit** ['ɔ:dit] **I** *v.t.* (*Comm.*) controllare, verificare. **II** *v.i.* fare un controllo dei conti.
audition [ɔ:'diʃən] *s.* **1** audizione. **2** udito.
auditor ['ɔ:ditə*] *s.* **1** uditore. **2** (*Comm.*) revisore dei conti, sindaco.
auditorium [ˌɔ:di'tɔ:riəm] *s.* auditorio.
auditory ['ɔ:ditəri] *a.* uditivo.
Aug. = *August* agosto (ag., ago.).
auger ['ɔ:gə*] *s.* succhiello; trivella.
aught [ɔ:t] *pron.* (*lett.*) qualcosa, alcunché. □ *for* ~ *I care* per quel che m'importa, per me.
to **augment** [ɔ:g'ment] *v.t./i.* aumentare, accrescere.
augmentation [ˌɔ:gmen'teiʃən] *s.* aumento; aggiunta.
augmentative [ɔ:g'mentətiv] *a./s.* (*Gramm.*) accrescitivo.
augur ['ɔ:gə*] *s.* augure, indovino; profeta.
to **augur** ['ɔ:gə*] **I** *v.t.* predire, profetizzare. **II** *v.i.* essere di augurio: *to* ~ *ill* (o *well*) essere di cattivo (*o* buon) augurio.
augury ['ɔ:gjuri] *s.* divinazione, presagio.
august [ɔ:'gʌst] *a.* augusto, venerabile.
August ['ɔ:gəst] *s.* agosto.
Augustine [ɔ:'gʌstin] *N.pr.m.* (*Stor.*) Agostino.
auld *scozz.* [ɔ:ld] *a.* vecchio. □ ~ *lang syne* il buon tempo passato (versi di una canzone tradizionale di Capodanno).
aunt [ɑ:nt, *am.* ænt] *s.* zia.
auntie ['ɑ:nti, *am.* 'ænti] *s.* (*fam.*) zietta.
aura ['ɔ:rə] *s.* (*fig.*) atmosfera, aura.
aural ['ɔ:rəl] *a.* auricolare; uditivo.
aureole ['ɔ:riəul] *s.* aureola.
auricle ['ɔ:rikl] *s.* (*Anat.*) padiglione auricolare; (*del cuore*) atrio.
auricular [ɔ:'rikiulə*] *a.* auricolare.
auriferous [ɔ:'rifərəs] *a.* aurifero.
aurora [ɔ:'rɔ:rə] *s.* aurora.
to **auscultate** ['ɔ:skəlteit] *v.t.* (*Med.*) auscultare.
auscultation [ˌɔ:skəl'teiʃən] *s.* auscultazione.
auspices ['ɔ:spisiz] *s.pl.* auspici, patrocinio.
auspicious [ɔ:s'piʃəs] *a.* di buon augurio, fausto.
austere [ɔ:'stiə*] *a.* **1** austero, severo. **2** sobrio, semplice.
austerity [ɔ:'steriti] *s.* austerità, severità.
Austin ['ɔ:stin] *N.pr.m.* Agostino.
austral ['ɔ:strəl] *a.* australe.
Australia [ɔ:s'treljə] *N.pr.* (*Geog.*) Australia.
Australian [ɔ:s'treiljən] *a./s.* australiano.
Austria ['ɔ:striə] *N.pr.* (*Geog.*) Austria.
Austrian ['ɔ:striən] *a./s.* austriaco.
authentic [ɔ:'θentik] *a.* **1** autentico, originale. **2** attendibile: ~ *news* notizie attendibili.
to **authenticate** [ɔ:'θentikeit] *v.t.* **1** (*Dir.*) autenticare, legalizzare. **2** provare l'autenticità di.
authentication [ɔ:ˌθenti'keiʃən] *s.* (*Dir.*) autenticazione.
authenticity [ɔ:ˌθen'tisiti] *s.* **1** autenticità. **2** attendibilità.
author ['ɔ:θə*] *s.* autore.
authoress ['ɔ:θəris] *s.* autrice.
authoritarian [ɔ:ˌθɔri'tɛəriən] **I** *a.* autoritario, dispotico. **II** *s.* assolutista.
authoritarianism [ɔ:ˌθɔri'tɛəriənizem] *s.* autoritarismo.
authoritative [ɔ:'θɔritətiv] *a.* **1** autorevole. **2** autoritario.
authority [ɔ:'θɔriti] *s.* **1** autorità. **2** autorizzazione. **3** ascendente, influenza. **4** specialista *m./f.*, esperto. **5** fonte (di un'informazione, ecc.). **6** *authorities pl.* le autorità. □ **by** ~ d'autorità; *to* **confer** ~ *on s.o.* conferire poteri a qd.
authorization [ˌɔ:θərai'zeiʃən, *am.* ˌɔ:θəri'zeiʃən] *s.* autorizzazione, permesso.
to **authorize** ['ɔ:θəraiz] *v.t.* autorizzare.
authorship ['ɔ:θəʃip] *s.* **1** attività di scrittore. **2** (*di libri, ecc.*) paternità.
autism ['ɔ:tizəm] *s.* (*Psic.*) autismo.
auto *am.* ['ɔ:təu] *s.* (*pl.* **–s** [–z]) (*fam.*) auto.
autobiographic [ˌɔ:tə(u)baiə'græfik], **autobiographical** [ˌɔ:tə(u)baiə'græfikl] *a.* autobiografico.
autobiography [ˌɔ:tə(u)bai'ɔgrəfi] *s.* autobiografia.
autoclave ['ɔ:təkleiv] *s.* autoclave.
autocracy [ɔ:'tɔkrəsi] *s.* autocrazia.
autocrat ['ɔ:təkræt] *s.* autocrate.

autocratic [ˌɔ:tə'krætik] *a.* autocratico.
autogenous [ɔ:'tɔdʒənəs] *a.* autogeno.
autograph ['ɔ:təgrɑ:f] *a./s.* autografo.
to **autograph** ['ɔ:təgrɑ:f] *v.t.* firmare.
automat *am.* ['ɔ:təmæt] *s.* tavola calda (con servizio a gettone).
to **automate** ['ɔ:təmeit] *v.t.* automatizzare.
automatic [ˌɔ:tə'mætik] *a.* **1** automatico: ~ *gear change car* automobile con cambio automatico; ~ *machine* distributore automatico; ~ *pilot* pilota automatico; ~ *weapons* armi automatiche. **2** meccanico, inconscio.
automation [ˌɔ:tə'meiʃən] *s.* automazione.
automatism [ɔ:'tɔmətizəm] *s.* automatismo.
to **automatize** [ɔ:'tɔmətaiz] *v.t.* automatizzare.
automaton [ɔ:'tɔmətən] *s.* (*pl.* **–ta** [–tə]/**–s** [–z]) automa.
automobile *am.* ['ɔ:təməbi:l] *s.* automobile.
autonomous [ɔ:'tɔnəməs] *a.* autonomo, indipendente.
autonomy [ɔ:'tɔnəmi] *s.* **1** autonomia, indipendenza. **2** (*Pol.*) autogoverno.
autopsy ['ɔ:təpsi] *s.* autopsia.
auto-suggestion ['ɔ:tosə'dʒestʃən] *s.* autosuggestione.
autumn ['ɔ:təm] *s.* autunno.
autumnal [ɔ:'tʌmnəl] *a.* autunnale.
auxiliary [ɔ:g'ziljəri] **I** *a.* **1** ausiliare, ausiliario: (*Inform.*) ~ *storage* memoria ausiliaria; ~ *troops* truppa ausiliaria, di riserva. **2** (*Gramm.*) ausiliare. **II** *s.* **1** aiuto, assistente *m./f.* **2** (*Gramm.*) verbo ausiliare.
av. = **1** *avenue* viale (V.le). **2** *average* medio, media. **3** (*unità di misura*) *avoirdupois* avoirdupois.
avail [ə'veil] *s.* vantaggio, giovamento. □ **of** *no* ~ inutile; **to** *no* ~ inutilmente.
to **avail** [ə'veil] *v.t./i.* (*lett.*) servire, essere utile (*to* a). □ *to* ~ *o.s. of* approfittare di, servirsi di.
availability [əˌveilə'biliti] *s.* disponibilità.
available [ə'veiləbl] *a.* **1** disponibile. **2** reperibile, in vendita: *tickets for the concert are no longer* ~ i biglietti per il concerto sono finiti. □ ~ **girl** ragazza sentimentalmente libera; *to* **make** *s.th.* ~ *to s.o.* mettere qc. a disposizione di qd.; ~ **time** tempo libero; *is the* **toilet** ~? il gabinetto è libero?
avalanche ['ævəlɑ:nʃ] *s.* valanga (*anche fig.*).
avant-garde ['ævən'ga:d] **I** *a.* d'avanguardia. **II** *s.* avanguardia.
avarice ['ævəris] *s.* cupidigia; avarizia.
avaricious [ˌævə'riʃəs] *a.* cupido; avaro.
to **avenge** [ə'vendʒ] *v.t.* vendicare. □ *to* ~ *o.s. on an enemy* vendicarsi di un nemico.
ave., **Ave.** = *avenue* viale (V.le).
avenger [ə'vendʒə*] *s.* vendicatore.
avenue ['ævinju:] *s.* **1** viale. **2** strada, via (*anche fig.*).
to **aver** [ə'və:*] *v.t.* (*pass., p.p.* **averred** [–d]) (*lett.*) asserire, affermare.
average ['ævəridʒ] **I** *s.* media: *on an* ~ in media. **II** *a.* medio; normale, comune. □ **above** (*the*) ~ al disopra della media; **below** (*the*) ~ al di sotto della media; (*fig.*) **up** *to* (*the*) ~ discreto.
to **average** ['ævəridʒ] **I** *v.t.* fare la media di; aggirarsi su una media di (spesso con *out*). **II** *v.i.* ammontare in media.
averse [ə'və:s] *a.* **1** contrario, avverso (*to* a). **2** riluttante.
aversion [ə'və:ʃən] *s.* avversione, antipatia (*to* per). □ *pet* ~ particolare antipatia.
to **avert** [ə'və:t] *v.t.* **1** distogliere. **2** prevenire, evitare.
aviary ['eiviəri] *s.* uccelliera.
aviation [ˌeivi'eiʃən] *s.* aeronautica, aviazione.
aviculture ['eivikʌltʃə*] *s.* avicoltura.
avid ['ævid] *a.* **1** insaziabile, smodato: *an* ~ *reader* un lettore insaziabile. **2** entusiasta, appassionato. **3** (*lett.*) avido (*of, for* di): ~ *for power* avido di potere.
avidity [ə'viditi] *s.* bramosia.
Avignon [ævi'njɔ:n] *N.pr.* (*Geog.*) Avignone.
avitaminosis [eiˌvaitəmi'nəusis] *s.* (*Med.*) avitaminosi.
avocado [ˌævə'kɑ:dəu] *s.* (*Bot.*) (*pl.* **–s** [–z]) avocado.
to **avoid** [ə'vɔid] *v.t.* evitare; sfuggire, scansare.
avoidable [ə'vɔidəbl] *a.* evitabile.
avoidance [ə'vɔidəns] *s.* l'evitare, lo scansare.
to **avow** [ə'vau] *v.t.* dichiarare; ammettere. □ *to* ~ *o.s. a Christian* dichiararsi cristiano.
avowal [ə'vauəl] *s.* ammissione; dichiarazione.
to **await** [ə'weit] *v.t.* attendere, aspettare.
awake [ə'weik] *a.pred.* **1** sveglio, desto. **2** (*fig.*) consapevole, conscio (*to* di).
to **awake** [ə'weik] *v.* (*pass.* **awoke** [ə'wouk], *p.p.* **awoken** [ə'woukən]) **I** *v.i.* **1** svegliarsi, destarsi. **2** rendersi conto (*to* di), aprire gli occhi (su). **II** *v.t.* svegliare, destare.
to **awaken** [ə'weikən] **I** *v.i.* rendere consapevole (*to* di). **II** *v.t.* **1** suscitare, risvegliare. **2** svegliare.
awakening [ə'weikəniŋ] *s.* **1** risveglio. **2** (*fig.*) consapevolezza.
award [ə'wɔ:d] *s.* **1** ricompensa, premio. **2** borsa di studio. **3** (*Dir.*) indennizzo.
to **award** [ə'wɔ:d] *v.t.* **1** assegnare; conferire. **2** (*Dir.*) indennizzare.
aware [ə'wεə*] *a.* consapevole, conscio (*of, that* di, che). □ *to become* ~ *of* rendersi conto di.
awareness [ə'wεənis] *s.* consapevolezza.
awash [ə'wɔʃ] *a.pred./avv.* **1** a galla, a fior d'acqua. **2** inondato.
away [ə'wei] **I** *avv.* **1** via: *take him* ~ portalo via. **2** lontano. **3** da parte, in disparte. **4** di seguito, continuamente. **II** *a.* **1** lontano, distante. **2** (*Sport*) fuori casa: *an* ~ *game* una partita fuori casa. □ *to* **do** ~ *with* liberarsi di; uccidere; **far** *and* ~ *the best* di gran lunga il migliore; **far** ~ lontano; **right** (o *straight*) ~ immediatamente; *ten minutes* **walk** ~ dieci minuti a piedi.
awe [ɔ:] *s.* timore reverenziale, soggezione: *to stand in* ~ *of s.o.* aver soggezione di qd.

to **awe** [ɔ:] *v.t.* **1** ispirare timore (*o* soggezione) a. **2** ridurre, costringere (con intimidazione): *the children were awed into silence* i bambini furono ridotti al silenzio.
awe-inspiring ['ɔ:inspaiəriŋ] *a.* che incute timore.
awesome ['ɔ:səm] *a.* spaventoso.
awestricken ['ɔ:strikən], **awestruck** ['ɔ:strʌk] *a.* atterrito; sgomento.
awful ['ɔ:fəl] **I** *a.* **1** orrendo, tremendo, spaventoso: *the road is ~* la strada è in condizioni spaventose; *married to that ~ man* sposata con quell'uomo orrendo; *how ~!* che orrore! **2** (*fam.*) grande, enorme, moltissimo: *an ~ lot of* un'enorme quantità di, un sacco di; *it takes an ~ long while* richiede moltissimo tempo. **3** che fa paura, che incute timore: *an ~ calm* una calma che fa paura. **II** *avv.* (*fam.*) molto, assai.
awfully ['ɔ:fəli] *avv.* **1** estremamente; terribilmente, tremendamente. **2** (*fam.*) molto. ☐ *an ~* **nice** *girl* una ragazza estremamente carina; *I'm ~* **sorry** sono veramente spiacente.
awhile [ə'wail] *avv.* per un po'.
awkward ['ɔ:kwəd] *a.* **1** sgraziato, goffo. **2** maldestro, impacciato; poco maneggevole; difficile, pericoloso. **3** imbarazzante. ☐ (*fam.*) *an ~* **customer** una persona difficile; *to* **feel** *~* sentirsi a disagio.
awkwardness ['ɔ:kwədnis] *s.* **1** goffaggine. **2** imbarazzo.
awl [ɔ:l] *s.* punteruolo.
awning ['ɔ:niŋ] *s.* tendone, telone.
awoke [ə'wəuk], **awoken** [ə'wəukən] → to awake.
awry [ə'rai] *a.pred./avv.* storto, di traverso. ☐ *our plans have gone ~* i nostri progetti sono andati a monte.
ax(e) [æks] *s.* ascia, accetta. ☐ (*fam.*) *to get the ~* essere licenziato.
axial ['æksiəl] *a.* assiale.
axilla [æk'silə] *s.* (*Anat.*) ascella.
axiom ['æksiəm] *s.* assioma.
axiomatic [ˌæksiə'mætik] *a.* assiomatico.
axis ['æksis] *s.* (*pl.* **axes** [–si:z]) (*Geol., Geom., Pol.*) asse.
axle ['æksl] *s.* (*Mecc.*) asse di una ruota.
ay(e) [ai] **I** *avv.* (*scozz.*) sì. **II** *s.pl.* voto favorevole.
azalea [ə'zeiliə] *s.* (*Bot.*) azalea.
azimuth ['æziməθ] *s.* (*Astr.*) azimut.
azote ['æzəut] *s.* (*Chim.*) azoto.
azotemia [ˌæzə'ti:miə] *s.* (*Med.*) azotemia
azure ['æʒə*] *s.* azzurro.

B

b, B[1] [bi:] *s.* (*pl.* **b's/bs, B's/Bs** [bi:z]) b, B. ▭ (*Tel.*) ~ *for Benjamin;* (*am.*) ~ *for Baker* B come Bologna.
b. = *born* nato (n.).
B[2] [bi:] *s.* (*Mus.*) si.
B[3] = (*Chim.*) *boron* boro.
B[4] = *Baron* Barone (bar.).
Ba = (*Chim.*) *barium* bario.
B.A. = **1** *Bachelor of Arts* 1° livello di laurea in discipline umanistiche. **2** *British Academy* Accademia britannica. **3** *British Airways* Linee Aeree Britanniche.
to **baa** [bɑ:] *v.i.* (*onom.*) fare bee, belare.
babble ['bæbl] *s.* **1** balbettio, balbettamento; (*di acqua*) mormorio. **2** ciancia, discorso a vanvera.
to **babble** ['bæbl] **I** *v.i.* **1** balbettare; (*di acqua*) mormorare. **2** cianciare, parlare a vanvera. **II** *v.t.* balbettare, farfugliare. ▭ *to* ~ (*out*) *a secret* lasciarsi sfuggire un segreto.
babbler ['bæblə*] *s.* chiacchierone.
babe [beib] *s.* **1** bambino. **2** (*fig.*) persona inesperta. **3** (*am.*) ragazza, giovane donna.
babel ['beibl] *s.* babilonia, confusione.
baboon [bə'bu:n] *s.* (*Zool.*) babbuino.
baby ['beibi] *s.* **1** bimbo; neonato, (*fam.*) bebè. **2** (*di animali*) piccolo. **3** (*spreg.*) bambinone. **4** (*sl.*) innamorata, ragazza. ▭ (*am.*) ~ **carriage** carrozzina; ~ **grand** pianoforte a mezza coda; (*fam.*) *to be* **left** *holding the* ~ essere lasciato nei guai.
to **baby** ['beibi] *v.t.* viziare, coccolare.
babyhood ['beibihud] *s.* (prima) infanzia.
babyish ['beibiiʃ] *a.* infantile, puerile.
Babylonian [ˌbæbi'louniən] *a./s.* (*Stor.*) babilonese.
to **babysit** ['beibisit] *v.i.* (coniug. come to **sit**) fare da baby-sitter.
babysitter ['beibisitə*] *s.* baby-sitter *m./f.*
babytalk ['beibitɔ:k] *s.* linguaggio infantile.
baccalaureate [ˌbækə'lo:riit] *s.* baccalaureato.
bacchanal ['bækənl] **I** *a.* **1** bacchico. **2** (*fig.*) orgiastico. **II** *s.* **1** seguace di Bacco. **2** crapulone. **3** baccanale.
bacchant ['bækənt] *s.* baccante.
bachelor ['bætʃələ*] *s.* scapolo, celibe. ▭ (*Univ.*) *Bachelor of* **Arts** baccelliere in lettere; ~ **girl** ragazza nubile e indipendente.
bachelorhood ['bætʃələhud] *s.* celibato.
bacillus [bə'siləs] *s.* (*pl.* **–lli** [–lai]) (*Biol.*) bacillo.
back[1] [bæk] **I** *s.* **1** schiena, dorso, spalle. **2** (*Zool.*) groppa. **3** dietro, retro; rovescio. **4** fondo: *the* ~ *of the hall* il fondo della sala. **5** (*Sport*) terzino. **II** *a.* **1** posteriore, di dietro. **2** arretrato. **3** remoto, lontano. ▭ **at** *the* ~ *of* dietro (a); (*fig.*) *to do s.th.* **behind** *s.o.'s* ~ fare qc. all'insaputa di qd.; (*fig.*) ~ *of* **beyond** luogo fuori mano; (*fig.*) *to* **break** *the* ~ *of a job* fare il grosso di un lavoro; (*fig.*) *to have a* **broad** ~ avere le spalle robuste; ~ *to* **front** alla rovescia; *to* **get** *one's own* ~ vendicarsi; (*fig.*) *to* **get** *off s.o.'s* ~ lasciare in pace qd.; *to be* **on** *one's* ~ stare a letto malato; (*fig.*) *to* **put** *one's* ~ *into s.th.* impegnarsi a fondo in qc.; *to* **turn** *one's* ~ *on s.o.* voltare le spalle a qd.; (*fig.*) *to put* (o *get*) *s.o.'s* ~ **up** irritare qd.
back[2] [bæk] *avv.* **1** indietro. **2** (*di tempo*) addietro, or sono. ▭ *as* **far** ~ *as 1850* nel lontano 1850; ~ *and* **forth** avanti e indietro; ~ **from** lontano da; (*am.*) ~ **of** dietro (a); **to** *Glasgow and* ~ a Glasgow e ritorno.
to **back** [bæk] **I** *v.t.* **1** (spesso con *up*) far indietreggiare. **2** (spesso con *up*) appoggiare, sostenere, spalleggiare. **3** puntare su, scommettere su. **4** rinforzare; rivestire (*with* di); foderare. **5** (*Econ.*) avallare. **II** *v.i.* (spesso con *up*) retrocedere, fare marcia indietro. ▭ *to* ~ **away** indietreggiare (*from* da); *to* ~ **down**, *to* ~ **off** recedere (*from* da), rinunciare (a); *to* ~ **out** tirarsi indietro (*of* da), venir meno (a).
backache ['bækeik] *s.* mal di schiena.
backbencher ['bækbentʃə*] *s.* parlamentare senza incarichi ministeriali.
to **backbite** ['bækbait] *v.t.* (coniug. come to **bite**) sparlare di.
backbiter ['bækbaitə*] *s.* maldicente *m./f.*
backbone ['bækbəun] *s.* **1** (*Anat.*) colonna vertebrale. **2** (*fig.*) carattere. ▭ *to the* ~ completamente.
backbreaking ['bækbreikiŋ] *a.* faticosissimo, massacrante.
to **back-comb** ['bækkəum] *v.t.* cotonare (i capelli).
to **backdate** ['bækdeit] *v.t.* retrodatare.
backdoor ['bækdɔ:*] *a.* segreto, clandestino.

backdrop ['bækdrɔp] *s.* (*Teat.*) fondale.
backer ['bækə*] *s.* **1** sostenitore, fautore. **2** scommettitore.
backfire ['bækfaiə*] *s.* (*Mot.*) ritorno di fiam ma.
backgammon ['bæk'gæmən] *s.* backgammon.
background ['bækgraund] *s.* **1** fondo, sfondo. **2** ambiente. **3** (*fig.*) preparazione, bagaglio culturale. **4** (*di musica*) sottofondo. **5** (*fig.*) ombra, oscurità. □ (*fig.*) *to* **keep** *in the* ~ restare nell'ombra; (*Inform.*) ~ **program(me)** programma di riserva.
backhand ['bækhænd] **I** *s.* **1** (*Sport*) rovescio. **2** scrittura sinistrorsa. **II** *a.* **1** → **backhanded**. **2** (*Sport*) di rovescio. **III** *avv.* di rovescio.
backhanded ['bæk'hændid] *a.* **1** di rovescio. **2** (*fig.*) ambiguo, equivoco.
backhander ['bæk'hændə*] *s.* **1** manrovescio. **2** rimprovero.
backing ['bækiŋ] *s.* **1** sostegno, appoggio. **2** rinforzo; rivestimento; fodera.
backlog ['bæklɔg] *s.* lavoro arretrato.
backseat ['bæksi:t] *s.* sedile posteriore.
backside ['bæksaid] *s.* **1** parte posteriore. **2** (*fam.*) sedere.
to **backslide** [ˌbæk'slaid] *v.i.* (coniug. come to **slide**) ricadere nel vizio.
backstage ['bæksteidʒ] *avv.* (*Teat.*) dietro le quinte.
backstair(s) ['bækstɛə(z)] **I** *s.* scala di servizio. **II** *a.* clandestino, segreto.
backstitch ['bækstitʃ] *s.* (*Cucito*) punto indietro.
backstroke ['bækstrəuk] *s.* **1** (*Sport*) nuoto sul dorso. **2** contraccolpo.
to **backtrack** ['bæktræk] *v.i.* (*fig.*) tornare sui propri passi.
back-up ['bækʌp] *s.* di riserva, di rincalzo: *a* ~ *team* una squadra di riserva. □ (*Inform.*) ~ **computer** elaboratore di riserva; ~ **copy** copia di riserva; (*Aut.*) ~ **light** luce di retromarcia.
backward ['bækwəd] **I** *avv.* → **backwards**. **II** *a.* **1** volto indietro. **2** a rovescio, in senso inverso. **3** (mentalmente) ritardato; sottosviluppato. **4** riluttante, esitante. **5** tardivo.
backwardness ['bækwədnis] *s.* **1** arretratezza. **2** riluttanza, esitazione. **3** tardività.
backwards ['bækwədz] *avv.* **1** indietro. **2** in senso inverso, a rovescio. □ ~ *and* **forwards** avanti e indietro; *to* **know** *s.th.* ~ conoscere qc. a menadito; *to* **look** ~ guardare indietro; (*fig.*) riandare al passato.
backwash ['bækwɔʃ] *s.* **1** (*Mar.*) risacca, risucchio. **2** (*fig.*) strascichi, ripercussioni.
backwater ['bækwɔ:tə*] *s.* **1** acqua stagnante. **2** (*fig.*) ristagno, stasi.
backwoods ['bæk'wudz] *s.pl.* **1** zona boscosa e selvaggia. **2** (*fig.*) zona sottosviluppata.
backyard ['bækjɑ:d] *s.* cortile dietro la casa.
bacon ['beikən] *s.* (*Gastr.*) pancetta affumicata, bacon. □ (*fam.*) *to save one's* ~ salvare la pelle.
bacterial [bæk'tiəriəl] *a.* batterico.
bactericide [bæ'ktiərisaid] *s.* (*Farm.*) battericida.
bacteriological [bækˌtiəriə'lɔdʒikl] *a.* batteriologico.
bacteriologist [bæ:kˌtiəri'ɔlədʒist] *s.* batteriologo.
bacteriology [bækˌtiəri'ɔlədʒi] *s.* batteriologia.
bacterium [bæk'tiəriəm] *s.* (*pl.* **–ria** [–riə]) (*Biol.*) batterio.
bad [bæd] **I** *a.* (*compar.* **worse** [wə:s], *sup.* **worst** [wə:st]) **1** cattivo. **2** malvagio, maligno. **3** spiacevole, sgradevole. **4** dannoso, nocivo. **5** malato, sofferente; dolente, dolorante. **6** forte, grave: *a* ~ *attack of influenza* un forte attacco d'influenza. **7** falso, (*fam.*) fasullo. **II** *avv.* (*fam.*) → **badly**. **III** *s.* male. □ *to be* ~ **at** *s.th.* essere negato per qc.; ~ **blood** astio, rancore; *to come to a* ~ **end** andare a finir male; (*fam.*) *to* **feel** ~ sentirsi male; essere spiacente; *to* **go** ~ andare a male; (*fam.*) *not* **half** ~ discreto; ~ **language** turpiloquio; *things* **look** ~ le cose si mettono male; (*fam.*) **not** (*so*) ~ non male, discreto; (*fam.*) *to be* **taken** ~ sentirsi male; ~ **words** parolacce; *from* ~ *to* **worse** di male in peggio.
bade [bæd] → to **bid**.
badge [baedʒ] *s.* **1** distintivo, targhetta magnetica di riconoscimento. **2** (*fig.*) emblema, simbolo.
badger ['bædʒə*] *s.* (*Zool.*) tasso.
to **badger** ['bædʒə*] *v.t.* molestare, infastidire.
badinage *am.* ['bædinɑ:ʒ] *s.* burla, scherzo.
badly ['bædli] *avv.* **1** male, malamente. **2** moltissimo, fortemente. **3** seriamente, gravemente: ~ *hurt* gravemente ferito. □ *to be* ~ *off* passarsela male.
badminton ['bædmintən] *s.* (gioco del) volano.
baffle ['bæfl] *s.* **1** (*tecn.*) deflettore, diaframma. **2** (*Rad.*) schermo acustico.
to **baffle** ['bæfl] *v.t.* **1** confondere, sconcertare. **2** rendere vano, frustrare. **3** (*tecn.*) deviare.
bag [bæg] *s.* **1** sacco, sacchetto; contenitore. **2** borsa, borsetta. **3** (*Caccia*) carniere; (*estens.*) bottino. □ ~ *and* **baggage** con armi e bagagli; *to be a* ~ *of* **bones** essere pelle e ossa; (*fig.*) *to let the* **cat** *out of the* ~ lasciarsi scappare un segreto; *bags under the* **eyes** borse sotto gli occhi; **game** ~ carniere; (*fam.*) *bags* **of** un mucchio di, tanto; (*fam.*) **old** (o *stupid*) ~ vecchia befana; (*fam.*) *to* **pack** *one's* ~ far fagotto; **shoulder** ~ borsa a tracolla; **sleeping** ~ sacco a pelo; *the whole* ~ *of* **tricks** tutto il necessario.
to **bag** [bæg] *v.* (*pass., p.p.* **bagged** [–d]) **I** *v.t.* **1** (spesso con *up*) mettere in un sacco. **2** (*Caccia, Pesca*) prendere, catturare. **3** (*fam.*) prendere, intascare; appropriarsi, accaparrarsi. **II** *v.i.* gonfiarsi; fare le borse. □ *to* ~*-snatch* scippare.
bagatelle [ˌbægə'təl] *s.* **1** bagattella, inezia, co-

sa da nulla. **2** (gioco del) biliardino.
baggage ['bægidʒ] *s.* **1** (*am.*) bagaglio. **2** (*Mil.*) salmerie. ▭ (*am.*) ~ *room* ufficio bagagli smarriti.
baggy ['bægi] *a.* sformato, cascante.
bag lady [bæg'leidi] *s.* barbona.
bagpipe ['bægpaip] *s.* (general. al pl.) zampogna, cornamusa.
bah [bɑ:] *intz.* bah, ohibò.
Bahamas [bə'ha:məz] *N.pr.pl.* (*Geog.*) Bahama.
bail [beil] *s.* (*Dir.*) **1** cauzione. **2** libertà provvisoria (dietro cauzione). ▭ *to* **go** (o *to put up*) ~ *for s.o.* pagare la cauzione per qd.; *to* **release** *on* ~ rilasciare dietro cauzione.
to **bail** [beil] *v.t.* (*Dir.*) mettere in libertà provvisoria (dietro cauzione); (spesso con *out*) far ottenere la libertà provvisoria (dietro cauzione) a; (*fig.*) cavare dai pasticci.
bailee [ˌbei'li:] *s.* (*Dir.*) depositario.
bailey ['beili] *s.* mura esterne di un castello. ▭ *Old Bailey* tribunale penale di Londra.
bailiff ['beilif] *s.* **1** ufficiale giudiziario. **2** fattore.
bailment ['beil'mənt] *s.* (*Dir.*) deposito cauzionale.
bailor ['beilə*] *s.* (*Dir.*) depositante *m./f.*
bait [beit] *s.* **1** esca. **2** (*fig.*) lusinga, allettamento. ▭ (*fig.*) *to rise to the* ~ abboccare.
to **bait** [beit] *v.t.* **1** munire di esca. **2** (*fig.*) adescare, lusingare. **3** esasperare.
baize [beiz] *s.* panno verde (per biliardi, ecc.).
to **bake** [beik] **I** *v.t.* cuocere al forno. **II** *v.i.* cuocersi (al sole). ▭ (*fam.*) *half* ~ stupidotto, inesperto, indietro di cottura.
bakelite ['beikəlait] *s.* (*Min.*) bachelite.
baker ['beikə*] *s.* panettiere, fornaio. ▭ *~'s dozen* tredici.
bakery ['beikəri] *s.* panificio, panetteria.
bakery-café *am.* ['beikərikæ'fei] *s.* caffè pasticceria.
baking ['beikiŋ] *s.* cottura al forno; infornata.
baking-powder ['beikiŋpaudə*] *s.* lievito in polvere.
balance ['bæləns] *s.* **1** bilancia. **2** equilibrio (*anche fig.*). **3** (*Arte*) armonia, proporzione. **4** (*Comm., Econ.*) pareggio; bilancio. **5** bilanciere (di orologio). ▭ (*fig.*) *to* **hang** *in the* ~ essere in bilico; (*fig.*) *to be* **in** *the* ~ essere incerto, poco chiaro; (*fig.*) *to* **lose** *one's* ~ perdere la calma; *to throw s.o.* **off** *his* ~ far perdere l'equilibrio a qd.; (*fig.*) far perdere il controllo di sé a qd.; (*fig.*) *to be* **off** ~ essere sbilanciato, confuso, sorpreso; **on** ~ tutto sommato; (*Econ.*) ~ *of* **payments** bilancia dei pagamenti; (*Comm.*) *to* **strike** *a* ~ chiudere i conti; (*fig.*) trovare il giusto mezzo; (*Econ.*) ~ *of* **trade** bilancia commerciale.
to **balance** ['bæləns] **I** *v.t.* **1** bilanciare, equilibrare. **2** (*fig.*) (spesso con *out, up*) controbilanciare, compensare. **3** valutare, giudicare. **4** (*Comm.*) fare il bilancio: *to* ~ *accounts* saldare i conti; pareggiare, quadrare. **II** *v.i.* **1** bilanciarsi. **2** stare in equilibrio. **3** (*Comm.*) essere in pareggio, quadrare. ▭ *balanced diet* dieta bilanciata.
balance sheet ['bælənsʃi:t] *s.* (*Comm.*) bilancio; estratto conto.
balcony ['bælkəni] *s.* **1** balcone, terrazzo. **2** (*Teat.*) balconata.
bald [bɔ:ld] *a.* **1** calvo, (*fam.*) pelato. **2** spelacchiato; spennacchiato; nudo, brullo; spoglio. **3** (*di stile*) disadorno.
balderdash ['bɔ:ldədæʃ] *s.* sciocchezze, parole senza senso.
bald-headed ['bɔ:ldhedid] *a.* calvo, (*fam.*) pelato.
baldly ['bɔ:ldli] *avv.* chiaramente, esplicitamente. ▭ *speaking* ~ senza mezzi termini.
baldness ['bɔ:ldnis] *s.* calvizie.
Baldwin ['bɔ:ldwin] *N.pr.m.* Baldovino.
bale [beil] *s.* balla (di merce).
to **bale** [beil] *v.t.* imballare.
Balearic Islands [ˌbæli'ærik'ailəndz] *N.pr.pl.* (*Geog.*) isole Baleari.
baleful ['beilfəl] *a.* nocivo, dannoso; sinistro.
balk [bɔ:k] *s.* **1** ostacolo, intralcio. **2** (*Edil.*) trave di legno.
to **balk** [bɔ:k] **I** *v.i.* esitare, tirarsi indietro (*at* davanti a). **II** *v.t.* ostacolare, intralciare.
Balkan ['bɔ:lkən] *a.* (*Geog.*) balcanico.
Balkans ['bɔ:lkənz] *N.pr.pl.* (*Geog.*) Balcani.
ball[1] [bɔ:l] *s.* **1** palla; pallone. **2** gomitolo (di lana, ecc.). **3** (*Mil.*) proiettile, pallottola. **4** rotondità, globo: *eye* ~ globo oculare. **5** *pl.* (*volg.*) fandonie, balle. ▭ (*fig.*) *the* ~ *is in your* **court** è il tuo turno; (*fig.*) *to* **have** *the* ~ *at one's feet* avere la via del successo aperta; (*fig.*) *to* **keep** *the* ~ *rolling* mandare avanti la baracca; mantenere viva la conversazione; (*sl.*) **on** *the* ~ all'erta, aggiornato; (*fam.*) collaborare; (*fig.*) *to* **start** *the* ~ *rolling* dare inizio (a un'attività, ecc.).
to **ball** [bɔ:l] **I** *v.t.* appallottolare; aggomitolare. **II** *v.i.* appallottolarsi.
ball[2] [bɔ:l] *s.* ballo, festa da ballo. ▭ *to open the* ~ aprire le danze; (*fig.*) dare inizio a un'attività.
ballad ['bæləd] *s.* canzone popolare.
ballade [bæ'lɑ:d] *s.* ballata.
ballast ['bæləst] *s.* **1** zavorra. **2** (*fig.*) equilibrio mentale.
to **ballast** ['bæləst] *v.t.* zavorrare.
ball-bearing ['bɔ:lbɛəriŋ] *s.* cuscinetto a sfera.
ball-cock ['bɔ:lkɔk] *s.* galleggiante.
ballerina [ˌbælə'ri:nə] *s.* ballerina classica.
ballet ['bælei] *s.* balletto. ▭ ~ *dancer* ballerino classico.
ballistic [bə'listik] *a.* balistico.
ballistics [bə'listiks] *s.pl.* (costr. sing.) balistica.
ballocks ['bæləks] *s.pl.* **1** (*volg.*) testicoli, palle. **2** (*volg.*) fandonie, balle.
balloon [bə'lu:n] *s.* **1** aerostato, mongolfiera. **2**

palloncino. **3** nuvoletta di un fumetto.
to **balloon** [bə'lu:n] *v.i.* gonfiarsi.
ballot ['bælət] *s.* **1** scheda elettorale. **2** scrutinio segreto. **3** scrutinio. ▭ *second* ~ ballottaggio.
to **ballot** ['bælət] *v.i.* votare a scrutinio segreto.
ballot-box ['bælətbɔks] *s.* urna elettorale.
ballpoint(pen) ['bɔ:lpɔint(pen)] *s.* penna a sfe ra, biro.
ballroom ['bɔ:lrum] *s.* sala da ballo.
ballyhoo ['bælihu:] *s.* (*fam.*) bombardamento pubblicitario.
balm [bɑ:m] *s.* balsamo (*anche fig.*).
balmy ['bɑ:mi] *a.* balsamico. ▭ ~ *air* aria tie pida.
baloney *am.* [ˌbə'ləuni] *s.* (*fam.*) (cosa) di nes sun valore.
balsam ['bɔ:lsəm] *s.* balsamo.
balsamic [bɔ:l'sæmik] *a.* balsamico.
Baltic ['bɔ:ltik] *a.* baltico.
baluster ['bæləstə*] *s.* **1** (*Arch.*) balaustro. **2** *pl.* → **balustrade**.
balustrade [ˌbæləs'treid] *s.* (*Arch.*) balaustrata.
bamboo [bæm'bu:] *s.* (*Bot.*) bambù.
to **bamboozle** [bæm'bu:zl] *v.t.* (*fam.*) turlupinare.
ban [bæn] *s.* **1** proibizione, divieto. **2** (*Rel.*) scomunica. **3** (*Dir.*) proscrizione, bando.
to **ban** [bæn] *v.t.* (*pass., p.p.* **banned** [–d]) **1** proibire, vietare. **2** (*Rel.*) scomunicare. **3** bandire, interdire.
banal [bə'nɑ:l] *a.* banale.
banality [bə'næliti] *s.* banalità, luogo comune.
banana [bə'nɑ:nə] *s.* (*Bot.*) banana. ▭ ~ *tree* banano.
band[1] [bænd] *s.* **1** gruppo, compagnia; banda. **2** (*Zool.*) branco. **3** banda (musicale).
to **band**[1] [bænd] **I** *v.t.* unire, associare (spec. con *together*). **II** *v.i.* unirsi, associarsi.
band[2] [bænd] *s.* **1** (*tecn.*) cinghia, correggia. **2** (*di tessuto*) nastro, fascia. **3** striscia, riga. **4** (*Rad.*) banda. **5** (*di registratore*) pista.
to **band**[2] [bænd] *v.t.* bendare, fasciare.
bandage ['bændidʒ] *s.* benda, fascia.
to **bandage** ['bændidʒ] *v.t.* bendare, fasciare.
bandit ['bændit] *s.* bandito, fuorilegge.
banditry ['bænditri] *s.* banditismo.
bandoleer, **bandolier** [ˌbændə'liə*] *s.* (*Mil.*) bandoliera.
bandsman ['bændsmən] *s.* (*pl.* **–men**) musicante.
bandstand ['bændstænd] *s.* palco (della banda).
band-wagon *am.* ['bændwægən] *s.* carro della banda. ▭ *to jump on the* ~ passare dalla parte del vincitore.
bandy ['bændi] *a.* dalle gambe storte.
to **bandy** ['bændi] *v.t.* scambiare (parole, colpi, accuse). ▭ *his* **name** *was bandied about* sparlavano di lui; *to* ~ **words** *with s.o.* litigare con qd.
bane [bein] *s.* rovina, sventura.
baneful ['beinful] *a.* cattivo, dannoso.
bang [bæŋ] **I** *s.* **1** esplosione, detonazione. **2** colpo, botta. **3** (*fig.*) slancio. **II** *avv.* (*fam.*) proprio, esattamente.
to **bang**[1] [bæŋ] **I** *v.t.* colpire; sbattere (violentemente). **II** *v.i.* scoppiare, esplodere. ▭ *to* ~ **about** far rumore, far fracasso; *to* ~ **up** danneggiare, rovinare.
to **bang**[2] [bæŋ] *v.t.* tagliare (i capelli) a frangetta.
bangle ['bæŋgl] *s.* braccialetto.
bangs *am.* [bæŋz] *s.pl.* frangia (di capelli).
to **banish** ['bæniʃ] *v.t.* **1** bandire, esiliare. **2** (*fig.*) scacciare (p.e. pensieri).
banishment ['bæniʃmənt] *s.* esilio; bando.
banister ['bænistə*] *s.* **1** balaustro. **2** *pl.* balaustrata.
banjo ['bændʒəu] *s.* (*pl.* **–(e)s** [–z]) (*Mus.*) banjo.
bank[1] [bæŋk] *s.* **1** cumulo, mucchio. **2** argine; riva, sponda. **3** (*Aer.*) inclinazione trasversale. **4** (*Strad.*) scarpata. **5** (*Mar.*) secca.
to **bank**[1] [bæŋk] **I** *v.t.* **1** ammassare, ammucchiare. **2** arginare. **3** (*Aer.*) inclinare (nella virata). **II** *v.i.* **1** ammucchiarsi, addensarsi. **2** (*Aer.*) inclinarsi in virata.
bank[2] [bæŋk] *s.* **1** (*Econ.*) banca. **2** (*nei giochi d'azzardo*) banco. ▭ **blood** ~ banca del sangue; ~ **clerk** impiegato di banca; ~ **rate** tasso di sconto.
to **bank**[2] [bæŋk] **I** *v.t.* depositare in banca. **II** *v.i.* essere cliente (*with a bank* di una banca). ▭ (*fam.*) *to* ~ *on* contare su.
bank[3] [bæŋk] *s.* fila, serie; batteria.
bank-account [bæŋkə'kaunt] *s.* (*Comm.*) conto corrente.
bank-book ['bæŋkbuk] *s.* (*Comm.*) libretto di banca.
banker ['bæŋkə*] *s.* **1** banchiere. **2** chi tiene il banco nei giochi. ▭ ~*'s card* carta di credito.
bank-holiday [bæŋk'hɔlidi] *s.* festività durante le quali le banche sono chiuse.
banking ['bæŋkiŋ] *s.* attività bancaria.
bank-note ['bæŋknəut] *s.* banconota.
bankrupt ['bæŋkrəpt] *a./s.* **1** fallito. **2** debitore insolvente. ▭ (*fig.*) *to be* ~ *of* (o *in*) essere totalmente privo di.
to **bankrupt** ['bæŋkrəpt] *v.t.* far fallire.
bankruptcy ['bæŋkrəptsi] *s.* bancarotta, fallimento.
banner ['bænə*] *s.* **1** bandiera, stendardo. **2** striscione (con slogan *o* pubblicità).
banns [bænz] *s.pl.* (*Rel.*) pubblicazioni (di matrimonio): *to call the* ~ esporre le pubblicazioni.
banquet ['bæŋkwit] *s.* banchetto.
to **banquet** ['bæŋkwit] **I** *v.t.* offrire un banchetto a. **II** *v.i.* banchettare.
banter ['bæntə*] *s.* canzonatura.
to **banter** ['bæntə*] **I** *v.t.* prendere in giro, canzonare. **II** *v.i.* scherzare.
baptism ['bæptizəm] *s.* battesimo.
baptismal [bæp'tizməl] *a.* battesimale.

Baptist ['bæptist] *a./s.* (*Rel.*) battista.

baptistery ['beptistri] *s.* **1** (*Arch.*) battistero. **2** (*Rel.*) fonte battesimale.

to **baptize** [bæp'taiz] *v.t.* battezzare.

bar[1] [bɑ:*] *s.* **1** barra, spranga. **2** tavoletta: ~ *of chocolate* tavoletta di cioccolato. **3** lingotto (d'oro e d'argento). **4** (*fig.*) ostacolo, impedimento. **5** bar; banco (di bar); mobile bar. **6** sbarra (in tribunale). **7** sbarramento; barriera. **8** striscia. **9** (*Mus.*) misura, battuta. **The Bar** avvocatura. ▭ *Bar* **Association** Ordine degli avvocati; (*fig.*) **behind** *bars* in prigione; *to be* **called** *to the Bar* entrare nell'avvocatura; (*am.*) ~ **car** vagone ristorante; *the* **prisoner** *at the* ~ l'accusato.

to **bar** [bɑ:*] *v.t.* (*pass., p.p.* **barred** [-d]) **1** sbarrare, sprangare. **2** vietare, proibire. **3** escludere. **4** striare, segnare con strisce.

bar[2] [bɑ:*] *prep.* eccetto, all'infuori di, escluso: ~ *none* nessuno escluso.

barb [bɑ:b] *s.* **1** punta (d'amo *o* di freccia). **2** (*fig.*) frecciata.

to **barb** [bɑ:b] *v.t.* fornire di punta ricurva. ▭ *barbed wire* filo spinato.

barbarian [bɑ:'bɛəriən] **I** *s.* barbaro. **II** *a.* barbaro, rozzo.

barbaric [bɑ:'bærik] *a.* barbaro, incivile.

barbarism [,bɑ:bə'rizəm] *s.* **1** barbarie. **2** (*Ling.*) barbarismo.

barbarity [bɑ:'bæriti] *s.* crudeltà, barbarie.

barbarous ['bɑ:bərəs] *a.* barbaro.

barbary ape ['bɑ:bəri'eip] *s.* (*Zool.*) bertuccia.

barbecue ['bɑ:bikju:] *s.* **1** barbecue, griglia. **2** festa all'aperto.

to **barbecue** ['bɑ:bikju:] *v.t.* arrostire all'aperto.

barber ['bɑ:bə*] *s.* barbiere. ▭ ~*'s shop* negozio di barbiere.

barbiturate [bɑ:'bitjuəreit] *s.* (*Farm.*) barbiturico.

bare [bɛə*] *a.* **1** nudo; spoglio; brullo. **2** semplice, disadorno. **3** puro, schietto. ▭ (*fig.*) *to* **lay** ~ mettere a nudo, svelare; *to earn a* ~ **living** guadagnarsi appena da vivere; *the* ~ **necessities** *of life* lo stretto necessario (per vivere).

to **bare** [bɛə*] *v.t.* **1** scoprire, rivelare. **2** sguainare, sfoderare. ▭ (*fig.*) *to* ~ *one's* **heart** aprire l'animo; (*fig.*) *to* ~ *one's* **teeth** mostrare i denti.

barefaced ['bɛəfeist] *a.* **1** a viso scoperto. **2** (*fig.*) impudente, sfacciato. **3** a viso aperto.

barefoot(ed) ['bɛəfut(id)] *a./avv.* a piedi nudi, scalzo.

bareheaded ['bɛə'hedid] *a./avv.* a capo scoperto.

barely ['bɛəli] *avv.* **1** appena, a mala pena. **2** apertamente, chiaramente. **3** scarsamente.

bareness ['bɛənis] *s.* **1** nudità. **2** (*fig.*) semplicità.

bargain ['bɑ:gin] *s.* **1** patto, accordo. **2** (*Dir.*) contratto, transazione. **3** occasione, affare. ▭ (*fig.*) *to make the best of a* **bad** ~ fare buon viso a cattiva sorte; *to drive a* **hard** ~ porre delle condizioni difficili; **into** *the* ~ per giunta.

to **bargain** ['bɑ:gin] **I** *v.i.* **1** mercanteggiare (*for* su, per). **2** accordarsi (*at, on* su), pattuire (qc.). **3** aspettarsi: *I got more than I had bargained for* ho avuto più di quanto mi aspettassi. **II** *v.t.* scambiare, barattare. ▭ *to* ~ **away** svendere; *to* ~ **on** *s.th.* accordarsi su qc.; (*fig.*) fare affidamento su qc.

bargaining ['bɑ:giniŋ] *s.* contrattazione.

barge [bɑ:dʒ] *s.* **1** (*Mar.*) chiatta, barcone. **2** lancia da parata.

to **barge** [bɑ:dʒ] *v.t.* trasportare (su chiatta). ▭ *to* ~ **about** muoversi pesantemente; *to* ~ **in** intervenire a sproposito; *to* ~ **into** *s.th.* urtare contro qc.

bargee [bɑ:'dʒi:] *s.* barcaiolo, battelliere.

baritone ['bæritəun] *s.* (*Mus.*) baritono.

barium ['bɛəriəm] *s.* (*Chim.*) bario.

bark[1] [bɑ:k] *s.* **1** abbaio. **2** esplosione, scoppio. **3** (*fam.*) tosse secca.

to **bark**[1] [bɑ:k] *v.i.* **1** abbaiare. **2** scoppiare, esplodere. **3** sbraitare, parlare in tono iroso. **4** (*fam.*) tossire. ▭ (*fig.*) *to* ~ *at the* **moon** abbaiare alla luna; (*fig.*) *to* ~ *up the wrong* **tree** prendersela con la persona sbagliata.

bark[2] [bɑ:k] *s.* corteccia, scorza.

to **bark**[2] [bɑ:k] *v.t.* **1** scortecciare. **2** sbucciare, scorticare.

bark[3] [bɑ:k] *s.* **1** brigantino. **2** (*poet.*) imbarcazione.

barkeeper ['bɑ:ki:pə*] *s.* **1** proprietario di bar. **2** → **bartender**.

barker ['bɑ:kə*] *s.* **1** (*fam.*) imbonitore. **2** (*sl.*) pistola.

barley ['bɑ:li] *s.* (*Bot.*) orzo.

barmaid ['bɑ:meid] *s.* barista *f.*

barman ['bɑ:mən] *s.* (*pl.* **-men**) barista *m.*

barmy ['bɑ:mi] *a.* (*fam.*) scemo, balordo.

barn [bɑ:n] *s.* **1** fienile; granaio. **2** (*am.*) stalla; autorimessa.

barn-owl ['bɑ:naul] *s.* (*Zool.*) barbagianni.

barometer [bə'rɔmitə*] *s.* barometro.

barometric [,bærə'metrik] *a.* barometrico.

baron ['bærən] *s.* **1** barone. **2** (*am. fam.*) grande industriale.

baroness ['bærənis] *s.* baronessa.

baronet ['bærənit] *s.* baronetto.

baronetcy ['bærənitsi] *s.* titolo di baronetto.

baronial [bə'rəuniəl] *a.* da barone, baronale.

baroque [bə'rəuk] *a./s.* (*Arte*) barocco.

barr. = *barrister* avvocato (avv.).

barrack ['bærək] *s.* (general. al pl.; costr. sing. *o* pl.) (*Mil.*) caserma.

barracuda [,bærə'ku:də] *s.* (*Zool.*) barracuda.

barrage ['bærɑ:ʒ] *s.* **1** (*Mil.*) sbarramento. **2** (*fig.*) fuoco di fila. **3** (*Edil.*) diga.

barrel ['bærəl] *s.* **1** barile, botte. **2** canna (di armi da fuoco). **3** (*di penna stilografica*) serbatoio. ▭ (*Arch.*) ~ **roof** (o ~ *vault*) volta a botte.

to **barrel** ['bærəl] *v.t.* (*pass., p.p.* **-lled**/*am.* **-led** [-d]) imbarilare.

barrel-organ ['bærəlɔ:gən] *s.* organino.
barren ['bærən] *a.* **1** arido, brullo. **2** sterile. **3** (*fig.*) scialbo, privo di interesse.
barricade [,bæri'keid] *s.* barricata; barriera.
to **barricade** [,bæri'keid] *v.t.* barricare.
barrier ['bæriə*] *s.* **1** barriera (*anche fig.*). **2** (*di stazione*) cancello.
barring ['bɑ:riŋ] *prep.* eccetto, all'infuori di.
barrister ['bæristə*] *s.* (*Dir.*) patrocinatore legale, avvocato.
barrow[1] ['bærəu] *s.* **1** carriola. **2** carrettino. □ ~ *boy* venditore ambulante.
barrow[2] ['bærəu] *s.* (*Archeologia*) tumulo.
bartender ['bɑ:tendə*] *s.* barista *m./f.*, barman.
barter ['bɑ:tə*] *s.* baratto, scambio.
to **barter** ['bɑ:tə*] **I** *v.i.* fare baratti. **II** *v.t.* barattare, scambiare: *to ~ beads for wheat* barattare perle con grano.
Bartholomew [bɑ:'θɔləmju:] *N.pr.m.* Bartolomeo.
barycentre ['bæri,sentə] *s.* baricentro.
basalt ['bæsɔ:lt] *s.* (*Geol.*) basalto.
bascule ['bæskju:l] *s.* bascula. □ ~ *bridge* ponte levatoio.
base[1] [beis] *s.* **1** base. **2** (*Arch.*) piedistallo, zoccolo.
to **base** [beis] *v.t.* **1** basare, fondare (*on* su). **2** (*Mil.*) essere di base.
base[2] [beis] *a.* **1** vile, spregevole. **2** ignobile, basso. □ ~ *metals* metalli non nobili.
baseball ['beisbɔ:l] *s.* (*Sport*) baseball.
Basel ['bɑ:zəl] *N.pr.* (*Geog.*) Basilea.
baseless ['beislis] *a.* **1** senza base. **2** (*fig.*) infondato.
basement ['beismənt] *s.* seminterrato, scantinato.
baseness ['beisnis] *s.* bassezza, viltà.
bash [bæʃ] *s.* colpo violento. □ (*fam.*) *to have a ~ at s.th.* tentare di far qc.
to **bash** [bæʃ] *v.t.* **1** colpire (con violenza). **2** (spesso con *in*) sfondare.
bashful ['bæʃfəl] *a.* timido, vergognoso.
basic ['beisik] *a.* **1** fondamentale, basilare. **2** (*Chim.*) basico. □ ~ *English* inglese di base.
BASIC = (*Inform.*) *Beginner's All purpose Symbolic Instruction Code* codice simbolico di istruzione polivalente per principianti (BASIC).
basil ['bæzl] *s.* (*Bot.*) basilico.
basilica [bə'silikə] *s.* (*Arch.*) basilica.
basilisk ['bæzilisk] *s.* (*Zool.*) basilisco.
basin ['beisn] *s.* **1** bacinella, catino. **2** (*Geog.*) bacino.
basis ['beisis] *s.* (*pl.* **–ses** [–si:z]) base.
to **bask** [bɑ:sk, *am.* bæ:sk] *v.i.* **1** crogiolarsi (*in* a). **2** (*fig.*) bearsi (di), deliziarsi (di).
basket ['bɑ:skit, *am.* 'bæskit] *s.* **1** cesto, cesta, paniere. **2** canestro.
basket-ball ['bɑ:skitbɔ:l] *s.* (*Sport*) pallacanestro. □ ~ *player* cestista.
bas-relief ['bæs'rili:f] *s.* bassorilievo.
bass [beis] **I** *a.* (*Mus.*) basso, di basso. **II** *s.* basso. □ ~ **clef** chiave di basso; ~ **drum** grancassa; ~ **viol** viola da gamba.
bassoon [bə'su:n] *s.* (*Mus.*) fagotto.
bast [bæst] *s.* fibra di tiglio; rafia.
bastard ['bæstəd] **I** *s.* bastardo. **II** *a.* **1** bastardo, illegittimo. **2** falso, contraffatto.
to **baste**[1] [beist] *v.t.* (*Sartoria*) imbastire.
to **baste**[2] [beist] *v.t.* (*Gastr.*) ungere (con burro o grasso).
bastion ['bæstiən] *s.* **1** (*Arch.*) bastione. **2** (*fig.*) baluardo.
bat[1] [bæt] *s.* (*Sport*) **1** mazza (da baseball); racchetta (da ping-pong). **2** battuta. **3** battitore. □ (*fig.*) *off one's own ~* da solo, senza aiuto.
to **bat**[1] [bæt] *v.* (*pass., p.p.* **batted** [–id]) **I** *v.t.* battere, picchiare. **II** *v.i.* (*Sport*) battere.
bat[2] [bæt] *s.* (*Zool.*) pipistrello. □ (*fam.*) *to have* **bats** *in the belfry* essere tocco; (*fam.*) *as* **blind** *as a ~* cieco come una talpa.
to **bat**[2] [bæt] *v.t.* (*pass., p.p.* **batted** [–id]) battere, ammiccare. □ (*fig.*) *she didn't ~ an eyelid* non batté ciglio.
batch [bætʃ] *s.* **1** infornata. **2** gruppo. **3** (*Comm.*) lotto, partita.
to **bate** [beit] *v.t.* **1** ridurre. **2** (*di pellame*) macerare. □ *with bated breath* con il fiato sospeso.
bath [bɑ:θ, *am.* bæ:θ] *s.* **1** bagno. **2** vasca da bagno; (stanza da) bagno. □ *to have* (o *take*) *a ~* fare il bagno.
to **bath** [bɑ:θ, *am.* bæ:θ] **I** *v.t.* fare il bagno a. **II** *v.i.* fare un bagno, prendere un bagno.
bath-chair ['bɑ:θ'tʃεə*] *s.* poltrona a rotelle.
bathe [beið] *s.* bagno (di mare, ecc.).
to **bathe** [beið] **I** *v.i.* fare il bagno (al mare, ecc.). **II** *v.t.* **1** lavare, bagnare (ferite e sim.). **2** (*fig.*) inondare, immergere.
bather ['beiðə*] *s.* bagnante *m./f.*
bathing ['beiðiŋ] *s.* bagni.
bathing-cap ['beiðiŋkæp] *s.* cuffia da bagno.
bathing-suit ['beiðiŋsju:t] *s.* costume da bagno.
bathos ['beiθɔs] *s.* (*fig.*) sentimentalismo, pateticità.
bathrobe ['bɑ:θrəub] *s.* **1** accappatoio. **2** (*am.*) vestaglia.
bathroom ['bɑ:θrum] *s.* stanza da bagno, bagno.
batman ['bætmən] *s.* (*pl.* **–men**) (*Mil.*) attendente.
baton ['bætən] *s.* **1** bastone; sfollagente. **2** (*Mus.*) bacchetta. **3** (*Sport*) testimone.
bats [bæts] *a.* (*fam.*) pazzo, matto.
batsman ['bætsmən] *s.* (*pl.* **–men**) (*Sport*) battitore.
battalion [bə'tæliən] *s.* (*Mil.*) battaglione.
batten ['bætn] *s.* **1** listello di legno. **2** (*Edil.*) asse, tavola.
to **batten**[1] ['bætn] *v.t.* rinforzare con listelli.
to **batten**[2] ['bætn] *v.i.* ingrassare. □ (*fig.*) *to ~ on s.o.* prosperare a spese di qd.
to **batter** ['bætə*] **I** *v.t.* **1** tempestare di colpi. **2** (*fig.*) attaccare con violenza, abbattersi su.

II *v.i.* colpire (con violenza e ripetutamente).
batter ['bætə*] *s.* (*Gastr.*) pastella.
battery ['bætəri] *s.* **1** (*Mil.*) batteria. **2** (*Dir.*) aggressione. **3** (*El.*) batteria. **4** (*Zootecnia*) batteria. ▭ ~ **chickens** polli di batteria; (*Aut.*) (**storage**) ~ accumulatore.
batting ['bætiŋ] *s.* ovatta da imbottitura.
battle ['bætl] *s.* battaglia; combattimento, lotta. ▭ *to* **do** ~ dare battaglia; *to* **join** ~ scontrarsi; (*fig.*) *to fight a* **losing** ~ battersi per una causa persa.
to **battle** ['bætl] *v.t./i.* combattere.
battle-cry ['bætlkrai] *s.* grido di battaglia.
battlefield ['bætlfi:ld], **battleground** ['bætlgraund] *s.* campo di battaglia.
battlements ['bætlmənt] *s.pl.* (*Arch.*) merlatura.
battleship ['bætlʃip] *s.* **1** nave da guerra. **2** *pl.* (*gioco*) battaglia navale.
batty ['bæti] → **bats**.
bauble ['bɔ:bl] *s.* ninnolo, gingillo.
baulk [bɔ:k] → **balk**.
to **baulk** [bɔ:k] → to **balk**.
bauxite ['bɔ:ksait] *s.* (*Min.*) bauxite.
Bavaria [bə'vɛəriə] *N.pr.* (*Geog.*) Baviera.
bawdy ['bɔ:di] *a.* osceno, licenzioso; lascivo.
bawl [bɔ:l] *s.* urlo, grido.
to **bawl** [bɔ:l] **I** *v.t.* urlare, strillare. **II** *v.i.* urlare, strillare (*at* a). ▭ (*am.*) *to* ~ *s.o. out* rimproverare qd. aspramente.
bay[1] [bei] *s.* baia, insenatura.
bay[2] [bei] *s.* **1** (*Arch.*) campata. **2** bovindo. **3** zona, reparto.
bay[3] [bei] *s.* abbaio. ▭ (*fig.*) *to be* **at** ~ essere intrappolato; *to keep* (o *hold*) *s.o.* **at** ~ tenere qd. a bada; *to bring* **to** ~ mettere con le spalle al muro.
to **bay** [bei] *v.i.* abbaiare, latrare.
bay[4] [bei] *s.* alloro, lauro. ▭ ~ *wreath* corona d'alloro.
bay[5] [bei] *s.* cavallo baio.
bayonet ['beiənit] *s.* baionetta.
bazaar [bə'zɑ:*] *s.* **1** bazar. **2** vendita di beneficenza.
bazooka [bæ'zu:ke] *s.* (*Mil.*) bazooka.
BBC = *British Broadcasting Corporation* ente radiofonico britannico.
BC = *Before Christ* avanti Cristo (a.C.).
to **be** [bi:] *v.* (*pr. ind. 1a pers.* **am** [æm], *2a pers.* **are** [ɑ:*], *3a pers.* **is** [iz], *pl.* **are** [ɑ:*]; *pass. 1a pers.* **was** [wɔs], *2a pers.* **were** [wə:*], *3a pers.* **was** [wɔs], *pl.* **were** [wə:*]; *pr.cong.* **be** [bi:]; *pass. cong.* **were** [wə:*]; *p.pr.* **being** ['bi:iŋ]; *p.p.* **been** [bi:n]) **I** *v.i.* **1** essere, esistere: *I am tired* sono stanco; *is that you?* sei tu?; *there is no proof of his guilt* non esiste prova della sua colpevolezza. **2** avere luogo: *when is the meeting?* quando avrà luogo l'incontro? **3** stare; rimanere: *the dog is under the table* il cane sta sotto il tavolo; *I'll* ~ *here until next week* rimarrò qui fino alla settimana prossima. **4** essere uguale a, fare: *4 and 4 are 8* 4 più 4 fa 8. **5** (*solo nei tempi composti*) stare; andare; venire: *have you ever been to London?* sei mai stato (*o* andato) a Londra?; *where are you from?* da dove vieni? **6** stare, sentirsi (di salute): *how are you?* come stai? **7** (*di mestiere, professione*) fare, essere: *he is a baker* fa il fornaio. **8** avere: *to* ~ *right* avere ragione; *to* ~ *twenty* avere vent'anni. **II** *v.aus.* **1** (*nella forma progressiva; general. non si traduce*) stare: *what are you doing?* che fai?; *she was working* stava lavorando. **2** (*nella forma passiva*) essere, venire: *modern languages are taught in many schools* le lingue moderne vengono insegnate in molte scuole. ▭ *to* ~ **about** *to do s.th.* essere sul punto di fare qc.; *to* ~ **after** *s.th.* essere a caccia di qc.; **as** *it were* per così dire; *he doesn't know what he's* **at** non sa quello che fa; *the* **bride** *to* ~ la futura sposa; *to* ~ **going** *to* avere intenzione di (*general. si traduce con il futuro*): *I'm going to do it afterwards* lo farò dopo; **here** *I am!* eccomi!; **however** *that may* ~ comunque sia; *to* ~ **in** essere in casa; essere di moda; *he's very well* **in** *with the boss* è in ottimi rapporti con il capo; ~ *it* **known** *that* si sappia che; *to* **let** ~ lasciare in pace; *how* **much** *is it?* quanto costa?; *to* ~ **off** andarsene; *the match is* **off** l'incontro è sospeso; *to* ~ **out** essere uscito; essere fuori moda; ~ **that** *as it may* sia come sia; **there** *are* ci sono; **there** *is* c'è; **there** *was once* c'era una volta; **there** *you are* eccoti; *to* ~ **to** dovere: *what am I to do?* che cosa devo fare?; *to* ~ **up** essere alzato; *that's* **up** *to him* sta a lui decidere; (*fam.*) **what'***s yours?* che cosa prendi?, che cosa bevi?; (*fam.*) *you never know* **where** *you are with him* con lui non si sa mai come regolarsi; *to* ~ **wrong** avere torto.
Be = (*Chim.*) *beryllium* berillio.
BE = *bill of exchange* cambiale.
BEA = *British European Airways* Linee Aeree Britanniche (per l'Europa).
beach [bi:tʃ] *s.* spiaggia, lido.
to **beach** [bi:tʃ] *v.t.* (*Mar.*) tirare in secco.
beachcomber ['bi:tʃkəumə*] *s.* cavallone.
beachhead ['bi:tʃhed] *s.* (*Mil.*) testa di sbarco.
beacon ['bi:kən] *s.* **1** falò, fuoco di segnalazione. **2** faro; boa luminosa. **3** (*Rad.*) radiofaro.
bead [bi:d] *s.* **1** perlina; grano (di rosario). **2** goccia: *a* ~ *of sweat* una goccia di sudore. **3** *pl.* collana; rosario.
beadle ['bi:dl] *s.* sagrestano.
beady ['bi:di] *a.* (*di occhio*) piccolo e luccicante.
beagle ['bi:gl] *s.* beagle (cane inglese da lepre).
beak [bi:k] *s.* **1** becco. **2** (*fam.*) nasone. **3** (*Mar.*) rostro.
beaker ['bi:kə*] *s.* **1** coppa. **2** (*Chim.*) bicchiere graduato.
beam [bi:m] *s.* **1** (*Edil.*) trave. **2** (*Mar.*) baglio; larghezza massima. **3** raggio (*o* fascio)

di luce. **4** (*Rad.*) fascio (d'onde). **5** segnale radio per aerei. **6** (*di bilancia*) giogo. ▭ (*fig.*) *to be on one's* ~**-ends** essere agli estremi; (*fam.*) **off** *the* ~ fuori strada; **on** *the* ~ sulla strada giusta.

to **beam** [bi:m] **I** *v.t.* **1** irradiare, irraggiare. **2** (*Rad.*) teletrasmettere. **II** *v.i.* **1** risplendere, splendere. **2** (*fig.*) sorridere radiosamente.

beaming ['bi:miŋ] *a.* raggiante, splendente.

bean [bi:n] *s.* **1** fagiolo. **2** chicco (di caffè, ecc.); seme. ▭ (*fam.*) *I haven't* **a** ~ non ho un soldo; **full** *of beans* pieno di energia; **old** ~ vecchio mio; (*fam.*) *to* **spill** *the beans* spiattellare un segreto; *isn't* **worth** *a* ~ non vale niente.

bean-pole ['bi:npəul] *s.* **1** bastone di sostegno per le piante di fagioli. **2** (*fam.*) spilungone.

to **bear** [bɛə*] *v.* (*pass.* **bore** [bɔ:*], *p.p.* **borne** [bɔ:n], *nel significato* **5** **born** [bɔ:n]) **I** *v.t.* **1** portare; reggere, sostenere (*anche fig.*): *to* ~ *gifts* portare doni; *all costs will be borne by you* tutte le spese saranno sostenute da voi. **2** mostrare, avere: *to* ~ *a resemblance to s.o.* avere una certa somiglianza con qd. **3** portare, serbare (un sentimento): *to* ~ *hatred* (*against* verso) serbare rancore. **4** sopportare, tollerare: *he cannot* ~ *pain* non sa sopportare il dolore. **5** generare, produrre; partorire: *to* ~ *a child* partorire un bambino; *to be born* nascere. **6** comportarsi: *he bore himself with great dignity* si comportò con grande dignità. **II** *v.i.* **1** dare frutti: *this tree is not bearing this year* questo albero non dà frutti quest'anno. **2** dirigersi, voltare: *to* ~ *right* voltare a destra. **3** avere attinenza. ▭ *to* **bring** *to* ~ concentrare, dirigere; *to* ~ **down** premere, schiacciare; (*fig.*) sconfiggere; *to* ~ **down on** (o *upon*) fare pressione su; (*fig.*) sforzarsi; *to* ~ **hard** sopportare a fatica; *to* ~ **hard** *on* gravare su; *to* ~ *in* **mind** tener presente; *to* ~ **on** riguardare, concernere; *to* ~ **out** confermare, convalidare; *to* ~ *no* **relation** *to* non avere alcun rapporto con; *to* ~ **repeating** meritare di essere ripetuto; *to* ~ **up** incoraggiare; farsi coraggio; *to* ~ **upon** = *to* ~ **on**; *to* ~ **with** avere pazienza con.

bear [bɛə*] *s.* **1** (*Zool.*) orso. **2** (*Econ.*) ribassista.

bearable ['bɛərəbl] *a.* sopportabile, tollerabile.

beard [biəd] *s.* **1** barba. **2** (*Astr.*) chioma.

to **beard** [biəd] *v.t.* affrontare, sfidare.

bearded ['biədid] *a.* barbuto.

beardless ['biədlis] *a.* senza barba, imberbe.

bearer ['bɛərə*] *s.* **1** portatore. **2** titolare *m./f.* **3** latore. **4** necroforo; lettighiere. **5** albero fruttifero. ▭ ~ *bonds* titoli al portatore.

bear-garden ['bɛəgɑ:dn] *s.* **1** recinto degli orsi. **2** (*fam.*) gabbia di matti.

bearing ['bɛəriŋ] *s.* **1** portamento; comportamento: *a humble* ~ un comportamento umile. **2** relazione, attinenza (*on* con): *the remark had no* ~ *on the subject* l'osservazione non aveva attinenza con l'argomento. **3** sopportazione: *beyond* ~ insopportabile. **4** (*Mecc.*) cuscinetto. **5** *pl.* (*Mar.*, *Aer.*) rilevamento; direzione (*anche fig.*): *to get one's bearings* orientarsi; *to lose one's bearings* disorientarsi. **6** (*Agr.*) raccolto, frutto: *the tree is in full* ~ l'albero è tutto un frutto. **7** (*Edil.*) appoggio, sostegno.

bearish ['bɛəriʃ] *a.* **1** scontroso; rozzo. **2** (*Econ.*) ribassista.

bearskin ['bɛə:skin] *s.* **1** pelle d'orso. **2** (*Mil.*) colbacco.

beast [bi:st] *s.* bestia, animale (*anche fig.*). ▭ ~ *of* **burden** bestia da soma; ~ *of* **prey** animale da preda.

beastliness ['bi:stlinis] *s.* bestialità.

beastly ['bi:stli] **I** *a.* **1** bestiale. **2** (*fam.*) disgustoso. **II** *avv.* (*fam.*) **1** in modo disgustoso. **2** molto, terribilmente.

beat [bi:t] **I** *s.* **1** colpo. **2** suono; (*di orologio*) ticchettio; (*di tamburo*) rullo. **3** (*Mus.*) tempo; battuta; ritmo. **4** palpito, pulsazione. **5** giro (d'ispezione), ronda. **6** (*fam.*) → **beatnik**. **II** *a.* **1** (*fam.*) esausto, sfinito. **2** dei beatniks, beat: ~ *generation* generazione beat.

to **beat** [bi:t] *v.* (*pass.* **beat**, *p.p.* **beaten** [–n]/ **beat**) **I** *v.t.* **1** battere, percuotere; bastonare. **2** battere, superare; vincere. **3** (*Gastr.*) sbattere. **4** (*fam.*) confondere, lasciare perplesso. **5** (*am. fam.*) ingannare, truffare. **II** *v.i.* **1** battere, picchiare (*at* a, *against, on* contro, su). **2** palpitare, pulsare (*with* di). ▭ (*fig.*) *to* ~ **about** *the bush* menare il can per l'aia; *to* ~ *s.o.* **black** *and blue* conciare qd. per le feste; *to* ~ **down** tirare sul prezzo; (*sl.*) *to* ~ **it** darsela a gambe; ~ **it** vattene; (*fam.*) *it beats* **me** mi lascia perplesso; *to* ~ **off** respingere; *to* ~ **out** battere, pestare; (*Mus.*) scandire; ~ *a* **retreat** battere in ritirata; (*fam.*) *can you* ~ **that**? ma questo è il colmo!; (*Mus.*) *to* ~ **time** scandire il tempo; *to* ~ **up** sbattere; (*fam.*) malmenare.

beaten[1] ['bi:tn] → to **beat**.

beaten[2] ['bi:tn] *a.* **1** percosso, bastonato. **2** battuto: ~ *silver* argento battuto. **3** (*fig.*) sconfitto, vinto. **4** esausto, sfinito. ▭ *off the* ~ *track* fuori mano; (*fig.*) fuori dell'ordinario.

beater ['bi:tə*] *s.* **1** (*Caccia*) battitore. **2** frullino.

beatification [bi,ætifi'keiʃən] *s.* beatificazione.

to **beatify** [bi'ætifai] *v.t.* beatificare.

beating ['bi:tiŋ] *s.* **1** botte, percosse. **2** sconfitta, batosta. **3** battito, pulsazione. ▭ ~ **rain** pioggia battente; (*fam.*) ~ **up** scarica di botte.

beatnik ['bi:tnik] *s.* beatnik *m./f.*, giovane *m./f.* beat.

beau [bəu] *s.* (*pl.* **–s/–x** [–z]) **1** pretendente, corteggiatore. **2** damerino, vagheggino.

beauteous ['bju:tiəs] *a.* (*poet.*) bello.

beautician [bju:'tiʃən] *s.* estetista *m./f.*

beautiful ['bju:təfəl] **I** *a.* **1** bello. **2** eccellente, magnifico. **II** *s.* bello, bellezza.

to **beautify** ['bju:tifai] *v.t.* abbellire; ornare.
beauty ['bju:ti] *s.* bellezza. ▭ (*fam.*) *that's the ~ of it* questo è il bello.
beauty-parlor *am.*, **beauty-parlour** ['bju:tipɑ:lə*] *s.* istituto di bellezza.
beauty-queen ['bju:tikwi:n] *s.* miss.
beauty-sleep ['bju:tisli:p] *s.* (*fam.*) primo sonno.
beauty-spot [bju:tispot] *s.* **1** neo. **2** punto panoramico.
beaver ['bi:və*] *s.* (*Zool.*) castoro.
to **becalm** [bi'kɑ:m] *v.t.* (*Mar.*) abbonacciare.
became [bi'keim] → to **become**.
because [bi'kɔz] *congz.* perché, poiché. ▭ **just** ~ solo perché; ~ **of** a causa di, per.
beck [bek] *s.*: *at s.o.'s ~ and call* agli ordini di qd.
to **beckon** ['bekən] **I** *v.t.* chiamare con un cenno. **II** *v.i.* fare cenni.
to **becloud** [bi'klaud] *v.t.* **1** annuvolare. **2** (*fig.*) confondere.
to **become** [bi'kʌm] *v.* (*pass.* **became** [bi'keim], *p.p.* **become** [bi'kʌm]) **I** *v.i.* diventare, divenire. **II** *v.t.* star bene a, donare a; addirsi a, confarsi a. ▭ *I wonder what became of him* mi chiedo che ne è stato di lui.
becoming [bi'kʌmiŋ] *a.* **1** che dona, che sta bene. **2** adatto, appropriato.
bed [bed] *s.* **1** letto. **2** giaciglio. **3** (*Agr.*) aiuola. **4** (*Geol.*) strato. **5** base, fondamento. **6** (*Edil.*) massicciata. ▭ **before** ~ prima di andare a letto; ~ *and* **board** vitto e alloggio; ~ *and* **breakfast** pernottamento e prima colazione; **double** ~ letto matrimoniale; (*fam.*) *to* **get** *out of ~ on the wrong side* alzarsi di cattivo umore; *to* **jump** *out of* ~ saltar giù dal letto; *to* **keep** (o *take*) *to one's* ~ essere costretto a letto; *to* **make** *the* ~ rifare il letto; *to* **put** *to* ~ mettere a letto; **single** ~ letto singolo; **twin** *beds room* camera a due letti.
to **bed** [bed] *v.t.* (*pass., p.p.* **bedded** [–id]) **1** (*ant. fam.*) mettere a letto. **2** (*Agr.*) (spesso con *in, out*) piantare. **3** (spesso con *in*) conficcare, fissare. **4** andare a letto con qd.; fare all'amore. ▭ *to* ~ **down** sistemare per la notte.
to **bedaub** [bi'dɔ:b] *v.t.* imbrattare, impiastrare.
bedbug ['bedbʌg] *s.* cimice (dei letti).
bed-clothes ['bedkləuðz] *s.pl.* biancheria e coperte da letto.
bed-cover ['bedkʌvə*] *s.* copriletto.
bedding ['bediŋ] *s.* **1** → **bed-clothes**. **2** (*per animali*) lettiera.
to **bedeck** [bi'dek] *v.t.* ornare, adornare (*with* di).
to **bedevil** [bi'devəl] *v.t.* (*pass., p.p.* **–lled**/*am.* **–led** [–d]) **1** tormentare. **2** confondere, stordire.
to **bedew** [bi'dju:] *v.t.* irrorare, bagnare.
bedfellow ['bedfeləu] *s.* **1** compagno di letto. **2** (*fig.*) compagno.
to **bedim** [bi'dim] *v.t.* offuscare, velare.
bedlam ['bedləm] *s.* confusione, manicomio.
Bedouin ['beduin] **I** *s.* (*pl. inv.*) beduino. **II** *a.* beduino.
bed-pan ['bedpæn] *s.* padella (per infermi).
bedpost ['bedpəust] *s.* colonna del letto.
to **bedraggle** [bi'drægl] *v.t.* inzaccherare.
bedridden ['bedridn] *a.* costretto a letto.
bedroom ['bedru:m] *s.* camera da letto. ▭ *spare ~* camera degli ospiti.
bedside ['bedsaid] *s.* capezzale. ▭ *to have a good ~ manner* saper trattare gli ammalati.
bed-sitter ['bedsitə*] *s.* monolocale.
bedsore ['bedsɔ:*] *s.* (*Med.*) piaga da decubito.
bedspread ['bedspred] *s.* copriletto.
bedstead ['bedsted] *s.* fusto del letto.
bedtime ['bedtaim] *s.* ora di andare a letto.
bee ['bi:] *s.* **1** (*Zool.*) ape. **2** (*am.*) riunione. ▭ (*fam.*) *to have a ~ in one's* **bonnet** avere una fissazione; *as a* **busy** ~ indaffaratissimo; **spelling** ~ gara di ortografia.
beech [bi:tʃ] *s.* (*Bot.*) faggio.
beef [bi:f] *s.* (*pl.* **beeves** [bi:vz]/–s [–s]) **1** manzo, carne di bue. **2** (*fam.*) forza, robustezza.
beefeater ['bi:fi:tə*] *s.* beefeater (guardia della torre di Londra).
beefsteak ['bi:fsteik] *s.* (*Gastr.*) bistecca.
beef-tea ['bi:fti:] *s.* (*Gastr.*) brodo ristretto.
beefy ['bi:fi] *a.* nerboruto, muscoloso.
beehive ['bi:haiv] *s.* alveare, arnia.
bee-line ['bi:lain] *s.* (*fam.*) linea retta; strada diretta.
been [bi:n] → to **be**.
beep [bi:p] *s.* segnale acustico, bip.
beeper [bi:pə*] *s.* cicalino.
beer [biə*] *s.* birra. ▭ **draught** ~ birra alla spina; (*fam.*) *to* **think** *no small ~ of o.s.* avere un'alta opinione di sé.
bees-wax ['bi:zwæks] *s.* cera vergine.
beet [bi:t] *s.* (*Bot.*) barbabietola.
beetle[1] ['bi:tl] *s.* (*Zool.*) coleottero, scarabeo; scarafaggio.
beetle[2] ['bi:tl] *s.* mazza, maglio.
to **beetle** ['bi:tl] *v.i.* sporgere (*above* sopra), strapiombare (su). ▭ (*sl.*) *to ~ off* scappare.
beetroot ['bi:tru:t] *s.* (*Bot.*) barbabietola.
beet-sugar ['bi:t'ʃugə*] *s.* zucchero di barbabietola.
to **befall** [bi'fɔ:l] *v.t./i.* (coniug. come to **fall**) accadere, capitare.
to **befit** [bi'fit] *v.t.* (*lett.*) addirsi a, convenire a, confarsi a.
befitting [bi'fitiŋ] *a.* adatto, conveniente.
to **befog** [bi'fɔg] *v.t.* **1** annebbiare. **2** (*fig.*) confondere, disorientare.
before [bi'fɔ:*] **I** *prep.* **1** prima di: *~ nine o'clock* prima delle nove. **2** innanzi, avanti, davanti a. **3** di fronte a. **II** *avv.* **1** prima. **2** precedentemente, prima (d'ora). **3** davanti, avanti, innanzi: *go on ~* vai avanti. **III** *congz.* **1** prima che, innanzi che: *~ you go* prima che tu vada via. **2** piuttosto che. ▭

as ~ come prima; (*fig.*) *to* **carry** *all ~ one* riuscire in tutto ciò che si fa; ~ **Christ** avanti Cristo; *the* **day** ~ il giorno prima; (*fam.*) ~ *you* **know** *where you are* in men che non si dica; ~ **long** fra poco; **long** ~ molto tempo prima; ~ **now** prima d'ora; *the day* ~ **yesterday** l'altro ieri.

beforehand [bi'fɔ:hænd] *a.pred./avv.* in anticipo.

to **befriend** [bi'frend] *v.t.* aiutare, assistere.

to **befuddle** [bi'fʌdl] *v.t.* istupidire; disorientare.

to **beg** [beg] *v.* (*pass., p.p.* **begged** [–d]) **I** *v.t.* **1** elemosinare. **2** supplicare, implorare. **II** *v.i.* **1** chiedere l'elemosina, elemosinare. **2** implorare (*for s.th.* qc.). ▭ *to* ~ *a* **favour** *of s.o.* chiedere un favore a qd.; (*fig.*) *if it is* **going** *begging I'll take it* se nessuno lo vuole lo prenderò io; *I* ~ **of** *you* ti prego; *to* ~ **off** tirarsi indietro; *I* ~ *your* **pardon** chiedo scusa; vuol ripetere; *to* ~ *the* **question** dare per scontato.

began [bi'gæn] → to **begin**.

to **beget** [bi'get] *v.t.* (coniug. come to **get**). **1** (*ant.*) generare, procreare. **2** (*lett.*) causare.

beggar ['begə*] *s.* **1** mendicante *m./f.* **2** (*fam.*) individuo; birbante *m./f.* ▭ *lucky* ~ uomo fortunato.

to **beggar** ['begə*] *v.t.* ridurre in miseria; mandare in rovina. ▭ *to* ~ **comparison** non avere l'uguale; *to* ~ **description** essere indescrivibile.

beggarly ['begəli] *a.* **1** mendico, molto povero. **2** meschino, misero.

to **begin** [bi'gin] *v.* (*pass.* **began** [bi'gæn], *p.p.* **begun** [bi'gʌn]) **I** *v.i.* **1** incominciare, iniziare. **2** avere inizio. **II** *v.t.* cominciare, iniziare. ▭ *to* ~ **again** ricominciare; *to* ~ **at** *the beginning* cominciare dal principio; *to* ~ **by** *doing s.th.* cominciare col fare qc.; *to* ~ **on** *s.th.* cominciare qc.; *to* ~ **with** per prima cosa.

beginner [bi'ginə*] *s.* principiante *m./f.* esordiente *m./f.*

beginning [bi'giniŋ] *s.* **1** inizio, principio. **2** origine, fonte.

begone [bi'gɔn] *intz.* (*lett.*) vattene, andatevene via.

begot [bi'gɔt], **begotten** [bi'gɔtn] → to **beget**.

begrimed [bi'graimd] *a.pred.* sporco.

to **begrudge** [bi'grʌdʒ] *v.t.* invidiare.

to **beguile** [bi'gail] *v.t.* **1** ingannare, abbindolare. **2** divertire, intrattenere. **3** (*di tempo*) ingannare, (far) passare. ▭ *to* ~ *s.o. into doing s.th.* indurre qd. con l'inganno a fare qc.

begun [bi'gʌn] → to **begin**.

behalf [bi'hɑ:f]: *on* ~ *of*; (*am.*) *in* ~ *of* per conto di; a nome di.

to **behave** [bi'heiv] *v.i.* **1** comportarsi; comportarsi bene: ~ *yourself!* comportati bene! **2** funzionare, andare: *how's the car behaving?* come va la macchina?

behavior *am.*, **behaviour** [bi'heivjə*] *s.* **1** comportamento, condotta. **2** funzionamento. ▭ *to be on one's best* ~ fare di tutto per comportarsi bene.

behavioural [bi'heivjərəl] *a.* comportamentale.

to **behead** [bi'hed] *v.t.* decapitare.

beheld [bi'held] → to **behold**.

behind [bi'haind] **I** *prep.* **1** dietro: ~ *the door* dietro la porta. **2** più indietro di, indietro rispetto a. **II** *avv.* **1** dietro, indietro. **2** in ritardo: *an hour* ~ in ritardo di un'ora. **3** in arretrato. **III** *s.* (*fam.*) didietro, sedere. ▭ (*fig.*) ~ *s.o.'s* **back** alle spalle di qd.; (*fig.*) *to* **be** ~ *s.o.* appoggiare qd.; *to* **fall** ~ rimanere indietro; *to* **leave** ~ lasciare dietro di sé; dimenticare; *to* **stay** ~ rimanere indietro; ~ *the* **times** antiquato.

behindhand [bi'haindhænd] *avv./a.pred.* **1** in ritardo; indietro. **2** in arretrato.

to **behold** [bi'həuld] *v.t.* (coniug. come to **hold**) (*lett.*) vedere, scorgere.

beholden [bi'həulden] *a.pred.* obbligato, riconoscente (*to* verso).

to **behoove** *am.* [bi'hu:v], to **behove** [bi'həuv] *v.impers.* **1** essere necessario. **2** essere opportuno, essere conveniente.

beige [beiʒ] *a./s.* beige.

being ['bi:iŋ] *s.* **1** esistenza, vita. **2** natura, indole. **3** creatura, essere vivente: *human* ~ essere umano. ▭ *to* **bring** *s.th. into* ~ dar vita a qc.; *to* **come** *into* ~ venire attuato; *for the* **time** ~ per il momento.

Beirut [bei'ru:t] *N.pr.* (*Geog.*) Beirut.

to **belabor** *am.*, to **belabour** [bi'leibə*] *v.t.* battere, picchiare (con violenza).

belated [bi'leitid] *a.* **1** in ritardo, tardivo. **2** sorpreso dall'oscurità.

to **belay** [bi'lei] *v.t.* **1** (*Mar.*) legare. **2** (*Alpinismo*) assicurare.

belch [beltʃ] *s.* **1** rutto. **2** (*estens.*) eruzione.

to **belch** [beltʃ] **I** *v.i.* ruttare. **II** *v.t.* (*Geol.*) eruttare.

to **beleaguer** [bi'li:gə*] *v.t.* assediare.

Belfast [bel'fɑ:st] *N.pr.* (*Geog.*) Belfast.

belfry ['belfri] *s.* (*Arch.*) campanile; cella campanaria.

Belgian ['beldʒən] *a./s.* belga.

Belgium ['beldʒəm] *N.pr.* (*Geog.*) Belgio.

Belgrade [bel'greid] *N.pr.* (*Geog.*) Belgrado.

to **belie** [bi'lai] *v.t.* **1** mascherare, nascondere. **2** deludere.

belief [bi'li:f] *s.* **1** credenza. **2** fede, fiducia. **3** convinzione. **4** dottrina. ▭ *to the* **best** *of my* ~ da quanto mi risulta; **beyond** ~ incredibile.

to **believe** [bi:'li:v] **I** *v.t.* **1** credere a, prestar fede a: *I don't* ~ *you* non ti credo. **2** credere, ritenere. **II** *v.i.* **1** credere (*in* a, in). **2** aver fiducia (in). ▭ *to* **make** ~ fingere; *to* **make** *s.o.* ~ *s.th.* far credere qc. a qd.; *I* ~ **not** credo di no; *I* ~ **so** credo di sì.

believer [bi:'livə*] *s.* credente *m./f.*

to **belittle** [bi'litl] *v.t.* sminuire; minimizzare.

bell [bel] *s.* **1** campana; campanello. **2** rintocco, suono di campana. **3** (*Mar.*) turno di mezz'ora di guardia. **4** *pl.* (*Mus.*) carillon. □ (*fig.*) *to* **bear** *the* ~ riportare la palma; (*fam.*) *to* **ring** *a* ~ far venire in mente; (*fig.*) *as* **sound** *as a* ~ sano come un pesce; (*Arch.*) ~ **tower** torre campanaria.

to **bell**[1] [bel] *v.t.* fornire di campana; mettere il campanello a. □ (*fig.*) *to* ~ *the cat* compiere un'azione rischiosa per salvare gli altri.

to **bell**[2] [bel] *v.i.* (*di cervo*) bramire.

bellbottoms [bel'bɔtəm] *s.pl.* pantaloni a zampa d'elefante.

bellboy *am.* ['belbɔi] *s.* fattorino, ragazzo d'albergo.

belle *fr.* [bel] *s.* bella; reginetta (di bellezza).

bell-hop *am.* ['belhɔp] (*fam.*) → **bellboy**.

bellicose ['belikəus] *a.* bellicoso.

belligerency [bə'lidʒərənsi] *s.* belligeranza.

belligerent [bə'lidʒərənt] *a./s.* belligerante.

bellow ['beləu] *s.* muggito, mugghio; fragore.

to **bellow** ['beləu] **I** *v.i.* muggire, mugghiare (*anche fig.*). **II** *v.t.* (spesso con *out, forth*) urlare (a squarciagola).

bellows ['beləuz] *s.pl.* (costr. sing. *o* pl.) mantice, soffietto.

bell-ringer ['belriŋgə*] *s.* campanaio, campanaro.

belly ['beli] *s.* **1** pancia, ventre. **2** stomaco.

to **belly** ['beli] **I** *v.t.* gonfiare. **II** *v.i.* (spesso con *out*) gonfiarsi.

belly-ache ['belieik] *s.* (*fam.*) mal di pancia.

belly dance ['belidɑ:ns] *s.* danza del ventre.

bellyflop ['beliflɔp] *s.* spanciata.

bellyful ['beliful] *s.* (*fam.*) scorpacciata.

to **belong** [bi'lɔŋ] *v.i.* **1** appartenere (*to* a), essere (di): *who does this book* ~ *to?* di chi è questo libro? **2** fare parte (di); essere membro (di). **3** andare (messo), avere il posto: *the table belongs here* la tavola va (messa) qui.

belongings [bi'lɔŋiŋz] *s.pl.* roba, averi. □ **personal** ~ effetti personali; **with** *all one's* ~ con armi e bagagli.

beloved [bi'lʌvd] *a./s.* amato.

below [bi'ləu] **I** *avv.* **1** sotto, di sotto. **2** (*Mar.*) sottocoperta. **3** in calce, a pie' di pagina. **4** inferiore, di grado inferiore. **II** *prep.* **1** sotto, al di sotto di: ~ *average* al di sotto della media. **2** indegno di. □ *here* ~ quaggiù.

belt [belt] *s.* **1** cintura, cinghia. **2** fascia, striscia. **3** (*Geog.*) zona, regione. **4** (*tecn.*) cinghia ad anello; nastro trasportatore. **5** (*Strad.*) circonvallazione. □ (*Sport*) **hit** *below the* ~ colpo basso (*anche fig.*); (*fig.*) *to* **tighten** *one's* ~ stringere la cinghia.

to **belt** [belt] *v.t.* **1** allacciare, legare. **2** prendere a cinghiate. □ (*sl.*) ~ *up!* sta' zitto!

to **bemoan** [bi'məun] **I** *v.t.* **1** piangere, lamentare. **2** compiangere. **II** *v.i.* lamentarsi, piangere.

to **bemuse** [bi'mju:z] *v.t.* confondere.

bench [bentʃ] *s.* **1** panca, panchina. **2** banco: *carpenter's* ~ banco di falegname. **3** seggio, scanno. **4** (*fig.*) ufficio di magistrato; magistrati, magistratura. □ *to be raised to the* ~ essere nominato giudice.

bend [bend] *s.* **1** curva, svolta; (*di fiume*) gomito. **2** piegamento, flessione. **3** (*Mar.*) nodo.

to **bend** [bend] *v.* (*pass., p.p.* **bent** [bent]) **I** *v.t.* **1** curvare, piegare. **2** (*fig.*) piegare, sottomettere. **3** volgere, dirigere: *he bent his steps homewards* si diresse verso casa. **4** rivolgere, applicare: *to* ~ *one's mind to one's work* rivolgere la mente al proprio lavoro. **II** *v.i.* **1** curvarsi, piegarsi. **2** chinarsi, inchinarsi. **3** (*fig.*) piegarsi, sottomettersi. **4** svoltare, girare. □ *to* ~ **back** ripiegare, ripiegarsi; *to* ~ *a* **bow** tendere un arco; (*fam.*) *to* **catch** *s.o. bending* cogliere qd. in fallo; *to* ~ **down** curvare, piegare (verso terra); chinarsi (verso terra), piegarsi; (*fig.*) *to* ~ **over** *backwards* fare tutto il possibile.

bender ['bendə*] *s.* **1** piegatrice. **2** (*fam.*) bicchierata, bevuta. **3** (*fam.*) mezzo scellino.

beneath [bi'ni:θ] **I** *avv.* sotto, di sotto. **II** *prep.* **1** sotto, al di sotto di. **2** indegno di: *this is* ~ *you* questo è indegno di te.

Benedict ['benidkt] *N.pr.m.* Benedetto.

benediction [,beni'dikʃən] *s.* benedizione.

benefaction [,beni'fækʃən] *s.* beneficenza.

benefactor ['benifæktə*] *s.* benefattore.

benefactress ['benifæktris] *s.* benefattrice.

benefice ['benifis] *s.* (*Dir. canonico*) beneficio ecclesiastico, prebenda.

beneficence [bi'nefisəns] *s.* carità, beneficenza.

beneficent [bi'nefisənt] *a.* benefico. caritatevole.

beneficial [,beni'fiʃəl] *a.* che fa bene, benefico.

beneficiary [,beni'fiʃəri] *s.* (*Dir., Assicurazioni*) beneficiario.

benefit ['benifit] *s.* **1** vantaggio, beneficio, giovamento. **2** *pl.* indennità, assegni. □ **for** *the* ~ *of* a favore di; *to* **give** *s.o. the* ~ *of one's advice* aiutare qd. col proprio consiglio; *to* **give** *s.o. the* ~ *of the doubt* dare il beneficio del dubbio a qc.

to **benefit** ['benifit] **I** *v.t.* beneficare, giovare a. **II** *v.i.* trarre profitto, trarre vantaggio (*from, by* da), beneficiare, avvantaggiarsi (di).

benevolence [bi'nevələns] *s.* benevolenza; atto benevolo.

benevolent [bi'nevələnt] *a.* **1** benevolo, ben disposto. **2** filantropico, di beneficenza.

B. Eng. = *Bachelor of Engineering* laurea in ingegneria.

benighted [bi'naitid] *a.* (*lett.*) **1** sorpreso dalla notte. **2** (*fig.*) ottenebrato.

benign [bi'nain] *a.* **1** benigno, benevolo. **2** (*di clima*) salubre.

benignity [bi'nigniti] *s.* **1** benevolenza; benignità. **2** favore.

Benjamin ['bendʒəmin] *N.pr.m.* Beniamino.
bent[1] [bent] → to **bend**.
bent[2] [bent] **I** *a.* **1** piegato, curvo, ricurvo. **2** deciso, risoluto (*on* a). **3** (*sl.*) disonesto, corrotto. **II** *s.* inclinazione, tendenza.
to **benumb** [bi'nʌm] *v.t.* **1** intorpidire, intirizzire. **2** (*fig.*) paralizzare.
benzene ['benzi:n] *s.* (*Chim.*) benzene.
benzine ['benzi:n] *s.* (*Chim.*) benzina per smacchiare.
to **bequeath** [bi'kwi:θ] *v.t.* **1** (*Dir.*) lasciare (in eredità). **2** (*fig.*) trasmettere, tramandare.
bequest [bi'kwest] *s.* lascito; legato.
to **berate** [bi'reit] *v.t.* rimproverare, sgridare.
to **bereave** [bi'ri:v] *v.t.* (*pass., p.p.* **–d** [–d]/ **bereft** [bi'reft]) privare (*of* di).
bereavement [bi'ri:vmənt] *s.* lutto; perdita.
bereft [bi'reft] → to **bereave**.
beret *fr.* ['berei] *s.* berretto, basco.
berg [bə:g] *s.* iceberg.
bergamot ['bə:gəmɔt] *s.* (*Bot.*) bergamotto.
berkelium ['bə:kliəm] *s.* (*Chim.*) berkelio.
Berlin [bə:'lin] *N.pr.* (*Geog.*) Berlino.
Bermuda shorts [bə:'mju:də'ʃɔ:ts] *s.* (pantaloncini) bermuda.
Bermudas [bə:'mju:dəz] *N.pr.* (*Geog.*) Bermude.
Bernard ['bə:nəd] *N.pr.m.* Bernardo.
Berne [bə:n] *N.pr.* (*Geog.*) Berna.
berry ['beri] *s.* (*Bot.*) bacca.
berserk [bə:'sə:k] *a.* furioso; forsennato. □ *to go* ~ andare su tutte le furie.
berth [bə:θ] *s.* **1** (*Mar.*) ancoraggio, ormeggio. **2** (*Mar., Ferr.*) cuccetta. **3** (*Mar.*) cabina. **4** (*fam.*) posto, impiego. □ (*fig.*) *to give s.o.* (o *s.th.*) *a wide* ~ tenersi alla larga da qd. (*o* qc.).
to **berth** [bə:θ] **I** *v.t.* **1** (*Mar.*) ormeggiare, ancorare. **2** assegnare una cuccetta a. **II** *v.i.* (*Mar.*) ormeggiarsi.
beryl ['beril] *s.* (*Min.*) berillo.
beryllium [be'riljəm] *s.* (*Chim.*) berillio.
to **beseech** [bi'si:tʃ] *v.t.* (*pass., p.p.* **besought** [–sɔ:t]/*am.* **–ed** [–t]) **1** implorare, supplicare. **2** sollecitare, chiedere con insistenza.
to **beseem** [bi'si:m] *v.impers.* (*lett.*) addirsi a, confarsi a.
to **beset** [bi'set] *v.t.* (coniug. come to **set**) **1** attaccare; circondare. **2** (*fig.*) assalire, tormentare.
beside [bi'said] **I** *prep.* **1** accanto a, vicino a. **2** in confronto a, rispetto a. **3** non pertinente a: *this question is* ~ *the point* questa domanda non è pertinente. **4** (*am.*) oltre a, in aggiunta a. **II** *avv.* accanto, fianco a fianco. □ *to be* ~ *o.s. with joy* essere fuori di sé dalla gioia.
besides [bi'saidz] **I** *avv.* **1** inoltre, per di più. **2** per il resto. **II** *prep.* **1** oltre a, in aggiunta a. **2** all'infuori di.
to **besiege** [bi'si:dʒ] *v.t.* assediare (*anche fig.*). □ (*fig.*) *to* ~ *s.o. with requests* tempestare qd. di domande.
besieger [bi'si:dʒə*] *s.* assediante *m./f.*
to **besmear** [bi'smiə*] *v.t.* impiastricciare, imbrattare.
to **besmirch** [bi'smə:tʃ] *v.t.* imbrattare, insudiciare.
besom ['bizəm] *s.* scopa, granata.
besotted [bi'sɔtid] *a.* istupidito, inebetito.
besought [bi'sɔ:t] → to **beseech**.
to **bespangle** [bi'spæŋgl] *v.t.* ornare di lustrini.
to **bespatter** [bi'spætə*] *v.t.* inzaccherare, infangare.
to **bespeak** [bi'spi:k] *v.t.* (coniug. come to **speak**). **1** prenotare, riservare. **2** rivelare.
to **besprinkle** [bi'spriŋkl] *v.t.* cospargere, spruzzare.
best [best] **I** *a.* (*sup. di* **good**) il migliore. **II** *avv.* (*sup. di* **well**) meglio, nel modo migliore; più di tutti: *I liked that book* ~ quel libro mi è piaciuto più di tutti. **III** *s.* il migliore, la migliore; il meglio. □ **as** ~ *one can* come meglio si può; **at** ~ nella migliore delle ipotesi; *to* **come** *off* ~ avere la meglio; *to* **do** *one's* ~ fare del proprio meglio; *to* **do** *the* ~ *one can* fare come meglio si può; *it will all turn out* **for** *the* ~ andrà tutto bene; *to* **get** *the* ~ *of the bargain* avere la meglio; *to* **get** *the* ~ *out of s.o.* ottenere il massimo da qd.; *you* **had** ~ *go now* faresti meglio ad andartene ora; *to* **have** (o *get*) *the* ~ *of* avere la meglio su; *to* **hope** *for the* ~ sperare che tutto vada per il meglio; *to* **look** *one's* ~ essere in gran forma; *to* **make** *the* ~ *of a bad business* fare buon viso a cattivo gioco; ~ **man** testimone dello sposo; *the* ~ **part** la maggior parte di; *the* ~ **people** la gente bene; **second** ~ *is not good enough* solo il migliore va bene; *to* **sell** *at* ~ vendere alle condizioni migliori; (*fam.*) *one's* **Sunday** ~ i vestiti della festa; *the* **very** ~ senz'altro il migliore.
to **best** [best] *v.t.* (*fam.*) avere la meglio su.
bestial ['bestiəl] *a.* bestiale, brutale.
bestiality [,besti'æliti] *s.* bestialità, brutalità.
to **bestir** [bi'stə:*] *v.t.*: (*lett.*) *to* ~ *o.s.* darsi da fare, muoversi.
to **bestow** [bi'stəu] *v.t.* **1** concedere, conferire: *to* ~ *s.th. upon s.o.* conferire qc. a qd. **2** dedicare, consacrare.
bestowal [bi'stəuəl] *s.* **1** concessione, conferimento. **2** dono.
to **bestride** [bi'straid] *v.t.* (coniug. come to **stride**) stare a cavalcioni di.
best-seller ['best'selə*] *s.* **1** bestseller, libro di successo. **2** articolo molto venduto.
bet [bet] *s.* scommessa; posta. □ *your* **best** ~ la miglior soluzione per te; (*fig.*) *a* **good** (o *safe*) ~ una cosa (*o* persona) sicura.
to **bet** [bet] *v.* (*pass., p.p.* **bet/betted** [–id]) **I** *v.t.* **1** scommettere, puntare (*on* su). **2** essere certo, scommettere: *I* ~ *it'll rain* scommetto che pioverà. **II** *v.i.* fare una scommessa. □ (*fam.*) *you* ~ ci puoi scommettere.
beta ['bi:tə] *s.* (*alfabeto greco*) beta.
bethel ['beθəl] *s.* **1** (*am.*) luogo di culto per

marinai. **2** cappella nonconformista.
to **betide** [bi'taid] *v.t./i.* accadere (a). □ *woe ~ you!* guai a te!
betimes [bi'taimz] *avv.* (*lett.*) per tempo, di buon'ora.
to **betoken** [bi'təukən] *v.t.* indicare, denotare.
to **betray** [bi'trei] *v.t.* tradire (*anche fig.*).
betrayal [bi'treiəl] *s.* tradimento.
betrayer [bi'treiə*] *s.* traditore.
to **betroth** [bi'trəuð] *v.t.* (*lett.*) fidanzare, promettere in matrimonio.
betrothal [bi'trəuðəl] *s.* fidanzamento.
betrothed [bi'trəuðd] **I** *s.* fidanzato. **II** *a.* fidanzato, promesso. □ *"The Betrothed"* i "Promessi Sposi".
better[1] ['betə*] **I** *a.* (*compar. di* **good**) migliore, meglio. **II** *avv.* (*compar. di* **well**) meglio, in modo migliore. **III** *s.* migliore: *the ~ of the two* il migliore dei due. □ **all** *the ~ for him* tanto meglio per lui; ~ **and** ~ sempre meglio; **for** ~ *or for worse* nella buona e nella cattiva sorte; *to* **get** ~ migliorare; stare meglio; *you* **had** ~ *go* faresti meglio ad andartene; (*fam.*) ~ **half** moglie; *to* **know** ~ sapere come va il mondo; sapere come stanno le cose; *so* **much** *the* ~ tanto meglio; **no** ~ *than* non ... che, non ... altro che: *he's* **no** ~ *than a beggar* non è altro che un mendicante; *to be* **none** *the ~ for s.th.* non aver ricevuto nessun giovamento da qc.; *to be* ~ **off** avere più soldi; essere più felice; ~ **still** ancora meglio.
to **better** ['betə*] **I** *v.t.* migliorare, perfezionare: *to ~ o.s.* migliorare la propria situazione. **II** *v.i.* migliorare, diventare migliore.
better[2] ['betə*] *s.* scommettitore.
betterment ['betəmənt] *s.* miglioramento.
betting ['betiŋ] *s.* scommesse: ~ *shop* botteghino per scommesse.
between [bi'twi:n] **I** *prep.* (*general. rif. a due persone o cose*). **1** tra, fra, in mezzo a. **2** da, tra, fra: ~ *ten and fifteen pounds* dalle dieci alle quindici sterline. **II** *avv.* in mezzo. □ (*fam.*) **betwixt** *and* ~ mezzo e mezzo; **in** ~ (nello spazio) in mezzo; (nel tempo) nel frattempo; ~ **ourselves** in confidenza.
betwixt [bi'twikst] *prep./avv.* (*poet.*) tra, fra.
bevel ['bevəl] *s.* smussatura; angolo smussato.
to **bevel** ['bevəl] *v.t.* (*pass., p.p.* **-lled**/*am.* **-led** [-d]) smussare; (*di vetro*) molare.
beverage ['bevəridʒ] *s.* bevanda, bibita.
bevy ['bevi] *s.* **1** stormo (di uccelli). **2** (*fig.*) gruppo.
to **bewail** [bi'weil] *v.t.* lamentare, piangere.
to **beware** [bi'wɛə*] *v.* (*general. all'infinito o all'imperativo*). **I** *v.t.* guardarsi da. **II** *v.i.* guardarsi (*of* da), stare attento (a): ~ *lest he deceive you* stai attento che non ti tradisca. □ ~ *of the dog* attenti al cane.
to **bewilder** [bi'wildə*] *v.t.* confondere, sconcertare.
bewilderment [bi'wildəmənt] *s.* confusione.
to **bewitch** [bi'witʃ] *v.t.* **1** stregare. **2** (*fig.*) affascinare, sedurre.
beyond [bi'jɔnd] **I** *prep.* oltre, (al) di là di, dall'altra parte di: ~ *the hill* al di là della collina. **II** *avv.* oltre, di là, più lontano, al di là, dall'altra parte. □ ~ **expectation** al di là di ogni aspettativa; *this is* ~ **me** non ci arrivo.
Bi = (*Chim.*) *bismuth* bismuto.
biannual [bai'ænjuəl] *a.* semestrale.
bias ['baiəs] *s.* **1** (*Sartoria*) sbieco. **2** (*fig.*) tendenza, predisposizione; pregiudizio, prevenzione.
to **bias** ['baiəs] *v.t.* (*pass., p.p.* **-sed/-ssed** [-t]) influenzare. □ *to be biased against s.o.* essere prevenuto contro qd.
bib [bib] *s.* **1** bavaglino. **2** pettorina (di grembiule).
Bible ['baibl] *s.* Bibbia.
biblical ['biblikl] *a.* biblico.
bibliographer [,bibli'ɔgrəfə*] *s.* bibliografo.
bibliographical [,bibliə'græfikl] *a.* bibliografico.
bibliography [,bibli'ɔgrəfi] *s.* bibliografia.
bibliophile ['bibliə(u)fail] *s.* bibliofilo.
bicameral [bai'kæmərəl] *a.* (*Parl.*) bicamerale.
bicarbonate [bai'kɑ:bənit] *s.* (*Chim.*) bicarbonato.
bicentenary [,baisen'ti:nəri] *s.* bicentenario.
bicentennial [,baisen'teniəl] *a./s.* bicentenario.
biceps ['baiseps] *s.* (*pl. inv.*) (*Anat.*) bicipite.
to **bicker** ['bikə*] *v.i.* bisticciare, litigare (*about, over* per).
bicycle ['baisikl] *s.* bicicletta.
to **bicycle** ['baisikl] *v.i.* andare in bicicletta.
bid [bid] *s.* **1** offerta; somma offerta (a un'asta), *am.* (per un appalto). **2** sforzo, tentativo. **3** (*nel gioco delle carte*) dichiarazione. □ (*fig.*) *to make a ~ for s.th.* cercare di ottenere qc.
to **bid** [bid] *v.* (*pass.* **bade** [bæd, beid]/**bad** [bæd], *p.p.* **bidden** [-n]/**bid**) **I** *v.t.* **1** (*pass., p.p.* **bid**) offrire, fare un'offerta di (a un'asta), *am.* (per un appalto). **2** (*pass., p.p.* **bid**) cercare di ottenere. **3** (*nel gioco delle carte; pass., p.p.* **bid**) dichiarare. **4** comandare a, ordinare a. **5** dire a, augurare a: *to ~ s.o. farewell* dire addio a qd. **II** *v.i.* fare un'offerta (*for* per). □ (*Comm.*) *to* ~ **up** fare un'offerta superiore; *to ~ s.o.* **welcome** dare il benvenuto a qd.
biddable ['bidəbl] *a.* (*fam.*) docile, obbediente.
bidden ['bidn] → to **bid**.
bidder ['bidə*] *s.* **1** (*Comm.*) offerente *m./f.*; appaltatore. **2** (*nel gioco delle carte*) dichiarante *m./f.*
bidding ['bidiŋ] *s.* **1** comando, ordine. **2** offerte (a un'asta). **3** (*nel gioco delle carte*) dichiarazioni. □ *to do s.o.'s ~* eseguire gli ordini di qd.
to **bide** [baid] *v.i.*: *to ~ one's time* aspettare il momento buono.
bidirectional [,baidi'rekʃənal] *a.* bidirezionale.

biennial [bai'eniəl] *a./s.* biennale.
bier [biə*] *s.* catafalco.
biff [bif] *s.* (*fam.*) colpo, percossa.
to **biff** [bif] *v.t.* (*fam.*) colpire.
bifocal [bai'fəukel] *a.* (*Ott.*) bifocale.
to **bifurcate** ['baifəkeit] **I** *v.t.* biforcare. **II** *v.i.* biforcarsi.
big [big] (*compar.* **bigger** ['bigə*], *sup.* **biggest** ['bigəst]) **I** *a.* **1** grande, grosso. **2** (*fam.*) importante, grosso. **3** forte, potente. **II** *avv.* **1** (*fam.*) pomposamente, da smargiasso. **2** felicemente, a gonfie vele. □ ~ **brother** il grande fratello; (*fam.*) ~ **bug** pezzo grosso; (*fam.*) *to* **earn** ~ *money* guadagnare forte; (*fam.*) *to* **go** *over* ~ avere gran successo; *to have a* ~ **heart** essere molto generoso; *to have* ~ **ideas** essere ambizioso; mirare in alto; (*fam.*) ~ **letters** maiuscole; (*fam.*) ~ **mouth** pettegolo; (*fam.*) ~ **noise** persona sulla bocca di tutti; (*fam.*) *to* **talk** ~ spararle grosse; ~ **toe** alluce; *in a* ~ **way** alla grande.
bigamist ['bigəmist] *s.* bigamo.
bigamous ['bigəməs] *a.* bigamo.
bigamy ['bigəmi] *s.* bigamia.
bigger ['bigə*], **biggest** ['bigəst] → **big**.
big-headed ['big'hedid] *a.* (*fam.*) presuntuoso.
big-hearted ['big'hɑ:tid] *a.* generoso, magnanimo.
bight [bait] *s.* **1** (*Mar.*) doppino. **2** (*Geog.*) ansa; baia.
bigness ['bignis] *s.* grossezza, grandezza.
bigot ['bigət] *s.* **1** bigotto. **2** fanatico, intollerante.
bigoted ['bigətid] *a.* bigotto; fanatico, intollerante.
bigotry ['bigətri] *s.* bigotteria; fanatismo.
bike [baik] *s.* (*fam.*) bicicletta, bici.
to **bike** [baik] *v.i.* (*fam.*) andare in bicicletta.
bikini [bi'ki:ni] *s.* bikini, costume a due pezzi.
bilateral [bai'lætərəl] *a.* bilaterale.
bilberry ['bilbəri] *s.* (*Bot.*) mirtillo.
bile [bail] *s.* **1** bile. **2** (*fig.*) collera.
bilge [bildʒ] *s.* **1** (*Mar.*) sentina; acqua di sentina. **2** (*sl.*) sciocchezze, stupidaggini.
bilingual [bai'liŋgwəl] *a./s.* bilingue.
bilious ['biljəs] *a.* **1** biliare. **2** (*fig.*) collerico.
biliousness ['biljəsnis] *s.* rabbia, stizza.
to **bilk** [bilk] *v.t.* imbrogliare, truffare.
bill[1] [bil] *s.* **1** fattura, conto. **2** annuncio pubblicitario; manifesto, cartellone. **3** lista, elenco. **4** (*Teat.*) programma; locandina. **5** (*Parl.*) disegno di legge. **6** (*Comm.*) cambiale, tratta. **7** (*am.*) biglietto di banca. □ *to* **draw** *a* ~ sottoscrivere un effetto; ~ *of* **entry** bolletta doganale; (*Comm.*) ~ *of* **exchange** cambiale, tratta; ~ *of* **fare** menù; (*fig.*) *to* **fill** (o *fit*) *the* ~ rispondere ai requisiti richiesti; (*fam.*) *to* **foot** *the* ~ sostenere le spese; ~ *of* **freight** lettera di vettura; ~ *of* **health** certificato di sana e robusta costituzione; *to* **issue** *a* ~ emettere una tratta; (*Mar.*) ~ *of* **lading** polizza di carico; (*Stor.*) *Bill of* **Rights** dichiarazione dei diritti; ~ *of* **sale** atto di vendita; **stick** *no bills* divieto d'affissione.
to **bill**[1] [bil] *v.t.* **1** (*am.*) mandare il conto a; fatturare, mettere in conto. **2** reclamizzare con cartelloni. **3** affiggere manifesti. **4** (*Teat.*) programmare.
bill[2] [bil] *s.* **1** (*Zool.*) becco; rostro. **2** roncola, falcetto.
to **bill**[2] [bil] *v.i.* beccarsi. □ (*fig.*) *to* ~ *and coo* tubare.
billboard ['bilbɔ:d] *s.* tabellone per le affissioni.
billet[1] ['bilit] *s.* **1** (*Mil.*) alloggio. **2** (*fam.*) impiego, lavoro.
to **billet** ['bilit] *v.t.* (*Mil.*) alloggiare.
billet[2] ['bilit] *s.* ciocco, ceppo.
billet-doux *fr.* ['bilei'du:] *s.* (*pl.* **billets-doux**) biglietto amoroso.
billfold *am.* ['bilfəuld] *s.* portafoglio.
billiard ['biljəd] *a.attr.* da biliardo: ~ *ball* palla da biliardo.
billiards ['biljədz] *s.pl.* (costr. sing.) biliardo.
Billingsgate ['biliŋzgit] *N.pr.* mercato del pesce a Londra. **billingsgate** *s.* (*sl.*) linguaggio volgare.
billion ['biljən] *s.* **1** (*ingl.*) bilione (10^{12}, cioè un milione di milioni). **2** (*am.*) miliardo (10^9, cioè mille milioni).
billow ['biləu] *s.* **1** (*lett.*) cavallone, maroso. **2** *pl.* (*poet.*) mare.
to **billow** ['biləu] *v.i.* **1** ondeggiare; fluttuare. **2** gonfiarsi.
bill-poster ['bilpəustə*] *s.* attacchino.
bill-posting ['bilpəustiŋ] *s.* affissione di manifesti.
bill-sticker ['bilstikə*] → **bill-poster**.
billy *am.* ['bili] *s.* (*fam.*) manganello, sfollagente.
billy-goat ['biligəut] *s.* (*fam.*) caprone.
bimonthly [bai'mʌnθli] **I** *a.* **1** bimestrale. **2** bimensile. **II** *avv.* **1** ogni due mesi. **2** due volte al mese.
bin [bin] *s.* bidone, contenitore. □ *rubbish* ~ bidone della spazzatura.
binary ['bainəri] *a.* (*Mat., Inform.*) binario. □ (*Inform.*) ~ **digit** cifra binaria; ~ **number** numero binario.
bind [baind] *s.* **1** legatura, copertina. **2** (*fam.*) scocciatura.
to **bind** [baind] *v.* (*pass., p.p.* **bound** [baund]) **I** *v.t.* **1** legare, fissare, assicurare. **2** (spesso con *up*) fasciare, bendare. **3** far aderire, fissare; (far) indurire, (far) rassodare. **4** unire, congiungere. **5** (general. al passivo) obbligare, vincolare: *bound by law* obbligato per legge. **6** orlare, bordare. **7** (*Gastr.*) legare. **8** rilegare, ricoprire (un libro). **II** *v.i.* **1** aderire, far presa; indurirsi, rassodarsi. **2** essere obbligatorio, vincolare. □ *to* **be** *bound to* essere tenuto a; *I'll* **be** *bound* giurerei; *to* ~ *o.s. to* **do** *s.th.* impegnarsi a fare qc.; *to* ~ **hand** *and foot* legare mani e piedi; *it was bound to* **happen** doveva accadere; (*Dir.*) *to* ~ **over** impegnare, vincolare.

binder ['baində*] *s.* **1** rilegatore. **2** raccoglitore. **3** (*Agr.*) mietilegatrice.
binding ['baindiŋ] **I** *s.* **1** legatura. **2** legame, vincolo. **3** legatura, rilegatura (di un libro). **4** nastro, fettuccia. **II** *a.* **1** impegnativo, che lega. **2** obbligatorio, vincolante.
binge [bindʒ] *s.* (*fam.*) baldoria, festa.
bingo ['biŋgəu] *s.* (*pl.* **–s** [–z]) bingo (gioco simile alla tombola).
binocular [bi'nɔkjulə*] *s.* (general. al pl.) (*Ott.*) binocolo.
binomial [bai'nəumiəl] *s.* (*Mat.*) binomio.
biochemical [,baiə(u)'kemikl] *a.* biochimico.
biochemist [,baiə(u)'kemist] *s.* biochimico.
biochemistry [,baiə(u)'kemistri] *s.* biochimica.
biodegradable [,baiə(u)di'greidə'bl] *a.* biodegradabile.
bioengineering [,baiə(u)endʒi'niəriŋ] *s.* bioingegneria.
biographer [bai'ɔgrəfə*] *s.* biografo.
biographical [,baiə(u)'græfikl] *a.* biografico.
biography [bai'ɔgrəfi] *s.* biografia.
biologic(al) [,baiə'lɔdʒikl] *a.* biologico.
biologist [bai'ɔlədʒist] *s.* biologo.
biology [bai'ələdʒi] *s.* biologia.
biometrics [,baiə(u)'metriks] *s.pl.* biometria.
biopsy [bai'ɔpsi] *s.* (*Med.*) biopsia.
biorhythm [,baiə'riðəm] *s.* (*Med.*) bioritmo.
biosphere ['baiə(u)sfiə*] *s.* biosfera.
biotechnology [,baiə'tek',ɔledʒi] *s.* biotecnologia.
biped ['baiped] *a./s.* bipede.
biplane ['baiplein] *a./s.* (*Aer.*) biplano.
birch [bə:tʃ] *s.* **1** (*Bot.*) betulla. **2** verga di betulla.
to **birch** [bə:tʃ] *v.t.* fustigare.
bird [bə:d] *s.* **1** (*Zool.*) uccello. **2** (*sl.*) tipo, tizio; ragazza, (*fam.*) bambola, pupa. ▭ *to be an* **early** ~ essere in anticipo; alzarsi di buon mattino; (*fig.*) *the* ~ *has* **flown** ha tagliato la corda; (*sl.*) **for** *the birds* senza valore; (*fam.*) *to* **give** *s.o. the* ~ fischiare qd.; (*fig.*) ~ *in the* **hand** *is worth two in the bush* meglio un uovo oggi che una gallina domani; (*fig.*) *to* **kill** *two birds with one stone* prendere due piccioni con una fava; ~ *of ill* **omen** uccello del malaugurio; ~ *of* **passage** uccello migratore; (*fig.*) persona di passaggio; ~ *of* **prey** rapace.
birdcall ['bə:dkɔ:l] *s.* richiamo per uccelli.
bird-fancier ['bə:dfænsjə*] *s.* allevatore di uccelli.
bird-lime ['bə:dlaim] *s.* **1** vischio, pania. **2** (*fig.*) insidia.
bird's-eye-view ['bə:dzai'vju:] *s.* **1** veduta a volo d'uccello. **2** (*fig.*) sguardo panoramico.
birdwatching ['bə:dwɔtʃiŋ] *s.* birdwatching (osservazione degli uccelli).
birth [bə:θ] *s.* **1** nascita: *Irish by* ~ irlandese di nascita. **2** parto. **3** origini, discendenza. ▭ *to crush a revolt* **at** ~ soffocare una rivolta sul nascere; *a musician* **by** ~ un musicista nato; *to* **give** ~ *to* dare alla luce, partorire; (*fig.*) produrre, causare.
birth-control ['bə:θkəntrəul] *s.* limitazione delle nascite.
birthday ['bə:θdei] *s.* compleanno. ▭ (*fam.*) *in one's* ~ *suit* in costume adamitico, nudo.
birth-mark ['bə:θmɑ:k] *s.* voglia.
birthplace ['bə:θpleis] *s.* **1** luogo di nascita; casa natale; città natale. **2** (*fig.*) culla.
birth-rate ['bə:θreit] *s.* indice di natalità.
birthright ['bə:θrait] *s.* primogenitura.
biscuit ['biskit] *s.* biscotto. ▭ **ship's** ~ galletta; *that* **takes** *the* ~ questa è grossa.
bisexual [bai'seksjuəl] *a.* bisessuale.
bishop ['biʃəp] *s.* **1** vescovo. **2** (*negli scacchi*) alfiere.
bishopric ['biʃəprik] *s.* episcopato, vescovato.
bismuth ['bizməθ] *s.* (*Chim.*) bismuto.
bison ['baisn] *s.* (*Zool.*) bisonte.
bisque [bisk] *s.* (*Sport*) abbuono, vantaggio.
bit[1] [bit] *s.* **1** morso (del cavallo). **2** (*fig.*) freno, limite. **3** (*tecn.*) punta, taglio **4** scalpello (da minatore).
bit[2] [bit] *s.* **1** pezzetto, pezzo. **2** po' poco. **3** momento. ▭ ~ **by** ~ a poco a poco; *I don't* **care** *a* ~ non me ne importa nulla; *to* **come** *to bits* andare in pezzi; *to* **do** *one's* ~ fare il proprio dovere; **in** *bits* in pezzi; *a* ~ **late** un po' tardi; (*fam.*) *to give s.o. a* ~ *of one's* **mind** dirne quattro a qd.; (*fam.*) *that's a* ~ **much** questo passa il limite; **not** *a* ~ per nulla; **not** *a* ~ *of it* niente affatto; *in bits and* **pieces** in mille pezzi; *a* ~ *at a* **time** un po' per volta.
bit[3] [bit] → to **bite**.
bit[4] [bit] *s.* (*Inform.*) bit. ▭ ~ *string* sequenza di bit.
bitch [bitʃ] *s.* **1** (*Zool.*) cagna. **2** (*Zool.*) femmina di cane e altri canidi (lupo, volpe, ecc.). **3** (*spreg.*) puttana.
bite [bait] *s.* **1** morso, morsicatura. **2** puntura (di insetti). **3** morso, sferza: *the* ~ *of the cold wind* la sferza del vento freddo. **4** boccone; spuntino. **5** (*di pesci*) l'abboccare.
to **bite** [bait] *v.* (*pass.* **bit** [bit], *p.p.* **bitten** ['bitn]/**bit**) **I** *v.t.* **1** mordere; (spesso con *into*) addentare. **2** (spesso con *off*) staccare con un morso. **3** pungere, pizzicare. **4** (spesso con *into*) corrodere, intaccare. **II** *v.i.* **1** mordere, morsicare. **2** (*di pesci*) abboccare (*anche fig.*). **3** far presa, aderire. ▭ (*fig.*) *to* ~ *the* **dust** mordere la polvere; (*fig.*) *to* ~ **off** *more than one can chew* fare il passo più lungo della gamba; *to have s.th. to* ~ **on** avere qc. da mettere sotto i denti; (*fig.*) essere alle prese con qc.
biting ['baitiŋ] *a.* **1** pungente, tagliente. **2** (*fig.*) mordace, sarcastico.
bitten ['bitn] → to **bite**.
bitter ['bitə*] **I** *a.* **1** amaro. **2** spiacevole, sgradevole. **3** (*fig.*) pungente, penetrante. **II** *s.* **1** (sapore) amaro. **2** (*fig.*) amarezza. ▭ *to the* ~ **end** fino in fondo; ~ **enemies** acerrimi nemici; ~ **sweet** agrodolce.
bitterness ['bitənis] *s.* **1** (sapore) amaro. **2** (*fig.*) amarezza.

bitumen ['bitjumin] *s.* bitume.
bivalent ['bai'veilənt] *a.* (*Chim.*) bivalente.
bivouac ['bivuæk] *s.* (*Mil.*) bivacco.
bi-weekly [bai'wi:kli] **I** *a.* bisettimanale. **II** *s.* pubblicazione bisettimanale.
bizarre [bi'zɑ:*] *a.* bizzarro, eccentrico.
Bk = (*Chim.*) *berkelium* berkelio.
B/L = *bill of lading* polizza di carico.
to **blab** [blæb] *v.t.* (*pass., p.p.* **blabbed** [–d]) (spesso con *out*) rivelare, spifferare.
black [blæk] **I** *a.* **1** nero. **2** buio, scuro. **3** negro. **4** tetro, cupo. **5** cattivo, malvagio. **II** *s.* **1** nero. **2** vernice nera. **3** lutto. **4** negro. ▭ *to beat s.o.* ~ *and* **blue** pestare qd.; (*Stor.*) *Black* **Death** peste bubbonica; ~ **ice** sottile velo di ghiaccio sull'asfalto; (*Tip.*) ~ **letter** carattere gotico; *things* **look** ~ le cose si mettono male; ~ **magic** magia nera; *Black* **Maria** (*fam.*) cellulare; ~ **mass** messa nera; ~ **market** mercato nero, borsanera; ~ **oil** petrolio grezzo; *he is not as* ~ *as he's* **painted** non è così cattivo come dicono; *as* ~ *as* **pitch** nero come la pece; (*fig.*) ~ **sheep** pecora nera; *to put s.th. down in* ~ *and* **white** mettere qc. nero su bianco.
to **black** [blæk] *v.t.* **1** annerire, tingere di nero. **2** sporcare, insudiciare. ▭ *to* ~ **out**: 1 perdere conoscenza; 2 oscurare.
blackamoor ['blækəmuə*] *s.* (*spreg.*) negro.
to **blackball** ['blækbɔ:l] *v.t.* votare contro.
black-beetle ['blækbi:tl] *s.* (*Zool.*) scarafaggio.
blackberry ['blækbəri] *s.* (*Bot.*) mora (del rovo).
blackbird ['blækbə:d] *s.* (*Zool.*) merlo.
blackboard ['blækbɔ:d] *s.* lavagna.
black box ['blækbɔks] *s.* (*Aer.*) scatola nera.
blackcap ['blækkæp] *s.* (*Zool.*) capinera.
to **blacken** ['blækən] **I** *v.t.* **1** annerire; tingere di nero. **2** denigrare, diffamare. **II** *v.i.* annerirsi, diventare nero.
blackguard ['blægɑ:d] *s.* furfante, mascalzone.
to **blackguard** ['blægɑ:d] *v.t.* ingiuriare.
blackhead ['blækhed] *s.* comedone, punto nero.
black hole ['blækhəul] *s.* (*Astr.*) buco nero.
blacking ['blækiŋ] *s.* lucido nero.
blackish ['blækiʃ] *a.* nerastro.
blacklead ['blækled] *s.* (*Min.*) grafite, piombaggine.
blackleg ['blækleg] *s.* (*fam.*) crumiro.
black-list ['blæklist] *s.* lista nera.
to **black-list** ['blæklist] *v.t.* mettere sulla lista nera.
blackmail ['blækmeil] *s.* ricatto, estorsione.
to **blackmail** ['blækmeil] *v.t.* ricattare.
blackmailer ['blækmeilə*] *s.* ricattatore.
blackout ['blækaut] *s.* **1** (*Mil.*) oscuramento. **2** blackout (mancanza di corrente elettrica). **3** svenimento.
Black Power ['blæk'pauə*] *s.* (*Pol.*) Potere Nero.
Blackshirt ['blækʃə:t] *s.* (*Stor.*) fascista, camicia nera.
blacksmith ['blæksmiθ] *s.* fabbro ferraio.
bladder ['blædə*] *s.* **1** (*Anat.*) vescica. **2** camera d'aria. **3** (*fig.*) pallone gonfiato.
blade [bleid] *s.* **1** lama. **2** lametta da barba. **3** (*lett.*) spada. **4** filo d'erba. **5** (*tecn.*) pala (d'elica). **6** pala di remo.
blah [blɑ:] *s.* (*sl.*) sciocchezze.
blame [bleim] *s.* **1** colpa, responsabilità. **2** biasimo, rimprovero. ▭ *to* **bear** (o *take*) *the* ~ *for s.th.* assumersi la responsabilità di qc.; *to* **lay** *the* ~ *on s.o.* incolpare qd.
to **blame** [bleim] *v.t.* **1** incolpare, dare la colpa a: *to* ~ *s.o. for s.th.* dare la colpa di qc. a qd. **2** biasimare, rimproverare. ▭ *no one is to* ~ non è colpa di nessuno.
blameful ['bleimfəl] *a.* biasimevole, riprovevole.
blameless ['bleimlis] *a.* **1** irreprensibile. **2** innocente.
to **blanch** [blɑ:ntʃ] **I** *v.t.* **1** sbiancare, imbiancare. **2** (*Gastr.*) pelare (scottando); sbollentare, sbianchire. **3** (*fig.*) (general. con *over*) attenuare, mitigare. **II** *v.i.* impallidire, sbiancarsi.
Blanche [blɑ:ntʃ] *N.pr.f.* Bianca.
bland [blænd] *a.* **1** leggero, blando. **2** cortese; mellifluo. **3** (*di clima*) mite, temperato.
to **blandish** ['blændiʃ] *v.t.* blandire, lusingare.
blandishment ['blændiʃmənt] *s.* (general. al pl.) blandizie, lusinghe.
blank [blæŋk] **I** *a.* **1** bianco; in bianco: *a* ~ *cheque* un assegno in bianco. **2** (*fig.*) vacuo, inespressivo. **3** (*Metrica*) sciolto. **II** *s.* **1** spazio in bianco. **2** (*fig.*) vuoto, lacuna. **3** biglietto non vincente (di lotteria). ▭ ~ **cartridge** cartuccia a salve; (*fig.*) *to* **draw** *a* ~ fallire; *to* **look** ~ avere un'aria confusa.
blanket ['blæŋkit] **I** *s.* **1** coperta. **2** (*fig.*) manto, strato. **II** *a.attr.* generale; globale.
to **blanket** ['blæŋkit] *v.t.* **1** coprire con una coperta. **2** (*fig.*) ricoprire, ammantare (*with* di).
blankly ['blæŋkli] *avv.* **1** con lo sguardo assente. **2** improvvisamente.
blare [blɛə*] *s.* strombettio; squillo.
to **blare** [blɛə*] **I** *v.i.* **1** squillare. **2** suonare il clacson. **II** *v.t.* **1** suonare a tutto volume. **2** strombazzare, proclamare a gran voce.
blarney ['blɑ:ni] *s.* adulazione, lusinga.
to **blarney** ['blɑ:ni] **I** *v.t.* adulare, lusingare. **II** *v.i.* usare un linguaggio adulatorio.
to **blaspheme** [blæs'fi:m] *v.t./i.* bestemmiare (contro).
blasphemous ['blæsfəməs] *a.* blasfemo.
blasphemy ['blæsfəmi] *s.* bestemmia.
blast [blɑ:st] *s.* **1** raffica; colpo di vento. **2** squillo. **3** esplosione; carica di esplosivo. ▭ *at full* ~ a tutta forza.
to **blast** [blɑ:st] *v.t.* **1** far esplodere; (*di mina*) far brillare; aprire con le mine. **2** inaridire; distruggere. **3** (*fig.*) distruggere, mandare all'aria. ▭ (*esclam.*) ~ *it!* maledizione!
blasted ['blɑ:stid] *a.* **1** disseccato; distrutto. **2** (*eufem.*) maledetto.
blast furnace ['blɑ:st'fə:nis] *s.* altoforno.

to **blast off** ['blɑ:stɔf] *v.i.* decollare (di veicolo spaziale).

to **blat** *am.* [blæt] *v.* (*pass., p.p.* **blatted** [–id]) **I** *v.i.* **1** belare. **2** chiacchierare. **II** *v.t.* rivelare.

blatancy ['bleitənsi] *s.* appariscenza.

blatant ['bleitənt] *a.* **1** appariscente. **2** chiassoso.

blather ['blæðə*] *s.* chiacchiere.

blaze[1] [bleiz] *s.* **1** fiammata, vampa; incendio. **2** splendore, bagliore. **3** (*fig.*) impeto (p.e. d'ira). □ (*sl.*) **go** *to blazes* va' al diavolo!; **like** *blazes* energicamente; *what the blazes is the* **matter**? che diavolo succede?.

to **blaze**[1] [bleiz] *v.i.* **1** (spesso con *away, forth, up*) ardere, divampare. **2** (spesso con *forth*) risplendere, brillare. □ *to* ~ **away** far fuoco ripetutamente; (*fig.*) *to* ~ **up** avvampare, infiammarsi.

blaze[2] [bleiz] *s.* **1** segnavia, incisione (su un albero). **2** (*di cavallo*) macchia bianca.

to **blaze**[2] [bleiz] *v.t.* incidere un albero. □ *to* ~ *a trail* segnare gli alberi di un bosco per indicare il percorso; (*fig.*) tracciare una nuova via.

to **blaze**[3] [bleiz] *v.t.* (spesso con *abroad*) divulgare, diffondere.

blazer ['bleizə*] *s.* blazer (giacca da uomo colorata con bottoni metallici e un distintivo di college o squadra sportiva sul taschino).

blazon ['bleizn] *s.* blasone.

to **blazon** ['bleizn] *v.t.* **1** blasonare. **2** divulgare, proclamare: *to* ~ *abroad* divulgare ai quattro venti.

bldg = *building* edificio.

bleach [bli:tʃ] *s.* decolorante, candeggiante.

to **bleach** [bli:tʃ] **I** *v.t.* candeggiare; decolorare. **II** *v.i.* schiarirsi.

bleachers *am.* ['bli:tʃəz] *s.pl.* gradinata (di stadio, ecc.).

bleak [bli:k] *a.* **1** battuto dal vento; brullo, spoglio. **2** freddo, gelido. **3** (*fig.*) deprimente, tetro.

to **blear** [bliə*] *v.t.* annebbiare, offuscare.

bleary ['bliəri] *a.* annebbiato, velato (di occhi).

bleat [bli:t] *s.* **1** belato. **2** (*fig.*) piagnucolio.

to **bleat** [bli:t] **I** *v.i.* **1** belare. **2** (*fig.*) piagnucolare. **II** *v.t.* (spesso con *out*) dire con voce lamentosa.

bled [bled] → to **bleed**.

to **bleed** [bli:d] *v.* (*pass., p.p.* **bled** [bled]) **I** *v.i.* sanguinare (*anche fig.*); (*di piante*) stillare linfa. **II** *v.t.* **1** salassare. **2** (*fam.*) spillare quattrini a. □ *to* ~ *to* **death** morire dissanguato; (*fig.*) *to* ~ **white** ridurre qd. senza un soldo.

to **bleep** [bli:p] *v.t.* chiamare con il cicalino.

bleeper ['bli:pə*] *s.* cicalino.

blemish ['blemiʃ] *s.* **1** macchia. **2** (*fig.*) difetto, imperfezione.

to **blemish** ['blemiʃ] *v.t.* **1** macchiare. **2** sfigurare.

to **blench** [blentʃ] *v.i.* trasalire, sussultare.

blend [blend] *s.* **1** miscela. **2** unione, fusione.

to **blend** [blend] *v.* (*pass., p.p.* **blended** [–id]/ *lett.* **blent** [blent]) **I** *v.t.* mescolare, mischiare; fondere. **II** *v.i.* **1** mescolarsi; fondersi. **2** intonarsi, armonizzare.

blent [blent] → to **blend**.

to **bless** [bles] *v.t.* (*pass., p.p.* **–ed/blest** [–t]) **1** benedire. **2** consacrare. **3** lodare, glorificare. □ (*esclam.*) **(God)** ~ *you!* Dio vi benedica; ~ **you**! salute!

blessed ['blesid] *a.* santo, benedetto, beato. □ *to be* ~ *with s.th.* avere la fortuna di avere qc.

blessing ['blesiŋ] *s.* benedizione. □ *a* ~ *in disguise* un male che si rivela un bene.

blest [blest] → to **bless**.

blew [blu:] → to **blow**[1], to **blow**[2].

blight [blait] *s.* **1** (*Agr.*) golpe, carbonchio; ruggine. **2** (*fig.*) influsso malefico.

to **blight** [blait] *v.t.* **1** (*Agr.*) far appassire. **2** (*fig.*) deludere, frustrare.

blighter ['blaitə*] *s.* (*sl.*) **1** tipo, tizio. **2** seccatore.

blimey ['blaimi] *intz.* (*sl.*) accidenti.

blind [blaind] **I** *a.* **1** cieco. **2** (*fig.*) sconsiderato; avventato. **II** *s.* **1** *pl.* ciechi. **2** tenda. **3** (*fig.*) pretesto, finzione. **4** (*am.*) nascondiglio. □ (*fam.*) ~ **date** appuntamento tra un uomo e una donna che non si conoscono; ~ **drunk** ubriaco fradicio; (*Aer.*) ~ **flying** volo strumentale; *to* **go** ~ diventare cieco; (*fig.*) ~ **spot** punto debole, lacuna; (*fig.*) *to be* ~ **to** *s.th.* essere incapace di vedere qc.; (*fig.*) *to* **turn** *a* ~ *eye to s.th.* chiudere un occhio su qc.

to **blind** [blaind] *v.t.* **1** accecare. **2** offuscare, oscurare.

blind alley ['blaind'æli] *s.* vicolo cieco.

blinders *am.* ['blaindəz] *s.pl.* paraocchi (di cavallo).

blindfold ['blaindfəuld] **I** *a.* con gli occhi bendati. **II** *avv.* alla cieca, ciecamente.

to **blindfold** ['blaindfəuld] *v.t.* bendare gli occhi a.

blind man's buff ['blaindmænz'bʌf] *s.* mosca cieca.

blindness ['blaindnis] *s.* cecità.

blink [bliŋk] *s.* **1** battito di ciglia. **2** lampo, guizzo.

to **blink** [bliŋk] **I** *v.i.* **1** battere le palpebre. **2** brillare a intermittenza; tremolare. **II** *v.t.* **1** battere, sbattere: *to* ~ *one's eyes* battere gli occhi. **2** far lampeggiare.

blinker ['bliŋkə*] *s.* **1** (*am.*) lampeggiatore. **2** *pl.* paraocchi (*anche fig.*).

blinking ['bliŋkiŋ] *a.* maledetto, dannato.

bliss [blis] *s.* felicità; beatitudine.

blissful ['blisfəl] *a.* beato, felice.

blister ['blistə*] *s.* **1** vescica, bolla. **2** (*Farm.*) vescicante. **3** confezione per pillole, supposte, ecc.

to **blister** ['blistə*] **I** *v.t.* **1** riempire di vesciche. **2** (*fig.*) criticare aspramente. **II** *v.i.* coprirsi di vesciche.

blithe [blaið], **blithesome** ['blaiðsəm] *a.* gioioso, gaio.
blitz [blits] *s.* (*Mil.*) guerra lampo; incursione (aerea) improvvisa.
blizzard ['blizəd] *s.* (*Meteor.*) bufera di neve.
to **bloat** [bləut] **I** *v.t.* **1** gonfiare, dilatare. **2** (*di pesce*) affumicare. **II** *v.i.* gonfiarsi.
bloated ['bləutid] *a.* **1** gonfio. **2** (*fig.*) tronfio, borioso.
bloater ['bləutə*] *s.* aringa affumicata.
blob [blɔb] *s.* **1** goccia. **2** (*di colore*) chiazza, macchia.
bloc [blɔk] *s.* (*Pol.*) blocco.
block [blɔk] *s.* **1** blocco; masso. **2** serie; pacchetto: *a ~ of shares* un pacchetto di azioni. **3** palazzo; isolato: *a ~ of offices* un palazzo di uffici; *he lives three blocks from me* abita a tre isolati da me. **4** blocco; ostacolo: *a heart ~* un blocco cardiaco. **5** (*gioco infantile*) cubo. **6** (*Tip.*) cliché. **7** (*Stor.*) ceppo. **8** (*Mot.*) monoblocco. **9** (*tecn.*) carrucola.
to **block** [blɔk] *v.t.* **1** bloccare, arrestare. **2** (spesso con *up*) ostruire, intasare. □ *to ~* **in** abbozzare, schizzare; *to ~* **off** bloccare, chiudere; *to ~* **out** = *to ~* **in**.
blockade [blɔ'keid] *s.* (*Mil.*) blocco: *to raise the ~* togliere il blocco; *to run the ~* forzare il blocco.
to **blockade** [blɔ'keid] *v.t.* bloccare; stringere d'assedio.
blockbuster ['blɔkbʌstə*] *s.* bomba ad alto potenziale (*anche fig.*).
blockhead ['blɔkhed] *s.* (*fig.*) testone.
blockhouse ['blɔkhaus] *s.* (*Mil.*) fortino.
block letter ['blɔkletə*] *s.* (*Tip.*) stampatello.
bloke [bləuk] *s.* (*fam.*) individuo, tipo.
blond [blɔnd] *a./s.* biondo.
blonde [blɔnd] *s.* bionda, biondina.
blood [blʌd] *s.* **1** sangue. **2** stirpe, discendenza. □ (*fig.*) *there is* **bad** *~ between them* non corre buon sangue tra di loro; *in* **cold** *~* a sangue freddo; *to* **draw** *~* ferire; *to have s.o.'s ~ on one's* **hands** essersi macchiato del sangue di qd.; (*fig.*) *to be* **out** *for ~* aver giurato vendetta; **related** *by ~* consanguineo; (*fig.*) *it* **runs** *in the ~* è nella natura umana; *~ and* **thunder** violento; sensazionale; *his ~ is* **up** gli è andato il sangue alla testa.
to **blood** [blʌd] *v.t.* (*Caccia*) assuefare al gusto del sangue.
blood-bath ['blʌdbɑ:θ] *s.* (*fig.*) massacro, strage.
blood-brother ['blʌdbrʌðə*] *s.* fratello carnale.
blood curdling ['blʌdkə:dliŋ] *a.* raccapricciante.
blood group ['blʌdgru:p] *s.* gruppo sanguigno.
blood hound ['blʌdhaund] *s.* **1** bracco. **2** (*fam.*) agente investigativo.
bloodless ['blʌdlis] *a.* **1** anemico; pallido. **2** incruento. **3** (*fig.*) fiacco, debole.
blood money ['blʌdmʌni] *s.* compenso del sicario (*o* del delatore).
blood poisoning ['blʌd,pɔizniŋ] *s.* (*Med.*) setticemia.
blood red ['blʌd'red] *a.* rosso come il sangue.
bloodshed ['blʌdʃed] *s.* **1** spargimento di sangue. **2** eccidio.
bloodshot ['blʌdʃɔt] *a.* iniettato di sangue.
bloodstain ['blʌdstein] *s.* macchia di sangue.
bloodstock ['blʌdstɔk] *s.* purosangue.
bloodsucker ['blʌdsʌkə*] *s.* (*pop.*) **1** sanguisuga, mignatta. **2** (*fig.*) usuraio.
bloodthirsty ['blʌdθə:sti] *a.* assetato di sangue, sanguinario.
blood-vessel ['blʌdvesl] *s.* (*Anat.*) vaso sanguigno.
bloody ['blʌdi] **I** *a.* **1** sanguinante; insanguinato. **2** sanguinoso, cruento. **3** sanguinario. **4** (*volg.*) maledetto, dannato. **II** *avv.* (*volg.*) maledettamente. □ *Bloody Mary*: 1 (*Stor.*) Maria la Sanguinaria; 2 cocktail a base di pomodoro e vodka.
bloody-minded ['blʌdi'maindid] *a.* piantagrane; bastian contrario.
bloom [blu:m] *s.* **1** fioritura, fiore. **2** (*fig.*) splendore, rigoglio. □ (*fig.*) *to take the ~ off s.th.* far appassire qc.
to **bloom** [blu:m] *v.i.* fiorire, essere in fiore; sbocciare.
bloomer ['blu:mə*] *s.* (*fam.*) errore, sproposito.
bloomers ['blu:məz] *s.pl.* calzoncini (a sbuffo).
blooming ['blu:miŋ] *a.* **1** in fiore. **2** (*fig.*) fiorente. □ (*fam.*) *a ~ idiot* un perfetto idiota.
blossom ['blɔsəm] *s.* (*Bot.*) fiore; fioritura.
to **blossom** ['blɔsəm] *v.i.* **1** fiorire, essere in fiore; sbocciare. **2** (*fig.*) (spesso con *into, out*) svilupparsi; fiorire.
blot [blɔt] *s.* **1** macchia (d'inchiostro). **2** (*fig.*) macchia, difetto.
to **blot** [blɔt] *v.* (*pass., p.p.* **blotted** [–id]) **I** *v.t.* **1** macchiare (d'inchiostro). **2** asciugare (con materiale assorbente). **3** (*fig.*) macchiare, sporcare. □ *to ~ out* cancellare; coprire; (*fig.*) distruggere, annientare.
blotch [blɔtʃ] *s.* **1** macchia. **2** macchiolina rossa (della pelle).
blotter ['blɔtə*] *s.* tampone di carta assorbente. □ (*am.*) *police ~* registro degli arresti e delle imputazioni.
blotting-paper ['blɔtiŋpeipə*] *s.* carta assorbente.
blotto ['blɔtəu] *a.* (*sl.*) ubriaco fradicio.
blouse [blauz] *s.* **1** camicetta, blusa. **2** (*Mil.*) giubbotto.
blow[1] [bləu] *s.* **1** soffio; soffiata. **2** colpo di vento, ventata. □ *to go for a ~* andare a prendere una boccata d'aria.
to **blow**[1] [bləu] *v.* (*pass.* **blew** [blu:], *p.p.* **blown** [bləun]) **I** *v.i.* **1** soffiare: *the wind is blowing* il vento soffia. **2** essere spinto dal vento; volare via: *the papers blew away* i fogli volano via. **3** suonare; fischiare. **4** ansimare,

sbuffare. **5** (*fam.*) vantarsi, gloriarsi (*about* di). **6** (general. con *out*) scoppiare, esplodere. **7** scappare. **II** *v.t.* **1** soffiare: *to* ~ *one's nose* soffiarsi il naso. **2** (*Mus.*) suonare (strumenti a fiato). **3** (spesso con *up*) far saltare in aria, far esplodere. **4** (general. con *out*) far scoppiare, far saltare. **5** (*fam.*) sperperare (denaro). □ *to* ~ **away** far volare via; *to* ~ *to* **bits** mandare in pezzi; *to* ~ **down** abbattere, rovesciare; (*fam.*) ~ *the* **expense**! al diavolo la spesa!; *the* **fuse** *has blown* la valvola è saltata; (*fam.*) *to* ~ *the* **gaff** rivelare un segreto; *to* ~ **hot** *and cold* tentennare; *to* ~ **in** presentarsi all'improvviso; ~ **it**! accidenti!; (*fig.*) *to* ~ **off** *steam* sfogarsi; *the door blew* **open** la porta si aprì per un colpo di vento; *to* ~ **out** spegnere (soffiando); scoppiare (di pneumatico); (*El.*) saltare; *to* ~ **over** passare, placarsi; *to* ~ **up** gonfiare; esplodere; ingrandire (una fotografia); (*fig.*) arrabbiarsi (*at s.o.* con qd.); (*fig.*) rimproverare, sgridare; (*fig.*) montare, gonfiare; *a storm blew* **up** si levò una burrasca.

blow[2] [bləu] *s.* **1** colpo. **2** (*fig.*) disgrazia. □ (*fig.*) **at** *a* (*single*) ~ in un sol colpo; *to come* **to** *blows* venire alle mani; **without** *striking a* ~ senza colpo ferire.

to **blow**[2] [bləu] *v.i.* (*pass.* **blew** [blu:], *p.p.* **blown** [bləun]); (*usato spec. al p.p.*) schiudersi, sbocciare.

blower ['bləuə*] *s.* **1** soffiatore. **2** (*fam.*) telefono. **3** (*tecn.*) sfiatatoio.

blowgun ['bləugʌn] *s.* cerbottana.

blowhole ['bləuhəul] *s.* sfiatatoio.

blown [bləun] → to **blow**[1], to **blow**[2].

blow out ['bləu'aut] **1** scoppio (di pneumatico). **2** (*fam.*) bisboccia.

blow-pipe ['bləupaip] *s.* **1** (*tecn.*) cannello ossidrico. **2** cerbottana.

blow-up ['bləuʌp] *s.* **1** esplosione. **2** (*Fot.*) forte ingrandimento.

blowzy ['blauzi] *a.* **1** sciatto, trasandato. **2** rosso in viso.

blubber ['blʌbə*] *s.* **1** grasso (di balena). **2** piagnisteo, piagnucolio.

to **blubber** ['blʌbə*] **I** *v.i.* piagnucolare, frignare. **II** *v.t.* dire piagnucolando.

bludgeon ['blʌdʒən] *s.* mazza, randello.

to **bludgeon** ['blʌdʒən] *v.t.* prendere a randellate. □ (*fig.*) *to* ~ *s.o. into doing s.th.* costringere qd. a fare qc. con la forza.

blue [blu:] **I** *s.* **1** azzurro, blu, turchino. **2** (*fig.*) cielo, volta celeste. **3** *pl.* malinconia, tristezza. **4** *pl.* (costr. sing. *o* pl.) (*Mus.*) blues. **II** *a.* **1** azzurro, turchino. **2** (*fig.*) triste; deprimente. **3** (*fam.*) osceno, sconcio. □ **black** *and* ~ coperto di lividi; (*fig.*) ~ *in the* **face** furibondo; sfinito; ~ **film** film a luci rosse; *to disappear* **into** *the* ~ scomparire nel nulla; *once in a* ~ **moon** raramente, (*pop.*) a ogni morte di papa; **out** *of the* ~ improvvisamente; (*tecn.*) ~ **print** cianografica; ~ **ribbon** ordine della giarrettiera; nastro azzurro; **true** ~ fedele, leale.

to **blue** [blu:] *v.t.* **1** tingere di blu. **2** (*fam.*) sperperare (denaro).

bluebell ['blu:bel] *s.* (*Bot.*) campanula.

blueberry *am.* ['blu:ˌberi] *s.* (*Bot.*) mirtillo.

blueblood ['blu:blʌd] *s.* aristocratico.

bluebottle ['blu:ˌbɔtl] *s.* (*Zool.*) moscone; tafano.

blue-collar *am.* [ˌblu:'kɔlə*] *a.*: ~ *workers* colletti blu, operai (addetti a lavori pesanti).

blue-eyed ['blu:aid] *a.* dagli occhi azzurri.

blue-fish ['blu:fiʃ] *s.* (*Zool.*) pesce azzurro.

blue gum ['blu:gʌm] *s.* (*Bot.*) eucalipto.

bluejacket ['blu:'dʒækit] *s.* marinaio.

to **bluepencil** ['blu:'pensl] *v.t.* **1** revisionare. **2** censurare.

blueprint ['blu:print] *s.* **1** (*tecn.*) cianografia. **2** (*fig.*) progetto.

blue-stocking ['blu:'stɔkiŋ] *s.* (*fam.*) (donna) intellettuale.

bluff[1] [blʌf] *a.* **1** scosceso, a picco. **2** (*fig.*) franco, sincero; brusco.

bluff[2] [blʌf] *s.* (*nel poker*) bluff; (*estens.*) inganno. □ *to call s.o.'s* ~ costringere qd. a mettere le carte in tavola.

to **bluff** [blʌf] *v.t./i.* bluffare; ingannare.

blunder ['blʌndə*] *s.* gaffe, errore grossolano.

to **blunder** ['blʌndə*] *v.i.* **1** prendere una cantonata. **2** brancolare, andare a tentoni.

blunderbuss ['blʌndəbʌs] *s.* (*Stor.*) trombone; schioppo.

blunderer ['blʌndərə*] *s.* pasticcione.

blunt [blʌnt] *a.* **1** smussato, non affilato; spuntato. **2** (*fig.*) brusco. **3** (*fig.*) ottuso, tardo.

to **blunt** [blʌnt] *v.t.* **1** smussare; spuntare. **2** (*fig.*) ottundere.

blur [blə:*] *s.* **1** visione sfocata. **2** macchia.

to **blur** [blə:*] *v.* (*pass., p.p.* **blurred** [–d]) **I** *v.t.* **1** macchiare, imbrattare. **2** rendere confuso; offuscare. **II** *v.i.* diventare indistinto.

blurb [blə:b] *s.* (*Edit.*) fascetta pubblicitaria.

to **blurt** [blə:t] *v.t.* (general. con *out*) lasciarsi sfuggire (p.e. notizie).

blush [blʌʃ] *s.* **1** rossore. **2** (colore) rosso.

to **blush** [blʌʃ] *v.i.* arrossire.

bluster ['blʌstə*] *s.* **1** fragore. **2** (*fig.*) sfuriata.

to **bluster** ['blʌstə*] *v.i.* **1** (*di vento, ecc.*) infuriare, imperversare. **2** (*fig.*) dare in escandescenze.

blvd = *boulevard* viale.

BM = *British Museum.*

bn = *am. billion* miliardo.

BN = *Baron* barone.

B/O = *branch office* succursale, filiale.

boa ['bouə] *s.* (*Zool., Moda*) boa.

B.O.A.C. = *British Overseas Airways Corporation* Compagnia Britannica delle Linee Aeree Transoceaniche.

boar [bɔ:*] *s.* (*Zool.*) **1** verro. **2** cinghiale.

board [bɔ:d] *s.* **1** asse, assicella. **2** tavola di legno. **3** consiglio; comitato, commissione. **4** tabellone, albo. **5** (*fam.*) lavagna. **6** cartone. **7** (*fig.*) vitto, pasti. □ **above** ~ a carte scoperte; *to go* **by** *the* ~ cadere in mare; (*fig.*) andare a rotoli; *Board of* **Directors** consiglio d'amministrazione; ~ *of* **examiners** commissione d'esame; (*Comm.*) **free** *on* ~ franco a bordo; **full** ~ pensione completa; **on** ~ a bordo; (*fig.*) *to* **sweep** *the* ~ avere un grande successo, (*fam.*) sfondare; *to* **tread** *the boards* calcare le scene.

to **board** [bɔ:d] **I** *v.t.* **1** (general. con *up, over*) coprire di assi. **2** salire a bordo di; salire su (un mezzo pubblico). **3** (*Mar.*) abbordare; assaltare, arrembare. **4** tenere a pensione. **II** *v.i.* **1** essere a pensione (*at* presso, in). **2** (*Mar.*) virare di bordo. ▭ *to* ~ *out* consumare i pasti fuori.

boarder ['bɔ:də*] *s.* pensionante *m./f.*; (*di scuola*) convittore.

boarding-house ['bɔ:diŋhaus] *s.* pensione.

boarding-school ['bɔ:diŋsku:l] *s.* collegio, convitto.

boast [bəust] *s.* vanto.

to **boast** [bəust] **I** *v.i.* vantarsi, gloriarsi (*of, about* di). **II** *v.t.* vantare.

boaster ['bəustə*] *s.* smargiasso, spaccone.

boastful ['bəustfəl] *a.* vanaglorioso.

boat [bəut] *s.* imbarcazione, barca; battello; nave. ▭ (*fig.*) *to burn one's boats* farsi saltare i ponti alle spalle.

to **boat** [bəut] *v.i.* andare in barca.

boater ['bəutə*] *s.* paglietta, cappello di paglia.

boat-house ['bəuthaus] *s.* tettoia per imbarcazioni.

boatman ['bəutmən] *s.* (*pl.* **-men**) barcaiolo.

boats-wain ['bəusn] *s.* nostromo.

boat-train ['bəutrein] *s.* treno in coincidenza con navi.

bob[1] [bɔb] *s.* inchino.

to **bob**[1] [bɔb] *v.* (*pass., p.p.* **bobbed** [-d]) **I** *v.t.* muovere a scatti. **II** *v.i.* **1** muoversi a scatti. **2** fare un rapido inchino. **3** (*fig.*) (general. con *up*) saltar fuori. ▭ *to* ~ *up and down* andar su e giù.

bob[2] [bɔb] *s.* capelli alla maschietta.

to **bob**[2] [bɔb] *v.t.* (*pass., p.p.* **bobbed** [-d]) (*di capelli*) tagliare corti.

bob[3] [bɔb] *s.inv.* (*fam.*) scellino.

bobbin ['bɔbin] *s.* (*Tessitura, El.*) bobina.

bobby ['bɔbi] *s.* (*fam.*) poliziotto.

bobby-pin *am.* ['bɔbipin] *s.* forcina, molletta.

bobby-socks, **bobby-sox** *am.* ['bɔbisɔks] *s.pl.* (*fam.*) calzini corti.

bob-sled ['bɔbsled], **bob-sleigh** ['bɔbslei] *s.* (*Sport*) bob, guidoslitta.

bobtail ['bɔbteil] *s.* (*Zool.*) cane (*o* cavallo) con la coda mozza. ▭ *rag-tag and* ~ gentaglia.

bock [bɔk] *s.* birra scura tedesca.

to **bode** [bəud] **I** *v.t.* preannunciare, far presagire. **II** *v.i.* promettere. ▭ *to* ~ *well* (o *ill*) essere di buon (*o* cattivo) augurio.

bodice ['bɔdis] *s.* corpetto, bustino.

bodiless ['bɔdilis] *a.* incorporeo.

bodily ['bɔdili] **I** *a.* **1** fisico. **2** corporeo. **II** *avv.* **1** in persona, in carne e ossa. **2** in massa, tutto intero.

bodkin ['bɔdkin] *s.* **1** spillone. **2** punteruolo.

body ['bɔdi] *s.* **1** corpo (*anche fig.*). **2** cadavere, salma. **3** (*Anat.*) busto, tronco. **4** parte principale di una struttura. **5** (*fam.*) persona, essere umano. **6** massa, quantità. **7** corpo, associazione; ente giuridico. ▭ **foreign** ~ corpo estraneo; *the* **heavenly** *bodies* i corpi celesti; **in** *a* ~ in massa; ~ **politic** corpo elettorale; (*fig.*) ~ *and* **soul** anima e corpo; (*fam.*) *to keep* ~ *and* **soul** *together* tirare avanti alla meglio.

to **body** [bɔdi] *v.t.* **1** incarnare, dare corpo a. **2** (general. con *forth*) dare forma corporea a.

body-building ['bɔdi'bildiŋ] *s.* culturismo.

bodyguard ['bɔdiga:d] *s.* guardia del corpo.

body-language ['bɔdi'læŋgwidʒ] *s.* linguaggio del corpo.

bodymaker ['bɔdimeikə*] *s.* (*Aut.*) carrozziere.

bodywork ['bɔdiwə:k] *s.* (*Aut.*) carrozzeria.

Boer ['bəuə*] *a./s.* boero (popolazione).

boffin ['bɔfin] *s.* (*fam.*) scienziato; ricercatore.

bog [bɔg] *s.* **1** pantano, palude. **2** (*volg.*) latrina.

to **bog** [bɔg] (*pass., p.p.* **bogged** [-d]) (general. con *down*) *v.t./i.* impantanare, impantanarsi (*anche fig.*).

bogey ['bəugi) → **bogy**.

to **boggle** ['bɔgl] *v.i.* indugiare, esitare (*at* a).

boggy ['bɔgi] *a.* paludoso, pantanoso.

bogie ['bəugi] *s.* **1** (*Ferr.*) carrello. **2** (*fam.*) carretto.

Bogota [ˌbəugə'ta:] *N.pr.* (*Geog.*) Bogotà.

bogus ['bəugəs] *a.* falsificato, (*fam.*) fasullo.

bogy ['bəugi] *s.* **1** spirito maligno, spauracchio (*anche fig.*). **2** (*fam.*) caccola (nasale).

bogyman ['bəugimən] *s.* (*pl.* **-men**) (*fam.*) babau, uomo nero.

boil[1] [bɔil] *s.* punto di ebollizione. ▭ *to bring to the* ~ far bollire.

to **boil** [bɔil] **I** *v.i.* **1** bollire. **2** (*fig.*) bollire, fremere (*with* di); ribollire, agitarsi. **II** *v.t.* **1** (*far*) bollire. **2** (*Gastr.*) lessare. ▭ *to* ~ **away** (far) evaporare mediante bollitura; (*fig.*) *to make s.o.'s* **blood** ~ far ribollire il sangue a qd.; *to* ~ **down** condensare, condensarsi; (*fig.*) riassumere; (*fig.*) *to* **keep** *the pot boiling* guadagnarsi il pane; *to* ~ **over** traboccare; (*am. fig.*) esplodere, perdere il controllo; *to* ~ **up** scaldare fino all'ebollizione.

boil[2] [bɔil] *s.* (*Med.*) foruncolo.

boiler ['bɔilə*] *s.* **1** bollitore. **2** caldaia. **3** scaldabagno. ▭ ~ *suit* tuta da lavoro.

boiling ['bɔiliŋ] **I** *a.* **1** bollente. **2** (*fig.*) torrido, rovente; agitato. **II** *s.* **1** ebollizione. **2** bollitura.

boiling-point ['bɔiliŋpɔint] *s.* (*Fis.*) punto di ebollizione (*anche fig.*).

boisterous ['bɔistərəs] *a.* **1** turbolento, tumultuoso. **2** chiassoso, rumoroso.

bold [bəuld] *a.* **1** baldo, baldanzoso. **2** audace, coraggioso; sfacciato, sfrontato. **3** chiaro, nitido. □ *as* ~ *as* **brass** sfacciatissimo; *to* **make** *so* ~ *as to do s.th.* osare fare qc.; *to* **make** ~ *with s.th.* prendersi la libertà di usare qc.

boldness ['bəuldnis] *s.* **1** baldanza. **2** sfacciataggine. **3** chiarezza, nitidezza.

bold-type ['bəuldtaip] *s.* (*Tip.*) neretto, grassetto.

bole [bəul] *s.* tronco (d'albero).

bolero [bə'lɛərəu] *s.* (*pl.* **-s** [–z]) (*Mus.*, *Vest.*) bolero.

Bolivia [bə'liviə] *N.pr.* (*Geog.*) Bolivia.

Bolivian ['bɔ'liviən] *a./s.* boliviano.

boll [bəul] *s.* (*Bot.*) capsula.

bollard ['bɔləd] *s.* **1** (*Mar.*) bitta. **2** colonnina spartitraffico.

boloney *am.* [bə'ləuni] *s.* (*sl.*) fandonie, sciocchezze.

Bolshevik ['bɔlʃəvik] *a./s.* **1** (*Stor.*) bolscevico (*anche fig.*). **2** (*fig. am.*) estremista di sinistra.

bolshy ['bɔlʃ] *a.* (*sl.*) ribelle; testardo.

bolster ['bəulstə*] *s.* **1** capezzale, cuscino cilindrico. **2** (*tecn.*) supporto, sostegno.

to **bolster** ['bəulstə*] *v.t.* **1** sostenere, sorreggere. **2** (*fig.*) (spesso con *up*) appoggiare, sostenere.

bolt [bəult] *s.* **1** bullone. **2** chiavistello, catenaccio. **3** otturatore (di arma da fuoco). **4** (*lett.*) freccia, dardo; fulmine, saetta. **5** balzo, scatto. □ (*fig.*) *a* ~ *from the* **blue** un fulmine a ciel sereno; (*fig.*) *to* **shoot** *one's* (*last*) ~ sparare tutte le cartucce.

to **bolt** [bəult] **I** *v.t.* **1** sprangare, chiudere col catenaccio. **2** ingoiare, trangugiare. **II** *v.i.* **1** fuggire, scappare. **2** balzare, scattare.

bomb [bɔm] *s.* **1** bomba. **2** (*am.*) bomboletta spray. □ (*fig.*) *to* **cost** *a* ~ costare una fortuna; (*fig.*) *to* **go** *like a* ~ andare molto veloce; avere un successo strepitoso.

to **bomb** [bɔm] **I** *v.t.* bombardare. **II** *v.i.* sganciare bombe. □ *to* ~ *out* saltare in aria, far saltare; (*sl. am.*) fare fiasco.

to **bombard** [bɔm'bɑ:d] *v.t.* **1** (*Mil.*, *Fis.*) bombardare. **2** (*fig.*) bersagliare (*with* di).

bombardment [bɔm'bɑ:dmənt] *s.* (*Mil.*, *Fis.*) bombardamento (*anche fig.*).

bombast ['bɔmbæst] *s.* magniloquenza, pomposità.

bombastic [bɔm'bæstik] *a.* magniloquente, pomposo.

bomb-disposal squad ['bɔmdis'pəuzel skwɔd] *s.* (*Mil.*) squadra di artificieri.

bombed ['bɔmbd] *a.* (*sl. am.*) ubriaco fradicio.

bomber ['bɔmə*] *s.* **1** (*Aer.*) bombardiere. **2** (*Mil.*) soldato che tira le bombe. **3** (*fam.*) terrorista, bombarolo.

bombing ['bɔmiŋ] *s.* (*Mil.*) bombardamento.

bomb-proof ['bɔmpru:f] *a.* a prova di bomba.

bomb-(proof) shelter ['bɔmpru:fʃeltə*] *s.* rifugio antiaereo.

bombshell ['bɔmʃel] *s.* (*fig.*) bomba, notizia che lascia stupefatti.

bomb site ['bɔmsait] *s.* zona bombardata.

bonanza [bə'nænzə] *s.* **1** (*Min.*) ricco giacimento. **2** (*fam.*) fonte di grossi guadagni.

bond [bɔnd] *s.* **1** (*fig.*) vincolo, legame. **2** *pl.* ceppi, ferri; (*fig.*) prigionia, schiavitù. **3** accordo, patto. **4** (*Dir.*) garanzia, cauzione. **5** (*Econ.*) obbligazione. **6** (*Assicurazioni*) garanzia. **7** (*tecn.*) aderenza. □ (*Comm.*) *to* **take** *out of* ~ sdoganare; *his* **word** *is* (*as good as*) *his* ~ la sua parola vale una firma.

to **bond** [bɔnd] *v.t.* **1** legare, assicurare, fissare. **2** (*Econ.*) emettere obbligazioni su. **3** (*Dir.*) cauzionare. **4** (*Comm.*) depositare in dogana.

bondage ['bɔndidʒ] *s.* servitù, schiavitù.

bonded ['bɔndid] *a.* **1** garantito da cauzione. **2** sotto vincolo doganale. □ (*Econ.*) ~ **debt** debito obbligazionario; (*Comm.*) ~ **goods** merci in deposito franco; (*Mar.*) ~ **stores** provviste di bordo; ~ **warehouse** magazzino doganale.

bondholder ['bɔndhəuldə*] *s.* (*Econ.*) obbligazionista *m./f.*

bone [bəun] **I** *s.* **1** (*Anat.*) osso. **2** (*di pesce*) lisca, spina. **3** *pl.* ossa, scheletro. **4** *pl.* (*fig.*) ossatura, intelaiatura. **5** *pl.* (*am.*) dadi. **6** stecca (di busto). **II** *a.* osseo, di osso. □ **chilled** *to the* ~ gelato fino al midollo; (*fig.*) ~ *of* **contention** pomo della discordia; *to* **feel** *s.th. in one's bones* presagire qc. (sentendoselo nelle ossa); (*fam.*) *to* **make** *no bones about s.th.* non farsi scrupoli; (*fig.*) *to have a* ~ *to* **pick** *with s.o.* avere un conto da saldare con qd.; **skin** *and* ~ pelle e ossa.

to **bone** [bəun] *v.t.* **1** disossare; (*di pesce*) spinare. **2** (*sl.*) rubare.

bone-dry [ˌbəun'drai] *a.* secchissimo.

bonehead ['bəunhed] *s.* (*sl.*) stupido.

bone-idle ['bəun'aidl] *a.* pigrone, poltrone.

boner ['bəunə*] *s.* (*sl. am.*) errore grossolano, sproposito.

boneshaker ['bəunʃeikə*] *s.* (*fam.*) veicolo scassato.

bonfire ['bɔnfaiə*] *s.* falò.

bonnet ['bɔnit] *s.* **1** cappellino, cuffia. **2** (*scozz.*) berretto. **3** (*Aut.*) cofano.

bonny *scozz.* ['bɔni] *a.* grazioso; piacevole.

bonus ['bəunəs] *s.* **1** (*Comm.*) indennità; premio. **2** (*Econ.*) extra-dividendo.

bony ['bəuni] *a.* **1** tutt'osso; (*di pesce*) pieno di spine. **2** ossuto; pelle e ossa.

bonze [bɔnz] *s.* (*Rel.*) bonzo.

boo [bu:] **I** *s.* (*pl.* –**s** [–z]) fischio; grido di protesta. **II** *intz.* poh, puah.

to **boo** [bu:] *v.t./i.* gridare in segno di protesta.

booby ['bu:bi] *s.* stupido.

booby-prize ['bu:bipraiz] *s.* premio di consolazione all'ultimo arrivato.

booby-trap ['bu:bitræp] *s.* (*Mil.*) ordigno esplosivo camuffato.

book [buk] *s.* **1** libro. **2** (*Comm.*) registro, libro commerciale. **3** (*di biglietti, francobolli, ecc.*) blocchetto, mazzetto. **4** registro delle scommesse. **5** libretto d'opera. □ (*Comm.*) *books of* **account** documenti contabili, libri contabili; (*fam.*) *to be in s.o.'s* **bad** *books* essere nel libro nero di qd.; *the* (*Good*) **Book** la Bibbia; *to* **bring** *s.o. to* ~ venire al dunque; (*Comm.*) *to* **close** *the books* chiudere i conti; (*fig.*) *a* **closed** ~ un enigma; *to be in s.o.'s* **good** *books* essere nelle grazie di qd.; *to* **keep** *a* ~ (*on*) accettare scommesse; *to take a* **leaf** *out of s.o's* ~ seguire l'esempio di qd.; *in* **my** ~ secondo me; **on** *the books* registrato.

to **book** [buk] **I** *v.t.* **1** registrare, annotare. **2** prenotare, riservare. **3** (*Teat., Cin.*) scritturare. **II** *v.i.* **1** prenotare, fare la prenotazione; (*in albergo*) fissare una stanza. **2** (*assol.*) prendere un biglietto. □ (*Comm.*) *booked* registrato; *booked up* esaurito, al completo.

bookable ['bukəbl] *a.* prenotabile.

bookbinder ['buk'baində*] *s.* rilegatore.

bookbinding ['buk'baindiŋ] *s.* rilegatura.

bookcase ['bukkeis] *s.* scaffale (per libri), libreria.

book-club ['bukklʌb] *s.* club del libro.

book-ends ['bukend] *s.* fermalibri.

bookie ['buki] *s.* (*fam.*) allibratore.

booking ['bukiŋ] *s.* **1** prenotazione. **2** vendita di biglietti.

booking-clerk ['bukiŋklɑ:k] *s.* bigliettaio.

booking-office ['bukiŋ,ɔfis] *s.* **1** ufficio prenotazioni. **2** biglietteria.

bookish ['bukiʃ] *a.* **1** amante della lettura. **2** (*fig.*) libresco, pedante.

book-keeper ['bukki:pə*] *s.* contabile *m./f.*

book-keeping ['bukki:piŋ] *s.* contabilità: ~ *office* ufficio contabilità.

booklet ['buklit] *s.* libretto; opuscolo.

bookmaker ['bukmeikə*] *s.* allibratore.

bookmark ['bukmɑ:k] *s.* segnalibro.

book-mobile ['bukməubail] *s.* autobus adibito a biblioteca circolante.

book-plate ['bukpleit] *s.* ex libris.

bookrest ['bukrest] *s.* leggio.

bookseller ['bukselə*] *s.* libraio.

bookshelf ['bukʃelf] *s.* (*pl.* **–shelves** [–ʃelvz]) scaffale (per libri).

bookshop ['bukʃɔp] *s.* libreria.

bookstall ['bukstɔ:l] *s.* **1** bancarella. **2** edicola, chiosco.

bookstand ['bukstænd] **1** → **bookrest**. **2** → **bookstall**.

bookstore *am.* ['bukstɔ:*] → **bookshop**.

book-token ['buk,təukən] *s.* buono omaggio per l'acquisto di libri.

bookworm ['bukwə:m] *s.* **1** (*Zool.*) tarlo, tignola. **2** (*fig.*) topo di biblioteca.

boom[1] [bu:m] *s.* **1** (*Mar.*) boma. **2** (*Mecc.*) braccio (di gru). **3** (*Cin., TV*) giraffa. **4** sbarramento di tronchi.

boom[2] [bu:m] *s.* **1** suono cupo, rimbombo. **2** (*fig.*) rapido aumento, boom.

to **boom** [bu:m] **I** *v.i.* **1** rombare, rimbombare. **2** (*fig.*) svilupparsi rapidamente; andare a gonfie vele. **II** *v.t.* **1** (spesso con *out*) far rimbombare, far risonare. **2** far prosperare. □ *to* ~ *a product* lanciare un prodotto.

boomerang ['bu:məræŋ] *s.* boomerang (*anche fig.*).

boon[1] [bu:n] *s.* **1** (*lett.*) favore, piacere. **2** vantaggio, beneficio.

boon[2] [bu:n] *a.*: ~ *companion* compagnone.

boor ['buə*] *s.* villano, cafone.

boost [bu:st] *s.* **1** spinta in su. **2** aumento, incremento. **3** (*fig.*) aiuto, incoraggiamento. **4** lancio pubblicitario.

to **boost** [bu:st] *v.t.* **1** spingere in su. **2** aumentare, incrementare. **3** (*fam.*) lanciare; propagandare.

booster ['bu:stə*] *s.* **1** sostenitore. **2** (*Astr.*) razzo vettore, primostadio.

boot[1] [bu:t] *s.* **1** stivale; scarpone. **2** (*Aut.*) vano portabagagli. □ (*fam.*) *to get too* **big** *for one's boots* montarsi la testa; *the* ~ *is on the other* **foot** la situazione si è capovolta; ora è lui ad avere il coltello per il manico; *to* **die** *with one's boots on* morire in piedi; (*fam.*) *to* **get** *the* ~ essere licenziato; *to* **give** *s.o. the* ~ licenziare qd.; (*fig.*) *to* **lick** *s.o.'s boots* leccare i piedi a qd.

to **boot** [bu:t] *v.t.* **1** prendere a calci. **2** (general. con *out*) mettere alla porta.

boot[2] [bu:t] *s.*: *to* ~ per giunta, inoltre.

bootblack ['bu:tblæk] *s.* lustrascarpe.

bootee ['bu:ti:] *s.* **1** scarpetta di lana per neonato. **2** stivaletto (da signora).

booth [bu:ð] *s.* **1** bancarella (di fiera). **2** cabina.

bootless ['bu:tlis] *a.* inutile, vano.

boots [bu:ts] *s.pl.* (costr. sing.) lustrascarpe (di albergo); facchino (di albergo).

booty ['bu:ti] *s.* bottino, preda.

booze [bu:z] *s.* (*fam.*) **1** bevanda alcolica. **2** bevuta.

to **booze** [bu:z] *v.i.* (*fam.*) bere come una spugna.

bo-peep [bəu'pi:p] *s.* gioco del cucù.

borage ['bɔridʒ] *s.* (*Bot.*) borragine.

borax ['bɔ:ræks] *s.* (*Min.*) borace.

border ['bɔ:də*] *s.* **1** margine, orlo; bordo. **2** confine, frontiera. **The Border** confine fra Scozia e Inghilterra.

to **border** ['bɔ:də*] **I** *v.t.* delimitare, circoscrivere. **II** *v.i.* **1** confinare (*on, upon* con). **2** (*fig.*) rasentare (qc.): *his behaviour borders on insolence* il suo comportamento rasenta l'insolenza.

borderland ['bɔ:dəlænd] *s.* **1** confine. **2** (*fig.*) confine, margine.

borderline ['bɔ:dəlain] *s.* linea di confine. □ ~ *case* caso limite.

bore[1] [bɔ:*] *s.* **1** foro. **2** calibro di fucile. **3** (*Mecc.*) trivella.

to **bore**[1] [bɔ:*] **I** *v.t.* **1** forare. **2** (*Min.*) trivellare, perforare. **II** *v.i.* **1** fare un foro. **2** perforare il terreno. □ (*fig.*) *to* ~ (*one's way*)

through the crowd farsi largo tra a fo..a.
bore[2] [bɔ:*] *s.* **1** seccatore. **2** noia, (*fam.*) barba.
to **bore**[2] [bɔ:*] *v.t.* annoiare, tediare
bore[3] [bɔ:*] → to **bear**.
boreal ['bɔ:riəl] *a.* boreale.
boredom ['bɔ:dəm] *s.* noia, edio.
boric ['bɔ:rik] *a.* (*Chim.*) borico.
boring ['bɔ:riŋ] *a.* noioso, seccante.
born[1] [bɔ:n] *a.* **1** nato. **2** di origine: *British* ~ di origine inglese. **3** destinato (*to* a). ▭ *a* ~ **idiot** un perfetto idiota; ~ **yesterday** ingenuo, inesperto.
born[2] [bɔ:n] → to **bear**.
borne [bɔ:n] → to **bear**.
borough ['bʌrə, *am.* 'bə:rəu] *s.* **1** ɜ) circoscrizione elettorale; città a statuto speciale. **2** (*USA*) città con amministrazione autonoma; uno dei 5 distretti amministrativi di New York City.
to **borrow** ['bɔrəu] *v.t.* **1** prendere in prestito. **2** (*fig.*) prendere, attingere (*from* da). ▭ (*fig.*) *to live on borrowed time* avere i giorni contati.
bosom ['buzəm] *s.* (*lett.*) **1** petto. **2** (*fig.*) grembo, seno. ▭ (*fig.*) ~ *friend* amico del cuore.
boss[1] [bɔs] *s.* **1** borchia. **2** (*Arch.*) bugna, bozza.
boss[2] [bɔs] *s.* (*fam.*) capo, padrone, principale.
to **boss** [bɔs] *v.t.* dirigere; comandare.
bosseyed ['bɔs'aid] *a.* (*sl.*) strabico.
bossy ['bɔsi] *a.* (*fam.*) prepotente, tirannico.
botanical [bə'tænikl] *a.* botanico.
botanist ['bɔtənist] *s.* botanico.
botany ['bɔtəni] *s.* botanica.
botch [bɔtʃ] *s.* lavoro mal fatto, pasticcio.
to **botch** [bɔtʃ] *v.t.* (spesso con *up*) pasticciare, fare male.
both [bəuθ] **I** *a./pron.* tutti e due, ambedue, entrambi: *I'd like* ~ mi piacerebbero tutti e due. **II** *congz.* sia ... sia, tanto ... quanto: *he is* ~ *rich and generous* è tanto ricco quanto generoso.
bother ['bɔðə*] **I** *s.* **1** fastidio, seccatura, noia. **2** seccatore. **II** *intz.* accidenti.
to **bother** ['bɔðə*] **I** *v.t.* seccare; dare noia a, dare fastidio a. **II** *v.i.* preoccuparsi (*about* di, per); prendersi il disturbo (di).
botheration [,bɔðə'reiʃən] *intz.* uffa, che seccatura.
bothersome ['bɔðəsəm] *a.* seccante, fastidioso.
bottle ['bɔtl] *s.* **1** bottiglia. **2** poppatoio, biberon. **3** bombola (di gas). ▭ *brought up with the* ~ allattato artificialmente.
to **bottle** [bɔtl] *v.t.* imbottigliare. ▭ (*fig.*) *to* ~ *up* frenare, reprimere.
to **bottlefeed** ['bɔtlfi:d] *v.t.* allattare artificialmente.
bottleful ['bɔtlful] *s.* (contenuto di una) bottiglia.
bottleneck ['bɔtlnek] *s.* **1** strettoia, strozzatura. **2** (*fig.*) punto morto, impasse.
bottle-opener ['bɔtləupənə*] *s.* apribottiglie.
bottle-party ['bɔtlpɑ:ti] *s.* festa in cui gli invitati portano da bere.
bottom[1] ['bɔtəm] *s.* **1** fondo; piedi. **2** fine, estremità. **3** (*Mar.*) carena. **4** (*fam.*) sedere, deretano. **5** (*fig.*) nocciolo, essenza. ▭ **at** ~ in fondo, in realtà; (*Mar.*) *to* **go** *to the* ~ colare a picco; *from the* ~ *of one's* **heart** di tutto cuore, sinceramente; *to* **knock** *the* ~ *out of a theory* dimostrare l'infondatezza di una teoria; (*fam.*) *bottoms* **up**! cin cin!
to **bottom** ['bɔtəm] *v.t.* **1** mettere il fondo a. **2** basare, fondare (*on, upon* su).
bottom[2] ['bɔtəm] *a.* **1** ultimo, in fondo; ultimo in basso: *the* ~ *shelf* l'ultimo scaffale in basso. **2** il più basso: *the* ~ *prices* i prezzi più bassi.
bottomless ['bɔtəmlis] *a.* **1** sfondato, senza fondo. **2** (*fig.*) illimitato.
botulism ['bɔtjulizəm] *s.* (*Med.*) botulismo.
bough [bau] *s.* ramo (d'albero).
bought [bɔ:t] → to **buy**.
boulder ['bəuldə*] *s.* masso.
boulevard *fr.* ['bu:lvɑ:*] *s.* viale, boulevard.
bounce [bauns] *s.* **1** rimbalzo. **2** (*fig.*) vivacità, energia.
to **bounce** [bauns] **I** *v.t.* **1** far rimbalzare. **2** espellere, buttar fuori. **3** (*sl.*) licenziare. **II** *v.i.* **1** rimbalzare; saltare. **2** precipitarsi, slanciarsi. ▭ (*fig.*) *to* ~ *back* riaversi, riprendersi (*from* da).
bouncer ['baunsə*] *s.* buttafuori.
bouncing ['baunsiŋ] *a.* gagliardo, vigoroso.
bound[1] [baund] → to **bind**.
bound[2] [baund] *s.* balzo; rimbalzo. ▭ *by leaps and* ~ a passi da gigante.
to **bound**[1] [baund] *v.i.* balzare; rimbalzare.
bound[3] [baund] *s.* (general. al pl.) limite, confine. ▭ (*Sport*) **out** *of bounds* fuori campo; (*fig.*) proibito, vietato; **within** *bounds* entro limiti ragionevoli.
to **bound**[2] [baund] *v.t.* **1** delimitare. **2** (*fig.*) porre dei limiti a.
bound[4] [baund] *a.* diretto (*for, to* a), sulla via (di); (nei composti) diretto a: *west* ~ diretto a ovest.
bound[5] [baund] *a.* **1** destinato: *his plan is* ~ *to fail* il suo piano è destinato a fallire. **2** costretto, vincolato. ▭ *to be* ~ *up with* essere strettamente connesso a.
boundary ['baundəri] *s.* **1** limite. **2** (linea di) confine. ▭ ~ *stone* cippo di confine.
bounden ['baundən] *a.*: (*lett.*) *my* ~ *duty* il mio sacrosanto dovere.
boundless ['baundlis] *a.* illimitato, sconfinato.
bounteous ['bauntiəs], **bountiful** ['bauntiful] *a.* (*lett.*) generoso, munifico.
bounty ['baunti] *s.* **1** munificenza, generosità. **2** dono generoso. **3** ricompensa, premio. **4** taglia.
bouquet ['bukei] *s.* mazzo di fiori.
bourgeois *fr.* ['buəʒwɑ:] *s.inv./a.* borghese.
bourgeoisie *fr.* [,buəʒwɑ:'zi:] *s.inv.* borghesia.

bout [baut] *s.* **1** periodo di attività. **2** attacco (di malattia): *a* ~ *of flu* un attacco di influenza. **3** incontro, gara.
bovine ['bəuvain] *a.* bovino.
bow[1] [bau] *s.* inchino.
to **bow**[1] [bau] **I** *v.i.* **1** inchinarsi. **2** salutare col capo. **3** (*fig.*) rassegnarsi, cedere (*to* a). **II** *v.t.* **1** chinare, piegare. **2** curvare. **3** esprimere con un cenno del capo. □ *to have a bowing* **acquaintance** *with s.o.* conoscere appena qd.; *to* ~ **down** schiacciare, sopraffare; *to* ~ *s.o.* **in** far entrare qd. con un inchino; *to* ~ *s.o.* **out** congedare qd. con un inchino; *to* ~ *and* **scrape** profondersi in inchini.
bow[2] [bəu] *s.* **1** arco. **2** curva. **3** nodo, fiocco. **4** (*Mus.*) archetto, arco. □ *to* **bend** (*o draw*) *the* ~ tendere l'arco; (*fig.*) *to* **draw** *the long* ~ esagerare; ~ **legs** gambe arcuate; (*fig.*) *to have many* **strings** *to one's* ~ avere molte frecce al proprio arco.
to **bow**[2] [bəu] **I** *v.i.* piegarsi ad arco. **II** *v.t.* piegare ad arco, inarcare.
bow[3] [bau] *s.* (*Mar.*) prua, prora.
to **bowdlerize** ['baudləraiz] *v.t.* (*Edit.*) espurgare.
bowel ['bauəl] *s.* **1** (*Anat.*) (spesso al pl.) intestino. **2** *pl.* (*fig.*) viscere.
bower ['bauə*] *s.* **1** pergola, pergolato. **2** casetta (di campagna).
bowie knife *am.* ['bəuinaif] *s.* coltello da caccia.
bowl[1] [bəul] *s.* **1** ciotola, scodella. **2** coppa. **3** incavo (di cucchiaio). **4** fornello (della pipa). **5** (*am.*) anfiteatro.
bowl[2] [bəul] *s.* boccia; *pl.* (costr. sing.) gioco delle bocce.
to **bowl** [bəul] **I** *v.i.* **1** giocare a bocce; tirare una boccia. **2** rotolare. **II** *v.t.* **1** far rotolare. **2** (*nel cricket*) lanciare. □ *to* ~ **along** viaggiare rapidamente; (*fam.*) filare; *to* ~ **over** abbattere, buttar giù; (*fig.*) sconcertare.
bow-legged ['bəulegd] *a.* dalle gambe arcuate.
bowler[1] ['bəulə*] *s.* **1** giocatore di bocce (*o* di cricket). **2** (*nel cricket*) lanciatore.
bowler[2] ['bəulə*] *s.* bombetta.
bowline ['bəulin] *s.* (*Mar.*) bolina.
bowling ['bəuliŋ] *s.* **1** gioco delle bocce. **2** bowling.
bowling-green ['bəuliŋgri:n] *s.* campo di bocce.
bowman ['bəumən] *s.* (*pl.* **–men**) arciere.
bowsprit ['bəusprit] *s.* (*Mar.*) bompresso.
bowstring ['bəustriŋ] *s.* (*Mus.*) corda d'archetto.
bow tie ['bəutai] *s.* cravattino a farfalla, papillon.
bow-window ['bəu'windəu] *s.* (*Arch.*) bovindo.
bow-wow ['bau'wau] **I** *onom.* bau bau, bu bu. **II** *s.* (*infant.*) cane.
box[1] [bɔks] *s.* **1** scatola; cassetta; cassa. **2** (*Teat.*) palco; palchetto. **3** (*in tribunale*) banco della giuria; banco dei testimoni. **4** garitta (di guardia). **5** capanno, casetta. **6** cassetta (di carrozza). **7** (*fam.*) televisione. □ ~ *number* numero della casella postale.
to **box**[1] [bɔks] *v.t.* inscatolare.
box[2] [bɔks] *s.* schiaffo, ceffone.
to **box**[2] [bɔks] **I** *v.i.* fare il pugile. **II** *v.t.* schiaffeggiare. □ *to* ~ *s.o.'s ears* prendere a schiaffi qd.
box[3] [bɔks] *s.* (*Bot.*) bosso.
boxer[1] ['bɔksə*] *s.* (*Sport*) pugile, pugilatore.
boxer[2] ['bɔksə*] *s.* (cane) boxer.
boxing ['bɔksiŋ] *s.* pugilato, boxe. □ ~ *gloves* guantoni (da pugile).
Boxing-Day ['bɔksiŋdei] *s.* 26 dicembre (giorno in cui vengono distribuiti regalini ai collaboratori).
box-office ['bɔksɔfis] *s.* (*Teat.*) botteghino.
boy [bɔi] **I** *s.* **1** ragazzo, fanciullo. **2** figlio. **3** (*fam.*) tizio, tipo; (*vocativo*) amico, vecchio mio. **4** garzone, fattorino. **II** *intz.* accipicchia, accidenti.
boycott ['bɔikɔt] *s.* boicottaggio.
to **boycott** ['bɔikɔt] *v.t.* boicottare.
boyfriend ['bɔifrend] *s.* ragazzo, fidanzato.
boyhood ['bɔihud] *s.* fanciullezza; adolescenza.
boyish ['bɔiiʃ] *a.* **1** da ragazzo. **2** (*spreg.*) puerile.
boyscout ['bɔiskaut] *s.* scout, giovane esploratore.
Br = (*Chim.*) *bromine* bromo.
B.R. = *British Railways* Ferrovie Britanniche.
bra [brɑ:] (*fam.*) → **brassière**.
brace [breis] *s.* **1** (*tecn.*) gancio; sostegno, rinforzo. **2** (*Edil.*) controvento. **3** (*Mus.*) tirante (del tamburo). **4** apparecchio (per i denti). **5** *pl.* bretelle. **6** coppia, paio (di animali).
to **brace** [breis] *v.t.* **1** sostenere, rinforzare. **2** (*fig.*) (spesso con *up*) tonificare, corroborare. **3** (*Mar.*) bracciare. □ *to* ~ **o.s.**: 1 sostenersi, appoggiarsi; 2 (*fig.*) chiamare a raccolta le proprie forze; (*fig.*) *to* ~ **up** farsi coraggio.
bracelet ['breislit] *s.* **1** braccialetto. **2** *pl.* (*sl.*) manette.
bracing ['breisiŋ] *a.* tonificante, corroborante.
bracken ['brækən] *s.* (*Bot.*) felce.
bracket ['brækit] *s.* **1** mensola (di sostegno), supporto. **2** (*Tip.*, *Mat.*) parentesi. **3** gruppo, categoria. **4** forcella (di un'arma da fuoco).
to **bracket** ['brækit] *v.t.* **1** mettere tra parentesi. **2** raggruppare, classificare.
brackish ['brækiʃ] *a.* salmastro.
bract [brækt] *s.* (*Bot.*) brattea.
brad [bræd] *s.* chiodo senza testa.
bradyseism ['brædisaizəm] *s.* (*Geol.*) bradisismo.
brag [bræg] *s.* vanteria, vanto.
to **brag** [bræg] *v.i.* (*pass.*, *p.p.* **bragged** [–d]) vantarsi, millantarsi (*about* di).
braggart ['brægət] *s.* millantatore.
Brahmin ['brɑ:min] *s.* (*Rel.*) bramino.
Brahminic [brɑ:'minik] *a.* (*Rel.*) braminico.
braid [breid] *s.* **1** treccia. **2** (*Sartoria*) gallone, passamano. **3** nastro; fascia.

to **braid** [breid] *v.t.* **1** intrecciare. **2** legare con un nastro. **3** (*Sartoria*) guarnire con passamaneria.
brain [brein] *s.* **1** (*Anat.*) cervello. **2** (*fig.*) (spesso al pl.) intelligenza; mente, ingegno. **3** *pl.* (*fam.*) mente (organizzatrice). ▭ (*fig.*) *to* **beat** *one's brains* lambiccarsi il cervello; (*fam.*) *to* **have** *s.th. on the* ~ avere un'idea fissa; *he has a* **lot** *of brains* è molto intelligente; *to* **pick** *s.o.'s brains* sfruttare le idee di qd.; *to* **turn** *s.o.'s* ~ dare al cervello a qd.
to **brain** [brein] *v.t.* rompere la testa a.
brainchild ['breintʃaild] (*pl.* **–children** [–'tʃildrən]) *s.* idea brillante.
brain-fag ['breinfæg] *s.* (*sl.*) esaurimento nervoso.
brain-fever ['breinfi:və*] *s.* (*Med.*) meningite.
brainless ['breinlis] *a.* senza cervello, stupido.
brain-storm ['breinstɔ:m] *s.* **1** accesso di pazzia. **2** (*fig. am.*) idea brillante.
brain-teaser ['brein'ti:zə*] *s.* rompicapo (*anche fig.*).
brain-washing ['breinwɔʃiŋ] *s.* lavaggio del cervello.
brainwave ['breinweiv] *s.* (*fig.*) lampo di genio, trovata geniale.
brainy ['breini] *a.* (*fam.*) intelligente; sveglio.
to **braise** [breiz] *v.t.* (*Gastr.*) brasare; stufare.
brake[1] [breik] *s.* freno. ▭ (*fig.*) *to* **act** *as a* ~ *upon* frenare; ~ **lights** fanalini dei freni; *to* **put** *on the brakes* azionare i freni.
to **brake** [breik] *v.t./i.* frenare.
brake[2] [breik] *s.* boschetto, macchia.
bramble ['bræmbl] *s.* (*Bot.*) rovo.
bran [bræn] *s.* crusca.
branch [brɑ:ntʃ, *am.* bræntʃ] *s.* **1** ramo. **2** (*di fiume*) ramo, affluente. **3** (*fig.*) ramo, branca. **4** sezione, divisione. **5** (*Comm.*) filiale, agenzia. **6** (*Inform.*) diramazione. ▭ (*Comm.*) ~ **bank** filiale di banca; (*Comm.*) ~ **house** filiale; (*Comm.*) ~ **manager** direttore di filiale; (*Comm.*) ~ **office** ufficio distaccato.
to **branch** [brɑ:ntʃ, *am.* bræntʃ] *v.i.* **1** ramificare, ramificarsi. **2** diramarsi; (spesso con *off*) biforcarsi. ▭ (*fig.*) *to* ~ *out* estendere la propria attività.
brand [brænd] *s.* **1** marca, qualità, tipo. **2** (*Comm.*) marchio di fabbrica. **3** marchio (a fuoco), bollo. **4** (*fig.*) stigma, marchio (d'infamia). **5** tizzone. ▭ *branded goods* prodotti di marca.
to **brand** [brænd] *v.t.* **1** marchiare, marcare, bollare con marchio a fuoco. **2** (*fig.*) bollare, tacciare (*as* di).
to **brandish** ['brændiʃ] *v.t.* brandire, agitare.
brand-new [ˌbrænd'nju:] *a.* nuovo di zecca.
brandy ['brændi] *s.* acquavite, brandy.
brash [bræʃ] *a.* **1** insolente, sfacciato. **2** (*fam.*) avventato, spericolato.
brass [brɑ:s, *am.* bræs] **I** *s.* **1** (*Met.*) ottone. **2** oggetti d'ottone. **3** (*Mus.*) (talvolta al pl.) ottoni. **4** (*sl.*) denaro, contante. **5** (*fam.*) pezzi grossi; (*sl. am.*) ufficiali superiori. **6** (*fig.*) sfacciataggine, impudenza. **II** *a.attr.* d'ottone. ▭ *to get down to* ~ *tacks* venire al sodo.
brass-band ['brɑ:sbænd] *s.* (*Mus.*) banda, fanfara.
brasserie *fr.* [bras'ri:] *s.* brasserie, birreria.
brass-hat ['brɑ:shæt] *s.* (*mil.*) ufficiale superiore.
brassière *fr.* ['bræsiεə*] *s.* reggipetto, reggiseno.
brassware ['brɑ:swεə*] *s.* ottoname, oggetti d'ottone.
brassy ['brɑ:si, *am.* 'bræsi] *a.* **1** d'ottone. **2** (*di suono*) aspro, metallico; penetrante. **3** (*fig.*) sfacciato, impudente.
brat [bræt] *s.* (*spreg.*) monello, ragazzaccio.
bravado [brə'vɑ:dəu] *s.* spacconeria, bravata.
brave [breiv] *a.* **1** coraggioso, valoroso. **2** (*lett.*) magnifico, splendido. **3** (*am.*) guerriero indiano.
to **brave** [breiv] *v.t.* affrontare coraggiosamente, tener testa a.
bravery ['breivəri] *s.* valore, coraggio.
bravo ['brɑ:vəu] *intz.* bravo, bene.
brawl [brɔ:l] *s.* **1** rissa, zuffa. **2** schiamazzo, strepito.
to **brawl** [brɔ:l] *v.i.* **1** azzuffarsi. **2** rumoreggiare.
brawn [brɔ:n] *s.* **1** muscoli, forza muscolare. **2** (*Gastr.*) soppressata.
brawny [brɔ:ni] *a.* muscoloso.
bray [brei] *s.* **1** raglio. **2** (*fig.*) strombazzata.
to **bray** [brei] *v.i.* ragliare.
to **braze** [breiz] *v.t.* (*Met.*) saldare.
brazen ['breizn] *a.* **1** di ottone. **2** (*di suono*) metallico. **3** (*fig.*) sfacciato, impudente.
brazen-faced ['breiznfeist] *a.* sfrontato, (*fam.*) dalla faccia di bronzo.
brazier ['breiziə*] *s.* braciere.
Brazil [brə'zil] *N.pr.* (*Geog.*) Brasile.
Brazilia [brə'ziljə] *N.pr.* (*Geog.*) Brasilia.
Brazilian [brə'ziljən] *a./s.* brasiliano.
B.R.C.S. = *British Red Cross Society* Croce Rossa Britannica.
breach [bri:tʃ] *s.* **1** rottura. **2** (*fig.*) violazione, abuso. **3** breccia, squarcio. **4** (*Mar.*) falla. ▭ (*Comm.*) ~ *of* **contract** inadempienza contrattuale; ~ *of* **faith** mancanza di parola; (*fig.*) *to* **fling** *o.s. into the* ~ gettarsi nella mischia; (*Dir.*) ~ *of the* **peace** violazione dell'ordine pubblico; ~ *of* **promise** rottura di promessa di matrimonio; *to* **step** *into the* ~ prendere il posto di qd.
to **breach** [bri:tʃ] *v.t.* aprire una breccia in.
bread [bred] *s.* pane. ▭ *to know which side one's* ~ *is buttered* saper fare il proprio interesse.
bread and butter ['bredænd'bʌtə*] *s.* **1** pane imburrato. **2** (*fig.*) mezzi di sussistenza. ▭ ~ **letter** lettera di ringraziamento per l'ospitalità ricevuta; (*fam.*) *to* **quarrel** *with one's* ~ lamentarsi del proprio lavoro.
bread-crumb ['bredkrʌm] *s.* **1** mollica. **2** *pl.*

pangrattato, pane grattugiato.

breadstick ['bredstik] *s.* grissino.

breadstuffs ['bredstʌfs] *s.pl.* granaglie.

breadth [bredθ] *s.* **1** larghezza, ampiezza. **2** distesa, vasta estensione. **3** (*fig.*) larghezza, liberalità: ~ *of outlook* larghezza di vedute.

breadthways ['bredθweiz], **breadthwise** ['bredθwaiz] *avv.* in larghezza.

bread-winner ['bredwinə*] *s.* chi lavora per mantenere la famiglia; chi manda avanti la baracca.

break [breik] *s.* **1** rottura, frattura; incrinatura. **2** varco; squarcio. **3** cambiamento, mutamento. **4** interruzione, intervallo. **5** (*fam.*) occasione, possibilità. **6** crollo (dei prezzi). **7** evasione, fuga. □ **bad** ~ sfortuna; *at* (*the*) ~ *of* **day** allo spuntar del giorno; (*fam.*) *to* **give** *s.o. a* ~ offrire a qd. l'occasione di rifarsi; **lucky** ~ colpo di fortuna; **without** *a* ~ ininterrottamente.

to **break** [breik] *v.* (*pass.* **broke** [brəuk], *p.p.* **broken** ['brəukən]) **I** *v.t.* **1** rompere, spaccare, spezzare; frantumare. **2** (*fig.*) violare: *to* ~ *the law* violare la legge. **3** (*fig.*) interrompere. **4** distruggere, stroncare. **5** (*fig.*) (spesso con *down*) fiaccare, logorare. **6** (spesso con *off*) rompere, troncare. **7** (*fig.*) (spesso con *up*) abbattere, prostrare; sopraffare. **8** (*fig.*) cambiare (denaro). **9** (*fig.*) fuggire da, evadere da. **II** *v.i.* **1** rompersi, spaccarsi, spezzarsi; frantumarsi. **2** sciogliersi, staccarsi (*from, away from* da). **3** (spesso con *down*) rompersi, guastarsi. **4** farsi largo, aprirsi un varco (*through* tra, in). **5** (spesso con *away*) fuggire, scappare. **6** (*del giorno*) spuntare, cominciare. **7** (*del tempo*; spesso con *up*) cambiare, mutare. **8** (*della voce*) mutarsi, cambiarsi. **9** (*fig.*) scoppiare, erompere (*from* da). **10** (*fig.*) disperdersi, sbandarsi. **11** (*di prezzi*) crollare. **12** (*fig.*) interrompere il lavoro, fare pausa. □ *to* ~ **away** sfuggire; staccarsi, allontanarsi (*from* da); *to* ~ *the* **bank** far saltare il banco; *to* ~ **down**: 1 abbattere, distruggere; (*fig.*) (*rif. a persone*) crollare; 2 (*fig.*) analizzare; 3 (*fig.*) fallire; *to* ~ **even** chiudere in parità; *to* ~ **forth** (*di collera, ecc.*) scoppiare; (*fig.*) *to* ~ *the* **ice** rompere il ghiaccio; *to* ~ **in** irrompere, fare irruzione; (*fig.*) *to* ~ **in** *an apprentice* addestrare un apprendista; *to* ~ **into** penetrare in; (*fig.*) scoppiare, prorompere; *to* ~ **loose** liberarsi; *to* ~ *one's* **neck** rompersi l'osso del collo; *to* ~ *o.s.* **of** *a bad habit* levarsi un vizio; *to* ~ **off** interrompersi, tacere improvvisamente; *to* ~ **off** *smoking* smettere di fumare; *to* ~ *s.th.* **open** aprire qc. con la forza; *to* ~ **out** scoppiare, prorompere; *to* ~ **out** *of prison* evadere di prigione; (*Comm.*) *to* ~ *a* **sales** *campaign* lanciare una campagna di vendite; *to* ~ **through** penetrare, sfondare; (*fig.*) vincere, sopraffare; *to* ~ **up** (*di seduta, ecc.*) sciogliere, concludere; demolire; andare in pezzi; *to* ~ **with** rompere con.

breakable ['breikəbl] *a.* fragile.

breakage ['breikidʒ] *s.* **1** rottura. **2** danni, guasti.

breakaway ['breikəwei] *s.* separazione, distacco.

breakdance ['breikdɑ:ns] *s.* breakdance.

breakdown ['breikdaun] *s.* **1** guasto, avaria. **2** (*Aut.*) panne. **3** (*Med.*) collasso; esaurimento. **4** (*fig.*) fallimento, insuccesso. **5** analisi, classificazione.

breakdown crane ['breikdaunkrein] *s.* autogru.

breaker ['breikə*] *s.* **1** frangente, cavallone. **2** (*fig.*) trasgressore. **3** domatore di cavalli. **4** (*El.*) interruttore.

break-even *am.* ['breik'i:vən] *a.* (*Comm.*) in pareggio.

breakfast ['brekfəst] *s.* (prima) colazione. □ *business* ~ colazione d'affari.

to **breakfast** ['brekfəst] *v.i.* fare colazione.

breakneck ['breiknek] *a.* **1** pericoloso, rischioso. **2** veloce, precipitoso. □ *at* ~ *pace* (o *speed*) a rotta di collo.

break-out ['breikaut] *s.* evasione (dal carcere).

break-through ['breikθru:] *s.* **1** (*Mil.*) sfondamento. **2** (*fig.*) progresso, passo avanti.

break-up ['breikʌp] *s.* **1** disfacimento; smembramento. **2** rottura, scioglimento.

breakwater ['breikwɔ:tə*] *s.* frangiflutti, frangionde.

breast [brest] *s.* **1** mammella; seno, petto. **2** (*fig.*) cuore, animo. **3** (*Sartoria*) petto, davanti. **4** (*Arch.*) parapetto. □ *to make a clean* ~ *of s.th.* fare ampia confessione di qc.

to **breast** [brest] *v.t.* affrontare, lottare contro.

breast bone ['brestbəun] *s.* (*Anat.*) sterno.

to **breast-feed** ['brestfi:d] *v.t.* (coniug. come to **feed**) allattare al seno.

breast-feeding ['brestfi:diŋ] *s.* allattamento al seno.

breastpocket ['brestpɔkit] *s.* taschino (di giacca).

breaststroke ['breststrouk] *s.* (*Sport*) nuoto a rana.

breastwork ['brestwə:k] *s.* parapetto; muretto.

breath [breθ] *s.* **1** fiato, respiro; respirazione. **2** (*fig.*) respiro, tregua. **3** soffio, alito (di vento). **4** sussurro, mormorio. □ *to be* **short** *of* ~ avere il fiato corto; *to* **take** *a deep* ~ respirare profondamente; *to* **take** *s.o.'s* ~ *away* far restare qd. senza fiato; **under** *one's* ~ sotto voce.

to **breathalyse** ['breθəlaiz] *v.t.* (*fam.*) sottoporre ad alcol-test.

to **breathe** [bri:θ] **I** *v.i.* **1** respirare. **2** (*fig.*) prendere fiato. **3** (*di vento*) spirare, soffiare. **4** (*fig.*) vivere, esistere. **II** *v.t.* **1** respirare. **2** far riprendere fiato a. **3** mormorare, sussurrare. **4** infondere (*into* a). □ *to* ~ **again** sentirsi sollevato; *to* ~ **hard** respirare con difficoltà; *to* ~ **in** inspirare, aspirare; (*fig.*)

to ~ down s.o.'s **neck** stare addosso a qd.; *to ~* **out** espirare.
breather ['bri:ðə*] *s.* **1** attimo di respiro, pausa. **2** esercizio fisico (sfiancante).
breathing ['bri:ðiŋ] *s.* **1** respirazione; respiro. **2** (*Fonetica*) aspirazione.
breathing-space ['bri:ðiŋspeis] *s.* pausa, momento di sosta.
breathless ['breθlis] *a.* **1** senza respiro, ansante. **2** morto, senza vita. **3** senza un alito di vento; afoso.
breath-taking ['breθteikiŋ] *a.* elettrizzante, che mozza il fiato.
bred [bred] → to **breed**.
breech [bri:tʃ] *s.* culatta (di un'arma da fuoco).
breeches ['britʃiz] *s.pl.* calzoni corti; calzoni alla zuava; (*fam.*) calzoni, pantaloni.
breed [bri:d] *s.* **1** (*Zool.*) razza. **2** (*Bot.*) famiglia, varietà, specie. **3** stirpe, discendenza. **4** (*fig.*) tipo, genere.
to **breed** [bri:d] *v.* (*pass., p.p.* **bred** [bred]) **I** *v.t.* **1** allevare. **2** generare, procreare. **3** allevare, tirare su. **4** (*fig.*) generare, causare. **II** *v.i.* **1** riprodursi. **2** (*fig.*) nascere, avere origine. □ *bred in the* **bone** innato; **born** *and bred in London* nato e cresciuto a Londra.
breeder ['bri:də*] *s.* **1** allevatore. **2** animale da riproduzione; pianta da riproduzione.
breeding ['bri:diŋ] *s.* **1** riproduzione. **2** (*fig.*) educazione, formazione; buona educazione. **3** allevamento. □ **good** ~ buone maniere; ~ **stock** animali da riproduzione.
breeze [bri:z] *s.* brezza, venticello.
to **breeze** [bri:z] *v.i.impers.* soffiare, spirare. □ (*fam.*) *to ~* **in** arrivare inaspettatamente; *to ~* **out** andarsene senza preavviso.
breeziness ['bri:zinis] *s.* (*fam.*) vivacità, disinvoltura.
breezy ['bri:zi] *a.* **1** arieggiato, ventilato. **2** (*fam.*) vivace, disinvolto.
brethren ['breðrin] → **brother**.
brevet ['brevit, *am.* bri'vet] *s.* **1** (*Mil.*) grado onorario. **2** decreto di nomina.
to **brevet** ['brevit, *am.* bri'vet] *v.t.* (*pass., p.p.* **-tted** [-tid]) conferire un grado onorario a.
breviary ['bri:viəri] *s.* (*Rel.*) breviario.
brevity ['breviti] *s.* concisione, brevità.
brew [bru:] *s.* **1** fermentazione. **2** infusione; infuso, tisana.
to **brew** [bru:] **I** *v.t.* **1** mettere in infusione (*o* fermentazione). **2** (*fig.*) macchinare, tramare. **II** *v.i.* essere in infusione (*o* fermentazione). □ (*fig.*) *s.th. is brewing* qc. bolle in pentola.
brewery ['bru:əri] *s.* fabbrica di birra.
briar ['braiə*]*s.* → **brier**.
bribe [braib] *s.* **1** denaro per corrompere, bustarella. **2** allettamento, esca.
to **bribe** [braib] *v.t.* **1** corrompere, comprare. **2** allettare.
bribery ['braibəri] *s.* corruzione.
brick [brik] *s.* **1** mattone, laterizio. **2** barra, mattonella. **3** *pl.* costruzioni (gioco infantile). □ (*fam.*) *to* **drop** *a ~* fare una gaffe; (*fig.*) *to* **make** *bricks without straw* tentare qualcosa di inutile.
to **brick** [brik] *v.t.* (spesso con *over*) rivestire di mattoni, mattonare. □ *to ~* **in** (o *up*) chiudere con mattoni.
bricklayer ['brikleiə*] *s.* muratore.
brickwork ['brikwə:k] *s.* muratura in mattoni.
bridal ['braidl] *a.* nuziale.
bride [braid] *s.* sposa.
bridegroom ['braidgru:m] *s.* sposo.
bridesmaid ['braidzmeid] *s.* damigella d'onore (della sposa).
bridge[1] [bridʒ] *s.* **1** ponte. **2** (*Mar.*) ponte di comando, plancia; passerella. **3** dorso nasale. **4** (*di occhiali*) ponte, cavalletto. **5** (*Mus.*) ponticello.
to **bridge** [bridʒ] *v.t.* **1** fare un ponte su. **2** (*fig.*) superare. □ *to ~ a gap* colmare una lacuna.
bridge[2] [bridʒ] *s.* (*gioco*) bridge.
bridgehead ['bridʒhed] *s.* **1** (*Mil.*) testa di ponte. **2** (*fig.*) caposaldo.
Bridget ['bridʒit] *N.pr.f.* Brigida.
bridle ['braidl] *s.* **1** briglia. **2** (*Anat.*) frenulo, legamento.
to **bridle** ['braidl] **I** *v.t.* **1** imbrigliare. **2** (*fig.*) tenere a freno. **II** *v.i.* risentirsi, indignarsi (*at, against* per, a).
bridle-road ['braidlrəud] *s.* **1** pista per cavalli. **2** mulattiera.
brief [bri:f] **I** *a.* **1** breve, corto. **2** conciso, succinto. **3** brusco, secco. **II** *s.* **1** riassunto. **2** (*Dir.*) memoria. **3** istruzioni, direttive.
to **brief** [bri:f] *v.t.* **1** riassumere. **2** dare istruzioni a. **3** (*Dir.*) impegnare (un avvocato).
brief-case ['bri:fkeis] *s.* borsa; cartella.
briefing ['bri:fiŋ] *s.* istruzioni, disposizioni.
brier ['braiə*] *s.* **1** rovo; roveto. **2** rosa selvatica.
brig [brig] (*Mar.*) → **brigantine**.
brigade [bri'geid] *s.* **1** (*Mil.*) brigata. **2** corpo: *the fire ~* il corpo dei vigili del fuoco.
brigadier [,brigə'diə*], *am.* **brigadier-general** [,brigə'diə*'dʒenərəl] *s.* (*Mil.*) generale di brigata.
brigand ['brigənd] *s.* brigante, bandito.
brigantine ['brigənti:n] *s.* (*Mar.*) brigantino.
bright [brait] *a.* **1** luminoso, splendente, brillante; illuminato. **2** (*di colore*) vivo, acceso. **3** (*fig.*) intelligente, perspicace; vivace, brioso. **4** (*fig.*) brillante, promettente. □ (*fig.*) *to look on the ~ side* vedere tutto rosa.
to **brighten** ['braitn] **I** *v.t.* **1** illuminare, far brillare. **2** (spesso con *up*) ravvivare, rianimare. **II** *v.i.* **1** illuminarsi. **2** rischiararsi, schiarirsi. **3** (*fig.*) (spesso con *up*) animarsi, ravvivarsi.
brightness ['braitnis] *s.* **1** luminosità, lucentezza, splendore. **2** (*fig.*) intelligenza pronta; vivacità.
brilliance ['briljəns], **brilliancy** ['briljənsi] *s.* **1**

(*fig.*) genialità, talento. **2** luminosità, splendore.
brilliant ['briljənt] **I** *a.* **1** brillante, splendente. **2** (*fig.*) di talento, geniale. **3** (*di colore*) vivace, acceso. **II** *s.* (*am.*) brillante.
brilliantine [ˌbriljən'ti:n] *s.* brillantina.
brim [brim] *s.* **1** orlo, bordo. **2** (*di cappello*) falda, tesa.
to **brim** [brim] *v.i.* (*pass., p.p.* **brimmed** [-d]) essere colmo (*with* di); riempirsi, colmarsi (di). ▭ *to* ~ *over* traboccare (*with* di).
brimful(l) ['brimful] *a.* ricolmo, traboccante.
brimstone ['brimstən] *s.* (*Chim.*) zolfo.
brindled ['brindld] *a.* (*di animale*) pezzato, striato.
brine [brain] *s.* **1** acqua salmastra. **2** (*Gastr.*) salamoia.
to **bring** [briŋ] *v.t.* (*pass., p.p.* **brought** [brɔ:t]) **1** portare: ~ *me that book* portami quel libro; (*di persona*) condurre, accompagnare: ~ *your mother to the doctor* accompagna tua madre dal dottore. **2** (*seguito dall'inf.*) indurre, persuadere: *you brought him to lie* l'hai indotto a mentire. **3** (*Dir.*) presentare (ufficialmente): *to* ~ *a complaint against s.o.* presentare un reclamo contro qd. ▭ *to* ~ **about** effettuare, operare; *to* ~ **back** riportare, restituire; richiamare alla memoria; *to* ~ **down**: 1 ridurre, abbassare; 2 uccidere; 3 (*Aer.*) abbattere; *to* ~ **forth** causare; presentare; *to* ~ **forward** presentare, addurre; (*fig.*) *to* ~ *s.th.* **home** *to s.o.* far comprendere qc. a qd.; *to* ~ **in** fruttare; guadagnare; (*Parl.*) *to* ~ **in** *a bill* presentare un progetto di legge; *to* ~ **off** riuscire a compiere; mettere in salvo; *to* ~ **on** provocare, causare; migliorare; *to* ~ **out**: 1 lanciare, mettere sul mercato; 2 tirar fuori: *to* ~ *the best in s.o.* tirar fuori il meglio in qd.; 3 far scioperare; *to* ~ *to* **pass** causare; *to* ~ **round** persuadere; rianimare; *to* ~ *s.o. to his* **senses** far rinsavire qd.; *to* ~ **through** far superare una malattia a; *to* ~ **to** far rinvenire; *to* ~ **up** allevare, educare; introdurre (un argomento) nella conversazione, (*fam.*) tirare in ballo; *to* ~ **up** *short* far arrestare di colpo; *to* ~ **up** *one's dinner* vomitare il pranzo.
brink [briŋk] *s.* **1** orlo, bordo. **2** sponda, riva. ▭ *to be on the* ~ *of doing s.th.* essere sul punto di fare qc.
briny ['braini] **I** *a.* salato, salmastro. **II** *s.* (*fam.*) mare.
briquet(te) [bri'ket] *s.* mattonella di carbone.
brisk [brisk] *a.* **1** svelto, vivace. **2** attivo, vispo.
bristle ['brisl] *s.* setola.
to **bristle** ['brisl] *v.i.* **1** (*di capelli*) rizzarsi. **2** (spesso con *up*) rizzare il pelo. **3** (*fig.*) indignarsi. **4** (*fam.*) pullulare (*with* di).
bristly ['brisli] *a.* setoloso; ispido, irsuto.
Brit. = **1** *Britain* Gran Bretagna (GB). **2** *British* britannico.
Britain ['britn] *N.pr.* (*Geog.*): *Great Britain* Gran Bretagna.
Britannic [bri'tænik] *a.* britannico.
British ['britiʃ] **I** *a.* britannico. **II** *s.* **1** (*collett.*) popolo britannico, inglesi. **2** inglese parlato in Inghilterra.
Britisher *am.* ['britiʃə*] *s.* inglese *m./f.*
Briton ['britn] *s.* **1** inglese *m./f.* **2** (*Stor.*) britanno.
brittle ['britl] *a.* **1** fragile; friabile. **2** (*fig.*) precario.
brittleness ['britlnis] *s.* fragilità.
broach [brəutʃ] *s.* **1** spiedo. **2** spina (*per botti*). **3** (*Mecc.*) broccia. **4** scalpello (da muratore).
to **broach** [brəutʃ] *v.t.* **1** spillare. **2** (*fig.*) affrontare (un argomento, ecc.).
broad [brɔ:d] **I** *a.* **1** largo. **2** ampio, vasto; spazioso. **3** generale. **4** di ampie vedute, tollerante. **5** volgare, triviale. **6** marcato, spiccato (di accento). **II** *s.* parte larga. ▭ *in* ~ **daylight** in pieno giorno; *in* ~ **outline** a grandi linee; *in a* ~ **sense** in senso lato.
broad bean ['brɔ:dbi:n] *s.* (*Bot.*) fava.
broadcast ['brɔ:dkɑ:st] **I** *s.* trasmissione radiofonica. **II** *a.* trasmesso per radio; radiofonico.
to **broadcast** ['brɔ:dkɑ:st] *v.t./i.* (coniug. come to **cast**) (*Rad., TV*) trasmettere.
broadcaster ['brɔ:dkɑ:stə*] *s.* **1** annunciatore, presentatore. **2** società di radiodiffusione.
broadcasting ['brɔ:dkɑ:stiŋ] *s.* radiodiffusione. ▭ ~ *station* stazione radiotrasmittente.
broadcloth ['brɔ:dklɔθ] *s.* **1** tessuto in doppia altezza. **2** tessuto di lana pettinata.
to **broaden** ['brɔ:dn] **I** *v.i.* (spesso con *out*) **1** allargarsi. **2** (*fig.*) ampliarsi, estendersi. **II** *v.t.* **1** allargare. **2** (*fig.*) ampliare, estendere.
broadly ['brɔ:dli] *avv.* **1** largamente, ampiamente. **2** (*fig.*) in generale.
broad-minded [ˌbrɔ:d'maindid] *a.* di larghe vedute.
broadsheet ['brɔ:dʃi:t] *s.* manifesto, volantino.
broadside ['brɔ:dsaid] *s.* **1** (*Mar.*) fiancata, murata. **2** (*Mar.*) cannoni di fiancata; bordata. **3** (*fig.*) aspra critica, violento attacco.
broadways ['brɔ:dweiz], **broadwise** ['brɔ:dwaiz] *avv.* per largo.
brocade [brə'keid] *s.* broccato.
to **brocade** [brə'keid] *v.t.* ornare con disegni in rilievo.
broccoli ['brɔkəli] *s.* (*Bot.*) broccolo.
brochure ['brəuʃjuə*] *s.* opuscolo, fascicolo.
brogue [brəug] *s.* scarpa sportiva da uomo.
to **broil** [brɔil] **I** *v.t.* **1** cuocere alla griglia. **2** (*fig.*) bruciare, arrostire. **II** *v.i.* **1** cuocersi alla griglia. **2** (*fig.*) bruciarsi, arrostirsi.
broiler [brɔilə*] *s.* pollastrello da cuocere alla griglia.
broke[1] [brəuk] → to **break**.
broke[2] [brəuk] *a.* (*fam.*) senza un soldo, al verde; fallito: *to go* ~ fallire.
broken[1] ['brəukən] → to **break**.
broken[2] ['brəukən] *a.* **1** spaccato, spezzato; frantumato, rotto. **2** accidentato, frastaglia-

to. **3** (*fig.*) distrutto, rovinato. ▭ *to talk in* ~ **English** parlare un inglese zoppicante; ~ **ground** terreno accidentato; *a* ~ **home** casa in cui i genitori sono divisi; *a* ~ **man** un uomo finito; *a* ~ **marriage** un matrimonio fallito; ~ **money** spiccioli; (*Mat.*) ~ **number** numero fratto.

broken-down ['brəukən'daun] *a.* **1** a pezzi, sfasciato. **2** guasto, rotto.

broken-hearted ['brəukən'hɑ:tid] *a.* dal cuore infranto.

brokenly ['brəukənli] *avv.* a scatti.

broker ['brəukə*] *s.* **1** (*Econ.*) mediatore, agente di cambio. **2** (*Comm.*) sensale. **3** intermediario.

brokerage ['brəukəridʒ] *s.* **1** (*Econ., Comm.*) senseria; mediazione. **2** (*Econ., Comm.*) intermediazione, brokeraggio.

brolly ['brɔli] *s.* (*sl.*) ombrello.

bromide ['brəumaid] *s.* **1** (*Chim.*) bromuro. **2** (*fam., fig.*) banalità; persona noiosa.

bromine ['brəumi:n] *s.* (*Chim.*) bromo.

bronchial ['brɔŋkiəl] *a.* (*Med.*) bronchiale.

bronchitis [brɔŋ'kaitis] *s.* (*Med.*) bronchite.

bronchus ['brɔŋkəs] *s.* (*pl.* **–chi** [–ai]) (*Anat.*) bronco.

bronco *am.* ['brɔŋkəu] *s.* (*pl.* **–s** [–z]) cavallo selvatico.

bronze [brɔnz] *s.* **1** bronzo. **2** color bronzo. ▭ *Bronze Age* età del bronzo.

to **bronze** [brɔnz] **I** *v.t.* **1** bronzare. **2** abbronzare. **II** *v.i.* abbronzarsi.

brooch [brəutʃ] *s.* spilla, fermaglio.

brood [bru:d] *s.* **1** nidiata, covata. **2** (*fam.*) prole, marmocchi.

to **brood** [bru:d] **I** *v.t.* covare. **II** *v.i.* **1** covare. **2** (*fig.*) sovrastare (*over* su, sopra), incombere (su). **3** (*fig.*) ripensare (*over, on* a), rimuginare (qc.).

broody ['bru:di] *a.* **1** che cova. **2** (*fig.*) meditabondo.

brook [bruk] *s.* ruscello, torrente.

to **brook** [bruk] *v.t.* (general. in frasi negative) sopportare, tollerare: *he cannot* ~ *opposition* non sopporta di essere contraddetto.

broom [bru:m] *s.* **1** scopa; granata. **2** (*Bot.*) ginestra.

broomstick ['bru:mstik] *s.* manico di scopa.

Bros. = (*Comm.*) *Brothers* Fratelli (F.lli).

broth [brɔθ] *s.* brodo.

brothel ['brɔθl] *s.* postribolo, bordello.

brother ['brʌðə*] **I** *s.* (*pl.ant.* **brethren** ['breðrən]; il plurale *brethren* è usato per i membri di comunità religiose o di società). **1** fratello. **2** compatriota, connazionale. **3** compagno, camerata, collega; socio. **4** (*Rel.*) frate: *Brother Michael* Fra' Michele. **II** *intz.* perdinci, perdiana.

brotherhood ['brʌðəhud] *s.* **1** fratellanza. **2** cameratismo. **3** confraternita, associazione.

brother-in-law ['brʌθərinlɔ:] *s.* cognato.

brotherly ['brʌðəli] *a.* fraterno.

brougham [bru(:)m] *s.* carrozza chiusa, brum.

brought [brɔ:t] → to **bring**.

brow [brau] *s.* **1** (*Anat.*) arcata sopracciliare. **2** sopracciglio. **3** fronte. **4** ciglio, orlo; cima (di colle). ▭ *to knit one's brows* aggrottare le sopracciglia.

to **browbeat** ['braubi:t] *v.t.* (coniug. come to **beat**) intimidire.

brown [braun] **I** *a.* **1** marrone, bruno; castano. **2** abbronzato. **3** di pelle scura, moro. **II** *s.* marrone, bruno. ▭ ~ **bear** orso bruno; *as* ~ *as a* **berry** abbronzatissimo; ~ **bread** pane scuro, pane integrale; ~ **paper** carta da pacchi; (*fig.*) *to be in a* ~ **study** essere assorto nei propri pensieri; ~ **sugar** zucchero grezzo di canna.

to **brown** [braun] **I** *v.i.* **1** diventare bruno. **2** abbronzarsi, (*fam.*) prendere la tintarella. **3** (*Gastr.*) rosolarsi. **II** *v.t.* **1** rendere bruno. **2** (*Gastr.*) rosolare. ▭ (*sl.*) *browned off* scocciato, annoiato.

brown-coal ['braunkəul] *s.* (*Min.*) lignite.

brownie ['brauni] *s.* **1** folletto. **2** (*am.*) torta di cioccolato con nocciole. **3** (*Scoutismo*) lupetto; coccinella.

brownish ['brauniʃ] *a.* brunastro.

Brownshirt ['braunʃə:t] *s.* (*Stor.*) camicia bruna, nazista *m./f.*

brownstone ['braunstəun] *s.* (*Edil.*) arenaria (di color bruno rossastro).

browse [brauz] *s.* pascolo.

to **browse** [brauz] **I** *v.t.* pascere, brucare. **II** *v.i.* **1** pascolare, pascere. **2** (*fig.*) scartabellare.

bruise [bru:z] *s.* **1** livido; ammaccatura. **2** (*fig.*) offesa, ferita.

to **bruise** [bru:z] **I** *v.t.* **1** fare un livido a; ammaccare. **2** pestare, frantumare. **3** (*fig.*) ferire, offendere. **II** *v.i.* **1** coprirsi di lividi. **2** ammaccarsi.

bruiser ['bru:zə*] *s.* (*sl.*) **1** pugile. **2** prepotente *m./f.*; picchiatore.

to **bruit** [bru:t] *v.t.* (spesso con *aboard*) diffondere (notizie).

brunch [brʌntʃ] *s.* brunch (colazione che si consuma a mattina inoltrata nei giorni festivi).

brunette [bru:'net] *s.* bruna, brunetta.

brunt [brʌnt] *s.* urto: *to bear the* ~ *of an attack* sostenere l'urto di un attacco.

brush[1] [brʌʃ] *s.* **1** spazzola, spazzolino; pennello. **2** spazzolata, colpo di spazzola. **3** (*Zool.*) coda di volpe. **4** schermaglia, scaramuccia.

to **brush** [brʌʃ] *v.t.* **1** spazzolare. **2** spolverare. **3** applicare col pennello. **4** sfiorare, toccare lievemente. ▭ (*fig.*) *to* ~ **aside** ignorare, non considerare; *to* ~ **off** togliere con la spazzola; (*fig.*) liberarsi di; *to* ~ **past** *s.o.* sfiorare qd. passando; (*fig.*) *to* ~ **up** rinfrescare (le proprie conoscenze).

brush[2] [brʌʃ] *s.* boscaglia, macchia.

brush-off *am.* ['brʌʃɔf] *s.* (*sl.*) **1** licenziamento. **2** secco rifiuto.

brush-up ['brʌʃʌp] *s.* **1** colpo di spazzola, spazzolata. **2** ripassata, rinfrescata.

brushwood ['brʌʃwud] *s.* **1** sottobosco. **2** ramaglia, sterpaglia.
brush work ['brʌʃwə:k] *s.* pennellatura.
brushy ['brʌʃi] *a.* **1** cespuglioso. **2** irsuto, irto.
brusque [brusk] *a.* brusco, rude.
Brussels ['brʌslz] *N.pr.* (*Geog.*) Bruxelles.
brutal ['bru:tl] *a.* brutale.
brutality [bru'tæliti] *s.* brutalità.
to **brutalize** ['brutəlaiz] *v.t.* **1** trattare in modo brutale. **2** abbrutire.
brute [bru:t] **I** *a.* **1** animalesco. **2** bruto, irrazionale. **II** *s.* **1** bestia, animale. **2** bruto, uomo violento.
brutish ['bru:tiʃ] *a.* bestiale, brutale.
b.s. = **1** *balance sheet* bilancio. **2** *bill of sale* nota di vendita, fattura.
B.S. = **1** *Bachelor of Science* laurea in scienze. **2** *Boy Scout* Giovane Esploratore.
B.S.T. = *British Summer Time* Ora Legale in Gran Bretagna.
Bt = *Baronet* Baronetto.
bu = (*unità di misura*) *bushel* staio.
bubble ['bʌbl] *s.* **1** bolla; bollicina. **2** ribollimento; gorgoglio, borbottio. **3** (*fig.*) bolla di sapone. □ ~ **bath** bagno di schiuma; *to* **blow** *bubbles* fare (le) bolle di sapone; (*fig.*) *to* **burst** (o *prick*) *the* ~ sgonfiare; ~ **gum** bubble gum (gomma americana che fa le bolle).
to **bubble** ['bʌbl] *v.i.* **1** formare bolle. **2** gorgogliare, borbottare. **3** bollire, ribollire. □ *to* ~ **over** traboccare (*with* di); *to* ~ **up** gorgogliare.
bubbly ['bʌbli] **I** *a.* effervescente. **II** *s.* (*fam.*) champagne, spumante.
bubonic [bju:'bɔnik] *a.* bubbonico: ~ *plague* peste bubbonica.
buccaneer [ˌbʌkə'niə*] *s.* **1** bucaniere. **2** (*fig.*) avventuriero, filibustiere.
buccaneering [ˌbʌkə'niəriŋ] *s.* (*fig.*) l'agire in modo piratesco, pirateria.
Bucharest [ˌbju:kə'rest] *N.pr.* (*Geog.*) Bucarest.
buck [bʌk] *s.* **1** (*Zool.*) maschio dei cervidi. **2** (*Zool.*) caprone. **3** (*Zool.*) coniglio maschio. **4** (*am. fig.*) bullo. **5** (*am. fig.*) zerbinotto, damerino. **6** (*am. sl.*) dollaro. □ (*fig.*) *to pass the* ~ (*to s.o.*) scaricare la responsabilità (su qd.).
to **buck** [bʌk] **I** *v.i.* sobbalzare. **II** *v.t.* sbalzare di sella, disarcionare. □ (*fam.*) ~ **up!** (fatti) coraggio!
bucket ['bʌkit] *s.* secchio, secchia; secchiata. □ (*sl.*) *to* **kick** *the* ~ morire; (*fam.*) *it* **rained** *buckets* pioveva a catinelle; ~ **seat** sedile singolo (su aereo, macchina da corsa, ecc.)
bucketful ['bʌkitful] *s.* secchiata, secchio.
bucket-shop ['bʌkitʃɔp] *s.* agenzia di viaggi che vende biglietti aerei sottocosto (perché non rimangano invenduti).
buckle ['bʌkl] *s.* **1** fibbia. **2** fermaglio.
to **buckle** ['bʌkl] **I** *v.t.* (spesso con *on*) affibbiare, allacciare. **II** *v.i.* **1** affibbiarsi, allacciarsi. **2** (*fig.*) (spesso con *down*) impegnarsi a fondo (*to* in), applicarsi (a). **3** (*di metallo, ecc.*) storcersi; deformarsi.
buckler ['bʌklə*] *s.* (*Stor.*) piccolo scudo rotondo.
buckshee ['bʌkʃi:] **I** *a.* (*sl.*) gratuito. **II** *avv.* gratis.
buckshot ['bʌkʃɔt] *s.* (*Caccia*) pallettoni.
buckskin ['bʌkskin) *s.* pelle di daino (*o* camoscio), camoscio; pelle scamosciata.
buck-tooth ['bʌktu:θ] *s.* (*pl.* **–teeth** [–ti:θ]) dente incisivo sporgente.
buckwheat ['bʌkwi:t] *s.* (*Bot.*) grano saraceno.
bucolic [bju:'kɔlik] **I** *a.* bucolico, pastorale. **II** *s.* poema pastorale.
bud [bʌd] *s.* (*Bot.*) gemma, germoglio; boccio, bocciolo. □ **in** ~ in boccio; *to* **nip** *s.th. in the* ~ troncare qc. sul nascere.
to **bud** [bʌd] *v.i.* (*pass., p.p.* **budded** [–id]) germogliare; sbocciare. □ *a budding musician* un musicista promettente.
Buddha ['budə] *N.pr.m.* Budda.
Buddhism ['budizəm] *s.* buddismo.
Buddhist ['budist] **I** *s.* buddista *m./f.* **II** *a.* buddistico.
buddy *am.* ['bʌdi] *s.* (*fam.*) amico, compagno.
to **budge** [bʌdʒ] **I** *v.t.* smuovere, scostare. **II** *v.i.* smuoversi, scostarsi.
budget ['bʌdʒit] *s.* (*Econ.*) bilancio preventivo, budget. □ (*Econ.*) ~ **account**, ~ **plan** conto di credito.
to **budget** ['bʌdʒit] **I** *v.t.* **1** preventivare. **2** stanziare, mettere in bilancio. **II** *v.i.* fare un bilancio preventivo (*for* di).
Buenos Aires ['bwenəs'aiəriz] *N.pr.* (*Geog.*) Buenos Aires.
buff [bʌf] *s.* **1** pelle scamosciata di bufalo (*o* bue). **2** (*am. fam.*) fanatico, entusiasta.
to **buff** [bʌf] *v.t.* lucidare (con pelle di bufalo).
buffalo ['bʌfələu] *s.* (*pl.* **–s**/*am.* **–es** [–z]) (*Zool.*) bufalo; bisonte americano.
buffer[1] ['bʌfə*] *s.* **1** (*Ferr.*) respingente. **2** (*Mecc.*) paracolpi. **3** (*Inform.*) area di transito; tampone. □ ~ *state* stato cuscinetto.
buffer[2] ['bʌfə*] *s.* (*fam.*) **1** uomo all'antica. **2** stupido.
buffet[1] ['bʌfit] *s.* **1** schiaffo, ceffone. **2** (*fig.*) colpo, avversità.
to **buffet** ['bʌfit] **I** *v.t.* **1** schiaffeggiare. **2** colpire. **3** lottare contro. **II** *v.i.* **1** fare a pugni. **2** lottare (*with* contro, con).
buffet[2] *fr.* ['bufei, *am.* bə'fei] *s.* **1** buffet, buffé. **2** banco di rinfresco. □ (*Ferr.*) ~ **car** carrozza ristorante; **cold** ~ cibi freddi; ~ **supper** cena in piedi.
buffoon [bʌ'fu:n] *s.* buffone.
buffoonery [bʌ'fu:nəri] *s.* buffonata, buffoneria.
bug [bʌg] *s.* **1** (*am.*) insetto. **2** (*Zool.*) cimice dei letti. **3** (*fam.*) virus, germe. **4** (*am. fam.*) difetto, guasto. **5** (*fam.*) microfono nascosto.

6 (*Inform.*) errore di programma.
to **bug** [bʌg] *v.t.* (*pass., p.p.* **bugged** [–d]) (*am. sl.*) **1** installare un microfono spia in; mettere sotto controllo (un telefono). **2** (*fam. am.*) far fare degli errori. **3** (*sl. am.*) dar fastidio, irritare. □ *bugging device* microspia.
bugaboo [ˈbʌgəbu:], **bugbear** [ˈbʌgbɛə*] *s.* spauracchio.
bugger [ˈbʌgə*] *s.* **1** sodomita. **2** (*spreg.*) individuo; canaglia.
buggy [ˈbʌgi] *s.* **1** calesse, calessino. **2** (*am.*) carrozzina.
bugle [ˈbju:gl] *s.* (*Mil.*) tromba.
bugler [ˈbju:glə*] *s.* (*Mil.*) trombettiere.
build [bild] *s.* **1** stile, forma; costruzione. **2** corporatura, fisico.
to **build** [bild] *v.* (*pass., p.p.* **built** [bilt]) **I** *v.t.* **1** costruire, fabbricare. **2** (*fig.*) formare, trasformare. **3** poggiare (*on* su). **II** *v.i.* **1** fare il costruttore. **2** costruirsi la casa. **3** basarsi (*on, upon* su). □ (*tecn.*) *to* ~ **in** incassare, incorporare; *to* ~ **on** contare su, fidarsi di; *to* ~ **up**: 1 incrementare; 2 rafforzare; 3 costruire (per gradi).
builder [ˈbildə*] *s.* **1** costruttore. **2** imprenditore edile.
building [ˈbildiŋ] *s.* **1** edificio, costruzione, fabbricato. **2** edilizia. □ ~ **contractor** imprenditore edile; ~ **material** materiale da costruzione; ~ **yard** cantiere.
build-up [ˈbildʌp] *s.* **1** incremento, aumento. **2** lancio pubblicitario.
built [bilt] → to **build**.
built-in [ˈbiltˈin] *a.* **1** incassato, incorporato. **2** innato, connaturato. □ ~ *cupboard* armadio a muro.
built-up [ˈbiltʌp] *a.* fabbricato, edificato. □ ~ *area* zona edificata, agglomerato.
bulb [bʌlb] *s.* (*Bot.*) **1** bulbo; tubero. **2** (*di lampadina*) globo, bulbo. □ *electric* ~ lampadina elettrica.
Bulgaria [bʌlˈgɛəriə] *N.pr.* (*Geog.*) Bulgaria.
Bulgarian [bʌlˈgɛəriən] *a./s.* bulgaro.
bulge [bʌldʒ] *s.* **1** protuberanza, rigonfiamento. **2** (*fig.*) aumento temporaneo.
to **bulge** [bʌldʒ] **I** *v.i.* **1** sporgere, gonfiarsi. **2** traboccare (*with* di). **II** *v.t.* gonfiare.
bulk [bʌlk] *s.* **1** dimensioni; massa, mole; quantità. **2** maggior parte, grosso: *the* ~ *of the work* il grosso del lavoro. □ ~ **goods** merci all'ingrosso; **in** ~: 1 (*Comm.*) senza imballaggio; 2 all'ingrosso, in massa; 3 alla rinfusa.
to **bulk** [bʌlk] *v.i.* sembrare importante.
bulkhead [ˈbʌlkhed] *s.* (*Mar.*) paratia.
bulky [ˈbʌlki] *a.* **1** voluminoso, grosso. **2** ingombrante.
bull[1] [bul] *s.* **1** (*Zool.*) toro. **2** maschio (di grossi animali): *a whale* ~ una balena maschio. **3** (*sl. am.*) poliziotto. **4** (*Econ.*) rialzista *m./f.* □ (*fig.*) *a* ~ *in a china shop* persona maldestra.
bull[2] [bul] *s.* bolla: *Papal* ~ bolla pontificia.
bull[3] [bul] *s.* controsenso. □ (*sl.*) *it's a lot of* ~ sono tutte balle.
to **bulldoze** *am.* [ˈbuldəuz] *v.t.* costringere con la forza; intimorire.
bulldozer [ˈbuldəuzə*] *s.* (*Mecc.*) bulldozer, apripista.
bullet [ˈbulit] *s.* pallottola, proiettile.
bullet-headed [ˈbulitˈhedid] *a.* **1** dalla testa rotonda. **2** (*fam.*) ostinato, testardo.
bulletin [ˈbulitin] *s.* **1** bollettino. **2** (*Rad., TV*) notiziario.
bullet-proof [ˈbulitpru:f] *a.* a prova di proiettile; blindato: ~ *vest* giubbotto antiproiettile.
bullfight [ˈbulfait] *s.* corrida.
bullfighter [ˈbulfaitə*] *s.* torero.
bullion [ˈbuljən] *s.* oro (*o* argento) in lingotti.
bullock [ˈbulək] *s.* manzo; torello.
bull-ring [ˈbulriŋ] *s.* arena (per corride).
bull's-eye [ˈbulzai] *s.* **1** centro del bersaglio. **2** (*Edil.*) occhio di bue. **3** (*Mar.*) oblò. **4** caramella tonda.
bully [ˈbuli] **I** *s.* bullo; attaccabrighe. **II** *a.* (*sl.*) straordinario.
to **bully** [ˈbuli] **I** *v.t.* angariare, tiranneggiare. **II** *v.i.* fare il prepotente.
bulwark [ˈbulwək] *s.* **1** (*Mil.*) bastione, spalto. **2** argine, molo. **3** (*fig.*) baluardo, difesa.
bum[1] [bʌm] *s.* (*sl. fam.*) sedere.
bum[2] *am.* [bʌm] (*sl.*) **I** *s.* fannullone; vagabondo. **II** *a.* scadente, di poco valore.
to **bum** *am.* [bʌm] **I** *v.i.*: *to* ~ *around* bighellonare, vagabondare. **II** *v.t.* scroccare.
bump [bʌmp] *s.* **1** colpo, urto, collisione. **2** bernoccolo, protuberanza. **3** (*Strad.*) gobba.
to **bump** [bʌmp] *v.t./i.* **1** sbattere contro; cozzare (*into, against* contro). **2** sobbalzare. □ (*fig.*) *to* ~ **into** *s.o.* incontrare qd. per caso; (*sl.*) *to* ~ **off** uccidere, (*fam.*) togliere di mezzo.
bumper[1] [ˈbʌmpə*] *s.* **1** (*Aut.*) paraurti. **2** (*Mar.*) parabordo. **3** (*Ferr.*) respingente.
bumper[2] [ˈbʌmpə*] **I** *s.* bicchiere colmo. **II** *a.attr.* eccezionale, abbondante: *a* ~ *harvest* un raccolto abbondante.
bumpkin [ˈbʌmpkin] *s.* bifolco, zoticone.
bumptious [ˈbʌmpʃəs] *a.* presuntuoso.
bumpy [ˈbʌmpi] *a.* accidentato, sconnesso.
bun [bʌn] *s.* **1** (*Gastr.*) focaccina. **2** chignon.
bunch [bʌntʃ] *s.* **1** grappolo. **2** mazzo, mucchio: ~ *of keys* mazzo di chiavi. **3** (*fam.*) gruppo, comitiva. □ (*fam.*) *the best of the* ~ il migliore di tutti.
to **bunch** [bʌntʃ] **I** *v.t.* raggruppare; raccogliere in mazzi. **II** *v.i.* (spesso con *up*) raggrupparsi; fare capannello.
bundle [ˈbʌndl] *s.* **1** fascio, mazzo. **2** pacco.
to **bundle** [ˈbʌndl] **I** *v.t.* **1** legare in un fascio. **2** impacchettare. **3** mettere alla rinfusa. **4** mandare via precipitosamente. **II** *v.i.* andarsene (in tutta fretta), svignarsela. □ *to* ~ **away** (o *off, out*) mandare via in tutta fretta; *to* ~ **up** infagottarsi; *to* ~ *s.th.* **up** impacchettare qc.

bung [bʌŋ] *s.* grosso turacciolo, tappo.
to **bung** [bʌŋ] *v.t.* tappare, turare. □ *to ~ up* intasare: *to be (all) bunged up* avere il naso intasato dal raffreddore.
bungalow ['bʌŋgələu] *s.* villino rustico, bungalow.
bungle ['bʌŋgl] *s.* pasticcio, lavoro malfatto.
to **bungle** ['bʌŋgl] **I** *v.t.* pasticciare, abborracciare. **II** *v.i.* fare pasticci.
bungler ['bʌŋglə*] *s.* pasticcione.
bunk[1] [bʌŋk] *s.* cuccetta. □ *~ beds* letti a castello.
bunk[2] [bʌnk] *s.* (*sl.*) fuga. □ *to do a ~* darsela a gambe.
bunker ['bʌŋkə*] *s.* **1** (*Mar.*) carbonile, deposito per carburante. **2** (*Mil.*) bunker.
to **bunker** ['bʌŋkə*] **I** *v.t.* (*Mar.*) fornire di carbone o di carburante. **II** *v.i.* (*Mar.*) rifornirsi di carbone (*o* di carburante). □ (*fig.*) *to be bunkered* essere in difficoltà.
bunkum ['bʌŋkəm] *s.* sciocchezze, fandonie.
bunny ['bʌni] *s.* (*infant.*) coniglietto. □ *~ girl* coniglietta (cameriera di un night club).
bunting ['bʌntiŋ] *s.* **1** (*Tessitura*) stamigna, stamina. **2** (*collett.*) bandiere, pavesi. **3** (*Zool.*) zigolo.
buoy [bɔi] *s.* (*Mar.*) boa; gavitello. □ *life ~* boa di salvataggio.
to **buoy** [bɔi] *v.t.* segnalare con boe. □ *to ~ up* tenere a galla; (*fig.*) sostenere, incoraggiare.
buoyancy ['bɔiənsi] *s.* **1** galleggiabilità. **2** (*fig.*) vivacità, esuberanza.
buoyant ['bɔiənt] *a.* **1** capace di galleggiare. **2** (*fig.*) vivace, esuberante.
B.U.P. = *British United Press* Associazione della Stampa Britannica.
bur. = *bureau* ufficio.
to **burble** ['bə:bl] *v.i.* gorgogliare.
burden[1] ['bə:dn] *s.* **1** carico, peso. **2** (*fig.*) onere, fardello. **3** (*Mar.*) stazza netta. **4** (*Econ.*) carico tributario. □ *to be a ~ to s.o.* essere di peso a qd.
to **burden** ['bə:dn] *v.t.* caricare, gravare (*anche fig.*).
burden[2] ['bə:dn] *s.* **1** (*Mus.*) ritornello. **2** (*fig.*) tema principale.
burdensome ['bə:dnsəm] *a.* **1** oneroso; gravoso. **2** (*fig.*) preoccupante, stancante.
burdock ['bə:dɔk] *s.* (*Bot.*) lappa, bardana.
bureau ['bjuərəu] *s.* (*pl.* **–aux** [–z]) **1** scrittoio, scrivania. **2** (*am.*) cassettone, comò. **3** dipartimento, sezione.
bureaucracy [bju'rɔkrəsi] *s.* burocrazia.
bureaucrat ['bjuərəukræt] *s.* burocrate *m./f.*
bureaucratic [,bjuərəu'krætik] *a.* burocratico.
burg [bə:g] *s.* **1** (*Stor.*) città fortificata. **2** (*am.*) città.
to **burgeon** ['bə:dʒən] *v.i.* (*poet.*) germogliare.
burger [bə:gə*] *s.* (*fam.*) hamburger.
burglar ['bə:glə*] *s.* scassinatore. □ *alarm* antifurto.
burglary ['bə:gləri] *s.* furto con scasso.
to **burgle** ['bə:gl] *v.t.* scassinare; svaligiare
burgomaster ['bɛ:gəmɑ:stə*] *s.* borgomastro.
burial ['beriəl] *s.* sepoltura, esequie, funerale. □ *~* **ground** cimitero; ossario; *Burial* **Service** servizio funebre.
to **burke** [bə:k] *v.t.* passare sotto silenzio (di notizie, ecc.).
burlap ['bə:læp] *s.* tela da imballaggio.
burlesque [bə:'lesk] *s.* **1** parodia, caricatura, imitazione. **2** (*am., Teat.*) varietà.
to **burlesque** [bə:'lesk] *v.t.* prendere in giro.
burly ['bə:li] *a.* corpulento, robusto.
Burma ['bə:mə] *N.pr.* (*Geog.*) Birmania.
burn[1] [bə:n] *s.* ustione, scottatura.
to **burn** [bə:n] *v.* (*pass., p.p.* **burnt [–t]/–ed** [–d]) **I** *v.i.* **1** bruciare, scottare (*anche fig.*) (*with* per, da, di). **2** bruciarsi; scottarsi. **3** (*fig.*) desiderare ardentemente. **II** *v.t.* **1** bruciare. **2** scottare, ustionare. □ *to ~ to* **ashes** incenerire; *to ~* **away** eliminare bruciando; consumarsi (bruciando); (*fig.*) *to ~ the* **candle** *at both ends* lavorare troppo; *to ~ to* **death** morire carbonizzato; morire sul rogo; *to ~* **down** distruggere col fuoco; (*fig.*) *to ~ one's* **fingers** rimanere scottato; *to ~ the* **midnight** *oil* lavorare fino a notte tarda; *to ~* **out** distruggere con il fuoco; (*fig.*) esaurire, logorare; (*fig.*) *to ~ o.s.* **out** rovinarsi la salute.
burn[2] *scozz.* [bə:n] *s.* ruscello.
burner ['bə:nə*] *s.* becco a gas; bruciatore: (*tec.*) *bunsen ~* becco bunsen.
burning ['bə:niŋ] *a.* **1** cocente, ardente. **2** (*fig.*) grave, scottante. **3** intenso, eccitante. □ *~* **glass** specchio ustorio; *~* **hot** rovente.
burnish ['bə:niʃ] *s.* **1** lucidatura. **2** brunitura.
to **burnish** ['bə:niʃ] *v.t.* **1** lucidare. **2** brunire.
burnout ['bə:naut] *s.* **1** incendio. **2** (*fig.*) esaurimento, crollo. **3** (*El.*) interruzione per corto circuito.
burn-out ['bə:nt'aut] *a.* **1** carbonizzato. **2** (*fig.*) esaurito, consumato. **3** (*El.*) fulminato.
burnt [bə:nt] → to **burn**.
burp [bə:p] *s.* (*fam.*) rutto.
to **burp** [bə:p] *v.i.* (*fam.*) ruttare.
burr [bə:*] *s.* **1** pronuncia arrotata della erre. **2** ronzio.
to **burr** [bə:*] *v.i.* **1** arrotare la erre. **2** ronzare.
burrow ['bʌrəu] *s.* tana; cunicolo.
to **burrow** ['bʌrəu] *v.i.* **1** scavare un cunicolo. **2** (*fig.*) indagare, fare ricerche in.
bursar ['bə:sə*] *s.* **1** economo, tesoriere. **2** borsista *m./f.*
bursary ['bə:səri] *s.* **1** economato, tesoreria. **2** borsa di studio.
burst [bə:st] *s.* **1** scoppio, esplosione. **2** rottura, squarcio. □ *a ~ of* **applause** uno scroscio di applausi; *a ~ of* **flames** una vampata; *a ~ of* **gunfire** una scarica di proiettili.
to **burst** [bə:st] *v.* (*pass., p.p.* **burst**) **I** *v.i.* **1** esplodere, scoppiare. **2** irrompere, slanciarsi; (*di liquidi*) zampillare, sgorgare. **3** (*fig.*) scoppiare, prorompere (*into* in). **4** apparire improvvisamente, sbucare. **5** (*di germogli*)

aprirsi, schiudersi. **II** *v.t.* far scoppiare, far esplodere. ▭ *to* ~ **in** irrompere; intromettersi; *to* ~ **into** dare inizio a; *to* ~ **into** *laugh* scoppiare a ridere; *to* ~ **into** *song* cominciare a cantare; *to* ~ **open** aprirsi violentemente; *to* ~ **out** esclamare; *to* ~ **out** *laughing* scoppiare a ridere; *to* ~ **upon** giungere improvvisamente; fare irruzione; *to* ~ **with** traboccare di.

to **bury** ['beri] *v.t.* **1** sotterrare, seppellire. **2** nascondere. **3** affondare, sprofondare. ▭ (*fig.*) *to* ~ *the* **hatchet** riconciliarsi; *to* ~ *o.s. in* **studies** sprofondarsi negli studi; *buried in* **thought** immerso nei propri pensieri.

bus [bʌs] *s.* (*pl.* **–es**/*am.* **–ses** [–iz]) autobus. ▭ (*fig.*) *to miss the* ~ lasciarsi sfuggire un'occasione.

to **bus** [bʌs] *v.* (*pass., p.p.* **–sed/–ssed** [–t]) **I** *v.i.* (*fam.*) andare in autobus. **II** *v.t.* trasportare in autobus.

busby ['bʌzbi] *s.* (*Mil.*) colbacco.

bush[1] [buʃ] *s.* **1** cespuglio, arbusto. **2** boscaglia. ▭ *to take to the* ~ darsi alla macchia.

bush[2] [buʃ] *s.* **1** (*Mecc.*) boccola, bussola. **2** (*El.*) rivestimento isolante.

bushel ['buʃl] *s.* (*unità di misura*) staio → **Appendice**.

Bushman ['buʃmən] *s.* boscimano.

bushy ['buʃi] *a.* **1** cespuglioso. **2** folto, a ciuffi.

business ['biznis] *s.* **1** affari, commercio. **2** ditta, azienda. **3** lavoro, occupazione. **4** affare; faccenda, storia. ▭ ~ **activity** attività commerciale; *a* **bad** ~ un brutto affare; ~ **card** biglietto da visita; *to* **come** *to* ~ mettersi all'opera; ~ **day** giorno lavorativo; *to* **do** ~ *with s.o.* avere rapporti di affari con qd.; (*fam.*) *the dog is* **doing** *his* ~ il cane sta facendo i suoi bisogni; ~ **English** inglese commerciale; *to* **have** *no* ~ *doing s.th.* non avere il diritto di fare qc.; ~ **hours** orario di ufficio; *to be* **in** ~ essere negli affari· *to go* **into** ~ darsi agli affari; ~ **is** ~ gli affari sono affari; ~ **letter** lettera di affari; (*fam.*) *to* **mean** ~ fare sul serio; *to* **mind** *one's own* ~ badare ai fatti propri; *to go away* **on** ~ partire per affari; (*fam.*) *to* **send** *s.o. about his* ~ mandare qd. a quel paese.

business-like ['bizn islaik] *a.* **1** pratico, metodico. **2** efficiente.

businessman ['biznismən] *s.* (*pl.* **–men**) uomo d'affari.

busker ['bʌskə*] *s.* artista o suonatore ambulante.

busman ['bʌsmən] *s.* (*pl.* **–men**) conducente di autobus. ▭ (*fam.*) ~*'s holiday* vacanza trascorsa facendo il solito lavoro.

bus stop ['bʌs'stɔp] *s.* fermata dell'autobus.

bust [bʌst] *s.* **1** (*scultura*) busto. **2** seno; circonferenza del seno.

to **bust** [bʌst] *v.* (*pass., p.p.* **busted** [–id]/**bust** [bʌst]) (*fam.*) **I** *v.i.* scoppiare, esplodere. **II** *v.t.* **1** far scoppiare, far esplodere. **2** rompere, spezzare. ▭ *to go* ~ fallire, fare bancarotta.

buster ['bʌstə*] *s.* tizio, amico: *listen* ~*!* senti amico!

bustle ['bʌsl] *s.* trambusto, confusione.

to **bustle** ['bʌsl] **I** *v.i.* (spesso con *about*) darsi da fare, affaccendarsi. **II** *v.t.* sollecitare, pungolare.

bust-up ['bʌst'ʌp] *s.* (*fam.*) lite violenta.

busy ['bizi] *a.* **1** indaffarato, affaccendato; impegnato; occupato. **2** (*Tel.*) occupato. ▭ *a* ~ **road** una strada di grande traffico; *a* ~ **shop** un negozio affollato.

to **busy** ['bizi] *v.t.* tenere occupato. ▭ *to* ~ *o.s. with* occuparsi di.

busybody ['bizibɔdi] *s.* impiccione.

but [bʌt] **I** *congz.* **1** ma; però, tuttavia: *she wanted to come* ~ *she couldn't* voleva venire, ma non ha potuto. **2** (*in frasi negative*) eccetto che, altro che: *he does nothing* ~ *sleep* non fa altro che dormire. **3** (dopo *cannot* e *could*) che, altro che, se non (che): *he could not* ~ *laugh* non poté fare altro che ridere. **II** *prep.* **1** eccetto, tranne, salvo: *no one* ~ *me* nessuno tranne me. **2** che, altro che, se non: *it was nothing* ~ *an insult* non era che un insulto. **III** *avv.* **1** solo, soltanto, non ... (altro) che: *he is* ~ *a child* non è altro che un bambino. **2** non più di: ~ *five minutes ago* non più di cinque minuti fa. ▭ *it is* **all** ~ *complete* è quasi finito; **anything** ~ tutt'altro che; ~ **for** se non fosse (stato) per; *the* **last** ~ *one* il penultimo; *the* **next** ~ *one* il secondo (di una serie); ~ **that** se non; *there is no doubt* ~ **that** *he is wrong* non c'è dubbio che si sbaglia; ~ **then** (ma) d'altra parte.

butch [butʃ] *a.* **1** (*rif. a donna*) mascolina. **2** (*rif. a uomo*) supervirile, macho.

butcher ['butʃə*] *s.* **1** macellaio. **2** (*fig.*) assassino; carnefice. ▭ ~*'s shop* macelleria.

to **butcher** ['butʃə*] *v.t.* **1** macellare. **2** (*fig.*) massacrare.

butcher's broom ['butʃəzbru:m] *s.* (*Bot.*) pungitopo.

butchery ['butʃəri] *s.* **1** macello, mattatoio. **2** (*fig.*) carneficina, strage.

butler ['bʌtlə*] *s.* maggiordomo.

butt[1] [bʌt] *s.* **1** calcio, impugnatura (di un'arma da fuoco). **2** mozzicone, residuo.

butt[2] [bʌt] *s.* **1** zimbello, bersaglio. **2** *pl.* tiro a segno, poligono di tiro.

to **butt** [bʌt] **I** *v.t.* dare una testata contro; (*di animale*) dare una cornata a, incornare. **II** *v.i.* andare a cozzare (*against, on* contro); (*di animale*) dare cornate. ▭ (*fam.*) *to* ~ *in* interferire.

butt[3] [bʌt] *s.* (grossa) botte, barile.

buttend ['bʌtend] *s.* mozzicone.

butter ['bʌtə*] *s.* **1** burro. **2** (*fig.*) adulazione. ▭ *to look as if* ~ *would not melt in one's mouth* avere l'aria innocente.

to **butter** ['bʌtə*] *v.t.* **1** imburrare. **2** (*sl.*) (spesso con *up*) adulare.

buttercup ['bʌtəkʌp] *s.* (*Bot.*) ranuncolo.
butter-fingers ['bʌtəfiŋgəz] *s.pl.* (costr. sing.) (*fam.*) persona dalle mani di pasta frolla.
butterfly ['bʌtəflai] *s.* **1** (*Zool.*) farfalla. **2** (*fig.*) vanesio. ▭ *to* **have** *butterflies (in one's stomach)* sentirsi poco bene per lo stress; (*Sport*) ~ (**stroke**) nuoto a farfalla.
buttermilk ['bʌtəmilk] *s.* latticello.
buttery[1] ['bʌtəri] *a.* burroso.
buttery[2] ['bʌtəri] *s.* **1** dispensa. **2** (*am., Univ.*) spaccio.
buttock ['bʌtək] *s.* **1** natica. **2** *pl.* deretano, (*fam.*) sedere.
button ['bʌtn] *s.* **1** bottone. **2** distintivo. **3** (*El.*) pulsante. **4** *pl.* (*fam.*) (costr. sing.) fattorino d'albergo.
to **button** ['bʌtn] **I** *v.t.* (spesso con *up*) abbottonare. **II** *v.i.* abbottonarsi. ▭ *to be bottoned up* essere abbottonato, essere riservato.
buttonhole ['bʌtnhəul] *s.* **1** asola, occhiello. **2** fiore all'occhiello.
to **buttonhole** ['bʌtnhəul] *v.t.* **1** (*Sartoria*) fare le asole a. **2** (*fig.*) attaccare un bottone a.
buttress ['bʌtris] *s.* **1** (*Arch.*) contrafforte, sperone. **2** (*fig.*) appoggio, sostegno.
to **buttress** ['bʌtris] *v.t.* **1** sostenere con un contrafforte. **2** (*fig.*) (spesso con *up*) sostenere.
buxom ['bʌksəm] *a.* formosa, florida.
buy [bai] *s.* acquisto; spesa. ▭ *a good* (o *bad*) ~ un buon (*o* cattivo) affare.
to **buy** [bai] *v.t.* (*pass., p.p.* **bought** [bɔ:t]) **1** comprare, acquistare. **2** (*fig.*) ottenere, conquistare. ▭ *to* ~ **in** comprare uno stock di; (*fam.*) *to* ~ **into** *a company* comprare azioni di una società; *to* ~ **off** tacitare; *to* ~ **out** rilevare (un negozio); *to* ~ **over** corrompere; *to* ~ **up** fare incetta di.
buyer ['baiə*] *s.* compratore, acquirente *m./f.*
buzz [bʌz] *s.* **1** ronzio. **2** brusio, mormorio. **3** (*fam.*) telefonata. ▭ *to give so a* ~ dare un colpo di telefono a qd.
to **buzz** [bʌz] **I** *v.i.* **1** ronzare. **2** bisbigliare, mormorare. **3** (spesso con *about*) agitarsi, correre qua e là. **II** *v.t.* **1** segnalare con un cicalino. **2** (*fam.*) telefonare a. ▭ (*sl.*) *to* ~ *off* tagliare la corda.
buzzer ['bʌzə*] *s.* **1** insetto che ronza. **2** (*El.*) cicalino.
by[1] [bai] *prep.* **1** vicino a, presso: *come and sit* ~ *me* vieni a sederti vicino a me. **2** per: ~ *sea* per mare; attraverso, via. **3** in, con: *to go* ~ *car* andare in macchina; ~ *ship* con la nave. **4** di, durante: ~ *night* di notte; entro, per: *I shall finish* ~ *tomorrow* finirò entro domani. **5** (*con il passivo*) da: *he was killed* ~ *a car* fu ucciso da una macchina. **6** con, per mezzo di: *he made a fortune* ~ *hard work* costruì una fortuna lavorando duramente. **7** per, a causa di, con: *he won* ~ *a trick* vinse con un inganno. **8** per, secondo: ~ *the rules* secondo le regole. **9** a, per: *eggs sold* ~ *the dozen* uova vendute a dozzina. **10** (*Mat.*) per: *to divide 60* ~ *20* dividere 60 per 20. ▭ *to* **begin** (o *end*) ~ incominciare (*o* finire) con: *he began* ~ *insulting me* incominciò con l'insultarmi; ~ **chance** per caso; ~ **hand** a mano; ~ **heart** a memoria; ~ **mistake** per sbaglio; ~ **now** ormai, a quest'ora; *one* ~ **one** uno alla volta, a uno a uno; *what do you mean* ~ **that**? che intendi dire con ciò?; ~ *the* **time** quando; ~ *the* **way** a proposito.
by[2] [bai] *avv.* **1** vicino. **2** oltre: *he passed* ~ *without stopping* passò oltre senza fermarsi. **3** da parte, via: *put your work* ~ metti da parte il lavoro. ▭ ~ **and** ~ tra breve; *in years* **gone** ~ nei tempi andati; ~ *and* **large** tutto sommato; *to* **run** ~ passare di corsa.
bye-bye ['bai'bai] **I** *intz.* arrivederci, (*fam.*) ciao. **II** *s.* (*fam.*) nanna: *to go to bye-byes* andare a nanna.
by-election ['bai'ilekʃən] *s.* (*Parl.*) elezione supplettiva.
bygone ['baigɔn] **I** *a.* passato. **II** *s.* (general. al pl.) passato.
by-law, bye-law ['bailɔ:] *s.* (*Dir.*) **1** ordinanza locale. **2** (*am.*) statuto di società.
by-pass ['baipɑ:s] *s.* **1** (*Strad.*) circonvallazione, tangenziale, raccordo. **2** (*tecn.*) deviazione. **3** (*Med.*) by-pass.
to **by-pass** ['baipɑ:s] *v.t.* **1** girare attorno a. **2** evitare, scansare.
by-path ['baipɑ:θ] *s.* sentiero secondario.
by-product ['baiprɔdəkt] *s.* **1** sottoprodotto. **2** (*fig.*) effetto secondario.
byre [baiə*] *s.* stalla per mucche.
byroad ['bairəud] *s.* strada secondaria.
bystander ['baistændə*] *s.* spettatore, astante.
byte [bait] *s.* (*Inform.*) byte.
by-street ['baistri:t] *s.* strada secondaria.
by-way ['baiwei] *s.* strada fuorimano.
by-word ['baiwə:d] *s.* **1** simbolo, incarnazione: *Bronx is a* ~ *for violence* il Bronx è simbolo di violenza. **2** favola, zimbello: *she became the* ~ *of the village* era diventata la favola del paese. **3** detto, proverbio.
Byzantine [bi'zæntain] *a./s.* bizantino.
Byzantinism [bi'zæntainizəm] *s.* bizantinismo.
Bz = (*Chim.*) *benzene* benzene.

C

c[1], **C**[1] [si:] *s.* (*pl.* **c's/cs, C's/Cs** [si:z]) c, C. □ (*Tel.*) ~ *for Charlie* (*anche am.*) C come Como.
c[2] = **1** *cent* centesimo (di moneta). **2** *century* secolo (sec.). **3** *chapter* capitolo (cap.). **4** *about* circa (ca.).
C[2] = **1** (*Chim.*) *carbon* carbonio. **2** *Celsius* grado celsius.
C[3] [si:] *s.* (*Mus.*) do.
ca = *about* circa (ca).
Ca = (*Chim.*) *calcium* calcio.
CA = (*am.*) *City Attorney* procuratore.
C/A = *current account* conto corrente (c/c).
cab [kæb] *s.* **1** tassì, auto pubblica. **2** carrozza da nolo, carrozzella. **3** cabina di guida.
cabal [kə'bæl] *s.* intrigo, complotto.
cabaret ['kæbərei] *s.* cabaret.
cabbage ['kæbidʒ] *s.* (*Bot.*) cavolo.
cabby ['kæbi], **cabdriver** ['kæbdraivə*] *s.* tassista; vetturino, cocchiere.
cabin ['kæbin] *s.* **1** (*Mar.*) cabina. **2** (*Aer.*) cabina di comando; cabina passeggeri. **3** capanna, casupola. □ ~ *class* seconda classe.
cabin-boy ['kæbinbɔi] *s.* (*Mar.*) mozzo.
cabin cruiser ['kæbin,kru:zə*] *s.* cabinato.
cabinet ['kæbinit] *s.* **1** armadietto, stipo. **2** (*arredamento*) vetrina. **3** (*Pol.*) gabinetto, consiglio dei ministri.
cabinet-maker ['kæbinit'meikə*] *s.* ebanista.
cable ['keibl] *s.* **1** cavo. **2** (*Mar.*) gomena; catena dell'ancora. **3** cavo elettrico; cavo telefonico. **4** (*Tel.*) → **cablegram**.
to **cable** ['keibl] *v.i.* inviare un cablogramma.
cable car ['keiblkɑ:*] *s.* funivia.
cablecast ['keiblcɑ:st] *s.* trasmissione via cavo.
to **cablecast** ['keiblcɑ:st] *v.t.* trasmettere via cavo.
cablegram ['keiblgræm] *s.* (*Tel.*) cablogramma.
cable railway ['keibl'reilwei] *s.* funicolare.
cable television ['keibl,televiʒən] *s.* televisione via cavo.
cableway ['keiblwei] *s.* teleferica.
cabman ['kæb'mən] *s.* (*pl.* **–men**) vetturino.
caboodle [kə'bu:dl] *s.* (*pop.*): *the whole* ~ tutta la baracca; tutta la tribù.
caboose [kə'bu:s] *s.* **1** (*Mar.*) cambusa. **2** (*am., Ferr.*) vagone del personale.
cabotage ['kæbətɑ:ʒ] *s.* (*Mar.*) cabotaggio.
cabriolet [,kæbri:əu'lei] *s.* cabriolè, cabriolet.
cab stand ['kæbstænd] *s.* posteggio di tassì.
cacao [kə'kɑ:əu] *s.* (*pl.* **–s** [–z]) cacao.
cache [kæʃ] *s.* nascondiglio; deposito segreto (di munizioni, viveri, ecc.).
to **cache** [kæʃ] *v.t.* nascondere.
cachet ['kæʃəi] *s.* **1** segno caratteristico; contrassegno. **2** (*fig.*) importanza, prestigio.
cackle ['kækl] *s.* **1** (*di gallina*) coccodè; (*di oca*) schiamazzo. **2** (*fig.*) chiacchiere.
to **cackle** ['kækl] *v.i.* **1** (*di gallina*) chiocciare; (*di oca*) schiamazzare. **2** ridere in modo chioccio. **3** ciarlare.
cacophony [kə'kɔfəni] *s.* cacofonia.
cactus ['kæktəs] *s.* (*Bot.*) cactus.
cad [kæd] *s.* (*sl.*) furfante, mascalzone.
CAD = (*Inform.*) *Computer Aided Design* progettazione automatizzata.
cadaver [kə'dævə*] *s.* cadavere.
cadaverous [kə'dævərəs] *a.* cadaverico.
caddie ['kædi] *s.* (*Sport*) caddie, portamazze.
caddy[1] ['kædi] → **caddie**.
caddy[2] ['kædi] *s.* barattolo per il tè.
cadence ['keidəns] *s.* **1** cadenza, inflessione; ritmo. **2** (*Mus.*) cadenza.
cadet [kə'det] *s.* (*Mil.*) cadetto.
to **cadge** [kædʒ] **I** *v.t.* (*fam.*) **1** mendicare, elemosinare. **2** scroccare. **II** *v.i.* mendicare (*for s.th.* qc.).
cadmium ['kædmiəm] *s.* (*Chim.*) cadmio.
cadre ['kɑ:də*] *s.* **1** quadro, schema. **2** (*Mil.*) quadri (*anche estens.*).
Caesar ['si:zə*] *N.pr.m.* Cesare.
Caesarian [si'zeəriən] *a.* cesareo, imperiale. □ (*Chir.*) ~ *section* taglio cesareo.
caesium ['si:zjuəm] *s.* (*Chim.*) cesio.
caesura [si:'zjuərə] *s.* cesura.
cafe, café ['kæfei] *s.* bar, caffè; tavola calda.
cafeteria [,kæfi'tiəriə] *s.* tavola calda; ristorante a self-service.
caffeine ['kæfii:n] *s.* caffeina. □ ~ *free* decaffeinato.
cage [keidʒ] *s.* **1** gabbia. **2** (*Edil.*) impalcatura. **3** (*fig.*) campo di concentramento.
to **cage** [keidʒ] *v.t.* mettere in gabbia.
cagey ['keidʒi] *a.* (*fam.*) cauto, guardingo.

cahoots *am.* ['kə'hu:ts] (*sl.*): *to be in* ~ *with s.o.* essere in combutta con qd.
cairn ['kɛən] *s.* mucchio di pietre; tumulo.
Cairo ['kaiərou] *N.pr.* (*Geog.*) Il Cairo.
caisson ['keisən] *s.* **1** (*Mil.*) cassone. **2** (*Mar.*) cassone d'immersione.
to **cajole** [kə'dʒəul] *v.t.* persuadere (con lusinghe); ingannare, raggirare.
cajolery [kə'dʒəuləri] *s.* allettamento; inganno, raggiro.
cake [keik] *s.* **1** torta, dolce; focaccia; polpetta. **2** barra, tavoletta. ☐ (*fig.*) *cakes and* **ale** i piaceri della vita; (*fam.*) *to sell like* **hot** *cakes* andare a ruba; (*sl.*) *a* **piece** *of* ~ un giochetto; *a* ~ *of* **soap** una saponetta; (*iron.*) *to* **take** *the* ~ eccellere.
to **cake** [keik] **I** *v.t.* incrostare; agglomerare. **II** *v.i.* incrostarsi.
cal. = *small calorie* caloria.
Cal. = *large calorie* kilocaloria.
calabash ['kæləbæʃ] *s.* (*Bot.*) zucca a fiasco.
calamary ['kæləməri] *s.* (*Zool.*) calamaro.
calamitous [kə'læmitəs] *a.* disastroso, calamitoso.
calamity [kə'læmiti] *s.* calamità, disastro.
calanque [kə'lɑ:ŋk] *s.* (*Geol.*) calanco.
calcareous [kæl'kɛəriəs] *a.* calcareo.
calcification [ˌkælsifi'keiʃən] *s.* (*Biol., Med.*) calcificazione.
to **calcify** ['kælsifai] **I** *v.i.* calcificarsi. **II** *v.t.* calcificare.
to **calcine** ['kælsain] **I** *v.t.* calcinare. **II** *v.i.* calcinarsi.
calcium ['kælsiəm] *s.* (*Chim.*) calcio.
to **calculate** ['kælkjuleit] **I** *v.t.* **1** calcolare. **2** considerare, valutare. **3** (*general. al passivo*) essere inteso a, essere calcolato per. **4** (*am. fam.*) ritenere, supporre. **II** *v.i.* **1** eseguire calcoli, calcolare. **2** (*am.*) (general. con *on, upon*) contare, fare assegnamento (su).
calculating ['kælkjuleitiŋ] *a.* calcolatore. ☐ ~ *machine* calcolatore, calcolatrice.
calculation [ˌkælkju'leiʃən] *s.* **1** calcolo, conteggio. **2** previsione; considerazione.
calculator ['kælkjuleitə*] *s.* **1** (*tecn.*) calcolatore, calcolatrice. **2** computista *m./f.* **3** (*fig.*) calcolatore.
calculus ['kælkjuləs] *s.* (*pl.* **–i** [–ai]) (*Mat., Med.*) calcolo.
Calcutta [kæl'kʌtə] *N.pr.* (*Geog.*) Calcutta.
caldron ['kɔ:ldrən] *s.* calderone.
calendar ['kælində*] *s.* **1** calendario; almanacco. **2** annuario.
calender ['kælində*] *s.* (*tecn.*) calandra; pressa.
to **calender** ['kælində*] *v.t.* (*tecn.*) calandrare.
calf[1] [kɑ:f] *s.* (*pl.* **calves** [kɑ:vz]) **1** (*Zool.*) vitello; piccolo (di elefante, balena, foca, ecc.). **2** (pelle di) vitello. **3** (*fam., am.*) sbarbatello, pivello.
calf[2] [kɑ:f] *s.* (*pl.* **calves** [kɑ:vz]) (*Anat.*) polpaccio.
calfskin ['ka:fskin] *s.* pelle di vitello.
caliber *am.* ['kælibə*] → **calibre**.
to **calibrate** ['kælibreit] *v.t.* calibrare; tarare.
calibration [ˌkæli'breiʃən] *s.* calibratura; taratura.
calibre ['kælibə*] *s.* **1** calibro. **2** (*fig.*) levatura, calibro.
californium [kæli'fɔ:niəm] *s.* (*Chim.*) californio.
caliph ['kælif] *s.* califfo.
calk [kɔ:k] *s.* rampone.
to **calk**[1] [kɔ:k] *v.t.* fornire di ramponi.
to **calk**[2] [kɔ:k] *v.t.* (*Mar.*) calafatare.
call [kɔ:l] *s.* **1** chiamata; grido. **2** telefonata. **3** breve visita, (*fam.*) salto. **4** convocazione. **5** (*Dir.*) citazione. **6** (*fig.*) bisogno, necessità. **7** richiamo (di animali). **8** (*fig.*) fascino. **9** (*Econ.*) richiesta di pagamento. **10** (*nel gioco delle carte*) chiamata, invito. ☐ (*fig.*) *to have a* **close** ~ scamparla per un pelo; **on** ~ in servizio; (*Econ.*) pagabile a richiesta; *to* **pay** *a* ~ *on s.o.* fare visita a qd; **within** ~ a portata di voce; (*Inform.*) ~ **word** parola di identificazione.
to **call** [kɔ:l] **I** *v.t.* **1** chiamare. **2** far venire; chiamare al telefono. **3** proclamare, indire: *to* ~ *a strike* proclamare uno sciopero; convocare: *to* ~ *a meeting* convocare una seduta. **4** evocare, richiamare. **5** chiamare, dare del: *to* ~ *s.o. a liar* dare del bugiardo a qd. **6** considerare, ritenere. **7** (*nel gioco delle carte*) dichiarare, accusare; (*nel poker*) vedere. **II** *v.i.* **1** gridare, chiamare. **2** passare, (*fam.*) fare un salto. **3** telefonare. ☐ *to* ~ **after** dare il nome di; *to* ~ **at** passare da, fermarsi brevemente in; (*Mar., Aer.*) fare scalo a; *to* ~ **back** richiamare; ritelefonare a; *to* ~ *it a* **day** sospendere, interrompere; *to* ~ **down** invocare, (*am. fam.*) sgridare, rimproverare; *to* ~ **for** passare a prendere; richiedere, necessitare; *to* ~ **forth** causare, provocare; *to* ~ **forth** *all one's energy* fare appello a tutte le proprie energie; (*Econ.*) *to* ~ **in** far venire, chiamare; chiedere il rimborso· ritirare dalla circolazione; *to* ~ **off** sospendere, aggiornare; *to* ~ **on** rivolgersi a, chiedere l'aiuto di; fare una visita a; *to* ~ *s.o. to* **order** richiamare qd. all'ordine; *to* ~ **out** gridare; chiamare in aiuto; *to* ~ *s.th. one's* **own** possedere qc.; *to* ~ *into* **play** chiamare in causa; *to* ~ *in* **question** mettere in dubbio; *to* ~ *the* **roll** fare l'appello; *to* ~ **together** chiamare a raccolta; *to* ~ **up** richiamare alla memoria, ricordare; (*fam.*) telefonare a; (*Mil.*) richiamare; *to feel called* **upon** *to do s.th.* ritenersi in dovere di fare qc.
call-box ['kɔ:lbɔks] *s.* cabina telefonica.
call-down *am.* ['kɔ:ldaun] *s.* rimprovero, sgridata.
caller ['kɔ:lə*] *s.* visitatore.
call-girl ['kɔ:lgə:l] *s.* ragazza squillo.
calligraphic [ˌkæli'græfik] *a.* calligrafico.
calligraphy [kə'ligrəfi] *s.* calligrafia.
calling ['kɔ:liŋ] *s.* **1** chiamata. **2** professione; occupazione. **3** vocazione.

callipers ['kælipəz] *s.* (*tecn.*) calibro.
callisthenics [ˌkælis'θeniks] *s.pl.* (costr. sing.) ginnastica ritmica.
callosity [kæ'lɔsiti] *s.* **1** callosità. **2** (*fig.*) insensibilità.
callous ['kæləs] *a.* **1** calloso. **2** (*fig.*) insensibile; incallito.
callousness ['kæləsnis] *s.* **1** durezza. **2** (*fig.*) insensibilità.
callow ['kæləu] *a.* **1** implume. **2** (*fig.*) imberbe, inesperto.
call-up ['kɔ:lʌp] *s.* (*Mil.*) chiamata alle armi; leva.
callus ['kæləs] *s.* callo.
calm [kɑ:m] **I** *a.* calmo, tranquillo. **II** *s.* **1** calma, quiete, tranquillità. **2** (*di mare*) bonaccia. □ *keep ~!* calma!
to **calm** [kɑ:m] **I** *v.t.* calmare, placare. **II** *v.i.* (general. con *down*) calmarsi, placarsi.
calorie ['kæləri] *s.* (*Fis.*, *Biol.*) caloria.
calorific [ˌkælə'rifik] *a.* calorifico.
to **calumniate** [kə'lʌmnieit] *v.t.* calunniare, diffamare.
calumny ['kæləmni] *s.* calunnia, diffamazione.
to **calve** [kɑ:v] *v.t.* (*Zool.*) figliare, partorire.
calves [kɑ:vz] → **calf**[1], **calf**[2].
Calvinism ['kælvinizəm] *s.* calvinismo.
Calvinist ['kælvinist] *s./a.* calvinista *m./f.*
calyx ['keiliks] *s.* (*Bot.*) calice.
cam [kæm] *s.* (*Mecc.*) camma, eccentrico.
camber ['kæmbə*] *s.* curvatura.
to **camber** ['kæmbə*] **I** *v.t.* curvare. **II** *v.i.* curvarsi.
cambist ['kæmbist] *s.* (*Econ.*) cambiavalute.
Cambogia [kæm'bəudiə] *N.pr.* (*Geog.*) Cambogia.
Cambrian ['kæmbriən] *a./s.* gallese *m./f.*
came [keim] → to **come**.
camel ['kæməl] *s.* (*Zool.*) cammello. □ *on ~ back* a dorso di cammello.
cameleer [ˌkæmi'liə*] *s.* cammelliere.
camellia [kə'mi:ljə] *s.* (*Bot.*) camelia.
cameo ['kæmiəu] *s.* cammeo.
camera ['kæmərə] *s.* **1** (*Fot.*) macchina fotografica. **2** (*TV*) telecamera. □ (*Dir.*) *in ~* in sessione segreta.
cameraman ['kæmərəmən] *s.* (*pl.* **–men**) (*Cin.*, *TV*) cineoperatore, cameraman.
Cameroons ['kæməru:nz] *N.pr.* (*Geog.*) Camerun.
camisole ['kæmisəul] *s.* camiciola.
camomile ['kæməmail] *s.* (*Bot.*) camomilla.
camouflage ['kæməflɑ:ʒ] *s.* **1** (*Mil.*) mimetizzazione. **2** mimetismo.
to **camouflage** ['kæməflɑ:ʒ] *v.t.* **1** (*Mil.*) mimetizzare. **2** (*fig.*) travestire, camuffare.
camp [kæmp] *s.* **1** campo, campeggio. **2** (*Mil.*) accampamento. **3** (*fig.*) campo, schieramento. □ *to* **break** (o *strike*) *~* levare il campo; *to* **pitch** *~* piantare le tende, accamparsi.
to **camp** [kæmp] *v.i.* **1** accamparsi; attendarsi. **2** (spesso con *out*) campeggiare, fare un campeggio. **3** sistemarsi.
campaign [kæm'pein] s. campagna.
to **campaign** [kæm'pein] *v.i.* fare una campagna.
campaigner [kæm'peinə*] *s.* **1** (*Mil.*) combattente, partecipante a una campagna. **2** (*fig.*) sostenitore. □ (*Mil.*) *old ~* veterano.
camp-bed ['kæmpbed] *s.* letto da campo, branda.
camper ['kæmpə*] *s.* **1** campeggiatore. **2** camper (autocarro attrezzato ad abitazione).
camp-fire ['kæmpfaiə*] *s.* fuoco di bivacco.
camphor ['kæmfə*] *s.* (*Chim.*) canfora.
camping ['kæmpiŋ] *s.* campeggio.
campsite ['kæmpsait] *s.* campeggio.
camp-stool ['kæmpstu:l] *s.* seggiolino pieghevole.
campus *am.* ['kæmpəs] *s.* (*Univ.*) città universitaria; università.
camshaft ['kæmʃɑ:ft] *s.* (*Mecc.*) albero a camme.
can[1] [kæn] *v.aus.* (*pr.* **can** [kæn], *negativo* **cannot** ['kænɔt]; *pass.* **could** [kud]; **cannot** e **could not** si contraggono spesso in **can't** [kɑ:nt] e **couldn't** ['kudnt]; manca dell'inf. e del p.p.) **1** potere, essere in grado di: *he could have come* sarebbe potuto venire. **2** sapere, essere capace di: *~ you swim?* sai nuotare? **3** potere, avere il permesso di: *you ~ go now* puoi andare ora. **4** può darsi che, potere: *you could be right* può darsi che tu abbia ragione. **5** (*con verbi di percezione, general. non si traduce*): *I can't hear you* non ti sento; *she can't see anything* non vede niente. □ **as** *soon as ~ be* il più presto possibile; **as** *sure as ~ be* senza dubbio; **as** *well* (o *best*) *as I could* come meglio potei; *we ~* **but** *hope* non possiamo far altro che sperare; *it can't be* **helped** non c'è niente da fare; *you never ~* **tell** non si sa mai.
can[2] [kæn] *s.* **1** scatoletta; lattina; contenitore. **2** (*am.*) bidone. □ (*fam.*) *to carry the ~* assumersi la responsabilità.
to **can** [kæn] *v.t.* inscatolare.
Canada ['kænədə] *N.pr.* (*Geog.*) Canada.
Canadian [kə'neidiən] *a./s.* canadese *m./f.*
canal [kə'næl] *s.* canale.
canalization [ˌkænəlai'zeiʃən] *s.* canalizzazione; incanalamento.
to **canalize** ['kænəlaiz] *v.t.* canalizzare; incanalare.
canard [kæ'nɑ:d] *s.* notizia falsa.
canary [kə'nɛəri] *s.* **1** (*Zool.*) canarino. **2** giallo canarino.
Canary Islands [kə'nɛəri'ailəndz] *N.pr.* (*Geog.*) Canarie.
cancel ['kænsəl] *s.* (*Inform.*) annullamento. □ *~ character* carattere di annullamento.
to **cancel** ['kænsəl] *v.* (*pass.*, *p.p.* **–lled**/*am.* **–led** [–d]) **I** *v.t.* **1** annullare, disdire. **2** (*di francobolli*) annullare. **3** cancellare. **4** (*fig.*) (spesso con *out*) compensare, bilanciare. **5** (*Mat.*) elidere. **II** *v.i.* **1** (general. con *out*) compensarsi, bilanciarsi. **2** (*Mat.*) elidersi.
cancellation [ˌkænsə'leiʃən] *s.* **1** cancellazione,

annullamento; cancellatura. **2** sospensione. **3** (*Poste*) annullo.
cancer ['kænsə*] *s.* (*Med.*) cancro. **Cancer** (*Astr.*) Cancro.
cancerogenic [kænsərə'dʒenik] (*Med.*) cancerogeno.
cancerous ['kænsərəs] *a.* canceroso.
candelabrum [,kændi'lɑ:brəm] *s.* (*pl.* **–bra** [–brə]) candelabro.
candid ['kændid] *a.* franco, sincero; esplicito.
candidacy ['kændidəsi] → **candidature**.
candidate ['kændidit] *s.* candidato.
candidature ['kændidətʃə*] *s.* candidatura.
candied ['kændi:d] *a.* **1** candito. **2** (*fig.*) mellifluo, melato.
candle ['kændl] *s.* candela. □ (*fig.*) *not to* **hold** *a* ~ *to* non essere all'altezza di; (*fig.*) *the game is not* **worth** *the* ~ il gioco non vale la candela.
candle-end ['kændlend] *s.* moccolo.
candlelight ['kændllait] *s.* lume di candela.
candlestick ['kændlstik] *s.* candeliere.
candor *am.*, **candour** [kændə*] *s.* franchezza, sincerità.
candy ['kændi] *s.* **1** zucchero candito. **2** (*am.*) caramella, confetto.
to **candy** ['kændi] *v.t.* candire; caramellare.
candy-floss ['kændiflɔs] *s.* zucchero filato.
cane [kein] *s.* **1** (*Bot.*) canna (di bambù, ecc.), giunco. **2** bastone da passeggio. **3** verga (per punire gli scolari). □ ~ **chair** sedia di bambù; ~ **sugar** zucchero di canna.
canine ['kænain] **I** *a.* canino. **II** *s.*: ~(*tooth*) (dente) canino.
canister ['kænistə*] *s.* barattolo di metallo.
canker ['kæŋkə*] *s.* **1** (*Med.*) stomatite aftosa. **2** malattia delle piante. **3** (*fig.*) influenza corruttrice. **4** (*fig.*) cancro.
to **canker** ['kæŋkə*] *v.t.* **1** (*Med.*) ulcerare. **2** (*fig.*) corrompere, guastare.
cankerous ['kæŋkərəs] *a.* **1** cancrenoso. **2** (*fig.*) malefico.
cannabis ['kænəbis] *s.* **1** (*Bot.*) canapa indiana. **2** (*Farm.*) marijuana, hashish.
canned [kænd] *a.* **1** in scatola, inscatolato. **2** (*fam.*) ubriaco. □ ~ *music* filodiffusione.
cannibal ['kænibəl] *s.* cannibale.
cannibalism ['kænibəlizəm] *s.* cannibalismo.
cannon ['kænən] *s.* **1** (*Mil.*) cannone; mortaio. **2** (*nel biliardo*) carambola.
to **cannon** ['kænən] *v.i.* **1** (*Mil.*) sparare cannonate (*against* contro). **2** (*nel biliardo*) carambolare.
cannonade [,kænə'neid] *s.* **1** (*Mil.*) cannoneggiamento. **2** (*fig.*) fuoco di fila.
to **cannonade** [,kænə'neid] *v.t.* (*Mil.*) cannoneggiare.
cannon-ball ['kænənbɔ:l] *s.* palla di cannone.
cannot ['kænɔt] → **can**[1].
canny ['kæni] *a.* **1** circospetto, guardingo. **2** astuto, furbo.
canoe [kə'nu:] *s.* canoa.
to **canoe** [kə'nu:] **I** *v.i.* andare in canoa. **II** *v.t.* trasportare su una canoa.

canon[1] ['kænən] *s.* **1** norma, canone. **2** (*Rel.*, *Mus.*) canone. **3** catalogo di opere, corpus. □ ~ *law* diritto canonico.
canon[2] ['kænən] *s.* (*Rel.*) canonico.
canonical [kə'nɔnikl] *a.* **1** canonico (*anche fig.*).
canonization [,kænənai'zeiʃən] *s.* canonizzazione.
to **canonize** ['kænənaiz] *v.t.* **1** canonizzare. **2** (*fig.*) glorificare.
can-opener ['kæn,əupənə*] *s.* apriscatole.
canopy ['kænəpi] *s.* **1** baldacchino. **2** (*di paracadute*) calotta; tettuccio. **3** (*fig.*) volta celeste.
cant[1] [kænt] *s.* **1** gergo. **2** linguaggio ipocrita; frasi fatte.
to **cant**[1] [kænt] *v.i.* **1** parlare in gergo. **2** parlare ipocritamente (*about* di).
cant[2] [kænt] *s.* **1** inclinazione. **2** sbilanciamento.
to **cant**[2] [kænt] **I** *v.t.* **1** inclinare; voltare sottosopra. **2** sbilanciare. **II** *v.i.* **1** inclinarsi; rovesciarsi. **2** essere sbilanciato.
can't [kɑ:nt] → **can**[1].
Cantab ['kæntəb] *a.* dell'Università di Cambridge.
cantaloup(e) ['kæntəlu:p] *s.* (*Bot.*) melone, popone.
cantankerous [kæn'tæŋkərəs] *a.* litigioso; scorbutico.
canteen [kæn'ti:n] *s.* **1** (*Mil.*) spaccio, posto di ristoro. **2** mensa aziendale o universitaria. **3** astuccio o cassetto per posate. **4** (*Mil.*) borraccia.
canter ['kæntə*] *s.* piccolo galoppo.
to **canter** ['kæntə*] *v.i.* andare al piccolo galoppo.
canticle ['kæntikl] *s.* (*Rel.*) cantico.
cantilever ['kæntili:və*] *s.* (*Arch.*) mensola; trave a sbalzo.
canton ['kæntɔn] *s.* cantone (p.e. in Svizzera).
cantonment [kæn'tɔnmənt] *s.* (*Mil.*) acquartieramento.
canvas ['kænvəs] *s.* **1** canovaccio. **2** (*Pitt.*) dipinto su tela; tela. **3** tenda; telone.
canvass ['kænvəs] *s.* **1** esame approfondito, vaglio. **2** (*Pol.*) campagna elettorale.
to **canvass** ['kænvəs] **I** *v.t.* **1** sollecitare (voti, ecc.). **2** vagliare, sondare. **II** *v.i.* **1** chiedere adesioni (*for* per). **2** (*Pol.*) fare una campagna elettorale.
canyon ['kænjən] *s.* canyon.
caoutchouc ['kautʃuk] *s.* caucciù.
cap [kæp] *s.* **1** berretto, copricapo. **2** cuffia; crestina (di cameriera). **3** coperchio, copertura. **4** (*di matite*) cappuccio, salvapunte. **5** (*di monte*) cima, vetta. **6** (*di fungo*) cappello. **7** (*Arch.*) capitello. **8** puntale (di scarpe). **9** castagnola, petardo. **10** (*di cartucce*) capsula. □ *the* ~ **fits** l'osservazione è giusta; (*Univ.*) ~ *and* **gown** toga accademica; (*fig.*) ~ *in* **hand** umilmente.
to **cap** [kæp] *v.t.* (*pass.*, *p.p.* **capped** [–t]) **1**

mettere il berretto a. **2** tappare, mettere il coperchio a. **3** ricoprire la cima di. **4** (*fig.*) superare, dare dei punti a. **5** (*fig.*) coronare, completare. **6** incapsulare (un dente). **7** (*Sport*) scegliere (un membro di una squadra). **8** (*scozz.*) conferire una laurea.
cap. = **1** *capital* capitale. **2** *chapter* capitolo.
capability [ˌkeipəˈbiliti] *s.* **1** abilità, capacità. **2** facolta, possibilità.
capable [ˈkeipəbl] *a.* **1** abile, bravo. **2** capace, in grado (*of* di). **3** suscettibile (di).
capacious [kəˈpeiʃəs] *a.* ampio, capace.
capacity [kəˈpæsiti] *s.* **1** capienza. **2** capacità, contenuto. **3** capacità (psichica), potenziale mentale. **4** proprietà, caratteristica. ▭ **filled** *to* ~ pieno zeppo; *in the* ~ **of** in qualità di.
caparison [kəˈpærisn] *s.* gualdrappa (di cavallo).
cape[1] [keip] *s.* cappa, mantellina.
cape[2] [keip] *s.* (*Geog.*) capo, promontorio.
Cape of Good Hope [ˈkeip ɔv gud ˈhəup] *N.pr.* (*Geog.*) Capo di Buona Speranza.
caper[1] [ˈkeipə*] *s.* **1** saltello; capriola. **2** attività illegale, crimine. ▭ *to cut a* ~ fare una capriola; (*fig.*) agire da sciocco.
to **caper** [ˈkəipə*] *v.i.* **1** saltellare. **2** fare capriole.
caper[2] [ˈkeipə*] (*Bot.*) *s.* cappero.
Cape Town [ˈkeiptaun] *N.pr.* (*Geog.*) Città del Capo.
capillarity [ˌkæpiˈlæriti] *s.* capillarità.
capillary [kəˈpiləri] **I** *a.* capillare. **II** *s.* (*Anat.*) (vaso) capillare.
capital[1] [ˈkæpitl] **I** *s.* **1** (*Geog.*) capitale. **2** (lettera) maiuscola. **3** (*Econ.*) capitale. **II** *a.* **1** (*Econ.*) del capitale. **2** maiuscolo. **3** (*fig.*) primario, capitale. **4** (*fam.*) ottimo, eccellente. ▭ ~ **addition** aumento del capitale; ~ **gain** reddito di capitale; ~ **goods** beni strumentali; (*fig.*) *to* **make** ~ (*out*) *of s.th.* fare capitale di qc.; ~ **market** mercato finanziario; (*Dir.*) ~ **punishment** pena di morte; (*Econ.*) ~ **stock** capitale azionario.
capital[2] [ˈkæpitl] *s.* (*Arch.*) capitello.
capitalism [ˈkæpitəlizəm] *s.* capitalismo.
capitalist [ˈkæpitəlist] **I** *s.* capitalista *m./f.* **II** *a.* capitalistico.
capitalistic [ˌkæpitəˈlistik] *a.* capitalistico.
capitalization [ˌkæpitəlaiˈzeiʃən] *s.* (*Econ.*) capitalizzazione; capitale complessivo di una azienda.
to **capitalize** [ˈkæpitəlaiz] **I** *v.t.* **1** (*Econ.*) capitalizzare; finanziare (un'impresa); stimare il capitale di. **2** scrivere in maiuscolo. **II** *v.i.* far capitale, giovarsi (*on* di).
Capitol [ˈkæptl] *s.* Campidoglio.
to **capitulate** [kəˈpitjuleit] *v.i.* capitolare, arrendersi.
capitulation [kəˌpitjuˈleiʃən] *s.* capitolazione, resa.
capon [ˈkeipən] *s.* (*Zool.*) cappone.
caprice [kəˈpri:s] *s.* **1** capriccio, bizza. **2** (*Mus.*) capriccio.
capricious [kəˈpriʃəs] *a.* bizzoso, capriccioso.
Capricorn [ˈkæprikɔ:n] *N.pr.* (*Astr.*) Capricorno.
caps = *capital letters* lettere maiuscole.
to **capsize** [kæpˈsaiz] **I** *v.t.* capovolgere, rovesciare. **II** *v.i.* capovolgersi, rovesciarsi.
capstan [ˈkæpstən] *s.* (*Mar.*) argano.
capsule [ˈkæpsju:l] *s.* **1** capsula. **2** capsula spaziale.
Capt. = *Captain* capitano (cap.).
captain [ˈkæptin] *s.* **1** capitano; comandante. **2** (*Mar.*) capitano di vascello.
to **captain** [ˈkæptin] *v.t.* (*Sport*) capitanare.
caption [ˈkæpʃən] *s.* **1** (*Giorn.*) intestazione. **2** (*Tip.*) didascalia. **3** (*Cin.*) sottotitolo. ▭ (*Giorn.*) ~ *writer* titolista *m./f.*
captious [ˈkæpʃəs] *a.* capzioso, sofistico.
to **captivate** [ˈkæptiveit] *v.t.* cattivare. attrarre, affascinare.
captivation [ˌkæptiˈveiʃən] *s.* attrazione, fascino.
captive [ˈkæptiv] *a./s.* prigioniero; in cattività. ▭ (*Aer.*) ~ *balloon* pallone frenato.
captivity [kæpˈtiviti] *s.* **1** prigionia. **2** (*di animali*) cattività.
capture [ˈkæptʃə*] *s.* **1** cattura, arresto. **2** preda.
to **capture** [ˈkæptʃə*] *v.t.* **1** far prigioniero, arrestare; catturare. **2** (*fig.*) accaparrare, conquistare.
car [kɑ:*] *s.* **1** automobile, macchina. **2** (*am. Ferr.*) carrozza viaggiatori, vettura. **3** (*di ascensore*) gabbia, cabina. **4** (*Aer.*) navicella. **5** vagoncino, vagonetto (usato in miniera). **6** (*poet.*) carro. ▭ ~ *park* parcheggio, posteggio.
carafe [kəˈrɑ:f] *s.* caraffa.
caramel [ˈkærəmel] *s.* **1** caramello. **2** caramella.
carat [ˈkærət] *s.* carato.
caravan [ˈkærəvæn] *s.* **1** carovana; colonna (di veicoli). **2** carrozzone. **3** roulotte.
caravansary [ˌkærəˈvænsəri], **caravanserai** [ˌkærəˈvænsərai] *s.* caravanserraglio.
caravel [ˈkærəvel] s. (*Mar.*) caravella.
carbide [ˈkɑ:baid] *s.* (*Chim.*) carburo.
carbine [ˈkɑ:bain] *s.* carabina.
carbohydrate [ˌkɑ:bəuˈhaidreit] *s.* (*Chim.*) carboidrato.
carbon [ˈkɑ:bən] *s.* **1** (*Chim.*) carbonio. **2** (*El.*) filo a carbone. **3** foglio di carta carbone. ▭ ~ **black** nerofumo; ~ **copy** copia carbone; ~ **dioxide** anidride carbonica; ~ **paper** carta carbone.
carbonic [kɑ:ˈbɔnik] *a.* (*Chim.*) carbonico.
to **carbonize** [ˈkɑ:bənaiz] *v.t.* (*Chim.*) carbonizzare.
carboy [ˈkɑ:bɔi] *s.* damigiana.
carbuncle [ˈkɑ:bʌnkl] *s.* **1** (*Med.*) carbonchio. **2** pustola. **3** (*Min.*) granato.
to **carburet** [ˈkɑ:bjuret] *v.t.* (*pass., p.p.* **–tted**, *am.* **–ted** [–tid]) (*Mot.*) carburare.
carburetter, **carburettor** [ˈkɑ:bjuretə*, *am.* ˈkɑ:rbəreitə*] *s.* (*Mot.*) carburatore.

carcase, **carcass** ['kɑ:kəs] *s.* **1** carcassa. **2** (*Edil.*) armatura. **3** (*Mar.*) ossatura, scheletro.

carcinogen [kɑ:'sinədʒən] *s.* (*Med.*) sostanza cancerogena.

carcinogenic [,kɑ:sinə'dʒenic] *a.* (*Med.*) cancerogeno.

card[1] [kɑ:d] *s.* **1** biglietto; cartoncino; (*Poste*) cartolina: *Christmas* ~ cartoncino d'auguri per Natale; *visiting* ~, (*am.*) *calling* ~ biglietto da visita. **2** tessera (di associazione): ~ *carrying member* iscritto, tesserato. **3** scheda (*anche Inform.*), cartella (di schedario). **4** carta da gioco: *to play cards* giocare a carte; ~ *table* tavolo da gioco. **5** programma (stampato) di una manifestazione. **6** (*fam.*) tipo strambo. □ (*fig.*) **on** *the cards* probabile; (*fig.*) *to* **play** *one's cards well* giocare bene le proprie carte; (*fig.*) *to* **put** *one's cards on the table* mettere le carte in tavola; (*fig.*) *to have a* ~ *up one's* **sleeve** avere un asso nella manica.

card[2] [kɑ:d] *s.* (*Tessitura*) carda, cardatrice.

to **card** [kɑ:d] *v.t.* (*Tessitura*) cardare.

Card. = *Cardinal* Cardinale.

cardboard ['kɑ:dbɔ:d] *s.* cartone.

carder ['kɑ:də*] *s.* (*Tessitura*) cardatore.

cardiac ['kɑ:diæk] *a.* (*Med.*) cardiaco.

cardigan ['kɑ:digən] *s.* cardigan.

cardinal ['kɑ:dinl] **I** *s.* **1** (*Rel.*) cardinale. **2** (*Zool.*) cardinale rosso. **II** *a.* cardinale; capitale.

card-index ['kɑ:dindeks] *s.* schedario.

cardiologist [,kɑ:di'ɔlədʒist] *s.* cardiologo.

cardiology [,kɑ:di'ɔlədʒi] *s.* cardiologia.

card-sharper ['kɑ:dʃɑ:pə*] *s.* baro.

care [kɛə*] *s.* **1** ansietà, preoccupazioni. **2** attenzione, cura. **3** responsabilità; protezione. □ **handle** *with* ~*!* fragile; (*Poste*) ~ **of** presso; **take** ~ stai attento; *to* **take** ~ *of* prendersi cura di; occuparsi di; **under** *s.o.'s* ~ sotto la responsabilità di qd.

to **care** [kɛə*] *v.i.* **1** preoccuparsi, (*fam.*) prendersela. **2** (costr. impers.) importare, tenerci: *I don't* ~ *if he comes* non m'importa che egli venga. **3** prendersi cura (*for* di). **4** amare (qc.); (costr. impers.) piacere (qc.). **5** volere: *would you* ~ *for a beer?* vuoi una birra? □ (*fam.*) *I don't* ~ *a* **damn** non me ne importa un bel niente; (*fam.*) **who** *cares?* che importa?

to **careen** [kə'ri:n] *v.t.* (*Mar.*) carenare.

career [kə'riə*] *s.* **1** carriera. **2** occupazione; professione. □ *in* **full** ~ di gran carriera; *to* **stop** *in mid* ~ fermarsi nel mezzo della corsa; *to* **take** *up a* ~ intraprendere una carriera; ~ **woman** donna in carriera.

to **career** [kə'riə*] *v.i.* (general. con *about, along, past*) andare di gran carriera.

careerist [kə'riərist] *s.* carrierista *m./f.*

carefree ['kɛəfri:] *a.* libero da preoccupazioni; spensierato.

careful ['kɛəful] *a.* **1** attento; cauto, prudente. **2** diligente; accurato.

carefulness ['kɛəfulnis] *s.* **1** cautela, prudenza. **2** accuratezza, diligenza.

care-laden ['kɛəleidn] → **careworn**.

careless ['kɛəlis] *a.* **1** trascurato, negligente; disattento, sbadato. **2** inesatto, impreciso. **3** spensierato. **4** incurante (*of, about* di).

carelessness ['kɛəlisnis] *s.* **1** trascuratezza, negligenza; disattenzione, sbadataggine. **2** imprecisione, inesattezza. **3** spensieratezza.

caress [kə'res] *s.* carezza.

to **caress** [kə'res] *v.t.* accarezzare, carezzare.

caretaker ['kɛəteikə*] *s.* custode *m./f.*, guardiano.

careworn ['kɛəwɔ:n] *a.* logorato dalle preoccupazioni.

cargo ['kɑ:gəu] *s.* (*pl.* **–es**/**–s** [–z]) (*Mar., Aer.*) carico. □ (*Mar.*) ~ *boat* nave da carico.

Caribbean [,kæri'bi:ən] **I** *a.* caraibico. **II** *s.* caraibo.

Caribbeans [,kæri'bi:ənz] *N.pr.* (*Geog.*) Caraibi.

caricature ['kærikətjuə*] *s.* caricatura.

to **caricature** [,kærikə'tjuə*] *v.t.* mettere in caricatura, fare la caricatura di.

caricaturist [,kærikə'tjuərist] *s.* caricaturista *m./f.*

caries ['kɛərii:z] *s.inv.* (*Med.*) carie.

caring ['kɛəriŋ] *a.* **1** che si preoccupa, disponibile. **2** comprensivo, che partecipa. □ ~ *organization* ente assistenziale.

carious ['kɛəriəs] *a.* (*Med.*) cariato.

carmine ['kɑ:main] *a./s.* (color) carminio.

carnage ['kɑ:nidʒ] *s.* carneficina, strage.

carnal ['kɑ:nl] *a.* **1** corporeo. **2** carnale, della carne. **3** sessuale, sensuale. □ ~ *desires* desideri sessuali.

carnation [kɑ:'neiʃən] **I** *s.* **1** (*Bot.*) garofano. **2** (color) carnicino. **II** *a.* carnicino.

carnival ['kɑ:nivəl] *s.* **1** carnevale. **2** festa, baldoria. **3** (*am.*) luna park; parco dei divertimenti.

carnivore ['kɑ:nivɔ:*] *s.* carnivoro.

carnivorous [kɑ:'nivərəs] *a.* carnivoro.

carol ['kærəl] *s.* canto di gioia, canto di Natale.

to **carol** ['kærəl] *v.i.* (*pass., p.p.* **–lled**/*am.* **–led** [–d]) cantare allegramente.

Caroline ['kærəlain] *N.pr.f.* Carolina.

carotid [kə'rɔtid] *s.* (*Anat.*) carotide.

carousal [kə'rauzl], **carouse** [kə'rauz] *s.* baldoria; bevuta.

to **carouse** [kə'rauz] *v.i.* fare baldoria; bere smodatamente.

carousel [,kɑ:ru:'zel] *s.* **1** nastro trasportatore circolare. **2** (*am.*) giostra.

carp [kɑ:p] *s.* (*Zool.*) carpa.

to **carp** [kɑ:p] *v.i.* trovare a ridire, cavillare (*at, about* su).

carpenter ['kɑ:pintə*] *s.* falegname, carpentiere.

carpentry ['kɑ:pintri] *s.* carpenteria.

carpet ['kɑ:pit] *s.* **1** tappeto; (*estens.*) moquette, passatoia. **2** manto stradale. **3** (*fig.*) tappeto, strato. □ (*fig.*) **on** *the* ~ in discussio-

ne; *to be* **on** *the* ~ avercela con qd.
to **carpet** ['kɑ:pit] *v.t.* **1** coprire con tappeti. **2** (*fam.*) rimproverare, riprendere.
carpet-bag ['kɑ:pitbæg] *s.* borsa da viaggio.
carpet-bagger *am.* ['kɑ:pitbægə*] *s.* profittatore politico, opportunista.
carpet-beater ['kɑ:pitbi:tə*] *s.* battipanni.
carriage ['kæridʒ] *s.* **1** carrozza. **2** (*Ferr.*) vagone, carrozza. **3** trasporto; spese di trasporto. **4** carrello. **5** portamento, contegno. □ ~ **entrance** passo carrabile; (*Comm.*) ~ **forward** porto assegnato; (*Comm.*) ~ **free** porto franco.
carriageway ['kæridʒwei] *s.* carreggiata, corsia.
carrier ['kæriə*] *s.* **1** (*Comm.*) compagnia di trasporti; vettore. **2** (*di auto*) portabagagli; (*di bicicletta*) portapacchi. **3** (termine generico per) veicolo da trasporto; (*Mar.*) portaerei. **4** (*Med.*) portatore. **5** (*am.*) postino.
carrierbag ['kariəbæg] *s.* sacchetto di carta (*o* plastica).
carrier-pigeon ['kariəpidʒin] *s.* (*Zool.*) piccione viaggiatore.
carrion ['kæriən] *s.* carogna.
carrot ['kærət] *s.* (*Bot.*) carota. □ *the stick and the* ~ il bastone e la carota.
carry ['kæri] *s.* portata, gittata (di armi da fuoco).
to **carry** ['kæri] **I** *v.t.* **1** portare, trasportare; avere con sé: *to* ~ *money with one* portare con sé del denaro. **2** (*Arch.*) sostenere, sorreggere. **3** conquistare (*anche fig.*); impadronirsi di. **4** pubblicare; contenere: *that news paper carries bad news* quel giornale pubblica cattive notizie. **5** comportare, implicare. **6** (*Mat.*) riportare. **7** (*Comm.*) trattare: *this shop carries hats only* questo negozio tratta solo cappelli. **II** *v.i.* **1** (*rif. ad armi da fuoco*) avere una gittata di. **2** arrivare, giungere. □ *to get carried* **away** entusiasmarsi; *to* ~ **back** riportare (alla mente); (*fig.*) *to* ~ *everything* **before** *one* avere pieno successo; *to* ~ *a* **child** essere incinta; *to* ~ **conviction** essere convincente; *to* ~ *into* **effect** mettere in atto; (*fig.*) *to* ~ *s.th. too* **far** passare il limite; (*Comm.*) *to* ~ **forward** riportare; (*Teat.*) *to* ~ *the* **house** trascinare il pubblico; (*Econ.*) *to* ~ **interest** fruttare; (*fig.*) *to* ~ *one's* **liquor** reggere (bene) l'alcol; *to* ~ **off** causare la morte di qd.; vincere; *to* ~ *it* **off** (*well*) cavarsela con successo; *to* ~ **on** mandare avanti; (*fam.*) comportarsi in modo strano; lamentarsi; *to* ~ **o.s.** comportarsi, tenere un contegno; *to* ~ **out** eseguire, portare a termine; *to* ~ **over** rimandare, rinviare; (*Comm.*) riportare; *to* ~ **through** compiere, portare a termine; (*fig.*) *to* ~ **weight** avere peso; avere autorità; (*fig.*) *to* ~ *s.o.* **with** *one* conquistare qd.
carry-all ['kæriɔ:l] *s.* grossa borsa.
carry-cot ['kærikɔt] *s.* baby-pullman.
carryings-on ['kæriiŋz'ɔn] *s.pl.* (*fam.*) baccano, confusione.
carry-on ['kæri'ɔn] *s.* bagaglio a mano (su aereo).
carry-over ['kæriəuvə*] *s.* **1** rimanenza. **2** (*am. Econ.*) riporto.
cart [kɑ:t] *s.* carro, calesse. □ (*fig.*) *to put the* ~ *before the horse* mettere il carro davanti ai buoi.
to **cart** [kɑ:t] *v.t.* **1** trasportare con un carro. **2** (spec. con *around*) trasportare un peso con fatica.
cartage ['kɑ:tidʒ] *s.* spese di trasporto.
cartel [kɑ:'tel] *s.* (*Econ.*) consorzio.
carter ['kɑ:tə*] *s.* carrettiere.
carthorse ['kɑ:thɔ:s] *s.* cavallo da tiro.
cartilage ['kɑ:tilidʒ] *s.* (*Anat.*) cartilagine.
cartload ['kɑ:tloud] *s.* (*fam.*) carrettata.
cartographer [kɑ:'tɔgrəfə*] *s.* cartografo.
cartography [kɑ:'tɔgrəfi] *s.* cartografia.
carton ['kɑ:tn] *s.* **1** scatola di cartone. **2** stecca di sigarette.
cartoon [kɑ:'tu:n] *s.* **1** (*Cin.*) cartone animato. **2** vignetta, disegno umoristico. **3** fumetto.
to **cartoon** [kɑ:'tu:n] *v.t./i.* disegnare vignette (*o* cartoni animati).
cartoonist [kɑ:'tu:nist] *s.* **1** vignettista *m./f.*, caricaturista *m./f.* **2** disegnatore di cartoni animati.
cartridge ['kɑ:tridʒ] *s.* **1** cartuccia. **2** cassetta, caricatore di nastro magnetico. □ (*Mil.*) ~ **belt** cartucciera; ~ **box** giberna; ~ **paper** carta opaca da disegno.
cart-track ['kɑ:ttræk] *s.* strada carreggiabile.
cartwheel ['kɑ:twi:l] *s.* (*Ginn.*) ruota.
to **carve** [kɑ:v] **I** *v.t.* **1** intagliare; scolpire, incidere. **2** (*fig.*) (spesso con *out*) costruirsi, farsi. **3** trinciare (carne); affettare. **II** *v.i.* fare l'intagliatore (*o* lo scultore).
carver ['kɑ:və*] *s.* intagliatore, incisore.
carving ['kɑ:viŋ] *s.* lavoro d'intaglio.
carving-knife ['kɑ:viŋnaif] *s.* (*pl.* **–ves** [–vz]) trinciante.
caryatid [ˌkæri'ætid] *s.* (*pl.* **–s** [–z])/**–ides** [–i:z]) (*Arch.*) cariatide.
cascade [kæs'keid] *s.* cascata (*anche fig.*); cascatella.
to **cascade** [kæs'keid] *v.i.* venire giù a cascata.
case[1] [keis] *s.* **1** caso, incidente. **2** situazione; questione. **3** (*Dir.*) causa, processo. **4** (*Med.*) caso. **5** (*Gramm.*) caso. □ *in* **any** ~ in ogni caso; *such* **being** *the* ~ stando così le cose; ~ **history** cartella clinica; (*just*) **in** ~ caso mai, nel caso che, se; *to* **make** (*out*) *a* ~ *for* dimostrare la fondatezza di; *in* **nine** *cases out of ten* in nove casi su dieci; *in* **no** ~ in nessun caso; *a* ~ *in* **point** un esempio calzante; **put** *the* ~ *that* poni il caso che; **should** *that not be the* ~ in caso contrario; **that** *is the* ~ le cose stanno così.
case[2] [keis] *s.* **1** scatola, contenitore; astuccio, custodia; guaina, fodero. **2** cassa; scatola; cassetta. **3** valigia. □ *book* ~ scaffale per libri.
to **case** [keis] *v.t.* **1** imballare; mettere in

casse (*o* cassette). **2** rivestire, ricoprire. **3** (*fam.*) esaminare a fondo, vagliare.

casebook ['keisbuk] *s.* registro dei clienti.

casein ['keisi:in] *s.* (*Chim.*) caseina.

casemate ['keismeit] *s.* (*Mil.*) casamatta.

casement ['keismənt] *s.* (*Edil.*) intelaiatura di finestra a battenti. □ ~ *window* finestra a battenti.

casework ['keiswə:k] *s.* assistenza sociale.

cash [kæʃ] *s.inv.* (*Econ.*) cassa, denaro contante, contanti. □ (*am.*) ~ *and* **carry** vendita in contanti senza servizio di consegna; ~ *on* **delivery** pagamento alla consegna; ~ **down** in contanti; (*Comm.*) ~ *on* **hand** fondo cassa; **out** *of* ~ senza soldi; (*Comm.*) *to* **pay** *by* (o *for, in*) ~ pagare in contanti.

to **cash** [kæʃ] *v.t.* incassare, riscuotere; convertire in denaro. □ *to* ~ *in on s.th.* trarre vantaggio da qc.

cashew [kæ'ʃu:] *s.* (*Bot.*) anacardio, acagiù.

cashier [kæ'ʃiə*] *s.* cassiere.

to **cashier** [kə'ʃiə*] *v.t.* **1** licenziare. **2** (*Mil.*) destituire; radiare.

cashmere [kæʃ'miə*] *s.* cachemire, cashmere.

cash-register ['kæʃredʒistə*] *s.* registratore di cassa.

casing ['keisiŋ] *s.* **1** custodia, rivestimento. **2** copertura, fodera. **3** (*am. Aut.*) copertone.

casino [kə'si:nəu] *s.* (*pl.* **–s** [–z]) casinò, casa da gioco.

cask [kɑ:sk] *s.* barile, botte.

casket ['kɑ:skit] *s.* **1** cofanetto, scrigno. **2** (*am.*) bara.

Caspian Sea ['kæspiən'si:] *N.pr.* (*Geog.*) Mar Caspio.

cassation [kæ'seiʃən] *s.* (*Dir.*) cassazione.

casserole ['kæsərəul] *s.* casseruola.

cassette [kə'set] *s.* **1** cassetta (del registratore). **2** (*Fot.*) caricatore.

cassock ['kæsək] *s.* abito talare, tonaca.

cast [kɑ:st] *s.* **1** (*Teat., Cin.*) complesso di attori, cast. **2** (*Met., Scult.*) getto, fusione; colata; stampo. **3** (*Med.*) ingessatura. **4** tipo, genere; qualità. **5** lancio, tiro. **6** (*Zool.*) muta.

to **cast** [kɑ:st] *v.* (*pass., p.p.* **cast**) **I** *v.t.* **1** (*Teat., Cin.*) scegliere gli attori per, scritturare. **2** (*Met., Scult.*) fondere, gettare. **3** lanciare; buttare. **4** emettere (luce, ecc.). **5** perdere, lasciar cadere. **6** (*Zool.*) mutare (la pelle). **7** addizionare, sommare. **II** *v.i.* **1** gettare. **2** gettare l'esca (per i pesci). **3** (*Teat., Cin.*) assegnare le parti **4** (*Met., Scult.*) fondere. □ *to* ~ **about** cercare (*for s.th.* qc.), andare in cerca (di); (*Mar.*) *to* ~ **anchor** gettare l'ancora; *to* ~ **aside** scartare; *to* ~ **away** gettare via; (*Mar.*) *to be* ~ **away** far naufragio; *to* ~ *the* **blame** *on s.o.* dare la colpa a qd.; *to* ~ **doubts** *on s.th.* mettere in dubbio qc.; *to* ~ **down** abbassare, umiliare; (*fig.*) *to* ~ *an* **eye** *at s.th.* gettare l'occhio su qc.; *to* ~ **loose** *from* liberarsi da; *to* ~ **lots** estrarre a sorte; *to* ~ **off** scartare, buttare via; (*Mar.*) disormeggiare, mollare; (*lavoro a maglia*) fermare, chiudere; (*lavoro a maglia*) *to* ~ **on** avviare; *to* ~ **out** scacciare, buttare fuori; *to* ~ **up** addizionare, sommare; (*fam.*) vomitare; *to* ~ *a* **vote** dare un voto.

castanets [,kæstə'nets] *s.pl.* nacchere, castagnette.

castaway ['kɑ:stəwei] *s.* **1** (*Mar.*) naufrago. **2** (*fig.*) reietto.

caste [kɑ:st] *s.* casta.

castellated ['kæstəleitid] *a.* **1** (*Arch.*) castellato. **2** turrito.

caster ['kɑ:stə*] *s.* **1** rotella per mobili. **2** (*Met.*) fonditore, modellatore. **3** pepaiola; saliera; spargizucchero.

to **castigate** ['kæstigeit] *v.t.* **1** castigare, punire. **2** censurare, giudicare severamente.

castigation [,kæsti'geiʃən] *s.* **1** castigo, punizione. **2** critica, censura.

casting ['kɑ:stiŋ] *s.* **1** (*Met.*) getto, colata; pezzo fuso. **2** (*Teat., Cin.*) assegnazione delle parti. □ ~ *vote* voto decisivo.

cast-iron ['kɑ:st'aiən] **I** *s.* (*Met.*) ghisa. **II** *a.* **1** (*Met.*) di ghisa. **2** (*fig.*) rigido, inflessibile; di ferro: ~ *alibi* alibi di ferro.

castle ['kɑ:sl] *s.* **1** castello. **2** (*negli scacchi*) torre. □ *castels in the air* castelli in aria.

to **castle** ['kɑ:sl] *v.i.* (*negli scacchi*) arroccarsi.

cast-off ['kɑ:stɔf] *s.* **1** reietto. **2** abito smesso.

castor ['kɑ:stə*] *s.* **1** rotella per mobili. **2** pepaiola; saliera; spargizucchero. □ ~ *sugar* zucchero semolato.

castor-oil [,kɑ:stər'ɔil] *s.* olio di ricino.

to **castrate** [kæs'treit] *v.t.* castrare.

castration [kæs'treiʃən] *s.* castrazione.

casual ['kæʒjuəl] **I** *a.* **1** casuale, accidentale, fortuito. **2** superficiale. **3** noncurante, indifferente. **4** disinvolto, spontaneo. **5** (*di abiti*) sportivo, semplice, pratico. **6** occasionale, saltuario. **II** *s.pl.* scarpe sportive; abiti sportivi. □ ~ *labourer* lavoratore avventizio.

casually ['kæʒjuəli] *avv.* **1** con semplicità, con naturalezza. **2** con indifferenza.

casualty ['kæʒjuəlti] *s.* **1** (*Mil.*) morto; ferito. **2** vittima. **3** incidente, infortunio.

cat [kæt] *s.* **1** (*Zool.*) gatto; felino. **2** donna bisbetica e pettegola. □ (*fam.*) *to fight like* ~ *and* **dog** litigare come cani e gatti; (*fig.*) *to see which way the* ~ **jumps** vedere da che parte tira il vento; (*fig.*) *to* **let** *the* ~ *out of the bag* lasciarsi sfuggire un segreto; ~ *and* **mouse** guardie e ladri; (*fig.*) *to* **rain** *cats and dogs* piovere a catinelle; (*fam.*) *there's not enough room to* **swing** *a* ~ non c'è spazio nemmeno per muoversi.

CAT = *Computed Axial Tomography* Tomografia Assiale Computerizzata (TAC).

cataclysm ['kætəklizəm] *s.* cataclisma.

catacomb ['kætəku:m] *s.* catacomba.

catafalque ['kætəfælk] *s.* catafalco.

catalepsy [,kætə'lepsi] *s.* (*Med.*) catalessi.

catalog *am.*, **catalogue** ['kætəlɔg] *s.* **1** catalogo. **2** (*fig.*) serie, sequela.

to **catalogue** ['kætəlɔg] *v.t.* catalogare.
catalysis [kə'tælisis] *s.* (*pl.* **–ses** [–si:z]) (*Chim.*) catalisi.
catalyst ['kætəlist] *s.* (*Chim.*) catalizzatore.
catamaran [,kætəmə'ræn] *s.* catamarano.
cataplasm ['kætəplæzəm] *s.* (*Med.*) cataplasma.
catapult ['kætəpʌlt] *s.* **1** fionda; catapulta. **2** (*Aer.*) catapulta.
to **catapult** ['kætəpʌlt] **I** *v.t.* catapultare, lanciare (*anche fig.*). **II** *v.i.* **1** essere catapultato. **2** (*fig.*) lanciarsi, scagliarsi.
cataract ['kætərækt] *s.* **1** cascata; cateratta. **2** (*Med.*) cateratta.
catarrh [kə'tɑ:*] *s.* (*Med.*) catarro.
catastrophe [kə'tæstrəfi] *s.* catastrofe.
catastrophic [,kætə'strɔfik] *a.* catastrofico.
catcall ['kætkɔ:l] *s.* fischio (*o* rumore) di disapprovazione.
catch [kætʃ] *s.* **1** presa. **2** preda, bottino (*anche fig.*); (*pesca*) retata (*anche fig.*). **3** (*di porta, finestra*) gancio; (*di spilla*) fermaglio. **4** (*fig.*) trappola, tranello. □ *he's a* **good** ~ è un buon partito; *a* ~ **question** una domanda insidiosa.
to **catch** [kætʃ] *v.* (*pass., p.p.* **caught** [kɔ:t]) **I** *v.t.* **1** prendere (*anche fig.*): *to ~ a cold* prendere il raffreddore. **2** afferrare, agguantare: *to ~ s.o. by the arm* afferrare qd. per il braccio. **3** sorprendere, cogliere: *to ~ s.o. in the act* cogliere qd. sul fatto. **4** attrarre, richiamare: *to ~ attention* richiamare l'attenzione. **5** (*fig.*) afferrare, capire, comprendere. **II** *v.i.* **1** impigliarsi, aggrovigliarsi. **2** impegolarsi. **3** (*di finestra, porta*) chiudere. □ *to* ~ **at** aggrapparsi a; (*fig.*) prendere al volo; *to ~ s.o. a* **blow** assestare un colpo a qd.; *to ~ one's* **breath** trattenere il respiro; *to ~ s.o.'s* **fancy** andare a genio a qd.; *to ~ one's* **foot** inciampare; *to ~ a* **glimpse** *of s.o.* intravedere qd.; *to* ~ **hold** *of s.o.* afferrare qd.; (*fam.*) *to* ~ **it** prendersi una bella sgridata; (*fam.*) ~ **me***!* non ci casco!; *to ~ s.o.* **napping** cogliere di sorpresa qd.; *to* ~ **on** diffondersi; arrivare a capire; *to* ~ **out** scoprire, sorprendere; (*Sport*) eliminare; *to* ~ **up** afferrare; raggiungere; mettersi in pari, aggiornarsi (*on, with* con): *to ~ up on one's work* mettersi in pari col lavoro.
catch-as-catch-can ['kætʃəz'kætʃ'kæn] *s.* (*Sport*) lotta libera americana, catch.
catching ['kætʃiŋ] *a.* **1** contagioso (*anche fig.*). **2** attraente.
catchment ['kætʃmənt] *s.* raccolta d'acqua. □ ~ *area* (o *basin*) bacino di raccolta; (*fig.*) bacino d'utenza.
catchpenny ['kætʃpeni] *a.* **1** da quattro soldi. **2** (*estens.*) oggetto di nessun valore ma che fa figura.
catchword ['kætʃwə:d] *s.* slogan.
catchy ['kætʃi] *a.* **1** che si ricorda facilmente; orecchiabile. **2** ingannevole.
catechism ['kætikizem] *s.* (*Rel.*) catechismo.
to **catechize** ['kætikaiz] *v.t.* catechizzare.
categorical [,kæti'gɔrikl] *a.* categorico.
category ['kætigəri] *s.* categoria.
to **cater** ['keitə*] *v.i.* **1** approvvigionare (*for s.o.* qd.). **2** (*fig.*) provvedere ai bisogni (*for* di).
catering ['keitəriŋ] *s.* approvvigionamento; servizio ristorazione.
caterpillar ['kætəpilə*] *s.* **1** (*Zool.*) bruco. **2** (*Mecc.*) mezzo cingolato.
to **caterwaul** ['kætəwɔ:l] *v.i.* miagolare (di gatto in amore).
catfish ['kætfiʃ] *s.* (*Zool.*) pesce gatto.
catgut ['kætgʌt] *s.* **1** catgut (filo per suture chirurgiche). **2** minugia (per strumenti musicali).
catharsis [kə'θɑ:sis] *s.* **1** catarsi. **2** (*Med.*) beneficio (dell'intestino).
cathedral [kə'θi:drəl] *s.* cattedrale.
Catherine ['kæθərin] *N.pr.f.* Caterina.
Catherine-wheel ['kæθərinwi:l] *s.* **1** girandola (di fuochi d'artificio). **2** (*Ginn.*) ruota.
catheter ['kæθitə*] *s.* (*Med.*) catetere.
cathode ['kæθəud] *s.* (*El.*) catodo.
catholic ['kæθəlik] *a.* **1** generale, universale. **2** liberale, aperto. **Catholic** *a./s.* cattolico.
Catholicism [kə'θɔlisizəm] *s.* cattolicesimo.
catholicity [,kæθə'lisiti] *s.* **1** apertura mentale. **2** universalità. **Catholicity** cattolicità.
cat-nap ['kætnæp] *s.* (*fam.*) pisolino: *to take a ~* schiacciare un pisolino.
cat's eye ['kætsai] *s.* **1** (*Min.*) occhio di gatto. **2** *pl.* catarifrangenti.
cattish ['kætiʃ] → **catty**.
cattle ['kætl] *s.pl.* armenti, bestiame. □ ~ *truck* carro bestiame.
catty ['kæti] *a.* dispettoso.
cat-walk ['kætwɔ:k] *s.* passerella.
Caucasian [kɔ:'keiʒjən] *a./s.* caucasico.
caught [kɔ:t] → to **catch**.
cauldron ['kɔ:ldrən] *s.* calderone.
cauliflower ['kɔliflauə*] *s.* (*Bot.*) cavolfiore.
to **caulk** [kɔ:k] *v.t.* **1** (*Mar.*) calafatare. **2** (*Mecc.*) cianfrinare.
causal ['kɔ:zəl] *a.* causale.
causality [kɔ:'zæliti] *s.* causalità.
causative ['kɔ:zətiv] *a.* causativo.
cause [kɔ:z] *s.* **1** causa. **2** ragione, motivo. **3** obiettivo, proponimento. □ *to make common ~ with s.o.* fare causa comune con qd.
to **cause** [kɔ:z] *v.t.* **1** causare, provocare. **2** costringere, indurre: *to ~ s.o. to do s.th.* indurre qd. a fare qc.
causeway ['kɔ:zwei] *s.* strada soprelevata.
caustic ['kɔ:stik] **I** *a.* (*Chim.*) caustico (*anche fig.*). **II** *s.* (*Chim.*) sostanza caustica.
to **cauterize** ['kɔ:təraiz] *v.t.* (*Med.*) cauterizzare.
cautery ['kɔ:təri] *s.* (*Med.*) cauterio.
caution ['kɔ:ʃən] *s.* **1** cautela, prudenza, attenzione. **2** avvertimento, ammonimento. **3** (*fam.*) tipo strano; cosa buffa. **4** (*Dir.*) ammonimento, avvertimento.
to **caution** ['kɔ:ʃən] *v.t.* avvertire, mettere in

guardia: *to ~ s.o. against s.th.* mettere in guardia qd. contro qc.
cautionary ['kɔ:ʃənəri] *a.* ammonitore, di avvertimento.
cautious ['kɔ:ʃəs] *a.* prudente, cauto; attento.
cavalcade [,kævəl'keid] *s.* sfilata storica; corteo a cavallo.
cavalier [,kævə'liə*] **I** *s.* (*ant.*) cavaliere. **II** *a.* arrogante, altezzoso.
cavalry ['kævəlri] *s.* (*Mil.*) cavalleria.
cave [keiv] *s.* **1** caverna, grotta, spelonca. **2** covo, tana. □ *~ dweller* cavernicolo.
to **cave** [keiv] *v.i.* (general. con *in*) franare; crollare.
caveat ['keiviæt] *s.* **1** (*Dir.*) sospensiva. **2** ammonimento.
cave-man ['keivmən] *s.* (*pl.* **–men**) **1** uomo delle caverne, cavernicolo. **2** (*scherz.*) troglodita.
cavern ['kævən] *s.* grotta, caverna.
cavernous ['kævənəs] *a.* cavernoso.
caviar(e) ['kævia:*] *s.* caviale.
cavil ['kævil] *s.* cavillo.
to **cavil** ['kævil] *v.i.* (*pass., p.p.* **–lled**, *am.* **–led** [–d]) cavillare (*at, about* su).
cavity ['kæviti] *s.* **1** cavità. **2** (*Mecc.*) intercapedine.
to **cavort** *am.* [kə'vɔ:t] *v.i.* (*fam.*) saltellare; fare capriole.
caw [kɔ:] *s.* gracchio.
to **caw** [kɔ:] *v.i.* gracchiare.
cayenne (pepper) ['keien ('pepə*)] *s.* pepe di Caienna.
CBC = *Canadian Broadcasting Corporation* ente radiofonico canadese.
CBS = *Columbia Broadcasting Corporation* ente radiofonico americano.
CC = **1** *Civil Code* Codice Civile. **2** *County Council* Consiglio Municipale. **3** *County Court* Tribunale di Contea. **4** *Chamber of Commerce* Camera di Commercio.
c.d. = **1** *cash discount* sconto cassa. **2** compact disk.
Cd = (*Chim.*) *cadmium* cadmio.
C.D. = **1** *Corps Diplomatique* Corpo Diplomatico. **2** *Civil Defense* Difesa civile.
Ce = (*Chim.*) *cerium* cerio.
CE = **1** *Council of Europe* Consiglio d'Europa. **2** *Church of England* Chiesa d'Inghilterra.
to **cease** [si:s] **I** *v.i.* cessare, finire. **II** *v.t.* cessare, smettere: *to ~ doing s.th.* smettere di fare qc. □ (*Mil.*) *~* **fire** cessate il fuoco; **without** ~ incessantemente.
ceaseless ['si:slis] *a.* incessante, continuo.
Cecily ['sisili, 'sesili] *N.pr.f.* Cecilia.
CEC = *Commission of the European Communities* Commissione delle Comunità Europee.
CED = *Community for European Defense* Comunità Europea di Difesa.
cedar ['si:də*] *s.* (*Bot.*) cedro. □ *~ of Lebanon* cedro del Libano.
to **cede** [si:d] *v.t.* cedere.
cedilla [si'dilə] *s.* cediglia.
ceiling ['si:liŋ] *s.* **1** soffitto. **2** (*Aer.*) quota di tangenza. **3** (*di prezzi, ecc.*) tetto, limite massimo.
celebrant ['selibrənt] *s.* (*Lit.*) celebrante.
to **celebrate** ['selibreit] **I** *v.t.* festeggiare, celebrare (*anche Lit.*). **II** *v.i.* fare festeggiamenti.
celebrated ['selibreitid] *a.* celebre, famoso.
celebration [,seli'breiʃen] *s.* festeggiamento, celebrazione (*anche Lit.*).
celebrity [si'lebriti] *s.* celebrità, fama.
celerity [si'leriti] *s.* celerità, velocità.
celery ['seləri] *s.* (*Bot.*) sedano.
celestial [si'lestjəl] *a.* celeste; divino, celestiale.
celibacy ['selibəsi] *s.* celibato.
cell [sel] *s.* **1** cella. **2** (*Biol., Pol.*) cellula. **3** (*El.*) elemento.
cellar ['selə*] *s.* **1** cantina; scantinato. **2** (*fig.*) riserva di vini.
cellarage ['seləridʒ] *s.* **1** (*collett.*) cantine. **2** spese di magazzinaggio.
cello ['tʃeləu] *s.* (*pl.* **–s** [–z]) violoncello.
cellophane ['seləfein] *s.* cellofan.
cellular ['seljulə*] *a.* cellulare.
cellulitis [,selju'laitis] *s.* (*Med.*) cellulite.
celluloid ['seljulɔid] *s.* celluloide.
cellulose ['seljuləus] *s.* cellulosa.
Celsius ['selsiəs] *a.* Celsius, centigrado.
Celt [kelt] *s.* (*Stor.*) celta.
Celtic [keltik] *a./s.* celtico.
cement [si'ment] *s.* **1** cemento. **2** stucco, mastice. □ *~ factory* cementificio.
to **cement** [si'ment] *v.t.* **1** cementare. **2** (*fig.*) consolidare, rinsaldare.
cemetery ['semitri] *s.* cimitero.
cenotaph ['senəta:f] *s.* cenotafio.
censer ['sensə*] *s.* turibolo.
censor ['sensə*] *s.* censore.
to **censor** ['sensə*] *v.t.* censurare.
censorious [sen'sɔ:riəs] *a.* critico.
censorship ['sensəʃip] *s.* censura.
censure ['senʃə*] *s.* condanna, riprovazione. □ (*Pol.*) *vote of ~* voto di sfiducia.
to **censure** ['senʃə*] *v.t.* biasimare, disapprovare.
census ['sensəs] *s.* censimento.
cent [sent] *s.* **1** centesimo. **2** (*am.*) centesimo di dollaro. **3** (*fam.*) centesimo, soldo: *to pay to the last ~* pagare fino all'ultimo centesimo. □ (*Comm.*) *per ~* per cento: *at five per ~* al cinque per cento.
cent. = **1** *centigrade* centigrado. **2** *centimetre* centimetro (cm). **3** *central* centrale. **4** *century* secolo.
centaur ['sentɔ:*] *s.* (*Mitol.*) centauro.
centenarian [,senti'nεəriən] *a./s.* centenario.
centenary [sen'ti:nəri] *a./s.* centenario.
centennial [sen'tenjəl] *a.* centennale.
center *am.* ['sentə*] *e deriv.* → **centre** *e deriv.*
centigrade ['sentigreid] *a.* centigrado.
centigram *am.*, **centigramme** ['sentigræm] *s.* centigrammo.

centiliter *am.*, **centilitre** ['sentili:tə*] *s.* centilitro.
centimeter *am.*, **centimetre** ['sentimi:tə*] *s.* centimetro.
centipede ['sentipi:d] *s.* (*Zool.*) centopiedi.
central ['sentrəl] **I** *a.* **1** centrale. **2** (*fig.*) principale, fondamentale. **II** *s.* (*am. Tel.*) centrale telefonica, centralino.
centralization [ˌsentrəlai'zeiʃən] *s.* accentramento.
to **centralize** ['sentrəlaiz] **I** *v.t.* accentrare. **II** *v.i.* accentrarsi.
centre ['sentə*] *s.* **1** centro. **2** (*Mecc.*) perno. **3** (*fig.*) centro, fulcro. **4** centro commerciale. **5** (*Sport*) centravanti, centrattacco. **6** (*di dolci*) ripieno. **7** (*Pol.*) centro: ~ *-left* centrosinistra; ~ *-right* centrodestra. ▭ (*Fis.*) ~ *of gravity* baricentro.
to **centre** ['sentə*] **I** *v.t.* **1** centrare. **2** (*fig.*) concentrare, imperniare. **3** (*Sport*) passare (la palla) al centro. **II** *v.i.* **1** imperniarsi (*on, about, around, in* intorno, su). **2** (*fig.*) concentrarsi, accentrarsi.
centre-back ['sentəbæk] (*Sport*) → **centre-half**.
centre-forward ['sentəfɔ:wəd] *s.* (*Sport*) centravanti, centrattacco.
centre-half ['sentəhɑ:f] *s.* (*Sport*) centromediano.
centre-piece ['sentəpi:s] *s.* centrotavola.
centrifugal [sen'trifjugəl] *a.* (*Fis.*) centrifugo.
centrifuge ['sentrifju:dʒ] *s.* (*Fis.*) centrifuga.
to **centrifuge** ['sentrifju:dʒ] *v.t.* centrifugare.
centripetal [sen'tripitl] *a.* (*Fis.*) centripeto.
to **centuple** ['sentjupl], to **centuplicate** [sen'tju:plikeit] *v.t.* centuplicare.
century ['sentʃuri] *s.* **1** secolo. **2** (*Stor.*) centuria.
CEO = *Chief Executive Officer* Amministratore Delegato.
ceramic [si'ræmik] *a.* ceramico.
ceramics [si'ræmiks] *s.pl.* **1** (costr. sing.) ceramica. **2** (costr. pl.) ceramiche.
CERD = *Committee for European Research and Development* Comitato per la Ricerca e lo Sviluppo Europei.
cereal ['siəriəl] *s.* cereale.
cerebellum [ˌseri'beləm] *s.* (*Anat.*) cervelletto.
cerebral ['seribrəl] *a.* (*Anat.*) cerebrale.
cerebration [ˌseri'breiʃən] *s.* elucubrazione.
ceremonial [ˌseri'məunjəl] **I** *a.* **1** solenne, rituale. **2** da cerimonia. **II** *s.* cerimoniale; rituale.
ceremonious [ˌseri'məunjəs] *a.* cerimonioso; convenzionale.
ceremony ['seriməni] *s.* **1** cerimonia. **2** (*collett.*) convenevoli, cerimonie, complimenti: *to stand on* ~ fare complimenti.
cerise [sə'ri:z] *a./s.* rosso ciliegia.
cerium ['siəriəm] *s.* (*Chim.*) cerio.
CERN = *European Council for Nuclear Research* Consiglio Europeo per le Ricerche Nucleari.
certain ['sə:tn] *a.* **1** sicuro, certo: *to be* ~ *of s.th.* essere certo di qc.; scontato. **2** indubbio, indiscutibile. **3** dato, determinato. **4** certo, qualche: *a* ~ *likeness* una certa somiglianza. ▭ *to a* ~ **extent** fino a un certo punto; *to* **know** *s.th. for* ~ sapere qc. di sicuro; *to* **make** ~ accertarsi, assicurarsi.
certainly ['sə:tnli] *avv.* **1** certamente, sicuramente. **2** (*nelle risposte*) certo, sicuro, senz'altro. ▭ ~ *not!* no di certo!
certainty ['sə:tnti] *s.* **1** certezza, sicurezza. **2** cosa certa.
certifiable ['sə:tifaiəbl] *a.* **1** attestabile. **2** (*Med.*) da internare in manicomio.
certificate [sə'tifikət] *s.* **1** certificato. **2** (*Scol.*) attestato, diploma.
to **certificate** [sə'tifikeit] *v.t.* certificare, attestare (mediante certificato).
certified ['sə:tifaid] *a.* **1** certificato, attestato. **2** abilitato. ▭ (*am.*) ~ *public accountant* ragioniere iscritto all'albo.
to **certify** ['sə:tifai] **I** *v.t.* **1** attestare, certificare. **2** abilitare. **3** (*Med.*) dichiarare pazzo. **II** *v.i.* attestare mediante certificato (*to s.th.* qc.).
certitude ['sə:titju:d] *s.* certezza, sicurezza.
cervical ['sə:vikl] *a.* (*Anat.*) cervicale.
cervix ['sə:viks] *s.* (*Anat.*) cervice.
cessation [se'seiʃən] *s.* **1** cessazione. **2** sospensione, pausa.
cession ['seʃən] *s.* cessione.
cesspit ['sespit], **cesspool** ['sespu:l] *s.* pozzo nero, fogna.
CET = *Central European Time* ora dell'Europa centrale.
cetacean [se'teiʃjən] *a./s.* (*Zool.*) cetaceo.
cf. = *confer* confronta (cfr.).
Cf = (*Chim.*) *californium* californio.
cg = *centigramme* centigrammo (cg).
chafe [tʃeif] *s.* **1** irritazione (*anche fig.*). **2** sfregamento.
to **chafe** [tʃeif] **I** *v.t.* **1** riscaldare sfregando (*o* strofinando). **2** logorare, consumare. **3** irritare. **II** *v.i.* **1** sfregarsi, strofinarsi (*against* contro). **2** logorarsi, consumarsi. **3** irritarsi.
chafer ['tʃeifə*] *s.* (*Zool.*) coleottero.
chaff[1] [tʃɑ:f] *s.* **1** (*Agr.*) pula. **2** paglia, fieno. **3** (*fig.*) cosa senza valore.
chaff[2] [tʃɑ:f] *s.* canzonatura, presa in giro.
chaffinch ['tʃæfintʃ] *s.* (*Zool.*) fringuello.
chafing-dish ['tʃeifiŋdiʃ] *s.* scaldavivande.
chagrin ['ʃægrin] *s.* delusione; dispiacere.
chain [tʃein] *s.* **1** catena. **2** catenina, collana. **3** *pl.* catene, ferri; schiavitù. **4** (*fig.*) serie, successione. **5** (*Geog.*) catena montuosa.
to **chain** [tʃein] *v.t.* incatenare (*anche fig.*); (general. con *up*) mettere alla catena.
chain-belt ['tʃeinbelt] *s.* (*tecn.*) nastro trasportatore.
chain-reaction ['tʃeinri'ækʃən] *s.* (*Chim.*) reazione a catena.
chain-smoker ['tʃeinsməukə*] *s.* fumatore accanito.
chain-stitch ['tʃeinstitʃ] *s.* (*lavoro a maglia*) punto catenella.

chain-store ['tʃeinstɔ:*] *s.* negozio che fa parte di una catena di distribuzione.
chair [tʃɛə*] *s.* **1** sedia. **2** seggio. **3** (*fig.*) carica; cattedra universitaria. **4** (*fig.*) presidente. **5** (*am.*) sedia elettrica. □ (*fig.*) *to be* **in** *the* ~ presiedere; (*fig.*) *to* **leave** *the* ~ togliere la seduta; *please, (won't you)* **take** *a* ~? prego, si segga; (*fig.*) *to take the* ~ assumere la presidenza.
to **chair** [tʃɛə*] *v.t.* **1** far sedere. **2** (*fig.*) presiedere. **3** portare in trionfo.
chair-lift ['tʃɛəlift] *s.* seggiovia.
chairman ['tʃɛəmən] *s.* (*pl.* **–men**) presidente: ~ *of the board* presidente del consiglio di amministrazione.
chairmanship ['tʃɛəmənʃip] *s.* presidenza.
chairwoman ['tʃɛəwumən] *s.* (*pl.* **–women** [–wimin]) presidente.
chaise [ʃeiz] *s.* **1** calesse. **2** diligenza. **3** sedia a sdraio.
chalice ['tʃælis] *s.* coppa, calice.
chalk [tʃɔ:k] *s.* **1** gesso. **2** gessetto. □ (*fam.*) **by** *a long* ~ di gran lunga; (*fam.*) *not* **by** *a long* ~ per nulla, affatto; (*fig.*) *as like as* ~ *to* **cheese** del tutto dissimili.
to **chalk** [tʃɔ:k] *v.t.* scrivere col gesso; segnare col gesso. □ (*Sport*) *to* ~ *up* segnare (punti).
challenge ['tʃælindʒ] *s.* **1** sfida. **2** (*Mil.*) alto là. **3** (*Dir.*) ricusazione (di giurato).
to **challenge** ['tʃælindʒ] *v.t.* **1** sfidare. **2** (*Mil.*) intimare l'alto là. **3** (*Dir.*) ricusare (un giurato). **4** rivendicare, esigere. **5** mettere in dubbio.
challenger ['tʃælindʒə*] *s.* **1** provocatore. **2** (*Sport*) sfidante *m./f.*
challenging ['tʃælindʒiŋ] *a.* **1** provocatorio. **2** (*fig.*) stimolante; impegnativo.
chamber ['tʃeimbə*] *s.* **1** sala, aula; camera da letto. **2** *pl.* appartamento. **3** (*Parl.*) camera. **4** *pl.* ufficio privato di un giudice; studio di avvocato. □ *Chamber of Commerce* camera di commercio.
chamberlain ['tʃeimbəlin] *s.* **1** ciambellano. **2** tesoriere. □ (*GB*) *the Lord Chamberlain* il Lord Ciambellano.
chambermaid ['tʃeimbəmeid] *s.* cameriera d'albergo.
chamber-music ['tʃei'mbə'mju:zik] *s.* musica da camera.
chamber-pot ['tʃeimbəpɔt] *s.* vaso da notte.
chameleon [kə'mi:ljən] *s.* (*Zool.*) camaleonte.
chamfer ['tʃæmfə*] *s.* (*tecn.*) smussatura.
to **chamfer** ['tʃæmfə*] *v.t.* (*tecn.*) smussare.
chamois ['ʃæmwɑ:] *s.* camoscio (animale e pelle).
champ [tʃæmp] *s.* (*fam.*) campione.
to **champ** [tʃæmp] *v.t./i.* masticare rumorosamente. □ *to* ~ *the bit* mordere il freno.
champion ['tʃæmpjən] *s.* **1** campione. **2** vincitore del primo premio. **3** sostenitore, difensore.
to **champion** ['tʃæmpjən] *v.t.* difendere, battersi per; sostenere (una causa).
championship ['tʃæmpjənʃip] *s.* **1** campionato. **2** torneo, gara.
Chanc. = **1** *Chancellor* cancelliere. **2** *Chancery* cancelleria.
chance [tʃɑ:ns] *s.* **1** caso, sorte; fortuna. **2** probabilità, possibilità, occasione. □ **by** ~ per caso; **game** *of* ~ gioco d'azzardo; *to* **give** *s.o. a* ~ dare a qd. una possibilità; *to* **leave** *it to* ~ lasciare al caso; *on the* **off** ~ nell'eventualità; **on** *the* ~ *that* nel caso che; *to* **stand** *a good* ~ avere buone probabilità; *to* **take** *no chances* non voler correre rischi; *to* **take** *one's* ~ cogliere l'occasione.
to **chance** [tʃɑ:ns] **I** *v.i.* (costr. pers. o impers.) succedere, capitare, accadere. **II** *v.t.* rischiare, azzardare. □ (*fam.*) *to* ~ **it** tentare, (*fam.*) provarci; *to* ~ **on** (o *upon*) incontrare per caso.
chancel ['tʃɑ:nsl] *s.* (*Arch.*) coro.
chancellery ['tʃɑ:nsələri] *s.* **1** carica di cancelliere. **2** cancelleria.
chancellor ['tʃɑ:nsələ*] *s.* **1** cancelliere. **2** giudice di una corte di giustizia. **3** (*Univ.*) presidente onorario, rettore. □ (*GB*) *Chancellor of the* **Exchequer** Cancelliere dello Scacchiere (Ministro delle Finanze); (*GB*) *the* **Lord** *Chancellor* il Lord Cancelliere.
chancery ['tʃɑ:nsəri] *s.* **1** cancelleria. **2** (*GB*) corte di giustizia del Lord Cancelliere. **3** corte di giustizia.
chancy ['tʃɑ:nsi] *a.* rischioso; incerto.
chandelier [ʃændi'liə*] *s.* lampadario (a bracci).
change [tʃeindʒ] *s.* **1** cambiamento, mutamento; (*di abiti*) cambio. **2** diversivo, novità. **3** sostituzione, cambio. **4** (*di moneta*) resto; spiccioli. □ **for** *a* ~ tanto per cambiare; *a* ~ **for** *the better* (o *worse*) un cambiamento in meglio (*o* peggio); (*fig.*) *to* **get** *no* ~ *out of s.o.* non riuscire a tirar fuori niente da qd.; ~ *of* **heart** ripensamento; (*fam.*) ~ *of* **life** menopausa; **small** ~ spiccioli.
to **change** [tʃeindʒ] **I** *v.t.* **1** cambiare, mutare: *to* ~ *one's clothes* cambiarsi d'abito. **2** trasformare. **3** scambiare. **II** *v.i.* **1** cambiare, mutare. **2** tramutarsi, trasformarsi (*to, into* in). □ *to* ~ **about** mutare parere; *to* ~ *for the* **better** mutare in meglio; (*Aut.*) *to* ~ **down** (o *up*) passare a una marcia inferiore (*o* superiore); *to* ~ **front** assumere un atteggiamento diverso; (*Aut.*) *to* ~ **gears** cambiare (marcia); *to* ~ **hands** cambiare proprietario; *to* ~ **over** cambiare sistema; dare il cambio; (*fig.*) *to* ~ *one's* **tune** cambiare tono.
changeable ['tʃeindʒəbl] *a.* variabile, mutevole.
change-over ['tʃeindʒəuvə*] *s.* cambiamento totale, conversione.
changing ['tʃeindʒiŋ] *a.* mutevole, variabile.
channel [tʃænl] *s.* **1** (*di fiume*) alveo, letto. **2** (*Geog.*) canale. **3** (*Arch., tecn.*) scanalatura. **4** (*fig.*) via d'accesso, sbocco. **5** *pl.* vie, canali: *through official channels* tramite le vie uffi-

ciali. **6** (*Rad.*, *TV*) canale. **7** (*Inform.*) canale, pista (di nastro magnetico). □ *the* (*English*) *Channel* la Manica.

to **channel** [tʃænl] *v.t.* (*pass.*, *p.p.* **-lled**/*am.* **-led** [-d]) **1** scavare canali in (*o* su). **2** (*fig.*) incanalare, convogliare; trasmettere, comunicare. **3** (*Arch.*, *tecn.*) scanalare, (*Inform.*) inviare su canale.

chant [tʃɑ:nt] *s.* **1** canto. **2** (*Rel.*) canto liturgico; salmo. **3** cantilena.

to **chant** [tʃɑ:nt] **I** *v.t.* **1** cantare. **2** cantilenare. **II** *v.i.* **1** (*Rel.*) salmodiare. **2** cantilenare.

chaos ['keiɔs] *s.* caos, confusione; disordine.

chaotic [kei'ɔtik] *a.* caotico.

chap[1] [tʃæp] *s.* screpolatura.

to **chap** [tʃæp] *v.* (*pass.*, *p.p.* **chapped** [-t]) **I** *v.t.* screpolare. **II** *v.i.* screpolarsi.

chap[2] [tʃæp] *s.* (*fam.*) tipo, tizio.

chap[3] [tʃæp] *s.* (general. al pl.) mascella; guancia.

chap. = *chapter* capitolo (cap.).

chapel ['tʃæpl] *s.* cappella.

chaperon ['ʃæperəun] *s.* accompagnatrice.

to **chaperon** ['ʃæperəun] *v.t.* fare da accompagnatrice a.

chapiter ['tʃæpitə*] *s.* (*Arch.*) capitello.

chaplain ['tʃæplin] *s.* cappellano.

chaplet ['tʃæplit] *s.* **1** ghirlanda, corona. **2** (*Rel.*) rosario.

chapter ['tʃæptə*] *s.* capitolo. □ (*fig.*) ~ *of* **accidents** serie di incidenti; (*fig.*) *to the* **end** *of the* ~ fino alla fine; ~ *and* **verse** riferimento preciso.

chapter-house ['tʃæptəhaus] *s.* (*Rel.*) capitolo, sala capitolare.

char[1] [tʃɑ:*] (*fam.*) → **charwoman**.

char[2] [tʃɑ:*] *s.* (*sl.*) tè.

to **char** [tʃɑ:*] *v.* (*pass.*, *p.p.* **charred** [-d]) **I** *v.t.* carbonizzare. **II** *v.i.* carbonizzarsi.

character ['kæriktə*] *s.* **1** carattere: *a man of* ~ un uomo di carattere; indole, natura. **2** caratteristica, peculiarità. **3** reputazione. **4** benservito: *to give s.o. a good* ~ dare a qd. il benservito. **5** (*Lett.*, *Teat.*) personaggio, ruolo. **6** (*fam.*) tipo strano, originale. **7** qualità, condizione: *in his* ~ *as Mayor* nella sua qualità di sindaco. **8** grafia, scrittura. **9** (*Tip.*) carattere. **10** (*Inform.*) carattere. □ **in** ~ adeguato; **out** *of* ~ non adeguato.

characteristic [,kæriktə'ristik] **I** *a.* caratteristico, tipico. **II** *s.* caratteristica.

to **characterize** ['kæriktəraiz] *v.t.* **1** caratterizzare. **2** definire, qualificare.

characterless ['kæriktəlis] *a.* **1** senza carattere. **2** ordinario.

charades [ʃə'rɑ:dz] *s.pl.* (costr. sing. o pl.) sciarada.

charcoal ['tʃɑ:kəul] *s.* **1** carbone a legna. **2** carboncino; disegno a carboncino. □ ~ *burner* carbonaio.

charge [tʃɑ:dʒ] *s.* **1** spesa, costo; prezzo, tariffa. **2** accusa, imputazione: *on a* ~ *of* sotto accusa di. **3** compito, incarico: *to lay a* ~ *on s.o.* dare un incarico a qd. **4** carico. **5** direttive, istruzioni. **6** cura, custodia. **7** carica (militare, di animali). **8** carica (elettrica, esplosiva). □ (*Comm.*) *charges* **forward** spese assegnate; (*Comm.*) **free** *of* ~ franco spese; *to be* **in** ~ comandare, dirigere; essere addetto; *who is* **in** ~ *here?* chi comanda qui?; **in** (*the*) ~ *of* sotto la sorveglianza di; *to* **lay** *s.th. to s.o.'s* ~ imputare qc. a qd.; *at one's* **own** ~ a proprie spese; *to* **put** *s.o. in* ~ *of s.th.* affidare a qd. la responsabilità di qc.; (*fig.*) *to* **return** *to the* ~ tornare alla carica.

to **charge** [tʃɑ:dʒ] **I** *v.t.* **1** far pagare, addebitare. **2** accusare, incolpare. **3** incaricare; affidare: *to* ~ *s.o. with a mission* affidare una missione a qd. **4** attaccare, caricare. **5** (*fig.*) saturare, caricare. **II** *v.i.* **1** caricare, attaccare. **2** farsi pagare. **3** (*am.*) mettere in conto.

chargeable ['tʃɑ:dʒəbl] *a.* **1** (*Comm.*) addebitabile. **2** tassabile. **3** (*Dir.*) imputabile.

chariot ['tʃræriət] *s.* biga, cocchio.

charisma [kæ'rizmə] *s.* (*Teol.*) carisma.

charismatic [kari'zmætic] *a.* carismatico: *a* ~ *leader* un capo carismatico.

charitable ['tʃæritəbl] *a.* **1** caritatevole. **2** indulgente, benevolo. **3** di beneficenza; filantropico.

charity ['tʃæriti] *s.* **1** atti (*o* opere) di carità. **2** elemosina, carità. **3** istituto di beneficenza, opera pia. **4** benevolenza. □ ~ *ball* ballo di beneficenza.

charlatan ['ʃɑ:lətən] *s.* ciarlatano.

Charles [tʃɑ:lz] *N.pr.m.* Carlo.

Charlotte ['ʃɑ:lət] *N.pr.f.* Carlotta.

charm [tʃɑ:m] *s.* **1** fascino, incanto; attrattiva. **2** amuleto, talismano. **3** incantesimo, malia. □ *like a* ~ come per magia.

to **charm** [tʃɑ:m] *v.t.* **1** affascinare. **2** incantare, stregare. **3** (spesso con *away*) far scomparire come per incanto.

charmer ['tʃɑ:mə*] *s.* **1** ammaliatore. **2** incantatore.

charming ['tʃɑ:miŋ] *a.* affascinante; attraente.

charnel-house ['tʃɑ:nlhaus] *s.* ossario.

chart [tʃɑ:t] *s.* **1** carta idrografica; carta nautica. **2** grafico, diagramma. **3** quadro informativo. **4** classifica dei dischi rock (*o* pop) più venduti.

to **chart** [tʃɑ:t] *v.t.* **1** disegnare una carta di. **2** (*Mar.*) tracciare la rotta di. **3** (*fig.*) progettare, studiare.

charter ['tʃɑ:tə*] *s.* **1** statuto; carta costituzionale. **2** atto costitutivo di società. **3** licenza; patente. **4** (*Comm.*) noleggio: *a* ~ *flight* un volo a noleggio, un volo charter. □ (*Stor.*) *the* **Great** *Charter* la Magna Carta; ~ **party** contratto di noleggio; (*Dir.*) *by* **Royal** *Charter* per decreto reale; *the Charter of the* **United** *Nations* la Carta delle Nazioni Unite.

to **charter** ['tʃɑ:tə*] *v.t.* **1** istituire mediante statuto. **2** noleggiare, prendere a noleggio. **3**

concedere un privilegio (*o* un'esenzione) a.
charterer ['tʃɑ:tərə*] *s.* (*Comm.*) noleggiatore.
Charterhouse ['tʃɑ:təhaus] *s.* (*lett.*) certosa.
charwoman ['tʃɑ:wumən] *s.* (*pl.* **-women** [-wimin]) domestica a ore.
chary ['tʃɛəri] *a.* **1** prudente, cauto, attento (*in, off* in). **2** parco, avaro (*of* di).
chase[1] [tʃeis] *s.* **1** caccia, inseguimento. **2** preda; selvaggina. **3** riserva di caccia. ☐ *in ~ of* a caccia di.
to **chase**[1] [tʃeis] **I** *v.t.* **1** inseguire, rincorrere. **2** cacciare (animali). **3** (spesso con *away, off*) scacciare, cacciare (via). **II** *v.i.* **1** rincorrere (*after s.o.* qd.). **2** (*fam.*) affrettarsi, precipitarsi.
chase[2] [tʃeis] *s.* **1** traccia, incassatura. **2** (*Mil.*) volata (di cannone).
to **chase**[2] [tʃeis] *v.t.* (*Arte*) cesellare, sbalzare.
chaser ['tʃeisə*] *s.* **1** inseguitore; cacciatore. **2** (*am. fam.*) bibita presa dopo un liquore.
chasm ['kæzəm] *s.* **1** abisso, baratro (*anche fig.*). **2** fessura, crepa.
chassis ['ʃæsi] *s.* (*pl.* **chassis** [-:z]) (*Aut., tecn.*) telaio.
chaste [tʃeist] *a.* **1** casto, puro. **2** (*fig.*) (*di stile*) semplice, lineare.
to **chasten** ['tʃeisn] *v.t.* castigare.
to **chastise** [tʃæs'taiz] *v.t.* castigare, punire.
chastity ['tʃæstiti] *s.* **1** castità, purezza. **2** (*fig.*) (*di stile*) semplicità, linearità.
chasuble ['tʃæzjubl] *s.* (*Lit.*) pianeta.
chat [tʃæt] *s.* chiacchierata, quattro chiacchiere.
to **chat** [tʃæt] *v.i.* (*pass, p.p.* **chatted** [-id]) chiacchierare, discorrere (*about* di). ☐ (*fam.*) *to ~ s.o. up* fare la corte.
chattel ['tʃætl] *s.* (general. al pl.) (*Dir.*) bene mobile.
chatter ['tʃætə*] *s.* **1** chiacchierio, ciarlio. **2** (*di uccelli*) cinguettio.
to **chatter** ['tʃætə*] *v.i.* **1** chiacchierare, ciarlare. **2** (*di uccelli*) cinguettare. **3** (*di denti*) battere.
chatterbox ['tʃætəbɔks], **chatterer** ['tʃætərə*] *s.* chiacchierone.
chatty ['tʃæti] *a.* ciarliero, loquace.
chauffeur *fr.* ['ʃəufə*, *am.* ˌʃəu'fɛr] *s.* autista.
chauvinism ['ʃəuvinizə'm] *s.* sciovinismo.
chauvinist ['ʃəuvinist] *s.* sciovinista *m./f.*
cheap [tʃi:p] **I** *a.* **1** economico, a buon mercato; conveniente. **2** (*fig.*) scadente, dozzinale. **3** a prezzo ridotto. **II** *avv.* a buon mercato. ☐ **dirt** ~ a bassissimo prezzo; ~ **fare** tariffa ridotta; (*fig.*) (*fam.*) *to* **feel** ~ vergognarsi, essere imbarazzato; (*sl.*) *to* **get** *off* ~ cavarsela a buon mercato; *to* **hold** *s.th.* ~ tenere in poco conto qc.; (*fig.*) *to* **make** *o.s.* ~ mancare alla propria dignità.
to **cheapen** ['tʃi:pn] **I** *v.t.* **1** ridurre il prezzo di. **2** (*fig.*) screditare, sminuire. **II** *v.i.* diminuire di prezzo.
cheaply ['tʃi:pli] *avv.* **1** a buon mercato. **2** (*fig.*) grossolanamente.
cheat [tʃi:t] *s.* **1** imbroglione, truffatore. **2** imbroglio; frode, truffa.
to **cheat** [tʃi:t] **I** *v.t.* **1** frodare, truffare, imbrogliare. **2** indurre con l'inganno. **II** *v.i.* **1** imbrogliare, fare imbrogli. **2** barare. ☐ (*fam.*) *to ~ on s.o.* essere infedele a qd., tradire qd.
check[1] [tʃek] *s.* **1** controllo, verifica, esame. **2** visto. **3** freno, ostacolo. **4** arresto, fermata improvvisa. **5** (*am. Econ.*) assegno. **6** (*am.*) conto. **7** (*am.*) scontrino, tagliando. **8** (*negli scacchi*) scacco al re. ☐ *you are* **in** ~ ti ho dato scacco al re; *to* **keep** (o *hold*) *s.th. in* ~ tenere a freno qc.
to **check** [tʃek] **I** *v.t.* **1** controllare, verificare; esaminare. **2** (far) fermare; trattenere, frenare. **3** (spesso con *off*) spuntare (una lista, ecc.). **4** ridurre, diminuire. **5** (*negli scacchi*) dare scacco a. **6** (*am.*) depositare, lasciare in consegna; prendere in consegna. **II** *v.i.* **1** controllare, verificare. **2** concordare (*with* con), corrispondere (a). **3** arrestarsi bruscamente. **4** (*negli scacchi*) dare scacco al re, (*am.*) emettere un assegno. ☐ (*am.*) *to ~* **in** presentarsi (in albergo, all'aeroporto); *to ~* **on** = *to ~* **up**; *to ~* **out**: 1 lasciare la stanza d'albergo; 2 controllare; *to ~* **up** (*on*) controllare, verificare.
check[2] [tʃek] *s.* disegno a quadri.
checked [tʃekt] *a.* a quadri, a scacchi.
to **checker** *am.* ['tʃekə*] → to **chequer**.
checklist ['tʃeklist] *s.* lista di controllo.
checkmate ['tʃekmeit] *s.* scacco matto.
to **checkmate** ['tʃekmeit] *v.t.* dare scacco matto a (*anche fig.*).
check-out ['tʃekaut] *s.* **1** cassa di supermercato. **2** disdetta (di una camera d'albergo). **3** controllo, esame, verifica.
checkpoint ['tʃekpɔint] *s.* posto di blocco.
check-up ['tʃekʌp] *s.* **1** controllo, verifica. **2** (*Med.*) controllo (generale).
cheek [tʃi:k] *s.* **1** guancia, gota. **2** (*fam.*) sfrontatezza, sfacciataggine. **3** (*tecn.*) ganascia. ☐ (*fig.*) *~ by* **jowl** in stretto rapporto; (*fig.*) *with one's* **tongue** *in one's ~* ironicamente; (*fam.*) **what** *a ~!* che sfacciataggine!
to **cheek** [tʃi:k] *v.t.* (*fam.*) comportarsi da insolente con.
cheek-bone ['tʃi:kbəun] *s.* (*Anat.*) zigomo.
cheeky ['tʃi:ki] *a.* (*fam.*) sfacciato, sfrontato, insolente.
cheep [tʃi:p] *s.* pigolio; squittio.
to **cheep** [tʃi:p] *v.i.* pigolare; squittire.
cheer [tʃiə*] *s.* **1** applauso: evviva, urrà. **2** (*ant.*) gaiezza, allegrezza.
to **cheer** [tʃiə*] **I** *v.t.* **1** applaudire. **2** rallegrare, allietare. **3** (spesso con *up*) confortare; (spesso con *on*) incoraggiare, incitare. **II** *v.i.* **1** applaudire. **2** (spesso con *up*) rincorarsi, farsi animo.
cheerful ['tʃiəful] *a.* **1** allegro. **2** vivace, gaio.
cheerfulness ['tʃiəfulnis] *s.* allegria, contentezza, buon umore.

cheering ['tʃiəriŋ] **I** *s.* ovazione, applausi. **II** *a.* **1** acclamante. **2** incoraggiante.
cheerio [,tʃiəri'əu] *intz.* (*fam.*) ciao, arrivederci.
cheerless ['tʃiəlis] *a.* squallido, triste, tetro.
cheers ['tʃiəz] *intz.* alla salute, evviva.
cheery ['tʃiəri] *a.* allegro, contento; gaio.
cheese [tʃi:z] *s.* formaggio. □ *"say ~"* sorridi (consiglio che si dà prima di scattare una fotografia).
cheesecake ['tʃi:zkeik] *s.* **1** torta di formaggio. **2** (*am.*) fotografia porno.
cheesed off ['tʃi:sd'ɔf] *a.* (*fam.*) stanco, stufo.
cheeseparing ['tʃi:zpɛəriŋ] *s.* avarizia.
cheetah ['tʃi:tə] *s.* (*Zool.*) ghepardo.
chef [ʃef] *s.* capocuoco.
Chem. = *Chemistry* chimica.
chemical ['kemikl] **I** *s.* sostanza chimica. **II** *a.* chimico.
chemist ['kemist] *s.* **1** chimico. **2** farmacista *m./f.* □ *~'s* (*shop*) farmacia.
chemistry ['kemistry] *s.* chimica.
chemotherapy [,keməu'θerəpi] *s.* chemioterapia.
chenille [ʃə'ni:l] *s.* ciniglia.
cheque [tʃek] *s.* assegno (bancario). □ **blank** ~ assegno in bianco; *to* **endorse** *a* ~ girare un assegno.
cheque-book ['tʃekbuk] *s.* libretto degli assegni.
chequer ['tʃekə*] *s.* disegno a quadri (*o* scacchi).
to **chequer** ['tʃekə*] *v.t.* **1** quadrettare. **2** variegare, screziare. □ *a chequered career* una carriera piena di alti e bassi.
chequerboard ['tʃekəbɔ:d] *s.* scacchiera.
chequered ['tʃekəd] *a.* **1** a scacchi, quadrettato. **2** variegato, screziato. **3** (*fig.*) con alterne vicende; movimentato.
to **cherish** ['tʃeriʃ] *v.t.* **1** avere caro. **2** avere molta cura di. **3** nutrire, serbare (in cuore).
cheroot [ʃə'ru:t] *s.* sigaro spuntato.
cherry ['tʃeri] **I** *s.* **1** (*Bot.*) ciliegia. **2** color ciliegia. **II** *a.* **1** di ciliegie. **2** color ciliegia. □ *sour* **black** ~ amarena; (*Bot.*) ~ **tree** ciliegio; **winter** ~ alchechengi.
cherub ['tʃerəb] *s.* (*Bibl.*) (*pl.* **cherubim** [–im]) cherubino.
chess [tʃes] *s.* (gioco degli) scacchi.
chessboard ['tʃesbɔ:d] *s.* scacchiera.
chessman ['tʃesmən] *s.* (*pl.* **–men**) pezzo (degli scacchi).
chest [tʃest] *s.* **1** (*Anat.*) torace, petto. **2** cassa, cassetta. **3** scrigno, forziere. □ ~ *of* **drawers** cassettone; (*fam.*) *to* **get** *s.th. off one's* ~ sfogarsi; *to* **throw** *out one's* ~ gonfiare il petto.
chestnut ['tʃesnʌt] **I** *s.* **1** (*Bot.*) castagna; castagno. **2** color castano. **3** (*di cavallo*) sauro. **4** (*fam.*) storiella risaputa. **II** *a.* **1** (color) castano. **2** di castagne.
chesty ['tʃesti] *a.* delicato di petto.
chevron ['ʃevrən] *s.* **1** (*Mil.*) gallone. **2** (*Arch.*) modanatura a zig-zag.
to **chew** [tʃu:] **I** *v.t.* masticare. **II** *v.i.* **1** masticare. **2** (*fig.*) rimuginare. □ (*fig.*) *to* **bite** *off more than one can* ~ fare il passo più lungo della gamba; *to* ~ *the* **cud** ruminare; (*fig.*) rimuginare; (*fam.*) *to* ~ **over** riflettere su.
chewing-gum ['tʃu:iŋgʌm] *s.* gomma da masticare.
chic [ʃi:k] **I** *a.* elegante, chic; alla moda. **II** *s.* eleganza.
chicanery [ʃi'keinəri] *s.* **1** sofisma; cavillo legale. **2** inganno, sotterfugio.
chick [tʃik] *s.* **1** pulcino; uccellino. **2** bambino. **3** (*sl.*) ragazza.
chicken ['tʃikən] *s.* **1** (*Zool.*) pollo; pollastro. **2** (*sl.*) vigliacco.
chicken-feed ['tʃikənfi:d] *s.* (*sl.*) spiccioli.
chicken-hearted ['tʃikənhɑ:tid] *a.* (*fam.*) pauroso, pusillanime.
chicken-pox ['tʃikənpɔks] *s.* (*Med.*) varicella.
chicory ['tʃikəri] *s.* (*Bot.*) cicoria.
to **chide** [tʃaid] *v.t.* (*pass.* **chid** [tʃid]/**–ed** [–id], *p.p.* **–ed/chid/chidden** ['tʃidn]) (*lett.*) rimproverare, sgridare.
chief [tʃi:f] **I** *s.* capo, comandante; condottiero. **II** *a.* **1** principale, più importante. **2** primo, sommo. □ (*am.*) ~ **executive** governatore (di uno Stato); capo del governo; *Chief* **Executive** presidente degli Stati Uniti; *Chief* **Executive** *Officer* (*CEO*) amministratore delegato; *Chief* **Justice** presidente della corte; presidente della corte suprema; (*Mil.*) ~ *of* **Staff** capo di stato maggiore.
chiefly ['tʃi:fli] *avv.* principalmente, soprattutto.
chieftain ['tʃi:ftən] *s.* **1** capotribù. **2** capobanda.
chilblain ['tʃilblein] *s.* (general. al pl.) (*Med.*) gelone.
child [tʃaild] *s.* (*pl.* **children** ['tʃildrən]) **1** bambino; ragazzo. **2** figlio. □ *~'s* **play** gioco da ragazzi; **since** *I was a* ~ (fin) dall'infanzia.
childbearing ['tʃaildbɛəriŋ] *s.* gravidanza.
childbed ['tʃaildbed] *s.* puerperio.
childbirth ['tʃaildbə:θ] *s.* parto.
childhood ['tʃaildhud] *s.* **1** infanzia, fanciullezza. **2** (*fig.*) origini, primordi.
childish ['tʃaildiʃ] *a.* **1** da bambino, fanciullesco. **2** (*spreg.*) puerile, infantile.
childlike ['tʃaildlaik] *a.* **1** infantile. **2** ingenuo.
childproof ['tʃaildpru:f] *a.* di sicurezza (per i bambini).
children ['tʃildrən] → **child.**
Chile, Chili ['tʃili] *N.pr.* (*Geog.*) Cile.
Chilean ['tʃiliən] *a./s.* cileno.
chili *am.* ['tʃili] → **chilli.**
chill [tʃil] **I** *s.* **1** freddo; brivido di freddo. **2** (*Med.*) infreddatura. **3** (*fig.*) freddezza. **II** *a.* **1** freddo, rigido. **2** (*fig.*) gelido.
to **chill** [tʃil] **I** *v.t.* **1** raffreddare, gelare (*anche fig.*). **2** mettere in fresco. **3** (*fig.*) deprimere,

scoraggiare. **4** (*Met.*) temprare. **II** *v.i.* **1** raffreddarsi; prendere freddo. **2** (*Met.*) temprarsi.

chilli ['tʃili] *s.* (*pl.* **–es** [–z]) (*Gastr.*) peperoncino rosso.

chilly ['tʃili] *a.* **1** freddo, fresco. **2** infreddolito; freddoloso. **3** (*fig.*) freddo, poco cordiale.

chime [tʃaim] *s.* **1** rintocco, suono (di campane). **2** *pl.* campanelli; scampanio. **3** melodia; armonia.

to **chime** [tʃaim] **I** *v.i.* scampanare, rintoccare. **II** *v.t.* **1** far suonare (*o* risuonare). **2** battere, suonare. **3** ripetere monotonamente. □ *to ~ in* intervenire nella conversazione; (*fig.*) armonizzare, essere in accordo (*with* con).

chimera [kai'miərə] *s.* chimera.

chimney ['tʃimni] *s.* camino; comignolo; ciminiera.

chimney-pot ['tʃimnipɔt] *s.* comignolo.

chimney-sweep(er) ['tʃimniswi:p(ə*)] *s.* spazzacamino.

chimp [tʃimp] (*fam.*), **chimpanzee** [,tʃimpən'zi:] *s.* (*Zool.*) scimpanzé.

chin [tʃin] *s.* mento. □ *keep your ~ up!* fatti coraggio!

china ['tʃainə] *s.* **1** porcellana (fine). **2** (*collett.*) porcellane.

China ['tʃainə] *N.pr.* (*Geog.*) Cina.

Chinaman ['tʃainəmən] *s.* (*pl.* **–men**) (*spreg.*) cinese.

Chinatown ['tʃainətaun] *s.* quartiere cinese.

chinaware ['tʃainəwɛə*] *s.* porcellane.

chinchilla [tʃin'tʃilə] *s.* (*Zool.*) cincillà.

Chinese [tʃai'ni:z] **I** *s.* **1** cinese *m./f.* **2** (*collett.*) (costr. pl.) cinesi, popolo cinese. **3** (lingua) cinese. **II** *a.* cinese. □ *~ wall* grande muraglia.

chink[1] [tʃiŋk] *s.* fessura, crepa.

chink[2] [tʃink] *s.* tintinnio.

to **chink** [tʃiŋk] *v.t./i.* (far) tintinnare.

Chink [tʃiŋk] *s.* (*spreg.*) cinese *m./f.*

chintz [tʃints] *s.* (*tessuto*) chintz.

chip [tʃip] *s.* **1** *pl.* patatine fritte. **2** scheggia, frammento; scaglia; (*di cibo*) fettina, bastoncino. **3** scheggiatura, sbocconcellatura. **4** gettone, fiche. **5** (*Inform.*) chip, microcircuito integrato. □ (*fig.*) *a ~* **of** (o *off*) *the old block* un figlio tale e quale il padre; (*fig.*) *to have a ~* **on** *one's shoulder* avere voglia di litigare.

to **chip** [tʃip] *v.* (*pass., p.p.* **chipped** [–t]) **I** *v.t.* **1** scheggiare, sbeccare. **2** rompere, fare a pezzi. **3** intagliare, scolpire. **4** affettare. **II** *v.i.* **1** scheggiarsi, sbeccarsi. **2** frantumarsi, andare in pezzi. □ *to ~* **in** interrompere, intromettersi; (*fig.*) contribuire (*with* con); *chipped* **potatoes** (o *chips*) patatine fritte.

chipboard ['tʃipbɔ:d] *s.* legno ricostituito.

chippings ['tʃipiŋz] *s.pl.* schegge; trucioli (di legno); ritagli.

chiromancer ['kaiərəmænsə*] *s.* chiromante *m./f.*

chiromancy ['kaiərəmænsi] *s.* chiromanzia.

chiropodist [ki'rɔpədist] *s.* callista *m./f.*, pedicure *m./f.*

chirp [tʃə:p] *s.* cinguettio; (*di cicale, ecc.*) stridio.

to **chirp** [tʃə:p] *v.i.* cinguettare; (*di cicale, ecc.*) stridere, frinire.

chirpy ['tʃə:pi] *a.* (*fam.*) allegro, gaio.

chirrup ['tʃirəp] *s.* cinguettio.

to **chirrup** ['tʃirəp] *v.i.* cinguettare.

chisel ['tʃizl] *s.* scalpello, cesello.

to **chisel** ['tʃizl] *v.* (*pass., p.p.* **–lled**/*am.* **–led** [–d]) **I** *v.t.* **1** scalpellare, cesellare. **2** (*sl.*) imbrogliare, ingannare. **II** *v.i.* **1** lavorare di scalpello. **2** (*sl.*) fare imbrogli.

chiseller ['tʃizlə*] *s.* **1** cesellatore. **2** (*sl.*) imbroglione.

chit[1] [tʃit] *s.* **1** nota, conto. **2** appunto, promemoria.

chit[2] [tʃit] *s.* (*spreg.*) **1** bambino, marmocchio. **2** ragazzetta, ragazzina.

chit-chat ['tʃittʃæt] *s.* chiacchierata.

chivalrous ['ʃivəlrəs] *a.* cavalleresco.

chivalry ['ʃivəlri] *s.* cavalleria (*anche fig.*).

chive [tʃaiv] *s.* (*Bot.*) (erba) cipollina.

chlorine ['klɔ:ri:n] *s.* (*Chim.*) cloro.

chloroform ['klɔ:rəfɔ:m] *s.* (*Chim.*) cloroformio.

to **chloroform** ['klɔ:rəfɔ:m] *v.t.* cloroformizzare.

chlorophyl(l) ['klɔ:rəfil] *s.* clorofilla.

choc-ice ['tʃɔkais] *s.* (*fam.*) gelato ricoperto di cioccolato.

chock [tʃɔk] *s.* cuneo, tassello.

to **chock** [tʃɔk] *v.t.* fermare con un cuneo.

chock-a-block ['tʃɔkəblɔk] *a.* pieno zeppo (*with* con).

chock-full ['tʃɔkful] *a.* pieno zeppo (*of* di).

chocolate ['tʃɔklit] **I** *s.* **1** cioccolata; cioccolato; cioccolatino. **2** color cioccolato. **II** *a.* **1** di cioccolata, al cioccolato. **2** color cioccolato.

choice [tʃɔis] **I** *s.* **1** scelta; preferenza. **2** alternativa. **3** scelta, assortimento. **II** *a.attr.* di prima qualità, eccellente; scelto con cura. □ **for** *~* di preferenza; **given** *the ~* dovendo scegliere; *it's* **Hobson's** *~* non c'è nessuna alternativa.

choir ['kwaiə*] *s.* coro.

choirboy ['kwaiəbɔi] *s.* cantore, corista.

choir-master ['kwaiəmɑ:stə*] *s.* maestro del coro.

choke [tʃouk] *s.* **1** soffocamento. **2** (*Mot.*) valvola dell'aria.

to **choke** [tʃouk] **I** *v.t.* **1** soffocare. **2** strangolare, strozzare. **3** asfissiare. **4** intasare, ostruire. **5** (*Mot.*) ingolfare. **II** *v.i.* **1** strozzarsi, soffocare. **2** intasarsi, ingorgarsi, ostruirsi. □ *to ~* **back** *one's tears* trattenere le lacrime; *to ~ to* **death** morire soffocato; *to ~ s.o. to* **death** strangolare qd.; *to ~* **down** inghiottire (con difficoltà); *to ~ with* **laughter** soffocare dalle risa; *to ~* **off** porre fine a; (*fam.*) far tacere; sbarazzarsi di; *to be all chocked* **up** restare senza fiato; *chocked* (*up*)

with *rubbish* pieno di cianfrusaglie.
choker ['tʃoukə*] *s.* **1** (*fam.*) collana a giro collo. **2** colletto rigido, foularino a strangolo.
choking ['tʃəukiŋ] *a.* soffocante, asfissiante.
cholera ['kɔlərə] *s.* (*Med.*) colera.
choleric ['kɔlərik] *a.* collerico, irascibile.
cholesterol [kə'lesterɔl] *s.* (*Chim.*, *Biol.*) colesterolo.
to **choose** [tʃu:z] *v.* (*pass.* **chose** [tʃəuz], *p.p.* **chosen** ['tʃəuzn]) **I** *v.t.* scegliere; preferire. **II** *v.i.* **1** scegliere. **2** piacere (costr. impers.), preferire: *he does as he chooses* fa quel che gli piace. □ **as** *you* ~ come credi; *he cannot* ~ **but** *give in* non gli resta che cedere; *there's not* **much** *to* ~ *between them* l'uno vale l'altro; *to* **pick** *and* ~ scegliere con cura; fare il difficile.
choosy ['tʃu:zi] *a.* (*fam.*) esigente, difficile.
chop[1] [tʃɔp] *s.* **1** taglio netto, colpo. **2** (*Gastr.*) costoletta, braciola. □ (*fam.*) *to get the* ~ esser licenziato.
to **chop**[1] [tʃɔp] *v.* (*pass.*, *p.p.* **chopped** [–t]) **I** *v.t.* **1** tagliare a pezzi; spaccare. **2** (spesso con *up*) tritare, triturare. **3** tagliare. **II** *v.i.* dare un colpo (*at* a). □ *to* ~ **down** *a tree* abbattere un albero; *to* ~ **in** interloquire; *to* ~ **off** *a branch* tagliare un ramo; *to* ~ *s.th. to* **pieces** fare qc. a pezzi.
chop[2] [tʃɔp] *s.* (general. al pl.) mascella.
to **chop**[2] [tʃɔp] *v.i.* (*pass.*, *p.p.* **chopped** [–t]) (spesso con *about*) (*del vento*) cambiare direzione. □ (*fig.*) *to* ~ *and change* essere incostante.
chopper ['tʃɔpə*] *s.* **1** mannaia. **2** (*fam.*) elicottero.
chopping board ['tʃɔpiŋbɔ:d] *s.* tagliere.
choppy ['tʃɔpi] *a.* **1** (*del mare*) increspato. **2** (*del vento*) incostante, variabile.
chopstick ['tʃɔpstik] *s.* bastoncino, bacchetta (usata in Cina come posata).
choral ['kɔ:rəl] *a.* corale.
chorale [kɔ'rɑ:l] *s.* (*Mus.*) corale.
chord[1] [kɔ:d] *s.* corda. □ (*fig.*) *to touch the right* ~ toccare la corda giusta.
chord[2] [kɔ:d] *s.* (*Mus.*) accordo.
chore [tʃɔ:*] *s.pl.* faccende domestiche.
choreographer [ˌkɔri'ɔgrəfə*] *s.* coreografo.
choreographic [ˌkɔriə'græfik] *a.* coreografico.
choreography [ˌkɔri'ɔgrəfi] *s.* coreografia.
chorister ['kɔristə*] *s.* corista.
chortle ['tʃɔ:tl] *s.* risatina compiaciuta.
to **chortle** ['tʃɔ:tl] *v.i.* ridacchiare.
chorus ['kɔ:rəs] *s.* **1** (*Mus.*) coro. **2** ritornello. **3** corpo di ballo.
to **chorus** ['kɔ:rəs] **I** *v.t.* **1** cantare in coro. **2** dire in coro. **II** *v.i.* fare coro.
chorus-girl ['kɔ:rəsgə:l] *s.* **1** corista. **2** ballerina (di fila).
chose [tʃəuz] → to **choose**.
chosen ['tʃouzn] *a.* **1** scelto, selezionato. **2** (*Teol.*) eletto.
chow[1] [tʃau] *s.* chow (tipo di cane).
chow[2] [tʃau] *s.* (*sl.*) cibo.
chrism ['krizəm] *s.* crisma.
Christ [kraist] *N.pr.m.* Cristo.
to **christen** ['krisn] *v.t.* **1** battezzare. **2** (*fam.*) inaugurare.
Christendom ['krisndəm] *s.* **1** cristianità. **2** cristiani, mondo cristiano.
christening ['krisniŋ] *s.* battesimo.
Christian ['kristjən] *a./s.* cristiano.
Christianity [ˌkristi'æniti] *s.* **1** cristianità. **2** → **Christendom**.
to **christianize** ['kristjənaiz] *v.t.* cristianizzare.
Christina [kris'ti:nə] *N.pr.f.* Cristina.
Christmas ['krisməs] *s.* Natale. □ ~ **box** mancia natalizia; ~ **card** biglietto d'auguri natalizio; ~ **Eve** vigilia di Natale; *a* **Merry** ~*!* buon Natale!
Christmas-Day ['krisməsdei] *s.* giorno di Natale.
Christmastide ['krisməstaid], **Christmastime** ['krisməstaim] *s.* periodo natalizio, Natale.
Christmas-tree ['krisməstri:] *s.* albero di Natale.
chromatic [krə'mætik] *a.* cromatico.
to **chrome** [krəum] *v.t.* (*Met.*) cromare.
chromium ['krəumiəm] *s.* (*Chim.*) cromo.
chromosome ['kroməsəum] *s.* (*Biol.*) cromosoma.
chronic ['krɔnik] *a.* cronico.
chronicle ['krɔnikl] *s.* cronaca, cronistoria.
to **chronicle** ['krɔnikl] *v.t.* **1** fare la cronaca di. **2** annotare, registrare.
chronicler [krɔniklə*] *s.* cronista.
chronological [ˌkrɔnə'lɔdʒikl] *a.* cronologico.
chronology [krə'nɔlɔdʒi] *s.* cronologia.
chronometer [krə'nɔmitə*] *s.* cronometro.
chrysalis ['krislis] *s.* (*pl.* **–ses** [–si:z]) (*Zool.*) crisalide.
chrysanthemum [kri'zænθəməm] *s.* (*Bot.*) crisantemo.
chubby ['tʃʌbi] *a.* paffuto, grassoccio.
chuck[1] [tʃʌk] *s.* **1** (*fam.*) lancio, getto. **2** (*sl.*) licenziamento. □ *to get the* ~ esser licenziato.
to **chuck**[1] [tʃʌk] *v.t.* **1** (*fam.*) buttare, gettare. **2** (*fam.*) (spesso con *up*) abbandonare, smettere. **3** (*sl.*) (general. con *out*) buttare fuori, cacciare. □ *to* ~ *s.o. under the* **chin** dare a qd. un buffetto sotto il mento; (*sl.*) **-it!** smettila!
chuck[2] [tʃʌk] *s.* (*Mecc.*) mandrino portapunta.
to **chuck**[2] [tʃʌk] *v.i.* (*della gallina*) chiocciare.
chucking-out time ['tʃʌkiŋ'aut'taim] *s.* (*fam.*) ora di chiusura dei bar.
chuckle ['tʃʌkl] *s.* riso soffocato.
to **chuckle** ['tʃʌkl] *v.i.* ridere di soppiatto.
to **chug** [tʃʌg] *v.i.* (*pass.*, *p.p.* **chugged** [–d]) sbuffare; (*di motore*) scoppiettare.
chum [tʃʌm] *s.* (*fam.*) **1** amico del cuore, amicone. **2** (*am.*) compagno di camera.
to **chum** [tʃʌm] *v.i.* (*pass.*, *p.p.* **chummed** [–d]) (general. con *up*) fare amicizia (*with* con).
chummy ['tʃʌmi] *a.* (*fam.*) amichevole.

chump [tʃʌmp] *s.* **1** ceppo, ciocco. **2** (*fam.*) stupido, sciocco. **3** (*sl.*) testa.
chunk [tʃʌŋk] *s.* pezzo (di pane, carne, ecc.).
chunky ['tʃʌnki] *a.* robusto, massiccio; tozzo.
church [tʃə:tʃ] *s.* **1** chiesa. **2** funzione religiosa. □ *Church of* **England** chiesa anglicana; *to* **enter** *the* ~ prendere gli ordini; *to* **go** *to* ~ essere praticante; **High** *Church* Chiesa Alta (conservatrice); **Low** *Church* Chiesa Bassa (filocalvinista); (*fig.*) *to be poor as a* ~**-mouse** essere povero in canna; *Church of* **Rome** chiesa cattolica.
church-goer ['tʃə:tʃgəuə*] *s.* fedele *m./f.*; praticante *m./f.*
churchman ['tʃə:tʃmən] *s.* (*pl.* **–men**) ecclesiastico, uomo di chiesa.
church-register ['tʃə:tʃ'redʒistə*] *s.* registro parrocchiale.
churchwarden ['tʃə:ʃ'wɔ:dən] *s.* rappresentante laico della parrocchia; amministratore laico della parrocchia.
churchyard ['tʃə:tʃjɑ:d] *s.* cimitero.
churl [tʃə:l] *s.* **1** zoticone, villano. **2** avaro.
churlish ['tʃə:liʃ] *a.* volgare, grossolano.
churn [tʃə:n] *s.* **1** zangola. **2** bidone per il latte.
to **churn** [tʃə:n] **I** *v.t.* **1** agitare in una zangola. **2** (*fig.*) (spesso con *up*) far spumeggiare. **II** *v.i.* **1** fare il burro nella zangola. **2** (spesso con *up*) agitarsi.
chute[1] [ʃu:t] *s.* **1** scivolo, piano inclinato. **2** cascata; rapida.
chute[2] [ʃu:t] *s.* paracadute.
chyle [kail] *s.* (*Biol.*) chilo.
chyme [kaim] *s.* (*Biol.*) chimo.
CIA = (*USA*) *Central Intelligence Agency* Dipartimento di polizia investigativa.
cicada [si'kɑ:də] *s.* (*Zool.*) cicala.
cicatrice ['sikətris], **cicatrix** ['sikətriks] *s.* cicatrice.
to **cicatrize** ['sikətraiz] *v.t.* cicatrizzare.
CID = *Criminal Investigation Department* Dipartimento di Polizia Investigativa.
cider ['saidə*] *s.* sidro.
cigar [si'gɑ:*] *s.* sigaro.
cigaret(te) [ˌsigə'ret] *s.* sigaretta: *tipped* ~ sigaretta con filtro.
cigarette-end [ˌsigə'retend] *s.* cicca, mozzicone.
cigarette-holder [ˌsigə'rethəuldə*] *s.* bocchino.
cinch *am.* [sintʃ] *s.* (*sl.*) cosa sicura.
cinder ['sində*] *s.* **1** tizzone, brace. **2** *pl.* cenere.
Cinderella [ˌsində'rələ] *N.pr.* Cenerentola.
cine-camera ['sinikæmərə] *s.* cinecamera, macchina da presa.
cinema ['sinimə] *s.* cinema, cinematografo.
cinemascope ['siniməskəup] *s.* cinemascope.
cinematographic [ˌsinimætə'græfik] *a.* cinematografico.
cinematography [ˌsinimə'tɔgrəfi] *s.* cinematografia.
cinerary ['sinərəri] *a.* cinerario: ~ *urn* (o *vase*) urna cineraria.
cipher ['saifə*] *s.* **1** (*Mar.*) zero. **2** cifra. **3** (*fig.*) zero assoluto, nullità. **4** scrittura cifrata; codice. **5** monogramma.
to **cipher** ['saifə*] **I** *v.t.* **1** (spesso con *out*) calcolare (numericamente). **2** cifrare; mettere in codice. **II** *v.i.* **1** fare calcoli. **2** scrivere in cifra.
cipher-code ['saifəkəud] *s.* cifrario.
cipher-key ['saifəki:] *s.* chiave di cifrario.
circle ['sə:kl] *s.* **1** circolo, cerchio; circonferenza. **2** (*Teat.*) galleria. **3** cerchia, ambiente. **4** ciclo. **5** (*Geog., Astr.*) circolo. □ (*fig.*) *to* **come** *full* ~ tornare al punto di partenza; *in* **high** *circles* nell'alta società; (*Astr.*) ~ *of* **latitude** meridiano; *in* **political** *circles* negli ambienti politici; (*fam.*) *to run* **round** *in circles* agire senza costrutto.
to **circle** ['sə:kl] **I** *v.t.* **1** girare intorno a. **2** circondare, racchiudere. **II** *v.i.* girare in tondo; (*di uccelli*) volteggiare. □ *the news circled around* la notizia fece il giro.
circlet ['sə:klit] *s.* **1** cerchietto. **2** anello.
circuit ['sə:kit] *s.* **1** giro; circonferenza. **2** (*di giudici* o *avvocati*) viaggio di trasferta. **3** (*Dir.*) distretto giudiziario, giurisdizione: ~ *judge* giudice del distretto. **4** (*Teat.*) tournée. **5** catena (di cinema, ecc.). **6** (*El., Inform.*) circuito. **7** (*Sport*) circuito. □ *short* ~ corto circuito.
to **circuit** ['sə:kit] *v.t.* girare intorno a.
circuitous [sə:'kju:itəs] *a.* tortuoso.
circuitry ['sə:kitri] *s.* (*El.*) collegamenti elettrici.
circular ['sə:kjulə*] *a./s.* circolare. □ ~ **letter** circolare; (*Econ.*) ~ **note** lettera di credito.
to **circularize** ['sə:kjuləraiz] *v.t.* inviare circolari a.
to **circulate** ['sə:kjuleit] **I** *v.i.* **1** circolare. **2** (*di notizie, ecc.*) diffondersi, divulgarsi. **II** *v.t.* far circolare; diffondere, divulgare. □ *circulating library* biblioteca circolante.
circulation [ˌsə:kju'leiʃən] *s.* **1** circolazione. **2** (*di notizie, ecc.*) diffusione, divulgazione. **3** (*Giorn.*) diffusione; tiratura. □ *to* **put** *into* ~ mettere in circolazione; *to* **withdraw** *from* ~ ritirare dalla circolazione.
circulatory ['sə:kjulətəri] *a.* circolatorio.
to **circumcise** ['sə:kəmsaiz] *v.t.* circoncidere.
circumcision [ˌsə:kəm'siʒən] *s.* circoncisione.
circumference [sə'kʌmfərəns] *s.* (*Geom.*) circonferenza.
circumflex ['sə:kəmfleks] **I** *a.* circonflesso. **II** *s.* accento circonflesso.
circumlocution [ˌsə:kəmlə'kju:ʃən] *s.* circonlocuzione, perifrasi.
to **circumnavigate** [ˌsə:kəm'nævigeit] *v.t.* circumnavigare.
circumnavigation [ˌsə:kəmˌnævi'geiʃən] *s.* circumnavigazione.
to **circumscribe** ['sə:kəmskraib] *v.t.* **1** circoscrivere. **2** (*fig.*) limitare, delimitare.
circumscription [ˌsə:kəm'skripʃən] *s.* **1** circoscrizione. **2** (*fig.*) limitazione; restrizione. **3** limite, delimitazione.

circumspect ['sə:kəmspekt] *a.* circospetto, cauto.
circumspection [ˌsə:kəm'spekʃən] *s.* circospezione, cautela.
circumstance ['sə:kəmstəns] *s.* **1** circostanza, fatto. **2** *pl.* condizioni finanziarie, stato finanziario. ☐ (*Dir.*) **aggravating** ~ circostanza aggravante; *in* **easy** *circumstances* in buone condizioni finanziarie; (*Dir.*) **extenuating** ~ circostanza attenuante; **in** *no circumstances* in nessun caso; **in** (o *under*) *the circumstances* date le circostanze; *circumstances* **permitting** salvo imprevisti; *with* **pomp** *and* ~ con gran pompa; *as circumstances* (*may*) **require** secondo le necessità.
circumstantial [ˌsə:kəm'stænʃəl] *a.* **1** circostanziato, dettagliato, particolareggiato. **2** (*Dir.*) indiziario.
to **circumvent** [ˌsə:kəm'vent] *v.t.* **1** aggirare, eludere. **2** (*fig.*) raggirare, circonvenire.
circumvention [ˌsə:kəm'venʃən] *s.* (*Dir.*) circonvenzione.
circus ['sə:kəs] *s.* **1** circo (equestre). **2** anfiteatro, arena. **3** piazza rotonda.
cirrus ['sirəs] *s.* (*pl.* **cirri** ['sirai]) (*Zool.*, *Meteor.*) cirro.
cissy ['sisi] → **sissy**.
cistern ['sistən] *s.* cisterna, serbatoio.
citadel ['sitədl] *s.* cittadella, roccaforte.
to **cite** [sait] *v.t.* citare.
citizen ['sitizn] *s.* **1** cittadino. **2** abitante *m./f.*
citizenship ['sitiznʃip] *s.* cittadinanza.
citrate ['sitrit] *s.* (*Chim.*) citrato.
citrik ['sitrik] *a.*: ~ *acid* acido citrico.
citron ['sitrən] *s.* (*Bot.*) cedro.
citrus ['sitrəs] *s.*: ~ *fruits* agrumi.
city ['siti] *s.* **1** città. **2** (*collett.*) cittadinanza. **3** (*am.*) municipalità. **The City** il centro degli affari di Londra. ☐ ~ **centre** centro cittadino; ~ **council** consiglio municipale; (*Giorn.*) ~ **editor** redattore finanziario; ~ **hall** municipio; ~ **plan** piano regolatore; ~ **planning** urbanistica.
civet ['sivit] *s.* (*Zool.*) zibetto.
civic ['sivik] *a.* civico. ☐ ~ *centre* quartiere degli uffici amministrativi.
civics ['siviks] *s.pl.* (costr. sing.) educazione civica.
civil ['sivl] *a.* **1** civile. **2** gentile, cortese. ☐ (*Dir.*) ~ **law** diritto civile; ~ **rights** diritti civili; ~ **servant** impiegato statale; (*collett.*) *Civil* **Service** pubblici funzionari; ~ **war** guerra civile.
civilian [si'viljən] *a./s.* civile *m./f.*; borghese *m./f.*
civility [si'viliti] *s.* cortesia, educazione.
civilization [ˌsivilai'zeiʃən] *s.* **1** civilizzazione. **2** civiltà, cultura. **3** paesi civili.
to **civilize** ['sivilaiz] *v.t.* **1** civilizzare, incivilire. **2** ingentilire.
civism ['sivizəm] *s.* civismo.
civvies ['siviz] *s.pl.* (*fam.*) abiti civili (*o* borghesi). ☐ *in* ~ borghese.
Civvy Street ['sivistri:t] *s.* (*Mil.*) vita borghese.
cl = **1** *centilitre* centilitro (cl). **2** *class* classe.
Cl = (*Chim.*) *chlorine* cloro.
clack [klæk] *s.* **1** rumore forte e secco; schiocco. **2** chiacchierio.
to **clack** [klæk] *v.i.* **1** produrre un suono secco; schioccare. **2** chiacchierare ad alta voce.
clad [klæd] *a.* **1** (spec. nei composti) vestito. **2** rivestito: *iron-*~ rivestito di ferro. **3** (*Met.*) placcato.
claim [kleim] *s.* **1** reclamo. **2** diritto, titolo. **3** pretesa. **4** concessione (mineraria). **5** (*Assicurazioni*) domanda d'indennizzo; indennità. ☐ (*fig.*) *to* **have** *many claims on one's time* avere molte cose da fare; *to* **lay** ~ *to s.th.* rivendicare qc.
to **claim** [kleim] *v.t.* **1** reclamare, pretendere. **2** rivendicare: *to* ~ *one's rights* rivendicare i propri diritti. **3** richiedere, esigere. **4** vantare, pretendere di avere. **5** sostenere, asserire. ☐ *to* ~ *damages* chiedere il risarcimento dei danni.
claimant ['kleimənt] *s.* **1** reclamante; pretendente. **2** (*Dir.*) ricorrente *m./f.* ☐ (*Dir.*) *rightful* ~ avente diritto.
clairvoyance [klɛə'vɔiəns] *s.* chiaroveggenza.
clairvoyant [klɛə'vɔiənt] *a.* chiaroveggente.
clam [klæm] *s.* (*Zool.*) mollusco bivalve.
to **clamber** ['klæmbə*] *v.i.* arrampicarsi (con mani e piedi).
clammy ['klæim] *a.* appiccicaticcio. viscido; umido.
clamor *am.* [klæmə*] *e deriv.* → **clamour** *e deriv.*
clamorous ['klæmərəs] *a.* chiassoso, rumoroso.
clamour ['klæmə*] *s.* **1** chiasso. strepito. **2** rimostranza, lagnanza.
to **clamour** ['klæm'ə*] **I** *v.i.* **1** chiedere a gran voce (*for s.th.* qc.). **2** fare un gran chiasso. **3** protestare (*against* contro). **II** *v.t.* esprimere rumorosamente.
clamp [klæmp] *s.* (*tecn.*) morsetto, morsa.
to **clamp** [klæmp] *v.t.* **1** fissare. **2** (*fig.*) stringere (in una morsa). ☐ (*fam.*) *to* ~ *down* dare un giro di vite.
clan [klæn] *s.* **1** gruppo familiare; clan. **2** cricca, congrega.
clandestine [klæn'destin] *a.* clandestino.
clang [klæŋ] *s.* fragore.
to **clang** [klæŋ] *v.t./i.* (far) risonare con fragore.
clangor *am.*, **clangour** ['klæŋgə*] *s.* fragore.
clank [klæŋk] *s.* rumore metallico.
to **clank** [klæŋk] **I** *v.t.* far risuonare. **II** *v.i.* sferragliare.
clannish [klæniʃ] *a.* **1** (*scozz.*) di un clan. **2** (*spreg.*) di parte.
clansman *scozz.* ['klænzmən] *s.* (*pl.* **–men**) membro di un clan.
clap [klæp] *s.* **1** battimano, applauso. **2** colpo secco; scoppio, frastuono. **3** manata (ami-

chevole). □ *a ~ of thunder* un tuono.

to **clap** [klæp] *v.* (*pass., p.p.* **clapped** [–t]) **I** *v.t.* **1** battere: *to ~ hands* battere le mani; applaudire. **2** sbattere, gettare: *to ~ s.o. into jail* sbattere qd. in carcere. **II** *v.i.* applaudire. □ *to ~ s.o. on the shoulder* battere qd. amichevolmente sulla spalla.

clapboard ['klæpbɔ:d, *am.* 'klæbɔəd] *s.* (*Edil.*) assicella (per rivestimento esterno).

clapper ['klæpə*] *s.* **1** (*di campanello*) battaglio. **2** raganella.

claptrap ['klæptræp] *s.* sproloquio.

Clara ['klɛərə], **Clare** [klɛə*] *N.pr.f.* Clara.

claret ['klærət] **I** *s.* vino rosso di Bordeaux. **II** *a.* rosso vino, rosso violaceo.

clarification [,klærifi'keiʃən] *s.* chiarificazione; chiarimento.

to **clarify** ['klærifai] **I** *v.t.* chiarire; chiarificare. **II** *v.i.* chiarificarsi; chiarirsi.

clarinet [,klæri'net] *s.* (*Mus.*) clarinetto.

clarion ['klæriən] *a.* squillante.

clarity ['klæriti] *s.* chiarezza.

clash [klæʃ] *s.* **1** fragore, frastuono. **2** cozzo. **3** (*fig.*) contrasto, disaccordo.

to **clash** [klæʃ] **I** *v.i.* **1** cozzare rumorosamente. **2** (*fig.*) essere in disaccordo, scontrarsi (*with* con); (*di colori*) stridere. **II** *v.t.* far cozzare rumorosamente.

clasp [klɑ:sp, *am.* klæsp] *s.* **1** fibbia, gancio, fermaglio. **2** stretta: *a ~ of hands* una stretta di mano; abbraccio.

to **clasp** [klɑ:sp, *am.* klæsp] *v.t.* **1** afferrare, stringere. **2** abbracciare. **3** affibbiare, agganciare.

clasp-knife ['klɑ:spnaif, *am.* 'klæ-] *s.* (*pl.* **–knives** [–vz]) coltello a serramanico.

class [klɑ:s, *am.* klæs] *s.* **1** classe (*anche estens.*). **2** categoria, tipo. **3** (*Scol.*) classe, scolaresca; (ora di) lezione, corso. □ (*fig.*) *to be in the same ~ with s.o.* essere allo stesso livello di qd.

to **class** [klɑ:s, *am.* klæs] *v.t.* classificare, dividere in classi.

class-consciousness [,klɑ:s'kɔnʃəsnis] *s.* coscienza di classe.

classic ['klæsik] **I** *a.* **1** classico. **2** (*fig.*) tipico. **II** *s.* **1** (scrittore) classico. **2** *pl.* studi classici (*o* umanistici).

classical ['klæsikəl] *a.* classico.

classicism ['klæsisizəm] *s.* classicismo.

classicist ['klæsisist] *s.* classicista *m./f.*

classification [,klæsifi'keiʃən] *s.* classificazione.

classified ['klæsifaid] *a.* **1** classificato. **2** segreto, riservato. □ (*Giorn.*) *~* **ad(vertisements)** annunci economici, piccola pubblicità; *~* **directory** guida per categorie.

to **classify** ['klæsifai] *v.t.* classificare.

classmate ['klɑ:smeit] *s.* compagno di classe.

classroom ['klɑ:sru:m] *s.* classe, aula.

class-struggle ['klɑ:sstrʌgl] *s.* lotta di classe.

classy ['klɑ:si, *am.* 'klæsi] *a.* (*fam.*) di classe.

clatter ['klætə*] *s.* **1** acciottolio. **2** schiamazzo, vocio. **3** rumore continuo e fastidioso.

to **clatter** ['klætə*] *v.i.* **1** produrre un acciottolio; sbattere. **2** far schiamazzo; vociare.

Claude ['klɔ:d] *N.pr.m.* Claudio.

clause [klɔ:z] *s.* **1** (*Gramm.*) proposizione. **2** (*Dir., Comm.*) clausola.

claustrophobia [,klɔ:strə'fəubiə] *s.* (*Med.*) claustrofobia.

clavicle ['klævikl] *s.* (*Anat.*) clavicola.

claw [klɔ:] *s.* **1** (*Zool.*) artiglio; (*di crostacei*) chela, pinza. **2** uncino; rampino. **3** (*spreg.*) grinfia; mano: *take your claws off!* giù le mani!

to **claw** [klɔ:] **I** *v.t.* afferrare con gli artigli, ghermire; lacerare. **II** *v.i.* **1** lacerare (con gli artigli). **2** (*fig.*) aggrapparsi, afferrarsi.

clay [klei] *s.* argilla, creta.

clayey ['kleii] *a.* argilloso.

clay-pigeon ['kleipidʒin] *s.* (*Sport*) piattello.

clean [kli:n] **I** *a.* **1** pulito, lindo. **2** puro, incontaminato. **3** (*fig.*) limpido, ineccepibile. **4** dalla linea pura, armonioso. **5** nitido, netto. **II** *avv.* interamente, completamente: *I ~ forgot about it* me ne sono completamente dimenticato. □ (*fam.*) *to* **come** *~* confessare; (*fam.*) *to show a ~ pair of* **heels** fuggire a gambe levate; *to make a ~* **sweep** *of* fare piazza pulita di; *as ~ as a* **whistle** pulito come uno specchio.

to **clean** [kli:n] **I** *v.t.* pulire. **II** *v.i.* (spesso con *up*) **1** pulirsi. **2** fare le pulizie, pulire. □ *to ~* **down** dare una pulita a; *to ~* **out** ripulire; (*fam.*) dilapidare; (*fam.*) *to ~* **out** vuotare le tasche a; *to ~ one's* **plate** ripulire il piatto; *to ~* **up** riordinare, rassettare; (*fig.*) ripulire, epurare; (*rif. a persona*) mettersi in ordine.

clean-cut ['kli:nkʌt] *a.* **1** marcato, netto. **2** chiaro, inequivocabile.

cleaner ['kli:nə*] *s.* **1** addetto alle pulizie. **2** macchina per pulire. **3** smacchiatore; detersivo. **4** *pl.* lavanderia (a secco).

clean-handed ['kli:n'hændid] *a.* (*fig.*) innocente.

cleanly ['klenli] *a.* pulito.

cleanness ['kli:nnis] *s.* **1** pulizia. **2** nitidezza.

to **cleanse** [klenz] *v.t.* **1** pulire. **2** (*fig.*) purificare.

cleanser ['klenzə*] *s.* detergente.

clean-shaven ['kli:n'ʃeivn] *a.* (ben) rasato.

clean-up ['kli:nʌp] *s.* epurazione; repulisti.

clear [kliə*] **I** *a.* **1** chiaro (*anche estens.*). **2** distinto, nitido. **3** trasparente. **4** sereno, limpido. **5** (*fig.*) pulito, innocente. **6** reciso, netto: *a ~ refusal* un netto rifiuto. **7** sicuro, certo: *I am ~ about what I want* sono sicuro di ciò che voglio. **8** libero, sgombro. **9** esente: *~ of taxes* esente da tasse. **10** netto: *a ~ profit* un guadagno netto. **11** intero, completo: *five ~ days* cinque giorni interi. **II** *avv.* **1** (in modo) chiaro, chiaramente. **2** (*fam.*) completamente, del tutto. **3** da parte, lontano. □ (*fig.*) *the* **coast** *is ~* la via è libera; (*fig.*) *as ~ as* **crystal** chiaro come il sole; *to* **get** ~ *of debt* liberarsi dai debiti; *to write a* ~ **hand** avere una scrittura chiara; *to have a* ~ **head** avere le idee chiare; **in** *the* ~ libero da sospetti; *to* **jump** ~ balzare via; *to* **keep** ~ *of s.o.* (o *s.th.*) stare alla larga da qd. (*o* qc.); *to* **make** *o.s.* ~ farsi capire; *to be* **quite** ~ *on* (o *about*) *s.th.* essere sicuro di qc.

to **clear** [kliə*] **I** *v.t.* **1** sgombrare, liberare; togliere, levare: *to* ~ *the desk of papers* togliere le carte dalla scrivania. **2** (*di sentiero, ecc.*) farsi, aprirsi, aprire: *to* ~ *a path* aprirsi un sentiero. **3** rendere chiaro. **4** (spesso con *up*) chiarire, spiegare. **5** superare, oltrepassare. **6** dichiarare innocente. **7** (spesso con *off*) sdoganare. **8** (*Inform.*) azzerare. **II** *v.i.* **1** diventare limpido (*o* chiaro). **2** (*del tempo*; spesso con *up*) rischiararsi, rasserenarsi. **3** (general. con *away*) sparecchiare (la tavola). ☐ *to* ~ *the* **air** rinfrescare l'aria; (*fig.*) mettere le cose in chiaro; *to* ~ **away** portare via, togliere; (*Dir.*) *to* ~ *the* **court** far sgombrare l'aula; (*fig.*) *to* ~ *the* **decks** *for action* prepararsi all'azione; *to* ~ **land** diboscare e dissodare il terreno; (*sl.*) ~ **off***!* vattene!; *to* ~ **off** *a debt* liberarsi di un debito; *to* ~ **out** andarsene; (*fam.*) cacciare via; ~ **out***!* vattene!; *to* ~ *one's* **throat** schiarirsi la gola; *to* ~ **up** riordinare, rassettare; (*fig.*) chiarire, spiegare.

clearance ['kliərəns] *s.* **1** rimozione, sgombro. **2** autorizzazione, permesso. **3** tratto libero (tra due cose). **4** (*Mecc.*) gioco. **5** (*Comm.*) sdoganamento. ☐ (*Comm.*) ~ *sale* liquidazione.

clear-cut ['kliə'kʌt] *a.* ben delineato, netto.

clear-headed ['kliə'hedid] *a.* dalle idee chiare.

clearing ['kliəriŋ] *s.* **1** sgombro, rimozione. **2** radura. **3** (*Econ.*) compensazione: ~ *house* stanza di compensazione.

clearness ['kliənis] *s.* chiarezza; limpidezza.

clear-sighted ['kliə'saitid] *a.* **1** dalla vista acuta. **2** (*fig.*) perspicace, acuto.

cleavage ['kli:vidʒ] *s.* **1** fenditura, spaccatura. **2** scissione.

o **cleave**[1] [kli:v] *v.i.* (*pass., p.p.* **cleaved** [–d]) **1** aderire (*to* a). **2** (*fig.*) essere fedele (a).

to **cleave**[2] [kli:v] *v.* (*pass.* **cleft** [kleft]/**cleaved** [–d]/**clove** [klouv], *p.p.* **cleft/cleaved/cloven** ['klouvn]) **I** *v.t.* **1** fendere, spaccare. **2** farsi, aprirsi: *to* ~ *a path* aprirsi un sentiero. **II** *v.i.* fendersi, spaccarsi.

clef [klef] *s.* (*Mus.*) chiave.

cleft[1] [kleft] *s.* fenditura, fessura. ☐ (*Med.*) ~ *palate* palatoschisi (labbro leporino).

cleft[2] [kleft] → to **cleave**[2].

clemency ['klemənsi] *s.* **1** clemenza. **2** (*di clima*) mitezza.

clement ['klemənt] *a.* **1** clemente. **2** (*di clima*) mite.

to **clench** [klentʃ] *v.t.* **1** stringere, serrare. **2** afferrare saldamente.

clergy ['klə:dʒi] *s.* clero, ecclesiastici.

clergyman ['klə:dʒimən] *s.* (*pl.* **–men**) **1** ecclesiastico, sacerdote. **2** (*Rel.*) pastore.

cleric ['klerik] *s.* ecclesiastico.

clerical ['klerikl] *a.* **1** impiegatizio, d'ufficio. **2** ecclesiastico, clericale. ☐ ~ *error* errore di copiatura.

clericalism ['klerikəlizəm] *s.* clericalismo.

clerk [klɑ:k, *am.* klə:k] *s.* **1** impiegato. **2** (*am.*) commesso; portiere d'albergo. **3** cancelliere. **4** ecclesiastico.

clever ['klevə*] *a.* **1** intelligente, sveglio. **2** abile, esperto, capace (*at* in). **3** ingegnoso. ☐ ~ *fingers* dita agili.

cleverness ['klevənis] *s.* **1** abilità, bravura. **2** intelligenza.

clew [klu:] *s.* gomitolo.

click [klik] *s.* scatto, suono secco; schiocco (della lingua).

to **click** [klik] *v.t./i.* scattare; schioccare. ☐ (*mil.*) *to* ~ *one's heels* battere i tacchi.

client ['klaiənt] *s.* cliente *m./f.*

clientele [ˌkli:ən'tel] *s.* clientela.

cliff [klif] *s.* **1** scogliera. **2** precipizio, dirupo.

climacteric [klai'mæktərik] *s.* climaterio.

climate ['klaimit] *s.* clima.

climatic [klai'mætik] *a.* climatico.

climax ['klaimæks] *s.* **1** acme, culmine. **2** orgasmo.

to **climax** ['klaimæks] **I** *v.t.* portare al punto culminante. **II** *v.i.* culminare.

climb [klaim] *s.* **1** salita. **2** scalata, ascensione.

to **climb** [klaim] *v.* (*pass., p.p.* **climbed** [–d]) **I** *v.i.* **1** arrampicarsi, salire (*up* su, in). **2** scalare una montagna. **3** (*fig.*) arrivare (*to* a), raggiungere (qc.). **4** (*Aer.*) prendere quota. **II** *v.t.* arrampicarsi su; (*di montagna*) scalare; (*di scale*) salire. ☐ (*fig.*) *to* ~ **down** recedere dalle proprie posizioni; (*Alpinismo*) *climbing* **iron** rampone; *to* ~ **over** *a wall* scavalcare un muro; *to* ~ *to* **power** salire al potere.

climb-down ['klaimdaun] *s.* (*fig.*) ritirata, marcia indietro.

climber ['klaimə*] *s.* **1** arrampicatore; scalatore. **2** (*fig.*) arrampicatore sociale. **3** (*Bot., Zool.*) rampicante.

clinch [klintʃ] *s.* **1** (*Sport*) (*nel pugilato*) clinch, corpo a corpo. **2** (*fam.*) abbraccio stretto.

to **clinch** [klintʃ] **I** *v.t.* **1** (*di chiodi*) ribadire. **2** (*fam.*) concludere; portare a termine. **II** *v.i.* (*Sport*) (*nel pugilato*) immobilizzare l'avversario in un corpo a corpo. ☐ *that clinches the argument!* e con questo l'argomento è chiuso!

to **cling** [kliŋ] *v.i.* (*pass., p.p.* **clung** [klʌŋ]) **1** aderire (*to* a); incollarsi (a). **2** avvinghiarsi (a). **3** (*fig.*) aggrapparsi (a).

clinic ['klinik] *s.* clinica.

clinical ['klinikəl] *a.* clinico.

clink[1] [kliŋk] *s.* tintinnio.

to **clink** [kliŋk] *v.t./i.* (far) tintinnare.
clink[2] [kliŋk] *s.* (*sl.*) prigione, galera.
clinker ['kliŋkə*] *s.* (*Met.*) scoria.
clip[1] [klip] *s.* **1** taglio, tosatura. **2** lana di tosatura. **3** (*fam.*) sberla, botta. **4** (*fam.*) ritaglio. **5** (*Cin.*) inserto filmato. **6** (*am.*) forte velocità.
to **clip**[1] [klip] *v.* (*pass.* **–pped**, *p.p.* **–pped/clipt** [–t]) **I** *v.t.* **1** tagliare; ritagliare. **2** tosare. **3** (*di biglietti*) bucare, forare. **4** biascicare (le parole). **5** (*fam.*) dare uno scappellotto a. **II** *v.i.* sforbiciare. □ (*fig.*) *to ~ s.o.'s wings* tarpare le ali a qd.
clip[2] [klip] *s.* **1** graffa, fermaglio; molletta (per capelli). **2** clip; fermaglio a molla. **3** (*Mil.*) caricatore.
to **clip**[2] [klip] *v.t.* (*pass.*, *p.p.* **clipped** [–t]) fermare con una graffa; allacciare, unire.
clipper ['klipə*] *s.* **1** tagliatore; tosatore. **2** *pl.* forbici, cesoie; tosatrice. **3** veliero. **4** (*sl.*) fuoriclasse, asso.
clipping ['klipiŋ] **I** *s.* **1** taglio; tosatura. **2** ritaglio (di giornale). **II** *a.* **1** tagliente. **2** (*sl.*) straordinario, eccellente.
clique [kli:k] *s.* cricca, combriccola.
cliquey ['kli:ki], **cliquish** ['kli:kiʃ] *a.* di combriccola (*o* cricca).
clitoris ['klitəris] *s.* (*Anat.*) clitoride.
cloak [kləuk] *s.* **1** mantello, manto. **2** (*fig.*) velo; scusa, pretesto. □ *~-and-dagger novel* romanzo di cappa e spada.
to **cloak** [kləuk] *v.t.* **1** coprire con un mantello, ammantare. **2** (*fig.*) mascherare, dissimulare.
cloakroom ['kləukru:m] *s.* guardaroba.
to **clobber** ['klɔbə*] *v.t.* **1** (*sl.*) colpire duramente. **2** sconfiggere, battere.
clock [klɔk] *s.* orologio. □ *to work* **against** *the ~* combattere contro il tempo; **(a)round** *the ~* giorno e notte; *~* **bomb** bomba a orologeria; *it is three* **by** *the ~* l'orologio fa le tre; *an hour* **by** *the ~* una buona ora di orologio; *the ~ is* **fast** l'orologio va avanti; *to put a ~* **right** regolare un orologio; *the ~ is* **slow** l'orologio va indietro; *to* **turn** *the ~ back* mettere l'orologio indietro; (*fig.*) far tornare indietro il tempo.
to **clock** [klɔk] *v.t.* cronometrare. □ *to ~* **in** timbrare il cartellino all'entrata; *to ~* **out** timbrare il cartellino all'uscita.
clockmaker ['klɔk,meikə*] *s.* orologiaio.
clockwise ['klɔkwaiz] *avv.* in senso orario.
clockwork ['klɔkwə:k] *s.* **1** meccanismo. **2** (*di bombe*) orologeria. □ (*fig.*) **like** *~* con perfetta regolarità; *~* **toys** giocattoli a molla.
clod [klɔd] *s.* **1** zolla; blocco d'argilla. **2** terra, terreno. **3** (*fam.*) stupido.
clodhopper ['klɔd,hɔpə*] *s.* zoticone, ignorante *m./f.*
clog [klɔg] *s.* **1** impedimento, ostacolo. **2** pastoia. **3** zoccolo.
to **clog** [klɔg] *v.* (*pass.*, *p.p.* **clogged** [–d]) **I** *v.t.* **1** legare (un animale) al ceppo. **2** ostruire, intasare. **3** ostacolare, intralciare, impedire (*anche fig.*). **II** *v.i.* intasarsi, ostruirsi.
cloggy ['klɔgi] *a.* appiccicoso, vischioso.
cloister ['klɔistə*] *s.* **1** chiostro; monastero, convento. **2** (*fig.*) vita monastica.
to **cloister** ['klɔistə*] *v.t.* **1** chiudere in convento. **2** (*fig.*) segregare, isolare. □ *cloistered nun* suora di clausura.
clone [kləun] *s.* (*Biol.*) clone.
close[1] [kləus] **I** *a.* **1** vicino, prossimo; affine, intimo, stretto: *a ~ relation* uno stretto parente; *a ~ friend* un amico intimo. **2** compatto, serrato; denso, spesso: *to fly in ~ formation* volare in formazione serrata. **3** chiuso, riservato. **4** rigoroso, stretto; approfondito, minuzioso: *a ~ investigation* un'indagine minuziosa. **5** preciso, esatto. **6** afoso, soffocante. **II** *avv.* **1** vicino. **2** ermeticamente. □ *to* **be** *~ about s.th.* tenere qc. segreto; *~* **confinement** segregazione cellulare; *to* **draw** *~* avvicinarsi; *on closer* **inspection** a un più attento esame; *~ at* **hand** imminente; a portata di mano; *~* **on** vicino a: *he is ~ on sixty* è vicino ai sessant'anni; *to* **press** *s.o. ~* mettere qd. alle strette; *a ~* **prisoner** un prigioniero guardato a vista; *~* **translation** traduzione letterale; *a ~* **victory** una vittoria di stretta misura.
close[2] [kləuz] *s.* conclusione, fine, chiusura. □ *to* **bring** *s.th. to a ~* portare qc. a termine; *to* **draw** *a ~* volgere al termine.
close[3] [kləus] *s.* recinto.
to **close** [kləuz] **I** *v.t.* **1** chiudere; sbarrare. **2** concludere. **II** *v.i.* **1** chiudersi; serrarsi. **2** concludersi, terminare. □ *to ~* **about** circondare, avvolgere; *to ~* **down** (far) chiudere; cessare la propria attività; *to ~* **in** circondare; *the days are beginning to ~* **in** le giornate cominciano ad accorciarsi; *to ~* **up** chiudere, concludere; (*fig.*) chiudersi nel silenzio; (*Mil.*) *~* **up***!* serrare le file!
closed [kləuzd] *a.* **1** chiuso. **2** concluso, finito. **3** esclusivo, riservato a pochi.
close-down ['kləusdaun] *s.* **1** chiusura (di fabbrica, ecc.) **2** (*Rad.*, *TV*) segnale di fine trasmissione.
close-fisted ['kləus'fistid] *a.* avaro, tirchio.
closefitting ['kləus'fitiŋ] *a.* aderente, attillato.
closely ['kləusli] *avv.* **1** molto attentamente. **2** moltissimo. **3** intimamente, strettamente.
closeness ['kləusnis] *s.* **1** vicinanza, prossimità; affinità. **2** amicizia intima; intimità.
closet ['klɔzit] *s.* **1** armadio, sgabuzzino. **2** studio. **3** gabinetto.
to **closet** ['klɔzit] *v.t.* (general. al passivo): *to be closeted with s.o.* (o *together*) avere un incontro privato con qd.
close-up ['kləusʌp] *s.* (*Fot.*) primo piano.
closing ['kləuziŋ] **I** *a.* finale, conclusivo. **II** *s.* **1** chiusura. **2** fine, conclusione. □ *~* **price** prezzo di chiusura (in Borsa); *~* **time** orario di chiusura; (*esclam.*) si chiude!
closure ['kləuʒə*] *s.* **1** chiusura. **2** conclusione, fine, termine. **3** sospensione (di dibattito parlamentare, di seduta, ecc.).

clot [klɔt] *s.* **1** blocco, grumo; coagulo (di sangue). **2** (*sl.*) stupido.
to **clot** [klɔt] *v.* (*pass., p.p.* **clotted** [–id]) **I** *v.i.* coagularsi, raggrumarsi. **II** *v.t.* coagulare, raggrumare.
cloth [klɔθ] *s.* **1** tela; tessuto; stoffa. **2** panno di lana. **3** straccio, cencio. **4** coperta; tovaglia. **5** abito talare. **The cloth** il clero (costr. pl.).
to **clothe** [kləuð] *v.t.* (*pass., p.p.* **–ed** [–d]/**clad** [klæd]) **1** vestire; provvedere di abiti. **2** (*fig.*) rivestire, ricoprire; esprimere (idee, sentimenti).
clothes [kləuðz] *s.pl.* **1** abiti, vestiti; vestiario, abbigliamento. **2** (*estens.*) panni. □ **bed** ~ biancheria da letto; *in* **plain** ~ in abiti civili.
clothes-basket ['kləuðz,ba:skit] *s.* cesta per la biancheria sporca.
clothes-horse ['kləuðzhɔ:s] *s.* stendibiancheria.
clothes-line ['kləuðzlain] *s.* corda del bucato.
clothes-peg ['kləuðzpeg] *s.* molletta da bucato.
clothing ['kləuðiŋ] *s.* vestiario, abbigliamento.
cloud [klaud] *s.* **1** nube, nuvola. **2** stormo, nugolo. **3** macchia, chiazza. □ *to drop* **from** *the clouds* cadere dal cielo; (*fig.*) capitare all'improvviso; (*fig.*) **in** *the clouds* con la testa fra le nuvole; (*fig.*) *to be* **under** *a* ~ essere in disgrazia.
to **cloud** [klaud] **I** *v.t.* **1** annuvolare, velare. **2** macchiare. **3** (*fig.*) offuscare. **II** *v.i.* **1** (general. con *over, up*) annuvolarsi. **2** appannarsi, diventare opaco.
cloudburst ['klaudbəst] *s.* acquazzone, rovescio di pioggia.
cloud-capped ['klaudkæpt] *a.* coperto di nubi.
cloudless ['klaudlis] *a.* senza nubi, sereno.
cloudy ['klaudi] *a.* **1** nuvoloso. **2** velato, offuscato; torbido. **3** (*fig.*) scuro, rabbuiato. **4** (*di marmo*) variegato.
clout [klaut] *s.* **1** (*fam.*) colpo; pugno. **2** ascendente, influenza.
to **clout** [klaut] *v.t.* (*fam.*) colpire; dare uno scappellotto a.
clove[1] [kləuv] *s.* chiodo di garofano.
clove[2] [kləuv] *s.* spicchio (d'aglio, ecc.).
clove[3] [kləuv] → to **cleave**[2].
clover ['kləuvə*] *s.* (*Bot.*) trifoglio. □ (*Strad.*) ~ **leaf** raccordo a quadrifoglio; (*fig.*) *to* **live** *in* ~ nuotare nell'abbondanza.
clown [klaun] *s.* **1** clown, pagliaccio. **2** burlone. **3** villano.
to **clown** [klaun] *v.i.* fare il pagliaccio.
clownish ['klauniʃ] *a.* **1** da pagliaccio, clownesco. **2** rude, sgarbato.
to **cloy** [klɔi] *v.t./i.* saziare; nauseare.
club [klʌb] *s.* **1** bastone, randello; clava, mazza. **2** (*Sport*) mazza da golf. **3** circolo, club. **4** (*nelle carte*) fiori.
to **club** [klʌb] *v.* (*pass., p.p.* **clubbed** [–d]) **I** *v.t.* **1** bastonare. **2** (spesso con *up*) mettere insieme, unire. **II** *v.i.* (spesso con *together*) associarsi, mettersi insieme.
club-foot ['klʌb'fut] *s.* (*pl.* **-feet** [–i:t]) piede deformato.
club-house ['klʌbhaus] *s.* club, circolo.
club sandwich *am.* ['klʌbsænwidʒ] *s.* toast a più strati.
to **cluck** [klʌk] *v.i.* chiocciare.
clue [klu:] *s.* indizio, traccia; (*di cruciverba*) definizione. □ *I haven't a* ~ non ne ho la minima idea.
clump [klʌmp] *s.* **1** gruppo fitto (di alberi); macchia. **2** blocco, massa. **3** suola di rinforzo.
to **clump** [klʌmp] **I** *v.i.* **1** camminare con passo pesante. **2** raggrupparsi in massa compatta. **II** *v.t.* raggruppare, ammucchiare.
clumsiness ['klʌmzinis] *s.* **1** goffaggine. **2** mancanza di tatto.
clumsy ['klʌmzi] *a.* **1** goffo, sgraziato. **2** impacciato, maldestro. **3** senza tatto.
clung [klʌŋ] → to **cling**.
cluster ['klʌstə*] *s.* **1** grappolo; mazzo (di fiori). **2** gruppo; capannello (di persone). **3** gruppo (consonantico). □ ~ *pine* pino marittimo.
to **cluster** ['klʌstə*] **I** *v.t.* raggruppare. **II** *v.i.* raggrupparsi.
clutch[1] [klʌtʃ] *s.* **1** artigli, grinfie. **2** *pl.* (*fig.*) potere, balia. **3** stretta, presa. **4** (*Mecc.*) innesto; frizione. □ (*fig.*) *to get into the clutches of s.o.* cadere in balia di qd.
to **clutch**[1] [klʌtʃ] **I** *v.t.* **1** afferrare. **2** stringere forte, tenere stretto. **II** *v.i.* afferrare (*at s.th.* qc.), aggrapparsi (a).
clutch[2] [klʌtʃ] *s.* covata, nidiata.
to **clutch**[2] [klʌtʃ] *v.t.* covare.
clutter ['klʌtə*] *s.* disordine, confusione.
to **clutter** ['klʌtə*] *v.t.* (spesso con *up*) ingombrare, stipare.
clyster ['klistə*] *s.* clistere.
cm = *centimetre* centimetro (cm).
Cm = (*Chim.*) *curium* curio.
CND = *Campaign for Nuclear Disarmament* Campagna per il Disarmo Nucleare.
c/o = **1** *care of* presso (negli indirizzi). **2** *cash order* tratta a vista.
Co = (*Chim.*) *cobalt* cobalto.
Co. = *Company* compagnia (C.ia).
coach [koutʃ] *s.* **1** carrozza. **2** pullman, torpedone. **3** (*am. Ferr.*) vettura. **4** insegnante privato, istitutore. **5** (*Sport*) allenatore.
to **coach** [kəutʃ] **I** *v.t.* **1** istruire, preparare. **2** (*Sport*) allenare. **II** *v.i.* **1** viaggiare in carrozza (*o* pullman). **2** prendere ripetizioni (*with* da); istruire, preparare.
coachbuilder ['kəutʃbildə*] *s.* (*Aut.*) carrozziere.
coaching ['kəutʃiŋ] *s.* **1** ripetizioni, lezioni private. **2** (*Sport*) allenamento. **3** viaggio in carrozza.
coachman ['kəutʃmən] *s.* (*pl.* **–men**) vetturino, cocchiere.
coadjutor [kəu'ædʒutə*] *s.* coadiutore (*anche Rel.*), collaboratore.

coagulant [kəu'ægjulənt] *s.* (*Farm.*) coagulante.
to **coagulate** [kəu'ægjuleit] **I** *v.t.* coagulare. **II** *v.i.* coagularsi.
coagulation [kəu,ægju'leiʃən] *s.* coagulazione.
coal [kəul] *s.* carbone. ▭ (*fig.*) *to* **carry** *coals to Newcastle* portare acqua al mare; (*fig.*) *to* **haul** *s.o. over the coals* rimproverare aspramente qd.; (*fig.*) *to* **heap** *coals of fire on s.o.'s head* restituire a qd. bene per male.
to **coal** [kəul] **I** *v.t.* rifornire di carbone. **II** *v.i.* fare rifornimento di carbone.
coal-bed ['kəulbed] *s.* giacimento carbonifero.
coalblack ['kəulblæk] *a.* nero carbone.
coal-bunker ['kəulbʌŋkə*] *s.* carbonile.
to **coalesce** [,kəuə'les] *v.i.* unirsi, fondersi.
coalescence [,kəuə'lesəns] *s.* **1** unione, fusione, coalizione. **2** (*Chim.*) coalescenza.
coalfield ['kəulfi:ld] *s.* bacino carbonifero.
coal-gas ['kəulgæs] *s.* gas illuminante.
coalition [,kəuə'liʃən] *s.* coalizione.
coal-mine ['kəulmain] *s.* miniera di carbone.
coal-miner ['kəulmainə*] *s.* minatore.
coal-pit ['kəulpit] → **coal-mine**.
coarse [kɔ:s] *a.* **1** grezzo, ruvido; a grana grossa. **2** scadente, dozzinale. **3** (*fig.*) grossolano, rozzo; volgare. ▭ ~ *salt* sale grosso.
to **coarsen** ['kɔ:sn] **I** *v.t.* rendere grossolano. **II** *v.i.* diventare grossolano.
coarseness ['kɔ:snis] *s.* **1** ruvidezza. **2** (*fig.*) grossolanità; volgarità.
coast [kəust] *s.* costa, litorale; zona costiera. ▭ (*fig.*) *the* ~ *is clear* la via è libera.
to **coast** [kəust] *v.i.* **1** (*Mar.*) costeggiare. **2** andare a motore spento; (*di bicicletta*) procedere a ruota libera. ▭ *coasting vessel* nave da cabotaggio.
coastal ['kəustəl] *a.* litoraneo, costiero.
coaster ['kəustə*] *s.* **1** (*Mar.*) nave cabotiera. **2** sottobicchiere; sottobottiglia.
coastguard ['kəustgɑ:d] *s.* guardia costiera.
coastline ['kəustlain] *s.* linea costiera, litorale.
coastwise ['kəustwaiz] *a./avv.* lungo la costa.
coat [kəut] *s.* **1** soprabito, cappotto; giacca. **2** mantello (di animale). **3** strato; mano (di vernice). **4** manto (di neve, ecc.). ▭ ~ *of* **arms** arme, blasone; (*fam.*) *to* **turn** *one's* ~ fare un voltafaccia.
to **coat** [kəut] *v.t.* ricoprire di uno strato.
coat hanger ['kəuthæŋə*] *s.* stampella, gruccia.
coating ['kəutiŋ] *s.* strato; rivestimento.
to **coax** [kəuks] *v.t.* **1** persuadere con lusinghe. **2** ottenere con moine.
co-axial [kəu'æksiəl] *a.* coassiale.
coaxing ['kəuksiŋ] **I** *a.* adulatorio. **II** *s.* (*collett.*) moine.
cob [kɔb] *s.* **1** cigno maschio. **2** cavallo di piccola corporatura. **3** pannocchia di granoturco. **4** pezzo di carbone.
cobalt [kə'bɔ:lt] *s.* (*Chim.*) cobalto. ▭ ~ **blue** blu cobalto; ~ **therapy** cobaltoterapia.
cobble[1] ['kɔbl] *s.* ciottolo.
to **cobble**[1] ['kɔbl] *v.t.* pavimentare con ciottoli.
cobble[2] ['kɔbl] *s.* rattoppo.
to **cobble**[2] ['kɔbl] *v.t.* **1** rattoppare, rappezzare (scarpe). **2** (*fig.*) (spesso con *up*) abborracciare.
cobbler ['kɔblə*] *s.* **1** ciabattino, calzolaio. **2** (*fig.*) abborracciatore.
cobblestone ['kɔblstəun] *s.* ciottolo (per lastricare).
COBOL = (*Inform.*) *Common Business Oriented Language* COBOL (linguaggio di programmazione).
cobra ['kəubrə] *s.* (*Zool.*) cobra.
cobweb ['kɔbweb] *s.* **1** ragnatela. **2** (*fig.*) trappola, tranello.
cocaine [kə(u)'kein] *s.* cocaina.
cock[1] [kɔk] *s.* **1** gallo; maschio (di gallinacei e sim.). **2** (*tecn.*) rubinetto, valvola. **3** cane (del fucile). **4** (*sl.*) compagno, amico. ▭ ~*-and-***bull** *story* racconto inverosimile; (*fig.*) *to live like* **fighting** *cocks* avere ogni ben di Dio; (*fig.*) *to be the* ~ *of the* **walk** primeggiare.
to **cock**[1] [kɔk] *v.t.* **1** alzare il cane di (un'arma). **2** (spesso con *up*) drizzare, rizzare. ▭ *to* ~ *one's eye at s.o.* dare un'occhiata di intesa a qd.
cock[2] [kɔk] *s.* mucchio (di paglia, fieno, ecc.).
to **cock**[2] [kɔk] *v.t.* ammucchiare (paglia, fieno, ecc.).
cockade [kɔ'keid] *s.* coccarda.
cock-a-doodle-doo ['kɔkədu:dl'du:] *s.* chicchirichì.
cock-a-hoop [,kɔkə'hu:p] *a.pred.* (*fam.*) felice, esultante.
cockchafer ['kɔktʃeifə*] *s.* (*Zool.*) maggiolino.
cock-crow ['kɔkkrəu] *s.* **1** canto del gallo. **2** (*fig.*) alba.
cocker ['kɔkə*] *s.* (*Zool.*) cocker (tipo di cane).
cockerel ['kɔkərəl] *s.* (*Zool.*) galletto.
cock-eyed ['kɔkaid] *a.* **1** strabico. **2** storto, deforme. **3** (*fam.*) strampalato, assurdo.
cockfight ['kɔkfait] *s.* combattimento di galli.
cockiness ['kɔkinis] *s.* (*fam.*) sfrontatezza, impudenza.
cockle ['kɔkl] *s.* **1** (*Zool.*) conchiglia; noce di mare. **2** barchetta. ▭ *to warm the cockles of s.o.'s heart* tirar su di morale.
to **cockle** ['kɔkl] **I** *v.i.* incresparsi, raggrinzarsi. **II** *v.t.* raggrinzare, increspare.
cockloft ['kɔklɔft] *s.* (*Edil.*) soffitta.
cockney ['kɔkni] **I** *s.* **1** cockney *m./f.*, nativo nell'*East End* di Londra. **2** dialetto cockney. **II** *a.* tipico dei quartieri popolari londinesi.
cockpit ['kɔkpit] *s.* **1** (*Aer., Aut.*) abitacolo. **2** (*Mar.*) quartiere di poppa. **3** (*fig.*) campo di battaglia. **4** recinto per i combattimenti dei galli.
cockroach ['kɔkrəutʃ] *s.* (*Zool.*) blatta, scarafaggio.
cockscomb ['kɔkskəum] *s.* **1** cresta di gallo

(*anche Bot.*). **2** berretto da buffone.

cock-shot ['kɔkʃɔt] *s.* (*fam.*) bersaglio.

cocksure [,kɔk'ʃuə*] *a.* presuntuoso.

cocktail ['kɔkteil] *s.* **1** cocktail. **2** macedonia di frutta. □ ~ *party* cocktail.

cocky ['kɔki] *a.* (*fam.*) impertinente, presuntuoso.

coco ['kəukəu] *s.* (*pl.* **-s** [-z]) (*Bot.*) cocco.

cocoa ['kəukəu] *s.* cacao.

coconut ['koukənʌt] *s.* noce di cocco. □ ~ *palm* palma di cocco.

cocoon [kə'ku:n] *s.* bozzolo.

cod [kɔd] *s.* (*pl.inv.*/**-s** [-z]) (*Zool.*) merluzzo. □ **dried** ~ stoccafisso; **salted** ~ baccalà.

c.o.d., **COD** = *cash on delivery* pagamento alla consegna.

to **coddle** ['kɔdl] *v.t.* **1** coccolare. **2** (*Gastr.*) cuocere a fuoco lento.

code [kəud] *s.* **1** codice (*anche Inform.*). **2** regole. **3** cifrario. □ **area** ~ prefisso telefonico; ~ **book** cifrario; **post** (o *zip*) ~ codice postale.

to **code** [kəud] *v.t.* **1** codificare (*anche Inform.*). **2** cifrare.

codex ['kəudeks] *s.* (*pl.* **-dices** [-disi:z]) codice, manoscritto.

codfish ['kɔdfiʃ] → **cod**.

codger ['kɔdʒə*] *s.* (*fam.*) vecchio strambo.

codicil ['kɔdisil] *s.* (*Dir.*) codicillo.

codification [,kɔdifi'keiʃən] *s.* codificazione.

to **codify** ['kɔdifai] *v.t.* **1** codificare. **2** cifrare.

coding ['kəudiŋ] *s.* (*Inform.*) codifica; programmazione.

cod-liver-oil ['kɔdlivər'ɔil] *s.* olio di fegato di merluzzo.

coed, **co-ed** ['kəu'ed] **I** *s.* (*fam.*) studentessa di scuola mista. **II** → **co-educational.**

co-education [,kəuedju'keiʃən] *s.* coeducazione.

co-educational [,kəuedju'keiʃənəl] *a.* con coeducazione. □ ~ *school* scuola mista.

coefficient [,kəui'fiʃənt] *s.* coefficiente.

coequal [kəu'i:kwəl] *a.* uguale a un altro.

to **coerce** [kəu'ə:s] *v.t.* costringere, forzare.

coercion [kəu'ə:ʃən] *s.* coercizione.

coercive [kəu'ə:siv] *a.* coercitivo.

coeval [kəu'i:vəl] *a./s.* **1** coetaneo. **2** coevo; contemporaneo.

to **coexist** [,kəuig'zist] *v.i.* coesistere.

coexistence [,kəuig'zistəns] *s.* coesistenza.

C. of E. = *Church of England* Chiesa d'Inghilterra.

coffee ['kɔfi] *s.* **1** caffè. **2** color caffè.

coffee bar ['kɔfibɑ:*] *s.* caffè (locale).

coffee-bean ['kɔfibin] *s.* chicco di caffè.

coffee break ['kɔfibreik] *s.* pausa per il caffè.

coffee-house ['kɔfihaus] *s.* caffè (locale).

coffee-mill ['kɔfimil] *s.* macinacaffè.

coffee-pot ['kɔfipɔt] *s.* caffettiera.

coffer ['kɔfə*] *s.* **1** scrigno, forziere. **2** *pl.* riserve, casse. **3** (*Arch.*) cassettone.

coffin ['kɔfin] *s.* bara, cassa da morto.

cog [kɔg] *s.* (*Mecc.*) dente; ruota dentata. □ ~ *railway* ferrovia a cremagliera.

cogency ['kəudʒənsi] *s.* forza di persuasione.

cogent ['kəudʒənt] *a.* convincente, valido.

to **cogitate** ['kɔdʒiteit] **I** *v.i.* meditare, riflettere. **II** *v.t.* ponderare, meditare su.

cogitation [,kɔdʒi'teiʃən] *s.* meditazione, riflessione.

cognate ['kɔgneit] **I** *a.* **1** consanguineo; affine. **2** (*Ling.*) appartenente alla stessa famiglia linguistica; (*di parola*) derivante da una stessa radice. **II** *s.* **1** affine *m./f.* **2** (*Ling.*) parola affine.

cognition [kɔg'niʃən] *s.* cognizione; percezione.

cognizance ['kɔgnizəns] *s.* conoscenza, cognizione. □ *to take* ~ *of s.th.* prendere atto di qc.

cognizant ['kɔgnizənt] *a.* a conoscenza (*of* di).

to **cohabit** [kəu'hæbit] *v.i.* convivere, coabitare.

cohabitation [kəu,hæbi'teiʃən] *s.* coabitazione, convivenza.

to **cohere** [kəu'hiə*] *v.i.* **1** aderire. **2** (*fig.*) essere coerente.

coherence [kəu'hiərəns], **coherency** [kəu'hiərənsi] *s.* **1** aderenza. **2** coerenza.

coherent [kəu'hiərənt] *a.* **1** aderente. **2** (*fig.*) coerente, logico.

cohesion [kəu'hi:ʒən] *s.* coesione.

cohesive [kəu'hi:siv] *a.* coesivo.

coiffeur *fr.* [kwɑ:'fə:*] *s.* parrucchiere per signora.

coiffure *fr.* [kwɑ:'fjuə*] *s.* pettinatura; acconciatura.

coil [kɔil] *s.* **1** rotolo (di corda, ecc.). **2** giro; spira (di serpente). **3** (*El.*) bobina. **4** (*Mecc.*) serpentina.

to **coil** [kɔil] **I** *v.t.* avvolgere a spirale, attorcigliare. **II** *v.i.* avvolgersi a spirale, attorcigliarsi.

coin [kɔin] *s.* moneta. □ (*fig.*) *to pay s.o.* **back** *in his own* ~ ripagare qd. con la stessa moneta; *to pay* **in** ~ pagare in contanti.

to **coin** [kɔin] *v.t.* coniare. □ (*fig.*) *to be coining money* fare soldi a palate.

coinage ['kɔinidʒ] *s.* **1** coniatura, conio. **2** (*collett.*) monete. **3** sistema monetario. **4** (*fig.*) parola coniata.

to **coincide** [,kəuin'said] *v.i.* coincidere (*with* con); corrispondere.

coincidence [kəu'insidəns] *s.* coincidenza.

coincident [kəu'insidənt] *a.* coincidente, concordante.

coincidental [kəu,insi'dentl] *a.* casuale, fortuito.

coiner ['kɔinə*] *s.* **1** coniatore. **2** falsario.

coition [kəu'iʃən], **coitus** ['kəuitəs] *s.* coito.

coke[1] [kəuk] *s.* (carbone) coke.

coke[2] [kəuk] *s.* (*fam.*) coca-cola.

col [kɔl] *s.* (*Geog.*) sella; valico.

colander ['kʌləndə*] *s.* colino; colapasta.

cold [kəuld] **I** *a.* **1** freddo. **2** (*fig.*) indifferente, insensibile; imperturbabile; calmo. **3** frigido. **4** (*fam.*) privo di sensi, svenuto. **II** *s.* **1** freddo. **2** raffreddore; infreddatura. ◻ *to* **be** ~ = *to* **feel** ~; *it's* **bitterly** ~ fa un freddo terribile; *in* ~ **blood** a sangue freddo; *to* **catch** (*a*) ~ raffreddarsi; (*Gastr.*) ~ **cuts** piatto freddo; *to* **feel** ~ avere freddo; (*fam.*) *to have* ~ **feet** aver paura; *to* **get** ~ diventare freddo; *to* **knock** *s.o.* ~ mettere qd. k.o.; (*fig.*) *to* **leave** *s.o. out in the* ~ lasciare qd. in disparte; (*Pol.*) ~ **war** guerra fredda; (*fig.*) *to throw* ~ **water** *on s.o.* raffreddare l'entusiasmo di qd.

cold-blooded ['kəuld'blʌdid] *a.* **1** (*Biol.*) a sangue freddo. **2** (*fig.*) insensibile, indifferente.

cold-cream ['kəuldkri:m] *s.* crema emolliente e protettiva (per il corpo).

cold-hearted ['kəuld'hɑ:tid] *a.* freddo, indifferente.

coldness ['kəuldnis] *s.* freddezza.

to **cold-shoulder** ['kəuld'ʃəuldə*] *v.t.* (*fam.*) essere freddo con.

cold-store ['kəuldstɔ:*] *s.* cella frigorifera.

cold turkey *am.* ['kəuldtə:ki] *s.* crisi di astinenza.

colic ['kɔlik] *s.* (*Med.*) colica.

colitis [kɔ'laitis] *s.* (*Med.*) colite.

coll. = *collection* collezione.

to **collaborate** [kə'læbəreit] *v.i.* collaborare (*with* con).

collaboration [kə,læbə'reiʃən] *s.* **1** collaborazione. **2** (*Pol.*) collaborazionismo.

collaborator [kə'læbəreitə*] *s.* collaboratore.

collapse [kə'læps] *s.* **1** crollo. **2** (*Med.*) collasso.

to **collapse** [kə'læps] **I** *v.i.* **1** crollare (*anche fig.*); rovinare, franare. **2** (*fig.*) fallire; (*di persona*) accasciarsi. **3** essere pieghevole. **4** (*Med.*) avere un collasso. **II** *v.t.* **1** far crollare. **2** piegare.

collapsible [kə'læpsəbl] *a.* pieghevole.

collar ['kɔlə*] *s.* **1** collo, colletto, bavero. **2** collare (di animale). ◻ ~ *stud* bottone da colletto.

to **collar** ['kɔlə*] *v.t.* **1** mettere il collare a. **2** afferrare per il bavero; afferrare per il collo. **3** (*fam.*) attaccare bottone a.

collar-bone ['kɔləbəun] *s.* (*Anat.*) clavicola.

to **collate** [kɔ'leit] *v.t.* collazionare; confrontare.

collateral [kə'lætərəl] **I** *a.* **1** collaterale. **2** (*fig.*) accessorio, secondario. **II** *s.* collaterale.

collation [kɔ'leiʃən] *s.* **1** spuntino. **2** collazione, confronto.

colleague ['kɔli:g] *s.* collega *m./f.*

collect[1] ['kɔlekt] *s.* colletta (in chiesa).

to **collect** [kə'lekt] **I** *v.t.* **1** radunare, raccogliere. **2** fare raccolta di, collezionare. **3** riscuotere, incassare. **4** andare a prendere. **5** (*fig.*) riprendere la padronanza di. **II** *v.i.* **1** adunarsi, riunirsi. **2** fare una colletta. **3** riscuotere il pagamento (*on* di). ◻ *to* ~ *one's* **courage** farsi coraggio; *to* ~ *one's* **thoughts** raccogliere le proprie idee, concentrarsi.

collect[2] *am.* [kə'lekt] *a./avv.* a carico del destinatario: ~ *call* telefonata a carico del destinatario.

collected [kə'lektid] *a.* padrone di sé.

collection [kə'lekʃən] *s.* **1** collezione; raccolta. **2** gruppo; mucchio. **3** colletta. **4** (*Poste*) levata. **5** (*Comm.*) riscossione, esazione.

collective [kə'lektiv] *a.* collettivo. ◻ ~ **bargaining** trattative sindacali; (*Gramm.*) ~ **noun** (nome) collettivo.

collectivism [kə'lektivizəm] *s.* collettivismo.

to **collectivize** [kə'lektivaiz] *v.t.* collettivizzare.

collector [kə'lektə*] *s.* **1** collezionista, raccoglitore. **2** esattore. ◻ ~*'s* **item** pezzo da collezionista; (*Ferr.*) **ticket** ~ bigliettaio.

college ['kɔlidʒ] *s.* **1** istituto universitario; istituto di studi superiori; college. **2** collegio: ~ *of physicians* collegio dei medici.

collegiate [kə'li:dʒiit] *a.* da collegio, collegiale.

to **collide** [kə'laid] *v.i.* **1** scontrarsi, collidere (*with* con). **2** (*fig.*) essere in conflitto (con).

collier ['kɔljə*] *s.* **1** minatore (di carbone). **2** (*Mar.*) carboniera.

colliery ['kɔljəri] *s.* miniera di carbone.

collision [kə'liʒən] *s.* **1** collisione, scontro. **2** (*fig.*) conflitto, contrasto. ◻ *to come into* ~ *with* scontrarsi con.

to **collocate** ['kɔləkeit] *v.t.* collocare.

collocation [,kɔlə'keiʃən] *s.* collocazione.

colloquial [kə'ləukwiəl] *a.* colloquiale, familiare; della lingua parlata.

colloquialism [kə'ləukwiəlizəm] *s.* espressione colloquiale.

colloquy ['kɔləkwi] *s.* colloquio.

collusion [kə'lu:ʒən] *s.* (*Dir.*) collusione.

collywobbles ['kɔliwɔblz] *s.pl.* (costr. sing. o pl.) (*fam.*) mal di stomaco.

Colombian [kə'lʌmbiən] *a./s.* colombiano.

colon[1] ['kəulən] *s.* (*pl.* **–s** [–z]) due punti.

colon[2] ['kəulən] *s.* (*pl.* **–s** [–z]/**cola** ['kəulə]) (*Anat.*) colon.

colonel ['kə:nl] *s.* (*Mil.*) colonnello.

colonial [kə'ləunjəl] *a./s.* coloniale. ◻ ~ **goods**, ~ **groceries** coloniali, generi coloniali; *Colonial* **Office** ministero delle colonie.

colonialism [kə'ləunjəlizəm] *s.* colonialismo.

colonialist [kə'ləuniəlist] **I** *a.* colonialistico. **II** *s.* colonialista *m./f.*

colonist ['kɔlənist] *s.* **1** colonizzatore. **2** (*Stor.*) colono.

colonization [,kɔlənai'zeiʃən] *s.* colonizzazione.

to **colonize** ['kɔlənaiz] *v.t.* colonizzare.

colonizer ['kɔlənaizə*] *s.* colonizzatore.

colonnade [,kɔlə'neid] *s.* colonnato.

colony ['kɔləni] *s.* colonia.

color *am.* ['kʌlə*] *e deriv.* → **colour** *e deriv.*

colossal [kə'lɔsl] *a.* colossale.

colossus [kə'lɔsəs] *s.* (*pl.* **–suses** [–iz]/**–ssi** [–sai]) colosso.

colour ['kʌlə*] *s.* **1** colore. **2** tinta, tonalità. **3**

vernice; colorante; tintura. **4** carnagione, colorito. **5** (*fig.*) apparenza, sembianza. **6** (*fig.*) vivacità, colorito: *to give* ~ *to a description* dare vivacità a una descrizione. **7** *pl.* colori, insegne. **8** opinione; idee politiche. ◻ *to* **change** ~ cambiare colore, arrossire; (*fig.*) *to give a* **false** ~ *to s.th.* travisare qc.; (*fig.*) *with* **flying** *colours* vittoriosamente, con successo; (*fig.*) *to have a* **high** ~ avere un colorito acceso; *to* **lose** ~ impallidire; (*fig.*) *to* **lower** *one's colours* darsi per vinto; (*fig.*) *to* **nail** *one's colours to the mast* impegnarsi pubblicamente; non desistere da una decisione presa; (*fam.*) *to be* **off** ~ esser giù di corda; (*fig.*) *to turn all the colours of the* **rainbow** diventare di mille colori; (*fig.*) *to* **stick** *to one's colours* essere fedele ai propri principi; (*fig.*) **under** (*the*) ~ *of* con il pretesto di.

to **colour** ['kʌlə*] **I** *v.t.* **1** colorare, colorire; dipingere. **2** (*fig.*) travisare, svisare. **3** (*fig.*) rendere vivo, dare vivacità a. **4** influenzare, influire su. **II** *v.i.* **1** colorarsi. **2** arrossire.

colour-bar ['kʌləbɑ:*] *s.* discriminazione razziale.

colour-blind ['kʌləblaind] *a.* (*Med.*) daltonico.

coloured ['kʌləd] **I** *a.* **1** colorato. **2** di colore. **II** *s.* uomo (*o* donna) di colore. ◻ ~ *people* gente di colore.

colour-fast ['kʌləfɑ:st] *a.* (*rif. a tessuti*) indelebile.

colourful ['kʌləful] *a.* **1** pieno di colore. **2** (*fig.*) colorito, vivace; pittoresco.

colouring ['kʌləriŋ] *s.* coloritura, colorazione.

colourless ['kʌləlis] *a.* **1** incolore. **2** pallido; smorto. **3** (*fig.*) scialbo, insipido. **4** (*fig.*) imparziale, neutrale.

colt [kəult] *s.* **1** puledro. **2** (*fig.*) principiante.

Columbia ['kəlʌmbiə] *N.pr.* (*Geog.*) Colombia.

Columbian [kə'lʌmbiən] *a.* colombiano.

column ['kɔləm] *s.* **1** colonna. **2** (*Giorn.*) rubrica.

columnist ['kɔləmnist] *s.* (*Giorn.*) colonnista *m./f.*, rubricista *m./f.*

coma ['kəumə] *s.* (*Med.*) coma: *to go into a* ~ entrare in coma.

comatose ['kəumətəus] *a.* (*Med.*) comatoso.

comb [kəum] *s.* **1** pettine. **2** pettine; carda (per tessuti). **3** favo. **4** cresta (di animali, di onda, ecc.).

to **comb** [kəum] **I** *v.t.* **1** pettinare. **2** pettinare; cardare (un tessuto). **3** (*fig.*) rastrellare, perlustrare (*for* in cerca di). **II** *v.i.* (*di onda*) frangersi.

combat ['kɔmbæt] *s.* **1** lotta. **2** (*Mil.*) combattimento.

to **combat** ['kɔmbæt] *v.* (*pass., p.p.* **–ted/–tted** [–id]) **I** *v.t.* combattere. **II** *v.i.* combattere, lottare (*with* contro).

combatant ['kɔmbətənt] *a./s.* combattente.

combative ['kɔmbətiv] *a.* combattivo, battagliero.

combination [ˌkɔmbi'neiʃən] *s.* **1** combinazione. **2** assortimento, varietà. **3** associazione, lega. **4** *pl.* (*abbigliamento*) combinazione. **5** motocicletta con carrozzino. ◻ ~ *lock* serratura a combinazione.

combine ['kɔmbain] *s.* **1** associazione, lega. **2** (*Agr.*) mietitrebbia.

to **combine** [kəm'bain] **I** *v.t.* combinare; unire. **II** *v.i.* combinarsi; unirsi.

combustible [kəm'bʌstəbl] *a./s.* combustibile.

combustion [kəm'bʌstʃən] *s.* combustione.

to **come** [kʌm] *v.i.* (*pass.* **came** [keim], *p.p.* **come**) **1** venire, arrivare (*anche fig.*): ~ *to me* vieni da me; *to* ~ *to an understanding* arrivare a un accordo; *Christmas is coming* sta arrivando il Natale. **2** (spec. con *to*) arrivare a, raggiungere: *her skirt came* (*down*) *to her feet* la gonna le arrivava ai piedi. **3** riguardare, concernere: *when it comes to science I understand nothing* per quanto riguarda la (*o* in fatto di) scienza non capisco niente. **4** capitare, accadere; succedere: *how* ~ *you are late?* come mai sei in ritardo?; ~ *what may* succeda quel che deve succedere; *I'll assist you,* ~ *what may* ti aiuterò, succeda quel che deve succedere. **5** incominciare; accingersi a: *now that I* ~ *to think of it* ora che incomincio a pensarci. **6** diventare, farsi: *the door came open* la porta si aprì. **7** ammontare: *the bill comes to 20 dollars* il conto ammonta a 20 dollari // (*assol.*) **1** stare per compiere, avvicinarsi a: *my son is coming ten* mio figlio sta per compiere 10 anni. **2** assumere l'aspetto di, comportarsi da: *to* ~ *the stern father* comportarsi da padre severo. ◻ *to* ~ *off* **best** avere la meglio; *to* ~ *up against* **difficulties** incontrare difficoltà; *to* ~ *and* **go** andare e venire rapidamente; *to* ~ *to* **light** venire alla luce; *his objections* ~ *to very* **little** le sue obiezioni si riducono a ben poco; ~ **now***!* suvvia! andiamo!; *to* ~ *to* **oneself** ritornare in sé; comportarsi in modo assennato; *to* ~ *to* **pass** accadere, avvenire; *it will all* ~ **right** tutto andrà bene; *it comes to the* **same** *thing* è la stessa cosa; *to* ~ *to one's* **senses** ritornare in sé; *if it comes to* **that** se è così; (*fam.*) *what are* **things** *coming to?* dove andremo a finire?; *what you say comes to* **this** ciò che dici si riduce a questo; *to* ~ **true** avverarsi, verificarsi; *to* ~ *into* **view** apparire (alla vista), rendersi visibile. // (*seguito da preposizioni*) *to* ~ **across** incontrare, scoprire per caso: *we came across a wonderful beach* scoprimmo per caso una spiaggia bellissima; *to* ~ **at** raggiungere, arrivare a: *put the bottle where Paul cannot* ~ *at it* metti la bottiglia dove Paul non possa raggiungerla; *to* ~ **before** avere la precedenza su, venire presentato davanti a: *in my heart my mother comes before all* nel mio cuore mia madre ha la precedenza su tutti; *to* ~ **before** *the Parliament* essere presentato in Parlamento; *to* ~ **between** intromettersi; *to* ~ **for** avanzare minacciosamente; *to* ~

from provenire da; essere il risultato di; essere offerto, essere prodotto da: *where do you ~ from?* da dove vieni?; *wine comes from grapes* il vino viene prodotto (*o* si ottiene) dall'uva; *to ~* **into** entrare; entrare in possesso: *to ~ into a fortune* ereditare una fortuna; to ~ **of** discendere da; essere il risultato di; *to ~* **of** *age* diventare maggiorenne; *to ~* **off**: staccarsi da, venir via da; (*fam.*) ~ **off** *it!* piantala!; *to ~* **on** incontrare, scoprire per caso; *to ~* **over** infastidire: *what has ~ over you?* che cosa ti ha preso?; *to ~* **through** superare (p.e. una malattia); *to ~* **under** essere controllato da; essere competenza di: *to ~ under s.o.'s influence* subire l'influenza di qd.; *to ~* **upon** imbattersi in, incontrare per caso; *to ~* **within** entrare nell'ambito: *it doesn't ~ within my powers* non rientra nelle mie competenze // (*seguito da avverbi*) *to ~* **about** accadere, succedere; *to ~* **across** essere convincente: *your words came across very well* le tue parole sono state molto convincenti; *to ~* **again**: 1 ritornare; 2 (*fam.*) ~ *again?* che cosa ti ha detto?; *to ~* **along**: 1 venire (insieme): *~ along with us* vieni con noi; 2 progredire, migliorare; ~ **along**! fa' presto! cammina!; *to ~* **apart** sfasciarsi; (*fig.*) crollare, cedere; *to ~* **away** venir via, allontanarsi; staccarsi; *to ~* **back**: 1 ritornare; 2 tornare in mente; 3 tornare di moda; 4 (*fam.*) ribattere, rimbeccare; *to ~* **by**: 1 ottenere; 2 ricevere per caso; 3 passare vicino a; *to ~* **down** discendere, provenire; (*di prezzi*) calare; *to ~* **down** *upon* riprendere severamente; *to ~* **down** *with a cold* buscarsi un raffreddore; (*fig.*) *to ~* **forward** farsi avanti: *to ~ forward as a candidate* presentarsi come candidato; *to ~* **in**: 1 entrare; 2 diventare di moda; 3 (*Sport*) arrivare: *to ~ in first* arrivare primo; *to ~* **off**: 1 staccarsi; 2 accadere, aver luogo; 3 aver successo; 4 cessare (di rappresentazione pubblica); 5 smettere (di prendere): *I would ~ off the sleeping pills if I were you* se fossi in te smetterei di prendere i sonniferi; *to ~* **on**: 1 venire avanti; sopraggiungere; procedere: *it came on to rain* incominciò a piovere; 2 riprendere a funzionare: *what time does the central heating ~ on?* a che ora riprende a funzionare il riscaldamento centrale?; 3 (*fam.*) *~ on!* forza! dai!; *to ~* **out**: 1 apparire, venire fuori; venire pubblicato: *the truth came out* la verità venne fuori; 2 entrare in sciopero; *to ~* **over**: 1 venire, arrivare; 2 passare dalla parte (*to* di); *to ~* **round**: 1 ricorrere, verificarsi regolarmente; 2 trovarsi d'accordo (*to* con); 3 rinvenire, tornare in sé; 4 fare un salto da: *I could ~ round tomorrow night if you like* se ti va bene potrei fare un salto da te domani sera; *to ~* **to** = *to ~* **round**; *to ~* **up**: 1 saltare fuori, spuntare; 2 avvicinarsi: *he came up to me in the street* mi si avvicinò per la strada; *to ~* **up** *to the expectations* rispondere alle aspettative; *to ~* **up** *with a suggestion* offrire un suggerimento.

come-at-able [kʌm'ætəbl] *a.* (*fam.*) accessibile.

comeback ['kʌmbæk] *s.* **1** ritorno (a una professione). **2** risposta veloce, rimbeccata.

comedian [kə'mi:djən] *s.* attore comico.

comedienne [kə,mi:di'en] *s.* attrice comica.

come-down ['kʌmdaun] *s.* **1** (*fam.*) crollo, rovescio finanziario. **2** (*fam.*) delusione.

comedy ['kɔmidi] *s.* commedia.

comeliness ['kʌmlinis] *s.* avvenenza, grazia.

comely ['kʌmli] *a.* avvenente, aggraziato.

come-on ['kʌmɔn] *s.* offerta allettante.

comer ['kʌmə*] *s.* (spec. nei composti) chi viene. □ *first ~* primo arrivato.

comestibles [kə'mestiblz] *s.pl.* commestibili, generi alimentari.

comet ['kɔmit] *s.* (*Astr.*) cometa.

comfit ['kʌmfit] *s.* confetto.

comfort ['kʌmfət] *s.* **1** conforto, consolazione. **2** agiatezza, benessere. **3** agi, comodità. □ *a* **cold** ~ una magra consolazione; (*am.*) ~ **station** gabinetti pubblici.

to **comfort** ['kʌmfət] *v.t.* confortare, consolare.

comfortable ['kʌmfətəbl] *a.* **1** comodo, confortevole. **2** a proprio agio: *to make o.s. ~* mettersi a proprio agio. **3** sereno, tranquillo. **4** benestante, agiato.

comforter ['kʌmfətə*] *s.* **1** consolatore. **2** sciarpa di lana. **3** succhiotto, ciucciotto. **4** (*am.*) trapunta.

comfortless ['kʌmfətlis] *a.* **1** sconsolato. **2** scomodo.

comfy ['kʌmfi] *a.* (*fam.*) comodo, a proprio agio.

comic ['kɔmik] **I** *a.* comico. **II** *s.* **1** attore comico. **2** giornale umoristico. **3** *pl.* giornale a fumetti. □ **comics** (o ~ *book*) giornale a fumetti; ~ **opera** opera buffa; ~ **strip** fumetti.

comical ['kɔmikl] *a.* comico, spassoso.

coming ['kʌmiŋ] **I** *s.* arrivo, venuta. **II** *a.* **1** prossimo, futuro. **2** promettente. □ ~ *of age* raggiungimento della maggiore età.

comity ['kɔmiti] *s.* cortesia, buone maniere. □ ~ *of nations* rispetto reciproco di leggi e costumi.

comma ['kɔmə] *s.* (*pl.* **–s** [–z]/**–mata** [–tə]) **1** virgola. **2** (*Mus.*) comma. □ *inverted commas* virgolette (di citazione).

command [kə'mɑ:nd] *s.* **1** ordine; comando. **2** comando, autorità: *he has fifty men under his ~* ha cinquanta uomini al suo comando. **3** (*Mil.*) comando: *High Command* Comando Supremo. **4** padronanza, controllo: *he has a good ~ of English* ha una buona padronanza dell'inglese. **5** (*tecn.*) (tasto di) comando. □ *to do s.th.* **at** *s.o.'s ~* far qc. per ordine di qd.; *to have* **at** *one's ~* avere a disposizione; *to be* **at** *s.o.'s ~* essere agli ordini di qd.; (*Mil.*) **second** *in ~* comandante in seconda; **under** *the ~ of* al comando di.

to **command** [kə'mɑ:nd] **I** *v.t.* **1** comandare, ordinare: *to ~ s.o. to do s.th.* ordinare a qd. di fare qc. **2** avere il comando di. **3** (*di sentimenti*) dominare, frenare. **4** avere a disposizione. **5** meritare: *to ~ respect* meritare il rispetto. **6** dominare, controllare. **II** *v.i.* **1** impartire ordini, comandare. **2** detenere il comando.

commandant [,kɔmən'dænt] *s.* comandante.

to **commandeer** [,kɔmən'diə*] *v.t.* (*Mil.*) requisire.

commander [kə'mɑ:ndə*] *s.* capo, comandante. □ *Commander-in-Chief* comandante in capo.

commanding [kə'mɑ:ndiŋ] *a.* **1** imponente, autorevole. **2** dominante, sovrastante. **3** (*Mil.*) in comando.

commandment [kə'mɑ:ndmənt] *s.* (*Bibl.*) comandamento.

commando [kə'mɑ:ndəu] *s.* (*pl.* **–s/–es** [–z]) (*Mil.*) commando.

to **commemorate** [kə'meməreit] *v.t.* commemorare; ricordare.

commemoration [kə,memə'reiʃən] *s.* commemorazione; cerimonia commemorativa.

commemorative [kə'memərətiv] *a.* commemorativo.

to **commence** [kə'mens] *v.t./i.* cominciare.

commencement [kə'mensmənt] *s.* principio; (*USA*) cerimonia di conferimento delle lauree.

to **commend** [kə'mend] *v.t.* **1** lodare, encomiare. **2** raccomandare, affidare. □ *to ~ o.s.* (o *itself*) essere accettabile (*to* a), essere di gradimento: *this film doesn't ~ itself to me* questo film non è di mio gradimento.

commendable [kə'mendəbl] *a.* lodevole, encomiabile.

commendation [,kɔmen'deiʃən] *s.* lode, approvazione.

commendatory [kə'mendətəri] *a.* elogiativo.

commensurable [kə'menʃərəbl] *a.* commensurabile.

commensurate [kə'menʃərit] *a.* adeguato, proporzionato (*to, with* a).

comment ['kɔment] *s.* **1** commento, osservazione. **2** (*Lett.*) chiosa, glossa. □ *no ~* nessuna dichiarazione.

to **comment** ['kɔmənt] *v.i.* fare commenti (*on, upon* su).

commentary ['kɔməntəri] *s.* commento; commentario.

commentator ['kɔmənteitə*] *s.* radiocronista *m./f.*; telecronista *m./f.*

commerce ['kɔmə:s] *s.* **1** commercio. **2** rapporto.

commercial [kə'mə:ʃəl] **I** *a.* **1** commerciale. **2** (*Rad., TV*) pubblicitario. **II** *s.* (*Rad., TV*) annuncio pubblicitario.

commercial artist [kə'mə:ʃəl'ɑ:tist] *s.* cartellonista.

to **commercialize** [kə'mə:ʃəlaiz] *v.t.* **1** commercializzare. **2** rendere commerciabile.

commie ['kɔmi] *s.* (*sl.*) comunista *m./f.*

to **commingle** [kə'miŋgl] **I** *v.i.* mescolarsi. **II** *v.t.* mescolare.

to **commiserate** [kə'mizəreit] **I** *v.t.* commiserare, compiangere. **II** *v.i.* partecipare al dolore (*with* di), condolersi (con).

commiseration [,kəmizə'reiʃən] *s.* commiserazione.

commissariat [kɔmi'sεəriət] *s.* (*Mil.*) intendenza; commissariato.

commissary ['kɔmisəri] *s.* **1** commissario delegato. **2** (*Mil.*) spaccio.

commission [kə'miʃən] *s.* **1** incarico, commissione. **2** (*Comm.*) commissione, provvigione. **3** commissione, comitato. **4** (*Mil.*) decreto di nomina a ufficiale. **5** perpetrazione (di un delitto). □ (*Mar., mil.*) **in** ~ armato; (*fig.*) in efficienza; (*Mar., mil.*) **out** *of* ~ in disarmo; (*fig.*) fuori servizio.

to **commission** [kə'miʃən] *v.t.* **1** commissionare, ordinare. **2** autorizzare; incaricare.

commissioner [kə'miʃənə*] *s.* **1** commissario; membro di un comitato. **2** delegato. **3** (alto) funzionario.

to **commit** [kə'mit] *v.t.* (*pass., p.p.* **–ed** [–tid]) **1** commettere, compiere. **2** affidare: *to ~ s.th. to s.o.* affidare qc. a qd. **3** (*usato riflessivamente*) impegnarsi: *to ~ o.s. to do s.th.* impegnarsi a fare qc.; compromettersi (esprimendo le proprie idee). □ *to ~ to* **memory** imparare a memoria; *to ~ to* **paper** mettere per iscritto; *to ~ to* **prison** mandare in prigione.

commitment [kə'mitmənt] *s.* impegno; obbligo.

committal [kə'mitəl] *s.* **1** ordine di arresto; imprigionamento. **2** impegno.

committed [kə'mitid] *a.* impegnato.

committee [kə'miti] *s.* comitato, commissione: *to sit on a ~* far parte di una commissione.

commode [kə'məud] *s.* **1** cassettone. **2** comoda.

commodious [kə'məudjəs] *a.* ampio, spazioso.

commodity [kə'mɔditi] *s.* prodotto, merce; articolo.

commodore ['kɔmədɔ:*] *s.* **1** (*Mar., mil.*) commodoro; capitano di vascello. **2** presidente (di circolo nautico).

common ['kɔmən] **I** *a.* **1** comune; diffuso. **2** ordinario, usuale. **3** ovvio, banale. **4** scadente; grossolano. **II** *s.* terre in godimento collettivo; pascolo pubblico; parco pubblico. □ *by ~* **consent** per unanime consenso; (*fam.*) *~ or* **garden** ordinario, di tutti i giorni; (*fig.*) ~ **ground** terreno comune; **in** ~ in comune; (*Dir.*) ~ **law** diritto consuetudinario; *the ~* **man** l'uomo comune; *the Common* **Market** il Mercato Comune; **out** *of* (*the*) ~ fuori del comune; ~ **sense** buonsenso.

commonage ['kɔmənidʒ] *s.* **1** diritto di pascolo. **2** terreno di proprietà comune.

commoner ['kɔmənə*] *s.* cittadino comune, borghese *m./f.*

commonplace ['kɔmənpleis] **I** *s.* **1** luogo co-

mune, banalità. **2** fatto normale. **II** *a.* **1** ovvio, banale. **2** comune, normale.
commons ['kɔmənz] *s.pl.* **1** (costr. sing. *o* pl.) popolo. **2** (costr. sing. *o* pl.) viveri; (costr. sing.) razioni, porzioni. **Commons** *s.pl.* (*Parl.*) (costr. sing. *o* pl.) membri del parlamento; Camera dei comuni. ☐ (*fam.*) **on** *short* ~ a corto di viveri; (*fam.*) *to keep s.o.* **on** *short* ~ tenere qd. a stecchetto; (*Parl.*) *to* **sit** *in the Commons* essere un membro della Camera dei comuni.
commonwealth ['kɔmənwelθ] *s.* (*ant.*) repubblica; confederazione, comunità indipendente. **Commonwealth** *s.* Commonwealth: *the* (*British*) *Commonwealth of Nations* il Commonwealth britannico.
commotion [kə'məuʃən] *s.* **1** agitazione, confusione. **2** insurrezione, sommossa.
communal ['kɔmjunl] *a.* **1** comunale. **2** pubblico, comune.
commune ['kɔmju:n] *s.* comune, municipio.
to **commune** [kə'mju:n] *v.i.* **1** essere in comunione (*with* con). **2** (*am. Rel.*) comunicarsi.
communicable [kə'mju:nikəbl] *a.* comunicabile.
communicant [kə'mju:nikənt] *s.* **1** (*Rel.*) comunicando. **2** informatore.
to **communicate** [kə'mju:nikeit] **I** *v.t.* **1** comunicare. **2** trasmettere (specialmente una malattia). **II** *v.i.* **1** essere in comunicazione. **2** (*di stanze*) comunicare. **3** (*Rel.*) comunicarsi.
communication [kə,mju:ni'keiʃən] *s.* **1** comunicazione; informazione. **2** comunicato. **3** contatto, rapporto. **4** mezzo di comunicazione. **5** trasmissione (di malattia). ☐ (*Inform.*) ~ *terminal* terminale di rete.
communicative [kə'mju:nikətiv] *a.* comunicativo; socievole.
communion [kə'mju:njən] *s.* **1** comunione, comunanza; familiarità. **2** (*Rel.*) comunione. **3** comunità (religiosa). ☐ *to* **hold** ~ *with o.s.* essere assorto in meditazione; (*Rel.*) *to* **take** (*Holy*) *Communion* fare la comunione.
communiqué [kə'mju:nikei] *s.* comunicato, bollettino.
communism ['kɔmjunizəm] *s.* comunismo.
communist ['kɔmjunist] *a./s.* comunista.
community [kə'mju:niti] *s.* **1** collettività, pubblico. **2** comunità. ☐ ~ **centre** centro sociale; ~ *of* **interests** comunanza di interessi.
to **communize** ['kɔmjunaiz] *v.t.* collettivizzare.
commutable [kə'mju:təbl] *a.* commutabile.
commutation [,kɔmju'teiʃən] *s.* (*di pena, pagamenti, ecc.*) commutazione. ☐ (*am.*) ~ *ticket* abbonamento ferroviario.
commutator ['kɔmjuteitə*] *s.* (*El.*) commutatore.
to **commute** [kə'mju:t] *v.t.* **1** commutare. **2** fare la spola (*between* tra).
commuter [kə'mju:tə*] *s.* (*fam.*) pendolare *m./f.*
compact[1] **I** *a.* [kəm'pækt] **1** fitto, denso; compatto. **2** (*fig.*) (*di stile, ecc.*) serrato, conciso. **II** *s.* ['kɔmpækt] **1** portacipria (da borsetta). **2** (*am. Aut.*) utilitaria.
to **compact** [kəm'pækt] *v.t.* **1** rendere compatto. **2** compendiare, riassumere.
compact[2] ['kɔmpækt] *s.* patto, accordo.
compact disk [kəm'pækt disk] *s.* compact (disk).
compactness [kəm'pæktnis] *s.* **1** compattezza. **2** (*fig.*) concisione.
companion [kəm'pænjən] *s.* **1** compagno; camerata *m./f.* **2** dama di compagnia. **3** manuale, prontuario. ☐ ~ *in arms* commilitone.
companionable [kəm'pænjənəbl] *a.* socievole.
companionship [kəm'pænjənʃip] *s.* cameratismo, amicizia.
company ['kʌmpəni] *s.* **1** compagnia. **2** comitiva, gruppo. **3** (*Comm.*) società, compagnia. ☐ *I'll go with you* **for** ~ verrò con te per tenerti compagnia; *to* **get** *into bad* ~ fare cattive amicizie; (*fig.*) *to be in* **good** ~ essere in buona compagnia; *to* **keep** *s.o.* ~ tenere compagnia a qd.; *to keep one's* **own** ~ starsene solo; *to* **part** ~ separarsi, lasciarsi; essere in disaccordo; **present** ~ *excepted* esclusi i presenti; *the* **ship***'s* ~ l'equipaggio della nave.
comparable ['kɔmpərəbl] *a.* comparabile (*with, to* con).
comparative [kəm'pærətiv] **I** *a.* **1** comparativo; comparato. **2** relativo. **II** *s.* (*Gramm.*) (grado) comparativo.
compare [kəm'pεə*] *s.* confronto, paragone. ☐ *beyond* (o *past, without*) ~ senza confronti.
to **compare** [kəm'pεə*] **I** *v.t.* **1** paragonare, confrontare. **2** (*Gramm.*) fare il comparativo di. **II** *v.i.* essere paragonato (*with* a), reggere il confronto (con). ☐ *as compared with* rispetto a, a paragone di.
comparison [kəm'pærisn] *s.* **1** paragone, confronto. **2** (*Gramm.*) comparazione. ☐ *to* **bear** (o *stand*) ~ *with* reggere al confronto con; **beyond** ~ senza paragone; **by** ~ a paragone; *to* **draw** *a* ~ *between* fare un paragone tra.
compartment [kəm'pɑ:tmənt] *s.* **1** (*Ferr., Mar.*) scompartimento. **2** (*fig.*) settore, sezione.
compass ['kʌmpəs] *s.* **1** (*Mar.*) bussola. **2** (general. al pl.) compasso. **3** (*fig.*) ambito, portata.
to **compass** ['kʌmpəs] *v.t.* **1** (*ant.*) circondare, cingere. **2** (*fig.*) conseguire, raggiungere (uno scopo). **3** (*Dir.*) complottare.
compassion [kəm'pæʃən] *s.* compassione, pietà.
compassionate [kəm'pæʃənit] *a.* compassionevole, partecipe dei sentimenti altrui. ☐ (*Mil.*) ~ *leave* congedo per motivi familiari.
compatibility [kəm,pætə'biliti] *s.* **1** compatibilità. **2** (*estens.*) conciliabilità.

compatible [kəm'pætəbl] *a.* compatibile (*with* con).
compatriot [kəm'pætriət, *am.* kəm'peitriət] *s.* compatriota *m./f.*
to **compel** [kəm'pel] *v.t.* (*pass., p.p.* **compelled** [–d]) **1** costringere, obbligare. **2** esigere, pretendere.
compelling [kəm'peliŋ] *a.* avvincente; irresistibile.
compendious [kəm'pendiəs] *a.* compendioso, conciso.
compendium [kəm'pendiəm] *s.* compendio.
to **compensate** ['kɔmpənseit] **I** *v.t.* **1** risarcire, indennizzare (*for* per). **2** compensare, controbilanciare. **II** *v.i.* compensare, ripagare (*for* di).
compensation [,kɔmpən'seiʃən] *s.* **1** compensazione. **2** risarcimento, indennizzo.
compère ['kɔmpɛə*] *s.* (*Teat., TV*) presentatore.
to **compete** [kəm'pi:t] *v.i.* competere; concorrere (*with, against* con, contro).
competence ['kɔmpitəns] *s.* **1** competenza, capacità, abilità. **2** mezzi di sussistenza.
competent ['kɔmpitənt] *a.* **1** competente, capace, abile. **2** sufficiente, adeguato.
competition [,kɔmpi'tiʃən] *s.* **1** rivalità, concorrenza. **2** gara, concorso: *open* ~ concorso pubblico. **3** (*Comm.*) concorrenza.
competitive [kəm'petitiv] *a.* competitivo; agonistico.
competitor [kəm'petitə*] *s.* competitore, concorrente.
compilation [,kɔmpi'leiʃən] *s.* **1** compilazione. **2** raccolta antologica (di testi letterari, musicali, ecc.).
to **compile** [kəm'pail] *v.t.* compilare.
compiler [kəm'pailə*] *s.* compilatore.
complacence [kəm'pleisns], **complacency** [kəm'pleisnsi] *s.* compiacimento (di sé).
complacent [kəm'pleisnt] *a.* compiaciuto (di sé).
to **complain** [kəm'plein] *v.i.* **1** protestare, reclamare (*about, of* per). **2** dolersi, lamentarsi (*about* di, per).
complainant [kəm'pleinənt] *s.* (*Dir.*) querelante *m./f.*
complaint [kəm'pleint] *s.* **1** rimostranza, protesta; lagnanza. **2** (*Med.*) disturbo; malattia. **3** (*Comm.*) reclamo. **4** (*Dir.*) denunzia, querela.
complaisance [kəm'pleizəns] *s.* compiacenza.
complaisant [kəm'pleizənt] *a.* compiacente.
complement ['kɔmplimənt] *s.* **1** complemento, completamento. **2** (*Gramm.*) complemento.
to **complement** ['kɔmplimənt] *v.t.* **1** completare. **2** essere il complemento di.
complementary [,kɔmpli'mentəri] *a.* complementare.
complete [kəm'pli:t] *a.* **1** completo, intero; integrale. **2** finito, compiuto, concluso. **3** perfetto, vero: *a* ~ *gentleman* un perfetto gentiluomo. **4** totale, pieno, assoluto: *I have* ~ *faith in you* ho assoluta fiducia in te.
to **complete** [kəm'pli:t] *v.t.* **1** completare, finire. **2** concludere.
completion [kəm'pli:ʃən] *s.* **1** completamento; completezza. **2** (*Mar.*) allestimento.
complex ['kɔmpleks] **I** *a.* complesso, complicato. **II** *s.* complesso.
complexion [kəm'plekʃən] *s.* **1** carnagione, colorito. **2** (*fig.*) aspetto, apparenza.
complexity [kəm'pleksiti] *s.* complessità.
compliance [kəm'plaiəns] *s.* acquiescenza, arrendevolezza; sottomissione. □ *in* ~ *with* in conformità a.
compliant [kəm'plaiənt] *a.* arrendevole; sottomesso.
to **complicate** ['kɔmplikeit] *v.t.* complicare.
complicated ['kɔmplikeitid] *a.* complicato, complesso.
complication [,kɔmpli'keiʃən] *s.* complicazione.
complicity [kəm'plisiti] *s.* complicità.
compliment ['kɔmplimənt] *s.* **1** complimento: *to pay s.o. a* ~ fare un complimento a qd. **2** *pl.* omaggi, ossequi. □ *compliments of the season* auguri (di Natale e Capodanno).
to **compliment** ['kɔmplimənt] *v.t.* complimentarsi con, congratularsi con (*on* per).
complimentary [,kɔmpli'mentəri] *a.* **1** complimentoso. **2** (in) omaggio: ~ *tickets* biglietti omaggio.
to **comply** [kəm'plai] *v.t.* aderire, conformarsi, accondiscendere (*with* a).
component [kəm'pəunənt] *a./s.* componente.
to **comport** [kəm'pɔ:t] **I** *v.t.* comportarsi. **II** *v.i.* accordarsi, essere in armonia (*with* con).
to **compose** [kəm'pəuz] *v.t.* **1** comporre. **2** calmare, placare: *to* ~ *o.s.* calmarsi, ricomporsi.
composed [kəm'pəuzd] *a.* calmo, sereno.
composer [kəm'pəuzə*] *s.* (*Mus.*) compositore.
composite ['kɔmpəzit] *a.* composito.
composition [,kɔmpə'ziʃən] *s.* **1** composizione. **2** (*Comm.*) transazione, compromesso. **3** (*Dir.*) composizione, conciliazione. **4** (*Scol.*) componimento, tema.
compositor [kəm'pɔzitə*] *s.* (*Tip.*) compositore.
compost ['kɔmpɔst] *s.* concime, fertilizzante.
composure [kəm'pəuʒə*] *s.* padronanza di sé.
compote *fr.* ['kɔmpəut] *s.* composta, conserva di frutta.
compound ['kɔmpaund] *a./s.* composto.
to **compound** [kəm'paund] **I** *v.t.* **1** comporre, combinare, mescolare; (*di medicine*) preparare. **2** regolare (un debito). **3** (*Dir.*) conciliare, comporre. **II** *v.i.* accordarsi (*with* con).
to **comprehend** [,kɔmpri'hend] *v.t.* **1** comprendere, capire. **2** abbracciare, includere.
comprehensible [,kɔmpri'hensəbl] *a.* comprensibile.
comprehension [,kɔmpri:'henʃən] *s.* **1** com-

prensione, capacità d'intendere. **2** estensione, portata. ▭ *above* (o *beyond*) ~ incomprensibile.
comprehensive [ˌkɔmpriˈhensiv] *a.* **1** esauriente, completo. **2** inclusivo.
compress [ˈkɔmpres] *s.* compressa (di garza, ecc.); impacco.
to **compress** [kəmˈpres] *v.t.* **1** comprimere; pressare. **2** (*fig.*) condensare, riassumere. ▭ *compressed air* aria compressa.
compression [kəmˈpreʃən] *s.* **1** compressione. **2** (*fig.*) condensato, riassunto.
compressor [kəmˈpresə:*] *s.* (*Mecc.*) compressore.
to **comprise** [kəmˈpraiz] *v.t.* essere composto di, includere.
compromise [ˈkɔmprəmaiz] *s.* compromesso.
to **compromise** [ˈkɔmprəmaiz] **I** *v.t.* compromettere. **II** *v.i.* venire a un compromesso.
comptroller [kənˈtrəulə*] → **controller**.
compulsion [kəmˈpʌlʃən] *s.* costrizione, coercizione: *to act under* ~ agire per costrizione.
compulsive [kəmˈpʌlsiv] *a.* **1** costrittivo, coercitivo. **2** (*Psic.*) coatto.
compulsory [kəmˈpʌlsəri] *a.* obbligatorio.
compunction [kəmˈpʌŋkʃən] *s.* scrupolo, rimorso, pentimento.
computable [kəmˈpju:təbl] *a.* computabile, calcolabile.
computation [ˌkɔmpjuˈteiʃən] *s.* computo, calcolo.
to **compute** [kəmˈpju:t] *v.t./i.* calcolare, computare.
computer [kəmˈpju:tə*] *s.* (*tecn.*) computer, calcolatore elettronico, elaboratore: ~ *centre* centro di calcolo; ~ *store* memoria interna.
computer graphics [kəmˈpju:tə* ˈgræfiks] *s.* grafica computerizzata.
comrade [ˈkɔmrid] *s.* compagno (*anche Pol.*); camerata *m./f.* ▭ ~ *in arms* commilitone.
comradeship [ˈkɔmridʃip] *s.* cameratismo.
con [kɔn] **I** *avv.* contro, a sfavore. **II** *s.* contro, argomento a sfavore: *the pros and cons* i pro e i contro.
to **con** [kɔn] *v.t.* (*pass., p.p.* **conned** [–d]) (*fam.*) persuadere con l'inganno, imbrogliare.
to **concatenate** [kɔnˈkætineit] *v.t.* concatenare.
concatenation [kɔnˌkætiˈneiʃən] *s.* concatenazione.
concave [kɔnˈkeiv] *a.* concavo.
to **conceal** [kənˈsi:l] *v.t.* nascondere, celare.
concealment [kənˈsi:lmənt] *s.* **1** occultamento: *in* ~ nascosto. **2** nascondiglio.
to **concede** [kənˈsi:d] *v.t.* **1** ammettere, riconoscere. **2** concedere.
conceit [kənˈsi:t] *s.* **1** presunzione; vanità. **2** metafora ricercata. ▭ *to be out of* ~ *with s.o.* non essere più soddisfatto di qd.
conceited [kənˈsi:tid] *a.* vanitoso; presuntuoso.
conceivable [kənˈsi:vəbl] *a.* concepibile, pensabile: *it is hardly* ~ non è concepibile.
to **conceive** [kənˈsi:v] *v.t./i.* **1** concepire: *to* ~ *a child* concepire un bambino. **2** pensare, immaginare.
concentrate [ˈkɔnsəntreit] *s.* concentrato.
to **concentrate** [ˈkɔnsəntreit] **I** *v.t.* concentrare. **II** *v.i.* concentrarsi (*on, upon* su).
concentrated [ˈkɔnsəntreitid] *a.* **1** concentrato, condensato. **2** (*fig.*) intenso, forte.
concentration [ˌkɔnsənˈtreiʃən] *s.* concentrazione, concentramento. ▭ (*Mil.*) ~ *camp* campo di concentramento.
concentric [kɔnˈsentrik] *a.* concentrico.
concept [ˈkɔnsept] *s.* concetto, nozione, idea.
conception [kənˈsepʃən] *s.* concezione.
conceptual [kənˈseptjuəl] *a.* concettuale.
concern [kənˈsə:n] *s.* **1** affare, faccenda: *it's no* ~ *of mine* non è affar mio. **2** inquietudine, preoccupazione. **3** (*Comm.*) cointeressenza, partecipazione; impresa; azienda.
to **concern** [kənˈsə:n] *v.t.* **1** concernere, riguardare. **2** (*usato riflessivamente o al passivo*) interessare, occupare: *to be concerned with* (o *in*) *s.th.* interessarsi di qc. **3** preoccupare, turbare: *to be concerned about s.th.* essere preoccupato per qc. ▭ **as** *concerns* per quanto riguarda; **as** (o *so*) *far as I am concerned* per quanto mi riguarda.
concerned [kənˈsə:nd] *a.* **1** interessato. **2** preoccupato. **3** coinvolto, implicato.
concerning [kənˈsə:niŋ] *prep.* circa, riguardo a.
concert [ˈkɔnsət] *s.* **1** (*Mus.*) concerto. **2** accordo, unione. ▭ (*fam.*) *at* ~ *pitch* in piena efficienza; in perfetta forma.
to **concert** [kənˈsə:t] *v.t.* concertare, concordare.
concession [kənˈseʃən] *s.* **1** concessione. **2** (*fig.*) ammissione, riconoscimento.
concessionaire [kənˌseʃəˈnɛə*] *s.* (*Comm.*) concessionario.
concessive [kənˈsesiv] *a.* (*Gramm.*) concessivo.
conch [kɔŋk] *s.* (*Zool.*) **1** conchiglia. **2** (*mollusco*) strombo.
conciliar [kənˈsiliə*] *a.* conciliare.
to **conciliate** [kənˈsilieit] *v.t.* **1** conciliare. **2** placare, blandire. **3** conciliarsi, cattivarsi.
conciliation [kənˌsiliˈeiʃən] *s.* conciliazione.
conciliatory [kənˈsiliətəri] *a.* conciliante.
concise [kənˈsais] *a.* conciso, stringato; (*di libro*) edizione ridotta.
conciseness [kənˈsaisnis] *s.* concisione.
conclave [ˈkɔnkleiv] *s.* (*Rel.*) conclave.
to **conclude** [kənˈklu:d] **I** *v.t.* **1** concludere, terminare. **2** dedurre, arguire. **II** *v.i.* **1** concludersi, finire. **2** (*am.*) decidere, stabilire.
conclusion [kənˈklu:ʒən] *s.* conclusione. ▭ *a* **foregone** ~ una conclusione scontata; *to* **jump** *to conclusions* trarre conclusioni affrettate; (*fig.*) *to* **try** *conclusions with s.o.* misurarsi con qd.
conclusive [kənˈklu:siv] *a.* conclusivo, decisivo: ~ *evidence* prova conclusiva.

to **concoct** [kən'kɔkt] *v.t.* **1** preparare (mescolando). **2** (*fig.*) architettare, macchinare.
concoction [kən'kɔkʃən] *s.* **1** miscuglio; preparato. **2** (*fig.*) macchinazione.
concomitant [kən'kɔmitənt] **I** *a.* concomitante. **II** *s.* (general. al pl.) fattore concomitante.
concord ['kɔŋkɔ:d] *s.* **1** concordia, armonia. **2** (*Gramm.*) concordanza.
concordance [kɔn'kɔ:dəns] *s.* **1** armonia, concordia. **2** indice analitico.
concordant [kɔn'kɔ:dənt] *a.* concorde, in armonia (*with* con).
concordat [kɔn'kɔ:dæt] *s.* (*Stor.*) concordato.
concourse ['kɔŋkɔ:s] *s.* **1** concorso, affluenza. **2** (*am.*) atrio (di stazione ferroviaria); passeggiata.
concrete ['kɔnkri:t] **I** *a.* **1** concreto; reale. **2** di calcestruzzo. **II** *s.* (*Edil.*) calcestruzzo; cemento: *reinforced* ~ cemento armato.
to **concrete** ['kɔnkri:t] **I** *v.t.* **1** (*Edil.*) rivestire di calcestruzzo. **2** solidificare. **II** *v.i.* solidificarsi.
concrete mixer ['kɔnkri:t'miksə*] *s.* betoniera.
concretion [kɔn'kri:ʃən] *s.* (*Med., Geol.*) concrezione.
concubinage [kɔn'kju:binidʒ] *s.* concubinato.
concubine ['kɔnkjubain] *s.* concubina.
concupiscence [kɔn'kju:pisəns] *s.* concupiscenza.
to **concur** [kɔn'kə:*] *v.i.* (*pass., p.p.* **concurred** [–d]) **1** essere d'accordo, convenire (*with* con). **2** concorrere, contribuire (*in* a). **3** coincidere.
concurrence [kən'kʌrəns] *s.* **1** assenso, accordo. **2** simultaneità, concomitanza.
concurrent [kən'kʌrənt] *a.* **1** concomitante; simultaneo. **2** concordante.
to **concuss** [kən'kʌs] *v.t.* scuotere violentemente.
concussion [kən'kʌʃən] *s.* **1** (*Med.*) commozione cerebrale. **2** (*estens.*) urto, colpo violento.
to **condemn** [kən'dem] *v.t.* **1** condannare; biasimare. **2** (*di cosa*) dichiarare inservibile (*o* non transitabile, impraticabile, ecc.); (*di persona*) dichiarare inguaribile. ▭ *condemned cell* cella dei condannati a morte.
condemnation [,kɔndem'neiʃən] *s.* condanna, biasimo.
condensation [,kɔnden'seiʃən] *s.* condensazione.
to **condense** [kən'dens] **I** *v.t.* **1** (far) condensare: *condensed milk* latte condensato. **2** compendiare, riassumere. **II** *v.i.* condensarsi.
condenser [kən'densə*] *s.* (*El.*) condensatore.
to **condescend** [,kɔndi'send] *v.i.* **1** accondiscendere, (ac)consentire (*to* a). **2** degnarsi (di).
condescending [,kɔndi'sendiŋ] *a.* condiscendente, accondiscendente.
condescension [,kɔndi'senʃən] *s.* condiscendenza, degnazione.
condiment ['kɔndimənt] *s.* aromi (sale, pepe, spezie, ecc.).
condition [kən'diʃən] *s.* **1** condizione, stato. **2** condizione sociale; rango, ceto. ▭ *in* **certain** *conditions* in certe circostanze; *under* **existing** *conditions* nelle attuali condizioni; *to be* **in** ~ essere in buono stato; *to* **make** *it a* ~ *that* porre come condizione che; *to be in* **no** ~ *to do s.th.* non essere in condizioni di fare qc.; **on** ~ *that* a condizione che.
to **condition** [kən'diʃən] *v.t.* condizionare.
conditional [kən'diʃənl] **I** *a.* **1** condizionale. **2** condizionato (*upon, on* a). **II** *s.* (*Gramm.*) condizionale.
to **condole** [kən'dəul] *v.t.* fare le condoglianze (*with* a).
condolence [kən'dəuləns] *s.* condoglianza.
condom ['kɔndəm] *s.* (*Med.*) preservativo, profilattico.
condominium [,kɔndə'miniəm] *s.* condominio (*anche Pol.*).
condonation [,kɔndə(u)'neiʃən] *s.* condono.
to **condone** [kən'dəun] *v.t.* **1** perdonare. **2** (*Dir.*) condonare.
to **conduce** [kən'dju:s] *v.i.* contribuire (*to, toward* a); portare (a).
conduct ['kɔndʌkt] *s.* **1** condotta, comportamento. **2** gestione (di aziende, ecc.).
to **conduct** [kən'dʌkt] **I** *v.t.* **1** condurre; amministrare; dirigere. **2** guidare, portare. **3** comportarsi: *he conducts himself well* si comporta bene. **4** (*Mus.*) dirigere. **II** *v.i.* (*Mus.*) fare il direttore d'orchestra. ▭ *conducted tour* visita turistica guidata.
conduction [kən'dʌkʃən] *s.* (*Fis.*) conduzione.
conductor [kən'dʌktə*] *s.* **1** capo. **2** guida, accompagnatore. **3** (*di autobus, ecc.*) bigliettaio. **4** (*am. Ferr.*) capotreno. **5** (*Mus.*) direttore. **6** (*Fis.*) conduttore.
conduit ['kɔndit] *s.* conduttura, condotto.
cone [kəun] *s.* **1** cono. **2** (*Bot.*) pigna (di conifera).
coney ['kəuni] → **cony**.
to **confabulate** [kən'fæbjuleit] *v.t.* chiacchierare, conversare.
confab(ulation) [kən,fæbju'leiʃən] *s.* conversazione, chiacchierata.
confection [kən'fekʃən] *s.* **1** preparazione, preparato. **2** dolciumi. **3** abito di confezione.
confectioner [kən'fekʃənə*] *s.* pasticciere.
confectionery [kən'fekʃənəri] *s.* **1** dolciumi. **2** pasticceria.
confederacy [kən'fedərəsi] *s.* confederazione. **Confederacy** (*Stor.*) confederazione degli Stati Uniti.
confederate [kən'fedərit] **I** *a.* confederato, alleato. **II** *s.* **1** confederato, alleato. **2** complice *m./f.*
to **confederate** [kən'fedəreit] **I** *v.t.* confederare. **II** *v.i.* confederarsi, allearsi.
confederation [kən,fedə'reiʃən] *s.* confederazione; lega, alleanza. **Confederation** (*Stor.*) Confederazione.

to **confer** [kən'fə:*] *v.* (*pass., p.p.* **conferred** [–d]) **I** *v.t.* conferire, accordare. **II** *v.i.* conferire, consultarsi (*with s.o. on s.th.* con qd. su qc.).
conference ['kɔnfərəns] *s.* **1** consultazione, colloquio. **2** conferenza, convegno: *summit* ~ conferenza al vertice. □ *to be in* ~ *with s.o.* avere un colloquio con qd.
conferment [kən'fə:mənt] *s.* conferimento.
to **confess** [kən'fes] **I** *v.t.* **1** confessare. **2** ammettere, riconoscere. **II** *v.i.* **1** dichiararsi colpevole (*to* di). **2** fare professione di fede. **3** (*Rel.*) confessarsi.
confession [kən'feʃən] *s.* **1** confessione. **2** ammissione.
confessional [kən'feʃənl] *a./s.* confessionale.
confessor [kən'fesə*] *s.* confessore.
confetti [kən'feti] *s.pl.* (costr. sing.) coriandoli.
confidant [,kɔnfi'dænt] *s.* confidente, amico intimo.
to **confide** [kən'faid] **I** *v.i.* **1** confidarsi (*in* con). **2** aver fiducia (*in* in). **II** *v.t.* **1** confidare, dire in confidenza. **2** affidare.
confidence ['kɔnfidəns] *s.* **1** confidenza. **2** fiducia (*anche Pol.*): *vote of* ~ voto di fiducia. **3** sicurezza di sé. □ *to* **be** *in s.o.'s* ~ godere della confidenza di qd.; *in* **strict** ~ in confidenza; *to* **take** *s.o. into one's* ~ accordare fiducia a qd.
confident ['kɔnfidənt] *a.* confidente, fiducioso (*of* in).
confidential [,kɔnfi'denʃəl] *a.* **1** confidenziale; riservato. **2** fidato, di fiducia.
confiding [kɔn'faidiŋ] *a.* confidente, fiducioso.
configuration [kən,figju'reiʃən] *s.* configurazione.
to **confine** [kən'fain] *v.t.* **1** limitare (*to* a). **2** confinare, relegare; imprigionare. □ *to* **be** *confined to bed* essere costretto a letto; *to* **be** *confined* partorire.
confines ['kɔnfainz] *s.pl.* confini; limiti.
to **confirm** [kən'fə:m] *v.t.* **1** confermare, convalidare. **2** rafforzare, rinsaldare. **3** (*Rel.*) cresimare.
confirmation [,kɔnfə'meiʃən] *s.* **1** conferma, convalida; prova. **2** rafforzamento. **3** (*Rel.*) cresima.
confirmed [kən'fə:md] *a.* **1** confermato. **2** inveterato, incallito; (*di malattia*) cronico.
to **confiscate** ['kɔnfiskeit] *v.t.* confiscare; requisire.
confiscation [,kɔnfis'keiʃən] *s.* confisca; requisizione.
conflagration [,kɔnflə'greiʃən] *s.* conflagrazione; incendio improvviso.
conflict ['kɔnflikt] *s.* conflitto.
to **conflict** [kən'flikt] *v.t.* essere in conflitto (*with* con).
confluence ['kɔnfluəns] *s.* **1** (*Geog.*) confluenza. **2** (*fig.*) convergenza.
confluent ['kɔnfluənt] *a.* (*Geog.*) confluente.
to **conform** [kən'fɔ:m] **I** *v.i.* **1** conformarsi, adeguarsi (*to* a). **2** corrispondere (*to, with* a), essere in armonia (con). **II** *v.t.* conformare, adeguare.
conformable [kən'fɔ:məbl] *a.* **1** conforme (*to* a). **2** remissivo, docile.
conformation [,kɔnfɔ:'meiʃən] *s.* conformazione, struttura.
conformist [kən'fɔ:mist] **I** *s.* conformista *m./f.* **II** *a.* conformistico, conformista.
conformity [kən'fɔ:miti] *s.* **1** conformità. **2** conformismo. □ *in* ~ *with* in conformità a, di.
to **confound** [kən'faund] *v.t.* confondere; disorientare, sconcertare. □ ~ *it!* al diavolo!
confraternity [,kɔnfrə'tə:niti] *s.* **1** (*Rel.*) confraternita. **2** associazione professionale.
to **confront** [kən'frʌnt] *v.t.* **1** essere di fronte a. **2** (*fig.*) affrontare, fronteggiare; (*di problemi, ecc.*) presentarsi.
confrontation [,kɔnfrən'teiʃən] *s.* confronto.
Confucian [kən'fju:ʃən] *a./s.* confuciano.
Confucius [kən'fju:ʃjəs] *N.pr.m.* Confucio.
to **confuse** [kən'fju:z] *v.t.* **1** confondere; turbare, disorientare. **2** scambiare (*with* per).
confusion [kən'fju:ʒən] *s.* **1** confusione; imbarazzo. **2** disordine.
confutation [,kɔnfju:'teiʃən] *s.* confutazione.
to **confute** [,kɔn'fju:t] *v.t.* confutare.
to **congeal** [kən'dʒi:l] **I** *v.t.* **1** congelare. **2** coagulare. **II** *v.i.* **1** congelarsi. **2** coagularsi.
congenial [kən'dʒi:njəl] *a.* **1** congeniale. **2** affine, simile. **3** piacevole, simpatico.
congeniality [kən,dʒi:ni'æliti] *s.* **1** congenialità. **2** affinità.
congenital [kən'dʒenitl] *a.* congenito.
to **congest** [kən'dʒest] **I** *v.t.* congestionare. **II** *v.i.* congestionarsi.
congestion [kən'dʒestʃən] *s.* congestione (*anche Med.*); affollamento.
conglomerate [kən'glɔmərit] *a./s.* (*Geol.*) conglomerato.
to **conglomerate** [kən'glɔməreit] **I** *v.t.* conglomerare. **II** *v.i.* conglomerarsi.
conglomeration [kən,glɔmə'reiʃən] *s.* conglomerazione; conglomerato.
to **congratulate** [kən'grætjuleit] *v.t.* congratularsi con, felicitarsi con (*on* per).
congratulation [kən,grætju'leiʃən] *s.* (spec. pl.) congratulazione.
congratulatory [kən'grætjuleitəri] *a.* di congratulazioni.
to **congregate** ['kɔŋgrigeit] **I** *v.i.* congregarsi, adunarsi. **II** *v.t.* congregare, adunare.
congregation [,kɔŋgri'geiʃən] *s.* **1** congregazione. **2** adunanza, assemblea.
congress ['kɔŋgres] *s.* **1** (*Pol.*) congresso. **2** riunione. **Congress** (*USA*) Congresso.
congressional [kɔn'greʃənl] *a.* congressuale. **Congressional** *a.* (*USA*) del Congresso.
Congressman ['kɔngresmən] (*pl.* **–men**), **Congresswoman** ['kɔngreswumən] *s.* (*pl.* **–women** [–wimin] (*USA*) membro del Congresso.
congruence ['kɔŋgruəns] *s.* congruenza.
congruent ['kɔŋgruənt] *a.* **1** congruente (*anche Mat.*). **2** conforme: ~ *with* conforme a.

congruous ['kɔŋgruəs] *a.* **1** adeguato (*with* a). **2** appropriato, adatto.
conic(al) ['kɔnik(əl)] *a.* conico.
conifer ['kəunifə*] *s.* (*Bot.*) conifera.
coniferous [kəu'nifərəs] *a.* conifero.
conjecture [kən'dʒektʃə*] *s.* congettura, supposizione.
to **conjecture** [kən'dʒektʃə*] *v.t./i.* fare congetture (su).
conjugal ['kɔndʒugəl] *a.* coniugale.
to **conjugate** ['kɔndʒugeit] *v.t.* (*Gramm.*) coniugare.
conjugation [,kɔndʒu'geiʃən] *s.* (*Gramm.*) coniugazione.
conjunct [kən'dʒʌŋkt] *a.* **1** congiunto, unito. **2** associato, combinato.
conjunction [kən'dʒʌŋkʃən] *s.* **1** congiunzione (*anche Gramm.*). **2** unione, associazione.
conjunctive [kən'dʒʌŋktiv] *a.* **1** (*Gramm.*) congiuntivo. **2** (*Biol.*) connettivo.
conjunctivitis [kən,dʒʌŋkti'vaitis] *s.* (*Med.*) congiuntivite.
conjuncture [kən'dʒʌŋktʃə*] *s.* congiuntura.
conjuration [,kɔndʒu'reiʃən] *s.* **1** invocazione solenne. **2** incantesimo.
to **conjure** ['kʌndʒə*] **I** *v.t.* (general. con *up*) evocare; rievocare. **II** *v.i.* **1** fare incantesimi. **2** fare giochi di prestigio.
conjurer, conjuror ['kʌndʒərə*] *s.* prestigiatore.
conk [kɔŋk] *s.* (*sl.*) **1** naso. **2** (*am.*) colpo sulla testa.
to **conk** [kɔŋk] *v.i.* (*fam.*) **1** (general. con *out*) guastarsi; (*di motore*) incepparsi. **2** (*am.*) svenire.
conker ['kɔŋkə*] *s.* (*Bot.*) castagna d'India.
con-man ['kɔnmən] (*pl.* **–men**) *s.* truffatore.
connatural [kə'nætʃərəl] *a.* connaturato.
to **connect** [kə'nekt] **I** *v.t.* **1** connettere; collegare, unire. **2** (general. al passivo) essere in contatto con. **3** (*Tel.*) mettere in comunicazione. **II** *v.i.* **1** connettersi, collegarsi. **2** (*di treni, ecc.*) essere in coincidenza (*with* con).
connected [kə'nektid] *a.* connesso, congiunto.
connection [kə'nekʃən] *s.* **1** connessione, collegamento. **2** attacco (di tubo, ecc.). **3** relazione, nesso, proposito: *to write to s.o. in ~ with s.th.* scrivere a qd. a proposito di qc.; *in this ~* a questo proposito. **4** (*Ferr.*) coincidenza: *to miss the ~* perdere la coincidenza. **5** *pl.* conoscenze; relazioni: *he has powerful connections* ha relazioni potenti. **6** (*collett.*) clientela. **7** (*Tel., Inform.*) collegamento. **8** contesto. **9** relazione segreta (*o* criminale). □ **in** *~ with* con riferimento a; **in** *this ~* a questo proposito.
connective [kə'nektiv] *a.* (*Biol.*) connettivo.
connexion [kə'nekʃən] → **connection**.
conning tower ['kɔniŋtauə*] *s.* (*Mar. mil.*) torre di comando.
connivance [kə'naivəns] *s.* connivenza.
to **connive** [kə'naiv] *v.i.* **1** essere connivente (*at* con). **2** (*fig.*) chiudere gli occhi (su).
connoisseur [,kɔni'sə:*] *s.* conoscitore.
connotation [,kɔnə(u)'teiʃən] *s.* connotazione; implicazione.
to **connote** [kə'nəut] *v.t.* **1** implicare il concetto di. **2** (*estens.*) significare.
conoid ['kəunɔid] **I** *s.* (*Geom.*) conoide. **II** *a.* conoidale.
to **conquer** ['kɔŋkə*] **I** *v.t.* **1** conquistare. **2** vincere, sconfiggere. **II** *v.i.* ottenere la vittoria.
conqueror ['kɔŋkərə*] *s.* conquistatore.
conquest ['kɔŋkwest] *s.* conquista.
Conrad ['kɔnræd] *N.pr.m.* Corrado.
consanguineous [,kɔnsæŋ'gwiniəs] *a.* consanguineo.
consanguinity [,kɔnsæŋ'gwiniti] *s.* consanguineità.
conscience ['kɔnʃəns] *s.* coscienza. □ *to have a* **clear** *~* avere la coscienza pulita; *to have a* **guilty** *~* avere la coscienza sporca; **in** (*all*) *~* in tutta coscienza; di sicuro; *a* **matter** *of ~* un caso di coscienza; *for ~* **sake** per dovere di coscienza.
conscientious [,kɔnʃi'enʃəs] *a.* **1** coscienzioso. **2** scrupoloso, accurato. □ *~ objector* obiettore di coscienza.
conscious ['kɔnʃəs] *a.* **1** cosciente; conscio, consapevole (*of* di). **2** intenzionale, deliberato.
consciousness ['kɔnʃəsnis] *s.* **1** coscienza: *to lose ~* perdere coscienza (*o* i sensi); *to regain* (o *recover*) *~* riprendere coscienza. **2** consapevolezza.
conscript ['kɔnskript] *s.* (*Mil.*) coscritto.
to **conscript** [kən'skript] *v.t.* (*Mil.*) coscrivere, arruolare.
conscription [kən'skripʃən] *s.* (*Mil.*) coscrizione.
consecrate ['kɔnsikrit] *a.* consacrato.
to **consecrate** ['kɔnsikreit] *v.t.* consacrare.
consecration [,kɔnsi'kreiʃən] *s.* consacrazione.
consecutive [kən'sekjutiv] *a.* consecutivo.
consensual [kən'senʃuəl] *a.* consensuale.
consensus [kən'sensəs] *s.* consenso.
consent [kən'sent] *s.* consenso; approvazione. □ **by** *common ~* di comune accordo; **with** *one ~* all'unanimità.
to **consent** [kən'sent] *v.i.* acconsentire, consentire (*to* a).
consentient [kən'senʃənt] *a.* consenziente, d'accordo.
consequence ['kɔnsikwəns] *s.* **1** conseguenza. **2** importanza, rilievo. □ **in** *~ of* a causa di; *to* **suffer** *the consequences* subire le conseguenze.
consequent ['kɔnsikwənt] *a.* conseguente, derivante (*on, upon* da).
consequential [,kɔnsi'kwenʃəl] *a.* **1** conseguente, derivante. **2** pieno di sé, borioso.
conservation [,kɔnsə'veiʃən] *s.* conservazione, tutela.
conservationist [,kɔnsə'veiʃənist] *s.* ecologista, ambientalista.

conservatism [kɔn'sə:vətizəm] *s.* (*Pol.*) conservatorismo.
conservative [kən'sə:vətiv] **I** *a.* **1** conservatore. **2** prudente, cauto. **II** *s.* conservatore. ▭ *Conservative Party* partito conservatore; *the Conservatives* i conservatori.
conservator ['kɔnsəveitə*] *s.* **1** conservatore. **2** (*GB*) sovrintendente *m./f.* (di museo).
conservatory [kən'sə:vətri, *am.* kən'sə:vətɔ:ri] *s.* **1** serra. **2** (*Mus.*) conservatorio.
conserve [kən'sə:v] *s.* (spesso al pl.) (*Alim.*) **1** conserva di frutta. **2** frutta candita.
to **conserve** [kən'sə:v] *v.t.* conservare.
to **consider** [kən'sidə*] *v.t.* **1** considerare, esaminare; prendere in considerazione. **2** reputare, ritenere. **3** tener presente, tener conto di.
considerable [kən'sidərəbl] *a.* considerevole, notevole.
considerate [kən'sidərit] *a.* premuroso, sollecito.
consideration [kən,sidə'reiʃən] *s.* **1** considerazione, esame; riflessione. **2** fattore, elemento; motivo, ragione. **3** premura, riguardo. **4** pagamento, ricompensa. ▭ **for** *a* ~ dietro ricompensa; **in** ~ *of* in considerazione di; *to take* **into** ~ prendere in considerazione; *to* **leave** *s.th. out of* ~ non prendere in considerazione qc.; *on* **no** ~ per nessun motivo; *to be* **under** ~ essere in esame.
considering [kən'sidəriŋ] *prep.* in considerazione di, considerato.
to **consign** [kən'sain] *v.t.* **1** consegnare; affidare. **2** (*Comm.*) spedire, inviare.
consignation [,kɔnsai'neiʃən] *s.* (*Comm.*) consegna.
consignee [,kɔnsai'ni:] *s.* (*Comm.*) consegnatario.
consigner [kən'sainə*] → **consignor**.
consignment [kən'sainmənt] *s.* (*Comm.*) spedizione, invio; partita (in consegna).
consignor [kən'sainə*] *s.* (*Comm.*) mittente *m./f.*
to **consist** [kən'sist] *v.i.* consistere.
consistency [kən'sistənsi], **consistence** [kən'sistəns] *s.* **1** (*fig.*) coerenza. **2** consistenza, compattezza.
consistent [kən'sistənt] *a.* in armonia; coerente (*with* con).
consistory [kən'sistəri] *s.* (*Rel.*) concistoro.
to **consociate** [kən'səuʃieit] **I** *v.t.* consociare, associare. **II** *v.i.* consociarsi, associarsi.
consolation [,kɔnsə'leiʃən] *s.* consolazione, conforto.
console *fr.* ['kɔnsəul] *s.* **1** consolle; mobile per radio o TV. **2** (*El., Inform.*) quadro di comando.
to **console** [kən'səul] *v.t.* consolare, confortare.
to **consolidate** [kən'sɔlideit] **I** *v.t.* **1** unificare, unire. **2** consolidare. **II** *v.i.* **1** unificarsi, unirsi. **2** consolidarsi.
consolidation [kən,sɔli'deiʃən] *s.* **1** unificazione. **2** consolidamento.
consommé *fr.* [kən'sɔmei] *s.* (*Gastr.*) consommé, brodo ristretto.
consonance ['kɔnsənəns] *s.* consonanza; armonia.
consonant ['kɔnsənənt] **I** *s.* consonante. **II** *a.* consono, conforme (*with* a).
consort ['kɔnsɔ:t] *s.* **1** consorte *m./f.*, coniuge *m./f.* **2** (*Mar.*) nave di conserva. ▭ *the prince* ~ il principe consorte.
to **consort** [kən'sɔ:t] *v.i.* **1** unirsi (*with* con); frequentare (qd.). **2** accordarsi (*with* con).
consortium [kɔn'sɔ:tjəm] *s.* (*pl.* **–tia** [–tiə]) (*Econ.*) consorzio; sindacato. ▭ ~ *bank* banca consortile.
conspectus [kən'spektəs] *s.* rassegna, panorama.
conspicuous [kən'spikjuəs] *a.* **1** evidente, manifesto. **2** notevole, rilevante. ▭ *to make o.s.* ~ mettersi in mostra.
conspiracy [kən'spirəsi] *s.* cospirazione; congiura, complotto.
conspirator [kən'spirətə*] *s.* cospiratore.
to **conspire** [kən'spaiə*] **I** *v.i.* **1** cospirare, congiurare. **2** (*fig.*) (*di eventi*) concorrere, contribuire. **II** *v.t.* complottare.
constable ['kʌnstəbl] *s.* poliziotto, agente (di polizia). ▭ *Chief Constable* capo della polizia.
constabulary [kən'stæbjuləri] *s.* (*collett.*) poliziotti di un distretto.
constancy ['kɔnstənsi] *s.* **1** costanza, fermezza. **2** forza d'animo.
constant ['kɔnstənt] **I** *a.* **1** costante, continuo. **2** fermo, fedele. **II** *s.* (*Mat.*) costante.
constellation [,kɔnstə'leiʃən] *s.* (*Astr.*) costellazione.
consternation [,kɔnstə'neiʃən] *s.* costernazione.
to **constipate** ['kɔnstipeit] *v.t.* (*Med.*) costipare.
constipated ['kɔnstipeitid] *a.* stitico.
constipation [,kɔnsti'peiʃən] *s.* stitichezza.
constituency [kən'stitjuənsi] *s.* collegio elettorale.
constituent [kən'stitjuənt] **I** *a.* **1** costituente. **2** costitutivo. **II** *s.* **1** elemento costitutivo. **2** (*Pol.*) membro di un collegio elettorale.
to **constitute** ['kɔnstitju:t] *v.t.* **1** costituire, comporre. **2** creare, dare vita a. **3** nominare, eleggere.
constitution [,kɔnsti'tju:ʃən] *s.* **1** (*Pol.*) costituzione. **2** costituzione fisica. **3** composizione, struttura.
constitutional [,kɔnsti'tju:ʃənl] **I** *a.* costituzionale. **II** *s.* (*ant. fam.*) passeggiata (igienica).
constitutionalism [,kɔnsti'tju:ʃənəlizəm] *s.* costituzionalismo.
constitutive ['kɔnstitju:tiv] *a.* costitutivo; essenziale.
to **constrain** [kən'strein] *v.t.* costringere, obbligare.
constrained [kən'streind] *a.* **1** costretto, forzato. **2** innaturale.
constraint [kən'streint] *s.* **1** costrizione, coer-

cizione. **2** soggezione, imbarazzo.
to **constrict** [kən'strikt] *v.t.* **1** comprimere; (*di muscolo*) contrarre. **2** (*fig.*) inibire.
constriction [kən'strikʃən] *s.* **1** compressione; (*di muscolo*) contrazione. **2** oppressione.
to **construct** [kən'strʌkt] *v.t.* **1** costruire. **2** (*fig.*) congegnare.
construction [kən'strʌkʃən] *s.* **1** costruzione. **2** (*fig.*) interpretazione. □ (*Edil.*) ~ *site* cantiere.
constructive [kən'strʌktiv] *a.* **1** costruttivo; strutturale. **2** (*Dir.*) indiziario.
constructor [kən'strʌktə*] *s.* costruttore.
to **construe** [kən'stru:] **I** *v.t.* **1** interpretare. **2** (*Gramm.*) fare l'analisi grammaticale di. **II** *v.i.* (*Gramm.*) fare l'analisi grammaticale.
consul ['kɔnsəl] *s.* console.
consular ['kɔnsjulə*] *a.* consolare.
consulate ['kɔnsjuleit] *s.* consolato.
to **consult** [kən'sʌlt] **I** *v.t.* consultare. **II** *v.i.* consultarsi (*with* con).
consultant [kən'sʌltənt] *s.* **1** consulente *m./f.* **2** medico consulente.
consultation [ˌkɔnsəl'teiʃən] *s.* **1** consultazione. **2** (*Med.*) consulto.
to **consume** [kən'sju:m] **I** *v.t.* **1** consumare; (*di fuoco*) distruggere. **2** (*fig.*) (costr. passiva) consumare, struggere. **3** sprecare. **II** *v.i.* consumarsi. □ *time consuming* che richiede molto tempo.
consumer [kən'sju:mə*] *s.* consumatore. □ (*Econ.*) ~ *goods* beni di consumo.
consummate [kən'sʌmit] *a.* consumato, esperto; perfetto.
to **consummate** ['kɔnsmeit] *v.t.* compiere, coronare; (*di matrimonio*) consumare.
consummation [ˌkɔnsə'meiʃən] *s.* compimento, coronamento; (*di matrimonio*) consumazione.
consumption [kən'sʌmpʃən] *s.* **1** consumo. **2** (*Med. ant.*) consunzione; tubercolosi.
consumptive [kən'sʌmptiv] **I** *a.* (*Med. ant.*) tisico, tubercolotico. **II** *s.* (*Med.*) tisico.
contact ['kɔntækt] *s.* **1** contatto. **2** conoscenza, amicizia. **3** (*Med.*) portatore di germi. □ ~ **lens** lente a contatto; *to* **make** ~ *with* prendere contatto con; *to be* **out** *of* ~ *with s.o.* aver perso i contatti con qd.
to **contact** [kən'tækt] *v.t.* mettersi in contatto con.
contagion [kən'teidʒən] *s.* contagio; malattia contagiosa.
contagious [kən'teidʒəs] *a.* contagioso.
to **contain** [kən'tein] *v.t.* **1** contenere. **2** frenare, trattenere. **3** (*Mat.*) essere divisibile per.
container [kən'teinə*] *s.* **1** contenitore. **2** container.
to **contaminate** [kən'tæmineit] *v.t.* contaminare (*anche fig.*).
contamination [kənˌtæmi'neiʃən] *s.* contaminazione.
to **contemn** [kən'tem] *v.t.* (*lett.*) disprezzare, disdegnare, spregiare.
to **contemplate** ['kɔntəmpleit] **I** *v.t.* **1** contemplare, osservare. **2** prendere in considerazione, meditare di far qc., avere intenzione. **3** prevedere, aspettarsi. **II** *v.i.* meditare, riflettere (*on* su).
contemplation [ˌkɔntəm'pleiʃən] *s.* **1** contemplazione. **2** meditazione, riflessione. **3** intenzione. **4** aspettativa.
contemplative ['kɔntəmpleitiv] *a.* contemplativo.
contemporaneous [kənˌtempə'reinjəs] *a.* contemporaneo.
contemporary [kən'tempərəri] *a./s.* **1** contemporaneo. **2** coetaneo.
contempt [kən'tempt] *s.* **1** disprezzo, sprezzo. **2** (*Dir.*) vilipendio alla corte. □ *to hold s.o. in* ~ disprezzare qd.
contemptible [kən'temptibl] *a.* disprezzabile, spregevole.
contemptuous [kən'təmptjuəs] *a.* sprezzante.
to **contend** [kən'tend] **I** *v.i.* **1** lottare, combattere (*with, against* contro). **2** contendersi, disputarsi (*for s.th.* qc.). **II** *v.t.* sostenere, asserire.
content[1] ['kɔntənt] *s.* **1** *pl.* contenuto. **2** *pl.* indice (di libro). **3** capacità; volume.
content[2] [kən'tent] **I** *a.pred.* soddisfatto, contento (*with* di) **II** *s.* soddisfazione, contentezza. □ *to* **be** ~ *to do s.th.* essere disposto a fare qc.; *to one's* **heart's** ~ a volontà.
to **content** [kən'tent] *v.t.* **1** accontentare, soddisfare. **2** contentarsi, essere soddisfatto (*with* di): *you must* ~ *yourself with the little* dovete accontentarvi del poco che abbiamo.
contented [kən'tentid] *a.* soddisfatto, contento.
contention [kən'tenʃən] *s.* **1** contesa, disputa. **2** opinione. □ *to be in* ~ essere in competizione.
contentious [kən'tenʃəs] *a.* **1** controverso, dibattuto. **2** (*di persona*) polemico.
contentment [kən'tentmənt] *s.* appagamento; soddisfazione.
contest ['kɔntest] *s.* **1** lotta, competizione. **2** concorso, gara. **3** disputa, controversia.
to **contest** [kən'test] **I** *v.t.* **1** contendersi, disputarsi. **2** mettere in discussione, contestare. **II** *v.i.* lottare, combattere.
contestant [kən'testənt] *s.* concorrente *m./f.*
context ['kɔntekst] *s.* contesto.
contextual [kɔn'tekstʃuəl] *a.* contestuale.
contiguity [ˌkɔnti'gjuiti] *s.* contiguità.
contiguous [kən'tigjuəs] *a.* contiguo, attiguo.
continence ['kɔntinəns] *s.* continenza.
continent[1] ['kɔntinənt] *s.* (*Geog.*) continente. **Continent** Continente, Europa continentale.
continent[2] ['kɔntinənt] *a.* continente, moderato.
continental [ˌkɔnti'nentl] *a./s.* (*Geog.*) continentale.
contingency [kən'tindʒənsi] *s.* **1** eventualità, evenienza, possibilità. **2** contingenza, circostanza fortuita, caso.

contingent [kən'tindʒənt] **I** *a.* **1** eventuale, possibile. **2** condizionato, dipendente (*on, upon* a, da) **3** accidentale. **II** *s.* (*Mil.*) contingente.
continual [kən'tinjuəl] *a.* continuo, incessante.
continuance [kən'tinjuəns] *s.* **1** continuità, durata. **2** permanenza; perdurare.
continuation [kən,tinju'eiʃən] *s.* continuazione; proseguimento.
to **continue** [kən'tinju:] **I** *v.i.* **1** continuare, proseguire: *to ~ doing* (o *to do*) *s.th.* continuare a fare qc. **2** rimanere, restare. **II** *v.t.* **1** continuare, proseguire. **2** tenere, mantenere: *the manager was continued in office* il direttore fu mantenuto in carica.
continuity [,konti'nju:iti] *s.* **1** continuità. **2** (*Cin.*) sceneggiatura. □ (*Cin.*) *~ girl* segretaria di edizione.
continuous [kən'tinjuəs] *a.* continuo, costante, ininterrotto.
to **contort** [kən'tɔ:t] *v.t.* **1** contorcere; stravolgere. **2** (*fig.*) distorcere, travisare.
contortion [kən'tɔ:ʃən] *s.* contorsione.
contortionist [kən'tɔ:ʃənist] *s.* contorsionista *m./f.*
contour ['kɔntuə*] *s.* **1** contorno, profilo. **2** (*Topografia*) curva di livello. □ (*Topografia*) *~ line* curva di livello.
to **contour** ['kɔntuə*] *v.t.* **1** (di)segnare il contorno di. **2** segnare con isoipse. **3** costruire (una strada) seguendo i contorni del terreno.
contra ['kɔntrə] **I** *avv.* al contrario, contro. **II** *s.* **1** contro. **2** (*Econ.*) contropartita.
contraband ['kɔntrəbænd] *s.* contrabbando; merce di contrabbando.
contrabass ['kɔntrəbeis] *s.* (*Mus.*) contrabbasso.
contraception [,kɔntrə'sepʃən] *s.* pratiche antifecondative, contraccezione.
contraceptive [,kɔntrə'septiv] *a./s.* contraccettivo.
contract ['kɔntrækt] *s.* **1** contratto; patto, accordo. **2** (*Comm.*) appalto. □ *to make* (o *enter into*) *a ~ with s.o.* stipulare un contratto con qd.
to **contract** [kən'trækt] **I** *v.t.* **1** contrarre. **2** (*Comm.*) appaltare. **II** *v.i.* **1** contrarsi, restringersi. **2** stipulare un contratto (*with* con). □ *to ~ out* disimpegnarsi.
contractile [kən'træktail] *a.* **1** (*Anat.*) contrattile. **2** retrattile.
contraction [kən'trækʃən] *s.* contrazione.
contractor [kən'træktə*] *s.* **1** contraente *m./f.* **2** (*Comm.*) appaltatore; imprenditore edile. **3** (*Anat.*) muscolo contrattile.
contractual [kən'træktjuəl] *a.* contrattuale.
to **contradict** [,kɔntrə'dikt] *v.t.* contraddire; smentire. □ *to ~ o.s.* contraddirsi.
contradiction [,kɔntrə'dikʃən] *s.* contraddizione; smentita.
contradictory [,kɔntrə'diktəri] *a.* contraddittorio.
contradistinction [,kɔntrədis'tiŋkʃən] *s.* opposizione, contrasto (*to* con).
contralto [kən'træltəu] *s.* (*pl.* **–s** [–z]) (*Mus.*) contralto.
contraposition [,kɔntrəpə'ziʃən] *s.* contrapposizione.
contraption [kən'træpʃən] *s.* (*fam.*) aggeggio, coso.
contrariety [,kɔntrə'raiəti] *s.* **1** contrarietà, opposizione. **2** contraddizione.
contrarily ['kɔntrərili] *avv.* al contrario, viceversa.
contrariness ['kɔntrərinis] *s.* (*fam.*) spirito di contraddizione; caparbietà.
contrariwise ['kɔntrəriwaiz] *avv.* **1** al contrario. **2** in senso opposto.
contrary ['kɔntrəri] **I** *a.* **1** contrario, opposto (*to* a). **2** contrastante. **3** (*di tempo*) sfavorevole, avverso. **4** (*fam.*) [kən'treəri] ostinato, testardo. **II** *s.* contrario, opposto. **III** *avv.* contrariamente (*to* a). □ **by** *contraries* contrariamente alle aspettative; **on** *the ~* al contrario, viceversa; *unless you hear* **to** *the ~* salvo contrordine.
contrast ['kɔntræst] *s.* **1** contrasto. **2** (*fam.*) diversità, differenza. □ *by ~ with* in confronto a.
to **contrast** [kən'træst] **I** *v.i.* contrastare (*with* con). **II** *v.t.* **1** mettere in contrasto. **2** contrapporre.
to **contravene** [,kɔntrə'vi:n] *v.t.* **1** contravvenire. **2** contraddire.
contravention [,kɔntrə'venʃən] *s.* contravvenzione; trasgressione.
to **contribute** [kən'tribjut] **I** *v.t.* **1** contribuire con. **2** (*fig.*) fornire, dare. **II** *v.i.* **1** contribuire (*to* a). **2** (*Giorn.*) collaborare (*to* a).
contribution [,kɔntri'bju:ʃən] *s.* **1** contribuzione; contributo. **2** (*Giorn.*) collaborazione. **3** (*Econ.*) contributo, imposta.
contributor [kən'tri'bju:tə*] *s.* **1** contributore. **2** (*Giorn.*) collaboratore.
contrite ['kɔntrait] *a.* contrito, pentito.
contrition [kən'triʃən] *s.* contrizione.
contrivance [kən'traivəns] *s.* **1** congegno, dispositivo. **2** capacità inventiva. **3** (*spreg.*) espediente.
to **contrive** [kən'traiv] **I** *v.t.* **1** escogitare, ideare. **2** riuscire a. **II** *v.i.* fare progetti.
control [kən'trəul] *s.* **1** controllo; autorità, potere. **2** dominio, autocontrollo, padronanza di sé. **3** controllo, verifica. **4** sorveglianza, vigilanza. **5** (*Mecc.*) (general. al pl.) (dispositivo di) comando. □ *for reasons* **beyond** *our ~* per forza maggiore; *to* **lose** *~ of* (o *over*) perdere il controllo di; *to be* **out** *of ~* non essere sotto controllo; (*Mecc.*) non rispondere più ai comandi; (*Aer.*) *~* **tower** torre di controllo.
to **control** [kən'trəul] *v.t.* (*pass., p.p.* **controlled** [–d]) **1** controllare, dominare. **2** verificare. **3** (*Aer., Mar.*) pilotare, governare.
controller [kən'trəulə*] *s.* **1** controllore, sovrintendente. **2** (*Comm.*) controllore della gestione, controller.
controversial [,kɔntrə'və:ʃəl] *a.* **1** controverso,

discutibile: *a ~ decision* una decisione discutibile. **2** polemico.
controversy ['kɔntrəvə:si] *s.* **1** controversia, polemica. **2** (*Dir.*) vertenza.
contumacious [,kɔntju'meiʃəs] *a.* insubordinato, disobbediente.
contumacy ['kɔntjuməsi] *s.* insubordinazione, disobbedienza.
contumely ['kɔntjumili] *s.* ingiuria, contumelia.
to **contuse** [kən'tju:z] *v.t.* (*Med.*) contundere.
contusion [kən'tju:ʒən] *s.* (*Med.*) contusione.
conundrum [kə'nʌndrəm] *s.* rebus; enigma, indovinello.
to **convalesce** [,kɔnvə'les] *v.i.* essere in convalescenza.
convalescence [,kɔnvə'lesns] *s.* convalescenza.
convalescent [,kɔnvə'lesnt] **I** *a.* convalescente; di convalescenza. **II** *s.* convalescente *m./f.* ☐ *~ home* convalescenziario.
convector [kən'vektə*] *s.* convettore.
to **convene** [kən'vi:n] **I** *v.i.* convenire, radunarsi. **II** *v.t.* **1** adunare, riunire. **2** (*Dir.*) citare.
convenience [kən'vi:njəns] *s.* **1** convenienza, utilità; vantaggio. **2** comodo; comodità. **3** toletta, gabinetto. ☐ *at your earliest ~* al più presto possibile.
convenient [kən'vi:njənt] *a.* **1** conveniente, adatto. **2** utile, comodo (*for* per).
convent ['kɔnvənt] *s.* convento.
convention [kən'venʃən] *s.* **1** convegno, riunione. **2** patto, accordo. **3** convenzione. **4** (*USA*) congresso (di partito, ecc.).
conventional [kən'venʃənl] *a.* convenzionale, formale; tradizionale. ☐ (*Mil.*) *~ weapons* armi convenzionali.
conventionality [kən,venʃə'næliti] *s.* **1** convenzionalità. **2** conformismo.
to **converge** [kən'və:dʒ] *v.t./i.* (far) convergere.
convergence [kən'və:dʒəns] *s.* convergenza.
convergent [kən'və:dʒənt] *a.* convergente.
conversant [kɔn'vəsənt] *a.* pratico (*with* di), competente (in).
conversation [,kɔnvə'seiʃən] *s.* conversazione; discorso, colloquio.
conversational [,kɔnvə'seiʃənəl] *a.* colloquiale, familiare.
converse ['kɔnvə:s] *a./s.* opposto, contrario.
to **converse** [kən'və:s] *v.i.* (*lett.*) conversare, discorrere (*about, on* su).
conversion [kən'və:ʃən] *s.* **1** conversione. **2** trasformazione.
convert ['kɔnvə:t] *s.* convertito.
to **convert** [kən'və:t] **I** *v.t.* **1** trasformare. **2** convertire (*to* a). **II** *v.i.* **1** trasformarsi. **2** convertirsi.
converted [kən'və:tid] *a.* **1** (*Rel.*) convertito. **2** riadattato, riattato.
convertible [kən'və:təbl] **I** *a.* convertibile; trasformabile. **II** *s.* (*Aut.*) decappottabile.
convex ['kɔnvəks] *a.* convesso.
convexity [kɔn'veksiti] *s.* convessità.
to **convey** [kən'vei] *v.t.* **1** trasportare, portare; convogliare. **2** trasmettere, comunicare. **3** (*Dir.*) cedere, trasferire.
conveyance [kən'veiəns] *s.* **1** trasporto. **2** trasmissione, comunicazione. **3** mezzo di trasporto. **4** (*Dir.*) (atto di) cessione.
conveyer, conveyor [kən'veiə*] *s.* trasportatore. ☐ (*tecn.*) *~ belt* nastro trasportatore.
convict ['kɔnvikt] *s.* detenuto.
to **convict** [kən'vikt] *v.t.* dichiarare colpevole (*of* di); condannare.
conviction [kən'vikʃən] *s.* **1** condanna. **2** convinzione, convincimento. ☐ *to carry ~* essere convincente.
to **convince** [kən'vins] *v.t.* convincere, persuadere.
convincing [kən'vinsiŋ] *a.* convincente, persuasivo.
convivial [kən'viviəl] *a.* **1** conviviale. **2** festoso, allegro.
convocation [,kɔnvə'keiʃən] *s.* convocazione; assemblea.
to **convoke** [kən'vəuk] *v.t.* convocare.
convoluted ['kɔnvəlu:tid] *a.* **1** a spirale. **2** (*fig.*) contorto.
convolution [,kɔnvə'lu:ʃən] *s.* **1** spira, sinuosità. **2** (*Anat.*) circonvoluzione.
to **convolve** [kən'vɔlv] **I** *v.t.* arrotolare. **II** *v.i.* arrotolarsi.
convoy ['kɔnvɔi] *s.* (*Mar. mil.*) scorta, convoglio.
to **convoy** ['kɔnvɔi] *v.t.* convogliare, scortare.
to **convulse** [kən'vʌls] *v.t.* agitare, sconvolgere.
convulsion [kən'vʌlʃən] *s.* **1** (*Med.*) (general. al pl.) convulsioni. **2** *pl.* accesso di risa. **3** (*fig.*) agitazione, sconvolgimento.
convulsive [kən'vʌlsiv] *a.* **1** convulso. **2** convulsivo.
cony *am.* ['kəuni] *s.* **1** (*Zool.*) coniglio. **2** pelle di coniglio.
to **coo** [ku:] *v.i.* tubare.
cook [kuk] *s.* cuoco.
to **cook** [kuk] **I** *v.t.* **1** cucinare, cuocere. **2** falsificare, manipolare. **II** *v.i.* cuocersi. ☐ *to ~* **up** inventare (scuse, storie, ecc.); (*fam.*) **what***'s cooking?* che cosa bolle in pentola?
cookbook ['kukbuk] *s.* libro di cucina; ricettario.
cooker ['kukə*] *s.* **1** fornello, cucina. **2** frutta da cuocere.
cookery ['kukəri] *s.* gastronomia, cucina.
cook-house ['kukhaus] *s.* cucina da campo.
cookie *am.* ['kuki] *s.* biscotto, galletta.
cooking ['kukiŋ] **I** *s.* cucina, gastronomia. **II** *a.* **1** da cucina. **2** da cuocere. ☐ **plain** *~* cucina casalinga; *~* **stove** cucina economica.
cooky *am.* ['kuki] → **cookie**.
cool [ku:l] **I** *a.* **1** fresco. **2** (*fig.*) calmo, tranquillo. **3** (*fig.*) freddo, distaccato, indifferente. **4** (*fig.*) sfacciato, impudente. **5** (*sl.*) eccezionale, fantastico. **II** *s.* **1** fresco. **2** →

coolness. **III** *avv.* (*fam.*) freddamente. ☐ ~, calm *and collected* impassibile; (*fam.*) ~ customer sfacciato; *to* get ~ rinfrescare; *to have a* ~ head non perdere la testa; (*fig.*) *to* keep *one's* ~ conservare la calma.

to **cool** [ku:l] **I** *v.t.* **1** (general. con *off, down*) rinfrescare. **2** (spesso con *off, down*) raffreddare, far freddare. **3** (*fig.*) calmare, smorzare. **II** *v.i.* (spesso con *off, down*) **1** raffreddarsi, freddarsi; (*del tempo*) rinfrescare. **2** (*fig.*) calmarsi. ☐ (*fig.*) *to* ~ *one's heels* fare una lunga anticamera.

cooler ['ku:lə*] *s.* **1** refrigeratore. **2** (*sl.*) prigione.

cool-headed ['ku:l'hedid] *a.* calmo, imperturbabile.

coolie ['ku:li] *s.* portatore indigeno, coolie.

cooling ['ku:liŋ] **I** *a.* rinfrescante. **II** *s.* raffreddamento: ~ *system* impianto di raffreddamento.

coolness ['ku:lnis] *s.* **1** fresco. **2** (*fig.*) calma, sangue freddo. **3** indifferenza. **4** (*fig.*) sicurezza di sé, disinvoltura.

coon [ku:n] *s.* (*spreg.*) negro.

coop [ku:p] *s.* **1** stia. **2** nassa (per pescare).

to **coop** [ku:p] *v.t.* (spesso con *up, in*) mettersi in gabbia (*anche fig.*).

co-op [kəu'ɔp] *s.* (*fam.*) cooperativa.

cooper ['ku:pə*] *s.* bottaio.

to **co-operate** [kəu'ɔpəreit] *v.i.* cooperare, collaborare.

co-operation [kəu,ɔpə'reiʃən] *s.* cooperazione.

co-operative [kəu'ɔpərətiv] **I** *a.* **1** cooperativo. **2** disposto a cooperare. **3** (*Econ.*) cooperativistico. **II** *s.* cooperativa.

cooperator [kəu'ɔpəreitə*] *s.* collaboratore.

co-ordinate [kəu'ɔrdinit] **I** *a.* **1** di uguale importanza. **2** (*Gramm.*) coordinato. **II** *s.* (*Mat., Astr.*) coordinata.

to **co-ordinate** [kəu'ɔrdineit] *v.t.* coordinare.

co-ordination [kəu,ɔrdi'neiʃən] *s.* coordinazione.

co-owner ['kəu'əunə*] *s.* comproprietario.

cop[1] [kɔp] *s.* (*sl.*) cattura; retata. ☐ (*fam.*) *not much* ~ niente di speciale.

cop[2] [kɔp] *s.* (*sl.*) poliziotto.

to **cop** [kɔp] *v.t.* (*pass., p.p.* **copped** [–t]) (*sl.*) acchiappare, afferrare. ☐ *to* ~ *it* prenderle, buscarle.

cope [kəup] *s.* (*Rel.*) piviale.

to **cope** [kəup] *v.i.* far fronte (*with* a), fronteggiare (qc.).

Copenhagen [,kəupn'heigən] *N.pr.* (*Geog.*) Copenaghen.

coper ['kəupə*] *s.* mercante di cavalli.

co-pilot [kəu'pailət] *s.* (*Aer.*) secondo pilota.

coping ['kəupiŋ] *s.* (*Edil.*) cimasa.

coping-stone ['kəupiŋstəun] *s.* **1** (*Edil.*) pietra per cimasa. **2** (*fig.*) coronamento.

copious ['kəupjəs] *a.* copioso, abbondante.

copper ['kɔpə*] **I** *s.* **1** (*Chim.*) rame. **2** moneta di rame; *pl.* (*fam.*) spiccioli. **3** bollitore (*o* caldaia) di rame. **4** color rame. **II** *a.* **1** di rame. **2** color rame, ramato.

to **copper** ['kɔpə*] *v.t.* ramare.

copperplate ['kɔpəpleit] *s.* **1** lastra di rame per incisione. **2** incisione su rame. ☐ ~ *writing* bella calligrafia.

coppersmith ['kɔpəsmiθ] *s.* ramaio, calderaio.

coppice ['kɔpis], **copse** [kɔps] *s.* **1** boschetto. **2** macchia.

copula ['kɔpjulə] *s.* (*Gramm.*) copula.

to **copulate** ['kɔpjuleit] *v.i.* accoppiarsi.

copulation [,kɔpju'leiʃən] *s.* accoppiamento.

copy ['kɔpi] *s.* **1** copia; riproduzione. **2** (*Edit.*) copia, esemplare. **3** (*Tip.*) materiale di stampa. **4** (*Giorn.*) argomento, spunto. **5** modello per riproduzioni calligrafiche. ☐ **fair** (o *clean*) ~ bella copia; **rough** (o *foul*) ~ brutta copia.

to **copy** ['kɔpi] **I** *v.t.* **1** copiare, trascrivere; riprodurre. **2** imitare. **II** *v.i.* copiare.

copy-book ['kɔpibuk] **I** *s.* quaderno. **II** *a.* stereotipato, trito.

copy-cat ['kɔpikæt] *s.* (*fam.*) copione.

copy-editor ['kɔpi,editə*] *s.* caporedattore (in un giornale).

copyist ['kɔpiist] *s.* **1** copista *m./f.*, scrivano. **2** imitatore.

copyright ['kɔpirait] *s.* (*Dir.*) diritti d'autore.

to **copyright** ['kɔpirait] *v.t.* tutelare in base ai diritti d'autore.

copywriter [,kɔpi'raitə*] *s.* redattore pubblicitario.

to **coquet** [kəu'ket] *v.i.* (*pass., p.p.* **coquetted** [–id]) civettare.

coquetry ['kəukitri] *s.* civetteria.

coquette [kəu'ket] *s.* (*fig.*) civetta.

coquettish [kəu'ketiʃ] *a.* civettuolo.

coral ['kɔrəl] **I** *s.* **1** corallo. **2** rosso corallo. **II** *a.* **1** corallino: ~ *reef* barriera corallina. **2** rosso corallo.

cord [kɔ:d] *s.* **1** corda, spago. **2** (*Anat.*) corda. **3** tessuto a coste. **4** cordone: *umbilical* ~ cordone ombelicale. ☐ *spinal* ~ midollo spinale.

cordage ['kɔ:didʒ] *s.* **1** cordame. **2** (*Mar.*) sartiame.

cordial ['kɔ:djəl] *a./s.* cordiale.

cordiality [,kɔ:di'æliti] *s.* cordialità.

cordon ['kɔ:dn] *s.* cordone.

to **cordon** ['kɔ:dn] *v.t.* (general. con *off*) fare cordone intorno a.

core [kɔ:*] *s.* **1** (*di frutto*) torsolo. **2** (*fig.*) centro, nucleo; nocciolo. ☐ *to the* ~ fino in fondo, fino alle midolla.

to **core** [kɔ:*] *v.t.* togliere il torsolo a.

co-religionist [,kəuri'lidʒənist] *s.* correligionario.

co-respondent [,kəuris'pɔndənt] *s.* (*Dir.*) coimputato (in una causa di divorzio).

coriaceous [,kɔri'eiʃəs] *a.* coriaceo.

Corinthian [kə'rinθiən] *a./s.* corinzio.

cork [kɔ:k] *s.* **1** sughero. **2** tappo, turacciolo.

to **cork** [kɔ:k] *v.t.* tappare, turare. ☐ *corked wine* vino che sa di tappo.

corking ['kɔ:kiŋ] *a.* (*fam.*) fantastico, superbo, formidabile.

corkscrew ['kɔ:kskru:] *s.* cavatappi, cavaturaccioli.
corn[1] [kɔ:n] *s.* **1** cereale; granaglie. **2** chicco. **3** (*am.*) granoturco, mais.
corn[2] [kɔ:n] *s.* callo.
to **corn** [kɔ:n] *v.t.* (*Gastr.*) conservare sotto sale. □ *corned beef* manzo sotto sale.
corn-bread ['kɔ:nbred] *s.* pane di granoturco.
corn-cob ['kɔ:nkɔb] *s.* (*Bot.*) pannocchia.
cornea ['kɔ:niə] *s.* (*Anat.*) cornea.
cornelian [kɔ:'ni:ljən] *s.* (*Min.*) corniola.
corner ['kɔ:nə*] *s.* **1** angolo; spigolo. **2** cantuccio, angoletto. **3** (*Econ.*) accaparramento, incetta. **4** (*Sport*) calcio d'angolo. □ *to* **cut** *off a* ~ prendere una scorciatoia; (*fig.*) *to* **drive** *s.o. into a* ~ mettere qd. con le spalle al muro; (*fam.*) *just* **round** *the* ~ dietro l'angolo, vicinissimo; (*fam.*) *to be in a* **tight** ~ essere in una situazione difficile; (*fig.*) *to* **turn** *the* ~ superare una crisi.
to **corner** ['kɔ:nə*] **I** *v.t.* **1** (*fig.*) mettere con le spalle al muro. **2** (*Econ.*) accaparrare. **II** *v.i.* fare angolo.
corner-kick ['kɔ:nəkik] *s.* (*Sport*) calcio d'angolo.
corner-stone ['kɔ:nəstəun] *s.* **1** (*Arch.*) pietra angolare. **2** (*fig.*) base, fondamento.
cornet ['kɔ:nit] *s.* **1** (*Mus.*) cornetta. **2** cartoccio a cono. **3** cono gelato.
cornflakes ['kɔ:nfleiks] *s.pl.* (*Gastr.*) cornflakes, fiocchi di granoturco soffiato.
cornflower ['kɔ:nflauə*] *s.* (*Bot.*) fiordaliso.
cornice ['kɔ:nis] *s.* (*Arch.*) cornicione; cornice.
Cornish ['kɔ:niʃ] *a.* della Cornovaglia.
cornucopia [ˌkɔ:nju'kəupjə] *s.* **1** (*Mitol.*) cornucopia. **2** (*fig.*) abbondanza.
corny ['kɔ:ni] *a.* **1** del grano. **2** (*fam.*) trito, risaputo.
corolla [kə'rɔlə] *s.* (*Bot.*) corolla.
corollary [kə'rɔləri] *s.* corollario; conseguenza logica.
corona [kə'rəunə] *s.* (*pl.* **–nae** [–ni:]) (*Astr.*) corona.
coronary ['kɔrənəri] **I** *a.* (*Anat.*) coronario; coronarico. **II** *s.* (*fam.*) trombosi coronarica.
coronation [ˌkɔrə'neiʃən] *s.* incoronazione.
coroner ['kɔrənə*] *s.* (*Dir.*) pubblico ufficiale incaricato dell'inchiesta nei casi di morte violenta.
coronet ['kɔrənit] *s.* **1** corona nobiliare. **2** diadema.
corporal[1] ['kɔ:pərəl] *a.* corporale.
corporal[2] ['kɔ:pərəl] *s.* (*Mil.*) caporale.
corporate ['kɔ:pərit] *a.* **1** corporativo. **2** (*Dir.*) costituito (in ente giuridico). **3** collegiale, collettivo. □ (*Dir.*) ~ **body** ente giuridico; (*Comm.*) ~ **name** ragione sociale.
corporation [ˌkɔ:pə'reiʃən] *s.* **1** società per azioni; grande società. **2** ente municipale. **3** (*fam.*) pancione.
corporeal [kɔ:'pɔ:riəl] *a.* **1** corporeo, fisico. **2** materiale.
corps [kɔ:*] *s.inv.* **1** (*Mil.*) corpo; corpo d'armata. **2** complesso di persone, corpo.
corpse [kɔ:ps] *s.* cadavere, salma.
corpulence ['kɔ:pjuləns] *s.* corpulenza; obesità.
corpulent ['kɔ:pjulənt] *a.* corpulento; obeso.
corpus ['kɔ:pəs] *s.* (*pl.* **corpora** [–pərə]) (*Lett.*) corpus, raccolta.
corpuscle ['kɔ:pʌsl] *s.* corpuscolo; (*Anat.*) globulo.
corpuscular [kɔ:'pʌskjulə*] *a.* corpuscolare.
corral [kɔ'rɑ:l] *s.* **1** recinto per bestiame. **2** cerchio di carri (per proteggere un accampamento).
correct [kə'rekt] *a.* corretto, giusto, esatto.
to **correct** [kə'rekt] *v.t.* **1** correggere; rettificare. **2** rimproverare.
correction [kə'rekʃən] *s.* correzione; rettifica.
corrective [kə'rektiv] *a./s.* correttivo.
correctness [kə'rektnis] *s.* correttezza; esattezza.
to **correlate** ['kɔrileit] **I** *v.t.* mettere in correlazione. **II** *v.i.* essere in correlazione (*with* con).
correlation [ˌkɔri'leiʃən] *s.* correlazione.
correlative [kɔ'relətiv] *a./s.* correlativo.
to **correspond** [ˌkɔri'spɔnd] *v.t.* **1** corrispondere (*with, to* a); equivalere (*to* a). **2** essere in corrispondenza epistolare, corrispondere (*with* con).
correspondence [ˌkɔri'spɔndəns] *s.* **1** corrispondenza, accordo. **2** corrispondenza, carteggio. □ ~ *course* corso per corrispondenza.
correspondent [ˌkɔri'spɔndənt] *a./s.* corrispondente *m./f.*
corresponding [ˌkɔri'spɔndiŋ] *a.* corrispondente; simile (*to* a).
corridor ['kɔridɔ:*] *s.* corridoio.
to **corroborate** [kə'rɔbəreit] *v.t.* corroborare, convalidare.
corroboration [kəˌrɔbə'reiʃən] *s.* corroborazione, convalida.
corroborative [kə'rɔbərətiv] *a.* corroborativo.
to **corrode** [kə'rəud] **I** *v.t.* corrodere. **II** *v.i.* corrodersi.
corrosion [kə'rəuʒən] *s.* corrosione.
corrosive [kə'rəusiv] *a./s.* corrosivo.
to **corrugate** ['kɔrəgeit] **I** *v.t.* corrugare; increspare. **II** *v.i.* corrugarsi; incresparsi. □ *corrugated iron* lamiera ondulata.
corrugation [ˌkɔrə'geiʃən] *s.* corrugamento.
corrupt [kə'rʌpt] *a.* **1** corrotto. **2** depravato, traviato.
to **corrupt** [kə'rʌpt] **I** *v.t.* **1** corrompere. **2** traviare, depravare. **3** guastare; contaminare. **II** *v.i.* **1** corrompersi. **2** depravarsi.
corruptible [kə'rʌptibl] *a.* corruttibile.
corruption [kə'rʌpʃən] *s.* **1** corruzione. **2** decomposizione.
corsage [kɔ:'sɑ:ʒ] *s.* **1** mazzolino di fiori (da appuntare al petto). **2** (*vestiario*) corpetto, corpino.
corsair [kɔ:'sɛə*] *s.* **1** (*Stor.*) corsaro. **2** nave corsara.

corset ['kɔ:sit] *s.* **1** *pl.* (*vestiario*) corsetto, bustino. **2** (*Med.*) busto ortopedico.
Corsica ['kɔ:sikə] *N.pr.* (*Geog.*) Corsica.
Corsican ['kɔ:sikən] *a./s.* corso.
cortege, cortège [kɔ:'teiʒ] *s.* corteo.
cortex ['kɔ:teks] *s.* (*pl.* **–tices** [–tisi:z]) (*Biol.*, *Anat.*) corteccia.
cortical ['kɔ:tikl] *a.* corticale.
cortisone ['kɔ:tizəun] *s.* (*Farm.*) cortisone.
corvet(te) [kɔ:'vet] *s.* (*Mar. mil.*) corvetta.
c.o.s. = *cash on shipment* pagamento alla spedizione.
cosecant [kəu'si:kənt] *s.* (*Mat.*) cosecante.
cosh [kɔʃ] *s.* (*sl.*) manganello, sfollagente.
to **cosh** [kɔʃ] *v.t.* (*sl.*) manganellare.
cosine ['kəusain] *s.* (*Mat.*) coseno.
cosiness ['kəuzinis] *s.* tepore, atmosfera intima.
cosmetic [kɔz'metik] *a./s.* cosmetico. □ ~ *surgery* chirurgia plastica.
cosmic ['kɔzmik] *a.* cosmico.
cosmology [kɔz'mɔlədʒi] *s.* cosmologia.
cosmonaut ['kɔzmənɔ:t] *s.* cosmonauta *m./f.*, astronauta *m./f.*
cosmonautics [ˌkɔzmə'nɔ:tiks] *s.pl.* (costr. sing.) cosmonautica, astronautica.
cosmopolitan [ˌkɔzmə'pɔlitən] *a./s.* cosmopolita *m./f.*
cosmopolitanism [ˌkɔzmə'pɔlitənizm] *s.* cosmopolitismo.
cosmopolite [kɔz'mɔpəlait] → **cosmopolitan**.
cosmos ['kɔzmɔs] *s.* cosmo.
to **cosset** ['kɔsit] *v.t.* vezzeggiare, coccolare.
cost [kɔst] *s.* **1** costo; prezzo. **2** (*fig.*) sacrificio; perdita. **3** *pl.* (*Dir.*) spese processuali. □ *at* **all** *costs* a tutti i costi; (*fig.*) *to* **count** *the* ~ calcolare i rischi; (*Comm.*) ~, **insurance** *and freight* costo, assicurazione e nolo; ~ *of* **living** costo della vita; *without* **regard** *to* ~ senza badare a spese; (*Comm.*) *to* **sell** *at* ~ vendere a prezzo di costo; *to* **spare** *no* ~ non badare a spese; (*fig.*) **to** *one's* ~ a proprie spese.
to **cost** [kɔst] *v.* (*pass.*, *p.p.* **cost**) **I** *v.i.* costare. **II** *v.t.* (*Comm.*) stabilire il prezzo di.
costar ['kəu'sta:*] *s.* (*Cin.*) coprotagonista.
Costa Rica ['kɔstə'ri:kə] *N.pr.* (*Geog.*) Costarica.
costermonger ['kɔstəmʌŋgə*] *s.* venditore ambulante.
costly ['kɔstli] *a.* costoso, caro.
costume ['kɔstju:m] *s.* **1** costume. **2** (*ant.*) abito a due pezzi, tailleur. □ ~ **ball** ballo mascherato; ~ **jewellery** bigiotteria; (*Teat.*) ~ **piece** dramma in costume.
costumer ['kɔs'tju:mə*], **costumier** [kɔs'tju:miə*] *s.* costumista *m./f.*
cosy ['kəuzi] **I** *a.* confortevole, accogliente; intimo. **II** *s.* copriteiera.
cot[1] [kɔt] *s.* **1** branda. **2** lettino.
cot[2] *am.* [kɔt] *s.* **1** casetta; capanna. **2** rifugio.
cotangent [kəu'tændʒənt] *s.* (*Mat.*) cotangente.
cote [kəut] *s.* riparo, ricovero (per animali domestici). □ **dove-~** colombaia; **sheep-~** ovile.
co-tenant [kəu'tenənt] *s.* coaffittuario.
coterie ['kəutəri] *s.* consorteria, cricca.
cottage ['kɔtidʒ] *s.* casetta; villetta. □ ~ **cheese** cagliata; ~ **industry** piccolo artigianato locale.
cotton ['kɔtn] *s.* **1** cotone. **2** (*Bot.*) pianta del cotone.
to **cotton** ['kɔtn] *v.i.* (*fam.*) andare d'accordo. □ (*fam.*) *to* ~ (**on**) **to** capire.
cotton-mill ['kɔtnmil] *s.* cotonificio.
cotton-waste ['kɔtnweist] *s.* bambagia; cascame di cotone.
cotton-wool ['kɔtnwul] *s.* bambagia; cotone idrofilo.
cotyledon [ˌkɔti'li:dən] *s.* (*Bot.*) cotiledone.
couch [kautʃ] *s.* **1** divano, sofà. **2** (*poet.*) letto, giaciglio.
to **couch** [kautʃ] **I** *v.t.* **1** imbottire, costellare: *the report was couched in medical jargon* il rapporto era costellato di termini medici. **2** (*di lancia, ecc.*) abbassare, mettere in resta. **II** *v.i.* (*di animale*) essere accucciato; mettere a cuccia.
couch-grass ['kautʃgra:s] *s.* (*Bot.*) gramigna.
cough [kɔf] *s.* tosse.
to **cough** [kɔf] *v.i.* tossire. □ *to* ~ **down** zittire (a colpi di tosse); *to* ~ **up** espettorare tossendo; (*sl.*) cacciar fuori, sputar fuori (soldi).
cough-drop ['kɔfdrɔp] *s.* pastiglia per la tosse.
could [kud], **couldn't** ['kudnt] → **can**[1].
council ['kaunsl] *s.* **1** consiglio. **2** (*Rel.*) concilio.
council-chamber ['kaunsl'tʃeimbə*] *s.* (*Dir.*) sala consiliare.
council-house ['kaunslhaus] *s.* casa popolare (costruita dal comune).
councillor ['kaunsilə*] *s.* consigliere.
counsel ['kaunsl] *s.* **1** consiglio, parere; giudizio. **2** (*Dir.*) (costr. sing. o pl.) avvocato, collegio di avvocati. □ (*Dir.*) ~ *for the* **defence** avvocato difensore; *to* **hold** ~ *with s.o.* consultarsi con qd.; *to* **keep** *one's own* ~ tener segreti i propri piani; (*Dir.*) **King's** (o *Queen's*) *Counsel* patrocinante della corona; (*Dir.*) ~ *for the* **prosecution** pubblico ministero.
to **counsel** ['kaunsl] *v.t.* (*pass.*, *p.p.* **–lled**/*am.* **–led** [–d]) consigliare; raccomandare.
counsellor ['kaunsələ*] *s.* **1** consigliere, consulente. **2** (*am. Dir.*) avvocato.
count[1] [kaunt] *s.* **1** conteggio, conto, calcolo (*anche fig.*). **2** (*Dir.*) capo d'accusa. □ *to* **keep** ~ *of s.th.* tenere il conto di qc.; *to* **lose** ~ *of time* perdere la nozione del tempo; *to* **take** *no* ~ *of s.th.* non tenere alcun conto di qc.
to **count** [kaunt] **I** *v.t.* **1** (spesso con *up, over*) contare; calcolare; includere (*among* tra). **2** considerare, ritenere. **II** *v.i.* **1** contare. **2** contare, fare affidamento (*on, upon* su). **3**

contare, avere importanza. **4** essere nel numero, essere annoverato (*among* di, fra). □ *to* ~ *s.th.* **against** *s.o.* imputare qc. a qd.; *to* ~ **for** *little* contare poco; *to* ~ **in** includere, comprendere; *to* ~ **out** escludere; (*Sport*) dichiarare fuori combattimento; *to* ~ **up** sommare.
count[2] [kaunt] *s.* conte.
count-down ['kauntdaun] *s.* conto alla rovescia.
countenance ['kauntinəns] *s.* **1** espressione, aria; viso. **2** appoggio, approvazione. □ *to* **keep** *one's* ~ mantenersi composto; *to* **put** *s.o. out of* ~ mettere qd. in imbarazzo.
to **countenance** ['kauntinəns] *v.t.* approvare, appoggiare.
counter[1] ['kauntə*] *s.* **1** banco di vendita. **2** sportello bancario. □ *under the* ~ sottobanco.
counter[2] ['kauntə*] *s.* gettone.
counter[3] ['kauntə*] **I** *avv.* **1** in senso contrario. **2** (*fig.*) contrariamente (*to* a). **II** *a.* contrario, opposto.
to **counter** ['kauntə*] **I** *v.t.* **1** replicare, controbattere. **2** contrastare, opporsi a. **II** *v.i.* **1** opporsi. **2** (*Sport*) colpire di contro.
to **counteract** [,kauntə'rækt] *v.t.* **1** agire contro. **2** neutralizzare.
counteraction [,kauntə'rækʃən] *s.* controazione.
counter-attack ['kauntərə,tæk] *s.* controffensiva, contrattacco.
to **counterattack** ['kauntərə,tæk] *v.t./i.* contrattaccare.
counterbalance ['kauntəbæləns] *s.* contrappeso.
to **counterbalance** ['kauntə'bæləns] *v.t.* controbilanciare.
countercheck ['kauntətʃek] *s.* **1** contrappeso. **2** riscontro.
counterclockwise ['kauntə'klɔkwais] **I** *a.* antiorario. **II** *avv.* in senso antiorario.
counter-espionage ['kauntər'espjənɑ:ʒ] *s.* controspionaggio.
counterfeit ['kauntəfi:t] **I** *a.* **1** falsificato, contraffatto. **2** (*fig.*) simulato, finto. **II** *s.* falsificazione, contraffazione.
to **counterfeit** ['kauntəfi:t] *v.t.* **1** contraffare, falsificare. **2** (*fig.*) fingere, simulare; imitare.
counterfoil ['kauntəfɔil] *s.* matrice (di assegno, di ricevuta).
counter-intelligence ['kauntərin'telidʒəns] *s.* controspionaggio.
countermand [,kauntə'mɑ:nd] *s.* revoca.
to **countermand** [,kauntə'mɑ:nd] *v.t.* (*di ordini, ecc.*) revocare, annullare.
countermarch ['kauntəmɑ:tʃ] *s.* contromarcia.
to **countermarch** ['kauntəmɑ:tʃ] *v.i.* **1** fare una contromarcia. **2** (*fig.*) fare marcia indietro.
countermeasure ['kəuntəmeʒə*] *s.* contromisura.
counter-move ['kauntəmu:v] *s.* contromossa.
counter-offensive ['kauntərə'fensiv] *s.* (*Mil.*) controffensiva.
counterpart ['kauntəpɑ:t] *s.* **1** controparte. **2** copia, duplicato.
counterpoint ['kauntəpɔint] *s.* (*Mus.*) contrappunto.
counterpoise ['kauntəpɔiz] *s.* contrappeso.
to **counterpoise** ['kauntəpɔiz] *v.t.* fare da contrappeso a.
counterproductive [,kauntəprə'dʌktiv] *a.* controproducente.
Counter-Reformation ['kauntərefə'meiʃən] *s.* (*Stor.*) Controriforma.
counter-revolution ['kauntərevə'lu:ʃən] *s.* controrivoluzione.
countersign ['kauntəsain] *s.* (*Mil.*) parola d'ordine.
to **countersign** ['kauntəsain] *v.t.* controfirmare.
countersignature [,kauntə'signitʃə*] *s.* controfirma.
to **countersink** ['kauntəsiŋk] *v.t.* (coniug. come to **sink**) (*tecn.*) fresare, svasare (un foro).
to **countervail** ['kauntəveil] **I** *v.t.* compensare, bilanciare. **II** *v.i.* fare da contrappeso.
counterweight ['kauntəweit] *s.* contrappeso.
countess ['kauntis] *s.* contessa.
countless ['kauntlis] *a.* innumerevole, infinito.
countrified ['kʌntrifaid] *a.* rustico, campagnolo.
country ['kʌntri] **I** *s.* **1** nazione, stato. **2** patria, paese natale. **3** popolo. **4** campagna. **II** *a.* di campagna, campestre, rurale. □ (*fig.*) ~ **cousin** campagnolo ingenuo; ~ **gentleman** proprietario terriero; ~ **house** villa di campagna; (*fig.*) *this is* **unknown** ~ *to me* non mi intendo di queste cose.
countryman ['kʌntrimən] *s.* (*pl.* **–men**) **1** compatriota, connazionale. **2** contadino, campagnolo.
countryside ['kʌntrisaid] *s.* campagna.
countrywoman ['kʌntriwumən] *s.* (*pl.* **–women** ['kʌntriwimin]) **1** compatriota, connazionale. **2** contadina, campagnola.
county ['kaunti] *s.* **1** (*GB*) contea. **2** (*USA*) contea, provincia. □ (*GB*) ~ **borough** città con amministrazione autonoma; (*GB*) ~ **council** consiglio di contea; (*Geog.*) *the home* **counties** le sei contee intorno a Londra.
coup *fr.* [ku:] *s.* **1** colpo (audace). **2** (*fig.*) colpo maestro. □ ~ *de* **grâce** colpo di grazia; ~ *d'***état** colpo di stato.
coupé *fr.* ['ku:pei] *s.* (*Aut.*) coupé.
couple ['kʌpl] *s.* paio; coppia.
to **couple** ['kʌpl] **I** *v.t.* **1** agganciare. **2** (*fig.*) mettere in relazione. **II** *v.i.* accoppiarsi.
couplet ['kʌplit] *s.* (*Metr.*) distico.
coupling ['kʌpliŋ] *s.* **1** accoppiamento. **2** (*Mecc.*) giunto d'accoppiamento. **3** (*Ferr.*) agganciamento, attacco.
coupon ['ku:pɔn] *s.* coupon, buono, tagliando.
courage ['kʌridʒ] *s.* coraggio. □ *to* **lose** ~

perdersi d'animo; *to* **pluck** *up* ~ farsi coraggio; *to* **take** *one's* ~ *in both hands* prendere il coraggio a due mani.
courageous [kə'reidʒəs] *a.* coraggioso.
courgette [kuə'ʒet] *s.* (*Bot.*) zucchino.
courier ['kuriə*] *s.* **1** accompagnatore turistico. **2** corriere, messaggero.
course [kɔ:s] *s.* **1** corso. **2** direzione. **3** (*Aer.*, *Mar.*) rotta. **4** (*fig.*) linea di condotta. **5** (*Sport*) circuito; campo da golf; pista (da corsa). **6** portata, piatto. □ ~ *of* **action** linea di condotta; *in* **due** ~ a tempo debito; **in** ~ *of* in via di, in corso di; *as a* **matter** *of* ~ naturalmente; **of** ~ senza dubbio; **of** ~ *not* naturalmente no; *to* **run** *one's* ~ seguire il proprio corso; (*fig.*) *to* **stay** *the* ~ non cedere.
to **course** [kɔ:s] **I** *v.t.* rincorrere, inseguire; cacciare. **II** *v.i.* (*di liquidi*) scorrere.
court [kɔ:t] *s.* **1** (*Dir.*) corte, tribunale. **2** reggia, palazzo reale; corte. **3** (*Sport*) campo. **4** cortile, corte. **5** corteggiamento, corte. □ (*Dir.*) ~ *of* **appeal** corte d'appello; *to be* **brought** *to* ~ *for trial* essere citato in giudizio; (*am. Dir.*) ~ *of* **equity** corte di giustizia; (*Mil.*) ~ *of* **inquiry** commissione d'inchiesta; ~ *of* **justice** corte di giustizia; **out** *of* ~ in via amichevole; (*fig.*) *to put o.s.* **out** *of* ~ squalificarsi; (*lett.*) *to* **pay** ~ *to* rendere omaggio a; fare la corte a.
to **court** [kɔ:t] *v.t.* **1** corteggiare, fare la corte a. **2** cercare (di ottenere), sollecitare.
courteous ['kə:tjəs] *a.* cortese, gentile.
courtesan [,kɔ:ti'zæn] *s.* cortigiana.
courtesy ['kə:tisi] *s.* cortesia, gentilezza.
courtier ['kɔ:tiə*] *s.* gentiluomo (*o* dama) di corte, cortigiano.
courting ['kɔ:tiŋ] *s.* corteggiamento.
courtly ['kɔ:tli] *a.* elegante, raffinato.
court-martial ['kɔ:t'mɑ:ʃəl] *s.* (*pl.* **courts-martial** ['kɔ:rt'sma:ʃəl]) corte marziale.
to **court-martial** ['kɔ:t'mɑ:ʃəl] *v.t.* (*pass.*, *p.p.* **-lled**/*am.* **-led** [-d]) processare in una corte marziale.
courtyard ['kɔ:tja:d] *s.* cortile.
cousin ['kʌzn] *s.* cugino.
cove [kəuv] *s.* baia, insenatura.
covenant ['kʌvənənt] *s.* patto, convenzione.
to **covenant** ['kʌvənənt] **I** *v.t.* pattuire, convenire. **II** *v.i.* contrarre un patto.
cover ['kʌvə*] *s.* **1** coperchio; fodera (di poltrona). **2** (*fig.*) maschera, schermo. **3** coperta. **4** copertina (di un libro). **5** (*Poste*) busta, plico. **6** riparo, protezione. **7** (*Econ.*) cauzione, garanzia. **8** (*al ristorante*) coperto. □ *to* **break** ~ uscire allo scoperto; *to read a book* **from** ~ *to* ~ leggere un libro dalla prima all'ultima pagina; ~ **girl** ragazza copertina; ~ **story** articolo in copertina (di una rivista); *to* **take** ~ mettersi al riparo; (*fig.*) **under** ~ *of* con il pretesto di.
to **cover** ['kʌvə*] *v.t.* **1** coprire; rivestire. **2** (spesso con *up*) coprire, vestire. **3** (*fig.*) (general. con *up*) mascherare, dissimulare. **4** coprire, proteggere. **5** coprire (una distanza), percorrere. **6** (*fig.*) contemplare; comprendere, abbracciare. **7** (*Giorn.*) fare un servizio su. □ *to* ~ **in** ricoprire; colmare; *to* ~ **over** (ri)coprire; chiudere; *to* ~ **up** *for* fare da copertura a; *to be covered* **with** essere coperto di; (*fig.*) essere sopraffatto.
coverage ['kʌvəridʒ] *s.* **1** copertura. **2** (*Giorn.*, *Rad.*, *TV*) servizio speciale.
covering ['kʌvəriŋ] *s.* **1** copertura, rivestimento. **2** guarnizione.
covering-letter ['kʌvəriŋletə*] *s.* (*Comm.*) lettera d'accompagnamento.
coverlet ['kʌvəlit] *s.* copriletto.
covert ['kʌvət] **I** *a.* nascosto, velato; segreto. **II** *s.* rifugio, riparo.
coverture ['kʌvətjuə*] *s.* **1** copertura. **2** rifugio, riparo. **3** (*fig.*) schermo, paravento.
cover-up ['kʌvərʌp] *s.* copertura, schermo.
to **covet** ['kʌvit] *v.t.* desiderare ardentemente, bramare.
covetous ['kʌvətəs] *a.* bramoso, avido.
covey ['kʌvi] *s.* **1** covata. **2** (*fam.*) gruppetto, comitiva.
cow [kau] *s.* (*pl.* **-s** [-z]) (*Zool.*) **1** vacca, mucca. **2** femmina (di elefante, di balena, ecc.). **3** (*spreg. volg.*) vacca.
to **cow** [kau] *v.t.* intimidire, intimorire.
coward ['kauəd] *s.* vigliacco.
cowardice ['kauədis] *s.* vigliaccheria.
cowardly ['kauədli] *a.* vigliacco.
cowboy *am.* ['kaubɔi] *s.* cowboy, mandriano.
to **cower** ['kauə*] *v.i.* farsi piccolo (per la paura).
cowherd ['kauhə:d] *s.* bovaro, mandriano.
cowhouse ['kauhaus] *s.* stalla (per bovini).
cowl [kaul] *s.* **1** tonaca con cappuccio. **2** cappa; cappuccio. **3** (*Edil.*) copricomignolo.
cowman ['kaumən] *s.* (*pl.* **-men**) **1** vaccaro. **2** (*am.*) allevatore di bestiame.
cowshed ['kauʃed] *s.* stalla per bovini.
cowslip ['kauslip] *s.* (*Bot.*) primula.
cox [kɔks] → **coxswain**.
to **cox** [kɔks] *v.i.* stare al timone.
coxcomb ['kɔkskəum] *s.* bellimbusto, damerino.
coxswain ['kɔkswein] *s.* (*Mar.*) timoniere; nostromo.
coy [kɔi] *a.* timido, schivo, riservato.
coyote *sp.* ['kɔiəut, *am.* kɔi'əuti] *s.* coyote; lupo della steppa.
to **cozen** ['kʌzn] *v.t.* (*lett.*) imbrogliare; frodare, truffare.
coziness ['kəuzinis] → **cosiness**.
cozy ['kəuzi] → **cosy**.
cp = *compare* confronta (cfr).
c.p. = *carriage paid* franco di porto.
CP = **1** *Code of Procedure* Codice di Procedura. **2** *Communist Party* Partito Comunista.
CPM = (*Inform.*) *cards per minute* schede al minuto.
Cr = (*Chim.*) *chromium* cromo.
crab[1] [kræb] *s.* (*Zool.*) granchio.
to **crab** [kræb] *v.i.* (*pass.*, *p.p.* **crabbed** [-d])

(*fam.*) denigrare; criticare; guastare.
crab[2] [kræb] *s.* (*Bot.*) melo selvatico.
crabbed ['kræbid] *a.* **1** (*di scrittura*) illeggibile, indecifrabile. **2** (*ant.*) bisbetico, acido.
crabby ['kræbi] *a.* acido, bisbetico, intrattabile.
crack [kræk] **I** *s.* **1** incrinatura; crepa, fenditura. **2** scoppio, schiocco. **3** botta. **4** (*fam.*) battuta, frizzo. **5** (*fam.*) tentativo, prova. **6** (*sl.*) cocaina in pasta. **II** *a.* (*fam.*) eccellente, formidabile. □ *to have a ~ at s.th.* fare un tentativo.
to **crack** [kræk] **I** *v.i.* **1** spaccarsi, spezzarsi; incrinarsi. **2** schioccare; scricchiolare. **3** (*fig.*) (spesso con *up*) cedere, crollare. **II** *v.t.* **1** incrinare, fendere; spaccare; schiacciare. **2** schioccare. **3** (*fam.*) scassinare, forzare. □ (*am.*) *to ~* **down** dare un giro di vite (*on* a); (*fam.*) *to* **get** *cracking* mettersi all'opera; *to ~ a* **joke** dire una barzelletta; (*fig.*) *to ~* **up** *to the nines* lodare, decantare.
crack-brained ['krækbreind] *a.* pazzo, matto.
cracked [krækt] *a.* **1** incrinato, crepato. **2** (*di voce*) stridula. **3** (*fam.*) matto, scemo.
cracker ['krækə*] *s.* **1** (*Gastr.*) crack(er), galletta. **2** petardo, castagnola.
cracker-jack *am.* ['krækədʒæk] *s.* (*fam.*) asso, fuoriclasse *m./f.*
crackle ['krækl] *s.* crepitio, scoppiettio; scricchiolio.
to **crackle** ['krækl] *v.i.* scoppiettare, crepitare; scricchiolare.
crackling ['krækliŋ] *s.* **1** crepitio, scoppiettio; scricchiolio. **2** *pl.* (*Gastr.*) ciccioli.
crackpot ['krækpɔt] *s.* (*fam.*) tipo strambo.
cracksman ['kræksmən] *s.* (*pl.* **–men**) scassinatore.
crack-up ['krækʌp] *s.* (*fam.*) **1** esaurimento nervoso. **2** collisione, scontro.
cradle ['kreidl] *s.* **1** culla (*anche fig.*). **2** (*Mecc.*) intelaiatura di sostegno. **3** crivello, vaglio (in miniera). **4** (*Tel.*) forcella (portamicrofono).
to **cradle** ['kreidl] *v.t.* **1** cullare. **2** (*Mecc.*) sostenere con intelaiatura. □ *to ~ the receiver* mettere giù il telefono.
craft [krɑ:ft, *am.* kræft] *s.* **1** mestiere. **2** arte, abilità. **3** corporazione, categoria. **4** (*Mar.*) imbarcazione; (*collett.*) (costr. sing. o pl.) navi. **5** (*Aer.*) aeroplano; (*collett.*) (costr. sing. o pl.) aeroplani. **6** (*ant.*) astuzia, scaltrezza. □ *~ union* corporazione.
craftsman ['krɑ:ftsmən] *s.* (*pl.* **–men**) **1** artigiano. **2** (*fig.*) artista.
craftsmanship ['krɑ:ftsmənʃip] *s.* arte, abilità.
crafty ['krɑ:fti] *a.* furbo, astuto, scaltro.
crag [kræg] *s.* balza, dirupo, rupe.
craggy ['krægi] *a.* dirupato, scosceso.
cragsman ['krægzmən] *s.* (*pl.* **–men**) rocciatore.
cram [kræm] *s.* **1** folla, calca, ressa. **2** (*fam.*) sgobbata (per un esame). **3** (*fam.*) bugia.
to **cram** [kræm] *v.* (*pass., p.p.* **crammed** [–d]) **I** *v.t.* **1** riempire, calcare, stipare. **2** ingozzare, rimpinzare. **3** (*fam.*) preparare affrettatamente un esame. **II** *v.i.* **1** ingozzarsi, rimpinzarsi. **2** (*fam.*) (spesso con *up*) sgobbare (per un esame).
cram-full ['kræmful] *a.* pieno zeppo, strapieno.
crammer ['kræmə*] *s.* insegnante *m./f.* (*o* scuola, *o* corso) che sottopone uno studente a una preparazione intensiva per un esame.
cramp[1] [kræmp] *s.* (*Med.*) crampo.
cramp[2] [kræmp] *s.* **1** (*Edil.*) grappa, graffa. **2** (*tecn.*) morsetto, morsa.
to **cramp** [kræmp] *v.t.* **1** (*tecn.*) stringere in una morsa. **2** (*fig.*) ostacolare, intralciare.
crampon ['kræmpən] *s.* (general. al pl.) (*Alpinismo*) rampone.
cranberry ['krænbəri] *s.* (*Bot.*) mirtillo americano.
crane [krein] *s.* (*Zool., Mecc.*) gru.
to **crane** [krein] **I** *v.t.* (*Mecc.*) sollevare con una gru. **II** *v.i.* allungare il collo.
cranial ['kreiniəl] *a.* cranico.
cranium ['kreinjəm] *s.* (*pl.* **–nia** [–niə]) (*Anat.*) cranio.
crank [kræŋk] *s.* **1** (*Mecc.*) manovella, gomito. **2** (*fam.*) tipo strambo, maniaco, fissato.
to **crank** [kræŋk] **I** *v.t.* **1** curvare a gomito. **2** (*Mot.*) (spesso con *up*) mettere in moto. **II** *v.i.* (*Mot.*) girare la manovella di avviamento.
crankshaft ['kræŋkʃɑ:ft] *s.* (*Mecc.*) albero a gomiti.
cranky ['kræŋki] *a.* **1** eccentrico, stravagante. **2** (*di macchine*) sconquassato.
crannied ['krænid] *a.* screpolato, crepato.
cranny ['kræni] *s.* fessura, crepa.
crape [kreip] → **crepe**.
crash [kræʃ] *s.* **1** scontro; incidente; (*Aer.*) disastro. **2** fracasso, frastuono, schianto. **3** (*fig.*) crollo, fallimento. □ (*fam.*) *a ~ course in English* un corso accelerato d'inglese.
to **crash** [kræʃ] **I** *v.t.* **1** fracassare. **2** (*Aer.*) far precipitare. **3** (*fam.*) entrare senza invito in. **II** *v.i.* **1** fracassarsi; schiantarsi. **2** (*Aut.*) cozzare (*against, into* contro); (*Aer.*) precipitare. **3** fare fracasso. **4** (*fig.*) crollare, fallire.
crash barrier ['kræʃ'bæriə*] *s.* guardrail, barriera di protezione (sulle autostrade).
to **crash-dive** ['kræʃdaiv] *v.i.* (*Mar.*) fare una immersione rapida.
crash-helmet ['kræʃhelmit] *s.* casco di protezione.
to **crash-land** ['kræʃlænd] *v.i.* (*Aer.*) fare un atterraggio di fortuna.
crash-landing [ˌkræʃ'lændiŋ] *s.* (*Aer.*) atterraggio di fortuna.
crass [kræs] *a.* crasso, grossolano.
crate [kreit] *s.* **1** cassa da imballaggio; cesta di vimini. **2** (*sl.*) macinino (vecchia automobile).
to **crate** [kreit] *v.t.* imballare in casse.
crater ['kreitə*] *s.* (*Geol.*) cratere.

to **crave** [kreiv] **I** *v.t.* **1** desiderare intensamente. **2** implorare, scongiurare. **II** *v.i.* provare un ardente desiderio (*for* di).
craven ['kreivən] *a./s.* vile *m./f.*, vigliacco.
craving ['kreiviŋ] *s.* desiderio ardente.
crawfish ['krɔ:fiʃ] → **crayfish**.
crawl [krɔ:l] *s.* (*Sport*) crawl. □ ~ *swimmer* crawlista *m./f.*
to **crawl** [krɔ:l] *v.i.* **1** strisciare. **2** (*fig.*) avanzare lentamente; trascinarsi, arrancare. **3** (*fig.*) adulare (*to s.o.* qd.). **4** brulicare, formicolare (*with* di). **5** avere la pelle d'oca; (*di pelle*) accapponarsi.
crawler ['krɔ:lə*] *s.* **1** persona (*o* cosa) che striscia. **2** (*fig.*) leccapiedi. **3** *pl.* tuta per bambini.
crawly ['krɔ:li] *a.* (*fam.*) che fa venire la pelle d'oca.
crayfish ['kreifiʃ] *s.* (*Zool.*) gambero d'acqua dolce.
crayon ['kreiən] *s.* pastello; gessetto.
to **crayon** ['kreiən] *v.t.* disegnare a pastello.
craze [kreiz] *s.* mania, moda del momento.
to **craze** [kreiz] *v.t.* **1** fare impazzire. **2** screpolare, incrinare.
crazy ['kreizi] *a.* **1** matto, pazzo. **2** assurdo, insensato. **3** (*fam.*) appassionato, entusiasta (*about* per). **4** (*di edifici*) pericolante. □ (*fam.*) *to* **drive** ~ fare impazzire; (*fam.*) *to* **go** ~ impazzire.
crazy-paving ['kreizi'peiviŋ] *s.* pavimentazione con pietre di forma irregolare.
creak [kri:k] *s.* cigolio; stridio.
to **creak** [kri:k] *v.i.* cigolare; stridere.
cream [kri:m] *s.* **1** panna; crema. **2** (*fig.*) crema, fior fiore. **3** color crema. □ *~-cheese* formaggio fresco e burroso.
to **cream** [kri:m] **I** *v.i.* fare la panna. **II** *v.t.* **1** scremare. **2** ridurre in crema.
creamery ['kri:məri] *s.* **1** caseificio. **2** latteria.
creamy ['kri:mi] *a.* **1** cremoso. **2** soffice.
crease [kri:s] *s.* piega; grinza; ruga. □ ~ *resistant* antipiega.
to **crease** [kri:s] **I** *v.t.* spiegazzare, sgualcire. **II** *v.i.* spiegazzarsi, sgualcirsi.
to **create** [kri'eit] **I** *v.t.* **1** creare, fare. **2** suscitare, causare. **3** nominare, eleggere. **II** *v.i.* (*fam.*) far storie.
creation [kri'eiʃən] *s.* creazione; creato.
creative [kri'eitiv] *a.* creativo.
creativeness [kri'eitivnis], **creativity** [kriə'tiviti] *s.* creatività; capacità creativa.
creator [kri'eitə*] *s.* creatore.
creature ['kri:tʃə*] *s.* essere vivente, creatura; animale. □ (*fam.*) ~ **comforts** comodità; (*fam.*) **good** ~ un buon diavolo.
crèche *fr.* [kreiʃ] *s.* **1** nido (d'infanzia). **2** (*am.*) presepio.
credence ['kri:dəns] *s.* **1** credenza, fede. **2** credito, fiducia.
credentials [kri'denʃəlz] *s.pl.* (*Diplomazia*) credenziali.
credibility [,kredi'biliti] *s.* credibilità.
credible ['kredəbl] *a.* credibile; degno di fede.
credit ['kredit] *s.* **1** credito. **2** onore, merito: *to do s.o.* ~ fare onore a qd. **3** stima, reputazione. **4** (*Scol. am.*) certificato (che attesta il superamento di un corso di studi con successo). □ ~ **card** carta di credito; *to* **get** ~ *for s.th.* vedersi attribuire il merito di qc.; ~ **instrument** titolo di credito; (*Comm.*) **on** ~ a credito.
to **credit** ['kredit] *v.t.* **1** (*Comm.*) accreditare: *to ~ s.o. with a sum* accreditare una somma a qd. **2** prestar fede a, credere a. **3** (general. al passivo) attribuire.
creditable ['kreditəbl] *a.* lodevole, degno di elogio.
creditor ['kreditə*] *s.* creditore.
credulity [kri'dju:liti, *am.* kri'du:liti] *s.* credulità.
credulous ['kredjuləs, *am.* 'kredʒələs] *a.* credulo, credulone.
creed [kri:d] *s.* **1** credo. **2** dottrina religiosa.
creek [kri:k] *s.* ruscello, torrente. □ (*fam.*) *to be up the* ~ essere nei pasticci.
creep [kri:p] *s.* **1** (*sl.*) leccapiedi. **2** *pl.* (*sl.*) pelle d'oca.
to **creep** [kri:p] *v.i.* (*pass., p.p.* **crept** [krept]) **1** strisciare. **2** (*fig.*) muoversi lentamente, (*o*) furtivamente; (general. con *on*) passare lentamente. **3** (*di piante*) arrampicarsi. □ (*fam.*) *to make s.o.'s flesh* ~ far accapponare la pelle a qd.
creeper ['kri:pə*] *s.* **1** animale che striscia. **2** pianta rampicante.
creepy(-crawly) ['kri:pi(krɔ:li)] *a.* raccapricciante.
to **cremate** [kri'meit] *v.t.* cremare.
cremation [kri'meiʃən] *s.* cremazione.
crematorium [,kremə'tɔ:riəm] *s.* forno crematorio.
crenellation [,kreni'leiʃən] *s.* (*Arch.*) merlatura.
Creole ['kri:əul] *a./s.* creolo.
crepe, crêpe *fr.* [kreip] *s.* (*tessuto*) crêpe, crespo.
crepepaper ['kreip'peipə*] *s.* carta crespata.
to **crepitate** ['krepiteit] *v.i.* crepitare.
crept [krept] → to **creep**.
crepuscular [kri'pʌskjulə*] *a.* crepuscolare.
crescendo [krə'ʃendəu] *s.* (*Mus.*) crescendo.
crescent ['kresnt] **I** *s.* **1** falce di luna. **2** strada (*o* piazza) a esedra. **II** *a.* a mezzaluna. □ **The Crescent** (*fig.*) islamismo.
crest [krest] *s.* **1** cresta; ciuffo di piume. **2** cimiero, pennacchio. **3** (*di monte, onda*) cresta.
to **crest** [krest] **I** *v.t.* raggiungere la sommità di. **II** *v.i.* (*di onda*) sollevarsi in creste.
crestfallen ['krestfɔ:lən] *a.* abbattuto; mortificato.
Cretan ['kri:tən] *a./s.* cretese *m./f.*
cretin ['kretin, *am.* 'kri:tn] *s.* cretino.
crevasse [kri'væs] *s.* crepaccio.
crevice ['krevis] *s.* crepa, fessura, fenditura.

crew[1] [kru:] *s.* **1** (*Mar., Aer., Sport*) equipaggio. **2** (*spreg.*) combriccola, cricca.
crew[2] [kru:] → to **crow**.
crew-cut ['kru:kʌt] *s.* (*di capelli*) taglio a spazzola.
CRF = *Cancer Research Fund* Fondo di Ricerca per il Cancro.
crib [krib] *s.* **1** mangiatoia, greppia. **2** presepio. **3** (*scol.*) bigino. **4** (*am.*) lettino per bambini.
to **crib** [krib] *v.t./i.* copiare.
crick [krik] *s.* spasmo muscolare, crampo.
cricket[1] ['krikit] *s.* (*Zool.*) grillo.
cricket[2] ['krikit] *s.* (*Sport*) cricket. □ (*fam.*) *it's not* ~ non è leale.
cricketer ['krikitə*] *s.* giocatore di cricket.
crier ['kraiə*] *s.* **1** (*fam.*) piagnone. **2** usciere di tribunale. **3** (*ant.*) banditore.
crime [kraim] *s.* delitto; crimine.
criminal ['kriminəl] **I** *a.* **1** criminale, criminoso. **2** (*Dir.*) penale. **II** *s.* criminale *m./f.*, delinquente *m./f.* □ ~ **association** associazione per delinquere; ~ **code** codice penale; ~ **law** diritto penale; ~ **lawyer** penalista.
criminology [ˌkrimi'nɔlədʒi] *s.* criminologia.
to **crimp** [krimp] *v.t.* **1** pieghettare, increspare. **2** arricciare, ondulare.
crimson ['krimzn] **I** *a.* cremisi. **II** *s.* **1** cremisi. **2** (*fig.*) rossore.
to **cringe** [krindʒ] *v.i.* **1** farsi piccolo per la paura; rannicchiarsi. **2** essere servile.
crinkle ['kriŋkl] *s.* grinza, piega; ruga.
to **crinkle** ['kriŋkl] **I** *v.t.* arricciare, increspare. **II** *v.i.* arricciarsi, incresparsi; sgualcirsi.
crinoline ['krinəli:n] *s.* (*Vest.*) crinolina.
cripple ['kripl] *s.* storpio, sciancato.
to **cripple** ['kripl] *v.t.* **1** mutilare, storpiare. **2** (*lett. fig.*) paralizzare.
crisis ['kraisis] *s.* (*pl.* **crises** [–si:z]) crisi.
crisp [krisp] **I** *a.* **1** friabile, croccante. **2** (*di aria*) frizzante. **3** (*fig.*) vivace, deciso. **4** crespo, ricciuto. **II** *s.pl.* patatine fritte (croccanti).
to **crisp** [krisp] **I** *v.t.* **1** rendere croccante. **2** arricciare, increspare. **II** *v.i.* **1** diventare croccante. **2** arricciarsi, incresparsi.
crispness ['krispnis] *s.* **1** friabilità. **2** cresposità. **3** (*fig.*) vivacità, animazione.
criss-cross ['kriskrɔs] **I** *a.* incrociato, intersecato. **II** *avv.* di traverso, a rovescio.
to **criss-cross** ['kriskrɔs] **I** *v.t.* incrociare, intersecare. **II** *v.i.* incrociarsi, intersecarsi.
criterion [krai'tiəriən] *s.* (*pl.* **–ria** [–riə]) criterio, principio.
critic ['kritik] *s.* critico; recensore.
critical ['kritikəl] *a.* **1** critico. **2** pronto a criticare.
criticism ['kritisizəm] *s.* **1** critica. **2** biasimo, censura.
to **criticize** ['kritisaiz] *v.t.* **1** criticare; recensire. **2** biasimare.
critique [kri'ti:k] *s.* saggio critico; recensione critica.
critter ['kritə*] *s.* (*am. fam.*) creatura, essere.
croak [krəuk] *s.* **1** gracchio, gracidio. **2** tono di voce rauco.
to **croak** [krəuk] **I** *v.i.* **1** gracidare, gracchiare; parlare con voce rauca. **2** (*fig.*) fare l'uccello del malaugurio. **3** (*sl.*) morire. **II** *v.t.* dire con voce lugubre.
croaky ['krəuki] *a.* **1** gracchiante. **2** rauco, roco.
Croatian [krəu'eiʃən] **I** *a.* croato. **II** *s.* **1** croato. **2** lingua croata.
crochet ['krəuʃei, *am.* krəu'ʃei] *s.* lavoro all'uncinetto.
to **crochet** ['krəuʃei, *am.* krəu'ʃei] *v.t./i.* lavorare all'uncinetto.
crochet-hook ['krəuʃeihuk] *s.* uncinetto, crochet.
crock[1] [krɔk] *s.* **1** vaso di terracotta. **2** coccio.
crock[2] [krɔk] *s.* **1** ronzino. **2** (*fam.*) macchina vecchia, macinino; persona vecchia e malandata.
to **crock** [krɔk] *v.i.* (*fam.*) (spesso con *up*) crollare.
crockery ['krɔkəri] *s.* terraglia, terrecotte.
crocodile ['krɔkədail] *s.* **1** (*Zool.*) coccodrillo. **2** scolaretti in fila indiana.
croft [krɔft] *s.* (*in Scozia*) piccola fattoria; campicello.
crofter ['krɔftə*] *s.* affittuario (*o* proprietario) di una piccola fattoria.
crone [krəun] *s.* (*spreg.*) vecchia befana.
crony ['krəuni] *s.* (*ant.*) amico intimo, amicone.
crook [kruk] *s.* **1** bastone da pastore; (*Rel.*) pastorale. **2** gancio. **3** curvatura; curva. **4** (*sl.*) imbroglione.
to **crook** [kruk] **I** *v.t.* curvare, piegare. **II** *v.i.* curvarsi, piegarsi.
crook-backed ['krukbækt] *a.* gobbo.
crooked ['krukid] *a.* **1** storto, curvo. **2** tortuoso. **3** deforme, storpio. **4** (*fig.*) disonesto.
to **croon** [kru:n] *v.t./i.* canticchiare.
crop [krɔp] *s.* **1** (*Agr.*) raccolto, messe. **2** (*fig.*) gruppo, quantità. **3** (*Zool.*) gozzo. **4** manico (di frusta). **5** (*di capelli*) rapata.
to **crop** [krɔp] *v.* (*pass., p.p.* **cropped** [–t]) **I** *v.t.* **1** spuntare; mozzare. **2** rapare, rasare. **3** (*Agr.*) piantare (*with* a). **4** brucare. **II** *v.i.* **1** (*Agr.*) produrre. **2** (general. con *out*) affiorare (di minerali). □ *to* ~ *up* saltar fuori, sorgere all'improvviso.
cropper ['krɔpə*] *s.* (*Agr.*) coltivatore; mezzadro. □ (*fam.*) *to come a* ~ cadere; (*fig.*) fare fiasco.
croquet ['krəukei] *s.* (*Sport*) croquet.
croquette [krəu'ket] *s.* (*Gastr.*) crocchetta.
crosier ['krəuʒiə*] *s.* (*Rel.*) pastorale.
cross [krɔs] **I** *s.* **1** croce (*anche fig.*). **2** (*Rel.*) segno della croce. **3** (*Biol.*) incrocio. **4** (*fig.*) ibrido. **II** *a.* **1** (*fig.*) irritato, seccato; irritabile. **2** trasversale, obliquo. **3** contrario, opposto. □ *to* **cut** *on the* ~ tagliare una stoffa in sbieco; *to* **make** *s.o.* ~ far arrabbiare qd.; **on** *the* ~ diagonalmente, di traverso; (*sl.*) diso-

nestamente; (*Rel.*) *the* **stations** *of the Cross* la via Crucis; (*fam.*) *as* ~ *as two* **sticks** d'umore nero.
to **cross** [krɔs] **I** *v.t.* **1** attraversare, traversare. **2** incrociare, intersecare. **3** (general. con *off, out*) cancellare; depennare. **4** (*Econ.*) sbarrare. **5** incrociare (le braccia); accavallare (le gambe). **6** (*fig.*) ostacolare, opporsi a. **7** (*Biol.*) incrociare. **8** (*sl.*) imbrogliare. **II** *v.i.* **1** attraversare. **2** incrociarsi, intersecarsi. **3** (*Biol.*) ibridarsi. □ *to* ~ *one's* **fingers** fare gli scongiuri (per scaramanzia); (*fig.*) *to* ~ *one's* **mind** venire in mente; *to* ~ **o.s.** fare il segno della croce; *to* ~ *s.o.'s* **path** trovarsi sulla strada di qd.; (*fig.*) ostacolare qd.
crossbar ['krɔsbɑ:*] *s.* traversa.
crossbeam ['krɔsbi:m] *s.* (*Edil.*) trave incrociata.
crossbencher ['krɔsbentʃə*] *s.* deputato indipendente.
crossbow [krɔsbəu] *s.* (*arma*) balestra.
crossbred ['krɔsbred] *a.* ibrido, incrociato.
crossbreed ['krɔsbri:d] *s.* incrocio, ibrido.
cross-country ['krɔs'kʌntri] *a.* **1** che attraversa tutto il paese. **2** attraverso la campagna. □ (*Sport*) ~ *race* corsa campestre.
crosscut ['krɔskʌt] **I** *a.* tagliato di traverso. **II** *s.* scorciatoia.
cross-examination ['krɔsigzæmi'neiʃən] *s.* controinterrogatorio.
to **cross-examine** ['krɔsig'zæmin] *v.t.* sottoporre a controinterrogatorio.
cross-eyed ['krɔsaid] *a.* strabico.
cross-fire ['krɔsfaiə*] *s.* (*Mil.*) tiro incrociato.
cross-grained ['krɔs'greind] *a.* **1** a fibra irregolare. **2** (*fig.*) intrattabile, irascibile.
crossing ['krɔsiŋ] *s.* **1** traversata. **2** passaggio pedonale. **3** (*Strad.*) attraversamento.
cross-legged ['krɔs'legd] *a./avv.* a gambe incrociate.
crosspiece ['krɔspi:s] *s.* traversa.
cross-purposes ['krɔs'pə:pəsiz] *s.*: *to be at* ~ essere in disaccordo.
to **cross-question** ['krɔs'kwestʃən] → to cross-examine.
cross-reference ['krɔrefrəns] *s.* riferimento, rimando.
crossroad ['krɔsrəud] *s.* **I** traversa, strada trasversale. **2** *pl.* (costr. sing. o pl.) incrocio. **3** *pl.* (*fig.*) (costr. sing. o pl.) bivio, svolta.
cross-section ['krɔs,sekʃən] *s.* **1** sezione trasversale. **2** (*fig.*) settore rappresentativo.
cross-stitch ['krɔs,stitʃ] *s.* punto a croce.
cross-talk ['krɔstɔ:k] *s.* **1** dialogo a botta e risposta. **2** (*Tel.*) interferenza.
crossways ['krɔsweiz], **crosswise** ['krɔswaiz] *avv.* di traverso, trasversalmente.
crossword ['krɔswə:d] *s.* parola incrociata. □ ~ *puzzle* cruciverba.
crotch [krɔtʃ] *s.* **1** forca, biforcazione. **2** (*Anat.*) inforcatura. **3** cavallo (dei pantaloni).
crotchet ['krɔtʃit] *s.* **1** (*Mus.*) semiminima. **2** (*fig.*) mania, ghiribizzo; idea folle.
crotchety ['krɔtʃiti] *a.* capriccioso.
crouch [krautʃ] *s.* posizione accovacciata.
to **crouch** [krautʃ] *v.i.* accovacciarsi, rannicchiarsi.
crow[1] [krəu] *s.* (*Zool.*) corvo; cornacchia. □ (*fig.*) ~*'s* **feet** zampe di gallina; (*fig.*) *as the* ~ **flies** in linea d'aria.
crow[2] [krəu] *s.* canto del gallo.
to **crow** [krəu] *v.i.* (*pass.* **crowed** [–d]/**crew** [kru:], *p.p.* **crowed**) **1** (*di gallo*) cantare. **2** (*fig.*) cantar vittoria (*over* per).
crowbar ['krəubɑ:*] *s.* (*tecn.*) piede di porco.
crowd [kraud] *s.* **1** folla, moltitudine; ressa. **2** masse, popolo. **3** (*fam.*) compagnia, combriccola. **4** quantità, mucchio. □ (*fig.*) *to follow the* ~ seguire la corrente.
to **crowd** [kraud] **I** *v.i.* **1** affollarsi, accalcarsi. **2** spingere, premere. **II** *v.t.* **1** riempire, gremire. **2** stipare, ammassare. □ *to* ~ *out* lasciar fuori per mancanza di spazio.
crowded ['kraudid] *a.* **1** affollato (*with* di). **2** stipato.
crown [kraun] *s.* **1** corona. **2** ghirlanda. **3** (*fig.*) coronamento, compimento. **4** (*di dente*) corona, capsula. **5** cocuzzolo, testa. **6** (*di montagna*) cima, vetta. **7** corona (moneta inglese del valore di 5 scellini). □ ~ **prince** principe ereditario; *to* **succeed** *to the* ~ salire al trono.
to **crown** [kraun] *v.t.* **1** incoronare. **2** (*fig.*) coronare; dare l'ultimo tocco a. **3** mettere una capsula a un dente. □ *to* ~ (*it*) *all* per giunta, come se non bastasse.
crowning ['krauniŋ] **I** *s.* **1** incoronazione. **2** (*fig.*) coronamento. **II** *a.* supremo, sommo.
crozier ['krəuʒiə*] → **crosier**.
crucial ['kru:ʃəl] *a.* cruciale, decisivo.
crucible ['kru:sibl] *s.* **1** (*Met.*) crogiolo. **2** (*fig.*) dura prova.
crucifix ['kru:sifiks] *s.* crocifisso.
crucifixion [,kru:si'fikʃən] *s.* crocifissione.
cruciform ['kru:sifɔ:m] *a.* cruciforme.
to **crucify** ['kru:sifai] *v.t.* crocifiggere.
crude [kru:d] *a.* **1** grezzo, greggio. **2** (*fig.*) rozzo, primitivo.
crudity ['kru:diti] *s.* grossolanità, crudezza.
cruel ['kru:əl] *a.* **1** crudele. **2** doloroso, penoso.
cruelty ['kru:əlti] *s.* crudeltà.
cruet ['kru:it] *s.* ampolla.
cruise [kru:z] *s.* crociera.
to **cruise** [kru:z] *v.i.* **1** (*Mar.*) incrociare; fare una crociera. **2** (*Aut.*) viaggiare a velocità di crociera.
cruiser ['kru:zə*] *s.* **1** (*Mar. mil.*) incrociatore. **2** (*Mar.*) imbarcazione da crociera.
crumb [krʌm] *s.* briciola (*anche fig.*); mollica. □ *bread crumbs* pangrattato.
to **crumb** [krʌm] *v.t.* **1** sbriciolare. **2** (*Gastr.*) impanare.
to **crumble** ['krʌmbl] **I** *v.t.* sbriciolare; sgretolare, frantumare. **II** *v.i.* **1** sbriciolarsi; sgretolarsi, frantumarsi. **2** (*fig.*) crollare.
crumbly ['krʌmbli] *a.* friabile.

crumple ['krʌmpl] *s.* sgualcitura.
to **crumple** ['krʌmpl] **I** *v.t.* sgualcire, spiegazzare. **II** *v.i.* **1** sgualcirsi, spiegazzarsi. **2** (spesso con *up*) crollare, abbattersi.
to **crunch** [krʌntʃ] *v.t./i.* **1** masticare rumorosamente, sgranocchiare. **2** (far) scricchiolare.
crusade [kru:'seid] *s.* (*Stor.*) crociata (*anche fig.*).
to **crusade** [kru:'seid] *v.i.* **1** (*Stor.*) partecipare a una crociata. **2** (*fig.*) battersi (*against* contro, *for* per).
crusader [kru:'seidə*] *s.* (*Stor.*) crociato.
crush [krʌʃ] *s.* **1** folla, ressa, calca. **2** (*fam.*) ricevimento con molti invitati. **3** (*fam.*) infatuazione, cotta (*on* per). **4** spremuta (di frutta).
to **crush** [krʌʃ] **I** *v.t.* **1** schiacciare, strizzare; (*di olive*) torchiare; (*di uva*) pigiare. **2** sgualcire, spiegazzare. **3** (*fig.*) schiacciare, soffocare. **II** *v.i.* sgualcirsi, spiegazzarsi. □ *to* ~ **in** (o *through*) farsi largo a spinte; *to* ~ **out** spremere, strizzare; *to* ~ **up** polverizzare, frantumare.
crushing ['krʌʃiŋ] *a.* schiacciante.
crust [krʌst] *s.* **1** crosta. **2** incrostazione.
to **crust** [krʌst] **I** *v.t.* incrostare. **II** *v.i.* incrostarsi.
crustaceans [krʌs'teiʃjənz] *s.pl.* (*Zool.*) crostacei.
crusted ['krʌstid] *a.* **1** crostoso. **2** (*fig.*) antiquato.
crusty ['krʌsti] *a.* **1** crostoso. **2** (*fig.*) irritabile, intrattabile.
crutch [krʌtʃ] *s.* **1** gruccia, stampella. **2** (*fig.*) sostegno, appoggio.
crux [krʌks] *s.* punto cruciale.
cry [krai] *s.* **1** grido, urlo, strillo. **2** pianto. **3** (*di animali*) verso, richiamo. **4** slogan. □ *a* **far** ~ lontano; (*fig.*) molto diverso; **within** ~ a portata di voce.
to **cry** [krai] **I** *v.i.* **1** strillare, urlare. **2** piangere. **3** (*di animali*) fare il verso. **II** *v.t.* **1** gridare, strillare, urlare. **2** (spesso con *out*) proclamare. □ *to* ~ **down** deprezzare, screditare; *to* ~ **for** *s.th.* (*fig.*) chiedere a gran voce qc.; *to* ~ **for** *the moon* pretendere l'impossibile; *to* ~ **off** disdire, annullare; tirarsi indietro; *to* ~ **out** protestare vigorosamente; *to* ~ **up** esaltare, portare alle stelle.
cry-baby ['kraibeibi] *s.* piagnucolone; bambino bizzoso.
crying ['kraiiŋ] *a.* **1** urgente. **2** evidente, palese.
cryosurgery ['kraiəu'sə:dʒəri] *s.* (*Med.*) criochirurgia.
crypt [kript] *s.* cripta.
cryptic ['kriptik] *a.* **1** segreto, occulto. **2** misterioso, enigmatico.
cryptogram ['kriptə(u)græm] *s.* crittogramma.
cryptography [krip'tɔgræfi] *s.* crittografia.
crystal ['kristl] **I** *s.* cristallo. **II** *a.* **1** di cristallo, cristallino. **2** (*lett. fig.*) limpido, trasparente.
crystal-clear [,kristl'kliə*] *a.* cristallino.
crystalline ['kristəlain] *a.* cristallino.
crystallization [,kristəlai'zeiʃən] *s.* cristallizzazione.
to **crystallize** ['kristəlaiz] **I** *v.t.* **1** cristallizzare. **2** (*fig.*) concretare. **3** (*Gastr.*) candire. **II** *v.i.* (spesso con *out*) **1** cristallizzarsi. **2** (*fig.*) concretarsi.
crystallography [,kristə'lɔgrəfi] *s.* cristallografia.
Cs = (*Chim.*) *caesium* cesio.
C.S. = *Civil Service* Amministrazione Statale.
Cu = (*Chim.*) *copper* rame.
cub [kʌb] *s.* **1** cucciolo (di animale selvatico). **2** (*fig.*) giovane goffo e inesperto; principiante *m./f.* □ *Cub Scout* lupetto (giovane esploratore).
to **cub** [kʌb] *v.i.* (*pass., p.p.* **cubbed** [–d]) figliare.
Cuba ['kju:bə] *N.pr.* (*Geog.*) Cuba.
Cuban ['kju:bən] *a./s.* cubano.
cubbish ['kʌbiʃ] *a.* **1** da cucciolo. **2** goffo, impacciato.
cubby-hole ['kʌbihəul] *s.* cantuccio accogliente.
cube [kju:b] *s.* **1** cubo. **2** cubetto; blocchetto.
to **cube** [kju:b] *v.t.* **1** (*Mat.*) elevare al cubo. **2** tagliare a cubetti.
cubic ['kju:bik], **cubical** ['kju:bikəl] *a.* cubico.
cubicle ['kju:bikl] *s.* scompartimento separato.
cubit ['kju:bit] *s.* (*Anat.*) cubito.
cuckold ['kʌkəld] *s.* (*ant.*) becco, cornuto.
cuckoo ['kuku:] *s.* (*Zool.*) cuculo; cucù.
cuckoo-clock ['kuku:klɔk] *s.* orologio a cucù.
cucumber ['kju:kʌmbə*] *s.* (*Bot.*) cetriolo. □ (*fig.*) *as cool as a* ~ impassibile.
cud [kʌd] *s.* bolo alimentare (di ruminante). □ (*fig.*) *to chew the* ~ meditare a lungo.
cuddle ['kʌdl] *s.* tenero abbraccio.
to **cuddle** ['kʌdl] **I** *v.t.* abbracciare amorevolmente; coccolare. **II** *v.i.* stringersi (*to, up to* a).
cuddy *scozz.* ['kʌdi] *s.* asino, somaro.
cudgel ['kʌdʒəl] *s.* clava; manganello, randello. □ (*fig.*) *to take up the* ~ *for* difendere a spada tratta.
to **cudgel** ['kʌdʒəl] *v.t.* (*pass., p.p.* **–lled**/*am.* **–led** [–d]) prendere a randellate, manganellare. □ (*fam.*) *to* ~ *one's brain* lambiccarsi il cervello.
cue[1] [kju:] *s.* **1** (*Teat.*) battuta d'entrata. **2** (*Cin.*) segnale d'azione. **3** (*fig.*) imbeccata, suggerimento.
cue[2] [kju:] *s.* stecca (da biliardo).
cuff[1] [kʌf] *s.* **1** polsino. **2** (*am.*) risvolto (di pantaloni). **3** *pl.* (*fam.*) manette. □ (*fam.*) *off the* ~ improvvisando.
cuff[2] [kʌf] *s.* schiaffo, ceffone.
to **cuff** [kʌf] *v.t.* schiaffeggiare.
cuff-links ['kʌfliŋkz] *s.pl.* gemelli.
cuirass [kwi'ræs] *s.* corazza.

cul-de-sac ['kuldə'sæk] *s.* vicolo cieco.
culinary ['kʌlinəri] *a.* culinario, gastronomico.
to **cull** [kʌl] *v.t.* **1** cogliere, raccogliere. **2** scegliere, selezionare.
to **culminate** ['kʌlmineit] *v.i.* culminare.
culmination [,kʌlmi'neiʃən] *s.* **1** culmine, apice. **2** (*Astr.*) culminazione.
culpability [,kʌlpə'biliti] *s.* colpevolezza.
culpable ['kʌlpəbl] *a.* **1** colpevole. **2** colposo.
culprit ['kʌlprit] *s.* **1** colpevole *m./f.* **2** (*Dir.*) imputato, accusato.
cult [kʌlt] *s.* **1** culto; venerazione. **2** setta, gruppo di seguaci. □ (*am.*) ~ *movie* film che segna un'epoca.
cultivable ['kʌltivəbl] *a.* coltivabile.
to **cultivate** ['kʌltiveit] *v.t.* coltivare (*anche fig.*).
cultivated ['kʌltiveitid] *a.* **1** (*fig.*) colto, istruito; raffinato. **2** coltivato.
cultivation [,kʌlti'veiʃən] *s.* **1** coltivazione. **2** (*fig.*) raffinatezza; cultura.
cultural ['kʌltʃərəl] *a.* culturale.
culture ['kʌltʃə*] *s.* **1** cultura; educazione. **2** civiltà. **3** (*Agr.*) coltura, coltivazione.
cultured ['kʌltʃəd] *a.* colto, istruito; raffinato.
culvert ['kʌlvət] *s.* canale sotterraneo; galleria di drenaggio.
to **cumber** ['kʌmbə*] *v.t.* **1** impacciare, ostacolare. **2** sovraccaricare, gravare.
cumbersome ['kʌmbəsəm] *a.* **1** ingombrante; scomodo. **2** goffo.
to **cumulate** ['kju:mjuleit] *v.t.* accumulare, ammucchiare.
cumulative ['kju:mjulətiv] *a.* cumulativo.
cuneiform ['kju:niifɔ:m] *a.* cuneiforme.
cunning ['kʌniŋ] **I** *s.* astuzia, furbizia. **II** *a.* astuto, furbo.
cup [kʌp] *s.* **1** tazza; coppa, calice. **2** (*Sport*) coppa, trofeo. **3** (*Rel., Bot.*) calice. **4** bibita ghiacciata. **5** (*Med.*) coppetta, ventosa. □ (*fig.*) *to* **be** *in one's cups* essere ubriaco; (*fam.*) ~ *of* **tea** argomento preferito; forte; (*fam.*) *that's another* ~ *of* **tea** questo è un altro paio di maniche.
to **cup** [kʌp] *v.t.* (*pass., p.p.* **cupped** [–t]) mettere a forma di coppa, dare forma di coppa: *to* ~ *one's hands* mettere le mani a forma di coppa.
cup-bearer ['kʌpbɛərə*] *s.* coppiere.
cupboard ['kʌbəd] *s.* credenza, armadio. □ (*fig.*) ~ *love* amore interessato.
cupful ['kʌpful] *s.* tazza.
cupidity [kju'piditi] *s.* cupidigia, avidità.
cupola ['kju:pələ] *s.* (*Arch.*) cupola.
cur[1] = *currency* valuta.
cur[2] [kə:*] *s.* **1** cane bastardo. **2** (*fig.*) persona spregevole.
curate ['kjuərit] *s.* (*Rel.*) curato; coadiutore.
curative ['kjuərətiv] *a.* curativo.
curator [kjuə'reitə*] *s.* **1** conservatore (di museo). **2** sovrintendente, amministratore.
curb [kə:b] *s.* **1** barbazzale. **2** (*fig.*) controllo, freno. **3** (*Strad.*) bordo (di marciapiede).
to **curb** [kə:b] *v.t.* **1** mettere il morso a. **2** (*fig.*) frenare.
curd [kə:d] *s.* caglio.
to **curdle** ['kə:dl] **I** *v.t.* **1** far cagliare, coagulare. **2** (*fig.*) gelare, agghiacciare. **II** *v.i.* **1** cagliare, coagularsi. **2** (*fig.*) agghiacciarsi.
cure ['kjuə*] *s.* **1** cura, trattamento. **2** medicina, rimedio.
to **cure** ['kjuə*] *v.t.* **1** curare; guarire; risanare. **2** (*Alim.*) salare; affumicare; (*di tabacco*) conciare.
currettage [kju'retidʒ] *s.* (*Med.*) raschiamento.
curfew ['kə:fju:] *s.* coprifuoco.
curio ['kjuəriəu] *s.* (*pl.* **–s** [–z]) rarità, curiosità. □ ~ *shop* negozio che vende oggetti di piccolo antiquariato.
curiosity [,kjuəri'ɔsiti] *s.* **1** curiosità. **2** rarità; oggetto strano.
curious ['kjuəriəs] *a.* **1** curioso. **2** (*spreg.*) indiscreto, impiccione. **3** singolare, strano.
curium ['kjuəriəm] *s.* (*Chim.*) curio.
curl [kə:l] *s.* **1** ricciolo, boccolo. **2** spira, voluta. **3** arricciatura.
to **curl** [kə:l] **I** *v.t.* **1** arricciare. **2** arrotolare, avvolgere a spirale. **3** (s)torcere (la bocca). **II** *v.i.* **1** arricciarsi. **2** avvolgersi a spirale; salire a spirale. □ *to* ~ *up* accoccolarsi, raggomitolarsi.
curler ['kə:lə*] *s.* bigodino.
curling ['kə:liŋ] *s.* (*Sport*) curling.
curling-iron ['kə:lin'aiən] *s.* arricciacapelli.
curly ['kə:li] *a.* **1** riccio, ricciuto. **2** increspato, arricciato.
curmudgeon [kə:'mʌdʒən] *s.* burbero, musone.
currant ['kʌrənt] *s.* (*Bot.*) **1** uva sultanina. **2** ribes.
currency ['kʌrənsi] *s.* **1** diffusione, circolazione, corso. **2** (*Econ.*) valuta, divisa; circolazione monetaria.
current ['kʌrənt] **I** *a.* corrente, in corso. **II** *s.* **1** corso. **2** corrente (*anche fig.*). □ (*Econ.*) ~ *account* conto corrente.
curriculum [kə'rikjuləm] *s.* (*pl.* **–s** [–z]/**–la** [–lə]) (*Scol., Univ.*) programma di studi; corso di studi.
curry ['kʌri] *s.* (*Gastr.*) pietanza preparata con il curry. □ ~ **chicken** pollo al curry; ~ **powder** curry.
to **curry**[1] ['kʌri] *v.t.* condire con curry.
to **curry**[2] ['kʌri] *v.t.* **1** (*di cavallo*) strigliare. **2** conciare. □ *to* ~ *favour with s.o.* accattivarsi il favore di qd.
curry-comb ['kʌrikəum] *s.* striglia.
curse [kə:s] **I** *s.* **1** maledizione. **2** (*fig.*) calamità, sventura. **3** imprecazione, bestemmia. **II** *intz.* maledizione.
to **curse** [kə:s] *v.* (*pass., p.p.* **–d** [–t]) **I** *v.t.* **1** maledire. **2** inveire contro; bestemmiare. **II** *v.i.* imprecare, bestemmiare.
cursed ['kə:sid] *a.* maledetto, dannato.
cursor ['kə:sə*] *s.* (*Inform.*) cursore.
cursory ['kə:səri] *a.* frettoloso, superficiale.

curt [kə:t] *a.* **1** breve, conciso. **2** secco, asciutto, brusco: *a* ~ *answer* una secca risposta.
to **curtail** [kə:'teil] *v.t.* abbreviare; ridurre.
curtailment [kə:'teilmənt] *s.* abbreviazione; riduzione.
curtain ['kə:tn] *s.* **1** tenda, tendina. **2** (*Teat.*) sipario. **3** (*fig.*) cortina, barriera. □ (*fig.*) *to* **draw** *the* ~ *on s.th.* stendere un velo su qc.; (*fig.*) *to* **lift** *the* ~ *on s.th.* iniziare qc.; svelare qc.
to **curtain** ['kə:tn] *v.t.* mettere tende a. □ *to* ~ *off* dividere con una tenda.
curtness ['kə:tnis] *s.* **1** brevità. **2** bruschezza.
curts(e)y ['kə:tsi] *s.* inchino, riverenza.
to **curts(e)y** ['kə:tsi] *v.i.* inchinarsi.
curvature ['kə:vətʃə*] *s.* curvatura.
curve [kə:v] *s.* **1** curva. **2** *pl.* (*fam.*) curve, rotondità.
to **curve** [kə:v] *v.t./i.* curvare.
curvet [kə:'vet] *s.* (*equitazione*) falcata.
curvilinear [ˌkə:vi'liniə*] *a.* curvilineo.
cushion ['kuʃən] *s.* **1** cuscino. **2** (*di tavolo da biliardo*) sponda elastica.
to **cushion** ['kuʃən] *v.t.* **1** provvedere di cuscini; imbottire. **2** attutire, smorzare.
cushy ['kuʃi] *a.* (*fam.*) comodo; facile.
cusp [kʌsp] *s.* cuspide.
cuss [kʌs] *s.* (*fam.*) **1** maledizione; imprecazione. **2** individuo, tipo.
to **cuss** [kʌs] *v.i.* imprecare, bestemmiare.
cussed ['kʌsid] *a.* (*fam.*) ostinato.
custard ['kʌstəd] *s.* (*Gastr.*) crema pasticciera all'inglese.
custodian [kʌs'təudiən] *s.* **1** custode *m./f.* guardiano. **2** portiere.
custody ['kʌstədi] *s.* **1** custodia; vigilanza. **2** detenzione. □ *to be in* ~ essere in attesa di giudizio.
custom ['kʌstəm] **I** *s.* **1** costume; consuetudine, usanza; convenienze sociali. **2** (*Dir.*) consuetudine. **3** *pl.* (costr. sing. *o* pl.) dogana, diritti doganali; (costr. sing.) dogana. **4** (*Comm.*) clientela. **II** *a.* (*am.*) su misura.
customary ['kʌstəməri] *a.* **1** consueto, abituale. **2** usuale, solito. □ **as** *is* ~ secondo l'usanza; ~ **law** diritto consuetudinario.
custom-built ['kʌstəm'bilt] *a.* fatto su ordinazione (*o* misura). □ (*Aut.*) ~ *car* fuoriserie.
customer ['kʌstəmə*] *s.* **1** cliente *m./f.* **2** (*fam.*) tipo, individuo.
custom-house ['kʌstəmhaus] *s.* dogana, ufficio doganale.
custom-made ['kʌstəm'meid] *a.* fatto su ordinazione (*o* misura).
cut [kʌt] **I** *s.* **1** taglio, ferita. **2** (*fig.*) riduzione, diminuzione. **3** fetta; pezzo; (*fam.*) parte, quota. **4** (*Sport*) colpo di taglio. **5** (*fig.*) offesa, affronto. **6** scavo, galleria. **II** *a.* **1** tagliato, ferito. **2** (*fig.*) ridotto. □ (*fam.*) *to be a* ~ **above** *s.o.* essere superiore a qd.; (*fam.*) *to* **give** *s.o. the* ~ fingere di non riconoscere qd.; (*fig.*) ~ *and* **thrust** lotta senza esclusione di colpi.
to **cut** [kʌt] *v.* (*pass., p.p.* **cut**) **I** *v.t.* **1** tagliare. **2** spaccare: *to* ~ *timber* spaccar legna. **3** intagliare. **4** (*Agr.*) falciare, mietere. **5** intersecare, incrociare. **6** (*fig.*) abbreviare, ridurre, diminuire. **7** scavare, traforare. **8** (*fig.*) far finta di non vedere. **9** (*Cin.*) montare. **II** *v.i.* **1** tagliare; tagliarsi. **2** (*fig.*) colpire, ferire. □ *to* ~ **across** prendere una scorciatoia; interessare, riguardare; *to* ~ **after** *s.o.* correre dietro a qd.; (*fig.*) *to* ~ **at** *s.th.* porre fine a qc.; *to* ~ **away** tagliare, recidere; *to* ~ **back** (*fig.*) ridurre, diminuire; (*fig.*) *to* ~ **both** *ways* essere a doppio taglio; (*scol.*) *to* ~ *a* **class** marinare la scuola; (*fam.*) *to* ~ *and* **come** *again* servirsi di nuovo (a tavola); (*fig.*) *to* ~ *a* **dash** fare una gran bella figura; (*fig.*) *to* ~ *s.o.* **dead** fingere di non conoscere qd.; *to* ~ **down** tagliare, abbattere; (*fig.*) ridurre, diminuire; (*fam.*) *to* ~ *it* **fine** farcela per un pelo; (*fam.*) *to* ~ *no* **ice** fare poco effetto; *to* ~ **in** tagliare la strada (dopo un sorpasso); (*fig.*) intervenire, intromettersi (*on* in); (*fig.*) to ~ **into** interrompere (una conversazione); *to* ~ **off**: 1 tagliare, mozzare; 2 tagliare fuori; 3 (*fig.*) stroncare; *to* ~ **off** *the engine* spegnere il motore; *to* ~ *s.th.* **open** spaccare qc.; *to* ~ **out** ritagliare; (*fig.*) eliminare; interrompere; (*fam.*) *he is not* ~ **out** *for this job* non è tagliato per questo lavoro; (*fam.*) ~ *it* **out**! smettila!; *to* ~ *the* **pack** tagliare le carte; (*fig.*) *to be* ~ *to the* **quick** essere ferito nel profondo del cuore; (*fam.*) *to* ~ *up* **rough** infuriarsi; (*fam.*) *to* ~ *and* **run** tagliare la corda; *to* ~ **up** tagliare, affettare; distruggere, annientare (*anche fig.*).
cutaneous [kju:'teiniəs] *a.* cutaneo.
cutaway ['kʌtəwei] **I** *a.* **1** a coda di rondine. **2** in sezione, spaccato. **II** *s.* giacca a coda di rondine.
cut-back ['kʌtbæk] *s.* riduzione, taglio.
cute [kju:t] *a.* **1** (*fam.*) svelto, sveglio. **2** (*am.*) grazioso. **3** (*fam.*) lezioso, pretenzioso.
cuticle ['kju:tikl] *s.* (*Anat.*) cuticola.
cut-in ['kʌtin] *s.* (*Cin., TV*) inserto.
cutis ['kju:tis] *s.* (*Anat.*) cute.
cutlas(s) ['kʌtlas] *s.* coltellaccio (da marinaio).
cutler ['kʌtlə*] *s.* coltellinaio.
cutlery ['kʌtləri] *s.* coltellame; coltelleria.
cutlet ['kʌtlit] *s.* (*Gastr.*) costoletta, cotoletta.
cut-off ['kʌtɔf] *s.* **1** taglio. **2** (punto) limite.
cut-out ['kʌtaut] *s.* **1** ritaglio. **2** (*El.*) interruttore.
cutter ['kʌtə*] *s.* **1** tagliatore. **2** (*Mar.*) cutter. **3** (*Cin.*) montatore.
cut-throat ['kʌtθrəut] **I** *s.* assassino. **II** *a.* **1** assassino. **2** (*fig.*) spietato.
cutting ['kʌtiŋ] **I** *s.* **1** taglio, incisione. **2** inserto. **3** (*Bot.*) talea. **4** trincea, scavo. **5** (*Cin.*) montaggio. **II** *a.* **1** tagliente, affilato. **2** (*fig.*) pungente.
cuttlebone ['kʌtlbəun] *s.* osso di seppia.
cuttlefish ['kʌtlfiʃ] *s.* (*Zool.*) seppia.
cwt = *hundredweight* quintale inglese.

cyanide ['saiənaid] *s.* (*Chim.*) cianuro.
cyanotic [ˌsaiə'nɔtik] *a.* cianotico.
cybernetics [ˌsaibə:'netiks] *s.pl.* (costr. sing. *o* pl.) cibernetica.
cyclamen ['sikləmən] *s.* (*Bot.*) ciclamino.
cycle ['saikl] *s.* **1** ciclo. **2** bicicletta; motocicletta.
to **cycle** ['saikl] *v.i.* andare in bicicletta.
cyclic ['saiklik], **cyclical** ['saiklikəl] *a.* ciclico.
cycling ['saikliŋ] *s.* ciclismo.
cyclist ['saiklist] *s.* ciclista *m./f.*
cyclone ['saikləun] *s.* (*Meteor.*) ciclone.
cyclonic [sai'klɔnik], **cyclonical** [sai'klɔnikəl] *a.* ciclonico.
Cyclops ['saiklɔps] *s.* (*pl.* **Cyclopes** [sai'kluəupi:z]) (*Mitol.*) ciclope.
cyclostyle ['saiklə(u)stail] *s.* ciclostile.
cyclotron ['saiklətrɔn] *s.* (*Fis.*) ciclotrone.
cyder ['saidə*] *s.* sidro.
cylinder ['silində*] *s.* **1** cilindro. **2** (*di rivoltella*) tamburo. **3** bombola di gas liquido.
cylindrical [si'lindrikəl] *a.* cilindrico.
cymbal ['simbəl] *s.* (*Mus.*) cembalo.
cynic ['sinik] *a./s.* cinico.
cynical ['sinikəl] *a.* **1** cinico. **2** beffardo, sprezzante.
cynicism ['sinisizəm] *s.* cinismo.
cynosure ['sinəzjuə*] *s.* centro d'attrazione.
Cynthia ['sinθiə] *N.pr.f.* Cinzia.
cypher ['saifə*] *s.* cifra.
to **cypher** ['saifə*] **I** *v.t.* cifrare. **II** *v.i.* scrivere in cifra.
cypress ['saiprəs] *s.* (*Bot.*) cipresso.
Cyprus ['saiprəs] *N.pr.* (*Geog.*) Cipro.
cyrillic ['sirilik] *a.* cirillico.
cyst [sist] *s.* (*Med.*) cisti, ciste.
cytology ['sai'tɔlədʒi] *s.* (*Biol.*) citologia.
cytoplasm ['saito(u)plæzəm] *s.* (*Biol.*) citoplasma.
czar [zɑ:*] *s.* zar.
czarina [zɑ:'ri:nə] *s.* zarina.
Czech [tʃek] *a./s.* ceco.
Czechoslovak ['tʃekə(u)'sləuvæk] *a./s.* cecoslovacco.
Czechoslovakia ['tʃekəusləu'vækiə] *N.pr.* (*Geog.*) Cecoslovacchia.

D

d[1], **D**[1] [di:] *s.* (*pl.* **d's/ds, D's/Ds** [di:z]) d, D. ☐ (*Tel.*) ~ *for David*; (*am.*) ~ *for Dog* D come Domodossola.
d[2] = **1** *day* giorno. **2** *dead* morto.
D[2] [di] *s.* (*Mus.*) re.
d' [d] *abbr. di* **do, did.**
'd [d] *abbr. di* **had, would, should, did.**
D/A = *Deposit Account* conto di deposito, conto vincolato.
dab[1] [dæb] *s.* **1** colpetto, tocco (rapido). **2** schizzo, macchia.
to **dab** [dæb] *v.* (*pass., p.p.* **dabbed** [–d]) **I** *v.t.* **1** battere leggermente, picchiettare; toccare leggermente, sfiorare. **2** applicare. **II** *v.i.* dare rapidi tocchi (*at* a).
dab[2] [dæb] *s.* (*fam.*) esperto (*at* di).
to **dabble** ['dæbl] **I** *v.t.* bagnare, spruzzare. **II** *v.i.* **1** sguazzare. **2** (*fig.*) dilettarsi, occuparsi a tempo perso (*in, at* di).
dabbler ['dæblə*] *s.* dilettante *m./f.* (*in, at* di).
dactyl ['dæktil] *s.* (*Metrica*) dattilo.
dad [dæd], **daddy** ['dædi] *s.* (*fam.*) babbo, papà.
daemon ['di:mən] *e deriv.* → **demon** *e deriv.*
daffodil ['dæfədil] *s.* (*Bot.*) trombone, trombetta.
daft [dɑ:ft, *am.* dæft] *a.* (*fam.*) sciocco, matto.
dagger ['dægə*] *s.* pugnale, stiletto. ☐ (*fig.*) *to* **be** *at daggers drawn with s.o.* essere ai ferri corti con qd.; *to* **look** *daggers at s.o.* lanciare (a qd.) uno sguardo carico di odio.
dago ['deigəu] *s.* (*spreg.*) individuo di razza latina (italiano, spagnolo, ecc.).
Dail Eireann *irl.* [dail'ɛərən] *s.* (*Parl.*) Camera dei deputati (della repubblica d'Irlanda).
daily ['deili] **I** *a.* quotidiano, giornaliero. **II** *s.* **1** giornale quotidiano. **2** (*fam.*) domestica a giornata; cameriera a ore. **III** *avv.* quotidianamente, ogni giorno.
daintiness ['deintinis] *s.* **1** bellezza, finezza. **2** incontentabilità. **3** squisitezza; prelibatezza.
dainty ['deinti] **I** *a.* **1** fine, delicato. **2** esigente; schizzinoso: *she is* ~ *about her food* è molto schizzinosa nel mangiare. **3** squisito, prelibato. **II** *s.* bocconcino prelibato, ghiottoneria.
dairy ['dɛəri] *s.* **1** caseificio. **2** latteria.
dairy-cattle ['dɛərikætl] *s.pl.* mucche da latte.
dairy-farm ['dɛərifɑ:m] *s.* fattoria per la produzione lattiero-casearia.
dairyman ['dɛərimən] *s.* (*pl.* **–men**) **1** lavorante di un caseificio. **2** lattaio.
dairy-products ['dɛəriprɔdəkts] *s.pl.* prodotti caseari, latticini.
dairywoman ['dɛəriwumən] *s.* (*pl.* **–women** [–wimin]) lattaia.
dais ['deiis] *s.* predella, palco.
daisy ['deizi] *s.* pratolina; margheritina.
dal = *decalitre* decalitro.
dalliance ['dæliəns] *s.* **1** frivolezza. **2** amoreggiamento per scherzo.
to **dally** ['dæli] *v.i.* **1** scherzare, perder tempo (*over* su): to ~ *over work* perder tempo sul lavoro. **2** amoreggiare (*with* con).
dam[1] [dæm] *s.* fattrice (di quadrupedi).
dam[2] [dæm] *s.* diga; arginatura.
to **dam** [dæm] *v.t.* **1** (general. con *up*) chiudere con una diga, arginare. **2** (*fig.*) (general. con *up, back*) trattenere, tenere a freno.
damage ['dæmidʒ] *s.* **1** danno. **2** (*tecn.*) guasto. **3** *pl.* (*Dir.*) risarcimento dei danni, indennizzo: *to claim damages* chiedere il risarcimento dei danni; *to be awarded damages* ottenere il risarcimento dei danni. ☐ (*Dir.*) *to* **pay** *damages* risarcire i danni; *to* **sue** *for* ~ citare per danni.
to **damage** ['dæmidʒ] *v.t.* **1** danneggiare, recare danno. **2** (*tecn.*) guastare, avariare.
damask ['dæməsk] *s.* (*tessuto*) damasco.
dame [deim] *s.* (*scherz., poet.*) dama, signora. **Dame** *s.* (*titolo onorifico equivalente a Sir*) Donna. ☐ ~ *Nature* Madre natura.
damn [dæm] **I** *s.* bel niente, nulla: *I don't care* (o *give*) *a* ~ non me ne importa un bel niente; *it's not worth a* ~ non vale niente. **II** *intz.* maledizione. **III** *a.* maledetto.
to **damn** [dæm] *v.t.* **1** condannare. **2** disapprovare. **3** mandare in rovina. **4** maledire, mandare al diavolo. ☐ *I'll* **be** *damned if I go* che sia dannato se ci andrò; ~ **it**! all'inferno!
damnable ['dæmnəbl] *a.* riprovevole; detestabile, odioso, seccante.
damnation [dæm'neiʃən] **I** *s.* dannazione. **II** *intz.* maledizione!, al diavolo!

damned [dæmd] **I** *a.* **1** dannato. **2** (*fam.*) maledetto. **II** *avv.* estremamente. □ *this job is* ~ **difficult** questo lavoro è estremamente difficile; *you* ~ **fool**! maledetto stupido.

damp [dæmp] **I** *a.* umido. **II** *s.* umidità, umido. □ ~ *course* strato impermeabile.

to **damp** [dæmp] *v.t.* **1** inumidire. **2** (general. con *down*) smorzare, coprire di cenere. **3** (*fig.*) attenuare, mitigare, spegnere.

to **dampen** ['dæmpən] → to **damp**.

damper ['dæmpə*] *s.* **1** (*di persona*) guastafeste; (*di cosa*) che fa passare il buon umore. **2** (*tecn.*) valvola di tiraggio. **3** (*Mus.*) sordina. □ (*fig.*) *to put a* ~ *on a party* smorzare l'allegria di una festa.

dampness ['dæmpnis] *s.* umidità.

dampproof ['dæmp,pru:ʃ] *a.* impermeabile.

damsel ['dæmsəl] *s.* damigella.

dance [dɑ:ns] *s.* **1** ballo, danza. **2** festa da ballo. **3** ballabile.

to **dance** ['dɑ:ns] **I** *v.i.* **1** ballare, danzare. **2** (*fig.*) ballare, saltare: *to* ~ *with joy* ballare dalla gioia. **II** *v.t.* **1** ballare, danzare. **2** far ballare; far saltare. □ *to* **go** *dancing* andare a ballare; (*fig.*) *to* ~ *to another* **tune** cambiare musica.

dance-hall ['dɑ:nshɔ:l] *s.* sala da ballo.

dancer ['dɑ:nsə*] *s.* ballerino, danzatore.

dancing ['dɑ:nsiŋ] *s.* danza, ballo: ~ *shoes* scarpette da ballo.

dancing-girl ['dɑ:nsiŋ,gə:l] *s.* ballerina.

dancing-master ['dɑ:nsiŋ,mɑ:stə*] *s.* maestro di ballo.

to **dandle** ['dændl] *v.t.* far saltare (un bimbo) sulle ginocchia o fra le braccia.

dandruff ['dændrəf] *s.* forfora.

dandy ['dændi] **I** *s.* **1** dandy, damerino. **2** (*am. fam.*) cosa eccellente, (*fam.*) cannonata. **II** *a.* (*am. fam.*) eccellente, splendido.

Dane [dein] *s.* **1** danese *m./f.* **2** (*Zool.*) alano.

danger ['deindʒə*] *s.* pericolo, rischio; minaccia. □ *to be* **in** ~ essere in pericolo; (*Strad.*) *Danger,* **Men** *at Work!* attenzione, lavori in corso!; (*Med.*) **out** *of* ~ fuori pericolo.

dangerous ['deindʒərəs] *a.* pericoloso, rischioso.

to **dangle** ['dæŋgl] **I** *v.i.* dondolare, penzolare. **II** *v.t.* dondolare, penzolare.

Daniel ['dænjəl] *N.pr.m.* Daniele.

Danish ['deiniʒ] *a./s.* danese.

dank [dænk] *a.* umido, malsano.

Danube ['dænju:b] *N.pr.* (*Geog.*) Danubio.

dapper ['dæpə*] *a.* **1** azzimato, agghindato. **2** piccolo e vivace.

dapple ['dæpl] *s.* **1** screziatura, chiazza. **2** animale screziato. □ ~ *grey* cavallo pomellato.

to **dapple** ['dæpl] *v.t.* screziare, chiazzare.

dare [dɛə*] *v.aus.* (*pass.* **–d** [–d]/*raro* **durst** [də:st]) (*manca del p.p.; è usato general. in frasi interrogative, negative, condizionali e dubitative;* **dare not** *e* **durst not** *si contraggono spesso in* **daren't** ['dɛənt] *e* **durstn't** ['də:snt]) osare, ardire, arrischiarsi a, avere il coraggio di: ~ *you climb that tree?* hai il coraggio di arrampicarti su quell'albero?; *how* ~ *you talk to me like that?* come osi parlarmi così? □ *I* ~ *say* direi, può darsi, è possibile: *I* ~ *say you're right* può darsi che tu abbia ragione.

to **dare** [dɛə*] *v.* (*pass., p.p.* **–d** [–d]) **I** *v.i.* osare, ardire, avere il coraggio: *I did not* ~ (*to*) *ask him* non ebbi il coraggio di domandarglielo. **II** *v.t.* sfidare, affrontare; (ar)rischiare, azzardare, tentare: *he will* ~ *any danger* sfiderà qualsiasi pericolo.

daredevil ['dɛə,devl] **I** *s.* scavezzacollo. **II** *a.* audace, temerario.

daring ['dɛəriŋ] **I** *a.* audace, ardito, coraggioso. **II** *s.* audacia, coraggio.

dark [dɑ:k] **I** *a.* **1** oscuro, scuro, buio; (*di colori*) scuro, cupo; (*di capelli, pelle*) bruno, scuro. **2** (*fig.*) tetro, nero; fosco, sinistro. **3** (*fig.*) incomprensibile, oscuro. **II** *s.* **1** oscurità; tenebre. **2** notte, buio. □ **after** ~ a notte fatta; *Dark* **Ages** alto Medioevo; *Dark* **Continent** continente nero, Africa; *to* **get** ~ farsi buio; *a* ~ **horse** persona con doti insospettate; (*fig.*) *to be* **in** *the* ~ *about s.th.* essere all'oscuro di qc.; (*fig.*) *to* **keep** *s.th.* ~ tenere segreto qc.; ~ **room** camera oscura.

to **darken** ['dɑ:kən] **I** *v.t.* oscurare, rendere oscuro. **II** *v.i.* oscurarsi, farsi scuro, rabbuiarsi.

darkness ['dɑ:knis] *s.* **1** oscurità, buio, tenebre. **2** (*fig.*) cattiveria, malvagità. **3** (*fig.*) ignoranza.

darky ['dɑ:ki] *s.* (*spreg.*) negro.

darling ['dɑ:liŋ] **I** *s.* persona amata, tesoro. **II** *a.* caro, diletto; (*fam.*) incantevole.

darn [dɑ:n] *s.* rammendo.

to **darn**[1] [dɑ:n] *v.t.* rammendare.

to **darn**[2] [dɑ:n] *v.t.* maledire. □ ~ *it* accidenti!, porca miseria!

darning ['dɑ:niŋ] *s.* rammendo.

dart [dɑ:t] *s.* **1** dardo; freccetta: *game of darts* (gioco delle) freccette. **2** (*fig.*) balzo, guizzo.

to **dart** [dɑ:t] **I** *v.i.* lanciarsi, balzare: *the hare darted off* la lepre balzò via. **II** *v.t.* **1** lanciare. **2** scagliare all'improvviso.

dash [dæʃ] **I** *s.* **1** scroscio. **2** balzo, salto. **3** briciolo, pizzico; (*di colori*) sfumatura, tocco. **4** (*Tip.*) lineetta. **5** tratto, trattino. **6** (*Sport*) corsa (veloce). **7** (*Aut., Aer.*) cruscotto. **8** impeto, slancio, energia: *he is famous for his* ~ è famoso per il suo slancio. **II** *intz.* (*eufem.*) al diavolo! □ **at** *a* ~ a precipizio, di volata; (*fig.*) *to* **cut** *a* ~ fare un figurone; *to* **make** *a* ~ *forward* slanciarsi in avanti; *at* **one** ~ in un balzo.

to **dash** [dæʃ] **I** *v.t.* **1** gettare, sbattere. **2** distruggere, rompere, infrangere. **3** spruzzare. **4** (*fig.*) rendere vano. **5** mescolare. **6** (*eufem.*) maledire, mandare al diavolo. **II** *v.i.* **1** battere, cozzare, urtare (*against, upon* contro). **2** balzare, scagliarsi, precipitarsi. □

to ~ **down** *the stairs* scendere le scale a precipizio; *to* ~ **off** scappare via; (*fig.*) buttar giù, scrivere di getto.

dashboard ['dæʃbɔ:d] *s.* **1** (*Aut.*) parafango. **2** (*Aut., Aer.*) cruscotto.

dashing ['dæʃiŋ] *a.* **1** impetuoso, focoso. **2** sgargiante, vistoso.

dastard ['dæstəd] *s.* vigliacco, codardo.

data ['deitə] *s.pl.* (costr. sing. o pl.) dati, dati di fatto, premesse: ~ *processing* elaborazione di dati.

date[1] [deit] *s.* **1** data. **2** tempo, periodo, epoca. **3** (*fam.*) appuntamento; persona con cui si ha un appuntamento. □ *a letter* **of** *today's* ~ una lettera in data odierna; **out** *of* ~ fuori moda, sorpassato; **to** ~ fino a oggi; **up** *to* ~ moderno; aggiornato; *to bring* **up** *to* ~ aggiornare; **what** *is the* ~ *today?* quanti ne abbiamo (oggi)?

to **date** [deit] **I** *v.t.* **1** datare; fissare la data di. **2** (*fam.*) dare un appuntamento a. **II** *v.i.* risalire (*from, back to* a), datare (da). □ *to* ~ **back** retrodatare; risalire nel tempo; *to* ~ **forward** postdatare.

date[2] [deit] *s.* (*Bot.*) dattero. □ ~ *palm* palma da datteri.

dated ['deitid] *a.* **1** datato. **2** antiquato, fuori moda.

dateless ['deitlis] *a.* **1** senza data. **2** (*poet.*) eterno.

dateline ['deitlain] *s.* (*Geog.*) linea del cambiamento di data.

dative ['deitiv] *a./s.* (*Gramm.*) dativo.

datum *lat.* ['deitəm] *s.* (*pl.* **data** ['deitə]) dati: *data of a problem* dati del problema.

daub [dɔ:b] *s.* **1** sostanza spalmabile. **2** imbratto, imbrattatura. **3** pittura malfatta, (*fam.*) crosta.

to **daub** [dɔ:b] **I** *v.t.* ricoprire (con vernice, stucco); imbrattare, impiastrare. **II** *v.i.* dipingere malamente.

daughter ['dɔ:tə*] *s.* figlia.

daughter-in-law ['dɔ:tərinlɔ:] *s.* nuora.

daughterly ['dɔ:təli] *a.* filiale.

to **daunt** [dɔ:nt] *v.t.* scoraggiare; spaventare, intimidire.

dauntless ['dɔ:ntlis] *a.* impavido, intrepido.

dauphin ['dɔ:fin] *s.* (*Stor.*) delfino.

davenport *am.* ['dævnpɔ:t] *s.* scrittoio; divano-letto.

David ['deivid] *N.pr.m.* Davide.

to **dawdle** ['dɔ:dl] **I** *v.i.* bighellonare, gingillarsi. **II** *v.t.* (general. con *away*) sciupare, sprecare: *to* ~ *away the time* sprecare il tempo.

dawdler ['dɔ:dlə*] *s.* bighellone, fannullone.

dawn [dɔ:n] *s.* **1** alba, aurora: *at* ~ all'alba. **2** (*fig.*) albori, inizio. □ *from* ~ *to dusk* dall'alba al tramonto.

to **dawn** [dɔ:n] *v.i.* **1** albeggiare, farsi giorno. **2** (*fig.*) essere agli albori. **3** (*fig.*) farsi strada (*on, upon* in); venire in mente (a). □ *it dawned on me* cominciai a capire; mi resi improvvisamente conto di.

dawning ['dɔ:niŋ] **I** *s.* **1** l'albeggiare. **2** (*fig.*) albori, inizio. **II** *a.* nascente, albeggiante.

day [dei] *s.* **1** giorno, giornata; luce del giorno. **2** giorno (lavorativo), giornata (lavorativa). **3** festa, ricorrenza. **4** *pl.* tempi, periodo. **5** (*fig.*) giornata campale, battaglia, combattimento. □ ~ **after** ~ un giorno dopo l'altro; (*fig.*) *to have seen* **better** *days* aver conosciuto tempi migliori; **by** ~ di giorno; ~ **by** ~ di giorno in giorno; *in days to* **come** nel futuro; (*fig.*) *the* ~ *after the* **fair** quando la festa è finita; *the last* **few** *days* questi ultimi giorni; *the* **good** *old days* i bei tempi andati; ~ **in,** ~ *out* giorno dopo giorno, continuamente; *all* ~ **long** tutto il santo giorno; ~ **off** giorno libero; **one** ~ un giorno (o l'altro); **one** *of these* (*fine*) *days* uno di questi giorni; *the* **other** ~ l'altro giorno; *every* **other** ~ un giorno sì e un giorno no; *the* **present** ~ oggigiorno; ~ *of* **reckoning** giorno della resa dei conti; ~ **shift** turno di giorno; **these** *days* di questi tempi; *in* **those** *days* a quei tempi, allora; **to** *a* ~ esattamente; *the* ~ *after* **tomorrow** dopodomani; *this* **very** ~ proprio oggi; **what** ~ *is it today?* che giorno è oggi?; (*fig.*) *it's all in a* ~*'s* **work** è una cosa di tutti i giorni; *New* **Year***'s Day* Capodanno; *the* ~ *before* **yesterday** l'altro ieri.

daybreak ['deibreik] *s.* alba.

daydream ['deidri:m] *s.* sogno a occhi aperti; pensieri piacevoli.

to **daydream** ['deidri:m] *v.i.* sognare a occhi aperti.

day hospital ['dei'hɔspitl] *s.* day hospital (ospedale con ricovero e trattamento diurno).

day-labourer ['dei'leibərə*] *s.* lavoratore a giornata, giornaliero.

daylight ['deilait] *s.* luce del giorno, giorno; alba. □ **by** ~ di giorno; (*fig.*) *to* **see** ~ vederci chiaro.

daylight-saving time ['deilait'seiviŋ,taim] *s.* ora legale.

daylong ['deilɔŋ] *a.* che dura tutto il giorno.

day nursery ['dei'nə:səri] *s.* asilo nido.

day-time ['deitaim] *s.* giorno: *in the* ~ di giorno.

day trip ['deitrip] *s.* gita (che si svolge) in giornata.

daze [deiz] *s.* stordimento, stupore. □ *to be in a* ~ essere stupefatto.

to **daze** [deiz] *v.t.* stordire, intontire; sbalordire; abbagliare.

to **dazzle** ['dæzl] *v.t.* **1** abbagliare. **2** (*fig.*) impressionare, colpire.

dazzling ['dæzlin] *a.* accecante, abbagliante.

dB = (*Fis.*) decibel.

DBMS = (*Inform.*) *Data Base Management System* sistema di gestione della base dati.

dd.,d/d = *delivered* consegnato.

D-day ['di:dei] *s.* **1** giorno dello sbarco in Normandia. **2** (*fig.*) giorno decisivo.

DDS = (*Inform.*) *Digital Data Service* Servizio Trasmissione Dati.

deacon ['di:kən] *s.* (*Rel.*) diacono.
deaconess ['di:kənis] *s.* (*Rel.*) diaconessa.
dead [ded] **I** *a.* **1** morto. **2** inerte, inanimato. **3** (*fig.*) insensibile, sordo (*to* a). **4** intirizzito, intorpidito. **5** (*fam.*) sfinito, esausto. **6** inservibile, fuori uso. **7** (*di fuoco*) spento; (*di vulcano*) inattivo. **8** assoluto, completo, totale. **9** esatto, preciso. **10** (*di colore*) smorto, spento. **11** (*El.*) messo a terra, scarico. **12** (*Sport*) fuori gioco: ~ *ball* palla fuori gioco. **II** *s.* (*collett.*) morti, defunti. **III** *avv.* **1** assolutamente, completamente: *you are* ~ *right* hai assolutamente ragione. **2** di colpo, bruscamente. □ ~ *and* **buried** morto e sepolto; *as* ~ *as a* **doornail** morto stecchito; ~ **drunk** ubriaco fradicio; ~ **end** vicolo cieco; *to* **fall** ~ cadere morto stecchito; (*fig.*) ~ **language** lingua morta; (*Tel.*) *the* **line** *went* ~ si è interrotta la comunicazione, è caduta la linea; *in the* ~ *of* **night** nel cuore della notte; ~ **tired** stanco morto.
dead beat ['dedbi:t] *a.* stanco morto.
to **deaden** ['dedn] *v.t.* **1** smorzare, attutire, attenuare. **2** isolare acusticamente.
deadlock ['dedlɔk] *s.* (*fig.*) punto morto, incaglio.
deadly ['dedli] **I** *a.* **1** mortale, micidiale, fatale. **2** (*fam.*) molto noioso, insopportabile. **II** *avv.* mortalmente; estremamente, terribilmente: ~ *dull* terribilmente noioso.
deadmarch ['dedmɑ:tʃ] *s.* (*Mus.*) marcia funebre.
deadpan ['dedpæn] *a.* compassato, impassibile.
dead-weight ['dedweit] *s.* peso morto.
deaf [def] *a.* sordo, insensibile. □ **as** ~ *as a* (*door-*)*post* sordo come una campana; ~ *and* **dumb** sordomuto; (*fig.*) *to* **turn** *a* ~ *ear to s.th.* far orecchi da mercante a qc.
deaf-aid ['defeid] *s.* apparecchio acustico.
to **deafen** ['defn] *v.t.* **1** assordare. **2** assordare acusticamente, attutire.
deafmute ['defmju:t] *s.* sordomuto.
deafness ['defnis] *s.* sordità.
deal [di:l] *s.* **1** affare, accordo. **2** trattamento. **3** turno di dare le carte; mano. **4** (general. preceduto da *good, great*) ammontare, quantità, (*fam.*) sacco: *a good* ~ *of trouble* un sacco di guai. **Deal** *s.* (*am. Pol.*) gestione, corso, amministrazione: (*Stor.*) *the New Deal* il Nuovo Corso (di F.D. Roosevelt). □ *a great* ~ **better** molto meglio; (*fam.*) **it's** *a* ~ siamo d'accordo, affare fatto; *that's* **saying** *a good* ~ questo vuol dire già molto; **whose** ~ *is it?* a chi tocca fare le carte?
to **deal** [di:l] *v.* (*pass., p.p.* **dealt** [delt]) **I** *v.i.* **1** occuparsi (*with* di), dedicarsi (a). **2** affrontare (qc.). **3** comportarsi (con, verso), trattare (con). **4** occuparsi (*in* di), commerciare (in); fare affari (*with* con). **5** dare le carte. **II** *v.t.* **1** (spesso con *out*) dare, distribuire, spartire. **2** dare (le carte). □ *to* ~ *well* **by** *s.o.* trattare bene qd.; *person difficult to* ~ **with** persona difficile (da trattare).
dealer ['di:lə*] *s.* **1** commerciante. **2** (*am.*) spacciatore di droga. **3** (*nel gioco delle carte*) chi fa le carte.
dealing ['di:liŋ] *s.* **1** *pl.* relazioni, rapporti. **2** modo d'agire, condotta.
dealt [delt] → to **deal.**
deambulation [ˌdi:æmbju'leiʃən] *s.* deambulazione.
dean [di:n] *s.* **1** decano. **2** (*Univ.*) preside di facoltà.
deanery ['di:nəri] *s.* (*Rel.*) decanato.
dear [diə*] **I** *a.* **1** caro. **2** sentito, sincero. **3** caro, costoso, (*fam.*) salato. **II** *s.* caro **III** *avv.* caramente, a caro prezzo. **IV** *intz.* povero me, mio Dio. □ **be** *a* ~ *and help me* fai il bravo e aiutami; *to run for* ~ **life** correre a più non posso; (*epist.*) *Dear* **Madam** Gentile Signora; ~ **me***!* ohimè!; *he's an* **old** ~ è un carissimo uomo; *one's* ~ **ones** i propri cari; (*epist.*) *Dear* **Sir** Egregio Signore; (*fam.*) **there***'s a* ~ su, da bravo.
dearie ['diəri] → **deary.**
dearly ['diə:li] *avv.* **1** caramente, teneramente. **2** ardentemente, fervidamente. **3** a caro prezzo.
dearth [də:θ] *s.* **1** scarsità, penuria. **2** carestia, scarsità di viveri.
deary ['diəri] *s.* (*fam.*) caro, tesoro.
death (deθ] *s.* **1** morte; decesso. **2** (*fig.*) fine, crollo. □ *at* ~*'s* **door** in punto di morte; *to* **drink** *o.s. to* ~ uccidersi a furia di bere; *to die a* **hero's** ~ morire da eroe; (*fig.*) *to be* **in** *at the* ~ assistere al momento culminante di un evento; (*fam.*) *to be* ~ **on** aver talento per; (*Dir.*) **proof** *of* ~ constatazione di morte; *to* **put** *to* ~ giustiziare; **to** *the* ~ fino alla fine; *I'm sick* **to** ~ *of your complaints* sono stufo delle tue lamentele.
deathbed ['deθbed] *s.* letto di morte.
death-blow ['deθbləu] *s.* colpo mortale.
death-duty ['deθdju:ti] *s.* (*Dir.*) imposta di successione.
deathless ['deθlis] *a.* immortale, eterno; imperituro.
deathlike ['deθlaik] *a.* simile alla morte, cadaverico.
deathly ['deθli] **I** *a.* mortale, fatale. **II** *avv.* **1** come la morte. **2** (*fig.*) mortalmente, estremamente.
death rattle ['deθ'rætl] *s.* rantolo.
death row *am.* ['deθrəu] *s.* braccio della morte.
death throes ['deθˌθrəuz] *s.* spasimi dell'agonia.
deb [deb] *s.* debuttante.
to **debar** [di'bɑ:*] *v.t.* (*pass., p.p.* **debarred** [–d]) escludere, impedire, radiare.
to **debark** [di'bɑ:k] *v.t./i.* sbarcare.
to **debase** [di'beis] *v.t.* **1** abbassare, avvilire. **2** (*Econ.*) svilire, svalutare.
debasement [di'beismənt] *s.* **1** avvilimento. **2** (*Econ.*) svalutazione.
debatable [di'beitəbl] *a.* discutibile, contestabile. □ ~ *ground* territorio conteso.

debate [di'beit] *s.* **1** discussione, contraddittorio. **2** (*Parl.*) dibattito.
to **debate** [di'beit] **I** *v.t.* **1** discutere, dibattere. **2** ponderare, considerare. **II** *v.i.* **1** partecipare a un dibattito. **2** discutere.
debauch [di'bɔ:tʃ] *s.* **1** corruzione. **2** gozzoviglia.
to **debauch** [di'bɔ:tʃ] *v.t.* corrompere; traviare.
debauchee [,debɔ:'tʃi:] *s.* dissoluto, depravato.
debauchery [di'bɔ:tʃəri] *s.* **1** dissolutezza, depravazione. **2** *pl.* gozzoviglie, orge.
debenture [di'bentʃə*] *s.* (*Econ.*) obbligazione.
to **debilitate** [di'biliteit] *v.t.* debilitare, indebolire.
debility [di'biliti] *s.* debolezza.
debit ['debit] *s.* (*Comm.*) addebito.
to **debit** ['debit] *v.t.* (*Comm.*) addebitare.
debonair(e) [,debə'nɛə*] *a.* affabile; allegro.
to **debouch** [di'bu:ʃ] *v.i.* **1** (*Mil.*) uscire allo scoperto. **2** (*di fiume*) sfociare.
debris, débris ['deibri, *am.* də'bri:] *s.* **1** frammenti; rottami. **2** (*Geol.*) detriti.
debt [det] *s.* **1** debito. **2** (*fig.*) obbligo (morale). ▭ (*fam.*) *to* **be** *up to one's eyes* (o *ears*) *in* ~ essere indebitato fino al collo; *to* **get** *into* ~ indebitarsi, contrarre debiti; *to* **get** *out of* ~ pagare i debiti.
debtor ['detə*] *s.* debitore.
to **debug** [,di:'bʌg] *v.t.* **1** (*Inform.*) ricercare ed eliminare gli errori (di un programma). **2** eliminare microfoni spia.
to **debunk** ['di:'bʌŋk] *v.t.* (*fam., fig.*) ridimensionare.
debut, début ['deibu:, *am.* di'bju] *s.* esordio, debutto.
debutante, débutante ['debjutɑ:nt, *am.* ,debju'tɑ:nt] *s.* debuttante, esordiente.
dec = *decimetre* decimetro (dm).
Dec. = *December* dicembre (dic.).
decadence ['dekədəns] *s.* decadenza.
decadent ['dekədənt] *a./s.* decadente.
decadentism ['dekədəntizəm] *s.* (*Arte, Lett.*) decadentismo.
to **decaffeinate** [di:'kæfi:ineit] *v.t.* decaffeinare.
decagon ['dekəgɔn] *s.* (*Geom.*) decagono.
decagram *am.*, **decagramme** ['dekəgræm] *s.* decagrammo.
decalcification [,di:kælsifi'keiʃən] *s.* (*Med.*) decalcificazione.
to **decalcify** [di:'kælsifai] *v.t.* decalcificare.
decaliter *am.*, **decalitre** ['dekəli:tə*] *s.* decalitro.
decalogue ['dekəlɔg] *s.* decalogo.
decameter *am.*, **decametre** ['dekəmi:tə*] *s.* decametro.
to **decamp** [di:'kæmp] *v.i.* **1** (*Mil.*) levare il campo. **2** (*fam.*) andarsene improvvisamente, svignarsela.
to **decant** [di'kænt] *v.t.* **1** travasare. **2** (*Chim.*) decantare.
decanter [di'kæntə*] *s.* bottiglia da vino, caraffa.
decapitation [di,kæpi'teiʃən] *s.* decapitazione.
decasyllabic [,dekəsi'læbik] *a.* (*Metrica*) decasillabo.
decasyllable ['dekəsiləbl] *s.* (*Metrica*) decasillabo.
decay (di'kei] *s.* **1** decomposizione. **2** (*fig.*) decadenza, declino. **3** (*Med.*) carie. **4** (*Fis.*) decadimento, disintegrazione. ▭ *to fall into* ~ cadere in rovina.
to **decay** [di'kei] *v.i.* **1** decomporsi, marcire. **2** (*fig.*) decadere, declinare; andare in rovina, **3** (*Med.*) cariarsi. **4** (*Fis.*) disintegrarsi.
decease [di'si:s] *s.* decesso.
to **decease** [di'si:s] *v.i.* decedere.
deceased [di'si:st] **I** *a.* deceduto. **II** *s.* defunto.
deceit [di'si:t] *s.* **1** inganno, falsità. **2** (*Dir.*) frode, dolo.
deceitful [di'si:tful] *a.* disonesto, falso; ingannevole.
to **deceive** [di'si:v] *v.t.* **1** ingannare. **2** illudersi.
to **decelerate** [di:'seləreit] *v.t./i.* decelerare.
deceleration [di:,selə'reiʃən] *s.* decelerazione.
December [di'sembə*] *s.* dicembre.
decency ['di:snsi] *s.* **1** decenza, decoro. **2** *pl.* norme del vivere civile, convenienze.
decennial [di'seniəl] *a./s.* decennale.
decennium [di'seniəm] *s.* (*pl.* **decennia** [di'seniə]) decennio.
decent ['di:snt] *a.* **1** decente, decoroso. **2** passabile, discreto.
decentralization [di:,sentrəlai'zeiʃən] *s.* decentramento.
to **decentralize** [,di:'sentrəlaiz] *v.t.* (*Pol.*) decentrare.
deception [di'sepʃən] *s.* inganno; frode, raggiro.
deceptive [di'septiv] *a.* ingannevole, fallace.
to **decide** [di'said] **I** *v.t.* **1** decidere, risolvere. **2** far prendere una decisione a, indurre: *what decided you to give up your job?* che cosa ti ha indotto a rinunciare al tuo lavoro? **II** *v.i.* **1** prendere una decisione. **2** decidersi, risolversi. ▭ *to* ~ *against doing s.th.* decidere di non fare qc.
decided [di'saidid] *a.* **1** netto, chiaro. **2** deciso, risoluto.
deciduous [di'sidʒuəs] *a.* (*Bot.*) deciduo.
decigram(me) ['desigræm] *s.* decigrammo.
deciliter *am.*, **decilitre** ['desili:tə*] *s.* decilitro.
decimal ['desiməl] *a./s.* (*Mat.*) decimale. ▭ ~ *point* virgola di decimale.
to **decimalize** ['desiməlaiz] *v.t.* (*Mat.*) ridurre al sistema decimale.
to **decimate** ['desimeit] *v.t.* decimare (*anche fig.*).
decimation [,desi'meiʃən] *s.* decimazione (*anche fig.*).
decimeter *am.*, **decimetre** ['desimi:tə*] *s.* decimetro.

to **decipher** [di'saifə*] *v.t.* decifrare.
decipherable [di'saifərəbl] *a.* decifrabile.
decision [di'siʒən] *s.* **1** decisione. **2** fermezza, risolutezza. □ *to* **lack** ~ mancare di fermezza; *the* ~ **rests** *with you* tocca a te decidere.
decisive [di'saisiv] *a.* **1** decisivo. **2** deciso, risoluto.
deck [dek] *s.* **1** (*Mar.*) ponte, coperta. **2** (*Aer.*) ponte di volo. **3** (*di autobus*) piano. **4** (*Ferr.*) imperiale, tetto. **5** mazzo di carte da gioco. **6** (piatto di un) giradischi.
to **deck** [dek] *v.t.* (spesso con *out*) rivestire.
deck cabin [dek'kæbin] *s.* cabina che guarda sul ponte (di una nave).
deck-chair ['dek'tʃεə*] *s.* sedia a sdraio.
to **declaim** [di'kleim] **I** *v.i.* declamare; parlare in modo enfatico. **II** *v.t.* declamare. □ *to* ~ *against s.o.* inveire contro qd.
declamatory [di'klæmətəri] *a.* **1** declamatorio. **2** retorico, ampolloso.
declarant [di'klεərənt] *s.* (*Dir.*) dichiarante *m./f.*
declaration [ˌdeklə'reiʃən] *s.* dichiarazione.
to **declare** [di:'klεə*] **I** *v.t.* dichiarare; proclamare, **II** *v.i.* dichiararsi (*against, for* contro, a favore).
declension [di'klenʃən] *s.* **1** (*Gramm.*) declinazione.
declinable [di'klainəbl] *a.* (*Gramm.*) declinabile.
declination [ˌdekli'neiʃən] *s.* **1** pendenza. **2** deviazione. **3** (*Astr.*) declinazione.
decline [di'klain] *s.* **1** declivio, pendio. **2** (*fig.*) declino, decadenza. **3** diminuzione, calo. **4** (*Med.*) deperimento.
to **decline** [di'klain] **I** *v.t.* **1** declinare, rifiutare. **2** (*Gramm.*) declinare. **II** *v.i.* **1** rifiutare. **2** scendere, digradare. **3** venir meno. **4** deviare, allontanarsi (*from* da). □ *declining* **years** gli ultimi anni della vita; *declining* **power** potenza al declino.
declivity [di'kliviti] *s.* declivio, pendio.
to **declutch** [di:'klʌtʃ] *v.i.* (*Aut.*) disinnestare la frizione.
to **decode** [di:'kəud] *v.t.* **1** decifrare. **2** (*Inform.*) decodificare.
decoction [di'kɔkʃən] *s.* (*Farm.*) decotto.
to **decompose** [ˌdi:kɔm'pəuz] **I** *v.t.* decomporre; putrefare. **II** *v.i.* decomporsi; putrefarsi.
decomposition [ˌdi:kɔmpə'ziʃən] *s.* decomposizione; putrefazione.
to **decompress** [ˌdi:kəm'pres] *v.t.* decomprimere.
decompression [ˌdi:kəm'preʃən] *s.* decompressione.
to **decongest** [ˌdi:kən'dʒest] *v.t.* (*Med., fig.*) decongestionare.
to **decontaminate** [ˌdi:kən'tæmineit] *v.t.* decontaminare.
decontamination [dikənˌtæmi'neiʃən] *s.* decontaminazione.
to **decorate** ['dekəreit] *v.t.* **1** decorare, ornare, addobbare. **2** verniciare; ricoprire di carta da parati. **3** insignire di decorazione.
decoration [ˌdekə'reiʃən] *s.* **1** decorazione, ornamento, addobbo. **2** onorificenza; medaglia.
decorative ['dekərətiv] *a.* decorativo, ornamentale.
decorator ['dekəreitə*] *s.* **1** decoratore. **2** arredatore.
decorous ['dekərəs] *a.* decoroso, decente.
decorum [di'kɔ:rəm] *s.* **1** decoro, dignità. **2** *pl.* regole del vivere civile, buone maniere.
decoy [di'kɔi] *s.* **1** (*Caccia*) richiamo; uccello da richiamo. **2** (*fig.*) esca, trappola. **3** adescatore.
to **decoy** [di'kɔi] *v.t.* **1** (*Caccia*) attirare con uccelli. **2** (*fig.*) adescare, allettare, attirare.
decrease ['di:kri:s] *s.* diminuzione, calo, ribasso.
to **decrease** [di:'kri:s] **I** *v.i.* decrescere, diminuire, calare. **II** *v.t.* diminuire, ridurre.
decree [di'kri:] *s.* **1** decreto; editto. **2** (*Dir.*) sentenza.
to **decree** [di'kri:] *v.t./i.* decretare, deliberare.
decrepit [di'krepit] *a.* decrepito, cadente.
decrescent [di'kresnt] *a.* decrescente, calante.
to **decry** [di'krai] *v.t.* **1** screditare, denigrare. **2** condannare, biasimare.
decuple ['dekjupl] *a./s.* decuplo.
to **decuple** ['dekjupl] *v.t.* decuplicare.
to **dedicate** ['dedikeit] *v.t.* dedicare, consacrare.
dedication [ˌdedi'keiʃən] *s.* **1** consacrazione. **2** dedizione, zelo; dedica.
to **deduce** [di'dju:s] *v.t.* dedurre, desumere, concludere.
to **deduct** [di'dʌkt] *v.t.* dedurre, defalcare, detrarre.
deductible [di'dʌktibl] *a.* (*Econ.*) detraibile, defalcabile.
deduction [di'dʌkʃən] *s.* **1** deduzione, detrazione; trattenuta. **2** deduzione, conclusione.
deductive [di'dʌktiv] *a.* deduttivo: ~ *logic* logica deduttiva.
deed [di:d] *s.* **1** atto, azione; impresa. **2** (*Dir.*) atto, scrittura legale. □ ~ *of* **indennity** sanatoria; *in* **word** *and deeds* a parole e a fatti.
to **deem** [di:m] *v.t.* ritenere, reputare.
deep [di:p] **I** *a.* **1** profondo: *a* ~ *well* un pozzo profondo. **2** ampio, largo: *a* ~ *shelf* uno scaffale largo. **3** sommerso (*in* da), immerso (in). **4** (*fig.*) difficile, astruso; misterioso; profondo. **5** (*fig.*) sprofondato immerso (*in* in): ~ *in thoughts* immerso nei (propri) pensieri. **6** (*di colori*) forte, intenso; (*di suoni*) basso, grave. **II** *s.* **1** profondo, profondità. **2** (*poet.*) mare; oceano. **III** *avv.* **1** profondamente, in profondità. **2** (*fig.*) a fondo. □ *the mud was* **ankle**-~ il fango arrivava alle caviglie; ~ *in* **debt** carico di debiti; ~ **mourning** lutto stretto; (*fam.*) *a* ~ **one** uno che la sa lunga; (*fam.*) **that**'*s too* ~ *for me* è troppo difficile per me; ~ *in* **thought**

immerso nei pensieri; (*Mil.*) **two** ~ in fila per due; (*fig.*) *to be in* ~ **water**(s) trovarsi in cattive acque; *in the* ~ *of* **winter** nel cuore dell'inverno.

to **deepen** ['di:pən] **I** *v.t.* **1** approfondire. **2** (*fig.*) intensificare, rendere più intenso. **II** *v.i.* **1** approfondirsi. **2** (*fig.*) aumentare d'intensità. **3** (*fig.*) (*di colori*) farsi più intenso; (*di suoni*) diventare più cupo.

deep-freeze ['di:p'fri:z] *s.* surgelatore.

to **deep-freeze** ['di:p'fri:z] *v.t.* (coniug. come to **freeze**) surgelare.

deep-laid ['di:p'leid] *a.* ben elaborato in segreto.

deep-rooted ['di:p'ru:tid] *a.* (*fig.*) ben radicato.

deep-sea ['di:p'si:] *a.* d'alto mare.

deep-seated ['di:p'si:tid] *a.* inveterato, radicato.

deep-set ['di:pset] *a.*: ~ *eyes* occhi incavati.

deer [diə*] *s.* (*pl.inv.*/**-s** [-z]) (*Zool.*) cervo; daino.

deerskin ['diəskin] *s.* pelle di daino.

to **deface** [di'feis] *v.t.* **1** deturpare, sfigurare. **2** cancellare.

defacement [di'feismənt] *s.* **1** deturpazione. **2** cancellazione.

defalcation [ˌdi:fæl'keiʃən] *s.* (*Dir.*) appropriazione indebita.

defamation [ˌdefə'meiʃən] *s.* diffamazione, calunnia.

defamatory [di'fæmətəri] *a.* diffamatorio.

to **defame** [di'feim] *v.t.* diffamare, calunniare.

default [di'fɔ:lt] *s.* **1** (*Comm.*) inadempienza. **2** (*Dir.*) contumacia. **3** (*Sport*) abbandono: *match lost by* ~ partita persa per abbandono. □ *in* ~ *of* in mancanza (*o* difetto) di.

to **default** [di'fɔ:lt] *v.i.* **1** (*Comm.*) essere inadempiente (*in* in). **2** (*Dir.*) essere contumace. **3** (*Sport*) perdere una gara per abbandono.

defaulter [di:'fɔ:ltə*] *s.* **1** (*Dir.*) imputato contumace. **2** (*Comm.*) debitore moroso.

defeat [di'fi:t] *s.* **1** sconfitta, disfatta. **2** frustrazione. **3** fallimento.

to **defeat** [di'fi:t] *v.t.* **1** sconfiggere, battere. **2** frustrare, deludere. **3** (*Dir.*) annullare.

defeatism [di'fi:tizən] *s.* disfattismo.

defeatist [di'fitist] *s.* disfattista *m./f.*

to **defecate** ['defikeit] *v.i.* defecare.

defecation [ˌdifi'keiʃən] *s.* defecazione.

defect ['di:fekt] *s.* difetto, imperfezione; mancanza, deficienza.

to **defect** [di'fekt] *v.i.* disertare, defezionare.

defection [di'fekʃən] *s.* defezione, diserzione.

defective [di'fektiv] **I** *a.* **1** imperfetto, difettoso, manchevole. **2** (*Gramm.*) difettivo. **II** *s.* (*Gramm.*) nome difettivo; verbo difettivo. □ *to* **be** ~ *in s.th.* mancare di qc.; **mentally** ~ subnormale *m./f.*

defence [di'fens] *s.* **1** difesa; protezione. **2** *pl.* (*Mil.*) difese, fortificazioni. □ *to* **come** *to s.o.'s* ~ venire in difesa di qd.; **counsel** *for the* ~ avvocato difensore; (*Mil.*) **line** *of* ~ linea fortificata; **self** ~ difesa personale.

defenceless [di'fenslis] *a.* indifeso, inerme.

to **defend** [di'fend] *v.t.* **1** difendere; proteggere. **2** sostenere, propugnare.

defendant [di'fendənt] *s.* (*Dir.*) imputato, accusato.

defender [di'fendə*] *s.* difensore.

defense *am.* [di'fens] *e deriv.* → **defence** *e deriv.*

defensive [di'fensiv] **I** *a.* difensivo. **II** *s.* difensiva.

to **defer**[1] [di'fə:*] *v.t.* (*pass., p.p.* **deferred** [-d]) differire, rinviare.

to **defer**[2] [di'fə:*] *v.i.* (*pass., p.p.* **deferred** [-d]) sottomettersi (*to* a). □ *to* ~ *to one's elders* rimettersi a chi ha più esperienza.

deference ['defərəns] *s.* **1** deferenza, rispetto. **2** condiscendenza. □ *in* (o *out of*) ~ *to* per riguardo a.

deferential [ˌdefə'renʃəl] *a.* deferente, rispettoso.

deferment [di'fə:mənt] *s.* dilazione, rinvio.

defiance [di'faiəns] *s.* **1** disprezzo, sprezzo. **2** sfida. □ **in** ~ *of* a dispetto di; *to* **set** *s.th. at* ~ sfidare qc.

defiant [di'faiənt] *a.* provocatorio, insolente, ribelle.

deficiency [di'fiʃənsi] *s.* **1** deficienza (*of* di). **2** insufficienza. **3** (*Econ.*) disavanzo. **4** (*Med.*) carenza.

deficient [di'fiʃənt] *a.* **1** manchevole, che manca (*in* di). **2** insufficiente. □ *a mentally* ~ *person* un deficiente.

deficit ['defisit] *s.* (*Econ.*) deficit, disavanzo.

defier [di'faiə*] *s.* sfidante *m./f.*

to **defile**[1] [di'fail] *v.t.* **1** insozzare, inquinare. **2** (*fig.*) contaminare. **3** denigrare, diffamare.

defile [di'fail] *s.* **1** (*Mil.*) sfilata. **2** (*Geog.*) gola, stretta.

to **defile**[2] [di'fail] *v.i.* (*Mil.*) sfilare.

defilement [di'failmənt] *s.* contaminazione, inquinamento.

to **define** [di'fain] *v.t.* **1** definire. **2** chiarire, precisare.

definite ['definit] *a.* **1** preciso, esatto. **2** definito, determinato. **3** sicuro, certo. □ (*Gramm.*) ~ *past* passato remoto.

definitely ['definitli] **I** *avv.* **1** definitivamente. **2** di sicuro, certamente. **II** *intz.* sì, certo, certamente.

definition [ˌdefi'niʃən] *s.* definizione.

definitive [di'finitiv] *a.* definitivo; decisivo.

to **deflagrate** ['defləgreit] **I** *v.t.* far deflagrare. **II** *v.i.* deflagrare.

deflagration [ˌdeflə'greiʃən] *s.* deflagrazione.

to **deflate** [di'fleit] **I** *v.t.* **1** sgonfiare. **2** (*Econ.*) deflazionare. **II** *v.i.* sgonfiarsi.

deflation [di'fleiʃən] *s.* **1** sgonfiamento. **2** (*Econ.*) deflazione.

to **deflect** [di'flekt] *v.t./i.* (far) deviare, deflettere.

deflection [di'flekʃən] *s.* deviazione.

deflector [di'flektə*] *s.* (*tecn.*) deflettore.
defloration [ˌdeflɔ'reiʃən] *s.* deflorazione.
to **deflower** [di'flauə*] *v.t.* deflorare.
defogging [di'fɔgiŋ] *a.* antiappannante.
to **deforest** *am.* [di'fɔrist] *v.t.* di(s)boscare.
deforestation *am.* [diˌfɔrist'eiʃən] *s.* di(s)boscamento.
to **deform** [di'fɔ:m] **I** *v.t.* deformare. **II** *v.i.* deformarsi.
deformation [ˌdi:fɔ:'meiʃən] *s.* deformazione.
deformity [di'fɔ:miti] *s.* deformità (*anche fig.*).
to **defraud** [di'frɔ:d] *v.t.* defraudare (*of s.th.* di qc.), frodare.
to **defray** [di'frei] *v.t.* pagare, sostenere le spese di.
to **defrost** [di:'frɔst] **I** *v.t.* **1** scongelare, sgelare. **2** sbrinare. **II** *v.i.* disgelare.
deft [deft] *a.* abile, svelto.
deftness ['deftnis] *s.* destrezza, abilità.
defunct [di'fʌŋkt] *a.* defunto, morto.
to **defy** [di'fai] *v.t.* **1** sfidare; provocare. **2** resistere, ribellarsi. □ *to ~ solution* essere insolubile.
deg. = *degree(s)* grado, gradi.
degeneracy [di'dʒenərəsi] *s.* degenerazione.
degenerate [di'dʒenərit] **I** *a.* **1** degenere. **2** degenerato, depravato. **II** *s.* degenerato.
to **degenerate** [di'dʒenəreit] *v.i.* degenerare (*into* in).
degeneration [diˌdʒenə'reiʃən] *s.* degenerazione.
degenerative [di'dʒenərətiv] *a.* degenerativo.
degradable [di'greidəbl] *a.* (*Chim.*) degradabile.
degradation [ˌdegrə'deiʃən] *s.* degradazione.
to **degrade** [di'greid] *v.t.* degradare (*anche Geol.*).
degree [di'gri:] *s.* **1** grado. **2** livello, stadio. **3** rango, condizione sociale. **4** (*Univ.*) laurea. □ **by** *degrees* per gradi; *it is improbable to a* **high** *~* è assolutamente improbabile; (*Univ.*) *to* **take** (o *get*) *one's ~* laurearsi; *stupid* **to** *a ~* terribilmente stupido.
to **dehydrate** [di:'haidreit] **I** *v.t.* disidratare. **II** *v.i.* disidratarsi.
dehydration [ˌdi:hai'dreiʃən] *s.* disidratazione.
deification [ˌdi:ifi'keiʃən] *s.* deificazione.
to **deify** ['di:ifai] *v.t.* **1** deificare, divinizzare. **2** (*fig.*) idealizzare, glorificare.
to **deign** [dein] *v.i.* degnarsi.
deism ['di:izəm] *s.* deismo.
deity ['di:iti] *s.* divinità, deità.
to **deject** [di'dʒekt] *v.t.* abbattere, deprimere.
dejection [di'dʒekʃən] *s.* abbattimento, depressione.
delay [di'lei] *s.* **1** ritardo, rinvio. **2** (*Comm.*) proroga, dilazione.
to **delay** [di'lei] **I** *v.t.* **1** (far) ritardare. **2** differire, rinviare. **II** *v.i.* indugiare, tardare; gingillarsi.
delectable [di'lektəbl] *a.* gradevole, piacevole.
delectation [ˌdi:lek'teiʃən] *s.* diletto, piacere.
delegacy ['deligəsi] *s.* delega; delegazione.
delegate ['deligit] *s.* delegato, rappresentante *m./f.*
to **delegate** ['deligeit] *v.t.* **1** delegare. **2** rimettere, affidare (*to* a).
delegation [ˌdeli'geiʃən] *s.* **1** delegazione. **2** delega.
to **delete** [di'li:t] *v.t.* cancellare.
deleterious [ˌdeli'tiriəs] *a.* deleterio.
deletion [di'li:ʃən] *s.* cancellatura.
deliberate [di'libərit] *a.* **1** intenzionale, deliberato, calcolato. **2** cauto, prudente. **3** lento (di movimenti).
to **deliberate** [di'libəreit] *v.t./i.* ponderare, discutere, riflettere (*over, upon* su).
deliberation [diˌlibə'reiʃən] *s.* **1** riflessione, considerazione. **2** deliberazione. **3** lentezza (nei movimenti); gran calma. □ *to walk with ~* camminare con lentezza.
deliberative [di'libərətiv] *a.* deliberativo; deliberante.
delicacy ['delikəsi] *s.* **1** delicatezza; finezza, squisitezza, sensibilità. **2** manicaretto.
delicate ['delikit] *a.* delicato; fine, squisito.
delicatessen [ˌdelikə'tesən] *s.* specialità gastronomiche.
delicious [di'liʃəs] *a.* **1** squisito, prelibato, delizioso. **2** stupendo, meraviglioso: *a ~ girl* una ragazza stupenda.
delight [di'lait] *s.* diletto, piacere.
to **delight** [di'lait] **I** *v.t.* deliziare, dilettare. **II** *v.i.* dilettarsi (*in* di, a), deliziarsi (di, con).
delighted [di'laitid] *a.* contentissimo, felice (*at, with* di.).
delightful [di'laitful] *a.* delizioso, incantevole.
to **delimit** [di'limit], to **delimitate** [di'limiteit] *v.t.* delimitare.
delimitation [deˌlimi'teiʃən] *s.* delimitazione.
to **delineate** [di'linieit] *v.t.* delineare, tracciare.
delinquency [di'liŋkwənsi] *s.* **1** delinquenza. **2** reato. □ *juvenile ~* delinquenza minorile.
delinquent [di'liŋkwənt] **I** *a.* colpevole. **II** *s.* delinquente *m./f.*; malfattore *m./f.*
delirious [di'liriəs] *a.* delirante; fuori di sé, dissennato (di un discorso).
delirium [di'liriəm] *s.* delirio.
to **deliver** [di'livə*] *v.t.* **1** consegnare, recapitare. **2** (*ant.*) liberare, salvare: *to ~ the people from tiranny* liberare il popolo dalla tirannia. **3** (spesso con *up, over*) cedere, trasmettere. **4** dare: *to ~ a blow* assestare un colpo. **5** (*Med.*) aiutare a nascere. □ *to be delivered of a* **child** partorire; (*fig.*) *to ~ the* **goods** far fronte ai propri impegni; *to ~ a* **speech** tenere un discorso.
deliverance [di'livərəns] *s.* **1** liberazione. **2** dichiarazione, asserzione.
deliverer [di'livərə*] *s.* distributore.
delivery [di'livəri] *s.* **1** consegna. **2** liberazione. **3** cessione, trasferimento. **4** dizione; modo di esprimersi. **5** (*Med.*) parto. □ (*Comm.*) *~* **note** bolla di consegna; (*am.*) *~* **truck** furgone.

deliveryman [di'livərimən] *s.* (*pl.* **–men**) fattorino.
dell [del] *s.* (*Geog.*) valletta.
to **delouse** [di:'laus] *v.t.* spidocchiare.
delta[1] ['deltə] *s.* (*alfabeto greco*) delta.
delta[2] ['deltə] *s.* (*Geog.*) delta.
to **delude** [di'lu:d] *v.t.* ingannare, illudere.
deluge ['delju:dʒ] *s.* **1** allagamento; pioggia torrenziale. **2** (*anche fig.*) diluvio: ~ *of questions* un diluvio di domande. **The Deluge** il diluvio universale.
to **deluge** ['delju:dʒ] *v.t.* **1** inondare, allagare. **2** (*fig.*) sommergere, tempestare.
delusion [di'lu:ʒən] *s.* **1** inganno, illusione. **2** (*Med.*) idea fissa, fissazione.
delusive [di'lu:siv] *a.* illusorio, ingannevole.
to **delve** [delv] **I** *v.i.* fare ricerche (*into, to* in). **II** *v.t.* studiare a fondo.
demagnetization [di:ˌmægnətai'zeiʃən] *s.* (*El.*) smagnetizzazione.
to **demagnetize** [di:'mægnətaiz] *v.t.* (*El.*) smagnetizzare.
demagogic [ˌdemə'gɔgik] *a.* demagogico.
demagogue ['deməgɔg] *s.* demagogo.
demagogy ['deməgɔdʒi] *s.* demagogia.
demand [di'mɑ:nd] *s.* **1** domanda, richiesta. **2** esigenza, necessità. ▭ *in* **great** ~ molto richiesto; **on** ~ a richiesta; *to have many demands on one's* **time** avere molti impegni.
to **demand** [di'mɑ:nd] *v.t.* **1** domandare, chiedere: *to* ~ *s.th. of s.o.* chiedere qc. a qd. **2** esigere, pretendere. **3** richiedere.
demanding [di'mɑ:ndiŋ] *a.* **1** (*di cosa*) arduo, difficile. **2** (*di persona*) esigente.
to **demarcate** ['di:mɑ:keit] *v.t.* demarcare, delimitare.
demarcation [ˌdi:mɑ:'keiʃən] *s.* demarcazione.
to **demean** [di'mi:n] *v.t.* **1** avvilire, umiliare. **2** svilire.
demeanor *am.*, **demeanour** [di'mi:nə*] *s.* comportamento.
demented [di'mentid] *a.* (*fam.*) demente.
demerit [di:'merit] *s.* demerito, colpa, nota di biasimo.
demigod ['demigɔd] *s.* (*Mitol.*) semidio.
demijohn ['demidʒɔn] *s.* (piccola) damigiana.
demilitarization [di:ˌmilitərai'zeiʃən] *s.* smilitarizzazione.
to **demilitarize** [di:'militəraiz] *v.t.* smilitarizzare.
demise [di'maiz] *s.* **1** morte, decesso. **2** (*fig.*) insuccesso.
demo ['demə] *s.* (*fam.*) dimostrazione.
to **demob** [di:'mɔb] *v.t.* (*pass., p.p.* **demobbed** [–d]) (*Mil.*) smobilitare, congedare. ▭ *the demobbled* i congedati.
demobilization [ˌdi:məubilai'zeiʃən] *s.* (*Mil.*) smobilitazione.
to **demobilize** [di:'məubilaiz] *v.t.* (*Mil.*) smobilitare.
democracy [di'mɔkrəsi] *s.* democrazia. (*USA*) **The Democracy** il partito democratico.
democrat ['deməkræt] *s.* democratico.
democratic [ˌdemə'krætik] *a.* democratico.
democratization [diˌmɔkrətai'zeiʃən] *s.* democratizzazione.
demographic [ˌdi:mə'græfik] *a.* demografico.
demography [di:'mɔgrəfi] *s.* demografia.
to **demolish** [di'mɔliʃ] *v.t.* **1** demolire, abbattere. **2** (*fig.*) confutare, invalidare.
demolition [ˌdemə'liʃən] *s.* demolizione.
demon ['di:mən] *s.* **1** demonio, diavolo. **2** demone, passione sfrenata.
demoniacal [ˌdi:mə'naiəkəl] *a.* **1** demoniaco, diabolico. **2** indemoniato.
demonstrable [di'mɔnstrəbl] *a.* dimostrabile.
to **demonstrate** ['demənstreit] *v.t.* **1** dimostrare, provare. **2** (*di sentimenti*) manifestare. **3** mostrare l'uso di.
demonstration [ˌdemən'streiʃən] *s.* **1** dimostrazione; prova, testimonianza. **2** dimostrazione, manifestazione.
demonstrative [di'mɔnstrətiv] *a.* **1** espansivo; aperto, sincero. **2** (*Gramm.*) dimostrativo.
demonstrator ['demənstreitə*] *s.* **1** dimostrante *m./f.*, manifestante *m./f.* **2** dimostratore *m./f.*, che usa il metodo dimostrativo.
demoralization [diˌmɔrəlai'zeiʃən] *s.* **1** demoralizzazione, scoraggiamento. **2** traviamento.
to **demoralize** [di'mɔrəlaiz] *v.t.* **1** demoralizzare, scoraggiare. **2** traviare. **3** corrompere.
to **demote** [di'məut] *v.t.* degradare.
demur [di'mə:*] *s.* obiezione, scrupolo; (*Leg.*) eccezione.
to **demur** [di'mə:*] *v.i.* (*pass., p.p.* **demurred** [–d]) fare obiezione (*to, at* a); avere scrupolo; (*leg.*) sollevare un'obiezione.
demure [di'mjuə*] *a.* riservato, modesto.
to **demystify** [ˌdi:'mistifai] *v.t.* demistificare. ▭ *demystifying process* processo di demistificazione.
den [den] *s.* **1** tana, covo. **2** (*fam.*) rifugio, ritiro.
denationalization [di:ˌnæʃənəlai'zeiʃən] *s.* (*Econ.*) snazionalizzazione.
to **denationalize** [di:'næʃənəlaiz] *v.t.* (*Econ.*) snazionalizzare.
to **denature** [di:'neitʃə*] *v.t.* (*Chim.*) denaturare.
denial [di'naiəl] *s.* **1** smentita, negazione. **2** rifiuto, diniego.
to **denigrate** ['denigreit] *v.t.* denigrare, screditare.
denigration [ˌdeni'greiʃən] *s.* denigrazione, diffamazione.
Denmark ['denmɑ:k] *N.pr.* (*Geog.*) Danimarca.
to **denominate** [di'nɔmineit] *v.t.* denominare, chiamare.
denomination [diˌnɔmi'neiʃən] *s.* **1** denominazione, nome. **2** (*Rel.*) confessione. **3** (*di monete*) taglio.
denominational [diˌnɔmi'neiʃənəl] *a.* (*Rel.*) confessionale.
denominator [di'nɔmineitə*] *s.* (*Mat.*) denominatore: *highest common* ~ massimo comun denominatore.
to **denote** [di'nəut] *v.t.* denotare, indicare.
to **denounce** [di'nauns] *v.t.* denunciare.

dense [dens] *a.* **1** denso, fitto, folto: *a* ~ *forest* una fitta foresta. **2** (*fig.*) ottuso, sciocco.
density ['densiti] *s.* **1** densità, spessore. **2** (*Fot.*) opacità.
dent [dent] *s.* ammaccatura, dentello. ▭ (*fig.*) *a* ~ *in one's pride* una ferita al proprio orgoglio.
to **dent** [dent] *v.t.* ammaccare, intaccare.
dental ['dentl] *a.* **1** dentario; dentistico. **2** (*Fonetica*) dentale. ▭ ~ **floss** filo interdentale; ~ **plate** dentiera; ~ **surgeon** dentista *m./f.*; ~ **technician** odontotecnico.
dentist ['dentist] *s.* dentista *m./f.*
denture ['dentʃə*] *s.* dentiera, protesi dentaria.
denudation [ˌdinju'deiʃən] *s.* **1** denudamento. **2** (*Geol.*) erosione.
to **denude** [di'nju:d] *v.t.* **1** denudare. **2** (*fam.*) spogliare, privare (*of* di). **3** (*Geol.*) erodere.
denunciation [diˌnʌnsi'eiʃən] *s.* **1** denuncia, minaccia. **2** (*di contratto*) disdetta.
to **deny** [di'nai] *v.t.* **1** negare, smentire. **2** rifiutare; respingere, non tener fede. ▭ *to* ~ **o.s.** *s.th.* negarsi qc.; *there is no denying* **that** non si può negare che.
deodorant [di:'əudərənt] *a./s.* deodorante.
dep. = *departure* partenza.
Dep. = *Deputy* vice, aggiunto.
to **depart** [di'pɑ:t] *v.i.* **1** partire. **2** (*fig.*) allontanarsi, deviare (*from* da). **3** morire.
departed [di'pɑ:tid] **I** *a.* **1** passato, trascorso. **2** morto, defunto. **II** *s.* **1** defunto. **2** (*collett.*) morti, defunti.
department [di'pɑ:tmənt] *s.* **1** reparto; sezione, ufficio. **2** (*Pol.*) dicastero; ministero: (*USA*) *Department of State* ministero degli esteri. **3** (*fig.*) competenza, sfera, ramo. **4** (*Univ.*) dipartimento. ▭ ~ *store* grande magazzino.
departmental [ˌdi:pɑ:t'mentl] *a.* **1** dipartimentale. **2** (*USA*) ministeriale.
departure [di'pɑ:tʃə*] *s.* **1** partenza. **2** (*fig.*) divergenza, deviazione.
to **depend** [di'pend] *v.i.* **1** contare, fare affidamento (*on, upon* su). **2** dipendere (da), essere a carico (di). **3** essere subordinato (a). **4** (*Gramm.*) dipendere (*on, upon* da). ▭ **it** *depends* dipende; ~ **upon** *it* puoi contarci.
dependable [di'pendəbl] *a.* affidabile, fidato, sicuro.
dependant [di'pendənt] *s.* dipendente *m./f.*
dependence [di'pendəns] *s.* **1** dipendenza. **2** affidamento. **3** l'essere a carico.
dependency [di'pendənsi] **1** dipendenza. **2** (*Pol.*) possedimento, colonia.
dependent [di'pendənt] **I** *a.* **1** dipendente (*on, upon* da). **2** subordinato (a). **3** (*Dir.*) a carico. **II** *s.* dipendente *m./f.*
to **depict** [di'pikt] *v.t.* **1** dipingere. **2** (*fig.*) descrivere.
depilation [ˌdepi'leiʃən] *s.* depilazione.
depilatory [di'pilətəri] *a./s.* depilatorio.
to **deplete** [di'pli:t] *v.t.* vuotare, privare, svuotare; esaurire.
depletion [di'pli:ʃən] *s.* svuotamento; esaurimento.
deplorable [di'plɔ:rəbl] *a.* deplorevole, biasimevole.
to **deplore** [di'plɔ:*] *v.t.* **1** deplorare, biasimare, disapprovare. **2** compiangere.
to **deploy** [di'plɔi] *v.t.* (*Mil.*) schierare, spiegare.
deployment [di'plɔimənt] *s.* (*Mil.*) schieramento, spiegamento.
deponent [di'pəunənt] *s.* **1** (*Dir.*) teste *m./f.* **2** (*Gramm.*) deponente.
to **depopulate** [di:'pɔpjuleit] **I** *v.t.* spopolare. **II** *v.i.* spopolarsi.
to **deport** [di'pɔ:t] *v.t.* deportare, esiliare, espellere come indesiderato.
deportation [ˌdi:pɔ:'teiʃən] *s.* deportazione.
deportee [ˌdi:pɔ:'ti:] *s.* deportato.
deportment [di:'pɔ:tmənt] *s.* comportamento, contegno, condotta.
to **depose** [di'pəuz] **I** *v.t.* **1** deporre, destituire. **2** (*Dir.*) deporre, testimoniare. **II** *v.i.* (*Dir.*) fare una deposizione.
deposit [di'pɔzit] *s.* **1** deposito, sedimento. **2** (*Econ.*) deposito, versamento; cauzione. **3** (*Min.*) giacimento. ▭ *to* **place** *s.th. on* ~ depositare qc.: ~ **safe** stanza blindata; *cavean* ~ **slip** distinta di versamento.
to **deposit** [di'pɔzit] *v.t.* **1** deporre, metter giù, posare. **2** (*Econ.*) depositare.
deposition [ˌdepə'ziʃən] *s.* **1** deposizione. **2** (*Geol.*) deposito, sedimento. **3** (*Dir.*) deposizione; testimonianza.
depository [di'pɔzitəri] *s.* deposito, magazzino.
depot ['depəu] *s.* **1** deposito, magazzino. **2** (*am.*) rimessa (di autobus); scalo ferroviario.
to **deprave** [di'preiv] *v.t.* depravare, corrompere.
depravity [di'præviti] *s.* depravazione, corruzione.
to **deprecate** ['deprikeit] *v.t.* deprecare, disapprovare; condannare.
deprecation [ˌdepri'keiʃən] *s.* disapprovazione; condanna.
to **depreciate** [di'pri:ʃieit] **I** *v.t.* **1** (*Econ.*) svalutare; deprezzare. **2** (*fig.*) sottovalutare. **II** *v.i.* (*Econ.*) svalutarsi; deprezzarsi.
depreciation [diˌpri:ʃi'eiʃən] *s.* (*Econ.*) **1** svalutazione; deprezzamento. **2** ammortamento.
to **depredate** ['deprədeit] *v.t.* depredare, saccheggiare.
depredation [ˌdepri'deiʃən] *s.* saccheggio.
to **depress** [di'pres] *v.t.* **1** deprimere, abbattere. **2** (*Comm.*) ridurre. **3** abbassare, premere.
depressed [di'prest] *a.* **1** depresso, abbattuto. **2** sottosviluppato: ~ *areas* aree depresse.
depression [di'preʃən] *s.* **1** depressione. **2** (*fig.*) abbattimento, scoraggiamento. **3** (*Comm.*) depressione, crisi, recessione. **4** (*Geol.*) avvallamento.
deprivation [depri'veiʃən] *s.* privazione; perdita: ~ *of civil rights* perdita dei diritti civili.

to **deprive** [di'praiv] *v.t.* privare (*of* di).
dept = *department* reparto.
depth [depθ] *s.* **1** profondità. **2** (*fig.*) intensità; gravità. **3** *pl.* profondità, abissi. **4** *pl.* cuore, profondo: *in the depths of the forest* nel cuore della foresta, □ *a man of* **great** ~ un uomo molto profondo; *to be* **out** *of one's* ~ non toccare (nuotando); (*fig.*) esulare dal campo delle competenze specifiche.
to **depurate** ['depjureit] *v.t.* depurare.
depuration [ˌdepju'reiʃən] *s.* depurazione.
deputation [ˌdepju'teiʃən] *s.* deputazione, delegazione.
to **depute** [di'pju:t] *v.t.* deputare, delegare.
to **deputize** ['depjutaiz] **I** *v.t.* conferire autorità a. **II** *v.i.* fungere da delegato (*for* di).
deputy ['depjuti] *s.* **1** delegato, sostituto. **2** vice, aggiunto. **3** deputato, parlamentare.
to **derail** [di:'reil] *v.t.* (*Ferr.*) far deragliare.
derailment [di:'reilmənt] *s.* deragliamento.
to **derange** [di'reindʒ] *v.t.* **1** scompigliare, scombussolare. **2** far impazzire.
derangement [di'reindʒmənt] *s.* **1** sconvolgimento. **2** pazzia.
derby [da:bi, *am.* 'də:bi] *s.* **1** corsa di cavalli. **2** bombetta. □ *local* ~ derby (incontro fra squadre locali).
derelict ['derilikt] *a.* abbandonato, disabitato.
to **deride** [di'raid] *v.t.* deridere, schernire.
derision [di'riʒən] *s.* derisione, scherno; zimbello.
derisive [di'raisiv], **derisory** [di'raisəri] *a.* derisorio.
derivation [ˌderi'veiʃən] *s.* derivazione, origine: *the* ~ *of words* l'origine delle parole.
derivative [di'rivətiv] **I** *a.* **1** (*Ling.*) derivativo. **2** derivato. **II** *s.* **1** derivato. **2** (*Mat.*) derivata.
to **derive** [di'raiv] **I** *v.t.* ricavare, trarre. **II** *v.i.* derivare, provenire (*from* da).
dermatologist [ˌdə:mə'tɔlədʒist] *s.* dermatologo.
dermatology [ˌdə:mə'tɔlədʒi] *s.* dermatologia.
to **derogate** ['derə(u)geit] *v.i.* derogare (*from* da), screditare (qc.), danneggiare (qc.).
derogatory [di'rɔgətəri] *a.* **1** (*Dir.*) derogatorio. **2** offensivo. **3** che getta discredito.
to **desalinate** [ˌdi:'sælineit] *v.t.* dissalare.
to **desalt** [ˌdi:'sɔ:lt] *v.t.* dissalare.
to **descend** [di'send] **I** *v.i.* **1** discendere, scendere. **2** avere origine (*from* da); trasmettersi, passare in eredità. **3** calare, piombare (*on, upon* su). **4** (*fig.*) abbassarsi (*to* a). **II** *v.t.* scendere, discendere. □ *to* ~ *to particulars* entrare nei particolari.
descendance [di'sendəns] *s.* discendenza.
descendant [di'sendənt] *s.* discendente.
descent [di'sent] *s.* **1** discesa. **2** china, pendio. **3** discendenza, lignaggio. **4** calata, invasione. **5** (*Dir.*) trasmissione ereditaria.
to **describe** [di'skraib] *v.t.* descrivere, rappresentare; definire.
description [di'skripʃən] *s.* **1** descrizione. **2** (*fam.*) genere, specie, tipo: *cars of all descriptions* automobili di tutti i tipi.
descriptive [di'skriptiv] *a.* descrittivo.
to **desecrate** ['desikreit] *v.t.* profanare; sconsacrare.
desecration [ˌdesi'kreiʃən] *s.* profanazione; sconsacrazione.
desert[1] ['dezət] **I** *s.* deserto. **II** *a.* **1** deserto, vuoto; disabitato. **2** desertico. **3** (*fig.*) arido, privo d'interesse.
to **desert** [di'zə:t] **I** *v.t.* **1** abbandonare, lasciare. **2** (*fig.*) venir meno a. **II** *v.i.* (*Mil.*) disertare.
desert[2] [di'zə:t] *s.* (general. al pl.) quello che uno si merita, il meritato compenso (in senso ironico). □ *to get one's deserts* avere ciò che si merita.
deserted [di'zə:tid] *a.* abbandonato; deserto, disabitato.
deserter [di'zə:tə*] *s.* (*Mil.*) disertore.
desertion [di'zə:ʃən] *s.* **1** diserzione. **2** abbandono di un posto.
to **deserve** [di'zə:v] *v.t./i.* meritare, meritarsi. □ *to* ~ **ill** (*o well*) *of s.o.* meritare di esser trattato male (*o* bene) da qd.; *he thoroughly deserves* **it** se l'è meritato.
deserving [di'zə:viŋ] *a.* meritevole, degno.
to **desiccate** ['desikeit] *v.t.* **1** essiccare. **2** (*Alim.*) disidratare.
desideratum [diˌsidə'reitəm] *s.* (*pl.* **–ta** [–tə]) ciò che si desidera.
design [di'zain] *s.* **1** progetto; disegno, motivo; modello: *a vase with a* ~ *of flowers on it* un vaso con un motivo floreale. **2** proposito, intenzione. □ **by** ~ apposta, di proposito; *to* **have** *designs on* (o *against*) *s.th.* avere delle mire su qc.
to **design** [di'zain] **I** *v.t.* **1** progettare; disegnare. **2** proporsi; avere intenzione di. **II** *v.i.* fare progetti, progettare, fare il designer. □ *to be designed for* essere inteso a.
to **designate** ['dezigneit] *v.t.* **1** segnare, indicare. **2** designare, nominare: *to* ~ *s.o. for an office* designare qd. a un incarico.
designation [ˌdezig'neiʃən] *s.* designazione, nomina; nome, titolo.
designedly [di'zainidli] *avv.* di proposito.
designer [di'zainə*] *s.* **1** progettista *m./f.*; modellista *m./f.* **2** designer, disegnatore grafico. **3** creatore di moda, stilista; figurinista.
designing [di'zainiŋ] **I** *s.* disegno, progettazione. **II** *a.* intrigante.
desinence ['desinəns] *s.* (*Gramm.*) desinenza.
desirable [di'zaiərəbl] *a.* desiderabile.
desire [di'zaiə*] *s.* **1** desiderio; brama, voglia. **2** richiesta, invito. □ **at** *the* ~ *of s.o.* per invito di qd.; *to have no* ~ **for** *s.th.* non desiderare qc.
to **desire** [di'zaiə*] *v.t.* **1** desiderare; anelare. **2** chiedere, sollecitare: *to* ~ *s.th. of s.o.* chiedere qc. a qd.; invitare. □ *it left much to be desired* lasciava molto a desiderare.
desirous [di'zaiərəs] *a.* desideroso, voglioso. □ *to be* ~ *of s.th.* desiderare qc.

to **desist** [di'zist] *v.i.* desistere (*from* da), cessare (di).
desk [desk] *s.* **1** scrivania, scrittoio, leggio. **2** (*Scol.*) banco; cattedra. **3** (*Comm.*) cassa. **4** (*negli alberghi*) ricezione: ~ *clerk* chi riceve clienti alla ricezione. □ ~ *work* lavoro a tavolino.
desolate ['desəlit] *a.* **1** desolato. **2** disabitato. **3** devastato, in rovina. **4** (*di persona*) abbandonato, triste.
to **desolate** ['desəleit] *v.t.* **1** desolare. **2** devastare. **3** spopolare.
desolation [ˌdesə'leiʃən] *s.* **1** desolazione. **2** devastazione.
despair [di'spɛə:*] *s.* disperazione. □ *to* **drive** *s.o. to* ~ spingere qd. alla disperazione; **in** (o *out of*) ~ per disperazione.
to **despair** [di'spɛə:*] *v.i.* disperare; disperarsi.
desperado [ˌdespə'reidəu] *s.* (*pl.* **–es/–s** [–z]) bandito, malvivente.
desperate ['despərit] *a.* **1** disperato. **2** furioso. **3** (*fam.*) terribile, spaventoso.
desperation [ˌdespə'reiʃən] *s.* disperazione: *to drive s.o. to* ~ spingere qd. alla disperazione.
despicable ['despikəbl] *a.* spregevole, ignobile.
to **despise** [di'spaiz] *v.t.* disprezzare, disdegnare.
despite [di'spait] *prep.* malgrado, nonostante. □ *to* **hold** *s.o. in* ~ disprezzare qd.; **in** ~ *of* a dispetto di.
despondency [di'spɔndənsi] *s.* abbattimento, sconforto, avvilimento.
despondent [di'spɔndənt] *a.* abbattuto, sconfortato, avvilito.
despot ['despɔt] *s.* despota.
despotic [des'pɔtik] *a.* dispotico.
despotism ['despətizəm] *s.* dispotismo.
dessert [di'zə:t] *s.* (*Gastr.*) dessert; frutta, dolci (a fine pasto).
destination [ˌdesti'neiʃən] *s.* destinazione, meta.
destiny ['destini] *s.* destino, sorte.
destitute ['destitju:t] *a.* **1** bisognoso, indigente. **2** privo (*of* di).
destitution [ˌdesti'tju:ʃən] *s.* povertà, indigenza.
to **destroy** [di'strɔi] *v.t.* distruggere, sterminare.
destroyer [di'strɔiə*] *s.* **1** distruttore. **2** (*Mar., mil.*) cacciatorpediniere.
destruction [di'strʌkʃən] *s.* distruzione, rovina.
destructive [di'strʌktiv] *a.* distruttivo; rovinoso, negativo: ~ *criticism* stroncatura.
desuetude ['deswitju:d] *s.* disuso: *to fall* (o *pass*) *into* ~ cadere in disuso.
desultory ['desəltəri] *a.* saltuario, discontinuo.
to **detach** [di'tætʃ] *v.t.* **1** staccare, separare. **2** (*Mil.*) distaccare.
detached [di'tætʃt] *a.* **1** distaccato, separato. **2** (*fig.*) obiettivo, imparziale; distaccato. □ *a* ~ *house* un villino unifamiliare (circondato dal giardino).
detachment [di'tætʃmənt] *s.* **1** distacco, separazione. **2** (*fig.*) obiettività, imparzialità; indifferenza. **3** (*Mil.*) distaccamento.
detail ['di:teil] *s.* **1** dettaglio, particolare. **2** (*Mil.*) piccolo distaccamento. □ *to go* (o *enter*) *into details* entrare nei particolari.
to **detail** ['di:teil] *v.t.* **1** dettagliare; elencare, raccontare punto per punto. **2** (*Mil.*) distaccare.
detailed ['di:teild] *a.* dettagliato, particolareggiato.
to **detain** [di'tein] *v.t.* **1** trattenere, far aspettare; far ritardare. **2** (*Dir.*) detenere, tenere agli arresti.
detainee [ˌditei'ni:] *s.* detenuto politico.
to **detect** [di'tekt] *v.t.* scoprire; individuare.
detection [di'tekʃən] *s.* scoperta.
detective [di'tektiv] *s.* detective, agente investigativo. □ ~ *story* racconto poliziesco.
detector [di'tektə*] *s.* **1** scopritore. **2** (*El.*) galvanometro. **3** rivelatore. □ *metal* ~ metal detector (dispositivo elettromagnetico per individuare oggetti di metallo).
détente [de'tɑ:nt] *s.* (*Pol.*) distensione.
detention [di'tenʃən] *s.* (*Dir.*) detenzione, prigionia: ~ *barraks* prigione militare.
to **deter** [di'tə:*] *v.t.* (*pass., p.p.* **deterred** [–d]) distogliere: *to* ~ *s.o. from doing s.th.* dissuadere qd. dal fare qc.; scoraggiare.
detergent [di'tə:dʒənt] *a./s.* detersivo.
to **deteriorate** [di'tiəriəreit] **I** *v.i.* **1** peggiorare. **2** deteriorarsi, alterarsi. **II** *v.t.* deteriorare, alterare.
deterioration [diˌtiəriə'reiʃən] *s.* **1** peggioramento. **2** deterioramento.
determinant [di'tə:minənt] *a./s.* determinante.
determinate [di'tə:minit] *a.* determinato; stabilito, fissato.
determination [diˌtə:mi'neiʃən] *s.* **1** determinazione, calcolo. **2** conclusione, decisione. **3** risolutezza, fermezza.
determinative [di'tə:minitiv] **I** *a.* **1** determinante. **2** (*Gramm.*) determinativo. **II** *s.* **1** fattore determinante. **2** (*Gramm.*) determinativo.
to **determine** [di'tə:min] **I** *v.t.* **1** determinare, stabilire; calcolare. **2** decidere: *to* ~ *to do s.th.* decidere di fare qc. **II** *v.i.* risolversi, decidersi (*on* per).
determined [di'tə:mind] *a.* deciso, fermo, risoluto (*to* a).
deterrent [di'terənt] *a./s.* (*Mil., Pol.*) deterrente.
to **detest** [di'test] *v.t.* detestare, odiare.
detestable [ditestəbl] *a.* detestabile.
to **dethrone** [di'θrəun] *v.t.* detronizzare.
to **detonate** ['detəneit] *v.t./i.* (far) esplodere.
detonation [ˌdetə'neiʃən] *s.* detonazione.
detonator [ˌdetə'neitə*] *s.* detonatore.
detour ['deituə*, *am.* di'tuə*] *s.* (*Strad.*) deviazione; giro, diversione.

to **detoxicate** [ˌdi:'tɔksikeit] *v.t.* disintossicare.
to **detract** [di'trækt] *v.i.* sminuire, screditare, (*from s.th.* qc.).
detraction [di'trækʃən] *s.* **1** detrazione. **2** denigrazione.
to **detrain** [di:'trein] *v.t./i.* (far) scendere dal treno.
detriment ['detrimənt] *s.* detrimento, danno: *to the ~ of* a scapito di.
detrimental [ˌdetri'mentəl] *a.* dannoso, pregiudizievole.
deuce [dju:s] **I** *s.* **1** due. **2** (*tennis*) parità (a quaranta punti). **II** *intz.* (*fam.*) diavolo, diamine: *the ~!* al diavolo!
deuced ['dju:st] *a.* (*fam.*) maledetto, dannato.
to **devaluate** *am.* [di:'væljueit] → to **devalue**.
devaluation [di:ˌvælju'eiʃən] *s.* svalutazione.
to **devalue** [di:'vælju:] *v.t.* svalutare.
to **devastate** ['devəsteit] *v.t.* devastare; rovinare; saccheggiare.
devastation [ˌdeves'teiʃən] *s.* devastazione; rovina.
to **develop** [di'veləp] **I** *v.t.* **1** sviluppare (*anche Fot.*). **2** (*rif. a risorse, ecc.*) valorizzare. **3** acquisire (gradualmente). **II** *v.i.* **1** svilupparsi. **2** trasformarsi (*into* in). **3** (*Med.*) manifestarsi. □ *developing countries* paesi in via di sviluppo.
developer [di'veləpə*] *s.* (*Fot.*) rivelatore, sviluppatore.
development [di'velɔpmənt] *s.* **1** sviluppo (*anche Fot.*). **2** *pl.* eventi. □ ~ **aid** assistenza ai paesi in via di sviluppo; ~ **area** area di sviluppo industriale.
to **deviate** ['di:vieit] *v.i.* deviare (*from* da); fare una digressione.
deviation [ˌdi:vi'eiʃən] *s.* deviazione.
deviationist [ˌdi:vi'eiʃənist] *s.* (*Pol.*) deviazionista *m./f.*
device [di'vais] *s.* **1** congegno, dispositivo. **2** stratagemma, espediente. **3** piano, progetto. **4** emblema, stemma.
devil ['devl] *s.* diavolo, demonio. □ (*sl.*) ~ **bones** dadi; (*fig.*) *to* **give** *the ~ his due* riconoscere i lati buoni di qd. (nonostante i suoi difetti); (*fam.*) *to* **go** *to the ~* andare in rovina; (*fam.*) **go** *to the ~!* va' al diavolo!; (*fig.*) *the ~ take the* **hindmost** si salvi chi può; (*fam.*) **poor** ~ poveretto, povero diavolo; (*fig.*) *between the ~ and the deep blue* **sea** fra l'incudine e il martello.
devilish ['devliʃ] *a.* **1** diabolico, demoniaco. **2** (*fam.*) infernale, maledetto.
devil-may-care ['devlmei'kεə*] *a.* avventato, sconsiderato.
devilment ['dəvlmənt], **devilry** ['dəvlri] *s.* diavoleria, azione diabolica.
devious ['di:viəs] *a.* **1** indiretto, tortuoso. **2** (*di persone*) infido, disonesto.
to **devise** [di'vaiz] *v.t.* **1** concepire, escogitare, ideare. **2** (*Leg.*) lasciare in eredità.
to **devitalize** [di:'vaitəlaiz] *v.t.* indebolire la vitalità di; (*Med.*) devitalizzare.
devoid [di'vɔid] *a.* privo, mancante, sprovvisto (*of* di).
devolution [ˌdi:və'lu:ʃən] *s.* **1** (*Dir.*) devoluzione; delega. **2** (*Biol.*) involuzione.
to **devolve** [di'vɔlv] **I** *v.t.* devolvere, delegare. **II** *v.i.* essere trasmesso (*on, upon* a).
to **devote** [di'vəut] *v.t.* dedicare, consacrare, offrire (*to* a).
devoted [di'vəutid] *a.* **1** devoto, fedele. **2** consacrato, dedicato.
devotee [ˌdevə'ti:] *s.* **1** devoto, fedele. **2** (*fam.*) appassionato (*of* di).
devotion [di'vəuʃən] *s.* **1** devozione, dedizione. **2** *pl.* (*Rel.*) preghiere.
to **devour** [di'vauə*] *v.t.* distruggere, divorare: *devoured by hatred* divorato dall'odio.
devout [di'vaut] *a.* **1** devoto, pio. **2** sincero, fervido.
dew [dju:] *s.* rugiada.
dewlap ['dju:læp] *s.* (*Zool.*) giogaia.
dewy ['dju:i] *a.* rugiadoso.
dexterity [dek'stəriti] *s.* destrezza, abilità.
dexterous ['dekstərəs] *a.* destro, abile.
dft = *draft* tratta.
dg = *decigram(me)* decigrammo.
diabetes [ˌdaiə'bi:tiz] *s.inv.* (*Med.*) diabete.
diabetic [ˌdaiə'betik] *a./s.* (*Med.*) diabetico.
diacritic [ˌdaiə'kritik] *s.* (*Ling.*) segno diacritico.
diadem ['daiədem] *s.* diadema.
diaeresis [dai'iərisis] *s.* (*pl.* **–ses** [–si:z]) dieresi.
to **diagnose** ['daiəgnəuz] *v.t.* diagnosticare.
diagnosis [ˌdaiəg'nəusis] *s.* (*pl.* **–ses** [–si:z]) diagnosi.
diagnostic [ˌdaiəg'nɔstik] *a.* diagnostico.
diagonal [dai'ægənəl] **I** *a.* diagonale; obliquo, trasversale. **II** *s.* (*Geom.*) diagonale.
diagram ['daiəgræm] *s.* **1** diagramma, grafico. **2** schema.
to **diagrammatize** [daiə'græmətaiz] *v.t.* rappresentare un diagramma.
dial ['daiəl] *s.* **1** quadrante. **2** (*Tel.*) disco combinatore. **3** meridiana. **4** (*TV*) monoscopio.
to **dial** ['daiəl] *v.t.* (*pass., p.p.* **–lled**/*am.* **–led** [–d]) **1** (*Tel.*) formare (un numero); chiamare (al telefono). **2** (*Rad.*) sintonizzare. □ *dialling* **code** prefisso (telefonico); *dialling* **tone** segnale di libero.
dialect ['daiəlekt] *s.* (*Ling.*) dialetto.
dialectal [ˌdaiə'lektəl] *a.* dialettale.
dialectic [ˌdaiə'lektik] **I** *a.* dialettico. **II** *s.pl.* (costr. sing.) dialettica.
dialectical [ˌdaiə'lektikəl] *a.* dialettico.
dialog *am.*, **dialogue** ['daiəlɔg] *s.* dialogo.
dialysis [daiælisis] *s.* (*pl.* **–ses** [–si:z]) (*Med., Chim.*) dialisi.
diameter [dai'æmitə*] *s.* diametro.
diametrical [ˌdaiə'metrikəl] *a.* **1** diametrale. **2** diametralmente opposto.
diamond ['daiəmənd] **I** *s.* **1** (*Min.*) diamante. **2** (*tecn.*) tagliavetri, punta di diamante. **3** (*Geom.*) rombo, losanga. **4** carta di quadri.

II *a.attr.* **1** di diamanti. **2** a rombo, a losanga.
Diana [dai'ænə] *N.pr.f.* Diana.
diapason [ˌdaiə'peisən] *s.* (*Mus.*) diapason.
diaper ['daiəpə*] *s.* **1** (*am.*) pannolino (per neonati). **2** tela (operata) a scacchi.
diaphanous [dai'æfənəs] *a.* diafano.
diaphragm ['daiəfræm] *s.* **1** (*Anat.*) diaframma (*anche Fot.*). **2** (*Rad.*) membrana.
diarrh(o)ea [ˌdaiə'ri:ə] *s.* (*Med.*) diarrea.
diary ['daiəri] *s.* diario; agenda.
diastole [dai'æstəli] *s.* (*Med.*) diastole.
diatribe ['daiətraib] *s.* diatriba.
dice [dais] *s.pl.* (*sing.* **die** [dai]) **1** dadi; gioco dei dadi. **2** dadini, cubetti.
to **dice** [dais] **I** *v.t.* tagliare a dadini (*o* cubetti). **II** *v.i.* **1** giocare a(i) dadi. **2** (*fig.*) giocare (*with* con), rischiare (qc.).
dicebox ['daisbɔks] *s.* bussolotto dei dadi.
dickens ['dikinz] *s.* diamine, diavolo: *what the ~ are you doing?* che diavolo stai facendo?
to **dicker** ['dikə*] *v.i.* (*fam.*) mercanteggiare (*for* su).
dickey ['diki] *s.* **1** (*fam.*) somarello. **2** davantino (*di un vestito*). **3** grembiule. **4** (*Aut.*) sedile posteriore ribaltabile.
dicky[1] ['diki] → **dickey**.
dicky[2] ['diki] *a.* (*fam.*) malandato, debole.
dictaphone ['diktəfəun] *s.* dittafono.
dictate ['dikteit] *s.* (general. al pl.) dettame, norme.
to **dictate** [dik'teit] *v.t./i.* dettare, comandare. □ *I won't be dictated to* non accetto ordini da nessuno.
dictation [dik'teiʃən] *s.* dettatura; dettato; imposizione. □ *to take ~* scrivere sotto dettatura.
dictator [dik'teitə*] *s.* dittatore.
dictatorial [ˌdiktə'tɔ:riəl] *a.* dittatoriale, autoritario.
dictatorship [dik'teitəʃip] *s.* dittatura.
diction ['dikʃən] *s.* **1** modo di esprimersi. **2** dizione.
dictionary ['dikʃənəri, *am.* 'dikʃəneri] *s.* dizionario, vocabolario.
dictum ['diktəm] *s.* (*pl.* **–cta** [ktə]/**–s** [–z]) **1** dichiarazione, asserzione. **2** detto, massima.
did [did] → to **do**.
didactic [di'dæktik] *a.* **1** didattico, istruttivo. **2** didascalico, pedante.
didn't ['didnt] → to **do**.
die[1] [dai] *s.* (*pl.* **dice** [dais]) dado. □ (*fig.*) *the ~ is cast* il dado è tratto.
die[2] [dai] *s.* **1** (*tecn.*) matrice; stampo. **2** (*Numismatica*) conio.
to **die** [dai] *v.i.* (*p.pr.* **dying** ['daiiŋ]) **1** morire: *to ~ of hunger* morire di fame. **2** (*fig.*) (general. con *out*) morire, estinguersi. **3** (general. con *down, away*) affievolirsi, smorzarsi; calare. **4** (*fam.*) desiderare ardentemente (*for s.th.* qc.), morire dalla voglia (di). □ *to ~* **away** placarsi, calmarsi; (*fig.*) *to ~ in one's* **bed** morire di morte naturale; *to ~ a* **beggar** morire in miseria; (*fig.*) *to ~ with one's* **boots** *on* morire combattendo; morire nel pieno delle proprie energie; (*fig.*) *to ~* **hard** essere duro a morire; *to ~* **off** morire uno dopo l'altro.
die-hard ['daihɑ:d] *s.* **1** persona ostinata. **2** (*Pol.*) tradizionalista *m./f.*
dielectric [ˌdaii'lektrik] *a./s.* (*El.*) dielettrico.
diesel ['di:zəl] **I** *s.* (*Mot.*) motore diesel. **II** *a.* diesel: *~ oil* gasolio.
diet ['daiət] *s.* **1** alimentazione. **2** dieta: *to go on a ~* mettersi a dieta.
to **diet** ['daiət] **I** *v.t.* mettere a dieta. **II** *v.i.* stare a dieta, seguire una dieta.
dietary ['daiətəri, *am.* 'daiəteri] *a.* dietetico.
dietetics [ˌdaiə'tetiks] *s.pl.* (costr. sing.) dietetica.
dietician [ˌdaiə'tiʃən] *s.* dietista *m./f.*, dietologo.
to **differ** ['difə*] *v.i.* **1** differire, essere diverso (*from* da). **2** dissentire (*with, from* da). □ *to agree to ~* rinunciare a intendersi.
difference ['difrəns] *s.* **1** differenza; diversità. **2** disaccordo, controversia. □ *to* **make** *a ~* far differenza; *it* **makes** *a great ~* c'è una bella differenza; *it* **makes** *no ~* non cambia niente; *to* **settle** *one's differences* mettersi d'accordo; (*fig.*) *to* **split** *the ~* giungere a un compromesso.
different ['difrənt] *a.* **1** differente, diverso (*from* da); distinto. **2** vario; separato.
differential [ˌdifə'renʃəl] **I** *a.* differenziale. **II** *s.* **1** (*Mat., Mecc.*) differenziale. **2** (*Comm.*) tariffa differenziale.
to **differentiate** [ˌdifə'renʃieit] **I** *v.t.* **1** differenziare. **2** discriminare, distinguere (*between* tra). **II** *v.i.* **1** fare differenza, distinguere. **2** differenziarsi (*from* da).
differentiation [ˌdifərenʃi'eiʃən] *s.* differenziazione (*anche Biol.*).
difficult ['difikəlt] *a.* **1** difficile, arduo. **2** (*di persona*) difficile, esigente; inavvicinabile, scontroso.
difficulty ['difikəlti] *s.* **1** difficoltà, contrasto. **2** *pl.* difficoltà (finanziarie), ristrettezze economiche. □ *to* **have** *~ in doing s.th.* avere difficoltà a fare qc.; *to* **raise** *difficulties to* sollevare obiezioni a; *to* **smooth** *out a ~* appianare una difficoltà.
diffidence ['difidəns] *s.* **1** insicurezza. **2** riservatezza.
diffident ['difidənt] *a.* **1** insicuro. **2** riservato, schivo.
diffraction [di'frækʃən] *s.* (*Fis.*) diffrazione.
diffuse [di'fju:s] *a.* **1** diffuso. **2** (*fig.*) prolisso, verboso.
to **diffuse** [di'fju:z] **I** *v.t.* diffondere, divulgare, emanare. **II** *v.i.* diffondersi.
diffusion [di'fju:ʒən] *s.* diffusione; propagazione.
dig [dig] *s.* **1** scavo, sterro; scavo archeologico. **2** (*fam.*) urto, spinta. **3** (*fam.*) frecciatina, osservazione pungente. **4** *pl.* (*fam.*) camera ammobiliata.

to **dig** [dig] *v.* (*pass., p.p.* **dug** [dʌg]) **I** *v.t.* **1** zappare, vangare; scavare. **2** (general. con *up*) riportare alla luce (scavando). **3** (*fig.*) (spesso con *out*) scoprire: *to ~ out the truth* scoprire la verità. **5** conficcare, piantare. **6** (*sl.*) apprezzare, capire: *I don't ~ pop music* non capisco la musica pop. **II** *v.i.* **1** scavare. **2** (*fig.*) fare ricerche (*for* su), cercare (qc.). □ (*Mil.*) *to ~* **in** scavare trincee; (*fig.*) rimanere sulle proprie posizioni; *to ~* **into** *a meal* buttarsi sul cibo; *to ~* **out** liberare scavando; *to ~ s.o. in the* **ribs** dare una gomitata nelle costole a qd.; (*fig.*) *to ~* **up** scovare: *to ~ up information* scovare informazioni.

digest ['daidʒest] *s.* **1** compendio, riassunto. **2** (*Giorn.*) selezione.

to **digest** [di'dʒest] **I** *v.t.* **1** digerire. **2** (*fig.*) assimilare, smaltire: *to ~ what one reads* assimilare ciò che si legge. **3** tollerare, sopportare. **II** *v.i.* essere digerito, digerirsi.

digestible [di'dʒestibl] *a.* digeribile.

digestion [di'dʒestʃən] *s.* digestione.

digestive [di'dʒestiv] *a./s.* digestivo; *~ biscuits* biscotti digestivi (di farina integrale).

digger ['digə*] *s.* **1** sterratore. **2** (*tecn.*) scavatrice. □ *golden ~* cercatore d'oro.

digging ['digiŋ] *s.* **1** scavo, sterro. **2** *pl.* (costr. pl.) materiali di sterro. **3** *pl.* giacimento aurifero.

digit ['didʒit] *s.* **1** (*Anat.*) dito. **2** (*Mat.*) cifra.

digital ['didʒitəl] *a.* (*Inform.*) digitale.

dignified ['dignifaid] *a.* dignitoso, nobile.

to **dignify** ['dignifai] *v.t.* conferire dignità a, nobilitare, esaltare.

dignitary ['dignitəri] *s.* dignitario.

dignity ['digniti] *s.* **1** dignità, decoro. **2** alto ufficio; grado, rango. □ *to stand* (*up*) *on one's ~* mantenere la propria dignità.

to **digress** [dai'gres] *v.i.* divagare (*from* da).

digression [dai'greʃən] *s.* digressione, divagazione.

dike [daik] *s.* **1** argine; diga. **2** fossa; canale.

to **dike** [daik] *v.t.* proteggere con una diga; arginare.

dilapidated [di'læpideitid] *a.* in rovina, in sfacelo; che crolla a pezzi.

to **dilate** [dai'leit] **I** *v.t.* dilatare. **II** *v.i.* **1** dilatarsi. **2** dilungarsi (*on, upon* su).

dilation [dai'leiʃən] *s.* dilatazione.

dilatory ['dilətəri] *a.* **1** lento, tardivo. **2** dilatorio.

dilemma [di'lemə] *s.* dilemma, alternativa.

dilettante [ˌdili'tænti] *s.* (*pl.* **–ti** [–ti:]) dilettante *m./f.*

dilettantism [ˌdili'tæntizəm] *s.* dilettantismo.

diligence[1] ['dilidʒəns] *s.* diligenza; cura, accuratezza.

diligence[2] ['dilidʒəns] *s.* (*Stor.*) diligenza.

diligent ['dilidʒənt] *a.* diligente, coscienzioso; accurato.

dill [dil] *s.* (*Bot.*) aneto.

to **dilute** [dai'lju:t] *v.t.* **1** diluire, allungare. **2** (*fig.*) attenuare, rendere più debole. **3** annacquare.

dilution [dai'lju:ʃən] *s.* diluizione.

dim [dim] *a.* **1** fioco, debole; indistinto, confuso. **2** (*della vista*) offuscato, velato. **3** (*fam.*) stupido, ottuso. □ *to* **grow** *~* oscurarsi; (*fam.*) *to* **take** *a ~ view of s.th.* disapprovare qc.

to **dim** [dim] *v.* (*pass., p.p.* **dimmed** [–d]) **I** *v.t.* **1** oscurare, offuscare. **2** affievolire. **II** *v.i.* **1** oscurarsi, offuscarsi. **2** affievolirsi.

dime *am.* [daim] *s.* dime (moneta americana del valore di dieci centesimi). □ *~* **novel** romanzetto da quattro soldi; *~* **store** negozio che vende articoli a poco prezzo.

dimension [di'menʃən] *s.* **1** dimensione. **2** *pl.* dimensioni, misura.

dimensional [di'menʃənəl] *a.* dimensionale.

to **diminish** [di'miniʃ] **I** *v.t.* diminuire, ridurre, assottigliare. **II** *v.i.* diminuire, decrescere: *to ~ in value* diminuire di valore.

diminution [ˌdimi'nju:ʃən] *s.* diminuzione.

diminutive [di'minjutiv] **I** *a.* **1** minuscolo. **2** (*Gramm.*) diminutivo. **II** *s.* (*Gramm.*) diminutivo.

dimple ['dimpl] *s.* **1** fossetta (del viso). **2** increspatura (sull'acqua). **3** depressione (del terreno).

to **dimple** ['dimpl] **I** *v.t.* **1** formare delle fossette su (*o* in). **2** increspare. **II** *v.i.* **1** fare le fossette. **2** incresparsi.

dimwit ['dimwit] *s.* (*fam.*) scemo, stupido.

din [din] *s.* chiasso, baccano: *to kick up a ~* fare baccano.

to **din** [din] *v.* (*pass., p.p.* **dinned** [–d]) **I** *v.t.* intronare, rintronare. **II** *v.i.* far baccano, strepitare. □ *to ~ s.th. into s.o.* stordire qd. a forza di ripetergli qc.

to **dine** [dain] **I** *v.i.* pranzare. **II** *v.t.* invitare a pranzo. □ *to ~* **in** pranzare in casa; *to ~* **off** *roast beef* fare un pranzo a base di arrosto; *to ~* **out** pranzare fuori; *to* **wine** *and ~ s.o.* offrire un lauto pranzo a qd.

diner ['dainə*] *s.* **1** commensale *m./f.* **2** (*Ferr.*) → **dining-car**. **3** (*am.*) ristorante (a buon mercato).

dingdong ['diŋ'dɔŋ] **I** *s.* dindon, scampanio. **II** *a.* (*fam.*) ad alterne vicende.

dinghy ['diŋgi] *s.* **1** (*Mar.*) dinghy. **2** (*Mar., mil.*) lancia. **3** gommone (gonfiabile).

dinginess ['dindʒinis] *s.* **1** sudiciume. **2** squallore, tetraggine.

dingle ['diŋgl] *s.* valletta alberata.

dingy ['dindʒi] *a.* **1** sporco, sudicio. **2** squallido, misero.

dining-car ['dainiŋkɑ:*] *s.* (*Ferr.*) carrozza ristorante.

dining-room ['dainiŋˌru:m] *s.* sala da pranzo.

dinky ['diŋki] *a.* (*fam.*) grazioso, piccolo.

dinner ['dinə*] *s.* pranzo; cena. □ *to* **have** *~* pranzare; *~* **jacket** smoking; *~* **service** (*o* set) servizio da tavola; *~* **time** l'ora di pranzo (*o* cena).

diocesan [dai'ɔsisən] *a.* diocesano.

diocese ['daiəsis] *s.* diocesi.
dioxide [dai'ɔksaid] *s.* (*Chim.*) biossido.
dip [dip] *s.* **1** immersione, tuffo. **2** (*fam.*) breve bagno; breve nuotata. **3** pendenza, pendio. **4** (*Gastr.*) salsa, crema. **5** (*Aer.*) picchiata.
to **dip** [dip] *v.* (*pass., p.p.* **dipped** [–t]) **I** *v.t.* **1** immergere, tuffare. **2** abbassare, calare. **II** *v.i.* **1** immergersi, tuffarsi. **2** abbassarsi, calare. **3** (*Aer.*) scendere in picchiata. □ *to* ~ **into** *a book* dare una rapida occhiata a un libro; (*Aut.*) *to* ~ *the* **headlights** abbassare i fari; (*fig.*) *to* ~ *into one's* **purse** (o *pockets*) spendere e spandere.
diphtheria [dif'θiəriə] *s.* (*Med.*) difterite.
diphthong ['difθɔŋ] *s.* dittongo.
diploma [di'pləumə] *s.* diploma.
diplomacy [di'pluməsi] *s.* diplomazia.
diplomat ['dipləu'mæt] *s.* (*Pol.*) diplomatico.
diplomatic [,dipl(ə)'mætik] *a.* diplomatico.
diplomatist [di'pləumətist] → **diplomat**.
dipper ['dipə*] *s.* **1** chi immerge. **2** mestolo, ramaiolo. □ (*Astr.*) *the* **Big** *Dipper* l'Orsa Maggiore; *the* **Little** *Dipper* l'Orsa Minore.
dippy ['dipi] *a.* (*fam.*) tocco, (*fam.*) picchiato.
dipstic ['dipstik] *s.* (*tecn.*) asta di livello.
Dir. = *Director* Direttore.
dire [daiə*] *a.* terribile, tremendo, atroce.
direct [di'rekt] *a.* **1** diretto (*anche Gramm.*); immediato. **2** franco, schietto. □ (*El.*) ~ **current** corrente continua; (*Tel.*) ~ **dialling** teleselezione; (*Gramm.*) ~ **object** complemento oggetto; *the* ~ **opposite** esattamente il contrario; ~ **tax** imposta diretta.
to **direct** [di'rekt] **I** *v.t.* **1** dirigere (*anche Mus.*). **2** ordinare, comandare. **3** indirizzare, indicare la strada a. **4** dirigere, rivolgere. **II** *v.i.* **1** far da guida. **2** (*Cin.*) fare il regista.
direction [di'rekʃən] *s.* **1** direzione, senso. **2** (*fig.*) tendenza, indirizzo. **3** *pl.* direttive, istruzioni. **4** guida: *he did the work under my* ~ ha fatto il lavoro sotto la mia guida. **5** (*Cin., Mus.*) direzione, regia. □ ~ *board* indicatore stradale.
directive [di'rektiv] *s.* direttiva, istruzione.
directly [di'rektli] **I** *avv.* **1** direttamente. **2** immediatamente, subito; tra breve. **II** *congz.* (*fam.*) (non) appena che.
directness [di'rektnis] *s.* **1** immediatezza. **2** chiarezza, franchezza, precisione. □ ~ *of manner* spontaneità.
director [di'rektə*] *s.* **1** direttore, dirigente. **2** (*Comm.*) consigliere d'amministrazione. **3** (*Cin., Teat.*) regista. **4** (*Mus.*) direttore d'orchestra.
directory [di'rektəri] *s.* **1** annuario. **2** elenco. □ ~ **enquiry** servizio d'informazioni telefoniche; **street** ~ guida stradale; **telephone** ~ guida del telefono.
directress [di'rektris] *s.* direttrice.
dirge [də:dʒ] *s.* lamento funebre.
dirk [də:k] *s.* pugnale, stiletto.
dirt [də:t] *s.* **1** sudiciume, sporcizia. **2** fango, terriccio. **3** (*fig.*) lordura, sozzura. □ ~ **road** strada non asfaltata; (*fig.*) *to* **throw** (o *fling*) ~ *at s.o.* gettar fango su qd.; (*fig.*) *to* **treat** *s.o. like* ~ trattare qd. come spazzatura.
dirt-cheap ['də:t'tʃi:p] a. (*sl.*) da due soldi.
dirty ['də:ti] *a.* **1** sporco, sudicio. **2** (*fig.*) meschino. **3** (*fig.*) osceno, sconcio. **4** scorretto, sleale. □ (*fig.*) *to* **give** *s.o. a* ~ *look* guardar male qd.; ~ **money** denaro sporco; *to* **talk** ~ dire sconcezze; ~ **weather** tempo da cani.
to **dirty** ['də:ti] **I** *v.t.* sporcare, insudiciare. **II** *v.i.* sporcarsi, insudiciarsi.
disability [,disə'biliti] *s.* **1** (*Dir.*) incapacità (*anche Leg.*). **2** invalidità.
to **disable** [dis'eibl] *v.t.* **1** mutilare; rendere inabile, invalido. **2** (*Dir.*) inabilitare. □ (*Mil.*) *disabled ex-service-man* mutilato di guerra.
disadvantage [,disəd'vɑ:ntidʒ] *s.* **1** svantaggio. **2** danno, discapito. □ *to* **be** (o *find o.s.*) *at a* ~ trovarsi in condizioni di svantaggio; *to* **put** *s.o. at a* ~ mettere qd. in condizioni di svantaggio.
disadvantageous [dis,ædvɑ:n'teidʒəs] *a.* svantaggioso, sfavorevole.
disaffected [,disə'fektid] *a.* **1** disamorato. **2** scontento.
disaffection [,disə'fekʃən] *s.* **1** disaffezione. **2** slealtà.
to **disagree** [,disə'gri:] *v.i.* **1** non essere d'accordo (*with* con); dissentire (*with, on* su). **2** non essere adatto (*with* a).
disagreeable [,disə'griəbl] *a.* **1** sgradevole, spiacevole. **2** antipatico, scontroso.
disagreement [,disə'gri:mənt] *s.* disaccordo, dissenso; discordia, dissapore.
to **disallow** [,disə'lau] *v.t.* respingere; non riconoscere, non accettare.
to **disappear** [,disə'piə*] *v.t.* scomparire, sparire.
disappearance [,disə'piərəns] *s.* scomparsa, sparizione.
to **disappoint** [,disə'pɔint] *v.t.* **1** deludere. **2** rendere vano. **3** venire meno a una promessa.
disappointed [,disə'pɔintid] *a.* deluso (*at, about* per, di). □ *to look* ~ avere l'aria delusa.
disappointing [,disə'pɔintiŋ] *a.* deludente: *how* ~ che contrarietà.
disappointment [,disə'pɔintmənt] *s.* disappunto; delusione. □ *to* **meet** *with a* ~ avere una delusione; *to* **suffer** *a* ~ subire una delusione; **to** *my great* ~ con mio grande disappunto.
disapproval [,disə'pru:vəl] *s.* disapprovazione.
to **disapprove** [,disə'pru:v] *v.t./i.* disapprovare (*of s.th.* qc.).
to **disarm** [dis'ɑ:m] *v.t./i.* disarmare (*anche fig.*).
disarmament [dis'ɑ:məmənt] *s.* disarmo.
disarming [dis'ɑ:miŋ] *a.* disarmante.
to **disarrange** [,disə'reindʒ] *v.t.* mettere in disordine; scompigliare. □ *to* ~ *s.o.'s plans* sconvolgere i piani di qd.

disarray [ˌdisəˈrei] *s.* scompiglio.
to **disarray** [ˌdisəˈrei] *v.t.* scompigliare.
disaster [diˈzɑ:stə*] *s.* disastro, sciagura; fallimento. □ ~ *area* zona sinistrata.
disastrous [diˈzɑ:strəs] *a.* disastroso.
to **disavow** [ˌdisəˈvau] *v.t.* disconoscere, rinnegare.
disavowal [ˌdisəˈvauəl] *s.* disconoscimento.
to **disband** [disˈbænd] **I** *v.t.* **1** sciogliere (una società). **2** disperdere (i dimostranti). **II** *v.i.* sciogliersi, disperdersi.
disbandment [disˈbændmənt] *s.* scioglimento, dispersione.
disbelief [ˌdisbiˈli:f] *s.* incredulità.
to **disbelieve** [ˌdisbiˈli:v] *v.t./i.* non credere (*in* a).
to **disburse** [disˈbə:s] *v.t.* **1** sborsare. **2** (*Finanza*) erogare.
disbursement [disˈbə:smənt] *s.* **1** sborso, esborso. **2** (*Finanza*) erogazione.
disc [disk] → **disk**.
discard [disˈkɑ:d] *s.* (*anche nel gioco delle carte*) scarto.
to **discard** [disˈkɑ:d] *v.t.* **1** scartare; (*di abiti*) smettere. **2** rinunciare a, abbandonare.
to **discern** [diˈsə:n] *v.t.* discernere, scorgere.
discerning [diˈsə:niŋ] *a.* acuto, perspicace.
discernment [diˈsə:nmənt] *s.* discernimento, acume.
discharge [disˈtʃɑ:dʒ] *s.* **1** scarico. **2** sparo. **3** emissione. **4** rilascio; licenziamento; (*Mil.*) congedo. **5** adempimento, pagamento. **6** (*Dir.*) proscioglimento; (*Leg.*) assoluzione. **7** (*El.*) scarica.
to **discharge** [disˈtʃɑ:dʒ] **I** *v.t.* **1** scaricare (*anche El.*). **2** sparare, far esplodere. **3** mandar fuori, emettere. **4** rilasciare; dimettere (dall'ospedale); licenziare; (*Mil.*) congedare. **5** assolvere, adempiere. **6** (*Dir.*) prosciogliere. **II** *v.i.* **1** scaricare. **2** sparare. **3** emettere. **4** (*di fiume*) gettarsi (*into* in).
disciple [diˈsaipl] *s.* discepolo, seguace.
disciplinarian [ˌdisipliˈnɛəriən] *s.* chi impone la disciplina. □ *he's no* ~ non sa mantenere la disciplina.
disciplinary [ˈdisiplinəri] *a.* disciplinare.
discipline [ˈdisiplin] *s.* **1** disciplina. **2** punizione, castigo. **3** materia di studio.
to **discipline** [ˈdisiplin] *v.t.* **1** disciplinare, educare alla disciplina. **2** punire, castigare.
to **disclaim** [disˈkleim] *v.t.* **1** disconoscere, rinnegare. **2** (*Leg.*) rinunciare a un diritto.
disclaimer [disˈkleimə*] *s.* disconoscimento, rinuncia a un diritto.
to **disclose** [disˈkləuz] *v.t.* **1** svelare, divulgare. **2** scoprire, rivelare.
disclosure [disˈkləuʒə*] *s.* rivelazione, divulgazione, scoperta.
disco [ˈdiskəu] *s.* (*fam.*) **1** discoteca. **2** festa danzante.
to **discolor** *am.* [disˈkʌlə*] *e deriv.* → to **discolour** *e deriv.*
to **discomfit** [disˈkʌmfit] *v.t.* sconcertare, sconvolgere; turbare.
discomfiture [disˈkʌmfitʃə*] *s.* imbarazzo.
discomfort [disˈkʌmfət] *s.* **1** scomodità, disagio. **2** incomodo, disturbo.
to **discompose** [ˌdiskəmˈpəuz] *v.t.* scomporre; sconcertare, turbare.
discomposure [ˌdiskəmˈpəuʒə*] *s.* agitazione, imbarazzo, turbamento.
to **disconcert** [ˌdiskənˈsə:t] *v.t.* sconcertare, turbare. **2** (*di piani, ecc.*) sconvolgere, scombinare.
to **disconnect** [ˌdiskəˈnekt] *v.t.* **1** staccare, sconnettere. **2** (*Mecc.*) disinnestare.
disconnected [ˌdiskəˈnektid] *a.* **1** staccato, separato. **2** disinnestato. **3** (*fig.*) sconnesso, incoerente.
discontent [ˌdiskənˈtent] *s.* scontento, malcontento.
to **discontent** [ˌdiskənˈtent] *v.t.* scontentare.
to **discontinue** [ˌdiskənˈtinju] **I** *v.t.* sospendere, interrompere: *to* ~ *doing s.th.* smettere di fare qc. **II** *v.i.* cessare, finire.
discontinuity [ˌdiskɔntiˈnjuiti] *s.* discontinuità, interruzione.
discontinuous [ˌdiskɔnˈtinjuəs] *a.* discontinuo, interrotto.
discord [ˈdiskɔ:d] *s.* **1** disaccordo; discordia, divergenza, dissenso. **2** (*Mus.*) dissonanza.
to **discord** [disˈkɔ:d] *v.i.* essere in disaccordo (*with* con), dissentire (da).
discordance [disˈkɔ:dəns] *s.* **1** discordanza; disaccordo, discordia. **2** (*Mus.*) dissonanza.
discordant [disˈkɔ:dənt] *a.* **1** divergente, discordante. **2** (*Mus.*) dissonante.
discothèque *fr.* [ˈdiskəutek] *s.* discoteca.
discount [ˈdiskaunt] *s.* **1** (*Econ.*) sconto: ~ *rate* tasso di sconto. **2** (*Comm.*) ribasso. □ (*fig.*) **at** *a* ~ sotto prezzo; ~ **house** istituto di sconto.
to **discount** [disˈkaunt] *v.t.* **1** (*Econ.*) scontare: *to* ~ *a bill* scontare una cambiale. **2** (*Comm.*) ribassare, vendere a prezzo ridotto. **3** (*fig.*) accettare con riserva.
to **discourage** [disˈkʌridʒ] *v.t.* **1** scoraggiare. **2** dissuadere: *to* ~ *s.o. from doing s.th.* dissuadere qd. dal fare qc.
discouragement [disˈkʌridʒmənt] *s.* scoraggiamento, sconforto.
to **discourse** [disˈkɔ:s] **I** *v.t.* pronunciare un discorso. **II** *v.i.* dissertare (*upon, on* su), tenere una conferenza, trattare (di).
discourteous [disˈkə:tiəs] *a.* scortese.
discourtesy [disˈkə:təsi] *s.* scortesia, sgarbo.
to **discover** [disˈkʌvə*] *v.t.* **1** scoprire, trovare. **2** accorgersi di, rendersi conto di.
discoverer [disˈkʌvərə*] *s.* scopritore.
discovery [disˈkʌvəri] *s.* **1** scoperta. **2** invenzione.
discredit [disˈkredit] *s.* **1** discredito. **2** incredulità. □ *to bring* ~ *upon s.o.* screditare qd.
to **discredit** [disˈkredit] *v.t.* **1** screditare. **2** non prestar fede a.
discreet [disˈkri:t] *a.* **1** discreto; riservato. **2** circospetto, prudente.

discrepancy [dis'krepənsi] *s.* discrepanza, divergenza.
discrete [dis'kri:t] *a.* separato, distinto; discontinuo.
discretion [dis'kreʃən] *s.* **1** discrezione, arbitrio. **2** prudenza. **3** riservatezza. □ **at** ~ a discrezione; *to have* **full** ~ *to do s.th.* avere piena libertà di fare qc.; *to use one's* **own** ~ agire liberamente; **years** *of* ~ età della ragione.
discretionary [dis'kreʃənəri] *a.* discrezionale.
to **discriminate** [dis'krimineit] **I** *v.i.* **1** discriminare (*against* ai danni di). **2** distinguere, far differenza (*between* tra). **II** *v.t.* distinguersi tra.
discriminating [dis'krimineitiŋ] *a.* **1** acuto, perspicace. **2** (*Econ.*) differenziale: ~ *tariff* tariffa differenziale.
discrimination [dis,krimi'neiʃən] *s.* **1** discriminazione: *racial* ~ discriminazione razziale. **2** acume, perspicacia; discernimento.
discriminatory [dis,krimi'neitəri] *a.* discriminatorio.
discursive [dis'kə:siv] *a.* digressivo, che divaga.
discus ['diskəs] *s.* (*Sport*) disco: *the* ~ *throw* il lancio del disco.
to **discuss** [dis'kʌs] *v.t.* discutere, dibattere; parlare di.
discussion [dis'kʌʃən] *s.* discussione, dibattito. □ **under** ~ in discussione; *to come* **up** *for* ~ essere oggetto di discussione.
disdain [dis'dein] *s.* sdegno, disprezzo.
to **disdain** [dis'dein] *v.t.* disdegnare, disprezzare.
disdainful [dis'deinful] *a.* sdegnoso, sprezzante.
disease [di'zi:z] *s.* malattia, affezione.
diseased [di'zi:zd] *a.* malato.
to **disembark** [,disim'bɑ:k] *v.t./i.* sbarcare.
to **disembarrass** [,disim'bærəs] *v.t.* liberare (da un peso); sbarazzare (*of* di); trarre d'impaccio.
to **disembowel** [,disim'bauəl] *v.t.* sventrare, sbudellare.
to **disenchant** [,disin'tʃɑ:nt] *v.t.* disincantare, disilludere.
disenchantment [,disin'tʃɑ:ntmənt] *s.* disincanto, disillusione.
to **disengage** [,disin'geidʒ] **I** *v.t.* **1** disimpegnare, sbrogliare, liberare. **2** (*Mecc.*) disinnescare, disinserire. **II** *v.i.* **1** disimpegnarsi. **2** (*Mil.*) sganciarsi.
disengagement [,disin'geidʒmənt] *s.* disimpegno.
to **disentangle** [,disin'tæŋgl] **I** *v.t.* sbrogliare, districare. **II** *v.i.* sbrogliarsi, districarsi.
disfavor *am.*, **disfavour** [dis'feivə*] *s.* sfavore. □ *to fall into* ~ cadere in disgrazia.
to **disfigure** [dis'figə*] *v.t.* sfigurare, deturpare.
to **disgorge** [dis'gɔ:dʒ] *v.t.* **1** vomitare, rigettare. **2** (*fig.*) scaricare, buttar fuori. **3** restituire, rendere. **4** (*Geog.*) sfociare.
disgrace [dis'greis] *s.* **1** disonore, onta. **2** disgrazia, sfavore: *it's a* ~ è uno scandalo.
to **disgrace** [dis'greis] *v.t.* **1** disonorare. **2** privare della protezione.
disgraceful [dis'greisful] *a.* disonorevole, vergognoso.
disgruntled [dis'grʌntld] *a.* contrariato, scontento (*at* di), di cattivo umore.
disguise [dis'gaiz] *s.* **1** travestimento, maschera. **2** (*fig.*) pretesto, finzione.
to **disguise** [dis'gaiz] *v.t.* **1** travestire, mascherare, camuffare. **2** (*fig.*) dissimulare, nascondere; (*di voce*) contraffare, alterare.
disgust [dis'gʌst] *s.* disgusto, ripugnanza; nausea.
to **disgust** [dis'gʌst] *v.t.* disgustare, nauseare: *to be disgusted with* (o *at, by*) *s.th.* essere disgustato di qc.
disgusting [dis'gʌstiŋ] *a.* disgustoso, nauseante.
dish [diʃ] *s.* **1** piatto. **2** pietanza. **3** (*Fot.*) bacinella. **4** (*El.*) riflettore parabolico. **5** (*sl.*) ragazza attraente.
to **dish** [diʃ] *v.t.* **1** (spesso con *up*) mettere nel piatto, scodellare; (general. con *up, out*) servire, fare le porzioni. **2** (*fam.*) (general. con *up*) presentare, (*fam.*) dare: *the mother dished up good advice* la mamma diede buoni consigli.
disharmony [dis'hɑ:məni] *s.* disarmonia.
dishcloth ['diʃklɔθ] *s.* strofinaccio per i piatti.
to **dishearten** [dis'hɑ:tn] *v.t.* scoraggiare, demoralizzare.
disheveled *am.*, **dishevelled** [di'ʃevəld] *a.* **1** arruffato, scarmigliato. **2** in disordine.
dishonest [dis'ɔnist] *a.* disonesto, sleale.
dishonesty [dis'ɔnisti] *s.* disonestà, slealtà.
dishonor *am.* [dis'ɔnə*] *e deriv.* → **dishonour** *e deriv.*
dishonour [dis'ɔnə*] *s.* **1** disonore, vergogna. **2** (*Comm.*) mancato pagamento. □ *to bring* ~ *on* disonorare.
to **dishonour** [dis'ɔnə*] *v.t.* **1** disonorare; essere il disonore di. **2** (*Comm.*) rifiutare di pagare. □ *dishonoured cheque* assegno a vuoto.
dishonourable [dis'ɔnərəbl] *a.* disonorevole, vergognoso.
dishrack ['diʃræk] *s.* scolapiatti.
dishwasher ['diʃwɔʃə*] *s.* **1** lavapiatti *m./f.* **2** lavastoviglie.
dishwater ['diʃwɔ:tə*] *s.* **1** rigovernatura. **2** cibo o bevanda poco saporita.
disillusion [,disi'lu:ʒən] *s.* disillusione, disinganno.
to **disillusion** [,disi'lu:ʒən] *v.t.* disilludere, disingannare.
disincentive [,disin'sentiv] *s.* freno, remora.
to **disincline** [,disin'klain] *v.t.* suscitare avversione. □ *to be disinclined to do s.th.* essere restio a fare qc.
to **disinfect** [,disin'fekt] *v.t.* disinfettare.
disinfectant [,disin'fektənt] *a./s.* disinfettante.

disinfection [ˌdisinˈfekʃən] *s.* disinfezione.
to **disinfest** [ˌdisinˈfest] *v.t.* disinfestare.
disinformation [disinfəˈmeiʃən] *s.* disinformazione.
to **disinherit** [ˌdisinˈherit] *v.t.* diseredare.
to **disinhibit** [ˌdisinˈhibit] *v.t.* disinibire.
disinhibited [ˌdisinˈhibitid] *a.* disinibito.
to **disintegrate** [disˈintigreit] **I** *v.i.* disintegrarsi. **II** *v.t.* disintegrare.
disintegration [disˌintiˈgreiʃən] *s.* disintegrazione.
to **disinter** [ˌdisinˈtə:*] *v.t.* dissotterrare; riesumare (*anche fig.*).
disinterested [disˈintrəstid] *a.* disinteressato, altruistico.
to **disintoxicate** [disinˈtɔksikeit] *v.t.* (*Med.*) disintossicare.
disintoxication [disinˌtɔksiˈkeiʃən] *s.* (*Med.*) disintossicazione.
to **disjoint** [disˈdʒɔint] *v.t.* disgiungere, scomporre, smembrare.
disjointed [disˈdʒɔintid] *a.* **1** disarticolato. **2** (*fig.*) incoerente, sconnesso: *a ~ speech* un discorso sconnesso.
disjunctive [disˈdʒʌnktiv] *a.* disgiuntivo.
disk *am.* [disk] *s.* disco (anche *Anat.*, *Inform.*). □ *floppy ~* (floppy) disk, dischetto.
disk-jockey [ˈdiskˈdʒɔki] *s.* disk jockey (chi sceglie e presenta dischi in discoteca, radio, TV).
dislike [disˈlaik] *s.* avversione, antipatia (*of, for* per): *to take a ~ to s.o.* prendere in antipatia qd.
to **dislike** [disˈlaik] *v.t.* **1** non piacere (costr. impers.), non gradire: *I ~ getting up early* non mi piace alzarmi presto. **2** provare antipatia per; non poter soffrire. □ *to get o.s. disliked* rendersi antipatico.
to **dislocate** [ˈdisləkeit, *am.* ˈdisləukeit] *v.t.* **1** (*Med.*) slogare, lussare. **2** (*fig.*) intralciare. **3** mettere sottosopra; scompigliare.
dislocation [ˌdisləˈkeiʃən, *am.* ˌdisləukeiʃən] *s.* **1** (*Med.*) slogatura, lussazione. **2** (*fig.*) intralcio, scompiglio. **3** (*Geol.*) dislocazione.
to **dislodge** [disˈlɔdʒ] *v.t.* **1** rimuovere. **2** sloggiare, far sgombrare.
disloyal [disˈlɔiəl] *a.* sleale, infedele.
disloyalty [disˈlɔiəlti] *s.* slealtà, infedeltà.
dismal [ˈdizməl] *a.* triste, lugubre, deprimente.
to **dismantle** [disˈmæntl] *v.t.* smontare; smantellare, demolire.
dismay [disˈmei] *s.* sgomento, sbigottimento, sconcerto. □ *in ~* costernato.
to **dismay** [disˈmei] *v.t.* sgomentare, sbigottire, sconcertare.
to **dismember** [disˈmembə*] *v.t.* smembrare.
to **dismiss** [disˈmis] *v.t.* **1** congedare, licenziare. **2** (*Mil.*) destituire. **3** respingere, allontanare. **4** (*fig.*) abbandonare, accantonare (un'idea, ecc.). **5** (*Leg.*) archiviare (un processo).
dismissal [disˈmisəl] *s.* **1** congedo. **2** licenziamento. **3** (*fig.*) abbandono (di un'idea).
to **dismount** [disˈmaunt] **I** *v.i.* smontare, scendere (*from* da). **II** *v.t.* **1** smontare. **2** disarcionare.
disobedience [ˌdisəˈbi:diəns] *s.* disobbedienza.
disobedient [ˌdisəˈbi:diənt] *a.* disobbediente.
to **disobey** [ˌdisəˈbei] *v.t.* disobbedire a.
to **disoblige** [ˌdisəˈblaidʒ] *v.t.* essere scortese verso.
disorder [disˈɔ:də*] *s.* **1** disordine, confusione. **2** (*Pol.*) disordine, tumulto. **3** (*Med.*) disturbo: *mental ~* disturbo mentale.
to **disorder** [disˈɔ:də*] *v.t.* **1** mettere in disordine. **2** (*Med.*) alterare, turbare.
disorderly [disˈɔ:dəli] *a.* **1** in disordine, sottosopra. **2** disordinato. **3** turbolento, riottoso.
disorganization [disˌɔ:gənaiˈzeiʃən] *s.* disorganizzazione.
to **disorganize** [disˈɔ:gənaiz] *v.t.* disorganizzare.
to **disorientate** [disˈɔ:riənteit] *v.t.* disorientare.
disorientation [ˌdisɔ:riənˈteiʃən] *s.* disorientamento.
to **disown** [disˈəun] *v.t.* ripudiare, rinnegare; disconoscere.
to **disparage** [disˈpæridʒ] *v.t.* **1** denigrare, screditare. **2** sminuire, svalutare.
disparate [ˈdispərit] *a.* disparato.
disparity [disˈpæriti] *s.* disparità, diversità: *~ in age* differenza d'età.
dispassionate [disˈpæʃənit] *a.* **1** spassionato, imparziale. **2** calmo, padrone di sé.
dispatch [disˈpætʃ] *s.* **1** invio, spedizione. **2** dispaccio. **3** (*Mil.*) bollettino. **4** (*fig.*) esecuzione. **5** (*fig.*) rapidità, prontezza. □ *~* **box** valigia diplomatica; (*Mil.*) *~* **rider** motociclista portaordini.
to **dispatch** [disˈpætʃ] *v.t.* **1** spedire, inviare; mandare. **2** (*fig.*) liquidare; uccidere.
to **dispel** [disˈpel] *v.t.* (*pass., p.p.* **dispelled** [–d]) disperdere, dissipare.
dispensable [disˈpensəbl] *a.* superfluo, non necessario.
dispensation [ˌdispenˈseiʃen] *s.* **1** distribuzione; somministrazione. **2** dispensa, esenzione.
to **dispense** [disˈpens] **I** *v.t.* **1** dispensare, distribuire. **2** (*Farm.*) preparare e distribuire (medicinali). **3** dispensare (*from* da). **II** *v.i.* **1** fare a meno (*with* di); rendere superfluo (qc.). **2** dispensare, esentare.
dispenser [disˈpensə*] *s.* **1** dispensatore. **2** distributore automatico.
dispersal [disˈpə:səl] *s.* dispersione.
to **disperse** [disˈpə:s] **I** *v.t.* disperdere, dissipare, spargere, divulgare. **II** *v.i.* disperdersi; dileguarsi, dissiparsi, sparpagliarsi.
dispersion [disˈpə:ʃən] *s.* dispersione.
to **dispirit** [disˈpirit] *v.t.* scoraggiare, abbattere. □ *to look dispirited* sembrar giù di morale.
to **displace** [disˈpleis] *v.t.* **1** spostare, rimuovere. **2** soppiantare; rimpiazzare, sostituire. **3** (*Mar.*) dislocare. □ *displaced person* profugo.
displacement [disˈpleismənt] *s.* **1** spostamen-

to, rimozione. **2** sostituzione, rimpiazzo. **3** (*Mar.*) stazza; volume spostato. **4** (*Geol.*) dislocazione. **5** (*Mot.*) cilindrata.

display [dis'plei] *s.* **1** esposizione, mostra. **2** esibizione; sfoggio, ostentazione.

to **display** [dis'plei] *v.t.* **1** esporre, mettere in mostra, esibire. **2** manifestare, esibire; ostentare, fare sfoggio di.

to **displease** [dis'pli:z] *v.t.* **1** dispiacere a. **2** scontentare, contrariare. □ *to be displeased with* essere scontento di.

displeasing [dis'pli:ziŋ] *a.* sgradevole, spiacevole.

displeasure [dis'pleʒə*] *s.* scontento, malcontento.

to **disport** [dis'pɔ:t] *v.t.*: to ~ *o.s.* divertirsi.

disposable [dis'pəuzəbl] *a.* da buttar via (dopo l'uso); usa e getta; a perdere. □ ~ *packaging* imballaggio a perdere.

disposal [dis'pəuzəl] *s.* **1** disposizione: *to put s.th. at s.o.* ~ mettere qc. a disposizione di qd. **2** sistemazione, collocamento. **3** (*Mil.*) schieramento. **4** eliminazione. **5** (*Leg.*) cessione, vendita. **6** disbrigo: *the ~ of business affair* il disbrigo degli affari.

to **dispose** [dis'pəuz] **I** *v.t.* **1** collocare, sistemare. **2** (*fig.*) disporre, indurre (*to* a); preparare, predisporre (*for* a). **3** (*Mil.*) schierare. **II** *v.i.* **1** disporre. **2** regolare, risolvere (*of s.th.* qc.). □ *to ~ of* cedere, trasferire; (*Comm.*) vendere; sbarazzarsi di, liberarsi di.

disposed [dis'pəuzd] *a.* disposto, pronto (*to* a).

disposition [ˌdispə'ziʃən] *s.* **1** carattere, indole; inclinazione, tendenza. **2** disposizione, sistemazione, collocamento. **3** autorità, potere. **4** (*Mil.*) schieramento.

to **dispossess** [ˌdispə'zes] *v.t.* privare di una proprietà; spodestare (*of* di).

disproportion [ˌdisprə'pɔ:ʃən] *s.* sproporzione.

disproportionate [ˌdisprə'pɔ:ʃənit] *a.* sproporzionato.

to **disprove** [dis'pru:v] *v.t.* confutare, invalidare.

disputable [dis'pju:təbl] *a.* discutibile, contestabile.

disputant [dis'pju:tənt] *s.* disputante *m./f.*

disputation [disˌpju:'teiʃən] *s.* disputa, discussione.

dispute [dis'pju:t] *s.* **1** disputa, discussione. **2** lite. □ **beyond** (*all*) ~ fuori discussione; **without** ~ incontestabilmente.

to **dispute** [dis'pju:t] **I** *v.i.* **1** disputare, discutere (*on, about* di). **2** litigare. **II** *v.t.* **1** discutere, trattare. **2** contestare, mettere in dubbio. **3** (*fig.*) contendere, disputare.

disqualification [disˌkwɔlifi'keiʃən] *s.* squalifica.

to **disqualify** [dis'kwɔlifai] *v.t.* **1** squalificare, rendere incapace. **2** (*Sport*) squalificare.

disquiet [dis'kwaiət] *s.* inquietudine, ansia.

to **disquiet** [dis'kwaiət] *v.t.* inquietare, preoccupare; turbare.

disquisition [ˌdiskwi'ziʃən] *s.* disquisizione, dissertazione.

disregard [ˌdisri'gɑ:d] *s.* **1** noncuranza. **2** disprezzo, inosservanza.

to **disregard** [ˌdisri'gɑ:d] *v.t.* **1** non badare a, non curarsi di. **2** disprezzare, non rispettare.

disrepair [ˌdisri'pεə*] *s.* cattivo stato, sfacelo, rovina.

disreputable [dis'repjutəbl] *a.* **1** malfamato, che ha cattiva reputazione. **2** sconveniente, disdicevole. **3** (*di abiti*) sciupato, logoro.

disrepute [ˌdisri'pju:t] *s.* discredito; cattiva reputazione.

disrespect [ˌdisri'spekt] *s.* mancanza di rispetto, irriverenza; scortesia, sgarbo.

disrespectful [ˌdisri'spektful] *a.* irrispettoso, irriverente; scortese, sgarbato.

to **disrupt** [dis'rʌpt] *v.t.* **1** sconvolgere, scompigliare. **2** distruggere; smembrare, disgregare.

disruption [dis'rʌpʃən] *s.* **1** rottura. **2** disgregazione, smembramento. **3** scompiglio.

dissatisfaction ['dissætis'fækʃən] *s.* insoddisfazione.

to **dissatisfy** [dis'sætisfai] *v.t.* non soddisfare, scontentare.

to **dissect** [di'sekt] *v.t.* **1** (*Med.*) sezionare. **2** (*fig.*) esaminare minuziosamente.

dissection [di'sekʃən] *s.* **1** (*Med.*) dissezione. **2** (*fig.*) esame minuzioso.

to **disseminate** [di'semineit] *v.t.* disseminare.

dissemination [diˌsemi'neiʃən] *s.* **1** disseminazione. **2** (*fig.*) diffusione.

dissension [di'senʃən] *s.* dissenso, discordia, dissidio.

dissent [di'sent] *s.* **1** dissenso. **2** (*Rel.*) scisma. **3** (*collett.*) dissidenti, nonconformisti.

to **dissent** [di'sent] *v.i.* **1** dissentire (*from* da), non essere d'accordo (con). **2** (*Rel.*) essere dissidente.

dissenter [di'sentə*] *s.* (*Rel., Pol.*) dissidente.

dissertation [ˌdisə:'teiʃən] *s.* dissertazione.

disservice [dis'sə:vis] *s.* cattivo servizio.

to **dissever** [di'sevə*] *v.t.* dividere, separare.

dissidence ['disidəns] *s.* dissidenza, dissidio.

dissident ['disidənt] *s.* dissidente *m./f.*

dissimilar [di'similə*] *a.* dissimile, diverso.

dissimilarity [diˌsimi'læriti] *s.* dissomiglianza; diversità.

to **dissimulate** [di'simjuleit] *v.t./i.* dissimulare.

dissimulation [diˌsimju'leiʃən] *s.* dissimulazione.

to **dissipate** ['disipeit] **I** *v.t.* **1** dissipare, disperdere. **2** (*di denaro*) scialaquare, sperperare. **II** *v.i.* dissiparsi, dileguarsi.

dissipated ['disipeitid] *a.* dissipato, dissoluto.

dissipation [ˌdisi'peiʃən] *s.* **1** dissipazione; sperpero. **2** dissipatezza, vita dissoluta.

to **dissociate** [di'səuʃieit] **I** *v.t.* dissociare, scindere. **II** *v.i.* dissociarsi.

dissociation [diˌsəusi'eiʃən] *s.* dissociazione; (*Chim.*) scissione.

dissolubility [di,sɔlju'biliti] *s.* dissolubilità, solubilità.
dissoluble [di'sɔljubl] *a.* dissolubile.
dissolute ['disəlu:t] *a.* dissoluto, licenzioso.
dissolution [,disə'lu:ʃən] *s.* **1** dissoluzione; scioglimento. **2** decomposizione.
to **dissolve** [di'zɔlv] **I** *v.t.* **1** disciogliere. **2** sciogliere; annullare. **II** *v.i.* **1** sciogliersi. **2** (*fig.*) dileguarsi, svanire.
dissonance ['disənəns] *s.* dissonanza, discordanza.
dissonant ['disənənt] *a.* dissonante, discordante.
to **dissuade** [di'sweid] *v.t.* dissuadere, distogliere.
dissuasion [di'sweiʒən] *s.* dissuasione.
distaff ['distɑ:f] *s.* rocca.
distance ['distəns] *s.* **1** distanza; lontananza. **2** distanza, intervallo (di tempo). ▭ *a long* ~ **call** telefonata interurbana; (*fig.*) *to* **keep** *one's* ~ mantenere le distanze; *it is* **no** ~ *away* è a due passi; *a long* ~ **runner** un fondista; *within* **speaking** ~ a portata di voce; (*rif. ad armi da fuoco*) *within* **striking** ~ a tiro (*anche fig.*); *within* **walking** ~ facilmente raggiungibile a piedi.
to **distance** ['distəns] *v.t.* distanziare, lasciare indietro.
distant ['distənt] *a.* **1** distante, lontano. **2** (*rif. al tempo*) remoto: ~ *ages* epoche remote. **3** (*fig.*) vago. **4** (*fig.*) riservato; freddo, altero.
distantly ['distəntli] *avv.* **1** alla lontana: ~ *related* imparentato alla lontana. **2** (*fig.*) freddamente.
distaste [dis'teist] *s.* antipatia, avversione; ripugnanza, disgusto.
distasteful [dis'teistful] *a.* antipatico, disgustoso, ripugnante.
distemper[1] [dis'tempə*] *s.* (*Pitt.*) tempera.
to **distemper** [dis'tempə*] *v.t.* dipingere a tempera.
distemper[2] [dis'tempə*] *s.* cimurro.
to **distend** [dis'tend] **I** *v.t.* gonfiare, dilatare. **II** *v.i.* gonfiarsi, dilatarsi.
distension, **distention** *am.* [dis'tenʃən] *s.* gonfiore, dilatazione.
to **distil**, to **distill** *am.* [dis'til] *v.* (*pass., p.p.* **distilled** [–d]) **I** *v.t.* **1** (*Chim.*) distillare. **2** versare stilla a stilla. **II** *v.i.* **1** gocciolare. **2** (*Chim.*) venire distillato.
distillation [,disti'leiʃən] *s.* (*Chim.*) distillazione.
distiller ['distilə*] *s.* distillatore.
distillery ['distiləri] *s.* distilleria.
distinct [dis'tiŋkt] *a.* **1** distinto, separato (*from* da). **2** nitido, chiaro.
distinction [dis'tiŋkʃən] *s.* **1** distinzione. **2** differenza, caratteristica. **3** eccellenza, eminenza. **4** riconoscimento; onorificenza.
distinctive [dis'tiŋktiv] *a.* **1** distintivo. **2** caratteristico (*of* di).
to **distinguish** [dis'tiŋgwiʃ] **I** *v.t.* **1** distinguere. **2** caratterizzare, contraddistinguere. **3** individuare. **II** *v.i.* **1** fare una distinzione (*between* tra). **2** distinguersi, farsi onore.
distinguished [dis'tiŋgwiʃt] *a.* **1** eminente, illustre; brillante, splendido. **2** distinto, raffinato.
distinguishing [dis'tiŋgwiʃiŋ] *a.* caratteristico, peculiare.
to **distort** [dis'tɔ:t] *v.i.* **1** distorcere, stravolgere. **2** (*fig.*) alterare, travisare: *to* ~ *the facts* travisare i fatti.
distortion [dis'tɔ:ʃən] *s.* **1** distorsione. **2** (*fig.*) travisamento, alterazione.
to **distract** [dis'trækt] *v.t.* distrarre, distogliere.
distracted [dis'træktid] *a.* **1** distratto, disattento. **2** folle; con la testa altrove, turbato.
distraction [dis'trækʃən] *s.* **1** distrazione, disattenzione. **2** pazzia, follia. **3** svago, divertimento.
to **distrain** [dis'trein] *v.i.* (*Dir.*) pignorare, sequestrare (*upon, on s.th.* qc.).
distraint [dis'treint] *s.* (*Dir.*) pignoramento, sequestro.
distraught [dis'trɔ:t] *a.* sconvolto, turbato; fuori di sé: ~ *with fury* furi di sé dalla rabbia.
distress [dis'tres] *s.* **1** dolore, afflizione. **2** pericolo, difficoltà. ▭ ~ *call* segnale di aiuto.
to **distress** [dis'tres] *v.t.* addolorare, affliggere. ▭ *distressed area* zona depressa.
distressful [dis'tresful] *a.* **1** doloroso, angoscioso. **2** afflitto.
distressing [dis'tresiŋ] *a.* penoso, angoscioso.
to **distribute** [dis'tribju:t] *v.t.* **1** distribuire, ripartire. **2** spargere, spandere. **3** raggruppare, ordinare (per categorie).
distribution [,distri'bju:ʃən] *s.* **1** distribuzione. **2** diffusione, propagazione. **3** consegna; recapito.
distributive [dis'tribjutiv] *a.* distributivo.
distributor [dis'tribjutə*] *s.* distributore.
district ['distrikt] *s.* **1** distretto, circoscrizione. **2** regione, zona; (*di città*) quartiere. ▭ (*USA*) ~ **attorney** procuratore distrettuale; (*USA*) ~ **court** tribunale federale di prima istanza.
distrust [dis'trʌst] *s.* diffidenza, sospetto.
to **distrust** [dis'trʌst] *v.t.* diffidare di, sospettare di, non avere fiducia in.
distrustful [dis'trʌstful] *a.* diffidente, sospettoso. ▭ *to be* ~ *of s.o.* diffidare di qd.
to **disturb** [dis'tə:b] *v.t.* **1** disturbare. **2** scompigliare, mettere in disordine. **3** turbare: *to* ~ *the peace* turbare l'ordine pubblico.
disturbance [dis'tə:bəns] *s.* **1** disturbo; fastidio, molestia. **2** agitazione, disordine. **3** (*Meteor.*) perturbazione.
disturbing [dis'tə:biŋ] *a.* allarmante, preoccupante.
to **disunite** [,disju'nait] **I** *v.t.* separare, disunire. **II** *v.i.* separarsi, dividersi.
disuse [dis'ju:s] *s.* disuso: *to fall into* ~ cadere in disuso.
disused [dis'ju:zd] *a.* caduto in disuso.

ditch [ditʃ] *s.* canale di scolo, fosso.

to **ditch** [ditʃ] **I** *v.t.* **1** scavare un fosso in. **2** (*Aer.*) fare un ammaraggio di fortuna. **3** (*fam.*) lasciare, piantare in asso: *she ditched her boyfriend* ha piantato in asso il suo ragazzo. **II** *v.i.* **1** scavare un fosso. **2** (*Aer.*) fare un ammaraggio di fortuna. □ *to* ~ *a car* mandare una macchina nel fosso.

ditcher ['ditʃə*] *s.* scavatore.

ditch-water ['ditʃwɔ:tə*] *s.* acqua stagnante.

dither ['diðə*] *s.* tremito, tremore. □ (*fam.*) *to be in a* ~ *about s.th.* essere agitatissimo per qc.

to **dither** ['diðə*] *v.i.* **1** tremare. **2** (*fam.*) esitare, tentennare, essere agitato.

ditto ['ditəu] *s.* (*pl.* **-s** [-z]) lo stesso, il medesimo.

ditty ['diti] *s.* canzonetta; filastrocca.

diuretic [ˌdaiju'retik] *a./s.* (*Farm.*) diuretico.

diurnal [dai'ə:nl] *a.* (*lett.*) diurno.

to **divagate** ['daivəgeit] *v.i.* (*fig.*) divagare.

divagation [ˌdaivə'geiʃən] *s.* digressione, divagazione.

divan [di'væn] *s.* divano.

dive [daiv] *s.* **1** tuffo. **2** (*Aer.*) picchiata. **3** (*Mar.*) immersione. **4** (*am.*) bar di dubbia reputazione; locale malfamato.

to **dive** [daiv] *v.i.* (*pass.* **-d** [-d]/*am.* **dove** [dəuv], *p.p.* **dived**) **1** tuffarsi (*into* in). **2** (*Mar.*) immergersi. **3** (*Aer.*) scendere in picchiata. **4** infilarsi, cacciarsi (in un luogo); infilare la mano (*into* in).

to **dive-bomb** ['daivbɔm] *v.t./i.* (*Aer., mil.*) bombardare in picchiata.

diver ['daivə*] *s.* **1** tuffatore. **2** sommozzatore, palombaro.

to **diverge** [dai'və:dʒ] *v.i.* divergere, scostarsi (*from* da).

divergence [dai'və:dʒəns], **divergency** [dai'və:dʒənsi] *s.* divergenza.

divergent [dai'və:dʒənt] *a.* divergente.

diverse [dai'və:s] *a.* diverso, diversificato, vario.

diversification [daiˌvə:sifi'keiʃən] *s.* diversificazione.

to **diversify** [dai'və:sifai] *v.i.* rendere diverso.

diversion [dai'və:ʃən] *s.* **1** diversione, deviazione. **2** svago, diversivo.

diversity [dai'və:siti] *s.* diversità, differenza; varietà.

to **divert** [dai'və:t] *v.t.* **1** (far) deviare, sviare. **2** distrarre, svagare.

diverting [dai'və:tiŋ] *a.* divertente.

to **divest** [dai'vest] *v.t.* **1** spogliare, svestire. **2** privare (*of* di). □ *to* ~ *o.s. of s.th.* liberarsi di qc.

divide [di'vaid] *s.* (*Geog.*) spartiacque.

to **divide** [di'vaid] **I** *v.t.* **1** dividere, spartire; (spesso con *out*) distribuire; (spesso con *up*) suddividere. **2** (spesso con *off*) separare. **3** (*Mat.*) dividere: *to* ~ *50 by 10* dividere 50 per 10. **II** *v.i.* **1** dividersi, separarsi; scindersi. **2** (*fig.*) dissentire, essere in disaccordo. **3** (*Mat.*) essere divisibile (*by* per). **4** (*Parl.*) dividersi (in due gruppi per votare). □ (*am.*) *divided highway* autostrada a più corsie con spartitraffico.

dividend ['dividend] *s.* (*Mat., Econ.*) dividendo.

divider [di'vaidə*] *s.* **1** divisore. **2** (*am.*) spartitraffico. **3** *pl.* compasso a punte fisse.

divination [ˌdivi'neiʃən] *s.* **1** divinazione. **2** (*fig.*) intuizione.

divine [di'vain] *a.* **1** divino. **2** (*fam.*) eccellente, splendido.

to **divine** [di'vain] **I** *v.t.* **1** profetizzare. **2** (*fig.*) indovinare, intuire. **II** *v.i.* **1** profetizzare. **2** scoprire mediante rabdomanzia. **3** (*fig.*) fare congetture.

diviner [di'vainə*] *s.* divinatore; rabdomante.

diving ['daiviŋ] *s.* **1** tuffo. **2** (*Mar.*) immersione. **3** (*Aer.*) picchiata.

diving bell ['daiviŋ bel] *s.* campana subacquea.

diving-board ['daiviŋbɔ:d] *s.* (asse del) trampolino.

diving-dress ['daiviŋdres], **diving-suit** ['daiviŋsju:t] *s.* (*Mar.*) scafandro.

divining-rod [di'vainiŋrɔd] *s.* bacchetta da rabdomante.

divinity [di'viniti] *s.* **1** divinità; dio. **2** teologia: *to study* ~ studiare teologia.

divisible [di'vizibl] *a.* divisibile.

division [di'viʒən] *s.* **1** divisione. **2** distribuzione, ripartizione. **3** (*fig.*) dissenso, discordia. **4** (*Parl.*) votazione per divisione. **5** (*am.*) settore amministrativo. **6** (*Comm.*) servizio. **7** (*Sport*) serie; (*nel pugilato*) categoria.

divisor [di'vaizə*] *s.* (*Mat.*) divisore.

divorce [di'vɔ:s] *s.* divorzio.

to **divorce** [di'vɔ:s] **I** *v.t.* **1** divorziare da: *he divorced his wife* divorziò da sua moglie **2** ottenere (*o* concedere) il divorzio. **II** *v.i.* divorziare.

divorcee [diˌvɔ:'si:] *s.* divorziato.

to **divulge** [di'vʌldʒ] *v.t.* **1** divulgare, diffondere. **2** far sapere.

Dixie *am.* ['diksi] *s.* stati del sud.

Dixieland *am.* ['diksilænd] *s.* **1** → **Dixie. 2** (*Mus.*) dixieland.

DIY = *do it yourself* fai da te.

dizziness ['dizinis] *s.* capogiro, vertigini.

dizzy ['dizi] *a.* **1** che ha le vertigini. **2** che dà le vertigini. □ *to* **feel** ~ avere le vertigini, il capogiro; *a* ~ **height** un'altezza vertiginosa.

to **dizzy** ['dizi] *v.t.* far venire le vertigini a.

DJ = *disc jockey* disc jockey.

dkg = *decagram(me)* decagrammo (dag).

dkl = *decalitre* decalitro (dal).

dkm = *decametre* decametro (dam).

dl = *decilitre* decilitro.

dm = *decimetre* decimetro.

DNA = *deoxyribonucleic acid* acido desossiribonucleico.

do[1] [du:] *s.* (*pl.* **dos/do's** [-z]) **1** (*fam.*) festa, ricevimento. **2** (*sl.*) imbroglio, truffa.

do[2] [dəu] *s.* (*pl.* **-s** [-z]) (*Mus.*) do.

do = *ditto, the same* suddetto.

to **do** [du:] *v.* (*pr. ind. 3° pers.* **does** [dʌz]; *pass.* **did** [did], *p.p.* **done** [dʌn]). **I** *v.t.* **1** fare, compiere: *what are you doing?* che fai?; *to ~ one's duty* fare il proprio dovere. **2** finire, concludere: *to be done* essere finito. **3** fare, pulire, mettere in ordine: *I do my room every morning* faccio la mia camera ogni mattina. **4** (*Teat., Cin.*) recitare, fare la parte di. **5** (*fam.*) visitare, (*fam.*) fare: *we'll be doing Spain next year* l'anno prossimo visiteremo la Spagna. **6** imbrogliare, ingannare; (*fam.*) farla a: *you've been done* te l'hanno fatta. **II** *v.i.* **1** agire, comportarsi: *you did very well* hai agito benissimo. **2** finire, terminare: *have you done with your work?* hai finito il lavoro? **3** andare; (*fam.*) cavarsela: *my daughter is doing well* mia figlia se la cava bene. **4** andar bene, essere adatto: *any clothes will ~* qualunque abito andrà bene. **5** bastare, essere sufficiente: *that will ~, thank you* basta così, grazie. **6** fare, servire (*for* da), venire usato (per, come). **III** *v.aus.* **1** (*usato nelle frasi negative e interrogative*) non si traduce: *I ~ not believe you* non ti credo; *~ you like it?* ti piace? **2** (*nelle costruzioni inverse*) non si traduce: *little did I know that* certo non mi aspettavo che. **3** (*enfatico*) davvero, veramente: *you're wrong, he does work hard* ti sbagli, lavora veramente molto; (*negli imperativi*) non si traduce: *~ hurry up* sbrigati. **4** (*per sostituire un verbo già usato*) non si traduce: *he earns more than I ~* guadagna più di me; *may I come in? – please ~* posso entrare? – prego. **5** (*nelle frasi interrogative, sostitutivo di un verbo già usato*) vero?, non è vero?: *you want it, don't you?* lo vuoi, vero? □ *to ~ all one* **can** fare tutto il possibile; (*fam.*) *to ~ or* **die** o la va o la spacca; *to ~ one's* **hair** acconciarsi i capelli; **how** *do you ~?* (*nelle presentazioni*) piacere; *to* **make** *~ with s.th.* accontentarsi di qc.; *this will* **never** *~* così non può andare; *to ~* **nothing** *but* non far altro che; (*fam.*) **nothing** *doing* niente da fare; **what** *does he ~* (*for a living*)? che mestiere fa? // (*seguito da preposizioni*) *to ~* **by** trattare: *~ as you would be done by* non fare agli altri quello che non vorresti fosse fatto a te; *to ~* **for** fare i lavori domestici per; (*fam.*) rovinare: *these shoes are done for* queste scarpe sono rovinate; *he's done for* è spacciato; *what can I ~* **for** *you?* che cosa posso fare per te?; in che cosa posso servirla; *to ~* **with** (*preceduto da can e could*): 1 aver bisogno, aver voglia di: *I could ~ with a cup of coffee* ho voglia di (mi farebbe piacere) una tazza di caffè; 2 sopportare: *I can't ~ with noise* non sopporto il rumore; 3 passare il tempo: *she doesn't know what to ~ with herself* non sa come passare il tempo; 4 comportarsi: *what am I to ~ with her?* come devo comportarmi con lei?; *to ~* **without** fare a meno di. // (*seguito da avverbi*) *to ~* **away** *with* abolire, eliminare; uccidere; (*fam.*) *to ~* **down:** 1 imbrogliare; 2 vergognarsi; 3 sparlare di qd.; (*fam., fig.*) *don't ~ yourself* **down** non buttarti giù; *to ~* **in** uccidere; *I feel done* **in** mi sento distrutto; *to ~* **out** (ri)pulire, riordinare; *to ~ s.o.* **out** *of s.th.* togliere qc. a qd. con l'inganno; *to ~* **over**: 1 riverniciare, ridipingere; 2 (*am.*) rifare; ripetere; 3 (*sl. am.*) ferire; *to ~* **up:** 1 abbottonare, allacciare; 2 aggiustare; rimettere a nuovo; 3 avvolgere, incartare: *to be done* **up** essere spossato.

doc *am.* [dɔk] *s.* (*fam.*) dottore, medico.

docile ['dəusail] *a.* docile, mansueto; arrendevole.

docility [dəu'siliti] *s.* docilità, mansuetudine; arrendevolezza.

dock[1] [dɔk] *s.* **1** (*Mar.*) dock, bacino; banchina. **2** magazzini. **3** (*Ferr.*) piano caricatore.

to **dock**[1] [dɔk] **I** *v.t.* **1** (*Mar.*) mettere in bacino. **2** munire di bacini. **II** *v.i.* (*Mar.*) entrare in bacino; attraccare.

dock[2] [dɔk] *s.* banco degli imputati.

to **dock**[2] [dɔk] *v.t.* **1** tagliare la coda a, mozzare. **2** tagliare corti (i capelli). **3** (*fig.*) ridurre, decurtare; trattenere.

docker ['dɔkə*] *s.* lavoratore di porto, portuale.

docket ['dɔkit] *s.* **1** (*Dir.*) elenco delle cause a ruolo; registro delle sentenze. **2** (*Comm.*) cartellino, scontrino (di cassa). **3** benestare (della banca).

docking ['dɔkiŋ] *s.* aggancio (in orbita).

dockyard ['dɔkjɑ:d] *s.* cantiere navale.

doctor ['dɔktə*] *s.* dottore; medico.

to **doctor** ['dɔktə*] *v.t.* **1** (*Univ.*) conferire il dottorato a. **2** curare, avere in cura. **3** (*fig.*) aggiustare, accomodare. **4** (*fam.*) (general. con *up*) adulterare, sofisticare; falsificare. □ *to ~ a drink* aggiungere del veleno a una bevanda.

doctorate ['dɔktəreit] *s.* dottorato (di ricerca).

doctrinaire [ˌdɔktri'nɛə*] *a./s.* dottrinario, teorico.

doctrinal [dɔk'trainl] *a.* dottrinale.

doctrine ['dɔktrin] *s.* dottrina.

document ['dɔkjumənt] *s.* documento; certificato, attestato.

to **document** ['dɔkjumənt] *v.t.* documentare.

documentary [ˌdɔkju'mentəri] *a./s.* documentario.

documentation [ˌdɔkjumen'teiʃən] *s.* documentazione, pratica.

to **dodder** ['dɔdə*] *v.i.* (*fam.*) barcollare, vacillare. □ *to ~ along* camminare barcollando.

dodge [dɔdʒ] *s.* **1** balzo, scarto, guizzo. **2** (*fam.*) espediente, stratagemma; trucco: *to be up to all the dodges* conoscere tutti i trucchi.

to **dodge** [dɔdʒ] **I** *v.t.* **1** evitare, schivare. **2** (*fig.*) eludere, sottrarsi a. **II** *v.i.* **1** scansarsi. **2** (*fig.*) sfuggire.

dodgem ['dɔdʒəm] *s.* autoscontro.

dodger ['dɔdʒə*] *s.* **1** persona furba; imbroglione, dritto. **2** (*am.*) volantino. **3** (*am.*) focaccia di granoturco.

dodgy ['dɔdʒi] *a.* **1** ingannevole, subdolo. **2** (*fam.*) rischioso.

doe [dəu] *s.* (*pl.inv./*–**s** [–z]) (*Zool.*) femmina di daino. **2** femmina di altri animali (p.e. lepre).

doer ['du:ə*] *s.* persona d'azione. ▭ *he is a ~ not a talker* è uno che agisce senza tante chiacchiere.

doeskin ['dəuskin] *s.* pelle di daino.

doesn't ['dʌznt] *contraz. di* **does not.**

dog [dɔg] *s.* **1** (*Zool.*) cane. **2** maschio di altri canidi (p.e. volpe, lupo, ecc.). **3** (*fig. spreg.*) individuo spregevole. **4** (*fam.*) tipo: *he is a dirty ~* è una persona spregevole. ▭ (*fam.*) *not to stand* (*even*) *a ~'s* **chance** non avere la minima possibilità di successo; (*fig.*) *a case of ~* **eat** *~* accanita rivalità; (*fam.*) *to* **go** *to the dogs* degenerare; andare in malora; (*sl.*) *in the ~*-**house** in disgrazia; *~* **Latin** latino maccheronico; (*fam.*) **top** *~* pezzo grosso.

to **dog** [dɔg] *v.t.* (*pass., p.p.* **dogged** [–d]) **1** inseguire, pedinare. **2** (*fig.*) perseguitare.

dogcatcher ['dɔgkætʃə*] *s.* accalappiacani.

dog-collar ['dɔgkɔlə*] *s.* **1** collare per cani. **2** (*fam.*) collarino (degli ecclesiastici).

dog-days ['dɔgdeiz] *s.pl.* canicola.

dog-eared ['dɔgiəd] *a.* (*di libri*) con le orecchie.

dogfight ['dɔgfait] *s.* **1** (*Aer.*) combattimento ravvicinato. **2** combattimento fra cani.

dogfish ['dɔgfiʃ] *s.* (*Zool.*) gattuccio.

dogged ['dɔgid] *a.* caparbio, ostinato.

doggedness ['dɔgidnis] *s.* caparbietà, ostinatezza.

doggerel ['dɔgərəl] *s.* poesiola, storiella in versi.

doggie ['dɔgi] (*infant.*) cagnetto.

doggy ['dɔgi] **I** *s.* → **doggie. II** *a.* **1** di cane, canino. **2** (*fam.*) azzimato.

dogma ['dɔgmə] *s.* (*pl.* –**s** [–z] –**mata** [–tə]) dogma.

dogmatic [dɔg'mætik] *a.* dogmatico.

dogmatism ['dɔgmətizəm] *s.* dogmatismo.

dogooder [ˌdu:'gudə*] *s.* (*iron.*) benefattore.

dog-rose ['dɔgrəuz] *s.* (*Bot.*) rosa canina.

dog-tired ['dɔg'taiəd] *a.* (*fam.*) stanco morto.

dog-tooth ['dɔgtu:θ] *s.* (*pl.* **-teeth** [–ti:θ]) dente canino.

doily ['dɔili] *s.* centrino, sottocoppa.

doings ['du:iŋz] *s.pl.* (*fam.*) azioni; fatti.

do-it-yourself ['du:itjə'self] *s.* il "fai da te".

dol. = *dollar* dollaro.

dole [dəul] *s.* **1** elemosina, carità. **2** (*fam.*) sussidio di disoccupazione: *to go on the ~* prendere il sussidio di disoccupazione.

to **dole** [dəul] *v.t.* (general. con *out*) distribuire (in piccole quantità).

doleful ['dəulful] *a.* addolorato, triste.

doll [dɔl] *s.* **1** bambola. **2** (*rif. a donna*) pupattola, bambolona.

to **doll** [dɔl] *v.t./i.* (seguito da *up*) (*fam.*) mettersi in ghingheri.

dollar ['dɔlə*] *s.* dollaro.

dollop ['dɔləp] *s.* (*fam.*) grumo; malloppo; cucchiaiata; un po' di.

dolly ['dɔli] *s.* **1** (*infant.*) bambolina, bambolotto. **2** (*Mecc., Cin., TV*) carrello.

dolomite ['dɔləmait] *s.* **1** (*Min.*) dolomite. **2** (*Geol.*) dolomia.

dolphin ['dɔlfin] *s.* (*Zool.*) delfino.

dolt [dəult] *s.* stupido.

doltish ['dəultiʃ] *a.* stupido, ottuso.

domain [də'mein] *s.* **1** (*Dir.*) dominio, proprietà. **2** (*Pol.*) possedimento. **3** (*fig.*) campo, sfera.

dome [dəum] *s.* **1** cupola, volta. **2** (*fam.*) testa, zucca.

domed [dəumd] *a.* a cupola.

domestic [də'mestik] **I** *a.* **1** domestico. **2** casalingo. **3** interno, nazionale: *~ flights* voli nazionali; *~ news* notizie di politica interna. **II** *s.* domestico. ▭ *~ science* economia domestica.

to **domesticate** [də'mestikeit] *v.t.* **1** addomesticare. **2** (usato general. al p.p.) interessare alla vita domestica. ▭ (*fam.*) *she's not at all domesticated* come donna di casa è una frana.

domestication [dəˌmesti'keiʃən] *s.* **1** addomesticazione. **2** interesse per la vita domestica.

domesticity [ˌdəumes'tisiti] *s.* vita familiare.

domicile ['dɔmisail] *s.* domicilio; residenza.

domiciliary [ˌdɔmi'siljəri] *a.* domiciliare.

dominance ['dɔminəns] *s.* dominio, predominio.

dominant ['dɔminənt] **I** *a.* dominante, predominante. **II** *s.* (*Mus.*) nota dominante.

to **dominate** ['dɔmineit] **I** *v.t.* dominare. **II** *v.i.* dominare, prevalere (*over* su).

domination [ˌdɔmi'neiʃən] *s.* dominazione.

to **domineer** [ˌdɔmi'niə*] *v.i.* spadroneggiare (*over* su).

domineering [ˌdɔmi'niəriŋ] *a.* dispotico, tirannico.

Dominican [də'minikən] **I** *s.* frate domenicano. **II** *a.* domenicano.

dominion [də'minjən] *s.* **1** dominio, sovranità. **2** (*Pol.*) dominion.

domino ['dɔminəu] *s.* (*pl.* –**es**/–**s** [–z]) **1** domino, mantello. **2** tessera del domino. **3** *pl.* (costr. sing.) (gioco del) domino.

don [dɔn] *s.* (*Univ.*) docente (incaricato); lettore.

to **don** [dɔn] *v.t.* (*pass., p.p.* **donned** [–d]) indossare, mettersi.

to **donate** [də(u)'neit] *v.t.* donare, regalare.

donation [də(u)'neiʃən] *s.* **1** dono. **2** (*Dir.*) donazione.

done[1] [dʌn] → to **do.**

done[2] [dʌn] *a.* **1** fatto, compiuto, finito. **2** (*fam.*) spossato, sfinito. **3** cotto. **4** (*esclam.*) d'accordo. ▭ (*fam.*) *to be ~* **for** essere fuori uso; essere spacciato; (*fam.*) *to be* **hard** *~ by* essere trattato malissimo; (*fam.*) ~ **in** stanco morto; ~ *to a* **turn** cotto a puntino; (*fam.*) ~ **up** = ~ **in;** (*fam.*) ~ **with** fatto, compiuto: *I have* ~ *with him* con lui ho chiuso.

donjon ['dʌndʒən] *s.* torrione.

donkey ['dɔŋki] *s.* (*Zool.*) asino, somaro. ▭ (*fam.*) *I haven't seen him* **for** *~'s years* non lo vedo da tanto tempo; ~ **work** lavoro massacrante, (*fam.*) sfacchinata.

donkey jacket ['dɔŋki'dʒækit] *s.* pesante giubbotto di lana (indossato dagli operai).

donor ['dəunə*] *s.* donatore. ▭ *blood* ~ donatore di sangue.

do-nothing [du:'nʌθiŋ] *s.* fannullone, ozioso.

don't[1] [dəunt] *contraz. di* **do not.**

don't[2] [dəunt] *s.* (*fam.*) divieto, proibizione.

doodle ['du:dl] *s.* scarabocchio.

to **doodle** ['du:dl] *v.t.* fare scarabocchi.

doom [du:m] *s.* **1** destino, fato. **2** distruzione, rovina. **3** decreto. **4** giudizio universale.

to **doom** [du:m] *v.t.* (general. al p.p.) **1** predestinare, destinare (*to* a). **2** condannare.

Doomsday ['du:mzdei) *s.* giorno del giudizio (universale).

door [dɔ:*] *s.* **1** porta, uscio: *back* ~ porta di servizio. **2** (*di mobili*) sportello, anta. **3** portiera (di veicolo). **4** (*fig.*) via, porta: *a* ~ *to succes* una via aperta al successo. ▭ *to* **answer** *the* ~ andare ad aprire la porta; (*fig.*) *behind* **closed** *doors* a porte chiuse; (*fig.*) *to be at* **death's** ~ avere un piede nella fossa; **next** ~ nella casa accanto; **next** ~ *to* porta a porta con; **out** *of doors* fuori, all'aperto; **revolving** ~ porta girevole; (*fig.*) *to* **show** *s.o. the* ~ mettere qd. alla porta; *to* **show** *s.o. to the* ~ accompagnare qd. alla porta; **trap** ~ botola.

doorbell ['dɔ:bel] *s.* campanello della porta.

door handle [dɔ:'hændl] *s.* maniglia.

door-keeper ['dɔ:ki:pə*] *s.* portinaio.

doormat ['dɔ:mæt] *s.* stoino, zerbino.

door-post ['dɔ:pəust] *s.* stipite.

doorstep ['dɔ:step] *s.* gradino davanti alla porta, soglia. ▭ *the underground is on my* ~ la metropolitana è a due passi da casa mia.

door-stop ['dɔ:stɔp] *s.* fermaporta.

door-to-door ['dɔ:tə'dɔ:*] *a.* di casa in casa; porta a porta: ~ *sales* vendite porta a porta.

doorway ['dɔ:wei] *s.* **1** vano della porta. **2** (*fig.*) via d'accesso.

dope [dəup] *s.* **1** (*Aer.*) vernice impermeabilizzante. **2** (*Fot.*) vernice per ritocchi. **3** narcotico; droga. **4** (*sl.*) informazione confidenziale. ▭ ~ **addict** drogato, tossicodipendente; ~ **ring** il giro della droga.

to **dope** [dəup] **I** *v.t.* (*sl.*) narcotizzare; drogare. **II** *v.i.* (*sl.*) drogarsi, essere dedito alla droga.

dopey, dopy ['dəupi] *a.* (*fam.*) **1** drogato. **2** tardo, ottuso.

doping [dəupiŋ] *s.* (*Sport*) doping, drogaggio.

Doric ['dɔrik] *a./s.* dorico.

dorm [dɔ:m] *s.* (*fam.*) dormitorio.

dormant ['dɔ:mənt] *a.* **1** addormentato. **2** (*fig.*) nascosto, latente: *a* ~ *volcano* un vulcano inattivo.

dormitory ['dɔ:mitri] *s.* **1** dormitorio. **2** (*am.*) casa dello studente.

dormouse ['dɔ:maus] *s.* (pl. **–mice** [–mais]) (*Zool.*) ghiro.

Dorothy ['dɔrəθi] *N.pr.f.* Dorotea.

dorsal ['dɔ:sl] *a.* dorsale.

dosage ['dəusidʒ] *s.* dosaggio; dose.

dose [dəus] *s.* dose.

to **dose** [dəus] *v.t.* somministrare a dosi.

to **doss** [dɔs] *v.i.* dormire in giro come un vagabondo. ▭ *to* ~ *about* bighellonare.

doss house ['dɔshaus] *s.* albergo di infimo ordine.

dossier ['dɔsiei] *s.* dossier, incartamento.

dot [dɔt] *s.* **1** punto; puntino. **2** (*Mat.*) virgola. ▭ (*fam.*) *to arrive on the* ~ arrivare puntuale.

to **dot** [dɔt] *v.t.* (*pass., p.p.* **dotted** [–id]) **1** segnare con un punto; mettere il punto su. **2** punteggiare. **3** (*fig.*) cospargere (*with* di). ▭ (*fig.*) *to* ~ *one's* **i's** (*and cross one's t's*) mettere i puntini sulle i; (*fig.*) *to sign on the dotted* **line** accettare senza riserve le condizioni poste.

dotage ['dəutidʒ] *s.* **1** rimbambimento senile. **2** infatuazione.

to **dote** [dəut] *v.i.* stravedere (*on* per).

dotty ['dɔti] *a.* **1** punteggiato. **2** (*fam.*) un po' tocco, (*fam.*) picchiato.

double ['dʌbl] **I** *a.* **1** doppio; duplice. **2** (*fig.*) falso, ambiguo. **II** *s.* **1** doppio. **2** copia, duplicato; sosia, ritratto. **3** (*Teat.*) sostituto. **4** (*Cin.*) controfigura. **5** (*Ippica*) accoppiata. **III** *avv.* **1** doppiamente, il doppio. **2** in due, a coppia. ▭ (*scherz.*) **at** (o *on*) *the* ~ di gran corsa; ~ **decker** *bus* autobus a due piani; (*nel tennis*) **mixed** ~ doppio misto; *to* **see** ~ vederci doppio.

to **double** ['dʌbl] **I** *v.t.* **1** raddoppiare. **2** piegare in due. **3** (*Mar.*) doppiare. **4** (*Teat.*) sostituire. **5** (*Cin.*) fare la controfigura di. **II** *v.i.* **1** raddoppiare, raddoppiarsi. **2** (spesso con *up, over*) piegarsi in due. **3** fungere (*o* servire) anche da: *the couch doubles as a bed* il divano serve anche da letto. **4** (*Mil.*) andare a passo di corsa. **5** (*Teat.*) sostenere due parti (in una commedia). ▭ *to* ~ **back** ritornare sui propri passi; ~ *or* **quits** lascia o raddoppia; (*nelle scommesse*) raddoppiare la puntata.

double-bass ['dʌbl'beis] *s.* (*Mus.*) contrabbasso.

double-bedded ['dʌbl'bedid] *a.*: ~ *room* camera matrimoniale, camera a due letti.

double-breasted ['dʌbl'brestid] *a.* (vestito) a doppio petto.

to **double-check** ['dʌbl'tʃek] *v.t.* controllare due volte; (*fig.*) controllare a fondo.

double-chin ['dʌbltʃin] *s.* doppio mento, pappagorgia.

to **double-cross** ['dʌbl'krɔs] *v.t.* (*fam.*) tradire, ingannare, fare il doppio gioco con.

double-dealer ['dʌbl'di:lə*] *s.* ipocrita *m./f.*, imbroglione; che tiene i piedi in due scarpe.

double-dealing ['dʌbl'di:liŋ] *s.* ipocrisia; comportamento ipocrita.

double-Dutch ['dʌbl'dʌtʃ] *s.* (*fam.*) linguaggio incomprensibile, (*fam.*) turco. □ *it sounds a bit* ~ *to me* non ci capisco quasi niente.

double-dyed ['dʌbl'daid] *a.* (*fig.*) matricolato: *a* ~ *villain* un furfante matricolato.

double-edged ['dʌbl'edʒd] *a.* a doppio taglio.

double-entry ['dʌblentri] *s.* (*Comm.*) partita doppia.

to **double-lock** ['dʌbl'lɔk] *v.t.* chiudere a doppia mandata.

to **double-park** ['dʌbl'pɑ:k] *v.t./i.* parcheggiare in doppia fila.

doublet ['dʌblit] *s.* (*Abbigliamento*) farsetto.

double-talk ['dʌbltɔ:k] *s.* linguaggio ambiguo.

doubt [daut] *s.* dubbio; sospetto. □ **beyond** (*all*) ~ senza possibilità di dubbio; **no** ~ senza dubbio; **past** (*all*) ~ = **beyond** (*all*) ~; *beyond the* **shadow** *of a* ~ senza ombra di dubbio; *to* **throw** ~ *on s.o.'s sincerity* avanzare dubbi sulla sincerità di qd.

to **doubt** [daut] *v.t./i.* dubitare (di): *I* ~ *that it is true* dubito che sia vero.

doubtful ['dautful] *a.* **1** dubbioso, in dubbio; indeciso, ambiguo. **2** dubbio, incerto.

doubtless ['dautlis] *avv.* indubbiamente, senza dubbio.

douche [du:ʃ] *s.* (*Med.*) doccia; lavanda vaginale.

dough [dəu] *s.* **1** pasta, impasto per il pane. **2** (*am. sl.*) grana (denaro).

doughnut ['dəunʌt] *s.* frittella; ciambella.

doughy ['dəui] *a.* pastoso, soffice.

dour ['duə*] *a.* **1** arcigno, accigliato. **2** severo.

to **douse** [daus] *v.t.* **1** bagnare; immergere, tuffare. **2** (*fam.*) (*di luce, fuoco*) spegnere.

dove[1] [dʌv] *s.* **1** (*Zool.*) colomba. **2** (*fig.*) persona mite; pacifista.

dove[2] [dəuv] → to **dive**.

dove-cot(e) ['dʌvkɔt, 'dʌvkəut] *s.* colombaia, piccionaia.

dovetail ['dʌvteil] *s.* (*Ebanisteria*) incastro a coda di rondine.

to **dovetail** ['dʌvteil] **I** *v.t.* **1** (*Ebanisteria*) incastrare a coda di rondine. **2** (*fig.*) far combaciare. **II** *v.i.* coincidere.

dowager ['dauədʒə*] *s.* **1** vedova (ricca e di alto lignaggio). **2** (*fam.*) anziana signora distinta; matrona.

dowdy ['daudi] *a.* sciatto, trasandato.

dower ['dauə*] *s.* **1** (*Dir.*) dovario. **2** dote. **3** (*fig.*) dote, talento.

to **dower** ['dauə*] *v.t.* **1** (*Leg.*) assegnare un dovario a. **2** (*fig.*) dotare.

down[1] [daun] **I** *avv.* **1** (in) giù, in basso, dabbasso, (di) sotto: *put me* ~ mettimi giù. **2** (*idiomatico*) spesso non si traduce: *to go* ~ *to the country* recarsi in campagna; *from the Middle Ages* ~ *to modern times* dal medioevo fino ai nostri tempi; *to pay fifty pounds* ~ pagare cinquanta sterline in contanti; *write* ~ *the address* scrivi l'indirizzo. **II** *prep.* **1** giù per, lungo: ~ *the hill* giù per la collina. **2** per, lungo: *he walked* ~ *the road* camminava per la strada. **3** in fondo a. **4** (*di tempo*) attraverso, lungo: ~ *the ages* attraverso i secoli. **III** *a.* **1** in discesa, verso il basso. **2** giù, abbassato. **3** (*fig.*) depresso, abbattuto. □ *to* **be** ~ essere giù; *to* **be** ~ *with flu* essere a letto con l'influenza; *to* **be** *fifty dollars* ~ essere in perdita di cinquanta dollari; *to be* ~ **for** *s.th.* essere in lista d'attesa per qc.; ~ *at* **heel** male in arnese; *to be* ~ *on one's* **luck** essere in un periodo nero; (*fam.*) *to be* ~ **on** *s.o.* avercela con qd.; *to* **shout** *s.o.* ~ far tacere qd. urlando; (*fig.*) *to be* ~ *in* **spirits** essere giù di corda; *to* **take** *a letter* ~ scrivere una lettera (sotto dettatura); *to walk* **up** *and* ~ camminare su e giù; ~ **with***!* abbasso!; giù!, a terra!

down[2] [daun] *s.* rovescio di fortuna. □ *the ups and downs of life* gli alti e bassi della vita.

to **down** [daun] *v.t.* **1** mettere giù, posare. **2** mettere a terra, atterrare. **3** battere, sconfiggere. **4** mandar giù; (*fam.*) scolarsi. **5** (*Aer. mil.*) abbattere.

down[3] [daun] *s.* **1** piuma, piume. **2** lanugine, peluria.

down-and-out ['daunən'aut] *a.* **1** senza una lira; (*fam.*) al verde. **2** malandato. **3** (*Sport*) al tappeto.

down-at-heel [ˌdaunæt'hi:l] *a.* (*di cosa*) malmesso, in cattive condizioni; (*di persona*) male in arnese.

downbeat ['daunbi:t] *s.* (*Mus.*) attacco; prima battuta.

downcast ['daunkɑ:st] *a.* **1** abbattuto, depresso. **2** (*degli occhi*) (rivolto in) basso.

downfall ['daunfɔ:l] *s.* **1** rovina. **2** precipitazione (atmosferica).

to **downgrade** ['daungreid] *v.t.* **1** retrocedere, declassare. **2** sminuire, degradare, svilire.

downhearted ['daun'hɑ:tid] *a.* scoraggiato, abbattuto.

downhill ['daun'hil] **I** *avv.* a valle, in basso, giù. **II** *a.* in discesa. **III** *s.* discesa, pendio. □ (*fig*) *to* **go** ~ andare in declino; ~ **racer** discesista; ~ **racing** discesa libera.

downpour ['daunpɔ:*] *s.* rovescio, acquazzone.

downright ['daunrait] **I** *a.* **1** vero e proprio, perfetto. **2** franco, schietto, sincero. **II** *avv.* assolutamente, proprio; subito.

downstairs ['daun'stɛə:z] **I** *avv.* giù, al piano inferiore, dabbasso, (*fam.*) (di) sotto. **II** *a.* al piano inferiore, al pian terreno. □ *to go* ~ scendere giù.

downstream ['daun'stri:m] *a./avv.* **1** a valle. **2** lungo la corrente.

down-to-earth ['dauntə'ə:θ] *a.* realistico, positivo, concreto.

downtown *am.* ['daun'taun] *a.* del centro della città. □ *to go* ~ andare in centro.

downtrodden ['daun'trɔdn] *a.* **1** oppresso, tiranneggiato. **2** (*di terreno*) calpestato.
downward ['daunwə:d] *a.* **1** all'ingiù, verso il basso. **2** in discesa.
downwards ['daunwə:dz] *avv.* verso il basso, in giù.
downy ['dauni] *a.* **1** lanuginoso, coperto di peluria. **2** soffice, morbido. **3** astuto.
dowry ['dauri] *s.* dote; (*fig.*) dote, talento.
to **dowse** ['dauz] *v.i.* cercare acqua con la bacchetta del rabdomante.
dowser ['dauzə*] *s.* rabdomante.
doyen *fr.* ['dɔiən] *s.* decano.
doze [dəuz] *s.* sonnellino, pisolino.
to **doze** [dəuz] *v.i.* **1** schiacciare un pisolino. **2** (spesso con *off*) appisolarsi, assopirsi.
dozen ['dʌzn] *s.* (*pl.* **–s** [–z]/*inv*; *il pl.inv. si usa in posizione attributiva o preceduto da numerale*) **1** dozzina: *two ~ apples* due dozzine di mele. **2** *pl.* (*fam.*) quantità, (*fam.*) sacco; un sacco di volte: *I have dozens of things to do* ho un sacco di cose da fare. □ (*fam.*) *to talk nineteen to the ~* chiacchierare a non finire.
dozy ['dəuzi] *a.* sonnolento.
DPW = *Department of Public Works* Ministero dei Lavori Pubblici.
drab [dræb] *a.* **1** grigiastro. **2** (*fig.*) monotono, tetro.
to **drabble** ['dræbl] **I** *v.t.* infangare, imbrattare. **II** *v.i.* infangarsi, imbrattarsi.
draft [drɑ:ft] *s.* **1** disegno, bozza, schizzo; (prima) stesura. **2** (*Comm.*) tratta, cambiale: *to make a ~ on s.o.* spiccare una tratta su qd. **3** (*Mil.*) coscrizione: *~ resistent*, (*am.*) *~ dodger* renitente alla leva. **4** (*am.*) → **draught**.
to **draft** [drɑ:ft] *v.t.* **1** abbozzare, disegnare; fare la prima stesura di. **2** scrivere, redigere. **3** (*am. Mil.*) arruolare; mandare in missione.
draftee *am.* [dræf'ti:] *s.* (*Mil.*) coscritto, soldato di leva.
draftsman *am.* ['dræftsmən] *e deriv.* → **draughtsman** *e deriv.*
drag [dræg] *s.* **1** (*fig.*) freno, ostacolo. **2** (*fam.*) tirata, boccata. **3** (*sl.*) persona noiosa, (*fam.*) lagna; seccatura, noia. **4** (*am. sl.*) autorità, influenza. **5** (*Agr.*) erpice pesante. **6** draga. **7** (*Aer.*) resistenza aerodinamica. **8** rete a strascico. **9** abbigliamento femminile (indossato da uomini): *a play performed in ~* una commedia rappresentata da attori vestiti da donna.
to **drag** [dræg] *v.* (*pass., p.p.* **dragged** [–d]) **I** *v.t.* **1** trascinare, strascinare. **2** dragare. **3** (*Agr.*) erpicare. **4** (*fig.*) (general. con *in*) tirare in ballo, far entrare nel discorso. **5** (*fig.*) (spesso con *out, on*) protrarre, tirare per le lunghe. **II** *v.i.* **1** strascicare, strisciare per terra. **2** (*fig.*) trascinarsi, arrancare. **3** (*fig.*) (spesso con *on*) andare per le lunghe. **4** tirare una boccata (*on* da). **5** pescare a strascico. □ *to ~ one's feet* strascicare i piedi; (*fig.*) andare a rilento.
draggled ['drægld] *a.* inzaccherato.
dragon ['drægən] *s.* drago.
dragonfly ['drægənflai] *s.* (*Zool.*) libellula.
dragoon [drə'gu:n] *s.* (*Mil.*) dragone.
to **dragoon** [drə'gu:n] *v.t.* costringere (con la forza).
drain [drein] *s.* **1** canale di drenaggio; scolo, scarico. **2** (*Med.*) tubo di drenaggio. **3** *pl.* fognature. **4** (*fig.*) salasso. **5** (*sl.*) sorso, goccio. □ (*fam.*) *to go down the ~* andare all'aria (di un lavoro); essere sprecato.
to **drain** [drein] **I** *v.t.* **1** drenare (*anche Med.*). **2** prosciugare, vuotare. **3** scolare, scolarsi. **4** (*di terreno*) prosciugare, bonificare. **5** (*fig.*) esaurire, dare fondo a. **II** *v.i.* **1** (spesso con *away*) defluire. **2** scolare, sgocciolare. **3** (*di fiume*) sfociare, scaricare. **4** (*fig.*) venir meno, esaurirsi.
drainage ['dreinidʒ] *s.* **1** prosciugamento, bonifica. **2** rete di fognature. **3** acque di scarico. **4** (*Med., Geol.*) drenaggio. □ (*Geog.*) *~ basin* bacino idrografico.
drainer ['dreinə*] *s.* scolapiatti.
draining-board ['dreiniŋbɔ:d] *s.* scolapiatti.
drainpipe ['dreinpaip] *s.* (*tecn.*) tubo di scarico.
drake [dreik] *s.* (*Zool.*) maschio dell'anitra.
dram [dræm] *s.* **1** (*unità di misura*) dramma → **Appendice**. **2** (*Farm.*) dramma (pari a 3,8 grammi). **3** sorso, goccio.
drama ['drɑ:mə] *s.* **1** dramma. **2** (*collett.*) teatro: *the ~ of Pirandello* il teatro di Pirandello. **3** arte drammatica.
dramatic [drə'mætik] *a.* drammatico; teatrale.
dramatics [drə'mætiks] *s.pl.* **1** (costr. sing. o pl.) arte drammatica. **2** (costr. pl.) spettacoli teatrali.
dramatist ['dræmətist] *s.* drammaturgo.
dramatization [ˌdræmətai'zeiʃən] *s.* drammatizzazione.
to **dramatize** ['dræmətaiz] *v.t.* **1** adattare per le scene. **2** (*fig.*) drammatizzare, esagerare.
drank [dræŋk] → to **drink**.
drape [dreip] *s.* **1** drappo, velo. **2** (*am.*) tendina. **3** *pl.* drappeggi, tendaggi.
to **drape** [dreip) *v.t.* **1** drappeggiare. **2** ricoprire (*with* di). **3** (*fig.*) sdraiarsi comodamente.
draper ['dreipə*] *s.* negoziante di tessuti.
drapery ['dreipəri] *s.* **1** tendaggi, drappeggi; tende. **2** tessuti, stoffe; negozio di tessuti. **3** (*Arte, Sartoria*) drappeggio.
drastic ['dræstik] *a.* drastico; radicale.
draught [drɑ:ft] *s.* **1** traino, trazione. **2** tiro: *~ animal* animale da tiro. **3** spillatura; quantità spillata. **4** tirata, fiato: *at one ~* tutto d'un fiato. **5** corrente d'aria. **6** (*di camino*) tiraggio. **7** (*Farm.*) pozione. **8** (*Mar.*) pescaggio. **9** (*Pesca*) tirata; retata. **10** *pl.* (costr. sing.) (gioco della) dama. **11** sorso, sorsata. □ *beer on ~* birra alla spina.
draught-board ['drɑ:ftbɔ:d] *s.* scacchiera.
draught-horse ['drɑ:fthɔ:s] *s.* cavallo da tiro.

draughtsman ['drɑ:ftsmən] *s.* (*pl.* **–men**) **1** progettista, disegnatore. **2** pedina (della dama).

draughtswoman ['drɑ:ftswumən] *s.* (*pl.* **–women** [–wimin]) disegnatrice, progettista.

draughty ['drɑ:fti] *a.* esposto alle correnti d'aria.

draw [drɔ:] *s.* **1** strappo, strattone. **2** (*fig.*) attrazione, richiamo. **3** estrazione, sorteggio. **4** (*Sport*) pareggio, parità.

to **draw** [drɔ:] *v.* (*pass.* **drew** [dru:], *p.p.* **drawn** [drɔ:n]) **I** *v.t.* **1** tirare, trainare, trascinare. **2** (*fig.*) attirare, attrarre. **3** disegnare, ritrarre; tracciare. **4** (spesso con *up*) stendere, redigere. **5** estrarre: *to have a tooth drawn* farsi togliere un dente. **6** tendere, tirare. **7** riscuotere, ricevere. **8** spillare. **9** (*fig.*) trarre, ricavare. **10** (*Econ.*) prelevare; (*di assegni, ecc.*) emettere, spiccare. **11** (*Mar.*) pescare. **12** (*Sport*) pareggiare. **II** *v.i.* **1** tirare, trascinare. **2** (*fig.*) fare presa sul pubblico. **3** disegnare. **4** avviarsi, dirigersi, volgere: *to ~ to a close* volgere al termine. **5** (*fig.*) fare ricorso, rivolgersi (*on* a). □ *to ~ s.o.* **aside** tirare qd. in disparte; *to ~* **aside** scostarsi; *to ~* **away** allontanare, allontanarsi; *to ~* **back** tirarsi indietro; *to ~ a* **chicken** togliere le interiora a un pollo; (*fig.*) *to ~ a* **comparison** fare un confronto; *to ~* **down** abbassare, tirare giù; (*fig.*) *to* **feel** *drawn to s.o.* sentirsi attratto verso qd.; *to ~* **in** abbozzare, disegnare a grandi linee; coinvolgere, attirare; volgere al termine; accorciarsi: *the evenings are drawing in* le serate si accorciano; *to ~* **level** *with s.o.* raggiungere qd.; *to ~ the* **line** porre un limite a; (*fam.*) *to ~ it* **mild** non esagerare; *to ~* **near** *to s.o.* avvicinarsi a qd.; *to ~* **off** spillare; ritirarsi, togliere; *to ~* **on** mettersi, infilarsi; avvicinarsi, essere vicino; *to ~* **out** tirar fuori, estrarre; (*fig.*) prolungare, protrarre; (*fig.*) far parlare, spingere (*o* indurre) a parlare; (*Econ.*) prelevare; *he drew his* **pen** *through the address* cancellò l'indirizzo con una riga; *to ~* **round** disporsi in circolo; *to ~ the* **sword** sguainare la spada; (*fig.*) dichiarare guerra; *to ~* **tea** tenere il tè in infusione; *to ~* **together** accostarsi; *to ~* **up** tirarsi su, mettersi impettito; compilare, redigere; (*Mil.*) allineare, schierare; fermare, fermarsi; *to ~* **up** *one's chair* accostare la sedia; *to ~ o.s.* **up** alzarsi; *to ~* **up** *with s.o.* raggiungere qd.

drawback ['drɔ:bæk] *s.* **1** svantaggio, difetto, inconveniente. **2** (*Comm.*) rimborso, indennizzo.

drawbridge ['drɔ:bridʒ] *s.* ponte levatoio, ponte girevole.

drawer [drɔ:*] *s.* **1** cassetto. **2** *pl.* mutandoni. **3** ['drɔ:ə*] disegnatore. **4** (*Comm.*) ['drɔ:ə*] traente di cambiale; emittente di assegno.

drawing ['drɔ:iŋ] *s.* **1** disegno; schizzo. **2** trazione. **3** estrazione, sorteggio; lotteria. **4** (*Met.*) trafilatura. **5** (*Comm.*) prelievo.

drawing-board ['drɔ:iŋbɔ:d] *s.* tavolo da disegno; tecnigrafo.

drawing-pin ['drɔ:iŋpin] *s.* puntina da disegno.

drawing-room ['drɔ:iŋrum] *s.* salotto.

to **drawl** [drɔ:l] *v.t./i.* strascicare le parole.

drawn [drɔ:n] → to **draw.**

dray [drei] *s.* carro pesante, barroccio.

drayman ['dreimən] *s.* (*pl.* **–men**) barrocciaio.

dread [dred] *s.* terrore; timore; spauracchio.

to **dread** [dred] *v.t.* aver terrore di, avere paura di.

dreadful ['dredful] *a.* **1** tremendo, spaventoso, terribile. **2** (*fam.*) orribile, pessimo.

dream [dri:m] *s.* **1** sogno. **2** fantasticheria, fantasia. □ *day ~* sogno a occhi aperti.

to **dream** [dri:m] *v.* (*pass., p.p.* **–ed** [–d]/ **dreamt** [dremt]) **I** *v.i.* **1** sognare (*of, about s.o.* di qd., qd.). **2** fantasticare (su). **II** *v.t.* **1** sognare. **2** (*fig.*) immaginare, supporre. □ *to ~* **away** *one's time* passare il tempo sognando; (*fam.*) *to ~* **up** ideare, escogitare.

dreamer ['dri:mə*] *s.* sognatore.

dreamland ['dri:mlænd] *s.* paese dei sogni.

dreamless ['dri:mlis] *a.* senza sogni.

dreamlike ['dri:mlaik] *a.* di sogno, fantastico.

dreamt [dremt] → to **dream.**

dreamy ['dri:mi] *a.* **1** sognante, svagato. **2** (*fig.*) fantastico, irreale. **3** (*fam.*) di sogno. □ *a ~* **music** una musica struggente; *a ~* **recollection** un vago ricordo.

dreary ['driəri] *a.* desolato, squallido, deprimente, noioso.

dredge [dredʒ] *s.* draga.

to **dredge**[1] [dredʒ] **I** *v.t.* dragare; (con *up*) scavare; (*fig.*) rivangare sul passato. **II** *v.i.* scavare con la draga.

to **dredge**[2] [dredʒ] *v.t.* (*Gastr.*) spruzzare, spolverizzare.

dredger[1] ['dredʒə*] *s.* **1** draga. **2** dragatore.

dredger[2] ['dredʒə*] *s.* recipiente con coperchio bucherellato per spolverizzare (zucchero, cacao, ecc.).

dregs [dregz] *s.* **1** feccia, sedimento. **2** rifiuti (*anche fig.*). □ (*fig.*) *to drink to the ~* bere fino alla feccia.

to **drench** [drentʃ] *v.t.* inzuppare, infradiciare.

drenching ['drentʃiŋ] **I** *a.* (*di pioggia*) penetrante, che inzuppa. **II** *s.* bagnata.

dress [dres] *s.* **1** abito, vestito; abbigliamento. **2** (*Zool.*) piumaggio. **3** (*Mil.*) uniforme, tenuta.

to **dress** [dres] **I** *v.t.* **1** vestire. **2** (spesso con *up*) ornare, decorare. **3** (*Med.*) medicare; fasciare. **4** (*Gastr.*) condire; pulire carni e pesci per prepararli alla cottura. **5** (*Mil.*) mettere in riga, allineare. **6** (*Tessitura*) apprettare. **II** *v.i.* **1** vestirsi. **2** (*Mil.*) allinearsi. □ (*fam.*) *to ~* **down** rimproverare; *to ~ one's* **hair** acconciarsi i capelli; *to* **get** *dressed* vestirsi; *to ~ a* **shop-window** allestire una vetrina; *to ~* **up** vestire a festa.

dress-circle ['dressə:kl] *s.* (*Teat.*) prima galleria.

dress-coat ['dreskəut] *s.* frac, marsina.
dresser ['dresə*] *s.* **1** (*Teat.*) servo di scena. **2** (*Med.*) chi fa le fasciature. **3** (*am.*) cassettone, comò. **4** alzata, credenza.
dressing ['dresiŋ] *s.* **1** abbigliamento. **2** (*Gastr.*) condimento. **3** (*Med.*) medicazione, fasce. **4** (*Agr.*) concime.
dressing-case ['dresiŋkeis] *s.* necessaire da viaggio.
dressing-down ['dresiŋdaun] *s.* (*fam.*) rimprovero, sgridata.
dressing-gown ['dresiŋgaun] *s.* vestaglia.
dressing-room ['dresiŋru:m] *s.* **1** spogliatoio. **2** (*Teat.*) camerino.
dressing-table ['dresiŋteibl] *s.* toletta (mobiletto).
dressmaker ['dresmeikə*] *s.* sarto da donna.
dress-rehearsal ['dresri'hə:səl] *s.* (*Teat.*) prova generale (in costume).
dress shirt ['dresʃə:t] *s.* camicia da sera (per uomo).
dressy ['dresi] *a.* (*fam.*) che veste con ricercatezza; elegante.
drew [dru:] → to **draw.**
to **dribble** ['dribl] **I** *v.i.* **1** gocciolare, stillare; sbavare. **2** (*Sport*) dribblare. **II** *v.t.* **1** (far) sgocciolare. **2** (*Sport*) dribblare.
driblet ['driblit] *s.* piccola quantità (*o* dose). □ *in driblets* a poco a poco.
dribs [dribz] *s.*: *in* ~ *and drabs* poco per volta, alla spicciolata.
dried [draid] *a.* **1** essiccato, secco: ~ *milk* latte in polvere; ~ *fruit* frutta secca. **2** (*fig.*) ~ *up* avvizzito, rinsecchito.
drier ['draiə*] *s.* **1** essiccatoio. **2** asciugacapelli.
drift [drift] *s.* **1** spinta, movimento. **2** lento spostamento. **3** (*Mar., Aer.*) deriva. **4** (*Geog.*) corrente. **5** turbine, vortice. **6** cumulo, banco. **7** detriti. **8** (*fig.*) tendenza. **9** (*fig.*) immobilismo. **10** (*fig.*) significato, senso.
to **drift** [drift] **I** *v.i.* **1** andare alla deriva. **2** vagabondare, girovagare. **3** ammucchiarsi, ammassarsi, spostarsi lentamente. **II** *v.t.* trascinare, trasportare; accumulare, ammassare. □ *to* **let** *things* ~ lasciar correre; *to* ~ *off the* **sleep** appisolarsi.
drifter ['driftə*] *s.* **1** persona che va alla deriva. **2** (*fig.*) sbandato. **3** (*Mar.*) peschereccio con rete a deriva.
drift-ice ['driftais] *s.* ghiaccio alla deriva.
driftwood [driftwud] *s.* legno portato dalle onde sulla spiaggia.
drill[1] [dril] *s.* **1** (*Mecc.*) punta da trapano; trapano. **2** (*tecn.*) sonda, trivella. **3** (*Mil.*) addestramento, esercitazioni. **4** (*Scol.*) esercizio (orale). **5** (*fam.*) routine, procedura.
to **drill**[1] [dril] **I** *v.t.* **1** trapanare; (per)forare. **2** (*tecn.*) trivellare; sondare. **3** (*Mil., Scol.*) esercitare. **II** *v.i.* **1** (*tecn.*) fare perforazioni (*o* trivellazioni). **2** (*Mil.*) fare esercitazioni.
drill[2] [dril] *s.* (*Agr.*) **1** solco. **2** seminatrice a righe.
to **drill**[2] [dril] *v.t.* (*Agr.*) seminare a righe.
drill[3] [dril] *s.* tessuto pesante (di lino o cotone).
drill-ground ['drilgraund] *s.* (*Mil.*) piazza d'armi.
drink [driŋk] *s.* **1** bevanda, bibita; bevanda alcolica. **2** sorso, sorsata. **3** (*pop.*) il mare. □ *to* **have** *a* ~ *with s.o.* bere un bicchiere con qd.; *to* **take** *to* ~ darsi al bere; *to be the* **worse** *for* ~ essere ubriaco.
to **drink** [driŋk] *v.* (*pass.* **drank** [dræŋk], *p.p.* **drunk** [drʌnk]) **I** *v.t.* **1** bere. **2** (spesso con *in, up*) assorbire. **3** (*fig.*) (general. con *in*) bersi, bere. **II** *v.i.* **1** bere. **2** bere alla salute (*to* di), brindare (a). □ *to* ~ **deep** bere a grandi sorsi; (*fig.*) abbeverarsi; *to* ~ *o.s.* **drunk** ubriacarsi; *to* ~ **off** bere tutto d'un fiato, tracannare; *to* ~ *a* **toast** *to s.o.* fare un brindisi a qd.
drinkable ['driŋkəbl] *a.* potabile, bevibile.
drinker ['driŋkə*] *s.* bevitore.
drinking-water ['driŋkiŋwɔ:tə*] *s.* acqua potabile.
drip [drip] *s.* **1** sgocciolatura; sgocciolio. **2** (*Med.*) fleboclisi. **3** (*sl.*) persona insignificante.
to **drip** [drip] *v.* (*pass., p.p.* **–ped/dript** [–t]) **I** *v.i.* **1** (s)gocciolare. **2** grondare, stillare (*with s.th.* qc.). **II** *v.t.* far gocciolare.
drip-dry ['dripdrai] *a.* che asciuga rapidamente e non si stira.
dripping ['dripiŋ] *s.* **1** sgocciolio. **2** sugo d'arrosto, fondo di cottura. □ ~ *wet* zuppo, fradicio.
dripping-pan ['dripiŋpæn] *s.* leccarda.
drive [draiv] *s.* **1** passeggiata in macchina, gita. **2** propulsione, spinta. **3** (*Psic.*) impulso. **4** (*Mil.*) attacco, offensiva. **5** (*fig.*) iniziativa, spirito d'iniziativa. **6** (*Mecc.*) trasmissione, comando. **7** (*Aut.*) trazione; guida. **8** viale d'accesso; strada carrozzabile. **9** campagna (di propaganda). **10** (*Sport*) colpo (alla palla); (*nel tennis*) diritto. □ *lefthand* ~ guida a sinistra.
to **drive** [draiv] *v.* (*pass.* **drove** [drəuv], *p.p.* **driven** ['drivn]) **I** *v.t.* **1** spingere, sospingere. **2** conficcare, piantare (*in, into* in). **3** guidare, condurre; accompagnare (in macchina). **4** (*Mecc.*) (general. al passivo) azionare, far funzionare. **5** (*fig.*) costringere, spingere. **6** (*Sport*) battere, colpire. **II** *v.i.* **1** spingersi, avanzare. **2** gettarsi, precipitarsi. **3** guidare; andare in macchina. □ *to* ~ **away** *at s.th.* lavorare assiduamente a qc.; *the enemy was driven* **back** il nemico fu respinto; *to* ~ *a good* **bargain** concludere un buon affare; (*fig.*) *to* ~ *s.o. into a* **corner** mettere qd. con le spalle al muro; *to be* **hard** *driven* essere costretto a lavorare sodo; *to* ~ **in** entrare in macchina; *to* **let** ~ *at s.o.* assestare un colpo a qd.; *to* ~ *s.o.* **mad** far impazzire qd.; *to* ~ **off** allontanarsi in macchina; scacciare; *to* ~ **up** arrivare, avvicinarsi.
drive-in ['draiv'in] *s.* **1** drive-in, cineparco. **2** banca (*o* ristorante) in cui si è serviti senza scendere dall'automobile.

drivel ['drivl] *s.* sciocchezze, stupidaggini.
to **drivel** ['drivl] *v.i.* (*pass., p.p.* **-lled**/*am.* **-led** [-d]) parlare a vanvera, dire sciocchezze.
driven ['drivn] → to **drive**.
driver ['draivə*] *s.* **1** conducente *m./f.*, guidatore, autista, vetturino. **2** (*Mecc.*) elemento motore. **3** (*Sport*) mazza da golf di legno. □ *back seat* ~ passeggero d'auto che dà consigli non richiesti al guidatore.
driveway *am.* ['draivwei] *s.* viale d'accesso, passo carraio.
driving ['draiviŋ] *s.* guida, modo di guidare. □ ~ **licence** patente di guida; ~ **mirror** specchietto retrovisore; ~ **rain** pioggia sferzante; (*fig.*) *to be in the* ~ **seat** avere il controllo della situazione.
drizzle ['drizl] *s.* pioggerella, acquerugiola.
to **drizzle** ['drizl] *v.i.* piovigginare (costr. impers.).
drizzly ['drizli] *a.* piovigginoso.
droll [drəul] *a.* buffo, comico.
drollery ['drəuləri] *s.* buffoneria, comicità; scherzo, facezia.
dromedary ['drʌmədəri] *s.* (*Zool.*) dromedario.
drone[1] [drəun] *s.* **1** (*Zool.*) fuco, pecchione. **2** (*fig.*) scroccone, parassita *m./f.* **3** (*Aer.*) aeroplano, nave radiocomandata.
to **drone**[1] [drəun] *v.i.* vivere nell'ozio; (*fam.*) bighellonare.
drone[2] [drəun] *s.* **1** ronzio; brusio. **2** discorso monotono.
to **drone**[2] [drəun] **I** *v.i.* **1** ronzare. **2** parlare in modo monotono. **II** *v.t.* dire con voce monotona.
droop [dru:p] *s.* **1** piegamento. **2** (*fig.*) avvilimento, scoraggiamento.
to **droop** [dru:p] **I** *v.i.* **1** chinarsi, piegarsi. **2** (*fig.*) scoraggiarsi, avvilirsi. **II** *v.t.* piegare, chinare.
droopy [dru:pi] *a.* spiovente.
drop [drɔp] *s.* **1** goccia, stilla; sorso, goccio. **2** *pl.* (*Farm.*) gocce. **3** diminuzione, abbassamento. **4** salto, dislivello, scarpata. **5** ribasso: ~ *in prices* ribasso dei prezzi. **6** drop, caramella a base di gomma e frutta. □ (*fig.*) *a* ~ *in the* **bucket** (o *ocean*) una goccia nel mare; **by** *drops* (o ~ *by* ~) goccia a goccia; (*fig.*) *at the* ~ *of a* **hat** immediatamente, subito; (*fam.*) *to* **take** *a* ~ *too much* bere un bicchierino di troppo.
to **drop** [drɔp] *v.* (*pass., p.p.* **dropped** [-t]) **I** *v.i.* **1** (s)gocciolare, gocciolare, cadere a gocce. **2** cadere. **3** scendere bruscamente (*o* ripidamente). **4** lasciarsi cadere, abbandonarsi. **5** cessare, finire. **6** (spesso con *off*) calare, abbassarsi, diminuire. **II** *v.t.* **1** far cadere a gocce, gocciolare. **2** far cadere. **3** diminuire, ridurre. **4** far scendere (da un veicolo). **5** abbandonare, lasciar cadere (un argomento, ecc.). **6** rompere con, tagliare i ponti con. **7** (*Zool.*) partorire. **8** (*Aer., mil.*) paracadutare; sganciare (bombe). **9** (*Fonetica*) non pronunciare, omettere. □ *to* ~ **across** *s.o.* incontrare qd. per caso; (*Mar.*) *to* ~ **anchor** gettare l'ancora; *to* ~ **away** calare, diminuire; *to* ~ **back** ritirarsi; rimanere indietro; *to* ~ **behind** rimanere indietro (*o* in coda); *to* ~ **in** *on s.o.* fare un salto da qd.; *to* **let** *a matter* ~ lasciar cadere un argomento; *to* ~ *s.o. a* **line** scrivere due righe a qd.; *to* ~ **off** far scendere; cadere addormentato; diminuire, calare; *to* ~ **out** lasciare, andarsene; ritirarsi; respingere le convenzioni; (*scherz.*) *you could have heard a* **pin** ~ non si sentiva volare una mosca.
drop-in ['drɔp'in] *s.* visitatore casuale.
droplet ['drɔplit] *s.* gocciolina.
dropout ['drɔpaut] *s.* **1** emarginato. **2** (*am.*) studente che non termina un corso di studi.
dropper ['drɔpə*] *s.* contagocce.
dropping ['drɔpiŋ] *s.* **1** gocciolamento. **2** *pl.* sterco (di animale piccolo).
dropsical ['drɔpsikl] *a.* (*Med.*) idropico.
dropsy ['drɔpsi] *s.* (*Med.*) idropisia.
dross [drɔs] *s.* **1** (*Met.*) scoria. **2** (*fig.*) cosa senza valore, ciarpame.
drought [draut] *s.* siccità.
drove[1] [drəuv] → to **drive**.
drove[2] [drəuv] *s.* **1** branco, mandria; gregge. **2** (*fig.*) folla, moltitudine. **3** scalpello da sbozzo.
drover ['drəuvə*] *s.* mandriano; mercante di bestiame.
to **drown** [draun] **I** *v.i.* affogare, annegare. **II** *v.t.* **1** affogare, annegare. **2** allagare, inondare; sprofondare, sommergere. **3** (*di suoni*) soffocare. □ *to be drowned* **out** esser costretto ad abbandonare la casa dopo un'alluvione; *to be like a drowned* **rat** essere bagnato come un pulcino.
drowse [drauz] *s.* assopimento, sonnolenza.
to **drowse** [drauz] **I** *v.i.* (spesso con *off*) sonnecchiare. **II** *v.t.* rendere sonnolento. □ *to* ~ *away time* passare il tempo sonnecchiando.
drowsy ['drauzi] *a.* assonnato; sonnolento, (*fig.*) noioso.
to **drub** [drʌb] *v.t.* (*pass., p.p.* **drubbed** [-d]) battere, picchiare.
drubbing ['drʌbiŋ] *s.* botte, legnate.
drudge [drʌdʒ] *s.* uomo (*o* donna) di fatica, (*fam.*) bestia da soma.
to **drudge** [drʌdʒ] *v.i.* fare un lavoro duro; (*fam.*) sfacchinare.
drudgery ['drʌdʒəri] *s.* lavoro duro; (*fam.*) sfacchinata.
drug [drʌg] *s.* **1** farmaco, medicinale. **2** droga, narcotico, stupefacente. □ ~ **addict** drogato; ~ **addiction** tossicodipendenza; (*Comm.*) ~ *on the* **market** articolo poco richiesto; ~ **pedlar** spacciatore di droga; ~ **therapy** *center* comunità terapeutica per drogati.
to **drug** [drʌg] *v.* (*pass., p.p.* **drugged** [-d]) **I** *v.t.* drogare, narcotizzare. **II** *v.i.* drogarsi, fare uso di stupefacenti.
druggist ['drʌgist] *s.* farmacista *m./f.*
drugstore *am.* ['drʌgstɔ:*] *s.* negozio che vende medicinali e articoli vari; emporio.

druid, **Druid** ['dru:id] *s.* (*Rel.*) druido, druida.

drum [drʌm] *s.* **I** (*Mus.*, *Arch.*) tamburo. **2** rullo, cilindro; bidone, fusto. **3** (*Anat.*) timpano. □ (*fig.*) *to beat the* ~ battere la grancassa.

to **drum** [drʌm] *v.* (*pass.*, *p.p.* **drummed** [–d]) **I** *v.i.* **1** suonare il tamburo. **2** tamburellare. **II** *v.t.* **1** tamburellare con. **2** (spesso con *up*) radunare a rullo di tamburo. □ *to* ~ *a* **lesson** *into s.o.'s head* far entrare una lezione in testa a qd. a furia di battere e ribattere; *to* ~ *on the* **piano** strimpellare il piano.

drumhead ['drʌmhed] *s.* **1** membrana di tamburo. **2** (*Anat.*) membrana del timpano.

drummer ['drʌmə*] *s.* **1** tamburino. **2** batterista. **3** (*am.*) commesso viaggiatore.

drumstick ['drʌmstik] *s.* **1** bacchetta del tamburo. **2** (*fam.*) coscia di pollo.

drunk[1] [drʌŋk] → to **drink**.

drunk[2] [drʌŋk] **I** *a.pred.* ubriaco. **II** *s.* ubriaco. □ **dead** (o *blind*) ~ ubriaco fradicio; *to* **get** ~ ubriacarsi.

drunkard ['drʌŋkəd] *s.* ubriacone.

drunken[1] ['drʌŋkən] → to **drink**.

drunken[2] ['drʌŋkən] *a.* ubriaco, da ubriaco.

dry [drai] *a.* **1** asciutto, secco, arido: ~ *land* terraferma. **2** (*Alim.*) disidratato, essiccato: ~ *wine* vino secco. **3** (*fig.*) freddo, distaccato; caustico, pungente; arido, noioso. □ *to* **feel** ~ aver sete; ~ **goods**: 1 merci secche, aridi; 2 (*am.*) drapperie, tessuti, stoffe; *to* **run** ~ prosciugarsi, seccarsi; (*fig.*) restare a corto di argomenti.

to **dry** [drai] **I** *v.t.* **1** (spesso con *up*, *out*, *off*) asciugare. **2** essiccare, far seccare. **II** *v.i.* (spesso con *out*) asciugarsi, asciugare. □ *he dried* **off** (o *out*) *before the fire* si asciugò davanti al fuoco; *to* ~ **up** seccarsi; (*fig.*) inaridirsi, esaurirsi.

to **dry-clean** ['drai'kli:n] *v.t.* pulire (*o* lavare) a secco.

dry-cleaner ['drai'kli:nə*] *s.* tintoria.

dry-cleaning ['drai'kli:niŋ] *s.* pulitura a secco.

dry-dock ['draidɔk] *s.* (*Mar.*) bacino di carenaggio.

dryer ['draiə*] → **drier**.

dryly ['draili] *avv.* **1** seccamente; freddamente. **2** in modo sarcastico.

dryness ['drainis] *s.* **1** aridità, secchezza. **2** sarcasmo.

dry-nurse ['drainə:s] *s.* balia asciutta.

to **dry-salt** ['drai'sɔ:lt] *v.t.* mettere sotto sale.

dry-shod ['draiʃɔd] *a.* a piedi asciutti.

DST = *Daylight Saving Time* ora legale.

dual ['djuəl] **I** *a.* duplice, doppio. **II** *s.* (*Gramm.*) duale. □ ~ *carriageway* autostrada a doppia carreggiata.

dualism ['djuəlizəm] *s.* dualismo.

to **dub**[1] [dʌb] *v.t.* (*pass.*, *p.p.* **dubbed** [–d]) **1** creare, nominare. **2** chiamare; soprannominare.

to **dub**[2] [dʌb] *v.t.* (*pass.*, *p.p.* **dubbed** [–d]) (*Cin.*) doppiare.

dubber ['dʌbə*] *s.* (*Cin.*) doppiatore.

dubbing ['dʌbiŋ] *s.* (*Cin.*) doppiaggio.

dubious ['dju:biəs] *a.* **1** dubbioso, incerto. **2** di dubbia fama, equivoco; incerto, ambiguo.

Dublin ['dʌblin] *N.pr.* (*Geog.*) Dublino.

ducal ['dju:kəl] *a.* ducale.

ducat ['dʌkit] *s.* (*moneta*) ducato.

duchess ['dʌtʃis] *s.* duchessa.

duchy ['dʌtʃi] *s.* ducato.

duck[1] [dʌk] *s.* (*pl. inv.*/**–s** [–s]) **1** (*Zool.*) anatra. **2** (*fam.*) amore, tesoro. □ (*fig.*) *he* **played** *ducks and drakes with his money* ha sperperato tutto il suo denaro; (*fam.*) *in two* **shakes** *of a* ~*'s tail* in un batter d'occhio; (*scherz.*) *lovely* **weather** *for ducks* tempo piovoso.

duck[2] [dʌk] *s.* **1** rapida immersione, tuffo. **2** schivata.

to **duck** [dʌk] **I** *v.i.* **1** immergersi, tuffarsi. **2** chinarsi improvvisamente. **II** *v.t.* **1** immergere, tuffare. **2** chinare di colpo. **3** evitare, schivare.

duckbill ['dʌkbil] *s.* (*Zool.*) ornitorinco.

ducking ['dʌkiŋ] *s.* tuffo, immersione.

duckling ['dʌkliŋ] *s.* (*Zool.*) anatroccolo.

duct [dʌkt] s. **1** condotto, tubatura. **2** (*Anat.*) canale, dotto.

ductile ['dʌktail] *a.* duttile.

dud [dʌd] *s.* **1** (*mil.*) proiettile che fa cilecca. **2** (*fam.*) persona incapace. **3** fallimento; assegno a vuoto; moneta falsa.

dude *am.* [dju:d] *s.* elegantone, damerino. □ (*am.*) ~ *ranch* ranch attrezzato come località turistica.

dudgeon ['dʌdʒən] *s.*: *in high* ~ pieno di sdegno.

due [dju:] **I** *a.* **1** scaduto, maturato; pagabile. **2** dovuto, doveroso, debito. **3** atteso, in arrivo: *the train is* ~ *at noon* il treno deve arrivare a mezzogiorno; che deve: *I am* ~ *to speak at the meeting* devo parlare alla riunione. **II** *s.* **1** il dovuto. **2** *pl.* quota, tassa. **III** *avv.* verso, in direzione. □ *to* **fall** ~ scadere; essere esigibile; *to be* ~ **to** esser dovuto a; ~ **to** a causa di.

duel ['dju:əl] *s.* duello.

to **duel** ['dju:əl] *v.i.* (*pass.*, *p.p.* **–lled**/*am.* **–led** [–d]) battersi in duello, duellare.

duellist ['dju:əlist] *s.* duellante *m./f.*

duet [dju:'et] *s.* (*Mus.*) duetto.

duffle, duffel ['dʌfəl] *s.* tessuto di lana grezza. □ ~ **bag** sacca (di tela) militare; ~ **coat** montgomery.

dug[1] [dʌg] → to **dig**.

dug[2] [dʌg] *s.* (*Zool.*) capezzolo, mammella.

dugout ['dʌgaut] *s.* **1** canoa. **2** riparo, rifugio.

duke [dju:k] *s.* duca.

dukedom ['dju:kdəm] *s.* ducato.

dull [dʌl] *a.* **1** ottuso, tardo, lento. **2** smussato; spuntato. **3** noioso, monotono. **4** intorpidito, torpido. **5** (*di luce*) debole, smorto; (*di suono*) sordo, soffocato; (*di colore*) smorto, opaco, spento. **6** (*Comm.*) fiacco, fermo.

to **dull** [dʌl] *v.t.* **1** ottundere, intorpidire. **2** smussare. **3** attutire, mitigare.

dullard ['dʌləd] *s.* persona ottusa, tonto.
dullness ['dʌlnis] *s.* **1** ottusità, stupidità. **2** monotonia, tristezza. **3** opacità. **4** (*Comm.*) fiacchezza.
duly ['dju:li] *avv.* **1** debitamente. **2** puntualmente.
dumb [dʌm] *a.* **1** muto. **2** ammutolito. **3** (*am. fam.*) stupido, sciocco. ☐ **deaf** *and* ~ sordomuto; (*fam.*) *to* **play** ~ fare il finto tonto.
dumb-bell ['dʌmbel] *s.* (*Ginn.*) manubrio.
to **dumbfound** [dʌm'faund] *v.t.* sorprendere, stupire; lasciare a bocca aperta.
dumb-waiter ['dʌm'weitə*] *s.* **1** (*Arredamento*) servo muto. **2** montavivande.
dummy ['dʌmi] *s.* **1** oggetto finto. **2** manichino. **3** (*am. fam.*) stupido. **4** (*fig.*) prestanome *m./f.* **5** tettarella, succhiotto. **6** (*nel gioco delle carte*) morto. **7** (*Sport*) finta. **8** (*Tip.*) menabò.
dump [dʌmp] *s.* **1** scarico di rifiuti; rifiuti. **2** (*Mil.*) deposito (di munizioni, viveri, ecc.).
to **dump** [dʌmp] *v.t.* **1** buttare, gettare. **2** scaricare, rovesciare. **3** (*Comm.*) vendere sottocosto.
dumper ['dʌmpə*] *s.* (*Mecc.*) autocarro con cassone ribaltabile.
dumpling ['dʌmpliŋ] *s.* (*Gastr.*) gnocco; dolce di frutta (al forno).
dumps [dʌmps] *s. pl.*: (*fam.*) *to be in the* ~ essere depresso.
dumpy ['dʌmpi] *a.* tozzo, (basso e) tarchiato.
dun[1] [dʌn] *s.* **1** creditore insistente. **2** sollecitazione di pagamento.
to **dun** [dʌn] *v.i.* (*pass., p.p.* **dunned** [–d]) sollecitare un pagamento.
dun[2] [dʌn] *a.* grigio spento.
dunce [dʌns] *s.* stupido, ignorante.
dunderhead ['dʌndəhed] *s.* testone.
dune [dju:n] *s.* (*Geol.*) duna.
dung [dʌŋ] *s.* letame, concime (animale); sterco.
dungaree [ˌdʌŋgə'ri:] *s.pl.* tuta (da lavoro).
dungeon ['dʌndʒən] *s.* prigione sotterranea.
dunghill ['dʌŋhil] *s.* letamaio, concimaia.
to **dunk** *am.* [dʌŋk] *v.t.* inzuppare.
duodecimal [ˌdju:ə(u)'desiməl] *a.* duodecimale.
duodenal [ˌdju:ə'di:nl] *a.* (*Anat.*) duodenale.
duodenum [ˌdju:ə'di:nəm] *s.* (*pl.* **–na** [–nə]/**–s** [–z]) (*Anat.*) duodeno.
dupe [dju:p] *s.* credulone, babbeo.
to **dupe** [dju:p] *v.t.* imbrogliare, abbindolare.
duplex ['dju:pleks] **I** *a.* doppio, duplice. **II** *s.* **1** (*am.*) casa bifamiliare. **2** (*fam.*) appartamento su due piani.
duplicate ['dju:plikit] **I** *a.* **1** duplice, doppio. **2** gemello: *a* ~ *key* una chiave gemella. **II** *s.* copia, duplicato, doppione.
to **duplicate** ['dju:plikeit] *v.t.* **1** duplicare. **2** raddoppiare.
duplicating machine [ˌdju:plikeitiŋmə'ʃi:n] *s.* duplicatore.
duplicator ['dju:plikeitə*] *s.* duplicatore.
duplicity [dju:'plisiti] *s.* doppiezza, falsità.
durability [ˌdjurə'biliti] *s.* durevolezza.
durable ['djurəbl] *a.* durevole, duraturo.
duration [dju'reiʃən] *s.* durata.
duress [djuə'res] *s.* **1** costrizione, coercizione. **2** (*Dir.*) coazione.
during ['djuəriŋ] *prep.* durante.
durst [də:st] → **dare**.
dusk [dʌsk] *s.* crepuscolo.
dusky ['dʌski] *a.* **1** oscuro, buio. **2** (*fig.*) tetro, malinconico.
dust [dʌst] *s.* **1** polvere. **2** polverio. **3** (*fig.*) confusione, tumulto. ☐ (*fig.*) **humbled** *into the* ~ profondamente umiliato; *to* **raise** (o *make*) *a* ~ sollevare polvere; (*fig.*) *to* **shake** *the* ~ *from one's feet* andarsene adirato.
to **dust** [dʌst] **I** *v.t.* **1** (spesso con *off*) spolverare. **2** spolverizzare, cospargere: *to* ~ *a cake with sugar* spolverizzare la torta con zucchero. **2** impolverare. **II** *v.i.* spolverare. ☐ (*fig.*) *to* ~ *s.o.'s jacket* picchiare qd.
dustbin ['dʌstbin] *s.* pattumiera.
dustcart ['dʌstkɑ:t] *s.* carro dell'immondizia.
dust-cover ['dʌstkʌvə*] *s.* **1** fodera (per proteggere dalla polvere). **2** → **dust-jacket**.
duster ['dʌstə*] *s.* **1** straccio per la polvere. **2** (*am.*) spolverino.
dust-jacket ['dʌstdʒækit] *s.* sovracoperta (di un libro).
dustman ['dʌstmən] *s.* (*pl.* **–men**) spazzino, netturbino.
dustup ['dʌstʌp] *s.* (*fam.*) lite, disputa.
dusty ['dʌsti] *a.* **1** polveroso. **2** indeciso, vago.
Dutch ['dʌtʃ] **I** *a.* olandese. **II** *s.* **1** (*Ling.*) olandese. **2** (*collett.*) olandesi. ☐ ~ **courage** coraggio dovuto all'alcol; (*fam.*) *to* **go** ~ pagare ciascuno per sé; (*fig.*) *to* **talk** *to s.o. like a* ~ *uncle* fare la paternale a qd.; *a* ~ **treat** festa in cui ognuno paga la sua parte.
Dutchman ['dʌtʃmən] *s.* (*pl.* **–men**) olandese.
Dutchwoman ['dʌtʃwumən] *s.* (*pl.* **–women** [–wimin]) olandese.
dutiful ['dju:tiful] *a.* rispettoso, deferente.
duty ['dju:ti] *s.* **1** dovere; obbligo morale. **2** compito, mansione. **3** (*Comm.*) dazio, imposta. ☐ *to be* (*in*) ~ **bound** *to do s.th.* sentirsi in dovere di fare qc.; *as in* ~ **bound** come di dovere; *to* **do** ~ *as* (o *for*) servire da; **off** ~ fuori servizio.
duty free shop ['dju:tifri:ʃɔp] *s.* negozio esente da dazio.
duvet ['dju:vei], *am.* [du:'vei] *s.* piumone.
dwarf [dwɔ:f] *s.* (*pl.* **–s** [–s]) nano.
to **dwarf** [dwɔ:f] *v.t.* **1** far sembrare piccolo. **2** arrestare la crescita.
to **dwell** [dwel] *v.i.* (*pass., p.p.* **dwelt** [dwelt]/**–ed** [–d]) **1** abitare, risiedere. **2** indugiare, soffermarsi (*on, upon* su); trattare esaurientemente (di).
dweller ['dwelə*] *s.* abitante *m./f.*
dwelling ['dweliŋ] *s.* abitazione, dimora.
dwelt [dwelt] → to **dwell**.
to **dwindle** ['dwindl] *v.i.* (spesso con *away*) diminuire, decrescere.
Dy = (*Chim.*) *dysprosium* disprosio.

dye [dai] *s.* tintura; tinta; colore.
to **dye** [dai] **I** *v.t.* **1** tingere. **2** (*fig.*) colorare. **II** *v.i.* tingersi. □ *dyed-in-the-wool* inveterato.
dyeing ['daiiŋ] *s.* tintura.
dyer ['daiə*] *s.* tintore.
dyestuff ['daistʌf] *s.* materia colorante.
dying ['daiiŋ] *a.* morente, moribondo.
dyke [daik] → **dike**.
to **dyke** [daik] → to **dike**.
dynamic [dai'næmic] *a.* dinamico.
dynamics [dai'næmiks] *s.pl.* (costr. sing. o pl.) dinamica.
dynamism ['dainəmizəm] *s.* dinamismo.
dynamitard ['dainəmitɑ:d] *s.* dinamitardo.
dynamite ['dainəmait] *s.* dinamite.
to **dynamite** ['dainəmait] *v.t.* far saltare con la dinamite.
dynamo ['dainəməu] *s.* (*pl.* **–s** [–z]) (*El.*) dinamo.
dynast ['dinəst] *s.* dinasta.
dynastic [di'næstik] *a.* dinastico.
dynasty ['dinəsti] *s.* dinastia.
dysentery ['disəntri] *s.* (*Med.*) dissenteria.
dyspepsia [dis'pepsiə] *s.* (*Med.*) dispepsia.
dyspeptic [dis'peptik] *a.* **1** (*Med.*) dispeptico. **2** (*fig.*) abbattuto, depresso.
dysprosium [dis'prəusiəm] *s.* (*Chim.*) disprosio.
dystrophy [dis'trəfi] *s.* (*Med.*) distrofia.

E

e, E[1] [i:] *s.* (*pl.* **e's/es, E's/Es** [i:z]) e, E. ◻ (*Tel.*) ~ *for Edward*; (*am.*) ~ *for Easy* E come Empoli.

E[2] [i:] *s.* (*Mus.*) mi.

E[3] = **1** *East* Est. **2** *England* Inghilterra. **3** *English* inglese. **4** *Earl* conte.

ea. = *each* ogni, cadauno (cad.).

each [i:tʃ] **I** *a.* ogni, ciascuno. **II** *pron.* ognuno, ciascuno. **III** *avv.* l'uno, per uno, ciascuno: *they cost a pound* ~ costano una sterlina l'uno. ◻ ~ *other* l'un l'altro, reciprocamente: *they love* ~ *other* si amano.

eager ['i:gə*] *a.* **1** desideroso, impaziente. **2** diligente. ◻ (*fam.*) ~ *beaver* sgobbone; persona meticolosa e zelante (nel lavoro).

eagerness ['i:gənis] *s.* brama, desiderio; impazienza.

eagle ['i:gl] *s.* (*Zool.*) aquila.

E & OE = *errors and omissions excepted* salvo errori e omissioni (SEO).

ear[1] [iə*] *s.* **1** orecchio. **2** (*di brocca, ecc.*) manico ricurvo, ansa. ◻ (*fig.*) *to be* **all** *ears* essere tutt'orecchi; **by** ~ a orecchio; *it has* **come** *to my ears* mi è giunto all'orecchio; (*fig.*) *to* **fall** *on deaf ears* non trovare ascolto; (*fig.*) *to* **give** (o *lend*) *an* ~ *to s.o.* prestare orecchio a qd.; (*fig.*) *to* **have** (o *win*) *s.o.'s* ~ trovare ascolto presso qd.; *to be over* **head** *and ears in debt* essere indebitato fino al collo; *to* **prick** *up one's ears* drizzare gli orecchi; (*fam.*) **to** *the ears* fin sopra i capelli; *to* **turn** *a deaf* ~ fare orecchie da mercante.

ear[2] [iə*] *s.* (*Bot.*) spiga; pannocchia.

earache ['iəreik] *s.* mal d'orecchi.

eardrop ['iə:drɔp] *s.* pendente (d'orecchino).

ear-drum ['iərdrʌm] *s.* (*Anat.*) timpano.

earl [ə:l] *s.* (*GB*) conte.

earldom ['ə:ldəm] *s.* contea.

early ['ə:li] **I** *avv.* **1** all'inizio: ~ *in the year* all'inizio dell'anno. **2** presto, di buon'ora. **3** in anticipo. **II** *a.* **1** iniziale, primo: *in the* ~ *morning* di primo mattino. **2** mattutino. **3** prematuro. **4** imminente. **5** primitivo. ◻ **at** *the earliest* al più presto; *to* **be** ~ essere in anticipo; *at an* ~ **date** prossimamente; ~ *closing* **day** giorno di chiusura pomeridiana (di negozi); ~ **fruit** primizia; ~ *in* **life** nei primi anni di vita; *to be an* ~ **riser** essere mattiniero; *in* ~ **summer** all'inizio dell'estate; ~ *in the* **week** nei primi giorni della settimana.

earmark ['iəmɑ:k] *s.* **1** marchio (di proprietà impresso a fuoco sulle orecchie dei capi di bestiame). **2** (*Comm.*) contrassegno. **3** (*fig.*) caratteristica saliente.

to **earmark** ['iəmɑ:k] *v.t.* **1** marchiare a fuoco. **2** contrassegnare. **3** (*fig.*) mettere da parte; stanziare.

to **earn** [ə:n] *v.t.* **1** guadagnare. **2** meritare. **3** guadagnarsi, procurarsi. **4** (*Econ.*) fruttare; dare (un reddito di).

earnest[1] ['ə:nist] *a.* **1** serio; zelante. **2** sincero. **3** incalzante, pressante. ◻ *in* ~ sul serio.

earnest[2] ['ə:nist] *s.* **1** garanzia, pegno. **2** (*Dir.*) caparra. **3** (*fig.*) prova, segno.

earnings ['ə:niŋz] *s.pl.* guadagni, profitti, utili; stipendio.

earphone ['iəfəun] *s.* (*Rad.*) cuffia, auricolare.

earpiece ['iəpi:s] *s.* ricevitore telefonico.

ear-piercing ['iəpiəsiŋ] *a.* penetrante, acuto.

earplug ['iəplʌg] *s.* tappo per le orecchie.

earring ['iəriŋ] *s.* orecchino.

earshot ['iəʃɔt]: *within* ~ a portata di voce.

ear-splitting ['iəsplitiŋ] *a.* assordante.

earth [ə:θ] *s.* **1** terra, globo terrestre. **2** suolo, terreno. **3** tana, covo. **4** (*El.*) massa, terra. ◻ (*fig.*) *to come* **back** *to* ~ scendere dalle nuvole; (*fig.*) *to be* **down** *to* ~ stare con i piedi per terra; *to* **go** *to* ~ rintanarsi; *why* **on** ~*?* perché mai?

to **earth** [ə:θ] *v.t.* **1** (*El.*) mettere a massa, collegare a terra. **2** (spesso con *up*) coprire di terra.

earth-born ['ə:θbɔ:n] *a.* **1** (*Mitol.*) nato dalla terra. **2** mortale.

earth-bound ['ə:θbaund] *a.* **1** terrestre. **2** (*fig.*) coi piedi per terra; positivo.

earthen ['ə:θən] *a.* **1** di terra. **2** di terracotta.

earthenware ['ə:θənwɛə*] *s.* terraglie.

earthly ['ə:θli] *a.* **1** terreno. **2** (*fig.*) materiale. **3** concepibile, possibile. ◻ *for no* ~ *reason* per nessuna ragione al mondo.

earthquake ['ə:θkweik] *s.* terremoto, sisma.

earthquake-proof ['ə:θkweikpru:f] *a.* antisismico.

earthward(s) ['ə:θwəd(z)] *avv.* verso terra.

earthwork ['ə:θwə:k] *s.* terrapieno.

earthworm ['ə:θwə:m] *s.* (*Zool.*) lombrico.

earthy ['ə:θi] *a.* **1** terroso. **2** (*fig.*) concreto, positivo. **3** corposo, reale.
earwax ['iəwæks] *s.* cerume.
ease [i:z] *s.* **1** sollievo. **2** tranquillità, serenità. **3** facilità. **4** benessere. **5** disinvoltura, naturalezza. □ (*Mil., Ginn.*) **at** *~!* riposo!; *to* **feel** *at ~* trovarsi a proprio agio; **ill** *at ~* a disagio.
to **ease** [i:z] **I** *v.t.* **1** sollevare, alleviare. **2** tranquillizzare. **3** calmare. **4** facilitare, semplificare. **5** (spesso con *off*) allentare. **6** ridurre, rallentare. **7** spostare con cautela. **II** *v.i.* attenuarsi, calmarsi. □ *to ~* **off**, *to ~* **up** diminuire (d'intensità).
easel ['i:zl] *s.* cavalletto da pittore.
easily ['i:zili] *avv.* **1** facilmente. **2** senza dubbio.
easiness ['i:zinis] *s.* **1** facilità. **2** disinvoltura, naturalezza; indifferenza.
east [i:st] **I** *s.* est, oriente, levante. **II** *a.* **1** orientale. **2** di levante. **III** *avv.* a est, verso est, a oriente. □ *the East End* la zona industriale e popolare di Londra.
eastbound ['i:stbaund] *a.* diretto a oriente.
Easter ['i:stə*] *s.* Pasqua.
easterly ['i:stəli] **I** *a.* **1** orientale. **2** dell'est. **II** *s.* vento dell'est. **III** *avv.* **1** verso est. **2** dall'est.
eastern ['i:stən] *a.* orientale.
easternmost ['i:stənməust] *a.* dell'estremo est.
Eastertide ['i:stətaid] *s.* periodo pasquale.
eastward(s) ['i:stwəd(z)] *avv.* verso est.
easy ['i:zi] **I** *a.* **1** facile, semplice. **2** confortevole, comodo. **3** tranquillo. **4** disinvolto. **5** (*di stile*) scorrevole. **II** *avv.* **1** facilmente. **2** piano, con calma. **III** *intz.* piano. □ *~* **does** *it!* attento!; *~ on the* **eye** di bell'aspetto; *she is ~ to* **get** *on with* è facile andare d'accordo con lei; *at an ~* **pace** lentamente; *to* **take** *things ~* prendersela comoda; **take** *it ~!* non te la prendere!; (*Comm.*) *on ~* **terms** con facilitazioni di pagamento.
easy-chair ['i:zitʃɛə*] *s.* poltrona.
easy-going ['i:zi'gəuiŋ] *a.* di buon carattere, accomodante.
to **eat** [i:t] *v.* (*pass.* **ate** [e(i)t], *p.p.* **eaten** ['i:tn]) **I** *v.t.* **1** mangiare (*anche fig.*). **2** (spesso con *away, up*) corrodere, intaccare. **II** *v.i.* **1** mangiare. **2** corrodere (*into s.th.* qc.). □ *to ~ one's* **dinner** pranzare; (*fig.*) *to ~ out of s.o.'s* **hand** pendere dalle labbra di qd.; (*fig.*) *to ~ one's* **heart** *out* mangiarsi il fegato; *to ~* **in** mangiare in casa; *to ~* **out** mangiare al ristorante; *to ~* **up** finire di mangiare; (*fam.*) *to ~ one's* **words** rimangiarsi la parola.
eatable ['i:təbl] *a.* commestibile.
eaten ['i:tn] → to **eat**.
eater ['i:tə*] *s.* mangiatore. □ *a* **big** *~* un gran mangiatore; *a* **poor** *~* una persona che mangia poco.
eatery ['i:təri] *s.* tavola calda dove si mangia sugli sgabelli. □ *fast food ~* locale dove si mangiano cibi pronti.
eating-house *am.* ['i:tiŋhaus] *s.* trattoria.

eaves [i:vz] *s.pl.* (*Edil.*) gronda, grondaia.
to **eavesdrop** ['i:vzdrɔp] *v.i.* origliare; stare ad ascoltare (*on s.th.* qc.).
ebb [eb] *s.* **1** riflusso. **2** (*fig.*) declino, decadenza.
to **ebb** [eb] *v.i.* **1** rifluire, decrescere. **2** (*fig.*) (spesso con *away*) declinare, venir meno.
ebb-tide ['ebtaid] *s.* bassa marea.
ebony ['ebəni] **I** *s.* **1** ebano. **2** color ebano. **II** *a.* d'ebano.
ebullience [i'bʌljəns] *s.* esuberanza.
ebullient [i'bʌljənt] *a.* esuberante.
EC = *European Comunity* Comunità Europea.
eccentric [ik'sentrik] *a./s.* **1** eccentrico. **2** (*fig.*) stravagante.
eccentricity [,eksen'trisiti] *s.* eccentricità.
ecclesiastic [i,klizi'æstik] *s.* ecclesiastico.
ecclesiastical [i,klizi'æstikəl] *a.* ecclesiastico.
echelon ['eʃəlɔn] *s.* (*Mil.*) **1** scaglione. **2** (*Aer.*) squadriglia.
echo ['ekəu] *s.* (*pl.* **–es** [–z]) eco.
to **echo** ['ekəu] **I** *v.i.* echeggiare (*with* di). **II** *v.t.* **1** rimandare l'eco di. **2** (*fig.*) fare eco a.
echosounder ['ekəusaundə*] *s.* ecoscandaglio.
eclectic [ek'lektik] *a.* eclettico.
eclecticism [ek'lektisizəm] *s.* eclettismo.
eclipse [i'klips] *s.* **1** (*Astr.*) eclissi. **2** (*fig.*) declino. □ *to be in ~* essere in disgrazia.
to **eclipse** [i'klips] *v.t.* eclissare.
ECM = *European Common Market* Mercato Comune Europeo (MEC).
ECNR = *European Council for Nuclear Research* Comitato Europeo di Ricerche Nucleari (CERN).
ecocatastrophe [,ekəkə'tæstrəfi] *s.* catastrofe ecologica.
ecological [,ekə'lɔdʒikəl] *a.* ecologico.
ecologist [i'kɔlədʒist] *s.* ecologo.
ecology [i'kɔlədʒi] *s.* ecologia.
economic [,i:kə'nɔmik] *a.* economico.
economical [,i:kə'nɔmikəl] *a.* **1** economo, parsimonioso. **2** a buon mercato.
economics [,i:kə'nɔmiks] *s.pl.* (costr. sing.) economia.
economist [i:'kɔnəmist] *s.* economista *m./f.*
to **economize** [i:'kɔnəmaiz] **I** *v.i.* fare economia (*on* di, su). **II** *v.t.* risparmiare, economizzare.
economy [i:'kɔnəmi] *s.* **1** economia. **2** parsimonia. □ *~* **class** classe turistica sugli aerei; *~* **package** confezione economica.
ecosystem ['i:kəu,sistəm] *s.* ecosistema.
ECSC = *European Coal and Steel Community* Comunità Europea per il Carbone e l'Acciaio (CECA).
ecstasy ['ekstəsi] *s.* **1** estasi. **2** rapimento, trasporto. **3** (*sl.*) ecstasy (droga chimica).
ecstatic [ek'stætik] *a.* estatico.
ECU = *European Currency Unit* Unità Monetaria Europea.
ecumenical [,i:kju'menikəl] *a.* ecumenico.
ecumenism ['ekju:mənizəm] *s.* ecumenismo.
eczema ['eksimə] *s.* (*Med.*) eczema.
Ed. = → **Editor**.

eddy ['edi] *s.* **1** gorgo, vortice. **2** mulinello, turbine.

to **eddy** ['edi] *v.i.* mulinare, turbinare.

edge [edʒ] *s.* **1** taglio, filo (di lama). **2** bordo, orlo. **3** margine, estremità. **4** spigolo. **5** (*fam.*) vantaggio. **6** *pl.* lamine degli sci. **7** labbro (di ferita). □ *to* **have** *the* ~ *on me* avere il coltello dalla parte del manico; (*fig.*) *to take the* ~ **off** *s.th.* calmare qc.; (*fig.*) *to be* **on** ~ avere i nervi a fior di pelle; (*fig.*) *to set s.o.'s* **teeth** *on* ~ far rabbrividire qd.; dare ai nervi a qd.

to **edge** [edʒ] **I** *v.t.* **1** affilare. **2** bordare, orlare. **3** fiancheggiare. **II** *v.i.* **1** costeggiare. **2** muoversi lentamente. **3** (*nello sci*) spigolare.

edgeways ['edʒweiz], **edgewise** ['edʒwaiz] *avv.* di taglio, di traverso.

edging ['edʒiŋ] *s.* (*Sartoria*) **1** orlo, bordo. **2** fettuccia, frangia.

edgy ['edʒi] *a.* **1** angoloso, rigido; tagliente. **2** (*fig.*) irritabile, nervoso.

edible ['edibl] **I** *a.* commestibile. **II** *s.* (general. al pl.) commestibili.

edict ['i:dikt] *s.* **1** editto. **2** ordine, comando.

edifice ['edifis] *s.* edificio.

to **edify** ['edifai] *v.t.* (*fig.*) edificare; elevare spiritualmente.

to **edit** ['edit] *v.t.* **1** curare (un testo) per la pubblicazione. **2** fare la revisione critica (di un testo). **3** dirigere (un giornale o una rivista); svolgere le mansioni di direttore editoriale. **4** (*Cin.*) curare il montaggio (di un film). □ *edited by* a cura di.

editing [editiŋ] *s.* **1** revisione critica di un testo. **2** (*Cin.*) montaggio.

edition [i'diʃən] *s.* **1** edizione. **2** tiratura: *limited* ~ tiratura limitata. □ *revised* ~ edizione riveduta e corretta.

editor ['editə*] *s.* **1** (*Giorn.*) direttore; redattore responsabile: *literary* ~ redattore letterario. **2** (*Edit.*) redattore; curatore di un'opera. **3** (*Cin.*) tecnico del montaggio. □ ~-*in*-**chief** redattore capo; **managing** ~ direttore editoriale.

editorial [ˌedi'tɔ:riəl] **I** *s.* (*Giorn.*) editoriale, articolo di fondo. **II** *a.* **1** editoriale. **2** (*Giorn.*) redazionale. □ ~ *staff* redazione.

Edmund ['edmənd] *N.pr.m.* Edmondo.

EDP = (*Inform.*) *Electronic Data Processing* elaborazione elettronica dei dati.

to **educate** ['edjukeit] *v.t.* **1** istruire, educare. **2** (*fig.*) educare, affinare.

educated ['edjukeitid] *a.* istruito, colto. □ ~ *guess* ipotesi fondata.

education [ˌedju'keiʃən] *s.* **1** istruzione, educazione; cultura. **2** didattica; pedagogia.

educational [ˌedju'keiʃənəl] *a.* **1** didattico. **2** educativo, istruttivo.

educator ['edjukeitə*] *s.* **1** educatore; insegnante *m./f.* **2** (*am.*) pedagogista *m./f.*

Edward ['edwəd] *N.pr.m.* Edoardo.

EE = *errors excepted* salvo errori.

eel [i:l] *s.* (*Zool.*) anguilla.

eerie, **eery** ['iəri] *a.* misterioso, strano; agghiacciante: *an* ~ *shriek* un urlo agghiacciante.

to **efface** [i'feis] *v.t.* cancellare (*spec. fig.*). □ *to* ~ *o.s.* tenersi in disparte.

effect [i'fekt] *s.* **1** effetto. **2** senso, significato. **3** (*Cin.*) effetto speciale. **4** *pl.* effetti, beni (personali). □ (*Dir.*) *to* **come** *into* ~ entrare in vigore; **for** ~ per far colpo; *to* **give** ~ *to* attuare; **in** ~ in effetti; *of* **no** ~ inutile; *to* **put** *into* ~ attuare; *to the* **same** ~ con lo stesso risultato; **to** *the* ~ *that* col risultato che.

to **effect** [i'fekt] *v.t.* **1** effettuare, compiere. **2** causare, produrre.

effective [i'fektiv] **I** *a.* **1** efficace. **2** valido. **3** vero, reale: ~ *membership* la reale appartenenza ad un'associazione. **4** d'effetto: *an* ~ *entrance* un'entrata ad effetto. **5** (*Mil.*) effettivo. **II** *s.* (*Mil.*) effettivo.

effectual [i'fektjuəl] *a.* che ha ottenuto l'effetto voluto.

effeminacy [i'feminəsi] *s.* effeminatezza.

effeminate [i'feminit] *a.* effeminato.

to **effervesce** [ˌefə'ves] *v.i.* essere effervescente.

effervescence [ˌefə'vesəns] *s.* effervescenza (*anche fig.*), esuberanza.

effervescent [ˌefə'vesənt] *a.* effervescente; esuberante.

efficacious [ˌefi'keiʃəs] *a.* efficace.

efficacy ['efikəsi] *s.* efficacia, validità.

efficiency [i'fiʃənsi] *s.* **1** efficienza. **2** (*Mecc.*) rendimento. **3** (*am.*) monolocale (con cucinotto).

effigy ['efidʒi] *s.* effigie.

effluent ['efluənt] *s.* **1** (*Geog.*) emissario. **2** scarico (p.e. di fogna).

efflux ['eflʌks] *s.* **1** emanazione. **2** effusione.

effort ['efət] *s.* **1** sforzo, fatica: ~ *of will* sforzo di volontà. **2** tentativo; impresa. □ *that's a pretty* **good** ~ bravo, te la sei cavata bene; *to* **spare** *no* ~ non risparmiare fatiche.

effrontery [e'frʌntəri] *s.* sfacciataggine, sfrontatezza.

effusive [i'fju:siv] *a.* **1** affettuoso, espansivo; sentito: ~ *thanks* sentiti ringraziamenti. **2** (*Geol.*) effusivo: ~ *rocks* rocce effusive.

EFTA = *European Free Trade Association* Associazione Europea del Libero Commercio.

e.g. = *exempli gratia* per esempio (p.e.).

egalitarian [iˌgæli'tεəriən] *a./s.* (*Pol.*) egualitario.

egg [eg] *s.* **1** uovo. **2** (*Biol.*) ovulo. □ (*fam.*) *a* **bad** ~ un tipaccio; (*fig.*) *to put all one's eggs in one* **basket** puntare tutto su una carta; *to* **lay** *an* ~ fare un uovo; (*fam.*) *as* **sure** *as eggs is eggs* più sicuro di così si muore; (*fig.*) *to* **walk** (o *tread*) (*up*)*on eggs* camminare sulle uova.

to **egg** [eg] *v.t.* (general. con *on*) incitare, stimolare; istigare.

egg-cup ['egkʌp] *s.* portauovo.

egg-head ['eghed] *s.* (*spreg.*) intellettuale *m./f.*, testa d'uovo.

egg-plant ['egplɑ:nt] *s.* (*Bot.*) melanzana.
egg-whisk ['egwisk] *s.* frullino per le uova.
ego *lat.* ['egəu] *s.* **1** ego. **2** (*fam.*) amor proprio.
egocentric [,ego'sentrik] *a./s.* egocentrico.
egoism ['egəuizəm] *s.* egoismo.
egoist ['egəuist] *s.* egoista *m./f.*
egoistic [,egəu'istik], **egoistical** [,egəu'istikəl] *a.* egoistico.
egotism ['egətizəm] *s.* egotismo.
egregious [i'gri:dʒəs] *a.* enorme, madornale: *an ~ blunder* un errore madornale.
Egypt ['i:dʒipt] *N.pr.* (*Geog.*) Egitto.
Egyptian [i'dʒipʃən] *a./s.* egiziano.
eiderdown ['aidədaun] *s.* piumone.
eight [eit] *a./s.* otto. □ *it's ~* **o'clock** sono le otto; *a boy* **of** *~* un ragazzo di otto anni; (*fam.*) *to have one* **over** *the ~* alzare un po' troppo il gomito.
eighteen ['ei'ti:n] *a./s.* diciotto.
eighteenth ['ei'ti:nθ] *a./s.* diciottesimo.
eighth [eitθ] *a./s.* ottavo.
eightieth ['eitiiθ] *a./s.* ottantesimo.
eighty ['eiti] *a./s.* ottanta.
einsteinium [ainstainiəm] *s.* (*Chim.*) einsteinio.
Eire ['ɛərə] *N.pr.* (*Geog.*) Repubblica d'Irlanda.
either ['aiðə*, *am.* i:ðə*] **I** *a.* **1** uno dei due, l'uno o l'altro, tutti e due. **2** entrambi, tutti e due: *in ~ case* in entrambi i casi. **II** *pron.* **1** l'uno o l'altro: *~ of you can go* può andare l'uno o l'altro di voi. **2** (*dopo le negazioni*) né l'uno né l'altro. **III** *avv.* (*dopo le negazioni*) neanche, nemmeno, neppure: *if you don't order a dessert, I won't ~* se non ordini un dolce, nemmeno io lo farò. □ *~ ... or*: 1 o ... o: *~ you go or I go* o ci vai tu o ci vado io; 2 né ... né: *I shall not come ~ today or tomorrow* non verrò né oggi né domani.
to **ejaculate** [i'dʒækjuleit] *v.t.* **1** prorompere in. **2** (*Fisiologia*) eiaculare.
ejaculation [i,dʒækju'leiʃən] *s.* **1** esclamazione improvvisa. **2** (*Fisiologia*) eiaculazione.
to **eject** [i'dʒekt] *v.t.* espellere, buttar fuori; emettere.
ejection [i'dʒekʃən] *s.* espulsione.
ejector-seat [i(:)'dʒektə'si:t] *s.* sedile eiettabile (di un pilota).
to **eke** [i:k] *v.t.*: *to ~ out* far durare, far bastare. □ *to ~ out a living* sbarcare il lunario.
elaborate [i'læbərit] *a.* elaborato, minuzioso.
to **elaborate** [i'læbəreit] *v.t.* **1** elaborare, studiare con cura. **2** approfondire, sviluppare.
elaboration [i,læbə'reiʃən] *s.* elaborazione; complessità.
to **elapse** [i'læps] *v.i.* passare, trascorrere (del tempo).
elastic [i'læstik] *a./s.* elastico (*anche fig.*).
elasticity [,i:læs'tisiti] *s.* elasticità (*anche fig.*).
elated [i'leitid] *a.* esultante, euforico.
elation [i'leiʃən] *s.* esaltazione; euforia.
elbow ['elbəu] *s.* **1** gomito. **2** curva; (*di fiume*) ansa. **3** (*am.*) (*di sedia*) bracciolo. □ (*fig.*) **at** *one's ~* a portata di mano; *to* **rub** *elbows with* essere in stretto contatto con; (*fam.*) **up** *to one's elbows in work* immerso fino al collo nel lavoro.
to **elbow** ['elbəu] **I** *v.t.* dare gomitate a. **II** *v.i.* farsi largo a gomitate.
elbow-grease ['elbəugri:s] *s.* (*fam.*) olio di gomito.
elbow-room ['elbəuru:m] *s.* libertà di movimento.
elder[1] ['eldə*] (*compar. di* **old**) **I** *a.* **1** maggiore. **2** anziano, di grado più elevato. **II** *s.* **1** persona più anziana. **2** (*di tribù, ecc.*) membro anziano. □ **Pliny** *the Elder* Plinio il Vecchio; *he is my ~ by two* **years** è (di) due anni più vecchio di me.
elder[2] ['eldə*] *s.* (*Bot.*) sambuco.
elderly ['eldəli] *a.* anziano, attempato.
eldest ['eldist] *a.* (*sup. di* **old**) il più vecchio; il primogenito.
Eleanor ['elinə*] *N.pr.f.* Eleonora.
elect [i'lekt] *a.* eletto, nominato, scelto; designato: *president-~* presidente designato.
to **elect** [i'lekt] *v.t.* **1** eleggere; scegliere. **2** decidere.
election [i'lekʃən] *s.* elezione. □ *local ~* elezioni amministrative.
to **electioneer** [i,lekʃə'niə*] *v.i.* fare propaganda elettorale.
elective [i'lektiv] **I** *a.* **1** elettivo. **2** (*am., Scol.*) facoltativo. **II** *s.* (*am., Scol.*) materia facoltativa.
elector [i'lektə*] *s.* elettore.
electoral [i'lektərəl] *a.* elettorale. □ *~ register* liste elettorali.
electorate [i'lektərit] *s.* (*collett.*) elettorato, elettori.
electric [i'lektrik] *a.* **1** elettrico. **2** (*fig.*) teso; elettrizzato. □ *~* **appliances** elettrodomestici; *~* **power** energia elettrica; *~* **shock** scossa elettrica.
electrical [i'lektrikəl] *a.* elettrico: *~ engineer* ingegnere elettrotecnico.
electrician [i,lek'triʃən] *s.* elettricista.
electricity [i,lek'trisiti] *s.* **1** elettricità. **2** corrente elettrica.
electrification [i,lektrifi'keiʃən] *s.* elettrificazione.
to **electrify** [i'lektrifai] *v.t.* **1** elettrizzare (*anche fig.*). **2** elettrificare.
electrocardiogram [i,lektrə(u)'kɑ:diəgræm] *s.* (*Med.*) elettrocardiogramma.
to **electrocute** [i'lektrəkju:t] *v.t.* **1** folgore. **2** (*am.*) giustiziare sulla sedia elettrica.
electrode [i'lektrəud] *s.* (*Fis.*) elettrodo.
electrolysis [i,lek'trɔlisis] *s.* (*Chim.*) elettrolisi.
electrolyte [i'lektrə(u)lait] *s.* elettrolita.
electromagnet [i,lektro(u)'mægnit] *s.* elettromagnete, elettrocalamita.
electron [i'lektrɔn] *s.* (*Fis.*) elettrone.
electronic [i,lek'trɔnik] *a.* elettronico.
electronics [i,lek'trɔniks] *s.pl.* (costr. sing.) elettronica.

electroscope [i'lektrəskəup] *s.* (*Fis.*) elettroscopio.
electroshock [i,lectrə(u)'ʃɔk] *s.* (*Med.*) elettroshock.
elegance ['eligəns] *s.* eleganza; raffinatezza.
elegant ['eligənt] *a.* elegante; fine.
elegiac [,eli'dʒaiæk] **I** *a.* elegiaco. **II** *s.* (*Metrica*) (verso) elegiaco.
elegy ['elidʒi] *s.* (*Lett.*) elegia.
element ['elimənt] *s.* **1** elemento. **2** *pl.* elementi, primi rudimenti. □ (*fig.*) *to be in* (o *out of*) *one's* ~ essere nel (*o* fuori del) proprio elemento; sentirsi (*o* non sentirsi) a proprio agio.
elemental [,eli'mentl] *a.* **1** elementare. **2** degli elementi; della natura.
elementary [,eli'mentəri] *a.* elementare; rudimentale.
elephant ['elifənt] *s.* (*Zool.*) elefante. □ *white* ~ cosa costosa ed inutile.
elephantine [,eli'fæntain] *a.* **1** elefantesco. **2** (*fig.*) mastodontico; sgraziato.
to **elevate** ['eliveit] *v.t.* **1** sollevare, alzare. **2** (*fig.*) elevare, innalzare (*to* a).
elevated ['eliveitid] *a.* **1** elevato. **2** (*fig.*) nobile. **3** sopraelevato: ~ *railroad* ferrovia soprelevata.
elevation [,eli'veiʃən] *s.* **1** elevazione. **2** (*Geog.*) altitudine. **3** (*fig.*) elevatezza, nobiltà. **4** (*Arch.*) prospetto; proiezione verticale. **5** (*Topografia*) quota.
elevator ['eliveitə*] *s.* **1** (*Mecc.*) montacarichi. **2** (*am.*) ascensore.
eleven [i'levn] *a./s.* undici.
elevenses [i'levnziz] *s.pl.* spuntino (delle undici).
eleventh [i'levnθ] *a./s.* undicesimo. □ (*fig.*) *at the* ~ *hour* all'ultimo momento.
elf [elf] *s.* (*pl.* **elves** [elvz]) elfo, folletto (*anche fig.*).
elfish ['elfiʃ] *a.* birichino, malizioso.
to **elicit** [i'lisit] *v.t.* tirare fuori, strappare; ottenere (notizie, informazioni).
to **elide** [i'laid] *v.t.* (*Gramm.*) elidere.
eligible ['elidʒibl] *a.* eleggibile; idoneo, adatto (*for* a). □ *an* ~ *match* un buon partito.
to **eliminate** [i'limineit] *v.t.* **1** eliminare. **2** scartare.
elimination [i,limi'neiʃən] *s.* eliminazione.
elision [i'liʒən] *s.* (*Gramm.*) elisione.
elixir [i'liksə*] *s.* elisir.
Eliza [i'laizə] *N.pr.f.* Elisa.
Elizabeth [i'lizəbəθ] *N.pr.f.* Elisabetta.
Elizabethan [i,lizə'bi:θən] *a./s.* elisabettiano.
elk [elk] *s.* (*Zool.*) alce.
ellipse [i'lips] *s.* (*Geom.*) ellisse.
ellipsis [i'lipsis] *s.* (*pl.* **–ses** [–si:z]) (*Gramm.*) ellissi.
elliptic [i'liptik], **elliptical** [i'liptikəl] *a.* ellittico.
elm [elm] *s.* (*Bot.*) olmo.
elocution [,elə'kju:ʃən] *s.* dizione; elocuzione.
to **elongate** ['i:lɔŋgeit] **I** *v.t.* allungare; prolungare. **II** *v.i.* allungarsi; prolungarsi.
elongation [,i:lɔŋ'geiʃən] *s.* allungamento; prolungamento.
to **elope** [i'ləup] *v.i.* fuggire (con un amante).
elopement [i'ləupmənt] *s.* fuga (con un amante).
eloquence ['eləkwəns] *s.* eloquenza.
eloquent ['eləkwənt] *a.* eloquente (*anche fig.*).
else [els] **I** *a.* (usato dopo un pron. interr. e dopo i composti di *some, any, no, every*) altro: *give it to s.o.* ~ dallo a qd. altro; *what* ~ *can I do?* che altro posso fare? **II** *avv.* (general. preceduto da *or*) altrimenti, se no: *he must be joking, or* ~ *he's mad* penso che stia scherzando, altrimenti è pazzo. □ (*fam.*) **pay** *me what you owe me, or* ~*!* pagami quel che mi devi, o vedrai!; *let us* **speak** *of something* ~ cambiamo argomento; **who** ~ *was there?* chi altri c'era?
elsewhere ['els'weə*] *avv.* altrove, in qualche altro posto.
to **elucidate** [i'lu:sideit] *v.t.* delucidare, spiegare; chiarire.
elucidation [i,lu:si'deiʃən] *s.* delucidazione, chiarimento, spiegazione.
to **elude** [i'lu:d] *v.t.* sfuggire a, sottrarsi a.
elusive [i'lu:siv], **elusory** [i'lu:səri] *a.* sfuggente, vago; inafferrabile; evasivo.
EMA = *European Monetary Agreement* Accordo Monetario Europeo (AME).
emaciated [i'meiʃieitid] *a.* emaciato, smunto, deperito.
to **emanate** ['eməneit] *v.i.* emanare, provenire, scaturire (*from* da).
emanation [,imə'neiʃən] *s.* emanazione.
to **emancipate** [i'mænsipeit] *v.t.* emancipare.
emancipation [i,mænsi'peiʃən] *s.* emancipazione.
to **emasculate** [i'mæskjuleit] *v.t.* **1** evirare. **2** (*fig.*) effeminare. **3** indebolire.
emasculation [i,mæskju'leiʃən] *s.* **1** evirazione. **2** (*fig.*) effeminatezza. **3** debolezza.
to **embalm** [im'bɑ:m] *v.t.* **1** imbalsamare. **2** (*am.*) rendere balsamico.
to **embank** [im'bæŋk] *v.t.* arginare (un fiume).
embankment [im'bæŋkmənt] *s.* (*Strad.*, *Ferr.*) terrapieno, argine.
embargo [em'bɑ:gəu] *s.* (*pl.* **–es** [–z]) **1** (*Mar.*, *Econ.*) embargo. **2** (*fig.*) veto, divieto; impedimento.
to **embark** [im'bɑ:k] **I** *v.t.* imbarcare. **II** *v.i.* **1** imbarcarsi. **2** (*fig.*) intraprendere (*on, upon s.th.* qc.).
embarkation [,embɑ:'keiʃən] *s.* imbarco.
to **embarrass** [im'bærəs] *v.t.* **1** imbarazzare; confondere. **2** mettere in difficoltà.
embarrassment [im'bærəsmənt] *s.* **1** imbarazzo. **2** impaccio. **3** difficoltà (finanziarie).
embassy ['embəsi] *s.* ambasciata. □ ~ *officials* funzionari d'ambasciata.
to **embed** [im'bed] *v.t.* (general. al passivo) **1** incastrare, incassare; conficcare a forza: *a thorn embedded in his hand* una spina che si era conficcata nella sua mano. **2** include-

re: *the biopsy is embedded in paraffin* la biopsia è inclusa in paraffina.
to **embellish** [im'beliʃ] *v.t.* abbellire.
embellishment [im'beliʃmənt] *s.* abbellimento.
ember ['embə*] *s.* **1** tizzo, tizzone. **2** *pl.* brace.
to **embezzle** [im'bezl] *v.t.* appropriarsi indebitamente di; malversare.
embezzlement [im'bezlmənt] *s.* appropriazione indebita, malversazione.
to **embitter** [im'bitə*] *v.t.* **1** amareggiare. **2** inasprire, esacerbare. **3** avvelenare un piacere.
embitterment [im'bitəmənt] *s.* amarezza; inasprimento.
emblem ['embləm] *s.* emblema; simbolo.
emblematic [,emblə'mætik] *a.* emblematico; simbolico.
embodiment [im'bɔdimənt] *s.* personificazione, incarnazione.
to **embody** [im'bɔdi] *v.t.* **1** personificare, incarnare. **2** incorporare, includere. □ *to ~ a clause* inserire una clausola.
to **embolden** [im'bəuldən] *v.t.* incoraggiare.
to **emboss** [im'bɔs] *v.t.* **1** stampare in rilievo. **2** (*Met.*) lavorare a sbalzo; goffrare.
embrace [im'breis] *s.* abbraccio.
to **embrace** [im'breis] **I** *v.t.* **1** abbracciare (*anche fig.*). **2** (*fig.*) accettare; includere, comprendere. **II** *v.i.* abbracciarsi.
embrasure [im'breiʒə*] *s.* **1** feritoia. **2** (*Arch.*) strombatura.
to **embroider** [im'brɔidə*] *v.t.* ricamare (*anche fig.*).
embroidery [im'brɔidəri] *s.* ricamo.
to **embroil** [im'brɔil] *v.t.* coinvolgere, confondere. □ *to ~ matters* imbrogliare le carte.
embryo ['embriəu] *s.* (*Biol.*) embrione.
embryology [,embri'ɔlədʒi] *s.* (*Biol.*) embriologia.
embryonic [,embri'ɔnik] *a.* (*Biol.*) embrionale.
to **emend** [i'mend] *v.t.* emendare; correggere.
emendation [,i:men'deiʃən] *s.* emendamento; correzione.
emerald ['emərəld] *s.* **1** (*Min.*) smeraldo. **2** verde smeraldo.
to **emerge** [i'mə:dʒ] *v.i.* **1** emergere; apparire. **2** (*fig.*) manifestarsi, comparire.
emergence [i'mə:dʒəns] *s.* **1** emersione. **2** (*fig.*) comparsa: *the ~ of man on earth* la comparsa dell'uomo sulla terra.
emergency [i'mə:dʒənsi] *s.* emergenza. □ ~ **brake** freno a mano; ~ **exit** uscita di sicurezza.
emergent [i'mə:dʒənt] *a.* emergente.
emery ['eməri] *s.* (*tecn.*) smeriglio. □ ~ **board** limetta di cartone; ~ **paper** carta smerigliata.
emetic [i'metik] *a./s.* (*Farm.*) emetico.
emigrant ['emigrənt] *s.* emigrante *m./f.*
to **emigrate** ['emigreit] *v.i.* emigrare.
emigration [,emi'greiʃən] *s.* emigrazione.
Emily ['emili] *N.pr.f.* Emilia.
eminence ['eminəns] *s.* **1** altura, luogo elevato. **2** (*fig.*) eminenza, eccellenza. **Eminence** Eminenza.
eminent ['eminənt] *a.* **1** eminente, insigne. **2** notevole, considerevole.
emir [e'miə*] *s.* emiro.
emissary ['emisəri] *s.* emissario.
emission [i'miʃən] *s.* emissione; emanazione.
to **emit** [i'mit] *v.t.* (*pass., p.p.* **emitted** [–id]) **1** emettere; emanare. **2** (*estens.*) distribuire.
emollient [i'mɔliənt] *a./s.* (*Farm.*) emolliente.
emolument [i'mɔljumənt] *s.* (*Econ.*) emolumento.
emotion [i'məuʃən] *s.* **1** sentimento. **2** emozione.
emotional [i'məuʃənəl] *a.* **1** emozionale. **2** emotivo. **3** commovente, toccante.
emotive [i'məutiv] *a.* emotivo.
to **empanel** [im'pænl] *v.t.* (*pass., p.p.* **–lled**/*am.* **–led** [–d]) iscrivere nella lista dei giurati.
empathy ['empəθi] *s.* **1** (*Psicol.*) immedesimazione. **2** (*estens.*) partecipazione ai sentimenti altrui.
emperor ['empərə*] *s.* imperatore.
emphasis ['emfəsis] *s.* (*pl.* **–ses** [–si:z]) enfasi; importanza, rilievo: *to lay ~ on s.th.* mettere in evidenza qc.
to **emphasize** ['emfəsaiz] *v.t.* accentuare, mettere in evidenza; mettere in risalto.
emphatic [im'fætik] *a.* **1** enfatico. **2** energico.
empire ['empaiə*] *s.* impero.
empiric [em'pirik] *a./s.* empirico.
empirical [em'pirikəl] *a.* empirico.
empiricism [em'pirisizəm] *s.* empirismo.
empiricist [em'pirisist] *s.* empirista *m./f.*
emplacement [im'pleismənt] *s.* (*Mil.*) postazione.
employ [im'plɔi] *s.* occupazione, impiego. □ *to be in s.o.'s ~* essere alle dipendenze di qd.
to **employ** [im'plɔi] *v.t.* **1** dar lavoro a, occupare; assumere. **2** usare, adoperare; impiegare: *how do you ~ your spare time?* come impieghi il tuo tempo libero?
employee [,emplɔi'i:] *s.* dipendente *m./f.*; impiegato.
employer [im'plɔiə*] *s.* datore di lavoro, principale.
employment [im'plɔimənt] *s.* **1** impiego, lavoro. **2** impiego, uso.
to **empower** [im'pauə*] *v.t.* autorizzare, dare pieni poteri a.
empress ['empris] *s.* imperatrice.
empty ['empti] **I** *a.* **1** vuoto; deserto. **2** (*fig.*) vano, vacuo. **3** (*fam.*) affamato, a stomaco vuoto. **II** *s.* **1** vuoto. **2** *pl.* vuoti: *please return empties* si prega di restituire i vuoti.
to **empty** ['empti] **I** *v.t.* **1** vuotare, svuotare. **2** sgombrare, evacuare. **II** *v.i.* **1** (s)vuotarsi. **2** scaricarsi (*into* in), (*di fiume*) sfociare.
empty-handed ['empti'hændid] *a.* a mani vuote.
empty-headed ['empti'hedid] *a.* senza cervello; con la testa vuota.

to **emulate** ['emjuleit] *v.t.* emulare.
emulation [,emju'leiʃən] *s.* emulazione.
to **emulsify** [i'mʌlsifai] *v.t.* emulsionare.
emulsion [i'mʌlʃən] *s.* emulsione.
to **enable** [i'neibl] *v.t.* **1** permettere a, consentire a. **2** autorizzare, dare facoltà a.
to **enact** [i'nækt] *v.t.* **1** emanare; promulgare; decretare. **2** (*Teat.*) recitare, rappresentare.
enactment [i'næktmənt] *s.* **1** promulgazione; conversione in legge. **2** legge; decreto. **3** (*Teat.*) rappresentazione.
enamel [i'næməl] *s.* **1** smalto. **2** pittura a smalto.
to **enamel** [i'næməl] *v.t.* (*pass., p.p.* **–lled**/*am.* **–led** [–d]) **1** smaltare. **2** verniciare a smalto.
to **enamor** *am.*, to **enamour** [i'næmə*] *v.t.* (general. al passivo) innamorare: *she is enamoured of jazz music* ha una grande passione per la musica jazz.
to **encamp** [in'kæmp] **I** *v.i.* accamparsi. **II** *v.t.* accampare.
encampment [in'kæmpmənt] *s.* accampamento.
encephalitis [en,sefə'laitis] *s.* (*pl.* **–tides** [–tidi:z]) (*Med.*) encefalite.
to **enchain** [in'tʃein] *v.t.* incatenare (*anche fig.*).
to **enchant** [in'tʃɑ:nt] *v.t.* incantare, ammaliare.
enchanter [in'tʃɑ:ntə*] *s.* incantatore, mago, stregone.
enchanting [in'tʃɑ:ntiŋ] *a.* incantevole, affascinante.
enchantment [in'tʃɑ:ntmənt] *s.* **1** incantesimo; incanto. **2** (*fig.*) fascino.
enchantress [in'tʃɑ:ntris] *s.* incantatrice, maga, maliarda.
to **encircle** [in'sə:kl] *v.t.* **1** circondare, cingere. **2** (*Mil.*) accerchiare.
encl. = *enclosure* allegato (all.).
enclitic [en'klitik] **I** *a.* (*Gramm.*) enclitico. **II** *s.* enclitica.
to **enclose** [in'kləuz] *v.t.* **1** rinchiudere, racchiudere. **2** circondare; recintare, cintare. **3** (*Comm.*) allegare, accludere. □ *enclosed space* spazio circoscritto.
enclosure [in'kləuʒə*] *s.* **1** recinto, recinzione; muro. **2** zona cintata. **3** (*Comm.*) allegato.
to **encompass** [in'kʌmpəs] *v.t.* **1** circondare, attorniare. **2** includere, racchiudere.
encore [ɔŋ'kɔ:*] *intz./s.* bis: *to give an* ~ concedere il bis.
to **encore** [ɔŋ'kɔ:*] *v.t.* chiedere il bis (a).
encounter [in'kauntə*] *s.* **1** incontro. **2** scontro, combattimento. □ *sexual encounters* esperienze sessuali.
to **encounter** [in'kauntə*] *v.t.* incontrare; imbattersi in; scontrarsi con.
to **encourage** [in'kʌridʒ] *v.t.* **1** incoraggiare. **2** favorire, stimolare.
encouragement [en'kʌridʒmənt] *s.* incoraggiamento.
encouraging [er'kʌridʒiŋ] *a.* incoraggiante.
to **encroach** [in'krəutʃ] *v.i.* **1** usurpare, abusare (*on, upon s.th.* qc.). **2** (*Dir.*) ledere (qc.). **3** invadere.
encroachment [in'krəutʃmənt] *s.* **1** usurpazione. **2** violazione (di diritti).
to **encrust** [in'krʌst] **I** *v.t.* **1** incrostare. **2** rivestire, ricoprire. **II** *v.i.* incrostarsi.
to **encumber** [in'kʌmbə*] *v.t.* **1** ostacolare. **2** ingombrare. **3** gravare (*with* di).
encumbrance [in'kʌmbrəns] *s.* **1** ostacolo, intralcio. **2** ingombro; peso (morto); gravame.
encyclical [en'siklikəl] *s.* (*Rel.*) enciclica.
encyclop(a)edia [en,saiklə'pi:diə] *s.* enciclopedia.
encyclop(a)edic [en,saiklə'pi:dik] *a.* enciclopedico.
end [end] *s.* **1** estremità; fondo; parte terminale; capo (di filo). **2** fine, conclusione. **3** scopo, intento. **4** residuo, avanzo; mozzicone. **5** (*fig.*) morte; distruzione. □ *to* **be** *at an* ~ (*of*) essere finito; avere esaurito: *she is at the* ~ *of her patience* ha esaurito la sua pazienza; *to* **come** *to an* ~ concludersi; *to* **come** *to one's* ~ morire; (*fam.*) *to go off* (*at*) *the* **deep** ~ uscire dai gangheri; *to* **draw** *to an* ~ stare per finire; **from** ~ *to* ~ da cima a fondo; **in** *the* ~ alla fine; *to be at a* **loose** ~ non aver nulla da fare; *to make* (*both*) *ends* **meet** sbarcare il lunario; (*fam.*) **no** ~ enormemente; *to* **no** ~ inutilmente; (*fam.*) **no** ~ *of* un'infinità di; **on** ~: 1 in posizione verticale; 2 senza interruzione; *for weeks* **on** ~ per molte settimane di seguito; ~ **on** di fronte; (*fig.*) *to be at the* ~ *of one's* **tether** essere al limite della sopportazione; (*fam.*) **that's** *the* ~*!* è il colmo!; *to* **this** ~ a questo scopo; **to** *the* ~ *that* allo scopo di; ~ **to** ~ uno in fila all'altro: *arrange the tables* ~ *to* ~ sistemare i tavoli uno in fila all'altro; *to keep* (o *hold*) *one's* ~ **up** trarsi d'impaccio.
to **end** [end] **I** *v.t.* finire, concludere. **II** *v.i.* **1** terminare, portare a termine. **2** concludersi (*in* in, con), risolversi (in). □ *to* ~ *it* **all** suicidarsi; *to* ~ **off** *s.th.* concludere qc.; *to* ~ **up** (andare a) finire.
to **endanger** [in'deindʒə*] *v.t.* mettere in pericolo, rischiare.
to **endear** [in'diə*] *v.t.* rendere caro. □ *to* ~ **o.s.** *to* accattivarsi le simpatie di; *an endearing* **smile** un sorriso accattivante.
endearment [in'diəmənt] *s.* affettuosità, tenerezza. □ *a term of* ~ vezzeggiativo; parolina dolce.
endeavor *am.*, **endeavour** [in'devə*] *s.* sforzo; tentativo.
to **endeavor** *am.*, to **endeavour** [in'devə*] *v.i.* sforzarsi; tentare.
endemic [en'demik] **I** *a.* endemico. **II** *s.* (*Med.*) endemia.
ending ['endiŋ] *s.* **1** fine, termine, conclusione. **2** (*Cin., Lett.*) finale. **3** (*Gramm.*) desinenza.
endive ['endiv] *s.* (*Bot.*) indivia.

endless ['endlis] *a.* **1** infinito, senza fine. **2** sconfinato, immenso. **3** incessante, continuo.

endocrine ['endə(u)krain] *a.* (*Fisiologia*) endocrino.

to **endorse** [in'dɔ:s] *v.t.* **1** firmare (a tergo); scrivere a tergo di. **2** (*Econ.*) girare. **3** (*fig.*) approvare; appoggiare, sostenere. □ *to ~ a driving licence* annotare le infrazioni sulla patente.

endorsement [in'dɔ:smənt] *s.* **1** (*Econ.*) girata. **2** visto. **3** (*fig.*) approvazione; appoggio, sostegno.

endoscope ['endə(u)skəup] *s.* (*Med.*) endoscopio.

to **endow** [in'dau] *v.t.* **1** dotare (*with* di): *endowed with great talents* dotato di capacità eccezionali. **2** sovvenzionare, finanziare.

endowment [in'daumənt] *s.* **1** sovvenzionamento. **2** sovvenzione; lascito. **3** (*fig.*) dono naturale, dote.

end-papers [end'peipəz] *s.* risguardi (di un libro).

to **endue** [in'dju:] *v.t.* (general. al passivo) dotare, provvedere.

endurable [in'djuərəbl] *a.* sopportabile, tollerabile.

endurance [in'djuərəns] *s.* resistenza; sopportazione. □ *past ~* insopportabile.

to **endure** [in'djuə*] **I** *v.t.* **1** resistere a. **2** sopportare, tollerare. **II** *v.i.* **1** resistere, tener duro. **2** durare, permanere.

enduring [in'djuəriŋ] *a.* duraturo, durevole.

endways ['endweiz], **endwise** ['endwaiz] *avv.* **1** di faccia. **2** uno in fila all'altro. **3** ad angolo retto.

enema ['enimə] *s.* (*Med.*) clistere.

enemy ['enimi] *s.* nemico, avversario. □ *to* **make** *an ~ of s.o.* inimicarsi qd.; *to* **make** *enemies* farsi dei nemici.

energetic [ˌenə'dʒetik] *a.* energico; vigoroso.

energy ['enədʒi] *s.* energia.

to **enervate** ['enəveit] *v.t.* fiaccare, snervare

to **enfeeble** [in'fi:bl] *v.t.* indebolire, infiacchire.

to **enfold** [in'fəuld] *v.t.* **1** avvolgere, avviluppare. **2** stringere tra le braccia.

to **enforce** [in'fɔ:s] *v.t.* **1** rafforzare. **2** far rispettare, far osservare. **3** obbligare, costringere. **4** (*di diritto, ecc.*) applicare.

enforcement [in'fɔ:smənt] *s.* **1** applicazione (di legge). **2** costrizione, imposizione.

to **enfranchise** [in'fræntʃaiz] *v.t.* **1** concedere il diritto di voto a. **2** emancipare, liberare dalla schiavitù.

enfranchisement [in'fræntʃizmənt] *s.* **1** concessione del diritto di voto. **2** emancipazione; liberazione degli schiavi.

eng. = *engineer* ingegnere (ing.).

Eng. = **1** *England* Inghilterra. **2** *English* inglese.

to **engage** [in'geidʒ] **I** *v.t.* **1** ingaggiare; assumere. **2** prenotare; noleggiare. **3** impegnare (con contratto, ecc.). **4** (spec. al passivo) fidanzare. **5** (*Mecc.*) innestare. **II** *v.i.* **1** occuparsi (*in* di); impegnarsi (*in* di). **2** (*Mil.*) ingaggiare battaglia. **3** (*Mecc.*) innestarsi. □ *to ~ s.o.'s* **attention** attirare l'attenzione di qd.; *to ~ s.o. in* **conversation** coinvolgere qd. nella conversazione; (*Tel.*) *the* **line** *is engaged* è occupato.

engagement [in'geidʒmənt] *s.* **1** impegno, promessa. **2** fidanzamento. **3** appuntamento. **4** (*Mil.*) scontro.

engaging [in'geidʒiŋ] *a.* attraente, affascinante; simpatico.

engine ['endʒin] *s.* **1** motore. **2** locomotiva. **3** (*Mecc.*) macchina.

engine-driver ['endʒindraivə*] *s.* macchinista.

engineer [ˌendʒi'niə*] *s.* **1** ingegnere. **2** tecnico specializzato; meccanico. **3** (*am., Ferr.*) macchinista. **4** (*Mil.*) geniere. **5** (*fig.*) organizzatore.

to **engineer** [ˌendʒi'niə*] *v.t.* **1** dirigere i lavori di, costruire; progettare. **2** (*fig.*) escogitare, architettare.

engineering [ˌendʒi'niəriŋ] *s.* **1** ingegneria; tecnica. **2** ingegnosità.

England ['iŋglənd] *N.pr.* (*Geog.*) Inghilterra.

English ['iŋgliʃ] **I** *a.* inglese. **II** *s.* **1** inglese; lingua inglese. **2** (*collett.*) (costr. pl.) inglesi. □ **American** *~* l'inglese parlato negli Stati Uniti; *in* **plain** *~* in chiare note; *the* **Queen***'s* (o *King's*) *~* l'inglese parlato dalle persone colte.

English Channel ['iŋgliʃ'tʃænl] *N.pr.* (*Geog.*) (Canale della) Manica.

Englishman ['iŋgliʃmən] *s.* (*pl.* **–men**) inglese.

Englishwoman ['iŋgliʃwumən] *s.* (*pl.* **–women** [–wimin]) inglese.

to **engraft** [in'grɑ:ft] *v.t.* **1** (*Agr.*) innestare. **2** (*fig.*) inculcare.

to **engrave** [in'greiv] *v.t.* **1** incidere, intagliare. **2** (*fig.*) imprimere (nella memoria).

engraver [in'greivə*] *s.* incisore, intagliatore.

engraving [in'greiviŋ] *s.* incisione; stampa.

to **engross** [in'grəus] *v.t.* **1** assorbire, monopolizzare. **2** (*Dir.*) redigere. **3** (*Comm.*) accaparrare.

to **engulf** [in'gʌlf] *v.t.* **1** inghiottire, sommergere. **2** (*fig.*) immergere, sprofondare.

to **enhance** [in'hɑ:ns] *v.t.* **1** aumentare, accrescere. **2** esaltare; abbellire, mettere in risalto.

enigma [i'nigmə] *s.* enigma.

enigmatic [ˌenig'mætik] *a.* enigmatico.

to **enjoin** [in'dʒɔin] *v.t.* ingiungere, comandare; (*am.*) diffidare.

to **enjoy** [in'dʒɔi] *v.t.* **1** godere; gradire: *to ~ good health* godere di ottima salute. **2** disporre di. □ *to ~ o.s.* divertirsi; (*fam.*) *~!* divertiti!, passatela bene!

enjoyable [in'dʒɔiəbl] *a.* divertente, piacevole.

enjoyment [in'dʒɔimənt] *s.* godimento, piacere; divertimento.

to **enlarge** [in'lɑ:dʒ] **I** *v.t.* allargare; ingrandire (*anche Fot.*); ampliare. **II** *v.i.* **1** allargarsi; ingrandirsi. **2** dilungarsi (*on, upon* su).

enlargement [in'lɑ:dʒmənt] *s.* **1** allargamento; ampliamento. **2** aggiunta. **3** (*Fot.*) ingrandimento.
to **enlighten** [in'laitn] *v.t.* **1** chiarire a, spiegare a: *can you ~ me on this passage?* puoi spiegarmi questo passaggio? **2** (*fig.*) illuminare, mostrare la verità.
enlightened [in'laitnd] *a.* illuminato; di larghe vedute, privo di pregiudizi.
enlightenment [in'laitənmənt] *s.* chiarimento, spiegazione. **Enlightenment** (*Stor.*) Illuminismo.
to **enlist** [in'list] **I** *v.t.* **1** (*Mil.*) arruolare. **2** ottenere l'appoggio di. **II** *v.i.* **1** (*Mil.*) arruolarsi. **2** cooperare, partecipare.
enlistment [in'listmənt] *s.* (*Mil.*) arruolamento, leva; ingaggio.
to **enliven** [in'laivn] *v.t.* ravvivare, animare.
enmity ['enmiti] *s.* inimicizia, ostilità.
to **ennoble** [i'nəubl] *v.t.* **1** conferire un titolo nobiliare a. **2** (*fig.*) nobilitare.
enormity [i'nɔ:miti] *s.* **1** enormità: *the ~ of crime* l'enormità del delitto. **2** atrocità, malvagità.
enormous [i'nɔ:məs] *a.* **1** enorme, smisurato. **2** atroce, mostruoso.
enough [i'nʌf] **I** *a.* abbastanza, sufficiente, bastante. **II** *s.* quanto basta, quantità sufficiente: *he ate ~ for two* ha mangiato (una quantità sufficiente) per due. **III** *avv.* abbastanza, sufficientemente. **IV** *intz.* basta. ◻ *that's* **fair** *~* mi sta bene; *I've* **had** *~* ne ho avuto a sufficienza; *would you be* **kind** *~ to help me?* vuol essere così gentile da aiutarmi?; *that's* **more** *than ~* è più che sufficiente; *to have ~ and to* **spare** avere più di quanto basta; **that's** *~!* basta così!
enquire [in'kwaiə*] *e deriv.* → **inquire** *e deriv.*
to **enrage** [in'reidʒ] *v.t.* far arrabbiare.
to **enrapture** [in'ræptʃə*] *v.t.* mandare in estasi.
to **enrich** [in'ritʃ] *v.t.* **1** arricchire. **2** (*Agr.*) fertilizzare. **3** (*Alim.*) integrare.
to **enrol(l)** [in'rəul] *v.* (*pass., p.p.* **enrolled** [–d]) **I** *v.t.* **1** iscrivere. **2** (*Mil.*) arruolare. **3** registrare. **II** *v.i.* **1** iscriversi: *to ~ in a school* iscriversi a una scuola. **2** (*Mil.*) arruolarsi.
enrol(l)ment [in'rəulmənt] *s.* **1** iscrizione. **2** arruolamento. **3** registrazione.
to **ensconce** [in'skɔns] *v.t.* rifugiarsi; sistemarsi comodamente. ◻ *he ensconced himself in the corner by the fire* si acquattò nell'angolo vicino al caminetto.
ensign ['ensain] *s.* **1** bandiera. **2** emblema. **3** stemma. **4** (*am.*) guardiamarina.
to **enslave** [in'sleiv] *v.t.* rendere schiavo.
to **ensnare** [in'snɛə*] *v.t.* intrappolare.
to **ensue** [in'sju:] *v.i.* **1** seguire. **2** derivare, conseguire (*from* da).
to **ensure** [in'ʃuə*] *v.t.* **1** assicurare. **2** garantire.
to **entail** [in'teil] *v.t.* comportare, implicare.
to **entangle** [in'tæŋgl] *v.t.* **1** impigliare. **2** ingarbugliare. **3** (*fig.*) intrappolare, irretire.
entanglement [in'tæŋglmənt] *s.* **1** intrico, groviglio. **2** (*Mil.*) reticolato.
to **enter** ['entə*] **I** *v.i.* **1** entrare. **2** iscriversi (*for* a). **3** iniziare, intraprendere (*upon, on s.th.* qc.). **II** *v.t.* **1** entrare in. **2** penetrare in. **3** entrare a far parte di. **4** annotare, registrare. **5** iscrivere. **6** intraprendere. ◻ (*Dir.*) *to ~ an* **action** intentare causa; (*Comm.*) *to ~ into an* **agreement** concludere un accordo; *to ~ into* **details** entrare nei particolari; (*Dir.*) *to ~* **evidence** presentare prove; *to ~ (o.s.) for an* **examination** iscriversi a un esame; *to ~ upon an* **inheritance** entrare in possesso di un'eredità; *that doesn't ~* **into** *it* questo non c'entra; *to ~ into* (o *upon*) **office** entrare in carica.
enterprise ['entəpraiz] *s.* **1** impresa. **2** iniziativa.
enterprising ['entəpraiziŋ] *a.* intraprendente.
to **entertain** [ˌentə'tein] **I** *v.t.* **1** intrattenere. **2** ospitare; ricevere. **3** prendere in considerazione, valutare. **4** avere in mente; nutrire: *to ~ a suspicion* nutrire un sospetto. **II** *v.i.* ricevere, avere ospiti.
entertainer [ˌentə'teinə*] *s.* attore di cabaret.
entertaining [ˌentə'teiniŋ] *a.* divertente, piacevole.
entertainment [ˌentə'teinmənt] *s.* **1** intrattenimento, divertimento; spettacolo. **2** ricevimento.
to **enthral(l)** [in'θrɔ:l] *v.t.* (*pass., p.p.* **enthralled** [–d]) **1** affascinare. **2** soggiogare.
to **enthrone** [in'θrəun] *v.t.* **1** insediare sul trono. **2** (*fig.*) esaltare.
to **enthuse** [in'θju:z] *v.i.* (*fam.*) entusiasmarsi (*over* per).
enthusiasm [in'θju:ziæzəm] *s.* entusiasmo.
enthusiast [in'θju:ziæst] *s.* entusiasta *m./f.*, fanatico.
enthusiastic [inˌθju:zi'æstik] *a.* entusiastico; entusiasta (*about* per, di).
to **entice** [in'tais] *v.t.* **1** allettare. **2** lusingare.
enticement [in'taismənt] *s.* **1** lusinga. **2** istigazione.
entire [in'taiə*] *a.* intero, intatto.
entirety [in'taiəti] *s.* **1** totalità, integrità. **2** complesso, insieme.
to **entitle** [in'taitl] *v.t.* **1** dare il diritto a, autorizzare. **2** (*di libro*) intitolare. ◻ *to be entitled to do s.th.* avere il diritto di fare qc.
entity ['entiti] *s.* entità.
entomologist [ˌentə'mɔlədʒist] *s.* entomologo.
entomology [ˌentə'mɔlədʒi] *s.* entomologia.
entrails ['entreilz] *s.pl.* (*Anat.*) visceri, interiora.
entrance ['entrəns] *s.* **1** entrata, ingresso. **2** accesso. **3** ammissione. ◻ *~* **examination** esame d'ammissione; *~* **fee** tassa d'iscrizione.
to **entrance** [in'trɑ:ns] *v.t.* **1** estasiare. **2** far cadere in trance.
entrant ['entrənt] *s.* concorrente *m./f.*, partecipante *m./f.*, candidato.
to **entrap** [in'træp] *v.t.* intrappolare.

to **entreat** [in'tri:t] *v.t.* implorare, supplicare (*of* da).
entreaty [in'tri:ti] *s.* implorazione, supplica.
to **entrench** [in'trentʃ] **I** *v.t.* **1** (*Mil.*) trincerare; fortificare. **2** (*fig.*) consolidare. **II** *v.i.* **1** (*Mil.*) trincerarsi. **2** usurpare (*on, upon s.th.* qc.).
entrenchment [in'trentʃmənt] *s.* (*Mil.*) trincea.
entrepreneur *fr.* [ˌɔ:ntrəprə'nə:*] *s.* imprenditore.
entrepreneurial [ˌɔntrəprə'nə:riəl] *a.* imprenditoriale.
to **entrust** [in'trʌst] *v.t.* affidare a: *to ~ s.o. with responsibility* affidare una responsabilità a qd.
entry ['entri] *s.* **1** entrata, ingresso. **2** ammissione. **3** registrazione; annotazione, appunto. **4** concorrente *m./f.* **5** (*Comm.*) partita. **6** lemma (di un dizionario). ▭ **no** ~ divieto di accesso; ~ **visa** visto d'ingresso.
to **entwine** [in'twain] **I** *v.t.* intrecciare; attorcigliare. **II** *v.i.* attorcigliarsi, intrecciarsi.
to **enumerate** [i'nju:məreit] *v.t.* enumerare, elencare, contare.
enumeration [iˌnju:mə'reiʃən] *s.* enumerazione; elenco, lista.
to **enunciate** [i'nʌnsieit] *v.t.* **1** pronunciare. **2** enunciare, formulare.
to **envelop** [in'veləp] *v.t.* avvolgere, avviluppare (*anche fig.*).
envelope ['envələup] *s.* **1** busta. **2** involucro, copertura. **3** (*Biol.*) membrana.
envelopment [en'veləpmənt] *s.* **1** avvolgimento. **2** involucro, copertura.
enviable ['enviəbl] *a.* invidiabile.
envious ['enviəs] *a.* invidioso (*of* di).
environment [in'vaiərənmənt] *s.* ambiente; condizioni ambientali. ▭ *Department of the Environment* Ministero dell'Ambiente.
environmental [inˌvaiərən'mentəl] *a.* ambientale.
environmentalist [inˌvaiərən'mentəlist] *s.* ambientalista.
to **envisage** [in'vizidʒ] *v.t.* **1** prevedere. **2** considerare; prendere in considerazione.
envoy ['envɔi] *s.* **1** (*Dipl.*) inviato. **2** messo; rappresentante.
envy ['envi] *s.* invidia.
to **envy** ['envi] *v.t.* invidiare.
enzyme ['enzaim] *s.* enzima.
EOC = (*Inform.*) *End of card; End of Cycle* fine scheda; fine ciclo.
EP = *European Parliament* Parlamento Europeo.
epaulet(te) ['epəule] *s.* (*Mil.*) spallina.
ephemeral [i'femərəl] *a.* effimero, passeggero.
epic ['epik] **I** *a.* epico. **II** *s.* poema epico; epica.
epicenter *am.*, **epicentre** ['episentə*] *s.* (*Geol.*) epicentro.
epicure ['epikjuə*] *s.* epicureo, buongustaio.
epicurean [ˌepikju'ri:ən] *a./s.* epicureo.
epidemic [ˌepi'demik] **I** *s.* (*Med.*) epidemia. **II** *a.* epidemico.
epidermal [ˌepi'də:məl], **epidermic** [ˌepi'də:mik] *a.* epidermico.
epidermis [ˌepi'də:mis] *s.* epidermide.
epiglottis [ˌepi'glɔtis] *s.* (*pl.* **–es** [–iz]) (*Anat.*) epiglottide.
epigram ['epigræm] *s.* epigramma.
epigraph ['epigrɑ:f] *s.* epigrafe, iscrizione.
epilepsy ['epilepsi] *s.* (*Med.*) epilessia.
epileptic [ˌepi'leptik] *a./s.* (*Med.*) epilettico.
epilog *am.*, **epilogue** ['epilɔg] *s.* epilogo.
Epiphany [i'pifəni] *N.pr.* (*Rel.*) Epifania.
episcopal [i'piskəpl] *a.* episcopale.
Episcopalian [iˌpiskə'peiliən] *a./s.* episcopale.
episcopate [i'piskəpit] *s.* episcopato.
episode ['episəud] *s.* episodio.
episodic [ˌepi'sɔdik] *a.* episodico; a episodi.
epistle [i'pisl] *s.* epistola.
epistolary [i'pistələri] *a.* epistolare.
epitaph ['epitɑ:f] *s.* epitaffio.
epithelium [ˌepi'θi:liəm] *s.* (*Biol.*) epitelio.
epithet ['epiθet] *s.* epiteto.
epitome [i'pitəmi] *s.* **1** (*Lett.*) riassunto, compendio. **2** (*fig.*) quintessenza.
epoch ['i:pɔk, *am.* 'epək] *s.* epoca; era, età.
epoch-making ['i:pɔk'meikiŋ] *a.* che fa epoca; che segna un'epoca; (*neol.*) epocale.
Epsom salts [ˌepsəm'sɑ:lts] *s.pl.* (*Farm.*) sale inglese.
equable ['ekwəbl] *a.* uniforme, costante.
equal ['i:kwəl] **I** *a.* **1** uguale, pari; stesso, medesimo. **2** all'altezza (*to* di). **II** *s.* uguale. ▭ *an* ~ **contest** una gara ad armi pari; *to* **feel** ~ *to s.th.* sentirsi di fare qc.; ~ *in* **size** della stessa misura; *on* ~ **terms** a parità di condizioni.
to **equal** ['i:kwəl] *v.t.* (*pass., p.p.* **–lled**/*am.* **–led** [–d]) **1** uguagliare. **2** (*Mat.*) essere uguale a.
equality [i'kwɔliti] *s.* uguaglianza, parità.
equalization [ˌikwəlai'zeiʃən] *s.* **1** l'essere uguale; equiparazione. **2** (*Econ.*) perequazione. **3** (*Sport*) pareggio.
to **equalize** ['i:kwəlaiz] *v.t.* **1** uguagliare; livellare. **2** compensare. **3** (*Econ.*) equiparare. **4** (*Sport*) pareggiare.
equally ['i:kwəli] *avv.* **1** ugualmente; in parti uguali. **2** equamente.
equanimity [ˌi:kwə'nimiti] *s.* equanimità, serenità (d'animo).
to **equate** [i'kweit] *v.t.* uguagliare; equiparare.
equation [i'kweiʃən] *s.* **1** equiparazione. **2** pareggio. **3** (*Mat.*) equazione.
equator [i'kweitə*] *s.* (*Geog.*) equatore.
equatorial [ˌi:kwə'tɔ:riəl] *a.* (*Geog.*) equatoriale.
equestrian [i'kwestriən] **I** *a.* equestre. **II** *s.* cavallerizzo.
equiangular [ˌi:kwi'æŋgjulə*] *a.* (*Geom.*) equiangolo.
equidistant [ˌi:kwi'distənt] *a.* equidistante.
equilateral [ˌi:kwi'lætərəl] *a.* (*Geom.*) equilatero.

equilibrist [i'kwilibrist] *s.* equilibrista *m./f.*
equilibrium [ˌi:kwi'libriəm] *s.* equilibrio (*anche fig.*).
equine ['i:kwain] *a.* equino.
equinoctial [ˌi:kwi'nɔkʃəl] *a.* (*Astr.*) equinoziale.
equinox ['i:kwinɔks] *s.* (*Astr.*) equinozio.
to **equip** [i'kwip] *v.t.* (*pass., p.p.* **equipped** [–t]) **1** attrezzare, fornire. **2** (*Mar., Mil.*) armare. **3** equipaggiare.
equipment [i'kwipmənt] *s.* **1** attrezzatura, apparecchiatura. **2** equipaggiamento. **3** (*Mar., Mil.*) armamento. **4** (*Ferr.*) materiale rotabile.
equitable ['ekwitəbl] *a.* equo, giusto; ragionevole.
equity ['ekwiti] *s.* **1** equità, giustizia. **2** *pl.* (*Econ.*) titoli, azioni.
equivalence [i'kwivələns] *s.* equivalenza.
equivalent [i'kwivələnt] *a./s.* equivalente.
equivocal [i'kwivəkəl] *a.* **1** equivoco, sospettoso, losco. **2** incerto, poco chiaro, ambiguo: *an ~ reply* una risposta ambigua.
to **equivocate** [i'kwivəkeit] *v.i.* equivocare (su).
Er = (*Chim.*) *erbium* erbio.
era ['iərə] *s.* era.
to **eradicate** [i'rædikeit] *v.t.* sradicare, estirpare (*anche fig.*).
to **erase** [i'reiz] *v.t.* cancellare.
eraser [i'reizə*] *s.* gomma; raschietto.
erasure [i'reiʒə*] *s.* cancellazione; cancellatura.
erbium ['ə:biəm] *s.* (*Chim.*) erbio.
ere [ɛə*] **I** *prep.* (*poet.*) prima (di). **II** *congz.* prima che.
erect [i'rekt] *a.* eretto, diritto; in piedi.
to **erect** [i'rekt] *v.t.* **1** erigere, costruire. **2** innalzare. **3** mettere insieme, montare: *to ~ a tent* montare una tenda.
erectile [i'rektail] *a.* (*Fisiologia*) erettile.
erection [i'rekʃən] *s.* **1** costruzione, erezione. **2** (*Fisiologia*) erezione.
Eritrean [ˌeri'triən] *a./s.* eritreo.
ermine ['ə:min] *s.* **1** (*Zool.*) ermellino. **2** pelliccia d'ermellino.
Ernest ['ə:nist] *N.pr.m.* Ernesto.
to **erode** [i'rəud] *v.t.* **1** erodere. **2** corrodere.
erosion [i'rəuʒən] *s.* **1** erosione. **2** corrosione.
erosive [i'rəusiv] *a.* erosivo.
erotic [i'rɔtik] *a.* erotico.
eroticism [i'rɔtisizəm] *s.* erotismo.
to **err** [ə:*] *v.i.* **1** errare, sbagliare. **2** peccare.
errand ['erənd] *s.* commissione: *to run an ~* fare una commissione.
errant ['erənt] *a.* errante.
erratic [i'rætik] *a.* **1** eccentrico, strano. **2** (*Geol.*) erratico. □ *~ pulse* polso irregolare.
erroneous [i'rəuniəs] *a.* erroneo, sbagliato.
error ['erə*] *s.* **1** errore, sbaglio. **2** colpa, fallo; peccato. □ **in** *~* per errore; *you are* **in** *~* ti sbagli; *to* **lead** *s.o. into ~* indurre qd. in errore; *to* **stand** *in ~* essere in errore.
to **eruct(ate)** [i'rʌkt(eit)] *v.t./i.* eruttare.
erudite ['er(j)udait] *a.* erudito, dotto.
erudition [ˌer(j)u'diʃən] *s.* erudizione.
to **erupt** [i'rʌpt] **I** *v.i.* **1** erompere. **2** (*di vulcano*) essere in eruzione. **II** *v.t.* eruttare.
eruption [i'rʌpʃən] *s.* **1** eruzione. **2** (*fig.*) scoppio, esplosione.
eruptive [i'rʌptiv] *a.* eruttivo.
Es = (*Chim.*) *einsteinium* einsteinio.
to **escalate** ['eskəleit] *v.t.* aumentare progressivamente (di intensità e gravità): *to ~ a war* intensificare il proprio impegno in un conflitto.
escalation [ˌeskə'leiʃən] *s.* aumento progressivo: *a steady ~ of violence* un aumento continuo e progressivo della violenza.
escalator ['eskəleitə*] *s.* scala mobile.
escalope ['eskələup] *s.* (*Gastr.*) scaloppina.
escapade [ˌeskə'peid] *s.* scappatella, scandalo.
escape [is'keip] *s.* **1** fuga; evasione. **2** fuoriuscita, perdita. □ *to have a* **narrow** *~* scamparla per miracolo; *~* **velocity** velocità di fuga (di un missile).
to **escape** [is'keip] **I** *v.t.* **1** sfuggire a, sottrarsi a; scansare, evitare. **2** (*fig.*) sfuggire a. **II** *v.i.* **1** scappare, evadere. **2** scamparla, cavarsela. **3** fuoriuscire, sgorgare.
escapee [ˌeskə'pi:] *s.* **1** fuggiasco. **2** evaso.
escapism [is'keipizəm] *s.* escapismo, evasione dalla realtà.
escarpment [es'kɑ:pmənt] *s.* scarpata.
to **eschew** [is'tʃu:] *v.t.* evitare, rifuggire da.
escort ['eskɔ:t] *s.* **1** scorta, accompagnamento. **2** accompagnatore; cavaliere (di una donna sola); accompagnatrice, hostess (di uomini soli).
to **escort** [is'kɔ:t] *v.i.* **1** (*Mil.*) scortare. **2** accompagnare.
Eskimo ['eskiməu] **I** *s.* **1** (*pl.* **–s** [–z]/*inv.*) eschimese, esquimese *m./f.* **2** (lingua) eschimese. **II** *a.* eschimese, esquimese.
esophagus [i:'sɔfəgəs] → **oesophagus**.
esoteric [ˌesə(u)'terik] *a.* esoterico.
esp., espec. = *especially* specialmente (spec.).
espalier [es'pæljə*] *s.* (*Agr.*) **1** graticcio. **2** pianta a spalliera.
especial [is'peʃəl] *a.* speciale, particolare; eccezionale.
espionage ['espiənɑ:ʒ] *s.* spionaggio.
esplanade [ˌesplə'neid] *s.* spiazzo; passeggiata a mare, lungomare.
to **espouse** [is'pauz] *v.t.* (*fig.*) sposare, aderire.
esquire [is'kwaiə*] *s.* (*Stor.*) scudiero. **Esquire** *s.* (*general. nella forma abbreviata* **Esq.**) (*epist.*) egregio signore: *John Smith Esq.* Egr. Sig. John Smith.
essay ['esei] *s.* **1** saggio. **2** (*Scol.*) tema, componimento scritto.
to **essay** [e'sei] *v.t.* provare, mettere alla prova.
essayist ['eseiist] *s.* (*Lett.*) saggista *m./f.*
essence ['esəns] *s.* **1** essenza, sostanza. **2** estratto. □ *in ~* in sostanza, fondamentalmente.

essential [i'senʃəl] **I** *a.* **1** essenziale. **2** fondamentale. **II** *s.* **1** (spesso al pl.) elemento essenziale. **2** cosa indispensabile. **3** tratti essenziali.

to **establish** [is'tæbliʃ] *v.t.* **1** fondare, istituire; costituire. **2** stabilire, installare; sistemare: *we are now established in our new office* ora siamo sistemati nel nuovo ufficio. **3** dimostrare, provare. **4** nominare; insediare.

established [is'tæbliʃt] *a.* **1** stabilito, dimostrato. **2** fondato, costituito. □ (*GB*) *Established Church* Chiesa Nazionale.

establishment [is'tæbliʃmənt] *s.* **1** fondazione, istituzione; costituzione. **2** azienda. **3** (*Mil.*) effettivi. **Establishment** (*fam.*) classe dirigente; sistema.

estate [is'teit] *s.* **1** proprietà. **2** (*Dir.*) sostanze, beni. **3** (*Comm.*) situazione contabile. □ ~ **agent** agente immobiliare; ~ **car** giardinetta; **housing** ~ zona abitativa; **industrial** ~ zona industriale.

esteem [is'ti:m] *s.* stima, considerazione: *to hold in high* ~ tenere in grande considerazione.

to **esteem** [is'ti:m] *v.t.* **1** stimare, apprezzare. **2** considerare, ritenere.

ester ['estə*] *s.* (*Chim.*) estere.

esthete ['i:sθi:t] *e deriv.* → **aesthete** *e deriv.*

Esthonian [es'təuniən] *a./s.* estone.

estimable ['estiməbl] *a.* degno di stima.

estimate ['estimit] *s.* **1** stima, valutazione. **2** giudizio, opinione, idea. **3** (*Comm.*) preventivo. **4** *pl.* (*Parl.*) bilancio preventivo dello stato.

to **estimate** ['estimeit] **I** *v.t.* **1** calcolare, valutare; stimare. **2** preventivare. **II** *v.i.* fare un preventivo (*for* per).

to **estrange** [is'treindʒ] *v.t.* estraniare, alienare.

estrangement [is'treindʒmənt] *s.* estraneità; alienazione.

estrogen ['estrədʒen] *s.* (*Biol.*) estrogeno.

estuary ['estjuəri] *s.* (*Geog.*) estuario.

ETB = *English Tourist Board* Ente Inglese per il Turismo.

etc. = *et cetera* eccetera (ecc.).

to **etch** [etʃ] *v.t./i.* incidere all'acquaforte; riprodurre all'acquaforte.

etching ['etʃiŋ] *s.* acquaforte; incisione all'acquaforte.

eternal [i'tə:nl] *a.* **1** eterno. **2** incessante, ininterrotto.

eternity [i'tə:niti] *s.* **1** eternità. **2** *pl.* verità eterne.

ether ['i:θə*] *s.* **1** (*Chim.*) etere. **2** (*poet.*) cielo.

ethereal [i'θiəriəl] *a.* etereo.

ethic ['eθik] *s.* etica, morale.

ethical ['eθikəl] *a.* etico, morale.

ethics ['eθiks] *s.pl.* (costr. sing. o pl.) morale, etica.

Ethiopia [ˌi:θi'əupjə] *N.pr.* (*Geog.*) Etiopia.

Ethiopian [ˌi:θi'əupiən] **I** *a.* etiopico, etiope. **II** *s.* etiope *m./f.*

ethnic(al) ['eθnik(əl)] *a.* etnico.

ethnographer [eθ'nɔgrəfə*] *s.* etnografo.

ethnographic [ˌeθnə'græfik] *a.* etnografico.

ethnography [eθ'nɔgrəfi] *s.* etnografia.

ethnological [ˌeθnə'lɔdʒikəl] *a.* etnologico.

ethnologist [eθ'nɔlədʒist] *s.* etnologo.

ethnology [eθ'nɔlədʒi] *s.* etnologia.

ethologist [i'θɔlədʒist] *s.* etologo.

ethology [i'θɔlədʒi] *s.* etologia.

ethos ['i:θɔs] *s.* ethos, moralità.

ethyl ['eθil] *s.* (*Chim.*) etile.

ethylic [i'θilik] *a.* etilico.

etiquette ['etiket] *s.* **1** etichetta, galateo. **2** protocollo, cerimoniale.

Etruscan [i'trʌskən] *a./s.* etrusco.

etymological [ˌetimə'lɔdʒikəl] *a.* etimologico.

etymology [ˌeti'mɔlədʒi] *s.* etimologia.

Eu = (*Chim.*) *europium* europio.

eucalyptus [ju:kə'liptəs] *s.* (*Bot.*) eucalipto.

Eucharist ['ju:kərist] *s.* eucarestia.

Eucharistic(al) [ju:kə'ristik(əl)] *a.* eucaristico.

Eugene [ju:'ʒein] *N.pr.m.* Eugenio.

eugenics [ju:'dʒeniks] *s.pl.* (costr. sing.) eugenetica.

to **eulogize** ['ju:lədʒaiz] *v.t.* elogiare, encomiare.

eulogy ['ju:lədʒi] *s.* elogio, panegirico.

eunuch ['ju:nək] *s.* eunuco.

euphemism ['ju:fəmizəm] *s.* eufemismo.

euphemistic [ju:fə'mistik] *a.* eufemistico.

euphonic [ju:'fɔnik], **euphonious** [ju:'fəuniəs] *a.* eufonico.

euphoria [ju:'fɔ:riə] *s.* euforia.

euphoric [ju:'fɔrik] *a.* euforico.

Eurasian [juə'reiʒən] **I** *a.* **1** eurasiatico. **2** eurasiano. **II** *s.* eurasiano.

EURATOM = *European Atomic Energy Commission* Comunità Europea dell'Energia Atomica.

Europe ['juərəp] *N.pr.* (*Geog.*) Europa.

European [ˌjuərə'pi:ən] *a./s.* europeo.

Europeanism [ˌjuərə'pi:ənizəm] *s.* europeismo.

europium [ju'rəupiəm] *s.* (*Chim.*) europio.

euthanasia [ju:θə'naiziə] *s.* eutanasia.

to **evacuate** [i'vækjueit] *v.t.* **1** evacuare. **2** sfollare.

evacuation [iˌvækju'eiʃən] *s.* **1** evacuazione. **2** sfollamento.

evacuee [iˌvækju'i:] *s.* sfollato.

to **evade** [i'veid] *v.t.* **1** evitare, schivare; eludere. **2** (*di tasse*) evadere.

to **evaluate** [i'væljueit] *v.t.* valutare, stimare.

evaluation [iˌvælju'eiʃən] *s.* valutazione, stima.

evanescence [ˌivə'nesəns] *s.* evanescenza.

evanescent [ˌivə'nesənt] *a.* **1** evanescente. **2** (*estens.*) fugace, di breve durata.

evangelic(al) [ˌi:væn'dʒelik(əl)] *a./s.* evangelico.

evangelist [i'vændʒəlist] *s.* **1** evangelista. **2** predicatore itinerante.

evangelization [iˌvændʒəlai'zeiʃən] *s.* evangelizzazione.

to **evaporate** [i'væpəreit] **I** *v.i.* **1** (*Fis.*) evapo-

rare. **2** (*fig.*) svanire, finire in fumo: *his hopes evaporated* le sue speranze sono svanite. **II** *v.t.* (far) evaporare.
evaporation [i,væpə'reiʃən] *s.* (*Fis.*) evaporazione.
evaporator [i'væpəreitə*] *s.* (*tecn.*) evaporatore.
evasion [i'veiʒən] *s.* **1** evasione. **2** scappatoia, sotterfugio.
evasive [i'veisiv] *a.* **1** evasivo, ambiguo. **2** diversivo, mirante ad evitare un pericolo.
evasiveness [i'veisivnis] *s.* ambiguità.
eve [i:v] *s.* vigilia: *on the ~ of* alla vigilia di.
Eve [i:v] *N.pr.f.* Eva.
Eveline, **Evelyn** ['i:vlin] *N.pr.f.* Evelina.
even[1] ['i:vən] **I** *a.* **1** uniforme, piatto; regolare, liscio. **2** pari. **3** (*fig.*) calmo, sereno. **4** (*fig.*) imparziale, equo. **5** (*Mat.*) pari. **II** *avv.* **1** perfino, anche; (*nelle frasi negative*) nemmeno, neppure: *he didn't ~ warn me* non mi ha nemmeno avvertito. **2** (*con i comparativi*) anche, ancora: *it's ~ colder today than it was yesterday* oggi fa ancora più freddo di ieri. □ *to* **be** *~ with* essere allo stesso livello di; (*fig.*) essere pari con; (*fam.*) *to* **break** ~ finire alla pari; (*fam.*) *to* **get** *~ with s.o.* vendicarsi di qd.; ~ **if** anche se; (*nelle frasi negative*) nemmeno se; ~ **now** perfino ora; ~ **so** nondimeno, tuttavia; ~ **then** già allora.
to **even** ['i:vən] **I** *v.t.* **1** (spesso con *out*) pareggiare, appianare, livellare. **2** (spesso con *up*) bilanciare, compensare. **II** *v.i.* **1** uguagliarsi. **2** (spesso con *out*) bilanciarsi, compensarsi.
even[2] [i:vən] *s.* (*poet.*) sera.
evening ['i:vniŋ] **I** *s.* **1** sera. **2** serata; trattenimento; ricevimento (serale). **II** *a.* serale, della sera. □ ~ **dress** abito da sera; **in** *the ~* (o *evenings*) di sera; *to* **make** *an ~ of it* passare una bella serata; ~ **paper** giornale della sera; ~ **school** scuola serale; ~ **star** Venere; **this** ~ stasera.
evensong ['i:vənsɔŋ] *s.* vespro.
event [i'vent] *s.* **1** avvenimento, evento. **2** eventualità. **3** (*Sport*) gara; incontro. □ *in* **any** ~ in ogni caso; *in the ~* **of** in caso di; *in the ~* **that** nel caso che.
eventful [i'ventful] *a.* **1** ricco di avvenimenti, movimentato. **2** di grande importanza.
eventual [i'ventʃuəl] *a.* finale, conclusivo.
eventuality [i,ventʃu'æliti] *s.* eventualità, evenienza.
eventually [i'ventʃuəli] *avv.* alla fine, infine.
ever ['evə*] *avv.* mai: *nothing ~ happens* non accade mai nulla. □ ~ **after** da allora (in poi); **for** ~ per sempre; **for** *~ and ~* per sempre; **hardly** ~ quasi mai; ~ **since** fin da (quando); (*fam.*) *I like it ~* **so** *much* mi piace moltissimo; *thank you ~* **so** *much* grazie mille; **what** *~ were you thinking of?* a cosa mai stavi pensando?; **why** *~ not?* perché no?
everglade *am.* ['evəgleid] *s.* terreno paludoso.
evergreen ['evəgri:n] *a./s.* (*Bot.*) sempreverde.
everlasting [,evə'lɑ:stiŋ] *a.* **1** perpetuo, perenne. **2** continuo, incessante.
evermore [,evə'mɔ:*] *a.* sempre, per sempre.
every ['evri] *a.* ogni, ciascuno, tutti: *~ month* tutti i mesi; *~ ten minutes* ogni dieci minuti. □ ~ **bit** *as* proprio, esattamente; ~ **last** *one* tutti, fino all'ultimo; ~ **man** *for himself* ognuno per sé; si salvi chi può; ~ **now** *and then* di tanto in tanto; ~ **one** *of them* tutti; ~ **other** *day* un giorno sì e uno no; ~ **time** sempre; ogni volta; *in ~* **way** in tutto e per tutto.
everybody ['evribɔdi] *pron.* ognuno, ciascuno, tutti. □ *~ else* tutti gli altri.
everyday ['evridei] *a.* di tutti i giorni, quotidiano. □ *~ life* la vita di tutti i giorni.
everyone ['evriwʌn] → **everybody**.
everything ['evriθiŋ] *pron.* tutto, ogni cosa. □ ~ **else** tutto il resto; *to do ~* **possible** fare tutto il possibile.
everywhere ['evriwɛə*] *avv.* dappertutto, dovunque.
to **evict** [i'vikt] *v.t.* sfrattare.
eviction [i'vikʃən] *s.* sfratto.
evidence ['evidəns] *s.* **1** prova. **2** segno. **3** (*Dir.*) testimonianza. □ *to* **bear** ~ fornire le prove; **in** ~ in vista; *~ of* **witnesses** prova testimoniale.
to **evidence** ['evidəns] *v.t.* **1** manifestare, comprovare. **2** testimoniare.
evident ['evidənt] *a.* evidente, chiaro, manifesto.
evil [i:vl] **I** *a.* **1** cattivo, malvagio; diabolico. **2** dannoso. **3** maligno, malevolo. **II** *s.* **1** male; malvagità; peccato. **2** disgrazia, sventura. □ *to* **do** *~ to s.o.* fare del male a qd.; ~ **eye** malocchio; *to* **fall** *on ~ days* cadere in miseria; *to* **speak** *~ of s.o.* parlar male di qd.; *he has an ~* **tongue** è una lingua malefica.
evil-minded ['i:vl'maindid] *a.* maligno; malvagio, perverso.
to **evince** [i'vins] *v.t.* mostrare, manifestare.
to **eviscerate** [i'visəreit] *v.t.* sventrare, togliere le viscere.
evocation [,evə'keiʃən] *s.* evocazione.
evocative [i'vɔkətiv], **evocatory** [i'vɔkətəri] *a.* evocativo.
to **evoke** [i'vəuk] *v.t.* **1** evocare. **2** suscitare: *to ~ admiration* suscitare ammirazione. □ *to ~ applause* strappare gli applausi.
evolution [,ivə'l(j)u:ʃən] *s.* evoluzione.
evolutionary [,ivə'l(j)u:ʃənəri] *a.* evolutivo.
to **evolve** [i'vɔlv] **I** *v.t.* elaborare, sviluppare, svolgere. **II** *v.i.* evolversi, svilupparsi.
ewe [ju:] *s.* (*Zool.*) pecora (femmina).
ewer ['ju:ə*] *s.* brocca, caraffa.
ex = **1** *example* esempio (es.). **2** *export* esportazione.
to **exacerbate** [ig'zæsəbeit] *v.t.* esacerbare; aggravare, inasprire.
exact [ig'zækt] *a.* **1** preciso, minuzioso; esatto. **2** (*di persona*) meticoloso.
to **exact** [ig'zækt] *v.t.* esigere, pretendere.

exacting [ig'zæktiŋ] *a.* **1** impegnativo. **2** esigente: *an ~ teacher* un insegnante esigente.
exaction [ig'zækʃən] *s.* estorsione.
exactly [ig'zæktli] **I** *avv.* esattamente, precisamente; proprio. **II** *intz.* proprio così, esattamente.
exactor [ig'zæktə*] *s.* esattore.
to **exaggerate** [ig'zædʒəreit] *v.t./i.* esagerare.
exaggerated [ig'zædʒəreitid] *a.* esagerato.
exaggeration [ig,zædʒə'reiʃən] *s.* esagerazione.
to **exalt** [ig'zɔ:lt] *v.t.* **1** innalzare, elevare. **2** esaltare, magnificare. □ (*fig.*) *to ~ s.o. to the skies* portare qd. alle stelle.
exaltation [,egzɔ:l'teiʃən] *s.* esaltazione.
exalted [ig'zɔ:ltid] *a.* elevato, eminente.
exam [ig'zæm] *s.* (*Scol.*) esame.
examination [ig,zæmi'neiʃən] *s.* **1** esame; inchiesta, investigazione. **2** ispezione, verifica. **3** (*Med.*) visita. □ **on** *~* all'esame; *to* **take** *an ~* sostenere un esame.
to **examine** [ig'zæmin] *v.t.* **1** esaminare. **2** ispezionare; indagare, investigare. **3** (*Med.*) visitare.
examinee [ig,zæmi'ni:] *s.* esaminando.
examiner [ig'zæminə*] *s.* **1** ispettore. **2** (*Scol.*) esaminatore.
example [ig'zɑ:mpl, *am.* ig'zæmpl] *s.* **1** esempio; esemplare, campione. **2** ammonimento, lezione: *let this be an ~ to you* che questo ti serva di ammonimento. □ **by** *way of ~* a mo' di esempio; **for** *~* per esempio; *to* **set** *an* (o *a good*) *~ to s.o.* dare il buon esempio a qd.
to **exasperate** [ig'zɑ:spəreit] *v.t.* esasperare.
exasperation [ig,zɑ:spə'reiʃən] *s.* esasperazione.
Exc. = *Excellency* Eccellenza (Ecc.).
to **excavate** ['ekskəveit] *v.t.* **1** scavare. **2** (*Archeologia*) portare alla luce.
excavation [,ekskə'veiʃən] *s.* scavo.
excavator ['ekskəveitə*] *s.* **1** scavatore. **2** (*Mecc.*) (e)scavatrice.
to **exceed** [ik'si:d] *v.t.* **1** eccedere, oltrepassare. **2** superare, essere superiore a.
to **excel** [ik'sel] *v.* (*pass., p.p.* **excelled** [–d]) **I** *v.t.* superare, essere superiore a. **II** *v.i.* eccellere, primeggiare (*at, in* in).
excellence ['eksələns] *s.* **1** bravura; superiorità. **2** capacità.
Excellency ['eksələnsi] *s.* Eccellenza.
excellent ['eksələnt] *a.* eccellente, ottimo.
except [ik'sept] *prep.* eccetto, escluso, tranne. □ *~* **for** a eccezione di; **nobody** *excepted* nessuno escluso.
to **except** [ik'sept] *v.t.* eccettuare, escludere.
excepting [ik'septiŋ] *prep.* eccetto, tranne, salvo. □ **not** *~* senza escludere; **not** *~ me* me compreso.
exception [ik'sepʃən] *s.* **1** eccezione. **2** obiezione. □ *to* **take** *~ to s.th.* offendersi per qc.; *by* **way** *of ~* in via eccezionale; **with** *the ~ of* a eccezione di.
exceptionable [ik'sepʃənəbl] *a.* criticabile, eccepibile.
exceptional [ik'sepʃənl] *a.* eccezionale, straordinario; fuori del normale.
excerpt ['eksə:pt] *s.* stralcio, estratto.
excess [ik'ses] **I** *s.* **1** eccesso; eccedenza, soprappiù. **2** (spesso al pl.) intemperanza, smoderatezza. **II** *a.attr.* eccedente, in eccesso. □ *to* **carry** *s.th. to ~* spingere qc. all'eccesso; *to* **drink** *to ~* essere smodato nel bere; **in** *~* in eccesso; *~* **luggage** bagaglio in eccedenza.
excessive [ik'sesiv] *a.* eccessivo, esagerato.
exchange [iks'tʃeindʒ] *s.* **1** cambio, scambio. **2** baratto. **3** (*Econ.*) borsa. **4** (*Tel.*) centrale, centralino. **5** (*Econ.*) cambio. □ *in ~* **for** in cambio di; (*Econ.*) *~* **rate** corso del cambio.
to **exchange** [iks'tʃeindʒ] **I** *v.t.* **1** cambiare. **2** scambiare. **3** (*fig.*) barattare. **II** *v.i.* **1** scambiarsi (*for* con). **2** fare un cambio.
exchequer [iks'tʃekə*] *s.* **1** (*GB*) scacchiere. **2** erario, tesoro. **Exchequer** (*GB*) Ministero delle Finanze e del Tesoro: *Chancellor of the ~* Ministro delle Finanze.
excise ['eksaiz] *s.* **1** (*Econ.*) imposta sui consumi. **2** ufficio delle imposte indirette.
exciseman [ek'saizmən] *s.* (*pl.* **–men**) agente delle imposte indirette.
excitable [ik'saitəbl] *a.* eccitabile.
excitant ['eksitənt] *a./s.* eccitante.
excitation [,eksi'teiʃən] *s.* eccitazione.
to **excite** [ik'sait] *v.t.* **1** eccitare, stimolare. **2** suscitare, provocare.
excited [ik'saitid] *a.* eccitato.
excitement [ik'saitmənt] *s.* eccitamento, eccitazione; agitazione.
exciting [ik'saitiŋ] *a.* eccitante.
to **exclaim** [iks'kleim] *v.i.* esclamare, prorompere a gran voce.
exclamation [,ekskIə'meiʃən] *s.* esclamazione. □ *~ mark,* (*am.*) *~ point* punto esclamativo.
exclamatory [eks'klæmətəri] *a.* esclamativo.
to **exclude** [iks'klu:d] *v.t.* escludere; scartare.
exclusion [iks'klu:ʒən] *s.* esclusione. □ *to the ~ of* in modo da escludere.
exclusive [iks'klu:siv] **I** *a.* **1** esclusivo. **2** selettivo, elitario, chiuso. **3** unico, solo: *teaching is his ~ occupation* l'insegnamento è la sua unica occupazione. **4** (*di negozio*) costoso, con prodotti di lusso. **5** (*Giorn.*) in esclusiva. **II** *s.* articolo in esclusiva. □ (*Comm.*) *~* **agent** agente esclusivo; *~* **of** escluso, eccetto: *the rate is ~ of taxes* le tasse non sono incluse nel prezzo.
to **excommunicate** [,ekskə'mju:nikeit] *v.t.* scomunicare.
excommunication [,ekskə,mju:ni'keiʃən] *s.* scomunica.
excoriation [iks,kɔ:ri'eiʃən] *s.* escoriazione, scorticatura.
excrement ['ekskrimənt] *s.* escremento.
excrescence [iks'kresəns] *s.* (*Biol.*) escrescenza, protuberanza.
excreta [iks'kri:tə] *s.pl.* escrementi, feci.
to **excrete** [iks'kri:t] *v.t.* espellere, secernere.

excretion [iks'kri:ʃən] *s.* escrezione; escreto.
excruciating [iks'kru:ʃieitiŋ] *a.* **1** straziante; tormentoso, angoscioso. **2** (*fam.*) fortissimo, acuto.
to **exculpate** ['ekskʌlpeit] *v.t.* (*Dir.*) assolvere.
excursion [iks'kə:ʃən] *s.* escursione, gita. ▭ ~ **rates** tariffe speciali per gite; ~ **ticket** biglietto a tariffa ridotta; ~ **train** treno turistico.
excursionist [iks'kə:ʃənist] *s.* escursionista *m./f.*, gitante.
excuse [iks'kju:s] *s.* **1** scusa, giustificazione; pretesto. **2** esenzione, esonero. ▭ **in** ~ *of* a giustificazione di; a discarico di; **without** ~ senza giustificazioni.
to **excuse** [iks'kju:z] *v.t.* **1** scusare, perdonare. **2** scagionare. **3** giustificare. **4** dispensare, esonerare. ▭ ~ *me* scusi; con permesso.
execrable ['eksikrəbl] *a.* **1** esecrabile. **2** (*fam.*) pessimo; atroce: ~ *taste* di pessimo gusto.
to **execrate** ['eksikreit] *v.t.* esecrare, detestare.
to **execute** ['eksikju:t] *v.t.* **1** eseguire; portare a termine. **2** attuare; rendere esecutivo. **3** giustiziare.
execution [,eksi'kju:ʃən] *s.* **1** esecuzione, doti esecutive. **2** attuazione, realizzazione. **3** esecuzione (capitale). ▭ *to put* (o *carry*) *s.th. into* ~ dare corso a qc.
executioner [,eksi'kju:ʃənə*] *s.* boia.
executive [ig'zekjutiv] **I** *a.* **1** esecutivo: ~ *power* potere esecutivo. **2** per dirigenti (*o* alti funzionari): ~ *suite* appartamento per dirigenti (*p.e.* in albergo). **3** direttivo: ~ *secretary* segreteria con mansioni direttive. **II** *s.* **1** dirigente. **2** potere esecutivo. (*USA*) **The Executive** il Presidente (con i suoi collaboratori). ▭ (*GB*) *Executive* **Council** Unità Sanitarie Locali; ~ **duties** mansioni direttive; ~ **personnel** personale direttivo.
executor [ig'zekjutə*] *s.* (*Dir.*) esecutore testamentario.
exemplar [ig'zemplə*] *s.* **1** esemplare. **2** modello; prototipo.
exemplary [ig'zempləri] *a.* esemplare.
exemplification [ig,zemplifi'keiʃən] *s.* **1** esemplificazione. **2** (*Leg.*) copia autentica di un documento.
to **exemplify** [ig'zemplifai] *v.t.* esemplificare, spiegare con esempi; fare una copia autentica o conforme di un documento.
exempt [ig'zempt] *a.* esente (*from* da).
to **exempt** [ig'zempt] *v.t.* esentare, esonerare.
exemption [ig'zempʃən] *s.* **1** esenzione, esonero. **2** (*Econ., Comm.*) franchigia; (*am.*) detrazione (d'imposta).
exercise ['eksəsaiz] *s.* **1** esercizio. **2** esercizio fisico, moto. **3** *pl.* esercitazioni; (*Mil.*) manovre. **4** (*am.*) cerimonie: *opening excercises* cerimonie d'apertura. ▭ ~ *book* quaderno.
to **exercise** ['eksəsaiz] *v.t.* **1** esercitare; allenare. **2** esercitare, usare: *to* ~ *one's rights* esercitare i propri diritti. ▭ *to be much exercised by s.th.* essere molto turbato da qc.; essere preoccupato per qc.
to **exert** [ig'zə:t] *v.t.* esercitare; impiegare. ▭ *to* ~ *o.s.* sforzarsi, darsi da fare.
exertion [ig'zə:ʃən] *s.* **1** sforzo. **2** esercizio; uso.
to **exfoliate** [eks'fəulieit] *v.i.* **1** sfogliarsi. **2** (*Med.*) squamarsi. **3** (*Geol.*) sfaldarsi.
exhalation [,ekshə'leiʃən] *s.* esalazione; emanazione.
to **exhale** [eks'heil] *v.t./i.* esalare, emanare.
exhaust [ig'zɔ:st] *s.* (*Mecc.*) **1** scarico, scappamento. **2** gas di scarico; vapore di scarico. ▭ ~ *pipe* tubo di scappamento.
to **exhaust** [ig'zɔ:st] *v.t.* **1** esaurire, consumare. **2** spossare, sfinire. **3** sviscerare, studiare a fondo. **4** scaricare; (s)vuotare.
exhaustion [ig'zɔ:stʃən] *s.* **1** esaurimento. **2** spossatezza, sfinimento.
exhaustive [ig'zɔ:stiv] *a.* esauriente, approfondito.
exhibit [ig'zibit] *s.* **1** mostra, esposizione. **2** articolo esposto. **3** (*Dir.*) documento (*o* oggetto) prodotto in giudizio. **4** allegato.
to **exhibit** [ig'zibit] *v.t.* **1** esibire, mostrare. **2** rivelare, dimostrare. **3** esporre (quadri, ecc.). **4** (*Dir.*) esibire, produrre.
exhibition [,eksi'biʃən] *s.* **1** esibizione; dimostrazione. **2** mostra, esposizione. **3** sussidio (per studenti); borsa di studio.
exhibitionism [,eksi'biʃənizəm] *s.* esibizionismo.
exhibitionist [,eksi'biʃənist] *s.* esibizionista *m./f.*
exhibitor [ig'zibitə*] *s.* espositore.
to **exhilarate** [ig'ziləreit] *v.t.* esilarare, rallegrare.
exhilaration [ig,zilə'reiʃən] *s.* allegria, gaiezza.
exhortation [,egsɔ:'teiʃən] *s.* esortazione.
exhumation [,ekshju:'meiʃən] *s.* esumazione.
to **exhume** [eks'hju:m] *v.t.* (ri)esumare.
exigence ['eksidʒəns], **exigency** ['eksidʒənsi] *s.* **1** esigenza, necessità. **2** emergenza.
exigent ['eksidʒənt] *a.* **1** urgente. **2** esigente, che mette a dura prova.
exiguity [,eksi'gju:iti] *s.* esiguità.
exiguous [ig'zigjuəs] *a.* esiguo, irrilevante.
exile ['eksail] *s.* **1** esilio. **2** esule *m./f.*
to **exile** ['eksail] *v.t.* esiliare, mandare in esilio.
to **exist** [ig'zist] *v.i.* esistere; vivere.
existence [ig'zistəns] *s.* esistenza; vita. ▭ *to call s.th. into* ~ dar vita a qc.
existent [ig'zistənt] *a.* **1** esistente. **2** attuale, reale.
existentialism [,egzi'stenʃəlizəm] *s.* (*Filos.*) esistenzialismo.
existentialist [,egzi'stenʃəlist] *s.* esistenzialista *m./f.*
exit ['eksit, 'egzit] *s.* **1** uscita (di cinema, teatro, ecc.). **2** (*Teat.*) uscita di scena: ~ *Hamlet* esce Amleto. **The Exodus** l'esodo (del popolo ebraico). ▭ ~ *visa* visto di uscita.
exodus ['eksədəs] *s.* esodo (*anche fig.*).
to **exonerate** [ig'zɔnəreit] *v.t.* **1** discolpare; (*Leg.*) prosciogliere (*from* da). **2** esonerare.

exoneration [igˌzɔnəˈreiʃən] *s.* **1** discolpa; (*Leg.*) proscioglimento. **2** esonero.
exorbitant [igˈzɔ:bitənt] *a.* esorbitante, spropositato.
to **exorcise** [ˈeksɔ:saiz] → to **exorcize**.
exorcism [ˈeksɔ:sizəm] *s.* esorcizzazione; esorcismo.
exorcist [ˈeksɔ:sist] *s.* esorcista *m./f.*
to **exorcize** [ˈeksɔ:saiz] *v.t.* esorcizzare.
exotic [egˈzɔtik] *a.* esotico.
to **expand** [iksˈpænd] **I** *v.t.* **1** dilatare. **2** espandere, ampliare; allargare. **3** spiegare; schiudere. **II** *v.i.* **1** dilatarsi. **2** espandersi, ampliarsi; allargarsi. **3** spiegarsi; schiudersi. **4** (*di persone*) diventare cordiale, diventare espansivo.
expanse [iksˈpæns] *s.* distesa. ▭ (*iron.*) (*rif. a persona calva*) *a broad ~ of brow* una fronte spaziosa.
expansion [iksˈpænʃən] *s.* **1** espansione; dilatazione. **2** ampliamento, sviluppo. **3** aumento.
expansionism [iksˈpænʃənizəm] *s.* espansionismo.
expansionist [iksˈpænʃənist] *s.* espansionista *m./f.*
expansive [iksˈpænsiv] *a.* **1** espansivo, cordiale. **2** esteso, ampio.
to **expatriate** [eksˈpætrieit] **I** *v.t.* esiliare, bandire. **II** *v.i.* espatriare.
expatriate [eksˈpætriət] *a./s.* espatriato.
to **expect** [iksˈpekt] **I** *v.t.* **1** aspettare, attendere. **2** aspettarsi, pensare, ritenere: *I ~ him to do his duty* penso che farà il suo dovere. **3** esigere, pretendere. **II** *v.i.* essere in stato interessante. ▭ *to ~ a baby* essere incinta, aspettare un bambino.
expectancy [iksˈpektənsi] *s.* aspettativa; attesa. ▭ *life ~* aspettativa di vita.
expectant [iksˈpektənt] *a.* **1** speranzoso, fiducioso. **2** incinta.
expectation [ˌekspekˈteiʃən] *s.* **1** aspettativa. **2** *pl.* prospettive; speranze. ▭ *to* **fall** *short of s.o.'s expectations* non corrispondere alle aspettative di qd.; **in** *~ of* in previsione di; *~ of* **life** → **life expectancy**.
to **expectorate** [iksˈpektəreit] *v.t./i.* (*Med.*) espettorare.
expedience [iksˈpi:diəns], **expediency** [iksˈpi:diənsi] *s.* **1** opportunità, convenienza. **2** vantaggio personale.
expedient [iksˈpi:diənt] **I** *a.* conveniente, opportuno; vantaggioso. **II** *s.* espediente, ripiego.
expedition [ˌekspiˈdiʃən] *s.* **1** spedizione. **2** speditezza, prontezza.
expeditious [ˌekspiˈdiʃəs] *a.* rapido, svelto.
to **expel** [iksˈpel] *v.t.* (*pass., p.p.* **expelled** [–d]) **1** espellere. **2** cacciare, scacciare.
to **expend** [iksˈpend] *v.t.* **1** consumare, esaurire: *to ~ ammunition* esaurire le munizioni. **2** spendere; (*rif. a tempo*) dedicare, impiegare.
expendable [iksˈpendəbl] *a.* che si può consumare (*o* sacrificare).
expenditure [iksˈpenditʃə*] *s.* **1** consumo. **2** spesa. ▭ (*Econ.*) *~ rate* tetto di spesa.
expense [iksˈpens] *s.* spesa; costo. ▭ *~* **account** nota spese; (*fig.*) **at** *s.o.'s ~* alle spalle di qd.; **at** *the ~ of* a danno di; *to* **put** *o.s. to great ~* sobbarcarsi a una spesa ingente; *to* **spare** *no ~* non badare a spese.
expensive [iksˈpensiv] *a.* costoso, caro.
experience [iksˈpiəriəns] *s.* esperienza; pratica.
to **experience** [iksˈpiəriəns] *v.t.* **1** sperimentare, subire; incontrare: *to ~ difficulty* incontrare difficoltà. **2** provare, sentire.
experienced [iksˈpiəriənst] *a.* esperto, pratico (*in* di).
experiment [iksˈperimənt] *s.* esperimento; esperienza.
to **experiment** [iksˈperimənt] *v.i.* sperimentare; fare esperimenti: *to ~ on guinea pigs* fare esperimenti sulle cavie.
experimental [iksˌperiˈmentl] *a.* sperimentale.
expert [ˈekspə:t] **I** *s.* esperto; specialista *m./f.* **II** *a.* **1** esperto (*at, in* in): *she is ~ at driving speedy cars* è esperta nella guida di macchine veloci. **2** provetto, abile.
expertise [ˌekspə:ˈti:z] *s.* perizia.
to **expiate** [ˈekspieit] *v.t.* espiare, scontare.
expiation [ˌekspiˈeiʃən] *s.* espiazione.
expiration [ˌekspai(ə)ˈreiʃən] *s.* **1** scadenza. **2** espirazione.
to **expire** [iksˈpaiə*] *v.i.* **1** terminare; scadere. **2** spegnersi, morire.
expiry [iksˈpaiəri] *s.* termine; scadenza: *the ~ of passport* la scadenza di un passaporto.
to **explain** [iksˈplein] *v.t.* spiegare; chiarire: *please ~ yourself* cerchi di spiegarsi meglio. ▭ *to ~ s.th. away* giustificarsi, trovare una giustificazione per qc.
explanation [ˌekspləˈneiʃən] *s.* spiegazione; chiarimento. ▭ *in ~ of* a giustificazione di.
explanatory [iksˈplænətəri] *a.* esplicativo.
expletive [eksˈpli:tiv] *s.* imprecazione.
to **explicate** [ˈeksplikeit] *v.t.* spiegare, chiarire.
explication [ˌekspliˈkeiʃən] *s.* spiegazione, chiarimento.
explicit [iksˈplisit] *a.* **1** esplicito. **2** netto, categorico. **3** chiaro, lampante: *let's be ~* parliamo chiaro.
to **explode** [iksˈpləud] **I** *v.i.* esplodere, scoppiare. **II** *v.t.* **1** far esplodere. **2** (*fig.*) demolire; confutare.
exploit [ˈeksplɔit] *s.* impresa, prodezza.
to **exploit** [iksˈplɔit] *v.t.* **1** sfruttare. **2** utilizzare, servirsi di.
exploitable [iksˈplɔitəbl] *a.* sfruttabile.
exploitation [ˌeksplɔiˈteiʃən] *s.* sfruttamento.
exploration [ˌeksplɔ:ˈreiʃən] *s.* esplorazione.
to **explore** [iksˈplɔ:*] *v.t.* **1** esplorare. **2** esaminare, analizzare a fondo.
explorer [iksˈplɔ:rə*] *s.* esploratore.
explosion [iksˈpləuʒən] *s.* esplosione; scoppio.
explosive [iksˈpləusiv] **I** *a.* **1** esplosivo (*anche Fonetica*). **2** (*fig.*) irascibile, collerico. **II** *s.* **1**

esplosivo. **2** (*Fonetica*) esplosiva. □ *an ~ issue* un argomento scottante.
exponent [eks'pəunənt] *s.* **1** esponente *m./f.* **2** (*Mat.*) esponente, potenza.
exponential [eks'pə(u)'nenʃəl] *a.* esponenziale.
export ['ekspɔ:t] *s.* **1** esportazione. **2** articolo di esportazione.
to **export** [eks'pɔ:t] *v.t.* esportare.
exportation [,ekspɔ:'teiʃən] *s.* esportazione.
exporter [eks'pɔ:tə*] *s.* **1** esportatore. **2** ditta esportatrice. **3** paese esportatore.
to **expose** [iks'pəuz] *v.t.* **1** esporre. **2** (*fig.*) svelare, rivelare; smascherare. **3** (*Fot.*) impressionare; esporre.
exposé [eks'pəuzei] *s.* **1** denunzia. **2** (*burocr.*) esposto.
exposition [,ekspə'ziʃən] *s.* **1** esposizione; spiegazione. **2** mostra (d'arte, ecc.).
expositor [iks'pɔzitə*] *s.* espositore.
to **expostulate** [iks'pɔstjuleit] *v.i.* fare rimostranze (*with* a), protestare (con).
exposure [iks'pəuʒə*] *s.* **1** esposizione (*anche fig.*). **2** rivelazione, denunzia. **3** esposizione (alle intemperie). **4** (*Fis. nucleare*) irradiazioni. **5** (*neol.*) continuo risalto dato dai mass media (a un fatto o a un personaggio). **6** (*Fot.*) esposizione, posa. □ (*Fot.*) *~ meter* esposimetro.
to **expound** [iks'paund] *v.t.* **1** esporre. **2** spiegare.
express [iks'pres] **I** *a.* **1** esplicito, espresso, manifesto. **2** specifico, preciso: *~ direction* direttive precise. **3** (*Poste, Ferr.*) espresso. **II** *s.* **1** (treno) espresso. **2** (*Poste*) espresso. **III** *avv.* per espresso.
to **express** [iks'pres] *v.t.* **1** esprimere, esporre. **2** manifestare, rivelare. **3** spremere, far uscire il succo di. **4** (*am. Poste*) spedire per espresso. □ *to ~ o.s.* esprimersi; manifestare il proprio parere.
expression [iks'preʃən] *s.* espressione. □ *beyond ~* inesprimibile.
expressionism [iks'preʃənizəm] *s.* (*Arte*) espressionismo.
expressionist [iks'preʃənist] *a./s.* (*Arte*) espressionista.
expressive [iks'presiv] *a.* **1** espressivo; eloquente. **2** che esprime, che rivela, indicativo.
to **expropriate** [eks'prəuprieit] *v.t.* **1** espropriare. **2** spossessare (*from* di).
expropriation [eks,prəupri'eiʃən] *s.* espropriazione, esproprio.
expulsion [iks'pʌlʃən] *s.* espulsione.
to **expurgate** ['ekspə:geit] *v.t.* espurgare.
exquisite ['ekskwizit] *a.* **1** squisito, eccellente; raffinato. **2** (*di sensazioni*) acuto, intenso.
ex-serviceman [eks'sə:vismən] *s.* (*pl.* **–men**) veterano.
ext. = (*Tel.*) *extension* interno (int.).
extant [eks'tænt] *a.* ancora esistente.
extemporization [iks,tempərai'zeiʃən] *s.* improvvisazione.
to **extemporize** [iks'tempəraiz] *v.t./i.* improvvisare.
to **extend** [iks'tend] **I** *v.t.* **1** estendere, tendere. **2** distendere, allungare. **3** prolungare, protrarre. **4** ampliare, allargare. **5** offrire, porgere: *to ~ a welcome to s.o.* porgere il benvenuto a qd. **6** accordare, concedere. **II** *v.i.* **1** (e)stendersi; prolungarsi, protrarsi. **2** allargarsi, ampliarsi.
extended play [iks'tendidplei] *s.* disco microsolco (a 45 giri).
extension [iks'tenʃən] *s.* **1** estensione, ampliamento. **2** aggiunta, prolungamento. **3** (*Tel.*) (numero) interno. **4** (*Comm.*) proroga. **5** edificio aggiunto. **6** (*Mecc., El.*) prolunga.
extensive [iks'tensiv] *a.* **1** vasto, esteso; approfondito. **2** ingente, di grave entità: *~ damage* danni ingenti.
extent [iks'tent] *s.* **1** estensione, dimensioni. **2** distesa. **3** grado, limite. □ *to a* **certain** *~* fino a un certo punto; *to a* **great** *~* in larga misura; *to* **what** *~?* fino a che punto?
to **extenuate** [iks'tenjueit] *v.t.* **1** attenuare: *to ~ a crime* attenuare la gravità di un delitto. **2** minimizzare. □ *extenuating circumstances* circostanze attenuanti.
extenuation [iks,tenju'eiʃən] *s.* circostanza attenuante.
exterior [iks'tiəriə*] **I** *a.* esterno, esteriore. **II** *s.* **1** esterno. **2** aspetto (esteriore).
exteriority [eks,tiəri'ɔriti] *s.* esteriorità.
to **exteriorize** [eks'tiəriəraiz] *v.t.* manifestare, estrinsecare.
to **exterminate** [eks'tə:mineit] *v.t.* **1** sterminare. **2** (*fig.*) sradicare, estirpare.
extermination [eks,tə:mi'neiʃən] *s.* sterminio.
external [iks'tə:nəl] **I** *a.* **1** esterno, esteriore. **2** superficiale. **II** *s.pl.* esteriorità, apparenze.
extinct [iks'tiŋkt] *a.* **1** estinto, scomparso: *~ species* specie estinta. **2** spento.
extinction [iks'tiŋkʃən] *s.* **1** estinzione. **2** (*fig.*) fine; crollo: *the ~ of one's hopes* il crollo delle speranze.
to **extinguish** [iks'tiŋgwiʃ] *v.t.* **1** estinguere, spegnere. **2** (*fig.*) distruggere. **3** (*Econ.*) estinguere.
extinguisher [iks'tiŋgwiʃə*] *s.* estintore.
to **extirpate** ['ekstə:peit] *v.t.* **1** estirpare, sradicare. **2** distruggere, sterminare.
to **extol(l)** [iks'təul] *v.t.* (*pass., p.p.* **extolled** [–d]) esaltare.
to **extort** [iks'tɔ:t] *v.t.* estorcere; ottenere con la forza.
extortion [iks'tɔ:ʃən] *s.* **1** estorsione. **2** (*estens.*) furto, ladrocinio.
extortionate [iks'tɔ:ʃənit] *a.* esorbitante.
extra ['ekstrə] **I** *a.* **1** supplementare, aggiuntivo; (*di lavoro*) straordinario. **2** eccellente, superiore. **II** *s.* **1** supplemento. **2** spesa extra. **3** (*Giorn.*) edizione straordinaria. **4** (*Cin., Teat.*) comparsa. **5** lavoratore temporaneo (o in sovrannumero). **III** *avv.* **1** più del normale: *~ large* più grande del normale. **2** eccezionalmente.

extract ['ekstrækt] *s.* **1** estratto: *vanilla* ~ essenza di vaniglia. **2** passaggio (di un libro o spartito).

to **extract** [iks'trækt] *v.t.* **1** estrarre, cavare. **2** trarre, derivare. **3** stralciare. **4** estorcere, (*rif. a denaro*) spremere, spillare. **5** (*Mat.*) estrarre.

extraction [iks'trækʃən] *s.* **1** estrazione. **2** origine; condizione sociale: *she is of Swiss* ~ è di origine svizzera.

to **extradite** ['ekstrədait] *v.t.* estradare.

extradition [,ekstrə'diʃən] *s.* estradizione.

extramarital ['ekstrə'mæritl] *a.* extraconiugale.

extramural [,ekstrə'mjuərəl] *a.* **1** facoltativo, che non rientra nel normale curriculum (di studi): ~ *lectures* lezioni (universitarie) aperte anche a non studenti. **2** libera, che esula dal programma: ~ *activities* attività libere.

extraneous [eks'treinjəs] *a.* **1** estraneo. **2** non pertinente.

extraordinary [iks'trɔ:dinəri] *a.* straordinario; eccezionale; strano.

to **extrapolate** [eks'træpəleit] *v.t.* **1** estrapolare. **2** (*fig.*) arguire.

extraterrestrial ['ekstrəti'restriəl] *s.* extraterrestre.

extraterritorial ['ekstrə,teri'tɔ:riəl] *a.* extraterritoriale.

extravagance [iks'trævəgəns] *s.* **1** prodigalità, sperpero. **2** stravaganza, bizzarria.

extravagant [iks'trævəgənt] *a.* **1** (*di persone*) prodigo, spendaccione. **2** (*di cose*) molto costoso; esorbitante: ~ *gifts* doni costosissimi; ~ *prices* prezzi esorbitanti. **3** eccessivo, assurdo: ~ *demands* richieste assurde. **4** irragionevole, irrealizzabile. □ ~ **behaviour** comportamento eccentrico; ~ **designs** decorazioni (*o* disegni di stoffe) vistose.

extravaganza [eks,trævə'gænzə] *s.* **1** (*Mus.*) composizione farsesca. **2** comportamento stravagante.

extreme [iks'tri:m] **I** *a.* **1** estremo: ~ *poverty* estrema povertà; (*Pol.*) *the* ~ *left* l'estrema sinistra. **2** eccessivo, sfrenato. **3** acuto: *an* ~ *pain* un dolore acuto. **4** (*estens.*) drastico, estremistico: ~ *measures* misure drastiche. **II** *s.* **1** estremo: *from one* ~ *to the other* da un estremo all'altro. **2** eccesso. **3** il colmo: *an* ~ *of dispair* il colmo della disperazione. □ *to* **carry** *s.th. to extremes* spingere qc. all'estremo; *extremes of* **cold** *and heat* le punte estreme del freddo e del caldo; *to* **go** *to extremes* arrivare agli estremi; **in** *the* ~ al massimo; *extremes* **meet** gli estremi si toccano.

extremism [iks'tri:mizəm] *s.* estremismo.

extremist [iks'tri:mist] *s.* estremista *m./f.* □ *left-wing* ~ estremista di sinistra.

extremity [iks'tremiti] *s.* **1** estremità. **2** (*Anat.*) arto; estremità. **3** eccesso, estremo. **4** il punto più alto; il grado massimo; situazione disperata: *an* ~ *of pain* una sofferenza al massimo grado.

to **extricate** ['ekstrikeit] *v.t.* districare, sbrogliare.

extrinsic [eks'trinsik] *a.* estrinseco.

extrovert ['ekstrəuvə:t] *a./s.* estroverso.

exuberance [ig'zju:bərəns] *s.* **1** esuberanza; rigoglio. **2** sovrabbondanza.

exuberant [ig'zju:bərənt] *a.* **1** esuberante, vivace. **2** lussureggiante, rigoglioso.

to **exude** [ig'zju:d] **I** *v.t.* stillare. **II** *v.i.* trasudare.

to **exult** [ig'zʌlt] *v.i.* **1** esultare (*in, at* per). **2** trionfare (*over* su).

exultant [ig'zʌltənt] *a.* esultante, giubilante.

exultation [,egzʌl'teiʃən] *s.* esultanza.

eye [ai] *s.* **1** occhio (*anche fig.*): *the* ~ *of a cyclone* l'occhio del ciclone. **2** vista. **3** sguardo, occhiata. **4** cruna (di ago). **5** cellula fotoelettrica. **6** occhiello (di un abito). **7** (*Bot.*) occhio, gemma. □ **before** *one's very eyes* proprio sotto gli occhi; *to give s.o. a* **black** ~ fare un occhio nero a qd.; *to* **catch** *s.o.'s* ~ attirare lo sguardo di qd.; *out of the* **corner** *of one's* ~ con la coda dell'occhio; *to* **estimate** *by* ~ stimare a occhio; *to* **feast** *one's eyes* appagare la vista; *to* **have** *one's* ~ *on s.th.* puntare l'occhio su qc.; *to* **have** *an* ~ *to* mirare a; stare attento a; *to* **keep** *an* ~ *on* tenere d'occhio; *to* **keep** *an* ~ *out for* stare all'erta; (*sl.*) *to* **make** *eyes at s.o.* fare gli occhi dolci a qd.; *in one's* **mind***'s* ~ con la propria immaginazione; *with the* **naked** ~ a occhio nudo; *to* **only** *have eyes for* non aver occhi che per; *to* **open** *one's eyes wide* sgranare gli occhi; (*Mil.*) *eyes* **right**! attenti a destra!; *to* **run** *one's* ~ *over s.th.* dare una scorsa a qc.; *to* **see** ~ *to* ~ andare d'accordo; *to* **shut** *one's eyes* chiudere gli occhi (*anche fig.*); *to* **sleep** *with one* ~ *open* dormire a occhi aperti; *to have a* **sure** ~ avere occhio; **to** *the* ~ in apparenza; **up** *to the eyes* fino al collo (*anche fig.*); **with** *an* ~ *to* con l'idea di.

to **eye** [ai] *v.t.* **1** guardare; osservare. **2** squadrare, osservare attentamente.

eyeball ['aibɔ:l] *s.* (*Anat.*) globo oculare. □ (*fam.*) ~ *to* ~ a quattr'occhi.

eyebrow ['aibrau] *s.* sopracciglio. □ *to raise one's eyebrows* aggrottare le ciglia.

eyecatching ['aikætʃiŋ] *a.* che attira l'occhio.

eye-drops ['aɪdrɔpz] *s.pl.* collirio.

eye-ful ['aiful] *s.* **1** lunga occhiata. **2** (*fam.*) cosa che attira lo sguardo. **3** occhiata d'insieme, colpo d'occhio.

eye-glass ['aiglɑ:s] *s.* **1** lente. **2** monocolo.

eyehole ['aihəul] *s.* **1** (*Anat.*) orbita. **2** spioncino (di una porta).

eyelash ['ailæʃ] *s.* ciglio.

eyelid ['ailid] *s.* palpebra. □ (*fig.*) *without batting an* ~ senza batter ciglio.

eye-opener ['aiəupnə*] *s.* (*fig.*) esperienza che fa aprire gli occhi.

eyepiece ['aipi:s] *s.* (lente) oculare.

eyeshot ['aiʃɔt] *s.* portata visiva. □ **beyond** ~ a perdita d'occhio; **within** ~ a portata d'occhio.
eyesight ['aisait] *s.* vista.
eyesocket ['ai'sɔkit] *s.* orbita.
eyesore ['aisɔ:*] *s.* cosa sgradevole a vedersi; (*fam.*) pugno in un occhio.
eyewash ['aiwɔʃ] *s.* **1** bagno oculare. **2** (*fam.*) polvere negli occhi.
eye-witness ['ai'witnis] *s.* testimone oculare.
eyrie, eyry ['aiəri] *s.* **1** nido di rapaci. **2** castello arroccato.

F

f[1], **F**[1] [ef] *s.* (*pl.* **f's/fs, F's/Fs** [efs]) f, F. ▭ (*Tel.*) ~ *for Frederick*; (*am.*) ~ *for Fox* F come Firenze.

f[2] = **1** *farthing* un quarto di penny. **2** *feminine* femminile (femm.). **3** *following* seguente (seg.). **4** *foot* piede.

F[2] [ef] *s.* (*Mus*) fa.

F[3] = **1** (*Chim.*) *flourine* fluoro. **2** *Fahrenheit* Fahrenheit. **3** *farad* farad.

fa [fɑ:] *s.* (*Mus.*) fa.

fab [fæb] *a.* (*sl.*) meraviglioso, favoloso.

fable ['feibl] *s.* **1** favola. **2** mito, leggenda. **3** (*fig.*) frottola, fandonia.

fabled ['feibld] *a.* mitico, leggendario.

fabric ['fæbrik] *s.* **1** stoffa, tessuto. **2** struttura, composizione. **3** edificio, fabbricato.

to **fabricate** ['fæbrikeit] *v.t.* **1** (*fig.*) architettare, ideare; inventare. **2** (*fig.*) falsificare. **3** fabbricare, costruire; montare.

fabrication [ˌfæbri'keiʃən) *s.* **1** (*fig.*) menzogna, invenzione. **2** (*fig.*) falso. **3** fabbricazione, costruzione.

fabulous ['fæbjuləs] *a.* **1** favoloso, leggendario. **2** straordinario, incredibile. **3** (*fam.*) meraviglioso, favoloso.

façade [fə'sɑ:d] *s.* **1** (*Arch.*) facciata. **2** (*fig.*) apparenza.

face [feis] *s.* **1** faccia, viso, volto; (*di animale*) muso. **2** espressione, aspetto. **3** smorfia, boccaccia: *to pull a* ~ fare una smorfia. **4** parete (di montagna). **5** facciata (di edificio). **6** quadrante (di orologio). **7** faccia (di moneta); diritto (di stoffa). **8** superficie, lato. **9** (*Geom.*) faccia. **10** (*Tip.*) occhio. ▭ ~ **down** a faccia in giù; (*fig.*) *to* **fly** *in the* ~ *of s.o.* porsi apertamente in contrasto con qd.; *to* **have** *the* ~ *of doing s.th.* aver la sfacciataggine di far qc.; **in** *one's* ~ in faccia, sul viso; (*fig.*) *to look the facts* **in** *the* ~ guardare le cose in faccia; (*fig.*) **in** (*the*) ~ *of* a dispetto di; (*fig.*) *to pull a* **long** ~ fare il muso; *to* **look** *s.o. in the* ~ guardare qd. in faccia; (*fig.*) *to* **lose** ~ perdere la faccia; **on** *the* ~ *of it* a giudicare dalle apparenze; *to* **put** *a bold* ~ *on it* affrontare qc. coraggiosamente; (*fam.*) *to* **put** *one's* ~ *on* truccarsi; *to* **save** *one's* ~ salvare le apparenze; *to* **show** *one's* ~ mostrare la faccia; (*fig.*) *to keep a* **straight** ~ rimanere impassibile; **to** *one's* ~ in faccia, apertamente; ~ **to** ~ faccia a faccia; ~ **up** a faccia in su; (*Econ.*) ~ **value** valore nominale; (*fig.*) valore apparente.

to **face** [feis] **I** *v.t.* **1** essere di fronte a; fronteggiare. **2** (*fig.*) affrontare (con coraggio); far fronte a. **3** (*Edil.*) rivestire, ricoprire; (*di parete*; spesso con *off*) levigare, spianare. **II** *v.i.* **1** volgersi, girarsi (*to, towards* a, verso). **2** essere rivolto, guardare (spesso con *on, to, towards* a, verso, su): *a window facing the North* una finestra rivolta a nord. ▭ (*Mil.*) **about** ~*!* dietro front!; *to* ~ **down** domare, sopraffare; **let's** ~ *it* diciamocelo chiaramente; (*fig.*) *to* ~ *the* **music** affrontare le circostanze; (*Mil.*) **right** ~*!* fronte a destra!; *to* ~ **up** *to* far fronte a; riconoscere, ammettere.

facecloth ['feisklɔθ] *s.* guanto di spugna per lavarsi il viso.

faced [feist] *a.* (*nei composti*) dalla faccia, dal viso: *a red-~ boy* un ragazzo dal viso rosso.

face-lift(ing) ['feislift(iŋ)] *s.* **1** (*Chir.*) lifting. **2** (*fig.*) restauro.

face pak ['feispæk] *s.* maschera di bellezza.

face powder ['feispaudə*] *s.* cipria.

facer ['feisə*] *s.* (*fam.*) batosta.

facet ['fæsit] *s.* **1** sfaccettatura. **2** (*fig.*) aspetto, lato: *this is onlyone* ~ *of the problem* questo è solo un lato della questione.

facetious [fə'si:ʃəs] *a.* faceto, scherzoso.

facial ['feiʃəl] **I** *a.* facciale. **II** *s.* trattamento di bellezza del viso.

facile ['fæsail] *a.* **1** facile. **2** (*estens.*) facile, pronto: *he has a* ~ *tongue* ha la parola facile. **3** remissivo, arrendevole. **4** affrettato, superficiale.

to **facilitate** [fə'siliteit] *v.t.* facilitare, agevolare.

facilitation [fəˌsili'teiʃən] *s.* facilitazione, agevolazione.

facility [fə'siliti] *s.* **1** facilità; abilità, destrezza. **2** *pl.* facilitazione, agevolazione. **3** *pl.* attrezzature, servizi: *educational facilities* attrezzature didattiche. **4** (*Inform.*) installazioni.

facing ['feisiŋ] *s.* **1** rivestimento. **2** paramontura. **3** (*Mil.*) mostrine.

facsimile [fæk'simili] *s.* facsimile.

fact [fækt] *s.* **1** fatto; dato, elemento. **2** realtà, verità. ▭ *in* **actual** ~ di fatto; **in** (*point of*) ~ in realtà; **it** *is a* ~ *that* è un dato di fatto che; *a ~ of* **life** una realtà della vita; (*fam.*) *the facts of* **life** i fatti della vita (cioè l'educazione sessuale); *as a* **matter** *of ~* effettivamente, per la verità; **taken** *in the ~* colto sul fatto.

fact-finding ['fæktfaindiŋ] *a.* che serve ad accertare i fatti. ▭ ~ **committee** commissione d'inchiesta; ~ **mission** (o *trip*) missione informativa.

faction ['fækʃən] *s.* **1** fazione, setta. **2** (*estens.*) discordia, dissenso.

factious ['fækʃəs] *a.* fazioso, settario.

factitious [fæk'tiʃəs] *a.* artificiale; artificioso.

factor ['fæktə*] *s.* **1** (*Mat., Fis.*) fattore. **2** (*fig.*) fattore, elemento. **3** (*Comm.*) agente, commissionario.

factory ['fæktəri] *s.* fabbrica, stabilimento; officina. ▭ *Factory* **Acts** leggi sindacali; ~ **farm** allevamenti in batteria.

factual ['fæktjuəl] *a.* **1** effettivo, reale. **2** che si attiene ai fatti.

faculty ['fækəlti] *s.* **1** facoltà, capacità. **2** (*Univ.*) facoltà: *the Faculty of Law* la facoltà di giurisprudenza. **3** (*am. Univ.*) corpo insegnante. ▭ (*Dir.*) *full possession of one's faculties* facoltà d'intendere e di volere.

fad [fæd] *s.* **1** moda (passeggera). **2** capriccio; fisima; (*pop.*) pallino.

faddish ['fædiʃ], **faddy** ['fædi] *a.* **1** bizzarro, capriccioso. **2** fissato.

fade [feid] *s.* (*Cin., TV*) dissolvenza.

to **fade** [feid] **I** *v.i.* **1** scolorarsi, sbiadirsi. **2** affievolirsi, attenuarsi. **3** (*di fiori*) avvizzire, appassire. **4** (spesso con *away, out*) scomparire, svanire; (*fig.*) venir meno. **II** *v.t.* **1** scolorare, sbiadire, stingere. **2** far perdere vitalità a. ▭ (*Cin., TV*) *to ~* **in** aprire in dissolvenza; (*Rad.*) aumentare gradualmente l'intensità di; *to ~* **out** (*Cin., TV*) chiudere in dissolvenza; (*Rad.*) diminuire gradualmente l'intensità di.

faeces ['fi:si:z] *s.pl.* feci, escrementi.

fag[1] [fæg] *s.* **1** faticata, sgobbata. **2** (*nelle scuole inglesi*) studente di corso inferiore che fa servizi a un anziano.

fag[2] [fæg] *s.* (*sl.*) sigaretta.

to **fag** [fæg] *v.* (*pass., p.p.* **fagged** [–d]) **I** *v.t.* (spesso con *out*) affaticare, stancare. **II** *v.i.* **1** faticare, sgobbare. **2** (*nelle scuole inglesi*) fare (piccoli) servizi (*for* a).

fag-end ['fægend] *s.* **1** estremità (*o* parte) peggiore: *the ~ of a rope* l'estremità sfilacciata di una fune. **2** (*fam.*) mozzicone, cicca (di sigaretta).

faggot ['fægət] *s.* **1** fascina, fastello. **2** (*Gastr.*) polpetta. **3** (*sl.*) omosessuale, finocchio. **4** (*sl.*) vecchia megera.

Fahrenheit ['færənhait] *s.* scala Fahrenheit.

fail [feil] *s.*: *without ~* senza fallo, senz'altro.

to **fail** [feil] **I** *v.i.* **1** fallire; essere bocciato (a un esame). **2** trascurare, tralasciare. **3** non riuscire (a): *to ~ to remember s.th.* non riuscire a ricordare qc. **4** fallire, fare bancarotta. **5** incepparsi: *the engine failed suddenly* il motore s'inceppò improvvisamente. **II** *v.t.* **1** bocciare. **2** abbandonare: *his good humour failed him* il suo buon umore lo abbandonò. **3** (venire a) mancare a, venir meno a: *words ~ me* mi mancano le parole. ▭ *to ~ in* mancare di.

failing ['feiliŋ] **I** *s.* debolezza, punto debole. **II** *prep.* in mancanza di. ▭ ~ *payment* in caso di mancato pagamento.

fail-safe ['feil'seif] *a.attr.* di sicurezza.

failure ['feiljə*] *s.* **1** fallimento, insuccesso, (*fam.*) fiasco. **2** fallito. **3** omissione: *his ~ to help you was unbelievable* è incredibile il fatto che non ti abbia aiutato. **4** insufficienza, scarsità. **5** (*Med.*) collasso. **6** (*Mecc.*) guasto, avaria.

faint [feint] **I** *a.* **1** fiacco, debole; fievole, pallido. **2** vago, incerto: *a ~ hope* una vaga speranza. **II** *s.* svenimento, deliquio. ▭ *to* **feel** ~ sentirsi svenire; *I haven't the faintest* **idea** non ne ho la più pallida idea; **in** *a ~* svenuto.

to **faint** [feint] *v.i.* **1** svenire, perdere i sensi. **2** indebolirsi. **3** perdersi d'animo.

faint-heart ['feinthɑ:t] *s.* pusillanime *m./f.*, vile *m./f.*

faint-hearted ['feint'hɑ:tid] *a.* pusillanime, vile.

fair[1] [fɛə*] **I** *a.* **1** giusto, onesto, equo. **2** leale, corretto. **3** ragionevole: *a ~ price* un prezzo ragionevole. **4** discreto; sufficiente. **5** (*Meteor.*) sereno, bello; favorevole: ~ *wind* vento favorevole. **6** (*di capelli*) biondo, chiaro; (*di carnagione*) chiaro. **7** (*fig.*) puro, senza macchia. **8** chiaro, leggibile. **9** (*ant.*) bello. **II** *avv.* **1** lealmente, correttamente. **2** proprio, esattamente; direttamente. **3** chiaramente. ▭ ~ **copy** bella copia; (*fig.*) copia fedele; *by ~* **means** *or foul* con mezzi leciti o illeciti; *it's* **not** *~!* è sleale!; **set** ~ (*di barometro*) al bello; ~ **sex** sesso debole; ~ *and* **square:** 1 onestamente, chiaramente; 2 in pieno: *to hit s.o. ~ and square on the chin* colpire qd. in pieno mento; *to give s.o. a ~* **warning** avvertire in tempo qd.

fair[2] [fɛə*] *s.* **1** fiera; esposizione. **2** mercato (del bestiame). **3** (*estens.*) pesca di beneficenza.

fair-ground ['fɛəgraund] *s.* (spesso al pl.) zona fieristica.

fair-haired ['fɛəhɛəd] *a.* dai capelli biondi.

fairly ['fɛəli] *avv.* **1** equamente, lealmente. **2** abbastanza, discretamente. **3** completamente, del tutto. **4** legittimamente, a ragion veduta. ▭ ~ *good* discreto, abbastanza buono.

fair-minded ['fɛə'maindid] *a.* equanime.

fairness ['fɛənis] *s.* **1** imparzialità, equità. **2** tonalità chiara; (*di capelli*) color biondo. **3** bellezza.

fair play ['fɛə'plei] *s.* comportamento corretto.

fairway ['fɛəwei] *s.* canale navigabile.

fairy ['fɛəri] **I** *s.* **1** fata. **2** (*sl.*) omosessuale; femminuccia. **II** *a.* **1** delle fate. **2** (*fig.*) leggiadro, delicato.

fairyland ['fɛərilænd] *s.* paese delle fate.
fairylike ['fɛərilaik] *a.* **1** simile a fata. **2** (*fig.*) delicato, leggiadro.
fairy tale ['fɛəriteil] *s.* **1** fiaba. **2** (*fig.*) storia, frottola.
faith [feiθ] *s.* **1** fede, fiducia: *I have no ~ in him* non ho fiducia in lui. **2** fede, credenza religiosa. □ *in* **bad** ~ in malafede; *to* **break** ~ mancare alla parola; *in* **good** ~ in buona fede; *to* **put** ~ *in* riporre la propria fiducia in.
faithful ['feiθful] **I** *a.* **1** fedele, leale. **2** ligio (*to* a). **3** conforme a verità. **II** *s.* (*collett.*) fedeli, credenti.
faithfully ['feiθfuli] *avv.* **1** fedelmente, lealmente. **2** (*fam.*) con precisione. □ (*epist.*) *yours* ~ distinti saluti.
faithfulness ['feiθfulnis] *s.* fedeltà, lealtà.
faithless ['feiθlis] *a.* infedele, infido.
faithlessness ['feiθlisnis] *s.* **1** mancanza di fede. **2** slealtà.
fake [feik] **I** *s.* **1** falsificazione, falso, contraffazione. **2** imbroglio, raggiro. **3** impostore. **II** *a.* falso, contraffatto.
to **fake** [feik] **I** *v.t.* **1** falsare, alterare; contraffare. **2** (spesso con *up*) simulare, fingere: *to ~ illness* simulare una malattia. **II** *v.i.* simulare, fingere: *the whole story had been faked up* la storia era inventata di sana pianta.
fakir ['feikiə*] *s.* fachiro.
falcon ['fɔ:lkən] *s.* falco, falcone.
falconer ['fɔ:lkənə*] *s.* cacciatore col falcone.
falconry ['fɔ:lkənri] *s.* (*Caccia*) falconeria.
fall [fɔ:l] *s.* **1** caduta (*anche fig.*). **2** (*am.*) autunno. **3** ribasso, diminuzione: *a ~ in prices* una diminuzione dei prezzi. **4** dislivello; salto. **5** precipitazione (di pioggia). **6** (*pl.*) cascate.
to **fall** [fɔ:l] *v.i.* (*pass.* **fell** [fel], *p.p.* **fallen** ['fɔ:lən]) **1** cadere (*anche fig.*): *to ~ from a window* cadere da una finestra; *her hair fell to her shoulders* i capelli le cadevano sulle spalle; *the government has fallen* il governo è caduto. **2** diminuire, abbassarsi: *the temperature fell rapidly* la temperatura è diminuita rapidamente. **3** cadere, scendere (p.e. di notte, silenzio). **4** ricorrere, capitare: *my birthday falls on a Sunday this year* quest'anno il mio compleanno cade di domenica. **5** diventare (*in varie espressioni idiomatiche*): *to ~ asleep* addormentarsi; *to ~ ill* ammalarsi; *to ~ in love* innamorarsi. **6** morire (spec. in battaglia): *during the siege they fell by the hundred* durante l'assedio morirono a centinaia. **7** ricadere: *all expenses fell on me* tutte le spese ricaddero su di me. **8** digradare: *the land falls towards the sea* il terreno digrada verso il mare. **9** (*di parole*) uscire, venire (*from* da): *only few words fell from her lips* dalle sue labbra uscirono solo poche parole. **10** (costr. impers.) capitare, toccare: *it fell on me to break the news* è toccato a me dare la notizia. □ *to ~* **due** maturare (di interessi), scadere; *her* **eyes** *fell* abbassò lo sguardo; *his* **face** *fell* rimase come un allocco; (*fig.*) *to ~ on one's* **feet** cadere in piedi, essere fortunato; (*fam.*) *to ~* **flat** fare fiasco; (*fig.*) *our plans fell to the* **ground** i nostri piani fallirono; *to ~* **short** venir meno, mancare; (*fig.*) essere inferiore (*of* a): *to ~ short of expectations* essere inferiore alle aspettative. // (*seguito da preposizioni*) (*fam.*) *to ~* **for** *s.th./s.o.* cedere al fascino di qc.; innamorarsi di qd.; *to ~* **into** essere suddiviso in; *to ~* **into** *line with* concordare; accettare; *to ~* **into** *disgrace* cadere in disgrazia; *to ~* **on** (o **upon**) attaccare; gettarsi su; *to ~* **to**: 1 incominciare: *to ~ to laughing* incominciare (mettersi) a ridere; 2 ricadere su, toccare a: *it falls to me to write this letter* tocca a me scrivere questa lettera // (*seguito da avverbi*) (*fam.*) *to ~* **about** (*laughing*) sbellicarsi dalle risa; *to ~* **away**: 1 ritirarsi; 2 scomparire, svanire; *to ~* **back** indietreggiare; *to ~* **back** *on* ricorrere a; recedere; *to ~* **behind** rimanere indietro; (*fam.*) *to ~* **down** *on*: 1 non mantenere (promesse, obblighi, ecc.); 2 cadere, non riuscire, fallire: *your plan falls down on the costs involved* il tuo piano fallisce a causa dei costi; *to ~* **in**: 1 (*Mil.*) allinearsi; mettere in riga; 2 scadere (di contratto, ecc.); *to ~* **in** *with s.o.* imbattersi in qd.; *to ~* **in** *with s.th.* (o *s.o.*) essere d'accordo con qc. (*o* qd.); *to ~* **off** diminuire; *to ~* **out**: 1 (*Mil.*) rompere le righe; 2 andare a finire; capitare: *it fell out that...* andò a finire che...; 3 litigare (*with* con); *to ~* **through** fallire: *the plan fell through* il piano fallì; *to ~* **to** mettersi a mangiare; *to ~* **under** *s.th.* rientrare in qc.
fallacious [fə'leiʃəs] *a.* fallace, ingannevole.
fallacy ['fæləsi] *s.* **1** credenza errata. **2** ragionamento errato.
fallen[1] ['fɔ:lən] → to **fall**.
fallen[2] ['fɔ:lən] **I** *a.* : ~ *woman* donna perduta, prostituta. **II** *s.* (*collett.*) caduti: *monument to the ~* monumento ai caduti.
fallible ['fæləbl] *a.* che può sbagliare.
falling ['fɔ:liŋ] *a.* cadente. □ (*Med.*) ~ *sickness* epilessia; ~ *star* stella cadente.
fall-out ['fɔ:laut] *s.* ricaduta radioattiva.
fallow ['fæləu] **I** *a.* **1** (*Agr.*) incolto, a maggese. **2** (*di cavalla*) non pregna. **3** (*fig.*) incolto, rozzo. **II** *s.* (*Agr.*) maggese.
fallow-deer ['fæləudiə*] *s.* (*Zool.*) daino.
false [fɔ:ls] **I** *a.* **1** falso; erroneo, errato. **2** (*rif. a persona*) falso, mendace; infido. **3** falso, finto, artificiale. **II** *avv.* falsamente. □ (*fig.*) *to strike a ~* **note** toccare un tasto falso; *to* **play** ~ *with s.o.* ingannare qd.
false-faced ['fɔ:ls'feist] *a.* ipocrita.
falsehood ['fɔ:lshud] *s.* **1** menzogna, bugia. **2** falsità, ipocrisia.
falsification [ˌfɔ:lsifi'keiʃən] *s.* **1** falsificazione. **2** distorsione, alterazione.
falsifier ['fɔ:lsifaiə*] *s.* falsario, falsificatore.
to **falsify** ['fɔ:lsifai] *v.t.* **1** falsificare. **2** alterare, falsare. **3** dimostrare l'infondatezza di.

falsity ['fɔ:lsiti] *s.* **1** falsità, doppiezza. **2** menzogna. **3** disonestà, slealtà.

to **falter** ['fɔ:ltə*] **I** *v.i.* **1** esitare, vacillare; tentennare, titubare. **2** incespicare, inciampare. **3** balbettare. **II** *v.t.* (spesso con *out*) balbettare, farfugliare.

fame [feim] *s.* fama, celebrità.

famed [feimd] *a.* famoso, celebre.

familiar [fə'miljə*] **I** *a.* **1** consueto, familiare; noto. **2** informato, al corrente. **3** abituale, solito. **4** che ha familiarità (*with* con); intimo. **5** impudente, sfacciato. **II** *s.* amico intimo. ▭ *to* **make** *o.s.* ~ *with s.o.* familiarizzare con qd.; *to be on* ~ **terms** *with s.o.* essere in confidenza con qd.

familiarity [fə,mili'æriti] *s.* **1** familiarità, dimestichezza. **2** eccessiva confidenza. **3** familiarità, pratica.

to **familiarize** [fə'miljəraiz] *v.t.* **1** rendere familiare (*with s.th.* qc.); stabilire rapporti familiari (*with s.o.* qd.). **2** rendere di uso familiare.

family ['fæmili] **I** *s.* **1** famiglia; figli. **2** stirpe, casato. **II** *a.attr.* **1** di famiglia. **2** (di tipo) familiare: *a* ~ *hotel* un albergo di tipo familiare. ▭ ~ **name** cognome; ~ **planning** pianificazione demografica; ~ **tree** albero genealogico.

family man ['fæmili'mæn] *s.* (*fam.*) **1** uomo tutto casa e famiglia. **2** uomo con una famiglia sulle spalle.

famine ['fæmin] *s.* carestia. ▭ ~ *prices* prezzi alle stelle.

to **famish** ['fæmiʃ] *v.t./i.* (far) patire la fame.

famous ['feiməs] *a.* famoso, celebre.

fan[1] [fæn] *s.* **1** ventaglio. **2** (*Mecc.*) ventola. **3** (*El.*) ventilatore. **4** (*Agr.*) vaglio. ▭ (*Aut.*) ~ *belt* cinghia del ventilatore.

to **fan** [fæn] *v.* (*pass., p.p.* **fanned** [-d]) **I** *v.t.* **1** far vento a, sventolare. **2** attizzare, soffiare su. **3** (general. con *out*) aprire a ventaglio. **II** *v.i.* (general. con *out*) aprirsi a ventaglio.

fan[2] [fæn] *s.* **1** fan *m./f.*, ammiratore. **2** (*Sport*) tifoso.

fanatic [fə'nætik] *s.* fanatico.

fanatical [fə'nætikəl] *a.* fanatico.

fanaticism [fə'nætisizəm] *s.* fanatismo.

fanciful ['fænsiful] *a.* **1** fantasioso. **2** di fantasia.

fancy ['fænsi] **I** *s.* **1** immaginazione, fantasia. **2** inclinazione, voglia: *he has no* ~ *for work* non ha voglia di lavorare. **3** simpatia; preferenza. **4** capriccio, ghiribizzo. **II** *a.* **1** (di) fantasia. **2** capriccioso, estroso. **3** (*di un negozio, ecc.*) di lusso. **4** (*di prezzo, ecc.*) eccessivo, esorbitante. ▭ ~ **dress** costume, maschera; ~ **goods** articoli di fantasia; *to* **take** *a* ~ *to* incapricciarsi di; provare simpatia per; ~ **work** ricamo.

to **fancy** ['fænsi] *v.t.* **1** immaginare, immaginarsi. **2** (propendere a) credere, sembrare (costr. impers.): *I rather* ~ *you are wrong* credo proprio che tu abbia torto. **3** gradire, piacere: *do you* ~ *that girl?* ti piace quella ragazza?

fanfare ['fænfεə*] *s.* (*Mus.*) fanfara.

fang [fæŋ] *s.* **1** (*Zool.*) (*di lupo, cane, ecc.*) zanna; (*di serpente*) dente. **2** (*di dente*) radice. **3** (*Mecc.*) dente.

Fanny ['fæni] *N.pr.f.* Franca.

fantasia [fæn'teizjə] *s.* (*Mus.*) fantasia.

fantastic [fæn'tæstik] *a.* **1** fantastico. **2** fantasioso, estroso. **3** favoloso.

fantasy ['fæntəsi] *s.* **1** fantasia, immaginazione. **2** fantasticheria. **3** capriccio.

F.A.O. = *Food and Agricultural Organization of the United Nations* Organizzazione delle Nazioni Unite per l'Alimentazione e l'Agricoltura.

far [fɑ:*] *a./avv.* (*compar.* **farther** ['fɑ:ðə*]/**further** ['fə:ðə*], *sup.* **farthest** ['fɑ:ðist]/**furthest** ['fə:ðist]) **I** *avv.* **1** lontano, distante. **2** a distanza di tempo. **3** (*spesso seguito da compar., sup.*) di gran lunga: *he is* ~ *the cleverest* è di gran lunga il più bravo. **II** *a.* **1** lontano, distante. **2** (*di tempo*) lontano, remoto. ▭ ~ **above** molto (al di) sopra; **as** ~ *as:* 1 fino a: *as* ~ *as the river* fino al fiume; 2 per quello che, per quanto: *as* ~ *as I know* per quello che ne so; ~ *and* **away** di gran lunga; *as* ~ **back** *as I can remember* per quanto posso ricordare; **by** ~ di gran lunga; ~ **from:** 1 lontano da; 2 per niente, affatto: *I am* ~ *from pleased* non sono per niente contento; 3 lungi da, invece di; ~ **from** *it!* proprio il contrario!; (*fig.*) *to* **go** ~ far molta strada; (*fig.*) *to go too* ~ esagerare; **how** ~ fin dove; fino a che punto; **in** *so* ~ *as,* per quanto, per quello che; **so** ~ finora; a questo punto; **so** ~ *so good* fin qui niente da dire; ~ *and* **wide** in lungo e in largo.

far-away ['fɑ:rəwei] *a.* **1** lontano, distante. **2** (*fig.*) assente: *a* ~ *look* uno sguardo assente.

farce [fɑ:s] *s.* (*Teat.*) farsa, (*anche estens.*) burla.

farcical ['fɑ:sikəl] *a.* farsesco.

fare [fεə*] *s.* **1** prezzo del biglietto, tariffa. **2** passeggero. **3** cibo, vitto; (*estens.*) dieta. ▭ *bill of* ~ menù, lista delle vivande.

to **fare** [fεə*] *v.i.* andare (a finire) (costr. impers.): *it fared ill with us* ci andò male.

farewell ['fεə'wel] **I** *intz.* (*lett.*) addio. **II** *s.* addio, commiato: *to bid* ~ *to s.o.* dare l'addio a qd., salutare qd. **III** *a.* d'addio.

far-fetched ['fɑ:'fetʃt] *a.* forzato, improbabile.

farinaceous [,færi'neiʃəs] *a.* **1** farinaceo. **2** amidaceo.

farm [fɑ:m] *s.* **1** podere, tenuta; fattoria. **2** allevamento; vivaio.

to **farm** [fɑ:m] **I** *v.t.* **1** coltivare. **2** (general. con *out*) dare in appalto, appaltare. **II** *v.i.* fare l'agricoltore.

farmer ['fɑ:mə*] *s.* **1** coltivatore, agricoltore, fattore. **2** allevatore.

farm-hand ['fɑ:mhænd] *s.* bracciante agricolo.

farm-house ['fɑ:mhaus] *s.* fattoria, casa colonica.

farming ['fɑ:miŋ] *s.* agricoltura.
far-off ['fɑ:r'ɔ:f] *a.* lontano, remoto.
farrago [fə'rɑ:gəu] *s.* (*pl.* **–es** [–z]) farragine; accozzaglia.
far-reaching ['fɑ:'ri:tʃiŋ] *a.* (*fig.*) di vasta portata.
farrier ['færiə*] *s.* maniscalco.
to **farrow** ['færəu] *v.t./i.* figliare, partorire (di scrofa).
far-seeing ['fɑ:'si:iŋ] *a.* **1** che vede lontano. **2** (*fig.*) lungimirante.
far-sighted ['fɑ:'saitid] *a.* **1** → **far-seeing.** **2** (*estens.*) sagace, lungimirante. **3** (*Med.*) presbite.
fart [fɑ:t] *s.* (*volg.*) scoreggia.
farther ['fɑ:ðə*] (*compar. di* **far**) **I** *avv.* **1** più lontano, (più) oltre: *I can go no* ~ non posso andare oltre. **2** di più; inoltre. **II** *a.* **1** più lontano, più distante. **2** più lungo.
farthermost ['fɑ:ðəməust] *a.* più lontano.
farthest ['fɑ:ðist] (*sup. di* **far**) **I** *a.* **1** il più lontano. **2** il più lungo. **II** *avv.* **1** il più lontano possibile. **2** al massimo (grado); al più tardi.
farthing ['fɑ:ðiŋ] *s.* (*Numismatica*) farthing (valore equivalente a un quarto di penny).
to **fascinate** ['fæsineit] *v.t.* **1** affascinare. **2** (*fig.*) irretire.
fascinating ['fæsineitiŋ] *a.* affascinante, incantevole.
fascination [,fæsi'neiʃən] *s.* fascino, incanto.
fascism ['fæʃizəm] *s.* (*Pol.*) fascismo.
fascist ['fæʃist] *a./s.* fascista.
fashion ['fæʃən] *s.* **1** modo, maniera. **2** moda, voga. ☐ **after** *the* ~ *of* alla maniera di; **after** *a* ~ in qualche modo, alla meglio; *to be* **all** *the* ~ essere molto di moda; *chicken cooked* **in** *Spanish* ~ pollo alla spagnola; (*am.*) ~ **mavens** creatori di alta moda; *man* **of** ~ uomo di mondo; **out** *of* ~ fuori moda; *to* **set** *a* ~ lanciare una moda.
to **fashion** ['fæʃən] *v.t.* modellare, foggiare.
fashionable ['fæʃnəbl] *a.* alla moda, di moda.
fashion plate ['fæʃənpleit] *s.* modello, figurino.
fast[1] [fɑ:st] **I** *a.* **1** rapido, veloce: ~ *train* treno rapido. **2** (*di orologio*) che va avanti. **3** (*di pellicola*) ad alta sensibilità. **4** fermo, fisso; resistente. **5** fedele, leale, devoto. **6** solido: ~ *colours* colori solidi. **7** dissoluto, libertino. **II** *avv.* **1** in fretta, rapidamente. **2** fermamente, saldamente. ☐ **hard** *and* ~ *rules* regole molto severe; to **hold** ~ *to s.th.* tenersi stretto a qc.; *to take* ~ **hold** *of s.th.* stringere saldamente qc.; *to* **make** ~ assicurare, fermare; *to* **pull** *a* ~ *one on s.o.* giocare un brutto tiro a qd.; (*fig.*) *to* **stand** ~ tener duro.
fast[2] [fɑ:st] *s.* digiuno.
to **fast** [fɑ:st] *v.i.* digiunare.
fast-day ['fɑ:stdei] *s.* giorno di digiuno.
to **fasten** ['fɑ:sn] **I** *v.t.* **1** attaccare, fissare. **2** chiudere, assicurare. **3** fissare: *to* ~ *one's eyes on s.o.* fissare gli occhi su qd. **II** *v.i.* **1** allacciarsi. **2** chiudersi. **3** attaccarsi, aggrapparsi (*on, on to* a). ☐ *to* ~ *the* **blame** *on s.o.* attribuire la colpa a qd.; *to* ~ *a* **nikname** *on s.o.* affibbiare un soprannome a qd.; *to* ~ *one's attention* **on** *s.th.* concentrare la propria attenzione su qc.
fastener ['fɑ:snə*] *s.* **1** chiusura, serratura. **2** fermaglio, fibbia.
fast-food ['fɑ:st'fu:d] *s.* **1** cibo pronto, fast food. **2** ristorante "Fast Food".
fastidious [fəs'tidiəs] *a.* **1** incontentabile, esigente, pignolo. **2** schizzinoso, schifiltoso.
fasting ['fɑ:stiŋ] *s.* digiuno.
fastness ['fɑ:stnis] *s.* **1** fortezza. **2** velocità, rapidità. **3** (*di colori*) solidità.
fat [fæt] **I** *a.* (*compar.* **fatter** [–ə*], *sup.* **fattest** [–ist]) **1** grasso. **2** untuoso. **3** ben fornito, pieno, ricco. **4** lucroso, redditizio. **5** (*fig.*) stupido. **II** *s.* **1** grasso. **2** grassezza, adipe. ☐ (*fam.*) *the* ~ *is in the* **fire** ci sono guai in vista; *to* **get** ~ ingrassare; (*fig.*) *to live off the* ~ *of the* **land** vivere nel lusso.
to **fat** [fæt] *v.* (*pass., p.p.* **fatted** [–id]) **I** *v.t.* (fare) ingrassare. **II** *v.i.* ingrassare, ingrassarsi.
fatal ['feitl] *a.* **1** mortale; fatale. **2** fatidico, risolutivo.
fatalism ['feitalizəm] *s.* fatalismo.
fatalist ['feitəlist] *s.* fatalista *m./f.*
fatalistic [,feitə'listik] *a.* fatalistico.
fatality [fə'tæliti] *s.* **1** disastro, calamità. **2** incidente mortale; morto, vittima. **3** fatalità; avvenimento fatale; mortalità.
fate [feit] *s.* **1** fato, destino. **2** fatalità. ☐ *to* **meet** *one's* ~ essere ucciso; *as* **sure** *as* ~ sicurissimo.
to **fate** [feit] *v.t.* (general. al passivo) destinare (*to* a).
fateful ['feitful] *a.* **1** fatidico. **2** fatale, disastroso.
fat-head ['fæthed] *s.* (*fam.*) stupido.
father ['fɑ:ðə*] *s.* **1** padre (*anche fig.*). **2** progenitore, antenato. **3** (*Rel.*) padre.
to **father** ['fɑ:ðə*] *v.t.* **1** generare, mettere al mondo. **2** (*fig.*) creare, dare origine a. **3** riconoscere la paternità di.
fatherhood ['fɑ:ðəhud] *s.* paternità.
fafher-in-law ['fɑ:ðərinlɔ:] *s.* suocero.
fatherland ['fɑ:ðəlænd] *s.* patria.
fatherless ['fɑ:ðəlis] *a.* **1** senza padre. **2** illegittimo.
fatherly ['fɑ:ðəli] *a.* paterno.
fathom ['fæðəm] *s.* (*Mar.*) (*unità di misura*) braccio, fathom → **Appendice.**
to **fathom** ['fæðəm] *v.t.* **1** scandagliare. **2** (*fig.*) penetrare a fondo, capire bene.
fathomless ['fæðəmlis] *a.* **1** incommensurabile. **2** (*fig.*) impenetrabile.
fatigue [fə'ti:g] *s.* **1** stanchezza, esaurimento. **2** fatica, lavoro faticoso. **3** (*Mil.*) corvé.
to **fatigue** [fə'ti:g] *v.t.* affaticare, stancare.
fatness ['fætnis] *s.* **1** grassezza, pinguedine. **2** (*fig.*) fertilità.
to **fatten** ['fætn] **I** *v.t.* **1** (spesso con *up*) (far)

ingrassare. **2** (*Agr.*) ingrassare, concimare. **II** *v.i.* **1** ingrassarsi, ingrassare. **2** (*fig.*) arricchirsi.

fattiness ['fætinis] *s.* **1** grassezza, pinguedine. **2** untuosità.

fatty ['fæti] **I** *a.* **1** grasso. **2** untuoso. **II** *s.* (*fam.*) grassone.

fatuity [fə'tju:iti] *s.* **1** fatuità. **2** sciocchezza.

fatuous ['fætjuəs] *a.* fatuo, sciocco.

faucet *am.* ['fɔ:sit] *s.* rubinetto.

fault [fɔ:lt] *s.* **1** difetto, imperfezione, pecca. **2** errore, sbaglio. **3** responsabilità, colpa, mancanza. **4** (*tecn.*) guasto. **5** (*Geol.*) faglia. **6** (*Sport*) fallo. **7** (*nel tennis*) servizio sbagliato. □ *to be* **at** ~: 1 essere colpevole; 2 essere perplesso; *to* **find** ~ *with s.o.* trovare a ridire sul conto di qd.; *the* ~ **lies** *with you* sei tu il colpevole; **to** *a* ~ eccessivamente, (fin) troppo.

to **fault** [fɔ:lt] *v.t.* **1** criticare, biasimare. **2** (*Geol.*) (general. al passivo) provocare una faglia in.

fault-finder ['fɔ:ltfaində*] *s.* criticone.

faultless ['fɔ:ltlis] *a.* senza difetti, impeccabile.

faulty ['fɔ:lti] *a.* difettoso, imperfetto.

faun [fɔ:n] *s.* (*Mitol.*) fauno.

fauna ['fɔ:nə] *s.* fauna.

favor *am.* ['feivə*] *e deriv.* → **favour** *e deriv.*

favour ['feivə*] *s.* **1** favore, benevolenza. **2** favore, piacere: *to do s.o. a* ~ fare un piacere a qd. **3** distintivo (di associazione, ecc.). □ *to* **find** ~ *with s.o.* (o *in s.o.'s eyes*) entrare nelle grazie di qd.; *to stand* (o *be*) **high** *in s.o.'s* ~ essere molto stimato da qd.; *to be* **in** ~ essere ben visto; **in** ~ *of*: 1 favorevole a; 2 a vantaggio di; 3 (*Comm.*) a favore di; *to* **look** *with* ~ *on* favorire, approvare.

to **favour** ['feivə*] *v.t.* **1** favorire; aiutare, agevolare. **2** mostrarsi parziale verso.

favourable ['feivərəbl] *a.* **1** favorevole, a favore. **2** vantaggioso, propizio.

favoured ['feivəd] *a.* **1** favorito, privilegiato. **2** prediletto, preferito.

favourite ['feivərit] *a./s.* favorito; prediletto, preferito.

favouritism ['feivəritizəm] *s.* favoritismo.

fawn [fɔ:n] *s.* **1** (*Zool.*) cerbiatto. **2** color fulvo chiaro.

to **fawn** [fɔ:n] *v.i.* **1** (*di cani, ecc.*) fare festa (*on, upon, over* a). **2** (*fig.*) adulare (servilmente); leccare i piedi a.

to **fax** [fæx] **I** *v.t.* trasmettere via fax. **II** *v.i.* comunicare via fax.

f/b = *full board* pensione completa.

FBI = (*USA*) *Federal Bureau of Investigation* Ufficio Investigativo Federale.

Fe = (*Chim.*) *iron* ferro.

fear [fiə*] *s.* **1** paura, timore. **2** ansia; preoccupazione. □ **for** ~ *that* (o *lest*) per timore (*o* paura) che; *for* ~ **of** *meeting him* per evitare di incontrarlo; (*fam.*) **no** ~*!* nemmeno per sogno!

to **fear** [fiə*] **I** *v.t.* **1** aver paura di. **2** temere, avere il dubbio di: *I* ~ *so* temo di sì. **II** *v.i.* **1** avere paura. **2** essere in ansia (*for* per). □ *never* ~*!* niente paura!

fearful ['fiəful] *a.* **1** pauroso, spaventoso. **2** spaventato; pauroso; timoroso. **3** terribile.

fearfulness ['fiəfulnis] *s.* **1** paura. **2** aspetto spaventoso.

fearless ['fiəlis] *a.* senza paura, intrepido.

fearsome ['fiəsəm] *a.* terribile, tremendo.

feasibility [,fi:zə'biliti] *s.* fattibilità, attuabilità.

feasible ['fi:zəbl] *a.* **1** fattibile, attuabile. **2** (*fam.*) verosimile.

feast [fi:st] *s.* **1** (*Rel.*) festa, festività. **2** banchetto convito. **3** (*fig.*) piacere, diletto, gioia.

to **feast** [fi:st] **I** *v.i.* banchettare. **II** *v.t.* **1** festeggiare. **2** (*fig.*) rallegrare, deliziare. □ *to* ~ *one's eyes upon s.th.* rallegrarsi alla vista di qc.

feat [fi:t] *s.* atto (di coraggio, di valore), prodezza.

feather ['feðə*] *s.* penna, piuma. □ (*fig.*) **birds** *of a* ~ gente dello stesso tipo; (*fig.*) *a* ~ *in one's* **cap** un motivo d'orgoglio; (*fig.*) *to* **crop** *s.o.'s feathers* tarpare le ali a qd.

to **feather** ['feðə*] *v.t.* **1** mettere le penne a. **2** ornare di piume. □ *to* ~ *one's nest* arricchirsi con mezzi poco onesti.

feather-bed ['feðəbed] *s.* materasso di piume.

to **feather-bed** ['feðəbed] *v.t.* tenere nella bambagia.

feather-brain ['feðəbrein] *s.* (*fam.*) testa vuota.

feathered ['feðəd] *a.* **1** pennuto, piumato. **2** (*fig.*) alato, veloce.

feathering ['feðəriŋ] *s.* piumaggio.

feather-weight ['feðəweit] *a./s.* (*Sport*) peso piuma.

feathery ['feðəri] *a.* (*fig.*) leggero, soffice.

feature ['fi:tʃə*] *s.* **1** lineamenti, fattezze. **2** *pl.* faccia, fisionomia. **3** caratteristica, tratto distintivo. **4** (*Teat., Cin., TV*) numero principale. **5** (*Giorn.*) servizio speciale. □ *a two* ~ *programme* una proiezione (cinematografica) con due film lunghi.

to **feature** ['fi:tʃə*] *v.t.* **1** caratterizzare, distinguere. **2** (*Cin., Teat.*) avere come protagonista; presentare. **3** (*Giorn.*) mettere in evidenza, dare risalto a.

featureless ['fi:tʃəlis] *a.* privo di caratteristiche; monotono.

Feb. = *February* febbraio (febbr.).

febrifuge ['febrifju:dʒ] *a./s.* (*Farm.*) antipiretico.

febrile ['fi:bral] *a.* febbrile.

February ['februəri] *s.* febbraio.

feckless ['feklis] *a.* **1** inefficiente, incapace. **2** irresponsabile.

fecund ['fi:kənd] *a.* fecondo, fertile.

to **fecundate** ['fi:kəndeit] *v.t.* fecondare.

fecundation [,fi:kən'deiʃən] *s.* fecondazione.

fecundity [fi'kʌnditi] *s.* fecondità, fertilità.

fed [fed] → to **feed.** □ (*fam.*) ~ *up* stufo (*with* di).
Fed. = *Federal* Federale.
federal ['fedərəl] **I** *a.* **1** federale. **2** (*am. Pol.*) federalista. **II** *s.* (*am. Pol.*) federalista *m./f.* □ (*USA*) *Federal Bureau of Investigation* (FBI) Ufficio Investigativo Federale.
federalism ['fedərəlizəm] *s.* federalismo.
federalist ['fedərəlist] **I** *s.* federalista *m./f.* **II** *a.* federalista, federalistico.
federate ['fedərit] *a.* federato, confederato.
to **federate** ['fedəreit] **I** *v.t.* unire in una confederazione. **II** *v.i.* confederarsi.
federation [ˌfedə'reiʃən] *s.* **1** federazione, confederazione. **2** lega, associazione.
federative ['fedərətiv] *a.* federativo, confederativo.
fee [fi:] *s.* **1** onorario, parcella. **2** tassa d'iscrizione. **3** (*Dir.*) proprietà (terriera) ereditaria. **4** (*Finanza*) tassa, diritto, quota. **5** (*am.*) mancia.
to **fee** [fi:] *v.t.* pagare l'onorario a.
feeble ['fi:bl] *a.* debole, fiacco; (*rif. a luce*) fioco.
feeble-minded ['fi:bl'maindid] *a.* **1** debole di mente; subnormale. **2** stupido, sciocco.
feebleness ['fi:blnis] *s.* debolezza, fiacchezza.
feed [fi:d] *s.* **1** foraggio, mangime; nutrimento. **2** (*fam.*) scorpacciata. **3** (*tecn.*) alimentazione; alimentatore. **4** (*Teat.*) battuta; spalla.
to **feed** [fi:d] *v.* (*pass., p.p.* **fed** [fed]) **I** *v.t.* **1** alimentare, nutrire. **2** (*fig.*) alimentare, tener vivo: *to* ~ *s.o.'s hopes* alimentare le speranze di qd. **3** alimentare, rifornire. **4** (*Teat.*) dare la battuta a; suggerire. **5** pascolare. **II** *v.i.* **1** mangiare; nutrirsi (*on, upon, off* di). **2** (*fig.*) essere alimentato (*on, upon* da), nutrirsi (di). □ *to* ~ *up* nutrire bene.
feed-back ['fi:dbæk] *s.* **1** (*tecn.*) feed-back, retroazione. **2** effetto retroattivo.
feeder ['fi:də*] *s.* **1** (*Mecc., El.*) alimentatore. **2** affluente (di fiume); immissario (di lago). **3** raccordo ferroviario. **4** bavaglino. **5** poppatoio. **6** (*Teat.*) spalla.
feeding-bottle ['fi:diŋ'bɔtl] *s.* poppatoio.
feel [fi:l] *s.* **1** tatto. **2** sensazione (tattile). **3** tastata, toccata.
to **feel** [fi:l] *v.* (*pass., p.p.* **felt** [felt]) **I** *v.t.* **1** sentire; tastare, palpare. **2** sentire, provare: *to* ~ *pleasure* provare piacere. **3** sentire, rendersi conto di. **4** credere, pensare: *I* ~ *you are mistaken* penso che hai torto. **II** *v.i.* **1** sentire (con il tatto). **2** cercare a tastoni (*for s.th.* qc.). **3** sentirsi: *to* ~ *happy* sentirsi felice. **4** essere sensibile. **5** provare compassione (*for* per); essere partecipe (*with* di), condividere (qc.). **6** sembrare, dare l'impressione di: *the air feels cold* l'aria sembra fredda. □ *to* ~ **better** sentirsi meglio; *to* ~ *s.th. in one's* **bones** presagire qc.; *to* ~ **bound** *to do s.th.* sentirsi tenuto a fare qc.; *to* ~ **cold** aver freddo; *to* ~ *it one's* **duty** *to do s.th.* sentirsi in dovere di fare qc.; *to* ~ **like**: 1 sembrare; 2 provare una sensazione, sentirsi; 3 avere voglia di, sentirsela (di): *I don't* ~ *like going out* non ho voglia di uscire; **not** *to* ~ (*quite*) *o.s.* non sentirsi bene; *to* ~ *in one's* **pockets** *for s.th.* frugarsi le tasche per trovare qc.; *to* ~ *s.o.'s* **pulse** tastare il polso a qd.; *to* ~ **strongly** *about s.th.* avere molto a cuore qc.; *to* ~ **up** *to* sentirsi di; *to* ~ *one's* **way** camminare a tastoni; (*fig.*) tastare il terreno.
feeler ['fi:lə*] *s.* **1** (*Zool.*) antenna; tentacolo; vibrissa (di felino). **2** (*fig.*) tentativo, sondaggio. **3** (*Mecc.*) sonda.
feeling ['fi:liŋ] **I** *s.* **1** sensibilità, senso del tatto. **2** sensazione, senso. **3** emozione, sentimento; simpatia reciproca, comprensione. **4** opinione. **5** impressione, presentimento. **II** *a.* sensibile. □ *to* **appeal** *to s.o.'s better feelings* fare appello ai sentimenti migliori di qd.; (*fam.*) *no* **hard** *feelings!* senza rancore!; *to* **hurt** *s.o.'s feelings* urtare la sensibilità di qd.
feet [fi:t] → **foot.**
to **feign** [fein] *v.t.* **1** simulare, fingere: *to* ~ *sickness* simulare una malattia. **2** inventare: to ~ *excuses* inventare scuse.
feint [feint] *s.* **1** simulazione, finta. **2** (*Sport*) finta. **3** (*Mil.*) attacco simulato.
to **feint** [feint] *v.i.* **1** (*Sport*) fare una finta. **2** (*Mil.*) fare un finto attacco.
feldspar ['feldspɑ:*] *s.* (*Min.*) feldspato.
to **felicitate** [fi'lisiteit] *v.t.* (*lett.*) congratularsi con, felicitarsi con.
felicitation [fiˌlisi'teiʃən] *s.* felicitazioni.
felicity [fi'lisiti] *s.* **1** felicità. **2** appropriatezza; proprietà (di linguaggio, ecc.).
feline ['fi:lain] **I** *a.* **1** felino. **2** (*fig.*) astuto, ingannevole. **II** *s.* felino.
fell[1] [fel] *s.* **1** legname (relativo a un taglio) stagionale. **2** (*Sartoria*) ribattitura.
to **fell** [fel] *v.t.* **1** abbattere, atterrare. **2** (*Sartoria*) ribattere.
fell[2] [fel] *s.* pelle (con pelo); vello.
fell[3] [fel] → to **fall.**
feller ['felə*] *s.* taglialegna, tagliaboschi.
fellow ['feləu] *s.* **1** (*fam.*) uomo, tipo, individuo. **2** compagno, camerata. **3** compagno (di oggetti in coppia). **4** membro (di una società culturale, di un'istituzione universitaria). **5** (*Univ.*) laureato borsista che compie un lavoro di ricerca. □ *my* **dear** ~ caro mio; **old** ~ vecchio mio.
fellow-being ['feləu'bi:iŋ] *s.* simile.
fellow-citizen ['feləu'sitizən] *s.* concittadino.
fellow-creature ['feləu'kri:tʃə*] *s.* simile: *one's fellow-creatures* i propri simili.
fellow-feeling ['feləu'fi:liŋ] *s.* intesa, simpatia.
fellowship ['feləuʃip] *s.* **1** comunanza, fraternità. **2** amicizia, cameratismo. **3** associazione, società. **4** (*Univ.*) borsa di studio (per laureati).
fellow-traveller ['feləu'trævlə*] *s.* **1** compagno di viaggio. **2** compagno di fede.
felon[1] ['felən] **I** *s.* (*Dir.*) criminale. **II** *a.* (*poet.*) perfido, malvagio.

felon[2] ['felən] *s.* (*Med.*) patereccio.
felonious [fi'ləunjəs] *a.* (*Dir.*) criminoso.
felony ['feləni] *s.* (*Dir.*) crimine; delitto (grave).
felt[1] [felt] **I** *s.* **1** feltro. **2** (*Edil.*) materiale fonoassorbente. **II** *a.* di feltro.
to **felt** [felt] **I** *v.t.* feltrare. **II** *v.i.* (spesso con *up*) infeltrirsi.
felt[2] [felt] → to **feel**.
felt-tip pen ['felt'tip'pen] *s.* pennarello.
female ['fi:meil] **I** *s.* femmina. **II** *a.* **1** femmina: *a ~ hare* una lepre femmina. **2** femminile: *~ sex* sesso femminile.
femineity [ˌfemi'ni:iti] *s.* femminilità.
feminine ['feminin] *a./s.* femminile (*anche Gramm.*).
femininity [ˌfemi'niniti] → **femineity**.
feminism ['feminizəm] *s.* femminismo
feminist ['feminist] *a./s.* femminista.
femoral ['femərəl] *a.* (*Anat.*) femorale
femur ['fi:mə*] *s.* (*Anat.*) femore.
fen [fen] *s.* palude, terreno paludoso.
fence [fens] *s.* **1** recinto, palizzata, staccionata, steccato. **2** (*Sport*) scherma. **3** (*fig.*) schermaglia. **4** (*fam.*) ricettatore. □ (*fam.*) *to sit on the ~* stare a guardare da che parte tira il vento.
to **fence** [fens] **I** *v.t.* **1** (spesso con *round*) recingere, cintare. **2** (spesso con *in, off*) recintare, separare (*o* chiudere) con un recinto. **3** (*fig.*) eludere, evitare. **II** *v.i.* **1** (*Sport*) tirare di scherma. **2** (*fig.*) (cercare di) eludere (*with s.th.* qc.), schermirsi (da). **3** (*Equitazione*) saltare uno steccato. **4** fare il ricettatore.
fencer ['fensə*] *s.* (*Sport*) schermitore.
fencing ['fensiŋ] *s.* (*Sport*) scherma.
to **fend** [fend] **I** *v.t.* (spesso con *off*) **1** parare, schivare. **2** difendere, proteggere. **II** *v.i.* provvedere, badare (*for* a).
fender ['fendə*] *s.* **1** parafuoco. **2** paraurti. **3** (*Mar.*) parabordo.
fennel ['fenl] *s.* (*Bot.*) finocchio.
feral ['fiərəl] *a.* (*Bot., Zool.*) selvaggio, selvatico.
ferment ['fə:mənt] *s.* **1** fermento, lievito. **2** (*fig.*) fermento, agitazione.
to **ferment** [fə'ment] **I** *v.t.* **1** far fermentare. **2** (*fig.*) eccitare, fomentare. **II** *v.i.* **1** fermentare. **2** (*fig.*) essere in fermento.
fermentation [ˌfə:men'teiʃən] *s.* **1** fermentazione. **2** (*fig.*) fermento, agitazione.
fermium ['fə:miəm] *s.* (*Chim.*) fermio.
fern [fə:n] *s.* felce.
ferocious [fə'rəuʃəs] *a.* feroce, crudele.
ferocity [fə'rɔsiti] *s.* ferocia, crudeltà.
ferret[1] ['ferit] *s.* (*Zool.*) furetto.
to **ferret** ['ferit] *v.t.* **1** (*Caccia*) cacciare con il furetto. **2** (general. con *out*) snidare, stanare. **3** (*fig.*) (general. con *out*) scoprire. □ *to ~ about for s.th.* frugare per trovare qc.
ferret[2] ['ferit] *s.* nastro, fettuccia.
ferris-wheel ['feriswi:l] *s.* ruota gigante (nei luna park).
ferrous ['ferəs] *a.* ferroso; ferreo.
ferry ['feri] *s.* (*Mar.*) traghetto.
to **ferry** ['feri] *v.t.* traghettare.
ferry-boat ['feribəut] *s.* nave traghetto.
ferryman ['ferimən] *s.* (*pl.* **–men**) traghettatore.
fertile ['fə:tail] *a.* fertile, fecondo.
fertility [fə(:)'tiliti] *s.* fertilità, fecondità.
to **fertilize** ['fə:tilaiz] *v.t.* **1** (*Biol.*) fecondare. **2** (*Agr.*) fertilizzare.
fertilizer ['fə:tilaizə*] *s.* (*Agr.*) fertilizzante, concime.
fervency ['fə:vənsi] *s.* fervore, ardore.
fervent ['fə:vənt] *a.* **1** infocato. **2** (*fig.*) fervido, fervente.
fervid ['fə:vid] *a.* **1** infocato. **2** (*fig.*) fervido, appassionato.
fervor *am.*, **fervour** ['fə:və*] *s.* **1** fervore, zelo. **2** calore intenso.
to **fester** ['festə*] **I** *v.i.* **1** (*Med.*) suppurare. **2** putrefarsi, imputridire. **3** (*fig.*) deteriorarsi; farsi più aspro. **II** *v.t.* **1** far suppurare. **2** (*fig.*) avvelenare, amareggiare.
festival ['festivəl] *s.* **1** festa, festività (general. religiosa). **2** (*Teat., Arte*) festival.
festive ['festiv] *a.* **1** festoso, allegro. **2** festivo.
festivity [fes'tiviti] *s.* **1** festa. **2** *pl.* festeggiamenti.
festoon [fes'tu:n] *s.* festone; ghirlanda.
to **festoon** [fes'tu:n] *v.t.* ornare di ghirlande. **2** (*estens.*) addobbare.
fetch [fetʃ] *s.* apparizione.
to **fetch** [fetʃ] *v.t.* **1** andare a prendere; far venire, portare: *go and ~ a glass* va a prendere un bicchiere. **2** far uscire, strappare, cavare: *to ~ tears* strappare le lacrime. **3** (*fam.*) dare, appioppare: *to ~ s.o. a slap* appioppare uno schiaffo a qd. □ *to ~ and* **carry** *for s.o.* fare il galoppino per qd.; *to ~* **up** arrestarsi, fermarsi; arrivare.
fetching ['fetʃiŋ] *a.* (*fam.*) attraente; delizioso.
fête *fr.* [feit] *s.* festa; trattenimento.
to **fête** *fr.* [feit] *v.t.* festeggiare.
fetid ['fetid] *a.* fetido.
fetish ['fi:tiʃ] *s.* **1** feticcio. **2** (*fig.*) idolo; (*fam.*) mania.
fetter ['fetə*] *s.* **1** (general. al pl.) ferri, ceppi. **2** (*Zool.*) pastoia. **3** *pl.* (*fig.*) ostacolo, impedimento.
to **fetter** ['fetə*] *v.t.* **I** mettere in ceppi, incatenare. **2** (*Zool.*) impastoiare. **3** (*fig.*) intralciare, ostacolare.
fetterlock ['fetəlɔk] *s.* (*Zool.*) pastoia.
fettle ['fetl] *s.*: *in fine ~* in ottima forma.
fetus ['fi:təs] *s.* feto.
feud [fju:d] *s.* antagonismo, ostilità; faida.
feudal ['fju:dl] *a.* feudale.
feudalism ['fju:dəlizəm] *s.* feudalesimo.
feudatory ['fju:dətəri] *a./s.* feudatario.
fever ['fi:və*] *s.* **1** febbre. **2** (*fig.*) sovreccitazione; frenesia. □ *at* (o *to*) *~ pitch* in uno stato di sovreccitazione.
feverish ['fi:vəriʃ] *a.* **1** febbricitante. **2** (*fig.*) febbrile, agitato.

few [fju:] **I** *a.* **1** pochi: *he has ~ friends* ha pochi amici. **2** (preceduto dall'art. *a*) alcuni, qualche: *in a ~ days* fra qualche giorno. **II** *pron.* (costr. pl.) **1** pochi: *~ heard him* pochi l'hanno sentito. **2** (preceduto dall'art. *a*) alcuni: *a ~ of them came* alcuni di loro vennero. **III** *s.* (*collett.*) minoranza, pochi. □ **as** ~ *as* soltanto; *the* **happy** ~ gli eletti; *a* ~ **more** qualche altro, un altro po' di; **not** *a* ~ non pochi, parecchi; **quite** *a* ~ parecchi, molti; **some** ~ alcuni, taluni.
fewer ['fju:ə*] (*compar. di* **few**) **I** *a.* (*seguito da sost. pl.*) meno. **II** *pron.* (costr. pl.) meno: *I have ~ than you* ne ho meno di te.
fewest ['fju:ist] *a.* (*sup. di* **few**) (*seguito da sost. pl.*) meno; (il) minor numero di.
FF = (*Inform.*) *Flip Flop.*
fiasco [fi'æskəu] *s.* (*pl.* **–s/–es** [–z]) fiasco, fallimento.
fiat ['faiæt] *s.* **1** decreto. **2** autorizzazione.
fib [fib] *s.* bugia, frottola.
to **fib** [fib] *v.i.* (*pass., p.p.* **fibbed** [–d]) dire una bugia.
fibber ['fibə*] *s.* bugiardello.
fibre ['faibə*] *s.* fibra (*anche fig.*).
fibreglass ['faibəglɑ:s] *s.* (*tecn.*) lana di vetro.
fibrous ['faibrəs] *a.* fibroso.
fibula ['fibjulə] *s.* (*Anat.*) fibula.
fickle ['fikl] *a.* incostante, volubile.
fickleness ['fiklnis] *s.* volubilità, incostanza.
fiction ['fikʃən] *s.* **1** narrativa; romanzo, novella. **2** finzione, invenzione.
fictional ['fikʃənl] *a.* **1** romanzato. **2** romanzesco.
fictitious [fik'tiʃəs] *a.* **1** immaginario, fantastico. **2** falso, fittizio.
fictive ['fiktiv] *a.* immaginario, fittizio.
fiddle ['fidl] *s.* **1** (*fam.*) violino. **2** (*Mar.*) tavola di rollio. □ (*fig.*) *to play second ~* avere una parte di secondaria importanza.
to **fiddle** ['fidl] (*fam.*) **I** *v.i.* **1** suonare il violino. **2** giocherellare, gingillarsi (*with* con). **3** manipolare. **II** *v.t.* suonare sul violino.
fiddler ['fidlə*] *s.* (*fam.*) violinista *m./f.*; (*fam.*) strimpellatore di violino.
fiddlestick ['fidlstik] *a.* (*Mus.*) archetto (di violino). □ *fiddlesticks!* sciocchezze!
fiddling ['fidliŋ] *a.* futile, insignificante.
fidelity [fi'deliti] *s.* **1** fedeltà. **2** esattezza, precisione.
fidget ['fidʒit] *s.* **1** persona irrequieta. **2** *pl.* agitazione, irrequietezza.
to **fidget** ['fidʒit] **I** *v.i.* **1** muoversi con irrequietezza, dimenarsi. **2** preoccuparsi, stare in ansia. **II** *v.t.* innervosire, infastidire.
fidgety ['fidʒiti] *a.* nervoso, irrequieto.
fiduciary [fi'dju:ʃiəri] *a./s.* (*Dir.*) fiduciario.
fief [fi:f] *s.* (*Dir.*) feudo.
field [fi:ld] *s.* **1** campo; campagna. **2** (*Min.*) giacimento. **3** (*Sport*) campo (da gioco); concorrenti in campo. **4** (*Mil.*) campo di battaglia. **5** (*fig.*) campo, settore. □ (*Mil.*) **in** *the* ~ in servizio (attivo); (*Mil.*) *to* **keep** *the* ~ continuare a combattere; (*fig.*) resistere, tener duro; (*Mil.*) *to* **lose** *the* ~ abbandonare il campo, ritirarsi; (*Dir.*) ~ *of* **operations** sfera d'influenza.
to **field** [fi:ld] (*Sport*) **I** *v.t.* **1** prendere e rilanciare (la palla). **2** fare scendere in campo (giocatori). **II** *v.i.* prendere e rilanciare la palla.
field-day ['fi:lddei] *s.* giornata campale (*anche fig.*).
field-events ['fi:ldi'vents] *s.pl.* (costr. sing.) (*Sport*) gara, incontro (di atletica).
fieldglasses ['fi:ldglɑ:siz] *s.pl.* binocolo.
field-hospital ['fi:ldhɔspitl] *s.* (*Mil.*) ospedale da campo.
field-officer ['fi:ldɔfisə*] *s.* (*Mil.*) ufficiale di stato maggiore.
field-sports ['fildspɔ:ts] *s.pl.* **1** sport all'aria aperta. **2** caccia e pesca.
field test ['fi:ldtest] *s.* prova sul campo.
field work ['fi:ldwə:k] *s.* ricerca sul campo.
fiend [fi:nd] *s.* **1** diavolo, demonio. **2** (*fig.*) persona malvagia. **3** (*fam.*) maniaco, fanatico.
fiendish ['fi:ndiʃ] *a.* diabolico, malvagio.
fierce [fiəs] *a.* **1** feroce, selvaggio. **2** (*fig.*) intenso, violento.
fierceness ['fiəsnis] *s.* ferocia, crudeltà.
fiery ['faiəri] *a.* **1** infocato, ardente. **2** (*fig.*) ardente, appassionato. **3** (*fig.*) irascibile, focoso. □ ~ *cross* croce di fuoco.
fife [faif] *s.* (*Mus.*) piffero.
to **fife** [faif] **I** *v.t.* suonare col piffero. **II** *v.i.* suonare il piffero.
fifer ['faifə*] *s.* piffero, pifferaio.
fifteen ['fif'ti:n] *a./s.* quindici.
fifteenth ['fif'ti:nθ] *a./s.* quindicesimo.
fifth [fifθ] *a./s.* quinto.
fiftieth ['fiftiəθ] *a./s.* cinquantesimo.
fifty ['fifti] *a./s.* cinquanta. □ *the fifties* gli anni Cinquanta.
fifty-fifty ['fifti'fifty] *avv.* a metà, al cinquanta per cento.
fig [fig] *s.* fico. □ *he doesn't care a ~* non gliene importa un fico.
fight [fait] *s.* **1** combattimento, scontro, lotta. **2** spirito combattivo, combattività. □ ~ *for life* lotta per la vita.
to **fight** [fait] *v.* (*pass., p.p.* **fought** [fɔ:t]) **I** *v.i.* **1** lottare; combattere, battersi. **2** azzuffarsi, fare a pugni. **II** *v.t.* **1** combattere. **2** (*Sport*) disputare (un incontro). **3** aizzare (animali) al combattimento. □ (*fig.*) *to ~ s.th.* **down** reprimere, scacciare; *to* ~ **shy** *off* cacciar via, scrollarsi di dosso; sconfiggere.
fighter ['faitə*] *s.* **1** combattente; lottatore. **2** (*Aer.mil.*) caccia.
fighter-bomber ['faitə'bɔmə*] *s.* (*Aer. mil.*) caccia bombardiere.
fighting ['faitiŋ] *a.* combattivo. □ ~ **chance** piccola probabilità di successo; ~ **cock** gallo da combattimento.
fig-leaf ['figli:f] *s.* (*pl.* **–ves** [–vz]) foglia di fico.
figment ['figmənt] *s.* finzione, invenzione.

fig-tree ['figtri:] *s.* (*Bot.*) fico (domestico).
figuration [,figju'reiʃən] *s.* **1** figurazione, rappresentazione. **2** allegoria. **3** ornamentazione.
figurative ['figjurətiv] *a.* **1** figurato, traslato. **2** (*Arte*) figurativo.
figure ['figə*] *s.* **1** cifra, numero; ammontare, somma. **2** figura; forma, aspetto. **3** personaggio, personalità. **4** illustrazione, figura. ▭ (*fam.*) *figures* aritmetica; *to keep one's* ~ mantenere la linea.
to **figure** ['figə*] **I** *v.t.* **1** immaginare, pensare. **2** raffigurare, rappresentare. **3** (*am.*) calcolare. **II** *v.i.* figurare. ▭ *to* ~ **as** passare per; (*fam.*) *to* ~ **on** contare su, prendere in considerazione; *to* ~ **out:** 1 capire, comprendere; 2 (*am.*) calcolare.
figure-head ['figəhed] *s.* **1** (*Mar.*) polena. **2** (*fig.*) prestanome, uomo di paglia.
figurine [,figju'ri:n] *s.* statuetta.
filament ['filəmənt] *s.* filamento.
filamentary [,filə'mentəri], **filamentous** [,filə'mentəs] *a.* filamentoso.
filbert ['filbət] *s.* **1** (*Bot.*) nocciolo. **2** nocciola.
to **filch** [filtʃ] *v.t.* rubacchiare.
filcher ['filtʃə*] *s.* ladruncolo.
file[1] [fail] *s.* **1** schedario; archivio; incartamento, pratica. **2** (*Inform.*) file. **3** fila di persone (*anche Mil.*). ▭ ~ **card** scheda; **on** ~ in archivio; (*Mil.*) **rank** *and* ~ soldati semplici; (*fig.*) gente qualunque; *in* **single** ~ in fila indiana.
to **file**[1] [fail] **I** *v.t.* **1** archiviare. **2** (*Dir.*) passare agli atti (un documento); depositare (una firma). **II** *v.i.* sfilare, marciare in fila.
file[2] [fail] *s.* lima.
to **file**[2] [fail] *v.t.* limare.
filial ['filiəl] *a.* filiale.
filiation [,fili'eiʃən] *s.* filiazione.
filibuster ['filibʌstə*] *s.* **1** ostruzionista. **2** ostruzionismo. **3** (*Stor.*) filibustiere.
to **filibuster** ['filibʌstə*] *v.i.* fare ostruzionismo.
filiform ['filifɔ:m] *a.* filiforme.
filigree ['filigri:] *s.* (*Oreficeria*) filigrana.
filing ['failiŋ] *s.* **1** archiviazione, schedatura. **2** (*Mil.*) sfilata. ▭ ~ *cabinet* (armadio a) schedario.
fill [fil] *s.* **1** sufficienza, sazietà. **2** quantità sufficiente (per riempire qc.). ▭ *to eat one's* ~ mangiare a sazietà.
to **fill** [fil] **I** *v.t.* **1** riempire, colmare. **2** (spesso con *in*) otturare, turare. **3** occupare, coprire (una carica, un impiego). **4** adempiere (un dovere). **5** (*Comm.*) evadere, eseguire. **6** (*Mar.*) (spesso con *out*) gonfiare (le vele). **7** (spesso con *out, up, in*) riempire, compilare: *please* ~ *in the form* si prega di compilare il modulo. **8** saziare, satollare. **II** *v.i.* **1** riempirsi, colmarsi. **2** (spesso con *up*) ostruirsi, intasarsi. **3** (*Mar.*) (*di vele*) gonfiarsi. ▭ *to* ~ *up* colmare; *to* ~ *up with petrol* fare il pieno di benzina.
filler ['filə*] *s.* **1** stucco. **2** riempitivo.
fillet ['filit] *s.* **1** filetto: ~ *steak* bistecca di filetto. **2** nastro.
to **fillet** ['filit] *v.t.* **1** (*Gastr.*) tagliare a fette. **2** filettare, bordare.
filling ['filiŋ] *s.* **1** riempimento. **2** (*Gastr.*) ripieno. **4** otturazione (di denti). **5** imbottitura.
filling-station ['filiŋsteiʃən] *s.* (*Aut.*) stazione di rifornimento.
fillip ['filip] *s.* **1** schiocco (delle dita). **2** (*fig.*) stimolo, incoraggiamento, incentivo.
to **fillip** ['filip] *v.t.* **1** schioccare (le dita). **2** (*fig.*) stimolare, incoraggiare.
filly ['fili] *s.* puledra.
film [film] *s.* **1** pellicola, strato sottile. **2** (*Fot.*) pellicola; rullino. **3** (*Cin.*) film, pellicola. **4** velo, patina. ▭ ~ **script** copione cinematografico; ~ **star** diva del cinema; ~ **strip** filmina, filmino; ~ **test** provino.
to **film** [film] **I** *v.t.* **1** (*Cin.*) filmare, girare. **2** coprire con una patina. **II** *v.i.* **1** (*Cin.*) prestarsi a un adattamento cinematografico. **2** coprirsi di una patina.
filmy ['filmi] *a.* trasparente, leggero.
filter ['filtə*] *s.* filtro.
to **filter** ['filtə*] *v.t./i.* filtrare.
filter-tip ['filtətip] *s.* sigaretta (*o* sigaro) con filtro.
filth [filθ] *s.* **1** sporcizia, sudiciume. **2** (*fig.*) oscenità, turpiloquio.
filthiness ['filθinis] *s.* sporcizia, lordura.
filthy ['filθi] *a.* **1** sporco, sudicio. **2** osceno. **3** (*fam.*) ripugnante. **4** (*rif. a tempo*) pessimo, orrendo. ▭ (*fam.*) ~ *rich* ricco sfondato (*o* schifosamente ricco).
filtrate ['filtreit] *s.* filtrato.
to **filtrate** ['filtreit] *v.t./i.* filtrare.
fin [fin] *s.* **1** (*Zool.*) pinna. **2** elica.
final ['fainl] **I** *a.* **1** ultimo, finale. **2** conclusivo, definitivo. **II** *s.* **1** finale. **2** *pl.* (*Sport*) finali. **3** *pl.* (*Scol., Univ.*) esame finale. **4** (*Giorn.*) ultima edizione.
finalist ['fainəlist] *s.* (*Sport*) finalista *m./f.*
finality [fai'næliti] *s.* **1** carattere definitivo. **2** risolutezza. **3** (*Filos.*) finalità.
to **finalize** ['fainəlaiz] *v.t.* completare, dare un assetto definitivo, ultimare.
finally ['fainəli] *avv.* **1** alla fine, infine. **2** definitivamente.
finance [fai'næns] *s.* **1** finanza. **2** *pl.* finanze, possibilità economiche.
to **finance** [fai'næns] *v.t.* finanziare.
financial [fai'nænʃəl] *a.* finanziario.
financier [fai'nænsiə*] *s.* **1** finanziere. **2** finanziatore.
to **financier** *am.* [fai'nænsiə*] *v.t.* trafficare.
finch [fintʃ] *s.* (*Bot.*) fringuello.
find [faind] *s.* scoperta, ritrovamento.
to **find** [faind] *v.* (*pass., p.p.* **found** [faund]) **I** *v.t.* **1** trovare, ritrovare; scoprire. **2** capire, accorgersi, rendersi conto. **3** (*Dir.*) giudicare, riconoscere. **II** *v.i.* (*Dir.*) emettere un verdetto (*o* una sentenza) (*for* favorevole a). ▭ **all** *found* tutto compreso; *to* ~ **favour** *with s.o.*

incontrare il favore di qd.; *to ~ one's* **feet** reggersi in piedi; (*fig.*) essere indipendente; *to ~ one's* **feet** *again* tornare a galla; *to ~* **out:** 1 informarsi, venire a sapere; 2 scoprire; 3 cogliere in flagrante; *to ~ out how one* **stands** rendersi conto della propria situazione.

finder ['faində*] *s.* **1** chi trova. **2** (*Fot.*) mirino.

finding ['faindiŋ] *s.* **1** scoperta; risultati. **2** (*Dir.*) sentenza, verdetto. **3** *pl.* (*am.*) strumenti, attrezzi (di artigiano).

fine[1] [fain] **I** *a.* **1** (molto) buono, bello, eccellente. **2** fine, sottile, fino; minuto. **3** tagliente, affilato. **4** elegante, raffinato. **5** sottile, acuto: *a ~ distinction* una sottile distinzione. **II** *avv.* **1** (*fam.*) benissimo, ottimamente. **2** (*fam.*) elegantemente. □ *to feel ~* star bene.

to **fine**[1] [fain] **I** *v.t.* (spesso con *down, away*) assottigliare, ridurre. **II** *v.i.* **1** (*rif. a vino*) (spesso con *off*) schiarirsi, diventare limpido. **2** (spesso con *away, down*) assottigliarsi, ridursi.

fine[2] [fain] *s.* (*Dir.*) **1** multa, contravvenzione. **2** (*Dir.*) indennità, tacitazione.

to **fine**[2] [fain] *v.t.* multare.

finery ['fainəri] *s.* **1** abbigliamento della festa. **2** *pl.* fronzoli, ornamenti. **3** (*estens.*) splendore.

finesse [fi'nes] *s.* **1** finezza, delicatezza. **2** astuzia, sagacia.

finger ['fiŋgə*] *s.* dito. □ (*fig.*) *to keep one's fingers* **crossed** toccare ferro, fare gli scongiuri; (*fam.*) *to have a ~ in the* **pie** avere le mani in pasta; (*fam.*) *his fingers are all* **thumbs** è molto goffo; *with a* **wet** *~* con facilità.

fingerboard ['fiŋgəbɔ:d] *s.* (*Mus.*) **1** manico (del violino). **2** tastiera.

finger bowl ['fiŋgəbəul] *s.* coppette lavadita.

fingermark ['fiŋgəmɑ:k] *s.* ditata.

finger painting ['fiŋgə'peintiŋ] *s.* pittura con le dita.

fingerprint ['fiŋgəprint] *s.* impronta digitale.

fingertip ['fiŋgətip] *s.* **1** punta delle dita. **2** ditale. □ *to have s.th. at one's fingertips* aver qc. sulla punta delle dita.

finicky *a.* schizzinoso.

finish ['finiʃ] *s.* **1** fine, termine, conclusione; finale (di corsa, ecc.). **2** finitezza, perfezione. **3** finitura; rifinitura.

to **finish** ['finiʃ] **I** *v.t.* **1** finire, terminare: *to ~ doing s.th.* finire di fare qc. **2** finire, rifinire. **II** *v.i.* **1** finire, terminare. **2** (*in una gara*) arrivare: *I finished last* arrivai ultimo. □ *she finished* **by** *agreeing* finì con l'acconsentire; *to ~ s.o.* **off** dare il colpo di grazia a qd.; *to ~ s.th.* **off** rifinire, dare l'ultimo tocco a qc.; *to ~* **up** consumare, dar fondo a; *to ~* **up** *with* concludere con; *to ~* **with** finire con, non avere più rapporti con, (*fam.*) chiudere con.

finished ['finiʃt] *a.* **1** finito, rifinito, perfetto (*anche fig.*). **2** (*fam.*) spacciato. □ *to be ~ with s.th.* avere chiuso con qd.

finishing ['finiʃiŋ] **I** *s.* rifinitura. **II** *a.* ultimo: *to put the ~ touches to s.th.* dare gli ultimi ritocchi a qc. □ *~ school* collegio femminile (per preparare le ragazze al debutto in società).

finite ['fainait] *a.* **1** limitato, circoscritto. **2** (*Mat., Gramm.*) finito.

Finland ['finlənd] *N.pr.* (*Geog.*) Finlandia.

Finlander ['finləndə*] *s.* finlandese *m./f.*

Finn [fin] *s.* finlandese *m./f.*, finnico.

Finnic ['finik] *a./s.* finnico.

Finnish ['finiʃ] *a./s.* finlandese; lingua finlandese.

fiord [fjɔ:d] *s.* (*Geog.*) fiordo.

fir [fə:*] *s.* (*Bot.*) abete.

fir-cone ['fə:kəun] *s.* pigna.

fire [faiə*] **I** *s.* **1** fuoco; incendio. **2** (*Mil.*) fuoco, sparo: *to open ~* aprire il fuoco. **3** (*fig.*) ardore, passione; vivacità, entusiasmo. **II** *intz.* **1** al fuoco. **2** (*Mil.*) fuoco. □ *to* **catch** *~* prendere fuoco; (*fig.*) *to* **hang** *~* procedere a rilento; **on** *~* a fuoco; (*fig.*) eccitato; *to* **set** *~ to s.th.* dare fuoco a qc.

to **fire** [faiə*] **I** *v.t.* **1** dar fuoco a, incendiare. **2** (*tecn.*) cuocere (mattoni); alimentare (con combustibile). **3** (*Mil.*) sparare. **4** (*fig.*) accendere, infiammare. **5** (*fam.*) licenziare. **II** *v.i.* **1** prender fuoco, incendiarsi. **2** (*fig.*) infiammarsi, eccitarsi. **3** (*Mil.*) far fuoco, sparare. **4** (*Mot.*) accendersi.

fire alarm ['faiərə,lɑ:m] *s.* allarme antincendio.

fire-arm ['faiərɑ:m] *s.* (*Mil.*) arma da fuoco.

fire-bomb ['faiəbɔm] *s.* (*Mil.*) bomba incendiaria.

firebox ['faiəbɔks] *s.* (*tecn.*) fornello, focolare.

firebrand ['faiəbrænd] *s.* **1** tizzone. **2** (*fig.*) agitatore.

fire brigade ['faiəbri,geid] *s.* vigili del fuoco, pompieri.

firecracker ['faiəkrækə*] *s.* bomba di carta, petardo.

firedog ['faiədɔg] *s.* alare.

fire-engine ['faiər,endʒin] *s.* autopompa.

fire-escape ['faiəriskeip] *s.* scala di sicurezza; scala antincendio.

fire-extinguisher ['faiəriks'tiŋgwiʃə*] *s.* estintore.

fireguard ['faiəgɑ:d] *s.* parascintille.

fire-irons ['faiəraiənz] *s.pl.* arnesi per il caminetto.

fireman ['faiəmən] *s.* (*pl.* **–men**) **1** vigile del fuoco, pompiere. **2** (*Ferr.*) fochista.

fireplace ['faiəpleis] *s.* focolare, caminetto.

fireproof ['faiəpru:f] *a.* resistente al fuoco.

fireside ['faiəsaid] **I** *s.* **1** angolo del focolare. **2** (*fig.*) focolare, casa; vita domestica. **II** *a.* intimo, familiare. □ *~ chat* chiacchiere confidenziali.

firewood ['faiəwud] *s.* legna da ardere.

fireworks ['faiəwə:ks] *s.pl.* **1** fuochi d'artificio. **2** *pl.* (*fig.*) manifestazione d'ira.

firing ['faiəriŋ] *s.* **1** l'incendiare. **2** (*tecn.*) alimentazione. **3** cottura (di ceramica).

firing-line ['faiəriŋlain] *s.* **1** (*Mil.*) linea del fuoco. **2** (*fig.*) prima linea.
firing-squad ['faiəriŋskwɔd] *s.* (*Mil.*) plotone d'esecuzione.
firm[1] [fə:m] **I** *a.* **1** solido, compatto. **2** fisso, stabile. **3** fermo, saldo. **4** risoluto, deciso. **II** *avv.* fermamente. ▭ (*fig.*) *to be on* ~ **ground** andare sul sicuro; *to* **stand** ~ resistere, tener duro.
to **firm** [fə:m] *v.* (spesso con *up*) **I** *v.t.* **1** consolidare; rassodare. **2** fermare, fissare. **II** *v.i.* consolidarsi; rassodarsi.
firm[2] [fə:m] *s.* (*Comm.*) azienda, società, ditta, impresa. ▭ ~ *name* ragione sociale.
firmament ['fə:məmənt] *s.* firmamento.
firmness ['fə:'mnis] *s.* **1** solidità, compattezza. **2** fermezza, saldezza; risolutezza.
first [fə:st] **I** *a.* primo; più importante; principale. **II** *s.* **1** primo. **2** (*Univ.*) massimo dei voti, pieni voti. **3** *pl.* (*Comm.*) merce di prima qualità. **III** *avv.* **1** prima, per prima cosa, innanzi tutto. **2** per la prima volta. **3** piuttosto: *I would die* ~ piuttosto morirei. ▭ ~ *of* **all** innanzi tutto; **at** ~ dapprima; ~ **finger** indice; (*am.*) ~ **lady** moglie del Presidente; ~ *and* **last** tutto sommato; ~ *or* **last** prima o poi; *from* ~ *to* **last** dal principio alla fine; ~ **name** nome di battesimo; *at* ~ **sight** a prima vista; ~ **thing** per prima cosa: *I'll call you* ~ *thing tomorrow* domani per prima cosa ti telefonerò.
first-aid ['fə:st'eid] *s.* pronto soccorso.
firstborn ['fə:st'bɔ:n] *a./s.* primogenito.
first-class ['fə:st'klɑ:s] *a.* di prima classe, eccellente.
first-floor ['fə:st'flɔ:*] *s.* **1** primo piano. **2** (*am.*) pianterreno.
first-fruits ['fə:st'fru:ts] *s.pl.* **1** primizie. **2** (*fig.*) primi risultati.
first-hand ['fə:st'hænd] *a.* di prima mano, diretto.
firstly ['fə:stli] *avv.* per prima cosa, in primo luogo.
first-night ['fə:st'nait] *s.* (*Teat., Cin.*) prima.
first-rate ['fə:st'reit] *a.* di prim'ordine.
firth [fə:θ] *s.* braccio di mare; estuario; fiordo (in Scozia).
fiscal ['fiskəl] **I** *a.* **1** fiscale. **2** finanziario. **II** *s.* (*Dir.*) procuratore fiscale.
fiscal drag ['fiskəl'dræg] *s.* (*Econ.*) drenaggio fiscale, "fiscal drag".
fish [fiʃ] *s.* (*pl. inv./* **fishes** [–iz]) **1** pesce. **2** carne di pesce. **3** (*fam.*) tipo, persona. ▭ (*Gastr.*) ~ *and* **chips** pesce e patate fritte; (*fig.*) *to be neither* ~ *nor* **fowl** non essere né carne né pesce; *to have other* ~ *to* **fry** avere altre gatte da pelare; *a pretty* **kettle** *of* ~ un bel pasticcio.
to **fish** [fiʃ] **I** *v.t.* **1** pescare. **2** (*fig.*) (spesso con *out, up*) tirar fuori, cavare. **II** *v.i.* **1** pescare (*for s.th.* qc.); andare a pesca (di). **2** (*fam.*) andare in cerca (di): *to* ~ *for compliments* andare in cerca di complimenti. ▭ *to* **go** *fishing* andare a pesca; *to* ~ **out** tirar fuori, cavare; (*fig.*) *to* ~ *in* **troubled** *waters* pescare nel torbido.
fish-bone ['fiʃbəun] *s.* lisca, spina.
fisher ['fiʃə*] *s.* **1** pescatore. **2** peschereccio.
fisherman ['fiʃəmən] *s.* (*pl.* **–men**) pescatore.
fishery ['fiʃəri] *s.* **1** zona di pesca. **2** pesca, industria della pesca. **3** (*am.*) (*Dir.*) diritto di pesca. **4** (*am.*) vivaio.
fish finger [fiʃ'fiŋgə*] *s.* (*Gastr.*) bastoncini di pesce.
fish-glue ['fiʃglu:] *s.* colla di pesce.
fish-hook ['fiʃhuk] *s.* amo.
fishiness ['fiʃinis] *s.* **1** pescosità. **2** (*sl.*) ambiguità.
fishing ['fiʃiŋ] **I** *s.* pesca. **II** *a.* per la pesca.
fishing-boat ['fiʃiŋbəut] *s.* (*Mar.*) peschereccio.
fishing-line ['fiʃiŋlain] *s.* lenza.
fishing-net ['fiʃiŋnet] *s.* rete da pesca.
fishing-rod ['fiʃiŋrɔd] *s.* canna da pesca.
fishmonger ['fiʃmʌŋgə*] *s.* pescivendolo.
fishpond ['fiʃpɔnd] *s.* vivaio.
fish wife ['fiʃwaif] *s.* pescivendola; megera.
fishy ['fiʃi] *a.* **1** (che ha gusto od odore) di pesce. **2** pescoso. **3** (*fam.*) equivoco, dubbio. **4** (*fig.*) (*di occhio*) vitreo, fisso.
fissile ['fisail] *a.* (*Fis.*) fissile: ~ *material* materiale fissile.
fission ['fiʃən] *s.* fissione (nucleare).
fissure ['fiʃə*] *s.* fessura, fenditura.
fist [fist] *s.* **1** pugno. **2** (*fam.*) mano.
fistula ['fistjulə] *s.* (*Med.*) fistola.
fit[1] [fit] **I** *a.* (*compar.* **fitter** ['fitə*], *sup.* **fittest** ['fitist]) **1** adatto, appropriato, idoneo (*for* a). **2** pronto: ~ *for action* pronto all'azione. **3** in buone condizioni; sano. **II** *s.* **1** misura (di indumento). **2** (*Mecc.*) accoppiamento. ▭ ~ *to* **drink** potabile, bevibile; *to* **keep** ~ mantenersi in forma; *to* **look** ~ avere un bell'aspetto; *if you* **think** ~ se ti sembra opportuno.
to **fit** [fit] *v.* (*pass., p.p.* **fitted** [–id]) **I** *v.t.* **1** adattarsi a; andar bene a. **2** dotare, fornire (*with* di). **3** (*tecn.*) installare, montare. **4** concordare: *the theory doesn't* ~ *the facts* la teoria non concorda con i fatti. **5** rendere idoneo, qualificare; preparare. **II** *v.i.* **1** andare, stare: *these shoes* ~ *me badly* queste scarpe mi vanno male. **2** adattarsi, essere adatto. ▭ *it fits you like a* **glove** ti va a pennello; *to* ~ **in** *with* accordarsi con; *to* ~ **on** mettere a posto (abiti); *to* ~ **out** dotare, provvedere; (*Mar.*) armare; *to* ~ **up** attrezzare.
fit[2] [fit] *s.* **1** (*Med.*) accesso, attacco. **2** *pl.* (*Med.*) convulsioni. **3** scoppio, accesso: ~ *of anger* accesso d'ira. ▭ (*fam.*) *to* **have** *a fit* uscire dai gangheri; *a* ~ *of* **generosity** uno slancio di generosità; *by fits and* **starts** a sbalzi.
fitful ['fitful] *a.* intermittente; discontinuo.
fitment ['fitmənt] *s.* mobile, articolo d'arredamento. ▭ *kitchen* ~ monoblocco da cucina con i pensili.

fitness ['fitnis] *s.* **1** idoneità (*for* a). **2** convenienza, opportunità. **3** (buona) salute; l'essere in forma.

fit-out ['fitaut] *s.* (*fam.*) attrezzatura.

fitter ['fitə*] *s.* **1** sàrto. **2** (*tecn.*) operaio montatore.

fitting ['fitiŋ] **I** *a.* adatto, appropriato; conveniente, opportuno. **II** *s.* **1** prova (di abiti). **2** impianto. **3** *pl.* accessori, apparecchiature. **4** (*Mecc.*) accessorio.

fitting-room ['fitiŋru:m] *s.* sala di prova (in sartoria).

fit-up ['fitʌp] *s.* (*Teat.*) scenario mobile.

five [faiv] *a./s.* cinque.

fivefold ['faivfəuld] *a.* quintuplo.

fiver ['faivə*] *s.* (*fam.*) **1** banconota da cinque sterline. **2** (*am.*) banconota da cinque dollari.

fix [fiks] *s.* **1** (*fam.*) pasticcio; situazione difficile: *to be in a* ~ essere nei pasticci. **2** (*Mar.*, *Aer.*) posizione, punto. **3** (*sl.*) pera (iniezione di stupefacenti). □ (*fam.*) *to get s.o. into a* ~ mettere qd. nei guai.

to **fix** [fiks] **I** *v.t.* **1** fissare, fermare. **2** fissare, stabilire: *to* ~ *prices* fissare i prezzi. **3** (*Fot.*) fissare. **4** (*fam.*) accomodare, riparare; sistemare, mettere in ordine. **II** *v.i.* **1** fissarsi. **2** consolidarsi, diventare solido. □ (*fam.*) *to* ~ **up**: 1 fornire, procurare; 2 organizzare, stabilire; 3 sistemare; *to* ~ **upon** far cadere la propria scelta su.

fixation [fik'seiʃən] *s.* fissazione.

fixative ['fiksətiv] *s.* (*Chim.*, *Biol.*) fissativo.

fixed [fikst] *a.* **1** fisso, fermo. **2** fissato, stabilito. □ *of no* ~ *abode* senza fissa dimora.

fixer ['fiksə*] *s.* (*Fot.*) fissatore.

fixing ['fiksiŋ] *s.* **1** fissaggio. **2** *pl.* (*am. fam.*) guarnizioni.

fixity ['fiksiti] *s.* fissità; stabilità.

fixture ['fikstʃə*] *s.* **1** infisso (di un edificio); arredo. **2** (*Sport*) gara con data fissata in precedenza. **3** (*fam.*) chi ha messo radici in un posto; istituzione.

fizz [fiz] *s.* **1** effervescenza. **2** bevanda frizzante.

to **fizz** [fiz] *v.i.* **1** sibilare. **2** spumeggiare.

fizzle ['fizl] *s.* **1** sibilo. **2** (*fam.*) fallimento, fiasco.

to **fizzle** ['fizl] *v.i.* sibilare. □ (*fam.*) *to* ~ *out* concludersi con un nulla di fatto.

fizzy ['fizi] *a.* frizzante, effervescente. □ ~ *white wine* frizzantino.

fjord [fjɔ:d] *s.* (*Geog.*) fiordo.

to **flabbergast** ['flæbəga:st] *v.t.* (*fam.*) sbalordire.

flabbiness ['flæbinis] *s.* **1** flaccidità. **2** (*fig.*) fiacchezza, mollezza.

flabby ['flæbi] *a.* **1** flaccido, floscio. **2** (*fig.*) molle, fiacco.

flaccid ['flæksid] *a.* flaccido, floscio.

flaccidity [flæk'siditi], **flaccidness** ['flæksidnis] *s.* flaccidità.

flag[1] [flæg] *s.* bandiera; bandierina, stendardo. □ *ship* **flying** *the Italian* ~ nave che batte bandiera italiana; ~ *of* **truce** bandiera bianca.

to **flag**[1] [flæg] *v.t.* (*pass.*, *p.p.* **flagged** [-d]) imbandierare. □ *to* ~ *down* far cenno di fermarsi a.

flag[2] [flæg] *s.* **1** pietra per lastricare. **2** *pl.* lastricato.

to **flag**[2] [flæg] *v.t.* (*pass.*, *p.p.* **flagged** [-d]) lastricare.

to **flag**[3] [flæg] *v.i.* (*pass.*, *p.p.* **flagged** [-d]) **1** pendere, penzolare. **2** (*fig.*) affievolirsi.

to **flagellate** ['flædʒəleit] *v.t.* flagellare.

flagellation [,flædʒe'leiʃən] *s.* flagellazione.

flagon ['flægən] *s.* bottiglione; caraffa, bricco.

flagrance ['fleigrəns], **flagrancy** ['fleigrənsi] *s.* flagranza, evidenza.

flagrant ['fleigrənt] *a.* **1** flagrante, evidente. **2** famigerato, malfamato; spudorato: *a* ~ *cheating* un inganno spudorato.

flagship ['flægʃip] *s.* (*Mar. mil.*) nave ammiraglia.

flagstaff ['flægsta:f] *s.* pennone.

flagstone ['flægstəun] *s.* pietra per lastricare; (*estens.*) lastricato.

flail [fleil] *s.* (*Agr.*) correggiato.

flair [flɛə*] *s.* **1** attitudine (*for* per). **2** intuito, acume, fiuto. □ *to have* ~ *for languages* essere portati per le lingue.

flak [flæk] *s.* **1** (*Mil.*) artiglieria antiaerea. **2** (*fig. fam.*) critica.

flake [fleik] *s.* **1** fiocco (di neve, lana, ecc.). **2** scaglia.

to **flake** [fleik] **I** *v.i.* (spesso con *off*) scrostarsi, squamarsi. **II** *v.t.* sfaldare, squamare. □ (*fig.*) *to* ~ *out* cadere dalla stanchezza, crollare.

flak jacket [,flæk'dʒækit] *s.* giubbotto antiproiettile.

flaky ['fleiki] *a.* **1** a falde, a fiocchi. **2** friabile. □ ~ *pastry* pasta sfogliata.

flambeau *fr.* ['flæmbəu] *s.* (*pl.* **-x/-s** [-z]) fiaccola.

flamboyant *fr.* [flæm'bɔiənt] *a.* **1** sgargiante; ornato. **2** (*fig.*) vistoso. **3** eccessivo, incontrollato. **3** (*Arch.*) flamboyant, fiammeggiante.

flame [fleim] *s.* **1** fiamma (*anche fig.*), fuoco: *an old* ~ una vecchia fiamma. **2** splendore. **3** ardore.

to **flame** [fleim] *v.i.* **1** ardere, fiammeggiare. **2** sfolgorare, risplendere. **3** (*fig.*) (spesso con *out*, *up*) avvampare, farsi di fiamma.

flamethrower ['fleimθrəuə*] *s.* (*Mil.*) lanciafiamme.

flaming ['fleimiŋ] *a.* **1** fiammeggiante, ardente. **2** (*di colore*) acceso, rosso acceso. **3** (*fig.*) ardente, appassionato, focoso. **4** (*fam.*) maledetto, dannato.

flamingo [flə'miŋgəu] *s.* (*pl.* **-s/-es** [-z]) (*Zool.*) fenicottero.

flan [flæn] *s.* (*Gastr.*) crostata (dolce o salata).

flange [flændʒ] *s.* (*Mecc.*) flangia; bordo.

to **flange** [flændʒ] *v.t.* (*tecn.*) flangiare.

flank [flæŋk] *s.* fianco.

to **flank** [flæŋk] *v.t.* **1** fiancheggiare. **2** (*Mil.*) proteggere il fianco di; attaccare il fianco di.
flannel ['flænl] *s.* **1** flanella. **2** *pl.* pantaloni di flanella.
flannelet(te) [,flænl'et] *s.* flanella di cotone.
flap [flæp] *s.* **1** battito. **2** colpo leggero, colpetto. **3** lembo, falda; patta (di tasca); tesa (di cappello); linguetta (di busta); ribalta (di tavolo); labbro (di ferita). **4** (*Aer.*) alettone. □ *to be in a* ~ essere colto dal panico.
to **flap** [flæp] *v.* (*pass., p.p.* **flapped** [–t]) **I** *v.i.* **1** sbattere; battere le ali. **2** (*fig. fam.*) farsi prendere dal panico, agitarsi. **II** *v.t.* **1** far sbattere. **2** agitare (ali, braccia).
flapjack ['flæpdʒæk] *s.* focaccia dolce di orzo; (*am.*) frittella.
flapper ['flæpə*] *s.* **1** lembo, falda. **2** scacciamosche. **3** (*Zool.*) pinna.
flare [flɛə*] *s.* **1** chiarore (tremolante), baluginio. **2** bagliore, fiammata improvvisa. **3** (*Mar., Aer.*) razzo, segnale luminoso. **4** *pl.* pantaloni svasati.
to **flare** [flɛə*] *v.i.* **1** ardere, scintillare. **2** allargarsi, svasarsi: *flared skirt* gonna svasata. □ *to* ~ *up* fare una fiammata; (*fig.*) prendere fuoco.
flare up [flɛər'ʌp] *s.* **1** fiammata. **2** (*fig.*) scoppio d'ira.
flaring ['flɛəriŋ] *a.* **1** brillante, scintillante. **2** svasato.
flash [flæʃ] **I** *s.* **1** lampo, baleno; sprazzo. **2** (*Giorn.*) flash, notizia urgente. **3** (*Fot.*) lampo (di luce artificiale); flash, torcia, pila. **II** *a.* (*fam.*) vistoso, appariscente. □ **in** *a* ~ in un attimo; *a* ~ *in the* **pan** un fuoco di paglia.
to **flash** [flæʃ] **I** *v.i.* **1** lampeggiare, balenare (*anche fig.*). **2** sfrecciare, passare come un lampo. **II** *v.t.* **1** far lampeggiare. **2** scoccare, lanciare (sguardi, sorrisi). **3** diffondere, trasmettere. □ *to* ~ **by** passare come un lampo; *to* ~ **past** passare sfrecciando.
flashback ['flæʃbæk] *s.* **1** (*Cin.*) flashback, scena retrospettiva. **2** (*Mot.*) ritorno di fiamma. **3** (*Psic.*) flash-back.
flasher ['flæʃə*] *s.* **1** (*El.*) luce intermittente. **2** (*Aut.*) freccia.
flashing ['flæʃiŋ] **I** *s.* (*Edil.*) scossalina. **II** *a.* lampeggiante, sfavillante.
flashlight ['flæʃlait] *s.* **1** luce intermittente, lampeggiamento. **2** (*Fot.*) lampo di magnesio. **3** torcia elettrica.
flashpoint [flæʃpoint] *s.* **1** (*Chim.*) punto di infiammabilità. **2** (*fig.*) punto di rottura; momento di massima tensione.
flashy ['flæʃi] *a.* vistoso, appariscente.
flask [flɑ:sk] *s.* **1** fiaschetta, borraccia. **2** fiasco. **3** (*Chim.*) beuta.
flasket ['flɑ:skit] *s.* **1** fiaschetto. **2** cesta bassa e allungata.
flat[1] [flæt] **I** *a.* (*compar.* **flatter** ['flætə*], *sup.* **flattest** ['flætist]) **1** piatto, piano, pianeggiante. **2** disteso, sdraiato. **3** poco profondo, basso. **4** (*di pneumatico*) a terra, sgonfio. **5** (*fig.*) netto, reciso, secco. **6** (*fig.*) monotono, uniforme. **7** (*Pitt., Arte*) uniforme, senza rilievo. **8** (*Mus.*) bemolle. **9** (*fig.*) fisso: ~ *rate* importo fisso. **10** (*di vino, birra*) svanito, che ha perso l'effervescenza. **11** (*Comm.*) inattivo, in ristagno. **II** *s.* **1** piatto, parte piatta; palmo (di mano). **2** (*Geol.*) pianura. **3** (*Mus.*) bemolle. **4** (*am.*) gomma a terra. **5** (*Teat.*) fondale. □ *to be* ~ *on one's* **back** stare supino; (*fig.*) *to* **fall** ~ non avere successo; *to* **fall** ~ *on one's face* finire faccia a terra.
flat[2] [flæt] *s.* appartamento.
to **flat** [flæt] *v.t.* (*pass., p.p.* **flatted** [–id]) (*Mecc.*) spianare, appiattire.
flatfoot ['flætfut] *s.* (*pl.* **–feet** [–fi:t]) **1** (*Med.*) piedi piatti; piede piatto. **2** (*sl.*) (*pl.* **flatfoots**) (*gerg.*) piedi piatti.
flat-iron ['flæt'aiən] *s.* ferro da stiro (di ferro, da scaldare sul fuoco).
flatly [flætli] *avv.* **1** nettamente, categoricamente. **2** in tono monotono, scialbo.
flatness ['flætnis] *s.* **1** piattezza. **2** uniformità, monotonia.
to **flatten** ['flætn] **I** *v.t.* **1** appiattire, spianare. **2** abbattere. **3** (*fig.*) prostrare, deprimere. **II** *v.i.* **1** appiattirsi, spianarsi. **2** abbattersi, deprimersi. □ (*Aer.*) *to* ~ *out* riportarsi in linea di volo.
to **flatter** ['flætə*] *v.t.* **1** adulare, lusingare. **2** far apparire più bello, abbellire. □ *to* ~ *oneself* illudersi, osare credere.
flatterer ['flætərə*] *s.* adulatore; lusingatore.
flattery ['flætəri] *s.* adulazione, lusinga.
flatulence ['flætjuləns], **flatulency** ['flætjulənsi] *s.* (*Med.*) flatulenza.
flatulent ['flætjulənt] *a.* (*Med.*) flatulento.
flaunt [flɔ:nt] *s.* sfoggio, ostentazione.
to **flaunt** ['flɔ:nt] **I** *v.t.* ostentare, sfoggiare. **II** *v.i.* **1** pavoneggiarsi, gloriarsi. **2** sventolare.
flaunting ['flɔ:ntiŋ] *a.* pomposo.
flautist ['flɔ:tist] *s.* (*Mus.*) flautista *m./f.*
flavor *am.* ['fleivə*] *e deriv.* → **flavour** *e deriv.*
flavour ['fleivə*] *s.* **1** sapore, gusto. **2** aroma. **3** (*fig.*) atmosfera, aria.
to **flavour** ['fleivə*] *v.t.* (*Gastr.*) condire, insaporire.
flavouring ['fleivəriŋ] *s.* condimento, aroma.
flavourless ['fleivəlis] *a.* insipido.
flaw[1] [flɔ:] *s.* **1** screpolatura. **2** pecca, difetto, imperfezione. **3** (*Dir.*) vizio (di forma).
flaw[2] [flɔ:] *s.* folata di vento; ondata di maltempo.
flawed [flɔ:d] *a.* imperfetto, difettoso.
flawless ['flɔ:lis] *a.* perfetto, impeccabile.
flax [flæks] *s.* (*Bot.*) lino (anche il tessuto).
flaxen ['flæksən] *a.* biondissimo.
to **flay** [flei] *v.t.* **1** scorticare, pelare. **2** (*fig.*) criticare aspramente, stroncare; togliere il pelo.
flea [fli:] *s.* (*Zool.*) pulce. □ (*fam.*) ~ *in one's* **ear** rimprovero; ~ **market** mercato delle pulci.
flea-bag ['fli:bæg] *s.* alberghetto d'infimo ordine.

flea-bite ['fli:bait] *s.* **1** morso di pulce. **2** (*fig.*) piccola contrarietà, inezia.
flea-bitten ['fli:bitn] *a.* (*di cavallo*) chiazzato, macchiato.
fleck [flek] *s.* **1** macchia, chiazza. **2** lentiggine, efelide. **3** granello, corpuscolo.
to **fleck** [flek] *v.t.* **1** screziare, chiazzare. **2** picchiettare.
flecked [flekt] *a.* screziato.
fled [fled] → to **flee**.
fledged [fledʒd] *a.* pennuto, con tutte le penne.
fledg(e)ling ['fledʒliŋ] *s.* **1** uccellino implume. **2** (*fig.*) novellino; pivello.
to **flee** [fli:] *v.* (*pass., p.p.* **fled** [fled]) **I** *v.i.* **1** fuggire, scappare. **2** (*lett.*) svanire, scomparire. **II** *v.t.* abbandonare, fuggire da.
fleece [fli:s] *s.* **1** vello. **2** (*fig.*) coltre, massa soffice.
to **fleece** [fli:s] *v.t.* **1** tosare. **2** (*fam.*) depredare, spogliare.
fleecy ['fli:si] *a.* **1** lanoso; soffice. **2** (*di capelli*) crespo. □ ~ *clouds* cielo a pecorelle.
fleer [fliə*] *s.* sogghigno, ghigno.
fleet[1] [fli:t] *s.* **1** (*Mar. mil.*) flotta. **2** (*Mar., Aer.*) flottiglia. **3** (*fig.*) parco (macchine).
fleet[2] [fli:t] *a.* (*lett.*) lesto, svelto, agile.
to **fleet** [fli:t] *v.i.* scorrere, muoversi rapidamente.
fleeting ['fli:tiŋ] *a.* fuggevole, rapido.
Fleet Street ['fli:t'stri:t] *s.* il mondo del giornalismo; la stampa inglese (dal nome della strada londinese dove avevano sede le principali testate).
Flemish ['flemiʃ] *a./s.* fiammingo.
flesh [fleʃ] *s.* **1** carne (*anche fig.*). **2** polpa (di frutta). □ (*fig.*) ~ *and* **blood** natura umana; (*fig.*) *one's own* ~ *and* **blood** carne della propria carne; (*fig.*) *to make s.o.'s* ~ **creep** far venire la pelle d'oca a qd.; **in** *the* ~ in carne e ossa; *to* **put** *on* ~ ingrassare; ~ **wound** ferita superficiale.
to **flesh** [fleʃ] *v.t.* **1** aizzare, incitare. **2** ingrassare. □ *to* ~ *out* aggiungere dettagli o informazioni.
flesh-coloured ['fleʃkʌləd] *a.* color carne, carnicino.
fleshiness ['fleʃinis] *s.* carnosità.
fleshly ['fleʃli] *a.* carnale, della carne.
fleshy ['fleʃi] *a.* **1** carnoso. **2** (*Bot.*) polposo.
fleur-de-lis *fr.* [ˌflə:də'li:] *s.* (*pl.* **fleurs-de-lis**) (*Araldica*) giglio, fiordaliso.
flew [flu:] → to **fly**.
flex [fleks] *s.* (*El.*) cordoncino, filo (flessibile).
to **flex** [fleks] **I** *v.t.* flettere, piegare. **II** *v.i.* piegarsi, flettersi.
flexibility [ˌfleksə'biliti] *s.* **1** flessibilità. **2** (*fig.*) docilità, arrendevolezza.
flexible ['fleksəbl] *a.* **1** flessibile. **2** (*fig.*) docile, arrendevole.
flexitime ['fleksitaim] *s.* orario flessibile.
flibbertigibbet ['flibətidʒibit] *s.* donna stupida e pettegola.

flick [flik] *s.* **1** colpo di frusta. **2** buffetto. **3** schiocco. **4** scatto, movimento improvviso. **5** (*sl.*) cinema.
to **flick** [flik] *v.t.* **1** dare una frustatina a. **2** dare un buffetto a. **3** scuotere, mandar via (con un colpetto). **4** sfogliare le pagine (di un libro). **5** far scattare (un interruttore).
flicker ['flikə*] *s.* **1** tremolio. **2** (*fig.*) barlume, parvenza.
to **flicker** ['flikə*] *v.i.* **1** tremolare, vacillare **2** svolazzare.
flickering ['flikəriŋ] **I** *a.* tremolante, tremulo. **II** *s.* (*Cin.*) tremolio, sfarfallio.
flick-knife ['fliknaif] *s.* (*pl.* **–knives** [–naivz]) coltello a serramanico.
flier ['flaiə*] → **flyer**.
flight[1] [flait] *s.* **1** volo (*anche fig.*): *non stop* ~ volo senza scalo; *a* ~ *of fancy* un volo di fantasia. **2** traiettoria. **3** migrazione (di uccelli). **4** rampa (di scale). **5** stormo; sciame. □ **in** ~ in volo; (*Aer.*) ~ **recorder** registratore di volo, (*fam.*) scatola nera.
flight[2] [flait] *s.* fuga. □ *to take* (*to*) ~ fuggire, darsela a gambe.
flight-deck ['flaitdek] *s.* (*Mar. mil.*) ponte di decollo; (*Aer.*) cabina di pilotaggio.
flight-path ['flaitpɑ:θ] *s.* (*Aer.*) traiettoria di volo.
flighty ['flaiti] *a.* capriccioso, volubile.
flimsiness ['flimzinis] *s.* fragilità, inconsistenza.
flimsy ['flimzi] **I** *a.* **1** fragile, inconsistente. **2** (*fig.*) tenue; debole: *a* ~ *hope* una debole speranza. **II** *s.* carta velina; velina, copia.
to **flinch** [flintʃ] *v.i.* indietreggiare, tirarsi indietro.
fling [fliŋ] *s.* **1** lancio, tiro. **2** scatto, slancio; impennata (di cavallo). □ *in* **full** ~ a pieno ritmo; *to* **have** *a* ~ *at* fare un tentativo di, tentare; lanciare una frecciata contro (*o* a); *to have* **one's** ~ fare la bella vita.
to **fling** [fliŋ] *v.* (*pass., p.p.* **flung** [flʌŋ]) **I** *v.t.* **1** scagliare, buttare, lanciare, scaraventare. **2** gettare a terra, sbalzare di sella. **3** (*fig.*) (general. con *out*) lanciare (insulti), prorompere in (invettive); gettar via. **II** *v.i.* precipitarsi, lanciarsi. □ *to* ~ *one's* **arms** *round s.o.'s neck* gettarsi al collo di qd.; (*fig.*) *he flung* **away** *in a rage* se ne andò infuriato; *to* ~ *one's* **clothes** *on* vestirsi in fretta e furia; *to* ~ *o.s.* **into** *an armchair* buttarsi su una poltrona; (*fig.*) *to* ~ *o.s.* **into** *a work* buttarsi a capofitto in un lavoro; *to* ~ **off**: 1 strapparsi di dosso; 2 andarsene infuriato; *to* ~ **open** *a door* spalancare una porta; *to* ~ **out** *one's arms* allargare le braccia.
flint [flint] *s.* **1** (*Min.*) silice. **2** pietra focaia; pietrina (per accendisigari).
flinty ['flinti] *a.* **1** siliceo. **2** (*fig.*) rigido, inflessibile. □ (*fig.*) ~ *eyes* sguardo gelido.
flip [flip] *s.* **1** buffetto, colpetto. **2** bevanda calda alcolica (con uova). **3** (*fam.*) breve volo in aereo.
to **flip** [flip] *v.* (*pass., p.p.* **flipped** [–t]) **I** *v.t.* **1**

dare un buffetto a. **2** mandare via con un colpetto, scuotere, girare bruscamente. **II** *v.i.* **1** dare un buffetto. **2** (*fam.*) perdere il controllo; innervosirsi. ▭ (*fam.*) *to ~* **through** sfogliare, dare una scorsa a; *to ~* **up** fare a testa e croce.

flip-flop ['flipflɔp] *s.* sandali (infradito) di gomma.

flippancy ['flipənsi] *s.* impertinenza, insolenza.

flippant ['flipənt] *a.* impertinente, insolente.

flipper ['flipə*] *s.* **1** (*Zool.*) natatoia, pinna. **2** (*Sport*) pinna.

flirt [flə:t] *s.* **1** flirt, intrallazzo amoroso. **2** persona dedita a facili amori; (*di donna*) civetta.

to **flirt** [flə:t] *v.i.* **1** amoreggiare, flirtare. **2** trastullarsi (*with* con). ▭ *to ~ with an idea* accarezzare un'idea.

flirtation [flə:'teiʃən] *s.* amoreggiamento; flirt, amoretto.

flirtatious [ˌflə:'teiʃəs] *a.* provocante; poco serio.

flit [flit] *s.* **1** movimento rapido e leggero. **2** (*fam.*) trasloco fatto alla chetichella.

to **flit** [flit] *v.i.* (*pass., p.p.* **flitted** [–id]) **1** volteggiare, svolazzare. **2** passare velocemente. **3** (*fam.*) traslocare alla chetichella.

flitting ['flitiŋ] *a.* breve, transitorio; fugace.

float [fləut] *s.* **1** galleggiante; salvagente; sughero. **2** carro allegorico.

to **float** [fləut] **I** *v.i.* **1** galleggiare, stare a galla; (*nel nuoto*) fare il morto. **2** librarsi in aria. **3** (*fig.*) vagare, errare. **4** (*Econ.*) (*di monete*) fluttuare. **II** *v.t.* **1** far galleggiare. **2** (*di legname*) fluitare. **3** coprire d'acqua, inondare. **4** (*Econ.*) emettere (obbligazioni, ecc.); costituire, promuovere (una società). **5** (*Econ.*) lasciar fluttuare (monete).

floatable ['fləutəbl] *a.* **1** che può galleggiare. **2** navigabile.

floatation [fləu'teiʃən] *s.* **1** galleggiamento. **2** (*Econ.*) costituzione (di società); lancio (di prestito).

floating ['fləutiŋ] *a.* **1** galleggiante, fluttuante. **2** (*Econ.*) (*di capitale*) circolante; (*di debito*) fluttuante.

flock[1] [flɔk] *s.* **1** gregge. **2** stormo (di uccelli). **3** (*fig.*) folla, stuolo.

to **flock** [flɔk] *v.i.* affollarsi, accalcarsi.

flock[2] [flɔk] *s.* **1** fiocco (di lana, cotone); ciuffo, ciocca (di capelli). **2** *pl.* cascame (per materassi).

to **flog** [flɔg] *v.t.* (*pass., p.p.* **flogged** [–d]) **1** frustare, fustigare. **2** (*fam.*) sbolognare, vendere di seconda mano. ▭ (*fam.*) *flogged to death* trito e ritrito.

flogging ['flɔgiŋ] *s.* fustigazione.

flood [flʌd] *s.* **1** inondazione, alluvione; piena. **2** flusso, alta marea. **3** (*fig.*) diluvio, fiume. **The Flood** *s.* (*Bibl.*) il diluvio universale.

to **flood** [flʌd] **I** *v.t.* **1** inondare, allagare; far straripare. **2** (*fig.*) sommergere, inondare: *flooded with requests* sommerso dalle richieste. **II** *v.i.* **1** straripare. **2** allagarsi. **3** (*di marea*) salire, crescere. ▭ (*fig.*) *to ~* **in** affluire copiosamente, (*scherz.*) fioccare; *to ~ a room with* **light** inondare una stanza di luce; *to ~* **out** sfollare (a causa di un'alluvione).

floodgate ['flʌdgeit] *s.* porta della chiusa. ▭ (*fig.*) *to open the ~ of s.th.* dare libero sfogo a qc.

floodlight ['flʌdlait] *s.* riflettore.

to **floodlight** ['flʌdlait] *v.t.* (*pass., p.p.* **floodlit** [–lit]) illuminare a giorno.

floor [flɔ:*] *s.* **1** pavimento. **2** piano: *a top-~ flat* un appartamento all'ultimo piano. **3** (*Parl.*) spazio riservato ai membri dell'assemblea. **4** (*Borsa*) sala delle contrattazioni. **5** fondo: *the ~ of a valley* il fondo di una valle. **6** (*Comm.*) livello minimo. **7** pista da ballo. ▭ (*fig.*) *to* **ask** *for the ~* chiedere la parola; **first** ~ primo piano; (*am.*) pianterreno; **ground** ~ pianterreno; (*fig.*) *to* **hold** *the ~* tener concione; **second** ~ secondo piano, (*am.*) primo piano; (*fig.*) *to* **take** *the ~* cominciare a ballare; prendere la parola.

to **floor** [flɔ:*] *v.t.* **1** pavimentare. **2** atterrare; mettere al tappeto. **3** (*fig.*) sconfiggere; sconcertare; mettere a tacere. ▭ (*Scol.*) *to ~ the paper* rispondere a tutte le domande di un questionario.

floorboard ['flɔ:bɔ:d] *s.* tavola di pavimento.

flooring ['flɔ:riŋ] *s.* **1** pavimento. **2** materiale per pavimentazione.

floor-layer [ˌflɔ:'leiə*] *s.* pavimentatore.

floor-walker *am.* [ˌflɔ:'wɔ:kə*] *s.* caporeparto (di grandi magazzini).

floozy ['flu:zi] *s.* (*fam. volg.*) battoncella.

flop [flɔp] **I** *s.* **1** tonfo. **2** (*fam.*) insuccesso, fiasco. **II** *avv.* con un tonfo.

to **flop** [flɔp] *v.* (*pass., p.p.* **flopped** [–t]) **I** *v.i.* **1** buttarsi, lasciarsi cadere. **2** muoversi goffamente. **3** (*fam.*) fallire, fare fiasco. **II** *v.t.* lasciar cadere, gettare.

floppy ['flɔpi] *a.* floscio, cascante: *a ~ hat* un cappello floscio.

floppy disk ['flɔpi'disk] *a.* (*Inform.*) floppy disk, dischetto.

flora ['flɔ:rə] *s.* flora.

floral ['flɔ:rəl] *a.* floreale.

Florence ['flɔrəns] *N.pr.* (*Geog.*) Firenze.

florescence [flɔ:'resns] *s.* (*Bot.*) florescenza, fioritura.

floriculture [ˌflɔ:ri'kʌltʃə*] *s.* floricultura.

florid ['flɔrid] *a.* **1** ampolloso, ridondante; fiorito: *~ language* linguaggio fiorito. **2** rubizzo.

floridity [flɔ:'riditi], **floridness** ['flɔridnis] *s.* **1** floridezza. **2** (*fig.*) fioritura, ornamento.

florin ['flɔrin] *s.* fiorino.

florist ['flɔrist] *s.* fioraio, fiorista *m./f.*; floricoltore *m.*

floss [flɔs] *s.* bava (serica). ▭ *dental ~* filo interdentale.

flossy ['flɔsi] *a.* **1** serico, leggero. **2** (*am. fam.*) vistoso.

flotilla [fləu'tilə] *s.* (*Mar. mil., Aer.*) flottiglia.
flotsam ['flɔsəm] *s.* (*Dir.*) merci galleggianti. ▭ (*fig.*) ~ *and jetsam* relitti umani.
flounce[1] [flauns] *s.* scatto, gesto improvviso.
to **flounce**[1] [flauns] *v.i.* dimenarsi, agitarsi.
flounce[2] [flauns] *s.* balza, falpalà.
to **flounce**[2] [flauns] *v.t.* guarnire con balze.
flounder ['flaundə*] *s.* (*Zool.*) passera di mare.
to **flounder** ['flaundə*] *v.i.* **1** muoversi con fatica (nella neve, nel fango); dibattersi (nell'acqua). **2** (*fig.*) impappinarsi.
flour ['flauə*] *s.* farina (spec. di frumento).
to **flour** ['flauə*] *v.t.* infarinare.
flourish ['flʌriʃ] *s.* **1** svolazzo, ghirigoro; espressione fiorita. **2** (*Mus.*) fioritura; fanfara. **3** (*fig.*) prosperità, rigoglio. **4** il roteare, il far mulinello (con la spada).
to **flourish** ['flʌriʃ] **I** *v.i.* **1** fiorire, prosperare. **2** godere buona salute. **3** (*fig.*) usare un linguaggio fiorito. **4** fare svolazzi scrivendo. **II** *v.t.* brandire, agitare.
flourishing ['flʌriʃiŋ] *a.* **1** fiorente, rigoglioso. **2** florido, in buona salute.
floury ['flauəri] *a.* **1** infarinato. **2** farinoso.
flout [flaut] *s.* beffa, scherno.
to **flout** [flaut] **I** *v.t.* beffare, schernire. **II** *v.i.* farsi scherno (*at* di).
flow [fləu] *s.* **1** flusso; corrente: *a ~ of traffic* una corrente di traffico. **2** portata, getto. ▭ *the tide is on the ~* la marea sta salendo.
to **flow** [fləu] *v.i.* **1** fluire, scorrere. **2** sgorgare. **3** (*fig.*) provenire, derivare. **4** (*fig.*) (*di stile*) essere scorrevole. **5** (*fig.*) scendere, ricadere (morbidamente). **6** (*rif. a marea*) salire.
flowchart ['fləutʃə:t] *s.* **1** (*Inform.*) diagramma di flusso. **2** (*tecn.*) diagramma del ciclo di lavorazione.
flower ['flauə*] *s.* **1** fiore. **2** (*fig.*) (fior) fiore, parte migliore.
to **flower** ['flauə*] **I** *v.i.* fiorire. **II** *v.t.* **1** far fiorire. **2** ornare di fiori, infiorare; ornare di disegni floreali.
flower-bed ['flauəbed] *s.* aiuola.
flower-box ['flauəbɔks] *s.* fioriera.
flowered ['flauəd] *a.* **1** fiorito, in fiore. **2** a fiori.
floweret ['flauərit] *s.* fiorellino.
flower-girl ['flauəgə:l] *s.* fioraia.
flower people ['flauə'pi:pl] *s.* figli dei fiori.
flower-pot ['flauəpɔt] *s.* vaso da fiori.
flowery ['flauəri] *a.* **1** fiorito (*anche fig.*), in fiore. **2** a fiori.
flowing ['fləuiŋ] *a.* fluente, scorrevole. ▭ *a ~ robe* un abito di linea morbida.
flowing-tide ['fləuiŋtaid] *s.* marea crescente, alta marea.
flown [fləun] → to **fly**.
flu [flu:] *s.* (*fam.*) influenza.
fluctuant ['flʌktʃuənt] *a.* fluttuante, oscillante.
to **fluctuate** ['flʌktjueit] *v.i.* oscillare, fluttuare (*anche fig.*).
fluctuation [ˌflʌktju'eiʃən] *s.* fluttuazione, oscillazione.
flue [flu:] *s.* canna fumaria.
fluency ['flu:ənsi] *s.* fluidità, scorrevolezza.
fluent ['flu:ənt] *a.* fluente; dalla parola facile. ▭ *to speak ~ English* parlare l'inglese correntemente.
fluff [flʌf] *s.* **1** peluria, lanugine. **2** cantonata; (*Teat.*) papera.
to **fluff** [flʌf] **I** *v.t.* **1** arruffare (capelli, penne). **2** sbagliare, fallire. **3** (*Teat.*) recitare prendendo (delle) papere. **II** *v.i.* **1** (*di penne*) arruffarsi. **2** (*fam.*) prendere una cantonata; (*Teat.*) impaperarsi. ▭ *to ~ out a pillow* sprimacciare un cuscino.
fluffy ['flʌfi] *a.* **1** lanuginoso. **2** leggero, soffice.
fluid ['flu:id] **I** *s.* fluido. **II** *a.* **1** fluido. **2** (*fig.*) insicuro, incerto: *~ opinions* opinioni incerte.
fluidity [flu:'iditi] *s.* fluidità.
fluke[1] [flu:k] *s.* colpo di fortuna; tiro fortunato.
to **fluke** [flu:k] **I** *v.t.* ottenere con un colpo di fortuna. **II** *v.i.* avere un colpo di fortuna.
fluke[2] [flu:k] *s.* **1** (*Mar.*) marra (di ancora). **2** *pl.* (*Zool.*) coda (di balena).
flume [flu:m] *s.* canale artificiale.
to **flummox** ['flʌməks] *v.t.* (*fam.*) sconcertare, lasciare interdetti.
flump [flʌmp] *s.* (*fam.*) tonfo.
flung [flʌŋ] → to **fling**.
flunk *am.* [flʌŋk] *s.* **1** (*fam.*) fiasco. **2** bocciatura.
to **flunk** *am.* [flʌŋk] **I** *v.t.* (*fam.*) bocciare (studenti). **II** *v.i.* essere bocciato.
flunk(e)y ['flʌŋki] *s.* (*spreg.*) **1** lacchè, servo in livrea. **2** persona servile; (*spreg.*) leccapiedi *m./f.*
fluorescence [fluə'resns] *s.* fluorescenza.
fluorescent [fluə'resnt] *a.* fluorescente.
fluorine ['fluəri:n] *s.* fluoro.
flurry ['flʌri] *s.* **1** tempesta improvvisa di neve; scroscio di pioggia. **2** folata, raffica. **3** (*fig.*) agitazione, nervosismo.
to **flurry** ['flʌri] *v.t.* mettere in agitazione, innervosire.
flush[1] [flʌʃ] *s.* **1** flusso d'acqua. **2** afflusso di sangue al viso; rossore, vampa. **3** (*fig.*) rigoglio, pieno vigore.
to **flush**[1] [flʌʃ] **I** *v.t.* **1** far arrossire. **2** far scorrere (acqua); tirare lo sciacquone. **3** (spesso con *out*) lavare con un getto d'acqua. **II** *v.i.* **1** arrossire, avvampare. **2** scorrere impetuosamente. ▭ *to ~ out* scacciare.
flush[2] [flʌʃ] **I** *a.* **1** a livello (*with* di): *~ with the walls* a livello delle pareti **2** (*fam.*) ben fornito di denaro. **3** traboccante, rigurgitante. **II** *avv.* **1** a livello, in piano. **2** direttamente, in pieno.
to **flush**[2] [flʌʃ] *v.t.* livellare, pareggiare.
flush[3] [flʌʃ] *s.* stormo di uccelli in volo.
to **flush**[3] [flʌʃ] **I** *v.t.* (*Caccia*) far alzare in volo. **II** *v.i.* levarsi in volo.

flush[4] [flʌʃ] *s.* (*nel poker*) colore: *to get a* ~ far colore.
fluster ['flʌstə*] *s.* agitazione, nervosismo. ▭ *to be all in a* ~ essere tutto agitato.
to **fluster** ['flʌstə*] **I** *v.t.* innervosire, agitare. **II** *v.i.* agitarsi, turbarsi.
flute [flu:t] *s.* **1** (*Mus.*) flauto. **2** (*Arch.*) scanalatura.
to **flute** [flu:t] **I** *v.t.* **1** (*Mus.*) suonare sul flauto. **2** (*Arch.*) scanalare. **II** *v.i.* (*Mus.*) suonare il flauto.
flutist ['flu:tist] *s.* (*am., Mus.*) flautista *m./f.*
flutter ['flʌtə*] *s.* **1** battito, frullio (di ali); sventolio (di bandiera). **2** (*fig.*) agitazione, eccitazione. **3** (*fam.*) scommessa. ▭ (*fam.*) *to* **be** *all in a* ~ essere in uno stato di grande agitazione; *to* **have** *a* ~ fare una scommessa.
to **flutter** ['flʌtə*] **I** *v.i.* **1** (s)battere le ali, svolazzare. **2** fluttuare, ondeggiare. **3** (*fig.*) agitarsi, eccitarsi. **4** andare su e giù nervosamente. **5** (*di cuore*) battere in modo irregolare. **II** *v.t.* **1** battere, sbattere. **2** sventolare (bandiere, ecc.).
fluvial ['flu:viəl] *a.* fluviale.
flux [flʌks] *s.* **1** flusso. **2** (*fig.*) cambiamento continuo. ▭ *to be in a state of* ~ essere soggetto a continui mutamenti.
to **flux** [flʌks] **I** *v.t.* (*tecn.*) fondere. **II** *v.i.* fondersi.
fly[1] [flai] *s.* **1** volo. **2** (*Sartoria*) patta, finta. **3** lembo per chiudere l'entrata di una tenda. **4** (*lett.*) carrozza da nolo.
to **fly** [flai] *v.* (*pass.* **flew** [flu:], *p.p.* **flown** [fləun]) **I** *v.i.* **1** volare; viaggiare in aereo. **2** (*fig.*) precipitarsi. **3** (*rif. al tempo*) volare, passare velocemente. **4** sventolare, svolazzare. **II** *v.t.* **1** pilotare; far volare; trasportare in aereo. **2** trasvolare, sorvolare. **3** battere, issare (una bandiera). **4** fuggire da, scappare da: *to* ~ *the country* fuggire dal paese. ▭ *to* ~ **about** svolazzare; (*fig.*) *to* ~ **at** *s.o.* avventarsi su qd.; *to* ~ **away** volar via; involarsi; (*fam.*) *to* ~ *off the* **handle** perdere le staffe; *to* ~ *to the* **head** (*di vino*) dare alla testa; (*di sangue*) montare alla testa; (*fig.*) *to* ~ **high** mirare in alto; (*fig.*) *to* ~ *a* **kite** vedere da che parte tira il vento; *to* **let** ~: 1 sparare; 2 (*fig.*) coprire d'insulti (*at s.o.* qd.); (*Aer.*) *to* ~ **past** (o *over*) sorvolare; (*fig.*) *to* ~ *into a* **rage** infuriarsi; *to* **send** *s.o. flying* mandare qd. al tappeto.
fly[2] [flai] *s.* **1** (*Zool*) mosca. **2** (*Pesca*) mosca artificiale. ▭ (*fam.*) *there are no flies on him* è un tipo in gamba.
fly[3] [flai] *a.* (*sl.*) sveglio, furbo, astuto.
fly-by-night [ˌflaibai'nait] *a.* (*di lavoro, ecc.*) incerto, provvisorio e non del tutto onesto.
flyer ['flaiə*] *s.* **1** volatore. **2** (*Aer.*) aviatore. **3** (treno) rapido.
flying ['flaiiŋ] **I** *a.* **1** volante, che vola. **2** sventolante, ondeggiante. **3** affrettato, frettoloso. **4** (*Aer.*) d'aviazione, di volo. **II** *s.* volo. ▭ (*fig.*) *to pass with* ~ *colours* superare brillantemente.
flying buttress ['flaiiŋˌbʌtris] *s.* (*Arch.*) arco rampante.
flying-fish ['flaiiŋfiʃ] *s.* (*Zool.*) rondine di mare.
flying-saucer ['flaiiŋsɔ:sə*] *s.* (*Aer.*) disco volante.
flying-school ['flaiiŋsku:l] *s.* scuola di pilotaggio.
fly-over ['flaiəuvə*] *s.* (*Strad.*) cavalcavia.
fly-paper ['flaipeipə*] *s.* carta moschicida.
flypast ['flaipɑ:st] *s.* (*Aer.*) parata aerea.
flyweight ['flaiweit] *s.* (*Sport*) peso mosca.
fly-wheel ['flaiwi:l] *s.* (*Mecc.*) volano.
fm = (*unità di misura*) *fathom* braccio.
Fm = (*Chim.*) *fermium* fermio.
foal [fəul] *s.* (*Zool.*) puledro.
to **foal** [fəul] *v.t./i.* partorire, figliare (di cavalli).
foam [fəum] *s.* **1** schiuma, spuma. **2** bava (di animale). ▭ ~ *rubber* gommapiuma.
to **foam** [fəum] **I** *v.i.* spumare, schiumare. **II** *v.t.* far fare la schiuma a, far schiumare. ▭ *to* ~ *at the mouth* avere la bava alla bocca.
foamy ['fəumi] *a.* spumoso, schiumoso.
fob [fɔb] *s.* catena (dell'orologio).
to **fob** [fɔb] *v.t.* (*pass., p.p.* **fobbed** [–d]): *to* ~ *off s.o. with s.th.* appioppare, rifilare qc. a qd.
f.o.b. = *free on board* franco bordo.
focal ['fəukəl] *a.* focale.
focalization [ˌfəukəlai'zeiʃən] *s.* (*Fot.*) messa a fuoco.
to **focalize** ['fəukəlaiz] *v.t.* (*Fot.*) mettere a fuoco, focalizzare.
focus ['fəukəs] *s.* **1** (*Fot., Geom.*) fuoco. **2** (*fig.*) punto centrale, fulcro. **3** epicentro (di terremoto). **4** (*Med.*) focolaio. ▭ *to bring into* ~ mettere a fuoco.
to **focus** ['fəukəs] *v.* (*pass., p.p.* **–sed/–ssed** [–t]) **I** *v.t.* **1** mettere a fuoco, puntare. **2** (*fig.*) concentrare, far convergere. **II** *v.i.* essere a fuoco, convergere.
fodder ['fɔdə*] *s.* foraggio (secco), biada.
to **fodder** ['fɔdə*] *v.t.* foraggiare.
foe [fəu] *s.* (*poet.*) nemico.
foetal ['fi:tl] *a.* (*Biol.*) fetale, del feto.
foetus ['fi:təs] *s.* (*Biol.*) feto.
fog [fɔg] *s.* **1** nebbia. **2** (*fig.*) confusione; perplessità. **3** (*Fot.*) velo, velatura. ▭ ~ **bank** banco di nebbia; (*fig.*) *to* **be** in a ~ avere la mente annebbiata; essere perplesso.
to **fog** [fɔg] *v.* (*pass., p.p.* **fogged** [–d]) **I** *v.t.* **1** coprire di nebbia, annebbiare. **2** appannare, offuscare. **3** (*fig.*) confondere; rendere perplesso, sconcertare. **4** (*Fot.*) velare. **II** *v.i.* **1** (spesso con *up*) coprirsi di nebbia, annebbiarsi. **2** appannarsi, offuscarsi. **3** (*Fot.*) velarsi.
fogbound ['fɔgbaund] *a.* (*di areoporto*) chiuso per nebbia.
fogey ['fəugi] *s.* (*fam.*): (*old*) ~ vecchio parruccone.

fogginess ['fɔginis] *s.* **1** nebbiosità. **2** (*fig.*) nebulosità, confusione.
foggy ['fɔgi] *a.* **1** nebbioso. **2** annebbiato, appannato. **3** (*fig.*) confuso, nebuloso. **4** (*Fot.*) velato. ▭ (*fam.*) *I haven't the foggiest idea* non ho la più pallida idea.
fog-lamp ['fɔglæmp] *s.* (*Aut.*) faro antinebbia.
fogy *am.* ['fəugi] → **fogey**.
foible ['fɔibl] *s.* **1** debolezza, lato debole. **2** fissazione, mania.
foil[1] [fɔil] *s.* **1** lamina (di metallo); foglia (di specchio). **2** (*estens.*) foglio di alluminio; stagnola. **3** (*fig.*) cosa che fa da contrasto.
to **foil**[1] [fɔil] *v.t.* **1** rivestire con foglio metallizzato. **2** (*fig.*) far da contrasto a, far risaltare.
foil[2] [fɔil] *s.* (*Sport*) fioretto.
to **foil**[2] [fɔil] *v.t.* **1** sventare, far fallire. **2** battere, sconfiggere.
foilsman ['fɔilzmən] *s.* (*pl.* **–men**) fiorettista.
to **foist** [fɔist] *v.t.* appioppare, rifilare: *to ~ s.th. on s.o.* rifilare qc. a qd.
fold[1] [fəuld] *s.* **1** piega (*anche Geol.*); piegatura. **2** cavità. **3** spira (di serpente).
to **fold**[1] [fəuld] **I** *v.t.* **1** piegare; ripiegare. **2** incrociare (le braccia); (con)giungere (le mani); intrecciare (le dita); chiudere, (ri)piegare (le ali). **3** abbracciare, stringere. **4** avvolgere; incartare. **II** *v.i.* (general. con *up*) **1** piegarsi, essere pieghevole. **2** fallire, chiudere. ▭ (*Gastr.*) *to ~ in* aggiungere mescolando, incorporare.
fold[2] [fəuld] *s.* **1** ovile. **2** gregge. ▭ (*fig.*) *to return to the ~* ritornare all'ovile.
to **fold**[2] [fəuld] *v.t.* chiudere nell'ovile.
fold-away ['fəuldəwei] *a.* pieghevole, estraibile.
folder ['fəuldə*] *s.* **1** cartella (di cartone); clonificatore. **2** pieghevole, dépliant.
folding ['fəuldiŋ] **I** *a.* pieghevole, a soffietto. **II** *s.* (*Geol.*) piegatura, corrugamento.
foliage ['fəuliidʒ] *s.* (*collett.*) foglie, fogliame.
folio ['fəuliəu] **I** *s.* (*pl.* **–s** [–z]) **1** (*Tip.*) foglio, pagina in foglio. **2** volume in foglio. **II** *a.* in foglio, in folio.
folk [fəuk] *s.* **1** *pl.* gente: *town ~* gente di città. **2** *pl.* (*fam.*) parenti, familiari: *my* (*old*) *folks* i miei vecchi.
folk-dance ['fəukdɑ:ns] *s.* danza folcloristica.
folklore ['fəuklɔ:*] *s.* folclore; demologia.
folk-music ['fəukmju:zik] *s.* musica folcloristica.
folk-song ['fəuksɔŋ] *s.* canto folcloristico, folksong.
folksy ['fəuksi] *a.* **1** popolaresco, semplice. **2** (*di abiti*) in stile folk.
follicle ['fɔlikl] *s.* (*Bot., Anat.*) follicolo.
to **follow** ['fɔləu] **I** *v.t.* **1** seguire, andare dietro a. **2** succedere a, subentrare a. **3** essere la conseguenza di, derivare da. **4** seguire, comprendere: *do you ~ my argument?* riesci a seguire il mio ragionamento? **II** *v.i.* **1** seguire, venir dopo. **2** conseguire, risultare: *it follows that* ne consegue che. ▭ *to ~* **after** (o *behind*) *s.o.* seguire qd.; **as** *follows* come segue; *to ~ the* **law** fare l'avvocato; *to ~* **on** susseguirsi, succedersi; continuare, proseguire; *to ~* **out** portare a termine; *to ~* **through**: 1 (*Sport*) accompagnare (un colpo); 2 portare a termine; *to ~* **up**: 1 perseguire, portare a termine; 2 esaminare a fondo.
follower ['fɔləuə*] *s.* seguace *m./f.*, discepolo.
following ['fɔləuiŋ] **I** *s.* seguito. **II** *a.* seguente, successivo: *the ~ week* la settimama successiva.
follow-up ['fɔləuʌp] *s.* (*anche con valore attr.*) **1** azione supplementare, proseguimento. **2** (lettera di) sollecito. **3** (*Med.*) visita di controllo (ripetuta nel tempo).
folly ['fɔli] *s.* follia, pazzia.
to **foment** [fəu'ment] *v.t.* **1** fomentare, istigare. **2** (*Med.*) applicare impacchi caldi.
fond [fɔnd] *a.* **1** affettuoso, tenero: *~ eyes* sguardo pieno di tenerezza. **2** ardente, vivo: *my fondest wish* il mio più vivo desiderio. ▭ *to be ~ of* amare, voler bene a; piacere: *I am ~ of chocolates* mi piacciono i cioccolatini.
fondant ['fɔndənt] *s.* fondente.
to **fondle** ['fɔndl] *v.t.* vezzeggiare, coccolare; accarezzare.
fondness ['fɔndnis] *s.* **1** affettuosità, tenerezza. **2** inclinazione, disposizione.
font [fɔnt] *s.* **1** (*Lit.*) fonte battesimale; acquasantiera. **2** (*fig.*) pozzo, miniera.
food [fu:d] *s.* cibo, alimento; viveri. ▭ (*fam.*) *to be* **off** *one's ~* non avere appetito; (*fig.*) *~ for* **thought** argomento di riflessione.
food chain ['fu:d,tʃein] *s.* (*Biol.*) catena alimentare.
food mixer ['fu:d'miksə*] *s.* frullatore.
food poisoning ['fu:d'pɔizniŋ] *s.* intossicazione alimentare.
foodstuff ['fu:dstʌf] *s.* genere alimentare, derrata alimentare.
fool [fu:l] **I** *s.* **1** sciocco; stupido imbecille. **2** buffone, giullare. **II** *a.* (*am. fam.*) sciocco. ▭ *All Fools* **Day** 1° aprile; *to* **make** *a ~ of s.o.* prendere in giro qd.; imbrogliare qd.; *to make a ~* **of** *o.s.* rendersi ridicolo.
to **fool** [fu:l] **I** *v.t.* imbrogliare, raggirare; prendere in giro, farsi gioco di. **II** *v.i.* **1** fare lo stupido. **2** scherzare, fare per finta. ▭ *to ~* **around** (o *about*) maneggiare incautamente (*with s.th.* qc.); scherzare (con); *to ~ s.o.* **out** *of a sum* frodare una somma a qd.
foolery ['fu:ləri] *s.* stupidità, idiozia.
foolhardy ['fu:lhɑ:di] *a.* temerario, sconsiderato.
foolish ['fu:liʃ] *a.* **1** sciocco, insensato. **2** ridicolo, assurdo.
foolishness ['fu:liʃnis] *s.* stupidità, insensatezza.
fool proof [fu:lpru:f] *a.* (*rif. a macchinari, congegni*) a prova d'errore.
foolscap ['fu:lzkæp] *s.* carta formato protocollo.
foot [fut] *s.* (*pl.* **feet** [fi:t]) **1** piede; zampa. **2**

piedi, fondo: *the ~ of the page* il fondo del foglio. **3** (*misura di lunghezza*) piede. **4** passo, andatura: *heavy ~* passo pesante. **5** (*Mil., ant.*) (*pl.inv.*) fanteria. **6** (*Metrica*) piede. □ (*fig.*) *to put one's* **best** *~ forward* affrettare il passo; fare del proprio meglio; (*fam.*) *to get* **cold** *feet* aver fifa; *to* **keep** *one's feet* tenersi in equilibrio; **on** ~ a piedi; (*fig.*) in corso, in azione; *person* **on** ~ pedone; *to be* **on** *one's feet:* 1 stare in piedi; 2 (*fig.*) essersi rimesso; (*fig.*) *to* **put** *one's ~ down* insistere, farsi valere; protestare; *to* **put** *one's ~ in it* fare una gaffe; *he's always* **under** ~ è sempre fra i piedi.

to **foot** [fut] *v.t.* rifare il piede (a una calza). □ (*fam.*) *to ~ the* **bill** pagare il conto; *to ~* **it** camminare, andare a piedi.

footage ['futidʒ] *s.* (*Cin.*) **1** metraggio. **2** ripresa cinematografica.

football ['futbɔ:l] *s.* **1** (*Sport*) gioco del calcio. **2** pallone. □ *American ~* football americano.

footballer ['futbɔ:lə*] *s.* giocatore di calcio; calciatore.

footboard ['futbɔ:d] *s.pl.* pedana; predellino (di veicolo).

footfall ['futfɔ:l] *s.* (rumore di un) passo.

foothold ['futhəuld] *s.* **1** (*Alpinismo*) gradino. **2** (*fig.*) punto di appoggio.

footing ['futiŋ] *s.* **1** equilibrio. **2** punto d'appoggio per il piede. **3** (*fig.*) base. **4** (*fig.*) posizione: *a good ~ in society* una buona posizione sociale. **5** (*fig.*) rapporto, relazione: *on a friendly ~* in rapporti amichevoli. □ *to* **gain** *a ~* prender piede, rafforzarsi; *on a* **war** ~ sul piede di guerra.

to **footle** ['fu:tl] *v.t.* (*fam.*) fare lo stupido.

footlights ['futlaits] *s.pl.* **1** (*Teat.*) luci della ribalta. **2** (*fig.*) professione dell'attore.

footloose ['futlu:s] *a.* libero, spensierato; indipendente.

footman ['futmən] *s.* (*pl.* **–men**) lacchè, servo in livrea.

footnote ['futnəut] *s.* nota a piè di pagina.

foothpath ['futpɑ:θ] *s.* sentiero.

footprint ['futprint] *s.* orma, pedata.

footsie ['fu:tsi] *s.*: (*fam.*) *to play ~* fare piedino.

footsore ['futsɔ:*] *a.* con i piedi doloranti.

footstep ['futstep] *s.* **1** passo. **2** orma.

footstool ['futstu:l] *s.* poggiapiedi.

footwear ['futwɛə*] *s.* calzatura.

fop [fɔp] *s.* damerino, zerbinotto.

foppish ['fɔpiʃ] *a.* da damerino.

for [*forma forte* fɔ:*, *forma debole* fə*] **I** *prep.* **1** per: *this letter is ~ you* questa lettera è per te; *I'll make a cup of tea ~ you all* farò una tazza di tè per voi tutti. **2** (*scopo*) per: *to go ~ a walk* andare a fare una camminata. **3** (*causa*) per: *~ this reason* per questo motivo; *to shout ~ joy* gridare per la gioia. **4** (*destinazione*) per, alla volta di: *to leave ~ Paris* partire alla volta di Parigi. **5** (*rif. a spazio, tempo; spesso si omette*) per, durante, da: *~ ten miles* per dieci miglia; *I've been waiting ~ ten minutes* aspetto da dieci minuti. **6** per, adatto a (*o* per): *the man ~ that job* l'uomo adatto a quel lavoro. **7** per, al prezzo di: *I bought it ~ ten shillings* l'ho comprato per dieci scellini. **8** per, a favore di; nell'interesse di, per conto di: *to act ~ s.o.* agire per conto di qd. **9** per, in quanto a, riguardo a: *~ all I know* per quello che so; *for my part* per quanto mi riguarda. **10** per, tenendo conto di: *he is tall ~ his age* è alto per la sua età. **11** (*Tel.*) come: *A ~ Andrew* A come Ancona. **12** (*seguito dall'inf.; si rende in italiano con il congiuntivo*): *it's time ~ me to go* è ora che me ne vada. **II** *congz.* (*lett.*) dato che, poiché: *he will go far, ~ he has talent* andrà lontano dato che ha talento. □ ~ **all** *that* malgrado ciò; *to* **be** ~ essere favorevole: *are you ~ my proposal?* sei favorevole alla mia proposta?; *there is* **nothing** *~ it but to go back* non c'è altro da fare che tornare indietro; **oh**, *~ a nice hot bath!* potessi fare un bel bagno caldo!; ~ **oneself** per conto proprio; *~ my* **sake** nel mio interesse; *to* **take** *s.th. ~ s.th. else* scambiare qc. per qc. altro; *do you* **take** *me ~ a fool?* mi prendi per scemo?; *what is this* **tool** *~?* a che cosa serve questo arnese?

forage ['fɔridʒ] *s.* foraggio.

to **forage** ['fɔridʒ] **I** *v.i.* frugare, rovistare (*for* in cerca di). **II** *v.t.* foraggiare.

foray ['fɔrei] *s.* (*Mil.*) scorreria (*anche estens.*).

to **foray** ['fɔrei] *v.i.* (*Mil.*) fare una scorreria.

forbad(e) [fə'bæd] → to **forbid**.

forbear ['fɔ:bɛə*] *s.* (general. al pl.) antenato.

to **forbear** [fɔ:'bɛə*] *v.t./i.* (coniug. come to **bear**) astenersi da, evitare di: *to ~ to do* (o *doing*) *s.th.* evitare di fare qc.

forbearance [fɔ:'bɛərəns] *s.* pazienza, tolleranza.

to **forbid** [fə'bid] *v.t.* (*pass.* **–bade/–bad** [–'bæd], *p.p.* **–bidden** [–'bidn]) proibire, impedire, vietare. □ **entry** *forbidden* vietato l'ingresso; **God** (o *Heaven*) *~!* che Dio me ne guardi!

forbidden [fə'bidn] → to **forbid**.

forbidding [fə'bidiŋ] *a.* ostile; minaccioso, che incute terrore.

force [fɔ:s] *s.* **1** forza; vigore. **2** efficacia, validità. **3** (*Dir.*) forza, vigore: *the decree has legal ~* il decreto ha forza di legge. **4** (*Mil.*) reparto. **Force** *s.* forza (pubblica). □ **by** *~ of* in forza di, in virtù di; *the ~ of* **habit** la forza dell'abitudine; **in** ~ in vigore, valido; in gran numero, in massa; (*Dir.*) *to bring* (o *put*) **into** ~ far entrare in vigore; *the forces of* **nature** le forze della natura.

to **force** [fɔ:s] *v.t.* **1** costringere, obbligare. **2** forzare; (*rif. a confessioni e sim.*) strappare, estorcere. **3** usare violenza a. □ *to ~* **back** respingere; *to ~* **down** (*di prezzi*) far scendere, far calare; (*Aer.*) costringere all'atterraggio; *to ~ a* **smile** fare un sorriso forzato; *to ~ o.s.* **upon** *s.o.* imporsi su qd.; *to ~ a* **way** *in* aprirsi un varco.

forced [fɔ:st] *a.* forzato: ~ *landing* atterraggio forzato.
forceful ['fɔ:sfəl] *a.* energico, vigoroso.
forcefulness ['fɔ:sfulnis] *s.* energia, vigore.
forceps ['fɔ:seps] *s.* **1** (*Chir.*) forcipe. **2** (*Med.*) pinza; tenaglia.
forcible ['fɔ:səbl] *a.* **1** fatto con la forza, forzato. **2** forte, energico. **3** convincente, efficace. □ *by ~ means* con la forza.
ford [fɔ:d] *s.* guado.
to **ford** [fɔ:d] *v.t.* guadare.
fore [fɔ:*] **I** *a.* **1** anteriore, davanti. **2** (*Mar.*) di prua. **II** *s.* **1** davanti, parte anteriore. **2** (*Mar.*) prua. **III** *avv.* (*Mar.*) a prua. □ (*fig.*) *to come to the ~* mettersi in luce; balzare in primo piano.
forearm ['fɔ:rɑ:m] *s.* (*Anat.*) avambraccio.
to **forearm** [fɔ:r'ɑ:m] *v.t.* premunire, provvedere alla difesa di.
to **forebode** [fɔ:'bəud] *v.t.* **1** preannunciare, essere presagio di. **2** presagire, presentire.
foreboding [fɔ:'bəudiŋ] *s.* presentimento, presagio.
forecast ['fɔ:kɑ:st] *s.* previsione, pronostico: *weather ~* previsioni del tempo.
to **forecast** ['fɔ:kɑ:st] *v.i.* (*pass., p.p.* **–cast/ –casted** [–id]) predire, pronosticare.
forecastle ['fəuksl] *s.* (*Mar.*) castello di prua.
to **foreclose** [fɔ:'kləuz] *v.t.* (*Dir.*) pignorare.
to **foredoom** [fɔ:'du:m] *v.t.* (pre)destinare.
forefather ['fɔ:fɑ:ðə*] *s.* progenitore, antenato.
forefinger ['fɔ:fiŋgə*] *s.* (*Anat.*) indice.
forefoot ['fɔ:fut] *s.* (*pl.* **–feet** [–fi:t]) (*Zool.*) zampa anteriore.
forefront ['fɔ:frʌnt] *s.* prima linea.
foregoer [fɔ:'gəuə*] *s.* **1** predecessore. **2** precursore.
foregoing [fɔ:'gəuiŋ] *a.* precedente, antecedente.
foregone [fɔ:'gɔn] *a.* sicuro, inevitabile.
foreground ['fɔ:graund] *s.* **1** primo piano. **2** (*fig.*) posizione di primo piano. □ (*Inform.*) *~ programm* programma ad alta priorità.
forehand ['fɔ:hænd] *s.* (*Sport*) diritto.
forehead ['fɔrid] *s.* (*Anat.*) fronte.
foreign ['fɔrin] *a.* **1** straniero, forestiero; estero. **2** estraneo (*to* a), che non ha relazione (con). □ ~ **body** corpo estraneo; (*GB*) *Foreign* **Office** Ministero degli esteri; *Foreign* **Secretary** Ministro degli esteri.
foreigner ['fɔrinə*] *s.* straniero, forestiero.
to **foreknow** [fɔ:'nəu] *v.t.* (coniug. come to **know**) conoscere in anticipo, prevedere.
foreknowledge [fɔ:nɔlidʒ] *s.* preveggenza.
foreland ['fɔ:lənd] *s.* (*Geog.*) promontorio, capo.
foreleg ['fɔ:leg] *s.* (*Zool.*) zampa anteriore.
forelock ['fɔ:lɔk] *s.* ciuffo. □ (*fig.*) *to take time by the ~* cogliere la prima occasione.
foreman ['fɔ:mən] *s.* (*pl.* **–men**) **1** caposquadra, capo-officina; caporeparto. **2** (*Dir.*) primo giurato.
foremast ['fɔ:mɑ:st] *s.* (*Mar.*) albero di trinchetto.
foremost ['fɔ:məust] **I** *a.* primo, più importante, principale. **II** *avv.* in primo luogo. □ *first and ~* anzitutto, prima di tutto.
forename ['fɔ:neim] *s.* nome di battesimo.
forensic [fə'rensik] *a.* forense, legale. □ *~ medicine* medicina legale.
forepart ['fɔ:pɑ:t] *s.* parte anteriore.
to **forerun** [fɔ:'rʌn] *v.t.* (coniug. come to **run**) **1** precedere. **2** predire, pronosticare.
forerunner [fɔ:'rʌnə*] *s.* **1** messaggero. **2** precursore, antesignano.
foresail ['fɔ:seil] *s.* (*Mar.*) vela di trinchetto.
to **foresee** [fɔ:'si:] *v.t.* (coniug. come to **see**) prevedere, aspettarsi.
to **foreshadow** [fɔ:'ʃædəu] *v.t.* presagire, adombrare.
foreshore [fɔ:*] *s.* battigia.
to **foreshorten** [fɔ:'ʃɔ:tn] *v.t.* (*Arte*) rappresentare di scorcio, ritrarre in prospettiva.
foresight ['fɔ:sait] *s.* **1** preveggenza. **2** prudenza, previdenza.
foreskin ['fɔ:skin] *s.* (*Anat.*) prepuzio.
forest ['fɔrist] *s.* foresta, selva.
to **forest** ['fɔrist] *v.t.* imboschire.
forestal ['fɔristəl] *a.* forestale.
to **forestall** [fɔ:'stɔ:l] *v.t.* anticipare; prevenire.
forester ['fɔristə*] *s.* guardia forestale, guardaboschi.
forestry ['fɔristri] *s.* selvicoltura.
foretaste ['fɔ:teist] *s.* **1** pregustazione. **2** (*fig.*) anticipo.
to **foretell** [fɔ:'tel] *v.t.* (coniug. come to **tell**) predire, pronosticare.
forethought ['fɔ:θɔ:t] *s.* previdenza.
forever [fər'evə*] *avv.* per sempre; sempre.
to **forewarn** [fɔ:'wɔ:n] *v.t.* preavvisare.
foreword ['fɔ:wə:d] *s.* prefazione, introduzione.
forfeit ['fɔ:fit] *s.* **1** penalità; (*fig.*) pegno, prezzo. **2** *pl.* (costr. sing.) gioco dei pegni. □ (*Econ.*) *~ of shares* confisca di azioni.
to **forfeit** ['fɔ:fit] *v.t.* perdere, essere privato di; rimetterci: *to ~ one's health* rimetterci la salute.
forfeiture ['fɔ:fitʃə*] *s.* **1** (*Dir.*) confisca (dei beni). **2** penalità, multa. **3** (*fig.*) perdita.
forgave [fɔ:'geiv] → to **forgive**.
forge [fɔ:dʒ] *s.* **1** fornace. **2** fucina.
to **forge** [fɔ:dʒ] *v.t.* **1** (*Met.*) forgiare. **2** (*fig.*) (*di alleanze e sim.*) formare, creare. **3** falsificare, falsare. □ *to ~ ahead* procedere a tutta velocità; progredire rapidamente.
forger ['fɔ:dʒə*] *s.* **1** (*Met.*) forgiatore, fabbro. **2** falsario; falsificatore.
forgery ['fɔ:dʒəri] *s.* **1** falsificazione. **2** (*Dir.*) falso; documento contraffatto.
to **forget** [fə'get] *v.t./i.* (coniug. come to **get**) dimenticare, dimenticarsi, scordarsi. □ *I forgot* **all** *about it* me ne sono completamente scordato; (*fam.*) ~ **it**! non parliamone più!; *to ~* **o.s.** trascendere, perdere il controllo; agire con altruismo.
forgetful [fə'getfəl] *a.* **1** smemorato. **2** immemore, noncurante (*of* di).

forgetfulness [fə'getfulnis] *s.* **1** smemoratezza. **2** noncuranza, dimenticanza.
forget-me-not [fə'getminɔt] *s.* (*Bot.*) nontiscordardime.
to **forgive** [fə'giv] *v.* (coniug. come to **give**) **I** *v.t.* **1** perdonare. **2** (*di debito, ecc.*) condonare. **II** *v.i.* concedere il perdono.
forgiven [fə'givn] → to **forgive**.
forgiveness [fə'givnis] *s.* **1** perdono. **2** clemenza, indulgenza.
forgiving [fə'giviŋ] *a.* indulgente, clemente.
to **forgo** [fɔ:'gəu] *v.t.* (coniug. come to **go**) astenersi da, rinunciare a.
forgot [fə'gɔt], **forgotten** [fə'gɔtn] → to **forget**.
fork [fɔ:k] *s.* **1** forchetta. **2** (*Agr.*) forca, forcone. **3** biforcazione (di strada, fiume). **4** (*Mecc.*) forcella.
to **fork** [fɔ:k] **I** *v.t.* rimuovere con la forca. **II** *v.i.* biforcarsi; deviare, svoltare. ▭ (*fam.*) *to ~ out* (o *up*) tirar fuori, sborsare (soldi).
forked [fɔ:kt] *a.* **1** forcuto, biforcuto. **2** (*Mecc.*) a forcella.
forlorn [fə'lɔ:n] *a.* **1** misero, sconsolato. **2** abbandonato, derelitto. ▭ *~ hope* impresa disperata.
form [fɔ:m] *s.* **1** forma. **2** figura umana, sagoma. **3** forma, stile: *a novel written in literary ~* un romanzo scritto in forma letteraria. **4** forma, tipo. **5** formula: *~ of oath* formula di giuramento. **6** forma, buono stato di salute. **7** modulo, formulario. **8** panca. **9** (*GB, Scol.*) classe (di una scuola superiore). **10** forma, etichetta: *a mere matter of ~* una semplice questione di etichetta. ▭ *to be in* **bad** *~* essere giù di forma; (*Inform.*) *~* **feed** avanzamento di carta; **in** *the ~ of* sotto forma di; *to do s.th. for ~'s* **sake** salvare la forma; *without* **shape** *or ~* informe; *a ~ of* **speech** un modo di dire.
to **form** [fɔ:m] **I** *v.t.* **1** formare, costituire, comporre. **2** plasmare, formare: *to ~ a child's character* formare il carattere di un bambino. **II** *v.i.* **1** formarsi, prendere forma. **2** (*Mil.*) disporsi, ordinarsi.
formal ['fɔ:məl] *a.* **1** formale, convenzionale; cerimonioso. **2** regolare, uniforme; simmetrico. **3** esteriore, apparente. ▭ *to pay a ~* **call** *on s.o.* fare una visita di convenienza a qd.; *~* **dress** abito da cerimonia; *~* **language** linguaggio aulico.
formaldehyde ['fɔ:mældihaid] *s.* (*Chim.*) formaldeide.
formalism ['fɔ:məlizəm] *s.* formalismo.
formalist ['fɔ:məlist] *s.* formalista *m./f.*
formality [fɔ:'mæliti] *s.* formalità, convenzionalità.
to **formalize** ['fɔməlaiz] *v.t.* foggiare, dare forma a.
format ['fɔ:mæt] *s.* **1** (*Edit.*) formato. **2** stile.
to **format** ['fɔ:mæt] *v.t.* (*Inform.*) formattare.
formation [fɔ:'meiʃən] *s.* formazione.
formative ['fɔ:mətiv] *a.* formativo.
formatting ['fɔ:mætiŋ] *s.* (*Inform.*) formattazione.
former ['fɔ:mə*] **I** *a.* **1** ex, già, un tempo: *the ~ Prime Minister* l'ex Primo Ministro. **2** precedente; passato: *in ~ times* nei tempi passati. **3** primo (di due). **II** *pron.* il primo, quello là: *the ~ ... the latter* quello ... questo, il primo ... il secondo (*o* l'ultimo).
formerly ['fɔ:məli] *avv.* in passato; un tempo, precedentemente.
formica [fɔ:'maikə] *s.* fòrmica.
formidable ['fɔ:midəbl] *a.* **1** formidabile, spaventoso, terribile. **2** arduo, impegnativo: *a ~ task* un arduo compito.
formless ['fɔ:mlis] *a.* informe, senza forma.
formula ['fɔ:mjulə] *s.* formula.
formulary ['fɔ:mjuləri] *s.* formulario.
to **formulate** ['fɔ:mjuleit] *v.t.* formulare.
formulation [ˌfɔ:mju'leiʃən] *s.* formulazione.
to **fornicate** ['fɔ:nikeit] *v.i.* fornicare.
fornication [ˌfɔ:ni'keiʃən] *s.* fornicazione.
to **forsake** [fə'seik] *v.t.* (*pass.* **forsook** [–'suk], *p.p.* **forsaken** [–ən]) abbandonare.
forsaken [fə'seikən], **forsook** [fə'suk] → to **forsake**.
to **forswear** [fɔ:'swεə*] *v.t.* (coniug. come to **swear**) abiurare; rinnegare. ▭ *to ~ o.s.* spergiurare.
forsythia [fə'saiθiə] *s.* (*Bot.*) forsizia.
fort [fɔ:t] *s.* (*Mil.*) forte, fortezza.
forte[1] ['fɔ:tei] *s.* (punto) forte.
forte[2] *it.* ['fɔ:ti] *a./avv.* (*Mus.*) forte.
forth [fɔ:θ] *avv.* (*lett., poet.*) **1** avanti, innanzi: *from this day ~* da oggi in avanti. **2** fuori. ▭ *and so ~* e così via, eccetera, e via dicendo.
forthcoming [fɔ:θ'kʌmiŋ] *a.* **1** prossimo; vicino. **2** disponibile, pronto. **3** cordiale, affabile.
forthright ['fɔ:θrait] *a.* franco, schietto.
forthwith [ˌfɔ:θ'wiθ] *avv.* immediatamente, subito.
fortieth ['fɔ:tiiθ] *a./s.* quarantesimo.
fortification [ˌfɔ:tifi'keiʃən] *s.* fortificazione.
to **fortify** ['fɔ:tifai] **I** *v.t.* **1** (*Mil.*) fortificare. **2** rafforzare; rinvigorire. **3** (*rif. ad alimenti*) arricchire. **II** *v.i.* (*Mil.*) fortificarsi.
fortitude ['fɔ:titju:d] *s.* fortezza, fermezza; forza d'animo.
fortnight ['fɔ:tnait] *s.* quindici giorni; due settimane. ▭ *today ~* (*a fortnight today*) oggi a quindici.
fortress ['fɔ:tris] *s.* fortezza, roccaforte.
fortuitous [fɔ:'tju(:)itəs] *a.* fortuito, casuale.
fortuity [fɔ:'tju(:)iti] *s.* **1** casualità. **2** avvenimento fortuito.
fortunate ['fɔ:tʃnit] *a.* **1** fortunato. **2** propizio, fausto.
fortune ['fɔ:tʃən] *s.* **1** fortuna. **2** sorte, caso. **3** patrimonio. ▭ *to* **come** *into a ~* ereditare una fortuna; *to* **tell** *s.o.'s ~* predire il futuro a qd.; *to* **try** *one's ~* tentare la sorte.
fortune-teller ['fɔ:tʃən'telə*] *s.* indovino.
forty ['fɔ:ti] *a./s.* quaranta. ▭ *the Forties* gli anni Quaranta.
forum ['fɔ:rəm] *s.* foro.

forward ['fɔ:wəd] **I** *avv.* (in) avanti: *to step* ~ fare un passo avanti. **II** *a.* **1** in avanti: ~ *motion* movimento in avanti. **2** sul davanti, davanti. **3** precoce. **4** (*fig.*) premuroso, pronto. **5** (*fig.*) insolente, sfacciato. **6** (*fig.*) avanzato, d'avanguardia. **7** (*Comm.*) a termine. **III** *s.* (*Sport*) attaccante.

to **forward** ['fɔ:wəd] *v.t.* **1** spedire, inviare. **2** promuovere, appoggiare; agevolare.

forwarding ['fɔ:wədiŋ] *s.* (*Poste*) invio, spedizione. ▭ ~ **address** indirizzo al quale spedire la posta; (*Comm.*) ~ **agent** spedizioniere.

forwardness ['fɔ:wədnis] *s.* **1** precocità. **2** impertinenza, insolenza.

fosse [fɔs] *s.* **1** (*Mil., ant.*) fossato, trincea. **2** (*Anat.*) fossa.

fossil ['fɔsl] *a./s.* fossile. ▭ ~ *fuel* combustibile fossile.

to **fossilize** ['fɔsilaiz] **I** *v.t.* fossilizzare. **II** *v.i.* fossilizzarsi (*anche fig.*).

to **foster** ['fɔstə*] *v.t.* **1** allevare; nutrire. **2** incoraggiare, favorire, promuovere.

foster-child ['fɔstətʃaild] *s.* figlio adottivo.

foster-father ['fɔstəfɑ:ðə*] *s.* padre adottivo.

fosterling ['fɔstəliŋ] *s.* bambino adottivo.

foster-mother ['fɔstəmʌðə*] *s.* madre adottiva.

fought [fɔ:t] → to **fight**.

foul [faul] **I** *a.* **1** sporco, sudicio, lurido; (*di aria*) viziato; (*di tempo*) brutto, cattivo. **2** odioso, infame. **3** (*fig.*) osceno, indecente. **4** losco, sleale. **5** impigliato, inceppato. **6** otturato, intasato. **II** *s.* **1** (*Mar.*) collisione. **2** (*Sport*) fallo, infrazione. **III** *avv.* disonestamente, vilmente. ▭ *to* **fall** ~ *of:* 1 entrare in collisione con; 2 (*fig.*) entrare in conflitto con; *by fair* **means** *or* ~ con mezzi leciti o illeciti.

to **foul** [faul] **I** *v.t.* **1** sporcare, imbrattare, insudiciare (*anche fig.*); (*di aria*) viziare. **2** ostruire, intasare. **3** (*Mar.*) entrare in collisione con. **4** (*Sport*) commettere un fallo. **II** *v.i.* **1** imbrattarsi, sporcarsi (*anche fig.*). **2** (*Mar.*) entrare in collisione. **3** impigliarsi.

foul-mouthed ['faulmauðd] *a.* sboccato.

foulness ['faulnis] *s.* **1** infamità, scelleratagginе. **2** sporcizia, sudiciume. **3** oscenità, sconcezza.

found [faund] → to **find**.

to **found**[1] [faund] *v.t.* fondare, istituire.

to **found**[2] [faund] *v.t.* (*Met.*) fondere, colare.

foundation [faun'deiʃən] *s.* **1** fondazione, istituzione. **2** (*Edil.*) fondamenta. **3** (*fig.*) fondamento, base. **4** (*Cosmesi*) fondotinta. ▭ ~ **garment** busto, guaina; *to* **have** *no* ~ essere infondato; *to* **lay** *the foundations* gettare le fondamenta; (*fig.*) gettare le basi.

founder[1] ['faundə*] *s.* fondatore. ▭ (*Comm.*) ~ *member* socio fondatore.

to **founder** ['faundə*] **I** *v.i.* **1** (*Mar.*) affondare, colare a picco. **2** (*di edificio*) crollare. **3** (*di cavallo*) azzopparsi. **4** (*fig.*) fallire, naufragare. **II** *v.t.* **1** (*Mar.*) affondare, colare a picco. **2** (*di cavallo*) azzoppare.

founder[2] ['faundə*] *s.* (*Met.*) fonditore.

foundling ['faundliŋ] *s.* trovatello.

foundry ['faundri] *s.* (*Met.*) fonderia.

fount [faunt] *s.* (*poet.*) fonte; sorgente.

fountain ['fauntin] *s.* **1** fontana; sorgente. **2** (*fig.*) fonte, origine. **3** serbatoio (di penna, ecc.).

fountain-head ['fauntin'hed] *s.* sorgente (*anche fig.*).

fountain-pen ['fauntin'pen] *s.* penna stilografica.

four [fɔ:*] *a./s.* quattro. ▭ *on all fours* a carponi.

fourfold ['fɔ:fəuld] **I** *a.* **1** quadruplice. **2** quadruplo. **II** *avv.* quattro volte tanto (*o* tanti).

four-leaved clover ['fɔ:li:fkləuvə*] *s.* (*Bot.*) quadrifoglio.

four-letter word ['fɔ:letə'wə:d] *s.* parolaccia; oscenità.

fourpence ['fɔ:pəns] *s.* quattro penny.

fourpenny ['fɔ:pəni] *a.* da quattro penny.

four-poster(s) ['fɔ:'pəustə] *s.* letto a baldacchino.

foursome ['fɔ:səm] *s.* **1** (*nel golf*) partita giocata in quattro. **2** quartetto.

foursquare ['fɔ:skwɛə*] *a.* **1** quadrato. **2** (*fig.*) fermo, solido.

fourteen ['fɔ:'ti:n] *a./s.* quattordici.

fourteenth ['fɔ:'ti:nθ] *a.* quattordicesimo.

fourth [fɔ:θ] **I** *a.* quarto. **II** *s.* **1** quarto, quarta parte. **2** (*Mus.*) intervallo di quarta.

fowl [faul] *s.* **1** pollame. **2** pollo; carne di pollo. **3** volatile, uccello.

fowling ['fauliŋ] *s.* uccellagione.

fowling-piece ['fauliŋpi:s] *s.* doppietta.

fowl-run ['faulrʌn] *s.* pollaio.

fox [fɔks] *s.* **1** (*Zool.*) volpe. **2** pelliccia di volpe. **3** (*fig.*) furbacchione.

to **fox** [fɔks] *v.t.* **1** ingannare, imbrogliare. **2** (*fam.*) mettere nei guai.

foxhunt ['fɔkshʌnt] *s.* caccia alla volpe.

foxtail ['fɔksteil] *s.* coda di volpe.

foxterrier [fɔks'teriə*] *s.* (*Zool.*) foxterrier.

foxtrot ['fɔkstrɔt] *s.* foxtrot.

foxy ['fɔksi] *a.* astuto, scaltro.

foyer *fr.* ['fɔiei] *s.* ridotto, foyer (di teatro).

Fr = **1** *Father* Padre. **2** *France* Francia. **3** (*Chim.*) *francium* francio. **4** *Friar* Frate.

fracas ['frækɑ:] *s.inv.* rissa, lite.

fraction ['frækʃən] *s.* **1** frazione. **2** frammento; pezzetto.

fractional ['frækʃənl] *a.* (*Mat.*) frazionario.

to **fractionize** ['frækʃənaiz] *v.t.* (*Mat.*) frazionare, dividere in parti.

fractious ['frækʃəs] *a.* irritabile, stizzoso.

fracture ['fræktʃə*] *s.* (*Med., Geol.*) frattura.

to **fracture** ['fræktʃə*] **I** *v.t.* **1** (*Med.*) fratturare. **2** rompere, spezzare. **II** *v.i.* **1** fratturarsi. **2** rompersi, spezzarsi.

fragile ['frædʒail] *a.* fragile, delicato.

fragility [frə'dʒiliti] *s.* fragilità, delicatezza.

fragment ['frægmənt] *s.* frammento, pezzetto.

fragmentary ['frægməntəri] *a.* frammentario.

fragrance ['freigrəns] *s.* fragranza, profumo.

fragrant ['freigrənt] *a.* **1** fragrante, profumato. **2** (*fig.*) gradito, piacevole.

frail [freil] *a.* **1** fragile; gracile. **2** debole, poco valido.

frailty ['freilti] *s.* fragilità; gracilità.

frame [freim] *s.* **1** cornice. **2** ossatura, intelaiatura; telaio. **3** (*fig.*) struttura, composizione. **4** (*Cin., Fot.*) fotogramma. ▭ ~ *of* **mind** umore, stato d'animo; ~ *of* **reference** parametri di riferimento.

to **frame** [freim] *v.t.* **1** incorniciare. **2** costruire; modellare, dar forma a. **3** escogitare, ideare; elaborare. **4** (*sl.*) (spesso con *up*) accusare ingiustamente. **5** (*Cin.*) mettere in quadro.

framer ['freimə*] *s.* **1** corniciaio, fabbricante di cornici. **2** (*fig.*) ideatore, artefice *m./f.*

frame-up ['freimʌp] *s.* (*fam.*) complotto; macchinazione.

framework ['freimwə:k] *s.* struttura (*anche fig.*); impalcatura, ossatura.

framing ['freimiŋ] *s.* **1** incorniciatura; cornice. **2** (*Edil.*) struttura (portante), intelaiatura.

franc [fræŋk] *s.* (*moneta*) franco.

France [fra:ns] *N.pr.* (*Geog.*) Francia.

Frances [fra:nsis] *N.pr.f.* Francesca.

franchise ['fræntʃaiz] *s.* **1** diritto di voto. **2** franchigia, privilegio. **3** (*Comm.*) concessione, rappresentanza.

franchising ['fræntʃaiziŋ] *s.* (*Comm.*) affiliazione commerciale.

Francis ['fra:nsis] *N.pr.m.* Francesco.

Franciscan [fræn'siskən] *a./s.* (*Rel.*) francescano.

francium ['frə:nsiəm] *s.* (*Chim.*) francio.

frank [fræŋk] *a.* franco, sincero, schietto.

to **frank** [fræŋk] *v.t.* (*Poste*) affrancare in franchigia postale.

Frank [fræŋk] *N.pr.m.* Franco.

frankincense ['fræŋkinsens] *s.* incenso.

franking machine ['frænkiŋ'mə'ʃi:n] *s.* macchina affrancatrice.

frankness ['fræŋknis] *s.* franchezza, sincerità, schiettezza.

frantic ['fræntik] *a.* frenetico, delirante.

fraternal [frə'tə:nl] *a.* fraterno.

fraternity [frə'tə:niti] *s.* **1** fraternità, affetto fraterno. **2** (*Rel.*) confraternita. **3** ordine, associazione.

fraternization [ˌfrætə:nai'zeiʃən] *s.* affratellamento.

to **fraternize** ['frætənaiz] *v.t.* fraternizzare.

fratricidal [ˌfreitri'saidl] *a.* fratricida.

fratricide ['freitrisaid] *s.* **1** fratricida *m./f.* **2** fratricidio.

fraud [frɔ:d] *s.* **1** frode, inganno. **2** truffa, impostura. **3** (*fam.*) imbroglione, impostore.

fraudulence ['frɔ:djuləns], **fraudulency** ['frɔ:djulənsi] *s.* fraudolenza.

fraudulent ['frɔ:djulənt] *a.* **1** disonesto. **2** fraudolento, doloso.

fraught [frɔ:t] *a.* **1** pieno, denso, carico (*with* di). **2** teso, preoccupato.

fray [frei] *s.* lite; rissa, zuffa.

to **fray** [frei] **I** *v.t.* consumare (per sfregamento), logorare; sfilacciare. **II** *v.i.* consumarsi, logorarsi; sfilacciarsi. ▭ *frayed nerves* nervi a pezzi.

frazzle ['fræzl] *s.* spossatezza. ▭ (*fam.*) *worn to a* ~ ridotto a un cencio.

to **frazzle** ['fræzl] **I** *v.t.* logorare, consumare. **II** *v.i.* logorarsi, consumarsi.

freak [fri:k] *s.* **1** capriccio, ghiribizzo. **2** stramberia, bizzarria. **3** caso fortuito, avvenimento insolito.

to **freak** [fri:k] *v.i.* (general. seguito da *out*) diventar matto, dare i numeri.

freakish ['fri:kiʃ] *a.* capriccioso, bizzarro, strano.

freckle ['frekl] *s.* lentiggine, efelide.

to **freckle** [frekl] **I** *v.t.* coprire di lentiggini. **II** *v.i.* coprirsi di lentiggini.

freckled ['frekld], **freckly** ['frekli] *a.* lentigginoso.

Frederick ['fredrik] *N.pr.m.* Federico.

free [fri:] **I** *a.* **1** libero, indipendente. **2** gratuito, gratis. **3** libero, sgombro (*of* da). **4** libero, non occupato; non impegnato. **5** disinvolto, spigliato. **6** prodigo, liberale (*with* di); abbondante, copioso. **7** libero, licenzioso. **8** (*Dir.*) esente, libero (*from, of* da): ~ *of taxes* esente da tasse. **9** (*Mecc.*) in folle, libero. **10** (*Comm.*) franco. **II** *avv.* → **freely.** ▭ (*Comm.*) ~ *on* **board** franco bordo; (*am.*) franco partenza; *Free* **Church** Chiesa non conformista; (*Comm.*) ~ *of* (*customs*) **duty** franco dogana, in franchigia; **for** ~ gratis; *to have a* ~ **hand** avere carta bianca; *to* **make** ~ *with s.th.* far libero uso di qc.

to **free** [fri:] *v.t.* **1** liberare; affrancare, emancipare. **2** esentare, esonerare.

free-and-easy ['fri:ənd'i:zi] *a.* alla buona; disinvolto; tollerante.

freebooter ['fri:butə*] *s.* pirata, filibustiere.

freedom ['fri:dəm] *s.* **1** libertà, indipendenza. **2** esenzione, esonero. **3** scioltezza, spigliatezza. **4** franchezza, schiettezza. ▭ ~ *of a* **city** cittadinanza onoraria; *to* **give** *s.o. the* ~ *of one's flat* mettere il proprio appartamento a disposizione di qd.; ~ *of* **speech** libertà di parola; ~ *of* **trade** libertà di commercio (*o* scambio); ~ *of* **worship** libertà di culto.

free-handed ['fri:'hændid] *a.* generoso, prodigo.

freehold ['fri:həuld] *s.* (*Dir.*) proprietà fondiaria assoluta.

free house ['fri:haus] *s.* pub che può vendere birre di ogni marca.

freelance ['fri:la:ns] *s.* **1** collaboratore esterno. **2** uomo politico indipendente. **3** (*Giorn.*) giornalista indipendente.

freely ['fri:li] *avv.* **1** liberamente, spontaneamente. **2** generosamente. **3** gratis, gratuitamente.

freeman ['fri:mən] *s.* (*pl.* **–men**) cittadino onorario.

Freemason ['fri:meisən] *s.* massone.

Freemasonry ['fri:meisnri] *s.* massoneria.

free phone *ingl.* ['fri:fəun] *s.* telefono verde.
free port ['fri:pɔ:t] *s.* (*Comm.*) porto franco.
free-spoken ['fri:'spəukən] *a.* franco, schietto, senza peli sulla lingua.
freestone ['fri:stəun] *s.* (*tecn.*) pietra da taglio.
freethinker ['fri:θiŋkə*] *s.* libero pensatore.
to **free-wheel** ['fri:wi:l] *v.i.* **1** andare a ruota libera. **2** (*Aut.*) guidare in folle. **3** (*fig.*) agire senza inibizioni.
free-will [fri:wil] *s.* libero arbitrio.
freeze [fri:z] *s.* **1** (*Meteor.*) gelata, gelo. **2** congelamento. **3** (*Pol.*) blocco.
to **freeze** [fri:z] *v.* (*pass.* **froze** [frəuz], *p.p.* **frozen** [frəuzn]) **I** *v.i.* **1** congelarsi. **2** gelare (costr. impers.): *it is freezing outside* fuori gela. **3** (*rif. a persone*) gelare, morire dal freddo. **4** (*fig.*) agghiacciarsi, raggelarsi (di paura). **II** *v.t.* **1** congelare; (far) gelare, ghiacciare. **2** (*fig.*) agghiacciare, raggelare. **3** (*Pol.*) bloccare: *to ~ wages* bloccare i salari. **4** (*Econ.*) congelare: *to ~ a credit* congelare un credito. □ *to ~ to* **death** morire assiderato; (*Chim.*) *to ~* **dry** liofilizzare; (*fam.*) *to ~* **on** *to* aggrapparsi a; (*fam.*) *to ~* **out** escludere, eliminare; *to ~* **over** coprirsi di ghiaccio, gelare; *to ~* **up:** 1 = *to ~* **over;** 2 (*fig.*) restare paralizzato (dalla paura).
freezer ['fri:zə*] *s.* cella frigorifera; congelatore, freezer.
freezing ['fri:ziŋ] **I** *a.* gelido, glaciale. **II** *s.* **1** congelamento. **2** (*Econ.*) blocco. □ (*Fis.*) *~ point* punto di congelamento.
freight [freit] *s.* **1** nolo; noleggio. **2** carico. **3** costo di trasporto; trasporto di merci. □ (*Ferr.*) ~ **car** carro merci; ~ **train** treno merci.
to **freight** [freit] *v.t.* **1** caricare; noleggiare. **2** spedire via mare. **3** (*am.*) trasportare.
freighter ['freitə*] *s.* **1** piroscafo da carico; aeroplano da trasporto merci. **2** noleggiatore marittimo; spedizioniere.
French [frentʃ] *a./s.* francese. □ ~ **bean** fagiolino; ~ **dressing** vinaigrette (condimento per insalate); *to take ~* **leave** andarsene all'inglese; ~ **roof** tetto a mansarda; ~ **window** portafinestra.
Frenchman ['frentʃmən] *s.* (*pl.* **–men**) francese.
Frenchwoman ['frentʃwumən] *s.* (*pl.* **–women** [–wimin]) francese.
frenetic [fri'netik] *a.* **1** forsennato, pazzo. **2** frenetico.
frenzied ['frenzid] *a.* frenetico, delirante.
frenzy ['frenzi] *s.* frenesia, pazzia.
frequency ['fri:kwənsi] *s.* frequenza.
frequent ['fri:kwənt] *a.* **1** frequente. **2** abituale, regolare.
to **frequent** [fri:'kwənt] *v.t.* frequentare.
fresco ['freskəu] *s.* (*pl.* **–es/–s** [–z]) affresco.
to **fresco** ['freskəu] *v.t.* affrescare.
fresh [freʃ] **I** *a.* **1** fresco, recente; nuovo. **2** (*rif. a cibi*) non conservato, fresco. **3** (*rif. ad aria*) puro; stimolante; frizzante. **4** inesperto: *a ~ recruit* una recluta inesperta. **5** (*fam.*) impertinente, sfacciato. **6** (*rif. a colore*) chiaro, brillante. **7** (*rif. a persona*) fresco, riposato. **II** *s.* → **freshet. III** *avv.* (*spesso nei composti*) di fresco, di recente. □ *to* **be** *~ from* essere appena arrivato da; (*fam.*) *to* **get** *~ with s.o.* prendersi delle libertà con qd.; (*fig.*) *to break ~* **ground** fare qc. di originale; (*fig.*) *to throw ~* **light** *on s.th.* gettare nuova luce su qc.; *to make a ~* **start** cominciare da capo; ~ **water** acqua dolce; ~ **wind** vento teso (abbastanza forte).
to **freshen** ['freʃən] **I** *v.t.* **1** rinfrescare. **2** ravvivare. **3** (*am.*) dissalare (acqua, ecc.). **II** *v.i.* **1** rinfrescare. **2** ravvivarsi. **3** (general. con *up*) rinfrescarsi.
freshet ['freʃit] *s.* piena (di fiume); inondazione.
freshly ['freʃli] *avv.* di fresco, di recente.
freshman ['freʃmən] *s.* (*pl.* **–men**) (*Univ.*) matricola.
fret[1] [fret] *s.* **1** corrosione. **2** (*fig.*) inquietudine, preoccupazione; irritazione, nervosismo.
to **fret**[1] [fret] *v.* (*pass., p.p.* **fretted** [–id]) **I** *v.i.* **1** (spesso con *away*) corrodersi, consumarsi; logorarsi. **2** (*fig.*) preoccuparsi, affliggersi (*over, about* di, per). **3** (*fig.*) impazientirsi, innervosirsi (*over* per). **II** *v.t.* **1** corrodere, intaccare. **2** (*fig.*) preoccupare, affliggere. **3** (general. con *away, out*) logorare, consumare.
fret[2] [fret] *s.* **1** greca. **2** lavoro di traforo.
to **fret**[2] [fret] *v.t.* (*pass., p.p.* **fretted** [–id]) **1** ornare con una greca. **2** lavorare di traforo.
fretful ['fretful] *a.* irritabile, nervoso.
fretwork ['fretwə:k] *s.* lavoro di traforo.
Freudian ['frɔidjən] *a.* freudiano. □ *~ slip* lapsus freudiano.
Fri. = *Friday* venerdì (ven.).
friability [ˌfraiə'biliti] *s.* friabilità.
friable ['fraiəbl] *a.* friabile.
friar ['fraiə*] *s.* frate.
fribble ['fribl] *s.* persona frivola.
to **fribble** ['fribl] *v.i.* comportarsi in modo frivolo.
friction ['frikʃən] *s.* attrito (*anche fig.*).
Friday ['fraidi] *s.* venerdì.
fridge [fridʒ] *s.* (*fam.*) frigo.
friend [frend] *s.* **1** amico. **2** sostenitore, alleato. □ *to* **make** *friends again* ritornare amici; (*Rel.*) *the* **Society** *of Friends* i quaccheri.
friendly ['frendli] **I** *a.* **1** amichevole; cordiale, cortese. **2** bendisposto, favorevole. **II** *avv.* amichevolmente. □ *~ society* società di mutuo soccorso.
friendship ['frendʃip] *s.* amicizia.
frieze [fri:z] *s.* (*Arch.*) fregio.
frigate ['frigit] *s.* (*Mar.*) fregata.
fright [frait] *s.* **1** spavento, paura. **2** (*fam.*) cosa spaventosa, spauracchio.
to **fright** [frait] *v.t.* spaventare.
to **frighten** [fraitn] *v.t.* spaventare, impaurire. □ *to ~ s.o.* **away** spaventare qd. fino a farlo fuggire; *to ~ s.o. to* **death** far morire qd.

dallo spavento; *to* ~ *s.o.* **into** *doing s.th.* indurre qd. a fare qc. per paura.

frightful ['fraitful] *a.* spaventoso, spaventevole; terribile; tremendo.

frigid ['fridʒid] *a.* **1** freddo, glaciale (*anche fig.*). **2** frigido.

frigidity [fri'dʒiditi] *s.* **1** freddezza. **2** frigidità.

frill [fril] *s.* **1** gala (increspata). **2** *pl.* (*fig.*) arie: *to put on frills* darsi delle arie. **3** *pl.* fronzolo.

to **frill** [fril] *v.t.* **1** ornare di gale. **2** increspare, arricciare.

fringe [frindʒ] *s.* **1** frangia; frangetta. **2** orlo, bordo; limitare, limite. ☐ (*Econ.*) ~ **benefits** benefici aggiuntivi (*o* accessori); ~ **market** mercato marginale.

to **fringe** [frindʒ] *v.t.* **1** guarnire di frange. **2** orlare, bordare.

frippery ['fripəri] *s.* fronzoli, cianfrusaglie; paccottiglia.

frisk [frisk] *s.* salto, saltello.

to **frisk** [frisk] **I** *v.i.* saltellare, sgambettare. **II** *v.t.* **1** agitare, scuotere. **2** (*sl.*) perquisire.

frisky ['friski] *a.* **1** saltellante, sgambettante. **2** gaio, vivace.

fritter ['fritə*] *s.* (*Gastr.*) frittella ripiena.

to **fritter** ['fritə*] *v.t.* **1** frantumare, sminuzzare. **2** (general. con *away*) sprecare, sciupare.

to **frivol** ['frivəl] *v.* (*pass., p.p.* **–lled**/*am.* **–led** [–d]) **I** *v.i.* frivoleggiare. **II** *v.t.* (general. con *away*) sprecare, sciupare.

frivolity [fri'vɔliti] *s.* frivolezza, futilità.

frivolous ['frivələs] *a.* frivolo, futile.

friz(z) [friz] *s.* **1** riccio, ricciolo. **2** capelli crespi (*o* ricci).

to **friz(z)** [friz] **I** *v.t.* (spesso con *up*) arricciare (capelli). **II** *v.i.* incresparsi.

to **frizzle**[1] ['frizl] *v.t.* **1** friggere (fino a far diventare croccante). **2** bruciare, scottare.

to **frizzle**[2] ['frizl] (spesso con *up*) **I** *v.t.* increspare. **II** *v.i.* incresparsi.

frizzly ['frizli], **frizzy** ['frizi] *a.* crespo.

fro [frəu] *avv.*: *to and* ~ avanti e indietro.

frock [frɔk] *s.* **1** abito, vestito (da donna); vestitino (da bambina). **2** abito talare. ☐ ~ (*coat*) finanziera.

frog [frɔg] *s.* **1** rana. **2** (*Mil.*) alamaro. ☐ *to have a* ~ *in the throat* avere la raucedine.

frogman ['frɔgmən] *s.* (*pl.* **–men**) uomo rana.

to **frog-march** ['frɔgmɑ:tʃ] *v.t.* trascinare via di forza (un prigioniero, ecc.).

frolic ['frɔlik] *s.* scherzo; monelleria.

to **frolic** ['frɔlik] *v.i.* (*pass., p.p.* **frolicked** [–t]) **1** scherzare; darsi alla pazza gioia. **2** saltellare, sgambettare.

frolicsome ['frɔliksəm] *a.* giocoso, allegro.

from [frɔm, frəm] *prep.* **1** da: (*as*) ~ *next month* dal mese prossimo. **2** da, per, a causa (*o* motivo) di: ~ *what I heard* da quanto ho sentito; *to suffer* ~ *the cold* soffrire per il freddo. **3** (*origine, provenienza*) di, da, da parte di: *to receive a parcel* ~ *a friend* ricevere un pacco da parte di un amico. ☐ ~ **below** da sotto; *to speak* ~ **experience** parlare per esperienza; ~ *on* **high** dall'alto; ~ **outside** dal di fuori, dall'esterno; ~ **time** *to time* di quando in quando.

frond [frɔnd] *s.* (*Bot.*) fronda.

front [frʌnt] **I** *s.* **1** parte anteriore; facciata, davanti. **2** lungomare; lungolago. **3** (*Mil., Pol.*) fronte: *the popular* ~ il fronte popolare. **4** (*fam.*) sfrontatezza, impudenza, (*fam.*) faccia tosta. **5** (*Sartoria*) sparato. **6** (*Meteor.*) fronte. **II** *a.* **1** anteriore, frontale, davanti. **2** (*Fonetica*) palatale. **III** *avv.* davanti, di fronte. ☐ (*fig.*) *to* **come** *to the* ~ diventare famoso; **in** ~ davanti, di fronte: *to sit in* ~ sedere davanti; *in* ~ **of** davanti a, di fronte a; alla presenza di; ~ **page** prima pagina (di giornale); (*Mil.*) **up** ~ in prima linea.

to **front** [frʌnt] *v.t.* **1** guardare verso, essere di fronte (*o* dirimpetto). **2** (*fig.*) affrontare; tener testa a, fronteggiare.

frontage ['frʌntidʒ] *s.* **1** facciata (di edificio). **2** spazio compreso tra la facciata e la strada.

frontal ['frʌntl] *a.* frontale.

frontier ['frʌntiə*] *s.* frontiera, confine.

frontiersman ['frʌntiəsmən] *s.* (*pl.* **–men**) **1** abitante di una zona di frontiera. **2** pioniere.

frontispiece ['frʌntispi:s] *s.* **1** (*Edit.*) frontespizio. **2** (*Arch.*) facciata; frontone.

front-line ['frʌnt'lain] *s.* prima linea (*anche fig.*).

front-runner [frʌnt'rʌnə*] *s.* favorito (*anche fig.*).

frost [frɔst] *s.* **1** gelo, gelata; brina, brinata; ghiaccio. **2** (*fig.*) freddezza. **3** (*fam.*) insuccesso, fiasco.

to **frost** [frɔst] **I** *v.t.* **1** (ri)coprire di ghiaccio (*o* gelo). **2** smerigliare (vetri). **3** danneggiare col gelo. **4** glassare. **II** *v.i.* (spesso con *over, up*) coprirsi di ghiaccio, ghiacciarsi.

frostbite ['frɔstbait] *s.* congelamento.

frostiness ['frɔstinis] *s.* (*fig.*) freddezza.

frosty ['frɔsti] *a.* **1** glaciale, gelido (*anche fig.*). **2** ghiacciato; coperto di brina.

froth [frɔθ] *s.* **1** schiuma, spuma. **2** (*fig.*) frivolezze, sciocchezze.

to **froth** [frɔθ] *v.i.* **1** schiumare, spumare. **2** (*fam.*) parlare di cose futili.

frothiness ['frɔθinis] *s.* **1** spumosità, schiumosità. **2** (*fig.*) frivolezza, futilità.

frothy ['frɔθi] *a.* **1** schiumoso, spumoso. **2** (*fig.*) futile, inconsistente.

frown [fraun] *s.* **1** cipiglio, espressione corrucciata. **2** (*fig.*) disapprovazione.

to **frown** [fraun] *v.i.* aggrottare le sopracciglia, accigliarsi. ☐ *to* ~ *on* (o *upon*) *s.th.* disapprovare qc.; non vedere di buon occhio qc.

frowning [frauniŋ] *a.* **1** aggrottato, accigliato. **2** minaccioso.

frowst [fraust] *s.* aria viziata; odore di chiuso.

frowsty ['frausti] *a.* che ha odore di chiuso.

frowzy ['frauzi] *a.* **1** che puzza di chiuso. **2** sciatto, trasandato.

froze [frəuz] → to **freeze**.
frozen[1] ['frəuzn] → to **freeze**.
frozen[2] ['frəuzn] *a.* **1** ghiacciato, gelato. **2** (*Alim.*) congelato, surgelato. **3** freddissimo, gelido.
to **fructify** ['frʌktifai] **I** *v.i.* fruttificare. **II** *v.t.* rendere fruttifero; fertilizzare.
frugal ['fru:gəl] *a.* parco, frugale.
frugality [fru:'gæliti] *s.* frugalità.
fruit [fru:t] *s.* **1** frutta; frutto. **2** prodotto (della terra). **3** (*fig.*) frutto, prodotto. □ *to* **bear** ~ dar frutto; (*Gastr.*) ~ **cocktail** macedonia di frutta (servita come antipasto); ~ **salad** macedonia di frutta (servita come dessert).
to **fruit** [fru:t] *v.i.* fruttificare, fruttare.
fruitful ['fru:tful] *a.* **1** fruttuoso, fruttifero. **2** fecondo, fertile. **3** (*fig.*) vantaggioso, proficuo.
fruitfulness ['fru:tfulnis] *s.* fertilità, fecondità.
fruition [fru:'iʃən] *s.* **1** godimento, uso. **2** risultato, realizzazione: *to come to* ~ giungere a buon fine.
fruitless ['fru:tlis] *a.* **1** infruttifero. **2** (*fig.*) infruttuoso, vano.
fruitlessness ['fru:tlisnis] *s.* infruttuosità.
fruit-machine ['fru:tmə'ʃi:n] *s.* (*fam.*) macchinetta mangiasoldi.
fruity ['fru:ti] *a.* **1** che sa di frutta. **2** (*fam.*) (*di voce*) morbido. **3** (*fam.*) salace.
frump [frʌmp] *s.* donna scialba e sciatta.
to **frustrate** [frʌs'treit] *v.t.* frustrare, rendere vano.
frustration [frʌs'treiʃən] *s.* frustrazione, delusione.
fry[1] [frai] *s.* fritto, frittura.
to **fry** [frai] *v.t./i.* friggere.
fry[2] [frai] *s.inv.* (*Zool.*) avannotti. □ (*fig.*) *small* ~ pesci piccoli.
frying-pan ['fraiiŋpæn] *s.* padella (per friggere).
ft = *foot, feet* piede, piedi.
to **fuck** [fʌk] *v.t.* (*volg.*) fottere. □ ~ **off**! va a farti fottere!; *to* ~ *s.th.* **up** incasinare qc.
to **fuddle** ['fʌdl] **I** *v.t.* annebbiare la mente, ubriacare. **II** *v.i.* ubriacarsi.
fudge [fʌdʒ] **I** *s.* caramella fondente tipo "mou".
to **fudge** [fʌdʒ] *v.t.* **1** raffazzonare. **2** evitare, non parlare di: *to* ~ *an issue* non parlare di un problema.
fuel ['fju:əl] *s.* **1** combustibile; carburante. **2** (*fig.*) incitamento, esca, alimento. □ *to add* ~ *to the flames* gettare olio sul fuoco.
to **fuel** ['fjuəl] *v.* (*pass., p.p.* **–lled**/*am.* **–led** [–d]) **I** *v.t.* alimentare, rifornire di carburante. **II** *v.i.* (spesso con *up*) rifornirsi di carburante.
fug [fʌg] *s.* (*fam.*) aria irrespirabile.
fugitive ['fju:dʒitiv] **I** *s.* **1** latitante. **2** fuggiasco, fuggitivo. **II** *a.* **1** fuggiasco, fuggitivo. **2** (*fig.*) fugace; effimero, di breve durata.
fugue [fju:g] *s.* (*Mus.*) fuga.
fulcrum ['fʌlkrəm] *s.* fulcro.
to **fulfil** [ful'fil] *v.t.* **1** adempiere, compiere, eseguire; mantenere (una promessa). **2** soddisfare, appagare: *to* ~ *a need* soddisfare una necessità. **3** attenersi a: *to* ~ *the conditions of a contract* attenersi alle condizioni di un contratto.
fulfillment *am.*, **fulfilment** [ful'filmənt] *s.* **1** appagamento. **2** realizzazione; adempimento.
full [ful] **I** *a.* **1** pieno, colmo (*of* di). **2** completo, intero. **3** (*rif. a persone*) pienotto, tondo. **4** (*rif. a vestiti*) ampio, abbondante. **5** (*fig.*) ampio, completo: *to give* ~ *details* dare ampi ragguagli. **6** (*di vino*) corposo. **II** *s.* pieno, colmo, pienezza. **III** *avv.* direttamente, in pieno: ~ *in the face* in pieno viso. □ ~ **age** maggiore età; (*fig.*) *to have a* ~ **heart** avere il cuore gonfio; **in** ~ per intero, per esteso; in edizione integrale; *to pay s.o.* **in** ~ pagare qd. a saldo; ~ *to* **overflowing** pieno zeppo; *at a* ~ **speed** a tutta velocità; (*Gramm.*) ~ **stop** punto; *in* ~ **strength** al gran complelo; **to** *the* ~ fino in fondo, al massimo; (*fam.*) *to be* ~ **up** essere sazio; essere al completo.
to **full** [ful] *v.t.* drappeggiare.
fullback ['fulbæk] *s.* (*Sport*) terzino.
full-blooded ['ful'blʌdid] *a.* **1** (*fig.*) vigoroso, energico. **2** purosangue.
full-blown ['ful'bləun] *a.* **1** (completamente) sbocciato. **2** (*fig.*) completo.
fullboard ['fulbɔ:d] *s.* pensione completa.
full-bodied ['fulbɔdid] *a.* (*di vino*) corposo.
full-dress ['fuldres] **I** *s.* abito da cerimonia. **II** *a.* **1** formale; di gala. **2** (*am.*) esauriente. □ (*Teat.*) ~ *rehearsal* prova generale in costume.
full-fledged ['ful'fledʒd] *a.* **1** (*di uccello*) adulto. **2** (*fig.*) esperto, competente.
full house ['ful'haus] *s.* (*Teat.*) teatro al completo.
full-length ['ful'leŋθ] *a.* **1** di lunghezza standard. **2** (*di ritratto*) a grandezza naturale.
full marks ['ful'ma:ks] *s.pl.* pieni voti (*anche fig.*).
fullness ['fulnis] *s.* **1** pienezza, pieno. **2** abbondanza. **3** rotondità, carnosità. **4** ampiezza, volume (di suono). □ *in the* ~ *of time* a tempo debito.
full-page ['fulpeidʒ] *a.* a piena pagina.
full-scale ['fulskeil] *a.* **1** in scala (al naturale). **2** (*fig.*) completo.
full-time ['fultaim] **I** *a./avv.* a tempo pieno. **II** *s.* (*Sport*) tempo scaduto.
fully ['fuli] *avv.* **1** pienamente, del tutto. **2** abbondantemente. **3** (*fam.*) non meno di, almeno: ~ *two hours* almeno due ore.
fulminant ['fʌlminənt] *a.* fulminante.
to **fulminate** ['fʌlmineit] *v.i.* (*fig.*) inveire (*against* contro).
fulmination [ˌfʌlmi'neiʃən] *s.* (*fig.*) denuncia violenta.
fulsome ['fulsəm] *a.* smaccato, esagerato.
to **fumble** ['fʌmbl] **I** *v.i.* **1** brancolare, annaspare. **2** cercare a tentoni (*for s.th.* qc.). **3**

maneggiare in modo maldestro (*with s.th.* qc.). **II** *v.t.* maneggiare in modo maldestro.

fume [fju:m] *s.* **1** fumo; vapore; esalazione. **2** (*lett.*) agitazione, eccitazione.

to **fume** [fju:m] **I** *v.t.* **1** emettere, esalare (fumi). **2** esporre ai vapori. **II** *v.i.* **1** emettere fumo (*o* vapore); far fumo. **2** (*fam.*) andare in collera.

to **fumigate** ['fju:migeit] *v.t.* sottoporre a fumigazione; suffumicare.

fumigation [ˌfju:mi'geiʃən] *s.* suffumigio.

fun [fʌn] **I** *s.* divertimento, spasso. **II** *a.* divertente: *to be great* ~ essere molto divertente. ▭ **for** ~ per gioco; ~ *and* **games** baldoria; *to* **have** ~ divertirsi; **have** ~*!* buon divertimento!; **in** ~ per scherzo; *to* **make** ~ *of s.o.* beffarsi di qd.; **what** ~*!* che divertimento!

function ['fʌŋkʃən] *s.* **1** funzione, scopo. **2** cerimonia. ▭ (*Inform.*) ~ *key* tasto funzionale.

to **function** ['fʌŋkʃən] *v.i.* **1** funzionare, essere in funzione. **2** fungere, funzionare (*as* da).

functional ['fʌŋkʃənl] *a.* funzionale.

functionary ['fʌŋkʃənəri] *s.* funzionario.

fund [fʌnd] *s.* **1** fondo. **2** (*fig.*) riserva, provvista. ▭ (*public*) *funds* titoli di stato, fondi pubblici.

to **fund** [fʌnd] *v.t.* **1** costituire un fondo per. **2** (*Econ.*) consolidare (un debito); investire in titoli di stato.

fundament ['fʌndəmənt] *s.* (*am. fam.*) chiappe.

fundamental [ˌfʌndə'mentl] **I** *a.* fondamentale, basilare. **II** *s.* (spesso al pl.) fondamento, principio fondamentale.

funeral ['fju:nərəl] **I** *s.* **1** funerale. **2** corteo funebre. **II** *a.* funebre, funerario. ▭ (*am.*) ~ **home** cappella funebre (dalla quale partono i funerali); (*fam.*) that's **your** ~ sono cavoli tuoi.

funerary ['fju:nərəri] *a.* funerario.

funereal [fju:'niəriəl] *a.* funereo, funebre; tetro.

funfair ['fʌnfɛə*] *s.* parco dei divertimenti.

fungicide ['fʌŋdʒisaid] *a./s.* anticrittogamico.

fungous ['fʌŋgəs] *a.* fungoso.

fungus ['fʌŋgəs] *s.* (*pl.* **–gi** [–gai]/**–es** [–gəsiz]) (*Scient.*) fungo.

funicular [fju:'nikjulə*] *a./s.* funicolare.

funk [fʌŋk] *s.* (*fam.*) **1** paura, fifa. **2** vigliacco.

to **funk** [fʌŋk] **I** *v.i.* avere paura. **II** *v.t.* **1** aver paura di, temere. **2** evitare, sottrarsi a.

funnel ['fʌnl] *s.* **1** imbuto. **2** (*Mar., Ferr.*) fumaiolo, ciminiera.

funnily ['fʌnili] *avv.* **1** in modo buffo. **2** stranamente. ▭ ~ *enough* strano a dirsi; per una strana coincidenza.

funny ['fʌni] *a.* **1** divertente; comico, buffo. **2** strano, bizzarro. ▭ (*fam.*) *to go* ~ fare delle stranezze.

funnybone ['fʌnibəun] *s.* osso del gomito.

fur [fə:*] *s.* **1** (*Zool.*) pelo, pelame; pelliccia. **2** patina (linguale). **3** incrostazione; tartaro.

to **fur** [fə:*] *v.* (*pass., p.p.* **furred** [–d]) **I** *v.t.* **1** foderare di pelliccia. **2** incrostare. **II** *v.i.* (spesso con *up*) incrostarsi.

to **furbish** ['fə:biʃ] *v.t.* **1** forbire, lucidare. **2** (*fig.*) (spesso con *up*) rinfrescare, ravvivare.

furious ['fjuriəs] *a.* **1** furioso, furibondo. **2** (*usato come rafforzativo*) violento, molto forte, folle: *to drive with a* ~ *speed* guidare a velocità folle. ▭ *to be* ~ **at** (o *about*) *s.th.* essere infuriato per qc.; **fast** *and* ~ smodato, sfrenato.

to **furl** [fə:l] **I** *v.t.* **1** (*Mar.*) serrare, ammainare (le vele). **2** arrotolare. **3** chiudere, (ri)piegare. **II** *v.i.* chiudersi, ripiegarsi.

furlough ['fə:ləu] *s.* licenza, congedo.

furnace ['fə:nis] *s.* fornace, forno. ▭ *blast* ~ altoforno.

to **furnish** ['fə:niʃ] *v.t.* **1** arredare, ammobiliare. **2** (*lett.*) fornire, rifornire (*with* di). ▭ *furnished flat* appartamento ammobiliato.

furnishings ['fə:niʃiŋs] *s.pl.* mobilia, arredamento.

furniture ['fə:nitʃə*] *s.inv.* **1** mobilia, mobili. **2** arredi (di una nave); interni (di un'automobile). ▭ ~ *and* **fittings** mobili e arredamenti; *a* **piece** *of* ~ un mobile.

furor ['fjurɔ:*], **furore** [fju'rɔ:ri] *s.* **1** furore; protesta violenta. **2** ondata di entusiasmo, delirio collettivo.

furrier ['fʌriə*] *s.* **1** pellicciaio. **2** conciatore. **3** commerciante di pellicce.

furrow ['fʌrəu] *s.* **1** (*Agr.*) solco. **2** (*fig.*) ruga profonda. **3** (*Mar.*) scia.

to **furrow** ['fʌrəu] **I** *v.t.* solcare; (*di rughe*) segnare. **II** *v.i.* corrugarsi.

furry ['fə:ri] *a.* **1** peloso. **2** simile a pelliccia. **3** (*di lingua*) impastato.

further ['fə:ðə*] (*compar. di* **far**) **I** *avv.* oltre, più (in) avanti: *I can go no* ~ non posso andare oltre. **2** di più: *I can't help you any* ~ non posso aiutarti di più. **3** inoltre, per di più; anche. **II** *a.* **1** più lontano; altro: *on the* ~ *side of the river* sull'altra sponda del fiume. **2** ulteriore, nuovo: ~ *news* ulteriori notizie. ▭ (*Comm.*) ~ *to your letter* in riferimento alla vostra lettera.

to **further** ['fə:ðə*] *v.t.* appoggiare, favorire.

furtherance ['fə:ðərəns] *s.* appoggio, aiuto.

further education ['fə:ðə:eðju'keiʃən] *s.* istruzione permanente.

furthermore [ˌfə:ðə'mɔ:*] *avv.* inoltre, in più.

furthermost ['fə:ðəməust] *a.* il più lontano.

furthest ['fə:ðist] (*sup. di* **far**) **I** *a.* il più lontano (*o* distante), estremo. **II** *avv.* alla più grande distanza.

furtive ['fə:tiv] *a.* furtivo; clandestino, segreto.

fury ['fjuəri] *s.* **1** furia; violenza. **2** furore, collera. **3** (*fig.*) persona furibonda, furia. ▭ *to be in a* ~ essere infuriato.

fuse [fjuz:] *s.* **1** (*El.*) valvola fusibile, fusibile. **2** spoletta (di ordigno esplosivo). **3** miccia.

to **fuse** [fju:z] **I** *v.t.* fondere. **II** *v.i.* fondersi.

fuselage ['fju:zilɑ:ʒ] *s.* (*Aer.*) fusoliera.

fusillade [ˌfju:zi'leid] *s.* (*Mil.*) fuoco di fucileria.

fusion ['fju:ʒən] *s.* fusione.
fuss [fʌs] *s.* trambusto, confusione; chiasso. □ *to* **make** *a* ~ fare storie; *to make a* ~ **of** *s.o.* avere eccessive preoccupazioni per qd.
to **fuss** [fʌs] **I** *v.i.* agitarsi, affannarsi. **II** *v.t.* infastidire, irritare. □ *to* ~ *over s.o.* affaccendarsi intorno a qd.
fussiness ['fʌsinis] *s.* meticolosità, puntiglio.
fuss-pot ['fʌspɔt] *s.* pignolo.
fussy ['fʌsi] *a.* **1** meticoloso, esigente. **2** irritabile. **3** (*rif. a cose*) carico di fronzoli.
fustian ['fʌstiən] *s.* **1** fustagno. **2** (*fig.*) ampollosità (di linguaggio).
fusty ['fʌsti] *a.* **1** stantio, ammuffito. **2** (*fig.*) antiquato, sorpassato.
futile ['fju:tail] *a.* futile, frivolo.
futility [fju:'tiliti] *s.* futilità, frivolezza.
future ['fju:tʃə*] **I** *s.* **1** futuro, avvenire. **2** *pl.* (*Econ.*) operazioni a termine. **3** (*Gramm.*) futuro. **II** *a.* venturo, futuro. □ *in the* **near** ~ in un prossimo futuro; *to* **tell** *the* ~ predire il futuro.
futurism ['fju:tʃərizəm] *s.* (*Arte, Lett.*) futurismo.
futurist ['fju:tʃərist] *s.* (*Arte, Lett.*) futurista *m./f.*
futuristic [,fju:tʃə'ristik] *a.* (*Arte, Lett.*) futurista, futuristico.
fuze [fju:z] → **fuse.**
fuzz [fʌz] *s.* **1** lanugine, peluria. **2** capelli crespi.
fuzzy ['fʌzi] *a.* **1** coperto di peluria. **2** crespo, riccio. **3** (*fig.*) confuso, incoerente. **4** indistinto, sfocato.
fuzzy-headed ['fʌzi'hedid] *a.* **1** dalla testa balorda. **2** superficialone.

G

g[1], **G**[1] [dʒi:] *s.* (*pl.* **g's/gs, G's/Gs** [dʒi:z]) g, G. ▭ (*Tel.*) ~ *for George (anche am.)* G come Genova.
g[2] = *gramme* grammo (g).
G[2] [dʒi:] *s.* (*Mus.*) sol.
Ga = (*Chim.*) *gallium* gallio.
gab [gæb] *s.* chiacchiera. ▭ (*fam.*) *to have the gift of the* ~ avere la lingua sciolta.
to **gab** [gæb] *v.i.* (*pass., p.p.* **gabbed** [–d]) (*fam.*) chiacchierare, cianciare.
gabardine *fr.* ['gæbədi:n] *s.* **1** gabardine (stoffa). **2** soprabito (di gabardine).
gabble ['gæbl] *s.* borbottio.
to **gabble** ['gæbl] *v.i./t.* farfugliare, borbottare.
gaberdine ['gæbədi:n] → **gabardine**.
gable ['geibl] *s.* (*Arch.*) timpano; frontone.
Gabriel ['geibriəl] *N.pr.m.* Gabriele.
to **gad** [gæd] *v.i.* (*pass., p.p.* **gadded** [–id]; general. con *about*) vagabondare; gironzolare.
gadfly ['gædflai] *s.* **1** (*Zool.*) tafano. **2** (*fig.*) persona assillante.
gadget ['gædʒit] *s.* **1** congegno, dispositivo. **2** aggeggio, arnese.
gadolinium ['gædəuliniəm] *s.* (*Chim.*) gadolinio.
Gaelic [geilik] *a./s.* gaelico.
gaff[1] [gæf] *s.* uncino, fiocina, arp(i)one.
to **gaff** [gæf] *v.t.* arpionare, fiocinare.
gaff[2] [gæf] *s.*: (*sl.*) *to blow the* ~ spifferare un segreto.
gaffer ['gæfə*] *s.* **1** vecchio contadino; caposquadra. **2** (*fam.*) capo, principale.
gag [gæg] *s.* **1** bavaglio. **2** (*Med.*) apribocca; divaricatore boccale. **3** (*Teat.*) battuta comica.
to **gag** [gæg] *v.* (*pass., p.p.* **gagged** [–d]) **I** *v.t.* imbavagliare, soffocare. **II** *v.i.* **1** (*Teat.*) improvvisare battute. **2** avere conati di vomito.
gaga ['gɑ:gɑ:] *a.* (*fam.*) rimbambito.
gage[1] [geidʒ] *s.* **1** pegno, garanzia. **2** sfida.
gage[2] [geidʒ] → **gauge**.
gaggle ['gægl] *s.* **1** branco di oche. **2** (*fig.*) gruppo, accolita.
to **gaggle** ['gægl] *v.i.* (*di oche*) schiamazzare.
gaiety ['geiəti] *s.* **1** gaiezza, allegria. **2** *pl.* divertimenti, feste.
gain [gein] *s.* **1** guadagno, profitto. **2** aumento: *a* ~ *in weight* un aumento di peso. **3** miglioramento, progresso. **4** vincita. ▭ (*Econ.*) *capital gains* reddito da capitale, plusvalenza.
to **gain** [gein] **I** *v.t.* **1** ottenere, guadagnare. **2** vincere, aggiudicarsi. **3** raggiungere. **II** *v.i.* **1** progredire, migliorare. **2** aumentare, crescere (*in* di): *to* ~ *in weight* aumentare di peso. **3** (*di orologio*) andare avanti. ▭ *to* ~ **on** raggiungere; distanziare; (*fig.*) *to* ~ *the* **upper** *hand* avere la meglio.
gainful ['geinful] *a.* lucroso; redditizio.
gainings ['geiniŋz] *s.pl.* **1** guadagni. **2** profitti.
to **gainsay** [gein'sei] *v.t.* (coniug. come to **say**) **1** negare, rifiutare. **2** contraddire. ▭ *there is no gainsaying his ambition* la sua ambizione è un fatto inconfutabile.
gait [geit] *s.* passo, andatura.
gaiter ['geitə*] *s.* ghetta.
gal[1] [gæl] s. (*fam. scherz.*) ragazza.
gal[2] = *gallon(s)* gallone (galloni).
gala *it.* ['gɑ:lə] *s.* gala: *a* ~ *night* una serata di gala.
galactic [gə'læktik] *a.* (*Astr.*) galattico.
galantine ['gælənti:n] *s.* (*Gastr.*) galantina.
galaxy ['gæləksi] *s.* **1** (*Astr.*) galassia, via lattea. **2** (*fig.*) pezzi grossi, persone importanti.
gale [geil] *s.* **1** (*Meteor.*) vento fortissimo, burrasca. **2** (*fig.*) scoppio, scroscio: *a* ~ *of laughter* uno scoppio di risa.
galena [gə'li:nə] *s.* (*Min.*) galena.
gall[1] [gɔ:l] *s.* **1** bile, fiele. **2** (*fig.*) malanimo, livore. **3** (*fam.*) fegato, facciatosta.
gall[2] [gɔ:l] *s.* **1** scorticatura, escoriazione. **2** (*fig.*) molestia, irritazione.
to **gall** [gɔ:l] **I** *v.t.* **1** scorticare; irritare. **2** (*fig.*) irritare, infastidire. **II** *v.i.* scorticarsi.
gall[3] [gɔ:l] *s.* (*Bot.*) galla.
gallant ['gælənt] **I** *a.* **1** valoroso, prode. **2** (*am.*) vistoso, appariscente. **3** imponente, maestoso. **4** galante. **II** *s.* **1** vagheggino. **2** corteggiatore.
gallantry ['gæləntri] *s.* **1** coraggio, valore. **2** galanteria.
gall-bladder ['gɔ:lblædə*] *s.* (*Anat.*) cistifellea.
galleon ['gæliən] *s.* galeone.
gallery ['gæləri] *s.* **1** galleria (in tutti i signif.).

2 (*Teat.*) loggione; pubblico del loggione. □ *to play to the* ~ cercare di far colpo sul grosso pubblico.
galley ['gæli] *s.* **1** (*Mar. ant.*) galera, galea. **2** (*Mar.*) cambusa.
galley-proof ['gælipru:f] *s.* (*Tip.*) bozza in colonna.
Gallic ['gælik] *a.* gallico, francese.
gallium ['gæliəm] *s.* (*Chim.*) gallio.
to **gallivant** ['gælivænt] *v.i.* gironzolare, bighellonare.
gallon ['gælən] *s.* (*unità di misura*) gallone → **Appendice.**
gallop ['gæləp] *s.* **1** galoppo. **2** galoppata (*anche fig.*).
to **gallop** ['gæləp] **I** *v.i.* galoppare, andare al (*o* di) galoppo. **II** *v.t.* far galoppare, mettere al galoppo.
gallows ['gæləuz] *s.* forca, patibolo.
gall-stone ['gɔ:lstəun] *s.* (*Med.*) calcolo biliare.
galore [gə'lɔ:*] *avv.* a fiumi, in abbondanza, a gogo.
galosh(e) [gə'lɔʃ] *s.* caloscia, galoche.
galvanic [gæl'vænik] *a.* **1** (*El.*) galvanico. **2** (*fig.*) elettrizzante.
galvanism ['gælvənizəm] *s.* galvanismo.
to **galvanize** ['gælvənaiz] *v.t.* **1** (*El.*) elettrizzare. **2** galvanizzare (*anche fig.*). **3** (*fig.*) stimolare, eccitare.
gambit ['gæmbit] *s.* **1** gambetto (negli scacchi). **2** (*fig.*) prima mossa.
gamble ['gæmbl] *s.* **1** gioco d'azzardo. **2** rischio, azzardo.
to **gamble** ['gæmbl] **I** *v.i.* **1** giocare d'azzardo. **2** puntare, scommettere (*on* su). **II** *v.t.* **1** (general. con *away*) perdere al gioco. **2** scommettere.
gambler ['gæmblə*] *s.* **1** giocatore d'azzardo. **2** speculatore.
gambling ['gæmbliŋ] *s.* gioco d'azzardo.
gambol ['gæmbəl] *s.* salto, capriola.
to **gambol** ['gæmbəl] *v.i.* (*pass., p.p.* **-lled** /*am.* **-led** [-d]) saltellare, sgambettare.
game[1] [geim] **I** *s.* **1** gioco; partita. **2** (*fig.*) piano, progetto. **3** inganno, tranello. **4** gioco, scherzo. **5** cacciagione, selvaggina: *big* ~ *shooting* caccia grossa. **II** *a.* coraggioso; pronto, disposto (*for* a). □ (*fig.*) *to* **give** *the* ~ *away* scoprire il proprio gioco; *to have the* ~ *in one's* **hands** avere la vittoria in pugno; (*fig.*) *to* **play** *a double* ~ fare il doppio gioco; *a* ~ *of* **swans** un branco di cigni; (*fig.*) *the* ~ *is* **up** non c'è più nulla da fare.
to **game** [geim] *v.t.* **1** (general. con *away*) sperperare al gioco. **2** (*assol.*) giocare d'azzardo.
game[2] [geim] *a.* (*fam.*) zoppo, rattrappito: *a* ~ *leg* una gamba zoppa.
game-keeper ['geimki:pə*] *s.* guardacaccia.
gamester ['geimstə*] *s.* giocatore d'azzardo.
gamete ['gæmi:t] *s.* (*Biol.*) gamete.
gamma ['gæmə] *a./s.* gamma. □ ~ *rays* raggi gamma.
gammon ['gæmən] *s.* prosciutto affumicato.
gamut ['gæmət] *s.* **1** (*Mus.*) gamma. **2** (*fig.*) gamma, serie.
gamy ['geimi] *a.* che sa di selvaggina frollata.
gander ['gændə*] *s.* (*Zool.*) oca maschio, papero.
gang [gæŋ] *s.* combriccola, banda, gruppo.
to **gang** [gæŋ] *v.i.* **1** (spesso con *up*) riunirsi in una combriccola; agire in gruppo. **2** (*Mecc.*) collegare.
ganger ['gæŋə*] *s.* capobanda.
gangling ['gæŋgliŋ] *a.* magro e allampanato.
ganglion ['gæŋgliən] *s.* (*pl.* **-glia** [-gliə]/**-s** [-z]) **1** (*Anat., Med.*) ganglio. **2** (*fig.*) punto nevralgico.
gangplank ['gæŋplæŋk] *s.* (*Mar.*) plancia, passerella (di legno).
gangrene ['gæŋgri:n] *s.* (*Med.*) cancrena.
to **gangrene** ['gæŋgri:n] **I** *v.t.* (*Med.*) incancrenire. **II** *v.i.* andare in cancrena.
gangrenous ['gæŋgrinəs] *a.* (*Med.*) cancrenoso.
gangster ['gæŋstə*] *s.* gangster.
gangway ['gæŋwei] **I** *s.* **1** corridoio, corsia. **2** (*Mar.*) passerella, pontile. **3** (*am.*) corridoio, passaggio. **II** *intz.* (fate) largo.
gantry ['gæntri] *s.* torre di servizio.
gaol [dʒeil] *s.* prigione, carcere.
to **gaol** [dʒeil] *v.t.* imprigionare, incarcerare.
gaol-bird ['dʒeilbə:d] *s.* (*fam.*) avanzo di galera.
gaoler ['dʒeilə*] *s.* carceriere, secondino.
gap [gæp] *s.* **1** apertura; breccia, varco. **2** divario, gap: *the generation* ~ il gap generazionale. **3** (*fig.*) lacuna, vuoto. **4** (*Geog.*) passo, valico.
gape [geip] *s.* **1** sguardo stupito; lo stare a bocca aperta. **2** apertura, spaccatura.
to **gape** [geip] *v.i.* **1** guardare a bocca aperta (*at s.o.* qd.). **2** (*assol.*) restare a bocca aperta. **3** spalancare la bocca; sbadigliare. **4** aprirsi, spalancarsi.
gap-toothed ['gæptu:θt] *a.* con i denti radi.
garage ['gærɑ:dʒ] *s.* autorimessa, autofficina.
to **garage** ['gærɑ:dʒ] *v.t.* mettere in garage.
garb [gɑ:b] *s.* **1** modo di vestire; abbigliamento. **2** uniforme, divisa, tenuta.
to **garb** [gɑ:b] *v.t.* abbigliare, (ri)vestire.
garbage ['gɑ:bidʒ] *s.* **1** immondizie, spazzatura. **2** (*fig.*) scempiaggini, stupidaggini.
garbage can *am.* ['gɑ:bidʒkæn] *s.* bidone della spazzatura.
to **garble** ['gɑ:bl] *v.t.* distorcere, alterare.
garden ['gɑ:dn] *s.* **1** giardino. **2** orto. □ (*fam.*) *to lead s.o. up the* ~ *path* menare qd. per il naso.
to **garden** ['gɑ:dn] *v.i.* praticare il giardinaggio.
garden centre ['gɑ:dn'sentə*] *s.* vivaio, negozio con attrezzature per giardinaggio.
gardener ['gɑ:dnə*] *s.* **1** giardiniere. **2** (*estens.*) chi pratica il giardinaggio.
gardenia [gɑ:'di:niə] *s.* (*Bot.*) gardenia.
gardening ['gɑ:dniŋ] *s.* giardinaggio.
garden party ['gɑdn'pɑ:ti] *s.* ricevimento che si svolge in un parco.

gargle ['gɑ:gl] *s.* **1** gargarismo. **2** colluttorio.
to **gargle** [gɑ:gl] *v.t./i.* fare i gargarismi (con).
gargoyle ['gɑ:gɔil] *s.* (*Arch.*) doccione.
garish ['gɛəriʃ] *a.* vistoso, sgargiante.
garland ['gɑ:lənd] *s.* ghirlanda, serto.
to **garland** ['gɑ:lənd] *v.t.* inghirlandare.
garlic ['gɑ:lik] *s.* (*Bot.*) aglio.
garment ['gɑ:mənt] *s.* **1** capo di vestiario, indumento. **2** *pl.* abiti, vestiti.
to **garner** ['gɑ:nə*] *v.t.* raccogliere (*anche fig.*).
garnet ['gɑ:nit] *s.* (*Min.*) granato.
garnish ['gɑ:niʃ] *s.* **1** guarnizione, decorazione. **2** (*Gastr.*) guarnizione di una pietanza.
to **garnish** ['gɑ:niʃ] *v.t.* ornare, guarnire.
garret ['gærit] *s.* (*Arch.*) soffitta.
garrison ['gærisn] *s.* (*Mil.*) **1** guarnigione. **2** fortezza, presidio.
to **garrison** ['gærisn] *v.t.* **1** presidiare. **2** porre (truppe) di guarnigione.
garrulous ['gæruləs] *a.* garrulo, loquace.
garter ['gɑ:tə*] *s.* giarrettiera. **Garter** (*GB*) ordine della Giarrettiera.
gas [gæs] *s.* **1** (*Fis.*) gas. **2** (*am.*) benzina (*abbr.* di → **gasoline**). **3** gas esilarante. **4** (*sl.*) chiacchiere inutili. **5** (*am. sl.*) evento estremamente divertente.
to **gas** [gæs] *v.* (*pass., p.p.* **gassed** [–t]) **I** *v.t.* **1** fornire di gas. **2** asfissiare col gas. **3** (*Mil.*) gassare. **II** *v.i.* **1** (*tecn.*) emettere gas. **2** (*fam.*) cianciare, blaterare. □ (*am.*) *to ~ up* fare il pieno di benzina.
gas-bag ['gæsbæg] *s.* (*fam.*) persona che parla a vanvera.
gaseous ['gæsiəs] *a.* gas(s)oso.
gas-fire ['gæsfaiə*] *s.* stufa a gas.
gas-fitter ['gæsfitə*] *s.* gas(s)ista.
gas-fittings ['gæsfitiŋz] *s.pl.* apparecchi per illuminazione (*o* riscaldamento) a gas.
gash [gæʃ] *s.* sfregio.
to **gash** [gæʃ] *v.t.* sfregiare.
gasket ['gæskit] *s.* (*Mecc.*) guarnizione.
gas-lighter ['gæslaitə*] *s.* **1** accendigas. **2** accendino a gas.
gas-main ['gæsmein] *s.* conduttura del gas.
gas-mask ['gæsmɑ:sk] *s.* maschera antigas.
gas-meter ['gæsmitə*] *s.* contatore del gas.
gasoline *am.* ['gæsəli:n] *s.* benzina.
gasometer [gæ'sɔmitə*] *s.* (*tecn.*) gas(s)ometro.
gasp [gɑ:sp] *s.* respiro affannoso; rantolo. □ *at one's last ~* moribondo; sfinito.
to **gasp** [gɑ:sp] **I** *v.i.* **1** restare senza fiato. **2** respirare affannosamente, ansimare. **II** *v.t.* (general. con *out*) dire affannosamente, dire a fatica. □ *to ~ for breath* respirare a fatica.
gas station *am.* [gæs'steiʃən] *s.* distributore di benzina; stazione di servizio.
gassy ['gæsi] *a.* **1** ga(s)sato, effervescente. **2** (*fam.*) vuoto, senza significato.
gastric ['gæstrik] *a.* gastrico.
gastritis [gæs'traitis] *s.* (*pl.* **–tides** [–tidi:z]) (*Med.*) gastrite.
gastroenteritis [ˌgæstrə(u)ˌentə'raitis] *s.* (*Med.*) gastroenterite.
gastronome ['gæstrənəum], **gastronomer** [gæs'trɔnəmə*] *s.* gastronomo.
gastronomic [ˌgæstrə'nɔmik], **gastronomical** [ˌgæstrə'nɔmikəl] *a.* gastronomico.
gastronomy [gæs'trɔnəmi] *s.* gastronomia.
gate [geit] *s.* **1** cancello; porta (di città), portone. **2** entrata. **3** passo, valico. **4** porta (di una chiusa). **5** affluenza di pubblico.
to **gate-crash** ['geitkræʃ] **I** *v.t.* (*fam.*) partecipare senza essere invitato a. **II** *v.i.* intrufolarsi.
gatehouse ['geithaus] *s.* portineria (di parco, tenuta, ecc.).
gateway ['geitwei] *s.* **1** entrata, ingresso. **2** (*fig.*) strada, via: *the ~ to success* la via del successo.
to **gather** ['gæðə*] **I** *v.t.* **1** raccogliere, cogliere. **2** ammassare, prendere. **3** (*fig.*) dedurre, desumere; apprendere. **4** pieghettare, increspare. **II** *v.i.* **1** radunarsi, raccogliersi. **2** (*fig.*) crescere, aumentare. **3** (*Med.*) suppurare; (*di ascesso*) maturare. □ *to ~ one's breath* prendere fiato.
gathering ['gæðəriŋ] *s.* **1** raccolta. **2** assembramento; folla. **3** (*Med.*) ascesso.
gauche *fr.* [gəuʃ] *a.* **1** goffo, maldestro. **2** privo di tatto.
gaudy ['gɔ:di] *a.* sgargiante, vistoso.
gauge [geidʒ] *s.* **1** misura campione. **2** (*Ferr.*) scartamento: *narrow ~ railway* ferrovia a scartamento ridotto. **3** (*tecn.*) misuratore; calibro; indicatore: *fuel ~* indicatore di livello del carburante. **4** (*fig.*) portata, calibro. **5** (*Mar.*) sopravvento.
to **gauge** [geidʒ] *v.t.* **1** misurare (con esattezza), calibrare. **2** (*fig.*) valutare, giudicare.
gaunt [gɔ:nt] *a.* magro, scarno; (*di viso*) scavato.
gauntlet ['gɔ:ntlit] *s.* **1** guantone (da lavoro); guanto (di protezione). **2** (*ant.*) manopola di armatura. □ (*fig.*) *to* **pick** *up the ~* accettare la sfida; (*fig.*) *to* **run** *the ~* essere sottoposto a dure critiche.
gauze [gɔ:z] *s.* **1** garza. **2** foschia.
gauzy ['gɔ:zi] *a.* diafano, trasparente.
gave [geiv] → to **give**.
gavel ['gævl] *s.* martelletto.
gawky [gɔ:ki] *a.* goffo, tonto.
gay [gei] *a.* (*fam.*) omosessuale.
gaze [geiz] *s.* sguardo fisso.
to **gaze** [geiz] *v.i.* guardare fisso (*at, on, upon s.o.* qd.).
gazelle [gə'zel] *s.* (*Zool.*) gazzella.
gazette [gə'zet] *s.* **1** (*Giorn.*) gazzetta, giornale. **2** (*Parl.*) gazzetta ufficiale.
gazetteer [ˌgæzə'tiə*] *s.* **1** dizionario geografico. **2** repertorio in cui sono presentate specialità (p.e. vini) in relazione alla loro distribuzione geografica.
G.B. = *Great Britain* Gran Bretagna (GB).
GEA = *Ground Control Approach* Avvicinamento controllato da terra.
Gd = (*Chim.*) *gadolinium* gadolinio.

GDP = *Gross Domestic Product* Prodotto Interno Lordo (PIL).

GDR = *German Democratic Republic* Repubblica Democratica Tedesca (RDT).

Ge = (*Chim.*) *germanium* germanio.

gear [giə*] *s.* **1** (*Mecc.*) dispositivo, congegno, ingranaggio. **2** (*Aut.*) cambio, marcia. **3** rapporto (di bicicletta). **4** arnesi. **5** effetti (personali); masserizie.

to **gear** [giə*] **I** *v.t.* **1** (*Mecc.*) ingranare, innestare. **2** provvedere d'ingranaggi. **II** *v.i.* **1** (*Mecc.*) ingranare. **2** (*fig.*) adeguarsi, adattarsi (*to, with* a). □ (*Mecc.*) *to* ~ **down** ridurre i giri; rallentare; (*Mecc.*) *to* ~ **up** aumentare i giri; (*fig.*) accelerare.

gearbox ['giəbɔks] *s.* (*Aut.*) **1** cambio di velocità. **2** (*Mecc.*) scatola degli ingranaggi.

gearing ['giəriŋ] *s.* (*Mecc.*) sistema d'ingranaggi.

gearshift ['giəʃift] *s.* (*Mecc.*) dispositivo di selezione delle marce.

gecko ['gekəu] *s.* (*pl.* **–s/–es** [–z]) (*Zool.*) geco.

geese [gi:s] → **goose**.

gel [dʒel] *s.* (*Chim.*) gel.

gelatin ['dʒelətin], **gelatine** [ˌdʒelə'ti:n] *s.* gelatina.

gelatinous [dʒi'lætinəs] *a.* gelatinoso.

to **geld** [geld] *v.t.* (*pass., p.p.* **–ed** [–id]/**gelt** [gelt]) castrare (animali).

gelid ['dʒelid] *a.* gelido.

gem [dʒem] *s.* **1** gemma, pietra preziosa. **2** (*fig.*) gioiello, perla.

Gemini ['dʒeminai] *N.pr.* (*Astr.*) Gemelli.

gemmation ['dʒe'meiʃən] *s.* (*Biol.*) gemmazione.

gen. = **1** *gender* genere. **2** *generally* generalmente.

gender ['dʒendə*] *s.* **1** (*Gramm.*) genere. **2** (*fam.*) sesso.

gene [dʒi:n] *s.* (*Biol.*) gene.

genealogical [ˌdʒi:niə'lɔdʒikəl] *a.* genealogico.

genealogy [ˌdʒi:ni'ælədʒi] *s.* genealogia.

general ['dʒenərəl] **I** *a.* **1** generale, comune. **2** impreciso. **3** generico: ~ *practitioner* medico generico. **II** *s.* generale.

generality [ˌdʒenə'ræliti] *s.* **1** generalato. **2** maggioranza.

generalization [ˌdʒenərəlai'zeiʃən] *s.* generalizzazione.

to **generalize** ['dʒenerəlaiz] *v.t./i.* generalizzare. □ *to* ~ *from s.th.* trarre dei concetti generali da.

general knowledge ['dʒenərəl'nɔlidʒ] *s.* cultura generale.

to **generate** ['dʒenəreit] *v.t.* **1** generare, produrre. **2** provocare.

generation [ˌdʒenə'reiʃən] *s.* generazione. □ *the rising* ~ i giovani.

generator ['dʒenəreitə*] *s.* generatore.

generic [dʒi'nerik] *a.* generico, generale.

generosity [ˌdʒenə'rɔsiti] *s.* **1** generosità, liberalità. **2** atto generoso.

generous ['dʒenərəs] *a.* generoso; abbondante.

genesis ['dʒenisis] *s.* (*pl.* **–ses** [–si:z]) genesi, origine.

genetic [dʒi'netik] *a.* genetico: ~ *code* codice genetico.

geneticist [dʒi'netisist] *s.* genetista.

genetics [dʒi'netiks] *s.pl.* (costr. sing.) genetica.

Geneva [dʒi'ni:və] *N.pr.* (*Geog.*) Ginevra.

genial ['dʒi:niəl] *a.* **1** gioviale, allegro. **2** cordiale, affabile, simpatico. **3** (*di clima, ecc.*) mite, salubre.

geniality [ˌdʒi:ni'æliti] *s.* **1** giovialità, affabilità. **2** (*di clima, ecc.*) mitezza.

genie ['dʒi:ni:] *s.* genio, spiritello.

genital ['dʒenitl] *a.* (*Anat.*) genitale.

genitals ['dʒenitlz] *s.pl.* genitali, organi genitali.

genitive ['dʒenitiv] *a./s.* genitivo.

genius ['dʒi:njəs] *s.* **1** genio; persona d'ingegno. **2** talento, abilità.

genocide ['dʒenə(u)said] *s.* genocidio.

genotype ['dʒenəutaip] *s.* (*Biol.*) genotipo.

genre *fr.* [ʒɔ:ŋr] *s.* **1** genere. **2** (*Arte*) pittura di genere.

gent [dʒent] *s.* **1** (*pop.*) signore. **2** *pl.* toletta per signori.

gent. = *gentleman* signore.

genteel [dʒen'ti:l] *a.* **1** affettato: *his behaviour is too* ~ il suo comportamento è troppo affettato. **2** raffinato, elegante, distinto. **3** signorile, nobile, aristocratico.

gentian ['dʒenʃən] *s.* (*Bot.*) genziana.

gentile ['dʒentail] *a./s.* **1** pagano (per i cristiani). **2** gentile (cioè non ebreo per gli ebrei). **3** non mormone (per i mormoni).

gentility [dʒen'tiliti] *s.* raffinatezza, signorilità.

gentle ['dʒentl] *a.* **1** delicato, lieve, leggero. **2** moderato, bonario.

gentleman ['dʒentlmən] *s.* (*pl.* **–men**) **1** gentiluomo, signore. **2** (*estens.*) uomo, persona. □ (*nei discorsi*) *Ladies and Gentlemen...* Signore e Signori...

gentlemen's agreement ['dʒentlmənz ə'gri:mənt] *s.* accordo (verbale) fra gentiluomini.

gentleness ['dʒentlnis] *s.* **1** cortesia, gentilezza. **2** dolcezza, mitezza.

gentlewoman ['dʒentlwumən] *s.* (*pl.* **–women** [–wimin]) **1** gentildonna. **2** signora. **3** dama del seguito.

gentry ['dʒentri] *s.* piccola nobiltà.

genuflection [ˌdʒenju:'flekʃən] *s.* genuflessione.

genuine ['dʒenjuin] *a.* genuino, autentico; schietto.

genuineness ['dʒenjuinnis] *s.* genuinità, autenticità.

genus ['dʒi:nəs] *s.* (*pl.* **genera** ['dʒenərə]/**–nuses** [–iz]) (*Biol.*) genere.

geodesy [dʒi:'ɔdisi] *s.* geodesia.

geographer [dʒi'ɔgrəfə*] *s.* geografo.

geographic [ˌdʒiə'græfik], **geographical** [dʒiə'græfikəl] *a.* geografico.

geography [dʒi'ɔgrəfi] *s.* geografia.

geologic [ˌdʒiəˈlɔdʒik], **geological** [ˌdʒiəˈlɔdʒikəl] *a.* geologico.
geologist [dʒiˈɔlədʒist] *s.* geologo.
geology [dʒiˈɔlədʒi] *s.* geologia.
geometric [ˌdʒiəˈmetrik], **geometrical** [ˌdʒiəˈmetrikəl] *a.* geometrico.
geometry [dʒiˈɔmitri] *s.* geometria.
geophysics [ˌdʒi:ə(u)fiziks] *s.pl.* (costr. sing.) geofisica.
George [ˈdʒɔ:dʒ] *N.pr.m.* Giorgio.
Georgian [ˈdʒɔ:dʒjən] *a.* (*Stor.*) georgiano.
geothermal [ˌdʒi:ə(u)θə:ml] *a.* geotermico: ~ *power* energia geotermica.
geranium [dʒiˈreiniəm] *s.* (*Bot.*) geranio.
geriatrics [ˌdʒeriˈætriks] *s.pl.* (costr. sing.) geriatria, gerontoiatria.
germ [dʒə:m] *s.* germe. □ ~ *warfare* guerra batteriologica.
german [ˈdʒə:mən] *a.* germano. **German** *a./s.* tedesco. □ (*Med.*) ~ **measles** rosolia; ~ **shepherd** (cane) pastore tedesco.
Germanic [dʒə:ˈmænik] *a./s.* germanico.
Germanism [ˈdʒə:mənizəm] *s.* germanismo.
germanium [dʒə:ˈmeiniəm] *s.* (*Chim.*) germanio.
Germany [ˈdʒə:məni] *N.pr.* (*Geog.*) Germania.
germicide [ˈdʒə:misaid] *s.* germicida, battericida.
germinal [ˈdʒə:minl] *a.* **1** (*Biol.*) germinale. **2** (*fig.*) embrionale.
to **germinate** [ˈdʒə:mineit] *v.t./i.* (far) germinare, germogliare.
germination [ˌdʒə:miˈneiʃən] *s.* **1** (*Bot.*) germinazione. **2** (*fig.*) sviluppo, evoluzione.
gerontology [ˌdʒerɔnˈtɔlədʒi] *s.* gerontologia.
gerrymander [ˈdʒerimændə*] *s.* (*Pol.*) manipolazione (elettorale).
to **gerrymander** [ˈdʒerimændə*] *v.t.* (*Pol.*) manipolare (un collegio elettorale).
gerund [ˈdʒerənd] *s.* (*Gramm.*) gerundio.
gestation [dʒesˈteiʃən] *s.* gestazione, gravidanza.
to **gesticulate** [dʒesˈtikjuleit] **I** *v.i.* gesticolare. **II** *v.t.* esprimere a gesti.
gesticulation [dʒesˌtikjuˈleiʃən] *s.* **1** gesticolamento, gesticolazione. **2** gesto.
gesture [ˈdʒestʃə*] *s.* **1** gesto. **2** mimica.
to **gesture** [ˈdʒestʃə*] *v.i.* gestire, gesticolare.
to **get** [get] *v.* (*pass.* **got** [gɔt], *p.p.* **got**/*am.* **gotten** [ˈgɔtən]) **I** *v.t.* **1** ricevere, ottenere; procurarsi, acquisire: *have you got my letter?* hai ricevuto la mia lettera?; *to* ~ *a good job* ottenere un buon impiego; *I couldn't* ~ *tickets for the show* non sono riuscito a procurarmi i biglietti per lo spettacolo. **2** (andare a) prendere; afferrare; (*fam.*) prendersi, beccarsi: *will you* ~ *me my umbrella please?* mi vai a prendere l'ombrello per favore?; *to* ~ *a cold* prendersi il raffreddore; *he got me by an arm* mi afferrò per un braccio. **3** convincere, indurre; costringere: *we'll* ~ *him to come* lo convinceremo a venire; *I got her to admit she was wrong* l'ho costretta ad ammettere il suo torto. **4** (*con valore causativo*) fare, farsi: *I'll* ~ *the mechanic to repair the car* farò riparare l'automobile dal meccanico; *to* ~ *one's hair cut* farsi tagliare i capelli. **II** *v.i.* **1** diventare; farsi (spesso non si traduce): *to* ~ *rich* diventare ricco, arricchirsi; *to* ~ *married* sposarsi; *to* ~ *dark* farsi buio. **2** arrivare, giungere: *we got home late* siamo arrivati a casa tardi. **3** (*seguito da p.pr.*) mettersi a, iniziare a; accingersi: *to* ~ *talking* mettersi a parlare. **4** (*come ausiliare, con valore enfatico*): *his arm got broken!* si è rotto un braccio! **5** (*seguito da inf.*) fare in modo di; riuscire a: *did you* ~ *to see that film?* siete riusciti a vedere quel film? **6** (*seguito da inf.*) finire per: *you will* ~ *to like her* finirà per piacerti. **7** (*am.*) fare soldi: *he spends all his time getting and spending* passa tutto il suo tempo a far soldi per poi gettarli via dalla finestra. □ *to* ~ *the* **best** *of it* spuntarla; *to* ~ *the* **better** *of s.o.* prevalere su qd.; *to* ~ *a woman with* **child** mettere una donna incinta; (*fam.*) *to* ~ **done** *with s.th.* farla finita con qc.; *to* ~ **going** mettersi in moto; *to* **have** *got* avere, possedere: *he has got three children* ha tre bambini; *we have got a car* possediamo l'automobile; *to* **have** *got to* dovere: *have I got to ask permission?* devo chiedere il permesso?; *to* ~ *up* **speed** acquistare velocità; *to* ~ *in* **touch** mettersi in contatto. // (*seguito da preposizioni*) *to* ~ **above** *o.s.* montarsi la testa; (*fam.*) *to* ~ **across** attraversare; infastidire; *to* ~ **around** aggirare; *to* ~ **at**: 1 raggiungere, riuscire a prendere; 2 scoprire: *to* ~ *at the truth* scoprire la verità; 3 (*fam.*) corrompere, comprare; *to* ~ **into**: 1 entrare; salire in (*o* su): *to* ~ *into a car* salire in automobile; 2 farsi prendere, essere coinvolto: *to* ~ *into trouble* mettersi nei guai; *to* ~ **off**: 1 scendere (da un mezzo pubblico); 2 allontanarsi da; 3 lasciare il lavoro; *to* ~ **on** montare su, salire; *to* ~ **on** *one's nerves* innervosire; *to* ~ **over**: 1 riprendersi, riaversi: *to* ~ *over an illness* riprendersi da una malattia; 2 superare qc.; *to* ~ **round** persuadere; (*fig.*) aggirare; *to* ~ **through**: 1 attraversare; 2 superare un esame; 3 esaurire, dare fondo a: *I have got through all my money* ho esaurito tutti i miei soldi. // (*seguito da avverbi*) *to* ~ **about** rimettersi in piedi, riprendersi (dopo una malattia); *to* ~ **abroad** diffondersi (di notizie); *to* ~ **across** farsi capire; *to* ~ **ahead** superare, sorpassare (*of s.o.* qd.); avere successo; *to* ~ **along**: 1 andarsene; 2 farcela, cavarsela: *how are you getting along with the new tape recorder?* riesci a cavartela con il nuovo registratore?; 3 fare progressi (*with* in); 4 andare d'accordo: *are you getting along well with your mother-in-law?* vai d'accordo con tua suocera?; *to* ~ **away** fuggire; *to* ~ **back** ritornare; riottenere; ricuperare; *to* ~ **behind** rimanere indietro (p.e. nel lavoro); *to* ~ **by**: 1 farcela, sopravvivere: *it's difficult to* ~ *by on ten pounds a week* è

difficile tirare avanti con dieci sterline alla settimana; 2 essere accettato: *my work got by, but I'll try to improve it* il mio lavoro è stato accettato, ma cercherò di migliorarlo; *to* ~ **down**: 1 alzarsi da tavola dopo i pasti (spec. di bambini); 2 trangugiare; 3 mettere qc. per iscritto; 4 abbattere; deprimere: *this hot weather gets me down* questa calura mi abbatte; *to* ~ **in**: 1 arrivare; (*fam.*) entrare; 2 raccogliere; ottenere; procurare; riscuotere (tasse, ecc.); 3 essere eletto; *to* ~ **off**: 1 partire, andarsene; decollare; 2 inviare, spedire: ~ *this parcel off at once* spedisci subito questo pacco; 3 sottrarre, sfuggire; sottrarsi a (punizione, dolore, ecc.); cavarsela; 4 far addormentare (un bambino); 5 smettere di lavorare; *to* ~ **on**: 1 invecchiare; 2 andare avanti; progredire; 3 continuare (spec. dopo un'interruzione) (con *with*): ~ *on with your work* continua il lavoro; 4 affrettarsi (*with* con); 5 aver successo, riuscire: *to* ~ *on in life* riuscire nella vita; 6 essere in buoni rapporti (*with* con); *to* ~ **out**: 1 uscire (*of* da); lasciare, abbandonare (*anche fig.*): *he does not succeed in getting out of his bad habits* non riesce ad abbandonare le sue cattive abitudini; 2 divulgare; pubblicare; produrre; 3 balbettare: *I could just* ~ *out a few words* riuscii solo a balbettare poche parole; 4 (*fig.*) evitare, sfuggire: *I wish I could* ~ *out of (going to) that party!* magari potessi evitare di andare a quel ricevimento!; *to* ~ **through**: 1 mettersi in contatto con qc. (spec. per telefono); 2 farsi capire: *how do I* ~ *through to you?* che cosa posso fare per farmi capire da te?; 3 finire; 4 (*Pol.*) ottenere l'approvazione di: *the bill got through the Parliament* il disegno di legge ottenne l'approvazione del parlamento; *to* ~ **together** riunirsi, radunarsi; *to* ~ **up**: 1 alzarsi (dal letto); 2 (*di vento*) alzarsi, sollevarsi; (*di mare*) ingrossarsi; 3 preparare, allestire: *to* ~ *up a party* preparare un ricevimento; 4 (*fam.*) travestirsi; vestirsi bene, acconciarsi; 5 incrementare, aumentare (p.e. la velocità).

getaway ['getəwei] *s.* **1** fuga. **2** (*Sport*) partenza.

get-together ['gettəgeðə*] *s.* (*fam.*) ricevimento, rinfresco (di carattere familiare, tra amici).

get-up ['getʌp] *s.* (*fam.*) abbigliamento, tenuta.

geyser ['gaizə*] *s.* **1** (*Geog.*) geyser. **2** (*fam.*) ['gi:zə*] scaldabagno.

GFR = *German Federal Republic* Repubblica Federale Tedesca (RFT).

ghastly ['gɑ:stli] **I** *a.* **1** orrendo, spaventoso. **2** spettrale, pallidissimo. **3** (*fam.*) pessimo, sgradevole: *a* ~ *soup* una minestra pessima. **II** *avv.* **1** orrendamente, spaventosamente. **2** mortalmente, come uno spettro.

gherkin ['gə:kin] *s.* (*Bot.*) cetriolino, sottaceto.

ghetto ['getəu] *s.* (*pl.* **–s/–es** [–z]) ghetto.

ghost [gəust] *s.* **1** fantasma, spettro. **2** (*fig.*) ombra: *a* ~ *of a smile* l'ombra di un sorriso. □ *not to have a* ~ *of a* **chance** avere pochissime probabilità; (*Stor.*) *the* **Holy** *Ghost* lo Spirito Santo; ~ **writer** scrittore fantasma.

ghostlike ['gəustlaik] *a.* spettrale.

ghostly ['gəustli] *a.* **1** spettrale. **2** spirituale.

ghoul [gu:l] *s.* **1** demone che divora i cadaveri. **2** (*fig.*) sciacallo.

ghoulish ['gu:liʃ] *a.* orrendo, mostruoso.

GHQ = (*USA*) *General Head Quarter* Quartier generale.

GI = (*USA*) *Government Issue* soldato (dell'esercito).

giant ['dʒaiənt] **I** *s.* gigante. **II** *a.* gigantesco, gigante.

giantism ['dʒaiəntizəm] *s.* (*Med., fig.*) gigantismo.

gibberish ['gibəriʃ] *s.* parole incomprensibili.

gibe [dʒaib] *s.* frecciata, allusione maligna.

to **gibe** [dʒaib] *v.i.* lanciare frecciate (*at* a).

giblets ['dʒiblits] *s.pl.* rigaglie, interiora (di pollame).

Gibraltar [dʒi'brɔ:ltə*] *N.pr.* (*Geog.*) Gibilterra.

giddiness ['gidinis] *s.* vertigini, capogiro.

giddy ['gidi] *a.* **1** in preda alle vertigini. **2** vertiginoso, che dà le vertigini; vorticoso. □ *to* **be** ~ *with success* essere stordito dal successo; *to* **feel** ~ avere il capogiro.

gift [gift] *s.* **1** dono, regalo. **2** dote naturale, talento. **3** facoltà di concedere. **4** (*Dir.*) donazione. **5** (*fam.*) bazzecola.

gifted ['giftid] *a.* **1** di gran talento. **2** dotato (*with* di). **3** (molto) intelligente.

gig [gig] *s.* **1** calesse. **2** (*Mar.*) lancia.

gigantic [dʒai'gæntik] *a.* gigantesco.

giggle ['gigl] *s.* risatina sciocca. □ *to have the giggles* aver la ridarella.

to **giggle** ['gigl] *v.i.* ridere scioccamente.

gigolo *fr.* ['ʒigələu] *s.* (*pl.* **–s** [–z]) (*sl.*) **1** gigolo. **2** ballerino a pagamento. **3** accompagnatore di professione.

to **gild** [gild] *v.t.* (*pass., p.p.* **–ed** [–id]/**gilt** [gilt]) dorare (*anche fig.*): *to* ~ *the pill* indorare la pillola.

gilding ['gildiŋ] *s.* doratura.

gill[1] [gil] *s.* **1** (*Zool.*) branchia. **2** (*Zool.*) bargiglio. **3** lamella di fungo. □ *to be green about the gills* avere l'aria malata.

gill[2] [dʒil] *s.* (*unità di misura*) gill → **Appendice**.

gillyflower ['dʒiliflauə*] *s.* (*Bot.*) garofano, dianto.

gilt [gilt] **I** *s.* doratura. **II** *a.* dorato.

gilt-edged [,gilt'edʒd] *a.* di prim'ordine. □ (*Econ.*) ~ *securities* titoli di stato.

gimlet ['gimlit] *s.* succhiello (da falegname). □ ~ *eyes* sguardo penetrante e indagatore.

gimmick ['gimik] *s.* (*fam.*) **1** trucco. **2** aggeggio.

gin[1] [dʒin] *s.* gin.

gin[2] [dʒin] *s.* **1** (*Tessitura*) sgranatrice. **2** (*Caccia*) trappola. **3** (*Mecc.*) argano.

to **gin** [dʒin] *v.t.* (*pass., p.p.* **ginned** [–d]) **1** (*Tessitura*) sgranare. **2** (*Caccia*) intrappolare.

ginger ['dʒindʒə*] **I** *s.* **1** zenzero. **2** (*fam.*)

animazione, vivacità. **3** colore fulvo. **II** *a.* fulvo, rossiccio.
to **ginger** ['dʒindʒə*] *v.t.* **1** aromatizzare con zenzero. **2** (*fig.*) (spesso con *up*) ravvivare, animare.
ginger ale ['dʒindʒəreil] *s.* ginger ale (bevanda analcolica allo zenzero).
gingerbread ['dʒindʒəbred] *s.* (*Gastr.*) pan pepato.
gingerly ['dʒindʒəli] **I** *a.* cauto, circospetto. **II** *avv.* cautamente.
gipsy ['dʒipsi] **I** *s.* zingaro. **II** *a.* zingaresco.
giraffe [dʒi'rɑ:f] *s.* (*Zool.*) giraffa.
girder ['gə:də*] *s.* (*Edil., Aer.*) trave.
girdle ['gə:dl] *s.* **1** guaina, busto. **2** (*Anat.*) cinto: *pelvic* ~ cinto pelvico.
to **girdle** ['gə:dl] *v.t.* cingere, circondare.
girl [gə:l] *s.* **1** ragazza, fanciulla. **2** donna nubile, signorina. **3** (*fam.*) fidanzata. **4** figlia. □ ~ **Friday** segretaria efficientissima; *Girl* **Guide**, (*am.*) *Girl* **scout** giovane esploratrice.
girlhood ['gə:lhud] *s.* adolescenza, giovinezza.
girlish ['gə:liʃ] *a.* di (*o* da) ragazza.
giro ['dʒaiərəu] *s.* (*Comm.*) giroconto: ~ *account* conto corrente postale.
girt [gə:t] → to **gird**.
girth [gə:θ] *s.* **1** circonferenza, giro. **2** sottopancia (di cavallo).
gist [dʒist] *s.* essenza, succo, nocciolo.
give [giv] *s.* elasticità, cedevolezza.
to **give** [giv] *v.* (*pass.* **gave** [geiv], *p.p.* **given** ['givn]) **I** *v.t.* **1** dare; regalare, donare. **2** pagare; dare in cambio: *she will* ~ *me 20 dollars for the concert ticket* mi pagherà 20 dollari per il biglietto del concerto. **3** trasmettere, porgere: ~ *him my regards* porgigli i miei saluti. **4** dare, avere come risultato: *4 times 4 gives 16* 4 per 4 dà 16. **5** fruttare; dare, produrre (spesso con *off*): *this tree gives good fruit* questo albero dà buoni frutti. **6** destinare, assegnare: *I was given a large room at the hotel* all'albergo mi hanno assegnato una stanza spaziosa. **7** infliggere, condannare: *he has been given six months* l'hanno condannato a sei mesi. **8** attaccare, trasmettere (una malattia): *don't* ~ *me your cold* non attaccarmi il raffreddore. **9** brindare: *I* ~ *you the King* propongo un brindisi per il re. **II** *v.i.* **1** donare, fare doni. **2** cedere (a pressioni); arrendersi. **3** dare, affacciarsi (*on, on to* su): *the window gives on the street* la finestra dà sulla strada. □ *to* ~ *s.o. to* **believe** (o *to understand*) *that* far credere (*o* capire) a qd. che; *to* ~ **birth** *to* dare alla luce (*anche fig.*); (*fam.*) *to* ~ **it** *to s.o.* dare una lavata di capo a qd.; *to* ~ **of** *one's best* dare il meglio di sé; *to* ~ **rise** causare, provocare; *to* ~ *and* **take** giungere a un compromesso; avere uno scambio di idee; *to* ~ **voice** *to* esprimere; *to* ~ **way**: 1 ritirarsi; far posto per; 2 cedere. // (*seguito da avverbi*) *to* ~ **away**: *v.t.* 1 dare (via), regalare; 2 portare all'altare (una sposa); 3 tradire; 4 rivelare, svelare; *to* ~ **back** I *v.t.* 1 restituire, rendere; 2 riflettere (p.e. una immagine). II *v.i.* indietreggiare, ritirarsi; *to* ~ **forth** (*lett.*) emanare; mettere in circolazione; *to* ~ **in** I *v.t.* consegnare. II *v.i.* arrendersi; cedere a: *we mustn't* ~ *in to threats* non dobbiamo cedere alle minacce; *to* ~ **off** I *v.t.* emettere (p.e. odore, fumo). II *v.i.* ramificarsi; *to* ~ **out** I *v.t.* 1 distribuire; 2 divulgare; 3 emettere (p.e. suoni). II *v.i.* 1 esaurirsi (fisicamente); 2 (*fam.*) finire; smettere (di funzionare); *to* ~ **over** I *v.t.* cessare; rinunciare; 2 abbandonarsi a: *she gave over to despair* si abbandonò alla disperazione; 3 dedicare; dedicarsi: *the evening was given over to music* la serata venne dedicata alla musica. II *v.i.* smettere; *to* ~ **up**: *v.t.* 1 abbandonare, lasciare; 2 smettere di, rinunciare a; desistere: *to* ~ *up smoking* smettere di fumare; 3 cedere, arrendersi; 4 dare per spacciato; *to* ~ *o.s.* **up** costituirsi.
giveaway ['givəwei] *s.* **1** il tradirsi. **2** articolo in omaggio. **3** trasmissione a premi.
given[1] ['givn] → to **give**.
given[2] ['givn] *a.* **1** dato, convenuto, stabilito. **2** dedito: *he is* ~ *to drink* egli è dedito al bere.
given name *am.* ['givn'neim] *s.* nome di battesimo.
give or take [ˌgivɔ:'te:k] *loc. avv.* più o meno; con uno scarto di.
giver ['givə*] *s.* datore, donatore.
gizzard ['gizəd] *s.* (*Zool.*) ventriglio. □ (*fam.*) *it sticks in my* ~ non mi va né su né giù.
glacial ['gleiʃəl] *a.* glaciale (*anche fig.*).
glaciation [ˌglæsi'eiʃən] *s.* (*Geol.*) glaciazione.
glacier ['glæsjə*] *s.* (*Geol.*) ghiacciaio.
glad [glæd] *a.* (*compar.* **gladder** ['glædə*], *sup.* **gladdest** ['glædist]) felice, contento, lieto.
to **gladden** ['glædn] *v.t.* allietare, rallegrare.
glade [gleid] *s.* radura.
gladiator ['glædieitə*] *s.* (*Stor.*) gladiatore.
gladiolus [ˌglædi'əuləs] *s.* (*Bot.*) gladiolo.
gladness ['glædnis] *s.* contentezza, gioia.
glad-rags ['glædrægs] *s.pl.* abiti della festa, ghingheri.
glamorous ['glæmərəs] *a.* incantevole, affascinante; travolgente.
glamour ['glæmə*] *s.* fascino, seduzione; richiamo.
glance [glɑ:ns] *s.* **1** colpo d'occhio, occhiata. **2** lampo, bagliore. □ *at first* ~ a prima vista.
to **glance** [glɑ:ns] *v.i.* **1** dare un'occhiata, gettare uno sguardo: *to* ~ *at a book* dare un'occhiata a un libro. **2** essere deviato (*off* da); rimbalzare (su). **3** balenare, brillare. □ *glancing blow* colpo di striscio.
gland [glænd] *s.* (*Biol.*) ghiandola.
glandular ['glændjulə*] *a.* (*Biol.*) ghiandolare.
glare [glɛə*] *s.* **1** luce abbagliante, bagliore. **2** sguardo truce e penetrante. □ *to be in the* ~ *of publicity* essere di dominio pubblico.
to **glare** [glɛə*] **I** *v.i.* **1** sfolgorare, abbagliare. **2** guardare con occhio truce (*at s.o.* qd.). **II** *v.t.* esprimere con lo sguardo.

glaring ['glɛəriŋ] *a.* **1** abbagliante, accecante. **2** sgargiante. **3** (*fig.*) evidente. **4** furioso.
glass [glɑ:s] **I** *s.* **1** vetro. **2** bicchiere. **3** specchio. **4** *pl.* occhiali, lenti. **5** *pl.* binocolo. **6** oggetti di vetro, vetri. **7** lente; cannocchiale. **8** lastra di vetro. **II** *a. attr.* **1** di vetro, di cristallo. **2** a vetri, a vetrate.
to **glass** [glɑ:s] *v.t.* **1** dotare di vetri, proteggere con vetri. **2** (*lett.*) riflettere, rispecchiare.
glass fibre ['glɑ:s'faibə*] *s.* (*tecn.*) fibra di vetro.
glassful ['glɑ:sful] *s.* contenuto di un bicchiere.
glass house ['glɑ:s'haus] *s.* serra.
glassware ['glɑ:swɛə*] *s.* **1** articoli di vetro, vetrerie. **2** cristalleria, cristalli.
glasswork ['glɑ:swə:k] *s.* fabbricazione del vetro.
glassworks ['glɑ:swə:ks] *s.pl.* (costr. sing.) vetreria, fabbrica di vetri.
glassy ['glɑ:si] *a.* **1** simile a vetro, trasparente. **2** vitreo. **3** inespressivo.
glaucous ['glɔ:kəs] *a.* glauco, verde azzurro.
glaze [gleiz] *s.* **1** superficie vetrosa; vernice vetrosa. **2** mano di vernice trasparente. **3** (*Gastr.*) glassa.
to **glaze** [gleiz] **I** *v.t.* **1** dotare di vetri, chiudere con vetri. **2** smaltare a vetro. **3** (*Gastr.*) glassare. **4** (*tecn.*) patinare; lustrare, lucidare. **II** *v.i.* appannarsi, diventare vitreo.
glazer ['gleizə*] *s.* **1** smaltatore. **2** lucidatore (di pellame).
glazier ['gleiziə*] *s.* vetraio.
glazy ['gleizi] *a.* vetroso, vitreo.
gleam [gli:m] *s.* **1** bagliore. **2** barlume. **3** sprazzo.
to **gleam** [gli:m] *v.i.* **1** luccicare. **2** brillare di luce debole, luccicare.
to **glean** [gli:n] *v.t./i.* spigolare (*anche fig.*).
gleaning ['gli:niŋ] *s.* spigolatura (*anche fig.*).
glee [gli:] *s.* allegria, gioia.
gleeful ['gli:ful] *a.* allegro, gaio, gioioso.
glen [glen] *s.* (*Geog.*) valle stretta e lunga.
glib [glib] *a.* **1** loquace. **2** disinvolto, spigliato.
glibness ['glibnis] *s.* **1** loquacità. **2** disinvoltura.
glide [glaid] *s.* **1** scivolata, scivolamento. **2** (*Aer.*) planata.
to **glide** [glaid] *v.i.* **1** scivolare. **2** fluire, scorrere. **3** muoversi furtivamente. **4** (*Aer.*) planare, librarsi. **5** fare il volo a vela.
glider ['glaidə*] *s.* (*Aer.*) aliante.
glimmer ['glimə*] *s.* **1** luce debole: *without a ~ of hope* senza un'ombra di speranza. **2** barlume. **3** luccichio (dell'acqua).
to **glimmer** ['glimə*] *v.i.* **1** luccicare debolmente. **2** baluginare.
glimmering ['glimәriŋ] **I** *s.* luce debole, barlume: *the first glimmerings of hope* i primi bagliori di speranza. **II** *a.* luccicante.
glimpse [glimps] *s.* **1** rapido sguardo, occhiata. **2** lieve traccia. **3** (*fig.*) idea vaga. **4** luccichio.
to **glimpse** [glimps] **I** *v.t.* vedere di sfuggita, intravedere. **II** *v.i.* guardare di sfuggita (*at s.o.* qd.).
glint [glint] *s.* **1** baleno, bagliore. **2** (*fig.*) scintilla, sprazzo.
to **glint** [glint] **I** *v.i.* **1** scintillare, brillare. **2** baluginare, balenare. **II** *v.t.* far brillare.
glisten ['glisn] *s.* brillio, luccichio.
to **glisten** ['glisn] *v.i.* brillare, luccicare.
glitter ['glitə*] *s.* scintillio, sfolgorio; splendore.
to **glitter** ['glitə*] *v.i.* brillare, luccicare, scintillare.
glittering ['glitəriŋ] *a.* brillante, scintillante.
to **gloat** [gləut] *v.i.* **1** provare un gusto maligno (*over, at* per, su). **2** guardare con avidità (*over, on, upon s.th.* qc.).
global ['gləubl] *a.* **1** globale, sferico. **2** (*estens.*) complessivo.
globe [gləub] *s.* **1** globo, mappamondo. **2** sfera.
globe-trotter ['gləubtrɔtə*] *s.* globe-trotter, giramondo.
globose ['gləubəus] *a.* globoso, sferico.
globule ['glɔbju:l] *s.* **1** goccia. **2** (*Biol.*) globulo.
gloom [glu:m] *s.* **1** tenebre, oscurità. **2** (*fig.*) tristezza, disperazione: *he was plunged into deep ~* era piombato nella più cupa disperazione.
gloomy ['glu:mi] *a.* **1** oscuro, buio. **2** cupo, depresso, disperato.
glorification [ˌglɔ:rifi'keiʃən] *s.* glorificazione, esaltazione.
to **glorify** ['glɔ:rifai] *v.t.* glorificare, esaltare.
glorious ['glɔ:riəs] *a.* **1** glorioso. **2** splendido, radioso, stupendo. **3** (*fam.*) piacevolissimo, delizioso, fantastico.
glory ['glɔ:ri] *s.* **1** splendore, magnificenza. **2** gloria, fama. **3** aureola (di gloria). □ *to* **bathe** *in reflected ~* brillare di luce riflessa; (*am.*) **old** *Glory* la bandiera nazionale americana.
to **glory** ['glɔ:ri] *v.i.* gloriarsi, compiacersi (*in* di).
gloss[1] [glɔs] *s.* **1** lucentezza. **2** (*fig.*) vernice, apparenza (esteriore).
to **gloss**[1] [glɔs] *v.t.* **1** lucidare, lustrare. **2** (spesso con *over*) dissimulare.
gloss[2] [glɔs] *s.* annotazione, postilla.
to **gloss**[2] [glɔs] *v.t.* annotare, postillare.
glossary ['glɔsəri] *s.* glossario.
glossiness ['glɔsinis] *s.* lucentezza.
glossy ['glɔsi] *a.* lucido, lucente. □ *~ magazine* rivista illustrata (su carta patinata).
glove [glʌv] *s.* **1** guanto. **2** (*Sport*) guantone. □ (*fig.*) *to* **fit** *like a ~* calzare come un guanto; (*fig.*) *to be* **hand** *in ~ with s.o.* essere in combutta con qd.
glove compartment [ˌglʌvkəm'pɑ:tmənt] *s.* (*Aut.*) ribalta nel cruscotto.
glow [gləu] *s.* **1** incandescenza. **2** luminosità, splendore. **3** (*di guance, ecc.*) colorito vivo. **4** (*fig.*) fervore, ardore.

to **glow** [gləu] *v.i.* **1** ardere. **2** (*di guance, ecc.*) avvampare. **3** (*fig.*) infiammarsi. **4** fiammeggiare, rosseggiare.

glower ['glauə*] *s.* sguardo torvo.

to **glower** ['glauə*] *v.i.* guardare torvo (*at s.o.* qd.).

glowing ['gləuiŋ) *a.* **1** incandescente. **2** (*fig.*) acceso; entusiastico.

glow-worm ['gləuwə:m] *s.* (*Zool.*) lucciola.

glucose ['glu:kəus] *s.* (*Chim.*) glucosio.

glue [glu:] *s.* colla.

to **glue** [glu:] *v.t.* incollare, appiccicare (*anche fig.*): *they were glued to the TV set* erano incollati alla TV.

gluey ['glu:i] *a.* **1** colloso. **2** vischioso; appiccicoso.

glum [glʌm] *a.* cupo, triste, tetro.

glut [glʌt] *s.* **1** quantità eccessiva. **2** scorpacciata.

to **glut** [glʌt] *v.t.* (*pass., p.p.* **glutted** [–id]) **1** saziare: *to ~ o.s. on s.th.* saziarsi di qc. **2** (*Comm.*) saturare: *to ~ the market* saturare il mercato.

gluten ['glu:tən] *s.* (*Bot.*) glutine.

glutton ['glʌtn] *s.* ghiottone, goloso. **2** (*fig.*) persona insaziabile, divoratore. □ (*fig.*) *~ for punishment* masochista.

gluttonous ['glʌtnəs] *a.* goloso, ghiotto.

gluttony ['glʌtni] *s.* ghiottoneria, ingordigia.

glycaemia [glai'simiə] *s.* (*Med.*) glicemia.

glycerin(e) [glisə'rin] *s.* (*Chim.*) glicerina.

GM = *General Manager* Direttore Generale.

G-man *am.* ['dʒi:mæn] *s.* (*pl.* **–men**) (*sl.*) agente investigativo federale.

GMT = *Greenwich Mean Time* ora di Greenwich.

gnarl [nɑ:l] *s.* nodo (del legno).

to **gnarl** [nɑ:l] *v.t.* contorcere, storcere, torcere.

to **gnash** [næʃ] *v.t./i.* digrignare (i denti).

gnat [næt] *s.* (*Zool.*) moscerino.

to **gnaw** [nɔ:] *v.t./i.* (*pass.* **–ed** [–d], *p.p.* **–ed/–n** [–n]) rosicchiare, rodere.

gnawn [nɔ:n] → to **gnaw**.

gnome [nəum] *s.* gnomo.

GNP = *Gross National Product* Prodotto Interno (*o* Nazionale) Lordo (PIL).

go [gəu] *s.* (*fam.*) **1** energia, vitalità. **2** stato di cose. **3** tentativo. **4** quantità, porzione. □ (*fam.*) *all the ~* di gran moda.

to **go** [gəu] *v.* (*3ª pers. sing. pres. ind.* **goes** [gəuz], *pass.* **went** [went], *p.p.* **gone** [gɔn]) **I** *v.i.* **1** andare, recarsi (*to* a): *this road goes to Rome* questa strada va a Roma; *I'll ~ by bus* andrò in autobus; *to ~ shopping* andare a fare spese. **2** andare, funzionare: *my watch won't ~* il mio orologio non funziona. **3** andare, riuscire: *how did the party ~?* come è andato il ricevimento? **4** diventare: *to ~ mad* diventare matto. **5** consumarsi, logorarsi: *the jacket has gone at the elbows* la giacca si è logorata sui gomiti. **6** (*eufem.*) morire. **7** rimanere: *his calling for help went unnoticed* le sue richieste di aiuto rimasero inascoltate. **8** suonare, risuonare: *has the bell gone yet?* è già suonata la campana? **9** (forma in *–ing* seguita da infinito) intendere; stare per, essere sul punto di: *I'm not going to wait any longer* non intendo aspettare ancora; *it's going to rain* sta per piovere. **II** *v.t.* **1** seguire: (*fig.*) *if you were going my way* se tu mi seguissi. **2** puntare, scommettere: *to ~ ten pounds* puntare dieci sterline; (*nei giochi di carte*) dichiarare. □ *to ~ it* **alone** fare da solo; (*fam.*) *shall we ~* **and** *see him?* andiamo a trovarlo?; *to ~* **bail** *for s.o.* pagare la cauzione per qd.; (*fig.*) rendersi garante per qd.; *to ~* **bananas** uscire di testa; *to ~* **broke** andare in miseria; *dead and* **gone** morto e sepolto; (*esclam.*) *~* **easy***!* adagio!, calma!, vacci piano!; *as* **far** *as it goes* fino a questo punto; *that's going too* **far** questo è troppo; **here** *goes!* ci siamo! si comincia!; *to ~ to great* **lengths** fare di tutto per; *to* **let** *~*: 1 lasciare andare; liberare; 2 lasciarsi andare; rilassarsi; *to* **let** *it ~ at that* lasciare le cose come stanno; *to ~ by the* **name** *of* essere noto sotto il nome di; **ready**, *steady, ~!* pronti, via!; *to ~* **red** *in the face* arrossire; *so the* **story** *goes* così si dice; (*iron.*) **there** *you ~ again* ci risiamo; **to** *~*: 1 restare, avanzare: *there's still 10 minutes ~* restano ancora 10 minuti; 2 (*am.*) (*di cibi*) da asportare; (*fig.*) *to ~ out of one's* **way** *to do s.th.* farsi in quattro per fare qc.; (*Mil.*) **who** *goes there?* chi va là?; *it goes* **without** *saying that* è ovvio che. // (*seguito da preposizioni*) *to ~* **about**: 1 occuparsi di: *~ about your business!* bada ai fatti tuoi!; 2 intraprendere; *to ~* **after** cercare di ottenere; corteggiare; *to ~* **at**: 1 attaccare; buttarsi su (*anche fig.*); 2 mettersi di impegno; lavorare sodo; *to ~* **away** andarsene: *~ away!* vattene!; ma va!; non essere sciocco!; *to ~* **by**: 1 agire secondo; essere guidato da: *we'll ~ by the teacher's instructions* agiremo secondo le direttive del maestro; 2 giudicare da: *to ~ by appearances* giudicare dalle apparenze; *to ~* **for**: 1 andare a cercare (*o* prendere); 2 attaccare, scagliarsi contro; 3 (*fam.*) valere: *what he says goes for me too* quello che dice vale anche per me; *our work went for nothing* il nostro lavoro non è servito a nulla; *to ~* **into**: 1 intraprendere, entrare in: *to ~ into business* entrare negli affari; *to ~ into details* entrare nei dettagli; 2 approfondire, analizzare a fondo; 3 stare, essere contenuto: *3 goes into 9 three times* il 3 sta 3 volte nel 9; *to ~* **off** perdere l'interesse (*o* il gusto) per; *to ~* **on** basarsi su; assumere come prova: *I'll ~ on what you are saying* mi baserò su quello che dici; *to ~* **on** *the dole* ottenere il sussidio di disoccupazione; *to ~* **on** *the pill* prendere la pillola; *to ~* **over**: 1 esaminare; ispezionare; 2 revisionare; ripassare: *to ~ over a lesson* ripassare la lezione; *to ~* **through**: 1 attraversare; subire, affrontare: *I went through many difficulties* ho affrontato molte difficoltà; 2 completare, portare a termine; 3 essere esaminato (*o* accettato): *the law went through the Parliament* la legge è stata esaminata dal Parlamento; *to* ~ **with**: 1 accompagnare, andare con; (*fam.*) amoreggiare con; 2 essere d'accordo con; 3 intonarsi con; *to* ~ **without** fare a meno di, rinunciare a; *it goes* **without** *saying* va da sé, è ovvio. // (*seguito da avverbi*) *to* ~ **about**: 1 andare qua e là; 2 circolare (di notizie): *there is a story going about that* corre voce che; *to* ~ **ahead** incominciare; avanzare; progredire; ~ **ahead** forza!, coraggio!; ~ **ahead** *with you*: 1 togliti dai piedi!; 2 non ti credo!; *to* ~ **along**: 1 progredire; procedere; 2 essere d'accordo (*with* con); 3 accompagnare (spesso con *with*); *to* ~ **back**: 1 (ri)tornare (*anche fig.*): *he went back to what he had said* è ritornato su quanto aveva detto; 2 risalire (*to* a): *my firm goes back to the early Twenties* la mia ditta risale all'inizio degli anni Venti; (*fam.*) *to* ~ **back** *on* essere sleale; tradire; *he is not the sort of man who would* ~ **back** *on his word* non è il tipo da rimangiarsi la parola data; *to* ~ **by**: 1 passare, trascorrere: *as the years* ~ *by* con il passare degli anni; 2 passare, fare una breve visita: *I went by, but he wasn't at home* sono passato da lui, ma non era in casa; *to* ~ **down**: 1 scendere; abbassarsi; (*di luna, sole, vento, ecc.*) calare; 2 soccombere; affondare; 3 sgonfiarsi: *the tyre went down* la gomma si è sgonfiata; 4 essere accettato: *her words went down well* le sue parole vennero accolte bene; 5 passare alla storia (*in* a); 6 abbandonare l'università; *to* ~ **in** *for*: 1 partecipare a: *to* ~ *in for a competition* partecipare a un concorso; 2 occuparsi di, interessarsi di; *to* ~ **off**: 1 andarsene, uscire di scena; 2 esplodere; 3 (*di cibo*) andare a male; 4 prendere sonno; perdere conoscenza; 5 cessare di funzionare; spegnersi: *the central heating goes off at twelve o'clock* il riscaldamento centrale si spegne a mezzogiorno; *to* ~ **on**: 1 proseguire, continuare; 2 (*di tempo*) passare, trascorrere; 3 accadere, succedere: *what is going on here?* che cosa sta succedendo qui?; 4 entrare: *there shoes won't* ~ *on* queste scarpe non mi entrano; 5 (*di luce, gas, ecc.*) accendersi; ~ **on**! forza!, avanti!; (*fam.*) ma via!; (*fam.*) ~ **on** *with you!* ma mi faccia il piacere! *to be going* **on** *for* avvicinarsi a: *it's going on for ten* sono quasi le dieci; *the lesson went* **on** *and on* la lezione si è protratta a lungo; *to* ~ **out**: 1 uscire; 2 (*di fuoco, luce*) spegnersi; smorzarsi; 3 passare di moda; 4 dare le dimissioni; 5 scioperare; 6 (*di tempo*) finire, passare; (*fam.*) *to* ~ *all* **out** *for s.th.* mettercela tutta a fare qc.; *to* ~ **over** passare (*to* a): *to* ~ *over to the enemy* passare al nemico; *to* ~ **round**: 1 girare; 2 diffondersi (di notizie); 3 andare a trovare (*to s.o.* qd.), far visita a; *to* ~ **through** concludere; approvare ufficialmente: *the deal has gone through* l'affare è stato concluso; *to* ~ **through** *with s.th.* andare fino in fondo; *to* ~ **together** armonizzare, intonarsi; *to* ~ **under** affondare; (*fig.*) fallire; *to* ~ **up**: 1 salire, aumentare; 2 sorgere, essere costruito; 3 saltare in aria; *to* ~ **up** *in the world* farsi strada; *to* ~ **up** *to s.o.* avvicinare qd.

goad [gəud] *s.* **1** pungolo. **2** (*fig.*) incitamento, stimolo.

to **goad** [gəud] *v.t.* **1** pungolare. **2** (*fig.*) incitare, stimolare.

go-ahead ['gəuəhed] *s.* (*fam.*) approvazione; (*fam.*) benestare.

goal [gəul] *s.* **1** scopo, fine, obiettivo. **2** (*Sport*) rete, porta. **3** (*Sport*) traguardo.

goalie ['gəuli] (*fam.*) → **goalkeeper**.

goalkeeper ['gəulki(:)pə*] *s.* (*Sport*) portiere.

goat [gəut] *s.* **1** (*Zool.*) capra. **2** (*fam.*) vecchio irascibile. □ (*fam.*) *to* **get** *s.o.'s* ~ irritare qd.; (*fig.*) *to separate the* **sheep** *from the goats* distinguere il buono dal cattivo.

goatee [gəu'ti:] *s.* barba a pizzetto.

goatish ['gəutiʃ] *a.* **1** da capra. **2** (*fig.*) lascivo.

goatskin ['gəutskin] *s.* **1** pelle di capra. **2** (*pelletteria*) capretto.

to **gobble**[1] ['gɔbl] *v.t./i.* trangugiare, mangiare in fretta.

to **gobble**[2] ['gɔbl] *v.i.* (*di tacchino*) fare glo glo.

gobbler ['gɔblə*] *s.* (*fam.*) tacchino.

go-between ['gəubitwin:] *s.* **1** intermediario. **2** (*fam.*) mezzano; paraninfo.

goblet ['gɔblit] *s.* calice; coppa.

goblin ['gɔblin] *s.* folletto, spirito maligno.

go-cart ['gəukɑ:t] *s.* **1** carrettino, girello. **2** (*Aut.*) → **go-kart**.

god [gɔd] **I** *s.* **1** dio, divinità. **2** *pl.* loggione (di un teatro). **God** *N.pr.* (*Rel.*) Dio, Iddio. **II** *intz.* (mio) Dio. □ *God's* **acre** cimitero; (*Dir.*) **act** *of God* calamità naturale, forza maggiore; *God* **knows** lo sa Iddio; certamente: *God* **knows** *he is a good man* certamente è un bravo uomo; *God* **willing** a Dio piacendo.

godchild ['gɔdtʃaild] *s.* (*pl.* **–children** ['tʃildrən]) figlioccio.

goddam(n) ['gɔ'dæm], **goddamned** ['gɔ'dæmd] *a.* (*fam.*) dannato, maledetto.

goddaughter ['gɔddɔ:tə*] *s.* figlioccia.

goddess ['gɔdis] *s.* dea.

godfather ['gɔdfɑ:ðə*] *s.* padrino.

god-fearing ['gɔdfiəriŋ] *a.* timorato di Dio.

godforsaken [ˌgɔdfə'seikən] *a.* (*rif. a luogo*) sperduto, dimenticato da Dio.

Godfrey ['godfri] *N.pr.m.* Goffredo.

godhead ['gɔdhed] *s.* divinità, natura divina.

godless ['gɔdlis] *a* **1** ateo, senza Dio. **2** empio, malvagio.

godlike ['gɔdlaik] *a.* **1** simile a un dio. **2** divino.

godmother ['gɔdmʌðə*] *s.* madrina.

godparent ['gɔdpεərənt] *s.* padrino; madrina.

godsend ['gɔdsend] *s.* fortuna inaspettata; grazia piovuta dal cielo.
godson ['gɔdsʌn] *s.* figlioccio.
god-speed ['gɔd'spi:d] *s.*: *to bid s.o.* ~ augurare a qd. successo (prima di un viaggio).
godwit ['gɔdwit] *s.* (*Zool.*) pittima.
goer ['gəuə*] *s.* **1** persona che va: *comers and goers* persone che vanno e vengono. **2** (*nei composti*) frequentatore: *theatre* ~ frequentatore assiduo di teatro.
go-getter [gəu'getə*] *s.* (*fam.*) persona che non guarda in faccia nessuno.
goggle ['gɔgl] *s.pl.* occhiali di protezione.
to **goggle** ['gɔgl] **I** *v.t.* stralunare, strabuzzare; roteare (gli occhi). **II** *v.i.* **1** guardare stralunato. **2** (*di occhi*) sporgere, essere sporgente.
going ['gəuiŋ] *s.* **1** partenza. **2** andatura. **3** condizione del terreno. ☐ **comings** *and goings* viavai, andirivieni; *to* **set** ~ mettere in moto.
goings-on ['gəuiŋz'ɔn] *s.pl.* (*fam.*) **1** comportamento. **2** avvenimenti, intrallazzi.
goiter (*am.*) **goitre** ['gɔitə*] *s.* (*Med.*) gozzo.
go-kart ['gəukɑ:t] *s.* (*Aut.*) go-kart.
gold [gəuld] **I** *s.* **1** oro. **2** (*fig.*) denaro, ricchezza. **II** *a.* **1** aureo, d'oro: *a* ~ *ring* un anello d'oro. **2** dorato. ☐ ~ **digger** cercatore d'oro; (*fig.*) donna avida; ~ **dust** polvere d'oro; (*fig.*) cosa difficile da avere; ~ **mine** miniera d'oro; (*Econ.*) ~ **reserve** riserva aurea; ~ **rush** corsa all'oro; *it is* **worth** *its weight in* ~ vale tant'oro quanto pesa.
golden ['gəuldən] *a.* d'oro, aureo; dorato. ☐ (*fam.*) ~ **handshake** liquidazione; ~ **mean** aurea mediocrità; ~ **youth** gioventù dorata.
goldfinch ['gəuldfintʃ] *s.* (*Zool.*) cardellino.
goldfish ['gəuldfiʃ] *s.* (*Zool.*) ciprino dorato, (*fam.*) pesce rosso.
goldsmith ['gəuldsmiθ] *s.* orafo, orefice.
golf [gɔlf] *s.* (*Sport*) golf. ☐ ~ **club** mazza da golf; ~ **course** campo da golf.
to **golf** ['gɔlfbɔ:l] *v.i.* giocare a golf.
golf ball ['gɔlfbɔ:l] *s.* pallina da golf. ☐ (*fam.*) ~ (*typewriter*) macchina per scrivere elettrica con pallina (dei caratteri) intercambiabile.
golfer ['gɔlfə*] *s.* (*Sport*) giocatore di golf.
golosh [gə'lɔʃ] *s.* soprascarpa, caloscia.
gondola ['gɔndələ] *s.* gondola.
gone[1] [gɔn] → to **go**.
gone[2] [gɔn] *a.* **1** andato, passato. **2** sfinito, spacciato. ☐ *to be* **far** ~ essere gravemente ammalato; essere ubriaco fradicio; *it's* ~ **tea-time** ormai è troppo tardi per prendere il tè.
goner ['gɔnə*] *s.* (*fam.*) persona spacciata; caso disperato.
gonfalon ['gɔnfələn] *s.* gonfalone, vessillo.
gong [gɔŋ] *s.* gong.
to **gong** [gɔŋ] *v.i.* sonare il gong.
gonna ['gɔnə] (*am. fam.*) (contraz. di **going to**): *what are they* ~ *do?* che cosa faranno?
gonorrh(o)ea [,gɔnə'riə] *s.* (*Med.*) gonorrea.
good [gud] **I** *a.* (*compar.* **better** ['betə*], *sup.* **best** [best]) **1** buono; che fa bene; bravo; bello; giusto. **2** valido, buono: *it isn't a* ~ *reason* non è una ragione valida. **3** vero, genuino. **4** ben, abbondante: *a* ~ *ten pounds* ben dieci sterline. **II** *s.* **1** bene; beneficio, vantaggio. **2** *pl.* beni, averi. **3** *pl.* (*Comm.*) merce. **III** *avv.* (*fam.*) bene: *I feel* ~ *today* mi sento bene oggi. **IV** *intz.* bene. ☐ *that's* **all** *to the* ~ (è) tanto di guadagnato; un buon affare; **as** ~ *as* praticamente, quasi: *our essay is as* ~ *as done* il nostro tema è quasi finito; (*Dir.*) *goods and* **chattels** beni mobili; *a* ~ **day**'*s work* il lavoro di un'intera giornata; *a* ~ **deal** una grande quantità (di), molto; *his promise is* ~ **enough** *for me* mi basta la sua promessa; *to be* ~ **enough** *to do s.th.* avere la bontà di fare qc.; *to put a* ~ **face** *on s.th.* far buon viso a qc.; *a* ~ **few** parecchi; **for** ~ (*and all*) per sempre, definitivamente; *to be* ~ *for* valere; ~ **for** *you* buon per te; **for** ~ *or for evil* nel bene o nel male; *to have a* ~ **look** *at s.th.* osservare bene qc.; *to* **make** ~ diventare importante e ricco; fare qc. sul serio; riparare al malfatto; *a* ~ **many** parecchi, un bel po' (di); *it's* **no** ~ *complaining* è inutile lamentarsi; *in* ~ **time** per tempo; *all in* ~ **time** a suo tempo; *to have a* ~ **time** divertirsi; *they are* **up** *to no* ~ stanno combinando qualche guaio; *a* ~ **way** un buon tratto (di strada), una discreta distanza; **what** ~ *will that do?* a che serve?, a che pro?
good-by(e) [gud'bai] *s./intz.* arrivederci, addio. ☐ *to say* ~ *to s.o.* salutare qd.
good fellow ['gud'feləu] *s.* persona simpatica.
good-for-nothing ['gudfə'nʌθiŋ] *a./s.* buono a nulla.
Good Friday ['gud'fraidi] *s.* Venerdì Santo.
good-humoured ['gud'hju:məd] *a.* di buon umore, allegro.
good-looking ['gud'lukiŋ] *a.* bello, attraente, di bell'aspetto.
good looks [gud'luks] *s.* bellezza, bell'aspetto.
goodly ['gudli] *a.* **1** attraente. **2** grande, notevole.
good-natured ['gud'neitʃəd] *a.* di indole buona.
goodness ['gudnis] **I** *s.* **1** bontà. **2** gentilezza, cortesia. **3** buono, parte migliore. **II** *intz.* santo cielo. ☐ (*esclam.*) ~ **gracious** santo cielo; (*esclam.*) ~ **knows** lo sa il cielo; (*esclam.*) *for* ~ *'s* **sake** per l'amor del cielo; (*esclam.*) **thank** ~ grazie al cielo, meno male.
good will ['gud'wil] *s.* **1** benevolenza. **2** buona volontà. **3** (*Comm.*) avviamento.
goody ['gudi] *s.* **1** caramella, dolce, leccornia. **2** (*estens.*) cosa bella e piacevole.
goody-goody ['gudi'gudi] *s.* santerellino, ipocrita *m./f.*; perbenista.
goof [gu:f] *s.* (*sl.*) **1** cantonata; (*fam.*) granchio. **2** sciocco, credulone.
to **goof** [gu:f] *v.i.* prendere una cantonata; lasciarsi sfuggire un'occasione. ☐ *to* ~ *off* bighellonare.
goofy ['gu:fi] *a.* (*sl.*) ridicolo, assurdo.

goon [gu:n] *s.* (*fam.*) **1** sciocco, babbeo. **2** (*am.*) bullo; scagnozzo.

goose [gu:s] *s.* (*pl.* **geese** [gi:s]) **1** (*Zool.*) oca (*anche fig.*). **2** (*fig.*) stupido; sciocco. ☐ (*fam.*) *he cannot say* **boo** *to a* ~ è timidissimo; *wild* ~ **chase** impresa o tentativo assurdo; (*am. Sport*) ~ **egg** zero.

gooseberry ['gu:zbəri] *s.* (*Bot.*) uvaspina. ☐ (*fam.*) *to play* ~ *to s.o.* reggere il moccolo a qd.

goose-flesh ['gu:sfleʃ] *s.* pelle d'oca.

goose-step ['gu:sstep] *s.* (*mil.*) passo dell'oca.

GOP = (*USA*) *Grand Old Party* Partito Repubblicano.

gore [gɔ:*] *s.* **1** sangue coagulato. **2** (*estens.*) scene cruente.

to **gore** [gɔ:*] *v.t.* trafiggere; incornare.

gorge [gɔ:dʒ] *s.* **1** (*Geog.*) gola, forra. **2** blocco; masso: *an ice* ~ un blocco di ghiaccio. **3** (*fam.*) scorpacciata, mangiata.

to **gorge** [gɔ:dʒ] **I** *v.t.* mangiare ingordamente, divorare. **II** *v.i.* satollarsi, rimpinzarsi.

gorgeous ['gɔ:dʒəs] *a.* splendido, magnifico; meraviglioso.

gorgeousness ['gɔ:dʒəsnis] *s.* magnificenza, fasto.

gorilla [gə'rilə] *s.* **1** (*Zool.*) gorilla. **2** (*am.*) sicario.

gorse [gɔ:s] *s.* (*Bot.*) ginestrone.

gory ['gɔ:ri] *a.* **1** insanguinato, cruento. **2** violento.

gosh [gɔʃ] *intz.* (*fam.*) accidenti, porca miseria.

gosling ['gɔzliŋ] *s.* (*Zool.*) papero, papera.

go-slow [gəu'sləu] *s.* sciopero bianco.

gospel ['gɔspəl] *s.* **1** (*Rel.*) vangelo. **2** (*fig.*) dottrina, fede. **3** (*Mus.*) gospel (canto religioso negro). **Gospel** *s.* (*Bibl., Lit.*) Vangelo. ☐ ~ **oath** giuramento (fatto) sul vangelo; (*fig.*) *to* **take** *s.th. as* ~ prendere qc. per vangelo; ~ **truth** verità sacrosanta.

gossamer ['gɔsamə*] *s.* **1** sottile ragnatela; filo di ragnatela. **2** garza sottilissima.

gossip ['gɔsip] *s.* **1** pettegolezzo, diceria; chiacchierata. **2** pettegolo, linguaccia. **3** chiacchierata. ☐ (*Giorn.*) ~ *column* cronaca degli avvenimenti mondani.

to **gossip** ['gɔsip] *v.i.* chiacchierare; spettegolare (*about* su).

gossipy ['gɔsipi] *a.* chiacchierone, pettegolo.

got [gɔt] → to **get**.

Gothic ['gɔθik] **I** *a.* gotico. **II** *s.* **1** (*Arch., Arte*) stile gotico; arte gotica. **2** (*Tip.*) carattere gotico.

gotta ['gɔtə] (*am. fam.*) contraz. di **got to**: *I* ~ *get ready* devo prepararmi.

gotten *am.* ['gotn] → to **get**.

gouge [gaudʒ] *s.* **1** sgorbia (da falegname). **2** scanalatura. **3** buco.

to **gouge** [gaudʒ] *v.t.* **1** scanalare, incavare. **2** (spesso con *out*) incavare, fare dei buchi.

gourd [guəd] *s.* **1** (*Bot.*) zucca. **2** zucca vuota (usata come recipiente).

gourmand ['guəmənd] *s.* ghiottone.

gourmet ['guəmei] *s.* buongustaio.

gout [gaut] *s.* (*Med.*) gotta.

gouty ['gauti] *a.* gottoso.

to **govern** ['gʌvən] **I** *v.t.* **1** governare, reggere, amministrare. **2** guidare. **3** controllare. **4** (*Gramm.*) reggere. **5** (*Mot.*) regolare, registrare. **II** *v.i.* governare.

governance ['gʌvənəns] *s.* governo, dominio.

governess ['gʌvənis] *s.* governante, istitutrice.

government ['gʌvənmənt] *s.* **1** governo. **2** direzione, comando. **3** amministrazione, ministero.

governmental [ˌgʌvən'mentl] *a.* governativo.

governor ['gʌvənə*] *s.* **1** governatore, sovraintendente. **2** (*sl.*) padrone, capo. **3** (*Mecc.*) regolatore.

gown [gaun] *s.* **1** abito da sera. **2** toga.

GP = *general practitioner* medico di base.

GPO = *General Post Office* Posta Centrale.

gr = *grain(s)* grano.

GR = *Greece* Grecia.

grab [grəb] *s.* **1** atto (*o* tentativo) di afferrare; presa, stretta. **2** (*Mecc.*) benna. **3** (*gioco a carte*) rubamazzo. ☐ *up* **for** *grabs* a disposizione, disponibile: *this* **job** *is* ~ questo lavoro è disponibile.

to **grab** [grəb] *v.* (*pass., p.p.* **grabbed** [-d]) **I** *v.t.* **1** afferrare, acchiappare. **2** arraffare. **3** rimediare in qualche modo (per la fretta): *to* ~ *a sandwich* rimediare un panino. **II** *v.i.* **1** fare l'atto di afferrare (*at s.o.* qd.). **2** (*Aut.*) bloccarsi (di freni).

grace [greis] *s.* **1** grazia; gentilezza, garbo. **2** grazia, clemenza. **3** (*Teol., Dir.*) grazia. **4** (*Rel.*) preghiera di ringraziamento (prima dei pasti). ☐ *an* **act** *of* ~ un atto di clemenza; **airs** *and graces* modi affettati; *with* **good** ~ garbatamente; di buon grado.

to **grace** [greis] *v.t.* **1** abbellire, (ad)ornare. **2** onorare, fare onore a.

Grace [greis] *N.pr.f.* Grazia.

graceful ['greisful] *a.* **1** grazioso, aggraziato. **2** (*estens.*) cortese: ~ *solicitude* cortese sollecitudine.

graceless ['greislis] *a.* sgraziato, sgarbato.

gracious ['greiʃəs] **I** *a.* **1** gentile, cortese. **2** misericordioso, pietoso. **II** *intz.* (*fam.*) buon Dio.

graciousness ['greiʃəsnis] *s.* **1** gentilezza; indulgenza; condiscendenza. **2** clemenza.

grad. = *graduate* laureato.

gradation [gre'deiʃən] *s.* gradazione, sfumatura.

grade [greid] *s.* **1** grado, livello; qualità, categoria. **2** (*am., Scol.*) classe; anno (di corso); voto. **3** (*Strad.*) pendenza; (*am.*) dislivello. **4** animale con progenitore di razza pura. ☐ (*fam.*) *to make the* ~ riuscire a sfondare, farcela.

to **grade** [greid] *v.t.* **1** classificare. **2** graduare. **3** incrociare un animale con un altro di razza pura.

grade crossing *am.* ['greid'krɔsiŋ] *s.* passaggio a livello.

grade school *am.* ['greid'sku:l] *s.* scuola elementare.
gradient ['greidiənt] *s.* **1** (*Strad., Ferr.*) dislivello, pendenza. **2** (*Fis., Mat.*) gradiente.
grading ['greidiŋ] *s.* classificazione.
gradual ['grædʒuəl] *a.* graduale.
graduate ['grædjuit] **I** *s.* **1** (*Univ.*) laureato. **2** (*am.*) diplomato. **3** recipiente graduato. **II** *a.* **1** laureato. **2** (*am.*) diplomato.
to **graduate** ['grædjueit] **I** *v.i.* **1** (*Univ.*) laurearsi. **2** (*am.*) diplomarsi. **II** *v.t.* **1** (*Univ.*) conferire una laurea. **2** (*am.*) rilasciare un diploma. **3** graduare, dividere in gradi.
graduation [ˌgrædju'eiʃən] *s.* **1** (*Univ.*) laurea. **2** (*am.*) diploma, licenza. **3** graduazione; grado.
graffiti [grə'fi:ti] *s.* **1** (*Archeologia*) graffito. **2** *pl.* parole o disegni incisi sui muri di edifici, ecc.
graft [grɑ:ft] *s.* **1** (*Agr.*) innesto. **2** (*Chir.*) trapianto. **3** (*am.*) corruzione, peculato. **4** (*fam.*) lavoro duro.
to **graft** [grɑ:ft] **I** *v.t.* **1** (*Agr.*) innestare. **2** (*Chir.*) trapiantare. **3** (*am.*) ottenere illecitamente. **II** *v.i.* **1** (*Agr.*) essere innestato. **2** (*am.*) ottenere in modo illecito.
grain [grein] *s.* **1** grano, chicco; cereali, granaglie. **2** granello, chicco: *a ~ of sand* un granello di sabbia. **3** grana (di metalli, marmi, ecc.); venatura (di legno). **4** (*fig.*) pizzico, briciolo. **5** (*unità di misura*) grano → **Appendice**. □ *against the ~* controvoglia, malvolentieri.
to **grain** [grein] **I** *v.t.* **1** ridurre in grani. **2** pitturare a finto legno. **II** *v.i.* ridursi in grani.
grainy ['greini] *a.* granulare, granuloso.
gram [græm] *s.* grammo.
graminaceous [ˌgræmi'neiʃəs], **gramineous** [grə'miniəs] *a.* (*Bot.*) graminaceo: *~ plants* le graminacee.
grammar [græmə*] *s.* grammatica. □ *~ school* scuola secondaria (di indirizzo classico); (*am.*) scuola elementare.
grammarian [grə'mɛəriən] *s.* grammatico.
grammatic [grə'mætik], **grammatical** [grə'mætikəl] *a.* grammaticale.
gramme [græm] → **gram**.
gramophone ['græməfəun] *s.* grammofono.
granary ['grænəri] *s.* granaio (*anche fig.*).
grand[1] [grænd] *a.* **1** grandioso, superbo, imponente. **2** splendido, grande, solenne. **3** (*nei titoli*) gran, grande: *Grand Master* gran Maestro. **4** principale: *the ~ entrance* l'ingresso principale. **5** totale, globale, complessivo: *~ total* totale complessivo. □ (*fam.*) *I* **feel** *~* mi sento benissimo; (*USA*) *Grand Old* **Party** Partito Repubblicano; (*Mus.*) *~* **piano** pianoforte a coda; (*fam.*) *we had a ~* **time** ci siamo divertiti alla follia.
grand[2] [grænd] *s.* **1** (*fam.*) pianoforte a coda. **2** (*fam.*) 100 dollari (*o* sterline).
grandaunt ['grændɑ:nt] *s.* prozia.
grandchild ['græntʃaild] *s.* (*pl.* **–children** [–'ʃildrən]) nipote *m./f.* (di nonni).
granddaughter ['grændɔ:tə*] *s.* nipote *f.* (di nonni).
grandeur *fr.* ['grændʒə*] *s.* grandiosità; magnificenza; solennità; splendore.
grandfather ['grænfɑ:ðə*] *s.* **1** nonno. **2** antenato.
grandiloquent [græn'diləkwənt] *a.* magniloquente, ampolloso.
grandiose ['grændiəus] *a.* **1** grandioso, imponente. **2** pomposo, fastoso.
grandiosity [ˌgrændi'ɔsiti] *s.* grandiosità, fastosità.
grandmother ['grænmʌðə*] *s.* **1** nonna. **2** antenata.
grandnephew ['grænnevju:] *s.* pronipote *m.* (di zii).
grandniece ['grænni:s] *s.* pronipote *f.* (di zii).
grandparent ['grænpɛərənt] *s.* nonno, nonna.
grandson ['grænsʌn] *s.* nipote *m.* (di nonni).
grandstand ['græn(d)stænd] *s.* tribuna coperta.
granduncle ['grændʌŋkl] *s.* prozio.
grange [greindʒ] *s.* fattoria; tenuta di campagna.
granite ['grænit] *s.* (*Min.*) granito.
granitic [græ'nitik] *a.* granitico.
grannie, granny ['græni] *s.* (*vezz.*) nonnina.
grant [grɑ:nt] *s.* **1** concessione, assegnazione. **2** (*Univ.*) borsa di studio. **3** (*Dir.*) stanziamento, assegnazione di fondi, sovvenzione.
to **grant** [grɑ:nt] *v.t.* **1** concedere, accordare. **2** accettare, accogliere: *to ~ a request* accogliere una richiesta. **3** riconoscere, ammettere. **4** (*Dir.*) stanziare, sovvenzionare. □ *to take* **for** *granted* per certo, dare per scontato; *I ~* **you** lo ammetto.
granular ['grænjulə*] *a.* granuloso; granulare.
granulated ['grænjuleitid] *a.* in grani, granulato: *~ sugar* zucchero cristallizzato.
granule ['grænju:l] *s.* **1** grano, granello. **2** (*Biol.*) granulo.
granulous ['grænjuləs] *a.* granuloso, granulare.
grape [greip] *s.* **1** acino, chicco d'uva. **2** *pl.* uva.
grapefruit ['greipfru:t] *s.* pompelmo.
grape-stone ['greipstəun] *s.* vinacciolo.
grapevine ['greipvain] *s.* **1** vite. **2** (*fam.*) diceria, voce di corridoio.
graph [græf] *s.* grafico, diagramma. □ *~ paper* carta millimetrata.
graphic ['græfik] *a.* **1** grafico. **2** (*fig.*) pittoresco, vivido.
graphite ['græfait] *s.* (*Min.*) grafite.
graphology [ˌgræ'fɔlədʒi] *s.* grafologia.
grapnel ['græpnəl] *s.* (*Mar.*) raffio, rampino.
grapple ['græpl] *s.* **1** (*Mar.*) rampino, raffio. **2** lotta corpo a corpo.
to **grapple** ['græpl] **I** *v.t.* afferrare, abbrancare. **II** *v.i.* venire alle prese (con); lottare corpo a corpo.
grasp [grɑ:sp] *s.* **1** presa, stretta. **2** (*fig.*) padronanza. **3** capacità di comprensione. **4** (*fig.*) portata di mano: *within one's ~* a por-

tata di mano. **5** stretta di mano. ▭ (*fig.*) *beyond one's* ~ al di là della propria comprensione.

to **grasp** [grɑ:sp] *v.t.* **1** afferrare, agguantare. **2** (*fig.*) capire, comprendere: *to ~ a problem* comprendere un problema.

grasping ['grɑ:spiŋ] *a.* **1** tenace. **2** (*fig.*) avido.

grass [grɑ:s] *s.* **1** erba. **2** *pl.* (*Bot.*) graminacee. **3** prato, erba: *keep off the* ~ è vietato calpestare l'erba. **4** pascolo. **5** (*sl.*) erba (marijuana). **6** (*fam.*) delatore. ▭ *to* **be** *put out to* ~ venire considerati non più abili al lavoro; (*fig.*) *to* **go** *to* ~ ritirarsi, andare in pensione; (*fam.*) *the ~ is always* **greener** *on the other side of the fence* l'erba del vicino è sempre più verde; (*fam.*) *to* **let** *the ~ grow under one's feet* perder tempo.

to **grass** [grɑ:s] **I** *v.t.* **1** coprire d'erba. **2** pascolare. **3** (*fam.*) abbattere, atterrare. **II** *v.i.* fare la spia.

grasshopper ['grɑ:shɔpə*] *s.* (*Zool.*) cavalletta.

grassland ['grɑ:slænd] *s.* **1** terreno coltivato a prato. **2** (spesso al pl.) prateria.

grassroots *am.* ['grɑ:sru:ts] *s.pl.* (costr. sing. o pl.) **1** zone rurali; popolazione rurale. **2** (*fam.*) *pl.* la base (di un partito, movimento).

grass widow [grɑ:s'widou] *s.* (*fam.*) vedova bianca.

grassy ['grɑ:si] *a.* coperto d'erba, erboso.

grate [greit] *s.* **1** grata, inferriata, griglia. **2** gratella, graticola.

to **grate**[1] [greit] *v.t.* munire di grata.

to **grate**[2] [greit] **I** *v.i.* **1** stridere, cigolare. **2** dare ai nervi (*on* a). **II** *v.t.* **1** digrignare (i denti). **2** grattugiare, grattare.

grateful ['greitful] *a.* grato, riconoscente.

gratefulness ['greitfulnis] *s.* gratitudine, riconoscenza.

grater ['greitə*] *s.* grattugia.

gratification [,grætifi'keiʃən] *s.* piacere, soddisfazione; gratificazione.

to **gratify** ['grætifai] *v.t.* compiacere, appagare; gratificare.

gratifying ['grætifaiiŋ] *a.* piacevole, gradito; gratificante.

grating[1] ['greitiŋ] *a.* **1** stridente, stridulo. **2** irritante; sgradevole.

grating[2] ['greitiŋ] *s.* **1** grata, griglia, inferriata. **2** (*Fis.*) reticolo.

gratis ['greitis] **I** *a.* gratuito. **II** *avv.* gratis, gratuitamente.

gratitude ['grætitju:d] *s.* gratitudine, riconoscenza.

gratuitous [grə'tju:itəs] *a.* **1** arbitrario, ingiustificato. **2** inutile. **3** (*raro*) gratuito, gratis.

gratuity [grə'tju:iti] *s.* **1** mancia. **2** (*Mil.*) indennità di congedo. **3** liquidazione (di lavoratore).

grave[1] [greiv] *s.* **1** tomba, sepolcro, fossa. **2** (*fig.*) morte.

to **grave** [greiv] *v.t.* (*pass.* **-ed** [-d], *p.p.* **-ed/-en** ['greivən]) **1** incidere, intagliare. **2** scolpire (*anche fig.*).

grave[2] [greiv] *a.* **1** grave, serio. **2** austero, solenne.

gravedigger ['greivdigə*] *s.* becchino.

gravel ['grævəl] *s.* **1** ghiaia. **2** (*Med.*) renella; calcolosi.

to **gravel** ['grævəl] *v.t.* (*pass., p.p.* **-lled**/*am.* **-led** [-d]) **1** ricoprire, rivestire (di ghiaia). **2** (*fig.*) imbarazzare.

gravelly ['grævəli] *a.* **1** ghiaioso. **2** (*Med.*) calcoloso. **3** (*di voce*) profonda e roca.

graven ['greivən] *a.* intagliato, scolpito.

graver ['greivə*] *a.* **1** (*tecn.*) bulino. **2** incisore.

gravestone ['greivstəun] *s.* pietra tombale, lapide.

graveyard ['greivjɑ:d] *s.* camposanto, cimitero (*anche fig.*).

to **gravitate** ['græviteit] *v.i.* gravitare.

gravitation [,grævi'teiʃən] *s.* **1** (*Fis.*) gravitazione (universale). **2** (*fig.*) attrazione.

gravitational [,grævi'teiʃənəl] *a.* gravitazionale.

gravity ['græviti] *s.* **1** (*Fis.*) gravità. **2** serietà, solennità. ▭ (*Mecc.*) *specific* ~ densità relativa.

gravy ['greivi] *s.* sugo di carne; salsina.

gravy boat ['greivibəut] *s.* salsiera.

gravy train ['greivitrein] *s.* (*fam.*) pacchia; fonte di facile guadagno.

gray *am.* [grei] *e deriv.* → **grey** *e deriv.*

graze [greiz] *s.* **1** abrasione, escoriazione. **2** colpo (*o* tocco) di striscio.

to **graze**[1] [greiz] **I** *v.t.* **1** scorticare, escoriare. **2** sfiorare, colpire di striscio. **II** *v.i.* sfiorarsi.

to **graze**[2] [greiz] *v.t./i.* pascolare.

grazing ['greiziŋ] *s.* (terreno a) pascolo.

grease [gri:s] *s.* **1** grasso (animale), sugna. **2** grasso, unto, untume. **3** lubrificante. **4** (*fam.*) brillantina.

to **grease** [gri:s] *v.t.* **1** ungere. **2** (*tecn.*) ingrassare, lubrificare. **3** adulare. ▭ *to ~ s.o.* **hand** corrompere qd.; *to ~ the* **wheels** facilitare (un'operazione).

grease gun ['gri:sgʌn] *s.* oliatore.

greasepaint ['gri:speint] *s.* cerone (di attore).

greaseproof ['gri:spru:f] *a.*: ~ *paper* carta oleata, carta pergamena.

greaser ['gri:sə*] *s.* **1** ingrassatore. **2** (*am. spreg.*) messicano.

greasy ['gri:si] *a.* **1** unto; sudicio, sporco. **2** viscido, scivoloso.

great [greit] **I** *a.* **1** grande. **2** famoso, insigne. **3** pregevole, eccellente. **Great** *a.* grande: *Alexander the* ~ Alessandro il Grande. **II** *avv.* (*fam.*) benissimo; in gran forma. ▭ *a* ~ **deal** molto, moltissimo, *in* ~ **detail** nei minimi particolari, **Greater** *London* la grande Londra (la città con i suoi sobborghi); *the* **Greats** i Grandi (i massimi esponenti); *the* ~ **majority** la grande maggioranza; *a* ~ **many** una gran quantità; *it's no* ~ **matter** non ha importanza; *to have a* ~ **time** divertirsi molto.

great-aunt ['greitɑ:nt] *s.* prozia.

Great Britain ['greit'britn] *N.pr.* (*Geog.*) Gran Bretagna.

greatcoat ['greitkəut] *s.* (*Mil.*) cappotto pesante.

great-grandchild ['greit'græntʃaild] *s.* (*pl.* **–children** ['tʃildrən]) pronipote *m./f.*

great-granddaughter ['greit'grændɔ:tə*] *s.* pronipote *f.*

great-grandfather ['greit'grænfɑ:ðə*] *s.* bisnonno.

great-grandmother ['greit'grænmʌðə*] *s.* bisnonna.

great-grandparent ['greit'grænpɛərənt] *s.* bisnonno.

great-grandson ['greit'grænsʌn] *s.* pronipote *m.*

greatly ['greitli] *avv.* grandemente, molto, assai.

greatness ['greitnis] *s.* grandezza.

great-uncle ['greit'ʌŋkl] *s.* prozio.

Grecian ['gri:ʃən] *a./s.* greco.

Greece [gri:s] *N.pr.* (*Geog.*) Grecia.

greed [gri:d], **greediness** ['gri:dinis] *s.* **1** bramosia, avidità. **2** golosità. **3** avarizia.

greedy ['gri:di] *a.* **1** ingordo, avido. **2** ghiottone. **3** avaro.

Greek [gri:k] *a./s.* greco.

green [gri:n] **I** *a.* **1** verde. **2** (*fig.*) giovane; vigoroso. **3** immaturo, acerbo. **4** (*fig.*) principiante, novellino; ingenuo. **5** (*di alimento*) fresco. **II** *s.* **1** (*colore*) verde. **2** prato, spiazzo erboso. **3** (*Sport*) campo da golf; campo da bocce. **4** *pl.* (*Gastr.*) verdura, ortaggi, erbette. **5** *pl.* (*Christmas*) *greens* sempreverdi (per decorazioni natalizie). **6** (*Pol.*) i Verdi. ▭ *to have* ~ **fingers** avere il pollice verde; ~ **stuffs** *pl.* verdura, ortaggi.

to **green** [gri:n] **I** *v.t.* rendere verde. **II** *v.i.* diventare verde, inverdirsi.

greenback *am.* ['gri:nbæk] *s.* (*fam.*) banconota.

green belt ['gri:nbelt] *s.* zona verde.

greenery ['gri:nəri] *s.* fogliame; vegetazione.

green-eyed ['gri:naid] *a.* **1** dagli occhi verdi. **2** (*fig.*) geloso, invidioso.

greenfinch ['gri:nfintʃ] *s.* (*Zool.*) verdone.

greengrocer ['gri:ngrəusə*] *s.* fruttivendolo.

greenhorn [gri:nhɔ:n] *s.* **1** pivello, persona inesperta. **2** (*am.*) persona di recente immigrazione.

greenhouse ['gri:nhaus] *s.* serra. ▭ ~ *effect* effetto serra.

greenish ['gri:niʃ] *a.* verdastro, verdognolo.

Greenland ['gri:nlænd] *N.pr.* (*Geog.*) Groenlandia.

Greenlander ['gri:nləndə*] *s.* groenlandese *m./f.*

greenness ['gri:nnis] *s.* **1** verde. **2** (*fig.*) immaturità, inesperienza; giovinezza.

green room ['gri:nrum] *s.* camerino (di attore).

to **greet** [gri:t] *v.t.* **1** accogliere, salutare, dare il benvenuto. **2** (*fig.*) offrirsi, presentarsi. ▭ *the smell of coffee greeted us* ci accolse il profumo del caffè.

greeting ['gri:tiŋ] *s.* **1** saluto, cenno di saluto. **2** *pl.* ossequi, saluti. ▭ *greetings cards* biglietto (*o* cartoncino) d'auguri.

gregarious [gri'gɛəriəs] *a.* **1** socievole, che ama la compagnia. **2** (*Biol.*) gregario.

grenade [gri'neid] *s.* granata, bomba a mano.

grenadier [ˌgrenə'diə*] *s.* granatiere.

grew [gru:] → to **grow**.

grey [grei] **I** *a.* **1** grigio, bigio. **2** triste, deprimente. **3** (*fig.*) monotono, scialbo. **II** *s.* **1** grigio, color grigio. **2** cavallo bigio.

to **grey** [grei] **I** *v.t.* rendere grigio. **II** *v.i.* diventare grigio.

greyhound ['greihaund] *s.* (*Zool.*) levriero.

greyish ['greiiʃ] *a.* grigiastro.

grid [grid] *s.* **1** grata, inferriata. **2** graticola. **3** (*Rad., Mot.*) griglia. **4** (*Topografia*) reticolo.

griddle ['gridl] *s.* piastra.

grief [gri:f] *s.* afflizione, dolore. ▭ (*fig.*) *to come to* ~: 1 andare a rotoli; 2 farsi male; 3 far fiasco, fallire.

grievance ['gri:vəns] *s.* lagnanza, lamentela.

to **grieve** [gri:v] **I** *v.i.* addolorarsi, rattristarsi (*at, about, over* per). **II** *v.t.* addolorare, rattristare.

grievous ['gri:vəs] *a.* **1** doloroso, triste. **2** (*di dolore, ecc.*) intenso, forte.

griffin ['grifin], **griffon** ['grifən] *s.* (*Mitol., Araldica*) grifone.

grill [gril] *s.* **1** griglia, grigliata: *mixed* ~ grigliata mista. **2** rosticceria, grill.

to **grill** [gril] *v.t./i.* **1** (*Gastr.*) cuocere sulla griglia. **2** (*fig.*) arrostire. **3** (*fig.*) sottoporre a un interrogatorio serrato.

grim [grim] *a.* **1** torvo, bieco; arcigno, severo. **2** sinistro, macabro. ▭ *to hold on like* ~ *death* aggrapparsi con tutte le forze.

grimace [gri'meis] *s.* smorfia, boccaccia.

to **grimace** [gri'meis] *v.i.* fare smorfie.

grime [graim] *s.* sporcizia, sudiciume.

to **grime** [graim] *v.t.* sporcare, insudiciare.

grimness ['grimnis] *s.* aspetto arcigno.

grimy ['graimi] *a.* sporco, sudicio.

grin [grin] *s.* **1** largo sorriso. **2** ghigno, sogghigno.

to **grin** [grin] *v.* (*pass., p.p.* **grinned** [–d]) **I** *v.i.* **1** fare un largo sorriso (*at* a). **2** ghignare, sogghignare. **II** *v.t.* esprimere con un largo sorriso.

grind [graind] *s.* **1** macina. **2** sgobbata. **3** (*am.*) sgobbare.

to **grind** [graind] *v.* (*pass., p.p.* **ground** [graund]) **I** *v.t.* **1** arrotare; levigare, molare. **2** (spesso con *down*) macinare, frantumare. **3** schiacciare. **4** digrignare (i denti). **5** (*fig.*) insegnare con grande impegno. **6** girare la manovella di. **7** (*Mecc.*) rettificare, molare. **II** *v.i.* **1** far girare macine. **2** frantumarsi, polverizzarsi; arrotarsi. **3** (*fam.*) (spesso con *away*) lavorare sodo, sgobbare.

grinder ['graində*] *s.* **1** (*Mecc.*) affilatrice; molatrice; macina. **2** arrotino. **3** (dente) molare. **4** (*sl. am.*) grosso tramezzino.

grindstone ['graindstəun] *s.* (*Mecc.*) mola. ▭

(*fam.*) *to keep one's nose to the ~* sgobbare.

grip [grip] *s.* **1** presa, stretta. **2** impugnatura. **3** (*fig.*) dominio, padronanza. **4** sacca da viaggio. □ (*fig.*) *to* **come** *to grips with s.o.* venire alle prese con qd.; *to* **come** *to grips with s.th.* prendere seriamente in considerazione qc.; (*fam.*) *to* **get** *a ~ on o.s.* riprendere la padronanza di sé.

to **grip** [grip] *v.* (*pass., p.p.* **gripped** [–t]) **I** *v.t.* **1** afferrare, stringere. **2** (*fig.*) avvincere, colpire. **II** *v.i.* **1** far presa. **2** (*fig.*) avvincere.

gripe [graip] *s.* **1** mal di pancia, colica. **2** (*fam.*) brontolio, lamentela.

to **gripe** [graip] **I** *v.t.* **1** lamentarsi. **2** (*fig.*) opprimere. **II** *v.i.* **1** (*Med.*) avere coliche. **2** (*fam.*) lamentarsi (*at, about* per).

grisly ['grizli] *a.* orribile, orrendo, atroce.

grist [grist] *s.* (*Agr.*) cereale macinabile. □ (*fig.*) *to bring ~ to one's mill* tirare acqua al proprio mulino.

gristle ['grisl] *s.* (*Anat.*) cartilagine.

gristly ['grisli] *a.* cartilaginoso.

grit [grit] *s.* **1** sabbia (grossa). **2** tritume di pietra. **3** (*fig.*) grinta, forza morale.

to **grit** [grit] *v.* (*pass., p.p.* **gritted** [–id]) **I** *v.t.* stringere (i denti). **II** *v.i.* stridere.

grits [grits] *s.pl.* (costr. sing. o pl.) **1** farina d'avena macinata grossa. **2** fiocchi d'avena.

gritty ['griti] *a.* sabbioso, arenoso.

to **grizzle** ['grizl] *v.i.* (*fam.*) piagnucolare, lamentarsi.

grizzled ['grizld] *a.* grigio, brizzolato.

grizzly ['grizli] *a.* **1** grigiastro. **2** brizzolato.

grizzly (bear) ['grizli (bɛə*)] *s.* (*Zool.*) (orso) grizzly.

groan [grəun] *s.* **1** gemito, lamento. **2** mormorio (di disapprovazione).

to **groan** [grəun] **I** *v.i.* **1** lamentarsi, gemere. **2** emettere mormorii (di disapprovazione). **II** *v.t.* dire tra (i) gemiti (*o* lamenti).

grocer ['grəusə*] *s.* droghiere.

grocery *am.* ['grəusəri] *s.* drogheria.

grog [grɔg] *s.* grog.

groggy ['grɔgi] *a.* (*fam.*) barcollante, vacillante; malfermo sulle gambe.

groin [grɔin] *s.* **1** (*Anat.*) inguine. **2** (*Arch.*) nervatura, costolone.

groom [gru:m] *s.* **1** stalliere. **2** gentiluomo di corte. **3** sposo.

to **groom** [gru:m] *v.t.* **1** governare, aver cura di; strigliare (un cavallo). **2** ornare, agghindare. **3** (*fig.*) avviare (a una carriera); addestrare.

groove [gru:v] *s.* **1** solco, scanalatura, incavo. **2** (*fig.*) vecchia abitudine.

to **groove** [gru:v] *v.t.* **1** scanalare, incavare. **2** (*fam.*) incidere (i dischi).

to **grope** [grəup] **I** *v.i.* brancolare, procedere (a) tentoni: *to ~ in the dark* brancolare nel buio. **II** *v.t.* **1** cercare (a) tentoni. **2** (*fam.*) palpare (una donna).

gropingly ['grəupiŋli] *avv.* **1** a tentoni. **2** (*fig.*) con esitazione.

grosbeak ['grəusbi:k] *s.* (*Zool.*) frosone.

gross[1] [grəus] *s.inv.* grossa, dodici dozzine.

gross[2] [grəus] **I** *a.* **1** grasso, grande e grosso, corpulento. **2** volgare, rozzo, scurrile. **3** grossolano. **4** vero e proprio: *a ~ injustice* un'ingiustizia vera e propria. **5** lordo: *~ income* reddito lordo. **6** macroscopico; visibile a occhio nudo. **II** *s.* totalità, quantità totale, blocco. □ **in** *the ~* nel complesso; *Gross National* **Product** Prodotto Interno Lordo.

grossness ['grəusnis] *s.* grossolanità, volgarità.

grotesque [grə(u)'tesk] **I** *a.* **1** stravagante, bizzarro. **2** grottesco. **II** *s.* **1** grottesco. **2** (*Arte*) grottesca.

grotto ['grɔtəu] *s.* (*pl.* **–es/–s** [–z]) grotta.

grouch [grautʃ] *s.* (*fam.*) **1** malumore, paturnie. **2** brontolone.

to **grouch** [grautʃ] *v.i.* essere di malumore, brontolare.

ground[1] [graund] *s.* **1** terra, suolo: *to till the ~* coltivare la terra. **2** terreno, campo (da gioco). **3** (*fig.*) (general. al pl.) ragione, motivo: *on religious grounds* per motivi religiosi. **4** (*fig.*) argomento, soggetto: *to go over the ~ again* tornare sull'argomento. **5** fondo, sfondo. **6** *pl.* fondo, sedimento: *coffee grounds* fondi di caffè. **7** (*Mar.*) fondo (del mare). **8** (*El.*) terra, massa. □ *to* **cover** *much ~* percorrere molta strada; (*fig.*) essere esauriente, essere di vasto respiro; (*fig.*) *to* **cut** *the ~ from under s.o.* (o *s.o.'s feet*) togliere a qd. il terreno sotto i piedi; *to* **gain** *~* guadagnare terreno; *to* **give** *~* ritirarsi; (*fig.*) cedere; *to* **hold** (o *keep*) *one's ~* mantenere la propria posizione; *to* **lose** *~* perdere terreno; (*fig.*) **on** *the grounds that* col pretesto di; (*fig.*) *to* **shift** *one's ~* cambiare idea.

to **ground** [graund] **I** *v.t.* **1** mettere giù, posare per terra. **2** (*fig.*) fondare, basare. **3** (*fig.*) insegnare i primi elementi a. **4** (*Aer.*) impedire di prendere il volo a. **5** (*Mar.*) fare arenare. **6** (*El.*) mettere a massa (*o* terra). **II** *v.i.* **1** (*Mar.*) arenarsi, incagliarsi (*on, upon* su). **2** (*assol.*) cadere a terra.

ground[2] [graund] → to **grind**.

ground floor ['graund,flɔ:*] *s.* pianterreno.

grounding ['graundiŋ] *s.* basi, nozioni elementari.

groundless ['graundlis] *a.* infondato, inconsistente.

ground nut ['graund,nʌt] *s.* (*Bot.*) arachide.

ground sheet ['graund,ʃi:t] *s.* telone impermeabile (da stendere per terra in una tenda).

ground staff ['graund,stɑ:f] *s.* personale di terra (in un aeroporto).

ground work ['graund,wə:k] *s.* lavoro di base, lavoro preparatorio.

group [gru:p] *s.* **1** gruppo. **2** (*Chim.*) radicale.

to **group** [gru:p] **I** *v.t.* **1** raggruppare. **2** classificare. **II** *v.i.* radunarsi, raggrupparsi.

grouping ['gru:piŋ] *s.* raggruppamento, gruppo.

group practice [gru:p'præktis] *s.* poliambulatorio medico.

group therapy [gru:p'θerəpi] *s.* (*Med.*) terapia di gruppo.
grouse[1] [graus] *s.* (*pl. inv.*/**-es** [-iz]) (*Zool.*): *black* ~ grouse nero; *red* ~ grouse rosso.
grouse[2] [graus] *s.* (*fam.*) brontolio.
to **grouse** [graus] *v.i.* brontolare.
grouser ['grausə*] *s.* (*fam.*) brontolone.
grout [graut] *s.* **1** (*Edil.*) malta liquida. **2** intonaco.
to **grout** [graut] *v.t.* (*Edil.*) riempire di malta; intonacare.
grove [grəuv] *s.* (*lett.*) boschetto.
to **grovel** ['grɔvl] *v.i.* (*pass., p.p.* **-lled**/*am.* **-led** [-d]) strisciare (*anche fig.*).
groveller ['grɔvələ*] *s.* persona strisciante.
grovelling ['grɔvəliŋ] *a.* spregevole, servile.
to **grow** [grəu] *v.* (*pass.* **grew** [gru:], *p.p.* **grown** [grəun]) **I** *v.i.* **1** crescere, diventare grande. **2** farsi, diventare: *it is growing dark* si sta facendo buio. **II** *v.t.* **1** coltivare. **2** farsi crescere: *to* ~ *a beard* farsi crescere la barba. □ (*di unghie*) *to* ~ **in** incarnirsi; *to* ~ **less** diminuire; *to* ~ **up**: 1 crescere, diventare adulto; 2 prendere piede, diffondersi; (*fam.*) ~ **up**! non fare il bambino!
grower ['grəuə*] *s.* (*Agr.*) coltivatore.
growl [graul] *s.* **1** ringhio. **2** brontolio, borbottio rabbioso.
to **growl** [graul] **I** *v.i.* **1** ringhiare. **2** (*fig.*) borbottare, brontolare. **II** *v.t.* (spesso con *out*) brontolare, borbottare.
growler ['graulə*] *s.* (*fam.*) brontolone.
grown[1] [grəun] → to **grow**.
grown[2] [grəun] *a.* adulto, maturo.
grown-up ['grəunʌp] *a./s.* adulto.
growth ['grəuθ] *s.* **1** crescita, sviluppo: ~ *hormone* ormone della crescita. **2** (*Med.*) escrescenza.
grub [grʌb] *s.* **1** (*Zool.*) larva (di insetto); bruco. **2** (*fam.*) cibo.
to **grub** [grʌb] *v.* (*pass., p.p.* **grubbed** [-d]) **I** *v.t.* **1** scavare, dissotterrare. **2** (spesso con *up, out*) sradicare, estirpare. **II** *v.i.* **1** sarchiare. **2** (*fig.*) sgobbare, lavorare sodo.
grubby ['grʌbi] *a.* **1** sporco, sudicio. **2** infestato da vermi.
grudge [grʌdʒ] *s.* rancore, malanimo.
to **grudge** [grʌdʒ] *v.t.* **1** dare (*o* fare) malvolentieri. **2** invidiare.
grudging ['grʌdʒiŋ] *a.* riluttante.
gruel ['gru:əl] *s.* (*Gastr.*) farina d'avena cotta in acqua (*o* latte).
gruelling ['gru:əliŋ] *a.* faticoso, snervante.
gruesome ['gru:səm] *a.* raccapricciante, orribile.
gruff [grʌf] *a.* **1** rauco, roco; (*di suono*) aspro. **2** scortese.
gruffness ['grʌfnis] *s.* **1** scortesia. **2** raucedine.
grumble ['grʌmbl] *s.* **1** lagnanza, lamentela. **2** brontolio, borbottio.
to **grumble** ['grʌmbl] **I** *v.i.* lagnarsi, lamentarsi (*about, at, over* di, per); borbottare, brontolare. **II** *v.t.* brontolare, borbottare.
grumbler ['grʌmble*] *s.* brontolone.
grumpiness ['grʌmpinis] *s.* scontrosità, irritabilità.
grumpy ['grʌmpi] *a.* scontroso, irritabile.
to **grunt** [grʌnt] *v.t./i.* grugnire (*anche fig.*).
gu = *guinea(s)* ghinea, ghinee.
guano ['gwɑ:nəu] *s.* (*pl.* **-s** [-z]) guano.
guarantee [ˌgærən'ti:] *s.* **1** garanzia. **2** (*Dir.*) cauzione. **3** garante *m./f.*
to **guarantee** [ˌgærən'ti:] *v.t.* **1** garantire, farsi garante. **2** (*fig.*) promettere, assicurare.
guarantor [ˌgærən'tɔ:*] *s.* (*Dir.*) garante *m./f.*
guaranty ['gærənti] *s.* **1** (*Dir.*) garanzia, malleveria. **2** avallante *m./f.*; mallevadore.
guard [gɑ:d] *s.* **1** (*Mil.*) guardia; sentinella. **2** custode; guardiano. **3** custodia, vigilanza. **4** (*Ferr.*) capotreno. **5** (*Sport*) guardia: *to lower* (o *drop*) *one's* ~ abbassare la guardia. **6** (*Edil.*) parapetto. □ *to* **be** *off* (*one's*) ~ non stare in guardia; *to* **catch** *s.o. off his* ~ cogliere qd. alla sprovvista.
to **guard** [gɑ:d] **I** *v.t.* **1** sorvegliare, fare la guardia a; proteggere. **II** *v.i.* **1** stare in guardia. **2** guardarsi (*against* da): *to* ~ *against mistakes* guardarsi dal commettere errori.
guarded ['gɑ:did] *a.* cauto.
guardhouse ['gɑ:dhaus] *s.* (*Mil.*) guardina.
guardian ['gɑ:diən] **I** *s.* **1** guardiano. **2** (*Dir.*) tutore. **II** *a.* custode, tutelare: *the* ~ *angel* l'angelo custode.
guardianship ['gɑ:diənʃip] *s.* **1** (*Dir.*) tutela. **2** protezione.
guardsman ['gɑ:dzmən] *s.* (*pl.* **-men**) **1** guardia. **2** (*GB*) membro della guardia reale.
Guatemala [ˌgwɑ:ti'mɑ:lə] *N.pr.* (*Geog.*) Guatemala.
Guatemalan [ˌgwɑ:ti'mɑ:lən] *a./s.* guatemalteco.
guerilla, guerrilla [gə'rilə] *s.* guerrigliero; partigiano. □ ~ *warfare* guerriglia.
guess [ges] *s.* **1** congettura, supposizione. **2** ipotesi. □ (*fam.*) *it's* **anybody's** (o *anyone's*) ~ Dio solo lo sa; **at** *a* ~ a occhio e croce; **by** ~ per ipotesi; *to* **make** (o *give*) *a* ~ avanzare un'ipotesi.
to **guess** [ges] **I** *v.t.* **1** indovinare, azzeccare. **2** (*am.*) credere, immaginare: *I* ~ *so* credo di sì. **II** v.i. cercare d'indovinare (*at, about s.th.* qc.).
guest [gest] *s.* **1** ospite *m./f.* **2** cliente *m./f.* (di albergo). □ ~ **house** foresteria; ~ **room** camera degli ospiti.
guffaw [gʌ'fɔ:] *s.* riso sguaiato.
to **guffaw** [gʌ'fɔ:] *v.i.* ridere sguaiatamente.
guidance ['gaidəns] *s.* guida: *under s.o.'s* ~ sotto la guida di qd.
guide [gaid] *s.* **1** guida: *an Alpine* ~ una guida alpina; *let your conscience be your* ~ lasciati guidare dalla coscienza. **2** manuale. **3** giovane esploratrice, guida.
to **guide** [gaid] *v.t.* **1** guidare; dirigere. **2** consigliare.
guide-book ['gaidbuk] *s.* guida turistica.
guide-post ['gaidpəust] *s.* indicatore stradale.

guild [gild] *s.* **1** (*Stor.*) gilda, corporazione. **2** società; associazione.
guildhall ['gild'hɔ:l] *s.* **1** (*Stor.*) palazzo delle corporazioni. **2** municipio, palazzo municipale.
guile [gail] *s.* astuzia, furberia.
guileful ['gailful] *a.* furbo, scaltro.
guileless ['gaillis] *a.* **1** schietto, franco. **2** ingenuo.
guillotine [,gilə'ti:n] *s.* **1** ghigliottina. **2** taglierina.
to **guillotine** [,gilə'ti:n] *v.t.* **1** ghigliottinare. **2** tranciare con la taglierina.
guilt [gilt] *s.* colpa.
guiltiness ['giltinis] *s.* colpevolezza.
guiltless ['giltlis] *a.* innocente.
guilty ['gilti] *a.* colpevole, reo. □ *to* **have** *a ~ conscience* avere la coscienza sporca; *~ in* **fact** *and in law* reo confesso; *to* **plead** *~* dichiararsi colpevole.
guinea ['gini] *s.* ghinea.
Guinea ['gini] *N.pr.* (*Geog.*) Guinea.
guinea-fowl ['ginifaul] *s.* (*Zool.*) faraona, gallina faraona.
guinea-pig ['ginipig] *s.* (*Zool.*) cavia, porcellino d'India.
guise [gaiz] *s.* **1** abito, foggia. **2** (*fig.*) maschera; (falsa) apparenza.
guitar [gi'tɑ:*] *s.* (*Mus.*) chitarra.
guitarist [gi'tɑ:rist] *s.* chitarrista *m./f.*
gulch *am.* [gʌltʃ] *s.* (*Geog.*) burrone.
gulden ['guldən] *s.* (*Econ.*) fiorino olandese.
gulf [gʌlf] *s.* **1** (*Geog.*) golfo. **2** abisso, baratro (*anche fig.*).
gull[1] [gʌl] *s.* (*Zool.*) gabbiano.
gull[2] [gʌl] *s.* credulone.
to **gull** [gʌl] *v.t.* imbrogliare, gabbare.
gullet ['gʌlit] *s.* (*Anat.*) esofago; gola.
gullibility [,gʌli'biliti] *s.* credulità, dabbenaggine.
gullible ['gʌləbl] *a.* credulo(ne), ingenuo.
gully ['gʌli] *s.* **1** (*Geog.*) burrone, gola. **2** canale di scolo.
gulp [gʌlp] *s.* boccone; sorso: *at one ~* in un sorso.
to **gulp** [gʌlp] **I** *v.t.* (spesso con *down*) ingoiare, tracannare. **II** *v.i.* restare senza fiato.
gum[1] [gʌm] *s.* **1** gomma, colla. **2** gomma da masticare. **3** (*Med.*) cispa.
gum[2] [gʌm] *s.* (*Anat.*) gengiva.
gumboil ['gʌmbɔil] *s.* ascesso alle gengive.
gumboots ['gʌmbu:ts] *s.* stivali di gomma.
gummy ['gʌmmi] *a.* gommoso; appiccicaticcio.
gumption ['gʌmpʃən] *s.* (*fam.*) **1** iniziativa, intraprendenza. **2** buon senso, senso pratico.
gumshoe *am.* ['gʌmʃu:] *s.* (*sl.*) detective.
gum tree ['gʌmtri:] *s.* albero della gomma; eucalipto.
gun [gʌn] *s.* **1** cannone; arma da fuoco; fucile; carabina; rivoltella. **2** (*tecn.*) pistola a spruzzo. **3** cacciatore. □ *to* **blow** *great guns* (*di vento*) soffiare fortissimo; (*fig.*) *to* **stand** (o *stick*) *to one's guns* tener duro.
gunboat ['gʌnbəut] *s.* (*Mar.*) cannoniera.
gunman ['gʌnmən] *s.* (*pl.* **–men**) bandito armato.
gunner ['gʌnə*] *s.* **1** artigliere. **2** (*Mar.*) cannoniere. **3** (*Aer.*) mitragliere di bordo.
gunpowder ['gʌnpaudə*] *s.* polvere pirica.
gunshot ['gʌnʃɔt] *s.* **1** sparo, colpo d'arma da fuoco. **2** portata (d'arma da fuoco).
gunsmith ['gʌnsmiθ] *s.* armaiolo.
gunwale ['gʌnl] *s.* (*Mar.*) parapetto (superiore) di una nave.
gurgle ['gə:gl] *s.* gorgoglio.
to **gurgle** ['gə:gl] *v.i./t.* gorgogliare.
gush [gʌʃ] *s.* **1** zampillo; getto, fiotto. **2** (*fig.*) effusione, scoppio (d'ira, di ilarità, ecc.); impeto.
to **gush** [gʌʃ] **I** *v.i.* **1** (spesso con *forth, out*) sgorgare, zampillare. **2** (*fig.*) entusiasmarsi esageratamente. **II** *v.t.* far sgorgare, emettere.
gusher ['gʌʃə*] *s.* **1** pozzo di petrolio a eruzione spontanea. **2** persona espansiva.
gushing ['gʌʃiŋ] *a.* **1** sgorgante, zampillante. **2** (*fig.*) espansivo.
gust [gʌst] *s.* **1** folata, raffica (di vento). **2** scroscio (di pioggia). **3** vampata (d'incendio). **4** (*fig.*) scoppio, accesso.
gustatory ['gʌstətəri] *a.* gustativo.
gusto ['gʌstəu] *s.* (*pl.* **–es** [–z]) **1** gusto. **2** entusiasmo, fervore.
gusty ['gʌsti] *a.* burrascoso, tempestoso.
gut [gʌt] *s.* **1** (*Anat.*) intestino. **2** *pl.* budella. **3** *pl.* (*fam.*) coraggio. **4** budello. **5** *pl.* (*fam.*) sostanza, succo, essenza.
to **gut** [gʌt] *v.t.* (*pass., p.p.* **gutted** [-id]) **1** sventrare. **2** pulire: *to ~ a fish* pulire un pesce. **3** estrarre il succo (di un libro).
gutter ['gʌtə*] *s.* **1** (*Strad.*) cunetta. **2** (*Edil.*) grondaia. **3** canale (di scolo). **4** (*fig.*) bassifondi; marciapiede: *language of the ~* linguaggio da marciapiede.
to **gutter** ['gʌtə*] **I** *v.t.* **1** scanalare. **2** (*Edil.*) munire di grondaia. **II** *v.i.* **1** scorrere a rivoli. **2** (*di candela*) sgocciolare.
gutter press ['gʌtə:pres] *s.* stampa scandalistica.
guttural ['gʌtərəl] **I** *a.* (*Fonetica, Anat.*) gutturale. **II** *s.* (*Fonetica*) suono gutturale.
guy[1] [gai] *s.* **1** fantoccio. **2** (*fam.*) tipo buffo; spauracchio, spaventapasseri. **3** (*am. fam.*) tipo, individuo.
guy[2] [gai] *s.* tirante (di fissaggio), cavo.
Guy [gai] *N.pr.m.* Guido.
to **guzzle** ['gʌzl] *v.t.* tracannare; trangugiare.
Gwendolen, Gwendolyn ['gwendəlin] *N.pr.f.* Guendalina.
gym [dʒim] *s.* (*fam.*) **1** palestra. **2** ginnastica.
gymkhana [dʒim'kɑ:nə] *s.* gimkana.
gymnasium [dʒim'neiziəm] *s.* palestra.
gymnast ['dʒimnæst] *s.* ginnasta *m./f.*
gymnastic [dʒim'næstik] *a.* ginnastico, ginnico.
gymnastics [dʒim'næstiks] *s.pl.* esercizi ginnici, ginnastica.

gynaecological [ˌgainikəˈlɔdʒikəl] *a.* ginecologico.
gynaecologist [ˌgainiˈkɔlədʒist] *s.* ginecologo.
gynaecology [ˌgainiˈkɔlədʒi] *s.* ginecologia.
gypsum [ˈdʒipsəm] *s.* (*Min.*) gesso.
gypsy [ˈdʒipsi] → **gipsy**.

to **gyrate** [ˌdʒaiˈreit] *v.i.* turbinare, roteare, girare.
gyration [ˌdʒaiəˈreiʃən] *s.* rotazione, movimento a spirale; vortice.
gyroscope [ˈdʒaiərə(u)skəup] *s.* (*tecn.*) giroscopio.

H

h[1], **H**[1] [eitʃ] *s.* (*pl.* **h's/hs, H's/HS** ['əitʃiz]) h, H. □ (*Tel.*) ~ *for Harry*; (*am.*) ~ *for How* H come Hotel.
h[2] = *hour* ora.
H[2] = (*Chim.*) *hydrogen* idrogeno.
ha[1] = *hectare* ettaro.
ha[2] [hɑ:] *intz.* ah.
haberdasher ['hæbədæʃə*] *s.* merciaio.
haberdashery ['hæbədæʃəri] *s.* mercerie; merceria.
habit ['hæbit] *s.* **1** abitudine, consuetudine; usanza, costumanza. **2** abito, vestito: *monk's* ~ saio. □ *to* **be** *in the* ~ *of doing s.th.* essere abituato a fare qc.; *to* **fall** (o *get*) *into the* ~ *of doing s.th.* prendere l'abitudine di fare qc.; **out** *of* (*sheer*) ~ per abitudine.
habitable ['hæbitəbl] *a.* abitabile.
habitat ['hæbitæt] *s.* (*Biol.*) habitat.
habitation [ˌhæbi'teiʃən] *s.* abitazione. □ *fit for* ~ abitabile.
habitual [hə'bitjuəl] *a.* **1** abituale, consueto. **2** inveterato, incallito.
to **habituate** [hə'bitjueit] *v.t.* abituare, assuefare (*to* a).
habitude ['hæbitju:d] *s.* abitudine, consuetudine.
hack[1] [hæk] *s.* **1** arnese da taglio; ascia; piccone. **2** tacca.
to **hack**[1] [hæk] **I** *v.t.* spaccare; tagliare a pezzi; intaccare. **II** *v.i.* colpire ripetutamente (con un arnese tagliente) (*at s.th.* qc.). □ *hacking cough* tosse secca.
hack[2] [hæk] *s.* **1** cavallo da nolo. **2** (*fig.*) scrittore scadente, scribacchino.
to **hack**[2] [hæk] *v.i.* andare a cavallo al passo.
hackney ['hækni] *s.* cavallo da sella. □ ~ *carriage* vettura da nolo.
hackneyed ['hæknid] *a.* trito (e ritrito), detto e ridetto.
hacksaw ['hæksɔ:] *s.* seghetto a mano (per metalli).
had [hæd] → to **have**.
haddock ['hædək] *s.* (*Zool.*) eglefino.
Hades ['heidi:z] *N.pr.* (*Mitol.*) Ade, Inferi.
hadn't ['hædnt] *contraz. di* **had not**.
Hadrian ['heidrian] *N.pr.m.* Adriano.
hadst [hædst] → to **have**.
haematic [hi:'mætik] *a.* ematico.
haemoglobin [ˌhi:mə'gləubin] *s.* (*Biol.*) emoglobina.
haemophilia [ˌhi:mə'filiə] *s.* (*Med.*) emofilia.
haemorrhage ['hemərid3] *s.* (*Med.*) emorragia.
haemorrhoids ['hemərɔidz] *s.pl.* (*Med.*) emorroidi.
hafnium ['hæfniəm] *s.* (*Chim.*) afnio.
haft [hɑ:ft, *am.* hæft] *s.* manico; impugnatura (di spada, ecc).
hag [hæg] *s.* **1** vecchiaccia, megera. **2** strega.
haggard ['hægəd] *a.* smunto, sparuto.
haggis ['hægis] *s.* "haggis" (piatto rustico scozzese con carne e trippa di pecora).
to **haggle** ['hægl] *v.i.* **1** mercanteggiare, contrattare (*over* su). **2** discutere (di), disputare (di, su).
hagiography [ˌhægi'ɔgrəfi] *s.* agiografia.
Hague, The [heig] *N.pr.* (*Geog.*) L'Aia.
hah [hɑ:] → **ha**.
ha-ha [hɑ'hɑ:] *intz.* ah ah.
hail[1] [heil] *intz.* salve, salute. □ *within* ~ a portata di voce.
to **hail**[1] [heil] **I** *v.t.* **1** salutare. **2** applaudire, inneggiare; proclamare, acclamare. **II** *v.i.* salutare ad alta voce. □ *to* ~ **from** venire da; *to* ~ *a* **taxi** chiamare un tassì (per strada).
hail[2] [heil] *s.* grandine (*anche fig.*); grandinata.
to **hail**[2] [heil] **I** *v.i.* **1** grandinare (costr. impers.). **2** (*fig.*) (spesso con *down*) venir giù come grandine. **II** *v.t.* (*fig.*) gettare, lanciare.
hailstone ['heilstəun] *s.* chicco di grandine.
hailstorm ['heilstɔ:m] *s.* grandinata.
hair [hɛə*] *s.* **1** pelo; capello. **2** (*collett.*) capigliatura, chioma. □ *to* **do** *one's* ~ pettinarsi; *to let one's* ~ **down** sciogliersi i capelli; (*fam.*) lasciarsi andare; *to* **lose** *one's* ~ perdere i capelli; (*fig.*) perdere le staffe; *to* **put** *up one's* ~ tirarsi su i capelli; *to* **set** *one's* ~ farsi la messa in piega; (*fam.*) *to have* (o *get*) *s.o. by the* **short** *hairs* tenere in pugno qd.; (*fig.*) *to* **split** *hairs* spaccare un capello in quattro; (*fig.*) *to make s.o.'s* ~ **stand** *on end* far rizzare i capelli a qd.; (*fig.*) *to* **tear** *one's* ~ *out* strapparsi i capelli; **to** *a* ~ alla perfezione; (*fam.*) *not to* **turn** *a* ~ non batter ciglio.
hairbreadth ['hɛəbredθ] *s.* strettissimo margine, pelo: *by a* ~ per un pelo. □ *to have a* ~ *escape* salvarsi per il rotto della cuffia.

hairbrush ['hɛəbrʌʃ] *s.* spazzola per capelli.
haircloth ['hɛəklɔθ] *s.* tessuto di crine.
haircut ['hɛəkʌt] *s.* taglio dei capelli.
hairdo ['hɛədu:] *s.* (*pl.* **–s** [–z]) (*fam.*) pettinatura, acconciatura.
hairdresser ['hɛədresə*] *s.* parrucchiere.
hairdressing ['hɛədresiŋ] *s.* **1** acconciatura. **2** mestiere di parrucchiere.
hairdryer ['hɛədraiə*] *s.* asciugacapelli, fon.
hairiness ['hɛərinis] *s.* pelosità, villosità.
hairline ['hɛəlain] *s.* attaccatura dei capelli.
hairpin ['hɛəpin] *s.* forcina, forcella. □ ~ *bend* curva a U.
hair-raising ['hɛəreiziŋ] *a.* da far rizzare i capelli, agghiacciante.
hair-splitting ['hɛəsplitiŋ] **I** *s.* pedanteria, cavillosità. **II** *a.* pedante, cavilloso.
hair-spray ['hɛəsprei] *s.* lacca per capelli.
hairy ['hɛəri] *a.* peloso, villoso; irsuto.
hake [heik] *s.* (*Zool.*) nasello.
halcyon ['hælsiən] *a.* (*poet.*) calmo, sereno. □ *the* ~ *days of his youth* i giorni gloriosi della sua gioventù.
hale [heil] *a.* arzillo. □ ~ *and hearty* vivo e vegeto.
half [hɑ:f, *am.* hæf] **I** *s.* (*pl.* **halves** [hɑ:vz]) **1** metà, mezzo: *a kilo and a* ~ un chilo e mezzo; *it is* ~ *past four* sono le quattro e mezzo. **2** (*Sport*) tempo. **II** *a.* **1** mezzo: *a* ~ *pound* mezza libbra. **2** parziale, incompleto; a metà. **III** *avv.* **1** (a) mezzo, a metà. **2** in parte. **3** quasi; (*fam.*) mezzo. □ (*scherz.*) my **better** ~ la mia dolce metà; ~ *as* **big** *again* più grande di una volta e mezzo; **by** ~ di gran lunga; a metà; *to* **go** *halves* dividere in parti uguali; ~ *an* **hour**, (*am.*) *a* ~ **hour** mezz'ora; **in** ~ a metà, in due; ~ *as* **many**, ~ *as* **much** la metà; (*fam.*) **not** ~ proprio, veramente.
half-and-half ['hɑ:fənd'hɑ:f] **I** *a.* mezzo e mezzo. **II** *avv.* a metà.
halfback ['hɑ:fbæk] *s.* (*Sport*) mediano.
half-blood ['hɑ:fblʌd] *s.* consanguineità.
half-bound ['hɑ:fbaund] *a.* rilegato in mezza pelle.
half-breed ['hɑ:fbri:d] *a./s.* meticcio.
half-brother ['hɑ:fbrʌðə*] *s.* fratellastro.
half-caste ['ha:fkɑ:st] *a./s.* meticcio.
half crown ['hɑ:fkraun] *s.* mezza corona.
half-hearted ['hɑ:f'hɑ:tid] *a.* poco entusiasta.
half-length ['hɑ:f'leŋθ] **I** *s.* (*Arte*) ritratto a mezzo busto. **II** *a.* a mezzo busto.
half-life ['ha:flaif] *s.* (*Fis.*) periodo (*o* tempo) di dimezzamento.
half-mast [ˌhɑ:fmɑ:st] *s.*: *to fly a flag at* ~ alzare una bandiera a mezz'asta.
halfpenny ['heipəni] **I** *s.* **1** (*pl.* **–pennies** [–pniz]) moneta da mezzo penny. **2** (*pl. collett.* **–pence** [–pəns]) del valore di mezzo penny. **II** *a.* da mezzo penny.
half-sister ['hɑ:fsistə*] *s.* sorellastra.
half time ['hɑ:ftaim] *s.* **1** mezza giornata. **2** (*Sport*) intervallo (a metà partita).
halfway ['hɑ:fwei] **I** *avv.* a metà strada; a metà. **II** *a.* mediano, centrale. □ (*fig.*) ~ **measures** mezze misure; *to* **meet** *s.o.* ~ venire incontro a qd.
half-wit ['hɑ:fwit] *s.* sciocco; stupido.
halibut ['hælibət] *s.* (*Zool.*) ippoglosso.
halitosis [ˌhæliˈtəusis] *s.* (*Med.*) alitosi.
hall [hɔ:l] *s.* **1** sala, salone; (*estens.*) palazzo. **2** villa; palazzo (signorile). **3** atrio, hall. **4** (*Univ.*) casa dello studente; refettorio. □ ~ *stand* attaccapanni.
hallelujah [ˌhæli'lu:jə] *s./intz.* alleluia.
hallmark ['hɔ:lmɑ:k] *s.* **1** punzonatura di controllo (su oro e argento). **2** (*estens.*) elemento caratterizzante, caratteristico.
hallo [hə'ləu] *intz.* **1** ciao. **2** ohe, ehi. **3** (*Tel.*) pronto.
to **hallow** ['hæləu] *v.t.* santificare; venerare.
Halloween, **Hallowe'en** [ˌhæləu'i:n] *s.* vigilia d'Ognissanti.
Hallowmas ['hæləuməs] *s.* Ognissanti.
to **hallucinate** [hə'lu:sineit] *v.i.* avere allucinazioni.
hallucination [həˌlu:si'neiʃən] *s.* allucinazione.
hallucinogen [hə'lu:sinədʒen] *s.* (*Farm.*) allucinogeno.
halo ['heiləu] *s.* (*pl.* **–s/–es** [–z]) **1** (*Fis., Astr.*) alone. **2** aureola.
halogen ['hælɔdʒən] *s.* (*Chim.*) alogeno. □ ~ *lamp* lampada alogena.
halt [hɔ:lt] **I** *s.* **1** sosta, arresto. **2** (*Mil.*) alt. **II** *intz.* alt. □ *to* **call** *a* ~ dare l'alt; *to* **call** *a* ~ *to* finirla; *to* **come** *to a* ~ fermarsi.
to **halt**[1] [hɔ:lt] **I** *v.i.* **1** fermarsi, arrestarsi. **2** (*Mil.*) fare alt. **II** *v.t.* **1** fermare, arrestare. **2** (*Mil.*) dare l'alt a.
to **halt**[2] [hɔ:lt] *v.t.* **1** zoppicare. **2** (*fig.*) esitare, essere incerto: *in a halting voice* con voce esitante.
halter ['hɔ:ltə*] *s.* **1** cavezza. **2** capestro.
to **halter** ['hɔ:ltə*] *v.t.* mettere la cavezza a.
to **halve** [hɑ:v, *am.* hæv] *v.t.* **1** tagliare a metà, dimezzare. **2** dividere (in due parti uguali).
ham [hæm] *s.* **1** prosciutto. **2** cosciotto di maiale. **3** (*Teat.*) gigione. □ *radio* ~ radioamatore.
Hamburg ['hæmbə:g] *N.pr.* (*Geog.*) Amburgo.
hamburger ['hæmbə:gə*] *s.* (*Gastr.*) hamburger.
ham-fisted ['hæmfistid] *a.* (*fam.*) goffo, maldestro.
hamlet ['hæmlit] *s.* piccolo villaggio.
Hamlet ['hæmlit] *N.pr.m.* Amleto.
hammer ['hæmə*] *s.* **1** martello (anche *Anat.*). **2** (*Mus.*) martelletto. **3** cane (d'arma da fuoco). **4** (*Mecc.*) maglio. □ (*Pol.*) ~ *and* **sickle** falce e martello; (*fig.*) ~ *and* **tongs** con violenza; con foga; *to come* **under** *the* ~ essere messo all'asta.
to **hammer** ['hæmə*] **I** *v.t.* **1** piantare con il martello. **2** (spesso con *down, up*) inchiodare. **3** martellare, battere. **4** (*fam.*) sconfiggere clamorosamente. **II** *v.i.* martellare, battere (*at, on s.th.* qc.). □ (*fam.*) *to* ~ **at** *the keys*

pestare il pianoforte; (*fig.*) *to* ~ **away** *at s.th.* lavorare con grande impegno a qc.; (*fig.*) *to* ~ *s.th.* **into** *s.o.'s head* far entrare qc. in testa a qd.; *to* ~ **out** spianare col martello; (*fig.*) elaborare (con sforzo).

hammer-head ['hæməhed] *s.* (*Zool.*) pesce martello.

hammock ['hæmək] *s.* **1** amaca. **2** (*Mar.*) branda.

hamper ['hæmpə*] *s.* paniere, cesta.

to **hamper** ['hæmpə*] *v.t.* impacciare, intralciare; ostacolare.

hamster ['hæmstə*] *s.* (*Zool.*) criceto.

hamstring ['hæmstriŋ] *s.* **1** (*Anat.*) tendine del poplite. **2** (*Zool.*) tendine del garretto.

to **hamstring** ['hæmstriŋ] *v.t.* (coniug. come to **string**) **1** azzoppare (tagliando il tendine del poplite). **2** (*fig.*) annientare.

hand [hænd] **I** *s.* **1** mano: *to hold out one's* ~ *to s.o.* porgere la mano a qd. **2** lancetta (di orologio). **3** scrittura; firma: *she writes an illegible* ~ scrive in modo illeggibile. **4** (*nel gioco delle carte*) le carte che servono a un giocatore per una mano; giocatore; mano, giro: *to have a good* ~ avere un bel gioco; *we'll need a fourth* ~ avremo bisogno del quarto (giocatore); *we would like to play one more* ~ vorremmo fare un'altra mano. **5** operaio; *pl.* (*collett.*) manodopera, maestranze; equipaggio: *all hands on board!* tutto l'equipaggio a bordo! **6** abilità; persona abile: *he is a good* ~ *at painting* è molto abile nel dipingere. **7** (*fam.*) applauso: *to get a good* ~ essere molto applaudito. **8** (*per misurare l'altezza dei cavalli*) spanna (circa 10 cm.). **II** *a.attr.* a mano; manuale. □ **at** ~ a portata di mano; imminente, prossimo; *close* (o *near*) **at** ~ vicinissimo; *she is a great* ~ **at** *crosswords* è abilissima nelle parole crociate; **at** *first* ~ di prima mano; per esperienza diretta; *I am suffering* **at** *your hands* soffro per causa tua; **by** ~ a mano; *to bring up a baby* **by** ~ allevare un bambino con l'allattamento artificiale; *to* **fight** ~ *to* ~ combattere corpo a corpo; *to make money* ~ *over* **fist** far soldi in fretta e a palate; *to bind s.o.* ~ *and* **foot** legare qd. mani e piedi; *to serve s.o.* ~ *and* **foot** servire qd. di barba e capelli; **for** *one's own* ~ nel proprio interesse; (*fam.*) *to have one's hands* **full** essere occupatissimo; *to* **give** *s.o. a free* ~ lasciare mano libera a qd.; (*fig.*) *to* **have** *a* ~ *in s.th.* avere parte in qc.; **in** ~: 1 disponibile: *to have five minutes in* ~ avere cinque minuti disponibili; 2 in questione, in corso: *the matter in* ~ il caso in questione; ~ **in** ~ mano nella mano; (*fig.*) di pari passo; *to have a situation well* **in** ~ essere perfettamente padrone della situazione; *to* **keep** *one's* ~ *in* mantenersi in esercizio; *to* **lend** *s.o. a* (*helping*) ~ aiutare qd.; *to live from* ~ *to* **mouth** vivere alla giornata; (*fig.*.) **off** *one's hands* fuori della propria responsabilità; *hands* **off** non toccare!; non intrometterti!; **on** ~ a disposizione; **on** *all hands* da tutte le parti; (*fig.*) **on** (*the*) *one* ~ ... *on the other* (*hand*) da un lato ... dall'altro (lato); (*fig.*) **on** *the other* ~ d'altra parte; **out** *of* ~ incontrollabile; subito, senza indugio; (*fig.*) *to* **play** *into s.o.'s hands* fare l'interesse di qd.; *to play a good* ~ giocare bene; *to* **shake** *s.o.'s hands* stringere la mano a qd.; *to* **show** *one's* ~ (*fig.*) mostrare la propria forza; *to* **take** *a* ~ (*in*) aiutare; partecipare; *to* **take** *s.th.* (*s.o.*) *in* ~ assumere il controllo di; *to* **turn** *one's* ~ *to s.th.* dedicarsi a qc.; (*esclam.*) *hands* **up** mani in alto; (*fig.*) *to* **wash** *one's hands of s.th.* lavarsi le mani di qc.; (*fam.*) *to* **win** *hands down* vincere con facilità.

to **hand** [hænd] *v.t.* **1** porgere, passare, dare; consegnare. **2** aiutare (dando la mano). □ *to* ~ **down** essere tramandato; lasciare in eredità; (*fam.*) *to* ~ **it** *to s.o.* riconoscere i meriti di qd.; *to* ~ *s.th.* **on** (*to s.o.*) inviare; passare qc. (a qd.); *to* ~ **out** distribuire; *to* ~ **over** consegnare (qd. alle autorità); cedere.

handbag ['hændbæg] *s.* **1** borsa (da signora). **2** (*estens.*) bagaglio a mano.

hand ball ['hændbɔ:l] *s.* (*Sport*) pallamano.

handbill ['hændbil] *s.* volantino.

handbook ['bændbuk] *s.* manuale, prontuario; guida.

handbrake ['hændbreik] *s.* (*Mot.*) freno a mano.

handcart ['hændkɑ:t] *s.* carretto (a mano).

handclap ['hændklæp] *s.* applauso, battimano.

handcuff ['hændkʌf] *s.* (general. al pl.) manetta.

to **handcuff** ['hændkʌf] *v.t.* ammanettare.

handful ['hændful] *s.* **1** manciata, manata. **2** gruppetto (di persone). **3** (*fam.*) persona difficile da trattare; piccola peste.

hand-grenade ['hændgri'neid] *s.* bomba a mano.

handgrip ['hændgrip] *s.* **1** stretta di mano. **2** manopola; impugnatura.

handgun ['hændgʌn] *s.* pistola.

handicap ['hændikæp] *s.* **1** (*Sport*) handicap. **2** (*fig.*) condizione di svantaggio. **3** (*fig*) minorazione (fisica).

to **handicap** ['hændikæp] *v.t.* **1** handicappare, mettere in posizione di svantaggio. **2** (*Sport*) assegnare un handicap a.

handicraft ['hændikrɑ:ft] *s.* **1** maestria, abilità manuale. **2** artigianato.

handicraftsman ['hændikrɑ:ftsmən] *s.* (*pl.* **–men**) artigiano.

handiness ['hændinis] *s.* **1** praticità, funzionalità; maneggevolezza. **2** abilità, destrezza.

handiwork ['hændiwə:k] *s.* **1** lavoro manuale. **2** (*fig.*) operato.

handkerchief ['hæŋkətʃif] *s.* fazzoletto.

handle ['hændl] *s.* **1** manico, impugnatura; maniglia, manopola. **2** (*fig.*) punto d'appoggio, appiglio; occasione, pretesto. **3** (*fam.*) titolo (nobiliare). □ (*fam.*) *to fly off the* ~ perdere le staffe.

to **handle** ['hændl] *v.t.* **1** toccare, maneggiare; adoperare. **2** trattare, comportarsi verso. **3** trattare, occuparsi di. **4** (*Comm.*) commerciare in. **5** (*Mar.*) manovrare.

handlebar ['hændlbɑ:*] *s.* manubrio.

handling ['hændliŋ] *s.* trattamento, modo di trattare.

hand-luggage ['hæbd'lʌgidʒ] *s.* bagaglio a mano.

handmade ['hænd'meid] *a.* fatto a mano.

handmaiden ['hænd'meidn] *s.* **1** (*ant.*) ancella. **2** (*estens.*) supporto, aiuto.

hand-me-down *am.* ['hændmidaun] **I** *a.* (*fam.*) di seconda mano. **II** *s.* indumento di seconda mano.

handout ['hændaut] *s.* **1** (*Giorn.*) comunicato stampa. **2** volantino pubblicitario. **3** (*am.*) elemosina, carità.

handrail ['hændreil] *s.* corrimano.

handshake ['hændʃeik] *s.* stretta di mano.

handsome ['hænsəm] *a.* **1** bello, benfatto; attraente. **2** notevole, considerevole. **3** generoso. □ *a strikingly* ~ *woman* una donna di una bellezza un po' vistosa.

hands-on ['hændsɔn] *a.* di esperienza pratica. □ ~ *training* addestramento pratico (spec. su computer).

handwork ['hændwə:k] *s.* lavoro fatto a mano.

handwriting ['hændraitiŋ] *s.* scrittura, calligrafia.

handy ['hændi] *a.* **1** pratico, funzionale; utile. **2** abile, destro. **3** vicino; a portata di mano. □ *to come in* ~ tornare utile.

handyman ['hændi'mæn] *s.* (*pl.* **–men**) uomo tuttofare; uomo abile nei piccoli lavori di manutenzione.

to **hang** [hæŋ] *v.* (*pass., p.p.* **hung** [hʌŋ]/**hanged** [–d]; la forma *hanged* si usa general. nel significato di impiccare) **I** *v.t.* **1** appendere, sospendere; attaccare; (*rif. a biancheria*) stendere. **2** decorare, ornare. **3** impiccare. **4** (*Gastr.*) frollare. **II** *v.i.* **1** pendere; penzolare, dondolare. **2** essere appeso (*on* a). **3** librarsi, essere sospeso; pendere. **4** essere impiccato. **5** appoggiarsi (a); aggrapparsi (a). **6** (*fig.*) pendere, essere in sospeso. □ *to* ~ **around** (o *about*) ciondolare, bighellonare; *to* ~ **back** rimanere indietro; esitare; (*fam.*) *I'll* **be** *hanged if I know* che mi venga un accidente se lo so; *his fate hung* **by** *a hair* (o *single thread*) la sua sorte era sospesa a un filo; (*fam.*) *to let things* **go** ~ lasciare che le cose vadano per il loro verso; *to* ~ *one's* **head** abbassare il capo; *to* ~ **on**: 1 tenersi stretto; 2 tener duro, persistere; *to* ~ **on** *s.th.* dipendere da qc.; (*fam.*) ~ **on** *a minute!* aspetta un attimo; *to* ~ **on** *s.o.'s words* pendere dalle labbra di qd.; *his mouth hung* **open** stava a bocca aperta; *to* ~ **out**: 1 stendere ad asciugare; 2 esporre, mettere in mostra; 3 (*sl.*) abitare, vivere; *to* ~ **over** restare in sospeso; pesare, incombere; *to* ~ **together** rimanere uniti; (*fig.*) esser coerente; filare, scorrere; (*Tel.*) *to* ~ **up** riagganciare; (*fam.*) *to be hung* **up** essere inibito.

hangar ['hæŋə*] *s.* (*Aer.*) aviorimessa, hangar.

hangdog ['hæŋdɔg] *a.* avvilito, da cane bastonato: *a* ~ *look* un'aria da cane bastonato.

hanger ['hæŋə*] *s.* **1** gruccia (per abiti). **2** gancio, uncino. **3** (*Mecc.*) staffa.

hanger-on ['hæŋər'ɔn] *s.* (*pl.* **hangers-on**) (*fig.*) parassita *m./f.*, faccendiere.

hang glider [hæŋ'glaidə*] *s.* **1** deltaplano. **2** deltaplanista *m./f.*

hanging ['hæŋiŋ] **I** *s.* **1** impiccagione. **2** *pl.* tende, tendaggi. **II** *a.* pendente; sospeso (*anche fig.*).

hangman ['hæŋmən] *s.* (*pl.* **–men**) boia, carnefice.

hangnail ['hæŋneil] *s.* (*Med.*) pipita.

hangover ['hæŋəuvə*] *s.* (*fam.*) postumi di una sbornia; postumi della droga.

hangup ['hæŋʌp] *s.* inibizione.

hank [hæŋk] *s.* matassa arruffata.

to **hanker** ['hæŋkə*] *v.i.* desiderare ardentemente (*for, after s.th.* qc.).

hankering ['hæŋkəriŋ] *s.* desiderio ardente (*for, after* di).

hankie, **hanky** ['hæŋki] → **handkerchief**.

hanky-panky ['hæŋki'pæŋki] *s.* (*fam.*) imbroglio, inganno.

Hansard ['hænsə:d] *s.* (*GB*) raccolta ufficiale degli atti parlamentari.

hansom ['hænsəm] *s.* carrozza a due ruote.

hap [hæp] *s.* caso (fortuito).

to **hap** [hæp] *v.i.* (*pass., p.p.* **happed** [–t]) accadere per caso.

haphazard [hæp'hæzəd] *a.* **1** casuale, accidentale. **2** (fatto) a casaccio.

hapless ['hæplis] *a.* (*ant. lett.*) sfortunato, sventurato.

to **happen** ['hæpən] *v.i.* **1** succedere, accadere. **2** capitare, sopravvenire (*to* a). **3** (*ant.*) incontrare per caso (*on, upon s.o.* qd.), imbattersi (in). □ **as** *it happens* per caso, per combinazione; *to* ~ *to* **do** *s.th.* fare qc. per caso; ~ **what** *may* accada quel che accada.

happening ['hæpəniŋ] *s.* **1** avvenimento. **2** (*Teat., am.*) happening; spettacolo improvvisato.

happiness [hæpinis] *s.* gioia, felicità.

happy ['hæpi] *a.* **1** felice, contento. **2** opportuno; adeguato. □ *many* ~ **returns** (*of the day*) cento di questi giorni; *Happy New* **Year** Buon Anno.

happy-go-lucky ['hæpigəu'lʌki] *a.* spensierato.

Hapsburg ['hæpsbə:g] *N.pr.* (*Stor.*) Asburgo.

hara-kiri ['hɑ:rə'kiri] *s.* harakiri.

harangue [hə'ræŋ] *s.* **1** arringa. **2** sproloquio.

to **harangue** [hə'ræŋ] **I** *v.t.* arringare. **II** *v.i.* pronunciare un'arringa.

to **harass** ['hærəs, *am.* hə'ræs] *v.t.* **1** (*fig.*) tormentare, perseguitare. **2** (*Mil.*) attaccare ripetutamente.

harassing ['hærəsiŋ] *a.* **1** fastidioso, molesto. **2** (*fam.*) stressante.

harassment ['hærəsmənt] *s.* fastidio, molestia; seccatura.

harbinger ['hɑ:bindʒə*] *s.* (*lett.*) **1** messaggero. **2** precursore.

harbor *am.* ['hɑ:bə*] *e deriv.* → **harbour** *e deriv.*

harbour ['hɑ:bə*] *s.* **1** porto. **2** (*fig.*) rifugio, asilo.

to **harbour** ['hɑ:bə*] **I** *v.t.* **1** dare rifugio a; nascondere. **2** (*fig.*) covare, nutrire. **II** *v.i.* (*Mar.*) gettare l'ancora in un porto.

harbourage ['hɑ:bəridʒ] *s.* **1** (*Mar.*) ancoraggio. **2** (*fig.*) rifugio, asilo.

hard [hɑ:d] **I** *a.* **1** duro (*anche fig.*); sodo. **2** difficile, arduo; faticoso, gravoso. **3** accanito, tenace: *a ~ worker* un lavoratore accanito. **4** vigoroso, forte. **5** severo, rigido. **6** (*rif. a suoni, colori*) freddo metallico. **II** *avv.* **1** accanitamente, con tenacia, duramente. **2** forte, violentemente. **3** con difficoltà, a fatica. **4** con estrema attenzione, attentamente: *to listen ~* ascoltare con estrema attenzione. **5** vicino, da vicino. □ *~* **by** vicinissimo a; *~* **cash** contanti; *no ~* **feelings** amici come prima; *to* **find** *it ~ to do s.th.* trovare difficoltà a fare qc.; *to* **follow** *~ behind s.o.* seguire qd. da vicino; *to* **get** *~* solidificarsi; *the time is ~ at* **hand** l'ora è vicina; *~* **labour** lavoro forzato; *as ~ as* **nails** forte e muscoloso; (*fig.*) insensibile; (*fig.*) *a ~* **nut** *to crack* un osso duro; *to be ~* **on** essere severo con; *~ to* **please** esigente; *to be ~* **put** (*to it*) *to do s.th.* trovarsi in difficoltà nel fare qc.; *it is* **raining** *~* piove a dirotto; *to* **take** *s.th. ~* prendere male qc.; *to have a ~* **time** passarsela male; *to* **try** *~* fare ogni sforzo; (*fam.*) *to be ~* **up** essere in ristrettezze economiche; *to be ~* **up** *for s.th.* essere a corto di qc.; *to learn s.th. the ~* **way** imparare qc. con difficoltà; *to be ~ at* **work** lavorare sodo.

hard-bitten ['hɑ:d'bitn] *a.* ostinato, testardo.

hardboard ['hɑ:dbɔ:d] *s.* cartone di fibra compressa.

hard-boiled ['hɑ:dbɔild] *a.* **1** sodo (di uova). **2** (*fam.*) indurito, incallito.

hard copy [hɑ:dkɔpi] *s.* (*Inform.*) stampa, documento stampato.

hard-core ['hɑ:dkɔ:*] **I** *a.* intransigente. **II** *s.* **1** gruppo di intransigenti. **2** (*sl. am.*) pornografia spinta.

hardcover ['hɑ:d'kʌvə*] **I** *a.* rilegato. **II** *s.* volume rilegato.

harddrug [hɑ:d'drʌg] *s.* droga pesante.

to **harden** ['hɑ:dn] **I** *v.t.* **1** indurire; rassodare; irrobustire. **2** (*Met.*) temprare. **3** (*fig.*) temprare. **II** *v.i.* **1** indurirsi; rassodarsi; irrobustirsi. **2** (*fig.*) temprarsi.

hard-headed ['hɑ:d'hedid] *a.* accorto; pratico; determinato.

hard-hearted ['hɑ:d'hɑ:tid] *a.* duro (di cuore), insensibile.

hardihood ['hɑ:dihud] *s.* baldanza, arditezza.

hardiness ['hɑ:dinis] *s.* **1** robustezza. **2** coraggio; audacia.

hardly ['hɑ:dli] *avv.* **1** appena, a mala pena. **2** difficilmente. **3** con fatica, a stento. **4** duramente, severamente. □ *~* **any** quasi niente; *~* **ever** quasi mai.

hardness ['hɑ:dnis] *s.* **1** durezza. **2** severità. **3** difficoltà.

hardship ['hɑ:dʃip] *s.* stento, sofferenza; privazione.

hard shoulder [hɑ:d'ʃəuldə*] *s.* piazzola d'emergenza.

hardware ['hɑ:dwɛə*] *s.* **1** ferramenta; articoli di ferro. **2** (*Inform.*) hardware, componenti fisiche dell'elaboratore. **3** armamenti.

hardy ['hɑ:di] *a.* **1** forte, robusto. **2** coraggioso, ardito, audace. **3** (*rif. a piante*) rustico.

hare [hɛə*] *s.* (*Zool.*) lepre. □ *as* **mad** *as a* (*March*) *~* matto da legare; (*fig.*) *to* **run** *with the ~ and hunt with the hounds* tenere i piedi in due staffe; (*fig.*) *to* **start** *a ~* sollevare una questione irrilevante.

to **hare** [hɛə*] *v.i.* scappare, correre via.

harebell ['hɛəbel] *s.* (*Bot.*) campanula.

harebrained ['hɛəbreind] *a.* (*fam.*) precipitoso, avventato.

harelip ['hɛə'lip] *s.* labbro leporino.

harem ['hɛərəm] *s.* harem.

haricot ['hærikəu] *s.* (*Bot.*) fagiolo comune.

to **hark** [hɑ:k] *v.i.* (*ant.*) ascoltare (*to, at s.o.* qd.). □ (*fig.*) *to ~ back* ritornare (*to* su).

harlequin ['hɑ:likwin] *s.* arlecchino.

harlot ['hɑ:lət] *s.* (*lett.*) prostituta.

harm [hɑ:m] *s.* **1** danno. **2** male: *I see no ~ in it* non ci vedo nulla di male. □ (*fam.*) **no** *~ done* tutto a posto; **out** *of ~'s way* al sicuro.

to **harm** [hɑ:m] *v.t.* **1** danneggiare, nuocere. **2** far male.

harmful ['hɑ:mful] *a.* dannoso, nocivo.

harmless ['hɑ:mlis] *a.* innocuo, inoffensivo.

harmonic [hɑ:'mɔnik] *a.* armonico.

harmonica [hɑ:'mɔnikə] *s.* (*Mus.*) armonica a bocca.

harmonious [hɑ:'məunjəs] *a.* **1** armonioso; melodioso. **2** armonico, ben proporzionato. **3** cordiale, amichevole.

harmonium [hɑ:'məuniəm] *s.* (*Mus.*) armonio, armonium.

to **harmonize** ['hɑ:mənaiz] *v.t./i.* armonizzare (*with* con).

harmony ['hɑ:məni] *s.* armonia (*anche Mus.*); accordo, concordia.

harness ['hɑ:nis] *s.* finimenti, bardatura. □ (*fig.*) *to work* (o *run*) *in* **double** *~ with s.o.* lavorare in collaborazione con qd.; (*fig.*) *to* **get** *back in ~* tornare al consueto lavoro.

to **harness** ['hɑ:nis] *v.t.* **1** bardare, mettere i finimenti a. **2** (*fig.*) utilizzare, sfruttare; imbrigliare.

Harold ['hærəld] *N.pr.m.* Aroldo.

harp [hɑ:p] *s.* (*Mus.*) arpa.

to **harp** [hɑ:p] *v.i.* suonare l'arpa. □ (*fig.*) *to ~ on s.th.* insistere su qc.

harper ['hɑ:pə*], **harpist** ['hɑ:pist] *s.* (*Mus.*) arpista *m./f.*

harpoon [hɑ:'pu:n] *s.* arpione, rampone.

to **harpoon** [hɑ:'pu:n] *v.t.* arpionare.
harpy ['hɑ:pi] *s.* arpia.
harridan ['hæridən] *s.* vecchiaccia, vecchia megera.
Harriet ['hæriət] *N.pr.f.* Enrichetta.
harrow ['hærəu] *s.* (*Agr.*) erpice.
to **harrow** ['hærəu] *v.t.* **1** (*Agr.*) erpicare. **2** (*fig.*) straziare, tormentare.
to **harry** ['hæri] *v.t.* **1** (*Mil.*) attaccare ripetutamente; saccheggiare. **2** (*fig.*) disturbare, molestare.
harsh [hɑ:ʃ] *a.* **1** ruvido, aspro. **2** duro, severo. **3** (*di suono, voce*) stridulo, stridente; (*di colore*) violento.
harshness ['hɑ:ʃnis] *s.* **1** ruvidezza. **2** asprezza, rigore, durezza.
hart [hɑ:t] *s.* (*Zool.*) cervo maschio.
harum-scarum ['hɛərəm'skɛərəm] *s.* sventato, sconsiderato, impulsivo.
harvest ['hɑ:vist] *s.* **1** mietitura, messe; raccolto. **2** (*fig.*) frutto, risultato.
to **harvest** ['hɑ:vist] *v.t.* **1** raccogliere, mietere. **2** (*fig.*) raccogliere, ricavare.
harvester ['hɑ:vistə*] *s.* (*Agr.*) **1** mietitore. **2** mietitrice meccanica.
has [hæz] → to **have**.
has-been ['hæzbi:n] *s.* **1** (*fam.*) uomo finito; matusa. **2** cosa superata.
hash [hæʃ] *s.* (*Gastr.*) carne tritata e patate. □ (*fig. fam.*) *to* **make** *a* ~ *of s.th.* incasinare qc.; (*fam.*) *to* **settle** *s.o.'s* ~ sistemare qd. (a dovere).
to **hash** [hæʃ] *v.t.* **1** (spesso con *up*) tritare, triturare. **2** (*fig.*) pasticciare.
hasn't ['hæznt] *contraz. di* **has not**.
hasp [hɑ:sp] *s.* **1** catenaccio. **2** cerniera di chiusura (a occhiello).
hassle ['hæsl] *s.* **1** (*fam.*) problema, difficoltà. **2** discussione, battibecco.
hassock ['hæsək] *s.* cuscino usato come inginocchiatoio.
haste [heist] *s.* **1** fretta, premura. **2** precipitazione, furia. □ *to* **be** *in* ~ avere fretta; *to* **make** ~ affrettarsi.
to **hasten** ['heisn] **I** *v.t.* **1** sollecitare, fare fretta a. **2** accelerare, affrettare. **II** *v.i.* affrettarsi. □ *to* ~ *away* andarsene in fretta.
hasty ['heisti] *a.* **1** frettoloso, affrettato. **2** precipitoso, avventato: *don't be* ~ non essere precipitoso.
hat [hæt] *s.* cappello. □ (*fam.*) *a* **bad** ~ un tipaccio; *to* **eat** *one's* ~ mangiarsi un gatto (se si verifica un fatto improbabile); (*fig.*) ~ *in* **hand** servilmente; *to* **keep** *s.th. under one's* ~ tenersi qc. per sé; (*fig.*) *to* **pass** (o *send*) *round the* ~ fare una colletta; (*fig.*) *to* **take** *one's* ~ *off to s.o.* fare tanto di cappello a qd.; (*fam.*) *to* **talk** *through one's* ~ ragionare con i piedi, dire sciocchezze.
hatband ['hætbænd] *s.* nastro del cappello.
hatbox ['hætbɔks] *s.* cappelliera.
hatch[1] [hætʃ] *s.* **1** cova, covatura. **2** covata.
to **hatch**[1] [hætʃ] **I** *v.t.* **1** covare. **2** (*fig.*) tramare, ordire. **II** *v.i.* uscire dall'uovo.
hatch[2] [hætʃ] *s.* **1** (*Mar.*) portello di boccaporto; boccaporto. **2** botola. □ (*Mar.*) *under hatches* sotto coperta.
to **hatch**[2] [hætʃ] *v.t.* tratteggiare; ombreggiare.
hatchery ['hætʃəri] *s.* vivaio (spec. per pesci).
hatchet ['hætʃit] *s.* accetta, ascia. □ (*fig.*) *to bury the* ~ fare la pace.
hatchway ['hætʃwei] *s.* (*Mar.*) boccaporto.
hate [heit] *s.* odio; avversione.
to **hate** [heit] *v.t.* **1** odiare; detestare. **2** dispiacere (costr. impers.).
hateful ['heitful] *a.* odioso; detestabile.
hath [hæθ] → to **have**.
hatred ['heitrid] *s.* **1** odio. **2** ostilità, avversione.
hatter ['hætə*] *s.* cappellaio. □ (*fam.*) *as mad as a* ~ pazzo da legare.
haughtiness ['hɔ:tinis] *s.* altezzosità, arroganza.
haughty ['hɔ:ti] *a.* altezzoso, arrogante.
haul [hɔ:l] *s.* **1** tiro, trazione; stratta. **2** trasporto; carico trasportato; distanza di trasporto. **3** (*Pesca*) retata. **4** (*fam.*) guadagno; bottino.
to **haul** [hɔ:l] **I** *v.t.* **1** tirare, trainare; trascinare. **2** trasportare. **3** (*Mar.*) deviare la rotta di; alare. **II** *v.i.* **1** tirare (*on s.th.* qc.). **2** (*Mar.*) cambiare rotta. □ *to* ~ *down one's flag* (o *colours*) ammainare la bandiera; (*fig.*) arrendersi.
haulage ['hɔ:lidʒ] *s.* **1** trasporto; costo del trasporto. **2** (*Mar.*) alaggio.
haunch [hɔ:ntʃ] *s.* **1** (*Anat.*) anca. **2** quarto, coscia (di animale macellato).
haunt [hɔ:nt] *s.* ritrovo, luogo familiare.
to **haunt** [hɔ:nt] *v.t.* **1** (*di fantasmi*) abitare. **2** (*fig.*) frequentare, bazzicare. **3** (*fig.*) tormentare, ossessionare.
haunted ['hɔ:ntid] *a.* **1** abitato dai fantasmi. **2** (*rif. a espressione*) stranito, stralunato.
Havana [hə'vænə] *N.pr.* (*Geog.*) L'Avana.
to **have** [hæv] *v.* (*pr.ind. 3a pers.* **has** [hæz]; *pass.* **had** [hæd]; *p.p.* **had**) **I** *v.t.* **1** avere, possedere: *I* ~ *a dog* ho un cane; *she had headache* aveva mal di testa. **2** prendere; ottenere, ricevere: *may I* ~ *this one?* posso prendere questo?; *I never* ~ *tea at breakfast* non prendo mai il tè alla colazione del mattino. **3** (*seguito da infinito*) dovere, avere da: *I* ~ (*got*) *to go now* ora devo andare. **4** (*causativo: seguito da infinito senza to o da p.p.*) fare: ~ *him cut the grass* fagli tagliare l'erba; *I must* ~ *my watch mended* devo far riparare il mio orologio. **5** (*seguito da un sostantivo*) fare, farsi (*spesso si traduce con un verbo*): *to* ~ *a walk* fare una passeggiata, passeggiare; *to* ~ *a game of cards* fare una partita a carte. **6** permettere, tollerare: *I won't* ~ *you saying such things* non permetto che tu dica cose simili. **7** (seguito da *it*) dire, sostenere, affermare: *the newspapers* ~ *it that* i giornali sostengono che. **8** volere: *what would you* ~ *me do?* che cosa vuoi che faccia? **II** *v.aus.* avere, essere: ~ *you fin-*

ished? hai finito?; *he has come* è venuto. ▭ *to* ~ **done** *with* smettere, cessare; non volerne più sapere di; *to* ~ **done** *with it* farla finita; *to* ~ **in** avere (in casa); invitare; (*fam.*) *I* ~ **it***!* lo so!; ho capito!; (*fam.*) *to* ~ *had* **it** essere sfinito; *to* **let** ~ dare, fare avere; (*fam.*) *to* **let** *s.o.* ~ *it* dire a qd. il fatto suo; *to* ~ **on**: 1 indossare, portare; 2 avere in programma; *to* ~ *it* **out** *with s.o.* avere una spiegazione con qd.; *to* ~ **up** (*fam.*) citare in giudizio.

haven ['heivn] *s.* **1** porto. **2** (*fig.*) rifugio, ricovero.

havenots ['hævnɔt] *s.pl.* (*fam.*) i non abbienti.

haven't ['hævnt] *contraz. di* **have not**.

haversack ['hævəsæk] *s.* zaino.

haves [hæv] *s.pl.* abbienti, benestanti.

havoc ['hævək] *s.* distruzione, devastazione. ▭ (*fig.*) *to play* ~ *with* (o *among*) *s.th.* scompigliare, mettere sottosopra; massacrare qc.

haw [hɔ:] *s.* (*Bot.*) bacca di biancospino.

Hawaiian [hə'waijən] *a./s.* hawaiano.

haw-haw ['hɔ:hɔ:] *intz.* ah, ah.

hawk [hɔ:k] *s.* (*Zool.*) sparviero; falco (*anche fig.*).

to **hawk**[1] [hɔ:k] *v.i.* andare a caccia col falcone.

to **hawk**[2] [hɔ:k] *v.t.* vendere di casa in casa.

to **hawk**[3] [hɔ:k] *v.i.* raschiarsi la gola.

hawker[1] ['hɔ:kə*] *s.* falconiere.

hawker[2] ['hɔ:kə*] *s.* venditore ambulante.

hawser ['hɔ:zə*] *s.* (*Mar.*) gomena.

hawthorn ['hɔ:θɔ:n] *s.* (*Bot.*) biancospino.

hay [hei] *s.* fieno. ▭ *to* **make** ~ falciare ed esporre al sole il fieno; (*fig.*) *to* **make** ~ *of* mettere in disordine; (*fig.*) *to* **make** ~ *while the sun shines* battere il ferro finché è caldo.

haycock ['heikɔk] *s.* mucchio di fieno.

hay fever ['heifi:və*] *s.* (*Med.*) febbre da fieno.

hayfork ['heifɔ:k] *s.* forcone da fieno.

haymaking ['heimeikiŋ] *s.* (*Agr.*) fienagione.

haystack ['heistæk] *s.* mucchio di fieno.

haywire ['heiwaiə*] *a.*: (*fam.*) *to go* ~: 1 (*rif. a persone*) dare i numeri, essere sconvolto; 2 (*rif. a cose*) non funzionare, essere fuori controllo.

hazard ['hæzəd] *s.* **1** rischio, azzardo; pericolo. **2** gioco d'azzardo con i dadi. ▭ *at all hazards* a qualunque costo.

to **hazard** ['hæzəd] *v.t.* **1** rischiare. **2** azzardare, arrischiare.

hazardous ['hæzədəs] *a.* pericoloso, rischioso, a rischio.

haze [heiz] *s.* **1** (*Meteor.*) caligine, foschia. **2** (*fig.*) confusione mentale; fumi (dell'alcol).

to **haze** *am.* [heiz] *v.t.* (*di studenti*) tormentare con scherzi umilianti.

hazel ['heizl] *s.* **1** (*Bot.*) nocciolo. **2** (colore) avana.

hazelnut ['heizlnʌt] *s.* (*Bot.*) nocciola.

hazy ['heizi] *a.* **1** caliginoso, nebbioso. **2** (*fig.*) nebuloso, incerto; fumoso.

h/b = *half board* mezza pensione.

HBM = *His, Her Britannic Majesty* Sua Maestà Britannica.

H bomb ['eitʃbɔm] *s.* bomba H.

HC = *House of Commons* Camera dei Comuni.

he [hi:, hi] **I** *pron. pers. sogg.* **1** egli, lui (*spesso non si traduce*): ~ *said it* l'ha detto lui. **2** (*lett.*) colui, quello. **II** *s.* maschio.

He = (*Chim.*) *helium* elio.

HE = **1** *His Heminence* Sua Eminenza. **2** *His Excellency* Sua Eccellenza.

head [hed] **I** *s.* **1** testa, capo; (*fig.*) mente, cervello: *from* ~ *to foot* (o *toe*) dalla testa ai piedi; (*fig.*) *to take it into one's* ~ *to do s.th.* mettersi in mente di fare qc. **2** capo, cima; parte alta di qc.: *she sat at the* ~ *of the table* sedeva a capo tavola; *the* ~ *of the bed* la testata del letto; *an arrow* ~ la punta della freccia. **3** (*fig.*) capo, direttore: ~ *of the family* capofamiglia. **4** diritto di una moneta: *heads or tails?* testa o croce? **5** (*come misura*) testa: *I am a* ~ *taller than my sister* sono più alto di mia sorella di una testa; (*Sport*) *to win by a short* ~ vincere di stretta misura. **6** (*Bot.*) capolino, cespo: *a* ~ *of lettuce* un cespo di lattuga. **7** (*pl.inv.*) capo (di bestiame): *four* ~ *of cattle* quattro capi di bestiame. **8** capitolo (di discorso, trattato, ecc.). **9** schiuma (p.e. di birra). **10** punta purulenta (di foruncolo, ascesso). **11** promontorio; sorgente. **12** testina (di registratore). **13** bacino (idroelettrico); pressione (esercitata dall'acqua di un bacino o dal vapore). **II** *a.attr.* **1** capo, principale, più importante: ~ *chorister* capo corista; ~ *office* sede principale di una ditta. **2** (*nei composti*) da testa: *a* ~ *scarf* un fazzoletto da testa. **3** (*Mar.*) di prua. ▭ **a** (o *per*) ~ a testa; (*fig.*) *to* **come** *to a* ~ giungere a un punto critico; *to* **count** *heads* contare i presenti; *to* **cry** *one's* ~ *off* piangere a dirotto; ~ **down** a testa bassa; (*fig.*) *to* **give** *s.o. his* ~ allentare la briglia a qd.; *to* **go** *to s.o.'s* ~ dare alla testa; (*fig.*) *to have a* **good** ~ *on one's shoulders* avere la testa sulle spalle; *a fine* ~ *of* **hair** capigliatura folta e abbondante; ~ *over* **heels** a testa in giù, a capofitto; (*fig.*) fino al collo; (*fig.*) *to put s.th.* **into** *s.o.'s* ~ mettere qc. in testa a qd.; (*fig.*) *to* **keep** *one's* ~ mantenere il sangue freddo; *to* **make** ~ dirigersi verso; (*fig.*) **off** *one's* ~ pazzo da legare; fuori di sé; (*am. fam.*) **out** *of one's* ~ fuori di sé; (*fig.*) *to get s.th.* **out** *of one's* ~ levarsi qc. dalla testa; *to act* (o *go*) **over** *s.o.'s* ~ agire all'insaputa di qd.; (*fig.*) *to talk* **over** *s.o.'s* ~ parlare troppo difficile per qd.; (*fam.*) *to be unable to make* ~ *or* **tail** *of s.th.* non capirci un'acca; (*fam.*) *to* **talk** *s.o.'s* ~ *off* fare una testa come un pallone a qd.; (*fam.*) *to put heads* **together** consultarsi; (*fig.*) *to* **turn** *s.o.'s* ~ far girare la testa a qd.; (*fam.*) *heads* **up***!* attenzione!; (*fam.*) *to keep one's* ~ *above* **water** rimanere a galla.

to **head** [hed] **I** *v.t.* **1** essere in testa a, aprire: *to ~ a parade* aprire una sfilata; *to ~ a list* essere il primo di una lista. **2** guidare; essere a capo di; dirigere: *to ~ a delegation* guidare una delegazione; *to ~ the government* essere a capo del governo. **3** (*Sport*) colpire di testa. **II** *v.i.* dirigersi (*for* verso); puntare (su). □ *to ~ off* bloccare; (*fig.*) prevenire, impedire.

headache ['hedeik] *s.* **1** emicrania, mal di testa. **2** (*fam.*) grattacapo, fastidio, rogna.

headband ['hedbænd] *s.* fascia (per fermare i capelli o detergere la fronte).

headboard [hedbɔ:d] *s.* testata, testiera.

headdress ['heddres] *s.* acconciatura.

headed notepaper ['hedidnəut'peipə*] *s.* carta da lettera intestata.

header ['hedə*] *s.* **1** caduta di testa; tuffo di testa. **2** (*Sport*) colpo di testa.

headfirst ['hedfə:st] *avv.* a testa in giù, a capofitto.

headgear ['hedgiə*] *s.* **1** copricapo. **2** testiera (dei finimenti di un cavallo).

head hunter ['hed'hʌntə*] *s.* (*neol.*) cacciatore di teste, consulente di organizzazione aziendale.

heading ['hediŋ] *s.* titolo, intestazione; (*Tip.*) testatina.

headland ['hedlənd] *s.* (*Geog.*) capo, promontorio.

headless ['hedlis] *a.* **1** senza testa. **2** (*fig.*) senza guida.

headlight ['hedlait] *s.* faro; proiettore.

headline ['hedlain] *s.* **1** (*Giorn.*) titolo, testata. **2** (*Rad.,TV*) sommario. □ *to hit the headlines* far notizia; diventare celebre.

headlong ['hedlɔŋ] **I** *avv.* **1** a testa in giù, a capofitto. **2** a precipizio. **II** *a.* **1** di testa. **2** (*fig.*) precipitoso, avventato.

headman ['hedmæn] *s.* (*pl.* **–men**) capo; capotribù.

headmaster ['hed'mɑ:stə*] *s.* (*Scol.*) preside, direttore.

headmistress ['hed'mistris] *s.* (*Scol.*) preside, direttrice.

head-on ['hed'ɔn] **I** *a.* frontale. **II** *avv.* frontalmente.

headphones ['hedfəunz] *s.pl.* (*Rad.*) cuffia; auricolare.

headpiece ['hedpi:s] *s.* **1** elmetto, elmo. **2** (*fam.*) testa, cervello.

headquarters ['hed'kwɔ:təz] *s.pl.* (costr. sing. o pl.) **1** (*Mil.*) quartier generale. **2** (*Comm.*) sede centrale.

headrest ['hedrest] *s.* appoggiatesta.

headshrinker ['hedʃriŋkə*] *s.* (*sl.*) strizzacervelli, psichiatra.

headstone ['hedstəun] *s.* lapide, lastra tombale.

headstrong ['hedstrɔŋ] *a.* testardo, caparbio.

headway ['hedwei] *s.* **1** movimento in avanti. **2** (*fig.*) progresso, avanzamento.

headword ['hedwə:d] *s.* (*Ling.*) lemma.

heady ['hedi] *a.* **1** inebriante. **2** esaltante, entusiasmante.

to **heal** [hi:l] **I** *v.t.* **1** sanare, guarire; cicatrizzare. **2** (*fig.*) comporre; sanare. **II** *v.i.* (spesso con *up, over*) guarire, risanare; cicatrizzarsi.

healer ['hi:lə*] *s.* **1** guaritore. **2** (*fig.*) rimedio, medicina.

healing ['hi:liŋ] **I** *a.* curativo, medicamentoso. **II** *s.* guarigione.

health [helθ] *s.* salute. □ *to* **drink** (*to*) *the ~ of s.o.* bere alla salute di qd.; **to** *your ~!* prosit!

health food ['helθ,fu:d] *s.* alimenti naturali; cibi della salute.

healthful ['helθful] *a.* salubre, salutare.

healthy ['helθi] *a.* **1** sano; salubre, salutare. **2** (*fam.*) robusto, vigoroso. **3** (*fig.*) fiorente, florido. **4** (*fig.*) considerevole, notevole: *a ~ amount* una somma considerevole.

heap [hi:p] *s.* mucchio, cumulo; pila, catasta. □ (*fam.*) **in** *heaps* in gran quantità; *heaps* **of** un mucchio di; *to be* **struck** *all of a ~* rimanere stupefatto.

to **heap** [hi:p] *v.t.* **1** ammucchiare, accumulare; accatastare (spesso con *up*). **2** riempire, colmare (*with* di).

to **hear** [hiə*] *v.* (*pass., p.p.* **heard** [hə:d]) **I** *v.t.* **1** udire, sentire; ascoltare. **2** sapere, apprendere. **3** (*Dir.*) escutere (un teste). **II** *v.i.* **1** sentirci, sentire. **2** (venire a) sapere, apprendere. □ *to ~* **from** *s.o.* ricevere notizie da qd.; *they were never heard* **of** *again* non si seppe più nulla di loro; *to ~* **out** ascoltare fino in fondo. ‖ *Hear! Hear!* bene!, bravo!

heard [hə:d] → to **hear**.

hearing ['hiəriŋ] *s.* **1** udito. **2** (*Dir.*) udienza. □ *to* **give** *s.o. a ~* dare ascolto a qd.; **hard** *of ~* duro d'orecchio; **out** *of ~* troppo lontano per essere udito; **within** *~* a portata d'orecchio.

hearing aid ['hiəriŋeid] *s.* apparecchio acustico.

to **hearken** ['hɑ:kən] *v.i.* (*lett.*) ascoltare attentamente (*to s.o.* qd.).

hearsay ['hiəsei] *s.* diceria, voce. □ *to know s.th. by ~* sapere qc. per sentito dire.

hearse [hə:s] *s.* carro funebre.

heart [hɑ:t] *s.* **1** cuore (*anche fig.*). **2** petto. **3** (*fig.*) animo, coraggio. **4** centro, parte centrale. **5** (*fig.*) nocciolo, essenza. **6** (*Agr.*) fertilità, produttività. **7** *pl.* (*nelle carte da gioco*) cuori. □ *he is a man* **after** *my own ~* è il mio tipo (d'uomo); **at** *~* in fondo; *to have s.th.* **at** *~* avere a cuore qc.; **by** *~* a memoria; *to have a* **change** *of ~* mutare di sentimenti; *to one's ~'s* **content** a proprio piacimento; *to* **find** *it in one's ~ to do s.th.* trovare il coraggio di fare qc.; *to* **go** *to s.o.'s ~* commuovere qd.; *in* **good** *~* di buon umore; (*di terreno*) fertile; (*fig.*) *with only* **half** *a ~* senza entusiasmo; (*fam.*) **have** *a ~!* sii buono!; (*fig.*) *with a* **heavy** *~* a malincuore; **in** *one's ~ of hearts* in cuor proprio, nel proprio intimo; *to* **lift** *one's ~* prendere coraggio; (*fig.*) *with a* **light** *~* a cuor leggero; (*fig.*) *to* **lose** *~* avvilirsi; (*fam.*) *to have one's*

~ *in one's* **mouth** avere il cuore in gola; *to* **open** *one's* ~ *to s.o.* confidarsi con qd.; **out** *of* ~ scoraggiato; (*di terreno*) sterile; *to* **put** (*fresh*) ~ *into s.o.* incoraggiare qd.; *to set one's* ~ *at* **rest** mettersi il cuore in pace; (*fig.*) *to have one's* ~ *in the* **right** *place* avere buon cuore; *to have one's heart* **set** *on s.th.* desiderare ardentemente qc.; *to do s.th.* ~ *and* **soul** dedicarsi a qc. anima e corpo; *to* **take** ~ farsi coraggio; *to* **take** *to* ~: 1 prendere a cuore; 2 crucciarsi per; *to* **win** *s.o.'s* ~ conquistare il cuore di qd.; **with** *all one's* ~ di tutto cuore.

heartache ['hɑ:teik] *s.* angoscia; (*estens.*) dispiacere.

heartbeat ['hɑ:tbi:t] *s.* battito cardiaco.

heartbreak ['hɑ:tbreik] *s.* crepacuore.

heartbreaking ['hɑ:tbreikiŋ] *a.* straziante.

heartbroken ['hɑ:tbrəukən] *a.* straziato, affranto.

heartburn ['hɑ:tbə:n] *s.* (*Med.*) pirosi, bruciore di stomaco.

heartburning ['hɑ:tbə:niŋ] *s.* (*fig.*) rancore, astio.

to **hearten** ['hɑ:tn] *v.t.* (spesso con *up*) rincuorare, incoraggiare.

heartfailure ['hɑ:t'feiljə*] *s.* (*Med.*) insufficienza cardiaca.

heartfelt ['hɑ:tfelt] *a.* sincero, profondamente sentito.

hearth [hɑ:θ] *s.* **1** focolare. **2** (*fig.*) focolare (domestico), casa.

heartily ['hɑ:tili] *avv.* **1** cordialmente, di cuore. **2** con grande entusiasmo. **3** di gusto. **4** completamente.

heartland ['hɑ:tlænd] *s.* la zona più interna (di un paese o continente).

heartless ['hɑ:tlis] *a.* senza cuore; spietato.

heart-rending ['hɑ:trendiŋ] *a.* straziante.

heartsick ['hɑ:tsik] *a.* scoraggiato, depresso.

heartsore ['hɑ:tsɔ:*] *a.* addolorato, rattristato.

heartstrings ['hɑ:tstriŋz] *s.pl.* sentimenti (più profondi): *to pull at s.o.'s* ~ fare appello ai sentimenti di qd.

heartthrob ['hɑ:tθrɔb] *s.* (*fam.*) bel maschione.

heartwarming ['hɑ:t'wɔ:miŋ] *a.* che tira su il morale, che fa bene allo spirito.

hearty ['hɑ:ti] *a.* **1** cordiale, caloroso. **2** schietto, sincero. **3** robusto, vigoroso. **4** abbondante. ▭ *a* ~ **eater** un forte mangiatore; *a* ~ **laugh** una risata di cuore.

heat [hi:t] *s.* **1** calore, caldo; calura. **2** (*fig.*) entusiasmo, foga; impetuosità, irruenza. **3** (*Sport*) eliminatoria. **4** (*Zool.*) calore. ▭ (*Sport*) **dead** ~ arrivo alla pari; ~ **stroke** colpo di calore; ~ **wave** ondata di caldo.

to **heat** [hi:t] **I** *v.t.* **1** (spesso con *up*) scaldare, riscaldare. **2** (*fig.*) eccitare, infiammare. **II** *v.i.* (spesso con *up*) riscaldarsi, scaldarsi.

heater ['hi:tə*] *s.* **1** stufa, calorifero. **2** scaldabagno.

heath [hi:θ] *s.* **1** brughiera, landa. **2** (*Bot.*) erica.

heathen ['hi:ðən] **I** *s.* (*pl. inv./*-**s** [-z]) **1** pagano. **2** (*fig.*) barbaro, selvaggio. **II** *a.* **1** pagano. **2** barbaro.

heather ['heðə*] *s.* (*Bot.*) erica.

heating ['hi:tiŋ] *s.* riscaldamento.

heave [hi:v] *s.* **1** sollevamento, sforzo (per sollevare). **2** lancio, tiro.

to **heave** [hi:v] *v.* (*pass., p.p.* **heaved** [-d]/**hove** [houv]; la forma *hove* si usa general. nel linguaggio marinaro) **I** *v.t.* **1** sollevare, alzare (con sforzo). **2** gettare, lanciare. **3** tirare, trascinare. **4** (*fig.*) emettere (un sospiro, ecc.). **II** *v.i.* **1** alzarsi e abbassarsi con moto ritmico; (*del mare*) gonfiarsi: *the sight made my stomach* ~ la scena mi ha rivoltato lo stomaco. **2** (*Mar.*) virare; (spesso con *up*) salpare, levare l'ancora. ▭ *to* ~ *in sight* comparire all'orizzonte.

heaven ['hevn] *s.* **1** paradiso, cielo. **2** *pl.* (*lett.*) firmamento. ▭ **good** *heavens!* santo cielo!; (*fam.*) *Heaven* (*only*) **knows** Dio solo lo sa; *for Heaven's* **sake**! *per amor di Dio!;* (*fig.*) *in* (*one's*) **seventh** ~ al settimo cielo.

heavenly ['hevnli] *a.* **1** celeste. **2** (*fig.*) divino; delizioso.

heaven-sent ['hevnsent] *a.* provvidenziale.

heavenward ['hevnwə:d] *a.* (*lett.*) rivolto al cielo.

heavenwards ['hevnwə:dz] *avv.* (*lett.*) verso il cielo.

heaver ['hi:və*] *s.* (*Mar.*) scaricatore.

heavily ['hevili] *avv.* **1** pesantemente. **2** molto forte. **3** gravemente, severamente.

heaviness ['hevinis] *s.* **1** pesantezza, gravezza. **2** tediosità, monotonia.

heavy ['hevi] **I** *a.* **1** pesante; (*rif. a persone*) massiccio, tozzo. **2** triste, tetro; noioso, monotono. **3** forte, violento. **4** goffo, sgraziato. **5** gravoso, faticoso. **6** (*di aria*) pesante. **7** (*rif. a strade*) fangoso, di difficile transito. **II** *avv.* → **heavily.** ▭ *to* **become** ~ appesantirsi; *a* ~ **drinker** un forte bevitore; *a* ~ **eater** un gran mangiatore; *a* ~ **fall** una brutta caduta; (*fam.*) *the job was* ~ **going** il lavoro andò avanti con difficoltà; ~ **industry** industria pesante.

heavy-handed ['hevi'hændid] *a.* maldestro, goffo.

heavy-hearted ['hevi'hɑ:tid] *a.* triste, malinconico.

heavyweight ['heviweit] *s.* (*Sport*) peso massimo.

Hebraic [hi'breiik] *a.* ebraico.

Hebraism ['hi:breiizəm] *s.* ebraismo.

Hebrew ['hi:bru:] **I** *s.* **1** ebreo. **2** ebraico, lingua ebraica. **II** *a.* ebraico.

hecatomb ['hekətəum] *s.* ecatombe.

heck [hek] **I** *s.* diavolo: *how the* ~ *do you know?* come diavolo lo sai? **II** *intz.* diamine.

to **heckle** ['hekl] *v.t.* interrompere continuamente con domande imbarazzanti.

hectare ['hektɛə*] *s.* ettaro.

hectic ['hektik] *a.* **1** febbrile, frenetico. **2** (*Med.*) tisico, tubercoloso.

hectogram(me) ['hektə(u)græm] *s.* ettogrammo.

hectoliter *am.*, **hectolitre** ['hektə(u)li:tə*] *s.* ettolitro.

hectometer *am.*, **hectometre** ['hektə(u)mi:tə*] *s.* ettometro.

to **hector** ['hektə*] **I** *v.t.* tormentare, stuzzicare, importunare. **II** *v.i.* fare lo strafottente.

he'd [hi:d] *contraz. di* **he had, he would, he should.**

hedge [hedʒ] *s.* **1** siepe. **2** (*fig.*) barriera; riparo.

to **hedge** [hedʒ] **I** *v.t.* **1** (spesso con *in, off, about*) chiudere (*o* circondare) con una siepe. **2** (*fig.*) proteggere. **3** (*fig.*) (*di investimento, ecc.*) coprire dai rischi. **4** (*fig.*) (spesso con *in, about*) vincolare, impacciare: *to feel hedged in by regulations* sentirsi vincolato dai regolamenti. **II** *v.i.* **1** tergiversare, titubare. **2** coprirsi dai rischi, fare un'operazione di copertura. **3** fare siepi; potare siepi.

hedgehog ['hedʒhɔg] *s.* (*Zool.*) riccio, porcospino.

hedgerow ['hedʒrəu] *s.* siepe di cespugli.

hedonism ['hi:dənizəm] *s.* edonismo.

hedonist ['hi:dənist] *s.* edonista *m./f.*

hedonistic [,hi:də'nistik] *a.* edonistico.

heed [hi:d] *s.* attenzione, cura: *to pay* (o *give*) ~ *of* fare attenzione a.

to **heed** [hi:d] *v.t.* fare attenzione a, badare a.

heedful ['hi:dful] *a.* attento, vigile.

heedless ['hi:dlis] *a.* sbadato, disattento.

hee-haw ['hi:hɔ:] *s.* **1** hi ho (raglio dell'asino). **2** (*fig.*) risata sguaiata.

heel [hi:l] *s.* **1** calcagno, tallone. **2** tacco (di scarpa). **3** (*am. fam.*) mascalzone. □ (*fig.*) *to be* **at** *s.o.'s heels* essere alle calcagna di qd.; (*fam.*) **by** *the heels* alle strette; (*fam.*) *to* **cool** *one's heels* fare anticamera; **down** *at* ~ scalcagnato; (*rif. a persone*) trasandato, sciatto; (*fig.*) *to* **kick** *up one's heels* fare salti di gioia; *to* **lay** *s.o. by the heels* catturare qd.; (*fig.*) **on** *the heels of* subito dopo; (*fig.*) *to* **show** *a clean pair of heels, to* **take** *to one's heels* darsela a gambe; *to* **turn** *on one's heels* girare sui talloni; (*fig.*) **under** *the* ~ *of* sotto il giogo di.

to **heel**[1] [hi:l] *v.t.* **1** (ri)fare i tacchi a. **2** stare alle calcagna di, tallonare.

to **heel**[2] [hi:l] *v.* (spesso con *over*) **I** *v.i.* (*Mar.*) sbandare, ingavonarsi. **II** *v.t.* far sbandare.

to **heft** *am.* [heft] *v.t.* **1** sollevare, alzare. **2** soppesare.

hefty ['hefti] *a.* (*fam.*) robusto, vigoroso; forte.

hegemony [hi'geməni] *s.* egemonia.

heifer ['hefə*] *s.* (*Zool.*) giovenca.

height [hait] *s.* **1** altezza. **2** statura. **3** altitudine, quota. **4** (*fig.*) culmine, colmo. **5** *pl.* altura; montagna. **6** cima, sommità. □ *he is six feet in* ~ è alto sei piedi.

to **heighten** ['haitn] **I** *v.t.* **1** innalzare, elevare. **2** accrescere, aumentare; intensificare, rafforzare. **II** *v.i.* **1** innalzarsi, elevarsi. **2** aumentare, crescere.

heinous ['heinəs] *a.* atroce, scellerato.

heir [ɛə*] *s.* erede. □ ~ **apparent** erede in linea diretta; *to be* ~ *to an* **estate** essere l'erede di un patrimonio; ~ *at* **law** erede legittimo.

heiress ['ɛəris] *s.* ereditiera.

heirloom ['ɛəlu:m] *s.* cimelio di famiglia.

held [held] → to **hold**.

Helen ['helin] *N.pr.f.* Elena.

helical ['helikəl] *a.* elicoidale.

helicopter ['helikɔptə*] *s.* elicottero.

heliport ['helipɔ:t] *s.* eliporto.

helium ['hi:liəm] *s.* (*Chim.*) elio.

helix ['hi:liks] *s.* (*pl.* **helices** ['helisi:z]/**–lixes** [–iz]) **1** spirale. **2** (*Geom.*) elica.

hell [hel] **I** *s.* inferno. **II** *intz.* (*fam.*) diavolo, maledizione. □ (*fam.*) *it's* **as** *cold as* ~ fa un freddo del diavolo; *to be* ~**-bent** *on s.th.* essere disposto a tutto per fare qc.; (*fam.*) *to do s.th.* **for** *the* ~ *of it* fare qc. tanto per farla; (*fam.*) **go** *to* ~*!* va' all'inferno!; (*fam.*) **like** ~ moltissimo; (*esclam.*) neanche per sogno; *to* **make** *s.o.'s life* ~ rendere a qd. la vita un inferno; (*fam.*) *it's a* ~ **of** *a day* è una giornata infernale; *to* **raise** ~ fare il diavolo a quattro; (*fam.*) **to** ~ *with your scruples* al diavolo i tuoi scrupoli; (*fam.*) **what** *the* ~ *do you want?* che diavolo vuoi?

he'll [hi:l] *contraz. di* **he will, he shall.**

hellebore ['helibɔ:*] *s.* (*Bot.*) elleboro.

Hellenic [he'li:nik] *a.* ellenico.

Hellenism ['heli:nizəm] *s.* ellenismo.

Hellenistic [,heli'nistik] *a.* ellenistico.

hellish ['heliʃ] *a.* infernale, diabolico.

hello [he'ləu] *intz.* salve, salute.

helm [helm] *s.* **1** (*Mar.*) timone; barra. **2** (*fig.*) guida, direzione; governo.

helmet ['helmit] *s.* elmetto; casco.

helmsman ['helmzmən] *s.* (*pl.* **–men**) (*Mar.*) timoniere.

help [help] *s.* **1** aiuto, assistenza. **2** rimedio. **3** domestica a ore.

to **help** [help] *v.* (*pass., p.p.* **helped** [–t]) **I** *v.t.* **1** aiutare, assistere. **2** essere utile a, servire. **3** contribuire a, favorire. **4** (preceduto da *can, could*) fare a meno di, evitare: *he could not* ~ *laughing* non poté fare a meno di ridere. **5** (*nella forma riflessiva*) trattenersi, frenarsi: *I couldn't* ~ *myself* non sono riuscito a trattenermi. **6** (*di cibo, ecc.*) servire (*to s.th.* qc.). **II** *v.i.* **1** dare aiuto, aiutare. **2** servire, essere utile. □ *it* **can't** *be helped* non c'è niente da fare; *I* **can't** ~ *that* non posso farci nulla; *to* ~ *s.o.* **on** (*off*) *with his overcoat* aiutare qd. a mettersi (togliersi) il cappotto; *to* ~ *s.o.* **out**: 1 aiutare qd. a uscire; 2 dare una mano a cavarsela; 3 prestare quattrini; (*fam.*) **so** ~ *me God* che Dio mi assista; *to* ~ *o.s.* **to** *s.th.* (*di cibo e bevande*) servirsi di qc.; *to* ~ *s.o.* **up** *with a case* aiutare qd. a portare una cassa; ~ **yourself** serviti, si serva.

helper ['helpə*] *s.* aiutante *m./f.*, aiuto; assistente *m./f.*

helpful ['helpful] *a.* **1** utile, vantaggioso. **2** servizievole. □ *he was very* ~ mi è stato di grande aiuto.
helping ['helpiŋ] *s.* porzione (di cibo).
helpless ['helplis] *a.* **1** indifeso, inerme; senza aiuto. **2** debole, impotente.
helplessness ['helplisnis] *s.* impotenza. □ *the* ~ *of childhood* i bambini sono inermi e indifesi.
helpmate ['helpmeit], **helpmeet** ['helpmi:t] *s.* collaboratore; (*nella vita*) compagno.
helter-skelter ['heltə'skeltə*] **I** *avv.* **1** precipitosamente. **2** alla rinfusa. **II** *a.* alla rinfusa, disordinato, caotico. **III** *s.* toboga, scivolo.
Helvetic [hel'vetik] *a.* elvetico.
hem [hem] *s.* orlo; bordo.
to **hem**[1] [hem] *v.t.* (*pass., p.p.* **hemmed** [–d]) **1** orlare, bordare. **2** (*fig.*) (general. con *in, around, about*) circondare, attorniare.
to **hem**[2] [hem, hm] *v.i.* (*pass., p.p.* **hemmed** [–d]) **1** fare ehm. **2** esitare nel parlare.
he-man ['hi:mæn] *s.* (*pl.* **–men**) (*fam.*) superuomo.
hemisphere ['hemisfiə*] *s.* emisfero.
hemlock ['hemlɔk] *s.* cicuta.
hemp [hemp] *s.* canapa. □ (*Indian*) ~ canapa indiana, hashish.
hemstitch ['hemstitʃ] *s.* orlo a giorno.
hen [hen] *s.* (*Zool.*) gallina; femmina (di uccelli, crostacei): *hen-crab* granchio femmina.
hence [hens] *avv.* **1** perciò, quindi. **2** da ora, da oggi. **3** da qui.
henceforth [,hens'fɔ:θ], **henceforward** [,hens 'fɔ:wəd] *avv.* d'ora in avanti, per l'avvenire.
henchman ['hentʃmən] *s.* (*pl.* **–men**) seguace; (*spreg.*) tirapiedi.
henna ['henə] *s.* **1** henna. **2** (*Bot., Cosmetica*) henné.
hen-party ['henpɑ:ti] *s.* (*fam.*) festa di sole donne.
henpecked ['henpekt] *a.* (*fam.*) dominato dalla moglie.
Henry ['henri] *N.pr.m.* Enrico.
hepatic [hi'pætik] *a.* epatico.
hepatitis [,hepə'taitis] *s.* (*Med.*) epatite.
heptagon ['heptəgən] *s.* (*Geom.*) ettagono.
her [hə:*] **I** *a.* suo, di lei: ~ *son* suo figlio; ~ *books* i suoi libri. **II** *pron.* **1** la, lei: *I prefer* ~ preferisco lei. **2** le, a lei: *I gave* ~ *my book* le diedi il mio libro. □ (*fam.*) **it**'*s* ~ è lei; *Her* **Majesty** *the Queen* Sua Maestà la Regina; (*fam.*) **that**'*s* ~*!* eccola qua!
herald ['herəld] *s.* **1** (*Stor.*) araldo. **2** (*fig.*) messaggero, nunzio. **3** (*fig.*) annunciatore, foriero. □ *Herald's College* Consulta araldica.
to **herald** ['herəld] *v.t.* **1** annunziare, proclamare. **2** (pre)annunziare, essere foriero di.
heraldic [he'rældik] *a.* araldico.
heraldry ['herəldri] *s.* araldica.
herb [hə:b] *s.* (*Bot.*) erba, pianta erbacea. □ (*cucina*) *herbs* odori.
herbaceous [hə:'beiʃəs] *a.* erbaceo.
herbage ['hə:bidʒ] *s.* (*Bot.*) vegetazione erbacea, erbe.
herbal ['hə:bəl] *a.* erbaceo.
herbalist ['hə:bəlist] *s.* erborista *m./f.*
herbalist shop ['hə:bəlist'ʃɔp] *s.* erboristeria.
herbicidal ['hə:bisaidl] *a.* (*Agr.*) diserbante.
herbivorous [hə:'bivərəs] *a.* erbivoro.
herculean [,hə:kju'li:ən] *a.* fortissimo, erculeo.
herd [hə:d] *s.* **1** mandria, branco, gregge. **2** (*spreg.*) massa, moltitudine.
to **herd** [hə:d] **I** *v.i.* imbrancarsi. **II** *v.t.* **1** imbrancare; condurre in branco. **2** (*fig.*) radunare, riunire.
herdsman ['hə:dzmən] *s.* (*pl.* **–men**) mandriano.
here [hiə*] **I** *avv.* **1** qui, qua. **2** da qui, (di) qui, a questo punto. **3** ecco (qui): ~ *is your book* ecco il tuo libro. **II** *intz.* **1** presente. **2** qui, qua. **3** suvvia, su. □ ~ **below** qui sotto; su questa terra; **from** ~ da qui; **from** ~ *to there* di qui a lì; (*fam.*) ~ **goes***!* ecco!; (*fam.*) *that's* **neither** ~ *nor there* non c'entra niente; ~ *and* **there** qui e lì, qua e là; ~*'s* **to** *you* alla (vostra) salute; **up** ~ quassù.
hereabout(s) ['hiərəbaut(s)] *avv.* qui intorno, qui vicino.
hereafter [hiər'ɑ:ftə*] **I** *avv.* **1** d'ora in poi, da qui in avanti. **2** nell'aldilà. **II** *s.* **1** avvenire. **2** aldilà.
hereby [hiə'bai] *avv.* (*Dir.*) con ciò; con la presente.
hereditary [hi'reditri] *a.* ereditario.
heredity [hi'rediti] *s.* (*Biol.*) **1** ereditarietà. **2** patrimonio ereditario.
herein [hiə'rin] *avv.* (*burocr.*) qui: *enclosed* ~ qui accluso.
here's [hiəz] *contraz. di* **here is.**
heresy ['herəsi] *s.* eresia.
heretic ['herətik] *s.* eretico.
heretical [hi'retikəl] *a.* eretico.
herewith [hiə'wið] *avv.* (*burocr.*) qui accluso, qui allegato; con la presente.
heritage ['heritidʒ] *s.* eredità.
Herman ['hə:mən] *N.pr.m.* Armando.
hermaphrodite [hə:'mæfrədait] *a./s.* ermafrodito.
hermetic [hə:'metik] *a.* ermetico.
hermit ['həmit] *s.* eremita.
hermitage ['hə:mitidʒ] *s.* eremitaggio, eremo.
hermit crab ['həmit,kræb] *s.* (*Zool.*) paguro.
hernia ['hə:niə] *s.* (*Med.*) ernia.
hero ['hiərəu] *s.* (*pl.* **–es** [–z]) **1** eroe. **2** (*Lett.*) protagonista.
heroic [hi'rəuik] *a.* eroico.
heroicomic [hi,rəui'kɔmik] *a.* eroicomico.
heroics [hi'rə(u)iks] *s.pl.* **1** magniloquenza. **2** atto eroico; eroismo.
heroin ['herə(u)in] *s.* (*Chim.*) eroina.
heroine ['herəuin] *s.* **1** eroina. **2** (*Teat.*) protagonista.
heroism ['herəuizəm] *s.* eroismo.
heron ['herən] *s.* (*Zool.*) airone.
herpes ['hə:pi:z] *s.* (*Med.*) herpes.
herring ['heriŋ] *s.* (*Zool.*) aringa.

herringbone ['heriŋbəun] *s.* spina di pesce.
hers [hə:z] *pron.poss.* suo, sua, di lei: *this house is ~* questa casa è sua; *is this book his or ~?* questo libro è di lui o di lei?
herself [hə'self] *pron.pers.* **1** (*rifl.*) si, sé, se stessa: *she hurt ~* si fece male. **2** (*enfatico*) lei stessa, proprio lei: *she ~ told me* me l'ha detto proprio lei. **3** da sola: *she painted the walls ~* ha dipinto le pareti da sola. □ *she's not quite ~ today* oggi non è in forma.
he's [hi:z] *contraz. di* **he is, he has.**
hesitance ['hezitəns], **hesitancy** ['hezitənsi] *s.* esitazione, titubanza; indecisione.
hesitant ['hezitənt] *a.* esitante, titubante.
to **hesitate** ['heziteit] *v.i.* esitare, titubare.
hesitation [,hezi'teiʃən] *s.* esitazione, titubanza; indecisione.
hessian ['hesiən] *s.* iuta.
heterodox ['hetərə(u)dɔks] *a.* eterodosso.
heterodoxy ['hetərə(u)dɔksi] *s.* eterodossia.
heterogeneous [,hetərə(u)'dʒi:niəs] *a.* eterogeneo.
heterosexual [,hetərə'sekʃuəl] *a./s.* eterosessuale.
het-up ['het'ʌp] *a.* (*fam.*) teso, nervoso.
to **hew** [hju:] *v.t.* (*pass.* **hewed** [–d], *p.p.* **hewed/ hewn** [–n]) **1** tagliare (con l'ascia), spaccare, fendere. **2** (general. con *away, off, out*) staccare tagliando. **3** (general. con *out*) sbozzare, sgrossare. □ *to ~* **down** *a tree* abbattere un albero; (*fig.*) *to ~* **out** *a career for o.s.* farsi faticosamente strada nella vita.
hexagon ['heksəgən] *s.* (*Geom.*) esagono.
hexagonal [heks'ægənl] *a.* esagonale.
hexameter [heks'æmitə*] *s.* (*Metrica*) esametro.
hey [hei] *intz.* **1** ehi, ehilà. **2** ma va (là).
heyday ['heidei] *s.* fulgore, splendore. □ *in the ~ of youth* nel fiore degli anni.
Hf = (*Chim.*) *hafnium* afnio.
HF = (*Rad., TV*) *high frequency* alta frequenza.
hg = *hectogram(me)* ettogrammo.
Hg = (*Chim.*) *mercury* mercurio.
HH = **1** *His, Her Highness* Sua Altezza. **2** *His Holiness* Sua Santità.
hi [hai] *intz.* **1** ehi, ehilà. **2** (*am. fam.*) ciao, salve.
hiatus [hai'eitəs] *s.* (*pl.* **–tuses** [–təsiz]) **1** iato. **2** intervallo, interruzione; pausa; lacuna.
to **hibernate** ['haibəneit] *v.i.* ibernare.
hibernation [,haibə'neiʃən] *s.* ibernazione.
hiccough ['hikɔf], **hiccup** ['hikʌp] *s.* singhiozzo, singulto: *to have the hiccups* avere il singhiozzo.
to **hiccough** ['hikɔf], to **hiccup** ['hikʌp] **I** *v.i.* singhiozzare. **II** *v.t.* (general. con *out*) dire singhiozzando.
hickory ['hikəri] *s.* (*Bot.*) hickory (noce americano).
hid [hid] → to **hide**[1].
hidden ['hidn] *a.* **1** occulto, nascosto. **2** misterioso, oscuro.
hide[1] [haid] *s.* nascondiglio.
to **hide**[1] [haid] *v.* (*pass.* **hid** [hid], *p.p.* **hidden** ['hidn]/**hid**) **I** *v.t.* nascondere, celare. **II** *v.i.* **1** nascondersi. **2** (general. con *out, on*) darsi alla macchia.
hide[2] [haid] *s.* **1** pelle. **2** pellame, cuoio. □ (*fig.*) *to tan s.o.'s ~* picchiare qd.
to **hide**[2] [haid] *v.t.* (*fam.*) bastonare.
hide-and-seek ['haidənd'si:k] *s.* nascondino, rimpiattino.
hideaway ['haidəwei] *s.* nascondiglio, rifugio; luogo appartato.
hidebound ['haidbaund] *a.* di mentalità ristretta; ottuso.
hideous ['hidiəs] *a.* orrendo, orribile; ripugnante, ripulsivo.
hideout ['haidaut] *s.* nascondiglio, covo.
hiding[1] ['haidiŋ] *s.* **1** occultamento. **2** nascondiglio.
hiding[2] ['haidiŋ] *s.* (*fam.*) bastonatura; gragnola di colpi.
to **hie** [hai] *v.i.* (*p.p.* **hieing/hying** [–iŋ]) (*lett. scherz.*) affrettarsi.
hierarchic [,haiə'rɑ:kik] *a.* gerarchico.
hierarchy ['haiərɑ:ki] *s.* gerarchia.
hieratic [,haiə'rætik] *a.* sacerdotale, sacro.
hieroglyph ['haiərəglif] *s.* geroglifico.
hi-fi ['hai'fai] *a./s.* (*fam.*) hi-fi.
higgledy-piggledy ['higldi'pigldi] *avv.* alla rinfusa.
high [hai] **I** *a.* **1** alto; elevato. **2** principale, maggiore; importante: *~ altar* altar maggiore. **3** nobile, sublime. **4** (*fam.*) alticcio, brillo. **5** (*di tempo*) inoltrato, avanzato: *~ summer* estate inoltrata. **6** (*di cibo*) andato a male, guasto; (*di carne, selvaggina*) frollo. **II** *s.* **1** altura, posto elevato. **2** livello alto; record. **III** *avv.* in alto, su. □ *of ~* **birth** di nobili natali; *in the highest* **degree** al massimo grado; (*Mar.*) *~ and* **dry** in secca; (*fig.*) solo, abbandonato; (*fam.*) nei pasticci; (*fig.*) *to* **fly** *~* mirare in alto; *my* **hopes** *are ~* ho buone speranze; *to search ~ and* **low** *for s.th.* cercare qc. per mare e per terra; *the ~ and the* **low** il ceto alto e il ceto basso; **on** *~* in alto; in cielo; *he has a ~* **opinion** *of himself* ha un alto concetto di sé; *to* **play** *~* giocare forte; *the ~* **point** il momento culminante; *of ~* **standing** che gode ottima reputazione; *~* **thinking** pensiero elevato; *it is ~* **time** *you started working* è proprio ora che ti metta a lavorare; (*fam.*) *to have a ~ old* **time** divertirsi moltissimo; *to set a ~* **value** *on s.th.* attribuire un grande valore a qc.
highball *am.* ['haibɔ:l] *s.* liquore con soda e ghiaccio.
highborn ['haibɔ:n] *a.* nobile di nascita.
highbrow ['haibrau] **I** *s.* intellettuale *m./f.* **II** *a.* intellettuale; persona impegnata.
high chair [hai'tʃεə*] *s.* seggiolone.
high-definition ['hai,defi'niʃən] *a./s.* (*Fot., Cin., TV*) alta definizione.
highfalutin [,haifə'lu:tin], **highfaluting** [,haifə'lu:tiŋ] *a.* (*fam.*) ampolloso, pretenzioso, gonfio.

high fidelity ['haifi'deliti] *a./s.* (*Rad.*) ad alta fedeltà, alta fedeltà.
high-flier ['haiflaiə*] *s.* ambizioso, persona che mira in alto.
high-flown ['hai'fləun] *a.* pretenzioso, altisonante.
high-handed ['hai'hændid] *a.* prepotente, arrogante.
high heeled ['hai'hi:ld] *a.* con i tacchi alti.
high jump ['haidʒʌmp] *s.* (*Sport*) salto in alto.
highland ['hailənd] *s.* (*Geog.*) altopiano.
highlander ['hailəndə*] *s.* montanaro; abitante delle Highlands (in Scozia).
high-life ['hailaif] *s.* alta società, bel mondo.
highlight ['hailait] *s.* **1** (*Pitt.*) zona di massima luce. **2** (*fig.*) parte migliore. **3** *pl.* mèches, colpi di sole.
to **highlight** ['hailait] *v.t.* **1** (*Pitt.*) lumeggiare. **2** (*fig.*) mettere in rilievo.
highly ['haili] *avv.* **1** molto, altamente. **2** bene: *to speak ~ of s.o.* parlare bene di qd. **3** a caro prezzo. □ *to think ~ of s.o.* tenere qd. in grande considerazione.
high-minded ['hai'maindid] *a.* magnanimo, di nobili sentimenti.
highness ['hainis] *s.* altezza. **Highness** Altezza.
high-pitched ['hai'pitʃt] *a.* **1** (*di suono*) acuto. **2** (*di tetto*) aguzzo, a punta.
high-pressure ['haipreʃə*] *a.* **1** ad alta pressione. **2** (*fig.*) energico, aggressivo.
highroad ['hairəud] *s.* strada maestra (*anche fig.*).
high school ['hai'sku:l] *s.* scuola media inferiore e superiore; (*USA*) scuola superiore.
high-sounding ['hai'saundiŋ] *a.* altisonante, reboante.
high-spirited ['hai'spiritid] *a.* vivace, allegro.
high spot ['hai'spɔt] *s.* punto saliente; clou.
high street ['hai'stri:t] *s.* strada principale.
high-strung ['hai'strʌŋ] *a.* eccitabile.
high tea ['hai,ti:] *s.* spuntino serale (meno importante della cena e più sostanzioso del tè).
high tech ['hai'tek] → **high technology**.
high technology ['hai,tek'nɔlədʒi] *s.* alta tecnologia.
high-up ['hai'ʌp] **I** *s.* (*fam.*) persona d'alto rango. **II** *a.* altolocato; di rango elevato.
high water ['haiwɔ:tə*] *s.* alta marea; acqua alta.
highway ['haiwei] *s.* **1** strada principale; autostrada. **2** (*fig.*) strada maestra, via più facile.
highwayman ['haiweimən] *s.* (*pl.* **–men**) bandito, rapinatore.
to **hijack** ['haidʒæk] *v.t.* (*fam.*) dirottare (un aereo).
hijacker ['haidʒækə*] *s.* (*fam.*) pirata dell'aria, dirottatore.
hike [haik] *s.* **1** escursione a piedi. **2** (*am. fam.*) aumento (di prezzi, tasso di interessi, ecc.).
to **hike** [haik] **I** *v.i.* fare un'escursione a piedi. **II** *v.t.* **1** (general. con *up*) tirare su. **2** (*am.*) aumentare.
hiker ['haikə*] *s.* escursionista.
hilarious [hi'lɛəriəs] *a.* allegro; divertente.
to **hilarity** [hi'læriti] *s.* ilarità.
hill [hil] *s.* **1** colle, collina. **2** pendio (di strada). **3** cumulo. □ (*fam.*) *as old as the hills* vecchio come il cucco.
hillbilly *am.* ['hilbili] *s.* (*fam.*) montanaro; (*estens.*) burino, buzzurro.
hillock ['hilək] *s.* collinetta, monticello.
hillside ['hilsaid] *s.* pendio di una collina.
hilltop ['hiltɔp] *s.* sommità della collina.
hilly ['hili] *a.* collinoso.
hilt [hilt] *s.* **1** elsa (di spada). **2** impugnatura. □ *(up) to the ~* fino in fondo, completamente.
him [him] *pron.* **1** lui, lo: *take ~ home* conducilo a casa. **2** a lui, gli: *give ~ a drink* dagli qualcosa da bere. **3** (*dopo una prep.*) lui: *come with ~* vieni con lui. **4** (*rifl.*) sé, se stesso: *he took me with ~* mi condusse con sé. □ **it**'*s ~* è lui; *it was very kind* **of** *~* è stato molto gentile da parte sua.
himself [him'self] *pron.pers.* **1** (*rifl.*) si, sé, se stesso: *he cut ~* si tagliò. **2** (*enfatico*) lui stesso, proprio lui: *he ~ told me* me lo ha detto proprio lui. **3** da sé, da solo.
hind[1] [haind] *a.* (*compar.* **hinder** [–ə*], *sup.* **hindmost** [–məust]/**hindermost** [–əməust]) posteriore: *~ quarters* quarti posteriori (di un animale macellato).
hind[2] [haind] *s.* (*Zool.*) cerva.
hinder ['haində*] *a.* posteriore: *~ part* parte posteriore.
to **hinder** ['hində*] *v.t.* intralciare, ostacolare; impedire.
hindmost ['haindməust] *a.* (*sup.* di **hind**) il più indietro, ultimo.
hindrance ['hindrəns] *s.* ostacolo, intralcio.
hindsight ['haindsait] *s.* il senno di poi.
Hindu ['hindu:] **I** *s.* indù *m./f.*; indiano. **II** *a.* indù.
Hinduism ['hindu:izəm] *s.* induismo.
hinge [hindʒ] *s.* **1** cardine. **2** (*fig.*) perno, cardine.
to **hinge** [hindʒ] **I** *v.t.* munire di cardini. **II** *v.i.* imperniarsi (su).
hint [hint] *s.* **1** allusione, cenno, accenno. **2** traccia, indizio. **3** suggerimento, consiglio. □ *to* **drop** *a ~* alludere, fare un'allusione; *to* **take** *a ~* capire al volo.
to **hint** [hint] **I** *v.t.* far capire, lasciare intendere. **II** *v.i.* accennare, alludere (*at* a).
hinterland ['hintəlænd] *s.* **1** retroterra. **2** (*am.*) hinterland.
hip[1] [hip] *s.* (*Anat.*) anca, fianco.
hip[2] [hip] *intz.* evviva. □ *~, ~, hurrah* (o *hooray*) hip, hip, hip, hurrà.
hip[3] [hip] *a.* (*fam.*) aggiornato, moderno, alla moda.
hipbath ['hipbɑ:θ] *s.* semicupio.
hip flask [hipfla:sk] *s.* fiaschetta per liquori.
hippie → **hippy**.
hippo ['hipəu] *s.* (*fam.*) ippopotamo.
hippodrome ['hipə(u)drəum] *s.* ippodromo.

hippopotamus [ˌhipəˈpɔtəməs] *s.* (*Zool.*) ippopotamo.
hippy [ˈhipi] **I** *s.* hippy *m./f.* **II** *a.* hippy, degli hippy.
hipster *am.* [ˈhipstə*] *s.* **1** (*fam.*) persona che segue la moda. **2** chi sa godersi la vita.
hire [haiə*] *s.* **1** noleggio, nolo: *for* ~ da nolo. **2** salario, stipendio.
to **hire** [haiə*] *v.t.* **1** noleggiare, prendere in affitto. **2** (*di operai, ecc.*) assumere, impiegare. **3** (general. con *out*) dare a nolo, noleggiare.
hireling [ˈhaiəliŋ] *s.* mercenario.
hire purchase [ˈhaiəpə:tʃəs] *s.* (*Comm.*) vendita con riserva della proprietà; vendita con pagamento rateale.
his [hiz] **I** *a.* suo, di lui: ~ *book* il suo libro; ~ *sons* i suoi figli. **II** *pron.* suo, di lui: *a friend of* ~ un suo amico.
Hispanic [hisˈpænik] *a.* (*poet.*) ispanico, spagnolo.
hiss [his] *s.* fischio, sibilo.
to **hiss** [his] *v.t./i.* sibilare, fischiare. ☐ *to* ~ *s.o.* **down** far tacere qd. con i fischi.
histamine [ˌhistəmi:n] *s.* (*Biol.*) istamina.
histology [ˌhisˈtɔlədʒi] *s.* istologia.
historian [hisˈtɔ:riən] *s.* storico; storiografo.
historic [hisˈtɔrik] *a.* storico (*anche fig.*): ~ *compromise* compromesso storico.
historical [hisˈtɔrikəl] *a.* storico, storiografico.
historiographer [hisˌtɔriˈɔgrəfə*] *s.* storiografo.
historiography [hisˌtɔriˈɔgəfi] *s.* storiografia.
history [ˈhistəri] *s.* storia. ☐ *to go down in* ~ passare alla storia.
histrionic [ˌhistriˈɔnik] *a.* **1** teatrale. **2** (*fig.*) artificioso.
histrionics [ˌhistriˈɔniks] *s.pl.* **1** arte drammatica. **2** (*fig.*) istrionismo, teatralità.
hit [hit] **I** *s.* **1** colpo, botta. **2** scontro, urto. **3** successo; canzone di successo. **4** (*fig.*) frecciata, allusione. **5** (*Sport*) centro, colpo andato a segno. **II** *a.* (*fam.*) di successo. ☐ *a* **lucky** ~ un colpo di fortuna; *to* **make** *a* ~ *with s.o.* far colpo su qd.; ~ **parade** rassegna di successi musicali.
to **hit** [hit] *v.* (*pass., p.p.* **hit**) **I** *v.t.* **1** battere, picchiare. **2** colpire; cogliere (un bersaglio). **3** (s)battere, urtare. **4** (*Sport*) colpire, tirare. **5** (*fig.*) colpire, danneggiare; ferire. **6** (*fam.*) trovare, scoprire: *to* ~ *gold* trovare l'oro. **II** *v.i.* **1** colpire; battere, picchiare. **2** (s)battere, urtare (*against* contro). **3** (*am., Mot.*) funzionare. ☐ *to* ~ **back** ribattere; (*fig.*) contrattaccare; *to* ~ *a man when he's* **down** colpire l'avversario quando è a terra; (*fig.*) uccidere un uomo morto; *to* ~ **hard** colpire duramente (*anche fig.*); (*fam.*) *you've* ~ **it** hai indovinato; (*fam.*) *to* ~ **off** descrivere alla perfezione; (*fam.*) *to* ~ *it* **off** *with s.o.* andare d'accordo con qd.; *to* ~ **on** trovare (per caso); *to* ~ **out** sferrare un colpo (*at* a); (*fig.*) criticare aspramente, attaccare (*at s.o.* qd.); (*Sport*) *to* ~ **up** segnare; *to* ~ **upon** = *to* ~ **on**.
hit-and-miss [ˈhitənˈmis] *a.* casuale, imprevedibile.
hit-and-run [ˈhitənˈrʌn] *a.attr.* (*di automobilista*) colpevole di omissione di soccorso. ☐ ~ *driver* pirata della strada.
hitch [hitʃ] *s.* **1** strappo, strattone. **2** (*Mar.*) nodo; mezzo nodo. **3** (*fam.*) ostacolo imprevisto. ☐ *everything went off without* ~ tutto andò liscio.
to **hitch** [hitʃ] **I** *v.t.* **1** legare, attaccare. **2** (spesso con *up*) attaccare, aggiogare. **3** (general. con *up*) tirare su. **II** *v.i.* **1** impigliarsi (*on* a, in). **2** muoversi a strattoni. **3** fare l'autostop. ☐ (*fam.*) *to get hitched* rimanere incastrato (sposandosi).
to **hitchhike** [ˈhitʃhaik] *v.i.* fare l'autostop.
hitchhiker [ˈhitʃhaikə*] *s.* autostoppista *m./f.*
hitchhiking [ˈhitʃhaikiŋ] *s.* autostop.
hitherto [ˈhiʃəˈtu:] *avv.* (*lett.*) fino a ora.
hive [haiv] *s.* **1** alveare, arnia. **2** (*fig.*) brulichio.
to **hive** [haiv] **I** *v.t.* mettere nell'arnia. **II** *v.i.* **1** entrare nell'arnia. **2** (*fig.*) vivere come in un alveare. ☐ *to* ~ *off* separare; decentrare.
hives [haivz] *s.pl.* (costr. sing. o pl.) (*Med.*) orticaria.
hl = *hectolitre* ettolitro.
HL = *House of Lords* Camera dei Lord.
h'm [hm] *intz.* ehm, uhm.
HM = *His, Her Majesty* Sua Maestà.
ho [həu] *intz.* **1** oh. **2** ohé, olà.
Ho = (*Chim.*) *holmium* olmio.
HO = **1** *Head Office* Sede Centrale. **2** *Home Office* Ministero degli Interni.
hoar [hɔ:*] **I** *a.* (*lett.*) canuto. **II** → **hoarfrost**.
hoard [hɔ:d] *s.* **1** tesoro; gruzzolo. **2** scorta, riserva.
to **hoard** [hɔ:d] *v.t.* (spesso con *up*) fare provvista di; accaparrare.
hoarding [ˈhɔ:diŋ] *s.* tabellone per le affissioni, cartellone pubblicitario.
hoarfrost [ˈhɔ:ˈfrɔst] *s.* (*Meteor.*) brina.
hoarse [hɔ:s] *a.* rauco: *to shout o.s.* ~ gridare fino a diventare rauco.
hoarseness [ˈhɔ:snis] *s.* raucedine.
hoary [ˈhɔ:ri] *a.* **1** canuto, bianco. **2** antico; vecchio.
hoax [həuks] *s.* scherzo, burla.
to **hoax** [həuks] *v.t.* burlare, beffare.
hob [hɔb] *s.* **1** mensola del camino (per tenere in caldo le vivande). **2** piastra con i fornelli (di cucina).
hobble [ˈhɔbl] *s.* andatura zoppicante.
to **hobble** [ˈhɔbl] **I** *v.i.* **1** zoppicare. **2** camminare barcollando. **II** *v.t.* **1** impastoiare. **2** (*fig.*) ostacolare, impedire.
hobby [ˈhɔbi] *s.* hobby, passatempo preferito. ☐ *to paint* **as** *a* ~ avere l'hobby della pittura; *to* **ride** *one's* ~ coltivare il proprio hobby.
hobbyhorse [ˈhɔbihɔ:s] *s.* **1** cavalluccio di legno (con un bastone). **2** (*fig.*) argomento preferito; mania, pallino.
hobgoblin [ˈhɔbgɔblin] *s.* folletto, elfo; diavoletto.

hobnail ['hɔbneil] *s.* chiodo da scarponi.

to **hobnob** ['hɔbnɔb] *v.i.* (*pass., p.p.* **hobnobbed** [-d]) essere in rapporti d'amicizia con.

hobo *am.* ['həubəu] *s.* (*pl.* **-s/-es** [-z]) vagabondo.

Hobson's choice ['hɔbsnz'tʃɔis] *s.* scelta obbligata.

hock[1] [hɔk] *s.* garretto.

hock[2] [hɔk] *s.*: (*sl.*) *in* ~ impegnato.

to **hock** [hɔk] *v.t.* (*sl.*) impegnare, dare in pegno.

hockey ['hɔki] *s.* (*Sport*) hockey.

hocus-pocus ['həukəs'pəukəs] *s.* **1** raggiro, inganno. **2** discorso fuorviante.

hodgepodge ['hɔdʒpɔdʒ] → **hotchpotch**.

hoe [həu] *s.* (*Agr.*) marra, zappa.

to **hoe** [həu] *v.t.* (*Agr.*) zappare; sarchiare.

hog [hɔg] *s.* **1** porco, maiale. **2** (*fam.*) sudicione, porco. □ (*fam.*) *to go the whole* ~ andare fino in fondo.

to **hog** [hɔg] *v.* (*pass., p.p.* **hogged** [-d]) *v.t.* **1** (*fam.*) impossessarsi di. **2** (spesso con *down*) trangugiare.

hoggish ['hɔgiʃ] *a.* (*fam.*) **1** porcino. **2** ingordo, avido.

Hogmanay ['hɔgmənei] *s.* ultimo dell'anno (in Scozia).

hogwash ['hɔgwɔʃ] *s.* **1** broda per maiali. **2** (*fam.*) sciocchezze, chiacchiere senza senso.

hoi polloi ['hɔi'pɔlɔi] *s.* la grande massa; (*spreg.*) volgo.

hoist [hɔist] *s.* **1** (*Mecc.*) paranco; montacarichi. **2** (*Mar.*) ghinda.

to **hoist** [hɔist] *v.t.* **1** alzare, sollevare. **2** issare, inalberare. **3** (*Mar.*) alare.

hoity-toity ['hɔiti'tɔiti] *a.* altezzoso, borioso.

hold[1] [həuld] *s.* **1** presa, stretta. **2** appoggio, sostegno. **3** (*fig.*) influenza, ascendente: *to have a strong* ~ *over s.o.* avere molta influenza su qd. **4** (*fig.*) controllo; dominio. □ (*Sport*) *no holds* **barred** è permessa qualsiasi presa; (*fam.*) tutti i mezzi sono leciti; *to* **catch** (o *lay* o *seize*) ~ *of s.th.* afferrare qc.; *to* **have** ~ *of s.th.* tenere stretto qc.; *to* **keep** *a tight* ~ reggersi saldamente; *to* **lose** *one's* ~ *on reality* perdere ogni contatto con la realtà; *to* **take** ~ *of s.th.* appigliarsi a qc.

to **hold** [həuld] *v.* (*pass., p.p.* **held** [held]) **I** *v.t.* **1** tenere; reggere: *to* ~ *a baby in one's arms* tenere un bambino in braccio. **2** trattenere: *to* ~ *one's breath* trattenere il fiato; *to* ~ *the line* aspettare al telefono. **3** tenere in serbo; tenere a disposizione: *can you please* ~ *me the room till late in the evening?* può tenermi la stanza fino a sera inoltrata? **4** contenere; (*di locali*) ospitare: *a conference room that can* ~ *a limited number of people* una sala di riunioni con una capacità limitata; *how much does this bottle* ~*?* quanto contiene questa bottiglia? **5** avere, detenere, possedere: *to* ~ *the key to a problem* avere la chiave di un problema. **6** tenere viva l'attenzione di: *to* ~ *an audience* tener viva l'attenzione di un uditorio. **7** ritenere, considerare: *I shall* ~ *you responsible* ti riterrò responsabile. **8** tenere: *to* ~ *a conversation* tenere una conversazione. **9** rivestire, assumere (una carica): *he holds the office of mayor* riveste la carica di sindaco. **II** *v.i.* **1** rimanere, restare: *to* ~ *still* restar fermo. **2** tenere, resistere: *to* ~ *under pressure* resistere alla pressione; *the rope held* la fune ha tenuto. **3** valere, essere valido: *the rule holds for everyone* la regola vale per tutti. **4** (*Dir.*) derivare un diritto (*of, from* da). □ *to* ~ **class** tenere lezione; *to* ~ *s.o.* **dear** avere caro qd.; *who knows what the* **future** *holds for us* chissà che cosa ci riserva il futuro; *to* ~ **good** essere valido, valere; (*esclam.*) ~ **hard** aspetta, va' piano; ~ **it**! non muoverti!; *to* ~ *one's sides with* **laughters** sbellicarsi dalle risa; *to* ~ *one's* **own** difendersi bene; *to* ~ *the* **road** (*di veicoli*) tenere la strada; *to* ~ **true** essere valido, valere. // (*seguito da preposizioni*) *to* ~ **by** attenersi a, rispettare: *to* ~ *by a decision* attenersi a una decisione; *to* ~ **over** minacciare: *to* ~ *s.th. over* usare qc. come minaccia; *to* ~ **to** attenersi a, rispettare; *to* ~ **with** approvare; essere d'accordo con. // (*seguito da avverbi*) *to* ~ **back** trattenere; frenare; tirarsi indietro: *to* ~ *back information* tenere segrete le informazioni; *to* ~ **down**: 1 tenere giù: ~ *down your head* tieni giù la testa; 2 frenare, contenere: *to* ~ *prices down* contenere i prezzi; 3 (*di lavoro*) mantenere; *to* ~ **forth** sproloquiare: *to* ~ *forth to the crowd* arringare la folla; *to* ~ **in** controllarsi; trattenersi; *to* ~ **off**: 1 tenere a distanza; tenersi lontano (*from* da); 2 rinviare, differire; 3 astenersi (*from* da); *to* ~ **on**: 1 (*Tel.*) restare in linea; 2 tenere duro; non cedere; 3 continuare, persistere; (*fam.*) ~ **on**! aspetta!; *to* ~ **out**: 1 tendere, stendere: *she held out her arms to me* tese le braccia verso di me; 2 offrire: *to* ~ *out hope of peace* offrire speranze di pace; 3 durare: *supplies held out* le scorte durarono; 4 resistere: *to* ~ *out under torture* resistere alle torture; *to* ~ **out** *for a higher price* tenere duro per ottenere un prezzo più alto; (*fam.*) *to* ~ **out** *on* (*s.o.*) rifiutarsi di dare informazioni a qd.; *to* ~ **over** rinviare; differire; *to* ~ **together** tenere uniti; restare uniti; (*fam.*) *your story doesn't* ~ **together** la tua storia non sta in piedi; *to* ~ **up**: 1 (*fam.*) ritardare; 2 fermare per derubare; 3 alzare, sollevare: *hold up your hands* alzate le mani; (*fam.*) ~ *them up!* mani in alto!; 4 sorreggere; *to* ~ *s.o.* **up** *as a model of virtue* portare qd. come esempio di virtù; *to* ~ *s.o.* **up** *to ridicule* mettere qd. in ridicolo.

hold[2] [həuld] *s.* (*Mar., Aer.*) stiva.

holdall ['həuldɔ:l] *s.* sacca da viaggio.

holdback ['həuldbæk] *s.* intoppo, ostacolo.

holder ['həuldə*] *s.* **1** contenitore; astuccio. **2** possessore; proprietario. **3** (*Univ.*) borsista *m./f.* **4** (*Sport*) detentore. **5** (*Econ.*) detentore; intestatario.

holdfast ['həuldfæst] *s.* morsetto, fermo.

holding ['həuldiŋ] *s.* **1** presa, stretta. **2** tenuta, podere. **3** *pl.* (*Econ.*) partecipazione; pacchetto (azionario). **4** (*in un museo o biblioteca*) collezione.

holding company ['həuldiŋ 'kʌmpəni] *s.* (*Econ.*) società finanziaria, holding.

holdover ['həuldəuvə*] *s.* **1** avanzo, resto. **2** (*am.*) chi mantiene una carica anche dopo la sostituzione.

holdup ['həuldʌp] *s.* (*fam.*) **1** rapina a mano armata. **2** ritardo nel traffico.

hole [həul] *s.* **1** buco, foro; apertura. **2** buca, cavità. **3** (*Zool.*) cunicolo, tana. **4** (*fam.*) pasticcio, imbroglio: *to be in a* ~ essere nei pasticci. **5** imperfezione, pecca. **6** (*fam.*) catapecchia, stamberga. **7** (*Sport*) buca. □ (*fam.*) *to* **make** *a* ~ *in* dare fondo a, consumare; (*fam.*) *to* **pick** *holes in s.th.* trovare da ridire su qc.; (*fam.*) ~ *in the* **wall** bugigattolo.

to **hole** [həul] *v.t.* **1** bucare, forare. **2** (*Sport*) mandare in buca. □ (*Sport*) *to* ~ **out** mandare in buca; *to* ~ **up** cadere in letargo; (*fam.*) rintanarsi, nascondersi.

hole-and-corner ['həulənd'kɔ:nə*] *a.* segreto, clandestino.

holiday ['hɔlədi] **I** *s.* **1** festa; festività. **2** vacanza, ferie. **3** *pl.* (*Scol.*) vacanze. **II** *v.i.* essere in villeggiatura. □ *to* **be** *away on* ~ essere assente per ferie; **farm** ~ agriturismo; *to* **go** *on* ~ andare in vacanza; ~ **resort** luogo di villeggiatura.

holidaymaker ['hɔlədimeikə*] *s.* villeggiante *m./f.*

holiness ['həulinis] *s.* santità. □ *His Holiness* Sua Santità.

Holland ['hɔlənd] *N.pr.* (*Geog.*) Olanda.

Hollander ['hɔləndə*] *s.* olandese *m./f.*

to **holler** ['hɔlə*] *v.t./i.* (*fam.*) gridare, urlare.

hollow ['hɔləu] **I** *a.* **1** vuoto, cavo; concavo; infossato. **2** (*fig.*) vuoto, vacuo; falso. **3** (*di suono*) cupo, basso; sordo. **II** *s.* **1** cavo, concavità: *to hold s.th. in the* ~ *of one's hand* tener qc. nel cavo della mano. **2** avvallamento, depressione.

to **hollow** ['hɔləu] *v.t.* (general. con *out*) scavare, incavare.

holly ['hɔli] *s.* (*Bot.*) agrifoglio.

holmium [hɔlmiəm] *s.* (*Chim.*) olmio.

holm-oak ['həuməuk] *s.* (*Bot.*) leccio.

holocaust ['hɔləkɔ:st] *s.* olocausto.

hologram ['hɔləgræm] *s.* ologramma.

holograph ['hɔləgrɑ:f] *s.* scritto (*o* documento) olografo.

holster ['həulstə*] *s.* fondina.

holy ['həuli] **I** *a.* **1** sacro; consacrato. **2** santo, pio. **3** venerato. **II** *s.* santuario. □ (*fam.*) *to have a* ~ **fear** *of s.th.* avere un sacro terrore di qc.; (*Stor.*) *Holy* **Ghost** = *Holy* **Spirit**; (*Rel. ebraica*) *the Holy of* **Holies** sancta sanctorum; *Holy* **Land** Terrasanta; *to take* ~ **orders** prendere gli ordini sacri; *Holy* **Spirit** Spirito Santo; *to* **swear** *by all that is* ~ giurare e spergiurare; (*fam.*) *a* ~ **terror** (*di persona, bambino*) peste; *Holy* **Thursday** giovedì santo; *Holy* **Week** settimana santa.

homage ['hɔmidʒ] *s.* deferenza, ossequio. □ *to pay* ~ *to s.o.* rendere omaggio a qd.

home [həum'] **I** *s.* **1** casa, abitazione; focolare (domestico). **2** ricovero, ospizio. **3** patria. **4** habitat, ambiente naturale. **5** (*Sport*) meta, traguardo. **II** *a.attr.* **1** casalingo, domestico; familiare. **2** natale: *one's* ~ *city* la (propria) città natale. **3** (*fig.*) pertinente, che va a segno: *a* ~ *question* una domanda pertinente. **4** (*Comm., Pol.*) interno, nazionale. **5** (*Sport*) in casa: ~ *game* partita giocata in casa. **III** *avv.* **1** a casa; verso casa. **2** (*am.*) in casa. **3** a fondo, in profondità: *to drive a nail* ~ piantare a fondo un chiodo. **4** (*fig.*) nel segno. □ *at* ~ *and* **abroad** in patria e all'estero; ~ *for the* **aged** ospizio per vecchi; **at** ~: 1 in casa; 2 in patria; 3 (*fig.*) a proprio agio; 4 (*fig.*) ferrato, competente (*in, with* in); 5 ricevere in casa: *Mrs Brown is at* ~ *on Fridays* la signora Brown riceve il venerdì; **away** *from* ~ lontano da casa; *to* **bring** *s.th.* ~ *to s.o.* far capire qc. a qd.; *to* **come** ~ tornare a casa; tornare in patria; (*fig.*) toccare nel vivo (*to s.o.* qd.); *Home* **Counties** contee intorno a Londra; *to* **leave** ~ andarsene da casa, andare a vivere per conto proprio; *to* **make** *one's* ~ *in the country* abitare in campagna; (*GB*) *Home* **Office** ministero dell'interno; (*GB*) *Home* **Secretary** ministro dell'interno; *to* **see** *s.o.* ~ accompagnare qd. a casa; *to* **send** *s.o.* ~ rimpatriare qd.; (*fig.*) *to* **strike** (o *hit*) ~ colpire nel segno; (*fig.*) ~ **truth** amara (*o* triste) verità; *on my* **way** ~ tornando a casa; (*fam.*) *nothing to* **write** ~ *about* niente di speciale.

to **home** [həum] *v.i.* **1** tornare a casa. **2** (*di piccione viaggiatore*) tornare alla base. **3** (*Aer.*) dirigersi (*in, on* verso).

homecoming ['həumkʌmiŋ] *s.* **1** ritorno in patria (*o* a casa). **2** (*am.*) raduno (di exstudenti universitari).

home economics ['həum,i:kə'nɔmiks] *s.* economia domestica.

homeland ['həumlænd] *s.* patria, terra natia.

homeless ['həumlis] *a.* senza casa.

homelike ['həumlaik] *a.* **1** semplice, alla buona. **2** accogliente.

homeliness ['həumlinis] *s.* semplicità.

homely ['həumli] *a.* **1** semplice, alla buona. **2** familiare. **3** (*am.*) scialbo, non attraente.

homemade ['həummeid] *a.* casalingo, casereccio.

homeopathic *e deriv.* → **homoeopathic** *e deriv.*

homesick ['həumsik] *a.* che ha nostalgia della propria casa.

homesickness ['həumsiknis] *s.* nostalgia (della propria casa).

homespun ['həumspʌn] **I** *a.* **1** tessuto in casa. **2** (*fig.*) semplice, senza pretese. **II** *s.* stoffa tessuta in casa (su telai a mano).

homestead ['həumsted] *s.* **1** casa (*o* fattoria) con terreno circostante. **2** (*am., Dir.*) appezzamento di terreno demaniale affidato ad un colono perché lo coltivi.
homesteader ['həumstedə*] *s.* colono, agricoltore.
home-thrust ['həum'θrʌst] *s.* stoccata (*anche fig.*).
homeward(s) ['həumwəd(z)] **I** *a.* che si dirige verso casa; che ritorna in patria. **II** *avv.* verso casa (*o* la patria).
homework ['həumwə:k] *s.* **1** (*Scol.*) compito (a casa). **2** lavoro di ricerca.
homey ['həumi] → **homy**.
homicidal [,hɔmi'saidl] *a.* omicida.
homicide ['hɔmisaid] *s.* **1** omicidio. **2** omicida *m./f.*
homily ['hɔmili] *s.* **1** omelia. **2** (*fig.*) predica, sermone.
homing ['həumiŋ] *a.* **1** (*di animale*) che ritorna a casa (*o* nel suo ambiente naturale). **2** (*di missile, ecc.*) teleguidato. □ ~ *pigeon* piccione viaggiatore.
homoeopath ['həumiə(u)pæθ] *s.* omeopata.
homoeopathic [,həumiə(u)'pæθik] *a.* omeopatico.
homoeopathy [,həumi'ɔpəθi] *s.* omeopatia.
homogeneity [,həumə(u)dʒi'ni:iti] *s.* omogeneità.
homogeneous [,həumə(u)'dʒi:niəs] *a.* omogeneo; uniforme.
to **homogenize** [hə(u)'mɔdʒənaiz] *v.t.* omogeneizzare.
homosexual [,həumə(u)'sekʃuəl] *a./s.* omosessuale.
homosexuality [,həumə(u),sekʃu'æliti] *s.* omosessualità.
homy ['həumi] *a.* confortevole, accogliente.
Hon. = *Honourable* onorevole (On.).
hone [həun] *s.* **1** pietra per affilare, cote. **2** (*Mecc.*) levigatrice.
to **hone** [həun] *v.t.* **1** affilare. **2** (*Mecc.*) levigare. **3** (*fig.*) addestrare.
honest ['ɔnist] **I** *a.* **1** onesto, fidato. **2** franco, sincero, schietto. **3** imparziale, equo. **4** genuino; semplice. **II** *intz.* (*fam.*) davvero, sul serio. □ *to be quite* ~ *about it* per essere sincero.
honestly ['ɔnistli] *avv.* sinceramente, francamente; sul serio.
honesty ['ɔnisti] *s.* **1** onestà, rettitudine. **2** sincerità, schiettezza.
honey ['hʌni] *s.* **1** miele. **2** (*fig.*) dolcezza, soavità. **3** (*am. vezz.*) tesoro, amore. **4** (*am. fam.*) cosa superlativa; tesoro; amore: *what a* ~ *she is!* è un amore!
honeybee ['hʌnibi:] *s.* (*Zool.*) ape mellifera.
honeycomb ['hʌnikəum] *s.* **1** nido di api, favo. **2** (*fig.*) struttura a nido d'ape.
to **honeycomb** ['hʌnikəum] *v.t.* perforare, crivellare.
honeyed ['hʌnid] *a.* (*fig.*) dolce (come miele); mellifluo, melenso.
honeymoon ['hʌnimu:n] *s.* viaggio di nozze, luna di miele.
to **honeymoon** ['hʌnimu:n] *v.i.* andare in luna di miele.
honeysuckle ['hʌnisʌkl] *s.* (*Bot.*) caprifoglio.
honk [hɔŋk] *s.* **1** grido dell'anitra selvatica. **2** (*fig.*) suono di clacson.
honor *am.* ['ɔnə*] *e deriv.* → **honour** *e deriv.*
honorarium [,ɔnə'rɛəriəm] *s.* onorario.
honorary ['ɔnərəri] *a.* onorifico; onorario. □ ~ *degree* laurea ad honorem.
honour ['ɔnə*] *s.* **1** onore. **2** onorabilità, onestà, integrità. **3** onore, gloria. **4** (*pl.*) onorificenza, decorazione. **5** *pl.* (*Univ.*) lode; laurea a pieni voti con lode. **Honour** *s.* Onore: *your Honour* Vostro Onore. □ *to be* **awarded** *an* ~ *for valour* essere decorato al valore; (*Univ.*) *honours* **degree** laurea con lode; (*fam.*) *to* **do** *the honours* fare gli onori di casa; *to whom* ~ *is* **due** onore al merito; **on** *my* ~ parola d'onore; *to be* **on** *one's* ~ *to do s.th.* avere dato la propria parola di fare qc.; *to* **put** *s.o. on his* ~ contare sulla parola di qd.; *to give one's* **word** *of* ~ dare la propria parola d'onore.
to **honour** ['ɔnə*] *v.t.* **1** onorare. **2** conferire un'onorificenza a. **3** fare onore a, essere un vanto per. **4** rispettare, adempire: *to* ~ *a contract* rispettare un contratto. **5** (*Comm.*) onorare, pagare: *to* ~ *a bill* onorare una cambiale.
honourable ['ɔnərəbl] *a.* **1** d'onore; onesto, retto; onorato. **2** onorevole, che fa onore. **3** onorabile, degno d'onore. **Honourable** onorevole.
hooch *am.* [hu:tʃ] *s.* (*sl.*) liquore.
hood [hud] *s.* **1** cappuccio. **2** cappuccio della toga (accademica). **3** (*Aut., Aer.*) capote, cappotta, **4** cappa (di camino). **5** (*Fot.*) paraluce. **6** (*am., Aut.*) cofano.
to **hood** [hud] *v.t.* **1** incappucciare. **2** (*fig.*) nascondere, celare.
hoodlum *am.* ['hu:dləm] *s.* **1** (*sl.*) teppista. **2** gangster, malvivente.
hoodoo ['hu:du:] *s.* **1** iettatore. **2** sfortuna, iettatura.
to **hoodwink** ['hudwiŋk] *v.t.* (*fam.*) imbrogliare, raggirare.
hooey *am.* ['hu:i] *intz.* (*fam.*) sciocchezze.
hoof [hu:f] *s.* (*pl.* **–s** [–s]/**hooves** [hu:vz]) (*Zool.*) zoccolo, ungula.
hook [huk] *s.* **1** gancio, uncino. **2** amo. **3** gancio, gancetto (di abito). **4** roncola, falcetto. **5** (*Sport*) colpo a gancio. □ *by* ~ *or* (*by*) **crook** a ogni costo; ~ *and* **eye** allacciatura a gancio; (*fam.*) ~, **line** *and sinker* completamente, (del) tutto; (*fam.*) **off** *the* ~ fuori dai guai; per proprio conto; (*sl.*) *to* **sling** *one's* ~ andarsene.
to **hook** [huk] **I** *v.t.* **1** agganciare; uncinare. **2** prendere all'amo. **3** pescare, accalappiare. **4** curvare a uncino. **5** (*Sport*) colpire con un gancio. **6** (*am. fam.*) rubare. **II** *v.i.* agganciarsi. □ (*fam.*) *to* ~ **it** darsela a gambe; *to*

~ **on** *to* essere agganciato a; (*fam.*) attaccarsi alle calcagna di; *to* ~ **up** allacciare, collegare.

hooka(h) ['hukə] *s.* pipa ad acqua, narghilè.

hooked [hukt] *a.* **1** a uncino, a gancio; (*di naso, di becco*) adunco. **2** provvisto di ganci. **3** (*fam.*) fanatico (*on* di); dedito a; pazzo di: ~ *on drugs* dedito alle droghe (tossicomane); *I am really* ~ *on those kids* ho un debole per (sono pazzo di) quei ragazzi.

hooker ['hukə*] *s.* (*sl.*) prostituta.

hookey, **hooky** ['huki]: (*am. fam.*) *to play* ~ bigiare la scuola.

hooligan ['hu:ligən] *s.* teppista.

hooliganism ['hu:ligənizəm] *s.* teppismo.

hoop[1] [hu:p] *s.* **1** cerchio; cerchione. **2** (*Sport*) archetto. □ ~ **skirt** (gonna a) crinolina; (*fam.*) *to go* **through** *the* ~ passarsela male; *to* **trundle** *a* ~ giocare al cerchio.

to **hoop** [hu:p] *v.t.* cerchiare.

hoop[2] [hu:p] *s.* urlo, grido.

hooping-cough ['hu:piŋkɔf] *s.* (*Med.*) pertosse, tosse convulsa.

hoop-la ['hu:plɑ:] *s.* tiro a segno coi cerchietti.

hoopoe ['hu:pu:] *s.* (*Zool.*) upupa.

hoorah, **hooray** [hu'rei] *intz./s.* urrà, evviva.

hoot [hu:t] *s.* **1** grido (di civetta). **2** colpo di clacson. **3** fischio (di disapprovazione); urlo, grido. □ (*fam.*) *I don't care a* ~ (o *two hoots*) non me ne importa niente.

to **hoot** [hu:t] **I** *v.i.* **1** (*di civetta*) gridare. **2** (*di clacson*) suonare. **3** urlare, gridare. **4** (*fam.*) ridere sguaiatamente. **II** *v.t.* subissare di urli (e fischi). □ *to* ~ *s.o.* **down** zittire qd.; *to* ~ *an actor* **off** *the stage* far uscire un attore dalla scena con urli e fischi.

hooter ['hu:tə*] *s.* **1** (*Aut.*) clacson, tromba. **2** sirena. **3** (*fam.*) nasone.

hoover ['hu:və*] *s.* aspirapolvere.

to **hoover** ['hu:və*] *v.t.* pulire con l'aspirapolvere.

hop[1] [hɔp] *s.* **1** salto, balzo. **2** saltello. **3** (*fam.*) quattro salti. **4** (*fam.*) scappata, salto. □ *to* **be** *on the* ~ essere sempre in moto; (*fam.*) *to* **catch** *s.o. on the* ~ cogliere qd. alla sprovvista.

to **hop**[1] [hɔp] *v.* (*pass., p.p.* **hopped** [–t]) **I** *v.i.* **1** saltare, saltellare. **2** balzare: *she hopped out of bed* balzò fuori dal letto. **3** (*fam.*) ballare, fare quattro salti. **II** *v.t.* saltare. □ (*fam.*) ~ **it** vattene; (*fam.*) *to be hopping* **mad** essere infuriato; *to* ~ **off** (*di aereo*) decollare; *he hopped* **over** *to the butcher's* fece un salto dal macellaio.

hop[2] [hɔp] *s.* (*Bot.*) luppolo.

to **hop**[2] [hɔp] *v.i.* (*pass., p.p.* **hopped** [–t]) **1** raccogliere luppolo. **2** coltivare luppolo.

hope [həup] *s.* speranza. □ **beyond** *all* ~ oltre ogni speranza; *to* **hold** *out no* ~ non offrire alcuna speranza; **past** *all* ~ = **beyond** *all hope; to* **raise** *s.o.'s hopes* suscitare le speranze di qd.; *to* **set** *one's hopes on* riporre le proprie speranze in.

to **hope** [həup] **I** *v.t.* sperare: *I* ~ *to see you again soon* spero di rivederti presto. **II** *v.i.* sperare (*for s.th.* qc.); confidare (in). □ *to* ~ **against** *hope* sperare fino all'ultimo; *I* ~ **not** spero di no; *I* ~ **so** spero di sì.

hopeful ['həupful] **I** *a.* **1** speranzoso, fiducioso. **2** promettente. **II** *s.* speranza, promessa. □ *to be* ~ *of s.th.* sperare in qc.

hopeless ['həuplis] *a.* **1** disperato, senza speranza. **2** impossibile, insolubile. **3** (*fam.*) incapace, impossibile; fallito in partenza: *a* ~ *singer* un cantante fallito in partenza.

hopelessness ['həuplisnis] *s.* disperazione.

hopper ['hɔpə*] *s.* (*tecn.*) tramoggia.

horde [kɔ:d] *s.* torma, orda.

horizon [hə'raizən] *s.* orizzonte.

horizontal [,hɔri'zɔntl] *a./s.* orizzontale.

hormone ['hɔ:məun] *s.* ormone.

horn [hɔ:n] *s.* **1** corno. **2** (*Zool.*) antenna. **3** (*Mus.*) corno. **4** tromba, clacson. □ *to* **be** *on the horns of a dilemma* esser costretto a scegliere fra due alternative spiacevoli; ~ *of* **plenty** cornucopia; (*Aut.*) *to* **sound** *one's* ~ suonare il clacson.

horned [hɔ:nd] *a.* **1** cornuto. **2** a mezzaluna.

hornet ['hɔ:nit] *s.* (*Zool.*) calabrone. □ (*fig.*) *to stir up a hornet's nest* suscitare un vespaio.

hornpipe ['hɔ:npaip] *s.* (*Mus.*) piva di corno.

hornrimmed ['hɔ:nrimd] *a.* occhiali cerchiati di corno.

horny ['hɔ:ni] *a.* **1** corneo. **2** calloso, indurito. **3** (*fam.*) di temperamento focoso.

horoscope ['hɔrəskəup] *s.* oroscopo.

horrendous [hɔ'rendəs] *a.* (*fam.*) allucinante, terribile, spaventoso.

horrible ['hɔrəbl] *a.* **1** orribile, spaventoso; mostruoso. **2** (*fam.*) bruttissimo, orrendo.

horrid ['hɔrid] *a.* **1** orrido, orrendo; disgustoso. **2** sgarbato, antipatico.

horrific [hɔ'rifik] *a.* raccapricciante, orripilante.

to **horrify** ['hɔrifai] *v.t.* **1** atterrire, far inorridire. **2** sconvolgere.

horror ['hɔrə*] *s.* **1** orrore, raccapriccio. **2** ribrezzo. **3** (*fam.*) cosa orribile; persona antipatica. □ ~ *film* film dell'orrore.

horror-stricken ['hɔrə'strikən] *a.* inorridito.

hors-d'œuvre *fr.* [ɔ:'də:vr] *s.* antipasto.

hors-d'œuvre dish [ɔ:'də:vrdiʃ] *s.* antipastiera.

horse [hɔ:s] **I** *s.* **1** (*Zool.*) cavallo. **2** (*Mil.*) (*pl.inv.*) cavalleria. **3** cavalletto, sostegno. **4** (*sl.*) eroina. **II** *a.attr.* **1** equino, cavallino. **2** a cavallo. □ (*fig.*) *to* **back** *the wrong* ~ puntare sul cavallo perdente; (*fig.*) *that's a* ~ *of another* **colour** è un altro paio di maniche; (*fig.*) *to get on one's* **high** ~ darsi grandi arie; (*fam.*) *to have s.th. straight from the* ~*'s* **mouth** sapere qc. da fonte sicura; *to* **ride** *a* ~ cavalcare.

to **horse** [hɔ:s] **I** *v.t.* **1** attaccare i cavalli a. **2** mettere a cavallo. **3** portare a cavalluccio. **II** *v.i.* **1** cavalcare, andare a cavallo. **2** (*fam.*) (general. con *around*) scherzare.

horseback ['hɔ:sbæk] *s.*: *on* ~ a cavallo; *to ride on* ~ cavalcare.
horse-chestnut ['hɔ:stʃesnʌt] *s.* (*Bot.*) ippocastano.
horse-dealer ['hɔ:sdi:lə*] *s.* commerciante di cavalli.
horseflesh ['hɔ:sfleʃ] *s.* **1** carne equina. **2** (*collett.*) cavalli.
horsefly ['hɔ:sflai] *s.* (*Zool.*) tafano.
horsehair ['hɔ:shɛə*] *s.* crine (di cavallo).
horseman ['hɔ:smən] *s.* (*pl.* **–men**) cavallerizzo.
horsemanship ['hɔ:smənʃip] *s.* equitazione.
horseplay ['hɔ:splei] *s.* scherzi grossolani, giochi di mano.
horsepower ['hɔ:spauə*] *s.* (*Fis.*) cavallo-vapore.
horseracing ['hɔ:sreisiŋ] *s.* ippica.
horseradish ['hɔ:srædiʃ] *s.* (*Bot.*) rafano.
horse sense ['hɔ:ssens] *s.* (*fam.*) buon senso.
horseshoe ['hɔ:sʃu:] *s.* ferro di cavallo.
horse show ['hɔ:sʃəu] *s.* concorso ippico.
horsetail ['hɔ:steil] *s.* **1** coda di cavallo. **2** (*Bot.*) equiseto.
horsewhip ['hɔ:swip] *s.* frustino.
to **horsewhip** ['hɔ:swip] *v.t.* frustare, sferzare.
horsewoman ['hɔ:swumən] *s.* (*pl.* **–women** [–wimin]) cavallerizza.
horsy ['hɔ:si] *a.* **1** appassionato di cavalli. **2** (*spreg.*) equino, che sembra un cavallo. □ *a* ~ *woman* una cavallona.
horticultural [,hɔ:ti'kʌltʃərəl] *a.* dell'orticoltura.
horticulture ['hɔ:tikʌltʃə*] *s.* orticoltura.
horticulturist [,hɔ:ti'kʌltʃərist] *s.* orticoltore.
hosanna [hə(u)'zænə] *intz./s.* (*Rel.*) osanna.
hose [həuz] *s.inv.* **1** tubo (flessibile); manichetta. **2** (*collett., Comm.*) calze, calzini.
to **hose** [həuz] *v.t.* (spesso con *down*) annaffiare con la canna.
hosier ['həuʒə*] *s.* commerciante in maglieria.
hosiery ['həuʒəri] *s.* maglieria.
Hosp. = *Hospital* ospedale.
hospice ['hɔspis] *s.* **1** ospedale specializzato per il trattamento di malati terminali. **2** ospizio, ricovero.
hospitable ['hɔspitəbl] *a.* ospitale.
hospital ['hɔspitl] *s.* ospedale.
hospitality [,hɔspi'tæliti] *s.* ospitalità.
hospitalization [,hɔspitəlai'zeiʃən] *s.* ricovero in ospedale; degenza ospedaliera.
to **hospitalize** ['hɔspitəlaiz] *v.t.* ricoverare in ospedale.
host[1] [həust] *s.* **1** ospite; padrone di casa. **2** (*estens.*) locandiere, albergatore.
host[2] [həust] *s.* **1** moltitudine, schiera. **2** (*fig.*) gran quantità, mare: *a* ~ *of difficulties* un mare di difficoltà.
Host [həust] *s.* (*Teol.*) ostia.
hostage ['hɔstidʒ] *s.* ostaggio.
hostel ['hɔstəl] *s.* **1** ostello. **2** (*Univ.*) casa dello studente.
hosteller ['hɔstələ*] *s.* chi viaggia alloggiando in ostelli.
hostess ['həustis] *s.* **1** ospite, padrona di casa. **2** locandiera, albergatrice. **3** (*Aer.*) hostess, assistente di volo. **4** (*neol.*) entraineuse.
hostile ['hɔstail] *a.* ostile; avverso.
hostility [hɔs'tiliti] *s.* ostilità; inimicizia.
hot [hɔt] *a./avv.* (*compar.* **hotter** ['hɔtə*], *sup.* **hottest** ['hɔtist]) **I** *a.* **1** (molto) caldo, rovente; infuocato. **2** (*di cibo*) piccante. **3** (*fig.*) ardente, focoso; fervente; impetuoso, veemente. **4** (*fam.*) abile (*on* di). **5** (*fam.*) (*di notizia*) fresco; sensazionale. **6** (*sl.*) (*rif. a merce rubata*) che scotta; pericoloso. **II** *avv.* **1** caldo. **2** (*Met.*) a caldo. □ (*fam.*) ~ **air** aria fritta (discorso vuoto, frasi fatte); *to* **be** ~ sentire caldo; essere caldo; (*fam.*) *to get all* ~ *and* **bothered** agitarsi; (*fam.*) *to be* ~ **from** essere appena arrivato da; *to* **get** ~ scaldarsi; (*fam.*) *to* **give** *it to s.o.* ~ rimproverare aspramente qd.; *in* ~ **haste** in fretta e furia; (*am. fam.*) ~ *and* **heavy** di gran lena; (*Pol.*) ~ **line** linea calda; telefono rosso; (*sl.*) *to* **make** *it too* ~ *for s.o.* rendere la vita impossibile a qd.; ~ **pants** pantaloncini; ~ **pot** stufato di carne con patate; (*fig.*) ~ **potato** patata bollente; *to be* ~ *on the* **scent** essere sulla buona pista; *to be* ~ *on s.o.'s* **tracks** essere alle calcagna di qd.; *to be in* ~ **water** essere in difficoltà.
to **hot** [hɔt] *v.t.* (*pass., p.p.* **hotted** [–id]; general. con *up*) (*fam.*) riscaldare (*anche fig.*). □ *to* ~ *up a car* truccare un'automobile.
hotbed ['hɔtbed] *s.* **1** (*Giard.*) serra, vivaio. **2** (*fig.*) focolaio.
hot-blooded ['hɔt'blʌdid] *a.* appassionato; dal temperamento focoso.
hotchpotch ['hɔtʃpɔtʃ] *s.* **1** (*Gastr.*) potpourri. **2** (*fig.*) guazzabuglio.
hot dog [hɔt'dɔg] *s.* panino imbottito con würstel, hot dog.
hotel [həu'tel] *s.* albergo, hotel. □ ~ *keeper* albergatore.
hotelier [,həutə'liə*] *s.* albergatore.
hot flush [,hɔt'flʌʃ] *s.* (*fam.*) scalmana.
hotfoot ['hɔtfut] *avv.* a precipizio, in fretta e furia.
hothead ['hɔthed] *s.* testa calda.
hotheaded ['hɔt'hedid] *a.* impulsivo, impetuoso.
hothouse ['hɔthaus] *s.* (*Agr.*) serra.
hotplate ['hɔtpleit] *s.* fornelletto, scaldavivande.
hotpot ['hɔtpɔt] *s.* (*Gastr.*) piatto in umido.
hotstuff ['hɔtstʌf] *s.* (*sl.*) persona (*o* cosa) eccezionale.
Hottentot ['hɔtəntɔt] *a./s.* ottentotto.
hot water bottle ['hɔtwɔ:təbɔtl] *s.* borsa per l'acqua calda.
hound [haund] *s.* **1** cane da caccia, segugio. **2** (*fam.*) persona spregevole.
to **hound** [haund] *v.t.* **1** cacciare con i cani. **2** (*fig.*) perseguitare.
hour ['auə*] *s.* **1** ora. **2** *pl.* orario: *office hours* orario d'ufficio. **3** ora, momento: *problems of the* ~ problemi del momento. □ **after**

hours dopo l'orario di lavoro; dopo l'orario di chiusura; *at* **any** ~ *of the day* a ogni ora del giorno; ~ **by** ~ di ora in ora; *at an* **early** ~ di buon'ora; (*fig.*) *at the* **eleventh** ~ all'ultim'ora, all'ultimo momento; *for hours on* **end** per ore e ore; *to keep* **good** (o *early*) *hours* andare a letto e alzarsi presto; *to keep* **late** *hours* fare le ore piccole; *buses leave every* ~ **on** *the* ~ gli autobus partono esattamente a ogni ora.

hourglass ['auəglɑ:s] *s.* clessidra.

hour hand ['auəhænd] *s.* lancetta delle ore.

hourly ['auəli] **I** *a.* **1** ogni ora. **2** orario, di un'ora. **3** a ore. **4** continuo. **II** *avv.* **1** ogni ora. **2** (*fig.*) continuamente. **3** da un momento all'altro.

house [haus] **I** *s.* **1** casa, abitazione, dimora. **2** (general. con *pref.*) edificio; capannone; recinto: *store* ~ magazzino. **3** (general. con *prefisso*): *guesthouse* pensione; *steakhouse* ristorante dove si servono per lo più bistecche. **4** dinastia, casato. **5** (*Scol.*) collegio, convitto. **6** (*Comm.*) casa, ditta; impresa, azienda. **7** teatro; pubblico uditorio. **8** spettacolo, rappresentazione. **9** (*Parl.*) Camera. **The House** *s.* **1** (*GB*) Camera dei Comuni, Parlamento; Camera dei Lord (*o* Pari). **2** (*Econ.*) borsa valori. **3** (*USA*) Camera dei Rappresentanti (*o* Deputati). **II** *a.attr.* **1** di casa, casalingo. **2** da casa. □ **at** *my* ~ a casa mia; (*fig.*) ~ *of* **cards** castello di carte; progetto campato in aria; (*Parl.*) *to* **enter** *the House* essere eletto deputato; (*fam.*) *like a* ~ *on* **fire** fare amicizia in quattro e quattr'otto; (*Teat.*) *a* **full** ~ un teatro con tutto esaurito; (*fam.*) un tutto esaurito; *to* **keep** ~ badare alla casa; *to* **keep** *a good* ~ trattarsi bene; *to* **move** ~ traslocare; **on** *the* ~ offerto dalla ditta, omaggio della casa; (*fig.*) *to keep* **open** ~ ricevere spesso; (*fig.*) *to set* (o *put*) *one's* ~ *in* **order** sistemare i propri affari; (*GB*) *the Houses of* **Parliament** il Parlamento; (*fam.*) *as* **safe** *as houses* sicuro come una fortezza; **under** ~ *arrest* agli arresti domiciliari; (*am.*) ~ *on* **wheels** roulotte.

to **house** [hauz] **I** *v.t.* **1** alloggiare. **2** riporre, sistemare. **II** *v.i.* abitare, alloggiare.

house agent ['hauseidʒənt] *s.* agente immobiliare.

houseboat ['hausbəut] *s.* casa galleggiante.

housebound [hausbaund] *a.* relegato in casa.

housebreaker ['hausbreikə*] *s.* **1** svaligiatore di appartamenti. **2** (*Edil.*) demolitore.

housefly ['hausflai] *s.* mosca comune.

houseful ['hausful] *s.* casa piena (di gente, ecc.).

household ['haushəuld] **I** *s.* famiglia, casa. **II** *a.attr.* **1** domestico, familiare: ~ *chores* lavori di casa. **2** (d'uso) comune. □ (*GB*) *Household Troops* guardie reali.

householder ['haushəuldə*] *s.* **1** padrone di casa. **2** capofamiglia.

house-hunting ['haushʌntiŋ] *s.* (*fam.*) ricerca di una casa. □ *to go* ~ cercare casa.

housekeeper ['hauski:pə*] *s.* governante.

housekeeping ['hauski:piŋ] *s.* governo della casa.

houseless ['hauslis] *a.* senza casa.

house lights ['hauslaitz] *s.pl.* luci in sala (di cinema, teatro).

housemaid ['hausmeid] *s.* domestica, cameriera.

houseman ['hausmən] *s.* (*Med.*) medico interno (di un ospedale).

house party ['haus,pɑ:ti] *s.* ricevimento in una tenuta di campagna.

house plant ['haus,plɑ:nt] *s.* pianta da appartamento.

houseroom ['hausru:m] *s.* posto, sistemazione (in casa). □ *I wouldn't give that lamp* ~ non vorrei avere quella lampada per tutto l'oro del mondo.

house-trained ['haustreind] *a.* (*di animale*) abituato a non sporcare in casa.

housewarming ['hauswɔ:miŋ] *s.* festa per l'inaugurazione di una casa.

housewife ['hauswaif] *s.* (*pl.* **–wives** [–waivz]) casalinga, donna di casa.

housewifery ['hauswifri] *s.* governo della casa, ménage.

housework ['hauswə:k] *s.* lavori domestici.

housing[1] ['hauziŋ] *s.* **1** alloggio, casa. **2** abitazione. **3** (*collett.*) alloggi. □ ~ **association** associazione per l'edilizia abitativa; ~ **boom** boom edilizio.

housing[2] ['hauziŋ] *s.* gualdrappa.

hove [həuv] → to **heave**.

hovel ['hɔvəl] *s.* tugurio, stamberga.

to **hover** ['hɔvə*] *v.i.* **1** librarsi. **2** gironzolare, muoversi (*about* intorno a). **3** (*fig.*) attardarsi, indugiare.

how [hau] *avv.* **1** come, in che modo: ~ *did it happen?* com'è accaduto? **2** quanto: ~ *long is this room?* quanto è lunga questa stanza? **3** (*nelle frasi interr. con il verbo essere*) come mai, perché: ~ *is it that you are early?* come mai sei in anticipo? **4** (*enfatico*) quanto, che, come: ~ *lovely!* com'è bello! □ ~ **about** che ne dici di ..., ti va ...: ~ *about a cup of tea?* ti farebbe piacere una tazza di tè?; ~ *about you?* e tu?; (*am. fam.*) **and** ~*!* eccome!; (*am. fam.*) ~ **come***?* come mai?; (*fam.*) ~ **ever***?* come mai? in che modo?; ~ **far** *is it from here?* quanto dista da qui?; ~ **long** (per) quanto tempo; ~ **much** quanto: ~ *much does it cost?* quanto costa?; ~ **now***?* e con ciò?; ~ **often** quante volte; (*fam.*) ~ **so***?* come mai?; ~*'s* **that***?*: 1 prego?; 2 come mai?; 3 che ne pensi?

how-do-you-do ['haudju'du:] *intz.* (*nelle presentazioni*) piacere.

however [hau'evə*] **I** *avv.* **1** comunque, in qualunque modo. **2** per quanto: *he'll come,* ~ *busy he may be* verrà, per quanto occupato possa essere. **3** (*fam.*) (*nelle domande*) in che modo. **II** *congz.* (pur) tuttavia, nondimeno. □ ~ *that may be* comunque sia.

howitzer ['hauitsə*] *s.* (*Mil.*) obice.

howl [haul] *s.* **1** ululato, urlo. **2** grido; mugolio, gemito. **3** (*fam.*) spasso. □ *howls of laughter* risata fragorosa.
to **howl** [haul] **I** *v.i.* **1** ululare, latrare. **2** gridare; mugolare, gemere. **II** *v.t.* **1** urlare, gridare. **2** (general. con *down*) far tacere a forza di urla. □ *to ~ with laughter* sbellicarsi dalle risa.
howler ['haulə*] *s.* (*fam.*) sproposito, svarione.
howling ['hauliŋ] *a.* (*fam.*) enorme, immenso, madornale.
howsoever [,hausə(u)'evə*] *avv.* comunque.
HP, **H.P.** = *horsepower* cavallo vapore.
hr = *hour* ora.
HR = *House of Representatives* Camera dei Deputati (negli Stati Uniti).
H.R.H. = *His, Her Royal Highness* Sua Altezza Reale.
hub [hʌb] *s.* **1** mozzo (di ruota). **2** (*fig.*) centro, fulcro.
hubbub ['hʌbʌb] *s.* **1** chiasso, baccano. **2** baraonda, confusione.
hubby ['hʌbi] *s.* (*fam.*) marito, maritino.
hubcap ['hʌbkæp] *s.* (*Aut.*) coprimozzo.
huck(aback) ['hʌk(əbæk)] *s.* grossa tela (per asciugamani).
huckleberry ['hʌklberi] *s.* (*Bot.*) mirtillo.
huckster ['hʌkstə*] *s.* venditore ambulante.
huddle ['hʌdl] *s.* **1** folla, calca. **2** (*fig.*) confusione, disordine. □ (*fam.*) *to go into a ~* riunirsi per confabulare.
to **huddle** ['hʌdl] **I** *v.i.* **1** accalcarsi, affollarsi. **2** raggrupparsi, riunirsi. **II** *v.t.* ammucchiare, ammassare. □ *to ~ up* raggomitolarsi, rannicchiarsi.
hue[1] [hju:] *s.* tinta, colore; tonalità, sfumatura.
hue[2] [hju:] *s.*: *~ and cry*: grido d'allarme; protesta clamorosa, putiferio.
huff [hʌf] *s.* irritazione, risentimento.
to **huff** [hʌf] *v.i.* **1** offendersi, risentirsi. **2** ansimare. **3** soffiare.
huffish ['hʌfiʃ], **huffy** ['hʌfi] *a.* **1** stizzito, incollerito. **2** permaloso, scontroso.
hug [hʌg] *s.* **1** abbraccio. **2** stretta.
to **hug** [hʌg] *v.t.* (*pass., p.p.* **hugged** [–d]) **1** abbracciare. **2** afferrare con forza. **3** costeggiare (una strada, ecc.). **4** (*fig.*) rimanere fedele a. □ *to ~ oneself over s.th.* congratularsi con se stesso per qc.
huge [hju:dʒ] *a.* enorme, immenso.
hugeness ['hju:dʒnis] *s.* enormità, immensità.
hugger-mugger ['hʌgə'mʌgə*] **I** *s.* confusione, disordine. **II** *a.* **1** confuso, disordinato. **2** segreto. **III** *avv.* **1** confusamente. **2** segretamente.
Hugh ['hju:] *N.pr.m.* Ugo.
hulk [hʌlk] *s.* **1** vecchia nave in disarmo. **2** (*fig.*) uomo grande e goffo; oggetto ingombrante.
hulking ['hʌlkiŋ] *a.* grande e goffo.
hull[1] [hʌl] *s.* (*Mar., Aer.*) scafo.
hull[2] [hʌl] *s.* guscio, buccia; baccello.
to **hull** [hʌl] *v.t.* sgusciare, sgranare.
hullaba(l)loo [,hʌləbə'lu:] *s.* frastuono, chiasso.
hullo ['hʌləu] → **hallo**.
hum [hʌm] **I** *s.* **1** ronzio. **2** bisbiglio, brusio. **II** *intz.* uhm, ehm.
to **hum** [hʌm] *v.* (*pass., p.p.* **hummed** [–d]) **I** *v.i.* **1** ronzare. **2** mormorare. **3** canticchiare a bocca chiusa. **II** *v.t.* **1** canticchiare a bocca chiusa. **2** borbottare, mugolare. □ *to ~ and* **haw** esitare nel parlare; borbottare; (*fam.*) *to make things ~* far procedere le cose alacremente.
human ['hju:mən] **I** *a.* umano (*anche fig.*). **II** *s.* essere umano. □ *~ being* essere vivente.
humane [hju:'mein] *a.* **1** umano, comprensivo. **2** umanistico: *~ studies* studi umanistici.
humanism ['hju:mənizəm] *s.* umanesimo.
humanist ['hju:mənist] *s.* umanista *m./f.*
humanistic [,hju:mə'nistik] *a.* umanistico.
humanitarian [,hju:mæni'tεəriən] **I** *s.* filantropo. **II** *a.* filantropico.
humanitarianism [,hju:mæni'tεəriənizəm] *s.* umanitarismo.
humanity [hju:'mæniti] *s.* **1** umanità (*in tutti i signif.*). **2** *pl.* studi umanistici.
to **humanize** ['hju:mənaiz] **I** *v.t.* **1** umanizzare. **2** dare un aspetto umano a. **II** *v.i.* umanizzarsi.
humankind ['hju:mən'kaind] *s.* umanità, genere umano.
humanoid ['hju:mənɔid] *s.* (*neol.*) umanoide.
humble [hʌmbl] *a.* **1** umile, modesto. **2** meschino, misero.
to **humble** [hʌmbl] *v.t.* umiliare, avvilire; sottomettere. □ *to ~ o.s.* umiliarsi.
humble pie ['hʌmblpai] *s.* umiliazione. □ (*fig.*) *to eat ~* umiliarsi; andare a Canossa.
humbug ['hʌmbʌg] **I** *s.* **1** insincerità, ipocrisia. **2** raggiro, imbroglio. **3** imbroglione. **II** *intz.* sciocchezze.
to **humbug** ['hʌmbʌg] *v.t.* (*pass., p.p.* **humbugged** [–d]) ingannare, imbrogliare.
humdinger *am.* [,hʌm'diŋə*] *s.* (*fam.*) persona (*o* cosa) eccezionale; una bomba.
humdrum ['hʌmdrʌm] *a.* monotono, noioso; trito, banale.
humerus ['hjumərəs] *s.* (*Anat.*) omero.
humid ['hju:mid] *a.* umido.
to **humidify** [hju:'midifai] *v.t.* umidificare.
humidity [hju:'miditi] *s.* umidità.
to **humiliate** [hju:'milieit] *v.t.* umiliare, mortificare.
humiliation [hju:,mili'eiʃən] *s.* umiliazione, mortificazione.
humility [hju:'militi] *s.* umiltà.
humming ['hʌmiŋ] *a.* (*fam.*) attivo, animato.
hummingbird ['hʌmiŋbə:d] *s.* (*Zool.*) colibrì.
hummock ['hʌmək] *s.* **1** collinetta, poggio. **2** (*in un banco di ghiaccio*) cresta.
humor *am.* ['hju:mə*] *e deriv.* → **humour** *e deriv.*
humorist ['hju:mərist] *s.* umorista *m./f.*
humoristic [,hju:mə'ristik] *a.* umoristico.

humorous ['hju:mərəs] *a.* **1** divertente, comico; umoristico. **2** che ha il senso dell'umorismo.
humour ['hju:mə*] *s.* **1** comicità, umorismo: *to have no sense of* ~ non avere il senso dell'umorismo. **2** senso dell'umorismo. **3** umore, disposizione d'animo; indole. □ *to be* **in** *the* ~ *for* essere in vena di; *to be* **out** *of* ~ essere di cattivo umore; (*Anat.*) **vitreous** ~ umor vitreo.
to **humour** ['hju:mə*] *v.t.* compiacere, assecondare; accontentare; andare incontro ai desideri di.
humourless ['hju:məlis] *a.* privo di senso dell'umorismo.
hump [hʌmp] *s.* **1** gobba, gibbosità. **2** collinetta, poggio. □ (*sl.*) *to give s.o. the* ~ mettere qd. di malumore.
to **hump** [hʌmp] *v.t.* **1** inarcare, curvare (la schiena). **2** sollevare, portare sulle spalle.
humpback ['hʌmpbæk] *s.* **1** gobba, gibbosità. **2** gobbo.
humpbacked ['hʌmpbækt] *a.* gobbo.
humph [mm, hʌmf] *intz.* mah.
humpy ['hʌmpi] *a.* gobbo, curvo.
humus ['hju:məs] *s.* (*Agr.*) humus.
hunch [hʌntʃ] *s.* **1** gobba. **2** (*fam.*) impressione; presentimento, sensazione.
to **hunch** [hʌntʃ] *v.t.* inarcare (la schiena); alzare (le spalle). □ *to* ~ *up* rannicchiarsi.
hunchback ['hʌntʃbæk] *s.* gobbo.
hunchbacked ['hʌntʃbækt] *a.* gobbo.
hundred ['hʌndrəd] *a./s.* **1** cento. **2** *pl.* centinaia: *hundreds of people* centinaia di persone. □ **by** *the* ~ a centinaia; *a* ~ *per* **cent** (al) cento per cento; **one** *in a* ~ uno su cento; *ninety-nine times* **out** *of a* ~ novantanove volte su cento; **some** ~ *books* un centinaio di libri.
hundredfold ['hʌndrədfəuld] **I** *a./s.* centuplo. **II** *avv.* cento volte.
hundredth ['hʌndrədθ] *a./s.* centesimo.
hundredweight ['hʌndrədweit] *s.* (*unità di misura*) quintale inglese → **Appendice**.
hung [hʌŋ] → to **hang**.
Hungarian [hʌŋ'gɛəriən] *a./s.* ungherese *m./f.*
Hungary ['hʌngəri] *N.pr.* (*Geog.*) Ungheria.
hunger ['hʌŋgə*] *s.* **1** fame; appetito. **2** (*fig.*) sete, brama (*for* di).
to **hunger** ['hʌŋgə*] **I** *v.i.* **1** avere fame. **2** (*fig.*) bramare, desiderare ardentemente, essere appassionati di (*for, after s.th.* qc.). **II** *v.t.* ridurre alla fame.
hunger march ['hʌŋgəma:tʃ] *s.* marcia della fame.
hunger strike ['hʌŋgəstraik] *s.* sciopero della fame.
hungry ['hʌŋgri] *a.* **1** affamato. **2** (*fig.*) desideroso, bramoso (*for* di). **3** (*fig.*) (*di terreno*) sterile. **4** che mette fame. □ *to* **be** (o *feel*) ~ avere fame; *to* **go** ~ soffrire la fame.
hunk [hʌŋk] *s.* (*fam.*) (grosso) pezzo.
hunkers ['hʌŋkəz] *s.pl.* (*pop.*) chiappe. □ *on one's* ~ accovacciato per terra.
hunt [hʌnt] *s.* **1** caccia. **2** comitiva di cacciatori; zona di caccia. **3** (*fig.*) ricerca.
to **hunt** [hʌnt] **I** *v.t.* **1** cacciare. **2** (spesso con *down*) inseguire, dare la caccia a. **3** (*fig.*) andare in cerca (*for* di). **II** *v.i.* **1** cacciare, andare a caccia. **2** dare la caccia (*for, after* a). □ *to* ~ **high** *and low for s.th.* cercare qc. dappertutto; *to* ~ **out** (o *up*) cercare attentamente; scovare.
hunter ['hʌntə*] *s.* **1** cacciatore. **2** (*fig.*) cercatore. **3** cavallo addestrato per la caccia. **4** (*am.*) cane da caccia.
hunting ['hʌntiŋ] **I** *s.* caccia (*anche fig.*). **II** *a.attr.* da caccia. □ *to* **go** ~ andare a caccia; ~ **season** stagione della caccia.
hunting ground ['hʌntiŋgraund] *s.* terreno di caccia (*anche fig.*).
huntress ['hʌntris] *s.* cacciatrice.
huntsman ['hʌntsmən] *s.* (*pl.* **–men**) **1** cacciatore. **2** capocaccia.
hurdle ['hə:dl] *s.* **1** barriera, steccato. **2** (*Sport, fig.*) ostacolo.
to **hurdle** ['hə:dl] **I** *v.t.* **1** recingere. **2** (*fig.*) superare, sormontare. **II** *v.i.* **1** saltare un ostacolo. **2** partecipare a una corsa a ostacoli.
hurdler ['hə:dlə*] *s.* (*Sport*) ostacolista *m./f.*
hurdle-race ['hə:dlreis] *s.* (*Sport*) corsa a ostacoli.
hurdy-gurdy ['hə:di'gə:di] *s.* (*Mus.*) organetto di Barberia.
to **hurl** [hə:l] *v.t.* lanciare, scagliare. □ *to* ~ *o.s.* scagliarsi, avventarsi.
hurly-burly ['hə:li'bə:li] *s.* scompiglio, trambusto.
hurrah [hu'rɑ:], **hurray** [hu'rei] *s./intz.* urrà.
to **hurrah** [hu'rɑ:], to **hurray** [hu'rei] *v.i.* gridare urrà, acclamare.
hurricane ['hʌrikən] *s.* uragano; tifone.
hurricane lamp ['hʌrikənlæmp] *s.* lanterna controvento.
hurried ['hʌrid] *a.* frettoloso, affrettato.
hurry ['hʌri] *s.* **1** fretta, furia. **2** premura, urgenza. □ **in** *a* ~: 1 in fretta; 2 (*fam.*) impaziente, ansioso; 3 (*fam.*) facilmente; **in** *a great* ~ in fretta e furia; *to be in* **no** ~ non avere fretta; (*fam.*) **what's** *the* ~? che fretta c'è?
to **hurry** ['hʌri] **I** *v.i.* (spesso con *up*) affrettarsi, sbrigarsi. **II** *v.t.* **1** (spesso con *up, along*) sollecitare, fare fretta a. **2** affrettare, accelerare. **3** fare in fretta. □ *to* ~ **along** affrettarsi; *to* ~ **away** = *to hurry* **off**; *to* ~ **by** passare frettolosamente; *to* ~ **home** affrettarsi a rincasare; *to* ~ *s.o.* **into** *doing s.th.* incitare qd. a fare qc.; *to* ~ **off** andarsene in fretta; (*assol.*) ~ **up**! spicciati!, sbrigati!
hurry-scurry ['hʌri'skʌri] **I** *s.* precipitazione. **II** *avv.* in fretta e furia.
to **hurry-scurry** ['hʌri'skʌri] *v.i.* precipitarsi.
hurt [hə:t] **I** *s.* **1** ferita, lesione. **2** dolore, male. **3** danno. **4** offesa. **II** *a.* **1** ferito. **2** (*fig.*) offeso, risentito. **3** danneggiato. **4** addolorato, dolente. □ *to get* ~ farsi male.

to **hurt** [hə:t] *v.* (*pass., p.p.* **hurt**) **I** *v.t.* **1** ferire (leggermente); fare male a. **2** danneggiare, nuocere a. **3** (*fig.*) ferire, offendere; colpire. **II** *v.i.* **1** fare male: *my back hurts* mi fa male la schiena. **2** nuocere, recare danno. □ *to ~ o.s.* farsi male.
hurtful ['hə:tful] *a.* **1** dannoso, nocivo. **2** offensivo, ingiurioso. □ *a ~ tongue* una lingua malefica.
to **hurtle** ['hə:tl] *v.i.* sfrecciare.
husband ['hʌzbənd] *s.* marito.
to **husband** ['hʌzbənd] *v.t.* usare, amministrare con parsimonia.
husbandman ['hʌzbəndmən] (*ant.*) *s.* (*pl.* **-men**) agricoltore.
husbandry ['hʌzbəndri] *s.* **1** agricoltura; agraria. **2** oculatezza nell'amministrare.
hush [hʌʃ] **I** *intz.* zitto, silenzio. **II** *s.* silenzio, quiete.
to **hush** [hʌʃ] **I** *v.t.* **1** far tacere. **2** calmare, placare. **II** *v.i.* tacere. □ *to ~* **up** nascondere, mettere a tacere.
hush-hush ['hʌʃ'hʌʃ] *a.* (*fam.*) segretissimo.
hush money ['hʌʃmʌni] *s.* prezzo del silenzio.
husk [hʌsk] *s.* (*Agr.*) buccia, guscio; loppa; cartoccio.
to **husk** [hʌsk] *v.t.* (*Agr.*) sbucciare, sgusciare; scartocciare.
huskiness ['hʌskinis] *s.* raucedine.
husky[1] ['hʌski] *a.* **1** secco e rugoso. **2** rauco, roco. **3** (*fam.*) robusto, tarchiato.
husky[2] ['hʌski] *s.* cane eschimese.
hussar [hu'zɑ:*] *s.* (*Mil., ant.*) ussaro.
hussif ['husif] *s.* astuccio da lavoro (per ferri, aghi, ecc.).
hussy ['hʌsi] *s.* (*spreg.*) **1** sgualdrina. **2** ragazza volgare.
hustings ['hʌstiŋz] *s.pl.* (costr. pl. o sing.) **1** (*GB*) (*Stor.*) piattaforma dalla quale venivano nominati i candidati al Parlamento. **2** operazioni elettorali.
hustle ['hʌsl] *s.* **1** attività febbrile; andirivieni, trambusto. **2** spinta, spintone.
to **hustle** ['hʌsl] **I** *v.i.* **1** spingere, dare spintoni. **2** (*am. sl.*) imbrogliare, far soldi in modo disonesto. **II** *v.t.* spingere, dare spintoni a. □ (*fam.*) *to ~ s.o. out of his money* spillare soldi a qd.
hustler ['hʌslə*] *s.* **1** (*fam.*) persona energica. **2** (*am. sl.*) prostituta.
hut [hʌt] *s.* capanna, baracca.
hutch [hʌtʃ] *s.* **1** gabbia; conigliera. **2** capanna, baracca. **3** (*fam.*) cassa, cesta. **4** (*am.*) credenza.
hyacinth ['haiəsinθ] *s.* (*Bot.*) giacinto.
hyaena [hai:'inə] → **hyena**.
hybrid ['haibrid] *a./s.* ibrido (*anche fig.*).
hybridism ['haibridizəm], **hybridity** [hai'briditi] *s.* ibridismo.
hydra ['haidrə] *s.* (*Zool., fig.*) idra.
hydrangea [hai'dreindʒə] *s.* (*Bot.*) ortensia.
hydrant ['haidrənt] *s.* idrante.
hydrate ['haidreit] *s.* (*Chim.*) idrato.
to **hydrate** ['haidreit] *v.t.* idratare.
hydraulic [hai'drɔ:lik] *a.* idraulico.
hydraulics [hai'drɔ:liks] *s.pl.* (costr. sing.) (*Fis.*) idraulica.
hydrocarbon [,haidrə(u)'kɑ:bən] *s.* (*Chim.*) idrocarburo.
hydrochloric [,haidrə(u)'klɔ:rik] *a.* (*Chim.*) cloridrico.
hydroelectric [,haidrə(u)i'lektrik] *a.* idroelettrico.
hydrofoil ['haidrə(u)fɔil] *s.* aliscafo.
hydrogen ['haidrədʒən] *s.* (*Chim.*) idrogeno. □ *~* **bomb** bomba all'idrogeno; *~* **peroxide** acqua ossigenata.
hydrographic [,haidrə(u)'græfik] *a.* idrografico.
hydrometer [hai'drɔmitə*] *s.* idrometro.
hydrophobia [,haidrə'fəubiə] *s.* (*Med.*) idrofobia.
hydrophobic [,haidrə'fəubik] *a.* idrofobo.
hydroplane ['haidrəplein] *s.* **1** (*Mar.*) aliscafo. **2** (*Aer.*) idrovolante.
hydrops ['haidrɔps] *s.pl.* (costr. sing.) (*Med.*) idropisia.
hydrostatic [,haidrə'stætik] *a.* idrostatico.
hydrostatics [,haidrə'stætiks] *s.pl.* (costr. sing.) (*Fis.*) idrostatica.
hydrotherapy [,haidrə'θerəpi] *s.* (*Med.*) idroterapia.
hydroxide [hai'drɔksaid] *s.* (*Chim.*) idrossido.
hyena [hai'i:nə] *s.* (*Zool.*) iena.
hygiene ['haidʒi:n] *s.* igiene.
hygienic [hai'dʒi:nik] *a.* igienico.
hygienist [hai'dʒinist] *s.* igienista *m./f.*
hygrometer [hai'grɔmitə*] *s.* (*Meteor.*) igrometro.
hygroscope ['haigrəskəup] *s.* (*Fis.*) igroscopio.
hymen ['haimən] *s.* (*Anat.*) imene.
hymn [him] *s.* inno.
to **hymn** [him] *v.t.* inneggiare (a).
hymnal ['himnəl] *s.* innario, libro degli inni.
to **hype** [haip] *v.t.* (*fam.*) esaltare le qualità di qc. (*o* qd.) per ottenere attenzione.
hyperbola [hai'pə:bələ] *s.* (*Mat.*) iperbole.
hyperbole [hai'pə:bəli] *s.* (*Retorica*) iperbole.
hyperbolic [,haipə'bɔlik], **hyperbolical** [,haipə'bɔlikəl] *a.* iperbolico.
hypercritical [,haipə'kritikəl] *a.* ipercritico.
hypermarket ['haipəmɑ:kit] *s.* ipermercato.
hypersensitive [,haipə'sensitiv] *a.* ipersensibile.
hypertension [,haip:ə'tenʃən] *s.* (*Med.*) ipertensione.
hyphen ['haifən] *s.* **1** trattino (d'unione), lineetta. **2** (*Tip.*) segno di divisione.
to **hyphen** ['haifən], to **hyphenate** ['haifəneit] *v.t.* unire con un trattino; dividere con un trattino.
hypnosis [hip'nəusis] *s.* (*pl.* **–ses** [–si:z]) ipnosi.
hypnotic [hip'nɔtik] *a./s.* ipnotico.
hypnotism ['hipnətizəm] *s.* ipnotismo.
hypnotist ['hipnətist] *s.* ipnotizzatore.
to **hypnotize** ['hipnətaiz] *v.t.* ipnotizzare.
hypochondria [,haipə'kɔndriə] *s.* (*Psic.*) ipocondria.

hypochondriac [ˌhaipəˈkɔndriæk] *a./s.* (*Psic.*) ipocondriaco.
hypocrisy [hiˈpɔkrisi] *s.* ipocrisia.
hypocrite [ˈhipəkrit] *s.* ipocrita *m./f.*
hypocritical [ˌhipəˈkritikəl] *a.* ipocrita.
hypodermic [ˌhaipəˈdə:mik] **I** *a.* (*Med.*) ipodermico. **II** *s.* iniezione ipodermica; siringa ipodermica.
hypophysis [ˌhaiˈpɔfisis] *s.* (*Med.*) ipofisi.
hypotension [ˌhaipəˈtenʃən] *s.* (*Med.*) ipotensione.
hypotenuse [haiˈpɔtinju:z] *s.* (*Geom.*) ipotenusa.
hypothecary [haiˈpɔθikəri] *a.* ipotecario.
hypothesis [haiˈpɔθisis] *s.* (*pl.* **–ses** [–si:z]) ipotesi.
hypothetical [ˌhaipəˈθetikəl] *a.* ipotetico.
hysterectomy [histəˈrektəmi] *s.* isterectomia.
hysteria [hisˈtiəriə] *s.* isterismo.
hysteric [hisˈterik] **I** *a.* isterico. **II** *s.* persona isterica.
hysterical [hisˈterikəl] *a.* isterico.
hysterics [hisˈteriks] *s.pl.* (costr. sing.) **1** isterismo. **2** attacco isterico: *to go into* ~ avere un attacco isterico, avere una crisi isterica.
Hz = *hertz* hertz.

I

i, I[1] [ai] *s.* (*pl.* **i's/is, I's/Is** [aiz]) i, I. □ (*Tel.*) ~ *for Isaac*; (*am.*) ~ *for Item* I come Imola.
I[2] [ai] *pron. pers. sogg.* io (*spesso non si traduce*): *you and* ~ tu e io; ~ *should like to go* vorrei andare.
I[3] = (*Chim.*) *iodine* iodio.
iamb ['aiæmb] *s.* (*Metrica*) giambo.
iambic [ai'æmbik] **I** *a.* (*Metrica*) giambico. **II** *s.* (general. al pl.) verso giambico; giambo.
IATA = *International Air Transport Association* Associazione Internazionale dei Trasporti Aerei.
ib., ibid. = (*lat.*) *ibidem* nello stesso luogo.
Iberian [ai'biəriən] **I** *a.* iberico. **II** *s.* abitante della penisola iberica.
ibex ['aibeks] *s.* (*pl. inv.*/**ibexes** [–iz]/**ibices** ['ibisi:z]) (*Zool.*) stambecco.
ibis ['aibis] *s.* (*pl. inv.*/**ibises** ['aibisiz]) (*Zool.*) ibis.
ICC = *International Chamber of Commerce* Camera di Commercio Internazionale.
ice [ais] *s.* **1** ghiaccio. **2** → **ice-cream**. **3** (*Gastr.*) glassa. □ ~ **age** era glaciale; (*fig.*) *to* **break** *the* ~ rompere il ghiaccio; (*fam.*) *to* **cut** *no* ~ lasciare indifferente (*with s.o.* qd.); non aver successo; (*fam.*) **on** ~ da parte; al sicuro; in carcere; (*fig.*) *to be* (*skating*) *on* **thin** ~ camminare sul filo del rasoio.
to **ice** [ais] **I** *v.t.* **1** coprire di ghiaccio. **2** ghiacciare, congelare. **3** mettere in ghiaccio. **4** (*Gastr.*) glassare. **II** *v.i.* (general. con *up, over*) congelarsi; ricoprirsi di ghiaccio.
ice-ax(e) ['aisæks] *s.* piccozza.
iceberg ['aisbə:g] *s.* **1** iceberg. **2** (*fig.*) persona fredda.
icebound ['aisbaund] *a.* **1** imprigionato dal ghiaccio. **2** ostruito dal ghiaccio.
icebox ['aisbɔks] *s.* **1** ghiacciaia. **2** (*am.*) frigorifero.
icebreaker ['aisbreikə*] *s.* (*Mar.*) rompighiaccio.
ice cap ['aiskæp] *s.* (*Geol.*) calotta di ghiaccio.
icecream ['aiskri:m] *s.* gelato. □ ~ *parlour* gelateria.
iced [aist] *a.* **1** ghiacciato, gelato. **2** (*Gastr.*) glassato.
icefloe ['aisfləu] *s.* ghiaccio galleggiante.
Iceland ['aislənd] *N.pr.* (*Geog.*) Islanda.
Icelander ['aisləndə*] *s.* islandese *m./f.*
Icelandic [ais'lændik] *a./s.* islandese.
ice-lolly ['aislɔli] *s.* ghiacciolo (da succhiare).
ice pack ['aispæk] *s.* **1** (*Geog.*) pack. **2** borsa del ghiaccio.
ice-rink ['aisriŋk] *s.* pista di pattinaggio.
icicle ['aisikl] *s.* ghiacciolo.
icing ['aisiŋ] *s.* (*Gastr.*) glassa.
icon ['aikɔn] *s.* (*Arte*) icona.
iconoclasm [ai'kɔnəklæzəm] *s.* iconoclastia.
iconoclast [ai'kɔnəklæst] *s.* iconoclasta *m./f.*
iconography [,aikɔ'nɔgrəfi] *s.* iconografia.
icy ['aisi] *a.* **1** ghiacciato, gelato; gelido. **2** (*fig.*) freddo, di ghiaccio.
id. = (*lat.*) *idem* lo stesso.
I'd [aid] *contraz. di* **I had, I would, I should.**
ID = *Intelligence Department* Ufficio Informazioni.
idea [ai'di:ə] *s.* **1** idea: *to get an* ~ *of s.th.* farsi un'idea di qc. **2** opinione; impressione. **3** progetto, piano. □ (*fam.*) *to get ideas into one's* **head** mettersi idee in testa; *to* **hit** *upon the* ~ *of doing s.th.* avere l'idea di fare qc.; *the* (*very*) ~ *of* **it**! neanche per idea!; (*iron.*) **what** *an* ~! che bella idea!; (*fam.*) **what**'*s the big* ~? che sciocchezze sono queste?
ideal [ai'di:əl] **I** *s.* ideale. **II** *a.* **1** ideale. **2** immaginario, astratto.
idealism [ai'di:əlizəm] *s.* idealismo.
idealist [ai'di:əlist] *s.* idealista *m./f.*
idealistic [ai,di:ə'listik] *a.* idealistico, idealista.
to **idealize** [ai'di:əlaiz] *v.t.* idealizzare.
ideally [ai'di:əli] *avv.* **1** perfettamente, in modo ideale. **2** preferibilmente, di preferenza.
identical [ai'dentikəl] *a.* identico, stesso.
identifiable [ai'dentifaiəbl] *a.* identificabile.
identification [ai,dentifi'keiʃən] *s.* **1** identificazione. **2** documento di riconoscimento. □ ~ *mark* contrassegno.
to **identify** [ai'dentifai] *v.t.* **1** identificare; accertare l'identità di. **2** giudicare identico. □ *to* ~ *o.s. with*: 1 immedesimarsi in (*anche Psic.*); 2 identificarsi con, dare appoggio (incondizionato) a.
identity [ai'dentiti] *s.* identità. □ ~ *card* carta d'identità.
ideogram ['idiəgræm], **ideograph** ['idiəgrɑ:f] *s.* ideogramma.
ideological [,aidiə'lɔdʒikəl] *a.* ideologico.

ideologist [ˌaidiˈɔlədʒist] *s.* ideologo.
ideology [aidiˈɔlədʒi] *s.* ideologia.
id est *lat.* [ˈidˈest] cioè.
idiocy [ˈidiəsi] *s.* **1** (*Med.*) idiozia. **2** stupidità.
idiom [iˈdiəm] *s.* **1** idioma, lingua; dialetto. **2** frase idiomatica.
idiomatic [idiəˈmætik] *a.* idiomatico.
idiosyncrasy [ˌidiəˈsiŋkrəsi] *s.* **1** fissazione, mania; stranezza. **2** tratto caratteristico, peculiarità. **3** (*Med.*) idiosincrasia.
idiot [ˈidiət] *s.* stupido, idiota *m./f.*
idiotic [ˌidiˈɔtik] *a.* idiota, stupido.
idle [ˈaidl] *a.* **1** inattivo; disoccupato. **2** ozioso, fannullone; indolente. **3** vano; inutile.
to **idle** [ˈaidl] **I** *v.i.* **1** oziare, bighellonare. **2** (*Mecc.*) girare a vuoto. **II** *v.t.* **1** (*Mecc.*) far girare a vuoto. **2** (general. con *away*) sprecare, sciupare (il tempo nell'ozio).
idleness [ˈaidlnis] *s.* **1** ozio, inattività. **2** pigrizia, poltroneria. **3** inutilità, oziosità.
idler [ˈaidlə*] *s.* **1** ozioso, pigro, fannullone. **2** (*Mecc.*) ingranaggio folle.
idol [ˈaidl] *s.* idolo.
idolater [aiˈdɔlətə*] *s.* idolatra *m.*
idolatress [aiˈdɔlətris] *s.* idolatra *f.*
to **idolatrize** [aiˈdɔlətraiz] → to **idolize**.
idolatrous [aiˈdɔlətrəs] *a.* **1** idolatrico. **2** idolatra.
idolatry [aiˈdɔlətri] *s.* **1** idolatria. **2** (*fig.*) ammirazione sconfinata.
to **idolize** [ˈaidəlaiz] *v.t.* idoleggiare; idolatrare.
idyll [ˈaidil, ˈid–] *s.* idillio.
idyllic [aiˈdilik, iˈd–] *a.* idilliaco, idillico.
i.e. = (*lat.*) *id est* cioè.
if [if] **I** *congz.* **1** se: ~ *I were you* se fossi in te; ~ *you had come earlier* se foste arrivati prima. **2** anche se, quand'anche: *a beautiful,* ~ *expensive, present* un bel regalo anche se costoso. **II** *s.* se; condizione; dubbio. □ ~ **any** se ce ne sono, se ce n'è; ~ **anything** se mai, tutt'al più; **as** ~ come se, quasi; *he made* **as** ~ *to go* fece l'atto di andarsene; *it isn't* **as** ~ *we were poor,* non è che siamo poveri; ~ (*it is*) **necessary** se (è) necessario, in caso di bisogno; ~ **not** altrimenti, in caso contrario; ~ **only** se solo, magari; ~ **only** *to please me* non fosse altro che per farmi un piacere; ~ (*it is*) **possible** se (è) possibile; ~ **so** se è così; *it only costs a shilling,* ~ **that** costa soltanto uno scellino, se pure lo costa.
iffy [ifi] *a.* **1** incerto, dubbioso. **2** (*estens.*) ricco di incognite: *an* ~ *future for a billionaire baby* un futuro ricco di incognite per un bambino miliardario.
igloo [ˈiglu:] *s.* igloo, iglù.
igneous [ˈigniəs] *a.* **1** eruttivo. **2** igneo.
to **ignite** [igˈnait] **I** *v.t.* **1** incendiare. **2** accendere. **II** *v.i.* accendersi, prendere fuoco.
ignition [igˈniʃən] *s.* accensione; ignizione (*anche Chim., Mecc.*).
ignoble [igˈnəubl] *a.* ignobile, spregevole.
ignominious [ˌignəˈminiəs] *a.* ignominioso, vergognoso.
ignominy [ˈignəmini] *s.* ignominia, infamia.
ignoramus [ˌignəˈreiməs] *s.* ignorante *m./f.*
ignorance [ˈignərəns] *s.* ignoranza. □ *to be in* ~ *of s.th.* ignorare qc.
ignorant [ˈignərənt] *a.* **1** ignorante. **2** ignaro, inconsapevole (*of* di).
to **ignore** [igˈnɔ:*] *v.t.* **1** ignorare; trascurare. **2** fingere di non vedere (*o* conoscere, sapere).
iguana [iˈgwɑ:nə] *s.* (*Zool.*) iguana.
ilex [ˈaileks] *s.* (*Bot.*) **1** elce. **2** leccio.
ilk [ilk] *s.* (*fam.*) famiglia, stirpe; genere, tipo.
ill [il] **I** *a.* (*compar.* **worse** [wə:s], *sup.* **worst** [wə:st]) **1** (*pred.*) malato, ammalato (*with* di); indisposto. **2** cattivo: ~ *health* cattiva salute; ~ *fortune* malasorte. **3** cattivo, sbagliato: ~ *management* cattiva amministrazione. **II** *s.* **1** male, danno: *to do* ~ *to s.o.* fare del male a qd. **2** disgrazia, avversità. **3** malattia, malanno. **III** *avv.* (*compar.* **worse,** *sup.* **worst**) **1** male, malamente. **2** ostilmente; sfavorevolmente. **3** non appena, a malapena. □ *to* **be** ~ essere ammalato; ~ *at* **ease** a disagio, imbarazzato; *to* **fall** ~ ammalarsi; **for** *good or* ~ bene o male che sia; ~ **grace** sgarbatezza; *to* **look** ~ avere una cattiva cera; *as* ~ **luck** *would have it* per disgrazia; ~ **manners** maleducazione; *to* **speak** ~ *of s.o.* parlare male di qd.; *to* **take** *s.th.* ~ prendere male qc.; *to be* **taken** ~ = *to* **fall** ~; *to do s.o. an* ~ **turn** giocare un brutto scherzo a qd.
I'll [ail] *contraz. di* **I will, I shall.**
ill-advised [ˌiləd'vaizd] *a.* imprudente, sconsiderato.
ill-affected [ˈiləˈfektid] *a.* maldisposto (*towards* verso).
illation (iˈleiʃən] *s.* illazione.
ill-bred [ˈilˈbred] *a.* maleducato, incivile, screanzato.
ill-disposed [ˈildisˈpəuzd] *a.* maldisposto (*to* verso).
illegal [iˈli:gəl] *a.* illegale.
illegality [ˌiliˈgæliti] *s.* illegalità; atto illegale.
illegible [iˈledʒəbl] *a.* illeggibile.
illegitimacy [ˌiliˈdʒitiməsi] *s.* illegittimità.
illegitimate [ˌiliˈdʒitimit] *a.* **1** illegittimo. **2** illegale.
ill-fated [ˈilˈfeitid] *a.* sfortunato, disgraziato.
ill-gotten [ˈilˈgɔtn] *a.* guadagnato disonestamente.
ill-humoured [ˈilˈhju:məd] *a.* di malumore.
illiberal [iˈlibərəl] *a.* **1** illiberale. **2** gretto, meschino.
illicit [iˈlisit] *a.* illecito, illegale.
illimitable [iˈlimitəbl] *a.* illimitato.
illiteracy [iˈlitəsi] *s.* **1** analfabetismo. **2** ignoranza.
illiterate [iˈlitərit] **I** *a.* illetterato, analfabeta. **II** *s.* analfabeta *m./f.*
ill-judged [ˈilˈdʒʌdʒd] *a.* **1** sconsiderato, malaccorto. **2** intempestivo; inopportuno.
ill-mannered [ˈilˈmænəd] *a.* rozzo, grossolano.
ill-natured [ˈilˈneitʃəd] *a.* sgarbato, bisbetico.
illness [ˈilnis] *s.* malattia, infermità.
illogical [iˈlɔdʒikəl] *a.* illogico.

ill-omened [il'əumend] *a.* malaugurato, infausto.
ill-starred ['il'stɑ:d] *a.* sfortunato.
ill-timed ['il'taimd] *a.* intempestivo.
to **illuminate** [i'lju:mineit] *v.t.* **1** illuminare, rischiarare. **2** (*fig.*) chiarire, spiegare. **3** miniare.
illumination [i,lju:mi'neiʃən] *s.* **1** illuminazione. **2** *pl.* luminaria. **3** (*di libri*) miniatura.
to **illumine** [i'lju:min] *v.t.* (*fig.*) illuminare.
to **illuse** ['il'ju:z] *v.t.* maltrattare.
illusion [i'lu:ʒən] *s.* illusione.
illusionist [i'lu:ʒənist] *s.* illusionista *m./f.*
illusive [i'lu:siv], **illusory** [i'lu:səri] *a.* illusorio, ingannevole.
to **illustrate** ['iləstreit] *v.t.* **1** illustrare. **2** spiegare, chiarire.
illustration [iləs'treiʃən] *s.* **1** illustrazione. **2** esempio, dimostrazione. **3** spiegazione, chiarimento.
illustrative [i'lʌstrətiv] *a.* illustrativo.
illustrator ['iləstreitə*] *s.* illustratore.
illustrious [i'lʌstriəs] *a.* illustre, insigne; famoso, celebre.
ill-will ['il'wil] *s.* malevolenza, malanimo.
ILO = *International Labour Organisation* Organizzazione Internazionale del Lavoro.
ILS = *Instrument Landing System* sistema di atterraggio strumentale.
I'm [aim] *contraz. di* **I am**.
image ['imidʒ] *s.* **1** immagine, figura. **2** personificazione, incarnazione. **3** simbolo.
to **image** ['imidʒ] *v.t.* **1** raffigurare, descrivere. **2** riflettere, rispecchiare. **3** rappresentare, simboleggiare. **4** immaginare.
imagery ['imidʒri] *s.* immagini; linguaggio figurato.
imaginable [i'mædʒinəbl] *a.* immaginabile, pensabile.
imaginary [i'mædʒinəri] *a.* immaginario.
imagination [i,mædʒi'neiʃən] *s.* **1** immaginazione. **2** inventiva; ingegnosità.
imaginative [i'mædʒinətiv] *a.* **1** immaginoso, ricco di immaginazione. **2** ingegnoso, geniale.
to **imagine** [i'mædʒin] *v.t.* **1** immaginare. **2** pensare, supporre; presumere, ritenere. **3** immaginarsi, figurarsi. □ *you can't ~ how sorry I am* non puoi credere quanto mi dispiaccia.
imbalance [im'bæləns] *s.* squilibrio.
imbecile ['imbisi:l] *a./s.* imbecille.
imbecility [,imbi'siliti] *s.* imbecillità.
to **imbibe** [im'baib] *v.t.* **1** assorbire. **2** (*fig.*) imbeversi di: *to ~ liberal principles* imbeversi di idee liberali. **3** (*fam.*) bere.
imbroglio *it.* [im'brəuliəu] *s.* imbroglio; situazione confusa (p.e. in politica).
to **imbue** [im'bju:] *v.t.* **1** imbevere, impregnare. **2** (*fig.*) permeare, impregnare.
IMF = *International Monetary Fund* Fondo Monetario Internazionale.
to **imitate** ['imiteit] *v.t.* **1** imitare. **2** contraffare. **3** riprodurre, copiare.
imitation [,imi'teiʃən] *s.* imitazione; riproduzione; contraffazione. □ *~ leather* finta pelle.
immaculate [i'mækjulit] *a.* **1** immacolato. **2** incontaminato, puro.
immanent ['imənənt] *a.* **1** insito. **2** (*Filos.*) immanente.
immaterial [,imə'tiəriəl] *a.* **1** irrilevante. **2** immateriale, incorporeo.
immature [,imə'tjuə*] *a.* immaturo (*anche fig.*).
immaturity [,imə'tjuəriti] *s.* immaturità (*anche fig.*).
immeasurable [i'meʒərəbl] *a.* incommensurabile.
immediate [i'mi:djət] *a.* **1** immediato. **2** diretto: *~ information* informazioni dirette. **3** prossimo. □ *one's ~* **family** i parenti stretti; *~* **needs** prime necessità.
immediately [i'mi:djətli] **I** *avv.* **1** immediatamente; subito. **2** direttamente. **II** *congz.* (non) appena: *we'll leave ~ he comes* appena viene ce ne andiamo.
immemorial [,imi'mɔ:riəl] *a.* immemorabile, remoto: *from time ~* da tempo immemorabile.
immense [i'mens] *a.* **1** sconfinato, immenso; illimitato, enorme. **2** (*sl.*) ottimo, eccellente.
immensity [i'mensiti] *s.* immensità; smisuratezza.
to **immerse** [i'mə:s] *v.t.* **1** immergere, tuffare. **2** immergersi (*in* in), dedicarsi a. **3** (*Rel.*) battezzare per immersione.
immersion [i'mə:ʃən] *s.* **1** immersione. **2** (*Rel.*) battesimo per immersione. □ *full ~ course* corso intensivo.
immigrant ['imigrənt] *a./s.* immigrante *m./f.*
to **immigrate** ['imigreit] *v.i.* immigrare.
immigration [imi'greiʃən] *s.* immigrazione.
imminence ['iminəns] *s.* imminenza.
imminent ['iminənt] *a.* imminente.
immobile [i'mə(u)bail] *a.* immobile.
immobility [,imə(u)'biliti] *s.* immobilità.
immobilization [i,məubilai'zeiʃən] *s.* immobilizzazione.
to **immobilize** [i'mə(u)bilaiz] *v.t.* immobilizzare.
immoderate [i'mɔdərit] *a.* smodato, eccessivo.
immoderation [i,mɔdə'reiʃən] *s.* smodatezza; eccessività.
immodest [i'mɔdist] *a.* **1** immodesto. **2** indecente, indecoroso.
immodesty [i'mɔdisti] *s.* **1** immodestia. **2** indecenza, spudoratezza.
to **immolate** ['iməleit] *v.t.* immolare, sacrificare.
immolation [,imə'leiʃən] *s.* immolazione, sacrificio.
immoral [i'mɔrəl] *a.* immorale.
immorality [imə'ræliti] *s.* immoralità.
immortal [i'mɔ:tl] **I** *a.* immortale. **II** *s.* essere immortale.
immortality [imɔ:'tæliti] *s.* immortalità.
to **immortalize** [i'mɔ:təlaiz] *v.t.* immortalare.

immovable [i'mu:vəbl] **I** *a.* **1** immobile, fisso. **2** irremovibile, saldo. **II** *s.pl.* beni immobili.
immune [i'mju:n] *a.* **1** immune (*from, to* da). **2** esente (*from* da).
immunity [i'mju:niti] *s.* **1** immunità. **2** esenzione.
immunization [ˌimjunai'zeiʃən] *s.* immunizzazione.
to **immunize** ['imjunaiz] *v.t.* immunizzare.
to **immure** [i'mjuə*] *v.t.* (*lett.*) imprigionare, carcerare.
immutability [iˌmju:tə'biliti] *s.* immutabilità.
immutable [i'mju:təbl] *a.* immutabile, invariabile.
imp [imp] *s.* **1** (*pop.*) folletto, diavoletto. **2** birichino.
impact ['impækt] *s.* **1** impatto; collisione, urto. **2** (*fig.*) influenza, influsso.
to **impair** [im'pεə*] *v.t.* **1** danneggiare. **2** indebolire.
impairment [im'pεəmənt] *s.* **1** danneggiamento. **2** indebolimento.
to **impale** [im'peil] *v.t.* **1** trafiggere, infilzare. **2** (*Stor.*) impalare.
impalpability [imˌpælpə'biliti] *s.* impalpabilità.
impalpable [im'pælpəbl] *a.* **1** impalpabile. **2** (*fig.*) inafferrabile, impercettibile.
to **impart** [im'pɑ:t] *v.i.* **1** rivelare, comunicare. **2** dare, conferire.
impartial [im'pɑ:ʃəl] *a.* imparziale.
impartiality [impɑ:ʃi'æliti] *s.* imparzialità, equità.
impassable [im'pɑ:səbl] *a.* intransitabile, impraticabile.
impasse [æm'pɑ:s] *s.* impasse, vicolo cieco.
impassible [im'pæsibl] *a.* impassibile, imperturbabile.
impassioned [im'pæʃənd] *a.* appassionato, caloroso.
impassive [im'pæsiv] *a.* impassibile; imperturbabile.
impassiveness [im'pæsivnis] *s.* impassibilità; imperturbabilità.
impatience [im'peiʃəns] *s.* **1** impazienza. **2** intolleranza, insofferenza.
impatient [im'peiʃənt] *a.* **1** impaziente. **2** intollerante, insofferente (*of* di). □ *to grow ~* spazientirsi.
to **impeach** [im'pi:tʃ] *v.t.* **1** (*am.*) mettere sotto accusa (un funzionario pubblico). **2** (*estens.*) incriminare, accusare. **3** mettere in discussione.
impeachment [im'pi:tʃmənt] *s.* incriminazione.
impeccability [imˌpekə'biliti] *s.* impeccabilità.
impeccable [im'pekəbl] *a.* impeccabile, inappuntabile.
to **impede** [im'pi:d] *v.t.* ostacolare, intralciare.
impediment [im'pedimənt] *s.* impedimento, ostacolo.
impedimenta [imˌpedi'mentə] *s.pl.* **1** (*Mil.*) salmerie. **2** (*estens.*) armi e bagagli, masserizie.
to **impel** [im'pel] *v.t.* (*pass., p.p.* **impelled** [–d] incitare, stimolare, spingere.
impellent [im'pelənt] *a.* impellente.
impending [im'pendiŋ] *a.* **1** imminente, prossimo. **2** incombente.
impenetrability [imˌpenitrə'biliti] *s.* impenetrabilità.
impenetrable [im'penitrəbl] *a.* **1** impenetrabile. **2** incomprensibile.
impenitence [im'penitəns] *s.* impenitenza.
impenitent [im'penitənt] *a.* impenitente.
imperative [im'perətiv] **I** *a.* **1** impellente, urgente. **2** autoritario, imperativo. **3** necessario, indispensabile. **4** (*Gramm.*) imperativo. **II** *s.* (*Gramm., Filos.*) imperativo.
imperceptible [ˌimpə:'septəbl] *a.* impercettibile.
imperfect [im'pə:fikt] **I** *a.* **1** imperfetto. **2** incompleto. **II** *s.* (*Gramm.*) imperfetto.
imperfection [ˌimpə'fekʃən] *s.* **1** imperfezione. **2** difetto.
imperial [im'piəriəl] **I** *a.* **1** imperiale: *~ gallon* (*unità di misura*) gallone imperiale → **Appendice**. **2** (*fam.*) maestoso, regale. **II** *s.* imperiale (di carrozza, ecc.). □ *His* (*o Her*) *Imperial Majesty* Sua Maestà Imperiale.
imperialism [im'piəriəlizəm] *s.* imperialismo.
imperialist [im'piəriəlist] *s.* imperialista *m./f.*
imperialistic [imˌpiəriə'listik] *a.* imperialista, imperialistico.
to **imperil** [im'peril] *v.t.* (*pass., p.p.* **–lled**/*am.* **–led** [–d]) mettere in pericolo.
imperious [im'piəriəs] *a.* **1** imperioso, autoritario. **2** urgente, impellente.
imperishable [im'periʃəbl] *a.* imperituro, perenne.
impermanent [im'pə:mənənt] *a.* (*lett.*) transitorio, provvisorio.
impermeable [im'pə:miəbl] *a.* impermeabile.
impersonal [im'pə:snl] *a.* impersonale (*anche Gramm.*).
to **impersonate** [im'pə:səneit] *v.t.* **1** spacciarsi per, camuffarsi da. **2** imitare; rifare il verso a qd.
impersonation [imˌpə:sə'neiʃən] *s.* **1** personificazione. **2** (*Teat.*) imitazione.
impersonator [im'pə:səneitə*] *s.* (*Teat.*) imitatore.
impertinence [im'pə:tinəns] *s.* **1** impertinenza, insolenza. **2** non pertinenza.
impertinent [im'pə:tinənt] *a.* **1** impertinente, insolente. **2** non pertinente.
imperturbability ['impəˌtə:bə'biliti] *s.* imperturbabilità, impassibilità.
imperturbable [ˌimpə'tə:bəbl] *a.* imperturbabile, impassibile.
impervious [im'pə:viəs] *a.* **1** inattaccabile, resistente a, a prova di: *a steel ~ to bullets* un acciaio a prova di proiettile. **2** insensibile a; che non si lascia influenzare; impenetrabile.
impetuosity [imˌpetju'ɔsiti] *s.* impetuosità, irruenza.
impetuous [im'petjuəs] *a.* impetuoso, irruente.
impetus ['impitəs] *s.* **1** (*Fis.*) spinta. **2** (*fig.*) impulso; impeto.

impiety [im'paiəti] *s.* empietà, irreligiosità.
to **impinge** [im'pindʒ] *v.i.* **1** (s)battere, urtare (*on, upon, against* contro, su). **2** ledere, violare (*on, upon s.th.* qc.).
impingement [im'pindʒmənt] *s.* **1** urto, colpo. **2** violazione, lesione.
impious ['impiəs] *a.* empio, sacrilego.
impish ['impiʃ] *a.* sbarazzino, birichino.
implacability [im,plækə'biliti] *s.* implacabilità, inesorabilità.
implacable [im'plækəbl] *a.* implacabile, inesorabile.
implant ['implɑ:nt] *s.* (*Med.*) impianto, innesto; intervento di implantologia.
to **implant** [im'plɑ:nt] *v.t.* **1** piantare, fissare. **2** inculcare, istillare. **3** (*Med.*) innestare.
implement ['implimənt] *s.* **1** attrezzo, arnese. **2** (*fig.*) mezzo, strumento.
to **implement** ['implimənt] *v.t.* **1** attuare, realizzare. **2** adempiere, compiere.
implementation [,implimen'teiʃən] *s.* **1** attuazione, esecuzione. **2** adempimento, compimento.
to **implicate** ['implikeit] *v.t.* **1** implicare, coinvolgere. **2** sottintendere.
implication [,impli'keiʃən] *s.* **1** implicazione. **2** sottinteso. **3** coinvolgimento. □ *by ~* implicitamente.
implicit [im'plicit] *a.* **1** implicito. **2** incondizionato, senza riserve.
implied [im'plaid] *a.* implicito, sottinteso.
to **implore** [im'plɔ:*] *v.t./i.* implorare, supplicare: *to ~ s.o. for s.th.* implorare qc. da qd.
imploring [im'plɔ:riŋ] *a.* implorante, supplichevole.
to **imply** [im'plai] *v.t.* **1** implicare, comportare. **2** significare, sottintendere.
impolite [,impə'lait] *a.* scortese, sgarbato.
impolitic [im'pɔlitik] *a.* impolitico; inopportuno.
imponderability [im,pɔndərə'biliti] *s.* imponderabilità.
imponderable [im'pɔndərəbl] *a.* imponderabile.
import ['impɔ:t] *s.* **1** (*Comm.*) importazione, prodotto importato, bene di importazione: *~ duties* dazi d'importazione. **2** significato, portata. **3** (*lett.*) importanza, peso.
to **import** [im'pɔ:t] *v.t.* **1** (*Comm.*) importare. **2** introdurre. **3** (*lett.*) significare, voler dire.
importance [im'pɔ:təns] *s.* importanza; valore, rilievo.
important [im'pɔ:tənt] *a.* **1** importante, rilevante; significativo. **2** influente, autorevole.
importation [,impɔ:'teiʃən] *s.* (*Comm.*) importazione.
importer [im'pɔ:tə*] *s.* importatore.
importunate [im'pɔ:tjunit] *a.* importuno, insistente.
to **importune** [,impɔ:'tju:n] *v.t.* importunare; infastidire, molestare.
importunity [,impɔ:'tju:niti] *s.* importunità.
to **impose** [im'pəuz] *v.t.* **1** imporre. **2** infliggere (una pena, ecc.). □ *to ~* **on** (*o upon*) approfittare di, abusare di; *to ~* **o.s.** imporsi, imporre la propria presenza.
imposing [im'pəuziŋ] *a.* imponente, grandioso.
imposition [,impə'ziʃən] *s.* **1** imposizione. **2** ordine, ingiunzione; tassazione. **3** prepotenza. **4** imbroglio, inganno. **5** (*Tip.*) impostazione.
impossibility [im,posa'biliti] *s.* **1** impossibilità. **2** cosa impossibile.
impossible [im'pɔsəbl] **I** *a.* **1** impossibile; irrealizzabile. **2** insopportabile. **II** *s.* impossibile. □ *to make it ~ for s.o. to do s.th.* mettere qd. nell'impossibilità di fare qc.
impost ['impəust] *s.* (*Econ.*) imposta, dazio d'importazione.
impostor [im'pɔstɔ*] *s.* impostore.
imposture [im'pɔstʃə*] *s.* impostura; frode.
impotence ['impətəns] *s.* impotenza.
impotent ['impətənt] *a.* impotente.
to **impound** [im'paund] *v.t.* (*Dir.*) sequestrare, confiscare.
to **impoverish** [im'pɔvəriʃ] *v.t.* impoverire.
impoverishment [im'pɔvəriʃmənt] *s.* impoverimento.
impracticability [im,præktikə'biliti] *s.* inattuabilità, irrealizzabilità.
impracticable [im'præktikəbl] *a.* **1** inattuabile, irrealizzabile. **2** (*raro*) impraticabile.
impractical [im'prækticəl] *a.* non pratico, privo di senso pratico.
imprecation [,impri'keiʃən] *s.* imprecazione.
imprecision ['impri'siʒən] *s.* imprecisione.
impregnability [im,pregnə'biliti] *s.* inespugnabilità.
impregnable [im'pregnəbl] *a.* **1** inespugnabile. **2** (*fig.*) invincibile.
impregnate [im'pregnit] *a.* **1** pregna, gravida. **2** impregnato, intriso.
to **impregnate** [im'pregneit] *v.t.* **1** (*Biol.*) fecondare. **2** impregnare, saturare. **3** (*fig.*) permeare.
impregnation [,impreg'neiʃən] *s.* **1** (*Biol.*) fecondazione. **2** saturazione.
impresario *it.* [,impre'sɑ:riəu] *s.* (*pl.* **–s** [–z]/ **–ri** [–ri]) (*Teat.*) impresario.
impress ['impres] *s.* **1** impronta, marchio. **2** (*fig.*) contrassegno, segno caratteristico.
to **impress** [im'pres] *v.t.* **1** impressionare, far colpo su. **2** imprimere, inculcare.
impressible [im'presəbl] *a.* impressionabile.
impression [im'preʃən] *s.* **1** impressione. **2** impronta; segno. **3** effetto, esito. **4** caricatura, imitazione (comica). **5** (*Tip.*) stampa; tiratura. □ *to be under the ~ that ...* aver l'impressione che...
impressionability [im,preʃənə'biliti] *s.* impressionabilità; emotività.
impressionable [im'preʃnəbl] *a.* impressionabile; emotivo.
impressionism [im'preʃənizəm] *s.* (*Arte*) impressionismo.
impressionist [im'preʃənist] *s.* **1** impressionista *m./f.* **2** imitatore.

impressionistic [im,preʃə'nistik] *a.* impressionistico, impressionista.
impressive [im'presiv] *a.* **1** impressionante. **2** solenne; imponente.
impressment [im'presmənt] *s.* **1** arruolamento forzato. **2** confisca.
imprimatur *lat.* [,impri'meitə*] *s.* **1** (*Dir. canonico*) imprimatur. **2** (*fig.*) approvazione. □ (*Tip.*) ~ si stampi.
imprint ['imprint] *s.* **1** impronta, segno (*anche fig.*). **2** (*Edit.*) sigla editoriale.
to **imprint** [im'print] *v.t.* **1** imprimere (*anche fig.*). **2** (*Tip.*) stampare.
to **imprison** [im'prizn] *v.t.* **1** imprigionare. **2** (*fig.*) rinchiudere, imprigionare.
imprisonment [im'priznmənt] *s.* imprigionamento; prigione, reclusione.
improbability [im,prɔbə'biliti] *s.* improbabilità.
improbable [im'prɔbəbl] *a.* improbabile.
impromptu [im'prɔmptju:] **I** *a.* improvvisato, estemporaneo. **II** *s.* (*Mus.*) impromptu. **III** *avv.* all'impronta, improvvisando.
improper [im'prɔpə*] *a.* **1** non adatto. **2** disdicevole, sconveniente. **3** errato, sbagliato. **4** improprio (*anche Mat.*).
to **impropriate** [im'prouprieit] *v.t.* (*Dir. canonico*) secolarizzare.
impropriety [,imprə(u)'praiəti] *s.* **1** scorrettezza, sconvenienza. **2** improprietà.
improvable [im'pru:vəbl] *a.* migliorabile.
to **improve** [im'pru:v] **I** *v.t.* **1** migliorare. **2** (*di terreno*) bonificare; (*di proprietà*) valorizzare. **3** approfittare di, avvantaggiarsi di: *to ~ the occasion* approfittare dell'occasione. **II** *v.i.* migliorare. □ *to ~* **in** *health* stare meglio (di salute); *to ~* **on** *s.th.* perfezionare qc.; *to ~* **on** *s.o.* far meglio di qd.
improvement [im'pru:vmənt] *s.* **1** miglioramento. **2** valorizzazione (di proprietà); bonifica (di terreno). **3** buon uso.
improvidence [im'prɔvidəns] *s.* imprevidenza.
improvident [im'prɔvidənt] *a.* imprevidente.
improvisation [,imprəvai'zeiʃən] *s.* improvvisazione.
to **improvise** ['imprəvaiz] *v.t.* improvvisare.
imprudence [im'pru:dəns] *s.* imprudenza, leggerezza.
imprudent [im'pru:dənt] *a.* imprudente, incauto.
impudence ['impjudəns] *s.* impudenza, sfacciataggine, sfrontatezza.
impudent ['impjudənt] *a.* impudente, sfacciato, sfrontato.
to **impugn** [im'pju:n] *v.t.* contestare; mettere in dubbio.
impulse ['impʌls] *s.* **1** impulso. **2** stimolo; spinta, incentivo; impeto, slancio.
impulsion [im'pʌlʃən] *s.* **1** urto, spinta. **2** impeto, slancio.
impulsive [im'pʌlsiv] *a.* impulsivo.
impunity [im'pju:niti] *s.* impunità.
impure [im'pjuə*] *a.* **1** non puro; adulterato; inquinato. **2** impuro, impudico.
impurity [im'pjuəriti] *s.* **1** impurità. **2** impudicizia.
imputation [im,pju'təiʃən] *s.* **1** imputazione, attribuzione. **2** insinuazione, dubbio.
to **impute** [im'pju:t] *v.t.* imputare; attribuire, ascrivere.
in [in] **I** *prep.* **1** dentro, in, a: *~ England* in Inghilterra; *~ bed* a letto. **2** (*temporale*) in, di: *~ 1942* nel 1942; *~ winter* d'inverno; *~ the morning* di mattina; tra: *~ a week's time* tra una settimana. **3** su: *one ~ twenty* uno su venti. **4** (*materia*) di: *a statue ~ bronze* una statua di bronzo. **5** (*in determinate situazioni ambientali*) con, in, sotto: *to go out ~ the rain* uscire sotto la pioggia; *I can't work ~ this heat* non posso lavorare con questo caldo. **6** (*causale*) per, da, di: *to kill o.s. ~ despair* uccidersi per (la) disperazione. **7** (*modo*) in, a: *to speak ~ a loud voice* parlare a voce alta; *to do s.th. ~ haste* fare qc. in fretta. **8** (*mezzo*) a, con, per: *to write ~ pencil* scrivere a matita; *to speak ~ riddles* parlare per enigmi. **II** *avv.* **1** (*modifica il significato del verbo che lo precede*): *to come ~* entrare; *to give ~* cedere. **2** (*con il verbo essere assume valore idiomatico*): 1 *to be ~* essere in casa; in ufficio; 2 *the train is ~* il treno è arrivato; *spring is ~* è arrivata la primavera; 3 *crops are ~* si è fatto il raccolto; 4 *miniskirts are ~* le minigonne sono di moda; 5 (*Pol.*) *your candidate is ~* il vostro candidato è stato eletto; *the Labour Party is ~* il partito laburista è al potere; 6 *the fire is ~* il fuoco è acceso. **III** *a.* **1** interno: *the ~ door* la porta interna. **2** in arrivo: *an ~ train* un treno in arrivo. **3** (*Pol.*) in carica, al potere. **4** (*fam.*) alla moda; esclusivo. **IV** *s.* (solo nell'espressione) *the ins and* (*the*) *outs*: 1 (*Pol.*) il partito al potere e il partito all'opposizione; 2 dettagli; retroscena (di una questione). □ ~ **all** in totale; ~ **between** tra, in mezzo; *the ~* **crowd** il bel (*o* gran) mondo; (*fam.*) *to be ~* **for** *s.th.* doversi aspettare qc.; *we are ~* **for** *a storm* avremo sicuramente una tempesta; (*fam.*) *to have* **it** *~ for s.o.* avercela con qd.; ~ **itself** di per sé, in sé e per sé; (*fam.*) *to be ~* **on** *s.th.* avere parte in qc.; essere al corrente di qc.; *~ and* **out** un po' dentro (e) un po' fuori; a fasi alterne; ~ **that** poiché, visto che; (*fam.*) *not ~ it* **with** di gran lunga inferiore a.
in. = *inch(es)* pollice, pollici.
In = (*Chim.*) *indium* indio.
inability [,inə'biliti] *s.* inabilità, incapacità.
inaccessibility ['inæk,sesə'biliti] *s.* inaccessibilità.
inaccessible [,inæk'sesəbl] *a.* **1** inaccessibile, irraggiungibile. **2** non disponibile, impegnato. **3** incomprensibile.
inaccuracy [in'ækjurəsi] *s.* inesattezza; imprecisione.
inaccurate [in'ækjurit] *a.* impreciso; inesatto.
inaction [in'ækʃən] *s.* inerzia, inattività.
inactive [in'æktiv] *a.* inattivo, inoperoso.
inactivity [,inæk'tiviti] *s.* inattività, inoperosità.

inadequacy [in'ædikwəsi] *s.* **1** insufficienza. **2** inadeguatezza.
inadequate [in'ædikwit] *a.* **1** insufficiente. **2** inadeguato.
inadmissible [ˌinəd'misəbl] *a.* inammissibile.
inadvertence [ˌinəd'və:təns] *s.* disattenzione, distrazione; svista.
inadvertent [ˌinəd'və:tənt] *a.* **1** non volontario. **2** disattento, distratto.
inalienable [in'eiljənəbl] *a.* inalienabile.
inane [i'nein] *a.* **1** sciocco, stupido: ~ *questions* domande sciocche. **2** vuoto, vacuo.
inanimate [in'ænimit] *a.* **1** inanimato. **2** (*fig.*) senza vita; spento.
inanity [i'næniti] *s.* **1** insensatezza, stoltezza. **2** *pl.* parole (*o* azioni) insensate.
inapplicable [in'æplikəbl] *a.* inapplicabile.
inappreciable [ˌinə'pri:ʃəbl] *a.* trascurabile.
inappropriate [ˌinə'prəupriit] *a.* improprio, inadatto; fuori luogo.
inapt [in'æpt] *a.* **1** inadatto; non appropriato. **2** inetto, incapace.
inaptitude [in'æptitju:d] *s.* incapacità, inettitudine.
inarticulate [ˌinɑ:'tikjulit] *a.* **1** inarticolato, indistinto. **2** incapace d'esprimersi; che si esprime con difficoltà. **3** (*Anat., Zool.*) disarticolato.
inasmuch as [ˌinəz'mʌtʃəz] *congz.* **1** dato che, poiché. **2** in quanto che.
inattention [ˌinə'tenʃən] *s.* **1** disattenzione. **2** negligenza, trascuratezza.
inattentive [ˌinə'tentiv] *a.* disattento; negligente.
inaudible [in'ɔ:dəbl] *a.* impercettibile.
inaugural [in'ɔ:gjurəl] *a.* **1** inaugurale. **2** d'apertura: ~ *speech* discorso d'apertura.
to **inaugurate** [i'nɔ:gjureit] *v.t.* **1** insediare (in una carica). **2** inaugurare. **3** (*fig.*) aprire la strada; dare inizio a.
inauguration [iˌnɔ:gju'reiʃən] *s.* **1** insediamento in carica. **2** inaugurazione; cerimonia inaugurale.
inauspicious [ˌinɔ:s'piʃəs] *a.* infausto, di cattivo auspicio.
inboard ['inbɔ:d] *a.* (*Mar.*) entrobordo.
inborn ['in'bɔ:n] *a.* innato, connaturato.
inbred ['in'bred] *a.* innato, congenito.
inc. = **1** *including* compreso. **2** *inclusive* incluso.
Inc. = *incorporated* incorporato.
incalculable [in'kælkjuləbl] *a.* **1** incalcolabile, inestimabile. **2** imprevedibile.
incandescence [ˌinkæn'desəns] *s.* incandescenza.
incandescent [ˌinkæn'desnt] *a.* incandescente.
incantation [ˌinkæn'teiʃən] *s.* incantesimo; formula magica.
incapable [in'keipəbl] **I** *a.* **1** incapace (*of* di). **2** inetto. **II** *s.* (*Dir.*) incapace *m./f.*
to **incapacitate** [ˌinkə'pæsiteit] *v.t.* **1** rendere incapace. **2** rendere inabile (*o* invalido). **3** (*Dir.*) inabilitare.
incapacity [ˌinkə'pæsiti] *s.* incapacità.
to **incarcerate** [in'kɑ:səreit] *v.t.* incarcerare.
incarnate [in'kɑ:nit] *a.* incarnato; in persona, personificato; rappresentato, impersonato.
to **incarnate** [in'kɑ:neit] *v.t.* incarnare; impersonare; personificare.
incarnation [ˌinkɑ:'neiʃən] *s.* incarnazione; personificazione. (*Teol.*) **The Incarnation** l'Incarnazione.
incautious [in'kɔ:ʃəs] *a.* incauto, imprudente.
incendiary [in'sendiəri] **I** *a.* **1** incendiario. **2** (*fig.*) sedizioso, sovversivo. **II** *s.* **1** incendiario. **2** bomba incendiaria. **3** (*fig.*) sovversivo.
incense ['insens] *s.* incenso; fumo d'incenso.
to **incense**[1] [in'sens] *v.t.* incensare.
to **incense**[2] [in'sens] *v.t.* rendere furibondo.
incentive [in'sentiv] *s.* incentivo, stimolo.
inception [in'sepʃən] *s.* inizio.
incertitude [in'sə:titju:d] *s.* incertezza, insicurezza.
incessant [in'sesnt] *a.* incessante, continuo.
incest ['insest] *s.* incesto.
incestuous [in'sestjuəs] *a.* incestuoso.
inch [intʃ] *s.* **1** (*unità di misura*) pollice → **Appendice**. **2** (*fig.*) millimetro; pelo; soffio: *he missed the target by an* ~ mancò il bersaglio per un pelo. **3** *pl.* (*fig.*) altezza, statura. □ ~ **by** ~ lentamente, gradualmente; **by** *inches*: 1 per un pelo, per un soffio; 2 a poco a poco, gradualmente; (*fig.*) **every** ~ in tutto e per tutto; *to* **lack** *inches* non essere alto; (*fig.*) *not to* **yield** *an* non cedere d'un palmo.
to **inch** [intʃ] **I** *v.t.* muovere gradualmente. **II** *v.i.* muoversi gradualmente.
inchoate ['inkə(u)eit] *a.* **1** incipiente, che comincia. **2** imperfetto, incompleto; rudimentale.
incidence ['insidəns] *s.* **1** incidenza. **2** ricorrenza, frequenza.
incident ['insidənt] **I** *s.* **1** caso, evento; episodio. **2** (*Mil., Pol.*) incidente. **3** (*Lett.*) episodio. **II** *a.* **1** inerente (*to* a). **2** (*Fis.*) incidente.
incidental [ˌinsi'dentl] *a.* **1** inerente, secondario; (*raro*) incidentale. **2** occasionale: ~ *expenses* spese occasionali. **3** casuale, incidentale. □ (*Cin.,Teat.*) ~ *music* musica di fondo.
incidentally [ˌinsi'dentli] *avv.* **1** incidentalmente, per caso. **2** per inciso, a proposito.
incidentals [ˌinsi'dentls] *s.pl.* **1** circostanze concomitanti. **2** spese accessorie.
to **incinerate** [in'sinəreit] *v.t.* incenerire.
incinerator [in'sinəreitə*] *s.* inceneritore.
incipient [in'sipiənt] *a.* incipiente.
to **incise** [in'saiz] *v.t.* **1** incidere. **2** intagliare.
incision [in'siʒən] *s.* incisione; intaglio.
incisive [in'saisiv] *a.* **1** incisivo, tagliente. **2** (*fig.*) efficace; penetrante, acuto.
incisor [in'saizə*] *s.* (*Anat.*) (dente) incisivo.
to **incite** [in'sait] *v.t.* **1** incitare, esortare; stimolare. **2** istigare.

incitement [in'saitmənt] *s.* **1** incitamento. **2** (*Dir.*) istigazione.

incivility [ˌinsi'viliti] *s.* villania; mancanza di educazione.

inclement [in'klemənt] *a.* inclemente.

inclination [ˌinkli'neiʃən] *s.* **1** inclinazione, tendenza; preferenza. **2** flessione, piegamento; pendenza. **3** china, pendio.

incline [in'klain] *s.* **1** inclinazione, pendenza. **2** pendio.

to **incline** [in'klain] **I** *v.i.* **1** essere incline (*to, towards* a) propendere (per). **2** tendere, avere tendenza (a). **II** *v.t.* **1** inclinare, piegare. **2** rendere incline, indurre.

to **include** [in'klu:d] *v.t.* includere, comprendere.

inclusion [in'klu:ʒən] *s.* inclusione.

inclusive [in'klu:siv] *a.* **1** compreso, incluso. **2** inclusivo, comprensivo (*of* di); complessivo.

incoercible [ˌinkə(u)'ə:səbl] *a.* incoercibile.

incognito *it.* [in'kɔgnitəu] **I** *a./avv.* in incognito. **II** *s.* (*pl.* **–s** [–z]/**–ti** [–ti]) **1** persona in incognito. **2** (*estens.*) incognito.

incognizable [in'kɔgnizəbl] *a.* inconoscibile.

incoherence [ˌinkə(u)'hiərəns] *s.* incoerenza.

incoherent [ˌinkə(u)'hiərənt] *a.* **1** (*rif. a persona*) incapace di esprimersi in modo comprensibile: *he became ~ as the disease got worse* con il progredire della malattia non fu più in grado di esprimersi chiaramente. **2** (*di discorso*) incomprensibile.

incombustible [ˌinkəm'bʌstəbl] *a.* incombustibile.

income ['inkʌm] *s.* (*Econ.*) reddito, entrata. □ *to live* **above** *one's ~* vivere al di sopra dei propri mezzi; *~ on* **land** reddito fondiario; *to live* **on** *an ~* vivere di rendita; *~* **tax** imposta sul reddito.

incomer ['inkʌmə*] *s.* **1** immigrante *m./f.* **2** successore. **3** intruso.

incoming [in'kʌmiŋ] *a.* **1** che entra. **2** in arrivo: *the ~ passengers* i passeggeri in arrivo. **3** entrante, subentrante.

incommensurable [ˌinkə'menʃərəbl] *a.* incommensurabile.

incommensurate [ˌinkə'menʃərit] *a.* **1** inadeguato (*to, with* a); sproporzionato. **2** incommensurabile.

to **incommode** [ˌinkə'məud] *v.t.* creare dei problemi a.

incommunicability [ˌinkəˌmju:nikə'biliti] *s.* incomunicabilità.

incommunicable [ˌinkə'mju:nikəbl] *a.* incomunicabile.

incommunicado [ˌinkəmju:ni'kɑ:dəu] **I** *a.* segregato. **II** *avv.* in segregazione.

incomparable [in'kɔmpərəbl] *a.* incomparabile, impareggiabile.

incompatibility ['inkəmˌpætə'biliti] *s.* incompatibilità.

incompatible [ˌinkəm'pætibl] *a.* incompatibile (*with* con).

incompetence [in'kɔmpitəns], **incompetency** [in'kɔmpitənsi] *s.* incompetenza, incapacità.

incompetent [in'kɔmpitənt] *a.* **1** (*Dir.*) incapace. **2** incompetente.

incomplete [ˌinkəm'pli:t] *a.* incompleto; incompiuto.

incomprehensible [ˌinkɔmpri'hensəbl] *a.* incomprensibile.

incomprehension [ˌinkɔmpri'henʃən] *s.* incomprensione.

inconceivable [ˌinkən'si:vəbl] *a.* inconcepibile; (*fam.*) incredibile.

inconclusive [ˌinkən'klu:siv] *a.* **1** inconcludente, sconclusionato. **2** inutile, vano.

incongruity [ˌinkɔŋ'gru:iti] *s.* **1** incongruenza, incoerenza. **2** disaccordo (*with* con).

incongruous [in'kɔŋgruəs] *a.* **1** assurdo. **2** incoerente, incongruente.

inconsequence [in'kɔnsikwens] *s.* incongruenza, incoerenza; illogicità.

inconsequent [in'kɔnsikwənt] *a.* incongruente, incoerente; illogico.

inconsequential [inˌkɔnsi'kwənʃəl] *a.* **1** inconseguente, illogico. **2** irrilevante, insignificante.

inconsiderable [ˌinkən'sidərəbl] *a.* irrilevante, insignificante.

inconsiderate [ˌinkən'sidərit] *a.* **1** avventato, sconsiderato. **2** irriverente, irriguardoso.

inconsistency [ˌinkən'sistənsi] *s.* incoerenza, illogicità; controsenso.

inconsistent [ˌinkən'sistənt] *a.* **1** sconclusionato, privo di logica, contraddittorio. **2** incompatibile, non in armonia. **3** incostante.

inconsolable [ˌinkən'səuləbl] *a.* inconsolabile.

inconspicuous [ˌinkən'spikjuəs] *a.* che non dà nell'occhio. □ *to make o.s. ~* non farsi notare.

incontestable [ˌinkən'testəbl] *a.* incontestabile.

incontinence [in'kɔntinəns] *s.* incontinenza.

incontinent [in'kɔntinənt] *a.* incontinente, intemperante.

incontrollable [ˌinkən'trəuləbl] *a.* incontrollabile.

incontrovertible [ˌinkɔntrə'və:təbl] *a.* incontestabile.

inconvenience [ˌinkən'vi:njəns] *s.* **1** scomodità. **2** inopportunità. **3** disturbo, fastidio; disagio.

to **inconvenience** [ˌinkən'vi:njəns] *v.t.* scomodare, disturbare.

inconvenient [ˌinkən'vi:njənt] *a.* **1** scomodo. **2** inopportuno.

inconvertible [ˌinkən'və:təbl] *a.* (*Econ.*) inconvertibile.

incorporate [in'kɔ:pərit] *a.* **1** incorporato. **2** (*Comm.*) costituito in società commerciale; assorbito.

to **incorporate** [in'kɔ:pəreit] **I** *v.t.* **1** incorporare; includere, comprendere. **2** (*Pol.*) annettere. **3** (*Comm.*) costituire in società commerciale; registrare. **II** *v.i.* **1** incorporarsi. **2** (*Comm.*) associarsi, fondersi. □ (*am.*) *incorporated company* società registrata.

incorporation [in,kɔ:pə'reiʃən] *s.* **1** incorporazione, annessione. **2** (*Comm.*) costituzione in società commerciale.
incorporeal [,inkɔ:'pɔ:riəl] *a.* incorporeo, immateriale.
incorrect [,inkə'rekt] *a.* **1** sbagliato, errato. **2** (*fig.*) scorretto.
incorrigible [in'kɔridʒəbl] *a.* incorreggibile.
incorruptibility [,inkə,rʌptə'biliti] *s.* incorruttibilità.
incorruptible [,inkə'rʌptəbl] *a.* incorruttibile.
increase ['inkri:s] *s.* aumento, incremento; rialzo (di prezzi). □ *on the* ~ in aumento.
to **increase** [in'kri:s] **I** *v.t.* **1** aumentare, accrescere. **2** incrementare. **II** *v.i.* **1** aumentare, accrescersi. **2** progredire.
increasingly [in'kri:siŋli] *avv.* in modo crescente, sempre più.
incredibility [in,kredi'bilili] *s.* incredibilità.
incredible [in'krədəbl] *a.* **1** incredibile. **2** (*estens.*) sorprendente, stupefacente.
incredulity [,inkri'dju:liti] *s.* incredulità.
incredulous [in'kredjuləs] *a.* incredulo.
increment ['inkrimənt] *s.* incremento; aumento.
to **incriminate** [in'krimineit] *v.t.* incriminare.
incrimination [in,krimi'neiʃən] *s.* incriminazione.
incriminatory [in'kriminətəri] *a.* incriminante.
incrustation [,inkrʌ'steʃən] *s.* incrostazione.
to **incubate** ['inkjubeit] *v.t./i.* **1** covare. **2** (*fig.*) fomentare; tramare.
incubation [,inkju'beiʃən] *s.* incubazione.
incubator ['inkjubeitə*] *s.* incubatrice.
incubus ['inkjubəs] *s.* (*pl.* **–bi** [–bai]/**–buses** [–bəsiz]) incubo.
to **inculcate** ['inkʌlkeit] *v.t.* inculcare (*in, upon* a), imprimere.
to **inculpate** ['inkʌlpeit] *v.t.* incolpare, accusare.
incumbency [in'kʌmbənsi] *s.* l'essere in carica.
incumbent [in'kʌmbənt] **I** *a.* incombente, spettante (*on, upon* a). **II** *s.* titolare di una carica.
to **incur** [in:'kə:*] *v.t.* (*pass., p.p.* **incurred** [–d]) **1** incorrere in, andare incontro a: *to* ~ *a penality* incorrere in una penale. **2** attirarsi: *to* ~ *hatred* attirarsi l'odio.
incurable [in'kjuərəbl] *a.* **1** incurabile, inguaribile. **2** (*fig.*) incorreggibile.
incursion [in'kə:ʃən] *s.* incursione; irruzione.
incurved [in'kə:vd] *a.* piegato in dentro.
indebted [in'detid] *a.* **1** indebitato. **2** (*fig.*) obbligato.
indebtedness [in'detnis] *s.* debito (*anche fig.*).
indecency [in'di:sənsi] *s.* indecenza; oscenità.
indecent [in'di:sənt] *a.* **1** indecente; osceno. **2** sconveniente, indecoroso.
indecipherable [,indi'saifərəbl] *a.* indecifrabile; incomprensibile.
indecision [,indi'siʒən] *s.* indecisione, incertezza, titubanza.
indecisive [,indi'saisiv] *a.* **1** non decisivo. **2** indeciso, irresoluto.
indeclinable [,indi'klainəbl] *a.* (*Gramm.*) indeclinabile.
indecorous [in'dekərəs] *a.* indecoroso, sconveniente.
indecorum [indi'kɔ:rəm] *s.* **1** sconvenienza, indecenza. **2** condotta indecorosa.
indeed [in'di:d] **I** *avv.* **1** veramente, effettivamente. **2** proprio, davvero (*spesso non si traduce*): *thank you very much* ~ grazie infinite. **3** a dire il vero. **II** *intz.* davvero, proprio.
indefatigable [,indi'fætigəbl] *a.* infaticabile, instancabile.
indefeasible [,indi'fi:zəbl] *a.* (*Dir.*) imprescrittibile; inalienabile.
indefensible [,indi'fensəbl] *a.* **1** (*Mil.*) indifendibile. **2** (*fig.*) insostenibile.
indefinable [,indi'fainəbl] *a.* indefinibile; indescrivibile.
indefinite [in'definit] *a.* **1** indefinito, indeterminato. **2** vago, impreciso. **3** (*Gramm.*) indefinito.
indefinitely [in'definitli] *avv.* **1** in modo ind finito. **2** a tempo indeterminato.
indelible [in'delibl] *a.* indelebile (*anche fig.*).
indelicacy [in'delikəsi] *s.* indelicatezza, indiscrezione.
indelicate [in'delikit] *a.* **1** indelicato, indiscreto. **2** indecoroso, sconveniente.
to **indemnify** [in'demnifai] *v.t.* **1** indennizzare, risarcire (*for* di). **2** assicurare, garantire.
indemnity [in'demniti] *s.* **1** garanzia, assicurazione. **2** indennità, indennizzo.
indent[1] ['indent] *s.* **1** frastagliatura; rientranza. **2** dentellatura. **3** (*Mil.*) requisizione ufficiale. **4** (*Comm.*) ordinativo. **5** (*Tip.*) capoverso.
to **indent**[1] [in'dent] **I** *v.t.* **1** frastagliare; dentellare. **2** (*Tip.*) iniziare (un paragrafo) rientrando. **II** *v.i.* **1** (*Comm.*) ordinare (*for s.th.* qc.). **2** (*Mil.*) spiccare un ordine di requisizione (*on, upon* su).
indent[2] ['indent] *s.* ammaccatura, incavo.
to **indent**[2] [in'dent] *v.t.* ammaccare.
indentation [,inden'teiʃən] *s.* **1** rientranza. **2** frastagliatura; dentellatura.
indenture [in'dentʃə*] *s.* **1** documento in duplicato. **2** (*estens.*) (*Comm.*) documento; strumento; atto. **3** tacca, intaglio. □ *to take up one's indentures* finire l'apprendistato.
to **indenture** [in'dentʃə*] *v.t.* (*di apprendista*) vincolare con contratto.
independence [,indi'pendəns] *s.* **1** indipendenza. **2** libertà, autonomia. □ (*USA*) *Indipendence Day* anniversario dell'indipendenza.
independent [,indi'pendənt] **I** *a.* indipendente. **II** *s.* (*Pol.*) indipendente *m./f.* □ ~ *of* indipendentemente da.
indescribable [,indi'skraibəbl] *a.* indescrivibile.
indestructible [,indi'strʌktəbl] *a.* indistruttibile.

indeterminable [,indi'tə:minəbl] *a.* indeterminabile, imprecisabile.
indeterminate [,indi'tə:minit] *a.* **1** indeterminato, imprecisato. **2** vago, impreciso.
index ['indeks] *s.* **1** indice. **2** (*fig.*) indizio, segno. **3** lancetta (di strumento di precisione). **4** (dito) indice. **5** schedario. **6** (*Mat.*) (*pl.* **indices** ['indisi:z]) esponente.
to **index** ['indeks] *v.t.* **1** fornire d'indice. **2** (*Rel.*) mettere all'Indice.
index-linked ['indekslinkt] *a.* (*Econ.*) indicizzata.
India ['indja] *N.pr.* (*Geog.*) India.
Indian ['indiən] *a./s.* indiano. □ (*Ginn.*) ~ **club** clava; ~ **corn** granoturco; *in* ~ **file** in fila indiana; ~ **ink** inchiostro di china; ~ **summer** estate di San Martino.
india rubber [,indjə'rʌbə*] *s.* **1** caucciù. **2** gomma per cancellare.
to **indicate** ['indikeit] *v.t.* **1** indicare, mostrare, segnalare: *the road is indicated by a signpost* la strada è segnalata da un indicatore stradale. **2** essere indice di, denotare. **3** rivelare, manifestare. **4** (general. al passivo) occorrere, essere necessario: *further restrictions are indicated* occorrono ulteriori restrizioni.
indication [,indi'keiʃən] *s.* **1** indicazione; segnale. **2** indizio, segno.
indicative [in'dikətiv] **I** *a.* **1** indicativo (*of* di), che denota (qc.). **2** (*Gramm.*) indicativo. **II** *s.* (*Gramm.*) (modo) indicativo; verbo all'indicativo.
indicator ['indikeitə*] *s.* **1** indicatore. **2** (*estens.*) indizio. **3** (*Aut.*) freccia.
indicatory [in'dikətəri] *a.* indicativo.
to **indict** [in'dait] *v.t.* (*Dir.*) incriminare, accusare.
indictable [in'daitəbl] *a.* (*Dir.*) incriminabile; perseguibile.
indictment [in'daitmənt] *s.* **1** accusa; stato d'accusa. **2** (*Dir.*) atto d'accusa. **3** (*estens.*) riprova.
indifference [in'difərəns] *s.* **1** indifferenza, disinteresse. **2** irrilevanza.
indifferent [in'difərənt] *a.* **1** indifferente, noncurante (*to* di). **2** scadente; mediocre: *an* ~ *painter* un pittore mediocre. **3** neutrale: *to remain* ~ *in a dispute* restare neutrale in una discussione.
indifferently [in'difərəntli] *avv.* con indifferenza.
indigence ['indidʒəns] *s.* indigenza, estrema povertà.
indigenous [in'didʒinəs] *a.* indigeno, nativo; originario (*to* di).
indigent ['indidʒənt] *a.* indigente, povero.
indigestible [,indi'dʒestəbl] *a.* **1** indigeribile. **2** (*fig.*) insopportabile, indigesto. **3** (*fig.*) incomprensibile.
indigestion [,indi'dʒestʃən] *s.* (*Med.*) **1** cattiva digestione. **2** indigestione.
indignant [in'dignənt] *a.* indignato, sdegnato (*at* per).
indignation [,indig'neiʃən] *s.* indignazione, sdegno.
indignity [in'digniti] *s.* trattamento indegno; oltraggio, affronto.
indigo ['indigəu] *s.* (*pl.* **–s/–es** [–z]) indaco.
indirect [,indi'rekt] *a.* **1** indiretto. **2** traverso, obliquo. **3** (*fig.*) tortuoso, subdolo.
indirect taxation [,indi'rekt tæk'seifən] *s.* imposte indirette.
indiscernible [,indi'sə:nəbl] *a.* incomprensibile; imperscrutabile.
indiscipline [in'disiplin] *s.* indisciplina.
indiscreet [,indis'kri:t] *a.* **1** sconsiderato, sventato; imprudente, incauto. **2** indiscreto, indelicato.
indiscrete [,indis'kri:t] *a.* compatto, omogeneo.
indiscretion [,indis'kreʃən] *s.* **1** imprudenza. **2** indiscrezione, indelicatezza.
indiscriminate [,indis'kriminit] *a.* **1** indiscriminato, a casaccio. **2** confuso, caotico.
indiscrimination ['indis,krimi'neiʃən] *s.* mancanza di discriminazione.
indispensable [,indis'pensəbl] *a.* indispensabile.
to **indispose** [,indis'pəuz] *v.t.* **1** indispettire. **2** rendere inabile.
indisposed [,indis'pəuzd] *a.* **1** non disposto, alieno (*to* a). **2** indisposto.
indisposition [,indispə'ziʃən] *s.* **1** indisponibilità; avversione. **2** indisposizione, malessere.
indisputable [,indis'pju:təbl] *a.* incontestabile, inconfutabile.
indissoluble [,indi'sɔljubl] *a.* indissolubile.
indistinct [,indis'tiŋkt] *a.* indistinto, vago; confuso.
indistinguishable [,indis'tiŋgwiʃəbl] *a.* indistinguibile.
indium ['indiəm] *s.* (*Chim.*) indio.
individual [,indi'vidjuəl] **I** *a.* **1** individuale; caratteristico; personale. **2** singolo. **II** *s.* individuo, singolo.
individualism [,indi'vidjuəlizəm] *s.* individualismo.
individualist [,indi'vidjuəlist] *s.* individualista *m./f.*
individualistic [,indi,vidjuə'listik] *a.* individualistico.
individuality [,indi,vidju'æliti] *s.* individualità; caratteristiche personali.
individualization [,indi,vidjuəlai'zeiʃən] *s.* individualizzazione, individuazione.
to **individualize** [,indi'vidjulaiz] *v.t.* **1** individualizzare, individuare; caratterizzare. **2** particolareggiare, specificare.
individually [,indi'vidjuəli] *avv.* **1** individualmente; a uno a uno. **2** personalmente.
to **individuate** [,indi'vidjueit] *v.t.* individuare.
indivisibility ['indi,vizi'biliti] *s.* indivisibilità.
indivisible [,indi'vizəbl] *a.* indivisibile.
Indo-Chinese ['ində(u),tʃai'ni:z] *a./s.* indocinese.
indocile [in'dəusail] *a.* indocile.
indocility [,ində(u)'siliti] *s.* indocilità.

to **indoctrinate** [in'dɔktrineit] *v.t.* indottrinare.
indoctrination [in,dɔktri'neiʃən] *s.* indottrinamento.
Indo-European ['ində(u),juərə'pi(:)ən] *a./s.* indoeuropeo.
indolence ['indələns] *s.* indolenza, pigrizia.
indolent ['indələnt] *a.* indolente, pigro.
indomitable [in'dɔmitəbl] *a.* indomabile.
Indonesian [,ində(u)'ni:ziən] *a./s.* indonesiano.
indoor ['indɔ:*] *a.* **1** interno, dentro casa. **2** (*Sport*) indoor.
indoors ['in'dɔ:z] *avv.* all'interno, in casa, al chiuso.
to **indorse** [in'dɔ:s] *v.t.* (*Econ.*) girare, trasferire.
indubitable [in'dju:bitəbl] *a.* indubitabile, indubbio.
to **induce** [in'dju:s] *v.t.* **1** indurre, spingere. **2** produrre, causare. **3** (*El.*) indurre.
inducement [in'dju:smənt] *s.* incitamento; stimolo, spinta.
to **induct** [in'dʌkt] *v.t.* **1** insediare, installare. **2** investire.
inductile [in'dʌktail] *a.* non duttile.
induction [in'dʌkʃən] *s.* **1** induzione. **2** investitura. □ (*El.*) ~ *coil* rocchetto d'induzione.
inductive [in'dʌktiv] *a.* (*El.*) induttivo.
to **indulge** [in'dʌldʒ] **I** *v.t.* **1** soddisfare, appagare. **2** essere indulgente verso. **II** *v.i.* indulgere, abbandonarsi (*in* a). □ *to* ~ *o.s.* trattarsi bene.
indulgence [in'dʌldʒəns] *s.* **1** soddisfazione; piccolo piacere. **2** comprensione, tolleranza. **3** (*Rel.*) indulgenza. □ *smoking is his only* ~ il suo unico vizio è il fumo.
indulgent [in'dʌldʒənt] *a.* indulgente, condiscendente.
indult [in'dʌlt] *s.* (*Rel.*) indulto.
industrial [in'dʌstriəl] *a.* **1** industriale. **2** per uso industriale. □ ~ **accident** infortunio sul lavoro; ~ **disease** malattia professionale.
industrialism [in'dʌstriəlizəm] *s.* industrialismo.
industrialist [in'dʌstriəlist] *s.* industriale.
industrialization [in,dʌstriəlai'zeiʃən] *s.* industrializzazione.
to **industrialize** [in'dʌstriəlaiz] *v.t.* industrializzare.
industrious [in'dʌstriəs] *a.* industrioso, laborioso; diligente.
industry ['indəstri] *s.* **1** industria. **2** operosità, laboriosità.
inebriate [i'ni:briit] *a./s.* (*lett.*) alcolizzato.
to **inebriate** [i'ni:brieit] *v.t.* **1** ubriacare. **2** inebriare.
inedible [in'edibl] *a.* non commestibile.
inedited [in'editid] *a.* inedito.
ineffable [in'efəbl] *a.* ineffabile, indicibile.
ineffective [,ini'fektiv] *a.* **1** inefficace. **2** incapace.
ineffectual [,ini'fektʃuəl] *a.* **1** vano, inutile. **2** incapace.
inefficacious [,inefi'keiʃəs] *a.* inefficace, inutile.
inefficacy [in'efikəsi] *s.* inefficacia, inutilità.
inefficiency [,ini'fiʃənsi] *s.* inefficienza.
inefficient [,ini'fiʃənt] *a.* **1** inefficiente. **2** inefficace.
inelastic [,ini'læstik] *a.* **1** anelastico. **2** (*fig.*) inflessibile, rigido.
inelasticity [,inilæs'tisiti] *s.* **1** anelasticità, rigidezza. **2** (*fig.*) inflessibilità.
inelegant [in'eligənt] *a.* inelegante.
ineligible [in'elidʒəbl] *a.* non adatto, inabile: ~ *for military service* inabile al servizio militare.
ineluctable [,ini'lʌktəbl] *a.* ineluttabile, inevitabile.
inept [i'nept] *a.* **1** inadatto, inopportuno, fuori luogo. **2** inetto, incapace, maldestro.
ineptitude [i'neptitju:d] *s.* incapacità, inettitudine.
inequality [,ini'kwɔliti] *s.* **1** ineguaglianza, diversità. **2** sperequazione, disparità.
inequitable [in'ekwitəbl] *a.* iniquo, ingiusto.
inequity [in'ekwiti] *s.* iniquità, ingiustizia.
inert [i'nə:t] *a.* **1** inerte. **2** (*fig.*) inattivo, inoperoso.
inertia [i'nə:ʃə] *s.* inerzia.
inescapable [,inis'keipəbl] *a.* inevitabile.
inestimable [in'estiməbl] *a.* inestimabile.
inevitability [in,evitə'biliti] *s.* inevitabilità.
inevitable [in'evitəbl] *a.* inevitabile.
inexact [,inig'zækt] *a.* inesatto, impreciso; erroneo.
inexactitude [,inig'zæktitju:d] *s.* inesattezza, imprecisione; errore.
inexcusable [,iniks'kju:zəbl] *a.* imperdonabile.
inexhaustible [,inig'zɔ:stəbl] *a.* **1** inesauribile. **2** instancabile.
inexorability [in,eksərə'biliti] *s.* inesorabilità.
inexorable [in'eksərəbl] *a.* inesorabile.
inexpedient [,iniks'pi:diənt] *a.* inopportuno.
inexpensive [,iniks'pensiv] *a.* poco costoso, economico.
inexperience [,iniks'piəriəns] *s.* inesperienza.
inexperienced [,iniks'piəriənsit] *a.* inesperto.
inexpert [in'ekspə:t] *a.* inesperto.
inexplicable [in'eksplikəbl] *a.* inspiegabile.
inexpressible [,iniks'presəbl] *a.* inesprimibile, indicibile.
inexpressive [,iniks'presiv] *a.* inespressivo.
inextinguishable [,iniks'tiŋgwiʃəbl] *a.* inestinguibile.
inextricable [in'ekstrikəbl] *a.* insolubile, inestricabile.
infallibility [in,fælə'biliti] *s.* infallibilità.
infallible [in'fæləbl] *a.* infallibile.
infamous ['infəməs] *a.* infame, ignobile.
infamy ['infəmi] *s.* infamia; scelleratezza, nefandezza.
infancy ['infənsi] *s.* **1** infanzia. **2** (*Dir.*) minore età. **3** primordi; inizi: *this study is only in its* ~ questo studio è solo agli inizi.
infant ['infənt] *s.* **1** bambino. **2** (*Dir.*) minorenne *m./f.* □ ~ **food** cibo per bambini; ~ **industry** industria nascente.

infanticide [in'fæntisaid] *s.* **1** infanticidio. **2** infanticida *m./f.*
infantile ['infəntail] *a.* **1** infantile. **2** (*fig.*) bambinesco, puerile.
infantilism [in'fæntilizəm] *s.* (*Med., Psic.*) infantilismo.
infantry ['infəntri] *s.* fanteria.
infantryman ['infəntrimən] *s.* (*pl.* **–men**) soldato di fanteria, fante.
to **infatuate** [in'fætjueit] *v.t.* infatuare.
infatuation [in,fætju'eiʃən] *s.* infatuazione.
to **infect** [in'fekt] *v.t.* **1** infettare, contagiare. **2** (*fig.*) trasmettere a, comunicare a.
infection [in'fekʃən] *s.* infezione; malattia infettiva.
infectious [in'fekʃəs], **infective** [in'fektiv] *a.* **1** contagioso; infettivo. **2** (*estens.*) comunicativo, contagioso: *an ~ chuckle* una risata contagiosa.
to **infer** [in'fə:*] *v.t.* (*pass., p.p.* **inferred** [–d]) arguire, dedurre.
inference ['infərəns] *s.* illazione, deduzione.
inferential [,infə'renʃəl] *a.* deduttivo.
inferior [in'fiəriə*] **I** *a.* **1** inferiore. **2** scadente. **II** *s.* inferiore *m./f.*; subalterno.
inferiority [in,fiəri'ɔriti] *s.* inferiorità.
infernal [in'fə:nl] *a.* **1** infernale. **2** (*fam.*) terribile, spaventoso.
inferno *it.* [in'fə:nəu] *s.* (*pl.* **–s** [–z]) inferno.
infertile [in'fə:tail] *a.* infecondo, sterile.
infertility [,infə:'tiliti] *s.* sterilità, infecondità.
to **infest** [in'fest] *v.t.* infestare.
infidel ['infidəl] *a./s.* **1** miscredente *m./f.* **2** (*Stor.*) infedele *m./f.*
infidelity [,infi'deliti] *s.* infedeltà.
to **infiltrate** [in'filtreit] *v.t./i.* infiltrarsi in, insinuarsi furtivamente in.
infiltration [,infil'treiʃən] *s.* infiltrazione.
infiltrator [,infil'treitə*] *s.* (*Pol.*) infiltrato.
infinite ['infinit] *a.* infinito; illimitato.
infinitesimal [,infini'tesiməl] *a.* infinitesimale.
infinitive [in'finitiv] *a./s.* (*Gramm.*) infinito.
infinitude [in'finitju:d] *s.* infinità.
infinity [in'finiti] *s.* **1** infinità. **2** infinito.
infirm [in'fə:m] *a.* **1** malfermo, debole. **2** (*fig.*) indeciso, incerto: *an ~ judgement* un giudizio incerto.
infirmary [in'fə:məri] *s.* infermeria.
infirmity [in'fə:miti] *s.* **1** debolezza, fiacchezza. **2** infermità, malanno.
to **inflame** [in'fleim] **I** *v.t.* **1** infiammare, incendiare (*anche fig.*): *inflamed eyes* occhi infiammati. **2** (*fig.*) accendere, eccitare: *that speech inflamed popular feeling* quel discorso eccitò gli animi del popolo. **3** (*fig.*) rendere furioso. **II** *v.i.* infiammarsi, accendersi.
inflammable [in'flæməbl] *a.* infiammabile.
inflammation [,inflə'meiʃən] *s.* (*Med.*) infiammazione.
inflammatory [,in'flæmətəri] *a.* che eccita; che infiamma.
inflatable [in'fleitəbl] *a.* gonfiabile, pneumatico.
to **inflate** [in'fleit] **I** *v.t.* **1** gonfiare. **2** (*fig.*) esaltare. **3** (*Econ.*) inflazionare. **II** *v.i.* **1** gonfiarsi. **2** (*Econ.*) ricorrere all'inflazione.
inflated [in'fleitid] *a.* **1** gonfiato, gonfio (*anche fig.*): *~ with pride* gonfio d'orgoglio. **2** (*fig.*) borioso; ampolloso: *~ language* linguaggio ampolloso. **3** (*Econ.*) inflazionato.
inflation [in'fleiʃən] *s.* **1** gonfiamento, gonfiatura. **2** (*Econ.*) inflazione.
inflationary [in'fleiʃnəri] *a.* (*Econ.*) inflazionistico.
to **inflect** [in'flekt] *v.t.* **1** flettere (*anche Gramm.*). **2** (*di voce*) modulare.
inflection [in'flekʃən] → **inflexion**.
inflexibility [in,fleksə'biliti] *s.* inflessibilità.
inflexible [in'fleksəbl] *a.* rigido, inflessibile (*anche fig.*).
inflexion [in'flekʃən] *s.* **1** (*di voce*) inflessione, cadenza. **2** (*Gramm.*) flessione; desinenza.
to **inflict** [in'flikt] *v.t.* **1** infliggere. **2** (*fig.*) imporre.
infliction [in'flikʃən] *s.* **1** inflizione. **2** punizione, castigo.
inflow ['infləu] *s.* afflusso, affluenza.
influence ['influəns] *s.* **1** influenza, influsso, ascendente. **2** appoggi: *he owes his position to political ~* deve la sua posizione ad appoggi politici. **3** persona influente, autorità. □ *a man of ~* un uomo influente.
to **influence** ['influəns] *v.t.* influenzare, determinare.
influential [,influ'enʃəl] *a.* **1** influente, autorevole. **2** determinante (*in* per); importante.
influenza [,influ'enzə] *s.* (*Med.*) influenza.
influx ['inflʌks] *s.* **1** affluenza, afflusso. **2** (*Geog.*) (*di fiume*) confluenza; foce.
info ['infəu] *s.* (*fam.*) informazione.
to **inform** [in'fɔ:m] **I** *v.t.* informare: *to ~ s.o. of s.th.* informare qd. di qc. **II** *v.i.* **1** dare informazioni. **2** denunziare (*against s.o.* qd.).
informal [in'fɔ:məl] *a.* **1** ufficioso. **2** informale, alla buona.
informality [,infɔ:'mæliti] *s.* mancanza di formalità, familiarità.
informally [in'fɔ:məli] *avv.* **1** senza formalità. **2** ufficiosamente. **3** alla buona.
informant [in'fɔ:mənt] *s.* **1** informatore. **2** delatore.
informatics [,infə'mætiks] *s.pl.* (costr. sing.) informatica.
information [,infə'meiʃən] *s.* (*collett.*) **1** informazioni; notizie. **2** conoscenza, sapere.
information theory [,infə'meiʃən'θiəri] *s.* teoria dell'informazione.
informative [in'fɔ:mətiv] *a.* informativo.
informed [in'fɔ:md] *a.* **1** informato, al corrente (*of* di). **2** (nei composti) informato: *well -~* ben informato.
informer [in'fɔ:mə*] *s.* informatore, delatore.
infraction [in'frækʃən] *s.* infrazione, trasgressione.
infra-red [,infrə'red] *a./s.* (*Fis.*) infrarosso.
infrastructure [,infrə'strʌktʃə*] *s.* infrastruttura.

infrequent [in'fri:kwənt] *a.* raro, infrequente.
to **infringe** [in'frindʒ] **I** *v.t.* infrangere, trasgredire. **II** *v.i.* calpestare, violare (*on, upon s.th.* qc.).
infringement [in'frindʒmənt] *s.* violazione, trasgressione.
to **infuriate** [in'fju:rieit] *v.t.* rendere furioso.
to **infuse** [in'fju:z] **I** *v.t.* **1** mettere in infusione. **2** (*fig.*) infondere, istillare. **II** *v.i.* stare in infusione.
infusible [in'fju:zəbl] *a.* non fusibile.
infusion [in'fju:ʒən] *s.* infuso; infusione.
ingenious [in'dʒi:njəs] *a.* ingegnoso.
ingenuity [ˌindʒi'nju:iti] *s.* ingegnosità, inventiva.
ingenuous [in'dʒenjuəs] *a.* ingenuo, innocente; candido.
ingenuousness [in'dʒənjuəsnis] *s.* ingenuità; candore.
to **ingest** [in'dʒest] *v.t.* ingerire.
inglorious [in'glɔ:riəs] *a.* **1** inglorioso, ignominioso. **2** oscuro, sconosciuto.
ingoing ['ingəuiŋ] *a.* che entra, entrante.
ingot ['iŋgət] *s.* (*Met.*) lingotto.
ingrained [in'greind] *a.* radicato; inveterato.
to **ingratiate** [in'greiʃieit] *v.t.* ingraziare. □ *to ~ o.s. with s.o.* ingraziarsi qd.
ingratitude [in'grætitju:d] *s.* ingratitudine.
ingredient [in'gri:diənt] *s.* **1** ingrediente. **2** (*fig.*) elemento, componente.
ingress ['ingres] *s.* ingresso, entrata.
ingrowing ['ingrəuiŋ] *a.* che cresce verso l'interno. □ (*Med.*) *~ toe* unghia incarnita.
to **inhabit** [in'hæbit] *v.t.* abitare in, vivere in.
inhabitable [in'hæbitəbl] *a.* abitabile.
inhabitant [in'hæbitənt] *s.* abitante *m./f.*
inhalation [ˌinhə'leiʃən] *s.* **1** inspirazione. **2** (*Med.*) inalazione.
to **inhale** [in'heil] **I** *v.t.* **1** inspirare, aspirare. **2** (*Med.*) inalare. **II** *v.i.* aspirare.
inhaler [in'heilə*] *s.* (*Med.*) inalatore.
inharmonious [ˌinhɑ:'məuniəs] *a.* **1** non armonioso. **2** (*fig.*) discorde.
inherent [in'hiərənt] *a.* **1** inerente, intrinseco. **2** innato, insito.
to **inherit** [in'herit] *v.t./i.* ereditare.
inheritable [in'heritəbl] *a.* **1** trasmissibile per eredità. **2** (*Biol.*) ereditario.
inheritance [in'heritəns] *s.* **1** eredità. **2** (*fig.*) patrimonio (spirituale), retaggio.
to **inhibit** [in'hibit] *v.t.* inibire; ostacolare.
inhibition [ˌinhi'biʃən] *s.* **1** inibizione. **2** proibizione.
inhibitory [in'hibitəri] *a.* inibitorio.
inhospitable [in'hɔspitəbl] *a.* inospitale.
inhuman [in'hju:mən] *a.* inumano; crudele, disumano.
inhumanity [ˌinhju:'mæniti] *s.* crudeltà, inumanità.
inimical [i'nimikəl] *a.* **1** ostile, avverso. **2** nocivo, dannoso (*to* a).
inimitable [i'nimitəbl] *a.* inimitabile.
iniquitous [i'nikwitəs] *a.* iniquo.
iniquity [i'nikwiti] *s.* **1** iniquità. **2** ingiustizia.
initial [i'niʃəl] *a./s.* iniziale. □ *initials* sigla, iniziali.
to **initial** [i'niʃəl] *v.t.* (*pass., p.p.* **-lled/** *am.* **-led** [-d]) siglare; apporre le proprie iniziali su.
initiate [i'niʃiit] *a./s.* iniziato.
to **initiate** [i'niʃieit] *v.t.* **1** avviare, iniziare. **2** introdurre, iniziare.
initiation [iˌniʃi'eiʃən] *s.* **1** iniziazione. **2** inizio, avvio.
initiative [i'niʃiətiv] *s.* **1** iniziativa: *to take the ~ in doing s.th.* prendere l'iniziativa di fare qc. **2** intraprendenza. □ *on one's own ~* di propria iniziativa.
to **inject** [in'dʒekt] *v.t.* **1** (*Med.*) iniettare; fare un'iniezione a. **2** (*Med.*) vaccinare. **3** (*fig.*) introdurre, immettere.
injection [in'dʒekʃən] *s.* **1** (*Med.*) iniezione; vaccinazione. **2** (*fig.*) introduzione, immissione. **3** (*Mot.*) iniezione.
injudicious [ˌindʒu:'diʃəs] *a.* sconsiderato, sventato.
injunction [in'dʒʌnkʃən] *s.* (*Dir.*) ingiunzione.
to **injure** ['indʒə*] *v.t.* **1** fare male a, ferire (*anche fig.*). **2** danneggiare; nuocere a.
injurious [in'dʒuərəs] *a.* **1** nocivo, dannoso (*to* a). **2** offensivo, oltraggioso.
injury ['indʒəri] *s.* **1** ferita, lesione. **2** (*fig.*) offesa, oltraggio.
injustice [in'dʒʌstis] *s.* **1** ingiustizia. **2** torto: *to do s.o. an ~* fare un torto a qd.
ink [iŋk] *s.* **1** inchiostro. **2** (*Zool.*) nero (di seppia, ecc.).
to **ink** [iŋk] *v.t.* **1** scrivere (*o* disegnare) con l'inchiostro. **2** macchiare d'inchiostro. **3** (*Tip.*) inchiostrare. □ *to ~ in* (o *over*) *a drawing* ripassare a penna un disegno.
inkling ['iŋkliŋ] *s.* accenno; sentore.
ink-pot ['iŋkpɔt] *s.* calamaio.
inky ['iŋki] *a.* **1** di inchiostro. **2** nero come l'inchiostro. **3** sporco d'inchiostro.
inlaid [in'leid] *a.* intarsiato.
inland ['inlənd] **I** *a.* dell'interno, interno. **II** *s.* entroterra. **III** *avv.* [in'lænd] nell'entroterra. □ (*GB*) *~ revenue* fisco; ufficio imposte.
in-laws ['inlɔ:z] *s.pl.* (*fam.*) parenti acquisiti.
inlay ['inlei] *s.* intarsio.
to **inlay** [in'lei] *v.t.* (coniug. come to **lay**) intarsiare.
inlet ['inlet] *s.* **1** (*Geog.*) insenatura, cala. **2** (*Mecc.*) entrata, ammissione.
inmate ['inmeit] *s.* degente *m./f.*; recluso.
inmost ['inməust] *a.* **1** il più interno, il più profondo. **2** (*fig.*) il più intimo.
inn [in] *s.* locanda; taverna. □ (*GB*) *Inns of Court* le quattro associazioni legali di Londra (che abilitano alla professione forense).
innards ['inədz] *s.pl.* (*fam.*) **1** interiora, intestini. **2** parti interne.
innate [i'neit] *a.* innato; congenito, insito.
inner ['innə*] *a.* **1** interno, interiore (*anche fig.*): *~ room* stanza interna; *~ battle* battaglia interiore (dello spirito). **2** (*fig.*) intimo, segreto. □ *~* **city** centro (storico) di una

città; *the* ~ **man** l'anima; (*scherz.*) lo stomaco; ~ **tube** camera d'aria.
innermost ['inəməust] *a.* il più interno, il più intimo.
inning ['iniŋ] *s.* **1** *pl.* (*Sport*) (costr. sing.) turno di battuta. **2** *pl.* (*fig.*) (costr. sing.) turno; periodo di permanenza al potere. □ (*fam.*) *to have a good innings* avere una vita lunga e felice.
innkeeper ['inki:pə*] *s.* locandiere.
innocence ['inəsns] *s.* **1** ingenuità. **2** innocenza.
innocent ['inəsnt] **I** *a.* **1** candido, ingenuo; semplice. **2** innocente. **3** (*fam.*) privo, mancante (di). **II** *s.* **1** innocente *m./f.* **2** ingenuo; semplicione. □ *to act* (o *play*) *the* ~ fare l'innocente.
innocuous [in'ɔkjuəs] *a.* innocuo, inoffensivo.
to **innovate** ['inəveit] *v.i.* fare innovazioni (*on in* in).
innovation [,inə'veiʃən] *s.* innovazione.
innovator ['inəveitə*] *s.* innovatore.
innuendo [,inju'endəu] *s.* (*pl.* **–s/–es** [–z]) **1** insinuazione. **2** accenno, allusione.
innumerable [i'nju:mərəbl] *a.* innumerevole.
to **inoculate** [i'nɔkjuleit] *v.t.* **1** (*Med.*) vaccinare; inoculare. **2** (*fig.*) instillare: *to* ~ *s.o. with s.th.* instillare qc. in qd.
inoculation [in,ɔkju'leiʃən] *s.* (*Med.*) vaccinazione; inoculazione.
inoffensive [inə'fensiv] *a.* inoffensivo, innocuo.
inopportune [in'ɔpətju:n] *a.* inopportuno, intempestivo.
inorganic [,inɔ:'gænik] *a.* inorganico.
in-patient ['inpeiʃənt] *s.* degente *m./f.*
input ['input] *s.* **1** immissione, introduzione (*anche Inform.*). **2** (*El.*) alimentazione.
inquest ['inkwest] *s.* (*Dir.*) inchiesta (per appurare le cause di una morte sospetta).
to **inquire** [in'kwaiə*] **I** *v.t.* chiedere, domandare. **II** *v.i.* **1** informarsi (*about, after* di, su). **2** indagare, investigare (*into* su). **3** domandare (*for* di), chiedere di vedere (qd.).
inquirer [in'kwaiərə*] *s.* investigatore.
inquiry [in'kwaiəri] *s.* **1** domanda, richiesta. **2** indagine, investigazione; inchiesta. □ **court** *of* ~ commissione d'inchiesta; *to* **hold** *an* ~ *into s.th.* svolgere un'inchiesta su qc.; ~ **office** ufficio informazioni; **on** ~ su richiesta.
inquisition [,inkwi'ziʃən] *s.* **1** inchiesta (giudiziaria). **2** indagine, ricerca. **3** (*Stor.*) Inquisizione.
inquisitive [in'kwisitiv] *a.* **1** curioso, avido di sapere. **2** indiscreto.
inquisitor [in'kwizitə*] *s.* **1** inquisitore. **2** magistrato inquirente.
inroad ['inrəud] *s.* incursione, scorreria. □ *this work makes inroads upon my time* questo lavoro mi porta via molto tempo.
inrush ['inrʌʃ] *s.* **1** irruzione. **2** afflusso.
INS = *International News Service* Agenzia Stampa Internazionale.
insane [in'sein] *a.* **1** pazzo, folle. **2** insano, insensato. □ ~ *asylum* manicomio.
insanitary [in'sænitri] *a.* antigienico, insalubre.
insanity [in'sæniti] *s.* pazzia, follia.
insatiable [in'seiʃəbl] *a.* insaziabile.
to **inscribe** [in'skraib] *v.t.* **1** incidere; scolpire; imprimere (*anche fig.*). **2** iscrivere. **3** (*Geom.*) inscrivere.
inscription [in'skripʃen] *s.* **1** iscrizione. **2** dedica (di un libro).
inscrutable [in'skru:təbl] *a.* imperscrutabile; misterioso.
insect ['insekt] *s.* insetto.
insecticide [in'sektisaid] *s.* insetticida.
insectivorous [,insek'tivərəs] *a.* insettivoro.
insect-powder ['insektpaudə*] *s.* polvere insetticida.
insecure [,insi'kjuə*] *a.* **1** insicuro. **2** rischioso, pericoloso. **3** malsicuro, instabile, precario.
insecurity [,insi'kjuriti] *s.* **1** incertezza, insicurezza. **2** pericolo, rischio. **3** instabilità, precarietà.
to **inseminate** [in'semineit] *v.t.* (*Biol.*) fecondare.
insemination [in,semi'neiʃən] *s.* (*Biol.*) fecondazione; inseminazione.
insensate [in'senseit] *a.* **1** insensibile. **2** insensato, scriteriato.
insensibility [in,sensə'biliti] *s.* **1** insensibilità. **2** indifferenza.
insensible [in'sensəbl] *a.* **1** privo di sensi. **2** insensibile; indifferente, impassibile; ignaro, inconsapevole (*of* di). **3** impercettibile, irrilevante: *by* ~ *degrees* in modo quasi impercettibile.
insensitive [in'sensitiv] *a.* insensibile.
inseparable [in'sepətəbl] *a.* inseparabile.
insert ['insə:t] *s.* **1** inserzione. **2** (*Tip., Cin.*) inserto.
to **insert** [in'sə:t] *v.t.* inserire, introdurre; includere.
insertion [in'sə:ʃən] *s.* **1** inserimento. **2** (*Giorn.*) inserzione.
inset ['inset] *s.* **1** (*Edit.*) supplemento; inserto. **2** (*Sartoria*) guarnizione (inserita).
to **inset** [in'set] *v.t.* (*pass., p.p.* **inset/insetted** [–id]) inserire, introdurre.
inshore ['in'ʃɔ:*] **I** *a.* costiero, litoraneo. **II** *avv.* a (*o* verso la) riva.
inside ['in'said] **I** *a.* **1** interno, interiore. **2** confidenziale, riservato. **II** *s.* **1** interno; parte interna. **2** *pl.* (*fam.*) interiora. **III** *prep.* **1** (*di luogo*) in, dentro. **2** (*di tempo*) entro: ~ *an hour* entro un'ora. **IV** *avv.* **1** dentro; al coperto; in casa. **2** (*fam.*) dentro (in galera). □ (*fam.*) ~ **of** entro, prima della fine di: ~ *of a week* entro una settimana; **on** *the* ~ all'interno; ~ **out** alla rovescia, rovesciato; (*fig.*) a fondo; ~ *and* **out** dentro e fuori.
insider [,in'saidə*] *s.* membro, iniziato.
insidious [in'sidiəs] *a.* insidioso.
insight ['insait] *s.* **1** discernimento, senno. **2**

comprensione; intuito, perspicacia. □ *to gain* (o *get*) *an* ~ *into s.th.* riuscire a vedere a fondo in qc.
insignia [in'signiə] *s.pl.* **1** insegne (onorifiche), decorazioni. **2** distintivo.
insignificance [ˌinsig'nifikəns] *s.* irrilevanza.
insignificant [ˌinsig'nifikənt] *a.* insignificante, irrilevante.
insincere [ˌinsin'siə*] *a.* insincero, falso.
insincerity [ˌinsin'seriti] *s.* insincerità, falsità.
to **insinuate** [in'sinjueit] *v.t.* insinuare. □ *to* ~ *o.s. into* insinuarsi in.
insinuation [inˌsinju'eiʃən] *s.* insinuazione.
insipid [in'sipid] *a.* insipido, scipito (*anche fig.*).
insipidity [ˌinsi'piditi], **insipidness** [in'sipidnis] *s.* insipidezza.
to **insist** [in'sist] **I** *v.i.* **1** insistere (*on, upon* su, per). **2** sostenere fermamente: *to* ~ *on one's innocence* sostenere fermamente la propria innocenza. **3** perseverare (*on, upon* in, a), ostinarsi. **II** *v.t.* insistere, sostenere. □ *to* ~ *on s.o.'s doing s.th.* insistere perché qd. faccia qc.
insistence [in'sistəns] *s.* insistenza.
insistent [in'sistənt] *a.* insistente; ostinato.
insofar [ˌinsə(u)'fɑ:*] *avv.* a tal punto. □ ~ *as* per quanto, nella misura in cui.
insole ['insəul] *s.* soletta (di scarpe).
insolence ['insələns] *s.* insolenza, arroganza.
insolent ['insələnt] *a.* insolente, arrogante.
insolubility [inˌsɔlju'biliti] *s.* insolubilità.
insoluble [in'sɔljubl] *a.* insolubile.
insolvency [in'sɔlvənsi] *s.* (*Comm.*) insolvenza.
insolvent [in'sɔlvənt] **I** *a.* (*Comm.*) insolvente. **II** *s.* debitore insolvente.
insomnia [in'sɔmniə] *s.* (*Med.*) insonnia.
insomuch [ˌinsə(u)'mʌtʃ] *avv.* talmente, a tal punto. □ ~ **as** a tal punto che; ~ **that** tanto che.
to **inspect** [in'spekt] *v.t.* **1** ispezionare; controllare. **2** (*Mil.*) passare in rassegna.
inspection [in'spekʃən] *s.* **1** ispezione; controllo. **2** (*Mil.*) rassegna, rivista.
inspector [in'spektə*] *s.* ispettore.
inspectorate [in'spektərit] *s.* ispettorato.
inspectress [in'spektris] *s.* ispettrice.
inspiration [ˌinspə'reiʃən] *s.* **1** ispirazione. **2** ispiratore.
inspiratory [in'spaiərətəri] *a.* inspiratorio.
to **inspire** [in'spaiə*] *v.t.* **1** ispirare. **2** (*di sentimenti, ecc.*) ispirare, suscitare; infondere. **3** stimolare, spingere. **4** inspirare, inalare.
to **inspirit** [in'spirit] *v.t.* animare, infondere coraggio a.
inst. = *instant* corrente mese (c.m.).
instability [ˌinstə'biliti] *s.* **1** instabilità; variabilità. **2** volubilità.
instable [in'steibl] *a.* **1** instabile. **2** variabile.
to **install** [in'stɔ:l] *v.t.* **1** installare. **2** insediare (in una carica). □ *to* ~ *o.s.* insediarsi, sistemarsi.
installation [ˌinstə'leiʃən] *s.* **1** installazione; messa in opera. **2** impianto. **3** insediamento (in carica).
instalment, *am.* **installment** [in'stɔ:lmənt] *s.* **1** (*Econ.*) rata: *to pay in* (o *by*) *instal(l)ments* pagare a rate. **2** (*Edit.*) dispensa, fascicolo; puntata. □ (*am.*) ~ *plan* sistema di vendita rateale.
instance ['instəns] *s.* **1** esempio; caso. **2** richiesta, domanda: *at the* ~ *of* a richiesta di, su richiesta di. **3** (*Dir.*) istanza. □ **at** *the* ~ *of* su richiesta di; *in the* **first** ~ in primo luogo; **for** ~ ad esempio.
to **instance** ['instəns] *v.t.* citare ad esempio.
instant ['instənt] **I** *s.* istante, attimo; momento. **II** *a.* **1** immediato, istantaneo. **2** urgente. **3** (*Comm.*) (del mese) corrente, corrente mese. □ ~ **coffee** caffè solubile; **that** ~ all'istante; **the** ~ (*that*) (non) appena; **this** ~ subito.
instantaneous [ˌinstən'teiniəs] *a.* istantaneo.
instantly ['instəntli] **I** *avv.* immediatamente. **II** *congz.* (non) appena.
instead [in'sted] *avv.* invece, al posto di; piuttosto: *I advise you to drink tea* ~ ti consiglio, invece, di bere (del) tè. □ ~ *of* al posto di, in luogo di.
instep ['instep] *s.* **1** (*Anat.*) collo del piede. **2** collo (della scarpa).
to **instigate** ['instigeit] *v.t.* istigare, incitare (*to* a).
instigation [ˌinsti'geiʃən] *s.* istigazione, incitamento: *at s.o.'s* ~ per istigazione di qd.
instigator ['instigeitə*] *s.* istigatore.
to **instil**, *am.* to **instill** [in'still] *v.t.* (*pass., p.p.* **instilled** [–d]) **1** i(n)stillare, infondere. **2** versare goccia a goccia.
instillation [ˌinsti'leiʃən], **instilment** [in'stilmənt] *s.* instillazione.
instinct ['instiŋkt] *s.* **1** istinto: *by* ~ per istinto. **2** (*fig.*) attitudine, disposizione naturale. □ *to act on* ~ agire istintivamente.
instinctive [in'stiŋktiv] *a.* istintivo; innato.
institute ['institju:t] *s.* istituto, ente; istituzione.
to **institute** ['institju:t] *v.t.* **1** costituire; istituire, fondare. **2** (*Dir.*) intentare, istituire: *to* ~ *a lawsuit* intentare una causa.
institution [ˌinsti'tju:ʃən] *s.* **1** istituzione; fondazione. **2** ente, istituto; ospizio. **3** insediamento (in carica).
institutional [ˌinsti'tju:ʃənl] *a.* istituzionale.
to **institutionalize** [ˌinsti'tju:ʃənlaiz] *v.t.* istituzionalizzare, dare il carattere d'istituzione a.
to **instruct** [in'strʌkt] *v.t.* **1** insegnare a, istruire. **2** informare, avvisare. **3** ordinare, dare ordini a. □ *as instructed* secondo le istruzioni.
instruction [in'strʌkʃən] *s.* **1** insegnamento, istruzione, addestramento. **2** *pl.* istruzioni (per l'uso); norme, direttive. **3** (*Inform.*) istruzione.
instructional [in'strʌkʃənl] *a.* educativo, istruttivo.
instructive [in'strʌktiv] *a.* istruttivo.

instructor [in'strʌktə*] *s.* istruttore.
instrument ['instrumənt] *s.* **1** strumento; arnese. **2** (*fig.*) strumento, mezzo. **3** (*Dir.*) atto, documento.
to **instrument** ['instrument] *v.t.* (*Mus.*) strumentare; orchestrare.
instrumental [ˌinstru'mentl] *a.* **1** strumentale (*anche Gramm.*). **2** utile, giovevole.
instrumentality [ˌinstrumen'tæliti] *s.* mezzo, strumento: *by the* ~ *of* per mezzo di.
instrumentation [ˌinstru'men'teiʃən] *s.* (*Mus.*) strumentazione.
insubordinate [ˌinsə'bɔ:dənit] *a.* insubordinato, indisciplinato.
insubordination [ˌinsəˌbɔ:di'neiʃən] *s.* insubordinazione.
insubstantial [ˌinsəb'stænʃəl] *a.* inconsistente, infondato.
insufferable [in'sʌfərəbl] *a.* insopportabile, intollerabile.
insufficiency [ˌinsə'fiʃənsi] *s.* **1** insufficienza, scarsità. **2** inadeguatezza; manchevolezza.
insufficient [ˌinsə'fiʃənt] *a.* **1** insufficiente, scarso. **2** inadeguato.
insular ['insjulə*] *a.* **1** insulare. **2** isolano. **3** (*fig.*) gretto, meschino.
insularity [ˌinsju'læriti] *s.* **1** insularità. **2** (*fig.*) grettezza, meschinità.
to **insulate** ['insjuleit] *v.t.* isolare (*anche El.*).
insulation [ˌinsju'leiʃən] *s.* **1** isolamento. **2** (materiale) isolante.
insulator ['insjuleitə*] *s.* (*El.*) isolatore.
insulin ['insjulin] *s.* (*Biol.*) insulina.
insult ['insʌlt] *s.* insulto, ingiuria; offesa.
to **insult** [in'sʌlt] *v.t.* insultare, ingiuriare; offendere.
insuperable [in'sju:pərəbl] *a.* insuperabile, insormontabile.
insupportable [ˌinsə'pɔ:təbl] *a.* insopportabile, intollerabile.
insurance [in'ʃuərəns] *s.* assicurazione. □ ~ **agent** agente d'assicurazione; ~ **company** compagnia d'assicurazioni; ~ **policy** polizza assicurativa; *to* **take** *out* (*an*) ~ stipulare un'assicurazione.
to **insure** [in'ʃuə*] *v.t.* **1** assicurarsi su, assicurare. **2** (*am.*) garantire.
insured [in'ʃuəd] *a./s.* assicurato.
insurer [in'ʃuərə*] *s.* assicuratore.
insurgent [in'sə:dʒənt] *a./s.* insorto; ribelle.
insurmountable [ˌinsə'mauntəbl] *a.* insormontabile.
insurrection [ˌinsə'rekʃən] *s.* insurrezione, rivolta.
insurrectional [ˌinsə'rekʃənl] *a.* insurrezionale.
insusceptible [ˌinsə'septəbl] *a.* insensibile, indifferente (*of, to* a).
intact [in'tækt] *a.* intatto, intero, integro.
intake ['inteik] *s.* **1** (*tecn.*) presa d'immissione. **2** quantità immessa. **3** assunzione; immissione. **4** gruppo di persone accolte da un'istituzione; (*Mil.*) scaglione. **5** terreno bonificato.
intangibility [inˌtændʒə'biliti] *s.* **1** intangibilità. **2** (*fig.*) indefinibilità, vaghezza.
intangible [in'tændʒəbl] *a.* **1** impercettibile; difficilmente definibile; immateriale. **2** (*estens.*) vago, impreciso. **3** *pl.* (*Econ.*) beni immateriali. □ ~ *assets* attività immateriali.
integer ['intidʒə*] *s.* (*Mat.*) numero intero.
integral ['intigrəl] *a.* **1** integrante. **2** totale, intero. **3** (*Mat.*) integrale.
integrality [ˌinti'græliti] *s.* integrità, totalità.
to **integrate** ['intigreit] **I** *v.t.* **1** integrare. **2** incorporare, fondere. **II** *v.i.* integrarsi.
integrated [inti'greitid] *a.* integrato: (*El.*) ~ *circuit* circuito integrato.
integration [ˌinti'greiʃən] *s.* integrazione.
integrity [in'tegriti] *s.* **1** onestà, integrità. **2** totalità, interezza.
integument [in'tegjumənt] *s.* (*Biol.*) tegumento.
intellect ['intilekt] *s.* **1** intelletto, mente. **2** intelligenza.
intellectual [ˌinti'lektʃuəl] *a./s.* intellettuale.
intelligence [in'telidʒəns] *s.* **1** intelligenza; acutezza; perspicacia. **2** (*estens.*) intesa: ~ *with the enemy* intesa con il nemico. **3** informazioni; notizie. □ (*USA*) *Intelligence* **Office** Ufficio Collocamento; *Intelligence* **Service** Servizio Informazioni; (*GB*) Servizi Segreti.
intelligent [in'telidʒənt] *a.* intelligente.
intelligentsia [inˌteli'dʒentsiə] *s.pl.* intellighenzia, intellettuali.
intelligibility [inˌtelidʒə'biliti] *s.* intelligibilità, chiarezza.
intelligible [in'telidʒəbl] *a.* intelligibile, chiaro.
intemperance [in'tempərəns] *s.* **1** intemperanza, smoderatezza. **2** eccesso nel bere.
intemperate [in'tempərit] *a.* **1** smoderato. **2** intemperante (nel bere).
to **intend** [in'tend] *v.t.* **1** avere intenzione, intendere. **2** destinare (*for* a). **3** intendere, voler dire. **4** (*Dir.*) presumere. □ *I intended no harm* non intendevo fare del male.
intended [in'tendid] **I** *a.* **1** progettato. **2** voluto. **3** futuro: *her* ~ *husband* il suo futuro marito. **II** *s.* (*fam.*) fidanzato.
intense [in'tens] *a.* **1** intenso, forte; violento. **2** emotivo, sensibile; profondamente coinvolto.
intensification [inˌtensifi'keiʃən] *s.* intensificazione.
to **intensify** [in'tensifai] *v.t.* intensificare.
intensity [in'tensiti] *s.* **1** intensità. **2** forza, veemenza. **3** profondità di sentimenti.
intensive [in'tensiv] *a.* **1** intenso. **2** intensivo: (*Med.*) ~ *care* terapia intensiva.
intent[1] [in'tent] (*Leg.*) *s.* intento, intenzione. □ *to all intents* (*and purposes*) a tutti gli effetti.
intent[2] [in'tent] *a.* **1** intento; dedito; concentrato (*on, upon* a). **2** deciso; determinato (*on, upon* a).
intention [in'tenʃən] *s.* intenzione, proposito.
intentional [in'tenʃənl] *a.* intenzionale, deliberato, premeditato.

to **inter** [in'tə:*] *v.t.* (*pass., p.p.* **interred** [–d]) sotterrare, seppellire.
to **interact** [,inter'ækt] *v.i.* interagire.
interaction [,inter'ækʃən] *s.* interazione.
to **interbreed** [,intə'bri:d] **I** *v.t.* incrociare, ibridare. **II** *v.i.* incrociarsi.
to **intercede** [,intə'si:d] *v.i.* intercedere (*for* per).
to **intercept** [,intə'sept] *v.t.* intercettare.
interception [,intə'sepʃən] *s.* intercettazione.
intercession [,intə'seʃən] *s.* intercessione.
interchange [,intə'tʃeindʒ] *s.* **1** scambio. **2** avvicendamento. **3** svincolo (autostradale).
to **interchange** [,intə'tʃeindʒ] **I** *v.t.* **1** scambiarsi, scambiare. **2** alternare, avvicendare. **II** *v.i.* **1** scambiarsi. **2** alternarsi, avvicendarsi.
interchangeable [,intə'tʃeindʒəbl] *a.* intercambiabile.
intercollegiate [,intəkə'li:dʒiit] *a.* che si svolge fra college, interuniversitario.
intercom ['intəkɔm] *s.* citofono; interfono.
to **intercommunicate** [,intəkə'mju:nikeit] *v.i.* comunicare.
to **interconnect** [,intəkə'nekt] **I** *v.t.* collegare, connettere. **II** *v.i.* collegarsi (*with* con).
intercontinental ['intə,kɔnti'nentl] *a.* intercontinentale.
intercourse ['intəkɔ:s] *s.* **1** rapporti, relazioni. **2** rapporti sessuali.
interdenominational ['intədi,nɔmi'neiʃənəl] *a.* interconfessionale.
interdependence [,intədi'pendəns] *s.* interdipendenza.
interdependent [,intədi'pendənt] *a.* interdipendente.
interdict ['intədikt] *s.* **1** interdizione (*anche Dir.*); proibizione. **2** (*Dir. canonico*) interdetto.
to **interdict** [,intə'dikt] *v.t.* proibire, interdire, (*anche Rel., Mil.*).
interdiction [,intə'dikʃən] *s.* **1** proibizione, divieto. **2** (*Dir.*) interdizione.
interdisciplinary [,intə'disəplinəri] *a.* interdisciplinare.
interest ['intrist] *s.* **1** interesse. **2** (spesso al pl.) utilità, vantaggio. **3** (*Comm.*) interesse. **4** (*Comm.*) partecipazione agli utili, cointeressenza. □ *the* **business** *interests* i commercianti; *to take no* **further** ~ *in s.th.* disinteressarsi di qc.; **in** *the* ~ (o *interests*) *of* nell'interesse di; *the* **landed** *interests* i proprietari terrieri; *to be* **of** ~ *to* essere d'interesse per; *to lend* **on** (o *at*) ~ prestare a interesse; *to* **take** *an* ~ *in s.th.* interessarsi (molto) a qc.; *to return* **with** ~ restituire a usura.
to **interest** ['intrist] *v.t.* **1** interessare. **2** interessarsi: *to be interested in* interessarsi di.
interesting ['intristiŋ] *a.* interessante.
interface ['intəfeis] *s.* interfaccia (*anche Inform.*).
to **interfere** [,intə'fiə*] *v.i.* **1** immischiarsi, impicciarsi (*in, with* in). **2** intralciare, ostacolare (*with s.th.* qc.). **3** (*El.*) interferire.
interference [,intə'fiərəns] *s.* **1** interferenza (*anche El.*); ingerenza. **2** (*Sport*) intervento.
interim *lat.* ['intərim] **I** *s.* **1** intervallo. **2** interim. **II** *a.* provvisorio, temporaneo, ad interim: ~ *minister* ministro ad interim. □ *in the* ~ nel frattempo, intanto.
interior [in'tiəriə*] **I** *a.* **1** interno; interiore. **2** interno; dell'entroterra. **II** *s.* interno, parte interna. □ ~ **decorator** arredatore; *the* **Minister** *of the Interior* il Ministro degli Interni.
to **interject** [,intə'dʒekt] *v.t.* interrompere (qd. che parla).
interjection [,intə'dʒekʃən] *s.* interiezione, esclamazione.
to **interlace** [,intə'leis] *v.t.* intrecciare.
interlinear [,intə'liniə*] *a.* interlineare.
to **interlink** [,intə'liŋk] *v.t.* collegare, concatenare.
to **interlock** [,intə'lɔk] **I** *v.i.* intrecciarsi, allacciarsi. **II** *v.t.* collegare, connettere.
interlocutor [,intə'lɔkjutə*] *s.* interlocutore.
interlocutory [,intə'lɔkjutəri] *a.* interlocutorio.
interloper ['intələupə*] *s.* intruso.
interlude ['intəlu:d] *s.* **1** intervallo, intermezzo. **2** (*Mus.*) interludio.
intermarriage [,intə'mæridʒ] *s.* **1** matrimonio tra due membri di differenti gruppi sociali. **2** matrimonio fra consanguinei.
to **intermarry** [,intə'mæri] *v.i.* (*di famiglie, ecc.*) **1** imparentarsi per matrimonio con differenti gruppi sociali. **2** sposarsi tra consanguinei.
intermediary [,intə'mi:diəri] **I** *a.* **1** intermedio. **2** intermediario. **II** *s.* **1** mediatore, intermediario. **2** tramite, mezzo.
intermediate [,intə'mi:diət] *a.* intermedio; medio: ~ *course* corso intermedio.
intermediation [,intəmi:di'eiʃən] *s.* mediazione.
interment [in'tə:mənt] *s.* inumazione, seppellimento.
intermezzo *it.* [,intə'metsəu] *s.* (*pl.* **–s** [–z]) (*Teat., Mus.*) intermezzo.
interminable [in'tə:minəbl] *a.* interminabile.
to **intermingle** [,intə'miŋgl] **I** *v.t.* mescolare, mischiare. **II** *v.i.* mescolarsi, mischiarsi.
intermission [,intə'miʃən] *s.* **1** interruzione, pausa. **2** (*Teat., Cin.*) intervallo.
intermittent [,intə'mitənt] *a.* intermittente.
intern *am.* ['intə:n] *s.* medico interno.
to **intern** [in'tə:n] *v.t.* (*Dir.*) internare.
internal [in'tə:nl] *a.* **1** interno; interiore. **2** (*estens.*) intimo, interiore. **3** intrinseco. **4** (*Med.*) per via orale. □ ~ **auditor** revisore dei conti; ~ **revenue** gettito fiscale.
international [,intə'næʃənl] **I** *a.* internazionale. **II** *s.* (*Sport*) incontro internazionale; partecipante *m./f.* a una competizione internazionale.
internationalism [,intə'næʃənəlizəm] *s.* (*Pol., Econ.*) internazionalismo.
internecine [,intə'ni:sain] *a.* **1** micidiale. **2** di reciproca distruzione. **3** (*rif. a guerra*) intestino, interno.

internee [ˌintəːˈniː] *s.* (*Dir.*) internato.
internment [inˈtəːnmənt] *s.* (*Dir.*) internamento.
interpellation [ˌintəpeˈleiʃən] *s.* interpellanza.
interpersonal [ˌintəˈpəːsənl] *a.* interpersonale.
interphone *am.* [ˈintəfəun] → **intercom.**
interplay [ˈintəplei] *s.* azione reciproca, interazione.
INTERPOL = *International Police* Polizia Internazionale.
to **interpolate** [inˈtəːpəleit] *v.t.* interpolare.
interpolation [inˌtəːpəˈleiʃən] *s.* interpolazione.
to **interpose** [ˌintəˈpəuz] **I** *v.t.* **1** interporre, frapporre. **2** intervenire con (un'osservazione, ecc.). **II** *v.i.* interporsi, frapporsi: *to ~ o.s. between two persons* frapporsi fra due persone.
interposition [ˌintəpəˈziʃən] *s.* **1** interposizione, frapposizione. **2** intervento.
to **interpret** [inˈtəːprit] **I** *v.t.* interpretare: *to ~ a dream* interpretare un sogno; *she interprets Mozart as no one has ever done* interpreta Mozart come non ha mai fatto nessun altro. **II** *v.i.* fare da interprete.
interpretation [inˌtəːpriˈteiʃən] *s.* interpretazione.
interpretative [inˈtəːpritətiv] *a.* interpretativo.
interpreter [inˈtəːpritə*] *s.* **1** interprete *m./f.* **2** (*Mus.*) esecutore.
interregnum *lat.* [ˌintəˈregnəm] *s.* (*pl.* **–s** [–z]/**–gna** [–gnə]) interregno.
interrelation [ˌintəriˈleiʃən] *s.* relazione reciproca, interrelazione.
to **interrogate** [inˈterəgeit] *v.t.* interrogare.
interrogation [inˌterəˈgeiʃən] *s.* **1** interrogatorio. **2** interrogazione; esame. ▭ (*Gramm.*) *~ mark* (o *point*) punto interrogativo.
interrogative [ˌintəˈrɔgətiv] **I** *a.* interrogativo. **II** *s.* (*Gramm.*) pronome interrogativo.
interrogatory [ˌintəˈrɔgətəri] *a./s.* interrogatorio.
to **interrupt** [ˌintəˈrʌpt] *v.t.* interrompere; sospendere.
interruption [ˌintəˈrʌpʃən] *s.* interruzione; sospensione.
to **intersect** [ˌintəˈsekt] **I** *v.t.* intersecare. **II** *v.i.* intersecarsi.
intersection [ˌintəˈsekʃən] *s.* **1** intersezione. **2** (*Strad.*) incrocio.
to **intersperse** [ˌintəˈspəːs] *v.t.* sparpagliare, cospargere.
interstate [ˈintəsteit] *a.* (*USA*) interstatale.
interstice [inˈtəːstis] *s.* interstizio.
to **intertwine** [ˌintəˈtwain] **I** *v.t.* intrecciare. **II** *v.i.* intrecciarsi.
interurban [ˌintərˈəːbən] *a.* interurbano.
interval [ˈintəvəl] *s.* intervallo.
to **intervene** [ˌintəˈviːn] *v.i.* **1** intervenire. **2** intercorrere, trascorrere.
intervention [ˌintəˈvenʃən] *s.* intervento.
interview [ˈintəvjuː] *s.* **1** colloquio. **2** (*Giorn.*) intervista.
to **interview** [ˈintəvjuː] *v.t.* intervistare.
interviewee [ˈintəvjuːi] *s.* intervistato.
interviewer [ˈintəvjuːə*] *s.* intervistatore.
to **interweave** [ˌintəˈwiːv] *v.* (coniug. come *to weave*) **I** *v.t.* **1** intrecciare. **2** (*fig.*) mescolare, fondere. **II** *v.i.* **1** intrecciarsi. **2** (*fig.*) mescolarsi, fondersi.
intestate [inˈtestit] *a.* (*Dir.*) intestato. ▭ *to die ~* morire senza aver fatto testamento.
intestinal [inˈtestinl] *a.* (*Anat.*) intestinale.
intestine [inˈtestin] *s.* (*Anat.*) (general. al pl.) intestino.
intimacy [ˈintiməsi] *s.* **1** intimità. **2** familiarità, dimestichezza. **3** (*eufem.*) rapporti sessuali.
intimate [ˈintimit] **I** *a.* **1** intimo. **2** personale, privato. **3** profondo: *to have an ~ knowledge of s.th.* avere una profonda conoscenza di qc. **II** *s.* amico stretto. ▭ *to be on ~ terms with s.o.* avere intimità con qd.
to **intimate** [ˈintimeit] *v.t.* lasciare intendere; suggerire.
intimation [ˌintiˈmeiʃən] *s.* accenno, indizio.
to **intimidate** [inˈtimideit] *v.t.* intimorire; costringere con le minacce.
intimidation [inˌtimiˈdeiʃən] *s.* intimidazione.
into [(*forma forte*) ˈintu, (*forma debole*) ˈintə] *prep.* **1** in, dentro a: *to go ~ a room* entrare in una stanza. **2** in direzione di, verso: *to turn ~ the wind* volgersi in direzione del vento. **3** contro: *to run ~ s.th.* andare a sbattere contro qc. **4** (*per indicare trasformazione, mutamento*) in: *to change ~ gold* convertire in oro; *to translate ~ French* tradurre in francese. **5** (*per indicare un evento in divenire*) in, a: *to get ~ trouble* cacciarsi nei guai; *to force s.o. ~ submission* costringere qd. alla resa. **6** fino a: *far ~ the night* fino a notte inoltrata. **7** (*Mat.*) in: *3 ~ 6 gives 2* il 3 nel 6 sta 2 volte. ▭ (*coll.*) *to be ~ s.th.* interessarsi a qc.
intolerable [inˈtɔlərəbl] *a.* intollerabile, insopportabile.
intolerance [inˈtɔlərəns] *s.* intolleranza.
intolerant [inˈtɔlərənt] *a.* **1** intollerante. **2** insofferente (*of* di).
intonation [ˌintə(u)ˈneiʃən] *s.* **1** intonazione. **2** inflessione.
to **intone** [inˈtəun] *v.t./i.* intonare.
intoxicant [inˈtɔksikənt] **I** *s.* **1** sostanza intossicante. **2** bevanda alcolica. **II** *a.* **1** inebriante. **2** (*Med.*) intossicante.
to **intoxicate** [inˈtɔksikeit] *v.t.* **1** ubriacare. **2** (*fig.*) esaltare, eccitare. **3** (*Med.*) intossicare.
intoxication [inˌtɔksiˈkeiʃən] *s.* **1** ubriachezza. **2** (*fig.*) esaltazione, eccitazione. **3** (*Med.*) intossicazione.
intractable [inˈtræktəbl] *a.* intrattabile.
intramural [ˌintrəˈmjuərəl] *a.* entro le mura (di una città o di un college).
intramuscular [ˌintrəˈmʌskjulə*] *a.* intramuscolare.
intransigence [inˈtrænsidʒəns] *s.* intransigenza.
intransigent [inˈtrænsidʒənt] *a.* intransigente.

intransitive [in'trænsitiv] *a.* (*Gramm.*) intransitivo.
intrauterine ['intrə'ju:tərain] *a.* intrauterino: ~ *device* contraccettivo intrauterino.
intravenous [ˌintrə'vi:nəs] *a.* (*Med.*) endovenoso, intravenoso.
to **intrench** [in'trentʃ] **I** *v.t.* (*Mil.*) trincerare. **II** *v.i.* trincerarsi.
intrepid [in'trepid] *a.* intrepido, audace.
intricacy ['intrikəsi] *s.* **1** complessità, complicazione. **2** meandro, tortuosità.
intricate ['intrikit] *a.* **1** elaborato. **2** complicato, complesso.
intrigue [in'tri:g] *s.* **1** intrigo. **2** relazione amorosa illecita.
to **intrigue** [in'tri:g] **I** *v.t.* incuriosire; attrarre, affascinare. **II** *v.i.* intrigare, ordire intrighi.
intriguing [in'tri:giŋ] *a.* interessante, affascinante.
intrinsic [in'trinsik] *a.* intrinseco.
to **introduce** [ˌintrə'dju:s] *v.t.* **1** introdurre. **2** presentare, far conoscere. **3** (*Parl.*) presentare, proporre: *to* ~ *o.s.* presentarsi.
introduction [ˌintrə'dʌkʃən] *s.* **1** introduzione. **2** presentazione. **3** manuale (propedeutico); guida; introduzione allo studio.
introductory [ˌintrə'dʌktəri] *a.* introduttivo, preliminare.
intromission [ˌintrə'miʃən] *s.* intromissione.
to **introspect** [ˌintrə'spekt] *v.i.* analizzare i propri sentimenti, autoesaminarsi.
introspection [ˌintrə'spekʃən] *s.* introspezione.
introspective [ˌintrə'spektiv] *a.* introspettivo.
introversion [ˌintrə'və:ʃən] *s.* introversione.
introvert ['intrəvə:t] *a./s.* introverso.
to **intrude** [in'tru:d] **I** *v.i.* introdursi indebitamente, intromettersi (*upon, on* in). **II** *v.t.* **1** intromettere. **2** imporre. □ *to* ~ *o.s.* **upon** *s.o.* imporre la propria presenza a qd.; *to* ~ **upon** *s.o.'s time* abusare del tempo di qd.
intruder [in'tru:də*] *s.* intruso, importuno.
intrusion [in'tru:ʒən] *s.* intrusione.
intrusive [in'tru:siv] *a.* **1** importuno, invadente. **2** (*Geol.*) intrusivo.
intuition [ˌintju'iʃən] *s.* **1** intuizione. **2** intuito. □ *to have great powers of* ~ avere un grande intuito.
intuitive [in'tju:itiv] *a.* intuitivo.
to **inundate** ['inʌndeit] *v.t.* **1** inondare, allagare. **2** (*fig.*) sommergere.
inundation [ˌinʌn'deiʃən] *s.* inondazione.
to **inure** [in'juə*] *v.t.* abituare, avvezzare (*to* a).
inutility [ˌinju:'tiliti] *s.* inutilità.
inv. = (*Comm.*) *invoice* fattura.
to **invade** [in'veid] *v.t.* **1** invadere; riversarsi su. **2** calpestare, violare: *to* ~ *s.o.'s rights* calpestare i diritti di qd.
invader [in'veidə*] *s.* invasore.
invalid[1] ['invəli:d] **I** *s.* invalido. **II** *a.* **1** invalido, infermo. **2** per invalidi, per malati.
to **invalid** ['invəli:d] *v.t.* **1** (*Mil.*) congedare per invalidità. **2** rendere invalido.
invalid[2] [in'vælid] *a.* **1** non valido. **2** (*Dir.*) invalido, nullo.
to **invalidate** [in'vælideit] *v.t.* invalidare.
invalidation [inˌvæli'deiʃən] *s.* invalidazione.
invalidity [ˌinvə'liditi] *s.* invalidità.
invaluable [in'væljuəbl] *a.* prezioso, inestimabile.
invariable [in'vɛəriəbl] *a.* invariabile, costante.
invasion [in'veiʒən] *s.* **1** invasione. **2** incursione, irruzione. **3** violazione: ~ *of s.o.'s rights* violazione dei diritti di qd.
invasive [in'veisiv] *a.* **1** invadente. **2** dilagante.
invective [in'vektiv] *s.* **1** invettiva. **2** vituperio, ingiuria.
to **inveigh** [in'vei] *v.i.* inveire, scagliarsi (*against* contro).
to **inveigle** [in'vi:gl] *v.t.* persuadere (con lusinghe), allettare.
to **invent** [in'vent] *v.t.* inventare, scoprire.
invention [in'venʃən] *s.* **1** invenzione, scoperta. **2** inventiva. **3** bugia; storia inventata.
inventive [in'ventiv] *a.* inventivo, fantasioso.
inventiveness [in'ventivnis] *s.* inventiva.
inventor [in'ventə*] *s.* inventore, ideatore.
inventory ['invəntri] *s.* **1** inventario. **2** scorte in magazzino.
to **inventory** ['invəntri] *v.t.* inventariare.
inverse [in'və:s] *a./s.* inverso; contrario.
inversion [in'və:ʃən] *s.* inversione; capovolgimento.
invert ['invə:t] *s.* (*Med.*) omosessuale *m./f.*
to **invert** [in'və:t] *v.t.* invertire; capovolgere. □ (*Gramm.*) *inverted commas* virgolette.
invertebrate [in'və:tibrit] *a./s.* **1** (*Zool.*) invertebrato. **2** (*fig.*) smidollato.
to **invest** [in'vest] **I** *v.t.* **1** investire (*anche Econ.*); spendere, impiegare (denaro). **2** conferire a, investire: *to* ~ *s.o. with full powers* conferire pieni poteri a qd. **3** investire; assalire. **II** *v.i.* **1** (*Econ.*) investire capitali (*in* in). **2** (*fam.*) spendere denaro (in).
to **investigate** [in'vestigeit] *v.t.* **1** investigare su, indagare su. **2** esaminare con cura.
investigation [inˌvesti'geiʃən] *s.* indagine, investigazione; ricerca. □ **under** ~ allo studio; **upon** (*further*) ~ in base a (ulteriori) indagini.
investigative [in'vestigeitiv] *a.* investigativo.
investigator [in'vestigeitə*] *s.* **1** investigatore, ricercatore. **2** agente investigativo.
investiture [in'vestitʃə*] *s.* investitura.
investment [in'vestmənt] *s.* **1** (*Econ.*) investimento (di capitale). **2** impiego (di denaro). **3** (*Mil.*) assedio.
investor [in'vestə*] *s.* (*Econ.*) investitore.
inveterate [in'vetərit] *a.* inveterato, radicato, incallito: *an* ~ *smoker* un fumatore incallito.
invidious [in'vidiəs] *a.* **1** odioso, detestabile. **2** offensivo, oltraggioso.
to **invigilate** [in'vidʒileit] *v.i.* sorvegliare gli studenti durante gli esami scritti.
to **invigorate** [in'vigəreit] *v.t.* corroborare, rinvigorire; tonificare.
invincibility [inˌvinsi'biliti] *s.* invincibilità.

invincible [in'vinsibl] *a.* **1** invincibile. **2** insormontabile.
inviolability [in,vaiələ'biliti] *s.* inviolabilità.
inviolable [in'vaiəlabl] *a.* inviolabile.
inviolate [in'vaiəlit] *a.* **1** inviolato. **2** intatto, integro.
invisibility [in,vizə'biliti] *s.* invisibilità.
invisible [in'vizəbl] *a.* invisibile.
invitation [,invi'teiʃən] *s.* invito; richiesta. ▭ *to do s.th. at s.o.'s* ~ fare qc. su invito di qd.
to **invite** [in'vait] *v.t.* **1** invitare. **2** (ri)chiedere formalmente a. **3** invogliare.
inviting [in'vaitiŋ] *a.* allettante, invitante, attraente.
invocation [,invə'keiʃən] *s.* **1** invocazione. **2** preghiera, supplica.
invoice ['invɔis] *s.* (*Comm.*) fattura.
to **invoice** ['invɔis] *v.t.* **1** fatturare. **2** intestare una fattura a.
to **invoke** [in'vəuk] *v.t.* **1** invocare; appellarsi a. **2** evocare.
involuntary [in'vɔləntri] *a.* involontario.
involute ['invəlu:t] *a.* involuto.
involution [,invə'lu:ʃən] *s.* involuzione.
to **involve** [in'vɔlv] *v.t.* **1** coinvolgere; implicare. **2** comportare. ▭ *to* ~ *o.s.* impegnarsi; compromettersi.
involved [in'vɔlvd] *a.* **1** involuto; complesso, complicato. **2** coinvolto, implicato; in questione: *the sum* ~ la somma in questione. ▭ *to get* (o *become*) ~ immischiarsi.
involvement [in'vɔlvmənt] *s.* **1** implicazione. **2** coinvolgimento. **3** complessità, difficoltà.
invulnerability [in,vʌlnərə'biliti] *s.* invulnerabilità.
invulnerable [in'vʌlnərəbl] *a.* invulnerabile.
inward ['inwəd] **I** *a.* **1** interno. **2** interiore, spirituale. **3** (diretto) verso l'interno. **II** *s.pl.* (*pop.*) intestini. **III** *avv.* **1** verso l'interno. **2** interiormente.
inwardly ['inwədli] *avv.* dentro di sé; tra sé e sé.
inwardness ['inwədnis] *s.* **1** interiorità. **2** essenza, natura intima.
inwards ['inwədz] → **inward**.
to **inweave** [in'wi:v] *v.t.* (coniug. come to **weave**) intessere, intrecciare (*anche fig.*).
inwrought [in'rɔ:t] *a.* **1** intessuto, intrecciato. **2** ornato di figure (*o* ricami).
Io = (*Chim.*) *ionium* ionio.
I/O = (*Inform.*) *input/output* ingresso/uscita.
IOC = *International Olympic Committee* Comitato Olimpico Internazionale.
iodin(e) ['aiədain] *s.* (*Chim.*) iodio.
ion ['aiən] *s.* (*Fis.*) ione.
Ionian [ai'əunən] *a.* (*Geog.*) ionico.
ionic [ai'ɔnik] *a.* ionico.
ionium [ai'əuniən] *s.* (*Chim.*) ionio.
ionization [,aiənai'zeiʃən] *s.* (*Chim., Fis.*) ionizzazione.
ionosphere [ai'ɔnəsfiə*] *s.* (*Fis.*) ionosfera.
iota [ai'əutə] *s.* **1** (*alfabeto greco*) iota. **2** (*fig.*) minima quantità, briciolo.
IOU = *I Owe You* riconoscimento scritto di un debito.
IQ = *intelligence quotient* coefficiente di intelligenza.
Ir = (*Chim.*) *iridium* iridio.
IRA = *Irish Republican Army* Esercito Repubblicano Irlandese.
Irak [i'rɑ:k] *N.pr.* (*Geog.*) Iraq.
Iran [i'rɑ:n] *N.pr.* (*Geog.*) Iran.
Iranian [i'reinjən] **I** *a.* iraniano. **II** *s.* **1** (*Ling.*) iranico. **2** iraniano.
Iraqi [i'rɑ:ki] *a./s.* iracheno.
irascibility [i,ræsi'biliti] *s.* irascibilità.
irascible [i'ræsibl] *a.* irascibile, collerico.
irate [ai'reit] *a.* adirato.
IRC = *International Red Cross* Croce Rossa Internazionale.
ire [aiə*] *s.* (*lett.*) ira, collera.
Ireland ['aiələnd] *N.pr.* (*Geog.*) Irlanda.
iridescence [,iri'desns] *s.* iridescenza.
iridescent [,iri'desnt] *a.* iridescente.
iridium [ai'ridiəm] *s.* (*Chim.*) iridio.
iris ['aiəris] *s.* (*pl.* **–irises** [–iz]/**irides** ['iridi:z]) **1** (*Anat.*) iride. **2** (*Bot.*) ireos, giaggiolo.
Irish ['aiəriʃ] *a./s.* irlandese. ▭ **the** ~ gli irlandesi; (*fam.*) *to get one's* ~ **up** perdere le staffe.
Irishman ['aiəriʃmən] *s.* (*pl.* **–men**) irlandese.
Irishwoman ['aiəriʃwumen] *s.* (*pl.* **–women** [–wimin]) irlandese.
to **irk** [ə:k] *v.t.* seccare, infastidire; irritare.
irksome ['ə:ksəm] *a.* fastidioso, seccante.
iron ['aiən] **I** *s.* **1** (*Chim.*) ferro; (*fig.*) ferro: *muscles of* ~ muscoli di ferro. **2** ferro (da stiro). **3** (*am. sl.*) pistola, rivoltella. **4** *pl.* ceppi, catene. **5** mazza da golf. **II** *a.attr.* **1** di ferro, ferreo (*anche fig.*). **2** (*fig.*) color ferro. **3** (*fig.*) (*di suono*) metallico. ▭ *Iron* **Age** età del ferro; (*fig.*) ~ **curtain** cortina di ferro; *to have* (*too*) *many irons in the* **fire** avere troppa carne al fuoco; **fire** *irons* alari; ~ **lung** polmone d'acciaio; ~ **rations** razioni d'emergenza; *the* ~ *and* **steel** *industry* l'industria siderurgica.
to **iron** ['aiən] *v.t.* stirare. ▭ *to* ~ *out* stirare; (*fig.*) eliminare, rimuovere (difficoltà).
ironclad ['aiənklæd] **I** *a.* **1** (*Mar. mil.*) corazzato. **2** (*fig.*) (*di accordo, contratto, principio*) inviolabile. **II** *s.* nave corazzata.
iron foundry ['aiənfaundri] *s.* fonderia.
iron-gray *am.*, **iron-grey** ['aiən'grei] *a./s.* grigio ferro.
iron-hearted ['aiən'hɑ:tid] *a.* crudele, spietato.
ironic [ai'rɔnik], **ironical** [ai'rɔnikəl] *a.* ironico.
ironing ['aiəniŋ] *s.* **1** stiratura. **2** panni stirati; panni da stirare. ▭ *to do the* ~ stirare.
ironing board ['aiəniŋbɔ:d] *s.* asse da stiro.
ironmonger ['aiənmʌŋgə*] *s.* commerciante *m./f.* di ferramenta.
ironsmith ['aiənsmiθ] *s.* fabbro ferraio.
ironware ['aiənwεə*] *s.* ferramenta.
ironwork ['aiənwə:k] *s.* **1** lavoro in ferro. **2**

oggetti di ferro. **3** *pl.* (costr. sing. o pl.) ferriera.
irony[1] ['airəni] *s.* ironia.
irony[2] ['aiəni] *a.* ferreo.
irradiance [i'reidiəns] *s.* irradiazione.
irradiant [i'reidiənt] *a.* raggiante, splendente.
to **irradiate** [i'reidieit] *v.t.* **1** sottoporre a radiazioni. **2** irradiare, illuminare.
irradiation [i,reidi'eiʃən] *s.* **1** irradiamento. **2** (*Ott.*) irradiazione.
irrational [i'ræʃənl] *a.* irragionevole, irrazionale.
irrationality [i,ræʃə'næliti] *s.* irrazionalità, irragionevolezza.
irreclaimable [,iri'kleiməbl] *a.* **1** irrecuperabile; irrimediabile. **2** (*di terreno*) non bonificabile.
irreconcilable [i'rekənsailəbl] *a.* **1** inconciliabile. **2** incompatibile.
irrecoverable [,iri'kʌvərəbl] a **1** (*Comm.*) irrecuperabile. **2** irreparabile.
irredeemable [,iri'di:məbl] *a.* **1** (*Econ.*) irredimibile; non convertibile. **2** (*fig.*) irreparabile.
irreducible [,iri'dju:səbl] *a.* irriducibile.
irrefutable [i'refjutəbl] *a.* irrefutabile.
irregular [i'regjulə*] *a.* **1** irregolare. **2** saltuario, discontinuo.
irregularity [i,regju'læriti] *s.* irregolarità.
irrelevance [i'relivəns], **irrelevancy** [i'relivənsi] *s.* **1** non pertinenza, irrilevanza. **2** cosa non pertinente.
irrelevant [i'relivənt] *a.* non pertinente, irrilevante.
irreligious [,iri'lidʒəs] *a.* irreligioso.
irremediable [,iri'mi:diəbl] *a.* irrimediabile.
irremovable [,iri'mu:vəbl] *a.* inamovibile.
irreparable [i'repərəbl] *a.* irreparabile.
irreplaceable [,iri'pleisəbl] *a.* insostituibile.
irrepressible [,iri'presəbl] *a.* irrefrenabile.
irreproachable [,iri'prəutʃəbl] *a.* irreprensibile.
irresistible [,iri'zistəbl] *a.* irresistibile.
irresolute [i'rezəlu:t] *a.* irresoluto, indeciso.
irresolution [i,rezə'lu:ʃən] *s.* irresoluzione, indecisione.
irrespective [,iri'spektiv] *a.*: ~ *of* senza riguardo a, indipendentemente da.
irresponsibility [,iri,spɔnsə'biliti] *s.* irresponsabilità.
irresponsible [,iri'spɔnsəbl] *a.* irresponsabile.
irresponsive [,iri'spɔnsiv] *a.* insensibile, indifferente (*to* a).
irreverence [i'revərəns] *s.* irriverenza, insolenza.
irreverent [i'revərənt] *a.* irriverente, insolente.
irreversible [,iri'və:səbl] *a.* irreversibile.
irrevocable [i'revəkəbl] *a.* irrevocabile.
to **irrigate** ['irigeit] *v.t.* irrigare.
irrigation [,iri'geiʃən] *s.* irrigazione.
irritable ['iritəbl] *a.* irritabile.
irritant ['iritənt] *a./s.* irritante.
to **irritate** ['iriteit] *v.t.* irritare.
irritation [,iri'teiʃən] *s.* irritazione.
irruption [i'rʌpʃən] *s.* irruzione; invasione.
is [iz] → to **be**.
Isabel ['izəbel] *N.pr.f.* Isabella.
isinglass ['aiziŋglɑ:s] *s.* colla di pesce.
Islam ['izlɑ:m] *s.* (*Rel.*) **1** islam, islamismo. **2** (*collett.*) musulmani.
Islamic [iz'læmik] *a.* islamico.
island ['ailənd] *s.* **1** isola. **2** isola (pedonale).
islander ['ailəndə*] *s.* isolano.
isle [ail] *s.* (*lett. poet.*) isola.
islet ['ailit] *s.* isoletta.
ism ['izəm] *s.* (*spreg.*) ismo, dottrina.
isn't [iznt] *contraz. di* **is not**.
isobar ['aisə(u)bɑ:*] *s.* (*Meteor.*) (linea) isobara.
to **isolate** ['aisəleit] *v.t.* isolare.
isolation [,aisə'leiʃən] *s.* isolamento.
isolationist [,aisə'leiʃənist] *a./s.* isolazionista.
isolator ['aisəleitə*] *s.* (*El.*) isolatore.
isosceles [ai'sɔsili:z] *a.* (*Geom.*) isoscele.
isotherm ['aisə(u)θə:m] *s.* (*Meteor.*) (linea) isoterma.
isotope ['aisə(u)təup] *s.* (*Chim.*) isotopo.
Israel ['izreil] *N.pr.* (*Geog.*) Israele.
Israeli [iz'reili] *a./s.* (*pl. inv./*–**s** [–z]) israeliano.
Israelite ['izriəlait] *s.* israelita *m./f.*
issue ['iʃu:] *s.* **1** fuoriuscita; emissione: *an ~ of blood* una perdita di sangue. **2** (*Econ., Filatelia*) emissione. **3** (*Edit.*) pubblicazione; edizione; numero. **4** questione, problema. **5** conclusione, esito, risultato: *to bring a matter to an ~* portare a termine un affare. **6** (*Dir.*) prole, discendenza. □ **at** ~ in questione; *to* **dodge** *the ~* eludere la questione; **in** *the ~* in fin dei conti; *to* **join** ~ attaccare lite (*with* con).
to **issue** ['iʃu:] **I** *v.t.* **1** distribuire. **2** emettere; emanare: *to ~ a law* emanare una legge. **3** (*Econ., Filatelia*) emettere, mettere in circolazione. **4** pubblicare. **II** *v.i.* **1** scaturire, sgorgare. **2** (*Edit.*) essere pubblicato, uscire. **3** derivare, provenire (*from* da). **4** avere come risultato (*in s.th.* qc.), finire (in).
isthmus ['isməs] *s.* (*pl.* **–muses** [–iz]) (*Geog., Anat.*) istmo.
it [it] **I** *pron. 3° pers. neutro sing.* **1** (*sogg.*) esso, essa (*spesso non si traduce*): *~ is mine* è mio. **2** (*compl.*) lo, la (*spesso non si traduce*): *I don't like ~* non mi piace; *give ~ to me* dammelo. **3** (*sogg. di verbo impersonale*) si (*spesso non si traduce*): *~'s raining* piove; *~'s ten o'clock* sono le dieci. **II** *s.* **1** (*fam.*) persona (*o* cosa) insuperabile; qualcuno: *he really thinks he's ~* si crede davvero qualcuno. **2** (*nei giochi infantili*) chi sta sotto. **3** fascino: *she has ~* quella donna è davvero affascinante. □ **of** ~ lo, la, ne: *do you want all of ~?* lo vuoi tutto?; *how much of ~ do you want?* quanto ne vuoi?; **that**'*s ~!* ci siamo!, ecco!
Italian [i'tæljən] *a./s.* italiano.
italic [i'tælik] *a.* **1** (*Tip.*) corsivo. **2** (*Ling.*) italico.

to **italicize** [i'tælisaiz] *v.t.* (*Tip.*) **1** stampare in corsivo. **2** sottolineare una parola perché venga composta in corsivo.

italics [i'tæliks] *s.pl.* (costr. sing. o pl.) (*Tip.*) corsivo.

Italy ['itəli] *N.pr.* (*Geog.*) Italia.

itch [itʃ] *s.* **1** prurito, pizzicore. **2** (*fig.*) voglia, desiderio (intenso).

to **itch** [itʃ] *v.i.* **1** prudere, pizzicare. **2** (*fig.*) non vedere l'ora di, avere una gran voglia di; fremere (*with* di). □ *to have an itching palm* essere avido di denaro.

itchy ['itʃi] *a.* **1** che prude. **2** pruriginoso. □ *to be ~ for s.th.* avere una voglia matta di qc.

item ['aitəm] *s.* **1** voce, articolo. **2** (*Giorn.*) notizia. **3** (*Teat.*) numero.

to **itemize** ['aitəmaiz] *v.t.* dettagliare, specificare.

to **iterate** ['itəreit] *v.t.* reiterare, ripetere; replicare.

iteration [,itə'reiʃən] *s.* ripetizione.

iterative ['itərətiv] *a.* iterativo.

itinerant [ai'tinərənt] *a./s.* itinerante *m./f.*, girovago.

itinerary [ai'tinərəri] *s.* **1** itinerario, percorso. **2** diario di viaggio; guida.

to **itinerate** [i'tinəreit] *v.i.* spostarsi da un luogo all'altro.

it'll ['itl] *contraz. di* **it will, it shall.**

its [its] *a.poss.* suo (*spesso non si traduce*): *the world and ~ problems* il mondo e i suoi problemi.

it's [its] *contraz. di* **it is, it has.**

itself [it'self] *pron. pers.* **1** (*rifl.*) si, sé, se stesso: *the cat was cleaning ~* il gatto si puliva. **2** (*enfat.*) stesso. **3** in persona, personificato: *she is kindness ~* è la gentilezza in persona. □ **by** ~ da solo; da sé, senza aiuto; **in** ~ in sé, di per se stesso.

IUD = *Intra Uterine Device* dispositivo anticoncezionale intrauterino.

I've [aiv] *contraz. di* **I have.**

ivory ['aivəri] **I** *s.* **1** avorio. **2** (color) avorio. **3** (*fam.*) tasti del pianoforte. **II** *a.* **1** d'avorio. **2** (color) avorio. □ (*fig.*) *~ tower* torre d'avorio.

ivy ['aivi] *s.* (*Bot.*) edera. □ (*USA*) *Ivy League* associazione degli otto collegi universitari americani più prestigiosi.

J

j, J [dʒei] *s.* (*pl.* **j's/js, J's/Js** [dʒeiz]) j, J. □ (*Tel.*) ~ *for Jack;* (*am.*) ~ *for Jig* j come i lunga, jersey.
jab [dʒæb] *s.* **1** colpo (di punta), stoccata. **2** (*fam.*) iniezione.
to **jab** [dʒæb] *v.* (*pass., p.p.* **jabbed** [–d]) **I** *v.t.* conficcare, infiggere. **II** *v.i.* sferrare colpi (*at* a).
jabber ['dʒæbə*] *s.* borbottio; chiacchierio.
to **jabber** ['dʒæbə*] **I** *v.i.* **1** farfugliare, balbettare. **2** cianciare. **II** *v.t.* borbottare, balbettare.
jack [dʒæk] **I** *s.* **1** (*Mecc., Aut.*) martinetto, cricco. **2** (*nel gioco delle carte*) fante. **3** (*Sport*) boccino. **4** girarrosto. **5** (*Mar.*) bandiera. **6** (*El.*) spinotto. **II** *a.* (*Zool.*) maschio. □ ~ **hammer** martello pneumatico; ~ *of all* **trade** factotum; **Union** *Jack* bandiera britannica.
to **jack** [dʒæk] *v.t.* (general. con *up*) **1** sollevare con il cricco. **2** (*fam.*) aumentare, elevare. **3** rinunciare (*in* a), abbandonare: *to ~ in an idea* abbandonare un'idea.
Jack [dʒæk] *N.pr.m.* (*dim. di* **John**) Gianni. □ ~ **Frost** il gelo; *before you can say* ~ **Robinson** in un batter d'occhio.
jackal ['dʒækɔ:l] *s.* (*Zool.*) sciacallo.
jackass ['dʒækæs] *s.* **1** (*Zool.*) asino, somaro. **2** (*fig.*) ignorante *m./f.*, stupido.
jackboot ['dʒækbu:t] *s.* stivalone.
jacket ['dʒækit] *s.* **1** giacca. **2** (*di libro o disco*) copertina. **3** buccia (di patata cotta). □ **life** ~ giubbotto di salvataggio; **strait** ~ camicia di forza.
jack-in-the-box ['dʒækinðə'bɔks] *s.* scatola con pupazzo a molla.
jack knife ['dʒæknaif] *s.* (*pl.* **–knives** [–naivs] coltello a serramanico.
jack-o'-lantern ['dʒækə'læntən] *s.* fuoco fatuo.
jackpot ['dʒækpɔt] *s.* **1** (*nel poker*) piatto con apertura ai fanti. **2** montepremi. □ (*fam.*) *to hit the ~* avere un colpo di fortuna.
Jacobin ['dʒækəbin] *s.* **1** (*Stor.*) giacobino. **2** (*Pol.*) giacobino, estremista.
jade[1] [dʒeid] *s.* **1** (*Min.*) giada. **2** verde giada.
jade[2] [dʒeid] *s.* **1** ronzino. **2** (*spreg.*) donnetta; puttanella.
to **jade** [dʒeid] **I** *v.t.* sfiancare, affaticare, spossare. **II** *v.i.* sfiancarsi, affaticarsi.
jaded ['dʒeidid] *a.* spossato, sfinito.
jag [dʒæg] *s.* **1** sporgenza; dente (di roccia). **2** strappo (di stoffa).
to **jag** [dʒæg] *v.t.* (*pass., p.p.* **jagged** [–d]) **1** dentellare, seghettare. **2** frastagliare. **3** strappare.
jagged ['dʒægid], **jaggy** ['dʒægi] *a.* **1** seghettato, dentellato. **2** frastagliato.
jaguar ['dʒægjuə*] *s.* (*Zool.*) giaguaro.
jail [dʒeil] *s.* prigione, carcere.
to **jail** [dʒeil] *v.t.* imprigionare.
jailbird ['dʒeilbə:d] *s.* (*fam.*) **1** carcerato, galeotto. **2** avanzo di galera.
jailer ['dʒeilə*] *s.* carceriere, secondino.
jalopy [dʒə'lɔpi] *s.* (*fam.*) vecchia automobile; vecchio aeroplano; (*scherz.*) macinino.
jam[1] [dʒæm] *s.* **1** compressione, pressione. **2** folla, calca. **3** ingorgo, intasamento: *traffic ~* ingorgo stradale. **4** (*Mecc.*) inceppamento. **5** (*fam.*) guaio, pasticcio: *to be in a ~* essere nei pasticci.
to **jam** [dʒæm] *v.* (*pass., p.p.* **jammed** [–d]) **I** *v.t.* **1** incastrare, imprigionare. **2** pigiare, premere, schiacciare. **3** ostruire; intasare. **4** (*Mecc.*) bloccare, inceppare; (general. con *on*) bloccare (i freni). **5** infilare a forza, cacciare. **6** (*Rad.*) disturbare con interferenze. **II** *v.i.* **1** incastrarsi; bloccarsi, arrestarsi; incepparsi. **2** affollarsi, accalcarsi. **3** improvvisare (nel jazz).
jam[2] [dʒæm] *s.* marmellata, confettura.
Jamaica [dʒə'meikə] *N.pr.* (*Geog.*) Giamaica.
Jamaican [dʒə'meikən] *a./s.* giamaicano.
jamb [dʒæm] *s.* (*Edil.*) montante; stipite.
jamboree [,dʒæmbə'ri:] *s.* **1** raduno di giovani esploratori. **2** (*fam.*) festa, baldoria.
James [dʒeimz] *N.pr.m.* Giacomo.
jammy ['dʒæmi] *a.* **1** appiccicoso. **2** (*fam.*) eccellente, formidabile. **3** fortunato.
Jan. = *January* gennaio (gen.).
Jane [dʒein] *N.pr.f.* Giovanna.
Janet ['dʒænit] *N.pr.f.* Gianna.
jangle ['dʒæŋgl] *s.* **1** suono stridulo e stonato. **2** frastuono. **3** disputa, litigio.
to **jangle** ['dʒæŋgl] **I** *v.i.* **1** stridere. **2** bisticciare, litigare. **II** *v.t.* far suonare in modo stonato.
janitor ['dʒænitə*] *s.* **1** portiere, portinaio. **2** (*am., scozz.*) custode, guardiano; bidello.

janitress ['dʒænitris] *s.* **1** portinaia, portiera. **2** (*am., scozz.*) custode; bidella.
January ['dʒænjuəri] *s.* gennaio.
Jap [dʒæp] *a./s.* (*spreg.*) giapponese.
japan [dʒə'pæn] *s.* lacca del Giappone, lacca nera.
Japan [dʒə'pæn] *N.pr.* (*Geog.*) Giappone.
Japanese [,dʒæpə'ni:z] *a./s.* giapponese. □ *the* ~ i giapponesi.
jar[1] [dʒɑ:*] *s.* vasetto, barattolo (di vetro).
jar[2] [dʒɑ:*] *s.* **1** stridore. **2** colpo, scossone. **3** (*fig.*) contrasto, lite. **4** (*fig.*) colpo, shock. **5** (*Mus.*) dissonanza.
to **jar** [dʒɑ:*] *v.* (*pass., p.p.* **jarred** [–d]) **I** *v.i.* **1** stridere. **2** vibrare. **3** (*fig.*) (*with* con) discordare. **4** (*fig.*) irritare, innervosire (*on, upon s.o.* qd.). **II** *v.t.* **1** far vibrare. **2** scuotere: *I was jarred by the news* fui scosso dalla notizia. **3** (*fig.*) irritare.
jargon ['dʒɑ:gən] *s.* gergo; linguaggio convenzionale: *the critics'* ~ il gergo dei critici.
jarring ['dʒɑ:riŋ] *a.* **1** stridulo, stridente. **2** (*fig.*) stonato, discordante.
jasmine ['dʒæsmin] *s.* (*Bot.*) gelsomino.
jasper ['dʒæspə*] *s.* (*Min.*) diaspro.
jaundice ['dʒɔ:ndis] *s.* **1** (*Med.*) ittero, itterizia. **2** (*fig.*) gelosia, invidia; antipatia, ostilità.
jaundiced ['dʒɔ:ndist] *a.* **1** (*Med.*) itterico. **2** (*fig.*) geloso, invidioso; astioso, ostile.
jaunt [dʒɔ:nt] *s.* gita.
to **jaunt** [dʒɔ:nt] *v.i.* fare una gita.
jauntiness ['dʒɔ:ntinis] *s.* allegria, spensieratezza.
jaunty ['dʒɔ:nti] *a.* **1** disinvolto, spigliato. **2** allegro, gaio. **3** energico.
javelin ['dʒævlin] *s.* giavellotto.
jaw [dʒɔ:] *s.* **1** (*Anat.*) mascella; mandibola. **2** *pl.* bocca. **3** *pl.* (*fig.*) fauci. **4** *pl.* (*Mecc.*) ganascia. **5** *pl.* (*Geog.*) gola (tra monti). **6** (*fam.*) loquacità.
to **jaw** [dʒɔ:] *v.i.* chiacchierare.
jay [dʒei] *s.* **1** (*Zool.*) ghiandaia. **2** (*fam.*) chiacchierone.
jaywalker ['dʒeiwɔ:kə*] *s.* pedone disattento.
jazz [dʒæz] **I** *s.* **1** (*Mus.*) jazz, musica jazz. **2** (*sl.*) frottole. **3** (*am. sl.*) vivacità, brio. **II** *a.* (*Mus.*) (di) jazz, jazzistico. □ (*fam.*) *and all that* ~ e così via.
to **jazz** [dʒæz] **I** *v.t.* **1** (*Mus.*) (spesso con *up*) suonare (*o* ballare) a ritmo di jazz. **2** (*sl.*) (general. con *up*) animare. **II** *v.i.* suonare musica jazz.
jazzy ['dʒæzi] *a.* **1** (*sl.*) jazzistico. **2** vivace, animato. **3** moderno.
jealous ['dʒeləs] *a.* geloso (*of* di).
jealousy ['dʒeləsi] *s.* gelosia, invidia.
jean [dʒi:n] *s.* tela ruvida.
Jean [dʒi:n] *N.pr.f.* Giovanna.
jeans [dʒi:nz] *s.pl.* jeans, pantaloni di tela ruvida.
jeep [dʒi:p] *s.* jeep, camionetta.
jeer [dʒi:ə*] *s.* beffa, derisione, scherno.
to **jeer** [dʒi:ə*] **I** *v.i.* beffarsi, prendersi gioco (*at* di). **II** *v.t.* beffare, deridere.
jeering ['dʒi:əriŋ] *a.* beffardo, derisorio.
Jehovah [dʒi'həuvə] *s.* (*Rel.*) Geova: ~*'s witness* testimone di Geova.
jellied ['dʒelid] *a.* **1** gelatinoso. **2** in gelatina.
jelly ['dʒeli] *s.* **1** (*Gastr.*) gelatina. **2** (*fig.*) sostanza gelatinosa. **3** (*sl.*) gelatina esplosiva. □ (*am.*) ~ *beans* gelatine di frutta.
to **jelly** ['dʒeli] **I** *v.i.* gelatinizzarsi. **II** *v.t.* gelatinizzare.
jellyfish ['dʒelifiʃ] *s.* (*Zool.*) medusa.
jemmy ['dʒemi] *s.* grimaldello; piede di porco.
jenny ['dʒeni] *s.* (*Zool.*) **1** femmina di vari animali. **2** asina.
to **jeopardize** ['dʒepədaiz] *v.t.* mettere a repentaglio, arrischiare.
jeopardy ['dʒepədi] *s.* rischio, repentaglio.
jerk [dʒə:k] *s.* **1** sobbalzo, scossone. **2** scatto; strattone. **3** contrazione, spasmo. **4** (*sl.*) stupido, scemo. **5** *pl.* (*fam.*) ginnastica.
to **jerk** [dʒə:k] **I** *v.t.* dare uno strattone a; strappare; tirare. **II** *v.i.* avanzare a balzi; fare un balzo improvviso. □ *to* ~ **out** *one's words* parlare a scatti; *to* ~ **to** *a stop* fermarsi con un sobbalzo.
jerkin ['dʒə:kin] *s.* **1** gilet, corpetto senza maniche. **2** (*Stor.*) farsetto.
jerky ['dʒə:ki] *a.* **1** convulso, spasmodico. **2** a scatti.
jerry ['dʒeri] *s.* (*fam.*) vaso da notte.
jerry-builder ['dʒeribildə*] *s.* costruttore disonesto.
jerry-built ['dʒeribilt] *a.* costruito con materiale scadente.
jerrycan ['dʒerikæn] *s.* tanica.
jersey ['dʒə:zi] *s.* **1** maglietta, maglia. **2** jersey.
Jerusalem [dʒə'ru:sələm] *N.pr.* (*Geog.*) Gerusalemme.
jest [dʒest] *s.* **1** scherzo; beffa. **2** facezia. **3** canzonatura. **4** zimbello. □ *to* **make** *a* ~ *of s.th.* prendere qc. in scherzo; **spoken** *in* ~ detto per scherzo.
to **jest** [dʒest] *v.i.* **1** scherzare. **2** dire facezie. **3** canzonare (*at s.o.* qd.).
jester ['dʒestə*] *s.* **1** burlone. **2** giullare.
Jesuit ['dʒezjuit] *s.* **1** (*Rel.*) gesuita. **2** (*fig. spreg.*) persona ipocrita.
Jesus Christ ['dʒi:zəs'kraist] *N.pr.m.* Gesù Cristo.
jet[1] [dʒet] *s.* **1** getto; zampillo. **2** beccuccio, ugello. **3** (*Aer.*) reattore, aviogetto.
to **jet** [dʒet] *v.* (*pass., p.p.* **jetted** [–id]) **I** *v.t.* far zampillare. **II** *v.i.* **1** sgorgare, zampillare. **2** (*Aer.*) viaggiare in jet.
jet[2] [dʒet] *s.* **1** (*Min.*) giaietto, jais. **2** ambra nera. □ ~ *black* nero come l'ebano.
jetlag ['dʒetlæg] *s.* malessere dovuto a un lungo viaggio in aereo che comporta una notevole differenza di fusi orari.
jetsam ['dʒetsəm] *s.* **1** (*Mar.*) carico gettato in mare. **2** (*estens.*) rifiuti galleggianti.
jettison ['dʒetisn] *s.* **1** scarico in volo. **2** (*Mar.*) carico gettato in mare.

to **jettison** ['dʒetisn] *v.t.* **1** (*Mar.*) gettare a mare. **2** (*Aer.*) alleggerirsi di, sganciare. **3** (*fig.*) liberarsi di, disfarsi di.

jetty ['dʒeti] *s.* (*Mar.*) gettata; molo, banchina.

Jew [dʒu:] *s.* ebreo. □ (*Mus.*) *~'s harp* scacciapensieri.

jewel ['dʒu:əl] *s.* **1** pietra preziosa. **2** gioiello. **3** (*fig.*) perla, tesoro. **4** rubino (d'orologio).

to **jewel** ['dʒu:əl] *v.t.* (*pass., p.p.* **–lled**/*am.* **–led** [–d]) ingioiellare.

jeweler *am.*, **jeweller** ['dʒu:ələ*] *s.* **1** gioielliere, orefice *m./f.* **2** gioielleria.

jewellery, **jewelry** ['dʒu:ələri] *s.* (*collett.*) gioielli, gioie.

Jewess ['dʒu:is] *s.* ebrea.

Jewish ['dʒu:iʃ] *a.* ebreo, ebraico.

Jewry ['dʒuəri] *s.* **1** (*collett.*) popolo ebreo. **2** ghetto.

jib [dʒib] *s.* **1** (*Mar.*) fiocco. **2** (*Mecc.*) braccio di gru. □ (*fam.*) *the cut of one's ~* l'aspetto esteriore.

to **jib** [dʒib] *v.i.* (*pass., p.p.* **jibbed** [–d]) ricalcitrare (*anche fig.*).

jibe [dʒaib] *s.* frecciata, allusione maligna.

to **jibe** *am.* [dʒaif] *v.i.* lanciare frecciate (*at* a), punzecchiare (qd.).

jiff [dʒif], **jiffy** ['dʒifi] *s.* (*fam.*) attimo, istante: *it'll only take me a ~* farò in un attimo. □ *in a ~* in un batter d'occhio.

to **jig** [dʒig] *v.* (*pass., p.p.* **jigged** [–d]) **I** *v.t.* far saltellare. **II** *v.i.* (*fig.*) saltare su e giù.

jiggered ['dʒigəd] *a.* (*fam.*) dannato, maledetto: *I'll be ~!* ch'io sia dannato!

jiggery-pokery ['dʒigəri'pəukəri] *s.* (*fam.*) inganno, raggiro.

to **jiggle** ['dʒigl] **I** *v.t.* scuotere lievemente, dondolare. **II** *v.i.* dondolarsi.

jigsaw ['dʒigsɔ:] *s.* **1** (*Mecc.*) sega da traforo. **2** puzzle, gioco di pazienza.

to **jilt** [dʒilt] *v.t.* lasciare un innamorato.

Jim Crow *am.* ['dʒimkrəu] *s.* (*spreg.*) negro.

jim-jams ['dʒimdʒæmz] *s.pl.* (*fam.*) nervosismo, agitazione.

jingle ['dʒiŋgl] *s.* **1** tintinnio. **2** cantilena. □ *~ bell* sonaglio.

to **jingle** ['dʒiŋgl] *v.t./i.* (far) tintinnare.

jingo ['dʒiŋgəu] *s.* (*pl.* **–es** [–z]) sciovinista *m./f.* □ (*esclam. fam.*) *by ~* perbacco.

jingoism ['dʒiŋgəuizəm] *s.* sciovinismo.

jingoist ['dʒiŋgəuist] *s.* sciovinista.

jink [dʒiŋk] *s.*: *high jinks* baldoria; allegria.

to **jink** [dʒiŋk] *v.i.* spostarsi rapidamente (per schivare qc.).

jinx *am.* [dʒiŋks] *s.* (*fam.*) **1** iettatore. **2** iettatura; malocchio.

jitterbug ['dʒitəbʌg] *s.* **1** ballo frenetico (a ritmo di jazz). **2** ballerino jazz.

jitters ['dʒitəz] *s.pl.* (*fam.*) (costr. sing. o pl.) nervosismo, agitazione.

jittery ['dʒitəri] *a.* nervoso, agitato.

jive *am.* [dʒaiv] *s.* (*sl.*) musica jazz.

Joan [dʒəun] *N.pr.f.* Giovanna.

job [dʒɔb] *s.* **1** lavoro: *I have a few jobs to do* devo fare alcuni lavori; *odd jobs* lavori saltuari. **2** compito; mansione: *it isn't my ~ to answer the post* non è mio compito sbrigare la corrispondenza. **3** lavoro, mestiere; occupazione; posto di lavoro, impiego: *to look for a ~* cercare lavoro; *what's your ~?* che mestiere fai? **4** (*fam.*) compito difficile, impresa: *it's quite a ~ to make him talk* è una vera impresa cavargli quattro parole di bocca. **5** intrallazzo. **6** (*sl.*) rapina. □ *to* **apply** *for a ~* fare domanda d'assunzione; *to give s.th. up as a* **bad** *~* rinunciare a (fare) qc.; *to be paid* **by** *the ~* essere pagato a cottimo; *to* **do** *its ~* funzionare; (*fam.*) *it's a* **good** *~ (that)* meno male (che); (*fam.*) **just** *the ~* (proprio) quello che ci vuole; **on** *the ~* all'opera; *to be* **out** *of a ~* essere disoccupato; *~* **work** lavoro a cottimo.

to **job** [dʒɔb] *v.* (*pass., p.p.* **jobbed** [–d]) **I** *v.i.* **1** fare lavori saltuari; lavorare a cottimo. **2** (*Econ.*) speculare in borsa. **3** prevaricare. **II** *v.t.* **1** (*Econ.*) speculare in. **2** (spesso con *out*) appaltare, dare in appalto. **3** approfittare illecitamente di. □ *to ~ s.o.* **into** *a post* procurare un posto a qd. con mezzi illeciti; (*Comm.*) *to ~* **off** vendere in blocco a basso prezzo.

jobber ['dʒɔbə*] *s.* **1** (*Econ.*) speculatore di borsa. **2** cottimista *m./f.*

jobbery ['dʒɔbəri] *s.* prevaricazione.

jobbing ['dʒɔbiŋ] *s.* (*Econ.*) speculazione.

jobless ['dʒɔblis] **I** *a.* disoccupato, senza lavoro. **II** *s.* (*collett.*) (costr. pl.) disoccupati.

jockey ['dʒɔki] *s.* **1** fantino, jockey. **2** (*am. fam.*) conducente, autista.

to **jockey** ['dʒɔki] **I** *v.t.* **1** montare un cavallo in una corsa. **2** manovrare. **3** (*fam.*) raggirare, imbrogliare. **II** *v.i.* **1** fare il fantino. **2** (*fam.*) destreggiarsi. □ *to ~* **for** *position* destreggiarsi per ottenere una posizione vantaggiosa; (*fam.*) *to ~ s.o.* **into** *doing s.th.* indurre (con l'inganno) qd. a fare qc.

jockstrap ['dʒɔkstræp] *s.* (*Sport*) sospensorio.

jocose [dʒə'kəus] *a.* **1** giocoso, scherzoso. **2** faceto, arguto.

jodhpurs ['dʒɔdpə:z] *s.pl.* calzoni alla cavallerizza.

jog [dʒɔg] *s.* colpetto, leggera spinta; gomitata.

to **jog** [dʒɔg] *v.* (*pass., p.p.* **jogged** [–d]) **I** *v.t.* **1** urtare leggermente; dare di gomito a. **2** scuotere, stimolare: *to ~ s.o. memory* rinfrescare la memoria a qd. **II** *v.i.* trotterellare. **1** muoversi lentamente. **2** fare "jogging". □ *to ~ along* (o *on*) procedere lentamente; (*fig.*) seguire il solito tran tran.

joggle ['dʒɔgl] *s.* lieve scossa.

to **joggle** ['dʒɔgl] **I** *v.t.* **1** scuotere lievemente. **2** far sobbalzare. **II** *v.i.* **1** sobbalzare. **2** muoversi a scatti.

jog trot ['dʒɔgtrɔt] *s.* **1** piccolo trotto. **2** (*fig.*) tran tran.

john [dʒɔn] *s.* (*sl.*) gabinetto.

John [dʒɔn] *N.pr.m.* Giovanni.

John Bull [ˌdʒɔn'bul] *s.* **1** inglese tipico. **2** il popolo inglese.

johnny ['dʒɔni] *s.* (*fam.*) individuo, tipo.

join [dʒɔin] *s.* **1** giuntura. **2** punto di giunzione.

to **join** [dʒɔin] **I** *v.t.* **1** unire, collegare. **2** associarsi a; arruolarsi in; partecipare a. **3** raggiungere, (ri)unirsi a. **4** confluire in, gettarsi in. **II** *v.i.* **1** confluire, incontrarsi. **2** unirsi (*with* a), associarsi (con). **3** partecipare, prendere parte (*in* a). □ *to* ~ **battle** attaccare battaglia; *to* ~ **forces** associarsi, mettersi (*with* con); (*assol.*) allearsi; *to* ~ **in** unirsi a, associarsi a; (*assol.*) partecipare; *to* ~ *in* **marriage** sposare; (*fam.*) *to* ~ **up** arruolarsi.

joint [dʒɔint] **I** *s.* **1** giuntura, giunzione; giunto, snodo. **2** (*Anat.*) articolazione, giuntura. **3** (*Gastr.*) pezzo, taglio. **4** (*Bot.*) nodo. **5** (*sl.*) spinello. **6** (*am. sl.*) casa da gioco; locale. **II** *a.* **1** congiunto, unito; combinato. **2** comune: ~ *property* proprietà comune. **3** collegiale: ~ *responsibility* responsabilità collegiale. □ (*Med.*) **out** *of* ~ slogato; (*fig.*) sfavorevole; ~ **owner** comproprietario; (*Dir.*, *Econ.*) ~ *and* **several** in solido.

to **joint** [dʒɔint] *v.t.* **1** congiungere; collegare; connettere. **2** (*Mecc.*) rendere snodato. **3** macellare (di carni).

jointly ['dʒɔintli] *avv.* **1** in comune, insieme. **2** (*Dir.*, *Econ.*) solidalmente, in solido.

joint-stock ['dʒɔintstɔk] *s.* (*Econ.*) capitale azionario. □ ~ *company* società per azioni; (*am.*) società a responsabilità limitata.

joist [dʒɔist] *s.* (*Edil.*) travetto.

joke (dʒəuk] *s.* **1** scherzo: *it's only a* ~ è solo uno scherzo. **2** barzelletta. **3** zimbello. □ *to* **crack** *a* ~ lanciare una battuta; *to say s.th.* **in** ~ dire qc. per scherzo; **no** ~ senza scherzi; to **take** *a* ~ stare allo scherzo.

to **joke** [dʒəuk] **I** *v.i.* **1** scherzare. **2** parlare scherzosamente. **II** *v.t.* prendere in giro, canzonare.

joker ['dʒəukə*] *s.* **1** burlone. **2** (*nei giochi di carte*) matta, jolly. **3** (*fam.*) individuo, tipo. **4** (*am.*) cavillo.

joking ['dʒəukiŋ] *a.* scherzoso, spiritoso. □ ~ *apart* (o *aside*) scherzi a parte.

jollification [ˌdʒɔlifi'keiʃən] *s.* festa, baldoria.

to **jollify** ['dʒɔlifai] *v.i.* fare festa, fare baldoria.

jolliness ['dʒɔlinis] *s.* allegria, gaiezza.

jollity ['dʒɔliti] *s.* **1** → **jolliness**. **2** festa, baldoria.

jolly ['dʒɔli] **I** *a.* **1** allegro. **2** brillo. **II** *avv.* (*fam.*) molto; proprio: ~ *good* proprio buono. □ *Jolly Roger* bandiera dei pirati.

to **jolly** ['dʒɔli] *v.t.* **1** adulare, lusingare. **2** persuadere (con moine).

jolly boat ['dʒɔlibəut] *s.* (*Mar.*) iole; lancia.

jolt [dʒəult] *s.* **1** sobbalzo, scossone. **2** (*fig.*) colpo, shock.

to **jolt** [dʒəult] **I** *v.t.* **1** far sobbalzare, scuotere, sballottare. **2** (*fig.*) sconvolgere, turbare. **II** *v.i.* (spesso con *along*) avanzare a balzi.

Jonathan ['dʒɔnəθən] *N.pr.m.* Gionata. □ *Brother* ~ tipico americano.

jonquil ['dʒɔŋkwil] *s.* (*Bot.*) giunchiglia.

Jordan ['dʒɔ:dn] *N.pr.* (*Geog.*) Giordania.

Jordanian [dʒɔ:'deiniən] *a./s.* giordano.

Joseph ['dʒəuzif] *N.pr.m.* Giuseppe.

josh *am.* [dʒɔʃ] *s.* (*fam.*) presa in giro bonaria.

joss [dʒɔs] *s.* idolo cinese. □ ~ *stick* bastoncino d'incenso.

jostle ['dʒɔsl] *s.* urto, spinta.

to **jostle** ['dʒɔsl] **I** *v.t.* spingere, urtare, sballottare. **II** *v.i.* **1** spingersi, affollarsi, pigiarsi.

jot [dʒɔt] *s.* briciolo.

to **jot** [dʒɔt] *v.t.* (*pass.*, *p.p.* **jotted** [–id]) (general. con *down*) annotare.

jotting ['dʒɔtiŋ] *s.* annotazione, appunto.

joule [dʒu:l] *s.* (*Fis.*) joule.

journal ['dʒə:nl] *s.* **1** giornale; rivista. **2** diario, giornale. **3** (*Comm.*) registro.

journalese [ˌdʒə:nə'li:z] *s.* stile giornalistico.

journalism ['dʒə:nəlizəm] *s.* giornalismo.

journalist ['dʒə:nəlist] *s.* giornalista *m./f.*

journalistic [ˌdʒə:nə'listik] *a.* giornalistico.

journey ['dʒə:ni] *s.* **1** viaggio. **2** percorso, tragitto. □ ~ **out** viaggio di andata; *to* **set** *out on a* ~ mettersi in viaggio; ~ **there** *and back* viaggio di andata e ritorno.

to **journey** ['dʒə:ni] *v.i.* viaggiare.

journeyman ['dʒə:nimən] *s.* (*pl.* **–men**) operaio qualificato.

to **joust** [dʒaust] *v.i.* giostrare; torneare.

jovial ['dʒəuviəl] *a.* gioviale, gaio.

joviality [ˌdʒəuvi'æliti] *s.* giovialità, gaiezza.

jowl [dʒaul] *s.* **1** mascella. **2** guancia. **3** giogaia. **4** (*Zool.*) bargiglio. □ *cheek by* ~ guancia a guancia.

joy [dʒɔi] *s.* gioia, felicità.

joyful ['dʒɔiful] *a.* gioioso, lieto.

joyless ['dʒɔilis] *a.* doloroso, triste.

joyous ['dʒɔiəs] → **joyful**.

joyousness ['dʒɔiəsnis] *s.* letizia, gioia.

joy ride ['dʒɔiraid] *s.* gita di piacere in automobile.

joystick ['dʒɔistik] *s.* **1** (*Aer.*) cloche, barra di comando. **2** (*Inform.*) joystick.

Jr., **jr.** = *junior* junior.

Jt/Ac = *Joint Account* conto corrente a più firme.

jubilant ['dʒu:bilənt] *a.* esultante; festoso.

jubilation [ˌdʒu:bi'leiʃən] *s.* **1** giubilo, esultanza. **2** celebrazione solenne.

jubilee ['dʒu:bili:] *s.* anniversario.

Judaic [dʒu:'deiik] *a.* giudaico, ebreo.

Judaism ['dʒu:deiizəm] *s.* (*Rel.*) giudaismo, ebraismo.

Judas ['dʒu:dəs] *s.* giuda, traditore.

to **judder** ['dʒʌdə*] *v.i.* tremare violentemente.

judge [dʒʌdʒ] *s.* **1** giudice, magistrato. **2** arbitro. **3** esperto.

to **judge** [dʒʌdʒ] *v.t./i.* giudicare; valutare, stimare; ritenere. □ *don't* ~ *by* **appearances** non giudicare dalle apparenze; *judging* **from** a giudicare da.

judgement ['dʒʌdʒmənt] *s.* **1** (*Dir.*) giudizio; sentenza. **2** opinione, parere: *a hasty* ~ un parere affrettato. **3** giudizio; discernimento. **4** castigo di Dio, punizione divina. **Judgement** (*Bibl.*) giudizio (universale): *the Day of Judgement* il giorno del giudizio. ▭ **in** *my* ~ a mio parere; (*Dir.*) *to sit* **in** ~ *on* (o *over*) = *to pass* ~ *on* (o *about*) giudicare; (*fig.*) criticare.

judicature ['dʒu:dikətʃə*] *s.* **1** amministrazione della giustizia. **2** magistratura.

judicial [dʒu:'diʃəl] *a.* **1** giudiziario. **2** (*fig.*) critico; imparziale. ▭ *the* ~ **bench** il banco dei giudici; ~ **separation** separazione legale.

judiciary [dʒu:'diʃiəri] *s.* **1** (*collett.*) magistratura. **2** potere giudiziario.

judicious [dʒu:'diʃəs] *a.* giudizioso, assennato.

judo ['dʒu:dəu] *s.* (*pl.* **–s** [–z]) (*Sport*) judo, giudò.

jug [dʒʌg] *s.* **1** brocca, boccale; bricco, caraffa. **2** (*sl.*) carcere, galera.

to **jug** [dʒʌg] *v.t.* (*pass., p.p.* **jugged** [–d]) **1** (*Gastr.*) cuocere in salmì. **2** (*sl.*) imprigionare.

juggernaut ['dʒʌgənɔ:t] *s.* **1** forza travolgente. **2** bisonte della strada.

juggle ['dʒʌgl] *s.* **1** gioco di destrezza. **2** (*fig.*) inganno, truffa.

to **juggle** ['dʒʌgl] *v.t./i.* **1** fare giochi di destrezza con. **2** (*fig.*) manipolare; imbrogliare (qd.). ▭ *to* ~ **with** *the facts* travisare i fatti; *to* ~ **with** *words* giocare sulle parole.

juggler ['dʒʌglə*] *s.* **1** giocoliere. **2** prestigiatore. **3** (*fig.*) truffatore.

Jugoslav [ju:gəu'slɑ:v] *a./s.* iugoslavo.

Jugoslavia [ju:gəu'slɑ:viə] *N.pr.* (*Geog.*) Iugoslavia.

jugular ['dʒʌgjulə*] **I** *a.* (*Anat.*) giugulare. **II** *s.* vena giugulare.

juice [dʒu:s] *s.* **1** succo, sugo: *gastric* ~ succo gastrico; *orange* ~ succo d'arancio. **2** (*fam.*) energia elettrica; benzina.

juiciness ['dʒu:sinis] *s.* succosità, succulenza.

juicy ['dʒu:si] *a.* **1** succoso, sugoso. **2** (*fam.*) interessante.

jujube ['dʒu:dʒu:b] *s.* (*Bot.*) giuggiola. ▭ ~ *tree* giuggiolo.

juke(box) ['dʒu(:)k(bɔks)] *s.* juke-box.

Jul. = *July* luglio (lug.).

julep ['dʒu:lip] *s.* giulebbe. ▭ (*am.*) *mint* ~ bevanda alcolica alla menta.

Julia ['dʒu:'ljə] *N.pr.f.* Giulia.

Juliet ['dʒu:ljət] *N.pr.f.* Giulietta.

Julius ['dʒu:ljəs] *N.pr.m.* Giulio.

July [dʒu:'lai] *s.* luglio.

jumble ['dʒʌmbl] *s.* miscuglio, accozzaglia. ▭ ~ *sale* vendita di oggetti usati; vendita di beneficenza.

to **jumble** ['dʒʌmbl] **I** *v.t.* **1** (general. con *up*) gettare alla rinfusa. **2** mischiare. **II** *v.i.* mischiarsi, mescolarsi.

jumbo ['dʒʌmbəu] *a.* enorme, gigantesco.

jumbo jet ['dʒʌmbəudʒet] *s.* (*Aer.*) jumbo.

jump [dʒʌmp] *s.* **1** salto, balzo; sobbalzo. **2** (*fig.*) aumento improvviso (p.e. di prezzi). **3** *pl.* (*fam.*) tremito nervoso. ▭ (*fam.*) *to* **be** *all of a* ~ avere i nervi a fior di pelle. (*fam.*) *to* **get** (o *have*) *the* ~ *on* avere un vantaggio (iniziale) su; *to* **give** *a* ~ sobbalzare; ~ **seat** strapuntino; ~ **suit** tuta.

to **jump** [dʒʌmp] **I** *v.i.* **1** saltare; sussultare. **2** (*fig.*) (*di prezzi, ecc.*) aumentare di colpo. **II** *v.t.* **1** saltare; far saltare. **2** (*fig.*) aumentare di colpo (prezzi, ecc.). ▭ *to* ~ **about** saltellare; *to* ~ **across** oltrepassare; *to* ~ **at** affrettarsi ad accettare; *to* ~ **at** *an opportunity* cogliere al volo un'occasione; *to* ~ *to* **conclusions** giungere a una conclusione affrettata; *to* ~ **in** intromettersi (in una conversazione); *to* ~ **on** criticare, sgridare; (*fam.*) *to* ~ **out** *of one's skin* sussultare, trasalire; (*Ferr.*) *to* ~ *the* **rails** (o *track*) deragliare; *to* ~ **to** mettersi di buona voglia; *to* ~ **up** saltare; (*fig.*) aumentare di colpo.

jumper[1] ['dʒʌmpə*] *s.* **1** saltatore. **2** animale (*o* insetto) saltatore.

jumper[2] ['dʒʌmpə*] *s.* **1** pullover, maglietta. **2** tutina, pagliaccetto. **3** (*am.*) scamiciato.

jumpiness ['dʒʌmpinis] *s.* (*fam.*) nervosismo.

jumpy ['dʒʌmpi] *a.* (*fam.*) nervoso, irritabile.

junction ['dʒʌŋkʃən] *s.* **1** congiungimento, connessione. **2** giunzione, congiunzione; punto di giunzione. **3** (*Ferr., Strad.*) raccordo, nodo.

juncture ['dʒʌŋktʃə*] *s.* **1** congiunzione; giuntura. **2** (*fig.*) occasione, circostanza.

Jun. = *June* giugno (giu.).

June [dʒu:n] *s.* giugno.

jungle ['dʒʌŋgl] *s.* giungla (*anche fig.*).

junior ['dʒu:njə*] **I** *a.* **1** più giovane, minore. **2** (*fig.*) inferiore, subalterno. **3** per ragazzi. **II** *s.* **1** persona più giovane (tra due). **2** (*fig.*) subalterno. **3** (*am., Scol.*) studente (universitario) del 3° anno. ▭ (*am.*) ~ *high school* scuola media.

juniper ['dʒu:nipə*] *s.* (*Bot.*) ginepro comune.

junk[1] [dʒʌŋk] *s.* **1** ciarpame; cianfrusaglie. **2** (*fig.*) sciocchezze. **3** (*sl.*) droga pesante. ▭ ~ *dealer* rigattiere.

junk[2] [dʒʌnk] *s.* (*Mar.*) giunca.

junket ['dʒʌŋkit] *s.* **1** (*Alim.*) giuncata. **2** (*fig.*) scampagnata; festa.

junkie ['dʒʌnki] *s.* (*sl.*) drogato, tossicodipendente.

junta ['dʒʌntə] *s.* (*Pol.*) giunta militare.

juridical [dʒuə'ridikəl] *a.* **1** giuridico. **2** legale.

jurisdiction [,dʒuəris'dikʃən] *s.* giurisdizione.

jurisdictional [,dʒuəris'dikʃənl] *a.* giurisdizionale.

jurisprudence ['dʒuərispru:dəns] *s.* giurisprudenza.

jurisprudent ['dʒuərispru:dənt] *s.* giureconsulto, giurista.

jurist ['dʒuərist] *s.* **1** giurista *m./f.* **2** laureato in legge. **3** (*am.*) avvocato; magistrato.

juror ['dʒuərə*] *s.* giurato.

jury ['dʒuəri] *s.* giuria: *to serve on a* ~ fare parte di una giuria.

jury box ['dʒuəribɔks] *s.* banco della giuria.

just[1] [dʒʌst] *a.* **1** giusto, equo. **2** retto, onesto. **3** legittimo.

just[2] [dʒʌst] *avv.* **1** appena, poco fa: *he has ~ left* se n'è appena andato. **2** esattamente, proprio: *we were ~ leaving* stavamo proprio uscendo. **3** appena, per poco: *it is ~ enough* è appena sufficiente. **4** soltanto, solo: *~ a little* solo un po'. □ ~ **about** quasi: *I've ~ about finished* ho quasi finito; ~ **after** subito dopo; ~ **as**: 1 nel preciso istante in cui; 2 esattamente, (così) come: *come ~ as you are* vieni così come sei; ~ *for a* **change** tanto per cambiare; *it's ~* **like** *him to behave like that* è proprio da lui comportarsi così; *~ a* **moment**, *please* un momento (solo), per piacere; ~ **now** in questo momento; poco (tempo) fa; **only** ~ (proprio) per un pelo: *we only ~ caught the train* abbiamo preso il treno per un pelo; ~ **over** *ten years ago* poco più di dieci anni fa; *do ~ as you* **please** fa' come vuoi; ~ *the* **same** lo stesso, ugualmente; ~ **so** proprio così; (*esclam.*) giusto, esatto; ~ **then** proprio allora.

justice ['dʒʌstis] *s.* **1** giustizia, equità. **2** amministrazione della giustizia. **3** giudice della corte suprema. **Justice** (*nei titoli*) giudice. □ *to* **bring** *s.o. to ~* consegnare qd. alla giustizia; *to* **dispense** ~ amministrare la giustizia; *to* **do** ~: 1 rendere giustizia (*to* a); 2 (*scherz.*) fare onore a; **in** ~ per giustizia; **in** *all* ~ in tutta onestà; *Justice of the* **Peace** giudice di pace; **with** ~ a ragione, a buon diritto.

justifiable [ˌdʒʌsti'faiəbl] *a.* giustificabile, legittimo.

justification [ˌdʒʌstifi'keiʃən] *s.* **1** giustificazione. **2** (*Tip.*) messa a giustezza. **3** (*Tip., Inform.*) allineamento.

to **justify** ['dʒʌstifai] *v.t.* **1** giustificare. **2** scusare, discolpare. **3** giustificarsi, discolparsi. **4** comprovare, confermare. **5** (*Tip.*) giustificare.

justly ['dʒʌstli] *avv.* giustamente.

to **jut** [dʒʌt] *v.i.* (*pass., p.p.* **jutted** [–id]) **1** (spesso con *out*) risaltare, sporgere. **2** (*Edil.*) aggettare.

jute [dʒu:t] *s.* iuta.

juvenile ['dʒu:vinail] **I** *a.* **1** giovanile; giovane. **2** (*Dir.*) minorile. **3** (*fig.*) infantile, puerile. **II** *s.* **1** giovane *m./f.* **2** (*Dir.*) minore *m./f.* □ ~ *delinquency* delinquenza minorile.

to **juxtapose** [ˌdʒʌkstə'pəuz] *v.t.* giustapporre.

juxtaposition [ˌdʒʌkstəpə'ziʃən] *s.* giustapposizione.

K

k[1], **K**[1] [kei] *s.* (*pl.* **k's/ks, K's/Ks** [keiz]) k, K. □ (*Tel.*) ~ *for King* (*anche am.*) K come Kursaal.

k[2] = (*Mar.*) *knot* nodo.

K[2] = (*Chim.*) *potassium* potassio.

kaki ['kɑ:ki:] *s.* (*Bot.*) cachi.

kale [keil] *s.* (*Bot.*) cavolo comune.

kaleidoscope [kə'leidəskəup] *s.* caleidoscopio.

kangaroo [ˌkæŋgə'ru:] *s.* (*pl. inv./*–**s** [–z]) (*Zool.*) canguro.

kaolin(e) ['keiəlin] *s.* (*Min.*) caolino.

karate [kə'rɑ:ti] *s.* (*Sport*) karatè.

Katharine, **Katherine**, ['kæθərin], **Kathleen** ['kæθlin] *N.pr.f.* Caterina.

kathode ['kæθəud] *s.* (*El.*) catodo.

kayak ['kaiæk] *s.* kayak, caiaco.

K.C. = *King's Council* Consiglio della Corona.

keel [ki:l] *s.* (*Mar.*) chiglia. □ (*fig.*) *on an even* ~ in stato di equilibrio.

to **keel** [ki:l] **I** *v.t.* (*Mar.*) (general. con *over, up*) capovolgere. **II** *v.i.* (*Mar.*) (general. con *over, up*) capovolgersi, rovesciarsi.

keen [ki:n] *a.* **1** affilato, tagliente (*anche fig.*): *a* ~ *wind* un vento tagliente. **2** forte, profondo, intenso: *a* ~ *desire* un desiderio intenso. **3** acuto, perspicace; penetrante: *a* ~ *mind* una mente acuta. **4** desideroso; appassionato, entusiasta: *to be* ~ *on skiing* essere appassionato di sci. □ (*scherz.*) *he is as* ~ *as mustard* arde di zelo.

keenness ['ki:nnis] *s.* **1** acume, perspicacia. **2** acutezza. **3** desiderio, brama; intensità.

keep [ki:p] *s.* **1** mantenimento, sostentamento; vitto e alloggio. **2** (*Mil. ant.*) maschio; torre di fortezza. □ (*fam.*) *for keeps* per sempre.

to **keep** [ki:p] *v.* (*pass., p.p.* **kept** [kept]) **I** *v.t.* **1** tenere; conservare: *flu kept me in bed several days* l'influenza mi ha tenuto a letto per parecchi giorni; *to* ~ *a secret* tenere un segreto; ~ *your tickets until arrival* conservate i biglietti fino all'arrivo. **2** trattenere; impedire: *I won't* ~ *you long* non ti tratterrò a lungo; *to* ~ *a part of s.o.'s salary* trattenere una somma sullo stipendio di qd.; *who is keeping you from leaving?* chi ti impedisce di andare via? **3** osservare, tener fede a, mantenere: *to* ~ *one's word* mantenere la parola data. **4** celebrare, festeggiare: *to* ~ *Christmas* celebrare il Natale. **5** proteggere, salvare, custodire: *God* ~ *us from war* Dio ci salvi dalla guerra. **6** mantenere, provvedere a: *to* ~ *several children* mantenere parecchi bambini. **7** gestire; allevare (per profitto): *to* ~ *a shop* gestire un negozio; *to* ~ *pigs* allevare maiali. **II** *v.i.* **1** continuare: ~ *working* continua a lavorare. **2** trattenersi, frenarsi (*from* da): *he couldn't* ~ *from laughing* non poteva trattenersi dal ridere. **3** rimanere, restare: *to* ~ *indoors* rimanere a casa; ~ *quiet!* sta calmo! **4** sentirsi; mantenersi: *to* ~ *well* sentirsi bene; *he keeps young* si mantiene giovane; (*di cibi*) conservarsi. □ *to* ~ *the* **accounts** tenere la contabilità; ~ *your* **chin** *up* coraggio!; allegria!; (*fam.*) *to* ~ *s.o.* **going** aiutare qd. a tirare avanti; *to* ~ **house** occuparsi del ménage (*o* dell'andamento) della casa; *to* ~ *open* **house** aver sempre la casa aperta agli amici (*o* essere molto ospitale); (*Strad.*) ~ **left** tenere la sinistra; ~ *your* **shirt** *on* sta calmo, non perdere le staffe; ~ **silence** state zitti; *to* ~ *s.o.* **waiting** far aspettare qd.; *she is a kept* **woman** è una mantenuta. // (*seguito da preposizioni*) *to* ~ **at** I *v.t.* continuare a lavorare; far lavorare qd.: *my homework is a bore but I'll* ~ *at it until I have finished* il compito è noioso, ma lo farò fino alla fine; ~ *her at it!* non lasciarla impigrire! II *v.i.* insistere in qc.; tenere duro; *to* ~ **from:** I *v.t.* trattenere qd. da qc.; II *v.i.* trattenersi; *to* ~ **off** stare lontano da: ~ *off drugs* stare lontano dalle droghe; *to* ~ *off the flowerbeds* non calpestare le aiuole; *to* ~ **to:** 1 mantenere, attenersi a: *to* ~ *to a promise* mantenere una promessa; *to* ~ *to the rules* attenersi alle regole; 2 rimanere: *to* ~ *to one's bed* rimanere a letto; 3 nascondere, tenere per sé: *to* ~ *the news to o.s.* tenere la notizia per sé; *to* ~ *oneself* **to** *oneself* tenersi in disparte. // (*seguito da avverbi*) *to* ~ **away** I *v.t.* tenere lontano; II *v.i.* tenersi lontano; *to* ~ **back:** 1 tenere segreto; 2 trattenere: *he kept some sheets back* trattenere alcuni fogli; ~ *back, please* indietro, per favore!; *to* ~ **down:** 1 reprimere; opprimere: *she kept down her anger* represse la sua ira; 2 limitare: *to* ~ *down expenses* limitare le spese; 3

(*di cibo*) tenere giù; non vomitare; *to* ~ **in:** 1 tenere qd. in casa; tenere qd. a scuola per punizione; 2 tenere vivo (p.e. il fuoco); *to* ~ **in** *with s.o.* rimanere in buoni rapporti con qd.; *to* ~ **off** stare lontano; non venire: *if the snow keeps off* se non viene la neve; ~ *your hands* **off**! giù le mani!; *to* ~ **on:** 1 continuare, persistere: *he kept on talking* continuava a parlare; 2 continuare a tenere (anche nel posto di lavoro, al servizio): *I'll keep this house on until Christmas* terrò questa casa fino a Natale; 3 continuare a tenere (addosso): *he kept his hat on the whole evening* tenne il cappello per tutta la sera; *to* ~ **on** *about s.th.* continuare a parlare di qc.; *to* ~ **on** *at s.o.* non dar pace a qd.; *to* ~ **out**: I *v.t.* tenere fuori, non fare entrare: ~ *your dog out of my house* non far entrare il tuo cane in casa mia; II *v.i.* stare fuori: ~ *out!* state fuori!; *to* ~ **under** dominare, domare; *to* ~ *s.o.* **under** *observation* tenere qd. sotto osservazione; *to keep* **up**: I *v.t.* 1 tenere alto: *to* ~ *prices up* tenere alti i prezzi; ~ *your head up:* tieni alta la testa; 2 mantenere; conservare: *I can't keep up this house any longer* non posso più mantenere questa casa; *to* ~ *up a custom* conservare un'usanza; 3 continuare: ~ *the work up* continua il lavoro; 4 tenere alzato, tenere sveglio: *am I keeping you up?* ti sto tenendo alzato? II *v.i.* durare, resistere: *will the weather* ~ *up?* durerà questo tempo?; 2 stare alzato: *we often* ~ *up late* stiamo spesso alzati fino a tardi; *to* ~ **up** *appearances* salvare le apparenze; *you must* ~ **up** *your English* devi mantenerti in esercizio con l'inglese; ~ *it* **up**! forza!; *to* ~ **up** *with:* 1 mantenere buoni rapporti con; 2 stare al passo con (*anche fig.*); *to* ~ **up** *with the times* essere (*o* stare) all'altezza dei tempi.

keeper ['ki:pə*] *s.* **1** custode *m./f.*, guardiano; carceriere, secondino. **2** guardiacaccia. **3** (*Sport, fam.*) portiere.

keeping ['ki:piŋ] *s.* **1** custodia. **2** allevamento. ▭ **in** ~ *with* in armonia con; **out** *of* ~ *with* in disaccordo con.

keepsake ['ki:pseik] *s.* (oggetto) ricordo.

keg [keg] *s.* barilotto.

Kelt [kelt] *s.* (*Stor.*) celta.

kemp [kemp] *s.* fibra ruvida.

ken [ken] *s.*: *beyond* (o *outside*) *one's* ~ al di là della propria comprensione.

to **ken** *scozz.* [ken] → to **know**.

kennel ['kenl] *s.* **1** canile. **2** cuccia.

Kenya ['kenjə] *N.pr.* (*Geog.*) Kenia.

Kenyan ['ki:njən] *a./s.* keniano, keniota.

kept [kept] → to **keep**.

kerb [kə:b] *s.* bordo (del marciapiede).

kerchief ['kə:tʃif] *s.* fazzoletto da testa.

kernel ['kə:nl] *s.* **1** (*Bot.*) nocciolo; gheriglio (di noce); chicco (di grano, ecc.). **2** (*fig.*) nocciolo: *the* ~ *of the question* il nocciolo della questione. **3** (*Fis.*) nucleo.

kerosene ['kerəsi:n] *s.* (*Chim.*) cherosene.

kestrel ['kestrəl] *s.* (*Zool.*) gheppio.

kettle ['ketl] *s.* bollitore. ▭ (*fam.*) *a nice* (o *pretty*) ~ *of fish* un bel pasticcio.

kettledrum ['ketldrʌm] *s.* (*Mus.*) timpano.

key[1] [ki:] **I** *s.* **1** chiave (*anche fig.*): *the* ~ *to success* la chiave del successo. **2** chiavetta (di orologio). **3** chiave, soluzione (p.e. di problema). **4** tasto (di pianoforte, macchina per scrivere, ecc.). **5** (*Mus.*) tonalità, tono, chiave (*anche fig.*): *the* ~ *of C major* tonalità in do maggiore; *in a humorous* ~ in chiave umoristica. **II** *a.attr.* chiave, fondamentale: *a* ~ *industry* un'industria chiave. ▭ *all in the* **same** ~ in tono monotono; (*fig.*) *to* **touch** *the right* ~ toccare il tasto giusto.

to **key** [ki:] *v.t.* **1** (*Mus.*) accordare (*anche fig.*). **2** (*Mecc.*) inchiavare. ▭ *to* ~ *s.th* **in** armonizzare; (*Inform.*) immettere dati nel computer; *to* ~ **up** stimolare.

key[2] [ki:] *s.* (*Geog.*) **1** banco corallino. **2** isolotto.

keyboard ['ki:bɔ:d] *s.* tastiera. ▭ ~ *operator* tastierista.

keyhole ['ki:həul] *s.* buco della serratura.

keynote ['ki:nəut] *s.* **1** (*Mus.*) tonica. **2** (*fig.*) concetto fondamentale; nota dominante. **3** (*am., Pol.*) linea di condotta.

key ring ['ki:riŋ] *s.* portachiavi.

keystone ['ki:stəun] *s.* **1** (*Arch., fig.*) chiave di volta. **2** (*fig.*) perno.

kg = *kilogram(me)* chilogrammo (kg).

khaki ['kɑ:ki] **I** *s.* tela cachi. **II** *a.* (color) cachi.

kick [kik] *s.* **1** calcio, pedata. **2** (*fam.*) eccitazione, gusto, piacere: *to get a big* ~ *out of s.th.* provare un gusto matto a fare qc. **3** (*fam.*) vigore, energia. ▭ (*sl.*) *to get the* ~ essere licenziato.

to **kick** [kik] **I** *v.t.* **1** dare un calcio a; prendere a calci. **2** calciare. **II** *v.i.* **1** calciare, dare calci (*at* a). **2** scalciare. **3** (*fam.*) opporsi; lamentarsi, protestare. ▭ (*fam.*) *to* ~ **about** gironzolare; (*fam.*) *to* ~ *the bucket* morire; *to* ~ *one's* **heels** aspettare a lungo; *to* ~ **off**: 1 (*Sport*) dare il calcio iniziale; 2 (*fam.*) (in)cominciare, attaccare; (*fam.*) *to* ~ **out** cacciare via a calci; licenziare.

kickoff ['kikɔf] *s.* **1** (*Sport*) calcio d'inizio. **2** (*fam.*) inizio, principio.

kid [kid] *s.* **1** (*Zool.*) capretto. **2** pelle di capretto. **3** (*fam.*) bambino: *my* ~ *brother* il mio fratellino. ▭ (*fig.*) *to handle s.o. with* ~ *gloves* trattare qd. con i guanti.

to **kid**[1] [kid] *v.i.* (*pass., p.p.* **kidded** [–id]) (*di capra*) figliare.

to **kid**[2] *v.* (*pass., p.p.* **kidded** [–id] (*fam.*) **I** *v.t.* prendere in giro, burlarsi di. **II** *v.i.* scherzare: *I was only kidding* stavo solo scherzando. ▭ *no kidding?* dici sul serio?

to **kidnap** ['kidnæp] *v.t.* (*pass., p.p.* **-pped**/*am.* **-ped** [–t]) rapire (a scopo di estorsione).

kidnapper ['kidnæpə*] *s.* rapitore.

kidnapping ['kidnæpiŋ] *s.* ratto a scopo di estorsione.

kidney ['kidni] *s.* **1** (*Anat.*) rene: ~ *machine* rene artificiale. **2** (*Gastr.*) rognone. □ ~ *beans* fagioli comuni.

kill [kil] *s.* uccisione (di selvaggina).

to **kill** [kil] **I** *v.t.* **1** uccidere; distruggere (*anche fig.*). **2** sopraffare: *to* ~ *s.o. with kindness* sopraffare qd. di gentilezza. **3** neutralizzare; smorzare; guastare. **4** (*di leggi*) respingere, bocciare. **II** *v.i.* uccidere, ammazzare. □ (*fam.*) *to be* **dressed** (o *got up*) *to* ~ essere vestito in modo da far colpo; *to* ~ **off** sterminare, distruggere; *to* ~ **o.s.** uccidersi, suicidarsi.

killer ['kilə*] *s.* **1** chi uccide; assassino. **2** (*fig.*) flagello: *cancer is a major* ~ il cancro è un immane flagello.

killing ['kiliŋ] **I** *s.* uccisione. **II** *a.* **1** mortale, fatale. **2** (*fam.*) estenuante. **3** (*fam.*) divertentissimo.

kill-joy ['kildʒɔi] *s.* guastafeste *m./f.*

kiln [kiln] *s.* **1** forno, fornace. **2** essiccatoio.

kilo- ['ki:ləu] *pref.* chilo.

kilogram(me) ['kilə(u)græm] *s.* chilogrammo.

kilometer *am.*, **kilometre** ['kilə(u)mi:tə*] *s.* chilometro.

kimono [ki'məunəu] *s.* (*pl.* **–s** [–z]) chimono.

kin [kin] **I** *s.* **1** (*collett.*) parenti, parentela. **2** ceppo, stirpe. **II** *a.* **1** parente (*to* di), imparentato (con). **2** (*fig.*) affine, simile. □ *next of* ~ parenti (più) stretti.

kind[1] [kaind] *a.* gentile, cordiale; cortese. □ *would you be* **so** ~ *as to give me a hand?* saresti così cortese da darmi una mano?; *it is* **very** ~ *of you* è molto gentile da parte tua; (*epist.*) **with** ~ *regards* con i migliori saluti.

kind[2] [kaind] *s.* specie, razza; sorta, genere; qualità, tipo. □ **in** ~ in natura; (*fig.*) nello stesso modo; **nothing** *of the* ~ nulla di simile; (*fam.*) ~ **of** piuttosto, alquanto; **of** *a* ~ della stessa natura, uguali: *they are two of a* ~ sono uguali; (*fam.*) qualsiasi; *s.th* **of** *the* ~ qc. del genere; **of** *its* ~ nel suo genere.

kindergarten ['kindəgɑ:tn] *s.* asilo (infantile).

to **kindle** ['kindl] **I** *v.t.* **1** accendere; dare fuoco a. **2** (*fig.*) suscitare. **II** *v.i.* **1** accendersi. **2** (*fig.*) infiammarsi.

kindliness ['kaindlinis] *s.* gentilezza, cortesia.

kindling ['kindliŋ] *s.* materiale combustibile; sterpi (per attizzare il fuoco).

kindly ['kaindli] **I** *a.* gentile, cordiale. **II** *avv.* **1** gentilmente. **2** per piacere. □ *to* **be** ~ *disposed towards s.o.* essere ben disposto verso qd.; *to* **take** *s.th.* ~ accettare qc. di buon grado; *to* **take** ~ *to s.th.* accettare (come cosa naturale) qc.; vedere di buon occhio qc.

kindness ['kaindnis] *s.* **1** cortesia, gentilezza. **2** piacere, favore.

kindred ['kindrid] **I** *s.* **1** familiari, congiunti. **2** parenti. **II** *a.* **1** consanguineo; imparentato. **2** (*fig.*) affine, simile.

kinematics [,kini'mætiks] *s.pl.* (costr. sing.) cinematica.

kinetic [ki'netik] *a.* cinetico.

kinetics [ki'netiks] *s.pl.* (costr. sing.) (*Fis.*) cinetica.

king [kiŋ] *s.* re; monarca. □ *King's English* inglese puro.

kingdom ['kindəm] *s.* **1** regno. **2** (*fig.*) mondo; sfera, ambito. □ (*fam.*) ~ *come* aldilà.

kingfisher ['kiŋfiʃə*] *s.* (*Zool.*) martin pescatore.

kinglet ['kiŋlit] *s.* **1** reuccio. **2** (*Zool.*) regolo.

kingpin ['kiŋpin] *s.* **1** (*Aut., Mecc.*) perno di sterzaggio. **2** (*fig.*) perno, fulcro.

kingship ['kiŋʃip] *s.* regalità; potere sovrano.

kingsize(d) ['kiŋ'saiz(d)] *a.* più grande del normale; molto grande: ~ *cigarette* sigaretta lunga.

kink [kiŋk] *s.* **1** garbuglio; attorcigliamento. **2** (*fig.*) capriccio, ghiribizzo.

to **kink** [kiŋk] **I** *v.t.* attorcigliare. **II** *v.i.* attorcigliarsi.

kinsfolk ['kinzfəuk] *s.pl.* parenti, parentela.

kinship ['kinʃip] *s.* **1** parentela, consanguineità. **2** (*fig.*) affinità.

kinsman ['kinzmən] *s.* (*pl.* **–men**) parente, congiunto.

kinswoman ['kinzwumən] *s.* (*pl.* **–women** [–wimin]) parente, congiunta.

kiosk [ki'ɔsk] *s.* **1** edicola, chiosco. **2** cabina telefonica.

kip [kip] *s.* (*sl.*) **1** letto. **2** dormita. **3** locanda.

to **kip** [kip] *v.i.* (*pass., p.p.* **kipped** [–t]) (*sl.*) **1** (spesso con *down*) andare a letto. **2** dormire.

kipper ['kipə*] *s.* **1** aringa affumicata. **2** (*Zool.*) salmone maschio all'epoca della riproduzione.

kismet ['kizmet] *s.* fato, destino.

kiss [kis] *s.* **1** bacio. **2** (*nel biliardo*) rimpallo. **3** (*am.*) meringa. □ (*fam.*) ~ *of life* respirazione bocca a bocca.

to **kiss** [kis] **I** *v.t.* **1** baciare. **2** (*fig.*) sfiorare, lambire. **II** *v.i.* **1** baciarsi. **2** (*nel biliardo*) rimpallare. □ *to* ~ *the* **Book** baciare la Bibbia (come giuramento); (*fig.*) *to* ~ *the* **dust** umiliarsi, sottomettersi; essere ucciso; *to* ~ *s.o.* **good-bye** salutare qd. con un bacio.

kit[1] [kit] *s.* **1** equipaggiamento; attrezzatura; arnesi (da lavoro). **2** scatola di montaggio.

to **kit** [kit] *v.t.* (*pass., p.p.* **kitted** [–id]) (general. con *up*) attrezzare, equipaggiare.

kit[2] [kit] *s.* gattino.

kit-bag ['kitbæg] *s.* zaino; borsa.

kitchen ['kitʃin] *s.* cucina.

kitchenet(te) [,kitʃi'net] *s.* cucinino.

kitchen garden ['kitʃingɑ:dn] *s.* orto.

kitchenware ['kitʃinwεə*] *s.* utensili da cucina.

kite [kait] *s.* **1** aquilone. **2** (*Zool.*) nibbio reale. □ *to fly a* ~ far volare un aquilone.

kith [kiθ] *s.*: ~ *and kin* amici e parenti.

kitsch [kitʃ] *s.* cattivo gusto, kitsch.

kitten ['kitn] *s.* gattino: *to have kittens* essere spaventati.

kittenish ['kitniʃ] *a.* **1** simile a un gattino. **2** (*di ragazza*) civetta.

kitty ['kiti] *s.* **1** (*nel poker*) piatto, posta. **2** fondo (comune). **3** (*Sport*) boccino. **4** (*vezz.*) micio, gattino.

kl = *kilolitre* chilolitro (kl).

klaxon ['klæksn] *s.* (*Aut.*) clacson.

kleptomania [,kleptə(u)'meiniə] *s.* (*Psic.*) cleptomania.

kleptomaniac [,kleptə(u)'meiniæk] *s.* cleptomane *m./f.*

km = *kilometre* chilometro.

Km = *Kingdom* Regno.

knack [næk] *s.* **1** abilità, destrezza. **2** trucco, espediente. ▭ *once you get the ~ of it* una volta che ci fai la mano.

knapsack ['næpsæk] *s.* zaino.

knave [neiv] *s.* **1** (*ant.*) furfante, canaglia. **2** (*nelle carte da gioco*) fante.

knavery ['neivəri] *s.* (*ant.*) **1** bricconeria, furfanteria. **2** bricconata, canagliata.

to **knead** [ni:d] *v.t.* **1** impastare. **2** massaggiare.

knee [ni:] *s.* (*Anat.*) ginocchio. ▭ (*esclam.*) **down** *on your knees!* in ginocchio!; **on** *one's knees* in ginocchio; *to go* **on** *one's knees to* (o *before*) *s.o.* inginocchiarsi davanti a qd.

to **knee** [ni:] *v.t.* dare una ginocchiata a.

knee breeches ['ni:bri:tʃiz] *s.pl.* calzoni alla zuava.

kneecap ['ni:kæp] *s.* **1** (*Anat.*) rotula. **2** ginocchiera.

to **kneecap** ['ni:kæp] *v.t.* gambizzare.

knee-deep ['ni:'di:p] *a.* fino al ginocchio.

to **kneel** [ni:l] *v.i.* (*pass., p.p.* **kneeled** [–d]/ **knelt** [nelt]) (spesso con *down*) inginocchiarsi; stare in ginocchio.

kneeler ['ni:lə*] *s.* inginocchiatoio.

knell [nel] *s.* rintocco funebre, campana a morto.

to **knell** [nel] *v.i.* **1** sonare a morto. **2** (*fig.*) essere presagio di rovina.

knelt [nelt] → to **kneel**.

knew [nju:] → to **know**.

knickerbockers ['nikəbɔkəz] *s.pl.* knickerbockers, calzoni alla zuava.

knickers ['nikəz] *s.pl.* **1** mutandoni, mutande. **2** → **knickerbockers**. ▭ (*sl.*) *to get one's ~ in a twist* arrabbiarsi, incavolarsi.

knick-knack ['niknæk] *s.* **1** ninnolo, gingillo. **2** cianfrusaglia.

knife [naif] *s.* (*pl.* **knives** [naivz]) coltello. ▭ *the knives are* **out** siamo ai ferri corti; *to* **twist** *the ~ in the wound* girare il coltello nella piaga.

to **knife** [naif] *v.t.* accoltellare; pugnalare.

knife edge ['nəifedʒ] *s.* filo della lama. ▭ (*fig.*) *on the ~* sul filo del rasoio.

knife-fighting ['naif'faitiŋ] *s.* duello all'arma bianca.

knight [nait] *s.* **1** (*Stor.*) cavaliere. **2** (*titolo onorifico*) cavaliere. **3** (*negli scacchi, ecc.*) cavallo.

to **knight** [nait] *v.t.* creare qd. cavaliere.

knight-errant ['nait'erənt] *s.* (*pl.* **knights -errant**) (*Stor.*) cavaliere errante.

knighthood ['naithud] *s.* **1** cavalierato. **2** (*Stor.*) cavalleria. **3** (*collett.*) cavalieri.

knightly ['naitli] *a.* cavalleresco.

to **knit** [nit] *v.* (*pass., p.p.* **knit/knitted** [–id]) **I** *v.t.* **1** lavorare a maglia. **2** aggrottare: *to ~ one's eyebrows* aggrottare le sopracciglia. **3** saldare, congiungere; unire, legare. **II** *v.i.* **1** lavorare a maglia. **2** (*fig.*) (spesso con *up*) unirsi, legarsi; saldarsi: *his bones knitted up nicely* le sue ossa si sono saldate bene. ▭ *to ~ up*: 1 rammendare; 2 completare un lavoro a maglia.

knitter ['nitə*] *s.* magliaia.

knitting ['nitiŋ] *s.* **1** lavoro a maglia. **2** maglia. ▭ *~ machine* macchina per maglieria.

knitting needle ['nitiŋ,ni:dl] *s.* ferro da calza.

knitwear ['nitwɛə*] *s.* maglieria.

knives [naivz] → **knife**.

knob [nɔb] *s.* **1** pomo, pomello. **2** manopola. **3** cubetto, pezzetto. ▭ *a ~ of butter* una noce di burro.

knobbly ['nɔbli] *a.* nodoso.

to **knock** [nɔk] **I** *v.t.* **1** urtare (con violenza); colpire, picchiare. **2** battere, sbattere. **3** (*fam.*) criticare. **4** (*sl.*) stupire, sbalordire. **II** *v.i.* **1** bussare, picchiare. **2** urtare (qd., contro); sbattere (contro). **3** (*Mot.*) battere (in testa). ▭ *to ~* **about**: 1 maltrattare, strapazzare; 2 sbattere qua e là; 3 (*fam.*) condurre una vita sregolata; girovagare; *to ~* (*up*) **against** sbattere contro; incontrare per caso; *to ~* **down**: 1 atterrare, gettare a terra; 2 demolire, abbattere (*anche fig.*); 3 aggiudicare (all'asta); 4 (*fam.*) ridurre (i prezzi); *to ~ s.o.* **flat** atterrare qd.; (*fig.*) lasciare di stucco; *to ~* **in** piantare, conficcare; *to ~* **off**: 1 (*fam.*) smettere di lavorare; 2 (*fam.*) dedurre, detrarre; 3 (*fam.*) buttare giù, improvvisare; 4 (*sl.*) rubare; 5 (*sl.*) ammazzare; (*fam.*) *~ it* **off!** smettila!; *to ~* **on** *the head* stordire, tramortire; *to ~* **out**: 1 (*Sport*) mettere fuori combattimento; 2 (*fam.*) sbalordire, impressionare profondamente; 3 (*fam.*) mettere fuori uso; 4 (*Sport*) eliminare; *to ~* **over** gettare a terra; *to ~* **together** mettere insieme alla svelta; *to ~* **up**: 1 svegliare (bussando); 2 (*fam.*) stremare, sfinire; 3 improvvisare, preparare in fretta. 4 (*nel tennis*) palleggiare.

knock [nɔk] *s.* **1** colpo; urto; (il) bussare. **2** (*fig.*) colpo. **3** (*Mot.*) battito (in testa).

knockabout ['nɔkəbaut] *a.* **1** chiassoso (e grossolano). **2** (*di abiti*) da lavoro.

knockdown ['nɔk'daun] *a.* **1** (*di colpo*) che atterra. **2** (*fig.*) schiacciante, irrefutabile. **3** (*di prezzo*) di liquidazione.

knocker ['nɔkə*] *s.* battacchio (di porta).

knock-kneed ['nɔkni:d] *a.* dal ginocchio valgo.

knockout ['nɔkaut] **I** *s.* **1** (*Sport*) knockout, colpo che mette fuori combattimento. **2** (*fam.*) persona o cosa straordinaria; cannonata. **II** *a.* **1** che mette fuori combattimento. **2** (*fam.*) che fa colpo.

knoll [nəul] *s.* collinetta.
knot [nɔt] *s.* **1** nodo (*anche del legno*); annodatura. **2** (*fig.*) capannello (di persone). **3** (*fig.*) difficoltà, intoppo. **4** (*Mar.*) nodo. □ (*fam.*) *to tie o.s.* (*up*) *in knots* confondersi.
to **knot** [nɔt] *v.* (*pass., p.p.* **knotted** [–id]) **I** *v.t.* **1** annodare. **2** intrecciare, tessere (a nodi). **II** *v.i* **1** annodarsi. **2** contrarsi.
knotty ['nɔti] *a.* **1** nodoso. **2** (*fig.*) complesso.
know [nəu] *s.*: (*fam.*) *to be in the* ~ essere informato.
to **know** [nəu] *v.* (*pass.* **knew** [nju:], *p.p.* **known** [nəun]) **I** *v.t.* **1** conoscere, sapere. **2** riconoscere: *I'd* ~ *him at once* lo riconoscerei subito. **3** distinguere: *to* ~ *right from wrong* distinguere il bene dal male. **II** *v.i.* sapere, essere informato: *yes, I* ~ sì, lo so. □ *to* ~ **about** essere al corrente di; (*fam.*) *to* ~ *s.th.* **about** *it* saperne qc.; *to do* **all** *one knows* fare tutto il possibile; *you* ~ **best** tu sei il miglior giudice; *to* **come** *to* ~ = *to* **get** *to* ~; as **far** *as I* ~ che io sappia; **for** *all I* ~ = as **far** *as I* ~; *I don't* ~ *him* **from** *Adam* non lo conosco affatto; *to* **get** *to* ~ conoscere; (venire a) sapere; *to* ~ **how** sapere, essere capace: *do you* ~ *how to ride a bike?* sai andare in bicicletta?; *to* **let** *s.o.* ~ fare sapere a qd.; *you* **never** ~ non si sa mai; *not that I* ~ **of** no, che io sappia; *to* ~ **what's** *what* sapere il fatto proprio; **who** *knows* chissà.
knowable ['nəuəbl] *a.* conoscibile.
know-all ['nəuɔ:l] *s.* (*fam.*) sapientone.
know-how ['nəuhau] *s.* know-how, complesso di conoscenze tecniche.
knowing ['nəuiŋ] *a.* accorto; astuto. □ *he gave me a* ~ *look* mi diede un'occhiata d'intesa.
knowingly ['nəuiŋli] *avv.* **1** scaltramente, astutamente. **2** di proposito, deliberatamente.
knowledge ['nɔlidʒ] *s.* **1** conoscenza. **2** nozioni, cognizioni. **3** scienza, dottrina. □ *to the* **best** *of my* ~ che io sappia; *it's a matter of* **common** ~ *that* è risaputo che; **without** *the* ~ *of* all'insaputa di.
knowledgeable ['nɔlidʒəbl] *a.* **1** bene informato. **2** sapiente.
known [nəun] → to **know**.
knuckle ['nʌkl] *s.* **1** (*Anat.*) nocca. **2** (*Mecc.*) articolazione; elemento di cerniera.
to **knuckle** ['nʌkl] *v.t.* toccare con le nocche. □ *to* ~ **down** mettersi al lavoro di buona lena; (*fam.*) *to* ~ **under** cedere, sottomettersi.
knucklebone ['nuklbəun] *s.* **1** (*Anat.*) osso della nocca. **2** (*Zool.*) garretto.
knuckle-duster ['nukldʌstə*] *s.* tirapugni.
knurl [nə:l] *s* (*Mecc.*) zigrinatura.
KO = *knockout* fuori combattimento.
koala [kə(u)'ɑ:lə] *s.* (*Zool.*) koala.
kohl [kəul] *s.* (*Cosmetica*) polvere d'antimonio (per gli occhi).
kohlrabi ['kəul'rɑ:bi] *s.* (*Bot.*) cavolo rapa.
Koran [kɔ:'rɑ:n] *s.* (*Rel.*) Corano.
Korea [kə'riə] *N.pr.* (*Geog.*) Corea.
Korean [kə'riən] *a./s.* coreano.
kosher ['kəuʃə*] *a.* kosher (puro secondo la legge ebraica); (*estens.*) giusto, onesto.
kowtow ['kau'tau] *s.* inchino alla maniera cinese.
to **kowtow** ['kau'tau] *v.i.* **1** inchinarsi alla maniera cinese. **2** (*fig.*) mostrare deferenza (*to* verso).
Kr = (*Chim.*) *kripton* cripto.
kraal [krɑ:l] *s.* **1** kraal, villaggio di capanne recintato. **2** recinto (del bestiame).
kripton [kriptən] *s.* (*Chim.*) cripto.
Kts = (*Mar.*) *knots* nodi.
kudos ['kju:dɔs] *s.inv.* (*fam.*) **1** gloria, fama. **2** onore al merito.
Kuwait [ku'weit] *N.pr.* (*Geog.*) Kuwait.
kv = *kilovolt* chilovolt.
kw = *kilowatt* chilowatt.
kwh = *kilowatt-hour* chilowattora.

L

l[1], **L**[1] [el] *s.* (*pl.* **l's/ls, L's/Ls** [elz]) l, L. □ (*Tel.*) ~ *for Lucy*; (*am.*) ~ *for Love* L come Livorno.
l[2] = *litre* litro (l).
L[2] = (*Aut.*) *learner driver* principiante (P).
L[3], **£** = *pound* lira, sterlina.
la [lɑ:] *s.* (*Mus.*) la.
La = (*Chim.*) *lanthanium* lantanio.
lab [læb] *s.* (*fam.*) laboratorio.
label ['leibl] *s.* **1** etichetta (*anche fig.*); cartellino. **2** marca (di dischi); casa discografica.
to **label** ['leibl] *v.t.* (*pass., p.p.* **–lled**/*am.* **–led** [–d]) **1** etichettare. **2** (*fig.*) qualificare (sommariamente), classificare.
labial ['leibiəl] *a./s.* (*Fonetica*) labiale.
labor *am.* ['leibə*] → **labour**. □ (*USA*) *Labor* **Day** festa del lavoro (primo lunedì di settembre); ~ **union** sindacato operaio.
laboratory [lə'bɔrətəri] *s.* laboratorio.
laborious [lə'bɔ:riəs] *a.* **1** laborioso, faticoso. **2** operoso, attivo.
labour ['leibə*] *s.* **1** fatica, lavoro (faticoso). **2** (*Econ.*) lavoro; manodopera. **3** doglie, travaglio; parto. **4** (*Pol.*) classe operaia. □ ~ **agreement** accordo sindacale; (*GB*) *Labour* **Exchange** ufficio di collocamento; **hard** ~ lavori forzati; ~ **pains** travaglio (di parto); (*Pol.*) *Labour* **Party** partito laburista.
to **labour** ['leibə*] **I** *v.i.* **1** lavorare (con fatica). **2** lottare, battersi (*for* per). **3** procedere a fatica. **4** avere le doglie. **II** *v.t.* trattare in modo circostanziato; discutere a fondo: *I will not ~ the point* non insisterò su questo punto. □ *to ~ under s.th.* soffrire per; essere vittima di: *to ~ under a delusion* essere vittima di un'illusione.
laboured ['leibəd] *a.* **1** faticoso, pesante. **2** affettato, studiato.
labourer ['leibərə*] *s.* lavoratore, manovale; operaio.
labour-intensive ['leibəin'tensiv] *a.* (*Econ.*) ad uso intensivo di lavoro.
Labourism ['leibərizəm] *s.* (*Pol.*) laburismo.
laburnum [lə'bə:nəm] *s.* (*Bot.*) laburno.
labyrinth ['læbərinθ] *s.* labirinto.
labyrinthine [,læbə'rinθain] *a.* labirintico.
lace [leis] *s.* **1** merletto, pizzo. **2** laccio, stringa. **3** (*Sartoria*) gallone; spighetta. □ ~ *pillow* tombolo.
to **lace** [leis] **I** *v.t.* **1** (spesso con *up*) allacciare, legare (con lacci). **2** ornare di merletti; mettere i galloni a. **3** intrecciare, intessere. **4** (*fig.*) correggere (una bevanda). **5** (*fam.*) battere, percuotere. **II** *v.i.* **1** (spesso con *up*) allacciarsi. **2** (*fam.*) (general. con *into*) picchiare, bastonare; criticare aspramente.
lacerate ['læserit] *a.* **1** lacero. **2** (*fig.*) straziato, tormentato.
to **lacerate** ['læsəreit] *v.t.* **1** lacerare, strappare. **2** (*fig.*) straziare, tormentare.
lachrymal ['lækriməl] *a.* (*Anat.*) lacrimale.
lachrymator ['lækrimeitə*] *s.* (*Chim.*) gas lacrimogeno.
lachrymose ['lækriməus] *a.* lacrimoso; facile alla lacrima.
lack [læk] *s.* scarsità, penuria; mancanza (*of* di). □ *for ~ of* per mancanza di.
to **lack** [læk] **I** *v.t.* mancare di, scarseggiare di; essere privo di. **II** *v.i.* **1** mancare, difettare; scarseggiare. **2** essere privo (*in, for* di). □ *to ~ nothing* non avere bisogno di nulla.
lackadaisical [,lækə'deizikəl] *a.* apatico, svogliato.
lackey ['læki] *s.* lacchè.
lacking ['lækiŋ] *a.* privo (*in* di), senza. □ *to be ~* mancare, scarseggiare.
lackluster *am.*, **lack-lustre** ['læklʌstə*] *a.* **1** opaco, spento. **2** (*fig.*) debole, fiacco.
laconic [lə'kɔnik] *a.* laconico.
lacquer ['lækə*] *s.* **1** lacca, vernice. **2** lacca (per capelli).
to **lacquer** ['lækə*] *v.t.* laccare.
lactation [læk'teiʃən] *s.* lattazione.
lactic ['læktik] *a.* (*Chim.*) lattico: ~ *acid* acido lattico.
lactose ['læktəuz] *s.* (*Chim.*) lattosio.
lacy ['leisi] *a.* merlettato; di pizzo, simile a pizzo.
lad [læd] *s.* ragazzo; giovanotto.
ladder ['lædə*] *s.* **1** scala (a pioli). **2** smagliatura (di calza).
to **ladder** ['lædə*] *v.i.* (*di calza*) smagliarsi.
ladderproof ['lædəpru:f] *a.* indemagliabile.
laddie ['lædi] → **lad**.
to **lade** [leid] *v.t.* (*pass.* **laded** [–id], *p.p.* **laded/laden** [–n]) (*Mar.*) caricare; imbarcare.
laden[1] ['leidn] → to **lade**.

laden[2] ['leidn] *a.* **1** carico (*with* di). **2** sovraccarico (di). **3** (*fig.*) gravato, oppresso (da).
lading ['leidiŋ] *s.* (*Mar.*) carico. ☐ (*Comm.*) *bill of* ~ polizza di carico.
ladle ['leidl] *s.* mestolo, ramaiolo.
to **ladle** ['leidl] *v.t.* versare con un mestolo. ☐ *to* ~ *out* scodellare; (*fig.*) prodigare.
lady ['leidi] **I** *s.* **1** gentildonna, dama. **2** (*estens.*) signora, donna. **3** (*titolo nobiliare*) lady. **4** *pl.* (*fam.*) (costr. sing.) toletta per signore. **II** *a.* **1** femmina: ~ *doctor* dottoressa. **2** femminile. ☐ (*Rel.*) *Lady* **Day** Annunciazione; (*USA*) **First** *Lady* moglie del presidente; *the* ~ *of the* **house** la padrona di casa; *ladies'* **man** damerino; **my** *Lady* milady; **Our** *Lady* Nostra Signora, la Madonna; *ladies'* **room** toletta per signore; **young** ~ giovane signora; signorina.
ladybird ['leidibə:d] *s.* (*Zool.*) coccinella.
lady-in-waiting ['leidiin'weitiŋ] *s.* dama di corte.
lady-killer ['leidikilə*] *s.* (*fam.*) rubacuori, conquistatore.
ladylike ['leidilaik] *a.* **1** da signora. **2** signorile.
ladyship ['leidiʃip] *s.*: *Your* (*Her*) *Ladyship* Vostra (Sua) Signoria.
lag[1] [læg] *s.* **1** ritardo; rallentamento. **2** intervallo (di tempo).
to **lag**[1] [læg] *v.i.* (*pass., p.p.* **lagged** [–d]) **1** restare indietro (*behind* a, rispetto a). **2** essere in ritardo (rispetto a).
lag[2] [læg] *s.* galeotto, carcerato.
to **lag**[2] [læg] *v.t.* (*pass., p.p.* **lagged** [–d]) mettere in carcere.
lag[3] [læg] *s.* rivestimento isolante; coibente.
to **lag**[3] [læg] *v.t.* (*pass., p.p.* **lagged** [–d]) (*tecn.*) rivestire con materiale isolante.
lager ['lɑ:gə*] *s.* birra chiara.
laggard ['lægəd] *s.* ritardatario.
lagging ['lægiŋ] *s.* rivestimento isolante.
lagoon [lə'gu:n] *s.* laguna.
laic ['leiik] **I** *a.* → **laical**. **II** *s.* → **layman**.
laical ['leiikəl] *a.* laicale.
laid [leid] → to **lay**.
laid-back ['leidbæk] *a.* disteso, rilassato.
lain [lein] → to **lie**[2].
lair [lɛə*] *s.* tana, covo.
laird *scozz.* [lɛəd] *s.* proprietario terriero.
laity ['leiiti] *s.* (*collett.*) **1** laici, laicato. **2** (*estens.*) profani.
lake [leik] *s.* (*Geog.*) lago. ☐ ~ *dwelling* palafitta.
to **lam** [læm] *v.* (*pass., p.p.* **lammed** [–d]) **I** *v.t.* (*sl.*) battere, picchiare. **II** *v.i.* (general. con *into, out*) percuotere.
lama ['lɑ:mə] *s.* (*Rel.*) lama.
lamb [læm] *s.* (*Zool.*) agnello (*anche fig.*).
to **lamb** [læm] *v.i.* (*di pecora*) figliare.
to **lambast(e)** [læm'beist] *v.t.* (*fam.*) **1** battere, picchiare. **2** rimproverare (duramente).
lambkin ['læmkin] *s.* (*Zool.*) agnellino.
lamblike ['læmlaik] *a.* mansueto, docile come un agnellino.
lambskin ['læmskin] *s.* **1** pelliccia d'agnello. **2** pelle d'agnello.
lamb's-wool ['læmzwul] *s.* lana d'agnello.
lame [leim] *a.* **1** zoppo, storpio. **2** (*fig.*) fiacco, debole. **3** (*Metrica*) zoppicante. **4** (*am.*) rigido e dolorante. ☐ ~ *duck*: 1 persona maldestra e goffa; 2 azienda in dissesto; 3 (*Mar.*) nave inservibile; 4 (*am.*) deputato non rieletto.
to **lame** [leim] *v.t.* azzoppare, storpiare.
lament [lə'ment] *s.* lamento.
to **lament** [lə'ment] **I** *v.t.* **1** (com)piangere, lamentare. **2** rammaricarsi di, rimpiangere. **II** *v.i.* lamentarsi, gemere (*for, over* per).
lamentable ['læməntəbl] *a.* **1** deplorevole. **2** (*fam.*) pessimo.
lamentation [ˌlæmən'teiʃən] *s.* lamento; lamentazione.
lamina ['læminə] *s.* (*pl.* **–s** [–z]/**–nae** [–ni:]) lamina.
to **laminate** ['læmineit] *v.t.* laminare.
lamp [læmp] *s.* **1** lampada; lume. **2** lampadina.
lampblack ['læmpblæk] *s.* nerofumo.
lampion ['læmpiən] *s.* lanterna colorata.
lampoon [læm'pu:n] *s* (*Lett.*) libello; satira.
to **lampoon** [læm'pu:n] *v.t.* satireggiare.
lampooner [læm'pu:nə*], **lampoonist** [læm'punist] *s.* libellista.
lamp-post ['læmppəust] *s.* lampione.
lamprey ['læmpri] *s.* (*Zool.*) lampreda.
lampshade ['læmpʃeid] *s.* paralume.
lance [lɑ:ns] *s.* **1** (*Mil.*) lancia. **2** lanciere. **3** (*Pesca*) lancia.
to **lance** [lɑ:ns] *v.t.* trafiggere con una lancia.
lancer ['lɑ:nsə*] *s.* (*Mil.*) lanciere.
lancet ['lɑ:nsit] *s.* **1** (*Chir.*) lancetta; bisturi. **2** (*Arch.*) arco ogivale. ☐ ~ *window* finestra ogivale.
land [lænd] *s.* **1** terra, terraferma. **2** paese, regione. **3** terreno, suolo. **4** tenuta, possedimento rurale. **5** *pl.* proprietà (terriera). **6** campi; campagna. ☐ (*Mar.*) ~ **ho**! terra in vista!; (*fig.*) *to see how the* ~ **lies** tastare il terreno; (*Mar.*) *to* **make** ~ avvistare la terra; approdare; (*fig.*) *the* ~ *of* **milk** *and honey* il paese di Bengodi.
to **land** [lænd] **I** *v.t.* **1** (*Mar.*) sbarcare. **2** (*Aer.*) far atterrare. **3** (*Pesca*) tirare a riva. **4** (*fig.*) far finire, condurre. **5** (*sl.*) assestare, sferrare: *to* ~ *a blow* assestare un colpo. **6** (*fam.*) ottenere, conquistare: *to* ~ *a good job* ottenere un buon posto. **II** *v.i.* **1** (*Mar.*) sbarcare, approdare. **2** (*Aer.*) atterrare. **3** (spesso con *up*) andare a finire, capitare. **4** cadere, toccare terra. ☐ (*fig.*) *to* ~ *like a* **cat** (o *on one's feet*) scampare a un pericolo; (*fig.*) *to* ~ *o.s. in* **difficulties** cacciarsi nei guai.
land agent ['lændeidʒənt] *s.* **1** fattore. **2** (*ingl.*) agente immobiliare.
landed ['lændid] *a.* **1** che ha proprietà terriere. **2** fondiario.
landfall ['lændfɔ:l] *s.* (*Mar.*) **1** terra in vista. **2** approdo.

landholder ['lændhəuldə*] *s.* proprietario terriero.

landing ['lændiŋ] *s.* **1** (*Mar.*) approdo, sbarco. **2** (*Aer.*) atterraggio. **3** (*Edil.*) pianerottolo. □ ~ *strip* pista d'atterraggio.

landing craft ['lændiŋkrɑ:ft] *s.* (*Mar.*) mezzo da sbarco.

landing gear ['lændiŋgiə*] *s.* (*Aer.*) carrello d'atterraggio.

landlady ['lændleidi] *s.* **1** padrona di casa. **2** albergatrice; affittacamere.

landlocked ['lændlɔkt] *a.* senza sbocco sul mare.

landlord ['lændlɔ:d] *s.* **1** padrone di casa. **2** albergatore; affittacamere. **3** → **landowner**.

landlubber ['lændlʌbə*] *s.* marinaio di acqua dolce.

landmark ['lændmɑ:k] *s.* **1** punto di riferimento. **2** monumento (*o* edificio) che caratterizza un posto. **3** (*fig.*) pietra miliare. **4** pietra confinaria.

landowner ['lændəunə*] *s.* proprietario terriero.

landscape ['læn(d)skeip] *s.* paesaggio. □ ~ **architect** architetto dei paesaggi; ~ **painter** paesaggista.

landslide ['lændslaid] *s.* **1** (*Geol.*) smottamento; frana. **2** (*Pol.*) vittoria elettorale schiacciante.

landslip ['lændslip] *s.* (*Geol.*) franamento, smottamento.

land-surveyor ['lændsə(:)veiə*] *s.* agrimensore.

landward ['lændwəd] *a.* **1** situato verso l'interno. **2** verso terra.

landwards ['lændwədz] *avv.* verso terra.

lane [lein] *s.* **1** sentiero, viottolo. **2** passaggio stretto, strettoia; vicolo. **3** (*Mar., Aer.*) rotta. **4** corsia (di strada, di circuito).

language ['læŋgwidʒ] *s.* **1** lingua; linguaggio; gergo. **2** favella. □ *bad* (o *strong*) ~ parolacce.

languid ['læŋgwid] *a.* **1** fiacco, debole. **2** apatico, indifferente.

to **languish** ['læŋgwiʃ] *v.i.* **1** languire, illanguidirsi. **2** struggersi (*with* di).

languishing ['læŋgwiʃiŋ] *a.* languido; svenevole.

languor ['læŋgə*] *s.* **1** languidezza, languore; fiacchezza, debolezza. **2** struggimento.

languorous ['læŋgərəs] *a.* languido, svenevole.

lank [læŋk] *a.* **1** (*di capello*) liscio e floscio. **2** sottile, smilzo.

lanky ['læŋki] *a.* alto e dinoccolato.

lanolin ['lænəlin] *s.* (*Chim.*) lanolina.

lantern ['læntən] *s.* lanterna.

lantern-jawed ['læntəndʒɔ:d] *a.* con il mento sporgente, con la bazza.

lanthanum ['lænθənəm] *s.* (*Chim.*) lantanio.

lap[1] [læp] *s.* **1** grembo. **2** (*Sartoria*) risvolto; lembo, falda. □ (*fig.*) *in the* ~ *of the* **gods** nelle mani di Dio; (*fig.*) *to live in the* ~ *of* **luxury** vivere nel lusso.

lap[2] [læp] *s.* **1** (*Sport*) giro. **2** tappa (di viaggio). **3** (*fig.*) stadio, fase. **4** parte che si sovrappone. **5** giro, avvolgimento.

to **lap**[1] [læp] *v.* (*pass., p.p.* **lapped** [–t]) **I** *v.t.* **1** avvolgere. **2** sovrapporre. **3** (*Sport*) doppiare. **II** *v.i.* **1** ripiegarsi. **2** sovrapporsi. **3** (*Sport*) fare un giro di pista.

lap[3] [læp] *s.* sciabordio.

to **lap**[2] [læp] *v.* (*pass., p.p.* **lapped** [–t]) **I** *v.t.* sciabordare contro, lambire. **II** *v.i.* sciabordare. □ *to* ~ *up* (*di animali*) lappare; (*fam.*) ascoltare con grande interesse.

lapdog ['læpdɔg] *s.* cagnolino da salotto.

lapel [lə'pel] *s.* (*Sartoria*) risvolto, bavero.

lapidary ['læpidəri] **I** *s.* tagliatore di gemme. **II** *a.* lapidario.

Lapland ['læplænd] *N.pr.* (*Geog.*) Lapponia.

Laplander ['læplændə*] *s.* lappone *m./f.*

lapse [læps] *s.* **1** errore, lapsus; passo falso. **2** intervallo (di tempo); periodo. **3** decadenza; (*Dir.*) prescrizione. □ ~ *a* ~ *of* **memory** un'improvvisa amnesia; *a* ~ *from* **virtue** una sbandata (morale).

to **lapse** [læps] *v.i.* **1** cadere (*into* in). **2** (*fig.*) cadere, commettere una mancanza, abbandonarsi (a). **3** (*Dir.*) decadere.

lapwing ['læpwiŋ] *s.* (*Zool.*) pavoncella.

larboard ['lɑ:bɔ:d] *a./s.* (*Mar.*) babordo.

larceny ['lɑ:səni] *s.* (*Dir.*) furto.

larch [lɑ:tʃ] *s.* (*Bot.*) larice.

lard [lɑ:d] *s.* (*Gastr.*) strutto, sugna.

to **lard** [lɑ:d] *v.t.* **1** (*Gastr.*) ungere di grasso; lardellare. **2** (*fig.*) infiorare, infarcire (*with* di).

larder ['lɑ:də*] *s.* dispensa.

large [lɑ:dʒ] **I** *a.* **1** grande, ampio, spazioso; vasto. **2** grosso, consistente: *a* ~ *sum* una grossa somma. **3** (*fig.*) generoso, liberale. **4** ampio, esauriente: *a* ~ *explanation* una spiegazione esauriente. **5** pretenzioso, borioso. **6** numeroso. **II** *avv.* **1** pomposamente. **2** (*Mar.*) col vento in poppa. □ **at** ~: 1 in libertà; 2 ampiamente, diffusamente; 3 in generale; 4 a caso; 5 (*am. Pol.*) che rappresenta un intero stato; **by** *and* ~ in senso lato; *a man with* ~ **ideas** un uomo di ampie vedute.

largely ['lɑ:dʒli] *avv.* **1** in gran parte; principalmente, soprattutto. **2** ampiamente. **3** generosamente.

large-scale ['lɑ:dʒskeil] *a.* su vasta scala.

largess(e) ['lɑ:dʒis, –dʒes] *s.* **1** liberalità, generosità. **2** dono, elargizione. **3** nobiltà d'animo.

lariat *am.* ['læriət] *s.* laccio, lazo.

lark[1] [lɑ:k] *s.* (*Zool.*) allodola.

lark[2] [lɑ:k] *s.* **1** divertimento: *for a* ~ per divertimento. **2** burla, beffa. □ *what a* ~*!* che divertimento!

to **lark** [lɑ:k] *v.i.* **1** (spesso con *about*) divertirsi. **2** scherzare.

larky ['lɑ:ki] *a.* **1** allegro, gaio. **2** scherzoso.

larva ['lɑ:və] *s.* (*pl.* **–vae** [–vi:]/**–s** [–z]) (*Zool.*) larva.

larval ['lɑ:vəl] *a.* larvale.

laryngitis [ˌlærin'dʒaitis] *s.* (*pl.* **–tides** [tidi:z]) (*Med.*) laringite.
larynx ['læriŋks] *s.* (*pl.* **–xes** [–iz]/**larynges** [lə'rindʒi:z]) (*Anat.*) laringe.
lascivious [lə'siviəs] *a.* lascivo, libidinoso.
laser [leizə*] *s.* (*Fis.*) laser. ▭ ~ *surgery* chirurgia con il laser.
lash [læʃ] *s.* **1** frustata, sferzata; fustigazione. **2** frusta, staffile. **3** (*fig.*) sferza, censura. **4** (*Anat.*) ciglio.
to **lash**[1] [læʃ] **I** *v.t.* **1** frustare, staffilare; sferzare. **2** flagellare, battere violentemente su (*o* contro). **3** stimolare, sferzare. **II** *v.i.* **1** dare colpi di frusta. **2** picchiare violentemente (*at, against* su, contro). ▭ (*fig.*) *to* ~ *o.s.* **into** *a fury* montare su tutte le furie; *to* ~ **out** colpire, percuotere (*at s.o.* qd.); (*fig.*) criticare aspramente.
to **lash**[2] [læʃ] *v.t.* assicurare con una fune.
lashing ['læʃiŋ] *s.* **1** frustata, sferzata. **2** *pl.* (*fam.*) quantità enorme, mucchio.
lass [læs] *s.* **1** ragazza. **2** innamorata.
lassie *scozz.* ['læsi] *s.* ragazzina.
lassitude ['læsitju:d] *s.* **1** stanchezza, debolezza. **2** apatia; disinteresse.
lasso ['læsəu] *s.* (*pl.* **–s**/**-ss** [–z]) laccio, lazo.
to **lasso** ['læsəu] *v.t.* prendere con il laccio.
last[1] [lɑ:st) **I** *a.* (*sup. di* **late**) **1** ultimo. **2** scorso, passato. **3** conclusivo, finale; definitivo. **4** massimo, sommo: *in the* ~ *degree* al massimo grado. **II** *s.* **1** ultimo. **2** fine, conclusione. **III** *avv.* (*sup. di* **late**) **1** (per) ultimo. **2** ultimamente, l'ultima volta: *when did you* ~ *see him?* quando l'hai visto l'ultima volta? **3** infine, alla fine. ▭ ~ *of* **all** da ultimo; **at** (*long*) ~ finalmente; *the night* **before** ~ l'altro ieri notte; *the Last* **Day** il giorno del giudizio universale; (*fam.*) *you haven't* **heard** *the* ~ *of this* ne sentirai ancora parlare; ~ *but not* **least** ultimo ma non meno importante; (*fam.*) *to* **see** *the* ~ *of s.o.* liberarsi di qd.; (*fig.*) *the* ~ **straw** la goccia che fa traboccare il vaso; *the* ~ **thing** l'ultima novità; **this** *day* ~ *week* otto giorni oggi; **to** *the* ~ *man* fino all'ultimo uomo; **to** (o *till*) *the* ~ fino in fondo; fino alla morte; **word**: 1 ultima parola; 2 ultimo grido (in fatto di moda); 3 non plus ultra.
to **last** [lɑ:st] *v.i.* **1** durare; perdurare. **2** conservarsi, mantenersi. **3** bastare.
last[2] [lɑ:st] *s.* forma (per calzature).
lasting ['lɑ:stiŋ] *a.* duraturo, durevole.
lastly ['lɑ:stli] *avv.* **1** da ultimo, infine. **2** in conclusione.
latch [lætʃ] *s.* **1** chiavistello, catenaccio. **2** serratura a scatto (con molla). ▭ **off** *the* ~ socchiuso; **on** *the* ~ chiuso col chiavistello.
to **latch** [lætʃ] **I** *v.t.* chiudere con il chiavistello. **II** *v.i.* chiudersi facendo scattare la serratura.
latchkey ['lætʃki:] *s.* chiave di serratura a scatto. ▭ (*fam.*) ~ *child* bambino che ha le chiavi di casa.
late [leit] **I** *a.* (*compar.* **later** [–ə*]/**latter** ['lætə*], *sup.* **latest** [–əst]/**last** [lɑ:st]) **1** (*pred.*) tardi, in ritardo. **2** avanzato, inoltrato: ~ *summer* estate inoltrata. **3** ultimo, (il più) recente. **4** tardivo: *a* ~ *winter* un inverno tardivo. **5** defunto. **6** ex, già: *the* ~ *Prime Minister* l'ex-primo ministro. **II** *avv.* **1** tardi, in ritardo. **2** fino a tardi. **3** ultimamente, di recente. ▭ **early** *and* ~ a ogni ora del giorno; *to keep* ~ **hours** fare le ore piccole; (*fam.*) ~ **in** *the day* nella tarda giornata; ~ *in* **life** avanti negli anni; **of** ~ di recente; **of** ~ *years* in questi ultimi anni; *later* **on** più tardi, dopo; **see** *you later!* a più tardi!
latecomer ['leitkʌmə*] *s.* ritardatario.
lately ['leitli] *avv.* recentemente, di recente.
latent ['leitənt] *a.* latente; potenziale.
lateral ['lætərəl] *a.* laterale.
latest ['leitəst] **I** *a.* (*sup. di* **late**) ultimo, recentissimo. **II** *s.* (*fam.*) **1** ultime notizie. **2** ultima moda. ▭ *at the* ~ al più tardi.
latex ['leiteks] *s.* (*pl.* **latices** ['lætisi:z]/**–texes** [–iz]) (*Bot.*) lat(t)ice.
lath [lɑ:θ] *s.* **1** (*Edil.*) assicella. **2** (*Edil., collett.*) canniccio. **3** stecca (di veneziana).
lathe [leið] *s.* (*Mecc.*) tornio.
lather ['lɑ:ðə*] *s.* **1** schiuma di sapone. **2** (*fam.*) eccitazione, agitazione.
to **lather** ['lɑ:ðə*] **I** *v.t.* **1** insaponare. **2** (*fam.*) battere, picchiare. **II** *v.i.* fare schiuma, schiumare.
lathery ['lɑ:ðəri] *a.* **1** schiumoso. **2** coperto di schiuma.
Latin ['lætin] *a./s.* latino.
Latinist ['lætinist] *s.* latinista *m./f.*
latitude ['lætitju:d] *s.* **1** latitudine. **2** *pl.* regione, paese. **3** libertà (d'azione).
latrine [lə'tri:n] *s.* latrina.
latter ['lætə*] **I** *a.* (*compar. di* **late**) **1** più recente. **2** ultimo; secondo (di due). **II** *pron.* il secondo, l'ultimo (di due). ▭ *in these* ~ **days** in questi ultimi giorni; *the* **former** ... *the* ~ l'uno ... l'altro, il primo ... il secondo.
latter-day ['lætədei] *a.* recente, moderno.
latterly ['lætəli] *avv.* ultimamente, di recente.
lattice ['lætis] *s.* traliccio, graticcio; grata.
to **lattice** ['lætis] *v.t.* **1** munire di grata. **2** ingraticciare.
lattice window ['lætis'windəu] *s.* **1** vetrata piombata (con disegno a losanghe). **2** finestra con grata.
Latvia ['lætviə] *N.pr.* (*Geog.*) Lettonia.
Latvian ['lætviən] *a./s.* lettone.
to **laud** [lɔ:d] *v.t.* lodare, celebrare.
laudable ['lɔ:dəbl] *a.* lodevole, encomiabile.
laudanum ['lɔ:dnəm] *s.* (*Farm.*) laudano.
laugh [lɑ:f] *s.* **1** risata, riso. **2** divertimento, spasso. ▭ **for** *laughs* per scherzo; *to* **force** *a* ~ ridere a fior di labbra; *to* **give** *a loud* ~ scoppiare in una sonora risata; *to have* (o *get*) *the* ~ **of** *s.o.* ridere alle spalle di qd.; *to have a good* ~ **over** *s.th.* farsi una bella risata su qc.; *to* **raise** *a* ~ suscitare il riso.
to **laugh** [lɑ:f] **I** *v.i.* ridere. **II** *v.t.* dire ridendo. ▭ *to* ~ **at**: 1 ridere per; 2 burlarsi di; 3

non preoccuparsi di; 4 non temere; *to ~ s.o.* **down** costringere qd. al silenzio con risate di scherno; *to ~* **off** *one's embarrassment* superare l'imbarazzo con una risata; (*fam.*) *to ~* **on** *the other side of one's face* passare dal riso al pianto; *to ~ to* **o.s.** fare una risatina fra sé; *to ~* **up** *one's sleeve* ridere sotto i baffi.

laughable ['lɑ:fəbl] *a.* comico, ridicolo.

laughing ['lɑ:fiŋ] *a.* **1** ridente, allegro. **2** che fa ridere. ▭ *it is no ~ matter* c'è poco da ridere.

laughing gas ['lɑ:fiŋgæs] *s.* (*Chim.*) gas esilarante.

laughingstock ['lɑ:fiŋstɔk] *s.* zimbello, scherno.

laughter ['lɑ:ftə*] *s.* riso, risata; ilarità. ▭ *to* **burst** *into ~* scoppiare a ridere; *to* **roar** *with ~* ridere sgangheratamente.

launch[1] [lɔ:ntʃ] *s.* (*Mar.*) lancia, scialuppa.

launch[2] [lɔ:ntʃ] *s.* **1** (*Mar.*) varo. **2** (*Mil., Astron.*) lancio (*anche fig.*).

to **launch** [lɔ:ntʃ] **I** *v.t.* **1** (*Mar.*) varare. **2** (*Mil., Astron.*) lanciare. **3** scagliare, lanciare; (*di colpo*) sferrare, vibrare: *to ~ an attack* sferrare un attacco. **4** (*fig.*) introdurre, lanciare; varare. **II** *v.i.* lanciarsi (*into* in). ▭ *to ~* **forth** *on an enterprise* buttarsi a capofitto in un'impresa; *to ~* **out** *into s.th.* imbarcarsi in qc.

launching pad ['lɔ:ntiŋpæd] *s.* **1** (*Aer., Astron.*) rampa di lancio. **2** (*fig.*) trampolino di lancio.

to **launder** ['lɔ:ndə*] *v.t./i.* **1** lavare e stirare. **2** riciclare: *to ~ money* riciclare denaro sporco.

launderette [ˌlɔ:ndə'ret] *s.* lavanderia a gettone.

laundress ['lɔ:ndris] *s.* lavandaia.

laundromat *am.* ['lɔ:ndrəmæt] → **launderette**.

laundry ['lɔ:ndri] *s.* **1** lavanderia. **2** bucato.

laureate ['lɔ:riit] **I** *a.* coronato d'alloro. **II** *s.* poeta, letterato al quale sia stata conferita un'onorificenza. ▭ *Poet Laureate* poeta laureato.

laurel ['lɔrəl] *s.* **1** (*Bot.*) lauro, alloro. **2** *pl.* (*fig.*) gloria, fama. ▭ (*fig.*) *to rest on one's laurels* dormire sugli allori.

to **laurel** ['lɔrəl] *v.t.* (*pass., p.p.* **–lled**/*am.* **–led** [–d]) coronare d'alloro.

lava ['lɑ:və] *s.* (*Geol.*) lava.

lavatory ['lævətəri] *s.* gabinetto, latrina.

lavatory paper ['lævətəri'peipə*] *s.* carta igienica.

lavender ['lævində*] *s.* lavanda.

lavish ['læviʃ] *a.* **1** prodigo, largo (*of, with* di). **2** generoso; fastoso, sontuoso.

to **lavish** ['læviʃ] *v.t.* prodigare, colmare: *to ~ attention an s.o.* colmare qd. di attenzioni.

lavishness ['læviʃnis] *s.* prodigalità, liberalità.

law [lɔ:] *s.* **1** legge; norma; principio; regola. **2** giurisprudenza, professione legale: *to practise ~* esercitare la professione legale. **3** diritto: *criminal ~* diritto penale. **4** azione legale. ▭ *action* **at** *~* azione legale; **by** *~* a norma di legge; *with the* **force** *of ~* avente forza di legge; *~ in* **force** legge vigente; (*fam.*) *to* **go** *to ~* adire le vie legali; (*fig.*) *to* **lay** *down the ~* dettar legge; *~ of* **nations** diritto internazionale; *~ of* **nature** diritto naturale; *to* **take** *the ~ into one's own hands* farsi giustizia da sé; *to keep* **within** *the ~* rimanere nella legge.

law-abiding ['lɔ:ə'baidiŋ] *a.* osservante della legge.

law and order ['lɔ:ənd'ɔ:də*] *s.* legge e ordine.

lawbreaker ['lɔ:breikə*] *s.* chi non rispetta la legge, contravventore.

lawful ['lɔ:fəl] *a.* **1** legale, legittimo. **2** (legalmente) valido. ▭ *~ age* maggiore età.

lawfulness ['lɔ:fəlnis] *s.* legalità, liceità.

lawgiver ['lɔ:givə*] *s.* legislatore.

lawless ['lɔ:lis] *a.* **1** senza leggi. **2** (*fig.*) sfrenato, sregolato. **3** illegale, illecito.

lawn[1] [lɔ:n] *s.* prato all'inglese.

lawn[2] [lɔ:n] *s.* tela di lino; batista.

lawn mower ['lɔ:nməuə*] *s.* tagliaerba.

lawn tennis ['lɔ:ntenis] *s.* tennis su prato.

Lawrence ['lɔrəns] *N.pr.m.* Lorenzo.

lawrencium [lɔ'rensiəm] *s.* (*Chim.*) laurenzio.

lawsuit ['lɔ:sju:t] *s.* (*Dir.*) **1** causa: *to bring a ~ against s.o.* fare causa contro qd. **2** processo.

lawyer ['lɔ:jə*] *s.* (*Dir.*) avvocato, legale.

lax [læks] *a.* **1** rilassato, infiacchito. **2** trascurato, negligente (*in* in). **3** molle, allentato.

laxative ['læksətiv] *a./s.* (*Farm.*) lassativo.

laxity ['læksiti] *s.* **1** rilassamento, rilassatezza. **2** trascuratezza, negligenza.

lay[1] [lei] *s.* **1** posizione, disposizione. **2** (*fam.*) piano, progetto. **3** lavoro, attività. ▭ *the ~ of the land* la configurazione del terreno; (*fig.*) lo stato delle cose.

to **lay** [lei] (*pass., p.p.* **laid** [leid]) *v.t.* **1** porre; posare; appoggiare; stendere (*anche fig.*): *he laid his glasses on the table* posò gli occhiali sul tavolo; to *~ the mat on the floor* stendere il tappetino sul pavimento; *to ~ one's hopes on s.o.* porre le proprie speranze in qd.; *to ~ plans* stendere piani. **2** placare; dissipare: *to ~ s.o.'s fears* placare i timori di qd. **3** deporre, fare (uova) (*anche in senso assol.*): *the hen has laid three eggs today* oggi la gallina ha fatto tre uova; *do your hens lay each day?* le tue galline fanno le uova tutti i giorni? **4** preparare: *to ~ the table* apparecchiare la tavola. **5** scommettere (*anche in senso assol.*): *I ~ ten pounds on this horse* scommetto dieci sterline su questo cavallo; *do you ever ~?* scommetti sempre? **6** applicare; spalmare: *to ~ paint* stendere la vernice. **7** presentare (ufficialmente): *to ~ a charge against s.o.* presentare un'accusa contro qd. **8** (*fam. volg.*) scopare, avere rapporti sessuali. ▭ *to ~ s.th. to s.o.'s* **charge** ritenere qd. responsabile di qc.; *to ~* **claim** *to s.th.* avanzare pretese su (*o* rivendicare) qc.; *to ~ s.th.* **flat** buttare a terra qc.;

to ~ *one's* **hands** *on s.th.*: 1 (*fig.*) prendere possesso di qc.; 2 riuscire a trovare qc.; *to* ~ *one's* **hands** *on s.o.* alzare le mani contro qd.; *to* ~ **hold** *of s.th.* tenere stretto qc.; *to* ~ **low** abbattere; buttare a terra; *to* ~ *s.o. under an* **obligation** *to do s.th.* costringere qd. a fare qc.; *to* ~ *o.s.* **open** *to criticism* esporsi alle critiche; *to* ~ **stress** *on s.th.* sottolineare (*o* mettere in evidenza) qc.; *to* ~ *a* **tax** *on s.th.* imporre una tassa su qc.; *to* ~ *s.th.* **waste** distruggere, devastare. // (*seguito da preposizioni*) *to* ~ **about** attaccare; *to* ~ **about** *s.o.* menare botte da orbi a qd.; *to* ~ **into** attaccare, assalire. // (*seguito da avverbi*) *to* ~ **aside** (o *by*) mettere da parte; accantonare; smettere di fare qc.; *to* ~ **down:** 1 posare; lasciare; deporre: *to* ~ *down office* lasciare un incarico; *to* ~ *down one's arms* deporre le armi; 2 distendere, sdraiare: ~ *the child down carefully* sdraia il bambino con cura; 3 sacrificare, rinunciare a: *to* ~ *down one's life for s.th.* sacrificare la propria vita per qc.; 4 progettare; (iniziare a) costruire; 5 dettare, imporre: *to* ~ *down the law* dettar legge; 6 mettere in cantina: *to* ~ *down sherry* mettere lo sherry in cantina; *to* ~ **in** fare una scorta di; *to* ~ **off:** 1 sospendere qd. temporaneamente dal lavoro; 2 smettere, interrompere (un lavoro, un'attività, ecc.); *to* ~ **on:** 1 fornire, fare l'allacciamento (gas, elettricità, ecc.); 2 far ricadere su qd. la responsabilità di qc.; (*fam.*) *to* ~ *it* **on** (*thick*) esagerare, caricare le tinte; *to* ~ **out:** 1 stendere; disporre: *a wonderful scenary laid out before us* uno spettacolo bellissimo si stendeva davanti a noi; 2 progettare (un edificio, ecc.); 3 preparare (per la sepoltura); 4 gettare a terra qd.; 5 (*fam.*) spendere; *to* ~ *o.s.* **out** *to please s.o.* darsi molto da fare per far piacere a qd.; *to* ~ **over** (*am.*) fare una sosta; fare scalo; *to* ~ **up**: 1 conservare; accumulare; 2 tenere a casa (*o* a letto) per una malattia; 3 (*Mar.*) mettere in disarmo una nave (per riparazioni).

lay[2] [lei] *a.* **1** laico. **2** profano, incompetente.

lay[3] [lei] → to **lie**[2].

layabout ['leiəbaut] *s.* (*fam.*) sfaccendato, fannullone.

lay-by ['leibai] *s.* piazzola (di sosta).

layer ['leiə*] *s.* **1** strato. **2** gallina ovaiola. **3** (*Agr.*) propaggine.

to **layer** ['leiə*] *v.t.* (*Agr.*) riprodurre per propaggine.

layered ['lɛəd] *a.* a strati.

layette [lei'et] *s.* corredino per neonato.

lay figure ['leifigə*] *s.* **1** (*Arte*) manichino. **2** (*fig.*) fantoccio, marionetta.

layman ['leimən] *s.*(*pl.* **–men**) **1** laico. **2** profano.

lay-off ['leiɔf] *s.* interruzione (temporanea) del rapporto di lavoro. □ ~ *pay* indennità di licenziamento.

layout ['leiaut] *s.* **1** tracciato, progetto. **2** (*Tip.*) impaginazione. **3** (*Industria*) organizzazione delle superfici.

lazaret(te) [ˌlæzə'ret], **lazaretto** [ˌlæzə'retəu] *s.* (*pl.* **–s** [–z]) lazzaretto.

to **laze** [leiz] **I** *v.i.* oziare, poltrire. **II** *v.t.* (general. con *away*) passare nell'ozio.

laziness ['leizinis] *s.* poltroneria, pigrizia.

lazy ['leizi] *a.* **1** pigro. **2** che invita all'ozio.

lazy-bones ['leizibəunz] *s.pl.* (costr. sing.) (*fam.*) poltrone, pigrone.

lb = *pound*(*s*) libbra, libbre.

LC = *Lord Chancellor* Lord Cancelliere.

lcd = *lowest common denominator* minimo comune denominatore (m.c.d.).

lcm = *lowest* (*o least*) *common multiple* minimo comune multiplo (m.c.m.).

Ld = *Lord.*

to **leach** [li:tʃ] *v.t.* **1** percolare, filtrare. **2** (spesso con *out, away*) (*Geol.*) dilavare.

lead[1] [li:d] *s.* **1** comando, guida; (*estens.*) esempio (da seguire): *to take the* ~ prendere il comando; *to follow s.o.'s* ~ seguire l'esempio di qd. **2** primo posto: *to have the* ~ *in a race* aver il primo posto in una corsa. **3** guinzaglio. **4** (*nel gioco delle carte*) diritto di aprire il gioco; carta di apertura. **5** (*Teat.*) parte principale; protagonista *m./f.* **6** (*Giorn.*) titolatura (di articolo); articolo di fondo; notizie principali. **7** canale artificiale (per alimentare i mulini). **8** (*Geol.*) cunicolo. **9** (*El.*) conduttore isolato.

to **lead**[1] [li:d] *v.* (*pass., p.p.* **led** [led]) **I** *v.t.* **1** condurre; accompagnare: *visitors were led by a guide* i visitatori vennero accompagnati da una guida. **2** guidare; dirigere; essere a capo di: *to* ~ *a party* essere a capo di un partito. **3** persuadere; indurre: *what leads you to think so?* che cosa ti fa pensare in questo modo? **4** aprire, essere in testa a; (*fig.*) avere il primo posto in; primeggiare: *to* ~ *the procession of demonstrators* aprire il corteo dei dimostranti. **5** trascorrere, condurre: *to* ~ *a miserable life* condurre una vita miserevole. **II** *v.i.* **1** andare avanti, fare strada. **2** (*di strade*) condurre, portare (*to* a); (*fig.*) risultare: *to* ~ *nowhere* non portare a nessun risultato. **3** (*Sport*) condurre, essere in vantaggio. **4** (*nel gioco delle carte*) aprire il gioco. □ *to* ~ *s.o. by the* **nose** menare (qd.) per il naso; raggirare qd.; (*Sport*) *to* ~ *the* **race** essere in testa; *one thing leads* **to** *another* da cosa nasce cosa. // (*seguito da avverbi*) (*fig.*) *to* ~ *s.o.* **astray** portare qd. sulla cattiva strada; *to* ~ **off** incominciare; *to* ~ **on** ingannare; *to* ~ **up** *to* preparare la strada: *these events are leading up to a revolt* questi avvenimenti preparano la strada alla rivolta.

lead[2] [led] *s.* **1** (*Chim.*) piombo. **2** (*Mar.*) scandaglio. **3** grafite; mina (di matita). **4** (*Tip.*) interlinea. **5** *pl.* (*Edil.*) piombi.

to **lead**[2] [led] *v.t.* **1** piombare, impiombare. **2** (*Tip.*) (spesso con *out*) interlineare.

leaden ['ledn] *a.* **1** di piombo. **2** plumbeo. **3**

(*fig.*) pesante come il piombo, greve; opprimente.

leader ['li:də*] *s.* **1** capo, guida; condottiero. **2** (*ingl.*) articolo di fondo, editoriale. **3** capofila *m./f.*, primo. **4** (*Dir.*) primo difensore. **5** (*Anat.*) tendine.

leadership ['li:dəʃip] *s.* **1** comando, direzione; guida. **2** attitudine al comando.

lead-in ['li:din] *s.* **1** presentazione, introduzione. **2** (*Rad.*) discesa d'antenna.

leading ['li:diŋ] **I** *a.* **1** di testa, primo. **2** eminente, preminente. **3** che dirige, che guida. **II** *s.* **1** comando, direzione. **2** (*fig.*) autorità, guida. ▭ (*ingl.*) ~ **article** articolo di fondo; (*Dir.*) ~ **case** caso che crea un precedente; (*Teat.*) ~ **lady** protagonista; (*fig.*) ~ **light** luminare; (*Teat.*) ~ **man** protagonista; ~ **question** domanda tendenziosa; (*fig.*) *to be in* ~ **strings** essere sottoposto a uno stretto controllo.

leadoff ['li:dɔf] *s.* inizio, principio.

leaf [li:f] *s.* (*pl.* **leaves** [li:vz]) **1** foglia. **2** (*collett.*) fogliame, foglie. **3** foglio di carta. **4** (*Met.*) foglia, lamina. **5** (*di tavolo, ecc.*) ribalta. ▭ *to* **come** *into* ~ mettere le foglie; (*fig.*) *to* **take** *a* ~ *out of s.o.'s book* seguire l'esempio di qd.; (*fig.*) *to* **turn** *over a new* ~ voltare pagina.

to **leaf** [li:f] *v.i.* **1** mettere le foglie. **2** sfogliare (un libro).

leafage ['li:fidʒ] *s.* (*collett.*) fogliame.

leafless ['li:flis] *a.* senza foglie.

leaflet ['li:flit] *s.* volantino, manifestino.

to **leaflet** ['li:flit] *v.t.* fare un volantinaggio.

leafy ['li:fi] *a.* frondoso, ricco di foglie.

league[1] [li:g] *s.* **1** (*Pol.*) lega. **2** associazione, società. **3** (*Sport*) federazione. ▭ *to be in* ~ *with s.o.* essere in combutta con qd.

to **league** [li:g] **I** *v.t.* unire in una lega. **II** *v.i.* unirsi in lega.

league[2] [li:g] *s.* (*unità di misura*) lega → **Appendice**.

leak [li:k] *s.* **1** falla. **2** (*di liquido, ecc.*) fuga, perdita. **3** (*El.*) dispersione. **4** (*fig.*) fuga di notizie. ▭ (*volg.*) *to take a* ~ pisciare.

to **leak** [li:k] **I** *v.i.* **1** perdere. **2** (*di liquido*) (general. con *out*) fuor(i)uscire, disperdersi; (general. con *in*) penetrare, infiltrarsi. **3** (*fig.*) (*di notizia, ecc.*) (spesso con *out*) trapelare. **4** (*Mar.*) fare acqua. **II** *v.t.* **1** perdere; lasciar uscire. **2** (*fig.*) (*di notizia, ecc.*) fare trapelare.

leakage ['li:kidʒ] *s.* **1** dispersione; fuga; perdita. **2** (*fig.*) fuga (di notizie). **3** (*Comm.*) colaggio; dispersione.

leaky ['li:ki] *a.* che perde.

lean[1] [li:n] *s.* inclinazione.

to **lean** [li:n] *v.* (*pass., p.p.* **leant** [lent]/**–ed** [–d]) **I** *v.i.* **1** inclinarsi, piegarsi. **2** pendere. **3** addossarsi, appoggiarsi (*on* su). **4** (*fig.*) propendere (*to, towards* per), tendere (a). **5** (*fig.*) contare, fare affidamento (*on, upon* su). **II** *v.t.* **1** inclinare, piegare. **2** appoggiare, addossare. ▭ *to* ~ **back** appoggiarsi (indietro); *to* ~ **out** sporgersi (in avanti), protendersi; (*fam.*) *to* ~ **over** *backward(s) to do s.th.* mettercela tutta nel fare qc.

lean[2] [li:n] **I** *a.* **1** magro. **2** (*fig.*) scarso, povero. **II** *s.* (*di carne*) magro. ▭ (*fig.*) ~ *years* anni delle vacche magre.

leaning ['li:niŋ] *s.* inclinazione, propensione (*towards* per).

leanness ['li:nnis] *s.* magrezza.

leant [lent] → to **lean**.

lean-to ['li:ntu:] *s.* (*pl.* **–s** [–z]) (*Arch.*) capannone con tetto a una falda.

leap [li:p] *s.* **1** salto, balzo. **2** (*fig.*) progresso. ▭ (*fig.*) *by leaps and* **bounds** molto rapidamente; (*fig.*) ~ *in the* **dark** salto nel buio.

to **leap** [li:p] *v.* (*pass., p.p.* **–ed** [–t]/**leapt** [lept]) **I** *v.i.* **1** saltare. **2** schizzare; balzare, guizzare. **II** *v.t.* saltare. ▭ *to* ~ **at** *an opportunity* afferrare al volo un'occasione; (*fig.*) *to* ~ *to the* **eye** saltare agli occhi.

leapfrog ['li:pfrɔg] *s.* (*gioco*) cavallina.

leapt [lept] → to **leap**.

leap year ['li:pjə*] *s.* anno bisestile.

to **learn** [lə:n] *v.* (*pass., p.p.* **–t** [–t]/**–d** [–d]) **I** *v.t.* **1** imparare, apprendere; studiare: *to* ~ *to swim* imparare a nuotare. **2** venire a sapere. **II** *v.i.* venire a conoscenza, sapere (*of* di).

learned ['lə:nid] *a.* colto, dotto; erudito.

learner ['lə:nə*] *s.* **1** scolaro. **2** apprendista *m./f.*

learning ['lə:niŋ] *s.* **1** apprendimento. **2** dottrina, erudizione. ▭ (*Inform.*) **machine** ~ apprendimento automatico; *a* **man** *of* ~ un uomo di cultura.

learnt [lə:nt] → to **learn**.

lease [li:s] *s.* (*Dir.*) contratto d'affitto, locazione. ▭ (*fig.*) *to get a new* ~ *of life* avere nuove prospettive di vita.

to **lease** [li:s] *v.t.* affittare, dare in affitto; prendere in affitto.

leasehold ['li:shəuld] *s.* possesso immobiliare.

leaseholder ['li:shəuldə*] *s.* locatario; conduttore.

leash [li:ʃ] *s.* guinzaglio. ▭ (*fig.*) *to* **hold** *s.o. in* ~ tenere a freno qd.; (*fig.*) *to* **strain** *at the* ~ mordere il freno.

to **leash** [li:ʃ] *v.t.* tenere al guinzaglio.

leasing ['li:sinə] *s.*: ~ *agreement* accordo di locazione; vendita.

least [li:st] **I** *a.* (*sup. di* **little**) minimo, il più piccolo. **II** *s.* minimo, il meno: *this is the* ~ *you can do* questo è il meno che possiate fare. **III** *avv.* (*sup. di* **little**) meno (di tutti). ▭ ~ *of* **all** meno di tutti; **at** (*the*) ~ almeno; per lo meno; *not* **in** *the* ~ per nulla; *to* **say** *the* ~ (*of it*) a dir poco.

leather ['leðə*] *s.* **1** pelle, cuoio. **2** articolo di cuoio (*o* di pelle). **3** *pl.* calzoni di pelle (da cavallerizzo).

to **leather** ['leðə*] *v.t.* **1** rivestire di pelle; rilegare in pelle. **2** (*fam.*) frustare, staffilare.

leatherette [ˌleðə'ret] *s.* similpelle, fintapelle.

leather goods ['leðə'gudz] *s.pl.* articoli di pelletteria.

leathern ['leðən] *a.* di cuoio, di pelle.
leathery ['leðəri] *a.* coriaceo.
leave [li:v] *s.* **1** permesso, autorizzazione; licenza. **2** congedo, commiato. □ ~ *of* **absence** congedo; (*lett.*) **by** *your* ~ col vostro permesso; (*lett.*) *to* **take** *one's* ~ *of s.o.* accomiatarsi da qd.
to **leave** [li:v] *v.* (*pass.*, *p.p.* **left** [left]) **I** *v.t.* **1** partire da. **2** lasciare; abbandonare. **3** andar via: *to* ~ *home* andar via da casa. **4** lasciare, dimenticare. **5** avanzare; (*Mat.*) fare, restare: *ten from twelve leaves two* dodici meno dieci fa due. **6** lasciare (fare a): ~ *it to me!* lascia fare a me! **II** *v.i.* andarsene, andare; partire (*for* per). □ *to* ~ (*lying*) **about** lasciare in giro; *to* ~ **alone** lasciar solo; lasciare in pace; *to* ~ **aside** tralasciare; lasciar da parte; *to* ~ **behind** dimenticare; lasciare alle spalle; (*Poste*) *to be left until* **called** *for* fermo posta; *to* ~ *much to be* **desired** lasciar molto a desiderare; (*fam.*) *to* ~ **go** (o *hold*) *of s.th.* lasciare andare qc.; (*fam.*) *let's* ~ **it** *at that* non parliamone più; *to* ~ **off** smettere, cessare; *to* ~ *s.th.* **off** interrompere qc.; *to* ~ **out**: 1 omettere, tralasciare; 2 escludere, lasciar fuori; *to* ~ *s.th.* **over** rimandare qc.
leaven ['levn] *s.* **1** lievito. **2** (*fig.*) fermento.
to **leaven** ['levn] *v.t.* lievitare.
leaves [li:vz] → **leaf**.
leavings ['li:viŋz] *s.pl.* resti, avanzi; rifiuti.
Lebanese [,lebə'ni:z] *a./s.* libanese.
Lebanon ['lebənən] *N.pr.* (*Geog.*) Libano.
lecher ['letʃə*] *s.* persona lasciva.
lecherous ['letʃərəs] *a.* lussurioso, lascivo.
lechery ['letʃəri] *s.* lussuria, lascivia.
lectern ['lektən] *s.* leggio.
lecture ['lektʃə*] *s.* **1** conferenza; relazione. **2** lezione universitaria. **3** paternale, ramanzina: *to read s.o. a* ~ fare una paternale a qd.
to **lecture** ['lektʃə*] **I** *v.i.* tenere una conferenza (*o* lezione) (*on* su). **II** *v.t.* **1** fare lezione a. **2** (*fam.*) rimproverare.
lecturer ['lektʃərə*] *s.* (*Univ.*) lettore.
led [led] → to **lead**[1].
ledge [ledʒ] *s.* **1** prominenza, sporgenza. **2** (*Geog.*) scoglio; cengia. **3** listello; mensola.
ledger ['ledʒə*] *s.* **1** (*Comm.*) libro mastro; registro. **2** (*Edil.*) traversa.
lee [li:] **I** *s.* **1** rifugio, riparo. **2** (*Mar.*) lato sottovento. **II** *a.* (*Mar.*) sottovento.
leech [li:tʃ] *s.* (*Zool.*) sanguisuga. □ *to stick to s.o. like a* ~ stare alle costole di qd. come una sanguisuga.
leek [li:k] *s.* (*Bot.*) porro.
leer [liə*] *s.* sguardo cupido.
to **leer** [liə*] *v.i.* guardare cupidamente (*at s.o.* qd.).
lees [li:z] *s.pl.* feccia, fondo (di vino).
leeward ['li:wəd] *a./avv./s.* (*Mar.*) sottovento.
leeway ['li:wei] *s.* **1** (*Mar.*) deriva. **2** (*fig.*) margine: *we have an hour* ~ abbiamo un'ora di margine. □ (*fig.*) *to make up* ~ recuperare il tempo perduto.
left[1] [left] **I** *a.* **1** sinistro. **2** (*Pol.*) di sinistra. **II** *s.* **1** (parte) sinistra. **2** mano sinistra; piede sinistro. **3** (*Sport*) sinistro. **III** *avv.* a sinistra. □ (*Aut.*) *to drive* **on** *the* ~ tenere la sinistra; (*Mil.*) ~ **turn**! fianco sinistro!; *no* ~ **turn** divieto di svolta a sinistra; (*Pol.*) ~ **wing** sinistra.
left[2] [left] → to **leave**.
Left [left] **I** *s.* (*Pol.*) sinistra. **II** *a.* di sinistra.
left-hand ['left'hænd] *a.* **1** a sinistra. **2** con la (mano) sinistra. **3** (*fig.*) indiretto. □ ~ *drive* guida a sinistra.
left-handed ['left'hændid] *a.* **1** mancino. **2** (*fig.*) ambiguo.
leftist, **Leftist** ['leftist] *a./s.* sinistroide.
leftover ['leftəuvə*] **I** *a.* avanzato, rimasto. **II** *s.* **1** residuo. **2** rimanenza; avanzo (di cibo).
leftward(s) ['leftwəd(z)] *a./avv.* verso sinistra.
left-winger ['leftwiŋə*] *s.* **1** (*Pol.*) persona di sinistra. **2** (*Sport*) ala sinistra.
leg [leg] *s.* **1** gamba (*in tutti i signif.*). **2** zampa (di animale). **3** gambale (di stivale). **4** (*Gastr.*) cosciotto, coscia. **5** (*fig.*) tappa (di viaggio). □ (*fig.*) *to* **find** *one's legs* muovere i primi passi; (*fam.*) *to* **give** *s.o. a* ~ *up* aiutare qd. a salire; aiutare qd. (a superare le difficoltà); (*fig.*) *to* **keep** *one's legs* non cadere; (*fam.*) *to be on one's* **last** *legs* essere allo stremo; (*fam.*) *to be on its* **last** *legs* essere consumato; (*fam.*) *to walk s.o.* **off** *his legs* far venire il fiatone a qd. (a forza di camminare); *to be* **on** *one's legs* essere di nuovo in piedi (dopo una malattia); (*fam.*) *to* **pull** *s.o.'s* ~ prendere in giro qd.; (*sl.*) *to* **shake** *a* ~ ballare; (*sl.*) **shake** *a* ~! spicciati!; (*fig.*) *to* **stand** *on one's own legs* essere indipendente; *to* **stretch** *one's legs* stendere le gambe; (*fig.*) fare quattro passi.
to **leg** [leg] *v.i.* (*pass.*, *p.p.* **legged** [–d]) (general. con *it*) scappare via, darsela a gambe.
legacy ['legəsi] *s.* **1** (*Dir.*) lascito, legato. **2** (*fig.*) eredità.
legal ['li:gəl] *a.* **1** legale, legittimo. **2** giuridico. **3** stabilito dalla legge. □ ~ *adviser* legale.
legal aid ['li:gəl,eid] *s.* patrocinio gratuito.
legality [li'gæliti] *s.* legalità, legittimità.
legalization [,li:gəlai'zeiʃən] *s.* legalizzazione.
to **legalize** ['li:gəlaiz] *v.t.* legalizzare.
legal tender ['li:gəl'tendə*] *s.* moneta in corso legale.
legate ['legit] *s.* (*Rel.*) nunzio apostolico.
legation [li'geiʃən] *s.* (*Pol.*) legazione.
legend ['ledʒənd] *s.* **1** leggenda. **2** legenda; iscrizione; didascalia.
legendary ['ledʒəndəri] *a.* leggendario.
legerdemain [,ledʒədə'mein] *s.* prestidigitazione; gioco di prestigio.
leggings ['legiŋz] *s.pl.* ghette.
leggy ['legi] *a.* dalle gambe lunghe.
legible ['ledʒəbl] *a.* leggibile.
legion ['li:dʒən] *s.* legione.
legionary ['li:dʒənəri] *a./s.* legionario.
to **legislate** ['ledʒisleit] *v.t.* legiferare, promulgare leggi.

legislation [ˌledʒis'leiʃən] *s.* legislazione.
legislative ['ledʒislətiv] *a.* legislativo.
legislator ['ledʒisleitə*] *s.* legislatore.
legislature ['ledʒisleitʃə*] *s.* legislatura; assemblea legislativa.
legist ['li:dʒist] *s.* giurista *m./f.*
legitimacy [li'dʒitiməsi] *s.* legittimità, legalità.
legitimate [li'dʒitimit] *a.* **1** legittimo. **2** giustificato.
to **legitimate** [li'dʒititeit] *v.t.* legittimare.
legitimation [liˌdʒiti'meiʃən] *s.* (*Dir.*) legittimazione.
to **legitimatize** [li'dʒitimətaiz], to **legitimize** [li'dʒitimaiz] *v.t.* legittimare.
legroom ['legru:m] *s.* spazio per le gambe.
legume ['legju:m] *s.* legume.
leguminous [le'gju:minəs] *a.* leguminoso.
leisure ['leʒə*] *s.* tempo libero. ▭ **at** ~ libero (dal lavoro); senza fretta; **at** *one's* ~ con comodo.
leisured ['leʒəd] *a.* che ha tempo libero (dal lavoro). ▭ *the* ~ *classes* le classi agiate.
leisurely ['leʒəli] **I** *a.* **1** fatto con comodo. **2** tranquillo, senza fretta. **II** *avv.* con comodo.
LEM = *Lunar Excursion Module* Modulo per l'Escursione Lunare.
lemon ['lemən] *s.* **1** (*Bot.*) limone. **2** giallo limone. ▭ ~ **drop** caramella al limone; **squash** spremuta di limone.
lemonade [ˌlemə'neid] *s.* limonata.
lemon sole ['lemən'səul] *s.* (*Zool.*) sogliola gialla.
to **lend** [lend] *v.t.* (*pass., p.p.* **lent** [lent]) **1** prestare, dare in prestito. **2** (*fig.*) dare, conferire. ▭ (*fig.*) *to* ~ *an ear to s.o.* prestare ascolto a qd.
lender ['lendə*] *s.* prestatore.
lending library ['lendiŋˌlaibrəri] *s.* biblioteca circolante.
lendingrate ['lendiŋreit] *s.* (*Econ.*) tasso di interesse attivo.
length [leŋθ] *s.* **1** lunghezza (*anche Sport, Geom.*). **2** (*di tempo*) durata. **3** distanza. **4** pezzo, tratto: *a* ~ *of rope* un pezzo di corda; taglio (di stoffa). **5** distesa, estensione. ▭ (*fig.*) *to go to* **any** *lenghts* non fermarsi davanti a nessun ostacolo; **at** ~ per esteso; alla fine, finalmente; *to lie* (*at*) **full** ~ *on the ground* giacere a terra lungo disteso; (*fig.*) *to* **go** *to the* ~ *of doing s.th.* arrivare al punto di fare qc.; **in** ~ della lunghezza di; della durata di.
to **lengthen** ['leŋθən] **I** *v.t.* allungare. **II** *v.i.* allungarsi.
lengthways ['leŋθweiz] *avv.* per il lungo.
lengthwise ['leŋθwaiz] **I** *avv.* per il lungo. **II** *a.* longitudinale.
lengthy ['leŋθi] *a.* **1** molto lungo. **2** che va per le lunghe; prolisso.
lenience ['li:niəns], **leniency** ['li:niənsi] *s.* indulgenza, clemenza.
lenient ['li:niənt] *a.* indulgente, clemente (*towards* con).
lens [lenz] *s.* **1** (*Ott.*) lente; obiettivo. **2** (*Anat.*) cristallino. ▭ *contact lenses* lenti a contatto.
lent [lent] → to **lend**.
Lent [lent] *s.* (*Rel.*) quaresima.
Lenten ['lentən] *a.* quaresimale.
lentil ['lentil] *s.* (*Bot.*) lenticchia.
Leo ['li:əu] *N.pr.* (*Astr.*) Leone.
Leonard ['lenəd] *N.pr.m.* Leonardo.
leopard ['lepəd] *s.* (*Zool.*) leopardo.
leotard ['li:ətɑ:d] *s.* **1** body (da ginnastica). **2** *pl.* calzamaglia.
leper ['lepər*] *s.* lebbroso. ▭ ~ *house* lebbrosario.
leprechaun ['leprəkɔ:n] *s.* (*nel folclore irlandese*) folletto.
leprosy ['leprəsi] *s.* (*Med.*) lebbra.
leprous ['leprəs] *a.* lebbroso.
lesbian ['lezbiən] **I** *a.* lesbico. **II** *s.* lesbica.
lese-majesty ['li:z'mædʒisti] *s.* (*Dir.*) lesa maestà.
lesion ['li:ʒən] *s.* lesione.
less [les] **I** *a.* (*compar. di* **little**) **1** minore, meno. **2** più piccolo. **II** *s.* meno. **III** *avv.* (*compar. di* **little**) meno: *he is* ~ *rich than his brother* è meno ricco del fratello. **IV** *prep.* **1** meno: *a year* ~ *three days* un anno meno tre giorni. **2** eccetto. ▭ ~ **and** ~ sempre (di) meno; **even** ~ = **still** ~; *to* **get** ~ diminuire; (*fam.*) **in** ~ *than no time* in men che non si dica; **little** ~ poco meno; **more** *or* ~ più o meno; **much** ~ = **still** ~; **no** ~ *than* non meno di; **none** *the* ~ nondimeno; **still** ~ tanto meno; **the** ~ meno: *the* ~ *you eat the weaker you will get* meno mangi più diventi debole.
lessee [le'si:] *s.* (*Dir.*) affittuario; locatario; conduttore.
to **lessen** ['lesn] *v.t./i.* diminuire.
lesser ['lesə*] *a.* (*compar. di* **little**) **1** minore, più piccolo: *the* ~ *evil* il male minore. **2** (nei composti) meno ...: ~*-known* meno noto.
lesson ['lesn] *s.* **1** lezione. **2** *pl.* corso: *lessons in Spanish* corso di spagnolo. **3** insegnamento, ammaestramento.
lessor [le'sɔ:*] *s.* (*Dir.*) locatore.
lest [lest] *congz.* **1** in modo da non: *do it now* ~ *you forget* fallo subito in modo da non dimenticartene; per timore di, per paura che. **2** (*dopo espressioni indicanti timore*) di, che: *he was afraid* ~ *he be discovered* temeva di venire scoperto.
let[1] [let] *s.* **1** affitto, nolo. **2** appartamento in affitto.
to **let** [let] (*pass., p.p.* **let**) **I** *v.t.* **1** (*seguito da infinito senza to*) permettere, lasciare: ~ *me tell you this* lascia che io ti dica questo. **2** (spesso con *out*) affittare, dare in affitto: *we* ~ *a room* abbiamo affittato una camera; "*to let*" "Affitasi". **3** (*Mat.*) (*nell'imperativo*) assumere; porre: ~ *A be equal to B* poniamo A uguale a B. **II** *v.aus.* **1** (*forma la 1ª e la 3ª pers. sing. e pl. dell'imperativo indiretto*): ~ *me know* fammi sapere; ~ *us* (*let's*) *go* an-

diamo!; *just* ~ *him try!* che soltanto ci provi! **2** (*con valore causativo*) fare: *he* ~ *me know the results* mi fece sapere i risultati. ▭ *to* ~ *s.o.* (o *s.th.*) **alone** lasciar perdere qd.; non interferire in qc.; (*fam.*) ~ **alone** per non parlare di; e tanto meno: *that child can't speak yet,* ~ *alone sing* quel bambino non sa ancora parlare e tanto meno cantare; *to* ~ *s.o.* **be** lasciare in pace: *let me be* lasciami stare; *so* ~ *it be* così sia; (*Med.*) *to* ~ **blood** salassare; *to* ~ *o.s.* **go** lasciarsi andare; *to* ~ **pass** lasciar passare (un errore); *to* ~ *s.th.* **slip**: 1 lasciarsi sfuggire (p.e. una opportunità); 2 lasciar cadere qc. // (*seguito da preposizioni*) *to* ~ **into**: 1 far qd. partecipe di qc.; 2 mettere, incassare (in una superficie): *you can't let a large window into the wall* non potete aprire una grande finestra in questo muro; *to* ~ **off** perdonare; esimere: *I won't* ~ *you off next time* la prossima volta non ti perdonerò; *to* ~ *s.o.* **off** *a duty* esimere qd. da un dovere. // (*seguito da avverbi*) *to* ~ **down**: 1 abbassare; sciogliersi (p.e. capelli); allungare (p.e. vestiti); 2 (*fig.*) deludere; abbandonare; *to* ~ **in**: 1 far entrare; 2 ammettere: *to* ~ *in the possibility of s.th.* ammettere la possibilità di qc.; *to* ~ *o.s.* **in** *for trouble* cacciarsi nei guai; *to* ~ *s.o.* **in** *on s.th.* mettere qd. al corrente di qc.; *to* ~ **off**: 1 sparare; 2 esimere, liberare; (*nella forma passiva*) cavarsela: *he was* ~ *off with only a warning* se la cavò con una semplice ammonizione; (*fam.*) *to* ~ **on** rivelare (un segreto); *to* ~ **out**: 1 fare uscire; 2 allargare (vestiti); 3 lasciarsi sfuggire; svelare (un segreto); 4 emettere (p.e. un grido); 5 rilasciare, mettere in libertà; 6 (*ingl.*) affittare; 7 dare botte da orbi; scalciare (*at* a): *that mule has the habit of letting out at people* quel mulo ha la cattiva abitudine di scalciare; 8 (*am.*) finire, chiudere (per oggi); *to* ~ **through** far passare; *to* ~ **up**: 1 diminuire (d'intensità), smorzarsi; 2 smettere (di lavorare); (*fam.*) *to* ~ **up** *on s.o.* trattare qd. con minore severità.

let[2] [let] *s.* (*Sport*) colpo nullo.

letdown ['letdaun] *s.* (*fam.*) **1** delusione, disappunto, contraccolpo emotivo. **2** caduta, calo, diminuzione.

lethal ['li:θəl] *a.* mortale, letale.

lethargic [li'θɑ:dʒik] *a.* **1** indolente, apatico. **2** (*Med.*) letargico.

lethargy ['leθədʒi] *s.* **1** indolenza, apatia. **2** (*Med.*) letargia.

let's [lets] (contraz. di **let us**) → to **let**.

Lett [let] *s.* lettone *m./f.*

letter[1] ['letə*] *s.* **1** lettera, epistola. **2** (*Tip.*) carattere; lettera. **3** *pl.* alfabeto. **4** *pl.* lettere, letteratura; cultura: *a man of letters* un uomo di lettere. **5** *pl.* (*Dir.*) documento; certificato. ▭ ~ *of* **attorney** procura; **capital** (*small*) ~ lettera maiuscola (minuscola); ~ *of* **credit** lettera di credito; **form** ~ lettera circolare; **registered** ~ lettera raccomandata; (*fig.*) *to carry out* **to the** ~ eseguire alla lettera.

to **letter** ['letə*] *v.t.* mettere una scritta su; segnare con lettere.

letter[2] ['letə*] *s.* locatore, noleggiatore.

letter-box ['letəbɔks] *s.* buca delle lettere; cassetta postale.

lettercard ['letəkɑ:d] *s.* biglietto postale.

lettered ['letəd] *a.* istruito; colto.

letterhead ['letəhed] *s.* intestazione (di carta da lettera).

lettering ['letəriŋ] *s.* **1** iscrizione. **2** caratteri.

letterpress ['letəpres] *s.* testo (scritto).

Lettish ['letiʃ] *a./s.* lettone.

lettuce ['letis] *s.* (*Bot.*) lattuga.

let-up ['letʌp] *s.* (*fam.*) **1** rallentamento. **2** riduzione.

leucocyte ['lju:kəsait] *s.* (*Biol.*) leucocita, leucocito.

leukaemia [lju:'ki:miə] *s.* (*Med.*) leucemia.

to **levant** [li'vænt] *v.i.* squagliarsela per non pagare i debiti.

Levantine ['levəntain] *a./s.* levantino.

levee *am.* ['levi] *s.* (*Geog.*) argine.

level ['levl] **I** *a.* **1** piano, pianeggiante, piatto; orizzontale. **2** allo stesso livello, pari. **3** (*fig.*) equilibrato, assennato. **II** *s.* **1** livello: *to be on a* ~ *with* essere allo stesso livello di. **2** altezza. **3** piana. **4** (*tecn.*) livella. **III** *avv.* a livello. ▭ (*fam.*) *to do one's* ~ **best** fare del proprio meglio; *to* **find** *one's own* ~ livellarsi; (*fig.*) raggiungere una posizione adeguata; *to keep a* ~ **head** mantenere la calma; (*sl.*) **on** *the* ~ onesto, leale; onestamente, lealmente; *a* ~ **spoonful** un cucchiaio raso.

to **level** ['levl] *v.* (*pass., p.p.* **–lled**/*am.* **–led** [–d]) **I** *v.t.* **1** spianare, livellare. **2** abbattere: *to* ~ *trees* abbattere (gli) alberi; radere al suolo. **3** (*fig.*) livellare, pareggiare; uniformare. **4** (*di arma*) spianare, puntare. **5** (*fig.*) lanciare (un'accusa, ecc.). **II** *v.i.* diventare piano. ▭ (*fig.*) *to* ~ *a* **blow** *at s.o.* assestare un colpo a qd.; *to* ~ **down** abbassarsi; livellare abbassando il piano; *to* ~ **off** (o *out*) spianare; (*fig.*) stabilizzare, livellare; (*sl.*) *to* ~ **with** *s.o. about s.th.* dire la verità a qd. su qc.

level crossing ['levl'krɔsiŋ] *s.* passaggio a livello.

level-headed ['levl'hedid] *a.* assennato, equilibrato.

levelling ['levliŋ] *s.* **1** livellamento. **2** (*Topografia*) livellazione.

lever ['li:və*] *s.* **1** leva. **2** (*Mecc.*) palanchino, piede di porco.

to **lever** ['li:və*] **I** *v.t.* **1** spostare con una leva. **2** (*fig.*) far leva su. **II** *v.i.* **1** usare una leva. **2** fare da leva.

leverage ['li:vəridʒ] *s.* **1** (*Mecc.*) potenza di una leva. **2** (*Mecc.*) moltiplicazione mediante leva. **3** (*fig.*) possibilità di esercitare un'influenza.

leveret ['levərit] *s.* (*Zool.*) leprotto.

leviathan [li'vaiəθən] *s.* **1** (*Bibl.*) leviatano. **2** (*fig.*) colosso; cosa gigantesca.
Levi's ['li:vaiz] *s.* (*fam.*) jeans.
to **levitate** ['leviteit] *v.t./i.* (far) levitare.
levitation [ˌlevi'teiʃən] *s.* levitazione.
levity ['leviti] *s.* leggerezza, frivolezza.
levy ['levi] *s.* **1** imposizione; esazione, riscossione. **2** imposta, tributo. **3** gettito fiscale. **4** contributo, contribuzione. **5** (*Mil.*) arruolamento.
to **levy** ['levi] *v.t.* **1** (*di tasse, ecc.*) imporre; riscuotere, esigere. **2** (*Mil.*) arruolare. □ *to ~ war* muovere guerra.
lewd [lu:d] *a.* lascivo, impudico; osceno.
lewdness ['lu:dnis] *s.* lascivia, impudicizia; oscenità.
Lewis ['lu:is] *N.pr.m.* Luigi.
lexical ['leksikəl] *a.* lessicale.
lexicographer [ˌleksi'kɔgrəfə*] *s.* lessicografo.
lexicographical [ˌleksikə(u)'grəfikəl] *a.* lessicografico.
lexicography [ˌleksi'kɔgrəfi] *s.* lessicografia.
lexicon ['leksikən] *s.* (*pl.* **–ca** [–kə]/**–s** [–z]) lessico, dizionario.
LF = *low frequency* bassa frequenza.
Li = (*Chim.*) *lithium* litio.
liability [ˌlaiə'biliti] *s.* **1** disposizione, propensione. **2** (*Dir. Assic.*) responsabilità. **3** (*Comm.*) passività, passivo; (*Fin.*) impegni. **4** (*fam.*) svantaggio, inconveniente.
liable ['laiəbl] *a.* **1** soggetto (*to* a); passibile, suscettibile (di). **2** portato, che ha tendenza (*to* a). **3** (*Dir.*) responsabile (*for* di); passibile (*to* di).
to **liaise** [li'eiz] *v.i.* (*fam.*) fare da collegamento, fare da intermediario (*with* tra).
liaison [li'eizən] *s.* **1** legame, nesso. **2** (*Mil.*) collegamento. **3** relazione (amorosa *o* illecita). □ (*Mil.*) *~ officer* ufficiale di collegamento.
liar ['laiə*] *s.* bugiardo.
lib ['lib] *s.* (*abbr.* di **liberation**): *women's ~* movimento di liberazione della donna.
libation [lai'beiʃən] *s.* libagione.
libel ['laibl] *s.* **1** (*Dir.*) libello; diffamazione. **2** (*fig.*) offesa, oltraggio (*on* a); insulto.
to **libel** ['laibl] *v.t.* (*pass., p.p.* **–lled**/*am.* **–led** [–d]) **1** pubblicare un libello contro. **2** (*Dir.*) intentare un giudizio contro. **3** (*fig.*) fare torto a.
libellous ['laibələs] *a.* diffamatorio.
liberal ['libərəl] **I** *a.* **1** liberale. **2** di mentalità aperta; tollerante. **3** prodigo, generoso. **II** *s.* **Liberal** liberale (appartenente all'omonimo partito). □ *~* **arts** studi classici; *a ~* **helping** una porzione abbondante; *a ~* **reward** un compenso generoso; *a ~* **translation** una traduzione libera.
liberalism ['libərəlizəm] *s.* **1** larghezza di vedute; tolleranza. **2** (*Pol., Econ.*) liberalismo.
liberality [ˌlibə'ræliti] *s.* **1** liberalità, generosità. **2** larghezza di vedute.
to **liberalize** ['libərəlaiz] **I** *v.t.* liberalizzare. **II** *v.i.* liberalizzarsi.
to **liberate** ['libəreit] *v.t.* liberare.
liberation [ˌlibə'reiʃən] *s.* liberazione.
liberator ['libəreitə*] *s.* liberatore.
libertine ['libəti:n] *s.* libertino.
libertinism ['libəti:nizəm] *s.* libertinaggio.
liberty ['libəti] *s.* **1** libertà. **2** *pl.* privilegi, diritti. **3** *pl.* libertà, licenza: *to take liberties with s.o.* prendersi delle libertà con qd. □ *you are* **at** *~ to believe me or not* sei libero di credermi o no; *to* **set** *s.o. at ~* rilasciare qd., liberare qd.
libidinous [li'bidinəs] *a.* libidinoso, lussurioso.
lib-lab ['liblæb] *a./s.* (abbr. di **Liberal Party** e **Labour Party**) liberal socialista, lib-lab.
Libra ['laibrə] *N.pr.* (*Astr.*) Bilancia.
librarian [lai'brɛəriən] *s.* bibliotecario.
library ['laibrəri] *s.* **1** biblioteca: *lending ~* biblioteca circolante. **2** collana editoriale. **3** (*estens.*) raccolta, collezione. **4** (*Inform.*) biblioteca.
librettist [li'bretist] *s.* (*Mus.*) librettista *m./f.*
libretto *it.* [li'bretəu] *s.* (*pl.* **–s** [–z]) (*Mus.*) libretto.
Libyan ['libiən] *a./s.* libico.
lice [lais] → **louse**.
licence, *am.* **license** ['laisəns] *s.* **1** licenza, permesso. **2** patente, autorizzazione: *driving ~* patente di guida. **3** licenziosità. □ *~ plate* targa (d'automobile).
to **license** ['laisəns] *v.t.* **1** concedere una licenza a. **2** permettere, autorizzare.
licensed ['laisənsd] *a.* **1** autorizzato, patentato; munito di libretto di circolazione. **2** (*rif. a bar, hotel, ecc.*) autorizzato a vendere alcolici.
licensee [ˌlaisən'si:] *s.* **1** concessionario. **2** (*Dir.*) licenziatario.
licensing-hours ['laisənsiŋ'auəz] *s. pl.* orario durante il quale è permesso vendere bevande alcoliche.
licentious [lai'senʃəs] *a.* licenzioso, lascivo.
licentiousness [lai'senʃəsnis] *s.* licenziosità, lascivia.
lichen ['laikən] *s.* (*Bot.*) lichene.
lick [lik] *s.* **1** leccatura; leccata. **2** (*fam.*) leggero strato; piccola quantità, pizzico. **3** (*fam.*) pugno, colpo. □ (*fam.*) *at full ~* a tutta velocità.
to **lick** [lik] *v.t.* **1** leccare. **2** (*fig.*) lambire, sfiorare. **3** (*fam.*) sconfiggere, battere; percuotere, picchiare. □ (*fig.*) *to ~ the* **dust** mordere la polvere; (*fig.*) *to ~ one's* **lips** leccarsi i baffi; (*fam.*) *to ~ into* **shape** rifinire.
licking ['likiŋ] *s.* **1** leccata. **2** (*fam.*) bastonatura, botte. **3** (*fam.*) sconfitta, batosta.
lickspittle ['likspitl] *s.* adulatore servile, leccapiedi.
licorice ['likəris] → **liquorice**.
lid [lid] *s.* **1** coperchio. **2** palpebra.
lido ['li:dəu] *s.* (*pl.* **–s** [–z]) **1** piscina all'aperto. **2** stazione balneare.
lie[1] [lai] *s.* **1** bugia, menzogna; frottola. **2** falsità; impostura; frode. □ *to give the ~ to s.th.* smentire qc.

to **lie**[1] [lai] *v.i.* **1** mentire (*to* a). **2** ingannare. ▭ (*scherz.*) *to* ~ *in one's* **teeth** mentire spudoratamente; *to* ~ *o.s. out of* **trouble** cavarsi d'impiccio a forza di bugie.

lie[2] [lai] *s.* **1** posizione, disposizione. **2** tana, covo. ▭ *the* ~ *of the land* la configurazione del terreno; (*fig.*) lo stato delle cose.

to **lie**[2] [lai] *v.i.* (*pass.* **lay** [lei], *p.p.* **lain** [lein], *p.pr.* **lying** ['laiiŋ]) **1** giacere, stare disteso (*o* sdraiato). **2** essere, stare, trovarsi: *to* ~ *in bed* stare a letto. **3** essere situato: *the bridge lies beyond the dock* il ponte è situato oltre la banchina. **4** restare, rimanere: *to* ~ *in prison* restare in prigione. **5** essere, rientrare: *the case lies outside my jurisdiction* il caso non è di mia competenza. **6** stare, consistere: *the fault lies in the construction* l'errore sta nella costruzione. ▭ *to* ~ **about** essere sparso qua e là; *to* ~ **around** = *to* ~ **about**; *to* ~ **back** sdraiarsi, adagiarsi; *to* ~ **by** fermarsi; restare inutilizzato; *to* ~ *at s.o.'s* **door** essere attribuibile a qd.; *to* ~ **down** sdraiarsi; coricarsi; (*fam.*) *to* ~ **down** *under* accettare senza protestare; *to do as* **far** *as in one lies* fare del proprio meglio; *to* ~ **in** poltrire a letto; (*Mar.*) *to* ~ **off** restare al largo; *to* ~ **over** essere rinviato; *to* ~ **up** restare a letto (per malattia); (*Mar.*) essere in disarmo; *to* ~ **with** stare a, spettare a.

lie detector [,laidi'tectə*] *s.* macchina della verità.

lie-down ['laidaun] *s.* pisolino, dormitina.

liege [li:dʒ] **I** *a.* **1** (*Stor.*) feudatario. **2** (*fig.*) ligio, fedele. **II** *s.* (*Stor.*) **1** feudatario. **2** vassallo.

liegeman ['li:dʒmæn] *s.* (*pl.* **–men**) **1** (*Stor.*) vassallo. **2** (*fig.*) seguace, fedele.

lien [li:n] *s.* (*Dir.*) privilegio.

Lieut. = *lieutenant* tenente (ten.).

lieutenant [lef'tenənt *am.* lu:'tenənt] *s.* **1** (*Mil.*) tenente. **2** (*fig.*) luogotenente, vice. ▭ (*USA*) ~ **colonel** tenente colonnello; (*USA*) ~ **general** tenente generale.

life [laif] **I** *s.* (*pl.* **lives** [laivz]) **1** vita; esistenza. **2** modo di vivere. **3** essere vivente, persona. **4** (*fig.*) vivacità, animazione; anima: *he was the* ~ *of the party* era l'anima della festa. **5** (*fig.*) forza (vitale). **6** (*fam.*) ergastolo. **7** (*Arte*) vero: *to draw from* ~ disegnare dal vero. **8** (*Mot.*) durata. **II** *a.attr.* **1** a vita: *a* ~ *member* un socio a vita. **2** (*Arte*) al naturale. **3** vitale: ~ *forces* forze vitali. ▭ *to* **bring** *to* ~ animare; rianimare; *to* **bring** *back to* ~ far rivivere; *to* **come** *to* ~: 1 venire alla luce, nascere; 2 rinvenire, riaversi; 3 (*fig.*) animarsi; (*Teol.*) *the* ~ *to* **come** l'aldilà; *to be in* **danger** *of one's* ~ essere in pericolo di vita; **early** ~ gioventù; **for** ~ a vita, per tutta la vita; **for** *the* ~ *of me I cannot recall her name* per quanto mi sforzi non riesco a ricordare il suo nome; (*fam.*) *to* **get** ~ essere condannato a vita; *to* **give** ~ *to* animare; (*fig.*) ravvivare; **how**'*s* ~? Come va?; *as* **large** *as* ~ al naturale; (*fam.*) in carne e ossa; *a man in* **middle** ~ un uomo di mezz'età; *to put* **new** ~ *into* rinvigorire, ravvivare; (*fam.*) **not** *on your* ~! assolutamente no!; **nothing** *in* ~ nulla di nulla; (*fam.*) *to* **run** *for one's* ~ cercare scampo nella fuga; (*esclam.*) **such** *is* ~ così è la vita; (*fam.*) *to have the* **time** *of one's* ~ divertirsi un mondo; **true** *to* ~ verissimo; **upon** *my* ~! parola mia!; **way** *of* ~ sistema di vita.

life belt ['laifbelt] *s.* (*Mar.*) cintura di salvataggio.

lifeblood ['laifblʌd] *s.* linfa vitale (*anche fig.*).

lifeboat ['laifbəut] *s.* scialuppa di salvataggio.

life buoy ['laifbɔi] *s.* (*Mar.*) salvagente.

life expectancy ['laifiks'pektənsi] *s.* aspettativa di vita; durata presunta della vita.

lifeguard ['laifgɑ:d] *s.* **1** bagnino. **2** guardia del corpo.

life jacket ['laifdʒækit] *s.* giubbotto di salvataggio.

lifeless ['laiflis] *a.* senza vita; inanimato.

lifelike ['laiflaik] *a.* naturale, realistico.

lifeline ['laiflain] *s.* **1** (*Mar.*) sagola di salvataggio. **2** (*fig.*) àncora di salvezza. **3** (*Chiromanzia*) linea della vita.

lifelong ['laiflɔŋ] *a.* che dura tutta la vita.

life preserver *am.* ['laifprizə:və*] *s.* giubbotto di salvataggio.

lifer ['laifə*] *s.* (*sl.*) ergastolano.

life-size(d) ['laifsaiz(d)] *a.* a grandezza naturale.

lifetime ['laiftaim] *s.* **1** durata di tutta una vita. **2** (*fam.*) eternità, secolo. ▭ *it's the chance of a* ~ è un'occasione unica.

lift [lift] *s.* **1** sollevamento, innalzamento. **2** passaggio (in macchina). **3** (*Mecc.*) ascensore; montavivande; montacarichi. **4** (*fig.*) sostegno, sollievo. **5** (*Aer.*) forza ascensionale.

to **lift** [lift] **I** *v.t.* **1** (spesso con *up*) alzare, sollevare: *to* ~ *up a table* sollevare un tavolo. **2** (*fig.*) sollevare, innalzare. **3** togliere, abolire: *to* ~ *a ban* togliere un divieto. **4** (*fam.*) rubare: *to* ~ *articles in a supermarket* rubare articoli in un supermercato. **5** plagiare; copiare: *to* ~ *a long passage from another author* copiare un passo da un altro autore. **6** (*Aer.*) decollare. **II** *v.i.* sollevarsi, alzarsi; ergersi, innalzarsi. ▭ *to* ~ *one's* **hand** alzare la mano per giurare; (*fig.*) *to* ~ *one's* **hand** *to* (o *against*) *s.o.* alzare le mani su qd.

liftboy ['liftbɔi] *s.* ascensorista, lift.

lift-off ['liftɔf] *s.* **1** partenza (di un missile). **2** (*Aer.*) decollo.

ligament ['ligəmənt] *s.* (*Anat.*) legamento.

ligature ['ligətʃuə*] *s.* **1** legaccio; legatura (*anche Mus.*.). **2** (*fig.*) legame, vincolo.

light[1] [lait] *s.* **1** luce. **2** lume; lampada. **3** luminosità, chiarore. **4** illuminazione. **5** (*fig.*) aspetto: *I see things in a different* ~ vedo le cose sotto un aspetto differente. **6** fuoco, fiammifero: *to strike a* ~ accendere un fiammifero. **7** (*fig.*) persona illustre, luminare: *one of the lights of our age* uno dei luminari della nostra epoca. **8** *pl.* semaforo. **9** (*Arch.*) luce, apertura; finestra. **II** *a.attr.* **1** luminoso. **2** chiaro: ~ *blue* azzurro chiaro; pallido. □ (*fig.*) **according** *to one's lights* secondo i propri principi; (*fig.*) *to* **bring** *to* ~ mettere in luce, scoprire; **in** *the* ~ *of* alla luce di, in base a; (*fig.*) *to* **shed** (o *throw*) ~ *on s.th.* chiarire qc.; (*fig.*) *to* **stand** *in one's own* ~ danneggiarsi; *to* **stand** *in s.o.'s* ~ togliere la luce a qd.; (*fig.*) nuocere a qd.

to **light**[1] [lait] *v.* (*pass., p.p.* **–ed** [–id]/**lit** [lit]) **I** *v.t.* **1** accendere. **2** illuminare. **3** far luce a. **II** *v.i.* accendersi. □ *to* ~ *up*: 1 illuminare, rischiarare; 2 (*assol.*) illuminarsi; 3 accendere (una sigaretta); 4 (*fig.*) rischiarare, ravvivare.

light[2] [lait] **I** *a.* **1** leggero; non pesante (*anche fig.*): ~ *supper* cena leggera; ~ *music* musica leggera. **2** scarso, debole, moderato. **3** leggero, delicato. **4** (*di terreno*) friabile; sabbioso. **5** di scarsa importanza, semplice. **6** (*fig.*) volubile, frivolo. **7** (*fig.*) allegro, gaio. **II** *avv.* **1** con poco bagaglio. **2** (*Mar.*) con poco carico. □ *to be* ~ *of* **foot** essere svelto; *to have a* ~ **hand** avere la mano leggera; (*fig.*) *to* **make** ~ *of s.th.* non dar peso a qc.; (*fam.*) *to get* **off** ~ cavarsela a buon mercato.

to **light**[2] [lait] *v.i.* (*pass., p.p.* **–ed** [–id]/ **lit** [lit]) **1** (*di uccello*) posarsi. **2** cadere (*on, upon* su): *the choice lighted on me* la scelta cadde su di me. **3** imbattersi (*on, upon* in), trovare per caso (qc.).

to **lighten**[1] ['laitn] **I** *v.i.* **1** illuminarsi, rischiararsi. **2** (*Meteor.*) (*costr. impers.*) lampeggiare. **II** *v.t.* illuminare; rischiarare, schiarire.

to **lighten**[2] ['laitn] **I** *v.t.* **1** alleggerire. **2** (*fig.*) alleviare, mitigare. **II** *v.i.* **1** alleggerirsi. **2** (*fig.*) alleviarsi, mitigarsi.

lighter[1] ['laitə*] *s.* accendisigari, (*fam.*) accendino.

lighter[2] ['laitə*] *s.* (*Mar.*) chiatta.

light-fingered ['lait'fiŋgəd] *a.* svelto di mano.

light-handed ['lait'hændid] *a.* **1** dal tocco delicato. **2** (*fig.*) che ha tatto.

light-headed ['lait'hedid] *a.* stordito, in preda alle vertigini.

light-hearted ['lait'hɑ:tid] *a.* allegro, gaio; spensierato.

lighthouse ['laithaus] *s.* (*Mar.*) faro.

lighting ['laitiŋ] *s.* **1** illuminazione. **2** accensione.

lightless ['laitlis] *a.* senza luce, oscuro.

lightly ['laitli] *avv.* **1** leggermente, con dolcezza. **2** allegramente, spensieratamente. **3** alla leggera: *to take s.th.* ~ prendere qc. alla leggera.

light-minded ['lait'maindid] *a.* frivolo, leggero.

lightness[1] ['laitnis] *s.* luminosità.

lightness[2] ['laitnis] *s.* **1** leggerezza, lievità; delicatezza. **2** agilità. **3** allegria, gaiezza.

lightning ['laitniŋ] *s.* (*Meteor.*) lampo, fulmine. □ ~ **conductor** (o *rod*) parafulmine; *with* ~ **speed** rapido come un fulmine.

light pen ['laitpen] *s.* (*tecn.*) penna ottica.

lights [laits] *s.pl.* (*Gastr.*) coratella.

lightship ['laitʃip] *s.* (*Mar.*) battello faro.

lightsome ['laitsəm] *a.* **1** grazioso; leggero, agile. **2** allegro, gaio.

lightweight ['laitweit] *s.* **1** (*Sport*) peso leggero. **2** (*fig.*) persona di nessuna importanza.

light-year ['laitjə*] *s.* (*Astr.*) anno luce.

ligneous ['ligniəs] *a.* ligneo, legnoso.

lignite ['lignait] *s.* (*Min.*) lignite.

likable → **likeable**.

like [laik] **I** *a.* **1** uguale, simile; somigliante. **2** (*nei composti*) che sembra, simile a, come: *a box* ~ *room* una stanza che sembra una scatola; da, caratteristico (*o* proprio) di: *lady* ~ *behaviour* modi da (vera) signora. **II** *s.* **1** simile, uguale. **2** cosa simile (*o* uguale). **III** *prep.* **1** come: *to work* ~ *a slave* lavorare come uno schiavo. **2** (*in frasi negative*) paragonabile a, come: *there is no place* ~ *home* non esiste luogo paragonabile alla propria casa. **3** da: *it is just* ~ *him* è proprio da lui. **IV** *congz.* **1** (*fam.*) come: *do* ~ *I do* fa' come faccio io. **2** (*fam.*) come se. □ **and** *the* ~ e cose simili; e così via; (*fam.*) ~ **anything** a più non posso; *to* **be** ~ assomigliare; ~ **enough** con ogni probabilità; **nothing** ~: 1 non ... affatto, per niente: *it is nothing* ~ *as difficult as you think* non è affatto difficile come credi; 2 niente di meglio di; (*fam.*) *the likes* **of** pari, simili; **or** *the* ~ o qualcosa di simile; **s.th.** ~ circa, qualcosa come: *s.th.* ~ *a thousand pounds* circa mille sterline; ~ **that** in quel modo, così; simile, siffatto; ~ **this** così; in questo modo; **what** *is he* ~? com'è?, che aspetto ha?

to **like** [laik] *v.t.* **1** piacere (costr. impers.): *do you* ~ *travelling?* ti piace viaggiare? **2** (spesso al condizionale) piacere (costr. impers.), volere: *would you* ~ *a cup of tea?* vorresti (*o* ti farebbe piacere) una tazza di tè? **3** (*in frasi negative*) dispiacere, spiacere: *I don't* ~ *to disturb you* mi dispiace disturbarti. □ *I* ~ *seafood but it* **doesn't** ~ *me* mi piacciono i frutti di mare ma mi fanno male; **well**, *I* ~ *that!* questa sì che è bella!

likeable ['laikəbl] *a.* simpatico, attraente.

likelihood ['laiklihud] *s.* probabilità: *in all* ~ con ogni probabilità.

likely ['laikli] **I** *a.* **1** probabile: *it is* ~ *to rain this evening* è probabile che stasera piova. **2** verosimile, credibile. **3** adatto (*for* a). **II** *avv.* probabilmente, verosimilmente. □ (*as*) ~ **as** *not* molto probabilmente; **most** ~ = **very** ~; **very** ~ con molta probabilità. ‖ *they are not* ~ *to be late* non dovrebbero fare tardi.

to **liken** ['laikən] *v.t.* paragonare, comparare.

likeness ['laiknis] *s.* **1** somiglianza, rassomiglianza. **2** ritratto; raffigurazione.

likes [laiks] *s.pl.*: ~ *and dislikes* simpatie e antipatie.

likewise ['laikwaiz] **I** *avv.* nello stesso modo; in modo analogo. **II** *congz.* inoltre, in aggiunta.

liking ['laikiŋ] *s.* **1** preferenza, inclinazione; predilezione. **2** gusto, gradimento: *to my* ~ di mio gusto. □ *to* **have** *no* ~ *for s.th.* non gradire qc.; *to* **take** a ~ *to* prendere gusto a; prendere in simpatia.

lilac ['lailək] **I** *s.* **1** (*Bot.*) lillà. **2** color lilla. **II** *a.* (color) lilla.

Lilian ['liliən] *N.pr.f.* Liliana.

Liliputian [ˌlili'pju:ʃjən] *a./s.* lillipuziano.

lilt [lilt] *s.* **1** ritmo, cadenza ritmica. **2** andatura aggraziata.

to **lilt** [lilt] *v.i.* **1** cantare con ritmo. **2** parlare con cadenza ritmata. **3** incedere in modo armonioso.

lily ['lili] *s.* (*Bot.*) giglio. □ (*Bot.*) ~ *of the valley* mughetto.

lily-livered ['lili'livəd] *a.* codardo, vile.

lily-white ['liliwait] *a.* candido, bianco come un giglio.

limb[1] [lim] *s.* **1** (*Anat.*) arto. **2** ramo. **3** (*fig.*) componente, membro. □ (*fam.*) *a* ~ *of the* **devil** un ragazzaccio; (*fig.*) *to* **risk** *life and* ~ rischiare la pelle.

limb[2] [lim] *s.* lembo.

limber[1] ['limbə*] *a.* **1** pieghevole, flessibile. **2** agile, sciolto.

to **limber** ['limbə*] *v.t.* (general. con *up*) rendere più agile, sciogliere (i muscoli).

limber[2] ['limbə*] *s.* (*Mil.*) avantreno.

limbo ['limbəu] *s.* (*pl.* **–s** [–z]) **1** (*fig.*) limbo; condizione non ben definita. **2** (*fig.*) oblio; dimenticatoio. **Limbo** (*Rel.*) limbo.

lime[1] [laim] *s.* **1** (*Chim.*) calce. **2** pania, vischio.

to **lime** [laim] *v.t.* **1** (*Caccia*) impaniare. **2** (*fig.*) intrappolare, invischiare. **3** calcinare.

lime[2] [laim] *s.* (*Bot.*) tiglio.

lime[3] [laim] *s.* (*Bot.*) limetta, lime.

limelight ['laimlait] *s.* **1** (*Teat.*) riflettore lenticolare; ribalta; luci della ribalta. **2** notorietà, pubblicità. □ (*fig.*) *to be in the* ~ venire alla ribalta.

limerick ['limərik] *s.* filastrocca umoristica di cinque versi.

limestone ['laimstəun] *s.* (*Min.*) calcare.

limey *am.* ['laimi] *s.* (*sl.*) inglese.

limit ['limit] *s.* **1** limite; limitazione. **2** (spesso al pl.) confine. **3** (*fam.*) colmo: *the absolute* ~ il colmo dei colmi. □ (*Mil.*) **off** *limits* divieto d'accesso; **within** *limits* entro certi limiti, fino a un certo punto.

to **limit** ['limit] *v.t.* limitare, porre un limite (a); contenere, ridurre.

limitation [ˌlimi'teiʃən] *s.* **1** limitazione, restrizione. **2** limite. **3** (*Dir.*) termine di prescrizione.

limitative ['limitətiv] *a.* limitativo.

limited ['limitid] *a.* limitato, ristretto. □ ~ (*liability*) **company** società a responsabilità limitata; ~ **partnership** società in accomandita.

limitless ['limitlis] *a.* illimitato, senza confine.

limousine *fr.* ['liməzi:n] *s.* **1** (*Aut.*) limousine, berlina. **2** (*fig.*) automobile di rappresentanza.

limp[1] [limp] *s.* andatura zoppicante. □ *to walk with a* ~ camminare zoppo.

to **limp** [limp] *v.i.* **1** zoppicare, claudicare. **2** (*fig.*) procedere con difficoltà. **3** (*Metrica*) zoppicare.

limp[2] [limp] *a.* **1** floscio, molle. **2** (*fig.*) debole, fiacco.

limpet ['limpit] *s.* **1** (*Zool.*) patella. **2** (*fig.*) persona tenace, salda nei propositi.

limpid ['limpid] *a.* limpido, chiaro.

limpidity [lim'piditi] *s.* limpidezza, chiarezza.

limpness ['limpnis] *s.* mollezza.

limy ['laimi] *a.* **1** viscoso, vischioso. **2** calcareo.

linden ['lindən] *s.* (*Bot.*) tiglio.

line [lain] *s.* **1** linea: *to draw a* ~ tracciare una linea; tratto (di penna). **2** riga, rigo. **3** verso; poesia. **4** (*fam.*) letterina, (*fam.*) due righe: *to drop s.o. a.* ~ scrivere due righe a qd. **5** corda, fune; filo (per stendere il bucato). **6** (*sul viso, ecc.*) ruga, grinza. **7** linea, limite: ~ *of demarcation* linea di demarcazione; linea di separazione. **8** linea (telefonica). **9** fila, filare; coda (di persone). **10** linea, direzione; percorso, itinerario. **11** (*fig.*) linea d'azione; linea (politica). **12** (*fig.*) occupazione, attività; campo, ramo: *what's your* ~? qual è la tua attività? **13** compagnia, società: *a steamship* ~ una compagnia di navigazione. **14** discendenza, stirpe; razza. **15** linea (di prodotti); gamma, serie. **16** (*Mil.*) soldati di linea; campo. **17** (*Geog.*) equatore. **18** *pl.* (*Teat.*) parte, battute. □ **along** *these lines* seguendo questa falsariga; (*Mil., fig.*) *all* **along** *the* ~ su tutta la linea; (*fig.*) *to read* **between** *the lines* leggere tra le righe; (*Comm.*) ~ *of* **business** settore di attività; (*fam.*) **down** *the* ~ fino in fondo, in pieno; *to* **hold** *the* ~: 1 (*Tel.*) restare in linea; 2 (*Mil.*) mantenere la posizione; 3 (*fig.*) mantenersi invariato; **in** ~ in riga, in linea; (*fig.*) d'accordo (*with* con); (*fig.*) *to be* **in** ~ *for s.th.* essere candidato a qc.; *to bring* **into** ~ mettere in riga, allineare; (*fig.*) adeguare; *to come* **into** ~ allinearsi (*with* con); *to fall* **into** ~ *with* adeguarsi ai desideri di; (*fam.*) **marriage** *lines* certificato di matrimonio; **on** *the* ~ in gioco, a repentaglio; **on** *the lines of* sul modello di; (*fam.*) *to have a* ~ **on** *s.th.* avere informazioni su qc.; farsi un'idea di qc.; (*fig.*) *to be working* **on** *the right lines* essere sulla buona strada; **out** *of* ~ non allineato; (*sl.*) in disaccordo (*with* con); (*fig.*) *to* **take** *one's own* ~ fare a modo proprio; (*Sport*) *to* **toe** *the* ~ disporsi lungo la linea di partenza; (*fig.*) rigare dritto.

to **line**[1] [lain] *v.t.* **1** bordare; fiancheggiare. **2** segnare di rughe. **3** tracciare righe su, rigare. **4** (spesso con *up*) mettere in fila, allineare. □ *to* ~ **in** abbozzare; *to* ~ **out** tracciare, delineare; allineare; *to* ~ **up** mettere in linea; mettersi in linea; (*am.*) fare la coda.

to **line**[2] [lain] *v.t.* **1** foderare, rivestire (internamente); ricoprire. **2** (*fig.*) riempire: *to* ~

one's belly riempirsi la pancia. □ (*fam.*) *to ~ one's pockets* arricchirsi (spec. in modo illecito).
lineage ['liniidʒ] *s.* **1** lignaggio, stirpe. **2** discendenza, progenie.
lineament ['liniəmənt] *s.* (general. al pl.) lineamenti, fattezze.
linear ['liniə*] *a.* lineare.
lineman ['lainmən], *am.* **linesman** ['lainzmən] *s.* (*pl.* **–men**) **1** (*Tel.*) guardafili. **2** (*Ferr.*, *Sport*) guardalinee.
linen ['linin] *s.* **1** lino; filo di lino; indumento di lino. **2** biancheria. □ (*fig.*) *to wash one's dirty ~ in public* lavare i panni sporchi in pubblico.
liner ['lainə*] *s.* **1** nave di linea. **2** aereo di linea.
lineup ['lainʌp] *s.* **1** allineamento, schieramento. **2** (*Sport*) formazione (di gioco). **3** (*am.*) fila, coda.
ling [liŋ] *s.* (*pl.inv.*/**–s** [–z]) (*Zool.*) molva.
to **linger** ['liŋgə*] *v.i.* **1** attardarsi, indugiare. **2** (spesso con *on*) trascinarsi, tirare avanti. **3** (*fig.*) svanire lentamente. **4** dilungarsi, soffermarsi (*over* su). □ *to ~* **away** *one's time* sprecare inutilmente il proprio tempo; *to ~* **out** *one's life* trascinare la vita a stento.
lingerie *fr.* ['lænʒəri:] *s.* biancheria intima da donna.
lingering ['liŋgəriŋ] *a.* **1** duraturo, persistente. **2** lungo, prolungato; lento, tardo.
lingo ['liŋgəu] *s.* (*pl.* **–es/–s** [–z]) (*fam.*) **1** lingua straniera. **2** gergo.
linguist ['liŋgwist] *s.* **1** linguista *m./f.*, glottologo. **2** poliglotta *m./f.*
linguistic [liŋ'gwistik] *a.* **1** linguistico. **2** glottologico.
linguistics [liŋ'gwistiks] *s.pl.* (costr. sing.) linguistica.
liniment ['linimənt] *s.* linimento.
lining ['lainiŋ] *s.* **1** fodera (di un abito). **2** (*tecn.*) rivestimento interno.
link[1] [liŋk] *s.* **1** anello, maglia. **2** (*fig.*) legame, vincolo. **3** gemello per polsino. **4** collegamento.
to **link** [liŋk] *v.* (spesso con *up*) **I** *v.t.* **1** collegare, congiungere. **2** (*fig.*) ricollegare, mettere in relazione. **II** *v.i.* **1** collegarsi (*to* con). **2** (*fig.*) associarsi, collegarsi (*with* con, a); unirsi (a).
link[2] [liŋk] *s.* torcia, fiaccola.
linkage ['liŋkidʒ] *s.* collegamento, connessione.
links [liŋks] *s.pl.* **1** (*Sport*) (costr. sing. o pl.) campo da golf. **2** (*Geog.*) dune vicino alla costa.
linoleum [li'nəuliəm] *s.* linoleum.
linotype ['lainə(u)taip] *s.* linotype.
linotypist ['lainə(u)taipist] *s.* linotipista *m./f.*
linseed ['linsi:d] *s.* seme di lino.
lint [lint] *s.* (*Med.*) garza, filaccia.
lintel ['lintl] *s.* (*Edil.*) architrave.
lion ['laiən] *s.* **1** (*Zool.*) leone. **2** (*fig.*) celebrità. □ (*fig.*) *a ~ in the* **path** (o *way*) un ostacolo difficile da superare; (*fig.*) *the ~ 's* **share** la parte del leone.
lioness ['laiənis] *s.* (*Zool.*) leonessa.
lion-hearted ['laiən'hɑ:tid] *a.* coraggioso (come un leone).
to **lionize** ['laiənaiz] *v.t.* trattare come una celebrità.
lip [lip] *s.* **1** (*Anat.*) labbro. **2** orlo, bordo. **3** (*sl.*) insolenza, impertinenza: *none of your ~!* ne ho abbastanza della tua impertinenza! □ (*fig.*) *to* **hang** *on s.o.'s lips* pendere dalle labbra di qd.; to **keep** *a stiff upper ~* rimanere impassibili.
to **lip** [lip] *v.t.* (*pass.*, *p.p.* **lipped** [–t]) **1** toccare con le labbra. **2** lambire, sfiorare.
lipoprotein ['lipɔ'prəuti:n] *s.* (*Biol.*) lipoproteina.
lip service ['lipsə:vis] *s.* adesione puramente formale. □ *to pay ~ to s.th.* aderire a qc. solo formalmente.
lipstick ['lipstik] *s.* rossetto (per labbra).
liquefaction [,likwi'fækʃən] *s.* liquefazione.
to **liquefy** ['likwifai] **I** *v.t.* liquefare. **II** *v.i.* liquefarsi.
liqueur *fr.* [li'kjuə*] *s.* liquore.
liquid ['likwid] **I** *s.* **1** liquido. **2** (*Fonetica*) (consonante) liquida. **II** *a.* **1** liquido. **2** chiaro, limpido, trasparente. **3** (*di suoni*) armonioso. **4** (*fig.*) instabile.
to **liquidate** ['likwideit] **I** *v.t.* **1** (*Econ.*) liquidare (un debito). **2** sciogliere (una società, ecc.). **3** (*sl.*) liquidare, sbarazzarsi di. **II** *v.i.* (*Econ.*) andare in liquidazione.
liquidation [,likwi'deiʃən] *s.* **1** (*Econ.*) liquidazione. **2** (*fig.*) eliminazione, liquidazione.
liquidator ['likwideitə*] *s.* (*Econ.*) liquidatore.
liquor ['likə*] *s.* **1** liquore; (*am.*) bevanda alcolica. **2** (*Gastr.*) succo. **3** (*estens.*) sostanza liquida. □ (*fam.*) *to be in ~* essere ubriaco.
to **liquor** ['likə*] *v.t.*: (*fam.*) *to ~ up* bere bevande alcoliche.
liquorice ['likəris] *s.* (*Bot.*) liquirizia.
lira ['liərə] *s.* (*pl.* **–s** [–z]/**lire** ['liəri]) (*Econ.*) lira (italiana).
Lisbon ['lizbən] *N.pr.* (*Geog.*) Lisbona.
lisp [lisp] *s.* pronuncia blesa.
to **lisp** [lisp] **I** *v.i.* essere bleso. **II** *v.t.* pronunciare in modo bleso.
lissom(e) ['lisəm] *a.* **1** flessuoso; snello. **2** agile, svelto.
list[1] [list] *s.* elenco, lista; catalogo. □ (*Comm.*) *price ~* listino prezzi.
to **list**[1] [list] *v.t.* elencare; mettere in lista.
list[2] [list] *s.* (*Mar.*) sbandamento, inclinazione.
to **list**[2] [list] *v.i.* (*Mar.*) sbandare.
list[3] [list] *s.* listello, bordo.
to **listen** ['lisn] *v.i.* **1** ascoltare (*to s.th., s.o.* qc., qd.). **2** dare retta (a). □ *to ~ in* ascoltare la radio; intercettare una conversazione.
listener ['lisnə*] *s.* **1** ascoltatore. **2** radioascoltatore.
listless ['listlis] *a.* apatico, indifferente.
lists [lists] *s.pl.* (costr. sing. o pl.) (*Stor.*) lizza, arena. □ *to enter the ~* entrare in lizza.

lit [lit] → to **light**[1], to **light**[2].
litany ['litəni] *s.* (*Lit.*) litania.
liter *am.* ['li:tə*] → **litre.**
literacy ['litərəsi] *s.* il saper leggere e scrivere.
literal ['litərəl] *a.* **1** letterale; esatto, alla lettera. **2** concreto, prosaico. □ *it's the ~ truth* è la pura verità.
literally ['litərəli] *avv.* letteralmente.
literary ['litəreri] *a.* letterario. □ *a ~* **man** un letterato; *~* **property** proprietà letteraria, copyright.
literate ['litərit] **I** *a.* **1** che sa leggere e scrivere. **2** istruito; colto. **II** *s.* persona colta.
literature ['litərətʃə*] *s.* **1** letteratura. **2** stampati pubblicitari; catalogo. **3** (*Mus.*) partitura.
lithe [laið] *a.* flessuoso, flessibile.
lithium ['liθiəm] *s.* (*Chim.*) litio.
lithograph ['liθəugrɑ:f] *s.* litografia.
to **lithograph** ['liθəugrɑ:f] **I** *v.t.* litografare. **II** *v.i.* fare litografie.
lithographer [li'θɔgrəfə*] *s.* litografo.
lithographic [ˌliθə'græfik] *a.* litografico.
lithography [li'θɔgrəfi] *s.* litografia.
litigant ['litigənt] *s.* (*Dir.*) parte in causa.
to **litigate** ['litigeit] **I** *v.t.* (*Dir.*) contestare, citare. **II** *v.i.* essere in causa.
litigation [ˌliti'geiʃən] *s.* (*Dir.*) causa, processo.
litigious [li'tidʒəs] *a.* (*Dir.*) che promuove facilmente cause legali.
litmus ['litməs] *s.* (*Chim.*) tornasole. □ *~ paper* cartina al tornasole.
litre ['li:tə*] *s.* litro.
litter ['litə*] *s.* **1** rifiuti. **2** disordine, confusione. **3** lettiera, strame. **4** (*di animali*) figliata. **5** lettiga, portantina; barella.
to **litter** ['litə*] **I** *v.t.* **1** (co)spargere, disseminare; (spesso con *up*) mettere in disordine. **2** fare la lettiera a; cospargere di strame. **II** *v.i.* (*di animali*) figliare.
litterbin ['litəbin] *s.* bidone della spazzatura.
litterbug ['litəbʌg] *s.* (*fam.*) chi lascia rifiuti nei luoghi pubblici.
little ['litl] **I** *a.* (*compar.* **less** [les]/**lesser** ['lesə*], *sup.* **least** [li:st]) **1** piccolo. **2** breve, corto; poco: *there is ~ time* c'è poco tempo. **3** (preceduto da *a*) un poco, un po', alquanto: *he has a ~ money* ha un po' di denaro; *a ~ dull* alquanto noioso. **4** di scarsa importanza, di poco conto. **II** *s.* **1** poco, piccola quantità. **2** (preceduto da *a*) poco: *wait a ~ longer!* aspetta ancora un poco! **III** *avv.* (*compar.* **less** [ləs], *sup.* **least** [li:st]) **1** poco: *she eats very ~* mangia molto poco. **2** non ... affatto, per niente: *he ~ knew what I was thinking* non sapeva affatto che cosa io pensassi. **3** (preceduto da *a*) poco: *let's walk a ~* camminiamo un poco. □ **as** *~ as possible* il meno possibile; *~* **by** *~* a poco a poco; (*Anat.*) *~* **finger** mignolo; **in** *~* in piccolo; *~* **more** poco più; **no** *~* non poco; *~ or* **nothing** poco o niente; *the ~* **of** il (*o* quel) poco di; *the ~* **ones** i bambini; *wait a ~* **while** aspetta un momento.
littleness ['litlnis] *s.* **1** piccolezza, minutezza. **2** meschinità, grettezza.
Little Red Riding Hood ['litl red 'raidin hud] *N.pr.* (*Lett.*) Cappuccetto Rosso.
littoral ['litərəl] *a./s.* litorale.
liturgic [li'tə:dʒik], **liturgical** [li'tə:dʒikəl] *a.* liturgico.
liturgy ['litədʒi] *s.* liturgia.
live [laiv] **I** *a.* **1** vivo. **2** acceso, ardente; (*di colore*) brillante, luminoso. **3** (*rif. ad armi*) carico. **4** (*Rad., TV*) in diretta, dal vivo. **5** energico, attivo. **6** (*El.*) inserito. **II** *avv.* (*Rad., TV*) in diretta, dal vivo. □ *~ wire*: 1 cavo sotto tensione; 2 (*fig.*) persona vivace e attiva.
to **live** [liv] **I** *v.i.* **1** vivere, esistere. **2** risiedere, abitare. **II** *v.t.* vivere, trascorrere: *to ~ a happy life* vivere una vita felice. □ *to ~* **by** vivere di, campare di: *to ~ by one's wits* vivere di espedienti; *to ~* **down** *a scandal* far dimenticare col tempo uno scandalo; *to ~* **in** essere a servizio completo; (*di studente, ecc.*) essere interno; *to ~* **off** *s.o.* vivere alle spalle di qd.; *to ~* **on**: 1 nutrirsi di, cibarsi di; 2 vivere di; 3 rivivere, perpetuarsi; *to ~* **out** essere a mezzo servizio; (*di studente, ecc.*) essere esterno; *to ~* **through** scampare a; (*fig.*) *to ~* **up** *to* tener fede a; *to ~ it* **up** godersi la vita, spassarsela.
liveable ['livəbl] *a.* **1** abitabile. **2** sopportabile.
live-in ['livin] *a.* **1** coabitante. **2** fisso: *a ~ maid* una cameriera fissa.
livelihood ['laivlihud] *s.* sostentamento, mezzi di sussistenza.
liveliness ['laivlinis] *s.* vivacità, animazione.
livelong ['livlɔŋ] *a.* intero, lungo. □ *all the ~ day* tutto il santo giorno.
lively ['laivli] *a.* **1** vivace, animato; brioso, brillante; attivo, pieno di vita. **2** vivido, vivo; (*di colore*) vivace, smagliante. □ (*fam.*) *to* **look** *~* darsi da fare, muoversi; (*fam.*) *to* **make** *things ~ for s.o.* dare del filo da torcere a qd.; *to* **step** *~* affrettarsi.
to **liven** ['laivn] *v.* (general. con *up*) **I** *v.t.* ravvivare, animare. **II** *v.i.* ravvivarsi, animarsi.
liver ['livə*] *s.* (*Anat., Gastr.*) fegato.
liveried ['livərid] *a.* in livrea.
liverwurst *am.* ['livəwə:st] *s.* salsiccia di fegato.
livery ['livəri] *s.* **1** livrea. **2** costume (di una corporazione, ecc.). **3** stallatico. □ (*Stor.*) *~* **company** corporazione londinese di arti e mestieri; **out** *of ~* senza livrea, in abito borghese.
lives [laivz] → **life.**
livestock ['laivstɔk] *s.* (costr. sing. o pl.) bestiame.
livid ['livid] *a.* **1** livido, bluastro. **2** plumbeo. **3** (*fam.*) furibondo.
living ['liviŋ] **I** *a.* **1** vivo, vivente; contemporaneo. **2** di vita, della vita: *~ conditions* condizioni di vita. **II** *s.* **1** vita, vivere. **2** sostentamento, mezzi di sostentamento. **3** (costr.

pl.) vivi, viventi. □ ~ **coals** carboni ardenti; *to* **make** *a* ~ guadagnarsi la vita; (*with*)*in* ~ **memory** a memoria d'uomo; *not a* ~ **soul** *could be seen* non si vedeva anima viva; **standard** *of* ~ tenore di vita; *to* **work** *for one's* ~ lavorare per vivere.

living room ['li:viŋru:m] *s.* soggiorno.

living space ['li:viŋspeis] *s.* **1** (*Arch.*) spazio utile. **2** (*fig.*) spazio vitale.

living wage ['liviŋweidʒ] *s.* salario al limite della sussistenza.

lizard ['lizəd] *s.* (*Zool.*) lucertola.

'll [l, əl] *contraz. di* **shall, will**[1].

llama ['lɑ:mə] *s.* (*Zool.*) lama.

LMT = *local mean time* ora locale.

load [ləud] *s.* **1** carico. **2** (*fig.*) peso, onere; responsabilità. **3** *pl.* (*fam.*) gran quantità, (*fam.*) sacco (*of* di). **4** carica (di arma da fuoco). **5** (*El., Mecc.*) carico.

to **load** [ləud] **I** *v.t.* **1** caricare. **2** appesantire, zavorrare. **3** adulterare, sofisticare (una bevanda). **4** (*fig.*) (spesso con *down*) gravare, caricare; opprimere. **5** (*fig.*) colmare, ricoprire (*with* di). **II** *v.i.* **1** (spesso con *up*) caricare. **2** caricare un'arma da fuoco. □ *loaded* **dice** dadi truccati; *a loaded* **question** una domanda tendenziosa, a trabocchetto.

loader ['ləudə*] *s.* caricatore.

loadstone ['ləudstəune] *s.* **1** (*Min.*) magnetite. **2** (*fig.*) calamita.

loaf [ləuf] *s.* (*pl.* **loaves** [ləuvz]) **1** pane, pagnotta. **2** polpettone (di carne). **3** pan di zucchero. **4** (*sl.*) cervello, testa: *use your* ~ usa la testa!

to **loaf** [ləuf] **I** *v.i.* oziare, bighellonare; vagabondare, andare a zonzo. **II** *v.t.* (general. con *away*) sprecare, perdere (tempo).

loafer ['ləufə*] *s.* fannullone, perdigiorno *m./f.*

loam [ləum] *s.* **1** (*Agr.*) terriccio. **2** (*Edil.*) argilla.

loamy ['ləumi] *a.* argilloso.

loan [ləun] *s.* (*Econ.*) mutuo, prestito. □ *to* **ask** *for the* ~ *of s.th.* chiedere in prestito qc.; **on** ~ in prestito.

to **loan** [ləun] *v.t.* prestare.

loath [ləuθ] *a.* restio, riluttante: *to be* ~ *to do s.th.* essere restio a fare qc.

to **loathe** [ləuð] *v.t.* **1** provare avversione per, disgustarsi di. **2** (*fam.*) aborrire, detestare.

loathing ['ləuðiŋ] *s.* ripugnanza, disgusto.

loathsome ['ləuðsəm] *a.* disgustoso, schifoso; ripugnante.

loaves [ləuvz] → **loaf**.

lob [lɔb] *s.* (*nel tennis*) pallonetto.

lobar ['ləubə*] *a.* (*Anat.*) lobare.

lobby ['lɔbi] *s.* **1** atrio, vestibolo; corridoio, passaggio. **2** (*Teat.*) ridotto. **3** (*Parl.*) manovre di corridoio; gruppo di pressione, lobby.

to **lobby** ['lɔbi] **I** *v.t.* (*Parl.*) fare pressioni su; far approvare (un progetto di legge) esercitando pressioni. **II** *v.i.* (*Parl.*) esercitare pressioni (politiche).

lobe [ləub] *s.* (*Anat., Biol.*) lobo.

lobster ['lɔbstə*] *s.* (*Zool.*) aragosta.

local ['ləukəl] **I** *a.* **1** locale. **2** ristretto, limitato. **II** *s.* **1** persona del luogo, residente *m./f.* **2** (*Giorn.*) cronaca locale. **3** bar (*o* pub) che si frequenta abitualmente. □ ~ *time* ora locale.

locale [ləu'kɑ:l] *s.* **1** luogo, località. **2** ambiente; scena.

localism ['ləukəlizəm] *s.* **1** campanilismo. **2** (*fig.*) provincialismo. **3** pronuncia locale; modo di dire locale.

locality [lə(u)'kæliti] *s.* località, luogo; zona. □ (*fam.*) *sense of* ~ senso d'orientamento.

to **localize** ['lə(u)kəlaiz] *v.t.* **1** localizzare, determinare la località di provenienza. **2** circoscrivere.

to **locate** ['ləukeit] *v.t.* **1** localizzare, individuare£. **2** scoprire, trovare; collocare, situare: *the city is located on a river* la città è situata su un fiume.

location [ləu'keiʃən] *s.* **1** posizione, ubicazione, collocazione. **2** posto, luogo. **3** (*Cin.*) esterni. **4** sobborgo per la gente di colore (in Sudafrica).

loch *scozz.* [lɔk] *s.* **1** lago. **2** braccio di mare.

lock[1] [lɔk] *s.* **1** serratura. **2** otturatore (di arma da fuoco). **3** (*Idraulica*) chiusa. **4** (*Mecc.*) fermo; bloccaggio. □ (*fig*) ~, **stock** *and barrel* armi e bagagli; *to place s.th.* **under** ~ *and key* chiudere qc. sotto chiave; (*fig.*) mettere qc. al sicuro.

to **lock** [lɔk] **I** *v.t.* **1** chiudere a chiave. **2** bloccare; stringere, serrare. **3** allacciare, congiungere. **II** *v.i.* **1** chiudersi (a chiave). **2** bloccarsi. **3** congiungersi, allacciarsi. □ *to* ~ *s.th.* **away** riporre qc. sotto chiave; *to* ~ **in** chiudere dentro; *to* ~ **out** chiudere fuori; (*fig.*) *to* ~ *the* **stable** *door after the horse has bolted* chiudere la stalla quando i buoi sono scappati; *to* ~ **up**: 1 chiudere a chiave; mettere al sicuro; rinchiudere (in prigione, in manicomio); 2 investire, immobilizzare (denaro).

lock[2] [lɔk] *s.* **1** ricciolo, riccio. **2** *pl.* capelli, chioma. **3** bioccolo, fiocco.

locker ['lɔkə*] *s.* armadietto.

locker room ['lɔkəru:m] *s.* spogliatoio.

locket ['lɔkit] *s.* medaglione.

lockjaw ['lɔkdʒɔ:] *s.* (*Med.*) trisma.

lock-out ['lɔkaut] *s.* serrata.

locksmith ['lɔksmiθ] *s.* fabbro (che fa le chiavi).

lock up ['lɔkʌp] *s.* **1** chiusura; ora di chiusura. **2** (*fam.*) prigione.

locomotion [,ləukə'məuʃən] *s.* locomozione.

locomotive [,ləukə'məutiv] **I** *a.* locomotore, locomotivo. **II** *s.* locomotiva, locomotrice.

locust ['ləukəst] *s.* (*Zool.*) locusta, cavalletta. □ (*Bot.*) ~ *tree* carrubo.

locution [lə(u)'kju:ʃən] *s.* **1** locuzione, frase. **2** modo di parlare.

lode [ləud] *s.* (*in miniera*) filone, vena.

lodestar ['ləudstɑ:*] *s.* **1** (*Astr.*) stella polare. **2** (*fig.*) guida.

lodestone ['ləudstəun] → **loadstone**.

lodge [lɔdʒ] *s.* **1** casetta. **2** casino di caccia. **3** portineria (di università, stabilimento, ecc.). **4** capanno, capanna; rifugio. **5** loggia (massonica). **6** tana (del castoro).

to **lodge** [lɔdʒ] **I** *v.t.* **1** alloggiare, sistemare; acquartierare (truppe). **2** prendere a pensione. **3** depositare; mettere al sicuro. **4** (*Dir.*) presentare: *to ~ a petition* presentare un'istanza. **II** *v.i.* **1** alloggiare, abitare. **2** stare a pensione (*with* presso). **3** conficcarsi, piantarsi. ▭ *to* **board** *and ~ s.o.* tenere a pensione qd.; *to ~ a* **fact** *in s.o.'s mind* imprimere un fatto nella mente di qd.

lodger ['lɔdʒə*] *s.* pensionante *m./f.*

lodging ['lɔdʒiŋ] *s.* **1** sistemazione, alloggio; ospitalità. **2** *pl.* camere d'affitto (ammobiliate): *to live in lodgings* vivere in camere ammobiliate.

lodging house ['lɔdʒiŋhaus] *s.* casa con camere d'affitto (ammobiliate).

lodgment ['lɔdʒmənt] *s.* **1** alloggiamento; camere d'affitto. **2** deposito (di denaro); accumulo. **3** (*Mil.*) posizione (stabile).

loft [lɔft] *s.* **1** soffitta, solaio; mansarda. **2** (*Arch.*) galleria (di chiesa, ecc.). **3** fienile. **4** (*neol.*) loft (edificio industriale ristrutturato per uso abitativo).

to **loft** [lɔft] *v.t.* **1** (*Sport*) far descrivere un'alta parabola a (una palla). **2** mettere in soffitta.

lofty ['lɔfti] *a.* **1** alto. **2** (*fig.*) superbo, altezzoso. **3** (*fig.*) elevato, nobile.

log [lɔg] *s.* **1** tronco d'albero. **2** ceppo, ciocco. **3** → **log-book.** ▭ *to* **fall** *like a ~* cadere pesantemente; *to* **sleep** *like a ~* dormire come un ghiro.

to **log** [lɔg] *v.* (*pass., p.p.* **logged** [–d]) *v.t.* **1** (*Mar., Aer.*) registrare nel giornale di bordo. **2** tagliare in ceppi.

logarithm ['lɔgəriθm] *s.* (*Mat.*) logaritmo.

logarithmic [,lɔgə'riθmik] *a.* logaritmico.

logbook ['lɔgbuk] *s.* (*Mar., Aer.*) giornale di bordo.

loggerhead ['lɔgəhed] *s.*: *to be at loggerheads with s.o.* essere ai ferri corti con qd.

loggia *it.* ['lɔdʒə] *s.* (*Arch.*) loggia, loggiato.

logging ['lɔgiŋ] *s.* taglio e trasporto dei tronchi.

logic ['lɔdʒik] *s.* logica.

logical ['lɔdʒikəl] *a.* **1** logico; coerente. **2** naturale, evidente.

logician [ləu'dʒiʃən] *s.* logico.

logistics [lɔ'dʒistiks] *s.pl.* (costr. sing. o pl.) logistica.

logo ['lɔgəu] *s.* (*Tip.*) logotipo.

logrolling *am.* ['lɔgrəuliŋ] *s.* (*Parl.*) scambio di favori.

loin [lɔin] *s.* **1** (*Anat.*) (general. al pl.) regione lombare, lombi. **2** (*Gastr.*) lombata.

loincloth ['lɔinklɔθ] *s.* perizoma.

loir (lɔiə*] *s.* (*Zool.*) ghiro.

to **loiter** ['lɔitə*] *v.i.* **1** bighellonare, gironzolare. **2** indugiarsi, attardarsi.

loiterer ['lɔitərə*] *s.* perdigiorno *m./f.*

to **loll** [lɔl] **I** *v.i.* **1** stendersi, sdraiarsi. **2** ciondolare, penzolare. **II** *v.t.* (general. con *out*) far penzolare.

lollipop ['lɔlipɔp] *s.* leccalecca.

to **lollop** ['lɔləp] *v.i.* (*fam.*) camminare goffamente.

lolly ['lɔli] *s.* **1** (*fam.*) → **lollipop. 2** ghiacciolo. **3** (*sl.*) denaro.

London ['lʌndən] *N.pr.* (*Geog.*) Londra.

Londoner ['lʌndənə*] *s.* londinese *m./f.*

lone [ləun] *a.* solo; solitario; isolato. ▭ (*fig.*) *to play a ~ hand* battersi da solo.

loneliness ['ləunlinis] *s.* **1** solitudine, isolamento. **2** malinconia, tristezza.

lonely ['ləunli] *a.* **1** malinconico, triste. **2** solitario; solo. **3** solitario, deserto. ▭ *~ hearts* cuori solitari (rubrica di giornali).

lonesome ['ləunsəm] *a.* **1** (che si sente) solo; malinconico, triste. **2** deserto, solitario.

long [lɔŋ] **I** *a.* **1** lungo. **2** (*fam.*) alto (di statura). **3** che specula al rialzo, rialzista. **II** *s.* **1** molto tempo: *it won't take ~* non ci vorrà molto tempo. **2** (*Mus.*) lunga. **III** *avv.* **1** (per) molto tempo, a lungo. **2** per tutto: *all day ~* per tutto il giorno. ▭ *to be ~* **about** *it* prendersela comoda; *~* **after** molto dopo; *~* **ago** molto tempo fa; **any** *longer* più (a lungo), oltre: *I shan't wait any longer* non aspetterò più a lungo; (*fig.*) *to have a ~* **arm** essere influente; **as** *~ as* finché, per tutto il tempo che; purché, a condizione che; **at** (*the*) *longest* tutt'al più; *~* **before** molto (tempo) prima; **before** *~* tra non molto; *~* **bound** titolo di stato a lungo termine; **for** *~* per molto; *to be ~* **in** *doing s.th.* metterci molto a fare qc.; *at ~* **last** finalmente; *~* **live***!* evviva!; **no** *longer* non più (oltre); **so** *~* arrivederci, ciao; **so** *~ as* se, purché, a condizione che.

to **long** [lɔŋ] *v.i.* desiderare ardentemente (*for s.th.* qc.).

longboat ['lɔŋbəut] *s.* (*Mar.*) lancia.

long-distance ['lɔŋdistəns] *a.* (*Tel.*) interurbano. ▭ *~ call* interurbane.

long-drawn ['lɔŋ'drɔ:n] *a.* che va per le lunghe.

long drink ['lɔŋdriŋk] *s.* long drink (bevanda poco alcolica con frutta).

longevity [lɔn'dʒeviti] *s.* longevità.

longhand ['lɔŋhænd] *s.* scrittura a mano (per esteso).

long-headed ['lɔŋhedid] *a.* **1** (*Med.*) dolicocefalo. **2** (*fig.*) accorto, avveduto.

longing ['lɔŋiŋ] **I** *s.* desiderio intenso, brama. **II** *a.* desideroso, bramoso.

longish ['lɔŋiʃ] *a.* alquanto lungo, lunghetto.

longitude ['lɔndʒitju:d] *s.* longitudine.

longitudinal [,lɔndʒi'tju:dinl] *a.* longitudinale.

long-life ['lɔŋlaif] *s.* a lunga durata.

long-lived ['lɔŋ'lived] *a.* longevo.

long-playing ['lɔŋ'pleiiŋ] *a.* (*Mus.*): *~ record* LP, disco a trentatrè giri.

longshoreman ['lɔdʃɔ:mən] *s.* (*pl.* **–men**) portuale, scaricatore di porto.

long-sighted ['lɔŋ'saitid] *a.* **1** (*Med.*) presbite. **2** (*fig.*) lungimirante, previdente.

long-suffering ['lɔŋ'sʌfəriŋ] *a.* paziente, tollerante.

long-term [lɔŋtə:m] *a.* a lunga scadenza, a lungo termine.

long wave [lɔŋweiv] *s.* onda lunga.

longways ['lɔŋweiz] → **longwise**.

long-winded ['lɔŋ'windid] *a.* prolisso.

longwise ['lɔŋwaiz] *avv.* per il lungo.

look [luk] *s.* **1** occhiata, sguardo: *take a ~ at this* da' un'occhiata a questo. **2** aria, espressione: *a ~ of pleasure* una espressione di piacere. **3** *pl.* (*fam.*) aspetto, bell'aspetto: *good looks* bellezza; *to have looks* avere un bell'aspetto. □ **by** *the ~ of it* giudicando dalle apparenze; *a* **new** *~* un aspetto nuovo, più moderno.

to **look** [luk] **I** *v.i.* **1** guardare, osservare: *I have looked everywhere* ho guardato ovunque; *~ at those boys* guarda quei ragazzi; *~ at her working* osservala mentre lavora. **2** sembrare, apparire: *you ~ tired* sembri stanco; *to ~ well* avere un bell'aspetto; stare bene. **3** guardare, porre attenzione: *~ where you are going* bada a dove metti i piedi. **4** essere orientato, essere esposto (*to, towards* a): *the house looks to the south* la casa è esposta a sud. **II** *v.t.* **1** guardare: (*fig.*) *to ~ s.o.* (o *s.th.*) *in the face* guardare qd. (*o* qc.) in faccia; affrontare qd. (*o* qc.). **2** esprimere (con lo sguardo), mostrare: *to ~ one's joy* mostrare la propria gioia; *she doesn't ~ her age* non dimostra l'età. □ *~* **alive***!* muoviti!; *to ~* **as** *if* sembrare, aver l'aria di: *it looks as if it's going to rain* sembra che stia per piovere; *to ~* **black** (*at*) guardare con ira; *to ~* **blue** apparire triste; *~* **here***!* stammi bene a sentire! *to ~* **like**: 1 assomigliare a; 2 sembrare, aver l'aria di: *what does it ~ like?* che cosa sembra? (*o* che aspetto ha?); *it looks like rain* minaccia la pioggia; *to ~* **oneself** avere un bell'aspetto; *your husband was not liking himself yesterday* ieri tuo marito non aveva il suo solito aspetto; *to ~ and* **see** dare un'occhiata; *~* **sharp***!* spicciati! // (*seguito da preposizioni*) *to ~* **about** guardarsi intorno; (*fig.*) *to ~* **about** *one* esaminare la propria situazione: *we'll look about us before laying new plans* esamineremo la nostra situazione prima di stendere nuovi piani; *to ~* **after**: 1 badare a, curarsi di; 2 seguire con lo sguardo; *to ~* **at** guardare, osservare; (*fig.*) esaminare, considerare; *to ~* **for** cercare; (*fam.*) andare in cerca di: *you are looking for trouble* sei in cerca di guai; *to ~* **into** studiare a fondo, esaminare; *to ~* **on** (o *upon*) reputare, considerare: *I ~ on him as a friend* lo considero un amico; *to ~* (*out*) **onto** dare su, essere prospiciente: *this balcony looks onto the sea front* questo balcone dà sul lungomare; *to ~* **round** visitare: *we looked round the town* abbiamo visitato la città; *to ~* **through** studiare; ripassare; esaminare; *to ~* **to**: 1 curarsi di; 2 fare affidamento su; *~* **to** *it that* assicurati che. // (*seguito da avverbi*) *to ~* **ahead** (*fig.*) guardare al futuro; (*fig.*) *to ~* **back** ripensare (*to, on, upon* a); (*fig.*) *he never looked* **back** non smise mai di progredire; *to ~* **down** *on* guardare dall'alto in basso; *to ~* **forward** *to* non vedere l'ora di, aspettare con piacere; (*epist.*) *looking* **forward** *to hearing from you* in attesa di una vostra sollecita risposta; (*fig.*) *to ~* **in** (*on s.o.*) fare una breve visita: *I hope you'll ~ in* (*on me*) *tomorrow* spero che domani tu possa fare un salto da me; (*in senso assol.*) *to ~* **in** guardare la televisione; *to ~* **on** stare a guardare; *to ~* **out**: 1 guardare fuori; 2 cercare di vedere (*for*); 3 scegliere: *she looked out a book for me* ha scelto un libro per me; *~* **out***!* attenzione!; *to ~* **out** *on* essere prospiciente, guardare: *this window looks out on the lake* questa finestra guarda sul lago; *to ~* **over** esaminare (rapidamente); scorrere (p.e. la corrispondenza); (*fig.*) *to ~* **round** esaminare la situazione; *to ~* **round** *for s.o.* cercare qd. con gli occhi; *to ~* **through** esaminare attentamente; *to ~* **up**: 1 migliorare, essere in crescendo; 2 consultare (libri, dizionari, ecc.); 3 fare una breve visita; *to ~* **up** *to s.o.* guardare qd. (con ammirazione); *to ~ s.o.* **up** *and down* squadrare qd.

look-in ['lukin] *s.* (*fam.*) **1** probabilità di successo. **2** visitina.

looking glass ['lukiŋglɑ:s] *s.* (*ant.*) specchio.

lookout ['lukaut] *s.* **1** vigilanza, guardia. **2** guardia, sentinella. **3** (*Mar.*) coffa, gabbia. **4** (*fig.*) prospettiva, previsione. □ *to* **be** *on the ~* stare in guardia; (*fam.*) **that***'s his ~* è affar suo.

loom [lu:m] *s.* telaio.

to **loom** [lu:m] *v.i.* **1** (spesso con *up*) delinearsi, profilarsi: (*fig.*) *the threat of dismissal loomed large in his mind* la minaccia di licenziamento si profilò grave alla sua mente. **2** (*fig.*) essere imminente, incombere.

loon [lu:n] *s.* (*Zool.*) gavia, strolaga.

loony ['lu:ni] *a./s.* (*fam.*) pazzo, matto; mentecatto. □ (*sl.*) *~ bin* manicomio.

loop [lu:p] *s.* **1** cappio, nodo scorsoio. **2** laccio; occhiello metallico; passante; asola. **3** (*Ferr.*) raccordo. **4** (*Aer.*) cerchio della morte. **5** (*El.*) circuito chiuso.

to **loop** [lu:p] **I** *v.t.* **1** fare un cappio a; avvolgere. **2** (spesso con *up*) legare (con un cappio). **3** (*El.*) (general. con *in*) collegare in circuito. **II** *v.i.* (*Aer.*) eseguire il cerchio della morte.

loophole ['lu:phəul] *s.* **1** (*Arch.*) feritoia. **2** (*fig.*) scappatoia, via d'uscita.

loose [lu:s] *a.* **1** slegato, sciolto; allentato. **2** libero. **3** ampio, largo: *loose clothes* abiti ampi. **4** rado, poco coerente. **5** (*fig.*) dissoluto, dissipato. **6** ardito, impudente. **7** (*fig.*) sconclusionato, inconcludente; inesatto, impreciso. **8** floscio, flaccido; rilassato. □ *~*

change spiccioli; (*fam.*) **on** *the* ~ libero; scapestrato, senza freni.
to **loose** [lu:s] *v.t.* **1** liberare, rilasciare. **2** sciogliere, slegare; allentare.
loose-end ['lu:s'end] *s.* particolare rimasto oscuro: *this is a* ~ *in the story* questo è un punto oscuro nella storia. □ *to be at a* ~ non sapere che pesci pigliare.
loose-fitting ['lu:s'fitiŋ] *a.* largo, ampio; ~ *trousers* pantaloni larghi.
loose-leaf ['lu:sli:f] *a.* a fogli mobili. □ ~ *binder* raccoglitore.
to **loosen** ['lu:sn] **I** *v.t.* **1** sciogliere; slacciare; allentare; staccare. **2** alleviare (la tosse). **II** *v.i.* allentarsi. □ *to* ~ *up* sciogliere (i muscoli); rilassarsi.
loot [lu:t] *s.* bottino, preda (di guerra).
to **loot** [lu:t] *v.t.* saccheggiare, depredare.
looter [lu:tə*] *s.* saccheggiatore.
lop [lɔp] *s.* rami potati, potatura.
to **lop**[1] [lɔp] *v.t.* (*pass., p.p.* **lopped** [–t]) **1** potare. **2** mozzare, tagliare (un arto, ecc.). **3** (*fig.*) (general. con *off*) sfrondare.
to **lop**[2] [lɔp] *v.i.* (*pass., p.p.* **lopped** [–t]) pendere, penzolare.
lope [ləup] *s.* andatura a balzi.
to **lope** [ləup] *v.i.* muoversi a balzi.
lop-eared ['lɔp'iəd] *a.* (*Zool.*) dalle orecchie pendenti.
lop-sided ['lɔp'saidid] *a.* sbilenco, asimmetrico.
loquacious [lə(u)'kweiʃəs] *a.* loquace, ciarliero.
loquacity [lə(u)'kwæsiti] *s.* loquacità, chiacchiera.
lor, **lor'** [lɔ:*] *intz.* (*volg.*) (buon) Dio, Signore.
lord [lɔ:d] *s.* **1** signore, padrone; capo, sovrano. **2** nobile, pari. □ *to live like a* ~ fare vita da signore.
to **lord** [lɔ:d] *v.i.* (general. con *it*) darsi delle arie, fare il (gran) signore; spadroneggiare (*over* su).
Lord [lɔ:d] *s.* **1** (*nei titoli*) lord. **2** (*Rel.*) Signore, Dio. **3** *pl.* (*Parl.*) camera dei lord. **4** (*esclam.*) mio Dio. □ ~*'s* **Day** domenica; (*fam.*) ~ **knows** lo sa Iddio; ~*'s* **prayer** Padrenostro; ~*'s* **Supper** Eucarestia; *in the* **year** *of our* ~ nell'anno del Signore.
lordly ['lɔ:dli] *a.* **1** signorile, da gran signore. **2** altero, altezzoso.
lordship ['lɔ:dʃip] *s.* **1** (*nei titoli*) Signoria, Eccellenza. **2** signoria, dominio.
lore [lɔ:*] *s.* **1** nozioni relative a un particolare argomento. **2** tradizione orale: *Irish* ~ tradizione irlandese.
lorgnette *fr.* [lɔ:'njet] *s.* occhialino.
lorry ['lɔri] *s.* autocarro, camion. □ ~ *driver* camionista.
to **lose** [lu:z] *v.* (*pass., p.p.* **lost** [lɔst]) **I** *v.t.* **1** perdere; smarrire: *to* ~ *o.s.* perdersi, smarrirsi; (*fig.*) *to* ~ *o.s. in a book* immergersi nella lettura di un libro. **2** sciupare, perdere: *to* ~ *time* perdere tempo. **II** *v.i.* **1** perdere, essere sconfitto. **2** rimetterci. □ *to fight a losing* **battle** lottare per una causa persa; (*fig.*) *to* ~ **face** perdere la faccia; *to* ~ *one's* **hair** perdere i capelli; (*fam.*) perdere la pazienza; (*fig.*) *to* ~ *one's* **head** perdere la testa; *to* ~ **sight** *of s.o.* perdere di vista qd.; *to* ~ **time** andare indietro (di orologio); *to* ~ *one's* **way** smarrirsi.
loser ['lu:zə*] *s.* perdente *m./f.* □ *to be a bad* ~ non saper perdere.
loss [lɔs] *s.* **1** perdita. **2** danno, svantaggio. **3** spreco, sciupio. □ **at** *a* ~ in perdita; perplesso, incerto; *to be* **at** *a* ~ *for words* non sapere cosa dire.
lost[1] [lɔst] → to **lose**.
lost[2] [lɔst] *a.* **1** perduto, smarrito. **2** sprecato, sciupato; mancato. **3** (*fig.*) disorientato. □ ~ **cause** causa persa; *to* **get** ~ smarrirsi; (*fam.*) **get** ~*!* levati dai piedi!; *to be* ~ **in** *thought* essere immerso nei propri pensieri; *to be* ~ **on** non avere effetto su; *to be* ~ **to** essere insensibile a; essere precluso a.
lost-property [lɔst'prɔpəti] *s.* (ufficio) oggetti smarriti.
lot [lɔt] *s.* **1** sorteggio; sorte: *to cast* (o *draw*) *lots* tirare a sorte; *to decide by* ~ decidere tirando a sorte. **2** destino, fato. **3** (gran) quantità, gran numero, (*fam.*) sacco: *he knows a* ~ *of people* conosce un sacco di persone. **4** lotto, appezzamento. **5** (*fam.*) combriccola, compagnia. **6** (*fam.*) tutto: *I'll take the* ~ prenderò tutto. **7** (*Comm.*) partita, lotto. □ (*fam.*) **a** ~ molto; (*fam.*) *to* **see** *a* ~ *of s.o.* vedere spesso qd.; **thanks** *a* ~ grazie mille; (*fam.*) **that***'s the* ~ questo è tutto. ‖ (*fam.*) *lots of* molto, molti.
to **lot** [lɔt] *v.t.* (*pass., p.p.* **lotted** [–id]) **1** (spesso con *out*) dividere in lotti. **2** lottizzare.
loth [ləuθ] → **loath**.
lotion ['ləuʃən] *s.* lozione.
lottery ['lɔtəri] *s.* **1** lotteria. **2** questione (*o* gioco) di fortuna.
lotto ['lɔtəu] *s.* (*pl.* **–s** [–z]) tombola.
lotus ['ləutəs] *s.* (*Bot.*) loto.
lotus-eater ['ləutəsi:tə*] *s.* **1** (*Mitol.*) lotofago. **2** (*fig.*) sognatore.
loud [laud] **I** *a.* **1** forte, alto; sonoro. **2** rumoroso, chiassoso. **3** (*fig.*) sgargiante, vistoso; grossolano. **II** *avv.* forte, a voce alta. □ *read* (o *speak*) *out* ~ leggi (*o* parla) ad alta voce.
loudhailer ['laudheilə*] *s.* megafono.
loudness ['laudnis] *s.* **1** sonorità. **2** altezza della voce.
loudspeaker ['laudspi:kə*] *s.* altoparlante.
lough *irl.* [lɔk] *s.* **1** lago. **2** braccio di mare, insenatura.
Louis ['lu:i(s)] *N.pr.m.* Luigi; Ludovico.
lounge [laundʒ] *s.* salotto; sala, salone (di albergo, ecc.); sala d'aspetto (d'aeroporto).
to **lounge** [laundʒ] *v.i.* (general. con *around, about*) oziare, poltrire.
lounge bar ['laundʒbɑ:*] *s.* bar (in un albergo di lusso).
lounge chair ['laundʒtʃɛə*] *s.* poltrona, agrippina.

to **lour** [lauə*] *v.i.* **1** minacciare tempesta; (*del cielo*) oscurarsi. **2** (*fig.*) accigliarsi, aggrottare la fronte.
louse [laus] *s.* (*pl.* **lice** [lais]) (*Zool.*) pidocchio.
lousy ['lauzi] *a.* **1** (*sl.*) spregevole; pessimo, schifoso. **2** pidocchioso.
lout [laut] *s.* villano, zoticone.
loutish ['lautiʃ] *a.* zotico, villano.
louver ['lu:və*] *s.* **1** lucernario. **2** (*tecn.*) persiana (*o* feritoia) di ventilazione.
lovable ['lʌvəbl] *a.* caro, amabile, simpatico.
love [lʌv] *s.* **1** amore; persona amata. **2** caro. **3** interesse appassionato. **4** (*Sport*) zero punti. □ (*Sport*) ~ **all** zero (a zero); *to* **fall** *in* ~ innamorarsi (*with* di); **for** *the* ~ *of* per amore di; **give** *my* ~ *to your mother* saluta tua madre da parte mia; ~ **-hate** *relationship* rapporto di amore-odio; *to be* **in** ~ essere innamorato (*with* di); (*epist.*) **lots** *of* ~ con affetto; **make** ~ fare l'amore; ~ *at first* **sight** amore a prima vista; (*epist.*) (**with**) ~ *from* affettuosi saluti.
to **love** [lʌv] *v.t.* **1** amare; essere innamorato di. **2** piacere (costr. impers.): *I'd* ~ *to go out* mi piacerebbe uscire.
lovebird ['lʌvbə:d] *s.* **1** (*Zool.*) parrocchetto. **2** *pl.* tortorelle (coppia di innamorati).
loveless ['lʌvlis] *a.* senza amore; non amato.
love life ['lʌvlaif] *s.* vita sentimentale.
loveliness ['lʌvlinis] *s.* bellezza, piacevolezza.
lovely ['lʌvli] *a.* **1** bello, avvenente; grazioso. **2** (*fam.*) divertente, simpatico.
lover ['lʌvə*] *s.* **1** amante *m./f.* **2** innamorato. **3** appassionato, amatore: *music* ~ appassionato di musica.
lovesick ['lʌvsik] *a.* malato d'amore.
love story ['lʌvstɔ:ri] *s.* romanzo (*o* vicenda) d'amore.
loving ['lʌviŋ] *a.* **1** amoroso, amorevole. **2** (nei composti) amante di ..., che ama ...: *peace* ~ amante della pace.
loving cup ['lʌviŋkʌp] *s.* coppa dell'amicizia (in cui si beve a turno).
low[1] [ləu] **I** *a.* **1** basso. **2** (*fig.*) umile, modesto; spregevole, meschino. **3** (*fig.*) grossolano, volgare. **4** (*fig.*) depresso, triste; debole, fiacco. **II** *s.* livello basso; minimo: *record* ~ minimo storico (di quotazioni, ecc.). **III** *avv.* **1** basso, in basso: *to fly* ~ volare basso. **2** (*fig.*) in basso; modestamente. **3** a buon mercato, a basso prezzo. **4** a bassa voce, piano. □ (*fig.*) *to* **bring** *s.o.* ~ indebolire qd.; umiliare qd.; (*fig.*) *to* **fall** ~ cadere in basso; *to* **lie** ~ rimanere nascosto; *to have a* ~ **opinion** *of s.o.* avere una cattiva opinione di qd.; (*fig.*) *to be in* ~ **waters** essere al verde.
low[2] [ləu] *s.* muggito, mugghio.
to **low** [ləu] *v.i.* muggire, mugghiare.
low born ['ləubɔ:n] *a.* di umili natali.
lowbrow ['ləubrau] **I** *s.* (*fam.*) persona che non ha pretese intellettuali. **II** *a.* che non ha pretese intellettuali.
Low Countries [ləu'kʌntriz] *N.pr.* (*Geog.*) Paesi Bassi.
low-down ['ləudaun] **I** *a.* (*fam.*) basso, vile, meschino. **II** *s.* (*sl.*) retroscena; fatti reali.
lower ['ləuə*] (*compar. di* **low**) *a.* inferiore, più (in) basso. □ ~ **class** classe operaia; (*GB*) *Lower* **House** camera dei Comuni.
to **lower** ['ləuə*] **I** *v.t.* **1** abbassare, calare. **2** ridurre: *to* ~ *prices* ridurre i prezzi. **3** (*fig.*) umiliare, avvilire. **4** (*Mar.*) ammainare, calare. **II** *v.i.* abbassarsi, calare.
lower case ['ləuəkeis] *a.* (*Tip.*) in (carattere) minuscolo.
lowermost ['ləuəməust], **lowest** ['ləuəst] (*sup. di* **low**) *a.* il più basso, bassissimo.
lowest common denominator ['ləuəst 'kɔmən di'nɔmineitə*] *s.* minimo comun denominatore.
lowland ['ləulənd] *s.* (*Geog.*) bassopiano, pianura.
lowlander ['ləuləndə*] *s.* abitante *m./f.* di un bassopiano. **Lowlander** *s.* abitante *m./f.* dei bassopiani scozzesi.
lowliness ['ləulinis] *s.* umiltà, modestia.
lowly ['ləuli] *a.* umile, modesto; senza pretese, semplice.
low-necked ['ləu'nekt] *a.* scollato (di vestito).
lowness ['ləunis] *s.* **1** bassezza. **2** (*fig.*) viltà; grossolanità, volgarità.
low-pitched ['ləu'pitʃt] *a.* (*di suono*) basso, profondo.
low-spirited ['ləu'spiritid] *a.* depresso, abbattuto.
loyal ['lɔiəl] *a.* leale, fedele.
loyalist ['lɔiəlist] *s.* (*Pol.*) lealista *m./f.*
loyalty ['lɔiəlti] *s.* lealtà, fedeltà.
lozenge ['lɔzindʒ] *s.* **1** (*Farm., Gastr.*) pastiglia, pasticca. **2** (*Geom.*) losanga, rombo.
lp = *low pressure* bassa pressione.
LP = **1** *Labour Party* Partito Laburista. **2** *long playing* disco a 33 giri (LP).
Lr = (*Chim.*) *lawrencium* laurenzio.
LSD = *lysergic acid diethylamide* dietilammide dell'acido lisergico.
Ltd. (**Co.**) = *Limited* (*Company*) Società a responsabilità limitata (S.r.l.).
Lu = (*Chim.*) *lutetium* lutezio.
lubber ['lʌbə*] *s.* villano, zoticone.
lubricant ['lu:brikənt] *a./s.* lubrificante.
to **lubricate** ['lu:brikeit] *v.t.* lubrificare, ingrassare.
lubrication [ˌlu:bri'keiʃən] *s.* lubrificazione.
lubricious ['lu:briʃəs] *a.* **1** scivoloso. **2** lascivo, libidinoso.
lubricity [lu:'brisiti] *s.* **1** scivolosità. **2** lascivia, libidine.
lubricous ['lu:brikəs] → **lubricious**.
lucent ['lu:sənt] *a.* luminoso, lucente.
lucern(e) [lu'sə:n] *s.* (*Bot.*) erba medica, erbaspagna.
lucid ['lu:sid] *a.* **1** (*fig.*) chiaro, lucido (di mente). **2** (*poet.*) luminoso, splendente.
lucidity [lu:'siditi] *s.* chiarezza, lucidità.
luck [lʌk] *s.* **1** fortuna. **2** sorte; caso. □ **bad**

(o *hard* o *tough*) ~*!* che sfortuna!; **best** *of* ~ (o *good* ~) buona fortuna; *to* **bring** (*bad*) ~ portare (s)fortuna; (*fam.*) *to be* **down** *on one's* ~ avere un periodo di sfortuna; *to be* **in** ~ essere fortunato; (*iron.*) **just** *my* ~*!* è la mia solita fortuna!; *to be* **out** *of* ~ essere sfortunato.

luckless ['lʌklis] *a.* sfortunato, sventurato.

lucky ['lʌki] *a.* **1** fortunato. **2** portafortuna: *a* ~ *charm* un ciondolo portafortuna. □ *to thank one's* ~ **stars** ringraziare la propria buona stella; ~ **you** (o ~ *devil*) beato te.

lucrative ['lu:krətiv] *a.* lucrativo, remunerativo.

lucre ['lu:kə*] *s.* (*spreg.*) lucro, guadagno.

Lucy ['lu:si] *N.pr.f.* Lucia.

ludicrous ['lu:dikrəs] *a.* ridicolo, comico, assurdo.

lug [lʌg] *s.* **1** orecchio, orecchietta. **2** ansa, manico.

to **lug** [lʌg] *v.t.* (*pass., p.p.* **lugged** [–d]) trascinare, tirare con fatica e sforzo.

luggage ['lʌgidʒ] *s.* bagaglio. □ *left* ~ deposito bagagli (in una stazione).

luggage rack ['lʌgidʒræk] *s.* (*Ferr.*) rete portabagagli.

lugger ['lʌgə*] *s.* (*Mar.*) trabaccolo.

lugubrious [lu:'gju:briəs] *a.* lugubre, tetro.

Luke [lu:k] *N.pr.m.* Luca.

lukewarm ['lu:kwɔ:m] *a.* **1** tiepido. **2** (*fig.*) poco entusiasta.

lull [lʌl] *s.* **1** momento di calma. **2** (*fig.*) stasi, arresto momentaneo.

to **lull** [lʌl] **I** *v.t.* **1** ninnare, cullare (cantando). **2** placare, acquietare. **II** *v.i.* placarsi, (ac)quietarsi.

lullaby ['lʌləbai] *s.* ninnananna.

lumbago [lʌm'beigəu] *s.* (*pl.* **–s** [–z]) (*Med.*) lombaggine.

lumbar ['lʌmbə*] *a.* (*Anat.*) lombare.

lumber ['lʌmbə*] *s.* **1** (*am.*) legname (segato). **2** roba vecchia; mobili (vecchi); cianfrusaglie.

to **lumber**[1] ['lʌmbə*] *v.t.* **1** (*fig.*) (general. con *up*) ingombrare. **2** (*fig.*) ammucchiare, accatastare.

to **lumber**[2] ['lʌmbə*] *v.i.* muoversi pesantemente e goffamente.

lumberjack ['lʌmbədʒæk], **lumberman** ['lʌmbəmæn] *s.* (*pl.* **–men**) tagliaboschi, boscaiolo.

lumber-room ['lʌmbəru:m] *s.* ripostiglio, sgabuzzino.

luminary ['lu:minəri *am.* lu:mineri], *s.* **1** corpo luminoso. **2** (*Astr.*) astro. **3** (*fig.*) luminare.

luminosity [,lu:mi'nɔsiti] *s.* luminosità.

luminous ['lu:minəs] *a.* **1** luminoso. **2** (*fig.*) chiaro.

lump [lʌmp] *s.* **1** pezzo, (piccola) massa; grumo. **2** protuberanza, sporgenza; bernoccolo; nodulo. **3** zolletta (di zucchero). **4** (*fam.*) persona goffa; babbeo. □ **in** *a* ~ tutto in una volta; **in** *the* ~ in massa, in blocco; (*fam.*) *to have a* ~ *in one's* **throat** avere un nodo (*o* un groppo) in gola.

to **lump**[1] [lʌmp] **I** *v.t.* (spesso con *together*) **1** ammassare, ammucchiare. **2** (*fig.*) considerare alla stessa stregua. **II** *v.i.* raggrumarsi.

to **lump**[2] [lʌmp] *v.t.* (*fam.*) rassegnarsi a, sopportare.

lumpish ['lʌmpiʃ] *a.* (*fam.*) goffo, impacciato.

lump sum [lʌmpsʌm] *s.* somma complessiva (*o* globale).

lumpy ['lʌmpi] *a.* **1** grumoso. **2** bitorzoluto.

lunacy ['lu:nəsi] *s.* follia, pazzia.

lunar ['lu:nə*] *a.* lunare.

lunatic ['lu:nətik] *a./s.* **1** pazzo, matto. **2** stravagante. □ ~ **asylum** manicomio; ~ **fringe** frangia estremistica (di un movimento).

lunch [lʌntʃ] *s.* (seconda) colazione, pranzo.

to **lunch** [lʌntʃ] *v.i.* pranzare.

luncheon ['lʌntʃən] *s.* (seconda) colazione, pasto di mezzogiorno.

luncheon voucher ['lʌntʃənvautʃə*] *s.* buono pasto (ticket restaurant).

lunch-hour ['lʌntʃauə*] *s.* intervallo di mezzogiorno.

lung [lʌŋ] *s.* (*Anat.*) polmone. □ (*fig.*) *at the top of one's lungs* a pieni polmoni.

lunge [lʌndʒ] *s.* **1** balzo (in avanti). **2** (*nella scherma*) affondo; (*nel pugilato*) allungo.

to **lunge** [lʌndʒ] *v.i.* **1** (*Sport*) fare un affondo. **2** balzare.

lungwort ['lʌŋwə:t] *s.* (*Bot.*) polmonaria.

lupine ['lu:pin] *s.* (*Bot.*) lupino.

lurch[1] [lə:tʃ] *s.* **1** sbandata. **2** sobbalzo.

to **lurch** [lə:tʃ] *v.i.* **1** sbandare. **2** (*fig.*) cambiare spesso opinione.

lurch[2] [lə:tʃ] *s.*: *to leave in the* ~ lasciare (*o* piantare) in asso.

lure [ljuə*] *s.* **1** richiamo, esca. **2** (*fig.*) invito, attrazione.

to **lure** [ljuə*] *v.t.* allettare, attrarre; adescare.

lurid ['ljuərid] *a.* **1** (*fig.*) sensazionale, scandaloso. **2** (*fig.*) orrendo, spaventoso. **3** sinistro, spettrale, livido. **4** sgradevolmente sgargiante.

to **lurk** [lə:k] *v.i.* **1** appostarsi, stare in agguato. **2** (*fig.*) essere latente.

luscious ['lʌʃəs] *a.* **1** gustoso, saporito; succulento, succoso. **2** (*fig.*) (*di stile*) fiorito, ridondante. **3** (*fig.*) voluttuoso, sensuale.

lush [lʌʃ] *a.* **1** rigoglioso, lussureggiante; ricco di vegetazione. **2** (*fig.*) saporito, gustoso.

lust [lʌst] *s.* **1** desiderio (carnale). **2** libidine, lussuria. **3** (*fig.*) avidità, bramosia (*for* di); desiderio (ardente).

to **lust** [lʌst] *v.i.* **1** desiderare (carnalmente) (*after, for s.o.* qd.). **2** (*fig.*) desiderare ardentemente (qc.).

lustful ['lʌstful] *a.* **1** concupiscente. **2** lussurioso, libidinoso. **3** bramoso, cupido.

lustre ['lʌstə*] *s.* **1** lucido, lucentezza. **2** luminosità, splendore. **3** (*fig.*) lustro, gloria.

lustrous ['lʌstrəs] *a.* **1** lucido, lustro. **2** splendente, brillante.

lusty ['lʌsti] *a.* **1** vigoroso, gagliardo. **2** forte, energico.

lute [lu:t] *s.* (*Mus.*) liuto.

lutetium [l(j)u:'ti:ʃiəm] *s.* (*Chim.*) lutezio.
Lutheran ['lu:θərən] *a./s.* luterano.
Lutheranism ['lu:θərənizəm] *s.* luteranesimo.
lutist ['lu:tist] *s.* **1** liutista *m./f.* **2** liutaio.
to **luxate** ['lʌkseit] *v.t.* (*Med.*) lussare.
Luxembourg ['lʌksəmbə:g] *N.pr.* (*Geog.*) Lussemburgo.
luxuriance [lʌg'zjuəriəns] *s.* **1** rigoglio, rigogliosità. **2** (*fig.*) abbondanza, profusione.
luxuriant [lʌg'zjuəriənt] *a.* **1** lussureggiante, rigoglioso. **2** pienamente appagato nei sensi, felice e beato.
to **luxuriate** [lʌg'zjuərieit] *v.i.* **1** lussureggiare. **2** crogiolarsi (*in* in), deliziarsi (di).
luxurious [lʌg'zjuəriəs] *a.* **1** lussuoso, fastoso. **2** amante del lusso. **3** di prima scelta, costoso.
luxury ['lʌkʃəri] *s.* **1** lusso. **2** oggetto costoso non necessario.
LV = *low voltage* basso voltaggio.
LW = *Long Wave* onde lunghe.
Lybia ['libiə] *N.pr.* (*Geog.*) Libia.
lychee ['litʃi] *s.* (*Bot.*) lycee, castagna d'acqua.
Lydia ['lidiə] *N.pr.f.* Lidia.
lye [lai] *s.* (*Chim.*) liscivia.
lying[1] ['laiiŋ] → to **lie**[2].
lying[2] ['laiiŋ] *a.* **1** menzognero, falso. **2** bugiardo, mentitore.
lymph [limf] *s.* (*Anat.*) linfa.
lymphatic [lim'fætik] *a.* (*Anat.*) linfatico.
to **lynch** [lintʃ] *v.t.* linciare.
lynching ['lintʃiŋ] *s.* linciaggio.
lynx [liŋks] *s.* (*pl.inv.*/**linxes** [–iz]) (*Zool.*) lince.
lynx-eyed ['liŋksaid] *a.* dagli occhi di lince.
to **lyophilize** ['laiəfilaiz] *v.t.* (*Chim.*) liofilizzare.
lyre ['laiə*] *s.* (*Mus.*) lira.
lyrebird ['laiəbə:d] *s.* (*Zool.*) uccello lira.
lyric ['lirik] **I** *a.* lirico. **II** *s.* **1** (poeta) lirico. **2** (poesia) lirica. **3** *pl.* parole di una canzone; testo di una commedia.
lyrical ['lirikəl] *a.* lirico.
lyricism ['lirisizəm] *s.* lirismo.
lyricist ['lirisist] *s.* **1** paroliere. **2** librettista di una commedia musicale.
lyrist ['lirist] *s.* **1** → **lyricist**. **2** ['laiərist] suonatore di lira.

M

m[1], **M** [em] *s.* (*pl.* **m's/ms, M's/Ms** [emz]) m, M. ▭ (*Tel.*) ~ *for Mary;* (*am.*) ~ *for Mike* M come Milano.
m[2] = *metre* metro.
ma [mɑ:] *s.* (*fam.*) mamma.
M.A. = *Master of Arts* laurea di secondo grado in scienze umanistiche.
ma'am [m'æm] *s.* (*fam.*) signora.
mac *ingl.* [mæk] *s.* (*fam.*) impermeabile.
macabre [mə'kɑ:br] *a.* macabro.
macaroni [ˌmækə'rəuni] *s.* (*Gastr.*) maccheroni.
macaronic [ˌmækə'rɔnik] *a.* (*Lett.*) maccheronico.
macaroon [ˌmækə'ru:n] *s.* (*Gastr.*) amaretto.
macaw [mə'kɔ:] *s.* (*Zool.*) ara.
mace [meis] *s.* mazza.
macebearer ['meisbɛərə*] *s.* mazziere.
Macedonian [ˌmæsi'dəunjən] *a./s.* macedone.
to **macerate** ['mæsəreit] **I** *v.t.* macerare. **II** *v.i.* macerarsi.
maceration [ˌmæsə'reiʃən] *s.* macerazione.
Mach [mɑ:k] *s.* (*Aer.*) Mach: ~ *number* numero di Mach.
Machiavelian [ˌmækiə'veliən] *a.* machiavellico.
to **machinate** ['mækineit] *v.t.* macchinare, tramare.
machination [ˌmæki'neiʃən] *s.* macchinazione.
machine [mə'ʃi:n] *s.* macchina. ▭ *the* **party** ~ l'apparato del partito; ~ **tool** macchina utensile.
to **machine** [mə'ʃi:n] *v.t.* **1** cucire a macchina. **2** fare a macchina. **3** (*Tip.*) far andare in macchina, stampare.
machine-code [mə'ʃin'kəud] *s.* (*Inform.*) codice macchina.
machine-gun [mə'ʃi:ngʌn] *s.* (*Mil.*) mitragliatrice.
to **machine-gun** [mə'ʃi:ngʌn] *v.t.* (*Mil.*) mitragliare.
machine-gunner [mə'ʃi:n'gʌnə*] *s.* mitragliere.
machine-made [mə'ʃi:n'meid] *a.* fatto a macchina.
machinery [mə'ʃi:nəri] *s.* **1** macchinario, macchine. **2** meccanismo, congegno. **3** (*fig.*) apparato, struttura.
machinist [mə'ʃi:nist] *s.* **1** macchinista **2** meccanico.
mackerel ['maækrəl] *s.* (*pl.* *inv./*–**s** [–z]) (*Zool.*) sgombro. ▭ ~ *sky* cielo a pecorelle.
mackintosh ['mækintɔʃ] *s.* impermeabile.
macrobiotic [ˌmækrə(u)bai'ɔtik] *a.* macrobiotico.
macrobiotics [ˌmækrə(u)bai'ɔtiks] *s.pl.* (costr. sing.) macrobiotica.
macrocephalic [ˌmækrə(u)si'fælik], **macrocephalous** [ˌmækrə(u)'sefələs] *a.* macrocefalo.
macrocosm ['mækrə(u)kɔzəm] *s.* (*Filos.*) macrocosmo.
macroscopic [ˌmækrə(u)'skɔpik] *a.* macroscopico.
mad [mæd] *a.* **1** matto, pazzo. **2** (*di cane*) rabbioso. **3** (*fam.*) furioso, furibondo. **4** pazzo, entusiasta, (*fam.*) fanatico (*on, about* di, per): *he is ~ about my sister* è pazzo di mia sorella. ▭ *to* **drive** *s.o.* ~ far impazzire qd.; (*fam.*) *to* **get** ~ arrabbiarsi; *to* **go** ~ impazzire; *to be ~ as a March* **hare** essere matto come un cavallo; (*fam.*) **like** ~ da pazzi, all'impazzata; *to have a* ~ **time** divertirsi pazzamente.
madam ['mædəm] *s.* signora.
madcap ['mædkæp] *s.* scervellato, testa matta.
to **madden** ['mædn] *v.t.* **1** far impazzire. **2** far arrabbiare.
madding ['mædiʃ] *a.* **1** frenetico, sfrenato. **2** che fa impazzire.
made [meid] → to **make**.
made-to-measure ['meidtu'meʃə*] *a.* (fatto) su misura.
made-up ['meid'ʌp] *a.* **1** inventato. **2** truccato.
madhouse ['mædhaus] *s.* (*fam.*) manicomio (*anche fig.*).
madly ['mædli] *avv.* **1** follemente, pazzamente. **2** insensatamente, in modo pazzesco.
madman ['mædmən] *s.* (*pl.* **–men**) pazzo, matto.
madness ['mædnis] *s.* **1** follia, pazzia. **2** ira, furore. **3** rabbia.
Madonna [mə'dɔnə] *s.* Madonna. ▭ (*Bot.*) ~ *lily* giglio bianco.
madrepore ['mædripɔ:*] *s.* (*Zool.*) madrepora.
Madrid [mə'drid] *N.pr.* (*Geog.*) Madrid.
madrigal ['mædrigəl] *s.* madrigale.
madwoman ['mædwumən] *s.* (*pl.* **–women** [–wimin]) folle, pazza.

maecenas [mi:'si:næs] *s.* mecenate.
maelstrom ['meilstrəm] *s.* **1** gorgo. **2** (*fig.*) vortice.
Mae West *am.* ['mei'west] *s.* (*Aer.*) giubbotto salvagente.
magazine [,mægə'zi:n] *s.* **1** rivista, periodico. **2** programma televisivo di attualità. **3** (*Mil.*) deposito di esplosivi, munizioni. **4** (*Mar. mil.*) santabarbara. **5** (*Fot., di armi da fuoco*) caricatore.
Magdalen ['mægdəlin] *N.pr.f.* Maddalena.
magenta [mə'dʒentə] *a./s.* (color) magenta.
maggot ['mægət] *s.* **1** (*Zool.*) bruco, larva. **2** (*fig.*) capriccio, grillo; fissazione.
maggoty ['mægəti] *a.* **1** bacato. **2** (*fig.*) capriccioso.
Magi ['meidʒai] *s.pl.* (*Bibl.*) (re) Magi.
magic ['mædʒik] **I** *s.* **1** magia, incantesimo. **2** (*fig.*) incanto, fascino: *the ~ of Coleridge's poetry* il fascino della poesia di Coleridge. **II** *a.* magico. □ **by** ~ per magia; *as if* **by** ~ come per incanto; ~ **carpet** tappeto volante; ~ **wand** bacchetta magica.
magical ['mædʒikəl] *a.* magico.
magician [mə'dʒiʃən] *s.* mago, stregone.
magisterial [,mædʒis'tiəriəl] *a.* **1** autoritario, autorevole. **2** da magistrato.
magistracy ['mædʒistrəsi] *s.* magistratura.
magistrate ['mædʒistreit] *s.* magistrato.
magma ['mægmə] *s.* (*pl.* **–s** [–z]/**–mata** [–mətə]) (*Geol., Chim.*) magma.
magnanimity [,mægnə'nimiti] *s.* magnanimità.
magnanimous [,mæg'næniməs] *a.* magnanimo.
magnate ['mægneit] *s.* magnate.
magnesia [mæg'ni:ʃə] *s.* (*Chim.*) magnesia.
magnesium [mæg'ni:zjəm] *s.* (*Chim.*) magnesio.
magnet ['mægnit] *s.* magnete, calamita.
magnetic [mæg'netik] *a.* **1** magnetico. **2** (*fig.*) affascinante, attraente.
magnetism ['mægnitizəm] *s.* magnetismo (*anche fig.*).
to **magnetize** ['mægnitaiz] *v.t.* **1** magnetizzare. **2** (*fig.*) attrarre, affascinare.
magnetometer [,mægni'tɔmitə*] *s.* (*Fis.*) magnetometro.
magnification [,mægnifi'keiʃən] *s.* ingrandimento.
magnificence [mæg'nifisns] *s.* magnificenza; pompa, sfarzo.
magnificent [,mæg'nifisnt] *a.* splendido, magnifico.
magnifier ['mægnifaiə*] *s.* **1** lente d'ingrandimento. **2** ingranditore.
to **magnify** ['mægnifai] *v.t.* **1** (*di lente, microscopio, ecc.*) ingrandire; (*El.*) amplificare. **2** (*fig.*) esagerare: *he always magnifies his problems* esagera sempre i suoi problemi. □ *magnifying glass* lente d'ingrandimento.
magniloquent [mæg'niləkwənt] *a.* magniloquente.
magnitude ['mægnitju:d] *s.* **1** grandezza. **2** importanza, rilievo. **3** (*Astr.*) magnitudine.
magnolia [mæg'nəuliə] *s.* (*Bot.*) magnolia.
magnum ['mægnəm] *s.* bottiglione.
magpie ['mægpai] *s.* **1** (*Zool.*) gazza (ladra). **2** (*fig.*) ciarlone.
Magyar ['mægjɑ:*] *a./s.* magiaro, ungherese.
maharaja(h) [,mɑ:hə'rɑ:dʒə] *s.* maharaja.
maharanee [,mɑ:hə'rɑ:ni:] *s.* maharani.
mahogany [mə'hɔgəni] *s.* **1** (*Bot.*) mogano. **2** color mogano.
Mahomet [mə'hɔmit] *N.pr.m.* Maometto.
maid [meid] *s.* **1** cameriera, domestica. **2** (*lett.*) ragazza. □ *Maid of* **Honour** damigella d'onore; dama di corte; (*Stor.*) *the Maid of* **Orleans** la Pulzella d'Orleans.
maiden ['meidn] **I** *s.* ragazza, fanciulla. **II** *a.* **1** nubile. **2** verginale. **3** di (*o* da) ragazza. □ ~ **flight** volo inaugurale; ~ **name** nome da ragazza; ~ **speech** primo discorso di un deputato in Parlamento.
maidenhair ['meidnhɛə*] *s.* (*Bot.*) capelvenere.
maidenly ['meidnli] *a.* **1** verginale, casto. **2** modesto, pudico.
maidservant ['meidsə:vənt] *s.* cameriera, domestica.
mail [meil] *s.* **1** posta, corrispondenza. **2** servizio postale. □ ~ **boat** battello postale; **by** *return of* ~ a giro di posta; ~ **train** treno postale.
to **mail** [meil] *v.t.* **1** spedire, mandare per posta. **2** impostare.
mailbag ['meilbæg] *s.* sacco postale.
mailbox *am.* ['meilbɔks] *s.* cassetta delle lettere.
mailman *am.* ['meilmæn] *s.* (*pl.* **–men**) postino.
mail order ['meilɔ:də*] *s.* (*Comm.*) ordinazione per corrispondenza. □ ~ *house* ditta che vende per corrispondenza.
to **maim** [meim] *v.t.* menomare, mutilare.
main [mein] **I** *a.attr.* principale, il più importante: *the ~ entrance* l'entrata principale. **II** *s.* **1** conduttura principale; collettore (di fogne): *gas ~* conduttura del gas. **2** (*El.*) linea principale. □ *to have an eye to the ~* **chance** pensare al proprio interesse; *by ~* **force** a viva forza; **in** *the ~* in linea di massima; per lo più; *with* **might** *and ~* con tutta la propria energia; (*am.*) *Main* **Street** borghesia di provincia.
main clause ['meinklɔ:z] *s.* (*Gramm.*) proposizione principale.
mainframe ['meinfreim] *s.* (*Inform.*) elaboratore centrale.
mainland ['meinlənd] *s.* terraferma.
mainliner *am.* ['mein'lainə*] *s.* chi si inietta droga.
mainmast ['meinmɑ:st] *s.* (*Mar.*) albero maestro.
mainsail ['meinseil] *s.* (*Mar.*) vela maestra.
mainspring ['meinspriŋ] *s.* **1** (*tecn.*) molla principale. **2** (*fig.*) stimolo, spinta.
mainstay ['meinstei] *s.* **1** (*Mar.*) straglio di maestra. **2** (*fig.*) appoggio, sostegno.
mainstream ['meinstri:m] *s.* **1** corrente principale (*anche fig*). **2** (*Mus.*) jazz tradizionale.

to **maintain** [mein'tein] *v.t.* **1** mantenere; conservare. **2** provvedere al sostentamento di, mantenere: *to ~ one's family* mantenere la propria famiglia. **3** curare la manutenzione di. **4** sostenere, affermare: *to ~ one's innocence* sostenere la propria innocenza.

maintenance ['meintənəns] *s.* **1** mantenimento; conservazione. **2** sostentamento; mezzi di sostentamento. **3** manutenzione.

maisonnette [ˌmeizə'net] *s.* appartamentino.

maize ['meiz] *s.* (*Bot.*) mais, granoturco.

majestic [mə'dʒestik] *a.* maestoso, imponente.

majesty ['mædʒisti] *s.* maestà. □ *Your Majesty* Vostra Maestà.

majolica [mə'dʒɔlikə] *s.* maiolica.

major ['meidʒə*] **I** *a.* **1** maggiore; principale: *the ~ road* la strada principale. **2** maggiore, più grande. **3** importante, grosso: *a ~ operation* un'operazione importante. **4** senior. **5** (*Mus.*) maggiore. **II** *s.* **1** (*Mil.*) maggiore. **2** (*Dir.*) maggiorenne *m./f.* **3** (*am.*) studente che si specializza in una data materia; materia di specializzazione. □ (*am.*) *~* **league** girone di serie A; *to be the ~* **partner** *in a firm* essere il socio di maggioranza di una ditta.

to **major** ['meidʒə*] *v.i.* (*am.*) specializzarsi, perfezionarsi: *to ~ in economics* specializzarsi in economia.

majordomo ['meidʒə'dəuməu] *s.* (*pl.* **–s** [–z]) maggiordomo.

majority [mə'dʒɔriti] *s.* **1** maggioranza. **2** (*Dir.*) maggiore età. □ *to be* **in** *a* (*the*) *~* essere in maggioranza; *to* **reach** *one's ~* raggiungere la maggiore età.

make [meik] *s.* fattura; fabbricazione, marca. □ (*sl.*) *on the ~* in cerca di guadagno.

to **make** [meik] *v.* (*pass., p.p.* **made** [meid]) **I** *v.t.* **1** fare; costruire; produrre: *I'll ~ tea for all* farò il tè per tutti; *bread is made with flour* il pane è fatto con la farina; *this table is made of wood* questo tavolo è di legno; *a hole was made in the wall* si è fatto un buco nel muro; *the photo makes him old* la fotografia lo fa (sembrare) vecchio. **2** (*seguito da aggettivo o p.p.*) rendere; farsi: *to ~ s.o. happy* rendere qd. felice; *to ~ o.s. understood* farsi capire. **3** (*causativo, seguito da inf.*) fare: *to ~ her wait* farla aspettare; *she was made to wait* l'hanno fatta aspettare. **4** diventare: *he should ~ a good doctor* dovrebbe diventare un buon medico. **5** nominare, eleggere: *he was made minister* fu eletto ministro. **6** guadagnare, ottenere: *to ~ a lot of money* guadagnare molti soldi. **7** arrivare in tempo per: *we'll ~ Paris by midnight* arriveremo a Parigi per mezzanotte; *if you hurry you'll ~ the last train* se ti sbrighi arriverai in tempo per l'ultimo treno. **8** promulgare: *to ~ laws* promulgare leggi. **9** (*fam.*) valutare, stimare: *I ~ the distance about 10 km* valuto la distanza sui 10 km. **II** *v.i.* **1** stare per, fare per: *he made to go away* fece per andar via. **2** (*seguito da aggettivo*) essere; diventare: *to ~ good* diventare ricco, avere successo; *to ~ sure* assicurarsi; *to ~ ready* prepararsi. **3** (*di marea*) alzarsi. □ *to ~* **as** *if to do s.th* stare per fare qc.; *to ~* **believe** (*that*) fingere: *I made believe that I was asleep* fingevo di dormire; *to ~ s.th.* **do** (o *to ~ do with s.th.*) accontentarsi; farcela; *to ~* **friends** fare amicizia; *to ~ s.th.* **good**: 1 pagare, compensare; 2 mettere in atto; tener fede a; *~ yourself at* **home** fa' come se fossi a casa tua; (*fam.*) *to ~* **it** farcela; *to ~ one's* **living** guadagnarsi da vivere (*as, at, by, from* come, con): *he makes his living by giving private lessons* si guadagna la vita con lezioni private; *to ~* **sense** avere senso: *your words don't ~ much sense* le tue parole non hanno molto senso. // (*seguito da preposizioni*) *to ~* **at** scagliarsi contro; *to ~* **for**: 1 dirigersi verso; 2 scagliarsi contro; 3 contribuire a; *to ~* **into** convertire, trasformare; *to ~* **of** pensare; capire, dedurre: *what do you ~ of my behaviour?* che cosa deducete dal mio comportamento? // (*seguito da avverbi*) *to ~* **away** *with*: 1 rubare; 2 uccidere: *to ~ away with oneself* suicidarsi; *to ~* **off** rubare e scappare: *to ~ off with the money* scappare con i soldi rubati; *to ~* **out**: 1 compilare: *to ~ out a cheque* compilare un assegno; 2 decifrare; intravvedere; 3 capire, comprendere: *I can't ~ it out what you say* non riesco a capire quello che dici; 4 (*fam.*) dare a intendere, simulare: *she makes herself out to be younger than she is* dà a intendere di essere più giovane di quanto non sia; *how do you ~* **out** *with that girl?* come va (in che rapporti sei) con quella ragazza?; *to ~* **over**: 1 trasformare; 2 trasferire (una proprietà); *to ~* **up**: 1 completare; compensare: *to ~ up the difference* compensare la differenza; 2 inventare: *the story was made up* la storia era inventata; 3 (*Tip.*) impaginare; 4 comporre, costituire: *the committee is made up of three specialists* il comitato è composto da tre specialisti; 5 riunire; raccogliere: *I ~ up waste paper for recovery* raccolgo la carta straccia da riciclare; 6 preparare (mischiando singoli elementi, p.e. un farmaco); 7 truccare, imbellettare; truccarsi, imbellettarsi; 8 ricaricare; reintegrare: *the stove needs making up* la stufa deve essere ricaricata; *to ~* **up** *for* ricuperare (p.e. il tempo perduto); compensare; *to ~* **up** *one's mind* decidersi; *to ~* **up** *to s.o.* cercare d'ingraziarsi, fare la corte a; *to ~ it* **up** *to s.o.* ricompensare qd.; *~ it* **up** (*with s.o.*) comporre una lite, conciliarsi (con qc.).

make-believe ['meikbiˌli:v] *s.* finzione, finta.

maker ['meikə*] *s.* creatore, artefice *m./f.*

makeshift ['meikʃift] **I** *a.* improvvisato, di fortuna. **II** *s.* espediente, ripiego.

make-up ['meikʌp] *s.* **1** (*Cosmetica*) trucco, belletto. **2** carattere, temperamento. **3** com-

posizione, formazione. **4** (*Tip.*) impaginazione.
makeweight ['meikweit] *s.* **1** quantità aggiunta per completare il peso. **2** (*fig.*) riempitivo.
making ['meikiŋ] *s.* **1** fattura, fabbricazione; creazione. **2** costituzione, formazione. □ (*fig.*) *to* **be** *the* ~ *of s.o.* essere la causa del successo (*o* benessere, ecc.) di qd.; (*fig.*) *to* **have** *the makings of* avere la stoffa per; **in** *the* ~ in formazione.
malachite ['mæləkait] *s.* (*Min.*) malachite.
maladjusted [ˌmælə'dʒʌstid] *a.* (*Psic.*) disadattato.
maladroit [ˌmælə'drɔit] *a.* maldestro, goffo.
malady ['mælədi] *s.* (*ant.*) malattia; male.
malaise [mæ'leiz] *s.* **1** malessere. **2** (*fig.*) inquietudine.
malapropos [ˌmælæprə'pəu] **I** *a.* detto (*o* fatto) a sproposito. **II** *avv.* a sproposito, inopportunamente.
malaria [mə'lɛəriə] *s.* (*Med.*) malaria.
malarial [mə'lɛəriəl] *a.* malarico.
Malay [mə'lei] *a./s.* malese.
Malayan [mə'leiən] *s.* malese *m./f.*
Malaysia [mə'leiʒə] *N.pr.* (*Geog.*) Malesia.
malcontent ['mælkəntent] *a./s.* scontento.
male [meil] **I** *a.* **1** maschio; maschile. **2** virile, mascolino. **II** *s.* maschio.
male chauvinist [meil'ʃəuvinist] *s.* sciovinista, maschilista.
malediction [ˌmæli'dikʃən] *s.* maledizione.
malefactor [ˌməli'fæktə*] *s.* malfattore.
malevolence [mə'levələns] *s.* malevolenza, malanimo.
malevolent [mə'levələnt] *a.* malevolo; maligno.
malfeasance [mæl'fi:zəns] *s.* (*Dir.*) atto illecito; prevaricazione.
malformation [ˌmælfɔ:'meiʃən] *s.* malformazione, deformità.
malice ['mælis] *s.* **1** cattiveria, malvagità. **2** (*Dir.*) dolo, intenzione criminosa. □ *to* **bear** *s.o.* ~ nutrire malanimo verso qd.; (*Dir.*) ~ *a* **forethought** premeditazione.
malicious [mə'liʃəs] *a.* **1** maligno, malvagio. **2** (*Dir.*) doloso, premeditato.
malign [mə'lain] *a.* dannoso, nocivo.
to **malign** [mə'lain] *v.t.* malignare su; calunniare, diffamare.
malignancy [mə'lignənsi] *s.* malignità.
malignant [mə'lignənt] *a.* **1** maligno; malevolo. **2** (*Med.*) maligno: *a* ~ *tumour* un tumore maligno.
malignity [mə'ligniti] *s.* malignità; malevolenza.
to **malinger** [mə'liŋgə*] *v.i.* fingersi malato; darsi malato.
malingerer [mə'liŋgərə*] *s.* chi si finge malato; chi si dà malato.
mall [mɔ:l] *s.* **1** viale. **2** (*am.*) zona con molti negozi riservata ai pedoni.
mallard ['mæləd] *s.* (*pl.* *inv.*/**–s** [–z]) (*Zool.*) germano reale.
malleability [ˌmæliə'biliti] *s.* malleabilità.
malleable ['mæliəbl] *a.* malleabile.
mallet ['mælit] *s.* maglio, mazzuolo.
mallow ['mæləu] *s.* (*Bot.*) malva.
malmsey ['mɑ:mzi] *s.* (*Enologia*) malvasia.
malnutrition [ˌmælnju:'triʃən] *s.* malnutrizione.
malodorous [mæ'lə(u)dərəs] *a.* maleodorante, puzzolente.
malpractice [ˌmæl'præktis] *s.* azione illecita; prevaricazione.
malt [mɔ:lt] *s.* malto.
to **malt** ['mɔ:lt] **I** *v.t.* **1** trasformare in malto. **2** trattare con il malto. **II** *v.i.* trasformarsi in malto.
Malta ['mɔ:ltə] *N.pr.* (*Geog.*) Malta.
Maltese [mɔ:l'ti:z] *a./s. inv.* maltese.
maltose ['mɔ:ltəus] *s.* (*Chim.*) maltosio.
to **maltreat** [mæl'tri:t] *v.t.* maltrattare, bistrattare.
maltreatment [mæl'tri:tmənt] *s.* maltrattamento.
mama [mə'mɑ:, *am.* 'mɑ:mə] → **mamma.**
mamma [mə':mɑ:, *am.* 'mæmə] *s.* (*fam.*) mamma.
mammal ['mæməl] *s.* mammifero.
mammary ['mæməri] *a.* (*Anat.*) mammario.
mammography ['mæmɔgrəfi] *s.* (*Med.*) mammografia.
mammon ['mæmən] *s.* (*Bibl.*) mammona.
mammoth ['mæməθ] **I** *s.* (*Paleontologia*) mammut. **II** *a.* gigantesco, colossale.
mammy ['mæmi] *s.* **1** (*fam.*) mamma. **2** (*am.*) bambinaia negra.
man [mæn] **I** *s.* (*pl.* **men** [men]) **1** uomo. **2** umanità, genere umano. **3** essere umano. **4** marito. **5** dipendenti, lavoratori. **6** (*fam.*) amico, caro mio. **7** (*nella dama*) pedina; (*negli scacchi*) pezzo. **8** servitore; valletto. **II** *intz.* (*sl.*) caspita, accidenti. □ **any** ~ chiunque; **as** *one* ~ unanimemente; ~ *and* **boy** fin da ragazzo; *to the* **last** ~ = **to** *a* ~; **no** ~ nessuno; *the* **odd** ~ *out* il terzo incomodo; **old** ~ amico, vecchio mio; *to be one's* **own** ~ essere padrone di se stesso; *the* ~ *in the* **street** l'uomo qualunque; **to** *a* ~ fino all'ultimo uomo; *to speak* **to** *s.o.* ~ *to* ~ parlare a qd. da uomo a uomo; ~ *about* **town** uomo di mondo; *a* ~ *of his* **word** un uomo di parola; *a* ~ *of the* **world** un uomo di mondo.
to **man** [mæn] *v.t.* (*pass., p.p.* **manned** [–d]) (*Mil.*) fornire di uomini; equipaggiare, armare.
manacle ['mænəkl] *s.* (general. al pl.) manetta.
to **manacle** ['mænəkl] *v.t.* **1** ammanettare. **2** (*fig.*) ostacolare, intralciare.
to **manage** ['mænidʒ] **I** *v.t.* **1** riuscire a: *we managed to convince him* riuscimmo a convincerlo. **2** (*assol.*) farcela: *we can't* ~ *without help* non possiamo farcela senza aiuto. **3** amministrare, dirigere. **4** manovrare, governare; maneggiare. **5** trattare (un affare). **II** *v.i.* destreggiare, destreggiarsi. □ *to* ~ *fairly*

well cavarsela; *to* ~ **with** arrangiarsi con; *to* ~ **without** farne a meno.
manageable ['mænidʒəbl] *a.* **1** maneggevole, trattabile; arrendevole. **2** manovrabile.
management ['mænidʒməntə'kaunt] *s.* **1** amministrazione, gestione. **2** direzione; dirigenti. **3** modo di trattare.
management-account ['mænidʒməntə'kaunt] *s.* (*Comm.*) conto di deposito in amministrazione.
manager ['mænidʒə*] *s.* **1** dirigente, direttore; amministratore. **2** (*Comm.*) gerente, gestore. **3** (*Teat.*) manager, impresario.
manageress ['mænidʒris] *s.* **1** direttrice; amministratrice. **2** (*Comm.*) gerente.
managerial [,mænə'dʒiəriəl] *a.* direttivo; dirigente, manageriale.
managing ['mænidʒiŋ] *a.* dirigente; direttivo.
managing director ['mænidʒiŋdi'rektə*] *s.* amministratore delegato.
man-at-arms ['mænət'ɑ:mz] *s.* (*Mil., ant.*) uomo d'arme, soldato.
manatee [,mænə'ti] *s.* (*Zool.*) tricheco.
mandarin ['mændərin] **I** *s.* (*Stor.*) mandarino. **II** *a.attr.* burocratico, formale. □ (*Bot.*) ~ *orange* mandarino.
mandate ['mændeit] *s.* **1** ordine, ingiunzione. **2** (*Stor., Pol.*) mandato.
to **mandate** ['mændeit] *v.t.* (*Pol.*) affidare in mandato. □ *mandated territory* territorio sotto mandato.
mandatory ['mændətəri] **I** *a.* **1** ingiuntivo. **2** obbligatorio, vincolante. **3** (*Dir.*) imperativo. **II** *s.* mandatario.
mandible ['mændibl] *s.* (*Anat.*) mandibola.
mandolin(e) ['mændəlin] *s.* (*Mus.*) mandolino.
mandragora [mæn'drægərə], **mandrake** ['mændreik] *s.* (*Bot.*) mandragola.
mandrill ['mændril] *s.* (*Zool.*) mandrillo.
mane [mein] *s.* criniera.
man-eater ['mæni:tə*] *s.* cannibale *m./f.*, antropofago.
maneuver *am.* [mə'nu:və*] *e deriv.* → **manoeuvre** *e deriv.*
manful ['mænful] *a.* coraggioso, audace.
manganese [,mæŋgə'ni:z] *s.* (*Chim.*) manganese.
mange [meindʒ] *s.* (*Veterinaria*) rogna, scabbia.
manger ['meindʒə*] *s.* mangiatoia, greppia. □ (*fig.*) *dog in the* ~ egoista.
to **mangle** ['mæŋgl] *v.t.* **1** maciullare, straziare. **2** (*fig.*) fare scempio di, sciupare.
mango ['mæŋgəu] *s.* (*pl.* **–s/–es** [–z]) (*Bot.*) mango.
mangrove ['mæŋgrəuv] *s.* (*Bot.*) mangrovia.
mangy ['meindʒi] *a.* **1** (*Veterinaria*) rognoso. **2** (*fig.*) sordido, squallido.
to **manhandle** ['mænhændl] *v.t.* **1** manovrare a mano. **2** (*fam.*) maltrattare.
manhole ['mænhəul] *s.* botola.
manhood ['mænhud] *s.* **1** virilità. **2** coraggio. **3** (*collett.*) uomini.
man-hour ['man'auə*] *s.* ora lavorativa.
manhunt ['mænhʌnt] *s.* caccia all'uomo.
mania ['meinjə] *s.* **1** (*Psic.*) mania. **2** (*fig.*) fissazione (*for* per).
maniac ['meiniæk] *s.* **1** (*Psic.*) maniaco. **2** (*fig.*) fissato.
maniacal [mə'naiəkəl] *a.* **1** pazzo, matto. **2** da folle.
manicure ['mænikjuə*] *s.* manicure.
to **manicure** ['mænikjuə*] *v.t.* fare la manicure a.
manicurist ['mænikjuərist] *s.* manicure *m./f.*
manifest ['mænifest] **I** *a.* manifesto, evidente, palese. **II** *s.* (*Mar., Aer.*) manifesto del carico.
to **manifest** ['mænifest] *v.t.* manifestare, palesare. □ *to* ~ *o.s.* manifestarsi, rivelarsi.
manifestation [,mænifes'teiʃən] *s.* manifestazione.
manifesto ['mænifestəu] *s.* (*pl.* **–s/–es** [–z]) manifesto (politico, letterario).
manifold ['mænifəuld] **I** *a.* **1** molteplice, vario, svariato. **2** multiforme. **II** *s.* (*Mecc.*) collettore.
to **manifold** ['mænifəuld] *v.t.* fare diverse copie di.
manikin ['mænikin] *s.* **1** ometto, omino. **2** manichino.
manioc ['mæniɔk] *s.* (*Bot.*) manioca.
to **manipulate** [mə'nipjuleit] *v.t.* **1** azionare, manovrare; maneggiare. **2** dirigere, guidare; manovrare: *a leader knows how to* ~ *his supporters* un leader sa come manovrare i suoi sostenitori. **3** raggirare, abbindolare. **4** alterare, manipolare.
manipulation [ma,nipju'leiʃən] *s.* **1** azionamento, manovra. **2** intrigo, maneggio. **3** alterazione, manipolazione.
mankind [mæn'kaind] *s.* **1** umanità, genere umano. **2** ['mænkaind] sesso maschile.
manlike ['mænlaik] *a.* **1** antropomorfo. **2** virile, da uomo.
manliness ['mænlinis] *s.* virilità, mascolinità.
manly ['mænli] *a.* virile, maschio; da uomo.
man-made ['mæn'meid] *a.* artificiale, sintetico.
manna ['mænə] *s.* (*Bibl.*) manna.
mannequin ['mænikin] *s.* **1** indossatrice, modella. **2** manichino.
manner ['mænə*] *s.* **1** modo, maniera. **2** modo (di fare); *pl.* maniere, comportamento; educazione, buone maniere: *good manners* buona educazione. **3** *pl.* costumi, usanze. **4** (*Arte*) maniera, stile. □ **after** *one's own* ~ a modo proprio; **all** *manners of* ogni genere di; (*Teat.*) **comedy** *of manners* commedia di costume; **in** *a* ~ in (un) certo qual modo; *chicken cooked* **in** *the Spanish* ~ pollo cucinato alla spagnola; *by all* ~ *of* **means** certamente; *by no* ~ *of* **means** per niente; *he has* **no** *manners* è un maleducato; *in a* ~ *of* **speaking** per modo di dire; *in* **such** *a* ~ *that* in modo tale da (*o* che); **table** *manners* buone maniere a tavola; **where** *are your manners?* che modi sono questi?

mannered ['mænəd] *a.* manierato, ricercato. □ **ill-~** maleducato; **well-~** beneducato.
mannerism ['mænərizəm] *s.* manierismo.
mannerist ['mænərist] *s.* manierista *m./f.*
mannerless ['mænəlis] *a.* maleducato, screanzato.
mannerly ['mænəli] *a.* educato, cortese.
mannish ['mæniʃ] *a.* maschile, mascolino.
manoeuvre [mə'nu:və*] *s.* **1** (*Mil.*) manovra. **2** (*fig.*) manovra, stratagemma; raggiro.
to **manoeuvre** [mə'nu:və*] **I** *v.t.* **1** manovrare. **2** spostare; sistemare. **3** (*fig.*) dirigere, guidare. **II** *v.i.* manovrare, far manovra. □ *to ~ s.o. into a job* usare la propria influenza per procurare un lavoro a qd.
man-of-war [,mænəv'wɔ:*] *s.* (*ant.*) nave da guerra.
manometer [mə'nɔmitə*] *s.* (*Fis.*) manometro.
manor ['mænə*] *s.* **1** proprietà terriera con villa annessa. **2** (*Stor.*) feudo. □ *lord of the ~* feudatario.
manor house ['mænəhaus] *s.* **1** casa padronale. **2** (*Stor.*) maniero.
manorial [mə'nɔ:riəl] *a.* feudale.
manpower ['mænpauə*] *s.* manodopera.
mansard ['mænsɑ:d] *s.* tetto con falde spioventi a mansarda.
manservant ['mænsə:vənt] *s.* (*pl.* **menservants** ['mensə:vənts]) servitore, domestico.
mansion ['mænʃən] *s.* **1** palazzo, casa signorile. **2** *pl.* blocco di appartamenti. □ *Mansion House* residenza ufficiale del sindaco di Londra.
man-slaughter ['mænslɔ:tə*] *s.* omicidio colposo.
mantel ['mæntl] →**mantelpiece**.
mantelpiece ['mæntlpi:s] *s.* (*Arch.*) mensola del camino.
mantis ['mæntis] *s.* (*pl.* **–tises** [–tisiz]/**–tes** [–ti:z]) (*Zool.*) mantide.
mantle ['mæntl] *s.* **1** mantello, manto. **2** (*fig.*) manto, coltre.
to **mantle** ['mæntl] *v.t.* ammantare.
mantrap ['mæntræp] *s.* trappola, tagliola.
manual ['mænjuəl] **I** *a.* **1** manuale. **2** azionato a mano. **II** *s.* **1** manuale, prontuario. **2** (*Mus.*) tastiera (dell'organo). □ (*Mil.*) *~ exercise* maneggio delle armi.
manufacture [,mænju'fæktʃə*] *s.* **1** produzione, fabbricazione; fattura. **2** manufatto, prodotto.
to **manufacture** [,mænju'fæktʃə*] *v.t.* **1** fabbricare, produrre; confezionare. **2** (*fig.*) inventare.
manufacturer [,mænju'fæktʃərə*] *s.* **1** fabbricante. **2** industriale.
manufacturing [,mænju'fæktʃəriŋ] **I** *s.* fabbricazione, produzione. **II** *a.* manifatturiero; industriale.
manure [mə'njuə*] *s.* concime; letame.
to **manure** [mə'njuə*] *v.t.* concimare.
manuscript ['mænjuskript] *a./s.* manoscritto.
Manx ['mæŋks] *a.* dell'isola di Man.
Manxman ['mæŋksmən] *s.* (*pl.* **–men**) abitante dell'isola di Man.
many ['meni] **I** *a.* (*compar.* **more** [mɔ:*], *sup.* **most** [məust]) molti, numerosi. **II** *s.* molti: *~ of us* molti di noi. □ *as ~* **again** = **twice** *as ~ as*; **as** ~ altrettanti; **as** ~ *a* (tanti) quanti; *a* **good** (o *great*) ~ moltissimi; **how** ~? quanti?; (*lett.*) ~ *a* **man** più d'uno; tanti; *as ~* **more** = **twice** *as ~ as*; *to be* **one** *too ~ for* essere di gran lunga superiore a; ~ *happy* **returns** tanti auguri; **so** ~ tanti; **the** ~ la (stragrande) maggioranza; ~ *is the* **time** *my sister used to say that* mia sorella era solita dirlo spesso; **too** ~ troppi; **twice** *as ~ as* il doppio, due volte tanto; *in so ~* **words** (così) chiaramente, esplicitamente.
many-colored *am.*, **many-coloured** ['meni'kʌləd] *a.* multicolore, policromo.
many-sided ['meni'saidid] *a.* **1** multilaterale. **2** (*fig.*) multiforme; versatile.
map [mæp] *s.* carta (geografica), mappa. □ **off** *the ~*: 1 fuori mano; inaccessibile; 2 (*fig.*) senza importanza; (*fam.*) *to put* **on** *the ~* rendere importante; (*fam.*) *to* **wipe** *off the ~* cancellare dalla faccia della terra.
to **map** [mæp] *v.t.* (*pass., p.p.* **mapped** [–t]) rappresentare su una carta. □ *to ~ out* abbozzare, schizzare.
maple ['meipl] *s.* (*Bot.*) acero.
to **mar** [mɑ:*] *v.t.* (*pass., p.p.* **marred** [–d]) sciupare, guastare. □ *to make or ~* che non ammette soluzioni intermedie (o un successo o un insuccesso).
Mar. = *March* marzo (mar.).
marabou ['mærəbu:] *s.* (*Zool.*) marabù.
marathon ['mærəθən] *s.* maratona. □ (*Parl.*) *~ session* seduta fiume.
to **maraud** [mə'rɔ:d] *v.i.* razziare.
marauder [mə'rɔ:də*] *s.* predone. saccheggiatore.
marble ['mɑ:bl] **I** *s.* **1** marmo; (*fig.*) marmo, scultura. **2** bilia, pallina. **3** *pl.* (costr. sing.) gioco delle bilie. **II** *a.attr.* **1** di marmo, marmoreo. **2** (*fig.*) duro; freddo. □ (*fam.*) *to lose one's marbles* dare i numeri, uscire di senno, impazzire.
to **marble** ['mɑ:bl] *v.t.* marmorizzare. marezzare.
march [mɑ:tʃ] **I** *s.* **1** marcia (*anche Mus.*). **2** passo di marcia. **3** (*fig.*) corso; progresso. **II** *intz.* mar(s)c', marsh. □ **on** *the ~* in marcia; (*fig.*) in progresso; (*fig.*) *to* **steal** *a ~ on s.o.* avvantaggiarsi su qd. a sua insaputa.
to **march** [mɑ:tʃ] **I** *v.i.* **1** marciare. **2** avanzare con decisione. **II** *v.t.* **1** (*Mil.*) far marciare. **2** condurre a forza. □ *to ~* **along** sfilare; *to ~* **off** mettersi in marcia; muoversi con decisione; (*Mil.*) *marching* **orders** ordine di partenza; (*fam.*) *to get one's marching* **orders** essere licenziato; *to ~* **out** uscire marciando.
March [mɑ:tʃ] *s.* marzo.
marcher ['mɑ:tʃə*] *s.* marciatore.
marchioness ['mɑ:ʃənis] *s.* marchesa.

march-past ['mɑ:tʃpɑ:st] *s.* (*Mil.*) sfilata, rivista.

mare [mɛə*] *s.* (*Zool.*) cavalla, giumenta. ▭ (*fig.*) *~'s nest* grossa delusione.

Margaret ['mɑ:gərit] *N.pr.f.* Margherita.

margarin(e) [ˌmɑ:dʒə'ri:n] *s.* margarina.

marge [mɑ:dʒ] *s.* (*fam.*) margarina.

margin ['mɑ:dʒin] *s.* **1** margine. **2** (*di strada*) ciglio, bordo. **3** limite.

marginal ['mɑ:dʒinl] *a.* **1** marginale. **2** scritto in margine. ▭ *~ notes* note a margine.

to **marginalize** ['ma:dʒinəlaiz] *v.t.* (*fig.*) emarginare.

marguerite [ˌmɑ:gə'ri:t] *s.* (*Bot.*) pratolina, margheritina.

Marian ['mɛəriən] *a.* **1** (*Rel.*) mariano. **2** (*Stor.*) di Maria Stuarda; di Maria Tudor.

Marie [mə'ri:] *N.pr.f.* Maria.

marigold ['mærigəuld] *s.* (*Bot.*) calendola.

marijuana [ˌmæri'hwɑ:nə] *s.* (*Bot.*) marijuana.

marina [mə'rinə] *s.* porticciolo per imbarcazioni da diporto, darsena.

marinade [ˌmæri'neid] *s.* (*Gastr.*) marinata.

to **marinade** ['mærineid] *v.t.* (*Gastr.*) marinare.

marine [mə'ri:n] **I** *a.* **1** marino. **2** marittimo, nautico; navale. **II** *s.* **1** marina. **2** (*Mar., mil.*) fante di marina. **3** (*Mil.am.*) marina. ▭ (*fam.*) *tell that to the marines* raccontalo a qualcun altro.

mariner ['mærinə*] *s.* (*lett.*) marinaio.

marionette [ˌmæriə'net] *s.* marionetta.

marital ['mæritl] *a.* coniugale; maritale.

maritime ['mæritaim] *a.* marittimo.

marjoram ['mɑ:dʒərəm] *s.* (*Bot.*) maggiorana.

mark[1] [mɑ:k] *s.* **1** segno, impronta; macchia. **2** segno, indicazione, simbolo; tratto caratteristico: *the ~ of a gentleman* il tratto caratteristico di un gentiluomo. **3** marchio, marca: *trade ~* marchio di fabbrica. **4** segno (d'interpunzione, ecc.); (segno di) croce. **5** punto di riferimento. **6** bersaglio, obiettivo: *to hit the ~* colpire il bersaglio. **7** (*fig.*) meta, scopo. **8** (*Scol.*) voto, punto. **9** (*Sport*) linea di partenza; *pl.* posizione di partenza **10** (*Mil.*) modello, tipo. **11** (*Stor.*) marca. ▭ **beside** *the ~* non pertinente; (*fig.*) *to go* **beyond** *the ~* oltrepassare il segno; (*fam.*) *an* **easy** *~* un semplicione; (*fig.*) *to* **make** *one's ~* diventare importante, avere successo; *a* **man** *of ~* un uomo di valore; *to be* **near** *the ~* colpire quasi nel segno; **on** *your marks! Get set! Go!* pronti! Attenti! Via!; *to be* **up** *to the ~* essere all'altezza; essere in forma; *to be* **wide** *of the ~* non cogliere nel segno.

to **mark** [mɑ:k] *v.t.* **1** segnare. **2** contrassegnare, marcare. **3** annotare; corredare di note. **4** caratterizzare, contraddistinguere. **5** rappresentare, costituire: *the decision marked a turning point* la decisione rappresentò una svolta. **6** notare, rilevare; fare attenzione a, badare: *~ my words* fa' attenzione alle mie parole. **7** (*Scol.*) dare il voto a, classificare; correggere (i compiti). **8** (*Sport*) marcare. ▭ *to ~* **down** prendere nota di; (*Comm.*) ribassare il prezzo di; *to ~* **off** delimitare; distinguere; *to ~* **out** delimitare; tracciare, segnare; (*fig.*) *to ~ s.o.* **out** *for s.th.* destinare qd. a qc.; *to ~* **time** segnare il passo; (*Comm.*) *to ~* **up** aumentare il prezzo di.

mark[2] [mɑ:k] *s.* (*moneta*) marco.

Mark [mɑ:k] *N.pr.m.* Marco.

marked [mɑ:kt] *a.* forte, spiccato, chiaro, evidente. ▭ *a ~ man* un uomo condannato, un uomo in pericolo.

markedly ['mɑ:kidli] *avv.* considerevolmente.

marker ['mɑ:kə*] *s.* **1** segnapunti. **2** segnalibro. **3** evidenziatore.

market ['mɑ:kit] *s.* **1** mercato. **2** (*Comm.*) piazza; mercato. **3** richiesta (*for* di). ▭ *to* **bring** *s.th. on to the ~* immettere qc. sul mercato; *to* **find** *a ~ for s.th.* riuscire a smerciare qc.; *to be* **in** *the ~ for s.th.* desiderare di acquistare qc.; **on** *the ~* sul mercato; *~* **research** ricerca di mercato.

to **market** ['mɑ:kit] **I** *v.t.* **1** (*Comm.*) introdurre sul mercato. **2** spedire al mercato; portare al mercato. **3** vendere. **II** *v.i.* fare acquisti al mercato.

marketable ['mɑ:kitəbl] *a.* vendibile, smerciabile.

market garden ['mɑ:kitgɑ:dn] *s.* orto.

marketing ['mɑ:kitiŋ] *s.* (*Comm.*) marketing, ricerca di mercato.

market place ['mɑ:kitpleis] *s.* piazza del mercato.

market price ['mɑ:kitprais] *s.* prezzo corrente.

marking ['mɑ:kiŋ] *s.* disegno, motivo. ▭ *~ ink* inchiostro indelebile.

marksman ['mɑ:ksmən] *s.* (*pl.* **–men**) (*Mil.*) tiratore scelto.

marksmanship ['mɑ:ksmənʃip] *s.* abilità nel tiro.

marl [mɑ:l] *s.* (*Min., Agr.*) marna.

marmalade ['mɑ:məleid] *s.* marmellata (general. di arance, di limoni o di altri agrumi).

marmot ['mɑ:mət] *s.* (*Zool.*) marmotta.

maroon[1] [mə'ru:n] *s.* **1** bruno rossiccio. **2** piccolo razzo usato per segnalazioni (spec. in mare). ▭ *a ~ coat* un cappotto bruno rossiccio.

maroon[2] [mə'ru:n] *s.* **1** (*Stor.*) schiavo negro fuggiasco o suo discendente. **2** persona abbandonata su un'isola deserta. ▭ *to be ~* essere lasciato solo.

to **maroon** [mə'ru:n] *v.t.* abbandonare qd. su un'isola deserta.

marquee [mɑ:'ki:] *s.* padiglione.

marquess ['mɑ:kwis] → **marquis**.

marquetry ['mɑ:kətri] *s.* intarsio.

marquis ['mɑ:kwis] *s.* (*pl. inv.*/**–quises** [–iz]) ~ marchese.

marquise [mɑ:'ki:z] *s.* marchesa.

marriage ['mæridʒ] *s.* **1** matrimonio; stato coniugale. **2** nozze; cerimonia nuziale; sposalizio. **3** (*fig.*) unione, connubio. ▭ (*fam.*) *~* **lines** certificato di matrimonio; *to* **take** *s.o. in ~* sposare qd.

marriageable ['mæridʒəbl] *a.* in età da marito: *a girl of ~ age* una ragazza in età da marito.
married ['mærid] *a.* **1** sposato, coniugato. **2** coniugale, matrimoniale. □ *to get ~* sposarsi.
marrow ['mærəu] *s.* **1** (*Anat.*) midollo. **2** (*Bot.*) zucca. **3** (*fig.*) essenza, sostanza. □ *to the ~* fino al midollo.
marrowbone ['mærəubəun] *s.* (*Gastr.*) ossobuco.
to **marry** ['mæri] **I** *v.t.* **1** sposare. **2** (general. con *off*) dare in moglie, maritare. **3** (*fig.*) unire, combinare. **II** *v.i.* sposarsi: *Jane married young* Jane si sposò giovane.
marsh [mɑ:ʃ] *s.* palude, pantano.
marshal ['mɑ:ʃəl] *s.* **1** (*Mil.*) maresciallo. **2** (*Dir.*) ufficiale giudiziario. **3** cerimoniere. **4** (*am.*) sceriffo.
to **marshal** ['mɑ:ʃəl] *v.t.* (*pass., p.p.* **-lled**/*am.* **-led** [-d]) **1** ordinare, sistemare. **2** schierare. **3** condurre cerimoniosamente.
marsh-gas ['mɑ:ʃgaʃ] *s.* (*Chim.*) metano.
marshland ['mɑ:ʃlænd] *s.* regione paludosa, palude.
marshmallow ['mɑ:ʃmæləu] *s.* caramella morbida e gommosa.
marshy ['mɑ:ʃi] *a.* paludoso, acquitrinoso.
marsupial [mɑ:'sju:piəl] *a./s.* (*Zool.*) marsupiale.
mart [mɑ:t] *s.* (*lett.*) mercato.
marten ['mɑ:tin, -tən] *s.* (*pl. inv.*/**-s** [-z]) (*Zool.*) martora.
Martha ['mɑ:θə] *N.pr.f.* Marta.
martial ['mɑ:ʃəl] *a.* marziale; guerriero, bellicoso. □ ~ **arts** arti marziali; ~ **law** legge marziale.
Martian ['mɑ:ʃiən] *a./s.* marziano.
Martin ['mɑ:tin] *N.pr.m.* Martino.
martinet [,mɑ:ti'net] *s.* uomo rigido.
Martinmas ['mɑ:tinməs] *s.* festa di san Martino (11 novembre).
martyr ['mɑ:tə*] *s.* **1** martire *m./f.* **2** (*fam.*) vittima: *to make a ~ of o.s.* fare la vittima.
to **martyr** ['mɑ:tə*] *v.t.* **1** martirizzare. **2** (*fig.*) martoriare.
martyrdom ['mɑ:tədəm] *s.* martirio.
marvel ['mɑ:vəl] *s.* meraviglia, prodigio.
to **marvel** ['mɑ:vəl] *v.i.* (*pass., p.p.* **-lled**/*am.* **-led** [-d]) meravigliarsi, stupirsi (*at* di).
marvellous *am.*, **marvelous** ['mɑ:vələs] *a.* straordinario, meraviglioso.
Marxism ['mɑ:ksizəm] *s.* marxismo.
Marxist ['mɑ:ksist] *s.* marxista *m./f.*
Mary ['mɛəri] *N.pr.f.* Maria.
marzipan ['mɑ:zipæn] *s.* (*Gastr.*) marzapane.
mascot ['mæskɔt] *s.* mascotte.
masculine ['mæ:skjulin] **I** *a.* **1** maschile. **2** maschio, virile; mascolino. **II** *s.* (*Gramm.*) (genere) maschile.
masculinity [,mæskju'liniti] *s.* mascolinità.
mash [mæʃ] *s.* **1** (*Zootecnia*) pastone. **2** infuso di malto (per la preparazione della birra) **3** (*fam.*) purè (di patate).
to **mash** [mæʃ] *v.t.* **1** passare. **2** schiacciare, pestare. □ *mashed potatoes* purè di patate.
MASH = *Military Advanced Service Hospital* Ospedale Militare in Zona di Operazioni.
masher ['mæʃə*] *s.* schiacciapatate.
mask [mɑ:sk, *am.* mæsk] *s.* **1** maschera (*anche fig.*). **2** maschera antigas. **3** (*Zool.*) muso (di volpe, cane). □ **beauty** ~ maschera di bellezza; (*fig.*) *to* **throw** *off one's ~* gettare la maschera; **under** *the ~ of* con il pretesto di.
to **mask** [mɑ:sk, *am.* mæsk] **I** *v.t.* **1** mascherare. **2** (*fig.*) dissimulare, celare. **II** *v.i.* mascherarsi.
masochism ['mæzəkizəm] *s.* masochismo.
masochist ['mæzəkist] *s.* masochista *m./f.*
mason ['meisn] *s.* **1** muratore. **2** massone.
Masonic [mə'sɔnik] *a.* massonico.
masonry ['meisnri] *s.* **1** muratura. **2** arte muraria. **Masonry** massoneria.
masquerade [,mæskə'reid] *s.* **1** festa mascherata, ballo in maschera. **2** (*fig.*) mascherata, finzione.
to **masquerade** [,mæskə'reid] *v.i.* mascherarsi, travestirsi (*as* da).
mass [mæs] *s.* **1** massa: *a ~ of long hair* una massa di capelli lunghi. **2** grande quantità, mucchio; moltitudine. **3** *pl.* le masse, il proletariato. □ **in** *the ~* per lo più, in gran parte; ~ **observation** studio dei fenomeni di massa.
to **mass** [mæs] **I** *v.i.* ammassarsi, affollarsi; concentrarsi. **II** *v.t.* radunare, raggruppare; concentrare.
Mass [mæs] *s.* (*Lit.*) Messa.
massacre ['mæsəkə*] *s.* massacro; strage.
to **massacre** ['mæskə*] *v.t.* massacrare, fare strage di.
massage ['mæsɑ:ʒ, *am.* mə'sɑ:ʒ] *s.* massaggio.
to **massage** ['mæsɑ:ʒ, *am.* mə'sɑ:ʒ] *v.t.* massaggiare.
masseur *fr.* [mæ'sə*] *s.* massaggiatore.
masseuse *fr.* [mæ'sə:z] *s.* massaggiatrice.
massif ['mæsif] *s.* massiccio (montuoso).
massive ['mæsiv] *a.* **1** massiccio. **2** (*fig.*) ampio, grande; imponente.
mass media ['mæs'mi:diə] *s.* mezzi di comunicazione di massa.
to **mass-produce** ['mæsprə'dju:s] *v.t.* produrre in serie.
mass production ['mæsprə'dʌkʃən] *s.* produzione in serie.
massy ['mæsi] *a.* **1** massiccio. **2** solido, compatto.
mast [mɑ:st] *s.* **1** (*Mar.*) albero; *pl.* alberatura. **2** pennone. **3** (*Rad., TV*) supporto (di antenna). □ *to sail before the ~* prestare servizio come marinaio semplice.
master ['mɑ:stə*] *s.* **1** proprietario; padrone (*anche fig.*): *to be ~ of a situation* essere padrone di una situazione. **2** padrone (di casa). **3** datore di lavoro, principale. **4** maestro: *dancing ~* maestro di danza. **5** (*Univ.*) laureato. **6** (*Mar.*) capitano di nave mercantile. **7** signorino, padroncino. □ (*Univ.*)

Master of **Arts** specializzazione in lettere; laureato (specializzato) in lettere; *to be a* ~ **at** *s.th.* essere un maestro in qc.; ~ *of* **ceremonies** maestro delle cerimonie; (*TV, Teat.*) presentatore; (*Univ.*) ~*'s* **degree** diploma di laurea; *to be* ~ *of* **o.s.** essere padrone di sé; (*fig.*) *to be one's* **own** ~ non dipendere da nessuno; (*Univ.*) *Master of* **Science** specializzazione in scienze; laureato (specializzato) in scienze.

to **master** ['mɑ:stə*] *v.t.* **1** dominare. **2** imparare alla perfezione; conoscere perfettamente: *to* ~ *a language* conoscere perfettamente una lingua. □ *to* ~ *o.s.* controllarsi, essere padrone di sé.

master builder ['mɑ:stəbildə*] *s.* capomastro.

masterful ['mɑ:stəful] *a.* **1** autoritario, imperioso. **2** magistrale, da maestro.

master key ['mɑ:stəki:] *s.* passe-partout.

masterly ['mɑ:stəli] *a.* magistrale, (da) maestro.

mastermind ['mɑ:stəmaind] *s.* cervello, mente (direttiva).

to **mastermind** ['mɑ:stəmaind] *v.t.* ideare (un progetto, ecc.).

masterpiece ['mɑ:stəpi:s] *s.* capolavoro.

mastership ['mɑ:stəʃip] *s.* **1** ufficio (*o* professione) di maestro. **2** padronanza, dominio.

masterstroke ['mɑ:stəstrəuk] *s.* colpo maestro.

mastertouch ['mɑ:stətʌtʃ] *s.* tocco da maestro.

mastery ['mɑ:stəri] *s.* **1** padronanza, dominio (*of* di): *his* ~ *of the trumpet* la sua padronanza della tromba. **2** supremazia, superiorità (*over* su).

to **masticate** ['mæstikeit] *v.t./i.* masticare.

mastication [mæsti'keiʃən] *s.* masticazione.

mastiff ['mæstif] *s.* mastino (inglese).

mastodon ['mæstədɔn] *s.* (*Paleontologia*) mastodonte.

mastodontic [ˌmæstə'dɔntik] *a.* mastodontico.

mastoid ['mæstɔid] *s.* (*Anat.*) mastoide.

to **masturbate** ['mæstəbeit] **I** *v.i.* masturbarsi. **II** *v.t.* masturbare.

masturbation [ˌmæstə'beiʃən] *s.* masturbazione.

mat[1] [mæt] *s.* **1** stuoia, stuoino. **2** zerbino. **3** sottopiatto; sottovaso; sottobicchiere. **4** (*fig.*) viluppo, groviglio: *a* ~ *of weeds* un groviglio di erbacce. □ *door* ~ zerbino.

to **mat** [mæt] *v.* (*pass., p.p.* **matted** [–id]) **I** *v.t.* **1** coprire con una stuoia. **2** (*fig.*) aggrovigliare, ingarbugliare. **II** *v.i.* ingarbugliarsi, aggrovigliarsi.

mat[2] [mæt] *a.* opaco.

match[1] [mætʃ] *s.* **1** (*Sport*) partita, match, incontro. **2** simile *m./f.*, uguale *m./f.*; pari *m./f.* **3** (*fig.*) matrimonio; partito. □ *to be a* **bad** ~ essere male accoppiati; *to* **be** *a* ~ *for* tenere testa a; *to be a* **good** ~ armonizzare, intonarsi; *to* **meet** *one's* ~ incontrare un degno avversario; *to be* **no** ~ *for* non poter competere con.

to **match** [mætʃ] **I** *v.t.* **1** eguagliare, essere uguale (*o* pari) a. **2** armonizzare con, intonarsi con. **3** accoppiare, appaiare. **4** opporre, contrapporre, misurare: (*against* a): *I matched my intelligence against his strength* opposi la mia intelligenza alla sua forza. **5** paragonare, comparare (*with* a). **II** *v.i.* **1** corrispondere, essere uguale: *this restaurant doesn't* ~ *up to our expectations* questo ristorante non corrisponde alle nostre aspettative. **2** intonarsi, armonizzare (*with* con).

match[2] [mætʃ] *s.* fiammifero. □ *to strike a* ~ accendere un fiammifero.

matchbox ['mætʃbɔks] *s.* scatola di fiammiferi.

matching ['mætʃiŋ] *a.* assortito, intonato.

matchless ['mætʃlis] *a.* senza pari, impareggiabile.

matchlock ['mætʃlɔk] *s.* (*Mil., ant.*) moschetto.

matchmaker ['mætʃmeikə*] *s.* sensale *m./f.* di matrimoni.

matchwood ['mætʃwud] *s.* **1** legno per fiammiferi. **2** schegge di legno.

mate[1] [meit] *s.* **1** amico, collega *m./f.*, camerata *m./f.* **2** aiutante *m./f.*, assistente *m./f.* **3** (*rif. ad animali*) compagno. **4** (*Mar.*) secondo. **5** (*fam.*) consorte *m./f.*, coniuge *m./f.*

to **mate** [meit] **I** *v.t.* accoppiare, appaiare. **II** *v.i.* accoppiarsi.

mate[2] [meit] *s.* scaccomatto.

material [mə'tiəriəl] **I** *a.* **1** materiale; fisico, corporeo. **2** importante, rilevante: *a* ~ *witness* un testimone importante (chiave). **II** *s.* **1** materiale; materia. **2** tessuto, stoffa. **3** *pl.* occorrente, necessario.

materialism [mə'tiəriəlizəm] *s.* materialismo.

materialist [mə'tiəriəlist] *s.* materialista *m./f.*

materialistic [məˌtiəriə'listik] *a.* materialista, materialistico.

to **materialize** [mə'tiəriəlaiz] *v.i.* **1** materializzarsi. **2** attuarsi, realizzarsi.

maternal [mə'tə:nl] *a.* materno.

maternity [mə'tə:niti] *s.* **1** maternità: ~ *ward* reparto maternità. **2** (*am.*) abito prémaman. **3** (*usato con valore attr.*) prémaman, da gestante: ~ *clothes* abiti prémaman.

matey ['meiti] *a.* (*fam.*) socievole, affabile; amico (*with* di).

math *am.* [mæθ] *s.* (*fam.*) matematica.

mathematical [ˌmæθi'mætikəl] *a.* matematico.

mathematician [ˌmæθimə'tiʃən] *s.* matematico.

mathematics [ˌmæθi'mætiks] *s.pl.* (costr. sing.) matematica.

maths [mæθs] *s.pl.* (costr. sing.) (*fam.*) matematica.

matinée *fr.* ['mætinei, *am.* mætə'nei] *s.* (*Teat.*) rappresentazione diurna, matinée.

matins ['mætinz] *s.pl.* (costr. sing.) (*Rel.*) mattutino.

matriarchal [meitri'ɑ:kəl] *a.* matriarcale.

matriarchy ['meitriɑ:ki] *s.* matriarcato.

matricide ['meitrisaid] *s.* **1** matricidio. **2** matricida *m./f.*
to **matriculate** [mə'trikjuleit] **I** *v.t.* (*Univ.*) immatricolare. **II** *v.i.* immatricolarsi.
matriculation [mə,trikju'leiʃən] *s.* (*Univ.*) immatricolazione.
matrimonial [,mætri'məuniəl] *a.* matrimoniale.
matrimony ['mætriməni] *s.* matrimonio.
matrix ['meitriks] *s.* (*pl.* **–trices** [–trisi:z]/ **–rixes** [–iz]) **1** matrice. **2** (*Met.*) stampo, forma.
matron ['meitrən] *s.* **1** matrona. **2** capoinfermiera. **3** governante (di collegio). **4** donna anziana; vedova.
matronly ['meitrənli] *a.* matronale.
matt, matte *am.* [mæt] → **mat**[2].
matter ['mætə*] *s.* **1** materia; sostanza. **2** argomento, soggetto; contenuto. **3** questione: *a money* ~ una questione di soldi. **4** importanza, rilievo: *it is an affair of little* ~ è una faccenda di poco rilievo. **5** (*Med.*) pus. □ *that's quite* **another** ~ è tutt'altra cosa; *is there* **anything** *the* ~? c'è qualcosa che non va?; *as a* ~ *of* **course** naturalmente; *as a* ~ *of* **fact** effettivamente, in realtà; infatti; **for** *that* ~ se è per questo; *no* ~ **how** comunque; **in** *the* ~ *of* riguardo a; *it is no* **laughing** ~ è una faccenda seria; *it makes* **no** ~ non ha importanza; *as if* **nothing** *was the* ~ come se niente fosse; *as matters* **stand** stando così le cose; *it is a* ~ *of* **time** è questione di tempo; **what***'s the* ~ *with you?* cos'hai?; *no* ~ **when** in qualunque momento; *no* ~ **where** dovunque; *no* ~ **who** chiunque.
to **matter** ['mætə*] *v.i.* **1** importare, avere importanza: *what does it* ~? che importa? **2** (*Med.*) suppurare.
Matterhorn ['mætəhɔ:n] *N.pr.* (*Geog.*) monte Cervino.
matter-of-fact ['mætərəv'fækt] *a.* realistico; pratico.
Matthew ['mæθju:] *N.pr.m.* Matteo.
matting ['mætiŋ] *s.* materiale per stuoie; stuoie.
mattock ['mætək] *s.* piccone.
mattress ['mætris] *s.* materasso.
maturation [mætju'reiʃən] *s.* maturazione.
mature [mə'tjuə*] *a.* **1** maturo. **2** ponderato, meditato.
to **mature** [mə'tjuə*] **I** *v.t.* **1** maturare. **2** (*rif. ad alimenti*) far stagionare. **II** *v.i.* **1** maturare. **2** (*rif. ad alimenti*) stagionare. **3** (*Comm.*) scadere.
maturity [mə'tjuəriti] *s.* **1** maturità. **2** (*Comm.*) scadenza.
matutinal [mə'tju:tinl] *a.* mattutino.
maudlin ['mɔ:dlin] *a.* lacrimoso, lacrimevole.
to **maul** ['mɔ:l] *v.t.* maltrattare; strapazzare.
to **maunder** ['mɔ:ndə*] *v.i.* **1** vagare, girovagare. **2** parlare a vanvera, farneticare.
Maundy Thursday ['mɔ:ndi'θə:zdi] *s.* Giovedì Santo.
Maurice ['mɔris] *N.pr.m.* Maurizio.
mausoleum [,mɔ:sə'li:əm] *s.* mausoleo.
mauve [məuv] *a./s.* (color) malva.
maverick *am.* ['mævərik] *s.* **1** vitello non marchiato. **2** (*fig.*) dissidente *m./f.*
maw [mɔ:] *s.* **1** (*Zool.*) stomaco. **2** (*negli uccelli*) gozzo. **3** (*fig.*) fauci.
mawkish ['mɔ:kiʃ] *a.* sdolcinato, stucchevole.
mawkishness ['mɔ:kiʃnis] *s.* sdolcinatezza.
max = *maximum* massimo.
maxillary ['mæk'siləri] *a./s.* (*Anat.*) mascellare.
maxim ['mæksim] *s.* massima, sentenza.
to **maximize** ['mæksimaiz] *v.t.* aumentare al massimo.
maximum ['mæksiməm] **I** *s.* (*pl.* **–s** [–z]/**–ma** [–mə]) massimo. **II** *a.* massimo.
Maximus ['mæksiməs] *N.pr.m.* Massimo.
may [mei] *v.aus.* (*pr.* **may**, *negativo* **may not/ mayn't** [meint], *pass.* **might** [mait], *negativo* **might not/mightn't** [maitnt]; manca dell'inf. e del p.p.) **1** potere, può darsi che, è possibile che: *it* ~ *be true* può darsi che sia vero. **2** potere, è permesso: ~ *I come in?* posso entrare? **3** (*per esprimere incertezza*) potere (*spesso non si traduce*): *who* ~ *you be?* chi sei? **4** (*per esprimere speranza, auguri, ecc.*) potere (*spesso si traduce con un congiuntivo*): ~ *the best man win* vinca il migliore; ~ *God help you* Dio ti aiuti. □ *I did it as quickly* **as** *might be* lo feci il più velocemente possibile; ~ (o *might*) **as** *well* tanto vale che: *we* ~ *as well give up* tanto vale che rinunciamo; *you* ~ **as** *well stay* potresti anche restare.
May [mei] *s.* maggio. □ ~ *Day* festa del lavoro.
maybe ['meibi:] *avv.* forse, probabilmente, può darsi.
maybug ['meibʌg] *s.* (*Zool.*) maggiolino.
mayday ['meidei] *s.* (*Rad., Mar., Aer.*) segnale internazionale di soccorso.
mayflower ['meiflauə*] *s.* (*Bot.*) fiore di biancospino.
mayhem ['meihem] *s.* (*Dir.*) lesione permanente.
mayn't [meint] *contraz. di* **may not**.
mayonnaise [,meiə'neiz] *s.* (*Gastr.*) maionese.
mayor [mɛə*, *am.* 'meiə*] *s.* sindaco.
mayoralty ['mɛərəlti] *s.* carica di sindaco.
mayoress ['mɛəris] *s.* **1** moglie del sindaco. **2** sindaco donna.
maypole ['meipəul] *s.* (*Folklore*) alto palo ornato di fiori (intorno al quale si balla durante la festa di maggio).
maze [meiz] *s.* **1** labirinto, dedalo. **2** perplessità, confusione. □ *to be in a* ~ essere confuso.
mazurka [mə'zə:kə] *s.* mazurca.
mazy ['meizi] *a.* **1** intricato. **2** (*fig.*) perplesso, confuso.
mb = *millibar* millibar.
Md = (*Chim.*) *mendelevium* mendelevio.
MD = **1** *Doctor of Medicine* dottore in medicina. **2** *Managing Director* Amministratore Delegato.

me [mi:, mi] *pron. pers. compl.* **1** me, mi: *take ~ with you* portami con te. **2** a me, mi: *give ~ the hammer* dammi il martello. **3** (*dopo una prep.*) me, mi: *you can rely on ~* puoi contare su di me. **4** (*rifl.*) mi: *I laid ~ down* mi coricai. □ *it's me* sono io.
mead[1] [mi:d] *s.* idromele.
mead[2] [mi:d] *s.* (*poet.*) prato.
meadow ['medəu] *s.* prato; pascolo.
meager *am.*, **meagre** ['mi:gə*] *a.* **1** scarso, insufficiente: *a ~ meal* un pasto scarso. **2** (*raro*) smilzo, scarno, magro.
meal[1] [mi:l] *s.* pasto. □ *have a good ~* buon appetito.
meal[2] [mi:l] *s.* farina grossa.
mealtime ['mi:ltaim] *s.* ora dei pasti.
mealy ['mi:li] *a.* farinoso; infarinato.
mealy-mouthed ['mi:li'mauðd] *a.* che si esprime con mezzi termini; ipocrita.
mean[1] [mi:n] **I** *s.* **1** *pl.* (costr. sing. o pl.) mezzo, strumento: *a means of transport* un mezzo di trasporto. **2** *pl.* mezzi, possibilità (economiche); ricchezza: *to live beyond one's means* vivere al di sopra delle proprie possibilità. **3** (*Mat.*) media. **II** *a.attr.* medio. □ **by** *all means* con ogni mezzo; a tutti i costi; **by** *any means* in un modo o nell'altro; affatto, per nulla; **by** *means of* per mezzo di; *by* **fair** *means or foul* con mezzi leciti o illeciti; *the* **happy** ~ il giusto mezzo; *a* **man** *of means* un uomo facoltoso; *by* **no** *means* per niente, in nessun modo; *by* **some** *means or other* in un modo o nell'altro.
mean[2] [mi:n] *a.* **1** mediocre, modesto, scarso. **2** squallido, misero. **3** tirchio, avaro. **4** ignobile, basso; umile. **5** gretto, meschino. **6** (*am.*) maligno, malvagio. □ (*am.*) *to* **feel** ~ sentirsi male; **no** ~ di un certo valore.
to **mean** [mi:n] *v.* (*pass., p.p.* **meant** [ment]) **I** *v.t.* **1** significare: *what does this word ~?* che significa questa parola? **2** intendere, avere intenzione di, volere: *I didn't ~ to hurt you* non volevo farti del male. **3** voler dire, intendere: *what do you mean?* che cosa intendi dire? **4** (*al passivo*) destinare, designare: *his speech was meant for me* il suo discorso era destinato a me. **II** *v.i.* **1** aver intenzioni: *he means ill* ha cattive intenzioni. **2** essere importante, significare: *my marriage means a great deal to me* il mio matrimonio significa molto per me. □ (*fam.*) *to ~* **business** fare sul serio; *to ~ no* **good** avere cattive intenzioni; *no* **offence** *meant* senza offesa; *do you* **really** ~ *it?* dici sul serio?; *to ~ what one* **says** dire sul serio; *to ~* **well** *by s.o.* avere buone intenzioni nei riguardi di qd.; **without** *meaning it* senza volerlo.
meander [mi'ændə*] *s.* meandro.
to **meander** [mi'ændə*] *v.i.* **1** girovagare, vagabondare. **2** (*fig.*) parlare a vanvera.
meaning ['mi:niŋ] **I** *s.* significato; senso. **II** *a.* espressivo, significativo: *a ~ look* un'occhiata significativa.
meaningful ['mi:niŋful] *a.* significativo.
meaningless ['mi:niŋlis] *a.* senza senso.
meanness ['mi:nnis] *s.* **1** squallore, miseria. **2** bassezza, meschinità. **3** cattiveria, malvagità. **4** tirchieria, spilorceria.
meant [ment] → to **mean**.
meantime ['mi:n'taim], **meanwhile** ['mi:n'wail] *avv.* nel frattempo. □ *in the ~* nel frattempo.
measles ['mi:zlz] *s.* (costr. sing. o pl.) (*Med.*) morbillo.
measly ['mi:zli] *a.* **1** affetto da morbillo. **2** (*fam.*) misero, meschino.
measurable ['meʒərəbl] *a.* misurabile.
measure ['meʒə*] *s.* **1** misura; misurazione; unità di misura. **2** misure, dimensioni. **3** misura, provvedimento: *to take measures* prendere provvedimenti. **4** (*fig.*) criterio (di valutazione), metro; grado. **5** (*Parl.*) disegno di legge. **6** (*Mus.*) misura, battuta. **7** (*Metrica*) misura; ritmo. □ **beyond** ~ oltre misura; *to give* **full** ~ dare la misura giusta; *for* **good** ~ in più, in aggiunta; **in** *a ~* in una certa misura; **made** *to ~* fatto su misura; (*fig.*) *to* **set** *measures to* porre limiti a; *to give* **short** ~ dare una misura scarsa; *in* **some** ~ in qualche modo; (*fig.*) *to* **take** *s.o.'s ~* misurare le capacità di qd.
to **measure** ['meʒə*] **I** *v.t.* **1** misurare; prendere le misure di. **2** valutare, misurare. **3** (*fig.*) ponderare, pesare, dosare. **II** *v.i.* **1** misurare. **2** (*fig.*) essere paragonabile (*with* a). □ (*fig.*) *to ~ one's* **length** cadere lungo disteso; *to ~* **off** misurare, dosare; fissare la misura di; *to ~* **out** dosare, misurare; *to ~ one's* **strength** *with s.o.* misurarsi con qd.; *to ~* **swords** cimentarsi (*with* con); *measuring* **tape** metro a nastro; *to ~* **up** essere all'altezza (*to* di).
measured ['meʒəd] *a.* **1** misurato; moderato, controllato. **2** ritmico, cadenzato.
measureless ['meʒəlis] *a.* smisurato, sterminato.
measurement ['meʒəmənt] *s.* misurazione; misura.
meat [mi:t] *s.* **1** carne. **2** polpa (di frutta). **3** (*fig.*) succo, sostanza: *there's not much ~ in his speech* non c'è molta sostanza nel suo discorso. □ (*fig.*) *it was ~ and drink to him* fu per lui un invito a nozze.
meatball ['mi:tbɔ:l] *s.* (*Gastr.*) polpettina.
meat chopper ['mi:ttʃɔpə*] *s.* tritacarne.
meat pie ['mi:tpai] *s.* (*Gastr.*) pasticcio di carne.
meaty ['mi:ti] *a.* **1** carnoso; polposo. **2** (*fig.*) sostanzioso.
mechanic [mi'kænik] *s.* meccanico.
mechanical [mi'kænikəl] *a.* meccanico.
mechanician [ˌmekə'niʃən] *s.* meccanico.
mechanics [mi'kæniks] *s.pl.* (costr. sing. o pl.) **1** meccanica. **2** (costr. pl.) meccanismo, struttura. **3** (*fig.*) tecnica.
mechanism ['mekənizəm] *s.* meccanismo; congegno.
mechanization ['mekənai'zeiʃən] *s.* meccanizzazione.

to **mechanize** ['mekənaiz] *v.t.* meccanizzare; automatizzare.
medal ['medl] *s.* medaglia.
medalled ['medəld] *a.* decorato con una medaglia.
medallion [mi'dæljən] *s.* medaglione.
medallist ['medlist] *s.* persona decorata di (una) medaglia; medaglia.
to **meddle** ['medl] *v.i.* **1** immischiarsi, intromettersi (*in* in): *to ~ in s.o.'s affairs* immischiarsi negli affari di qd. **2** mettere le mani (senza permesso) (*with* in, tra).
meddler ['medlə*] *s.* intrigante *m./f.*, ficcanaso *m./f.*
meddlesome ['medlsəm], **meddling** ['medliŋ] *a.* intrigante.
media ['mi:diə] → **mass media.**
mediaeval [,medi'i:vəl, *am.* 'mid–] → **medieval.**
medial ['mi:diəl] *a.* mediano, di mezzo; medio.
median ['mi:diən] **I** *a.* di mezzo, mediano. **II** *s.* (*Geom.*) mediana.
mediate ['mi:diit] *a.* mediato, indiretto.
to **mediate** ['mi:dieit] **I** *v.i.* fare da mediatore, interporsi (*between* tra). **II** *v.t.* ottenere con una mediazione: *to ~ peace* ottenere la pace con una mediazione.
mediation [,mi:di'eiʃən] *s.* mediazione.
mediator ['mi:dieitə*] *s.* mediatore.
medic ['medik] *s.* (*fam.*) studente di medicina.
medical ['medikəl] **I** *a.* medico. **II** *s.* (*fam.*) visita medica. □ ~ **jurisprudence** medicina legale; ~ **school** facoltà di medicina; ~ **student** studente di medicina.
medicament [me'dikəmənt] *s.* medicamento, medicina.
medicare ['medikεə*] *s.* (*USA*) assistenza sanitaria statale (spec. per anziani).
to **medicate** ['medikeit] *v.t.* medicare.
medication [,medi'keiʃən] *s.* **1** farmaco, medicina, medicamento. **2** cura (medica). **3** (*raro*) medicazione.
medicinal [me'disinl] *a.* medicinale, medicamentoso.
medicine ['med(i)sin] *s.* **1** medicina: *a Doctor of Medicine* un dottore in medicina. **2** farmaco. □ ~ **cabinet** (o *chest*) armadietto dei medicinali; *to* **practise** ~ esercitare la professione di medico; (*fig.*) *to* **take** *one's* ~ inghiottire la pillola.
medicine man ['med(i)sinmæn] *s.* (*pl.* **–men**) stregone.
medico ['medikəu] *s.* (*pl.* **–s** [–z]) (*sl.*) medico, dottore.
medieval [,medi'i:vəl, *am.* 'mid–] *a.* medievale.
mediocre ['mi:diəukə*] *a.* mediocre.
mediocrity [,mi:di'ɔkriti] *s.* mediocrità.
to **meditate** ['mediteit] **I** *v.t.* **1** riflettere su, meditare (su). **2** tramare, progettare. **II** *v.i.* meditare, riflettere (*on, upon* su).
meditation [,medi'teiʃən] *s.* meditazione.
meditative ['meditətiv] *a.* meditativo.
Mediterranean [,meditə'reinjən] **I** *a.* mediterraneo. **II** *N.pr.* (*Geog.*) mare Mediterraneo.
medium ['mi:diəm] **I** *s.* (*pl.* **–s** [–z]/**–dia** [–diə]) **1** mezzo, metodo. **2** veicolo, mezzo (di propagazione): *air is the ~ of sound* l'aria è il veicolo del suono. **3** (*Biol.*) ambiente; habitat. **4** *pl.* (costr. sing. o pl.) mezzi di informazione. **5** tecnica pittorica o artistica. **6** (*Pitt.*) diluente. **7** (*Occultismo*) (*pl.* **–s**) medium *m./f.* **II** *a.* medio; mediano: *a man of ~ height* un uomo di mezza statura. □ *the* **happy** ~ il giusto mezzo; **through** *the ~ of* per mezzo di.
medium-sized ['mi:diəm'saizd] *a.* di misura media.
medlar ['medlə*] *s.* (*Bot.*) nespola: ~ *tree* nespolo.
medley ['medli] *s.* **1** miscuglio, guazzabuglio. **2** (*Mus.*) pot-pourri.
meek [mi:k] *a.* mite, mansueto, docile.
meekness ['mi:knis] *s.* mitezza, docilità.
meet [mi:t] *s.* **1** raduno per la caccia alla volpe. **2** (*am.*) riunione.
to **meet** [mi:t] *v.* (*pass., p.p.* **met** [met]) **I** *v.t.* **1** incontrare; andare incontro a; aspettare l'arrivo di; accogliere. **2** conoscere, fare la conoscenza di; essere presentato a: *I've never met your brother* non ho mai conosciuto tuo fratello. **3** toccare, venire in contatto con. **4** rispondere a, essere conforme a. **5** venire incontro a, (cercare di) soddisfare: *to ~ a condition* soddisfare una condizione. **6** fare fronte a, fronteggiare: *to ~ the expenses* far fronte alle spese. **II** *v.i.* **1** incontrarsi. **2** conoscersi. **3** tenere una riunione; riunirsi, adunarsi. **4** affrontarsi, scontrarsi: *the two teams will ~ tomorrow* le due squadre si affronteranno domani. **5** toccarsi, venire in contatto. □ *to ~ s.o.'s* **eye** incontrare lo sguardo di qd.; *to ~ the* **eye** attirare l'attenzione; *to ~ s.o.* **off** *a train* andare a prendere qd. al treno; (*I am*) **pleased** *to ~ you* lieto di fare la sua conoscenza, piacere; *to ~* **up** *with* imbattersi in, incontrare (per caso); *to ~* **with** incontrare; trovare; *to ~* **with** *an accident* avere un incidente; *to ~* **with** *approval* ottenere l'approvazione; *to ~* **with** *success* avere successo.
meeting ['mi:tiŋ] *s.* **1** incontro. **2** riunione, seduta; convegno; assemblea. □ *to call a ~* convocare un'assemblea.
megalith ['megəliθ] *s.* megalite.
megalomania [,megələ(u)'meiniə] *s.* megalomania.
megalomaniac [,megələ(u)'meiniæk] *s.* megalomane *m./f.*
megaphone ['megəfəun] *s.* megafono.
megaton ['megətʌn] *s.* **1** un milione di tonnellate. **2** (*Fis.*) megatone.
melancholic [,melən'kɔlik] *a.* malinconico.
melancholy ['melənkəli] **I** *s.* malinconia. **II** *a.* malinconico.
melanin ['melənin] *s.* melanina.
to **meliorate** ['mi:ljəreit] *v.t./i.* migliorare.

mellifluous [me'lifluəs] *a.* melato; mellifluo.
mellow ['meləu] *a.* **1** (*di frutto*) maturo; succoso; dolce. **2** (*di vino*) pastoso. **3** (*di suono, colore*) caldo, morbido. **4** (*fig.*) maturato dall'esperienza; dolce, mite.
to **mellow** ['meləu] **I** *v.t.* **1** (far) maturare. **2** (*fig.*) addolcire, ammorbidire: *experience has mellowed me* l'esperienza mi ha addolcito. **II** *v.i.* **1** maturarsi. **2** (*fig.*) addolcirsi, ammorbidirsi.
mellowness ['meləunis] *s.* **1** succosità. **2** (*fig.*) dolcezza. **3** (*di suoni, colori*) morbidezza.
melodic [mə'lɔdik] *a.* melodico.
melodious [mi'ləudiəs] *a.* melodioso.
melodrama ['melədrɑ:mə] *s.* melodramma.
melodramatic [,melədrə'mætik] *a.* melodrammatico.
melody ['melədi] *s.* **1** melodia. **2** canto; aria.
melon ['melən] *s.* (*Bot.*) melone. □ *water* ~ cocomero, anguria.
melt [melt] *s.* **1** fusione. **2** (*Met.*) metallo fuso.
to **melt** [melt] *v.* (*pass.* **melted** [–id], *p.p.* **melted**/*rar.* **molten** [–ən]) **I** *v.i.* **1** sciogliersi, liquefarsi; fondersi; dissolversi. **2** (*fig.*) (spesso con *away*) sfumare, dileguarsi: *his capital melted away* il suo capitale si dileguò. **3** (*fig.*) confondersi, sciogliersi, fondersi (*into* con): *to* ~ *into tears* sciogliersi in lacrime. **4** (*fig.*) intenerirsi, addolcirsi. **II** *v.t.* **1** sciogliere, liquefare, (far) fondere. **2** (*fig.*) dileguare, far svanire. **3** (*fig.*) intenerire, addolcire. **4** (*fig.*) confondere, fondere. □ *to* ~ *down* fondere (oro, ecc.).
melting ['meltiŋ] *a.* **1** che fonde, che si scioglie. **2** (*fig.*) tenero, dolce.
melting point ['meltiŋpɔint] *s.* punto di fusione.
melting pot ['meltiŋpɔt] *s.* crogiolo.
member ['membə*] *s.* **1** membro; componente; (*di club, ecc.*) socio, iscritto. **2** (*Parl.*) membro; deputato. □ *to* **become** *a* ~ *of* farsi socio di; ~ **country** paese membro; (*Parl.*) *Member of* **Parliament** deputato.
membership ['membəʃip] *s.* **1** appartenenza a un'associazione. **2** soci, iscritti. □ *to* **apply** *for* ~ far domanda d'iscrizione (*to* a); ~ **card** tessera di socio.
membrane ['membrein] *s.* membrana.
membranous [,mem'breinəs] *a.* membranoso.
memento [mi'mentəu] *s.* (*pl.* **–s**/**–es** [–z]) **1** ricordo, souvenir. **2** promemoria.
memo ['meməu] *s.* (*fam.*) appunto, promemoria.
Memo = *Memorandum* memorandum.
memoir ['memwɑ:*] *s.* **1** *pl.* memorie, ricordi. **2** memoriale.
memorable ['memərəbl] *a.* memorabile.
memorandum [,memə'rændəm] *s.* (*pl.* **–s** [–z]/ **–da** [–də]) **1** appunto, promemoria. **2** (*Dir.*) memorandum. **3** nota diplomatica. **4** comunicazione interna. □ (*Dir.*) ~ *of association* atto costitutivo di società.
memorial [mi'mɔ:riəl] **I** *s.* **1** commemorazione; monumento (commemorativo), lapide. **2** *pl.* memoriale, raccolta di documenti. **3** (*raro*) memoriale; petizione, supplica. **II** *a.* commemorativo, alla (*o* in) memoria: ~ *tablet* targa commemorativa. □ (*USA*) *Memorial Day* giorno di commemorazione dei caduti in guerra (il 30 Maggio nella maggior parte degli stati dell'Unione).
to **memorize** ['meməraiz] *v.t.* imparare a memoria.
memory ['meməri] *s.* **1** memoria. **2** ricordo, reminiscenza. □ *to have a* **bad** ~ avere poca memoria; *to* **commit** *to* ~ imparare a memoria; **in** ~ *of* in memoria di; (*with*)*in* **living** ~ a memoria d'uomo; *to* **lose** *one's* ~ perdere la memoria; *to have a* **poor** ~ = *to have a* **bad** ~; *if my* ~ **serves** *me* (*right*) se la memoria non m'inganna.
men [men] → **man.**
menace ['menis] *s.* **1** minaccia. **2** (*fam.*) peste.
to **menace** ['menis] *v.t.* minacciare.
menacing ['menisiŋ] *a.* minaccioso.
menagerie [mi'nædʒəri] *s.* serraglio.
mend [mend] *s.* riparazione; rammendo, rattoppo. □ (*fig.*) *on the* ~ in miglioramento.
to **mend** [mend] **I** *v.t.* **1** aggiustare, riparare; rattoppare, rammendare. **2** correggere, emendare. **II** *v.i.* **1** migliorare, ristabilirsi: *the patient was mending* il paziente si stava ristabilendo. **2** emendarsi, correggersi. □ *to* ~ *one's ways* ravvedersi.
mendacious [men'deiʃəs] *a.* menzognero, mendace.
mendelevium [mendə'liviəm] *s.* (*Chim.*) mendelevio.
mender ['mendə*] *s.* riparatore; rammendatore.
mendicant ['mendikənt] *a./s.* mendicante.
mendicity [men'disiti] *s.* mendicità.
mending ['mendiŋ] *s.* **1** rammendo. **2** cose da rammendare.
menfolk ['menfəuk] *s.pl.* uomini (spec. di una famiglia, comunità, ecc.).
menial ['mi:niəl] **I** *a.* umile, vile; servile. **II** *s.* (*spreg.*) domestico.
meningitis [,menin'dʒaitis] *s.* (*pl.* **–tides** [–tidi:z]) (*Med.*) meningite.
meniscus [mi'niskəs] *s.* (*Anat.*) menisco.
menopause ['menəpɔ:z] *s.* menopausa.
menses ['mensi:z] *s.pl.* (costr. sing. o pl.) mestruazione.
menstrual ['menstruəl] *a.* mestruale.
menstruation [,menstru'eiʃən] *s.* mestruazione.
mensuration [,mensjuə'reiʃən] *s.* misurazione.
mental ['mentl] *a.* **1** mentale; intellettuale. **2** (*fam.*) un po' matto. □ ~ **arithmetic** calcolo mentale; (*fam.*) ~ **home** clinica per malattie mentali; ~ **hospital** ospedale psichiatrico; ~ **powers** facoltà mentali; ~ **specialist** specialista in malattie mentali.
mentality [men'tæliti] *s.* mentalità.
menthol ['menθɔl] *s.* (*Chim.*) mentolo.

mention ['menʃən] *s.* **1** menzione, cenno. **2** citazione.

to **mention** ['menʃən] *v.t.* **1** accennare a, menzionare. **2** citare. ▭ **don't** ~ *it* non c'è di che, prego; **not** *to* ~ per non parlare di.

mentor ['mentɔ:*] *s.* mentore.

menu ['menju:] *s.* **1** menu, lista (delle vivande). **2** (*Inform.*) lista delle opzioni.

Mephistophelian [,mefistə'fi:liən] *a.* mefistofelico.

mercantile ['mə:kəntail] *a.* mercantile. ▭ (*Econ.*) ~ *system* mercantilismo.

mercenary ['mə:sənəri] *a./s.* mercenario.

mercer ['mə:sə*] *s.* commerciante *m./f.* di tessuti.

merchandise ['mə:tʃəndaiz] *s.* merce, mercanzia.

merchant ['mə:tʃənt] **I** *s.* mercante, commerciante *m./f.* **II** *a.attr.* mercantile. ▭ ~ **navy** marina mercantile; ~ **ship** nave mercantile.

merciful ['mə:siful] *a.* misericordioso, pietoso (*to* con).

merciless ['mə:silis] *a.* crudele, spietato.

mercurial [mə:'kjuəriəl] *a.* **1** mercurifero; (*Farm.*) mercuriale. **2** volubile, incostante. **3** vivace: *his mind is* ~ ha un'intelligenza vivace.

mercury ['mə:kjuri] *s.* (*Chim.*) mercurio.

mercy ['mə:si] *s.* **1** misericordia, clemenza. **2** (*fam.*) grazia, benedizione. ▭ **at** *the* ~ *of* alla mercè di; *to* **beg** *for* ~ implorare pietà; *to* **have** ~ *on s.o.* avere pietà di qd.; ~ **killing** eutanasia; *for* ~*'s* **sake** per pietà; *to be left to the* **tender** ~ (o *mercies*) *of s.o.* essere lasciato alla mercè di qd.

mere[1] ['miə*] *a.* puro, semplice; solo: *it's a* ~ *trifle* è solo una sciocchezza.

mere[2] ['miə*] *s.* stagno, laghetto.

merely ['miəli] *avv.* soltanto, solo.

meretricious [,meri'triʃəs] *a.* **1** vistoso, appariscente. **2** di poco prezzo. **3** di cattivo gusto.

meretrisciousness [,meri'triʃesnis] *s.* vistosità, apparenza.

to **merge** [mə:dʒ] **I** *v.i.* **1** unirsi, amalgamarsi. **2** sfumare: *the dawn merged into daylight* l'alba sfumò a poco a poco nella luce del giorno. **3** (*Comm.*) fondersi. **II** *v.t.* **1** unire, amalgamare. **2** (*Comm.*) fondere. **3** (*Inform.*) fondere (archivi).

merger ['mə:dʒə*] *s.* (*Econ.*) fusione.

meridian [mə'ridiən] **I** *s.* **1** (*Geog.*) meridiano. **2** (*fig.*) apice, culmine. **II** *a.* **1** meridiano, di mezzogiorno. **2** (*fig.*) all'apice, al culmine.

meridional [mə'ridiənl] *a./s.* meridionale.

meringue [mə'ræŋ] *s.* (*Gastr.*) meringa.

merino [mə'ri:nəu] *s.* (*pl.* **–s** [–z]) **1** lana merino. **2** (*Zootecnia*) merino.

merit ['merit] *s.* **1** valore, merito. **2** pregio, qualità. ▭ *to* **make** *a* ~ *of s.th.* farsi un merito di qc.; *to decide a* **question** *on its merits* decidere una questione valutandone il pro e il contro.

to **merit** ['merit] *v.t.* meritare, meritarsi.

meritorious [,meri'tɔ:riəs] *a.* meritevole, meritorio.

mermaid ['mə:meid] *s.* sirena.

merriment ['merimənt] *s.* **1** allegria, gaiezza. **2** festa, baldoria.

merry ['meri] *a.* allegro, gaio. ▭ *Merry* **Christmas** buon Natale; *to* **make** ~ fare festa.

merry-go-round ['meri'gəuraund] *s.* giostra, carosello.

merrymaking ['merimeikiŋ] *s.* festa, baldoria.

mesh [meʃ] *s.* **1** maglia. **2** *pl.* rete. **3** *pl.* (*fig.*) trappola, laccio. ▭ (*Mecc.*) *in* ~ ingranato.

to **mesh** [meʃ] **I** *v.t.* **1** prendere con la rete. **2** (*fig.*) irretire, intrappolare. **3** (*Mecc.*) ingranare. **II** *v.i.* **1** (*Mecc.*) ingranarsi. **2** (*fig.*) armonizzare, esser concorde.

mess [mes] *s.* **1** (grande) confusione, caos; disordine. **2** guai, pasticcio. **3** (*mil.*) mensa. ▭ *to* **get** *into a* ~ mettersi nei guai; **in** *a* ~ sottosopra; *to* **make** *a* ~ *of s.th.* mettere in disordine qc.; pasticciare qc.

to **mess** [mes] *v.t.* (spesso con *up*) **1** mettere in disordine, mettere sottosopra; sporcare, insudiciare. **2** rovinare, guastare. ▭ ~ **about** gingillarsi; perdere tempo; *to* ~ *s.o.* **about** maltrattare qd.; (*am. fam.*) *to* ~ **with** intromettersi, aver a che fare con.

message ['mesidʒ] *s.* messaggio; comunicazione.

messenger ['mesindʒə*] *s.* **1** messaggero, messo. **2** fattorino.

Messiah [mi'saiə] *s.* (*Bibl.*) Messia.

Messianic [,mesi'ænik] *a.* messianico.

messuage ['meswidʒ] *s.* (*Dir.*) casa d'abitazione con tenuta.

messy ['mesi] *a.* **1** disordinato. **2** sporco, sudicio; che sporca. **3** (*fig.*) confuso: *a* ~ *situation* una situazione confusa.

met [met] → to **meet**.

metabolic [,metə'bɔlik] *a.* metabolico.

metabolism [mi'tæbəlizəm] *s.* (*Biol.*) metabolismo.

metal ['metl] *s.* **1** metallo. **2** (*ingl., Strad., Ferr.*) pietrisco. **3** *pl.* (*Ferr.*) binari, rotaie. **4** (*Tip.*) piombo (per caratteri). ▭ **heavy** ~ heavy metal (un tipo di musica rock); ~ **worker** metallurgico.

to **metal** ['metl] *v.t.* (*pass., p.p.* **–lled**/*am.* **–led** [–d]) **1** metallizzare. **2** (*Strad.*) massicciare.

metallic [mi'tælik] *a.* metallico.

metalliferous [,metə'lifərəs] *a.* metallifero.

metallurgical [,metə'lə:dʒikəl] *a.* metallurgico.

metallurgy [me'tælədʒi] *s.* metallurgia.

metamorphic [,metə'mɔ:fik] *a.* metamorfico.

to **metamorphose** [,metə'mɔ:fəuz] *v.t.* trasformare (*into* in).

metamorphosis [,metə'mɔ:fəsis] *s.* (*pl.* **–ses** [–si:z]) trasformazione, metamorfosi.

metaphor ['metəfɔ:*] *s.* metafora.

metaphorical [metə'fɔrikəl] *a.* metaforico.

metaphysical [,metə'fizikəl] *a.* metafisico.

metaphysics [,metə'fiziks] *s.pl.* (costr. sing.) metafisica.

metastasis [mi'tæstəsis] *s.* (*Med.*) metastasi.
to **mete** [mi:t] *v.t.* (*lett.*) (general. con *out*) ripartire; dispensare.
meteor ['mi:tiə*] *s.* meteora.
meteoric [ˌmi:ti'ɔrik] *a.* **1** meteorico. **2** (*fig.*) rapidissimo.
meteorism ['mi:tiərizəm] *s.* (*Med.*) meteorismo.
meteorite ['mi:tiərait] *s.* (*Astr.*) meteorite.
meteorological [ˌmi:tiərə'lɔdʒikəl] *a.* meteorologico.
meteorologist [ˌmi:tiə'rɔlədʒist] *s.* meteorologo.
meteorology [ˌmi:tiə'rɔlədʒi] *s.* meteorologia.
meter[1] ['mi:tə*] *s.* (*tecn.*) contatore, misuratore: *gas* ~ contatore del gas.
meter[2] *am.* ['mi:tə*] → **metre**[1], **metre**[2].
methadone ['meθədəun] *s.* (*Farm.*) metadone.
methane ['mi:θein] *s.* (*Chim.*) metano. ☐ ~ *pipeline* metanodotto.
methinks [mi'θiŋks] *v.i. impers.* (*pass.* **methought** [mi'θɔ:t]; manca dell'inf. e del p.p.) (*poet.*) mi sembra, mi pare.
method ['meθəd] *s.* metodo; sistema, tecnica. ☐ *a man of* ~ un uomo metodico.
methodical [mi'θɔdikəl] *a.* metodico; sistematico.
Methodism ['meθədizəm] *s.* (*Rel.*) metodismo.
Methodist ['meθədist] *s.* metodista *m./f.*
methodology [ˌmeθə'dɔlədʒi] *s.* metodologia.
methought [mi'θɔ:t] → **methinks**.
methyl ['meθil] *s.* (*Chim.*) metile. ☐ ~ *alcohol* alcol metilico.
methylated ['meθileit] *a.* (*Chim.*) denaturato mescolato con alcol metilico. ☐ ~ *spirits* alcol denaturato.
meticulous [mi'tikjuləs] *a.* meticoloso, scrupoloso.
metre[1] ['mi:tə*] *s.* (*unità di misura*) metro.
metre[2] ['mi:tə*] *s.* (*Poesia*) **1** metro; schema metrico. **2** verso.
metric ['metrik] *a.* metrico. ☐ ~ *system* sistema metrico decimale.
metrical ['metrikəl] *a.* (*Poesia*) metrico.
metrics ['metriks] *s.pl.* (costr. sing. o pl.) metrica.
metronome ['metrə(u)nəum] *s.* (*Mus.*) metronomo.
metropolis [mi'trɔpəlis] *s.* metropoli.
metropolitan [ˌmetrə'pɔlitən] **I** *a.* metropolitano. **II** *s.* **1** abitante *m./f.* di una metropoli. **2** (*Rel.*) metropolita.
mettle ['metl] *s.* **1** coraggio, fegato. **2** tempra, temperamento. ☐ *to* **be** *on one's* ~ essere impegnato a fondo; *to* **put** *s.o. on his* ~ spingere qd. a fare del suo meglio.
mettlesome ['metlsəm] *a.* coraggioso; impetuoso, focoso.
mew [mju:] *s.* miagolio.
to **mew** [mju:] *v.i.* miagolare.
to **mewl** [mju:l] *v.i.* frignare, piagnucolare.
Mexican ['meksikən] *a./s.* messicano.
Mexico ['meksikəu] *N.pr.* (*Geog.*) Messico.
mezzanine ['metsəni:n] *s.* mezzanino, piano ammezzato.
mezzo-soprano *it.* [ˌmedzə(u)sə'prɑ:nəu] *s.* (*pl.* **–s** [–z]) mezzosoprano.
MF = (*Rad., TV*) *medium frequency* media frequenza.
mfd = *manufactured* fabbricato.
mg = *milligramm(e)* milligrammo.
Mg = (*Chim.*) *Magnesium* magnesio.
MHZ = *Megahertz* megahertz.
mi [mi] *s.* (*Mus.*) mi.
miaow [mi'au] *s.* miagolio, miao.
to **miaow** [mi'au] *v.i.* miagolare.
miasma [mai'æzmə] *s.* (*pl.* **–s** [–z]/**–mata** [–mətə]) miasma.
mica ['maikə] *s.* (*Min.*) mica.
mice [mais] → **mouse**.
Michael ['maikl] *N.pr.m.* Michele.
Michaelmas ['miklməs] *s.* festa di san Michele (29 settembre).
Mickey Mouse ['miki'maus] *N.pr.* Topolino.
microbe ['maikrəub] *s.* (*Biol.*) microbo.
microbiology [ˌmaikrə(u)bai'ɔlədʒi] *s.* microbiologia.
microcephalic [ˌmaikrə(u)si'fælik] *a.* microcefalo.
microchip [ˌmaikrə(u)'tʃip] *s.* (*Inform.*) microchip.
microcosm ['maikrə(u)kɔzəm] *s.* microcosmo.
microfilm ['maikrə(u)film] *s.* microfilm.
microgroove ['maikrə(u)gru:v] *s.* microsolco.
micron ['maikrɔn] *s.* (*pl.* **–s** [–z]/**micra** [–krə]) micron.
microorganism [ˌmaikrə(u)'ɔ:gænizəm] *s.* (*Biol.*) microrganismo.
microphone ['maikrəfəun] *s.* microfono.
microprocessor [ˌmaikrə(u)'prəusesə*] *s.* (*Inform.*) microprocessore.
microscope ['maikrəskəup] *s.* microscopio.
microscopic [ˌmaikrə'skɔpik] *a.* microscopico.
microscopy [mai'krɔskəpi] *s.* microscopia.
microwave ['mikrə(u)weiv] *s.* (*Fis.*) microonda.
mid[1] [mid] *a.* **1** (a) metà, (in) mezzo (anche nei composti): *in* ~ *January* a metà gennaio; *in* ~*-air* a mezz'aria. **2** medio, di mezzo.
mid[2] [mid] *prep.* (*poet.*) in mezzo a, tra, fra.
midday ['mid'dei] **I** *s.* mezzogiorno. **II** *a.attr.* di mezzogiorno.
midden ['midn] *s.* letamaio; mucchio d'immondizia.
middle ['midl] **I** *a.* **1** medio, di mezzo, centrale. **2** medio, intermedio, mediano. **II** *s.* **1** punto intermedio; metà, mezzo, centro. **2** (*fam.*) vita, cintura. ☐ *Middle* **Ages** Medioevo; ~ **class** ceto medio; *to take a* ~ **course** prendere una via di mezzo; *Middle* **East** Medio Oriente; ~ **finger** (dito) medio; **in** *the* ~ *of* in mezzo a; in pieno: **in** *the* ~ *of the war* in piena guerra; ~ **name** secondo nome di battesimo.
to **middle** ['midl] *v.t.* **1** mettere al centro. **2** (*Sport*) tirare al centro.
middle-aged ['midl'eidʒd] *a.* di mezza età.

middlebrow ['midlbrau] *s.* persona di cultura media.
middleman ['midlmæn] *s.* (*pl.* **–men**) (*Comm.*) intermediario; distributore.
middle-of-the-road ['midləvðə'rəud] *a.* (*Pol.*) moderato.
middle-sized ['midl'saizd] *a.* di grandezza media.
middleweight ['midlweit] *s.* (*Sport*) peso medio.
middling ['midliŋ] **I** *a.* **1** medio; mediocre, modesto. **2** (*fam.*) così così. **II** *avv.* (*fam.*) abbastanza, piuttosto.
middy ['midi] *s.* guardiamarina. ▭ ~ *blouse* blusa alla marinara.
midge [midʒ] *s.* (*Zool.*) moscerino.
midget ['midʒit] **I** *s.* nanerottolo. **II** *a.* piccolissimo, minuscolo.
midland ['midlənd] **I** *s.* parte interna di un paese. **II** *a.attr.* interno.
Midlands ['midləndz] *N.pr.pl.* (*Geog.*) contee dell'Inghilterra centrale.
midnight ['midnait] **I** *s.* mezzanotte. **II** *a.attr.* di mezzanotte. ▭ *the* ~ *hours* le ore nel cuore della notte.
midriff ['midrif] *s.* **1** (*Anat.*) diaframma. **2** (*Sartoria*) bustino.
midship ['midʃip] *a.* (*Mar.*) a mezza nave.
midshipman ['midʃipmən] *s.* (*pl.* **–men**) **1** (*Mar. mil.*) aspirante guardiamarina. **2** (*am., Mar.*) allievo dell'Accademia navale.
midships ['midʃips] *avv.* (*Mar.*) a mezza nave.
midst [midst] (*lett.*) **I** *s.* mezzo; centro. **II** *prep.* tra, fra, in mezzo a. ▭ *in the* ~ *of* in mezzo a.
midsummer ['mid'sʌmə*] *s.* **1** piena estate. **2** solstizio d'estate. ▭ *Midsummer* **Day** festa di san Giovanni (24 giugno); (*fig.*) ~ **madness** esaltazione.
midway ['mid'wei] *a./avv.* a metà strada.
midwife ['midwaif] *s.* (*pl.* **–wives** [–waivz]) ostetrica, levatrice.
midwifery ['midwifəri] *s.* ostetricia.
midwinter ['mid'wintə*] *s.* **1** pieno inverno. **2** solstizio d'inverno.
mien [mi:n] *s.* (*lett.*) aspetto, aria.
might[1] [mait] *s.* **1** forza, potenza. **2** (*fig.*) potere. ▭ *with* ~ *and main* energicamente.
might[2] [mait] → **may**.
might-have-been ['maithəv'bi:n] *s.* **1** ciò che sarebbe potuto accadere. **2** persona che avrebbe potuto fare grandi cose.
mightily ['maitili] *avv.* **1** vigorosamente, energicamente. **2** (*fam.ant.*) moltissimo, estremamente.
mightiness ['maitinis] *s.* potere, potenza.
mightn't ['maitnt] *contraz. di* **might not**.
mighty ['maiti] **I** *a.* **1** energico, vigoroso; forte. **2** (*lett.*) potente, possente. **3** (*fam.*) grande, eccezionale. **II** *avv.* (*fam.*) molto.
migraine ['mi:grein] *s.* (*Med.*) emicrania.
migrant ['maigrənt] **I** *a.* migratore, migrante. **II** *s.* uccello migratore.
to **migrate** [maig'reit] *v.i.* **1** migrare. **2** emigrare.
migration [mai'greiʃən] *s.* **1** migrazione. **2** emigrazione.
migratory ['maigrətəri] *a.* migratore; migratorio.
mike [maik] *s.* (*fam.*) microfono.
milady [mi'leidi] *s.* milady; nobildonna.
milage ['mailidʒ] → **mileage**.
milch [miltʃ] *a.* lattifero. ▭ ~ *cow* mucca da latte.
mild [maild] *a.* **1** mite, mansueto; gentile. **2** temperato, dolce. **3** blando, leggero. ▭ ~ *and* **bitter** *beer* birra leggera e amara; ~ **steel** acciaio dolce.
mildew ['mildju:] *s.* muffa.
to **mildew** ['mildju:] **I** *v.t.* fare ammuffire. **II** *v.i.* fare la muffa.
mildly ['maildli] *avv.* **1** dolcemente, gentilmente. **2** un poco, leggermente. ▭ *to put it* ~ senza esagerare.
mildness ['maildnis] *s.* **1** mitezza. **2** gentilezza, dolcezza.
mile [mail] *s.* miglio. ▭ *to live miles* **away** abitare lontanissimo; *miles* **easier** di gran lunga più facile; (*fam.*) *it* **stands** *out a* ~ si vede lontano un miglio; *to be miles from* **thinking** *that* essere ben lontano dal pensare che.
mileage ['mailidʒ] *s.* **1** distanza in miglia. **2** indennità di viaggio (per miglio).
milepost ['mailpəust] *s.* (*Strad.*) cartello indicatore delle distanze.
milestone ['m'ailstəun] *s.* pietra miliare (*anche fig.*).
milieu *fr.* ['mi:ljə:, *am.* –'liə:] *s.* ambiente.
militant ['ilitənt] **I** *a.* **1** militante. **2** combattivo. **II** *s.* militante *m./f.*, attivista *m./f.*
militarism ['militərizəm] *s.* militarismo.
militarist ['militərist] *s.* militarista *m./f.*
to **militarize** ['militəraiz] *v.t.* militarizzare.
military ['militəri] **I** *a.* militare. **II** *s.* (costr. sing. o pl.) forze armate; militari.
to **militate** ['militeit] *v.i.* militare. ▭ (*fig.*) *to* ~ *against* essere d'ostacolo a.
militia [mi'liʃə] *s.* milizia.
militiaman [mi'liʃəmən] *s.* (*pl.* **–men**) soldato della milizia.
milk [milk] *s.* **1** latte. **2** (*Bot.*) latice. ▭ (*fig.*) *to come* **home** *with the* ~ rincasare a giorno fatto; ~ *of* **human** *kindness* gentilezza connaturata all'uomo; **semi-skimmed** ~ latte parzialmente scremato; **skimmed** ~ latte scremato.
to **milk** [milk] **I** *v.t.* **1** mungere. **2** (*fam.*) sfruttare (al massimo), spremere; spillare. **II** *v.i.* dare latte; allattare.
milk-and-water ['milkənd'wɔ:tə*] *a.* (*fam.*) all'acqua di rose.
milk bar ['milkbɑ:*] *s.* cremeria.
milk churn ['milktʃə:n] *s.* bidone del latte.
milker ['milkə*] *s.* **1** mungitore. **2** mungitrice (meccanica).
milking ['milkiŋ] *s.* mungitura. ▭ ~*-machine* mungitrice meccanica.
milkmaid ['milkmeid] *s.* mungitrice.

milkman ['milkmən] *s.* (*pl.* **–men**) lattaio.
milk shake ['milkʃeik] *s.* frullato, frappé.
milksop ['milksɔp] *s.* uomo effeminato.
milk tooth ['milktu:θ] *s.* (*pl.* **teeth** [ti:θ]) dente da latte.
milk-white ['milkwait] *a.* bianco latte, latteo.
milky ['milki] *a.* **1** latteo. **2** lattiginoso. □ (*Astr.*) *Milky Way* via lattea.
mill [mil] *s.* **1** mulino. **2** macinino; passaverdura; spremifrutta. **3** opificio, fabbrica. □ (*fig.*) *to* **go** *through the* ~ essere messo a dura prova; *to* **put** *through the* ~ mettere a dura prova.
to **mill** [mil] **I** *v.t.* **1** macinare. **2** (*tecn.*) (*di monete*) zigrinare. **3** (*Mecc.*) fresare. **4** (*sl.*) picchiare. **II** *v.i.* (spesso con *about, around*) girare in tondo disordinatamente.
millboard ['milbɔ:d] *s.* (*Legatoria*) cartone doppio pressato.
millenarian [,mili'nεəriən] **I** *a.* **1** millenario. **2** (*Rel.*) millenaristico. **II** *s.* (*Rel.*) millenarista *m./f.*
millennium [mi'leniəm] *s.* (*pl.* **–s** [–z]/**–nnia** [–niə]) millennio.
millepede ['milipi:d] *s.* (*Zool.*) millepiedi.
miller ['milə*] *s.* **1** mugnaio. **2** (*Mecc.*) fresa.
millet ['milit] *s.* (*Bot.*) miglio.
mill-hand ['milhænd] *s.* operaio.
milliard ['miljɑ:d] *s.* miliardo.
milligram(me) ['miligræm] *s.* milligrammo.
millimeter *am.*, **millimetre** ['milimi:tə*] *s.* millimetro.
milliner ['milinə*] *s.* modista.
millinery ['milinəri] *s.* modisteria.
million ['miljən] *a./s.* milione.
millionaire [,miljə'nεə*] *s.* milionario.
millionth ['miljənθ] *a./s.* milionesimo.
millstone ['milstəun] *s.* **1** macina, mola. **2** (*fig.*) grave peso. □ (*fig.*) *between the upper and nether* ~ tra l'incudine e il martello.
mill-wheel ['milwi:l] *s.* ruota da mulino.
milord [mi'lɔ:d] *s.* milord.
mime [maim] *s.* mimo; pantomina.
to **mime** [maim] *v.t./i.* mimare.
mimetic [mi'metik] *a.* mimetico.
mimic ['mimik] **I** *s.* imitatore. **II** *a.attr.* **1** finto, simulato. **2** imitativo. **3** mimico.
to **mimic** ['mimik] *v.t.* (*pass., p.p.* **–ked** [–t]) imitare, copiare; scimmiottare.
mimicry ['mimikri] *s.* **1** mimica; imitazione. **2** (*Zool.*) mimetismo.
mimosa [mi'məuzə] *s.* (*Bot.*) mimosa.
min. = **1** *minimum* minimo. **2** *minute* minuto.
minaret ['minəret] *s.* minareto.
minatory ['minətəri] *a.* minatorio.
to **mince** [mins] **I** *v.t.* **1** tritare; sminuzzare. **2** (*fig.*) pronunciare affettatamente. **II** *v.i.* **1** camminare a passettini. **2** parlare con affettazione. □ (*fig.*) *not to* ~ *one's words* parlare senza mezzi termini.
mincemeat ['minsmi:t] *s.* (*Gastr.*) farcia di frutta secca, mele tritate, spezie, ecc. □ (*fam.*) *to make* ~ *of* fare a pezzettini.
mincer ['minsə*] *s.* tritacarne.
mincing ['minsiŋ] *a.* affettato, lezioso.
mind [maind] *s.* **1** mente, intelletto; mentalità. **2** (*fig.*) ingegno, cervello. **3** ragione, senno: *to lose one's* ~ perdere la ragione. **4** idea, opinione: *to change one's* ~ cambiare opinione. **5** memoria, mente: *it slipped my* ~ mi è sfuggito di mente. □ *to* **come** *to* ~ venire in mente; *to have s.th.* **in** ~ avere intenzione di fare qc.; *to* **keep** *in* ~ tener presente; *to* **keep** *one's* ~ *on s.th.* concentrare la propria attenzione su qc.; *to* **keep** *one's* ~ *off s.th.* non pensare a qc.; *to* **know** *one's own* ~ sapere ciò che si vuole; *to* **make** *up one's* ~ decidersi; *to* **make** *up one's* ~ *to* rassegnarsi a; *to be* **of** *s.o.'s* ~ essere d'accordo con qd.; *to be* **of** *one* ~ essere dello stesso parere; *to be* **on** *s.o.'s* ~ assillare qd.; **out** *of one's* ~ fuori di sé; *to go* **out** *of s.o.'s* ~ passare di mente; *to* **put** *s.o. in* ~ *of s.th.* ricordare qc. a qd.; *in one's* **right** ~ = *of* **sound** ~; *not in one's right* ~ = **out** *of one's* ~; *to* **set** *one's* ~ *on s.th.* mettersi in testa di fare qc.; *of* **sound** ~ sano di mente; *to* **speak** *one's* ~ dire quello che si pensa; **state** *of* ~ stato d'animo; *to* **take** *s.o.'s* ~ *off s.th.* far dimenticare qc. a qd.; **to** *my* ~ secondo me, a mio avviso; di mio gradimento; *to be in* **two** *minds about s.th.* essere incerto su qc.; *to be of* **unsound** ~ non essere sano di mente.
to **mind** [maind] **I** *v.t.* **1** badare a, occuparsi di: *to* ~ *one's own business* badare ai fatti propri. **2** fare attenzione a, far caso a. **3** (general. in formule di cortesia) (costr. impers.) (di)spiacere, rincrescere: *do you* ~ *my smoking?* ti spiace se fumo? **4** preoccuparsi di, darsi pensiero per. **II** *v.i.* **1** preoccuparsi. darsi pensiero; importare (*about* per): *I don't* ~ non mi importa. **2** avere qc. in contrario, (costr. impers.) (di)spiacere, rincrescere: *if you don't* ~ se non hai nulla in contrario. **3** stare attento, fare attenzione. □ **never** ~ non importa; (*esclam.*) ~ **out**! fai attenzione!
minded ['maindid] *a.pred.* disposto, incline (*to* a).
minder ['maində*] *s.* **1** (general. nei composti) sorvegliante; addetto: *machine* ~ addetto alle macchine. **2** guardia del corpo.
mindful ['maindful] *a.* **1** attento (*of* a), sollecito. **2** memore (di).
mindless ['maindlis] *a.* noncurante (*of* di).
mine[1] [main] *pron.* il mio, la mia. □ *he's an old friend of* ~ è un mio vecchio amico.
mine[2] [main] *s.* **1** miniera (*anche fig.*): *this book is a* ~ *of information* questo libro è una miniera di informazioni. **2** (*Mil.*) mina.
to **mine** [main] **I** *v.t.* **1** estrarre, scavare. **2** (*Mil.*) minare (*anche fig.*). **II** *v.i.* **1** (scavare per) estrarre (*for s.th.* qc.): *to* ~ *for gold* estrarre oro. **2** (*Mil.*) posare mine.
minefield ['mainfi:ld] *s.* (*Mil.*) campo minato.

minelayer ['mainleiə*] *s.* (*Mar. mil.*) nave posamine.
miner ['mainə*] *s.* minatore.
mineral ['minərəl] *a./s.* minerale. □ ~ **jelly** vaselina; ~ **water** acqua minerale.
mineralogy [ˌminə'rælədʒi] *s.* mineralogia.
minesweeper ['mainswi:pə*] *s.* (*Mar., mil.*) dragamine.
to **mingle** ['miŋgl] **I** *v.i.* **1** mescolarsi, unirsi (*with* a, tra, con). **2** confondersi. **II** *v.t.* mescolare, mischiare.
mingy ['mindʒi] *a.* (*fam.*) tirchio, spilorcio.
miniature ['minjətʃə*] **I** *s.* miniatura. **II** *a.attr.* in miniatura; in scala ridotta. □ (*Fot.*) ~ *camera* microcamera.
miniaturist ['minjətjuərist] *s.* miniaturista *m./f.*
minibike ['minibaik] *s.* (*am.*) ciclomotore, motorino.
minibus ['minibʌs] *s.* minibus.
minicoach ['minikəutʃ] *s.* pulmino.
minim ['minim] *s.* (*Mus.*) minima.
minimal ['miniməl] *a.* minimo.
to **minimize** ['minimaiz] *v.t.* minimizzare.
minimum ['miniməm] **I** *s.* (*pl.* **–s** [–z]/**–ma** [–'mə]) minimo. **II** *a.* minimo, piccolissimo.
mining ['mainiŋ] **I** *s.* **1** estrazione (mineraria); industria mineraria. **2** posa di mine. **II** *a.attr.* minerario.
minion ['minjən] *s.* (*spreg.*) tirapiedi *m./f.*, scagnozzo. □ (*fig.*) ~ *of the law* poliziotto, carceriere.
miniskirt ['miniskə:t] *s.* minigonna.
minister ['ministə*] *s.* **1** ministro. **2** (*Rel.*) ministro del culto, pastore protestante.
to **minister** ['ministə*] *v.i.* **1** (*Rel.*) officiare. **2** assistere, servire (*to s.o.* qd.); provvedere (a): *to* ~ *to s.o.'s needs* provvedere ai bisogni di qd.
ministerial [ˌminis'tiəriəl] *a.* (*Parl.*) ministeriale.
ministration [ˌmini'streiʃən] *s.* **1** assistenza, soccorso. **2** ministero sacerdotale.
ministry ['ministri] *s.* **1** (*Rel.*) ministero, sacerdozio. **2** (*Pol.*) ministero, dicastero.
mink [miŋk] *s.* (*Zool.*) (*pl. inv.*/**–s** [–s]) visone.
minor ['mainə*] **I** *a.* **1** minore, secondario, di minore importanza: *a* ~ *poet* un poeta minore. **2** non grave, lieve: *a* ~ *defect* un lieve difetto. **3** (*Mus.*) minore: *a* ~ *third* una terza minore. **II** *s.* **1** (*Dir.*) minore *m./f.*, minorenne *m./f.* **2** (*am. univ.*) materia secondaria (*o* complementare). □ (*fig.*) *in a* ~ *key* in tono minore.
minority [mai'nɔriti] *s.* **1** minoranza. **2** (*Dir.*) minorità, l'essere minorenne (*o* minore).
minster ['minstə*] *s.* cattedrale, duomo.
minstrel ['minstrəl] *s.* **1** (*Stor.*) menestrello. **2** (*Teat.*) membro di una troupe di commedianti.
minstrelsy ['minstrəlsi] *s.* arte dei menestrelli.
mint[1] [mint] *s.* menta.
mint[2] [mint] **I** *s.* **1** zecca. **2** (*fam.*) grande quantità. **II** *a.attr.* nuovo fiammante. □ (*fig.*) *in* ~ *condition* nuovo di zecca.
to **mint** [mint] *v.t.* **1** battere (moneta), coniare. **2** (*fig.*) coniare, creare.
mintage ['mintidʒ] *s.* coniatura, conio.
minuet [ˌminju'et] *s.* minuetto.
minus ['mainəs] **I** *prep.* **1** meno: *3* ~ *2 is 1* 3 meno 2 fa 1. **2** (*fam.*) senza, privo di: *a pot* ~ *a handle* una pentola senza un manico. **II** *a.* (*Mat.*) negativo. **III** *s.* segno di sottrazione.
minuscule [mi'nʌskju:l] *a./s.* minuscolo.
minute[1] ['minit] *s.* **1** minuto; istante, attimo. **2** (*Geom.*) primo. **3** nota; promemoria. **4** *pl.* verbale. □ **any** ~ (*now*) da un momento all'altro; **in** *a few minutes* tra qualche minuto; (*esclam.*) **just** *a* ~ un momento, un attimo; **the** ~ (*that*) non appena; **this** ~ immediatamente; **to** *the* ~ esattamente, in punto; (*fam.*) **up** *to the* ~ modernissimo.
to **minute** ['minit] *v.t.* **1** verbalizzare, stendere un verbale di. **2** cronometrare.
minute[2] [mai'nju:t, *am.* –'nu:t] *a.* **1** minuscolo, minuto. **2** minuzioso.
minute book ['minitbuk] *s.* registro dei verbali.
minute hand ['minithænd] *s.* lancetta dei minuti.
minutely[1] ['minitli] *avv.* **1** minutamente, minuziosamente. **2** minutamente, a pezzetti.
minutely[2] ['minitli] *avv.* a ogni minuto; continuamente.
minuteness [mai'nju:tnis] *s.* **1** piccolezza. **2** minuziosità.
minutiae [mai'nju:ʃii:] *s.pl.* inezie, piccolezze.
minx [miŋks] *s.* ragazza sfacciata; civetta.
miracle ['mirəkl] *s.* **1** miracolo. **2** (*fig.*) portento, prodigio. □ **by** *a* ~ per miracolo; (*Teat.*) ~ **play** miracolo, rappresentazione sacra; *to* **work** *miracles* fare miracoli.
miraculous [mi'rækjuləs] *a.* **1** miracoloso. **2** (*fig.*) prodigioso, portentoso.
mirage ['mirɑ:ʒ] *s.* **1** miraggio. **2** (*fig.*) illusione.
mire ['maiə*] *s.* **1** pantano, palude. **2** fango, melma. □ (*fig.*) *in the* ~ nei guai.
to **mire** ['maiə*] **I** *v.t.* **1** infangare. **2** (*fig.*) mettere nei guai. **II** *v.i.* impantanarsi.
mirror ['mirə*] *s.* specchio.
to **mirror** ['mirə*] *v.t.* rispecchiare, riflettere.
mirth [mə:θ] *s.* gaiezza, allegria.
mirthful ['mə:θful] *a.* allegro, gaio.
mirthless ['mə:θlis] *a.* malinconico, triste.
miry ['mairi] *a.* **1** paludoso; pantanoso. **2** fangoso; infangato.
misadventure [ˌmisæd'ventʃə*] *s.* **1** disavventura, disgrazia. **2** sfortuna. □ *death by* ~ morte accidentale.
misalliance [ˌmisə'laiəns] *s.* matrimonio male assortito.
misanthrope ['mizənθrəup] *s.* misantropo.
misanthropy [miz'ænθrəupi] *s.* misantropia.
misapplication [ˌmisæpli'keiʃən] *s.* **1** uso sbagliato. **2** abuso.

to **misapply** [misə'plai] *v.t.* **1** usare male. **2** stornare (fondi pubblici).
to **misapprehend** [ˌmisæpri'hend] *v.t.* fraintendere.
misapprehension [ˌmisæpri'henʃən] *s.* equivoco, malinteso. □ *to be under a* ~ essere vittima di un malinteso.
to **misappropriate** [ˌmisa'prəuprieit] *v.t.* appropriarsi indebitamente di.
misappropriation [ˌmisəˌprəupri'eiʃən] *s.* appropriazione indebita.
misbegotten ['misbi'gɔtn] *a.* illegittimo, (*spreg.*) bastardo.
to **misbehave** [ˌmisbi'heiv] *v.i.* comportarsi male.
misbehavior *am.*, **misbehaviour** [ˌmisbi'heivjə*] *s.* comportamento scorretto.
misbelief ['misbi'li:f] *s.* falsa credenza.
misbeliever ['misbi'li:və*] *s.* miscredente *m./f.*
to **miscalculate** [mis'kælkjuleit] *v.t./i.* calcolare male.
miscarriage [mis'kæridʒ] *s.* **1** fallimento, insuccesso. **2** (*Med.*) aborto. **3** disguido (postale). □ ~ *of justice* errore giudiziario.
to **miscarry** [mis'kæri] *v.i.* **1** fallire. **2** (*Med.*) abortire. **3** (*rif. a posta*) smarrirsi.
to **miscast** [mis'kɑ:st, *am.* -kæst] *v.t.* (coniug. come to **cast**) (*Cin., Teat.*) assegnare un ruolo non adatto a (usato spec. al passivo): *he was miscast as King Lear* non era adatto al ruolo di King Lear.
miscellaneous [ˌmisi'leiniəs] *a.* eterogeneo, miscellaneo.
miscellany [mi'seləni] *s.* **1** mescolanza. **2** (*Lett.*) miscellanea.
mischance [mis'tʃɑ:ns] *s.* sfortuna, disdetta; disgrazia. □ *by* ~ sfortunatamente.
mischief ['mistʃif] *s.* **1** birichinata, monelleria; cattiveria, malizia. **2** danno, guaio. **3** (*fam.*) birichino. □ *to* **do** *s.o. a* ~ fare del male a qd.; **full** *of* ~ birichino; *to* **get** *into* ~ combinare guai; *to* **make** ~ *between* seminare zizzania tra; *that boy is always* **up** *to* ~ quel ragazzo ne combina sempre qualcuna.
mischievous ['mistʃivəs] *a.* **1** birichino; malizioso, maligno. **2** dannoso, nocivo. □ ~ *trick* birichinata.
to **misconceive** [ˌmiskən'si:v] *v.t.* giudicare male, fraintendere.
misconception [ˌmiskən'sepʃən] *s.* **1** idea sbagliata. **2** equivoco.
misconduct [mis'kɔndʌkt] *s.* **1** cattiva condotta. **2** (*Pol., Mil.*) malgoverno.
to **misconduct** [ˌmiskən'dʌkt] *v.t.* amministrare male. □ *to* ~ *o.s.* comportarsi male.
misconstruction [ˌmiskən'strʌkʃən] *s.* interpretazione sbagliata.
to **misconstrue** [ˌmiskɔn'stru:] *v.t.* interpretare male.
miscount [mis'kaunt] *s.* conto sbagliato.
to **miscount** [mis'kaunt] **I** *v.t.* contare male. **II** *v.i.* sbagliare il conto.
miscreant ['miskriənt] *a./s.* furfante.
to **misdate** [mis'deit] *v.t.* sbagliare la data di; mettere una data sbagliata su.
to **misdeal** [mis'di:l] *v.i.* (coniug. come to **deal**) distribuire male le carte.
misdeed [mis'di:d] *s.* misfatto.
misdemeanour [ˌmisdi'mi:nə*] *s.* (*Dir.*) trasgressione, infrazione.
to **misdirect** [ˌmisdi'rekt] *v.t.* **1** indicare una direzione sbagliata a; dare istruzioni sbagliate a. **2** fare cattivo uso di, abusare: *to* ~ *one's own abilities* abusare delle proprie capacità. **3** sbagliare, non mettere a segno: *to* ~ *a blow* sbagliare un colpo. **4** sbagliare l'indirizzo di.
misdirection [ˌmisdi'rekʃən] *s.* **1** direzione sbagliata. **2** uso errato. **3** istruzioni errate.
misdoing [mis'du:iŋ] *s.* (general. al pl.) malefatte, misfatti.
miser ['maizə*] *s.* avaro, spilorcio.
miserable ['mizərəbl] *a.* **1** infelice, sventurato; insopportabile: *you made my life* ~ mi hai reso la vita insopportabile. **2** opprimente, deprimente: *a* ~ *Tuesday afternoon* un deprimente martedì pomeriggio. **3** misero, meschino, scarso: *a* ~ *meal* un pasto scarso.
miserly ['maizəli] *a.* avaro, spilorcio.
misery ['mizəri] *s.* **1** infelicità; sofferenza. **2** avversità, sventura. **3** (*fam.*) persona che si lamenta sempre. **4** miseria, povertà.
misfire [mis'faiə*] *s.* **1** mancato scoppio. **2** (*Mot.*) accensione difettosa. **3** (*fam.*) fallimento.
to **misfire** [mis'faiə*] *v.i.* **1** fare cilecca, incepparsi. **2** (*fig.*) fallire.
misfit ['misfit] *s.* **1** indumento che non calza bene. **2** (*fig.*) disadattato.
misfortune [mis'fɔ:tʃən] *s.* sfortuna, sventura.
to **misgive** [mis'giv] *v.t.* (coniug. come to **give**) far sorgere un dubbio (*o* timore) a. □ *my heart misgives me* mi sorge il dubbio che, il cuore mi dice che.
misgiving [mis'giviŋ] *s.* dubbio, timore.
to **misgovern** [mis'gʌvən] *v.t.* governare male.
misgovernment [mis'gʌvənmənt] *s.* malgoverno.
to **misguide** [mis'gaid] *v.t.* fuorviare, sviare.
to **mishandle** [mis'hændl] *v.t.* maltrattare, strapazzare.
mishap ['mishæp] *s.* contrattempo; disavventura, disgrazia.
mishmash ['miʃmæʃ] *s.* guazzabuglio, miscuglio.
to **misinform** [ˌmisin'fɔ:m] *v.t.* informare male; dare informazioni errate.
to **misinterpret** [ˌmisin'tə:prit] *v.t.* interpretare male.
to **misjudge** [mis'dʒʌdʒ] *v.t.* giudicare male; giudicare in modo errato.
to **mislay** [mis'lei] *v.t.* (coniug. come to **lay**) non riuscire a trovare, smarrire.
to **mislead** [mis'li:d] *v.t.* (coniug. come to **lead**) **1** ingannare. **2** mettere fuori strada; sviare, fuorviare.

misleading [mis'li:diŋ] *a.* ingannevole, illusorio.
to **mismanage** [mis'mænidʒ] *v.t.* amministrare male.
mismanagement [mis'mænidʒmənt] *s.* cattiva amministrazione.
to **misname** [mis'neim] *v.t.* dare un nome sbagliato a.
misnomer [mis'nəumə*] *s.* termine improprio; designazione erronea.
misogynist [mai'sɔdʒinist] *s.* misogino.
to **misplace** [mis'pleis] *v.t.* **1** smarrire (momentaneamente). **2** mettere in un posto sbagliato: *misplaced affection* affetto mal riposto.
misprint ['misprint] *s.* errore di stampa, refuso.
to **misprint** [mis'print] *v.t.* fare errori di stampa in.
to **mispronounce** [ˌmisprə'nauns] *v.t.* pronunciare male.
mispronunciation [ˌmisprənʌnsi'eiʃən] *s.* pronuncia errata; errore di pronuncia.
misquotation [ˌmiskwəu'teiʃən] *s.* citazione errata.
to **misquote** [mis'kwəut] *v.t.* citare erroneamente.
to **misread** [mis'ri:d] *v.t.* (coniug. come to **read**) **1** leggere male. **2** fraintendere.
to **misrepresent** [ˌmisrepri'zent] *v.t.* travisare, svisare.
misrule [mis'ru:l] *s.* malgoverno; caos, confusione.
miss[1] [mis] *s.* **1** colpo mancato. **2** (*fam.*) fallimento, insuccesso. ☐ *to* **give** *s.th. a* ~ evitare (di fare) qc.; (*fam.*) *he's no* **great** ~ non è una gran perdita; *a* **lucky** ~ un modo fortunato di cavarsela.
to **miss** [mis] **I** *v.t.* **1** fallire, mancare. **2** evitare, scansare. **3** non incontrare; perdere, mancare a: *to ~ a meeting* mancare ad un incontro; *to ~ the train* perdere il treno. **4** sentire la mancanza di, mancare (costr. impers.): *I ~ you* mi manchi. **II** *v.i.* (spesso con *out*) fallire, fare fiasco. ☐ *to ~ one's* **aim** mancare il bersaglio; *to ~ one's* **mark** fallire il colpo; (*fig.*) fare fiasco; *to ~* **out** tralasciare, omettere; (*am.*) lasciarsi sfuggire (*on s.th.* qc.).
miss[2] [mis] *s.* (*scherz., spreg.*) ragazza, signorina. **Miss** signorina; miss: *Miss France* miss Francia.
missal ['misəl] *s.* (*Rel. cattolica*) messale.
misshapen [mis'ʃeipən] *a.* deforme, malfatto.
missile ['misail, *am.* 'misl] *a./s.* missile.
missing ['misiŋ] **I** *a.* **1** mancante. **2** perduto, smarrito. **3** (*Mil.*) disperso. **II** *s.* disperso.
mission ['miʃən] *s.* missione.
missionary ['miʃənəri, *am.* –eri] *a./s.* (*Rel.*) missionario.
missis ['misiz] *s.* (*fam.*) **1** moglie. **2** padrona, signora.
missive ['misiv] *s.* missiva.
to **misspell** [mis'spel] *v.t.* (coniug. come to **spell**) sbagliare l'ortografia di.
to **misspend** [mis'spend] *v.t.* (coniug. come to **spend**) **1** spendere male. **2** dissipare, sperperare: *to ~ one's youth* dissipare la propria giovinezza.
to **misstate** [mis'steit] *v.t.* falsare, travisare.
misstatement [mis'steitmənt] *s.* esposizione falsa.
missus ['misiz] → **missis**.
missy ['misi] *s.* (*fam.*) ragazzina, signorina.
mist [mist] *s.* **1** foschia. **2** (*fig.*) velo, nebbia.
to **mist** [mist] **I** *v.i.* (spesso con *over*) velarsi, annebbiarsi: *my eyes misted with tears* mi si velarono gli occhi di lacrime. **II** *v.t.* velare, annebbiare.
mistake [mis'teik] *s.* errore, sbaglio. ☐ **by** ~ per sbaglio; (*fig.*) *to* **make** *a big* ~ sbagliare di grosso.
to **mistake** [mis'teik] *v.* (coniug. come to **take**). **I** *v.t.* **1** scambiare (*for* per), confondere (con): *he is often mistaken for his brother* viene spesso scambiato per suo fratello. **2** fraintendere. **II** *v.i.* sbagliarsi. ☐ *there's no mistaking* non ci sono dubbi.
mistaken[1] [mis'teikən] → to **mistake**.
mistaken[2] [mis'teikən] *a.* **1** in errore. **2** sbagliato, errato. ☐ *to be ~ about s.th.* sbagliarsi su qc.; *you are ~* hai torto; *if I am not ~* se non vado errato.
mister ['mistə*] *s.* (davanti a nomi e cognomi general. abbreviato in *Mr.*) signore: *Mr. Brown* il signor Brown.
mistletoe ['misltəu] *s.* (*Bot.*) vischio.
mistook [mis'tuk] → to **mistake**.
mistral ['mistrəl] *s.* (*Meteor.*) mistral, maestrale.
to **mistreat** [mis'tri:t] *v.t.* maltrattare.
mistress ['mistris] *s.* **1** signora, padrona di casa **2** padrona, proprietaria: *~ of a cottage* proprietaria di un villino. **3** insegnante, professoressa. **4** maestra, esperta. **5** amante. **6** (davanti a nomi e cognomi general. abbreviato in *Mrs*) signora. ☐ *to be ~ of the situation* essere padrona della situazione.
mistrust [mis'trʌst] *s.* sfiducia, diffidenza.
to **mistrust** [mis'trʌst] *v.t.* **1** diffidare di. **2** non aver fiducia in.
mistrustful [mis'trʌstful] *a.* sospettoso, diffidente.
misty ['misti] *a.* **1** nebbioso, brumoso. **2** (*fig.*) annebbiato, velato; confuso, indistinto.
to **misunderstand** [ˌmisʌndə'stænd] *v.t.* (coniug. come to **understand**) fraintendere.
misunderstanding [ˌmisʌndə'stændiŋ] *s.* **1** malinteso, equivoco. **2** incomprensione.
misunderstood [ˌmisʌndə'stud] *a.* **1** frainteso. **2** incompreso.
misusage [mis'ju:zidʒ] *s.* **1** cattivo uso. **2** maltrattamento.
misuse ['mis'ju:s] *s.* uso errato, abuso.
to **misuse** ['mis'ju:z] *v.t.* **1** usare male. **2** abusare di. **3** maltrattare.
mite[1] [mait] *s.* (*Zool.*) acaro.
mite[2] [mait] *s.* **1** obolo, piccolo contributo. **2** bimbo, piccino; animaletto; cosetta.

miter *am.* ['maitə*] → **mitre**.
to **mitigate** ['mitigeit] *v.t.* mitigare, attenuare; lenire, calmare.
mitigation [,miti'geiʃən] *s.* mitigazione, alleviamento.
mitre ['maitə*] *s.* mitra.
mitt [mit] *s.* **1** manopola. **2** guanto da baseball; guantone da pugile.
mitten ['mitn] *s.* **1** manopola. **2** mezzo guanto.
mix [miks] *s.* impasto, miscela.
to **mix** [miks] *v.* (*pass., p.p.* **–ed** [–t]) **I** *v.t.* **1** mescolare, mischiare; aggiungere a. **2** unire, combinare. **3** impastare, preparare (mescolando): *to ~ salad* preparare l'insalata. **4** (*Biol.*) incrociare. **II** *v.i.* **1** mescolarsi (*with* con). **2** (*fig.*) andare d'accordo, essere compatibile (con). **3** frequentare, (*spreg.*) mescolarsi (a): *he only mixes with people of his own class* frequenta solo i suoi pari. □ *to ~ up*: 1 mescolare; 2 confondere, scambiare (*with* con); 3 immischiare, coinvolgere (*in* in).
mixed [mikst] *a.* **1** misto, mischiato. **2** assortito. □ (*fig.*) ~ **up** confuso, smarrito; *to get* ~ **up** *in s.th.* essere coinvolto in qc.
mixer ['miksə*] *s.* **1** mescolatore, miscelatore. **2** frullatore; impastatrice. **3** (*Rad.*) mescolatore, missatore. **4** tecnico del missaggio. □ *a* **good** ~ una persona socievole; *a* **poor** ~ una persona poco socievole, un orso.
mixture ['mikstʃə*] *s.* **1** mescolanza; mistura; miscela. **2** miscuglio. **3** (*Farm.*) sciroppo.
mix-up ['miks'ʌp] *s.* confusione, pasticcio.
mizen ['mizl] *s.* (*Mar.*) (vela di) mezzana.
mizzle ['mizl] *s.* pioggerella, acquerugiola.
to **mizzle** ['mizl] *v.i.* (costr. impers.) piovigginare.
ml = *millilitre* millilitro.
MLR = *Minimum Lending Rate* minimo tasso sui prestiti.
mm = *millimetre* millimetro.
Mn = (*Chim.*) *manganese* manganese.
mnemonic [ni:'mɔnik] *a.* mnemonico.
Mo = (*Chim.*) *molybdenum* molibdeno.
moan [məun] *s.* gemito, lamento.
to **moan** [məun] **I** *v.i.* gemere, lamentarsi. **II** *v.t.* lamentare, lamentarsi di.
moat [məut] *s.* fossato.
mob [mɔb] *s.* **1** moltitudine disordinata; folla in tumulto. **2** (*spreg.*) plebe, plebaglia. **3** (*sl.*) banda di delinquenti; cricca.
to **mob** [mɔb] *v.t.* (*pass., p.p.* **mobbed** [–d]) **1** fare ressa intorno a, affollarsi intorno a. **2** attaccare in massa.
mobile ['məubail, *am.* –bəl] **I** *a.* **1** mobile; ambulante. **2** mutevole; volubile, incostante. **II** *s.* struttura ornamentale mobile.
mobile library [,məubail'laibrəri] *s.* bibliobus.
mobility [məu'biliti] *s.* mobilità; volubilità, incostanza.
mobilization [,məubilai'zeiʃən, *am.* –li] *s.* mobilitazione.
to **mobilize** ['məubilaiz] **I** *v.t.* mobilitare. **II** *v.i.* mobilitarsi.
mobster ['mɔbstə*] *s.* (*sl.*) malfattore, gangster.
moccasin ['mɔccasin] *s.* mocassino.
mocha ['məukə] *s.* (caffè) moca.
mock [mɔk] **I** *s.* scherno, derisione; beffa, burla. **II** *a.attr.* finto: *a ~ battle* una finta battaglia.
to **mock** [mɔk] **I** *v.t.* **1** deridere, schernire. **2** imitare; contraffare; scimmiottare. **3** deludere, ingannare. **4** sfidare, non curarsi di. **II** *v.i.* prendersi gioco (*at* di), schernire (qd.).
mocker ['mɔkə*] *s.* dileggiatore.
mockery ['mɔkəri] *s.* **1** derisione, scherno. **2** zimbello. **3** parodia; scimmiottatura. □ *to hold s.o. up to ~* esporre qd. al ridicolo.
mock-heroic [,mɔkhi'rə(u)ik] *a.* eroicomico.
mocking ['mɔkiŋ] *a.* beffardo, derisorio.
mock-up ['mɔkʌp] *s.* manichino, sagoma; modello dimostrativo.
modal ['məudl] *a.* modale.
modality [mə(u)'dæliti] *s.* modalità.
mode [məud] *s.* modo; maniera; metodo.
model ['mɔdl] **I** *s.* **1** modello; schema. **2** plastico, bozzetto, modello. **3** indossatrice; modella. **4** (*fam.*) ritratto, copia. **II** *a.attr.* esemplare, modello.
to **model** ['mɔdl] *v.* (*pass., p.p.* **–lled**/*am.* **–led** [–d]) **I** *v.t.* **1** modellare; formare; plasmare. **2** presentare un abito indossandolo. **II** *v.i.* **1** fare l'indossatore (*o* l'indossatrice): *she models for a living* si guadagna la vita facendo l'indossatrice. **2** fare da modello (*o* modella). □ *to ~ o.s.* modellarsi; prendere a modello.
modeler *am.*, **modeller** ['mɔdlə*] *s.* modellatore.
moderate ['mɔdərit] **I** *a.* **1** moderato. **2** (*estens.*) moderato, di dimensioni limitate; non eccessivo: *~ prices* prezzi moderati. **3** (*di clima*) temperato, mite. **4** limitato, ristretto: *~ skills* capacità limitate. **II** *s.* moderato.
to **moderate** ['mɔdəreit] **I** *v.t.* **1** moderare; mitigare. **2** presiedere, fare da moderatore in. **II** *v.i.* **1** moderarsi, mitigarsi. **2** fare da moderatore.
moderation [,mɔdə'reiʃən] *s.* moderazione. □ *in ~* con moderazione.
moderator ['mɔdəreitə*] *s.* **1** moderatore. **2** (*Fis. atomica*) moderatore, rallentatore.
modern ['mɔdən] **I** *a.* moderno; attuale, di oggi. **II** *s.* moderno.
modernism ['mɔdənizəm] *s.* **1** modernismo. **2** usanza moderna; neologismo.
modernist ['mɔdənist] *s.* modernista *m./f.*
modernity [mɔ'də:niti] *s.* modernità.
to **modernize** ['mɔdənaiz] *v.t.* **1** rimodernare, ammodernare. **2** modernizzare.
modest ['mɔdist] *a.* **1** modesto, semplice; in tono dimesso. **2** (*rif. a persona*) modesto, pudico, riservato. **3** ragionevole, non eccessivo, moderato. □ *to be ~ in one's tastes* avere gusti semplici.

modesty ['mɔdəsti] *s.* **1** modestia. **2** pudicizia, pudore.
modicum ['mɔdikəm] *s.* piccola quantità.
modification [ˌmədifi'keiʃən] *s.* modificazione, modifica.
modifier ['mɔdifaiə*] *s.* (*Gramm.*) parola (*o* frase, ecc.) che ne modifica un'altra.
to **modify** ['mɔdifai] *v.t.* **1** modificare; cambiare, mutare. **2** mitigare, attenuare.
modish ['məudiʃ] *a.* alla moda.
modular ['mɔdjulə*] *a.* modulare.
to **modulate** ['mɔdjuleit, *am,* –dʒu–] **I** *v.t* modulare. **II** *v.i.* (*Mus.*) variare l'armonia modulare.
modulation [ˌmɔdju'leiʃən, *am.* –dʒu–] *s.* modulazione.
modulator ['mɔdjuleitə*, *am.* –dʒu–] *s.* modulatore.
module ['mɔdju:l, *am.* –dʒu–] *s.* modulo.
mohair ['məuhɛə*] *s.* mohair.
Mohammed [mə(u)'hæmid] *N.pr.m.* (*Stor.*) Maometto.
Mohammedan [mə(u)'hæmidən] *a./s.* maomettano, musulmano.
moiety ['mɔiəti] *s.* **1** (*Dir.*) metà. **2** parte, porzione.
to **moil** [mɔil] *v.i.*: *to toil and* ~ sfacchinare, sgobbare.
moist [mɔist] *a.* **1** umido. **2** piovoso.
to **moisten** ['mɔisn] **I** *v.t.* inumidire, umettare. **II** *v.i.* inumidirsi.
moisture ['mɔistʃə*] *s.* umidità; umido.
to **moisturize** ['mɔistʃəraiz] *v.t.* **1** inumidire. **2** (*Cosmetica*) idratare.
moke [məuk] *s.* (*sl. ingl.*) somaro.
molar ['məulə*] *a./s.* (*Anat.*) molare.
molasses [mə'læsiz] *s.* melassa.
mold *am.* [məuld] *e deriv.* → **mould** *e deriv.*
mole[1] [məul] *s.* neo.
mole[2] [məul] *s.* **1** (*Zool.*) talpa. **2** (*fig. fam.*) talpa, spia.
mole[3] [məul] *s.* diga; molo.
mole[4] [məul] *s.* (*Chim.*) grammomolecola, mole.
molecricket ['məulkrikit] *s.* (*Zool.*) grillotalpa.
molecular [mə'lekjula*] *a.* molecolare.
molecule ['mɔlikju:l] *s.* molecola.
molehill ['məulhil] *s.* **1** cumulo di terra sopra una tana di talpa. **2** (*fig.*) inezia, nonnulla. □ *to make a mountain out of a* ~ fare d'una mosca un elefante.
moleskin ['məulskin] *s.* **1** pelle di talpa. **2** fustagno. **3** *pl.* pantaloni di fustagno.
to **molest** [mə'lest] *v.t.* molestare, disturbare; importunare.
molestation [ˌməules'teiʃən] *s.* molestia.
moll [mɔl] *s.* (*am. sl.*) **1** amante di un gangster. **2** prostituta.
Moll [mɔl], **Molly** ['mɔli] *N.pr.f. dim. di* Mary.
to **mollify** ['mɔlifai] *v.t.* **1** (r)addolcire, rabbonire. **2** temperare, mitigare.
mollusc ['mɔləsk] *s.* (*Zool.*) mollusco.
mollycoddle ['mɔlikɔdl] *s.* bambino (*o* ragazzo) viziato.
to **mollycoddle** ['mɔlikɔdl] *v.t.* viziare, coccolare.
molt *am.* [məult] *e deriv.* → **moult** *e deriv.*
molten ['məultən] → to **melt**.
molybdenum [mə'libdinəm] *s.* (*Chim.*) molibdeno.
mom *am.* [mɔm] *s.* (*fam.*) mamma.
moment ['məumənt] *s.* **1** momento; attimo, istante. **2** (*fig.*) importanza, rilievo: *a matter of* ~ una questione importante. □ (*at*) **any** ~ da un momento all'altro; **at** *the* ~ per il momento, attualmente; **for** *the* ~ per ora; *not* **for** *a* ~ neanche per un attimo; (*esclam.*) per nulla al mondo; **in** *a few moments* fra pochi minuti; **just** *a* ~ un attimo; *at the* **last** ~ all'ultimo momento; *at* **odd** *moments* nei ritagli di tempo; *at the* **right** ~ al momento giusto, tempestivamente; **the** ~ (*that*) non appena; **this** ~ all'istante; **to** *the* ~ al minuto.
momentary ['məuməntəri] *a.* momentaneo, passeggero.
momentous [mə(u)'mentəs] *a.* molto importante, di grande rilievo.
momentousness [mə(u)'məntəsnis] *s.* importanza, rilievo.
momentum [mə(u)'mentəm] *s.* (*pl.* **–s** [–z]/**–ta** [–tə]) **1** (*Fis.*) momento. **2** (*estens.*) intensità; impulso; importanza.
Monaco ['mɔnəkəu] *N.pr.* (*Geog.*) Monaco (Principato).
monarch ['mɔnək] *s.* monarca, sovrano.
monarchic [mə'nɑ:kik] *a.* monarchico.
monarchism [mɔ'nɑ:kizəm] *s.* princìpi monarchici.
monarchist [mɔ'nɑ:kist] *s.* monarchico.
monarchy ['mɔnɑ:ki] *s.* monarchia.
monastery ['mɔnəstri] *s.* monastero.
monastic [mə'næstik] *a.* monastico.
Monday ['mʌndi] *s.* lunedì.
monetary ['mʌnitəri] *a.* **1** monetario. **2** finanziario.
money ['mʌni] *s.* (*pl.* **–s** [–z]/**monies** ['mʌniz]) **1** moneta, valuta; denaro, soldi. **2** *pl.* (*Dir.*) fondi. □ *to put* ~ **down** *on a house* dare una caparra per una casa; (*Econ.*) **for** ~ per contanti; *to earn* **good** ~ guadagnare bene; *to come* **into** ~ ereditare denaro; **made** *of* ~ ricco sfondato; *to* **make** ~ arricchirsi; ~ **order** mandato di pagamento; vaglia postale; *to* **put** ~ *into s.th.* investire denaro in qc.; **ready** ~ contanti; (*fam.*) *to get one's* ~*'s* **worth** spendere bene il proprio denaro.
moneybox ['mʌnibɔks] *s.* salvadanaio.
moneychanger ['mʌnitʃeindʒə*] *s.* cambiavalute.
moneyed ['mʌnid] *a.* ricco, danaroso. □ *the* ~ **classes** le classi abbienti; *the* ~ **interests** le potenze finanziarie.
money-grubber ['mʌnigrʌbə*] *s.* persona avida di denaro.
moneylender ['mʌnilendə*] *s.* usuraio.
moneymaker ['mʌnimeikə*] *s.* chi fa quattrini, affarista.

money-market ['mʌnimɑ:kit] *s.* mercato monetario.
money-spinner ['mʌni'spinə*] *s.* (*fam.*) fonte di guadagno.
monger ['mʌŋgə*] *s.* (general. nei composti) commerciante *m./f.*, negoziante *m./f.*: *iron* ~ negoziante di ferramenta.
mongol ['mɔŋgɔl] *a./s.* (*Med.*) mongoloide *m./f.*
Mongol ['mɔŋgɔl] **I** *s.* mongolo. **II** *a.* mongolo, mongolico.
mongolism ['mɔŋgəlizəm] *s.* (*Med.*) mongolismo.
mongoose ['mɔŋgu:s] *s.* (*Zool.*) mangusta.
mongrel ['mʌŋgrel] *a./s.* ibrido; bastardo.
monition [mə(u)'niʃən] *s.* **1** ammonimento. **2** (*Dir.*) mandato di comparizione.
monitor ['mɔnitə*] *s.* **1** (*Scol.*) capoclasse. **2** (*tecn.*) monitor, apparecchio di controllo.
to **monitor** ['mɔnitə*] *v.t.* controllare, monitorizzare.
monk [mʌŋk] *s.* monaco.
monkey ['mʌŋki] *s.* **1** (*Zool.*) scimmia. **2** (*sl.*) 500 sterline o 500 dollari. □ (*sl.*) *to* **get** *one's* ~ *up* andare in bestia; (*fam.*) *to* **make** *a* ~ *out of s.o.* far fare a qd. la figura dello stupido; (*sl.*) *to* **put** *s.o.'s* ~ *up* mandare in bestia qd.
to **monkey** ['mʌŋki] **I** *v.i.* (*fam.*) **1** (spesso con *about, around*) manomettere (*with s.th.* qc.). **2** (spesso con *about, around*) fare lo stupido (*with* con). **II** *v.t.* scimmiottare.
monkeyish ['mʌŋkiiʃ] *a.* scimmiesco.
monkey-nut ['mʌŋkinʌt] *s.* (*Bot.*) arachide.
monkish ['mʌŋkiʃ] *a.* da monaco, monacale.
monochrome ['mɔnəkrəum] **I** *s.* (*Pitt.*) monocromia. **II** *a.* monocromatico.
monocle ['mɔnəkl] *s.* monocolo.
monody ['mɔnədi] *s.* monodia.
monogamist [mɔ'nɔgəmist] *s.* monogamo.
monogamous [mɔ'nɔgəməs] *a.* monogamo.
monogamy [mɔ'nɔgəmi] *s.* monogamia.
monogram ['mɔnəgræm] *s.* monogramma.
monograph ['mɔnəgrɑ:f] *s.* monografia.
monographic [,mɔnə'græfik] *a.* monografico.
monolith ['mɔnə(u)liθ] *s.* monolito.
monolithic ['mɔnə(u)liθik] *a.* monolitico.
monologue ['mɔnəlɔg] *s.* monologo.
monopolist [mə'nɔpəlist] *s.* monopolista *m./f.*
monopolistic [mə,nɔpə'listik] *a.* monopolistico.
monopolization [mə,nəpolai'zeiʃən, *am.* –li'z–] *s.* monopolizzazione (*anche fig.*).
to **monopolize** [mə'nɔpəlaiz] *v.t.* monopolizzare (*anche fig.*).
monopoly [mə'nɔpəli] *s.* monopolio.
monosyllabic [,mɔnəsi'læbik] *a.* monosillabico, monosillabo.
monosyllable ['mɔnəsiləbl] *s.* monosillabo.
monotheism ['mɔnə(u)θi:izəm] *s.* monoteismo.
monotheistic ['mɔnə(u)θi:istik] *s.* monoteista *m./f.*
monotone ['mɔnətəun] *s.* **1** tono monotono. **2** (*fig.*) monotonia, uniformità.
monotonous [mə'nɔtənəs] *a.* monotono.
monotony [mə'nɔtəni] *s.* monotonia.
monotype ['mɔnətaip] *s.* (*Tip.*) monotipo, monotype.
monoxide [mɔ'nɔksaid] *s.* (*Chim.*) monossido.
monsoon [mɔn'su:n] *s.* monsone.
monster ['mɔnstə*] **I** *s.* **1** mostro. **2** (*fig.*) cosa enorme. **II** *a.attr.* mostruoso, enorme.
monstrance ['mɔnstrəns] *s.* (*Lit.*) ostensorio.
monstrosity ['mɔnstrɔsiti] *s.* **1** mostruosità. **2** orrore.
monstrous ['mɔ'nstrəs] *a.* **1** mostruoso; atroce; orrendo. **2** (*fam.*) enorme; pazzesco.
montage [mɔn'tɑ:ʒ] *s.* (*Cin.*, *TV*) montaggio.
montane ['mɔntein] *a.* montano.
montgolfier [mɔnt'gɔlfiə*] *s.* mongolfiera.
month [mʌnθ] *s.* mese. □ **by** *the* ~ al mese; ~ **in**, ~ *out* ogni mese; (*fam.*) *a* ~ *of* **Sundays** mai; un'eternità, secoli; **this** *day a* ~ tra un mese.
monthly ['mʌnθli] **I** *a.* mensile. **II** *s.* **1** mensile. **2** *pl.* (*fam.*) mestruazioni. **III** *avv.* mensilmente, ogni mese.
monument ['mɔnjumənt] *s.* monumento. **Monument** (*a Londra*) colonna commemorativa dell'incendio del 1666.
monumental [,mɔnju'mentl] *a.* monumentale; grandioso.
moo [mu:] *s.* muggito, mugghio.
to **moo** [mu:] *v.i.* muggire, mugghiare.
to **mooch** [mu:tʃ] **I** *v.i.* (*fam.*) (spesso con *about*) oziare, bighellonare. **II** *v.t.* (*am. sl.*) scroccare.
mood[1] [mu:d] *s.* **1** umore; stato d'animo. **2** tono, stile. □ *to be in a* **bad** ~ essere di cattivo umore; *to be in the* ~ **for** *joking* essere in vena di scherzare; *to be in* **no** ~ *to study* non essere in vena di studiare; *a* **man** *of moods* un lunatico; *in the* **right** ~ di buon umore.
mood[2] [mu:d] *s.* (*Gramm.*) modo.
moodiness ['mu:dinis] *s.* **1** malumore, luna. **2** umore instabile.
moody ['mu:di] *a.* **1** di malumore. **2** lunatico, capriccioso.
moon [mu:n] *s.* luna; chiaro di luna. □ *once in a* **blue** ~ a ogni morte di papa; *to* **cry** *for the* ~ volere (*o* chiedere) la luna; **full** ~ plenilunio; **new** ~ novilunio.
to **moon** [mu:n] **I** *v.i.* (*fam.*) (spesso con *about, around*) vagare (*o* fissare lo sguardo) con aria trasognata. **II** *v.t.* (spesso con *away*) trascorrere il tempo fantasticando.
moonbeam ['mu:nbi:m] *s.* raggio di luna.
moonlight ['mu:nlait] **I** *s.* chiaro di luna. **II** *a.attr.* illuminato dalla luna; al chiaro di luna.
to **moonlight** ['mu:nlait] *v.i.* (*fam.*) svolgere un secondo lavoro.
moonlit ['mu:nlit] *a.* illuminato dalla luna.
moonshine ['mu:nʃain] *s.* **1** chiaro di luna. **2** (*fam.*) stupidaggini. **3** (*am. fam.*) liquore distillato clandestinamente.
to **moonshine** ['mu:nʃain] *v.i.* **1** distillare alcolici clandestinamente. **2** gestire una distilleria clandestina.

moonstricken ['mu:nstrikn], **moonstruck** ['mu:nstrʌk] *a.* (*fam.*) matto, pazzo; picchiatello.
moony ['mu:ni] *a.* (*fam.*) svagato, trasognato.
moor [muə*] *s.* brughiera.
to **moor** [muə*] **I** *v.t.* (*Mar.*) ormeggiare. **II** *v.i.* ormeggiarsi.
Moor [muə*] *s.* (*Stor.*) moro.
moorage ['muəridʒ] *s.* (*Mar.*) ormeggio; diritti d'ormeggio.
moorhen ['muəhen] *s.* (*Zool.*) gallinella d'acqua.
mooring ['muəriŋ] *s.* (*Mar.*) ormeggio.
Moorish ['muəriʃ] *a.* moresco.
moorland ['muələnd] *s.* brughiera.
moose [mu:s] *s.inv.* (*Zool.*) alce americano.
moot [mu:t] *a.* discutibile; controverso.
to **moot** [mu:t] *v.t.* discutere, dibattere.
mop [mɔp] *s.* **1** scopa di filacce; straccio, strofinaccio. **2** (*fam.*) massa (incolta) di capelli, (*scherz.*) zazzera.
to **mop** [mɔp] *v.t.* (*pass., p.p.* **mopped** [–t]) **1** passare lo straccio su, pulire con lo straccio. **2** asciugare; togliere (asciugando). □ (*fig. fam.*) *to ~ the* **floor** *with s.o.* stracciare, annientare qd. (p.e. in un dibattito, in un gioco); *to ~* **up**: 1 togliere con lo straccio; 2 finire in fretta; 3 (*Mil.*) rastrellare.
mope [məup] *s.* **1** persona abbattuta. **2** *pl.* abbattimento, depressione. □ *to get the mopes* essere giù di corda.
to **mope** [məup] *v.i.* **1** essere abbattuto, essere giù di morale. **2** (spesso con *about*) ciondolare.
moped ['məuped] *s.* ciclomotore, motorino.
moraine [mə'rein] *s.* (*Geol.*) morena.
moral ['mɔrəl] **I** *a.* **1** morale; etico. **2** retto, onesto. **3** morale (in contrasto con pratico): *to give s.o. a ~ support* dare un appoggio morale a qd. **II** *s.* **1** morale; insegnamento. **2** *pl.* moralità: *a person without morals* una persona priva di moralità.
morale [mə'rɑ:l] *s.* morale, stato d'animo.
moralist ['mɔrəlist] *s.* moralista *m./f.*
moralistic [ˌmɔrə'listik] *a.* moralistico.
morality [mə'ræliti] *s.* **1** moralità; eticità. **2** sistema morale. □ (*lett.*) *~ play* moralità.
to **moralize** ['mɔrəlaiz] **I** *v.i.* moraleggiare, fare la morale (*about, on* su). **II** *v.t.* moralizzare.
morally ['mɔrəli] *avv.* **1** moralmente. **2** praticamente, in sostanza.
morass [mə'ræs] *s.* acquitrino, palude, pantano.
moratorium [ˌmɔrə'tɔ:riəm] *s.* (*pl.* **–s** [–z]/**–ria** [–riə]) moratoria, dilazione.
morbid ['mɔ:bid] *a.* **1** morboso; malsano. **2** patologico: *~ anatomy* anatomia patologica.
morbidity [mɔ:'biditi] *s.* **1** morbosità. **2** stato patologico.
morbidness ['mɔ:bidnis] *s.* morbosità.
mordant ['mɔ:dənt] *a.* mordace, caustico, pungente.
more [mɔ:*] **I** *a.* **1** (*compar. di* **much** *e* **many**) più: *I have ~ money than you* ho più denaro di te. **2** ancora, altro: *wait two ~ days* aspetta ancora due giorni. **II** *s.* **1** (di) più: *he would give me ~ if he had it* me ne darebbe di più se ne avesse. **2** altro, ancora: *have some ~* prendine dell'altro. **3** qualcosa di più, più: *it was ~ than a slip* era di più di una svista. **III** *avv.* **1** più: *~ interesting* più interessante; di più; in più. **2** di nuovo, ancora: *once ~, please* ancora una volta, per piacere. □ **all** *the ~ so* tanto più; **all** *the ~ reason for you to refuse* a maggior ragione dovresti rifiutare; *~* **and** *~* sempre più; *~ or* **less** più o meno; *the ~ the* **merrier** più siamo meglio è; *I saw them* **no** *~* non li vidi più; *I hope to* **see** *~ of him* spero di vederlo più spesso; **the** *~* ancor più, tanto più; *~'s* **the** *pity* ancor peggio, cosa peggiore; **the** *~ ... the ~* più ... più, quanto più ... tanto più: *the ~ you give him the ~ he wants* più gli dai, più vuole; **the** *~ ... the less* più ... meno: *the ~ I read the less I understand* più leggo, meno capisco; *and* **what** *is ~* e per di più.
morello [mə'reləu] *s.* (*pl.* **–s** [–z]) (*Bot.*) amarena.
moreover [mɔ:'rəuvə*] *avv.* inoltre, per di più, per giunta.
Moresque [mɔ'resk] *a.* moresco.
morganatic [ˌmɔ:gə'nætik] *a.* morganatico.
morgue [mɔ:g] *s.* obitorio.
moribund ['mɔribʌnd] *a.* moribondo, morente.
Mormon ['mɔ:mən] **I** *s.* (*Rel.*) mormone *m./f.* **II** *a.* mormonico.
morn [mɔ:n] *s.* (*poet.*) mattina, mattino.
morning ['mɔ:niŋ] **I** *s.* **1** mattina, mattino. **2** (*fig.*) alba, albori: *the ~ of the Egyptian civilization* gli albori della civiltà egizia. **II** *a.attr.* del mattino, mattutino: *the ~ paper* il giornale del mattino. □ **all** (*the*) *~* (per) tutta la mattina; **from** *~ till night* dal mattino alla sera; **good** *~!* buon giorno!; **in** *the ~* di mattina, al mattino; **this** *~* stamattina, stamane; **tomorrow** *~* domani mattina.
Moroccan [mə'rɔkən] *a./s.* marocchino.
morocco [mə'rɔkəu] *s.* (*pellame*) marocchino.
Morocco [mə'rɔkəu] *N.pr.* (*Geog.*) Marocco.
moron ['mɔ:rɔn] *s.* **1** (*Med.*) fragile di mente. **2** (*fam.*) deficiente *m./f.*
morose [mə'rəus] *a.* **1** imbronciato, immusonito. **2** cupo, tetro.
morphia ['mɔ:fiə], **morphine** ['mɔ:fi:n] *s.* (*Farm.*) morfina.
morphinomaniac ['mɔ:finə(u)meiniæk] *s.* morfinomane.
morphological [ˌmɔ:fə'lɔdʒikəl] *a.* morfologico.
morphology [mɔ:'fɔlədʒi] *s.* morfologia.
morrow ['mɔrəu] *s.* (*lett.*) giorno seguente, indomani.
Morse code ['mɔ:skəud] *s.* alfabeto Morse.
morsel ['mɔ:səl] *s.* pezzetto (di cibo), boccone.
mortal ['mɔ:tl] **I** *a.* **1** mortale: *the ~ life* la vita mortale. **2** letale, fatale. **3** (*fig.*) implacabile, inesorabile. **4** (*fam.*) terribile, enor-

me; interminabile, lunghissimo. **II** *s.* mortale *m./f.*
mortality [mɔ:'tæliti] *s.* **1** mortali, genere umano. **2** mortalità: ~ *rate* tasso di mortalità.
mortar[1] ['mɔ:tə*] *s.* mortaio.
mortar[2] ['mɔ:tə*] *s.* (*Edil.*) malta.
to **mortar** ['mɔ:tə*] *v.t.* (*Edil.*) fissare con malta.
mortarboard ['mɔ:təbɔ:d] *s.* **1** (*Edil.*) sparviere. **2** (*am.*) tocco accademico.
mortgage ['mɔ:gədʒ] *s.* (*Dir.*) ipoteca: *to raise a ~ on* accendere un'ipoteca su.
to **mortgage** ['mɔ:gədʒ] *v.t.* **1** ipotecare. **2** (*fig.*) impegnare, vincolare.
mortgagee [ˌmɔ:gi'dʒi:] *s.* creditore ipotecario.
mortgagor [ˌmɔ:gi'dʒɔ:*] *s.* debitore ipotecario.
mortician *am.* [mɔ:'tiʃən] *s.* impresario di pompe funebri.
mortification [ˌmɔ:tifi'keiʃən] *s.* mortificazione.
to **mortify** ['mɔ:tifai] **I** *v.t.* **1** mortificare. **2** (*Med.*) necrotizzare. **II** *v.i.* (*Med.*) necrotizzarsi.
mortuary ['mɔ:tjuəri, *am.* 'mɔtʃuəri] **I** *s.* camera mortuaria. **II** *a.* mortuario, funebre.
mosaic [məu'zeiik] **I** *s.* mosaico. **II** *a.* a mosaico, musivo.
to **mosaic** [məu'zeiik] *v.t.* (*pass., p.p.* **–ed/–ked** [–t]) **1** decorare a mosaico. **2** comporre a mosaico.
mosaicist [mə'zeiisist] *s.* mosaicista *m./f.*
Moscow ['mɔskəu] *N.pr.* (*Geog.*) Mosca.
Moslem ['mɔzləm] *a./s.* (*pl. inv./*–**s** [–z]) musulmano.
mosque [mɔsk] *s.* moschea.
mosquito *sp.* [mɔs'ki:təu] *s.* (*pl.* **–es/–s** [–z]) zanzara.
mosquito net [mɔs'ki:təunet] *s.* zanzariera.
moss [mɔs] *s.* muschio.
mossgrown ['mɔsgrəun], **mossy** ['mɔsi] *a.* coperto di muschio, muscoso.
most [məust] **I** *a.* (*sup. di* **much** *e* **many**) **1** la maggior parte di, la maggioranza di, il più di: ~ *women* la maggior parte delle donne. **2** (il) più, il maggiore, il più grande: *I made the ~ mistakes* sono quello che ha fatto più errori. **II** *s.* **1** la maggior parte, il più, la maggioranza: ~ *of it is done* il più è fatto. **2** massimo, il più: *this is the ~ I can do* questo è il massimo che posso fare. **3** (costr. pl.) maggioranza, i più: ~ *were in agreement* la maggioranza era d'accordo. **III** *avv.* (*sup. di* **much**) **1** il più: *the ~ beautiful of all* il più bello di tutti. **2** più di tutti, di più, soprattutto: *I like this one ~* questo mi piace più di tutti. **3** molto, assai: *you have been ~ kind* sei stato molto gentile; proprio, davvero. **4** (*am. fam.*) quasi, pressoché: ~ *everybody went to the cinema* quasi tutti andarono al cinema. □ ~ *of* **all** più d'ogni altra cosa; **at** (*the*) ~ al massimo; *in ~* **cases** nella maggioranza dei casi; *to* **make** *the ~ of* trarre il massimo vantaggio da; *to* **make** *the ~ of o.s.* farsi valere; *for the ~* **part** per la maggior parte; ~ *of the* **time** per la maggior parte del tempo.
mostly ['məustli] *avv.* **1** in prevalenza, per la maggior parte. **2** in genere, generalmente.
mote [məut] *s.* granellino di polvere.
motel [məu'tel] *s.* motel.
moth [mɔθ] *s.* (*Zool.*) **1** lepidottero. **2** falena; tarma.
mothball ['mɔθbɔ:l] *s.* pallina di naftalina.
moth-eaten ['mɔθi:tn] *a.* **1** tarmato, roso dalle tarme. **2** (*fam.*) cadente; antiquato, fuori moda.
mother ['mʌðə*] *s.* madre, (*fam.*) mamma. □ ~ **country** patria; madrepatria; ~ **tongue** madrelingua; ~ **wit** buonsenso innato.
to **mother** ['mʌðə*] *v.t.* fare da madre.
motherhood ['mʌðəhud] *s.* maternità.
mother-in-law ['mʌðərinlɔ:] *s.* suocera.
motherland ['mʌðəlænd] *s.* madrepatria.
motherly ['mʌðəli] *a.* materno.
mother-of-pearl ['mʌðərəv'pə:l] *s.* madreperla.
mothproof ['mɔθpru:f] *a.* inattaccabile dalle tarme.
moth-repellent ['mɔθri'pelənt] *a.* antitarmico.
mothy ['mɔθi] *a.* pieno di tarme; mangiato dalle tarme.
motif [mə(u)'ti:f] *s.* (*pl.* **–s** [–s]/**motives** [–'ti:vz]) motivo, tema; elemento dominante.
motion ['məuʃən] *s.* **1** moto, movimento. **2** gesto, mossa. **3** (*Pol.*) mozione. **4** (*Fisiologia*) evacuazione (intestinale). □ *to* **be** *in ~* essere in moto, muoversi; (*fig.*) essere avviato; (*fam.*) *to* **go** *through the motions* far finta di fare qc.; ~ **picture** film; *to* **set** (o *put*) *in ~* mettere in moto, avviare; (*fig.*) dare il via.
to **motion** ['məuʃən] **I** *v.t.* fare segno a, accennare a. **II** *v.i.* fare cenni. □ *to ~* **away** mandar via con un cenno; *to ~* **in** far entrare con un cenno.
motionless ['məuʃənlis] *a.* immobile, fermo.
to **motivate** ['məutiveit] *v.t.* **1** motivare, causare. **2** spingere, stimolare.
motivation [ˌməuti'veiʃən] *s.* **1** motivazione. **2** spinta, stimolo.
motive ['məutiv] **I** *s.* **1** motivo. **2** (*Dir.*) movente. **II** *a.* motore; motorio.
motley ['mɔtli] **I** *a.* **1** eterogeneo, disparato. **2** variopinto, multicolore. **II** *s.* abito variopinto da buffone. □ (*fig.*) *to wear the ~* fare il pagliaccio.
motor ['məutə*] *a./s.* motore.
to **motor** ['məutə*] **I** *v.i.* andare in automobile. **II** *v.t.* accompagnare in automobile. □ *to ~ through France* attraversare la Francia in macchina.
motorbike ['məutəbaik] *s.* **1** (*fam.*) → **motorcycle.** **2** ciclomotore, motorino.
motorboat ['məutəbəut] *s.* motoscafo.
motorcade *am.* ['məutəkeid] *s.* corteo di automobili.
motorcar ['məutəkɑ:*] *s.* automobile, auto, macchina.

motorcoach ['məutəkəutʃ] *s.* (auto)pullman, torpedone.
motorcycle ['məutəsaikl] *s.* motocicletta, (*fam.*) moto.
to **motorcycle** ['məutəsaikl] *v.i.* andare in motocicletta.
motoring ['məutəriŋ] **I** *s.* automobilismo. **II** *a.* automobilistico.
motorist ['məutərist] *s.* automobilista *m./f.*
to **motorize** ['məutəraiz] *v.t.* motorizzare.
motorship ['məutəʃip] *s.* motonave.
motorway ['məutəwei] *s.* autostrada.
to **mottle** ['mɔtl] *v.t.* screziare, chiazzare.
motto ['mɔtəu] *s.* (*pl.* **–s/–es** [–z]) motto, massima.
mould[1] [məuld] *s.* **1** stampo, forma. **2** pezzo formato. **3** forma, sagoma. **4** (*fig.*) carattere, tempra. □ (*fig.*) *to be cast in the same* ~ avere lo stesso carattere.
to **mould**[1] [məuld] *v.t.* **1** formare, fondere. **2** plasmare, foggiare, sagomare. **3** (*fig.*) formare, modellare.
mould[2] [məuld] *s.* muffa.
to **mould**[2] [məuld] **I** *v.t.* coprire di muffa. **II** *v.i.* ammuffire.
mould[3] [məuld] *s.* (*Agr.*) terriccio; terra.
to **moulder** ['məuldə*] *v.i.* sgretolarsi, polverizzarsi.
moulding ['məuldiŋ] *s.* **1** formatura; pezzo formato. **2** (*Arch.*) modanatura.
mouldy ['məuldi] *a.* **1** ammuffito, muffito. **2** (*fam.*) superato, antiquato. □ *to* **go** ~ fare la muffa; *to* **smell** ~ puzzare di muffa.
moult [məult] *s.* muta; muda.
to **moult** [məult] **I** *v.i.* fare la muta. **II** *v.t.* mutare (le penne).
mound [maund] *s.* **1** mucchio; tumulo. **2** collinetta.
mount[1] [maunt] *s.* **1** cavallo, cavalcatura. **2** montatura. **3** (*Zootecnia*) monta, accoppiamento.
to **mount** [maunt] **I** *v.t.* **1** salire (su), montare (su); arrampicarsi per (*o* su). **2** organizzare, promuovere: *to* ~ *a campaign against unemployment* promuovere una campagna contro la disoccupazione. **3** (*Artiglieria*) mettere in posizione di tiro. **4** (*tecn.*) montare; fissare; incastonare. **5** (*Teat.*) allestire; mettere in scena. **II** *v.i.* **1** salire, andare su, montare. **2** (spesso con *up*) aumentare, crescere; ammontare (*to* a): *prices are mounting up* i prezzi stanno aumentando. **3** (*Zootecnia*) accoppiarsi. □ *the mounted* **police** la polizia a cavallo; *to* ~ *the* **throne** salire al trono.
mount[2] [maunt] *s.* (*lett.*) monte.
mountain ['mauntin] **I** *s.* **1** montagna, monte. **2** *pl.* regione montuosa. **3** (*fig.*) mucchio. **II** *a.attr.* montuoso, di montagne; montano, alpino. □ ~ **chain** catena montuosa; (*fam.*) ~ **dew** whisky scozzese; ~ **lion** puma; (*fig.*) *to make a* ~ *out of a* **molehill** fare d'una mosca un elefante.
mountaineer [,maunti'niə*] *s.* **1** scalatore; alpinista *m./f.* **2** montanaro.
mountaineering [,maunti'niəriŋ] *s.* alpinismo.
mountainous ['mauntinəs] *a.* **1** montagnoso, montuoso. **2** (*fig.*) enorme, colossale.
mountebank ['mauntibæŋk] *s.* ciarlatano.
mounting ['mauntiŋ] *s.* **1** (*tecn.*) montaggio; supporto; montatura. **2** (*Teat.*) allestimento.
to **mourn** [mɔ:n] *v.t./i.* **1** addolorarsi, affliggersi (*for, over* per). **2** lamentare, compiangere (qc.).
mournful ['mɔ:nful] *a.* dolente, afflitto; doloroso, triste.
mourning ['mɔ:niŋ] *s.* **1** cordoglio. **2** lutto. □ ~ **band** fascia nera (in segno di lutto); **in** ~ vestito a lutto; *to be* **in** ~ *for s.o.* essere in lutto per qd.; *to* **go** *into* ~ prendere il lutto.
mouse[1] [maus] *s.* (*pl.* **mice** [mais]) **1** (*Zool.*) topo, sorcio. **2** (*fig.*) persona timida.
mouse[2] [maus] *s.* (*Inform.*) mouse.
to **mouse** [mauz] *v.i.* dare la caccia ai topi.
mousetrap ['maustræp] *s.* trappola per topi.
moustache [məs'tɑ:ʃ, *am.* 'mʌstæʃ] *s.* baffi.
mousy ['mausi] *a.* **1** grigio topo. **2** incolore, grigio. **3** (*fig.*) timido.
mouth [mauθ] *s.* (*pl.* **mouths** [–ðz]) **1** bocca. **2** apertura, orifizio; imboccatura, ingresso; foce (di fiume). □ (*fam.*) *to be* **down** *in the* ~ essere giù di morale; *to* **give** ~ *to one's ideas* manifestare le proprie idee; *to* **make** *a* ~ fare smorfie; (*fam.*) *to laugh on the* **wrong** *side of one's* ~ ridere amaro.
to **mouth** [mauð] **I** *v.t.* **1** dire con enfasi. **2** tenere in bocca; mettere in bocca. **II** *v.i.* **1** parlare in modo enfatico. **2** fare smorfie.
mouthful ['mauθful] *s.* **1** boccata; boccone, morso. **2** (*fig. fam.*) scioglilingua.
mouthpiece ['mauθpi:s] *s.* **1** bocchino; imboccatura. **2** (*fig.*) portavoce. **3** (*Tel.*) ricevitore.
movable ['mu:vəbl] **I** *a.* mobile; movibile. **II** *s.* (*Dir.*) bene mobile.
move [mu:v] *s.* **1** movimento; mossa. **2** trasloco, trasferimento. **3** azione, passo, mossa: *it was a clever* ~ è stata una mossa intelligente. □ *to make the* **first** ~ prendere l'iniziativa; (*nei giochi*) *to have* **first** ~ fare la prima mossa; (*sl.*) *to* **get** *a* ~ *on* sbrigarsi; *to* **make** *a* ~ muoversi; andarsene; *to be* **on** *the* ~ essere in movimento; (*fam.*) darsi da fare; (*nei giochi*) *it's* **your** ~ tocca a te.
to **move** [mu:v] **I** *v.t.* **1** muovere, spostare. **2** (*fig.*) spingere, indurre. **3** (*fig.*) commuovere, toccare. **4** proporre (formalmente); presentare una proposta a: *I* ~ *that the matter be considered* propongo di rivedere la questione. **II** *v.i.* **1** muoversi, spostarsi. **2** trasferirsi, traslocare (*to* in). **3** essere in movimento; viaggiare a velocità sostenuta. **4** avanzare, progredire: *our work is moving quickly* il nostro lavoro sta progredendo in fretta. **5** frequentare un ambiente particolare: *to* ~ *in literary circles* frequentare ambienti letterari. **6** presentare un'istanza. □ *to* ~ **about** andare in giro; *to* ~ **along** circolare, muoversi; far circolare; *to* ~ **away** allontanarsi; trasferirsi, traslocare; *to* ~ **back** (far) tornare in-

dietro; *to* ~ **down** andare giù; far scendere; *to* ~ **forward** andare avanti, avanzare; *to* ~ **in** entrare (in una nuova casa); *to* ~ **off** partire, muoversi; *to* ~ **on** (fair) andare avanti; *to* ~ **out** sgombrare; partire, andarsene (*of* da); *to* ~ **up** (far) salire.

movement ['mu:vmənt] *s.* **1** movimento; moto; mossa, gesto. **2** (*fig.*) movimento, tendenza. **3** (*Mecc.*) meccanismo. **4** (*Fisiologia*) evacuazione.

mover ['mu:və*] *s.* **1** proponente *m./f.* **2** animatore, promotore. **3** (*am.*) agenzia di traslochi.

movie ['mu:vi] **I** *s.* **1** (*fam.*) film, pellicola cinematografica. **2** *pl.* cinematografo; industria cinematografica. **II** *a.attr.* del cinema, cinematografico. □ *to go to the movies* andare al cinema.

moving ['mu:viŋ] *a.* **1** in moto, in movimento; mobile. **2** (*fig.*) commovente, toccante.

mow [məu] *s.* **1** mucchio di fieno (*o* paglia). **2** fienile; granaio.

to **mow** [məu] *v.* (*pass.* **mowed** [–d], *p.p.* **mowed/mown** [–n]) **I** *v.t.* falciare, tagliare; mietere. **II** *v.i.* fare la falciatura; fare la mietitura. □ (*fig.*) *to* ~ **down** falciare: *the soldiers were mown down by a machine-gun burst* i soldati furono falciati da una scarica di mitragliatrice.

mower ['məuə*] *s.* **1** falciatore. **2** (*macchina*) falciatrice.

mown [məun] → to **mow**.

MP = **1** *melting point* punto di fusione. **2** *Member of Parliament* deputato. **3** *Metropolitan Police* Polizia Metropolitana. **4** *Military Police* Polizia Militare.

Mr = *Mister* Signore (Sig.).

MRC = *Medical Research Council* Consiglio per la Ricerca Medica.

Mrs, **Ms** = *Mistress* Signora (Sig.ra).

much [mʌtʃ] **I** *a.* (*compar.* **more** [mɔ:*], *sup.* **most** [moust]) molto, assai, parecchio, tanto: *he doesn't drink* ~ *milk* non beve molto latte. **II** *s.* **1** molto, gran parte: ~ *of it is correct* gran parte di ciò è giusto. **2** gran cosa, (*fam.*) gran che: *it's not* ~ non è un gran che. **III** *avv.* (*compar.* **more** [mɔ:*], *sup.* **most** [moust]) **1** molto, assai: ~ *better* molto meglio; di gran lunga: *this one is* ~ *the best* questo è di gran lunga il migliore. **2** a lungo, per lungo tempo. **3** quasi come, più o meno: *he thinks* ~ *as I do* la pensa quasi come me; quasi, all'incirca, pressapoco: ~ *of a size* quasi della stessa grandezza. □ **as** ~ *as*: 1 (tanto) quanto: *take as* ~ *as you want* prendine quanto (ne) vuoi; 2 il massimo, tutto quello: *this is as* ~ *as I can manage* questo è il massimo che posso fare; 3 (tanto) quanto, ugualmente, allo stesso modo: *it's as* ~ *your fault as mine* la colpa è tua quanto mia; *twice as* ~ il doppio; **how** ~ quanto: *how* ~ *does it cost?* quanto costa?; ~ **less** molto meno; meno che mai, tanto meno; *to* **make** ~ *of* capire bene; tenere in grande considerazione, dare importanza a; ~ **more** molto più; *he is not* ~ **of** *a poet* non è un gran poeta; **so** ~ *the better* tanto meglio; **so** ~ *for history* chiudiamo l'argomento storia; **too** ~ troppo.

muchness ['mʌtʃnis] *s.*: (*fam.*) *to be much of a* ~ essere più o meno uguale.

mucilage ['mju:silidʒ] *s.* mucillagine.

mucilaginous [,mju:si'lædʒinəs] *a.* mucillaginoso.

muck [mʌk] *s.* **1** (*Agr.*) concime organico, letame. **2** sudiciume, sporcizia. **3** (*fam.*) cibo disgustoso, bevanda disgustosa. □ (*fam.*) *to make a* ~ *of* pasticciare; sporcare.

to **muck** [mʌk] *v.t.* (*Agr.*) concimare. □ (*fam.*) *to* ~ **about** bighellonare; (*fam.*) *to* ~ **in** *with* coabitare con; *to* ~ **out** ripulire (le stalle).

muckraker ['mʌkreikə*] *s.* (*fam.*) persona che va in cerca di scandali.

mucky ['mʌki] *a.* sporco, sudicio.

mucous ['mju:kəs] *a.* mucoso.

mud [mʌd] *s.* **1** fango; mota, melma. **2** (*fig.*) degradazione, fango. □ *to* **get** *stuck in the* ~ impantanarsi; (*fig.*) *to* **throw** ~ *at s.o.* gettare fango addosso a qd.

muddle ['mʌdl] *s.* disordine, confusione; pasticcio. □ *to make a* ~ *of s.th.* impasticciare qc.

to **muddle** ['mʌdl] *v.t.* **1** pasticciare, abborracciare. **2** (spesso con *up, together*) mischiare, mescolare. **3** (*fig.*) sconcertare, disorientare; stordire, intontire. □ *to* ~ **along** (*on*) tirare avanti alla meglio, arrabattarsi; *to* ~ **away** sciupare, sprecare; *to* ~ **through** cavarsela (alla meno peggio).

muddle-headed ['mʌdl'hedid] *a.* (*fam.*) stupido; confusionario.

muddler ['mʌdlə*] *s.* confusionario, pasticcione.

muddy ['mʌdi] *a.* **1** fangoso, infangato. **2** torbido. **3** (*fig.*) confuso: *a* ~ *situation* una situazione confusa.

to **muddy** ['mʌdi] *v.t.* **1** infangare. **2** (*fig.*) confondere.

mudguard ['mʌdgɑ:d] *s.* parafango.

muff[1] [mʌf] *s.* manicotto.

muff[2] [mʌf] *s.* **1** persona maldestra. **2** (*fam.*) fiasco, cilecca (spec. nello sport).

to **muff** [mʌf] *v.t.* (*Sport*) mancare, fallire.

muffin ['mʌfin] *s.* focaccina di pasta lievitata.

to **muffle** ['mʌfl] *v.t.* **1** (spesso con *up*) imbacuccare, infagottare. **2** smorzare, attutire. **3** (*fig.*) reprimere, domare.

muffler ['mʌflə*] *s.* **1** sciarpa pesante. **2** (*am., Mot.*) silenziatore (da scarico), marmitta.

mufti ['mʌfti] *s.* abito civile. □ *in* ~ in borghese.

mug [mʌg] *s.* **1** boccale. **2** (*sl.*) faccia; bocca. **3** (*fam.*) zuccone; babbeo.

to **mug**[1] *ingl.* [mʌg] *v.t.* (*pass., p.p.* **mugged** [–d]) (*fam.*) (general. con *up*) studiare (a fondo).

to **mug**[2] ['mʌg] *v.t.* (*pass., p.p.* **mugged** [–d]) (*fam.*) attaccare (a scopo di rapina).

muggins ['mʌginz] *s.* (*fam.*) semplicione, babbeo.
muggy ['mʌgi] *a.* umido e afoso.
mugwump *am.* ['mʌgwʌmp] *s.* (*sl.*) pezzo grosso, padreterno.
mulatto [mju:'lætəu, *am.* mə'–] *s.* (*pl.* **–es** [–z]) mulatto.
mulberry ['mʌlbəri] *s.* moro, gelso; mora.
to **mulct** [mʌlkt] *v.t.* multare.
mule[1] [mju:l] *s.* (*Zool.*) mulo.
mule[2] [mju:l] *s.* pantofola, ciabatta.
mule-track ['mju:ltræk] *s.* mulattiera.
mulish ['mju:liʃ] *a.* testardo, ostinato.
mull *scozz.* [mʌl] *s.* promontorio: *the Mull of Kintyre* il promontorio di Kintyre.
to **mull**[1] [mʌl] *v.t.* (general. con *over*) rimuginare, ruminare.
to **mull**[2] [mʌl] *v.t.* scaldare e aromatizzare (vino, birra).
mullet ['mʌlit] *s.* (*pl. inv.*/**–s** [–s]) (*Zool.*) cefalo; triglia.
mullion ['mʌljən] *s.* (*Arch.*) montante.
multifarious [,mʌlti'fɛəriəs] *a.* **1** molteplice, vario. **2** svariato.
multiform ['mʌltifɔ:m] *a.* multiforme, poliedrico.
multilateral [,mʌlti'lætərəl] *a.* multilaterale.
multinational ['mʌlti'næʃənl] *a./s.* multinazionale.
multiple ['mʌltipl] **I** *a.* **1** multiplo, molteplice. **2** complesso, multiforme. **II** *s.* (*Mat.*) multiplo: *least* (o *lowest*) *common* ~ minimo comune multiplo. □ (*Scol.*) ~ *choice examination* esame a scelte multiple.
multiplex ['mʌltipleks] *a.* molteplice.
multiplicand [,mʌltipli'kænd] *s.* (*Mat.*) moltiplicando.
multiplication [,mʌltipli'keiʃən] *s.* moltiplicazione. □ ~ *table* tavola pitagorica.
multiplicity [,mʌlti'plisiti] *s.* molteplicità, varietà.
multiplier ['mʌltiplaiə*] *s.* (*Mat.*) moltiplicatore.
to **multiply** ['mʌltiplai] **I** *v.t.* moltiplicare (*by* per). **II** *v.i.* **1** moltiplicarsi; aumentare progressivamente. **2** riprodursi.
multitude ['mʌltitju:d] *s.* **1** moltitudine, (gran) quantità. **2** popolo, masse.
multitudinous [,mʌlti'tju:dinəs] *a.* **1** numerosissimo, innumerevole. **2** molteplice.
mum[1] [mʌm] *s.* (*fam.*) madre, mamma.
mum[2] [mʌm] **I** *a.* (*fam.*) zitto. **II** *intz.* silenzio!, zitto! □ (*fam.*) *to* **keep** ~ non aprire bocca, star zitto; (*fam.*) ~*'s the* **word**! acqua in bocca!
mumble ['mʌmbl] *s.* borbottio.
to **mumble** ['mʌmbl] *v.t./i.* borbottare, biascicare.
mumbo-jumbo ['mʌmbəu'dʒʌmbəu] *s.* (*pl.* **–s** [–z]) **1** feticcio. **2** gergo.
mummer ['mʌmə*] *s.* mimo.
mummery ['mʌməri] *s.* pantomima.
to **mummify** ['mʌmifai] *v.t.* mummificare.
mummy[1] ['mʌmi] *s.* (*infant.*) mamma.
mummy[2] ['mʌmi] *s.* mummia.
mumps ['mʌmps] *s.pl.* (costr. sing.) (*Med.*) parotite (epidemica), (*fam.*) orecchioni.
to **munch** [mʌntʃ] *v.t./i.* masticare rumorosamente.
mundane ['mʌndein] *a.* **1** mondano, terreno. **2** comune, banale.
Munich ['mju:nik] *N.pr.* (*Geog.*) Monaco (di Baviera).
municipal [mju:'nisipəl] *a.* municipale; comunale.
municipality [mju:,nisi'pæliti] *s.* **1** municipio, comune. **2** amministrazione comunale.
munificence [mju:'nifisns] *s.* munificenza, generosità.
munificent [mju:'nifisnt] *a.* munifico, generoso.
muniments ['mju:nimənts] *s.* (*Dir.*) documentazione probatoria.
munition [mju:'niʃən] *s.* (general. al pl.) (*Mil.*) materiale bellico, munizioni.
to **munition** [mju:'niʃən] *v.t.* fornire di munizioni.
munnion ['mʌnjən] → **mullion**.
mural ['mjuərəl] **I** *a.* murale. **II** *s.* (*Pitt.*) pittura murale.
murder ['mə:də*] *s.* **1** omicidio; assassinio. **2** (*fam.*) strage, massacro. □ (*fam.*) *to* **cry** *blue* ~ protestare a gran voce; (*am.*) **first** *degree* ~ omicidio premeditato; (*am.*) **second** *degree* ~ omicidio preterintenzionale.
to **murder** ['mə:də*] *v.t.* **1** assassinare, uccidere. **2** (*fam.*) massacrare, storpiare.
murderer ['mə:dərə*] *s.* omicida; assassino.
murderess ['mə:dəris] *s.* omicida; assassina.
murderous ['mə:dərəs] *a.* **1** omicida; assassino. **2** mortale, micidiale.
murk [mə:k] *s.* oscurità, buio.
murky ['mə:ki] *a.* oscuro, buio; fosco.
murmur ['mə:mə*] *s.* **1** mormorio, sussurro. **2** borbottio, brontolio.
to **murmur** ['mə:mə*] **I** *v.i.* brontolare, borbottare (*at, against* per). **II** *v.t.* mormorare; sussurrare.
murphy ['mə:fi] *s.* (*sl.*) patata.
murrain ['mʌrein] *s.* moria del bestiame.
muscatel [,mʌskə'tel] *s.* (*Enologia*) moscatello, moscato.
muscle ['mʌsl] *s.* **1** muscolo. **2** (*fig.*) forza, vigoria. □ *not to move a* ~ stare immobile.
to **muscle** ['mʌsl] *v.i.* (sempre con *in*) intromettersi a forza.
Muscovite ['mʌskəvait] *a./s.* **1** moscovita. **2** (*estens.*) russo.
muscular ['mʌskjulə*] *a.* **1** muscolare. **2** muscoloso, nerboruto.
musculature ['mʌskjulətʃə*] *s.* muscolatura, muscoli.
muse [mju:z] *s.* **1** (*Mitol.*) musa. **2** (*fig.*) ispirazione poetica; ispiratrice.
to **muse** [mju:z] *v.i.* meditare, riflettere (*over, upon* su).
museum [mju:'zi:əm] *s.* museo.
mush [mʌʃ] *s.* poltiglia, pappa.

mushroom ['mʌʃrum] **I** *s.* (*Bot.*) fungo commestibile. **II** *a.attr.* che cresce come i funghi.
to **mushroom** ['mʌʃrum] *v.i.* **1** raccogliere funghi. **2** (*fig.*) espandersi rapidamente; (spesso con *up, out*) spuntare come i funghi.
mushy ['mʌʃi] *a.* **1** pastoso, molle. **2** (*fam.*) sdolcinato.
music ['mju:zik] *s.* musica. ▭ *to put* (o *set*) *to* ~ musicare.
musical ['mju:zikəl] **I** *a.* **1** musicale. **2** (*fig.*) melodioso, armonioso. **II** *s.* commedia musicale; musical.
music hall ['mju:zikhɔ:l] *s.* music hall, teatro di varietà.
musician [mju:'ziʃən] *s.* musicista *m./f.*
musicologist [ˌmju:zi'kɔlədʒist] *s.* musicologo.
musicology [ˌmju:zi'kɔlədʒi] *s.* musicologia.
music stand ['mju:zikstænd] *s.* leggio.
music stool ['mju:zikstu:l] *s.* sgabello del pianoforte.
musk [mʌsk] *s.* muschio.
musket ['mʌskit] *s.* (*Mil., ant.*) moschetto.
musketeer [ˌmʌski'tə*] *s.* moschettiere.
musketry ['mʌskitri] *s.* (*Mil.*) esercitazioni di tiro.
muskrat ['mʌskræt] *s.* (*pl. inv.*/**–s**) **1** (*Zool.*) topo muschiato. **2** (*Vest.*) rat musqué.
musky ['mʌski] *a.* muschiato, che ha odore di muschio.
Muslem ['mʌzləm], **Muslim** ['mʌzlim] → **Moslem**.
muslin ['mʌzlin] *s.* (*tessuto*) mussola (di cotone), mussolina.
musquash ['mʌskwɔʃ] → **muskrat**.
muss *am.* [mʌs] *v.t.* (*fam.*) (spesso con *up*) mettere in disordine.
mussel ['mʌsl] *s.* (*Zool.*) mitilo, cozza.
Mussulman ['mʌslmən] *a./s.* (*pl.* **–men/–s** [–z]) musulmano.
must[1] [(*forma forte*) mʌst, (*forma debole*) məst] *v.dif.inv.* (*3° pers. sing. pres. ind.* **must**; *pass.* **must**; *manca dell'inf. e del p.p.*; *forma negativa* **must not**, **mustn't** ['mʌsnt]) **1** (*esprime obbligo, necessità, anche nel passato*; *in frasi negative*: *proibizione*) dovere: *you* ~ *work harder* devi lavorare di più; *we* ~ *eat to live* dobbiamo mangiare per vivere; *he agreed that he* ~ *work harder* convenne che doveva lavorare di più; *he* ~ *not come home late* non deve venire a casa tardi. **2** (*esprime forte probabilità*) dovere: *you* ~ *be tired* devi essere stanco, suppongo che tu sia stanco. **3** (*esprime opportunità, convenienza*) dovere, volere: *I* ~ *ask her not to come* devo chiederle di non venire.
must[2] [mʌst] *s.* **1** cosa che va fatta (*o* vista, letta, ecc.). **2** necessità (assoluta).
must[3] [mʌst] *s.* (*Enologia*) mosto.
mustard ['mʌstəd] *s.* **1** senape. **2** color senape.
muster ['mʌstə*] *s.* **1** (*Mil.*) adunata; rassegna, rivista. **2** (*fig.*) raccolta, adunata. ▭ *to pass* ~ passare l'ispezione; (*fig.*) essere accettabile.
to **muster** ['mʌstə*] **I** *v.t.* **1** (*Mil., Mar.*) (r)adunare, chiamare a raccolta; ispezionare, passare in rivista. **2** raccogliere, radunare. **3** (*fig.*) (spesso con *up*) fare appello a: *he had to* ~ *up all his courage* dovette fare appello a tutto il suo coraggio. **II** *v.i.* riunirsi, radunarsi.
mustn't ['mʌsnt] *contraz. di* **must not**.
musty ['mʌsti] *a.* **1** ammuffito; stantio. **2** (*fig.*) superato, antiquato.
mutability [ˌmju:tə'biliti] *s.* mutabilità; incostanza.
mutable ['mju:təbl] *a.* mutabile; mutevole, incostante.
mutation [mju:'teiʃən] *s.* **1** mutamento. **2** (*Biol.*) mutazione.
mute [mju:t] **I** *a.* **1** muto. **2** ammutolito; silenzioso, taciturno. **II** *s.* **1** muto: *deaf–* ~ sordo muto. **2** (*Mus.*) sordina. **3** (*Fonetica*) (consonante) muta.
to **mute** [mju:t] *v.t.* **1** mettere la sordina a. **2** (*fig.*) smorzare; far tacere.
to **mutilate** ['mju:tileit] *v.t.* mutilare.
mutilation [ˌmju:ti'leiʃən] *s.* mutilazione.
mutineer [ˌmju:ti'niə*] *s.* ammutinato.
mutinous ['mju:tinəs] *a.* ammutinato; ribelle.
mutiny ['mju:tini] *s.* ammutinamento; ribellione.
to **mutiny** ['mju:tini] *v.i.* ammutinarsi; ribellarsi.
mutism ['mju:tizəm] *s.* mutismo.
mutt [mʌt] *s.* **1** (*sl.*) cane bastardo. **2** (*fam.*) → **mutton-head**.
mutter ['mʌtə*] *s.* **1** mormorio, bisbiglio. **2** brontolio.
to **mutter** ['mʌtə*] *v.t./i.* **1** mormorare, bisbigliare. **2** brontolare, borbottare.
mutton ['mʌtn] *s.* carne di montone.
mutton-head ['mʌtnhed] *s.* (*fam.*) stupido.
mutual ['mju:tʃuəl] *a.* reciproco, mutuo, scambievole. ▭ *a* ~ *friend* un amico comune.
mutuality [mju:tʃu'æliti] *s.* reciprocità.
muzzle ['mʌzl] *s.* **1** muso. **2** museruola.
to **muzzle** ['mʌzl] *v.t.* **1** mettere la museruola a. **2** (*fig.*) imbavagliare; mettere a tacere.
muzzy ['mʌzi] *a.* intontito, istupidito; stordito.
mw, **mW** = *milliwatt* milliwatt.
MW = (*Rad.*) *medium wave* onde medie.
my [mai] **I** *a.poss.* mio: ~ *house* la mia casa. **II** *intz.* perbacco, accidenti: *oh,* ~*!* accidenti! ▭ ~ (*very*) *own* (proprio) mio.
mycology [ˌmai'kɔlədʒi] *s.* micologia.
myopia [mai'əupiə] *s.* (*Med.*) miopia.
myopic [mai'ɔpik] *a.* miope.
myosotis [maiə'səutis] *s.* (*Bot.*) miosotide, non ti scordar di me.
myriad ['miriəd] *s.* miriade.
myrrh [mə:*] *s.* mirra.
myrtle ['mə:tl] *s.* (*Bot.*) mirto; mortella.
myself [mai'self] *pron.pers.* **1** (*rifl.*) mi, me, me stesso: *I hurt* ~ mi sono fatto male; *I did it for* ~ *alone* l'ho fatto soltanto per me. **2** (*enfatico*) io (stesso), proprio io, io in persona: *I'll do it* ~ lo farò (proprio) io. **3**

da solo, da me: *I did it all by ~* l'ho fatto tutto da solo. □ *I'm not ~ today* oggi non mi sento tanto bene.

mysterious [mis'tiəriəs] *a.* misterioso; oscuro; arcano.

mystery ['mistəri] *s.* **1** mistero (*anche Teol.*): *his death still remains a ~* la sua morte resta tuttora un mistero. **2** romanzo giallo; racconto poliziesco. □ *to* **make** *a ~ out of s.th.* tenere qc. segreta; (*Lett.*) ~ **play** mistero, rappresentazione sacra; ~ **story** romanzo (*o* racconto) giallo.

mystic ['mistik] **I** *a.* **1** mistico. **2** (*fig.*) misterioso, oscuro. **II** *s.* mistico.

mystical ['mistikəl] *a.* mistico.

mysticism ['mistisizəm] *s.* misticismo.

mystification [,mistifi'keiʃən] *s.* mistificazione.

to **mystify** ['mistifai] *v.t.* **1** confondere, rendere perplesso; sconcertare. **2** trarre in inganno. **3** circondare di mistero.

mystique [mis'ti:k] *s.* mistica.

myth [miθ] *s.* **1** mito. **2** (*fig.*) leggenda. **3** figura mitica.

mythical ['miθikəl] *a.* **1** mitico, leggendario. **2** (*fig.*) favoloso.

mythological [,miθə'lɔdʒikəl] *a.* mitologico.

mythology [mi'θɔlədʒi] *s.* mitologia.

N

n[1], **N**[1] [en] *s.* (*pl.* **n's/ns, N's/Ns** [enz]) n, N. □ (*Tel.*) ~ *for Nellie*; (*am.*) ~ *for Nan* N come Napoli.
n[2] = **1** (*Mat.*) numero non determinato. **2** *noun* sostantivo.
N[2] = **1** (*Chim.*) *nitrogen* azoto. **2** *North* Nord. **3** *Northern* settentrionale.
'n' [ən, n] *contraz. di* **and**.
Na = (*Chim.*) *sodium* sodio.
to **nab** [næb] *v.t.* (*pass., p.p.* **nabbed** [–d]) (*fam.*) agguantare; acciuffare.
nabob ['neibɔb] *s.* nababbo.
nacre ['neikə*] *s.* madreperla.
nacreous ['neikr(i)əs] *a.* madreperlaceo.
nadir ['nædiə*, *am.* 'nei–] *s.* **1** (*Astr.*) nadir. **2** (*fig.*) punto più basso.
nag [næg] *s.* (*ant.*) ronzino.
to **nag** [næg] *v.* (*pass., p.p.* **nagged** [–d]) **I** *v.t.* tormentare, infastidire; criticare. **II** *v.i.* **1** criticare continuamente (*at s.o.* qd.). **2** molestare, infastidire (qd.).
nagger ['nægə*] *s.* brontolone, criticone.
nagging ['nægiŋ] **I** *a.* persistente; fastidioso, molesto. **II** *s.* brontolio (continuo).
naiad ['naiæd] *s.* (*pl.* **–s** [–z]/**–es** [–di:z]) (*Mitol.*) naiade.
nail [neil] *s.* **1** chiodo. **2** (*Anat.*) unghia. **3** (*Zool.*) artiglio. □ (*fam.*) *to* **hit** *the* ~ *on the head* colpire nel segno; (*fam.*) **on** *the* ~ senza indugio.
to **nail** [neil] *v.t.* **1** inchiodare. **2** (*fam.*) cogliere con le mani nel sacco; scoprire. □ *to* ~ *a lie to the* **counter** smascherare una menzogna; *to* ~ **down** inchiodare; (*fam.*) *to* ~ *s.o.* **down** *to a promise* costringere qd. a mantenere una promessa; *to* ~ **up** fissare con chiodi.
nailbrush ['neilbrʌʃ] *s.* spazzolino per le unghie.
nail-file ['neilfail] *s.* lima da unghie, limetta.
nail polish ['neilpɔliʃ], **nail varnish** ['neilvɑ:niʃ] *s.* smalto per unghie.
naive, **naïve** [nɑ:'i:v] *a.* ingenuo, candido; semplice.
naivete, **naïveté** [nɑ:i:v'tei], **naivety** ['neivti] *s.* candore, ingenuità; semplicità.
naked ['neikid] *a.* **1** nudo; scoperto. **2** spoglio; (*fig.*) semplice, disadorno. **3** (*fig.*) inerme, indifeso. **4** (*fig.*) palese. □ *invisible to the* ~ *eye* invisibile a occhio nudo.
nakedness ['neikidnis] *s.* nudità.
namby-pamby ['næmbi'pæmbi] *a.* sdolcinato, svenevole
name [neim] *s.* **1** nome. **2** denominazione, appellativo. **3** (*fig.*) reputazione, fama. □ **by** ~ per nome; di nome; *to* **call** *s.o. names* insultare qd.; **Christian** ~ nome di battesimo; ~ **day** onomastico; (*am.*) **first** ~ = **Christian** ~; **full** ~ nome e cognome; **in** *the* ~ *of* in nome di; per conto di; *to* **make** *a* ~ *for o.s.* farsi un nome; *not to have a* **penny** *to one's* ~ non avere una lira; **what** *is your* ~*?* come ti chiami?
to **name** [neim] *v.t.* **1** dare un nome a; chiamare. **2** fare il nome di, nominare. **3** dire il nome di. **4** stabilire, fissare. □ *to be named* **after** prendere il nome di; *to* ~ **but** *one* per citare un solo esempio.
nameless ['neimlis] *a.* **1** senza nome, anonimo. **2** ignoto, sconosciuto. **3** innominabile. **4** (*fig.*) indicibile, inesprimibile.
namely ['neimli] *avv.* cioè, vale a dire.
nameplate ['neimpleit] *s.* targa.
namesake ['neimseik] *s.* omonimo.
nancy ['nænsi] *a.* (*sl.*) effeminato; omosessuale.
nannie, **nanny** ['næni] *s.* bambinaia.
nanny goat ['nænigəut] *s.* (*Zool.*) capra (femmina).
nap[1] [næp] *s.* sonnellino, dormitina, (*fam.*) pisolino.
to **nap** [næp] *v.i.* (*pass., p.p.* **napped** [–t]) sonnecchiare, schiacciare un pisolino. □ (*fam.*) *to be caught napping* essere preso alla sprovvista.
nap[2] [næp] *s.* peluria, pelo (di tessuto, piante).
nape [neip] *s.* nuca.
naphtha ['næfθə] *s.* (*Chim.*) nafta.
naphthalene ['næfθəli:n] *s.* (*Chim.*) naftalina.
napkin ['næpkin] *s.* **1** tovagliolo; salvietta. **2** pannolino. **3** (*am.*) assorbente (igienico). □ ~ *ring* portatovagliolo (ad anello).
Naples ['neiplz] *N.pr.* (*Geog.*) Napoli.
Napoleon [nə'pəuliən] *N.pr.m.* Napoleone.
nappy ['næpi] *s.* (*fam.*) pannolino.
narcissism [nɑ:'sisizəm] *s.* (*Psic.*) narcisismo.
narcissist [nɑ:'sisist] *s.* narcisista *m./f.*
narcissus [nɑ:'sisəs] *s.* (*Bot.*) narciso.

narcosis [nɑ:'kəusis] *s.* (*pl.* **–ses** [–siz]) (*Med.*) narcosi.
narcotic [nɑ:'kɔtik] **I** *a.* narcotico. **II** *s.* narcotico, stupefacente.
to **narcotize** ['nɑ:kətaiz] *v.t.* narcotizzare.
nark [nɑ:k] *s.* (*sl.*) informatore (della polizia), spia.
to **nark** [nɑ:k] *v.t.* (*sl.*) infastidire, seccare.
to **narrate** [næ'reit] *v.t.* narrare, raccontare.
narration [næ'reiʃən] *s.* narrazione, racconto.
narrative ['nærətiv] **I** *s.* **1** racconto, narrazione. **2** narrativa. **II** *a.* narrativo.
narrator [nə'reitə*] *s.* narratore.
narrow ['nærəu] *a.* **1** stretto; ristretto, angusto. **2** di stretta misura. **3** (*fig.*) limitato, gretto, meschino.
to **narrow** ['nærəu] **I** *v.i.* stringersi, restringersi, ridurre. **II** *v.t.* restringere, ridurre. □ *to* ~ *down* limitare, restringere.
narrowly ['nærəuli] *avv.* **1** per un pelo, a malapena. **2** accuratamente, minuziosamente.
narrow-minded ['nærəu'maindid] *a.* di idee ristrette, gretto.
narrowness ['nærəunis] *s.* **1** strettezza. **2** grettezza, meschinità.
narrows ['nærəuz] *s.pl.* (*Geog.*) stretto.
NASA = (*USA*) *National Aeronautics and Space Administration* Ente Nazionale Aeronautico e Spaziale.
nasal ['neizəl] *a./s.* nasale.
nascent ['næsnt] *a.* nascente.
nastiness ['nɑ:stinis] *s.* **1** l'esser disgustoso. **2** cattiveria, malignità. **3** gravità, pericolosità. **4** maleducazione, villania.
nasturtium [nəs'tə:ʃəm] *s.* (*Bot.*) nasturzio.
nasty ['nɑ:sti, *am.* 'næ–] *a.* **1** sgradevole, disgustoso; nauseante; sporco (*anche fig.*). **2** brutto, cattivo; maligno, malevolo; villano, maleducato. **3** scortese, maleducato. **4** difficile, pericoloso.
natal ['neitl] *a.* natale.
natality [nei'tæliti] *s.* natalità.
natatorial [ˌneitə'tɔ:riəl] *a.* natatorio.
nation ['neiʃən] *s.* nazione; popolo.
national ['næʃənl] **I** *a.* **1** nazionale; patriottico. **2** nazionalista. **II** *s.* cittadino.
nationalism ['næʃənəlizəm] *s.* nazionalismo.
nationalist ['næʃənəlist] *a./s.* nazionalista.
nationalistic [ˌnæʃənə'listik] *a.* nazionalistico, nazionalista.
nationality [ˌnæʃə'næliti] *s.* nazionalità, cittadinanza.
nationalization [ˌnæʃənəlai'zeiʃən] *s.* nazionalizzazione.
to **nationalize** ['næʃənəlaiz] *v.t.* **1** nazionalizzare. **2** naturalizzare.
nationwide ['neiʃənwaid] *a.* nazionale, su scala nazionale.
native ['neitiv] **I** *a.* **1** natale, nativo. **2** locale; indigeno. **3** innato, spontaneo. **4** (*Min.*) puro; nativo. **II** *s.* **1** indigeno, aborigeno; nativo. **2** animale indigeno; pianta indigena. □ (*fam.*) *to* **go** ~ assumere i costumi indigeni; *one's* ~ **language** la madrelingua.
Nativity [nə'tiviti] *s.* **1** Natale. **2** (*Arte sacra*) natività.
NATO = *North Atlantic Treaty Organization* Organizzazione del Trattato Nord-Atlantico.
to **natter** ['nætə*] *v.i.* (*fam.*) borbottare, brontolare; chiacchierare.
natty ['næti] *a.* **1** elegante. **2** abile, svelto.
natural ['nætʃərəl] **I** *a.* **1** naturale. **2** innato, connaturato. **3** ovvio, che va da sé. **4** semplice, spontaneo. **II** *s.* **1** (*Mus.*) bequadro. **2** (*fam.*) deficiente congenito. □ (*fam.*) *to* **be** *a* ~ *for s.th.* essere adatto a qc.; ~ **child** figlio naturale.
naturalism ['nætʃərəlizəm] *s.* naturalismo.
naturalist ['nætʃərəlist] *s.* naturalista *m./f.*.
naturalistic [ˌnætʃərə'listik] *a.* naturalistico.
naturalization [ˌnætʃərəlai'zeiʃən] *s.* **1** naturalizzazione. **2** (*Biol.*) acclimatazione.
to **naturalize** ['nætʃərəlaiz] **I** *v.t.* **1** naturalizzare. **2** adottare, assimilare. **3** (*Biol.*) acclimatare. **II** *v.i.* **1** naturalizzarsi. **2** studiare il mondo della natura.
naturally ['nætʃərəli] *avv.* **1** per natura; naturalmente. **2** ovviamente. **3** in modo naturale. **4** (*esclam.*) certo, certamente.
nature ['neitʃə*] *s.* **1** natura; forze della natura. **2** indole, carattere. **3** specie, tipo. □ **by** ~ per natura; *in the* **course** *of* ~ nella natura delle cose; *to paint* **from** ~ dipingere dal vero; *to be* **in** *the* ~ *of* avere l'aspetto di; (*fig.*) *to* **pay** *one's debt to* (o *the debt of*) ~ morire; *in a* **state** *of* ~ nudo.
naturism ['neitʃərizəm] *s.* naturismo, nudismo.
naught [nɔ:t] → **nought**.
naughtiness ['nɔ:tinis] *s.* birichineria; cattiveria.
naughty ['nɔ:ti] *a.* **1** birichino; cattivo. **2** sconveniente.
nausea ['nɔ:sjə] *s.* nausea; disgusto.
to **nauseate** ['nɔ:sieit] *v.t.* nauseare; disgustare.
nauseating ['nɔ:sieitiŋ] *a.* nauseabondo, nauseante; disgustoso.
nauseous ['nɔ:sjəs] *a.* nauseante, nauseabondo.
nautical ['nɔ:tikəl] *a.* nautico, marino; navale.
nautilus ['nɔ:tiləs] *s.* (*pl.* **–luses** [–siz]/**–li** [–lai]) (*Zool.*) nautilo.
naval ['neivl] *a.* navale; marittimo.
nave [neiv] *s.* (*Arch.*) navata.
navel ['neivəl] *s.* ombelico.
navigability [ˌnævigə'biliti] *s.* navigabilità.
navigable ['nævigəbl] *a.* **1** navigabile. **2** atto a navigare.
to **navigate** ['nævigeit] **I** *v.t.* **1** attraversare (navigando). **2** (*Mar., Aer.*) governare, pilotare. **3** (*fig.*) far passare. **II** *v.i.* (*Mar., Aer.*) navigare; dirigere la rotta.
navigation [ˌnævi'geiʃən] *s.* navigazione.
navigator ['nævigeitə*] *s.* **1** navigatore. **2** (*Mar., Aer.*) ufficiale di rotta.
navvy ['nævi] *s.* sterratore, terrazziere.
navy ['neivi] *s.* marina (militare); flotta da guerra. **Navy** Ministero della Marina.

navyblue ['neiviblu:] *s.* blu marina.
nay [nei] **I** *avv.* **1** (*ant.*) no. **2** (*lett.*) anzi, o meglio. **II** *s.* no, voto contrario.
Nazi ['nɑ:tsi] *a./s.* nazista.
Nazism ['nɑ:tsizəm] *s.* nazismo.
Nb = (*Chim.*) *niobium* niobio.
NB = *note well* nota bene.
Nd = (*Chim.*) *neodymium* neodimio.
Ne = (*Chim.*) *Neon* neon.
neap [ni:p], **neap tide** ['ni:ptaid] *s.* bassa marea.
near [niə*] **I** *avv.* **1** vicino; imminente, prossimo. **2** circa, quasi. **3** con parsimonia. **II** *a.* **1** (*di parente o amico*) stretto, prossimo; intimo. **2** vicino; prossimo, imminente. **III** *prep.* **1** vicino a, in prossimità di, presso. **2** (*di tempo*) verso. □ *to* **come** ~ avvicinarsi; *to* **come** ~ *to doing s.th.* stare per fare qc.; *to* **draw** ~ avvicinarsi; approssimarsi; *Near* **East** Vicino Oriente; *to* **get** ~ avvicinarsi; ~ *at* **hand** a portata di mano; imminente, prossimo; *the* **nearest** *and dearest* le persone più care; *a* ~ **thing** quasi un disastro; *the nearest* **thing** *to* la cosa più simile a; ~ **to** vicino a; prossimo a; *a* ~ **translation** una traduzione letterale.
to **near** [niə*] **I** *v.t.* **1** avvicinarsi a, avvicinare. **2** approssimarsi a. **II** *v.i.* **1** avvicinarsi, accostarsi. **2** approssimarsi.
nearby ['niəbai] **I** *a.* vicino, attiguo. **II** *avv.* nelle vicinanze, qui vicino.
nearly ['niəli] *avv.* **1** quasi, per poco. **2** strettamente, intimamente. **3** attentamente. □ *not* ~ per niente, minimamente.
nearsighted ['niə'saitid] *a.* miope.
neat[1] [ni:t] *a.* **1** ordinato; lindo, pulito. **2** armonioso, ben fatto, piacevole. **3** accurato, preciso, fine. **4** (*di liquore*) liscio.
neat[2] [ni:t] *s.* (*Zool.*) bovino.
neatness ['ni:tnis] *s.* **1** ordine. **2** nitidezza, chiarezza. **3** accuratezza, precisione. **4** abilità.
nebula ['nebjulə] *s.* (*pl.* **–lae** [–li:]) (*Astr.*) nebulosa.
nebulous ['nebjuləs] *a.* **1** nuvoloso. **2** (*fig.*) indistinto, nebuloso.
necessarily ['nesisərili] *avv.* **1** necessariamente, per forza. **2** inevitabilmente.
necessary ['nesisəri, *am.* –eri] **I** *a.* necessario: *it is not* ~ *for you to apologize* non è necessario che ti scusi; inevitabile, indispensabile (*to, for* a, per). **II** *s.* il necessario: *the necessaries of life* il necessario per vivere. □ *to* **do** *the* ~ fare tutto il necessario; **if** ~ se necessario, all'occorrenza.
to **necessitate** [ni'sesiteit] *v.t.* rendere necessario, necessitare.
necessity [ni'sesiti] *s.* **1** necessità; necessario; bisogno. **2** ineluttabilità. □ *to* **bow** *to* ~ far buon viso a cattivo gioco; *in* **case** *of* ~ all'occorrenza; *there is* **no** ~ *for you to attend* non è necessario che tu sia presente; **of** ~ inevitabilmente; **out** *of* ~ per bisogno; *to be* **under** *the* ~ *of doing s.th.* essere costretto a fare qc.
neck [nek] *s.* **1** collo. **2** colletto; scollatura, scollo. **3** (*Geog.*) lingua di terra. **4** (*Equitazione*) incollatura. **5** (*Mus.*) manico. **6** colletto (dei denti). □ ~ **and** ~ alla pari; (*problem* o *person*) **around** *one's* ~ (problema *o* persona) che assilla; (*fig.*) *to* **breath** *down s.o.'s* ~ stare addosso a qd. (soffiare sul collo a qd.); (*fam.*) ~ *and* **crop** senza tanti complimenti; ~ *or* **nothing** a rischio di perdere tutto; (*fam.*) *to* **risk** *one's* ~ rischiare la vita; (*fig.*) *to* **save** *one's* ~ scamparla bella; *to* **stick** *one's* ~ *out* esporsi (al rischio, alla critica); (*fam.*) *to be* **up** *to one's* ~ *in work* essere immerso fino al collo nel lavoro.
to **neck** [nek] *v.i.* (*fam.*) sbaciucchiarsi.
neckband ['nekbænd] *s.* **1** colletto. **2** (*Rel.*) collarina.
neckerchief ['nekətʃif] *s.* fazzoletto da collo.
necking ['nekiŋ] *s.* (*fam.*) sbaciucchiamenti.
necklace ['neklis] *s.* collana.
necklet ['neklit] *s.* collana a giro collo.
necktie ['nektai] *s.* cravatta.
neckwear ['nekwεə*] *s.* cravatte, sciarpe, ecc.
necrology [ne'krɔlədʒi] *s.* necrologio.
necromancer ['nekrə(u)mænsə*] *s.* negromante *m./f.*.
necromancy ['nekrə(u)mænsi] *s.* negromanzia.
necropolis [ne'krɔpəlis] *s.* (*pl.* **–lises** [–siz]) necropoli.
nectar ['nektə*] *s.* nettare.
nectarine ['nektəri:n] *s.* (*Bot.*) pesca nettarina, pesca noce.
née *fr.* [nei] *a.* nata: *Mrs Jane Brown* ~ *Robinson* la signora Jane Brown nata Robinson.
need[1] [ni:d] *s.* **1** bisogno. **2** *pl.* esigenze, necessità. **3** ristrettezze, povertà. □ *if* ~ **be** all'occorrenza; *to* **be** *in* ~ *of s.th.* avere bisogno di qc.; *there is* **no** ~ *to shout* non c'è bisogno di gridare; **without** *the* ~ *for s.th.* senza bisogno di qc.
to **need** [ni:d] *v.t.* **1** avere bisogno di, occorrere (costr. impers.); servire (costr. impers.): *to* ~ *help* avere bisogno di aiuto; *do you* ~ *any money?* ti occorre del denaro?; *I don't* ~ *it* non mi serve. **2** (*seguito dal gerundio*) avere bisogno: *your hair needs cutting* i tuoi capelli hanno bisogno d'essere tagliati. **3** (*seguito da un infinito*) esserci bisogno (costr. impers.), occorrere (costr. impers.), essere necessario (costr. impers.): *does he* ~ *to know?* è necessario che egli lo sappia?; *it needs to be done carefully* ciò dev'essere fatto con cura.
need[2] [ni:d] *v.aus.* (*3ª pers. sing. pres.* **need;** *forma negativa* **need not, needn't** ['ni:dnt]) essere necessario, occorrere: ~ *he go soon?* è necessario che vada via così presto?; *you needn't do it now* non lo devi fare adesso; *I* ~ *hardly tell you* non è necessario che io ti dica.
needful ['ni:dful] **I** *a.* necessario, indispensabile. **II** *s.* **1** necessario, occorrente. **2** (*sl.*) soldi, quattrini.

needle ['ni:dl] *s.* **1** ago. **2** ferro da calza; uncinetto. **3** puntina (di giradischi). □ (*fam.*) *to* **get** *the* ~ innervosirsi; (*fam.*) *to* **give** *s.o. the* ~ stuzzicare qd.; (*fig.*) *to look for a* ~ *in a* **haystack** cercare un ago in un pagliaio; (*fig.*) *as* **sharp** *as a* ~ acuto, perspicace.

to **needle** ['ni:dl] *v.t.* (*fam.*) punzecchiare, stuzzicare.

needless ['ni:dlis] *a.* inutile, superfluo.

needlewoman ['ni:dlwumən] *s.* (*pl.* **–women** [–wimin]) sarta.

needlework ['ni:dlwə:k] *s.* cucito; ricamo.

needn't ['ni:dnt] *contraz. di* **need not**.

needs [ni:dz] *avv.* (general. dopo *must*) necessariamente, per forza.

needy ['ni:di] *a.* bisognoso, indigente.

ne'er [nɛə*] *avv.* (*poet.*) mai.

ne'er-do-well ['nɛədu(:)wel] *s.* buono a nulla, fannullone.

nefarious [ni'fɛəriəs] *a.* malvagio, iniquo.

to **negate** [ni'geit] *v.t.* **1** negare, non riconoscere. **2** annullare.

negation [ni'geiʃən] *s.* negazione; diniego.

negative ['negətiv] **I** *a.* negativo. **II** *s.* **1** negazione. **2** diniego. **3** (*Fot.*) negativa, negativo. **4** (*Mat.*) quantità negativa. **5** (*El.*) polo negativo. □ *his reply was in the* ~ rispose di no.

to **negative** ['negətiv] *v.t.* **1** confutare. **2** rifiutare, respingere.

neglect [ni'glekt] *s.* **1** trascuratezza, negligenza. **2** abbandono.

to **neglect** [ni'glekt] *v.t.* **1** trascurare. **2** tralasciare, omettere.

neglectful [ni'glektful] *a.* incurante (*of* di), negligente, trascurato.

néglige, negligee ['negli:ʒei] *s.* abbigliamento comodo (da casa), vestaglia.

negligence ['neglidʒəns] *s.* negligenza.

negligent ['neglidʒənt] *a.* **1** negligente (*of* in). **2** (*Vest.*) sportivo, casual.

negligible ['neglidʒəbl] *a.* trascurabile, insignificante.

negotiable [ni'gəuʃiəbl] *a.* **1** negoziabile. **2** (*Econ.*) trasferibile: ~ *cheque* assegno trasferibile. **3** (*Strad.*) transitabile, percorribile.

to **negotiate** [ni'gəuʃieit] **I** *v.i.* intavolare le trattative; trattare. **II** *v.t.* **1** negoziare; trattare. **2** (*am.*) superare (un ostacolo); riuscire (in un'impresa difficile); farcela a: *to* ~ *a deep river* riuscire ad attraversare un fiume dalle acque profonde.

negotiating table [ni'gəuʃietiŋ'teibl] *s.* (*Pol.*) tavolo delle trattative, dei negoziati.

negotiation [ni,gəuʃi'eiʃən] *s.* negoziato; trattativa.

negotiator [ni'gəuʃieitə*] *s.* negoziatore.

Negress ['ni:gris] *s.* (*spreg.*) negra.

Negro ['ni:grəu] *a./s.* (*pl.* **–es** [–z]) (*spreg.*) negro.

Negroid ['ni:grɔid] *a./s.* negroide.

neigh [nei] *s.* nitrito.

to **neigh** [nei] *v.i.* nitrire.

neighbor *am.* ['neibə*] *e deriv.* → **neighbour** *e deriv.*

neighbour ['neibə*] *s.* **1** vicino. **2** paese (*o* stato) confinante. **3** (*ant.*) prossimo.

to **neighbour** ['neibə*] **I** *v.t.* confinare (*on, upon* con).

neighbourhood ['neibəhud] *s.* **1** quartiere, zona. **2** vicinato. **3** dintorni, paraggi. □ *in the* ~ *of* nelle vicinanze di; (*fam.*) all'incirca.

neighbouring ['neibəriŋ] *a.* vicino, confinante; limitrofo.

neighbourly ['neibəli] *a.* socievole; affabile.

neither ['naiðə*, 'ni:ðə*] **I** *a./pron.* né l'uno né l'altro, nessuno dei due: ~ *of you is right* nessuno di voi due ha ragione. **II** *congz.* (con *nor*) né ... né, non ... né: *I* ~ *know nor care* non lo so, né m'interessa. **III** *avv.* nemmeno, neppure, neanche: *I don't believe it, and* ~ *do you* non ci credo, e nemmeno tu. □ ~ *more nor less* né più né meno.

nemesis ['nemisis] *s.* nemesi.

neoclassical [,ni:ə(u)'klæsikəl] *a.* neoclassico.

neoclassicism [,ni:ə(u)'klæsisizəm] *s.* neoclassicismo.

neodymium [ni:əu'dim:iəm] *s.* (*Chim.*) neodimio.

neolithic [,ni:ə'liθik] *a.* (*Geol.*) neolitico.

neologism [ni'ɔlədgizəm] *s.* (*Ling.*) neologismo.

neon ['ni:ɔn] *s.* (*Chim.*) neon. □ ~ **light** luce al neon; ~ **sign** insegna al neon.

neophyte ['ni:ə(u)fait] *s.* neofita, neofito.

neoplasm ['ni:ə(u)plæzm] *s.* (*Med.*) neoplasma.

neorealism [,ni:ə(u)'ri:əlizəm] *s.* (*Lett., Cin., Filos.*) neorealismo.

nephew ['nevju:, *am.* 'nefju:] *s.* nipote.

nephritis [ne'fraitis] *s.* (*pl.* **–tes** [–iz]/**–tides** [–tidi:z]) (*Med.*) nefrite.

nepotism ['nepətizəm] *s.* nepotismo.

neptunium ['neptjuniəm] *s.* (*Chim.*) nettunio.

nereid ['niəriid] *s.* (*Mitol.*) nereide.

nerve [nə:v] *s.* **1** nervo. **2** (*fig.*) coraggio, fegato. **3** (*fam.*) faccia tosta, sfacciataggine. **4** *pl.* (*fam.*) nervi; *to get on s.o.'s nerves* far venire i nervi a qd. □ *to be* **living** *on one's nerves* vivere nell'ansia continua; (*fig.*) *to* **lose** *one's* ~ perdersi d'animo; **strong** *nerves* nervi saldi; (*fig.*) *to* **touch** *a raw* ~ mettere il dito sulla piaga.

to **nerve** [nə:v] *v.t.* fare coraggio a. □ *to* ~ *o.s. for s.th.* farsi coraggio per qc.

nerve cell ['ne:vsel] *s.* cellula nervosa.

nerve centre ['ne:vsentə*] *s.* **1** centro nervoso. **2** ganglio vitale (di un'organizzazione).

nerveless ['nə:vlis] *a.* **1** snervato; (*rif. a dita e mani*) senza forze. **2** coraggioso.

nerve-racking ['nə:vrækiŋ] *a.* esasperante, snervante.

nervous ['nə:vəs] *a.* **1** nervoso. **2** inquieto, ansioso. □ ~ **breakdown** esaurimento nervoso; ~ **strain** tensione nervosa; ~ **system** sistema nervoso.

nervousness ['nə:vəsnis] *s.* nervosismo.

nervure ['nə:vjuə*] *s.* (*Biol.*, *Arch.*) nervatura.
nervy ['nə:vi] *a.* (*fam.*) nervoso, eccitabile.
nest [nest] *s.* nido; nidiata.
to **nest** [nest] *v.i.* **1** nidificare. **2** andare in cerca di nidi.
nest-egg ['nesteg] *s.* **1** (*Zootecnia*) endice. **2** (*fig.*) gruzzolo.
to **nestle** ['nesl] **I** *v.i.* **1** (general. con *down*) accoccolarsi, rannicchiarsi. **2** (general. con *up*) stringersi (*against, to* a); nascondersi, annidarsi. **II** *v.t.* stringere affettuosamente.
nestling ['nesliŋ] *s.* uccellino implume.
net[1] [net] *s.* **1** rete; retino, reticella. **2** (*fig.*) trappola, laccio.
to **net** [net] *v.t.* (*pass., p.p.* **netted** [–id]) **1** prendere (animali) con la rete. **2** (*fig.*) guadagnare, procurarsi. **3** (*fig.*) intrappolare, irretire.
net[2] [net] *a.* netto: ~ *weight* peso netto.
nether ['neðə*] *a.* (*ant.*) inferiore, più basso. ▭ *the* ~ *regions* gli inferi.
Netherlander ['neðələndə*] *s.* olandese *m./f.*
Netherlands, the ['neðələndz] *N.pr.pl.* (*Geog.*) Paesi Bassi, Olanda.
nethermost ['neðəməust] *a.* il più basso (*o* profondo).
netting ['netiŋ] *s.* **1** rete metallica. **2** fabbricazione di reti.
nettle ['netl] *s.* (*Bot.*) ortica. ▭ (*fig.*) *to* **grasp** *the* ~ prendere il toro per le corna; (*Med.*) ~ **rash** orticaria.
network ['netwə:k] *s.* **1** rete: *a* ~ *of roads* una rete stradale. **2** rete di emittenti televisive.
to **network** ['netwə:k] *v.t.* trasmettere su rete radiofonica o televisiva.
neuralgia [njuə'rældʒə] *s.* (*Med.*) nevralgia.
neuralgic [njuə'rældʒik] *a.* nevralgico.
neurasthenia [,njuərəs'θi:niə] *s.* (*Med.*) nevrastenia.
neurasthenic [,njuərəs'θenik] *a./s.* nevrastenico.
neuritis [njuə'raitis] *s.* (*pl.* **–tides** [–tidi:z]/**–es** [–iz]) (*Med.*) neurite.
neurological [,njuərə(u)'lɔdʒikəl] *a.* neurologico.
neurologist [,njuə'rɔlədʒist] *s.* neurologo.
neurology [,njuə'rɔlədʒi] *s.* neurologia.
neurosis [njuə'rəusis] *s.* (*pl.* **–ses** [–si:z]) nevrosi.
neurosurgery [,njuərə(u)'sə:dʒəri] *s.* (*Med.*) neurochirurgia.
neurotic [njuə'rɔtik] *a./s.* nevrotico.
neuter ['nju:tə*, *am.* 'nu:–] **I** *a.* **1** neutro. **2** neutrale. **II** *s.* **1** (*Gramm.*) (genere) neutro. **2** animale castrato.
to **neuter** ['nju:tə*, *am.* 'nu:–] *v.t.* castrare.
neutral ['nju:trəl, *am.* 'nu:–] **I** *a.* **1** neutrale. **2** neutro. **3** (*Aut.*) in folle: *to leave the car in* ~ *gear* lasciare la macchina in folle. **II** *s.* stato neutrale; persona neutrale.
neutralism ['nju:trəlizəm, *am.* 'nu:–] *s.* neutralismo.
neutrality [nju:'træliti, *am.* nu:–] *s.* neutralità.
neutralization [,nju:trəlai'zeiʃən, *am.* ,nu:trəli–] *s.* neutralizzazione.
to **neutralize** ['nju:trəlaiz, *am.* 'nu:–] *v.t.* neutralizzare.
neutron ['nju:trɔn] *s.* (*Fis.*) neutrone.
never ['nevə*] *avv.* non ... mai, mai: *she* ~ *goes out* non esce mai; non ... (mai) più: *he* ~ *came back* non ritornò più. ▭ ~ **after** mai più da allora; ~ ... **again** non ... più; *you* ~ **know** non si sa mai; ~ **mind!** non preoccuparti; (*esclam.*) **well,** *I* ~ ma guarda un po', chi l'avrebbe detto.
nevermore [,nevə'mɔ:*] *avv.* mai più.
nevertheless [,nevəðə'les] *avv.* tuttavia, ciò nonostante.
new [nju:, *am.* nu:] *a.* **1** nuovo. **2** diverso, differente. **3** moderno; attuale. **4** fresco; nuovo, novello. ▭ **brand** ~ nuovo di zecca; *as* **good** *as* ~ come nuovo; ~ **look** ultima moda; *to feel like a* ~ **man** sentirsi rinato; *that's* **nothing** ~ non è una novità; *New* **Year's** *Day* capodanno; *New* **Year's** *Eve* san Silvestro.
newborn ['nju:bɔ:n] **I** *a.* **1** appena nato. **2** rinato, rigenerato. **II** *s.* (*pl. inv./–s*) neonato.
newcomer ['nju:kʌmə*] *s.* nuovo venuto, nuovo arrivato.
newfangled ['nju:'fæŋgld] *a.* (*spreg.*) moderno, nuovo.
newly ['nju:li, *am.* 'nu:–] *avv.* **1** appena, di fresco. **2** in modo nuovo.
newlyweds ['nju:li'wedz] *s. pl.* sposini.
news [nju:z, *am.* nu:z] *s.* (costr. sing. o pl.) **1** notizia, notizie; novità. **2** (*Rad.*) notiziario, giornale radio; (*TV*) telegiornale. ▭ *to* **break** *the* ~ *to s.o.* dare una cattiva notizia a qd.; *a* **piece** *of* ~ una notizia; **what** (*is the*) ~*?* che novità ci sono?
newsagent ['nju:zeidʒənt] *s.* giornalaio.
newsboy ['nju:zbɔi] *s.* strillone.
newscast ['nju:zkɑ:st] *s.* giornale radio; telegiornale.
newscaster ['nju:zkɑ:stə*] *s.* annunciatore; commentatore del notiziario.
news conference *am.* ['nju:z'kɔnfərəns] *s.* conferenza stampa.
newsletter ['nju:zletə*] *s.* bollettino d'informazioni.
newsmonger ['nju:zmʌŋgə*] *s.* pettegolo.
newspaper ['nju:zpeipə*] *s.* giornale. ▭ **daily** ~ quotidiano; **weekly** ~ settimanale.
newspaperman ['nju:zpeipə'mən] *s.* (*pl.* **–men**) giornalista.
newsprint ['nju:zprint] *s.* carta da giornale.
newsreader ['nju:z'ri:də*] *s.* annunciatore, annunciatrice.
newsreel ['nju:zri:l] *s.* cinegiornale.
newsroom ['nju:zru:m] *s.* **1** (*Giorn.*) sala stampa. **2** (*in biblioteca*) sala di lettura.
newssheet ['nju:zʃi:t] *s.* notiziario, bollettino.
newsstand ['nju:zstænd] *s.* edicola, chiosco (di giornali).
newsvendor ['nju:zvendə*] *s.* giornalaio.
newsworthy ['nju:zwə:ði] *a.* che fa notizia.
newsy ['njuzi] *a.* (*fam.*) pieno di notizie.
newt [nju:t, *am.* nu:t] *s.* (*Zool.*) tritone.

New York ['nju:'jɔ:k] *N.pr.* (*Geog.*) New York.
New Zealand [nju:'zi:lənd] *N.pr.* (*Geog.*) Nuova Zelanda.
next [nekst] **I** *a.* **1** prossimo, più vicino; contiguo, attiguo (*to* a). **2** prossimo, seguente; venturo; successivo. **II** *s.* prossimo. **III** *avv.* **1** dopo, in seguito: *who comes ~?* chi viene dopo?; la prossima volta. **2** (*con i superlativi*) secondo (*spesso non si traduce*): *the ~ largest city after London* la città più grande dopo Londra. **IV** (*ant.*) *prep.* vicino a, accanto a. □ *the year* **after** ~ tra due anni; *the* ~ **best** la migliore alternativa; ~ **door** *to*: 1 accanto a; 2 (*fig.*) quasi, pressoché; *within the* ~ **few** *days* entro i prossimi giorni; (*the*) ~ **moment** subito dopo; *in the* ~ **place** inoltre; ~ **time** la prossima volta; ~ **to:** 1 accanto a, vicino a; 2 (subito) dopo; ~ **to** *last* penultimo; ~ **to** *nothing* quasi niente; **what** *~?* e poi? che altro?; **whatever** *~!* c'è da aspettarsi di tutto!
next-of-kin ['nekstəvkin] *s.inv.* parente *m./f.* stretto.
NHS = *National Health Service* Servizio Sanitario Nazionale.
Ni = (*Chim.*) *nickel* nichel.
nib [nib] *s.* pennino.
nibble ['nibl] *s.* **1** bocconcino, piccolo morso. **2** (*fam.*) spuntino, boccone.
to **nibble** ['nibl] **I** *v.t.* rosicchiare; mordicchiare, sgranocchiare. **II** *v.i.* **1** rosicchiare; mordicchiare (*at s.th.* qc.). **2** (*fig.*) esitare, tentennare. □ *to ~ (at) the bait* abboccare.
nice [nais] *a.* **1** piacevole, gradevole; simpatico; grazioso. **2** gentile, cortese (*to* con, verso). **3** buono, gustoso; squisito. **4** (*iron.*) bello: *a ~ mess* un bel pasticcio. **5** esigente. **6** (*fig.*) sottile, fine: *a ~ distinction* una sottile distinzione. □ (*fam.*) *it's ~ and warm in here* c'è un bel calduccio qui dentro.
nicely ['naisli] *avv.* **1** bene. **2** gentilmente; con tatto. **3** con precisione, esattamente.
nicety ['naisiti] *s.* **1** accuratezza, precisione. **2** sottigliezza. **3** finezza, raffinatezza. □ *to* **fit** *to ~* stare a pennello; **to** *a ~* con estrema precisione.
niche [nitʃ] *s.* nicchia (*anche fig*).
Nicholas ['nikələs] *N.pr.m.* Nicola.
nick [nik] *s.* **1** tacca, intaccatura. **2** (*sl.*) prigione. □ *in the ~ of time* al momento giusto; giusto in tempo.
to **nick** [nik] *v.t.* **1** intaccare, fare una tacca in. **2** arrestare. **3** (*fam.*) rubare.
nickel ['nikl] *s.* **1** (*Chim.*) nichel, nichelio. **2** (*am.*) moneta da cinque centesimi.
nicknack ['niknæk] *s.* gingillo, ninnolo.
nickname ['nikneim] *s.* soprannome, nomignolo.
to **nickname** ['nikneim] *v.t.* soprannominare.
nicotine ['nikəti:n] *s.* nicotina.
niece [ni:s] *s.* nipote.
nifty ['nifti] *a.* (*fam.*) **1** elegante. **2** puzzolente.
Nigeria [nai'dʒiəriə] *N.pr.* (*Geog.*) Nigeria.
Nigerian [nai'dʒiəriən] *a./s.* nigeriano.
niggard ['nigəd] *s.* avaro, tirchio.
niggardly ['nigədli] *a.* **1** avaro, tirchio. **2** scarso, misero.
nigger ['nigə*] *s.* (*spreg.*) negro. □ *~ brown* color testa di moro.
to **niggle** ['nigl] *v.i.* perdersi nei dettagli; cavillare.
niggling ['nigliŋ] *a.* **1** pedante, pignolo. **2** insignificante.
nigh [nai] *avv./prep.* (*poet.*) vicino (a).
night [nait] *s.* **1** notte; nottata. **2** serata; sera. □ **all** ~ (*long*) (per) tutta la notte; **at** ~ di notte; di sera, la sera; *to have a* **bad** ~ passare una brutta notte; *the* ~ **before** la sera (*o* notte) prima; **by** ~ di notte; ~ *and* **day** giorno e notte; *to have an* **early** ~ andare a letto presto; **far** *into the* ~ fino a notte inoltrata; **good** *~!* buona notte!; **in** *the* ~ durante la notte; **last** ~ la notte scorsa; ieri sera; **late** *at* ~ a tarda notte; *to have a* **late** ~ andare a letto tardi; (*fam.*) *to* **make** *a ~ of it* passare la notte facendo baldoria; **tomorrow** ~ domani notte; domani sera.
nightbird ['naitbə:d] *s.* **1** uccello notturno. **2** (*fam.*) nottambulo.
nightcap ['naitkæp] *s.* **1** cuffia da notte. **2** (*fam.*) bicchierino (che si beve) prima di andare a letto.
nightclub ['naitklʌb] *s.* locale notturno, nightclub.
nightdress ['naitdres] *s.* camicia da notte.
nightfall ['naitfɔ:l] *s.* imbrunire, crepuscolo.
nightgown ['naitgaun] → **nightdress**.
nightie ['naiti] *s.* (*fam.*) camicia da notte.
nightingale ['naitiŋgeil] *s.* (*Zool.*) usignolo.
nightlife ['naitlaif] *s.* vita notturna.
nightlight ['naitlait] *s.* lumino da notte.
nightlong ['naitlɔŋ] *a.* che dura tutta la notte.
nightly ['naitli] **I** *a.* notturno; serale. **II** *avv.* di notte; di sera; la notte; la sera.
nightmare ['naitmεə*] *s.* incubo (*anche fig*).
night school ['naitsku:l] *s.* scuola serale.
nightshift ['naitʃift] *s.* turno di notte.
nightwatch ['naitwɔtʃ] *s.* **1** vigilanza notturna. **2** guardiano notturno.
nihilism ['naiilizəm] *s.* nichilismo.
nil [nil] *s.* **1** niente, nulla. **2** (*Sport*) zero.
Nile [nail] *N.pr.* (*Geog.*) Nilo.
nimble ['nimbl] *a.* **1** agile; lesto, svelto. **2** pronto, vivace.
nimbus ['nimbəs] *s.* (*pl.* **–buses** [–siz]/**–bi** [–bai]) **1** aureola. **2** (*Meteor.*) nembo.
nincompoop ['ninkəmpu:p] *s.* (*fam.*) sempliciotto, babbeo.
nine [nain] *a./s.* nove. □ (*fam.*) *dressed* (*up*) *to the nines* in ghingheri.
ninefold ['nainfəuld] *a./avv.* nove volte tanto.
ninepin ['nainpin] *s.* **1** birillo. **2** *pl.* (costr. sing.) (gioco dei) birilli.
nineteen ['nain'ti:n] *a./s.* diciannove. □ (*fam.*) *to talk ~ to the dozen* parlare incessantemente.
nineteenth ['nain'ti:nθ] *a./s.* diciannovesimo.
ninetieth ['naintiiθ] *a./s.* novantesimo.

ninety ['nainti] *a./s.* novanta.
ninth [nainθ] **I** *a.* nono. **II** *s.* **1** nono. **2** (*Mus.*) nona.
niobium ['naiəbiəm] *s.* (*Chim.*) niobio.
nip [nip] *s.* **1** pizzico, pizzicotto; morso. **2** bicchierino. ▭ *a cold* ~ freddo pungente.
to **nip** [nip] *v.* (*pass., p.p.* **nipped** [–t]) **I** *v.t.* **1** pizzicare; pungere; mordere, morsicare. **2** intirizzire, gelare. **II** *v.i.* (*fam.*) sbrigarsi, affrettarsi. ▭ (*fam.*) *to* ~ **along** andare in fretta; (*fig.*) *to* ~ *s.th. in the* **bud** stroncare qc. sul nascere; (*fam.*) *to* ~ **in** entrare in fretta; *to* ~ **off** andarsene in fretta.
nipper ['nipə*] *s.* **1** *pl.* pinzette. **2** *pl.* (*Mecc.*) tronchese. **3** *pl.* tenaglia. **4** (*Zool.*) chela, pinza. **5** (*sl.*) bambino.
nipping ['nipiŋ] *a.* gelido; pungente.
nipple ['nipl] *s.* **1** capezzolo. **2** tettarella.
Nipponese [ˌnipə'ni:z] *a.* nipponico.
nippy ['nipi] *a.* **1** gelido, pungente. **2** (*fam.*) svelto, agile.
nit [nit] *s.* lendine.
nitrate ['naitreit] *s.* (*Chim.*) nitrato.
nitric ['naitrik] *a.* (*Chim.*) nitrico: ~ *acid* acido nitrico.
nitrogen ['naitrədʒən] *s.* (*Chim.*) azoto.
nitroglycerin(e) [ˌnaitrə(u)'glisəri:n] *s.* (*Chim.*) nitroglicerina.
nitty gritty [ˌniti'griti] *s.* (*fam.*) essenza, succo (di una questione).
nitwit ['nitwit] *s.* (*sl.*) stupido, imbecille *m./f.*
nix [niks] *s.* (*sl.*) nulla, niente.
NNP = *Net National Product* prodotto nazionale netto.
no [nəu] **I** *avv.* no: *to answer* ~ rispondere di no. **II** *a.* **1** alcuno, nessuno: *there is* ~ *solution* non c'è alcuna soluzione. **2** non ... certo, non, tutt'altro che: *he's* ~ *fool* è tutt'altro che stupido. **III** *s.* (*pl.* **–s/–es** [nəuz]) **1** no, rifiuto. **2** voto contrario. ▭ *it's* ~ **distance** è a due passi; ~ **more**: 1 non ... (di) più, non ... altro: *he could do* ~ *more* non poté fare di più; 2 non ... (mai) più: *we saw him* ~ *more* non lo vedemmo mai più; 3 neppure, nemmeno, neanche; *there's* ~ **saying** *when he will arrive* non si può dire quando arriverà; ~ **sooner** ... *than* (non) appena; *in* ~ **time** in un baleno; *in* ~ **way** niente affatto.
no = **1** *north* nord. **2** *northern* settentrionale. **3** *number* numero.
No = (*Chim.*) *nobelium* nobelio.
to **nobble** ['nɔbl] *v.t.* (*sl.*) **1** drogare (*o* azzoppare) (un cavallo) per impedirne la vittoria. **2** raggirare, truffare.
nobelium ['nəu'bi:liəm] *s.* (*Chim.*) nobelio.
nobility [nə(u)'biliti] *s.* nobiltà.
noble ['nəubl] **I** *a.* **1** nobile. **2** eletto, elevato. **3** maestoso, superbo. **II** *s.* nobile *m./f.*
nobleman ['nəublmən] *s.* (*pl.* **–men**) nobiluomo, nobile.
noblewoman ['nəublwumən] *s.* (*pl.* **–women** [–wimin]) nobile, nobildonna.
nobody ['nəubədi] **I** *pron.* nessuno: ~ *answered* nessuno rispose. **II** *s.* persona di nessun valore, nullità. ▭ (*fam.*) ~ **but** *you* solo tu; ~ **else** nessun altro.
nocturnal [nɔk'tə:nl] *a.* notturno.
nocturne ['nɔktə:n] *s.* (*Mus., Arte*) notturno.
nod [nɔd] *s.* cenno (col capo); cenno di approvazione. ▭ (*fam.*) *to* **give** *the* ~ dare il permesso; (*am. sl.*) **on** *the* ~ a credito.
to **nod** [nɔd] *v.* (*pass., p.p.* **nodded** [–id]) **I** *v.i.* **1** accennare col capo; salutare con un cenno del capo (*to s.o.* qd.). **2** ciondolare il capo (per il sonno); sonnecchiare. **3** ondeggiare, dondolare. **II** *v.t.* fare un cenno di: *to* ~ *a greeting* fare un cenno di saluto. ▭ *to have a nodding* **acquaintance** *with s.o.* conoscere qd. superficialmente; (*fam.*) *to* ~ **off** addormentarsi.
noddle ['nɔdl] *s.* (*fam.*) testa.
node [nəud] *s.* (*Bot., Med.*) nodo.
nodule ['nɔdju:l] *s.* nodulo.
Noel [nəu'el] *s.* Natale.
no-good [ˌnəu'gud] *a./s.* buono a nulla.
nohow ['nəuhau] *avv.* (*fam.*) in nessun modo.
noise [nɔiz] *s.* rumore; chiasso. ▭ (*fam.*) *a* **big** ~ un pezzo grosso; *to* **make** *a* ~ *about s.th.* fare un gran chiasso per qc.; *to* **make** *a* ~ *in the world* diventare famoso.
to **noise** [nɔiz] *v.t.* (spesso con *abroad*) diffondere, divulgare.
noiseless ['nɔizlis] *a.* silenzioso.
noisome ['nɔisəm] *a.* disgustoso, nauseante; puzzolente.
noisy ['nɔizi] *a.* rumoroso, chiassoso.
nomad ['nəuməd] *s.* nomade *m./f.*
nomadic [nəu'mædik] *a.* nomade.
no-man's-land ['nəumænzlænd] *s.* terra di nessuno.
nomenclature ['nəumənkletʃə*] *s.* nomenclatura.
nominal ['nɔminl] *a.* **1** nominale. **2** simbolico.
to **nominate** ['nɔmineit] *v.t.* designare, proporre come candidato (*for* a).
nomination [ˌnɔmi'neiʃən] *s.* **1** candidatura. **2** nomina.
nominative ['nɔminətiv] *a./s.* (*Gramm.*) nominativo.
nominee [ˌnɔmi'ni:] *s.* persona designata.
nonacceptance [nɔnək'septəns] *s.* mancata accettazione.
nonaddict ['nɔnə'ædikt] *s.* soggetto che usa droghe ma non è tossicodipendente.
nonaggression [ˌnɔnə'greʃən] *s.* (*Pol.*) non aggressione.
nonalcoholic [ˌnɔnælkə'hɔlik] *a.* analcolico.
nonaligned [ˌnɔnə'laind] *a.* (*Pol.*) non allineato.
nonbelligerent ['nɔnbi'lidʒərənt] *a./s.* non belligerante.
nonchalance ['nɔnʃələns] *s.* indifferenza, noncuranza.
nonchalant ['nɔnʃələnt] *a.* indifferente, noncurante.
noncommissioned [ˌnɔnkə'miʃənd] *a.* (*Mil.*) senza brevetto (di nomina). ▭ ~ *officer* sottufficiale.

noncommittal [ˌnɔnkəˈmitl] *a.* **1** non impegnativo. **2** vago, indefinito.
nonconductor [ˈnɔnkənˈdʌktə*] *s.* (*Fis.*) materiale isolante.
nonconformist [ˌnɔnkənˈfɔ:mist] *s.* anticonformista *m./f.* **Nonconformist** (*Stor.GB*) non conformista *m./f.*
nonconformity [ˌnɔnkənˈfɔ:miti] *s.* anticonformismo. **Nonconformity** (*Stor.GB*) nonconformismo.
nondelivery [ˌnɔndiˈlivəri] *s.* (*Comm.*) mancata consegna.
nondenominational [nɔndiˌnəmiˈneiʃənəl] *a.* (*Rel.*) aconfessionale.
nondescript [ˈnɔndiskript] *a.* **1** indefinito, indeterminato. **2** insignificante.
none [nʌn] **I** *pron.* **1** (costr. sing. o pl.) nessuno: ~ *of you understand*(*s*) nessuno di voi capisce; *have you any cigarettes? - no,* ~ hai una sigaretta? - no, non ne ho (nessuna). **2** niente, nulla: ~ *of this concerns you* niente di questo ti riguarda. **II** *avv.* non ... affatto, per niente, niente affatto. □ *it's* ~ *of your* **business** non sono affari tuoi; ~ **but** solo, soltanto; *to* **have** ~ *of* non voler sentire parlare di; ~ *of* **that**! smettila!; *to be* ~ *the* **wiser** saperne meno di prima; ~ *the* **worse** lo stesso.
nonentity [nɔnˈentiti] *s.* **1** nullità. **2** cosa inesistente.
nonesuch [ˈnʌnsʌtʃ] *s.* persona (*o* cosa) impareggiabile.
nonetheless [ˌnʌnðəˈles] *avv.* nondimeno, ciò nonostante, tuttavia.
nonexistence [ˌnɔnigˈzistəns] *s.* inesistenza.
nonexistent [ˌnɔnigˈzistənt] *a.* inesistente.
nonfiction [ˈnɔnˈfikʃən] *s.* saggistica.
nonflammable [nɔnˈflæməbl] *a.* ininfiammabile.
nonintervention [ˌnɔnintəˈvenʃən] *s.* (*Pol.*) non intervento.
nonobservance [ˌnɔnəbˈzə:vəns] *s.* inosservanza.
nonpareil *am.* [ˌnɔnpəˈrel] **I** *a.* impareggiabile, senza pari. **II** *s.* persona (*o* cosa) che non ha l'uguale.
to **nonplus** [ˈnɔnˈplʌs] *v.t.* (*pass., p.p.* **–ssed/** *am.* **–sed** [–t]) imbarazzare, confondere.
nonresident [ˈnɔnˈrezidənt] **I** *a.* non residente. **II** *s.* **1** persona di passaggio. **2** chi non pernotta (in un albergo).
nonsectarian [nɔnsekˈtɛəriən] *a.* (*Pol.*) aconfessionale.
nonsense [ˈnɔnsəns] **I** *s.* **1** assurdità, controsenso. **2** sciocchezze, stupidaggini. **II** *intz.* sciocchezze, stupidaggini.
nonsensical [nɔnˈsensikəl] *a.* assurdo; bislacco.
nonskid [ˈnɔnˈskid] *a.* antisdrucciolevole.
nonstick [ˈnɔnˈstik] *a.* antiaderente: ~ *pan* padella con fondo antiaderente.
nonstop [ˈnɔnˈstɔp] **I** *a.* **1** senza soste; ininterrotto. **2** (*Aer.*) senza scalo. **II** *avv.* **1** senza fermate (*o* scalo). **2** ininterrottamente.
nonunion [ˈnɔnˈju:njən] *a.* non appartenente a un sindacato.
nonviolent [ˈnɔnˈvaiələnt] *a.* non violento, pacifico: ~ *demonstration* dimostrazione pacifica.
noodle [ˈnu:dl] *s.* (*sl.*) sciocco, sempliciotto.
noodles [ˈnu:dlz] *s.pl.* tagliatelle.
nook [nu:k] *s.* angolo; cantuccio. □ (*fig.*) *in every* ~ *and cranny* dovunque.
noon [nu:n] *s.* **1** mezzogiorno. **2** (*fig.*) culmine, apice.
noonday [ˈnu:ndei] *s.* mezzogiorno.
no one [ˈnəuwʌn] *pron.* nessuno.
noose [nu:s] *s.* cappio, laccio. □ (*fig.*) *to put one's head in a* ~ cadere in trappola.
to **noose** [nu:s] *v.t.* accalappiare, prendere al laccio.
nope [nəup] *avv.* (*sl.*) no.
nor [nɔ:*, nə*] *congz.* **1** (dopo *neither*) né: *he neither smokes* ~ *drinks* non fuma né beve. **2** neppure, neanche, nemmeno: *I don't like cats* - ~ *do I* non mi piacciono i gatti - neppure a me.
nor' [nɔ:*] → **north**.
Nordic [ˈnɔ:dik] *a./s.* nordico.
norm [nɔ:m] *s.* **1** norma, regola. **2** modello; tipo.
normal [ˈnɔ:məl] **I** *a.* normale. **II** *s.* media; norma. □ **above** ~ sopra la norma; **below** ~ sotto la norma.
normality [nɔ:ˈmæliti] *s.* normalità.
to **normalize** [ˈnɔ:məlaiz] *v.t.* normalizzare.
normally [ˈnɔ:məli] *avv.* di norma; normalmente.
Norman [ˈnɔ:mən] *a./s.* normanno.
normative [ˈnɔ:mətiv] *a.* normativo.
Norse [nɔ:s] **I** *a.* norvegese. **II** *s.* lingua norvegese.
north [nɔ:θ] **I** *s.* nord, settentrione. **II** *a.attr.* (del) nord, settentrionale. **III** *avv.* a nord, a settentrione. □ *North* **Pole** polo nord; *North* **Star** stella polare; ~ **wind** tramontana.
northbound [ˈnɔ:θbaund] *a.* diretto a nord.
northeast [ˌnɔ:θˈi:st] **I** *s.* nord-est. **II** *a.attr.* di nord-est. **III** *avv.* a nord-est.
northeaster [ˌnɔ:θˈi:stə*] *s.* vento di nord-est.
northeasterly [ˌnɔ:θˈi:stəli] *a.* diretto a nord -est; da nord-est.
northeastern [ˌnɔ:θˈi:stən] *a.* nordorientale, di nord-est.
northerly [ˈnɔ:ðəli] **I** *a.* **1** diretto a nord. **2** da nord. **II** *avv.* **1** verso nord. **2** da nord.
northern [ˈnɔ:ðən] *a.* del nord, settentrionale, nordico.
northerner [ˈnɔ:ðənə*] *s.* settentrionale *m./f.*
northernmost [ˈnɔ:ðənməust] *a.* il più a nord, all'estremo nord.
northward [ˈnɔ:θwəd] **I** *a.* diretto a nord. **II** *avv.* verso nord.
northwards [ˈnɔ:θwədz] *avv.* verso nord.
northwest [ˌnɔ:θˈwest] **I** *s.* nord-ovest. **II** *a.attr.* di nord-ovest. **III** *avv.* a nord-ovest.
northwester [ˌnɔ:θˈwestə*] *s.* forte vento di nord-ovest.

northwesterly [ˌnɔ:θ'westəli] *a.* diretto a nord-ovest; da nord-ovest.
northwestern [ˌnɔ:θ'westən] *a.* nordoccidentale, di nord-ovest.
Norway ['nɔ:wei] *N.pr.* (*Geog.*) Norvegia.
Norwegian [nɔ:'wi:dʒən] *a./s.* norvegese.
nose [nəuz] *s.* **1** naso. **2** (*fig.*) odorato, fiuto. **3** (*Aer., Aut.*) muso; (*Mar.*) prua, prora. **4** (*tecn.*) punta. **5** (*Mil.*) ogiva. □ (*fig.*) *to* **cut** *off one's* ~ *to spite one's face* darsi la zappa sui piedi; (*fam.*) *to look* **down** *one's* ~ *at* guardare dall'alto in basso; (*fam.*) *to* **follow** *one's* ~ fidarsi del proprio intuito; (*fam.*) *to see no* **further** *than one's* ~ non vedere più in là del proprio naso; (*fam.*) *to put s.o.'s* ~ *out of* **joint** rompere le uova nel paniere a qd.; (*fam.*) *to* **lead** *s.o. by the* ~ menare per il naso qd.; (*fam.*) *as* **plain** *as the* ~ *on one's face* chiaro come il sole; (*fam.*) *to pay* **through** *the* ~ pagare un occhio della testa; *to speak* **through** *one's* ~ parlare nel naso; (*fam.*) *to* **turn** *up one's* ~ *at* arricciare il naso davanti a; (*fam.*) (*right*) **under** *his* (*very*) ~ (proprio) sotto il suo naso.
to **nose** [nəuz] **I** *v.t.* **1** avanzare lentamente e con cautela. **2** (*fam.*) (general. con *out*) fiutare; scoprire, scovare. **II** *v.i.* **1** annusare, fiutare. **2** (*fig.*) (spesso con *about, around*) ficcare il naso, curiosare (*into* in).
nosebag ['nəuzbæg] *s.* musetta.
nosebleed ['nəuzbli:d] *s.* emorragia nasale.
to **nose dive** ['nəuzdaiv] *v.i.* (*Aer.*) scendere in picchiata; (*fig.*) scendere bruscamente (di prezzi, valute).
nosegay ['nəuzgei] *s.* mazzolino di fiori, bouquet.
nosey ['nəuzi] *a.* (*fam.*) curioso, indiscreto. □ (*fam.*) ~ *parker* ficcanaso.
nostalgia [nɔs'tældʒiə] *s.* nostalgia.
nostalgic [nɔs'tældʒik] *a.* nostalgico.
nostril ['nɔstril] *s.* (*Anat.*) narice.
nostrum ['nɔstrəm] *s.* panacea, toccasana; rimedio empirico.
nosy ['nəuzi] → **nosey**.
not [nɔt] *avv.* (con l'ausiliare si contrae general. in **n't**) **1** non: *I do* ~ *know* non (lo) so. **2** (dopo i verbi *to hope, to suppose,* ecc.) di no: *I hope* ~ spero di no; *he thinks* ~ pensa di no. **3** no: *perhaps* ~ forse no. **4** neanche, neppure. □ *it's* ~ **always** *the case* non è sempre così; ~ **at** *all* niente affatto; prego!; (*esclam. fam.*) ~ **much** no davvero, figuriamoci; *I failed,* ~ **that** *you might succeed* io non ci sono riuscito, non che tu non possa farcela.
notability [ˌnəutə'biliti] *s.* persona importante, eminente.
notable ['nəutəbl] **I** *a.* **1** rilevante, notevole, degno di nota. **2** insigne, illustre. **II** *s.* persona eminente.
notary (public) ['nəutəri ('pʌblik)] *s.* notaio.
notation [nə(u)'teiʃən] *s.* **1** notazione. **2** (*am.*) annotazione, nota. **3** rappresentazione grafica (di numeri, note musicali, ecc.).
notch [nɔtʃ] *s.* **1** tacca; intaglio. **2** (*Mecc.*) dentello. **3** (*fig.*) punto, grado.
to **notch** [nɔtʃ] *v.t.* **1** segnare con una tacca. **2** (spesso con *up*) raccogliere (voti, punti), ottenere, conseguire, riportare. **3** (*Mecc.*) dentellare.
note [nəut] *s.* **1** nota (*anche Mus.*); appunto. **2** glossa, postilla. **3** biglietto, breve lettera. **4** tono, accento. **5** (*Econ.*) banconota, biglietto. □ **of** ~ illustre, eminente; importante; (*fig.*) *to strike the* **right** ~ toccare il tasto giusto; *to* **take** ~ *of* prendere nota di; *to* **take** *notes* prendere appunti.
to **note** [nəut] *v.t.* **1** notare, osservare; fare attenzione a, badare a. **2** far rilevare, richiamare l'attenzione su. **3** (spesso con *down*) prendere nota di, annotare.
notebook ['nəutbuk] *s.* taccuino, notes.
noted ['nəutid] *a.* celebre, famoso.
notepad ['nəutpæd] *s.* blocco per appunti.
noteworthy ['nəutwə:ði] *a.* degno di nota, notevole.
nothing ['nʌθiŋ] **I** *pron.* niente, nulla: *I have* ~ *to say* non ho niente da dire; (*seguito da un aggettivo*) niente di, nulla di: ~ *new* niente di nuovo. **II** *s.* **1** niente, nulla: *it all came to* ~ la cosa finì in niente. **2** nonnulla, inezia; nessuno, nullità. **III** *avv.* per niente, per nulla. □ ~ *at* **all** un bel nulla; **all** *or* ~ o tutto o niente; ~ **but** nient'altro che; solo; (*fam., scherz.*) ~ **doing**! niente da fare!; ~ **else** nient'altro; **for** ~: 1 senza ragione; 2 invano; 3 gratuitamente, gratis; *to* **have** ~ *to do with* non avere niente a che fare con; non riguardare; *he* **knows** ~ *about* ~ non sa niente di niente; *to* **make** ~ *of*: 1 non capire niente di; 2 prendere alla leggera; 3 non trarre profitto da; *it* **means** ~ *to me* per me non significa niente; *a* **mere** ~ un (bel) niente; ~ **much** poco o nulla; niente di grave; (*fam.*) ~ **near** per niente, affatto; **next** *to* ~ quasi niente; **not** *for* ~ non per niente; ~ *of the* **sort** niente del genere; *there's* ~ **to** *it* non è difficile; non è vero (di storie, dicerie).
nothingness ['nʌθiŋnis] *s.* **1** nulla, niente. **2** nullità.
notice ['nəutis] *s.* **1** avviso, annuncio, comunicazione; preavviso. **2** manifesto, cartellone. **3** disdetta, preavviso. **4** attenzione, considerazione. **5** critica, recensione. □ (*Comm.*) **at** ~ con preavviso; **at** *a moment's* ~ senza preavviso; immediatamente; *to* **bring** *s.th. to s.o.'s* ~ richiamare l'attenzione di qd. su qc.; *it has* **come** *to my* ~ *that* ho saputo che; *until* **further** ~ fino a nuovo ordine; *to* **give** ~: 1 informare (*of* di); 2 dare il preavviso a; 3 licenziare; *to* **hand** *in one's* ~ dare le dimissioni; **on** ~ previo avviso; **previous** ~ preavviso; *to* **serve** ~ mettere in guardia; *at* **short** ~ a breve scadenza; *to* **take** ~ *of* prestare attenzione a; *to* **take** *no* ~ non fare caso (*of* a); *to give s.o. a* **week**'*s* ~ dare gli otto giorni a qd.

to **notice** ['nəutis] *v.t.* **1** notare, osservare, accorgersi. **2** fare attenzione a. **3** interessarsi di, avere attenzioni per. **4** far notare, far rilevare.
noticeable ['nəutisəbl] *a.* **1** evidente. **2** notevole (*for* per).
notice board ['nəutisbɔ:d] *s.* tabellone, bacheca.
notification [ˌnəutifi'keiʃən] *s.* **1** notificazione. **2** notifica.
to **notify** ['nəutifai] *v.t.* **1** avvisare, informare; notificare a. **2** annunciare, far sapere.
notion ['nəuʃən] *s.* **1** concetto; convinzione; impressione. **2** (*usato nelle frasi negative*) la più pallida idea, la minima idea: *I have no ~ of where he went* non ho la più pallida idea di dove sia andato. **3** mezza idea, vaga intenzione. **4** (*am.*) *pl.* chincaglierie.
notional ['nəuʃənl] *a.* **1** teorico, speculativo. **2** immaginario, fittizio.
notoriety [ˌnəutə'raiəti] *s.* cattiva fama, nomea.
notorious [nə(u)'tɔ:riəs] *a.* famigerato, tristemente noto.
notwithstanding [ˌnɔtwið'stændiŋ] **I** *prep.* nonostante. **II** *avv.* nondimeno, ciò nonostante. **III** *congz.* sebbene, benché.
nougat ['nu:gɑ:] *s.* torrone (morbido).
nought [nɔ:t] **I** *s.* **1** zero. **2** nulla, niente. **II** *pron.* niente, nulla. ▭ *to* **bring** *to ~* far fallire; *to* **come** *to ~* finire in nulla; *to* **set** *at ~* tenere in poco conto, sprezzare.
noughts and crosses ['nɔ:tsən'krɔsiz] *s.* tris (gioco).
noun [naun] *s.* (*Gramm.*) sostantivo, nome.
to **nourish** ['nʌriʃ] *v.t.* nutrire; alimentare (*anche fig.*).
nourishing ['nʌriʃiŋ] *a.* nutriente, nutritivo; sostanzioso.
nourishment ['nʌriʃmənt] *s.* **1** alimento, nutrimento. **2** nutrizione.
nous [naus] *s.* (*fam.*) buonsenso.
Nov. = *November* novembre (nov.).
novel ['nɔvəl] **I** *s.* romanzo. **II** *a.* nuovo, originale.
novelette [ˌnɔvə'let] *s.* romanzo breve; romanzetto sentimentale.
novelist ['nɔvəlist] *s.* romanziere.
novelty ['nɔvəlti] *s.* novità.
November [nə(u)'vembə*] *s.* novembre.
novice ['nɔvis] *s.* novizio; principiante *m./f.*
noviciate, **novitiate** [nə(u)'viʃiit] *s.* noviziato.
now [nau] **I** *avv.* **1** adesso, ora, in questo momento. **2** subito, immediatamente. **3** ormai, già: *I've been here for six years ~* sono qui ormai da sei anni. **4** al giorno d'oggi, oggigiorno. **5** dunque, allora. **6** via, suvvia, orsù. **II** *congz.* ora che, adesso che: *~ you're here you'd better stay* ora che sei qui è meglio che tu rimanga. ▭ **any** *day* (o *any moment*, o *any time*) ~ da un giorno (*o* da un momento) all'altro, prestissimo; ~ **for** ... e ora passiamo a ..., per quanto riguarda...; **from** ~ *on* (*wards*) d'ora innanzi; **just** ~ or ora, un momento fa; ~ *or* **never** ora o mai più; ~ **then** allora, dunque; (*every*) ~ *and* **then** ogni tanto.
nowadays ['nauədeiz] *avv.* oggi, oggigiorno, al giorno d'oggi.
noway(s) ['nəuwei(z)] *avv.* in nessun modo, neanche per idea.
nowhere ['nəuwɛə*] *avv.* in nessun posto, da nessuna parte. ▭ ~ **else** in nessun altro posto; (*fam.*) *to come* **from** ~ (o *out of* ~) venire da chissà dove; (*fig.*) *to* **get** ~ non approdare a nulla; ~ **near** neanche lontanamente.
nowise ['nəuwaiz] *avv.* in nessun modo.
noxious ['nɔkʃəs] *a.* **1** nocivo, dannoso (*to* a). **2** antipatico.
nozzle ['nɔzl] *s.* **1** becco, beccuccio. **2** (*Mecc.*) ugello.
Np = (*Chim.*) *neptunium* nettunio.
nr = (*abbr.*) number.
NRC = *Nuclear Research Council* Ente per la Ricerca Nucleare.
NT = *New Testament* Nuovo Testamento.
n't [nt] *contraz. di* **not**.
nth [enθ] *a.* (*Mat.*) ennesimo: *to the ~ degree* all'ennesima potenza.
nuance [nju:'ɑ:ns, *am.* nu:–] *s.* sfumatura; tonalità, gradazione.
nub [nʌb] *s.* **1** pezzetto. **2** (*fig.*) nocciolo, nucleo.
nubile ['nju:b(a)il, *am.* 'nu:–] *a.* in età da marito, da maritare.
nuclear ['nju:kliə*, *am.* 'nu:] *a.* nucleare.
nuclear free ['nju:kliəˌfri:] *a.* denuclearizzato.
nuclear reactor ['nju:kliəri'æktə*] *s.* reattore nucleare.
nucleus ['nju:kliəs, *am.* 'nu:–] *s.* (*pl.* **nuclei** [–iai]) nucleo.
nude [nju:d, *am.* 'nu:–] **I** *a.* **1** nudo. **2** spoglio. **II** *s.* (*Arte*) nudo. ▭ *in the ~* nudo.
nudge [nʌdʒ] *s.* gomitata (per richiamare l'attenzione).
to **nudge** [nʌdʒ] *v.t.* toccare con il gomito (per richiamare l'attenzione o per spingere).
nudism ['nju:dizəm, *am.* 'nu:–] *s.* nudismo.
nudist ['nju:dist, *am.* 'nu:–] *s.* nudista.
nudity ['nju:diti, *am.* 'nu:–] *s.* nudità.
nugget ['nʌgit] *s.* **1** (*Min.*) pepita. **2** (*fig.*) chicca, notizia esclusiva.
nuisance ['nju:sns, *am.* 'nu:–] *s.* **1** fastidio, molestia, seccatura. **2** seccatore. ▭ *to* **be** *a ~* dare fastidio; **what** *a ~!* che seccatura!
nuke [nju:k] *s.* (*sl.*) **1** arma nucleare. **2** impianto nucleare.
null [nʌl] *a.* nullo, non valido. ▭ (*Dir.*) ~ *and void* invalido.
nullification [ˌnʌlifi'keiʃən] *s.* annullamento.
to **nullify** ['nʌlifai] *v.t.* annullare; invalidare.
numb [nʌm] *a.* **1** intorpidito. **2** (*fig.*) intontito, stordito.
to **numb** [nʌm] *v.t.* **1** intorpidire. **2** (*fig.*) inebetire, intontire.
number ['nʌmbə*] *s.* **1** numero; cifra. **2** numero telefonico. **3** *pl.* gran numero, moltitu-

dine. **4** (*Edit.*) numero; fascicolo. **5** (*Gramm.*) numero. **6** *pl.* aritmetica. □ **a** ~ *of* parecchi, molti; **any** ~ *of* un buon numero di; **back** ~ numero arretrato (di giornale, rivista); **in** ~ di numero; (*fam.*) *to take care of* (o *look after*) ~ **one** pensare al proprio interesse; *there is* **safety** *in numbers* l'unione fa la forza; **to** *the* ~ *of* fino a, fino al numero di; *his* ~ *is* **up** è venuta la sua ora; **without** (o *beyond*) ~ innumerevole; *times* **without** ~ innumerevoli volte, molto spesso.

to **number** ['nʌmbə*] *v.t.* **1** contare, conteggiare. **2** annoverare, includere nel numero. **3** ammontare a, assommare a. **4** numerare. □ *his days are numbered* ha i giorni contati.

numberless ['nʌmbəlis] *a.* innumerevole.

number one ['nʌmbə,wʌn] *s.* migliore, numero uno.

numberplate ['nʌmbəpleit] *s.* (*Aut.*) targa.

number Ten ['nʌmbə,ten] *s.* il n° 10 di Downing Street (abitazione del primo ministro inglese).

numerable ['nju:mərəbl, *am.* 'nu:–] *a.* numerabile.

numeral ['nju:mərəl, *am.* 'nu:–] *a./s.* numerale.

numeration [,nju:mə'reiʃən, *am.* ,nu:–] *s.* (*Mat.*) numerazione.

numerator ['nju:məreitə*, *am.* 'nu:–] *s.* (*Mat.*) numeratore.

numerical [nju:'merikəl, *am.* nu:'–] *a.* numerico.

numerous ['nju:mərəs, *am.* 'nu:–] *a.* numeroso; molteplice, svariato.

numismatic [,nju:miz'mætik, *am.* ,nu:–] *a.* numismatico.

numismatics [,nju:miz'mætiks, *am.* ,nu:–] *s. pl.* (costr. sing.) numismatica.

numismatist [nju:'mizmətist, *am.* nu:'–] *s.* numismatico.

numskull ['nʌmskʌl] *s.* (*fam.*) stupido.

nun [nʌn] *s.* suora, monaca.

nunnery ['nʌnəri] *s.* convento, monastero (di suore).

nuptial ['nʌpʃəl] *a.* nuziale.

nuptials ['nʌpʃəlz] *s.pl.* (*lett.*) nozze, sposalizio.

nurse [nə:s] *s.* **1** infermiera, nurse; infermiere. **2** bambinaia, governante; balia. **3** (*Zool.*) ape (*o* formica) operaia.

to **nurse** [nə:s] *v.t.* **1** curare, fare da infermiera (*o* infermiere) a. **2** allattare; poppare. **3** stringere al seno, coccolare. **4** trattare con cura. **5** (*fig.*) coltivare, covare, nutrire.

nursery ['nə:səri] *s.* **1** camera dei bambini. **2** asilo infantile, nido d'infanzia. **3** vivaio. □ ~ **rhyme** filastrocca; ~ **school** asilo infantile; ~ **slope** pista facile (per imparare a sciare).

nursing ['nə:siŋ] *s.* **1** professione d'infermiera; assistenza (infermieristica). **2** allattamento. □ ~ *home* casa di cura; clinica.

nurture ['nə:tʃə*] *s.* allevamento, educazione.

to **nurture** ['nə:tʃə*] *v.t.* **1** allevare, educare. **2** (*fig.*) nutrire, alimentare.

nut [nʌt] *s.* **1** noce; gheriglio. **2** (*Mecc.*) dado. **3** (*sl.*) svitato; pazzo; fanatico. □ *the nuts and* **bolts** (*of a subject* o *of an activity*) gli aspetti pratici (di una questione *o* di una faccenda); (*fam.*) *a* **hard** (o *tough*) ~ *to crack* un osso duro.

nut-brown ['nʌt'braun] *a.* castano.

nutcase ['nʌtkeis] *s.* (*sl.*) matto, pazzo.

nutcrackers ['nʌtkrækəz] *s.pl.* schiaccianoci.

nuthouse ['nʌthaus] *s.* (*sl.*) manicomio.

nutmeg ['nʌtmeg] *s.* noce moscata.

nutria ['nju:triə, *am.* 'nu:–] *s.* castorino.

nutriment ['nju:trimənt, *am.* 'nu:–] *s.* nutrimento.

nutrition [nju:'triʃən, *am.* nu:'–] *s.* nutrizione, alimentazione.

nutritious [nju:'triʃəs, *am.* nu:'–] *a.* nutriente, sostanzioso.

nutritive ['nju:tritiv, *am.* 'nu:–] *a.* **1** nutritivo. **2** → **nutritious**.

nuts [nʌts] *a.* (*sl.*) **1** matto. **2** pazzo (*about, on* per), fanatico (di).

nutshell ['nʌtʃel] *s.* guscio (di noce). □ (*fig.*) *in a* ~ in breve, in poche parole.

nutty ['nʌti] *a.* **1** fatto di noci, dal sapore di noce. **2** (*fam.*) svitato; matto, toccato.

to **nuzzle** ['nʌzl] **I** *v.i.* strofinare il muso (*at, against* contro). **II** *v.t.* strofinare il muso contro.

NY = *New York.*

nylon ['nailɔn] *s.* **1** nylon. **2** *pl.* calze di nylon.

nymph [nimf] *s.* ninfa.

nymphomania [,nimfə'meiniə] *s.* (*Med.*) ninfomania.

nymphomaniac [,nimfə'meiniæk] *a./s.* ninfomane.

O

o, O[1] [əu] *s.* (*pl.* **o's/os, O's/Os** [əuz]) o, O. □ (*Tel.*) ~ *for Oliver*; (*am.*) ~ *for Oboe* O come Otranto.
O[2] [əu] *s.* (*Mat.*) zero.
O[3] [əu] *intz.* o, oh.
O[4] = (*Chim.*) *oxygen* ossigeno.
o' [ə] *contraz. di* **of, on.**
oaf [əuf] *s.* persona goffa e sciocca.
oak [əuk] *s.* (*Bot.*) quercia.
oaken ['əukən] *a.* di quercia.
oar [ɔ:*] *s.* **1** remo. **2** rematore, vogatore. □ (*fam.*) *to* **put** *in one's* ~ immischiarsi; (*fig.*) *to* **rest** *on one's oars* concedersi un po' di riposo.
to **oar** [ɔ:*] *v.i.* remare, vogare.
oarsman ['ɔ:zmən] *s.* (*pl.* **–men**) rematore, vogatore.
oarswoman ['ɔ:zwumən] *s.* (*pl.* **–women** [–'wimin]) rematrice, vogatrice.
oasis [ə(u)'eisis] *s.* (*pl.* **–ses** [–si:z]) oasi.
oat [əut] *s.* (di solito al *pl.*) avena.
oath [əuθ] *s.* (*pl.* **oaths** [əuðz]) **1** giuramento. **2** bestemmia, imprecazione. □ *to make* (o *take*) *an* ~ fare giuramento, giurare.
oatmeal ['əutmi:l] **I** *s.* farina d'avena. **II** *a.* di colore beige.
obduracy ['ɔbdjurəsi, *am.* –də–] *s.* ostinazione, caparbietà.
obdurate ['ɔbdjurit, *am.* –də–] *a.* ostinato, caparbio.
obedience [ə'bi:diəns] *s.* obbedienza. □ *in* ~ *to* in conformità a.
obedient [ə'bi:diənt] *a.* ubbidiente, obbediente.
obeisance [ə(u)'beisəns] *s.* **1** inchino, riverenza. **2** (atto) di omaggio.
obelisk ['ɔbilisk] *s.* obelisco.
obese [ə(u)'bi:s] *a.* obeso.
obesity [ə(u)'bi:siti] *s.* obesità.
to **obey** [ə(u)'bei] **I** *v.t.* **1** ubbidire a, obbedire a. **2** osservare, attenersi a. **II** *v.i.* ubbidire, obbedire.
to **obfuscate** ['ɔbfəskeit] *v.t.* **1** sconcertare, disorientare. **2** offuscare, annebbiare.
obituary [ə'bitjuəri, *am.* –eri] *s.* necrologio.
object ['ɔbdʒikt] *s.* **1** oggetto. **2** obiettivo, scopo. □ *to* **fail** *in one's* ~ fallire lo scopo; *to be* **no** ~ non essere un problema, un ostacolo: *to me money is no* ~ non ho problemi di soldi; **with** *this* ~ con questo scopo.
to **object** [əb'dʒekt] **I** *v.i.* **1** avere da obiettare (*to* circa, su). **2** essere contrario (a). **3** (*Dir.*) sollevare un'obiezione. **II** *v.t.* obiettare, osservare. □ *if you do not* ~ se non hai niente in contrario; *do you* ~ *to my opening the window?* hai qualcosa in contrario se apro la finestra?
objection [əb'dʒekʃən] **I** *s.* **1** obiezione. **2** inconveniente. **3** avversione. **II** *intz.* (*Dir.*) mi oppongo. □ *if you* **have** *no* ~ se non hai niente in contrario; *to* **raise** *an* ~ muovere un'obiezione; *to* **take** ~ *to s.th.* avere da obiettare su qc.
objectionable [əb'dʒekʃənəbl] *a.* **1** di dubbio gusto. **2** sgradevole, spiacevole.
objective [əb'dʒektiv] **I** *s.* **1** obiettivo. **2** fine, scopo. **II** *a.* **1** obiettivo; oggettivo. **2** (*Gramm.*) (caso) accusativo.
objectivity [,ɔbdʒek'tiviti] *s.* obiettività, imparzialità, oggettività.
object lesson ['ɔbdʒekt'lesn] *s.* dimostrazione pratica.
objector [əb'dʒektə*] *s.* obiettore.
oblate ['ɔbleit] *a.* (*Geom.*) schiacciato ai poli.
oblation [ə(u)b'leiʃən] *s.* (*Rel.*) oblazione, offerta.
to **obligate** ['ɔbligeit] *v.t.* (general. al passivo) obbligare, vincolare.
obligation [,ɔbli'geiʃən] *s.* **1** obbligo; impegno, dovere. **2** (*am., Econ.*) obbligazione. □ *to be under an* ~ *to s.o.* avere degli obblighi verso qd.
obligatory [ɔ'bligətəri, *am.* –tɔ:ri] *a.* obbligatorio.
to **oblige** [ə'blaidʒ] *v.t.* **1** costringere, obbligare. **2** fare una cortesia a. □ *to* ~ *s.o. with s.th.* fare il piacere di dare qc. a qd.
obliging [ə'blaidʒiŋ] *a.* servizievole.
oblique [ə'bli:k] *a.* **1** obliquo; inclinato. **2** (*fig.*) indiretto.
to **obliterate** [ə'blitəreit] *v.t.* obliterare; annullare.
oblivion [ə'bliviən] *s.* oblio: *to fall* (o *sink*) *into* ~ cadere nell'oblio.
oblivious [ə'bliviəs] *a.* ignaro, inconsapevole (di).
oblong ['ɔblɔŋ] *a.* oblungo.
obloquy ['ɔbləkwi] *s.* **1** onta, infamia. **2** ingiu-

ria: *to heap ~ on s.o.* coprire qd. d'ingiurie.
obnoxious [əb'nɔkʃəs] *a.* odioso, detestabile.
oboe ['əubəu] *s.* (*Mus.*) oboe.
obscene [ɔb'si:n] *a.* osceno, sconcio.
obscenity [ɔb'seniti] *s.* oscenità, sconcezza.
obscurantism [əb'skjuərəntizəm] *s.* oscurantismo.
obscurantist [əb'skjuərəntist] **I** *s.* oscurantista *m./f.* **II** *a.* oscurantistico.
obscuration [ˌɔbskjuə'reiʃən] *s.* oscuramento.
obscure [əb'skjuə*] *a.* **1** oscuro (*anche fig.*): *an ~ passage* un passo oscuro. **2** vago; indistinto: *an ~ figure* una figura indistinta. **3** sconosciuto: *an ~ novelist* un romanziere non noto.
to **obscure** [əb'skjuə*] *v.t.* **1** oscurare. **2** nascondere. **3** (*fig.*) eclissare, mettere in ombra.
obscurity [əb'skjuəriti] *s.* oscurità.
obsequies ['ɔbsikwiz] *s.pl.* esequie.
obsequious [əb'si:kwiəs] *a.* servile, ossequioso (*to, towards* con).
observable [əb'zə:vəbl] *a.* **1** osservabile. **2** degno di nota, notevole.
observance [əb'zə:vəns] *s.* **1** osservanza, rispetto. **2** cerimonia, rito.
observant [əb'zə:vənt] *a.* **1** dotato di spirito d'osservazione, sveglio; attento. **2** guardingo, cauto. **3** osservante, rispettoso (*of* di).
observation [ˌɔbzə'veiʃən] *s.* **1** osservazione; esame, indagine. **2** spirito d'osservazione. **3** (general. al *pl.*) osservazione; commento. □ (*Ferr.*) ~ **car** carrozza belvedere; *to* **escape** ~ passare inosservato; *to* **keep** *under* ~ tenere in osservazione; tenere d'occhio.
observatory [əb'zə:vətri, *am.* –tɔ:ri] *s.* osservatorio.
to **observe** [əb'zə:v] **I** *v.t.* **1** osservare; notare, rilevare. **2** celebrare (una festa, ecc.); rispettare, osservare (leggi, ecc.). **II** *v.i.* **1** essere attento; stare a osservare. **2** fare commenti (*on, upon* su).
observer [əb'zə:və*] *s.* osservatore.
to **obsess** [əb'ses] *v.t.* ossessionare, perseguitare.
obsession [əb'seʃən] *s.* ossessione; fissazione.
obsessive [əb'sesiv] *a.* ossessivo; ossessionante.
obsolescence [ˌɔbsə'lesns] *s.* obsolescenza.
obsolescent [ˌɔbsə'lesnt] *a.* che sta cadendo in disuso.
obsolete ['ɔbsəli:t] *a.* antiquato, sorpassato.
obstacle ['ɔbstəkl] *s.* ostacolo, impedimento. □ (*Sport*) ~ *race* corsa a ostacoli.
obstetric [ɔb'stetrik], **obstetrical** [ɔb'stetrikəl] *a.* ostetrico.
obstetrician [ˌɔbste'triʃən] *s.* ostetrico.
obstetrics [ɔb'stetriks] *s.pl.* (costr. sing.) ostetricia.
obstinacy ['ɔbstinəsi] *s.* ostinazione, caparbietà.
obstinate ['ɔbstinit] *a.* ostinato, caparbio.
obstreperous [əb'strepərəs] *a.* **1** turbolento, ribelle. **2** chiassoso.
to **obstruct** [əb'strʌkt] *v.t.* **1** bloccare, ostruire. **2** ostacolare, intralciare.
obstruction [əb'strʌkʃən] *s.* **1** ostruzione, blocco. **2** ostacolo, intralcio. **3** ostruzionismo.
obstructionism [əb'strʌkʃənizəm] *s.* ostruzionismo.
obstructionist [əb'strʌkʃənist] *s.* ostruzionista *m./f.*
obstructive [əb'strʌktiv] *a.* che ostacola (*o* intralcia).
to **obtain** [əb'tein] **I** *v.t.* **1** ottenere, conseguire, raggiungere. **2** far ottenere, procurare. **II** *v.i.* (*di norme, usanze, ecc.*) essere in vigore.
to **obtrude** [əb'tru:d] **I** *v.t.* imporre (idee, ecc.). **II** *v.i.* imporsi (*upon* a).
obtrusive [əb'tru:siv] *a.* **1** invadente, importuno. **2** sporgente.
obtuse [əb'tju:s, *am.* –'tu:s] *a.* **1** ottuso (*anche fig.*). **2** smussato.
obverse ['ɔbvə:s] **I** *s.* diritto (di moneta). **II** *a.attr.* contrario; opposto.
to **obviate** ['ɔbvieit] *v.t.* prevenire, evitare.
obvious ['ɔbviəs] *a.* **1** ovvio, evidente. **2** logico, naturale.
o/c = *overcharge* quota extra, sovrappiù.
ocarina [ˌɔkə'ri:nə] *s.* (*Mus.*) ocarina.
occasion [ə'keiʒən] *s.* **1** occasione, circostanza. **2** motivo, causa; pretesto, spunto. □ *if the ~* **arises** all'occasione, all'occorrenza; **for** *the ~* per l'occasione; *to* **give** *~ to s.th.* dare luogo a qc.; *this is* **no** *~ for* non è il momento di; **on** ~ occasionalmente, ogni tanto; **on** *the ~ of* in occasione di; *as ~* **requires** all'occorrenza, al caso; *to* **rise** *to the ~* essere all'altezza della situazione.
to **occasion** [ə'keiʒən] *v.t.* causare, provocare.
occasional [ə'keiʒənl] *a.* **1** occasionale, sporadico, saltuario. **2** d'occasione, di circostanza.
occasionally [ə'keiʒənəli] *avv.* di quando in quando.
Occident ['ɔksidənt] *s.* occidente.
Occidental [ˌɔksi'dentl] *a./s.* occidentale.
occult [ɔ'kʌlt] *a./s.* occulto.
occupancy ['ɔkjupənsi] *s.* occupazione; possesso.
occupant ['ɔkjupənt] *s.* **1** occupante *m./f.*; affittuario. **2** titolare *m./f.*
occupation [ˌɔkju'peiʃən] *s.* **1** occupazione. **2** lavoro, impiego. **3** possesso (d'immobile).
occupational [ˌɔkju'peiʃənl] *a.* professionale: *~ disease* malattia professionale.
occupier ['ɔkjupaiə*] *s.* **1** occupatore. **2** affittuario.
to **occupy** ['ɔkjupai] *v.t.* occupare, occuparsi, essere occupato (*in, with* a, con).
to **occur** [ə'kə:*] *v.i.* (*pass., p.p.* **occurred** [–d]) **1** succedere, avvenire, accadere. **2** presentarsi, trovarsi (in natura). **3** venire in mente (*to* a).
occurrence [ə'kʌrəns] *s.* evento, avvenimento.
ocean ['əuʃən] *s.* **1** oceano. **2** *pl.* (*fam.*) (gran-

de) quantità, (*fam.*) sacco (*of* di). ▭ (*Mar.*) ~ *lanes* rotte oceaniche.
Oceania [ˌəuʃi'einjə] *N.pr.* (*Geog.*) Oceania.
oceanic [ˌəuʃi'ænik] *a.* oceanico.
oceanography [ˌəuʃiə'nɔgrəfi] *s.* oceanografia.
ocelot ['əusilɔt] *s.* (*Zool.*) gattopardo americano, ozelot.
ocher *am.*, **ochre** ['əukə*] *s.* **1** ocra. **2** color ocra.
o'clock [ə'klɔk] *loc.avv.* usata nell'indicare l'ora: *it is eleven* ~ sono le undici.
Oct. = *October* ottobre (ott.).
octagon ['ɔktəgən] *s.* (*Geom.*) ottagono.
octagonal [ɔk'tægənl] *a.* ottagonale.
octane ['ɔktein] *s.* (*Chim.*) ottano.
octave ['ɔktiv] *s.* (*Mus.*) ottava. ▭ ~ *flute* ottavino.
octavo [ɔk'teivəu] *s.* (*pl.* **–s** [–z]) formato in ottavo (di un foglio di carta).
October [ɔk'təubə*] *s.* ottobre.
octogenarian [ˌɔktə(u)dʒi'nɛəriən] *a./s.* ottuagenario.
octopus ['ɔktəpəs] *s.* (*Zool.*) polpo, piovra.
ocular ['ɔkjulə*] *a.* oculare.
oculist ['ɔkjulist] *s.* oculista.
odd [ɔd] *a.* **1** dispari. **2** spaiato, scompagnato. **3** in soprannumero. **4** sporadico; occasionale. **5** insolito; strano; stravagante. ▭ ~ (o *odds*) *and* **even**(**s**) pari e dispari; **how** ~! strano!; ~ **job** lavoro occasionale; (*fig.*) ~ **man** *out:* 1 scompagnato; non accoppiato; 2 (*fam.*) isolato; *twelve* **pounds** ~ dodici sterline e rotti; *at* ~ **times** a tempo perso.
oddity ['ɔditi] *s.* **1** eccentricità, stravaganza. **2** persona (o cosa) strana.
oddly ['ɔdli] *avv.* strano a dirsi, stranamente (spesso usato con *enough*): ~ *enough, he was kind to me* strano a dirsi, era gentile con me.
oddment ['ɔdmənt] *s.* **1** rimanenza. **2** *pl.* cianfrusaglie.
odds [ɔdz] *s.pl.* **1** (*nelle scommesse*) quotazione; quota. **2** probabilità. **3** (*Sport*) vantaggio; handicap. **4** disuguaglianza, disparità. ▭ *the* ~ *are* **against** le probabilità sono basse; **against** *all the* ~ contro tutte le previsioni; *to set two people* **at** ~ mettere zizzania fra due persone; *to be* **at** ~ *with s.o. over s.th.* trovarsi in disaccordo con qd. su qc.; ~ *and* **ends** rimasugli vari; cianfrusaglie; *the* ~ *are in your* **favour** le probabilità sono a tuo favore; *to* **lay** (o *give*) ~ scommettere; *it* **makes** *no* ~ è la stessa cosa; *to* **take** ~ scommettere contro; **what's** *the* ~? che importa?
odds-on ['ɔdz'ɔn] *a.* dato per vincente, favorito.
ode [əud] *s.* (*Lett.*) ode.
odious ['əudiəs] *a.* odioso; disgustoso, ripugnante.
odium ['əudiəm] *s.* odio, avversione profonda.
odor *am.* ['əudə*] → **odour.**
odoriferous [ˌəudə'rifərəs] *a.* odoroso, fragrante.
odorous ['əudərəs] *a.* odoroso, profumato.
odour ['əudə*] *s.* odore. ▭ (*fig.*) *to be in bad* ~ *with s.o.* essere malvisto da qd.
odyssey ['ɔdisi] *s.* viaggio avventuroso; peripezie (di viaggio); odissea.
oecumenical [ˌi:kju'menikəl] *a.* (*Rel.*) ecumenico.
OEEC = *Organization for European Economic Cooperation* Organizzazione Economica per la Cooperazione Europea (OECE).
oesophagus [i'sɔfəgəs] *s.* (*pl.* **–gi** [–dʒai]) (*Anat.*) esofago.
oestrogen ['i:strədʒən] *s.* (*Biol.*) estrogeno.
of [ɔv, əv] *prep.* **1** di: *the capital* ~ *France* la capitale della Francia; *a man* ~ *ability* un uomo abile; *made* ~ *plastic* fatto di plastica. **2** di, da; per: *to do s.th.* ~ *necessity* fare qc. per necessità; *to die* ~ *hunger* morire di fame; *free* ~ *duty* esente da dazio. **3** di, su, circa: *to talk* ~ *politics* parlare di politica. **4** da parte di: *it was kind* ~ *you* è stato gentile da parte tua. **5** (*am.*) (*nell'indicazione dell'ora*) a, meno: *it's a quarter* ~ *ten* sono le dieci meno un quarto. ▭ **all** ~ tutto: *all* ~ *a tremble* tutto tremante; **Doctor** ~ *Medicine* dottore in medicina.
off [ɔf] **I** *avv.* **1** lontano, distante; via: *ten miles* ~ lontano dieci miglia; lontano (nel tempo): *the end is not far* ~ la fine non è lontana; *the dog ran* ~ il cane corse via. **2** di vacanza: *to take the day* ~ prendersi un giorno di vacanza. **3** (*con il verbo essere assume valore idiomatico*): *we must be* ~ dobbiamo andarcene; *the strike is* ~ lo sciopero è revocato; *my daughter's engagement is* ~ mia figlia ha rotto il fidanzamento; *the heating is* ~ il riscaldamento è spento; *the turkey is* ~ il tacchino è finito; *I'm well* ~ sono ricco. **4** (*di cibo*) andato a male. **5** al largo: *the ship stood* ~ la nave si teneva al largo. **6** di (*o* come) sconto: *five per cent* ~ il cinque per cento di sconto. **7** (*Mar.*) al largo. **II** *prep.* **1** giù da: *the baby fell* ~ *the bed* il bambino cadde giù dal letto. **2** che si discosta da, che devia da: *a small street* ~ *the main road* una stradina che devia dalla strada principale. **3** vicino a, in prossimità di: *a restaurant* ~ *Oxford Street* un ristorante vicino a Oxford Street. **4** lontano da, alla larga da: *to keep* ~ *spirits* tenersi lontano dall'alcool. **5** (*Mar.*) al largo di: ~ *the coast* al largo della costa. **III** *a.* **1** più distante (*o* lontano): *the* ~ *side of the house* la parte più distante della casa. **2** di destra, sulla destra. **3** (*Aut.*) sul lato opposto al marciapiede. **4** morto, senza attività: ~ *season* stagione morta. **IV** *intz.* via, fuori. ▭ *to be* **badly** ~ passarsela male; ~ **colour** indisposto; *to* **feel** ~ star poco bene; *he is* ~ *his* **food** non gli va di mangiare; ~ *we go!* si va!, si parte!; *to* **help** *s.o.* ~ *with his coat* aiutare qd. a togliersi il cappotto; ~ *and* **on** a intervalli; (*fam.*) *offs and* **ons** alti e bassi; *the light* **went** ~ la luce si spense; ~ **with** *you!* va via!, togliti di mezzo!

offal ['ɔfəl] *s.* (*Gastr.*) frattaglie, interiora.
offbeat ['ɔf'bi:t] *a.* (*fam.*) anticonformistico, insolito.
off-chance ['ɔftʃɑ:nts] *s.* minima probabilità. □ *on the* ~ *of* con la vaga speranza di.
off-day ['ɔfdei] *s.* (*fam.*) giornataccia, giornata sfortunata.
offence [ə'fens] *s.* **1** infrazione, trasgressione. **2** offesa, insulto. **3** (*Mil.*) attacco. □ (*esclam.*) **no** ~ senza offesa; *to* **take** ~ *at s.th.* offendersi per qc.
to **offend** [ə'fend] **I** *v.t.* **1** offendere; urtare la sensibilità di. **2** risultare sgradevole a, offendere. **II** *v.i.* trasgredire, contravvenire (*against* a).
offender [ə'fendə*] *s.* (*Dir.*) reo, colpevole *m./f.*; delinquente *m./f.*; criminale *m./f.*
offense *am.* [ə'fens] → **offence**.
offensive [ə'fensiv] **I** *a.* **1** offensivo; ingiurioso. **2** sgradevole, disgustoso. **3** (*Mil.*) di offesa, di attacco. **II** *s.* (*Mil.*) offensiva.
offer ['ɔfə*] *s.* offerta. □ (*Comm.*) *on* ~ in offerta.
to **offer** ['ɔfə*] **I** *v.t.* **1** offrire; porgere, presentare: *to* ~ *one's apologies* porgere le proprie scuse. **2** (seguito dall'inf.) offrirsi di, dichiararsi disposto a. **II** *v.i.* presentarsi, offrirsi: *whenever the opportunity offers* ogni volta che si presenta l'occasione. □ *to* ~ **battle** mostrarsi disposto alla battaglia; *to* ~ *one's* **hand** fare una proposta di matrimonio.
offering ['ɔfəriŋ] *s.* **1** offerta. **2** (*Rel.*) offerta; oblazione.
offertory ['ɔfətəri] *s.* (*Lit.*) offertorio.
offhand ['ɔ:f'hænd] **I** *a.* **1** estemporaneo, improvvisato. **2** secco, brusco. **3** disinvolto, alla buona. **II** *avv.* all'improvviso; su due piedi.
office ['ɔfis] *s.* **1** ufficio; sede; studio. **2** ministero, dicastero. **3** ufficio, carica. **4** incombenza, compito; mansione. □ *to do s.o. a* **bad** ~ rendere un cattivo servizio a qd.; *to* **enter** *upon* ~ entrare in carica; **good** *offices* buoni uffici, interessamento; **in** ~ in carica; *to* **leave** ~ dimettersi; *to be* **out** *of* ~ non essere in carica; *to* **take** ~ entrare in carica; **term** *of* ~ mandato.
office boy ['ɔfisbɔi] *s.* fattorino.
officer ['ɔfisə*] *s.* **1** (*Mil.*) ufficiale. **2** funzionario, dirigente: *bank* ~ funzionario di banca. **3** poliziotto, agente di polizia. □ ~ *of state* funzionario statale; ministro.
official [ə'fiʃəl] **I** *s.* funzionario. **II** *a.* **1** ufficiale. **2** burocratico.
officialdom [ə'fiʃəldəm] *s.* burocrazia; burocrati.
officialese [əˌfiʃə'li:z] *s.* linguaggio burocratico.
to **officiate** [ə'fiʃieit] *v.i.* **1** (*Lit.*) ufficiare, officiare. **2** fare (*as* da), svolgere le funzioni (di), ricoprire la carica (di).
officious [ə'fiʃəs] *a.* invadente, intrigante, impiccione.
offing ['ɔfiŋ] *s.* (*Mar.*) largo, mare aperto. □ (*fig.*) *in the* ~ in vista, imminente.
off-key ['ɔfki:] *a.* stonato.
off-limits ['ɔf'limits] *a.* (*Mil.*) interdetto all'accesso.
off-peak ['ɔf'pi:k] *a.* di bassa stagione, a prezzo scontato.
offprint ['ɔfprint] *s.* estratto (di un articolo, ecc.).
off-putting ['ɔfputiŋ] *a.* antipatico.
off season ['ɔf'si:zn] *s.* bassa stagione.
offset ['ɔ:fset] *s.* **1** compenso, compensazione. **2** (*Tip.*) (stampa) offset. **3** (*Bot.*) getto, germoglio.
to **offset** [ˌɔ:f'set] *v.t.* (*coniug. come* to **set**) **1** compensare, (contro)bilanciare. **2** (*Tip.*) ['ɔ:fset] stampare in offset.
offshoot ['ɔ:fʃu:t] *s.* **1** (*Bot.*) ramo; germoglio. **2** (*fig.*) ramo collaterale; rampollo, discendente *m./f.*
offshore ['ɔ:f'ʃɔ:*] *a./avv.* in mare aperto; al largo.
offside ['ɔf'said] *a./avv.* (*Sport*) in fuorigioco.
offspring ['ɔfspriŋ] *s.* (*pl. inv./*–**s** [–s]) discendente *m./f.*; prole, discendenza.
offstage ['ɔfsteidʒ] *a.* (*Teat.*) fuori scena, lontano dalla scena.
off-street ['ɔfstri:t] *a./avv.* su strade secondarie.
off-white ['ɔf'wait] *a./s.* bianco sporco.
oft [ɔ:ft] *avv.* (*poet.*) spesso.
often ['ɔfn] *avv.* spesso, di frequente, sovente. □ **as** ~ *as* tutte le volte che; **as** ~ *as not* il più delle volte; **every** *so* ~ di tanto in tanto; **how** ~? quante volte?; **very** ~ molto spesso.
ogive ['əudʒaiv] *s.* (*Arch.*) ogiva; arco (a sesto) acuto.
ogle ['əugl] *s.* sguardo amoroso.
to **ogle** ['əugl] **I** *v.t.* occhieggiare; mangiare con gli occhi. **II** *v.i.* fare gli occhi dolci (*at* a).
ogre ['əugə*] *s.* orco.
oh [əu] *intz.* oh, ah.
OHMS = *On His* (o *Her*) *Majesty's Service* al servizio di sua Maestà.
oho [ə(u)'həu] *intz.* oh, ha.
oil [ɔil] *s.* **1** olio; petrolio; greggio. **2** colore a olio; quadro a olio. □ (*fig.*) *to* **pour** ~ *on the flames* gettare olio sul fuoco; *to* **pour** ~ *on troubled waters* calmare le acque.
to **oil** [ɔil] *v.t.* (*Mecc.*) lubrificare; oliare, ungere. □ (*fam.*) *to* ~ *s.o.'s* **palm** corrompere qd.; (*fig.*) *to* ~ *the* **wheels** ungere le ruote.
oilcan ['ɔilkæn] *s.* oliatore.
oilcloth ['ɔilklɔθ] *s.* tela cerata, incerata.
oilfield ['ɔilfi:ld] *s.* giacimento petrolifero.
oilman ['ɔilmən] *s.* (*pl.* –**men**) industriale petrolifero.
oil painting ['ɔilpeintiŋ] *s.* **1** pittura a olio. **2** quadro a olio.
oilskin ['ɔilskin] *s.* **1** tela cerata, incerata. **2** *pl.* indumenti di tela cerata (p.e. per marinai).
oil tanker ['ɔiltænkə*] *s.* (*Mar.*) petroliera.
oily ['ɔili] *a.* **1** oleoso. **2** unto; untuoso. **3** (*fig.*) mellifluo.

ointment ['ɔintmənt] *s.* unguento; pomata.
OK = → **okay**.
okay ['əu'kei] (*fam.*) **I** *avv.* **1** (*esclam.*) d'accordo, (va) bene, okay (OK). **2** discretamente; bene. **II** *a.* giusto, corretto. **III** *s.* approvazione, consenso. □ *to be doing* ~ andare a gonfie vele.
to **okay** ['əu'kei] *v.t.* (*fam.*) approvare, dare il consenso a.
old [əuld] **I** *a.* (*compar.* **older** [–ə*]/**elder** ['eldə*], *sup.* **oldest** [–ist]/**eldest** ['eldist]) **1** vecchio. **2** antico; superato, antiquato; passato, di un tempo. **3** invecchiato, stagionato; stantio. **II** *s.* (costr. pl.) vecchi: *the* ~ i vecchi. □ ~ **age** vecchiaia; *to* **be** *ten years* ~ avere dieci anni; (*fam.*) ~ **boy** ex allievo (di una scuola); ~ **flame** vecchia fiamma; *Old* **Glory** bandiera degli Stati Uniti; *to* **grow** ~ invecchiare; (*fig.*) *to be an* ~ **hand** *at s.th.* essere esperto di qc.; *Old* **Harry** il diavolo; **how** ~ *are you?* quanti anni hai?; *to* **know** *s.o. of* ~ conoscere qd. da tanto tempo; ~ **maid** vecchia zitella; ~ **man** vecchio padre; (*fam.*) marito; *Old* **Nick** = *Old* **Harry**; **of** ~ molto tempo fa; *in days* **of** ~ in passato; (*fig.*) *of the* ~ **school** di vecchio stampo; tradizionalista; ~ **woman** vecchia; (*fam.*) moglie; madre; *Old* **World** vecchio mondo; Europa; ~ *and* **young** vecchi e giovani.
olden ['əuldən] *a.* (*poet.*) antico, passato.
old-fashioned ['əuld'fæʃənd] *a.* antiquato, fuori moda; all'antica.
old-timer ['əuld'taimə*] *s.* (*fam.*) veterano.
oleander [ˌəuli'ændə*] *s.* oleandro.
oleograph ['əuliəgrɑ:f] *s.* oleografia.
olfactory [ɔl'fæktəri] *a.* olfattivo, olfattorio.
oligarch ['ɔligɑ:k] *s.* oligarca.
oligarchical [ˌɔli'gɑ:kikəl] *a.* oligarchico.
oligarchy ['ɔligɑ:ki] *s.* oligarchia.
olive ['ɔliv] **I** *s.* **1** olivo, ulivo. **2** oliva. **3** verde oliva. **II** *a.* **1** d'oliva. **2** (color) verde oliva. **3** olivastro. □ (*fig.*) *to hold out the* ~ *branch* fare proposte di pace.
olive green ['ɔliv'gri:n] *a./s.* (color) verde oliva.
olive grove ['ɔlivgrəuv] *s.* oliveto, uliveto.
olive oil ['ɔlivɔil] *s.* olio d'oliva.
Olympiad [ə(u)'limpiæd] *s.* olimpiade.
Olympian [ə(u)'limpiən] **I** *a.* olimpico; dell'Olimpo. **II** *s.* **1** divinità olimpica. **2** (*Sport*) olimpionico.
Olympic [ə(u)'limpik] **I** *a.* olimpico. **II** *s.pl.* (*Sport*) giochi olimpici, olimpiadi. □ ~ *games* Olimpiadi.
omega ['əumigə, *am.* əu'me:gə] *s.* (*alfabeto greco*) omega.
omelet(te) ['ɔmlit] *s.* (*Gastr.*) omelette, frittata.
omen ['əumən] *s.* auspicio, presagio.
to **omen** ['əumən] *v.t.* far presagire.
ominous ['ɔminəs] *a.* infausto, di cattivo augurio; minaccioso.
omission [ə(u)'miʃən] *s.* omissione.
to **omit** [ə(u)'mit] *v.t.* (*pass., p.p.* **omitted** [–id]) tralasciare, omettere.
omnibus ['ɔmnibʌs] **I** *s.* antologia, raccolta. **II** *a.attr.* che include più cose. □ ~ *book* raccolta di opere (di uno stesso autore o su uno stesso argomento).
omnipotence [ɔm'nipətəns] *s.* onnipotenza.
omnipotent [ɔm'nipətənt] *a.* onnipotente.
omnipresence [ˌɔmni'prezns] *s.* onnipresenza.
omnipresent [ˌɔmni'preznt] *a.* onnipresente.
omniscience [ɔm'niʃəns] *s.* onniscienza.
omniscient [ɔm'niʃənt] *a.* onnisciente.
omnivorous [ɔm'nivərəs] *a.* onnivoro. □ *an* ~ *reader* uno che legge di tutto.
on [ɔn] **I** *prep.* **1** su, sopra: ~ *the grass* sull'erba; in, a: ~ *the right-hand side* a destra; ~ *page 20* a pagina 20. **2** con, addosso: *I have no money* ~ *me* non ho denaro con me. **3** (*nelle espressioni di tempo*) non si traduce: ~ *December 30th* il 30 dicembre; ~ *Tuesday* martedì; ~ *my arrival* al mio arrivo. **4** (*per indicare direzione*) su, sopra: *the march* ~ *Rome* la marcia su Roma. **5** (*per indicare argomento, ecc.*) di, su, a: *to speak* ~ *policy* parlare di politica. **II** *avv.* **1** su; addosso, su di sé (spesso non si traduce): *to put a record* ~ mettere un disco; *put your shoes* ~ mettiti le scarpe. **2** (*esprime il progredire di un'azione*): *go* ~ va' avanti; *he walked* ~ *a few miles* continuò a camminare per alcune miglia; *how are you getting* ~*?* come ti va? **3** in azione, in funzione, acceso: *to put the brakes* ~ mettere in azione i freni. **4** (*con i verbi essere e avere assume valore idiomatico*): 1 *what's* ~*?* che cosa succede?; 2 *what's* ~ *at the cinema tonight?* che cosa danno al cinema stasera?; *have they anything* ~ *tomorrow?* hanno qualcosa in programma per domani? **III** *a.* acceso; funzionante. □ ~ *and* **after** *the 10th of June* dal 10 giugno in poi; ~ **and** ~ ininterrottamente; (*fam.*) *to be* ~ **at** non dar pace a; ~ *an* **average** in media; *to be* ~ *a* **committee** essere membro di un comitato; ~ **holiday** in vacanza; **just** ~ *10 o'clock* alle 10 precise; ~ **no** *account* per nessuna ragione; ~ **sale** in vendita; *and* **so** ~ e così via; ~ **time** puntualmente; (*fam.*) *to be* ~ **to** s.o. essere in contatto con qd.; *to be* ~ **to** *s.th.* essere a conoscenza di qc.
once [wʌns] **I** *avv.* **1** una volta: ~ *a week* una volta alla settimana. **2** un tempo; una volta, in precedenza. **II** *congz.* quando, una volta che, non appena: *all will be well* ~ *he arrives* tutto andrà a posto quando arriverà. **III** *s.* una volta. □ ~ *and* **again** di tanto in tanto; **all** *at* ~ all'improvviso; nello stesso tempo; ~ (*and*) *for* **all** una volta per tutte; **at** ~ immediatamente; contemporaneamente; **for** ~ una volta tanto; ~ *in a* **lifetime** una volta nella vita; ~ **more** un'altra volta; *for* **this** ~ (per) questa volta; ~ **upon** *a time* c'era una volta; ~ *in a* **way** *won't hurt* per una volta, passi; ~ *in a* **while** di quando in quando.
once-over ['wʌnsəuvə*] *s.* (*fam.*) rapida occhiata, rapida ispezione.

oncogenic [ɔnkə'dʒenik] *a.* (*Med.*) oncogeno.
oncologist [ɔn'kɔlədʒist] *s.* (*Med.*) oncologo.
oncology [ɔn'kɔlədʒi] *s.* (*Med.*) oncologia.
oncoming ['ɔnkʌmiŋ] **I** *a.* **1** che si avvicina. **2** imminente, prossimo. **II** *s.* imminenza, prossimità.
one [wʌn] **I** *a.* **1** un, uno. **2** (uno) solo, unico: *there's only ~ solution* c'è un'unica soluzione. **3** un certo: *~ James Jones* un certo James Jones. **II** *s.* uno. **III** *pron.* **1** uno, una. **2** questo, quello (a volte non si traduce): *I choose this ~* scelgo questo; *give me that ~* dammi quello; *this is the best ~* questo è il migliore. **3** un, uno, una. **4** (*usato impersonalmente*) si: *~ must eat to live* si deve mangiare per vivere; proprio, propria (spesso non si traduce): *to express ~'s opinion* esprimere la propria opinione. ▭ (*fam.*) *you're* **a** *~!* sei un bel tipo!; *~* **after** *the other* uno dopo l'altro; *~ and* **all** tutti (quanti); *it's* **all** *~ to me* per me fa lo stesso; *~* **another** l'un l'altro; a vicenda; **any** *~* qualunque, qualsiasi; **as** *~* tutti insieme; *to be* **at** *~* essere in armonia (*with* con); essere d'accordo (con); **in** *~* (tutto) insieme, allo stesso tempo; (*fig.*) *to be* **made** *~* sposarsi; *~ and* **only** unico (e solo); *~ and the* **same** il medesimo; *by* **ones** *and* **twos** alla spicciolata; (*fam.*) *to be ~* **up** *on s.o.* essere sempre un passo avanti rispetto a qd.; *to be ~* **with** *s.o.* esser d'accordo con qd.
one-armed ['wʌnɑ:md] *a.* che ha un solo braccio. ▭ (*sl.*) *~ bandit* slot machine.
one-eyed ['wʌneid] *a.* che ha un solo occhio.
one-horse ['wʌnhɔ:s] *a.* a un tiro.
one-man ['wʌn,mæn] *a.* fatto da una sola persona, destinato a una sola persona.
one-off ['wʌnɔ:f] **I** *s.* cosa che avviene solo una volta. **II** *a.* che avviene una sola volta.
one-parent family ['wʌn'pɛərənt 'fæmili] *s.* famiglia formata da un solo genitore e dai figli.
oner ['wʌnə*] *s.* (*fam.*) persona (*o* cosa) eccezionale; fenomeno; asso.
onerous ['ɔnərəs] *a.* gravoso, oneroso.
oneself [wʌn'self] *pron.pers.* **1** (*rifl.*) si, sé, se stesso, se stessa: *to hurt ~* farsi male. **2** sé, se stesso, se stessa (spesso non si traduce): *to trust no one but ~* fidarsi solo di se stessi. ▭ *to* **be** *~* essere se stesso; essere spontaneo; **by** *~* solo; da solo, da sé; *to* **come** *to ~* riprendere conoscenza, riaversi; rinsavire; **to** *~* tra sé (e sé).
one-sided ['wʌn'saidid] *a.* **1** unilaterale. **2** (*fig.*) parziale.
one-time ['wʌntaim] *a.* di un tempo, di una volta, ex.
one-track ['wʌntræk] *a.* (*Ferr.*) a binario unico. ▭ (*fig.*) *~ mind* mente limitata.
one-upmanship [,wʌn'ʌpmənʃip] *s.* arte di mantenere sempre un vantaggio sugli altri.
one-way ['wʌnwei] *a.* **1** (*Strad.*) a senso unico (*anche fig.*): *a ~ street* una strada a senso unico. **2** (*di biglietto*) di sola andata.
onion ['ʌnjən] *s.* (*Bot.*) cipolla. ▭ (*sl.*) *he knows his onions* sa il fatto suo.
onlooker ['ɔnlukə*] *s.* spettatore
only ['əunli] **I** *a.* solo, unico: *the ~ thing to do* l'unica cosa da fare; *~ child* figlio unico. **II** *avv.* **1** solamente, soltanto, solo: *~ then did he speak* soltanto allora parlò; *not ~ was he old, but also unpleasant* non soltanto era vecchio, ma anche antipatico. **2** unicamente, esclusivamente. **III** *congz.* ma, però; solo che, senonché. ▭ *~* **too** molto: *I should be ~ too pleased* sarei molto contento; *it is ~* **too** *true* purtroppo è vero.
onomatopoeia [,ɔnə,mætə'pi:ə] *s.* (*Ling.*) onomatopea.
onomatopoeic [,ɔnə,mætə'pi:ik] *a.* onomatopeico.
onrush ['ɔnrʌʃ] *s.* assalto, attacco.
onset ['ɔnset] *s.* **1** inizio, principio. **2** attacco, assalto.
onshore ['ɔnʃɔ:*] **I** *a.* sulla riva; vicino alla riva. **II** *avv.* verso riva.
onslaught ['ɔnslɔ:t] *s.* assalto violento.
on-the-job ['ɔnðə'dʒɔb] *a.* pratico; esperto nel lavoro.
onto, on to ['ɔntu:, 'ɔntə] *prep.* su, sopra.
onus ['əunəs] *s.* obbligo, (*lett.*) onere.
onward ['ɔnwə:d] **I** *a.* in avanti. **II** *avv.* → **onwards**.
onwards ['ɔnwə:dz] *avv.* in avanti.
onyx ['ɔniks] *s.* (*Min.*) onice.
oodles ['u:dlz] *s.pl.* (costr. sing. o pl.) (*fam.*) gran quantità, mucchio.
oomph [u:mf] *s.* **1** energia, vitalità. **2** attrattiva fisica, sex-appeal.
oops ['u:ps] *intz.* oh, ah.
ooze [u:z] *s.* melma; fango, fanghiglia.
to **ooze** [u:z] **I** *v.i.* **1** colare, stillare; filtrare; trasudare. **2** (*fig.*) far trapelare (*with s.th.* qc.). **II** *v.t.* stillare; filtrare. ▭ (*fig.*) *to ~ away* scomparire lentamente.
oozy ['u:zi] *a.* fangoso, melmoso.
opacity [ə(u)'pæsiti] *s.* **1** opacità. **2** (*fig.*) difficoltà, oscurità.
opal ['əupəl] *s.* (*Min.*) opale.
opalescent [,əupə'lesnt] *a.* opalescente.
opaque [ə(u)'peik] *a.* **1** opaco. **2** (*fig.*) difficile da capire, oscuro.
open ['əupən] **I** *a.* **1** aperto; scoperto. **2** pubblico, aperto al pubblico. **3** (*fig.*) manifesto, palese; di dominio pubblico. **4** (*fig.*) schietto, sincero; di larghe vedute. **5** (*fig.*) esposto, soggetto (*to* a). **6** (*fig.*) pronto (*to* a), disponibile (per). **7** (*fig.*) aperto, insoluto, in sospeso. **II** *s.* **1** scoperto; aperta campagna. **2** aperto, aria aperta. ▭ *~* **air** aperto, aria aperta; *with ~* **arms** a braccia aperte; (*fig.*) *to be an ~* **book** essere un libro aperto; *~* **cheque** assegno non sbarrato; *to keep one's* **ears** *~* tendere l'orecchio; *an ~* **enemy** un nemico dichiarato; *to keep one's* **eyes** *~* tenere gli occhi aperti; (*fig.*) *to give with an ~* **hand** (o *open hands*) essere generoso; (*fig.*) *to keep ~* **house** essere molto ospitale; **in** *the*

~ all'aperto, all'aria aperta; (*fig.*) di dominio pubblico; *to fight* **in** *the* ~ combattere in campo aperto; (*fig.*) *to come out* **into** *the* ~ mettere le carte in tavola; (*fig.*) ~ **secret** segreto di Pulcinella.

to **open** ['əupən] **I** *v.t.* **1** aprire; schiudere; disfare (un pacco). **2** allargare; distendere. **3** iniziare; inaugurare. **4** (*fig.*) svelare. **II** *v.i.* **1** aprirsi; schiudersi. **2** cominciare, iniziare (*with* con). **3** (*di fiori*) sbocciare, schiudersi. **4** (*fig.*) manifestarsi, rivelarsi. **5** (*fig.*) aprirsi (*to* a), confidarsi (con). □ (*fig.*) *to* ~ *the* **door** (o *the way*) *to s.th.* aprire la porta (o la strada) a qc.; (*fig.*) *to* ~ *s.o.'s* **eyes** (o *one's eyes*) aprire gli occhi a qd.; *to* ~ **fire** aprire il fuoco; *to* ~ **out** spiegare; rivelarsi; *to* ~ **up**: 1 aprire; 2 scoprire, offrirsi alla vista; 3 rivelare, svelare; 4 iniziare, intraprendere; 5 aprire il fuoco (*on* su); 6 (*fam.*) confidarsi, parlare apertamente (*to* con).

opencast ['əupənkɑ:st] *a.* a cielo aperto (di miniera).

opener ['əupənə*] *s.* arnese per aprire.

open-eyed ['əupən'aid] *a.* **1** con gli occhi aperti. **2** guardingo, vigile.

open-handed ['əupən'hændid] *a.* generoso, liberale.

open-hearted ['əupən'hɑ:tid] *a.* sincero, franco.

opening ['əupəniŋ] **I** *s.* **1** apertura. **2** inizio; inaugurazione. **3** posto vacante. **4** (*fig.*) opportunità, occasione. **II** *a.attr.* **1** inaugurale. **2** introduttivo.

opening night ['əupəniŋ,nait] *s.* (*Teat.*) prima.

open-minded ['əupən'maindid] *a.* di larghe vedute.

open-mouthed ['əupən'mauðd] *a.* a bocca aperta.

openness ['əupənnis] *s.* **1** franchezza, sincerità. **2** apertura mentale.

opera ['ɔpərə] *s.* opera lirica.

opera house ['ɔpərəhaus] *s.* teatro dell'opera.

to **operate** ['ɔpəreit] **I** *v.i.* **1** operare; agire. **2** funzionare (*on* a). **3** (*Chir.*) operare (*on s.o.* qd.). **II** *v.t.* azionare, far funzionare; gestire.

operatic [,ɔpə'rætik] *a.* (*Mus.*) operistico, lirico.

operating ['ɔpəreitiŋ] *a.* operante, funzionante. □ (*Comm.*) ~ **expenses** spese di gestione; ~ **theatre** (*am.* ~ *room*) sala operatoria.

operation [,ɔpə'reiʃən] *s.* **1** funzionamento; gestione, direzione. **2** operazione. **3** azione. **4** operazione, intervento chirurgico. □ (*Chir.*) *to* **have** *an* ~ sottoporsi a un intervento; **in** ~ in funzione; in vigore.

operational [,ɔpə'reiʃənl] *a.* **1** in funzione. **2** operativo. **3** (*Comm.*) di gestione, d'esercizio.

operative ['ɔpərətiv, *am.* –reit–] **I** *a.* **1** operante, funzionante. **2** in vigore, valido. **3** efficace. **4** operatorio. **II** *s.* **1** operaio (di una fabbrica). **2** spia, agente segreto.

operator ['ɔpəreitə*] *s.* **1** operatore. **2** centralinista *m./f.*, telefonista *m./f.* **3** (*Mat.*) operatore. **4** (*fam.*) trafficante *m./f.* □ (*fam.*) *a smart* ~ una persona furba.

operetta [,ɔpə'retə] *s.* (*Mus.*) operetta.

Ophelia [ə'fi:lijə] *N.pr.f.* Ofelia.

ophthalmia [ɔf'θælmiə] *s.* (*Med.*) oftalmia.

ophthalmic [ɔf'θælmik] *a.* oftalmico.

opiate ['əupiit] *s.* sonnifero; narcotico.

to **opine** [ə(u)'pain] *v.t.* (*ant.*) ritenere, opinare.

opinion [ə'pinjən] *s.* opinione, parere; convinzione. □ *to* **act** *up to one's opinions* agire secondo le proprie opinioni; *to have a* **high** ~ *of o.s.* avere un'alta opinione di sé; **in** *my* ~ secondo me, a mio parere; **in** *the* ~ *of* secondo; *to have a* **low** ~ *of s.o.* avere una cattiva opinione di qd.; *to be* **of** *the* ~ *that* essere dell'opinione che.

opinionated [ə'pinjəneitid] *a.* **1** ostinato, caparbio. **2** dogmatico.

opinion leader [ə'pinjən'li:də*] *s.* chi influenza l'opinione pubblica.

opinion maker [ə'pinjən'meikə*] → **opinion leader**.

opium ['əupiəm] *s.* oppio.

opossum [ə'pɔsəm] *s.* (*pl. inv.*/–**s** [–z]) (*Zool.*) opossum.

opponent [ə'pəunənt] *s.* oppositore; antagonista *m./f.*

opportune ['ɔpətju:n, *am.* –tu:n] *a.* opportuno; adatto, conveniente.

opportunism ['ɔpətju:nizəm, *am.* –tu:n–] *s.* opportunismo.

opportunist ['ɔpətju:nist, *am.* –tu:n–] *s.* opportunista *m./f.*

opportunity [,ɔpə'tju:niti, *am.* –'tu:n–] *s.* opportunità, occasione. □ *at the earliest* (o *first*) ~ alla prima occasione.

to **oppose** [ə'pəuz] *v.t.* **1** opporsi a, contrastare. **2** contrapporre, opporre. □ *as opposed to* in contrasto con.

opposite ['ɔpəzit] **I** *a.* **1** (posto) di fronte, contrapposto (*to* a). **2** opposto, contrario; contrastante (con). **II** *s.* opposto, contrario. **III** *avv.* di fronte. **IV** *prep.* di fronte a.

opposite number ['ɔpəzit'nʌmbə*] *s.* controparte, omologo (in un'altra ditta, organizzazione, ecc.).

opposition [,ɔpə'ziʃən] *s.* **1** opposizione. **2** resistenza, ostilità. **3** contrapposizione. □ *in* ~ contro (*to s.th.* qc.), in opposizione (a); (*Parl.*) all'opposizione.

to **oppress** [ə'pres] *v.t.* opprimere; angosciare; gravare su.

oppression [ə'preʃən] *s.* oppressione; angoscia.

oppressive [ə'presiv] *a.* oppressivo; gravoso; opprimente.

oppressor [ə'presə*] *s.* oppressore.

opprobrious [ə'prəubriəs] *a.* vergognoso, obbrobrioso; ingiurioso, oltraggioso.

opprobrium [ə'prəubriəm] *s.* obbrobrio, vergogna.

to **opt** [ɔpt] *v.i.* optare (*for* per), scegliere (tra).

□ *to* ~ *out of s.th.* decidere di non fare qc.
optative ['ɔptətiv] *a./s.* (*Gramm.*) ottativo.
optic ['ɔptik] *a.* (*Anat.*) ottico.
optical ['ɔptikəl] *a.* ottico, della vista. □ ~ *illusion* illusione ottica.
optician [ɔp'tiʃən] *s.* ottico.
optics ['ɔptiks] *s.pl.* (costr. sing.) ottica.
optimism ['ɔptimizəm] *s.* ottimismo.
optimist ['ɔptimist] *s.* ottimista *m./f.*
optimistic [,ɔpti'mistik] *a.* ottimista, ottimistico.
optimum ['ɔptiməm] **I** *s.* (*pl.* **–s** [–z]/**–ma** [–mə]) optimum. **II** *a.attr.* ottimale.
option ['ɔpʃən] *s.* **1** possibilità di scelta, alternativa. **2** (*Comm.*) opzione. **3** (*Scol.*) materia opzionale.
optional ['ɔpʃənl] *a.* **1** facoltativo, non obbligatorio: ~ *subject* materia facoltativa. **2** a richiesta.
opulence ['ɔpjuləns] *s.* opulenza; abbondanza.
opulent ['ɔpjulənt] *a.* opulento; abbondante.
opus *lat.* ['əupəs] *s.* (*pl.* **opera** ['ɔpərə]) opera (artistica o musicale).
opuscule [ɔ'pʌskju:l] *s.* opera letteraria minore.
or [ɔ:*, ə*] *congz.* **1** o, oppure: *tea* ~ *coffee?* tè o caffè?; (*negativo*) e non, né: *he doesn't smoke* ~ *drink* non fuma e non beve. **2** o meglio, ovvero, ossia. **3** altrimenti, se no. □ ~ **rather** o meglio, o piuttosto; ~ **so** più o meno, circa.
oracle ['ɔrəkl] *s.* oracolo.
oracular [ɔ:'rækjulə*] *a.* **1** di oracolo. **2** (*fig.*) profetico; sibillino, misterioso.
oral ['ɔ:rəl] **I** *a.* orale. **II** *s.* (*Scol.*) (esame) orale.
orange ['ɔrindʒ] **I** *s.* **1** (*Bot.*) arancia. **2** (color) arancione. **II** *a.* **1** di arancia. **2** arancione. □ ~ *tree* arancio.
orangeade [,ɔrin'dʒeid] *s.* aranciata.
orange-blossom ['ɔrindʒ'blɔsəm] *s.* (*Bot.*) fiore d'arancio, zagara.
orangoutang ['ɔ:ræŋ'u:tæŋ], **orangutan** ['ɔ:ræŋu'tæn] *s.* (*Zool.*) orango, orangutan.
oration [ɔ:'reiʃən] *s.* orazione, discorso solenne.
orator ['ɔrətə*] *s.* oratore.
oratorical [,ɔrə'tɔrikəl] *a.* oratorio, retorico.
oratorio *it.* [,ɔrə'tɔ:riəu] *s.* (*pl.* **–s** [–z]) (*Mus.*) oratorio.
oratory[1] ['ɔrətəri] *s.* (arte) oratoria.
oratory[2] ['ɔrətəri] *s.* (*Rel.*) piccola cappella privata.
orb [ɔ:b] *s.* sfera, globo; corpo celeste.
orbit ['ɔ:bit] *s.* **1** orbita. **2** (*fig.*) ambito, sfera: *the family* ~ l'ambito familiare.
to **orbit** ['ɔ:bit] **I** *v.t.* **1** orbitare attorno a. **2** mandare in orbita. **II** *v.i.* descrivere un'orbita, orbitare.
orbital ['ɔ:bitl] *a.* orbitale: ~ *velocity* velocità orbitale.
orchard ['ɔ:tʃəd] *s.* frutteto.
orchestra ['ɔ:kistrə] *s.* orchestra.
orchestral [ɔ:'kestrəl] *a.* orchestrale.
to **orchestrate** ['ɔ:kistreit] *v.t.* (*Mus.*) orchestrare; strumentare.
orchestration [,ɔ:kis'treiʃən] *s.* (*Mus.*) orchestrazione.
orchid ['ɔ:kid], **orchis** ['ɔ:kis] *s.* (*Bot.*) orchidea.
to **ordain** [ɔ:'dein] *v.t.* **1** (*Rel.*) ordinare. **2** ordinare, decretare.
ordeal [ɔ:'di:l] *s.* **1** prova ardua, cimento. **2** (*Dir. medievale*) ordalia, giudizio di Dio.
order ['ɔ:də*] *s.* **1** ordine. **2** disposizione, sistemazione. **3** (*Mil.*) formazione, schieramento. **4** sistema, ordinamento (sociale). **5** procedura, prassi. **6** genere, tipo; classe, ceto. **7** (*Dir.*) ingiunzione, ordinanza; mandato. **8** (*Comm.*) ordine, ordinativo; merce ordinata. **9** (*Rel.*) ordine; regola. □ **by** ~ *of* per ordine di; (*Comm.*) d'ordine; *the* ~ *of the* **day** all'ordine del giorno; *until* **further** *orders* fino a nuovo ordine; **in** ~: 1 in ordine; 2 in regola; 3 pulito, ordinato; 4 regolare, regolarmente; 5 opportuno, appropriato; 6 funzionante, in buone condizioni; **in** ~ *that* perché, affinché: **in** ~ *to* per, allo scopo di; *to* **keep** ~ mantenere l'ordine; **of** *the* ~ *of* dell'ordine di, che ammonta a; **on** ~ ordinato, commissionato; **out** *of* ~: 1 guasto, fuori servizio; 2 fuori posto; 3 irregolare; **to** ~ su ordinazione; su misura; *to be* **under** *orders to do s.th.* avere l'ordine di fare qc.; *in good* **working** ~ in efficienza.
to **order** ['ɔ:də*] *v.t.* **1** ordinare (a); imporre, ingiungere. **2** (*Comm.*) commissionare. **3** regolare; disporre, sistemare. □ *to* ~ *s.o.* **about** dare ordini a qd.; tiranneggiare qd.; *to* ~ *s.o.* **away** ordinare a qd. di andare via; *to* ~ **back** far tornare; richiamare; *to* ~ *s.o.* **off** mandare via qd.; (*Sport*) espellere qd. dal campo; *to* ~ **out** mandar fuori, cacciare.
order book ['ɔ:dəbuk] *s.* (*Comm.*) libro delle commissioni.
orderliness ['ɔ:dəlinis] *s.* **1** ordine. **2** metodicità, sistematicità.
orderly ['ɔ:dəli] **I** *a.* **1** ordinato; in ordine. **2** metodico, sistematico. **3** disciplinato. **II** *s.* **1** (*Mil.*) ordinanza, attendente. **2** inserviente (di ospedale). □ ~ *officer* ufficiale d'ordinanza.
ordinal ['ɔ:dinl] *a./s.* ordinale.
ordinance ['ɔ:dinəns] *s.* ordinanza, decreto.
ordinary ['ɔ:dinəri, *am.* –neri] **I** *a.* ordinario, consueto; comune, normale. **II** *s.* **1** consuetudine; normalità; cosa ordinaria. **2** (*Rel.*) ordinario. □ **out** *of the* ~ fuori dell'ordinario; *nothing* **out** *of the* ~ niente d'eccezionale; ~ **seaman** marinaio semplice; *in the* ~ **way** normalmente.
ordinate ['ɔ:dinit] *s.* (*Mat.*) ordinata.
ordination [,ɔ:di'neiʃən] *s.* (*Rel.*) ordinazione.
ordnance ['ɔ:dnəns] *s.* (*Mil.*) **1** artiglieria. **2** materiale militare; sussistenza.
ordure ['ɔ:djuə*, *am.* –dʒə*] *s.* escremento.
ore [ɔ:*] *s.* minerale metallifero.
oregano ['ɔrigə:nəu] *s.* (*Bot.*) origano.

organ ['ɔ:gən] *s.* organo (*in tutti i signif.*).
organdie, organdy *am.* [ɔ:'gændi] *s.* (*tessuto*) organdi.
organ grinder ['ɔ:gəngraində*] *s.* sonatore d'organetto.
organic [ɔ:'gænik] *a.* organico.
organism ['ɔ:gənizəm] *s.* organismo.
organist ['ɔ:gənist] *s.* (*Mus.*) organista *m./f.*
organization [ˌɔ:gənai'zeiʃən, *am.* –ni:–] *s.* **1** organizzazione. **2** associazione, organismo.
organizational [ˌɔ:gənai'zeiʃənəl] *a.* organizzativo, di organizzazione.
to **organize** ['ɔ:gənaiz] **I** *v.t.* organizzare. **II** *v.i.* organizzarsi.
organizer ['ɔ:gənaizə*] *s.* organizzatore.
orgasm ['ɔ:gæzəm] *s.* orgasmo.
orgiastic [ˌɔ:dʒi'æstik] *a.* orgiastico.
orgy ['ɔ:dʒi] *s.* orgia.
orient ['ɔ:riənt] **I** *s.* est, oriente. **Orient** *s.* Oriente. **II** *a.* **1** (*poet.*) che sorge. **2** orientale.
Oriental [ˌɔ:ri'entl] *a.* orientale.
Orientalist [ˌɔ:ri'entlist] *s.* orientalista *m./f.*
to **orientate** ['ɔ:rienteit] *v.t.* **1** orientare. **2** indirizzare. □ *to ~ o.s.* orientarsi.
orientation [ˌɔ:rien'teiʃən] *s.* **1** orientamento. **2** indirizzo, tendenza.
orifice ['ɔrifis] *s.* orificio, orifizio.
origin ['ɔridʒin] *s.* origine, derivazione; nascita.
original [ə'ridʒənl] **I** *a.* originale; originario, primitivo; iniziale. **II** *s.* originale.
originality [əˌridʒi'næliti] *s.* originalità.
originally [ə'ridʒənəli] *avv.* **1** all'origine, originariamente. **2** in modo originale.
to **originate** [ə'ridʒineit] **I** *v.i.* avere origine, nascere (*from, with, in* da). **II** *v.t.* originare.
originator [ə'ridʒineitə*] *s.* iniziatore, creatore.
oriole ['ɔ:riəul] *s.* (*Zool.*) rigogolo.
ornament ['ɔ:nəmənt] *s.* **1** ornamento, decorazione. **2** (*fig.*) lustro, decoro. □ *by way of ~* per ornamento.
to **ornament** [ˌɔ:nə'ment] *v.t.* ornare, adornare.
ornamental [ˌɔ:nə'mentl] *a.* ornamentale, decorativo.
ornate [ɔ:'neit] *a.* **1** sovraccarico di ornamenti, eccessivamente decorato. **2** (*di stile*) ricercato, ridondante, retorico.
ornery *am.* ['ɔ:nəri] *a.* (*fam.*) irascibile, irritabile.
ornithologist [ˌɔ:ni'θɔlədʒist] *s.* ornitologo.
ornithology [ˌɔ:ni'θɔlədʒi] *s.* ornitologia.
orphan ['ɔ:fən] *a./s.* orfano.
to **orphan** ['ɔ:fən] *v.t.* rendere orfano.
orphanage ['ɔ:fənidʒ] *s.* orfanotrofio.
orthodox ['ɔ:θədɔks] *a./s.* ortodosso.
orthodoxy ['ɔ:θədɔksi] *s.* ortodossia.
orthographic [ˌɔ:θə(u)'græfik] *a.* ortografico.
orthography [ɔ:'θɔgrəfi] *s.* ortografia.
orthopaedic [ˌɔ:θə'pi:dik] *a.* ortopedico.
orthopaedics [ˌɔ:θə'pi:diks] *s.pl.* (costr. sing.) ortopedia.
orthopaedist [ˌɔ:θə'pi:dist] *s.* ortopedico.
orthopaedy [ˌɔ:θə'pi:di] → **orthopaedics**.
orthopedic *am.* [ˌɔ:θə'pi:dik] *e deriv.* → **orthopaedic** *e deriv.*
Os = (*Chim.*) *osmium* osmio.
to **oscillate** ['ɔsileit] *v.t./i.* (far) oscillare.
oscillation [ˌɔsi'leiʃən] *s.* oscillazione.
oscillograph [ə'siləgrɑ:f, *am.* –græf] *s.* (*El.*) oscillografo.
osier ['əuʒə*] *s.* vimine.
Oslo ['ɔzləu] *N.pr.* (*Geog.*) Oslo.
osmium ['ɔzmiəm] *s.* (*Chim.*) osmio.
osmosis [ɔz'məusis] *s.* (*pl.* **–ses** [–siz]) osmosi.
osprey ['ɔspri] *s.* (*Zool.*) falco pescatore.
osseous ['ɔsiəs] *a.* osseo.
ossification [ˌɔsifi'keiʃən] *s.* ossificazione.
to **ossify** ['ɔsifai] **I** *v.t.* **1** ossificare. **2** (*fig.*) fossilizzare. **II** *v.i.* **1** ossificarsi. **2** (*fig.*) fossilizzarsi.
ostensible [ɔs'tensəbl] *a.* **1** apparente. **2** falso; finto, simulato.
ostentation [ˌɔsten'teiʃən] *s.* ostentazione.
ostentatious [ˌɔsten'teiʃəs] *a.* ostentato.
osteology [ɔsti'ɔlədʒi] *s.* osteologia.
osteopath ['ɔstiəpæθ] *s.* osteologo.
osteopathy [ɔsti'ɔpəθi] *s.* (*Med.*) osteopatia.
osteoporosis [ˌɔstiəupɔ'rəusis] *s.* (*pl.* **–ses** [–siz]) (*Med.*) osteoporosi.
ostiary ['ɔstiəri] *s.* (*Rel.*) ostiario.
ostracism ['ɔstrəsizəm] *s.* ostracismo.
to **ostracize** ['ɔstrəsaiz] *v.t.* dare l'ostracismo a, ostracizzare.
ostrich ['ɔstritʃ] *s.* (*Zool.*) struzzo. □ (*fig.*) *~ attitude* politica dello struzzo.
otary ['əutəri] *s.* (*Zool.*) otaria.
other ['ʌðə*] **I** *a.* **1** altro: *the ~ day* l'altro giorno. **2** diverso, differente: *you are ~ than you appear* sei diverso da come appari. **3** andato, passato: *in ~ times* nei tempi andati. **II** *pron.* altro: *the others stayed behind* gli altri rimasero indietro; *haven't you any others?* non ne avete altri? **III** *avv.* (general. con *than*) diversamente, altrimenti; oltre a, in aggiunta a: *he could not do ~ than he did* non poté fare diversamente; *is anyone ~ than yourself coming?* c'è qualcuno che viene oltre a te? □ *one* **after** *the ~* uno dopo l'altro; **among** *~ things* (*among others*) tra le altre cose; **any** *~*: 1 qualche altro; 2 qualsiasi altro; 3 ogni altro, tutti gli altri; **every** *~* ogni altro, tutti gli altri; **every** *~ day* un giorno sì e uno no; **no** *~* nessun altro; nessun'altra cosa; **none** (o *no*) *~ than* proprio, non altri che; **some** *~* qualche altro; *~* **than** all'infuori di, tranne.
otherwise ['ʌðəwaiz] **I** *avv.* **1** in altre circostanze; altrimenti; diversamente. **2** sotto altri punti di vista. **II** *congz.* se no, altrimenti. □ *or ~* o no, o meno.
otherworld ['ʌðəwə:ld] *s.* altro mondo, aldilà.
otherworldly ['ʌðə:wə:ldli] *a.* ultraterreno, dell'aldilà.
otitis [ə(u)'taitis] *s.* (*Med.*) otite.
Ottawa ['ɔtəwə] *N.pr.* (*Geog.*) Ottawa.
otter ['ɔtə*] *s.* (*pl. inv.*/**–s** [–z]) (*Zool.*) lontra.

Ottoman ['ɔtəmən] *a./s.* ottomano, turco. **ottoman** *s.* (*in arredamento*) ottomana.
ouch [autʃ] *intz.* ohi, ahi, oh.
ought [ɔ:t] *v.aus.* (*forma negativa* **ought not**, **oughtn't** ['ɔ:tnt]; manca dell'inf., del pass. e del p.p.) dovere, è necessario che (soprattutto dovere morale): *you ~ to start* dovresti cominciare; *he ~ to be here* dovrebbe essere qui; *children ~ to obey their parents* i figli devono ubbidire ai loro genitori.
oughtn't ['ɔ:tnt] *contraz. di* **ought not**.
ounce [auns] *s.* (*unità di misura*) oncia. → **Appendice**. □ *he hasn't an ~ of common sense* non ha un briciolo di buonsenso.
our [auə*] *a.poss.* nostro: *~ house* la nostra casa; *~ books* i nostri libri.
ours ['auəz] *pron.poss.* nostro: *a friend of ~* un nostro amico.
ourselves [ˌauə'selvz] *pron.pers.rifl.* **1** ci, noi (stessi): *we must not deceive ~* non dobbiamo illuderci. **2** noi (stessi), proprio noi: *we did it ~* l'abbiamo fatto proprio noi. **3** da soli: *we went by ~* andammo da soli.
to **oust** [aust] *v.t.* espellere, estromettere (*from* da); spodestare, soppiantare.
out [aut] **I** *avv.* **1** fuori; all'aperto: *to take s.o. ~* portare fuori qd.; *it's very cold ~* fuori fa molto freddo. **2** libero: *an evening ~* una sera libera. **3** fino in fondo, completamente: *hear me ~* ascoltami fino in fondo. **4** finito, terminato: *before the summer is ~* prima che sia finita l'estate. **5** spento: *the fire has gone ~* il fuoco si è spento. **6** (*con il verbo essere assume valore idiomatico*): 1 *to be ~* essere fuori casa; non essere in ufficio; 2 *miniskirts are ~* le minigonne non sono di moda; 3 (*Pol.*) *the Labour party is ~* il partito laburista è all'opposizione; 4 (*fam.*) *workers are ~* i lavoratori sono in sciopero; 5 *the tide is ~* c'è bassa marea; 6 *your secret is ~* il tuo segreto è stato svelato; 7 *the roses are ~* le rose sono in fiore; 8 *I'm one hundred pounds ~* sono in passivo di cento sterline. **II** *a.* **1** esterno: *the ~ door* la porta esterna. **2** lontano: *the ~ lands* le terre lontane. **3** più grande del normale: *an ~ size of clothes* una taglia fuori dal normale. **4** assente. **5** (*Sport*) in trasferta. **III** *s.* **1** *pl.* partito all'opposizione. **2** (*am. fam.*) via d'uscita. **IV** *prep.* (*am.*) fuori, fuori di (*o* da). □ *to be ~ and* **about** essere ristabilito; *~ and* **away** di gran lunga; *to be ~ in one's* **calculations** far male i calcoli; (*fam.*) *to be ~ on one's* **feet** essere stanco morto; (*fam.*) *to be ~* **for** andare in cerca di; *to* **set** *~* partire; (*esclam.*) *~* **with** *it* butta fuori quello che hai da dire; *to* **work** *~ a problem* sviscerare un problema.
out-and-out [ˌautənd'aut] *a.* perfetto, bell'e buono, fatto e finito: *she's an ~ witch* è una strega fatta e finita.
to **outbalance** [aut'bæləns] → to **outweigh**.
to **outbid** [aut'bid] *v.t.* (coniug. come to **bid**) fare un'offerta maggiore di.
outboard ['autbɔ:d] *a.* fuori bordo.
outbound ['aut'baund] *a.* (*Mar.*) diretto all'estero.
to **outbrave** [aut'breiv] *v.t.* sfidare.
outbreak ['autbreik] *s.* scoppio, esplosione.
outbuilding ['autbildiŋ] *s.* fabbricato annesso.
outburst ['autbə:st] *s.* scoppio, esplosione (*anche fig.*).
outcast ['autkɑ:st, *am.* –kæst] *a./s.* reietto.
to **outclass** [aut'klɑ:s, *am.* –klæs] *v.t.* surclassare.
outcome ['autkʌm] *s.* risultato; conseguenza.
outcrop ['autkrɔp] *s.* (*Min.*) affioramento superficiale.
outcry ['autkrai] *s.* scalpore, protesta.
outdated [aut'deitid] *a.* antiquato, sorpassato, fuori moda.
to **outdistance** [aut'distəns] *v.t.* **1** distanziare, distaccare. **2** battere.
to **outdo** [aut'du:] *v.t.* (coniug. come to **do**) sorpassare, superare.
outdoor ['autdɔ:*] *a.* **1** all'aperto, all'aria aperta. **2** esterno.
outdoors ['aut'dɔ:z] *avv.* fuori (di casa); all'aperto.
outer ['autə*] *a.* esterno, esteriore.
outermost ['autəməust] *a.* estremo, il più lontano.
outer space ['auətəspeis] *s.* (*Astr.*) spazio.
outfield ['autfi:ld] *s.* (*Sport*) parte del campo distante dal battitore.
to **outfight** ['autfait] *v.t.* (coniug. come to **fight**) superare nella lotta.
outfit ['autfit] *s.* **1** completo (di abbigliamento). **2** (*fam.*) gruppo di lavoro, équipe. **3** attrezzatura, equipaggiamento.
to **outfit** ['autfit] *v.t.* equipaggiare, attrezzare.
outfitter ['autfitə*] *s.* venditore di capi d'abbigliamento.
to **outflank** [aut'flæŋk] *v.t.* (*Mil.*) aggirare il fianco di; (*fig.*) battere, sopraffare.
outflow ['autfləu] *s.* efflusso, uscita.
outgoing ['autgəuiŋ] **I** *a.* **1** uscente, dimissionario. **2** estroverso. **II** *s.pl.* uscite, spese.
to **outgrow** [aut'grəu] *v.t.* (coniug. come to **grow**) **1** superare. **2** perdere con l'età (un'abitudine, ecc.). □ *to ~ one's clothes* non entrare più negli abiti.
outgrowth ['autgrəuθ] *s.* **1** (*fig.*) conseguenza, risultato. **2** escrescenza.
outhouse ['authaus] *s.* **1** fabbricato annesso. **2** (*am.*) gabinetto esterno.
outing [autiŋ] *s.* gita, escursione.
outlandish [aut'lændiʃ] *a.* esotico; strano, stravagante.
to **outlast** [aut'lɑ:st, *am.* –'læst] *v.t.* sopravvivere a; superare in durata.
outlaw ['autlɔ:] *s.* **1** (*Stor.*) proscritto. **2** fuorilegge, bandito.
to **outlaw** ['autlɔ:] *v.t.* **1** bandire, proscrivere. **2** dichiarare illegale.
outlawry ['autlɔ:ri] *s.* bando, proscrizione.
outlay ['autlei] *s.* sborso; spesa, uscita.
outlet ['autlet] *s.* **1** scarico, sbocco; foce. **2**

(*fig.*) sfogo. **3** (*Comm.*) mercato, sbocco; (*am.*) punto di vendita.

outline ['autlain] *s.* **1** contorno, profilo, sagoma. **2** (*fig.*) lineamenti; schema, abbozzo. **3** *pl.* (*fig.*) punti essenziali, linee principali.

to **outline** [aut'lain] *v.t.* **1** disegnare il contorno di. **2** (*fig.*) descrivere a grandi linee, schizzare.

to **outlive** [aut'liv] *v.t.* sopravvivere a.

outlook ['autluk] *s.* **1** veduta, vista. **2** (*fig.*) visione, concezione; prospettiva, previsione.

outlying ['autlaiŋ] *a.* **1** remoto, lontano. **2** (*fig.*) esterno, esteriore.

to **outmaneuver** *am.*, to **outmanoeuvre** [ˌautmə'nu:və*] *v.t.* superare in strategia.

to **outmarch** [aut'mɑ:tʃ] *v.t.* lasciarsi indietro.

to **outmatch** [aut'mætʃ] *v.t.* essere superiore a, sorpassare.

outmoded [aut'məudid] *a.* fuori moda; superato, antiquato.

outmost ['autməust] → **outermost**.

to **outnumber** [aut'nʌmbə*] *v.t.* superare in numero.

out of ['autəv] *prep.* **1** fuori di (*o* da): ~ *town* fuori città. **2** da: *to drink* ~ *a bottle* bere da una bottiglia. **3** tra, in mezzo a: *one instance* ~ *several* un caso tra tanti; su: *in nine cases* ~ *ten* in nove casi su dieci. **4** per, a causa di: ~ *pity* per pietà; ~ *spite* per dispetto. **5** di, in: ~ *wood* di legno. **6** fuori: ~ *danger* fuori pericolo; ~ *fashion* fuori moda. **7** senza: ~ *work* senza lavoro. **8** (*Mar.*) al largo di.

out-of-date ['autəv'deit] *a.* antiquato, fuori moda.

out-of-door ['autəv'dɔ:*] *a.* all'aperto, all'aria aperta.

out-of-doors ['autəv'dɔ:z] → **outdoors**.

out-of-the-way ['autəvðə'wei] *a.* **1** fuori mano. **2** insolito.

outpatient ['autpeiʃənt] *s.* paziente *m./f.* ambulatoriale.

to **outplay** [aut'plei] *v.t.* (*Sport*) battere, sconfiggere.

outpost ['autpəust] *s.* (*Mil.*) avamposto.

outpouring ['autpɔ:riŋ] *s.* (general. al pl.) manifestazione, effusione.

output ['autput] *s.* produzione; rendimento; (*Inform.*) uscita, output.

outrage ['autreidʒ] *s.* **1** oltraggio, ingiuria; offesa. **2** risentimento.

to **outrage** ['autreidʒ] *v.t.* **1** oltraggiare, ingiuriare; offendere. **2** violentare.

outrageous [aut'reidʒəs] *a.* **1** oltraggioso, ingiurioso, offensivo. **2** eccessivo; scandaloso. **3** (*di prezzi*) esagerato, esorbitante.

to **outrange** [aut'reindʒ] *v.t.* **1** (*rif. ad armi*) superare in gittata. **2** (*fig.*) essere superiore a.

to **outrank** [aut'ræŋk] *v.t.* (*Mil.*) essere superiore in grado a.

outré *fr.* ['u:trei, *am.* u:'trei] *a.* **1** stravagante, eccentrico. **2** sconveniente.

to **outride** [aut'raid] *v.t.* (coniug. come to **ride**) distanziare cavalcando.

outrider ['autraidə*] *s.* battistrada; motociclista della scorta.

outrigger ['autrigə*] *s.* **1** (*Mar.*) fuoriscalmo. **2** (*Aer.*) intelaiatura di sostegno. **3** (*Mar.*) buttafuori.

outright ['autrait] **I** *avv.* **1** apertamente, francamente. **2** completamente, del tutto. **3** sul colpo, subito. **II** *a.* **1** autentico, vero e proprio. **2** schietto, franco. **3** totale, completo.

to **outrival** [aut'raivəl] *v.t.* avere la meglio su.

to **outrun** [aut'rʌn] *v.t.* (coniug. come to **run**) **1** correre più veloce di. **2** (*fig.*) superare.

outset ['autset] *s.* inizio, principio: *at the* ~ all'inizio.

to **outshine** [aut'ʃain] *v.t.* (coniug. come to **shine**) **1** essere più brillante di. **2** (*fig.*) eclissare.

outside ['aut'said] **I** *s.* **1** parte esterna, esterno. **2** (*fig.*) apparenze. **3** (limite) massimo: *at the* ~ al massimo. **II** *a.* **1** esterno. **2** estraneo. **3** massimo, il più alto: ~ *prices* prezzi massimi. **III** *avv.* **1** (di) fuori; all'aperto. **2** esternamente, nella parte esterna. **IV** *prep.* [ˌaut'said] **1** fuori di, all'esterno di: ~ *the door* fuori della porta. **2** oltre; fuorché.

outsider [aut'saidə*] *s.* **1** estraneo; intruso. **2** candidato che ha scarse probabilità di vittoria. **3** (*fam.*) maleducato. **4** (*Sport*) outsider, non favorito.

outsize ['autsaiz] *a.* di misura superiore al normale.

outskirts ['autskə:ts] *s.pl.* periferia, sobborghi.

to **outsmart** [aut'smɑ:t] *v.t.* (*fam.*) superare in astuzia.

outspoken ['aut'spəukən] *a.* franco, schietto.

outspread ['aut'spred] *a.* disteso, spiegato.

outstanding [aut'stændiŋ] *a.* **1** eminente, insigne. **2** (*di questione, ecc.*) in sospeso, non risolto. **3** (*Comm.*) arretrato; in sospeso; non pagato. **4** prominente, che sporge.

to **outstay** [aut'stei] *v.t.* trattenersi (in visita) più a lungo di.

outstretched [aut'stretʃt] *a.* disteso, allungato.

to **outstrip** [aut'strip] *v.t.* **1** distanziare, distaccare. **2** sorpassare, superare.

to **outvote** [aut'vəut] *v.t.* mettere in minoranza.

outward ['autwəd] **I** *a.* **1** diretto all'esterno, verso l'esterno. **2** esterno, esteriore: ~ *influences* gli influssi esterni. **II** *avv.* → **outwards**. □ ~ *journey* viaggio di andata.

outwardly ['autwədli] *avv.* **1** in apparenza, esteriormente. **2** esternamente.

outwards ['autwədz] *avv.* **1** verso l'esterno. **2** (*Mar.*) diretto all'estero.

to **outwear** [aut'wɛə*] *v.t.* (coniug. come to **wear**) **1** durare più a lungo di. **2** consumare, logorare.

to **outweigh** [aut'wei:] *v.t.* **1** avere più importanza di. **2** superare in peso.

to **outwit** [aut'wit] *v.t.* superare in astuzia.
outwork ['autwə:k] *s.* (*Mil.*) fortificazione esterna.
outworn ['autwɔ:n] *a.* **1** superato, fuori moda. **2** logoro, consunto.
ouzel ['u:zl] *s.* (*Zool.*) merlo.
oval ['əuvəl] *a./s.* ovale.
ovary ['əuvəri] *s.* (*Anat.*) ovaia.
ovation [əu'veiʃən] *s.* ovazione.
oven ['ʌvn] *s.* forno.
over ['əuvə*] **I** *prep.* **1** su, sopra, al di sopra: *to pull one's hat down* ~ *one's eyes* tirarsi il cappello sugli occhi; *a light hangs* ~ *the table* un lume pende sul tavolo; *to rule* ~ *many people* regnare su molti popoli. **2** in ogni parte di: *all* ~ *the world* in tutto il mondo. **3** dall'altra parte, di là da, oltre: ~ *the road* dall'altra parte della strada. **4** durante, nel corso di: ~ *the holidays* durante le vacanze. **5** più di, oltre: ~ *four million* oltre quattro milioni. **6** su, per, intorno a: *to get into trouble* ~ *a woman* mettersi nei guai per una donna. **II** *avv.* **1** (al di) sopra: *the plane was directly* ~ l'aeroplano era proprio sopra. **2** dall'altra parte (general. si traduce con il verbo corrispondente) *to turn s.th.* ~ rivoltare qc. **3** dal principio alla fine; a fondo: *to talk a matter* ~ discutere una questione a fondo. **4** di nuovo, ancora: *to count s.th.* ~ contare qc. di nuovo. **5** al di là; attraverso: *I'll swimm* ~ *to the other side of the river* attraverserò il fiume a nuoto. **6** rimanente, d'avanzo; in più, e oltre: *how much is left* ~? quanto ne è rimasto?; *boys of twelve and* ~ ragazzi di 12 anni e più. **7** finito: *all is* ~ tutto è finito. **8** troppo, eccessivamente (general. nei composti): ~ *quick* troppo rapido. **9** (per indicare trasferimento, cambiamento: general. si traduce con il verbo corrispondente): *to take a business* ~ rilevare un'azienda; *to go* ~ *to the enemy* passare al nemico. **10** dappertutto: *all the world* ~ in tutto il mondo. □ ~ *and* **above** oltre (a), senza calcolare; ~ **again** ancora una volta; ~ **against** di fronte a; rispetto a; (*fam.*) *it's* **all** ~ *with him* è finita per lui; (*fam.*) *that's him all* ~ è proprio quello che ci si può aspettare da lui; ~ **and** ~ ripetutamente; ~ **here** da questa parte; *if* **there** *is any* ~ se ne avanza; ~ *three* **times** ben tre volte.
overabundant [ˌəuvərə'bʌndənt] *a.* sovrabbondante.
to **overact** [ˌəuvər'ækt] *v.t./i.* (*Teat., Cin.*) recitare con troppa enfasi.
overall[1] ['əuvərɔ:l] *s.* grembiule, camice; tuta (da lavoro).
overall[2] ['əuvərɔ:l] **I** *a.* complessivo, totale, globale. **II** *avv.* [ˌəuvər'ɔ:l] in totale, complessivamente, globalmente.
to **overawe** [ˌəuvər'ɔ:] *v.t.* incutere soggezione a, intimidire.
to **overbalance** [ˌəuvə'bæləns] **I** *v.t.* sbilanciare. **II** *v.i.* perdere l'equilibrio.
to **overbear** [ˌəuvə'bɛə*] *v.t.* (coniug. come to **bear**) sopraffare, dominare.
overbearing [ˌəuvə'bɛəriŋ] *a.* prepotente, dispotico.
overblown [ˌəuvə'bləun] *a.* (*di fiore*) spampanato.
overboard ['əuvəbɔ:d] *avv.* (*Mar.*) in mare, fuori bordo. □ (*fig.*) *to throw* ~ liberarsi di.
to **overburden** [ˌəuvə'bə:dən] *v.t.* sovraccaricare.
overcast ['əuvəkɑ:st, *am.* –kæst] *a.* **1** nuvoloso, coperto. **2** (*fig.*) tetro, cupo.
overcharge ['əuvətʃɑ:dʒ] *s.* **1** prezzo eccessivo. **2** sovraccarico.
to **overcharge** [ˌəuvə'tʃɑ:dʒ] *v.t.* **1** far pagare troppo a. **2** sovraccaricare.
to **overcloud** [ˌəuvə'klaud] **I** *v.t.* annuvolare, rannuvolare. **II** *v.i.* annuvolarsi, rannuvolarsi.
overcoat ['əuvəkəut] *s.* soprabito, cappotto.
to **overcome** [ˌəuvə'kʌm] *v.t.* (coniug. come to **come**) **1** superare, sormontare. **2** sopraffare; vincere; sconfiggere.
overconfident ['əuvə'kɔnfidənt] *a.* **1** troppo sicuro di sé. **2** presuntuoso.
overcredulous ['əuvə'kredjuləs] *a.* credulone.
to **overcrowd** [ˌəuvə'kraud] *v.t.* gremire, stipare.
to **overdo** [ˌəuvə'du:] *v.t.* (coniug. come to **do**) **1** eccedere in, esagerare in. **2** fare eccessivo uso di. **3** cuocere troppo. □ *to* ~ *it* lavorare troppo; esagerare; strafare.
overdone [ˌəuvə'dʌn] *a.* **1** esagerato, eccessivo. **2** scotto.
overdose ['əuvədəus] *s.* dose eccessiva.
overdraft ['əuvədrɑ:ft, *am.* –dræft] *s.* (*Econ.*) scoperto (di conto).
to **overdraw** [ˌəuvə'drɔ:] *v.t.* (coniug. come to **draw**) **1** (*Econ.*) emettere assegni per una somma eccedente. **2** (*assol.*) trarre allo scoperto. **3** (*fig.*) esagerare.
to **overdress** [ˌəuvə'dres] *v.t./i.* vestire in modo troppo elegante.
overdrive ['əuvədraiv] *s.* (*Mot.*) marcia sovramoltiplicata.
overdue ['əuvə'dju: *am.* –du:] *a.* **1** in ritardo. **2** (*Econ.*) scaduto.
to **overeat** [ˌəuvər'i:t] *v.i.* (coniug. come to **eat**) mangiare troppo, rimpinzarsi.
to **overestimate** [ˌəuvər'estimeit] *v.t.* sopravvalutare.
overflow ['əuvəfləu] *s.* **1** inondazione, piena. **2** eccesso, sovrabbondanza.
to **overflow** [ˌəuvə'fləu] **I** *v.t.* **1** inondare, sommergere. **2** far traboccare. **II** *v.i.* **1** straripare, traboccare. **2** (*fig.*) essere colmo (*with* di).
overflowing [ˌəuvə'fləuiŋ] *a.* **1** traboccante, straripante: *full to* ~ pieno zeppo. **2** sovrabbondante.
overgrowth ['əuvəgrəuθ] *s.* **1** crescita eccessiva. **2** vegetazione rigogliosa.
overhang ['əuvəhæŋ] *s.* **1** sporgenza, strapiombo. **2** (*Edil.*) aggetto.

to **overhang** [ˌəuvəˈhæŋ] *v.t./i.* (coniug. come to **hang**) essere sospeso su; sporgere (su), strapiombare (su).
overhaul [ˈəuvəhɔ:l] *s.* **1** (*Mecc.*) revisione. **2** esame accurato.
to **overhaul** [ˌəuvəˈhɔ:l] *v.t.* **1** (*Mecc.*) revisionare. **2** esaminare a fondo. **3** (*Mar.*) superare.
overhead [ˌəuvəˈhed] **I** *avv.* in alto, lassù. **II** [ˈəuvəhed] *a.* **1** soprelevato. **2** (*Comm.*) complessivo, globale. **III** *s.pl.* (*Comm.*) spese generali.
to **overhear** [ˌəuvəˈhiə*] *v.t.* (coniug. come to **hear**) **1** udire per caso. **2** ascoltare di nascosto.
to **overheat** [ˌəuvəˈhi:t] **I** *v.t.* surriscaldare. **II** *v.i.* surriscaldarsi.
overheated [ˈəuvəˈhi:tid] *a.* agitato, adirato.
overjoyed [ˈəuvəˈdʒɔid] *a.* felicissimo.
overkill [ˈəuvəkil] *s.* eccesso, spreco.
overland [ˈəuvəlænd] *a./avv.* via terra.
overlap [ˈəuvəlæp] *s.* **1** sovrapposizione. **2** parte sovrapposta.
to **overlap** [ˌəuvəˈlæp] **I** *v.t.* sovrapporre, accavallare. **II** *v.i.* **1** sovrapporsi. **2** (*fig.*) coincidere (*with* con).
overlay [ˈəuvəlei] *s.* **1** copertura; coperta. **2** sfumatura: *with an ~ of cynicism* con una punta di cinismo.
to **overlay** [ˌəuvəˈlei] *v.t.* (coniug. come to **lay**) **1** coprire, ricoprire. **2** (*fig.*) opprimere.
overleaf [ˈəuvəˈli:f] *avv.* (sul) retro, a tergo: *see ~* vedi retro.
overload [ˈəuvələud] *s.* sovraccarico (*anche fig.*).
to **overload** [ˌəuvəˈləud] *v.t.* sovraccaricare (*anche fig.*).
to **overlook** [ˌəuvəˈluk] *v.t.* **1** lasciarsi sfuggire, non rilevare; ignorare; passare sopra a. **2** dominare (con lo sguardo); sovrastare. **3** sorvegliare, controllare.
overlord [ˈəuvəlɔ:d] *s.* **1** signore supremo. **2** (*Stor.*) grande feudatario.
overly *am.* [ˈəuvəli] *avv.* eccessivamente, troppo.
overmanned [ˈəuvəˈmænd] *a.* che ha troppo personale.
to **overmaster** [ˌəuvəˈmɑ:stə*] *v.t.* sopraffare, travolgere.
overmuch [ˈəuvəˈmʌtʃ] **I** *a.* troppo, eccessivo. **II** *avv.* eccessivamente.
overnight **I** *avv.* [ˈəuvəˈnait] **1** di notte; per una notte. **2** la sera prima. **3** (*fig.*) d'un tratto, improvvisamente. **II** *a.attr.* [ˈəuvənait] **1** (fatto) di notte; per una notte. **2** della sera prima. □ *~ bag* borsa da viaggio; ventiquattrore.
overpass [ˈəuvəpɑ:s] *s.* (*Strad.*) cavalcavia.
to **overpay** [ˌəuvəˈpei] *v.t.* (coniug. come to **pay**) pagare troppo. □ *overpaid job* lavoro strapagato.
to **overpower** [ˌəuvəˈpauə*] *v.t.* schiacciare, sopraffare.
overpowering [ˌəuvəˈpauəriŋ] *a.* insopportabile, opprimente.
overprint [ˈəuvəprint] *s.* (*Tip.*) sovrastampa; sovrimpressione.
to **overprint** [ˌəuvəˈprint] *v.t.* (*Tip.*) sovrastampare.
overproduction [ˌəuvəprəˈdʌkʃən] *s.* (*Econ.*) sovrapproduzione.
to **overrate** [ˌəuvəˈreit] *v.t.* sopravvalutare.
to **overreach** [ˌəuvəˈri:tʃ] *v.t.* (*fig.*) mettere nel sacco. □ *to ~ o.s.* (*fig.*) fallire per aver voluto troppo.
to **override** [ˌəuvəˈraid] *v.t.* (coniug. come to **ride**) non tenere in nessun conto; calpestare i diritti di.
overriding [ˌəuvəˈraidiŋ] *a.* di primaria importanza, principale.
to **overrule** [ˌəuvəˈru:l] *v.t.* **1** respingere; revocare. **2** prevalere su, predominare su.
to **overrun** [ˌəuvəˈrʌn] *v.t./i.* (coniug. come to **run**) **1** (*Mil.*) sopraffare, schiacciare. **2** infestare; invadere. **3** superare, oltrepassare (i limiti di tempo).
oversea(s) [ˈəuvəˈsi:(z)] **I** *avv.* oltremare, oltreoceano; all'estero. **II** *a.* d'oltremare, d'oltreoceano; (all')estero.
to **oversee** [ˌəuvəˈsi:] *v.t.* (coniug. come to **see**) sorvegliare, sovrintendere.
overseer [ˌəuvəˈsi:ə*] *s.* sovrintendente, sorvegliante; caposquadra.
to **oversell** [ˌəuvəˈsel] *v.t.* (coniug. come to **sell**) (*fig.*) lodare esageratamente.
oversensitive [ˌəuvəˈsensitiv] *a.* ipersensibile.
to **overshadow** [ˌəuvəˈʃædəu] *v.t.* **1** ombreggiare. **2** (*fig.*) eclissare.
overshoe [ˈəuvəʃu:] *s.* soprascarpa; caloscia.
to **overshoot** [ˌəuvəˈʃu:t] *v.t.* (coniug. come to **shoot**) **1** andare oltre. **2** tirare oltre il bersaglio. □ (*fig.*) *to ~ the mark* passare il segno.
oversight [ˈəuvəsait] *s.* svista, disattenzione.
to **oversimplify** [ˌəuvəsimplifəi] *v.t.* semplificare eccessivamente.
to **oversleep** [ˈəuvə:ˈsli:p] *v.i.* (coniug. come to **sleep**) dormire troppo.
overspill [ˈəuvəspil] *s.* eccesso di popolazione.
to **overstate** [əuvəˈsteit] *v.t.* ingrandire, esagerare.
overstatement [ˈəuvəˈsteitment] *s.* affermazione esagerata.
to **overstay** [ˌəuvəˈstei] *v.t.* trattenersi oltre il dovuto.
to **overstep** [ˌəuvəˈstep] *v.t.* (coniug. come to **step**) oltrepassare, andare oltre. □ *to ~ the mark* andare oltre i limiti.
to **overstock** [ˌəuvəˈstɔk] *v.t.* rifornire in quantità eccessiva.
overstrung [ˈəuvəˈstrʌŋ] *a.* dai nervi tesi; ipersensibile.
overt [ˈəuvə:t, *am.* əuˈvət] *a.* aperto, manifesto.
to **overtake** [ˌəuvəˈteik] *v.t.* (coniug. come to **take**) **1** sorpassare, oltrepassare. **2** sorprendere, cogliere di sorpresa. **3** sostituire.
overtaking [ˌəuvəˈteikiŋ] *s.* sorpasso.
to **overtax** [ˌəuvəˈtæks] *v.t.* **1** gravare di tasse. **2** (*fig.*) pretendere troppo da.

overthrow ['əuvəθrəu] *s.* rovesciamento, abbattimento.
to **overthrow** [,əuvə'θrəu] *v.t.* (coniug. come to **throw**) rovesciare, abbattere.
overtime ['əuvətaim] **I** *s.* (lavoro) straordinario. **II** *avv.* oltre l'orario (di lavoro), fuori orario. □ ~ *pay* straordinario.
overtone ['əuvətəun] *s.* **1** (*Mus.*) suono armonico. **2** sottintesi.
to **overtop** [,əuvə'tɔp] *v.t.* sovrastare.
overtraining [,əuvə'treiniŋ] *s.* superallenamento.
overture ['əuvətʃjuə*] *s.* **1** (*Mus.*) ouverture. **2** (*estens.*) prologo, proemio. **3** (*fig.*) preludio. **4** *pl.* proposte, profferte, approcci.
to **overturn** [,əuvə'tə:n] **I** *v.t.* **1** capovolgere, rovesciare. **2** annullare, revocare. **II** *v.i.* capovolgersi, rovesciarsi.
to **overvalue** [,əuvə'vælju] *v.t.* sopravvalutare.
overview ['əuvəvju:] *s.* visione globale (di una situazione).
overweening ['əuvə'wi:niŋ] *a.* arrogante, presuntuoso.
overweight **I** *a.* ['əuvə'weit] eccedente il peso. **II** *s.* ['əuvəweit] eccesso di peso.
to **overwhelm** [,əuvə'welm] *v.t.* sopraffare, schiacciare; distruggere, annientare.
overwhelming [,əuvə'welmiŋ] *a.* **1** opprimente. **2** schiacciante, travolgente.
overwork ['əuvəwə:k] *s.* eccesso di lavoro.
to **overwork** [,əuvə'wə:k] **I** *v.t.* **1** sovraccaricare di lavoro. **2** (*fig.*) fare uso eccessivo di. **II** *v.i.* lavorare troppo, affaticarsi.
overwrought ['əuvə'rɔ:t] *a.* eccitato, agitato.
oviduct ['əuvidʌkt] *s.* (*Anat.*) ovidotto.
oviparous [ə(u)'vipərəs] *a.* (*Zool.*) oviparo.
ovulation ['əuvju'leiʃən] *s.* (*Biol.*) ovulazione.
ovum ['əuvəm] *s.* (*pl.* **ova** ['ouvə]) (*Biol.*) uovo.
ow [au] *intz.* ahi, ohi; oh, ah.
to **owe** [əu] **I** *v.t.* dovere, essere debitore di: *to ~ s.o. s.th.* (o *s.th. to s.o.*) dovere qc. a qd. **II** *v.i.* dovere pagare (*for s.th.* qc.).
owing ['əuiŋ] *a.* dovuto, attribuibile (*to* a). □ ~ *to* a causa di.
owl [aul] *s.* (*Zool.*) gufo. □ *tawny ~* allocco.
owlish ['auliʃ] *a.* da gufo.
own [əun] **I** *a./pron.* proprio (spesso non si traduce): *with one's ~ hands* con le proprie mani; *don't use mine, buy your ~* non usare il mio, compratene uno tuo. □ *to* **get** *one's ~ back on s.o.* prendersi la rivincita su qd.; *to give* **of** *one's ~* dare di tasca propria; **on** *one's ~* per conto proprio, in proprio; in modo indipendente; *to live* (*all*) **on** *one's ~* vivere solo.
to **own** [əun] *v.t.* **1** avere, possedere. **2** riconoscere; ammettere. □ *to ~ up* confessare (*to s.th.* qc.).
owner ['əunə*] *s.* proprietario; possessore.
owner-occupier [,əunə'ɔkjupaiə*] *s.* chi è proprietario della casa che abita.
ownership ['əunəʃip] *s.* possesso; proprietà.
own-goal ['əun'gəul] *s.* autogol.
ox [ɔks] *s.* (*pl.* **oxen** ['ɔksən]) bue (domestico).
Oxbridge ['ɔksbridʒ] *s.* (*fam.*) Oxford e Cambridge.
oxen ['ɔksən] → **ox**.
ox-eyed ['ɔks'aid] *a.* dagli occhi bovini.
oxidation [,ɔksi'deiʃən] *s.* ossidazione.
oxide ['ɔksaid] *s.* (*Chim.*) ossido.
to **oxidize** ['ɔksidaiz] **I** *v.t.* ossidare. **II** *v.i.* ossidarsi.
Oxonian [ɔk'səuniən] **I** *a.* di Oxford. **II** *s.* studente dell'Università di Oxford.
oxtail ['ɔksteil] *s.* (*Gastr.*) coda di bue.
oxygen ['ɔksidʒən] *s.* (*Chim.*) ossigeno.
to **oxygenate** ['ɔksidʒəneit], to **oxygenize** ['ɔksidʒənaiz] *v.t.* ossigenare.
oxygen mask ['ɔksidʒən,mɑ:sk] *s.* maschera per ossigeno.
oxygen tent ['ɔksidʒən,tent] *s.* tenda a ossigeno.
oyster ['ɔistə*] *s.* ostrica.
oyster bed ['ɔistəbed] *s.* banco di ostriche.
oystercatcher ['ɔistəkætʃə*] *s.* (*Zool.*) beccaccia di mare.
oz = *ounce(s)* oncia, once.
ozone ['əuzəun] *s.* **1** (*Chim.*) ozono. **2** (*fig.*) effetto esilarante. **3** (*fam.*) aria pura.
ozone layer ['əuzəun'leiə*] *s.* strato d'ozono.

P

p[1], **P**[1] [pi:] *s.* (*pl.* **p's/ps, P's/Ps** [pi:z]) p, P. ▭ *to* **mind** *one's P's and Q's* stare attento a come si agisce (*o* si parla); (*Tel.*) ~ *for* **Peter** (*anche am.*) P come Padova.

p[2] = **1** *page* pagina (pag.). **2** penny.

P[2] = **1** *Parking* Posteggio. **2** (*Chim.*) *phosphorus* fosforo. **3** *President* Presidente.

pa [pɑ:] *s.* (*fam.*) papà.

Pa = (*Chim.*) *protoactinium* protoattinio.

PA = *Press Association* Associazione della Stampa.

pace [peis] *s.* **1** andatura, passo; velocità. **2** (*fig.*) ritmo, andamento: *she couldn't stand the ~ of life* non riusciva a reggere quel ritmo di vita. ▭ *to* **go** *the ~* : 1 andare a grande velocità; 2 (*fig.*) darsi alla bella vita; *to* **keep** ~ andare di pari passo (*with* con); (*fig.*) *to* **put** *s.o. through his paces* mettere alla prova qd.; *to* **set** *the ~*: 1 dare il passo; 2 (*fig.*) fare da battistrada.

to **pace** [peis] **I** *v.t.* **1** andare su e giù per, percorrere. **2** (spesso con *out, off*) misurare (a passi). **II** *v.i.* passeggiare, camminare.

pacemaker ['peismeikə*] *s.* **1** (*Med.*) stimolatore cardiaco. **2** (*Sport*) battistrada.

pachyderm ['pækidə:m] *s.* (*Zool.*) pachiderma.

pacific [pə'sifik] *a.* pacifico; tranquillo, calmo.

Pacific [pə'sifik] *N.pr.* (*Geog.*) (oceano) Pacifico.

pacifier *am.* ['pæsifaiə*] *s.* succhiotto.

pacifism ['pæsifizəm] *s.* pacifismo.

pacifist ['pæsifist] *s.* pacifista *m./f.*

to **pacify** ['pæsifai] *v.t.* pacificare, calmare, sedare.

pack [pæk] *s.* **1** pacco, fagotto; zaino. **2** confezione, involucro. **3** (*am.*) pacchetto. **4** (*Zool.*) branco; muta. **5** (*spreg.*) masnada, banda. **6** (*fig.*) mucchio, massa: *a ~ of lies* un sacco di bugie. **7** (*nel rugby*) pacchetto d'attacco. **8** mazzo (di carte).

to **pack** [pæk] **I** *v.t.* **1** impacchettare. **2** imballare; inscatolare. **3** pressare, comprimere. **4** (*fig.*) gremire, affollare. **5** (*am.*) trasportare (a piedi). **6** (*di comitato, giuria*) manipolare la formazione di; predisporre a proprio favore. **II** *v.i.* **1** fare i bagagli. **2** (*fig.*) affollarsi, stiparsi (*into* in). ▭ (*fam.*) *to ~* **in** smettere di; fermarsi; (*sl.*) ~ *it* **in** piantala; *to ~ s.o.* **off** mandare via qd.; *to ~ a* **suitcase** fare la valigia; *to ~* **up**: 1 fare le valigie; 2 smettere di lavorare; 3 (*fam.*) (*rif. a motori*) guastarsi.

package ['pækidʒ] *s.* **1** pacco, pacchetto; confezione. **2** (*fig.*) pacchetto, insieme di proposte.

to **package** ['pækidʒ] *v.t.* imballare; impacchettare; confezionare.

package deal ['pækidʒ'di:l] *s.* pacchetto, accordo complessivo.

package holiday ['pækidʒ'hɔlədi], **package tour** ['pækidʒ,tuə*] *s.* viaggio "tutto compreso".

packaging ['pækidʒiŋ] *s.* imballaggio.

pack animal ['pækænimәl] *s.* bestia da soma.

packed [pækt] *a.* (spesso seguito da *full*) strapieno, stipato, gremito.

packed lunch ['pækt,lʌntʃ] *s.* pranzo al sacco.

packer ['pækə*] *s.* imballatore.

packet ['pækit] *s.* **1** pacco, confezione; pacchetto. **2** (*Mar.*) → **packet-boat.** ▭ (*fam.*) *to cost a ~* costare un patrimonio.

packet boat ['pækitbəut] *s.* (*Mar.*) postale.

packhorse ['pækhɔ:s] *s.* cavallo da soma.

packing ['pækiŋ] *s.* imballaggio, confezione. ▭ *to do the ~* fare i bagagli.

packing box *am.* ['pækiŋbɔks], **packing case** ['pækiŋkeis] *s.* cassa da imballaggio.

pact [pækt] *s.* patto, convenzione; accordo.

pad [pæd] *s.* **1** imbottitura; cuscinetto. **2** sella imbottita. **3** (*Sport*) parastinchi. **4** cuscinetto per timbri, tampone. **5** (*Zool.*) cuscinetto carnoso. **6** (*di carta*) blocco, blocchetto. **7** (*am. fam.*) appartamento; casa. **8** (*Med.*) tampone.

to **pad**[1] [pæd] *v.t.* (*pass., p.p.* **padded** [–id]) **1** imbottire. **2** (*fig.*) (spesso con *out*) infarcire, riempire. **3** (*Med.*) tamponare.

to **pad**[2] [pæd] *v.i.* (*pass., p.p.* **padded** [–id]) **1** muoversi a passi felpati. **2** (*fam.*) andare a piedi.

padding ['pædiŋ] *s.* **1** imbottitura. **2** (*fig.*) riempitivo.

paddle [pædl] *s.* **1** pagaia. **2** spatola. **3** (*Mecc.*) pala (di ruota ad acqua). **4** (*Zool.*) pinna.

to **paddle**[1] [pædl] **I** *v.i.* remare con la pagaia. **II** *v.t.* spingere con la pagaia.

to **paddle**[2] [pædl] *v.i.* sguazzare, camminare nell'acqua bassa.

paddle wheel ['pædlwi:l] *s.* (*Mar.*) ruota a pale.
paddock ['pædək] *s.* recinto (per cavalli).
paddy[1] ['pædi] *s.* risaia.
paddy[2] ['pædi] *s.* (*fam.*) collera. ▭ *to be in a* ~ essere arrabbiato.
Paddy ['pædi] *s.* (*fam.*; di solito *spreg.*) irlandese.
paddy field ['pædifi:ld] *s.* risaia.
padlock ['pædlɔk] *s.* lucchetto.
to **padlock** ['pædlɔk] *v.t.* chiudere con un lucchetto.
padre *it.* ['pɑ:drei] *s.* (*pl.* **–s** [–z]/**–dri** [–dri]) **1** cappellano militare. **2** (*fam.*) prete.
paediatric [ˌpi:di'ætrik] *a.* pediatrico.
paediatrician [ˌpi:diə'triʃən] *s.* pediatra *m./f.*
paediatrics [ˌpi:di'ætriks] *s.pl.* (costr. sing.) pediatria.
pagan ['peigən] *a./s.* pagano.
paganism ['peigənizəm] *s.* paganesimo.
page[1] [peidʒ] *s.* pagina.
to **page**[1] [peidʒ] *v.t.* **1** numerare le pagine di. **2** (general. con *up*) impaginare.
page[2] [peidʒ] *s.* paggio.
to **page**[2] [peidʒ] *v.t.* chiamare per mezzo di un microfono (in hotel, negozio, aeroporto).
pageant ['pædʒənt] *s.* **1** spettacolo teatrale storico (all'aperto). **2** corteo in maschera. **3** (*fig.*) pompa, sfarzo.
pageantry ['pædʒəntri] *s.* **1** spettacolo fastoso. **2** (*fig.*) sfoggio, ostentazione.
pagination [ˌpædʒi'neiʃən] *s.* numerazione (delle pagine di un libro).
pagoda [pə'gəudə] *s.* pagoda.
paid [peid] → to **pay**.
paid-up ['peidʌp] *a.* (*di membro di organizzazione*) **1** iscritto. **2** impegnato.
pail [peil] *s.* secchio.
pain [pein] *s.* **1** pena, sofferenza; dolore, male: *a* ~ *in the shoulder* un dolore alla spalla. **2** *pl.* doglie. ▭ *to be* **at** *pains to do s.th.* sforzarsi di fare qc. bene; **for** *one's pains* per tutta ricompensa; *to be* **in** ~ soffrire, avere male; (*fam.*) ~ *in the* **neck** scocciatore; **on** ~ *of death* sotto pena di morte; *to* **take** *pains darsi da fare; to* **take** *great pains over s.th.* applicarsi a qc. con molto impegno.
to **pain** [pein] *v.t.* far soffrire; addolorare, affliggere.
pained [peind] *a.* addolorato, sofferente; offeso.
painful ['peinful] *a.* **1** dolente. **2** penoso, doloroso; spiacevole, sgradevole.
painkiller ['peinkilə*] *s.* (*Farm.*) antidolorifico, calmante.
painless ['peinlis] *a.* **1** indolore. **2** facile, semplice.
painstaking ['peinzteikiŋ] *a.* scrupoloso, accurato, attento.
paint [peint] *s.* **1** colore; tinta, vernice. **2** (*Cosmetica*) trucco. ▭ *wet* ~ vernice fresca.
to **paint** [peint] **I** *v.t.* **1** pitturare; verniciare. **2** (*Arte*) dipingere; ornare con pitture. **3** colorare, colorire. **4** (*Cosmetica*) truccare. **II** *v.i.* darsi alla pittura, dipingere. ▭ *to* ~ **out** (o *over*) cancellare con una mano di vernice; (*fam.*) *to* ~ *the* **town** (*red*) far baldoria.
painter ['peintə*] *s.* **1** imbianchino, pittore. **2** (*Arte*) pittore.
painting ['peintiŋ] *s.* **1** tinteggiatura, verniciatura. **2** (*Arte*) pittura; dipinto, quadro.
paint stripper ['peint'stripə*] *s.* solvente.
pair [pɛə*] *s.* **1** paio, coppia; compagno (di un oggetto). **2** pariglia (di cavalli). ▭ *in pairs* a due a due.
to **pair** [pɛə*] **I** *v.t.* (spesso con *up, off*) appaiare, accoppiare. **II** *v.i.* (spesso con *off, up*) accoppiarsi (*with* con); appaiarsi (con), unirsi (a).
pajamas *am.* [pə'dʒɑ:məz] → **pyjamas**.
Pakistan [ˌpa:kis'tɑ:n] *N.pr.* (*Geog.*) Pakistan.
Pakistani [ˌpɑ:ki'stɑ:ni] *a./s.* pakistano.
pal [pæl] *s.* (*fam.*) amico (intimo).
to **pal** [pæl] *v.i.* (*pass., p.p.* **palled** [–d]) (spesso con *up*) fare amicizia (*with* con).
palace ['pælis] *s.* **1** reggia. **2** palazzo.
palaeography [ˌpæli'ɔgrəfi] *s.* paleografia.
palaeolithic [ˌpæliə(u)'liθik] *a.* paleolitico.
palaeontology [ˌpæliˌɔn'tɔledʒi] *s.* paleontologia.
palatable ['pælətəbl] *a.* **1** saporito, gustoso. **2** (*fig.*) gradito.
palatal ['pælətl] (*Fonetica*) **I** *a.* palatale. **II** *s.* suono palatale.
palate ['pælit] *s.* **1** (*Anat.*) palato. **2** (*fig.*) gusto.
palatial [pə'leiʃəl] *a.* sfarzoso, sontuoso.
palaver [pə'lɑ:və*] *s.* **1** (*Stor.*) abboccamento con gli indigeni. **2** (*fig.*) ciarle, chiacchiere.
pale[1] [peil] *a.* **1** pallido; debole, tenue. **2** scialbo, sbiadito. ▭ *to turn* ~ impallidire.
to **pale** [peil] *v.i.* **1** impallidire. **2** (*fig.*) scomparire (in paragone a qc. altro).
pale[2] [peil] *s.* palo; palizzata, staccionata. ▭ (*fig.*) *beyond the* ~ al di là del lecito, oltre i limiti.
Palestine ['pælistain] *N.pr.* (*Geog.*) Palestina.
Palestinian [ˌpæləs'tiniən] *a./s.* palestinese.
palette ['pælit] *s.* **1** (*Pitt.*) tavolozza. **2** gamma cromatica.
paling ['peiliŋ] *s.* palizzata, steccato.
palisade [ˌpæli'seid] *s.* palizzata, staccionata; steccato.
pall [pɔ:l] *s.* **1** drappo funebre. **2** (*fig.*) manto, coltre.
to **pall** [pɔ:l] *v.i.* venire a noia (*upon* a).
palladium [pə'leidiəm] *s.* (*Chim.*) palladio.
pallbearer ['pɔ:lbɛərə*] *s.* portatore di bara.
pallet ['pælit] *s.* **1** paglericcio; giaciglio (di paglia). **2** bancale.
palliative ['pæliətiv] *a./s.* palliativo.
pallid ['pælid] *a.* pallido; smorto, sbiadito.
pallor ['pælə*] *s.* pallore.
pally ['pæli] *a.* (*fam.*) amichevole.
palm[1] [pɑ:m] *s.* (*Anat.*) palma; palmo. ▭ (*fam.*) *to* **grease** (o *oil*) *s.o.'s* ~ corrompere qd.; *to* **read** *s.o.'s* ~ leggere la mano a qd.
to **palm** [pɑ:m] *v.t.* **1** nascondere nella mano.

2 (general. con *off*) (*fam.*) affibbiare (*upon* a).
palm[2] [pɑ:m] *s.* **1** (*Bot.*) palma; ramo di palma. **2** (*fig.*) vittoria; trionfo. □ (*Rel.*) *Palm Sunday* domenica delle palme.
palmiped ['pælmiped] *a./s.* (*Zool.*) palmipede.
palmist ['pɑ:mist] *s.* chiromante *m./f.*
palmistry ['pɑ:mistri] *s.* chiromanzia.
palm oil ['pɑ:mɔil] *s.* olio (*o* grasso) di palma.
palpable ['pælpəbl] *a.* evidente, palpabile; tangibile.
to **palpitate** ['pælpiteit] *v.i.* palpitare.
palpitation [,pælpi'teiʃən] *s.* palpitazione; palpito.
palsied ['pɔ:lzid] *a.* paralitico.
palsy ['pɔlzi] *s.* paralisi.
paltry ['pɔ:ltri] *a.* **1** meschino, gretto. **2** trascurabile, insignificante.
pampas ['pæmpəs, *am.* –əz] *s.pl.* (costr. sing. o pl.) pampa.
to **pamper** ['pæmpə*] *v.t.* coccolare, vezzeggiare; viziare.
pamphlet ['pæmflit] *s.* pamphlet, libello; opuscolo.
pamphleteer [,pæmfli'ti:ə*] *s.* panflettista *m./f.*, libellista *m./f.*
pan [pæn] *s.* **1** tegame, padella; teglia, casseruola. **2** (*di bilancia*) piatto. **3** (*in miniera*) crivello, vaglio. **4** (*Geol.*) bacino.
to **pan** [pæn] *v.t./i.* (*pass.*, *p.p.* **panned** [–d]) (spesso con *off, out*) lavare al crivello (per estrarre oro). □ *to* ~ **out** (*fam.*) procedere, riuscire: *things* ~ *out well* le cose procedono bene.
panacea [,pænə'si:ə] *s.* panacea.
panache [pə'næʃ] *s.* **1** pennacchio (di elmo). **2** (*fig.*) ostentazione.
pancake ['pænkeik] *s.* **1** (*Gastr.*) pancake, frittella. **2** (*Aer.*) atterraggio "a piatto".
panchromatic [,pænkrə(u)'mætik] *a.* (*Fot.*) pancromatico.
pancreas ['pæŋkriəs] *s.* (*Anat.*) pancreas.
panda ['pændə] *s.* (*Zool.*) panda.
pandemic [pæn'demik] **I** *a.* pandemico. **II** *s.* (*Med.*) pandemia.
pandemonium [,pændi'məunjəm] *s.* pandemonio.
pander ['pændə*] *s.* ruffiano.
to **pander** ['pændə*] *v.i.* **1** fare il ruffiano (*to* con). **2** essere compiacente (con).
p. and p. = *postage and packing* spese postali e di imballaggio.
pane [pein] *s.* vetro (di finestra).
panegyric [,pæni'dʒirik] *s.* panegirico.
panel ['pænl] *s.* **1** pannello. **2** comitato, commissione; gruppo di esperti. **3** (*tecn.*) quadro di comando. **4** (*Dir.*) giuria. **5** (*Arch.*) cassettone, formella. □ ~ *discussion* dibattito pubblico di un gruppo di esperti.
to **panel** ['pænl] *v.t.* (*pass.*, *p.p.* **–lled**/*am.* **–led** [–d]) rivestire con pannelli.
panelling ['pænəliŋ] *s.* rivestimento a pannelli.
pang [pæŋ] *s.* **1** morso, fitta. **2** spasimo, sofferenza.
to **panhandle** *am.* ['pænhændl] *v.i.* chiedere l'elemosina (per la strada).
panic ['pænik] *s.* **1** panico. **2** (*fam.*) fretta.
to **panic** ['pænik] *v.i.* (*pass.*, *p.p.* **–ked** [–t]) lasciarsi prendere dal panico.
panicky ['pæniki] *a.* (*fam.*) **1** preso dal panico. **2** pauroso.
panicle ['pænikl] *s.* (*Bot.*) pannocchia.
panic-stricken ['pænik,strikən] *a.* in preda al panico.
pannier ['pæniə*] *s.* gerla; paniere da basto.
panoply ['pænəpli] *s.* armatura intera, panoplia.
panorama [,pænə'rɑ:mə] *s.* panorama.
panoramic [,pænə'ræmik] *a.* panoramico.
pansy ['pænzi] *s.* **1** (*Bot.*) viola del pensiero. **2** uomo effemminato. **3** (*sl.*) omosessuale, finocchio.
pant [pænt] *s.* **1** respiro affannoso; palpito. **2** sbuffo.
to **pant** [pænt] **I** *v.i.* **1** ansimare, ansare. **2** sbuffare. **II** *v.t.* (general. con *out*) dire ansimando.
pantechnicon [pæn'teknikən] *s.* furgone per traslochi.
pantheism ['pænθi:izəm] *s.* panteismo.
pantheist ['pænθi:ist] *s.* panteista *m./f.*
pantheistic [,pænθi:'istik] *a.* panteistico.
panther ['pænθə*] *s.* (*pl. inv.*/**–s** [–z]) (*Zool.*) **1** pantera. **2** (*am.*) puma.
panties ['pæntiz] *s.pl.* (*fam.*) mutandine.
panting ['pæntiŋ] *a.* ansante, ansimante.
pantograph ['pæntəgrɑ:f] *s.* pantografo.
pantomime ['pæntəmaim] *s.* **1** pantomima. **2** (*fig.*) farsa.
pantry ['pæntri] *s.* dispensa.
pants [pænts] *s.pl.* **1** mutande. **2** (*am.*) calzoni.
pantyhose ['pæntihəuz] *s.* calzamaglia.
pap [pæp] *s.* **1** pappa. **2** discorso insipido, superficiale.
papa [pə'pɑ:, *am.* 'pɑ:pə] *s.* (*fam.*) papà.
papacy ['peipəsi] *s.* papato.
papal ['peipəl] *a.* papale, pontificio. □ *Papal States* stati pontifici.
paper ['peipə*] *s.* **1** carta; foglio. **2** giornale. **3** *pl.* documenti; incartamenti. **4** saggio, scritto. **5** (*Scol.*) esame scritto; composizione, tema. **6** carta da parati, tappezzeria. □ ~ **bag** sacchetto di carta; (*Econ.*) ~ **money** carta moneta; **on** ~ per iscritto; (*fig.*) sulla carta; *to* **put** *pen to* ~ cominciare a scrivere; ~ **work** lavoro a tavolino.
to **paper** ['peipə*] *v.t.* **1** tappezzare. **2** rivestire di carta. □ *to* ~ *over a difficulty* cercare di nascondere una difficoltà.
paperback ['peipəbæk] *s.* libro in brossura.
paper clip ['peipəklip] *s.* graffetta.
paper knife ['peipənaif] *s.* (*pl.* **knives** [naivz]) tagliacarte.
papermill ['peipəmil] *s.* cartiera.
paper round ['peipə,raund] *s.* distribuzione dei giornali a domicilio.
paper shop ['peipəʃɔp] *s.* edicola.

paperweight ['peipəweit] *s.* fermacarte.
papery ['peipəri] *a.* cartaceo, simile a carta.
papier-mâché *fr.* ['pæpjei'mɑ:ʃei, *am.* 'peipəmə'ʃei] *s.* cartapesta.
paprica, paprika ['pæprikə] *s.* (*Gastr.*) paprica.
papyrus [pə'paiərəs] *s.* (*pl.* **–ri** [–rai]) (*Bot.*) papiro.
par [pɑ:*] *s.* (*Comm.*) parità. ▭ (*Econ.*) **above** ~ sopra la pari; (*Econ.*) **below** ~ sotto la pari; ~ *for the* **course** tipico; **on** *a* ~ allo stesso livello; (*fam.*) *I don't feel quite* **up** *to* ~ non mi sento in forma.
parable ['pærəbl] *s.* parabola.
parabola [pə'ræbələ] *s.* (*Geom., Mat.*) parabola.
parabolic [,pærə'bɔlik] *a.* parabolico.
parachute ['pærəʃu:t] *s.* paracadute.
to **parachute** ['pærəʃu:t] **I** *v.t.* paracadutare. **II** *v.i.* paracadutarsi.
parachutist ['pærəʃu:tist] *s.* paracadutista *m./f.*
parade [pə'reid] *s.* **1** corteo, processione. **2** (*Mil.*) parata, rivista; adunata, schieramento. **3** (*fig.*) sfoggio, ostentazione. **4** passeggiata pubblica; lungomare.
to **parade** [pə'reid] **I** *v.t.* **1** sfoggiare, ostentare. **2** (*Mil.*) schierare in parata. **II** *v.i.* **1** sfilare in corteo. **2** (*Mil.*) sfilare in parata.
parade ground [pə'reidgraund] *s.* (*Mil.*) piazza d'armi.
paradigm ['pærədaim] *s.* (*Gramm.*) paradigma.
paradise ['pærədais] *s.* paradiso.
paradisiac [,pærə'disiæk] *a.* paradisiaco.
paradox ['pærədɔks] *s.* paradosso.
paradoxical [,pærə'dɔksikəl] *a.* paradossale.
paraffin ['pærəfin] *s.* **1** petrolio, cherosene. **2** (*am.*) paraffina. ▭ ~ *wax* paraffina.
paragon ['pærəgən] *s.* modello (di perfezione); esempio; campione: *a* ~ *of virtue* un modello di virtù.
paragraph ['pærəgrɑ:f] *s.* **1** paragrafo; capoverso. **2** (*Giorn.*) trafiletto.
Paraguay ['pærəgwei] *N.pr.* (*Geog.*) Paraguay.
parallel ['pærəlel] **I** *a.* **1** parallelo (*to, with* a). **2** (*fig.*) corrispondente, equivalente (a). **II** *s.* **1** (*Geom.*) parallela. **2** parallelo (geografico). **3** (*fig.*) parallelo, confronto: *to draw a* ~ *with* fare un parallelo con. **4** (*fig.*) equivalente, corrispondente. ▭ (*Sport*) ~ **bars** parallele; **in** ~ in parallelo.
to **parallel** ['pærəlel] *v.t.* (*pass., p.p.* **–lled**/*am.* **–led** [–d]) **1** corrispondere a, equivalere a. **2** confrontare, paragonare.
parallelism ['pærəlelizəm] *s.* parallelismo.
parallelogram [,pærə'leləgræm] *s.* (*Geom.*) parallelogramma.
to **paralyse**, to **paralize** *am.* ['pærəlaiz] *v.t.* paralizzare.
paralysis [pə'rælisis] *s.* (*pl.* **–ses** [–si:z]) (*Med.*) paralisi (*anche fig.*).
paralytic [,pærə'litik] **I** *a.* paralitico; paralizzato. **II** *s.* paralitico.
paramedic ['pærəmedik] *a./s.* paramedico.
parameter [pə'ræmitə*] *s.* parametro.
paramilitary [,pærə'militri] *a.* paramilitare.
paramount ['pærəmaunt] *a.* **1** sommo, supremo. **2** importantissimo; preminente.
paranoia [,pærə'nɔiə] *s.* (*Psic.*) paranoia.
paranoiac [,pærə'nɔiæk], **paranoid** [,pærə'nɔid] *a./s.* paranoico.
paranormal [,pærə'nɔ:məl] **I** *a.* paranormale. **II** *s.* paranormale, soprannaturale.
parapet ['pærəpit] *s.* parapetto.
paraphernalia [,pærəfə'neiljə] *s.pl.* armamentario.
paraphrase ['pærəfreiz] *s.* parafrasi.
to **paraphrase** ['pærəfreiz] *v.t.* parafrasare.
parapsychology [,pærəsai'kɔlədʒi] *s.* parapsicologia.
parasite ['pærəsait] *s.* **1** parassita. **2** (*fig.*) scroccone.
parasitic [,pærə'sitik], **parasitical** [,pærə'sitikəl] *a.* parassita, parassitario.
parasol ['pærəsɔl] *s.* parasole.
paratrooper ['pærətru:pə*] *s.* paracadutista.
paratroops ['pærətru:ps] *s.pl.* truppe paracadutate.
paratyphoid [,pærə'taifɔid] *s.* (*Med.*) paratifo.
to **parboil** ['pɑ:bɔil] *v.t.* bollire parzialmente.
parcel ['pɑ:sl] *s.* **1** pacco, pacchetto. **2** (*Comm.*) partita, lotto. **3** (*fam.*) gruppo, branco. **4** appezzamento. ▭ **part** *and* ~ parte essenziale; (*Econ.*) ~ *of* **shares** pacchetto azionario.
to **parcel** ['pɑ:sl] *v.t.* (*pass., p.p.* **–lled**/*am.* **–led** [–d]) **1** (spesso con *up*) impacchettare. **2** (spesso con *out*) spartire, dividere (in parti).
to **parch** [pɑ:tʃ] **I** *v.t.* seccare, inaridire. **II** *v.i.* inaridirsi, seccarsi. ▭ (*fam.*) *I'm parched* muoio di sete.
parchment ['pɑ:tʃmənt] *s.* pergamena, cartapecora.
pardon ['pɑ:dn] *s.* **1** perdono, scusa. **2** (*Dir.*) condono; amnistia. **3** (*Rel.*) indulgenza. ▭ (*fam.*) *I beg your* ~ scusa, scusi; prego, vuol ripetere?
to **pardon** ['pɑ:dn] *v.t.* **1** scusare, perdonare. **2** (*Dir.*) condonare. ▭ ~ *me* scusa, scusi.
pardonable ['pɑ:dnəbl] *a.* perdonabile, scusabile.
to **pare** [pɛə*] *v.t.* **1** (spesso con *off, away*) sbucciare, pelare. **2** (spesso con *off, away*) tagliare; pareggiare. **3** (spesso con *down*) ridurre, diminuire.
parent ['pɛərənt] *s.* **1** genitore. **2** progenitore, antenato. **3** (*fig.*) causa prima.
parentage ['pɛərentidʒ] *s.* discendenza, origine.
parental [pə'rentl] *a.* dei genitori.
parenthesis [pə'renθisis] *s.* (*pl.* **–ses** [–si:z]) parentesi: *in* ~ tra parentesi.
parenthetical [,pærən'θetikəl] *a.* parentetico.
parenthood ['pɛərənthud] *s.* condizione di genitore.

paresis [pə'ri:sis] *s.* (*pl.* **–ses** [–si:z]) (*Med.*) paresi.
par excellence [pɑ:r'eksəlɑ:ns] *avv.* per eccellenza, per antonomasia.
pariah ['pæriə, *am.* pə'raiə] *s.* paria *m./f.*, reietto.
parietal [pə'raiətl] *a.* (*Anat., Bot.*) parietale.
paring ['pεəriŋ] *s.* buccia, pelle.
Paris ['pæris] *N.pr.* (*Geog.*) Parigi.
parish ['pæriʃ] *s.* **1** (*Rel.*) parrocchia. **2** (*collett.*) parrocchiani. **3** comune, municipio.
parishioner [pə'riʃənə*] *s.* parrocchiano.
parish-pump ['pæriʃpʌmp] *a.* (d'interesse) locale.
Parisian [pə'riziən, *am.* pə'riʒn] *a./s.* parigino.
parity ['pæriti] *s.* parità, uguaglianza.
park [pɑ:k] *s.* **1** parco; giardini pubblici. **2** parcheggio. **3** (*am.*) stadio, arena.
to **park** [pɑ:k] **I** *v.t.* **1** parcheggiare. **2** (*fam.*) mettere giù, posare; lasciare. **II** *v.i.* parcheggiare. ☐ (*fam.*) *to* ~ *o.s.* sistemarsi, piazzarsi.
parka *am.* ['pɑ:kə] *s.* giacca a vento.
parking ['pɑ:kiŋ] *s.* parcheggio, posteggio. ☐ (*am.*) ~ **lot** parcheggio; (*Strad.*) **no** ~ divieto di sosta.
parking-meter ['pɑ:kiŋmi:tə*] *s.* parchimetro.
Parkinson's disease ['pɑ:kinsəns di'zi:z] *s.* morbo di Parkinson.
parkway *am.* ['pɑ:kwei] *s.* autostrada panoramica.
parky ['pɑ:ki] *a.* (*fam.*) (*del tempo*) freddo, rigido.
parlance ['pɑ:ləns] *s.* linguaggio: *in common* ~ nel linguaggio corrente.
parley ['pɑ:li] *s.* discussione; conferenza; colloquio.
to **parley** ['pɑ:li] *v.i.* conferire (*with* con).
parliament ['pɑ:ləmənt] *s.* parlamento.
parliamentarian [ˌpɑ:ləmen'tεəriən] *s.* parlamentare *m./f.*
parliamentary [ˌpɑ:lə'mentəri] *a.* parlamentare.
parlor *am.*, **parlour** ['pɑ:lə*] *s.* **1** salotto; soggiorno. **2** (*di hotel, ecc.*) sala. **3** (*am.*) salone, istituto: *a beauty* ~ un salone di bellezza. ☐ ~ **game** gioco di società; ~ **maid** cameriera.
parlous ['pɑ:ləs] *a.* (*ant.*) grave, pericoloso.
parochial [pə'rəukjəl] *a.* **1** provinciale, campanilistico; ristretto. **2** (*raro*) parrocchiale.
parochialism [pə'rəukjəlizəm] *s.* (*fig.*) provincialismo.
parodist ['pærədist] *s.* parodista *m./f.*
parody ['pærədi] *s.* parodia.
to **parody** ['pærədi] *v.t.* parodiare.
parol ['pærəl] *s.* (*Dir.*) dichiarazione verbale. ☐ **by** ~ per testimonianza (*o* dichiarazione) verbale; ~ **contract** contratto verbale.
parole [pə'rəul] *s.* **1** (*Dir.*) libertà vigilata: *on* ~ in libertà vigilata. **2** durata della libertà vigilata. **3** (*Mil.*) parola d'ordine. **4** parola d'onore.
to **parole** [pə'rəul] *v.t.* (*Dir.*) rilasciare in libertà vigilata.
paroxysm ['pærəksizəm] *s.* (*Med.*) parossismo.
paroxysmal ['pærəksizməl] *a.* parossistico.
parquet ['pɑ:kei] *s.* **1** parquet. **2** (*am. Teat.*) platea.
parricidal [ˌpæri'saidl] *a.* parricida.
parricide ['pærisaid] *s.* **1** parricidio. **2** parricida *m./f.*
parrot ['pærət] *s.* (*Zool.*) pappagallo. ☐ ~ **cry** (o *phrase*) grido (*o* espressione) ripetuto da tutti, sulla bocca di tutti; *to say s.th.* ~ **fashion** ripetere qc. pappagallescamente.
to **parrot** ['pærət] *v.t.* ripetere meccanicamente.
parry ['pæri] *s.* (*Sport*) parata.
to **parry** ['pæri] *v.t.* **1** parare, scansare. **2** (*fig.*) eludere.
to **parse** [pɑ:z] *v.t.* (*Gramm.*) fare l'analisi di, analizzare.
parsimonious [ˌpɑ:si'məunjəs] *a.* **1** avaro, tirchio. **2** (*raro*) parsimonioso.
parsimony ['pɑ:siməni] *s.* **1** avarizia, tirchieria. **2** (*raro*) parsimonia.
parsley ['pɑ:sli] *s.* (*Bot.*) prezzemolo.
parsnip ['pɑ:snip] *s.* (*Bot.*) pastinaca.
parson ['pɑ:sn] *s.* **1** (*Rel. protestante*) pastore. **2** (*Rel. cattolica*) parroco.
parsonage ['pɑ:snidʒ] *s.* canonica, casa parrocchiale.
part [pɑ:t] **I** *s.* **1** parte, porzione. **2** *pl.* paese; regione. **3** (*Teat., Cin.*) parte, ruolo. **4** parte, partito: *to take s.o.'s* ~ prendere le parti di qd. **5** (*Mecc.*) pezzo. **II** *avv.* in parte, parzialmente. ☐ *to take s.th. in* **bad** ~ offendersi per qc.; *to* **do** *one's* ~ fare la propria parte; **for** *my* ~ per quel che mi riguarda; *to take s.th. in* **good** ~ non offendersi per qc.; *for the* **most** ~ per la maggior parte; **on** *the* ~ *of* da parte di; ~ *and* **parcel** parte essenziale; *to* **take** ~ *in s.th.* prendere parte a qc.
to **part** [pɑ:t] **I** *v.t.* ripartire; suddividere; separare, dividere. **II** *v.i.* **1** dividersi in due; aprirsi; spaccarsi in due parti. **2** (*fig.*) dividersi, separarsi, lasciarsi. **3** biforcarsi; prendere direzioni diverse. ☐ *to* ~ **company** andarsene ognuno per la propria strada; *to* ~ **with** *s.th.* separarsi da qc. che ci è caro.
to **partake** [pɑ:'teik] *v.i.* (coniug. come to **take**) partecipare, prendere parte (*in, of* a).
parterre [pɑ:'tεə*] *s.* **1** (*Teat.*) platea. **2** parterre (nei giardini).
parthenogenesis [ˌpɑ:θənə(u)'dʒenisis] *s.* (*Biol.*) partenogenesi.
partial ['pɑ:ʃl] *a.* **1** parziale, limitato. **2** parziale, non obiettivo (*to* verso). ☐ *to be* ~ *to* avere un debole (*for* per).
partiality [ˌpɑ:ʃi'æliti] *s.* **1** parzialità. **2** predilezione, debole (*for* per).
participant [pɑ:'tisipənt] *s.* partecipante.
to **participate** [pɑ:'tisipeit] *v.i.* partecipare, prendere parte (*in* a).
participation [pɑ:ˌtisi'peiʃən] *s.* partecipazione.

participle ['pɑ:tisipl] *s.* (*Gramm.*) participio.

particle ['pɑ:tikl] *s.* **1** (*fig.*) granello; briciolo, briciola. **2** (*Fis., Gramm.*) particella.

particular [pɑ:'tikjulə*] **I** *a.* **1** particolare, specifico; preciso. **2** speciale, particolare, eccezionale. **3** selettivo, pignolo; meticoloso; esigente. **4** (*raro*) minuzioso, dettagliato. **II** *s.* **1** particolare. **2** *pl.* particolari, dettagli: *to go into particulars* entrare nei particolari. **3** *pl.* dati personali, generalità. □ *anything* (o *anyone*) *in* ~ qc. (*o* qd.) in particolare.

particularity [pə,tikju'læriti] *s.* **1** particolarità. **2** pignoleria.

to **particularize** [pə'tikjulæraiz] **I** *v.t.* particolareggiare, dettagliare. **II** *v.i.* entrare in dettagli.

parting ['pɑ:tiŋ] *s.* **1** divisione, separazione. **2** distacco, addio. **3** (*dei capelli*) scriminatura, riga. □ *at the* ~ *of the ways* a un bivio.

partisan [,pɑ:ti'zæn, *am.* pɑ:tizn] *a./s.* partigiano.

partition [pɑ:'tiʃən] *s.* **1** divisione, partizione. **2** (*Pol.*) scissione. **3** (*Edil.*) tramezzo, divisorio.

to **partition** [pɑ:'tiʃən] *v.t.* **1** dividere, suddividere. **2** (*Edil.*) (general. con *off*) separare con un tramezzo.

partitive ['pɑ:titiv] *a./s.* (*Gramm.*) partitivo.

partner ['pɑ:tnə*] *s.* **1** socio, associato. **2** compagno, partner *m./f.* **3** marito; moglie. □ (*Dir.*) *partners in crime* correi.

to **partner** ['pɑ:tnə*] *v.t.* fare coppia con, essere compagno di.

partnership ['pɑ:tnəʃip] *s.* **1** associazione. **2** società; soci. □ *limited* ~ accomandita.

part owner ['pɑ:təunə*] *s.* comproprietario.

partridge ['pɑ:tridʒ] *s.* (*pl. inv.*/**–ges** [–dʒiz]) (*Zool.*) pernice, starna.

part-singing ['pɑ:t,siŋiŋ], **part-song** ['pɑ:tsɔŋ] *s.* (*Mus.*) canto polifonico.

part-time ['pɑ:ttaim] **I** *a.* a mezza giornata, part-time. **II** *s.* orario ridotto.

party ['pɑ:ti] *s.* **1** (*Pol.*) partito. **2** ricevimento, party. **3** gruppo, comitiva; squadra. **4** (*Dir.*) parte (in causa). **5** (*Mil.*) reparto, squadra. **6** partecipante *m./f.* (*to* a). □ *to* **make** *up a* ~ formare una comitiva; ~ **spirit** spirito di parte; ~ **wall** muro divisorio.

party line ['pɑ:ti,lain] *s.* **1** (*Pol.*) linea di partito. **2** (*Tel.*) duplex.

parvenu *fr.* ['pɑ:vənju:, *am.* –nu:] *s.* parvenu, nuovo ricco.

pasha ['pɑ:ʃə] *s.* pascià.

pass[1] [pɑ:s, *am.* pæs] *s.* **1** passaggio. **2** (*Mil.*) lasciapassare, salvacondotto; licenza. **3** biglietto gratuito; tessera di libera circolazione. **4** (*Scol.*) promozione. □ *to* **bring** *to* ~ realizzare; *to* **come** *to* ~ accadere; ~ **degree** laurea senza lode; (*fam.*) *to* **make** *a* ~ *at a girl* fare delle avance a una ragazza.

to **pass** [pɑ:s, *am.* pæs] **I** *v.t.* **1** sorpassare, oltrepassare; attraversare. **2** superare, sorpassare. **3** passare, dare, allungare: ~ *the salt please* passa il sale per favore. **4** (*di esami*) passare, superare. **5** (*Parl.*) approvare (una legge). **6** (*di tempo*) trascorrere. **7** pronunciare, dire. **8** (*Sport*) passare; lanciare. **II** *v.i.* **1** passare. **2** (general. con *off, over*) cessare, smettere. **3** superare, sorpassare. **4** (*Parl.*) passare, essere approvato. **5** (*Scol.*) essere promosso; (*fam.*) passare. **6** (*di tempo*) passare, trascorrere. **7** circolare, essere in circolazione. **8** avvenire, accadere. □ *to* ~ **away** svanire, scomparire; morire; *to* ~ **by** passare accanto; lasciar correre; *to* ~ **for** passare per, essere considerato; *to* ~ **judgement** *on s.o.* giudicare qd.; *to* ~ **off** accadere, succedere; (*di dolore, ecc.*) cessare; *to* ~ *s.o.* **off** *as* far passare qd. per; *to* ~ **on** (*eufem.*) morire; *to* ~ *s.th.* **on** passare qc.; *to* ~ **out** svenire; (*mil., Univ.*) aver dato l'esame finale; *to* ~ **over** passare, superare; non badare a; *to* ~ *a* **remark** fare un commento; *to* ~ *s.th.* **round** far passare qc.; *to* ~ **through** attraversare, passare per; (*fam.*) *to* ~ **up** lasciar perdere (un'occasione, ecc.).

pass[2] [pɑ:s, *am.* pæs] *s.* **1** (*Geog.*) passo, valico. **2** (*Mar.*) passaggio, canale stretto.

passable ['pɑ:sibl, *am.* 'pæs–] *a.* **1** transitabile, praticabile. **2** (*fig.*) passabile, accettabile.

passage ['pæsidʒ] *s.* **1** varco; passaggio. **2** corridoio, andito. **3** viaggio, traversata; posto (in aereo, nave). **4** (*Lett.*) passo, passaggio. **5** canale, condotto.

passageway ['pæsidʒwei] *s.* corridoio.

passbook ['pæsbuk] *s.* libretto di risparmio.

passé *fr.* [pæ'sei] *a.* (*di cosa*) fuori moda, antiquato.

passenger ['pæsindʒə*] *s.* passeggero.

passer-by ['pɑ:sə'bai] *s.* (*pl.* **passers-by** ['pɑ:səz'bai]) passante.

passing ['pɑ:siŋ, *am.* 'pæ–] **I** *a.* **1** di passaggio. **2** (*fig.*) passeggero, fugace. **II** *s.* **1** passaggio. **2** (*Parl.*) approvazione. □ *with each* ~ **day** col passare dei giorni; **in** ~ tra parentesi.

passion ['pæʃən] *s.* passione: *I have a* ~ *for flowers* ho la passione dei fiori. □ *Passion* **Sunday** Domenica di Passione; *Passion* **Week** Settimana Santa.

passionate ['pæʃənit] *a.* **1** appassionato, passionale; ardente. **2** impetuoso, travolgente.

passionflower ['pæʃənflauə*] *s.* (*Bot.*) passiflora.

passionfruit ['pæʃən,fru:t] *s.* (*Bot.*) passiflora, frutto della passione.

passive ['pæsiv] **I** *a.* passivo. **II** *s.* (*Gramm.*) passivo.

passkey ['pɑski:] *s.* passe-partout.

Passover ['pɑ:səuvə*, *am.* 'pæs–] *s.* Pasqua ebraica.

passport ['pɑ:spɔ:t, *am.* 'pæs–] *s.* passaporto.

password ['pɑ:swə:d] *s.* **1** parola d'ordine. **2** (*Inform.*) codice di identificazione.

past [pɑ:st, *am.* pæst] **I** *a.* **1** passato, scorso. **2** finito; fa, or sono: *two weeks* ~ due settimane fa. **3** (*Gramm.*) passato. **II** *s.* **1** passato. **2** (*Gramm.*) passato, preterito. **III** *avv.*

oltre: *he ran* ~ passò oltre di corsa. **IV** *prep.* **1** dopo, più tardi di: ~ *midnight* dopo mezzanotte. **2** (*nelle espressioni temporali*) non si traduce: *ten* ~ *eight* le otto e dieci; *half* ~ *one* l'una e mezzo. **3** al di là di, oltre: *she looked* ~ *the road* guardava oltre la strada. **4** più (vecchio) di, oltre: *she is* ~ *fifty* ha più di cinquant'anni. ▭ ~ **bearing** insopportabile; ~ **belief** incredibile; **in** *the* ~ *few days* negli ultimi giorni; *to be* ~ **it** essere troppo vecchi (per fare qc.).

pasta *it.* ['pæstə] *s.* (*Alim.*) pasta.

paste [peist] *s.* pasta, impasto; colla.

to **paste** [peist] *v.t.* (spesso con *up*) incollare, appiccicare.

pasteboard ['peistbɔ:d] *s.* cartone.

pastel ['pæstəl, *am.* pæ'stəl] *a./s.* pastello: *pastels* colori pastello.

pasteurization [ˌpæstə:rai'zeiʃən, *am.* –ri:'z–] *s.* pastorizzazione.

to **pasteurize** ['pæstəraiz] *v.t.* pastorizzare.

pastiche [pæs'ti:ʃ] *s.* (*Lett., Mus.*) pastiche.

pastille [pæ'sti:l] *s.* pasticca, pastiglia.

pastime ['pɑ:staim] *s.* passatempo, diversivo.

past-master [pɑ:st'mɑ:stə*] *s.* esperto, maestro.

pastor ['pɑ:stə*, *am.* 'pæ–] *s.* (*Rel. protestante*) pastore.

pastoral ['pɑ:stərəl, *am.* 'pæ–] **I** *a.* **1** pastorale. **2** (*fig.*) pastorale, bucolico. **II** *s.* **1** (*Lett.*) poesia pastorale. **2** (*Rel.*) (lettera) pastorale.

pastry ['peistri] *s.* (*Gastr.*) **1** pasta (per dolci). **2** pasticcino.

pasture ['pɑ:stʃə*, *am.* 'pæs–] *s.* pascolo, pastura; foraggio.

to **pasture** ['pɑ:stʃə*, *am.* 'pæs–] **I** *v.t.* portare al pascolo. **II** *v.i.* pascolare, brucare.

pasty[1] ['peisti] *a.* pallido, smorto.

pasty[2] ['peisti, 'pæsti] *s.* (*Gastr.*) pasticcio.

pat[1] [pæt] *s.* **1** colpetto (affettuoso), buffetto. **2** picchiettio; (*di piedi*) scalpiccio.

to **pat** [pæt] *v.* (*pass., p.p.* **patted** [–id]) **I** *v.t.* dare un buffetto a. **II** *v.i.* picchiettare (*on* su). ▭ *to* ~ *s.o. on the* **back** dare un colpetto sulla spalla a qd.; (*fig.*) congratularsi con qd.; (*fig.*) *to* ~ *o.s. on the* **back** compiacersi con se stesso.

pat[2] [pæt] *avv.* a proposito, opportunamente. ▭ *to* **have** *one's excuse* ~ avere la scusa pronta; *to* **know** *s.th.* (*off*) ~ sapere qc. a menadito.

patch [pætʃ] *s.* **1** toppa, pezza; rattoppo. **2** (*Med.*) cerotto adesivo; benda (sull'occhio). **3** macchia, chiazza. **4** appezzamento, piccolo terreno. ▭ (*fam.*) *a bad* ~ un brutto periodo.

to **patch** [pætʃ] *v.t.* **1** rattoppare, rappezzare. **2** (spesso con *up, together*) riparare alla meglio, rabberciare, raffazzonare. **3** (*fig.*) (general. con *up*) appianare, accomodare.

patchwork ['pætʃwə:k] *s.* **1** lavoro di cucito fatto con pezzi di stoffa di colore e forma diversi. **2** (*fig.*) miscuglio.

patchy ['pætʃi] *a.* **1** rattoppato, rappezzato. **2** chiazzato. **3** (*fam.*) irregolare, non uniforme.

pate [peit] *s.* (*scherz. fam.*) testa, zucca.

pâté *fr.* ['pætei, *am.* pɑ'tei] *s.* (*Gastr.*) pasticcio.

patent ['peitənt, *am.* 'pæ–] **I** *s.* **1** brevetto (d'invenzione): ~ *infrigement* contraffazione di un brevetto. **2** invenzione tutelata da un brevetto. **3** concessione, patente. **II** *a.* **1** evidente, manifesto. **2** brevettato. ▭ ~ **leather** pelle verniciata; ~ **medicine** specialità farmaceutica, (*estens.*) medicamento empirico; *Patent* **Office** ufficio brevetti.

to **patent** ['peitənt, *am.* 'pæ–] *v.t.* (far) brevettare.

paternal [pə'tə:nl] *a.* paterno.

paternalism [pə'tə:nlizəm] *s.* paternalismo.

paternalistic [ˌpətənə'listik] *a.* paternalistico, paternalista.

paternity [pə'tə:niti] *s.* paternità.

paternoster ['pætə'nɔstə*] *s.* **1** (*Rel.*) paternostro. **2** ascensore a paternoster.

path [pɑ:θ, *am.* pæθ] *s.* **1** sentiero, viottolo. **2** corsia pedonale. **3** (*fig.*) via, strada. **4** (*Sport*) pista. **5** (*Astr.*) traiettoria. ▭ *their paths crossed* le loro strade si incontrarono.

pathetic [pə'θetik] *a.* **1** patetico, commovente. **2** (*fam.*) penoso.

pathfinder ['pɑ:θfaində*] *s.* **1** esploratore. **2** (*Aer. mil.*) ricognitore.

pathological [ˌpæθə'lɔdʒikəl] *a.* patologico.

pathologist [pə'θɔlədʒist] *s.* patologo.

pathology [pə'θɔlədʒi] *s.* patologia.

pathos ['peiθɔs] *s.* patos.

pathway ['pɑ:θwei, *am.* 'pæθ–] *s.* sentiero, viottolo (anche *fig.*).

patience ['peiʃəns] *s.* **1** pazienza. **2** costanza, perseveranza. **3** (*nelle carte da gioco*) solitario. ▭ *to try s.o.'s* ~ mettere a dura prova la pazienza di qd.

patient ['peiʃənt] **I** *a.* paziente; tollerante. **II** *s.* (*Med.*) paziente.

patina ['pætinə] *s.* patina.

patio ['pɑ:tiəu] *s.* patio; terrazza.

patriarch ['peitriɑ:k] *s.* patriarca.

patriarchal [ˌpeitri'ɑ:kəl] *a.* patriarcale.

patriarchy ['peitriɑ:ki] *s.* patriarcato.

Patricia [pə'triʃə] *N.pr.f.* Patrizia.

patrician [pə'triʃən] *a./s.* **1** patrizio. **2** (*estens.*) nobile.

patricide *am.* ['pætrisaid] → **parricide**.

Patrick ['pætrik] *N.pr.m.* Patrizio.

patrimony ['pætriməni, *am.* –məuni] *s.* patrimonio.

patriot ['peitriət] *s.* patriota *m./f.*

patriotic [ˌpætri'ɔtik] *a.* patriottico.

patriotism ['pætriətizəm] *s.* patriottismo.

patrol [pə'trəul] *s.* **1** perlustrazione. **2** (*Mil.*) pattugliamento; pattuglia. ▭ ~ **car** radiomobile (della polizia); **on** ~ di pattuglia; ~ **wagon** cellulare.

to **patrol** [pə'trəul] *v.* (*pass., p.p.* **–lled**/*am.* **–led** [–d]) **I** *v.t.* **1** perlustrare. **2** (*Mil.*) pattugliare. **II** *v.i.* andare in pattuglia.

patrolling [pə'trəuliŋ] *s.* pattugliamento.

patrolman *am.* [pə'trəulmæn] *s.* (*pl.* **–men**) poliziotto, agente.
patron ['peitrən] *s.* **1** mecenate; protettore. **2** sponsor; patrocinatore. **3** cliente (di un locale, negozio, ecc.). **4** (*Rel.*) patrono.
patronage ['pætrənidʒ] *s.* **1** protezione, appoggio; mecenatismo. **2** clientela abituale.
to **patronize** ['pætrənaiz, *am.* 'pei–] *v.t.* **1** trattare con condiscendenza. **2** essere cliente (abituale) di; frequentare (un ristorante, ecc.). **3** proteggere, appoggiare.
patronizing ['pætrənaiziŋ, *am.* 'pei–] *a.* condiscendente.
patronymic [,pætrə'nimik] *a./s.* (*Ling.*) patronimico.
patsy *am.* ['pætsi] *s.* scemo, sciocco.
patter[1] ['pætə*] *s.* **1** picchiettio, ticchettio. **2** scalpiccio.
to **patter**[1] ['pætə*] *v.i.* **1** picchiettare, ticchettare (*on* su). **2** scalpicciare.
patter[2] ['pætə*] *s.* discorso frettoloso, imparato a memoria.
to **patter**[2] ['pætə*] **I** *v.i.* parlare rapidamente. **II** *v.t.* dire rapidamente, recitare.
pattern ['pætən] *s.* **1** modello; campione. **2** disegno, motivo. **3** struttura.
to **pattern** ['pætən] *v.t.* **1** modellare (*upon, on* su). **2** decorare con un disegno.
patty ['pæti] *s.* (*Gastr.*) tortino; piccolo pasticcio di carne.
paucity ['pɔ:siti] *s.* scarsezza, pochezza.
Paul [pɔ:l] *N.pr.m.* Paolo.
Paula ['pɔ:la] *N.pr.f.* Paola.
Pauline [pɔ:'li:n] *N.pr.f.* Paolina.
paunch [pɔ:ntʃ] *s.* ventre; pancione.
paunchy ['pɔ:ntʃi] *a.* panciuto.
pauper ['pɔ:pə*] *s.* povero, indigente *m./f.*
to **pauperize** ['pɔ:pəraiz] *v.t.* ridurre in miseria, impoverire.
pause [pɔ:z] *s.* **1** pausa, interruzione. **2** (*Mus.*) pausa.
to **pause** [pɔ:z] *v.i.* **1** sostare, fare una pausa. **2** soffermarsi, indugiare (*on, upon* su).
to **pave** [peiv] *v.t.* lastricare, pavimentare. □ (*fig.*) *to* ~ *the way for* aprire la strada a.
pavement ['peivmənt] *s.* **1** marciapiede. **2** lastrico, selciato. □ ~ *artist* madonnaro.
pavilion [pə'viljən] *s.* padiglione.
paving ['peiviŋ] *s.* selciato.
paw [pɔ:] *s.* **1** zampa. **2** (*fam.*) mano.
to **paw** [pɔ:] *v.t.* **1** raspare, grattare, toccare con la zampa. **2** (*fam.*) (general. con *about, around*) maneggiare goffamente; palpeggiare.
pawn[1] [pɔ:n] *s.* **1** pegno. **2** garanzia. □ *in* ~ impegnato.
to **pawn** [pɔ:n] *v.t.* impegnare; pignorare.
pawn[2] [pɔ:n] *s.* **1** (*negli scacchi*) pedone. **2** (*fig.*) pedina.
pawnbroker ['pɔ:nbrəukə*] *s.* prestatore su pegno.
pawnshop ['pɔ:nʃɔp] *s.* banco dei pegni, monte di pietà.
pawn ticket ['pɔ:ntikit] *s.* ricevuta di pegno.
pay [pei] *s.* **1** paga; salario; stipendio. **2** servizio, soldo.
to **pay** [pei] *v.* (*pass., p.p.* **paid** [–d]) **I** *v.t.* **1** pagare. **2** retribuire, compensare. **3** fruttare, rendere. **II** *v.i.* **1** pagare (*for s.th.* qc.). **2** (*fig.*) scontare, espiare (qc.). **3** essere conveniente, convenire, valere la pena (costr. impers.): *it pays to be honest* conviene essere onesti. **4** rendere, fruttare. **5** ripagare, indennizzare (*for s.th.* qc.). □ *to* ~ **attention** fare attenzione; to ~ **back** rimborsare; ricompensare, contraccambiare (*anche fig.*); *to* ~ **down** dare un acconto; (*Econ.*) *to* ~ **in** versare, depositare; *to* ~ **off**: 1 (*di debito*) estinguere; 2 rendere, fruttare; 3 liquidare (un dipendente); 4 finire bene, aver successo; *to* ~ **out** sborsare, tirar fuori; (*Mar.*) mollare (una fune); *to* ~ **up** sganciare, sborsare; *to* ~ *a* **visit** fare una visita; *to* ~ *one's* **way** pagare la propria parte; vivere secondo le proprie possibilità.
payable ['peiəbl] *a.* pagabile: ~ *to bearer* pagabile al portatore.
pay-as-you-earn ['peiəzju'ə:n] *s.* sistema di pagamento delle imposte mediante trattenute sulla retribuzione (alla fonte).
pay-day ['peidei] *s.* giorno di paga.
PAYE = *Pay as you earn* ritenuta d'imposta alla fonte.
payee [pei'i:] *s.* (*Econ.*) beneficiario.
payer ['peiə*] *s.* pagante *m./f.*
paying guest ['peiiŋ'gest] *s.* pensionante.
payload ['peiləud] *s.* (*Aer.*) carico utile.
payment ['peimənt] *s.* **1** pagamento; versamento. **2** (*fig.*) contraccambio; ricompensa.
payoff ['peiɔf] *s.* **1** ricompensa; conclusione. **2** bustarella.
pay packet ['peipækit] *s.* busta paga.
pay phone ['peifəun], **pay station** *am.* ['peisteiʃən] *s.* telefono pubblico a gettone.
payroll ['peirəul] *s.* **1** libro paga. **2** (*fig.*) organico.
Pb = (*Chim.*) *lead* piombo.
PB = *Premium Bond* titolo di credito.
PC = *police constable* agente di polizia.
p/c = *per cent* per cento.
Pd = (*Chim.*) *palladium* palladio.
PE = *physical education* educazione fisica.
pea [pi:] *s.* (*Bot.*) pisello. □ *as like as two peas* (*in a pod*) somiglianti come due gocce d'acqua.
peace [pi:s] *s.* **1** pace. **2** (*Dir.*) ordine pubblico; quiete pubblica: *to disturb the* ~ disturbare la quiete pubblica. **3** armonia, concordia; quiete, tranquillità. □ **at** ~ tranquillo, in pace; *to* **give** *s.o. no* ~ non dar pace a qd.; *to* **hold** *one's* ~ tacere; **in** ~ in pace; *to* **keep** *the* ~ mantenere la pace; *to* **make** ~ rappacificarsi; ~ *of* **mind** tranquillità (di spirito); *may he* **rest** *in* ~*!* risposi in pace!; (*Lit.*) ~ *be* **with** *you!* la pace sia con voi!
peaceable ['pi:səbl] *a.* pacifico, tranquillo.
peaceful ['pi:sful] *a.* **1** pacifico. **2** quieto, tranquillo.

peace-keeping ['pi:ski:piŋ] *a.* (*mil.*) di pace: ~ *force* forza di pace.
peacemaker ['pi:s'meikə*] *s.* pacificatore, paciere.
peace offering ['pi:s'ɔʃəriŋ] *s.* offerta di pace.
peacetime ['pi:staim] *s.* tempo di pace.
peach [pi:tʃ] *s.* **1** (*Bot.*) pesca. **2** (*fam.*) ragazza graziosa; bellezza. □ ~ *tree* pesco.
peacock ['pi:kɔk] *s.* (*pl.* *inv.*/**–s** [–s]) (*Zool.*) pavone (maschio).
peafowl ['pi:faul] *s.* (*Zool.*) pavone (maschio *o* femmina).
pea green ['pi:'gri:n] *a.* verde pisello.
peahen ['pi:hen] *s.* (*Zool.*) pavone (femmina).
peak [pi:k] *s.* **1** vetta, sommità; cresta, cima. **2** (*fig.*) apice, culmine; (valore) massimo. **3** (*di berretto*) visiera. □ ~ *hours* ore di punta.
to **peak** [pi:k] *v.i.* raggiungere il massimo. □ *to* ~ *and pine* languire.
peaked [pi:kt] *a.* smunto.
peaky ['pi:ki] *a.* malaticcio, smunto.
peal [pi:l] *s.* **1** scampanio; concerto di campane. **2** (*fig.*) scoppio (di risa, di tuono); fragore, rimbombo.
to **peal** [pi:l] **I** *v.i.* **1** scampanare. **2** tuonare, rimbombare. **II** *v.t.* suonare a distesa.
peanut ['pi:nʌt] *s.* **1** (*Bot.*) nocciolina americana, arachide. **2** *pl.* (*sl.*) quattro soldi.
pear [pɛə*] *s.* (*Bot.*) pera. □ ~ *tree* pero.
pearl [pə:l] *s.* perla (*anche fig.*). □ (*fig.*) *to* **cast** *pearls before swine* gettare le perle ai porci; ~ **grey** grigio perla.
pearl diver ['pə:ldaivə*] *s.* pescatore di perle.
pearly ['pə:li] *a.* perlato; perlaceo.
peasant ['pezənt] *s.* **1** contadino. **2** (*estens.*) buzzurro, zoticone.
peasantry ['pezəntri] *s.* (*collett.*) contadini.
peashooter ['pi:ʃu:tə*] *s.* cerbottana.
pea soup ['pi:'su:p] *s.* crema di piselli.
pea souper ['pi:'su:pə*] (*fam.*) nebbia fitta.
peat [pi:t] *s.* (*pl.* *inv.*/**–s** [–s]) torba.
pebble ['pebl] *s.* ciottolo, sasso.
pebbly ['pebli] *a.* ciottoloso.
peccary ['pekəri] *s.* (*Zool.*) pecari.
peck[1] [pek] *s.* **1** (*unità di misura*) peck → **Appendice**. **2** (*fig.*) mucchio; (*fam.*) sacco.
peck[2] [pek] *s.* **1** beccata. **2** (*fam.*) bacetto.
to **peck** [pek] **I** *v.t.* **1** beccare. **2** (spesso con *up*) prendere col becco. **3** (*fam.*) dare un bacetto a. **II** *v.i.* **1** beccare (*at s.th.* qc.). **2** mangiucchiare, piluccare.
pecker ['pekə*] *s.* **1** (*Zool.*) picchio. **2** (*fam.*) naso. □ (*sl.*) *keep your* ~ *up!* fatti coraggio!
peckish ['pekiʃ] *a.* (*fam.*) affamato.
pectin ['pektin] *s.* (*Chim.*) pectina.
pectoral ['pektərəl] *a.* pettorale.
to **peculate** ['pekjuleit] **I** *v.t.* appropriarsi indebitamente di. **II** *v.i.* commettere peculato.
peculation [ˌpekju'leiʃən] *s.* peculato.
peculiar [pi'kju:liə*] *a.* **1** strano, bizzarro, originale, eccentrico. **2** peculiare, tipico, caratteristico (*to* di): ~ *to children* tipico dei bambini. **3** unico, speciale; particolare.
peculiarity [piˌkju:li'æriti] *s.* **1** singolarità; stranezza; originalità. **2** peculiarità, caratteristica.
pecuniary [pi'kju:niəri, *am.* –eri] *a.* pecuniario.
pedagog *am.* ['pedəgɔg] → **pedagogue.**
pedagogic [ˌpedə'gɔdʒik], **pedagogical** [ˌpedə'gɔdʒikəl] *a.* pedagogico.
pedagogue ['pedəgɔg] *s.* (*lett.*) pedagogo.
pedagogy ['pedəgɔdʒi] *s.* pedagogia.
pedal ['pedl] *s.* pedale.
to **pedal** ['pedl] *v.* (*pass., p.p.* **–lled**/*am.* **–led** [–d]) **I** *v.t.* azionare il pedale di. **II** *v.i.* pedalare.
pedant ['pedənt] *s.* pedante, pignolo.
pedantic [pi'dæntik] *a.* pedante, pignolo; pedantesco.
pedantry ['pedəntri] *s.* pedanteria.
to **peddle** ['pedl] **I** *v.t.* **1** fare il venditore ambulante di. **2** spacciare (droga). **3** (*fig.*) diffondere, spargere (voci, pettegolezzi, ecc.). **II** *v.i.* fare il venditore ambulante.
peddler ['pedlə*] *s.* **1** venditore ambulante. **2** spacciatore di droga.
peddling ['pedliŋ] *a.* insignificante, di poco conto.
pedestal ['pedistl] *s.* piedistallo; base. □ (*fig.*) *to* **knock** *s.o. off his* ~ far cadere qd. dal piedistallo; *to* **set** *s.o. on a* ~ mettere qd. su un piedistallo.
pedestrian [pi'destriən] **I** *s.* pedone. **II** *a.* **1** pedonale: ~ *crossing* attraversamento pedonale. **2** (*fig.*) pedestre, banale.
to **pedestrianize** [pi'destriənaiz] *v.t.* (*fam.*) riservare ai pedoni, chiudere al traffico.
pedestrian precinct [pi'destriən'pri:siŋkt] *s.* zona pedonale.
pediatric [ˌpi:di'ætrik] *e deriv.* → **paediatric** *e deriv.*
pedicure ['pedikjuə*] *s.* pedicure.
pedigree ['pedigri:] *s.* **1** pedigree. **2** discendenza, genealogia; albero genealogico.
pediment ['pedimənt] *s.* (*Arch.*) frontone.
pedlar ['pedlə*] *s.* venditore ambulante.
peduncle [pi'dʌŋkl] *s.* (*Biol.*) peduncolo.
to **pee** [pi:] *v.t./i.* (*fam.*) far pipì.
to **peek** [pi:k] *v.i.* guardare di sottecchi (*at* a, su).
peel [pi:l] *s.* buccia, pelle, scorza.
to **peel** [pi:l] **I** *v.t.* **1** sbucciare, pelare. **2** scortecciare, scrostare. **II** *v.i.* **1** (*della pelle*) squamarsi; spellarsi. **2** (spesso con *off*) scrostarsi. **3** (*fam.*) (spesso con *off*) spogliarsi, svestirsi.
peeler ['pi:lə*] *s.* sbucciatore; pelatrice.
peelings ['pi:liŋs] *s.pl.* buccia, pelle.
peep[1] [pi:p] *s.* **1** sbirciata, sguardo furtivo. **2** occhiata.
to **peep** [pi:p] *v.i.* **1** spiare (*at s.o., s.th.* qd., qc.). **2** guardare di sottecchi, sbirciare. **3** (spesso con *out, through, from*) fare capolino, affacciarsi.
peep[2] [pi:p] *s.* **1** pigolio. **2** suono squillante (di clacson).
peeper ['pi:pə*] *s.* ficcanaso *m./f.*

peephole ['pi:phəul] *s.* spioncino.

peer ['piːə*] *s.* **1** pari *m./f.*, uguale *m./f.* **2** compagni, coetanei: ~ *pressure* influenza dei coetanei. ☐ *(GB) peers of the realm* i membri della Camera dei Lords.

to **peer** ['piːə*] *v.i.* scrutare, guardare attentamente (*at, into* in).

peerage ['piəridʒ] *s.* **1** dignità di pari, peerage. **2** (*collett.*) pari. **3** albo d'oro dei pari d'Inghilterra.

peer group ['piːə'gruːp] *s.* coetanei.

peerless ['piəlis] *a.* impareggiabile, senza pari.

to **peeve** [piːv] *v.t.* (*fam.*) irritare, infastidire.

peevish ['piːviʃ] *a.* irritabile, permaloso, scorbutico.

peewit ['piːwit] → **pewit**.

peg [peg] *s.* **1** piolo; cavicchio. **2** picchetto, paletto. **3** molletta da bucato. **4** (*fig.*) pretesto, appiglio. ☐ *clothes* **off** *the* ~ abiti confezionati; (*fig.*) *a* **square** ~ *in a round hole* chi fa un lavoro per il quale non è tagliato; (*fam.*) *to* **take** *s.o. down a* ~ (*or two*) fare abbassare la cresta a qd.

to **peg** [peg] *v.t.* (*pass., p.p.* **pegged** [–d]) **1** assicurare con un cavicchio. **2** (general. con *up*) attaccare con un piolo. **3** (general. con *out*) picchettare; delimitare con picchetti. **4** (*Econ.*) fissare, stabilizzare. ☐ (*fig.*) *to* ~ **away** impegnarsi a fondo (*at* in); *to* ~ **down** fissare con picchetti; (*fig.*) vincolare, impegnare; *to* ~ **out** stendere (vestiti, lenzuola); (*fam.*) morire.

pejorative [pi'dʒɔrətiv] *a./s.* (*Gramm.*) peggiorativo.

Pekinese [ˌpiːki'niːz], **Pekingese** [ˌpiːkiŋ'iːz] **I** *s.inv.* **1** pechinese *m./f.* **2** (*Zool.*) (cane) pechinese. **II** *a.* pechinese, di Pechino.

Peking ['piːkiŋ] *N.pr.* (*Geog.*) Pechino.

pelican ['pelikən] *s.* (*Zool.*) pellicano.

pellet ['pelit] *s.* **1** pallina. **2** pallottola; pallino di piombo.

pell-mell ['pel'mel] *avv.* alla rinfusa, disordinatamente; precipitosamente.

pelmet ['pelmit] *s.* (*Arredamento*) mantovana.

pelt[1] [pelt] *s.* (forte) colpo. ☐ (*fam.*) *at full* ~ a gran velocità.

to **pelt** [pelt] **I** *v.t.* **1** colpire (scagliando qc.); lanciare. **2** (*fig.*) subissare: *he was pelted with questions* fu subissato di domande. **II** *v.i.* picchiare (*o* battere) con violenza. ☐ (*fam.*) *it's pelting down* (o *it's pelting with rain*) piove a dirotto.

pelt[2] [pelt] *s.* pelle non conciata.

pelvic ['pelvik] *a.* pelvico.

pelvis ['pelvis] *s.* (*pl.* **–ves** [–viːz]) (*Anat.*) pelvi.

pen[1] [pen] *s.* **1** penna; pennino. **2** (*fig.*) stile. ☐ (*lett.*) *to put* ~ *to paper* scrivere.

to **pen**[1] [pen] *v.t.* (*pass., p.p.* **penned** [–d]) (*lett.*) scrivere.

pen[2] [pen] *s.* recinto (per animali).

to **pen**[2] [pen] *v.t.* (*pass., p.p.* **penned** [–d]) rinchiudere in un recinto.

penal ['piːnl] *a.* penale.

penal code ['piːnl'kəud] *s.* (*Dir.*) codice penale.

to **penalize** ['piːnəlaiz] *v.t.* **1** punire. **2** (*Sport*) penalizzare.

penalty ['penəlti] *s.* **1** pena, punizione (per un reato). **2** penale, multa. **3** (*fig.*) svantaggio. **4** (*Sport*) penalità, punizione. ☐ **death** ~ pena di morte; (*Sport*) ~ **kick** (o *penalty*) calcio di rigore.

penance ['penəns] *s.* (*Rel.*) penitenza.

pen-and-ink ['penənd'iŋk] *a.* a penna: ~ *drawing* disegno a penna.

pence [pens] → **penny**.

pencil ['pensl] *s.* **1** matita. **2** (*Mat.*) fascio.

to **pencil** ['pensl] *v.t.* (*pass., p.p.* **–lled**/*am.* **–led** [–d]) disegnare a matita; scrivere a matita.

pendant ['pendənt] *s.* pendente, ciondolo.

pendent ['pendənt] *a.* (*lett.*) **1** sospeso. **2** sovrastante.

pending ['pendiŋ] **I** *prep.* **1** in attesa di. **2** durante: ~ *the negotiations* durante i negoziati. **II** *a.* **1** in sospeso. **2** incombente, imminente.

pendulum ['pendjuləm, *am.* –dʒu–] *s.* pendolo. ☐ (*fig.*) *the swing of the* ~ gli alti e bassi dell'opinione pubblica.

to **penetrate** ['penitreit] **I** *v.t.* **1** penetrare (in). **2** entrare in, addentrarsi in. **3** (*fig.*) comprendere, penetrare. **II** *v.i.* **1** penetrare, addentrarsi (*into, to* in). **2** introdursi, infiltrarsi (*into, to* in).

penetrating ['penitreitiŋ] *a.* penetrante; acuto.

penetration [ˌpeni'treiʃən] *s.* **1** penetrazione. **2** (*fig.*) intuito, perspicacia.

pen-friend ['penfrend] *s.* amico di penna, corrispondente *m./f.*

penguin ['peŋgwin] *s.* (*Zool.*) pinguino.

penicillin [ˌpeni'silin] *s.* (*Farm.*) penicillina.

peninsula [pi'ninsjulə, *am.* –insə–] *s.* (*Geog.*) penisola.

peninsular [pi'ninsjulə*, *am.* –insə–] *a.* peninsulare.

penis ['piːnis] *s.* (*Anat.*) pene.

penitence ['penitəns] *s.* pentimento.

penitent ['penitənt] *a./s.* penitente.

penitential [ˌpeni'tenʃəl] *a.* penitenziale.

penitentiary [ˌpeni'tenʃəri] **I** *s.* (*am.*) penitenziario. **II** *a.* penitenziale.

penknife ['pennaif] *s.* (*pl.* **–knives** [–naivz]) temperino.

penmanship ['penmənʃip] *s.* calligrafia, scrittura.

pen name ['penneim] *s.* pseudonimo.

penniless ['penilis] *a.* senza un soldo, spiantato.

penny ['peni] *s.* (*pl.* **pennies** ['peniz]/**pence** [pens]; il pl. **pence** è usato general. con valore collett.) **1** (*Econ.*) penny → **Appendice. 2** (*am. Econ.*) cent → **Appendice.** ☐ (*fam.*) *the* ~ **dropped** finalmente ha capito; *he doesn't* **have** *a* ~ *to his name* (o *two pennies to rub together*) non ha un centesimo, è poverissimo; **in** *for a* ~ *in for a pound* quando si è in ballo bisogna ballare; (*fam.*) *a* **pretty** ~ una bella somma; **ten** (o *two*) *a* ~ molto comune; *a* ~ *for your* **thoughts!** a che cosa stai pensando?; *it* (o *he*) *keeps* **turning** *up like a bad* ~ continuo a trovarmelo davanti.

penny-pincher ['penipintʃə*] *s.* (*fam.*) tirchio.

pennyweight ['peniweit] *s.* unità di peso (pari a 1,555 gr).

pennyworth ['peniwə(:)θ] *s.* (*pl. inv.*/**–s** [–s]) valore di un penny; quanto può essere acquistato con un penny.

pen-pusher ['penpuʃə*] *s.* scribacchino.

pension[1] ['penʃən] *s.* pensione; vitalizio. ☐ *old* **age** ~ pensione di vecchiaia; *to* **retire** *on a* ~ andare in pensione.

to **pension** ['penʃən] *v.t.* **1** assegnare una pensione. **2** (general. con *off*) collocare a riposo; (*burocr.*) pensionare.

pension[2] *fr.* ['pɑ:ŋsiɔ:ŋ] *s.* pensione, albergo.

pensionable ['penʃənəbl] *a.* pensionabile; che dà diritto a una pensione.

pensioner ['penʃənə*] *s.* pensionato.

pensive ['pensiv] *a.* **1** pensieroso, pensoso. **2** malinconico.

penstock ['penstɔk] *s.* chiusa; condotta forzata.

pentagon ['pentəgən] *s.* (*Geom.*) pentagono. (*USA*) **Pentagon** Pentagono.

pentagram ['pentəgræm] *s.* pentagono stellato (simbolo esoterico).

pentameter [pen'tæmitə*] *s.* (*Metrica*) pentametro.

Pentecost ['pentikɔst] *s.* (*Rel.*) Pentecoste.

penthouse ['penthaus] *s.* (*Arch.*) attico; mansarda.

pent-up ['pent'ʌp] *a.* (*di sentimenti*) represso.

penultimate [pi'nʌltimit] *a./s.* penultimo.

penury ['penjuəri] *s.* indigenza, povertà.

peony ['pi:əni] *s.* (*Bot.*) peonia.

people ['pi:pl] *s.* (*pl. inv.*/**–s** [–z]; il pl. **peoples** si usa con valore collett. riferito a razze o nazioni) **1** gente, persone. **2** popolo; popolazione. **3** (*fam.*) famiglia, familiari, parenti. ☐ **many** ~ molta gente; **most** ~ la maggior parte della gente; **of** *all* ~ fra tutti; *People's* **Republic** repubblica popolare; **some** ~ alcuni, certi.

to **people** ['pi:pl] *v.t.* popolare.

pep [pep] *s.* (*fam.*) vivacità, brio.

to **pep** [pep] *v.t.* (general. con *up*) (*fam.*) ravvivare, animare.

pepper ['pepə*] *s.* (*Bot.*) **1** pepe. **2** peperone.

to **pepper** ['pepə*] *v.t.* **1** pepare, impepare. **2** (*fig.*) cospargere, punteggiare (*with* di). **3** tempestare, bersagliare; colpire.

pepper-and-salt ['pepərən'sɔ:lt] *a./s.* (color) sale e pepe.

peppercorn ['pepəkɔ:n] *s.* grano di pepe.

peppermint ['pepəmint] *s.* **1** (*Bot.*) menta (peperita). **2** caramella alla menta.

pepper-pot ['pepəpɔt] *s.* pepaiola.

peppery ['pepəri] *a.* **1** pepato; piccante. **2** (*fig.*) irascibile, collerico.

pep pill ['peppil] *s.* (*fam.*) pillola eccitante.

pep talk ['peptɔ:k] *s.* (*fam.*) discorsetto d'esortazione.

peptic ['peptik] *a.* (*Med.*) peptico; digestivo.

per [pə(:)*] *prep.* **1** a, per: *miles* ~ *hour* miglia all'ora; ~ *annum* all'anno. **2** a mezzo (di), con. ☐ **as** ~ in conformità a, secondo; ~ **cent** per cento.

to **perambulate** [pə'ræmbjuleit] (*lett.*) **I** *v.t.* percorrere a piedi. **II** *v.i.* camminare.

per capita [pə'kæpitə] *a./avv.* pro capite.

perceivable [pə'si:vəbl] *a.* percettibile, percepibile.

to **perceive** [pə'si:v] *v.t.* **1** percepire, avvertire. **2** accorgersi di.

per cent [pə'sent] **I** *s.* (*pl. inv.*/**–s** [–s]) percento. **II** *a.* del ... per cento.

percentage [pə'sentidʒ] *s.* percentuale.

perceptible [pə:'septəbl] *a.* percettibile, percepibile.

perception [pə'sepʃən] *s.* **1** percezione. **2** intuito.

perceptive [pə'septiv] *a.* percettivo.

perch[1] [pə:tʃ] *s.* **1** pertica, posatoio (per uccelli). **2** (*fig.*) posto elevato, alta carica. **3** (*unità di misura*) pertica → **Appendice.**

to **perch** [pə:tʃ] *v.i.* **1** appollaiarsi (*upon* su). **2** (general. al p.p.) (*di edifici*) essere situato in alto.

perch[2] [pə:tʃ] *s.* (*pl. inv.*/**perches** ['pə:tʃiz]) (*Zool.*) pesce persico.

perchance [pə'tʃɑ:ns, *am.* –tʃæns] *avv.* (*lett.*) forse.

percipient [pə'sipiənt] *a.* percettivo; acuto.

to **percolate** ['pə:kəleit] *v.t./i.* filtrare, colare.

percolator ['pə:kəleitə*] *s.* caffettiera a filtro.

percussion [pə'kʌʃən] *s.* **1** percussione. **2** (*Mus.*) (*collett.*) strumenti a percussione.

perdition [pə'diʃən] *s.* perdizione, dannazione (dell'anima).

peregrination [ˌperigri'neiʃən] *s.* peregrinazione.

peremptory [pə'remptəri, *am.* 'perəmptɔri] *a.* **1** perentorio, tassativo. **2** imperioso, autoritario. ☐ (*Dir.*) ~ *writ* mandato di comparizione.

perennial [pə'renjəl] **I** *a.* perenne, perpetuo. **II** *s.* (pianta) perenne.

perfect ['pə:fikt] **I** *a.* **1** perfetto. **2** esatto, preciso. **3** vero e proprio, completo. **II** *s.* (*Gramm.*) (tempo) perfetto. ☐ *practice makes* ~ sbagliando si impara.

to **perfect** [pə'fekt] *v.t.* perfezionare.

perfection [pə'fekʃən] *s.* perfezione; perfezionamento. ☐ *to* **bring** *to* ~ perfezionare; *to* **do** *s.th. to* ~ fare qc. alla perfezione.

perfectionism [pə'fekʃənizəm] *s.* perfezionismo.

perfectionist [pə'fekʃənist] *s.* perfezionista *m./f.*

perfidious [pə'fidiəs] *a.* (*lett.*) perfido, infido.

perfidy ['pə:fidi] *s.* (*lett.*) slealtà, tradimento.

to **perforate** ['pə:fəreit] *v.t.* **1** perforare, traforare. **2** trapassare.

perforation [,pɑ:fə'reiʃən] *s.* **1** perforazione. **2** dentellatura.

to **perform** [pə'fɔ:m] **I** *v.t.* **1** eseguire; adempiere, assolvere (un compito, ecc.). **2** (*Teat.*) rappresentare. **3** (*Mus.*) eseguire. **II** *v.i.* **1** funzionare. **2** (*Teat.*) recitare. **3** (*Mus.*) esibirsi.

performance [pə'fɔ:məns] *s.* **1** adempimento, compimento; prestazione. **2** (*Teat.*) spettacolo, recita; interpretazione. **3** (*Mus.*) esecuzione. **4** (*di macchine, ecc.*) rendimento, prestazione.

performer [pə'fɔ:mə*] *s.* **1** esecutore. **2** artista; *m./f.;* musicista *m./f.*

perfume ['pɑ:fju:m] *s.* profumo.

to **perfume** [pə'fju:m] *v.t./i.* profumare.

perfumer ['pəfju:mə*] *s.* profumiere.

perfumery ['pəfju:məri] *s.* profumeria.

perfunctory [pə'fʌŋktəri] *a.* superficiale, frettoloso; meccanico.

pergola ['pɑ:gələ] *s.* pergola, pergolato.

perhaps [pə'hæps] *avv.* forse, può darsi.

peril ['peril] *s.* pericolo, rischio. ▭ *they did it* **at** *their* ~ lo fecero a loro rischio e pericolo; *to be* **in** ~ *of one's life* essere in pericolo di vita.

perilous ['periləs] *a.* pericoloso, rischioso.

perimeter [pə'rimitə*] *s.* (*Geom.*) perimetro.

period ['piəriəd] *s.* **1** periodo, lasso di tempo. **2** (*Comm.*) periodo contabile; esercizio. **3** era, epoca (anche geologica). **4** (*Fis., Astr.*) ciclo, fase. **5** (*fig.*) fine, termine: *to put a ~ to s.th.* porre fine a qc. **6** intervallo (di tempo). **7** (*Scol.*) ora (di lezione): *history ~* lezione di storia. **8** (*Sport*) tempo (di un incontro). **9** (*Med.*) mestruazioni. **10** (*am.*) punto (segno di interpunzione); (*fam.*) punto e basta (alla fine di un discorso): *he hates cats, ~* odia i gatti, punto e basta.

periodic [,piəri'ɔdik] *a.* **1** periodico. **2** intermittente, ricorrente.

periodical [,piəri'ɔdikəl] *a./s.* periodico.

peripatetic [,peripə'tetik] *a.* peripatetico; itinerante.

peripheral [pə'rifərəl] *a.* periferico.

peripheral device [pə'rifərəldi'vais] *s.* (*Inform.*) unità periferica.

periphery [pə'rifəri] *s.* periferia; perimetro.

periphrasis [pə'rifrəsis] *s.* (*pl.* **–ses** [–si:z]) perifrasi.

periphrastic [,pəri'fræstik] *a.* perifrastico.

periscope ['periskəup] *s.* (*Ott.*) periscopio.

to **perish** ['periʃ] *v.i.* **1** (*lett.*) perire, morire. **2** deteriorarsi, rovinarsi. **3** (*fig.*) svanire, estinguersi. ▭ (*fam.*) ~ *the thought!* ma figuriamoci!

perishable ['periʃəbl] *a.* deteriorabile, deperibile.

perishables ['periʃəblz] *s.pl.* merci deperibili.

perishing ['periʃiŋ] *a.* terribile, tremendo, da morire (di freddo, dolore): *it's ~ cold* fa freddo da morire.

peritoneum [,peritə(u)'ni:əm] *s.* (*pl.* **–nea** ['ni:ə]) (*Anat.*) peritoneo.

peritonitis [,peritə(u)'naitis] *s.* (*Med.*) peritonite.

periwinkle ['periwiŋkl] *s.* (*Bot.*) pervinca.

to **perjure** ['pɑ:dʒə*] *v.t.*: *to ~ s.o.* spergiurare, giurare il falso.

perjury ['pɑ:dʒəri] *s.* spergiuro.

perk[1] [pɑ:k] → **perky.**

to **perk** [pɑ:k] **I** *v.i.* (general. con *up*) rianimarsi, riprendersi. **II** *v.t.* (general. con *up*) ravvivare, rendere più vivace.

perk[2] [pɑ:k] *s.* (*fam.*) retribuzione extra, gratifica.

perky ['pɑ:ki] *a.* **1** vivace, brioso. **2** baldanzoso, troppo sicuro di sé.

perm [pɑ:m] *s.* (*fam.*) permanente.

to **perm** [pɑ:m] *v.t.* fare la permanente a: *her hair is permed* ha la permanente.

permanence ['pɑ:mənens] *s.* permanenza, stabilità.

permanency ['pɑ:mənənsi] *s.* **1** permanenza, stabilità. **2** cosa permanente.

permanent ['pɑ:mənənt] *a.* permanente; stabile, fisso. ▭ ~ *wave* permanente.

permeable ['pɑ:mjəbl] *a.* permeabile (*to* a); poroso.

to **permeate** ['pɑ:mieit] **I** *v.t.* pervadere, permeare. **II** *v.i.* diffondersi (*among, through* tra, in).

permissible [pə'misəbl] *a.* ammissibile; permesso, lecito.

permission [pə'miʃən] *s.* permesso, autorizzazione.

permissive [pə'misiv] *a.* permissivo; tollerante.

permit ['pɑ:mit] *s.* licenza, permesso.

to **permit** [pə'mit] *v.* (*pass., p.p.* **permitted** [–id]) **I** *v.t.* permettere a, consentire a: *to ~ s.o. to do s.th.* permettere a qd. di fare qc. **II** *v.i.* **1** permettere, consentire. **2** ammettere, tollerare (*of s.th.* qc.).

permutation [,pɑ:mju'teiʃən] *s.* (*Mat.*) permutazione.

pernicious [pə'niʃəs] *a.* pernicioso, nocivo.

pernickety [pə'nikiti] *a.* (*fam.*) pignolo, meticoloso.

peroration [,pərə'reiʃən] *s.* perorazione.

peroxide [pə'rɔksaid] *s.* (*Chim.*) perossido. ▭ (*hydrogen*) ~ acqua ossigenata.

perpendicular [,pɑ:pən'dikjulə*] *a./s.* (*Geom.*) perpendicolare.

to **perpetrate** ['pɑ:pitreit] *v.t.* (*Leg.*) commettere, compiere.

perpetual [pə'petʃuəl] *a.* **1** perpetuo; perenne. **2** ininterrotto, incessante.

to **perpetuate** [pə'petjueit] *v.t.* perpetuare.

perpetuity [,pɑ:pi'tju:iti, *am.* –tu:–] *s.* **1** perpetuità, eternità. **2** rendita perpetua.

to **perplex** [pə'pleks] *v.t.* rendere perplesso, sconcertare; imbarazzare.

perplexed [pə'plekst] *a.* perplesso; imbarazzato.

perplexity [pə'pleksiti] *s.* **1** perplessità; imbarazzo. **2** (*fig.*) problema, enigma.

perquisite ['pɑ:kwizit] *s.* retribuzione extra; gratifica.

per se [pə:'sei] *avv.* di per sé, in sé e per sé.
to **persecute** ['pə:sikju:t] *v.t.* **1** perseguitare. **2** importunare.
persecution [ˌpə:si'kju:ʃən] *s.* persecuzione.
persecutor ['pə:sikju:tə*] *s.* persecutore.
perseverance [ˌpə:si'viərəns] *s.* perseveranza, costanza.
to **persevere** [ˌpə:si'viə*] *v.i.* perseverare, persistere (*at, in, with* in, con).
Persia ['pə:ʃə] *N.pr.* (*Geog., Stor.*) Persia.
Persian ['pə:ʃən] (*Stor.*) **I** *a.* persiano. **II** *s.* **1** persiano. **2** (*Ling.*) persiano. □ (*Zool.*) ~ **cat** (gatto) persiano; ~ **rug** (o *carpet*) tappeto persiano.
persimmon [pə'simən] *s.* (*Bot.*) cachi.
to **persist** [pə'sist] *v.i.* **1** persistere (*in* in), ostinarsi (a). **2** (per)durare, permanere.
persistence [pə'sistəns], **persistency** [pə'sistənzi] *s.* **1** ostinazione, tenacia. **2** persistenza, continuità; permanenza.
persistent [pə'sistənt] *a.* **1** insistente, ostinato. **2** persistente, durevole.
person ['pə:sn] *s.* **1** persona. **2** (*fam.*) individuo, tipo. □ **in** ~ in persona; personalmente; di persona; **in** *the* ~ *of* nella persona di.
personable ['pə:sənəbl] *a.* di bella presenza, avvenente.
personage ['pə:sənidʒ] *s.* personaggio, persona importante.
personal ['pə:sənl] *a.* **1** personale; individuale. **2** privato. □ (*Gramm.*) ~ **pronoun** pronome personale; (*Dir.*) ~ **property** beni mobili.
personal computer ['pə:sənlˌkəm'pju:tə*] *s.* (*Inform.*) elaboratore personale, personal.
personality [ˌpə:sə'næliti] *s.* **1** personalità; personaggio. **2** *pl.* allusioni di carattere personale.
to **personalize** ['pə:sənəlaiz] *v.t.* rendere personale, personalizzare.
personally ['pə:sənəli] *avv.* **1** personalmente. **2** di persona, in persona. **3** da parte mia, per quel che mi riguarda.
personification [pə:ˌsənifi'keiʃən] *s.* **1** personificazione. **2** (*Teat.*) caratterizzazione.
to **personify** [pə:'sənifai] *v.t.* **1** personificare. **2** (*fig.*) impersonare.
personnel [ˌpə:sə'nel] *s.* personale, dipendenti.
perspective [pə'spektiv] *s.* **1** prospettiva. **2** oggettività. □ *in* ~ in prospettiva.
perspicacious [ˌpə:spi'keiʃəs] *a.* perspicace, acuto.
perspicacity [ˌpə:spi'kæsiti] *s.* perspicacia, acutezza.
perspicuous [pə'spikjuəs] *a.* chiaro, perspicuo.
perspiration [ˌpə:spə'reiʃən] *s.* traspirazione, sudore.
to **perspire** [pəs'paiə*] *v.i.* traspirare, sudare.
to **persuade** [pə'sweid] *v.t.* persuadere, convincere: *to* ~ *s.o. to do* (o *into doing*) *s.th.* persuadere qd. a fare qc.; *to* ~ *o.s. of s.th.* persuadersi di qc. □ *to* ~ *s.o. out of doing s.th.* dissuadere qd. dal fare qc.
persuasion [pə'sweiʒən] *s.* **1** persuasione, convinzione. **2** forza di persuasione, persuasiva. **3** religione, confessione (religiosa).
persuasive [pə'sweisiv] *a.* persuasivo, convincente.
pert [pə:t] *a.* **1** impertinente, insolente. **2** (*am.*) sveglio, vivace.
to **pertain** [pə'tein] *v.i.* **1** essere pertinente (*to* a), riguardare (qc.). **2** essere proprio, fare parte di.
pertinacious [ˌpə:ti'neiʃəs] *a.* ostinato, caparbio, pertinace.
pertinence ['pə:tinəns] *s.* pertinenza, attinenza.
pertinent ['pə:tinənt] *a.* pertinente, attinente (*to* a).
to **perturb** [pə'tə:b] *v.t.* turbare, perturbare; sconvolgere.
perturbation [ˌpə:tə:'beiʃən] *s.* turbamento.
Peru [pə'ru:] *N.pr.* (*Geog.*) Perù.
perusal [pə'ru:zəl] *s.* **1** lettura veloce. **2** esame sommario.
to **peruse** [pə'ru:z] *v.t.* leggere velocemente.
Peruvian [pə'ru:viən] *a./s.* peruviano.
to **pervade** [pə'veid] *v.t.* permeare, pervadere.
pervasive [pə'veisiv] *a.* penetrante; che pervade.
perverse [pə'və:s] *a.* **1** ostinato, cocciuto. **2** perverso, pervertito (nel comportamento sessuale). **3** ribelle: ~ *to authority* ribelle nei confronti delle autorità. **4** ingiusto, iniquo. **5** dotato di spirito di contraddizione.
perversion [pə'və:ʃən, *am.* –ʒən] *s.* **1** perversione, pervertimento. **2** alterazione, svisamento.
perversity [pə'və:siti] *s.* perversità.
pervert ['pə:və:t] *s.* pervertito.
to **pervert** [pə'və:t] *v.t.* **1** pervertire, corrompere. **2** (*estens.*) sviare, travisare: *to* ~ *the course of justice* sviare il normale corso della giustizia. **3** usare a mal fine; mettere a cattivo uso; degradare.
pesky ['peski] *a.* (*am. fam.*) fastidioso, seccante.
pessimism ['pesimizəm] *s.* pessimismo.
pessimist ['pesimist] *s.* pessimista *m./f.*
pessimistic [ˌpesi'mistik] *a.* pessimistico.
pest [pest] *s.* **1** parassita (*o* animale) nocivo alle colture. **2** (*fig.*) seccatore, rompiscatole; (*di bambini*) peste. **3** (*Stor.*) peste, pestilenza.
to **pester** ['pestə*] *v.t.* importunare, infastidire, tormentare.
pesticide ['pestisaid] *s.* insetticida, antiparassitario.
pestiferous [pes'tifərəs] *a.* pestifero.
pestilence ['pestiləns] *s.* pestilenza.
pestle ['pesl] *s.* pestello.
to **pestle** ['pesl] *v.t.* pestare (con il pestello).
pet [pet] **I** *s.* **1** animale domestico. **2** favorito, prediletto. **3** carissimo, tesoro. **II** *a.attr.* prediletto, preferito. □ ~ **name** vezzeggiativo; **teacher**'*s* ~ cocco della maestra.
to **pet** [pet] *v.t.* (*pass., p.p.* **petted** [–id]) **1** coccolare, vezzeggiare. **2** accarezzare. **3** (*fam.*) sbaciucchiarsi.

petal ['petl] *s.* (*Bot.*) petalo.
to **peter** ['pi:tə*] *v.i.* (general. con *out*) (*fam.*) esaurirsi a poco a poco.
Peter ['pi:tə*] *N.pr.m.* Pietro.
petiole ['petiəul] *s.* (*Bot.*) picciolo.
petite *fr.* [pə'ti:t] *a.* (*di donna*) piccola e graziosa.
petition [pi'tiʃən] *s.* **1** petizione, istanza. **2** (*Dir.*) ricorso.
to **petition** [pi'tiʃən] *v.t./i.* presentare una petizione (a).
petitioner [pi'tiʃənə*] *s.* **1** supplicante *m./f.* **2** (*Dir.*) instante *m./f.*
to **petrify** ['petrifai] **I** *v.t.* **1** pietrificare. **2** (*fig.*) impietrire, paralizzare; atterrire. **II** *v.i.* pietrificarsi.
petrochemical [,petrə(u)'kemikl] *a.* petrolchimico.
petrochemistry [,petrə(u)'kemistri] *f.* petrolchimica.
petrol ['petrəl] *s.* benzina: ~ *station* distributore di benzina.
petroleum [pi'trəuljəm] *s.* (*Chim.*) petrolio.
petticoat ['petikəut] *s.* sottana, sottoveste; sottogonna.
pettifogging ['petifɔgiŋ] *a.* cavilloso, capzioso.
petting ['petiŋ] *s.* (*fam.*) sbaciucchiamento.
pettish ['petiʃ] *a.* irascibile, stizzoso.
petty ['peti] *a.* **1** insignificante, futile. **2** meschino, gretto. **3** piccolo, di poca importanza. □ (*Comm.*) ~ **cash** piccola cassa; ~ **officer** sottufficiale di marina.
petulance ['petjuləns, *am.* –tʃu–] *s.* irascibilità, irritabilità.
petulant ['petjulənt, *am.* –tʃu–] *a.* irritabile, irascibile, permaloso.
petunia [pə'tju:niə, *am.* –'tu:–] *s.* (*Bot.*) petunia.
pew [pju:, *am.* pu:] *s.* panca di chiesa. □ (*scherz.*) *take a ~!* accomodati!
pewit ['pi:wit] *s.* (*Zool.*) pavoncella.
pewter ['pju:tə*] *s.* **1** peltro. **2** (*collett.*) vasellame di peltro.
PG = *Paying Guest* ospite pagante, pensionante.
pH = *pouvoir hydrogène* grado di acidità (*o* alcalinità) di una soluzione.
Ph = (*Chim.*) *phenyl* fenile.
phalanx ['fælæŋks] *s.* (*Anat.*) falange.
phallic ['fælik] *a.* fallico.
phallus ['fæləs] *s.* (*pl.* **–luses** [–ləsiz]/**–lli** [–lai]) fallo.
phantasmagoria [,fæntæzmə'gɔ:riə] *s.* fantasmagoria.
phantasmagoric [,fæntæzmə'gɔrik] *a.* fantasmagorico.
phantasy ['fæntəsi] *s.* fantasia.
phantom ['fæntəm] **I** *s.* **1** fantasma, spettro. **2** illusione. **II** *a.attr.* **1** fantasma: ~ *ship* vascello fantasma. **2** fantomatico, illusorio, immaginario.
Pharaoh ['fɛərəu] *s.* faraone.
pharisaic [,færi'seiik], **pharisaical** [,færi'seiikəl] *a.* falso, ipocrita, farisaico.
Pharisee ['færisi:] *s.* (*Rel.*) fariseo.
pharmaceutical [,fɑ:mə'sju:tikəl, *am.* –'su:–] **I** *a.* farmaceutico. **II** *s.pl.* prodotti farmaceutici.
pharmacist ['fɑ:məsist] *s.* farmacista *m./f.*
pharmacologist [,fɑ:mə'kɔlədʒist] *s.* farmacologo.
pharmacology [,fɑ:mə'kɔlədʒi] *s.* farmacologia.
pharmacy ['fɑ:məsi] *s.* farmacia.
pharyngitis [,færin'dʒaitis] *s.* (*pl.* **–tides** [–tidi:z]) (*Med.*) faringite.
pharynx ['færiŋks] *s.* (*Anat.*) faringe.
phase [feiz] *s.* fase; stadio. □ **in** ~ in fase; **out** *of* ~ fuori fase, sfasato.
PhD = *Philosophiae Doctor*: **1** Dottorato di ricerca. **2** chi ha ottenuto il Dottorato di ricerca.
pheasant ['feznt] *s.* (*pl. inv.*/**–s** [–s]) (*Zool.*) fagiano.
phenomenal [fi'nɔminl] *a.* **1** (*fam.*) fenomenale. **2** fenomenico.
phenomenon [fi'nɔminən] *s.* (*pl.* **–na** [–nə]) fenomeno.
phew [fju:, pfju:] *intz.* **1** puah. **2** uff, uffa.
phial ['faiəl] *s.* fiala.
philanderer [fi'lændərə*] *s.* donnaiolo.
philanthropic [,filən'θrɔpik] *a.* filantropico.
philanthropist [fi'lænθrəpist] *s.* filantropo.
philanthropy [fi'lænθrəpi] *s.* filantropia.
philatelist [fi'lætəlist] *s.* filatelico.
philately [fi'lætəli] *s.* filatelia.
philharmonic [,filhɑ:'mɔnik] *a.* filarmonico.
Philip ['filip] *N.pr.m.* Filippo.
Philippine ['filipi:n] *a.* filippino.
Philippines ['filipi:nz] *N.pr.* (*Geog.*) Filippine.
Philistine ['filistain, *am.* –in:] **I** *s.* **1** (*Stor.*) filisteo. **2** (*fig.*) borghesuccio. **II** *a.* filisteo.
philodendron [,filə(u)'dendrən] *s.* (*Bot.*) filodendro.
philological [,filə'lɔdʒikəl] *a.* filologico.
philologist [fi'lɔlədʒist] *s.* filologo.
philology [fi'lɔlədʒi] *s.* filologia.
philosopher [fi'lɔsəfə*] *s.* filosofo.
philosophical [,filə'sɔfikəl] *a.* **1** filosofico. **2** (*di persona*) che prende le cose con filosofia.
to **philosophize** [fi'lɔsəfaiz] *v.i.* filosofare.
philosophy [fi'lɔsəfi] *s.* filosofia.
philter *am.*, **philtre** ['filtə*] *s.* filtro d'amore.
phlebitis [fli'baitis] *s.* (*pl* **–tides** ['tidi:z]) (*Med.*) flebite.
phlegm [flem] *s.* **1** muco. **2** (*fig.*) calma, flemma.
phlegmatic [fleg'mætik] *a.* (*fig.*) calmo, flemmatico.
phobia ['fəubiə] *s.* (*Psic.*) fobia.
phobic ['fəubik] *a.* fobico.
phocomelia [,fəukə'miliə] *s.* (*Med.*) focomelia.
phocomelic [,fəukə'mi:lik] *a.* (*Med.*) focomelico.
Phoenician [fi'niʃiən] *a./s.* (*Stor.*) fenicio.
phoenix ['fi:niks] *s.* (araba) fenice.
phone [fəun] *s.* (*fam.*) telefono: *to be on the* ~ essere al telefono.

to **phone** [fəun] *v.t./i.* (*fam.*) telefonare (a).
phone book ['fəunbuk] *s.* guida telefonica.
phone booth ['fəunbu:θ] *s.* **1** telefono pubblico. **2** (*am.*) cabina telefonica.
phone box ['fəunbɔks] *s.* cabina telefonica.
phoneme ['fəuni:m] *s.* (*Ling.*) fonema.
phonetic [fə(u)'netik] *a.* fonetico.
phonetics [fə(u)'netiks] *s.pl.* (costr. sing.) fonetica.
phoney ['fəuni] **I** *a.* (*fam.*) **1** falso, falsificato. **2** ipocrita. **II** *s.* ipocrita.
phonic ['fɔnik] *a.* fonico.
phonograph ['fəunəgrɑ:f, *am.* –græf] *s.* fonografo.
phonological [,fəunə'lɔdʒikəl] *a.* fonologico.
phonology [fəu'nɔlədʒi] *s.* fonologia.
phony ['fəuni] → **phoney**.
phosphate ['fɔsfeit] *s.* (*Chim.*) fosfato.
phosphorescence [,fɔsfə'resəns] *s.* fosforescenza.
phosphorescent [,fɔsfə'resənt] *a.* fosforescente.
phosphorus ['fɔsfərəs] *s.* (*Chim.*) fosforo.
photo ['fəutəu] *s.* (*pl.* **–s** [–z]) (*fam.*) fotografia, foto.
photocell ['fəutəusel] *s.* (*El.*) cellula fotoelettrica, fotocellula.
photocopier ['fəutəukɔpiə*] *s.* fotocopiatrice.
photocopy ['fəutə(u)kɔpi] *s.* fotocopia.
photoelectric [,fəutə(u)i'lektrik] *a.* fotoelettrico.
photogenic [,fəutə(u)'dʒenik] *a.* fotogenico.
photograph ['fəutəgrɑ:f, *am.* –græf] *s.* fotografia: *to take a* ~ fare una fotografia.
to **photograph** ['fəutəgrɑ:f, *am.* –græf] *v.t./i.* fotografare.
photographer [fə'tɔgrəfə*] *s.* fotografo.
photographic [,fəutə'græfik] *a.* fotografico. □ ~ *memory* memoria fotografica.
photography [fə'tɔgrəfi] *s.* fotografia, arte fotografica.
photostat ['fəutə(u)stæt] *s.* copia fotostatica.
phrase [freiz] *s.* **1** locuzione; proposizione; espressione (verbale); frase idiomatica. **2** (*estens.*) chiacchiere, parole. **3** modo di esprimersi; periodare: *I like his turn of* ~ mi piace lo stile del suo periodare. **4** (*Mus.*) frase. □ **as** *the* ~ *goes* come si suol dire; **catch** ~ frase fatta.
to **phrase** [freiz] *v.t.* esprimere, formulare.
phraseology [,freizi'ɔlədʒi] *s.* fraseologia.
phrasing ['freiziŋ] *s.* fraseggio.
phrenologist [fre'nɔlədʒist] *s.* frenologo.
phrenology [fri'nɔlədʒi] *s.* frenologia.
phthisis ['θaisis] *s.* (*pl.* **–ses** [–si:z]) (*Med.*) tisi, tubercolosi (polmonare).
phut [fʌt] *a.*: (*fam.*) *to go* ~ andare in fumo, andare a monte.
physic ['fizik] *s.* (*lett.*) **1** farmaco, medicina. **2** lassativo, purgante.
physical ['fizikəl] **I** *a.* **1** fisico, corporeo, corporale. **2** materiale. **II** *s.* visita (medica). □ (*Scol.*) ~ *education* educazione fisica.
physician [fi'ziʃən] *s.* (*spec. am.*) **1** medico, dottore (in medicina). **2** (*am.*) guaritore.
physicist ['fisisist] *s.* fisico.
physics ['fiziks] *s.pl.* (costr. sing.) fisica.
physiognomy [fizi'ɔnəmi] *s.* fisionomia; espressione.
physiological [,fiziə'lɔdʒikəl] *a.* fisiologico.
physiologist [fizi'ɔlədʒist] *s.* fisiologo.
physiology [fizi'ɔlədʒi] *s.* fisiologia.
physiotherapist [,fiziə(u)'θerəpist] *s.* fisioterapista *m./f.*
physiotherapy [,fiziə(u)'θerəpi] *s.* fisioterapia.
physique [fi'zi:k] *s.* fisico, corporatura (general. di uomo).
pi [pai] *s.* (*Mat.*, *alfabeto greco*) pi greco.
pianist ['pi:ənist] *s.* pianista *m./f.*
piano[1] [pi'ænəu] *s.* (*pl.* **–s** [–z]) (*Mus.*) pianoforte, piano.
piano[2] *it.* [pi'ɑ:nəu] *a./avv.* (*Mus.*) piano.
pianoforte *it.* [,pjænəu'fɔ:ti] *s.* pianoforte.
picaresque [,pikə'resk] *a.* (*Lett.*) picaresco.
piccalilli ['pikəlili] *s.* (*Gastr.*) giardiniera con senape e spezie.
piccolo *it.* ['pikələu] *s.* (*pl.* **–s** [–z]) (*Mus.*) ottavino.
pick[1] [pik] *s.* **1** scelta, selezione. **2** parte migliore, il migliore. □ *take your* ~ scegli.
to **pick**[1] [pik] **I** *v.t.* **1** cogliere, raccogliere. **2** scegliere. **3** spolpare, scarnire. **4** (*di uccelli*) beccare. **5** (*Mus.*) pizzicare; suonare (uno strumento a corda). **II** *v.i.* **1** spilluzzicare, piluccare (*at s.th.* qc.). **2** (*di uccelli*) beccare. □ *to* ~ *and* **choose** fare il difficile; *to* ~ *a* **fight** *with s.o.* attaccare lite con qd.; *to* ~ *a* **lock** forzare una serratura; *to* ~ *one's* **nose** mettersi le dita nel naso; (*fam.*) *to* ~ **off** abbattere uno dopo l'altro; *to* ~ *o.s.* **off** alzarsi lentamente dal suolo; *to* ~ **on** scegliere; *to* ~ **on** *s.o.* prendersela con qd.; trovare da ridire su qd.; *to* ~ **out**: 1 scegliere (con cura), selezionare; 2 individuare, distinguere; 3 mettere in risalto, accentuare; 4 cogliere (il senso); 5 (*Mus.*) accennare (un motivo); suonare a orecchio; *to* ~ **over** esaminare (per fare una scelta); *to* ~ *up the* **pieces** raccogliere i pezzi (dopo un disastro); *to* ~ *s.o.'s* **pocket** borseggiare qd.; *to* ~ *a* **quarrel** *with s.o.* = *to* ~ *a* **fight** *with s.o.*; (*Sport*) *to* ~ **sides** schierarsi; *to* ~ *one's* **teeth** stuzzicarsi i denti; *to* ~ **up**: 1 raccogliere (da terra), raccattare; 2 far salire, prendere su (un veicolo); 3 andare a prendere; 4 scovare, pescare; 5 (*di malattie, ecc.*) contrarre, prendere; 6 imparare, acquisire: *to* ~ *up a foreign language* imparare una lingua straniera; 7 (*fam.*) arrestare, acciuffare; 8 (*sl.*) rimorchiare (una donna); 9 (*Tel.*, *Rad.*) ricevere; sintonizzarsi su; 10 acquistare velocità, accelerare; 11 funzionare bene; avere un buon inizio; 12 (*fig.*) decollare; *to* ~ *o.s.* **up** sollevarsi, tirarsi su; *to* ~ *one's* **way** camminare facendo attenzione a dove si mettono i piedi.
pick[2] [pik] *s.* **1** piccone. **2** attrezzo appuntito.
to **pick**[2] [pik] *v.t./i.* scavare con il piccone; rompere con il piccone.

pickaback ['pikəbæk] *a./avv.* a cavalluccio, sulle spalle.
pickaxe ['pikæks] *s.* piccone.
picker ['pikə*] *s.* **1** raccoglitore. **2** raccoglitrice.
picket ['pikit] *s.* **1** picchetto, paletto; piolo. **2** picchetto (di scioperanti). **3** (*Mil.*) pattuglia di picchetto.
to **picket** ['pikit] **I** *v.t.* (*di scioperanti*) picchettare. **II** *v.i.* formare picchetti.
picking ['pikiŋ] *s.* **1** raccolto, raccolta. **2** scelta. **3** *pl.* profitto, guadagno (anche illecito). ▭ ~ *and stealing* furtarello.
pickle ['pikl] *s.* **1** salamoia. **2** (general. al pl.) sottaceti, giardiniera. ▭ *to be in a* ~ essere in un bel pasticcio.
to **pickle** ['pikl] *v.t.* mettere in salamoia; conservare sottaceto; marinare.
pickled ['pikld] *a.* **1** in salamoia. **2** (*sl.*) ubriaco.
pick-me-up ['pikmi(:)ʌp] *s.* (*fam.*) tonico.
pickpocket ['pikpɔkit] *s.* borsaiolo, scippatore.
pick-up ['pikʌp] *s.* **1** autocarro (a pianale basso). **2** (*fam.*) conoscenza (*o* partner) occasionale. **3** passaggio (su un veicolo). **4** (*di giradischi*) riproduttore acustico.
picnic ['piknik] *s.* **1** scampagnata, picnic. **2** (*fam.*) cosa facile.
to **picnic** ['piknik] *v.i.* (*pass., p.p.* **-ked** [-t]) fare un picnic.
picnicker ['piknikə*] *s.* chi fa un picnic.
pictorial [pik'tɔ:riəl] *a.* pittorico. **2** illustrato, figurato.
picture ['piktʃə*] *s.* **1** quadro, dipinto; disegno; fotografia; illustrazione. **2** (*fig.*) immagine, idea; ritratto: *he's a* ~ *of health* è il ritratto della salute. **3** film, pellicola cinematografica. **4** *pl.* cinematografo, cinema. ▭ *to* **get** *the* ~ capire (la situazione); (*fam.*) *to put s.o.* **in** *the* ~ mettere qd. al corrente; (*fam.*) *to be* **out** *of the* ~ non entrarci, non riguardare.
to **picture** ['piktʃə*] *v.t.* **1** ritrarre, raffigurare; dipingere. **2** (*fig.*) immaginare, figurare; descrivere. ▭ *to* ~ *s.th. in one's mind* immaginare.
picture book ['piktʃəbuk] *s.* libro illustrato.
picture gallery ['piktʃəgæləri] *s.* pinacoteca.
picturesque [,piktʃə'resk] *a.* pittoresco.
to **piddle** ['pidl] *v.i.* (*fam.*) orinare.
piddling ['pidliŋ] *a.* (*fam.*) insignificante, trascurabile.
pidgin English ['pidʒin'ingliʃ] *s.* lingua franca (diffusa durante il periodo coloniale e formata dal miscuglio tra l'inglese e una lingua locale).
pie[1] [pai] *s.* (*Gastr.*) **1** torta; crostata; tartina. **2** pasticcio. ▭ (*fam.*) ~ *in the sky* promessa di felicità; speranze vane.
pie[2] [pai] *s.* (*Zool.*) gazza, pica.
piebald ['paibɔ:ld] *a.* (*di cavallo*) pezzato.
piece [pi:s] *s.* **1** pezzo; parte, porzione; frammento. **2** (*Lett., Mus.*) opera. **3** (*negli scacchi, ecc.*) pedina, pezzo. **4** (*Econ., Numismatica*) moneta. **5** pezzo d'artiglieria. ▭ ~ **by** ~ pezzo per pezzo; **by** *the* ~ a cottimo; *to* **fall** *to pieces* andare in pezzi; (*fam.*) *to* **go** *to pieces* crollare; (*fig.*) *to give s.o. a* ~ *of one's* **mind** dire a qd. il fatto suo; (*all*) **of** *a* ~ (tutti) dello stesso genere; in armonia (*with* con); *in* **one** ~ tutto intero; (*fam.*) *to* **say** *one's* ~ dire quello che si pensa; *to* **take** *to pieces* smontare (pezzo per pezzo); (*fam.*) *to* **tear** *s.th.* (o *s.o.*) *to pieces* criticare aspramente, distruggere qc. (*o* qd.); **to** *pieces* a pezzi, in pezzi; *a fine* ~ *of* **work** un bel lavoro.
to **piece** [pi:s] *v.t.* (spesso con *together*) **1** mettere insieme, unire. **2** capire, dedurre. ▭ *to* ~ *out* ricostruire (una storia, ecc.).
piecemeal ['pi:smi:l] **I** *avv.* pezzo per pezzo. **II** *a.* graduale.
piece-work ['pi:swə:k] *s.* (lavoro) a cottimo.
pier [piə*] *s.* **1** (*Mar.*) banchina, molo, pontile; frangiflutti, **2** (*Edil.*) pilastro (di ponte).
to **pierce** [piəs] **I** *v.t.* **1** trapassare, trafiggere. **2** forare, perforare. **3** (*Mil.*) sfondare, aprirsi una breccia in. **4** (*fig.*) commuovere; (*di dolore, ecc.*) lacerare, trafiggere. **II** *v.i.* penetrare, spingersi (*into, to* in). ▭ *to have one's ears pierced* farsi fare i buchi alle orecchie.
piercing ['piəsiŋ] *a.* **1** penetrante, acuto; lacerante. **2** (*di freddo*) pungente.
piety ['paiəti] *s.* devozione, religiosità.
piffle ['pifl] *s.* (*fam.*) sciocchezze, stupidaggini.
to **piffle** ['pifl] *v.i.* dire sciocchezze.
piffling ['pifliŋ] *a.* (*fam.*) futile, insignificante.
pig [pig] *s.* **1** maiale, porco; suino. **2** (*fam.*) sudicione, maiale. **3** (*sl.*) poliziotto. **4** (*Met.*) lingotto, pane. ▭ *to* **eat** *like a* ~ mangiare come un maiale; (*fam.*) *to* **make** *a* ~ *of o.s.* = *to* **eat** *like a* ~; (*fig.*) *to bring one's pigs to the wrong* **market** fare un cattivo affare; (*fig.*) *to buy a* ~ *in a* **poke** comprare a scatola chiusa.
to **pig** [pig] *v.i.* (*pass., p.p.* **pigged** [-d]): *to* ~ *o.s.* abbuffarsi.
pigeon ['pidʒin] *s.* (*Zool.*) piccione, colomba. ▭ *that's his* ~ è affar suo.
pigeon-hole ['pidʒinhəul] *s.* casella (per posta, messaggi).
to **pigeon-hole** ['pidʒinhəul] *v.t.* classificare; marchiare, etichettare.
piggery ['pigəri] *s.* allevamento di maiali; porcile.
piggish ['pigiʃ] *a.* **1** sudicio, sporco. **2** ingordo.
piggy ['pigi] **I** *s.* porcellino, maialino. **II** *a.* ingordo, avido.
piggyback ['pigibæk] → **pickaback**.
piggy-bank ['pigibænk] *s.* salvadanaio a forma di porcellino.
pigheaded ['pig'hedid] *a.* testardo, caparbio.
piglet ['piglit], **pigling** ['pigliŋ] *s.* maialino, porcellino.
pigment ['pigmənt] *s.* pigmento.

pigmentation [ˌpigmən'teiʃən] *s.* pigmentazione.
pigmy [pigmi] → **pygmy**.
pigskin ['pigskin] *s.* pelle di maiale.
pigsty ['pigstai] *s.* porcile.
pigtail ['pigteil] *s.* treccina, treccia.
pigwash ['pigwɔʃ] *s.* broda per maiali.
pike[1] [paik] *s.* (*pl. inv.*/**–s** [–s]) (*Zool.*) luccio.
pike[2] [paik] *s.* (*Mil., ant.*) picca.
pike[3] [paik] *s.* **1** sbarra di strada a pedaggio; pedaggio. **2** (*am.*) autostrada a pedaggio.
pikestaff ['paikstɑ:f] *s.*: (*fig.*) *as plain as a* ~ chiaro come il sole.
pilchard ['piltʃəd] *s.* (*Zool.*) sardina.
pile[1] [pail] *s.* **1** mucchio, cumulo; pila, catasta. **2** (*fam.*) gran quantità; mucchio di soldi: *to make a* ~ fare un mucchio di soldi. **3** (*Fis.*) pila nucleare. ▭ (*fam.*) *to be at the* **bottom** *of the* ~ essere poco importante, una mezza calzetta; (*fam.*) *to be at the* **top** *of the* ~ essere un pezzo grosso.
to **pile** [pail] **I** *v.t.* (spesso con *up*) **1** ammucchiare, accatastare. **2** accumulare, ammassare. **II** *v.i.* **1** (general. con *up*) accumularsi, ammucchiarsi. **2** accalcarsi, affollarsi.
pile[2] [pail] *s.* (*Edil.*) palo (di fondazione).
pile[3] [pail] *s.* pelo (di tappeti, ecc.).
pile driver ['paildraivə*] *s* (*Mecc.*) battipalo, berta.
pile dwelling ['paildweliŋ] *s.* palafitta.
piles [pailz] *s.pl.* (*Med.*) emorroidi.
pile-up ['pailʌp] *s.* (*fam.*) collisione a catena, tamponamento.
to **pilfer** ['pilfə*] *v.t./i.* rubacchiare.
pilgrim ['pilgrim] *s.* pellegrino. ▭ (*Stor.*) *Pilgrim Fathers* Padri Pellegrini.
pilgrimage ['pilgrimidʒ] *s.* pellegrinaggio.
pill [pil] *s.* **1** pillola. **2** (*fam.*) pillola anticoncezionale: *to be on the* ~ prendere la pillola. ▭ (*fig.*) *a* **bitter** ~ (*to swallow*) un boccone amaro; (*fig.*) *to* **sugar** (o *sweeten*) *the* ~ indorare la pillola.
pillage ['pilidʒ] *s.* saccheggio, razzia.
to **pillage** ['pilidʒ] *v.t.* saccheggiare, razziare.
pillar ['pilə*] *s.* **1** (*Arch.*) pilastro; colonna. **2** (*fig.*) pilastro, sostegno; fondamento. ▭ (*fig.*) *from* ~ *to post* da Erode a Pilato.
pillar-box ['piləbɔks] *s.* cassetta delle lettere.
pill-box ['pilbɔks] *s.* scatoletta portapillole.
pillion ['piljən] *s.* sellino posteriore di motocicletta. ▭ *to ride* ~ viaggiare sul sellino posteriore.
pillory ['piləri] *s.* (*Stor.*) gogna, berlina.
to **pillory** ['piləri] *v.t.* **1** (*Stor.*) condannare alla gogna. **2** (*fig.*) (general. al passivo) mettere alla berlina.
pillow ['piləu] *s.* cuscino, guanciale.
to **pillow** ['piləu] *v.t.* **1** appoggiare, poggiare (su un cuscino). **2** fare da cuscino a.
pillowcase ['piləukeis], **pillowslip** ['piləuslip] *s.* federa.
pillow talk ['piləutɔ:k] *s.* conversazione a letto.
pilot ['pailət] **I** *s.* **1** (*Aer., Mar.*) pilota. **2** (*estens.*) guida, maestro. **3** (*Mecc.*) guida. **II** *a.attr.* pilota, di prova: ~ *study* studio pilota.
to **pilot** ['pailət] *v.t.* **1** (*Mar., Aer.*) pilotare. **2** (*estens.*) guidare; condurre, portare avanti.
pilot fish ['pailətfiʃ] *s.* (*Zool.*) pesce pilota.
pilot light ['pailət'lait] *s.* (*tecn.*) spia luminosa.
pimento [pi'mentəu] *s.* (*pl.* **–s** [–z]/*inv.*) pimento (inglese).
pimp [pimp] *s.* ruffiano, magnaccia.
pimple ['pimpl] *s.* (*Med.*) pustola, foruncolo.
pimply ['pimpli] *a.* pustoloso, coperto di foruncoli.
pin [pin] *s.* **1** spillo; spilla; spillo da balia. **2** forcina, forcella (per capelli). **3** piolo. **4** *pl.* (*fam.*) gambe. **5** (*Sport*) birillo. **6** (*Mecc.*) perno, spina. **7** (*Inform.*) ago di stampante. ▭ (*fam.*) *you could hear a* ~ **drop** si sarebbe sentito volare una mosca; *pins and* **needles** formicolio; *it's not* **worth** *a* ~ non vale un fico secco.
to **pin** [pin] *v.t.* (*pass., p.p.* **pinned** [–d]) **1** appuntare, fissare con uno spillo. **2** attaccare, affiggere. **3** (*fig.*) immobilizzare, inchiodare. ▭ *to* ~ *s.o.* **against** *a wall* tenere fermo qd. con le spalle al muro; *to* ~ **down** definire chiaramente; (*fig.*) vincolare, impegnare; (*fam.*) ~ *back your* **ears** apri bene le orecchie; *to* ~ *the blame for s.th.* **on** *s.o.* dare a qd. la colpa di qc.; *to* ~ *one's faith* **on** *s.o.* riporre la propria fiducia in qd.; *to* ~ **up** affiggere, appendere.
pinafore ['pinəfɔ:*] *s.* **1** grembiule (senza maniche). **2** scamiciato.
pince-nez *fr.* ['pinsnei] *s.pl.* occhiali a stringinaso.
pincers ['pinsəz] *s.pl.* (talvolta con costr. sing.) **1** (*Mecc.*) tenaglie. **2** (*Zool.*) pinze.
pinch [pintʃ] *s.* **1** pizzicotto. **2** pizzico: *a* ~ *of salt* un pizzico di sale. **3** (*fig.*) tormento, sofferenza. ▭ **at** *a* ~ in caso di bisogno; (*fig.*) *a* ~ *of* **salt** un pizzico di buon senso.
to **pinch** [pintʃ] **I** *v.t.* **1** pizzicare. **2** stringere (troppo), comprimere. **3** (*fam.*) rubare. **II** *v.i.* fare economia. ▭ *to* ~ *and* **scrape** tirare la cinghia; (*fig.*) *that's where the* **shoe** *pinches* ecco il punto dolente.
pinched [pintʃ] *a.* smagrito, smunto.
pincushion ['pinkuʃin] *s.* puntaspilli.
pine [pain] *s.* (*Bot.*) pino.
to **pine** [pain] *v.i.* **1** struggersi (*for* per). **2** (spesso con *away*) languire, consumarsi.
pineapple ['painæpl] *s.* (*Bot.*) ananas.
pine-cone ['painkəun] *s.* (*Bot.*) pigna.
pine-needle ['painni:dl] *s.* ago di pino.
pinewood ['painwud] *s.* **1** pineta. **2** legno di pino.
ping [piŋ] *s.* rumore secco (e metallico).
ping-pong ['piŋpɔŋ] *s.* (*fam.*) ping-pong, tennis da tavolo.
pinhead ['pinhed] *s.* **1** capocchia di spillo. **2** (*fam.*) idiota.
pinion ['pinjən] *s.* (*Mecc.*) pignone.
to **pinion** ['pinjən] *v.t.* **1** tarpare (le ali a). **2**

legare le mani a (*anche fig.*); immobilizzare; inchiodare.

pink [piŋk] **I** *s.* **1** (color) rosa. **2** (*Bot.*) garofano. **II** *a.* **1** (di color) rosa. **2** (*fam.*) socialista moderato. ▭ *to* **go** ~ arrossire (in viso); (*fig.*) *to be* **in** *the* ~ (*of health*) essere in perfetta forma.

to **pink**[1] [piŋk] *v.t.* (general. con *out*) dentellare; traforare.

to **pink**[2] [piŋk] *v.i.* (*Mot.*) battere in testa.

pinkish ['piŋkiʃ] *a.* roseo.

pin money ['pinmʌni] *s.* denaro per le piccole spese.

pinnacle ['pinəkl] *s.* **1** (*Arch.*) pinnacolo, guglia. **2** vetta, cima (di monte). **3** (*fig.*) apice, culmine.

pinny ['pini] *s.* (*fam.*) grembiule (senza maniche).

pinpoint ['pinpɔint] cosa minuscola: ~ *of light* barlume.

to **pinpoint** ['pinpɔint] *v.t.* **1** localizzare. **2** (*fig.*) puntualizzare; identificare.

pinprick ['pinprik] *s.* **1** puntura di spillo. **2** (*fig.*) seccatura.

pinstripe ['pinstraip] *a.* a righine.

pint [paint] *s.* (*unità di misura*) pinta → **Appendice.**

pin-table ['pinteibl] *s.* flipper.

pint-size(d) ['pintsaiz(d)] *a.* (*fam.*) più piccolo del normale, ridotto.

pin-up ['pinʌp] *s.* pin-up; fotografia (attaccata al muro) di una ragazza provocante.

pioneer [ˌpaiə'niə*] *s.* **1** pioniere. **2** (*Mil.*) geniere.

to **pioneer** [ˌpaiə'niə*] *v.t.* **1** fare da pioniere in. **2** (*fig.*) indicare nuove vie.

pious ['paiəs] *a.* **1** pio, devoto. **2** bigotto.

pip[1] [pip] *s.* seme (di frutto carnoso).

pip[2] [pip] *s.* **1** punto (ai dadi, ecc.). **2** (*Mil.*) stelletta.

to **pip** [pip] *v.t.* (*pass., p.p.* **pipped** [–t]) (*fam.*) **1** battere, vincere: *to be pipped at the post* essere battuto sul traguardo. **2** colpire con una pallottola.

pip[3] [pip] *s.* (*fam.*) (leggera) indisposizione; malumore.

pip[4] [pip] *s.* (*Rad., Tel.*) suono breve e acuto (di segnale orario), pip.

pipe [paip] *s.* **1** tubo; tubatura, conduttura. **2** (*Anat.*) canale, condotto. **3** pipa. **4** (*Mus.*) strumento a fiato; piffero; canna d'organo; *pl.* cornamusa, zampogna. **5** (*di uccelli*) verso. ▭ ~ *of peace* calumet della pace.

to **pipe** [paip] **I** *v.t.* **1** convogliare con tubazioni. **2** (*Mus.*) suonare con uno strumento a fiato. **3** dire con voce stridula. **II** *v.i.* **1** (*Mus.*) suonare uno strumento a fiato. **2** parlare con voce stridula. ▭ *to* ~ **down** stare zitto; *to* ~ **up** incominciare a parlare; (*Mus.*) attaccare a suonare (*o* cantare).

pipe dream ['paipdri:m] *s.* fantasticheria, fantasia.

pipeline ['paiplain] *s.* conduttura, tubazione; oleodotto. ▭ (*fig.*) *in the* ~ in corso di attuazione; all'esame.

piper ['paipə*] *s.* pifferaio.

pipette [pi'pet] *s.* (*Chim.*) pipetta.

piping ['paipiŋ] **I** *s.* **1** tubazioni, condutture. **2** (*Sartoria*) cordoncino. **3** (*Mus.*) suono di strumento a fiato. **II** *a.* acuto, stridulo. ▭ ~ *hot* bollente.

pipsqueak ['pip'skwi:k] *s.* (*fam.*) nullità, mezza calzetta.

piquancy ['pi:kənsi] *s.* sapore piccante.

piquant ['pi:kənt] *a.* **1** piccante, pepato. **2** (*fig.*) stimolante, interessante.

pique [pi:k] *s.* stizza, risentimento. ▭ *in a* **fit** *of* ~ per ripicca; *to* **take** *a* ~ *against s.o.* risentirsi con qd.

to **pique** [pi:k] *v.t.* **1** urtare, indispettire; ferire, offendere. **2** eccitare, suscitare (l'interesse). ▭ *to* ~ *o.s. on s.th.* vantarsi di qc.

piracy ['paiərəsi] *s.* **1** pirateria. **2** plagio (di opera letteraria).

pirate ['paiərit] *s.* **1** pirata. **2** nave pirata. **3** pirata (di disco, libro, cassetta, videoclip). **4** radio portatile.

to **pirate** ['paiərit] *v.t.* **1** plagiare. **2** copiare; pubblicare (*o* vendere, *o* trasmettere) abusivamente.

pirate radio ['paiərit'reidiəu] *s.* radio pirata.

pirogue [pi'rəug] *s.* piroga.

pirouette [ˌpiru'et] *s.* piroetta.

to **pirouette** [ˌpiru'et] *v.i.* piroettare.

Pisces ['p(a)isi:z] *N.pr.pl.* (costr. sing.) (*Astr.*) Pesci.

pish [piʃ] *intz.* pfui, puah, puh.

piss [pis] *s.* (*volg.*) piscia.

to **piss** [pis] *v.t./i.* (*volg.*) pisciare. ▭ *to* ~ **about** (o *around*): 1 perder tempo; 2 scocciare; (*volg.*) ~ **off**! smamma!, fila via!

pissed ['pist] *a.* (*fam.*) ubriaco. ▭ ~ *off* stufo.

pistachio [pis'tɑ:ʃiəu] *s.* (*pl.* **–s** [–z]) (*Bot.*) pistacchio.

pistil ['pistil] *s.* (*Bot.*) pistillo.

pistol ['pistl] *s.* pistola.

piston ['pistən] *s.* (*Mecc.*) pistone, stantuffo.

pit [pit] *s.* **1** fossa, buca. **2** cava; pozzo (in miniera); miniera di carbone. **3** cavità, depressione. **4** (*Teat.*) platea; buca dell'orchestra. **5** (*Aut.*) posto di rifornimento (nelle gare automobilistiche), box. **6** (*Anat.*) fossa, cavità. **7** (*Med.*) buttero.

to **pit** [pit] *v.t.* (*pass., p.p.* **pitted** [–id]) **1** butterare. **2** (*fig.*) contrapporre, opporre. ▭ *to* ~ *one's wits against s.o.* competere con qd. quanto ad intelligenza.

pit-a-pat ['pitə'pæt] **I** *avv.* **1** a battiti rapidi. **2** scalpicciando. **II** *s.* ticchettio; battito (del cuore o della pioggia); scalpiccio. ▭ *to go* ~ battere forte, palpitare.

pitch[1] [pitʃ] *s.* **1** lancio, tiro. **2** (*di tetto*) inclinazione, pendenza. **3** (*fig.*) grado, livello. **4** (*Sport*) campo da gioco: *football* ~ campo di calcio. **5** (*Mus.*) altezza (del suono); tono. **6** (*Mar., Aer.*) beccheggio. ▭ **at** *the* ~ *of one's voice* a squarciagola; (*fig.*) *to the* **highest** ~

al massimo; (*fig.*) *to* **queer** *the* ~ *for s.o.* sventare i piani di qd.
to **pitch**[1] [pitʃ] *v.* (*pass., p.p.* **pitched** [–t]) **I** *v.t.* **1** gettare, buttare. **2** (*Sport*) lanciare. **3** (*Mus.*) impostare (la voce); intonare. **4** piantare, montare: *to* ~ *a tent* montare una tenda. **5** (*fig.*) impostare. **II** *v.i.* **1** cadere a capofitto; cadere in avanti. **2** (*Mar., Aer.*) beccheggiare. **3** accamparsi. ▭ (*fam.*) *to* ~ **in** contribuire; mettersi al lavoro di buona lena; *to* ~ **into** aggredire, attaccare; *to be pitched* **into** *a new situation* essere mandato allo sbaraglio; (*fam.*) *to* ~ **on** (o *upon*) scegliere.
pitch[2] [pitʃ] *s.* pece; bitume.
to **pitch**[2] [pitʃ] *v.t.* impeciare.
pitch-black ['pitʃ'blæk] *a.* nero come la pece.
pitch-dark ['pitʃ'dɑ:k] *s.* buio pesto.
pitcher[1] ['pitʃə*] *s.* (*Sport*) lanciatore.
pitcher[2] ['pitʃə*] *s.* **1** (*am.*) brocca. **2** anfora.
pitchfork ['pitʃfɔ:k] *s.* (*Agr.*) forcone (da fieno), forca.
piteous ['pitiəs] *a.* pietoso, miserevole.
pitfall ['pitfɔ:l] *s.* **1** trappola (coperta). **2** (*fig.*) trabocchetto.
pith [piθ] *s.* **1** (*di agrumi*) albedo. **2** (*Anat.*) midollo. **3** (*fig.*) nocciolo, essenza.
pithy ['piθi] *a.* **1** del midollo. **2** (*fig.*) conciso, stringato. **3** (*fig.*) succoso.
pitiable ['pitiəbl] *a.* **1** pietoso, miserevole. **2** spregevole, miserabile.
pitiful ['pitiful] *a.* **1** pietoso, miserevole. **2** misero, meschino.
pitiless ['pitilis] *a.* spietato, impietoso.
pitman ['pitmən] *s.* (*pl.* **–men**) minatore (di carbone).
pittance ['pitəns] *s.* miseria, inezia; stipendiuccio: *to work for a* ~ lavorare per una miseria.
pity ['piti] *s.* **1** compassione, pietà, misericordia. **2** peccato: *it's a* ~ *you didn't come* è un peccato che tu non sia venuto. ▭ *the* ~ **is** *that* il guaio è che; (*esclam.*) **more**'*s the* ~ tanto peggio; **out** *of* ~ per compassione; *for* ~'*s* **sake** per amor del cielo; *to* **take** ~ *on s.o.* aver pietà di qd.; *it's a* **thousand** *pities that* è proprio un gran peccato che; **what** *a* ~ (che) peccato, peccato che.
to **pity** ['piti] *v.t.* compatire, compiangere.
pitying ['pitiiŋ] *a.* pietoso, compassionevole.
pivot ['pivət] *s.* **1** (*Mecc.*) perno. **2** (*fig.*) perno, fulcro.
to **pivot** ['pivət] **I** *v.i.* **1** rotare. **2** (*fig.*) dipendere (*on, upon* da). **II** *v.t.* **1** far rotare (*o* girare). **2** (*fig.*) imperniare, basare.
pivotal ['pivətəl] *a.* **1** di un perno; che fa da perno. **2** (*fig.*) di capitale importanza.
pixy ['piksi] *s.* folletto, spiritello.
P/L = *Profit and Loss* Profitti e Perdite.
placard ['plækɑ:d] *s.* manifesto, cartellone; tabellone.
to **placard** ['plækɑ:d] *v.t.* **1** affiggere manifesti su. **2** annunciare con manifesti.
to **placate** [plə'keit] *v.t.* placare, pacificare.
place [pleis] *s.* **1** luogo; località. **2** posto (*in tutti i signif.*): *to put s.th. back in its* ~ rimettere qc. a posto. **3** locale; luogo: *a* ~ *of entertainment* un luogo di divertimenti. **4** (*fam.*) casa, abitazione. **5** (*di libro, discorso*) punto in cui si è rimasti, filo. **6** posizione, ruolo; posto. **7** momento (opportuno), luogo: *this is not the* ~ *to discuss it* non è questo il momento di discuterne. ▭ **all** *over the* ~ dovunque; qua e là; (*am.*) **any** ~ da qualche parte; da nessuna parte; dove capita; *to* **change** *places with s.o.* scambiare il posto con qd.; (*fig.*) mettersi nei panni di qd.; *in the* **first** ~ per prima cosa; *to* **give** ~ *to* cedere (il posto) a; cedere il passo a; (*am.*) *to* **go** *places* andare in giro; (*fig.*) *to be* **going** *places* avere la stoffa; (*fig.*) *in a* **high** ~ (o *in high places*) nelle alte sfere; **in** ~ al posto giusto; (*fig.*) opportuno, adatto; **in** ~ *of* invece di; *to* **keep** *s.o. in his* ~ fare stare qd. al suo posto; *to* **know** *one's* ~ saper stare al proprio posto; *in the* **last** ~ alla fine; *to* **make** *a* ~ *for* fare posto a; dare la precedenza a; **out** *of* ~ fuori posto; (*fig.*) fuori luogo, inopportuno; (*fig.*) *to* **put** *o.s. in s.o.'s* ~ mettersi nei panni di qd.; (*am.*) *let's go* **some** ~ *and eat* andiamo a mangiare da qualche parte; *to* **take** ~ avere luogo, svolgersi; *to* **take** *one's* ~ accomodarsi (al proprio posto); *to* **take** *the* ~ *of* prendere il posto di.
to **place** [pleis] *v.t.* **1** mettere, porre; collocare (anche *fig.*): *to* ~ *emphasis on s.th.* porre l'enfasi su qc. **2** (*fig.*) (*di fiducia, ecc.*) riporre (*in* in). **3** identificare, individuare. **4** (*Comm.*) (*di ordinazione*) dare, passare; (*di merce*) collocare, piazzare. **5** (*Sport*) piazzare. ▭ *to* ~ *a* **call** prenotare una telefonata; *to be placed* **first** (o *second, last,* ecc.) piazzarsi primo (*o* secondo, ultimo ecc.); *to be* **well** *placed* essere piazzato bene.
place card ['pleiskɑ:d] *s.* segnaposto.
placement ['pleismənt] *s.* **1** disposizione, collocazione; piazzamento. **2** (periodo di) apprendistato, tirocinio; soggiorno all'estero.
placenta [plə'sentə] *s.* (*pl.* **–s** [–z]/**–tae** [–ti:]) (*Anat.*) placenta.
place setting ['pleis'setiŋ] *s.* (*a tavola*) coperto.
placid ['plæsid] *a.* placido, tranquillo; calmo.
placidity [plə'siditi] *s.* placidità, tranquillità; calma.
placket ['plækit] *s.* spacco; tasca di gonna.
plagiarism ['pleidʒiərizəm] *s.* plagio, furto letterario.
plagiarist ['pleidʒiərist] *s.* plagiario.
to **plagiarize** ['pleidʒiəraiz] *v.t.* plagiare.
plague [pleig] *s.* **1** peste; pestilenza. **2** (*fig.*) piaga, flagello. **3** scocciatura, seccatura. ▭ (*esclam.*) ~ *on it!* dannazione!
to **plague** [pleig] *v.t.* **1** appestare. **2** (*fig.*) assillare, tormentare; molestare.
plaice [pleis] *s.inv.* (*Zool.*) passera di mare.
plaid [plæd] *s.* **1** sciarpa del costume scozzese. **2** plaid; tessuto scozzese.

plain[1] [plein] *s.* (*Geog.*) pianura, piano.
plain[2] [plein] **I** *a.* **1** chiaro; evidente, palese. **2** sincero, franco. **3** semplice, naturale; alla buona. **4** disadorno, privo di ornamenti. **5** insignificante; bruttino. **6** bell'e buono, vero e proprio: ~ *stupidity* stupidità bell'e buona. **II** *avv.* **1** chiaramente. **2** semplicemente, senza pretese. ☐ **as** ~ *as can be* chiaro come la luce del sole; *in* ~ **English** chiaro (e tondo); *to* **make** *s.th.* ~ far capire chiaramente qc.; *everything was* ~ **sailing** tutto andò liscio come l'olio.
plain chocolate ['plein'tʃɔklit] *s.* cioccolato fondente.
plain-clothes ['plein'kləuðz] *a.* in borghese.
plainly ['pleinli] *avv.* **1** apertamente. **2** chiaramente.
plain-song ['pleinsɔŋ] *s.* (*Mus.*) canto piano.
plain-spoken ['pleinspəukən] *a.* franco, schietto.
plaint [pleint] *s.* **1** (*poet.*) lamentela, lamento. **2** (*Dir.*) querela.
plaintiff ['pleintif] *s.* (*Dir.*) **1** attore. **2** querelante *m./f.*
plaintive ['pleintiv] *a.* lamentoso, malinconico.
plait [plæt] *s.* **1** treccia. **2** *pl.* trecce, treccine.
to **plait** [plæt] *v.t.* intrecciare.
plan [plæn] *s.* **1** piano; progetto, disegno; programma: ~ *of action* piano d'azione. **2** intenzione, proposito. **3** (*Arch.*) sezione orizzontale; pianta. ☐ *according to* ~ secondo i piani.
to **plan** [plæn] *v.* (*pass.*, *p.p.* **planned** [–d]) **I** *v.t.* **1** progettare. **2** programmare (spesso con *out*). **3** pensare, avere intenzione. **4** (*Pol.*, *Econ.*) pianificare. **II** *v.i.* fare programmi, fare piani.
plane[1] [plein] *s.* aeroplano, aereo.
to **plane**[1] [plein] *v.i.* (*Aer.*) (general. con *down*) planare.
plane[2] [plein] **I** *a.* piano, piatto. **II** *s.* **1** (*Geom.*) piano; superficie piana. **2** (*fig.*) livello: *to put on the same* ~ mettere sullo stesso livello.
plane[3] [plein] *s.* (*Bot.*) platano.
plane[4] [plein] *s.* pialla.
to **plane**[2] [plein] *v.t.* **1** piallare. **2** (spesso con *down, away*) togliere con la pialla.
planet ['plænit] *s.* pianeta.
planetarium [ˌplæni'tεəriəm] *s.* (*pl.* **–s** [–z]/ **–ria** [–riə]) planetario.
planetary ['plænitəri] *a.* planetario, di un pianeta.
plangent ['plændʒənt] *a.* **1** sonoro, risonante. **2** intenso e lamentoso.
planimetry [plæ'nimitri] *s.* planimetria.
plank [plæŋk] *s.* **1** asse, tavola. **2** (*Pol.*) punto (programmatico).
to **plank** [plæŋk] *v.t.* tavolare, coprire di tavole.
planking ['plæŋkiŋ] *s.* (*collett.*) tavolato.
plankton ['plæŋktən] *s.* (*Biol.*) plancton.
planner ['plænə*] *s.* **1** progettista. **2** (*Econ.*, *Pol.*) pianificatore.
planning ['plæniŋ] *s.* **1** progettazione. **2** (*Econ.*, *Pol.*) pianificazione. **3** piano regolatore.
plant [plɑ:nt, *am.* plænt] *s.* **1** pianta, vegetale. **2** (*Ind.*, *Mecc.*) impianto; attrezzature. **3** fabbrica, stabilimento. **4** spia, infiltrato.
to **plant** [plɑ:nt, *am.* plænt] *v.t.* **1** piantare; coltivare. **2** (general. con *out*) trapiantare. **3** (*fig.*) inculcare, istillare. **4** piantare, (con)ficcare. **5** (*fam.*) (*di pugni, calci*) assestare. **6** nascondere, far sparire, mettere di nascosto (una spia).
plantain ['plæntin] *s.* (*Bot.*) piantaggine.
plantation [plæn'teiʃən] *s.* **1** piantagione. **2** (*Stor.*) (general. al pl.) colonia.
planter ['plɑ:ntə* *am.* 'plænt–] *s.* **1** piantatore. **2** colono.
plaque [plɑ:k, *am.* plæk] *s.* **1** placca, targa. **2** (*Med.*) placca.
plash [plæʃ] *s.* sciabordio, sciacquio.
to **plash** [plæʃ] *v.t./i.* sciabordare (su).
plasm ['plæzəm], **plasma** ['plæzmə] *s.* (*Biol.*) plasma.
plaster ['plɑ:stə* *am.* 'plæs–] *s.* **1** malta da intonaco; stucco; intonaco; gesso. **2** cerotto. ☐ (*Med.*) ~ **cast** ingessatura; *to* **put** *s.o.'s arm in* ~ ingessare il braccio a qd.
to **plaster** ['plɑ:stə*, *am.* 'plæs–] *v.t.* **1** intonacare. **2** mettere un cerotto su. **3** spalmare abbondantemente, ricoprire di; tappezzare.
plasterer ['plɑ:stərə*, *am.* 'plæs–] *s.* intonacatore; stuccatore.
plastic ['plæstik] **I** *a.* **1** plastico; di plastica. **2** (*fig.*) duttile, plasmabile. **3** (*fig.*) innaturale. **II** *s.* (*fam.*) **1** (materia) plastica. **2** articolo di plastica.
plastic bomb ['plæstik'bɔm] *s.* bomba al plastico.
plasticine ['plæstisi:n] *s.* plastilina.
plasticity [plæs'tisiti] *s.* plasticità, duttilità.
plastics ['plæstiks] *s.pl.* (*Chim.*) (costr. sing.) plastica.
plastic surgery ['plæstik'sə:dʒəri] *s.* chirurgia plastica.
platan ['plætən] → **plane**[3].
plate [pleit] *s.* **1** piatto. **2** (*collett.*) servizio (di piatti); argenteria. **3** (*am.*) coperto. **4** lastra, piastra; targhetta, placca; targa (di auto). **5** (*Met.*) lamiera. **6** illustrazione; tavola fuori testo. **7** (*Tip.*) cliché, lastra tipografica. **8** lastra (fotografica). **9** (*tecn.*) placca; oggetti placcati. **10** (*Rel.*) piatto delle offerte. **11** lastrina (di microscopio). **12** placca palatale; dentiera. ☐ (*fam.*) *to* **hand** *s.th. on a* ~ porgere qc. su un piatto d'argento; (*fam.*) *to* **have** *a lot on one's* ~ avere un sacco di cose da fare.
to **plate** [pleit] *v.t.* (*Met.*) placcare; laminare.
plateau [plæ'təu] *s.* (*pl.* **–s/–x** [–z]) **1** (*Geog.*) altopiano. **2** (*fig.*) fase di stasi.
plateful ['pleitful] *s.* (contenuto di un) piatto.
plate glass ['pleitglɑ:s] *s.* lastra di vetro.
platform ['plætfɔ:m] *s.* **1** tribuna, palco, podio. **2** (*estens.*) persone che siedono in tribu-

na; oratori. **3** (*Ferr.*) marciapiede, binario. **4** (*Pol.*) piattaforma, programma (di base).

plating ['pleitiŋ] *s.* placcatura; placca.

platinum ['plætinəm] *s.* **1** platino. **2** color platino. □ ~ *blonde* bionda platinata.

platitude ['plætitju:d, *am.* –tu:d] *s.* luogo comune, frase fatta.

platitudinous [ˌplæti'tju:dinəs, *am.* –'tu:–] *a.* pieno di luoghi comuni; banale.

Platonic [plə'tɔnik] *a.* platonico.

platoon [plə'tu:n] *s.* (*Mil.*) plotone.

platter ['plætə*] *s.* (*am.*) piatto da portata.

platypus ['plætipəs] *s.* (*pl.* **–puses** [–pəsiz]/**–pi** [–pai]) (*Zool.*) ornitorinco.

plaudit ['plɔ:dit] *s.* (general. al pl.) applauso.

plausibility [ˌplɔ:zi'biliti] *s.* plausibilità, credibilità.

plausible ['plɔ:zibl] *a.* plausibile, credibile.

play [plei] *s.* **1** gioco. **2** partita. **3** (*Teat.*) commedia; dramma; rappresentazione. **4** libertà d'azione, di movimento; gioco. **5** gioco d'azzardo. □ ~ *of* **forces** gioco di forze; *to allow one's imagination* **full** ~ dare libero sfogo alla fantasia; *in* **full** ~ in piena attività; **in** ~ per gioco, per scherzo; (*Sport*) in gioco; *to bring* (o *call, put*) **into** ~ mettere in azione (*o* gioco); *to come* **into** ~ entrare in gioco; *to* **make** *a* ~ *for s.th.* fare una mossa (per ottenere qc.); (*Sport*) **out** *of* ~ fuori gioco.

to **play** [plei] **I** *v.i.* **1** giocare. **2** giocherellare, gingillarsi (*with* con); divertirsi, scherzare (*with* con). **3** suonare (*on s.th.* qc.). **4** recitare, sostenere una parte; essere rappresentato. **5** scherzare; divertirsi (*with* con). **6** (*fam.*) fare (finta di essere), fingersi: *to* ~ *innocent* fare l'innocente. **7** fluttuare, ondeggiare. **8** suonare, riprodurre suoni. **9** comportarsi, agire: *to* ~ *fair* comportarsi lealmente. **II** *v.t.* **1** giocare a: *to* ~ *football* giocare a calcio; disputare un incontro con. **2** fare, recitare la parte di; sostenere (una parte): *to* ~ *a role* avere un ruolo, una parte (*anche fig.*). **3** fare, comportarsi da: *to* ~ *the fool* fare il buffone. **4** (*Teat.*) rappresentare; recitare in. **5** giocare a. **6** (*Mus.*) suonare. **7** gettare, versare (acqua, ecc.). **8** (*Sport*) battere. □ *to* ~ **along** collaborare, cooperare (*with* con); (*fam.*) *to* ~ **around** manipolare, maneggiare; giocherellare (*with* con); *to* ~ **at** fare qc. poco seriamente; giocare a; *to* ~ **away** perdere al gioco; *to* ~ **back** far risentire, far riascoltare; *to* ~ **down** minimizzare; *to* ~ **for** *time* guadagnare tempo; *to* ~ **it** *cool* mantenere la calma; *to* ~ **off** *one person against another* contrapporre una persona a un'altra per trarne vantaggio; (*fig.*) *to* ~ **on** *s.th.* giocare su qc.; *to* ~ **on** *words* = *to* ~ **upon** *words*; *to* ~ **up**: 1 esagerare; 2 (*fam.*) non funzionare; 3 (*di bambini*) comportarsi male; (*Sport*) ~ **up**! forza!, dai!; *to* ~ **upon** *words* giocare sulle parole.

to **playact** ['pleiækt] *v.i.* **1** fare la commedia, fingere. **2** comportarsi in modo teatrale.

playback ['pleibæk] *s.* (*tecn.*) playback.

playbill ['pleibil] *s.* (*Teat.*) locandina; cartellone.

playboy ['pleibɔi] *s.* playboy.

player ['pleiə*] *s.* **1** giocatore. **2** suonatore. **3** attore.

playfellow ['pleifeləu] *s.* compagno di gioco.

playful ['pleiful] *a.* allegro, gaio.

playground ['pleigraund] *s.* campo di giochi.

playhouse ['pleihaus] *s.* **1** teatro (di prosa). **2** casetta per i giochi dei bambini.

playing card ['pleiiŋkɑ:d] *s.* carta da gioco.

playing field ['pleiiŋfi:ld] *s.* campo da gioco.

playlet ['pleilit] *s.* commediola.

playmate ['pleimeit] → **playfellow**.

play-off ['pleiɔf] *s.* (*Sport*) (partita di) spareggio.

play on words ['pleiɔn'wə:dz] *s.* gioco di parole.

playpen ['pleipen] *s.* recinto per bambini, box.

playroom ['pleiru:m] *s.* stanza dei giochi.

plaything ['pleiθiŋ] *s.* giocattolo.

playtime ['pleitaim] *s.* ora della ricreazione.

playwright ['pleirait] *s.* commediografo; drammaturgo.

plea [pli:] *s.* **1** supplica, (umile) preghiera. **2** scusa, pretesto. **3** (*Dir.*) dichiarazione della difesa; difesa.

to **plead** [pli:d] *v.* (*pass., p.p.* **pleaded** [–id]/ **plead/pled** [pled]) **I** *v.i.* **1** implorare, invocare (*for s.th.* qc.). **2** supplicare (*with s.o.* qd.). **II** *v.t.* **1** addurre a pretesto. **2** (*Dir.*) difendere, patrocinare. □ (*Dir.*) *to* ~ *guilty* dichiararsi colpevole.

pleader ['pli:də*] *s.* **1** supplicante *m./f.* **2** (*Dir.*) avvocato difensore.

pleading ['pli:diŋ] **I** *s.* **1** supplica, implorazione. **2** (*Dir.*) difesa, patrocinio. **II** *a.* implorante, supplicante.

pleasant ['pleznt] *a.* **1** piacevole, gradevole. **2** simpatico; affabile, cordiale.

pleasantry ['plezntri] *s.* **1** presa in giro bonaria. **2** battuta.

please [pli:z] *intz./avv.* per piacere. □ *yes* ~ sì, grazie.

to **please** [pli:z] **I** *v.t.* **1** (far) piacere a. **2** (*assol.*) piacere, riuscire gradito. **II** *v.i.* piacere (costr. impers.), volere, desiderare: *do as you* ~ fa' come vuoi. □ (*fam.*) **hard** *to* ~ difficile da accontentare; **if** *you* ~: 1 per piacere; 2 pensa (un po'), figurati; 3 (*iron.*) col tuo permesso; ~ **yourself** fa' pure.

pleased [pli:zd] *a.* **1** contento. **2** soddisfatto, compiaciuto (*with* di). □ ~ *to meet you!* piacere di fare la sua conoscenza!

pleasing ['pli:ziŋ] *a.* piacevole, gradevole; gradito.

pleasurable ['pleʒərəbl] *a.* piacevole, gradevole.

pleasure ['pleʒə*] *s.* **1** piacere, gioia: *it was a* ~ (o *my* ~) è stato un piacere. **2** godimento, diletto. **3** divertimento, svago. □ **at** *one's* ~ a piacere; *to do s.th.* **for** ~ fare qc.

per divertimento; *to* **take** ~ *in doing s.th.* provare piacere a fare qc.; **with** ~ volentieri.
pleasure boat ['pleʒəbəut] *s.* battello da diporto.
pleasure ground ['pleʒəgraund] *s.* luogo di ricreazione.
pleat [pli:t] *s.* piega.
to **pleat** [pli:t] *v.t.* pieghettare.
pleb [pleb] *s.* (*sl.*) popolano.
plebeian [pli'bi:ən] **I** *a.* **1** plebeo. **2** (*fig.*) volgare, triviale. **II** *s.* plebeo.
plebiscite ['plebisit, *am.* –sait] *s.* plebiscito.
plectrum ['plektrəm] *s.* (*Mus.*) plettro.
pled [pled] → to **plead**.
pledge [pledʒ] *s.* **1** pegno, garanzia. **2** (*Dir.*) deposito a garanzia. **3** segno, testimonianza. **4** impegno, promessa (solenne). □ (*fig.*) *to sign the* ~ far voto di non bere più.
to **pledge** [pledʒ] *v.t.* **1** vincolare; promettere solennemente. **2** dare in pegno, impegnare. **3** (*Dir.*) dare in garanzia. □ *to* ~ *o.s.* **to** dedicarsi a; *to* ~ *one's* **word** dare la propria parola.
plenary ['pli:nəri] *a.* plenario; totale, assoluto.
plenipotentiary [ˌplenipə'tenʃəri] *a./s.* plenipotenziario.
plenty ['plenti] **I** *s.* **1** abbondanza, prosperità. **2** grande quantità, mucchio: ~ *of money* un mucchio di soldi. **II** *avv.* (*fam.*) alquanto, piuttosto. □ **in** ~ in abbondanza; ~ **of** *times* moltissime volte.
pleonasm ['pli:ənæzəm] *s.* (*Gramm.*) pleonasmo.
pleonastic [ˌpli:ə'næstik] *a.* pleonastico.
plethora ['pleθərə] *s.* (*Med., fig.*) pletora.
pleura ['pluərə] *s.* (*pl.* **–rae** [–ri:]) (*Anat.*) pleura.
pleurisy ['pluərisi] *s.* (*Med.*) pleurite.
plexus ['pleksəs] *s.* (*pl.* *inv./***–uses** [–iz]) (*Anat.*) plesso.
pliable ['plaiəbl] *a.* **1** pieghevole, flessibile. **2** (*fig.*) malleabile, duttile.
pliancy ['plaiənsi] *s.* **1** flessibilità. **2** (*fig.*) duttilità.
pliant ['plaiənt] → **pliable**.
pliers ['plaiəz] *s.pl.* pinze, pinza: *a pair of* ~ un paio di pinze.
plight [plait] *s.* condizione, situazione (brutta, difficile).
plimsolls ['plimsəlz] *s.pl.* scarpe di tela con suola di gomma.
plinth [plinθ] *s.* (*Arch.*) plinto.
to **plod** [plɔd] *v.i.* (*pass., p.p.* **plodded** [–id]) **1** arrancare, camminare pesantemente. **2** (*fig.*) faticare; (*fam.*) sgobbare. □ *to* ~ *along* avanzare a fatica; (*fam.*) tirare avanti a stento.
plodder ['plɔdə*] *s.* sgobbone.
plonk[1] [plɔŋk] **I** *s.* tonfo. **II** *avv.* con un tonfo.
to **plonk** [plɔŋk] **I** *v.t.* (*fam.*) (spesso con *down*) lasciar cadere (con un tonfo). **II** *v.i.* fare un tonfo.
plonk[2] [plɔŋk] *s.* vino di qualità scadente.
plop [plɔp] **I** *s.* tonfo, suono sordo. **II** *avv.* con un lieve tonfo.
to **plop** [plɔp] *v.t./i.* (*pass., p.p.* **plopped** [–t]) (far) cadere con un tonfo.
plot [plɔt] *s.* **1** complotto, congiura; trama, macchinazione. **2** (*Lett.*) trama, intreccio. **3** appezzamento, lotto. **4** (*am.*) grafico, diagramma. **5** (*Mar., Aer.*) tracciato (della rotta).
to **plot** [plɔt] *v.* (*pass., p.p.* **plotted** [–id]) **I** *v.t.* **1** tramare, macchinare. **2** fare la pianta di; fare il rilevamento di. **3** (*Mar., Aer.*) tracciare, rilevare. **4** tracciare il grafico di. **II** *v.i.* complottare, tramare.
plotter ['plɔtə*] *s.* **1** cospiratore, congiurato. **2** (*Inform.*) disegnatore, tracciatore.
plough [plau] *s.* **1** aratro; terreno arato. **2** spartineve.
to **plough** [plau] **I** *v.t.* **1** arare. **2** (spesso con *up*) scavare solchi in. **3** solcare, fendere. **II** *v.i.* **1** arare. **2** (*fig.*) (general. con *through*) avanzare a fatica. □ (*Comm.*) *to* ~ **back** reinvestire (fondi); *to* ~ **on** continuare, procedere; (*fig.*) *to* ~ **through** *s.th.* leggere qc. con grande fatica; *to* ~ **up** dissodare; *to* ~ *one's* **way** *through s.th.* procedere attraverso qc.
ploughman ['plaumən] *s.* (*pl.* **–men**) aratore.
ploughshare ['plauʃɛə*] *s.* (*Agr.*) vomere.
plover ['plʌvə*] *s.* (*Zool.*) piviere.
plow *am.* [plau] *e deriv.* → **plough** *e deriv.*
ploy [plɔi] *s.* manovra, tattica.
pluck [plʌk] *s.* **1** (*fig.*) coraggio, fegato. **2** strattone, strappo.
to **pluck** [plʌk] *v.t.* **1** cogliere; (*di piume, peli*) strappare; togliere. **2** (general. con *out*) estirpare, sradicare. **3** (*Mus.*) pizzicare. □ *to* ~ *an idea out of the* **air** avere un lampo di genio; *to* ~ *a* **chicken** spennare un pollo; *to* ~ *up* **courage** farsi coraggio.
plucky ['plʌki] *a.* coraggioso, audace.
plug [plʌg] *s.* **1** tappo. **2** pulsante di scarico dell'acqua. **3** (*El.*) spina. **4** (*Mot.*) candela. **5** (*Med.*) tampone.
to **plug** [plʌg] *v.* (*pass., p.p.* **plugged** [–d]) **I** *v.t.* **1** (spesso con *up*) turare, tappare; otturare, chiudere; (*di ferita*) tamponare. **2** (*fam.*) fare un'insistente pubblicità a, strombazzare. **3** (*am. fam.*) sparare a. **4** (*El.*) (general. con *in*) collegare con una presa di corrente. **II** *v.i.* **1** (spesso con *up*) otturarsi, ostruirsi. **2** (*fam.*) (spesso con *away*) sgobbare, sfacchinare (*at* su). **3** (*El.*) (general. con *in*) inserire una spina.
plum [plʌm] **I** *s.* **1** (*Bot.*) prugna, susina. **2** (*fam.*) posto comodo e redditizio; colpo di fortuna. **II** *a.* color prugna. □ ~ *tree* pruno, susino.
plumage ['plu:midʒ] *s.* piumaggio, piume.
plumb [plʌm] **I** *s.* piombo, piombino. **II** *a.* **1** a piombo, verticale, perpendicolare. **2** (*fam.*) bell'e buono, perfetto. **III** *avv.* **1** verticalmente, perpendicolarmente, a piombo. **2** esattamente, precisamente. **3** (*am. fam.*) completamente.

to **plumb** [plʌm] *v.t.* (*fig.*) scandagliare, sondare. □ *to ~ the* **depths** *of* raggiungere il punto più basso di; *to ~* **in** collegare (di tubature).
plumber ['plʌmə*] *s.* idraulico.
plumbing ['plʌmiŋ] *s.* **1** impianto idraulico. **2** mestiere d'idraulico.
plumb line ['plʌmlain] *s.* filo a piombo.
plume [plu:m] *s.* **1** piuma, penna. **2** pennacchio.
to **plume** [plu:m] *v.t.*: *to ~ o.s. on s.th.* vantarsi di qc.; vantarsi (*on* di).
plummet ['plʌmit] *s.* piombino; filo a piombo.
to **plummet** ['plʌmit] *v.i.* cadere a piombo; cadere improvvisamente.
plummy ['plʌmi] *a.* (*fam.*) desiderabile. □ (*fam.*) *a ~* **job** un lavoro redditizio; *a ~* **voice** una voce affettata.
plump[1] [plʌmp] *a.* paffuto, grassottello.
to **plump**[1] [plʌmp] *v.t./i.* (spesso con *out, up*) (far) ingrassare.
plump[2] [plʌmp] **I** *s.* ruzzolone. **II** *avv.* **1** di peso, di schianto. **2** chiaro e tondo.
to **plump**[2] [plʌmp] **I** *v.i.* cadere di peso, piombare. **II** *v.t.* (spesso con *down*) lasciar cadere di peso. □ *to ~ for* scegliere.
plunder ['plʌndə*] *s.* **1** saccheggio, sacco. **2** bottino, preda.
to **plunder** ['plʌndə*] *v.t.* saccheggiare, depredare; spogliare (*of* di).
plunderer ['plʌndərə*] *s.* saccheggiatore, predone.
plunge [plʌndʒ] *s.* **1** tuffo, immersione. **2** (*Econ.*) (*di prezzi, ecc.*) caduta. □ (*fig.*) *to take the ~* saltare il fosso.
to **plunge** [plʌndʒ] **I** *v.t.* **1** immergere, affondare; tuffare. **2** (*fig.*) gettare, far piombare (*into* in). **II** *v.i.* **1** tuffarsi, immergersi. **2** precipitarsi, lanciarsi; scendere a precipizio. **3** (*fig.*) lanciarsi, precipitare (*into* in); (*Econ.*) (*di prezzi, tassi, ecc.*) cadere, crollare.
plunger ['plʌndʒə*] *s.* (*Mecc.*) pistone, stantuffo.
plunk [plʌŋk] *s.* suono metallico e rauco.
to **plunk** [plʌŋk] *v.t.* (*fam.*) (spesso con *down*) lasciare cadere di peso.
pluperfect [ˌplu:'pə:fikt] *a./s.* (*Gramm.*) piuccheperfetto.
plural ['pluərəl] *a./s.* (*Gramm.*) plurale.
pluralism ['pluərəlizəm] *s.* pluralismo.
pluralistic [ˌpluərə'listik] *a.* pluralistico.
plurality [ˌpluə'ræliti] *s.* **1** pluralità, molteplicità. **2** moltitudine, gran numero. **3** maggioranza relativa.
plus [plʌs] **I** *prep.* **1** più. **2** oltre a, in aggiunta a. **II** *s.* (*pl.* **–es** [–iz]/**–ses** [–siz]) **1** (*Mat.*) segno di addizione. **2** extra, aggiunta. **III** *a.* **1** (*Mat., El.*) positivo. **2** aggiuntivo, addizionale.
plush[1] [plʌʃ] *s.* felpa, peluche.
plush[2] [plʌʃ], **plushy** ['plʌʃi] *a.* (*fam.*) lussuoso, di lusso.
plutocracy [plu:'tɔkrəsi] *s.* plutocrazia.
plutocrat ['plu:təkræt] *s.* plutocrate.
plutonium [plu:'təuniəm] *s.* (*Chim.*) plutonio.
ply [plai] *s.* **1** capo; trefolo. **2** strato (di legno, carta).
to **ply** [plai] **I** *v.t.* **1** maneggiare, adoperare. **2** (*fig.*) assillare, incalzare. **3** rimpinzare. **II** *v.i.* (*di nave, autobus, ecc.*) svolgere servizio regolare, fare la spola. □ *to ~ a trade* esercitare un mestiere.
plywood ['plaiwud] *s.* legno compensato.
p.m. = *post meridiem* (*after midday*) pomeridiano.
Pm = (*Chim.*) *promethium* prometeo.
PM = *Prime Minister* Primo Ministro.
pneumatic [nju:'mætik, *am.* nu:–] *a./s.* pneumatico.
pneumonia [nju:'məuniə, *am.* nu:–] *s.* (*Med.*) polmonite.
Po = (*Chim.*) *polonium* polonio.
PO = **1** *Postal Order* vaglia postale. **2** *Post Office* Ufficio Postale.
to **poach**[1] [pəutʃ] **I** *v.i.* **1** cacciare (*o* pescare) di frodo. **2** sconfinare (*on, upon* in), invadere (qc.). **3** (*fig.*) sottrarre (una persona ad un'organizzazione, un'idea). **II** *v.t.* **1** cacciare (*o* pescare) di frodo. **2** invadere, sconfinare in. □ (*fig.*) *to ~ on another's preserves* invadere il campo altrui.
to **poach**[2] [pəutʃ] *v.t.* **1** (*di uova*) cuocere in camicia. **2** cuocere a fuoco lento.
poacher ['pəutʃə*] *s.* cacciatore di frodo, bracconiere; pescatore di frodo.
PO Box = *Post Office Box* casella postale.
pock [pɔk] *s.* (*Med.*) pustola.
pocket ['pɔkit] **I** *s.* **1** tasca; taschino. **2** sacca, rientranza; cavità. **3** (*fig.*) sacca: *~ of resistance* sacca di resistenza. **4** (*fig.*) risorse. **5** (*di biliardo*) buca. **6** (*Aer.*) vuoto d'aria. **II** *a.attr.* **1** tascabile. **2** di piccole dimensioni. □ (*Edit.*) *~* **edition** edizione tascabile; (*fam.*) *to have s.th.* **in** *one's ~* avere qc. in tasca; (*fig.*) *to have* **in** *one's ~* avere in pugno; *to* **live** *in each other's ~* stare troppo insieme; (*fam.*) *to be* **out** *of ~* averci rimesso; *to* **pick** *s.o.'s ~* rubare; (*fig.*) *to* **put** *one's hand in one's ~* mettere mano alla borsa.
to **pocket** ['pɔkit] *v.t.* **1** intascare, mettere in tasca. **2** (*fig.*) appropriarsi di, rubare.
pocketbook ['pɔkitbuk] *s.* **1** (*am.*) portafoglio. **2** agendina, taccuino. **3** (*am.*) borsetta.
pocketful ['pɔkitful] *s.* tascata.
pocketknife ['pɔkitnaif] *s.* (*pl.* **–knives** [–naivz]) temperino.
pocket-money ['pɔkitmʌni] *s.* denaro per le piccole spese.
pocket-sized ['pɔkitsaizd] *a.* tascabile, da tasca.
pockmark ['pɔkmɑ:k] *s.* (*Med.*) buttero.
pockmarked ['pɔkmɑ:kt] *a.* butterato.
pod [pɔd] *s.* (*Bot.*) baccello, guscio.
to **pod** [pɔd] *v.t.* (*pass., p.p.* **podded** [–id]) sgusciare, sgranare.

p.o.d. = *pay on delivery* pagamento alla consegna.
podgy ['pɔdʒi] *a.* (*fam.*) piccolo e grasso.
podium ['pəudiəm] *s.* (*pl.* **–dia** [–diə]) podio.
poem ['pəuim] *s.* **1** poesia. **2** (*fig.*) poema.
poet ['pəuit] *s.* poeta.
poetic [pə(u)'etik], **poetical** [pə(u)'etikəl] *a.* poetico.
poetic justice [pə(u)'etik'dʒʌstis] *s.* giusta ricompensa.
poetic licence [pə(u)'etik'laisəns] *s.* licenza poetica.
poet laureate [pəuit'lɔ:rit] *s.* (*Stor.*) poeta laureato.
poetry ['pəuitri] *s.* **1** poesia. **2** (*collett.*) opera poetica.
poignancy ['pɔinənsi] *s.* intensità, acutezza.
poignant ['pɔinənt] *a.* **1** vivo, acuto. **2** caustico, pungente.
poinsettia [pɔin'setiə] *s.* (*Bot.*) poinsezia, stella di Natale.
point [pɔint] *s.* **1** punta. **2** (*Mat.*) virgola. **3** punto. **4** (*fig.*) punto essenziale, nocciolo; punto di vista; argomentazione. **5** scopo, motivo: *there's no ~ in doing it* non c'è motivo di farlo. **6** (*Geog.*) punta, promontorio. **7** *pl.* (*Ferr.*) scambio. □ (*fam.*) **at** *this ~ in time* a questo punto, in questo momento; **beside** (*o away from*) *the ~* non pertinente; *to* **come** *to the ~* venire al dunque; *I* **get** (o *see* o *take*) *your ~* capisco che cosa vuoi dire, hai ragione; *it* **has** *its points* ha anche le sue buone qualità; **in** *~* appropriato, pertinente; **in** *~ of fact* in realtà, effettivamente; *to* **keep** *to the ~* attenersi al tema; *to* **make** *a ~ of* considerare importante; *to* **make** (o *prove*) *one's ~* spiegarsi; *to* **miss** *the ~* non afferrare il senso; *there is* **no** *~ in getting angry* è inutile che ti arrabbi; *to the ~* **of** fino al punto di; **off** *the ~* non pertinente, fuori proposito; *to be* **on** *the ~ of doing s.th.* essere sul punto di fare qc., stare per fare qc.; (*fig.*) *to* **stretch** *a ~* chiudere un occhio; (*fig.*) **strong** *~* forte, specialità; **that***'s a ~* questo è vero; **to** *the ~* pertinente, calzante; *to answer* **to** *the ~* rispondere a proposito; *to stick* **to** *the ~* non divagare; **up** *to a ~* fino a un certo punto; *~ of* **view** punto di vista.
to **point** [pɔint] **I** *v.t.* **1** puntare: *to ~ a pistol at s.o.* puntare una pistola contro qd. **2** appuntire. **3** (*fig.*) (spesso con *up*) dare risalto a, mettere in rilievo. **4** (*Edil.*) (spesso con *up*) riempire con calce. **5** (*Gramm.*) mettere la punteggiatura a. **II** *v.i.* **1** indicare col dito, additare (*at, to, towards s.o.* qd.). **2** indicare (*to s.th.* qc.), essere segno (di). **3** essere (ri)volto, dare, guardare: *the house points to the east* la casa guarda a levante. □ *to ~ one's* **finger** *at s.th.* additare qc.; *to ~* **out** (far) rilevare, richiamare l'attenzione su.
point-blank ['pɔint'blæŋk] **I** *a.* (*di armi*) diretto, con l'alzo a zero. **II** *avv.* **1** a bruciapelo. **2** (*fig.*) chiaro e tondo.
point duty ['pɔintdju:ti] *s.* servizio di vigilanza del traffico.
pointed ['pɔintid] *a.* **1** appuntito, aguzzo. **2** (*fig.*) intenzionale; palese, evidente. **3** (*fig.*) mordace, caustico.
pointer ['pɔintə*] *s.* **1** indice; lancetta (di orologio). **2** pointer, cane da punta. **3** (*fam.*) suggerimento, consiglio. **4** (*Inform.*) puntatore.
pointless ['pɔintlis] *a.* (*fig.*) privo di senso; (*fam.*) inutile, superfluo.
poise [pɔiz] *s.* **1** equilibrio. **2** (*fig.*) compostezza, calma; padronanza di sé. **3** portamento, atteggiamento elegante e composto.
to **poise** [pɔiz] **I** *v.t.* tenere in equilibrio, bilanciare; sospendere. **II** *v.i.* **1** essere in equilibrio. **2** restare a mezz'aria.
poison ['pɔizn] *s.* **1** veleno. **2** (*sl.*) bevanda alcolica. □ *~* **gas** gas asfissiante; (*fam.*) *to* **hate** *s.o. like ~* odiare a morte qd.; *~* **pen** *letter* lettera anonima.
to **poison** ['pɔizn] *v.t.* **1** avvelenare. **2** (*Med.*) infettare.
poisoner ['pɔiznə*] *s.* avvelenatore.
poisoning ['pɔizniŋ] *s.* avvelenamento; intossicazione.
poisonous ['pɔiznəs] *a.* **1** velenoso; tossico. **2** avvelenato. **3** (*fig.*) maligno, malevolo.
poke [pəuk] *s.* colpo (di punta), puntata; gomitata. □ *to give the fire a ~* attizzare il fuoco.
to **poke** [pəuk] **I** *v.t.* **1** colpire (di punta); dare una gomitata a. **2** cacciare, conficcare, piantare; infilare. **3** (*di fuoco*) (general. con *up*) attizzare. **II** *v.i.* (general. con *about*) frugare, rovistare. □ *to ~* **about** frugare (per trovare qc.); *to ~* **fun** *at s.o.* prendere in giro qd.; *to ~ a* **hole** fare un buco (*in* in); (*fam.*) *to ~ one's* **nose** *into other people's affairs* ficcare il naso negli affari altrui; *to ~* **out** (o *trough*) sporgere; *to ~ the fire* **out** spegnere il fuoco.
poker[1] ['pəukə*] *s.* attizzatoio. □ *as stiff as a ~* rigido come un manico di scopa.
poker[2] ['pəukə*] *s.* (*gioco di carte*) poker.
poker face ['pəukəfeis] *s.* faccia impassibile.
pokerwork ['pəukəwə:k] *s.* pirografia.
poky ['pəuki] *a.* angusto, ristretto.
Poland ['pəulənd] *N.pr.* (*Geog.*) Polonia.
polar ['pəulə*] *a.* **1** polare. **2** (*fig.*) antitetico, (diametralmente) opposto.
polar bear ['pəuləbɛə*] *s.* (*Zool.*) orso polare.
polarity [pə(u)'læriti] *s.* polarità.
to **polarize** ['pəuləraiz] **I** *v.t.* polarizzare. **II** *v.i.* polarizzarsi.
pole[1] [pəul] *s.* **1** palo, pertica; paletto (di tenda). **2** timone (di carro). **3** (*unità di misura*) pertica → **Appendice**. **4** (*Sport*) asta. □ (*fam.*) *up the ~* matto.
to **pole** [pəul] *v.t.* spingere con una pertica.
pole[2] [pəul] *s.* (*Geog., Astr.*) polo. □ (*fig.*) *poles* **apart** agli antipodi; (*Astr.*) *~* **star** stella polare.
Pole [pəul] *s.* polacco.
poleaxe ['pəulæks] *s.* scure da macello.

to **poleaxe** ['pəulæks] *v.t.* **1** colpire con scure da macello. **2** colpire forte, uccidere. **3** (*fig.*) scioccare.
polecat ['pəulkæt] *s.* (*pl. inv./*–s) (*Zool.*) puzzola.
polemic [pɔ'lemik] *s.* polemica.
polemical [pɔ'lemikəl] *a.* polemico.
polemics [pɔ'lemiks] *s.* (arte della) polemica.
polemicist [pɔ'lemisist] *s.* polemista *m./f.*
pole vault ['pəulvɔ:lt] *s.* (*Sport*) salto con l'asta.
police [pə'li:s] *s.* **1** polizia. **2** (*collett.*) (costr. pl.) forze di polizia, poliziotti. □ ~ **constable** agente di polizia; ~ **dog** cane poliziotto; ~ **force** corpo di polizia; ~ **officer** poliziotto; ~ **station** posto di polizia; ~ **van** cellulare.
to **police** [pə'li:s] *v.t.* presidiare (con la polizia); sorvegliare (con la polizia).
policeman [pə'li:smən] *s.* (*pl.* **–men**) poliziotto, agente di polizia.
policewoman [pə'li:swumən] *s.* (*pl.* **–women** [–wimin]) donna poliziotto.
policy[1] ['pɔlisi] *s.* politica; indirizzo (politico): *to pursue a* ~ perseguire una (certa) politica.
policy[2] ['pɔlisi] *s.* polizza (d'assicurazione).
polio ['pəuliəu] *s.* (*fam.*) poliomielite, polio.
poliomyelitic ['pəuliəu,maiə'litik] *a.* (*Med.*) poliomielitico.
poliomyelitis ['pəuliəu,maiə'laitis] *s.* (*Med.*) poliomielite.
polish ['pɔliʃ] *s.* **1** lucentezza. **2** lucidatura. **3** lucido. **4** (*fig.*) raffinatezza, finezza; eleganza.
to **polish** ['pɔliʃ] **I** *v.t.* **1** lucidare, lustrare. **2** (*fig.*) raffinare, affinare; (spesso con *up*) perfezionare. **II** *v.i.* **1** diventare lucido. **2** raffinarsi, migliorare. □ (*fam.*) *to* ~ *off* finire in fretta; divorare; (*rif. a persona*) sbarazzarsi di.
Polish ['pəuliʃ] *a./s.* polacco.
polished ['pɔliʃt] *a.* **1** lucido, lucidato. **2** (*fig.*) raffinato, ricercato; elegante.
polisher ['pɔliʃə*] *s.* lucidatrice.
polite [pə'lait] *a.* **1** educato, cortese, gentile: *to be* ~ *to s.o.* essere gentile con qd. **2** raffinato, fine. □ ~ *society* il bel mondo.
politeness [pə'laitnis] *s.* **1** educazione, cortesia. **2** atto cortese, gentilezza. **3** raffinatezza.
politic ['pɔlitik] *a.* **1** avveduto, sagace, accorto. **2** opportuno, conveniente.
political [pə'litikəl] *a.* politico. □ ~ **asylum** asilo politico; ~ **economy** economia politica; ~ **geography** geografia politica; ~ **party** partito politico; ~ **prisoner** prigioniero politico; ~ **science** scienze politiche.
politician [,pɔli'tiʃən] *s.* **1** (uomo) politico. **2** (*spreg.*) politicante.
to **politicize** [pə'litisaiz] *v.t./i.* occuparsi di politica, politicizzare.
politics ['pɔlitiks] *s.pl.* **1** (costr. sing.) politica. **2** (costr. pl.) opinioni politiche.
polity ['pɔliti] *s.* comunità organizzata politicamente.
polka ['pɔlkə, *am.* 'pəul–] *s.* (*Mus.*) polka. □ ~ *dot* pallino, pois (di tessuto).
poll [pəul] *s.* **1** votazione; scrutinio; voti (dati e scrutinati). **2** numero dei votanti. **3** sondaggio, inchiesta. □ *on the* **eve** *of the* ~ alla vigilia delle elezioni; *to* **go** *to the polls* andare alle urne; **light** (o *heavy*) ~ percentuale bassa (*o* alta) di votanti.
to **poll** [pəul] *v.t.* **1** ottenere (voti); dare (un voto). **2** sondare, indagare.
pollard ['pɔləd] *s.* (*Agr.*) pianta cimata, potata.
to **pollard** ['pɔləd] *v.t.* (*Agr.*) cimare, potare.
pollen ['pɔlən] *s.* (*Bot.*) polline.
to **pollinate** ['pɔlineit] *v.t.* impollinare.
polling ['pəuliŋ] *s.* votazione. □ ~ **booth** cabina elettorale; ~ **station** sezione elettorale.
pollutant [pə'lu:tənt] *s.* sostanza inquinante.
to **pollute** [pə'lu:t] *v.t.* inquinare, contaminare.
pollution [pə'lu:ʃən] *s.* inquinamento, contaminazione.
polo ['pəuləu] *s.* (*Sport*) polo.
polo-neck ['pəuləunek] *a.attr.* (*di indumento*) con collo a polo.
polonium [pə'ləuniəm] *s.* (*Chim.*) polonio.
poltergeist ['pɔltəgaist] *s.* fantasma, spirito.
polyandry [,pɔli'ændri] *s.* poliandria.
polychromatic [,pɔlikrə(u)'mætik], **polychrome** ['pɔlikrəum] *a.* policromo.
polyester [,pɔli'estə*] *s.* (*Chim.*) poliestere.
polyethylene ['pɔli'eθili:n] *s.* (*Chim.*) polietilene.
polygamist [pɔ'ligəmist] *s.* poligamo.
polygamy [pɔ'ligəmi] *s.* poligamia.
polyglot ['pɔliglɔt] **I** *a.* poliglotta, multilingue. **II** *s.* poliglotta *m./f.*
polygon ['pɔligən] *s.* (*Geom.*) poligono.
polyhedron [,pɔli'hi:drən] *s.* (*pl.* **–s** [–z]/**–dra** [–drə]) poliedro.
polymath ['pɔlimæθ] *s.* persona eclettica; esperto in molti campi.
polymer ['pɔlimə*] *s.* (*Chim.*) polimero.
polymorphous [,pɔli'mɔ:fəs] *a.* (*Min., Biol.*) polimorfo.
Polynesian [,pɔli'ni:ʃən] *a./s.* polinesiano.
polyp ['pɔlip] *s.* (*Zool., Med.*) polipo.
polyphonic [,pɔli'fɔnik] *a.* (*Mus.*) polifonico.
polyphony [pə'lifəni] *s.* polifonia.
polystyrene [,pɔli'staiəri:n] *s.* (*Chim.*) polistirolo, polistirene.
polysyllable [,pɔlisi'ləbl] *s.* polisillabo.
polytechnic [,pɔli'teknik] *a./s.* politecnico.
polytheism ['pɔliθi:izəm] *s.* politeismo.
polytheist ['pɔliθi:ist] *s.* politeista *m./f.*
polythene ['pɔliθi:n] *s.* (*Chim.*) politene.
polyunsaturated [,pɔliʌn'sætjureitid] *a.* (*Chim.*) polinsaturo.
pomegranate ['pɔm,grænit] *s.* (*Bot.*) melagrana. □ ~ *tree* melograno.
pommel ['pʌml] *s.* pomo (di spada, sella, ecc.).
pomp [pɔmp] *s.* pompa, sfarzo.
pom-pom ['pɔnpɔn] *s.* pompon.
pomposity [pɔm'pɔsiti] *s.* **1** pomposità; fasto, sfarzo. **2** ampollosità (di linguaggio).

pompous ['pɔmpəs] *a.* **1** fastoso, sfarzoso. **2** ampolloso, enfatico.

ponce ['pɔns] *s.* (*sl.*) **1** magnaccia. **2** uomo effeminato, finocchio.

pond [pɔnd] *s.* stagno, laghetto.

to **ponder** ['pɔndə*] **I** *v.i.* meditare, riflettere (*on, over* su). **II** *v.t.* ponderare, soppesare.

ponderous ['pɔndərəs] *a.* **1** pesante, ponderoso. **2** grosso, massiccio. **3** (*fig.*) noioso, pesante.

pong ['pɔŋ] *s.* (*sl.*) puzza.

to **pong** ['pɔŋ] *v.i.* (*sl.*) puzzare.

pontiff ['pɔntif] *s.* pontefice, papa.

pontifical [pɔn'tifikəl] *a.* **1** pontificio, pontificale. **2** (*fig.*) dogmatico.

pontificate [pɔn'tifikeit] *s.* pontificato.

to **pontificate** [pɔn'tifikeit] *v.i.* pontificare.

pontoon [pɔn'tu:n] *s.* **1** pontone. **2** (*Aer.*) galleggiante. ☐ ~ *bridge* ponte di barche.

pony ['pəuni] *s.* (*Zool.*) pony, cavallino.

pony-tail ['pəuniteil] *s.* (pettinatura a) coda di cavallo.

pooch *am.* [pu:tʃ] *s.* (*fam.*) cane.

poodle ['pu:dl] *s.* (*Zool.*) barbone, barboncino.

pooh [pu:] **I** *intz.* puah, puh. **II** *s.* **1** puzza. **2** (*infant.*) cacca.

to **pooh-pooh** [ˌpu:'pu:] *v.t.* (*fam.*) disprezzare, disdegnare.

pool[1] [pu:l] *s.* **1** stagno, laghetto; pozzanghera, pozza. **2** piscina.

pool[2] [pu:l] *s.* **1** *pl.* totocalcio. **2** (tipo di) biliardo. **3** gruppo (di persone o cose) **4** (*Comm.*) pool, consorzio. **5** (*Econ.*) fondo comune; uso in comune di attrezzature, servizi, ecc.

to **pool** [pu:l] *v.t.* **1** mettere in (un fondo) comune. **2** consorziare.

poop [pu:p] *s.* (*Mar.*) poppa.

poor ['puə*] **I** *a.* **1** povero, indigente. **2** insufficiente, scarso. **3** scadente, mediocre. **4** modesto, umile. **5** (*di suolo*) sterile, povero. **II** *s.* (*collett.*) (costr. pl.) poveri: *the* ~ i poveri. ☐ *to be in* ~ **health** avere una salute malferma; *to have* ~ **memory** avere la memoria corta; *you* ~ **thing**! poverino!; *the* **weather** *is* ~ il tempo è brutto.

poorhouse ['puəhaus] *s.* ospizio (di mendicità).

poorly ['puəli] **I** *avv.* **1** poveramente, miseramente. **2** scarsamente. **3** male: ~ *dressed* vestito male. **II** *a.* (*fam.*) indisposto, malandato. ☐ *to* **feel** ~ sentirsi poco bene; (*fam.*) *to be* ~ **off** essere a corto di quatttini; *to* **think** ~ *of s.o.* non avere una buona opinione di qd.

poor relation ['puəri'leiʃən] *s.* (*fig.*) parente povero.

pop[1] [pɔp] *s.* **1** schiocco, scoppio. **2** (*fam.*) bibita gassata.

to **pop** [pɔp] *v.* (*pass., p.p.* **popped** [–t]) **I** *v.i.* scoppiettare, schioccare; scoppiare, esplodere. **II** *v.t.* **1** ficcare, cacciare. **2** fare scoppiare; fare schioccare, fare scoppiettare. **3** (*fam.*) impegnare, dare in pegno. ☐ *to* ~ **down** *to* fare un salto da; *I'll* ~ **in** *to see you* farò una scappatina a casa tua; (*fam.*) *to* ~ **off** morire di colpo; *to* ~ **on** *one's coat* infilarsi il cappotto; *to* ~ **out** sbucare d'un tratto; *to* ~ **over** *to s.o.'s* fare una scappata da qd.; (*fam.*) *to* ~ *the* **question** fare una domanda di matrimonio; *to* ~ **up** spuntare, sbucare; presentarsi improvvisamente.

pop[2] *am.* [pɔp] *s.* (*fam.*) papà, babbo.

pop[3] [pɔp] *a.* (*fam.*) popolare; pop: ~ *group* complesso pop. ☐ *Pop Art* pop art, arte pop.

pop.[4] = *population* popolazione; abitanti.

popcorn ['pɔpkɔ:n] *s.* (*Gastr.*) pop corn, chicchi di granoturco arrostiti.

Pope [pəup] *s.* (*Rel.*) Papa.

popery ['pəupəri] *s.* (*spreg.*) papismo.

pop-eyed ['pɔpaid] *a.* dagli occhi sporgenti.

popgun ['pɔpgʌn] *s.* pistola ad aria compressa.

poplar ['pɔplə*] *s.* (*Bot.*) **1** pioppo. **2** legno di pioppo.

poplin ['pɔplin] *s.* popelin, popeline.

poppet ['pɔpit] *s.* piccolo, tesoro.

poppy ['pɔpi] *s.* (*Bot.*) papavero.

poppycock ['pɔpikɔk] *s.* (*fam.*) sciocchezza, stupidaggine.

popsicle [pɔpsikəl] (*am.*) *s.* ghiacciolo.

populace ['pɔpjuləs] *s.* popolo, gente comune.

popular ['pɔpjulə*] *a.* **1** popolare, del popolo. **2** apprezzato; benvoluto; popolare. **3** divulgativo; per il grande pubblico.

popularity [ˌpɔpju'læriti] *s.* popolarità.

to **popularize** ['pɔpjuləraiz] *v.t.* divulgare, diffondere.

to **populate** ['pɔpjuleit] *v.t.* popolare.

population [ˌpɔpju'leiʃən] *s.* popolazione. ☐ ~ *explosion* boom demografico.

populism ['pɔpjulizəm] *s.* populismo.

populous ['pɔpjuləs] *a.* popoloso, densamente popolato.

porcelain ['pɔ:slin] *s.* porcellana.

porch [pɔ:tʃ] *s.* **1** portico. **2** (*am.*) veranda.

porcine ['pɔ:sain] *a.* porcino, suino.

porcupine ['pɔ:kjupain] *s.* (*Zool.*) porcospino, istrice.

pore [pɔ:*] *s.* (*Anat.*) poro.

to **pore** [pɔ:*] *v.i.* leggere attentamente (*over s.th.* qc.).

pork [pɔ:k] *s.* carne di maiale, porco.

porker ['pɔ:kə*] *s.* maiale d'allevamento.

pork pie ['pɔ:kpai] *s.* (*Gastr.*) pasticcio di carne di maiale.

porky ['pɔ:ki] *a.* (*sl.*) grasso.

porn ['pɔ:n], **pornographic** [ˌpɔ:nə'græfik] *a.* pornografico.

pornography [pɔ:'nɔgræfi] *s.* pornografia.

porous ['pɔ:rəs] *a.* poroso.

porphyry ['pɔ:firi] *s.* porfido.

porridge ['pɔridʒ] *s.* **1** farinata d'avena, porridge. **2** (*fam.*) periodo di galera.

port[1] [pɔ:t] *s.* porto: *free* ~ porto franco.

port[2] [pɔ:t] *s.* (*Mar.*) sinistra.

port[3] [pɔ:t] *s.* porto, vino di Porto.

portable ['pɔ:təbl] *a.* trasportabile; portatile.
portal ['pɔ:tl] *s.* **1** portale. **2** (*fig.*) entrata, ingresso.
portcullis [pɔ:t'kʌlis] *s.* (*Stor.*) saracinesca (di un castello).
to **portend** [pɔ:'tend] *v.t.* preannunziare, essere indizio di.
portent ['pɔ:tent] *s.* **1** presagio, segno premonitore: *portents of war* presagi di guerra. **2** portento, prodigio.
portentous [pɔ:'tentəs] *a.* **1** sinistro, infausto. **2** portentoso, prodigioso.
porter[1] ['pɔ:tə*] *s.* facchino, portabagagli.
porter[2] ['pɔ:tə*] *s.* portiere, portinaio. □ *night* ~ portiere di notte.
porter[3] ['pɔ:tə*] *s.* birra scura.
portfolio [pɔ:t'fəuliəu] *s.* (*pl.* **–s** [–z]) **1** cartella (per disegni, foto, documenti). **2** incarico ministeriale, portafoglio: *minister without* ~ ministro senza portafoglio. **3** inserto fotografico su un periodico. **4** (*Econ.*) portafoglio.
porthole ['pɔ:thəul] *s.* (*Mar.*) oblò.
portico ['pɔ:tikəu] *s.* (*pl.* **–s/–es** [–z]) (*Arch.*) portico.
portion ['pɔ:ʃən] *s.* **1** parte, porzione. **2** quota. **3** (*fig.*) destino, sorte.
to **portion** ['pɔ:ʃən] *v.t.* (general. con *out*) spartire; dividere.
portly ['pɔ:tli] *a.* corpulento.
portmanteau *fr.* [pɔ:t'mæntəu] *s.* (*pl.* **–s/–x** [–z]) valigia armadio.
port of call [,pɔ:təv'kɔ:l] *s.* scalo.
portrait ['pɔ:trit] *s.* ritratto, quadro. □ ~ *painter* ritrattista.
portraiture ['pɔ:tritʃə*] *s.* ritrattistica.
to **portray** [pɔ:'trei] *v.t.* **1** ritrarre. **2** (*fig.*) descrivere, dipingere; rappresentare.
portrayal [pɔ:'treiəl] *s.* descrizione, rappresentazione.
Portugal ['pɔ:tjugəl] *N.pr.* (*Geog.*) Portogallo.
Portuguese [,pɔ:tju'gi:z] **I** *a.* portoghese. **II** *s.inv.* **1** portoghese *m./f.* **2** (*Ling.*) portoghese.
pose [pəuz] *s.* atteggiamento; posa.
to **pose** [pəuz] **I** *v.i.* **1** posare, fare da modello. **2** atteggiarsi (*as* a); darsi (delle) arie. **II** *v.t.* **1** mettere in posa. **2** porre, presentare: *to* ~ *a difficult question* porre una domanda difficile.
poser[1] ['pəuzə*] *s.* persona che si dà delle arie; (*fam.*) gasato.
poser[2] ['pəuzə*] *s.* domanda imbarazzante.
poseur *fr.* [pəu'zə:*] *s.* persona che si dà delle arie; (*fam.*) gasato.
posh [pɔʃ] *a.* (*fam.*) chic, elegante; lussuoso.
position [pə'ziʃən] *s.* **1** posizione; ubicazione. **2** posto. **3** situazione, stato, posizione sociale. **4** impiego, lavoro. **5** posizione, atteggiamento: *to take a* ~ *on s.th.* prendere posizione su qc. **6** (*Sport*) classifica, posto in classifica. □ **in** ~ a posto, nel posto giusto; *to be* **in** *a* ~ *to do s.th.* essere in grado di fare qc.; *to be in* **no** ~ *to do s.th.* non essere in grado di fare qc.; **out** *of* ~ fuori posto; *to* **take** *the* ~ *that* sostenere che.
to **position** [pə'ziʃən] *v.t.* collocare, disporre.
positive ['pɔzətiv] **I** *a.* **1** positivo; affermativo. **2** sicuro; vero e proprio; preciso: *it's a* ~ *scandal* è uno scandalo vero e proprio. **3** costruttivo, concreto. **4** completo, integrale. **5** decisivo. **6** sicuro: *are you* ~? sei sicuro? **II** *s.* **1** positivo. **2** (*Fot.*) positiva. **3** (*Gramm.*) grado positivo. □ ~ *discrimination* favoritismo.
positively ['pɔzətivli] *avv.* **1** positivamente; affermativamente. **2** sicuramente; effettivamente; certamente. **3** in modo concreto, in modo attivo.
positivism ['pɔzətivizəm] *s.* (*Filos.*) positivismo.
positivist ['pɔzətivist] *s.* (*Filos.*) positivista *m./f.*
posse *am.* ['pɔsi] *s.* squadra d'armati.
to **possess** [pə'zes] *v.t.* possedere, avere. □ *what possessed you to behave like that?* che cosa ti è preso per comportarti in quel modo?
possessed [pə'zest] *a.* posseduto (dal demonio o da uno spirito).
possession [pə'zeʃən] *s.* **1** possesso. **2** proprietà, possedimento. **3** bene, avere. **4** (*Pol.*) possedimento. □ *to* **come** (o *enter*) *into* ~ *of s.th.* venire in possesso di qc.; *to* **get** ~ *of s.th.* prendere possesso di qc.; *to be* **in** ~ *of s.th.* possedere qc.; avere qc. in proprio possesso; *to* **take** ~ *of* impadronirsi di; occupare.
possessive [pə'zesiv] *a./s.* possessivo.
possessor [pə'zesə*] *s.* possessore; proprietario.
possibility [,pɔsə'biliti] *s.* possibilità.
possible ['pɔsəbl] *a./s.* possibile. □ *the* **biggest** ~ il più grande possibile; *as* **far** *as* ~ nei limiti del possibile; **if** (*at all*) ~ se possibile, possibilmente; *as* **soon** *as* ~ il più presto possibile.
possibly ['pɔsəbli] *avv.* **1** forse, può darsi. **2** in ogni caso, proprio: *cannot* ~ *come* non posso proprio venire.
possum ['pɔsəm] *s.* (*Zool.*) opossum. □ (*fig.*) *to play* ~ fingersi morto.
post[1] [pəust] *s.* **1** palo, pilastro; (*di porta*) montante, stipite. **2** sostegno, puntello. **3** (*Sport*) traguardo: *to be beaten at the* ~ essere sorpassato sul traguardo.
to **post**[1] [pəust] *v.t.* **1** (spesso con *up*) affiggere, attaccare. **2** annunciare per mezzo di un manifesto; affiggere all'albo.
post[2] [pəust] *s.* **1** posta; servizio postale. **2** distribuzione della posta; levata della posta. □ **by** *return of* ~ a stretto giro di posta; *to* **catch** *the* ~ imbucare prima della levata della posta; ~ **office** ufficio postale; (*GB*) (*General*) *Post* **Office** ministero delle poste.
to **post**[2] [pəust] *v.t.* **1** impostare, imbucare. **2** (*Comm.*) (spesso con *up*) trascrivere (sul libro mastro). □ *to keep s.o. posted* tenere informato qd.

post[3] [pəust] *s.* **1** (*Mil.*) stanza, sede; accampamento; avamposto. **2** posto, impiego; carica.
to **post**[3] [pəust] *v.t.* **1** (*Mil.*) postare, dislocare; (general. al passivo) assegnare (*to* a). **2** collocare, piazzare.
postage ['pəustidʒ] *s.* affrancatura, spese postali; tariffa postale. □ ~ *stamp* francobollo.
postal ['pəustəl] *a.* postale. □ ~ *code* codice postale.
postal order ['pəustəl'ɔ:də*] *s.* vaglia postale.
postbag ['pəustbæg] *s.* **1** sacco postale. **2** (*fam.*) quantità di lettere ricevute.
post-box ['pəustbɔks] *s.* buca delle lettere.
postcard ['pəustkɑ:d] *s.* cartolina (postale); cartolina illustrata.
postcode ['pəustkəud] *s.* codice postale.
to **postdate** [ˌpəust'deit] *v.t.* postdatare.
poster ['pəʊstə*] *s.* manifesto, cartellone, poster.
poste restante *fr.* [ˌpəust'restɑ:nt] *s.* fermoposta.
posterior [pɔs'tiəriə*] **I** *a.* posteriore. **II** *s.* (*scherz.*) deretano.
posterity [pɔs'teriti] *s.* posterità, posteri.
postgraduate [pəust'grædjuit] **I** *a.* (*Univ.*) di perfezionamento. **II** *s.* laureato che segue un corso di perfezionamento.
posthumous ['pɔstjuməs] *a.* postumo.
postil(l)ion [pɔs'tiljən] *s.* postiglione.
post-industrial ['pəustin'dʌstriəl] *a.* post industriale.
postman ['pəustmən] *s.* (*pl.* **–men**) postino, portalettere.
postmark ['pəustmɑ:k] *s.* timbro postale.
to **postmark** ['pəustmɑ:k] *v.t.* timbrare.
postmaster ['pəustmɑ:stə*] *s.* direttore di un ufficio postale. □ (*GB*) *Postmaster General* ministro delle poste.
postmeridiem *lat.* [ˌpəustmə'ridiəm] *a.* dopo mezzogiorno.
postmodern [ˌpəust'mɔdən] *a.* (*Arte*) postmoderno.
post-mortem [ˌpəust'mɔ:təm] *s.* **1** autopsia. **2** (*fig.*) analisi.
post office [pəust'ɔfis] *s.* ufficio postale.
post office box ['pəust'ɔfisbɔks] *s.* casella postale.
postpaid ['pəust'paid] **I** *a.* affrancato. **II** *avv.* porto pagato.
to **postpone** [pəust'pəun] *v.t.* rinviare, differire.
postponement [pəust'pəunmənt] *s.* rinvio.
postposition [ˌpəustpə'ziʃən] *s.* (*Gramm.*) posposizione.
postscript ['pəusskript] *s.* poscritto; appendice.
postulant ['pɔstjulənt, *am.* –tʃu–] *s.* postulante.
postulate ['pɔstjulit, *am.* –tʃu–] *s.* postulato.
to **postulate** ['pɔstjuleit, *am.* –tʃu–] *v.t.* postulare; (pre)supporre, ammettere.
posture ['pɔstʃə*] *s.* **1** posizione; posa; portamento. **2** atteggiamento. **3** (*fig.*) stato, condizione.
to **posture** ['pɔstʃə*] **I** *v.t.* mettere in posa. **II** *v.i.* **1** mettersi in posa. **2** posare, darsi delle arie.
post-war ['pəust'wɔ:*] *a.* del dopoguerra, postbellico.
posy ['pəuzi] *s.* mazzolino (di fiori).
pot [pɔt] *s.* **1** pentola; vasetto, vaso. **2** caffettiera; teiera. **3** vaso da notte. **4** vaso da fiori. **5** (*sl.*) marijuana. **6** (*Sport*) coppa. □ (*fam.*) *a* **big** ~ un pezzo grosso; (*fam.*) *to* **go** *to* ~ andare in rovina; (*fam.*) **pots** *of money* un mucchio di soldi; (*fam.*) *to* **take** ~ *luck* accontentarsi di quello che c'è da mangiare.
to **pot** *v.* [pɔt] (*pass., p.p.* **potted** [–id]) **I** *v.t.* **1** mettere in un vaso. **2** conservare in un vaso. **3** (*nel biliardo*) mettere in buca. **4** cacciare (per procurarsi cibo). **II** *v.i.* sparare a casaccio (*at* contro).
potable ['pəutəbl] *a.* potabile.
potash ['pɔtæʃ] *s.* (*Chim.*) potassa.
potassium [pə'tæsiəm] *s.* (*Chim.*) potassio.
potato [pə'teitəu] *s.* (*pl.* **–es** [–z]) (*Bot.*) patata. □ (*fig.*) *hot* ~ patata bollente.
pot-bellied ['pɔtbelid] *a.* panciuto.
pot-boiler ['pɔtbɔilə*] *s.* (*Lett.*) opera scadente (scritta a fin di lucro).
potency ['pəutənsi] *s.* **1** potenza. **2** efficacia, forza.
potent ['pəutənt] *a.* **1** potente, possente. **2** efficace.
potential [pəu'tenʃəl] **I** *a.* potenziale; possibile. **II** *s.* potenziale; potenzialità.
potentiality [pəuˌtenʃi'æliti] *s.* potenzialità; potenziale.
pot-herb ['pɔthə:b] *s.* (*Gastr.*) erba aromatica.
pothole ['pɔthəul] *s.* **1** (*Geol.*) marmitta. **2** buca (in una strada).
potholing ['pɔthəuliŋ] *s.* speleologia.
potion ['pəuʃən] *s.* pozione, filtro.
pot-pourri [pə(u)'puri, *am.* pɔt'puri] *s.* **1** vaso contenente petali di fiori essiccati (per profumare un ambiente). **2** pot-pourri, miscuglio.
pot-roast ['pɔtrəust] *s.* (*Gastr.*) brasato.
pot-shot ['pɔtʃɔt] *s.* colpo sparato a casaccio.
potted ['pɔtid] *a.* **1** in vaso. **2** (*fam.*) riassunto, condensato.
potter ['pɔtə*] *s.* vasaio.
to **potter** ['pɔtə*] *v.i.* (spesso con *around, about*) **1** lavoricchiare, lavoracchiare. **2** gironzolare, girellare.
pottery ['pɔtəri] *s.* **1** ceramiche, terraglie. **2** fabbrica di ceramiche.
potty ['pɔti] **I** *s.* (*infant.*) vasino. **II** *a.* (*fam.*) matto, pazzo: *to be* ~ *about s.th.* andare matto per qc.
pouch [pautʃ] *s.* **1** borsa; borsellino; taschino. **2** (*Zool.*) marsupio. **3** (*Anat.*) borsa.
pouff(e) [pu:f] *s.* puf, sgabello imbottito.
poulterer ['pəultərə*] *s.* pollivendolo.
poultice ['pəultis] *s.* impiastro, cataplasma.
poultry ['pəultri] *s.* (*pl.inv., collett.*) pollame.

pounce [pauns] *s.* balzo improvviso.
to **pounce** [pauns] *v.i.* piombare, avventarsi (*on* su); balzare (su).
pound[1] [paund] *s.* (*pl. inv.*/**–s** [–z]; il pl.inv. si usa general. con valore collett.) **1** (*Econ.*) (lira) sterlina. **2** libbra.
to **pound** [paund] **I** *v.t.* **1** martellare, battere (con forza). **2** pestare, frantumare; polverizzare. **II** *v.i.* **1** battere (con forza), martellare (*at, on* su); tamburellare. **2** muoversi pesantemente e con fracasso. □ *to* ~ *a* **piano** strimpellare il pianoforte; *to* ~ *s.th. to* **pieces** ridurre qc. in pezzi.
pound[2] [paund] *s.* **1** canile municipale. **2** deposito di auto.
pounder ['paundə*] *s.* (*nei composti*) che pesa ... libbre: *a ten-~ fish* un pesce che pesa dieci libbre.
pour [pɔ:*] *s.* **1** scroscio, diluvio; acquazzone. **2** (*Edil., Met.*) colata.
to **pour** [pɔ:*] **I** *v.t.* **1** versare. **2** (*fig.*) fare affluire, riversare. **II** *v.i.* **1** fluire (copiosamente). **2** (*fig.*) riversarsi, affluire. **3** (costr. impers.) piovere a dirotto, diluviare. □ *to* ~ **out** uscire, fluire (*of* da); (*fig.*) dare libero sfogo a; *to* ~ **scorn** (*on*) disprezzare, sparlare di; (*fig.*) *to* ~ *cold* **water** *on s.o.* scoraggiare qd.
pouring ['pɔ:riŋ] *a.* (*di pioggia*) scrosciante, torrenziale.
pout [paut] *s.* broncio.
to **pout** [paut] *v.i.* fare il broncio, imbronciarsi.
poverty ['pɔvəti] *s.* **1** miseria, povertà, indigenza. **2** scarsezza, penuria.
poverty-stricken ['pɔvətistrikən] *a.* **1** povero, indigente, **2** miserabile, misero.
powder ['paudə*] *s.* **1** polvere. **2** cipria. **3** (*Mil.*) polvere da sparo. **4** (*Farm.*) polverina.
to **powder** ['paudə*] **I** *v.t.* **1** impolverare; spolverare, cospargere. **2** incipriare. **3** polverizzare, ridurre in polvere. **II** *v.i.* **1** polverizzarsi. **2** incipriarsi.
powder keg ['paudəkeg] *s.* (*fig.*) polveriera.
powder puff ['paudəpʌf] *s.* piumino da cipria.
powder-room ['paudəru:m] *s.* toilette.
powdery ['paudəri] *a.* **1** farinoso, polveroso. **2** friabile, polverizzabile.
power ['pauə*] *s.* **1** efficacia, potenza. **2** influenza, ascendente. **3** intensità, vigore. **4** forza (fisica). **5** potere; potenza: *the Western powers* le potenze occidentali. **6** (general. al pl.) capacità, facoltà. **7** fonte d'energia; forza motrice; energia elettrica. **8** (*Mat.*) potenza. □ (*Dir.*) ~ *of* **attorney** procura; *it will do you a* ~ *of* **good** ti farà molto bene; **in** ~ al potere; *to do everything* **in** *one's* ~ fare tutto il possibile; *to have s.o.* **in** *one's* ~ avere qd. in proprio potere; **out** *of one's* ~ al di fuori delle proprie possibilità; **within** *one's* ~ in potere di qd.
to **power** ['pauə*] *v.t.* alimentare; fornire energia a.
powerful ['pauəful] *a.* **1** potente, forte. **2** molto influente. **3** poderoso, vigoroso.
powerhouse ['pauəhaus] *s.* (*fam.*) persona dinamica, energica.
powerless ['pauəlis] *a.* **1** impotente. **2** incapace.
power plant ['pauəplɑ:nt] → **power-station**.
power point ['pauəpɔint] *s.* (*El.*) presa di corrente.
power station ['pauəsteiʃən] *s.* (*El.*) centrale elettrica.
power supply ['pauəsəplai] *s.* (*Inform.*) alimentazione elettrica.
pow-wow ['pauwau] *s.* **1** consiglio tribale (di pellerossa). **2** (*fam.*) riunione.
pox [pɔks] *s.* (*pl. inv.*/**–es** ['pɔksiz]) (*fam.*) sifilide.
Pr = (*Chim.*) *praseodymium* praseodimio.
PR = *Public Relations* Relazioni Pubbliche.
practicable ['præktikəbl] *a.* **1** realizzabile, fattibile; praticabile. **2** pratico, funzionale.
practical ['præktikəl] *a.* **1** pratico, funzionale. **2** concreto; realistico; con capacità pratiche. □ *for* **all** ~ *purposes* a tutti gli effetti; ~ **joke** beffa, tiro mancino.
practicality [,prækti'kæliti] *s.* **1** praticità. **2** (*pl.*) cose pratiche.
practically ['præktikəli] *avv.* **1** in modo pratico; in pratica, all'atto pratico. **2** in sostanza; quasi, circa.
practice ['præktis] *s.* **1** pratica. **2** prassi, norma; consuetudine. **3** studio professionale; clientela, clienti. **4** tirocinio; addestramento. □ **in** ~ in pratica, all'atto pratico; *to be* **in** ~ esercitare la professione; *to* **make** *a* ~ *of doing s.th.* avere l'abitudine di fare qc.; **out** *of* ~ fuori esercizio; *to* **put** *into* ~ mettere in pratica.
to **practice** *am.* ['præktis] → to **practise**.
to **practise** ['præktis] **I** *v.t.* **1** esercitarsi in (*o* a), addestrarsi a. **2** avere l'abitudine di. **3** praticare, mettere in pratica. **4** esercitare la professione di. **II** *v.i.* **1** esercitarsi, addestrarsi (*on, with* a, in). **2** esercitare (una professione), praticare.
practised ['præktist] *a.* **1** provetto, esperto. **2** esercitato.
practitioner [præk'tiʃnə*] *s.* professionista *m./f.* □ *general* ~ medico generico.
pragmatic [præg'mætik], **pragmatical** [præg'mætikəl] *a.* **1** prammatico. **2** pratico, realistico.
pragmatism ['prægmətizəm] *s.* pragmatismo.
Prague [pra:g] *N.pr.* (*Geog.*) Praga.
prairie ['prɛəri] *s.* prateria. □ (*Zool.*) ~ *dog* cane delle praterie.
praise [preiz] *s.* lode, elogio. □ *to* **sing** *s.o.'s praises* lodare qd.; *to* **sing** *one's own praises* vantarsi.
to **praise** [preiz] *v.t.* **1** lodare, elogiare. **2** glorificare, celebrare.
praiseworthy ['preizwə:ði] *a.* lodevole, encomiabile.
pram [præm] *s.* (*fam.*) carrozzina.
prance [prɑ:ns] *s.* impennata.

to **prance** [prɑ:ns] *v.i.* **1** (*di cavallo*) impennarsi. **2** camminare impettito. **3** saltellare.
prank [præŋk] *s.* beffa; birichinata, monelleria.
praseodymium [præsiə'dimiəm] *s.* (*Chim.*) praseodimio.
prat ['præt] *s.* (*sl.*) cretino.
to **prattle** ['prætl] *v.i.* cianciare, parlare a vanvera; (*di bambino*) balbettare.
prawn [prɔ:n] *s.* (*Zool.*) gambero.
pray ['prei] *avv.* (*raro*) per favore; ti (vi) prego di.
to **pray** [prei] **I** *v.t.* **1** pregare. **2** supplicare, implorare. **II** *v.i.* **1** pregare (*to* qd.) **2** supplicare (*for* per).
prayer [prɛə*] *s.* preghiera. □ *to be* **at** ~ essere in preghiera; ~ **book** libro di preghiere; *Prayer* **Book** testo liturgico ufficiale della Chiesa anglicana; *she* **hasn't** *got a* ~ non ce la farà mai; *to* **kneel** *in* ~ inginocchiarsi in (atto di) preghiera; ~ **mat** (o *rug*) tappeto preghiera.
to **preach** [pri:tʃ] **I** *v.t.* predicare. **II** *v.i.* **1** predicare. **2** fare la predica (*at* a).
preacher ['pri:tʃə*] *s.* predicatore.
preaching ['pri:tʃiŋ] *s.* **1** predicazione. **2** predica, sermone.
preamble [pri:'æmbl] *s.* **1** introduzione, prefazione. **2** preambolo, preliminare.
to **prearrange** [,pri:ə'reindʒ] *v.t.* predisporre.
prebend ['prebənd] *s.* (*Rel.*) prebenda.
precarious [pri'kɛəriəs] *a.* **1** precario, incerto. **2** rischioso, pericoloso.
precaution [pri'kɔ:ʃən] *s.* **1** precauzione, cautela. **2** misura cautelativa.
precautionary [pri'kɔ:ʃənəri] *a.* precauzionale.
to **precede** [pri:'si:d] *v.t./i.* precedere.
precedence ['pri:sidəns] *s.* precedenza, priorità. □ *to take* (o *have*) ~ *over* avere la precedenza su.
precedent ['presidənt] *s.* precedente. □ *to* **break** *with* ~ rompere le tradizioni; *to* **set** *a* ~ creare un precedente.
preceding [pri:'si:diŋ] *a.* precedente.
precentor [pri'sentə*] *s.* sacerdote che dirige il coro.
precept ['pri:sept] *s.* precetto; regola, norma.
preceptor [pri'septə*] *s.* precettore, istruttore.
precinct ['pri:siŋkt] *s.* **1** area, zona: *pedestrian* ~ zona pedonale. **2** recinto. **3** *pl.* dintorni; confini, limiti. **4** (*am.*) distretto: *a police* ~ un distretto di polizia.
precious ['preʃəs] **I** *a.* **1** prezioso, di gran valore. **2** caro, amato. **3** ricercato, affettato. **II** *avv.* (*fam.*) (con *little* o *few*) molto, molti.
precious metal ['preʃəs'metl] *s.* metallo prezioso.
precious stone ['preʃəs'stəun] *s.* pietra preziosa.
precipice ['presipis] *s.* precipizio, burrone.
precipitate [pri'sipitit] **I** *a.* (*fig.*) precipitoso, avventato. **II** *s.* (*Chim.*) precipitato.
to **precipitate** [pri'sipiteit] *v.t./i.* precipitare.
precipitation [pri,sipi'teiʃən] *s.* **1** (*Meteor.*) precipitazione. **2** (*Chim.*) precipitato. **3** precipitazione, fretta; avventatezza.
precipitous [pri'sipitəs] *a.* **1** ripido, scosceso. **2** precipitoso.
precis *fr.* ['preisi:, *am.* prei'si:] *s.inv.* sommario, riassunto.
to **precis** ['preisi:, *am.* 'preisi:] *v.t.* riassumere.
precise [pri'sais] *a.* **1** preciso, chiaro. **2** corretto, esatto. **3** scrupoloso, meticoloso. □ *to be* ~ per la precisione.
precisely [pri'saisli] *avv.* **1** precisamente. **2** esattamente, proprio. **3** (*esclam.*) proprio così.
precision [pri'siʒən] *s.* precisione, esattezza. □ ~ *instruments* strumenti di precisione.
to **preclude** [pri'klu:d] *v.t.* precludere; impedire a.
preclusion [pri'klu:ʒən] *s.* preclusione.
precocious [pri'kəuʃəs] *a.* precoce, prematuro.
precocity [pri'kɔsiti] *s.* precocità.
preconceived [,pri:kən'si:vd] *a.* preconcetto.
preconception [,pri:kən'sepʃən] *s.* idea preconcetta; preconcetto.
precondition [,pri:kən'diʃən] *s.* requisito.
precursor [pri'kə:sə*] *s.* predecessore; precursore.
to **predate** [pri:'deit] *v.t.* precedere.
predator ['predətə*] *s.* predatore.
predatory ['predətəri] *a.* **1** predatore, da preda. **2** vorace.
predecessor ['pri:disesə*] *s.* **1** predecessore. **2** precedente: *the* ~ *of a book* l'edizione precedente di un libro.
to **predestinate** [pri'destineit] *v.t.* predestinare.
predestination [pri,desti'neiʃən] *s.* predestinazione.
to **predestine** [pri'destin] *v.t.* predestinare.
predicament [pri'dikəmənt] *s.* situazione spiacevole, impiccio; frangente.
predicate ['predikit] *s.* (*Gramm.*) predicato.
to **predicate** ['predikeit] *v.t.* **1** affermare, asserire. **2** basare, fondare: *he predicates his opinion on these facts* egli basa le sue opinioni su questi fatti.
predicative [pri'dikətiv, *am.* 'predikeitiv] *a.* **1** affermativo. **2** (*Gramm.*) predicativo.
to **predict** [pri'dikt] *v.t.* predire, preannunciare.
predictable [pri'diktəbl] *a.* prevedibile.
prediction [pri'dikʃən] *s.* predizione, profezia.
to **predigest** [,pri:di'dʒest] *v.t.* **1** predigerire. **2** (*fig.*) semplificare; rendere semplicistico.
predilection [,pri:di'lekʃən] *s.* predilezione.
to **predispose** [,pri:dis'pəuz] *v.t.* rendere incline; predisporre (*to* a).
predisposition [,pri:dispə'ziʃən] *s.* predisposizione, tendenza.
predominance [pri'dɔminəns] *s.* **1** preponderanza. **2** predominio, preminenza.
predominant [pri'dɔminənt] *a.* **1** preponderante. **2** predominante, preminente; dominante.

to **predominate** [pri'dɔmineit] *v.i.* prevalere, predominare (*over* su).
preeminence [pri:'eminəns] *s.* superiorità, preminenza.
preeminent [pri:'eminənt] *a.* superiore, preminente.
to **preempt** [pri:'empt] *v.t.* **1** comprare valendosi del diritto di prelazione. **2** appropriarsi di; far proprio. **3** rendere vano; impedire, frustrare.
preemption [pri:'empʃən] *s.* (*Dir.*) prelazione; diritto di prelazione.
to **preen** [pri:n] *v.t.* lisciare col becco. □ *to* ~ **o.s.** agghindarsi; *to* ~ *o.s. on* **s.th.** vantarsi per qc.
to **preexist** [,pri:ig'zist] *v.i.* preesistere.
preexistence [,pri:ig'zistəns] *s.* preesistenza.
preexistent [,pri:ig'zistənt] *a.* preesistente.
prefab ['pri:fæb, *am.* ,pri'fæb] *s.* (*fam.*) casa prefabbricata.
to **prefabricate** [pri:'fæbrikeit] *v.t.* (*Edil.*) prefabbricare.
preface ['prefis] *s.* prefazione, introduzione.
to **preface** ['prefis] *v.t.* **1** fare la prefazione a. **2** far precedere (*with* da).
prefatory ['prefətəri] *a.* introduttivo, preliminare.
prefect ['pri:fekt] *s.* prefetto (*anche Scol.*).
to **prefer** [pri'fə:*] *v.t.* (*pass., p.p.* **preferred** [–d]) **1** preferire. **2** (*di querela, ecc.*) presentare. **3** promuovere, elevare (a una carica).
preferable ['prefərəbl] *a.* preferibile.
preference ['prefərəns] *s.* preferenza; predilezione.
preferential [,prefə'renʃəl] *a.* preferenziale.
preferment [pri'fə:mənt] *s.* promozione, avanzamento.
to **prefigure** [pri'figə*, *am.* –gjə*] *v.t.* prefigurare.
prefix ['pri:fiks] *s.* **1** (*Gramm.*) prefisso. **2** titolo premesso a un nome.
to **prefix** [pri:'fiks] *v.t.* **1** (*Gramm.*) mettere come prefisso. **2** far precedere, premettere.
pregnancy ['pregnənsi] *s.* **1** gravidanza. **2** (*fig.*) ricchezza d'idee; profondità (di significato).
pregnancy test ['pregnənsitest] *s.* test di gravidanza.
pregnant ['pregnənt] *a.* **1** gravida, incinta. **2** (*fig.*) fecondo, ricco (*in, with* di). **3** (*fig.*) significativo, pregnante.
preheat [pri'hi:t] *v.t.* preriscaldare.
prehensile [pri'hənsail] *a.* (*Zool.*) prensile.
prehistoric [,prihis'tɔrik] *a.* preistorico.
prehistory [pri:'histəri] *s.* preistoria.
to **prejudge** [pri:'dʒʌdʒ] *v.t.* dare un giudizio prematuro su.
prejudgement [pri:'dʒʌdʒmənt] *s.* giudizio prematuro.
prejudice ['predʒudis] *s.* **1** pregiudizio, preconcetto. **2** danno, detrimento: *to the* ~ *of s.o.* a danno di qd. □ *without* ~ *to s.th.* senza cambiare, mutare qc.
to **prejudice** ['predʒudis] *v.t.* **1** prevenire, influenzare. **2** pregiudicare, compromettere.
prejudicial [,predʒu'diʃəl] *a.* pregiudizievole, dannoso.
prelate ['prelit] *s.* prelato.
preliminary [pri'liminəri] **I** *a.* preliminare. **II** *s.* **1** preliminare. **2** *s.pl.* (*Sport*) preliminari.
prelude ['prelju:d] *s.* preludio.
to **prelude** ['prelju:d] *v.t.* preludere a.
premarital [pri:'məraitl] *a.* prematrimoniale.
premature ['prematjuə*] *a.* prematuro, precoce.
to **premeditate** [pri'mediteit] *v.t.* premeditare.
premeditation [,primedi'teiʃən] *s.* premeditazione.
premier ['premjə*, *am.* 'pri:miə*] **I** *s.* (*Pol.*) primo ministro, premier. **II** *a.* primo, principale.
premiere, **première** *fr.* [prə'mjεə*, *am.* pri'–] *s.* (*Teat., Cin.*) prima (assoluta), première.
premiership ['premjəʃip, *am.* 'pri:miəʃip] *s.* carica di primo ministro.
premise ['premis] *s.* **1** presupposizione, premessa. **2** *pl.* (*Dir.*) premesse. **3** *pl.* edificio con terreno annesso; sede, locali.
to **premise** [pri'maiz] *v.t.* presupporre.
premium ['pri:miəm] **I** *s.* **1** premio, ricompensa. **2** premio di assicurazione. **3** (*Comm.*) aggio; sovrapprezzo. **4** gratifica. □ (*Econ.*) *at a* ~ sopra la pari; (*fig.*) molto richiesto; ~ *grade* **petrol** benzina super; (*fig.*) *to* **put** *a* ~ *on s.th.* incoraggiare qc.
premonition [,pri:mə'niʃən] *s.* presentimento, premonizione.
premonitory [pri'mɔnitəri] *a.* premonitore, premonitorio.
prenatal [pri:'neitl] *a.* (*Med.*) prenatale.
preoccupation [pri:,ɔkju'peiʃən] *s.* **1** pensiero fisso. **2** preoccupazione.
preoccupied [pri:'ɔkjupaid] *a.* assorto, intento. **2** sovrappensiero, distratto, svagato.
to **preoccupy** [pri:'ɔkjupai] *v.t.* assorbire, fare pensare.
to **preordain** [,pri:ɔ:'dein] *v.t.* preordinare, predisporre.
prep [prep] *s.* (*Scol.*) preparazione; scuola preparatoria.
to **pre-pack** [pri:'pæk] *v.t.* preconfezionare.
prepaid [pri:'peid] *a.* (*Comm.*) pagato in anticipo.
preparation [,prepə'reiʃən] *s.* **1** preparazione; preparativo. **2** (*Chim., Farm.*) preparato. **3** (*scol.*) compito a casa.
preparatory [pri'pærətəri] *a.* preparatorio, preliminare; introduttivo.
preparatory school [pri'pærətərisku:l] *s.* (*GB*) scuola preparatoria alla "public school". **2** (*USA*) scuola preparatoria al "college".
to **prepare** [pri'pεə*] **I** *v.t.* preparare. **II** *v.i.* prepararsi (*for* per).
prepared [pri'pεəd] *a.* **1** disposto a. **2** pronto, preparato.
to **prepay** [pri:'pei] *v.t.* (coniug. come to **pay**) pagare in anticipo.
preponderance [pri'pɔndərəns] *s.* **1** preponderanza. **2** predominio.

preponderant [pri'pɔndərənt] *a.* preponderante, prevalente.
to **preponderate** [pri'pɔndəreit] *v.i.* predominare, prevalere (*over* su).
preposition [,prepə'ziʃən] *s.* (*Gramm.*) preposizione.
to **prepossess** [,pri:pə'zes] *v.t.* (general. al passivo) fare buona impressione a.
prepossessing [,pri:pə'zesiŋ] *a.* attraente.
preposterous [pri'pɔstərəs] *a.* assurdo, irragionevole.
prepotent [pri'pəutənt] *a.* **1** (*raro*) strapotente. **2** predominante.
prep school ['prepsku:l] → **preparatory school**.
to **prerecord** [,pri:ri'kɔ:d] *v.t.* (*Rad., TV*) preregistrare. □ *a prerecorded programme* un programma in differita.
prerequisite [pri:'rekwizit] **I** *s.* requisito indispensabile. **II** *a.* indispensabile, essenziale.
prerogative [pri'rɔgətiv] *s.* prerogativa, privilegio.
presage ['presidʒ] *s.* presentimento, presagio.
to **presage** [pri'seidʒ] *v.t.* presagire, presentire.
Presbyterian [,prezbi'tiəriən] *a./s.* (*Rel.*) presbiteriano.
Presbyterianism [,prezbi'tiəriənizəm] *s.* (*Rel.*) presbiterianismo.
presbytery ['prezbitəri] *s.* presbiterio.
preschool [,pri:'sku:l] *a.* prescolastico.
prescience ['presiəns] *s.* **1** preveggenza. **2** (*Rel.*) prescienza.
prescient ['presiənt] *a.* preveggente.
to **prescribe** [pri'skraib] *v.t.* prescrivere; stabilire.
prescript ['pri:skript] *s.* prescrizione, norma; disposizione.
prescription [pri'skripʃən] *s.* **1** prescrizione, norma. **2** (*Med.*) ricetta: *on* ~ su ricetta medica.
prescriptive [pri'skriptiv] *a.* normativo.
presence ['prezns] *s.* **1** presenza. **2** aspetto, figura; portamento. □ **in** *the* ~ *of* alla presenza di; di fronte, davanti a: *in the* ~ *of danger* di fronte al pericolo; *to* **make** *one's* ~ *felt* fare sentire la propria presenza; ~ *of* **mind** presenza di spirito.
present[1] ['preznt] **I** *a.* **1** presente. **2** esistente; attuale: *the* ~ *Prime Minister* l'attuale primo ministro. **II** *s.* presente. □ **at** ~ attualmente, in questo momento; *the* ~ **day** oggi; **for** *the* ~ per il momento; ~ *to the* **mind** vivo nella mente; (*Gramm.*) ~ **perfect** passato prossimo.
to **present** [pri'zent] *v.t.* **1** regalare, donare (*with s.th.* qc.). **2** presentare, porgere. **3** presentare, prospettare; mostrare; **4** (*Teat.*) rappresentare. □ (*Mil.*) *to* ~ **arms** presentare le armi; *to* ~ **o.s.** presentarsi: *if the opportunity* (o *the chance*) *presents itself...* se si presenta l'opportunità (*o* l'occasione).
present[2] ['preznt] *s.* regalo, dono, presente. □ *to make s.o. a* ~ *of s.th.* regalare qc. a qd.
presentable [pri'zentəbl] *a.* **1** presentabile. **2** (*fam.*) decente, decoroso.
presentation [,prezən'teiʃən] *s.* **1** presentazione. **2** regalo, dono. **3** (*Teat.*) rappresentazione. **4** consegna.
present-day ['prezent,dei] *a.* attuale.
presenter [pri'zentə*] *s.* (*Rad., TV*) presentatore.
presentiment [pri'zentimənt] *s.* presentimento.
presently ['prezəntli] *avv.* **1** tra poco, presto; quanto prima. **2** poco dopo. **3** (*am.*) attualmente, presentemente.
preservation [,prezə'veiʃən] *s.* conservazione, preservazione.
preservative [pri'zə:vətiv] **I** *a.* conservativo. **II** *s.* (*Alim.*) conservante.
preserve [pri'zə:v] *s.pl.* **1** (*Alim.*) conserva; marmellata, confettura. **2** riserva (di caccia o pesca).
to **preserve** [pri'zə:v] *v.t.* **1** proteggere, preservare. **2** conservare; inscatolare (cibi).
preserver [pri'zə:və*] *s.* conservatore.
to **pre-set** [pri'set] *v.t.* (*di strumento*) predisporre, preregolare.
to **preside** [pri'zaid] *v.i.* presiedere (*over* su); dirigere (*at s.th.* qc.).
presidency ['prezidənsi] *s.* presidenza.
president ['prezidənt] *s.* **1** presidente. **2** (*USA*) presidente (massimo dirigente esecutivo di una società); (*GB*) presidente (del consiglio di amministrazione). **3** rettore (di università).
presidential [,prezi'denʃəl] *a.* presidenziale. □ (*am.*) ~ *year* anno delle elezioni presidenziali.
press [pres] *s.* **1** (*collett.*) stampa; (costr. sing. o pl.) giornalisti, stampa. **2** (*Tip.*) stampatrice; stamperia, tipografia. **3** stretta, pressione. **4** (*Mecc.*) pressa; torchio. □ *to* **go** *to* ~ andare in stampa; to get a **good** (o *a bad*) ~ essere lodati (*o* criticati) dalla stampa; **in** (*the*) ~ in corso di stampa.
to **press**[1] [pres] **I** *v.t.* **1** premere, pigiare, spingere. **2** stringere. **3** pressare, spremere; schiacciare. **4** stirare. **5** incalzare, premere. **6** sollecitare (con insistenza), fare pressione su; insistere su. **II** *v.i.* **1** premere. **2** accalcarsi, pigiarsi. **3** gravare, pesare (*on, upon* su). **4** pressare, insistere (*for* per). **5** premere, incalzare. □ *to* ~ **ahead** darci dentro; *to* ~ *s.o.* **for** *s.th.* mettere qd. alle strette per qc.; *to* ~ **on** (o *forward*) continuare, andare avanti.
to **press**[2] [pres] *v.t.* **1** (*Stor.*) arruolare forzatamente. **2** (*estens.*) requisire per uso pubblico. □ *to* ~ *s.th. into service* utilizzare qc. (in mancanza di meglio).
press agency ['preseidʒənsi] *s.* agenzia stampa.
press agent ['preseidʒənt] *s.* agente pubblicitario.
press box ['presbɔks] *s.* tribuna della stampa.

press clipping ['presklipiŋ], **press cutting** ['preskʌtiŋ] *s.* ritaglio di giornale.
press conference ['pres'kɔnfərəns] *s.* conferenza stampa.
pressed [prest] *a.* **1** pressato, compresso. **2** in difficoltà: *to be ~ for money* essere in difficoltà finanziarie. □ *to be ~ for time* avere poco tempo.
pressing ['presiŋ] *a.* **1** urgente, pressante, incalzante. **2** insistente.
pressman ['presmən] *s.* (*pl.* **–men**) giornalista.
pressmark ['presmɑ:k] *s.* segnatura; (numero di) collocazione (di un libro in una biblioteca).
press release ['presri'li:s] *s.* comunicato stampa.
press-up ['presʌp] *s.* (*Sport*) piegamento, flessione.
pressure ['preʃə*] *s.* **1** (*Fis., fig.*) pressione. **2** (*fig.*) disagio, difficoltà; stress. □ (*fig.*) *to* **bring** *~ to bear on s.o.* fare pressione su qd.; *at* **high** *~* ad alta pressione; (*fig.*) intensamente; **under** *~* sotto pressione.
pressure-cooker ['preʃəkukə*] *s.* pentola a pressione.
pressure group ['prəʃəgru:p] *s.* (*Pol., Econ.*) gruppo di pressione.
to **pressurize** ['preʃəraiz] *v.t.* **1** pressurizzare. **2** (*fig.*) obbligare.
prestige [pres'ti:ʒ] *s.* **1** prestigio, credito. **2** fascino.
prestigious [pres'tidʒəs] *a.* prestigioso.
presumably [pri'zju:məbli, *am.* –'zu:m–] *avv.* presumibilmente, probabilmente.
to **presume** [pri'zju:m, *am.* –'zu:m] **I** *v.t.* **1** supporre, presumere; dare per scontato. **2** osare. **II** *v.i.* approfittare (*on, upon* di).
presumption [pri'zʌmpʃən] *s.* **1** supposizione, congettura. **2** (*Dir.*) presunzione. **3** arroganza.
presumptive [pri'zʌmptiv] *a.* presunto.
presumptuous [pri'zʌmptʃuəz] *a.* presuntuoso, arrogante.
to **presuppose** [ˌpri:sə'pəuz] *v.t.* presupporre.
presupposition [ˌpri:sʌpə'ziʃən] *s.* presupposizione; presupposto.
pretence [pri'tens] *s.* **1** finzione, simulazione. **2** scusa, pretesto; pretesa. □ **false** *pretences* false pretese; *to* **make** *~ of doing s.th.* far finta di fare qc.
to **pretend** [pri'tend] **I** *v.t.* **1** fingere, fare finta di, simulare. **2** voler far credere di, presumere di, avere la pretesa di; spacciarsi per. **II** *v.i.* **1** fingere. **2** accampare diritti su, aspirare a.
pretender [pri'tendə*] *s.* pretendente *m./f.*
pretense *am.* [pri'tens] → **pretence**.
pretension [pri'tenʃən] *s.* **1** pretesa. **2** pretenziosità, presunzione.
pretentious [pri'tenʃəs] *a.* pretenzioso, presuntuoso.
preternatural [ˌpri:tə'nætʃrəl] *a.* soprannaturale.
pretext ['pri:tekst] *s.* pretesto, scusa: *on* (o under) *the ~ of* con la scusa di.
to **prettify** ['pritifai] *v.t.* abbellire (in modo lezioso).
pretty ['priti] *a.* **1** grazioso, carino. **2** gradevole, piacevole. **3** (*iron.*) bello: *a ~ mess* un bel pasticcio. **4** (*fam.*) notevole, considerevole. **II** *avv.* abbastanza; piuttosto, alquanto: *~ cold* piuttosto freddo. □ *~* **much** più o meno, pressappoco; **sitting** *~* ben sistemato; *~* **well** quasi; abbastanza bene.
to **prevail** [pri'veil] *v.i.* **1** prevalere, predominare. **2** essere diffuso (*o* corrente). **3** avere la meglio, prevalere (*over, against* su). □ *to ~ (up) on s.o. to do s.th.* convincere qd. a fare qc.
prevailing [pri'veiliŋ] *a.* **1** prevalente, predominante. **2** diffuso, corrente, comune.
to **prevaricate** [pri'værikeit] *v.i.* tergiversare.
prevarication [priˌværi'keiʃən] *s.* ambiguità, pretesto.
to **prevent** [pri'vent] *v.t.* impedire, ostacolare: *to ~ s.o. from doing s.th.* impedire a qd. di fare qc.; evitare.
preventable [pri'ventəbl] *a.* evitable.
prevention [pri'venʃən] *s.* prevenzione.
preventive [pri'ventiv] *a.* preventivo, profilattico.
preview ['pri:vju:] *s.* (*Cin.*) anteprima; prossimamente di un film.
to **preview** ['pri:vju:] *v.t.* (*Cin.*) vedere in anteprima; proiettare in anteprima.
previous ['pri:viəs] *a.* **1** precedente, antecedente; anteriore. **2** (*fam.*) avventato, precipitoso. □ *~ to* prima di.
prevision [pri'viʒən] *s.* previsione.
prewar ['pri:'wɔ:*] *a.* anteguerra.
prey [prei] *s.* preda. □ (*fig.*) *to* **be** *a ~ to* essere in preda a; **beast** *of ~* animale da preda; **fall** *~ to* cadere nelle mani di.
to **prey** [prei] *v.i.* **1** predare (*on, upon s.o.* qd.). **2** saccheggiare, (de)predare (qc.). **3** preoccupare, turbare: *it preys on my mind* mi turba.
price [prais] *s.* **1** prezzo; valore. **2** taglia, ricompensa. **3** (*nelle scommesse*) quotazione. □ **at** *a ~* a un prezzo altissimo; **at** *any ~* a qualunque prezzo; (*fig.*) a tutti i costi; *at a* **good** *~* a buon prezzo; **under** *~* sottocosto; (*fam.*) **what** *~?* che probabilità ci sono?
to **price** [prais] *v.t.* **1** fissare il prezzo di. **2** stimare il prezzo, valutare. □ *to ~ o.s. out of the market* praticare prezzi troppo alti (escludendosi dal mercato).
priceless ['praislis] *a.* **1** inestimabile; prezioso, impagabile. **2** (*fam.*) divertentissimo.
price list ['praislist] *s.* listino prezzi.
price tag ['praistæg] *s.* cartellino del prezzo; prezzo.
prick [prik] *s.* **1** puntura; punzecchiatura. **2** (*fig.*) fitta, dolore acuto. **3** (*sl. volg.*) cazzo.
to **prick** [prik] **I** *v.t.* bucare, forare; pungere, punzecchiare. **II** *v.i.* **1** pungere. **2** pizzicare, formicolare. □ *to ~* **out** (o *off, in*) trapiantare; *to ~* **up** *one's ears* drizzare le orecchie.

prickle ['prikl] *s.* spina, aculeo; pungiglione.
to **prickle** ['prikl] *v.t./i.* pizzicare; accapponare.
prickly ['prikli] *a.* **1** spinoso; pungente. **2** (*fig.*) suscettibile, permaloso.
pride [praid] *s.* **1** orgoglio. **2** superbia, alterigia; arroganza. **3** amor proprio, fierezza. **4** il migliore, fior fiore. **5** gruppo, branco (in particolare di leoni). □ *my ~ and my* **joy** il mio tesoro; *~ of* **place** la posizione più elevata, il più alto grado; *to* **swallow** *one's ~* abbassarsi; *to* **take** (*a*) *~ in* essere orgoglioso di.
to **pride** [praid] *v.t.*: *to ~ o.s. on s.th.* vantarsi, gloriarsi di.
priest [pri:st] *s.* sacerdote, prete.
priestess ['pri:stis] *s.* sacerdotessa.
priesthood ['pri:sthud] *s.* **1** sacerdozio. **2** (*collett.*) clero.
priestly ['pri:stli] *a.* sacerdotale.
prig [prig] *s.* **1** borioso. **2** saccente.
priggish ['prigiʃ] *a.* **1** borioso. **2** saccente.
prim [prim] *a.* compassato, misurato; cerimonioso.
primacy ['praiməsi] *s.* **1** primato, supremazia. **2** (*Rel.*) primato pontificio.
primaeval [prai'mi:vəl] → **primeval**.
primal ['praiməl] *a.* **1** primitivo, originario. **2** primario, principale.
primarily ['praimərili] *avv.* **1** principalmente, soprattutto. **2** in primo luogo.
primary ['praiməri] **I** *a.* **1** principale, primario; basilare, fondamentale. **2** primitivo, originario; primordiale. **II** *s.* (*am. Parl.*) (elezioni) primarie. □ *~ education* istruzione elementare.
primary colour ['praiməri'kʌlə*] *s.* colore primario.
primary school ['praiməri'sku:l] *s.* scuola elementare.
primate ['praimit] *s.* (*Rel., Zool.*) primate.
prime [praim] **I** *a.* **1** primario, principale; il più importante. **2** di prima qualità, ottimo. **II** *s.* **1** apice, culmine; rigoglio, fiore degli anni. **2** inizio, primo periodo. **3** parte migliore; il migliore. □ (*Filos.*) *~ mover* motore primo; (*fig.*) causa prima.
to **prime** [praim] *v.t.* **1** (*Edil., Pitt.*) dare una mano di fondo a, mesticare. **2** (*about s.th.*) dare un'infarinatura su qc. **3** (*Mil.*) caricare con polvere da sparo; innescare (una mina).
prime cost [praimkɔst] *s.* (*Econ.*) costo di produzione.
Prime Minister [praim'ministə*] *s.* primo ministro.
prime number [praim'nʌmbə*] *s.* (*Mat.*) numero primo.
primer[1] ['praimə*] *s.* manuale; sillabario.
primer[2] ['praimə*] *s.* (*Edil., Pitt.*) prima mano, mestica.
primeval [prai'mi:vəl] *a.* primordiale, primitivo.
primitive ['primitiv] **I** *a.* **1** primitivo. **2** rudimentale, rozzo. **3** originario, primordiale. **II** *s.* artista primitivo.
primogeniture [,praimə(u)'dʒenitʃə*] *s.* primogenitura.
primordial [prai'mɔ:diəl] *a.* primordiale, primitivo.
primrose ['primrəuz] *s.* (*Bot.*) primula.
primula ['primjulə] *s.* (*Bot.*) primula.
primus ['praiməs] *s.* fornello a petrolio.
prince [prins] *s.* principe. □ *Prince* **Charming** principe azzurro; *~* **Consort** principe consorte.
princedom ['prinsdəm] *s.* principato.
princely ['prinsli] *a.* **1** principesco. **2** generoso.
princess [prin'ses] *s.* principessa.
principal ['prinsəpəl] **I** *a.* primo, fondamentale. **II** *s.* **1** preside (di scuola); direttore (di istituto universitario). **2** (*Econ.*) capitale. **3** (*Comm.*) obbligato principale, debitore principale. **4** titolare (di un'impresa). **5** (*Teat.*) attore principale; (*Danza*) primo ballerino. **6** (*Dir.*) autore (o complice di un delitto). **7** (*Edil.*) trave principale.
principality [,prinsi'pæliti] *s.* principato. **Principality** *N.pr.* (*Geog.*) Galles.
principle ['prinsəpl] *s.* principio; regola, norma. □ **in** *~* in linea di massima; *a* **matter** *of ~* una questione di principio; **on** *~* per principio.
principled ['prinsəpld] *a.* di principio, basato su principi. **2** (*nei composti*) di (*o* dai)... principi: *well-~* di buoni principi.
print [print] *s.* **1** stampa; carattere (tipografico). **2** stampato. **3** (*am.*) pubblicazione (stampata); giornale. **4** (*Arte*) stampa, riproduzione. **5** (*di tessuti*) disegno stampato; tessuto stampato. **6** (*Fot., Cin.*) copia. **7** (*Inform.*) stampa. **8** (*fig.*) impronta, segno. **9** orma. **10** *pl.* (*fam.*) impronte digitali. □ *to be* **in** *~* essere pubblicato; *to put a book* **into** *~* dare un libro alle stampe; **out** *of ~* esaurito.
to **print** [print] **I** *v.t.* **1** stampare; pubblicare. **2** scrivere a stampatello. **II** *v.i.* **1** stampare. **2** scrivere a stampatello. □ (*Poste*) *printed* **matter** stampe, stampati; (*Inform.*) *to ~* **out** stampare; *the printed* **word** la stampa.
printable ['printəbl] *a.* stampabile.
printer ['printə*] *s.* **1** stampatore. **2** (*Tip.*) tipografo. **3** stampante, stampatrice.
printing ['printiŋ] *s.* stampa. □ *~ office* tipografia.
printing press ['printiŋpres] *s.* (*Tip.*) pressa da stampa.
printout ['printaut] *s.* (*Inform.*) **1** elaborato. **2** tabulato.
prior[1] ['praiə*] *a.* **1** precedente, anteriore (*to* a). **2** più importante (di). □ *~ to* prima di.
prior[2] ['praiə*] *s.* (*Rel.*) priore.
prioress ['praiəris] *s.* priora, badessa.
priority [prai'ɔriti] *s.* priorità, precedenza. □ *to take* (o *have*) *~* avere la precedenza.
to **prise** [praiz] → to **prize**[2].
prism ['prizəm] *s.* prisma.
prismatic [priz'mætik] *a.* prismatico.

prison ['prizn] *s.* prigione, carcere.
prison camp ['prizn'kæmp] *s.* campo di concentramento.
prisoner ['priznə*] *s.* prigioniero; detenuto: *to take* ~ fare prigioniero.
prissy ['prisi] *a.* (*fam.*) affettato, lezioso.
pristine ['pristain] *a.* **1** originario. **2** fresco, pulito.
privacy ['pr(a)ivəsi] *s.* **1** intimità (privata), privacy. **2** segretezza, riserbo.
private ['praivit] **I** *a.* **1** privato. **2** riservato, confidenziale. **3** isolato, tranquillo, appartato. **II** *s.* **1** (*Mil.*) soldato semplice. **2** *pl.* genitali. □ (*epist.*) ~ *and* **confidential** riservata, personale; ~ **detective** (o *a* ~ *eye*) detective privato; ~ **enterprise** iniziativa privata; (*Dir.*) ~ **hearing** udienza a porte chiuse; **in** ~ privatamente, in privato; ~ **means** rendita; (*GB*) ~ **member** deputato (che non fa parte del governo); ~ **parts** genitali; *a* ~ **person** una persona riservata; ~ **soldier** soldato semplice.
privation [prai'veiʃən] *s.* stenti, privazioni.
privatization [ˌpraivətai'zeiʃən] *s.* privatizzazione.
to **privatize** ['praivətaiz] *v.t.* privatizzare.
privet ['privit] *s.* (*Bot.*) ligustro.
privilege ['privilidʒ] *s.* **1** privilegio, prerogativa. **2** vantaggio.
privileged ['privilidʒd] *a.* privilegiato.
privy ['privi] **I** *a.* al corrente (di un segreto). **II** *s.* latrina, ritirata. □ (*GB*) *Privy* **Council** consiglio della corona; *Privy* **Councillor** membro del consiglio della corona; *Privy* **Purse** appannaggio reale.
prize [praiz] *s.* **1** premio. **2** (*fig.*) aspirazione, scopo. □ *a* ~ **example** un perfetto esempio; ~ **fight** incontro di pugilato tra professionisti; ~ **fighter** pugile professionista; *a* ~ **idiot** un perfetto idiota.
to **prize**[1] [praiz] *v.t.* stimare, apprezzare.
to **prize**[2] [praiz] *v.t.* (spesso con *up*) fare leva su.
prize-giving ['praizgiviŋ] *s.* premiazione.
pro[1] [prəu] **I** *s.* (*pl.* **–s** [–z]) pro: *the pros and cons* i pro e i contro. **II** *avv.* favorevolmente.
pro[2] *lat.* [prəu] *prep.* pro, in favore di.
pro[3] [prəu] *s.* (*pl.* **–s** [–z]) **1** (*fam.*) professionista *m./f.* **2** (*fam.*) prostituta.
probability [ˌprɔbə'biliti] *s.* probabilità. □ *in all* ~ con tutta probabilità.
probable ['prɔbəbl] **I** *a.* **1** probabile. **2** verosimile. **II** *s.* candidato probabile.
probate ['prəubit] *s.* (*Dir.*) **1** omologazione. **2** copia autentica di testamento.
to **probate** *am.* ['prəubeit] *v.t.* convalidare, ratificare.
probation [prə'beiʃən] *s.* **1** prova; periodo di prova. **2** (*Dir.*) sospensione condizionale della pena; libertà condizionata.
probationary [prə'beiʃənəri] *a.* di prova.
probationer [prə'beiʃənə*] *s.* **1** infermiera che effettua il tirocinio. **2** (*Dir.*) chi beneficia della libertà condizionata.
probe [prəub] *s.* **1** (*Med.*) sonda, specillo. **2** (*fig.*) sondaggio, indagine; inchiesta.
to **probe** [prəub] *v.t.* **1** indagare con cura, investigare. **2** (*Med.*) esplorare, sondare.
probity ['prəubiti] *s.* probità, rettitudine.
problem ['prɔbləm] *s.* problema. □ *a* ~ **child** un bambino difficile; *to* **face** *a* ~ affrontare un problema; **no** ~ non c'è problema.
problematic [ˌprɔblə'mætik] *a.* **1** problematico. **2** incerto, dubbio.
proboscis [prə'bɔsis] *s.* (*pl.* **–cises** [–sisi:z]) proboscide.
procedural [prə'si:dʒərəl] *a.* (*Dir.*) procedurale.
procedure [prə'si:dʒə*] *s.* procedura, procedimento.
to **proceed** [prə'si:d] *v.i.* **1** avanzare, procedere. **2** continuare, proseguire; passare (*to* a). **3** provenire, derivare (*from* da). **4** (*Dir.*) procedere (*against* contro).
proceeding [prə'si:diŋ] *s.* **1** procedimento, processo. **2** comportamento, condotta. **3** *pl.* atti, verbale. **4** *pl.* (*Dir.*) procedimento, azione legale. □ (*Dir.*) *to take proceedings against s.o.* procedere (per vie legali) contro qd.
proceeds ['prəusi:dz] *s.pl.* **1** ricavo, incasso. **2** (*Comm.*) utile, profitto.
process ['prəuses, *am.* 'prɔ–] *s.* **1** processo. **2** processo (di lavorazione), procedimento. **3** (*Dir.*) procedimento; mandato di comparizione. □ **in** ~ in corso; **in** ~ *of* in corso di, in fase di.
to **process**[1] ['prəuses, *am.* 'prɔ–] *v.t.* **1** sottoporre a un processo industriale; trattare chimicamente. **2** trasformare. **3** (*Inform.*) elaborare. **3** (*Dir.*) citare, chiamare in giudizio, procedere.
to **process**[2] [prə'ses] *v.i.* (*fam.*) procedere in fila indiana (come in processione).
processing ['prəusesiŋ] *s.* **1** lavorazione, trattamento industriale. **2** elaborazione: *data* ~ elaborazione dati.
procession [prə'seʃən] *s.* processione, corteo.
processional [prə'seʃənəl] *a.* di processione.
to **proclaim** [prə'kleim] *v.t.* **1** proclamare, dichiarare. **2** rivelare, mostrare.
proclamation [ˌprɔklə'meiʃən] *s.* **1** proclamazione, dichiarazione. **2** proclama; editto; decreto.
proclivity [prə(u)'kliviti] *s.* inclinazione, tendenza (*to, towards* per).
to **procrastinate** [prəu'kræstineit] *v.i.* procrastinare, temporeggiare, indugiare.
to **procreate** ['prəukrieit] *v.t.* procreare, generare.
procreation [ˌprəukri'eiʃən] *s.* procreazione, generazione.
proctor ['prɔktə*] *s.* (*Univ.*) censore, prefetto.
procurator ['prɔkjureitə*] *s.* procuratore. □ *Procurator Fiscal* pubblico ministero (in Scozia).
to **procure** [prə'kjuə*] **I** *v.t.* ottenere, procurarsi. **II** *v.i.* fare il mezzano.

procurement [prə'kjuəmənt] *s.* approvvigionamento.
procurer [prə'kjurə*] *s.* mezzano.
procuress [prə'kjurəs] *s.* mezzana.
prod [prɔd] *s.* **1** pungolo. **2** (*fig.*) sollecitazione, sprone.
to **prod** [prɔd] *v.* (*pass., p.p.* **prodded** [–id]) **I** *v.t.* **1** pungolare. **2** (*fig.*) spronare, incitare. **II** *v.i.* essere di stimolo (*at* a), stimolare (qc.).
prodigal ['prɔdigəl] *a.* **1** prodigo, scialacquatore. **2** generoso, liberale.
prodigious [prə'didʒəs] *a.* **1** prodigioso, portentoso. **2** enorme, colossale.
prodigy ['prɔdidʒi] *s.* prodigio, portento. □ *child* ~ bambino prodigio.
produce ['prɔdju:s, *am.* –du:s] *s.* prodotto (*spec. Agr.*).
to **produce** [prə'dju:s, *am.* –'du:s] *v.t.* **1** produrre; provocare, causare. **2** presentare, mostrare. **3** (*Econ.*) produrre. **4** (*Teat.*) rappresentare. **5** (*Geom.*) prolungare (una linea).
producer [prə'dju:sə* *am.* –'du:s–] *s.* **1** produttore; fabbricante *m./f.* **2** (*am. Teat.*) impresario.
product ['prɔdəkt] *s.* **1** prodotto. **2** risultato, frutto. **3** (*Mat.*) prodotto.
production [prə'dʌkʃən] *s.* **1** produzione; fabbricazione. **2** prodotto. **3** (*Teat.*) rappresentazione. **4** presentazione (di documento, notizie, ecc.).
productive [prə'dʌktiv] *a.* **1** produttivo, creativo. **2** che causa (*of s.th.* qc.).
productivity [ˌprɔdʌk'tiviti] *s.* produttività; rendimento.
prof [prɔf] *s.* (*fam.*) professore.
profanation [ˌprɔfə'neiʃən] *s.* profanazione; sacrilegio.
profane [prə'fein, *am.* prəu–] *a.* **1** profano. **2** pagano. **3** irriverente, empio, blasfemo.
to **profane** [prɔ'fein, *am.* prəu–] *v.t.* profanare, violare.
to **profess** [prə'fes] **I** *v.t.* **1** professare, manifestare. **2** pretendere di. **II** *v.i.* fare una dichiarazione: *to ~ o.s.* professarsi, dichiararsi.
professed [prə'fest] *a.* dichiarato, riconosciuto.
profession [prə'feʃən] *s.* **1** (libera) professione. **2** dichiarazione. **3** (*Rel.*) professione.
professional [prə'feʃənl] **I** *a.* **1** professionale; professionistico. **2** di professione, di mestiere. **3** (*Sport*) professionistico. **II** *s.* professionista *m./f.*
professionalism [prə'feʃənlizəm] *s.* professionismo.
professor [prə'fesə*] *s.* **1** professore (titolare di cattedra universitaria o capo dipartimento); (*am.*) docente universitario. **2** (*am. fam.*) insegnante, professore. **3** professore (specialista di una disciplina).
professorial [ˌprɔfe'sɔ:riəl] *a.* professorale, da professore.
professorship [prə'fesəʃip] *s.* professorato, ufficio di professore.
to **proffer** ['prɔfə*] *v.t.* offrire.
proficiency [prə'fiʃənsi] *s.* abilità, perizia; competenza.
proficient [prə'fiʃənt] *a.* abile (*in* in); competente.
profile ['prəufail] *s.* **1** profilo; sagoma. **2** (*fig.*) descrizione (sommaria), schizzo. □ (*fig.*) **high** ~ (posizione) ben in vista; **low** ~ nascosto, inosservato; sottotono.
to **profile** ['prəufail] *v.t.* disegnare il profilo (*o* il contorno) di.
profit ['prɔfit] *s.* **1** profitto, utile. **2** vantaggio, beneficio. □ **at** *a* ~ con profitto; *to do s.th.* **for** ~ fare qc. per lucro.
to **profit** ['prɔfit] **I** *v.i.* profittare, approfittare (*from, by* di). **II** *v.t.* (*ant.*) giovare a, servire a.
profitable ['prɔfitəbl] *a.* proficuo, vantaggioso; redditizio, rimunerativo.
profiteer [ˌprɔfi'tiə*] *s.* profittatore.
profiteering [ˌprɔfi'tiəriŋ] *s.* affarismo.
profit-sharing ['prɔfitˌʃɛəriŋ] *s.* compartecipazione agli utili.
profligacy ['prɔfligəsi] *s.* **1** dissolutezza. **2** sperpero, scialo.
profligate ['prɔfligit] **I** *a.* **1** dissoluto; vizioso. **2** dissipato, scialacquato. **II** *s.* **1** dissoluto. **2** dissipatore.
profound [prə'faund] *a.* **1** profondo. **2** radicale, completo.
profundity [prə'fʌnditi] *s.* profondità.
profuse [prə'fju:s] *a.* **1** abbondante, copioso. **2** prodigo, generoso (*in* di).
profuseness [prə'fju:snis], **profusion** [prə'fju:ʒən] *s.* **1** profusione, abbondanza. **2** prodigalità.
progenitor [prəu'dʒenitə*] *s.* **1** progenitore, antenato. **2** (*fig.*) precursore; predecessore.
progeny ['prɔdʒəni] *s.* (*collett.*) figli, prole; progenie.
prognosis [prɔg'nəusis] *s.* (*pl.* **–ses** [–si:z]) **1** (*Med.*) prognosi. **2** (*fig.*) previsione, pronostico.
to **prognosticate** [prɔg'nɔstikeit] *v.t.* **1** pronosticare, predire. **2** far prevedere, essere presagio di.
prognostication [prɔgˌnɔsti'keiʃən] *s.* presagio, premonizione.
program *am.* ['prəugræm] *e deriv.* → **programme** *e deriv.*
program loading ['prəugræm'ləudiŋ] *s.* (*Inform.*) caricamento di un programma.
programme ['prəugræm] *s.* programma (*anche Rad., TV*); progetto, piano.
to **programme** ['prəugræm] *v.t.* programmare (*anche Inform.*).
programmer ['prəugræmə*] *s.* programmatore.
programming ['prəugræmiŋ] *s.* programmazione.
progress ['prəugres, *am.* 'prɔgres] *s.* **1** progresso; sviluppo. **2** cammino. □ *in* ~ in corso.
to **progress** [prə'gres] *v.i.* **1** avanzare, proce-

dere. **2** progredire. **3** passare (*to s.th.* a qc.).

progression [prə'greʃən] *s.* progressione, progresso.

progressive [prə'gresiv] **I** *a.* **1** progressista. **2** progressista, progressistico. **3** progressivo. **II** *s.* progressista *m./f.*

to **prohibit** [prə'hibit, *am.* prə(u)–] *v.t.* proibire (a), vietare (a).

prohibition [,prəui'biʃən] *s.* divieto, proibizione. (*Stor.*) **Prohibition** proibizionismo.

prohibitionist [,prəui'biʃənist] **1** *a./s.* proibizionista.

prohibitive [prə'hibitiv] *a.* proibitivo.

project ['prɔdʒekt] *s.* **1** progetto; piano, programma. **2** studio dettagliato.

to **project** [prə'dʒekt] **I** *v.t.* **1** proiettare (*anche fig.*): *to ~ one's thoughts into the future* proiettare i propri pensieri nel futuro. **2** progettare. **3** lanciare con forza (nell'aria). **II** *v.i.* risaltare; sporgere.

projectile [prə'dʒektail, *am.* –ti:l] *s.* (*Mil.*) proiettile; missile.

projection [prə'dʒekʃən] *s.* **1** sporgenza. **2** (*Edil.*) aggetto. **3** (*Cin., Geom.*) proiezione.

projectionist [prə'dʒekʃənist] *s.* (*Cin., TV*) operatore.

projector [prə'dʒektə*] *s.* (*Cin., Fot.*) proiettore.

prolapse ['prəulæps] *s.* (*Med.*) prolasso.

proletarian [,prəuli'tεəriən] *a./s.* proletario.

proletariat [,prəuli'tεəriət] *s.* prolelariato.

to **proliferate** [prə'lifəreit, *am.* prə(u)–] *v.i.* proliferare.

proliferation [prə,life'reiʃən, *am.* prə(u)–] *s.* proliferazione.

prolific [prəu'lifik] *a.* prolifico.

prolix ['prəuliks] *a.* prolisso.

prolog *am.*, **prologue** ['prəulɔg] *s.* prologo.

to **prolong** [prə'lɔŋ] *v.t.* prolungare, protrarre.

prolongation [,prəulɔŋ'geiʃən] *s.* prolungamento.

prom [prɔm] *s.* (*fam.*) **1** concerto popolare (con posti in piedi). **2** passeggiata a mare. **3** (*am.*) ballo studentesco.

promenade *fr.* [,prɔmi'nɑ:d, *am.* –'neid] *s.* **1** passeggiata; passeggiata a mare; lungomare. ▭ *~ concert* concerto popolare (con posti in piedi).

to **promenade** [,prɔmi'nɑ:d, *am.* –'neid] *v.t./i.* passeggiare.

promethium [prə'mi:θiəm] *s.* (*Chim.*) promezio.

prominence ['prɔminəns] *s.* **1** risalto, spicco; rilievo, importanza. **2** prominenza, sporgenza. ▭ *to* **bring** *into ~* mettere in risalto; *to* **come** *into ~* emergere.

prominent ['prɔminənt] *a.* **1** prominente. **2** notevole, rilevante; cospicuo; ben in vista. **3** eminente, famoso.

promiscuity [,prɔmis'kju:iti] *s.* promiscuità, mescolanza.

promiscuous [prə'miskjuəs] *a.* promiscuo.

promise ['prɔmis] *s.* promessa. ▭ *to* **break** *a ~* mancare a una promessa; **full** *of ~* molto promettente; *to* **keep** *a ~* mantenere una promessa; *to* **show** *~* promettere bene.

to **promise** ['prɔmis] *v.t./i.* **1** promettere. **2** far sperare. ▭ *Promise* **Land** la Terra Promessa; *to ~* **o.s.** ripromettersi.

promising ['prɔmisiŋ] *a.* promettente.

promissory note ['prɔmisəri'nəut] *s.* (*Econ.*) pagherò cambiario.

promontory ['prɔməntəri] *s.* (*Geog.*) promontorio.

to **promote** [prə'məut] *v.t.* **1** promuovere, far avanzare (di grado). **2** incoraggiare, favorire. **3** (*Comm.*) pubblicizzare, lanciare un prodotto.

promoter [prə'məutə*] *s.* **1** promotore. **2** sostenitore.

promotion [prə'məuʃən] *s.* **1** promozione, avanzamento. **2** (*Comm.*) promozione (delle vendite).

promotional *am.* [prə'məuʃənəl] *a.* promozionale, pubblicitario.

prompt [prɔmpt] *a.* sollecito, immediato; pronto. **II** *s.* (*Teat.*) suggerimento. **III** *avv.* (*fam.*) in punto.

to **prompt** [prɔmpt] *v.t.* **1** spingere, incitare; causare. **2** suggerire a, imbeccare. **3** (*Teat.*) suggerire a.

prompter ['prɔmptə*] *s.* suggeritore.

to **promulgate** ['prɔməlgeit] *v.t.* **1** promulgare, emanare. **2** (*di idee, ecc.*) diffondere, divulgare.

prone [prəun] *a.* **1** incline, disposto (*to* a). **2** a faccia in giù, prono.

prong [prɔŋ] *s.* (*di forchetta, forcone*) dente, rebbio.

pronominal [prə(u)'nɔminəl] *a.* (*Gramm.*) pronominale.

pronoun ['prəunaun] *s.* (*Gramm.*) pronome.

to **pronounce** [prə'nauns] **I** *v.t.* **1** pronunciare, dire. **2** dichiarare, affermare solennemente. **II** *v.i.* pronunciarsi, dichiararsi (*on* su). ▭ *to ~ against s.th.* prendere posizione contro qc.

pronounced [prə'naunst] *a.* **1** pronunciato; spiccato, marcato. **2** netto, deciso.

pronouncement [prə'naunsmənt] *s.* dichiarazione, asserzione.

pronto ['prɔntəu] *avv.* (*fam.*) subito, immediatamente.

pronunciation [prə,nʌnsi'eiʃən] *s.* pronuncia.

proof [pru:f] **I** *s.* **1** prova, dimostrazione. **2** (*tecn.*) collaudo. **3** (*Tip.*) bozza, prova di stampa. **4** (*Mat.*) riprova. **II** *a.* **1** che resiste (*against* a), a prova (di); di provata resistenza. **2** (*nei composti*) a prova di ...: *bomb– ~* a prova di bomba. ▭ *~ to the* **contrary** prova contraria; *the ~ of the* **pudding** *is in the eating* provare per credere.

to **proof** [pru:f] *v.t.* (*tecn.*) impermeabilizzare.

proof-reader ['pru:fri:d:ə*] *s.* correttore di bozze.

proof-reading ['pru:fri:diŋ] *s.* correzione delle bozze.

prop [prɔp] *s.* **1** sostegno, puntello. **2** (*fig.*) aiuto, appoggio. **3** (*Teat.*) oggetto scenico.

to **prop** [prɔp] *v.t.* (*pass., p.p.* **propped** [–t]) (spesso con *up*) **1** sorreggere, sostenere. **2** appoggiare. **3** (*Edil.*) puntellare.
propaganda [ˌprɔpəˈgændə] *s.* propaganda.
propagandist [ˌprɔpəˈgændist] *s.* propagandista.
to **propagandize** [ˌprɔpəˈgændaiz] **I** *v.t.* propagandare. **II** *v.i.* fare propaganda.
to **propagate** [ˈprɔpəgeit] **I** *v.t.* **1** propagare, diffondere, divulgare. **2** (*Biol.*) far riprodurre (piante, animali); trasmettere (caratteri ereditari). **II** *v.i.* **1** trasmettersi, propagarsi, diffondersi. **2** (*Biol.*) propagarsi, moltiplicarsi.
propagation [ˌprɔpəˈgeiʃən] *s.* **1** (*Fis.*) propagazione. **2** (*Biol.*) trasmissione, riproduzione. **3** diffusione, divulgazione.
propane [ˈprəupein] *s.* (*Chim.*) propano.
to **propel** [prəˈpel] *v.t.* (*pass., p.p.* **propelled** [–d]) spingere (in avanti), muovere.
propellant, **propellent** [prəˈpelənt] *a./s.* (*Mil., tecn.*) propellente.
propeller [prəˈpelə*] *s.* **1** (*Aer., Mar.*) elica. **2** (*Mecc.*) propulsore (a elica).
propensity [prəˈpensiti] *s.* inclinazione (*to, for* a, per).
proper [ˈprɔpə*] *a.* **1** proprio: (*Gramm.*) ~ *name* nome proprio. **2** adatto, giusto, opportuno: *the* ~ *moment* il momento adatto. **3** giusto, corretto, esatto, appropriato. **4** propriamente detto, vero e proprio. **5** tipico. □ *a prim and* ~ *person* una personcina a modo.
properly [ˈprɔpəli] *avv.* **1** correttamente, giustamente. **2** propriamente, esattamente. **3** rispettabilmente. **4** in senso stretto. **5** (*fam.*) completamente, del tutto. □ ~ *speaking* per l'esattezza.
propertied [ˈprɔpətid] *a.* possidente.
property [ˈprɔpəti] *s.* **1** proprietà, possesso. **2** (*collett.*) beni, averi; terreno, fondo. **3** proprietà, qualità (peculiare): *chemical properties* proprietà chimiche. **4** (*Teat.*) materiale scenico, attrezzeria. □ ~ *tax* imposta fondiaria.
prophecy [ˈprɔfisi] *s.* predizione, profezia.
to **prophesy** [ˈprɔfisai] **I** *v.t.* **1** predire, profetizzare. **2** (*fig.*) presagire, prevedere. **II** *v.i.* fare profezie (*o* predizioni).
prophet [ˈprɔfit] *s.* profeta.
prophetess [ˈprɔfitis] *s.* profetessa.
prophetic [prəˈfetik] *a.* profetico.
prophylactic [ˌprɔfiˈlæktik] *a./s.* (*Med.*) profilattico.
prophylaxis [ˌprɔfiˈlæksis] *s.* (*pl.* **–ses** [–si:z]) (*Med.*) profilassi.
propinquity [prə(u)ˈpiŋkwiti] *s.* **1** vicinanza, prossimità. **2** affinità.
to **propitiate** [prəˈpiʃieit] *v.t.* propiziare, propiziarsi.
propitiatory [prəˈpi:ʃiətəri] *a.* propiziatorio.
propitious [prəˈpiʃəs] *a.* propizio, favorevole.
proponent [prəˈpəunənt] *s.* fautore, sostenitore; proponente.
proportion [prəˈpɔ:ʃən] *s.* **1** rapporto; proporzione. **2** parte, porzione, percentuale. **3** *pl.* dimensioni. □ **in** ~ *with* (o *to*) proporzionato a; **out** *of* ~ sproporzionato.
to **proportion** [prəˈpɔ:ʃən] *v.t.* proporzionare; rendere proporzionato.
proportional [prəˈpɔ:ʃənl] *a.* proporzionale; proporzionato (*to* a).
proportional representation [prəˈpɔ:ʃənl reprizenˈteiʃən] *s.* (*Pol.*) sistema proporzionale.
proportionate [prəˈpɔ:ʃənit] *a.* proporzionato, commisurato (*to* a).
proposal [prəˈpəuzəl] *s.* **1** proposta. **2** domanda di matrimonio.
to **propose** [prəˈpəuz] **I** *v.t.* **1** proporre; suggerire. **2** intendere, proporsi. **II** *v.i.* fare una proposta di matrimonio (*to* a).
proposer [prəˈpəuzə*] *s.* proponente *m./f.*
proposition [ˌprɔpəˈziʃən] *s.* **1** asserzione, dichiarazione, affermazione. **2** proposta, offerta: *a business* ~ una proposta di lavoro. **3** problema, compito, impresa (ardua). **4** (*Filos.*) presupposto, assunto. **5** (*Gramm.*) proposizione. **6** (*Mat.*) proposizione; teorema; problema. **7** (*fam.*) osso duro. **8** (*fam.*) (*pl.*) proposte (indecenti di tipo sessuale).
to **propound** [prəˈpaund] *v.t.* proporre, sottoporre; presentare.
proprietary [prəˈpraiətəri] *a.* **1** di proprietà (riservata), riservato. **2** da padrone. **3** (*Comm., Dir.*) brevettato, patentato.
proprietor [prəˈpraiətə*] *s.* proprietario, padrone.
propriety [prəˈpraiəti] *s.* **1** opportunità. **2** convenienza; decoro, decenza. **3** (*pl.*) convenienze; buone maniere, le regole dell'educazione. □ *a breach of* ~ una scorrettezza.
propulsion [prəˈpʌlʃən] *s.* propulsione; forza propellente.
to **prorogue** [prəˈrəug] *v.t.* (*Parl.*) aggiornare, rinviare.
prosaic [prə(u)ˈzeiik] *a.* prosaico, banale.
to **proscribe** [prə(u)ˈskraib] *v.t.* esiliare; proscrivere.
proscription [prə(u)ˈskripʃən] *s.* proscrizione; esilio.
prose [prəuz] *s.* **1** prosa. **2** (*scol.*) traduzione, versione. □ ~ *writer* prosatore.
to **prosecute** [ˈprɔsikju:t] **I** *v.t.* **1** (*Dir.*) perseguire (a termini di legge) (*for* per). **2** proseguire, portare avanti. **II** *v.i.* (*Dir.*) fare causa.
prosecution [ˌprɔsiˈkju:ʃən] *s.* **1** (*Dir.*) procedimento giudiziario; accusa. **2** proseguimento, continuazione.
prosecutor [ˈprɔsikju:tə*] *s.* (*Dir.*) querelante, attore. □ *Public Prosecutor* Pubblico Ministero.
proselyte [ˈprɔsilait] *s.* (*Rel.*) proselito, neofita.
to **proselytize** [ˈprɔsilitaiz] **I** *v.t.* convertire. **II** *v.i.* fare proseliti.
prosody [ˈprɔsədi] *s.* prosodia.
prospect [ˈprɔspekt] *s.* **1** prospettiva; possibi-

lità; aspettativa; speranza. **2** cliente potenziale; candidato favorito. **3** possibilità, probabilità. **4** panorama, vista, veduta. **5** (*Min.*) area (*o* territorio) prospettata.
to **prospect** [prə'spekt, *am.* 'prɔ–] *v.i.* fare ricerche (minerarie) (*for* in cerca di).
prospective [prə'spektiv] *a.* **1** aspirante. **2** futuro. **3** possibile, probabile; eventuale.
prospectus [prə'spektəs] *s.* **1** (*Comm.*) prospetto. **2** (*Scol., Univ.*) programma.
to **prosper** ['prɔspə*] **I** *v.i.* prosperare, fiorire. **II** *v.t.* far prosperare, rendere prospero.
prosperity [prɔs'periti] *s.* prosperità.
prosperous ['prɔspərəs] *a.* **1** prospero, fiorente, florido. **2** agiato, benestante.
prostate ['prɔsteit] *s.* (*Anat.*) prostata.
prosthesis ['prɔsθisis] *s.* (*Ling., Med.*) protesi.
prostitute ['prɔstitju:t] *s.* prostituta.
to **prostitute** ['prɔstitju:t] **I** *v.t.* prostituire. **II** *v.i.* prostituirsi.
prostitution [ˌprɔsti'tju:ʃən] *s.* prostituzione.
prostrate ['prɔstreit] *a.* **1** prostrato. **2** (*fig.*) affranto.
to **prostrate** [prɔs'treit] *v.t.* **1** stendere a terra, atterrare. **2** (*fig.*) ridurre all'impotenza. □ *to ~ o.s.* prostrarsi.
prostration [prɔs'treiʃən] *s.* **1** prostrazione. **2** (*fig.*) abbattimento.
prosy ['prəuzi] *a.* prosaico, banale.
protagonist [prə(u)'tægənist] *s.* protagonista *m./f.*
protean ['prəutiən] *a.* versatile, multiforme.
to **protect** [prə'tekt] *v.t.* **1** proteggere, difendere. **2** (*Econ.*) proteggere. **3** (*di assicurazioni*) coprire.
protected [prə'tektid] *a.* (*Inform.*) protetto.
protection [prə'tekʃən] *s.* **1** protezione, difesa. **2** riparo, protezione. **3** (*Econ.*) protezione; protezionismo. **4** (*di assicurazioni*) copertura. □ *~ money* somma versata per ottenere protezione (illecita).
protectionism [prə'tekʃənizəm] *s.* (*Econ.*) protezionismo.
protectionist [prə'tekʃənist] *s.* (*Econ.*) protezionista *m./f.*
protective [prə'tektiv] *a.* protettivo; di difesa.
protector [prə'tektə*] *s.* protettore, difensore.
protectorate [prə'tektərit] *s.* (*Pol.*) protettorato.
protégé *fr.* ['prəutəʒei] *s.* protetto, pupillo.
protégée *fr.* ['prəutəʒei] *s.* protetta, pupilla.
protein ['prəuti:n] *s.* (*Biol.*) proteina.
protest ['prəutest] *s.* **1** protesta, rimostranza. **2** (*Econ.*) protesto (cambiario). □ **is** *~* per protesta; *to* **make** *a ~ about s.th.* protestare per qc.; *to* **make** *a ~ against s.th.* protestare contro qc.
to **protest** [prə'test] **I** *v.i.* protestare, reclamare. **II** *v.t.* **1** (*am.*) protestare contro; obiettare. **2** (*Econ.*) protestare, mandare in protesto.
Protestant ['prɔtistənt] *a./s.* (*Rel.*) protestante.
Protestantism ['prɔtistəntizəm] *s.* (*Rel.*) protestantesimo.
protestation [ˌprəutes'teiʃən] *s.* protesta, asserzione solenne.
protester [prəu'testə*] *s.* **1** reclamante *m./f.* **2** contestatore.
protoactinium ['prəutəæktiniəm] *s.* (*Chim.*) protoattinio.
protocol ['prəutəkɔl] *s.* protocollo.
proton ['prəutɔn] *s.* (*Fis.*) protone.
prototype ['prəutətaip] *s.* prototipo.
protozoa [ˌprəutə'zəuə] *s.pl.* (*Zool.*) protozoi.
to **protract** [prə'trækt] *v.t.* protrarre, prolungare.
protraction [prə'trækʃən] *s.* protrazione, prolungamento.
protractor [prə'træktə*] *s.* (*Geom.*) goniometro, rapportatore.
to **protrude** [prə'tru:d] **I** *v.i.* sporgere in fuori. **II** *v.t.* protendere, sporgere.
protrusion [prə'tru:ʒən] *s.* sporgenza, prominenza.
protuberance [prə'tju:bərəns] *s.* protuberanza, prominenza.
protuberant [prə'tju:bərənt] *a.* protuberante, prominente.
proud [praud] *a.* **1** orgoglioso, fiero. **2** superbo, altero. **3** grandioso, imponente. □ (*fam.*) *to do s.o. ~* fare onore a qd.
to **prove** [pru:v] *v.* (*pass.* **–d** [–d], *p.p.* **–d**/*ant. am.* **proven** ['pru:vən]) **I** *v.t.* **1** provare, dimostrare. **2** (*Dir.*) (*di documento*) convalidare, ratificare. **3** mettere alla prova, provare. **4** (*Tip.*) tirare una prova dei caratteri (*o* di stampa). **5** far lievitare. **II** *v.i.* risultare; dimostrarsi.
proven ['pru:vən] *a.* **1** provato, comprovato. **2** sperimentato, collaudato.
provenance ['prɔvinəns] *s.* provenienza, origine.
provender ['prɔvəndə*] *s.* foraggio, biada.
proverb ['prɔvə:b] *s.* proverbio.
proverbial [prə'və:biəl] *a.* proverbiale.
to **provide** [prə'vaid] **I** *v.t.* **1** fornire, munire (*with* di); provvedere, dotare. **2** procacciare, procurare. **3** (*assol.*) provvedere. **4** prevedere; prescrivere, stabilire. **II** *v.i.* **1** premunirsi, provvedere (*for* a). **2** provvedere (per); mantenere, sostentare (qd.).
provided [prə'vaidid] **I** *a.* **1** provvisto, fornito, munito (*with* di). **2** dotato, corredato. **II** *congz.* (spesso con *that*) purché, a condizione che.
providence ['prɔvidəns] *s.* provvidenza.
provident ['prɔvidənt] *a.* previdente, prudente.
providential [ˌprɔvi'denʃəl] *a.* provvidenziale.
provider [prə'vaidə*] *s.* fornitore.
providing (that) [prə'vaidiŋ (ðæt)] *congz.* purché, a patto che.
province ['prɔvins] *s.* **1** provincia. **2** diocesi. **3** sfera d'azione; competenza specifica. □ *the provinces* la provincia: *she doesn't like life in the provinces* non ama la vita di provincia.
provincial [prə'vinʃəl] *a./s.* provinciale.

provincialism [prə'vinʃəlizəm] *s.* provincialismo.
provision [prə'viʒən] *s.* **1** fornitura; rifornimento. **2** *pl.* viveri, provviste. **3** provvedimento, misura; disposizione. □ *to* **make** ~ *against* premunirsi contro; *to* **make** (o *take*) ~ *for* prendere provvedimenti per.
to **provision** [prə'viʒən] *v.t.* approvvigionare, vettovagliare.
provisional [prə'viʒənl] *a.* provvisorio.
proviso [prə'vaizəu] *s.* (*pl.* **–s/–es** [–z]) (*Dir.*) clausola (condizionale).
provocation [ˌprɔvə'keiʃən] *s.* provocazione.
provocative [prə'vɔkətiv] *a.* provocatorio, provocatore; provocante.
to **provoke** [prə'vəuk] *v.t.* **1** provocare. **2** spingere, incitare. **3** causare, suscitare.
provoking [prə'vəukiŋ] *a.* **1** provocante. **2** urtante, irritante.
provost ['prɔvəst] *s.* **1** (*Univ.*) rettore. **2** (*scozz.*) sindaco.
prow [prau] *s.* (*Mar., Aer.*) prora, prua.
prowess ['prauis] *s.* **1** valore, coraggio. **2** bravura, abilità.
prowl [praul] *s.* andatura furtiva (di chi cerca la preda). □ (*am.*) ~ **car** auto della polizia; **on** *the* ~ in cerca di preda.
to **prowl** [praul] *v.i.* **1** aggirarsi furtivamente in cerca di preda (*o* cibo). **2** vagare, aggirarsi (*around, about* per).
prox. = *proximo* prossimo venturo.
proximate ['prɔksimit] *a.* immediato; prossimo; imminente.
proximity [prɔk'simiti] *s.* prossimità, vicinanza: *in the* ~ *of* in prossimità di.
proxy ['prɔksi] *s.* **1** procura, delega. **2** procuratore. □ *by* ~ per procura.
prude [pru:d] *s.* puritano, moralista *m./f.*
prudence ['pru:dəns] *s.* **1** prudenza, saggezza. **2** circospezione, cautela.
prudent ['pru:dənt] *a.* **1** prudente, saggio. **2** circospetto, cauto.
prudential [pru:'denʃəl] *a.* prudenziale.
prudery ['pru:dəri] *s.* puritanesimo, pudore affettato; pudicizia.
prudish ['pru:diʃ] *a.* pudibondo.
prune [pru:n] *s.* prugna secca.
to **prune** [pru:n] *v.t.* **1** (*Agr.*) potare. **2** (*fig.*) (spesso con *away*) sfrondare, tagliare.
pruning ['pru:niŋ] *s.* **1** (*Agr.*) potatura. **2** (*fig.*) sfrondatura. □ ~ *hook* ronchetto.
prurience ['pruəriəns], **pruriency** ['pruəriənsi] *s.* lascivia, libidine.
prurient ['pruəriənt] *a.* lascivo, libidinoso.
Prussian ['prʌʃən] *a./s.* prussiano. □ ~ *blue* blu di Prussia.
prussic acid ['prʌsikæsid] *s.* acido prussico.
to **pry**[1] [prai] *v.i.* **1** (general. con *about*) guardare con curiosità. **2** (*fig.*) curiosare (*into* in).
to **pry**[2] *am.* [prai] *v.t.* **1** (spesso con *open, away*) sollevare con una leva. **2** cavare informazioni (*out* da).
prying ['praiiŋ] *a.* **1** indagatore, inquisitore. **2** indiscreto, curioso.

PS = *post scriptum* poscritto.
psalm [sɑ:m] *s.* salmo.
psalmist ['sa:mist] *s.* salmista.
pseudo ['sju:dəu] *a.* (*fam.*) falso, finto; contraffatto.
pseudonym ['sju:dənim] *s.* pseudonimo.
pseudonymous [sju:'dɔniməs] *a.* pseudonimo.
to **psych** ['saik] *v.t.* (*fam.*) **1** spaventare. **2** prepararsi spiritualmente (*up* a).
psyche ['saiki:] *s.* psiche.
psychedelic [ˌsaikə'delik] *a.* psichedelico.
psychiatric [ˌsaiki'ætrik] *a.* psichiatrico.
psychiatrist [sai'kaiətrist] *s.* psichiatra *m./f.*
psychiatry [sai'kaiətri] *s.* psichiatria.
psychic ['saikik] **I** *a.* **1** psichico, mentale. **2** paranormale. **II** *s.* medium *m./f.*
psychical ['saikikəl] *a.* **1** (meta)psichico, paranormale. **2** mentale, psichico.
to **psychoanalyse** [ˌsaikə(u)'ænəlaiz] *v.t.* psicanalizzare.
psychoanalysis [ˌsaikə(u)ə'nælisis] *s.* psic(o)analisi.
psychoanalyst [ˌsaikə(u)'ænəlist] *s.* psic(o)analista *m./f.*
psychoanalytic [ˌsaikə(u)ˌænə'litik] *a.* psic(o)analitico.
to **psychoanalyze** [ˌsaikə(u)'ænəlaiz] → to **psychoanalyse.**
psychological [ˌsaikə'lɔdʒikəl] *a.* psicologico. □ *the* ~ *moment* il momento più opportuno.
psychologist [ˌsai'kɔlədʒist] *s.* psicologo.
psychology [sai'kɔlədʒi] *s.* psicologia.
psychopath ['saikə(u)pæθ] *s.* (*Med.*) psicopatico.
psychopathic [ˌsaikə(u)'pæθik] *a.* psicopatico.
psychosis [sai'kəusis] *s.* (*pl.* **–ses** [–si:z]) (*Med.*) psicosi.
psychotherapy [ˌsaikə(u)'θerəpi] *s.* psicoterapia.
Pt = (*Chim.*) *platinum* platino.
PTO = *Please turn over* vedi retro.
Pu = (*Chim.*) *plutonium* plutonio.
pub [pʌb] *s.* (*fam.*) osteria, pub. □ (*fam.*) ~ *crawl* giro dei bar.
puberty ['pju:bəti] *s.* pubertà.
pubes ['pju:bi:z] *s.inv.* (*Anat.*) pube.
public ['pʌblik] **I** *a.* **1** pubblico. **2** notorio, palese; ben conosciuto. **II** *s.* (costr. sing. o pl.) pubblico. □ ~ **enemy** pericolo pubblico; *in the* ~ **eye** sulla bocca di tutti; ~ **holiday** festa nazionale; **in** ~ in pubblico, pubblicamente; *to* **make** ~ rendere pubblico; (*Dir.*) ~ **nuisance** reato contro l'ordine pubblico; (*fam.*) scocciatore; ~ **opinion** opinione pubblica.
public address system ['pʌblikə'dres'sistim] *s.* impianto di amplificazione.
publican ['pʌblikən] *s.* **1** oste, taverniere. **2** (*Stor.*) esattore delle imposte.
publication [ˌpʌbli'keiʃən] *s.* pubblicazione.
public company ['pʌblik'kʌmpəni] *s.* (*Econ.*) società pubblica, società per azioni.
public enterprise ['pʌblik'entəpraiz] *s.* impre-

sa pubblica.

public house ['pʌblikhaus] *s.* osteria, pub.

publicist ['pʌblisist] *s.* **1** agente pubblicitario. **2** giornalista politico. **3** esperto di diritto internazionale.

publicity [pʌb'lisiti] *s.* pubblicità. □ ~ **agent** agente pubblicitario; ~ **stunt** montatura pubblicitaria.

to **publicize** ['pʌblisaiz] *v.t.* **1** propagandare, divulgare. **2** pubblicizzare, reclamizzare.

public relations ['pʌblikri'leiʃəns] *s.* pubbliche relazioni. □ ~ *officer* esperto di pubbliche relazioni.

public school ['pʌblik'sku:l] *s.* **1** (*GB*) scuola privata (con collegio). **2** (*USA*) scuola pubblica.

public sector ['pʌblik'sektə*] *s.* settore pubblico.

publicspirited [ˌpʌblik'spiritid] *a.* dotato di senso civico.

to **publish** ['pʌbliʃ] *v.t.* **1** diffondere, divulgare. **2** (*Edit.*) pubblicare, stampare. □ *publishing house* casa editrice.

publisher ['pʌbliʃə*] *s.* editore, casa editrice.

puck [pʌk] *s.* (*Sport*) disco (da hockey su ghiaccio).

pucker ['pʌkə*] *s.* piega, grinza; ruga.

to **pucker** ['pʌkə*] **I** *v.t.* (spesso con *up*) corrugare, raggrinzare; increspare. **II** *v.i.* corrugarsi.

pud [pud] *s.* (*fam.*) budino.

pudding ['pudiŋ] *s.* **1** (*Gastr.*) budino, pudding. **2** (*estens.*) dolce, dessert.

puddle ['pʌdl] *s.* **1** pozzanghera; pozza. **2** (*Edil.*) malta.

pudgy ['pʌdʒi] *a.* piccolo e tozzo.

puericulture ['pjuərikʌltʃə*] *s.* puericultura.

puerile ['pjuərail] *a.* puerile, infantile.

puerility [ˌpjuə'riliti] *s.* puerilità, infantilità.

puerperal [pju'ə:pərəl] *a.* puerperale.

Puerto Rico ['pwə:təu'rikəu] *N.pr.* (*Geog.*) Porto Rico.

puff [pʌf] *s.* **1** soffio, sbuffo. **2** piumino (da cipria). **3** sbuffo (di indumento). **4** (*sl.*) omosessuale. □ (*fam.*) **out** *of* ~ senza fiato; ~ **pastry** pasta sfoglia.

to **puff** [pʌf] **I** *v.i.* **1** soffiare; sbuffare. **2** ansimare, ansare. **3** emettere sbuffi di fumo; uscire a sbuffi. **II** *v.t.* **1** spingere (soffiando), soffiare. **2** mandar fuori sbuffi di fumo. **3** dire ansimando. **4** (spesso con *up, out*) gonfiare: *to* ~ *out one's chest* gonfiare il torace. **5** (*fig.*) (spesso con *up*) far insuperbire, far gonfiare d'orgoglio. **6** passare sbuffando. □ *to* ~ *out* spegnere soffiando.

puffiness ['pʌfinis] *s.* gonfiezza; gonfiore, rigonfiamento.

puffy ['pʌfi] *a.* gonfio.

pug [pʌg] *s.* (*Zool.*) carlino, pug.

pugilism ['pju:dʒilizəm] *s.* pugilato, boxe.

pugilist ['pju:dʒilist] *s.* pugile, boxeur.

pugnacious [pʌg'neiʃəs] *a.* **1** (*lett.*) pugnace. **2** bellicoso, battagliero, che cerca la rissa. **3** (*estens.*) polemico.

pugnose ['pʌgnəuz] *s.* naso rincagnato.

to **puke** [pju:k] *v.i./t.* (*pop.*) vomitare.

pull [pul] *s.* **1** tiro, tirata, strattone. **2** tirata, boccata. **3** forza d'attrazione. **4** (*fam.*) influenza, autorità; appoggio, spinta.

to **pull** [pul] **I** *v.t.* **1** trascinare, tirare; trainare. **2** estrarre, cavare: *to* ~ *a tooth* estrarre un dente. **3** (*di barca*) spingere coi remi. **4** (*fam.*) rubare, svaligiare (una banca, ecc.). **5** (*Med.*) (*di muscoli, ecc.*) strappare. **II** *v.i.* **1** tirare (*at s.th.* qc.); dare uno strattone (*at s.th.* a qc.). **2** inspirare forte (*at, on* da), dare una tirata (a). **3** remare, vogare. □ *to* ~ **about** strapazzare, maltrattare; *to* ~ **ahead** *of* (*away, from*) *s.o.* bagnare il naso a qd.; *to* ~ **apart** fare a pezzi; ridurre in pezzi; (*fig.*) demolire, distruggere; *to* ~ **away**: 1 partire, avviarsi; 2 staccarsi (*from* da); *to* ~ **back** tirare indietro; tirarsi indietro (*from* da), ritirarsi; *to* ~ **down**: 1 tirare giù, abbassare; 2 demolire, buttare giù; 3 (*fam.*) deprimere, demoralizzare; *to* ~ **in**: 1 (*di treno, ecc.*) arrivare, giungere; 2 (*fam.*) attirare, attrarre; 3 (*fam.*) mettere in carcere; 4 (*fam.*) guadagnare: *I pulled in ten dollars* ho guadagnato dieci dollari; *to* ~ **off** tirare giù, tirare via; (*fam.*) concludere, portare a termine; *to* ~ **off** *the road* uscire dalla strada; *to* ~ **on** infilarsi, indossare; (*fam.*) ~ *the* **other** *one!* ma raccontalo a qualcun altro!; *to* ~ **out**: 1 tirare fuori, estrarre; 2 uscire, partire: *the train pulled out of the station* il treno uscì dalla stazione; 3 (*fam.*) tirarsi indietro, fare marcia indietro; *to* ~ **over** tirare sopra; (*di un veicolo*) spostarsi verso il lato della strada; *to* ~ *to* **pieces** fare a pezzi, ridurre in pezzi; (*fig.*) demolire, criticare aspramente; *to* ~ **round** riaversi, rimettersi (in salute), ristabilirsi; *to* ~ **through** far ristabilire, guarire; (*fam.*) cavarsela; *to* ~ **together** collaborare, mettersi insieme; *to* ~ *o.s.* **together** riacquistare il controllo di sé; *to* ~ **up**: 1 tirare su; 2 fermare, arrestare; 3 rimproverare.

pullet ['pulit] *s.* (*Zool.*) pollastrella, pollastra.

pulley ['puli] *s.* (*Mecc.*) carrucola; puleggia.

pullout ['pulaut] *s.* **1** (*Edit.*) inserto (da staccare). **2** (*Mil.*) ritiro.

pullover ['puləuvə*] *s.* pullover.

to **pullulate** ['pʌljuleit] *v.t.* **1** aumentare rapidamente. **2** pullulare, essere gremito.

pulmonary ['pʌlmənəri] *a.* polmonare.

pulp [pʌlp] *s.* **1** polpa. **2** pasta (di legno). **3** poltiglia. □ *to* **beat** *s.o. to a* ~ conciare male qd.; *to* **crush** *to a* ~ spappolare; (*Giorn.*) ~ **magazine** giornale scandalistico; *to* **reduce** *to* ~ spappolare, ridurre in poltiglia; (*fam.*) conciare male.

to **pulp** [pʌlp] **I** *v.t.* spappolare, ridurre in poltiglia. **II** *v.i.* spappolarsi.

pulpit ['pulpit] *s.* **1** pulpito. **2** (*collett.*) clero.

pulpy ['pʌlpi] *a.* **1** polposo, carnoso. **2** scandaloso, scandalistico.

to **pulsate** [pʌl'seit] *v.i.* pulsare, palpitare.

pulsation [pʌl'seiʃən] *s.* pulsazione, palpito.

pulse[1] [pʌls] *s.* **1** polso; pulsazione. **2** vibrazione. **3** (*fig.*) vita, vitalità. ☐ *to* **feel** (o *take*) *s.o.'s* ~ tastare il polso a qd.; (*fig.*) *to* **have** (o *keep*) *one's finger on the* ~ essere aggiornati, al corrente.
to **pulse** [pʌls] *v.t.* pulsare, palpitare.
pulse[2] [pʌls] *s.* (general. al pl.) legumi.
to **pulverize** ['pʌlvəraiz] **I** *v.t.* **1** polverizzare; nebulizzare. **2** distruggere, annientare. **II** *v.i.* polverizzarsi.
puma ['pju:mə] *s.* (*Zool.*) puma.
pumice ['pʌmis] *s.* (pietra) pomice.
to **pummel** [pʌml] *v.t.* (*pass., p.p.* **-lled**/*am.* **-led** [-d]) prendere a pugni.
pump[1] [pʌmp] *s.* **1** pompa. **2** distributore (di benzina).
to **pump** [pʌmp] **I** *v.t.* **1** pompare. **2** (*fam.*) (*di informazioni*) strappare, carpire. **II** *v.i.* **1** (spesso con *away*) pompare. **2** azionare (una pompa). ☐ *to* ~ *s.o.'s* **hand** stringere calorosamente la mano a qd.; *to* ~ **out** produrre; *to* ~ *s.o.'s* **stomach** (*out*) fare una lavanda gastrica a qd.; *to* ~ **up** pompare.
pump[2] [pʌmp] *s.* scarpetta bassa, leggera e scollata.
pumpkin ['pʌmpkin] *s.* (*Bot.*) zucca.
pun [pʌn] *s.* gioco di parole.
to **pun** [pʌn] *v.i.* (*pass., p.p.* **punned** [-d]) fare giochi di parole (*on, upon* su).
punch[1] [pʌntʃ] *s.* **1** pugno. **2** (*fig.*) vigore, energia, grinta.
to **punch**[1] [pʌntʃ] **I** *v.t.* **1** dare un pugno a. **2** battere con forza su, pestare. **II** *v.i.* dare un pugno (*at* a), colpire con un pugno (qd.).
punch[2] [pʌntʃ] *s.* (*Mecc.*) **1** punzonatrice. **2** perforatrice.
to **punch**[2] [pʌntʃ] *v.t.* **1** forare, perforare: *punched cards* schede perforate. **2** (*Mecc.*) punzonare. **3** (*Inform.*) digitare, premere i tasti.
punch[3] [pʌntʃ] *s.* ponce, punch.
Punch [pʌntʃ] *N.pr.* (*Teat.*) Pulcinella. ☐ ~ *and* **Judy** *show* spettacolo di burattini; *as* **proud** *as* ~ tronfio come un pavone.
punch-drunk ['pʌntʃdrʌnk] *a.* (*rif. a pugile*) stordito, rintronato.
punch-line ['pʌntʃlain] *s.* battuta finale (di barzelletta, ecc.).
punch-up ['pʌntʃʌp] *s.* (*fam.*) scazzottata.
punctilio [pʌŋ'tiliəu] *s.* (*pl.* **-s** [-z]) **1** punto d'onore; formalità. **2** formalismo, cerimoniosità.
punctilious [pʌŋ'tiliəs] *a.* **1** formale, cerimonioso. **2** scrupoloso, meticoloso.
punctual ['pʌŋktʃuəl] *a.* puntuale.
punctuality [ˌpʌnktʃu'æliti] *s.* puntualità.
to **punctuate** ['pʌŋktʃueit] *v.t.* **1** mettere la punteggiatura in, punteggiare. **2** costellare, punteggiare. **3** interrompere ripetutamente.
punctuation [ˌpʌnktʃu'eiʃən] *s.* punteggiatura, interpunzione.
puncture ['pʌŋktʃə*] *s.* (*di pneumatico*) foratura, bucatura.
to **puncture** ['pʌŋktʃə*] **I** *v.t.* **1** bucare, forare. **2** (*fig.*) sgonfiare, ferire, demolire, distruggere. **II** *v.i.* forare, bucare.
pundit ['pʌndit] *s.* **1** (*in India*) pundit. **2** (*fam.*) esperto.
pungency ['pʌndʒənsi] *s.* **1** asprezza. **2** odore pungente; sapore piccante. **3** (*fig.*) causticità, acrimonia.
pungent ['pʌndʒənt] *a.* **1** acre, aspro; piccante. **2** (*fig.*) pungente, caustico.
to **punish** ['pʌniʃ] *v.t.* **1** castigare, punire. **2** (*fig.*) malmenare, maltrattare.
punishment ['pʌniʃmənt] *s.* **1** punizione, castigo. **2** (*Dir.*) pena. **3** (*fig.*) maltrattamento.
punitive ['pju:nitiv] *a.* punitivo.
punk [pʌŋk] **I** *s.* **1** punk. **2** musica punk. **II** *a.* punk.
punnet ['pʌnit] *s.* cestello.
punster ['pʌnstə*] *s.* chi fa giochi di parole.
punt [pʌnt] *s.* barchino, barca a fondo piatto.
to **punt** [pʌnt] **I** *v.t.* trasportare su un barchino. **II** *v.i.* andare in barchino.
punter ['pʌntə*] *s.* **1** scommettitore. **2** (*pl.*) utenti, pubblico.
puny ['pju:ni] *a.* sparuto, gracile.
pup [pʌp] *s.* cucciolo. ☐ (*fig.*) *to sell s.o. a* ~ imbrogliare qd.
pupa ['pju:pə] *s.* (*pl.* **-s** [-z]/**-pae** [-pi:]) (*Zool.*) pupa, crisalide.
pupil[1] ['pju:pl] *s.* **1** allievo, scolaro. **2** (*Dir.*) pupillo.
pupil[2] ['pju:pl] *s.* (*Anat.*) pupilla.
puppet ['pʌpit] *s.* burattino, marionetta. ☐ (*Pol.*) ~ *government* governo fantoccio.
puppet show ['pʌpitʃəu] *s.* spettacolo di burattini.
puppy ['pʌpi] *s.* cucciolo. ☐ ~ *love* amore da adolescenti; cotta.
purblind ['pə:blaind] *a.* ottuso.
purchasable ['pə:tʃəsəbl] *a.* acquistabile.
purchase ['pə:tʃəs] *s.* **1** acquisto. **2** presa, appiglio.
to **purchase** ['pə:tʃəs] *v.t.* comprare, acquistare.
purchaser ['pə:tʃəsə*] *s.* compratore, acquirente *m./f.*
purchasing power ['pə:tʃəsiŋ'pauə*] *s.* (*Econ.*) potere d'acquisto.
pure [pjuə*] **I** *a.* **1** puro; genuino, schietto. **2** limpido, chiaro; pulito. **3** innocente, onesto; casto. **4** vero (e proprio), assoluto: ~ *nonsense* una vera sciocchezza. ☐ ~ *and simple* puro e semplice.
purée *fr.* ['pjuərei, *am.* pjuə'rei] *s* (*Gastr.*) **1** purè. **2** passato.
purgative ['pə:gətiv] *a./s.* (*Farm.*) purgativo, purgante.
purgatory ['pə:gətəri] *s.* (*Teol.*) purgatorio.
purge [pə:dʒ] *s.* **1** (*Pol.*) epurazione. **2** (*Farm.*) purga, purgante.
to **purge** [pə:dʒ] **I** *v.t.* **1** purgare, purificare. **2** (*Pol.*) epurare. **3** (*Dir.*) prosciogliere. **II** *v.i.* purificarsi.
purification [ˌpjuərifi'keiʃən] *s.* purificazione.
to **purify** ['pjuərifai] *v.t.* purificare, depurare.

purism ['pjuərizəm] *s.* purismo.
purist ['pjuərist] *s.* purista *m./f.*
Puritan ['pjuəritən] *s.* puritano.
puritanism ['pjuəritənizəm] *s.* puritanesimo.
purity ['pjuəriti] *s.* purezza; castità.
purl [pə:l] *s.* (*a maglia*) punto rovescio.
to **purl**[1] [pə:l] *v.t./i.* (*a maglia*) lavorare a punto rovescio.
to **purl**[2] [pə:l] *v.i.* scorrere gorgogliando.
purlieu ['pə:lju:] *s.* (general. al pl.) periferia.
to **purloin** [pə:'lɔin] *v.t.* rubare, trafugare.
purple ['pə:pl] **I** *s.* (color) porpora. **II** *a.* **1** porporino. **2** (*fig.*) regale, imperiale. □ (*fig.*) *born in the* ~ di sangue reale.
purple heart ['pə:pl'hɑ:t] *s.* **1** (*am.*) medaglia concessa per ferite riportate in guerra. **2** pillola stimolante, anfetamina.
purplish ['pə:pliʃ] *a.* violaceo.
purport ['pə:pɔ:t] *s.* significato, senso generale.
to **purport** [pə:'pɔ:t] *v.t.* **1** dare a intendere. **2** significare, voler dire; implicare.
purpose ['pə:pəs] *s.* **1** fine, intento, scopo. **2** fermezza, risolutezza, determinazione. □ *to* **answer** *the* ~ = *to* **serve** *the* ~; **for** *the* ~ *of doing s.th.* al fine di fare qc.; **for** *this* ~ per questo scopo; **for** *what* ~? a che fine?; *to* **good** ~ a buon fine; *to* **no** ~ senza risultato; *a man* **of** ~ un uomo risoluto; **on** ~ di proposito, intenzionalmente; *for all* **practical** *purposes* a tutti gli effetti, in pratica; *to* **serve** *the* ~ fare al caso, rispondere allo scopo; **to** *the* ~ pertinente, a proposito; **with** *the* ~ *of doing s.th.* = **for** *the* ~ *of doing s.th.*
to **purpose** ['pə:pəs] *v.t.* (*lett.*) proporsi, avere l'intenzione di: *to* ~ *doing* (*o to do*) *s.th.* avere l'intenzione di fare qc.
purpose-built ['pə:pəsbilt] *a.* apposito, costruito appositamente.
purposeful ['pə:pəsful] *a.* deciso, risoluto, determinato.
purposeless ['pə:pəslis] *a.* senza scopo.
purposely ['pə:pəsli] *avv.* di proposito; apposta.
purposive ['pə:pəsiv] *a.* deliberato, intenzionale.
purr [pə*], **purring** ['pə:riŋ] *s.* **1** mormorio. **2** fusa.
to **purr** [pə:*] *v.i.* **1** ronzare sommessamente. **2** fare le fusa.
purse [pə:s] *s.* **1** borsellino. **2** (*am.*) borsa, borsetta. **3** (*fig.*) fondi.
to **purse** [pə:s] *v.t.* (spesso con *up*) increspare, arricciare.
purser ['pə:sə*] *s.* (*Mar.*) commissario di bordo.
pursuance [pə'sjuəns, *am*, –'su:–] *s.* esecuzione, adempimento. □ *in* ~ *of* conformemente a.
pursuant [pə'sjuənt] *a.* seguente, conforme (*to* a). □ ~ *to* in conformità di, conformemente a.
to **pursue** [pə'sju:, *am.* –'su:] *v.t.* **1** inseguire, dare la caccia a. **2** perseguire, cercare di raggiungere. **3** proseguire, continuare.
pursuer [pə'sjuə*, *am.* –'su:–] *s.* inseguitore.
pursuit [pə'sju:t, *am.* –'su:] *s.* **1** inseguimento, caccia. **2** ricerca, perseguimento. **3** attività, occupazione.
purulent ['pjuərulənt] *a.* (*Med.*) purulento.
to **purvey** [pə'vei] *v.t./i.* approvvigionare.
purveyor [pə:'veiə*] *s.* fornitore.
purview ['pə:vju:] *s.* **1** ambito, campo, sfera. **2** (*Dir.*) portata di una legge.
pus [pʌs] *s.* (*Med.*) pus.
push [puʃ] *s.* **1** spinta, urto; spintone. **2** (*fig.*) spinta, incitamento; stimolo, sprone. **3** sforzo. **4** energia; intraprendenza, iniziativa. □ **at** *a* ~ in caso d'emergenza; al bisogno; *when it* **comes** *to the* ~ quando arriva il momento critico; (*fam.*) *to* **get** *the* ~ essere licenziato, essere mollato; (*fam.*) *to* **give** *s.o. the* ~ licenziare qd., mollare qd.
to **push** [puʃ] **I** *v.t.* **1** spingere. **2** ficcare, spingere dentro; premere, pigiare. **3** (*fig.*) fare pressione su; insistere; esortare, incitare; spronare, pungolare. **4** (*fam.*) essere vicino a, avvicinarsi a: *he must be pushing fifty* deve essere vicino alla cinquantina. **5** (*pop.*) (*di droga, ecc.*) trafficare, spacciare. **6** (*Comm.*) fare pubblicità a, propagandare. **II** *v.i.* **1** spingere. **2** darsi da fare, sforzarsi. □ *to* ~ **ahead** spingere avanti; avanzare; *to* ~ **along** = *to* ~ **off**; *to* ~ **around** fare il prepotente con, tiranneggiare; *to* ~ **aside** mettere da parte; *to* ~ **away** respingere, allontanare; *to* ~ **back** spingere indietro; *to* ~ **down** abbattere, buttare giù; pigiare, premere; *to* ~ **forward** spingere avanti; spingersi avanti; *to* ~ **in** riuscire a entrare; spingere (in una coda); passare davanti; (*fam.*) *to* ~ **off** andar via; *to* ~ **on** proseguire, andare avanti, procedere; *to* ~ *a door* **open** aprire una porta con una spinta; *to* ~ **out** produrre, sfornare; *to* ~ **over** far cadere; *to* ~ *a door* **shut** chiudere una porta con una spinta; (*di legge, proposta*) *to* ~ **through** far approvare, far passare; *to* ~ **up** tirare su, spingere (in) su; far aumentare; *to* ~ *one's* **way** *through* aprirsi un varco.
push-bicycle ['puʃbaisikl], **push-bike** ['puʃbaik] *s.* bicicletta.
push-button ['puʃbʌtən] *s.* pulsante.
pushcart ['puʃkɑ:t] *s.* carretto a mano.
pushchair ['puʃtʃeə*] *s.* passeggino.
pushed ['puʃt] *a.* **1** a corto di, senza: *I'm* ~ *for time* ho pochissimo tempo. **2** in difficoltà: *to be* (*hard*) ~ *to do s.th.* avere difficoltà a fare qc.
pusher ['puʃə*] *s.* (*sl.*) spacciatore di droga.
pushover ['puʃəuvə*] *s.* (*fam.*) **1** cosa molto facile, bazzecola. **2** persona facile da convincere.
pusillanimity [ˌpju:silə'nimiti] *s.* viltà, vigliaccheria.
pusillanimous [pju:si'læniməs] *a.* vile, pusillanime.
puss [pus] *s.* (*fam.*) gatto, micio.
pussy(-cat) ['pusi(kæt)] *s.* (*fam.*) gatto, micio.
to **pussyfoot** ['pusifut] *v.i.* (*fam.*) agire con

cautela; andare con i piedi di piombo.

pustule ['pʌstju:l] *s.* pustola.

to **put** [put] *v.* (*pass., p.p.* **put**) **I** *v.t.* **1** mettere; porre, collocare: *to ~ one's hands in one's pockets* mettersi le mani in tasca. **2** mandare: *to ~ a man in space* mandare un uomo nello spazio. **3** apporre, mettere (per iscritto): *to one's signature* apporre la propria firma. **4** esprimere, tradurre: *to ~ one's feelings into words* tradurre in parole i propri sentimenti. **5** presentare, sottoporre: *to ~ a proposal to s.o.* presentare una proposta a qd. **6** dedicare, applicare: *to ~ one's mind to s.th.* applicare la propria mente a qc.; *if I ~ to it, I can succeed* se mi ci metto, posso riuscire. **7** (*Sport*) lanciare. **II** *v.i.* (*Mar.*) dirigersi (o far rotta) verso. □ *to ~* **pen** *to paper* metter mano alla penna; incominciare a scrivere; *I'll ~ you in your* **place***!* ti metterò a posto io! *I ~ it* **to** *you that...* ti invito a convenire che...; *to be (hard) ~ it* **to** (*do s.th.*) trovare difficile fare qc.: *I was hard ~ it to be kind to everybody* mi è stato difficile essere gentile con tutti. // (*seguito da preposizioni*) (*fam.*) *to ~* **across** ingannare: *that woman ~ it across me* quella donna mi ha ingannato; *to ~* **into**: 1 dedicare: *I ~ much time into improving my English* dedico molto tempo per perfezionare il mio inglese; 2 tradurre; 3 (*Mar.*) entrare in (un porto); *to ~* **off** dissuadere, distogliere; *to ~* **on**: 1 aumentare, accrescere: *his illness ~ years on us* la sua malattia ci ha fatto invecchiare; 2 scommettere; valutare: *what price do you ~ on this piece of furniture?* quanto valuti questo mobile?; *to ~ money* **on** *s.th.* essere sicuro di qc.; (*fam.*) *to ~* **onto** segnalare, indicare: *who ~ you onto it?* chi ti ha dato l'informazione?; *to ~* **through** sottoporre. // (*seguito da avverbi*) *to ~* **about**: 1 (*fam.*) diffondere (notizie); 2 (*Mar.*) virare di bordo; *to ~* **across**: 1 spiegarsi; far capire; 2 (*fam.*) portare al successo; *to ~* **aside**: 1 mettere da parte, risparmiare; 2 ignorare; *to ~* **away**: 1 riporre, mettere via; 2 risparmiare; 3 (*fam.*) far fuori (mangiando o bevendo); 4 rinunciare; 5 (*fam.*) segregare (in prigione, manicomio); *to ~* **back**: 1 rimettere (a posto); 2 (*di orologio*) mettere indietro; 3 (*fig.*) rallentare, ritardare; 4 (*Mar.*) tornare indietro; *to ~* **by** mettere da parte; *to ~* **down**: 1 posare, mettere giù; 2 (*Aer.*) atterrare; 3 mettere via, conservare; 4 pagare un anticipo; 5 domare, reprimere; 6 annotare, scrivere; 7 far scendere (da un veicolo); *to ~ s.o.* **down** *as* considerare qd. come; *to ~ s.o.* **down** *for* mettere qd. in lista; *to ~ s.th.* **down** *to s.th.*: 1 attribuire qc. a qc. altro; 2 mettere qc. (sul conto di qd.); *to ~* **forth**: 1 (*lett.*) tirar fuori; produrre; 2 (*Bot.*) germogliare; *to ~* **forward**: 1 proporre, avanzare; 2 (*di orologio*) mettere avanti; 3 farsi notare, mettersi in vista; *to ~* **in**: 1 interrompere (usato spesso come esclamazione): *"What has got into your head?" he put in* "che cosa ti salta in mente?" disse; 2 (*Mar.*) fare scalo (*at* a, in); 3 introdurre; (*fam.*) fare una breve visita (*o* una sosta); 4 presentare, inoltrare (richieste, ecc.); 5 (*rif. a tempo*) passare, fare: *to ~ in an hour's practice* fare un'ora di esercizi; 6 insediare, mettere; eleggere: *to ~ in a caretaker* mettere un guardiano; *to ~* **in** *for* richiedere (formalmente); *to ~* **in** *a good word for s.o.* raccomandare qd.; *to ~* **off**: 1 rinviare, posporre; 2 liberarsi di, sbarazzarsi di; 3 spegnere: *to ~ off the radio* spegnere la radio; 4 far scendere, scaricare; 5 (*fig.*) intrappolare: *he ~ me off with vague promises* mi ha intrappolato con vaghe promesse; 6 scoraggiare; 7 sconcertare; infastidire; *to ~* **on**: 1 assumere, prendere; fingere: *to ~ on an arrogant air* assumere un'aria arrogante; 2 aumentare: *to ~ on weight* ingrassare; 3 fare, eseguire: *to ~ on a splendid show* fare uno spettacolo splendido; 4 indossare: *she ~ her hat on* si mise il cappello; 5 aggiungere; mettere a disposizione; 6 accendere; 7 (*am.*) prendersi gioco di; to ~ **out**: 1 spegnere; 2 mandare fuori: *I always put out the ironing* non stiro mai in casa; 3 disturbare, scomodare: *don't ~ yourself out* non disturbarti; 4 (*Med.*) slogare, lussare; 5 produrre: *the factory puts out 10 tons of sugar every day* la fabbrica produce 10 tonnellate di zucchero al giorno; 6 pubblicare; mandare in onda; 7 dare (soldi) a interesse; *to ~* **out** *from* salpare; *to ~* **through**: 1 portare a termine; 2 mettere in comunicazione telefonica; *to ~ s.o.* **through** *s.th.* sottoporre qd. (a un esame, ecc.); *to ~* **together** mettere insieme, montare; raccogliere; *to ~***up**: 1 alzare, sollevare: *to ~ up one's hands* alzare le mani in segno di resa; 2 costruire, erigere; 3 affiggere, attaccare: *to ~ up a notice* affiggere un avviso; 4 aumentare, maggiorare: *to ~ up price of s.th.* aumentare il prezzo di qc.; 5 mettere in vendita: *to ~ s.th. up for auction* mettere qc. all'asta; 6 fornire: *to ~ up the capital* fornire il capitale; 7 ospitare, alloggiare: *to ~ s.o. up for the night* ospitare qd. per la notte; 8 (*Caccia*) stanare, snidare; *to ~* **up** *a good fight* combattere valorosamente; *to ~* **up** *at* trovare alloggio; *to ~* **up** *for s.th.* candidarsi a ; *to ~ s.o.* **up** *for s.th.* proporre qd. a una carica; *to ~ s.o.* **up** *to doing s.th.* suggerire a qd. di fare qc.; *to ~* **up** *with* sopportare, sorbirsi.

putative ['pju:tətiv] *a.* putativo

put-on ['put'ɔn] *s.* inganno.

putrefaction [ˌpju:tri'fækʃən] *s.* **1** putrefazione. **2** marciume.

to **putrefy** ['pju:trifai] **I** *v.t.* putrefare. **II** *v.i.* putrefarsi.

putrescent [pju:'tresnt] *a.* in putrefazione.

putrid ['pju:trid] *a.* **1** putrido, putrefatto. **2** (*sl.*) orribile, schifoso.

putsch *ted.* [putʃ] *s.* (*Pol.*) colpo di stato, putsch.

putt [pʌt] *s.* (*nel golf*) colpo eseguito con il putter.
putter ['pʌtə*] *s.* (*Sport*) putter.
putting green ['pʌtiŋgri:n] *s.* (*nel golf*) tratto di terreno erboso intorno alla buca.
putty ['pʌti] *s.* stucco; mastice.
to **putty** ['pʌti] *v.t.* stuccare.
put-up ['put'ʌp] *a.* (*fam.*) combinato. □ ~ *job* messinscena.
puzzle ['pʌzl] *s.* **1** mistero; enigma; questione difficile (*o* complessa). **2** indovinello, rompicapo; gioco di pazienza, puzzle.
to **puzzle** ['pʌzl] **I** *v.t.* sconcertare, disorientare. **II** *v.i.* **1** essere perplesso (*about, over* per). **2** scervellarsi (*over* per). □ *to* ~ *out* decifrare, risolvere.
puzzled ['pʌzld] *a.* perplesso, disorientato.
puzzlement ['pʌzlmənt] *s.* confusione, perplessità.
puzzler ['pʌzlə*] *s.* questione complessa; enigma, mistero.
PVC = *Polyvinyl chloride* polivinilcloruro.
pygmy ['pigmi] **I** *a./s.* pigmeo.
pyjamas [pi'dʒɑ:məz] *s.pl.* pigiama.
pylon ['pailən] *s.* (*El., Tel.*) pilone, traliccio.
pylorus [pai'lɔ:rəs] *s.* (*Anat.*) piloro.
pyorrhoea [ˌpaiə'riə] *s.* (*Med.*) piorrea.
pyramid ['pirəmid] *s.* piramide.
pyre [paiə*] *s.* rogo, pira.
pyrites [ˌpai'raiti:z] *s.inv.* (*Min.*) pirite.
pyrotechnic [ˌpairə(u)'teknik] *a.* pirotecnico.
pyrotechnics [ˌpairə(u)'tekniks] *s.pl.* (costr. sing. o pl.) pirotecnica.
python ['paiθən] *s.* (*Zool.*) pitone.

Q

q[1], **Q** [kju:] *s.* (*pl.* **q's/qs, Q's/Qs** [kju:z]) q, Q. □ (*Tel.*) ~ *for Queenie*; (*am.*) ~ *for Queen* Q come Quarto.

q[2] = *quintal* quintale.

QC = *Queen Counsel* Consiglio della Corona.

Q.E.D. = (*Mat.*) *quod erat demostrandum* come volevasi dimostrare (c.v.d.).

qua *lat.* [kwei] *avv.* in quanto, come: *art* ~ *art* l'arte in quanto arte.

quack[1] [kwæk] *s.* (*onom.*) qua.

to **quack** [kwæk] *v.i.* fare qua qua.

quack[2] [kwæk] *s.* **1** medico empirico. **2** ciarlatano.

quackery ['kwækəri] *s.* ciarlataneria, medicina poco seria.

quad [kwɔd] *s.* **1** (*fam.*) gemello quadrigemino. **2** (*Univ.*) corte quadrangolare (interna). **3** (*Tip.*) quadrato.

quadrangle ['kwɔdræŋgl] *s.* **1** (*Geom.*) quadrangolo. **2** (*Arch.*) corte quadrangolare.

quadrangular [kwɔ'dræŋgjulə*] *a.* quadrangolare.

quadrant ['kwɔdrənt] *s.* quadrante.

quadratic [kwɔ'drætik] **I** *a.* (*Mat.*) quadratico. **II** *s.* espressione quadratica.

quadrilateral [ˌkwɔdri'lætərəl] *a./s.* quadrilatero.

quadrille [kwə'dril, *am.* kwɔ:–] *s.* quadriglia.

quadrillion [kwɔ'driljən] *s.* (*pl.* *inv.*/**–s** [–z]) **1** (*ingl.*) quadrilione (un milione di trilioni = 10^{24}) **2** (*am.*) quadrilione (un milione di miliardi = 10^{15}).

quadruped ['kwɔdruped] *a./s.* (*Zool.*) quadrupede.

quadruple ['kwɔdrupl] *a./s.* quadruplo.

to **quadruple** ['kwɔdrupl] **I** *v.t.* quadruplicare. **II** *v.i.* quadruplicarsi.

quadruplet ['kwɔdruplit] *s.* gemello quadrigemino.

quadruplicate [kwɔ'dru:plikit] *a.* quadruplicato. □ *in* ~ in quattro copie.

to **quadruplicate** [kwɔ'dru:plikeit] *v.t.* fare quattro copie di.

quagmire ['kwægmaiə*] *s.* **1** pantano, palude. **2** (*fig.*) dilemma.

quail [kweil] *s.* (*Zool.*) quaglia.

to **quail** [kweil] *v.i.* perdersi d'animo.

quaint [kweint] *a.* **1** caratteristico d'altri tempi. **2** strano, bizzarro.

quake [kweik] *s.* **1** (*fam.*) terremoto. **2** tremito, tremore.

to **quake** [kweik] *v.i.* tremare.

Quaker ['kweikə*] *s.* (*Rel.*) quacchero.

Quakerdom ['kweikədəm], **Quackerism** ['kweikərizəm] *s.* (*Rel.*) quaccherismo.

qualification [ˌkwɔlifi'keiʃən] *s.* **1** requisito, qualifica, titolo. **2** riserva; condizione; limitazione: *without* ~ senza riserve. **3** qualificazione (per una gara, un posto di lavoro). **4** precisazione (su un'affermazione).

qualified ['kwɔlifaid] *a.* **1** qualificato (*for* per). **2** abilitato (alla professione). **3** (*di affermazione*) condizionato, con riserva.

qualifier ['kwɔlifaiə*] *s.* **1** (*Sport*) chi si qualifica. **2** (*Gramm.*) aggettivo (*o* avverbio) qualificativo.

to **qualify** ['kwɔlifai] **I** *v.t.* **1** qualificare. **2** abilitare, autorizzare. **3** limitare, ridurre; precisare (un'affermazione). **II** *v.i.* **1** qualificarsi (*for* per, a). **2** essere abilitato. **3** (*Sport*) qualificarsi.

qualitative ['kwɔlitətiv] *a.* qualitativo.

quality ['kwɔliti] *s.* **1** qualità; requisito. **2** proprietà, caratteristica particolare. □ **good** (o *high*) ~ buona qualità; **poor** (**o** *low*) ~ qualità scadente.

quality control ['kwɔlitikən'trəul] *s.* (*Comm.*) controllo di qualità.

qualm [kwɔ:m] *s.* **1** scrupolo. **2** senso di nausea.

quandary ['kwɔndəri] *s.* incertezza; dilemma.

to **quantify** ['kwɔntifai] *v.t.* quantificare.

quantitative ['kwɔntitətiv] *a.* quantitativo.

quantity ['kwɔntiti] *s.* **1** quantità. **2** gran numero, mucchio. □ (*Mat., fig.*) *unknown* ~ incognita.

quantum ['kwɔntəm] *s.* (*pl.* **–ta** [–tə]) **1** (*Fis.*) quanto, quantum. **2** piccola quantità, parte.

quantum leap ['kwɔntəmli:p] *s.* **1** salto di qualità. **2** passi da gigante.

quarantine ['kwɔrənti:n] *s.* quarantena.

to **quarantine** ['kwɔrənti:n] *v.t.* mettere in quarantena.

quarrel ['kwɔrəl] *s.* lite, litigio; dissenso; disputa. □ *to* **have** *a* ~ *with s.o.* litigare con qd.; *to* **make** *up a* ~ riconciliarsi; *to* **pick** *up a* ~ *with s.o.* avere da ridire con qd.

to **quarrel** ['kwɔrəl] *v.i.* (*pass., p.p.* **–lled**/*am.*

-led [-d]) **1** litigare, bisticciare: *to ~ over* (o *about*) *s.th.* bisticciare per qc. **2** trovare da ridire (*with* su).

quarrelsome ['kwɔrəlsəm] *a.* litigioso, rissoso.

quarry[1] ['kwɔri] *s.* **1** cava. **2** (*fig.*) miniera, fonte.

to **quarry** ['kwɔri] **I** *v.t.* **1** estrarre, (s)cavare. **2** (*fig.*) ricavare (informazioni). **II** *v.i.* scavare una cava.

quarry[2] ['kwɔri] *s.* preda; selvaggina.

quart [kwɔ:t] *s.* (*unità di misura*) **1** (*GB*) quarto → **Appendice.** **2** (*USA*) quarto → **Appendice.**

quarter ['kwɔ:tə*] *s.* **1** quarto, quarta parte. **2** trimestre. **3** parte, luogo, regione: *visitors from all quarters of the globe* visitatori da tutte le parti del mondo. **4** quartiere, rione. **5** *pl.* alloggio **6** *pl.* (*Mil.*) quartieri; caserme. **7** (*am.*) quarter (venticinque cents). □ *to* **ask** (*for*) ~ chiedere la resa (avendo salva la vita); (*fam.*) *a* **bad** ~ *of an hour* un brutto quarto d'ora; *at* **close** *quarters* da vicino; *to* **give** ~ accettare la resa risparmiando la vita; *to* **strike** *the* ~ battere il quarto; *to* **take** *up quarters* prendere alloggio; (*Mar. mil.*) occupare i posti di combattimento.

to **quarter** ['kwɔ:tə*] **I** *v.t.* **1** dividere in quattro parti. **2** (*Stor.*) squartare. **3** (*Mil.*) alloggiare, acquartierare. **II** *v.i.* alloggiare, prendere alloggio.

quarter day ['kwɔ:tədei] *s.* giorno di scadenza dei pagamenti trimestrali.

quarter-deck ['kwɔ:tədek] *s.* (*Mar.*) cassero.

quarter-finals ['kwɔ:tə'fainlz] *s.* (*Sport*) quarti di finale.

quarterly ['kwɔ:təli] **I** *avv.* trimestralmente. **II** *a.* trimestrale. **III** *s.* (*Giorn.*) pubblicazione trimestrale.

quartermaster ['kwɔ:təmɑ:stə*] *s.* **1** (*Mil.*) furiere. **2** (*Mar.*) timoniere.

quartet(te) [kwɔ:'tet] *s.* (*Mus.*) quartetto.

quarto ['kwɔ:təu] *s.* (*pl.* **-s** [-z]) (*Edit.*) formato in quarto.

quartz [kwɔ:ts] *s.* (*Min.*) quarzo.

quasar ['kweisɑ:*] *s.* (*Astr.*) quasar.

to **quash**[1] [kwɔʃ] *v.t.* domare, stroncare.

to **quash**[2] [kwɔʃ] *v.t.* (*Dir.*) cassare, abrogare.

quaternary [kwə'tə:nəri] *a.* quaternario.

quatrain ['kwɔtrein] *s.* (*Metrica*) quartina.

quaver ['kweivə*] *s.* **1** tremito, tremolio. **2** (*Mus.*) trillo. **3** (*Mus.*) croma.

to **quaver** ['kweivə*] **I** *v.i.* **1** tremare; tremolare. **2** (*Mus.*) trillare. **II** *v.t.* dire con voce tremula.

quay [ki:] *s.* (*Mar.*) banchina, molo.

queasiness ['kwi:zinis] *s.* **1** nausea, disgusto. **2** scrupolo di coscienza.

queasy ['kwi:zi] *a.* **1** nauseabondo, nauseante. **2** nauseato. **3** scrupoloso. **4** schizzinoso.

Quebec [kwi'bek] *N.pr.* (*Geog.*) Quebec.

queen [kwi:n] *s.* **1** regina. **2** reginetta (di bellezza). **3** (*sl.*) finocchio, omosessuale. □ **beauty** ~ reginetta di bellezza; ~ **bee** ape regina; (*Dir.*) *Queen's* **Bench** Corte Suprema; ~ *of* **heart** regina di cuori; ~ **Mother** regina madre.

to **queen** [kwi:n] *v.i.* (*fig.*) (general. con *it*) spadroneggiare; darsi arie da regina.

queenly ['kwi:nli] *a.* degno di una regina, regale.

queer [kwiə*] *a.* **1** bizzarro, eccentrico, stravagante. **2** sospetto, dubbio. **3** indisposto, che non sta bene. **4** (*volg.*) frocio, omosessuale. □ (*fig.*) *in queer street* nei guai.

to **queer** [kwiə*] *v.t.* (*fam.*) rovinare, guastare.

to **quell** [kwel] *v.t.* **1** reprimere, domare. **2** calmare, sedare.

to **quench** [kwentʃ] *v.t.* **1** spegnere, estinguere. **2** (*fig.*) appagare, saziare. □ *to ~ one's thirst* dissetarsi.

quern [kwə:n] *s.* macina a mano.

querulous ['kweruləs] *a.* lamentoso, querulo.

query ['kwiəri] *s.* **1** quesito, domanda. **2** dubbio, riserva.

to **query** ['kwiəri] *v.t.* **1** mettere in discussione, contestare. **2** indagare, investigare. **3** (*Tip.*) segnare con un punto interrogativo.

quest [kwest] *s.* (*ant.*) ricerca: *in ~ of* alla ricerca di.

to **quest** [kwest] *v.t.* (*ant.*) cercare (*for, after s.th.* qc.).

question ['kwestʃən] *s.* **1** domanda, quesito. **2** problema, questione. **3** dubbio. □ **beside** *the* ~ non pertinente; *to* **bring** (o *call*) *into* ~ mettere in discussione; **in** ~ in discussione, in questione; ~ **mark** punto interrogativo; *to make* **no** ~ *of s.th.* non avere alcun dubbio su qc.; *there is* **no** ~ *of doing it* non c'è modo di farlo; **open** *to* ~ discutibile; **out** *of* (o *beyond*) ~ senza dubbio; **out** *of the* ~ fuori discussione; (*Parl.*) *to* **put** *the* ~ mettere ai voti.

to **question** ['kwestʃən] **I** *v.t.* **1** interrogare: *to ~ s.o. about s.th.* interrogare qd. intorno a qc.; informarsi di. **2** mettere in discussione, contestare; dubitare di. **3** (*Scol., Parl.*) interrogare. **II** *v.i.* fare domande.

questionable ['kwestʃənəbl] *a.* **1** discutibile, contestabile. **2** problematico, incerto.

questioner ['kwestʃənə*] *s.* interrogante.

questioning ['kwestʃəniŋ] **I** *s.* interrogatorio. **II** *a.* interrogativo.

question mark ['kwestʃənmɑ:k] *s.* punto interrogativo.

question master ['kwestʃən'mɑ:stə*] *s.* presentatore di gioco a quiz.

questionnaire [ˌkwestʃə'nɛə*] *s.* questionario.

queue [kju:] *s.* coda, fila.

to **queue** [kju:] *v.i.* (spesso con *up*) fare la fila, mettersi in coda.

quibble ['kwibl] *s.* cavillo, sofisma.

to **quibble** ['kwibl] *v.i.* cavillare, sofisticare.

quick [kwik] **I** *a.* **1** veloce, svelto, rapido; sbrigativo. **2** vivace, sveglio. **II** *s.* (*Anat.*) carne viva, vivo. **III** *avv.* **1** in fretta, rapidamente. **2** subito. □ *to be ~* **about** *s.th.* sbrigarsi; *as ~* **as** *lightning* veloce come un lampo; *to* **cut** *s.o. to the ~* toccare qd. nel

vivo; *to have a* ~ **temper** avere i nervi a fior di pelle.
to **quicken** ['kwikən] **I** *v.t.* **1** accelerare, sveltire. **2** (*fig.*) eccitare, stimolare. **II** *v.i.* **1** diventare più rapido. **2** ridestarsi, destarsi.
quickie ['kwiki] *s.* (*fam.*) cosa fatta in fretta.
quicklime ['kwiklaim] *s.* (*Chim.*) calce (viva).
quicksand ['kwiksænd] *s.* (*Geol.*) sabbie mobili.
quickset ['kwikset] *a.* siepe viva (spec. di biancospino). □ ~ *hedge* siepe di biancospino.
quicksilver ['kwik,silvə*] *s.* **1** (*Chim.*) mercurio. **2** (*fig.*) argento vivo.
quick-tempered ['kwik'tempəd] *a.* irascibile, collerico.
quick-witted ['kwick'witid] *a.* pronto d'ingegno.
quid [kwid] *s.* (*pl. inv.*/**–s** [–z]) (*sl.*) (lira) sterlina.
quiescence [kwai'esns] *s.* stato di quiete, inattività.
quiescent [kwai'esnt] *a.* in stato di quiete, inattivo.
quiet ['kwaiət] **I** *a.* **1** quieto, tranquillo, calmo. **2** discreto, riservato; taciturno. **3** alla buona, familiare. **4** (*rif. a colori*) spento. **II** *s.* silenzio, quiete; tranquillità, calma. **III** *avv.* tranquillamente. □ *to* **keep** ~ stare zitto; *to* **keep** ~ *about s.th.* (o *to* **keep** *s.th.* ~) passare qc. sotto silenzio; **on** *the* ~ alla chetichella.
to **quiet** ['kwaiət], to **quieten** ['kwaiətn] **I** *v.t.* calmare, acquietare. **II** *v.i.* calmarsi, acquietarsi. □ *to* ~ *down* tacere; calmarsi.
quietism ['kwaiitizəm] *s.* (*Rel.*) quietismo.
quiff [kwif] *s.* ciuffo.
quill [kwil] *s.* **1** (*Zool.*) penna della coda e delle ali. **2** (*Zool.*) aculeo (di porcospino, ecc.). **3** (*Tessitura*) bobina, spola. **4** penna d'oca (per scrivere).
quilt [kwilt] *s.* trapunta; piumino.
to **quilt** [kwilt] *v.t.* **1** trapuntare, impuntire. **2** imbottire: *quilted trousers* pantaloni imbottiti.
quince [kwins] *s.* (*Bot.*) cotogno; mela cotogna.
quinine [kwi'ni:n, *am.* 'kwainain] *s.* (*Farm.*) chinino.
quinsy ['kwinzi] *s.* (*Med.*) tonsillite.
quintessence [kwin'tesns] *s.* quintessenza.
quintessential [kwin'tisenʃəl] *a.* quintessenziale.
quintet(te) [kwin'tet] *s.* (*Mus.*) quintetto.
quintillion [kwin'tiljən] *s.* (*pl.inv.*/**–s** [–z]) (*am.*) trilione (un milione di bilioni = 10^{18}).
quintuplets ['kwintjuplits] *s.* cinque gemelli.
quip [kwip] *s.* **1** battuta di spirito. **2** frecciata.
to **quip** [kwip] *v.i.* (*pass., p.p.* **quipped** [–t]) fare dello spirito.
quire [kwaiə*] *s.* mazzetta di ventiquattro fogli di carta.
quirk [kwə:k] *s.* **1** mania, stravaganza. **2** caso (fortuito), accidente.
quisling ['kwizliŋ] *s.* (*Pol.*) collaborazionista.
to **quit** [kwit] *v.* (*pass., p.p.* **quit/–tted** [–id]) **I** *v.t.* **1** lasciare, abbandonare; partire da, andarsene da. **2** smettere, cessare. **II** *v.i.* **1** andarsene. **2** dare le dimissioni, dimettersi. □ *to be quits* essere pari (non avere debiti reciproci).
quite [kwait] **I** *avv.* **1** completamente, del tutto. **2** piuttosto, alquanto, abbastanza. **3** proprio, davvero. **II** *intz.* certo, sì, proprio: ~ (*so*)*!* proprio così! □ ~ *a* **few** non pochi, molti; (*esclam.*) ~ **right***!* giustissimo!; *I'm not* ~ **sure** non sono proprio sicuro.
quits [kwits] *a.* (*pred.*) pari, (pari e) patta (*with* con): *to call it* ~ finire alla pari (dopo una lunga discussione).
quittance ['kwitəns] *s.* quietanza, ricevuta.
quitter ['kwitə*] *s.* (*fam.*) rinunciatario, vigliacco.
quiver[1] ['kwivə*] *s.* fremito, tremito.
to **quiver** ['kwivə*] *v.t/i.* (far) fremere, (far) tremare.
quiver[2] ['kwivə*] *s.* faretra.
quivering ['kwivəriŋ] *a.* tremante, fremente.
quixotic [kwik'sɔtik] *a.* (*Lett.*) donchisciottesco.
quiz [kwiz] *s.* (*pl.* **quizzes** [–iz]) **1** questionario. **2** quiz, indovinello.
to **quiz** [kwiz] *v.t.* (*pass., p.p* **quizzed** [–d]) interrogare.
quizmaster ['kwizmɑ:stə*] *s.* presentatore (di quiz).
quizzical ['kwizikəl] *a.* beffardo, canzonatorio.
quoit [kɔit] *s.* **1** anello di corda (*o* metallo). **2** *pl.* gioco degli anelli.
quondam *lat.* ['kwɔndæm] *a.* ex, di un tempo: *a* ~ *friend* un ex amico.
quorum *lat.* ['kwɔ:rəm] *s.* quorum, numero legale.
quota ['kwəutə] *s.* parte (spettante), quota.
quotation [kwə(u)'teiʃən] *s.* **1** citazione; brano citato. **2** (*Econ.*) quotazione. **3** prezzo. □ ~ *marks* virgolette.
quote [kwəut] *s.* **1** (*fam.*) citazione. **2** *pl.* virgolette.
to **quote** [kwəut] *v.t.* **1** citare. **2** addurre come prova. **3** (*Econ.*) quotare. □ *quoted* **company** società quotata in borsa; *quoted* **securities** valori mobiliari. ‖ *quote... unquote* aperte le virgolette... chiuse le virgolette.
quoth [kwəuθ] (*voce verbale di 1ª e 3ª pers. sing.*) (*poet.*) dissi, disse.
quotidian [kwɔ'tidiən] *a.* quotidiano.
quotient ['kwəuʃənt] *s.* (*Mat.*) quoziente.
Quran [kɔ:'rɑ:n] *s.* Corano.

R

r, R[1] [ɑ:] *s.* (*pl.* **r's/rs, R's/Rs** [ɑ:z]) r, R. □ (*Tel.*) ~ *for* **Robert**; (*am.*) ~ *for* **Roger**; R come Roma; *the* **three** *R's* leggere, scrivere, far di conto.

R[2] = **1** *rex* (o *regina*) re (*o* regina). **2** (*am., Cin.*) *restricted* vietato ai minori.

® = (*messo a esponente*) *registered* marchio depositato.

Ra = (*Chim.*) *radium* radio.

RA = *Royal Academy* Accademia Reale.

rabbi ['ræbai] *s.* rabbino.

rabbinical [ræ'binikəl] *a.* rabbinico.

rabbit ['ræbit] *s.* (*pl. inv./*–**s** [–s]) **1** coniglio. **2** (*Sport*) giocatore di scarso valore.

to **rabbit** ['ræbit] *v.i.* (*pass., p.p.* –**tted**/*am.* –**ted** [–id]) andare a caccia di conigli. □ (*fam.*) *to* ~ *on* menar il can per l'aia.

rabbit hutch ['ræbithʌtʃ] *s.* conigliera.

rabble ['ræbl] *s.* **1** folla; gentaglia, marmaglia. **2** (*spreg.*) volgo, plebaglia.

rabble-rouser ['ræblrauzə*] *s.* demagogo da strapazzo; agitatore politico.

rabid ['ræbid] *a.* **1** arrabbiato; rabbioso, furioso. **2** (*Med.*) idrofobo.

rabies ['reibi:z] *s.inv.* (*Med.*) rabbia.

raccoon [ræ'ku:n] *s.* (*pl. inv./*–**s** [–z]) (*Zool.*) procione lavatore.

race[1] [reis] *s.* **1** gara, corsa. **2** (*fig.*) vita, corso della vita. **3** forte corrente (di fiume, ecc.). □ ~ **against** *time* lotta contro il tempo; ~ **meeting** concorso ippico.

to **race** [reis] **I** *v.i.* **1** correre, gareggiare (*against, with* contro, con). **2** affrettarsi; precipitarsi. **3** partecipare alle corse sportive. **II** *v.t.* **1** correre con, gareggiare in corsa con. **2** far correre; far gareggiare.

race[2] [reis] *s.* **1** razza; stirpe, discendenza. **2** (*fig.*) categoria, classe.

racecourse ['reiskɔ:s] *s.* ippodromo.

racehorse ['reishɔ:s] *s.* cavallo da corsa.

racer ['reisə*] *s.* **1** corridore. **2** cavallo da corsa; bicicletta da corsa; imbarcazione da competizione; automobile da corsa.

racetrack ['reistræk] *s.* **1** pista. **2** (*am.*) ippodromo.

Rachel ['reitʃəl] *N.pr.f.* Rachele.

rachitic [rə'kitik] *a.* (*Med.*) rachitico.

rachitis [rə'kaitis] *s.* (*pl.* –**tides** [–tidi:z]) (*Med.*) rachitismo.

racial ['reiʃəl] *a.* razziale: ~ *discrimination* discriminazione razziale.

racialism ['reiʃəlizəm] *s.* razzismo.

racialist ['reiʃəlist] *s.* razzista *m./f.*

racing ['reisiŋ] **I** *s.* corsa; corse ippiche; corse automobilistiche. **II** *a.* da corsa, da competizione. □ ~ *car* automobile da corsa.

racism ['reisizəm] *s.* razzismo.

racist ['reisist] *a./s.* razzista.

rack[1] [ræk] *s.* **1** rastrelliera. **2** scolapiatti. **3** portababagagli. **4** (*Mecc.*) cremagliera. **5** (*Stor.*) ruota, cavalletto (di tortura). □ (*fig.*) *on the* ~ sulle spine.

to **rack** [ræk] *v.t.* **1** mettere alla ruota (della tortura). **2** torturare, tormentare; opprimere. **3** sistemare su una rastrelliera. □ *to* ~ *one's brains* lambiccarsi il cervello.

rack[2] [ræk] *s.*: *to go to* ~ *and ruin* andare in rovina.

rack[3] [ræk] *s.* lembi di nuvole.

racket[1] ['rækit] *s.* (*Sport*) racchetta.

racket[2] ['rækit] *s.* **1** fracasso, chiasso: *to kick up a* ~ fare un gran fracasso. **2** racket, attività illegale: *the drug* ~ il racket della droga. **3** (*fam.*) raggiro, imbroglio; truffa. □ (*fig.*) *to stand the* ~ superare la prova; fare le spese (di qc.).

to **racket** ['rækit] *v.i.* (spesso con *about, around*) darsi alla bella vita.

racketeer [,ræki'tiə*] *s.* (*fam.*) ricattatore, persona che vive di estorsioni.

racketeering [,ræki'tiəriŋ] *s.* (*fam.*) estorsioni.

rackety ['rækiti] *a.* **1** rumoroso, chiassoso. **2** festaiolo.

rack railway [ræk'reilwei] *s.* cremagliera.

racoon [rə'ku:n] → **raccoon**.

racquet ['rækit] → **racket**[1].

racy ['reisi] *a.* **1** vivace, brioso; brillante. **2** (*di gusto, sapore*) forte, deciso.

radar ['reidə:*] *s.* radar.

RADIAC = *Radioactivity Detection Identification and Computation* rivelazione, identificazione e computo della radioattività.

radial ['reidiəl] *a.* radiale.

radiance ['reidiəns] *s.* radiosità, splendore.

radiant ['reidiənt] **I** *a.* radiante; raggiante, radioso. **II** *s.* **1** punto d'irradiazione. **2** (*Astr.*) radiante.

to **radiate** ['reidieit] **I** *v.i.* **1** irradiare; (*fig.*)

sprizzare: *joy radiated from her eyes* sprizzava gioia dagli occhi. **2** (*fig.*) essere raggiante (*with* di). **II** *v.t.* diffondere; irradiare.

radiation [ˌreidi'eiʃən] *s.* (*Fis.*) irradiazione. □ ~ *sickness* malattia da irradiazioni.

radiator ['reidieitə*] *s.* radiatore; termosifone.

radical ['rædikəl] **I** *a.* **1** basilare, sostanziale. **2** radicale; drastico. **II** *s.* (*Pol., Chim., Mat.*) radicale.

radicalism ['rædikəlizəm] *s.* radicalismo.

radicle ['rædikl] *s.* (*Bot.*) radichetta.

radio ['reidiəu] **I** *s.* (*pl.* **–s** [–z]) **1** radio. **2** radioricevitore, (apparecchio) radio. **II** *a.attr.* **1** radiofonico, radio. **2** radiocomandato. □ ~ *–link* ponte radio.

to **radio** ['reidiəu] **I** *v.t.* radiotrasmettere. **II** *v.i.* comunicare per radio.

radioactive ['reidiə(u)'æktiv] *a.* radioattivo.

radioactivity ['reidiə(u)æk'tiviti) *s.* radioattività.

radiocarbon [ˌreidiəu'kɑ:bən] *s.* (*Fis.*) carbonio radioattivo.

radiograph ['reidiəugrɑ:f] *s.* radiografia, lastra.

radiographer [ˌreidi'ɔgrəfə*] *s.* radiologo.

radiography [ˌreidi'ɔgrəfi] *s.* radiografia.

radioisotope [ˌreidiəu'aizəutəup] *s.* radioisotopo.

radiologist [ˌreidi'ɔlədʒist] *s.* radiologo.

radiology [ˌreidi'ɔlədʒi] *s.* radiologia.

radio set ['reidiə(u)set] *s.* apparecchio radio.

radiotelegraph [ˌreidiə(u)'teligrɑ:f] *s.* radiotelegrafo.

radiotelephone [ˌreidiə(u)'telifəun] *s.* radiotelefono.

radiotherapist [ˌreidiə(u)'θerəpist] *s.* radioterapista *m./f.*

radiotherapy [ˌreidiə(u)'θerəpi] *s.* radioterapia.

radish ['rædiʃ] *s.* (*Bot.*) ravanello.

radium ['reidiəm] *s.* (*Chim.*) radio.

radius ['reidiəs] *s.* (*pl.* **radii** [–iai]) **1** raggio. **2** (*fig.*) raggio d'azione, sfera d'influenza. **3** (*Anat.*) radio.

radix ['reidiks] *s.* (*pl.* **radices** ['reidisi:z]/**–ixes** [–ksis]) (*Mat.,Anat.,Bot.*) radice.

radon ['reidn] *s.* (*Chim.*) radon.

RAF = *Royal Air Force* Regia Aereonautica.

raffia ['ræfiə] *s.* (*tessuto*) rafia.

raffish ['ræfiʃ] *a.* canagliesco, furfantesco.

raffle ['ræfl] *s.* lotteria, riffa.

to **raffle** ['ræfl] *v.t.* (spesso con *off*) mettere in palio.

raft [rɑ:ft, *am.* ræft] *s.* **1** zattera. **2** (*fam. am.*) mucchio, gran quantità.

to **raft** [rɑ:ft, *am.* ræft] **I** *v.t.* **1** trasportare su una zattera. **2** attraversare con una zattera. **II** *v.i.* navigare su una zattera.

rafter ['rɑ:ftə*] *s.* (*Edil.*) trave (di tetto).

rag[1] [ræg] *s.* **1** straccio, cencio. **2** *pl.* abiti miseri e logori, cenci, stracci. **3** (*fam.*) giornale: *the university* ~ il giornale dell'università. □ **cooked** *to rags* cotto e stracotto; (*fam.*) *to feel* **like** *a* (*wet*) ~ sentirsi uno straccio; *to* **tear** *s.th. to rags* ridurre qc. in brandelli; **worn** *to rags* ridotto a brandelli.

rag[2] [ræg] *s.* **1** (*fam.*) chiasso, baccano. **2** festa goliardica.

to **rag** [ræg] *v.* (*pass., p.p.* **ragged** [–d]) **I** *v.t.* prendere in giro, canzonare. **II** *v.i.* fare chiasso, fare baccano.

ragamuffin ['rægəmʌfin] *s.* **1** straccione. **2** monello cencioso.

rag-and-bone man ['rægænbəun'mən] *s.* (*pl.* **–men**) straccivendolo; rigattiere.

rag day ['rægdei] *s.* (*Univ.*) giornata in cui gli studenti organizzano questue a scopo di beneficenza.

rag doll ['rægdɔl] *s.* bambola di pezza.

rage [reidʒ] *s.* **1** collera, ira. **2** furia, furore. **3** (*fam.*) mania, passione. □ (*fam.*) *to be* **all** *the* ~ essere di gran moda; *to* **fly** *into a* ~ montare su tutte le furie.

to **rage** [reidʒ] *v.i.* **1** incollerirsi, arrabbiarsi (*at, against* con). **2** (*di tempesta, ecc.*) infuriare, imperversare. □ *to* ~ *o.s. out* placarsi, quietarsi.

ragged ['rægid] *a.* **1** stracciato, lacero, a brandelli; cencioso. **2** ispido, irto. **3** (*di lavoro, ecc.*) imperfetto, approssimativo.

raging ['reidʒiŋ] *a.* **1** furente, furibondo. **2** violento, scatenato.

ragman ['rægmən] *s.* (pl. **–men**) straccivendolo.

ragoût *fr.* ['rægu: *am.* –'gu:] *s.* (*Gastr.*) ragù.

rag-tag ['rægtæg] *s:* (*spreg.*) ~ *and bobtail* plebaglia.

ragtime ['rægtaim] *s.* (*Mus.*) ragtime; ritmo sincopato.

rag trade ['ræg'treid] *s.* commercio degli stracci.

raid [reid] *s.* **1** (*Mil.*) incursione, scorreria. **2** (*Aer. mil.*) incursione, raid. **3** irruzione; colpo, assalto: *a bank* ~ un colpo in banca.

to **raid** [reid] **I** *v.t.* **1** (*Mil.*) assalire. **2** (*estens.*) saccheggiare. **3** fare irruzione in; assaltare. **II** *v.i.* fare un'irruzione, fare un colpo.

raider ['reidə*] *s.* **1** razziatore, predone. **2** (*Mar.*) nave corsara.

rail [reil] *s.* **1** sbarra, traversa; (*di scala*) ringhiera, corrimano. **2** steccato, palizzata; parapetto. **3** rotaia; ferrovia. □ (*Ferr.*) **off** *the rails* deragliato; (*fig.*) *to go* **off** *the rails* uscire dalla retta via.

to **rail**[1] [reil] *v.t.* **1** (spesso con *off, in*) recintare, recingere. **2** fornire di rotaie. **3** spedire per ferrovia.

to **rail**[2] [reil] *v.i.* (*lett.*) imprecare, inveire (*at, against* contro).

rail car ['reilkɑ:*] *s.* automotrice.

rail card ['reilkɑ:ˌd] *s.* abbonamento ferroviario.

railhead ['reilhed] *s.* terminale di ferrovia in costruzione.

railing[1] ['reiliŋ] *s.* cancellata, inferriata; ringhiera.

railing[2] ['reiliŋ] *s.* (*lett.*) imprecazione, improperio.

raillery ['reiləri] *s.* (*lett.*) ironia bonaria, presa in giro.

rail road *am.* ['reilrəud] → **railway.**

to **railroad** *am.* ['reilrəud] *v.t.* **1** trasportare per ferrovia. **2** (*fam.*) far approvare in fretta: *to ~ a bill through Parliament* far approvare una legge in fretta.
railway ['reilwei] *s.* **1** binario (ferroviario), rotaie. **2** ferrovia, strada ferrata. □ ~ **carriage** vagone ferroviario; ~ **station** stazione ferroviaria; ~ **worker** ferroviere.
railwayman ['reilweimən] *s.* (*pl.* **–men**) ferroviere.
rain [rein] *s.* pioggia; *pl.* stagione delle piogge. □ *to go out* **in** *the ~* uscire sotto la pioggia; *it* **looks** *like ~* sembra che voglia piovere; *~ or* **shine** con il sole o con la pioggia.
to **rain** [rein] **I** *v.i.* **1** piovere: *is it raining?* sta piovendo? **2** (*fig.*) (spesso con *down*) piovere, riversarsi (*on* su). **II** *v.t.* ricoprire, colmare (*upon* di): *to ~ gifts upon s.o.* ricoprire qd. di doni. □ (*fig.*) *to ~ cats and dogs* diluviare, piovere a catinelle.
rainbow ['reinbəu] *s.* arcobaleno.
raincoat ['reinkəut] *s.* impermeabile.
raindrop ['reindrɔp] *s.* goccia di pioggia.
rainfall ['reinfɔ:l] *s.* **1** pioggia, acquazzone. **2** piovosità.
rain forest [rein'fɔrist] *s.* (*Geog.*) foresta pluviale.
rain gauge ['rein'geidʒ] *s.* (*Fis.*) pluviometro.
rainproof ['rein'pru:f] *a.* impermeabile.
rainwater ['reinwɔ:tə*] *s.* acqua piovana.
rainy ['reini] *a.* piovoso. □ (*fig.*) *for a ~* **day** per il momento del bisogno; *the ~* **season** la stagione delle piogge.
raise [reiz] *s.* aumento.
to **raise** [reiz] *v.t.* **1** alzare, sollevare, elevare. **2** (*di prezzi, ecc.*) aumentare. **3** edificare, erigere. **4** allevare. **5** (*Agr.*) coltivare. **6** (*fig.*) suscitare, provocare, sollevare: *to ~ a discussion* provocare una discussione. **7** risuscitare, far rivivere. **8** radunare, riunire: *to ~ an army* radunare un esercito; (*di denaro*) procurare, raccogliere. **9** innalzare, elevare; promuovere. **10** (*Mat.*) elevare: *to ~ to the second power* elevare alla seconda potenza. □ *to ~ one's* **glass** *to s.o.* brindare alla salute di qd.; (*fig.*) *to ~ one's hand to s.o.* alzare le mani su qd.; *to ~ one's* **hat** salutare togliendosi il cappello; (*fam.*) *to ~* **hell** fare il diavolo a quattro; *to ~ a* **siege** togliere l'assedio.
raiser ['reizə*] *s.* **1** allevatore. **2** coltivatore.
raisin ['reizn] *s.* uva passa.
raja(h) ['rɑ:dʒə] *s.* ragià, rajah.
rake[1] [reik] *s.* rastrello. □ (*fig.*) *as thin as a ~* magro come un chiodo.
to **rake**[1] [reik] **I** *v.t.* **1** rastrellare. **2** (*fam.*) (spesso con *through, over*) cercare attentamente; frugare, rovistare. **3** (*Mil.*) infilare, colpire d'infilata. **II** *v.i.* **1** usare un rastrello. **2** (*fig.*) frugare, rovistare (*over, through* in). □ (*fig.*) *to ~* **in** guadagnare molti soldi; *to ~* **out** *a fire* spegnere un fuoco; *to ~* **together** ammucchiare; (*fam.*) *to ~* **up** riesumare, rivangare; raggranellare, racimolare.
rake[2] [reik] *s.* libertino, persona dissoluta.
rake[3] [reik] *s.* inclinazione.
to **rake**[2] [reik] **I** *v.i.* inclinare, inclinarsi. **II** *v.t.* inclinare.
rake-off ['reikɔf] *s.* (*sl.*) tangente; guadagno illecito.
raking ['reikiŋ] *a.* inclinato, pendente.
rakish[1] ['reikiʃ] *a.* dissoluto, licenzioso, libertino.
rakish[2] ['reikiʃ] *a.* **1** (*Mar.*) inclinato; (*di natante*) slanciato, aerodinamico. **2** (*fig.*) disinvolto, spigliato.
rally ['ræli] *s.* **1** raduno, riunione; comizio elettorale. **2** (*Aut.*) rally. **3** (*Sport*) palleggio, scambio di colpi. **4** (*Econ.*) ripresa (*anche fig.*).
to **rally**[1] ['ræli] **I** *v.t.* **1** radunare, adunare. **2** (*fig.*) raccogliere, concentrare: *to ~ one's strength* raccogliere le forze; incoraggiare, sollevare. **II** *v.i.* **1** radunarsi, riunirsi. **2** raccogliersi, stringersi (*at, around* attorno a). **3** (*fig.*) riprendersi, riaversi. **4** (*Sport*) palleggiare, scambiare colpi.
to **rally**[2] ['ræli] *v.t.* canzonare, prendere in giro.
Ralph [reif] *N.pr.m.* Raffaele.
ram [ræm] *s.* **1** (*Zool.*) ariete. **2** (*Mar. mil.*) sperone, rostro. **3** (*tecn.*) mazza battente.
to **ram** [ræm] *v.* (*pass., p.p.* **rammed** [–d]) **I** *v.t.* **1** (con)ficcare, piantare. **2** stipare, pigiare. **3** urtare (*o* cozzare) contro, scontrarsi con. **4** (*Mar. mil.*) speronare. **II** *v.i.* cozzare, sbattere (*into* contro), scontrarsi (con). □ *to ~* **down** piantare, conficcare; (*fam.*) *to ~ s.th.* **down** *s.o.'s throat* far ingoiare qc. a qd.; *to ~ s.th.* **into** *s.o.'s head* ficcare qc. in testa a qd.
RAM = (*Inform.*) *Random Access Memory* memoria ad accesso casuale.
ramble ['ræmbl] *s.* passeggiata, camminata, giro.
to **ramble** ['ræmbl] *v.i.* **1** girovagare. **2** (*fig.*) (spesso con *on*) divagare; vaneggiare. **3** (*di piante*) crescere disordinatamente.
rambler ['ræmblə*] *s.* **1** girovago, vagabondo. **2** (*Bot.*) rosa rampicante.
rambling ['ræmbliŋ] *a.* **1** vagante, girovago. **2** (*fig.*) (*di discorso, ecc.*) sconnesso, incoerente. **3** (*di edificio*) costruito senza un progetto ben definito.
ramification [ˌræmifi'keiʃən] *s.* ramificazione.
to **ramify** ['ræmifai] **I** *v.t.* far ramificare. **II** *v.i.* ramificare, ramificarsi.
ramp[1] [ræmp] *s.* rampa.
to **ramp** [ræmp] *v.i.* (*fam.*) (general. con *about*) (*di tempesta, ecc.*) infuriare, imperversare.
ramp[2] [ræmp] *s.* (*sl.*) imbroglio, truffa.
rampage ['ræmpeidʒ] *s.* furia; smania. □ *to* **be** *on the ~* essere furioso; *to* **go** *on the ~* andare su tutte le furie.
to **rampage** ['ræmpeidʒ] *v.i.* infuriarsi; smaniare.
rampageous [ræm'peidʒəs] *a.* furioso, furibondo; sfrenato.

rampant ['ræmpənt] *a.* **1** furioso; scatenato. **2** (*fig.*) sfrenato, sbrigliato; dilagante, diffuso: ~ *heresy* eresia dilagante. **3** (*di piante*) rigoglioso, lussureggiante. **4** (*Araldica*) rampante.
rampart ['ræmpɑ:t] *s.* **1** (*Mil.*) terrapieno; bastione. **2** (*fig.*) baluardo.
ramshackle ['ræmʃækl] *a.* **1** vacillante, traballante. **2** cadente, in rovina.
ran [ræn] → to **run**.
ranch [ræntʃ] *s.* fattoria, ranch.
rancher ['ræntʃə*] *s.* proprietario di un ranch; allevatore.
rancid ['rænsid] *a.* rancido, stantio.
rancor *am.* ['ræŋkə*] → **rancour**.
rancorous ['ræŋkərəs] *a.* pieno di rancore, astioso.
rancour ['ræŋkə*] *s.* rancore, astio.
random ['rændəm] *a.attr.* (fatto) a caso; casuale fortuito. □ *at* ~ a casaccio.
randy ['rændi] *a.* **1** (*fam.*) lascivo, libidinoso. **2** (*scozz.*) chiassoso, rumoroso.
rang [ræŋ] → to **ring**[2].
range [reindʒ] *s.* **1** portata, campo, raggio d'azione. **2** scala, gamma; scelta, assortimento. **3** gittata, portata; poligono (di tiro). **4** (*Aer., Mar.*) autonomia: *a short-~ fighter plane* un caccia ad autonomia limitata. **5** (*fig.*) campo, sfera: *a wide ~ of interests* una vasta sfera di interessi. **6** fila, riga. **7** cucina economica. **8** (*Geog.*) catena. **9** (*am.*) pascolo. **10** (*Biol.*) habitat, ambiente naturale. □ **at** *close* ~ a breve distanza, vicino; **beyond** ~ fuori portata; **in** ~ a portata di tiro.
to **range** [reindʒ] **I** *v.t.* **1** allineare, disporre in una fila; ordinare, sistemare. **2** raggruppare; classificare. **II** *v.i.* **1** variare (entro una gamma), oscillare. **2** girovagare, vagare (*over, through* per). **3** estendersi. **4** (*di arma da fuoco*) avere una gittata. □ (*fig.*) *to* ~ **far** *and wide* trattare argomenti disparati; *to* ~ **o.s.** schierarsi, allinearsi.
ranger ['reindʒə*] *s.* **1** (*GB*) guardiano di un parco reale. **2** (*USA*) poliziotto a cavallo; guardia forestale, guardaboschi. **3** (*am., Mil.*) ranger.
rank[1] [ræŋk] *s.* **1** fila, riga. **2** (*Mil.*) rango, schiera, grado. **3** ceto, classe sociale. □ (*Mil.*) *to* **break** ~ (o *ranks*) rompere le righe; (*Mil., Sport*) *to* **close** *ranks* serrare le file; (*fig.*) serrare i ranghi; (*Mil.*) *the ~ and* **file** la truppa; (*fig.*) la massa; (*Mil.*) *to* **join** *the ranks* arruolarsi; (*fig.*) aderire a una causa; (*fig.*) *to* **pull** ~ *on s.o.* far pesare a qd. la propria posizione; *to* **rise** *from the ranks* venire dalla gavetta.
to **rank** [ræŋk] **I** *v.i.* **1** allinearsi, schierarsi. **2** (*fig.*) collocarsi, classificarsi (*among, with* tra); essere considerato. **II** *v.t.* **1** allineare, mettere in fila. **2** ordinare, sistemare. **3** (*Mil.*) schierare. **4** (*fig.*) classificare. □ *to* ~ **above** *s.o.* essere superiore a qd.; *to* ~ **next** *to s.o.* venire subito dopo qd.
rank[2] [ræŋk] *a.* **1** rigoglioso, lussureggiante. **2** bell'e buono, vero e proprio: ~ *bad manners* maleducazione bell'e buona. **3** puzzolente, fetido; rancido, stantio.
ranker ['ræŋkə*] *s.* (*Mil.*) ufficiale che viene dalla gavetta.
to **rankle** ['ræŋkl] *v.i.* (*fig.*) bruciare, scottare.
to **ransack** ['rænsæk] *v.t.* **1** rovistare, frugare (*for* in cerca di): *to ~ a drawer* frugare in un cassetto. **2** saccheggiare, depredare.
ransom ['rænsəm] *s.* riscatto. □ *to hold a man to* ~ tenere una persona in ostaggio (in attesa di riscatto).
to **ransom** ['rænsəm] *v.t.* liberare (dietro pagamento di un riscatto).
rant [rænt] *s.* discorso enfatico; farneticazione.
to **rant** [rænt] **I** *v.i.* sbraitare, vociare; farneticare. **II** *v.t.* declamare.
rap[1] [ræp] *s.* **1** colpo secco. **2** (*fig.*) rimprovero aspro, lavata di capo. □ (*fig.*) *to give s.o. a ~ on the* **knuckles** rimproverare aspramente qd.; *to* **take** *the ~ for s.th.* essere punito (ingiustamente) per qc.
to **rap** [ræp] *v.* (*pass., p.p.* **rapped** [–t]) **I** *v.t.* picchiare, battere. **II** *v.i.* **1** picchiare, bussare (*on* a). **2** (*am. sl.*) chiacchierare. □ *to ~ out* dire bruscamente.
rap[2] [ræp] *s.* (*fam.*) nonnulla. □ *I don't* **care** *a* ~ non me ne importa nulla; *it's not* **worth** *a* ~ non vale un soldo.
rapacious [rə'peiʃəs] *a.* avido, rapace.
rapacity [rə'pæsiti] *s.* avidità, rapacità.
rape[1] [reip] *s.* **1** violenza carnale, stupro. **2** ratto, rapimento.
to **rape** [reip] *v.t.* **1** violentare, stuprare. **2** (*Dir.*) rapire.
rape[2] [reip] *s.* (*Bot.*) colza; ravizzone.
Raphael ['ræfeiəl] *N.pr.m.* Raffaele.
rapid ['ræpid] **I** *a.* **1** svelto, rapido, veloce. **2** (*di pendio*) ripido, scosceso. **II** *s.* (general. al pl.) rapida.
rapidity [rə'piditi] *s.* sveltezza, rapidità.
rapport *fr.* [ræ'pɔ:(t)] *s.* rapporto, intesa.
rapt [ræpt] *a.* **1** rapito, estasiato. **2** assorto, intento (*in* in).
rapture ['ræptʃə*] *s.* **1** rapimento, estasi. **2** (spesso al pl.) trasporto, entusiasmo. □ *to be in raptures* essere in estasi (*over, about s.th.* per qc.).
rapturous ['ræptʃərəs] *a.* **1** rapito, estasiato. **2** entusiastico, travolgente.
rare[1] [rɛə*] *a.* **1** raro, insolito. **2** eccellente, ottimo; prezioso: *a ~ Scotch whisky* un eccellente whisky scozzese. **3** (*di gas, ecc.*) rarefatto.
rare[2] [rɛə*] *a.* poco cotto, al sangue.
rarebit ['rɛəbit] *s.* pane tostato ricoperto di formaggio fuso (specialità gastronomica gallese).
rarefaction [ˌrɛəri'fækʃən] *s.* rarefazione.
to **rarefy** ['rɛərifai] *v.t.* **1** rarefare. **2** (*fig.*) raffinare; purificare.
rarity ['rɛəriti] *s.* rarità, cosa rara.
rascal ['rɑ:skəl, *am.* 'ræs–] *s.* **1** furfante, farabutto. **2** briccone.

rash[1] [ræʃ] *a.* avventato, precipitoso; sventato, sconsiderato.

rash[2] [ræʃ] *s.* **1** (*Med.*) eruzione cutanea. **2** (*fig.*) fioritura.

rasher ['ræʃə*] *s.* fetta di prosciutto (*o* pancetta affumicata) da friggere.

rashness ['ræʃnis] *s.* avventatezza, imprudenza; sventatezza, sconsideratezza.

rasp [rɑːsp] *s.* **1** (*tecn.*) raspa. **2** raschietto.

to **rasp** [rɑːsp] **I** *v.t.* **1** (spesso con *away, off*) raspare, raschiare. **2** (spesso con *out*) dire con voce stridula. **3** (*fig.*) irritare, urtare. **II** *v.i.* raspare, raschiare.

raspberry ['rɑːzbəri, *am.* 'ræz–] *s.* **1** (*Bot.*) lampone. **2** (*volg.*) pernacchia: *to blow a ~* fare una pernacchia.

rat [ræt] *s.* **1** ratto. **2** (*fam.*) disertore; traditore; crumiro. **3** *pl.* (*esclam. sl.*) sciocchezze. ☐ (*fam.*) *to look like a* **drowned** *~* sembrare un pulcino bagnato; (*fig.*) *~* **race** corsa sfrenata al successo; (*fig.*) *to* **smell** *a ~* mangiare la foglia; sentire odore di bruciato.

to **rat** [ræt] *v.i.* (*pass., p.p.* **ratted** [–id]) **1** andare a caccia di ratti. **2** (*fam.*) disertare, rinnegare (*on s.th.* qc.); tradire (qd.); fare il crumiro.

ratable ['reitəbl] *a.* **1** valutabile, calcolabile. **2** tassabile, imponibile.

rat-a-tat [ˌrætə'tæt] *s.* toc-toc.

rate [reit] *s.* **1** tasso, saggio; aliquota, quota. **2** ritmo, velocità. **3** tariffa, prezzo: *hourly ~* tariffa oraria. **4** (*GB*) imposta (immobiliare) locale. **5** classe, ordine: *first-~* di prim'ordine. ☐ *at* **any** *~* in ogni caso; **at** *this ~* se si va avanti così; **at** *that ~* in quel caso; (*Econ.*) *~ of* **discount** tasso di sconto; *~ of* **exchange** corso del cambio.

to **rate**[1] [reit] **I** *v.t.* **1** valutare, stimare; (*di prezzi, ecc.*) quotare. **2** valutare ai fini fiscali. **3** considerare, reputare. **II** *v.i.* **1** essere considerato. **2** contare, essere una persona importante.

to **rate**[2] [reit] **I** *v.t.* sgridare, rimproverare. **II** *v.i.* dare una lavata di capo (*at* a).

rateable ['reitəbl] → **ratable**.

ratepayer ['reitpeiə*] *s.* contribuente *m./f.*

rather ['rɑːðə*, *am.* 'ræðə*] **I** *avv.* **1** piuttosto, alquanto. **2** (*con i comparativi*) assai, alquanto. **3** meglio, piuttosto; anzi, al contrario. **II** *intz.* (*fam.*) altroché, senza dubbio; sì, certo. ☐ *I had ~ not* preferisco di no.

ratification [ˌrætifi'keiʃən] *s.* ratifica, convalida.

to **ratify** ['rætifai] *v.t.* ratificare, convalidare.

rating[1] ['reitiŋ] *s.* **1** classe, categoria; ordine. **2** (*Mar.*) qualifica, grado; (*Mar. mil.*) marinaio semplice. **3** valutazione, stima.

rating[2] ['reitiŋ] *s.* rimprovero, sgridata.

ratio ['reiʃiəu] *s.* (*pl.* **–s** [–z]) **1** (*Mat.*) rapporto. **2** proporzione, rapporto (numerico).

ratiocination [ˌrætiɔsi'neiʃən, *am.* ræʃi–] *s.* raziocinio.

ration ['ræʃən] *s.* **1** razione. **2** *pl.* provviste, viveri.

to **ration** ['ræʃən] *v.t.* **1** razionare. **2** (general. con *out*) assegnare razioni a; distribuire come razioni.

rational ['ræʃənl] *a.* **1** razionale, ragionevole. **2** (*Mat.*) razionale.

rationale [ˌræʃə'nɑːli] *s.* fondamento logico, base logica.

rationalism ['ræʃənəlizəm] *s.* razionalismo.

rationalist ['ræʃənəlist] *s.* razionalista *m./f.*

rationalistic [ˌræʃənə'listik] *a.* razionalistico.

rationality [ˌræʃə'næliti] *s.* razionalità.

rationalization [ˌræʃənəlai'zeiʃən, *am.* –li'z–] *s.* **1** razionalizzazione. **2** organizzazione razionale.

to **rationalize** ['ræʃənəlaiz] *v.t.* **1** razionalizzare. **2** organizzare razionalmente.

ration card ['ræʃnkɑːd] *s.* tessera annonaria.

rat-tat ['ræt'tæt] *s.* busso, toc-toc.

rattle ['rætl] *s.* **1** rumore secco. **2** sonaglio (di serpente). **3** rantolo; rantolo d'agonia. **4** cicaleccio, ciarle.

to **rattle** ['rætl] **I** *v.i.* **1** sbattere, sbatacchiare. **2** sferragliare. **3** (*fig.*) (spesso con *away*) parlare a vanvera, cianciare; chiacchierare. **II** *v.t.* **1** far sbattere, far sbatacchiare. **2** (general. con *off*) sciorinare, snocciolare: *to ~ off quotations* sciorinare citazioni. **3** (*fam.*) innervosire, irritare.

rattlebrain ['rætlbrein] *s.* testa vuota; persona che parla a vanvera.

rattlebrained ['rætlbreind] *a.* scervellato, scriteriato.

rattler ['rætlə*] *s.* **1** (*am., Zool.*) serpente a sonagli. **2** (*fam.*) cosa eccezionale, cannonata.

rattlesnake ['rætlsneik] *s.* (*Zool.*) serpente a sonagli.

rattling ['rætliŋ] **I** *a.* **1** veloce, rapido. **2** (*fam.*) formidabile. **II** *avv.* (*fam.*) estremamente, molto.

ratty ['ræti] *a.* **1** infestato dai ratti. **2** simile a un ratto. **3** (*fam.*) irascibile, irritabile.

raucous ['rɔːkəs] *a.* **1** rauco. **2** rumoroso. **3** (*fig.*) vivace, animato.

ravage ['rævidʒ] *s.* **1** devastazione; saccheggio. **2** *pl.* danni, offese.

to **ravage** ['rævidʒ] *v.t./i.* devastare, saccheggiare.

rave [reiv] *s.* **1** delirio, vaneggiamento. **2** (*fam.*) elogio sperticato. **3** (*sl.*) grande entusiasmo.

to **rave** [reiv] *v.i.* **1** delirare, farneticare, vaneggiare. **2** (*di agenti atmosferici*) infuriare, imperversare. **3** (*fam.*) andare pazzo, entusiasmarsi (*over, about* per).

ravel ['rævəl] *s.* **1** groviglio. **2** sfilacciatura.

to **ravel** ['rævəl] *v.* (*pass., p.p.* **–lled**/*am.* **–led** [–d]) **1** *v.t.* **1** aggrovigliare, intricare, ingarbugliare. **2** (general. con *out, off*) sfilacciare. **3** (*fig.*) confondere, imbrogliare. **II** *v.i.* **1** ingarbugliarsi, intricarsi, aggrovigliarsi. **2** sfilacciarsi. **3** (*fig.*) confondersi, imbrogliarsi. ☐ *to ~ out* sbrogliare, districare; sbrogliarsi, districarsi.

raven ['reivn] **I** *s.* (*Zool.*) corvo (imperiale). **II** *a.attr.* corvino.
to **raven** ['rævn] **I** *v.t.* divorare. **II** *v.i.* predare, saccheggiare.
ravening ['rævniŋ] *a.* **1** furioso, rabbioso. **2** vorace, affamato.
ravenous ['rævənəs] *a.* **1** vorace, avido. **2** famelico.
ravine [rə'vi:n] *s.* burrone, gola.
raving ['reivi:ŋ] **I** *a.* **1** delirante, frenetico, furioso: *a ~ lunatic* un pazzo furioso. **2** (*fam.*) straordinario, eccezionale. **II** *s.* (general. al pl.) delirio, vaneggiamento. □ *~ mad* matto da legare.
to **ravish** ['ræviʃ] *v.t.* **1** estasiare, incantare. **2** (*poet.*) rapire.
ravishing ['ræviʃiŋ] *a.* affascinante, seducente; travolgente: *a ~ blonde* una bionda travolgente.
raw [rɔ:] **I** *a.* **1** crudo: *~ meat* carne cruda. **2** greggio, grezzo. **3** puro, non diluito. **4** scorticato, escoriato; (*di ferita*) aperto; (*di carne*) vivo. **5** grezzo, grossolano, rozzo: *a ~ style* uno stile rozzo. **6** (*fam.*) inesperto, alle prime armi. **7** (*di tempo*) rigido, freddo. **8** (*fam.*) sleale, ingiusto: *a ~ deal* un trattamento ingiusto. **II** *s.* carne viva. □ **in** *the ~* allo stato naturale; (*sl.*) nudo; *~* **materials** materie prime; (*fig.*) *to* **touch** *s.o. on the ~* toccare qd. nel vivo.
raw-boned ['rɔ:'bəund] *a.* pelle e ossa, ossuto.
rawhide ['rɔ:haid] *s.* cuoio grasso, cuoio naturale.
ray[1] [rei] *s.* raggio.
to **ray** [rei] **I** *v.i.* raggiare, splendere; irradiarsi, irraggiarsi. **II** *v.t.* (spesso con *out*) irradiare, irraggiare.
ray[2] [rei] *s.* (*Zool.*) razza.
Raymond ['reimənd] *N.pr.m.* Raimondo.
rayon ['reiɔn] *s.* (*tessuto*) raion.
to **raze** [reiz] *v.t.* radere al suolo.
razor ['reizə*] *s.* rasoio. □ (*fig.*) *on the ~'s edge* sul filo del rasoio.
razor-blade ['reizəbleid] *s.* lametta.
razzle-dazzle ['ræzldæzl] *s.* (*fam.*) baldoria, bisboccia: *to go on the ~* fare baldoria.
Rb = (*Chim.*) *rubidium* rubidio.
RC = *Red Cross* Croce Rossa.
rd, **Rd** = *Road* corso, strada.
re[1] = (*Mus.*) re.
re[2] [ri:] *prep.* (*burocr.*) con riferimento a.
Re = (*Chim.*) *rhenium* renio.
reach [ri:tʃ] *s.* **1** distanza (alla quale si può arrivare); portata: *within ~ of one's voice* a portata di voce. **2** raggio d'azione. **3** tratto di fiume navigabile fra due anse. □ **beyond** *the ~ of* al di là delle possibilità di; *within* **easy** *~* a portata di mano; **out** *of the ~ of* lontano da, distante da.
to **reach** [ri:tʃ] **I** *v.t.* **1** raggiungere, giungere a; arrivare a. **2** arrivare (a prendere): *I can't ~ it* non ci arrivo. **3** mettere a portata di mano, passare: *~ me the salt please* passami il sale per favore. **4** estendersi fino a. **5** raggiungere, prendere contatti con. **II** *v.i.* **1** estendersi (*to* fino a), arrivare (a). **2** arrivare, giungere (a): *as far as the eye can ~* fin dove arriva lo sguardo. □ *to ~* **after** = *to ~* **for**; *to ~* **down** tirare giù; arrivare (*to* a), scendere (fino a); *to ~* **for** allungare la mano per prendere; cercare di prendere; *to ~* **out** stendere, allungare: *she reached out her hand for the book* allungò la mano per prendere il libro; *to ~* **up** alzare, sollevare; innalzarsi, elevarsi (*to* a).
reach-me-down ['ri:tʃmidaun] *s.* (general. al pl.) (*fam.*) abito usato.
to **react** [ri'ækt] *v.i.* **1** rispondere, reagire (*to* a). **2** ribellarsi, opporsi (*against* a). **3** avere un certo effetto (*upon* su).
reaction [ri'ækʃən] *s.* reazione.
reactionary [ri'ækʃənəri, *am.* –eri] *a./s.* reazionario.
reactive [ri'æktiv] *a.* reattivo, reagente.
reactivity [ˌriæk'tiviti] *s.* reattività.
reactor [ri'æktə*] *s.* reattore.
read[1] [ri:d] *s.* lettura; tempo dedicato alla lettura.
to **read** [ri:d] *v.* (*pass., p.p.* **read** [red]) **I** *v.t.* **1** leggere. **2** (*fig.*) interpretare, intendere: *how do you ~ this passage?* come interpreti questo brano? **3** (*di strumenti*) segnare, indicare: *the petrol gauge reads zero* l'indicatore del carburante segna zero. **4** (*Univ.*) studiare. **II** *v.i.* **1** leggere. **2** fare effetto, suscitare un'impressione (alla lettura): *this text reads well* questo testo suscita un'impressione piacevole alla lettura. □ *to ~* **about** (o *of*) *s.th.* apprendere qc. leggendo; (*fig.*) *to take* **as** *~* dare per scontato; *to ~* **into** vedere in, attribuire a; *to ~* **on** seguitare a leggere; *to ~* **out** leggere ad alta voce; *to ~ s.th.* **over** rileggere qc.; *to ~ o.s. to* **sleep** leggere per conciliare il sonno; *to ~ s.th.* **through** leggere qc. da cima a fondo; *to ~* **up** (*on*) *a subject* studiare a fondo un argomento.
read[2] [red] *a.* (general. preceduto da un avverbio) colto, istruito: *a widely-~ person* una persona di vasta cultura.
readable ['ri:dəbl] *a.* **1** di facile lettura. **2** leggibile, decifrabile.
to **re-address** [ˌri:ə'dres] *v.t.* cambiare indirizzo a (una lettera, ecc.).
reader ['ri:də*] *s.* **1** lettore (*anche El.*). **2** (*Edit.*) correttore di bozze. **3** (*Scol.*) libro di lettura. **4** (*Univ.*) lettore, docente incaricato (*o* straordinario).
readership ['ri:dəʃip] *s.* **1** pubblico di lettori. **2** lettorato (universitario).
readily ['redili] *avv.* volentieri (e subito).
readiness ['redinis] *s.* **1** preparazione. **2** sollecitudine; solerzia. **3** prontezza; facilità. □ *to have in ~* avere pronto.
reading ['ri:diŋ] *s.* **1** lettura. **2** cultura, istruzione. **3** interpretazione, versione (p.e. di un testo). □ *these books make boring ~* questi libri sono noiosi.

reading-lamp ['ri:diŋlæmp] *s.* lampada da tavolo.
readingroom ['ri:diŋru:m] *s.* sala di lettura.
to **readjust** [ˌri:ə'dʒʌst] *v.t.* riordinare, riassettare. ▭ *to* ~ *o.s. to* riadattarsi a.
readjustment [ˌri:ə'dʒʌstmənt] *s.* riordinamento, riassetto.
ready ['redi*] **I** *a.* **1** pronto, preparato. **2** disposto, incline (*to* a). **3** pronto, sollecito. **4** disponibile, a portata di mano. **II** *s.* (*Mil.*) posizione di tiro. ▭ *to* **make** ~ preparare; (*Comm.*) ~ **money** denaro contante.
to **ready** ['redi] *v.t.* preparare, approntare. ▭ *to* ~ *o.s.* prepararsi.
ready-made ['redi'meid] *a.* **1** bell'e fatto. **2** (*fig.*) convenzionale; preconcetto.
ready-to-wear ['reditə'wɛə*] *a.* di confezione, in serie.
to **reaffirm** [ˌri:ə'fə:m] *v.t.* riconfermare.
reagent [ri'eidʒənt] *s.* (*Chim.*) reagente, reattivo.
real ['ri:əl] **I** *a.* **1** vero, reale, effettivo. **2** genuino, autentico, sincero. **3** (*Mat.*) reale. **4** (*Dir.*) immobiliare, immobile. **II** *avv.* (*am. fam.*) veramente, realmente. ▭ (*Dir.*) ~ **estate** proprietà immobiliare; (*fam.*) **for** ~ sul serio.
realism ['ri:əlizəm] *s.* realismo.
realist ['ri:əlist] *s.* realista *m./f.*
realistic [ˌri:ə'listik] *a.* realistico.
reality [ri'æliti] *s.* **1** realtà. **2** realismo. ▭ *in* ~ in effetti, effettivamente.
realizable ['ri:əlaizəbl] *a.* realizzabile, attuabile.
realization [ˌri:əlai'zeiʃən, *am.* –li'z–] *s.* **1** comprensione; percezione. **2** realizzazione, attuazione. **3** (*Comm.*) realizzo.
to **realize** ['ri:əlaiz] *v.t.* **1** rendersi conto di, accorgersi, realizzare: *she realized* (*that*) *she was wrong* si rese conto di avere torto. **2** realizzare, attuare: *to* ~ *one's ambitions* realizzare le proprie ambizioni. **3** (*Comm.*) convertire in denaro liquido, realizzare: *to* ~ *a block of shares* realizzare un pacchetto di azioni. **4** ricavare: *to* ~ *a good profit* ricavare un buon margine di guadagno.
really ['ri:əli] **I** *avv.* **1** sul serio, davvero. **2** proprio, realmente. **II** *intz.* davvero; veramente.
realm [relm] *s.* regno, reame (*anche fig.*).
realtor *am.* ['riəltə*] *s.* agente immobiliare.
realty ['riəlti] *s.* (*Dir.*) beni immobili.
ream [ri:m] *s.* **1** risma. **2** *pl.* (*fig.*) pagine e pagine; infinità.
to **reanimate** [ri:'ænimeit] *v.t.* rianimare.
reanimation [ˌri:æni'meiʃən] *s.* rianimazione.
to **reap** [ri:p] *v.t./i.* mietere; raccogliere; falciare. ▭ (*fig.*) *one reaps as one has sown* ognuno raccoglie ciò che ha seminato.
reaper ['ri:pə*] *s.* (*Agr.*) **1** mietitore. **2** (macchina) mietitrice.
reaping-hook ['ri:piŋhuk] *s.* falce.
reaping-machine ['ri:piŋmə'ʃi:n] *s.* (macchina) mietitrice.
to **reappear** [ˌri:ə'piə*] *v.i.* riapparire, ricomparire.
reappearance [ˌri:ə'piərəns] *s.* riapparizione, ricomparsa.
reappraisal [ˌri:ə'preizəl] *s.* rivalutazione.
rear ['riə*] **I** *s.* **1** retro, dietro, parte posteriore. **2** (*Mil.*) retroguardia; retrovia. **3** (*pop.*) posteriore, deretano. **II** *a.attr.* posteriore: *the* ~ *seat of a car* il sedile posteriore di una macchina. ▭ **in** *the* ~ indietro; alle spalle, da dietro; (*Aut.*) ~*-view* **mirror** specchietto retrovisore.
to **rear** ['riə*] **I** *v.t.* **1** allevare; coltivare. **2** alzare, sollevare; erigere, innalzare. **II** *v.i.* **1** (*di animale*) impennarsi. **2** alzarsi, innalzarsi.
rear admiral [ˌriər'ædmirəl] *s.* (*Mar. mil.*) contrammiraglio.
rearguard ['riəgɑ:d] *s.* (*Mil.*) retroguardia.
to **rearm** [ri:'ɑ:m] **I** *v.t.* riarmare. **II** *v.i.* riarmarsi.
rearmament [ri:'ɑ:məmənt] *s.* riarmo.
rearmost ['riəməust] *a.* ultimo, il più arretrato.
to **rearrange** [ˌri:ə'reindʒ] *v.t.* riordinare.
rearward ['riəwəd] **I** *a.* **1** posteriore. **2** volto indietro. **II** *s.* retro, parte posteriore.
rearwards ['riəwədz] *avv.* **1** indietro, dietro. **2** all'indietro.
reason ['ri:zn] *s.* **1** ragione, motivo. **2** ragione, intelletto, senno; giudizio, buonsenso: *to lose one's* ~ perdere la ragione, uscire di senno. ▭ **all** *the more* ~ a maggior ragione; **by** ~ *of* per motivo di; **for** *the* ~ *that* per il motivo che, perché; *to* **listen** *to* ~ scendere a più miti consigli; *for* **no** ~ per nessun motivo; *for* **one** ~ *or another* per un motivo o per l'altro; *it* **stands** *to* ~ è ovvio; **within** ~ entro limiti ragionevoli.
to **reason** ['ri:zn] **I** *v.i.* **1** ragionare. **2** discutere, argomentare. **II** *v.t.* **1** sostenere, asserire. **2** dedurre, arguire. **3** convincere (con ragionamenti), persuadere: *to* ~ *s.o. into doing s.th.* persuadere qd. a fare qc. ▭ *to* ~ *s.th.* **out** escogitare qc.; *to* ~ *s.o.* **out** *of s.th.* convincere qd. ad abbandonare qc.
reasonable ['ri:znəbl] *a.* **1** ragionevole, sensato. **2** (*di prezzi*) equo, giusto.
reasonably ['ri:znəbli] *avv.* ragionevolmente.
reasoning ['ri:zniŋ] *s.* **1** raziocinio. **2** ragionamento.
reasonless ['ri:znlis] *a.* irragionevole, irrazionale.
reassurance [ˌri:ə'ʃuərəns] *s.* rassicurazione.
to **reassure** [ˌri:ə'ʃuə*] *v.t.* rassicurare.
rebate ['ri:beit] *s.* **1** (*Comm.*) riduzione, sconto. **2** (*Econ.*) rimborso.
to **rebate** [ri'beit] *v.t.* scontare; detrarre, dedurre.
rebel ['rebəl] *a./s.* ribelle *m./f.*
to **rebel** [ri'bell] *v.i.* (*pass., p.p.* **rebelled** [–ld]) ribellarsi (*against* a).
rebellion [ri'beljən] *s.* ribellione; rivolta.
rebellious [ri'beljəs] *a.* **1** ribelle, insorto; riottoso. **2** non docile, insubordinato.

rebirth [ri:'bə:θ] *s.* rinascita.
reborn [ri:'bɔ:n] *a.* rinato.
rebound ['ri:baund] *s.* **1** rimbalzo. **2** ripercussione, contraccolpo. □ **on** *the* ~ di rimbalzo; per ripicca, per reazione; (*fig.*) *to catch s.o.* **on** *the* ~ approfittare di un momento di debolezza di qd.
to **rebound** [ri'baund] *v.i.* **1** rimbalzare. **2** (*fig.*) ricadere, ripercuotersi (*upon* su): *his evil actions will* ~ *upon himself* le sue cattive azioni ricadranno sul suo capo.
rebuff [ri'bʌf] *s.* rifiuto secco, ripulsa.
to **rebuff** [ri'bʌf] *v.t.* rifiutare seccamente, respingere.
to **rebuild** [ri:'bild] *v.t.* (coniug. come to **build**) ricostruire, riedificare.
rebuke [ri'bju:k] *s.* **1** rimprovero. **2** biasimo, disapprovazione.
to **rebuke** [ri'bju:k] *v.t.* **1** rimproverare, sgridare. **2** biasimare, disapprovare.
rebus ['ri:bəs] *s.* rebus.
to **rebut** [ri'bʌt] *v.t.* (*pass., p.p.* **rebutted** [–id]) **1** confutare, oppugnare. **2** (*Dir.*) confutare, opporsi a.
rebuttal [ri'bʌtəl] *s.* confutazione.
recalcitrance [ri'kælsitrəns], **recalcitrancy** [ri'kælsitrənsi] *s.* ostinata resistenza; renitenza.
recalcitrant [ri'kælsitrənt] *a.* ricalcitrante, renitente.
recall [ri'kɔ:l] *s.* **1** richiamo. **2** ricordo, memoria. □ *beyond* (o *past*) ~ irrevocabilmente; irrevocabile.
to **recall** [ri'kɔ:l] *v.t.* **1** richiamare, far tornare. **2** ricordare, rammentare. **3** revocare, annullare.
to **recant** [ri'kænt] *v.t./i.* ritrattare.
recantation [ˌri:kæn'teiʃən] *s.* ritrattazione.
recap ['ri:kæp] *s.* (*fam.*) ricapitolazione, riepilogo.
to **recap**[1] ['ri:kæp] *v.t./i.* (*pass., p.p.* **recapped** [–t]) (*fam.*) ricapitolare, riepilogare.
to **recap**[2] *am.* ['ri:kæp] *v.t.* (*pass., p.p.* **recapped** [–t]) (*di pneumatici*) rigenerare.
to **recapitulate** [ˌri:kə'pitjuleit] *v.t./i.* ricapitolare, riepilogare.
recapitulation [ˌri:kəpitju'leiʃən] *s.* ricapitolazione, riepilogo.
recapture [ri:'kæptʃə*] *s.* riconquista, riacquisto.
to **recapture** [ri:'kæptʃə*] *v.t.* **1** riprendere. **2** (*Mil.*) riconquistare. **3** (*fig.*) ritrovare, riacquistare.
to **recast** [ri:'kɑ:st, *am.* –'kæst] *v.t.* (coniug. come to **cast**) **1** rimaneggiare, rifare. **2** (*Teat., Cin.*) scegliere nuovi attori per.
to **recede** [ri'si:d] *v.i.* **1** indietreggiare, arretrare; recedere, ritirarsi. **2** allontanarsi, sparire (dalla vista). **3** (*fig.*) diminuire, ridursi. □ *receding chin* mento sfuggente.
receipt [ri'si:t] *s.* **1** ricevuta, quietanza. **2** *pl.* introiti, entrate. **3** ricevimento, ricezione.
to **receipt** [ri'si:t] *v.t.* **1** rilasciare una ricevuta per. **2** (*Comm.*) quietanzare.
receivable [ri'si:vəbl] **I** *a.* (*Comm.*) esigibile, incassabile. **II** *s.pl.* (*in contabilità*) debitori.
to **receive** [ri'si:v] **I** *v.t.* **1** ricevere; accogliere. **2** accettare, ammettere: *to* ~ *s.o. into a private school* accettare qd. in una scuola privata. **3** contenere, ospitare. **4** ricettare (merce rubata). **II** *v.i.* ricevere.
received [ri'si:vd] *a.* comune, generalmente accettato.
receiver [ri'si:və*] *s.* **1** ricevente *m./f.* **2** ricettatore. **3** (*Dir.*) curatore fallimentare. **4** (*Tel.*) ricevitore. **5** (*Rad.*) apparecchio radioricevente.
recension [ri'senʃən] *s.* **1** revisione critica di un testo. **2** testo rivisto criticamente.
recent ['ri:sənt] *a.* recente.
recently ['ri:səntli] *avv.* recentemente, ultimamente.
receptacle [ri'septəkl] *s.* **1** ricettacolo. **2** contenitore, recipiente.
reception [ri'sepʃən] *s.* **1** ricevimento, ricezione. **2** accoglienza. **3** (*di albergo*) ricezione. **4** ricevimento, trattenimento. **5** (*Rad., TV*) ricezione. □ (*am.*) ~ **clerk** impiegato addetto alla ricezione; ~ **desk** ricezione (di albergo).
receptionist [ri'sepʃənist] *s.* impiegato addetto alla ricezione.
receptive [ri'septiv] *a.* ricettivo.
receptivity [ˌri:sep'tiviti] *s.* ricettività.
recess [ri'ses, *am.* 'ri–] *s.* **1** rientranza, nicchia. **2** cavità. **3** *pl.* recessi. **4** (*am. Parl.*) sospensione della seduta.
to **recess** [ri'ses] **I** *v.t.* **1** fare una nicchia in. **2** (*am. Parl.*) sospendere le sedute di. **II** *v.i.* (*am. Parl.*) sospendere le sedute.
recession [ri'seʃən] *s.* **1** ritiro, ritirata. **2** (*Econ.*) recessione.
recessive [ri'sesiv] *a.* recessivo.
to **recharge** [ri:'tʃɑ:dʒ] *v.t.* ricaricare.
recidivism [ri'sidivisəm] *s.* (*Dir.*) recidiva.
recidivist [ri'sidivist] *s.* (*Dir., Med.*) recidivo.
recipe ['resipi] *s.* ricetta: a ~ *for boredom* una ricetta contro la noia.
recipient [ri'sipiənt] *s.* ricevente *m./f.*, destinatario.
reciprocal [ri'siprəkəl] *a.* reciproco.
to **reciprocate** [ri'siprəkeit] **I** *v.t.* **1** scambiarsi: *to* ~ *addresses* scambiarsi gli indirizzi. **2** ricambiare, contraccambiare. **3** (*tecn.*) alternare. **II** *v.i.* **1** contraccambiare, ricambiare. **2** (*tecn.*) alternarsi.
reciprocating [ri'siprəkeitiŋ] *a.* (*Mecc.*) (a moto) alternato.
reciprocation [riˌsiprə'keiʃən] *s.* **1** scambio. **2** ricambio, contraccambio. **3** (*tecn.*) moto alternato.
reciprocity [ˌresi'prɔsiti] *s.* **1** reciprocità. **2** scambio.
recital [ri'saitl] *s.* **1** resoconto, relazione. **2** (*Mus.*) recital.
recitation [ˌresi'teiʃən] *s.* **1** recitazione, declamazione. **2** (*am., Scol.*) ripetizione della lezione.
recitative [ˌresitə'ti:v] *s.* (*Mus.*) recitativo.

to **recite** [ri'sait] **I** *v.t.* **1** recitare, declamare. **2** enumerare, elencare. **II** *v.i.* recitare a memoria.

reckless ['reklis] *a.* **1** incurante, sprezzante (*of* di). **2** insensato; spericolato; folle: ~ *driving* guida spericolata.

recklessness ['reklisnis] *s.* **1** noncuranza. **2** insensatezza, sconsideratezza.

to **reckon** ['rekən] **I** *v.t.* **1** calcolare, computare. **2** considerare, reputare. **3** (*am. fam.*) ritenere, pensare. **II** *v.i.* calcolare, eseguire calcoli. □ *to* ~ *s.o.* **among** *one's friends* annoverare qd. fra i propri amici; *to* ~ **on** (o *upon*) contare su, fare assegnamento su; *to* ~ **up** fare la somma di; *to* ~ **with** prendere in considerazione; fare i conti con; *to* ~ **without** non tenere conto di.

reckoning ['rekəniŋ] *s.* **1** calcolo, conteggio; conto. **2** (*Mar.*) determinazione della posizione. □ *to be* **out** *in one's* ~ fare male i propri conti; (*fig.*) *to* **pay** *the* ~ pagare il fio.

reclaim [ri'kleim] *s.* → **reclamation.** □ *beyond* ~ irrecuperabile.

to **reclaim**[1] [ri'kleim] *v.t.* **1** bonificare, prosciugare. **2** (*Industria*) ricuperare, utilizzare; (*di gomma*) rigenerare. **3** (*fig.*) ricuperare, redimere.

to **reclaim**[2] [ri:'kleim] *v.t.* chiedere la restituzione di, farsi consegnare.

reclamation [ˌreklə'meiʃən] *s.* **1** bonifica. **2** (*Industria*) ricupero; (*di gomma*) rigenerazione; (*estens.*) riciclaggio.

to **recline** [ri'klain] **I** *v.i.* **1** sdraiarsi, distendersi. **2** stare sdraiato, giacere. **II** *v.t.* reclinare.

recluse [ri'klu:s] *s.* eremita (*anche fig.*).

recognition [ˌrekəg'niʃən] *s.* riconoscimento. □ *beyond* ~ irriconoscibile.

recognizable ['rekəgnaizəbl] *a.* riconoscibile.

recognizance [re'kɔgnizəns] *s.* (*Dir.*) obbligo (sancito dal tribunale); cauzione, garanzia.

to **recognize** ['rekəgnaiz] *v.t.* **1** riconoscere. **2** rendersi conto di, accorgersi di. **3** ammettere: *to* ~ *defeat* ammettere di essere stato sconfitto.

recoil [ri'kɔil] *s.* **1** rinculo (di un'arma da fuoco). **2** (*fig.*) balzo indietro. **3** (*Mecc.*) contraccolpo.

to **recoil** [ri'kɔil] *v.i.* **1** indietreggiare, balzare indietro; rifuggire (*from* da). **2** rinculare (di un'arma da fuoco). **3** (*fig.*) ritorcersi (*on, upon* contro), ricadere (su).

to **recollect** [ˌrekə'lekt] *v.t./i.* ricordare, rammentare.

recollection [ˌrekə'lekʃən] *s.* ricordo, memoria. □ *to the* **best** *of my* ~ se ben ricordo; *to* **have** *some* ~ ricordare vagamente.

to **recommend** [ˌrekə'mend] *v.t.* **1** raccomandare; consigliare. **2** rendere accetto.

recommendable [ˌrekə'mendəbl] *a.* raccomandabile.

recommendation [ˌrekəmen'deiʃən] *s.* **1** raccomandazione; consiglio; segnalazione. **2** (*estens.*) proposta.

recompense ['rekəmpens] *s.* **1** ricompensa, compenso. **2** risarcimento, indennizzo.

to **recompense** ['rekəmpens] *v.t.* **1** ricompensare. **2** risarcire, indennizzare. **3** ricambiare, contraccambiare.

reconcilable ['rekənsailəbl] *a.* riconciliabile.

to **reconcile** ['rekənsail] *v.t.* **1** riconciliare, rappacificare. **2** (*di controversia*) appianare, comporre. **3** conciliare, armonizzare: *to* ~ *two conflicting opinions* conciliare due opinioni contrastanti. □ *to* ~ *o.s. to sth.* rassegnarsi a qc.

reconciliation [ˌrekənsili'eiʃən] *s.* **1** (ri)conciliazione, rappacificazione. **2** armonia, accordo.

recondite [re'kɔndait] *a.* **1** oscuro, astruso. **2** (*estens.*) avvolto nel mistero; occulto.

to **recondition** [ˌri:kən'diʃən] *v.t.* **1** rimettere in efficienza, ripristinare. **2** (*Aut.*) revisionare.

reconnaissance [ri'kɔnisəns] *s.* **1** ricognizione; esplorazione. **2** (*fig.*) esame preliminare.

to **reconnoiter** *am.*, to **reconnoitre** [ˌrekə'nɔitə*] **I** *v.t.* (*Mil.*) fare una ricognizione di. **II** *v.i.* (*Mil.*) andare in ricognizione.

to **reconquer** [ri:'kɔŋkə*] *v.t.* riconquistare.

reconquest [ri:'kɔŋkwest] *s.* riconquista.

to **reconsider** [ˌri:kən'sidə*] *v.t.* riconsiderare.

to **reconstruct** [ˌri:kən'strʌkt] *v.t.* ricostruire.

reconstruction [ˌri:kən'strʌkʃən] *s.* ricostruzione.

record ['rekɔ:d, *am.* 'rekərd] **I** *s.* **1** testimonianza, documento. **2** *pl.* atti ufficiali; archivio; verbale: *records office* archivio centrale. **3** (*Dir.*) fedina penale; precedenti (di una persona nel lavoro; di uno sportivo in campo agonistico). **4** registro; diario. **5** statistica; dati statistici. **6** (*Sport*) primato. **7** disco. **8** registrazione (su nastro). **II** *a.* record, da primato: *a* ~ *time* un tempo record. □ *to* **bear** ~ *to* testimoniare; provare; (*Sport*) *to* **break** (o *beat*) *the* ~ superare il primato; **of** ~ documentato, provato; **off** *the* ~ in via confidenziale, ufficiosamente; **on** ~ noto, risaputo; documentato, provato.

to **record** [ri'kɔ:d] *v.t.* **1** registrare, annotare. **2** verbalizzare, mettere a verbale. **3** (*Rad., TV*) registrare.

recorder [ri'kɔ:də*] *s.* **1** impiegato addetto al protocollo; archivista. **2** registratore. **3** (*Mus.*) flauto dolce.

record-holder ['rekɔ:dhəuldə*] *s.* primatista *m./f.*

recording [ri'kɔ:diŋ] *s.* **1** incisione (fonografica). **2** (*Rad., TV*) registrazione.

record-player ['rekɔ:dpleiə*] *s.* giradischi.

recount ['ri:kaunt] *s.* nuovo conteggio.

to **recount**[1] ['ri:kaunt] *v.t.* ricontare, contare di nuovo.

to **recount**[2] [ri'kaunt] *v.t.* raccontare, narrare.

to **recoup** [ri'ku:p] *v.t.* risarcire, rimborsare. □ *He recouped himself from his losses* si è ripreso dalle perdite subite.

recourse [ri'kɔ:s] *s.* ricorso. □ *to have* ~ *to* ricorrere a.
to **recover** [ri'kʌvə*] **I** *v.t.* **1** ricuperare, riacquistare: *to* ~ *one's strength* ricuperare le forze. **2** riguadagnare, ricuperare. **3** bonificare, prosciugare. **4** (*Dir.*) ottenere dal tribunale (risarcimenti, ecc.). **II** *v.i.* **1** ristabilirsi, rimettersi; riprendersi (*from* da). **2** (*Dir.*) vincere una causa. □ *to* ~ *damages* ottenere il risarcimento dei danni.
to **re-cover** [ri:'kʌvə*] *v.t.* ricoprire, coprire di nuovo.
recovery [ri'kʌvəri] *s.* **1** ricupero, riacquisto. **2** ripresa; guarigione, ristabilimento. □ *past* ~ incurabile.
to **recreate** ['rekrieit] **I** *v.t.* svagare, ricreare. **II** *v.i.* svagarsi, ricrearsi.
recreation [ˌrekri'eiʃən] *s.* **1** ricreazione. **2** svago; passatempo. □ ~ *ground* campo giochi.
recreational [ˌrekri'eiʃənl] *a.* ricreativo. □ ~ *facilities* attrezzature (sportive) per il tempo libero.
to **recriminate** [ri'krimineit] *v.i.* recriminare.
recrimination [riˌkrimi'neiʃən] *s.* recriminazione.
recriminatory [ri'kriminətəri] *a.* recriminatorio.
recrudescence [ˌri:kru'desəns] *s.* recrudescenza.
recrudescent [ˌri:kru'desnt] *a.* (*Med.*) in recrudescenza.
recruit [ri'kru:t] *s.* **1** (*Mil.*) recluta, coscritto. **2** (*estens.*) adepto; novellino, principiante *m./f.*
to **recruit** [ri'kru:t] **I** *v.t.* **1** (*Mil.*) arruolare, reclutare; radunare. **2** (*estens.*) reclutare, ingaggiare. **3** riacquistare (le forze, la salute). **II** *v.i.* **1** (*Mil.*) arruolare uomini. **2** (*fig.*) rimettersi, ristabilirsi.
recruiting [ri'kru:tiŋ], **recruitment** [ri'kru:tmənt] *s.* (*Mil.*) reclutamento, arruolamento.
rectal ['rektəl] *a.* rettale.
rectangle ['rektæŋgl] *s.* (*Geom.*) rettangolo.
rectangular [rek'tæŋgjulə*] *a.* rettangolare.
rectification [ˌrektifi'keiʃən] *s.* rettificazione, rettifica.
to **rectify** ['rektifai] *v.t.* **1** rettificare; mettere a posto; (*estens.*) riparare; **2** (*El.*) raddrizzare; (*tecn.*) purificare, distillare.
rectilinear [ˌrekti'liniə*] *a.* rettilineo.
rectitude ['rektitju:d] *s.* rettitudine, onestà.
rector ['rektə*] *s.* **1** pastore (anglicano). **2** rettore (di istituti universitari).
rectorate ['rektərit] *s.* rettorato.
rectory ['rektəri] *s.* casa del pastore; canonica.
rectum ['rektəm] *s.* (*pl.* **–s** [–z]/**–ta** [–tə]) (*Anat.*) retto.
recumbent [ri'kʌmbənt] *a.* sdraiato, disteso.
to **recuperate** [ri'kju:pəreit] **I** *v.i.* **1** ristabilirsi, rimettersi (in salute). **2** (*Comm.*) riaversi, riprendersi. **II** *v.t.* ricuperare, riacquistare; riavere, riprendere.
recuperation [riˌkju:pə'reiʃən] *s.* ristabilimento.
recuperative [ri'kju:pərətiv] *a.* che serve a far ricuperare. □ ~ *powers* capacità di recupero.
to **recur** [ri'kə:*] *v.i.* (*pass., p.p.* **recurred** [–d]) **1** ricorrere, ripetersi. **2** ripresentarsi (alla mente). **3** ritornare (*to* su): *may I* ~ *to what you said yesterday?* posso ritornare su ciò che hai detto ieri?
recurrence [ri'kʌrəns] *s.* ricorrenza; incidenza; periodicità. **2** ricomparsa (di una patologia).
recurrent [ri'kʌrənt] *a.* ricorrente, periodico.
to **recurve** [ri'kə:v] **I** *v.t.* curvare, piegare all'indietro. **II** *v.i.* curvarsi.
recusant ['rekjuzənt] *s.* dissenziente *m./f.*, dissidente *m./f.*
to **recycle** [ˌri:'saikl] *v.t.* riclare.
recycling [ˌri:'saikliŋ] *s.* riciclaggio.
red [red] **I** *a.* (*compar.* **redder** [–ə*], *sup.* **reddest** [–ist]) **1** rosso. **2** (*di capelli*) rosso, fulvo, rossiccio. **3** (*Pol.*) rosso, rivoluzionario. **II** *s.* **1** (color) rosso. **2** (*Pol.*) rosso, rivoluzionario. □ (*fam.*) **as** ~ *as a beetroot* (o *boiled lobster*) rosso come un pomodoro (*o* gambero); (*fig.*) ~ **carpet** accoglienza solenne; ~ **corpuscle** globulo rosso; *Red* **Cross** Croce Rossa; *to* **go** ~ = *to* **turn** ~; ~ **herring** aringa affumicata; (*fig.*) digressione dall'argomento principale; (*fam.*) *to be* **in** *the* ~ essere in rosso (*o* in passivo); *Red* **Indian** pellerossa; ~ **lead** minio; ~ **light** segnale di pericolo; semaforo rosso; (*fam.*) *to get* **out** *of the* ~ uscire da una situazione deficitaria; *to* **turn** ~ diventare rosso.
to **redact** [ri'dækt] *v.t.* **1** redigere. **2** revisionare (per la stampa).
redaction [ri'dækʃən] *s.* revisione (per la stampa).
redactor [ri'dæktə*] *s.* curatore di un'edizione.
red-blooded [ˌred'blʌdid] *a.* (*fam.*) con il sangue caldo, pieno di temperamento.
redbreast ['redbrest] *s.* (*Zool.*) pettirosso.
redbrick ['redbrik] *a.*: ~ *university* università inglese costruita in mattoni rossi nel secolo scorso (che si differenzia da quelle antiche e prestigiose di pietra grigia come Oxford e Cambridge).
redcap ['redkæp] *s.* **1** soldato della polizia militare. **2** (*am.*) portabagagli (di stazione).
Red Cross ['redkrɔs] *s.* Croce Rossa.
to **redden** ['redn] **I** *v.t.* **1** arrossare. **2** far arrossire. **II** *v.i.* **1** arrossarsi. **2** arrossire.
reddish ['rediʃ] *a.* rossiccio, rossastro.
to **redeem** [ri'di:m] *v.t.* **1** (*Econ.*) estinguere, redimere. **2** adempiere (una promessa, un obbligo). **3** compensare. **4** (*Teol.*) redimere, riscattare. □ *to* ~ *o.s.* riscattarsi, redimersi.
redeemable [ri'di:məbl] *a.* (*Econ.*) estinguibile; redimibile.
Redeemer [ri'di:mə*] *s.* (*Rel.*) Redentore.
redemption [ri'dempʃən] *s.* **1** (*Econ.*) estinzio-

ne. **2** riscatto. **3** (*Teol.*) redenzione. ▭ *beyond* (o *past*) ~ irrecuperabile, incorreggibile.

Red Ensign ['redin'saiŋ] *s.* bandiera della marina mercantile britannica.

red-handed ['red'hændid] *a./avv.* sul fatto, in flagrante. ▭ *to catch s.o.* ~ cogliere qd. con le mani nel sacco.

red-hot ['red'hɔt] *a.* **1** incandescente; arroventato. **2** (*fig.*) furioso, infuriato, acceso.

to **rediscover** [ˌri:dis'kʌvə*] *v.t.* ritrovare, riscoprire.

red-letter day ['redletə'dei] *s.* **1** giorno festivo. **2** (*fig.*) giorno memorabile.

to **redo** [ri:'du:] *v.t.* (coniug. come to **do**) rifare.

redolence ['redələns] *s.* profumo, fragranza.

redolent ['redələnt] *a.* **1** profumato. **2** (*fig.*) che ricorda, che risente (*of s.th.* qc.).

to **redouble** [ri:'dʌbl] **I** *v.t.* raddoppiare; aumentare, intensificare. **II** *v.i.* accrescersi, aumentare.

redoubt [ri'daut] *s.* (*Mil.*) ridotta.

to **redound** [ri'daund] *v.i.* tornare a vantaggio (*to* di).

redress [ri'dres] *s.* riparazione (di un torto); risarcimento.

to **redress** [ri'dres] *v.t.* rimediare a, riparare; risarcire. ▭ (*fig.*) *to* ~ *the balance* ristabilire l'equilibrio.

redskin ['redskin] *s.* pellerossa *m./f.*

red tape ['redteip] *s.* **1** nastro rosso. **2** (*fig.*) burocrazia; lungaggine burocratica.

to **reduce** [ri'dju:s, *am.* –du:s] **I** *v.t.* **1** ridurre; diminuire: *to* ~ *speed* diminuire la velocità. **2** (r)impiccolire, restringere. **3** abbreviare, accorciare. **4** (*di moneta, ecc.*) convertire (*to* in); trasformare (in): *to* ~ *pounds to shillings* convertire sterline in scellini. **II** *v.i.* **1** ridursi; diminuire. **2** (*fam.*) dimagrire (seguendo una dieta). ▭ *to* ~ *to* **order** ridurre alla disciplina; *to* ~ *to* **silence** far tacere; *to* ~ *to* **submission** sottomettere.

reducible [ri'dju:səbl] *a.* riducibile.

reduction [ri'dʌkʃən] *s.* **1** riduzione; diminuzione; (r)impiccolimento. **2** riproduzione su scala ridotta.

redundancy [ri'dʌndənsi] *s.* **1** ridondanza, sovrabbondanza. **2** eccedenza di manodopera. **3** *pl.* lavoratori dichiarati in eccesso. ▭ (*GB*) ~ *pay* salario minimo corrisposto ai cassa-integrati.

redundant [ri'dʌndənt] *a.* **1** ridondante, sovrabbondante. **2** (*di manodopera*) eccedente; (*di lavoratore*) in sovrannumero.

to **reduplicate** [ri'dju:plikeit, *am.* –'du:–] *v.t.* raddoppiare, duplicare; ripetere, replicare.

reduplication [riˌdju:pli'keiʃən, *am.* –ˌdu:–] *s.* raddoppiamento, raddoppio; ripetizione.

redwood ['redwud] *s.* (*Bot.*) sequoia.

re-echo [ri:'ekəu] *s.* eco di rimando.

to **re-echo** [ri:'ekəu] *v.t./i.* riecheggiare.

reed [ri:d] *s.* **1** canna. **2** (*collett.*) canneto; canniccio. **3** (*Mus.*) linguetta, ancia; *pl.* strumenti a fiato (con ancia). ▭ (*fig.*) *a* **broken** ~ una persona poco affidabile; (*Mus.*) ~ **organ** armonium; (*Mus.*) ~ **pipe** zampogna.

reedy ['ri:di] *a.* **1** pieno di canne. **2** (*di suono, voce*) acuto.

reef[1] [ri:f] *s.* **1** banco di scogli. **2** (*di miniera*) filone. ▭ *coral* ~ barriera corallina.

reef[2] [ri:f] *s.* (*Mar.*) terzarolo. ▭ (*fig.*) *to take in a* ~ procedere con cautela.

reefer ['ri:fə*] *s.* **1** giubbotto (da marinaio) a doppio petto. **2** (*sl.*) sigaretta di marijuana.

reef knot ['ri:fnɔt] *s.* (*Mar.*) nodo piano.

reek [ri:k] *s.* **1** puzzo, fetore. **2** (*lett. scozz.*) fumo; vapore.

to **reek** [ri:k] *v.i.* **1** puzzare (*of* di): *he reeks of beer* puzza di birra. **2** esalare (vapore), fumare; trasudare, grondare (*with s.th.* qc.): *his hands reeked with blood* le sue mani grondavano di sangue.

reeky ['ri:ki] *a.* puzzolente, fetido.

reel[1] [ri:l] *s.* **1** aspo, bindolo. **2** (*Tessitura*) rocchetto, bobina. **3** (*Pesca*) mulinello. **4** (*Cin.*) bobina, rotolo. ▭ (*fig.*) *straight off the* ~ senza interruzione.

to **reel**[1] [ri:l] *v.t.* **1** avvolgere sull'aspo. **2** (spesso con *off*) dipanare. **3** (*Pesca*) (general. con *in*) tirare su col mulinello. **4** (*fig.*) (general. con *off*) snocciolare, dire tutto d'un fiato.

reel[2] [ri:l] *s.* reel (ballo scozzese).

to **reel**[2] [ri:l] *v.i.* **1** barcollare, vacillare. **2** avere le vertigini.

re-entry [ri:'entri] *s.* **1** rientro. **2** (*Comm.*) nuova registrazione.

ref [ref] *s.* **1** (*Sport*) arbitro. **2** (*Comm.*) riferimento.

refectory [ri'fektəri] *s.* refettorio.

to **refer** [ri'fə:*] *v.* (*pass., p.p.* **referred** [–d]) **I** *v.t.* **1** attribuire, ascrivere. **2** indirizzare, consigliare di rivolgersi, mandare: *he referred me to his boss* mi consigliò di rivolgermi al suo capo. **3** sottoporre; demandare. **4** rimettersi a, deferire: *I* ~ *myself to justice* mi rimetto alla giustizia. **II** *v.i.* **1** riferirsi, fare riferimento; alludere. **2** consultare (qc.), ricorrere (a).

referee [ˌrefə'ri:] *s.* **1** arbitro. **2** (*Sport*) arbitro, giudice di gara. **3** referenza (nelle domande di lavoro).

to **referee** [ˌrefə'ri:] *v.t./i.* arbitrare.

reference ['refrəns] *s.* **1** riferimento, rimando; rinvio; accenno, allusione. **2** consultazione: ~ *to a catalogue* consultazione di un catalogo. **3** riferimento, relazione: *with* (o *in*) ~ *to* in riferimento a. **4** referenza, benservito. ▭ ~ **book** libro di consultazione; *to* **have** ~ *to* essere in rapporto con; *to* **make** ~ *to* fare riferimento a; **without** ~ *to* senza riguardo a; **work** *of* ~ opera di consultazione.

referendum [ˌrefə'rendəm] *s.* (*pl.* **–s** [–z]/**–da** [–də]) referendum.

refill ['ri:fil] *s.* **1** ricambio, carica. **2** (*fam.*) il bis (di una bevanda).

to **refill** [ri:'fil] *v.t.* riempire, ricaricare.

to **refine** [ri'fain] **I** *v.t.* **1** raffinare, purificare. **2** (*fig.*) perfezionare, ingentilire: *to ~ one's manners* ingentilire le proprie maniere. **II** *v.i.* **1** raffinarsi. **2** (*fig.*) perfezionarsi.

refined [ri'faind] *a.* **1** raffinato, purificato. **2** (*fig.*) perfezionato; ricercato; fine, distinto.

refinement [ri'fainmənt] *s.* **1** raffinamento, raffinazione. **2** (*fig.*) squisitezza, finezza. **3** miglioria, miglioramento.

refiner [ri'fainə*] *s.* raffinatore.

refinery [ri'fainəri] *s.* raffineria.

refit ['ri:fit] *s.* **1** riparazione. **2** (*Mar.*) raddobbo.

to **refit** [ri:'fit] **I** *v.t.* **1** riparare, riattare. **2** (*Mar.*) raddobbare. **II** *v.i.* **1** essere riattato. **2** (*Mar.*) essere raddobbato.

to **reflect** [ri'flekt] **I** *v.t.* riflettere, riverberare; rispecchiare. **II** *v.i.* **1** riflettersi, riverberarsi; rispecchiarsi (*in* in). **2** riflettere, pensare (*upon* su). **3** (*fig.*) ripercuotersi (*on, upon* su); gettare il discredito (su).

reflection [ri'flekʃən] *s.* **1** riflessione. **2** riflesso, riverbero. **3** riflessione, considerazione. **4** discredito; biasimo, rimprovero. □ *to* **cast** *reflections on s.o.* gettare discredito su qd.; **on** ~ riflettendoci bene, pensandoci su.

reflective [ri'flektiv] *a.* **1** riflettente. **2** riflessivo.

reflector [ri'flektə*] *s.* **1** riflettore. **2** (*Aut.*) catarifrangente.

reflex ['ri:fleks] **I** *a.* riflesso. **II** *s.* **1** riflesso. **2** immagine riflessa.

reflexive [ri'fleksiv] (*Gramm.*) **I** *a.* riflessivo. **II** *s.* verbo riflessivo; pronome riflessivo.

to **refloat** [ri:'fləut] *v.t.* (*Mar.*) ricuperare; disincagliare.

reflux ['ri:flʌks] *s.* riflusso.

reform [ri'fɔ:m] *s.* riforma; emendamento, correzione.

to **reform** [ri'fɔ:m] **I** *v.t.* riformare; emendare, correggere. **II** *v.i.* ravvedersi, correggersi.

reformation [ˌrefə'meiʃən] *s.* **1** riforma. **2** emendamento, correzione. **Reformation** (*Stor.*) Riforma.

reformatory [ri'fɔ:mətəri] **I** *a.* riformatore. **II** *s.* riformatorio.

reformer [ri'fɔ:mə*] *s.* riformatore.

to **refract** [ri'frækt] *v.t.* rifrangere.

refraction [ri'frækʃən] *s.* rifrazione.

refractory [ri'fræktəri] *a.* **1** ostinato, caparbio; indocile, ribelle. **2** refrattario (*to* a).

refrain [ri'frein] *s.* ritornello, refrain.

to **refrain** [ri'frein] *v.i.* trattenersi, astenersi (*from* da).

to **refresh** [ri'freʃ] **I** *v.t.* **1** ristorare, rianimare; rimettere a nuovo. **2** rinfrescare (*anche fig.*). **3** rinverdire; dare una ripassata: *to ~ one's memory* rinfrescare la memoria di qd. **II** *v.i.* ristorarsi, rinfrescarsi.

refresher [ri'freʃə*] *s.* (*fam.*) bibita, bevanda. □ ~ *course* corso d'aggiornamento.

refreshing [ri'freʃiŋ] *a.* **1** rinfrescante, ristoratore, che rinvigorisce. **2** (*fig.*) gradevole, piacevole.

refreshment [ri'freʃmənt] *s.* **1** *pl.* rinfreschi. **2** spuntino; merenda. **3** ristoro, refrigerio.

refrigerant [ri'fridʒərənt] *a.* refrigerante.

to **refrigerate** [ri'fridʒəreit] *v.t.* refrigerare; raffreddare.

refrigeration [riˌfridʒə'reiʃən] *s.* refrigerazione.

refrigerator [ri'fridʒəreitə*] *s.* frigorifero; (*estens.*) cella frigorifera.

to **refuel** [ri:'fju:əl] *v.* (*pass., p.p.* **–lled**/*am.* **–led** [–d]) **I** *v.t.* rifornire di carburante. **II** *v.i.* fare rifornimento di carburante.

refuge ['refju:dʒ] *s.* **1** rifugio; asilo, ricovero. **2** (*fig.*) evasione. □ **street** ~ salvagente (*stradale*); *to* **take** ~ *in* rifugiarsi in; (*fig.*) trincerarsi in.

refugee [ˌrefju:'dʒi:] *s.* rifugiato, profugo. □ ~ *camp* campo di profughi.

refulgent [ri'fʌldʒənt] *a.* splendente, fulgido.

refund ['ri:fʌnd] *s.* rimborso, risarcimento.

to **refund** [ri:'fʌnd] *v.t.* rimborsare, risarcire.

to **refurbish** [ri:'fə:biʃ] *v.t.* restaurare, rimettere a nuovo.

refusal [ri'fju:zəl] *s.* rifiuto. □ (*Comm.*) *first* ~ diritto di opzione.

refuse ['refju:z] *s.* rifiuti, immondizia; scarto. □ ~ *collector* operatore ecologico (spazzino).

to **refuse** [ri'fju:z] **I** *v.t.* rifiutare, respingere; negare. **II** *v.i.* rifiutarsi, dire di no. □ *he was refused admittance* non lo lasciarono entrare.

refutable ['refjutəbl, *am.* ri'fju:–] *a.* confutabile, oppugnabile.

refutation [ˌrefju'teiʃən] *s.* confutazione.

to **refute** [ri'fju:t] *v.t.* confutare: *I had to refute his argument* ho dovuto rifiutare le sue argomentazioni.

reg. = *registered* registrato, raccomandato.

to **regain** [ri'gein] *v.t.* **1** riacquistare, riguadagnare. **2** (*Mil.*) riconquistare.

regal ['ri:gəl] *a.* regale, reale, regio.

to **regale** [ri'geil] *v.t.* rallegrare, dilettare (*with, on* con). **2** (*estens.*) concedersi il lusso di: *I regaled myself on oysters and champagne* mi sono concesso il lusso di mangiare ostriche e champagne.

regalia ['ri:geiljə] *s.pl.* (costr. sing. o pl.) **1** emblemi e simboli del potere reale. **2** diritti e privilegi (di un sovrano). **3** paludamenti (con i simboli della propria carica).

regality [ri'gæliti] *s.* regalità, sovranità.

regard [ri'gɑ:d] *s.* **1** considerazione, stima, riguardo; rispetto: *they hold her in high ~* la tengono in grande considerazione. **2** attenzione, cura, preoccupazione: *to pay ~* prestare attenzione. **3** *pl.* ossequi, saluti: *best regards* cordiali saluti. □ *in* **every** ~ da tutti i punti di vista; **in** ~ *to* (o *of*) = **with** ~ *to*; **with** ~ *to* quanto a, riguardo a; (*epist.*) **with** *kind regards* cordiali saluti.

to **regard** [ri'gɑ:d] *v.t.* **1** considerare, ritenere, giudicare, prendere in considerazione. **2** stimare, rispettare. **3** riguardare, concernere: *as regards* per quanto riguarda.

regardful [ri'gɑ:dful] *a.* rispettoso (*of* di); riguardoso.
regarding [ri'gɑ:diŋ] *prep.* circa, in relazione a.
regardless [ri'gɑ:dlis] *a.* incurante (*of* di), indifferente.
regatta [ri'gætə] *s.* (*Sport*) regata.
regency ['ri:dʒənsi] *s.* reggenza.
regenerate [ri'dʒenərit] *a.* rigenerato.
to **regenerate** [ri'dʒenəreit] **I** *v.t.* rigenerare. **II** *v.i.* rigenerarsi.
regeneration [ri,dʒenə'reiʃən] *s.* rigenerazione.
regent ['ri:dʒənt] **I** *s.* **1** reggente *m./f.* **2** (*am.*) membro del consiglio d'amministrazione (p.e. di una università). **II** *a.* reggente. □ *the Prince* ~ il principe reggente.
regicide ['redʒisaid] *s.* **1** regicidio. **2** regicida *m./f.*
regime, régime [rei'ʒi:m] *s.* regime.
regimen ['redʒimən] *s.* (*Med.*) regime, dieta.
regiment ['redʒimənt] *s.* **1** (*Mil.*) reggimento. **2** (*fam.*) gran numero.
to **regiment** ['redʒiment] *v.t.* (*Mil.*) irreggimentare.
regimental [,redʒi'mentl] **I** *a.* (*Mil.*) reggimentale. **II** *s.pl.* uniforme militare. □ ~ *tie* cravatta con i colori del reggimento.
region ['ri:dʒən] *s.* **1** regione; zona. **2** (*fig.*) campo, sfera. □ (*fig.*) **in** *the* ~ *of* intorno a, circa; *the* **lower** *regions* l'inferno.
regional ['ri:dʒənl] *a.* regionale.
regionalism ['ri:dʒənəlizəm] *s.* regionalismo.
register ['redʒistə*] *s.* **1** registro. **2** albo professionale. **3** (*Comm.*) libro contabile. **4** (*Pol.*) lista elettorale. □ (*cash*) ~ registratore di cassa.
to **register** ['redʒistə*] **I** *v.t.* **1** registrare; iscrivere, immatricolare. **2** (*di strumenti*) segnare, indicare: *the thermometer registers 20°C* il termometro segna 20°C. **3** (*Poste*) raccomandare, spedire per raccomandata. **4** (*fig.*) mostrare, esprimere. **II** *v.i.* registrarsi, iscriversi, immatricolarsi. □ (*Poste*) *registered* **letter** (lettera) raccomandata; *registered* **nurse** infermiera diplomata; *registered* **trademark** marchio depositato; *to* ~ *a* **trade-mark** depositare un marchio di fabbrica.
registrar [,redʒis'trɑ:*] *s.* **1** ufficiale di stato civile. **2** cancelliere; archivista *m./f.*
registration [,redʒis'treiʃən] *s.* registrazione; immatricolazione, iscrizione. □ (*Aut.*) ~ *number* numero di targa.
registry ['redʒistri] *s.* **1** archivio; ufficio dello stato civile. **2** registrazione; iscrizione, immatricolazione.
registry office ['redʒistri'ɔfis] *s.* ufficio di stato civile, anagrafe.
to **regress** [ri'gres] *v.i.* retrocedere, regredire.
regression [ri'greʃən] *s.* regressione; regresso.
regressive [ri'gresiv] *a.* regressivo.
regret [ri'gret] *s.* **1** rimorso, pentimento. **2** rincrescimento, rammarico; rimpianto. **3** *pl.* scuse: *with many regrets* con molte scuse.
to **regret** [ri'gret] v.t. (*pass.*, *p.p.* **regretted** [–id]) **1** pentirsi di (*o* per), provare rimorso per: *do you* ~ *having done it?* ti penti di averlo fatto? **2** dispiacersi di, rammaricarsi di. **3** rimpiangere. □ *I* ~ *to say that* mi dispiace dover dire che; *it is to be regretted* è deplorevole.
regretful [ri'gretful] *a.* pieno di rammarico, dispiaciuto.
regrettable [ri'gretəbl] *a.* spiacevole, increscioso.
to **regroup** [ri:'gru:p] *v.t.* riordinare in gruppi.
regular ['regjulə*] **I** *a.* **1** regolare. **2** (*estens.*) costante, stabile; normale, consueto, solito. **3** normale, corrente: *a* ~ *price* un prezzo corrente. **4** completo, autentico; (*fam.*) vero (e proprio), bell'e buono: *he is a* ~ *actor* è un attore completo; *a* ~ *rascal* una vera canaglia. **5** (*am. fam.*) simpatico, in gamba: *a* ~ *guy* un tipo in gamba. **II** *s.* **1** soldato dell'esercito regolare. **2** (*fam.*) cliente abituale. □ *as* ~ *as a* **clockwork** preciso come un orologio; *to keep* ~ **hours** osservare sempre lo stesso orario.
regularity [,regju'læriti] *s.* regolarità.
regularization [,regjulərai'zeiʃən] *s.* regolarizzazione.
to **regularize** ['regjuləraiz] *v.t.* regolarizzare.
to **regulate** ['regjuleit] *v.t.* regolare; disciplinare.
regulation [,regju'leiʃən] **I** *s.* **1** norma, regola. **2** regolamento, regolamentazione. **II** *a.attr.* **1** regolamentare, d'obbligo. **2** (*Mil.*) d'ordinanza.
to **regurgitate** [ri:'gə:dʒiteit] **I** *v.i.* rigurgitare. **II** *v.t.* rigettare.
regurgitation [ri:,gə:dʒi'teiʃən] *s.* rigurgito.
to **rehabilitate** [,ri:ə'biliteit] *v.t.* **1** rieducare, riabilitare. **2** reintegrare in un ufficio (*o* una carica, ecc.). **3** (*di edificio*) restaurare.
rehabilitation [,ri:ə,bili'teiʃən] *s.* **1** riabilitazione. **2** restauro.
to **rehash** ['ri:'hæʃ] *v.t.* rimaneggiare, riadattare.
rehearing [ri:'hiəriŋ] *s.* (*Dir.*) riesame (di una causa).
rehearsal [ri'hə:sl] *s.* (*Teat.*) prova; rappresentazione. □ *dress* ~ prova generale con i costumi.
to **rehearse** [ri'hə:s] **I** *v.t.* **1** (*Teat.*) provare; far fare le prove a. **2** enumerare, elencare. **3** riandare (con la mente); ripetere (a mente). **II** *v.i.* (*Teat.*) provare, fare le prove.
to **rehouse** [ri:'hauz] *v.t.* provvedere di nuove abitazioni.
reign [rein] *s.* regno.
to **reign** [rein] *v.i.* regnare (*over* su).
to **reimburse** [,ri:im'bə:s] *v.t.* risarcire, rimborsare.
reimbursement [,ri:im'bə:smənt] *s.* rimborso, risarcimento.
rein [rein] *s.* **1** redine, briglia. **2** *pl.* (*fig.*) redini, comando. □ (*fig.*) *to give* **free** ~ *to* dare libero sfogo a; dare piena libertà d'azione a; *to* **hold** *the reins* tenere le redini;

to keep a **tight** ~ *on* tenere sotto stretto controllo.
to **rein** [rein] *v.t.* **1** (spesso con *back, in, up*) fermare tirando le redini; guidare con le redini. **2** (*fig.*) (spesso con *in, up*) frenare, imbrigliare: *to* ~ *in one's impatience* frenare la propria impazienza.
reincarnate [ˌri:in'kɑ:nit] *a.* reincarnato.
to **reincarnate** [ˌri:in'kɑ:neit] *v.t.* reincarnare.
reincarnation [ˌri:inkɑ:'neiʃən] *s.* reincarnazione.
reindeer ['reindiə*] *s.* (*pl. inv.*/**–s** [–z]) (*Zool.*) renna.
to **reinforce** [ˌri:in'fɔ:s] *v.t.* **1** (*Mil.*) rinforzare. **2** rafforzare; potenziare, consolidare. **3** (*Edil.*) armare: *reinforced concrete* cemento armato.
reinforcement [ˌri:in'fɔ:smənt] *s.* **1** rafforzamento; rinforzo. **2** *pl.* (*Mil.*) rinforzi. **3** (*Edil.*) armatura.
to **reinstate** [ˌri:in'steit] *v.t.* **1** reintegrare. **2** ripristinare.
reinstatement [ˌri:in'steitmənt] *s.* **1** reintegrazione. **2** ripristino.
reinsurance [ˌri:in'ʃuərəns] *s.* riassicurazione.
to **reinsure** [ˌri:in'ʃuə*] *v.t.* riassicurare.
reissue [ri:'iʃu:] *s.* **1** nuova edizione (riveduta e corretta). **2** (*Filatelia*) nuova emissione.
to **reissue** [ri:'iʃu:] *v.t.* **1** ristampare, ripubblicare. **2** (*Filatelia*) emettere di nuovo.
reject ['ri:dʒekt] *s.* **1** scarto, rifiuto. **2** (*Mil.*) riformato.
to **reject** [ri'dʒekt] *v.t.* **1** rifiutare; respingere, rigettare. **2** scartare, eliminare. **3** (*Mil.*) riformare.
rejection [ri'dʒekʃən] *s.* **1** rifiuto, ricusa. **2** (*Med.*) rigetto.
to **rejoice** [ri'dʒɔis] **I** *v.i.* rallegrarsi (*in, at, over* di, per), gioire (di). **II** *v.t.* rallegrare, allietare. ☐ (*scherz.*) *he rejoices in the name of ...* si chiama...
rejoicing [ri'dʒɔisiŋ] *s.* **1** felicità; allegria. **2** *pl.* festeggiamenti, feste.
to **re-join**[1] [ri:'dʒɔin] *v.t.* **1** riunire, congiungere. **2** riunirsi a, ricongiungersi a.
to **rejoin**[2] [ri:'dʒɔin] *v.t./i.* replicare, rispondere.
rejoinder [ri'dʒɔində*] *s.* replica, risposta.
to **rejuvenate** [ri'dʒu:vineit] *v.t./i.* ringiovanire.
rejuvenation [riˌdʒu:vi'neiʃən] *s.* ringiovanimento.
to **rekindle** [ri:'kindl] **I** *v.t.* riaccendere: *to* ~ *one's enthusiasm* riaccendere l'entusiasmo di qd. **II** *v.i.* riaccendersi.
relapse [ri'læps] *s.* (*Med.*) ricaduta.
to **relapse** [ri'læps] *v.i.* **1** ricadere, ricascare (*into* in): *to* ~ *into vice* ricadere nel vizio. **2** (*Med.*) avere una ricaduta.
to **relate** [ri'leit] *v.t.* **1** riferire, raccontare, narrare. **2** collegare (*to* con), mettere in relazione (a). **II** *v.i.* **1** riferirsi (*to* a), riguardare (qc.). **2** essere in relazione (*to, with* con), interagire.
related [ri'leitid] *a.* **1** imparentato (*to* con). **2** collegato, connesso.
relation [ri'leiʃən] *s.* **1** relazione, rapporto, nesso. **2** *pl.* relazioni, rapporti: *business relations* relazioni commerciali. **3** parente *m./f.*, congiunto. **4** parentela. **5** (*raro*) narrazione, racconto; relazione. ☐ *to* **bear** *no* ~ *to* non avere niente a che vedere con; *to* **break** *off relations with* rompere i rapporti con; (*Pol.*) rompere le relazioni diplomatiche con; *to* **have** ~ *to* riguardare, concernere; **in** (o *with*) ~ *to* quanto a, riguardo a.
relationship [ri'leiʃənʃip] *s.* **1** relazione, nesso. **2** parentela. **3** rapporti, rapporto, relazioni.
relative ['relətiv] **I** *a.* **1** (*Gramm., Fis.*) relativo. **2** relativo, attinente (*to* a), concernente (qc.). **3** relativo, relativamente parlando: *a time of* ~ *peace* un periodo di relativa pace. **II** *s.* **1** parente *m./f.*, congiunto. **2** (*Gramm.*) pronome relativo.
relativity [ˌrelə'tiviti] *s.* relatività.
to **relax** [ri'læks] **I** *v.t.* **1** rilassare, allentare. **2** diminuire, ridurre; moderare. **II** *v.i.* **1** rilassarsi, allentarsi. **2** rilassarsi, distendere i nervi; riposarsi. **3** diminuire, ridursi.
relaxation [ˌri:læk'seiʃən] *s.* **1** rilassamento, allentamento. **2** distensione; riposo. **3** svago, distrazione. **4** diminuzione, riduzione.
relay[1] [ri'lei] *s.* **1** squadra di operai che dà il cambio. **2** cavalli di ricambio. **3** (*Sport*) staffetta.
relay[2] ['ri:'lei] (*El.*) relais, relè.
to **relay**[1] ['ri:'lei] *v.t.* **1** dare il cambio a. **2** (*Rad.*) ritrasmettere.
to **re-lay**[2] ['ri:'lei] *v.t.* (coniug. come to **lay**) rimettere giù, ricollocare.
release [ri'li:s] *s.* **1** rilascio, liberazione (*anche fig.*). **2** esenzione, esonero. **3** (*Dir.*) cessione. **4** (*Cin.*) distribuzione. ☐ *press* ~ comunicato stampa.
to **release** [ri'li:s] *v.t.* **1** rilasciare, liberare; mollare. **2** esonerare, sciogliere, liberare (da un impegno, ecc.). **3** mettere in circolazione, fare uscire; (*di notizie*) diffondere, divulgare. **4** (*Dir.*) cedere.
to **relegate** ['religeit] *v.t.* **1** relegare, mettere; (*fam.*) sbattere: *you should* ~ *this old sofa to the trash heap* dovresti mettere questo vecchio divano nel mucchio delle immondizie. **2** (*Sport*) retrocedere (in classifica). **3** confinare, esiliare.
relegation [ˌreli'geiʃən] *s.* **1** relegazione. **2** deferimento. **3** (*Sport*) retrocessione.
to **relent** [ri'lent] *v.i.* diventare più tollerante; (*estens.*) ingentilirsi.
relentless [ri'lentlis] *a.* implacabile, inesorabile.
relevance ['relivəns], **relevancy** ['relivənsi] *s.* pertinenza, attinenza.
relevant ['relivənt] *a.* **1** relativo, pertinente, attinente (*to* a). **2** (*estens.*) giusto, appropriato; confacente: *that attitudine was* ~ *to the times* quell'atteggiamento era confacente ai tempi.

reliability [ri,laiə'biliti] *s.* **1** fidatezza. **2** attendibilità, credibilità. **3** (*Inform.*) affidabilità.

reliable [ri'laiəbl] *a.* **1** fidato, di fiducia. **2** attendibile, credibile. **3** (*di strumento*) preciso, esatto.

reliance [ri'laiəns] *s.* affidamento, assegnamento.

reliant [ri'laiənt] *a.* che fa affidamento, che conta (*on* su); fiducioso.

relic ['relik] *s.* **1** resti, vestigia. **2** (*estens.*) retaggio del passato. **3** (*Rel.*) reliquia.

relief[1] [ri'li:f] *s.* **1** sollievo, conforto. **2** soccorso, assistenza; sussidio, sovvenzione. **3** diversivo. **4** (*Mil.*) soccorso; rinforzi. **5** cambio, rimpiazzo; sostituto. □ ~ **funds** fondi per l'assistenza; ~ **train** treno supplementare.

relief[2] [ri'li:f] *s.* **1** (*Geog., Arte*) rilievo. **2** (*fig.*) risalto, spicco. □ (*fig.*) *to* **bring** *into* ~ mettere in rilievo; *to* **stand** *out in* ~ *against* spiccare su; (*fig.*) essere in contrasto con.

to **relieve** [ri'li:v] *v.t.* **1** alleviare, mitigare; sollevare (anche *fig.*): *he was relieved of his post* è stato sollevato dall'incarico. **2** prestare assistenza a, assistere. **3** dare il cambio a, rimpiazzare. **4** (*Mil.*) liberare (una città). **5** esonerare (*of* da); licenziare. **6** dare risalto a, mettere in rilievo. □ *to* ~ *one's* **feelings** dare sfogo ai propri sentimenti; *to* ~ **o.s.** fare i propri bisogni.

religion [ri'lidʒən] *s.* religione. □ *to make a* ~ *of doing s.th.* farsi un dovere di fare qc.

religiosity [ri,lidʒi'ɔsiti] *s.* religiosità.

religious [ri'lidʒəs] **I** *a.* **1** religioso, sacro; devoto, pio. **2** (*fig.*) scrupoloso, coscienzioso. **II** *s.inv.* **1** religioso; monaco; monaca. **2** (*collett.*) (costr. pl.) religiosi.

to **relinquish** [ri'liŋkwiʃ] *v.t.* **1** rinunciare a; abbandonare. **2** (*Dir.*) cedere.

reliquary ['relikwəri] *s.* reliquiario.

relish ['reliʃ] *s.* **1** (gran) gusto, grande piacere. **2** attrazione, attrattiva. **3** (*Gastr.*) condimento, salsa.

to **relish** ['reliʃ] *v.t.* **1** gustare, gradire. **2** dare gusto a.

to **relive** [ri:'liv] *v.t.* rivivere.

reluctance [ri'lʌktəns] *s.* riluttanza, renitenza.

reluctant [ri'lʌktənt] *a.* restio, riluttante (*to* a).

to **rely** [ri'lai] *v.i.* contare, fare affidamento (*on, upon* su), confidare (in).

to **remain** [ri'mein] *v.i.* **1** restare, rimanere. **2** avanzare, restare. □ **nothing** *remains for me but to accept* non mi rimane che accettare; *it remains to be* **seen** resta da vedere.

remainder [ri'meində*] *s.* **1** resto, avanzo. **2** (*Mat.*) resto. **3** (*Comm.*) giacenze librarie (vendute a prezzo ridotto).

remains [ri'meinz] *s.pl.* **1** avanzi, resti. **2** ruderi, rovine. **3** salma, spoglie mortali.

remake ['ri:meik] *s.* (*Cin.*) rifacimento.

to **remake** [ri:'meik] *v.t.* (coniug. come to **make**) rifare.

remand [ri'mɑ:nd, *am.* ri'mænd] *s.* (*Dir.*) rinvio in carcere. □ ~ *home* (o *centre*) riformatorio.

to **remand** [ri'mɑ:nd, *am.* ri'mænd] *v.t.* (*Dir.*) rimandare in carcere (per aggiornamento di istruttoria).

remark [ri'mɑ:k] *s.* **1** osservazione, commento. **2** nota, rilievo.

to **remark** [ri'mɑ:k] **I** *v.t.* osservare; notare, rilevare: *I remarked his very bad English accent* ho notato il suo pessimo accento inglese. **II** *v.i.* commentare (*on, upon s.th.* qc.): *to* ~ *on s.o.'s words* commentare le parole di qd.

remarkable [ri'mɑ:kəbl] *a.* **1** eccezionale, straordinario. **2** notevole, considerevole.

remarriage [ri:'mæridʒ] *s.* nuovo matrimonio.

to **remarry** [ri:'mæri] **I** *v.t.* risposare. **II** *v.i.* risposarsi.

remedial [ri'mi:diəl] *a.* **1** che porta rimedio. **2** (*Med.*) curativo, correttivo.

remedy ['remidi] *s.* rimedio.

to **remedy** ['remidi] *v.t.* **1** curare, sanare. **2** (*fig.*) rimediare a, correggere.

to **remember** [ri'membə*] **I** *v.t.* **1** ricordare, rammentare; ricordarsi di, rammentarsi di. **2** portare i saluti di (*to s.o.* a qd.): *please* ~ *me to your parents* ti prego di portare i miei saluti ai tuoi genitori. **II** *v.i.* ricordare; ricordarsi.

remembrance [ri'membrəns] *s.* **1** ricordo, memoria. **2** souvenir, ricordino. **3** *pl.* saluti, ossequi. □ *to the* **best** *of my* ~ per quanto posso ricordare; (*GB*) *Remembrance* **Day** giornata commemorativa dei caduti nelle due guerre mondiali (11 novembre); *to have* **no** ~ *of s.th.* non ricordarsi affatto di qc.

to **remind** [ri'maind] *v.t.* ricordare a, rammentare a: *this song reminds us of our holidays* questa canzone ci ricorda le nostre vacanze.

reminder [ri'maində*] *s.* **1** promemoria. **2** (lettera di) sollecito.

remindful [ri'maindful] *a.* memore (*of* di).

to **reminisce** [,remi'nis] *v.i.* abbandonarsi ai ricordi.

reminiscence [,remi'nisəns] *s.* **1** ricordo, reminiscenza. **2** *pl.* memorie.

reminiscent [,remi'nisənt] *a.* **1** che ricorda (*of s.th.* qc.). **2** che si abbandona ai ricordi.

remiss [ri'mis] *a.* **1** negligente, trascurato (*in* in). **2** pigro, svogliato.

remission [ri'miʃən] *s.* **1** (*Dir.*) condono. **2** allentamento; riduzione. **3** remissione (di peccato, ecc.).

to **remit** [ri'mit] *v.* (*pass., p.p.* **remitted** [–id]) **I** *v.t.* **1** (*Teol.*) rimettere; perdonare. **2** rimettere, condonare: *to* ~ *a debt* rimettere un debito. **3** (*di denaro*) inviare (per posta). **4** diminuire; placare, calmare. **5** rinviare, deferire (all'esame). **II** *v.i.* diminuire, calare.

remittance [ri'mitəns] *s.* rimessa, invio (di denaro).

remnant ['remnənt] *s.* **1** avanzo, residuo, resto. **2** scampolo (di stoffa).

remonstrance [ri'mɔnstrəns] *s.* rimostranza, protesta.

to **remonstrate** [ri'mɔnstreit] *v.i.* protestare, reclamare (*with s.o. about* o *against*) *s.th.* con qd. per qc.): *he remonstrated with his neighbour against the noise* protestò con il suo vicino per il rumore.

remorse [ri'mɔ:s] *s.* rimorso.

remorseful [ri'mɔ:sful] *a.* pieno di rimorsi.

remorseless [ri'mɔ:slis] *a.* spietato; implacabile, inesorabile.

remote [ri'məut] *a.* **1** distante, remoto; isolato, solitario. **2** (*fig.*) lontano, divergente (*from* da): ~ *from the truth* lontano dalla verità. □ *I haven't the remotest idea* non ne ho la più pallida idea.

remote control [ri'məutkən'trəul] *s.* (*tecn.*) telecomando.

remoteness [ri'məutnis] *s.* distanza, lontananza.

remount ['ri:maunt] *s.* (*Mil.*) cavallo di rimonta.

to **remount**[1] [ri:'maunt] **I** *v.t.* rimontare (a cavallo, in bicicletta); risalire (su). **II** *v.i.* rimontare; risalire.

to **remount**[2] [ri:'maunt] *v.t.* **1** (*Mil.*) rifornire di cavalli. **2** cambiare la montatura a.

removable [ri'mu:vəbl] *a.* **1** rimovibile. **2** amovibile.

removal [ri'mu:vəl] *s.* **1** rimozione. **2** trasloco, sgombero. **3** soppressione, abolizione.

remove [ri'mu:v] *s.* **1** distanza. **2** (*fig.*) passo: *at one ~ from anarchy* a un passo dall'anarchia. **3** (*Scol.*) promozione (a una classe superiore).

to **remove** [ri'mu:v] **I** *v.t.* **1** togliere, levare, rimuovere. **2** eliminare, sopprimere: *to ~ unwanted hair* eliminare i peli superflui. **3** trasferire, traslocare. **4** destituire, deporre; licenziare. **II** *v.i.* traslocare, sgomberare.

removed [ri'mu:vd] *a.* lontano, distante, remoto (*from* da). □ *a first cousin once ~* un cugino di secondo grado.

remover [ri'mu:və*] *s.* **1** proprietario di una società di traslochi. **2** (spec. nei composti) che toglie, che leva: *hair ~* depilatore; *stain ~* smacchiatore.

to **remunerate** [ri'mju:nəreit] *v.t.* ricompensare, rimunerare.

remuneration [ri,mju:nə'reiʃən] *s.* ricompensa, rimunerazione.

remunerative [ri'mju:nərətiv] *a.* rimunerativo.

renaissance [rə'neisəns, *am.* ,renə'sɑ:ns] *s.* rinascita. **Renaissance I** *s.* Rinascimento. **II** *a.attr.* rinascimentale.

renal ['ri:nal] *a.* renale: ~ *insufficiency* insufficienza renale.

to **rename** [ri:'neim] *v.t.* **1** rinominare. **2** cambiare nome a.

to **rend** [rend] *v.t.* (*pass., p.p.* **rent** [rent]) **1** spaccare, fendere, lacerare: *to ~ the air* lacerare l'aria. **2** (spesso con *away*) strappare, sradicare.

to **render** ['rendə*] *v.t.* **1** rendere, tributare: *to ~ an account of one's actions* render conto delle proprie azioni. **2** ripagare, contraccambiare. **3** (seguito da un aggettivo) rendere, fare: *to ~ s.o. happy* rendere felice qd. **4** (*Comm.*) (*di fattura, ecc.*) presentare. **5** (*Teat., Arte*) rappresentare, raffigurare; interpretare. **6** rendere, tradurre: *to ~ s.th. into German* tradurre qc. in tedesco. **7** (con *down*) sciogliere, fondere.

rendering ['rendəriŋ] *s.* **1** (*Teat., Arte*) interpretazione, esecuzione. **2** traduzione, versione, resa di un testo.

rendezvous *fr.* ['rɔndivu:, *am.* 'rɑ:ndəvu:] *s. inv.* appuntamento; luogo d'appuntamento.

renegade ['renigeid] *s.* **1** rinnegato, disertore. **2** (*Rel.*) apostata *m./f.*

to **renegade** ['renigeid] *v.i.* **1** diventare un rinnegato. **2** (*Rel.*) abiurare.

to **renew** [ri'nju:, *am.* –nu:] *v.t.* **1** rinnovare. **2** sostituire, rifare.

renewable [ri'nju:əbl] *a.* rinnovabile.

renewal [ri'nju:əl, *am.* –nu:əl] *s.* **1** rinnovo, rinnovamento. **2** cambiamento, ripresa. □ *urban ~* riassetto urbano.

rennet ['renit] *s.* presame, caglio.

to **renounce** [ri'nauns] *v.t.* **1** rinunciare a, abbandonare. **2** ripudiare, rinnegare; disconoscere. □ *to ~ the world* isolarsi dal mondo.

to **renovate** ['renəveit] *v.t.* rinnovare; restaurare.

renovation [,renə'veiʃən] *s.* restauro; ristrutturazione.

renown [ri'naun] *s.* fama, rinomanza.

renowned [ri'naund] *a.* famoso, rinomato (*for, as* per).

rent[1] [rent] *s.* **1** affitto, pigione; canone di locazione. **2** noleggio, nolo. □ *for ~* affittasi.

to **rent** [rent] **I** *v.t.* **1** prendere in affitto, affittare; dare in affitto. **2** noleggiare. **II** *v.i.* affittarsi (*at* al prezzo di).

rent[2] [rent] *s.* **1** strappo, spacco; squarcio, lacerazione. **2** (*fig.*) scissione, frattura.

rent[3] [rent] → to **rend**.

rentable ['rentəbl] *a.* affittabile.

rental [rentl] *s.* **1** (canone di) affitto. **2** reddito immobiliare.

renter ['rentə*] *s.* **1** affittuario. **2** distributore cinematografico.

renunciation [ri,nʌnsi'eiʃən] *s.* rinuncia.

to **reopen** [ri:'əupn] *v.t./i.* riaprire; riattivare.

to **reorder** [ri:'ɔ:də*] *v.t.* riordinare.

to **reorganize** [ri:'ɔ:gənaiz] **I** *v.t.* riorganizzare. **II** *v.i.* riorganizzarsi.

rep[1] [rep] *s.* (*fam.*) teatro di repertorio; compagnia di repertorio.

rep[2] [rep] *s.* (*fam.*) rappresentante *m./f.*

Rep. = **1** *report* rapporto. **2** *reporter* cronista, corrispondente (di giornale). **3** (*USA*) *Representative* Deputato.

repair [ri'pεə*] *s.* **1** riparazione; (*estens.*) *pl.* lavori di restauro, restauro. **2** stato, condizione: *in poor ~* in cattivo stato. □ **beyond**

~ irreparabile; **out** *of* ~ in cattivo stato.
to **repair**[1] [ri'pɛə*] *v.t.* **1** riparare, restaurare. **2** (*estens.*) riassestare, rimettere in sesto, rimediare, porre rimedio a. **3** risarcire, indennizzare: *to* ~ *a loss* risarcire una perdita.
to **repair**[2] [ri'pɛə*] *v.i.* recarsi, andare; ritirarsi (*to* a, in).
reparable ['repərəbl] *a.* riparabile.
reparation [ˌrepə'reiʃən] *s.* **1** riparazione. **2** risarcimento, indennizzo. **3** *pl.* riparazioni di guerra.
repartee [ˌrepɑ:'ti:] *s.* risposta arguta; battuta (pronta).
repatriate [ri:'pætrieit, *am.* –'pei–] *s.* rimpatriato.
to **repatriate** [ri:'pætrieit, *am.* –'pei–] *v.t.* rimpatriare.
repatriation [ˌri:pætri'eiʃən, *am.* –'pei–] *s.* rimpatrio.
to **repay** [ri:'pei] *v.* (coniug. come to **pay**) **I** *v.t.* **1** rimborsare, restituire. **2** (*fig.*) ricambiare, contraccambiare; ripagare, ricompensare (*for* di): *how can I ever* ~ *your kindness* come potrò mai ricambiare la vostra gentilezza? **II** *v.i.* effettuare la restituzione.
repayable [ri:'peiəbl] *a.* rimborsabile, restituibile.
repayment [ri:'peimənt] *s.* **1** rimborso, restituzione. **2** (*fig.*) ricompensa, contraccambio.
repeal [ri'pi:l] *s.* abrogazione; annullamento.
to **repeal** [ri'pi:l] *v.t.* abrogare; annullare.
repeat [ri'pi:t] *s.* **1** ripetizione, replica. **2** (*Comm.*) ordinazione ripetuta.
to **repeat** [ri'pi:t] **I** *v.t.* **1** ripetere, ridire; rifare. **2** raccontare, riferire. **II** *v.i.* **1** ripetere. **2** (*pop.*) (*di cibi*) continuare a sentire il sapore in bocca.
repeater [ri'pi:tə*] *s.* **1** ripetitore. **2** arma da fuoco a ripetizione. **3** (*am. Scol.*) ripetente *m./f.*
to **repel** [ri'pel] *v.t.* (*pass., p.p.* **repelled** [–d]) **1** respingere, rigettare. **2** ripugnare.
repellent [ri'pelənt] **I** *a.* **1** repellente. **2** disgustoso, ripugnante. **II** *s.* insettifugo.
to **repent** [ri'pent] *v.t./i.* pentirsi (*of* di).
repentance [ri'pentəns] *s.* pentimento.
repentant [ri'pentənt] *a.* pentito.
repercussion [ˌri:pə'kʌʃən] *s.* ripercussione.
repertoire ['repətwɑ:*] *s.* repertorio.
repertory ['repə:təri, *am.*, –tɔ:ri] *s.* **1** → **repertoire**. **2** teatro di repertorio. **3** (*fig.*) miniera (di informazioni, ecc.).
repetition [ˌrepi'tiʃən] *s.* **1** ripetizione. **2** brano da imparare a memoria.
repetitive [ri'petitiv] *a.* ripetitivo.
to **replace** [ri'pleis] *v.t.* **1** sostituire, rimpiazzare. **2** rimettere a posto.
replaceable [ri'pleisəbl] *a.* sostituibile.
replacement [ri'pleismənt] *s.* **1** sostituzione, rimpiazzo. **2** ricambio, pezzo di ricambio; (*rif. a persona*) sostituto.
replay ['ri:plei] *s.* partita ripetuta.
to **replay** [ri:'plei] *v.t.* **1** (*Sport*) rigiocare. **2** ripetere; ritrasmettere.
to **replenish** [ri'pleniʃ] *v.t.* **1** riempire di nuovo. **2** rifornire; rinnovare.
replete [ri'pli:t] *a.* pieno, (ben) fornito (*with* di).
repletion [ri'pli:ʃən] *s.* pienezza. ◻ *to eat to* ~ mangiare a sazietà.
replica *it.* ['replikə] *s.* **1** (*Arte*) copia, replica. **2** (*estens.*) copia, riproduzione; duplicato.
replicate ['rɛpliˌkeit] **I** *v.t.* **1** copiare, fare un duplicato. **2** piegare più volte, ripiegare. **II** *v.i.* (*Biol.*) moltiplicarsi.
reply [ri'plai] *s.* risposta; replica. ◻ ~ *paid* risposta pagata (di lettera, telegramma, ecc.).
to **reply** [ri'plai] *v.t./i.* rispondere, replicare (*to* a).
report [ri'pɔ:t] *s.* **1** rapporto, relazione, resoconto; verbale. **2** (*Giorn.*) cronaca. **3** rapporto scolastico (alla fine del trimestre). **4** voce, diceria: ~ *has it that* corre voce che. **5** reputazione, fama: *of ill* ~ di cattiva fama. **6** scoppio, detonazione.
to **report** [ri'pɔ:t] **I** *v.t.* **1** riferire, riportare (*upon* su); raccontare; rendere noto, comunicare. **2** (*Giorn.*) fare la cronaca di. **3** verbalizzare, redigere il verbale di: *to* ~ *the proceedings of a meeting* verbalizzare gli atti di un incontro. **4** denunciare; notificare. **II** *v.i.* **1** riferire; (*Mil.*) andare a rapporto. **2** indirizzarsi, rivolgersi. **3** fare il reporter, lavorare come cronista. **4** stendere un rapporto. ◻ *to* ~ **progress** *to s.o.* tenere al corrente qd.; (*Gramm.*) *reported* **speech** discorso indiretto.
reportage [ri'pɔ:tidʒ] *s.* servizio giornalistico, reportage.
reportedly [ri'pɔ:tidli] *avv.* si dice che, secondo quel che si dice: *he* ~ *wants to resign* si dice che voglia dimettersi.
reporter [ri'pɔ:tə*] s. **1** reporter, cronista. **2** (*Parl.*) stenografo.
reporting [ri'pɔ:tiŋ] *s.* il modo di riferire notizie.
repose [ri'pəuz] *s.* **1** riposo. **2** pace, quiete. **3** compostezza.
to **repose**[1] [ri'pəuz] **I** *v.i.* **1** riposare; riposarsi. **2** stare, essere situato. **3** (*fig.*) basarsi, essere fondato (*on* su). **II** *v.t.* appoggiare, posare. ◻ *to* ~ *o.s.* riposarsi.
to **repose**[2] [ri'pəuz] *v.t.* (ri)porre (fiducia, ecc.) (*in* in).
repository [ri'pɔzitəri, *am.* –tɔ:ri] *s.* deposito; ripostiglio; magazzino.
to **reprehend** [ˌrepri'hend] *v.t.* **1** biasimare, riprovare. **2** rimproverare, riprendere.
reprehensible [ˌrepri'hensəbl] *a.* riprovevoie, biasimevole.
to **represent** [ˌrepri:'zent] *v.t.* **1** rappresentare, raffigurare; illustrare; descrivere, dipingere. **2** dichiararsi, asserire di essere (*as s.o.* qd.): *to* ~ *o.s. as an expert* dichiararsi un esperto. **3** rappresentare, fare le veci di. **4** (*Teat.*) rappresentare, recitare; sostenere la parte di.
representation [ˌreprizen'teiʃən] *s.* **1** rappresentazione, raffigurazione; illustrazione; de-

scrizione; immagine. **2** (*Pol., Parl.*) rappresentanza. **3** (*Teat.*) rappresentazione, recita. **4** rimostranza, protesta.

representative [,repri'zentətiv] **I** *s.* **1** esempio tipico. **2** rappresentante *m./f.*, delegato. **3** (*Parl.*) (*USA*) deputato. **II** *a.* **1** rappresentativo (*of* di). **2** caratteristico, tipico. □ (*USA*) *House of Representatives* Camera dei Deputati.

to **repress** [ri'pres] *v.t.* **1** reprimere, frenare; trattenere, contenere. **2** soffocare, domare.

repression [ri'preʃən] *s.* **1** repressione (*anche Psic.*). **2** (*fig.*) soffocamento.

repressive [ri'presiv] *a.* repressivo.

reprieve [ri'pri:v] *s.* **1** (*Dir.*) sospensione della pena capitale. **2** (*fig.*) tregua, sollievo.

to **reprieve** [ri'pri:v] *v.t.* **1** (*Dir.*) rinviare l'esecuzione di. **2** (*fig.*) dare tregua a.

reprimand [,repri'mɑ:nd, *am.* –'mænd] *s.* rimprovero, sgridata.

to **reprimand** ['reprimɑ:nd, *am.* –'mænd] *v.t.* rimproverare, riprendere.

reprint ['ri:print] *s.* ristampa.

to **reprint** [ri:'print] *v.t.* ristampare.

reprisal [ri'praizəl] *s.* rappresaglia.

reproach [ri'prəutʃ] *s.* **1** rimprovero, biasimo; sgridata. **2** vergogna, disonore. □ *beyond* ~ irreprensibile.

to **reproach** [ri'prəutʃ] *v.t.* sgridare, rimproverare (*for* per); biasimare.

reproachful [ri'prəutʃful] *a.* di rimprovero, di biasimo.

reprobate ['reprəbeit] *s.* reprobo.

to **reproduce** [,ri:prə'dju:s] **I** *v.t.* **1** riprodurre. **2** procreare, generare. **II** *v.i.* riprodursi.

reproduction [,ri:prə'dʌkʃən] *s.* riproduzione.

reproductive [,ri:prə'dʌktiv] *a.* riproduttivo.

reproof [ri'pru:f] *s.* **1** riprovazione, biasimo. **2** rimprovero, sgridata.

to **reprove** [ri'pru:v] *v.t.* rimproverare, sgridare (*for* per); criticare; biasimare.

reprovingly [ri'pru:viŋli] *avv.* con aria di rimprovero.

reptile ['reptail] *s.* (*Zool.*) rettile.

reptilian [rep'tiliən] *a.* dei rettili, da rettile.

republic [ri'pʌblik] *s.* repubblica.

republican [ri'pʌblikən] *a./s.* repubblicano.

to **republish** [ri:'pʌbliʃ] *v.t.* ripubblicare.

to **repudiate** [ri'pju:dieit] *v.t.* **1** ripudiare, rinnegare. **2** disconoscere. **3** rifiutare di pagare.

repudiation [ri,pju:di'eiʃən] *s.* **1** ripudio. **2** disconoscimento. **3** rifiuto di pagamento.

repugnance [ri'pʌgnəns] *s.* ripugnanza, avversione; ripulsione.

repugnant [ri'pʌgnənt] *a.* ripugnante, rivoltante; disgustoso.

repulse [ri'pʌls] *s.* **1** rifiuto, diniego. **2** ripulsa.

to **repulse** [ri'pʌls] *v.t.* **1** ricacciare, respingere. **2** (*fig.*) ricusare, rifiutare.

repulsion [ri'pʌlʃən] *s.* ripugnanza, ripulsione.

repulsive [ri'pʌlsiv] *a.* ripugnante; ripulsivo.

reputable ['repjutəbl] *a.* rispettabile, stimabile, onorato.

reputation [,repju'teiʃən] *s.* **1** reputazione, fama. **2** rispettabilità, onorabilità.

repute [ri'pju:t] *s.* **1** reputazione, fama: *to know by* ~ conoscere di fama. **2** rispettabilità. □ *of ill* ~ malfamato.

to **repute** [ri'pju:t] *v.t.* considerare, reputare.

reputed [ri'pju:tid] *a.* **1** stimato, onorato. **2** presunto, supposto.

reputedly [ri'pju:tidli] *avv.* a quel che si dice, secondo l'opinione comune.

request [ri'kwest] *s.* **1** richiesta, domanda: *at* (o *on*) ~ a richiesta. **2** pretesa.

to **request** [ri'kwest] *v.t.* (ri)chiedere: *I had to* ~ *money from my friend* dovetti chiedere del denaro al mio amico. □ *as requested* come richiesto.

to **require** [ri'kwaiə*] *v.t.* **1** avere bisogno di, necessitare di; richiedere, esigere. **2** prescrivere, imporre: *it is required by law that all foreigners should register with the police* per legge tutti gli stranieri devono notificare la loro presenza alla polizia. **3** ordinare, ingiungere: *to* ~ *s.th. of s.o.* ordinare qc. a qd.

required [ri'kwaiəd] *a.* necessario.

requirement [ri'kwaiəmənt] *s.* **1** requisito. **2** necessità, esigenza.

requisite ['rekwizit] *a./s.* necessario, occorrente.

requisition [,rekwi'ziʃən] *s.* **1** richiesta, domanda. **2** (*Mil.*) requisizione.

to **requisition** [,rekwi'ziʃən] *v.t.* (*Mil.*) requisire.

requital [ri'kwaitl] *s.* contraccambio, ricambio; compenso, ricompensa. □ *to make* **full** ~ ricompensare a usura; **in** ~ *for* (o *of*) in cambio di.

to **requite** [ri'kwait] *v.t.* **1** contraccambiare, ricambiare; ricompensare, ripagare. **2** vendicare.

rerun [ri:'rʌn] *s.* (*Cin., TV*) seconda visione di un film.

to **rescind** [ri'sind] *v.t.* (*Dir.*) rescindere, annullare; abrogare.

rescission [ri'siʒən] *s.* (*Dir.*) rescissione.

rescue ['reskju:] *s.* salvataggio, soccorso; salvezza, scampo. □ *to come* (o *go*) *to s.o.'s* ~ accorrere in aiuto di qd.

to **rescue** ['reskju:] *v.t.* salvare, soccorrere (*from* da).

rescuer ['reskju:ə*] *s.* salvatore, soccorritore.

research [ri'sə:tʃ, *am.* 'ri:s–] *s.* ricerca, indagine; studio: *cancer* ~ ricerca sul cancro.

to **research** [ri'sə:tʃ, *am.* 'ri:s–] *v.i.* indagare, fare ricerche (*into* su).

researcher [ri'sə:tʃə*] *s.* ricercatore.

resemblance [ri'zembləns] *s.* somiglianza. □ *to bear* ~ *to* somigliare a.

to **resemble** [ri'zembl] *v.t.* somigliare a, rassomigliare a.

to **resent** [ri'zent] *v.t.* offendersi per, risentirsi per.

resentful [ri'zentful] *a.* **1** risentito, offeso. **2** permaloso.

resentment [ri'zentmənt] *s.* risentimento, rancore: *to bear ~ against s.o.* nutrire del rancore per qd.

reservation [ˌrezə'veiʃən] *s.* **1** riserva, restrizione. **2** prenotazione. **3** (*am.*) riserva: *a Navaho ~* una riserva di Navaho. □ *without ~* senza riserve.

reserve [ri'zə:v] **I** *s.* **1** riserva, scorta. **2** *pl.* (*Mil.*) riserva. **3** riserva (p.e. di caccia). **4** limitazione, condizione; riserva (mentale). **5** riservatezza, discrezione. **II** *a.attr.* di riserva, di scorta. □ *in ~* di scorta; da parte.

to **reserve** [ri'zə:v] *v.t.* **1** riservare, serbare, conservare. **2** riservarsi: *I ~ judgement* mi riservo di giudicare. **3** prenotare, riservare.

reserved [ri'zə:vd] *a.* **1** riservato, poco espansivo; reticente. **2** prenotato. □ *all seats ~* posti su prenotazione.

reservoir ['rezəvwɑ:*] *s.* **1** serbatoio, cisterna; bacino idrico. **2** (*fig.*) scorta, riserva; risorsa inesauribile. **3** (*Med.*) serbatoio, cavità; organismo di riserva.

to **reset** [ri:'set] *v.t.* (coniug. come to **set**) **1** risistemare. **2** riaffilare. **3** (*Tip.*) ricomporre.

to **resettle** [ri:'setl] **I** *v.t.* **1** riassestare, risistemare. **2** (*di profughi*) insediare in un nuovo paese. **II** *v.i.* insediarsi in un nuovo paese.

resettlement [ri'setlmənt] *s.* **1** risistemazione, riassetto. **2** nuovo insediamento.

reshuffle [ri:'ʃʌfl] *s.* rimpasto (di governo, ecc.).

to **reshuffle** [ri:'ʃʌfl] *v.t.* **1** (*di carte*) rimescolare. **2** (*fig.*) rimpastare (il governo, ecc.).

to **reside** [ri'zaid] *v.i.* **1** abitare. **2** (*fig.*) risiedere, stare (*in* in): *power in this country resides in Parliament* il potere in questo paese risiede nel Parlamento.

residence ['rezidəns] *s.* **1** residenza, abitazione; casa signorile. **2** permanenza; soggiorno: *~ permit* permesso di soggiorno. □ *to be in ~* essere in sede; (*Univ.*) risiedere all'università.

resident ['rezidənt] **I** *a.* **1** residente, locale. **2** interno. **3** (*Zool.*) stanziale. **II** *s.* **1** residente *m./f.* **2** medico interno. **Resident** *s.* funzionario presso uno stato estero.

residential [ˌrezi'denʃəl] *a.* **1** che richiede la residenza. **2** residenziale.

residual [ri'zidjuəl, *am.* –'zidʒu:–] **I** *a.* residuo, rimanente. **II** *s.* **1** residuo, sostanza residua. **2** (*Mat.*) resto.

residuary [ri'zidjuəri, *am.* –dʒueri] *a.* residuo, rimanente.

residue ['rezidju:, *am.* –du:] *s.* **1** residuo, resto. **2** (*Dir.*) parte residua di un patrimonio ereditato (dopo il pagamento di debiti, spese, ecc.).

to **resign** [ri'zain] **I** *v.t.* **1** lasciare, rinunciare a. **II** *v.i.* dimettersi. □ *to ~ o.s. to sth.* rassegnarsi a qc.

resignation [ˌrezig'neiʃən] *s.* **1** dimissioni. **2** abbandono, rinuncia. **3** rassegnazione.

resigned [ri'zaind] *a.* rassegnato.

resilience [ri'ziliəns], **resiliency** [ri'ziliənsi] *s.* **1** resilienza, elasticità. **2** (*fig.*) capacità di ripresa.

resilient [ri'ziliənt] *a.* **1** resiliente, elastico. **2** (*fig.*) che ha capacità di ripresa.

resin ['rezin] *s.* resina.

resinous ['rezinəs] *a.* resinoso.

to **resist** [ri'zist] **I** *v.t.* resistere a; opporsi a. **II** *v.i.* resistere, reggere.

resistance [ri'zistəns] *s.* **1** resistenza. **2** ostilità, opposizione. □ *the line of least ~* la linea di minor resistenza (*anche fig.*).

resistant [ri'zistənt] *a.* resistente (*to* a).

to **resole** [ri:'səul] *v.t.* risuolare.

resolute ['rezəlu:t] *a.* risoluto, fermo.

resolution [ˌrezə'lu:ʃən] *s.* **1** risoluzione, decisione; intenzione, proposito. **2** risolutezza, fermezza, decisione: *to show ~* mostrare risolutezza. **3** deliberazione. **4** soluzione: *the ~ of a dilemma* la soluzione di un dilemma.

resolve [ri'zɔlv] *s.* **1** determinazione, decisione: *to make a ~ to do s.th.* prendere la decisione di fare qc. **2** risolutezza, fermezza.

to **resolve** [ri'zɔlv] **I** *v.t.* **1** stabilire, determinare, decidere: *to ~ to do* (o *on doing*) *s.th.* decidere di fare qc. **2** risolvere: *to ~ a dispute* risolvere una controversia. **II** *v.i.* **1** decidersi, risolversi (*on, upon* a). **2** scomporsi (*into* in).

resolved [ri'zɔlvd] *a.* deciso, risoluto.

resonance ['rezənəns] *s.* risonanza.

resonant ['rezənənt] *a.* risonante; sonoro.

resort [ri'zɔ:t] *s.* **1** ricorso; risorsa: *our last ~* la nostra ultima risorsa. **2** (luogo di) ritrovo; località di villeggiatura; stazione: *seaside ~* stazione balneare.

to **resort** [ri'zɔ:t] *v.i.* **1** ricorrere, fare ricorso (*to* a). **2** recarsi; frequentare (abitualmente).

to **resound** [ri'zaund] **I** *v.i.* **1** risonare, echeggiare: *the hall resounded with applause* la sala risonò di applausi. **2** (*fig.*) diffondersi, divulgarsi. **II** *v.t.* far echeggiare, far risonare.

resounding [ri'zaundiŋ] *a.* risonante, echeggiante.

resource [ri'sɔ:s] *s.* **1** risorsa: *the natural resources of a country* le risorse naturali di un paese. **2** risorsa, mezzo, espediente. **3** ingegnosità, inventiva. □ (*fig.*) *to be at the end of one's resources* aver esaurito le proprie risorse.

resourceful [ri'sɔ:sful] *a.* pieno di risorse; ingegnoso.

respect [ri'spekt] *s.* **1** rispetto, stima, considerazione. **2** relazione, attinenza; aspetto, punto: *in certain respects* sotto certi aspetti. **3** *pl.* rispetti, omaggi; saluti. □ **in** *~ of* riguardo a; *to be held* **in** *~* essere rispettato; **in** *many respects* per molti aspetti; **out** *of ~ for* per rispetto a; **with** *all due ~* con il dovuto rispetto; **with** *~ to* riguardo a; con riferimento a.

to **respect** [ri'spekt] *v.t.* **1** rispettare, stimare. **2** avere riguardo per. □ *as respects* per quanto riguarda.

respectability [ri,spektə'biliti] *s.* **1** rispettabilità, onorabilità. **2** *pl.* convenienze sociali.
respectable [ri'spektəbl] *a.* **1** rispettabile, onorabile. **2** onesto, perbene. **3** considerevole, ragguardevole: *a ~ income* un reddito considerevole.
respectful [ri'spektful] *a.* rispettoso, riguardoso.
respecting [ri'spektiŋ] *prep.* riguardo a, in quanto a.
respective [ri'spektiv] *a.* rispettivo, relativo.
respectively [ri'spektivli] *avv.* rispettivamente.
respiration [,respə'reiʃən] *s.* respirazione.
respirator ['respəreitə*] *s.* **1** (*Med.*) respiratore. **2** maschera antigas.
respiratory [ri'spaiərətəri, *am.* 'respiretɔ:ri] *a.* respiratorio.
to **respire** [ri'spaiə*] *v.i.* **1** respirare. **2** (*fig.*) riprendere fiato.
respite ['respait, *am.* –pit] *s.* **1** respiro, tregua; pausa, riposo. **2** dilazione, proroga.
to **respite** ['respait, *am.* –pit] *v.t.* **1** concedere una pausa a. **2** differire il pagamento di. **3** (*Dir.*) sospendere l'esecuzione di.
resplendent [ri'splendənt] *a.* **1** (ri)splendente, fulgido. **2** (*fam.*) vistoso.
to **respond** [ri'spɔnd] *v.i.* **1** rispondere (*to* a). **2** reagire (a).
respondent [ri'spɔndənt] *s.* (*Dir.*) convenuto.
response [ri'spɔns] *s.* **1** risposta; replica, responso. **2** reazione. **3** (*Lit.*) responsorio.
responsibility [ri,spɔnsə'biliti] *s.* responsabilità: *on one's own ~* sotto la propria responsabilità.
responsible [ri'spɔnsəbl] *a.* **1** responsabile (*for* di); colpevole (di). **2** di responsabilità. **3** cosciente, consapevole; fidato.
responsive [ri'spɔnsiv] *a.* **1** di risposta. **2** che reagisce con prontezza (*to* a); partecipe, sensibile.
rest[1] [rest] *s.* **1** riposo; pausa, sosta, dormita. **2** ricovero, rifugio. **3** supporto, sostegno. **4** (*Mus.*) pausa. □ **at** ~ immobile; (*fig.*) morto; *to* **come** *to ~* fermarsi; (*fig.*) *to* **lay** *to ~* seppellire; *to* **set** *s.o.'s mind at ~* tranquillizzare qd.; *to* **take** *a ~* riposarsi.
to **rest**[1] [rest] **I** *v.i.* **1** riposarsi, riposare. **2** stare in pace, stare tranquillo. **3** fermarsi, arrestarsi. **4** (*degli occhi, ecc.*) posarsi (*on, upon* su). **5** basarsi, fondarsi (*on, upon* su). **6** (*fig.*) spettare, stare (*with* a). **7** confidare (*on, upon* in), contare (su). **II** *v.t.* **1** (far) riposare. **2** appoggiare, poggiare; fondare, basare. **3** (*degli occhi, ecc.*) posare.
rest[2] [rest] *s.* **1** resto, rimanente. **2** *pl.* resti, avanzi.
to **rest**[2] [rest] *v.i.* **1** restare, rimanere. **2** (*fig.*) spettare, stare (*with* a): *it rests with me* spetta a me.
to **restate** [ri:'steit] *v.t.* riaffermare.
restaurant ['restərɔ:ŋ *am.* 'restərənt] *s.* ristorante.
restaurant car ['restərɔ:ŋkɑ:*] *s.* vagone ristorante.
restful ['restful] *a.* **1** riposante. **2** calmo, quieto.
restfulness ['restfulnis] *s.* calma, quiete.
rest-home ['resthəum] *s.* casa di riposo.
rest-house ['resthauz] *s.* locanda, rifugio.
restitution [,resti'tju:ʃən, *am.* –tu:–] *s.* **1** restituzione, resa. **2** risarcimento, rimborso.
restive ['restiv] *a.* **1** irrequieto; restio, indocile. **2** caparbio, ostinato; ricalcitrante.
restiveness ['restivnis] *s.* irrequietezza.
restless ['restlis] *a.* **1** inquieto, agitato. **2** incessante.
restlessness ['restlisnis] *s.* inquietudine, agitazione.
to **restock** [ri:'stɔk] *v.t.* **1** rifornire. **2** ripopolare.
restoration [,restə'reiʃən] *s.* **1** restaurazione. **2** recupero: *the ~ to health* il recupero della salute. **3** (*Dir.*) reintegrazione (nel possesso). **4** (*Arte, Arch.*) restauro. **5** ripristino, ristabilimento. **Restoration** (*Stor.*) restaurazione.
restorative [ri'stɔ:rətiv] *a./s.* (*Farm.*) tonico, corroborante.
to **restore** [ri'stɔ:*] *v.t.* **1** restituire, rendere (*to* a). **2** ristabilire, ripristinare; reintegrare. **3** (*Arte, Arch.*) restaurare. **4** risanare.
restorer [ri'stɔ:rə*] *s.* restauratore.
to **restrain** [ri'strein] *v.t.* **1** trattenere (*from* da). **2** reprimere, frenare.
restrained [ri'streind] *a.* contenuto, misurato; riservato.
restraint [ri'streint] *s.* **1** contenimento, repressione. **2** limitazione, restrizione. **3** ritegno, riserbo, riservatezza. **4** (*Econ., Pol.*) restrizione; embargo. □ *to* **be** *under ~* non avere libertà d'azione; *to* **put** *s.o. under ~* rinchiudere qd. in manicomio; **without** ~ liberamente.
to **restrict** [ri'strikt] *v.t.* limitare. restringere.
restricted [ris'triktid] *a.* sottoposto a restrizioni. □ ~ **area** zona con divieto d'accesso; ~ **document** documento segreto.
restriction [ri'strikʃən] *s.* restrizione, limitazione.
restrictive [ri'striktiv] *a.* restrittivo, limitativo.
rest-room *am.* ['restru:m] *s.* toletta, bagno; spogliatoio.
result [ri'zʌlt] *s.* **1** risultato, esito; conclusione. **2** (*Mat.*) risultato. □ *as a ~* di conseguenza.
to **result** [ri'zʌlt] *v.i.* **1** essere causato, derivare (*from* da). **2** avere come risultato (*in s.th.* qc.), risolversi (in): *to ~ in failure* risolversi in fallimento.
resultant [ri'zʌltənt] *a./s.* risultante.
to **resume** [ri'zju:m, *am.* –'zu:m] *v.t.* **1** riprendere, ricominciare. **2** rioccupare, riprendere: *to ~ one's seat* riprendere il proprio posto.
résumé *fr.* ['rezju:mei] *s.* riassunto, riepilogo; sommario.
resumption [ri'zʌmpʃən] *s.* ripresa; riassunzione: *~ of an office* riassunzione di una carica.

resurgence [ri'sə:dʒəns] *s.* rinascita, risorgimento.
resurgent [ri'sə:dʒənt] *a.* risorgente, rinascente.
to **resurrect** [ˌrezə'rekt] **I** *v.t.* **1** risuscitare. **2** (*fig.*) far rivivere, riesumare. **II** *v.i.* risuscitare.
resurrection [ˌrezə'rekʃən] *s.* **1** risurrezione. **2** (*fig.*) rinascita.
to **resuscitate** [ri'sʌsiteit] **I** *v.t.* **1** risuscitare. **2** rianimare. **II** *v.i.* **1** risuscitare. **2** rianimarsi, riprendersi.
resuscitation [riˌsʌsi'teiʃən] *s.* **1** rianimazione. **2** (*fig.*) il risuscitare, rinascita.
to **ret** [ret] *v.t.* (*pass.*, *p.p.* **retted** [–id]) (*tecn.*) macerare.
retail ['ri:teil] **I** *s.* (*Comm.*) minuto, dettaglio: ~ *dealers* venditori al dettaglio, dettaglianti. **II** *a./avv.* al minuto, al dettaglio.
to **retail** [ri:'teil] **I** *v.t.* **1** vendere al dettaglio (*o* minuto). **2** riferire: *to* ~ *gossip* riferire pettegolezzi. **II** *v.i.* essere venduto al dettaglio.
retailer [ri:'teilə*] *s.* (*Comm.*) dettagliante *m./f.*
to **retain** [ri'tein] *v.t.* **1** conservare, mantenere. **2** (ri)tenere, trattenere. **3** conservare, ricordare, tenere a mente. □ *to* ~ *a lawyer* impegnare un avvocato pagando un anticipo sull'onorario.
retainer [ri'teinə*] *s.* **1** (*Dir.*) onorario versato in anticipo. **2** dipendente *m./f.* **3** deposito, caparra (per un affitto).
to **retaliate** [ri'tælieit] **I** *v.i.* rendere la pariglia; fare una rappresaglia; ripagare: *to* ~ *upon s.o.* ripagare qd. con la stessa moneta. **II** *v.t.* ribattere, ripagare.
retaliation [riˌtæli'eiʃən] *s.* **1** rappresaglia, ritorsione. **2** (*Stor.*) taglione.
to **retard** [ri'tɑ:d] *v.t.* ritardare.
retardation [ˌri:tɑ:'deiʃən] *s.* ritardo.
retch [retʃ] *s.* conato di vomito.
to **retch** [retʃ] *v.i.* avere conati di vomito.
to **retell** [ri:'tel] *v.t.* (coniug. come to **tell**) ridire, ripetere.
retention [ri'tenʃən] *s.* ritenzione.
retentive [ri'tentiv] *a.* ritentivo, che trattiene.
to **rethink** [ri'θiŋk] *v.* (coniug. come to **think**) **I** *v.t.* ripensare (a). **II** *v.i.* ripensare.
reticence ['retisəns] *s.* reticenza.
reticent ['retisənt] *a.* reticente.
reticulate [ri'tikjulit] *a.* reticolato.
to **reticulate** [ri'tikjuleit] *v.t./i.* formare un reticolo (su).
reticule ['retikju:l] *s.* (*Ott.*) reticolo.
reticulum [re'tikju:ləm] *s.* (*pl.* **–la** [–lə]) (*Zool.*) reticolo.
retina ['retinə] *s.* (*pl.* **–s** [–z]/**–nae** [–ni:]) (*Anat.*) retina.
retinue ['retinju:, *am.* 'ret(ə)nu:] *s.* seguito, scorta.
retire [ri'taiə*] *s.* (*Mil.*) ritirata.
to **retire** [ri'taiə*] **I** *v.i.* **1** ritirarsi; appartarsi (*from* da). **2** andare in pensione. **3** (*Mil.*) battere in ritirata. **II** *v.t.* **1** (far) ritirare: *to* ~ *troops from action* ritirare le truppe dal combattimento. **2** mandare in pensione.
retired [ri'taiəd] *a.* **1** pensionato, a riposo: *a* ~ *man* un pensionato. **2** ritirato, appartato; solitario.
retirement [ri'taiəmənt] *s.* **1** ritiro; vita ritirata. **2** pensionamento; collocamento a riposo.
retiring [ri'taiəriŋ] *a.* **1** (*lett.*) riservato, introverso, timido, schivo. **2** che ha raggiunto l'età del pensionamento.
retort[1] [ri'tɔ:t] *s.* rimbecco, risposta per le rime.
to **retort** [ri'tɔ:t] **I** *v.t.* **1** replicare, ribattere; rispondere per le rime a. **2** ricambiare, rendere. **II** *v.i.* **1** rispondere per le rime (*upon* a). **2** ritorcere (*upon* contro).
retort[2] [ri'tɔ:t] *s.* (*Chim.*) storta.
to **retouch** [ri:'tʌtʃ] *v.t.* ritoccare.
to **retrace** [ri'treis] *v.t.* **1** tornare su: *to* ~ *one's steps* tornare sui propri passi. **2** riesaminare, riconsiderare; rievocare.
to **retract** [ri'trækt] **I** *v.t.* **1** ritirare. **2** ritrattare. **II** *v.i.* ritrarsi, ritirarsi.
retractable [ri'træktəbl] *a.* retrattile.
retraction [ri'trækʃən] *s.* **1** ritrazione, ritiro. **2** ritrattazione.
retread ['ri:tred] *s.* pneumatico rigenerato.
to **retread** [ri:'tred] *v.t.* (*di pneumatico*) ricostruire, rigenerare.
retreat [ri'tri:t] *s.* **1** (*Mil.*) ritirata. **2** rifugio, ricovero. **3** (*Rel.*) ritiro. □ (*Mil.*) *to* **beat** *a* ~ battere in ritirata; (*fig.*) *to beat a* **hasty** ~ battersela.
to **retreat** [ri'tri:t] *v.i.* **1** ritirarsi. **2** arretrare, indietreggiare.
to **retrench** [ri'trentʃ] **I** *v.t.* ridurre, limitare (le spese). **II** *v.i.* fare economie, risparmiare.
retrenchment [ri'trenʃmənt] *s.* riduzione, limitazione (delle spese).
retrial [ri:'traiəl] *s.* (*Dir.*) nuovo processo.
retribution [ˌretri'bju:ʃən] *s.* punizione, castigo.
retributive [ri'tribjutiv] *a.* punitivo.
retrievable [ri'tri:vəbl] *a.* **1** ricuperabile. **2** rimediabile.
retrieval [ri'tri:vəl] *s.* **1** ricupero. **2** riparazione. □ *lost beyond* ~ irrimediabilmente perduto.
to **retrieve** [ri'tri:v] **I** *v.t.* **1** rientrare in possesso di, ricuperare; riprendere, riacquistare. **2** riparare, rimediare a (un errore, ecc.). **3** salvare, ricuperare (*from* da): *he retrieved his father from ruin* salvò suo padre dalla rovina. **4** (*Caccia*) riportare. **5** (*Inform.*) ricuperare, richiamare: *to* ~ *data* richiamare i dati. **II** *v.i.* (*Caccia*) riportare.
retriever [ri'tri:və*] *s.* (*Caccia*) cane da riporto.
retroactive [ˌretrə(u)'æktiv] *a.* retroattivo.
to **retrocede** [ˌretrə(u)'si:d] *v.i.* retrocedere, indietreggiare.
retrograde ['retrə(u)greid] *a.* **1** retrogrado. **2** inverso, contrario.

to **retrograde** ['retrə(u)greid] *v.i.* **1** regredire, declinare. **2** degenerare.

retrogression [,retrə(u)'greʃən] *s.* **1** retrocessione. **2** degenerazione.

retrogressive [,retrə(u)'gresiv] *a.* regressivo.

retro-rocket ['retrə(u)rɔkit] *s.* (*Astr.*) retrorazzo frenante.

retrospect ['retrə(u)spekt] *s.* esame retrospettivo; retrospettiva.

retrospection [,retrə(u)'spekʃən] *s.* visione retrospettiva.

retrospective [,retrə(u)'spektiv] **I** *a.* **1** retrospettivo. **2** (*di leggi*) retroattivo. **II** *s.* retrospettiva (di un artista).

retroversion [,retrə(u)'və:ʃən] *s.* retroversione.

return [ri'tə:n] *s.* **1** ritorno. **2** restituzione, resa. **3** profitto, guadagno, utile: *we got a net ~ of 40%* ottenemmo un guadagno netto del 40%. **4** (*Sport*) colpo di rimando, rinvio. **5** (*Dir.*) relazione di notifica. **6** *pl.* (*Comm.*) resa di merce invenduta, restituzione. **7** *pl.* (*Parl.*) risultati elettorali. ▭ **bank** ~ estratto conto bancario; **by** ~ (*of post*) a giro di posta; (*esclam.*) *many* **happy** *returns of the day* cento di questi giorni; *he got very little* **in** ~ ottenne ben poco in cambio; (*Sport*) ~ **match** rivincita; **on** *my* ~ al mio ritorno; ~ **ticket** biglietto di andata e ritorno.

to **return** [ri'tə:n] **I** *v.i.* (ri)tornare. **II** *v.t.* **1** restituire, rendere. **2** ricambiare, contraccambiare: *to ~ a compliment* ricambiare un complimento. **3** rimettere, ricollocare. **4** (*Sport*) rinviare, rimandare: *to ~ a ball* rinviare una palla. **5** (*Parl.*) eleggere. **6** (*Dir.*) emettere (una sentenza). ▭ *to* ~ **like** *for like* rendere la pariglia; (*Poste*) ~ *to* **sender** rinviare al mittente.

returnable [ri'tə:nəbl] *a.* restituibile; a rendere.

reunion [ri:'ju:njən] *s.* riunione (di famiglia); rimpatriata (tra amici).

to **reunite** [,ri:ju:'nait] **I** *v.t.* riunire. **II** *v.i.* riunirsi.

rev [rev] *s.* (*fam.*) giro (di motore).

to **rev** [rev] *v.* (*pass., p.p.* **revved** [–d]) (spesso con *up*) (*fam.*) **I** *v.t.* (*Mot.*) mandare su di giri. **II** *v.i.* (*Mot.*) andare su di giri.

revaluation [,ri:,vælju'eiʃən] *s.* rivalutazione.

to **revalue** [ri:'vælju:] *v.t.* rivalutare.

to **revamp** [ri:'væmp] *v.t.* **1** rifare la tomaia a (una scarpa). **2** (*fig.*) aggiustare; rimaneggiare.

to **reveal** [ri'vi:l] *v.t.* **1** rivelare, svelare. **2** palesare, manifestare. ▭ *to ~ o.s.* mostrarsi, apparire.

revealing [ri'vi:liŋ] *a.* rivelatore.

reveille [ri'væli, *am.* 'revəli] *s.* (*Mil.*) sveglia.

revel ['revl] *s.* bisboccia, baldoria.

to **revel** ['revl] *v.i.* (*pass., p.p.* **–lled**/*am.* **–led** [–d]) **1** fare baldoria, fare bisboccia. **2** (*fig.*) dilettarsi (*in* a, in).

revelation [,revi'leiʃən] *s.* rivelazione.

reveler *am.*, **reveller** ['revlə*] *s.* festaiolo, tipo godereccio.

revelry ['revlri] *s.* bisboccia, baldoria.

revenge [ri'vendʒ] *s.* **1** vendetta; spirito di vendetta. **2** rivincita. ▭ **in** ~ per vendicarsi (*for* di); **out** *of* ~ per vendetta; *to* **take** ~ *on s.o. for s.th.* vendicarsi di qc. su qd.

to **revenge** [ri'vendʒ] *v.t.* vendicare. ▭ *to ~ o.s. on s.o. for s.th.* vendicarsi di qc. su qd.

revengeful [ri'vendʒful] *a.* vendicativo, desideroso di vendetta.

revenue ['revinju:, *am.* –nu:] *s.* **1** entrate, ricavi. **2** erario, fisco. **3** reddito, rendita. **4** *pl.* entrate; reddito. ▭ ~ **deduction** riduzione di entrate; ~ **officer** funzionario dell'ufficio imposte; ~ **stamp** marca da bollo.

to **reverberate** [ri'və:bəreit] **I** *v.i.* **1** riecheggiare, risonare. **2** riverberarsi. **II** *v.t.* **1** riecheggiare. **2** riverberare.

reverberation [ri,və:bə'reiʃən] *s.* **1** riverberazione, riverbero. **2** risonanza, eco.

to **revere** [ri'viə*] *v.t.* **1** riverire, onorare. **2** venerare.

reverence ['revərəns] *s.* **1** riverenza. **2** venerazione.

to **reverence** ['revərəns] *v.t.* **1** riverire. **2** venerare.

reverend ['revərənd] *a.* rispettabile; venerabile. **Reverend** *a./s.* (*Rel.*) reverendo.

reverent ['revərənt] *a.* riverente.

reverential [,revə'renʃəl] *a.* reverenziale.

reverie ['revəri] *s.* fantasticheria, sogno a occhi aperti.

revers *fr.* [ri'viə*] *s.* (*pl.* **revers** [ri'viəz]) (*Sartoria*) risvolto.

reversal [ri'və:səl] *s.* **1** rovesciamento, capovolgimento. **2** (*Dir.*) annullamento, revoca.

reverse [ri'və:s] **I** *a.* **1** inverso, contrario. **2** rovescio, opposto: *the ~ side of a coin* il rovescio di una moneta. **3** rovesciato, capovolto. **II** *s.* **1** contrario, opposto. **2** rovescio, retro. **3** (*fig.*) disfatta, sconfitta; danno. **4** rovescio, disgrazia, disavventura: *financial reverses* rovescio finanziario. **5** (*Mecc.*) retromarcia.

to **reverse** [ri'və:s] **I** *v.t.* **1** invertire; capovolgere; rivoltare, rovesciare. **2** (*Aut.*) far fare marcia indietro a. **3** (*Dir.*) annullare. **4** (*Tel.*) addebitare al destinatario: *to ~ the charges* addebitare la telefonata al destinatario. **II** *v.i.* **1** girare in senso inverso. **2** (*Aut.*) invertire la marcia.

reversible [ri'və:səbl] *a.* **1** reversibile, rovesciabile. **2** (*Tessitura*) double-face.

reversion [ri'və:ʃən, *am.* –ʒ(ə)n] *s.* **1** (*Biol.*) regresso filogenetico. **2** (*Dir.*) proprietà reversibile. **3** (*Chim.*) ritorno allo stato precedente.

to **revert** [ri'və:t] *v.i.* **1** tornare (*to* a). **2** subire un regresso filogenetico.

revetment [ri'vetmənt] *s.* (*Edil.*) rivestimento di sostegno.

review [ri'vju:] *s.* **1** rassegna; analisi; esame retrospettivo. **2** critica, recensione. **3** rivista, pubblicazione periodica. **4** (*Mil.*) rivista; parata. ▭ *to come under ~* venire sottoposto ad esame.

to **review** [ri'vju:] **I** *v.t.* **1** riesaminare, rivedere; correggere. **2** passare in rassegna. **3** recensire. **4** (*Mil.*) passare in rivista. **II** *v.i.* (*Giorn.*) fare il critico.

reviewer [ri'vju:ə*] *s.* (*Giorn.*) recensore, critico.

to **revile** [ri'vail] **I** *v.t.* insultare, ingiuriare. **II** *v.i.* usare un linguaggio offensivo (*at, against* nei confronti di).

to **revise** [ri'vaiz] *v.t.* **1** rivedere, correggere. **2** modificare.

reviser [ri'vaizə*] *s.* **1** revisore. **2** (*Tip.*) correttore di bozze.

revision [ri'viʒən] *s.* revisione.

to **revisit** [ri:'vizit] *v.t.* visitare di nuovo, rivisitare.

to **revitalize** [ri:'vaitəlaiz] *v.t.* ridare vita a, vivificare.

revival [ri'vaivəl] *s.* **1** risveglio, rinascita; ripristino, revival. **2** (*Teat., Cin.*) ripresa, ripetizione. □ (*Stor.*) *Revival of Learning* Rinascimento.

to **revive** [ri'vaiv] **I** *v.t.* **1** rianimare, fare rinvenire; risuscitare. **2** ripristinare, restaurare. **3** (*Teat.*) rimettere in scena: *to ~ an old comedy* rimettere in scena una vecchia commedia. **4** ridestare, risvegliare. **II** *v.i.* **1** rinvenire, rianimarsi, riaversi. **2** riprendersi, rifiorire. **3** tornare in uso (*o* vigore).

to **revivify** [ri:'vivifai] *v.t.* rianimare, rinvigorire.

revocable ['revəkəbl] *a.* revocabile.

revocation [,revə'keiʃən] *s.* revoca, annullamento.

to **revoke** [ri'vəuk] **I** *v.t.* revocare, annullare. **II** *v.i.* (*nel gioco delle carte*) rifiutare.

revolt [ri'vəult] *s.* rivolta, insurrezione.

to **revolt** [ri'vəult] **I** *v.i.* **1** rivoltarsi, insorgere (*against* contro). **2** provare disgusto (*at, against* a). **II** *v.t.* rivoltare, disgustare.

revolting [ri'vəultiŋ] *a.* disgustoso, rivoltante.

revolution [,revə'lu:ʃən] *s.* rivoluzione.

revolutionary [,revə'lu:ʃənəri] *a./s.* rivoluzionario.

to **revolutionize** [,revə'lu:ʃənaiz] *v.t.* rivoluzionare.

to **revolve** [ri'vɔlv] **I** *v.i.* **1** rotare, girare. **2** (*fig.*) turbinare, frullare: *an idea revolved in his mind* un'idea gli frullava in testa. **II** *v.t.* **1** fare girare (*o* rotare). **2** (*fig.*) rimuginare.

revolver [ri'vɔlvə] *s.* rivoltella.

revolving [ri'vɔlviŋ] *a.* girevole, rotante: *~ door* porta girevole.

revue *fr.* [ri'vju:] *s.* (*Teat.*) rivista, spettacolo di varietà.

revulsion [ri'vʌlʃən] *s.* mutamento improvviso (di sentimenti, ecc.); reazione.

reward [ri'wɔ:d] *s.* **1** compenso; premio; ricompensa. **2** taglia.

to **reward** [ri'wɔ:d] *v.t.* **1** ricompensare, rimunerare. **2** ripagare, contraccambiare.

to **rewind** [ri:'waind] *v.t.* (coniug. come to **wind**) riavvolgere.

rewrite ['ri:rait] *s.* (*fam.*) rielaborazione.

to **rewrite** [ri:'rait] *v.t.* (coniug. come to **write**) riscrivere; rielaborare.

Rh = (*Chim.*) *rhodium* rodio.

rhapsody ['ræpsədi] *s.* **1** rapsodia. **2** (*fig.*) espressioni entusiastiche. □ *to go into rhapsodies over s.th.* entusiasmarsi per qc.

rhenium ['ri:niəm] *s.* (*Chim.*) renio.

rheostat ['ri:əstæt] *s.* (*El.*) reostato.

rhetoric ['retərik] *s.* retorica.

rhetorical [ri'tɔrikəl] *a.* retorico.

rheumatic [ru:'mætik] **I** *a.* reumatico. **II** *s.* persona affetta da reumatismi.

rheumatism ['ru:mətizəm] *s.* (*Med.*) reumatismo.

Rh factor [ɑ:eitʃ'fæktə*] *s.* (*Biol.*) fattore Rh.

rhino ['rainəu] *s.* (*pl. inv.*/**–s** [–z]) (*fam.*), **rhinoceros** [rai'nɔsərəs] *s.* (*pl. inv.*/**–roses** [–əsiz]) (*Zool.*) rinoceronte.

rhizome ['raizəum] *s.* (*Bot.*) rizoma.

rhodium ['rəudiəm] *s.* (*Chim.*) rodio.

rhododendron [,rəudə'dendrən] *s.* (*Bot.*) rododendro.

rhomb [rɔm] (*Geom.*) → **rhombus.**

rhomboid ['rɔmbɔid] *a./s.* (*Geom.*) romboide.

rhomboidal [rɔm'bɔidəl] *a.* romboidale.

rhombus ['rɔmbəs] *s.* (*pl.* **–buses** [–bəsiz]/**–bi** [–bai]) (*Geom.*) rombo.

rhubarb ['ru:bɑ:b] *s.* (*Bot.*) rabarbaro.

rhyme [raim] *s.* **1** rima. **2** (*fig.*) poesia. □ *without ~ or reason* senza capo né coda.

to **rhyme** [raim] **I** *v.i.* **1** rimare. **2** comporre rime. **II** *v.t.* (far) rimare.

rhymed [raimd] *a.* rimato, in rima.

rhymer ['raimə*] *s.* rimatore.

rhythm ['riðəm] *s.* ritmo.

rhythmic ['riðmik], **rhythmical** ['riðmikəl] *a.* ritmico.

rhythmics ['riðmiks] *s.pl.* (costr. sing.) ritmica.

rib [rib] *s.* **1** (*Anat.*) costola. **2** (*Gastr.*) costoletta. **3** (*Bot.*) nervatura. **4** (*Mar.*) ordinata, costa. **5** (*Arch.*) costolone. **6** (*lavoro a maglia*) costa. **8** stecca (di ombrello).

to **rib** [rib] *v.t.* (*pass., p.p.* **ribbed** [–d]) **1** munire di coste; segnare con coste. **2** (*am. sl.*) prendere in giro.

ribald ['ribəld] *a.* (*lett.*) volgare, triviale, scurrile; sboccato, osceno. **II** *s.* persona sboccata, tipo scurrile.

ribaldry ['ribəldri] *s.* volgarità, trivialità, scurrilità.

ribbon ['ribən] *s.* **1** nastro, fettuccia; striscia. **2** nastro (di macchina per scrivere). **3** (*Mil.*) nastro, nastrino. **4** *pl.* brandelli, pezzi. □ *to hang in ribbons* essere a brandelli.

rice [rais] *s.* (*Bot.*) riso.

rice field ['raisfi:ld] *s.* risaia.

rice paper ['raispeipə*] *s.* carta di riso.

rich [ritʃ] **I** *a.* **1** ricco. **2** pieno, abbondante (*in* di). **3** sontuoso, sfarzoso. **4** sostanzioso; nutriente. **5** (*di colore*) intenso, carico. **6** (*di suono*) profondo, pieno. **7** (*di vino*) robusto, generoso. **8** (*di terreno*) fertile. **9** (*fam.*) spassoso, molto divertente: *a ~ joke* una barzelletta molto divertente. **II** *s.* **1** (costr. pl.) ricchi. **2** ricco. **3** *pl.* ricchezze. **4** *pl.* risorse. ▭ *to get ~* arricchirsi.

Richard ['ritʃəd] *N.pr.m.* Riccardo.

richly ['ritʃli] *avv.* **1** riccamente. **2** sontuosamente, sfarzosamente. **3** pienamente, del tutto; proprio.

richness ['ritʃnis] *s.* **1** ricchezza; abbondanza. **2** sontuosità, sfarzosità. **3** (*di colore*) intensità. **4** (*di terreno*) fertilità.

rick [rik] *s.* (*Agr.*) mucchio (di fieno, paglia).

to **rick** [rik] *v.t.* (*Agr.*) ammucchiare.

rickets ['rikits] *s.pl.* (costr. sing.) (*Med.*) rachitismo.

rickety ['rikiti] *a.* traballante, vacillante; malsicuro.

ricksha(w) ['rikʃɔ:] *s.* risciò.

ricochet ['rikəʃei] *s.* rimbalzo.

to **ricochet** ['rikəʃei] *v.* (*pass., p.p.* **–ted/–tted** [–d]) **I** *v.i.* rimbalzare: *the stone ricocheted off the wall* la pietra rimbalzò contro il muro. **II** *v.t.* fare rimbalzare.

to **rid** [rid] *v.t.* (*pass., p.p.* **rid/ridded** [–id]) sbarazzare, liberare (*of* di). ▭ *to* **be** *~ of* essersi sbarazzato di; *to* **get** *~ of* sbarazzarsi di, liberarsi di.

riddance ['ridəns] *s.* liberazione.

ridden ['ridn] → to **ride**.

riddle[1] ['ridl] *s.* **1** indovinello, enigma. **2** (*estens.*) problema.

to **riddle**[1] ['ridl] **I** *v.t.* risolvere, trovare la soluzione di. **II** *v.i.* **1** parlare per enigmi. **2** proporre indovinelli.

riddle[2] ['ridl] *s.* setaccio, vaglio.

to **riddle**[2] ['ridl] *v.t.* **1** setacciare, vagliare. **2** (*fig.*) crivellare, bucherellare. ▭ (*fig.*) *to ~ an argument* confutare un'argomentazione (con l'evidenza dei fatti).

ride [raid] *s.* **1** cavalcata, passeggiata a cavallo. **2** gita, corsa. **3** corsa, tragitto: *a bus ~* una corsa in autobus. **4** sentiero per cavalli. **5** (*fam.*) passaggio, (*pop.*) strappo. ▭ *to* **give** *s.o. a ~* dare un passaggio a qd.; portare a cavalluccio qd.; *to* **go** *for a ~* andare a fare una cavalcata; andare a fare un giro (in macchina, in bicicletta); (*sl.*) *to* **take** *s.o. for a ~* turlupinare qd.

to **ride** [raid] *v.* (*pass.* **rode** [rəud], *p.p.* **ridden** ['ridn]) **I** *v.i.* **1** cavalcare. **2** viaggiare, andare: *to ~ in a train* viaggiare in treno. **3** (*di veicolo*) andare, correre. **II** *v.t.* **1** cavalcare; montare (su una bicicletta, un cavallo, ecc.); andare a cavallo di. **2** viaggiare in, andare in. **3** percorrere a cavallo. **4** gareggiare, partecipare (a una gara). **5** portare in groppa (*o* sulle spalle): *to ~ a child on one's shoulders* portare un bambino sulle spalle. **6** (*fig.*) dominare, opprimere. **7** (*am. fam.*) infastidire, seccare; prendere in giro. ▭ *to ~* **away** allontanarsi a cavallo; *to ~ a horse to* **death** sfiancare un cavallo; *to ~* **down** travolgere e far calpestare dal proprio cavallo; raggiungere a cavallo; (*fig.*) *to ~* **high** essere alle stelle; *the* **moon** *was riding high* la luna era alta nel cielo; *to ~* **off** partire a cavallo; *to ~* **on** *a horse* andare a cavallo; (*Mar.*) *to ~* **out** *a storm* resistere a una tempesta; *to ~* **up** arrivare a cavallo; (*di abito*) salire; *to ~ the* **waves** farsi portare dalle onde.

rider ['raidə*] *s.* **1** cavaliere, cavallerizzo; fantino. **2** ciclista *m./f.*; motociclista *m./f.* **3** (*Dir., Pol.*) clausola addizionale; codicillo.

ridge [ridʒ] *s.* **1** catena (di montagne); cresta. **2** (*Agr.*) porca. **3** (*Edil.*) colmo: *the ~ of a roof* il colmo di un tetto.

to **ridge** [ridʒ] *v.t.* **1** increspare, ondulare. **2** (*Agr.*) rincalzare.

ridicule ['ridikju:l] *s.* ridicolo, scherno. ▭ *to* **hold** *s.o. up to ~* prendere in giro qd.; *to* **lay** *o.s. open to ~* esporsi al ridicolo.

to **ridicule** ['ridikju:l] *v.t.* mettere in ridicolo, schernire.

ridiculous [ri'dikjuləs] *a.* ridicolo, assurdo.

riding ['raidiŋ] *s.* equitazione; cavalcata. ▭ *~ breeches* calzoni da cavallerizzo.

riding crop ['raidiŋkrɔp] *s.* frustino.

riding habit ['raidiŋhæbit] *s.* (abito da) amazzone.

riding light ['raidiŋlait] *s.* (*Mar.*) lanterna di nave all'ancora.

riff-raff ['rifræf] *s.* marmaglia, plebaglia.

rifle ['raifl] *s.* **1** carabina, fucile. **2** *pl.* (*Mil.*) fucilieri.

to **rifle**[1] ['raifl] *v.t.* (*di armi da fuoco*) rigare.

to **rifle**[2] ['raifl] *v.t.* frugare, rovistare (per rubare).

rifleman ['raiflmən] *s.* (*pl.* **–men**) (*Mil.*) fuciliere.

rifle-range ['raiflreindʒ] *s.* poligono di tiro. ▭ *within ~* a tiro.

rifle-shot ['raiflʃɔt] *s.* colpo di fucile, fucilata. ▭ *within ~* a un tiro di schioppo.

rift [rift] *s.* **1** crepa, fenditura; spaccatura. **2** (*fig.*) divergenza d'opinioni, dissenso; incrinatura di un'amicizia. ▭ (*Geol.*) *rift valley* profonda frattura della superficie terrestre.

to **rift** [rift] **I** *v.t.* fendere, spaccare; incrinare. **II** *v.i.* fendersi, spaccarsi; incrinarsi.

rig [rig] *s.* **1** (*Mar.*) attrezzatura. **2** impianto di trivellazione (di una miniera). **3** (*Mecc.*) attrezzatura, impianto. **4** (*fam.*) abbigliamento, costume. ▭ (*fam.*) *in full ~* in ghingheri.

to **rig**[1] [rig] *v.t.* (*pass., p.p.* **rigged** [–d]) **1** (*Mar.*) attrezzare, armare. **2** (spesso con *out*) fornire, equipaggiare (*with* di). **3** (*fam.*) (general. con *out*) vestire: *she was rigged out as a fairy* era vestita da fata. ▭ (*fig.*) *to ~ up* montare, installare.

to **rig**[2] [rig] *v.t.* (*pass., p.p.* **rigged** [–d]) **1** manipolare. **2** (*Econ.*) manovrare.

rigger ['rigə*] *s.* **1** (*Mar.*) attrezzatore, allestitore. **2** (*Aer., in miniera*) montatore.

rigging ['rigiŋ] *s.* (*Mar.*) sartiame, cordame.

right [rait] **I** *a.* **1** giusto, retto, onesto. **2** esatto, corretto; vero, effettivo, reale. **3** adatto, giusto, appropriato. **4** destro, di destra. **5** diritto, dritto: *the ~ side of a tablecloth* il lato diritto di una tovaglia. **II** *s.* **1** bene; giusto: *to be in the* ~ essere nel giusto. **2** diritto: *rights and duties* diritti e doveri. **3** destra, lato destro. **4** (mano) destra. **5** (*Sport*) destro. **III** *avv.* **1** proprio, esattamente. **2** direttamente, dritto. **3** completamente, del tutto. **4** bene, giusto, esattamente. **5** a destra: *to turn* ~ voltare a destra. **6** (*fam.*) (non è) vero?; chiaro, va bene, proprio così. **IV** *intz.* va bene, d'accordo; certo, sicuro. **Right** *s.* (*Pol.*) destra. □ ~ **ahead** sempre dritto; **all** ~ d'accordo, va bene; ~ **angle** angolo retto; **as** ~ *as rain* in perfetto stato; sano come un pesce; ~ **away** subito, immediatamente; *to* **be** ~ fare bene; avere ragione; ~ *to the* **bottom** fino in fondo; **by** *rights* (*o right*) di diritto; **by** ~ *of* per diritto di; (*Mil.*) ~ **face** fronte destr; *to* **feel** ~ sentirsi bene; *to* **get** *s.th.* ~ chiarire qc.; *to* **go** ~ andare bene; *to* **have** *a* (o *the*) ~ *to* avere il diritto di; *to* **have** *no* ~ *to* non avere il diritto di; *to be* **in** *the* ~ essere nel giusto; ~ *and* **left** a destra e a sinistra; in tutte le direzioni; *to* **look** ~ avere un buon aspetto; guardare a destra; *to be in one's* ~ **mind** essere in possesso delle proprie facoltà mentali; ~ **now** proprio adesso; immediatamente, subito; ~ **off** senza esitazione; subito, immediatamente; (*sl.*) ~ **on!** giustissimo!, esatto!; ~ **out** francamente, chiaramente; *he is a rich man in his* **own** ~ è ricco del suo; *to* **put** ~ aggiustare, accomodare; ristabilire, rimettere in sesto; *to* **put** *to rights* accomodare, riparare; *to* **set** ~ = *to* **put** ~; *to* **stand** *on one's rights* sostenere i propri diritti; **that's** ~ proprio così, è vero; *to* **think** *it* ~ *to do s.th.* ritenere opportuno fare qc.; *to* **turn** *out* ~: 1 avverarsi; 2 indovinare; 3 finire bene; (*Strad.*) *no* ~ **turn** divieto di svolta a destra; (*Dir.*) ~ *of* **way** servitù di passaggio; (*Strad.*) diritto di precedenza; *to be* **within** *one's rights* essere nel proprio diritto.

to **right** [rait] **I** *v.t.* **1** raddrizzare. **2** aggiustare, accomodare; sistemare. **3** riparare, rimediare a: *to* ~ *a wrong* riparare un torto. **II** *v.i.* raddrizzarsi.

right-about ['raitəbaut] **I** *s.* direzione opposta. **II** *a./avv.* in direzione opposta.

right-about-face ['raitə'baut'feis] *s./intz.* (*Mil.*) dietrofront.

right-down ['raitdaun] *a.* completo, assoluto. □ *a* ~ *scoundrel* un furfante fatto e finito.

righteous ['raitʃəs] *a.* **1** retto, giusto, onesto. **2** giustificato, legittimo.

rightful ['raitful] *a.* **1** legittimo. **2** giusto, equo.

right-hand ['raithænd] *a.* destro, di destra. □ (*Aut.*) ~ *drive* guida a destra.

right-handed ['rait'hændid] *a.* che si serve (di preferenza) della mano destra.

right-hander ['rait'hændə*] *s.* **1** chi usa la mano destra. **2** destro, colpo sferrato con la destra.

rightly ['raitli] *avv.* **1** giustamente, a buon diritto. **2** onestamente. **3** con esattezza, con precisione.

right-minded [rait'maindid] *a.* onesto, come si deve, perbene.

right-wing ['raitwiŋ] *s.* **1** (*Pol.*) destra. **2** (*Sport*) ala destra.

rigid ['ridʒid] *a.* **1** rigido. **2** austero, severo; inflessibile. **3** stretto, rigoroso.

rigidity [ri'dʒiditi] *s.* **1** rigidezza. **2** austerità, severità; inflessibilità.

rigmarole ['rigmərəul] *s.* **1** filastrocca, tiritera. **2** procedura lunga, trafila.

rigor *am.* ['rigə*] → **rigour**.

rigorous ['rigərəs] *a.* **1** rigido, rigoroso; severo, inflessibile. **2** (*di clima*) rigido.

rigour ['rigə*] *s.* **1** rigore, severità. **2** rigorosità, austerità. **3** (*di clima*) rigore.

to **rile** [rail] *v.t.* (*fam.*) scocciare, infastidire.

rill [ril] *s.* ruscello, torrentello.

rim [rim] *s.* **1** orlo, bordo. **2** (*Aut.*) cerchio, cerchione. **3** montatura (di occhiali).

to **rim** [rim] *v.t.* (*pass., p.p.* **rimmed** [-d]) orlare, bordare; cerchiare: *red-rimmed eyes* occhi cerchiati di rosso.

to **rime** [raim] *v.t.* (*lett.*) ricoprire di brina.

rimless [rimlis] *a.* (*di lenti*) senza montatura.

rimy ['raimi] *a.* coperto di brina, brinato.

rind [raind] *s.* **1** scorza; (*di frutta*) buccia, pelle. **2** (*di formaggio*) crosta.

ring[1] [riŋ] *s.* **1** anello; bracciale, cerchietto; cerchio. **2** pista circolare; recinto. **3** recinto. **4** (*nel pugilato*) quadrato, ring. **5** (*fam.*) cricca, combriccola. **6** (*Econ.*) sindacato commerciale. **7** (*Borsa*) recinto delle grida; ring. □ (*fam.*) *to make rings round s.o.* surclassare qd.

to **ring**[1] [riŋ] **I** *v.t.* **1** circondare, cingere. **2** girare in cerchio intorno a, radunare. **3** mettere un anello a: *to* ~ *a bull* mettere un anello (al naso) a un toro. **II** *v.i.* formare un anello (*o* cerchio).

ring[2] [riŋ] *s.* **1** suono; tintinnio, trillo; squillo. **2** telefonata. **3** scampanellata.

to **ring**[2] [riŋ] *v.* (*pass.* **rang** [ræŋ], *p.p.* **rung** [rʌŋ]) **I** *v.i.* **1** suonare. **2** risuonare, echeggiare (*with* di): *the house rang with the happy cries of the children* la casa risuonava delle grida felici dei bambini. **3** suonare (il campanello per chiamare) (*for* per): *shall I* ~ *for the maid?* devo suonare per chiamare la cameriera? **4** telefonare. **5** (*di orecchi*) fischiare, ronzare. **II** *v.t.* **1** (far) suonare. **2** (*assol.*) suonare: *your statement rings true* la tua affermazione suona vera. **3** telefonare a. □ (*fig.*) *to* ~ *a* **bell** richiamare qc. alla memoria; (*Teat.*) *to* ~ **down** *the curtain* (dare il segnale per far) calare il sipario; (*Tel.*) *to* ~ **off** interrompere la comunicazione; *to* ~ **out** suonare a distesa; rimbombare, rintronare; (*Tel.*) *ringing* **tone** segnale di libero; *to* ~ **up** telefonare, chiamare (al telefono); (*Teat.*) *to* ~ *the curtain* **up** (dare il segnale di) alzare il sipario.

ringer ['riŋə*] *s.* **1** campanaro. **2** suoneria.
ring finger ['riŋfiŋgə*] *s.* anulare.
ringleader ['riŋli:də*] *s.* capobanda, caporione.
ringlet ['riŋlit] *s.* riccio, boccolo.
ringmaster ['riŋ,mɑ:stə*] *s.* direttore di un circo equestre.
ring-road ['riŋrəud] *s.* (*Strad.*) raccordo anulare.
ringside ['riŋsaid] *a.* **1** di prima fila: ~ *seat* posto di prima fila. **2** (*fig.*) che permette di vedere bene.
ringworm ['riŋwə:m] *s.* (*Med., Veterinaria*) tigna, tricofizia.
rink [riŋk] *s.* pista di pattinaggio su ghiaccio.
rinse [rins] *s.* **1** (ri)sciacquatura. **2** cachet (per i capelli).
to **rinse** [rins] *v.t.* **1** (ri)sciacquare. **2** (*fam.*) (general. con *down*) mandare giù (il cibo con una bevanda).
riot ['raiət] *s.* **1** tumulto, sommossa. **2** (*Dir.*) adunata sediziosa. **3** fracasso, frastuono. **4** (*fig.*) orgia, profusione. □ *to* **read** *the Riot Act* intimare lo scioglimento di un'assemblea sediziosa; (*scherz.*) fare la paternale a (*to s.o.* qd.); *to* **run** ~ scatenarsi; (*di piante*) crescere con eccessivo rigoglio.
to **riot** ['raiət] *v.i.* **1** tumultuare; insorgere, sollevarsi. **2** fare baccano; gozzovigliare. **3** abbandonarsi, indulgere (*in* a).
rioter ['raiətə*] *s.* rivoltoso.
riotous ['raiətəs] *a.* **1** dissoluto, dissipato. **2** movimentato; fragoroso; incontrollato. **3** turbolento; violento.
rip [rip] *s.* lacerazione, squarcio; strappo.
to **rip** [rip] *v.* (*pass., p.p.* **ripped** [–t]) **I** *v.t.* **1** squarciare, lacerare. **2** strappare, tirare via: *to ~ the paper off a wall* strappare la tappezzeria da una parete. **II** *v.i.* **1** squarciarsi, lacerarsi. **2** (*fam.*) andare a tutta velocità, filare. □ (*fig.*) *to* **let** *things* ~ lasciare che le cose vadano a modo loro; (*sl.*) *to* ~ **off** sgraffignare; imbrogliare; *to* ~ **open** squarciare; *to* ~ **up** stracciare, fare a pezzi.
riparian [rai'pεəriən] *a.* rivierasco.
ripe [raip] *a.* **1** maturo. **2** stagionato. **3** (*fig.*) pronto, maturo; adatto, idoneo (*for* a).
to **ripen** ['raipən] *v.t./i.* maturare.
ripeness ['raipnis] *s.* maturità.
ripe-off ['ripɔf] *s.* (*sl.*) rapina, estorsione; azione ladresca.
riposte [ri'pəust] *s.* **1** (*Sport*) risposta. **2** (*fig.*) risposta pronta, rimbecco.
ripper ['ripə*] *s.*: *Jack the Ripper* Jack lo Squartatore.
ripping ['ripiŋ] *a.* (*fam.*) eccellente, ottimo. □ *to have a ~ good time* divertirsi un mondo.
ripple ['ripl] *s.* **1** crespa, increspatura (di acqua). **2** (*fig.*) gorgoglio, mormorio.
to **ripple** ['ripl] **I** *v.i.* **1** incresparsi. **2** (*fig.*) gorgogliare, mormorare. **II** *v.t.* increspare.
riptide ['riptaid] *s.* (*Mar.*) corrente di marea.
rise [raiz] *s.* **1** salita, ascesa. **2** altura, rialzo. **3** aumento; rialzo, rincaro. **4** origine, sorgente. **5** (*lett.*) il sorgere (del sole). □ ~ *and* **fall** flusso e riflusso (della marea); (*fam.*) *to* **get** *a ~ out of s.o.* punzecchiare qd.; *to* **give** ~ *to* causare, provocare; *to* **have** *its* ~ (*di fiume*) sorgere, nascere; *to be* **on** *the* ~ essere in aumento, crescere; (*Comm.*) ~ *in* **price** rincaro.
to **rise** [raiz] *v.i.* (*pass.* **rose** [rəuz]/*raro* **rise,** *p.p.* **risen** ['rizn]) **1** alzarsi, sollevarsi; alzarsi (dal letto). **2** salire; nascere, sorgere: *a new hotel is to ~ on the outskirt of town* un nuovo hotel sorgerà alla periferia della città. **3** ergersi, innalzarsi. **4** aumentare, salire, crescere: *the price of meat is rising* il prezzo della carne sta salendo. **5** (*di pasta*) crescere, lievitare. **6** salire (di grado); elevarsi, assurgere (*to* a). **7** (*Parl.*) sospendere i lavori. **8** ribellarsi, insorgere. **9** apparire, manifestarsi, sorgere: *some difficulties have risen* sono sorte alcune difficoltà. **10** risuscitare, risorgere. **11** derivare, provenire (*from, out of* da). **12** (*di pesci*) venire a galla. □ *to* ~ **above** sovrastare, superare (in altezza); (*fig.*) essere superiore a; *to ~ to one's* **feet** alzarsi in piedi; *to* ~ **to** essere all'altezza di, essere pari a.
risen ['rizn] → to **rise.**
riser ['raizə*] *s.* (*Edil.*) montante (di gradino). □ *an* **early** ~ un tipo mattiniero; *a* **late** ~ un dormiglione.
risible ['rizibl] *a.* comico, ridicolo.
rising ['raiziŋ] *s.* rivolta, ribellione.
risk [risk] *s.* rischio, pericolo. □ **at** ~ in pericolo; *at the* ~ **of** a rischio di; *at one's* **own** ~ a proprio rischio e pericolo; *to* **take** (o *run*) *risks* rischiare.
to **risk** [risk] *v.t.* **1** rischiare, arrischiare. **2** correre il rischio di.
risky ['riski] *a.* rischioso, arrischiato.
risqué *fr.* ['riskei, *am.* –'skei] *a.* spinto, audace.
rissole *fr.* ['risəul] *s.* (*Gastr.*) crocchetta, polpetta (fritta).
rite [rait] *s.* rito.
ritual ['ritjuəl] *a./s.* rituale.
ritualistic [,ritjuə'listik] *a.* ritualistico.
rival ['raivəl] **I** *s.* rivale *m./f.,* concorrente *m./f.* **II** *a.attr.* avversario, rivale.
to **rival** ['raivəl] *v.t.* (*pass., p.p.* **–lled**/*am.* **–led** [–d]) rivaleggiare con, competere con.
rivalry ['raivəlri] *s.* rivalità; concorrenza; emulazione.
to **rive** [raiv] *v.* (*pass,* **–d** [–d], *p.p.* **riven** ['rivən]) **I** *v.t.* lacerare, squarciare; (spesso con *off, away*) strappare, tirare via: *the country was riven by civil war* il paese era lacerato dalla guerra civile. **II** *v.i.* spaccarsi, fendersi.
riven ['rivən] → to **rive.**
river ['rivə*] *s.* **1** fiume. **2** (*fig.*) profluvio, lago, marea: *a ~ of blood* un lago di sangue. □ **down** ~ a valle; (*fig.*) *to* **sell** *s.o. down the* ~ tradire qd.; **up** ~ a monte.

river basin ['rivəbeisn] *s.* bacino fluviale.
river-bed ['rivəbed] *s.* alveo, letto (fluviale).
riverside ['rivə:said] *s.* riva del fiume.
rivet ['rivit] *s.* (*tecn.*) ribattino.
to **rivet** ['rivit] *v.t.* (*pass., p.p.* **–ted/–ted** [–id]) **1** chiodare, rivettare; ribattere. **2** (*fig.*) fissare (attentamente): *to ~ one's eyes on s.th.* fissare gli occhi su qc. **3** attirare (l'attenzione, ecc.).
rivulet ['rivjulit] *s.* rivoletto, ruscelletto.
Rn = (*Chim.*) *radon* radon.
roach[1] [rəutʃ] *s.* (*pl. inv.*/**roaches** ['rəutʃiz]) (*Zool.*) triotto. ▭ (*fig.*) *as sound as ~* sano come un pesce.
roach[2] *am.* [rəutʃ] *s.* (*Zool.*) scarafaggio.
road [rəud] **I** *s.* **1** strada, via. **2** *pl.* (*Mar.*) rada. **II** *a.attr.* stradale. ▭ (*fig.*) *to* **get** *in s.o.'s ~* mettere il bastone tra le ruote a qd.; (*fig.*) **on** *the ~ to* in via di; *to* **take** *the ~* mettersi in cammino;
roadbed ['rəudbed] *s.* fondo stradale.
roadblock ['rəudblɔk] *s.* blocco stradale.
road haulage [rəud'hɔ:lidʒ] *s.* autotrasporto.
roadhog ['rəudhɔg] *s.* (*fam.*) pirata della strada.
roadhouse ['rəudhaus] *s.* bar, locanda (fuori città) frequentata da automobilisti.
roadless ['rəudlis] *a.* senza strade.
roadman ['rəudmən] *s.* (*pl.* **–men**) **roadmender** ['rəudmendə*] *s.* stradino.
road metal ['rəudmetl] *s.* (*Strad.*) pietrisco.
road sense [rəudsens] *s.* abilità di sapersi destreggiare nel traffico stradale.
roadside ['rəudsaid] *s.* banchina.
roadstead ['rəudsted] *s.* (*Mar.*) rada.
roadster ['rəudstə*] *s.* (*ant.*) automobile scoperta a due posti.
roadway ['rəudwei] *s.* carreggiata.
roadworthy ['rəudwə:θi] *a.* (*di veicolo*) che tiene bene la strada.
to **roam** [rəum] *v.i.* vagare, girovagare.
roan [rəun] *a./s.* (*Zootecnia*) roano.
roar [rɔ:*] *s.* **1** ruggito; rombo. **2** fragore; scoppio. **3** scroscio (di risa). **4** urlo. ▭ *to set the room in a ~* far scoppiare a ridere tutti.
to **roar** [rɔ:*] **I** *v.i.* **1** ruggire; rombare. **2** urlare, strepitare; rumoreggiare. **II** *v.t.* (spesso con *out*) ruggire, urlare: *he roared out an order* diede un ordine urlando. ▭ *to ~ s.o. down* far tacere qd. a furia di urla.
roaring ['rɔ:riŋ] **I** *a.* **1** ruggente. **2** fragoroso, rombante. **3** tempestoso, burrascoso. **4** (*fig.*) fiorente, prospero. **5** (*fam.*) (*di successo*) travolgente. **II** *avv.* in modo eccessivo: *~ drunk* ubriaco fradicio. ▭ *to be in ~ good* **health** scoppiare di salute; *to do a ~* **trade** fare affari d'oro.
roast [rəust] **I** *a.* arrosto, arrostito. **II** *s.* **1** arrosto. **2** arrostimento. **3** tostatura, torrefazione.
to **roast** [rəust] **I** *v.t.* **1** cuocere al forno; arrostire. **2** tostare, torrefare. **II** *v.i.* arrostirsi.
roaster ['rəustə*] *s.*: **1** forno; casseruola per l'arrosto. **2** tostacaffè. **3** pollo (*o* coniglio, ecc.) da fare arrosto.
roasting [rəustiŋ] *s.*: (*fam.*) *to give s.o. a good ~* togliere il pelo a qd., sollevare da terra qd.
to **rob** [rɔb] *v.t.* (*pass., p.p.* **robbed** [–d]) **1** derubare, rubare a: *to ~ s.o. of s.th.* rubare qc. a qd.; svaligiare. **2** (*fig.*) togliere (*of* qc.), privare (di).
robber ['rɔbə*] *s.* rapinatore; ladro.
robbery ['rɔbəri] *s.* **1** furto. **2** rapina. ▭ (*fig.*) *daylight ~* ladrocinio.
robe [rəub] *s.* **1** toga. **2** *pl.* abiti da cerimonia. **3** (*am.*) veste da camera.
to **robe** [rəub] **I** *v.t.* **1** mettere la toga a. **2** (*estens.*) vestire, rivestire. **II** *v.i.* vestire la toga.
Robert ['rɔbət] *N.pr.m.* Roberto.
robin (redbreast) ['rɔbin('redbrest)] *s.* (*Zool.*) pettirosso.
robot ['rəubɔt] *s.* robot (*anche fig.*); automa.
robotic [rəu'bɔtik] *a.* robotico.
robotics [rəu'bɔtiks] *s.pl.* robotica.
robust [rə'bʌst] *a.* **1** robusto, sano, vigoroso. **2** (*fig.*) fiorente, florido.
rock[1] [rɔk] *s.* **1** roccia. **2** (*Mar.*) scoglio; *pl.* scogliera. **3** masso, macigno. **4** (*di dolci*) (bastoncino di) zucchero filato. ▭ **as** *firm as a ~* saldo come una roccia; **on** *the rocks*: 1 (*Mar.*) naufragato; 2 (*fam.*) fallito; 3 (*am.*) (*di liquore*) con ghiaccio: *whisky on the rocks* whisky con ghiaccio.
rock[2] [rɔk] *s.* **1** dondolio, dondolamento. **2** (*Mus.*) rock.
to **rock** [rɔk] **I** *v.t.* **1** far oscillare, dondolare; cullare. **2** scuotere con violenza, scrollare. **II** *v.i.* **1** oscillare, dondolare. **2** tremare, scuotersi. **3** dondolarsi su una sedia a dondolo. ▭ (*fig.*) *to ~ the boat* ostacolare un'impresa.
rock and roll ['rɔkən'rəul] → **rock'n'roll**.
rock-bottom ['rɔk'bɔtəm] **I** *s.* punto più basso. **II** *a.* bassissimo, ridottissimo; (*rif. a prezzi*) stracciato.
rock-climber ['rɔk,klaimə*] *s.* alpinista *m./f.*
rock-crystal ['rɔk,kristl] *s.* (*Min.*) cristallo di rocca.
rocker ['rɔkə*] *s.* **1** asse ricurva (di sedia a dondolo). **2** (*am.*) sedia a dondolo. **3** (*fam.*) rocker (fanatico della musica rock). ▭ (*sl.*) *off one's ~* matto.
rocket ['rɔkit] *s.* **1** (*Astr.*) razzo; motore a razzo. **2** (*fam.*) sgridata. ▭ *~ base* base missilistica.
to **rocket** ['rɔkit] **I** *v.t.* inviare con un razzo. **II** *v.i.* **1** alzarsi come un razzo. **2** (*fig.*) aumentare vertiginosamente: *prices have rocketed* i prezzi sono aumentati vertiginosamente.
rocketry ['rɔkitri] *s.* missilistica.
rock garden [rɔk'gɑ:dn] *s.* giardino roccioso.
rocking-chair ['rɔkiŋtʃεə*] *s.* sedia a dondolo.
rocking-horse ['rɔkiŋhɔ:s] *s.* cavallo a dondolo.
rock'n'roll ['rɔkən'rəul] *s.* (*Mus.*) rock and roll.
rocky[1] ['rɔki] *a.* roccioso; sassoso, pietroso.

rocky[2] ['rɔki] *a.* instabile, traballante.
Rocky Mountains ['rɔki'mauntinz] *N.pr.pl.* (*Geog.*) Montagne Rocciose.
rococo *fr.* [rə'kəukəu] *a./s.* (*pl.* **–s** [–z]) (*Arte*) rococò.
rod [rɔd] *s.* **1** verga, bacchetta; canna: *fishing ~* canna da pesca. **2** (*unità di misura*) pertica → **Appendice.** **3** (*am. sl.*) pistola, rivoltella. ▭ (*fig.*) *to* **make** *a ~ for one's own back* cercare guai; *to* **rule** *with a ~ of iron* comandare a bacchetta.
rode [rəud] → to **ride**.
rodent ['rəudənt] *a./s.* roditore.
rodeo *sp.* [rəu'deiəu, *am.* 'rəudiəu] *s.* (*pl.* **–s** [–z]) rodeo.
roe[1] [rəu] *s.* (*pl. inv./*–**s** [–z] (*Zool.*) capriolo.
roe[2] [rəu] *s.* uova di pesce.
roebuck ['rəubʌk] *s.* (*Zool.*) maschio di capriolo.
Roger ['rɔdʒə*] *N.pr.m.* Ruggero.
rogue [rəug] *s.* **1** farabutto, mascalzone. **2** birbante. **3** (*fam.*) animale selvatico; (*rif. a persone*) orso. ▭ *~'s gallery* foto segnaletiche di criminali; (*fam. fig.*) una bella combriccola di ceffi.
roguery ['rəugəri] *s.* **1** canagliata, mascalzonata. **2** birichinata, birbonata.
roguish ['rəugiʃ] *a.* **1** furfantesco. **2** birichino.
to **roister** ['rɔistə*] *v.i.* fare baldoria.
Roland ['rəulənd] *N.pr.m.* Orlando.
role, **rôle** [rəul] *s.* (*Teat., Cin.*) ruolo, parte.
roll [rəul] *s.* **1** rotolo: *a ~ of paper* un rotolo di carta. **2** (*Alim.*) panino. **3** (*Gastr.*) rollè. **4** rotolamento; rotolio. **5** rombo; rullo (di tamburo). **6** archivio, registro. **7** elenco, lista, albo. **8** (*Mar., Aer.*) rollio. **9** (*Mecc.*) cilindro. **The Rolls** (*ant.*) albo degli avvocati: *to strike off the ~* radiare dall'albo. ▭ *to call the ~* fare l'appello.
to **roll** [rəul] **I** *v.t.* **1** (far) rotolare, (far) ruzzolare; roteare, rotare: *to ~ one's eyes* roteare gli occhi. **2** far rollare, far dondolare: *the waves rolled the tiny boat* le onde facevano rollare la barchetta. **3** arrotolare, avvolgere. **4** (spesso con *up*) aggomitolare, appallottolare. **5** (spesso con *out*) spianare, stendere (con il matterello). **6** (*fig.*) (general. con *out*) dire (*o* pronunciare) a voce alta. **7** (*Fonetica*) arrotare. **II** *v.i.* **1** rotolare, ruzzolare. **2** rotolarsi, avvoltolarsi; roteare. **3** (*fig.*) affluire; accorrere, riversarsi: *visitors ralled into the town* i visitatori si riversarono nella città. **4** (*Mar., Aer.*) rollare, rullare. **5** camminare con passo dondolante. **6** rombare, risonare; (*di tamburo*) rullare. **7** appallottolarsi, aggomitolarsi. ▭ *to ~* **along** (far) rotolare; *to ~* **back** ritirarsi; *the years rolled* **by** gli anni passavano; *to ~* **on** infilarsi (calze, ecc.); *to ~* **out** stendere, srotolare; *to ~* **over** rovesciare, rivoltare; *to ~* **over** *in bed* girarsi nel letto; *to ~* **up**: 1 arrotolare; appallottolare, aggomitolare; 2 (*fam.*) riunirsi; (general. all'imperativo) entrare, venire; (*Mil.*) *to ~* **up** *the enemy's flank* aggirare il fianco dello schieramento nemico.
roll-call ['rəulkɔ:l] *s.* appello: *to take the ~* fare l'appello.
roller ['rəulə*] *s.* **1** rullo, cilindro. **2** (*Strad.*) rullo compressore. **3** bigodino. **5** (*Met.*) laminatoio. ▭ *~ coaster* montagne russe.
roller coaster ['rəulə'kəustə*] *s.* montagne russe.
roller-skate ['rəuləskeit] *s.* pattino a rotelle.
to **roller-skate** ['rəuləskeit] *v.i.* pattinare (con i pattini a rotelle).
rollicking ['rɔlikiŋ] *a.* gaio, allegro; spensierato.
rolling[1] ['rəuliŋ] *s.* rotolamento, rotolio. ▭ (*fig.*) *~ stone* persona irrequieta.
rolling[2] ['rəuliŋ] *a.* **1** che rotola, rotolante. **2** dondolante, oscillante (di andatura). **3** (*fam.*) ricco (*in* di). **4** funzionante, in funzione: *a ~ camera* una telecamera in funzione.
rolling mill ['rəuliŋmil] *s.* (*Met.*) laminatoio.
rolling pin ['rəuliŋpin] *s.* matterello.
rolling press ['rəuliŋpres] *s.* (*tecn.*) calandra.
roll-top ['rəultɔp] *s.* alzata avvolgibile di scrittoio.
roly-poly ['rəulipəuli] *s.* **1** (*Gastr.*) rotolo (dolce farcito di marmellata). **2** (*fam.*) persona pienotta, (*fam.*) tombolo.
ROM = (*Inform.*) *read-only-memory* memoria non distruttiva.
Roman ['rəumən] **I** *a.* **1** romano. **2** cattolico romano. **II** *s.* **1** romano. **2** romanesco. **3** cattolico romano. ▭ *~* **Catholic** cattolico apostolico romano; (*Stor.*) *~* **Empire** impero romano; (*Tip.*) *~* **type** tondo.
romance [rə'mæns] **I** *s.* **1** (*Lett.*) romanzo cavalleresco; romanzo cortese. **2** racconto romanzesco. **3** (*estens.*) avventura amorosa, idillio. **4** aspetto romantico, alone di leggenda; fascino. **5** (*Mus.*) romanza. **II** *a.* (*Filol.*) romanzo.
to **romance** [rə'mæns] *v.i.* **1** inventare romanzi; romanzare. **2** (*estens.*) farneticare; esagerare.
romancer [rə'mænsə*] *s.* **1** (*Lett.*) autore di poemi cavallereschi. **2** (*Lett.*) autore di racconti fantastici con intrecci amorosi. **3** chi racconta storie inverosimili. **4** (*fam.*) bugiardo.
Romanesque [ˌrəumə'nesk] *a./s.* (*Arte*) romanico.
romantic [rə(u)'mæntik] **I** *a.* romantico. **II** *s.* **1** romantico. **2** *pl.* idee romantiche, atteggiamenti romantici. **Romantic** *a./s.* (*Lett.*) romantico.
romanticism [rə(u)'mæntisizəm] *s.* romanticismo.
to **romanticize** [rə(u)'mæntisaiz] **I** *v.t.* rendere romantico. **II** *v.i.* fare il romantico.
Romany ['rɔməni] **I** *s.* **1** zingaro Rom. **2** lingua Rom. **II** *a.* zingaresco.
Rome [rəum] *N.pr.* (*Geog.*) Roma.
romp [rɔmp] *s.* gioco rumoroso.
to **romp** [rɔmp] *v.i.* giocare rumorosamente.

□ *to ~ through an exam* superare un esame con la massima facilità.

rompers ['rɔmpəz] *s.pl.* (*Vest.*) pagliaccetto, tutina.

rondo *it.* ['rɔndəu] *s.* (*pl.* **–dos** [–dəuz]) (*Mus.*) rondò.

rood [ru:d] *s.* **1** crocifisso, croce. **2** (*unità di misura*) rood → **Appendice**.

roof [ru:f] *s.* **1** tetto. **2** volta, cielo. **3** (*fig.*) tettoia, copertura. □ (*fam.*) *to* **go** *through the ~* dare in escandescenze, dare fuori di matto; (*di prezzi*) andare alle stelle; (*fam.*) *to* **raise** *the ~* fare il diavolo a quattro.

to **roof** [ru:f] *v.t.* (spesso con *over, in*) mettere il tetto a.

roof garden ['ru:fgɑ:dn] *s.* giardino pensile.

roofing ['ru:fiŋ] *s.* materiale di copertura.

roofless ['ru:flis] *a.* senza tetto.

roof rack ['ru:fræk] *s.* (*Aut.*) portabagagli.

rooftop ['ru:ftɔp] *s.* tetto. □ *to shout s.th. from the rooftops* gridare qc. ai quattro venti.

rook[1] [ru:k] *s.* **1** (*Zool.*) corvo nero. **2** (*fam.*) imbroglione; baro.

to **rook** [ru:k] *v.t.* (*fam.*) imbrogliare, truffare; barare.

rook[2] [ru:k] *s.* (*negli scacchi*) torre.

rookery ['ru:kəri] *s.* colonia di corvi; colonia di pinguini (*o* foche, ecc.).

rookie *am.* ['ru:ki] *s.* (*mil.*) recluta.

room [ru:m] *s.* **1** camera, stanza, locale. **2** *pl.* camere d'affitto; abitazione. **3** posto, spazio: *we've got no ~ for any more furniture* non abbiamo posto per altri mobili. **4** (*fig.*) possibilità, opportunità: *~ for doubt* possibilità di dubbio. □ *~ and board* vitto e alloggio.

to **room** [ru:m] *v.i.* (*fam.*) **1** abitare, alloggiare. **2** dividere l'alloggio (*with* con).

roomer *am.* ['ru:mə*] *s.* pensionante *m./f.*

rooming house *am.* ['ru:miŋ,haus] *s.* residence.

room-mate ['ru:mmeit] *s.* compagno di camera.

room service ['ru:m'sə:vis] *s.* (*in albergo*) servizio nelle camere.

roomy ['ru:mi] *a.* spazioso, ampio, vasto.

Rose [rəuz] *N.pr.f.* Rosa.

Rosemary [rəuz'mɛəri] *N.pr.f.* Rosamaria.

roost [ru:st] *s.* trespolo, posatoio; pollaio. □ (*fig.*) *to come* **home** *to ~* ritorcersi, ricadere; *to* **rule** *the ~* spadroneggiare.

to **roost** [ru:st] *v.i.* appollaiarsi.

rooster ['ru:stə*] *s.* (*Zool.*) gallo.

root [ru:t] *s.* **1** radice (*anche fig.*). **2** *pl.* radici commestibili. **3** (*fig.*) ordine, principio; base, fondamento. **4** (*Ling.*) radice, radicale. □ (*fig.*) **at** *~* all'origine; *~ and* **branch** completamente; *to* **pull** *up by the roots* sradicare; *to* **take** *~* mettere radici; (*fig.*) prendere piede, attecchire.

to **root**[1] [ru:t] **I** *v.t.* **1** piantare; abbarbicare. **2** (general. con *out, up*) sradicare, estirpare. **II** *v.i.* **1** mettere radici. **2** (*fig.*) prendere piede, attecchire.

to **root**[2] [ru:t] **I** *v.i.* **1** grufolare, scavare con il grugno (*for* in cerca di). **2** (*fig.*) (spesso con *about, around*) frugare, rovistare. **3** (*am. sl.*) tifare, fare il tifo (*for* per). **II** *v.t.* (general. con *out, up*) **1** scavare con il grugno. **2** (*fig.*) (general. con *out*) scovare, stanare.

root crop ['ru:tkrɔp] *s.* radice commestibile.

rooted ['ru:tid] *a.* radicato; saldo, ben fondato: *a deeply ~ idea* un'idea profondamente radicata.

rootless ['ru:tlis] *a.* **1** senza radici. **2** (*fig.*) sradicato.

rope [rəup] *s.* **1** corda, fune. **2** (*Mar.*) cima, gomena. **3** nodo scorsoio, cappio. **4** (*fig.*) impiccagione, forca. **5** *pl.* ring (di pugilato). **6** (*di perle, ecc.*) filo, filza; (*di cipolle*) resta. □ (*fig.*) *to reach the* **end** *of one's ~* essere allo stremo; (*fig.*) *to* **give** *s.o.* (*plenty of*) *~* dare spago a qd.; (*fam.*) *to* **know** *the ropes* essere pratico del mestiere; (*fam.*) *to* **learn** *the ropes* imparare i segreti del mestiere; **on** *the ropes* (*nel pugilato*) alle corde; (*fam.*) con le spalle al muro.

to **rope** [rəup] *v.t.* **1** legare (con una corda). **2** (*Alpinismo*) (general. con *up*) legare in cordata. □ (*fam.*) *to ~ s.o.* **in** assicurarsi l'aiuto di qd.; *to ~* **off** delimitare con una fune.

rope-dancer ['rəupdɑ:nsə*] *s.* funambolo.

rope-ladder ['rəuplædə*] *s.* scala di corda.

ropewalk ['rəupwɔ:k] *s.* corderia.

ropeway ['rəupwei] *s.* funivia; teleferica.

ropey ['rəupi] *s.* (*sl.*) scadente, da due lire.

rosary ['rəuzəri] *s.* rosario.

rose[1] [rəuz] **I** *s.* **1** (*Bot.*) rosa. **2** (color) rosa. **3** *pl.* colorito roseo. **4** cipolla (di innaffiatoio). **5** rosetta, coccarda. **II** *a.* rosa, roseo. □ (*fig.*) *it is not* **all** *~* non è tutto rose e fiori; (*fig.*) *to gather* **life**'*s roses* godersi la vita; *there's no ~ without a* **thorn** non c'è rosa senza spine; (*fig.*) *to see things* **through** *~-coloured spectacles* vedere tutto rosa.

to **rose** [rəuz] *v.t.* (*raro*) colorare di rosa.

rose[2] [rəuz] → **to rise.**

roseate ['rəuziit] *a.* rosa, roseo.

rosebud ['rəuzbʌd] *s.* bocciolo di rosa.

roseleaf [rəuz,li:f] *s.* petalo di rosa.

rosemary ['rəuzməri, *am.* –meri] *s.* (*Bot.*) rosmarino.

rosette [rə(u)'zet] *s.* **1** coccarda, rosetta. **2** (*Arch.*) rosone.

rosewater [,rəuz'wɔ:tə] *s.* acqua di rose.

rose window ['rəuzwindəu] *s.* (*Arch.*) rosone.

rosewood ['rəuzwud] *s.* palissandro.

rosin ['rɔzin] *s.* (*Chim.*) colofonia, pece greca.

roster ['rɔstə*] *s.* **1** (*Mil.*) ruolo, ordine di servizio. **2** (*estens.*) lista, elenco.

rostrum ['rɔstrəm] *s.* (*pl.* **–s** [–z]/**–stra** [–strə]) podio, tribuna.

rosy ['rəuzi] *a.* **1** roseo, rosato. **2** (*fig.*) roseo, ottimistico.

rot [rɔt] *s.* **1** putredine; marcio, marciume. **2** (*fig.*) depravazione, corruzione. □ (*fam.*) *tommy ~* stupidaggini.

to **rot** [rɔt] *v.* (*pass., p.p.* **rotted** [–id]) **I** *v.i.* **1** marcire, imputridire; (spesso con *off*) cadere per il marciume. **2** (*fig.*) corrompersi, guastarsi. **3** (*di denti*) cariarsi. **II** *v.t.* **1** far marcire, decomporre. **2** (*fig.*) corrompere, guastare.

rota ['rəutə] *s.* lista dei turni di servizio.

rotary ['rəutəri] *a.* rotante, rotatorio.

to **rotate** [rəu'teit] **I** *v.t.* **1** (far) rotare, roteare, girare. **2** (*Agr.*) avvicendare. **3** alternare, avvicendare. **II** *v.i.* **1** rotare, roteare, girare. **2** avvicendarsi, alternarsi.

rotation [rəu'teiʃən] *s.* **1** rotazione, giro. **2** avvicendamento, alternanza. □ (*Agr.*) ~ *of crops* rotazione agraria.

rotatory ['rəutətəri] *a.* rotatorio.

rote [rəut] *s.*: *by* ~ a memoria; meccanicamente.

rotogravure [ˌrəutəgrə'vjuə*] *s.* (*Tip.*) rotocalco.

rotor ['rəutə*] *s.* (*tecn.*) rotore.

rotten ['rɔtn] *a.* **1** marcio, putrido. **2** (*fig.*) corrotto, depravato. **3** (*fam.*) disgustoso, sgradevole. **4** (*fam.*) scadente, di nessun conto. □ (*fam.*) *to* **feel** ~ sentirsi malissimo; ~ **luck** sfortuna maledetta.

rotund [rəu'tʌnd] *a.* **1** rotondo. **2** paffuto. **3** (*fig.*) altisonante.

rotunda [rə(u)'tʌndə] *s.* (*Arch.*) rotonda.

rouble ['ru:bl] → **ruble**.

rouge *fr.* [ru:ʒ] *s.* rossetto, belletto.

to **rouge** *fr.* [ru:ʒ] **I** *v.t.* dare il rossetto a. **II** *v.i.* darsi il rossetto.

rough [rʌf] **I** *a.* **1** scabro, ruvido. **2** irsuto, ispido. **3** impervio, accidentato; selvaggio, brullo. **4** agitato; burrascoso, tempestoso; (*di clima*) rigido, inclemente. **5** turbolento, violento: *a* ~ *quarter* un quartiere violento. **6** rozzo, grossolano, rude; sgarbato, scortese. **7** duro, difficile: *a* ~ *situation* una situazione difficile. **8** approssimativo, approssimato; vago: *a* ~ *calculation* un calcolo approssimativo. **9** (*Sport*) pesante, scorretto: ~ *game* gioco pesante. **10** grezzo, greggio: *a* ~ *jewel* un gioiello grezzo. **II** *s.* **1** terreno accidentato. **2** (*fig.*) difficoltà, ostacolo. **3** cosa allo stato grezzo. **4** (*di campo da golf*) erba alta. **5** teppista *m./f.* **III** *avv.* **1** duramente, aspramente. **2** (*Sport*) in modo pesante. □ ~ **copy** brutta copia; (*fig.*) *a* ~ **customer** un osso duro; (*fam.*) *to* **get** ~ mettersi male; *at a* ~ **guess** a occhio e croce; **in** ~ in brutta; ~ **luck** sfortuna; *to be* ~ **on** essere duro per; (*Sport*) *to* **play** ~ fare un gioco pesante; (*fig.*) *over* ~ *and* **smooth** per ogni verso; (*fig.*) *to take the* ~ *with the* **smooth** prendere la vita come viene; *to have a* ~ **time** passarsela male.

to **rough** [rʌf] *v.t.* **1** irruvidire. **2** (spesso con *up*) increspare, arruffare. **3** (*fig.*) maltrattare. □ *to* ~ **in** abbozzare, schizzare; *to* ~ **it** fare una vita dura; *to* ~ **out** = *to* ~ **in**; *to* ~ **up** aggredire menando botte; (*fam.*) arruffare, scompigliare; (*fam.*) *to* ~ *s.o.* **up** *the wrong way* irritare qd.

roughage ['rʌfidʒ] *s.* alimenti ricchi di fibre; crusca di cereali.

rough-and-ready ['rʌfən'redi] *a.* approssimativo, sommario, alla bell'e meglio.

rough-and-tumble ['rʌfən'tʌmbl] **I** *s.* rissa; (*estens.*) giungla. **II** *a* disordinato; turbolento.

roughcast ['rʌfkɑ:st] *s.* intonaco grezzo.

to **roughen** ['rʌfn] **I** *v.t.* irruvidire. **II** *v.i.* irruvidirsi.

to **rough-hew** ['rʌf'hju:] *v.t.* (coniug. come to **hew**) **1** (*di legno*) digrossare; (*Arte*) sbozzare. **2** (*fig.*) dirozzare.

roughhouse ['rʌfhaus] *s.* (*fam.*) rissa, baruffa.

roughly ['rʌfli] *avv.* **1** rudemente. **2** approssimativamente, all'incirca.

roughneck *am.* ['rʌfneck] *s.* (*fam.*) **1** attaccabrighe. **2** teppista.

roughness ['rʌfnis] *s.* **1** ruvidezza, ruvidità; scabrosità. **2** (*di clima*) inclemenza, rigidezza. **3** turbolenza, violenza. **4** grossolanità, rozzezza.

roughrider [ˌrʌf'raidə*] *s.* domatore di cavalli, scozzone.

roughshod ['rʌfʃɔd] *a.*: (*fig.*) *to ride* ~ *over s.o.* (o *s.th.*) tenere qd. (*o* qc.) in nessuna considerazione; maltrattare.

round [raund] **I** *a.* **1** rotondo, tondo; circolare; sferico. **2** paffuto, grassoccio. **3** (*di numero, ecc.*) tondo, intero. **4** esatto, preciso: *a* ~ *dozen* una dozzina esatta. **5** pieno, sonoro. **6** schietto, franco. **II** *s.* **1** tondo, tondino; anello, cerchio; globo, sfera; oggetto cilindrico. **2** fetta di pane. **3** giro, rotazione. **4** ciclo, corso. **5** giro (di consegne). **6** *pl.* ronda, giro d'ispezione. **7** (*nel gioco delle carte*) mano, giro. **8** (*Sport*) turno; ripresa, round. **9** scroscio, scoppio (p.e. di applausi). **10** (*Mil.*) salva, scarica; colpo, cartuccia: *to fire three rounds* sparare tre salve. **III** *avv* **1** in tondo, in cerchio. **2** attorno, in giro, tutt'intorno; dappertutto. **3** di perimetro, di circonferenza. **4** di ritorno: *winter will soon be* ~ *again* l'inverno sarà presto di ritorno. **5** per tutto, durante l'intero: *the year* ~ per tutto l'anno. **IV** *prep.* (→ *anche* **around**) **1** intorno a, attorno a; tutt'intorno a. **2** in giro per: *to walk* ~ *the town* andare in giro per la città. **3** (per) tutto, durante l'intero: *to work* ~ *the day* lavorare tutto il giorno. **4** verso, intorno a, all'incirca: ~ *midnight* verso mezzanotte. **5** intorno a, su: ~ *a subject* su un argomento. □ ~ **about** attorno, dattorno; (*fam.*) all'incirca, pressappoco; (*Arch.*) ~ **arch** arco a tutto sesto; **in** ~ *numbers* in cifre tonde; (*fig.*) approssimativamente; *Round* **Table** Tavola Rotonda (di re Artù); ~ **trip** viaggio di andata e ritorno.

to **round** [raund] **I** *v.t.* **1** arrotondare. **2** girare, passare intorno a. **3** (*Mar.*) doppiare. **4** (spesso con *off, out*) completare, coronare: *to* ~ *a career* coronare una carriera. **5** (spesso con *off*) finire, concludere. **6** (spesso con *off, out*) arrotondare: *to* ~ *a figure to two decimals* arrotondare una cifra a due decimali. **II** *v.i.* **1** arrotondarsi. **2** (spesso con *out*) ingrassarsi. **3** curvare, piegare; girare, rotare. □ *to* ~ **on** aggredire, assalire; *to* ~ **up** radunare, raccogliere; fare una retata di (criminali).

roundabout ['raundəbaut] **I** *s.* **1** giostra, carosello. **2** (*Strad.*) rotatoria. **II** *a.* **1** tortuoso, sinuoso. **2** (*fig.*) indiretto, traverso.

rounders ['raundəz] *s.pl.* (costr. sing.) gioco simile al baseball (giocato in Inghilterra).

Roundhead ['raundhed] *s.* (*Stor. ingl.*) Roundhead (seguace di Cromwell).

round-house ['raundhauz] *s.* **1** (*Ferr.*) deposito per locomotive. **2** (*Stor.*) prigione.

rounding ['raundiŋ] *s.* (*Inform.*) arrotondamento.

roundish ['raundiʃ] *a.* rotondeggiante, rotondetto.

roundly ['raundli] *avv.* **1** in circolo, in cerchio, in tondo. **2** apertamente, chiaro e tondo; aspramente, duramente.

roundness ['raundnis] *s.* **1** rotondità. **2** pienezza, sonorità.

round-shouldered ['raund'ʃəuldərd] *a.* con le spalle spioventi.

roundsman ['raundzmən] *s.* (*pl.* **–men**) fattorino, tirapiedi.

round-up ['raundʌp] *s.* **1** raccolta, raduno. **2** retata.

to **rouse** [rauz] **I** *v.t.* **1** (ri)svegliare, destare. **2** (*fig.*) scuotere; risvegliare; destare, suscitare. **3** (*Caccia*) stanare. **4** spronare, incitare: *to* ~ *s.o. to action* incitare qd. all'azione. **5** provocare, irritare. **II** *v.i.* **1** (spesso con *up*) (ri)svegliarsi, destarsi. **2** (*fig.*) scuotersi, destarsi.

rousing ['rauziŋ] *a.* **1** eccitante, stimolante. **2** travolgente. **3** (*fam.*) eccezionale, fenomenale.

rout [raut] *s.* **1** (*Mil.*) disfatta, rotta. **2** (*estens.*) sconfitta totale. **3** moltitudine tumultuante, turba. □ (*Mil.*) *to put to* ~ sbaragliare; (*fig.*) sopraffare.

to **rout**[1] [raut] *v.t.* **1** (*Mil.*) sbaragliare, sgominare. **2** (*estens*) sopraffare, sconfiggere (nettamente).

to **rout**[2] [raut] *v.t.* **1** (general. con *out*) snidare, scovare. **2** (general. con *out, up*) buttare giù dal letto.

route [ru:t] *s.* **1** itinerario, percorso; giro. **2** (*fig.*) via, strada. **3** (*Mar., Aer.*) rotta.

to **route** [ru:t] *v.t.* stabilire una rotta per, stabilire il percorso di; avviare, dirigere.

route march ['ru:tmɑ:tʃ] *s.* (*Mil.*) marcia d'addestramento.

routine [ru:'ti:n] *s.* **1** routine, tran tran. **2** prassi, procedura corrente. **3** (*fam.*) comportamento falso (*o* studiato).

rove [rəuv] *s.* vagabondaggio.

to **rove** [rəuv] **I** *v.i.* **1** vagare, vagabondare. **2** (*fig.*) divagare. **II** *v.t.* vagare per, errare per.

rover ['rəuvə*] *s.* **1** girovago, vagabondo. **2** rover, capo dei giovani esploratori. **3** (*ant.*) pirata, corsaro.

row[1] [rəu] *s.* **1** fila, riga, linea; sequela, sfilza. **2** (*lavoro a maglia.*) ferro, giro. □ **in** ~ a file; **in** *a* ~ allineato, in riga; di fila, uno dopo l'altro.

row[2] [rəu] *s.* **1** remata, vogata. **2** gita in barca a remi.

to **row**[1] [rəu] **I** *v.i.* **1** remare, vogare. **2** andare a remi. **II** *v.t.* **1** spingere a forza di remi. **2** trasportare in una barca a remi.

row[3] [rau] *s.* **1** (*fam.*) chiasso, baccano. **2** litigio, lite. □ *to* **have** *a* ~ *with s.o.* fare baruffa con qd.; *to* **kick** *up a* ~ fare chiasso; sollevare un putiferio; **what***'s the* ~? che cosa c'è?, che cosa sta succedendo?

to **row**[2] [rau] **I** *v.i.* (*fam.*) litigare, bisticciare (*with* con). **II** *v.t.* (*fam.*) rimproverare, sgridare.

rowdiness ['raudinis] *s.* **1** chiassosità. **2** turbolenza, violenza.

rowdy ['raudi] **I** *a.* **1** rumoroso, chiassoso. **2** turbolento, violento, agitato. **II** *s.* facinoroso; teppista *m./f.*

rower ['rəuə*] *s.* rematore, vogatore; canottiere.

rowing-boat ['rəuiŋbəut] *s.* barca a remi.

rowlock ['rəulɔk] *s.* (*Mar.*) scalmiera, scalmo.

royal ['rɔiəl] *a.* **1** reale, regale, regio. **2** (*fig.*) splendido, magnifico; imponente, maestoso. **3** (*fam.*) ottimo, eccellente. □ (*Aer. mil.*) *Royal* **Air** *Force* regia aeronautica; *Her* (o *His*) *Royal* **Highness** Sua Altezza Reale; (*fig.*) *in* ~ **spirits** di ottimo umore.

royal blue ['rɔiəl'blu:] *a./s.* (color) blu intenso.

royalist ['rɔiəlist] **I** *s.* **1** realista *m./f.* **2** monarchico. **II** *a.* realista.

royalty ['rɔiəlti] *s.* **1** sovranità, dignità regale. **2** (*collett.*) reali, famiglia reale. **3** (*Dir.*) diritto d'autore; royalty. **4** *pl.* prerogative reali.

R.P. = *reply paid* risposta pagata.

RSVP = (*fr.*) *répondez s'il vous plaît* si prega rispondere.

Ru = (*Chim.*) *ruthenium* rutenio.

rub [rʌb] *s.* sfregamento, strofinamento. □ (*fam.*) *there's the* ~ qui sta il guaio.

to **rub** [rʌb] *v.* (*pass., p.p.* **rubbed** [–d]) **I** *v.t.* **1** strofinare, (s)fregare, stropicciare. **2** frizionare, massaggiare. **3** (spesso con *up*) lucidare strofinando. **II** *v.i.* strusciare. □ (*fam.*) *to* ~ **along** tirare avanti alla meglio; *to* ~ *s.th.* **away** togliere qc. strofinando; *to* ~ **clean** pulire strofinando; *to* ~ **down** asciugare strofinando; levigare, lisciare; *to* ~ **dry** asciugare strofinando; *to* ~ **elbows** *with* = *to* ~ **shoulders** *with; to* ~ **in** frizionare; (*fam.*) imprimere bene nella mente; *to* ~ **off** togliere fregando; *to* ~ **on** applicare strofinando; *to* ~ **out** cancellare; (*am. sl.*) assassinare; *this mark won't* ~ **out** questo segno non va via; (*fig.*) *to* ~ **shoulders** *with* frequentare; *to* ~ **up** lucidare (*o* levigare) strofinando; *to* ~ *s.o.* **up** *the wrong way* prendere qd. per il verso sbagliato.

rubber[1] ['rʌbə*] **I** *s.* **1** gomma, caucciù. **2**

gomma per cancellare; cancellino. **3** *pl.* soprascarpe di gomma, calosce. **4** massaggiatore. **5** lucidatore (di macchine). **II** *a.attr.* di gomma. □ **~-band** elastico; **~ cement** mastice.

to **rubber** ['rʌbə*] *v.t.* rivestire di gomma, gommare.

rubber[2] ['rʌbə*] *s.* partita decisiva, (*pop.*) bella.

rubber check ['rʌbə(r)tʃek] *s.* (*am. sl.*) assegno a vuoto.

to **rubberize** ['rʌbəraiz] *v.t.* gommare.

rubberneck *am.* ['rʌbənek] *s.* (*fam.*) turista *m./f.* (col collo teso per guardarsi intorno).

to **rubber-stamp** ['rʌbəstæmp] *v.t.* **1** timbrare. **2** (*fig.*) approvare ad occhi chiusi.

rubbish ['rʌbiʃ] **I** *s.* **1** rifiuti, spazzatura, immondizie. **2** (materiale di) scarto, ciarpame. **3** (*fig.*) sciocchezze, stupidaggini. **II** *intz.* (*fam.*) sciocchezze, storie. □ **~** *bin* pattumiera.

rubbishy ['rʌbiʃi] *a.* **1** pieno di rifiuti. **2** (*fam.*) senza valore.

rubble ['rʌbl] *s.* breccia, pietrisco.

rubdown ['rʌbdaun] *s.* **1** strofinata, strigliata. **2** massaggio, frizione.

rube *am.* [ru:b] *s.* (*sl.*) zotico.

rubella [ru:'belə] *s.* (*Med.*) rosolia.

rubicund ['ru:bikənd] *a.* rubicondo.

rubidium [ru:'bidiəm] *s.* (*Chim.*) rubidio.

ruble ['ru:bl] *s.* rublo (moneta).

rubric ['ru:brik] *s.* rubrica.

ruby ['ru:bi] *s.* **1** rubino. **2** rosso vivo, vermiglio.

ruck[1] [rʌk] *s.* massa (anonima). □ *the common* **~** massa anonima; cose ordinarie.

ruck[2] [rʌk] *s.* piega, grinza.

to **ruck** [rʌk] **I** *v.i.* spiegazzarsi, sgualcirsi. **II** *v.t.* spiegazzare, sgualcire.

rucksack ['rʌksæk] *s.* zaino.

ructions ['rʌkʃənz] *s.* (*fam.*) guai; urla e grida.

rudder ['rʌdə*] *s.* **1** timone. **2** (*fig.*) guida.

ruddy ['rʌdi] *a.* **1** rubicondo, rosso (vivo). **2** rossastro. **3** (*sl.*) maledetto, dannato.

rude [ru:d] *a.* **1** maleducato, sgarbato, villano. **2** volgare, scurrile, osceno. **3** rozzo; grezzo; rudimentale, primitivo, approssimativo: *a ~ appraisal* una valutazione approssimativa. **4** violento; brusco, improvviso: *a ~ shock* un colpo violento. **5** robusto, vigoroso. **6** grezzo, non lavorato.

rudeness ['ru:dnis] *s.* **1** sgarbatezza, scortesia, maleducazione. **2** rozzezza, primitività.

rudiment ['ru:dimənt] *s.* **1** *pl.* rudimenti, principi (elementari). **2** (*Biol.*) rudimento.

rudimentary [,ru:di'mentəri] *a.* **1** fondamentale, basilare. **2** rudimentale, elementare.

rue [ru:] *s.* (*Bot.*) ruta.

rueful ['ru:fəl] *a.* addolorato, afflitto.

ruff [rʌf] *s.* **1** (*Zool.*) collare. **2** (*Stor.*) gorgiera.

ruffian ['rʌfiən] *s.* (*lett.*) mascalzone, furfante; brutto ceffo.

ruffianism ['rʌfiənizəm] *s.* furfanteria.

ruffle ['rʌfl] *s.* **1** increspatura (dell'acqua). **2** (*di abito*) davantino; lattuga; gala. **3** (*fig.*) turbamento, agitazione.

to **ruffle** ['rʌfl] **I** *v.t.* **1** increspare; (*di capelli, ecc.*) arruffare, scompigliare. **2** (*fig.*) turbare; irritare, infastidire. **II** *v.i.* (*fig.*) turbarsi, agitarsi; irritarsi.

rug [rʌg] *s.* **1** coperta (da viaggio). **2** tappetino; scendiletto. □ *tartan* **~** plaid.

rugby ['rʌgbi] *s.* rugby, palla ovale.

rugged ['rʌgid] *a.* **1** aspro, accidentato; scosceso. **2** duro, difficile. **3** severo, rigoroso. **4** rude, rozzo.

rugger ['rʌgə*] (*fam.*) → **rugby**.

ruin ['ru:in] *s.* **1** rovina, crollo. **2** rudere. **3** *pl.* ruderi, rovine. □ *to fall to ~* cadere in rovina.

to **ruin** ['ru:in] **I** *v.t.* **1** rovinare. **2** deludere, frustrare. **II** *v.i.* rovinare; rovinarsi.

ruination [ru:i'neiʃən] *s.* rovina.

ruinous ['ru:inəs] *a.* **1** disastroso, rovinoso (*to* per). **2** rovinato.

rule [ru:l] *s.* **1** regola (*anche Rel.*); norma; norma (di condotta); canone, precetto. **2** norma, costume: *it is my ~ never to sleep on a problem* è mia norma non rinviare mai la soluzione di un problema. **3** *pl.* regolamento, complesso di norme. **4** (*Dir.*) decreto, decisione; ordinanza. **5** governo; periodo di governo (*o* regno). **6** regolo, righello. □ **as** *a* (*general*) **~** di regola, di norma; **as** *is the* **~** come è regola; **by ~** secondo la regola; *to* **make** *it a ~* farsi una regola di; *rules of* **procedure** regolamento interno; *to* **prove** *the ~* confermare la regola; **~** *of* **thumb** regola empirica; *to* **stretch** *the rules* rendere il regolamento elastico; *to* **work** *to ~* fare uno sciopero bianco.

to **rule** [ru:l] **I** *v.t.* **1** governare, reggere; dirigere. **2** dominare. **3** decidere, decretare. **4** rigare, tracciare linee su. **II** *v.i.* **1** governare. **2** (*Dir.*) emettere un decreto. **3** predominare. □ (*di prezzo*) *to ~* **high** mantenersi alto; *to ~* **off** separare con una riga; *to ~* **out** escludere; non ammettere; *to ~* **over** dominare.

rule book ['ru:l,buk] *s.* regolamento interno (di ditta, organizzazione).

ruler ['ru:lə*] *s.* **1** dominatore. **2** governante *m./f.*; sovrano. **3** regolo, righello.

ruling ['ru:liŋ] **I** *s.* (*Dir.*) decisione, decreto. **II** *a.* **1** dirigente, dominante. **2** predominante. □ **~** *prices* prezzi correnti.

rum[1] [rʌm] *s.* rum. □ (*am.*) **~** *runner* contrabbandiere di liquori.

rum[2] [rʌm] *a.* (*fam.*) originale, bizzarro.

Rumania [ru:'meiniə] *N.pr.* (*Geog.*) Romania.

Rumanian [ru:'meiniən] *a./s.* rumeno.

rumba ['rʌmbə] *s.* rumba.

rumble ['rʌmbl] *s.* **1** rombo, rimbombo; fragore. **2** sedile posteriore (di carrozza).

to **rumble** ['rʌmbl] **I** *v.i.* **1** rombare, rimbombare. **2** (*dello stomaco*) brontolare. **II** *v.t.* **1** (spesso con *out*) dire con voce tonante. **2** (*fam.*) capire, veder chiaro.

rumbling ['rʌmbliŋ] *s.* **1** borbottio, rumoreggiare. **2** *pl.* segni premonitori.
rumbustious *am.* [rʌm'bʌstʃəs] *a.* turbolento.
ruminant ['ru:minənt] **I** *s.* ruminante. **II** *a.* dei ruminanti.
to **ruminate** ['ru:mineit] *v.i.* **1** ruminare. **2** (*fig.*) meditare (a lungo) (*over, on* su).
rumination [,ru:mi'neiʃən] *s.* **1** (*Zool.*) ruminazione. **2** (*fig.*) lunga meditazione.
ruminative ['ru:mineitiv] *a.* meditabondo.
rummage ['rʌmidʒ] *s.* **1** perquisizione. **2** (*fig.*) cianfrusaglie.
to **rummage** ['rʌmidʒ] **I** *v.t.* **1** frugare, rovistare. **2** perquisire. **II** *v.i.* rovistare, frugare.
rummy ['rʌmi] *s.* (*gioco di carte*) rummy.
rumor *am.*, **rumour** ['ru:mə*] *s.* **1** voce, diceria. **2** chiacchiere, pettegolezzi. □ *there's a ~ that...* corre voce che...
to **rumor** *am.*, **rumour** ['ru:mə*] *v.t.* (general. al passivo) riferire come diceria: *it is rumoured that* corre voce che.
rump [rʌmp] *s.* **1** groppa. **2** (*scherz.*) natiche, sedere.
to **rumple** ['rʌmpl] *v.t.* **1** spiegazzare, sgualcire. **2** arruffare, scompigliare.
rumpsteak ['rʌmpsteik] *s.* (*Gastr.*) bistecca di codone.
rumpus ['rʌmpəs] *s.* (*fam.*) scompiglio, putiferio. □ *to* **kick** *up a ~* fare un putiferio; (*am.*) *~* **room** stanza da gioco e per le feste dei bambini.
run [rʌn] *s.* **1** corsa; percorso: *a ten-mile ~* un percorso di dieci miglia. **2** gita; viaggio; traversata: *a ~ in the car* una gita in macchina; *the North Atlantic ~* la traversata del Nord Atlantico. **3** (*di mezzi pubblici*) percorso, tragitto. **4** corso, andamento: *the normal ~ of events* il corso normale degli eventi. **5** (*Comm.*) forte richiesta (*on* di); (*Econ.*) corsa: *a ~ sterling* una corsa alla sterlina. **6** (*Sport*) pista; (*baseball, cricket*) punto. **7** (*Zootecnia*) recinto. **8** serie, sequela; (*Teat.*) repliche. **9** (*Mus.*) volata; gorgheggio. **10** smagliatura. **11** (*Inform.*) fase di elaborazione. **12** *pl.* (*fam.*) cacarella, diarrea. □ **at** *a ~* (a passo) di corsa; *to* **break** *into a ~* mettersi a correre; *to* **go** *for a ~* fare una corsa; fare un giro; *in the* **long** *~* a lungo andare; alla fine; *to have a* **long** *~* resistere a lungo (nel tempo); *to* **make** *a ~ for it* fuggire, scappare; *to have a ~ for one's* **money** spendere bene il proprio denaro; (*fig.*) vedere il frutto dei propri sforzi; **on** *the ~* in fuga; in corsa; indaffarato; *in the* **short** *~* a breve scadenza.
to **run** [rʌn] *v.* (*pass.* **ran** [ræn], *p.p.* **run,** *p.pr.* **running** ['rʌniŋ]) **I** *v.i.* **1** correre: *the child was running fast* il bambino correva veloce. **2** fuggire, scappare; darsi alla fuga. **3** (*Sport*) correre; piazzarsi: *my horse will ~ in the Derby* il mio cavallo correrà al Derby; *my horse ran third* il mio cavallo si è piazzato terzo. **4** presentare la propria candidatura (*for* a). **5** (*di mezzi pubblici*) passare, far servizio: *today trains do not ~* oggi i treni non fanno servizio. **6** (*di liquido*) scorrere, fluire: *tears ran down her cheeks* le lacrime scorrevano sulle sue guance; (*di rubinetto*) perdere; (*di fiume*) gettarsi, sfociare; (*del naso*) colare, gocciolare; (*degli occhi*) lacrimare. **7** (*di colore*) stingere, stingersi; (*di metallo*) liquefarsi. **8** diventare, trasformarsi in: *our supplies are running low* le nostre provviste si stanno assottigliando. **9** durare, essere in vigore; (*Teat.*) tenere il cartellone. **10** funzionare, (*fam.*) andare; essere in moto. **11** (*di notizie*) diffondersi, circolare. **12** dire, recitare: *how does the proverb ~?* come dice il proverbio? **13** smagliarsi (p.e. di calze). **II** *v.t.* **1** (far) correre; far scorrere: *he ran fifty yards* corse per cinquanta iarde; *he ran his fingers along the shelf* fece scorrere le dita lungo lo scaffale; *to ~ a risk* correre un rischio. **2** inseguire; rincorrere. **3** iscrivere a una gara. **4** (*Pol.*) presentare come candidato. **5** gestire, amministrare, governare: *he runs a shop* gestisce un negozio. **6** condurre; trasportare: *I'll ~you to London* ti condurrò a Londra. **7** mandare, andare (*into* in): *to ~ one's car into a ditch* mandare la propria macchina in un fosso. **8** conficcare: *to ~ a needle into one's finger* conficcarsi un ago nel dito. □ *my horse* **also** *ran* il mio cavallo ha corso, ma non si è piazzato; *to ~ o.s. out of* **breath** ridursi senza fiato per il gran correre; *to ~ s.o.* (*s.th.*) **close** essere all'altezza di qd. (*o* qc.): *our company runs its competitors close for the quality of its products* la nostra ditta è all'altezza della concorrenza per la qualità dei suoi prodotti; *to feel ~* **down** essere esausto (per il troppo lavoro); *to ~ s.o.* (*s.th.*) *to* **earth** inseguire (un animale) fino alla tana; (*fig.*) andare a scovare qc.; *to ~* **errands** uscire per commissioni; *green eyes ~ in the* **family** gli occhi verdi sono frequenti nella famiglia (sono una caratteristica ereditaria); (*fam.*) *to ~* **for** *it* tagliare la corda; *~* **for** *your lives!* si salvi chi può!; *feelings ran* **high** gli animi si accesero; *food supplies are running* **low** le riserve di viveri si stanno esaurendo; *to ~* **past** *s.o.* sorpassare qd. correndo; *that will ~ to a* **pretty** *penny!* costerà una enormità!; (*fam.*) *to ~ the* **show** essere il capo; *the* **story** *runs that...* si dice che...; *several children ~ the* **streets** parecchi bambini sono abbandonati a giocare per strada. // (*seguito da preposizioni*) *to ~* **across** imbattersi in; *to ~* **after** inseguire; rincorrere; correre dietro a qd.; *to ~* **against**: 1 (*Sport*) gareggiare con qd.; 2 (*Pol.*) candidarsi come avversario; *to ~* **at** precipitarsi contro; *to ~* **into** *s.o.* imbattersi in qd.; *to ~* **into** *s.th.*: 1 (far) entrare in collisione con qd., cozzare contro qd.; 2 (*fig.*) incorrere: *to ~ into debt* indebitarsi; 3 ammontare a; *to ~* **on/upon** *s.th.*: 1 (*di pensieri*) soffermarsi su qc.; 2 (*di nave*) urtare contro qc.; *to ~* **through:** 1 sperperare, scialacquare; 2

esaminare rapidamente; *to* ~ **to** : 1 (*di soldi*) bastare per (*o* a): *I can't* ~ *to that* non posso permetterlo; 2 (venire a) costare; 3 avere tendenza: *to* ~ *to fat* avere la tendenza a ingrassare. // (*seguito da avverbi*) (*fam.*) *to* ~ **along** andare via; *to* ~ **around** *with* frequentare; (*fam.*) intendersela con; *to* ~ **away** scappare, fuggire; *to* ~ **away** *with s.o.*: 1 (*di amanti*) fuggire; 2 (*rif. a velocità*) farsi prendere la mano: *her car ran away with her* si è lasciata prendere la mano dalla macchina; 3 perdere il controllo: *he let his temper* ~ *away with him* è andato su tutte le furie; *to* ~ **away** *with s.th.*: 1 esaurire; consumare; 2 rubare; 3 (*Sport*) stravincere; *to* ~ *s.th.* **back** riavvolgere (p.e. nastro magnetico); *to* ~ **back** *over s.th.* tornare con la mente a qc.; *to* ~ **down**: I *v.t.* 1 investire (con un veicolo); 2 catturare (dopo un inseguimento); 3 rintracciare qc.; 4 parlare male di qd.; 5 ridurre la propria attività. II *v.i.* 1 smettere di funzionare (p.e. di orologio); 2 (*di batteria*) scaricarsi; *to* ~ **in** : 1 (*Aut.*) fare il rodaggio; 2 (*fam.*) arrestare qd.; *to* ~ **off**: 1 (*di liquidi*) far scorrere via; 2 scrivere in fretta; (*Tip.*) stampare; tirare (copie); *to* ~ **off** *with s.o.* (*s.th.*) fuggire con qd. (*o* qc.); *to* ~ **on**: 1 continuare: *toothache can* ~ *on for days* il mal di denti può continuare per giorni; 2 (*di tempo*) scorrere; 3 (*fam.*) parlare continuamente; *to* ~ **out**: 1 esaurirsi; finire; 2 (*di marea*) rifluire; *to* ~ **out** *of s.th.* rimanere senza qc.; (*fam.*) *to* ~ **out** *on* abbandonare qd.; *to* ~ **over**: I *v.i.* (*di liquidi*) traboccare. II *v.t.* 1 ripassare; scorrere; leggere rapidamente; 2 investire; *to* ~ **over** *to see s.o.* fare un salto a trovare qd.; *to* ~ **through** trafiggere; *to* ~ **up**: 1 alzare la bandiera; 2 (*fam.*) mettere insieme qc. (spec. un vestito); 3 accumulare (debiti); 4 far crescere (i prezzi); *to* ~ **up** *against*: 1 cozzare contro; 2 imbattersi per caso.

runabout ['rʌnəbaut] *s.* **1** automobile scoperta a due posti, spider. **2** vagabondo, girandolone.

runaway ['rʌnəwei] **I** *s.* **1** fuggiasco, evaso; disertore. **2** cavallo che prende la mano; veicolo che sfugge al controllo. **II** *a.* incontrollabile: ~ *inflation* inflazione incontrollabile. □ (*Sport*) ~ *victory* vittoria schiacciante.

run-down ['rʌn'daun] **I** *s.* **1** riduzione di attività. **2** (*fam.*) resoconto (dettagliato). **II** *a.* **1** giù di morale, a terra. **2** in rovina, in sfacelo, fatiscente. **3** (*di batteria, ecc.*) scarico.

rune [ru:n] *s.* (*Stor.*) **1** runa; *pl.* scrittura runica. **2** simbolo magico.

rung[1] [rʌŋ] *s.* **1** piolo (di scala). **2** traversa (di sedia). **3** (*fig.*) gradino, scalino.

rung[2] [rʌŋ] → to ring[2].

runic ['ru:nik] *a.* runico.

runnel ['rʌnl] *s.* **1** ruscelletto, rigagnolo. **2** canaletto di scolo.

runner ['rʌnə*] *s.* **1** (*Sport*) corridore; podista. **2** messo, fattorino; agente di allibratore. **3** (*Mil.*) portaordini, staffetta. **4** contrabbandiere (*spec. nei composti*): *whisky* ~ contrabbandiere di whisky. **5** pattino (di slitta). **6** guida di scorrimento; guida (di cassetto); cursore. **7** passatoia, guida. **8** (*Bot.*) stolone.

runner-up ['rʌnər'ʌp] *s.* (*Sport*) secondo arrivato.

running ['rʌniŋ] **I** *s.* **1** corsa. **2** (*Mecc.*) marcia, funzionamento. **3** direzione, gestione, amministrazione. **4** (*Med.*) suppurazione. **II** *a.* **1** che corre. **2** corrente; fluido: ~ *water* acqua corrente. **3** continuo, continuato. **4** corsivo: ~ *hand* scrittura corsiva a mano. **5** (*fig.*) fluente, scorrevole. **6** in moto, in marcia. **7** (*Med.*) purulento. **III** *avv.* consecutivo, di seguito: *for four days* ~ per quattro giorni consecutivi. □ (*Sport*) *to* **be** *in the* ~ essere in gara; (*estens.*) avere probabilità di riuscita; (*Aut., Ferr.*) ~ **board** predellino; ~ **commentary** telecronaca (*o* radiocronaca) in diretta; ~ **expenses** spese correnti; ~ **knot** nodo scorsoio; *to* **make** *the* ~ dare il passo; (*estens.*) fare da battistrada; (*am.*) ~ **mate** compagno di partito designato come secondo in una elezione (nelle presidenziali il futuro vice-presidente); *to be* **out** *of the* ~ essere fuori gara; (*estens.*) non avere probabilità di riuscita; (*Sport*) *to take* **up** *the* ~ condurre la corsa; (*estens.*) essere in testa.

running-in ['rʌniŋ'in] *s.* (*Aut.*) rodaggio.

running jump ['rʌniŋˌdʒʌmp] *s.* salto con rincorsa.

run-off ['rʌnɔ:f] *s.* (*Sport*) spareggio.

run-of-the-mill ['rʌnəvðə'mil] *a.* comune, normale.

runt [rʌnt] *s.* **1** animale più piccolo del normale. **2** (*spreg.*) mezza cartuccia.

run-up ['rʌn'ʌp] *s.* **1** (*Sport*) rincorsa. **2** (*Econ.*) aumento, rialzo.

runway ['rʌnwei] *s.* **1** pista (di decollo o atterraggio). **2** scivolo (per tronchi).

rupee [ru:'pi:] *s.* rupia (moneta).

rupture ['rʌptʃə*] *s.* **1** rottura. **2** (*fig.*) frattura: *there were ruptures in the party* c'erano fratture nel partito. **3** (*Med.*) ernia.

to **rupture** ['rʌptʃə*] **I** *v.t.* rompere. **II** *v.i.* rompersi.

rural ['ruərəl] *a.* campestre, rurale; rustico.

ruse [ru:z] *s.* stratagemma, astuzia.

rush[1] [rʌʃ] *s.* **1** corsa precipitosa. **2** fretta, premura: *I'm in a* ~ sono di fretta. **3** calca, ressa, affollamento. **4** (*Comm.*) forte richiesta. **5** afflusso, ondata; impeto: *a* ~ *of tenderness* un impeto di tenerezza. **6** flusso rapido, corrente (impetuosa): *a* ~ *of air* una corrente d'aria. □ *the* ~ **hours** le ore di punta; (*Comm.*) ~ **order** ordinazione urgente; **with** *a* ~ di slancio, d'impeto.

to **rush** [rʌʃ] **I** *v.i.* **1** precipitarsi, (s)lanciarsi, gettarsi: *she rushed out of the room* si precipitò fuori dalla stanza. **2** affrettarsi, accorrere. **3** scorrere veloce: *the river rushes towards the sea* il fiume scorre veloce verso il mare. **II** *v.t.* **1** portare d'urgenza. **2** fare fretta a, sollecitare. **3** forzare, costringere, spingere. **4** (*Mil.*) conquistare (con un attacco improvviso). **5** (*sl.*) chiedere un prezzo eccessivo a. □ *to* ~ **about** correre qua e là; *to* ~ **at** *s.o.* scagliarsi contro qd.; *to* ~ **back** ritornare indietro in tutta fretta; *to* ~ **down** *the stairs* scendere le scale a precipizio; *to* ~ **headlong** correre a rompicollo; *to* ~ **into** *an enterprise* buttarsi a capofitto in un'impresa; (*fig.*) *to* ~ *s.o.* **off** *his feet* costringere qd. a prendere una decisione affrettata; *to* ~ **through** attraversare a tutta velocità; fare in fretta; *blood rushed* **to** *his face* il sangue gli montò al viso; *to* ~ **up** salire di corsa; (*Mil.*) fare arrivare in tutta fretta; *to* ~ **up** *to* accorrere da (*o* a, su).

rush[2] [rʌʃ] *s.* (*Bot.*) giunco.

rushy ['rʌʃi] *a.* **1** (fatto) di giunco. **2** coperto di giunchi.

rusk [rʌsk] *s.* fetta biscottata.

russet ['rʌsit] **I** *s.* **1** color ruggine. **2** (*Bot.*) mela ruggine. **II** *a.* color ruggine.

Russia ['rʌʃə] *N.pr.* (*Geog.*) Russia.

Russian ['rʌʃən] *a./s.* russo.

rust [rʌst] *s.* **1** ruggine. **2** color ruggine.

to **rust** [rʌst] **I** *v.i.* arrugginire, arrugginirsi (*anche fig.*). **II** *v.t.* arrugginire.

rustic ['rʌstik] **I** *a.* **1** rustico, campestre, campagnolo. **2** (*fig.*) rozzo, grezzo. **3** (*fig.*) primitivo: *a* ~ *bridge* un ponte primitivo. **II** *s.* campagnolo.

rusticity [rʌs'tisiti] *s.* rustichezza, rusticità.

rustle ['rʌsl] *s.* fruscio.

to **rustle** ['rʌsl] **I** *v.i.* **1** frusciare; stormire (*anche fig.*): *her dress rustled* il suo vestito frusciava. **2** (*am.*) rubare bestiame. **II** *v.t.* **1** far frusciare; far stormire. **2** (*fam.*) (general. con *up*) mettere insieme, (*fam.*) rimediare.

rustler *am.* ['rʌslə*] *s.* (*fam.*) ladro di bestiame.

rustless ['rʌstlis] *a.* **1** senza ruggine. **2** inossidabile.

rustling ['rʌsliŋ] *s.* fruscio.

rusty ['rʌsti] *a.* **1** arrugginito (*anche fig.*). **2** color ruggine. **3** sbiadito, stinto.

rut[1] [rʌt] *s.* **1** carreggiata, rotaia, solco. **2** (*fig.*) routine, tran tran. □ (*fig.*) *to get into a* ~ fossilizzarsi.

to **rut**[1] [rʌt] *v.t.* (*pass., p.p.* **rutted** [–id]) solcare.

rut[2] [rʌt] *s.* (*Zool.*) calore, fregola.

to **rut**[2] [rʌt] *v.i.* (*pass., p.p.* **rutted** [′ id]) (*Zool.*) essere in calore.

ruthenium [ru:'θi:niəm] *s.* (*Chim.*) rutenio.

ruthless ['ru:θlis] *a.* crudele, spietato, feroce.

rye [rai] *s.* **1** (*Bot.*) segale: ~ *bread* pane di segale. **2** whisky di segale.

S

s[1], **S**[1] [es] *s.* (*pl.* **s's/ss, S's/Ss** ['esiz]) s, S. ☐ (*Tel.*) ~ *for Sugar* (*anche am.*) S come Savona.
s[2] = **1** *second* secondo. **2** *shilling* scellino.
S[2] = **1** (*Chim.*) *sulphur* zolfo. **2** *Saint* Santo. **3** *South* Sud. **4** *Southern* meridionale.
's[1] [z] *contraz. di* **is, has, does.**
's[2] [s] *contraz. di* **us.**
Sabbath ['sæbəθ] *s.* (*Rel.*) giorno della settimana dedicato al riposo (sabato per gli ebrei; domenica per i cristiani). ☐ *to* **break** *the* ~ non osservare il giorno festivo; *to* **keep** *the* ~ osservare il giorno festivo.
sabbatical [sə'bætikəl] *a.* (*Rel.*) sabatico. ☐ (*Univ.*) ~ *year* aspettativa concessa (ogni 7 anni) ai professori per viaggi di studio o corsi di aggiornamento.
sable ['seibl] *s.* (*pl. inv./*–**s** [–z]) **1** (*Zool.*) zibellino. **2** pelliccia di zibellino.
sabot ['sæbəu, *am.* sæ'bəu] *s.* zoccolo (alla olandese).
sabotage ['sæbətɑ:ʒ] *s.* sabotaggio.
to **sabotage** ['sæbətɑ:ʒ] *v.t.* sabotare.
saboteur [ˌsæbə'tə:*] *s.* sabotatore.
sabre ['seibə*] *s.* sciabola (di cavalleria).
sac [sæk] *s.* (*Anat.*) sacca, sacco.
saccharin(e) ['sækərin] **I** *s.* (*Chim.*) saccarina. **II** *a.* **1** zuccherino. **2** (*fig.*) sdolcinato.
saccharose ['sækərəus] *s.* (*Chim.*) saccarosio.
sacerdotal [ˌsæsə'dəutl] *a.* sacerdotale.
sachet [sæ'ʃei] *s.* **1** sacchetto profumato (per biancheria). **2** sacchettino, bustina (contenente zucchero, shampoo, ecc.).
sack[1] [sæk] *s.* **1** sacco. **2** → **sackful. 3** abito a sacco. ☐ (*fam.*) *to* **get** *the* ~ essere licenziato; (*fam.*) *to* **give** *s.o. the* ~ licenziare qd.; ~ **race** corsa nei sacchi.
to **sack**[1] [sæk] *v.t.* (*fam.*) licenziare.
sack[2] [sæk] *s.* sacco, saccheggio.
to **sack**[2] [sæk] *v.t.* saccheggiare.
sackcloth ['sækklɔθ] *s.* tela di sacco. ☐ (*fig.*) *in ~ and ashes* con il capo cosparso di cenere.
sackful ['sækful] *s.* sacco, saccata.
sacrament ['sækrəmənt] *s.* sacramento.
sacramental [ˌsækrə'mentl] *a.* sacramentale. ☐ ~ *wine* vino eucaristico.
sacred ['seikrid] *a.* **1** sacro; consacrato; dedicato (*to* a). **2** (*fig.*) sacrosanto, inviolabile. ☐ (*Rel.*) ~ *cow* vacca sacra; (*fig.*) tabù.
sacredness ['seikridnis] *s.* carattere sacro, sacralità.
sacrifice ['sækrifais] *s.* **1** sacrificio. **2** (*Comm.*) perdita.
to **sacrifice** ['sækrifais] *v.t.* **1** sacrificare. **2** (*Comm.*) vendere in perdita. ☐ *to ~ o.s.* sacrificarsi, immolarsi.
sacrificial [ˌsækri'fiʃəl] *a.* sacrificale.
sacrilege ['sækrilidʒ] *s.* sacrilegio.
sacrilegious [ˌsækri'lidʒəs] *a.* sacrilego.
sacristan ['sækristən] *s.* sagrestano.
sacristy ['sækristi] *s.* sagrestia.
sacrosanct ['sækrə(u)sæŋkt] *a.* sacrosanto.
sacrum ['seikrəm] *s.* (*Anat.*) osso sacro.
sad [sæd] *a.* (*compar.* **sadder** [–ə*], *sup.* **saddest** [–ist]) **1** triste, malinconico; mesto, afflitto; doloroso. **2** (*di colore*) spento, smorto. **3** deplorevole.
to **sadden** ['sædn] **I** *v.t.* rattristare, affliggere. **II** *v.i.* rattristarsi.
saddle ['sædl] *s.* **1** sella. **2** sella, sellino. **3** (*Geog.*) sella, valico. ☐ **in** *the* ~ in sella, (*fig.*) al potere, al comando; (*fig.*) *to* **put** *the ~ on the wrong horse* incolpare un innocente.
to **saddle** ['sædl] *v.t.* **1** sellare. **2** addossare a, accollare a: (*fam.*) *to ~ s.o. with the responsibility* addossare la responsabilità a qd.
saddlecloth ['sædlklɔθ] *s.* gualdrappa.
saddlehorse ['sædlhɔ:s] *s.* cavallo da sella.
saddler ['sædlə*] *s.* sellaio.
saddlery ['sædləri] *s.* selleria.
sadism ['seidizəm] *s.* sadismo.
sadist ['seidist] *s.* sadico.
sadistic [sə'distik] *a.* sadico.
sadly ['sædli] *avv.* **1** tristemente. **2** (*fam.*) molto, di grosso: *you are ~ mistaken* ti sbagli di grosso.
sadness ['sædnis] *s.* tristezza, malinconia.
safari [sə'fɑ:ri] *s.* safari.
safe [seif] **I** *a.* **1** sicuro, innocuo, non pericoloso. **2** (in) salvo, al sicuro. **3** intatto; incolume. **4** prudente, cauto. **5** certo. **II** *s.* **1** cassaforte. **2** armadietto. ☐ ~ **deposit** *box* cassetta di sicurezza; (*fig.*) *in* ~ **hands** in mani fidate; (*fam.*) **play** (*it*) ~ non rischiare; *it is ~ to* **say** *that* si può affermare con sicurezza che; *to be on the* ~ **side** non cor-

rere rischi; ~ *and* **sound** sano e salvo.
safe-conduct ['seifkɔndəkt] *s.* salvacondotto.
safeguard ['seifgɑ:d] *s.* salvaguardia.
to **safeguard** ['seifgɑ:d] *v.t.* salvaguardare, proteggere.
safekeeping [seif'ki:piŋ] *s.* custodia.
safely ['seifli] *avv.* **1** al sicuro. **2** senza pericolo, senza danno. **3** in modo definitivo. ▭ *I can* ~ *say that* posso tranquillamente dire che.
safety ['seifti] *s.* **1** salvezza, scampo. **2** sicurezza. ▭ *in a* **place** *of* ~ al sicuro; (*Sport*) *to* **play** *for* ~ fare un gioco difensivo; (*fig.*) andare sul sicuro; *to* **seek** ~ *in flight* cercare scampo nella fuga.
safety-belt ['seiftibelt] *s.* cintura di sicurezza.
safety-catch ['seiftikætʃ] *s.* sicura; arresto di sicurezza.
safety-curtain ['seiftikə:tn] *s.* (*Teat.*) sipario di sicurezza.
safety-match ['seiftimætʃ] *s.* fiammifero svedese.
safety-pin ['seiftipin] *s.* spilla da balia.
safety-razor ['seifti'reizə*] *s.* rasoio di sicurezza.
safety-valve ['seiftivælv] *s.* (*tecn.*) valvola di sicurezza (*anche fig.*). ▭ (*fig.*) *to sit on the* ~ seguire una politica di repressione.
saffron ['sefrən] *s.* **1** zafferano. **2** giallo zafferano.
sag [sæg] *s.* **1** incurvatura; abbassamento. **2** cedimento.
to **sag** [sæg] *v.i.* (*pass., p.p.* **sagged** [–d]) **1** incurvarsi, insellarsi, cedere, avvallarsi. **2** afflosciarsi; pendere, inclinarsi. **3** (*Comm.*) calare, diminuire.
saga ['sɑ:gə] *s.* (*Lett.*) saga.
sagacious [sə'geiʃəs] *a.* sagace, avveduto.
sagacity [sə'gæsiti] *s.* sagacia, avvedutezza.
sage[1] [seidʒ] **I** *a.* saggio, assennato. **II** *s.* saggio.
sage[2] [seidʒ] *s.* (*Bot.*) salvia.
Sagittarius [ˌsædʒi'teəriəs] *N.pr.* (*Astr.*) Sagittario.
sago ['seigəu] *s.* (*pl.* **–s** [–z]) (*Gastr.*) sagù, sago.
said[1] [sed] → to say.
said[2] [sed] *a.* (*burocr.*) suddetto, predetto.
sail [seil] *s.* **1** vela. **2** (*collett.*) velatura, velame. **3** pala (di mulino a vento). **4** *pl. inv.* veliero. **5** viaggio, gita (per mare); traversata. ▭ **in** *full* ~ a vele spiegate; *to* **set** ~ salpare; *to* **strike** ~ ammainare le vele (in segno di resa o saluto); (*fig.*) *to* **take** *in* ~ ridurre le proprie pretese; calmarsi.
to **sail** [seil] **I** *v.i.* **1** navigare; veleggiare. **2** salpare, fare vela (*for* per). **3** (*fig.*) librarsi in volo. **4** incedere con passo sicuro e rapido. **II** *v.t.* **1** governare, far navigare. **2** percorrere navigando. ▭ *to* ~ **across** *the Atlantic* attraversare l'Atlantico; *to* ~ **along** *the coast* costeggiare; *to* ~ **down** *a river* discendere un fiume; (*fam.*) *to* ~ **in** iniziare con slancio; *to* ~ **into** *s.o.* inveire contro qd.; *to* ~ **into** *port* entrare nel porto; *to* ~ *the* **seas** correre i mari; *to* ~ **through** attraversare; (*fam.*) superare facilmente; *to* ~ **up** *a river* risalire un fiume; (*fig.*) *to* ~ *with the* **wind** navigare secondo il vento; (*Mar.*) *to* ~ *against the* **wind** navigare controvento; (*fig.*) andare controcorrente.
sailcloth ['seilklɔθ] *s.* tela per vele, tela olona.
sailing ['seiliŋ] *s.* **1** navigazione. **2** vela, sport della vela. **3** partenza (di nave). ▭ ~ **boat** barca a vela; (*fig.*) **plain** ~ cosa facile.
sailor ['seilə*] *s.* marinaio. ▭ *to be a* **bad** ~ soffrire il mal di mare; ~ **suit** vestito alla marinara.
sailplane ['seilplein] *s.* (*Aer.*) veleggiatore.
saint [seint] *s.* santo. ▭ ~*'s day* onomastico.
Saint [seint] *a.* san, santo. ▭ ~ *Bernard* (*dog*) cane san Bernardo.
saintly ['seintli] *a.* santo, pio.
sake [seik] *s.*: (*esclam.*) *for God's* (o *for goodness*) ~ per (l')amor di Dio; *for the* ~ *of* per il bene di, nell'interesse di; a scopo di, per amore di: *for the* ~ *of peace* per amor di pace; *for its own* ~ per il gusto di farlo.
salacious [sə'leiʃəs] *a.* lascivo, osceno.
salad ['sæləd] *s.* (*Gastr.*) insalata. ▭ ~ **bowl** insalatiera; ~ **days** anni verdi, gioventù; **fruit** ~ macedonia di frutta; ~ **dressing** condimento per insalata.
salamander ['sæləmændə*] *s.* (*Zool.*) salamandra.
salaried ['sælərid] *a.* stipendiato.
salary ['sæləri] *s.* stipendio.
sale [seil] *s.* **1** vendita, smercio. **2** (*Comm.*) svendita, liquidazione. **3** vendita all'asta. **4** *pl.* fatturato. ▭ **for** (o *on*) ~ in vendita; *sales* **talk** imbonimento.
sales department ['seilzdi'pɑ:tmənt] *s.* ufficio vendite.
salesgirl ['seilzgə:l], **saleslady** ['seilzleidi] *s.* commessa.
salesman ['seilzmən] *s.* (*pl.* **–men**) **1** commesso. **2** venditore, commesso viaggiatore.
sales manager ['seilz'mænidʒə*] *s.* direttore commerciale, direttore delle vendite.
salesmanship ['seilzmənʃip] *s.* abilità nel vendere; tecnica delle vendite.
saleswoman ['seilzwumən] *s.* (*pl.* **–women** [–'wimin]) commessa.
salient ['seiliənt] *a./s.* saliente.
saline ['seilain, *am.* –li:n] **I** *a.* salino. **II** *s.* **1** soluzione salina. **2** salina.
salinity [sə'liniti] *s.* **1** salsedine. **2** salinità.
saliva [sə'laivə] *s.* saliva.
salivary ['sælivəri, *am.* –veri] *a.* salivare.
sallow[1] ['sæləu] *a.* giallastro, giallognolo.
sallow[2] ['sæləu] *s.* (*Bot.*) salice.
sally ['sæli] *s.* **1** (*Mil.*) sortita. **2** (*fig.*) battuta, frase spiritosa, sortita.
to **sally** ['sæli] *v.i.* **1** (*Mil.*) (spesso con *out*) fare una sortita. **2** (spesso con *out, forth*) partire, mettersi in viaggio.
Sally ['sæli] *N.pr.f. dim. di* Sarah.

salmon ['sæmən] *s.* (*pl. inv./*–**s** [–z]) **1** salmone. **2** color salmone.
salmonella ['sælmə'nelə] *s.* (*Biol.*) salmonella.
salmonellosis ['sælmənl'əusis] *s.* (*Med.*) salmonellosi.
salmon trout ['sæmən,traut] *s.* (*Zool.*) trota salmonata.
salon *fr.* ['sælɔ:ŋ] *s.* **1** salone. **2** (*fig.*) salotto (letterario). **3** (*Arte*) salone da esposizioni. **4** boutique alla moda.
saloon [sə'lu:n] *s.* **1** sala, salone di rappresentanza. **2** (*Aut.*) berlina. **3** (*fam.*) saloon, bar.
saloon bar [sə'lu:nbɑ:*] *s.* bar di lusso (spec. in un albergo).
salt [sɔ:lt] **I** *s.* **1** sale. **2** *pl.* (*Farm.*) sali. **3** (*fig.*) sapore, gusto. **II** *a.* salato. □ *the* ~ *of* **earth** il meglio, un'élite; (*fig.*) *to* **eat** *s.o.'s* ~ ricevere l'ospitalità di qd.; (*fig.*) *to* **take** *s.th. with a grain of* ~ prendere qc. con un grano di sale; (*fig.*) *he is* **worth** *his* ~ vale il pane che mangia.
to **salt** [sɔ:lt] *v.t.* **1** salare; conservare sotto sale. **2** cospargere di sale (strada, ecc.). **3** (*fig.*) dare sapore a. □ *to* ~ *away* (o *down*) conservare sotto sale; (*fam.*) mettere da parte, risparmiare.
SALT = *Strategic Arms Limitation Talks* Trattative per la limitazione delle armi strategiche.
salt-cellar ['sɔ:ltselə*] *s.* saliera.
saltless ['sɔl:ltlis] *a.* insipido, scialbo.
saltpan ['sɔ:ltpæn] *s.* salina.
saltpeter *am.*, **saltpetre** [,sɔ:lt'pi:tə*] *s.* (*Chim.*) salnitro.
salt water ['sɔ:ltwɔ:tə*] *s.* acqua salata; acqua di mare. □ ~ *fish* pesce di mare.
saltworks ['sɔ:ltwə:ks] *s.pl.* (costr. sing. o pl.) salina.
salty ['sɔ:lti] *a.* **1** salato, salino. **2** (*fig.*) arguto.
salubrious [sə'lu:briəs] *a.* salubre, salutare.
salutary ['sæljutəri] *a.* **1** salutare, salubre. **2** benefico.
salutation [,sælju'teiʃən] *s.* **1** saluto. **2** (*epist.*) formula iniziale.
salute [sə'l(j)u:t] *s.* **1** (*Mil.*) saluto; salva. **2** saluto. **3** omaggio, tributo. □ (*Mil.*) *to take the* ~ rispondere al saluto.
to **salute** [s'l(j)u:t] *v.t./i.* **1** fare il saluto militare (a). **2** salutare. **3** rendere omaggio, rendere onore.
salvage ['sælvidʒ] *s.* **1** ricupero (di merci in un naufragio, incendio, ecc.). **2** materiale di ricupero (da riutilizzare). **3** premio di salvataggio, indennità di ricupero.
to **salvage** ['sælvidʒ] *v.t.* salvare; ricuperare.
salvation [sæl'veiʃən] *s.* **1** redenzione. **2** salvezza. □ *Salvation Army* Esercito della Salvezza.
salve [sɑ:v, *am.* sæv] *s.* **1** unguento, balsamo. **2** (*fig.*) lenimento, sollievo.
to **salve** [sɑ:v, *am.* sæv] *v.t.* placare, acquietare, lenire: *to* ~ *one's conscience* placare la propria coscienza.
salver ['sælvə*] *s.* vassoio.
salvo ['sælvəu] *s.* (*pl.* –**s**/–**es** [–z]) **1** (*Mil.*) salva. **2** (*fig.*) salva, scroscio (di applausi), scoppio (di risa).
SAM = *Surface to Air Missile* Missile Terra -Aria.
Samaritan [sə'mæritən] *a./s.* samaritano.
samarium [sə'mæriəm] *s.* (*Chim.*) samario.
same [seim] **I** *a.* stesso, medesimo: *the* ~ *amount* la stessa somma. **II** *pron.* stesso, stessa cosa: *I would do the* ~ *again* farei di nuovo la stessa cosa. **III** *avv.* (*fam.*) allo stesso modo, nella stessa maniera. □ **all** *the* ~ ciò nonostante, nondimeno; *it's* **all** *the* ~ *to me* per me fa lo stesso; to **come** *to the* ~ *thing* essere lo stesso; *the* ~ **goes** *for* lo stesso vale per; (*fam.*) ~ **here** anch'io; **much** *the* ~ più o meno lo stesso; **one** *and the* ~ proprio lo stesso; *at the* ~ **time** contemporaneamente; tuttavia, nondimeno; *the* ~ **to** *you!* altrettanto (a te)!; *the* **very** ~ proprio lo stesso.
sameness ['seimnis] *s.* identicità, identità.
sample [sɑ:mpl, *am.* sæmpl] *s.* **1** saggio; campione. **2** esemplare, modello. □ ~ **fair** fiera campionaria; (*Poste*) *samples* **only** campione senza valore; (*Comm.*) **up** *to* ~ conforme a campione.
to **sample** [sɑ:mpl, *am.* sæmpl] *v.t.* **1** campionare. **2** (*fig.*) assaggiare, gustare.
sampler ['sɑ:mplə*, *am.* 'sæm–] *s.* imparaticcio (di ricamo).
Samuel ['sæmjuəl] *N.pr.m.* Samuele.
sanatorium [,sænə'tɔ:riəm] *s.* (*pl.* –**ria** [–riə]) sanatorio; casa di cura.
sanctification [,sæŋktifi'keiʃən] *s.* santificazione.
to **sanctify** ['sæŋktifai] *v.t.* santificare; consacrare.
sanctimonious [,sæŋkti'məuniəs] *a.* baciapile, bigotto.
sanction ['sæŋkʃən] *s.* **1** benestare, approvazione. **2** (*Pol.*) sanzione.
to **sanction** ['sæŋkʃən] *v.t.* **1** sancire, sanzionare. **2** autorizzare, approvare.
sanctity ['sæŋktiti] *s.* **1** santità. **2** inviolabilità.
sanctuary ['sæŋktjuəri, *am.* –tu–] *s.* **1** santuario, tempio; chiesa. **2** presbiterio; sancta sanctorum. **3** (*fig.*) rifugio, asilo. **4** riserva faunistica.
sand [sænd] *s.* **1** sabbia. **2** *pl.* terreno sabbioso; spiaggia. □ *as happy as a* ~ **boy** contento come una pasqua; (*fig.*) **built** *on* ~ costruito sulla sabbia; (*fig.*) *the sands are* **running** *out* siamo agli sgoccioli.
to **sand** [sænd] *v.t.* **1** cospargere di sabbia. **2** insabbiare. **3** scartavetrare.
sandal ['saendl] *s.* sandalo.
sandalwood ['sændlwud] *s.* (*Bot.*) **1** legno di sandalo. **2** sandalo.
sandbag ['sændbæg] *s.* sacchetto di sabbia.
sandbank ['sændbæŋk] *s.* banco di sabbia.
sandblast ['sændblɑ:st] *s.* (*tecn.*) sabbiatura.
sandglass ['sændglɑ:s] *s.* clessidra.
sandpaper ['sændpeipə*] *s.* carta vetrata.
sandstone ['sændstəun] *s.* (*Geol.*) arenaria.

sandstorm ['sændstɔ:m] *s.* (*Meteor.*) tempesta di sabbia.
sandwich ['sænwidʒ, *am.* –itʃ] *s.* **1** tramezzino, sandwich. **2** torta farcita. **3** panforte (pannello truciolato).
to **sandwich** ['sænwidʒ, *am.* –itʃ] *v.t.* intramezzare, inframezzare. □ *to be sandwiched* (*between*) essere stretto (fra).
sandwichman ['sændwdʒmæn] *s.* (*pl.* **–men** [–men]) uomo sandwich.
sandy ['sændi] *a.* **1** sabbioso, arenoso. **2** color sabbia.
sane [sein] *a.* **1** sano di mente; equilibrato. **2** sensato, ragionevole.
sang [sæŋ] → to **sing**.
sanguinary ['sæŋgwinəri] *a.* **1** sanguinoso. **2** sanguinario.
sanguine ['sæŋgwin] *a.* **1** ottimistico, fiducioso. **2** rubicondo.
sanitary ['sænitəri, *am.* –eri] *a.* igienico, sanitario. □ ~ **inspector** ufficiale sanitario; ~ **pad** (o ~ *towel*; am. ~ *napkin*) assorbente igienico.
sanitation [,sæni'teiʃən] *s.* igiene; misure igieniche. □ *city* ~ *workers* operatori ecologici (netturbini).
sanity ['sæniti] *s.* **1** sanità mentale. **2** buonsenso, ragionevolezza; equilibrio (mentale).
sank [sæŋk] → to **sink**.
Sanskrit ['sænskrit] *a./s.* sanscrito.
Santa (Claus) ['sæntə(klɔ:z)] *N.pr.* San Nicola (*o* Babbo Natale).
sap[1] [sæp] *s.* **1** (*Bot.*) linfa. **2** (*fig.*) vitalità, energia.
to **sap**[1] [sæp] *v.t.* (*pass.*, *p.p.* **sapped** [–t]) **1** estrarre la linfa da. **2** (*fig.*) indebolire, fiaccare.
sap[2] [sæp] *s.* (*Mil.*) trincea d'approccio.
to **sap**[2] [sæp] *v.t.* (*pass.*, *p.p.* **sapped** [–t]) **1** (*Mil.*) scavare (trincee sotterranee). **2** (*fig.*) minare, insidiare.
sap[3] [sæp] *s.* (*fam.*) sciocco, cretinetti.
sapience ['seipiəns] *s.* sapienza, saggezza.
sapless ['sæplis] *a.* **1** privo di linfa. **2** (*fig.*) privo di vigore.
sapling ['sæpliŋ] *s.* **1** (*Bot.*) plantula. **2** (*fig.*) giovinetto.
sapphire ['sæfaiə*] *s.* (*Min.*) zaffiro.
sappy ['sæpi] *a.* **1** ricco di linfa, turgido. **2** (*fig.*) energico, vigoroso. **3** (*fam.*) sciocco, cretino. **4** (*sl. am.*) insipido, sdolcinato.
Saracen ['særəsən] *a./s.* (*Stor.*) saraceno.
Sarah ['seərə] *N.pr.f.* Sara.
sarcasm ['sɑ:kæzəm] *s.* sarcasmo.
sarcastic [sɑ:'kæstik] *a.* sarcastico.
sarcophagus [sɑ:'kɔfəgəs] *s.* (*pl.* **–gi** [–dʒai]/ **–guses** [–iz]) sarcofago.
sardine [sɑ:'di:n] *s.* (*pl. inv.*/**–s** [–z]) (*Zool.*) sardina, sarda. □ *packed like sardines* pigiati come sardine.
sardonic [sɑ:'dɔnik] *a.* sardonico, beffardo.
sash[1] [sæʃ] *s.* fusciacca, fascia.
sash[2] [sæʃ] *s.* (*pl. inv.*/**sashes** ['sæʃiz]) telaio (di finestra, ecc.).
sash window ['sæʃwindəu] *s.* finestra a ghigliottina.
sat [sæt] → to **sit**.
Satan ['seitən] *N.pr.* Satana.
satanic [sə'tænik] *a.* satanico.
satchel ['sætʃəl] *s.* **1** borsa a tracolla. **2** (*Scol.*) cartella.
sated ['seited] *a.* sazio. □ (*fig.*) *to be* ~ *with s.th.* averne fin sopra i capelli di qc.
sateen [sæ'ti:n] *s.* (*tessuto*) rasatello.
satelite ['sætəlait] *s./a.attr.* satellite.
to **satiate** ['seiʃieit] *v.t.* **1** saziare, satollare. **2** (*estens.*) far venire la nausea a.
satiety [sə'taiəti] *s.* **1** sazietà. **2** (*estens.*) nausea.
satin ['sætin] *s.* (*tessuto*) raso. □ ~ *paper* carta satinata.
satire ['sætaiə*] *s.* satira.
satirical [sə'tirikəl] *a.* satirico.
satirist ['sætərist] *s.* satirico.
to **satirize** ['sætəraiz] *v.t.* satireggiare.
satisfaction [,sætis'fækʃən] *s.* **1** soddisfazione, soddisfacimento. **2** gioia, contentezza; gusto, piacere. **3** (*Dir.*) adempimento, assolvimento; regolamento (di debito).
satisfactory [,sætis'fæktəri] *a.* soddisfacente; adeguato.
to **satisfy** ['sætisfai] *v.t.* **1** soddisfare, appagare; (*di compiti, ecc.*) adempiere, assolvere. **2** convincere, persuadere. **3** soddisfare, pagare (un debito). □ *to* ~ *one's hunger* sfamarsi.
satisfying ['sætisfaiŋ] *a.* soddisfacente.
to **saturate** ['sætʃəreit] *v.t.* **1** inzuppare, impregnare. **2** (*Chim.*) saturare.
saturated ['sætʃəreitid] *a.* impregnato, saturo (*anche fig.*): (*Chim.*) ~ *fats* grassi saturi.
saturation [,sætʃə'reiʃən] *s.* (*Chim.*) saturazione.
Saturday ['sætədi] *s.* sabato.
saturnine ['sætənain] *a.* triste, cupo; malinconico; scostante.
satyr ['sætə*] *s.* satiro (*anche fig.*).
sauce [sɔ:s] *s.* **1** (*Gastr.*) salsa, sugo. **2** (*fam.*) faccia tosta.
to **sauce** [sɔ:s] *v.i.* dire (*o* fare) impertinenze.
sauce-boat ['sɔ:sbəut] *s.* salsiera.
saucepan ['sɔ:spən] *s.* tegame, casseruola.
saucer ['sɔ:sə*] *s.* piattino. □ *flying* ~ disco volante.
sauciness ['sɔ:sinis] *s.* (*fam.*) impertinenza, insolenza.
saucy ['sɔ:si] *a.* (*fam.*) **1** impertinente, insolente. **2** elegante, chic.
Saudi Arabia [,sɔ:diə'reibjə] *N.pr.* (*Geog.*) Arabia Saudita.
saunter ['sɔ:ntə*] *s.* passeggiatina, quattro passi.
to **saunter** ['sɔ:ntə*] *v.i.* andare a zonzo, gironzolare.
sausage ['sɔsidʒ] *s.* salsiccia.
sausage dog ['sɔsidʒdɔg] *s.* (*Zool.*, *fam.*) bassotto.
to **sauté** *fr.* ['səutei] *v.t.* (*Gastr.*) saltare, rosolare.

savage ['sævidʒ] **I** *a.* **1** selvaggio, selvatico. **2** feroce, crudele. **3** (*fam.*) furioso, furibondo, furente. **II** *s.* **1** selvaggio. **2** persona crudele.

to **savage** ['sævidʒ] *v.t.* attaccare selvaggiamente.

savagery ['sævidʒ(ə)ri] *s.* **1** stato selvaggio, inciviltà. **2** ferocia, crudeltà.

savanna(h) [sə'vænə] *s.* (*Geog.*) savana.

save [seiv] **I** *s.* (*Sport*) parata. **II** *prep.* salvo, eccetto, all'infuori di: *everyone ~ you and me* tutti salvo te e me. ▭ *~ that* tranne che, salvo che.

to **save** [seiv] **I** *v.t.* **1** salvare; mettere al sicuro. **2** risparmiare; mettere da parte. **3** evitare: *to ~ trouble* evitare guai. **4** (*Sport*) parare. **5** (*Inform.*) salvare. **II** *v.i.* **1** (spesso con *up*) fare economia, risparmiare denaro. **2** (*Sport*) parare. ▭ *to ~ one's face* salvare la faccia.

saveloy ['sævəlɔi] *s.* (*Gastr.*) cervellata.

saver ['seivə*] *s.* **1** salvatore. **2** risparmiatore.

saving ['seiviŋ] *s.* **1** risparmio, economia. **2** *pl.* (*Econ.*) risparmi. **3** (*Inform.*) salvataggio. ▭ *he has the ~ grace of humours* si salva per il suo senso dell'umorismo.

savings bank ['seiviŋzbæŋk] *s.* cassa di risparmio.

savior *am.*, **saviour** ['seivjə*] *s.* salvatore. **Saviour** Redentore.

savor *am.* ['seivə*] *e deriv.* → **savour** *e deriv.*

savour ['seivə*] *s.* sapore, gusto.

to **savour** ['seivə*] **I** *v.t.* gustare, assaporare (*anche fig.*). **II** *v.i.* (*fig.*) sapere: *the agreement savours of compromise* l'accordo sa di compromesso.

savoury ['seivəri] **I** *a.* saporito, gustoso. **II** *s. pl.* (*Gastr.*) piatto appetitoso (servito al principio o alla fine di un pranzo).

savoy [sə'vɔi] *s.* (*Bot.*) cavolo, verza.

savvy ['sævi] *s.* (*sl.*) buonsenso, senso pratico.

to **savvy** ['sævi] *v.i.* (*sl.*) capire, comprendere.

saw[1] [sɔ:] *s.* sega.

to **saw** [sɔ:] *v.* (*pass.* **–ed** [–d]/*p.p.* **–ed/–n** [–n]) **I** *v.t.* **1** segare. **2** muovere avanti e indietro. **II** *v.i.* **1** usare la sega. **2** muoversi avanti e indietro. ▭ *to ~* **off** staccare segando; *to ~* **up** fare a pezzi con la sega.

saw[2] [sɔ:] *s.* (*ant.*) detto, massima; proverbio.

saw[3] [sɔ:] → to **see**.

sawdust ['sɔ:dʌst] *s.* segatura.

sawmill ['sɔ:mil] *s.* segheria.

sawn [sɔ:n] → to **saw**.

sax [sæks] *s.* (*fam.*) sassofono, sax.

Saxon ['sæksən] *a./s.* sassone.

saxophone ['sæksəfəun] *s.* sassofono.

saxophonist [ˌsæk'sɔfənist, *am.* 'sæksəfəunist] *s.* sassofonista *m./f.*

say [sei] *s.* autorità, diritto di decidere (*o* parlare). ▭ *to* **have** *one's ~* dire la propria; *to have a ~ in the* **matter** avere voce in capitolo.

to **say** [sei] *v.* (*pr. ind. 3a pers. sing.* **says** [sez]; *pass.* **said** [sed]; *p.p.* **said**) **I** *v.t.* **1** dire; pronunciare: *he didn't say a word* non disse una parola. **2** sostenere, affermare: *he said that I was wrong* ha affermato che aveva torto. **3** dire, supporre: *let's ~ that you are right* supponiamo che tu abbia ragione. **4** (*fam.*) indicare; segnare: *my watch says ten* il mio orologio segna le dieci. **II** *v.i.* dire, affermare: *did he really ~ so?* disse veramente così? ▭ *it's* **easier** *said than done* è una parola; *it* **goes** *without saying that...* è ovvio che...; *to ~ a* **good** *word for s.o.* mettere una buona parola per qd.; *you said* **it** l'hai detto (tu); è proprio così; *~ no* **more***!* basta così!; *to ~* **much** *for* deporre a favore di; *to ~ to* **o.s.** dire fra sé; *to ~* **out** dire chiaro e tondo; **people** ~ corre voce, dicono; **so** *you ~!* davvero!?; *no* **sooner** *said than done* detto fatto; **that** *is to ~* vale a dire, cioè; *to ~ the* **word** dire di sì.

saying ['seiiŋ] *s.* adagio, detto; motto. ▭ *as the ~* **goes** come suol dirsi; *it goes* **without** *~* va da sé.

Sb = (*Chim.*) *antimony* antimonio.

Sc = (*Chim.*) *scandium* scandio.

scab [skæb] *s.* **1** (*Med.*) crosta. **2** scabbia; rogna. **3** (*fam.*) crumiro.

scabbard ['skæbəd] *s.* fodero, guaina.

scabby ['skæbi] *s.* **1** ricoperto di croste. **2** (*rif. ad animali*) rognoso.

scabies ['skeibii:z] *s.inv.* scabbia, rogna.

scabrous ['skeibrəs, *am.* 'skæb–] *a.* **1** scabro, ruvido. **2** (*fig.*) scabroso.

scads [skædz] *s.* (*am. sl.*) un mucchio, una valanga.

scaffold ['skæfəld] *s.* **1** (*Edil.*) ponteggio, impalcatura. **2** patibolo, forca: *to go to the ~* andare al patibolo.

to **scaffold** ['skæfəld] *v.t.* (*Edil.*) munire di impalcature.

scalawag *am.* ['skæləwæg] → **scallywag**.

scald [skɔ:ld] *s.* scottatura; ustione.

to **scald** [skɔ:ld] **I** *v.t.* **1** scottare, bruciare; ustionare. **2** sterilizzare (con acqua bollente). **3** (*Gastr.*) sbollentare, sobbollire. **II** *v.i.* bruciarsi, scottarsi, ustionarsi.

scalding ['skɔ:ldiŋ] *a.* **1** bollente; che scotta. **2** (*fig.*) cocente. **3** (*fig.*) pungente, pepato.

scale[1] [skeil] *s.* **1** squama, scaglia. **2** lamella, lamina. **3** incrostazione (calcarea). **4** tartaro (dei denti).

to **scale**[1] [skeil] **I** *v.t.* squamare. **II** *v.i.* **1** squamarsi. **2** (spesso con *off*) scrostarsi, sfaldarsi. **3** (*tecn.*) incrostarsi.

scale[2] [skeil] *s.* **1** piatto della bilancia. **2** *pl.* bilancia. ▭ *a* **pair** *of scales* una bilancia; (*fig.*) *to* **turn** *the ~* (o *scales*) far pendere la bilancia; (*fam.*) *to* **turn** *the scales at* pesare.

to **scale**[2] [skeil] *v.i.* pesare.

scale[3] [skeil] *s.* **1** (*tecn.*) scala. **2** riga graduata, regolo. **3** (*Topografia*) scala (di riduzione). **4** (*fig.*) scala, dimensione: *on a large ~* su vasta scala. ▭ *out of ~* sproporzionato.

to **scale**[3] [skeil] *v.t.* **1** (*di montagna, ecc.*) scalare, salire su. **2** disporre in scala, scala-

re. □ *to* ~ **down** ridurre proporzionalmente; *to* ~ **up** aumentare proporzionalmente.
scalene ['skeili:n] *a.* (*Geom.*) scaleno.
scallop ['skæləp] *s.* **1** (*Zool.*) pellegrino maggiore. **2** *pl.* smerlatura, festone. □ **Mediterranean** ~ conchiglia di San Jacopo; **queen** ~ canestrello.
to **scallop** ['skæləp] *v.t.* **1** smerlare, smerlettare. **2** (*Gastr.*) gratinare molluschi nelle loro valve.
scallywag ['skæliwæg] *s.* (*fam.*) furfante.
scalp [skælp] *s.* **1** (*Anat.*) cuoio capelluto. **2** scalpo. **3** (*fig.*) trofeo. □ (*fig.*) *to be out for scalps* avere intenzioni bellicose.
scalpel ['skælpəl] *s.* (*Chir.*) bisturi.
scaly ['skeili] *a.* **1** squamoso, squamato. **2** (*tecn.*) incrostato.
scamp [skæmp] *s.* birbante; birichino.
to **scamp** [skæmp] *v.t.* abborracciare.
scamper ['skæmpə*] *s.* scorrazzata.
to **scamper** ['skæmpə*] *v.i.* **1** correre via, sgattaiolare. **2** sgambettare.
to **scan** [skæn] *v.* (*pass., p.p.* **scanned** [–d]) **I** *v.t.* **1** scrutare, esaminare. **2** scorrere, dare una scorsa a. **3** (*Metrica, TV*) scandire. **II** *v.i.* (*Metrica*) scandire.
scandal ['skændl] *s.* **1** scandalo. **2** maldicenza, pettegolezzi: *to talk* ~ fare della maldicenza. **3** (*Dir.*) diffamazione.
to **scandalize** ['skændəlaiz] *v.t.* scandalizzare.
scandalmonger ['skændəlmʌŋgə*] *s.* maldicente, malalingua *m./f.*
scandalous ['skændələs] *a.* **1** scandaloso, vergognoso. **2** diffamatorio: ~ *rumour* voci diffamatorie.
Scandinavia [ˌskændi'neivjə] *N.pr.* (*Geog.*) Scandinavia.
Scandinavian [ˌskændi'neivjən] *a./s.* scandinavo.
scandium ['skændiəm] *s.* (*Chim.*) scandio.
scanner ['skænə*] *s.* (*TV*) analizzatore d'immagini, scanner.
scansion ['skænʃən] *s.* (*Metrica*) scansione.
scant [skænt] *a.* scarso, esiguo, limitato.
scantling ['skæntliŋ] *s.* travicello.
scanty ['skænti] *a.* scarso, esiguo.
scapegoat ['skeipgəut] *s.* capro espiatorio.
scapula ['skæpjulə] *s.* (*pl.* **–s** [–z]/**–lae** [–li:]) (*Anat.*) scapola
scar [skɑ:*] *s.* **1** cicatrice; sfregio. **2** (*fig.*) segno.
to **scar** [skɑ:*] *v.* (*pass., p.p.* **scarred** [–d]) **I** *v.t.* **1** sfregiare. **2** (*fig.*) lasciare il segno. **II** *v.i.* cicatrizzarsi.
scarce [skɛəs] *a.* **1** scarso, insufficiente. **2** raro: *a* ~ *book* un libro raro. □ (*fam.*) *to make o.s.* ~ tagliare la corda, andarsene.
scarcely ['skɛəsli] *avv.* **1** appena, a malapena. **2** probabilmente no; (niente) affatto: *this is* ~ *the point* questo non è affatto il punto essenziale. □ ~ **anyone** quasi nessuno; ~ **ever** quasi mai.
scarcity ['skɛəsiti] *s.* **1** scarsità, scarsezza. **2** rarità.
scare [skɛə*] *s.* spavento; paura, panico. □ *to give s.o. a* ~ fare prendere uno spavento a qd.
to **scare** [skɛə*] **I** *v.t.* spaventare, impaurire. **II** *v.i.* spaventarsi, impaurirsi. □ *to* ~ *s.o.* **away** mettere in fuga qd. spaventandolo; (*fam.*) *to* ~ *s.o. to* **death** spaventare a morte qd.
scarecrow ['skɛəkrəu] *s.* spaventapasseri.
scaremonger ['skɛəmʌŋgə*] *s.* allarmista *m./f.*
scarf [skɑ:f] *s.* (*pl.* **–s** [–s]/**scarves** [skɑ:vz]) sciarpa; foulard.
to **scarify** ['skærifai] *v.t.* **1** (*Chir.*) scarificare. **2** (*fig.*) criticare aspramente. **3** (*Agr.*) dissodare il terreno.
scarlet ['skɑ:lit] *a./s.* scarlatto. □ (*Med.*) ~ **fever** scarlattina; ~ **hat** cappello cardinalizio.
scarp [skɑ:p] *s.* pendio ripido, scarpata.
to **scarper** ['skɑ:pə*] *v.i.* (*fam.*) svignarsela, scappare via.
scarred [skɑ:d] *a.* sfregiato, segnato di cicatrici.
scarves ['skɑ:vz] → **scarf.**
scary ['skɛəri] *a.* **1** (*fam.*) spaventoso, pauroso. **2** (*am. fam.*) allarmante.
scathing ['skeiðiŋ] *a.* aspro, severo.
to **scatter** ['skætə*] **I** *v.t.* **1** spargere, spandere; sparpagliare, disseminare. **2** (*di folla, ecc.*) disperdere. **II** *v.i.* disperdersi; sparpagliarsi.
scatter-brain ['skætəbrein] *s.* persona scervellata, svampito.
scatter-brained ['skætəbreind] *a.* scervellato, sventato, svampito.
scattered ['skætəd] *a.* **1** sparso, sparpagliato. **2** sporadico.
scatty ['skæti] *a.* (*fam.*) svitato.
to **scavenge** ['skævindʒ] *v.t./i* **1** cercare fra i rifiuti. **2** (*di animali*) cercare cibo.
scavenger ['skævindʒə*] *s.* **1** persona che cerca fra i rifiuti. **2** animale che si ciba di carogne.
scenario [si'nɑ:riəu, *am.* –'nær–] *s.* soggetto cinematografico; sceneggiatura.
scenarist [si'nɑ:rist, *am.* –'nær–] *s.* sceneggiatore.
scene [si:n] *s.* **1** scena. **2** vista, veduta. **3** (*fam.*) scenata. **4** scenario. □ **behind** *the scenes* dietro le quinte; *to appear* **on** *the* ~ entrare in scena.
scenery ['si:nəri] *s.* **1** paesaggio; panorama. **2** (*Teat.*) scenario, scena.
scene-shifter ['si:nʃiftə*] *s.* (*Teat.*) macchinista.
scenic ['si:nik] *a.* **1** naturale, del paesaggio; panoramico. **2** (*Teat.*) scenico.
scenographer [si'nɔgrəfə*] *s.* scenografo.
scenography [si'nɔgrəfi] *s.* scenografia.
scent [sent] *s.* **1** odore, profumo; fragranza, aroma. **2** (*Cosmetica*) profumo. **3** (*di animali*) odore; traccia. **4** fiuto, naso (*anche fig.*). □ *to be* **off** *the* ~ seguire una falsa traccia; *to* **throw** *off the* ~ mettere su una falsa pista.
to **scent** [sent] *v.t.* **1** (*di animali*) fiutare. **2** (*fig.*) intuire, fiutare, subodorare.
scented ['sentid] *a.* profumato, odoroso.

scentless ['sentlis] *a.* inodoro, inodore.
scepter *am.* ['septə*] → **sceptre.**
sceptic ['skeptik] *s.* scettico.
sceptical ['skeptikəl] *a.* scettico.
scepticism ['skeptisizəm] *s.* scetticismo.
sceptre ['septə*] *s.* scettro.
schedule ['ʃedju:l, *am.* 'skedʒul] *s.* **1** programma. **2** elenco, lista; prospetto; tabella. **3** tabella di marcia. **4** orario (ferroviario, ecc.). □ **according** *to* ~ secondo il previsto; **behind** ~ in ritardo sul previsto; **on** ~ in orario; nei tempi previsti.
to **schedule** ['ʃedju:l, *am.* 'skedʒul] *v.t.* **1** includere in una lista. **2** fissare, stabilire; programmare.
schematic [ski:'mætik] *a.* schematico.
schematism ['ski:mətizəm] *s.* schematismo.
to **schematize** ['ski:mətaiz] *v.t.* schematizzare.
scheme [ski:m] *s.* **1** piano, progetto; programma. **2** (*fig.*) intrigo; macchinazione. **3** disposizione, sistemazione.
to **scheme** [ski:m] **I** *v.t.* **1** ordire, macchinare. **2** progettare. **II** *v.i.* **1** complottare, cospirare. **2** fare progetti.
schemer ['ski:mə*] *s.* intrallazzatore.
schism ['sizəm] *s.* scisma.
schismatic [siz'mætik] *a./s.* scismatico.
schist [ʃist] *s.* (*Geol.*) scisto.
schizophrenia [ˌskitsə'fri:niə, *am.* 'skizɔ–] *s.* (*Psic.*) schizofrenia.
schizophrenic [ˌskitsə'frenik, *am.* 'skizɔ–] (*Psic.*) *a./s.* schizofrenico.
scholar ['skɔlə*] *s.* **1** erudito, dotto, studioso. **2** (*Univ.*) borsista *m./f.* □ (*fam.*) *he's not much of a* ~ sa appena leggere e scrivere.
scholarly ['skɔləli] *a.* **1** dotto, erudito. **2** studioso.
scholarship ['skɔləʃip] *s.* **1** cultura, erudizione. **2** (*Univ.*) borsa di studio.
scholastic [skə'læstik] *a.* scolastico.
school[1] [sku:l] *s.* **1** scuola (*anche fig.*). **2** (*Univ.*) facoltà. **3** ora di lezione. **4** *pl.* università medievali. □ ~ **age** età scolare; **at** ~ a scuola; (*USA*) ~ **board** provveditorato agli studi; ~ **year** anno scolastico.
school[2] [sku:l] *s.* branco (di pesci).
schoolbook ['sku:lbuk] *s.* libro scolastico.
schoolboy ['sku:lbɔi] *s.* scolaro.
schooldays ['sku:ldeiz] *s.pl.* giorni di scuola.
schoolfellow ['sku:lfeləu] *s.* compagno di scuola.
schoolgirl ['sku:lgə:l] *s.* scolara.
schoolhouse ['sku:lhaus] *s.* scuola; edificio scolastico.
schooling ['sku:liŋ] *s.* istruzione, educazione.
schoolmaster ['sku:lmɑ:stə*] *s.* maestro, insegnante.
schoolmate ['sku:lmeit] → **schoolfellow.**
schoolmistress ['sku:lmistris] *s.* maestra, insegnante.
schoolroom ['sku:lru:m] *s.* aula (scolastica), classe.
schoolteacher ['sku:lti:tʃə*] *s.* insegnante *m./f.*, docente *m./f.*
schooner ['sku:nə*] *s.* **1** (*Mar.*) brigantino, goletta, schooner. **2** boccale da birra.
sciatica [sai'ætikə] *s.* (*Med.*) sciatica.
science ['saiəns] *s.* **1** scienza. **2** (*fig.*) tecnica. □ *a* **man** *of* ~ uno scienziato; **natural** ~ scienze (naturali).
science fiction [ˌsaiəns'fikʃən] *s.* fantascienza.
scientific [ˌsaiən'tifik] *a.* **1** scientifico. **2** (*fig.*) preciso, rigoroso; abile.
scientist ['saiəntist] *s.* scienziato.
scimitar ['simitə*] *s.* scimitarra.
scintilla [sin'tilə] *s.* (*fig.*) briciolo, barlume.
to **scintillate** ['sintileit] *v.i.* **1** scintillare. **2** fare faville; esser brillante.
scintillography [sinti'lɔgrəfi], **scintigraphy** ['sin'tigrəfi] *s.* (*Med.*) scintigrafia.
scion ['saiən] *s.* **1** rampollo, discendente. **2** (*Agr.*) talea.
scission ['siʒən] *s.* scissione.
to **scissor** ['sizə*] *v.t.* tagliare con le forbici.
scissors ['sizəz] *s.pl.* forbici. □ *a* **pair** *of* ~ un paio di forbici; (*fig.*) ~ *and* **paste** messo insieme con brani di altre opere.
sclerosis [skliə'rəusis] *s.* (*pl.* **–ses** [–si:z]) (*Med.*) sclerosi.
scoff[1] [skɔf] *s.* **1** scherno, beffa, derisione. **2** zimbello.
to **scoff**[1] [skɔf] *v.i.* beffarsi (*at* di), deridere.
scoff[2] [skɔf] *s.* (*sl.*) cibo.
to **scoff**[2] [skɔf] *v.t./i.* (*sl.*) mangiare avidamente.
to **scold** [skəuld] *v.t./i.* rimproverare, sgridare.
scolding ['skəuldiŋ] *s.* rimprovero, sgridata.
scone [skɔn, *am.* skəun] *s.* (*Gastr.*) scone (pasticcino da tè).
scoop [sku:p] *s.* **1** ramaiolo, mestolo; paletta (fonda). **2** colpo giornalistico, scoop. **3** (*Comm.*) buon colpo, grosso affare: *to make a* ~ *on the Stock Exchange* fare un buon colpo in borsa.
to **scoop** [sku:p] *v.t.* **1** (spesso con *out, up*) prendere, sollevare con un mestolo. **2** (spesso con *out*) scavare con una paletta; svuotare. **3** (*Giorn.*) pubblicare (una notizia) in anteprima.
to **scoot** [sku:t] *v.i.* (*fam.*) (spesso con *away, off*) filar via di corsa.
scooter ['sku:tə*] *s.* **1** motoretta, scooter. **2** monopattino.
scope [skəup] *s.* **1** capacità di capire, portata: *a problem within his* ~ un problema alla sua portata. **2** opportunità, occasione. **3** sfera d'interesse, campo di azione. □ *it is beyond my* ~ esula dalle mie competenze.
scorbutic [skɔ:'bju:tik] *a.* (*Med.*) scorbutico, affetto da scorbuto.
scorch [skɔ:tʃ] *s.* **1** bruciatura (superficiale), scottatura. **2** (*fam.*) corsa pazza.
to **scorch** [skɔ:tʃ] **I** *v.t.* **1** bruciacchiare, bruciare. **2** seccare, inaridire. **II** *v.i.* **1** bruciacchiarsi, bruciarsi. **2** (*fam.*) guidare a velocità eccessiva. □ (*Mil.*) *scorched earth policy* tattica della terra bruciata.
scorcher ['skɔ:tʃə*] *s.* (*fam.*) giornata torrida.

scorching ['skɔ:tʃiŋ] *a.* cocente, caldissimo.

score [skɔ:*] *s.* **1** punti, punteggio; segnatura. **2** graffio; tacca, incisione. **3** (*Mus.*) partitura, spartito; commento musicale (di film). **4** (*pl.inv.*) venti, ventina: *a ~ of people* una ventina di persone. □ (*Sport*) *to go off* **at** *~* partire di scatto; (*fig.*) partire in quarta; (*sl.*) *to* **know** *the ~* sapere come stanno le cose; **on** *the ~ of* a causa di, a motivo di; **on** *that ~* al riguardo, su questo punto; (*fig.*) *to* **quit** *scores with s.o.* saldare i conti con qd.; (*fig.*) *to* **settle** *an old ~ with s.o.* regolare un vecchio conto con qd.

to **score** [skɔ:*] **I** *v.t.* **1** segnare, fare: *to ~ a point* segnare un punto; (spesso con *up*) segnare i punti di. **2** (*fig.*) ottenere, conseguire (un vantaggio, ecc.). **3** rigare, graffiare; intaccare. **4** (*Mus.*) orchestrare; comporre la musica per. **II** *v.i.* **1** segnare, fare un punto. **2** (*fam.*) avere successo, affermarsi. **3** fare graffi (*o* righe). □ (*fam.*) *to ~* **off** *s.o.* avere la meglio su qd.; umiliare qd.; *to ~* **out** cancellare, tirare una riga su; *to ~* **over** battere, essere superiore a; *to ~* **up** *s.th. to s.o.* addebitare qc. a qd.

scoreboard ['skɔ:bɔ:d] *s.* tabellone segnapunti.

scorecard ['skɔ:kɑ:d] *s.* cartoncino su cui si segna il punteggio, score.

scorer ['skɔ:rə*] *s.* (*Sport*) marcatore.

scorn [skɔ:n] *s.* **1** disprezzo, sprezzo. **2** oggetto di disprezzo; zimbello.

to **scorn** [skɔ:n] *v.t.* sdegnare, disdegnare.

scornful ['skɔ:nful] *a.* sdegnoso, sprezzante.

scorpion ['skɔ:piən] *s.* (*Zool.*) scorpione. **Scorpion** *N.pr.* (*Astr.*) Scorpione.

Scot [skɔt] *s.* scozzese *m./f.*

to **scotch** [skɔtʃ] *v.t.* soffocare, far cessare; porre fine a: *to ~ a rumour* soffocare una diceria.

Scotch [skɔtʃ] **I** *a.* scozzese. **II** *s.* **1** (costr.pl.) scozzesi. **2** whisky scozzese. **3** (*Ling.*) scozzese. □ *~ tape* scotch, nastro adesivo.

Scotchman ['skɔtʃmən] → **Scotsman.**

Scotchwoman ['skɔtʃwumən] → **Scotswoman.**

scotfree ['skɔtfri:] *a./avv.*: *to get off ~* farla franca, passarla liscia.

Scotland ['skɔtlənd] *N.pr.* (*Geog.*) Scozia.

Scots [skɔts] *a./s.* scozzese.

Scotsman ['skɔtsmən] *s.* (*pl.* **–men**) scozzese.

Scotswoman ['skɔtswumən] *s.* (*pl.* **–women** [–wimin]) scozzese.

Scottish ['skɔtiʃ] *a.* scozzese.

scoundrel ['skaundrəl] *s.* furfante, canaglia, farabutto.

scour [skauə*] *s.* strofinata; lavata.

to **scour**[1] [skauə*] **I** *v.t.* **1** pulire strofinando; (spesso con *off*) raschiare, grattare (via). **2** (spesso con *out*) ripulire, lavare. **II** *v.i.* strofinare (*o* sfregare) con un abrasivo (*at s.th.* qc.).

to **scour**[2] [skauə*] **I** *v.i.* correre qua e là (*about, after, for* in cerca di). **II** *v.t.* battere, perlustrare.

scourer ['skauərə*] *s.* paglietta di ferro.

scourge [skə:dʒ] *s.* **1** flagello (*anche fig.*): *the ~ of war* il flagello della guerra. **2** frusta, sferza.

to **scourge** [skə:dʒ] *v.t.* **1** frustare, fustigare. **2** (*fig.*) tormentare.

scouring powder ['skauəriŋ'paudə*] *s.* polvere candeggiante (per bagni, cucine, ecc.).

scout [skaut] *s.* **1** (*Mil.*) esploratore. **2** (*Aer. mil.*) ricognitore. **3** (giovane) esploratore. □ *talent ~* scopritore di talenti.

to **scout**[1] [skaut] *v.i.* (spesso con *about, around*) andare in esplorazione (*for* in cerca di).

to **scout**[2] [skaut] *v.t.* disdegnare.

scow [skau] *s.* (*Mar.*) chiatta, barcone a fondo piatto.

scowl [skaul] *s.* sguardo torvo.

to **scowl** [skaul] *v.i.* guardare di traverso (*at s.o.* qd.)

to **scrabble** ['skræbl] *v.i.* **1** cercare (a) tentoni (*for s.th.* qc.). **2** fare scarabocchi.

scrag [skræg] *s.* **1** persona scarna; animale pelle e ossa. **2** (*Gastr.*) collo di montone.

to **scrag** [skræg] *v.t.* (*pass., p.p.* **scragged** [–d]) strangolare, torcere il collo.

scraggy ['skrægi] *a.* scarno, molto magro.

scram [skræm] *intz.* (*fam.*) levati di torno, togliti dai piedi.

scramble ['skræmbl] *s.* **1** scalata. **2** zuffa, mischia; tafferuglio.

to **scramble** ['skræmbl] **I** *v.i.* **1** inerpicarsi, arrampicarsi. **2** azzuffarsi, accapigliarsi (*for* per). **II** *v.t.* **1** (*Gastr.*) (*di uova*) strapazzare. **2** (*Rad.*) disturbare.

scrap[1] [skræp] *s.* **1** pezzo, pezzetto. **2** (*fig.*) briciolo. **3** *pl.* (*di cibo*) avanzi, resti. **4** *pl.* frammenti, brani: *scraps of conversation* brani di conversazione. **5** ritaglio di giornale. **6** scarto (industriale). □ *~ iron* rottami di ferro.

to **scrap**[1] [skræp] *v.t.* **1** demolire, smantellare. **2** (*fig.*) scartare, mettere da parte.

scrap[2] [skræp] *s.* (*fam.*) litigio; rissa.

to **scrap**[2] [skræp] *v.i.* (*pass., p.p.* **scrapped** [–t]) litigare.

scrapbook ['skræpbuk] *s.* album (sul quale incollare foto, ritagli, di giornali, ecc.).

scrape [skreip] *s.* **1** raschiamento, raschiatura. **2** scorticatura, sbucciatura. **3** (*fam.*) pasticcio, guaio: *to get into a ~* cacciarsi in un guaio.

to **scrape** [skreip] **I** *v.t.* **1** raschiare, grattare; (spesso con *off*) raschiare (via), grattare via. **2** scorticare. **3** strisciare; sfregare. **4** sfiorare. **5** (*di piedi*) strisciare. **6** (*tecn.*) raschiettare. **II** *v.i.* **1** strisciare, sfregare. **2** grattare, stridere. **3** (*fig*) risparmiare, fare economia. □ (*fig.*) *to ~ (up) an* **acquaintance** *with s.o.* riuscire a conoscere qd.; (*fig.*) *to ~* **along** tirare avanti, (*fam.*) cavarsela; *to ~* **away** raschiare via; *to* **bow** *and ~* (*fig. spreg.*) comportarsi in modo servile; *to ~ a* **living** guadagnare quanto basta per vivere; *to ~* **out** togliere raschiando, grattare via; (*fig.*) *to ~* **through** *an examination* cavarsela in un esame; *to* ~ **together** racimolare, raggranellare.

scraper ['skreipə*] *s.* raschietto, raschino; raschietto da cucina.

scrap-heap ['skræphi:p] *s.* mucchio di rifiuti. ▭ (*fig.*) *to throw on the* ~ buttare nella spazzatura.

scraping ['skreipiŋ] *s.* **1** raschiatura; raschiata. **2** *pl.* ritagli. **3** *pl.* (*fig.*) risparmi.

scrappy ['skræpi] *a.* sconnesso, frammentario; rimediato in qualche modo.

scratch [skrætʃ] **I** *s.* **1** graffio, scalfittura. **2** grattata. **3** suono stridulo. **4** scarabocchio, sgorbio. **5** (*Sport*) linea di partenza. **II** *a.attr.* **1** (*Sport*) senza handicap. **2** (*fam.*) raffazzonato; improvvisato; messo insieme in qualche modo. ▭ (*Sport*) *to start* **from** ~ partire dalla linea di partenza; (*fam.*) cominciare da zero; (*fig.*) *a* ~ *of the* **pen** poche parole buttate giù in fretta; una firma; (*Sport*) *to come* **up** *to* ~ essere pronto sulla linea di partenza; (*fig.*) corrispondere alle aspettative.

to **scratch** [skrætʃ] **I** *v.t.* **1** graffiare, scalfire. **2** grattare; strofinare, sfregare. **3** (general. con *out*) tirare un frego su; cancellare. **4** scribacchiare; buttare giù in fretta. **5** (*Sport*) ritirare da una gara. **II** *v.i.* **1** grattare, graffiare; (general. con *about*) raspare (*for* in cerca di). **2** scricchiolare, stridere. ▭ (*fam.*) *to* ~ **along** tirare avanti; *to* ~ **off** grattare via, raschiare; *to* ~ **out** cavare con le unghie (*o* gli artigli); cancellare con un frego; (*fig.*) *to* ~ *the* **surface** sfiorare appena; (*fig.*) *to* ~ **up** (o *together*) racimolare, raggranellare.

scratch-race ['skrætʃ,reis] *s.* (*Sport*) corsa in cui tutti i concorrenti partono alla pari.

scratchy ['skrætʃi] *a.* **1** non uniforme, irregolare; malfatto; (*di disegno*) scarabocchiato. **2** che scricchiola, stridente.

scrawl [skrɔ:l] *s.* scrittura illeggibile; scarabocchio.

to **scrawl** [skrɔ:l] *v.t./i.* scarabocchiare.

scrawny ['skrɔ:ni] *a.* pelle e ossa; scheletrico.

scream [skri:m] *s.* **1** grido, strillo, urlo. **2** sibilo, fischio. **3** (*fam.*) persona (*o* cosa) spassosa, (*fam.*) spasso.

to **scream** [skri:m] **I** *v.i.* **1** urlare, gridare, strillare. **2** (*di vento, macchine, ecc.*) fischiare, sibilare. **II** *v.t.* **1** gridare, urlare, strillare. **2** (*fig.*) strombazzare: *the newspaper screamed the news* i giornali hanno strombazzato la notizia. ▭ *to* ~ *with laughter* sbellicarsi dalle risa.

scree [skri:] *s.* (*Geol.*) ghiaione.

screech [skri:tʃ] *s.* strido, stridore.

to **screech** [skri:tʃ] **I** *v.i.* stridere. **II** *v.t.* strillare.

screech-owl ['skri:tʃaul] *s.* (*Zool.*) barbagianni.

screed [skri:d] *s.* tirata, tiritera.

screen [skri:n] *s.* **1** schermo; schermatura; paravento; parafuoco. **2** (*nelle chiese*) balaustra. **3** (*fig.*) scudo, riparo. **4** (*Cin., TV*) schermo. **5** (*fig.*) cinema. **6** zanzariera. **7** vaglio, crivello. ▭ (*fig.*) *under the* ~ *of night* col favore delle tenebre.

to **screen** [skri:n] **I** *v.t.* **1** schermare; nascondere con uno schermo; (general. con *off*) separare con uno schermo. **2** (*fig.*) riparare, proteggere; nascondere. **3** passare al vaglio, vagliare (*anche fig.*). **4** (*Cin.*) proiettare. **II** *v.i.* (*Cin.*) essere adatto per lo schermo.

screening ['skri:niŋ] *s.* **1** (*Med.*) screening, indagine di massa. **2** (*Cin.*) proiezione.

screenplay ['skri:nplei] *s.* (*Cin.*) sceneggiatura.

screw [skru:] *s.* **1** vite; giro di vite, avvitata. **2** cartoccio. **3** (*nel biliardo*) effetto. **4** (*Mar., Aer.*) elica. **5** (*sl.*) paga, salario. **6** (*fam.*) avaro, spilorcio. **7** (*sl.*) secondino. ▭ (*fam.*) *he has a* ~ **loose** è un po' svitato; (*fig.*) *to* **put** *the* ~ *on s.o.* sottoporre qd. a forti pressioni; ~ **topped** con coperchio (o tappo) a vite; (*fig.*) *a* **turn** *of the* ~ un giro di vite.

to **screw** [skru:] **I** *v.t.* **1** avvitare. **2** (spesso con *together*) unire con una vite. **3** (*fig.*) (general. con *up*) torcere, storcere (il viso, gli occhi). **4** (*sl.*) (general. con *out*) strappare, estorcere. **II** *v.i.* avvitarsi. ▭ *to* ~ **down** serrare con viti; (*fam.*) *to have one's* **head** *screwed on the right way* avere la testa sulle spalle; to ~ **off** svitare; *to* ~ **on** avvitare; *to* ~ **out** svitare; *to* ~ *one's head* **round** girare la testa; *to* ~ **up** stringere girando una vite; accartocciare (un pezzo di carta); (*fam.*) incasinare; (*am. volg.*) chiavare; (*fam.*) *to* ~ **up** *one's courage* farsi coraggio.

screwball *am.* ['skru:bɔ:l] *s.* (*fam.*) svitato.

screwdriver ['skru:draivə*] *s.* cacciavite.

screwed [skru:d] *a.* **1** avvitato. **2** (*sl.*) ubriaco. ▭ (*fig.*) ~ *up* nervoso, agitato.

screwy ['skru:i] *a.* (*sl.*) strambo, svitato.

scribble ['skribl] *s.* scarabocchio; scrittura illeggibile.

to **scribble** ['skribl] *v.t./i.* scarabocchiare.

scribbler ['skriblə*] *s.* scribacchino.

scrimmage ['skrimidʒ] *s.* **1** tafferuglio, zuffa. **2** (*nel rugby*) mischia.

to **scrimmage** ['skrimidʒ] *v.i.* azzuffarsi.

to **scrimp** [skrimp] **I** *v.t.* **1** lesinare (su), economizzare su. **2** tenere a stecchetto. **II** *v.i.* fare economia (*on* su).

scrip [skrip] *s.* (*Econ.*) buono frazionario.

script [skript] *s.* **1** manoscritto. **2** scrittura; calligrafia. **3** (*Cin., Teat.*) copione. **4** (*Tip.*) corsivo inglese. **5** prova scritta (d'esame).

scripted ['skriptid] *a.* (*di interviste, conferenze, ecc.*) non improvvisate; scritte; preparate.

scripture ['skriptʃə*) *s.* testo sacro. **Scriptures** *s.pl.* (sacra) Scrittura, Bibbia.

scriptwriter ['skriptraitə*] *s.* (*Cin., TV*) soggettista *m./f.*

scroll [skrəul] *s.* **1** rotolo di carta (*o* pergamena, ecc.). **2** (*Arch.*) voluta.

Scrooge [skru:dʒ] *s.* avaro, arpagone.

scrotum ['skrəutəm] *s.* (*Anat.*) scroto.

to **scrounge** [skraundʒ] *v.t./i.* (*fam.*) scroccare, sbafare.
scrub[1] [skrʌb] *s.* strofinata, fregata.
to **scrub** [skrʌb] *v.* (*pass., p.p.* **scrubbed** [–d]) **I** *v.t.* **1** pulire (strofinando). **2** (spesso con *off*) togliere (strofinando). **3** sfregare, strofinare. **II** *v.i.* strofinare energicamente. □ (*fam.*) *to ~ out* cancellare, annullare.
scrub[2] [skrʌb] *s.* **1** boscaglia, macchia. **2** (*fam.*) piccoletto.
scrubby ['skrʌbi] *a.* **1** stentato. **2** coperto di boscaglia.
scruff [skrʌf] *s.*: *the ~ of the neck* la collottola.
scruffy ['skrʌfi] *a.* sciatto, trasandato.
scrum [skrʌm], **scrummage** ['skrʌmidʒ] *s.* (*Sport*) mischia.
scrumptious ['skrʌmpʃəs] *a.* (*fam.*) (*di cibo*) delizioso.
to **scrunch** [skrʌntʃ] *v.t.* sgranocchiare. □ *to ~ up* accartocciare.
scruple ['skru:pl] *s.* scrupolo: *without ~* senza scrupoli.
to **scruple** ['skru:pl] *v.i.* avere scrupoli.
scrupulous ['skru:pjuləs] *a.* scrupoloso, meticoloso.
scrutineer [ˌskru:ti'niə*] *s.* scrutatore.
to **scrutinize** ['skru:tinaiz] *v.t.* scrutare, esaminare attentamente.
scrutiny ['skru:tini] *s.* **1** esame accurato. **2** (*Parl.*) scrutinio. □ *to be under ~* essere sotto sorveglianza.
to **scud** [skʌd] *v.i.* (*pass., p.p.* **scudded** [–id]) correre veloce: *clouds scudded across the sky* le nuvole correvano velocemente nel cielo.
to **scuff** [skʌf] **I** *v.i.* camminare strascicando i piedi. **II** *v.t.* consumare strascicando i piedi: *an old beggar with scuffed shoes* un vecchio mendicante con le scarpe consumate.
scuffle ['skʌfl] *s.* baruffa, tafferuglio.
to **scuffle** ['skʌfl] *v.i.* azzuffarsi, accapigliarsi.
scull [skʌl] *s.* (*Mar.*) remo da bratto.
scullery ['skʌləri] *s.* retrocucina (dove c'è l'acquaio per rigovernare).
to **sculpt** [skʌlpt] *v.t.* scolpire.
sculptor ['skʌlptə*] *s.* scultore.
sculptress ['skʌlptris] *s.* scultrice.
sculptural ['skʌlptʃərəl] *a.* scultorio, scultoreo.
sculpture ['skʌlptʃə*] *s.* scultura.
to **sculpture** ['skʌlptʃə*] **I** *v.t.* scolpire. **II** *v.i.* fare lo scultore.
scum [skʌm] *s.* **1** schiuma, spuma. **2** (*fig.*) feccia, rifiuto. **3** (*Met.*) scoria.
scummy ['skʌmi] *a.* **1** schiumoso. **2** (*fig.*) meschino, spregevole.
scupper ['skʌpə*] *s.* (*Mar.*) ombrinale.
to **scupper** ['skʌpə*] *v.t.* **1** (*di nave*) affondare. **2** (*fam.*) (*general. al passivo*) rovinare: *we are scuppered!* siamo rovinati!
scurf [skə:f] *s.* **1** squama cutanea. **2** forfora.
scurfy ['skə:fi] *a.* **1** squamoso. **2** forforoso.
scurrility [skʌ'riliti] *s.* scurrilità, volgarità.
scurrilous ['skəriləs] *a.* scurrile, volgare.
scurry ['skʌri] *s.* **1** rumore di passi frettolosi, tramestio. **2** (*di vento, ecc.*) folata, raffica.
to **scurry** ['skʌri] *v.i.* affrettarsi.
scurvy ['skə:vi] **I** *s.* (*Med.*) scorbuto. **II** *a.* (*fig.*) spregevole, meschino.
scut [skʌt] *s.* (*Zool.*) coda corta, codino.
scuttle[1] [skʌtl] *s.* secchio del carbone.
to **scuttle**[1] ['skʌtl] *v.t.* (*Mar.*) colare a picco aprendo delle falle.
scuttle[2] ['skʌtl] *s.* (*Mar.*) portellino.
scuttle[3] ['skʌtl] *s.* corsa precipitosa.
to **scuttle**[2] ['skʌtl] *v.i.* (general. con *away, off*) affrettarsi, scappar via.
scythe [saið] *s.* falce.
to **scythe** [saið] *v.t.* falciare.
Se = (*Chim.*) *selenium* selenio.
sea [si:] **I** *s.* mare. **II** *a.attr.* marino; marinaro, marittimo; nautico; navale. □ (*fig.*) **all** *at ~* imbarazzato; **at** *~* in mare; **beyond** *the ~* oltremare; **by** *~* per mare, via mare; *to* **follow** *the ~* fare il marinaio; *to* **go** *to ~* imbarcarsi; *on the* **high** *seas* in alto mare; (*fam.*) **over** *the ~* = **beyond** *the ~*; *to* **put** (*out*) *to ~* salpare; *to* **stand** *out to ~* tenersi al largo.
sea-anemone ['si:ə'neməni] s. (*Zool.*) attinia.
seabass ['si:bæs] *s.* (*Zool.*) spigola.
seaboard ['si:bɔ:d] *s.* litorale, costa.
seaborne ['si:bɔ:n] *a.* marittimo, via mare.
sea breeze ['si:bri:z] *s.* brezza di mare.
seacoast ['si:kəust] *s.* costa, litorale.
sea-dog ['si:dɔg] *s.* **1** lupo di mare. **2** (*Zool.*) foca; pescecane.
seafarer ['sifɛərə*] *s.* navigante, navigatore.
seafaring ['sifɛəriŋ] *a.* marino, marittimo.
seafight ['si:fait] *s.* (*Mar. mil.*) battaglia navale.
seafood ['si:fu:d] *s.* frutti di mare e crostacei.
seafront ['si:frʌnt] *s.* lungomare.
seagoing ['si:gəuiŋ] *a.* d'alto mare.
sea-green ['si:'gri:n] *a./s.* verdemare.
seagull ['si:gʌl] *s.* (*Zool.*) gabbiano.
seahorse ['si:hɔ:s] *s.* (*Zool.*) cavalluccio marino.
seal[1] [si:l] *s.* (*pl. inv./*–**s** [–z]) **1** foca. **2** pelle di foca.
seal[2] [si:l] *s.* **1** sigillo. **2** (*fig.*) pegno, garanzia. □ *to set one's ~ to* apporre il proprio sigillo a.
to **seal** [si:l] *v.t.* **1** sigillare, applicare i sigilli (a). **2** (spesso con *up*) chiudere ermeticamente. **3** (*fig.*) suggellare; segnare: *his fate is sealed* il suo destino è segnato. □ *to ~ off* circoscrivere un territorio (impedendone l'accesso).
sealer ['si:lə*] *s.* cacciatore di foche.
sea level ['si:levl] *s.* livello del mare.
sea-lion ['si:laiən] *s.* (*Zool.*) otaria.
sealskin ['si:lskin] *s.* pelle di foca.
seam [si:m] *s.* **1** cucitura. **2** giuntura. **3** (*in miniera*) filone. **4** ruga, cicatrice.
seaman ['si:mən] *s.* (*pl.* **–men**) marinaio.
seamanlike ['si:mənlaik] *a.* marinaresco.
seamanship ['si:mənʃip] *s.* arte nautica.
seamed [si:md] *a.* segnato, solcato (di rughe).

sea mile ['si:mail] *s.* miglio marittimo.
seamless ['si:mlis] *a.* senza cucitura.
seamstress ['si:mstris] *s.* cucitrice, sartina.
seamy ['si:mi] *a.* brutto, spiacevole, sgradevole: ~ *side* lato sgradevole.
séance *fr.* ['seiɑ:ns, *am.* 'seiæns] *s.* seduta spiritica.
seaplane ['si:plein] *s.* idrovolante.
seaport ['si:pɔ:t] *s.* porto di mare.
seapower ['si:pauə*] *s.* potenza navale.
sea-quake ['si:kweik] *s.* maremoto.
sear [siə*] *a.* (*lett.*) secco, appassito.
to **sear** [siə*] *v.t.* **1** scottare, ustionare. **2** (*Med.*) cauterizzare. **3** (*fig.*) indurire, inaridire.
search [sə:tʃ] *s.* **1** ricerca; indagine, investigazione. **2** perquisizione: ~ *warrant* mandato di perquisizione.
to **search** [sə:tʃ] **I** *v.t.* **1** perlustrare, rastrellare; perquisire; rovistare in. **2** (general. con *out*) scoprire, scovare. **II** *v.i.* rovistare (*for* in cerca di). □ *to* ~ *one's memory* frugare nella memoria.
searcher ['sə:tʃə*] *s.* ricercatore.
searching ['sə:tʃiŋ] *a.* **1** indagatore, scrutatore; penetrante. **2** minuzioso, meticoloso.
searchlight ['sə:tʃlait] *s.* proiettore; riflettore.
seascape ['si:skeip] *s.* (*Pitt.*) marina.
seashell ['si:ʃel] *s.* conchiglia.
seashore ['si:'ʃɔ:*] *s.* spiaggia, litorale.
seasickness ['si:siknis] *s.* mal di mare.
seaside ['si:said] *s.* spiaggia, marina. □ ~ *resort* stazione balneare.
season ['si:zn] *s.* **1** stagione. **2** tempo, periodo; momento adatto. **3** → **season-ticket.** □ *at* **all** *seasons* in ogni momento; *in* **good** ~ al momento giusto; per tempo; ~*'s* **greetings** auguri di Natale e di Capodanno; **in** ~ di stagione; (*fig.*) **in** ~ *and out of* ~ in ogni momento; **out** *of* ~ fuori stagione; (*fig.*) *a* **word** *in* ~ una parola detta al momento opportuno.
to **season** ['si:zn] **I** *v.t.* **1** condire, insaporire. **2** (*rif. a legno*) stagionare. **II** *v.i.* (*rif. a legno*) stagionare.
seasonable ['si:znəbl] *a.* **1** di stagione. **2** opportuno, tempestivo.
seasonal ['si:zənl] *a.* stagionale.
seasoning ['si:zniŋ] *s.* (*Gastr.*) condimento.
season ticket ['si:zn,tikit] *s.* abbonamento.
seat [si:t] *s.* **1** sedile, sedia; posto (a sedere). **2** sedere, deretano. **3** (*Parl.*) seggio: *to lose a* ~ perdere un seggio. **4** (*fig.*) sede. **5** residenza, villa. □ *to* **keep** *one's* ~ restare seduto; *to* **take** *a* ~ mettersi a sedere.
to **seat** [si:t] *v.t.* **1** mettere a sedere, far sedere. **2** avere posti a sedere per: *this hall seats five hundred people* questa sala ha posti a sedere per cinquecento persone. □ *to* ~ *o.s.* sedersi.
seat-belt ['si:tbelt] *s.* cintura di sicurezza.
seater ['si:tə*] *s.* (nei composti): *a four* ~ una quattro posti.
seating ['si:tiŋ] *s.* posti a sedere.
sea urchin ['si:ə:tʃin] *s.* (*Zool.*) riccio di mare.
seaward ['si:wəd] *a.* diretto (*o* rivolto) verso il mare.
seawards ['si:wədz] *avv.* verso il mare.
seaweed ['si:wi:d] *s.* (*Bot.*) alga.
seaworthy ['si:wə:ði] *a.* atto alla navigazione.
Sebastian [si'bæstjən] *N.pr.m.* Sebastiano.
sec. = **1** *second* secondo. **2** *section* sezione.
secant ['si:kənt] *a./s.* (*Geom.*) secante.
to **secede** [si'si:d] *v.i.* staccarsi, separarsi (*from* da).
to **secerne** [si'sə:n] *v.t.* (*Med.*) secernere.
secession [si'seʃən] *s.* secessione.
secessionism [si'seʃənizəm] *s.* secessionismo.
secessionist [si'seʃənist] *s.* secessionista *m./f.*
to **seclude** [si'klu:d] *v.t.* appartare, isolare.
secluded [si'klu:did] *a.* appartato, isolato; ritirato.
seclusion [si'klu:ʒən] *s.* **1** solitudine, isolamento. **2** ritiro, luogo appartato.
second[1] ['sekənd] *s.* **1** (minuto) secondo. **2** (*fig.*) attimo, istante.
second[2] ['sekənd] **I** *a.* **1** secondo. **2** (*fig.*) inferiore, secondo. **II** *s.* **1** secondo. **2** *pl.* (*Comm.*) merce di seconda qualità. **3** (*Mot.*) seconda. **4** (*nei duelli*) secondo padrino. **5** (*Mus.*) seconda; intervallo di seconda. **III** *avv.* in secondo luogo. □ **every** ~ uno sì e uno no; ~ (*to*) **last** penultimo; ~ *in* **line** secondo in ordine di successione; (*fig.*) secondo in graduatoria; *to take* ~ **place** ottenere il secondo posto; (*fig.*) passare in seconda linea; ~ **sight** prescienza; ~ **thoughts** ripensamento.
to **second** ['sekənd] *v.t.* **1** appoggiare, sostenere. **2** (*nei duelli*) fare da secondo a. **3** (*Mil.*) [si'kɔnd, *am.* 'sekənd] distaccare.
secondary ['sekəndəri, *am.* –eri] **I** *a.* **1** secondario. **2** subordinato (*to* a); accessorio. **II** *s.* subalterno. □ ~ *school* scuola media.
second-best ['sekənd'best] *a.* secondo (per qualità).
second childhood ['sekənd'tʃailhud] *s.* senilità.
second-class ['sekənd'klɑ:s] *a.* di seconda classe.
seconder ['sekəndə*] *s.* sostenitore (di una mozione, ecc.).
second-hand **I** *a.* ['sekənd'hænd] di seconda mano; usato. **II** *s.* ['sekəndhænd] lancetta dei secondi.
second-rate ['sekənd'reit] *a.* di qualità inferiore, di second'ordine.
secrecy ['si:krəsi] *s.* **1** segretezza. **2** discrezione, riserbo.
secret ['si:krit] **I** *a.* **1** segreto; riservato; nascosto. **2** (*di luogo*) appartato, isolato. **II** *s.* segreto; mistero. □ **in** ~ in segreto, segretamente; *to be* **in** *the* ~ essere a parte del segreto; *to* **keep** *a* ~ mantenere un segreto; *to* **let** *s.o. into a* ~ mettere qd. a parte di un segreto; **open** ~ segreto di Pulcinella; ~ **society** società segreta.

secret agent ['si:krit'eidʒənt] *s.* agente segreto.
secretarial [ˌsekrə'tɛəriəl] *a.* di segretario: ~ *staff* il personale della segreteria.
secretariat(e) [ˌsekrə'tɛəriət] *s.* segretariato.
secretary ['sekrətəri] *s.* **1** segretario. **2** (*am.*) ministro. ▭ *Secretary of State* (*GB*) ministro; (*USA*) segretario di stato, ministro degli (affari) esteri.
to **secrete** [si'kri:t] *v.t.* **1** secernere. **2** (*Dir.*) occultare.
secretion [si'kri:ʃən] *s.* **1** secrezione. **2** (*Dir.*) occultamento.
secretive [si'kri:tiv] *a.* riservato, reticente.
secret service ['si:krit'sə:vis] *s.* servizio segreto.
sect [sekt] *s.* setta (religiosa); fazione.
sectarian [sek'tɛəriən] **I** *a.* settario; fazioso. **II** *s.* membro di una setta; settario.
sectarianism [sek'tɛəriənizəm] *s.* settarismo.
section ['sekʃən] *s.* **1** sezione; parte, porzione. **2** zona, regione; distretto (di una città). **3** (*Edit.*) sezione; paragrafo. **4** (*Giorn.*) rubrica. **5** (*di ufficio, ecc.*) sezione, reparto. **6** (*Geom.*) sezione, spaccato. ▭ (*Med.*) **Cesarean** ~ taglio cesareo; (*Tip.*) ~ **mark** segno di paragrafo.
to **section** ['sekʃən] *v.t.* sezionare, dividere in sezioni.
sectional ['sekʃənl] *a.* **1** in sezioni, a pezzi. **2** locale, regionale; campanilistico. ▭ ~ *furniture* mobili componibili.
sectionalism ['sekʃənəlizəm] *s.* campanilismo.
sector ['sektə*] *s.* **1** (*Geom.*) settore (circolare). **2** (*Mil.*) settore, zona. **3** (*fig.*) settore, ambito.
secular ['sekjulə*] **I** *a.* **1** secolare, laico. **2** mondano, terreno. **3** temporale: ~ *power* potere temporale. ▭ ~ *priest* prete secolare.
secularism ['sekjulərizəm] *s.* laicismo.
to **secularize** ['sekjuləraiz] *v.t.* secolarizzare.
secure [se'kjuə*] *a.* **1** sicuro; certo. **2** saldo, resistente. ▭ *to make* ~ fermare, fissare.
to **secure** [se'kjuə*] *v.t.* **1** mettere al sicuro, proteggere. **2** (*Mil.*) fortificare. **3** assicurare, fissare. **4** chiudere, serrare (porte, finestre). **5** procurarsi, assicurarsi: *to* ~ *a position* assicurarsi un impiego.
security [si'kjuəriti] *s.* **1** sicurezza; certezza. **2** protezione, difesa. **3** (*Dir.*) garanzia, cauzione. **4** *pl.* (*Econ.*) titoli, valori mobiliari. ▭ *securities* **holding** portafoglio titoli; *to* **lend** *money on* ~ prestare denaro su garanzia.
sedan [si'dæn] *s.* (*am. Aut.*) berlina. ▭ ~ *chair* portantina.
sedate [si'deit] *a.* posato, calmo.
sedative ['sedətiv] *a./s.* (*Farm.*) sedativo, calmante.
sedentary ['sedəntəri] *a.* **1** sedentario. **2** (*Zool.*) stanziale.
sediment ['sedimənt] *s.* sedimento; deposito.
sedimentary [ˌsedi'mentəri] *a.* sedimentario.
sedimentation [ˌsedimen'teiʃən] *s.* sedimentazione.
sedition [si'diʃən] *s.* sedizione.
seditious [si'diʃəs] *a.* sedizioso.
to **seduce** [si'dju:s, *am.* –du:s] *v.t.* **1** corrompere; sviare. **2** sedurre.
seducer [si'dju:sə* *am.* –'du:s–] *s.* seduttore.
seduction [si'dʌkʃən] *s.* seduzione; allettamento.
seductive [si'dʌktiv] *a.* seducente; allettante.
sedulous ['sedjuləs, *am.* 'sedʒu–] *a.* perseverante.
see [si:] *s.* (*Rel.*) sede vescovile; vescovado; diocesi. ▭ *the Holy See* la Santa Sede.
to **see** [si:] *v.t./i.* (*pass.* **saw** [sɔ:], *p.p.* **seen** [si:n]) **1** vedere. **2** capire, comprendere; venire a conoscenza (da giornali, ecc.): *if you* ~ *what I mean* se capisci cosa voglio dire. **3** andare a trovare, visitare; consultare (un medico, ecc.); ricevere. **4** accompagnare: *he saw me to the station* mi accompagnò alla stazione. **5** badare, prendersi cura di: ~ *that the work is done* bada che il lavoro sia fatto. ▭ *to* ~ **about** *s.th.* occuparsi di qc.; *to* ~ **after** badare a; (*fam.*) **be** *seeing you!* arrivederci, a presto; *as* **far** *as I can* ~ a mio modo di vedere; *as* **far** *as the eye could* ~ a vista d'occhio; *to* ~ **fit** *to do s.th.* ritenere giusto fare qc.; *to* ~ **for** *o.s.* vedere con i propri occhi; *to* ~ **into** esaminare, studiare; *to* ~ **little** *of s.o.* vedere qd. raramente; *to* ~ *a* **lot** *of s.o.* vedere spesso qd.; *to* ~ *s.o.* **off** accompagnare qd. (p.e. alla stazione); *to* ~ *s.o.* **off** *s.th.* mandare via qd.; *to* ~ *s.o.* **out** (*of s.th.*) accompagnare alla porta; *to* ~ *s.th.* **out** vedere la fine di qc.; *to* ~ **over** esaminare, ispezionare; ~ *you* **soon** (arrivederci) a presto; (*fig.*) *to* ~ **through** aiutare a superare; (*fig.*) *to* ~ **to** badare a, occuparsi di.
seed [si:d] *s.* **1** seme. **2** (*collett.*) semente, semenza. **3** (*Fisiologia*) seme, sperma. **4** (*fig.*) germe, origine; discendenza, progenie. **5** (*Sport*) atleta classificato. ▭ (*Bot.*) *to go to* ~ sementire; (*fig.*) trascurare il proprio aspetto.
to **seed** [si:d] **I** *v.t.* **1** seminare. **2** togliere i semi a. **3** (*Sport*) classificare. **II** *v.i.* **1** (*Bot.*) sementire, andare in semenza. **2** (*Agr.*) seminare.
seed-bed ['si:dbed] *s.* **1** (*Agr.*) semenzaio, lettorino. **2** vivaio (*anche fig.*).
seed-corn ['si:dkɔ:n] *s.* grano da semina.
seeder ['si:də*] *s.* **1** seminatore. **2** (*Agr.*) seminatrice.
seedling ['si:dliŋ] *s.* giovane pianta; semenzale, plantula.
seed-pearl ['si:dpə:l] *s.* piccola perla.
seedsman ['si:dzmən] *s.* (*pl.* **–men**) commerciante di sementi.
seedy ['si:di] *a.* **1** pieno di semi. **2** (*fam.*) trasandato, sciatto; disordinato; squallido. **3** (*fam.*) indisposto.
seeing ['si:iŋ] *congz.* (general. con *that*) considerato che, visto che. ▭ ~ *is believing* vedere per credere.

to **seek** [si:k] *v.* (*pass., p.p.* **sought** [sɔ:t]) **I** *v.t.* **1** cercare; ricercare. **2** chiedere: *to ~ s.o.'s opinion* chiedere il parere di qd. **3** (*seguito dall'inf.*) cercare, tentare. **II** *v.i.* andare in cerca (*for, after* di). □ *much sought after* molto richiesto.

to **seem** [si:m] *v.i.* **1** sembrare, parere, apparire. **2** (*seguito dall'inf.*) sembrare che: *you do not ~ to believe me* ho l'impressione che tu non mi voglia credere. **3** (*impers.*) sembrare, parere: *it would ~ that* sembrerebbe che. □ *to ~* **as** *if* (o *though*) sembrare che; *to act as seems* **best** agire come sembra meglio; **so** *it seems* così pare; *it would ~* **so** sembra di sì.

seeming ['si:miŋ] *a.* apparente; finto.

seemingly ['si:miŋli] *avv.* **1** apparentemente. **2** evidentemente.

seemly ['si:mli] *a.* decoroso; decente; conveniente.

seen [si:n] → to **see**.

to **seep** [si:p] *v.i.* **1** filtrare; gocciolare; penetrare. **2** (*fig.*) (gener. con *out*) trapelare, diffondersi.

seepage ['si:pidʒ] *s.* infiltrazione; gocciolamento.

seer ['si:ə*] *s.* profeta; veggente.

seesaw ['si:sɔ:] *s.* **1** altalena a bilico. **2** (*fig.*) alterna vicenda.

to **seesaw** ['si:sɔ:] *v.i.* **1** oscillare, ondeggiare. **2** fare l'altalena.

to **seethe** [si:ð] *v.* (*pass., p.p.* **seethed** [–d]) **I** *v.i.* **1** (*fig.*) fremere, ribollire; essere in subbuglio; brulicare. **2** bollire, ribollire. **II** *v.t.* bollire, lessare.

segment ['segmənt] *s.* **1** (*Geom.*) segmento. **2** parte, porzione. **3** (*di frutto*) spicchio; (*di dolce*) fetta.

to **segment** ['segmənt] **I** *v.t.* dividere in segmenti. **II** *v.i.* dividersi in segmenti.

segmentation [ˌsegmen'teiʃən] *s.* segmentazione.

to **segregate** ['segrigeit] **I** *v.t.* segregare, isolare. **II** *v.i.* isolarsi, segregarsi.

segregated ['segrigeitid] *a.* **1** separato. **2** segregazionista, che applica la segregazione razziale.

segregation [ˌsegri'geiʃən] *s.* segregazione, isolamento.

seismic ['saizmik] *a.* sismico.

seismograph ['saizməgrɑ:f] *s.* sismografo.

seismologic [ˌsaizmə'lɔdʒik], **seismological** [ˌsaizmə'lɔdʒikl] *a.* sismologico.

seismologist [ˌsaiz'mɔlədʒist] *s.* sismologo.

to **seize** [si:z] **I** *v.t.* **1** afferrare, prendere. **2** impadronirsi di, impossessarsi di (*anche fig.*). **3** (*fig.*) capire, comprendere. **4** arrestare, catturare. **5** (*Dir.*) confiscare, sequestrare. **6** (*rif. a malattia*) (*general. al passivo*) cogliere, colpire. **II** *v.i.* **1** afferrarsi, aggrapparsi (*on, at* a). **2** (spesso con *up*) bloccarsi; (*Mecc.*) grippare. □ *to ~* **hold** *of s.th.* afferrare qc.; *to ~ the* **opportunity** cogliere l'occasione.

seizure ['si:ʒə*] *s.* **1** presa. **2** conquista. **3** (*Dir.*) confisca, sequestro. **4** (*Med.*) attacco, accesso. **5** (*Mecc.*) grippaggio. □ *~ of factories by strikers* l'occupazione delle fabbriche da parte degli operai in sciopero.

seldom ['seldəm] *avv.* raramente, di rado.

select [si'lekt] *a.* **1** scelto, selezionato. **2** (*di club, ecc.*) esclusivo. **3** esigente.

to **select** [si'lekt] *v.t.* scegliere, selezionare.

selection [si'lekʃən] *s.* **1** scelta; selezione. **2** assortimento. **3** brano scelto; antologia.

selective [si'lektiv] *a.* selettivo.

selectivity [ˌsilek'tiviti] *s.* selettività.

selector [si'lektə*] *s.* **1** selezionatore. **2** (*tecn.*) selettore.

selenium [si'li:njəm] *s.* (*Chim.*) selenio.

self [self] *s.* (*pl.* **selves** [selvz]) **1** io; sé. **2** interesse personale. □ *my* **better** *~* il mio lato migliore; *to feel one's* **old** *~ again* sentirsi di nuovo quello di una volta; (*negli assegni*) **pay** *to ~* pagate a me stesso; *he showed his* **true** *~* mostrò il suo vero io.

self-abnegation ['selfˌæbni'geiʃən] *s.* abnegazione.

self-absorbed [ˌselfəb'sɔ:bd] *a.* molto compreso di sé; egocentrico; egoista.

self-assertion [ˌselfə'se:ʃn] *s.* affermazione dei propri diritti; autoaffermazione.

self-assertive [ˌselfə'sə:tiv] *a.* che si fa valere.

self-assurance [ˌselfə'ʃuərəns] *s.* sicurezza di sé.

self-centered *am.*, **self-centred** [ˌself'sentəd] *a.* egocentrico.

self-collected [ˌselfkə'lektid] *a.* composto, padrone di sé.

self-coloured [ˌself'kʌləd] *a.* **1** a tinta unita. **2** color naturale.

self-composed [ˌselfkəm'pəuzd] *a.* composto, calmo.

self-conceit [ˌselfkən'si:t] *s.* presunzione.

self-confidence [ˌself'kɔnfidəns] *s.* sicurezza di sé.

self-confident [ˌself'kɔnfidənt] *a.* sicuro di sé.

self-conscious [ˌself'kɔnʃəs] *a.* **1** cosciente di sé. **2** 'mbarazzato; timido.

self-consciousness [ˌself'kɔnʃəsnis] *s.* imbarazzo; timidezza.

self-contained [ˌselfkən'teind] *a.* **1** riservato; controllato; padrone di sé. **2** autosufficiente, autonomo, indipendente. □ *a ~ flat* un appartamento indipendente, dotato di tutti i servizi.

self-control [ˌselfkən'trəul] *s.* autocontrollo.

self-criticism [self'kritisizəm] *s.* autocritica.

self-deception [ˌselfdi'sepʃən] *s.* illusione.

self-defence, **self-defense** *am.* [ˌselfdi'fens] *s.* **1** autodifesa. **2** (*Dir.*) legittima difesa.

self-denial [ˌselfdi'naiəl] *s.* abnegazione.

self-determination ['selfdiˌtə:mi'neiʃən] *s.* autodeterminazione.

self-discipline [ˌself'disiplin] *s.* autodisciplina.

self-educated [ˌself'edju(:)keitid] *a.* autodidatta.

self-effacing [ˌselfi'feisiŋ] *a.* che non desidera attirare l'attenzione, modesto.
self-employed [ˌselfim'plɔid] *a.* autonomo, che lavora in proprio.
self-esteem [ˌselfis'ti:m] *s.* stima di sé.
self-evident [ˌself'evidənt] *a.* evidente, ovvio.
self-examination ['selfigˌzæmi'neiʃən] *s.* introspezione.
self-government [ˌself'gʌvnmənt] *s.* autogoverno.
self-help [ˌself'help] *s.* il contare solo sulle proprie forze.
self-important [ˌselfim'pɔ:tənt] *a.* presuntuoso, borioso.
self-indulgent [ˌselfin'dʌldʒənt] *a.* troppo compiacente verso se stesso.
self-interest [ˌself'intrist] *s.* egoismo; interesse personale.
selfish ['selfiʃ] *a.* egoista; egoistico.
selfless ['selflis] *a.* altruista.
self-made [ˌself'meid] *a.* che si è fatto da sé.
self-opinionated [ˌselfə'pinjəneitid] *a.* **1** presuntuoso. **2** testardo, irriducibile.
self-pity [ˌself'piti] *s.* autocommiserazione.
self-portrait [ˌself'pɔ:trit] *s.* autoritratto.
self-possessed [ˌselfpə'zest] *a.* controllato, padrone di sé; composto.
self-preservation ['selfˌprezə'veiʃən] *s.* istinto di conservazione.
self-propelled [ˌselfprə'peld] *a.* a propulsione autonoma.
self-raising flour ['selfreiziŋ'flauə*] *s.* farina (per torte) autolievitante.
self-reliance [ˌselfri'laiəns] *s.* fiducia in se stesso.
self-reliant [ˌselfri'laiənt] *a.* fiducioso in se stesso.
self-respect [ˌselfris'pekt] *s.* rispetto di sé.
self-righteous [ˌself'raitʃəs] *a.* **1** farisaico, ipocrita; bacchettone. **2** (*estens.*) presuntuoso, dotato di un'alta immagine di se stesso.
self-sacrifice [ˌself'sækrifais] *s.* sacrificio di sé, abnegazione.
self-same ['selfseim] *a.* identico.
self-satisfied [ˌself'sætisfaid] *a.* troppo compiaciuto di sé.
self-seeking [ˌself'si:kiŋ] **I** *s.* egoismo, opportunismo. **II** *a.* egoistico, opportunista.
self-service [ˌself'sə:vis] *s.* ristorante dove ci si serve da soli, self-service.
self-starter [ˌself'stɑ:tə*] *s.* **1** (*Mot.*) motorino d'avviamento. **2** (*fig.*) persona volonterosa ricca di iniziative.
self-styled [ˌself'staild] *a.* sedicente.
self-sufficiency [ˌselfsə'fiʃənsi] *s.* **1** autosufficienza. **2** (*Econ.*) autarchia.
self-sufficient [ˌselfsə'fiʃənt] *a.* **1** autosufficiente. **2** (*Econ.*) autarchico.
self-supporting [ˌselfsə'pɔ:tiŋ] *a.* economicamente autosufficiente.
self-taught person [selftɔ:t'pə:sn] *s.* autodidatta.
self-taxation [selftæk'seiʃən] *s.* autotassazione.
self-will [ˌself'wil] *s.* ostinatezza, cocciutaggine.
self-willed [ˌself'wild] *a.* ostinato, cocciuto.
sell [sel] *s.* (*fam.*) imbroglio, truffa.
to **sell** [sel] *v.* (*pass.*, *p.p.* **sold** [səuld]) **I** *v.t.* **1** vendere; smerciare; commerciare (in). **2** imbrogliare, ingannare; tradire. **II** *v.i.* (*di merci*) vendersi, trovare smercio. □ *to* ~ **off** liquidare, svendere; (*fam.*) *to be sold* **on** *s.th.* accettare qc. con entusiasmo; *to* ~ **out** vendere interamente, esaurire; (*fig.*) tradire, vendere; *to* ~ *o.s.* **short** sottovalutarsi; *to* ~ **up** mettere in liquidazione i propri beni per pagare i debiti; svendere.
seller ['selə*] *s.* venditore. □ *a* **good** (o *poor*) ~ un articolo che si vende bene (*o* male); **short** ~ ribassista.
selling ['seliŋ] *s.* vendita: ~ *price* prezzo di vendita.
Sellotape ['selɔteip] *s.* nastro adesivo trasparente.
sell-out ['selaut] *s.* **1** svendita, liquidazione. **2** (*fam.*) fregatura.
selvage, selvedge ['selvidʒ] *s.* (*di stoffa*) cimosa, vivagno.
selves [selvz] → **self**.
semantic [si'mæntik] *a.* semantico.
semantics [si'mæntiks) *s.pl.* (costr. sing.) semantica.
semaphore ['seməfɔ:*] *s.* **1** (*Mar.*) sistema di segnalazione con bandiere (a mano). **2** (*Ferr.*) semaforo.
to **semaphore** ['seməfɔ:*] *v.t./i.* (*Mar.*, *Ferr.*) segnalare con bandiere a mano.
semblance ['sembləns] *s.* apparenza, aspetto.
semen ['si:mən] *s.* (*Biol.*) sperma, seme.
semester [si'mestə*] *s.* semestre (accademico).
semicircle ['semisə:kl] *s.* semicerchio.
semicircular [ˌsemi'sə:kjulə*] *a.* semicircolare.
semicolon ['semi'kəulən] *s.* punto e virgola.
semiconductor ['semikən'dʌktə*] *s.* (*El.*) semiconduttore.
semi-detached [ˌsemidi'tætʃt] **I** *a.* (*di abitazione*) a schiera. **II** *s.* abitazione a schiera.
semi-final [ˌsemi'fainl] *a./s.* (*Sport*) semifinale.
semi-finalist [ˌsemi'fainəlist] *s.* (*Sport*) semifinalista.
semi-finished [ˌsemi'finiʃt] *a.* (*di prodotti*) semilavorato.
seminal ['seminl] *a.* **1** seminale. **2** (*fig.*) fecondo, fertile. **3** (*estens.*) basilare, di importanza fondamentale. **4** originario. **5** creativo.
seminar ['seminɑ:*] *s.* (*Univ.*) seminario.
seminarist ['seminərist] *s.* (*Rel.*) seminarista.
seminary ['seminəri] *s.* **1** (*Rel.*) seminario. **2** (*ant.*) scuola superiore. **3** (*fig.*) vivaio, ricettacolo.
semi-official [ˌsemiə'fiʃəl] *a.* ufficioso.
semiotics [ˌsi:mi'ɔtiks] *s.pl.* (costr. sing.) semiotica.
semi-precious [ˌsi:mi'preʃəs] *a.* (*di pietra*) semiprezioso.
semiquaver ['semikweivə*] *s.* (*Mus.*) semicroma.

Semite ['si:mait] *s.* semita *m./f.*
Semitic [si'mitik] *a.* semitico.
semitone [ˌsemi'təun] *s.* (*Mus.*) semitono.
semitropical [ˌsemi'trɔpikəl] *a.* subtropicale.
semivowel ['semiˌvauəl] *s.* semivocale.
semolina [ˌsemə'li:nə] *s.* (*Alim.*) (farina di) semola; semolino.
sempstress ['sempstris] → **seamstress.**
senate ['senit] *s.* **1** senato. **2** (*Univ.*) senato accademico.
senator ['senətə*] *s.* senatore.
senatorial [ˌsenə'tɔ:riəl] *a.* senatoriale. ▭ (*USA*) ~ *discrict* distretto che può eleggere un senatore.
to **send** [send] *v.* (*pass., p.p.* **sent** [sent]) *v.t.* **1** mandare, inviare; spedire. **2** scagliare, lanciare. **3** (*Rad.*) trasmettere. **4** fare, far diventare: *his speech almost sent me to sleep* il suo discorso mi fece quasi dormire. ▭ *to* ~ **after** mandare a chiamare; *to* ~ **away** mandare via; licenziare; *to* ~ **back** rinviare; rimandare; (*fam.*) *to* ~ *s.o. about his* **business** mandare qd. al diavolo; *to* ~ **down:** 1 far scendere; 2 espellere (dall'università); *to* ~ **for** mandare a chiamare, far venire; mandare a prendere; *to* ~ **forth** emettere, emanare; *to* ~ **in** presentare, farsi precedere; *to* ~ **off:** 1 spedire, inviare; 2 salutare (alla partenza), accomiatarsi da; 3 (*Sport*) espellere; *to* ~ **on** inoltrare, spedire: *I had my luggage sent on* mi son fatto inoltrare il bagaglio; *to* ~ **out** inoltrare, emettere, emanare; *to* ~ **up** mettere in ridicolo.
sender ['sendə*] *s.* **1** (*Poste*) mittente *m./f.* **2** (*Rad., Tel.*) apparecchio trasmittente.
send-off ['sendɔ:f] *s.* (*fam.*) saluto, commiato.
send-up [ˌsendʌp] *s.* (*fam.*) parodia, imitazione.
senile ['si:nail] *a.* **1** senile. **2** rimbambito.
senility [si'niliti] *s.* senilità.
senior ['si:njə*] **I** *a.* **1** più vecchio, maggiore, più anziano. **2** anziano: ~ *member* membro anziano. **3** più autorevole; di grado più elevato. **II** *s.* **1** anziano. **2** superiore. **3** studente dell'ultimo anno di scuola media superiore. ▭ *he is my* ~ **by** *three years* ha tre anni più di me; (*am.*) ~ **high** *school* liceo.
senior citizen ['si:njə'sitizn] *s.* persona in età pensionabile.
seniority [ˌsi:ni'ɔriti] *s.* anzianità (di servizio).
sensation [sen'seiʃən] *s.* **1** sensazione. **2** scalpore; cosa sensazionale.
sensational [sen'seiʃənl] *a.* **1** sensazionale, eccezionale, straordinario. **2** che suscita scalpore.
sensationalism [sen'seiʃnəlizəm] *s.* ricerca del sensazionale.
sense [sens] *s.* **1** senso. **2** buonsenso, giudizio; senno. **3** impressione, sensazione. **4** senso, significato. ▭ *to* **bring** *s.o. to his senses* far rinsavire qd.; *to* **come** *to one's senses* rinsavire; **in** *a* (*certain*) ~ in un certo senso; *to be* **in** *one's* (*right*) *senses* essere nel pieno possesso delle proprie facoltà mentali; *to* **make** ~ avere senso; *to* **make** ~ *of s.th.* trovare un senso in qc.; *to be* **out** *of one's senses* essere pazzo; *to have a keen* ~ *of* **smell** avere un odorato fine; *to* **talk** ~ parlare in modo assennato.
to **sense** [sens] *v.t.* intuire, percepire.
senseless ['senslis] *a.* **1** insensato; senza senso. **2** privo di sensi.
sensibility [ˌsensi'biliti] *s.* **1** sensibilità. **2** *pl.* suscettibilità.
sensible ['sensəbl] *a.* **1** assennato, ragionevole. **2** sensibile, rilevante. **3** pratico, comodo. **4** (*ant.*) sensibile, consapevole, conscio. ▭ ~ *of* consapevole di.
sensitive ['sensitiv] *a.* **1** sensibìle. **2** suscettibile, permaloso. **3** delicato, spinoso. **4** sensitivo, sensibile: *a* ~ *plant* una pianta sensitiva.
sensitivity [ˌsensi'tiviti] *s.* **1** sensibilità; emotività. **2** suscettibilità.
to **sensitize** ['sensitaiz] *v.t.* sensibilizzare, rendere sensibile.
sensor ['sensə*] *s.* (*tecn.*) sensore.
sensorial [sen'sɔ:riəl], **sensory** ['sensəri] *a.* sensorio, sensoriale.
sensual ['sensjuəl] *a.* sensuale.
sensuality [ˌsensju'æliti] *s.* sensualità.
sensuous ['sensjuəs] *a.* sensuale; voluttuoso.
sent [sent] → to **send.**
sentence ['sentəns] *s.* **1** (*Gramm.*) proposizione, frase, periodo. **2** (*Dir.*) condanna; sentenza.
to **sentence** ['sentəns] *v.t.* (*Dir.*) condannare (*to* a).
sententious [sen'tenʃəs] *a.* sentenzioso.
sentiment ['sentimənt] *s.* **1** sentimento, stato d'animo. **2** opinione, punto di vista: *these are my sentiments* ecco la mia opinione. **3** sentimentalismo.
sentimental [ˌsenti'mentl] *a.* sentimentale.
sentimentalism [ˌsenti'mentəlizəm] *s.* sentimentalismo.
sentimentality [ˌsentimen'tæliti] *s.* sentimentalismo.
to **sentimentalize** [ˌsenti'mentəlaiz] **I** *v.t.* rendere sentimentale. **II** *v.i.* fare il sentimentale.
sentry ['sentri] *s.* (*Mil.*) sentinella. ▭ *to come* **off** ~ smontare di guardia; *to go* **on** ~ montare la guardia; *to be* **on** ~ stare di sentinella.
sentry box ['sentribɔks] *s.* garitta.
sepal ['sepəl] *s.* (*Bot.*) sepalo.
separable ['sepərəbl] *a.* separabile.
separate ['seprit] *a.* **1** separato, staccato; disgiunto. **2** singolo, individuale. **3** diverso, differente.
to **separate** ['sepəreit] **I** *v.t.* separare; disgiungere (*from* da). **II** *v.i.* dividersi, separarsi.
separation [ˌsepə'reiʃən] *s.* separazione.
separatism ['sepərətizəm] *s.* (*Pol.*) separatismo.
separatist ['sepərətist] *s.* (*Pol.*) separatista *m./f.*

sepia ['si:piə] *s.* **1** (*Zool.*) seppia. **2** nero di seppia.
sepsis ['sepsis] *s.* (*Med.*) sepsi.
Sept. = *September* settembre (sett.).
September [sep'tembə*] *s.* settembre.
septic ['septik] *a.* (*Med.*) settico. □ *to become* ~ infettarsi.
septicaemia [,septi'si:miə] *s.* (*Med.*) setticemia.
septic tank ['septik,tæŋk] *s.* fossa biologica.
septuagenarian [,septjuədʒi'nεəriən] *a./s.* settuagenario.
sepulcher *am.* ['sepəlkə*] → **sepulchre.**
sepulchral [si'pʌlkrəl] *a.* sepolcrale.
sepulchre ['sepəlkə*] *s.* sepolcro, tomba.
sequel ['si:kwəl] *s.* **1** (*Lett.*) seguito, continuazione. **2** conseguenza, effetto. □ *in the* ~ in seguito.
sequence ['si:kwəns] *s.* **1** sequenza; successione. **2** serie, sequela. □ **in** ~ in ordine successivo; (*Gramm.*) ~ *of* **tenses** correlazione dei tempi.
sequential [si'kwenʃəl] *a.* che forma una successione; conseguente.
to **sequester** [si'kwestə*] *v.t.* **1** isolare, appartare. **2** (*Dir.*) sequestrare; confiscare.
to **sequestrate** [si'kwestreit] *v.t.* (*Dir.*) sequestrare; confiscare.
sequestration [,si:kwes'treiʃən] *s.* (*Dir.*) sequestro; confisca.
sequin ['si:kwin] *s.* lustrino.
sequoia [si'kwɔiə] *s.* (*Bot.*) sequoia.
seraph ['serəf] *s.* (*pl.* **–s** [–s]/**–im** [–im]) serafino.
seraphic [sə'ræfik] *a.* serafico.
Serb [sə:b], **Serbian** ['sə:biən] *a./s.* serbo.
Serbo-Croatian [,sə:bə(u)krəu'eiʃən] *a./s.* serbocroato.
sere [siə*] →**sear.**
serenade [,seri'neid] *s.* serenata.
to **serenade** [,seri'neid] *v.t./i.* fare una serenata (a).
serene [si'ri:n] *a.* sereno; calmo, tranquillo. □ *His Serene Highness* Sua Altezza serenissima.
serenity [si'reniti] *s.* serenità; tranquillità, calma.
serf [sə:f] *s.* **1** (*Stor.*) servo della gleba. **2** (*fig.*) schiavo.
serfdom ['se:fdəm] *s.* **1** (*Stor.*) servitù della gleba. **2** (*fig.*) schiavitù.
sergeant ['sɑ:dʒənt] *s.* **1** (*Mil.*) sergente. **2** brigadiere (di polizia). □ (*Mil.*) ~ *major* sergente maggiore.
serial ['siəriəl] **I** *s.* **1** romanzo a puntate; sceneggiato a puntate; film a episodi. **2** (*Edit.*) pubblicazione periodica. **II** *a.* **1** a puntate, a episodi; a dispense. **2** in serie, di serie. □ ~ *number* numero di serie.
to **serialize** ['siəriəlaiz] *v.t.* **1** pubblicare a puntate. **2** (*Rad., TV*) trasmettere a puntate.
sericulture [,seri'kʌltʃə*] *s.* sericoltura.
sericulturist [,seri'kʌltʃərist] *s.* sericoltore.
series ['siəri:z] *s.* **1** serie. **2** (*Edit.*) collana. □ *in* ~ in serie (*anche El.*).
serious ['siəriəs] *a.* serio; grave; importante. □ *are you* ~? dici sul serio?
seriously ['siəriəsli] *avv.* **1** seriamente; sul serio. **2** gravemente. **3** (*esclam.*) scherzi a parte. □ *to take s.th.* ~ prendere qc. sul serio.
seriousness ['siəriəsnis] *s.* serietà; gravità. □ *in all* ~ con tutta serietà.
sermon ['sə:mən] *s.* **1** sermone, predica. **2** (*fam.*) predicozzo, sproloquio.
to **sermonize** ['sə:mənaiz] *v.t./i.* predicare (a).
serous ['siərəs] *a.* sieroso.
serpent ['sə:pənt] *s.* (*Zool.*) serpente, serpe (*anche fig.*).
serpentine ['sə:pəntain, *am.* –ti:n] *a.* serpeggiante, tortuoso.
serrated [se'reitid, *am.* 'se–] *a.* dentellato, seghettato.
serried ['serid] *a.* serrato, compatto.
serum ['siərəm] *s.* (*Biol.*) siero.
servant ['sə:vənt] *s.* **1** domestico, servo. **2** funzionario statale, pubblico dipendente. **3** (*fig.*) servo. □ *civil* ~ impiegato statale.
serve [sə:v] *s.* (*Sport*) servizio.
to **serve** [sə:v] **I** *v.t.* **1** stare a servizio, servire. **2** servire (in un negozio): *the assistant served me right away* la commessa mi servì subito. **3** scontare, espiare. **4** trattare: *he served him unfairly* lo ha trattato ingiustamente. **5** (*Dir.*) notificare: *to* ~ *s.o. a summons* notificare una citazione a qd. **6** (*Sport., Rel.*) servire. **II** *v.i.* **1** servire, essere a servizio. **2** servire, fungere da. **3** essere utile, giovare. **4** servire a tavola; servire (i clienti) in un negozio. **5** (*Sport*) effettuare il servizio. **6** (*Rel.*) servire messa. □ *to* ~ *in the* **army** fare il servizio militare; (*fig.*) *to* ~ *two* **masters** servire due padroni; *to* ~ **on** *a jury* fare parte di una giuria; *to* ~ **out** distribuire (cibo); *to* ~ *its* (o *the*) **purpose** servire al proprio scopo; *that serves him* **right***!* ben gli sta!; (*fam.*) *to* ~ **time** essere in carcere.
server ['sə:və*] *s.* **1** (*Sport*) chi è alla battuta. **2** (*Rel.*) chierico. **3** vassoio.
service ['sə:vis] *s.* **1** servizio. **2** (*Mil.*) arma, corpo; servizio (militare). **3** servigio, servizio; favore. **4** riparazione, manutenzione. **5** (*in un ristorante*) servizio, coperto. **6** servizio da tavola. **7** (*Rel.*) ufficio, funzione. **8** (*Sport*) servizio. **9** (*Dir.*) notifica. □ **at** *s.o.'s* ~ a disposizione di qd.; *to* **go** *into* ~ andare a servizio; *to be* **in** ~ essere a servizio; **of** ~ utile; *to have* **seen** (*good*) ~ essere servito (bene) allo scopo; ~ **station** stazione di servizio.
to **service** ['sə:vis] *v.t.* **1** provvedere alla manutenzione di; riparare. **2** dare assistenza a.
serviceable ['sə:visəbl] *a.* **1** pratico, funzionale; resistente. **2** pronto per l'uso.
service industries ['sə:vis'indəstriz] *s.* industrie dei servizi, terziario.
serviceman ['sə:vismən] *s.* (*pl.* **–men**) (*Mil.*) membro delle forze armate.

serviette [ˌsə:viˈet] *s.* tovagliolo, salvietta.
servile [ˈsə:vail, *am.* ˈsə:v(ə)l] *a.* servile, strisciante.
servility [səˈviliti] *s.* servilismo.
serving [ˈsə:viŋ] **I** *a.* da portata: ~ *dish* piatto da portata. **II** *s.* porzione di cibo.
servitude [ˈsə:vitju:d] *s.* servitù, schiavitù.
servomotor [ˈsə:vəuˌməutə*] *s.* (*Aut.*) servomotore.
sesame [ˈsesəmi] *s.* (*Bot.*) sesamo.
session [ˈseʃən] *s.* **1** sessione, seduta. **2** *pl.* (*Dir.*) udienza. **3** (*Univ., am.*) sessione.
sestet [sesˈtet] *s.* (*Mus.*) sestetto.
set [set] **I** *s.* **1** serie, assortimento; servizio (di piatti, ecc.). **2** cricca, gruppo; mondo, ambiente: *the smart* ~ il bel mondo. **3** messa in piega. **4** atteggiamento, portamento. **5** (*fig.*) orientamento, tendenza. **6** (*Cin., Teat.*) set, allestimento scenico. **7** (*Rad., TV*) apparecchio: *a radio* ~ un apparecchio radio. **8** (*Sport*) partita, set. **9** (*Mar.*) direzione, corso. **10** piantina (da trapianto); talea. **11** covata (di uova). **12** (*di abito*) foggia, taglio, linea. **13** (*Caccia*) ferma. **14** (*Strad.*) blocchetto squadrato. **II** *a.* **1** (pre)stabilito, determinato. **2** studiato, preparato. **3** deciso, risoluto (*on, upon* a). **4** fisso, immobile; fissato, assicurato. **5** (*di pasto*) a prezzo fisso. ▭ (*fig.*) *to be* **dead** ~ *on s.th.* essere deciso a fare qc.; a tutti i costi; ~ **fair** (*di tempo*) messo al bello; *to* **make** *a dead* ~ *at s.o.*: 1 coalizzarsi contro qd.; 2 far di tutto per conquistare qd.; ~ **menu** menu a prezzo fisso; ~ **phrases** frasi fatte.
to **set** [set] *v.* (*pass., p.p.* **set**) **I** *v.t.* **1** mettere, porre, collocare. **2** regolare, mettere a punto (un meccanismo); preparare, sistemare: *to* ~ *the table for dinner* preparare la tavola per il pranzo. **3** assegnare (un compito) a. **4** porre, sottoporre; considerare; studiare: *she* ~ *me a hard task* mi sottopose a un compito gravoso; *these books have been* ~ *for the examination* questi sono i libri che si devono studiare per l'esame. **5** stabilire, fissare: *to* ~ *a record* stabilire un record; *to* ~ *a limit* fissare un limite. **6** fissare; conficcare; incastrare; (*Oreficeria*) incastonare. **7** (*Med.*) ridurre; sistemare (una frattura): *to* ~ *a* (*broken*) *bone* ridurre una frattura ossea. **8** provocare, fare; mettere in moto: *the news* ~ *the whole town talking* la notizia fece parlare tutta la città; *he* ~ *the car going* mise in moto la macchina. **9** (in varie espressioni idiomatiche con il significato di mettere o riportare in una determinata condizione): *he* ~ *his mother's mind at rest* egli tranquillizzò sua madre; *to* ~ *s.o. free* liberare qd. **10** proporsi: *he* ~ *himself to finish the book in a month* si propose di finire il libro in un mese. **11** solidificare, rassodare. **12** (*di colore*) fissare. **13** (*di capelli*) mettere in piega. **14** (*fig.*) irrigidire, contrarre (p.e. le labbra). **15** (*Mus.*) adattare: *to* ~ *words to music* adattare le parole alla musica. **16** (*Tip.*) (spesso con *up*) comporre. **17** (*Teat., Lett.*) ambientare. **18** (*Bot.*) produrre (p.e. frutti). **19** (*di gallina*) mettere a covare; (*di uova*) far covare. **II** *v.i.* **1** tramontare, calare (*anche fig.*): *the sun sets in the west* il sole tramonta a occidente; *the Empire is setting* l'impero volge al tramonto. **2** volgersi, orientarsi; muoversi; spirare; fluire: *public opinion is setting against his proposal* l'opinione pubblica si è rivoltata contro la sua proposta; *the wind was setting eastwards* il vento spirava verso est. **3** mettersi (di buona lena); accingersi: *to* ~ *to work* mettersi al lavoro. **4** solidificarsi, rapprendersi. **5** (*del volto*) irrigidirsi. **6** (*di cane da caccia*) cadere (in ferma). ▭ *to* ~ *s.o. at one's* **ease** mettere qd. a proprio agio; *to* ~ *the* **fashion** lanciare la moda; *to* ~ *s.o. on one's* **feet** aiutare qd. a risollevarsi (*anche fig.*); *to be* ~ **on** *doing s.th.* essere deciso a fare qc.; *to* ~ *a* **price** *on s.th.* fissare un prezzo a qc.; (*Mar.*) *to* ~ (*the*) **sail** spiegare le vele; (*fig.*) mettersi in viaggio; *to* ~ *one's* **teeth** digrignare i denti (*anche fig.*); *to* ~ *s.o.'s* **teeth** *on edge* irritare qd.; *to* ~ *a* **trap** (*for s.th., s.o.*) tendere una trappola (a qc., qd.) (*anche fig.*). // (*seguito da preposizioni*) *to* ~ **about:** 1 incominciare; 2 (*fam.*) assalire; *to* ~ *s.o.* **against** *s.o.* mettere qd. contro qd. altro; *to* ~ *s.th.* **against** *s.th.* bilanciare, compensare; detrarre: *losses will be* ~ *against taxes* le perdite saranno detratte dalle tasse; *to* ~ **beside** paragonare: ~ *beside her, no girl seems pretty* al suo paragone, nessuna ragazza è carina; *to* ~ **on** assalire: *he was* ~ *on by a lion* è stato assalito da un leone. // (*seguito da avverbi*) *to* ~ **about** divulgare (notizie, ecc.): *to* ~ *a rumour about* mettere in giro una diceria; *to* ~ **apart** riservare, tenere da parte; (*fig.*) distinguere, caratterizzare; *to* ~ **aside:** 1 mettere da parte, risparmiare; 2 trascurare; 3 (*Leg.*) respingere; *to* ~ **back:** 1 spingere indietro; 2 ostacolare; 3 ritardare; 4 (*fam.*) costare; *to* ~ **down:** 1 mettere giù, deporre; 2 mettere per iscritto; 3 far scendere (da veicolo); *to* ~ **forth** mettersi in viaggio; *to* ~ *s.th.* **forth** (*lett.*) esporre; *to* ~ **forward:** 1 favorire; 2 presentare, sottoporre: *to* ~ *forward a proposal* presentare una proposta; *to* ~ **in** incominciare; instaurarsi (p.e. di malattia, cattivo tempo); *to* ~ **off**: I *v.i.* mettersi in viaggio. II *v.t.* 1 far esplodere, far scoppiare; 2 far cominciare; 3 mettere in risalto; 4 (contro)bilanciare; compensare; *to* ~ **out** incominciare (p.e. un viaggio); *to* ~ **out** *to do s.th.* accingersi a fare qc.; *to* ~ *s.th.* **out:** 1 esporre, rendere noto; mostrare; 2 sistemare, disporre ordinatamente; mettere a dimora (p.e. piante); *to* ~ **to:** 1 mettersi all'opera; 2 attaccare battaglia; *to* ~**up:** 1 alzare, innalzare; 2 montare (p.e. una macchina); 3 istituire, fondare; 4 causare, produrre; 5 rifornire qd. di qc.; 6 (*Tip.*) comporre; *to* ~ **up** *as a lawyer* inizia-

re la professione di avvocato; *to ~* **up** *house* metter su casa.

setback ['setbæk] *s.* **1** arresto, battuta d'arresto; sconfitta. **2** (*Med.*) ricaduta.

set-out ['setaut] *s.* **1** inizio, principio. **2** esposizione, mostra.

set square ['setskwεə*] *s.* squadra (da disegno).

settee [se'ti:] *s.* divano, sofà.

setter ['setə*] *s.* (*Zool.*) cane da ferma, setter.

set theory [set'θi:əri] *s.* (*Mat.*) insiemistica.

setting ['setiŋ] *s.* **1** collocamento, collocazione; messa in opera. **2** (*Cin., Lett.*) ambiente, ambientazione. **3** (*Teat.*) scenario; messa in scena. **4** (*Mus.*) adattamento musicale. **5** (*Tip.*) composizione. **6** (*Mecc.*) messa a punto. **7** solidificazione; (*di cemento, ecc.*) presa. **8** (*Oreficeria*) montatura. **9** (*fig.*) sfondo, cornice. **10** tramonto. **11** coperto, posto a tavola. □ *~ lotion* fissatore per capelli.

to **settle** ['setl] **I** *v.t.* **1** sistemare, mettere (a posto): (*fam.*) *that settles it* questo sistema le cose una volta per tutte. **2** fissare, stabilire: *we can ~ the price later* possiamo fissare il prezzo in seguito. **3** appianare, comporre (una controversia, ecc.); definire (una causa). **4** sistemare, alloggiare: *to ~ refugees in private homes* sistemare i profughi in abitazioni private. **5** colonizzare. **6** decantare, far sedimentare. **7** (*di fattura*) saldare, regolare. **8** (*Dir.*) assegnare; intestare: *to ~ an annuity on s.o.* assegnare una rendita annua a qd. **II** *v.i.* **1** stabilirsi, fissare il (proprio) domicilio: *we decided to ~ in Switzerland* abbiamo deciso di stabilirci in Svizzera. **2** sitemarsi; posarsi: *the little bird settled on a branch* l uccellino si posò su un ramo. **3** (*di sedimenti*) depositarsi; (*di liquidi*) decantare; (*di terreno*) assestarsi. **4** accordarsi, giungere a un accordo. □ *to ~* **down**: 1 sistemarsi: *it's time you married and settled down* è ora che ti sposi e ti sistemi; 2 calmare qd.; calmarsi; 3 concentrarsi; *to ~* **for** contentarsi di; *to ~* **in** adattarsi; abituarsi (a un nuovo ambiente, casa, ecc.); *to ~* **on** (o *upon*) decidersi per; *to ~* **up** regolare i conti.

settled ['setld] *a.* **1** stabile, fisso, fermo; (*di abitudini, ecc.*) inveterato, radicato. **2** stabilito, deciso, fissato: *our plans are ~* i nostri programmi sono stabiliti; (*di prezzo*) fisso. **3** sistemato, a posto: *everything is ~* tutto è sistemato. **4** (*di tempo*) stabile. **5** (*Econ.*) saldato, pagato. □ *~* **convictions** saldi principi; *~* **order** ordine costituito.

settlement ['setlmənt] *s.* **1** composizione, sistemazione. **2** accordo; accomodamento. **3** stabilizzazione. **4** colonizzazione; colonia, insediamento. **5** pagamento, saldo, liquidazione: *~ of account* saldo di un conto. **6** (*Dir.*) assegnamento, rendita. □ (*Stor.*) *Act of Settlement* atto di successione al trono.

settler ['setlə*] *s.* **1** colonizzatore. **2** colono.

set-up ['setʌp] *s.* (*fam.*) **1** organizzazione; sistemazione, disposizione. **2** situazione; progetto, piano.

seven ['sevn] *a./s.* sette.

seven-fold ['sevnfəuld] **I** *a.* settuplo. **II** *avv.* sette volte tanto.

seventeen ['sevn'ti:n] *a./s.* diciassette.

seventeenth ['sevn'ti:nθ] *a./s.* diciassettesimo.

seventh ['sevnθ] *a./s.* settimo.

seventy ['sevnti] *a./s.* settanta.

to **sever** ['sevə*] **I** *v.t.* **1** tagliare (in due), troncare, recidere, mozzare. **2** (*fig.*) troncare, rompere (i rapporti). **II** *v.i.* rompersi.

several ['sev(ə)rəl] **I** *a.* **1** diverso, vario, svariato: *~ times* diverse volte. **2** *pl.* (*lett.*) diversi, differenti: *we each went our ~ ways* ciascuno di noi andò per vie diverse. **II** *pron.* (costr. pl.) alcuni, diversi: *~ of you* alcuni di voi. □ (*Dir.*) *~ liability* responsabilità individuale.

severance ['sevərəns] *s.* **1** separazione. **2** (*fig.*) rottura (di relazioni).

severe [si'viə*] *a.* **1** severo, rigoroso. **2** violento, forte; molto grande, intenso: *a ~ pain* un intenso dolore. **3** faticoso, arduo, difficile. **4** austero, disadorno.

severity [si'veriti] *s.* **1** severità, durezza, rigore. **2** gravità, serietà. **3** (*di clima, ecc.*) rigore, inclemenza. **4** austerità.

to **sew** [səu] *v.* (*pass.* **sewed** [-d], *p.p.* **sewn** [səun]/**sewed**) **I** *v.t./i.* cucire. □ *to ~ up*: 1 cucire, rammendare; 2 (*fam.*) concludere, portare a termine (un affare).

sewage ['sju:idʒ, *am.* 'su:-] *s.* acque di rifiuto; acque luride.

sewage works ['sju:idʒ,wə:ks] *s.pl.* impianto per il trattamento delle acque luride.

sewer[1] ['sju:ə*, *am.* 'su:-] *s.* fogna, chiavica.

sewer[2] ['səuə*] *s.* cucitore.

sewer-rat ['sju:əræt] *s.* (*Zool.*) topo di fogna.

sewing ['səuiŋ] *s.* cucitura; cucito.

sewing-machine ['səuiŋmə'ʃi:n] *s.* macchina da cucire.

sewn [səun] → to **sew**.

sex [seks] *s.* sesso. □ *~* **appeal** attrattiva fisica; *~* **education** educazione sessuale; *~* **maniac** maniaco sessuale; *the* **weaker** *~* il sesso debole.

sexagenarian [,seksədʒi'nεəriən] *a./s.* sessantenne.

sexism ['seksism] *s.* (*neol.*) sessismo.

sexist ['seksist] *s.* (*neol.*) sessista.

sexless ['sekslis] *a.* **1** asessuato. **2** frigido.

sexology [seks'ɔləʒi] *s.* sessuologia.

sextant ['sekstənt] *s.* (*Astr.*) sestante.

sextet(te) [seks'tet] *s.* (*Mus.*) sestetto.

sexton ['sekstən] *s.* sagrestano.

sextuple ['sekstjupl] *a./s.* sestuplo.

sexual ['sekʃuəl] *a.* sessuale.

sexuality [,seksju'æliti] *s.* sessualità.

sexy ['seksi] *a.* (*fam.*) provocante, sexy.

s.g. = *specific gravity* peso specifico.

sh = *shilling* scellino.

shabbiness ['ʃæbinis] *s.* trascuratezza, trasandatezza.

shabby ['ʃæbi] *a.* **1** malandato; frusto, logoro. **2** trascurato, trasandato. **3** gretto, meschino. ▭ (*fig.*) *a* ~ *trick* un brutto tiro.

shabby-genteel ['ʃæbidʒen'ti:l] *a.* povero ma dignitoso.

shack [ʃæk] *s.* baracca, capanna, tugurio.

to **shack** [ʃæk] *v.i.* (general. con *up*) (*sl.*) convivere.

shackle ['ʃækl] *s.* **1** (general. al pl.) ferri, ceppi, catene. **2** *pl.* (*fig.*) pastoie, impedimenti.

to **shackle** ['ʃækl] *v.t.* **1** mettere in catene; incatenare. **2** (*fig.*) impedire, ostacolare.

shade [ʃeid] *s.* **1** ombra. **2** schermo, protezione; paralume. **3** (*Pitt.*) ombreggiatura. **4** (*di colore*) tonalità, gradazione. **5** (*fig.*) sfumatura. **6** fantasma, spettro. **7** *pl.* (*fam.*) occhiali da sole. ▭ (*fam.*) **a** ~ un poco, un tantino; **in** *the* ~ all'ombra; (*fig.*) nell'ombra; (*fig.*) *to put* **into** *the* ~ fare sfigurare.

to **shade** [ʃeid] **I** *v.t.* **1** ombreggiare, fare ombra a. **2** riparare, proteggere. **3** (*di luce, ecc.*) schermare. **4** (*Pitt.*) ombreggiare. **5** (*fig.*) mettere in ombra, eclissare. **II** *v.i.* (spesso con *off, away*) sfumare (*into* in).

shaded ['ʃeidid] *a.* ombreggiato, ombrato (*anche Pitt.*); ombroso.

shading ['ʃeidiŋ] *s.* **1** (*Pitt.*) ombreggiatura. **2** (*fig.*) sfumatura.

shadow ['ʃædəu] *s.* **1** ombra. **2** ombra, chimera. **3** ombra, traccia: *there's not a* ~ *of doubt* non c'è ombra di dubbio. **4** (*fig.*) compagno inseparabile. ▭ (*fig.*) *to* **catch** *at shadows* correre dietro alle ombre; *to be the* ~ *of one's former* **self** essere l'ombra di se stesso; **worn** *to a* ~ ridotto a un'ombra.

to **shadow** ['ʃædəu] *v.t.* **1** ombreggiare, fare ombra a; oscurare. **2** (*fig.*) pedinare, spiare.

shadowy ['ʃædəui] *a.* **1** ombreggiato, ombroso. **2** indistinto, sfumato, vago.

shady ['ʃeidi] *a.* **1** ombreggiato, ombroso. **2** (*fam.*) equivoco, ambiguo.

shaft [ʃɑ:ft, *am.* ʃæft] *s.* **1** asta (di lancia); freccia. **2** (*fig.*) strale, frecciata. **3** manico, impugnatura. **4** (*Mecc.*) albero. **5** *pl.* stanghe (di carro). **6** (*Arch.*) fusto (di colonna). **7** pozzo minerario. **8** raggio (di luce).

shag [ʃæg] *s.* trinciato (tipo di tabacco).

shagginess ['ʃæginis] *s.* pelosità, villosità.

shaggy ['ʃægi] *a.* **1** (*di capelli, peli*) arruffato. **2** ispido, irto; peloso.

shake [ʃeik] *s.* **1** scrollata; scossa, scossone. **2** stretta di mano. **3** tremito, vibrazione. **4** (*fam.*) secondo, istante. **5** (*ballo*) shake. ▭ *to* **give** *a bottle a* ~ agitare una bottiglia; (*fam.*) *no* **great** *shakes* niente di speciale; *a* ~ *of the* **hand** una stretta di mano; **milk** ~ frappè.

to **shake** [ʃeik] *v.* (*pass.* **shook** [ʃuk], *p.p.* **shaken** ['ʃeikən]) **I** *v.t.* **1** scuotere, scrollare, agitare. **2** (spesso con *off*) rimuovere scrollando, scrollare (via): *to* ~ *the dust off one's clothes* scuotersi la polvere dagli abiti. **3** far tremare, far vibrare, scuotere. **4** (*fig.*) scuotere, turbare. **II** *v.i.* **1** tremare, tremolare; vibrare. **2** (*fig.*) vacillare, traballare. ▭ *to* ~ *s.o.* **awake** svegliare qd. scuotendolo; *to* ~ **down**: 1 (*fig.*) ambientarsi; 2 (*fam.*) sistemarsi per dormire; *to* ~ *s.o. by the* **hand**, *to* ~ **hands** *with s.o.* stringere la mano a qd.; *to* ~ *one's* **head** scrollare la testa; *to* ~ **out** spiegare, stendere; *to* ~ **up** agitare, sbattere; *to* ~ *s.o.* **up** scuotere qd. dall'apatia.

shakedown ['ʃeikdaun] *s.* **1** letto di fortuna. **2** (*fam.*) ristrutturazione. **3** (*am.*) estorsione. **4** (*am.*) perquisizione. **5** (*am.*) collaudo.

shaken ['ʃeikən] → to **shake**.

shaker ['ʃeikə*] *s.* **1** shaker. **2** (*fam.*) saliera (*o* zuccheriera) a pioggia.

Shakespearian [ʃeik'spi(ə)riən] *a.* (*Lett.*) scespiriano.

shake-up ['ʃeikʌp] *s.* riorganizzazione drastica.

shakiness ['ʃeikinis] *s.* **1** instabilità. **2** (*fig.*) precarietà, incertezza.

shaky ['ʃeiki] *a.* **1** tremolante, tremante; traballante, vacillante. **2** (*fig.*) instabile, precario.

shale [ʃeil] *s.* (*Geol.*) argillite.

shall [(*forma forte*) ʃæl, (*forma debole*) ʃəl] *v.aus dif.* (*pr.* **shall**, *neg.* **shall not/shan't** [ʃɑ:nt], *pass.* → **should;** manca dell'inf. e del p.p.). **1** (*nella 1° pers. sing. e pl. è ausiliare del futuro semplice*): *I* ~ *arrive tomorrow* arriverò domani; *we* ~ *be late* faremo tardi. **2** (*lett.*) (*nella 2° e 3° persona esprime comando o divieto; promessa o minaccia*) si traduce con dovere o con il futuro del verbo seguente: *applications* ~ *be submitted by the end of April* le domande devono essere presentate entro la fine di aprile; *you* ~ *help me, whether you like it or not* devi aiutarmi, che tu lo voglia oppure no; *you* ~ *pay for it!* la pagherai per questo! **3** (*nella 1° pers. sing. e pl. in frasi interrogative, esprime forma di cortesia*): ~ *I open the window?* devo aprire la finestra?, vuoi che apra la finestra?

shallot [ʃə'lɔt] *s.* (*Bot.*) scalogno.

shallow ['ʃæləu] **I** *a.* **1** basso, poco profondo; (*di piatto*) piano. **2** (*fig.*) superficiale, futile, frivolo. **3** (*di respiro*) debole. **II** *s.* (spesso al pl., costr. sing. o pl.) secca; bassofondo.

sham [ʃæm] **I** *s.* **1** falsità, ipocrisia; finzione, simulazione. **2** imbroglione **II** *a.* finto, falso; fasullo.

to **sham** [ʃæm] *v.t./i.* (*pass., p.p.* **shammed** [–d]) simulare, fingere. ▭ *to* ~ *sick* fingersi malato.

shaman ['ʃæmən] *s.* (*Rel.*) sciamano.

to **shamble** ['ʃæmbl) *v.i.* camminare con passo strascicato.

shambles ['ʃæmblz] *s.pl.* (costr. sing. o pl.) **1** mattatoio. **2** (*estens.*) strage, carneficina, massacro. **3** (*fam.*) confusione, baraonda; (*estens.*) sfascio.

shame [ʃeim] *s.* **1** vergogna. **2** pudore, ritegno. **3** onta, disonore. **4** (*fam.*) peccato: *what a* ~*!* che peccato! ▭ *to* **blush** *with* ~ arrossire di vergogna; **for** ~*!* vergogna!;

(*esclam.*) ~ **on** *you!* vergognati!; *to* **put** *to* ~ svergognare; eclissare, oscurare.

to **shame** [ʃeim] *v.t.* **1** far vergognare. **2** disonorare. □ *his words shamed me into trying harder* le sue parole mi fecero talmente vergognare che ritentai con maggior accanimento.

shamefaced ['ʃeimfeist] *a.* vergognoso; impacciato, imbarazzato.

shameful ['ʃeimful] *a.* vergognoso, disonorevole.

shameless ['ʃeimlis] *a.* spudorato; svergognato, sfrontato.

shammy ['ʃæmi] *s.* (*fam.*) pelle di camoscio.

shampoo [ʃæm'pu:] *s.* shampoo.

to **shampoo** [ʃæm'pu:] *v.t.* **1** fare lo shampoo a. **2** pulire (tappeti e sim.) con una schiuma detergente.

shamrock ['ʃæmrɔk] *s.* (*Bot.*) trifoglio.

shandy ['ʃændi] *s.* bevanda a base di birra e limonata.

shank [ʃæŋk] *s.* **1** (*Anat.*) tibia, stinco. **2** (*estens.*) gamba. **3** (*di bicchiere, ecc.*) stelo, gambo. **4** (*Mar.*) fuso (di ancora). **5** (*di chiave*) cannello. **6** (*Arch.*) fusto (di colonna). □ (*scherz.*) *to go on Shank's mare* andare a piedi.

shan't [ʃɑ:nt] *contraz. di* **shall not**.

shantung [ʃæn'tʌŋ] *s.* (*tessuto*) sciantun(g), shantung.

shanty ['ʃænti] *s.* baracca, catapecchia. □ ~ *town* bidonville.

shape [ʃeip) *s.* **1** forma, sagoma. **2** figura (indistinta), ombra. **3** (*fam.*) personale, linea, figura. **4** condizione; forma (fisica). **5** stampo, modello. □ *in any* ~ *or* **form** di qualsiasi specie; **in** ~ nella forma; (*fig.*) in forma; **in** *the* ~ *of* a forma di; sotto forma di; *to* **knock** *out of* ~ sformare; (*fig.*) *to* **take** ~ prendere forma, concretarsi.

to **shape** [ʃeip] *v.* (*pass., p.p.* **shaped** (–t]) **I** *v.t.* **1** foggiare, formare, sagomare; plasmare, modellare. **2** (*fig.*) lasciare un'impronta profonda su, influire profondamente su. **3** (*fig.*) adattare, conformare (*to* a): *to* ~ *a regulation to one's own advantage* adattare un regolamento a proprio vantaggio. **4** (*Sartoria*) modellare. **II** *v.i.* (spesso con *up*) **1** concretarsi, prendere forma. **2** andare, mettersi, riuscire: *if things* ~ *up right* se le cose si mettono bene.

shapeless ['ʃeiplis] *a.* **1** informe. **2** sformato, deformato.

shapely ['ʃeipli] *a.* **1** proporzionato, armonioso. **2** (*rif. a donna*) aggraziata, benfatta.

share [ʃɛə*] *s.* **1** quota; parte, porzione. **2** contributo. **3** (*Econ.*) azione; titoli (azionari). □ *to* **do** *one's* ~ fare la propria parte; *to* **go** *shares with s.o. in s.th.* dividere equamente qc. con qd.

to **share** [ʃɛə*] **I** *v.t.* **1** (spesso con *out*) dividere, spartire, suddividere, ripartire. **2** dividere, usare in comune. **3** partecipare a, essere partecipe di; condividere (un'opinione, ecc.). **II** *v.i.* **1** prendere parte, partecipare (*in* a). **2** partecipare (a), condividere (qc.): *to* ~ *in s.o.'s joys* partecipare alle gioie di qd. □ *to* ~ *and* ~ *alike* dividere in parti uguali; contribuire (a qc.) in egual misura.

sharecropper *am.* ['ʃɛəkrɔpə*] *s.* mezzadro.

shareholder ['ʃɛəhəuldə*] *s.* azionista *m./f.*

share-out ['ʃɛəraut] *s.* distribuzione.

shark [ʃɑ:k] *s.* **1** squalo; pescecane. **2** (*fig.*) truffatore; sciacallo.

sharp [ʃɑ:p] **I** *a.* **1** affilato, tagliente; aguzzo, acuminato. **2** brusco, improvviso: *a* ~ *bent in the road* una curva brusca della strada. **3** secco, reciso: *a* ~ *reply* una risposta secca. **4** nitido, netto, chiaro: ~ *outlines* contorni nitidi. **5** (*fig.*) spiccato, marcato. **6** (*di dolore, ecc.*) intenso, acuto. **7** (*di suono*) acuto, stridulo. **8** (*rif. a persona*) sveglio, perspicace; scaltro, furbo. **9** disonesto, privo di scrupoli. **II** *s.* **1** (*Mus.*) diesis. **2** (*sl.*) → **sharper. III** *avv.* **1** bruscamente, all'improvviso. **2** in punto, puntualmente. □ *to* **keep** *a* ~ *look-out* stare bene in guardia; *to* **look** ~ sbrigarsi, affrettarsi.

to **sharpen** ['ʃɑ:pən] **I** *v.t.* **1** affilare, arrotare; appuntire. **2** (*fig.*) intensificare, acuire. **II** *v.i.* **1** affilarsi; diventare più appuntito. **2** (*fig.*) acuirsi, intensificarsi. □ *to* ~ *the* **appetite** stimolare l'appetito; (*fig.*) *to* ~ *one's* **wits** aguzzare l'ingegno.

sharpener ['ʃɑ:pnə*] *s.* **1** affilatrice. **2** arrotino. □ *pencil* ~ temperamatite.

sharper ['ʃɑ:pə*] *s.* **1** truffatore. **2** baro.

sharpness ['ʃɑ:pnis] *s.* **1** taglio, affilatezza. **2** bruschezza; asprezza, durezza. **3** nitidezza, chiarezza. **4** (*di dolore, ecc.*) intensità, acutezza. **5** acume, perspicacia.

sharp practice [ʃɑ:p'præktis] *s.* intrallazzo poco onesto.

sharp-sighted ['ʃɑ:p'saitid] *a.* **1** dalla vista acuta. **2** (*fig.*) sveglio, perspicace.

sharp-witted ['ʃɑ:p'witid] *a.* perspicace, sveglio.

to **shatter** ['ʃætə*] **I** *v.t.* **1** frantumare, fare a pezzi. **2** (*fig.*) distruggere, rovinare. **3** sconvolgere: *he was shattered by the death of his brother* era sconvolto per la morte del fratello. **II** *v.i.* frantumarsi. □ *shattered nerves* nervi a pezzi.

shave [ʃeiv] *s.* rasatura. □ (*fig.*) *to have a close* ~ salvarsi per un pelo.

to **shave** [ʃeiv] *v.* (*pass.* **shaved** [–d], *p.p.* **shaved/shaven** [–n]) **I** *v.t.* **1** radere, rasare. **2** piallare; (spesso con *off*) raschiare, scrostare. **3** sfiorare, rasentare. **4** ridurre, ritoccare: *to* ~ *prices a little* ritoccare un po' i prezzi. **II** *v.i.* rasarsi, radersi.

shaven[1] ['ʃeivn] → to **shave**.

shaven[2] ['ʃeivn] *a.* rasato, sbarbato.

shaver ['ʃeivə*] *s.* **1** rasoio elettrico. **2** (*scherz.*) giovincello, sbarbatello.

shaving ['ʃeiviŋ] *s.* **1** rasatura. **2** *pl.* trucioli (di legno).

shaving brush ['ʃeiviŋbrʌʃ] *s.* pennello da barba.

shaving cream ['ʃeiviŋkri:m] *s.* crema da barba.
shawl [ʃɔ:l] *s.* scialle.
she [ʃi:] **I** *pron.pers.sogg.* ella, lei, essa (*spesso non si traduce*): ~ *said it* l'ha detto lei. **II** *s.* **1** femmina, donna. **2** femmina (di animali): ~ *cat* gatta.
sheaf [ʃi:f] *s.* (*pl.* **sheaves** [ʃi:vz]) **1** (*Agr.*) covone, fastello. **2** fascio, mazzo.
to **shear** [ʃiə*] *v.t.* (*pass.* **sheared** [–d], *p.p.* **sheared/shorn** [ʃɔ:n]) **1** tosare. **2** (*fig.*) privare (*of* di). **3** (*Tessitura*) radere, cimare. **4** (*Met.*) tranciare, tagliare.
shearing ['ʃiəriŋ] *s.* **1** tosatura. **2** (*Met.*) tranciatura.
shears [ʃiəz] *s.pl.* cesoie: *a pair of* ~ un paio di cesoie; forbici per tosare.
sheath [ʃi:θ] *s.* (*pl.* **sheaths** [ʃi:ðz]) **1** fodero, guaina. **2** astuccio, custodia. **3** preservativo, profilattico. ☐ *a* ~ *gown* un abito a tubino.
to **sheathe** [ʃi:ð] *v.t.* **1** inguainare. **2** rivestire, ricoprire.
sheath knife ['ʃi:fnaif] *s.* coltello da caccia.
sheaves [ʃi:vz] → **sheaf.**
shed [ʃed] *s.* **1** capannone. **2** capanna, baracca. **3** (*Aer.*) aviorimessa, hangar.
to **shed** [ʃed] *v.* (*pass., p.p.* **shed**) **I** *v.t.* **1** versare, spargere, spandere. **2** (*fig.*) (*di luce, ecc.*) diffondere, spandere. **3** togliersi (abiti, ecc.). **II** *v.i.* **1** (*Biol.*) fare la muta; perdere il pelo. **2** (*Bot.*) sfogliarsi. ☐ *to* ~ **blood** spargere sangue; (*fig.*) *to* ~ **light** *on s.th.* fare luce su qc.
she'd [ʃi:d] *contraz. di* **she had, she would.**
sheen [ʃi:n] *s.* lucentezza, splendore.
sheep [ʃi:p] *s.inv.* pecora. ☐ *a* **flock** *of* ~ un gregge di pecore; (*fig.*) *one may as well be* **hanged** *for a* ~ *as a lamb* se ci si deve sporcare le mani è meglio per qualcosa di qualche valore; *to* **make** ~*'s eyes at s.o.* far gli occhi dolci a qd.
sheepdog ['ʃi:pdɔg] *s.* cane da pastore.
sheepfold ['ʃi:pfəuld] *s.* ovile.
sheepish ['ʃi:piʃ] *a.* timido, vergognoso; imbarazzato, confuso.
sheepskin ['ʃi:pskin] *s.* **1** pelle di pecora. **2** pergamena, cartapecora. **3** (*am. fam.*) diploma.
sheer[1] [ʃiə*] **I** *a.* **1** (*fig.*) vero (e proprio), bell'e buono. **2** puro, liscio, non diluito. **3** (*di tessuto*) trasparente, sottile. **4** a picco, perpendicolare. **II** *avv.* **1** del tutto, completamente, totalmente. **2** a picco.
sheer[2] [ʃiə*] *s.* (*Mar.*) deviazione; cambiamento di rotta.
to **sheer** [ʃiə*] **I** *v.i.* (spesso con *off, away*) deviare, cambiare rotta; cambiare direzione. **II** *v.t.* far deviare. ☐ *to* ~ *off* scappare, svignarsela.
sheet[1] [ʃi:t] *s.* **1** lenzuolo. **2** (*di metallo*) lamina, lamiera; (*di vetro, ghiaccio, ecc.*) lastra; (*di carta*) foglio. **3** distesa, estensione; specchio (d'acqua). **4** (*fam. spreg.*) giornale. **5** (*Geol.*) coltre; falda; tappeto. ☐ *the rain came down in sheets* la pioggia veniva giù a torrenti.
sheet[2] [ʃi:t] *s.* (*Mar.*) scotta.
sheet anchor ['ʃi:tæŋkə*] *s.* **1** (*Mar.*) ancora di speranza. **2** (*fig.*) ancora di salvezza.
sheet lightning ['ʃi:tˌlaitniŋ] *s.* (*Meteor.*) lampo diffuso, lampeggio.
sheet metal [ʃi:t'metl] *s.* lamiera, laminato metallico.
sheikh [ʃeik, *am.* ʃi:k] *s.* sceicco.
shekel ['ʃekl] *s.* (*pl.* **–s** [–z]/**–elim** [–im]) *pl.* (*sl.*) denaro, grana.
shelf [ʃelf] *s.* (*pl.* **shelves** [ʃelvz]) **1** scaffale (a muro), mensola. **2** ripiano, piano (di scaffale). **3** sporgenza (di roccia); banco di sabbia. ☐ (*fig.*) *on the* ~ in disparte, in un angolo; (*di donna*) che non ha trovato marito.
shell [ʃel] *s.* **1** (*Zool.*) guscio, conchiglia. **2** (*di frutto, seme*) buccia, guscio, scorza. **3** proiettile. **4** scheletro, struttura esterna; (*di nave*) carcassa. **5** (*fig.*) aspetto esteriore, apparenza. **6** (*Sport*) imbarcazione leggera da regata. ☐ (*fig.*) *to* **come** *out of one's* ~ uscire dal proprio guscio; (*fig.*) *to* **retire** *into one's* ~ chiudersi nel proprio guscio.
to **shell** [ʃel] *v.t.* **1** sgusciare, sgranare, togliere dal baccello. **2** (*Mil.*) bombardare; cannoneggiare. ☐ (*fam.*) *it's as* **easy** *as shelling peas* è facile come bere un bicchiere d'acqua; (*sl.*) *to* ~ **out** sborsare, tirare fuori; (*assol.*) pagare.
she'll [ʃi:l] *contraz. di* **she will, she shall.**
shellac [ʃə'læk] *s.* (*Chim.*) gommalacca.
shell-case ['ʃelkeis] *s.* bossolo.
shellfish ['ʃelfiʃ] *s.* (*Zool.*) mollusco; crostaceo.
shell shock ['ʃelʃɔk] *s.* trauma da scoppio.
shelter ['ʃeltə*] *s.* **1** protezione, riparo. **2** ricovero, rifugio. **3** (*Mil.*) rifugio antiaereo. ☐ *to* **get** *under* ~ rifugiarsi; *to* **take** ~ riparare, ripararsi.
to **shelter** ['ʃeltə*] **I** *v.t.* **1** riparare, proteggere. **2** dare rifugio (*o* asilo) a. **II** *v.i.* ripararsi, rifugiarsi.
to **shelve**[1] [ʃelv] *v.t.* **1** collocare su una mensola. **2** (*fig.*) rimandare, rinviare; accantonare. **3** (*fig.*) licenziare, congedare.
to **shelve**[2] [ʃelv] *v.i.* digradare, essere in declivio.
shelves [ʃelvz] → **shelf.**
shelving ['ʃelviŋ] *s.* (*collett.*) scaffalatura, scaffali.
shepherd ['ʃepəd] *s.* pastore.
to **shepherd** ['ʃepəd] *v.t.* **1** custodire, guardare. **2** (*fig.*) accompagnare, scortare.
shepherdess ['ʃepədis] *s.* pastorella.
sherbet ['ʃə:bət] *s.* **1** bibita ghiacciata e frizzante a base di succo di frutta. **2** (*am.*) sorbetto.
sheriff ['ʃerif] *s.* sceriffo.
she's [ʃi:z] *contraz. di* **she is, she has.**
Shetlands, the ['ʃetləndz] *N.pr.* (*Geog.*) Isole Shetland.
shield [ʃi:ld] *s.* **1** scudo. **2** (*fig.*) difesa, prote-

zione. **3** (*Mecc.*) scudo protettivo. **4** (*Sport*) scudetto.
to **shield** [ʃi:ld] *v.t.* riparare, proteggere, difendere.
shift [ʃift] *s.* **1** spostamento, cambiamento di posizione. **2** cambiamento di direzione. **3** (*fig.*) svolta, mutamento, **4** squadra di turno; turno (di lavoro). **5** (*fig.*) espediente, risorsa; stratagemma. **6** (*Aut.*) cambio. **7** (*Inform.*) spostamento, scorrimento. □ (*fig.*) *to make* ~ arrangiarsi, cavarsela.
to **shift** [ʃift] **I** *v.t.* **1** cambiare; spostare, trasferire. **2** (*fig.*) (*di colpa, ecc.*) scaricare, far ricadere (*on* su). **II** *v.i.* **1** spostarsi; cambiare posizione; trasferirsi. **2** (*Aut.*) cambiare (la marcia). □ *to* ~ **about** trasferirsi, muoversi; *to* ~ **for** *o.s.* arrangiarsi da solo.
shift key ['ʃiftki:] *s.* tasto delle maiuscole (in una macchina per scrivere).
shiftless ['ʃiftlis] *a.* inetto, inefficiente.
shifty ['ʃifti] *a.* disonesto, ingannevole; ambiguo.
shilling ['ʃiliŋ] *s.* (*Econ.*) scellino. □ (*Mil.*) *to take the Queen's* (o *King's*) ~ arruolarsi nell'esercito.
to **shilly-shally** ['ʃiliʃæli] *v.i.* esitare, essere indeciso.
shimmer ['ʃimə*] *s.* luccichio, scintillio.
to **shimmer** ['ʃimə*] *v.i.* luccicare, scintillare.
shin [ʃin] *s.* (*Anat.*) **1** stinco. **2** → **shin-bone**.
to **shin** [ʃin] *v.t./i.* (*pass., p.p.* **shinned** [–d]) (general. con *up*) arrampicarsi (a forza di gambe e braccia).
shinbone ['ʃinbəun] *s.* (*Anat.*) tibia.
shindy ['ʃindi] *s.* (*fam.*) schiamazzo; baccano: *to kick up a* ~ fare un gran baccano.
shine [ʃain] *s.* **1** splendore, lucentezza; luminosità. **2** lucidata. □ (*fam.*) *to take a* ~ *to s.o.* prendere qd. in simpatia.
to **shine** [ʃain] *v.* (*pass., p.p.* **shone** [ʃɔn]/**shined** [–d]) **I** *v.i.* **1** risplendere, brillare, splendere. (*anche fig.*) **II** *v.t.* lucidare, lustrare.
shiner ['ʃainə*] *s.* (*sl.*) occhio pesto.
shingle[1] ['ʃiŋgl] *s.* **1** (*Edil.*) assicella di copertura. **2** taglio (di capelli) alla maschietta. **3** (*am. fam.*) targhetta (di studio di professionista).
to **shingle** ['ʃiŋgl] *v.t.* **1** (*Edil.*) coprire con assicelle. **2** tagliare i capelli alla maschietta.
shingle[2] ['ʃiŋgl] *s.* ciottoli (su una spiaggia).
shingles ['ʃiŋglz] *s.pl.* (costr. sing.) (*Med.*) fuoco di sant'Antonio.
shingly ['ʃiŋgli] *a.* ciottoloso.
shinguard ['ʃiŋgɑ:d] *s.* (*Sport*) parastinchi.
shining ['ʃainiŋ] *a.* **1** brillante, splendente, lucente. **2** (*fig.*) travolgente.
shiny ['ʃaini] *a.* lucente, scintillante.
ship [ʃip] *s.* **1** nave, bastimento. **2** (*fam.*) barca, battello. **3** (*fam.*) veicolo spaziale. □ (*fig.*) *when my* ~ *comes home* quando farò fortuna.
to **ship** [ʃip] *v.* (*pass., p.p.* **shipped** [–t]) **I** *v.t.* **1** imbarcare, prendere a bordo. **2** spedire via mare. **3** (*Comm.*) spedire, inoltrare. **4** (*Mar.*) ingaggiare, arruolare. **II** *v.i.* **1** imbarcarsi, prendere il mare. **2** viaggiare per mare. **3** arruolarsi come marinaio. □ *to* ~ **off** mandare via, trasferire; (*Mar.*) *to* ~ **water** imbarcare acqua.
shipboard ['ʃipbɔ:d] *s.* bordo: *on* ~ a bordo.
shipbuilder ['ʃipbildə*] *s.* costruttore navale.
shipbuilding ['ʃipbildiŋ] *s.* costruzione di navi.
ship chandlery [ʃip'tʃɑ:ndləri] *s.* forniture navali.
shipload ['ʃipləud] *s.* carico di una nave.
shipmaster ['ʃipmɑ:stə*] *s.* capitano (di navi mercantili o passeggeri).
shipmate ['ʃipmeit] *s.* compagno di bordo.
shipment ['ʃipmənt] *s.* (*Comm.*) **1** imbarco. **2** spedizione. **3** partita, carico.
shipowner ['ʃipəunə*] *s.* armatore.
shipper ['ʃipə*] *s.* (*Comm.*) spedizioniere marittimo.
shipping ['ʃipiŋ] *s.* **1** (*collett.*) flotta. **2** (*Comm.*) spedizione, trasporto marittimo.
shipping agent ['ʃipiŋeidʒənt] *s.* agente marittimo.
shipping company ['ʃipiŋkʌmpəni] *s.* società di navigazione.
shipping office ['ʃipiŋɔfis] *s.* agenzia marittima.
shipshape ['ʃipʃeip] *a.pred./avv.* in perfetto ordine.
shipway ['ʃipwei] *s.* scalo di varo, scivolo.
shipwreck ['ʃiprek] *s.* **1** naufragio. **2** relitto.
to **shipwreck** ['ʃiprek] *v.t./i.* (far) naufragare.
shipwright ['ʃiprait] *s.* carpentiere navale.
shipyard ['ʃipjɑ:d] *s.* cantiere navale.
shire [ʃaiə*] *s.* contea inglese. □ ~ *horse* cavallo da tiro.
to **shirk** [ʃə:k] **I** *v.t.* sottrarsi a, sfuggire a. **II** *v.i.* sottrarsi ai propri obblighi.
shirker ['ʃə:kə*] *s.* **1** scansafatiche *m./f.* **2** (*Mil.*) imboscato.
shirt [ʃə:t] *s.* camicia (da uomo), camicetta (da donna). □ (*sl.*) **keep** *your* ~ *on!* sta' calmo!; (*fam.*) *to* **lose** *one's* ~ rovinarsi; *to* **put** *one's* ~ *on s.th.* puntare tutto su qc.; *in one's* ~ **sleeves** in maniche di camicia.
shirt-front ['ʃə:tfrʌnt] *s.* sparato (di camicia).
shirtmaker ['ʃə:tmeikə*] *s.* camiciaio.
shirtwaister *am.* ['ʃə:tweistə*] *s.* chemisier (abito abbottonato fino alla vita).
shirty ['ʃə:ti] *a.* (*sl.*) di cattivo umore.
shit [ʃit] *s.* (*volg.*) merda: *not to give a* ~ *about s.th.* sbattersene di qc.
to **shit** [ʃit] *v.i.* (*pass.* **shit/shat** [ʃæt], *p.p.* **shit/shitten** ['ʃitn]) (*volg.*) cacare.
shiver[1] ['ʃivə*] *s.* brivido, tremito. □ *to* **get** *the shivers* avere i brividi; *to* **give** *s.o. the shivers* far venire la tremarella a qd.
to **shiver**[1] ['ʃivə*] *v.i.* rabbrividire, tremare (*with* di).
shiver[2] ['ʃivə*] *s.* frammento, scheggia.
to **shiver**[2] ['ʃivə*] **I** *v.t.* fare a pezzi, frantumare. **II** *v.i.* frantumarsi.

shivery ['ʃivəri] *a.* tremante.
shoal[1] [ʃəul] *s.* fondale basso; secca.
to **shoal**[1] [ʃəul] *v.i.* diminuire di profondità.
shoal[2] [ʃəul] *s.* **1** banco di pesci. **2** (*fig.*) moltitudine, massa.
to **shoal**[2] [ʃəul] *v.i.* riunirsi in banchi.
shock[1] [ʃɔk] *s.* **1** urto (violento), cozzo. **2** (*fig.*) colpo, choc. **3** (*Med.*) collasso; shock. **4** scossa (elettrica). □ (*Med.*) ~ **treatment** elettroshock; (*Mil.*) ~ **troops** truppe d'assalto.
to **shock** [ʃɔk] *v.t.* **1** scuotere, impressionare; scandalizzare. **2** dare una scossa elettrica a.
shock[2] [ʃɔk] *s.* massa arruffata e folta di capelli.
shock absorber ['ʃɔkəb'sɔ:bə*] *s.* (*Mecc.*) ammortizzatore.
shocker ['ʃɔkə*] *s.* **1** persona che scandalizza. **2** libro (*o* periodico) scandalistico.
shockheaded ['ʃɔkhedid] *a.* dai capelli folti e arruffati.
shocking ['ʃɔkiŋ] *a.* **1** traumatizzante; scandaloso. **2** disgustoso, orribile; pessimo. □ ~ *pink* rosa intenso.
shockproof ['ʃɔkpru:f] *a.* antiurto.
shock wave ['ʃɔkweiv] *s.* onda d'urto.
shod [ʃɔd] → to **shoe**.
shoddy ['ʃɔdi] **I** *s.* lana rigenerata. **II** *a.* scadente, di scarto; sciatto.
shoe [ʃu:] *s.* **1** scarpa. **2** ferro di cavallo. **3** (*Mecc.*) ganascia del freno; pattino di scorrimento. □ (*fig.*) *to* **fill** *s.o.'s shoes* prendere il posto di qd.; *to be* **in** *s.o.'s shoes* essere nei panni di qd.; (*fig.*) *to* **step** *into s.o.'s shoes* prendere il posto di qd.
to **shoe** [ʃu:] *v.t.* (*pass.* **shod** [ʃɔd]/**shoed** [ʃud], *p.p.* **shod/shoed/shodden** [ʃɔdn]) **1** calzare, fornire di scarpe. **2** ferrare (un cavallo).
shoeblack ['ʃu:blæk] *s.* lustrascarpe.
shoehorn ['ʃu:hɔ:n] *s.* calzante.
shoeing ['ʃu:iŋ] *s.* ferratura.
shoelace ['ʃu:leis] *s.* stringa per scarpe.
shoemaker ['ʃu:meikə*] *s.* calzolaio.
shoeshine ['ʃu:ʃain] *s.* **1** il lustrare le scarpe. **2** lustrascarpe; (*dial.*) sciuscià.
shoestring *am.* ['ʃu:striŋ] *s.* **1** stringa per scarpe. **2** (*fig.*) capitale ridottissimo. □ *to do* (o *make*) *s.th. on a* ~ realizzare qc. con pochi soldi.
shoetree ['ʃu:tri:] *s.* forma per le scarpe.
shone [ʃɔn] → to **shine**.
shoo [ʃu:] *intz.* sciò, via.
to **shoo** [ʃu:] *v.t.* cacciare via facendo sciò.
shook [ʃuk] → to **shake**.
shoot ['ʃu:t] *s.* **1** battuta di caccia. **2** (*Bot.*) germoglio, pollone. **3** cascata, rapida. **4** scivolo.
to **shoot** [ʃu:t] *v.* (*pass., p.p.* **shot** [ʃɔt]) **I** *v.t.* **1** sparare (a); ferire con un'arma da fuoco. **2** uccidere con un'arma da fuoco. **3** cacciare, andare a caccia di. **4** lanciare, gettare (una occhiata, ecc.). **5** (spesso con *out*) protendere, sporgere: *to* ~ *out hand* protendere una mano. **6** (*Cin.*) girare, filmare. **II** *v.i.* **1** sparare, tirare, fare fuoco. **2** andare a caccia. **3** (*fig.*) sfrecciare; muoversi (*o* passare) rapidamente. **4** guizzare: *flames were shooting from the roof* le fiamme guizzavano dal tetto. **5** (*di fiori, ecc.*) spuntare, germogliare. **6** (*di dolore*) dare fitte. **7** (*Sport*) tirare in porta. **8** (*Cin.*) girare. □ *to* ~ **ahead** balzare avanti; *to* ~ **along** passare sfrecciando; *to* ~ *an* **arrow** scoccare una freccia; *to* ~ **at** fare fuoco su; *to* ~ **away** fare fuoco a volontà; *to* ~ *s.th.* **away** sbarazzarsi di qc.; *to* ~ **dead** uccidere con un colpo d'arma da fuoco; *to* ~ **down** uccidere (a colpi d'arma da fuoco); (*di aereo*) abbattere; (*fig.*) *to* ~ *s.o.'s theory* **down** demolire la teoria di qd.; *to* ~ **for** mirare a, aspirare a; *to* ~ **forward** balzare in avanti; (*sl.*) *to* ~ *a* **line** esagerare; *to* ~ *one's* **mouth** *off* parlare a ruota libera; *to* ~ **off** asportare con un colpo di arma da fuoco; *to* ~ **past** passare sfrecciando; *to* ~ *to the* **surface** risalire rapidamente in superficie; *to* ~ **up** innalzarsi rapidamente; (*fig.*) salire alle stelle; *to* ~ *the* **works** puntare il massimo.
shooter ['ʃu:tə*] *s.* **1** tiratore. **2** (spesso nei composti) cacciatore (di): *a duck* ~ un cacciatore di anatre. □ *six-*~ pistola a sei colpi.
shooting ['ʃu:tiŋ] *s.* **1** tiro; sparatoria. **2** caccia.
shooting gallery ['ʃu:tiŋgæləri] *s.* tiro a segno.
shooting range ['ʃu:tiŋreindʒ] *s.* poligono di tiro, tirassegno.
shooting star ['ʃu:tiŋstɑ:*] *s.* stella cadente.
shoot-out ['ʃu:taut] *s.* sparatoria.
shop [ʃɔp] *s.* **1** negozio, bottega. **2** officina. **3** (*am.*) reparto (di un grande magazzino). □ (*fam.*) **all** *over the* ~ sottosopra, a soqquadro; dappertutto; (*fig.*) *to* **set** *up* ~ aprire bottega; (*fig.*) *to* **shut** *up* ~ chiudere bottega; *to* **talk** ~ parlare di affari; (*fam.*) *to go* (o *come*) *to the* **wrong** ~ capitare male.
to **shop** [ʃɔp] **I** *v.i.* (*pass., p.p.* **shopped** [–t]) **1** fare spese. **2** (general. con *around*) fare il giro dei negozi (prima di comprare). **II** (*sl.*) fare la spia, tradire.
shop assistant ['ʃɔpəsistənt] *s.* commesso.
shopboy ['ʃɔpbɔi] *s.* fattorino, ragazzo di bottega.
shopgirl ['ʃɔpgə:l] *s.* commessa.
shopkeeper ['ʃɔpki:pə*] *s.* negoziante *m./f.*
shoplifter ['ʃɔpliftə*] *s.* taccheggiatore.
shopper ['ʃɔpə*] *s.* compratore, acquirente *m./f.*
shopping ['ʃɔpiŋ] *s.* compere, spese, acquisti. □ ~ **bag** borsa (*o* sacchetto) per la spesa; ~ **centre** centro commerciale; *to* **go** ~ fare compere; ~ **list** lista della spesa.
shop steward ['ʃɔpstjuəd] *s.* rappresentante *m./f.* sindacale.
shopwalker ['ʃɔpwɔ:kə*] *s.* caporeparto *m./f.*
shopwindow ['ʃɔpwindəu] *s.* vetrina.
shopworn ['ʃɔpwɔ:n] *a.* sciupato (rif. ad oggetto esposto in vetrina).

shore[1] [ʃɔ:*] *s.* costa, sponda; spiaggia. □ *to* **go** *on* ~ sbarcare; **in** ~ vicino alla costa; **off** ~ al largo.

shore[2] [ʃɔ:*] *s.* puntello.

to **shore** [ʃɔ:*] *v.t.* (general. con *up*) puntellare (*anche fig.*).

shorn [ʃɔ:n] → to **shear**.

short [ʃɔ:t] **I** *a.* **1** corto; piccolo, basso. **2** breve; abbreviato. **3** scarso, insufficiente. **4** brusco, secco. **5** (*Comm., Econ.*) a breve scadenza. **6** friabile, frollo. **7** (*di bevanda, ecc.*) liscio. **II** *s.* **1** *pl.* calzoncini, shorts; (*am.*) mutande (da uomo). **2** (*Cin.*) cortometraggio. **III** *avv.* **1** bruscamente, di colpo: *to stop* ~ fermarsi bruscamente. **2** seccamente. □ *to* **be** ~ *of s.th.* essere a corto di qc.; *to* **bring** *up* ~ fermare di colpo; (*fig.*) *to* **come** ~ *of* non essere all'altezza di; *to* **cut** *a long story* ~ per tagliar corto; **for** ~ per brevità; *to* **go** ~ *of s.th.* privarsi di qc.; **in** ~ per farla breve; *his recovery is* **little** ~ *of miraculous* la sua guarigione è quasi miracolosa; (*fig.*) *the* **long** *and the* ~ il succo del discorso; *to have a* ~ **memory** avere poca memoria; *his reply was* **nothing** ~ *of an insult* la sua risposta fu addirittura un insulto; ~ **of** fuorché, eccetto; *to* **pull** *up* ~ fermare di colpo; *to* **run** ~ scarseggiare; *to* **run** ~ *of* rimanere a corto di; (*fam.*) *to* **sell** *s.o.* ~ sottovalutare qd.; ~ **story** racconto; *to be in* ~ **supply** scarseggiare; ~ *and* **sweet** breve e piacevole; (*fig.*) conciso e pertinente; *to have a* ~ **temper** essere irascibile; *a* ~ **way** *off* poco lontano.

to **short** [ʃɔ:t] *v.t.* (*El.*) mettere in corto circuito.

shortage ['ʃɔ:tidʒ] *s.* carenza, scarsità.

shortbread ['ʃɔ:tbred] *s.* (*Gastr.*) short bread (biscotto di pasta frolla).

short circuit [ˌʃɔ:t'sə:kit] *s.* (*El.*) corto circuito.

to **short-circuit** [ˌʃɔ:t'sə:kit] → to **short**.

shortcoming ['ʃɔ:tkʌmiŋ] *s.* **1** manchevolezza, difetto. **2** deficienza.

shortcrust ['ʃɔ:tkrʌst] *a.*: (*Gastr.*) ~ *pastry* pasta frolla.

shortcut ['ʃɔ:tkʌt] *s.* scorciatoia.

short-dated ['ʃɔ:t'deitid] *a.* (*Econ.*) a breve scadenza.

to **shorten** ['ʃɔ:tn] **I** *v.t.* **1** accorciare, abbreviare. **2** ridurre, diminuire. **II** *v.i.* accorciarsi, abbreviarsi.

shortening ['ʃɔ:tniŋ] *s.* (*Gastr.*) grasso per pasticceria.

short-fused ['ʃɔ:tfju:zd] *a.* impaziente; che perde la pazienza facilmente.

shorthand ['ʃɔ:thænd] *s.* stenografia. □ *to take s.th. down in* ~ stenografare qc.

shorthanded ['ʃɔ:t'hændid] *a.* a corto di manodopera.

shorthand typist ['ʃɔ:thænd'taipist] *s.* stenodattilografo.

short list ['ʃɔ:tlist] *s.* elenco ristretto di candidati (dopo una selezione).

short-lived ['ʃɔ:t'livd] *a.* (*fig.*) di breve durata.

shortly ['ʃɔ:tli] *avv.* **1** tra poco, tra breve; un po', poco. **2** brevemente, in poche parole. **3** bruscamente.

shortness ['ʃɔ:tnis] *s.* **1** brevità. **2** bruschezza, asprezza. **3** scarsezza, scarsità.

short-range ['ʃɔ:treindʒ] *a.* **1** a breve scadenza. **2** a breve gittata, a corto raggio: ~ *weapons* armi a corto raggio.

short-sight ['ʃɔ:t'sait] *s.* (*Med.*) miopia.

short-sighted ['ʃɔ:t'saitid] *a.* (*Med.*) miope.

short-spoken ['ʃɔ:t'spəukən] *a.* laconico.

short-tempered ['ʃɔ:t'tempəd] *a.* irascibile, collerico.

short-winded ['ʃɔ:t'windid] *a.* affannato, che ha poco fiato.

shot[1] [ʃɔt] → to **shoot**.

shot[2] [ʃɔt] *s.* **1** sparo, colpo; tiro. **2** pallottola, proiettile; palla di cannone; (costr. pl.) pallini. **3** tiratore (scelto). **4** (*fam.*) iniezione. **5** bicchierino, goccio. **6** (*fig.*) tentativo, prova. **7** (*fig.*) frecciata, stoccata. **8** lancio (di missili). **9** (*Fot.*) ripresa; istantanea. **10** (*Cin., TV*) ripresa, inquadratura. □ (*fig.*) *a* ~ *in the* **arm** incoraggiamento; **at** *the first* ~ al primo colpo; (*fig.*) tentativo fallito; (*fig.*) *to make a* **bad** ~ sbagliare; (*sl.*) *a* **big** ~ un pezzo grosso; (*fig.*) *a* ~ *in the* **dark** il tirare a indovinare; **like** *a* ~ come un razzo; difilato; *to* **take** *a* ~ *at* sparare un colpo a; (*fig.*) fare un tentativo di.

shot[3] [ʃɔt] *a.* **1** (*di tessuto*) cangiante. **2** screziato, variegato (*with* di).

shotgun ['ʃɔtgʌn] *s.* fucile da caccia. □ (*fig.*) ~ *wedding* matrimonio riparatore.

shot put ['ʃɔtput] *s.* (*Sport*) lancio del peso.

should [(*forma forte*) ʃud, (*forma debole*) ʃəd] *v.dif.* (*pass.* di → **shall**) (*neg.* **should not, shouldn't** [ʃudnt]; manca dell'inf. e del p.p.) **1** (*nella 1° pers. sing. e pl. è ausiliare del condiz.*) *I* ~ *come* verrei; *I* ~ *have come* sarei venuto; *I told you I* ~ *be late* ti dissi che sarei arrivato in ritardo. **2** dovere (*al condiz. e imperf. cong.*): *he shouldn't work so hard* non dovrebbe lavorare tanto; *you* ~ *have told me* avresti dovuto dirmelo; *that* ~ *be enough* questo dovrebbe bastare; ~ *anything happen to me* se dovesse succedermi qualcosa. **3** (*lett.*) (*ausiliare dell'imperf. cong.*) *he hid so that I shouldn't see him* si nascose in modo che non lo vedessi. □ *who* ~ *I meet but...?* indovina un po' chi dovevo proprio incontrare...?

shoulder ['ʃəuldə*] *s.* **1** (*Anat.*) spalla. **2** (*am.*) bordo della strada; banchina. □ *to wear s.th. slung* **across** *the* ~ portare qc. a tracolla; (*esclam., Mil.*) ~ **arms** spallarm; ~ **to** ~ spalla a spalla; (*fig.*) in stretta collaborazione; (*fig.*) *to put one's* ~ *to the* **wheel** mettersi a lavorare di buona lena.

to **shoulder** ['ʃəuldə*] *v.t.* **1** mettersi sulle spalle. **2** (*fig.*) addossarsi, assumersi. **3** spingere con le spalle; farsi largo a spallate. **4** (*Mil.*) mettere a spalla.

shoulder-bag ['ʃəuldəbæg] *s.* borsa a tracolla.

shoulder-blade ['ʃəuldəbleid] *s.* (*Anat.*) scapola.
shoulder-strap ['ʃəuldəstræp] *s.* spallina.
shouldn't ['ʃudnt] *contraz. di* **should not**.
shout [ʃaut] *s.* urlo, grido, strillo.
to **shout** [ʃaut] **I** *v.i.* gridare, urlare, strillare. **II** *v.t.* (spesso con *out*) gridare. ▭ *to* ~ **at** *s.o.* rivolgersi urlando a qd.; *to* ~ **down** zittire a forza di grida.
shouting [ʃautiŋ] *s.* urli, strilli. ▭ (*fam.*) *it's all over bar the* ~ siamo quasi alla fine.
shove [ʃʌv] *s.* spinta, spintone.
to **shove** [ʃʌv] **I** *v.t.* spingere, spostare (spingendo). **II** *v.i.* spingere, dare spinte. ▭ *to* ~ **aside** spingere da parte; *to* ~ **off**: 1 scostarsi dalla riva (in barca); 2 (*fam.*) andarsene; *to* ~ **out** spingere (all')infuori; *to* ~ **through** *a crowd* farsi largo a spintoni tra la folla.
shovel ['ʃʌvl] *s.* **1** pala, badile. **2** (*Mecc.*) cucchiaia.
to **shovel** ['ʃʌvl] *v.t.* (*pass., p.p.* **-lled**/*am.* **-led** [-d]) *v.t.* spalare. ▭ *to* ~ *food into one's mouth* mangiare a quattro palmenti.
shovel-board ['ʃʌvlbɔ:d] *s.* gioco delle piastrelle.
show [ʃəu] *s.* **1** dimostrazione, manifestazione: *a* ~ *of strength* una dimostrazione di forza. **2** parvenza, apparenza. **3** ostentazione, finzione: *his contrition was all* ~ il suo pentimento era tutta una finta. **4** mostra, esposizione. **5** (*fam.*) spettacolo, vista: *a beautiful* ~ *of mountains* una magnifica vista di montagne. **6** (*Teat.*) spettacolo, rappresentazione. **7** (*fam.*) impresa, baracca: *to run the* ~ mandare avanti la baracca. ▭ *give him a* **fair** ~ dategli modo di mostrare quello che sa fare; (*fam.*) *to* **give** *the* ~ *away* scoprire gli altarini; *he put a* **good** ~ *of looking interested* finse molto bene di essere interessato; *to vote by* ~ *of* **hands** votare per alzata di mano; **on** ~ in mostra.
to **show** [ʃəu] *v.* (*pass.* **showed/shewed** [-d], *p.p.* **shown/shewn** [-n]/**showed**) **I** *v.t.* **1** far vedere, mostrare; esibire. **2** esporre. **3** (*Cin., TV*) presentare, rappresentare. **4** mostrarsi; dimostrarsi, rivelarsi: *to* ~ *o.s. courageous* dimostrarsi coraggioso. **5** segnare, indicare: *the clock shows 3* l'orologio indica le 3. **6** accompagnare, scortare: *to* ~ *s.o. to his seat* accompagnare qd. al suo posto. **7** far vedere a, dimostrare a, spiegare a: ~ *me how to do it* spiegami come si fa. **II** *v.i.* **1** essere visibile; rivelarsi, mostrarsi. **2** apparire. ▭ *to* ~ *s.o. the* **door** mettere qd. alla porta; to ~ *one's* **face** farsi vedere; *to have nothing to* ~ **for** *it* non avere niente in mano per dimostrare ciò che si è fatto; *to* **go** *to* ~ dimostrare, provare; *to* ~ **in** fare entrare; *to* ~ **off** mettersi in mostra; *to* ~ (*s.o., s.th.*) **off** mettere in risalto; valorizzare (qd., qc); *to* ~ **out** accompagnare alla porta; *my host showed me* **over** *his estate* il mio ospite mi fece visitare la sua tenuta; *to* ~ *s.o.* **round** *the town* far visitare la città a qd.; *to* ~ **up**: 1 mettere in risalto; 2 smascherare, svelare; 3 presentarsi, comparire; *to* ~ *s.o. the* **way** mostrare la strada a qd.; (*fig.*) dare l'esempio a qd.
showbiz ['ʃəubiz] *s.* (*fam.*) mondo dello spettacolo.
showcase ['ʃəukeis] *s.* **1** vetrina, bacheca. **2** (*fig.*) dimostrazione.
showdown ['ʃəudaun] *s.* (*fam.*) carte in tavola; discorso chiarificatore; resa dei conti.
shower ['ʃauə*] *s.* **1** acquazzone. **2** (*fig.*) diluvio, scarica. **3** doccia. **4** (*am.*) ricevimento per la consegna di doni (di nozze).
to **shower** ['ʃauə*] **I** *v.t.* riversare in gran quantità; coprire di. **II** *v.i.* **1** piovere a dirotto. **2** fare la doccia.
shower-bath ['ʃauəbɑ:θ] *s.* doccia.
showery ['ʃauəri] *a.* temporalesco, piovoso.
showgirl ['ʃəugə:l] *s.* soubrette.
showiness ['ʃəuinis] *s.* **1** ostentazione, pompa. **2** vistosità, appariscenza.
showman ['ʃəumən] *s.* (*pl.* **-men**) **1** (*Teat.*) impresario. **2** presentatore, showman.
showmanship ['ʃəumənʃip] *s.* (*fig.*) abilità nel dire (*o* presentare) le cose.
shown [ʃəun] → to **show**.
show-off ['ʃəu:ɔf] *s.* esibizionista *m./f.*
showroom ['ʃəuru:m] *s.* sala d'esposizione.
show-window ['ʃəuwindəu] *s.* vetrina.
showy ['ʃəui] *a.* **1** pomposo, ostentato. **2** appariscente, vistoso.
shrank [ʃræŋk] → to **shrink**.
shrapnel ['ʃræpnəl] *s.* (*Mil.*) shrapnel.
shred [ʃred] *s.* brandello; frammento (*anche fig.*). ▭ *to tear to shreds* ridurre a brandelli; (*fig.*) rovinare.
to **shred** [ʃred] *v.t.* (*pass., p.p.* **shredded** [-id]/**shred**) fare a brandelli.
shrew [ʃru:] *s.* **1** bisbetica, brontolona. **2** (*Zool.*) toporagno.
shrewd [ʃru:d] *a.* **1** scaltro, astuto; accorto, avveduto. **2** (*lett.*) pungente, penetrante.
shrewdness ['ʃru:dnis] *s.* astuzia, scaltrezza; sagacia, accortezza.
shrewish ['ʃru:iʃ] *a.* bisbetica, petulante.
shriek [ʃri:k] *s.* grido, strillo, urlo.
to **shriek** [ʃri:k] *v.t./i.* strillare, urlare, gridare.
shrill [ʃril] *a.* **1** acuto, stridulo, stridente; lacerante, penetrante. **2** insistente, petulante: ~ *protests* proteste insistenti.
shrimp [ʃrimp] *s.* (*pl. inv.*/**-s** [-s]. **1** (*Zool.*) gamberetto. **2** (*fig.*) persona minuscola.
to **shrimp** [ʃrimp] *v.i.* pescare gamberetti.
shrine [ʃrain] *s.* reliquiario; santuario (*anche fig.*).
to **shrink** [ʃriŋk] *v.* (*pass.* **shrank** [ʃræŋk]/**shrunk** [ʃrʌŋk], *p.p.* **shrunk/shrunken** ['ʃrʌnkən]) **I** *v.i.* **1** restringersi, contrarsi; rimpicciolire. **2** (*fig.*) ridursi, diminuire: *our profits have shrunk* i nostri utili sono diminuiti. **3** indietreggiare, arretrare. **4** (talvolta con *back*) rifuggire (*from* da): *he shrank from assuming the responsibility,* rifuggiva dall'assumersi la responsabilità. **II** *v.t.* **1** fare re

stringere. **2** (*fig.*) ridurre, limitare.

shrinkage ['ʃriŋkidʒ] *s.* **1** restringimento. **2** (*fig.*) contrazione, diminuzione, calo. **3** (*Zootecnia*) perdita di peso.

shrinkproof ['ʃriŋkpru:f] *a.* irrestringibile.

to **shrivel** ['ʃrivl] *v.* (*pass., p.p.* **-lled** /*am.* **-led** [-d]) **I** *v.i.* (spesso con *up*) raggrinzirsi, raggrinzarsi; avvizzire; seccarsi; accartocciarsi. **II** *v.t.* (spesso con *up*) raggrinzare, avvizzire; (dis)seccare, inaridire.

shroud [ʃraud] *s.* **1** sudario. **2** (*fig.*) velo, manto. **3** (*Mar.*) sartia.

to **shroud** [ʃraud] *v.t.* **1** avvolgere in un lenzuolo funebre. **2** (*fig.*) nascondere, celare.

Shrove Tuesday ['ʃrəuv'tju:zdi] *s.* martedì grasso.

shrub [ʃrʌb] *s.* (*Bot.*) arbusto, frutice.

shrubbery ['ʃrʌbəri] *s.* macchia di arbusti.

shrug [ʃrʌg] *s.* scrollata di spalle.

to **shrug** [ʃrʌg] *v.i.* (*pass., p.p.* **shrugged** [-d]) alzare le spalle. ▭ *to ~ off* passare sopra, non dare peso.

shrunk [ʃrʌŋk], **shrunken** ['ʃrʌŋkən] → to **shrink**.

shuck *am.* [ʃʌk] *s.* **1** guscio, buccia; baccello. **2** (*fig.*) cosa di poco valore.

to **shuck** *am.* [ʃʌk] *v.t.* sgusciare, sbucciare.

shucks *am.* [ʃʌks] *intz.* uffa!

shudder ['ʃʌdə*] *s.* **1** fremito, brivido. **2** vibrazione. ▭ (*fam.*) *it gives me the shudders* mi fa rabbrividire.

to **shudder** ['ʃʌdə*] *v.i.* **1** rabbrividire (*with* per). **2** (*fig.*) raccapricciare, fremere. **3** vibrare.

shuffle ['ʃʌfl] *s.* **1** (*di carte, ecc.*) mescolata, mischiata. **2** andatura strascicata. **3** (*Pol.*) rimpasto. **4** (*fig.*) pretesto; sotterfugio.

to **shuffle** ['ʃʌfl] **I** *v.t.* **1** (*di carte, ecc.*) mescolare, mischiare. **2** mettere in disordine, scompigliare. **II** *v.i.* **1** strascicare i piedi. **2** mescolare le carte. **3** tergiversare, dare risposte evasive. ▭ *to ~* **along** trascinarsi; *to ~* **away** svignarsela; *to ~ one's* **feet** strascicare i piedi; *to ~* **in** infilarsi, insinuarsi; *to ~* **off** evitare un discorso; *to ~* **on** *one's clothes* infilarsi alla meglio gli abiti; *to ~* **out** *of s.th.* scansare, evitare qc.; *to ~* **through** *s.th.* abborracciare qc.

to **shun** [ʃʌn] *v.t.* (*pass., p.p.* **shunned** [-d]) **1** evitare, scansare. **2** (*fig.*) snobbare.

shunt [ʃʌnt] *s.* **1** (*Ferr.*) smistamento; scambio. **2** (*El.*) derivazione.

to **shunt** [ʃʌnt] **I** *v.t.* **1** (*Ferr.*) smistare, deviare. **2** (*El.*) inserire in derivazione. **3** (*fig.*) scartare, abbandonare; mettere in disparte. **4** (*fam. fig.*) sviare (un discorso). **II** *v.i.* (*Ferr.*) essere smistato.

shunter ['ʃʌntə*] *s.* (*Ferr.*) manovratore di scambi.

to **shush** [ʃʌʃ] *v.t.* zittire.

to **shut** [ʃʌt] *v.* (*pass., p.p.* **shut**) **I** *v.t.* **1** chiudere. **2** (spesso con *up*) serrare, bloccare. **II** *v.i.* chiudersi. ▭ *to ~* **away** segregare, isolare; *to ~* **down** chiudere, abbassare; (*fig.*) interrompere l'attività; *to ~* **in** chiudere dentro; circondare, racchiudere; *to ~* **off** (*di acqua, gas, ecc.*) chiudere; (*di corrente*) staccare; *to ~* **out:** 1 chiudere fuori; 2 vietare l'accesso a; 3 (*fig.*) escludere; impedire la vista; *to ~* **up:** 1 chiudere, rinchiudere; 2 mettere al sicuro; 3 (*fam.*) stare zitto, tacere: *~ up!* chiudi il becco!

shut-down ['ʃʌtdaun] *s.* (*di fabbrica, ecc.*) fermata temporanea; serrata.

shut-eye ['ʃʌtai] *s.* (*fam.*) sonnellino.

shutter ['ʃʌtə*] *s.* **1** persiana, imposta. **2** (*Fot.*) otturatore.

to **shutter** ['ʃʌtə*] *v.t.* **1** chiudere le persiane di. **2** munire di persiane.

shuttle ['ʃʌtl] *s.* **1** (*Tessitura*) spola, navetta; spoletta (di macchina per cucire). **2** aereo, navetta: (*space*) *~* navetta spaziale. ▭ *~* **diplomacy** diplomazia viaggiante; *~* **service** servizio pendolare; (*Ferr.*) servizio navetta.

to **shuttle** ['ʃʌtl] **I** *v.t.* **1** muovere avanti e indietro. **2** trasportare avanti e indietro. **II** *v.i.* fare la spola (*between* tra).

shy[1] [ʃai] *a.* (*compar.* **shyer/shier** [-ə*], *sup.* **shyest/shiest** [-ist]) **1** timido, vergognoso; riservato: *he makes me ~* mi intimidisce. **2** timoroso, pauroso. **3** (*di cavallo*) ombroso. **4** sospettoso, diffidente (*of* verso): *to be ~ of strangers* essere diffidente nei confronti degli stranieri. **5** riluttante, restio (a). ▭ *to fight ~ of s.th.* evitare, scansare qc.

to **shy**[1] [ʃai] *v.i.* **1** (*di cavallo*) adombrarsi, impennarsi. **2** (*fig.*) rifuggire (*at, from* da), essere contrario a.

shy[2] [ʃai] *s.* (*fam.*) tiro, lancio. ▭ (*fam.*) *to have a ~ at s.th.* tentare qc.

to **shy**[2] [ʃai] *v.t.* (*fam.*) lanciare, gettare, scagliare.

shyness ['ʃainis] *s.* **1** timidezza, vergogna. **2** diffidenza, sospettosità.

shyster *am.* ['ʃaistə*] *s.* (*fam.*) avvocato privo di scrupoli.

si [si:] *s.* (*Mus.*) si.

Si = (*Chim.*) *silicon* silicio.

Siamese [,saiə'mi:z] *a./s.* siamese. ▭ *~* **cat** gatto siamese; *~* **twins** fratelli siamesi.

Siberian [sai'biəriən] *a./s.* siberiano.

sibilant ['sibilənt] *a./s.* sibilante.

sibling ['sibliŋ] *s.* (*Biol.*) fratello germano.

sibyl ['sibil] *s.* sibilla. **Sibyl** *N.pr.f.* Sibilla.

sibylline ['sibilain] *a.* sibillino.

sick [sik] **I** *a.* **1** (*pred.*) con nausea, che ha nausea: *to feel ~* provare nausea. **2** (*ingl. attr. forma cortese*) malato, ammalato: *he's a ~ man* è un uomo malato. **3** (*am.*) (*attr. e pred.*) ammalato: *I am not ~* non sono ammalato. **4** (*pred.*) (*fig.*) nauseato, disgustato; seccato, stufo: *to be ~ of s.th.* essere seccato di qc. **II** *s.* malato, infermo. ▭ *to be ~* **at** (*about*) essere dispiaciuto per; *to* **fall** *~* ammalarsi; *to be ~* **for** sentire la nostalgia di; *to* **make** *~* mandare in bestia; nauseare; *to be* **off** *~* essere assente per malattia; (*Mil.*)

to **report** ~ darsi malato; *to be* ~ *and* **tired** *of s.th.* essere stanco e stufo di qc.
sick bay ['sikbei] *s.* (*Mar.*) infermeria di bordo.
sickbed ['sikbed] *s.* letto di ammalato.
to **sicken** ['sikn] **I** *v.t.* far stare male; nauseare, stomacare. **II** *v.i.* **1** ammalarsi; stare per ammalarsi, covare. **2** avere la nausea. **3** (*fig.*) essere stufo; disgustarsi, nausearsi (*of* di).
sickening ['sikniŋ] *a.* **1** nauseante, nauseabondo. **2** (*fam.*) disgustoso, rivoltante. **3** (*fam.*) scocciante, seccante.
sickle ['sikl] *s.* (*Agr.*) falce, falcetto.
sick leave ['sikli:v] *s.* licenza per malattia.
sickly ['sikli] *a.* **1** malaticcio. **2** malsano, pallido; debole. **3** (*di luce, ecc.*) smorto, pallido. **4** (*di clima, ecc.*) insalubre, malsano. **5** nauseante, nauseabondo. **6** (*spreg.*) dolciastro.
sickness ['siknis] *s.* **1** malattia, infermità; male. **2** nausea. □ ~ **benefit** indennità di malattia; **sea** ~ mal di mare.
sickroom ['sikru:m] *s.* camera di ammalato.
side [said] **I** *s.* **1** lato, fianco; fiancata. **2** facciata, faccia. **3** parte, lato: *on all sides* da tutte le parti. **4** orlo, bordo, margine; riva, sponda; (*di montagna*) fianco, pendio. **5** (*fig.*) lato, aspetto. **6** parte, partito, fazione. **7** (*Sport*) squadra. **8** facciata, pagina. **9** parte, lato: *my grandparents on my mother's* ~ i miei nonni dalla parte di mia madre. **10** (*fam.*) boria, arie: *he has no* ~ non si dà arie. **II** *a.attr.* **1** laterale. **2** di lato, di traverso; indiretto, obbliquo. **3** (*fig.*) secondario, accessorio: ~ *entrance* entrata secondaria. □ **by** *the* ~ *of* a fianco di, a lato di; (*fig.*) in confronto a; ~ **by** ~ fianco a fianco; (*fig.*) insieme; (*Med.*) ~ **effect** effetto collaterale; ~ **issue** questione marginale; **on** *the* ~ di nascosto, segretamente; (*fam.*) *to* **put** *on* ~ darsi arie; *to* **put** *on one* ~ accantonare; (*fig.*) rimandare, rinviare; *to be on the* **right** ~ *of fifty* essere al disotto della cinquantina; (*fam.*) *to* **shake** *one's sides* (*with laughter*) sbellicarsi dalle risa; (*fam.*) *to* **split** *one's sides* (*with laughter*) ridere a crepapelle; *to* **take** *sides* parteggiare (*with* per), schierarsi (con); (*assol.*) prendere posizione; *to* **take** *s.o. on one* ~ prendere qd. da parte; **this** ~ *up* alto! (su cassa, ecc.); *to be on the* **wrong** ~ *of forty* avere passato la quarantina.
to **side** [said] *v.i.* parteggiare (*with* per), prendere le parti (di). □ *to* ~ *against s.o.* schierarsi contro qd.
side-arms ['saidɑ:mz] *s.pl.* armi che si portano in cintura (rivoltella, spada, pugnale).
sideboard ['saidbɔ:d] *s.* **1** credenza, buffet. **2** *pl.* basette.
side-burns ['saidbə:nz] *s.pl.* basette.
side-car ['saidkɑ:*] *s.* motocarrozzetta, sidecar.
side-dish ['saiddiʃ] *s.* (*Gastr.*) contorno.
side-drum ['saiddrʌm] *s.* (*Mus.*) piccolo tamburo.
side-face ['saidfeis] *avv.* di profilo.
side-glance ['saidglɑ:ns] *s.* occhiata di traverso.
sidelight ['saidlait] *s.* **1** luce laterale. **2** (*fig.*) informazione casuale (che fa luce su un problema).
side-line ['saidlain] *s.* **1** linea laterale. **2** *pl.* (*Sport*) linee laterali (di campo da gioco). **3** attività secondaria. □ (*Sport*) *on the side -lines* in panchina; (*fig.*) costretto a fare la parte dello spettatore.
sidelong ['saidlɔŋ] **I** *a.* di traverso, laterale, obliquo; furtivo. **II** *avv.* di traverso, obliquamente.
sidereal [sai'diəriəl] *a.* (*Astr.*) sidereo.
side-saddle ['saidsædl] **I** *s.* sella da amazzone. **II** *avv.* all'amazzone.
side-show ['saidʃəu] *s.* **1** baracconi (in un luna park). **2** (*fig.*) avvenimento secondario.
side-slip ['saidslip] *s.* **1** sbandata. **2** (*Aer.*) scivolata d'ala.
to **side-slip** ['saidslip] *v.i.* **1** (*Aut.*) sbandare. **2** (*Aer.*) scivolare d'ala.
sidesplitting ['saidsplitiŋ] *a.* (*fam.*) divertentissimo.
to **sidestep** ['saidstep] **I** *v.t.* (*fig.*) eludere, scansare. **II** *v.i.* spostarsi di lato.
sidetrack ['saidtræk] *s.* (*Ferr.*) binario di raccordo.
to **sidetrack** ['saidtræk] *v.t.* **1** (*Ferr.*) smistare su un binario di raccordo. **2** (*fig.*) sviare, distogliere.
sidewalk *am.* ['saidwɔ:k] *s.* marciapiede.
sideward ['saidwəd] *a.* laterale, obliquo.
sidewards ['saidwədz] *avv.* lateralmente, obliquamente.
sideways ['saidweiz] *avv.* di fianco; di traverso.
side-whiskers ['saidwiskəz] *s.pl.* fedine, basettoni.
to **sidle** ['saidl] *v.i.* procedere furtivamente. □ *to* ~ **away** allontanarsi furtivamente; to ~ **up** *to s.o.* avvicinare qd. timorosamente.
sidling ['saidliŋ] *s.* binario morto.
siege [si:dʒ] *s.* (*Mil.*) assedio. □ *to* **lay** ~ *to* assediare; *to* **raise** *the* ~ levare l'assedio.
sieve [siv] *s.* setaccio, staccio, vaglio. □ (*fig.*) *to have a memory like a* ~ essere smemorato.
to **sieve** [siv] *v.t.* **1** setacciare, stacciare. **2** (*fig.*) vagliare, passare al vaglio.
to **sift** [sift] *v.t.* **1** setacciare. **2** (general. con *out*) vagliare, cernere. **3** spolverizzare (attraverso un setaccio). **4** (*fig.*) (spesso con *through*) vagliare, passare al vaglio; (spesso con *out*) selezionare.
sifter ['siftə*] *s.* **1** setaccio. **2** polverizzatore (per sale, zucchero).
sigh [sai] *s.* sospiro.
to **sigh** [sai] *v.i.* **1** sospirare. **2** (*fig.*) rimpiangere (*for s.th.* qc.).
sight [sait] *s.* **1** vista; campo visivo. **2** vista, visione, veduta, spettacolo. **3** *pl.* luoghi d'interesse turistico; monumenti. **4** (*fam.*) cosa

ridicola, spettacolo (comico). **5** (*fig.*) giudizio, opinione, parere. **6** mirino (*di armi da fuoco*). □ (*fam.*) **a** ~, un sacco, una gran quantità; molto, di gran lunga; **at** ~ a vista; **at** *first* ~ a prima vista; **at** *the* ~ *of* alla vista di, vedendo; *I only know him* **by** ~ lo conosco solo di vista; *to* **catch** ~ *of* intravedere, avvistare; (*Econ.*) ~ **draft** cambiale a vista; *to* **hate** *the* ~ *of s.o.* detestare qd.; **in** ~ in vista; imminente; *to* **keep** *in* ~ non perdere di vista; (*fam.*) *he never* **lets** *her out of his* ~ non la perde mai di vista; *to* **lose** ~ *of* perdere di vista; *to* **lose** *one's* ~ diventare cieco; **on** ~ = **at** ~; **out** *of* ~ fuori del campo visivo; (*fig.*) *to* **set** *one's sights on s.th.* mettere gli occhi su qc.; *to buy s.th.* ~ **unseen** comprare qc. a occhi chiusi; **within** ~ *of* in vista di.

to **sight** [sait] **I** *v.t.* **1** avvistare; individuare. **2** (*di armi*) puntare; mirare a. **II** *v.i.* prendere la mira.

sightless ['saitlis] *a.* **1** cieco. **2** (*poet.*) invisibile.

sightly ['saitli] *a.* avvenente, bello.

sightseeing ['saitsi:iŋ] *s.* giro turistico.

sightseer ['saitsi:ə*] *s.* turista *m./f.*

sign [sain] *s.* **1** segno; prova, attestazione; presagio, indizio. **2** cenno, gesto. **3** insegna, targa, cartello; avviso, manifesto. **4** (*Strad.*) segnale; cartello indicatore. □ **in** ~ *of* in segno di; *a* ~ *of the* **times** un segno dei tempi.

to **sign** [sain] **I** *v.t.* **1** firmare, sottoscrivere. **2** ratificare, sanzionare. **3** fare segno: *he signed that he was ready* fece segno che era pronto. **4** segnare, contrassegnare. **II** *v.i.* **1** firmare, sottoscrivere. **2** fare cenno; fare segno. □ *to* ~ **away** cedere firmando un documento; *to* ~ **in** registrarsi (arrivando in albergo, ecc.); *to* ~ *one's* **name** apporre la propria firma; *to* ~ **on**: 1 assumere, ingaggiare; 2 impegnarsi per contratto; arruolarsi; iscriversi: *to* ~ **over** = *to* ~ **away**; *to* ~ **up** = *to* ~ **on**.

signal ['signl] **I** *s.* segnale. **II** *a.attr.* notevole, rilevante.

to **signal** ['signl] *v.* (*pass., p.p.* **–lled**/*am.* **–led** [–d]) **I** *v.t.* **1** fare un segnale a. **2** segnalare. **II** *v.i.* fare segnali.

signal-box ['signlbɔks] *s.* (*Ferr.*) cabina di segnalazione.

to **signalize** ['signəlaiz] *v.t.* segnalare, mettere in evidenza.

signalman ['signəlmən] *s.* (*pl.* **–men**) segnalatore.

signatory ['signətəri] *a./s.* firmatario.

signature ['signətʃə*] *s.* **1** firma. **2** (*Tip.*) segnatura. □ *to* **put** *one's* ~ *to s.th.* firmare qc.; (*fig.*) accettare volentieri; (*Rad., TV*) ~ **tune** sigla musicale.

signboard ['sainbɔ:d] *s.* cartello, insegna.

signet ['signit] *s.* sigillo.

signet ring ['signitriŋ] *s.* anello con sigillo.

significance [sig'nifikəns] *s.* **1** significato, senso. **2** importanza, rilevanza.

significant [sig'nifikənt] *a.* **1** importante, rilevante. **2** significativo; eloquente, espressivo.

signification [ˌsignifi'keiʃən] *s.* significato, senso.

significative [sig'nifikətiv, *am.* –keitiv] *a.* significativo.

to **signify** ['signifai] *v.t.* **1** manifestare, esprimere (mediante segni o gesti). **2** essere indizio di, significare, indicare. **3** importare: *it doesn't* ~ non importa.

signpost ['sainpəust] *s.* segnale stradale.

silage ['sailidʒ] *s.* (*Agr.*) foraggio insilato.

silence ['sailəns] *s.* silenzio. □ *to* **pass** *over s.th. in* ~ passare qc. sotto silenzio; *to* **put** *to* ~ ridurre al silenzio.

to **silence** ['sailəns] *v.t.* **1** fare tacere, ridurre al silenzio. **2** (*fig.*) reprimere, soffocare.

silencer ['sailənsə*] *s.* **1** (*Mot.*) marmitta. **2** (*di arma*) silenziatore.

silent ['sailənt] *a.* **1** zitto, in silenzio; silenzioso, taciturno. **2** silenzioso, tranquillo: *a* ~ *house* una casa silenziosa. **3** (*Fonetica*) muto. □ **be** ~*!* zitto!; ~ **film** film muto; *to* **keep** ~ tacere; non rivelare.

silent partner *am.* [sailənt'pɑ:tnə*] *s.* socio non operante; accomandante.

silhouette [ˌsilu'et] *s.* **1** silhouette. **2** sagoma, profilo.

to **silhouette** [ˌsilu'et] **I** *v.t.* ritrarre di profilo e controluce. **II** *v.i.* stagliarsi, profilarsi.

silica ['silikə] *s.* (*Min.*) silice.

silicate ['silikeit] *s.* (*Min.*) silicato.

silicon ['silikən] *s.* (*Chim.*) silicio.

silicone ['silikəun] *s.* (*Chim.*) silicone.

silk [silk] *s.* seta; tessuto di seta; indumenti di seta. □ ~ **hat** cappello a cilindro; (*Dir.*) *to* **take** ~ diventare avvocato patrocinante per la corona.

silken ['silkən] *a.* **1** (*lett.*) di seta. **2** (*fig.*) suadente, carezzevole; delicato.

silk-screen [silkskri:n] *a.*: ~ *printing* serigrafia.

silkworm ['silkwə:m] *s.* baco da seta.

silky ['silki] *a.* **1** di seta, serico. **2** (*fig.*) suadente, carezzevole.

sill [sil] *s.* (*Edil.*) davanzale; soglia.

silliness ['silinis] *s.* stupidità, stupidaggine.

silly ['sili] **I** *a.* **1** sciocco, stupido. **2** assurdo, insensato. **II** *s.* (*fam.*) sciocco, stupido. □ *to drink o.s.* ~ prendersi una ciucca.

silo ['sailəu] *s.* (*pl.* **–s** [–z]) (*Agr., Missilistica*) silo.

silt [silt] *s.* (*Geol.*) limo.

to **silt** [silt] *v.* (general. con *up*) **I** *v.i.* interrarsi, insabbiarsi. **II** *v.t.* interrare, insabbiare.

silver ['silvə*] **I** *s.* **1** argento. **2** (*collett.*) monete d'argento. **3** argenteria. **II** *a.attr.* **1** d'argento; argentato. **2** color argento. **3** (*fig.*) argentino. □ (*Met.*) **German** (o *nickel*) ~ alpacca; ~ **paper** stagnola; ~ **plating** placcatura in argento; (*fig.*) *to be born with a* ~ **spoon** *in one's mouth* essere nato con la camicia.

to **silver** ['silvə*] **I** *v.t.* argentare, inargentare **II** *v.i* inargentarsi.
silver-fox ['silvəfɔks] *s.* volpe argentata.
silver-gray *am.* ['silvə'grei] *a./s.* grigio argento.
silver-haired ['silvə'hɛəd] *a.* dai capelli argentei.
silver-plated ['silvə,pleitid] *a.* placcato in argento.
silversmith ['silvəsmiθ] *s.* argentiere.
silverware ['silvəwɛə*] *s.* argenteria, argenti.
silver wedding [,silvə'wediŋ] *s.* nozze d'argento.
silvery ['silvəri] *a.* **1** come l'argento, argenteo. **2** (*di suoni*) argentino.
simian ['simiən] **I** *a.* scimmiesco. **II** *s.* scimmia.
similar ['similə*] *a.* simile (*to* a).
similarity [,simi'læriti] *s.* rassomiglianza; similarità.
simile ['simili] *s.* (*Retorica*) similitudine.
similitude [si'militju:d, *am.* –tu:d] *s.* **1** rassomiglianza. **2** similitudine; paragone.
simmer ['simə*] *s.* lenta ebollizione.
to **simmer** ['simə*] **I** *v.i.* **1** bollire a fuoco lento. **2** (*fig.*) ribollire (*with* di). **II** *v.t.* tenere a bollore. □ (*fam.*) *to* ~ *down* calmarsi.
simony ['s(a)iməni] *s.* simonia.
simper ['simpə*] *s.* sorriso sciocco e affettato.
to **simper** ['simpə*] *v.t.* sorridere in modo inespressivo e artificioso.
simple ['simpl] *a.* **1** semplice. **2** modesto, senza pretese; naturale, alla buona. **3** semplice, facile. **4** credulone, ingenuo; stupido, sciocco.
simple-hearted ['simpl'hɑ:tid] *a.* sincero; schietto.
simple-minded ['simpl'maindid] *a.* credulone, ingenuo.
simpleton ['simpltən] *s.* sempliciotto, stupidotto.
simplicity [sim'plisiti] *s.* **1** semplicità. **2** ingenuità, candore. □ (*fam.*) *it is* ~ *itself* è la cosa più semplice del mondo.
simplification [,simplifi'keiʃən] *s.* semplificazione.
to **simplify** ['simplifai] *v.t.* semplificare.
simulacrum [,simju'leikrəm] *s.* (*pl.* **–cra** [–krə]) simulacro.
to **simulate** ['simjuleit] *v.t.* **1** fingere, simulare. **2** imitare.
simulation [,simju'leiʃən] *s.* simulazione, finzione.
simulator ['simjuleitə*] *s.* simulatore (*anche tecn.*)
simultaneity [,siməltə'ni:əti] *s.* simultaneità.
simultaneous [,siməl'teiniəs] *a.* simultaneo.
sin [sin] *s.* peccato. □ *to* **live** *in* ~ convivere more uxorio; *as* **ugly** as ~ brutto come il peccato.
to **sin** [sin] *v.i.* (*pass., p.p.* **sinned** [–d]) peccare: *to* ~ *against society* peccare nei confronti della società.
since [sins] **I** *avv.* da allora, dopo, poi. **II** *prep.* **1** da, (fin) da quando: ~ *ten o'clock* dalle dieci; da... (in poi). **III** *congz.* **1** da quando. **2** dato che, poiché. □ **ever** ~ da allora (in poi); **long** ~ da molto tempo; ~ **then** da allora (in poi); ~ **when**? da quando?
sincere [sin'siə*] *a.* sincero, franco, schietto.
sincerely [sin'siəli] *avv.* sinceramente, francamente. □ (*epist.*) *Yours* ~ cordiali saluti.
sincerity [sin'seriti] *s.* sincerità, onestà.
sine [sain] *s.* (*Mat.*) seno.
sinecure ['sainikjuə*] *s.* sinecura.
sinew ['sinju:] *s.* **1** (*Anat.*) tendine. **2** (*fig.*) energia, vigore.
sinewy ['sinju:i] *a.* **1** muscoloso, nerboruto. **2** (*fig.*) vigoroso, robusto. **3** (*di carne*) fibroso, tiglioso.
sinful ['sinful] *a.* peccaminoso (*anche estens.*).
to **sing** [siŋ] *v.* (*pass.* **sang** [sæŋ], *p.p.* **sung** [sʌŋ]) **I** *v.i.* **1** cantare. **2** (*di bollitore, ecc.*) borbottare, brontolare; (*di orecchie*) ronzare; (*di vento*) sibilare. **3** (*sl.*) fare la spia, (*gerg.*) cantare. **II** *v.t.* **1** cantare. **2** (*poet.*) celebrare. □ (*fig.*) *to* ~ **another** *song* (o *tune*) cambiare tono; *to* ~ **out** gridare; chiamare ad alta voce; *to* ~ *s.o.'s* **praises** cantare le lodi di qd.; *to* ~ *s.o. to* **sleep** far addormentare qd. cantando; *to* ~ **up** cantare più forte.
singe [sindʒ] *s.* bruciacchiatura.
to **singe** [sindʒ] **I** *v.t.* bruciacchiare; strinare. **II** *v.i.* bruciacchiarsi, strinarsi.
singer ['siŋə*] *s.* **1** cantante *m./f.* **2** (*Zool.*) uccello canoro.
singing ['siŋiŋ] *s.* **1** canto. **2** ronzio (negli orecchi). □ (*Zool.*) ~ **bird** uccello canoro; ~ **lesson** lezione di canto.
single ['siŋgl] **I** *a.* **1** solo, singolo; unico. **2** non sposato, single. **II** *s.* **1** singolo, individuo. **2** (*Sport*) singolo. **3** single, persona non sposata. **4** banconota da una sterlina; banconota da un dollaro. **5** biglietto di (sola) andata. **6** camera singola. □ ~ **bed** letto a una piazza; *a* ~ **decker** un bastimento a un ponte; *in* ~ **file** in fila indiana; (*Sport*) ~ **game** singolo.
to **single** ['siŋgl] *v.t.* (general. con *out*) scegliere, selezionare.
single-breasted ['siŋgl'brestid] *a.* (*Vest.*) a un petto.
single-handed ['siŋgl'hændid] *a.* **1** che usa una sola mano. **2** (*fig.*) senza aiuto; da solo, da sè.
single-hearted ['siŋgl'hɑ:tid] *a.* sincero, devoto, leale.
single-minded ['siŋgl'maindid] *a.* che pensa a un'unica cosa, determinato, deciso.
singleness ['siŋglnis] *s.* singolarità, unicità. □ ~ *of purpose* fermezza di propositi.
singlet ['siŋglit] *s.* maglietta a giro collo.
singly ['siŋgli] *avv.* **1** singolarmente, individualmente. **2** da solo, senza aiuto.
singsong ['siŋsɔŋ] **I** *s.* **1** raduno fra amici durante il quale si canta. **2** cantilena. **II** *a.attr.* cantilenante.
singular ['siŋgjulə*] **I** *a.* **1** strano, singolare. **2**

unico nel suo genere. **3** (*Gramm.*) singolare. **II** *s.* (*Gramm.*) singolare.
singularity [ˌsiŋgju'læriti] *s.* singolarità, stranezza.
sinister ['sinistə*] *a.* minaccioso, sinistro, infausto.
sink [siŋk] *s.* **1** acquaio, lavandino, lavello. **2** (*fig.*) covo, ricettacolo. **3** (*Geol.*) lago salato.
to **sink** [siŋk] *v.* (*pass.* **sunk** [sæŋk], *p.p.* **sunk** [sʌŋk]) **I** *v.i.* **1** scendere, abbassarsi, calare: *the level of the lake had sunk* il livello del lago era sceso. **2** affondare, sprofondare: *our feet sank into the mud* i nostri piedi affondarono nel fango. **3** affondare, colare a picco: *the ship is sinking* la nave sta colando a picco. **4** cedere, avvallarsi; assestarsi. **5** (*del sole*) tramontare, calare. **6** digradare, essere in pendio. **7** (lasciarsi) cadere, sprofondare (*into* in) (*anche fig.*): *to ~ into an armchair* sprofondarsi in una poltrona; *to ~ into a deep sleep* cadere in un sonno profondo. **8** (*di suono, ecc.*) abbassarsi, diminuire, ridursi: *her voice sank to a whisper* la sua voce si ridusse a un bisbiglio. **9** (*fig.*) diminuire, calare: *exports have sunk* le esportazioni sono calate. **10** sentirsi mancare, venir meno: *her heart sank* si sentì mancare il cuore. **11** deperire, indebolirsi: *the patient is sinking fast* il paziente deperisce rapidamente. **II** *v.t.* **1** (far) calare, (far) abbassare. **2** sommergere; colare a picco. **3** affondare, conficcare. **4** (*di pozzo, ecc.*) scavare, perforare. **5** (*di voce*) abbassare. **6** (*Econ.*) investire; ammortizzare. **7** passar sopra, dimenticare: *~ your differences* dimenticate le vostre divergenze. □ *to ~* **in** (*into*): 1 penetrare; 2 imprimersi in, essere recepito; *to ~ to one's* **knees** cadere in ginocchio; (*fig.*) *~ or* **swim** bere o affogare. ‖ (*fam.*) *to be sunk* essere rovinato.
sinker ['siŋkə*] *s.* (*Pesca*) piombo, peso.
sinking ['siŋkiŋ] *s.* **1** sprofondamento; affondamento. **2** abbassamento, avvallamento. **3** (*Econ.*) ammortamento: *~ fund* fondo d'ammortamento. **4** (*in miniera*) trivellazione. □ *to have a ~ feeling* avere un vuoto allo stomaco (per l'angoscia *o* la fame).
sinless ['sinlis] *a.* senza peccato, innocente.
sinner ['sinə*] *s.* peccatore.
Sinn Fein ['ʃin'fein] *s.* (*Stor.*) Sinn Fein (movimento indipendentista irlandese).
Sinology [ˌsai'nɔlədʒi] *s.* sinologia.
sinuous ['sinjuəs] *a.* sinuoso, serpeggiante.
sinus ['sainəs] *s.* (*pl. inv./*–**nuses** [–iz]) (*Anat.*) seno.
sinusitis [ˌsainə'saitis] *s.* (*Med.*) sinusite.
sip [sip] *s.* sorso, centellino.
to **sip** [sip] *v.* (*pass., p.p.* **sipped** [–t]) **I** *v.t.* sorseggiare, centellinare. **II** *v.i.* bere a piccoli sorsi.
siphon ['saifən] *s.* **1** sifone. **2** sifone da seltz.
to **siphon** ['saifən] *v.t.* (general. con *off, out*) **1** travasare con un sifone. **2** (*fig.*) devolvere (denaro) a scopi diversi da quelli stabiliti.
sir [sə:*] *s.* signore. **Sir 1** Sir (titolo conferito a un cavaliere o a un baronetto): *Sir James Jones* Sir James Jones. **2** (*epist.*) signore (spesso non si traduce): *Dear Sir* egregio signore.
sire [saiə*] *s.* (*Zootecnia*) genitore; stallone.
to **sire** [saiə*] *v.t.* (*Zootecnia*) generare.
siren ['saiərin] *s.* sirena (*in tutti i signif.*).
sirloin ['sə:lɔin] *s.* (*Gastr.*) lombata di manzo.
sirup ['sirəp] → **syrup.**
sisal ['saisəl] *s.* (*Bot.*) sisal.
sissy ['sisi] *s.* (*fam.*) ragazzo (*o* uomo) effeminato; persona smidollata.
sister ['sistə*] *s.* **1** sorella. **2** (*Rel.*) suora. **3** infermiera; caposala.
sisterhood ['sistəhud] *s.* **1** solidarietà fra donne. **2** (*Rel.*) comunità di suore.
sister-in-law ['sistərinlɔ:] *s.* (*pl.* **sisters-in-law**) cognata.
sisterly ['sistəli] *a.* da sorella.
to **sit** [sit] *v.* (*pass., p.p.* **sat** [sæt]) **I** *v.i.* **1** sedere, sedersi, stare seduto. **2** (*di animali*) accovacciarsi; (*di uccelli*) stare appollaiato; (*di galline*) covare. **3** (*di abiti*) cadere, stare. **4** essere in seduta (di Parlamento, comitato, ecc.). **5** (*Pitt., Scultura*) posare. **II** *v.t.* mettere a sedere, far sedere: *to ~ o.s.* mettersi a sedere, sedersi. □ *to ~* **down** mettersi a sedere; (*fam.*) *to ~* **down** *under* accettare senza protestare; *to ~* **for** *an examination* sostenere un esame; *to ~ a* **horse** cavalcare; *to ~* **in** occupare (una fabbrica) in segno di protesta; *to ~* **in** *on* assistere a; partecipare a; *to ~* **on** *s.th.* condurre un'indagine su qc.; *to ~* **on** *a committee* fare parte di una commissione; *to ~* **out** stare seduto all'aperto; *to ~ s.th.* **out**: 1 restare fino alla fine di qc.; 2 non prendere parte (a un ballo); (*fig.*) *to ~* **tight** mantenere le proprie posizioni; *to ~* **up** stare alzato fino a tardi; *to ~ s.o.* **up**: 1 rizzare (sul letto); 2 mettere a sedere con la schiena eretta; *to ~* **up** *straight* stare seduto in modo composto.
sit-down strike ['sitdaunstraik] *s.* sciopero con occupazione.
site [sait] *s.* **1** posto, sito. **2** area fabbricabile. **3** terreno adibito ad uso specifico.
to **site** [sait] *v.t.* situare, collocare.
sit-in ['sit'in] *s.* sit-in, manifestazione di protesta con occupazione di luoghi pubblici.
sitter ['sitə*] *s.* **1** (*Pitt., Scultura*) modello. **2** baby-sitter *m./f.* **3** chioccia.
sitting ['sitiŋ] *s.* **1** (*Pitt., Scultura*) seduta, posa. **2** seduta, sessione. **3** (*Zootecnia*) cova. **4** (*in ristoranti, mense, ecc.*) turno (dei pasti). □ *at one ~* in una sola tirata, tutto di seguito.
sitting-room ['sitiŋru:m] *s.* soggiorno.
sitting tenant ['sitiŋ'tenant] *s.* l'(inquilino) occupante di un appartamento.
situated ['sitjueitid] *a.* **1** situato, collocato. **2** sistemato, messo: *I am badly ~ in this moment* sono messo male in questo momento.
situation [ˌsitju'eiʃən] *s.* **1** situazione, condizione, stato. **2** posizione, ubicazione. **3** im-

piego, posto. ▭ *to* **meet** *the* ~ essere all'altezza della situazione; **out** *of a* ~ disoccupato; (*Giorn.*) *Situations* **vacant** offerte d'impiego (*o* di lavoro); *Situations* **wanted** richieste d'impiego (*o* di lavoro).

six [siks] *a./s.* sei. ▭ *at sixes and sevens* in disordine, sottosopra (*anche fig.*).

sixfold ['siksfəuld] **I** *a.* sestuplo. **II** *avv.* sei volte tanto.

sixpence ['sikspəns] *s.* sei penny; moneta da sei penny.

sixpenny ['sikspəni] *a.* **1** da sei penny. **2** (*fig.*) da pochi soldi.

sixshooter ['siksʃu:tə*] *s.* revolver a sei colpi.

sixteen ['siks'ti:n] *a./s.* sedici.

sixteenth ['siks'ti:nθ] *a./s.* sedicesimo.

sixth [siksθ] *a./s.* sesto.

sixtieth ['sikstiiθ] *a./s.* sessantesimo.

sixty ['siksti] *a./s.* sessanta.

sizable ['saizəbl] *a.* considerevole.

size[1] [saiz] *s.* **1** dimensione, grandezza, misura. **2** (*di abito, ecc.*) taglia; numero. ▭ (*fam.*) *that's* **about** *the* ~ *of it* le cose stanno più o meno così; *to cut s.o.* **down** *to* ~ ridimensionare qd.

to **size** [saiz] *v.t.* classificare secondo la misura. ▭ *to* ~ *up* prendere le misure di; (*fam.*) farsi una idea di; valutare.

size[2] [saiz] *s.* (*Tessitura*) bozzima, apprettatura.

to **sizzle** ['sizl] *v.i.* (s)friggere, sfrigolare. ▭ *sizzling hot* caldo rovente.

skate[1] [skeit] *s.* pattino.

to **skate** [skeit] *v.i.* pattinare. ▭ (*fig.*) *to* ~ **over** (o *round*) *s.th.* sorvolare su qc.; trattare di sfuggita qc.; (*fig.*) *to* ~ *on* **thin** *ice* camminare sul filo del rasoio.

skate[2] [skeit] *s.* (*pl. inv.*/–s [–s]) (*Zool.*) razza.

skateboard ['skeitbɔ:d] *s.* skateboard.

skater ['skeitə*] *s.* pattinatore.

skating ['skeitiŋ] *s.* pattinaggio.

skating-rink ['skeitiŋriŋk] *s.* pista di pattinaggio.

skein [skein] *s.* matassa.

skeletal ['skelitl] *a.* scheletrico.

skeleton ['skelitn] *s.* **1** (*Anat.*) scheletro. **2** (*fig.*) ossatura, struttura; schema, trama. ▭ (*fig.*) *a* ~ *in the* **cupboard** avvenimento poco edificante che si vuole nascondere; *a* ~ **staff** un organico ridotto al minimo.

skeleton key ['skelitənki:] *s.* passe-partout.

skeptic *am.* ['skeptik] *e deriv.* → **sceptic** *e deriv.*

sketch [sketʃ] *s.* **1** schizzo, abbozzo; bozzetto. **2** schema; profilo, breve descrizione. **3** scenetta comica, sketch.

to **sketch** [sketʃ] **I** *v.t.* (spesso con *in, out*) abbozzare, schizzare (*anche fig.*). **II** *v.i.* fare un abbozzo (*o* uno schizzo).

sketch-book ['sketʃbu:k] *s.* album per schizzi.

sketchy ['sketʃi] *a.* **1** abbozzato, delineato, schizzato. **2** (*fig.*) incompleto; superficiale.

skew [skju:, *am.* sku:] *a.* obliquo, sghembo. ▭ *on the* ~ obliquamente.

skewer ['skjuə*, *am.* 'sku:–] *s.* spiedo, schidione.

to **skewer** ['skjuə*, *am.* 'sku:–] *v.t.* infilzare in uno spiedo.

skew-eyed ['skjuaid] *a.* (*fam.*) strabico.

ski [ski:] *s.* (*pl. inv.*/–s/–es [–z]) sci.

to **ski** [ski:] *v.i.* sciare.

skiboot ['ski:bu:t] *s.* scarpone da sci.

skid [skid] *s.* **1** (*Aut.*) slittamento, sbandata. **2** freno (di carro).

to **skid** [skid] *v.i.* (*pass., p.p.* **skidded** [–id]) **1** (*Aut.*) slittare, sbandare. **2** (*estens.*) scivolare.

skid row *am.* ['skidrau] *s.* bassifondi.

skier ['ski:ə*] *s.* sciatore.

skiff [skif] *s.* (*Mar.*) piccola barca a remi.

skilful ['skilful] *a.* abile, capace; provetto.

skilift ['ski:lift] *s.* sciovia.

skill [skil] *s.* esperienza, pratica, abilità; perizia, destrezza.

skilled ['skild] *a.* **1** esperto, capace, bravo, versato (*in, at* in): ~ *in painting* versato nella pittura. **2** qualificato, specializzato.

skillet ['skilit] *s.* **1** pentola con il manico lungo. **2** (*am.*) padella (per friggere).

skillful *am.* ['skilful] *a.* → **skilful**.

to **skim** [skim] *v.* (*pass., p.p.* **skimmed** [–d]) **I** *v.t.* **1** schiumare. **2** (*di latte*) scremare, spannare. **3** (general. con *over*) sfiorare, rasentare. **4** (*fig.*) (general. con *through*) leggere superficialmente, scorrere. **II** *v.i.* (general. con *along, over*) sfiorare, rasentare.

skimmer ['skimə*] *s.* **1** schiumaiola. **2** scrematrice.

skim milk ['skimmilk] *s.* latte scremato.

to **skimp** [skimp] **I** *v.t.* **1** lesinare, fare economia di. **2** tenere a stecchetto. **II** *v.i.* fare economie, risparmiare; essere tirchio.

skimpy ['skimpi] *a.* **1** scarso, insufficiente. **2** (*di indumento*) striminzito, misero. **3** avaro, spilorcio.

skin [skin] *s.* **1** pelle. **2** pelle (di animale), pellame. **3** buccia. **4** otre. **5** superficie esterna. **6** pellicola; strato leggero. ▭ (*fam.*) (*all*) ~ *and* **bone**(s) (tutto) pelle e ossa; (*fam.*) *by the* ~ *of one's* **teeth** per il rotto della cuffia; (*fam.*) *to have a* **thick** ~ avere la pelle dura; (*fam.*) *to have a* **thin** ~ essere suscettibile; (*fam.*) *to get* **under** *s.o.'s* ~ infastidire qd.; colpire profondamente qd.

to **skin** [skin] *v.* (*pass., p.p.* **skinned** [–d]) **I** *v.t.* **1** scuoiare; spellare, scorticare; sbucciare. **2** (*sl.*) truffare, derubare. **II** *v.i.* (spesso con *over*) **1** cicatrizzarsi, rimarginarsi. **2** ricoprirsi di una pellicola. ▭ (*fig.*) *to keep one's* **eyes** *skinned* tenere gli occhi ben aperti; (*fam.*) *to* ~ **o.s.** spogliarsi.

skin-deep ['skin'di:p] *a.* superficiale.

skin-diving ['skindaiviŋ] *s.* pesca subacquea.

skinflint ['skinflint] *s.* taccagno, spilorcio.

skinner ['skinə*] *s.* conciatore di pelli.

skinny ['skini] *a.* scarno, pelle e ossa.

skint [skint] *a.* (*sl.*) al verde, senza un soldo.

skin-tight [skintait] *a.* (*Vest.*) aderente.

skip [skip] *s.* saltello, balzo.

to **skip** [skip] *v.* (*pass., p.p.* **skipped** [–t]) **I** *v.i.* **1** saltare, balzare; salterellare, saltellare. **2** saltare la corda. **3** (*fam.*) (general. con *off*) scappare, tagliare la corda. **4** (general. con *over, across*) fare un salto, fare un viaggietto: *he skipped over to London for the weekend* fare un salto a Londra per il fine settimana. **II** *v.t.* **1** saltare, superare con un balzo. **2** (*fig.*) tralasciare, saltare.

skipper ['skipə*] *s.* **1** (*Mar.*) capitano. **2** (*Sport*) capitano di squadra.

skipping-rope ['skipiŋrəup] *s.* corda per saltare

skirl ['skə:l] *s.* suono penetrante.

skirmish ['skə:miʃ] *s.* **1** (*Mil.*) scaramuccia. **2** (*fig.*) schermaglia.

to **skirmish** ['skə:miʃ] *v.i.* **1** (*Mil.*) battersi in una scaramuccia. **2** (*fig.*) impegnarsi in una schermaglia.

skirt [skə:t] *s.* **1** gonna, sottana; (*di cappotto, ecc.*; general. al pl.) falde, orlo. **2** *pl.* (*fig.*) margine, bordo. **3** (*sl.*) donna, (*scherz.*) sottana. **4** *pl.* estremità, confini.

to **skirt** [skə:t] **I** *v.t.* fiancheggiare, bordare, costeggiare. **II** *v.i.* costeggiare, rasentare (*around along s.th.* qc.).

skirting-board ['skə:tiŋbɔ:d] *s.* (*Edil.*) zoccolo.

skittish ['skitiʃ] *a.* **1** (*di cavallo*) ombroso. **2** vivace, animato. **3** frivolo, superficiale, volubile.

skittle ['skitl] *s.* **1** birillo. **2** *pl.* (costr. sing.) birilli, gioco dei birilli.

to **skittle** ['skitl] *v.i.* giocare ai birilli.

skivvy ['skivi] *s.* (*sl.*) servetta, tuttofare.

to **skulk** [skʌlk] *v.i.* **1** appiattarsi, nascondersi. **2** (*fam.*) tirarsi indietro, fare il lavativo.

skull [skʌl] *s.* **1** (*Anat.*) cranio, teschio. **2** (*fam.*) testa. □ (*fam.*) *to have a thick* ~ essere uno zuccone.

skullcap ['skʌlkæp] *s.* (*Vest.*) papalina, zucchetto.

skunk [skʌŋk] *s.* (*pl. inv.*/**–s** [–s]) **1** (*Zool.*) moffetta. **2** (*fam.*) farabutto; fetente.

sky [skai] *s.* cielo. □ (*fig.*) **out** *of the clear* (*blue*) ~ inaspettatamente, a ciel sereno; (*fig.*) *to* **raise** *s.o. to the skies* portare qd. alle stelle.

to **sky** [skai] *v.t.* (*fam.*) lanciare (una palla) a candela.

sky-blue ['skai'blu:] *a./s.* azzurro (cielo), celeste.

sky-high ['skai'hai] **I** *avv.* **1** molto in alto. **2** (*fig.*) alle stelle. **II** *a.* **1** altissimo. **2** (*fig.*) esorbitante, eccessivo.

to **sky-jack** ['skaidʒæk] *v.t.* dirottare (un aereo).

sky-jacker ['skaidʒækə*] *s.* dirottatore (di aerei).

skylark ['skailɑ:k] *s.* (*Zool.*) allodola.

skylight ['skailait] *s.* (*Edil.*) lucernario.

skyline ['skailain] *s.* **1** orizzonte. **2** sagoma, profilo (di monti, grattacieli, ecc.) contro il cielo.

to **skyrocket** ['skairɔkit] *v.i.* (*fam.*) salire alle stelle.

skyscraper ['skaiskreipə*] *s.* grattacielo.

skyward ['skaiwəd] *a.* (ri)volto verso il cielo.

skywards ['skaiwədz] *avv.* verso il cielo.

skywriting ['skai'raitiŋ] *s.* messaggi pubblicitari (formati da strisce di fumo colorato di aerei).

slab [slæb] *s.* **1** piastra, lastra. **2** (*di pane, dolce*) fetta. **3** (*Edil.*) soletta.

slack [slæk] **I** *a.* **1** lento, allentato. **2** (*fig.*) fiacco, stanco. **3** (*fig.*) trascurato, negligente; indolente, svogliato. **II** *s.* **1** *pl.* calzoni larghi; pantaloni da donna. **2** (*Comm.*) periodo d'inattività. **3** (*Mar.*) imbando. □ (*Comm.*) *the* ~ **season** la stagione morta; (*fig.*) *to* **take** *up the* ~ rendere un'industria produttiva.

to **slack** [slæk] **I** *v.t.* **1** (spesso con *off, out*) allentare, mollare. **2** (spesso con *up*) diminuire, ridurre. **II** *v.i.* **1** (spesso con *up, off*) diminuire, calare; (spesso con *off*) rallentare. **2** (spesso con *off*) essere indolente.

to **slacken** ['slækən] **I** *v.t.* **1** allentare, mollare. **2** (*fig.*) ridurre, diminuire. **II** *v.i.* **1** allentarsi. **2** (*fig.*) ridursi, diminuire.

slackness ['slæknis] *s.* **1** lentezza, mollezza. **2** (*fig.*) negligenza, trascuratezza; svogliatezza, indolenza. **3** (*Comm.*) fiacchezza, inattività.

slag [slæg] *s.* (*Met.*) scoria.

slain [slein] → to **slay**.

to **slake** [sleik] *v.t.* **1** estinguere, spegnere. **2** (*fig.*) appagare, soddisfare. **3** (*tecn.*) (*di calce*) spegnere.

slam[1] [slæm] *s.* **1** colpo violento. **2** sbatacchiamento.

to **slam** [slæm] *v.* (*pass., p.p.* **slammed** [–d]) **I** *v.t.* **1** sbattere, chiudere violentemente, sbatacchiare. **2** gettare con violenza. **II** *v.i.* sbattere, chiudersi con forza.

slam[2] [slæm] *s.* (*bridge*) slam. □ **grand** ~ grande slam, cappotto; **little** ~ piccolo slam, stramazzo.

slander ['slɑ:ndə*] *s.* calunnia, diffamazione.

to **slander** ['slɑ:ndə*] *v.t.* calunniare, diffamare.

slanderer ['slɑ:ndərə*] *s.* calunniatore, diffamatore.

slanderous ['slɑ:ndərəs] *a.* **1** calunnioso, diffamatorio. **2** calunniatore, diffamatore.

slang [slæŋ] *s.* gergo, slang.

to **slang** [slæŋ] *v.t.* insultare, ingiuriare.

slanging match ['slæŋiŋmætʃ] *s.* scambio di insulti violenti.

slangy ['slæŋi] *a.* **1** gergale. **2** che parla in gergo.

slant [slɑ:nt, *am.* slænt] *s.* **I** pendenza, inclinazione. **2** pendio, declivio. **3** (*fam.*) punto di vista, opinione, angolazione. □ *on a* ~ obliquamente, di traverso.

to **slant** [slɑ:nt, *am.* slænt] **I** *v.i.* essere in pendenza, pendere. **II** *v.t.* **1** inclinare, far pendere. **2** (*Giorn.*) (*di notizie*) presentare in modo tendenzioso.

slantwise ['slɑ:ntwaiz] *avv.* obliquamente, di traverso.

slap [slæp] **I** *s.* schiaffo, ceffone; pacca. **II** *avv.*

1 (*fam.*) in pieno, diritto: *he ran* ~ *into the wall* andò a sbattere in pieno contro il muro. **2** proprio, esattamente.

to **slap** [slæp] *v.t.* (*pass.*, *p.p.* **slapped** [–t]) **1** schiaffeggiare; dare una pacca a: *to* ~ *s.o. on the shoulder* dare una pacca sulla spalla a qd. **2** colpire facendo un rumore secco. ▭ *to* ~ *down* posare (giù) con un rumore secco; sbattere; (*fig.*) reprimere, stroncare.

slap-bang ['slæpbæŋ] *avv.* **1** (*fam.*) di colpo; a capofitto; con violenza. **2** proprio, esattamente.

slapdash ['slæpdæʃ] **I** *a.* **1** abborracciato, fatto alla meglio. **2** frettoloso. **II** *avv.* **1** alla meglio. **2** in fretta e furia.

slapstick ['slæpstik] *s.* (*Teat.*, *Cin.*) spettacolo farsesco (con botte in testa e torte in faccia).

slap-up ['slæp'ʌp] *a.* (*fam.*) eccellente, di prima qualità.

slash [slæʃ] *s.* **1** taglio, squarcio, sfregio. **2** frustata, sferzata.

to **slash** [slæʃ] **I** *v.t.* **1** tagliare, squarciare, sfregiare. **2** sferzare, frustare. **3** (*fig.*) ridurre drasticamente, decurtare. **4** (*fig.*) criticare sarcasticamente. **II** *v.i.* dare colpi (*at* a); dare frustate.

slat [slæt] *s.* assicella, stecca.

slate [sleit] *s.* **1** (*Geol.*) ardesia. **2** (*Edil.*) tegola (d'ardesia). **3** lavagna portatile. **4** → **slate-grey**. ▭ (*fig.*) *to* **have** *a clean* ~ avere la fedina penale pulita; *to* **start** *with a clean* ~ ripartire da zero.

to **slate**[1] [sleit] *v.t.* **1** ricoprire d'ardesia. **2** (*fig.*) mettere in programma. **3** (*am. fig.*) proporre la candidatura di.

to **slate**[2] [sleit] *v.t.* (*fam.*) criticare aspramente.

slate-gray *am.*, **slate-grey** ['sleit'grei] *a./s.* grigio ardesia.

slating[1] ['sleitiŋ] *s.* copertura con lastre d'ardesia.

slating[2] ['sleitiŋ] *s.* (*fam.*) critica aspra.

slaty ['sleiti] *a.* **1** d'ardesia. **2** che contiene ardesia.

slaughter ['slɔ:tə*] *s.* **1** macellazione. **2** (*fig.*) strage, massacro.

to **slaughter** ['slɔ:tə*] *v.t.* **1** macellare. **2** (*fig.*) trucidare, massacrare; (*fam. Sport*) sbaragliare, sconfiggere duramente.

slaughterhouse ['slɔ:təhaus] *s.* macello, mattatoio.

Slav [slɑ:v] *a./s.* slavo.

slave [sleiv] *s.* schiavo. ▭ *to* **make** *a* ~ *of* schiavizzare; ~ **ship** nave negriera; (*USA*) *Slave* **State** stato schiavista.

to **slave** [sleiv] *v.i.* (spesso con *away*) sfacchinare, (*fam.*) sgobbare.

slaver[1] ['sleivə*] *s.* **1** negriere. **2** nave negriera.

slaver[2] ['slævə*] *s.* bava.

to **slaver** ['slævə*] *v.t./i.* sbavare.

slavery ['sleivəri] *s.* **1** schiavitù (*anche fig.*). **2** schiavismo. **3** lavoro faticoso e mal pagato.

slave trade ['sleivtreid] *s.* tratta degli schiavi.

slave trader ['sleivtreidə*] *s.* mercante di schiavi.

Slavic ['slɑ:vik, 'slævik] *a./s.* slavo.

slavish ['sleiviʃ] *a.* **1** servile. **2** pedissequo, privo di originalità.

Slavonic [slə'vɔnik] → **Slavic**.

to **slay** [slei] *v.t.* (*pass.* **slew** [slu:], *p.p.* **slain** [slein]) ammazzare, trucidare.

slayer ['sleiə*] *s.* uccisore; assassino.

sleazy ['sli:zi] *a.* (*fam.*) **1** trasandato; sudicio. **2** (*estens.*) poco raccomandabile.

sled [sled] → **sledge**.

to **sled** [sled] *v.* (*pass.*, *p.p.* **sledded** [–id]) **I** *v.i.* andare in slitta. **II** *v.t.* trasportare su una slitta.

sledge [sledʒ] *s.* slitta, slittino.

to **sledge** [sledʒ] **I** *v.i.* andare in slitta. **II** *v.t.* trasportare su una slitta.

sledge-hammer ['sledʒhæmə*] *s.* mazza, martello da fabbro.

sleek [sli:k] *a.* **1** (*di capelli, ecc.*) lucido, lucente; liscio. **2** (*fig.*) mellifluo, untuoso.

to **sleek** [sli:k] *v.t.* levigare, lisciare.

sleep [sli:p] *s.* **1** sonno; dormita. **2** (*fig.*) torpore, sonnolenza. ▭ *to* **drop** *off to* ~ addormentarsi; *to* **get** *to* ~ prendere sonno; *to* **get** *little* ~ dormire poco; *to* **put** *to* ~ addormentare; (*eufem.*) uccidere.

to **sleep** [sli:p] *v.* (*pass.*, *p.p.* **slept** [slept]) **I** *v.i.* **1** dormire, riposare; addormentarsi. **2** passare la notte, alloggiare. **3** (*fig.*) dormire, essere inattivo. **II** *v.t.* **1** dormire. **2** (*fam.*) poter ospitare, alloggiare. ▭ *to* ~ **away** passare dormendo; *to* ~ **in** dormire più del solito; *to* ~ **off** liberarsi di (qc.) dormendoci sopra; *to* ~ **on** continuare a dormire; *to* ~ **on** *a question* rimandare una questione al giorno dopo; *to* ~ **out** dormire all'aperto; dormire fuori casa; *to* ~ *the clock* **round** dormire dodici ore di seguito; *to* ~ **soundly** dormire sodo; (*fig.*) dormire tranquillo.

sleeper ['sli:pə*] *s.* **1** chi dorme. **2** (*Ferr.*) traversina. **3** (*Ferr.*) → **sleeping-car**. ▭ *a heavy* (o *light*) ~ persona che ha il sonno pesante (*o* leggero).

sleepiness ['sli:pinis] *s.* sonnolenza, sonno.

sleeping-bag ['sli:piŋbæg] *s.* sacco a pelo.

sleeping car ['sli:piŋkɑ:*] *s.* (*Ferr.*) vagone letto.

sleeping pill ['sli:piŋpil] *s.* sonnifero.

sleepless ['sli:plis] *a.* **1** insonne. **2** (*fig.*) instancabile; sempre vigile.

sleep therapy ['sli:p'θerəpi] *s.* (*Med.*) terapia del sonno.

sleepwalker ['sli:pwɔ:kə*] *s.* sonnambulo.

sleepwalking ['sli:pwɔ:kiŋ] *s.* sonnambulismo.

sleepy ['sli:pi] *a.* **1** assonnato, sonnolento. **2** tranquillo, quieto: *a* ~ *village* un paesino tranquillo. ▭ *to feel* ~ avere sonno.

sleepyhead ['sli:pihed] *s.* (*fam.*) dormiglione.

sleet ['sli:t] *s.* (*Meteor.*) nevischio; grandine mista a pioggia.

to **sleet** [sli:t] *v.i.* (costr. impers.) nevischiare.

sleeve [sli:v] *s.* **1** manica. **2** (*Mecc.*) manicotto. **3** copertina (di disco). ▭ ~ to **have** *a plan* (*an idea, ecc.*) *up one's* ~ avere un piano (un'idea, ecc.) segreto (*o* di riserva); *to* **laugh** *up one's* ~ ridere sotto i baffi; *to* **wear** *one's heart on one's* ~ non nascondere i propri sentimenti.

sleeveless ['sli:vlis] *a.* senza maniche.

sleigh [slei] *s.* slitta (tirata da cavalli).

to **sleigh** [slei] **I** *v.i.* andare in slitta. **II** *v.t.* trasportare su una slitta.

sleight [slait] *s.* stratagemma, trucco. ▭ ~ *of hand* destrezza manuale; trucco, stratagemma.

slender ['slendə*] *a.* **1** sottile; snello, esile. **2** scarso, esiguo. **3** tenue, fragile.

slenderness ['slendənis] *s.* **1** snellezza, sottigliezza. **2** scarsezza, esiguità.

slept [slept] → to **sleep**.

sleuth [slu:θ], **sleuthhound** ['slu:θhaund] *s.* (*fam.*) investigatore; segugio.

slew [slu:] → to **slay**.

to **slew** [slu:] *v.t./i.* (spesso con *round, around*) girare, rotare.

slice [slais] *s.* **1** fetta; trancia (di pesce). **2** (*fig.*) pezzo, porzione. **3** paletta, spatola. **4** (*Sport*) colpo che taglia la palla.

to **slice** [slais] **I** *v.t.* **1** affettare, tagliare a fette. **2** (*Sport*) colpire di taglio. **II** *v.i.* **1** tagliare (*into, through s.th.* qc.). **2** (*Sport*) colpire di taglio la palla.

slicer ['slaisə*] *s.* affettatrice.

slick [slik] **I** *a.* **1** lucido, lustro. **2** liscio, levigato; scivoloso, sdrucciolevole. **3** (*fam.*) untuoso, falso. **4** abile, ingegnoso; astuto, scaltro. **5** (*am. fam.*) eccellente, ottimo. **6** ben fatto, ma banale. **II** *s.* chiazza d'olio.

to **slick** [slik] *v.t.* **1** lustrare, lucidare; (spesso con *down*) lisciare, impomatare (i capelli). **2** (*am. fam.*) (spesso con *up*) agghindare, azzimare.

slicker *am.* ['slikə*] *s.* **1** impermeabile lungo e largo. **2** (*fam.*) imbroglione.

slid [slid] → to **slide**.

slide [slaid] *s.* **1** scivolata, scivolone; sdrucciolone. **2** scivolo; piano inclinato. **3** vetrino (per microscopio). **4** (*Fot.*) diapositiva. **5** (*tecn.*) slitta, cursore; guida di scorrimento. **6** valanga; frana. **7** fermaglio per i capelli.

to **slide** [slaid] *v.* (*pass., p.p.* **slid** [slid]) **I** *v.i.* **1** scivolare, sdrucciolare. **2** (*Mecc.*) scorrere. **3** (*fig.*) scivolare (*into* in): *to* ~ *into sin* scivolare nel peccato. **II** *v.t.* far scivolare. ▭ *to* ~ **down** scivolar giù; (*fig.*) *to* **let** *things* ~ lasciar correre; *to* ~ **over** *s.th.* sorvolare su qc.

slide-rule ['slaidru:l] *s.* regolo calcolatore.

sliding ['slaidiŋ] *a.* scorrevole. ▭ ~ **door** porta a coulisse.

sliding scale ['slaidiŋskeil] *s.* (*Econ.*) scala mobile.

slight [slait] **I** *a.* **1** leggero, lieve, esiguo; scarso. **2** (*rif. a persona*) snello, sottile; delicato, debole. **3** irrilevante, insignificante. **II** *s.* affronto; mancanza di rispetto. ▭ **in** *the slightest* affatto, minimamente; *to* **put** *a* ~ *on s.o.* trattare qd. con disprezzo; *the slightest* **thing** la minima cosa.

to **slight** [slait] *v.t.* **1** mancare di rispetto a, offendere. **2** tenere in poco conto, non dare importanza a.

slightly ['slaitli] *avv.* **1** leggermente, lievemente. **2** non molto bene; un po'. ▭ ~ *built* di costituzione delicata.

slim [slim] *a.* (*compar.* **slimmer** [–ə*], *sup.* **slimmest** [–ist]) **1** esile, sottile, snello. **2** (*fig.*) poco, esiguo; magro, insufficiente. **3** (*fam.*) furbo, scaltro.

to **slim** [slim] *v.t./i.* (*pass., p.p.* **slimmed** [–d]) dimagrire.

slime [slaim] *s.* **1** melma, fanghiglia. **2** bava (di lumaca, ecc.).

slimmer ['slimə*] *s.* (*fam.*) chi fa una cura dimagrante.

slimy ['slaimi] *a.* **1** vischioso, viscoso. **2** melmoso, fangoso. **3** (*fam.*) untuoso, viscido.

sling [sliŋ] *s.* **1** fionda; colpo di fionda. **2** (*Med.*) bendaggio a fionda. **3** imbracatura (per sollevare pesi). ▭ *to have one's arm in a* ~ avere il braccio al collo.

to **sling** [sliŋ] *v.t.* (*pass., p.p.* **slung** [slʌŋ]) **1** lanciare, tirare, scagliare. **2** lanciare con la fionda. **3** imbracare. **4** appendere, sospendere. ▭ (*fam.*) *to* ~ *one's* **hook** filarsela, andarsene; *slung* **over** *the shoulder* a spalla.

to **slink** [sliŋk] *v.i./t.* (*pass., p.p.* **slunk** [slʌŋk]) camminare furtivamente. ▭ *to* ~ *away* svignarsela.

slip[1] [slip] *s.* **1** scivolata, scivolone, sdrucciolone. **2** errore, sbaglio; svista; passo falso. **3** sottoveste, sottabito. **4** federa (di cuscino). **5** *pl.* (*Teat.*) quinte. **6** (*Mar.*) scalo. **7** (*Mecc.*) slittamento, scorrimento. ▭ (*fam.*) *to* **give** *s.o. the* ~ sfuggire qd.; *a* ~ *of the* **pen** lapsus calami (errore involontario nello scrivere); *a* ~ *of the* **tongue** un lapsus linguae.

to **slip** [slip] *v.* (*pass., p.p.* **slipped** [–t]/*raro* **slipt** [–t]) **I** *v.i.* **1** scivolare; sdrucciolare, slittare; sgusciare. **2** (general. con *up*) sbagliarsi, commettere un errore. **II** *v.t.* **1** far scivolare, infilare, introdurre. **2** (*fig.*) sfuggire a, sottrarsi a, liberarsi di: *to* ~ *one's pursuers* sfuggire ai propri inseguitori. **3** sganciare, allungare di nascosto: *I slipped him a pound* gli allungai di nascosto una sterlina. ▭ *to* ~ **away** svignarsela, squagliarsela; (*fig.*) sparire, sfumare; *to* ~ **by** passare di nascosto; (*di tempo*) passare, scorrere; *to* ~ **in** entrare di soppiatto; intrufolarsi; *to* ~ **into** introdursi inosservato in; (*di abiti*) infilarsi, mettersi; (*fig.*) *to* ~ **into** *bad habits* prendere delle cattive abitudini; *to* ~ **into** *bed* infilarsi a letto; *to* **let** ~ lasciarsi sfuggire; lasciar cadere; *to* ~ *one's* **mind** sfuggire dalla mente; *to* ~ **off** svignarsela, squagliarsela; (*di abiti*) levare, sfilare; *to* ~ **on** infilare, infilarsi; *to* ~ **out** svignarsela, squagliarsela; *to* ~ **out** *of* uscire furtivamente da; (*di abiti*) sfilarsi, levarsi; (*sl.*) *to ~ s.th.* **over** *on s.o.* imbrogliare qd., truffare qd.

slip[2] [slip] *s.* **1** talea; innesto. **2** striscia: *a ~ of land* una striscia di terra. **3** scontrino, tagliando.

slipcover ['slipkʌvə*] *s.* **1** fodera (di mobili). **2** sovraccoperta (di libro).

slipknot ['slipnɔt] *s.* nodo scorsoio.

slipped disc ['slipt'disk] *s.* (*Med.*) ernia del disco.

slipper ['slipə*] *s.* pantofola, pianella, ciabatta.

slippery ['slipəri] *a.* **1** sdrucciolevole, scivoloso. **2** (*fig.*) malsicuro, instabile. **3** (*fam.*) infido, disonesto. □ (*fam.*) *as ~ as an* **eel** viscido come un'anguilla; (*fig.*) *to be on a ~* **slope** essere su una brutta china; *a ~* **subject** un argomento scabroso.

slip road ['slipraud] *s.* **1** raccordo autostradale. **2** strada secondaria.

slipshod ['slipʃɔd] *a.* **1** scalcagnato. **2** (*fig.*) sciatto, trascurato.

slipt [slipt] → to **slip.**

slip-up ['slipʌp] *s.* (*fam.*) sbaglio, errore.

slipway ['slipwei] *s.* **1** (*Mar.*) scalo di alaggio. **2** (*Aer.*) scivolo.

slit [slit] *s.* **1** fenditura; taglio longitudinale. **2** feritoia, fessura. **3** (*Vest.*) spacco.

to **slit** [slit] *v.* (*pass., p.p.* **slit**) **I** *v.t.* **1** tagliare per il lungo. **2** fendere, squarciare, spaccare. **II** *v.i.* fendersi, spaccarsi.

to **slither** ['sliðə*] *v.i.* sdrucciolare, scivolare.

sliver ['slivə*] *s.* scheggia, frammento. □ *a ~ of cheese* un bocconcino di formaggio.

to **sliver** ['slivə*] **I** *v.t.* scheggiare. **II** *v.i.* scheggiarsi.

slobber ['slɔbə*] *s.* **1** bava, sbavatura. **2** (*fig.*) sdolcinatura.

to **slobber** ['slɔbə*] **I** *v.i.* **1** sbavare. **2** (*fig.*) sdilinquirsi (*over* per). **II** *v.t.* sbavare.

sloe [sləu] *s.* (*Bot.*) prugnolo; prugnola.

slog [slɔg] *s.* colpo violento.

to **slog** [slɔg] *v.* (*pass., p.p.* **slogged** [–d]) **I** *v.t.* colpire forte. **II** *v.i.* **1** picchiare sodo. **2** procedere a fatica, trascinarsi. **3** (spesso con *away*) faticare, (*fam.*) sgobbare (*at* su).

slogan ['sləugən] *s.* motto; slogan (pubblicitario).

sloop [slu:p] *s.* (*Mar.*) sloop. □ (*Mar.*) *~ of war* corvetta.

slop [slɔp] *s.* **1** *pl.* cibo liquido per malati; broda, brodaglia. **2** (ri)sciacquatura, acqua sporca. **3** *pl.* abiti in serie, da poco prezzo.

to **slop** [slɔp] *v.* (*pass., p.p.* **slopped** [–t]) **I** *v.t.* versare, rovesciare. **II** *v.i.* **1** traboccare, versarsi. **2** (spesso con *about, around*) sguazzare.

slope [sləup] *s.* **1** pendenza, inclinazione; pendio, china, declivio. **2** *pl.* pendici (di montagna). **3** (*Mil.*) spallarm.

to **slope** [sləup] **I** *v.i.* **1** declinare, essere in pendio. **2** essere inclinato, pendere. **II** *v.t.* inclinare, far pendere. □ (*Mil.*) *to ~* **arms** mettere il fucile a spallarm; *to ~* **down** scendere; (*fam.*) *to ~* **off** svignarsela; *to ~* **up** salire.

sloppiness ['slɔpinis] *s.* **1** fangosità. **2** (*fam.*) trascuratezza, trasandatezza. **3** (*fam.*) sdolcinatezza, svenevolezza.

sloppy ['slɔpi] *a.* **1** fangoso, melmoso; viscido. **2** (*di cibo*) brodoso. **3** (*fam.*) trasandato, trascurato; (*di lavoro*) fatto in qualche modo. **4** (*fam.*) svenevole, sdolcinato.

to **slosh** [slɔʃ] **I** *v.t.* (*sl.*) colpire violentemente. **II** *v.i.* (general. con *about*) sguazzare.

slosted ['slɔstid] *a.* (*sl.*) ciucco, ubriaco.

slot [slɔt] *s.* **1** fessura. **2** (*Mecc.*) scanalatura, guida. **3** (*fam.*) posto, spazio (in un programma, organizzazione, ecc.).

to **slot** [slɔt] *v.t.* (*pass., p.p.* **slotted** [–id]) **1** aprire una fessura in. **2** introdurre in una fessura. □ *to ~ s.o. into s.th.* trovare una sistemazione per qd. in qc.

sloth [sləuθ, *am.* slɔθ] *s.* **1** pigrizia, indolenza. **2** (*Zool.*) bradipo.

slothful ['sləuθful, *am.* 'slɔθ–] *a.* pigro, indolente.

slot machine ['slɔtmə'ʃi:n] *s.* distributore automatico a gettoni, (*am.*) macchina mangiasoldi.

slouch [slautʃ] *s.* **1** andatura dinoccolata. **2** (*am. fam.*) incompetente *m./f.*; fannullone. □ *~ hat* cappello a cencio.

to **slouch** [slautʃ] *v.i.* camminare dinoccolato, camminare goffamente.

slough[1] [slau] *s.* palude, pantano.

slough[2] [slʌf] *s.* **1** (*Zool.*) spoglia (di serpente). **2** (*Med.*) crosta, escara.

to **slough** [slʌf] **I** *v.i.* **1** (*di serpente*) gettare la spoglia. **2** (*Med.*) (spesso con *off*) staccarsi; desquamarsi. **II** *v.t.* (*fig.*) (general. con *off*) (lasciar) perdere, smettere; sbarazzarsi di.

sloven ['slʌvn] *s.* (*fam.*) sciattone.

Slovene ['sləuvi:n], **Slovenian** [sləu'vi:njən] *a./s.* sloveno.

slovenly ['slʌvnli] *a.* **1** trascurato, trasandato. **2** negligente.

slow [sləu] **I** *a.* **1** lento, tardo; tardivo. **2** tardo, ottuso; pigro, indolente. **3** (*di orologio*) che sta indietro. **4** monotono, noioso. **5** (*Sport*) (*di campo, ecc.*) pesante. **II** *avv.* lentamente, piano, adagio. □ *to* **go** *~* andare (*o* procedere) piano; (*fig.*) essere cauto; fare lo sciopero bianco; *~ off the* **mark** lento a capire; (*Cin.*) *~* **motion** rallentatore; (*Ferr.*) *~* **train** accelerato.

to **slow** [sləu] *v.t./i.* (spesso con *down, up*) rallentare.

slowcoach ['sləukəutʃ] *s.* **1** persona lenta e pigra, posapiano.

slowdown ['sləudaun] *s.* **1** rallentamento. **2** sciopero bianco.

slowness ['sləunis] *s.* **1** lentezza. **2** ottusità. **3** monotonia, noiosità. **4** (*di orologio*) ritardo.

slow-witted ['sləu'witid] *a.* (*fam.*) duro di comprendonio.

slowworm ['sləuwə:m] *s.* (*Zool.*) orbettino.

sludge [slʌdʒ] *s.* **1** fanghiglia, fango. **2** detriti di fogna. **3** morchia.

slug[1] [slʌg] *s.* (*Zool.*) lumacone, limaccia.
slug[2] [slʌg] *s.* **1** pallottola, proiettile. **2** pepita.
to **slug** *am.* [slʌg] *v.t./i.* (*pass., p.p.* **slugged** [–d]) (*fam.*) colpire con forza (*spec.* con il pugno).
sluggard ['slʌgəd] *s.* fannullone, pigrone.
sluggish ['slʌgiʃ] *a.* **1** pigro, indolente. **2** (*Econ.*) fiacco.
sluice [slu:s] *s.* chiusa; saracinesca.
to **sluice** [slu:s] *v.t.* **1** inondare aprendo una chiusa. **2** (spesso con *down*) lavare con molta acqua.
slum [slʌm] *s.* **1** (general. al pl.) bassifondi; quartieri poveri. **2** catapecchia, topaia.
slum clearance [ˌslʌm'kliərəns] *s.* bonifica urbana.
slumber ['slʌmbə*] *s.* sonno.
to **slumber** ['slʌmbə*] *v.i.* dormire. □ *to ~ away* passare (il tempo) dormendo.
slump [slʌmp] *s.* **1** crollo, caduta. **2** (*Econ.*) congiuntura bassa.
to **slump** [slʌmp] *v.i.* **1** crollare, cadere pesantemente. **2** (*Econ.*) entrare in una congiuntura bassa.
slumpflation [ˌslʌmp'fleiʃn] *s.* (*neol., Econ.*) slumpfletion (concomitanza di congiuntura bassa e inflazione).
slung [slʌŋ] → to **sling**.
slunk [slʌŋk] → to **slink**.
slur[1] [slə:*] *s.* insulto, affronto; macchia, onta. □ *to cast a ~ on s.o.* diffamare qd.
slur[2] [slə*] *s.* **1** pronuncia difettosa. **2** (*Mus.*) legatura.
to **slur** [slə:*] *v.* (*pass., p.p.* **slurred** [–d]) **I** *v.t.* **1** pronunciare in modo indistinto. **2** (*Mus.*) legare. **3** (general. con *over*) sorvolare su, passare sopra a. **II** *v.i.* farfugliare.
slush [slʌʃ] *s.* **1** neve mista a fango. **2** poltiglia, fanghiglia. **3** (*fam.*) sdolcinatezza, svenevolezza. □ *~ fund* fondi neri.
slushy ['slʌʃi] *a.* **1** coperto di fanghiglia. **2** (*fam.*) sdolcinato, svenevole.
slut [slʌt] *s.* (*volg.*) **1** sciattona. **2** puttana.
sluttish ['slʌtiʃ] *a.* **1** sciatto, trasandato. **2** immorale.
sly [slai] *a.* (*compar.* **slier/slyer** [–ə*], *sup.* **sliest/slyest** [–ist]) **1** furbo, astuto, scaltro. **2** malizioso, birichino. □ (*fam.*) *on the ~* furtivamente, di soppiatto.
slyboots ['slaibu:ts] *s.* (*fam.*) furbacchione.
Sm = (*Chim.*) *samarium* samario.
smack[1] [smæk] *s.* **1** sapore, gusto. **2** (*fig.*) pizzico, punta.
to **smack**[1] [smæk] *v.t.* sapere, odorare (*of* di) (*anche fig.*).
smack[2] [smæk] **I** *s.* **1** schiaffo, scappellotto. **2** schiocco. **3** (*fam.*) bacione. **II** *avv.* (*fam.*) diritto, in pieno. □ (*fam.*) *a ~ in the* **eye** uno smacco; (*fig.*) *to* **have** *a ~ at s.th.* provare a fare qc.
to **smack**[2] [smæk] *v.t.* **1** schiaffeggiare, dare uno schiaffo a. **2** schioccare.
smack[3] [smæk] *s.* (*Mar.*) peschereccio.
smacker ['smækə*] *s.* **1** (*fam.*) schiaffo sonoro; bacio con lo schiocco. **2** (*sl.*) sterlina. **3** (*am. sl.*) dollaro.
smacking ['smækiŋ] *s.* (*fam.*) botte, busse.
small [smɔ:l] **I** *a.* **1** piccolo, minuto; basso (*spesso si traduce con un diminutivo*): *a ~ boy* un ragazzino. **2** esiguo, scarso; ristretto, limitato. **3** piccolo, su scala ridotta: *~ firms* piccole imprese. **4** di scarsa importanza, insignificante. **5** gretto, meschino. **6** (*di voce, suono, ecc.*) basso, sommesso. **II** *s.* **1** parte piccola; parte stretta. **2** *pl.* biancheria intima. **III** *avv.* a pezzetti. □ *the ~ of the* **back** le reni; *~* **change** spiccioli; (*fig.*) cosa insignificante; (*fig.*) *~* **fry** pesci piccoli; personaggio irrilevante; *~* **hours** ore piccole; *~* **letter** lettera minuscola; *to* **make** *s.o. feel ~* umiliare qd.; *on the ~* **side** piuttosto piccolo; (*fig.*) *to* **sing** *~* abbassare la cresta; *in a ~* **way** nel suo (*o* mio) piccolo; *to live in a ~* **way** vivere modestamente.
small ads ['smɔ:læds] *s.pl.* piccola pubblicità.
smallness ['smɔ:lnis] *s.* **1** piccolezza. **2** grettezza, meschinità.
smallpox ['smɔ:lpɔks] *s.* (*Med.*) vaiolo.
small talk ['smɔ:ltɔ:k] *s.* chiacchiere vuote.
small-time ['smɔ:ltaim] *a.* insignificante, di scarsa importanza.
smarmy ['smɑ:mi] *a.* (*fam.*) strisciante, servile.
smart [smɑ:t] **I** *a.* **1** elegante, azzimato; (*di abito*) elegante, ben tagliato; alla moda. **2** (*di persona*) sveglio, acuto; bravo, intelligente; furbo, astuto. **3** arguto, spiritoso; caustico, pungente; impertinente, insolente. **4** svelto, vivace, energico: *at a ~ pace* con passo svelto. **5** (*di dolore*) acuto, lancinante; (*di colpo, ecc.*) forte, duro. **II** *s.* **1** bruciore; dolore acuto. **2** (*fig.*) umiliazione cocente. □ *the ~ set* il bel mondo.
to **smart** [smɑ:t] *v.i.* **1** bruciare; far male. **2** (*fig.*) soffrire (*under, from, over, at* per); pagare (*for* per), subire le conseguenze (di).
to **smarten** ['smɑ:tən] **I** *v.t.* (spesso con *up*) **1** agghindare, azzimare; abbellire, adornare. **2** (*rif. a un luogo*) riassettare, mettere in ordine. **3** rendere più vivace, ravvivare. **II** *v.i.* (general. con *up*) **1** mettersi in ghingheri, farsi bello. **2** diventare più vivace, ravvivarsi.
smash [smæʃ] *s.* **1** fracasso. **2** urto violento; scontro, collisione. **3** rovina, crollo; fallimento. □ (*fig.*) *to go ~* essere rovinato.
to **smash** [smæʃ] **I** *v.t.* **1** frantumare, fracassare. **2** (spesso con *up*) annientare, schiacciare; far fallire. **3** colpire con violenza. **II** *v.i.* **1** frantumarsi, fracassarsi. **2** sbattere (violentemente). **3** andare in rovina; (spesso con *up*) fallire, fare bancarotta. □ *to ~* **down** *a door* sfondare una porta; *to ~* **in** fare irruzione (abbattendo la porta).
smash-and-grab ['smæʃən'græb] *s.*: *a ~ raid* un furto compiuto infrangendo una vetrina.
smasher ['smæʃə*] *s.* **1** forte colpo. **2** (*fam.*) cosa eccezionale; ragazza molto bella.

smash-hit ['smæʃhit] *s.* gran successo.
smashing ['smæʃiŋ] *a.* (*fam.*) favoloso, formidabile. □ (*fam.*) *to have a ~ time* divertirsi alla follia.
smash-up ['smæʃʌp] *s.* **1** rovina, crollo; tracollo (finanziario). **2** collisione, scontro.
smattering ['smætəriŋ] *s.* infarinatura, conoscenza superficiale.
smear [smiə*] *s.* **1** macchia (general. d'unto). **2** (*fig.*) denigrazione, diffamazione. **3** (*Med.*) striscio. □ *~* **campaign** campagna diffamatoria; *~* **word** parola denigratoria.
to **smear** [smiə*] *v.t.* **1** ungere; spalmare. **2** imbrattare, sporcare. **3** (*fig.*) diffamare, denigrare.
smell [smel] *s.* **1** olfatto, odorato, fiuto. **2** odore; profumo; (cattivo) odore, puzzo. □ *to have a ~ at s.th.* dare un'annusata a qc.
to **smell** [smel] *v.* (*pass., p.p.* **smelled** [–d]/ **smelt** [–t]) **I** *v.t.* **1** sentire (l')odore di. **2** annusare, odorare, fiutare. **3** (*fig.*) (general. con *up*) fiutare, intuire. **II** *v.i.* **1** sentire gli odori, avere l'olfatto. **2** odorare; sapere, avere odore (*of* di); puzzare. □ (*fig.*) *to ~ of the* **lamp** essere frutto di lunghi studi; *to ~* **out** scoprire (con il fiuto); (*fam. fig.*) *to ~ a* **rat** sentire odore di bruciato.
smelling salts ['smeliŋsɔ:lts] *s.pl.* sali.
smelly ['smeli] *a.* (*fam.*) puzzolente.
smelt [smelt] → to **smell**.
to **smelt** [smelt] *v.t.* (*Met.*) fondere.
smile [smail] *s.* sorriso.
to **smile** [smail] **I** *v.i.* sorridere. **II** *v.t.* esprimere sorridendo: *to ~ approval* approvare sorridendo. □ *to ~ a* **bitter** *smile* sorridere con amarezza; (*fig.*) *to ~* **upon** *s.o.* arridere a qd.
smiling ['smailiŋ] *a.* sorridente; ridente, allegro.
smirch [smə:tʃ] *s.* **1** macchia. **2** (*fig.*) onta, disonore.
to **smirch** [smə:tʃ] *v.t.* macchiare, insozzare (*anche fig.*).
smirk [smə:k] *s.* sorriso condiscendente.
to **smirk** [smə:k] *v.i.* sorridere con condiscendenza.
to **smite** [smait] *v.* (*pass.* **smote** [sməut], *p.p.* **smitten** ['smitn]) **I** *v.t.* **1** (*poet.*) battere; colpire (*anche fig*): *to be smitten with the plague* essere colpito dalla peste. **2** sconfiggere. **II** *v.i.* assestare un forte colpo. □ *to be smitten with remorse* essere tormentato dai rimorsi.
smith [smiθ] *s.* fabbro (ferraio).
smithereens [ˌsmiðə'ri:nz] *s.pl.* (*fam.*) frantumi: *to smash to ~* mandare in frantumi.
smithy ['smiði] *s.* fucina.
smitten ['smitn] → to **smite**.
smock [smɔk] *s.* **1** grembiule, camice. **2** camicione.
smocking [smɔkiŋ] *s.* (*ricamo*) punto smock.
smog [smɔg] *s.* smog.
smoke [sməuk] *s.* **1** fumo. **2** (*estens.*) vapore. **3** fumata, fumatina: *to have a ~* farsi una fumata. **4** (*fam.*) sigaretta, sigaro. □ (*fig.*) *to* **end** (*up*) *in ~* andare in fumo; *to* **go** *up in ~* essere distrutto dal fuoco; (*fig.*) finire in niente.
to **smoke** [sməuk] **I** *v.i.* fumare; fare fumo. **II** *v.t.* **1** fumare. **2** (*Alim.*) affumicare. **3** annerire con il fumo. □ *to ~ out* snidare (con il fumo); (*fig.*) costringere a uscire allo scoperto.
smoke-dried ['sməukdraid] *a.* (*Alim.*) affumicato.
smoker ['sməukə*] *s.* fumatore.
smokescreen ['sməukskri:n] *s.* **1** (*Mil.*) cortina fumogena. **2** (*fig.*) cortina di fumo; paravento.
smokestack ['sməukstæk] *s.* fumaiolo (di fabbrica, nave, ecc.).
smoking ['sməukiŋ] *s.* **1** fumo. **2** (*Alim.*) affumicatura. □ *~***compartment** scompartimento per fumatori; **no** *~* vietato fumare.
smoky ['sməuki] *a.* **1** fumoso; pieno di fumo. **2** che fa fumo. **3** affumicato.
smooth [smu:ð] *a.* **1** liscio, levigato; piano, uniforme; (*del mare*) calmo: *a ~ road* una strada piana; *a ~ skin* una pelle liscia. **2** consumato, liscio: *~ tyres* gomme lisce. **3** senza scosse, agevole: *a ~ crossing* una traversata agevole. **4** (*di misture, ecc.*) omogeneo, ben amalgamato. **5** scorrevole; uniforme. **6** (*fig.*) facile, semplice. **7** (*fig.*) mellifluo, melato. □ *to have a ~* **face** avere il viso glabro; (*fig.*) avere un'aria melliflua; *as ~ as* **glass** liscio come l'olio; *to* **make** *things ~ for s.o.* spianare la via a qd.
to **smooth** [smu:ð] **I** *v.t.* **1** lisciare, spianare. **2** (*fig.*) facilitare, appianare; calmare, placare. **II** *v.i.* (spesso con *down*) calmarsi, placarsi. □ *to ~* **away** appianare, spianare; *to ~* **down** lisciare; *to ~* **out** = *to ~* **away**.
smooth-bore ['smu:ðbɔ:*] *s.* arma da fuoco a canna liscia.
smooth-faced ['smu:ðfeist] *a.* **1** imberbe. **2** (*fig.*) mellifluo, untuoso.
smoothness ['smu:ðnis] *s.* **1** levigatezza. **2** (*fig.*) facilità, agevolezza.
smooth-tongued ['smu:ðtʌŋd] *a.* insinuante.
smote [sməut] → to **smite**.
smother ['smʌðə*] *s.* **1** fumo soffocante. **2** nuvolone di polvere.
to **smother** ['smʌðə*] *v.t.* **1** soffocare, asfissiare. **2** (*estens.*) strangolare, strozzare. **3** (ri)coprire (*with, in* di). **4** (*fig.*) soffocare, frenare, reprimere.
to **smoulder** ['sməuldə*] *v.i.* covare sotto la cenere.
smudge [smʌdʒ] *s.* **1** macchia. **2** sbavatura. **3** (*am.*) fumo denso.
to **smudge** [smʌdʒ] **I** *v.t.* **1** imbrattare, sporcare. **2** (*di vernice, ecc.*) far sbavare (*o* spandere). **II** *v.i.* **1** imbrattarsi, sporcarsi. **2** spandersi, sbavare.
smudgy ['smʌdʒi] *a.* **1** macchiato. **2** sbavato. **3** (*am.*) fumoso.
smug [smʌg] *a.* (*compar.* **smugger** [–ə*], *sup.*

smuggest [–ist]) compiaciuto, soddisfatto (di sé).

to **smuggle** ['smʌgl] **I** *v.t.* contrabbandare. **II** *v.i.* esercitare il contrabbando.

smuggler ['smʌglə*] *s.* **1** contrabbandiere.

smuggling ['smʌgliŋ] *s.* contrabbando.

smut [smʌt] *s.* **1** macchia di fuliggine. **2** (*fig.*) discorso (*o* scritto) osceno. **3** (*Agr.*) carbone. ☐ *to talk* ~ dire oscenità.

to **smut** [smʌt] *v.t.* (*pass., p.p.* **smutted** (–id]) sporcare di fuliggine; annerire.

smutty ['smʌti] *a.* **1** fuligginoso; annerito; affumicato. **2** (*fig.*) sconcio, osceno, indecente.

Sn = (*Chim.*) *tin* stagno.

snack [snæk] *s.* **1** spuntino: *to have a* ~ fare uno spuntino. **2** (*fam.*) stuzzichino.

snack bar ['snækbɑ:*] *s.* tavola calda, snack bar.

snaffle ['snæfl] *s.* (*di cavallo*) morso snodato.

snag [snæg] *s.* **1** ceppo, troncone; ramo che emerge dal terreno. **2** (*fig.*) intoppo, intralcio (imprevisto).

snail [sneil] *s.* chiocciola; lumaca. ☐ *at a* ~*'s pace* a passo di lumaca.

snake [sneik] *s.* (*Zool.*) serpente. ☐ (*fig.*) *to* **cherish** *a* ~ *in one's bosom* scaldare una serpe in seno; (*fig.*) *a* ~ *in the* **grass** un pericolo nascosto; una persona infida; *snakes and* **ladders** gioco infantile simile a quello dell'oca.

to **snake** [sneik] *v.i.* snodarsi, serpeggiare.

snakecharmer ['sneiktʃɑ:mə*] *s.* incantatore di serpenti.

snakeskin ['sneikskin] *s.* pelle di serpente.

snaky ['sneiki] *a.* **1** serpentino; serpeggiante, sinuoso. **2** (*fig.*) perfido, infido.

snap [snæp] **I** *s.* **1** morso improvviso; colpo secco (di denti). **2** schianto; schiocco, scatto. **3** fermaglio, fibbia. **4** (*Fot.*) → **snapshot. 5** (*gioco*) rubamazzo. **6** (*fig.*) energia, brio. **7** (*Gastr.*) biscotto croccante. **II** *a.attr.* **1** improvviso, subitaneo. **2** a scatto, automatico. ☐ (*fam.*) *I don't care a* ~ non me ne importa un fico.

to **snap** [snæp] *v.* (*pass., p.p.* **snapped** [–t]) **I** *v.i.* **1** addentare, azzannare; mordere (*at s.th.* qc.). **2** spezzarsi con un rumore secco. **3** scattare, fare uno scatto. **II** *v.t.* **1** addentare, azzannare. **2** schioccare. **3** spezzare con un rumore secco. **4** (general. con *out*) dire seccamente. **5** scattare un'istantanea a. ☐ *to* ~ **at** *s.o.* parlare aspramente a qd.; (*fig.*) *to* ~ *one's* **fingers** *at* infischiarsene di; *to* ~ **off** staccare con un morso; (*fig.*) *to* ~ **off** *s.o.'s head* dare una bella lavata di testa; *to* ~ **open** aprire con uno scatto; *to* ~ **out** *of* togliersi (un'abitudine, ecc.), scuotersi da; *to* ~ **shut** chiudere con uno scatto; *to* ~ *one's* **teeth** *together* battere i denti; *to* ~ **up** non lasciarsi sfuggire.

snapdragon ['snæpdrægən] *s.* (*Bot.*) bocca di leone.

snappish ['snæpiʃ] *a.* **1** pronto a mordere. **2** (*fig.*) irritabile, bisbetico; brusco.

snappy ['snæpi] *a.* **1** vivace, brioso. **2** (*fam.*) elegante, alla moda. **3** brusco, irritabile. ☐ (*fam.*) *make it* ~*!* sbrigati!

snapshot ['snæpʃɔt] *s.* (*Fot.*) istantanea.

snare [snɛə*] *s.* trappola (*anche fig.*). **2** laccio.

to **snare** [snɛə*] *v.t.* prendere al laccio; intrappolare (*anche fig.*).

snarl[1] [snɑ:l] *s.* **1** ringhio. **2** (*fig.*) parole aspre.

to **snarl**[1] [snɑ:l] *v.i.* **1** ringhiare. **2** parlare in tono aspro.

snarl[2] [snɑ:l] *s.* **1** groviglio, garbuglio. **2** ingorgo (di traffico).

to **snarl**[2] [snɑ:l] **I** *v.t.* **1** aggrovigliare, ingarbugliare. **2** (*di traffico*) (spesso con *up*) intasare. **II** *v.i.* **1** aggrovigliarsi, ingarbugliarsi. **2** (*di traffico*) (spesso con *up*) intasarsi.

snatch [snætʃ] *s.* **1** tentativo di afferrare; presa, stretta. **2** breve periodo (di lavoro, attività, ecc.). **3** frammento, brano. **4** (*sl.*) rapimento; furto con strappo, (*fam.*) scippo.

to **snatch** [snætʃ] **I** *v.t.* **1** strappare (con violenza), dare uno strappo a; agguantare; scippare. **2** sottrarre, portare via. **3** cogliere l'opportunità di; afferrare al volo, carpire. **4** (*sl.*) rapire. **II** *v.i.* **1** cercare di afferrare (*o* prendere) (*at s.th.* qc.); afferrare, acchiappare (qc.). **2** (*fig.*) afferrare al volo (qc.). ☐ *to* ~ **away** strappare; *to* ~ **off** portare via, strappare (via); *to* ~ **up** afferrare.

sneak [sni:k] *s.* **1** persona spregevole. **2** (*scol.*) spia, spione.

to **sneak** [sni:k] **I** *v.i.* **1** muoversi furtivamente, strisciare. **2** (*fig.*) agire di nascosto. **3** (*scol.*) fare la spia. **II** *v.t.* **1** mettere (*o* portare) di nascosto. **2** (*fam.*) rubacchiare. ☐ ~ **away** svignarsela, svicolare; *to* ~ **in** entrare furtivamente; *to* ~ *a* **look** *at s.th.* dare un'occhiata furtiva a qc.; *to* ~ **off** sgattaiolare via; *to* ~ **out** uscire furtivamente.

sneaker ['sni:kə*] *s.* **1** persona ignobile. **2** *pl.* (*am.*) scarpe da ginnastica.

sneaking ['sni:kiŋ] *a.* inconfessato, segreto.

sneak preview ['sni:kpri:'vju:] *s.* anteprima riservata.

sneakthief ['sni:kθi:f] *s.* (*pl.* **–thieves** [–θi:vz] ladruncolo.

sneaky ['sni:ki] *a.* **1** spregevole, ignobile. **2** furtivo, segreto.

sneer [sniə*] *s.* ghigno, sogghigno; osservazione beffarda.

to **sneer** [sniə] *v.i.* **1** ghignare, sogghignare. **2** (*fig.*) deridere, schernire (*at s.o.* qd.).

sneeze [sni:z] *s.* starnuto.

to **sneeze** [sni:z] *v.i.* starnutire. ☐ (*fam.*) *not to be sneezed at* non disprezzabile.

snick [snik] *s.* taglietto, (leggera) incisione.

to **snicker** ['snikə*] → to **snigger**.

snide [snaid] *a.* (*sl.*) maligno, sprezzante.

sniff [snif] *s.* fiutata, annusata.

to **sniff** [snif] **I** *v.i.* **1** tirare su con il naso. **2** fiutare, annusare (*at s.th.* qc.). **3** (*fig.*) dimostrare disprezzo (per). **II** *v.t.* **1** annusare, fiutare; (*sl.*) sniffare (droga). **2** (*fig.*) (general.

con *out*) fiutare, subodorare. □ *not to be sniffed* **at** da non disprezzare; (*fam.*) *to* ~ **out** *s.th.* scoprire qc.

to **sniffle** ['snifl] *v.i.* aspirare leggermente con il naso.

sniffy ['snifi] *a.* (*fam.*) **1** sprezzante, sdegnoso. **2** puzzolente.

snigger ['snigə*] *s.* riso represso, risatina.

to **snigger** ['snigə*] *v.i.* ridere sotto i baffi; ridacchiare.

snip [snip] *s.* **1** colpo di forbici, sforbiciata. **2** ritaglio. **3** (*fam.*) buon affare.

to **snip** [snip] *v.t.* (*pass., p.p.* **snipped** [–t]) **1** tagliuzzare. **2** (spesso con *off*) tagliare, recidere.

snipe [snaip] *s.* (*pl. inv.*/**–s** [–s]) (*Zool.*) beccaccino.

to **snipe** [snaip] *v.t./i.* (*Mil.*) sparare da un nascondiglio.

sniper ['snaipə*] *s.* (*Mil.*) franco tiratore, cecchino.

snippet ['snipit] *s.* **1** *pl.* frammenti (di notizie, di conversazione, ecc.). **2** ritaglio.

to **snitch** [snitʃ] *v.t.* (*fam.*) rubacchiare. □ *to* ~ *on s.o.* fare la spia su qd.

snivel ['snivl] *s.* **1** piagnisteo. **2** moccio.

to **snivel** ['snivl] *v.i.* (*pass., p.p.* **–lled**/*am.* **–led** [–d]) **1** avere il moccio (al naso). **2** (*fig.*) frignare, piagnucolare.

snob [snɔb] *s.* snob *m./f.*

snobbery ['snɔbəri] *s.* snobismo.

snobbish ['snɔbiʃ] *a.* snobistico.

snook [snuk] *s.*: (*fam.*) *to cock a* ~ *at* fare marameo a.

to **snoop** [snu:p] *v.i.* (*fam.*) (spesso con *around*) curiosare.

snooper ['snu:pə*] *s.* (*fam.*) curiosone.

snooty ['snu:ti] *a.* (*fam.*) altezzoso, sprezzante.

snooze [snu:z] *s.* (*fam.*) sonnellino, pisolino.

to **snooze** [snu:z] *v.i.* (*fam.*) schiacciare un pisolino.

to **snore** [snɔ:*] *v.i.* russare.

snorkel ['snɔ:kəl] *s.* **1** snorkel (presa d'aria per sommergibili). **2** boccaglio del respiratore da subacqueo.

snort [snɔ:t] *s.* sbuffata, sbuffo.

to **snort** [snɔ:t] **I** *v.i.* sbuffare. **II** *v.t.* (spesso con *out*) dire (*o* esprimere) sbuffando.

snorter ['snɔ:tə*] *s.* (*fam.*) **1** grossa difficoltà. **2** vento forte.

snorty ['snɔ:ti] *a.* (*fam.*) irascibile, collerico.

snot [snɔt] *s.* (*volg.*) moccio.

snotty ['snɔti] *a.* (*volg.*) **1** moccioso. **2** altezzoso, sprezzante.

snout [snaut] *s.* **1** muso, grugno. **2** (*sl.*) naso.

snow [snəu] *s.* **1** neve. **2** nevicata. **3** (*sl.*) neve, cocaina.

to **snow** [snəu] **I** *v.i.* (costr. impers.) nevicare. **II** *v.t.* lasciar cadere in abbondanza. □ (*fig.*) *to* ~ **in** piovere da ogni parte; *to be snowed* **in** = *to be snowed* **up**; *to* ~ **under** ricoprire di neve; (*fam.*) sommergere (*with* di); *to be snowed* **up** essere bloccato dalla neve.

snowball ['snəubɔ:l] *s.* **1** palla di neve. **2** (*fig.*) valanga. **3** (*Bot.*) viburno.

to **snowball** ['snəubɔ:l] **I** *v.i.* **1** lanciare palle di neve. **2** (*fig.*) crescere a valanga. **II** *v.t.* colpire con palle di neve.

snow-blind ['snəu'blaind] *a.* accecato dal riflesso della neve.

snowbound ['snəubaund] *a.* isolato (*o* bloccato) dalla neve.

snow-capped ['snəu'kæpt] *a.* con la cima coperta di neve.

snowchain ['snəutʃein] *s.* (*Aut.*) catena da neve.

snowdrift ['snəudrift] *s.* cumulo di neve ammassata dal vento.

snowdrop ['snəudrɔp] *s.* (*Bot.*) bucaneve.

snowfall ['snəufɔ:l] *s.* nevicata.

snowfield ['snəufi:ld] *s.* (*Geog.*) nevaio.

snowflake ['snəufleik] *s.* fiocco di neve.

snowline ['snəulain] *s.* limite delle nevi perenni.

snowman ['snəumən] *s.* (*pl.* **–men**) pupazzo di neve.

snowmobile ['snəu'məubail] *s.* gatto delle nevi.

snowplough, **snowplow** *am.* ['snəuplau] *s.* spazzaneve, spartineve.

snowshoe ['snəuʃu:] *s.* racchetta da neve.

snowslide ['snəuslaid] *s.* valanga (di neve), (s)lavina.

snowstorm ['snəustɔ:m] *s.* tempesta di neve, tormenta.

snow-white ['snəu'wait] *a.* bianco come la neve.

Snow White ['snəu'wait] *N.pr.* (*Lett.*) Biancaneve.

snowy ['snəui] *a.* **1** coperto di neve, innevato. **2** bianco come la neve.

snub[1] [snʌb] *s.* affronto, offesa.

to **snub** [snʌb] *v.t.* (*pass., p.p.* **snubbed** [–d]) snobbare; disprezzare, sdegnare.

snub[2] [snʌb] *a.* (*di naso*) camuso, rincagnato. □ ~ *nosed* con il naso all'insù.

snuff [snʌf] *s.* tabacco da fiuto; presa di tabacco.

to **snuff**[1] [snʌf] **I** *v.t.* (spesso con *up, in*) fiutare, aspirare (con il naso). **II** *v.i.* **1** tirare su con il naso. **2** fiutare tabacco.

to **snuff**[2] [snʌf] **I** *v.t.* **1** (spesso con *out*) spegnere. **2** (*fig.*) (general. con *out*) domare, reprimere. **II** *v.i.* (spesso con *out*) **1** spegnersi, estinguersi. **2** (*fam.*) morire.

snuff-box ['snʌfbɔks] *s.* tabacchiera.

snuffer ['snʌfə*] *s.* **1** spegnitoio. **2** *pl.* (costr. sing. o pl.) smoccolatoio.

snuffle ['snʌfl] *s.* voce nasale.

to **snuffle** ['snʌfl] *v.i.* **1** tirare su ripetutamente con il naso. **2** parlare nel naso.

snug [snʌg] **I** *a.* (*compar.* **snugger** [–ə*], *sup.* **snuggest** [–ist]) **1** accogliente, confortevole, comodo. **2** (*di abito*) attillato, aderente. **3** discreto, soddisfacente. **4** lindo, ordinato. **II** *s.* stanzetta appartata (in un pub).

snuggery ['snʌgəri] *s.* stanza accogliente; posto comodo.

to **snuggle** [snʌgl] **I** *v.i.* (spesso con *up, down*) rannicchiarsi, accucciarsi, accovacciarsi. **II** *v.t.* **1** stringere, tenere stretto. **2** vezzeggiare, coccolare.

so [səu] **I** *avv.* **1** così, tanto: *don't be ~ impatient* non essere così impaziente. **2** tanto talmente, così: *I love her ~* l'amo tanto. **3** in questo modo, in questa maniera; nello stesso modo, nella stessa maniera: *do it ~* fallo in questo modo. **4** anche, e così, (così) pure: *I was tired and ~ was she* ero stanco e anche lei lo era. **5** perciò: *he insulted me, and ~ I hit him* mi insultò e perciò lo colpii. **6** poi, dopo: *and ~ to bed* e dopo a letto. **7** (*intens.*) proprio, davvero: *I didn't do it on purpose - you did ~* non l'ho fatto apposta - invece l'hai fatto proprio apposta. **8** (*in sostituzione di frase, nome, aggettivo*): *he promised to help us but failed to do ~* promise di aiutarci ma non lo fece; *he is talented, but not exceptionally ~* è dotato ma non in maniera eccezionale. **II** *congz.* **1** affinché, perché: *speak louder ~ that I can hear you* parla più forte perché ti senta. **2** cosicché, in modo che. ☐ *I'm* **afraid** *~* temo proprio di sì; *~* **as** affinché, acciocché, perché; *~ ...* **as** così ... da: *it is ~ obvious as to need no explanation* è così ovvio da non aver bisogno di spiegazioni; *~* **as** *to* in modo da, così da: *~ as to avoid* così da evitare, per evitare; *~* **as** *not to* per non; *~* **be** *it!* così sia!; *~* **being** purché, a condizione che; *I* **believe** *~* credo di sì; *~* **far** *as* per quanto; *~* **far** *from* invece di, lungi da; *~* **far**, *~ good* finora tutto (va) bene; *I* **fear** *~* temo di sì; *and ~* **forth** = *and ~* **on**; *I* **hope** *~* spero di sì; **like** *~* così, in questo modo; *~* **much** tanto; *~* **much** *the worse for you* tanto peggio per te; *~* **much** *as* (*even*) perfino, anche, finanche; *I am not ~* **much** *angry as disappointed* sono più deluso che in collera; *~* **much** *the better* meglio così; *~* **much** *for today, let's go* questo è tutto per oggi, andiamo; *everyone else surrendered* **not** *~ he* tutti si arresero ma non lui; *and ~* **on** e così via, eccetera; **quite** *~!* proprio così!; *~ it* **seems** così pare; *~ to* **speak** per così dire; *~* **that:** 1 affinché, di modo che; 2 cosicché, in modo che; *~ ...* **that** così ... che (*o* da): *he was ~ weak that he could hardly stand* era così debole che poteva appena reggersi in piedi; *I* **think** *~* penso di sì; (*fam.*) *~* **what***?* e con questo?; **why** *~?* perché mai?

soak [səuk] *s.* **1** ammollamento, bagnata. **2** bagno, ammollo. **3** (*sl.*) ubriacone.

to **soak** [səuk] **I** *v.i.* **1** stare (*o* essere) a mollo; ammalarsi, inzupparsi. **2** filtrare, infiltrarsi, passare. **3** (*fig.*) penetrare, entrare (*into* in). **4** (*fam.*) bere come una spugna. **II** *v.t.* **1** inzuppare, imbevere; infradiciare; mettere a bagno. **2** (spesso con *out, off*) togliere mettendo a bagno. **3** (*fig.*) imbevere, permeare. **4** (spesso con *up*) assorbire; asciugare. **5** (*sl.*) tassare fortemente; far pagare troppo, pelare. ☐ (*fig.*) *to ~* **o.s.** *in s.th.* dedicarsi a qc., immergersi in qc.; *to be soaked to the* **skin** essere bagnato fradicio; *to ~ up the* **sunshine** crogiolarsi al sole; *soaking* **wet** zuppo.

soaker ['səukə*] *s.* **1** (*fam.*) acquazzone, rovescio. **2** (*sl.*) ubriacone.

so-and-so ['səuənsəu] *s.* (*pl.* **-s** [-z]) **1** tal dei tali. **2** (*eufem.*) bastardo.

soap [səup] *s.* sapone. ☐ *a cake of ~* una saponetta.

to **soap** [səup] *v.t.* **1** insaponare. **2** (*sl.*) adulare, lusingare.

soapbox ['səupbɔks] *s.* **1** cassetta per il sapone. **2** (*fig.*) podio improvvisato per chi tiene comizi all'aperto.

soapbubble ['səupbʌbl] *s.* bolla di sapone.

soapdish ['səupdiʃ] *s.* portasapone.

soapflakes ['səupfleiks] *s.pl.* sapone in scaglie.

soap opera ['səup'ɔpərə] *s.* (*am.*) soap opera (trasmissione a puntate melodrammatica e sentimentale).

soapstone ['səupstoun] *s.* (*Min.*) steatite.

soapsuds ['səupsʌdz] *s.pl.* sapónata.

soapy ['səupi] *a.* **1** insaponato. **2** saponoso, simile al sapone. **3** (*fam.*) adulatorio, strisciante.

to **soar** [sɔ:*] *v.i.* **1** volare in alto; librarsi (*anche fig.*). **2** (*Aer.*) veleggiare. **3** (*fig.*) andare alle stelle, crescere vertiginosamente. **4** innalzarsi, elevarsi.

sob [sɔb] *s.* singulto, singhiozzo.

to **sob** [sɔb] *v.* (*pass., p.p.* **sobbed** [-d]) **I** *v.i.* singhiozzare. **II** *v.t.* (spesso con *out*) dire singhiozzando.

sober ['səubə*] *a.* **1** non ubriaco, sobrio. **2** assennato, giudizioso. **3** (*di abito*) sobrio, semplice; (*di colore*) smorzato. ☐ *to be in ~* **earnest** fare sul serio; *in ~* **fact** stando ai fatti; *the ~* **truth** la pura verità.

to **sober** ['səubə*] **I** *v.t.* (spesso con *up*) far passare la sbornia a. **II** *v.i.* **1** (spesso con *up*) smaltire la sbornia. **2** (spesso con *down*) calmarsi, acquietarsi.

sober-minded ['səubə'maindid] *a.* sensato; saggio.

sobriety [sə(u)'braiəti] *s.* **1** sobrietà. **2** temperanza, moderazione.

sob story ['sɔbstɔ:ri] *s.* (*fam.*) storia strappalacrime.

sob-stuff ['sɔbstʌf] *s.* (*fam.*) sentimentalismo esagerato; film (*o* racconto, ecc.) lacrimoso.

so-called ['səu'kɔ:ld] *a.* cosiddetto.

soccer ['sɔkə*] *s.* (*Sport*) calcio.

sociable ['səuʃəbl] **I** *a.* **1** socievole. **2** affabile, cordiale. **II** *s.* (*fam.*) riunione alla buona.

social ['səuʃəl] **I** *a.* **1** sociale. **2** mondano, di società. **3** socievole, affabile, cordiale. **II** *s.* (*fam.*) festa sociale (di club, organizzazione, ecc.). ☐ (*fam.*) *~* **climber** arrampicatore sociale; (*Pol.*) *~* **democracy** socialdemocrazia; *Social* **Democrat** socialdemocratico; *~* **drinker** che beve occasionalmente con gl'

amici; ~ **security** previdenza sociale; ~ **services** servizi sociali; ~ **worker** assistente sociale.
socialism ['səuʃəlizəm] *s.* socialismo.
socialist ['səuʃəlist] *a./s.* socialista.
socialite *am.* ['səuʃəlait] *s.* (*fam.*) persona di mondo.
socialization [,səuʃəlai'zeiʃən] *s.* **1** (*Econ.*) socializzazione. **2** integrazione sociale
to **socialize** ['səuʃəlaiz] *v.t.* **1** (*Econ.*) socializzare; nazionalizzare. **2** adattare all'ambiente sociale.
social science ['səuʃel'saiəns] *s.* **1** sociologia. **2** *pl.* scienze sociali.
society [sə'saiəti] *s.* **1** società; collettività, comunità. **2** compagnia, associazione. **3** alta società, bel mondo. **4** compagnia: *I enjoy his* ~ mi piace la sua compagnia. □ (*Giorn.*) ~ **column** rubrica mondana; ~ **life** vita di società.
sociological [,səusiə'lɔdʒikəl] *a.* sociologico.
sociologist [,səusi'ɔlədʒist] *s.* sociologo.
sociology [,səusi'ɔlədʒi] *s.* sociologia.
sock[1] [sɔk] *s.* **1** calza corta, calzino. **2** (*di scarpe*) soletta (interna). □ (*fam. fig.*) *to pull one's socks up* rimboccarsi le maniche, darsi da fare.
sock[2] [sɔk] *s.* colpo violento; pugno.
to **sock** [sɔk] *v.t.* picchiare, colpire con forza.
socket ['sɔkit] *s.* **1** cavità, incavo. **2** (*El.*) portalampada; presa di corrente.
sod [sɔd] *s.* zolla erbosa.
soda ['səudə] *s.* **1** (*Chim.*) carbonato di sodio; soda caustica. **2** (*fam.*) acqua di selz.
soda-water ['səudəwɔ:tə*] *s.* acqua di selz.
sodden ['sɔdn] *a.* **1** fradicio, zuppo. **2** (*di pane, ecc.*) molle e umido. **3** istupidito dall'alcool.
sodding ['sɔdiŋ] *a.* (*volg.*): *what a* ~ *mess!* che bel casino.
soddy ['sɔdi] *a.* erboso, coperto di zolle erbose.
sodium ['səudiəm] *s.* (*Chim.*) sodio.
sodomite ['sɔdəmait] *s.* sodomita.
sodomy ['sɔdəmi] *s.* sodomia.
soever [sə(u)'evə*] *avv.* **1** di qualsiasi specie (*o* tipo). **2** in qualsiasi modo.
sofa ['səufə] *s.* sofà, divano.
Sofia ['səufjə] *N.pr.* (*Geog.*) Sofia.
soft [sɔft] *a.* **1** morbido, soffice. **2** molle, tenero. **3** (*di colore, luce*) delicato, tenue. **4** (*di suono, ecc.*) basso, sommesso; dolce, melodioso. **5** gentile, dolce; sensibile, facile alla commozione. **6** (*di tempo*) mite; (*di vento, pioggia*) leggero. **7** fiacco, debole; (*di muscolo*) flaccido, floscio. **8** (*fam.*) facile, comodo. **9** (*Fonetica*) dolce. **10** (*fam.*) sciocco, stupido. □ ~ **drink** bibita analcolica; ~ **drug** droga leggera; ~ **furnishings** tappezzerie e arredi vari; (*fig.*) *to have a* ~ **heart** avere un cuore tenero; (*fam.*) *to be* ~ **on** *s.o.* essere cotto di qd.; (*fam.*) *to have a* ~ **spot** *for* avere un debole per; (*sl.*) *a* ~ **thing** un lavoro facile e ben pagato; un affare vantaggioso; (*fam.*) *to have a* ~ **time** *of it* passarsela bene; ~ **water** acqua dolce.
softball ['sɔftbɔ:l] *s.* (*Sport*) softball.
soft-boiled ['sɔft'bɔild] *a.* (*rif. a uova*) alla coque.
to **soften** ['sɔfn] **I** *v.t.* **1** rendere molle, ammorbidire, ammollire. **2** alleviare, attenuare; mitigare. **3** abbassare, smorzare. **4** (*fig.*) intenerire, addolcire. **5** indebolire, rammollire. **II** *v.i.* **1** diventare molle, morbido. **2** addolcirsi, ammorbidirsi.
softener ['sɔfnə*] *s.* **1** depuratore (per acqua). **2** ammorbidente.
softening ['sɔfniŋ] *s.* ammorbidimento, ammollimento. □ (*Med.*) ~ *of the brain* rammollimento cerebrale.
soft-headed ['sɔft'hedid] *a.* sciocco, stupido.
soft-hearted ['sɔft'hɑ:tid] *a.* dal cuore tenero.
to **soft-pedal** ['sɔft'pedl] *v.t./i.* **1** (*Mus.*) suonare con la sordina. **2** (*fam.*) minimizzare.
soft-soap ['sɔft'səup] *s.* **1** sapone liquido. **2** lusinga, adulazione.
to **soft-soap** ['sɔft'səup] *v.t.* (*fam.*) lusingare, adulare, lisciare.
soft-spoken ['sɔft'spəukən] *a.* **1** dalla voce dolce. **2** carezzevole, suadente.
software ['sɔftwɛə*] *s.* (*Inform.*) software (tutte le attività inerenti alla programmazione).
softwood ['sɔftwud] *s.* legno dolce.
softy ['sɔfti] *s.* (*fam.*) **1** rammollito. **2** tonto. **3** persona sentimentale.
soggy ['sɔgi] *a.* inzuppato, fradicio, zuppo.
Soho ['səuhəu, səu'həu] *N.pr.* (*Geog.*) Soho (quartiere nel West End di Londra).
soil[1] [sɔil] *s.* terra, terreno; suolo.
soil[2] [sɔil] *s.* sporcizia, sudiciume.
to **soil** [sɔil] **I** *v.t.* sporcare, insudiciare. **II** *v.i.* sporcarsi, insudiciarsi.
sojourn ['sɔdʒə:n, *am.* sə(u)'dʒə:n] *s.* soggiorno.
to **sojourn** ['sɔdʒə:n, *am.* sə(u)'dʒə:n] *v.i.* soggiornare.
sol [sɔl] *s.* (*Mus.*) sol.
solace ['sɔləs] *s.* conforto, consolazione.
solar ['səulə*] *a.* solare: ~ *energy* energia solare; (*Med.*) ~ *plexus* plesso solare.
solarium *lat.* [sə(u)'lɛəriəm] *s.* (*pl.* **–ria** [–riə]) solarium, solario.
sold [səuld] → to **sell**.
solder ['sɔldə*] *s.* (*tecn.*) lega per saldatura.
to **solder** ['sɔldə*] **I** *v.t.* **1** saldare. **2** (*fig.*) cementare. **II** *v.i.* fare una saldatura.
soldering iron ['sɔldəriŋ'aiən] *s.* (*tecn.*) saldatoio.
soldier ['səuldʒə*] *s.* soldato. □ ~ *of* **fortune** soldato di ventura; *to* **go** *for a* ~ andare soldato.
to **soldier** ['səuldʒə*] *v.i.* fare il soldato. □ (*Mil.*) *to* ~ *on* rinnovare la ferma; (*fam.*) persistere.
soldierlike ['səuldʒəlaik], **soldierly** ['səuldʒəli] *a.* **1** soldatesco, militare. **2** coraggioso, valoroso.
sole[1] [səul] *a.* **1** solo, unico, singolo. **2** (*Dir.*,

Econ.) esclusivo: ~ *agent* agente esclusivo. □ ~ *proprietor* imprenditore in proprio.
sole[2] [səul] *s.* **1** pianta (del piede). **2** suola. **3** (*fig.*) fondo.
to **sole** [səul] *v.t.* risolare.
sole[3] [səul] *s.* (*Zool.*) sogliola.
solemn ['sɔləm] *a.* solenne; grave, serio.
solemnity [sə'lemniti] *s.* solennità; gravità.
to **solemnize** ['sɔləmnaiz] *v.t.* (*di matrimonio*) celebrare in modo solenne.
sol-fa [sɔl'fɑ:, *am.* 'sə(u)l–] *s.* (*Mus.*) solfeggio.
to **solicit** [sə'lisit] **I** *v.t.* **1** sollecitare, chiedere (con insistenza). **2** adescare, invitare. **II** *v.i.* fare una richiesta.
solicitation [ˌsəlisi'teiʃən] *s.* sollecitazione, richiesta insistente; istanza, petizione.
solicitor [sə'lisitə*] *s.* **1** (*Dir.*) procuratore legale; (*estens.*) avvocato. **2** (*am. Dir.*) rappresentante legale di una città (*o* un ministero, ecc.). **3** procacciatore d'affari; galoppino elettorale.
Solicitor General [sə'lisilə'dʒenəl] *s.* (*GB*) Vice-Procuratore Generale.
solicitous [sə'lisitəs] *a.* ansioso, preoccupato (*about, for* per); premuroso, sollecito.
solicitude [sə'lisitju:d, *am.* –tu:d] *s.* **1** ansia, preoccupazione. **2** sollecitudine, premura.
solid ['sɔlid] **I** *a.* **1** solido (*anche Scient.*): ~ *geometry* geometria solida. **2** massiccio; pieno, spesso: ~ *gold* oro massiccio. **3** compatto, duro, solido; denso, fitto: ~ *ground* terreno duro. **4** (*fam.*) di fila, senza interruzione: *I slept eight* ~ *hours* ho dormito per otto ore di seguito. **5** solido, consistente (*anche fig.*): *a* ~ *reasoning* ragionamenti consistenti; *a* ~ *meal* un pasto consistente. **6** unanime, concorde. **7** (*sl. am.*) ottimo, meraviglioso. **II** *s.* solido.
solidarity [ˌsɔli'dæriti] *s.* solidarietà.
to **solidify** [sə'lidifai] **I** *v.t.* (*Fis.*) solidificare. **II** *v.i.* solidificarsi.
solidity [sə'liditi] *s.* solidità.
soliloquy [sə'liləkwi] *s.* soliloquio.
solitaire [ˌsɔli'tɛə*, *am.* 'sɔl–] *s.* solitario.
solitary ['sɔlitəri, *am.* –teri] *a.* **1** solo, solitario, appartato. **2** solitario, che ama la solitudine. **3** solo, singolo, isolato.
solitary confinement ['sɔlitərikən'fainmənt] *s.* segregazione cellulare.
solitude ['sɔlitju:d, *am.* –tu:d] *s.* **1** solitudine, isolamento. **2** luogo solitario.
solo *it.* ['səuləu] *s.* (*pl.* **–s** [–z]) **1** (*Mus.*) assolo. **2** (*Aer.*) volo solitario.
soloist ['səuləuist] *s.* (*Mus.*) solista *m./f.*
solstice ['sɔlstis] *s.* (*Astr.*) solstizio.
solubility [ˌsɔlju'biliti] *s.* solubilità.
soluble ['sɔljubl] *a.* solubile.
solution [sə'lu:ʃən] *s.* soluzione.
to **solve** [sɔlv] *v.t.* sciogliere; risolvere.
solvency ['sɔlvənsi] *s.* (*Comm.*) solvibilità.
solvent ['sɔlvənt] **I** *a.* **1** (*Comm.*) solvibile, solvente. **2** (*Chim.*) solvente. **II** *s.* (*Chim.*) solvente.
Somali [səu'mɑ:li] *s.* (*pl. inv./*–**s** [–z]) somalo.
Somaliland [səu'mɑ:lilænd] *N.pr.* (*Geog.*) Somalia.
somatic [səu'mætik] *a.* somatico.
somber *am.*, **sombre** ['sɔmbə*] *a.* **1** scuro, oscuro. **2** tenebroso, fosco; tetro, cupo.
some [sʌm, səm] **I** *a.* **1** (*come partitivo, spesso non si traduce*) del, alcuno, qualche: ~ *eggs* delle uova; ~ *girls were reading* alcune ragazze leggevano. **2** (*con sostantivi al singolare*) un, (un) qualche: ~ *girl at the office* una delle ragazze in ufficio. **3** (*con sostantivi al plurale*) alcuni, qualche, certi, certuni, taluni: ~ *children* alcuni bambini. **4** diverso, parecchio: ~ *time ago* parecchio tempo fa. **5** un certo, (un) qualche: *to* ~ *extent* fino a un certo punto. **6** (*fam.*) grande, notevole: *that was* ~ *game* è stata una grande partita. **II** *pron.* **1** un po', alcuno, qualcuno: *I'll take* ~ *home* ne porterò un po' a casa. **2** alcuni, certuni, certi, taluni: ~ *do,* ~ *don't* alcuni lo fanno, altri no. **III** *avv.* **1** all'incirca, circa. **2** (*am. fam.*) un po', alquanto, piuttosto: *it rained* ~ ha piovuto un po'. □ ~ **day** un giorno (*o* l'altro); ~ **more** un altro po', ancora (un po'); *I'll be there* ~ **time** *around noon* ci sarò verso mezzogiorno.
somebody ['sʌmbədi] **I** *pron.* qualcuno, qualcheduno. **II** *s.* qualcuno, persona importante: *to think o.s.* (*a*) ~ credersi qualcuno. □ ~ *else* qualcun altro.
somehow ['sʌmhau] *avv.* **1** in qualche modo, in un modo o nell'altro. **2** per un motivo o per l'altro. □ ~ *or other* in un modo o nell'altro.
someone ['sʌmwʌn] → **semebody**.
someplace ['sʌmpleis] (*am. fam.*) → **somewhere**.
somersault ['sʌməsɔ:lt] *s.* **1** (*Ginn.*) capriola. **2** (*Sport*) salto mortale.
to **somersault** ['sʌməsɔ:lt] *v.i.* fare una capriola (*o* un salto mortale).
something ['sʌmθiŋ] **I** *pron.* **1** qualche cosa, qualcosa: *I have* ~ *to tell you* ho qualcosa da dirti. **2** e qualcosa, e rotti: *he is six foot* ~ *tall* è alto sei piedi e qualcosa. **II** *s.* qualche cosa. **III** *avv.* alquanto, piuttosto; un po'. □ *there is* ~ **in** *what you say* c'è del vero in ciò che dici; ~ **like** simile a, che assomiglia a; circa, pressapoco; *to have* ~ *to* **live** *for* avere una ragione di vita; *to* **make** ~ *of o.s.* diventare qualcuno; ~ **of** un po', un certo, quasi: *he is* ~ *of a hero* c'è in lui qc. di eroico; **or** ~ o qualcosa del genere.
sometime ['sʌmtaim] **I** *avv.* **1** un giorno (*o* un momento) imprecisato: ~ *next week* un giorno o l'altro della prossima settimana. **2** una volta o l'altra, prima o poi. **II** *a.* ex, già: *the* ~ *mayor* l'ex sindaco.
sometimes ['sʌmtaimz] *avv.* qualche volta, talvolta, a volte.
someway(s) ['sʌmwei(z)] (*am. fam.*) → **somehow**.
somewhat ['sʌm(h)wɔt] *avv.* piuttosto, al-

quanto. ☐ ~ *of* un po', piuttosto: *he is ~ of a liar* è piuttosto bugiardo.

somewhere ['sʌm(h)wɛə*] *avv.* **1** in qualche parte. **2** circa, all'incirca, più o meno: ~ *about midnight* all'incirca verso mezzanotte. ☐ ~ **else** da qualche altra parte; *to be* **getting** ~ fare qualche passo avanti; ~ *or* **other** in un posto o nell'altro.

somnambulism [sɔm'næmbjulizəm] *s.* sonnambulismo.

somnambulist [sɔm'næmbjulist] *s.* sonnambulo.

somnolence ['sɔmnələns] *s.* sonnolenza.

somnolent ['sɔmnələnt] *a.* sonnolento.

son [sʌn] *s.* figlio, figliolo. ☐ *he is his* **father***'s* ~ è tutto suo padre; *the sons of* **men** il genere umano.

sonar ['səunɑ:*] *s.* (*tecn.*) sonar, ecogoniometro.

song [sɔŋ] *s.* **1** canzone; canto. **2** poesia, versi. ☐ (*fam.*) **for** *a* (o *an old*) ~ per quattro soldi; (*fam.*) *that's nothing to* **make** *a ~ and dance about* non è il caso di farla troppo lunga.

songbird ['sɔŋbə:d] *s.* uccello canoro.

songbook ['sɔŋbuk] *s.* canzoniere.

songster ['sɔŋstə*] *s.* **1** cantante. **2** uccello canoro.

sonic ['sɔnik] *a.* sonico; acustico, fonico.

sonic boom ['sɔnicbu:m] *s.* bang sonico.

son-in-law ['sʌninlɔ:] *s.* (*pl.* **sons-in-law**) genero.

sonnet ['sɔnit] *s.* sonetto.

sonneteer [ˌsɔni'tiə*] *s.* sonettista *m./f.*

sonny ['sʌni] *s.* (*fam.*) (*vocativo*) figlio mio.

sonority [sə'nɔriti] *s.* sonorità.

sonorous [sə'nɔ:rəs] *a.* **1** sonoro. **2** altisonante, prestigioso. **3** magniloquente.

soon [su:n] *avv.* **1** fra poco, fra breve: *he'll be here ~* sarà qui fra poco. **2** presto, di buonora. **3** rapidamente. ☐ ~ **after** subito dopo; *we will leave* **as** ~ *as you are ready* partiremo non appena sarete pronti; **as** ~ volentieri: *I'd just as ~ walk* camminerei volentieri; **as** ~ *as not* di preferenza, volentieri; **as** ~ *as possible* (non) appena possibile, quanto prima; *the sooner the* **better** quanto prima tanto meglio; **how** ~ *will it be finished?* quando sarà finito?; *sooner or* **later** prima o poi; **no** *sooner... than* non appena...; **none** *too* ~ appena in tempo; **quite** ~ quanto prima; *no sooner* **said** *than done* detto fatto; **see** *you* ~ a presto; **so** ~ *as* = **as** ~ *as*; *sooner* **than** piuttosto che; **too** ~ troppo presto; **very** ~ ben presto. ‖ *the sooner you start the sooner you finish* prima cominci e prima finirai.

soot [sut] *s.* fuliggine.

to **soot** [sut] *v.t.* (spesso con *up*) coprire di fuliggine.

to **soothe** [su:ð] *v.t.* calmare, placare; blandire (*anche estens.*).

soothing ['su:ðiŋ] *a.* calmante, lenitivo, che dà sollievo.

soothsayer ['su:θseiə*] *s.* indovino, veggente *m./f.*

soothsaying ['su:θseiŋ] *s.* predizione, profezia.

sooty ['suti] *a.* **1** fuligginoso. **2** nero come la fuliggine.

sop [sɔp] *s.* **1** pezzo di pane inzuppato. **2** (*fig.*) dono propiziatorio; (*fam.*) contentino.

to **sop** [sɔp] *v.t.* (*pass., p.p.* **sopped** [–t]) **1** intingere, inzuppare. **2** (*estens.*) infradiciare. ☐ *to ~* **up** assorbire, asciugare; *sopping* **wet** fradicio.

Sophia [sə'faiə] *N.pr.f.* Sofia.

sophism ['sɔfizəm] *s.* sofisma.

sophist ['sɔfist] *s.* sofista *m./f.*

sophisticated [sə'fistikeitid] *a.* sofisticato (*in tutti i signif.*): ~ *weapons* armi sofisticate.

sophistication [səˌfisti'keiʃən] *s.* **1** raffinatezza, ricercatezza. **2** affettazione, artificiosità. **3** (*di cibo*) adulterazione, sofisticazione.

sophistry ['sɔfistri] *s.* sofisticheria; sofisma.

sophomore *am.* ['sɔf(ə)mɔ:*] *s.* studente universitario del secondo anno.

soporific [ˌsəupə'rifik] *a./s.* sonnifero; soporifero.

sopping ['sɔpiŋ] *a.* zuppo, fradicio.

soppy ['sɔpi] *a.* **1** inzuppato, fradicio. **2** (*fam.*) svenevole, sdolcinato.

soprano *it.* [sə'prɑ:nəu] *s.* (*pl.* **–s** [–z]) (*Mus.*) soprano.

sorcerer ['sɔ:sərə*] *s.* stregone, mago.

sorceress ['sɔ:səris] *s.* strega, maga.

sorcery ['sɔ:səri] *s.* magia, stregoneria.

sordid ['sɔ:did] *a.* **1** sudicio, lurido; squallido, misero. **2** basso, meschino, vile.

sore [sɔ:*] **I** *a.* **1** irritato, infiammato; dolente, dolorante. **2** afflitto, addolorato. **3** (*fam.*) irritato, seccato, risentito (*about* per). **II** *s.* ferita, piaga (*anche fig.*). ☐ ~ *at* **heart** desolato; (*fig.*) *to touch on a ~* **point** mettere il dito sulla piaga.

sorely ['sɔ:li] *avv.* **1** dolorosamente. **2** gravemente. **3** molto, estremamente.

sorghum ['sɔ:gəm] *s.* (*Bot.*) sorgo, saggina.

sorority [sə'rɔriti] *s.* (*am. Univ.*) associazione studentesca femminile.

sorrel[1] ['sɔrəl] **I** *s.* cavallo sauro. **II** *a.* color sauro.

sorrel[2] ['sɔrəl] *s* (*Bot.*) acetosa.

sorrow ['sɔrəu] *s.* **1** dolore, dispiacere. **2** rammarico, rincrescimento.

to **sorrow** ['sɔrəu] *v.i.* addolorarsi, affliggersi (*at, over, for* per).

sorrowful ['sɔrəuful] *a.* **1** addolorato, afflitto. **2** doloroso, penoso.

sorry ['sɔri] *a.* **1** (*pred.*) spiacente, dispiaciuto: *he was ~ he could not help me* era spiacente di non potermi aiutare. **2** pentito (*about, for* per): *I cannot say I am ~ for what I did* non posso dire di essermi pentito di quello che ho fatto. **3** misero, meschino, pietoso. **4** (*esclam.*) scusa, scusate, scusi. ☐ *to* **feel** ~ *for o.s.* sentirsi depresso; *to* **feel** ~ *for s.o.* dolersi per qd.; *don't* **feel** ~ *about it* non prendertela; *to* **make** *s.o.* ~ *for s.th.* far sentire qd. colpevole per qc.; *to* **say** *one is* ~ chiedere scusa.

sort ['sɔ:t] *s.* **1** tipo, sorta; specie, genere. **2** natura, carattere. **3** (*fam.*) persona, individuo. ▭ **after** *a* ~ fino a un certo punto, in un certo senso; *of* **all** *sorts* di tutti i tipi; **all** *sorts of people* gente d'ogni sorta; **in** *a* ~ = **after** *a* ~; (*fam.*) ~ **of** in un certo senso; *a* ~ **of** una specie di; *he is a painter* **of** *sorts* è, per così dire, un pittore; *something* **of** *the* ~ qualcosa del genere; **out** *of sorts* indisposto; depresso; di malumore.

to **sort** [sɔ:t] *v.t.* **1** smistare; selezionare. **2** (spesso con *out*) classificare; separare, dividere. ▭ *to* ~ *s.th. out* trovare soluzione a qc. (problema, ecc.); chiarire (malintesi).

sorter ['sɔ:tə*] *s.* **1** selezionatore. **2** (*Poste*) chi smista la corrispondenza.

sortie ['sɔ:ti] *s.* (*Mil.*) sortita.

S.O.S. = (*Save Our Souls*) S.O.S. (segnale internazionale di richiesta di soccorso).

so-so ['səu'səu] **I** *a.* (*fam.*) mediocre, passabile, discreto. **II** *avv.* così così.

sot [sɔt] *s.* beone, ubriacone.

sottish ['sɔtiʃ] *a.* istupidito dal bere.

soufflé *fr.* [su:'flei] *s.* (*Gastr.*) soufflé.

sough [sʌf, *am.* sau] *s.* sussurro, mormorio.

to **sough** [sʌf, *am.* sau] *v.i.* mormorare, sussurrare.

sought [sɔ:t] → to **seek**.

soul [səul] *s.* **1** anima; spirito. **2** calore umano; sentimento, espressione. **3** (*fig.*) anima, persona: *there was not a* ~ *to be seen* non c'era anima viva. **4** personificazione, essenza: *she is the* ~ *of discretion* è la discrezione fatta persona. **5** anima, ispiratore: *the life and* ~ *of the party* l'anima della compagnia. ▭ **in** *one's* ~ *of souls* nel profondo dell'anima; (*esclam.*) **upon** *my* ~ in fede mia.

soulful ['səulful] *a.* pieno di sentimento.

soulless ['səullis] *a.* **1** senz'anima. **2** spietato.

soul-stirring ['səulstə:riŋ] *a.* commovente, toccante.

sound[1] [saund] *s.* **1** suono; rumore (*anche estens.*): *I don't like the* ~ *of it* la cosa non mi suona giusta. **2** (*Rad., TV*) audio. **3** (*Cin.*) sonoro. ▭ (*neol.*) ~ **archives** archivio audiovisivo; **out of** ~ fuori del campo uditivo.

to **sound**[1] [saund] **I** *v.i.* **1** suonare; risuonare. **2** (*fig.*) sembrare, dare un'impressione. **II** *v.t.* **1** suonare. **2** proclamare, annunciare; esprimere (con parole), dare voce a. **3** pronunciare. **4** (*Med.*) auscultare. ▭ *to* ~ *the* **alarm** dare l'allarme; *to* ~ **as** *if* (o *though*) sembrare che; *to* ~ **hollow** avere un suono cupo; (*fig.*) suonare falso.

sound[2] [saund] **I** *a.* **1** sano: *a* ~ *mind in a* ~ *body* una mente sana in un corpo sano. **2** solido, saldo, resistente. **3** buono, valido; solido, sicuro: ~ *arguments* argomenti validi; *a* ~ *investment* un investimento sicuro. **II** *avv.* sodo, profondamente: *to sleep* ~ dormire sodo. ▭ **safe** *and* ~ sano e salvo; *a* ~ **sleep** un sonno profondo.

sound[3] [saund] *s.* (*Geog.*) stretto; braccio (di mare).

sound[4] [saund] *s.* sonda, scandaglio.

to **sound**[2] [saund] *v.t.* **1** (*Mar.*) scandagliare, sondare. **2** (*fig.*) (spesso con *out*) sondare, saggiare (opinioni, ecc.).

sound barrier ['saundbæriə*] *s.* muro del suono.

sound film ['saundfilm] *s.* film sonoro.

sounding[1] ['saundiŋ] *a.* **1** sonoro, sonante. **2** (*fig.*) altisonante.

sounding[2] ['saundiŋ] *s.* **1** (spesso al pl.) scandaglio; scandagliamento. **2** *pl.* fondali scandagliabili. **3** *pl.* (*fig.*) sondaggio, indagine, inchiesta.

sounding board ['saundiŋbɔ:d] *s.* **1** (*Mus.*) tavola armonica. **2** (*fig.*) cassa di risonanza.

soundless ['saundlis] *a.* senza suono, silenzioso, muto.

soundly ['saundli] *avv.* **1** profondamente, sodo. **2** saldamente, solidamente. **3** completamente, del tutto. **4** duramente, ben bene: *to beat s.o.* ~ picchiare ben bene qd.

soundness ['saundnis] *s.* **1** buona salute. **2** solidità, stabilità, saldezza. **3** (*Comm.*) solvibilità. **4** validità, efficacia.

sound-proof ['saundpru:f] *a.* isolato acusticamente, insonorizzato.

to **sound-proof** ['saundpru:f] *v.t.* insonorizzare.

sound-track ['saundtræk] *s.* (*Cin.*) colonna sonora.

sound wave ['saundweiv] *s.* onda sonora.

soup [su:p] *s.* (*Gastr.*) minestra, brodo, zuppa. ▭ (*fam.*) *to be in the* ~ essere nei pasticci.

to **soup up** ['su:pʌp] *v.t.* (*sl.*) (*di motore*) truccare.

soup kitchen ['su:pkitʃin] *s.* **1** mensa per i poveri. **2** mensa da campo.

sour [sauə*] *a.* **1** acido; aspro, agro. **2** (*fig.*) acido; inasprito, esacerbato. ▭ ~ **apples** mele acerbe; ~ **breath** alito cattivo; *to* **go** (o *to* **turn**) ~ inacidirsi; (*fig.*) andare male, deteriorarsi.

to **sour** [sauə*] **I** *v.i.* **1** inacidirsi, andare a male. **2** (*fig.*) inasprirsi, esacerbarsi. **II** *v.t.* **1** inacidire. **2** (*fig.*) inasprire, esacerbare.

source [sɔ:s] *s.* **1** sorgente; fonte. **2** (*fig.*) origine, causa. **3** (*Giorn.*) fonte: *a reliable* ~ una fonte attendibile.

sour cream ['sauəkri:m] *s.* (*Gastr.*) panna acida.

sour-sweet ['sauəswi:t] *a.* agrodolce.

to **souse** [saus] *v.t.* **1** (*Alim.*) mettere in salamoia; marinare. **2** immergere nell'acqua.

soused ['saust] *a.* **1** (*Alim.*) in salamoia. **2** (*fam.*) ubriaco.

soutane *fr.* [su:'tɑ:n] *s.* tonaca (di prete).

south [sauθ] **I** *s.* sud, mezzogiorno, meridione. **II** *a.* meridionale. **III** *avv.* verso sud; a sud.

southbound ['sauθbaund] *a.* diretto a sud.
south-east ['sauθ'i:st] **I** *s.* sud-est. **II** *a.* di sud-est, sudorientale. **III** *avv.* verso sud-est.
south-easter ['sauθ'i:stə*] *s.* vento di sud-est; scirocco.
south-easterly ['sauθ'i:stəli] **I** *a.* da sud-est, sudorientale. **II** *avv.* verso sud-est.
southerly ['sʌðəli] **I** *a.* del sud, meridionale. **II** *avv.* **1** verso sud. **2** da sud.
southern ['sʌðən] *a.* del sud, meridionale.
southerner ['sʌðənə*] *s.* meridionale *m./f.*, abitante del sud.
southernmost ['sʌðənməust] *a.* il più a sud.
southward ['sauθwəd] **I** *a.* diretto a sud. **II** *avv.* → **southwards**.
southwards ['sauθwədz] *avv.* verso sud.
south-west ['sauθ'west] **I** *s.* sud-ovest. **II** *a.* di sud-ovest, sudoccidentale. **III** *avv.* verso sud -ovest.
south-wester ['sauθ'westə*] *s.* vento di sud -ovest; libeccio.
south-westerly ['sauθ'westəli] **I** *a.* di (da) sud -ovest. **II** *avv.* verso sud-ovest.
souvenir [ˌsu:və'niə*, *am.* 'su:–] *s.* ricordo, souvenir.
sou'wester [sau'westə*] *s.* cappello d'incerata.
sovereign ['sɔvrin] **I** *s.* **1** sovrano, monarca. **2** (*Numismatica*) sovrana. **II** *a.* sovrano; pieno, assoluto (*anche estens.*).
sovereignty ['sɔvrənti] *s.* sovranità.
soviet ['səuviet] **I** *s.* soviet. **II** *a.* sovietico.
sow [sau] *s.* scrofa. ▭ (*fig.*) *to get the wrong ~ by the ear* prendere un abbaglio.
to **sow** [səu] *v.* (*pass.* **sowed** [–d], *p.p.* **sown** [–n]/**sowed**) **I** *v.t.* **1** seminare. **2** (*fig.*) diffondere, propagare. **II** *v.i.* seminare. ▭ (*fig.*) *to ~ the seeds of hatred* seminare l'odio.
sower ['səuə*] *s.* (*Agr.*) seminatore.
sowing ['səuiŋ] *s.* semina, seminagione.
sown [səun] → to **sow**.
soy [sɔi], **soya** ['sɔiə] *s.* **1** soia. **2** → **soya (bean)**.
soya (bean) ['sɔiə(bi:n)] *s.* (*Bot.*) **1** soia. **2** seme di soia.
soymilk ['sɔimilk] *s.* latte di soia.
sozzled ['sɔzld] *a.* (*sl.*) ubriaco fradicio.
spa [spɑ:] *s.* **1** sorgente termale. **2** stazione termale.
space [speis] *s.* **1** spazio: *the conquest of ~* la conquista dello spazio. **2** spazio, posto; distanza: *~ for the signature* posto per la firma; *the ~ between two buildings* la distanza tra due edifici. **3** spazio (di tempo), periodo: *in the ~ of three months* nell'arco di tre mesi.
to **space** [speis] *v.t.* **1** (spesso con *out*) intervallare, spazieggiare. **2** (general. con *out*) distanziare. **3** (*Tip.*) (general. con *out*) spazieggiare; interlineare.
space-bar ['speisbɑ:*] *s.* (*Tip.*) barra spaziatrice.
spacecraft ['speiskrɑ:ft] *s.inv.* veicolo spaziale.
spaceman ['speismən] *s.* (*pl.* **–men**) astronauta, cosmonauta.
space probe ['speisprəub] *s.* sonda spaziale.
spacer ['speisə*] *s.* **1** (*tecn.*) distanziatore. **2** (*Tip.*) → **space-bar**.
spaceship ['speisʃip] *s.* astronave, nave spaziale.
space shuttle ['speisʃʌtl] *s.* navetta spaziale.
spacesuit ['speissju:t] *s.* tuta spaziale.
spacing ['speisiŋ] *s.* **1** suddivisione. **2** (*Tip.*) spaziatura; interlineatura.
spacious ['speiʃəs] *a.* spazioso, ampio, vasto.
spade[1] [speid] *s.* vanga, badile, pala; paletta. ▭ (*fig.*) *to call a ~ a ~* dire pane al pane (e vino al vino).
to **spade** [speid] *v.t./i.* vangare.
spade[2] [speid] *s.* (*nei giochi di carte*) picche, seme di picche.
spadework ['speidwə:k] *s.* faticosa fase preparatoria (per un lavoro *o* attività).
spaghetti western [spə'geti'westən] *s.* (*neol.*) western all'italiana.
Spain [spein] *N.pr.* (*Geog.*) Spagna.
spake [speik] (*ant.*) *pass. di* → to **speak**.
span [spæn] *s.* **1** (*unità di misura*) spanna, nove pollici. **2** periodo, spazio di tempo. **3** (*Arch.*) luce, campata.
to **span** [spæn] *v.t.* (*pass., p.p.* **spanned** [–d]) **1** attraversare, stendersi attraverso. **2** (*fig.*) abbracciare. **3** misurare a spanne.
spangle ['spæŋgl] *s.* (*Vest.*) lustrino, paillette.
to **spangle** ['spæŋgl] *v.t.* (*Vest.*) ornare di lustrini.
Spaniard ['spænjəd] *s.* spagnolo.
Spanish ['spæniʃ] **I** *a.* spagnolo. **II** *s.inv.* **1** (costr. pl.) spagnoli. **2** (*Ling.*) spagnolo.
spank [spæŋk] *s.* sculaccione, sculacciata.
to **spank** [spæŋk] *v.t.* sculacciare.
spanker ['spæŋkə*] *s.* (*Mar.*) randa.
spanking ['spæŋkiŋ] *a.* (*fam.*) **1** svelto, vivace; agile. **2** (*di vento*) gagliardo. **3** ottimo, di prim'ordine.
spanner ['spænə*] *s.* (*tecn.*) chiave. ▭ (*fam.*) *to throw a ~ into the works* mettere il bastone fra le ruote.
span roof ['spænru:f] *s.* (*Arch.*) tetto a due spioventi.
spar[1] [spɑ:*] *s.* **1** (*Mar.*) albero, pennone. **2** (*Aer.*) longherone.
spar[2] [spɑ:*] *s.* (*Min.*) spato.
spar[3] [spɑ:*] *s.* **1** allenamento di pugilato. **2** (*fig.*) litigio, diverbio.
to **spar** [spɑ:*] *v.i.* (*pass., p.p.* **sparred** [–d]) **1** allenarsi al pugilato. **2** (*fig.*) litigare, bisticciare (*with, against* con).
spare [speə*] **I** *a.* **1** di ricambio, di riserva, di scorta. **2** d'avanzo, in più; disponibile. **3** frugale, magro. **4** (*rif. a persona*) smilzo, snello, esile. **II** *s.* pezzo di ricambio. ▭ (*tecn.*) *~* **part** pezzo di ricambio; *~* **room** stanza per gli ospiti; *~* **time** tempo libero; (*Aut.*) *~* **wheel** ruota di scorta.
to **spare** [speə*] **I** *v.t.* **1** risparmiare, salvare: *to ~ s.o.'s life* risparmiare la vita di qd. **2** risparmiare, evitare: *you can ~ me the gory details* risparmiami i particolari cruenti. **3**

risparmiare, economizzare, lesinare. **4** fare a meno di, privarsi. **5** dare, prestare (*s.o. s.th.* qc. a qd.): *can you ~ me a cigarette?* puoi darmi una sigaretta? **6** dedicare (tempo, ecc.). **II** *v.i.* economizzare, risparmiare. □ *to ~ s.o.'s* **feelings** aver riguardo per i sentimenti di qd.; *to have* **nothing** *to ~* avere lo stretto necessario; *I have no* **time** *to ~* non ho tempo; **to** ~ d'avanzo.

spareness ['spɛənis] *s.* **1** frugalità, scarsezza. **2** magrezza, esilità.

spare rib ['spɛərib] *s.* (*Gastr.*) puntine (di maiale).

sparing ['spɛəriŋ] *a.* **1** parco, parsimonioso (*of, in* di). **2** scarso, povero.

spark[1] [spɑ:k] *s.* **1** favilla; scintilla. **2** (*fig.*) traccia, residuo; scintilla, causa. □ (*fam.*) *the sparks fly whenever they meet* ogni volta che si incontrano nascono discussioni accanite.

to **spark** [spɑ:k] **I** *v.i.* mandare scintille, scintillare. **II** *v.t.* (*fig.*) (spesso con *off*) **1** accendere, suscitare. **2** provocare.

spark[2] [spɑ:k] *s.* bellimbusto, ganimede.

sparking plug ['spɑ:kiŋplʌg] *s.* (*Mot.*) candela.

sparkle ['spɑ:kl] *s.* **1** sfavillio, scintillio, luccichio. **2** (*di vino, ecc.*) effervescenza.

to **sparkle** ['spɑ:kl] *v.i.* **1** scintillare, sfavillare, luccicare. **2** (*di vino, ecc.*) spumeggiare.

sparkler ['spɑ:klə*] *s.* **1** (*fuoco d'artificio*) stella filante. **2** (*sl.*) diamante.

sparkling ['spɑ:kliŋ] *a.* **1** scintillante, sfavillante, luccicante. **2** (*di vino, ecc.*) spumeggiante, spumante.

sparring partner ['spɑ:riŋ'pɑ:tnə*] *s.* (*Sport*) chi tira di boxe con un pugile durante gli allenamenti.

sparrow ['spærəu] *s.* (*Zool.*) passero.

sparrow-hawk ['spærəuhɔ:k] *s.* (*Zool.*) sparviere, sparviero.

sparse [spɑ:s] *a.* **1** rado: *a ~ beard* una barba rada. **2** scarso, limitato.

Spartan ['spɑ:tən] *a./s.* spartano.

spasm ['spæzəm] *s.* **1** (*Med.*) spasmo. **2** (*fig.*) accesso, attacco.

spasmodic [spæz'mɔdik], **spasmodical** [spæz'mɔdikəl] *a.* **1** (*Med.*) spasmodico. **2** (*fig.*) intermittente, convulso.

spastic ['spæstik] *a./s.* (*Med.*) spastico.

spat[1] [spæt] → to **spit**[1].

spat[2] [spæt] *s.* (*Vest.*) ghetta.

spat[3] [spæt] *s.* uova di molluschi.

to **spat** [spæt] *v.i.* (*pass., p.p.* **spatted** [–id]) (*di mollusco*) deporre le uova.

spat[4] *am.* [spæt] *s.* **1** battibecco, litigio. **2** scappellotto, schiaffetto.

spate [speit] *s.* **1** piena; inondazione. **2** (*fig.*) ondata. □ *she had a ~ of bad luck* ha avuto una disgrazia dietro l'altra.

spatial ['speiʃəl] *a.* spaziale.

spatter ['spætə*] *s.* **1** schizzo, schizzata, spruzzo. **2** picchettio, crepitio. **3** zacchera.

to **spatter** ['spætə*] **I** *v.t.* **1** schizzare, spruzzare. **2** macchiare, chiazzare. **3** (*fig.*) diffamare, denigrare. **II** *v.i.* **1** schizzare; gocciolare. **2** picchiettare; crepitare.

spatula ['spætjulə] *s.* spatola.

spawn [spɔ:n] *s.* **1** (*Zool.*) uova (di pesci, molluschi, ecc.). **2** (*collett. spreg.*) progenie, stirpe. **3** (*Bot.*) micelio.

to **spawn** [spɔ:n] **I** *v.i.* **1** (*Zool.*) deporre le uova. **2** (*fig., spreg.*) figliare. **II** *v.t.* **1** (*Zool.*) deporre. **2** (*fig., spreg.*) generare.

to **spay** [spei] *v.t.* sterilizzare (animale femmina asportando le ovaie).

to **speak** [spi:k] *v.* (*pass.* **spoke** [spəuk]/*ant.* **spake** [speik], *p.p.* **spoken** ['spəukən]/ant. **spoke**) **I** *v.i.* **1** parlare: *to ~ calmly* parlare con calma; *who is speaking at the meeting?* chi parlerà alla riunione? **2** parlare (*to, with* con, a), conversare (con), discorrere (con); rivolgere la parola (*to* a). **3** parlare, dire, essere espressivo: *she said nothing, but her eyes spoke for her* non diceva nulla, ma i suoi occhi parlavano per lei. **4** fare una ramanzina (*to* a), rimproverare (qd.). **5** (*di strumenti musicali*) emettere suoni, suonare. **II** *v.t.* **1** dire, pronunciare, esprimere. **2** parlare (una lingua, ecc.). **3** esprimere, manifestare, rivelare. **4** (*Mar.*) comunicare (con segnali) con. **5** (*Teat.*) recitare. □ *to ~* **for** parlare a nome di; parlare a favore di; *his actions ~* **for** *themselves* le sue azioni parlano da sole; *to ~* **of** parlare di; denotare, indicare; (*assol.*) essere degno di nota: *the country has no mineral resources to ~ of* il paese non ha risorse minerali degne di nota; *nothing to ~* **of** nulla di speciale; *to ~* **out** parlare chiaro (e tondo); *to ~* **out** *against s.th.* dichiararsi contrario a qc.; *to ~* **out** *for s.th.* dichiararsi favorevole a qc.; *to ~* **sense** parlare sensatamente; *to ~* **to** attestare, testimoniare; attenersi a; *to ~* **up** parlare ad alta voce; parlare francamente.

speaker ['spi:kə*] *s.* **1** oratore; parlatore. **2** portavoce. **3** altoparlante. □ *Speaker of the House* (*GB*) Presidente della Camera dei Comuni; (*USA*) Presidente della Camera dei Rappresentanti.

speaking ['spi:kiŋ] *a.* **1** parlante. **2** (nei composti) che parla ..., di lingua ...: *English-~* che parla inglese. □ **generally** ~ generalmente parlando, in generale; **roughly** ~ pressappoco, all'incirca; **strictly** ~ a rigore (di termini); *not to be on ~* **terms** *with s.o.* conoscere qd. solo di vista; non essere più in buoni rapporti con.

speaking tube ['spi:kiŋtju:b] *s.* portavoce.

spear [spiə*] *s.* **1** lancia, asta. **2** fiocina, arp(i)one.

to **spear** [spiə*] *v.t.* **1** trafiggere con la lancia. **2** (*Pesca*) fiocinare, arpionare.

spearhead ['spiəhed] *s.* **1** punta della lancia. **2** (*Mil.*) reparto d'assalto. **3** (*fig.*) punta avanzata.

special ['speʃəl] **I** *a.* **1** speciale, eccezionale, straordinario. **2** a sé, particolare, singolare: *a ~ case* un caso a sé. **3** apposito, fatto appositamente. **II** *s.* **1** agente ausiliario di polizia. **2** (*Giorn.*) edizione straordinaria. **3** (*TV*) special. **4** treno speciale. □ (*Poste*) ~ **delivery** *letter* espresso; *as a* ~ **favour** in via eccezionale; **nothing** ~ niente di speciale.

Special Branch ['speʃəl'brɑ:ntʃ] *s.* (*GB*) Antiterrorismo (Dipartimento di Polizia).

special delivery ['speʃəldi'livəri] *s.* (servizio postale) espresso.

specialist ['speʃəlist] *s.* specialista *m./f.*

specialistic [ˌspeʃə'listik] *a.* specialistico.

speciality [ˌspeʃi'æliti] *s.* **1** specialità. **2** particolarità, singolarità. **3** pezzo forte, cavallo di battaglia.

specialization [ˌspeʃəlai'zeiʃən, *am.* –ʃəli–] *s.* specializzazione.

to **specialize** ['speʃəlaiz] **I** *v.i.* **1** specializzarsi (*in* in). **2** (*Biol.*) adattarsi. **II** *v.t.* **1** specializzare. **2** specificare, indicare in dettaglio. **3** (*Biol.*) adattare.

specially ['speʃəli] *avv.* **1** specialmente, in special modo. **2** appositamente, di proposito.

specialty ['speʃəlti] *s.* **1** → **speciality**. **2** (*Dir.*) contratto solenne.

specie ['spi:ʃi:] *s.* moneta metallica.

species ['spi:ʃi:z] *s.inv.* specie (*in tutti i signif.*).

specific [spi'sifik] **I** *a.* **1** specifico; particolare: *the* ~ *purpose* lo scopo specifico. **2** preciso, esatto, esplicito. **3** (*Biol., Med., Fis.*) specifico. **II** *s.* (*Farm.*) **1** (rimedio) specifico. **2** elemento qualificante. **3** (*pl.*) dettagli più specifici.

specification [ˌspesifi'keiʃən] *s.* **1** specificazione. **2** descrizione dettagliata. **3** (*pl.*) spiegazioni, istruzioni. **4** (spesso al pl.) (*tecn.*) dati caratteristici. **5** *pl.* capitolato d'appalto. **6** norme specifiche. **7** bolla doganale d'uscita.

specificity [ˌspesi'fisiti] *s.* specificità.

to **specify** ['spesifai] *v.t.* **1** specificare, precisare. **2** stabilire, decretare, fissare.

specimen ['spesimin] *s.* **1** esemplare, modello; campione. **2** (*tecn.*) provino. **3** (*fam.*) esemplare; individuo; tipo strano. **4** (*Biol.*) campione: ~ *of blood* campione di sangue. **5** (*Edit.*) specimen. □ (*Tip.*) ~ **copy** copia di saggio; ~ **page** pagina di prova.

speck [spek] *s.* **1** macchiolina, puntino. **2** granello, particella. **3** (*fig.*) briciolo, filo.

to **speck** [spek] *v.t.* macchiettare, picchiettare.

speckle ['spekl] *s.* macchiolina, puntino; macchia, chiazza.

to **speckle** ['spekl] *v.t.* **1** macchiettare, picchiettare. **2** (*fig.*) punteggiare. □ *speckled plumage* piumaggio maculato.

specs [speks] *s.pl.* (*fam.*) occhiali.

spectacle ['spektəkl] *s.* **1** spettacolo. **2** vista straordinaria, spettacolo. **3** *pl.* occhiali. □ *to make a* ~ *of o.s.* dare spettacolo.

spectacled ['spektəkld] *a.* occhialuto.

spectacular [spek'tækjulə*] **I** *a.* spettacolare, grandioso; straordinario, spettacoloso. **II** *s.* film (*o* rappresentazione) spettacolare.

spectator [spek'teitə*] *s.* spettatore.

specter *am.* ['spektə*] → **spectre**.

spectral ['spektrəl] *a.* spettrale.

spectre ['spektə*] *s.* spettro, fantasma.

spectroscope ['spektrəskəup] *s.* (*Fis.*) spettroscopio.

spectroscopic [ˌspektrə'skɔpik] *a.* spettroscopico.

spectroscopy [spek'trɔskəpi] *s.* spettroscopia.

spectrum ['spektrəm] *s.* (*pl.* **–tra** [–trə]) **1** (*Fis.*) spettro. **2** (*fig.*) gamma.

to **speculate** ['spekjuleit] *v.i.* **1** fare congetture, congetturare (*about, on, upon* su); meditare. **2** (*Econ.*) speculare.

speculation [ˌspekju'leiʃən] *s.* **1** congettura, ipotesi; meditazione. **2** (*Econ.*) speculazione.

speculative ['spekjulətiv] *a.* **1** speculativo, teorico. **2** (*Econ.*) speculatorio.

speculator ['spekjuleitə*] *s.* speculatore.

sped [sped] → to **speed**.

speech [spi:tʃ] *s.* **1** parola: *to lose one's* ~ perdere la parola. **2** discorso, orazione. **3** parlata; linguaggio, idioma. □ ~ **defect** difetto di pronuncia; *to* **deliver** *a* ~ tenere un discorso; **figure** *of* ~ figura retorica.

speech day ['spi:tʃdei] *s.* giorno della premiazione (alla fine dell'anno scolastico).

to **speechify** ['spi:tʃifai] *v.i.* (*fam.*) sproloquiare, concionare.

speechless ['spi:tʃlis] *a.* **1** senza parola, ammutolito, muto: *to be struck* ~ rimanere senza parola. **2** inesprimibile, indicibile: ~ *rage* una rabbia indicibile.

speechmaker ['spi:tʃmeikə*] *s.* oratore.

speech therapist ['spi:tʃθerəpist] *s.* (*Med.*) logopedista.

speech therapy ['spi:tʃθerəpi] *s.* (*Med.*) logopedia.

speed [spi:d] *s.* **1** velocità; rapidità, sveltezza. **2** (*Aut., Mecc.*) marcia, velocità. **3** (*sl.*) droga eccitante, anfetamina. □ *at* **full** ~ a tutta velocità, di gran carriera; (*Mar.*) **full** ~ *ahead* avanti a tutta forza; *to* **gather** ~ = *to* **pick** *up* ~; (*tecn.*) ~ **indicator** tachimetro; *to* **pick** *up* ~ acquistare velocità; *at* **top** ~ = *at* **full** ~.

to **speed** [spi:d] *v.* (*pass., p.p.* **sped** [sped]/**speeded** [–id]) **I** *v.i.* **1** affrettarsi. **2** guidare velocemente. **II** *v.t.* **1** (far) accelerare, affrettare. **2** (*Mot.*) regolare la velocità di. □ *to* ~ **along** = *to* ~ **on**; *to* ~ **by** passare velocemente; *to* ~ **off** partire a tutta velocità; *to* ~ **on** accelerare; procedere rapidamente; *to* ~ **past** passare velocemente; *to* ~ **up** accelerare.

speedboat ['spi:dbəut] *s.* motoscafo da corsa.

speed-cop ['spi:dkɔp] *s.* (*sl.*) agente della polizia stradale.

speed dose ['spi:ddəus] *s.* (*sl.*) dose di anfetamina.

speeder ['spi:də*] *s.* **1** (*Mecc.*) regolatore di velocità. **2** (*Aut.*) chi ama correre veloce.

speeding ['spi:diŋ] *s.* eccesso di velocità.

speed limit ['spi:dlimit] *s.* (*Strad.*) limite di velocità.

speedometer [spi:'dɔmitə*] *s.* (*Aut.*) tachimetro.
speed trap ['spi:dtræp] *s.* controllo elettronico della velocità sulle autostrade.
speed-up ['spi:dʌp] *s.* **1** accelerazione. **2** aumento del ritmo di produzione.
speedway ['spi:dwei] *s.* **1** (*Sport*) pista, circuito di gara (per motociclette). **2** (*am.*) autostrada.
speedy ['spi:di] *a.* veloce, rapido, svelto.
speleologist [ˌspi:li'ɔlədʒist] *s.* speleologo.
speleology [ˌspi:li'ɔlədʒi] *s.* speleologia.
spell[1] [spel] *s.* **1** formula magica. **2** incantesimo, incanto. **3** (*fig.*) fascino: *to fall under s.o.'s* ~ subire il fascino di qd. ▭ *to* **cast** *a* ~ fare un incantesimo; *to* **put** (o *lay*) *s.o. under a* ~ affascinare qd.
to **spell**[1] [spel] *v.* (*pass., p.p.* **spelt** [–t]/**spelled** [–d]) **I** *v.t.* **1** scrivere (lettera per lettera), compitare; sillabare. **2** formare, comporre (parole) con lettere. **3** (spesso con *out, over*) leggere con difficoltà. **4** (*fig.*) significare, voler dire. **II** *v.i.* scrivere correttamente, conoscere l'ortografia. ▭ *to* ~ **out** compitare; (*fam.*) dire esplicitamente; spiegare nel dettaglio; *that* **would** ~ *disaster!* per dirla chiara sarebbe la fine!
spell[2] [spel] *s.* **1** periodo di tempo; intervallo. **2** turno (di lavoro, ecc.). ▭ *a long* **hot** ~ un'ondata di caldo; *to* **take** *spells at s.th.* alternarsi in qc.
to **spell**[2] [spel] *v.t.* (*fam.*) sostituire, dare il cambio a.
spellbinding ['spelbaindiŋ] *a.* affascinante, avvincente.
spellbound ['spelbaund] *a.* affascinato, incantato. ▭ *to hold s.o.* ~ affascinare qd.
speller ['spelə*] *s.* chi compita. ▭ *he is a poor* ~ fa molti errori di ortografia.
spelling ['speliŋ] *s.* **1** compitazione. **2** ortografia. **3** scomposizione in lettere.
spelt[1] [spelt] → to **spell**.
spelt[2] [spelt] *s.* (*Bot.*) farro.
to **spend** [spend] *v.* (*pass., p.p.* **spent** [spent]) **I** *v.t.* **1** spendere. **2** (*del tempo*) passare, trascorrere. **3** esaurire, finire, consumare. **II** *v.i.* spendere. ▭ *to* ~ **freely** spendere e spandere; *to* ~ **oneself** esaurire le proprie energie, esaurirsi; *to* ~ **time** *on s.th.* dedicare tempo a qc.
spendthrift ['spendθrift] *s.* spendaccione.
spent[1] [spent] → to **spend**.
spent[2] [spent] *a.* **1** esaurito, consumato. **2** esausto, sfinito.
sperm [spə:m] *s.* (*Biol.*) sperma.
spermatic [spə:'mætik] *a.* (*Biol.*) spermatico.
spermatozoon [ˌspə:mətə'zəuɔn] *s.* (*pl.* **–zoa** [–'zəuə]) (*Biol.*) spermatozoo.
sperm whale ['spə:mweil] *s.* (*Zool.*) capodoglio.
spew [spju:, *am.* spu:] *s.* vomito.
to **spew** [spju:, *am.* spu:] **I** *v.i.* **1** (*fam.*) vomitare. **2** (*fig.*) sgorgare, scaturire. **II** *v.t.* **1** (*fam.*) vomitare, rigurgitare. **2** (*fig.*) (spesso con *out, forth*) vomitare, emettere; eruttare.
sphere [sfiə*] *s.* **1** sfera; globo. **2** (*poet.*) sfera celeste. **3** (*fig.*) campo, settore. **4** (*fig.*) ambiente, cerchia.
spherical ['sferikəl] *a.* sferico.
spheroid ['sfiərɔid] *s.* (*Geom., Astr.*) sferoide.
sphinx [sfiŋks] *s.* sfinge.
spice [spais] *s.* **1** spezie, droghe; aromi (da cucina). **2** (*fig.*) sapore, gusto. **3** pizzico, punta.
to **spice** [spais] *v.t.* **1** aromatizzare. **2** (*fig.*) rendere gustoso, dare sapore a.
spick-and-span ['spikən'spæn] *a.* (*fam.*) pulito come uno specchio, lindo, netto.
spicy ['spaisi] *a.* **1** piccante; drogato, aromatizzato. **2** (*fig.*) piccante, spinto.
spider ['spaidə*] *s.* (*Zool.*) ragno.
spider-web ['spaidəweb] *s.* ragnatela.
spidery ['spaidəri] *a.* **1** simile a un ragno. **2** (*di scrittura*) molto sottile e a punta.
spiel [spi:l] *s.* (*sl.*) la solita tiritera.
spigot ['spigət] *s.* **1** zipolo, zaffo. **2** (*am.*) rubinetto.
spike[1] [spaik] *s.* **1** arpione (per fissare). **2** lancia, punta. **3** chiodo (di scarpe da corsa); *pl.* scarpe chiodate. ▭ ~ *heel* tacco a spillo.
to **spike** [spaik] *v.t.* **1** munire di punte. **2** (*di calzature*) chiodare. **3** infilzare, infilare. ▭ (*fig.*) *to* ~ *s.o.'s guns* mandare all'aria i piani di qd.
spike[2] [spaik] *s.* (*Bot.*) spiga.
spiky ['spaiki] *a.* **1** acuminato, aguzzo. **2** munito di punte. **3** (*fig.*) intransigente. **4** permaloso.
spill[1] [spil] *s.* (*fam.*) caduta, capitombolo.
to **spill** [spil] *v.* (*pass., p.p.* **spilled** [–d]/**spilt** [–t]) **I** *v.t.* **1** versare, rovesciare. **2** (*fam.*) far cadere, buttare a terra; (*di cavallo*) disarcionare. **II** *v.i.* **1** rovesciarsi, versarsi. **2** (*fig.*) (spesso con *over*) riversarsi, spargersi (in massa). ▭ (*fam.*) *to* ~ *the* **beans** rivelare un segreto; *to* ~ **blood** spargere sangue.
spill[2] [spil] *s.* legnetto, rotolino di carta (per dare fuoco).
spilt [spilt] → to **spill**.
spin [spin] *s.* **1** rotazione. **2** (*fam.*) giretto, gita (in macchina, bicicletta, ecc.): *to go for a* ~ fare un giretto. **3** (*Aer.*) vite, avvitamento. ▭ (*Sport*) *to put* ~ *on a ball* dare l'effetto a una palla.
to **spin** [spin] *v.* (*pass.* **spun** [spʌn]/**span** [spæn], *p.p.* **spun**) **I** *v.t.* **1** filare. **2** (*fig.*) (spesso con *out*) tirare per le lunghe, protrarre. **3** (*fig.*) (*di articolo, ecc.*) comporre. **4** (spesso con *round, around*) fare girare, ruotare. **II** *v.i.* **1** filare. **2** girare, ruotare. **3** (spesso con *round, around*) piroettare, fare giravolte. **4** (*fam.*) (spesso con *along*) correre, filare. ▭ (*fam.*) *to* ~ **out** tirare per le lunghe; *to* **send** *s.o. spinning* mandare qd. a gambe all'aria.
spinach ['spinidʒ, *am.* –nitʃ] *s.inv.* (*Bot.*) spinaci; spinacio.

spinal ['spainl] *a.* (*Anat.*) spinale. □ ~ **column** colonna vertebrale; ~ **cord** midollo spinale.
spindle ['spindl] *s.* **1** (*Tessitura*) fuso. **2** (*Mecc.*) alberino; mandrino.
spindle-legged ['spindlegd] *a.* dalle gambe affusolate.
spindly ['spindli] *a.* lungo ed esile; alto e magro.
spindrift ['spindrift] *s.* spruzzo di onde.
to **spin-dry** ['spindrai] *v.t.* asciugare con centrifuga.
spine [spain] *s.* **1** (*Anat.*) colonna vertebrale. **2** (*Bot.*) spina. **3** (*Zool.*) aculeo. **4** (*di libro*) costa, dorso.
spine-chilling ['spain'tʃiliŋ] *a.* che fa venire i brividi, agghiacciante
spineless ['spainlis] *a.* **1** (*Zool.*) senza colonna vertebrale. **2** (*Bot.*) senza spine. **3** (*fig.*) smidollato, debole.
spinet [spi'net, *am.* 'spinit] *s.* (*Mus.*) spinetta.
spinnaker ['spinəkə*] *s.* (*Mar.*) fiocco a pallone, spinnaker.
spinner ['spinə*] *s.* **1** filatore. **2** (*Tessitura*) filatoio.
spinning jenny ['spiniŋ'dʒeni] *s.* (*Tessitura*) giannetta, filatoio multiplo.
spinning machine ['spiniŋmə'ʃin] *s.* filatrice meccanica.
spinning wheel ['spiniŋwi:l] *s.* filatoio (a mano).
spinoff *am.* [spin'ɔf] *s.* **1** (*Industria*) derivato. **2** (*fig.*) effetto secondario.
spinster ['spinstə*] *s.* zitella.
spiny ['spaini] *a.* spinoso.
spiral ['spaiərəl] **I** *a.* (a) spirale, a spire; elicoidale. **II** *s.* spirale (*anche fig.*).
to **spiral** ['spaiərəl] *v.i.* (*pass., p.p.* **-lled**/*am.* **-led** [-d]) **1** muoversi a spirale. **2** (*di prezzi, ecc.*) aumentare vertiginosamente.
spire [spaiə*] *s.* **1** (*Arch.*) guglia, pinnacolo. **2** spirale.
spirit ['spirit] *s.* **1** spirito (*anche fig.*): *the* ~ *of the law* lo spirito della legge; *to do s.th. in the right* ~ fare qc. nello spirito giusto. **2** energia, forza, vigore; coraggio, animo: *he lacks* ~ manca di energia. **3** *pl.* stato d'animo, condizioni di spirito. **4** *pl.* superalcolici, acquaviti. □ **high** *spirits* buonumore; *to* **keep** *one's spirits up* tenersi su (di morale); *to be in* **low** *spirits* (o **out** *of spirits*) essere depresso; *to* **raise** *a* ~ evocare uno spirito; *to take s.th. in the* **wrong** ~ prendere qc. in mala parte.
to **spirit** ['spirit] *v.t.* **1** (general. con *away, off*) trafugare, sottrarre di nascosto. **2** (spesso con *up*) incoraggiare; stimolare, incitare.
spirited ['spiritid] *a.* **1** vigoroso, energico; vivace, animato. **2** (*di animale*) focoso, impetuoso.
spiritedness ['spiritidnis] *s.* vivacità, animazione; energia.
spiritism ['spiritizəm] *s.* spiritismo.
spiritless ['spiritlis] *a.* **1** fiacco, debole. **2** depresso, abbattuto.
spirit-level ['spirit'levl] *s.* (*tecn.*) livella a bolla d'aria.
spiritual ['spiritʃuəl] **I** *a.* spirituale. **II** *s.* (*Mus.*) spiritual.
spiritualism ['spiritʃuəlizəm] *s.* spiritismo.
spiritualistic [,spiritʃuə'listik] *a.* spiritistico, spiritico.
spirituality [,spiritʃu'æliti] *s.* spiritualità.
spirt [spə:t] → **spurt**.
to **spirt** [spə:t] → to **spurt**.
spit[1] [spit] *s.* sputo. □ *he is the* **dead** ~ (o *the* ~ *and* **image**) *of his uncle* è suo zio nato e sputato; (*fig.*) ~ *and* **polish** pulizia accuratissima.
to **spit**[1] [spit] *v.* (*pass., p.p.* **spit/spat** [spæt]) **I** *v.i.* **1** sputare (*at, upon* a). **2** scoppiettare, crepitare. **3** piovigginare. **II** *v.t.* **1** (spesso con *out*) sputare. **2** (spesso con *out*) pronunciare con violenza. **3** (*fig.*) sputare, buttare fuori. □ (*fam.*) ~ *it out!* parla!
spit[2] [spit] *s.* **1** spiedo, schidione. **2** lingua di terra.
to **spit**[2] [spit] *v.t.* (*pass., p.p.* **spitted** [-id]) **1** infilzare sullo spiedo; cuocere allo spiedo. **2** (*fig.*) infilzare, trafiggere.
spite [spait] *s.* **1** dispetto, ripicca: *to do s.th. from* (o *out of*) ~ fare qc. per dispetto. **2** rancore, risentimento. □ *in* ~ *of* nonostante, malgrado.
to **spite** [spait] *v.t.* **1** fare dispetto a. **2** indispettire, irritare.
spiteful ['spaitful] *a.* **1** dispettoso. **2** maligno; astioso.
spittle ['spitl] *s.* sputo, saliva.
spittoon [spi'tu:n] *s.* sputacchiera.
splash [splæʃ] *s.* **1** schizzo, spruzzo; zacchera, schizzo di fango. **2** tonfo. **3** macchia di colore. **4** (*fam.*) spruzzo di soda. □ (*fam.*) *to make a* ~ fare colpo.
to **splash** [splæʃ] **I** *v.t.* **1** spruzzare, schizzare; inzaccherare, infangare. **2** (*di denaro*) (general. con *about*) scialacquare, sperperare. **3** (*di notizia*) dare grande risalto a, annunciare con titoli a caratteri cubitali. **II** *v.i.* **1** (spesso con *about*) sguazzare, diguazzare. **2** (*di liquido*) schizzare. **3** (*di veicolo spaziale*) (general. con *down*) ammarare.
splashboard ['splæʃbɔ:d] *s.* (*Aut.*) parafango.
splashdown ['splæʃdaun] *s.* (*di veicolo spaziale*) ammaraggio.
splashy ['splæʃi] *a.* **1** a chiazze, chiazzato. **2** vistoso, appariscente.
splatter ['splætə*] → **spatter**.
to **splatter** ['splætə*] → to **spatter**.
splay [splei] **I** *a.* largo e piatto; divergente; storto. **II** *s.* (*Edil.*) strombatura, strombo. □ ~ *foot* piede piatto (volto all'infuori).
to **splay** [splei] **I** *v.t.* (*Edil.*) strombare. **II** *v.i.* **1** pendere, essere inclinato. **2** (*Edil.*) essere strombato. **3** (*fam.*) allargarsi in fuori.
spleen [spli:n] *s.* **1** (*Anat.*) milza. **2** (*fig.*) spleen, malinconia. **3** rabbia, stizza.
spleenwort ['spli:nwə:t] *s.* (*Bot.*) asplenio.
splendid ['splendid] *a.* **1** splendido, magnifi-

co; fastoso, sontuoso. **2** (*fam.*) eccellente, ottimo.
splendiferous [splen'difərəs] *a.* (*fam.*) fantastico, uno schianto.
splendor *am.*, **splendour** ['splendə*] *s.* fasto, splendore, magnificenza, sfarzo.
splenetic [spli'netik] *a.* (*fig.*) stizzoso, irascibile.
splice [splais] *s.* **1** (*Mar.*) impiombatura. **2** giuntura.
to **splice** [splais] *v.t.* **1** (*Mar.*) impiombare due cavi. **2** giuntare. □ (*sl.*) *to get spliced* sposarsi.
splint [splint] *s.* **1** (*Med.*) stecca (per fratture). **2** listello, assicella.
to **splint** [splint] *v.t.* (*Med.*) immobilizzare con una stecca.
splinter ['splintə*] *s.* scheggia, frammento. □ ~ *group* gruppo scissionista.
to **splinter** ['splintə*] **I** *v.t.* **1** scheggiare, ridurre in schegge. **2** (*fig.*) dividere, scindere. **II** *v.i.* **1** scheggiarsi, ridursi in schegge. **2** (*fig.*) scindersi, staccarsi.
splintery ['splintəri] *a.* **1** pieno di schegge. **2** che si scheggia facilmente.
split [split] *s.* **1** spaccatura, fenditura; strappo, lacerazione. **2** (*fig.*) scissione, separazione. **3** (*fam.*) mezza bottiglia. **4** *pl.* (*Ginn.*) spaccata.
to **split** [split] *v.* (*pass.*, *p.p.* **split/splitted** [–id]) **I** *v.t.* **1** spaccare, fendere. **2** strappare, lacerare. **3** (spesso con *up*) dividere, scindere; spartire. **4** (*sl.*) tradire (*on s.o.* qd.). **II** *v.i.* **1** spaccarsi, fendersi. **2** strapparsi, lacerarsi. **3** (spesso con *up*) dividersi, separarsi, scindersi. **4** dividere qc. (*with* con). **5** (*sl.*) fare la spia. □ (*pop.*) *to* ~ **hairs** cavillare; *to* ~ *in* **half** rompersi a metà; (*fig.*) *my* **head** *is splitting* la testa mi scoppia; *to* ~ **off** staccare, staccarsi (*anche fig.*); *to* ~ **on** *s.o.* fare la spia a qd., tradire qd.; *to* ~ **open** aprire, fendere; aprirsi, fendersi; (*fam.*) ~ **second** attimo, istante.
split peas ['split'pi:z] *s.* (*Gastr.*) piselli spaccati.
splitting ['splitiŋ] *s.* **1** spaccatura, fenditura. **2** (*fig.*) scissione, separazione. □ (*fam.*) *a* ~ **headache** un terribile mal di testa; ~ **laughter** risata omerica.
splodge [splɔdʒ] → **splotch**.
to **splosh** [splɔʃ] → to **splash**.
splotch [splɔtʃ] *s.* macchia, chiazza.
splurge [splə:dʒ] *s.* (*fam.*) **1** sfoggio, ostentazione. **2** follia spendereccia.
splutter ['splʌtə*] *s.* **1** scoppiettio, crepitio. **2** borbottio. **3** spruzzo, schizzo.
to **splutter** ['splʌtə*] **I** *v.i.* **1** scoppiettare, crepitare. **2** farfugliare, borbottare. **3** schizzare, spruzzare. **II** *v.t.* **1** (spesso con *out*, *forth*) borbottare, barbugliare, farfugliare. **2** schizzare, spruzzare.
spoil [spɔil] *s.* **1** saccheggio, razzia. **2** *pl.* bottino, preda. **3** (*fig.*) profitto, utile, guadagno. **4** materiale di sterro.
to **spoil** [spɔil] *v.* (*pass.*, *p.p.* **spoiled** [–d]/ **spoilt** [–t]) **I** *v.t.* **1** rovinare, sciupare, guastare. **2** viziare; coccolare, vezzeggiare. **II** *v.i.* **1** guastarsi, rovinarsi. □ *to* ~ *one's* **appetite** guastarsi l'appetito; *to be spoiling* **for** avere una gran voglia di; essere ansioso di.
spoilsport ['spɔilspɔ:t] *s.* guastafeste *m./f.*
spoilt[1] [spɔilt] → to **spoil**.
spoilt[2] [spɔilt] *a.* **1** rovinato, sciupato; (*di cibo*) guasto. **2** viziato.
spoke[1] [spəuk] → to **speak**.
spoke[2] [spəuk] *s.* **1** raggio (di ruota). **2** piolo (di scala). **3** (*Mar.*) maniglia. □ (*fig.*) *to put a* ~ *in s.o.'s wheel* mettere il bastone tra le ruote a qd.
spoken ['spəukən] → to **speak**.
spokesman ['spəuksmən] *s.* (*pl.* **–men**) portavoce.
spoliation [ˌspəuli'eiʃən] *s.* saccheggio.
sponge [spʌndʒ] *s.* **1** spugna. **2** (*sl.*) parassita *m./f.*, scroccone. **3** (*Gastr.*) → **sponge-cake**. **4** (*Med.*) garza, spugna. □ (*Sport, anche fig.*) *to throw* (*o up*) *the* ~ gettare la spugna.
to **sponge** [spʌndʒ] **I** *v.t.* **1** pulire con una spugna, spugnare. **2** (spesso con *out*, *off*, *away*) cancellare con una spugna. **3** (spesso con *up*) assorbire (con una spugna). **4** (*fam.*) scroccare, sbafare. **II** *v.i.* **1** assorbire, impregnarsi, imbeversi. **2** raccogliere spugne. **3** (*fam.*) vivere alle spalle (*on*, *upon*, *off* di).
sponge-bag ['spʌndʒbæg] *s.* (busta di plastica per il) necessaire da toeletta.
sponge-cake ['spʌndʒkeik] *s.* (*Gastr.*) pan di Spagna.
sponge-cloth ['spʌndʒklɔθ] *s.* spugna, tessuto di spugna.
sponger ['spʌndʒə*] *s.* scroccone.
spongy ['spʌndʒi] *a.* **1** spugnoso: poroso, assorbente. **2** molle, cedevole.
sponsor ['spɔnsə*] *s.* **1** garante *m./f.* **2** (*Rel.*) padrino, madrina. **3** sostenitore, fautore. **4** finanziatore, sponsor.
to **sponsor** ['spɔnsə*] *v.t.* **1** garantire per. **2** patrocinare, appoggiare. **3** (*Rel.*) fare da padrino (*o* madrina) a. **4** finanziare, sponsorizzare.
spontaneity [ˌspɔntə'ni:iti] *s.* spontaneità.
spontaneous [spɔn'teiniəs] *a.* spontaneo, istintivo.
spoof [spu:f] *s.* (*fam.*) **1** imbroglio, truffa. **2** parodia.
to **spoof** [spu:f] *v.t.* imbrogliare, truffare.
spook [spu:k] *s.* (*fam.*) fantasma, spettro.
spooky ['spu:ki] *a.* (*fam.*) sinistro, spettrale.
spool [spu:l] *s.* **1** rocchetto, bobina. **2** (*estens.*) rotolo (di fotografie); nastro (di macchina per scrivere, cassette, ecc.).
spoon [spu:n] *s.* **1** cucchiaio. **2** cucchiaiata.
to **spoon**[1] [spu:n] *v.t.* (spesso con *up*) prendere con il cucchiaio; (spesso con *out*) distribuire con il cucchiaio.
to **spoon**[2] [spu:n] *v.i.* (*scherz.*) fare il cascamorto; amoreggiare.

to **spoon-feed** ['spu:nfi:d] *v.t.* (coniug. come to **feed**) **1** nutrire con il cucchiaio; imboccare. **2** (*fig.*) scodellare la pappa a.
spoonful ['spu:nful] *s.* cucchiaiata, cucchiaio.
spoony ['spu:ni] *a.* (*fam.*) innamorato (cotto) (*over, on* di).
spoor [spuə*] *s.* traccia, orma (di animale).
sporadic [spɔ'rædik] *a.* sporadico.
spore [spɔ:*] *s.* (*Biol.*) spora.
sporran ['spɔrən] *s.* sporran (borsellino coperto di pelo portato in vita dagli scozzesi che indossano il costume nazionale).
sport [spɔ:t] *s.* **1** sport; attività sportiva. **2** *pl.* gare, incontri sportivi. **3** divertimento, passatempo, svago. **4** (*fam.*) persona che sta allo scherzo. □ **be** *a* ~*!* sii bravo!; *to* **make** ~ *of s.o.* prendersi gioco di qd.
to **sport** [spɔ:t] **I** *v.i.* **1** divertirsi, svagarsi; scherzare. **2** praticare uno sport. **II** *v.t.* (*fam.*) sfoggiare, ostentare.
sporting ['spɔ:tiŋ] *a.* **1** sportivo. **2** (*fig.*) sportivo, leale. □ (*fig.*) ~ *chance* possibilità di successo.
sportive ['spɔ:tiv] *a.* giocoso, allegro.
sports [spɔ:ts] *a.attr.* sportivo: *a* ~ *meeting* un incontro sportivo.
sports car ['spɔ:tskɑ:*] *s.* automobile sportiva.
sports coat ['spɔ:tskəut], **sports-jacket** ['spɔ:tsdʒækit] *s.* giacca sportiva.
sportsman ['spɔ:tsmən] *s.* (*pl.* **–men**) **1** sportivo. **2** persona corretta e leale.
sportsmanlike ['spɔ:tsmənlaik] *a.* sportivo, leale.
sportsmanship ['spɔ:tsmənʃip] *s.* spirito sportivo; lealtà.
sportswear ['spɔ:tswɛə*] *s.* abiti sportivi.
spot [spɔt] *s.* **1** pallino, punto, puntino. **2** macchia, chiazza. **3** (piccolo) foruncolo, pustoletta. **4** (*fig.*) macchia, neo. **5** briciolo, pizzico; po', poco. **6** posto, luogo. **7** (*Rad., TV*) spot, spazio pubblicitario. □ (*fam.*) *to be in* **a** ~ essere in un pasticcio; (*Comm.*) ~ **cash** pagamento alla consegna; (*fam.*) *to* **knock** *spots off* essere superiore a; **on** *the* ~ sul posto; su due piedi; (*fam.*) nei guai, in imbarazzo; (*fig.*) *to have a* **tender** ~ *for s.o.* avere un debole per qd.; (*fig.*) **weak** ~ punto debole.
to **spot** [spɔt] *v.* (*pass., p.p.* **spotted** [–id]) **I** *v.t.* **1** punteggiare, macchiettare, chiazzare. **2** macchiare. **3** individuare, distinguere, scorgere. **II** *v.i.* (*fam.*) piovigginare.
spot check ['spɔttʃek] *s.* controllo rapido.
spotless ['spɔtlis] *a.* **1** immacolato, candido. **2** (*fig.*) senza macchia.
spotlight ['spɔtlait] *s.* (*Teat.*) riflettore lenticolare, (*gerg.*) occhio di bue. □ (*fig.*) *to be in the* ~ essere al centro dell'interesse.
spotted ['spɔtid] *a.* **1** a pallini, a puntini. **2** macchiato, chiazzato.
spotter ['spɔtə*] *s.* **1** (*Mar. mil.*) osservatore. **2** (*Aer. mil.*) aereo da ricognizione.
spotty ['spɔti] *a.* **1** a puntini, a pallini. **2** foruncoloso. **3** (*fig.*) discontinuo, irregolare.
spouse [spauz] *s.* **1** (*ant.*) sposo. **2** (*Dir.*) consorte.
spout [spaut] *s.* **1** beccuccio, becco; cannella; tubo di scarico. **2** getto, zampillo, spruzzo. **3** (*Edil.*) grondaia. □ (*fam.*) *up the* ~: 1 al monte dei pegni; 2 in difficoltà; rovinato.
to **spout** [spaut] **I** *v.t.* **1** (spesso con *out*) versare a fiotti, far sgorgare. **2** (*fam.*) dire a getto continuo; declamare. **II** *v.i.* **1** (spesso con *out*) sgorgare, zampillare a fiotti. **2** (*fam.*) parlare a getto continuo; declamare.
sprain [sprein] *s.* (*Med.*) distorsione, storta.
to **sprain** [sprein] *v.t* (*Med.*) storcere; slogare.
sprang [spræŋ] → to **spring**.
sprat [spræt] *s.* (*Zool.*) spratto.
sprawl [sprɔ:l] *s.* **1** posizione scomposta. **2** massa disordinata.
to **sprawl** [sprɔ:l] *v.i.* **1** sedere (*o* stare sdraiato) in modo scomposto. **2** (*fig.*) estendersi disordinatamente. □ *to send s.o. sprawling* mandare qd. a gambe levate.
spray[1] [sprei] *s.* **1** spruzzi, spruzzo. **2** getto vaporizzato, spray. **3** nebulizzatore.
to **spray** [sprei] *v.t./i.* spruzzare, irrorare; vaporizzare.
spray[2] [sprei] *s.* **1** ramoscello, fronda, frasca. **2** ornamento a forma di ramoscello.
sprayer ['spreiə*] *s.* spruzzatore, nebulizzatore.
spray gun ['spreigʌn] *s.* (*tecn.*) pistola a spruzzo.
spread [spred] *s.* **1** espansione, estensione. **2** diffusione, propagazione. **3** ampiezza, larghezza. **4** apertura d'ali. **5** copriletto. **6** (*fam.*) banchetto, lauto pasto. **7** (*Giorn.*) articolo su più colonne (*o* pagine); pagina e contropagina. **8** (*Gastr.*) crema da spalmare.
to **spread** [spred] *v.* (*pass., p.p.* **spread**) **I** *v.t.* **1** (spesso con *out*) stendere, distendere, spiegare. **2** (spesso con *out*) spandere, spargere· distribuire. **3** (*di notizie, ecc.*) diffondere, mettere in circolazione. **4** spalmare, stendere. **5** coprire, ricoprire (*with* di). **II** *v.i.* **1** estendersi, propagarsi. **2** spargersi, sparpagliarsi; (*di notizie, ecc.*) diffondersi, circolare. **3** stendersi, estendersi, aprirsi. □ *to* ~ *o.s.* **on** *a subject* dilungarsi su un argomento· *to* ~ **o.s.** distendersi; *to* ~ *the* **table** apparecchiare la tavola; *to* ~ *one's arms* **wide** spalancare le braccia.
spread-eagle ['spredi:gl] *s.* (*Araldica*) aquila con le ali spiegate.
to **spread-eagle** ['spredi:gl] *v.i.* stendersi (con braccia e gambe allargate).
spree [spri:] *s.* baldoria: *to be* (o *go out*) *on a* ~ fare baldoria.
sprier ['spraiə*], **spriest** ['spraiist] → **spry**.
sprig [sprig] *s.* **1** ramoscello, rametto. **2** ornamento a forma di ramoscello. **3** (*scherz.*) rampollo.
sprightly ['spraitli] *a.* vivace, brioso.
spring[1] [spriŋ] *s.* **1** salto, balzo; scatto. **2** (*tecn.*) molla. **3** sorgente, fonte. **4** (*fig.*) (spesso al pl.) fonte, sorgente; causa, moti-

vo. **5** (*fig.*) elasticità. □ *to take a ~* fare un salto.

to **spring** [spriŋ] *v.* (*pass.* **sprang** [spræŋ], *p.p.* **sprung** [sprʌŋ]) **I** *v.i.* **1** scattare, balzare, saltare. **2** (*fig.*) (spesso con *up*) sorgere, spuntare. **3** (*fig.*) derivare, provenire (*from* da), discendere (da). **4** (*di molla, ecc.*) scattare. **5** (*di mina*) esplodere, brillare. **6** fendersi, spaccarsi. **II** *v.t.* **1** far scattare. **2** (*di mina*) far esplodere. **3** spaccare. **4** (*fam.*) comunicare inaspettatamente. □ *to ~* **back** scattare all'indietro; (*Mar.*) *to ~ a* **leak** aprire una falla; (*di tubi*) perdere; *to ~* **open** aprire a scatto; *to ~* **out** *of bed* saltare fuori dal letto; *to ~* **over** saltare; *to ~* **shut** chiudere a scatto; *to ~ a* **surprise** *on s.o.* fare una sorpresa a qd.

spring[2] [spriŋ] *s.* primavera.

springboard ['spriŋbɔ:d] *s.* **1** (*Sport*) trampolino. **2** (*fig.*) trampolino di lancio.

spring-cleaning ['spriŋkli:niŋ] *s.* pulizie di Pasqua.

springless ['spriŋlis] *a.* senza molle.

springlike ['spriŋlaik] *a.* primaverile.

springtide ['spriŋtaid], **springtime** ['spriŋtaim] *s.* **1** stagione primaverile. **2** (*fig.*) giovinezza; inizio, principio.

springwater ['spriŋwɔ:tə*] *s.* acqua di sorgente.

springy ['spriŋi] *a.* elastico, molleggiato.

sprinkle ['spriŋkl] *s.* **1** spruzzata schizzata. **2** pioggerella.

to **sprinkle** ['spriŋkl] **I** *v.t.* **1** spruzzare, spargere, cospargere; spolverizzare di. **2** sparpagliare, disseminare. **II** *v.i.* cadere a spruzzi.

sprinkler ['spriŋklə*] *s.* **1** spruzzatore; spolverino. **2** innaffiatoio. **3** (*Lit.*) aspersorio. **4** innaffiatore stradale.

sprinkling ['spriŋkliŋ] *s.* **1** spruzzata; schizzata, schizzo. **2** (*fig.*) pizzico, piccola quantità.

sprint [sprint] *s.* (*Sport*) scatto, volata.

to **sprint** [sprint] *v.i.* (*Sport*) prendere la volata, scattare.

sprinter ['sprintə*] *s.* (*Sport*) scattista *m./f.*, velocista *m./f.*

sprite [sprait] *s.* elfo, folletto.

sprocket ['sprɔkit] *s.* (*Mecc.*) dente (d'ingranaggio). □ *~ wheel* ruota dentata.

sprout [spraut] *s.* **1** germoglio, getto. **2** *pl* (*Bot.*) cavoletti di Bruxelles.

to **sprout** [spraut] **I** *v.i.* **1** germogliare, germinare. **2** (*fig. scherz.*) spuntare; crescere all'improvviso. **II** *v.t.* (*fig. scherz.*) far crescere.

spruce[1] [spru:s] *a.* **1** lindo, netto. **2** ben vestito, elegante.

to **spruce** [spru:s] *v.t.* (spesso con *up*) agghindare, azzimare.

spruce[2] [spru:s] *s.* (*Bot.*) abete rosso.

sprung [sprʌŋ] → to **spring**.

spry [sprai] *a.* (*compar.* **spryer/sprier** ['spraiə*], *sup.* **spryest/spriest** ['spraiist]) vivace, vivo; sveglio, vispo.

spud [spʌd] *s.* **1** (*Agr.*) sarchiello, zappetto. **2** (*fam.*) patata.

to **spue** [spju:, *am.* spu:] → to **spew**.

spume [spju:m, *am.* spu:m] *s.* spuma, schiuma.

spun [spʌn] → to **spin**.

spunk [spʌŋk] *s.* (*fam.*) coraggio, audacia; grinta.

spunky ['spʌŋki] *a.* (*fam.*) coraggioso, audace; grintoso.

spur [spə:*] *s.* **1** sperone (*in tutti i signif.*). **2** (*fig.*) stimolo, incentivo. □ *on the ~ of the* **moment** d'impulso; *to* **set** *one's spurs to a horse* dar di sprone al cavallo; (*Stor.*) *to* **win** *one's spurs* essere investito cavaliere; (*fig.*) affermarsi; farsi un nome.

to **spur** [spə:*] *v.* (*pass., p.p.* **spurred** [–d]) **I** *v.t.* **1** spronare. **2** (*fig.*) (spesso con *on*) incitare, stimolare. **II** *v.i.* **1** spronare il cavallo. **2** (*fig.*) andare a spron battuto.

spurious ['spjuəriəs] *a.* falso, spurio.

to **spurn** [spə:n] *v.t.* rifiutare sdegnosamente, respingere.

spurt [spə:t] *s.* **1** getto, zampillo. **2** sforzo improvviso e violento; scatto; volata. **3** accesso, impeto: *a ~ of anger* un accesso d'ira. □ (*fam.*) *put a ~ on!* sbrigati!

to **spurt** [spə:t] *v.i.* **1** (spesso con *out, forth*) sgorgare, zampillare. **2** fare uno sforzo improvviso e violento; scattare.

sputter ['spʌtə*] *s.* **I** scoppiettio, crepitio. **2** farfugliamento.

to **sputter** ['spʌtə*] **I** *v.i.* **1** scoppiettare, crepitare. **2** farfugliare. **3** sputacchiare. **II** *v.t.* **1** dire in modo confuso. **2** spruzzare.

spy [spai] *s.* spia; informatore.

to **spy** [spai] **I** *v.t.* **1** spiare. **2** (spesso con *out*) esplorare, perlustrare. **3** avvistare, scorgere. **II** *v.i.* spiare (*into, on, upon s.o.* qd.); fare la spia. □ (*fig.*) *to ~ the land* dare un'occhiata esplorativa.

spyglass ['spaiglɑ:s] *s.* piccolo telescopio.

spyhole ['spaihəul] *s.* spioncino.

sq. = *square*: **1** quadrato. **2** piazza.

squab [skwɔb] *s.* (*pl. inv./*–**s** [–z]) **1** (*Zool.*) piccioncino. **2** (*fam.*) persona piccola e grassoccia, bambolotto. **3** divano. **4** cuscino.

squabble ['skwɔbl] *s.* bisticcio, litigio.

to **squabble** ['skwɔbl] *v.i.* litigare, bisticciare (*about* per).

squad [skwɔd] *s.* **1** (*Mil.*) squadra, drappello. **2** gruppo, squadra. **3** (*Sport*) squadra.

squad car ['skwɔdkɑ:*] *s.* autopattuglia (della polizia).

squadron ['skwɔdrən] *s.* **1** (*Aer. mil.*) squadriglia. **2** (*Mar. mil.*) squadra. **3** (*Mil.*) squadrone.

squalid ['skwɔlid] *a.* **1** sordido, lurido, in pessime condizioni. **2** (*fig.*) disgustoso, ripugnante; abietto, losco.

squall [skwɔ:l] *s.* **1** urlo, strillo. **2** (*Meteor.*) rovescio, piovasco. □ (*fig.*) *to look out for squalls* tenere gli occhi ben aperti.

to **squall** [skwɔ:l] *v.i./t.* strillare, urlare.

squalor ['skwɔlə*] *s.* squallore, desolazione.

to **squander** ['skwɔndə*] *v.t.* dissipare, sperperare.

square [skwεə*] **I** *s.* **1** (*Geom., Mat.*) quadrato. **2** piazza (a quattro lati). **3** (*tecn.*) squadra. **4** (*fam.*) tradizionalista *m./f.*, conservatore. **II** *a.* **1** quadrato, quadro: ~ *root* radice quadrata. **2** (ad angolo) retto; perpendicolare (*to* a). **3** tarchiato, tozzo. **4** (*fam.*) onesto, leale; franco, schietto. **5** (*neol.*) ottuso, con i paraocchi. **6** in modo corretto. **7** (*fam.*) soddisfacente, abbondante. **III** *avv.* **1** ad angolo retto. **2** di fronte (*to* a). **3** (*fam.*) diritto, in pieno: ~ *on the chin* diritto sul mento. **4** (*fam.*) onestamente, lealmente. □ (*fig.*) *to* **be** (*all*) ~ essere pari; (*Tip.*) ~ **bracket** parentesi quadra; (*fam.*) *to get a* ~ **deal** essere trattato bene; (*fam.*) *to* **get** ~ *with s.o.* regolare i conti con qd.; **on** *the* ~ ad angolo retto; (*fam.*) onesto, leale; lealmente, onestamente; (*fam.*) *to be back to* ~ **one** tornare al punto di partenza.

to **square** [skwεə*] **I** *v.t.* **1** (s)quadrare. **2** (spesso con *off*) dividere in quadrati, quadrettare. **3** (*Mat.*) elevare al quadrato. **4** (*di conto*) regolare, saldare. **5** (*Sport*) pareggiare. **6** (*fig.*) conciliare, accordare (*with* con). **7** (*fam.*) corrompere, comprare. **II** *v.i.* **1** coincidere (*with* con), corrispondere (a). **2** sistemare le cose (con). **3** (*Sport*) pareggiare. □ *to* ~ *one's* **shoulder** raddrizzare le spalle; *to* ~ **up** *to* mettersi in guardia; (*fig.*) affrontare (difficoltà).

square-built ['skwεə'bilt] *a.* tarchiato, tozzo.

square dance ['skwεədɑ:ns] *s.* quadriglia.

square meal [skwεəmi:l] *s.* (*fam.*) pasto completo, pasto come si deve.

squarely ['skwεəli] *avv.* **1** perpendicolarmente. **2** (*fig.*) diritto, in pieno. **3** (*fam.*) onestamente; lealmente.

square-shouldered ['skwεə'ʃəuldəd] *a.* dalle spalle quadrate.

squash[1] [skwɔʃ] *s.* **1** poltiglia. **2** spremuta. **3** calca, ressa.

to **squash** [skwɔʃ] **I** *v.t.* **1** schiacciare, spiaccicare; (*di frutta*) spremere. **2** (*fig.*) reprimere, soffocare. **3** (*fam.*) far tacere, ridurre al silenzio. **II** *v.i.* **1** schiacciarsi, spiaccicarsi. **2** pigiarsi, spingersi a forza (*into, through* in).

squash[2] [skwɔʃ] *s.* (*Bot.*) zucca.

squash[3] [skwɔ] *s.* (*Sport*) squash.

squashy ['skwɔʃi] *a.* molle, floscio.

squat [skwɔt] **I** *a.* tarchiato, tracagnotto. **II** *s.* (*ingl.*) appartamento occupato abusivamente.

to **squat** [skwɔt] *v.i.* (*pass., p.p.* **squatted** [–id]) **1** (spesso con *down*) accovacciarsi, accoccolarsi, accosciarsi. **2** (*di animale*) acquattarsi, accucciarsi. **3** occupare abusivamente (un suolo pubblico, un appartamento). **4** (*fam.*) sedersi.

squatter ['skwɔtə*] *s.* **1** occupante abusivo (di suolo pubblico o di un appartamento). **2** (*in Australia*) allevatore di pecore.

squaw [skwɔ:] *s.* squaw (donna pellerossa).

squawk [skwɔ:k] *s.* **1** strido rauco. **2** (*fam.*) protesta rumorosa.

to **squawk** [skwɔ:k] *v.i.* **1** (*di uccelli*) emettere strida rauche. **2** (*fam.*) protestare ad alta voce.

squeak [skwi:k] *s.* **1** (*di animali*) squittio, stridio. **2** (*di persone*) strillo. **3** cigolio, scricchiolio. □ (*fam.*) *to have a narrow* ~ cavarsela per un pelo.

to **squeak** [skwi:k] *v.i.* **1** (*di animali*) squittire, stridere. **2** (*di persone*) emettere piccoli gridi striduli. **3** cigolare, scricchiolare.

squeaker ['skwi:kə*] *s.* (*sl.*) spia, informatore.

squeaky ['skwi:ki] *a.* stridulo, stridente; cigolante, scricchiolante.

squeal [skwi:l] *s.* squittio; stridore, stridio: *the* ~ *of brakes* lo stridio dei freni.

to **squeal** [skwi:l] **I** *v.i.* **1** (*di animali*) squittire. **2** emettere piccoli gridi striduli. **3** stridere. **4** (*fam.*) fare la spia (*on* a). **II** *v.t.* gridare con voce stridula.

squealer ['skwi:lə*] *s.* (*sl.*) spia, delatore.

squeamish ['skwi:miʃ] *a.* schizzinoso, schifiltoso.

squeegee ['skwi:'dʒi:] *s.* **1** (*Fot.*) seccatoio. **2** (*Aut.*) racchetta (del tergicristallo).

squeeze [skwi:z] *s.* **1** stretta; spremuta, strizzata. **2** ressa, calca; pigia pigia. **3** (*fam.*) estorsione. **4** (*Econ.*) restrizione. □ (*fam.*) *to have a narrow* (o *near*) ~ scamparla per miracolo.

to **squeeze** [skwi:z] **I** *v.t.* **1** stringere, premere; schiacciare, pigiare; strizzare, spremere. **2** spingere con forza, calcare. **3** estorcere, spillare (denaro). **II** *v.i.* **1** spingere. **2** introdursi a forza. □ *to* ~ *up* (o *together*) stringersi, serrarsi.

squeezer ['skwi:zə*] *s.* spremiagrumi.

squelch [skweltʃ] *s.* ciac ciac (nel fango).

to **squelch** [skweltʃ] *v.i.* **1** fare ciac ciac nel fango. **2** diguazzare, sguazzare.

squib [skwib] *s.* **1** petardo. **2** (*fig.*) satira.

squid [skwid] *s.* (*Zool.*) calamaro; totano.

squiffy ['skwifi] *a.* (*fam.*) brillo, alticcio.

squiggle ['skwigl] *s.* (*fam.*) svolazzo, ghirigoro; scarabocchio.

squint [skwint] *s.* **1** (*Med.*) strabismo. **2** (*fam.*) sguardo, occhiata.

to **squint** [skwint] *v.i.* **1** (*Med.*) essere strabico. **2** guardare di traverso (*at* a).

squint-eyed ['skwintaid] *a.* **1** strabico. **2** (*fig.*) maligno.

squire ['skwaiə*] *s.* **1** gentiluomo di campagna; possidente terriero. **2** (*Stor.*) scudiero. **3** (*scherz.*) cavaliere (servente). **4** (*am.*) giudice di pace; giudice locale.

squirm [skwə:m] *s.* contorcimento, contorsione.

to **squirm** [skwə:m] *v.i.* **1** dimenarsi, contorcersi. **2** (*fig.*) sentirsi in imbarazzo.

squirrel ['skwirəl] *s.* (*Zool.*) scoiattolo.

squirt [skwə:t] *s.* **1** schizzo, spruzzo. **2** (*sl.*) saputello; sputasentenze.

to **squirt** [skwə:t] *v.t./i.* schizzare, spruzzare.

Sr = **1** (*Chim.*) *strontium* stronzio. **2** senior.

St = **1** *Saint* santo. **2** *street* strada, via.

ST = **1** *Standard Time* ora ufficiale. **2** *Summer Time* ora legale.

stab [stæb] *s.* **1** pugnalata; coltellata. **2** ferita d'arma da taglio. **3** (*fig.*) fitta, trafittura. □ (*fam.*) *I'll have a ~ at it* farò un tentativo.

to **stab** [stæb] *v.* (*pass., p.p.* **stabbed** [–d]) **I** *v.t.* **1** pugnalare, accoltellare. **2** trafiggere, bucare. **3** (*fig.*) rimordere, pungere. **II** *v.i.* **1** dare pugnalate (*at* a). **2** dare fitte. □ *to ~ s.o. in the back* pugnalare qd. alle spalle (*anche fig.*).

stabber ['stæbə*] *s.* **1** accoltellatore. **2** pugnale, stiletto.

stabbing ['stæbiŋ] **I** *a.* acuto, penetrante: *~ pain* dolore acuto. **II** *s.* regolamento di conti a pugnalate.

stability [stə'biliti] *s.* stabilità; fermezza, saldezza.

stabilization [ˌsteibilai'zeiʃən, *am.* –li'–] *s.* stabilizzazione.

to **stabilize** ['steibilaiz] *v.t.* stabilizzare.

stabilizer ['steibilaizə*] *s.* (*tecn.*) stabilizzatore.

stable[1] [steibl] *s.* **1** stalla. **2** scuderia.

stable[2] [steibl] *a.* **1** stabile, saldo; fermo. **2** permanente, duraturo.

stableboy ['steiblbɔi] *s.* garzone di stalla.

stable companion ['steiblkəm'pænjən] *s.* **1** cavallo della medesima scuderia. **2** (*fig.*) membro dello stesso circolo.

stableman ['steiblmən] *s.* (*pl.* **–men**) stalliere.

stab wound ['stæbwu:nd] *s.* ferita da arma bianca.

stack [stæk] *s.* **1** catasta, pila, mucchio. **2** (*Agr.*) pagliaio. **3** (*fam.*) (spesso al pl.) mucchio. **4** ciminiera. **5** (*Mil.*) fascio di fucili.

to **stack** [stæk] *v.t.* accatastare, ammucchiare; ammassare. □ *to* **be** *stacked* essere traboccante; *to ~* **up** ammucchiare; ammucchiarsi.

stadium ['steidiəm] *s.* (*pl.* **–s/stadia**) stadio.

staff[1] [stɑ:f] *s.* **1** personale, dipendenti. **2** (*Mil.*) stato maggiore. **3** bastone; bordone (di pellegrino). **4** (*fig.*) sostegno, appoggio. **5** asta della bandiera. **6** (*Rel.*) bastone pastorale. □ *teaching ~* corpo insegnante.

to **staff** [stɑ:f] *v.t.* provvedere di personale.

staff[2] [stɑ:f] *s.* (*pl.* **staves** [steivz]) (*Mus.*) pentagramma; rigo musicale.

staff officer ['stɑ:fˌɔfisə*] *s.* (*Mil.*) ufficiale di stato maggiore.

stag [stæg] *s.* **1** (*Zool.*) cervo maschio. **2** (*Econ.*) speculatore in borsa. □ (*fam.*) *~ party* festa di addio al celibato.

stage [steidʒ] *s.* **1** (*Teat.*) palcoscenico, scena. **2** (*fig.*) ambiente, scenario. **3** fase, stadio. **4** fermata, sosta; tappa. **5** (*Stor.*) diligenza. □ **by** *stages* a tappe; (*fig.*) per gradi; (*Teat.*) **on** *~* in scena; *to go* **on** *the ~* calcare le scene, fare del teatro; (*fig.*) *to* **set** *the ~* preparare il terreno.

to **stage** [steidʒ] **I** *v.t.* **1** (*Teat.*) mettere in scena, inscenare, rappresentare. **2** allestire, organizzare. **II** *v.i.* (*di lavoro teatrale*) reggere le scene.

stagecoach ['steidʒkəutʃ] *s.* (*Stor.*) diligenza.

stagecraft ['steidʒkrɑ:ft] *s.* (*Teat.*) arte scenica.

stagefright ['steidʒfrait] *s.* (*sl. Teat.*) trac (paura del pubblico).

stage-manager ['steidʒˌmænidʒə*] *s.* direttore di scena.

stager ['steidʒə*] *s.*: *an old ~* un veterano (del mestiere).

stagflation [stæ'fleiʃən] *s.* (*Econ.*) stagflazione.

stagger ['stægə*] *s.* **1** barcollamento. **2** *pl.* vertigini, capogiro.

to **stagger** ['stægə*] **I** *v.i.* barcollare, vacillare. **II** *v.t.* **1** far barcollare (*o* vacillare). **2** (*fig.*) sbalordire, sconcertare. **3** (*fig.*) scaglionare, distribuire nel tempo.

staggering ['stægəriŋ] *a.* sbalorditivo, sconcertante.

staging ['steidʒiŋ] *s.* **1** (*Teat.*) allestimento scenico. **2** impalcatura, ponteggio.

stagnancy ['stægnənsi] *s.* ristagno.

stagnant ['stægnənt] *a.* stagnante (*anche fig.*).

to **stagnate** ['stægneit] *v.i.* (ri)stagnare.

stagnation [stæg'neiʃən] *s.* (*Econ.*) ristagno, stagnazione.

staid [steid] *a.* posato; serio, grave.

stain [stein] *s.* **1** macchia, chiazza. **2** (*fig.*) onta, disonore. **3** colorante, vernice.

to **stain** [stein] **I** *v.t.* **1** macchiare. **2** (*fig.*) disonorare. **3** colorare, tingere (un tessuto). **II** *v.i.* macchiarsi. □ *stained glass* vetro istoriato; vetrata a colori.

stainless ['steinlis] *a.* senza macchia. □ *~ steel* acciaio inossidabile.

stair [stɛə*] *s.* **1** gradino, scalino. **2** (general. al pl.) scale, scalinata.

stair-carpet ['stɛəkɑ:pit] *s.* guida, passatoia.

staircase ['stɛəkeis] *s.* scala, scalinata.

stairway ['stɛəwei] *s.* (rampa di) scale.

stairwell ['stɛəwel] *s.* tromba delle scale.

stake [steik] *s.* **1** palo, piolo, picchetto. **2** (*Stor.*) palo del rogo; (*fig.*) rogo. **3** posta, puntata, scommessa. **4** (*fig.*) interesse, posta in gioco. **5** *pl.* (*Sport*) corsa ippica a premi. □ *at ~* in gioco, in ballo.

to **stake** [steik] *v.t.* **1** (spesso con *out, off*) picchettare, segnare con picchetti. **2** scommettere (*on* su); mettere in gioco, rischiare. **3** sostenere finanziariamente.

stalactite ['stæləktait, *am.* stə'læ–] *s.* (*Geol.*) stalattite.

stalagmite ['stæləgmait, *am.* stə'læ–] *s.* (*Geol.*) stalagmite.

stale [steil] *a.* **1** stantio, non fresco. **2** (*di aria*) viziato. **3** (*fig.*) frusto; trito (e ritrito), risaputo. **4** esaurito, spossato. □ *~ bread* pane raffermo.

to **stale** [steil] *v.i.* **1** avvizzire, diventare stantio. **2** (*fig.*) diventare monotono.

stalemate ['steilmeit] *s.* **1** (*negli scacchi*) stallo. **2** (*fig.*) punto morto, stasi.

to **stalemate** ['steilmeit] *v.t.* **1** (*negli scacchi*) mettere in stallo. **2** (*fig.*) portare a un punto morto.

stalk[1] [stɔ:k] *s.* (*Bot.*) gambo, stelo; picciolo; peduncolo.
stalk[2] [stɔ:k] *s.* **1** caccia in appostamento. **2** andatura impettita.
to **stalk** [stɔ:k] **I** *v.i.* **1** camminare impettito. **2** avanzare furtivamente. **3** (*fig.*) serpeggiare. **II** *v.t.* cacciare, inseguire furtivamente.
stalking-horse ['stɔ:kiŋhɔ:s] *s.* **1** (*fig.*) pretesto, scusa. **2** (*am.*) candidato civetta.
stall [stɔ:l] *s.* **1** box di stalla. **2** (*estens.*) stalla, scuderia. **3** chiosco, bancarella (di mercato, ecc.); edicola (di giornali). **4** (*Teat.*) poltrona. **5** stallo, scanno (in una chiesa). **6** (*Aer.*) stallo. **7** (*am.*) posto (in un parcheggio).
to **stall** [stɔ:l] **I** *v.t.* **1** mettere all'ingrasso nella stalla. **2** ostacolare, far perdere tempo. **II** *v.i.* **1** (*Mot.*) spegnersi, fermarsi. **2** tirare per le lunghe. **3** (*Aer.*) andare in stallo.
stallion ['stæljən] *s.* stallone (da monta).
stalwart ['stɔ:lwət] **I** *a.* **1** robusto, vigoroso; muscoloso. **2** (*fig.*) risoluto, deciso. **II** *s.* sostenitore (di un partito politico).
stamen ['steimən] *s* (*Bot.*) stame.
stamina ['stæminə] *s.* resistenza; energia, vigore.
stammer ['stæmə*] *s.* balbuzie.
to **stammer** ['stæmə*] *v.t./i.* **1** balbettare, tartagliare. **2** farfugliare, borbottare.
stammerer ['stæmərə*] *s.* balbuziente *m./f.*
stamp [stæmp] *s.* **1** francobollo. **2** (*estens.*) bollino (assicurativo); marca. **3** (*fig.*) marchio, impronta. **4** timbro: *entrance* ~ timbro d'entrata. **5** stampo. **6** segno, impronta.
to **stamp** [stæmp] **I** *v.t.* **1** pestare; battere i piedi su. **2** timbrare, bollare; stampigliare. **3** (*Poste*) affrancare. **4** (*fig.*) caratterizzare; lasciare un'impronta su. **II** *v.i.* **1** pestare i piedi, scalpitare. **2** muoversi con passo pesante. □ *to* ~ **about** (o *around*) camminare battendo i piedi; *to* ~ *s.th.* **flat** calpestare qc.; *to* ~ **out** spegnere pestando con i piedi; (*fig.*) soffocare, schiacciare.
stamp collector ['stæmpkəlektə*] *s.* filatelico.
stamp duty ['stæmpdju:ti] *s.* imposta di bollo, imposta di registro.
stamped addressed envelope ['stæmpt ə'drest 'envələup] *s.* busta affrancata e già indirizzata.
stampede [stæm'pi:d] *s.* **1** fuga precipitosa di animali in preda al panico. **2** (*fig.*) fuggi fuggi.
to **stampede** [stæm'pi:d] *v.t./i.* (far) fuggire in preda al panico.
stamping ground ['stæmpiŋgraund] *s.* (*fam.*) luogo di ritrovo (preferito).
stance [stæns] *s.* **1** (*Sport*) posizione (di gioco). **2** (*fig.*) atteggiamento.
to **stanch** *am.* [stæntʃ] → to **staunch**.
stanchion ['stɑ:nʃən, *am.* 'stæn–] *s.* **1** sostegno, puntello. **2** coppia di sbarre che limita i movimenti della testa dei bovini.
stand [stænd] *s.* **1** sosta, pausa; fermata, arresto. **2** posto, posizione (*anche fig.*). **3** palco; tribuna. **4** bancarella, chiosco. **5** fermata; posteggio (di taxi). **6** sostegno, supporto. **7** (*am.*) banco dei testimoni. □ (*fig.*) *to* **make** *a* ~ *against s.o.* opporre resistenza contro qd.; *to* **make** *a* ~ *against s.th.* prendere posizione contro qc.; to **take** *one's* ~ dichiarare la propria opinione.
to **stand** [stænd] *v.* (*pass., p.p.* **stood** [stud]) **I** *v.i.* **1** stare in piedi, stare ritto; (general. con *up*) alzarsi (in piedi). **2** stare, restare, mantenersi: ~ *still* sta' fermo. **3** essere (in una certa posizione *o* situazione): *the house stands on the hill* la casa si trova sulla collina; *he stands first in the list* è il primo della lista; *print it as it stands* stampalo così com'è. **4** fermarsi; restare fermo: ~, *who goes there?* fermi, chi va là? **5** restare immutato; rimanere valido: *the agreement must* ~ l'accordo deve restare immutato. **6** (*Parl. ingl.*) presentarsi: *he will not* ~ *at the next election* non si presenterà alle prossime elezioni. **II** *v.t.* **1** mettere (in piedi, ritto), porre (verticalmente). **2** (*fig.*) resistere a, reggere (a). **3** (*fig.*) tollerare, sopportare. **4** subire, sottoporsi a: *to* ~ *trial* subire un processo. **5** (*fam.*) offrire (da bere, ecc.). □ *to* ~ **alone** essere senza pari; essere solo; *to* ~ *on* **ceremony** fare complimenti. // (*seguito da avverbi*) *to* ~ **by** essere presente; essere pronto all' azione; *to* ~ **down**: 1 ritirarsi; 2 (*Dir.*) lasciare il banco dei testimoni; *to* ~ **in** sostituire (*for* qd.), fare le veci (di); (*Cin.*) fare la controfigura (di); *to* ~ **in** *with s.o.* dividere le spese con qd.; *to* ~ **off** stare a distanza; *to* ~ *s.o.* **off** sospendere temporaneamente (dal lavoro); *to* ~ **out**: 1 sporgere; 2 spiccare, risaltare; 3 insistere, tener duro; *to* ~ **over** rinviare, rimandare; ~ **over** *there, will you?* mettiti lì, per favore; *to* ~ **over** *s.o.* sorvegliare; controllare; (*Mil.*) *to* ~ **to** mantenere le proprie posizioni; *to* ~ **up** alzarsi (in piedi); reggere, resistere; (*fig.*) *to* ~ **up** *and be counted* rendere conto delle proprie azioni; *to* ~ **up** *for* prendere le parti di; battersi per; (*fam.*) *he has only the clothes he stands* **up** *in* possiede solo gli abiti che indossa; *to* ~ **up** *to* resistere a, tollerare; affrontare coraggiosamente. // (*seguito da preposizioni*) *to* ~ **by** *s.o.* assistere, stare vicino a qd.; *to* ~ **by** *s.th.* essere fedele a qc.; *to* ~ **by** *one's word* mantenere la parola; *to* ~ **for**: 1 significare; rappresentare: *white stands for purity* il bianco rappresenta la purezza; 2 battersi per, sostenere; 3 (*fam.*) tollerare, sopportare.
standard ['stændəd] **I** *s.* **1** standard, modello, campione. **2** grado, livello; tenore. **3** media, norma: *not up to* ~ di qualità inferiore alla media. **4** supporto, piedestallo. **5** arbusto tagliato ad alberello. **6** (*Mil.*) stendardo, vessillo. **II** *a.* **1** standard, tipo, campione. **2** normale; solito, consueto. □ **above** ~ sopra la media; **below** ~ sotto la media; ~ **English** inglese corrente e corretto; ~ *of* **living** (o *life*) tenore di vita; (*Industria, Comm.*) ~

sample campione unificato; ~ **time** ora ufficiale.

standard-bearer ['stændədbɛə*] *s.* portabandiera, alfiere (*anche fig.*).

standardization [ˌstændədai'zeiʃən, *am.* –i'zei–] *s.* standardizzazione, unificazione, normalizzazione.

to **standardize** ['stændədaiz] *v.t.* standardizzare, unificare, normalizzare.

standard lamp ['stændədˌlæmp] *s.* lampada a stelo.

stand-by ['stændbai] *s.* **1** cosa (*o* persona) su cui si può contare. **2** riserva, scorta.

stand-in ['stænd'in] *s.* (*Cin., Teat.*) controfigura.

standing ['stændiŋ] **I** *s.* **1** rango. **2** reputazione. **3** durata: *of long* ~ di lunga durata. **II** *a.* **1** in piedi, eretto. **2** (sempre) valido; fisso, permanente. ▭ (*Pol.*) ~ **committee** commissione permanente; ~ **corn** grano non mietuto; (*fig.*) ~ **joke** storia fritta e rifritta; (*Sport*) ~ **jump** salto da fermo; (*fig.*) *she was given a* ~ **ovation** tutti si alzarono per applaudirla; ~ **room** posto in piedi.

stand-offish ['stænd'ɔ:fiʃ] *a.* riservato, freddo; che tiene le distanze; altezzoso.

standpoint ['stændpɔint] *s.* punto di vista.

standstill ['stændstil] *s.* **1** arresto, fermata; sosta, pausa: *the train came to a* ~ il treno si fermò. **2** (*fig.*) punto morto: *to come to a* ~ giungere a un punto morto.

stand-up ['stændʌp] *a.* **1** eretto, ritto in piedi. **2** (*di colletto*) alto e rigido; (*di combattimento*) violento. ▭ ~ *meal* pranzo freddo da consumare in piedi.

stang [stæŋ] → to **sting**.

stank [stæŋk] → to **stink**.

stanza *it.* ['stæntsa] *s.* (*Metrica*) stanza, strofa.

staple[1] ['steipl] *s.* **1** (*Mecc.*) graffa, forcella. **2** punto metallico.

to **staple** ['steipl] *v.t.* **1** fermare con una graffa. **2** (spesso con *together*) cucire, spillare (fogli di carta).

staple[2] ['steipl] *s.* **1** (general. al pl.) prodotto principale; articolo di prima necessità. **2** (general. al pl.) ingrediente (*o* alimento) base. **3** (general. al pl.) (*fig.*) elemento fondamentale. **4** (*Tessitura*) fiocco.

staple diet ['steipl'daiət] *s.* dieta di base.

staple gun ['steiplgʌn] *s.* (*tecn.*) sparachiodi.

stapler ['steiplə*] *s.* cucitrice.

star [stɑ:*] *s.* **1** (*Astr.*) stella (*anche fig.*). **2** attore principale; divo. **3** (*Tip.*) asterisco. ▭ (*fam.*) *to* **see** *stars* vedere le stelle; ~ **shell** razzo luminoso; (*am.*) *the Stars and* **Stripes** la bandiera a stelle e strisce; (*fam.*) *to* **thank** *one's* (*lucky*) *stars* ringraziare la propria buona stella.

to **star** [stɑ:*] *v.* (*pass., p.p.* **starred** [–d]) **I** *v.t.* **1** cospargere, costellare. **2** cospargere, ornare di stelle. **3** (*Tip.*) segnare con un asterisco. **4** (*Cin.*) presentare (nel ruolo principale). **II** *v.i.* (*Cin.*) essere il protagonista.

starboard ['stɑ:bɔ:d] *s.* (*Mar.*) dritta, tribordo.

starch [stɑ:tʃ] *s.* **1** (*Chim.*) amido. **2** appretto. **3** (*fig.*) rigidezza, sostenutezza. **4** (*am. fam.*) energia, vitalità.

to **starch** [stɑ:tʃ] *v.t.* inamidare, apprettare.

starchy ['stɑ:tʃi] *a.* **1** amidaceo. **2** inamidato. **3** (*fig.*) rigido, sostenuto.

stardom ['stɑ:dəm] *s.* **1** notorietà (nel mondo dello spettacolo). **2** (*estens.*) divismo.

stare [stɛə*] *s.* sguardo fisso.

to **stare** [stɛə*] **I** *v.i.* fissare (*at s.o.* qd.). **II** *v.t.* fissare, squadrare. ▭ *to* ~ **after** *s.o.* seguire qd. con lo sguardo; *to* ~ *s.o.* **down** (o *out*) far abbassare gli occhi a qd. (fissandolo); (*fig.*) *to* ~ *in the* **face**: 1 essere proprio di fronte a; 2 esser ovvio; *to* ~ *s.o.* **up** *and down* squadrare qd. da capo a piedi.

starfish ['stɑ:fiʃ] *s.* (*Zool.*) stella di mare.

star fruit ['stɑ:fru:t] *s.* (*Bot.*) carambola.

stargazer ['stɑ:geizə*] *s.* (*scherz.*) astronomo, astrologo.

staring ['stɛəriŋ] *a.* (*di colore*) sgargiante, vistoso. ▭ (*fam.*) *stark* ~ *mad* matto da legare.

stark [stɑ:k] *a.* **1** rigido, duro. **2** desolato, brullo. **3** (*fig.*) nudo, crudo. **4** completo, totale, bell'e buono: ~ *stupidity* stupidità totale. ▭ ~ *naked* nudo come un verme.

starless ['stɑ:lis] *a.* senza stelle.

starlet ['stɑ:lit] *s.* attricetta, stellina.

starlight ['stɑ:lait] **I** *s.* luce stellare. **II** *a.attr.* → **starlit**.

starlike ['stɑ:laik] *a.* **1** simile a una stella. **2** stellato, stellare.

starling ['stɑ:liŋ] *s.* (*Zool.*) storno.

starlit ['stɑ:lit] *a.* illuminato dalle stelle. ▭ *a* ~ *night* una notte stellata.

starry ['stɑ:ri] *a.* **1** stellato. **2** splendente.

starry-eyed ['stɑ:ri'aid] *a.* **1** ingenuo, candido. **2** pieno di aspettative.

star sign ['stɑ:sain] *s.* (*fam.*) segno zodiacale.

Star-Spangled Banner *am.* ['stɑ:spæŋgld 'bænə*] *s.* **1** bandiera stellata. **2** inno nazionale americano.

start [stɑ:t] *s.* **1** inizio, principio. **2** partenza. **3** (*Sport*) partenza; via, segnale di partenza. **4** (general. *Sport*) vantaggio. **5** sobbalzo, balzo. **6** (*Mot.*) avviamento, messa in moto. ▭ **at** *the* ~ all'inizio, in principio; (*Sport*) *to line up* **at** *the* ~ allinearsi alla partenza; *to make an* **early** ~ partire di buon'ora; **for** *a* ~ in primo luogo, tanto per cominciare; **from** *the* ~ dall'inizio; *to* **give** *a* ~ sobbalzare; *to* **give** *s.o. a* ~ far trasalire qd.; *to make a* **new** ~ ricominciare da capo; (*Sport*) *to get* (o *be*) **off** *to a good* ~ fare una buona partenza; (*fig.*) cominciare bene.

to **start** [stɑ:t] **I** *v.i.* **1** (in)cominciare, iniziare. **2** partire, incamminarsi. **3** partire (*at, with* da), cominciare (da, con): *prices started at two pounds* i prezzi partivano da due sterline. **4** sobbalzare, trasalire; balzare, scattare. **5** (*di liquido*) scaturire, zampillare. **6** (*Mot.*) (spesso con *up*) mettersi in moto, partire. **II** *v.t.* **1** cominciare, iniziare. **2** dare il via a (*anche Sport*). **3** (*fig.*) avviare, impostare; istituire, fondare: *to ~ a new political party* istituire un nuovo partito politico. **4** (*Mot.*) (spesso con *up*) avviare, mettere in moto: *to ~ (up) the engine* avviare il motore. **5** (*con valore causativo*): *the news started me thinking* la notizia mi diede da pensare. □ *to ~* **all** *over again* ricominciare tutto da capo; *to* **get** *started* cominciare; mettersi in viaggio; (*fam.*) *to ~* **in** cominciare, iniziare; *to ~* **off** incamminarsi; cominciare; *to ~* **on** *a new novel* cominciare un nuovo romanzo; *to ~* **out** partire (*for* per); cominciare una carriera (*as* come); accingersi a; *his eyes were starting* **out** *of his head* aveva gli occhi fuori dalle orbite; *to ~* **up**: 1 balzare in piedi; 2 avviare, aprire (negoziazione, ecc.); 3 saltar fuori, venir fuori; *to ~* **with**: 1 in primo luogo; 2 all'inizio.

starter ['stɑ:tə*] *s.* **1** iniziatore. **2** (*Sport*) partente *m./f.*; starter. **3** antipasto, prima portata. **4** (*Mot.*) motorino d'avviamento.

starting-line ['stɑ:tiŋlain] *s.* (*Sport*) linea di partenza.

starting-point ['stɑ:tiŋpɔint] *s.* punto di partenza.

to **startle** ['stɑ:tl] **I** *v.t.* far trasalire, far sobbalzare; sbigottire, spaventare. **II** *v.i.* trasalire, sobbalzare. □ *to ~ s.o. out of his sleep* svegliare qd. di soprassalto.

startling ['stɑ:tliŋ] *a.* sorprendente, sbalorditivo.

starvation [stɑ:'veiʃən] *s.* inedia, fame. □ *~* **diet** dieta da fame; *~* **wages** salario da fame.

to **starve** [stɑ:v] **I** *v.i.* **1** morire di fame. **2** soffrire la fame. **3** (*fig.*) soffrire per mancanza (*for, of* di): *the child starved for affection* il bambino soffriva per mancanza d'affetto. **II** *v.t.* **1** far morire di fame, affamare. **2** (*fig.*) far soffrire per mancanza di qc. □ *to ~ to* **death** (far) morire di fame; *to ~* **out** prendere per fame.

to **stash** [stæʃ] *v.t.* (*fam.*) (spesso con *away*) riporre, mettere da parte.

stasis ['steisis] *s.* (*Med.*) stasi.

state [steit] **I** *s.* **1** stato, condizione, situazione; stato d'animo. **2** (*fam.*) agitazione, tensione: *to get into a ~* mettersi in agitazione. **3** posizione sociale, ceto, rango. **4** stato; nazione. **II** *a.attr.* **1** statale; pubblico. **2** di rappresentanza: *~ apartments* appartamenti di rappresentanza. **3** solenne, ufficiale. □ (*USA*) *State* **Department** Ministero degli Esteri, Dipartimento di Stato; **fit** *~* condizioni adatte; **in** *~* in pompa magna; secondo il cerimoniale; *to* **lie** *in ~* essere esposto nella camera ardente; *~ of* **mind** condizioni di spirito; *to be in a good ~ of* **repair** essere in buono stato; (*fam.*) *the* **States** gli Stati Uniti d'America; *~ of* **war** stato di guerra; **what** *a ~ you are* (*in*)! in che stato ti sei ridotto!

to **state** [steit] *v.t.* **1** specificare, indicare; esporre, enunciare. **2** dichiarare, affermare, asserire.

state-carriage ['steitkærid3] *s.* carrozza di gala.

statecraft ['steitkrɑ:ft] *s.* arte di governare, abilità politica.

stated ['steitid] *a.* **1** stabilito, fissato. **2** indicato: *as ~ below* come indicato sotto.

stateless ['steitlis] *a.* (*Dir.*) apolide. □ *a ~ person* un apolide.

stately ['steitli] *a.* maestoso, grandioso; solenne. □ *~ home* dimora signorile.

statement ['steitmənt] *s.* **1** esposizione, enunciazione. **2** asserzione, affermazione; relazione, rapporto. **3** (*Parl.*) dichiarazione. **4** (*Dir.*) deposizione. **5** (*Econ.*) estratto conto. **6** (*Comm.*) rendiconto. □ (*Econ.*) *~ of account* estratto conto.

stateroom ['steitru:m] *s.* **1** salone di rappresentanza. **2** (*Mar.*) cabina privata. **3** (*Ferr.*) scompartimento privato.

statesman ['steitsmən] *s.* (*pl.* **–men**) statista.

statesmanlike ['steitsmənlaik] *a.* da statista.

statesmanship ['steitsmənʃip] *s.* arte di governare, abilità politica.

static ['stætik] *a.* statico.

statics ['stætiks] *s.pl.* (costr. sing.) **1** (*Fis.*) statica. **2** (*Rad.*) disturbi di origine elettrostatica.

station ['steiʃən] *s.* **1** stazione. **2** posto (assegnato); (*Mil.*) dislocamento. **3** condizione sociale, rango. **4** (*Mar. mil.*) base navale. □ (*Lit.*) *stations of the Cross* stazioni della Via Crucis.

to **station** ['steiʃən] *v.t.* **1** appostare, mettere, collocare. **2** (*Mil.*) dislocare. □ (*Mil.*) *to be stationed at* essere di stanza a.

stationary ['steiʃənəri] *a.* **1** fermo, fisso. **2** stazionario; stabile, costante.

stationer ['steiʃənə*] *s.* cartolaio.

stationery ['steiʃənəri] *s.* (articoli di) cancelleria.

station-master ['steiʃən,mɑ:stə*] *s.* capostazione.

station-roof ['steiʃənru:f] *s.* (*Ferr.*) pensilina.

station-wagon [steiʃən,wægən] *s.* (*Aut.*) giardinetta.

statistical [stə'tistikəl] *a.* statistico.

statistician [,stætis'tiʃən] *s.* statistico.

statistics [stə'tistiks] *s.pl.* **1** statistiche. **2** (costr. sing.) statistica.

statuary ['stætjuəri] **I** *s.* **1** (insieme di) statue. **2** scultura. **II** *a.* statuario.

statue ['stætju:] *s.* statua.

statuesque [,stætju'esk] *a.* **1** simile a una statua. **2** statuario.

statuette [,stætju'et] *s.* statuetta, statuina.

stature ['stætʃə*] *s.* **1** statura, altezza. **2** (*fig.*) levatura (morale), statura; calibro.

status ['steitəs] *s.* **1** posizione, stato; condizione sociale. **2** prestigio, reputazione. **3** (*Dir.*) stato giuridico.

status symbol ['steitəs'simbəl] *s.* simbolo di successo.

statute ['stætju:t] *s.* **1** legge (del parlamento). **2** statuto.

statute book ['stætju:tbuk] *s.* raccolta di leggi.

statutory ['stætju:təri, *am.* –tɔ:ri] *a.* statutario. ▭ (*Dir.*) ~ *right* diritti legali.

staunch [stɔ:ntʃ] *a.* fedele, devoto, leale.

to **staunch** [stɔ:ntʃ] *v.t.* tamponare un'emorragia.

stave [steiv] *s.* **1** doga (di botte). **2** piolo (di scala). **3** (*Metrica*) stanza, strofa. **4** (*Mus.*) rigo.

to **stave** [steiv] *v.* (*pass., p.p.* **staved** [–d]/**stove** [stouv]) **I** *v.t.* (general. con *in*) sfondare, rompere. **II** *v.i.* sfondarsi. ▭ (*fig.*) *to* ~ *off* evitare, sottrarsi a; prevenire.

staves [steivz] → **staff**[2].

stay[1] [stei] *s.* **1** permanenza, soggiorno; (*in ospedale, ecc.*) degenza. **2** pausa, sosta. **3** (*Dir.*) sospensione.

to **stay**[1] [stei] **I** *v.i.* **1** rimanere, restare; trattenersi, fermarsi. **2** alloggiare (*in* in), essere ospite (*with* di). **3** fermarsi, arrestarsi. **4** reggere, resistere. **II** *v.t.* **1** trattenere, fermare, arrestare. **2** resistere (fino) a, reggere (fino) a. **3** (*Dir.*) sospendere. **4** (*di fame, sete*) calmare, placare, soddisfare. ▭ *to* ~ **away** rimanere lontano, assentarsi (*from* da); (*fam.*) *to* **come** *to* ~ prendere piede, affermarsi; *to* ~ **in**: 1 rimanere a casa, non uscire; 2 (*Mil.*) essere consegnato; 3 (*Scol.*) rimanere a scuola dopo le lezioni (per punizione); *to* ~ **on** restare, trattenersi; *to* ~ **out**: 1 rimanere fuori (di casa); 2 continuare uno sciopero, restare in sciopero; (*fam.*) *to* ~ **put** restare fermo (*o* fisso), non muoversi; *to* ~ **up** restare alzato, non andare a letto: *to* ~ *up late* restare alzato fino a tarda ora.

stay[2] [stei] *s.* **1** sostegno, appoggio (*anche fig.*). **2** (*ant.*) *pl.* busto, corsetto.

to **stay**[2] [stei] *v.t.* (spesso con *up*) sostenere, sorreggere (*anche fig.*).

stay-at-home ['steiət'həum] *s.* tipo casalingo, persona che ama stare in casa.

stayer ['steiə*] *s.* **1** (*Sport*) fondista. **2** persona (*o* animale) che ha doti di resistenza.

staying power ['steiiŋpauə*] *s.* resistenza.

stay-in strike *am.* ['stei'instraik] *s.* sciopero con occupazione del posto di lavoro.

STD = *Subscriber Trunk Dialling* teleselezione.

stead [sted] *s.*: *in s.o.'s* ~ al posto di; in vece di; *to stand s.o. in good* ~ essere molto utile a qd.

steadfast ['stedfɑ:st] *a.* fermo, saldo, risoluto.

steadily ['stedili] *avv.* **1** uniformemente, in modo regolare. **2** fisso, fissamente: *to look* ~ *at s.o.* guardare fisso qd.

steadiness ['stedinis] *s.* fermezza, stabilità.

steady ['stedi] **I** *a.* **1** stabile, fermo; saldo. **2** giudizioso, serio. **3** regolare, uniforme; incessante, continuo. **4** fidato, sicuro. **II** *s.* (*fam.*) ragazzo fisso; ragazza fissa. **III** *intz.* **1** calma; attenzione, piano. **2** (*Mar.*) via (così). ▭ (*fam.*) *to* **go** ~ fare coppia fissa (*with* con); *to* **hold** ~ tenere fermo; (*Mar.*) mantenere in rotta; *a* ~ **job** un impiego fisso; *not to be* ~ *on one's* **legs** reggersi male sulle gambe.

to **steady** ['stedi] **I** *v.t.* fissare; rafforzare, consolidare. **II** *v.i.* fermarsi; consolidarsi; stabilizzarsi. ▭ *to* ~ *one's* **nerves** calmare i nervi; *to* ~ **o.s.**: 1 tenersi in equilibrio; 2 controllarsi, mantenere il controllo di sé.

steak [steik] *s.* **1** bistecca. **2** (*di pesce*) trancio.

steal [sti:l] *s.* (*fam.*) furto.

to **steal** [sti:l] *v.* (*pass.* **stole** [stəul], *p.p.* **stolen** ['stoulən]) **I** *v.t.* rubare (*s.th. from s.o.* qc. a qd.). **II** *v.i.* **1** rubare. **2** muoversi furtivamente. ▭ *to* ~ **along** camminare furtivamente; *to* ~ **away** allontanarsi con passo furtivo; *to* ~ *a* **glance** *at s.o.* dare un'occhiata furtiva a qd.; *to* ~ **in** entrare di soppiatto.

stealth [stelθ] *s.*: *by* ~ furtivamente, di soppiatto.

stealthy ['stelθi] *a.* furtivo, clandestino.

steam [sti:m] *s.* **1** vapore. **2** (*estens.*) esalazione, emanazione. **3** (*fam.*) energia, carica. ▭ (*Mar.*) **full** ~ *ahead* avanti a tutto vapore; (*fam.*) *to* **get** *up* ~ raccogliere le (proprie) forze; rafforzarsi; arrabbiarsi, infuriarsi; (*fam.*) *to* **let** *off* ~ sfogarsi; (*fam.*) *under one's* **own** ~ con i propri mezzi; senza aiuto.

to **steam** [sti:m] **I** *v.i.* **1** fumare, esalare vapore. **2** andare a vapore. **II** *v.t.* **1** cuocere al vapore. **2** vaporizzare; trattare con vapore. ▭ *to* ~ **away** (*di nave, treno*) partire; (*di liquido*) evaporare; (*fam.*) *to* **get** *steamed up* arrabbiarsi, infuriarsi; *to* ~ **off** staccare con il vapore; *to* ~ **up** appannarsi (per il vapore); (*fam.*) *to be steamed* **up** essere in collera, essere infuriato.

steambath ['sti:mbɑ:θ] *s.* bagno di vapore.

steamboat ['sti:mbəut] *s.* piroscafo.

steam-engine ['sti:m'endʒin] *s.* **1** macchina a vapore. **2** (*Ferr.*) locomotiva a vapore.

steamer ['sti:mə*] *s.* **1** (*Mar.*) piroscafo. **2** (*Mecc.*) macchina a vapore. **3** pentola a vapore.

steam heating ['sti:mhi:tiŋ] *s.* riscaldamento a vapore.

steam iron ['sti:maiən] *s.* ferro da stiro a vapore.

steamroller ['sti:mrəulə*] *s.* compressore (stradale), rullo compressore.

to **steamroller** ['sti:mrəulə*] *v.t.* **1** passare sotto il rullo compressore. **2** (*fig.*) travolgere, sopraffare.

steamship ['sti:mʃip] *s.* piroscafo, nave a vapore.

steamy ['sti:mi] *a.* **1** pieno di vapore. **2** che emette vapore.

steed [sti:d] *s.* (*poet.*) destriero.

steel [sti:l] *s.* **1** acciaio. **2** affilacoltelli. **3** arma bianca, spada. ▭ (*fig.*) *to have a* **grip** *of* ~ avere una presa d'acciaio; *an* **opponent**

worthy of one's ~ un degno avversario.
to **steel** [sti:l] *v.t.* **1** rivestire d'acciaio. **2** (*fig.*) indurire, rendere insensibile. ☐ *to* ~ *o.s.* diventare insensibile, indurirsi.
steel band ['sti:lbænd] *s.* (*Mus.*) steel band (orchestra con strumenti di latta).
steel-blue ['sti:l'blu:] *a./s.* blu acciaio.
steel-plated [ˌsti:l'pleitid] *a.* corazzato.
steel wool ['sti:lwul] *s.* paglietta di ferro.
steelworker [ˌsti:l'wə:kə*] *s.* operaio siderurgico.
steelworks ['sti:lwə:ks] *s.pl.* (costr. sing. o pl.) acciaieria.
steely ['sti:li] *a.* **1** d'acciaio. **2** del colore dell'acciaio. **3** (*fig.*) ferreo, inflessibile.
steelyard ['sti:ljɑ:d] *s.* stadera.
steep [sti:p] *a.* **1** ripido, scosceso, erto. **2** (*fam.*) esorbitante, eccessivo.
to **steep** [sti:p] **I** *v.t.* **1** immergere, bagnare. **2** impregnare (*in* di) (*anche fig.*). **3** (*Gastr.*) marinare. **II** *v.i.* essere immerso (*in* in).
to **steepen** ['sti:pən] **I** *v.i.* diventare ripido (*o* scosceso). **II** *v.t.* rendere ripido (*o* scosceso).
steeple ['sti:pl] *s.* (*Arch.*) torre campanaria, campanile.
steeplechase ['sti:pltʃeis] *s.* **1** (*Equitazione*) steeplechase (corsa a ostacoli). **2** (*Sport*) corsa campestre a ostacoli.
steepness ['sti:pnis] *s.* ripidezza, forte inclinazione
steer [stiə*] *s.* (*Zool.*) manzo.
to **steer** [stiə*] **I** *v.t.* **1** (*Mar.*) governare, guidare. **2** (*estens.*) pilotare. **3** (*fig.*) guidare, dirigere, indirizzare. **II** *v.i.* **1** (*Mar.*) governare (una nave). **2** (*estens.*) stare al volante. ☐ *to* ~ **clear** *of* tenersi al largo di; evitare, scansare; *the ship steers* **well** la nave risponde al timone.
steerage ['stiəridʒ] *s.* (*Mar.*) **1** governo del timone. **2** alloggio in terza classe (su una nave).
steering wheel ['stiəriŋwi:l] *s.* **1** (*Aut.*) volante, sterzo. **2** (*Mar.*) ruota del timone.
steersman ['stiəzmən] *s.* (*pl.* **–men**) (*Mar.*) timoniere.
stellar ['stelə*] *a.* **1** stellare. **2** stellato.
stem [stem] *s.* **1** (*Bot.*) stelo, fusto; gambo; picciolo. **2** (*di bicchiere*) gambo, stelo. **3** (*di pipa*) cannello, cannuccia. **4** (*Ling.*) tema. **5** (*Mar.*) prua, prora. ☐ (*Mar.*) *from* ~ *to stern* da prua a poppa; (*fig.*) da cima a fondo.
to **stem**[1] [stem] *v.i.* (*pass., p.p.* **stemmed** [–d]) provenire, derivare (*from* da).
to **stem**[2] [stem] *v.t.* (*pass., p.p.* **stemmed** [–d]) **1** contenere, frenare. **2** arrestare; tamponare.
stench [stentʃ] *s.* puzzo, fetore.
stencil ['stensl] *s.* **1** (*tecn., Tip.*) stampino, mascherina. **2** (*Tip.*) matrice (di ciclostile).
to **stencil** ['stensl] *v.t.* (*pass., p.p.* **–lled**/ *am.* **–led** [–d]) (*tecn.*) **1** stampinare. **2** ciclostilare.
steno ['stenə(u)] *s.* (*fam.*) **1** → **stenographer**. **2** → **stenography**.
stenographer [ste'nɔgrəfə*] *s.* stenografo.
stenography [ste'nɔgrəfi] *s.* stenografia.
step [step] *s.* **1** passo (*anche fig.*). **2** orma, impronta. **3** andatura, modo di camminare. **4** (*fig.*) mossa, passo; iniziativa, azione. **5** gradino, scalino; piolo. **6** *pl.* scala, scalinata. **7** predellino. ☐ (*Mil.*) *to* **break** ~ rompere il passo; ~ **by** ~ passo passo; per gradi; *at* **every** ~ a ogni passo; **in** ~ al passo; (*fig.*) in armonia; (*Mil.*) *to* **keep** ~ marciare al passo (*with* con); (*fig.*) stare al passo (*with* con); **out** *of* ~ non al passo; (*fig.*) non in armonia; *to* **take** *steps* prendere provvedimenti; (*fig.*) *to* **watch** *one's* ~ essere cauto.
to **step** [step] *v.i.* (*pass., p.p.* **stepped** [–t]) **1** fare un passo. **2** andare a piedi, camminare. ☐ *to* ~ **along** andarsene; *to* ~ **aside** farsi da parte; (*fig.*) mettersi da parte; *to* ~ **back** indietreggiare; *to* ~ **down** dimettersi, dare le dimissioni (da); *to* ~ **in** intervenire, intromettersi; *to* ~ **into** entrare in; *to* ~ **off**: 1 scendere; andar via; 2 misurare a passi; *to* ~ **on** calpestare (*anche fig.*); *to* ~ **on** *the gas* premere l'acceleratore; (*fam.*) ~ **on** *it!* svelto!, muoviti!; *to* ~ **out**: 1 allungare il passo, affrettarsi; 2 (*fam.*) divertirsi; 3 misurare a passi; (*fig.*) *stepping* **stone** primo gradino (verso il successo, ecc.); *to* ~ **up** aumentare, accrescere: *to* ~ *up production* aumentare la produzione; ~ *this* **way,** *please* da questa parte, prego.
stepbrother ['stepbrʌðə*] *s.* fratellastro.
stepchild ['steptʃaild] *s.* (*pl.* **–children** ['tʃildrən]) figliastro.
stepdaughter ['stepdɔ:tə*] *s.* figliastra.
stepfather ['stepfɑ:ðə*] *s.* patrigno.
Stephanie ['stefəni] *N.pr.f.* Stefania.
Stephen ['sti:vn] *N.pr.m.* Stefano.
step-ladder ['steplædə*] *s.* scala a libretto.
stepmother ['stepmʌðə*] *s.* matrigna.
stepparent ['steppɛərənt] *s.* patrigno; matrigna.
steppe [step] *s.* (*Geog.*) steppa.
stepsister ['stepsistə*] *s.* sorellastra.
stepson ['stepsʌn] *s.* figliastro.
stereo ['stiəriəu] *s.* (*fam.*) stereofonia.
stereophonic [ˌstiəriə'fɔnik] *a.* stereofonico.
stereophony [ˌstiəri'ɔfəni] *s.* stereofonia.
stereoscope ['stiəriəskəup] *s.* stereoscopio.
stereoscopic [ˌstiəriə'skɔpik] *a.* stereoscopico.
stereotype ['stiəriətaip] *s.* (*Tip.*) stereotipia (*anche fig.*).
stereotyped ['stiəriətaipt] *a.* (*fig.*) stereotipato.
sterile ['sterail, *am.* 'sterl] *a.* **1** sterile (*anche fig.*). **2** (*Med.*) sterilizzato, asettico.
sterility [ste'riliti] *s.* sterilità.
sterilization [ˌsterilai'zeiʃən, *am.* –li'z–] *s.* sterilizzazione.
to **sterilize** ['sterilaiz] *v.t.* sterilizzare.
sterilizer ['sterilaizə*] *s.* sterilizzatore.
sterling ['stə:liŋ] **I** *a.* **1** (*rif. a metalli preziosi*) puro. **2** (*fig.*) genuino, schietto. **II** *s.* (*Econ.*) (*collett.*) (lira) sterlina.

stern[1] [stə:n] *a.* **1** severo, rigido, duro. **2** austero, serio, grave. **3** duro, aspro.
stern[2] [stə:n] *s.* (*Mar.*) poppa.
sternum ['stə:nəm] *s.* (*pl.* **–na** [–nə]) (*Anat.*) sterno.
steroid ['sterɔid] *s.* (*Chim.*) steroide.
stet *lat.* [stet] *intz.* (*Tip.*) vive.
stethoscope ['steθəskəup] *s.* (*Med.*) stetoscopio.
stetson *am.* ['stetsən] *s.* cappello da cowboy.
stevedore ['sti:vidɔ:*] *s.* scaricatore portuale.
stew [stju:, *am.* stu:] *s.* **1** (*Gastr.*) stufato, umido. **2** (*fam.*) preoccupazione, agitazione.
to **stew** [stju:, *am.* stu:] **I** *v.t.* stufare; cuocere in umido. **II** *v.i.* cuocere in umido. □ (*fig.*) *to let s.o.* ~ *in one's own juice* lasciar cuocere qd. nel proprio brodo.
steward ['stju:əd, *am.* 'stu:–] *s.* **1** (*Mar., Aer.*) assistente *m.* di bordo, assistente *m.* di volo, steward. **2** amministratore, gestore, economo.
stewardess ['stju:ədis, *am.* 'stu:–] *s.* **1** (*Mar., Aer.*) assistente *f.* di bordo, assistente *f.* di volo, hostess.
stewardship ['stju:ədʃip, *am.* 'stu:–] *s.* **1** amministrazione, gestione. **2** carica di amministratore.
St. Ex. = *Stock Exchange* Borsa Valori.
stick [stik] *s.* **1** stecco, ramoscello (secco). **2** bastoncino; bastone. **3** (*Mus.*) bacchetta; archetto (di violino). **4** (*fam.*) tipo noioso. **5** (*Aer. mil.*) grappolo di bombe. **6** *pl.* (*am. fam.*) zone rurali; campagna. **7** (*sl.*) spinello. □ *a* ~ *of* **dynamite** un candelotto di dinamite; *to* **give** *s.o. the* ~ prendere qd. a legnate; (*fig.*) criticare qd. aspramente; *to* **get** *the* ~ essere criticato; (*fig.*) *to get hold of the* **wrong** *end of the* ~ capire fischi per fiaschi.
to **stick**[1] [stik] *v.t.* sostenere con bastoncini.
to **stick**[2] [stik] *v.* (*pass., p.p.* **stuck** [stʌk]) **I** *v.t.* **1** conficcare, ficcare; infiggere. **2** infilzare, infilare. **3** pungere, trafiggere. **4** attaccare, appiccicare; affiggere. **5** (*fam.*) ficcare, cacciare, mettere: *to* ~ *one's hands in one's pockets* ficcarsi le mani in tasca. **6** (general. al passivo) bloccare, fermare, arrestare. **7** (*fam.*) sopportare, resistere a. **II** *v.i.* **1** conficcarsi, penetrare, ficcarsi. **2** attaccare, aderire. **3** incepparsi, bloccarsi; restare bloccato (*in* in). **4** (*nei giochi di carte*) lasciare, abbandonare. □ (*fam.*) *to* ~ **around** restare nei paraggi; *to* ~ **at** perseverare in, tener duro in; *to* ~ **by** restar fedele a; *to* ~ **down**: 1 chiudere incollando; 2 (*fam.*) posare, mettere giù; 3 buttar giù, annotare; (*fam.*) *to* ~ **in** incollare, appiccicare; inserire, introdurre; *to* ~ **in** *one's mind* rimanere impresso; *to* ~ **on** *a label* appiccicare un'etichetta; *to* ~ **out**: 1 sporgere, protendere; 2 risaltare, saltare agli occhi; *to* ~ **out** *till the end* perseverare fino alla fine; *to* ~ **out** *for s.th.* insistere per ottenere qc., battersi per avere qc.; *to* ~ **to**: 1 tenersi a, attenersi a; 2 tener duro in; 3 restar fedele a; (*fam.*) to ~ **together** restare uniti; *to* ~ **up**: 1 affiggere, attaccare; 2 sporgere, spuntare; *to* ~ *one's hand* **up** alzare la mano; (*fam.*) *to* ~ **up** *for* battersi per; ~*'em* **up**! mani in alto! *to* ~ **with** rimanere fedele a.
sticker ['stikə*] *s.* **1** attacchino. **2** etichetta, cartellino adesivo. **3** (*fam.*) persona ostinata.
stickiness ['stikinis] *s.* vischiosità, viscosità.
sticking-plaster ['stikiŋplɑ:stə*] *s.* cerotto adesivo.
stick-in-the-mud ['stikinðə'mʌd] (*fam.*) **I** *s.* **1** pigrone, posapiano *m./f.* **2** retrogrado. **II** *a.* **1** lento e privo d'iniziativa. **2** arretrato, retrogrado.
stickler ['stiklə*] *s.* pedante *m./f.*, pignolo: *to be a* ~ *for s.th.* tenere molto a qc.
stick-on ['stikɔn] *a.attr.* adesivo.
stickpin *am.* ['stikpin] *s.* spillo da cravatta.
sticky ['stiki] *a.* **1** adesivo, collante. **2** attaccaticcio, vischioso; viscido. **3** umido, afoso. **4** (*fam.*) difficile, complicato; spiacevole. □ (*fam.*) *to be* ~ **about** *s.th.* fare tante storie per qc.; (*sl.*) *he will come to a* ~ **end** farà una brutta fine; (*fam.*) *to have* ~ **fingers** essere lesto di mano; (*fam.*) *to be on a* ~ **wicket** essere nei pasticci.
stiff [stif] **I** *a.* **1** rigido, duro. **2** (*del corpo*) irrigidito, legato. **3** (*fig.*) sostenuto, formale. **4** (*fig.*) difficile, duro, arduo; impegnativo. **5** compatto, denso. **6** duro, che funziona male: *the lock was* ~ il lucchetto era duro. **7** (*di vento*) forte. **8** (*di bevanda*) forte, (molto) alcolica. **9** (*fam.*) (*di prezzo, ecc.*) molto alto, (*fam.*) salato. **II** *s.* (*sl.*) cadavere. **III** *avv.* (*fam.*) estremamente, a morte. □ **big** ~ idiota, imbecille; *to have a* ~ **neck** avere il torcicollo; (*fig.*) essere ostinato.
to **stiffen** ['stifn] **I** *v.t.* **1** irrigidire. **2** ispessire, infittire. **3** (*fig.*) rafforzare, rinsaldare. **II** *v.i.* **1** irrigidirsi. **2** ispessirsi, infittirsi. **3** (*fig.*) rafforzarsi, rinsaldarsi.
stiffener ['stifnə*] *s.* **1** rinforzo, teletta. **2** (*fam.*) tonico, stimolante.
stiffening ['stifniŋ] *s.* **1** irrigidimento. **2** materiale di rinforzo.
stiff-necked ['stif'nekt] *a.* (*fig.*) ostinato; altezzoso.
stiffness ['stifnis] *s.* **1** rigidità. **2** (*fig.*) freddezza, formalità. **3** densità, compattezza.
to **stifle** ['staifl] **I** *v.t.* **1** soffocare. **2** (*fig.*) reprimere, trattenere: *to* ~ *a yawn* soffocare uno sbadiglio. **3** (*fig.*) domare, stroncare: *to* ~ *a rebellion* domare una rivolta. **II** *v.i.* soffocare.
stifling ['staifliŋ] *a.* soffocante, asfissiante: ~ *heat* caldo soffocante.
stigma ['stigmə] *s.* (*pl.* **–s** [–z]) **1** stigma, marchio. **2** (*Biol.*) stigma.
stigmata ['stigmətə] *s.pl.* (*Rel.*) stimmate.
to **stigmatize** ['stigmətaiz] *v.t.* **1** stigmatizzare. **2** contrassegnare con un marchio, bollare.
stile [stail] *s.* scaletta per superare un recinto (reso inagibile per gli animali).

stiletto *it.* [sti'letəu] *s.* (*pl.* **–s/–es** [–z]) stiletto, stilo. □ ~ *heel* tacco a spillo.

still[1] [stil] **I** *a.* **1** fermo, immobile. **2** (*di acqua*) fermo, stagnante; (*di aria*) calmo, immobile. **3** silenzioso, quieto; tranquillo, sereno. **4** (*Enologia*) non frizzante. **II** *s.* **1** silenzio; quiete, calma. **2** (*Fot.*) posa. □ *to stand* ~ non muoversi; (*fig.*) fermarsi.

to **still** [stil] *v.t.* calmare, quietare.

still[2] [stil] *avv.* **1** ancora: *I* ~ *haven't finished* non ho ancora finito. **2** tuttavia, ciò nonostante: *it is obvious, but it* ~ *needs saying* è ovvio, tuttavia bisogna dirlo. **3** (*con un comparativo*) ancora, anche; sempre: *higher and* ~ *higher* più in alto e sempre più in alto. □ ~ **less** ancor meno; ~ **more** ancor più, anche più.

still[3] [stil] *s.* (*Chim.*) alambicco, storta.

stillborn ['stilbɔ:n] *a.* **1** nato morto. **2** (*fig.*) abortito.

still life ['slillaif] *s.* (*pl.* **–s** [–s]) (*Pitt.*) natura morta.

stilt [stilt] *s.* trampolo.

stilted ['stiltid] *a.* pomposo, ampolloso.

stimulant ['stimjulənt] *a./s.* stimolante.

to **stimulate** ['stimjuleit] *v.t.* **1** stimolare, spronare, incitare. **2** suscitare, destare: *to* ~ *s.o.'s interest* suscitare l'interesse di qd.

stimulating ['stimjuleitiŋ] *a.* stimolante.

stimulation [ˌstimju'leiʃən] *s.* stimolazione.

stimulus ['stimjuləs] *s.* (*pl.* **–li** [–lai]) stimolo; incentivo.

sting [stiŋ] *s.* **1** (*Zool.*) pungiglione, aculeo. **2** (*Bot.*) pelo urticante. **3** puntura, punzecchiatura. **4** (*fig.*) tormento, morso. **5** trafittura, fitta (di dolore), dolore acuto.

to **sting** [stiŋ] *v.* (*pass.* **stung** [stʌŋ]/*ant.* **stang** [stæŋ], *p.p.* **stung**) **I** *v.t.* **1** pungere, pizzicare; bruciare. **2** (*fig.*) spronare, stimolare: *to* ~ *s.o. into action* spronare qd. all'azione. **3** (*fig.*) ferire, pungere; offendere. **4** (*sl.*) far tirare fuori a (*for s.th.* qc.), fregare: *he stung me for five dollars* mi ha fregato cinque dollari. **II** *v.i.* pungere, pizzicare; bruciare.

stinginess ['stindʒinis] *s.* avarizia, tirchieria.

stingy ['stindʒi] *a.* avaro, spilorcio.

stink [stiŋk] *s.* puzzo, fetore. □ (*sl.*) *to make a* ~ sollevare un polverone (*about* per).

to **stink** [stiŋk] *v.* (*pass.* **stank** [stæŋk]/**stunk** [stʌŋk], *p.p.* **stunk**) **I** *v.i.* puzzare (*of* di). **II** *v.t.* **1** (spesso con *up, out*) appestare. **2** (general. con *out*) stanare per mezzo di una sostanza puzzolente.

stink-bomb ['stiŋkbɔm] *s.* bombetta puzzolente.

stinker ['stiŋkə*] *s.* (*fam.*) **1** carogna, fetente *m./f.* **2** lettera di protesta. **3** (*fam.*) vigliaccata, osso duro.

stinking ['stiŋkiŋ] *a.* **1** puzzolente, fetido. **2** (*fam.*) ripugnante, disgustoso; sgradevole, spiacevole. □ (*fam.*) ~ *rich* schifosamente ricco.

stint [stint] *s.* (*neol.*) incarico di lavoro temporaneo. □ *without* ~ senza restrizioni.

to **stint** [stint] *v.t.* **1** tenere a stecchetto. **2** lesinare, dare con parsimonia (*of s.th.* qc.). □ *to* ~ *o.s.* stare a stecchetto, privarsi.

stipend ['staipənd] *s.* retribuzione; congrua.

stippled ['stipld] *a.* costellato, punteggiato.

to **stipulate** ['stipjuleit] **I** *v.i.* insistere: *they stipulated for cash payment* hanno insistito per pagamento in contanti. **II** *v.t.* porre come condizione necessaria (di un contratto).

stipulation [ˌstipju'leiʃən] *s.* condizione. □ *on the* ~ *that* a condizione che.

stir[1] [stə:*] *s.* **1** rimescolata. **2** (*fig.*) confusione, trambusto; scalpore.

to **stir** [stə:*] *v.* (*pass., p.p.* **stirred** [–d]) **I** *v.t.* **1** mescolare, rimestare. **2** (spesso con *up*) muovere, agitare. **3** (spesso con *up*) eccitare, infiammare; incitare; scuotere (dal torpore): *to* ~ *s.o.'s imagination* eccitare la fantasia di qd.; *to* ~ *up people to rebellion* incitare un popolo alla ribellione. **4** (spesso con *up*) ridestare; provocare, suscitare. **5** (con *up*) sollevare (polvere, fango). **II** *v.i.* **1** muoversi. **2** essere alzato (dal letto), essere in piedi. □ *to* ~ **abroad** uscire; (*fig.*) *to* ~ *s.o.'s* **blood** far rimescolare il sangue a qd.; *to* ~ (*up*) *the* **fire** attizzare il fuoco; (*fig.*) **not** *to* ~ *an eyelid* non battere ciglio; *to* ~ **o.s.** muoversi, darsi da fare.

stir[2] [stə:*] *s.* (*am. sl.*) prigione, gattabuia.

stirring ['stə:riŋ] *a.* eccitante, emozionante.

stirrup ['stirəp, *am.* 'stɛəp] *s.* (*Equitazione*) staffa.

stirrup cup ['stirəpkʌp] *s.* bicchiere della staffa.

stitch [stitʃ] *s.* **1** punto; maglia. **2** fitta al fianco. □ (*fam.*) *to* **be** *in stitches* morire dal ridere, ridere a crepapelle; (*fam.*) *not to* **have** *a* ~ *on* essere completamente nudo.

to **stitch** [stitʃ] **I** *v.t.* **1** cucire; (general. con *up*) rammendare. **2** (*Chir.*) (spesso con *up*) suturare. **II** *v.i.* cucire.

stoat [stəut] *s.* (*Zool.*) ermellino.

stock [stɔk] **I** *s.* **1** provvista, scorta, riserva. **2** (*Comm.*) giacenza, stock. **3** (*Econ.*) capitale azionario; titoli, azioni. **4** (*Agr.*) bestiame. **5** stirpe, famiglia; razza. **6** (*Gastr.*) brodo. **7** (*di fucile, ecc.*) impugnatura. **8** sostegno, supporto. **9** ceppo; tronco d'albero. **10** (*Agr.*) innesto. **11** *pl.* ceppi. **12** (*Bot.*) violaciocca. **13** prestigio, ascendente. **II** *a.* **1** di scorta, di riserva. **2** comune, standard. **3** (*estens.*) consueto, usuale. **4** (*fig.*) banale, trito, ovvio. **5** (*Econ.*) azionario. □ (*Comm.*) ~ **company** società per azioni; (*Comm.*) ~ *on* **hand** giacenza, scorta; (*Comm.*) **in** ~ in magazzino, in stock; (*fig.*) **on** *the stocks* in cantiere, in preparazione; **out** *of* ~ esaurito, non disponibile; *stocks and* **stones** cose inanimate; (*Comm.*) *to* **take** ~ fare l'inventario (*of* di); (*fig.*) valutare attentamente (qc.).

to **stock** [stɔk] *v.t.* **1** rifornire, fornire, approvvigionare (*with* di). **2** (*Comm.*) avere in magazzino. □ *to* ~ *up* fare provvista, fare una scorta (*on, with* di).

stockade [stɔ'keid] *s.* palizzata, staccionata.
stockbreeder ['stɔkbri:də*] *s.* allevatore di bestiame.
stockbreeding ['stɔkbri:diŋ] *s.* allevamento di bestiame.
stockbroker ['stɔkbrəukə*] *s.* (*Econ.*) mediatore di borsa.
stock cube ['stɔkkju:b] *s.* dado da brodo.
Stock Exchange ['stɔkikstʃeindʒ] *s.* (*Econ.*) Borsa Valori.
stockfish ['stɔkfiʃ] *s.* (*Gastr.*) stoccafisso.
stockholder ['stɔkhəuldə*] *s.* (*am. Econ.*) azionista *m./f.*
Stockholm ['stɔkhəum] *N.pr.* (*Geog.*) Stoccolma.
stocking ['stɔkiŋ] *s.* **1** calza da donna. **2** calzettone.
stock-in-trade ['stɔkintreid] *s.* **1** ferri del mestiere (*anche fig.*). **2** (*fig.*) normale routine.
stockist ['stɔkist] *s.* grossista.
stockjobber ['stɔkdʒɔbə*] *s.* (*Econ.*) operatore di borsa.
stock-list ['stɔklist] *s.* (*Econ.*) listino di borsa.
stock-market ['stɔkmɑ:kit] *s.* mercato azionario.
stockpile ['stɔkpail] *s.* riserva (di generi di prima necessità).
to **stockpile** ['stɔkpail] *v.t.* accumulare riserve di.
stock-room ['stɔkru:m] *s.* magazzino.
stock-still [ˌstɔk'stil] *a.* immobile, impalato.
stock-taking ['stɔkteikiŋ] *s.* (*Comm.*) inventario (*anche fig.*).
stocky ['stɔki] *a.* tarchiato, tozzo.
stockyard ['stɔkjɑ:d] *s.* recinto per il bestiame.
stodge [stɔdʒ] *s.* (*fam.*) cibo pesante; mattone sullo stomaco.
stodgy ['stɔdʒi] *a.* **1** pesante, indigesto. **2** (*rif. a persona*) noioso, pesante.
stoic ['stəuik] *s.* stoico.
stoicism ['stəuisizəm] *s.* stoicismo.
to **stoke** [stəuk] **I** *v.t.* (*tecn.*) alimentare (*anche fig.*), rifornire. **II** *v.i.* (*fam.*) (spesso con *up*) rimpinzarsi, ingozzarsi.
stokehold ['stəukhəuld] *s.* locale delle caldaie.
stoker ['stəukə*] *s.* **1** fuochista. **2** alimentatore.
stole[1] [stəul] → to **steal**.
stole[2] [stəul] *s.* (*Vest.*) stola.
stolen ['stəulən] → to **steal**.
stolid ['stɔlid] *a.* flemmatico, impassibile.
stolidity [stɔ'liditi] *s.* flemma, impassibilità.
stomach ['stʌmək] *s.* **1** (*Anat.*) stomaco. **2** (*estens.*) pancia, addome. **3** appetito, fame. **4** desiderio, voglia. □ (*fig.*) *to have* **no** ~ *for s.th.* non avere lo stomaco per qc.; *to* **turn** *the* ~ stomacare.
to **stomach** ['stʌmək] *v.t.* (*fam.*) sopportare, mandare giù.
stomach-ache ['stʌməkeik] *s.* mal di stomaco.
stomach pump ['stʌməkpʌmp] *s.* (*Med.*) sonda per la lavanda gastrica.
stone [stəun] *s.* **1** pietra; macigno, masso; sasso. **2** pietra preziosa, gemma. **3** lapide, pietra sepolcrale. **4** (*Med.*) calcolo. **5** (*di frutta*) nocciolo. **6** (*unità di misura*) stone → **Appendice.** □ (*Geol.*) *Stone* **Age** età della pietra; (*fig.*) *to* **cast** *the first* ~ scagliare la prima pietra; (*fig.*) *to* **leave** *no* ~ *unturned* non lasciare nulla d'intentato; (*fig.*) *to* **throw** *stones at s.o.* criticare aspramente qd.; *within a* ~*'s* **throw** *of* a due passi da, a un tiro di schioppo.
to **stone** [stəun] *v.t.* **1** scagliare pietre contro; lapidare. **2** (*di frutta*) snocciolare.
stone-blind ['stəunblaind] *a.* cieco come una talpa.
stonebreaker ['stəunbreikə*] *s.* **1** spaccapietre. **2** frantoio (da pietre).
stone-cold ['stəun'kəuld] *a.* freddissimo.
stonecutter ['stəunkʌtə*] *s.* scalpellino.
stoned [stəund] *a.* (*sl.*) **1** ubriaco. **2** fatto (sotto l'effetto di droghe leggere).
stone-dead ['stəun'ded] *a.* morto stecchito.
stone-deaf ['stəun'def] *a.* sordo come una campana.
stoneless ['stəunlis] *a.* senza nocciolo.
stonepit ['stəunpit] *s.* cava di pietre.
to **stonewall** ['stəun'wɔ:l] *v.i.* **1** (*Sport*) fare un gioco di difesa. **2** (*Parl.*) fare ostruzionismo.
stone-waller [ˌstəun'wɔ:lə*] *s.* (*Parl.*) ostruzionista.
stoneware ['stəunwɛə*] *s.* vasellame di gres.
stonework ['stəunwə:k] *s.* muratura (di pietra); lavoro in muratura.
stony ['stəuni] *a.* **1** sassoso; roccioso. **2** duro come la pietra. **3** (*fig.*) di pietra, insensibile; spietato. □ *a* ~ *face* un volto inespressivo.
stony-broke ['stəuni'brəuk] *a.* (*fam.*) senza il becco di un quattrino, al verde.
stood [stud] → to **stand**.
stooge [stu:dʒ] *s.* **1** (*Teat.*) spalla. **2** (*fam.*) tirapiedi, scagnozzo.
to **stooge** [stu:dʒ] *v.i.* (*Teat.*) fare da spalla.
stool [stu:l] *s.* **1** sgabello. **2** poggiapiedi. **3** (*Fisiologia*) evacuazione; feci.
stoolpigeon ['stu:lpidʒin] *s.* **1** (*Caccia*) piccione da richiamo. **2** (*sl.*) persona che fa da specchietto per le allodole.
stoop[1] [stu:p] *s.* posizione curva. □ *to walk with a* ~ camminare curvo.
to **stoop** [stu:p] **I** *v.i.* **1** (spesso con *down*) chinarsi, curvarsi. **2** (*fig.*) abbassarsi, scendere (*to* a); umiliarsi. **II** *v.t.* **1** curvare, chinare. **2** (*fig.*) umiliare. □ *he's a man who would* ~ *to anything* è un individuo senza scrupoli disposto a tutto.
stoop[2] *am.* [stu:p] *s.* portico.
stop [stɔp] *s.* **1** sosta, fermata; segnale di arresto. **2** termine, fine. **3** (*Mecc.*) arresto, fermo. **4** (*Mus.*) registro. **5** (*Gramm.*) segno d'interpunzione. **6** (*Fonetica*) (consonante) esplosiva. **7** (*Inform.*) arresto. **8** (*Fot.*) diaframma. □ *to* **bring** *to a* ~ fermare; *to* **put** *a* ~ *to s.th.* far cessare qc.
to **stop** [stɔp] *v.* (*pass., p.p.* **stopped** [–t]) **I** *v.t.*

1 arrestare, fermare. **2** cessare, smettere; sospendere, interrompere. **3** impedire: *to ~ s.o. from going* impedire a qd. di andare. **4** bloccare (un assegno, ecc.). **5** (spesso con *up*) otturare, bloccare; tappare, turare. **6** (*Mus.*) (*di tasto, corda*) premere, toccare. **II** *v.i.* **1** cessare, finire. **2** fermarsi, arrestarsi. **3** (*di mezzo pubblico*) fermare, fare una fermata. **4** (spesso con *off, over*) fermarsi brevemente, fare una sosta. **5** smettere di funzionare. **6** (spesso con *up*) ostruirsi, intasarsi, otturarsi. □ (*fam.*) *to ~* **by** fare un salto, fare una breve visita: *to ~* **out** *all night* stare fuori tutta la notte; *to ~* **short** fermarsi bruscamente; *to have a* **tooth** *stopped* farsi otturare un dente; *to ~* **up** (*late*) stare alzato fino a tardi; *to ~ the* **way** sbarrare la strada (*anche fig.*).

stopcock ['stɔpkɔk] *s.* rubinetto di arresto.

stopgap ['stɔpgæp] *s.* **1** soluzione provvisoria. **2** sostituto temporaneo.

stopover ['stɔpəuvə*] *s.* **1** breve sosta. **2** (*Aer.*) scalo intermedio.

stoppage ['stɔpidʒ] *s.* **1** sospensione, interruzione. **2** trattenuta (sullo stipendio). **3** astensione dal lavoro.

stopper ['stɔpə*] *s.* **1** tappo, turacciolo. **2** (*nel calcio*) stopper, mediano. □ (*fig.*) *to put the ~ on s.th.* mettere fine a qc.

stopping ['stɔpiŋ] *s.* (*di un dente*) otturazione; amalgama, cemento. □ (*Strad.*) *no ~* divieto di sosta.

stop-press ['stɔppres] *s.* (*Giorn.*) ultimissime.

stopwatch ['stɔpwɔtʃ] *s.* cronometro.

storage ['stɔ:ridʒ] *s.* **1** immagazzinamento, magazzinaggio. **2** deposito, magazzino; spese di magazzinaggio. **3** (*El.*) carica. **4** (*Inform.*) memorizzazione. □ (*Inform.*) *programme ~* area di programma.

store [stɔ:*] *s.* **1** provvista, riserva (*anche fig.*). **2** *pl.* rifornimenti, scorte. **3** magazzino, deposito. **4** grandi magazzini; bottega, negozio. □ **in** ~: 1 in deposito, in magazzino; 2 (*fig.*) in vista; 3 (*fig.*) in serbo; (*fig.*) *to* **set** *great ~ by* dare molta importanza a.

to **store** [stɔ:*] *v.t.* **1** (spesso con *up, away*) fare provvista di; immagazzinare. **2** rifornire, approvvigionare. **3** (*Inform.*) immagazzinare, memorizzare.

storehouse ['stɔ:haus] *s.* magazzino, deposito.

storekeeper *am.* ['stɔ:ki:pə*] *s.* **1** magazziniere. **2** bottegaio.

storeroom ['stɔ:ru:m] *s.* ripostiglio.

storey ['stɔ:ri], *am.* **story** ['stɔ:ri] *s.* piano (di edificio).

storeyed ['stɔ:rid] *a.* (*nei composti*) a ... piani: *six-~ building* un edificio a sei piani.

storied *am.* ['stɔ:rid] → **storeyed**.

stork [stɔ:k] *s.* (*Zool.*) cicogna.

storm [stɔ:m] *s.* **1** (*Meteor.*) tempesta, burrasca; temporale; bufera, tormenta. **2** (*fig.*) tumulto, subbuglio; scroscio, esplosione. **3** (*fig.*) scarica, tempesta. □ (*Mil.*) *to take by ~* prendere d'assalto; (*fig.*) travolgere, mandare in visibilio.

to **storm** ['stɔ:m] **I** *v.i.* **1** (*fig.*) infuriarsi. **2** precipitarsi (con violenza e rabbia). **II** *v.t.* **1** (*Mil.*) prendere d'assalto. **2** (*fig.*) aggredire (*with* con), tempestare (di). □ *to ~ at s.o.* fare una scenata a qd.

stormbound ['stɔ:mbaund] *a.* bloccato da una bufera.

storm center *am.*, **storm centre** ['stɔ:m 'sentə*] *s.* (*Meteor.*) occhio del ciclone (*anche fig.*).

storm clouds ['stɔ:mklauds] *s.pl.* nuvole temporalesche (*anche fig.*).

storm signal ['stɔ:msignl] *s.* segnale di pericolo (per l'avvicinarsi di una tempesta).

storm-tossed ['stɔ:mtɔst] *a.* sballottato dalla tempesta.

storm troops ['stɔ:mtru:ps] *s.pl.* (*Mil.*) truppe d'assalto.

stormy ['stɔ:mi] *a.* burrascoso, tempestoso (*anche fig.*).

story[1] ['stɔ:ri] *s.* **1** favola, fiaba; racconto; novella. **2** intreccio, trama. **3** versione (dei fatti). **4** (*fam.*) fandonia, frottola. **5** (*Giorn.*) servizio. □ (*fig.*) *that is* (*quite*) **another** ~ è un altro paio di maniche; (*fig.*) *to* **cut** *a long ~ short* per farla breve; *the ~* **goes** *that* corre voce che.

story[2] *am.* ['stɔ:ri] → **storey**.

storybook ['stɔ:ribuk] *s.* libro di racconti (*o* fiabe).

storyteller ['stɔ:ritelə*] *s.* **1** narratore. **2** (*fig.*) bugiardo.

stoup [stu:p] *s.* acquasantiera.

stout [staut] **I** *a.* **1** corpulento, grasso. **2** forte, gagliardo; (*rif. a cose*) robusto, resistente. **3** (*fig.*) valoroso, coraggioso; fermo, risoluto. **II** *s.* birra forte e scura.

stout-hearted ['staut'hɑ:tid] *a.* valoroso, coraggioso.

stove[1] [stəuv] *s.* **1** stufa. **2** fornello.

stove[2] [stəuv] → to **stave**.

to **stow** [stəu] *v.t.* **1** (*Mar.*) stivare. **2** (spesso con *away*) riporre, mettere via.

stowaway ['stəuəwei] *s.* passeggero clandestino.

to **straddle** ['strædl] **I** *v.i.* stare a gambe divaricate; sedere a cavalcioni. **II** *v.t.* stare a cavalcioni di; montare (a cavallo).

to **strafe** [strɑ:f, *am.* streif] *v.t.* **1** (*Aer. mil.*) mitragliare (*o* bombardare) a bassa quota. **2** (*fam.*) punire severamente; rimproverare aspramente.

to **straggle** ['strægl] *v.i.* **1** sbandarsi, disperdersi. **2** estendersi in modo disordinato.

straggler ['stræglə*] *s.* sbandato.

straggly ['strægli] *a.* sparso, sparpagliato.

straight [streit] **I** *a.* **1** diritto, dritto; eretto. **2** (*Geom.*) retto: *~ line* linea retta. **3** verticale, a piombo. **4** (*fig.*) aperto, leale; onesto. **5** in ordine, sistemato. **6** (*di capelli*) lisci. **7** (*di liquore*) liscio, non diluito, puro. **II** *s.* **1** posizione diritta. **2** linea retta; rettilineo, rettifilo. **3** (*Sport*) dirittura d'arrivo. **III** *avv.* **1** diritto, in linea retta. **2** direttamente. **3** immediatamente, subito. **4** con il corpo eretto, diritto. **5** (*fig.*) onestamente, rettamente. **6** (*fig.*) senza esitazione; francamente. □ ~ **ahead** avanti diritto; (*fam.*) *to* **go** ~ rigare diritto; (*fam.*) **let**'*s get this* ~! mettiamo le cose in chiaro!; (*fig.*) *the* ~ *and* **narrow** la retta via; ~ **off** immediatamente; senza esitazione; ~ **on** (sempre) diritto; ~ **out** chiaro e tondo; *to come* ~ *to the* **point** venire direttamente al punto; *to* **put** *s.o.* ~ chiarire le idee a qd.

straightaway ['streitəwei] *avv.* immediatamente, subito.

to **straighten** ['streitən] **I** *v.t.* **1** raddrizzare, drizzare. **2** (spesso con *out, up*) mettere in ordine, sistemare. **3** (general. con *out*) accomodare, aggiustare. **II** *v.i.* **1** (general. con *up*) drizzarsi, raddrizzarsi. **2** (spesso con *out*) accomodarsi, aggiustarsi.

straight-faced ['streitfeist] *a.* impassibile, imperturbabile.

straightforward [ˌstreit'fɔ:wəd] *a.* **1** onesto; franco, schietto. **2** semplice, lineare.

straightness ['streitnis] *s.* **1** l'essere diritto. **2** (*fig.*) rettitudine, onestà.

strain[1] [strein] *s.* **1** sforzo, tensione. **2** (*Med.*) logorio, tensione nervosa. **3** (*Med.*) strappo (muscolare), tensione, storta. **4** (*Mecc., tecn.*) sollecitazione. **5** *pl.* (*poet.*) motivo musicale; versi. **6** modo di parlare.

to **strain** [strein] **I** *v.t.* **1** tendere, tirare. **2** sforzare, affaticare. **3** slogare, storcere. **4** (*fig.*) travisare, svisare. **5** filtrare, colare; passare. **II** *v.i.* **1** dare strattoni (*at* a), tirare (qc.). **2** sforzarsi. **3** (spesso con *off, out*) filtrare. □ *to* ~ **after** *effects* fare grandi sforzi per; *to* ~ *one's* **ears** stare con gli orecchi tesi; *to* ~ *one's* **eyes** aguzzare gli occhi; (*Med.*) affaticarsi la vista; *to* ~ *every* **nerve** *to do s.th.* mettercela tutta per fare qc.

strain[2] [strein] *s.* **1** lignaggio, schiatta, stirpe. **2** (*Biol.*) razza. **3** predisposizione (ereditaria).

strained [streind] *a.* **1** forzato, innaturale. **2** teso: ~ *relations* rapporti tesi. **3** (*Med.*) affaticato.

strainer ['streinə*] *s.* colino, passino.

strait [streit] *s.* **1** (*Geog.*) (spesso al pl.) stretto. **2** *pl.* strettezze, difficoltà.

straitened ['streitnd] *a.*: *in* ~ *circumstances* in strettezze.

straitjacket ['streitdʒækit] *s.* **1** camicia di forza. **2** (*fig.*) costrizione; strettoia.

straitlaced ['streit'leist] *a.* austero, rigido; puritano.

strand[1] [strænd] *s.* (*poet.*) sponda, riva, spiaggia.

to **strand** [strænd] **I** *v.t.* (*Mar.*) incagliare, mandare in secca. **II** *v.i.* (*Mar.*) arenarsi, incagliarsi. □ (*fig.*) *to be left stranded* essere lasciato a piedi; (*fig.*) essere lasciato nei guai.

strand[2] [strænd] *s.* **1** trefolo di fune. **2** treccia di capelli. **3** (*fig.*) filo conduttore.

strange ['streindʒ] *a.* **1** strano, insolito, inconsueto; bizzarro, singolare. **2** sconosciuto, estraneo (*to a*). **3** non pratico, nuovo (*to* di). □ *to* **feel** ~ sentirsi strano, non sentirsi bene; ~ *to* **say** strano a dirsi.

strangely ['streindʒli] *avv.* stranamente, in modo insolito. □ ~ *enough* per quanto possa sembrare strano.

stranger ['streindʒə*] *s.* **1** sconosciuto; estraneo. **2** straniero. **3** nuovo venuto. **4** (*Dir.*) terzo. □ *to be* ~ *to* non avere esperienza di; essere nuovo a: *he is no* ~ *to misfortune* nella sua vita ha già conosciuto momenti difficili.

to **strangle** ['strængl] *v.t.* strangolare, strozzare; soffocare (*anche fig.*).

stranglehold ['strænglhəuld] *s.* **1** (*Sport*) presa di gola. **2** (*fig.*) stretta mortale, morsa.

strangler ['strænglə*] *s.* strangolatore.

strangulation [ˌstrængju'leiʃən] *s.* strangolamento; (*fig.*) soffocamento.

strap [stræp] *s.* **1** cinghia, correggia; cinturino (d'orologio). **2** maniglia (di autobus, ecc.), sostegno.

to **strap** [stræp] *v.t.* (*pass., p.p.* **strapped** [–t]) **1** (spesso con *up*) legare con una cinghia. **2** prendere a cinghiate.

strapping ['stræpiŋ] *a.* robusto, ben piantato.

stratagem ['strætədʒəm] *s.* stratagemma (*anche fig.*).

strategic [strə'ti:dʒik], **strategical** [strə'ti:dʒikəl] *a.* strategico.

strategics [strə'tidʒiks] *s.pl.* (costr. sing.) → strategy.

strategist ['strætidʒist] *s.* stratega.

strategy ['strætidʒi] *s.* strategia.

stratification [ˌstrætifi'keiʃən] *s.* stratificazione.

to **stratify** ['strætifai] **I** *v.t.* stratificare. **II** *v.i.* stratificarsi.

stratigraphy [ˌstræti'græfi] *s.* (*Med., Geol.*) stratigrafia.

stratosphere ['strætə(u)sfiə*] *s.* stratosfera.

stratospheric [ˌstrætə(u)'sferik] *a.* stratosferico.

stratum ['strɑ:təm] *s.* (*pl.* **–ta** [–tə]) **1** (*Geol.*) strato, falda. **2** strato sociale, ceto, classe.

straw [strɔ:] *s.* **1** paglia; filo di paglia. **2** cannuccia. □ (*fig.*) *do not* **care** *a* ~ *about s.th.* infischiarsene di qc.; ~ **hat** cappello di paglia, paglietta; *the* **last** ~ la goccia che fa traboccare il vaso; ~ **mat** stuoia, stoino; *a* ~ *in the* **wind** segno premonitore; (*fig.*) *it is not* **worth** *a* ~ non vale un fico secco; ~ **yellow** giallo paglierino.

strawberry ['strɔ:bəri] *s.* (*Bot.*) fragola.

strawberry mark ['strɔ:bərimɑ:k] *s.* (*pop.*) voglia di fragola.

strawboard ['strɔ:bɔ:d] *s.* cartone di paglia.

straw-coloured ['strɔ:kʌləd] *a.* color paglia, giallo paglierino.

strawy ['strɔ:i] *a.* di paglia; simile a paglia.

stray [strei] **I** *s.* **1** animale randagio. **2** disperso; bambino smarrito. **II** *a.attr.* **1** randagio. **2** sporadico; occasionale; vagante: *a ~ bullet* un proiettile vagante.

to **stray** [strei] *v.i.* **1** allontanarsi, deviare (*from* da); disperdersi. **2** vagare.

streak [stri:k] *s.* **1** striscia, riga, stria. **2** (*fig.*) vena, venatura; traccia. **3** (*fam.*) momento, periodo: *a ~ of bad luck* un momento di sfortuna. □ *to hit a winning ~* riportare una serie di vittorie.

to **streak** [stri:k] **I** *v.t.* striare, screziare; venare. **II** *v.i.* (*fam.*) correre come un razzo.

streaked [stri:kt] *a.* screziato.

streaky ['stri:ki] *a.* striato, screziato. □ (*Gastr.*) *~ bacon* pancetta coppata.

stream [stri:m] *s.* **1** corso d'acqua; ruscello, torrente. **2** flusso, getto; corrente. **3** (*fig.*) fiume, fiumana, flusso: *a ~ of words* un fiume di parole. **4** (*fig.*) tendenza, corrente. **5** (*Scol.*) corso, classe. □ **against** *the ~* controcorrente; (*lett.*) *~ of* **consciousness** flusso di coscienza; **with** *the ~* seguendo la corrente.

to **stream** [stri:m] **I** *v.t.* **1** versare (a fiotti). **2** (*di bandiera*) sventolare. **II** *v.i.* **1** uscire a fiotti. **2** grondare, colare. **3** (*fig.*) riversarsi (in massa). **4** ondeggiare, fluttuare; (*rif. a luce*) penetrare, entrare.

streamer ['stri:mə*] *s.* **1** striscione. **2** stella filante. **3** (*am. Giorn.*) titolo a tutta pagina.

streamlet ['stri:mlit] *s.* ruscelletto, torrentello.

to **streamline** ['stri:mlain] *v.t.* **1** (*Mecc. Aer.*) dare linea aerodinamica a. **2** (*fig.*) (*di procedura, ecc.*) sveltire, semplificare.

streamlined ['stri:mlaind] *a.* aereodinamico.

street [stri:t] *s.* strada, via. □ **across** *the ~* dall'altra parte della strada; (*fam.*) *to be streets* **ahead** essere di gran lunga superiore a; (*fig.*) *the* **man** *in the ~* l'uomo comune, l'uomo della strada; *to be* (o *go*) **on** *the ~* battere il marciapiede; (*fam.*) **up** *one's ~* di proprio gusto; di propria competenza.

streetcar *am.* ['stri:tka:*] *s.* tram.

street credibility ['stri:t,kredi'biliti] *s.* (*neol.*) l'approvazione del vicinato (nel modo di vestirsi o di porgersi).

street-lamp ['stri:tlæmp] *s.* lampione.

street market [stri:t'ma:kit] *s.* (*Econ.*) dopoborsa.

street-sweeper ['stri:tswi:pə*] *s.* spazzino.

streetwalker ['stri:twɔ:kə*] *s.* passeggiatrice.

strength ['streŋθ] *s.* **1** forza; resistenza, robustezza. **2** coraggio, forza d'animo: *he lacked the ~ to protest* gli mancò il coraggio di protestare. **3** potere, efficacia: *the ~ of propaganda* il potere della propaganda. **4** (*Mil.*) effettivi: *below ~* con gli effettivi ridotti. **5** (*estens.*) dipendenti, personale. **6** (*Chim.*) concentrazione. **7** (*di luce, suono*) intensità. □ *on the ~ of* basandosi su.

to **strengthen** ['streŋθən] **I** *v.t.* **1** rinforzare; irrobustire, rinvigorire. **2** convalidare, corroborare. **II** *v.i.* rinforzarsi.

strenuous ['strenjuəs] *a.* **1** attivo, energico. **2** duro, accanito.

streptococcus [,streptə(u)'kɔkəs] *s.* (*pl.* **–cci** [–ksai]) (*Med.*) streptococco.

streptomycin [,streptə(u)'maisin] *s.* (*Farm.*) streptomicina.

stress [stres] *s.* **1** (*Mecc.*) sollecitazione, tensione, sforzo. **2** tensione, sforzo; stress. **3** (*Ling.*) accento (tonico). **4** (*fig.*) accento, rilievo.

to **stress** [stres] *v.t.* **1** (*Ling.*) accentare. **2** (*fig.*) sottolineare, mettere in evidenza. **3** sottoporre a tensione. **4** (*Mecc.*) sollecitare.

stress mark ['stresma:k] *s.* accento tonico.

stretch [stretʃ] *s.* **1** stirata. **2** estensione; allungamento. **3** tratto, lunghezza; distesa. **4** periodo ininterrotto di tempo. **5** (*sl.*) carcerazione, detenzione. **6** (*Sport*) dirittura. □ **at** *a ~* di fila, ininterrottamente; *by no ~ of* **imagination** neanche per sogno; *by a ~ of* **language** in senso lato; *~* **material** tessuto elasticizzato.

to **stretch** [stretʃ] **I** *v.t.* **1** stendere, distendere. **2** (spesso con *out, forth*) allungare, tendere. **3** (*fig.*) travisare, svisare. **4** (*fam.*) far bastare: *she stretched the omelette to feed five of us* fece bastare la frittata per cinque di noi. **II** *v.i.* **1** estendersi, stendersi; allungarsi. **2** stirarsi, stiracchiarsi. **3** (spesso con *out*) stendersi, sdraiarsi. □ *to ~ one's* **legs** sgranchirsi le gambe; *to ~* **o.s.** stiracchiarsi, stirarsi; *to ~* (*o.s.*) **out** distendersi, allungarsi; *to ~ the* **truth** travisare i fatti.

stretcher ['stretʃə*] *s.* **1** barella, lettiga. **2** forma (per scarpe, guanti, ecc.).

stretcher-bearer ['stretʃəbɛərə*] *s.* portantino, barelliere.

stretchy ['stretʃi] *a.* **1** elastico. **2** deformabile.

to **strew** [stru:] *v.t.* (*pass.* **strewed**, *p.p.* **strewed** [stru:d]/**strewn** [stru:n]) **1** spargere, disseminare. **2** cospargere, (ri)coprire (*with* di).

strewn [stru:n] → to **strew**.

striated [strai'eitid] *a.* striato.

stricken[1] ['strikən] → to **strike**.

stricken[2] ['strikən] *a.* colpito, provato (*with* da).

strict [strikt] *a.* **1** severo, rigoroso, rigido. **2** preciso, esatto. **3** assoluto, totale, pieno: *~ impartiality* imparzialità totale. □ *in the ~ sense of the word* nel senso stretto della parola.

strictly ['striktli] *avv.* **1** rigorosamente, severamente. **2** precisamente. **3** (*fam.*) esclusivamente, solo. □ *~ speaking* a rigor di termini.

stricture ['striktʃə*] *s.* **1** (general. al pl.) critica, biasimo. **2** (*Med.*) restringimento, stenosi. □ *to pass strictures on s.o.* trovare da ridire sul conto di qd.

stride [straid] *s.* **1** andatura a passi lunghi; passo lungo. **2** (*fig.*) passo avanti, progresso. □ (*fam.*) *to* **get** *into one's ~* trovare il ritmo giusto; (*fig.*) *to* **take** *s.th. in one's ~* fare qc. con disinvoltura.

to **stride** [straid] *v.* (*pass.* **strode** [stroud], *p.p.* **stridden** [stridn]) **I** *v.i.* (spesso con *along*) camminare a grandi passi. **II** *v.t.* **1** percorrere a grandi passi. **2** stare a cavalcioni di. □ *to ~ over* (o *across*) scavalcare con un solo passo.

strident ['straidənt] *a.* stridulo, stridente.

strife [straif] *s.* lotta, conflitto.

strike [straik] *s.* **1** sciopero. **2** (*Mil.*) attacco. **3** scoperta (di un giacimento in miniera). **4** (*Geol.*) direzione di uno strato. □ (*fam.*) *to have a* **lucky** *~* avere un colpo di fortuna; *to be* **on** *~* essere in sciopero; *to come* **out** *on ~* mettersi in sciopero.

to **strike** [straik] *v.* (*pass.*, **struck** [strʌk], *p.p.* **struck/stricken** ['strikən]) **I** *v.t.* **1** colpire, battere, percuotere. **2** (con)ficcare, piantare, cacciare. **3** urtare, entrare in collisione con. **4** flagellare, colpire, abbattersi su: *the storm struck the coast* la tempesta flagellò la costa. **5** (*fig.*) venire in mente a; parere a, sembrare a: *how does it ~ you?* che te ne pare? **6** impressionare, far colpo su: *I was struck by her beauty* rimasi colpito dalla sua bellezza. **7** (*di ora, ecc.*) suonare, scoccare. **8** arrivare a, giungere a: *we struck the road after a few miles' cross-country* giungemmo alla strada dopo qualche miglio attraverso i campi. **9** incontrare, imbattersi in: *they struck various difficulties* incontrarono varie difficoltà. **10** (spesso con *out, off*) cancellare, depennare. **11** assumere, prendere (atteggiamento, posizione, ecc.). **12** (*Mar.*) (*di vela, bandiera*) ammainare. **13** (*di monete*) coniare. **II** *v.i.* **1** sferrare un colpo, colpire; picchiare, battere. **2** scontrarsi, entrare in collisione. **3** prendere, avviarsi (in una certa direzione). **4** rintoccare, suonare. **5** accendersi, prendere fuoco. **6** battere, palpitare. **7** scioperare, far sciopero. **8** (*Mar.*) ammainare la bandiera. **9** (*Mil.*) attaccare, sferrare un attacco. **10** (*Bot.*) mettere radici, attecchire. □ *to ~* **at** cercare di colpire; (*fig.*) mirare a colpire; *to ~* **back** restituire il colpo (*at* a); (*Comm.*) *to ~ a* **balance** fare un bilancio (*anche fig.*); *to ~ a* **blow** assestare un colpo; *to ~ a* **blow** *for* battersi per; *to ~ s.o.* **dead** fulminare qd.; *to ~* **down** gettare a terra, atterrare; colpire a morte; (*fig.*) mandare in rovina; *to be struck* **dumb** ammutolire; *to ~ one's* **eye** dare nell'occhio; *to ~* **in** interrompere, interloquire; *to ~ a* **match** accendere un fiammifero; *to ~* **off** tagliar via (con un colpo), mozzare; cancellare; *to ~* **oil** trovare il petrolio; (*fig.*) arricchirsi; avere un colpo di fortuna; *to ~* **out**: 1 picchiare con violenza; 2 cancellare, depennare; 3 dirigersi; 4 nuotare (con forti bracciate); *to ~ it* **rich** arricchirsi improvvisamente, trovare una miniera d'oro; *to ~* **root** mettere radici; *to ~* **through** depennare, cancellare; *to ~* **up** (*Mus.*) attaccare, intonare; (*fig.*) iniziare (un'amicizia, una conversazione) (*with* con); **without** *striking a blow* senza colpo ferire.

strikebound ['straikbaund] *a.* fermo per sciopero.

strike-breaker ['straikbreikə*] *s.* crumiro.

strike-pay ['straikpei] *s.* indennità di sciopero.

striker ['straikə*] *s.* **1** scioperante *m./f.* **2** (*Sport*) battitore; (*nel calcio*) attaccante. **3** (*di fucile*) percussore.

striking ['straikiŋ] *a.* **1** notevole, considerevole. **2** che fa colpo, impressionante. □ *within ~ distance* a tiro.

string [striŋ] *s.* **1** spago, corda; cordoncino; laccio, legaccio. **2** (*di marionetta*) filo. **3** (*Mus.*) corda; corda d'archetto. **4** *pl.* (*Mus.*) strumenti a corda, archi. **5** (*fig.*) sequela, catena. **6** fibra, filo (di ortaggi). **7** (*Inform.*) stringa. □ (*fig.*) *no strings* **attached** senza restrizioni o condizioni; (*fam.*) *to* **have** *s.o. on a ~* tenere qd. in pugno; *a ~ of* **horses** una scuderia di cavalli; *to* **keep** *harping on the same ~* toccare sempre lo stesso tasto; *a ~ of* **pearls** un filo di perle; (*fam.*) *to* **pull** *strings* ottenere con raccomandazioni (*o* amicizie influenti); (*fig.*) *to* **pull** *the strings* manovrare dietro le quinte.

to **string** [striŋ] *v.t.* (*pass.*, *p.p.* **strung** [strʌŋ]) **1** munire di spago (*o* corda); legare con uno spago. **2** (*Mus.*) incordare. **3** infilare. **4** appendere. □ (*fam.*) *to ~* **along** tenere sulla corda, menare per il naso; *to ~* **out** allinearsi, mettersi in fila; *to ~* **up** appendere a una corda; (*fam.*) impiccare; (*fig.*) *to be strung* **up** essere nervoso.

stringbean ['striŋbi:n] *s.* (*Bot.*) fagiolino.

stringed [striŋd] *a.* a corda; munito di corde.

stringency ['strindʒənsi] *s.* **1** severità, rigore. **2** ristrettezze (economiche).

stringent ['strindʒənt] *a.* severo, rigoroso.

stringy ['striŋi] *a.* **1** filaccioso, fibroso. **2** (*di capelli*) spenti, opachi.

strip [strip] *s.* **1** striscia. **2** fumetto. **3** (*Aer.*) pista di atterraggio. **4** (*fam.*) → **strip-tease**.

to **strip** [strip] *v.* (*pass.*, *p.p.* **stripped** [–t]) **I** *v.t.* **1** svestire, spogliare. **2** (*di abito*) (spesso con *off*) togliere, levare. **3** staccare, rimuovere, levare: *to ~ wallpaper from the walls* staccare la tappezzeria dalle pareti. **4** (*Aut., Mecc.*) (spesso con *down*) smontare. **5** (*Mil., Mecc.*) smantellare. **6** svuotare. **7** depredare, spogliare. **II** *v.i.* spogliarsi, svestirsi; fare uno spogliarello. □ *to ~ s.o.* (*naked*) denudare qd.

strip club ['stripklʌb] *s.* locale con spettacolo di spogliarello.

stripe [straip] *s.* **1** striscia, riga. **2** (*Mil.*) gallone.

striped [straipt] *a.* a righe, a strisce.

strip lighting ['striplaitiŋ] *s.* illuminazione con tubi fluorescenti.

stripling ['stripliŋ] *s.* adolescente, ragazzo.

stripper ['stripə*] *s.* spogliarellista.

strip-tease ['stripti:z] *s.* spogliarello.

to **strive** [straiv] *v.i.* (*pass.* **strove** [strəuv], *p.p.* **striven** [strivn]) sforzarsi; lottare, battersi (*for, after* per).

strychnine ['strikni:n] *s.* (*Farm.*) stricnina.
strode [strəud] → to **stride**.
stroke[1] [strəuk] *s.* **1** colpo; botta, percossa. **2** tratto (di penna); pennellata. **3** (*di campana, ecc.*) rintocco. **4** (*fig.*) colpo: *a ~ of luck* un colpo di fortuna. **5** (*Med.*) colpo (apoplettico). **6** (*Sport*) colpo; tiro, lancio; (*nel nuoto*) bracciata. **7** (*Mar.*) voga, vogata; capovoga. □ **at** *a* (o *one*) ~ in un attimo, d'un tratto; *a good ~ of* **business** un buon affare; (*fam.*) **on** *the ~* in perfetto orario; *not to do a ~ of* **work** non alzare un dito.
stroke[2] [strəuk] *s.* lisciata; carezza: *to give one's beard a ~* darsi una lisciata alla barba.
to **stroke** [strəuk] *v.t.* accarezzare, lisciare. □ *to ~ s.o.* **down** placare qd.; *to ~ s.o. the* **wrong** *way* prendere qd. per il verso sbagliato.
stroll [strəul] *s.* passeggiatina, giretto. □ *to take a ~* fare due passi.
to **stroll** [strəul] *v.i.* andare a zonzo; gironzolare, bighellonare; passeggiare.
stroller ['strəulə*] *s.* **1** vagabondo. **2** (*am.*) passeggino.
strolling ['strəuliŋ] *a.* girovago, ambulante.
strong ['strɔŋ] **I** *a.* **1** forte; robusto, vigoroso; potente; energico. **2** solido, resistente; stabile, saldo. **3** impetuoso, violento. **4** valido, convincente. **5** (*di liquori, bevande*) forte. **6** (*di burro*) rancido; (*di formaggio*) piccante. **II** *avv.* (*fam.*) forte, fortemente. □ *as ~* **as** *a lion* forte come un toro; (*fam.*) *to* **come** *it ~* esagerare; (*fam.*) *to be ~* **for** dare grande importanza a; (*fam.*) *to be* **going** *~* andare a gonfie vele, andare forte; ~ **language** imprecazioni; (*fig.*) ~ **point** forte.
strong-arm ['strɔŋɑ:m] *a.* forte, energico.
strongbox ['strɔŋbɔks] *s.* cassaforte.
stronghold ['strɔŋhəuld] *s.* fortezza; roccaforte (*anche fig.*).
strong-minded ['strɔŋ'maindid] *a.* risoluto, deciso.
strong room ['strɔŋru:m] *s.* camera blindata.
strontium ['strɔnʃiəm] *s.* (*Chim.*) stronzio.
strop [strɔp] *s.* coramella.
strophe ['strəufi] *s.* (*Metrica*) strofa.
strove [strəuv] → to **strive**.
struck [strʌk] → to **strike**.
structural ['strʌktʃərəl] *a.* strutturale.
structuralism ['strʌktʃərəlizəm] *s.* strutturalismo.
structure ['strʌktʃə*] *s.* **1** struttura; composizione, costituzione. **2** organizzazione, organismo. **3** fabbricato, edificio.
struggle ['strʌgl] *s.* **1** combattimento; lotta. **2** grande sforzo.
to **struggle** ['strʌgl] *v.i.* **1** lottare, battersi (*for* per). **2** sforzarsi, affannarsi. □ *to ~* **through** farsi strada a fatica; *to ~* **up** salire con difficoltà.
struggler ['strʌglə*] *s.* lottatore.
strum [strʌm] *s.* strimpellamento; strimpellio.
to **strum** [strʌm] *v.t./i.* (*pass., p.p.* **strummed** [–d]) strimpellare.
strumpet ['strʌmpit] *s.* (*ant.*) prostituta.
strung [strʌŋ] → to **string**.
strut[1] [strʌt] *s.* l'incedere impettito.
to **strut** [strʌt] *v.i.* (*pass., p.p.* **strutted** [–id]) avanzare impettito.
strut[2] [strʌt] *s.* (*Edil.*) puntone, puntello.
stub [stʌb] *s.* **1** (*di matita, sigaretta, ecc.*) mozzicone. **2** matrice (di libretto di assegni).
to **stub** [stʌb] *v.t.* (*pass., p.p.* **stubbed** [–d]) **1** urtare (i piedi). **2** (general. con *out*) spegnere (una sigaretta). **3** (spesso con *up*) sradicare, estirpare (radici, ceppi).
stubble ['stʌbl] *s.* **1** (*Agr.*) stoppia. **2** barba corta; (*estens.*) spuntone di barba.
stubbly ['stʌbli] *a.* **1** coperto di stoppie. **2** (corto e) ispido.
stubborn ['stʌbən] *a.* **1** testardo, ostinato. **2** difficile da trattare. □ *as ~ as a mule* testardo come un mulo.
stubbornness ['stʌbənnis] *s.* testardaggine.
stubby ['stʌbi] *a.* tozzo; tarchiato.
stucco ['stʌkəu] *s.* (*pl.* **–s/–es** [–z]) stucco.
stuck[1] [stʌk] → to **stick**[1].
stuck[2] [stʌk] *a.* **1** bloccato, inceppato. **2** (*fig.*) invischiato. **3** (*fam.*) infatuato, cotto (*on* di).
stuck-up ['stʌk'ʌp] *a.* (*fam.*) borioso, pieno di sé.
stud[1] [stʌd] *s.* **1** bottoncino (di colletto). **2** borchia.
to **stud** [stʌd] *v.t.* (*pass., p.p.* **studded** [–id]) (*fig.*) tempestare, costellare (*with* di).
stud[2] ['stʌd] *s.* cavalli da allevamento; allevamento.
student ['stju:dənt, *am.* 'stu:–] *s.* **1** studente. **2** studioso.
studhorse ['stʌdhɔ:s] *s.* stallone (da monta).
studied ['stʌdid] *a.* studiato, intenzionale.
studio *it.* ['stju:diəu, *am,* 'stu:–] *s.* (*pl.* **–s** [–z]) **1** studio (*anche Rad., TV*). **2** teatro di posa. **3** atelier (d'artista). □ ~ *couch* divano letto.
studio flat ['stju:diəuflæt] *s.* (*neol.*) monolocale (con servizi).
studious ['stju:diəs, *am.* 'stu:–] *a.* **1** studioso; diligente. **2** → **studied.**
studmare ['stʌdmɛə*] *s.* fattrice (da allevamento).
study ['stʌdi] *s.* **1** studio. **2** indagine, ricerca; lavoro, scritto. **3** studio (di un professionista). **4** (*Arte*) studio, schizzo.
to **study** ['stʌdi] **I** *v.i.* studiare. **II** *v.t.* **1** studiare; esaminare, analizzare. **2** meditare a lungo, ponderare. □ *to ~* **out** progettare; *to ~* **up** studiare ben bene.
stuff [stʌf] *s.* **1** materia, sostanza; materiale. **2** cose, roba; materiale, attrezzatura. **3** (*fig.*) stoffa, carattere. □ **do** *your ~* dimostra quello che sai fare; *to* **know** *one's ~* intendersene, essere esperto di; *~ and* **nonsense**! sciocchezze!
to **stuff** [stʌf] *v.t.* **1** imbottire, riempire. **2** (*fam.*) rimpinzare, ingozzare. **3** (*Gastr.*) far-

cire. **4** impagliare, imbalsamare. **5** (spesso con *up*) turare, tappare. **6** (*volg.*) scopare, chiavare. ▭ (*fam.*) *to* ~ **o.s.** rimpinzarsi; (*volg.*) *get* **stuffed**! va' a farti fottere!

stuffed [stʌft] *a.* **1** imbottito. **2** (*Gastr.*) ripieno, farcito. ▭ (*fam.*) ~ *shirt* pallone gonfiato.

stuffiness ['stʌfinis] *s.* **1** mancanza d'aria; odore di chiuso. **2** (*fam.*) broncio.

stuffing ['stʌfiŋ] *s.* **1** imbottitura. **2** (*Gastr.*) ripieno. **3** imbalsamatura. ▭ (*fam.*) *to knock the* ~ *out of* fare scendere dal piedistallo; sfinire.

stuffy ['stʌfi] *a.* **1** dall'aria viziata, che sa di chiuso. **2** (*fam.*) imbronciato. **3** (*fam.*) gretto, di idee ristrette.

to **stultify** ['stʌltifai] *v.t.* **1** mettere in ridicolo. **2** frustrare, rendere inutile.

stumble ['stʌmbl] *s.* **1** inciampata. **2** (*fig.*) sbaglio, errore.

to **stumble** ['stʌmbl] *v.i.* **1** inciampare, incespicare. **2** (spesso con *about, across*) camminare barcollando. **3** incespicare (nel parlare), impaperarsi. ▭ *to* ~ **across** = *to* ~ **on**; *to* ~ **into** cadere (inciampando) in; *to* ~ **on** trovare (per caso), imbattersi in; *to* ~ **through** percorrere con passo incerto; (*fig.*) impappinarsi.

stumbling-block ['stʌmbliŋblɔk] *s.* ostacolo, impedimento; difficoltà, scoglio.

stump [stʌmp] *s.* **1** troncone, ceppo. **2** (*di arto, ecc.*) moncone, moncherino. **3** mozzicone, moncone. **4** radice (di dente); dente rotto. **5** (*nel cricket*) paletto. **6** (*Pol.*) podio, tribuna. ▭ (*fam.*) *to stir one's stumps* affrettarsi, sbrigarsi.

to **stump** [stʌmp] **I** *v.t.* **1** (*fam.*) (*di domanda*) lasciare perplesso, sconcertare. **2** (*Pol.*) tenere comizi in. **II** *v.i.* **1** (general. con *along*) camminare pesantemente. **2** (*Pol.*) fare un giro di comizi. ▭ (*fam.*) *to* ~ *up* tirar fuori soldi.

stumper ['stʌmpə*] *s.* (*fam.*) domanda imbarazzante.

stumpy ['stʌmpi] *a.* tozzo; tracagnotto, tarchiato.

to **stun** [stʌn] *v.t.* (*pass., p.p.* **stunned** [-d]) **1** stordire, tramortire. **2** (*fig.*) sbalordire, sbigottire; frastornare.

stung [stʌŋ] → to **sting**.

stunk [stʌŋk] → to **stink**.

stunner ['stʌnə*] *s.* persona (*o* cosa) eccezionale; (*fam.*) (di ragazza) schianto.

stunning ['stʌniŋ] *a.* **1** sbalorditivo, stupefacente. **2** (*fam.*) fantastico, favoloso.

stunt [stʌnt] *s.* **1** esibizione (acrobatica). **2** montatura pubblicitaria.

to **stunt** [stʌnt] *v.t.* arrestare la crescita di.

stuntman ['stʌntmən] *s.* (*pl.* **-men**) (*Cin.*) cascatore, stuntman.

stupefaction [ˌstju:pi'fækʃən, *am.* 'stu:-] *s.* intontimento, stordimento; torpore.

to **stupefy** ['stju:pifai, *am.* 'stu:-] *v.t.* **1** istupidire, intontire. **2** sbalordire, stupefare.

stupendous [stju:'pendəs, *am.* 'stu:-] *a.* **1** prodigioso; stupefacente. **2** enorme, immenso.

stupid ['stju:pid, *am.* 'stu:-] **I** *a.* **1** stupido, ottuso; sciocco, scemo. **2** intontito. **II** *s.* (*fam.*) stupido.

stupidity [stju:'piditi, *am.* stu:-] *s.* **1** stupidità, stupidaggine. **2** scemenza, cretinata.

stupor ['stju:pə* *am.* 'stu:-] *s.* **1** (*Med.*) stupore. **2** stordimento, apatia, torpore.

sturdiness ['stə:dinis] *s.* **1** robustezza, vigore. **2** solidità, resistenza.

sturdy ['stə:di] *a.* **1** robusto, vigoroso. **2** (*fig.*) saldo fidato.

sturgeon ['stə:dʒən] *s.* (*pl. inv.*/**-s** [-z]) (*Zool.*) storione.

stutter ['stʌtə*] *s.* balbettio; balbuzie.

to **stutter** ['stʌtə*] **I** *v.i.* balbettare, tartagliare. **II** *v.t.* (spesso con *out*) balbettare, dire balbettando.

stutterer ['stʌtərə*] *s.* balbuziente *m./f.*

sty[1] [stai] *s.* porcile.

sty[2], **stye** [stai] *s.* (*Med.*) orzaiolo.

style [stail] *s.* **1** stile. **2** maniera, modo. **3** linea, foggia; moda: *the latest* ~ *in fashion* l'ultima moda. **4** titolo, appellativo. **5** (*Biol.*) stilo. **6** (*Comm.*) ragione sociale. ▭ **in** ~ in perfetto stile; **in** *the* ~ *of* alla maniera di.

to **style** [stail] *v.t.* **1** chiamare, denominare. **2** (*nella moda*) disegnare, progettare, dare uno stile a.

stylish ['stailiʃ] *a.* elegante, alla moda; distinto; di classe.

stylishness ['stailiʃnis] *s.* eleganza, stile.

stylist ['stailist] *s.* stilista *m./f.*

stylistic [stai'listik] *a.* stilistico.

to **stylize** ['stailaiz] *v.t.* stilizzare.

stylus ['stailəs] *s.* (*pl.* **-luses** [-ləsiz]) puntina (di giradischi); punta per incisione.

to **stymie** ['staimi] *v.t.* **1** (*nel golf*) ostacolare mettendo la propria palla tra quella avversaria e la buca. **2** (*fig.*) ostacolare; mettere il bastone fra le ruote.

styptic ['stiptik] *a./s.* (*Med.*) astringente. ▭ ~ *pencil* matita emostatica.

Su., **Sun.**, **Sund.** = *Sunday* domenica (dom.).

suave [swɑ:v] *a.* **1** cortese, garbato; mellifluo. **2** (*di vino*) amabile.

suavity ['swɑ:viti] *s.* cortesia; garbo.

sub [sʌb] *s.* (*fam.*) **1** sottomarino. **2** abbonamento. **3** ufficiale subalterno; sottotenente.

subaltern ['sʌbəltə:n, *am.* sə'bɔ-] *s.* (*Mil.*) ufficiale subalterno.

subatomic [ˌsʌbə'tɔmik] *a.* (*Fis.*) subatomico.

subconscious [sʌb'kɔnʃəs] *a./s.* (*Psic.*) subcosciente.

subcontinent [sʌb'kɔntinənt] *s.* (*Geog.*) subcontinente.

subcontract [sʌb'kɔntrækt] *s.* (*Dir.*) subappalto.

to **subcontract** [ˌsʌbkən'trækt] *v.t./i.* subappaltare.

subculture [sʌn'kʌltʃə*] *s.* sottocultura.

subcutaneous [ˌsʌbkju'teinjəs] *a.* sottocutaneo.

to **subdivide** [ˌsʌbdiˈvaid] **I** *v.t.* suddividere. **II** *v.i.* suddividersi.
subdivision [ˌsʌbdiˈviʒən] *s.* suddivisione.
to **subdue** [səbˈdju:] *v.t.* **1** sottomettere, assoggettare. **2** controllare, domare, frenare. **3** (*di luce, suono*) attenuare, diminuire, mitigare.
sub-editor [ˈsʌbˈeditə*] *s.* (*Giorn.*) caposervizio.
subgroup [ˈsʌbgru:p] *s.* sottogruppo.
subheading [sʌbˈhediŋ] *s.* (*Giorn.*) sottotitolo.
subhuman [sʌbˈhju:mən] *a.* subumano.
subject [ˈsʌbdʒikt] **I** *s.* **1** cittadino, suddito. **2** soggetto, tema. **3** motivo, causa (*for* di). **4** (*Scol.*) materia (di studio). **5** (*Gramm.*) soggetto. **II** *a.* **1** assoggettato, sottomesso (*to* a). **2** passibile, suscettibile (di); soggetto, predisposto (a). ▭ (*Comm.*) ~ *to* **approval** salvo approvazione; *to* **keep** *to the* ~ restare in argomento; **on** *the* ~ *of* a proposito di.
to **subject** [səbˈdʒekt] *v.t.* **1** soggiogare, assoggettare. **2** sottoporre.
subjection [səbˈdʒekʃən] *s.* assoggettamento; sottomissione.
subjective [səbˈdʒektiv] *a.* soggettivo.
subject-matter [ˈsʌbdʒiktmætə*] *s.* soggetto, tema (di opera letteraria).
to **subjugate** [ˈsʌbdʒugeit] *v.t.* soggiogare, assoggettare; sottomettere.
subjugation [ˌsʌbdʒuˈgeiʃən] *s.* assoggettamento; sottomissione.
subjunctive [səbˈdʒʌŋktiv] *a./s.* (*Gramm.*) congiuntivo.
sublease [ˈsʌbˈli:s] *s.* (*Dir.*) subaffitto, sublocazione.
to **sublease** [ˈsʌbˈli:s] *v.t.* subaffittare.
to **sublet** [ˈsʌbˈlet] → to **sublease**.
sublimate [ˈsʌblim(e)it] *a./s.* (*Chim.*) sublimato.
to **sublimate** [ˈsʌblimeit] *v.t.* sublimare (*anche fig.*).
sublimation [ˌsʌbliˈmeiʃən] *s.* sublimazione.
sublime [səˈblaim] **I** *a.* **1** sublime, eccelso. **2** (*fam.*) sommo, massimo. **II** *s.* sublime.
subliminal [sʌbˈliminil] *a.* subliminale: ~ *advertising* pubblicità subliminale.
submarine **I** *a.* [ˌsʌbməˈri:n, *am.* ˈsʌb–] subacqueo, sottomarino. **II** *s.* [ˈsʌbməri:n] (*Mar. mil.*) sommergibile, sottomarino.
submariner [sʌbˈmærinə*] *s.* sommergibilista.
to **submerge** [səbˈmə:dʒ] **I** *v.t.* **1** immergere. **2** sommergere; allagare, inondare. **II** *v.i.* immergersi.
submersion [səbˈmə:ʃən, *am.* –ˈmə:ʒen] *s.* sommersione; (*di sottomarino*) immersione.
submission [səbˈmiʃən] *s.* **1** sottomissione, remissività; rispetto, deferenza. **2** resa, capitolazione. **3** presentazione: *the* ~ *of a proposal* la presentazione di una proposta.
submissive [səbˈmisiv] *a.* remissivo, sottomesso.
to **submit** [səbˈmit] *v.* (*pass., p.p.* **submitted** [–id]) **I** *v.t.* presentare, sottoporre, sottomettere. **II** *v.i.* **1** sottomettersi, cedere, arrendersi (*to* a). **2** rassegnarsi, accondiscendere. **3** sottoporsi (a). ▭ *to* ~ *o.s.* sottomettersi.
submultiple [sʌbˈmʌltipl] *a./s.* (*Mat.*) sottomultiplo.
subnormal [sʌbˈnɔ:məl] *a./s.* subnormale.
subordinate [səˈbɔ:dinit] **I** *a.* **1** subalterno, subordinato; dipendente. **2** (*Gramm.*) subordinato, secondario. **II** *s.* subalterno.
to **subordinate** [səˈbɔ:dineit] *v.t.* subordinare (*to* a).
subordination [səˌbɔ:diˈneiʃən] *s.* subordinazione, dipendenza.
subpoena [səbˈpi:nə] *s.* (*Dir.*) ordine di comparizione in giudizio (come testimone); citazione.
to **subpoena** [səbˈpi:nə] *v.t.* citare in giudizio.
to **subscribe** [səbˈskraib] **I** *v.t.* **1** sottoscrivere, firmare. **2** contribuire con. **3** attestare, firmare per consenso. **II** *v.i.* **1** aderire, sottoscrivere: *to* ~ *to a project* aderire a un progetto. **2** abbonarsi.
subscriber [səbˈskraibə*] *s.* **1** abbonato. **2** sottoscrittore.
subscription [səbˈskripʃən] *s.* **1** sottoscrizione; contributo. **2** abbonamento. **3** (*di società, ecc.*) quota di associazione.
subsequent [ˈsʌbsikwənt] *a.* successivo, seguente (*to* a); susseguente.
to **subserve** [səbˈsə:v] *v.t.* servire a, giovare a.
subservience [səbˈsə:viəns] *s.* sottomissione; servilismo.
subservient [səbˈsə:viənt] *a.* **1** ossequioso; servile. **2** subordinato.
to **subside** [səbˈsaid] *v.i.* **1** abbassarsi, cedere; sprofondare. **2** (*fig.*) placarsi, calmarsi. **3** (*fam.*) lasciarsi andare, sprofondare (*into* in): *to* ~ *into an armchair* sprofondarsi in poltrona.
subsidence [səbˈsaidəns] *s.* cedimento, avvallamento; abbassamento.
subsidiary [səbˈsidjəri] **I** *a.* **1** di secondaria importanza, accessorio; facoltativo. **2** relativo ad un sussidio, sotto forma di sussidio. **3** (*Econ.*) sussidiario: ~ *account* conto sussidiario. **II** *s.* **1** assistente *m./f.*, aiuto *m./f.* **2** (*Econ.*) società consociata. ▭ (*Econ.*) ~ *company* società consociata.
to **subsidize** [ˈsʌbsidaiz] *v.t.* sovvenzionare, sussidiare.
subsidy [ˈsʌbsidi] *s.* sovvenzione, sussidio.
to **subsist** [səbˈsist] *v.i.* vivere (*on* di), tenersi in vita (con).
subsistence [səbˈsistəns] *s.* sussistenza, mezzi di sussistenza.
subsoil [ˈsʌbsɔil] *s.* sottosuolo.
subsonic [sʌbˈsɔnik] *a.* (*Aer.*) subsonico.
substance [ˈsʌbstəns] *s.* **1** sostanza, materia. **2** essenza, succo, sostanza. **3** consistenza, solidità; corpo. **4** sostanze, patrimonio. ▭ *a man of* ~ un uomo agiato.
substantial [səbˈstænʃəl] *a.* **1** sostanziale, materiale: ~ *life* la vita materiale. **2** sostanzioso. **3** considerevole, notevole. **4** solido, massiccio.
substantially [səbˈstænʃəli] *avv.* **1** sostanzial-

mente, in modo rilevante. **2** fondamentalmente; a grandi linee: ~ *true* fondamentalmente vero.

to **substantiate** [səb'stænʃieit] *v.t.* comprovare, convalidare.

substantive ['sʌbstəntiv] **I** *s.* (*Gramm.*) sostantivo. **II** *a.* **1** concreto, sostanziale, essenziale, reale. **2** (*Dir.*) sostanziale. **3** (*Gramm.*) con valore sostantivale: ~ *expression* locuzione con valore sostantivale.

substitute ['sʌbstitju:t] *s.* **1** sostituto, supplente *m./f.* **2** (*Alim.*) surrogato. **3** (*Sport*) riserva. □ *to be no* ~ *for s.th.* non essere in grado di sostituire qc.

to **substitute** ['sʌbstitju:t] **I** *v.t.* sostituire, rimpiazzare (*for s.th.* qc.). **II** *v.i.* fare da sostituto (*for* a), fare le veci (di).

substitution [,sʌbsti'tju:ʃən] *s.* sostituzione.

substratum [sʌb'strɑ:təm, *am.* –'strei–] *s.* (*pl.* **–ta** [tə]) sostrato.

to **subtend** [səb'tend] *v.t.* (*Geom.*) sottendere.

subterfuge ['sʌbtəfju:dʒ] *s.* sotterfugio, stratagemma.

subterranean [,sʌbtə'reiniən] *a.* sotterraneo.

subtitle ['sʌbtaitl] *s.* sottotitolo.

subtle ['sʌtl] *a.* **1** impercettibile, inafferrabile. **2** sottile, acuto, perspicace; abile.

subtlety ['sʌtlti] *s.* **1** impercettibilità. **2** acutezza, sottigliezza, perspicacia; abilità.

to **subtract** [sʌb'trækt] *v.t.* sottrarre, detrarre.

subtraction [sʌb'trækʃən] *s.* sottrazione.

subtropical [sʌb'trɔpikəl] *a.* (*Geog.*) subtropicale.

suburb ['sʌbə:b] *s.* sobborgo, periferia.

suburban [sə'bə:bən] *a.* **1** suburbano. **2** (*fig.*) provinciale, chiuso e limitato.

suburbia [sə'bə:biə] *s.* **1** periferia, sobborghi. **2** (*estens.*) modo di vivere degli abitanti dei suburbia.

subversion [sʌb'və:ʃən, *am.* –'və:ʒn] *s.* sovversione, sovvertimento.

subversive [sʌb'və:siv] *a.* sovversivo, sovvertitore.

to **subvert** [sʌb'və:t] *v.t.* sovvertire, rovesciare.

subway ['sʌbwei] *s.* **1** (*Strad.*) sottopassaggio. **2** (*am.*) metropolitana.

to **succeed** [sək'si:d] **I** *v.i.* **1** riuscire: *you should* ~ *in getting this job* dovresti riuscire ad ottenere questo posto di lavoro. **2** avere successo (*in* in). **II** *v.t.* succedere a, seguire a, venire dopo.

succeeding [sək'si:diŋ] *a.* successivo, seguente.

success [sək'ses] *s.* successo: *to meet with* ~ avere successo.

successful [sək'sesful] *a.* **1** riuscito, coronato da successo. **2** di successo, arrivato.

succession [sək'seʃən] *s.* **1** successione. **2** serie, sequenza. □ (*Dir.*) ~ **duty** imposta di successione; **in** ~ di seguito, in successione.

successive [sək'sesiv] *a.* successivo, consecutivo.

successor [sək'sesə*] *s.* successore; erede *m./f.*

success story [sək'ses,stɔ:ri] *s.* (*neol.*) affermazione.

succinct [sək'siŋkt] *a.* conciso, breve, succinto.

succulent ['sʌkjulənt] **I** *a.* succulento, succoso. **II** *s.* (*Bot.*) pianta grassa; succulenta.

to **succumb** [sə'kʌm] *v.i.* cedere, soccombere (*to* a).

such [sʌtʃ] **I** *a.* **1** simile, tale, siffatto, del genere: ~ *people* gente simile. **2** (*usato correlativamente*) tale, tanto: *he spoke with* ~ *passion that he convinced us all* parlò con tanta passione da convincerci tutti. **II** *pron.* **1** questo, tale: ~ *was not my intention* questa non era la mia intenzione. **2** → **suchlike**. **3** (*fam.*) (non si traduce): *he claims to be a friend but he is not* ~ si proclama amico ma non lo è. □ **and** ~ e simili, e così via; ~ **as** come; per esempio; *this is my house,* ~ **as** *it is* questa è la mia casa, se così si può chiamare; ~ **as** *to* tale da; ~ *being the* **case** stando così le cose; ~ *a* **one** un tale; *or* **some** ~ o qualcosa del genere; ~ **that** tale che.

suchlike ['sʌtʃlaik] (*fam.*) **I** *a.* simile, siffatto, di tal sorta. **II** *pron.* persone simili (*o* del genere); cose simili (*o* del genere).

suck [sʌk] *s.* **1** succhiata; poppata. **2** sorso. □ *to give* ~ *to* allattare.

to **suck** [sʌk] **I** *v.t.* **1** succhiare; poppare. **2** aspirare; assorbire. **II** *v.i.* **1** succhiare; poppare. **2** (*tecn.*) aspirare. □ *to* ~ **dry** succhiare sino all'ultima goccia; (*fig.*) esaurire, sfinire; *to* ~ **in** aspirare; (*fig*) imbeversi di; *to* ~ **up** aspirare; assorbire; (*sl. fig.*) leccare i piedi.

sucker ['sʌkə*] *s.* **1** poppante *m./f.* **2** (*fam.*) sempliciotto, babbeo. **3** ventosa. **4** (*Bot.*) pollone, succhione.

sucking ['sʌkiŋ] *a.* lattante, poppante.

sucking pig ['sʌkiŋpig] *s.* porcellino da latte.

to **suckle** ['sʌkl] *v.t.* allattare.

suckling ['sʌkliŋ] *s.* lattante *m./f.*, poppante *m./f.* (*anche fig.*).

suction ['sʌkʃən] *s.* **1** risucchio. **2** aspirazione. □ (*Mecc.*) ~ *pump* pompa aspirante.

Sudan [su:'dɑ:n] *N.pr.* (*Geog.*) Sudan.

sudden ['sʌdn] *a.* improvviso, imprevisto, inaspettato. □ *all of a* ~ tutt'a un tratto.

suddenly ['sʌdnli] *avv.* improvvisamente.

suds [sʌdz] *s.pl.* insaponata; schiuma.

to **sue** [su:] **I** *v.t.* (*Dir.*) citare (in giudizio); intentare (causa) a. **II** *v.i.* **1** (*Dir.*) intentare (una) causa. **2** chiedere; implorare.

suede, **suède** [sweid] *s.* pelle scamosciata.

suet ['s(j)u:it] *s.* (*Gastr.*) grasso di rognone (di bue o montone).

to **suffer** ['sʌfə*] **I** *v.i.* soffrire (*from* di). **II** *v.t.* **1** soffrire, patire. **2** sopportare, tollerare. **3** subire, patire. □ *to* ~ *fools gladly* essere indulgenti nei confronti dei cretini.

sufferance ['sʌfərəns] *s.* tacito consenso; tolleranza.

sufferer ['sʌfərə*] *s.* sofferente *m./f.*

suffering ['sʌfəriŋ] *s.* **1** sofferenza. **2** dolore, patimento.
to **suffice** [sə'fais] *v.t./i.* essere sufficiente, bastare (*for* a). □ ~ *it to say that* basti dire che.
sufficiency [sə'fiʃənsi] *s.* quantità sufficiente, quantità adeguata. □ *self* ~ autosufficienza.
sufficient [sə'fiʃənt] *a.* sufficiente, bastante.
suffix ['sʌfiks] *s.* (*Ling.*) suffisso.
to **suffocate** ['sʌfəkeit] **I** *v.t.* **1** asfissiare, soffocare (*anche fig.*). **2** strangolare, strozzare. **II** *v.i.* **1** sentirsi soffocare. **2** morire per soffocamento.
suffocation [ˌsʌfə'keiʃən] *s.* **1** soffocamento, soffocazione. **2** (*Med.*) asfissia.
suffrage ['sʌfridʒ] *s.* **1** suffragio, diritto di voto. **2** voto.
suffragette *fr.* [ˌsʌfrə'dʒet] *s.* suffragetta.
to **suffuse** [sə'fju:z, *am.* –'fu:z] *v.t.* (*lett.*) soffondere.
sugar ['ʃugə*] *s.* **1** zucchero. **2** (*fig.*) tesoro, amore.
to **sugar** ['ʃugə*] *v.t.* zuccherare.
sugar-beet ['ʃugəbi:t] *s.* (*Bot.*) barbabietola da zucchero.
sugar-bowl ['ʃugəbəul] *s.* zuccheriera.
sugar-candy ['ʃugəkændi] *s.* caramella di zucchero.
sugar-cane ['ʃugəkein] *s.* (*Bot.*) canna da zucchero.
sugared almonds ['ʃugəd'ɑ:məndz] *s.pl.* confetti.
sugarloaf ['ʃugələuf] *s.* pan di zucchero.
sugar lump ['ʃugəlʌmp] *s.* zolletta di zucchero.
sugar tongs ['ʃugətɔŋz] *s.pl.* mollette da zucchero.
sugary ['ʃugəri] *a.* **1** zuccherino. **2** (*fig.*) zuccheroso, sdolcinato.
to **suggest** [sə'dʒest] *v.t.* **1** proporre, suggerire. **2** esprimere; far venire in mente, suggerire.
suggestible [sə'dʒestibl] *a.* suggestionabile.
suggestion [sə'dʒestʃən] *s.* **1** suggerimento, proposta. **2** (*fig.*) traccia, sfumatura. **3** (*Psic.*) suggestione. □ *full of* ~ suggestivo.
suggestive [sə'dʒestiv] *a.* **1** che fa pensare a, che denota: *the decision was* ~ *of panic rather than foresight* la decisione denotava panico più che prudenza. **2** allusivo; pieno di doppi sensi.
suicidal [ˌsu:i'saidl] *a.* **1** suicida. **2** (*fig.*) funesto, deleterio.
suicide ['su:isaid] *s.* **1** suicidio. **2** suicida *m./f.*
suit [s(j)u:t] *s.* **1** abito (da uomo); tailleur. **2** completo, costume. **3** (*Dir.*) azione legale, causa. **4** (*nei giochi di carte*) seme. **5** (*lett. ant.*) corte, corteggiamento. □ *to follow* ~ (*nel gioco delle carte*) rispondere a colore; (*fig.*) seguire l'esempio di.
to **suit** [s(j)u:t] **I** *v.t.* **1** andar bene per; essere adatto a. **2** (*di abito, ecc.*) star bene a, essere adatto a. **3** adeguare (*to* a). **II** *v.i.* andar bene; convenire, addirsi. □ *to be suited* **for** (o *to*) essere adatto a; *to* ~ **o.s.** fare il proprio comodo; ~ **yourself** fa come credi.
suitable ['s(j)u:təbl] *a.* appropriato, adatto, adeguato.
suitcase ['sju:tkeis] *s.* valigia.
suite [swi:t] *s.* **1** mobilia, mobilio. **2** (*in un albergo*) appartamento, suite. **3** seguito, scorta. **4** (*Mus.*) suite.
suitor ['s(j)u:tə*] *s.* **1** (*ant.*) corteggiatore, spasimante. **2** (*Dir.*) attore.
sulfa *am.* ['sʌlfə] *e deriv.* → **sulpha** *e deriv.*
to **sulk** [sʌlk] *v.i.* tenere il broncio, fare lo scontroso.
sulks [sʌlks] *s.pl.* broncio, muso: *to have the* ~ avere il broncio.
sulky ['sʌlki] **I** *a.* **1** imbronciato, immusonito; corrucciato, accigliato. **2** scontroso. **II** *s.* (*Sport*) sulky, sediolo.
sullen ['sʌlən] *a.* **1** accigliato; ostile, astioso. **2** (*di tempo, ecc.*) scuro, fosco.
sullenness ['sʌlənis] *s.* **1** aspetto accigliato. **2** astio.
to **sully** ['sʌli] *v.t.* macchiare, sporcare (*anche fig.*).
sulpha ['sʌlfə] *a./s.* sulfamidico.
sulphate ['sʌlfeit] *s.* (*Chim.*) solfato.
sulphide ['sʌlfaid] *s.* (*Chim.*) solfuro.
sulphonamide [sʌl'fɔnəmaid] *s.* (*Farm.*) sulfamidico, solfamidico.
sulphur ['sʌlfə*] *s.* (*Chim.*) zolfo.
sulphuration [sʌlfjə'reiʃən] *s.* (*Chim.*) solforazione.
sulphureous [sʌl'fjuəriəs] *a.* sulfureo, solfureo.
sulphurous ['sʌlfjərəs] *a.* solforoso
sultan ['sʌltən] *s.* sultano.
sultana [sʌl'tɑ:nə] *s.* uva sultanina.
sultanate ['sʌltəneit] *s.* sultanato.
sultriness ['sʌltrinis] *s.* afosità, pesantezza.
sultry ['sʌltri] *a.* **1** afoso, pesante. **2** (*fig.*) passionale, ardente.
sum [sʌm] *s.* **1** somma, totale; ammontare, importo. **2** addizione; *pl.* calcoli. **3** riassunto, compendio. □ *in* ~ in sintesi.
to **sum** [sʌm] *v.t.* (*pass., p.p.* **summed** [–d]) (spesso con *up*) **1** sommare, addizionare. **2** riassumere, ricapitolare. **3** valutare, giudicare.
to **summarize** ['sʌməraiz] *v.t.* riepilogare, riassumere.
summary ['sʌmri] **I** *s.* riassunto, sunto. **II** *a.* fatto per sommi capi, sommario.
summation [sʌ'meiʃən] *s.* **1** (*Mat.*) sommatoria. **2** (*fig.*) riassunto, sommario.
summer ['sʌmə*] *s.* estate. □ (*am.*) ~ *camp* campeggio estivo.
to **summer** ['sʌmə*] *v.i.* passare l'estate (*at, in* in).
summer-house ['sʌməhaus] *s.* chiosco (in un giardino), padiglione.
summer school ['sʌməsku:l] *s.* corso estivo; scuola estiva.
summertime ['sʌmətaim] *s.* periodo estivo.
summer time ['sʌmətaim] *s.* ora legale.

summery ['sʌməri] *a.* estivo, dell'estate.
summing-up ['sʌmiŋʌp] *s.* (*pl.* **summings-up** ['sʌmiŋz'ʌp]) riepilogo, ricapitolazione.
summit [sʌmit] *s.* **1** vetta, sommità. **2** (*fig.*) apice, vertice. **3** (*Geom.*) vertice. **4** (*Pol.*) conferenza al vertice.
to **summon** ['sʌmən] *v.t.* **1** chiamare; convocare. **2** (*Dir.*) citare (in giudizio). **3** (*fig.*) (spesso con *up*) fare appello a, raccogliere. □ *to ~ up one's strength* farsi coraggio.
summons ['sʌmənz] *s.* **1** convocazione; chiamata. **2** (*Dir.*) citazione.
to **summons** ['sʌmənz] *v.t.* (*Dir.*) citare (in giudizio).
sump [sʌmp] *s.* **1** (*Mecc.*) coppa dell'olio. **2** pozzo di scarico. **3** pozzo nero.
sumptuous ['sʌmptjuəs] *a.* sontuoso, lussuoso, sfarzoso.
sumptuousness ['sʌmptjuəsnis] *s.* sontuosità, sfarzosità.
sun [sʌn] *s.* **1** sole. **2** (*Astr.*) astro, stella. □ *~ bath* bagno di sole.
to **sun** [sʌn] *v.* (*pass., p.p.* **sunned** [–d]): *to ~ o.s.* prendere il sole.
to **sunbathe** ['sʌnbeið] *v.i.* prendere il sole.
sunbeam ['sʌnbi:m] *s.* raggio di sole.
sun-blind ['sʌnblaind] *s.* tenda da sole.
sunburn ['sʌnbə:n] *s.* (*Med.*) eritema solare.
sunburned ['sʌnbə:nd], **sunburnt** ['sʌnbə:nt] *a.* scottato dal sole.
sunburst ['sʌnbə:st] *s.* sprazzo di sole.
sundae ['sʌndi] *s.* coppa di gelato (con sciroppo, panna montata, ecc.).
Sunday ['sʌndi] *s.* domenica. □ (*fam.*) *~* **best** (*o clothes*) vestito della domenica, (*fam.*) vestito della festa; (*fam.*) *a* **month** *of Sundays* un secolo, un'eternità.
Sunday-school ['sʌndisku:l] *s.* scuola di catechismo.
sundial ['sʌndaiəl] *s.* meridiana.
sundown ['sʌndaun] *s.* tramonto.
sun-dried ['sʌndraid] *a.* seccato al sole.
sundries [sʌndriz] *s.pl.* **1** oggetti di vario genere. **2** (*Comm.*) spese varie.
sundry ['sʌndri] *a.* vari, diversi, svariati, parecchi: *on ~ occasions* in diverse occasioni. □ *all and ~* tutti quanti.
sunflower ['sʌnflauə*] *s.* (*Bot.*) girasole.
sung [sʌŋ] → to **sing**.
sun-glasses ['sʌnglɑ:siz] *s.pl.* occhiali da sole.
sunk [sʌŋk] → to **sink**.
sunken[1] ['sʌŋkən] → to **sink**.
sunken[2] ['sʌŋkən] *a.* **1** affondato; sommerso. **2** infossato, incavato.
sun-lamp ['sʌnlæmp] *s.* lampada abbrozzante a raggi ultravioletti.
sunless ['sʌnlis] *a.* **1** senza sole. **2** (*fig.*) triste, tetro.
sunlight ['sʌnlait] *s.* luce solare.
sunlit ['sʌnlit] *a.* assolato, soleggiato.
sun lounge ['sʌnlaundʒ] *s.* veranda.
sunny ['sʌni] *a.* **1** soleggiato, assolato. **2** (*fig.*) gioioso, gaio. □ (*fig.*) *to look on the ~ side of things* vedere il lato bello delle cose.
sunray ['sʌnrei] *s.* raggio di sole.
sunrise ['sʌnraiz] *s.* alba, aurora.
sunroof ['sʌnru:f] *s.* (*Aut.*) capote, tetto apribile.
sunset ['sʌnset] *s.* tramonto.
sunshade ['sʌnʃeid] *s.* **1** ombrello da sole. **2** tenda da sole.
sunshine ['sʌnʃain] *s.* luce del sole; bel tempo.
sunspot ['sʌnspɔt] *s.* (*Astr.*) macchia solare.
sunstroke ['sʌnstrəuk] *s.* (*Med.*) insolazione.
suntan ['sʌntæn] *s.* abbronzatura.
to **suntan** ['sʌntæn] *v.t.* (*pass., p.p.* **suntanned**) abbronzare.
suntrap ['sʌntræp] *s.* angolino soleggiato e riparato.
sun-up ['sʌnʌp] *s.* (*fam.*) alba, aurora.
sup [sʌp] *s.* sorso. □ *to have neither bite nor ~* stare senza mangiare e bere.
to **sup**[1] [sʌp] *v.i.* (*pass., p.p.* **supped** [–t]) (*raro*) cenare (*on, upon, off* con).
to **sup**[2] [sʌp] *v.t./i.* (*pass., p.p.* **supped** [–t]) bere a piccoli sorsi.
super ['s(j)u:pə*] **I** *a.* (*fam.*) super, eccellente, eccezionale; di prim'ordine. **II** *s.* (*fam.*) sovrintendente *m./f.*.
superabundance [ˌs(j)u:pərə'bʌndəns] *s.* sovrabbondanza.
superabundant [ˌs(j)u:pərə'bʌndənt] *a.* sovrabbondante.
to **superannuate** [ˌs(j)u:pər'ænjueit] *v.t.* **1** mettere in pensione. **2** dichiarare superato (*o* scaduto).
superannuated [ˌs(j)u:pər'ænjueitd] *a.* superato, fuori moda.
superannuation [ˌs(j)u:pərænju'eiʃən] *s.* fondo pensione.
superb [s(j)u:'pə:b] *a.* superbo, straordinario.
supercilious [ˌs(j)u:pə'siliəs] *a.* **1** superbo, borioso. **2** sprezzante, sdegnoso.
super-ego ['s(j)upə'egəu] *s.* (*Psic.*) superego.
superficial [ˌs(j)u:pə'fiʃəl] *a.* superficiale.
superficiality [ˌs(j)u:pəˌfiʃi'æliti] *s.* superficialità.
superficies [ˌs(j)u:pə'fiʃi:z] *s.inv.* superficie, area.
superfine ['s(j)u:pəfain] *a.* finissimo; sopraffino.
superfluity [ˌs(j)u:pə'flu:iti] *s.* eccedenza; sovrabbondanza.
superfluous [s(j)u'pə:fluəs] *a.* superfluo; in eccesso, eccedente.
to **superheat** [ˌs(j)u:pə'hi:t] *v.t.* surriscaldare.
superhighway *am.* [ˌs(j)u:pə'haiwei] *s.* autostrada.
superhuman [ˌs(j)u:pə'hju:mən] *a.* sovrumano.
to **superimpose** [ˌs(j)u:perim'pəuz] *v.t.* sovrapporre.
to **superintend** [ˌs(j)u:prin'tend] **I** *v.t.* sovrintendere a, sorvegliare. **II** *v.i.* esercitare una supervisione.
superintendence [ˌs(j)u:prin'tendəns] *s.* controllo, supervisione.
superintendent [ˌs(j)u:prin'tendənt] *s.* **1** so-

vrintendente *m./f.*, supervisore. **2** (*di polizia*) commissario (capo).
superior [s(j)u:'piəriə*] **I** *a.* **1** superiore, migliore. **2** altezzoso, sprezzante. **II** *s.* superiore.
superiority [s(j)u:ˌpiəri'ɔriti] *s.* superiorità.
superlative [s(j)u:'pə:lətiv] **I** *a.* superlativo; eccellente, ottimo. **II** *s.* (*Gramm.*) superlativo. □ (*Gramm.*) ~ *degree* (grado) superlativo.
superman ['sju(:)pəmən] *s.* (*pl.* **-men**) superuomo.
supermarket ['sju(:)pəmɑ:kit] *s.* supermercato.
supernatural [ˌs(j)u:pə'nætʃərəl] *a./s.* soprannaturale.
supernormal [ˌs(j)u:pə'nɔ:məl] *a.* superiore al normale.
supernumerary [ˌs(j)upə'nju:mərəri] **I** *a.* (*fig.*) in soprannumero; (*fig.*) superfluo, eccedente. **II** *s.* **1** impiegato straordinario. **2** (*Cin.*) comparsa.
superpower [ˌsu:pə'pauə*] *s.* (*Pol.*) superpotenza.
to **supersede** [ˌs(j)u:pə'si:d] *v.t.* sostituire, soppiantare.
supersonic [ˌs(j)u:pə'sɔnik] *a.* supersonico, ultrasonico.
superstar ['su:pəstɑ:*] *s.* **1** (*Sport*) campionissimo. **2** (*Cin., Teat.*) stella di prima grandezza.
superstition [ˌs(j)u:pə'stiʃən] *s.* superstizione.
superstitious [ˌs(j)u:pə'stiʃəs] *a.* superstizioso.
superstructure [ˌs(j)u:pə'strʌktʃə*] *s.* sovrastruttura.
to **supervene** [ˌs(j)u:pə'vi:n] *v.i.* sopravvenire.
to **supervise** ['s(j)u:pəvaiz] *v.t.* sovrintendere a, vigilare su.
supervision [ˌs(j)u:pə'viʒən] *s.* sovrintendenza; supervisione; vigilanza.
supervisor ['s(j)u:pəvaizə*] *s.* **1** sovrintendente; supervisore *m./f.* **2** ispettore.
supine [sju:'pain] *a.* **1** supino, sdraiato, sul dorso. **2** (*fig.*) indolente, pigro.
supper ['sʌpə*] *s.* cena. □ *to have* ~ cenare.
supperless ['sʌpəlis] *a.* senza cena.
suppertime ['sʌpətaim] *s.* ora di cena.
to **supplant** [sə'plɑ:nt, *am.* –'plænt] *v.t.* soppiantare.
supple ['sʌpl] *a.* **1** flessibile, pieghevole; (*rif. a persona*) agile. **2** (*fig.*) duttile, elastico.
supplement ['sʌplimənt] *s.* **1** supplemento; integrazione. **2** (*Giorn.*) supplemento.
to **supplement** ['sʌpliment] *v.t.* integrare, completare
supplementary [ˌsʌpli'mentəri] *a.* supplementare; suppletivo. □ ~ *benefit* indennità integrativa (elargita dal Governo Britannico).
suppleness ['sʌplnis] *s.* agilità, flessibilità.
supplicant ['sʌplikənt] *s.* supplice *m./f.*, supplicante *m./f.*
supplication [ˌsʌpli'keiʃən] *s.* supplica.
supplier [sə'plaiə*] *s.* (*Comm.*) fornitore.
supply [sə'plai] *s.* **1** fornitura, rifornimento, provvista, scorta. **2** *pl.* (*Mil.*) approvvigionamenti, rifornimenti. **3** (*Econ.*) offerta. □ (*Scol.*) *to* **be** (o *go*) *on* ~ fare una supplenza; *to be in* **short** ~ scarseggiare; (*Scol.*) ~ **teacher** supplente.
to **supply** [sə'plai] *v.t.* **1** fornire, rifornire, provvedere (*with* di). **2** approvvigionare, vettovagliare.
support [sə'pɔ:t] *s.* **1** sostegno, puntello. **2** (*fig.*) aiuto; sostegno, appoggio. **3** sostentamento, mezzi di sostentamento; mantenimento. **4** convalida, conferma. □ *in* ~ *of* a favore di, a sostegno di.
to **support** [sə'pɔ:t] *v.t.* **1** sostenere, reggere, sorreggere. **2** (*fig.*) aiutare; sostenere, appoggiare. **3** mantenere, provvedere a. **4** sovvenzionare, finanziare. **5** tollerare, accettare: *I couldn't* ~ *his bad manners any longer* non potevo più tollerare la sua maleducazione. **6** (*di teoria, ecc.*) suffragare, corroborare. **7** (*Sport*) fare il tifo per.
supporter [sə'pɔ:tə*] *s.* **1** sostenitore; fautore. **2** (*Sport*) tifoso.
to **suppose** [sə'pəuz] *v.t.* **1** supporre, ammettere (per ipotesi). **2** credere, pensare, immaginare; ritenere, presumere. □ ~ **nobody** *came* metti (caso) che non venga nessuno; *I* ~ **so** credo di sì; sarà, può darsi.
supposed [sə'pəuzd] *a.* presunto, supposto; ipotetico. □ *to* **be** ~ *to do s.th.* essere tenuto a fare qc.; *we are* **not** ~ *to go out alone* non ci è permesso uscire da soli.
supposing [se'pəuziŋ] *congz.* ammesso che, supponendo che.
supposition [ˌsʌpə'ziʃən] *s.* supposizione, ipotesi, congettura. □ *on the* ~ *that* supponendo che.
suppository [sə'pɔzitəri] *s.* (*Farm.*) supposta.
to **suppress** [sə'pres] *v.t.* **1** reprimere, soffocare. **2** abolire, eliminare.
suppression [sə'preʃən] *s.* **1** repressione, soffocamento. **2** soppressione, abolizione.
to **suppurate** ['sʌpjureit] *v.i.* (*Med.*) suppurare.
suppuration [ˌsʌpju'reiʃən] *s.* (*Med.*) suppurazione.
supranational [ˌsuprə'næʃnl] *a.* sovranazionale.
supremacy [s(j)u:'preməsi] *s.* primato, supremazia.
supreme [s(j)u'pri:m] *a.* **1** supremo, sommo. **2** (*fig.*) cruciale.
surcharge ['sə:tʃɑ:dʒ] *s.* **1** soprattassa; supplemento, sovrapprezzo. **2** sovraccarico.
to **surcharge** [sə:'tʃɑ:dʒ] *v.t.* **1** mettere un sovrapprezzo a. **2** (general. al passivo) sovraccaricare.
surd [sə:d] *a.* (*Mat.*) irrazionale.
sure [ʃuə*] **I** *a.* **1** (*pred.*) sicuro, certo: *I am* ~ *you are wrong* sono sicuro che hai torto; convinto, persuaso (*of* di). **2** infallibile, sicuro; fidato, attendibile. **3** saldo, fermo. **II** *avv.* (*fam.*) certo, indubbiamente. **III** *intz.* senz'altro, certo, sicuro. □ *to* **be** ~ a dire il vero; *to* **be** ~ *to* (o *and*) (*+inf.*) non mancare di, avere cura di: *be* ~ *to lock the door* non

dimenticarti di chiudere la porta; *to* **be** ~ *of o.s.* = *to* **feel** ~ *of o.s.*; (*fam.*) *as* ~ *as* **eggs** *is eggs* com'è certo che due più due fa quattro; ~ **enough** e infatti, e in effetti; *to* **feel** ~ essere certo; sentirsi sicuro; (*fam.*) (*and that's*) **for** ~ di sicuro, per certo; *to* **make** ~ accertarsi, assicurarsi; (*negli imperativi*) badare, vedere; controllare; *to* **make** ~ *of* assicurarsi di, procurarsi; (*am. fam.*) ~ **thing**! certo, sicuro!
sure-fire ['ʃuəfaiə*] *a.* (*fam.*) infallibile, sicuro, certo.
sure-footed ['ʃuəfutid] *a.* dal passo sicuro; dal piede fermo.
surely ['ʃuəli] *avv.* **1** di sicuro, senza dubbio. **2** (*am.*) senz'altro: *would you come?* - ~ verresti? - senz'altro. **3** certo; di sicuro: ~ *you don't intend giving up now* certo non vorrai arrenderti ora.
sureness ['ʃuənis] *s.* sicurezza, certezza.
surety ['ʃuəti] *s.* **1** garanzia, avallo. **2** (*Dir.*) garante *m./f.*, mallevadore. ☐ *to stand* ~ *for s.o.* farsi garante per qd.
surf [sə:f] *s.* cavalloni, frangenti. ☐ ~ *board* tavola da surf.
surface ['sə:fis] **I** *s.* **1** superficie. **2** (*fig.*) apparenza, aspetto esteriore. **II** *a.attr.* superficiale. ☐ (*Poste*) ~ **mail** posta ordinaria; ~*-to-air* **missiles** missili terra-aria; **on** *the* ~ in superficie; (*fig.*) in apparenza.
to **surface** ['sə:fis] **I** *v.t.* **1** (*Edil.*) rifinire; (*Strad.*) spianare. **2** (*di sommergibile*) far emergere, far affiorare. **II** *v.i.* venire a galla, affiorare.
surfeit ['sə:fit] *s.* **1** eccesso, sovrabbondanza. **2** (*fig.*) sazietà, nausea.
to **surfeit** ['sə:fit] *v.t.* **1** rimpinzare. **2** (*fig.*) disgustare, nauseare. ☐ *to* ~ *o.s. with* rimpinzarsi di.
surge [sə:dʒ] *s.* **1** ondata; cavallone, maroso. **2** (*fig.*) impeto, slancio; ondata.
to **surge** [sə:dʒ] *v.i.* **1** ondeggiare, fluttuare. **2** (*del mare*) gonfiarsi. **3** (*fig.*) scaturire, prorompere.
surgeon ['sə:dʒən] *s.* **1** chirurgo. **2** (*Mil.*) ufficiale medico.
surgery ['sə:dʒəri] *s.* **1** chirurgia; intervento chirurgico: *to undergo* ~ sottoporsi a un intervento chirurgico. **2** gabinetto medico, ambulatorio. **3** orario delle visite.
surgical ['sə:dʒikəl] *a.* chirurgico.
surly ['sə:li] *a.* arcigno, burbero.
surmise ['sə:maiz] *s.* congettura, supposizione.
to **surmise** ['sə:maiz] **I** *v.t.* supporre, congetturare. **II** *v.i.* fare una supposizione (*o* congettura).
to **surmount** [sə'maunt] *v.t.* **1** superare. **2** sormontare.
surname ['sə:neim] *s.* cognome.
to **surpass** [sə'pɑ:s] *v.t.* superare, sorpassare: *to* ~ *all expectations* superare tutte le aspettative.
surpassing [sə'pɑ:siŋ] *a.* incomparabile, senza uguale.
surplice ['sə:plis] *s.* (*Lit.*) cotta.
surplus ['sə:pləs] *s.* **1** sovrappiù, eccedenza. **2** (*Econ.*) surplus, plusvalore. **3** (*Comm.*) residuo attivo. **4** (*Agr.*) sovrapproduzione. ☐ ~ **assets** attività residua; (*Econ.*) ~ **value** plusvalore.
surprise [sə'praiz] *s.* sorpresa; stupore, meraviglia. ☐ *to* **feel** ~ essere stupito; **much** *to my* ~ con mia grande sorpresa; *to* **take** *by* ~ cogliere alla sprovvista; **what** *a* ~! che sorpresa!
to **surprise** [sə'praiz] *v.t.* sorprendere, meravigliare; cogliere di sorpresa.
surprising [sə'praiziŋ] *a.* sorprendente, stupefacente.
surrealism [sə'ri:əlizəm] *s.* (*Arte*) surrealismo.
surrealist [sə'ri:əlist] *s.* (*Arte*) surrealista *m./f.*
surrealistic [səriə'listik] *a.* surrealistico.
surrender [sə'rendə*] *s.* **1** resa, capitolazione. **2** abbandono, cessione. **3** (*Assicurazioni*) riscatto.
to **surrender** [sə'rendə*] **I** *v.t.* **1** cedere, rinunciare a. **2** arrendersi, capitolare. **3** consegnare. **II** *v.i.* **1** arrendersi (*to* a). **2** (*fig.*) abbandonarsi, darsi (a).
surreptitious [ˌsʌrəp'tiʃəs] *a.* furtivo, clandestino; segreto.
surrogate ['sʌrəgit] *s.* **1** sostituto; vice. **2** (*Psic.*) figura parentale sostitutiva di un genitore. **3** (*am.*) chi diventa genitore per mezzo dell'inseminazione artificiale.
to **surround** [sə'raund] *v.t.* circondare, cingere. ☐ *to* ~ *o.s. with* circondarsi di, attorniarsi di.
surrounding [sə'raundiŋ] **I** *a.* circostante. **II** *s.* **1** *pl.* dintorni. **2** *pl.* (*fig.*) ambiente.
surtax ['sə:tæks] *s.* (*Econ.*) soprattassa, imposta addizionale.
to **surtax** ['sə:tæks] *v.t.* imporre una soprattassa su.
surveillance [sə'veiləns] *s.* sorveglianza, vigilanza.
survey ['sə:vei] *s.* **1** studio, esame. **2** ispezione, controllo. **3** stima, perizia. **4** indagine. **5** (*Topografia*) rilevamento.
to **survey** [sə:'vei] *v.t.* **1** guardare, osservare. **2** prendere in esame, considerare; valutare, stimare. **3** (*Topografia*) rilevare. **4** fare un'indagine su.
surveying [sə:'veiiŋ] *s.* **1** (*Topografia*) agrimensura. **2** misurazione.
surveyor [sə:'veiə*] *s.* **1** ispettore, perito. **2** (*Topografia*) agrimensore, topografo.
survival [sə'vaivəl] *s.* **1** sopravvivenza. **2** avanzo, reliquia.
survival kit [sə'vaivəlkit] *s.* cassetta per la sopravvivenza (in caso di emergenza).
to **survive** [sə'vaiv] *v.t./i.* sopravvivere.
survivor [sə'vaivə*] *s.* superstite *m./f.*
Susan ['su:zn] *N.pr.f.* Susanna.
susceptibility [səˌseptə'biliti] *s.* **1** sensibilità. **2** (*Med.*) predisposizione. **3** *pl.* suscettibilità.
susceptible [sə'septəbl] *a.* **1** sensibile (*to* a). **2** (*Med.*) predisposto, soggetto (*to* a). **3** im-

pressionabile, suggestionabile. **4** suscettibile: ~ *of improvement* suscettibile di miglioramento.

suspect ['sʌspekt] **I** *s.* persona sospetta, sospetto. **II** *a.* sospetto.

to **suspect** [sə'spekt] *v.t.* **1** sospettare (di): *to ~ s.o. of a crime* sospettare qd. di un delitto. **2** dubitare (di). **3** presumere, ritenere.

to **suspend** [sə'spend] *v.t.* **1** sospendere, appendere; tenere appeso. **2** (*fig.*) lasciare in sospeso; interrompere, cessare (temporaneamente). **3** (*Dir.*) aggiornare, rinviare. **4** sospendere. **5** (*Sport*) squalificare.

suspender [sə'spendə*] *s.* **1** giarrettiera. **2** *pl.* (*am.*) bretelle.

suspense [sə'spens] *s.* **1** ansia, apprensione; suspense. **2** incertezza, indecisione. □ *to keep s.o. in ~* tenere qd. con l'animo in sospeso.

suspension [səs'penʃən] *s.* **1** sospensione (*anche Mecc.*). **2** interruzione, differimento. **3** (*Dir.*) sospensione, dilazione. □ *~ bridge* ponte sospeso.

suspicion [sə'spiʃən] *s.* **1** sospetto. **2** (*fig.*) accenno, traccia. □ **above** ~ al di sopra di ogni sospetto; **under** ~ sospettato.

suspicious [sə'spiʃəs] *a.* **1** sospetto, che desta sospetto. **2** diffidente, sospettoso.

to **sustain** [sə'stein] *v.t.* **1** sostenere, reggere. **2** (*fig.*) sostenere, appoggiare; incoraggiare, dar forza. **3** mantenere, provvedere al sostentamento di. **4** subire, patire: *to ~ heavy losses* subire gravi perdite. **5** (*Dir.*) accogliere, accettare (come valido). □ *sustaining food* alimento sostanzioso, nutriente.

sustenance ['sʌstinəns] *s.* sostentamento, nutrimento.

suture ['sju:tʃə*] *s.* (*Chir.*) sutura.

svelte *fr.* [svelt] *a.* snello, slanciato.

swab [swɔb] *s.* **1** strofinaccio per pavimenti, straccio. **2** (*Med.*) tampone. **3** scovolo.

to **swab** [swɔb] *v.t.* (*pass., p.p.* **swabbed** [-d]) passare lo straccio su.

to **swaddle** ['swɔdl] *v.t.* fasciare (un neonato).

swaddling clothes ['swɔdlin,kləuðz] *s.pl.* fasce (da neonato), pannolini.

swagger ['swægə*] **I** *s.* andatura tracotante; aria tracotante; spavalderia. **II** *a.* (*fam.*) elegante, alla moda.

to **swagger** ['swægə*] *v.i.* (spesso con *along*) camminare con aria tracotante.

swaggerer ['swægərə*] *s.* smargiasso, spaccone.

swallow[1] ['swɔləu] *s.* (*Zool.*) rondine.

swallow[2] ['swɔləu] *s.* **1** deglutizione. **2** boccone; sorso.

to **swallow** ['swɔləu] **I** *v.t.* **1** inghiottire, deglutire. **2** ingoiare, ingurgitare, trangugiare. **3** (*fig.*) (general. con *up*) inghiottire, assorbire, far scomparire. **4** (*fam.*) credere (ingenuamente) a, bere. **II** *v.i.* inghiottire. □ (*fig.*) *to ~ the bait* abboccare.

swallow tail ['swɔləuteil] *s.* **1** (*Zool.*) coda forcuta. **2** marsina, frac.

swallow-tailed ['swɔləuteild] *a.* a coda di rondine.

swam [swæm] → to **swim**.

swamp [swɔmp] *s.* pantano, acquitrino.

to **swamp** [swɔmp] *v.t.* sommergere, inondare (*anche fig.*): *to be swamped with work* essere sommerso dal lavoro.

swampy ['swɔmpi] *a.* paludoso, acquitrinoso.

swan [swɔn] *s.* (*Zool.*) cigno. □ *~'s down* piuma di cigno.

swang [swæŋ] → to **swing**.

swank [swæŋk] **I** *a.* **1** pretenzioso. **2** appariscente. **II** *s.* **1** eleganza. **2** ostentazione. **3** vanteria.

to **swank** [swæŋk] *v.i.* (*fam.*) **1** pavoneggiarsi; vantarsi. **2** fare lo spaccone.

swanky ['swæŋki] *a.* (*fam.*) **1** elegante, alla moda. **2** vistoso, sgargiante.

swan-song ['swɔnsɔŋ] *s.* canto del cigno.

swap [swɔp] *s.* (*fam.*) scambio, baratto.

to **swap** [swɔp] *v.* (*pass., p.p.* **swapped** [-t]) **I** *v.t.* (*fam.*) **1** cambiare, barattare (*for s.th.* qc.). **2** sostituire. **II** *v.i.* fare uno scambio.

sware [swɛə*] → to **swear**.

swarm [swɔ:m] *s.* sciame.

to **swarm**[1] [swɔ:m] *v.i.* **1** (*di api*) sciamare. **2** formicolare, pullulare (*with* di).

to **swarm**[2] [swɔ:m] *v.t./i.* arrampicarsi (*up* su).

swarthy ['swɔ:ði] *a.* di colorito scuro, dalla carnagione bruna.

swashbuckler ['swɔʃbʌklə*] *s.* fanfarone, smargiasso.

swashbuckling ['swɔʃbʌkliŋ] **I** *a.* da smargiasso. **II** *s.* spacconata, smargiassata.

swat [swɔt] *s.* **1** colpo secco. **2** acchiappamosche.

to **swat** [swɔt] *v.t.* (*pass., p.p.* **swatted** [-id]) schiacciare, uccidere (un insetto).

swath [swɔ:θ] *s.* (*Agr.*) falciata; fila di spighe falciate.

to **swathe** [sweið] *v.t.* fasciare, bendare.

sway [swei] *s.* **1** oscillazione, dondolio, ondeggiamento. **2** (*fig.*) influenza; potere. □ (*fig.*) *to hold ~ over s.o.* dominare qd.

to **sway** [swei] **I** *v.i.* ondeggiare, oscillare, dondolare; barcollare. **II** *v.t.* **1** fare oscillare. **2** (*fig.*) influenzare.

swear [swɛə*] *s.* (*fam.*) imprecazione, bestemmia.

to **swear** [swɛə*] *v.* (*pass.* **swore** [swɔ:*]/*ant.* **sware** [swɛə*], *p.p.* **sworn** [swɔ:n]) **I** *v.i.* **1** prestare giuramento, giurare. **2** imprecare, bestemmiare (*at* contro). **II** *v.t.* giurare, affermare con giuramento. □ *to ~* **by** giurare su; (*fam.*) avere piena fiducia in; *to ~* **for** garantire per; *to ~ s.o.* **in** far prestare giuramento a qd.; *to ~ an* **oath** prestare giuramento; *to ~* **to** giurare, assicurare.

swearer ['swɛərə*] *s.* bestemmiatore.

swear-word ['swɛəwə:d] → **swear.**

sweat [swet] *s.* **1** sudore, traspirazione. **2** sudata; bagno di sudore. **3** (*fam.*) sfacchinata. **4** trasudazione. □ (*fam.*) *to be* **all** *of a ~* essere in un bagno di sudore; essere in grande agitazione; *to be in a* **cold** ~ sudare freddo.

to **sweat** [swet] *v.* (*pass., p.p.* **sweated** [–id]/**sweat**) **I** *v.i.* **1** sudare, traspirare. **2** (*fam.*) lavorare sodo, sfacchinare. **3** (*Bot.*) trasudare, stillare. **II** *v.t.* **1** trasudare, sudare. **2** (*fam.*) far sgobbare, sfruttare. □ (*fig.*) *to* ~ **blood** sudare sette camicie, sudare sangue; *to* ~ *s.th.* **out** sopportare qc. fino alla fine; (*fam.*) *to* ~ **out** *a cold* farsi passare il raffreddore con una sudata.

sweater ['swetə*] *s.* maglione di lana pesante.

sweat shirt ['swetʃə:t] *s.* maglietta sportiva.

sweaty ['sweti] *a.* **1** bagnato di sudore. **2** (*fam.*) faticoso, duro.

swede [swi:d] *s.* (*Bot.*) rutabaga.

Swede [swi:d] *s.* svedese *m./f.*

Sweden ['swi:dn] *N.pr.* (*Geog.*) Svezia.

Swedish ['swi:diʃ] *a./s.* svedese.

sweep [swi:p] *s.* **1** spazzata, scopata. **2** ampio gesto, colpo: *with a* ~ *of his arm* con un ampio gesto del braccio. **3** distesa: *a* ~ *of meadows* una distesa di prati. **4** flusso: *the* ~ *of the tide* il flusso della marea. **5** (*fig.*) portata: *within the* ~ *of human intelligence* alla portata dell'intelligenza umana. **6** spazzacamino. **7** gamma, varietà. □ (*fam.*) *to make a clean* ~ *of* fare piazza pulita di.

to **sweep** [swi:p] *v.* (*pass., p.p.* **swept** [swept]) **I** *v.t.* **1** spazzare, scopare. **2** (*fig.*) (spesso con *away*) spazzar via, portare via, togliere di mezzo; liberare (*of* di). **3** trascinare. **4** percorrere rapidamente, scorrere (con lo sguardo, ecc.): *her eyes swept the room* il suo sguardo percorse rapidamente la stanza. **5** passare, percorrere velocemente. **6** sfiorare, toccare leggermente. **7** (*di fiume, ecc.*) dragare. **8** (*Sport*) vincere tutte le gare di. **9** (*fam.*) stravincere. **II** *v.i.* **1** spazzare, scopare. **2** camminare con andatura solenne e maestosa. **3** (spesso con *round*) muoversi descrivendo un'ampia curva; allargarsi in un'ampia curva. **4** passare velocemente su: *the winds swept through the valley* i venti spazzavano la vallata. □ (*fig.*) *to* ~ **all** *before one* travolgere ogni ostacolo; *to* ~ **along** trascinare via; *to* ~ **aside** spingere da parte; *to* ~ **away** spazzare (via); *to* ~ *the* **board** (*alle carte*) fare cappotto; (*fig.*) vincere tutti i premi, avere grande successo; *the mountains swept* **down** *to the sea* le montagne digradavano verso il mare; *the soldiers swept* **down** *on the enemy* i soldati si precipitarono sul nemico; *to be swept* **off** *one's feet* essere travolto dall'entusiasmo, essere conquistato; (*fig.*) *to* ~ **over** sopraffare; *to* ~ *the* **table** = *to* ~ *the* **board**; *to* ~ **up** raccogliere (con la scopa).

sweeper ['swi:pə*] *s.* **1** spazzino. **2** spazzola per tappeti. **3** (*Mar. mil.*) dragamine.

sweeping ['swi:piŋ] **I** *a.* **1** ampio (e circolare). **2** (*fig.*) generico, di carattere generale. **3** assoluto, totale; radicale. **II** *s.pl.* spazzatura. □ *a* ~ *victory* una vittoria schiacciante.

sweepstake ['swi:psteik] *s.* lotteria abbinata a una corsa di cavalli.

sweet [swi:t] **I** *a.* **1** dolce. **2** dolce, melodioso. **3** profumato, fragrante. **4** piacevole, gradevole; grazioso. **5** gentile, cortese: *it was* ~ *of you* è stato gentile da parte tua. **6** fresco; non alterato. **II** *s.* **1** caramella, bonbon. **2** dolce, dessert. **3** *pl.* (*fig.*) gioie, piaceri. **4** (*vocativo*) caro: *my* ~*!* caro, tesoruccio mio! □ *as* ~ **as** *honey* dolce come il miele; (*sl.*) *to* **keep** *s.o.* ~ tenersi buono qd.; *to* **smell** ~ avere un buon profumo; *to* **sound** ~ avere un suono dolce; (*fig.*) *to have a* ~ **tooth** essere goloso di dolci; *at one's own* ~ **will** con comodo, secondo il proprio piacere.

sweet-and-sour ['swi:tən'sauə*] *a.* agrodolce.

sweetbread ['swi:tbred] *s.* (*Gastr.*) animelle.

to **sweeten** ['swi:tn] **I** *v.t.* **1** addolcire, dolcificare, zuccherare. **2** (*fig.*) addolcire, ingentilire; placare. **II** *v.i.* addolcirsi.

sweetening ['swi:tniŋ] *s.* sostanza dolcificante.

sweetheart ['swi:thɑ:t] *s.* **1** innamorato. **2** (*vocativo*) tesoro, caro.

sweetie ['swi:ti] *s.* (*fam.*) **1** caramella, bonbon. **2** → **sweetheart**.

sweetmeat ['swi:tmi:t] *s.* frutta candita.

sweetness ['swi:tnis] *s.* dolcezza.

sweet pea ['swi:tpi:] *s.* (*Bot.*) pisello odoroso.

sweet potato ['swi:tpə'teitəu] *s.* (*Bot.*) patata dolce, batata.

sweet-scented ['swi:t'sentid] *a.* profumato.

sweet William ['swi:t'wiljəm] *s.* (*Bot.*) dianto.

swell [swel] **I** *s.* **1** gonfiatura, ingrossamento; gonfiezza. **2** rigonfiamento, protuberanza. **3** aumento, crescita. **4** (*Mus.*) crescendo. **5** (*Mar.*) mare lungo. **6** (*fam.*) elegantone. **II** *a.* (*fam.*) **1** vestito alla moda, elegante. **2** (*am.*) eccellente, ottimo. **3** (*am.*) chic, elegante.

to **swell** [swel] *v.* (*pass.* **swelled** [–d], *p.p.* **swelled/swollen** ['swəulən]) **I** *v.i.* **1** (spesso con *up*) gonfiarsi, dilatarsi; tumefarsi. **2** (spesso con *out*) sporgere, essere protuberante. **3** (*fig.*) gonfiarsi (*with* di); insuperbirsi, inorgoglirsi. **4** (*fig.*) aumentare, crescere, salire. **5** (*di fiume, ecc.*) ingrossarsi, gonfiarsi. **II** *v.t.* **1** (far) gonfiare, ingrossare. **2** (*fig.*) riempire (*with* di); aumentare, accrescere. □ (*fig.*) *to* ~ *like a turkey-cock* gonfiarsi come un tacchino.

swelling ['sweliŋ] **I** *s.* **1** gonfiatura, ingrossamento. **2** rigonfiamento, protuberanza. **3** (*Med.*) gonfiore. **II** *a.* gonfio, rigonfio.

to **swelter** ['sweltə*] *v.i.* **1** soffocare dal caldo. **2** sudare abbondantemente. □ *a sweltering day* un giorno afoso.

swept [swept] → to **sweep**.

swerve [swə:v] *s.* scarto improvviso, deviazione brusca.

to **swerve** [swə:v] **I** *v.i.* **1** deviare (bruscamente), sterzare; svoltare. **2** (*fig.*) deviare, allontanarsi (*from* da). **II** *v.t.* **1** deviare. **2** (*fig.*) distogliere, allontanare.

swift [swift] **I** *a.* **1** rapido, veloce; improvvi-

so, repentino. **2** immediato, pronto. **II** *s.* (*Zool.*) rondone (comune). □ *as* ~ *as an arrow* veloce come una freccia.
swiftness ['swiftnis] *s.* rapidità, celerità.
swig [swig] *s.* (*fam.*) gran sorso, sorsata.
to **swig** [swig] *v.t./i.* (*pass., p.p.* **swigged** [–d]) (*fam.*) bere a gran sorsi.
swill [swil] *s.* **1** risciacquata. **2** broda per maiali.
to **swill** [swil] **I** *v.t.* **1** lavare (con molta acqua); (spesso con *out*) sciacquare, risciacquare. **2** (*fam.*) tracannare, bere ingordamente. **II** *v.i.* (*fam.*) bere avidamente.
swim [swim] *s.* nuoto; nuotata. □ (*fam.*) *to be* **in** *the* ~ essere nel giro; *to be* **out** *of the* ~ essere fuori del giro.
to **swim** [swim] *v.* (*pass.* **swam** [swæm], *p.p.* **swum** [swʌm]) **I** *v.i.* **1** nuotare; fare il bagno. **2** galleggiare. **3** (*fig.*) scivolare, muoversi silenziosamente. **4** essere immerso (*in* in); essere inondato (*with* di); traboccare (di). **5** girare, roteare: *the room swam before her eyes* la stanza girava davanti ai suoi occhi; *her head swam* le girava la testa. **II** *v.t.* **1** (far) percorrere a nuoto; (far) attraversare a nuoto. **2** (*Sport*) nuotare a: *to* ~ *the butterfly* nuotare a farfalla. □ *to* ~ **across** *the lake* attraversare a nuoto il lago; *to* ~ **back** ritornare a nuoto; *to* ~ **out** *to sea* nuotare al largo; *to* ~ *a* **race** partecipare a una gara di nuoto; *to* ~ **up** *to* raggiungere a nuoto.
swimmer ['swimə*] *s.* nuotatore.
swimming ['swimiŋ] *s.* nuoto.
swimming-bath ['swimiŋbɑ:θ] *s.* piscina (general. coperta).
swimmingly ['swimiŋli] *avv.* (*fam.*) liscio, senza intoppi: *everything went* ~ tutto andò liscio.
swimming-pool ['swimiŋpu:l] *s.* piscina (general. all'aperto).
swimming trunks ['swimiŋtrʌŋks] *s.pl.* mutandine da bagno.
swimsuit ['swims(j)u:t] *s.* costume da bagno da donna.
swindle ['swindl] *s.* truffa, frode, imbroglio.
to **swindle** ['swindl] *v.t.* frodare, imbrogliare, truffare: *to* ~ *s.o. out of his money* frodare denaro a qd.
swindler ['swindlə*] *s.* truffatore, imbroglione.
swine [swain] *s.inv.* **1** maiale, porco (*anche fig.*). **2** (*lett.*) maiale; (*collett.*) (costr. pl.) suini.
swineherd ['swainhə:d] *s.* guardiano di porci.
swing [swiŋ] *s.* **1** oscillazione; dondolio. **2** colpo dato con un movimento rotatorio del braccio. **3** altalena. **4** (*fig.*) cambiamento di opinione. **5** (*Mus.*) ritmo sostenuto; swing. □ *to have* **free** ~ avere carta bianca; *in* **full** ~ in piena attività; (*fam.*) *to go with a* ~ andare a gonfie vele.
to **swing** [swiŋ] *v.* (*pass., p.p.* **swung** [swʌŋ]) **I** *v.t.* dondolare; far dondolare; far penzolare. **II** *v.i.* **1** oscillare, dondolare, ondeggiare; pendere, ciondolare. **2** (spesso con *round*) girarsi, voltarsi di scatto; svoltare improvvisamente. **3** (spesso con *along*) camminare con passo sciolto. **4** suonare musica swing. **5** (*fam.*) essere "in". □ (*sl.*) *to* ~ **for** essere impiccato per; (*fam.*) *to* ~ **into** *action* entrare in azione risolutamente; ~ **open** spalancarsi; *to* ~ **shut** chiudersi.
swingeing ['swindʒiŋ] *a.* **1** forte, violento. **2** enorme, ingente.
swinger ['swiŋə*] *s.* chi si dà alla dolce vita.
swinging ['swiŋiŋ] *a.* (*sl.*) all'ultimissima moda. □ ~ *London* la Londra brillante degli anni Sessanta.
swinish ['swainiʃ] *a.* maialesco, da maiale.
swipe [swaip] *s.* (*fam., Sport*) forte colpo.
to **swipe** [swaip] *v.t.* **1** (*fam.*) colpire con forza. **2** (*sl.*) rubare, far sparire.
swirl [swə:l] *s.* **1** turbinio, mulinello; turbine, vortice. **2** (*am.*) spira; voluta.
to **swirl** [swə:l] **I** *v.i.* turbinare, mulinare; girare vorticosamente, roteare. **II** *v.t.* far turbinare.
swish [swiʃ] *s.* **1** sibilo, fischio; fruscio. **2** sferzata.
to **swish** [swiʃ] **I** *v.i.* sibilare, fischiare; frusciare. **II** *v.t.* **1** (spesso con *off*) far sibilare, far fischiare. **2** agitare facendo sibilare.
Swiss [swis] *a./s.* svizzero.
switch [switʃ] *s.* **1** (*El.*) interruttore, commutatore. **2** (*Ferr.*) scambio. **3** (*fig.*) cambiamento, mutamento. **4** bacchetta, verga. **5** treccia di capelli finti.
to **switch** [switʃ] **I** *v.t.* **1** (*fig.*) cambiare, mutare, volgere: *to* ~ *the conversation* cambiare discorso. **2** (*Ferr.*) smistare. **II** *v.i.* (*fig.*) (spesso con *over*) passare (*to* a), spostarsi (su). □ (*El.*) *to* ~ **off** spegnere; (*El.*) *to* ~ **on** accendere; (*sl.*) eccitare.
switchback ['switʃbæk] *s.* **1** montagne russe. **2** strada con tracciato a tornanti.
switchboard ['switʃbɔ:d] *s.* **1** (*El.*) quadro di comando. **2** (*Tel.*) tavolo di commutazione.
Switzerland ['switsələnd] *N.pr.* (*Geog.*) Svizzera.
swivel ['swivl] *s.* (*tecn.*) anello girevole, mulinello. □ ~ *chair* sedia girevole.
to **swivel** ['swivl] *v.t./i.* (*pass., p.p.* **–lled/** *am.* **–led** [–d]) (spesso con *round*) girare, rotare.
swizzle ['swizl] *s.* cocktail (con ghiaccio).
swob [swɔb] → **swab.**
to **swob** [swɔb] *v.* (*pass., p.p.* **swobbed** [–d]) → **to swab.**
swollen [swəulən] → **to swell.**
swoon [swu:n] *s.* (*ant.*) svenimento.
to **swoon** [swu:n] *v.i.* **1** (*ant.*) svenire, perdere i sensi. **2** (*fig.*) andare in estasi.
swoop [swu:p] *s.* incursione. □ *at one* ~ d'un sol colpo.
to **swoop** [swu:p] *v.i.* **1** gettarsi a capofitto, precipitarsi; (*di rapace*) (spesso con *down*) piombare, scendere in picchiata, abbattersi. **2** (*estens.*) piombare, lanciarsi, avventarsi (su).
swop [swɔp] → **swap.**

to **swop** [swɔp] *v.* (*pass., p.p.* **swopped** [–d]) → to **swap**.
sword [sɔ:d] *s.* spada. ☐ (*fig.*) *to* **cross** *swords with s.o.* scontrarsi, discutere con qd.; *to* **draw** *the* ~ sguainare la spada; (*fig.*) dare inizio alle ostilità; (*fig.*) *to be at swords'* **points** essere ai ferri corti; (*fig.*) *to* **sheathe** *the* ~ fare la pace.
swordbelt ['sɔ:dbelt] *s.* cinturone.
sword dance ['sɔ:ddɑ:ns] *s.* danza delle spade.
swordfish ['sɔ:dfiʃ] *s.* (*Zool.*) pesce spada.
swordplay ['sɔ:dplei] *s.* **1** scherma. **2** (*fig.*) schermaglia.
swordsman ['sɔ:dzmən] *s.* (*pl.* **–men**) spadaccino; schermitore.
swordsmanship ['sɔ:dzmənʃip] *s.* abilità nella scherma.
swore [swɔ:*] → to **swear**.
sworn[1] [swɔ:n] → to **swear**.
sworn[2] [swɔ:n] *a.* giurato. ☐ ~ *friends* amici per la pelle.
swot [swɔt] *s.* (*Scol.*) **1** sgobbone, secchione. **2** sgobbata.
to **swot** [swɔt] *v.t./i.* (*pass., p.p.* **swotted** [–id]) (*Scol.*) studiare molto, secchiare.
swum [swʌm] → to **swim**.
swung [swʌŋ] → to **swing**.
sycamore ['sikəmɔ:*] *s.* (*Bot.*) sicomoro.
sycophant ['sikəfənt] *s.* adulatore, leccapiedi.
syllabic [si'læbik] *a.* sillabico.
to **syllabicate** [si'læbikeit] → to **syllabify**.
syllabication [si,læbi'keiʃən], **syllabification** [si,læbifi'keiʃən] *s.* sillabazione.
to **syllabify** [si'læbifai], to **syllabize** ['siləbaiz] *v.t.* sillabare.
syllable ['siləbl] *s.* sillaba.
syllabus ['siləbəs] *s.* (*pl.* **–buses** [–bəsiz]/**–bi** [–bai]) (*Scol.*) programma (di un corso di studi).
syllogism ['silədʒizəm] *s.* (*Filos.*) sillogismo.
sylph [silf] *s.* (*Mitol.*) silfide.
Sylvia ['silviə] *N.pr.f.* Silvia.
symbiosis [,simbi'əusis] *s.* (*pl.* **–ses** [–si:z]) (*Biol.*) simbiosi.
symbiotic [,simbi'ɔtik] *a.* simbiotico (*anche fig.*).
symbol ['simbəl] *s.* simbolo.
symbolical [,sim'bɔlikəl] *a.* simbolico.
symbolism ['simbəlizəm] *s.* simbolismo.
symbolist ['simbəlist] *s.* simbolista *m./f.*
to **symbolize** ['simbəlaiz] *v.t.* simboleggiare.
symmetric [si'metrik], **symmetrical** [si'metrikəl] *a.* simmetrico.
symmetry ['simitri] *s.* **1** simmetria. **2** armonia di proporzioni.
sympathetic [,simpə'θetik] *a.* **1** comprensivo. **2** congeniale, adatto. **3** favorevole (*to* a), ben disposto (verso). **4** piacevole, gradevole. ☐ ~ **ink** inchiostro simpatico; ~ **nerve** nervo simpatico; ~ **strike** sciopero di solidarietà.
to **sympathize** ['simpəθaiz] *v.i.* **1** provare compassione, partecipare al dolore (*with* di). **2** essere solidale; schierarsi a favore. **3** esser d'accordo, condividere.
sympathizer ['simpəθaizə*] *s.* simpatizzante *m./f.*
sympathy ['simpəθi] *s.* **1** comprensione, convergenza di vedute. **2** partecipazione, solidarietà. **3** cordoglio, condoglianze. **4** sintonia, accordo. ☐ *to have no* ~ *with* esser poco incline a, aver poca pazienza con.
symphonic [sim'fɔnik] *a.* sinfonico.
symphony ['simfəni] *s.* sinfonia.
symposium *lat.* [sim'pəuziəm] *s.* (*pl.* **–sia** [–ziə]/**–s** [–z]) **1** simposio, convegno. **2** raccolta di studi su un dato argomento.
symptom ['simptəm] *s.* sintomo; (*fig.*) segno, indizio.
symptomatic [simptə'mætik] *a.* sintomatico.
synagogue ['sinəgɔg] *s.* sinagoga.
synchromesh ['siŋkrə(u)meʃ] *s.* (*Aut.*) cambio sincronizzato.
synchronism ['siŋkrənizəm] *s.* sincronismo.
synchronization [,siŋkrənai'zeiʃən, *am.* –ni'z–] *s.* sincronizzazione.
to **syncronize** ['siŋkrənaiz] **I** *v.i.* essere sincrono (*with* con). **II** *v.t.* sincronizzare.
synchronizer ['siŋkrənaizə*] *s.* sincronizzatore.
synchronous ['siŋkrənəs] *a.* sincrono.
synchrony ['siŋkrəni] *s.* sincronia, sincronismo.
synchrotron ['siŋkrətrən] *s.* (*Fis.*) sincrotrone.
syncopation [,siŋkə'peiʃən] *s.* (*Mus., Ling.*) sincope.
syncope ['siŋkəpi] *s.* (*Med.*) sincope.
syndic ['sindik] *s.* **1** chi cura gli interessi di un ente. **2** magistrato, funzionario del governo. **3** (*Dir.*) sindaco.
syndicalism ['sindikəlizəm] *s.* sindacalismo.
syndicate ['sindikit] *s.* **1** (*Econ.*) sindacato. **2** organizzazione criminale. **3** (*Giorn.*) agenzia di stampa.
to **syndicate** ['sindikeit] *v.t.* **1** (*Econ.*) riunire in sindacato. **2** (*Giorn.*) vendere tramite un'agenzia di stampa.
syndrome ['sindrəum] *s.* (*Med.*) sindrome.
synod ['sinəd] *s.* (*Rel.*) sinodo.
synonym ['sinənim] *s.* sinonimo.
synonymous [si'nɔniməs] *a.* sinonimo (*with* di).
synopsis [si'nɔpsis] *s.* (*pl.* **–ses** [–si:z]) sinossi, sommario.
synoptic [si'nɔptik] *a.* sinottico.
syntactic [sin'tæktik] *a.* sintattico.
syntax ['sintæks] *s.* sintassi.
synthesis ['sinθisis] *s.* (*pl.* **–ses** [–si:z]) sintesi.
synthesize ['sinθisaiz] *v.t.* sintetizzare.
synthetic [sin'θetik] *a.* **1** sintetico. **2** artificiale, sintetico.
to **syntonize** ['sintənaiz] *v.t.* sintonizzare.
syntony ['sintəni] *s.* sintonia.
syphilis ['sifilis] *s.* (*Med.*) sifilide.
syphon ['saifən] → **siphon**.
Syria ['siriə] *N.pr.* (*Geog.*) Siria.

Syrian ['siriən] *a./s.* siriano.
syringe [si'rindʒ] *s.* siringa.
to **syringe** [si'rindʒ] *v.t.* (*Med.*) sottoporre a lavaggio con una siringa.
syrup ['sirəp] *s.* sciroppo; melassa (raffinata).
syrupy ['sirəpi] *a.* sciropposo.
system ['sistim] *s.* **1** sistema. **2** ordinamento, organizzazione, struttura. **3** (*Anat.*) sistema, apparato; organismo. ▭ (*fam.*) *to get s.th. out of one's* ~ sfogarsi.
systematic [ˌsisti'mætik] *a.* sistematico, metodico; regolare.
to **systematize** ['sistimətaiz] *v.t.* ridurre a sistema.
systole ['sistəli(:)] *s.* (*Fisiologia*) sistole.
systolic [sis'tɔlik] *a.* sistolico.

T

t[1], **T** [ti:] *s.* (*pl.* **t's/ts, T's/Ts** [ti:z]) t, T. □ *T*-**bone** (*steak*) bistecca di filetto con l'osso. (*Tel.*) ~ **for** *Tommy*; (*am.*) ~ *for Tare* T come Torino.

t[2] = *ton* tonnellata.

t. = **1** *time* tempo. **2** *transitive* transitivo. **3** (*unità di misura*) *troy*.

t' [t] *contraz. di* **the**.

't *contraz. di* **it**.

ta [tɑ:] *intz.* (*infant. sl.*) grazie.

Ta = (*Chim.*) *tantalum* tantalio.

tab [tæb] *s.* **1** etichetta, cartellino. **2** linguetta (di tessuto, ecc.). **3** (*Mil.*) mostrina. □ (*fam.*) *to keep tabs on s.th.* sorvegliare qc.; tenere conto di qc.

tabby ['tæbi] *s.* (*Zool.*) gatto soriano.

tabernacle ['tæbə:nækl] *s.* **1** tabernacolo. **2** luogo di culto.

table ['teibl] *s.* **1** tavolo, tavola. **2** (*fig.*) commensali, tavolata. **3** (*Geog.*) tavolato, altopiano. **4** tabella, tavola. **5** (*Scol.*) tabellina: *to learn the four times* ~ imparare la tabellina del quattro. □ *to* **clear** *the* ~ sparecchiare (la tavola); ~ *of* **contents** indice; **head** *of the* ~ capotavola; *to* **lay** *the* ~ preparare la tavola; (*Parl.*) *to* **lay** *on the* ~ presentare, proporre; *to* **sit** *at* ~ sedere a tavola; (*fig.*) *to* **turn** *the tables on s.o.* capovolgere la situazione a danno di qd.; ~ *of* **weights** *and measures* tabella dei pesi e delle misure.

to **table** ['teibl] *v.t.* **1** (*Parl.*) presentare, proporre. **2** (*am., Parl.*) rinviare. **3** ordinare in tabelle.

tableau ['tæbləu] *s.* (*pl.* –**x** [–z]) **1** quadro, scena. **2** (*Teat.*) quadro vivente.

tablecloth ['teiblklɔθ] *s.* tovaglia.

tableland ['teibllænd] *s.* (*Geog.*) tavolato, altopiano.

table manners ['teiblmænəz] *s.pl.* buone maniere a tavola. □ *he has no* ~ non sa stare a tavola.

tablemat ['teiblmæt] *s.* sottopiatto.

tablespoon ['teiblspu:n] *s.* cucchiaio da portata.

tablespoonful ['teiblspu:nful] *s.* cucchiaiata.

tablet ['tæblit] *s.* **1** targa. **2** blocco di carta da scrivere. **3** (*Farm.*) compressa, tabloid. **4** tavoletta (per scrivere).

table talk ['teiblto:k] *s.* conversazione (a tavola).

table tennis ['teibltenis] *s.* tennis da tavolo, ping-pong.

tableware ['teiblwɛə*] *s.* articoli per la tavola, stoviglie.

tabloid ['tæblɔid] *s.* **1** (*Giorn.*) giornale in formato ridotto. **2** (*Farm.*) compressa.

taboo [tə'bu:, *am.* tæ'bu:] *a./s.* tabù.

tabor ['teibə*] *s.* (*Mus.*) tamburino.

tabular ['tæbjulə*] *a.* tabellare; disposto a tabelle. □ ~ *surface* superficie piatta.

to **tabulate** ['tæbjuleit] *v.t.* disporre in tabelle; catalogare, classificare.

tabulator ['tæbjuleitə*] *s.* tabulatore.

tacit ['tæsit] *a.* tacito, implicito, sottinteso.

taciturn ['tæsitə:n] *a.* taciturno, silenzioso.

tack [tæk] *s.* **1** bulletta (per tappeti). **2** (*Sartoria*) punto d'imbastitura. **3** (*Mar.*) bordata. **4** (*fig.*) linea di condotta; approccio. □ (*fig.*) *to* **be** *on the right* ~ essere sulla strada giusta; (*fig.*) *to* **come** *down to brass tacks* venire al sodo.

to **tack** [tæk] **I** *v.t.* **1** attaccare con bullette, imbullettare. **2** (*Sartoria*) imbastire. **II** *v.i.* **1** (*Mar.*) virare di bordo in prua; bordeggiare. **2** (*fig.*) cambiare improvvisamente linea di condotta. □ *to* ~ *on* aggiungere a.

tackle ['tækl] *s.* **1** attrezzatura, equipaggiamento. **2** (*Mar.*) paranco. **3** (*nel calcio*) tackle, contrasto; (*nel rugby*) placcaggio.

to **tackle** ['tækl] **I** *v.t.* **1** (*di problema, ecc.*) affrontare, attaccare. **2** (*nel calcio*) caricare, contrastare; (*nel rugby*) placcare. **II** *v.i.* (*nel calcio*) effettuare una carica; (*nel rugby*) placcare.

tacky ['tæki] *a.* viscoso, appiccicaticcio.

tact [tækt] *s.* tatto, delicatezza, riguardo.

tactful ['tæktful] *a.* pieno di tatto, delicato.

tactical ['tæktikəl] *a.* tattico.

tactician [tæk'tiʃən] *s.* (*Mil.*) tattico.

tactics ['tæktiks] *s.pl.* (costr. sing.) tattica.

tactile ['tæktail] *a.* **1** tattile, del tatto. **2** tangibile.

tactless ['tæktlis] *a.* indiscreto, indelicato.

tadpole ['tædpəul] *s.* (*Zool.*) girino.

taffeta ['tæfitə] *s.* (*tessuto*) taffettà.

taffy *am.* ['tæfi] → **toffee**.

Taffy ['tæfi] *s.* (*scherz.*) gallese.

tag [tæg] *s.* **1** puntale (di stringa), aghetto. **2** etichetta, cartellino. **3** citazione: *Latin tags* citazioni latine. **4** (*gioco infantile*) chiapparello. □ (*Gramm.*) *question* ~ domanda retorica in fine di frase (costr. tipica della lingua inglese).

to **tag** [tæg] *v.t.* (*pass.*, *p.p.* **tagged** [–d]) **1** etichettare. **2** (*fig.*) bollare, tacciare; etichettare, classificare. □ *to* ~ **along** *with s.o.* accodarsi a qd.; *to* ~ **on** aggiungere a.

Tahitian [tɑ:'hi:tiən] *a./s.* tahitiano.

tail [teil] *s.* **1** coda. **2** estremità, parte finale. **3** *pl.* (*fam.*) → **tail-coat**. **4** rovescio (di moneta). **5** (*fam.*) chi viene messo alle calcagna di qd. □ *from the* ~ *of one's* **eye** con la coda dell'occhio; **heads** *or tails?* testa o croce?; (*fam.*) *to retreat with one's* ~ *between one's* **legs** andarsene con la coda tra le gambe; (*pettinatura*) **pony** ~ coda di cavallo; (*fig.*) *to* **turn** ~ fuggire; (*fam.*) *to be tails* **up** essere di buonumore; *to* **wag** *one's* ~ scodinzolare.

to **tail** [teil] *v.t.* **1** seguire, pedinare. **2** tagliare la coda a. □ *to* ~ **after** *s.o.* seguire passo passo qd.; *to* ~ **away** affievolirsi; diminuire gradatamente; *to* ~ **off** = *to* ~ **away**.

tailboard ['teil'bɔ:d] *s.* ribalta (di carro).

tailcoat ['teilkəut] *s.* marsina, frac.

tail-end ['teil'end] *s.* **1** estremità, parte finale. **2** conclusione.

tailless ['teillis] *a.* senza coda.

tail-light ['teil'lait] *s.* (*Aut.*) fanale di coda.

tailor ['teilə*] *s.* sarto. □ ~*'s shop* sartoria.

to **tailor** ['teilə*] *v.t.* **1** confezionare su misura. **2** (*fig.*) adeguare, adattare (*for, to* a).

tailor-made ['teilə'meid] *a.* fatto su misura.

tailspin ['teilspin] *s.* (*Aer.*) avvitamento di coda.

taint [teint] *s.* macchia (*anche fig.*); segno di decomposizione; traccia d'infezione.

to **taint** [teint] **I** *v.t.* **1** guastare. **2** (*fig.*) corrompere, contaminare. **II** *v.i.* guastarsi.

tainted ['teintid] *a.* **1** guasto. **2** (*fig.*) corrotto.

taintless ['teintlis] *a.* senza macchia, immacolato.

take [teik] *s.* **1** incasso, introito. **2** (*Cin.*) ripresa.

to **take** [teik] *v.* (*pass.* **took** [tuk], *p.p.* **taken** ['teikən]) **I** *v.t.* **1** prendere: *to* ~ *the bus* prendere l'autobus; *someone has taken my umbrella* qualcuno ha preso il mio ombrello. **2** ottenere; conquistare; catturare: *to* ~ *the first prize* ottenere il primo premio. **3** condurre, accompagnare; portare (lontano da chi parla): *will you* ~ *me to the station?* mi porti alla stazione? **4** fare: *to* ~ *a bath* fare un bagno; *let's* ~ *a break!* facciamo una pausa! **5** (*di spazio*) occupare, prendere; (*di tempo*) volerci, richiedere, impiegare: *it doesn't* ~ *long* non ci vuole molto. **6** prendere, reagire a: *he took the news calmly* prese la notizia con calma: ~ *it easy* non prendertela!, calma! **7** attrarre, conquistare, affascinare: *the new fashion has really taken the teenager's fancy* la nuova moda ha letteralmente affascinato la fantasia dei giovani. **8** prendere: *glass does not* ~ *paint well* il vetro non prende bene la vernice. **9** capire; interpretare: *I took his silence to indicate consent* ho preso il suo silenzio come un segno d'assenso. **10** accettare: *to* ~ *s.o.'s help* accettare l'aiuto di qd. **11** seguire: *to* ~ *s.o.'s advice* seguire il consiglio di qd. **12** provare, sentire: *to* ~ *pleasure in s.th.* provare piacere in qc. **II** *v.i.* **1** fare presa, prendere. **2** (*Bot.*) attecchire. **3** (*Med.*) agire, avere effetto. **4** incontrare il favore (*with* di). □ (*fam.*) *I am not taking* **any** no, grazie!, non ci sto!; *to* ~ *s.th.* **as** considerare qc.: *I* ~ *the matter as settled* considero chiusa la questione; *to* ~ *one's* **eyes** *off* distogliere lo sguardo da; *to* ~ *a* **look** *at s.th.* dare uno sguardo a qc.; ~ **it** *from me!* credimi; *I can* ~ **it** riesco a resistere!; (*fam.*) ~ **that***!* beccati questa! // (*seguito da preposizioni*): *to* ~ **after** *s.o.* assomigliare a qd.; *to* ~ **for** prendere per, considerare, scambiare per; *to* ~ **to**: 1 fare ricorso a; 2 prendere l'abitudine di; 3 essere favorevole a. // (*seguito da avverbi*): *to* ~ **apart** smontare (p.e. un motore); *to* ~ **away** *from* togliere; sottrarre; *to* ~ **back**: 1 riprendere; 2 ritrattare; ritirare: *I do not* ~ *back a word of what I said* non ritiro una sola parola di quello che ho detto; *to* ~ **down**: 1 trascrivere; 2 smontare (p.e. un motore); *to be taken* **down with** *measles* prendersi il morbillo; *to* ~ *s.o.* **in**: 1 ospitare: *to* ~ *in lodgers* prendere pensionanti; 2 abbindolare, ingannare; *to* ~ (*s.th.*) **in**: 1 prendere (lavoro) a casa; 2 ricevere regolarmente (p.e. periodici); 3 riprendere, restringere (p.e. un vestito); 4 comprendere, includere: *all taken in* tutto compreso; 5 impossessarsi di qc.; 6 comprendere, capire; 7 captare; *to* ~ **off**: 1 togliere, levare; 2 fare uno sconto di; 3 portare via; 4 (*fam.*) imitare, scimmiottare; 5 (*Aer.*) decollare; *to* ~ **on**: 1 assumere, impiegare: *to* ~ *on more hands* assumere altra manodopera; 2 addossarsi, assumersi (una responsabilità, ecc.); 3 sfidare, affrontare; *to* ~ **out**: 1 togliere, asportare; 2 portare fuori, far uscire; *to* ~ **out in** *s.th.* accettare in cambio; (*fam.*) *to* ~ **out of** spossare, estenuare; (*fam.*) *to* ~ *it* **out on** sfogare la propria collera su; *to* ~ **over**: 1 assumere la direzione (o il controllo) di; 2 occupare (p.e. un edificio); 3 prendere il potere; 4 portare; condurre; *to* ~ **up**: 1 prendere (su), sollevare; 2 intraprendere, dedicarsi a: *to be taken up with s.th.* essere molto interessato a qc.; 3 occupare (tempo, spazio); 4 riprendere, ricominciare: *to* ~ *up a story* riprendere un racconto; 5 assorbire (un liquido); *to* ~ *s.o.* **up on** *s.th.* accettare (un'offerta, una sfida, ecc.); *to* ~ *s.th.* **up with** *s.o.* porre qc. all'attenzione di qd.; *to be taken* **up with** *s.th.* essere molto interessato a qc.; *to* ~ *s.th.* **upon** *o.s.* assumersi la responsabilità di qc.

takeaway ['teikəwei] **I** *a.attr.* da portar via, da asportare. **II** *s.* **1** pizzeria (*o* rosticceria)

che vende cibi cotti, takeaway. **2** piatti pronti da portare a casa.
taken ['teikən] → to **take**.
take-off ['teikɔ:f] *s.* **1** (*Aer.*) decollo. **2** (*fam.*) imitazione, caricatura.
take-over ['teikəuvə*] *s.* **1** (*Comm.*) acquisizione di controllo. **2** (*estens.*) presa di potere. **3** occupazione.
taker ['teikə*] *s.* **1** (*Borsa*) compratore. **2** chi accetta una scommessa.
take-up ['teikʌp] *s.* **1** (*Fot.*) avvolgimento della pellicola; avvolgitore. **2** (*estens.*) adesione.
taking ['teikiŋ] *a.* attraente, affascinante.
takings ['teikiŋz] *s.pl.* incasso, introito.
talc [tælk] *s.* **1** (*Min.*) talco. **2** → **talcum powder**.
talcum powder ['tælkəmpaudə*] *s.* talco in polvere.
tale [teil] *s.* **1** racconto; storia; favola. **2** pettegolezzo, maldicenza. **3** fandonia, frottola. ▭ **old** *wives'* ~ vecchie credenze superstiziose; (*fig.*) *to* **tell** *its own* ~ non aver bisogno di commenti; (*fig.*) *to* **tell** *tales* divulgare segreti altrui.
talebearer ['teilbɛərə*] *s.* **1** pettegolo; chiacchierone. **2** spione.
talent ['tælənt] *s.* **1** talento, ingegno: *to have a ~ for music* avere talento musicale. **2** persona di talento. ▭ ~ *scout* scopritore di talenti.
talented ['tæləntid] *a.* (dotato) di talento.
taleteller ['teiltelə*] *s.* **1** spione. **2** → **tale-bearer**.
talisman ['tælizmən] *s.* talismano.
talk [tɔ:k] *s.* **1** conversazione; discorso, conferenza. **2** chiacchiere, ciarle. ▭ *she's* **all** ~ è una chiacchierona inconcludente; *there was* **much** ~ *of* si fece un gran parlare di; *the ~ of the* **town** tutta la città ne parla.
to **talk** [tɔ:k] **I** *v.i.* **1** parlare: *to ~ to* (o *with*) *s.o. about s.th.* parlare a (*o* con) qd. di qc.; discorrere, conversare. **2** parlare, tenere un discorso (*o* una conferenza, ecc.). **3** chiacchierare; fare pettegolezzi. **II** *v.t.* **1** parlare di, discutere di: *to ~ politics* discutere di politica. **2** dire, esprimere: *to ~ nonsense* dire stupidaggini. ▭ *to be talked* **about** essere oggetto di pettegolezzi; *what are you talking* **about**? di che cosa stai parlando?; *to* ~ **at** *s.o.* parlare a qd. senza prestare attenzione alle sue risposte; *to* ~ **away** continuare a parlare; *to* ~ **back** rimbeccare (*to s.o.* qd.); *to* ~ **big** spararle grosse; fare il gradasso; *to* ~ **down** far tacere; (*fig.*) sminuire, svilire; (*Aer.*) *to* ~ **down** *an aircraft* dare istruzioni per l'atterraggio a; *to* ~ **down** *to s.o.* rivolgersi a qd. con condiscendenza; *to* ~ *o.s.* **hoarse** sgolarsi a furia di parlare; *to* ~ **into** persuadere a furia di parlare; (*fam.*) **now** *you're talking!* adesso ci siamo!; *talking* **of** a proposito di: *talking of films, did you see "New York Stories"?* a proposito di film, hai visto "Storie di New York"?; *to* ~ **out of** dissuadere, distogliere; *to* ~ **round** *s.th.* girare intorno a un argomento; *to* ~ *s.o.* **round** persuadere qd.; (*fam.*) *to* ~ **to** rimproverare, sgridare.
talkative ['tɔ:kətiv] *a.* loquace, ciarliero.
talker ['tɔ:kə*] *s.* **1** oratore: *good* (*poor*) ~ che ha la parola facile (difficile). **2** (*fam.*) chiacchierone.
talkie ['tɔ:ki] *s.* film sonoro.
talking ['tɔ:kiŋ] **I** *s.* conversazione. **II** *a.* parlante. ▭ ~ *film* film sonoro.
talking point ['tɔ:kiŋpɔint] *s.* argomento di conversazione.
talking-to ['tɔ:kiŋtu:] *s.* (*fam.*) ramanzina, predica.
tall [tɔ:l] *a.* **1** alto. **2** (*fam.*) (*di prezzo, ecc.*) inverosimile, assurdo, incredibile. ▭ (*fam.*) *a* ~ **order** una pretesa assurda; (*fam.*) ~ **story** frottola; *to* **talk** ~ vantarsi.
tallboy ['tɔ:lbɔi] *s.* cassettone alto.
tallness ['tɔ:lnis] *s.* altezza.
tallow ['tæləu] *s.* sego.
tally ['tæli] *s.* **1** conto, conteggio. **2** (*Sport*) punteggio, punti. **3** (*Comm.*) registrazione, riscontro. **4** etichetta, cartellino, contrassegno.
to **tally** ['tæli] *v.i.* corrispondere (*with* a), concordare (con).
tally-ho ['tæli'həu] *intz.* dalli!
tallyman ['tælimən] *s.* (*pl.* **–men**) commerciante che vende a rate.
talon ['tælən] *s.* artiglio (di rapace).
talus ['tæləs] *s.* scarpata.
tamable ['teiməbl] *a.* domabile, addomesticabile.
tamarind ['tæmərind] *s.* (*Bot.*) tamarindo.
tamarisk ['tæmərisk] *s.* (*Bot.*) tamerice, tamarisco.
tambour ['tæmbuə*] *s.* telaio da ricamo, tamburello.
tambourine [ˌtæmbə'ri:n] *s.* (*Mus.*) tamburello.
tame [teim] *a.* **1** addomesticato; domestico, mansueto. **2** (*fig.*) docile, remissivo. **3** (*fig.*) scialbo, insulso; noioso.
to **tame** [teim] *v.t.* **1** domare, addomesticare. **2** (*fig.*) sottomettere, domare.
tameness ['teimnis] *s.* **1** domestichezza, domesticità. **2** (*fig.*) sottomissione, docilità. **3** (*fig.*) insulsaggine.
tamer ['teimə*] *s.* domatore.
tammy ['tæmi], **tam-o'-shanter** [ˌtæmə'ʃæntə*] *s.* berretto scozzese.
to **tamp** [tæmp] *v.t.* (spesso con *down*) pigiare, comprimere.
to **tamper** ['tæmpə*] *v.i.* **1** immischiarsi, intromettersi (*with* in). **2** manomettere (*with s.th.* qc.). ▭ *to ~ with a witness* corrompere un testimone.
tampon ['tæmpən] *s.* (*Med.*) tampone.
tan [tæn] **I** *s.* **1** abbronzatura. **2** marrone chiaro. **II** *a.* marrone chiaro. ▭ *to get a* ~ abbronzarsi.
to **tan** [tæn] *v.* (*pass., p.p.* **tanned** [–d]) **I** *v.t.* conciare (pellame). **II** *v.i.* abbronzarsi, prendere la tintarella. ▭ (*fam.*) *to ~ s.o.'s hide*

picchiare qd. di santa ragione.

tandem (**bicycle**) ['tændəm ('baisikl)] *s.* tandem.

tang [tæŋ] *s.* sapore piccante; odore acuto.

tangency ['tændʒənsi] *s.* (*Geom.*) tangenza.

tangent ['tændʒənt] *s.* (*Geom.*) tangente. □ (*fig.*) *to go off at a* ~ fare un voltafaccia.

tangential [tæn'dʒenʃəl] *a.* (*Geom.*) tangenziale.

tangerine [tændʒə'ri:n] *s.* (*Bot.*) mandarino.

tangibility [ˌtændʒi'biliti] *s.* tangibilità.

tangible ['tændʒibl] *a.* **1** tangibile, palpabile. **2** reale; evidente, manifesto.

tangle ['tæŋgl] *s.* **1** groviglio, intrico, viluppo. **2** (*fig.*) confusione, guazzabuglio; imbroglio.

to **tangle** ['tæŋgl] **I** *v.t.* **1** aggrovigliare, ingarbugliare. **2** (*fig.*) imbrogliare, complicare. **II** *v.i.* aggrovigliarsi, ingarbugliarsi. □ (*fam.*) *to* ~ *with s.o.* litigare con qd.

tangly ['tæŋgli] *a.* **1** aggrovigliato, ingarbugliato. **2** (*fig.*) intricato, imbrogliato.

tango ['tæŋgəu] *s.* (*pl.* **-s** [-z]) tango.

tangy ['tæŋi] *a.* piccante, forte; (*di odore*) penetrante, intenso.

tank [tæŋk] *s.* **1** cisterna, serbatoio. **2** (*Mar.*) tanca. **3** (*Mil.*) carro armato. □ (*Ferr.*) ~ **car** vagone cisterna; (*am.*) ~ **truck** autocisterna.

to **tank** [tæŋk] *v.i.* (*Aut.*) fare benzina. □ (*fam.*) *to* ~ *up*: 1 fare il pieno; 2 ubriacarsi.

tankage ['tæŋkidʒ] *s.* capacità di un serbatoio.

tankard ['tæŋkəd] *s.* tankard (boccale con coperchio).

tanker ['tæŋkə*] *s.* **1** (*Mar.*) nave cisterna; petroliera. **2** (*Aut.*) autobotte, autocisterna. **3** (*am.*) carrista.

tankman ['tæŋkmən] *s.* (*pl.* **-men**) (*Mil.*) carrista.

tanner ['tænə*] *s.* conciatore.

tannery ['taenəri] *s.* conceria.

tannic ['tænik] *a.* (*Chim.*) tannico.

tannin ['tænin] *s.* (*Chim.*) tannino.

to **tantalize** ['tæntəlaiz] *v.t.* tormentare, tenere sulla corda.

tantalizing ['tæntəlaiziŋ] *a.* allettante, tentatore.

tantalum ['tæntələm] *s.* (*Chim.*) tantalio.

tantamount ['tæntəmaunt] *a.* equivalente, uguale, pari (*to* a). □ *that is* ~ *to saying that* è come dire che.

tantrum ['tæntrəm] *s.* collera, stizza: *to go into a* ~ andare in collera.

tap[1] [tæp] *s.* **1** rubinetto. **2** (*di botte*) zipolo, zaffo. □ (*di bevanda*) *on* ~ alla spina; (*fig.*) pronto, a disposizione.

to **tap**[1] [tæp] *v.t.* (*pass., p.p.* **tapped** [-t]) **1** spillare. **2** (*fig.*) attingere a, sfruttare: *to* ~ *the country's resources* sfruttare le risorse del paese. **3** (*sl.*) spillare, cavare: *he tapped me for five pounds* mi ha spillato cinque sterline. □ (*Tel.*) *to* ~ *a line* mettere sotto controllo una linea telefonica.

tap[2] [tæp] *s.* **1** colpetto. **2** (*di calzature*) mezza suola; rinforzo metallico. **3** *pl.* (*am., Mil.*) silenzio: *to sound taps* suonare il silenzio.

to **tap**[2] [tæp] *v.* (*pass., p.p.* **tapped** [-t]) **I** *v.t.* **1** battere leggermente. **2** picchiettare, ticchettare. **II** *v.i.* **1** bussare, battere (*on* a). **2** picchiettare, ticchettare (*on, at* su). □ *to* ~ *out* svuotare con piccoli colpi; (*Tel.*) trasmettere in alfabeto Morse.

tap-dance ['tæpdɑ:ns] *s.* tip tap.

tape [teip] *s.* **1** nastro, fettuccia. **2** nastro magnetico. **3** nastro isolante. **4** nastro adesivo. **5** nastro del telegrafo. **6** (*Sport*) filo del traguardo: *to breast the* ~ tagliare il traguardo. □ *red* ~ burocrazia.

to **tape** [teip] *v.t.* **1** (spesso con *up*) legare con un nastro; fermare con un nastro adesivo. **2** registrare (su nastro magnetico). **3** (*El.*) fasciare con nastro isolante. □ (*fam.*) *to have s.th. taped* capire qc. perfettamente.

tape-measure ['teipmeʒə*] *s.* metro a nastro.

taper ['teipə*] *s.* **1** candela sottile; stoppino. **2** rastremazione.

to **taper** ['teipə*] **I** *v.i.* **1** (spesso con *off*) assottigliarsi, affusolarsi. **2** diminuire, affievolirsi. **3** (*Arch.*) rastremare. **II** *v.t.* **1** affusolare, assottigliare. **2** (*Arch.*) rastremare.

tape-recorder ['teiprikɔ:də*] *s.* registratore (a nastro), magnetofono.

tapestry ['tæpistri] *s.* **1** tappezzeria. **2** arazzo.

tapeworm ['teipwə:m] *s.* (*Zool.*) verme solitario, tenia.

tapioca [ˌtæpi'əukə] *s.* (*Alim.*) tapioca.

tapir ['teipə*] *s.* (*pl. inv.*/**-s** [-z]) (*Zool.*) tapiro.

taproom ['tæpru:m] *s.* mescita (d'alcolici), bar.

tapster ['tæpstə*] *s.* mescitore, barista.

tar [tɑ:*] *s.* catrame.

to **tar** [tɑ:*] *v.t.* (*pass., p.p.* **tarred** [-d]) incatramare. □ (*fig.*) *to be tarred with the same brush* essere della stessa razza.

taradiddle ['tærədidl] *s.* (*fam.*) piccola bugia, frottola.

tarantula [tə'ræntjulə] *s.* (*pl.* **-s** [-z]/**-lae** [-li:]) (*Zool.*) tarantola.

tardy ['tɑ:di] *a.* **1** lento, tardo. **2** (*am.*) in ritardo.

tare [tεə*] *s.* (*Comm.*) tara.

target ['tɑ:git] *s.* **1** obiettivo, bersaglio (*anche fig.*). **2** (*fig.*) meta, traguardo. □ ~ **date** data stabilita; (*Ling.*) ~ **language** lingua d'arrivo; (*fig.*) **on** ~ sulla buona strada.

tariff ['tærif] *s.* **1** (*Econ.*) tariffe doganali; dazio. **2** listino prezzi, tariffario.

tarmac ['tɑ:mæk] *s.* **1** macadam al catrame. **2** (*Aer.*) pista (in macadam al catrame).

tarn [tɑ:n] *s.* laghetto di montagna.

tarnish ['tɑ:niʃ] *s.* **1** annerimento, appannamento; patina. **2** (*fig.*) onta, macchia.

to **tarnish** ['tɑ:niʃ] **I** *v.t.* **1** (far) annerire, appannare. **2** (*fig.*) infangare, macchiare. **II** *v.i.* **1** annerirsi, appannarsi. **2** (*fig.*) macchiarsi, sporcarsi.

tarpaulin [tɑ:'pɔ:lin] *s.* incerata, copertone impermeabile.

tarradiddle ['tærədidl] → **taradiddle**.

to **tarry** ['tæri] *v.i.* (*lett.*) indugiare; trattenersi, fermarsi.

tarry ['tɑ:ri] *a.* catramoso; incatramato.

tarsus ['tɑ:səs] *s.* (*pl.* **–si** [–sai]) (*Anat.*) tarso.

tart[1] [tɑ:t] *a.* **1** acido, agro. **2** (*fig.*) aspro, caustico.

tart[2] [tɑ:t] *s.* crostata; pasticcino (alla frutta).

tart[3] [tɑ:t] *s.* (*sl.*) prostituta, sgualdrina.

tartan ['tɑ:tən] *s.* tartan, tessuto di lana scozzese.

tartar ['tɑ:tə*] *s.* (*Med., Chim.*) tartaro.

Tartar ['tɑ:tə*] *a./s.* (*Stor.*) tartaro. □ (*fig.*) *to* **catch** *a tartar* trovare pane per i propri denti; *tartar* **sauce** salsa tartara.

tartness ['tɑ:tnis] *s.* **1** acidità. **2** (*fig.*) asprezza, causticità.

task [tɑ:sk, *am.* tæsk] *s.* **1** compito, lavoro. **2** incarico, mansione. □ *to take to* ~ richiamare (all'ordine), riprendere.

to **task** [ta:sk, *am.* tæsk] *v.t.* affaticare, sottoporre a uno sforzo.

task-force *am.* ['tæskfɔ:s] *s.* (*Mil.*) unità operativa.

taskmaster ['tɑ:skmɑ:stə*] *s.* sorvegliante severo.

taskmistress ['ta:skmistris] *s.* sorvegliante severa.

tassel ['tæsəl] *s.* nappa, fiocco.

to **tassel** ['tæsəl] *v.t.* (*pass., p.p.* **–lled**/*am.* **–led** [–d]) munire di nappe.

taste [teist] *s.* **1** gusto. **2** sapore. **3** assaggio. **4** inclinazione, propensione (*for* per); predilezione, preferenza. **5** (buon) gusto. □ **for** *my* ~ per i miei gusti; **in** *bad* ~ di cattivo gusto; *to leave a bad* ~ *in one's* **mouth** lasciare la bocca amara; **to** ~ a piacere, a proprio gusto; *to give s.o. a* ~ *of the* **whip** far assaggiare la frusta a qd.

to **taste** [teist] **I** *v.t.* **1** sentire il sapore di: *I couldn't* ~ *the brandy in the sauce* non sono riuscito a sentire il sapore del brandy nella salsa. **2** assaggiare, degustare. **3** (*fig.*) provare, assaporare. **II** *v.i.* sapere, avere un sapore (*of* di).

taste bud ['teistbʌd] *s.* (*Anat.*) papilla gustativa.

tasteful ['teistful] *a.* di (buon) gusto, raffinato.

tasteless ['teistlis] *a.* **1** insapore, insipido. **2** di cattivo gusto.

taster ['teistə*] *s.* degustatore, assaggiatore.

tasty ['teisti] *a.* **1** saporito, gustoso. **2** (*sl.*) attraente.

to **tat** [tæt] *v.* (*pass., p.p.* **tatted** [–id]) **I** *v.i.* fare il merletto. **II** *v.t.* lavorare a merletto.

ta ta ['tæ'tɑ:] *intz.* (*infant. fam.*) ciao.

tatter ['tætə*] *s.* straccio, cencio. □ *in tatters* a brandelli (*anche fig*).

tattered ['tætəd] *a.* **1** stracciato, lacero. **2** (*fig.*) malridotto, malconcio.

tatting ['tætiŋ] *s.* merletto (annodato).

tattle ['tætl] *s.* chiacchiera, ciarla; pettegolezzi.

to **tattle** ['tætl] **I** *v.i.* chiacchierare, cianciare, (s)pettegolare. **II** *v.t.* raccontare facendo pettegolezzi.

tattler ['tætlə*] *s.* chiacchierone, pettegolo.

tattoo[1] [tə'tu:, *am.* tæ'tu:] *s.* **1** (*Mil.*) ritirata serale. **2** picchiettio, ticchettio. **3** parata militare.

tattoo[2] [tə'tu:, *am.* tæ'tu:] *s.* tatuaggio.

to **tattoo** [tə'tu:, *am.* tæ'tu:] *v.t.* tatuare.

tatty ['tæti] *a.* (*fam.*) trasandato, in disordine.

taught [tɔ:t] → to **teach**.

taunt [tɔ:nt] *s.* **1** scherno, derisione. **2** osservazione sarcastica.

to **taunt** [tɔ:nt] *v.t.* **1** deridere, schernire. **2** rimproverare con sarcasmo.

Taurus ['tɔ:rəs] *N.pr.* (*Astr.*) Toro.

taut [tɔ:t] *a.* teso, rigido (*anche fig.*).

to **tauten** ['tɔ:tn] *v.i.* tendersi.

tautness ['tɔ:tnis] *s.* tensione.

tautological [,tɔ:tə'lɔdʒikəl] *a.* tautologico.

tautology [tɔ:'tɔlədʒi] *s.* tautologia.

tavern ['tævən] *s.* locanda, taverna.

taw [tɔ:] *s.* **1** biglia. **2** gioco delle biglie.

tawdry ['tɔ:dri] *a.* appariscente, vistoso e di poco prezzo.

tawdriness ['tɔ:drinis] *s.* vistosità.

tawny ['tɔ:ni] *a.* bruno fulvo; ambrato.

tax [tæks] *s.* **1** (*Econ.*) tassa, imposta. **2** (*fig.*) onere, peso. □ (*Aut.*) ~ **disc** (o *token*) bollo di circolazione; ~ **heaven** paradiso fiscale; **value** *added* ~ (*VAT*) imposta sul valore aggiunto (IVA).

to **tax** [tæks] *v.t.* **1** (*Econ.*) tassare. **2** (*fig.*) mettere alla prova. **3** (*fig.*) accusare, tacciare (*with* di): *he was taxed with negligence* fu accusato di negligenza.

taxability [,tæksə'biliti] *s.* imponibilità.

taxable ['tæksəbl] *a.* imponibile.

taxation [tæk'seiʃən] *s.* (*Econ.*) **1** tassazione. **2** (*collett.*) tasse.

tax collector ['tækskəlektə*] *s.* esattore delle imposte.

tax dodger ['tæksdɔdʒə*] *s.* (*fam.*) evasore fiscale.

tax-free [,tæks'fri:] *a.* esentasse, esente da imposte.

taxi ['tæksi] *s.* (*pl.* **–s** [–z]) tassì, taxi, autopubblica.

to **taxi** ['tæksi] *v.i.* (*Aer.*) rullare.

taxi-cab ['tæksikæb] → **taxi**.

taxidermist ['tæksidə:mist] *s.* imbalsamatore.

taxidermy ['tæksidə:mi] *s.* tassidermia.

taxi driver ['tæksidraivə*] *s.* tassista.

taximeter ['tæksimi:tə*] *s.* tassametro.

taxi rank ['tæksiræŋk] *s.* posteggio di autopubbliche.

tax-payer ['tækspeiə*] *s.* contribuente *m./f.*

Tb = (*Chim.*) *terbium* terbio.

TB = *Treasure Bill* buono del Tesoro.

Tc = (*Chim.*) *technetium* tecnezio.

Te = (*Chim.*) *tellurium* tellurio.

tea [ti:] *s.* **1** tè. **2** (*estens.*) infuso. **3** tè, ricevimento pomeridiano. □ *to* **have** ~ prendere il tè; **high** ~ pasto completo pomeridiano con tè; *to ask s.o.* **to** ~ invitare qd. per il tè.

tea-bag ['ti:bæg] *s.* bustina di tè.
tea-break ['ti:breik] *s.* intervallo per il tè.
teacake ['ti:keik] *s.* (*Gastr.*) focaccia dolce imburrata (servita calda).
to **teach** [ti:tʃ] *v.* (*pass., p.p.* **taught** [tɔ:t]) **I** *v.t.* insegnare; istruire. **II** *v.i.* **1** insegnare, fare l'insegnante. **2** dare lezioni. ▭ *to* ~ *s.o. a* **lesson** dare una lezione a qd.; (*am. fam.*) *to* ~ **school** fare l'insegnante.
teachable ['ti:tʃəbl] *a.* **1** che si può insegnare con facilità. **2** che apprende facilmente.
teacher [ti:tʃə*] *s.* insegnante *m./f.*, maestro; professore.
teach-in ['ti:tʃ'in] *s.* manifestazione di protesta tenuta in un'università (consistente in una serie di discorsi, dibattiti, ecc.).
teaching ['ti:tʃiŋ] **I** *s.* **1** insegnamento; professione d'insegnante. **2** *pl.* insegnamenti, precetti. **II** *a.* docente, insegnante.
tea-cloth ['ti:klɔθ] *s.* **1** strofinaccio per asciugare i piatti. **2** tovaglietta da tè.
tea-cosy ['ti:kəuzi] *s.* copriteiera.
teacup ['ti:kʌp] *s.* **1** tazza da tè. **2** contenuto di una tazza da tè.
teahouse ['ti:haus] *s.* casa da tè.
teak [ti:k] *s.* (*Bot.*) teck.
teakettle ['ti:ketl] *s.* bollitore (da tè).
team [ti:m] *s.* **1** (*Sport*) squadra, formazione. **2** gruppo di lavoro, team. **3** (*di animali*) tiro, attacco.
to **team** [ti:m] **I** *v.i.* (spesso con *up*) collaborare, cooperare. **II** *v.t.* **1** (*di cavalli*) attaccare; (*di buoi*) aggiogare. **2** (*fig.*) mettere in squadra, mettere insieme.
teamster ['ti:mstə*] *s.* **1** carrettiere. **2** (*am.*) camionista.
teamwork ['ti:mwə:k] *s.* lavoro di squadra.
teapot ['ti:pɔt] *s.* teiera.
tear[1] [tiə*] *s.* **1** lacrima, lagrima. **2** goccia, stilla. ▭ *to bring tears to the eyes* far venire le lacrime agli occhi.
to **tear** [tɛə*] *v.* (*pass.* **tore** [tɔ:*], *p.p.* **torn** [tɔ:n]) **I** *v.t.* **1** strappare, stracciare, squarciare. **2** strappare, tirare via. **3** (*fig.*) tormentare, lacerare. **4** (*Med.*) (*di muscolo*) strappare. **II** *v.i.* **1** strapparsi, lacerarsi. **2** correre velocemente, precipitarsi. ▭ *to* ~ **apart** distruggere (completamente), fare a pezzi; separare, dividere; *to* ~ **around** correre all'impazzata; *to* ~ **at** dare uno strappo a, tirare con forza; cercare di strappare; *to* ~ **away** strappare, tirar via; *to* ~ *o.s.* **away** staccarsi (*from* da), lasciare a malincuore; *to* ~ **down** tirare giù; demolire, abbattere; (*fam. fig.*) *to* ~ **into** aggredire, assalire; investire con ingiurie; *to* ~ **off** strappare, tirare via; *to* ~ *a letter* **open** aprire una lettera lacerando la busta; *to* ~ *s.th. to* **pieces** fare a pezzi qc.; *to* ~ **round** = *to* ~ **around**; *to* ~ **up** strappare, fare a pezzi; distruggere; *to* ~ **up** *a plant* sradicare una pianta.
tear[2] [tɛə*] *s.* strappo, lacerazione, squarcio. ▭ *at full* ~ a precipizio.
tearaway ['tɛərəwei] *s.* (*sl.*) teppista *m./f.*
tear-bomb ['tiəbɔm] *s.* bomba lacrimogena.
teardrop ['tiədrɔp] *s.* lacrima.
tearful ['tiəful] *a.* piangente, in lacrime; lacrimoso.
tear-gas ['tiəgæs] *s.* gas lacrimogeno.
tearing ['tɛəriŋ] *a.* (*fam.*) terribile, tremendo.
tea-room ['ti:ru:m] *s.* sala da tè.
tea-rose ['ti:rəuz] *s.* (*Bot.*) rosa tea.
tease [ti:z] *s.* **1** burlone. **2** persona importuna.
to **tease** [ti:z] *v.t.* **1** canzonare, beffare, burlare (*about* per). **2** infastidire, importunare; tormentare. **3** (spesso con *out*) cardare (lana, ecc.).
teasel ['ti:zl] *s.* (*Bot.*) cardo.
teaser ['ti:zə*] *s.* **1** → **tease**. **2** (*fam.*) rompicapo, enigma.
tea-set ['ti:set] *s.* servizio da tè.
teaspoon ['ti:spu:n] *s.* cucchiaino da tè.
teaspoonful ['ti:spu:nful] *s.* contenuto di un cucchiaino da tè.
teat [ti:t] *s.* **1** (*Anat.*) capezzolo. **2** tettarella (di poppatoio).
teatime ['ti:taim] *s.* ora del tè.
technetium ['tekneʃiəm] *s.* (*Chim.*) tecnezio.
technical ['teknikəl] *a.* tecnico.
technicality [,tekni'kæliti] *s.* **1** termine tecnico. **2** *pl.* aspetti tecnici.
technician [tek'niʃən] *s.* tecnico, perito.
technique [tek'ni:k] *s.* **1** tecnica. **2** abilità tecnica, perizia.
technocracy [tek'nɔkrəsi] *s.* tecnocrazia.
technocrat ['teknə(u)kræt] *s.* tecnocrate *m./f.*
technological [,teknə'lɔdʒikəl] *a.* tecnologico.
technologist [tek'nɔlədʒist] *s.* tecnologo.
technology [tek'nɔlədʒi] *s.* tecnologia.
teddy ['tedi], **teddy bear** ['tedibɛə*] *s.* orsacchiotto (di pezza).
teddy-boy ['tedibɔi] *s.* teddy boy, (giovane) teppista.
tedious ['ti:djəs] *a.* noioso, tedioso.
tediousness ['ti:djəsnis] *s.* noia, tedio.
tee [ti:] *s.* (*nel golf*) tee. ▭ (*fig.*) *to a* ~ a pennello.
to **tee** [ti:] *v.t.* (*Sport*) (general. con *up*) collocare sul tee.
TEE = *Trans Europe Express* Trans Europa Express.
to **teem**[1] [ti:m] *v.i.* brulicare, pullulare (*with* di).
to **teem**[2] [ti:m] *v.i.* piovere a dirotto. ▭ *it is teeming down with rain* sta piovendo a dirotto.
teenage ['ti:neidʒ] *a.attr.* per adolescenti.
teenager ['ti:neidʒə*] *s.* adolescente *m./f.*
teens [ti:nz] *s.pl.* età fra i 13 e i 19 anni.
teeny(-weeny) ['ti:ni(wi:ni)] *a.* (*fam.*) piccino, minuscolo.
to **teeter** ['ti:tə*] *v.i.* barcollare, traballare.
teeth [ti:θ] → **tooth**.
to **teethe** [ti:ð] *v.i.* mettere i denti.
teething [ti:ðiŋ] *s.* dentizione. ▭ ~ **ring** dentaruolo; ~ **troubles** disturbi della dentizione; (*fam.*) difficoltà iniziali.

teetotaler *am.*, **teetotaller** [ti:'təutlə*] *s.* astemio.
tegument ['tegjumənt] *s.* (*Anat.,Bot.*) tegumento.
tel. = **1** *telegram* telegramma. **2** *telegraph* telegrafo. **3** *telephone* telefono.
telecast ['telikɑ:st, *am.* –kæst] *s.* (*TV*) trasmissione televisiva.
to **telecast** ['telikɑ:st, *am.* –kæst] *v.t.* (coniug. come to **cast**) (*TV*) trasmettere per televisione.
telecommunications ['telikə,mju:ni'keiʃənz] *s.pl.* (costr. sing.) telecomunicazioni.
telecontrol [,telikən'trəul] *s.* (*tecn.*) telecomando.
telefax ['telifæx] → **fax**.
telegram ['teligræm] *s.* telegramma.
telegraph ['teligrɑ:f, *am.* –græf] *s.* telegrafo.
to **telegraph** ['teligrɑ:f, *am.* –græf] *v.t./i.* telegrafare.
telegrapher [ti'legrəfə*] *s.* telegrafista *m./f.*
telegraphese [,teligrɑ:'fi:z, *am.* –græf–] *s.* stile telegrafico.
telegraphic [,teli'græfik] *a.* telegrafico.
telegraphist [ti'legrəfist] → **telegrapher**.
telegraphy [ti'legrəfi] *s.* telegrafia.
teleological [,teliə'lɔdʒikəl] *a.* teleologico.
teleology [,teli'ɔlədʒi] *s.* teleologia.
telepathic [,teli'pæθik] *a.* telepatico.
telepathy [ti'lepəθi] *s.* telepatia.
telephone ['telifəun] *s.* telefono. ▭ ~ **booth**, ~ **box** cabina telefonica; **by** ~ per telefono; ~ **call** telefonata; ~ **directory** elenco telefonico; ~ **exchange** centralino; ~ **number** numero di telefono; *to be* **on** *the* ~ parlare al telefono; essere abbonato al telefono; ~ **operator** centralinista *m./f.*
to **telephone** ['telifəun] **I** *v.t.* telefonare, fare una telefonata a. **II** *v.i.* telefonare, parlare al telefono.
telephonic [,teli'fɔnik] *a.* telefonico.
telephonist [ti'lefənist] *s.* telefonista *m./f.*, centralinista *m./f.*
telephony [ti'lefəni] *s.* telefonia.
telephoto [,teli'fəutəu] *s.* (*pl.* **–s** [–z]) telefoto(grafia).
teleprinter ['teliprintə*] *s.* telescrivente.
telescope ['teliskəup] *s.* **1** telescopio. **2** cannocchiale.
to **telescope** ['teliskəup] **I** *v.t.* **1** sintetizzare, riassumere. **2** incastrare, far rientrare. **II** *v.i.* rientrare, incastrarsi.
telescopic [,teli'skɔpik] *a.* **1** telescopico. **2** a incastro.
teletype ['telitaip] *s.* telescrivente.
televiewer ['telivju:ə*] *s.* telespettatore.
to **televise** ['telivaiz] → to **telecast**.
television ['teliviʒən] *s.* televisione. ▭ ~ *set* televisore.
telex ['teleks] *s.* telex.
to **telex** ['teleks] *v.t.* trasmettere via telex.
to **tell** [tel] *v.* (*pass., p.p.* **told** [təuld]) **I** *v.t.* **1** dire: *to* ~ *s.th. to s.o.* dire qc. a qd. **2** raccontare, narrare. **3** svelare, rivelare. **4** riconoscere, distinguere. **5** ingiungere, ordinare; consigliare: *just do as you are told* dovete solo fare quello che vi è stato ordinato. **II** *v.i.* **1** manifestarsi. **2** (*fam.*) fare la spia (*on* contro, a). ▭ **all** *told* nel complesso, nell'insieme; (*fam.*) ~ *me* **another**! valla a raccontare a un altro, io non ti credo; *to* ~ **apart** riconoscere, distinguere; **blood** *will* ~ buon sangue non mente; **don't** ~ *me!* non venire a dirlo a me!, proprio a me lo dici; *to* ~ *s.o's* **fortune** predire il futuro a qd.; *to* ~ **off** assegnare (a un reparto, ecc.); (*fam.*) sgridare, rimproverare aspramente; (*fam.*) *I told you* **so**! te l'avevo detto!; *that tells a* **tale** la cosa si commenta da sé; **there**'*s no telling* non si sa; (*sl.*) *to* ~ *the* **world** dire ai quattro venti.
teller ['telə*] *s.* **1** narratore. **2** (*Pol.*) scrutatore. **3** cassiere (di banca).
telling ['teliŋ] **I** *a.* **1** efficace, energico. **2** espressivo, significativo. **II** *s.* narrazione, racconto.
telling-off ['teliŋ'ɔ:f] *s.* (*fam.*) rimprovero (severo), sgridata.
telltale ['telteil] **I** *s.* **1** (*fam.*) spia, spione. **2** pettegolo. **II** *a.* significativo, rivelatore.
tellurium [te'ljuəriəm] *s.* (*Chim.*) tellurio.
telly ['teli] *s.* (*fam.*) televisione, tivù.
telpher ['telfə*] *s.* (*tecn.*) carrello di teleferica.
temerity [ti'meriti] *s.* audacia, temerarietà.
temper ['tempə*] *s.* **1** indole, temperamento, carattere. **2** rabbia, stizza, ira: *a fit of* ~ uno scatto d'ira. **3** (*Met.*) tempra, tempera. ▭ *to be* **in** *a* ~ essere in collera; *to fly* **into** *a* ~ montare in collera; *to* **keep** *one's* ~ mantenere la calma; *to* **lose** *one's* ~ perdere le staffe; **out** *of* ~ fuori dei gangheri.
to **temper** ['tempə*] *v.t.* **1** moderare, temperare, mitigare. **2** (*Met.*) temprare.
tempera *it.* ['tempərə] *s.* (pittura a) tempera.
temperament ['tempərəmənt] *s.* **1** temperamento, carattere, indole. **2** ipersensibilità, (eccessiva) emotività, temperamento.
temperamental [,tempərə'mentl] *a.* **1** capriccioso, mutevole; emotivo, ipersensibile. **2** congenito, connaturato.
temperance ['tempərəns] *s.* **1** temperanza, moderazione, sobrietà. **2** astinenza dall'alcol. ▭ ~ *league*, ~ *society* lega antialcolica.
temperate ['tempərit] *a.* **1** (*di clima*) temperato. **2** sobrio, parco. **3** moderato, controllato. **4** astemio.
temperature ['tempərətʃə*] *s.* temperatura. ▭ *to have* (o *to be running*) *a* ~ avere la febbre.
tempest ['tempist] *s.* tempesta; burrasca (*anche fig.*).
tempestuous [tem'pestjuəs] *a.* tempestoso, burrascoso (*anche fig.*).
temple[1] ['templ] *s.* tempio.
temple[2] ['templ] *s.* (*Anat.*) tempia.
templet ['templit] → **template**.
tempo *it.* ['tempəu] *s.* (*pl.* **–s** [–z]/**–pi** [–pi]) **1** (*fig.*) ritmo. **2** (*Mus.*) tempo.

temporal ['tempərəl] *a.* **1** temporale. **2** terreno, mondano.
temporality [,tempə'ræliti] *s.* **1** temporalità. **2** *pl.* beni temporali (della Chiesa).
temporalty ['tempərəlti] *s.* (*collett.*) laici.
temporary ['tempərəri] *a.* temporaneo, transitorio.
to **temporize** ['tempəraiz] *v.i.* temporeggiare, prendere tempo.
temporizer ['tempəraizə*] *s.* temporeggiatore.
to **tempt** [tempt] *v.t.* **1** tentare. **2** allettare, invogliare.
temptation [temp'teiʃən] *s.* **1** tentazione. **2** lusinga, allettamento.
tempter ['temptə*] *s.* tentatore.
tempting ['temptiŋ] *a.* allettante, seducente.
ten [ten] *a./s.* dieci. ▭ **by** *tens* dieci a dieci; ~ **to** *one he wins* scommetto dieci contro uno che vince.
tenable ['tenəbl] *a.* **1** (*di teoria*) sostenibile. **2** (*di carica, impiego*) che può essere occupato, ricopribile.
tenacious [ti'neiʃəs] *a.* **1** tenace. **2** (*fig.*) fermo, saldo; ostinato, caparbio.
tenacity [ti'næsiti] *s.* **1** tenacità. **2** (*fig.*) tenacia, fermezza; ostinazione, caparbietà.
tenancy ['tenənsi] *s.* **1** affitto, locazione. **2** periodo d'affitto.
tenant ['tenənt] *s.* inquilino, affittuario.
to **tenant** ['tenənt] *v.t.* avere in affitto.
tenant farmer ['tenənt,fɑ:mə*] *s.* fittavolo.
tenantry ['tenəntri] *s.* (*collett.*) inquilini.
tench [tentʃ] *s.* (*pl. inv.*/**tenches** [–iz]) (*Zool.*) tinca.
to **tend**[1] [tend] *v.i.* tendere, avere tendenza.
to **tend**[2] [tend] *v.t.* prendersi cura di, badare a; sorvegliare; (*am.*) servire clienti.
tendency ['tendənsi] *s.* tendenza; inclinazione (naturale).
tendentious [ten'denʃəs] *a.* tendenzioso.
tender[1] ['tendə*] *a.* **1** tenero, morbido, molle. **2** fragile, delicato. **3** affettuoso, amoroso. ▭ *to have a* ~ **conscience** essere troppo scrupoloso; *to touch s.o. on a* ~ **spot** pungere qd. sul vivo; *a* ~ **subject** un argomento scabroso.
tender[2] ['tendə*] *s.* (*Comm.*) offerta. ▭ *legal* ~ valuta legale.
to **tender** ['tendə*] **I** *v.t.* porgere, offrire; presentare (formalmente). **II** *v.i.* (*Comm.*) concorrere a un appalto, fare un'offerta.
tender[3] ['tendə*] *s.* **1** guardiano, sorvegliante. **2** (*Mar.*) imbarcazione ausiliaria. **3** (*Ferr.*) carro (di) scorta, tender.
tenderfoot *am.* ['tendəfut] *s.* (*pl.* **–s** [–s]) novellino.
tender-hearted ['tendə'hɑ:tid] *a.* dal cuore tenero.
tenderloin ['tendəlɔin] *s.* filetto (di maiale o di manzo).
tenderness ['tendənis] *s.* **1** tenerezza. **2** fragilità, delicatezza. **3** affettuosità, amorevolezza.
tendon ['tendən] *s.* (*Anat.*) tendine.
tendril ['tendril] *s.* (*Bot.*) viticcio.
tenement ['tenimənt] *s.* **1** casa popolare. **2** casa d'abitazione.
tenet ['ti:net] *s.* principio; dottrina, dogma.
tenfold ['tenfəuld] **I** *a.* decuplo. **II** *avv.* dieci volte (tanto).
tenner ['tenə*] *s.* (*fam.*) biglietto da dieci sterline.
tennis ['tenis] *s.* tennis. ▭ ~ *player* tennista *m./f.*
tennis court ['tenisko:t] *s.* campo da tennis.
tenon ['tenən] *s.* (*Falegnameria*) tenone.
tenor ['tenə*] *s.* **1** tenore. **2** (*fig.*) tenore, tono.
tenpin ['tenpin] *s.* **1** birillo. **2** *pl.* (costr. sing.) gioco dei birilli.
tense[1] [tens] *a.* **1** teso, contratto. **2** (*fig.*) ansioso, inquieto.
to **tense** [tens] **I** *v.t.* tendere. **II** *v.i.* tendersi.
tense[2] [tens] *s.* (*Gramm.*) tempo.
tenseness ['tensnis] *s.* tensione.
tensile ['tensail] *a.* **1** relativo a tensione. **2** duttile, elastico.
tension ['tenʃən] *s.* tensione.
tent [tent] *s.* tenda.
tentacle ['tentəkl] *s.* tentacolo.
tentative ['tentətiv] *a.* **1** esitante, incerto; timido. **2** sperimentale, provvisorio.
tenterhooks ['tentəhu:ks] *s.* : (*fig.*) *to be on* ~ stare sulle spine.
tenth [tenθ] *a./s.* decimo.
tent peg ['tentpeg] *s.* picchetto da tenda.
tenuity [tin'juiti] *s.* **1** tenuità, esilità. **2** inconsistenza.
tenuous ['tenjuəs] *a.* **1** esile, tenue. **2** inconsistente.
tenure ['tenjuə*] *s.* **1** (*Dir.*) possesso, diritto di possesso; durata di un possesso. **2** permanenza in carica.
tepal ['ti:pɑ:l] *s.* (*Bot.*) tepalo.
tepee ['ti:pi:] *s.* tenda (conica) dei pellerossa.
tepid ['tepid] *a.* tiepido.
tepidity [te'piditi], **tepidness** [te'pidnis] *s.* tiepidezza.
terbium ['tə:biəm] *s.* (*Chim.*) terbio.
tercentenary [,tə:sen'ti:nəri], **tercentennial** [,tə:sen'tenjəl] **I** *a.* del terzo centenario. **II** *s.* terzo centenario.
to **tergiversate** ['tə:dʒivə:seit] *v.i.* **1** fare un voltafaccia. **2** tergiversare.
term [tə:m] *s.* **1** termine; parola, vocabolo. **2** periodo (di tempo), durata. **3** (*Scol.*) trimestre. **4** (*Dir.*) sessione. **5** (*Econ.*) scadenza. **6** *pl.* condizioni, clausole. **7** prezzi, tariffe. ▭ (*Dir.*) **by** *the terms of the treaty* secondo i termini del trattato; *to* **come** *to terms* venire a patti (*with* con); (*fig.*) rassegnarsi, adattarsi (a); *to* **dictate** *terms* dettare le condizioni; (*Comm.*) **easy** *terms* facilitazioni di pagamento; *on* **even** *terms* in condizioni di parità; ~ *of* **office** periodo di permanenza in carica; *not* **on** *any terms* a nessuna condizione; *to be* **on** *bad* (*o good*) *terms* essere in cattivi (*o* buoni) rapporti (*with* con); **short** -~ *effect* effetto a breve termine; *not to be*

on **speaking** *terms* non rivolgersi la parola.
to **term** [tə:m] *v.t.* definire, chiamare.
termagant ['tə:məgənt] *s.* bisbetica, brontolona.
terminal ['tə:minl] **I** *a.* **1** finale; terminale: ~ *ward* corsia dei malati terminali. **2** trimestrale. **II** *s.* **1** capolinea (di autobus). **2** (*Ferr.*) stazione, capolinea. **3** (*Aer.*) aerostazione (urbana), terminal. **4** (*El.*) morsetto, terminale. **5** (*Inform.*) terminale.
to **terminate** ['tə:mineit] **I** *v.t.* **1** terminare, finire. **2** concludere, portare a termine. **3** (*fam. am.*) uccidere, sterminare. **II** *v.i.* terminare, finire. □ *to* ~ *a contract* rescindere un contratto.
termination [ˌtə:mi'neiʃən] *s.* **1** fine, conclusione. **2** (*Ling.*) desinenza. **3** (*di contratto*) risoluzione.
terminological [ˌtə:minə'lɔdʒikəl] *a.* terminologico.
terminology [ˌtə:mi'nɔlədʒi] *s.* terminologia.
terminus ['tə:minəs] *s.* **1** (*Ferr.*) stazione terminale. **2** capolinea (di autobus).
termite ['tə:mait] *s.* (*Zool.*) termite.
tern [tə:n] *s.* (*Zool.*) rondine di mare.
terrace ['terəs] *s.* **1** terrazza, terrazzo. **2** terrapieno. **3** fila di case a schiera. **4** gradinata (di uno stadio). **5** galleria, portico.
to **terrace** ['terəs] *v.t.* (*Agr.*) terrazzare. □ *terraced house* casa a schiera.
terracotta *it.* ['terə'kɔtə] *s.* terracotta.
terrain [te'rein] *s.* terreno.
terrapin ['terəpin] *s.* (*Zool.*) tartaruga d'acqua dolce.
terrestrial [ti'restriəl] *a.* terrestre.
terrible ['terəbl] *a.* **1** terribile, tremendo. **2** (*fam.*) pessimo, orribile. **3** (*fam.*) terribile, enorme.
terribly ['terəbli] *avv.* **1** terribilmente, tremendamente. **2** (*fam.*) estremamente, moltissimo.
terrier ['teriə*] *s.* (*Zool.*) terrier (tipo di cane).
terrific [tə'rifik] *a.* **1** terrificante, spaventoso. **2** (*fam.*) favoloso, eccezionale. **3** enorme; fortissimo; violento.
to **terrify** ['terifai] *v.t.* terrorizzare, atterrire.
territorial [ˌteri'tɔ:riəl] *a.* territoriale.
territory ['teritəri, *am.* –tɔ:ri] *s.* **1** territorio. **2** regione; colonia.
terror ['terə*] *s.* **1** terrore. **2** (*fam.*) bambino pestifero, peste. □ *to be in* ~ *of one's* **life** temere molto per la propria vita; *to* **strike** ~ *into s.o.* terrorizzare qd.
terrorism ['terərizəm] *s.* terrorismo.
terrorist ['terərist] *s.* terrorista *m./f.*
to **terrorize** ['terəraiz] *v.t.* terrorizzare, atterrire.
terror-stricken ['terəstrikən], **terror-struck** ['terəstrʌk] *a.* terrorizzato, atterrito.
terse [tə:s] *a.* **1** succinto, conciso; laconico. **2** forbito: *a* ~ *speaker* un oratore forbito.
tertian ['tə:ʃən] *s.* (*Med.*) (febbre) terzana.
tertiary ['tə:ʃəri] *a.* terziario.
tessellated ['tesileitid] *a.* tessellato.
test [test] *s.* **1** prova, esperimento. **2** (*Scol.*) esame. **3** (*Med.*) esame, analisi. **4** (*Mecc.*) collaudo. □ ~ **drive** collaudo (di automobili); ~ **driver** collaudatore automobilistico; ~ **pilot** collaudatore di aerei; *to* **put** *to the* ~ mettere alla prova.
to **test** [test] *v.t.* **1** esaminare. **2** mettere alla prova, provare. **3** (*Mecc.*) collaudare.
testament ['testəmənt] *s.* (*Dir.*) testamento.
testamentary [ˌtestə'mentəri] *a.* (*Dir.*) testamentario.
testator [tes'teitə*] *s.* (*Dir.*) testatore.
tester ['testə*] *s.* **1** collaudatore. **2** (*El.*) apparecchio di misura.
testicle ['testikl] *s.* (*Anat.*) testicolo.
to **testify** ['testifai] *v.t./i.* **1** attestare, testimoniare (*to s.th.* qc.); dimostrare, essere la prova di. **2** (*Dir.*) testimoniare, deporre.
testimonial [ˌtesti'məuniəl] *s.* benservito; certificato di servizio; referenza.
testimony ['testiməni, *am.* –məuni] *s.* **1** (*Dir.*) testimonianza, deposizione. **2** prova, dimostrazione. □ (*Dir.*) *to bear* ~ deporre, testimoniare; (*fig.*) essere prova di.
testiness ['testinis] *s.* irritabilità.
test-tube ['test'tju:b] *s.* provetta. □ ~ *baby* bambino in provetta.
testy ['testi] *a.* irritabile, suscettibile.
tetanus ['tetənəs] *s.* (*Med.*) tetano.
tetchy ['tetʃi] *a.* irritabile, stizzoso.
tête-à-tête *fr.* ['teitɑ:'teit] **I** *s.* (*pl.* **–s** [–s]/ **têtes-à-têtes**) colloquio a quattrocchi, tête-à-tête. **II** *avv.* a quattrocchi, in privato.
tether ['teðə*] *s.* pastoia, cavezza. □ (*fig.*) *to be at the end of one's* ~ non poterne più.
to **tether** ['teðə*] *v.t.* impastoiare, mettere la cavezza a.
Teuton ['tju:tən, *am.* 'tu:–] *s.* (*Stor.*) teutone.
Teutonic [tju:'tɔnik, *am.* tu:'–] *a.* (*Stor.*) teutonico.
text [tekst] *s.* **1** testo; edizione. **2** (*Rel.*) passo biblico.
text-book ['tekstbuk] *s.* **1** (*Scol.*) (libro di) testo. **2** manuale.
textile ['tekstail] **I** *s.* **1** tessuto. **2** *pl.* industria tessile. **II** *a.attr.* tessile.
textual ['tekstjuəl] *a.* testuale.
texture ['tekstʃə*] *s.* **1** tessitura; trama. **2** struttura. **3** (*Biol.*) tessuto.
Th = (*Chim.*) *thorium* torio.
Thai [tai] *s.* (*pl. inv.*/–s [–z]) tailandese *m./f.*
thallium ['θælləm] *s.* (*Chim.*) tallio.
thallus ['θæləs] *s.* (*Bot.*) tallo.
Thames [temz] *N.pr.* (*Geog.*) Tamigi.
than [ðæn, ðən] *congz.* **1** (*dopo i compar.*) di, che, di quello che, di quanto: *he is bigger* ~ *I* (*am*) è più grande di me; *it was better* ~ *I expected* è stato meglio di quanto pensassi. **2** (dopo *scarcely, hardly, barely*) quando: *he had hardly spoken* ~ *I entered* aveva appena finito di parlare quando io entrai. □ *it's nothing* **else** ~ *nonsense* non sono che sciocchezze; *he was* **no** *other* ~ *a thief* non era che un ladro.

to **thank** [θæŋk] *v.t.* ringraziare (*for* di). ▭ ~ **God**! grazie a Dio!, fortunatamente; (*iron.*) *he* **has** *only himself to* ~ se l'è voluta; ~ **Heaven(s)**! *grazie al cielo!*; ~ **you**! grazie!

thankful ['θæŋkful] *a.* grato, riconoscente (*for* di, per).

thankfulness ['θæŋkfulnis] *s.* gratitudine, riconoscenza.

thankless ['θæŋklis] *a.* ingrato.

thanks [θæŋks] *s.pl.* ringraziamenti, grazie. ▭ *to* **give** ~ render grazie a Dio; ~ *a* **lot** mille grazie; **no** (o *small*) ~ *to you* certo non per merito tuo; ~ **to** grazie a; ~ **very** *much!* molte grazie!

thanksgiving [ˌθæŋks'giviŋ] *s.* ringraziamento (a Dio). **Thanksgiving Day** (*am.*) giorno del ringraziamento (l'ultimo giovedì di nov.).

that[1] [ðæt, ðət] **I** *a.* (*pl.* **those** [ðəuz]) quello, quella: *who are those people?* chi è quella gente? **II** *pron.* **1** quello, quella: ~*'s mine* quello è mio. **2** (*come antecedente di una proposizione relativa*) ciò, quello: ~ *which I believe* ciò che credo. **III** *avv.* così, tanto: *he was only* ~ *tall* era solo alto così. ▭ **after** ~ dopo di che; (*fam.*) **and** ~ e via dicendo; **at** ~ per giunta, inoltre; *what do you mean* **by** ~? che vuoi dire con questo?; **for** *all* ~ malgrado ciò; ~ **is** ~ ecco tutto; ~ **is** (*to say*) cioè, vale a dire; (*esclam.*) ~*'s* **it** esattamente, proprio; **like** ~ così, in quel modo; (*esclam.*) ~*' s a* **pity** che peccato; (*esclam.*) ~*'s* **right** è proprio così, d'accordo; ~ *is* **so** questo è tutto; *is* ~ **so**? davvero?; (*fam.*) **who***'s* ~? chi parla (al telefono)?; **with** ~ dopo di che, al che.

that[2] [ðæt, ðət] **I** *congz.* **1** (*per introdurre una proposizione subordinata*) che: *it was clear* ~ *he did not approve* era chiaro che non era d'accordo. **2** (general. preceduto da *in order, so*) perché, per, affinché: *they went there so* ~ *they might see it* andarono là per vederlo. **II** *pron.rel.* **1** che: *the man* ~ *came to dinner* l'uomo che è venuto a cena. **2** (*con preposizioni*) il quale, la quale: *the girl* ~ *he was talking to* la ragazza con la quale stava parlando. ▭ **fool** ~ *he is!* pazzo che non è altro!; *she has* **never** *been married* ~ *I know* non è mai stata sposata che io sappia; **not** ~ *it matters* non che abbia importanza.

thatch [θætʃ] *s.* **1** paglia (*o* canne, ecc.) per ricoprire tetti. **2** (*fig.*) capigliatura folta.

to **thatch** [θætʃ] *v.t.* ricoprire di paglia.

thaw [θɔ:] *s.* disgelo, sgelo.

to **thaw** [θɔ:] **I** *v.i.* **1** sciogliersi. **2** (costr. impers.) sgelare, disgelare. **3** (*fig.*) diventare più cordiale, sgelarsi. **II** *v.t.* **1** sciogliere, sgelare. **2** (*fig.*) rendere più cordiale. ▭ *to* ~ *out frozen food* scongelare del cibo.

the[1] [*davanti a consonanti* ðə; *davanti a vocali* ði; *enfatico* ði:] *art.* **1** il, lo, la, i, gli, le: ~ *boy in* ~ *white shirt* il ragazzo con la camicia bianca; (*con i superlativi*): ~ *best that you can find* il meglio che tu possa trovare. **2** (*ciascuno*) il, lo, la: *two dollars* ~ *packet* due dollari il pacchetto. ▭ *Elisabeth* ~ *Second* Elisabetta seconda.

the[2] [ðə, ði] *avv.* **1** (*davanti ai comparativi*) tanto (*spesso non si traduce*): *so much* ~ *worse for him* tanto peggio per lui. **2** quanto... tanto: ~ *sooner* ~ *better* quanto prima tanto meglio.

theater *am.*, **theatre** ['θi:ətə*] *s.* **1** teatro. **2** prosa; (*collett.*) opere teatrali; arte drammatica. **3** sala (ad anfiteatro), aula: *operating* ~ sala operatoria. **4** (*fig.*) luogo d'azione, teatro.

theatrical [θi'ætrikəl] **I** *a.* teatrale. **II** *s.pl.* (costr. sing.) rappresentazione teatrale.

thee [ði:] *pron.* (*poet.*) te, ti.

theft [θeft] *s.* furto.

their [ðɛə*] *a.poss.* loro, di loro: ~ *house* la loro casa. ▭ *of* ~ *own* di loro proprietà.

theirs [ðɛəz] *pron.poss.* loro, di loro: *this house is not* ~ questa casa non è la loro. ▭ *an old friend of* ~ un loro vecchio amico.

theism ['θi:izəm] *s.* teismo.

theist ['θi:ist] *s.* teista *m./f.*

theistic [θi:'istik] *a.* teistico.

them [ðem, ðəm] *pron. pers. compl.* loro, li, le: *take* ~ *home* portali a casa; *I have never heard of* ~ non ho mai sentito parlare di loro.

thematic [θi'mætik] *a.* tematico.

theme [θi:m] *s.* **1** tema (*anche Mus.*). **2** argomento, soggetto.

themselves [ðəm'selvz] *pron.pl.* **1** si, se stessi: *they hurt* ~ *badly* si fecero molto male. **2** (*enfat.*) loro stessi, proprio loro: *they* ~ *told me* me l'hanno detto loro stessi. ▭ *by* ~ da soli.

then [ðen, ðən] **I** *avv.* **1** allora, a quell'epoca, a quel tempo: *I was* ~ *only ten years old* allora avevo solo dieci anni; *they will be on holiday* ~ a quell'epoca saranno in vacanza. **2** dopo, in seguito. **3** poi, inoltre: *and* ~ *there's another problem* e poi c'è un altro problema. **4** allora, dunque, quindi: *it's all settled,* ~ allora tutto è sistemato. **II** *a.attr.* di allora, di quel tempo: *the* ~ *President* il Presidente di allora. ▭ **before** ~ prima di allora; **by** ~ per allora; **from** ~ *on* (o *onwards*) da allora in poi; **now** ~ dunque, allora; suvvia, via; (*fam.*) *and* ~ **some** e ancora; ~ *and* **there** immediatamente, all'istante; ~ **this**, ~ *that* ora questo, ora quello; **until** (o *till*) ~ fino a quel momento; *not* **until** (o *till*) ~ non prima di allora; **well** ~ ebbene, allora; **what** ~? e allora?

thence [ðens] *avv.* **1** di là, di lì, da quel luogo. **2** (*lett.*) quindi, perciò.

thenceforth [ðens'fɔ:θ], **thenceforward(s)** [ðens'fɔ:wəd(z)] *avv.* (*lett.*) da allora (in poi).

theocracy [θi:'ɔkrəsi] *s.* teocrazia.

theocratic [θi:ə'krætik] *a.* teocratico.

Theodore ['θiədɔ:*] *N.pr.m.* Teodoro.

theologian [ˌθi:ə'ləudʒiən] *s.* teologo.

theological [ˌθi:ə'lɔdʒikəl] *a.* teologico.

theology [θi:'ɔlədʒi] *s.* teologia.

theorem ['θi:ərəm] *s.* teorema.
theoretical [,θi:ə'retikəl] *a.* teorico.
to **theorize** ['θi:əraiz] *v.i.* teorizzare (*about* su).
theory ['θi:əri] *s.* **1** teoria (*anche estens.*). **2** (*fam.*) idea, opinione.
theosophical [,θi:ə'sɔfikəl] *a.* (*Rel.*) teosofico.
theosophy [θi'ɔsəfi] *s.* teosofia.
therapeutic [,θerə'pju:tik], **therapeutical** [,θerə'pju:tikəl] *a.* terapeutico.
therapist ['θerəpist] *s.* terapista *m./f.*
therapy ['θerəpi] *s.* terapia.
there [ðɛə*] **I** *avv.* **1** là, lì: *here and* ~ qui e là. **2** ci, vi, là, lì: *I shall be going* ~ *next year* ci andrò l'anno prossimo. **3** ecco, ecco che: ~ *goes the bell* ecco che suona la campana. **4** in questo, in ciò: *I must admit you're right* ~ devo ammettere che in questo hai ragione. **5** (*all'inizio di frase con i verbi* to be, to seem, to appear) ci, vi: ~ *seems to be some mistake* sembra che ci sia un errore. **II** *intz.* **1** ecco: ~, *look what you've done* ecco, guarda cosa hai fatto. **2** su, coraggio: ~, ~, *you 'll feel better in a minute* suvvia, tra un minuto ti sentirai meglio. □ (*fig.*) *he is not* **all** ~ gli manca qualche rotella; ~ *you* **are** eccoti; ecco quello che volevi; *it takes an hour* ~ *and* **back** ci vuole un'ora per andare e tornare; *to* **get** ~ arrivare, giungere; farcela, riuscire; **in** ~ lì dentro; ~ *and* **then** là per là, sul momento.
thereabout(s) ['ðɛərəbaut(s)] *avv.* **1** nei dintorni, nelle vicinanze. **2** giù di lì, pressappoco: *ten pounds or* ~ dieci sterline o giù di lì.
thereafter [,ðɛər'ɑ:ftə*] *avv.* (*lett.*) da allora in poi, in seguito.
thereby [,ðɛə'bai] *avv.* quindi, perciò.
there'd [ðɛəd] *contraz. di* **there had, there would.**
therefore ['ðɛəfɔ:*] *avv.* perciò, quindi, dunque.
therein [ðɛər'in] *avv.* **1** ivi, dentro. **2** in ciò.
thereinafter [,ðɛərin'ɑ:ftə*] *avv.* (*Dir.*) più avanti, oltre.
there'll [ðɛəl] *contraz. di* **there will, there shall.**
thereof [ðɛər'ɔv] *avv.* di ciò; da ciò.
there's [ðɛəz] *contraz. di* **there is, there has.**
Theresa [ti'ri:zə] *N.pr.f.* Teresa.
thereto [ðɛə'tu:] *avv.* **1** a ciò, vi, ci. **2** inoltre.
thereupon [,ðɛərə'pɔn] *avv.* **1** quindi, perciò. **2** al che. **3** al riguardo.
therewith [,ðɛə'wiθ] *avv.* **1** con ciò. **2** inoltre.
therm [θə:m] *s.* (*Fis.*) caloria.
thermal ['θə:məl] *a.* **1** termico. **2** termale.
thermodynamic [,θə:mə(u)dai'næmik] *a.* (*Fis.*) termodinamico.
thermodynamics [,θə:mə(u)dai'næmiks] *s.pl.* (costr. sing.) (*Fis.*) termodinamica.
thermometer [θə'mɔmitə*] *s.* termometro.
thermonuclear [,θə:mə(u)'nju:kliə*] *a.* termonucleare.
thermos ['θə:mɔs] *s.* termos.
thermostat ['θə:mə(u)stæt] *s.* (*tecn.*) termostato.
thermostatic [,θə:mə(u)'stætik] *a.* (*Fis.*) termostatico.
thermostatics [,θə:mə(u)'stætiks] *s.pl.* (costr. sing.) (*Fis.*) termostatica.
thesaurus [θi'sɔ:rəs] *s.* (*pl.* **–ruses** [–rəsiz]) (*Lett.*) **1** dizionario (spec. di sinonimi e contrari). **2** glossario di termini specialistici. **3** indice per categoria di termini memorizzati in un calcolatore. **4** tesoro; opera enciclopedica.
these [ði:z] → **this.**
thesis ['θi:sis] *s.* (*pl.* **–ses** [–si:z]) tesi.
they [ðei] *pron. pers. sogg.* **1** essi, esse, loro (*spesso non si traduce*): ~ *said it* l'hanno detto loro; *who are* ~*?* chi sono? **2** (*nella forma impersonale*) si, la gente: ~ *say he is very ill* si dice che sia molto malato.
they'd [ðeid] *contraz. di* **they had, they would.**
they'll [ðeil] *contraz. di* **they will, they shall.**
they're [ðeiə*] *contraz. di* **they are.**
they've [ðeiv] *contraz. di* **they have.**
thick [θik] **I** *a.* **1** spesso, grosso. **2** fitto, folto; compatto. **3** (*fam.*) ottuso, tardo. **4** (*di vestiti*) pesante: *a* ~ *jacket* una giacca pesante. **5** (*di voce*) rauco. **6** (*fam.*) intimo. **II** *s.* **1** fitto, folto. **2** (*fam.*) stupido. **III** *avv.* fitto: *the roses grew* ~ *along the path* le rose crescevano fitte lungo il sentiero. □ (*fam.*) *it's a* **bit** ~ questo è troppo; (*fig.*) *to give s.o. a* ~ **ear** gonfiare la faccia di schiaffi a qd.; ~ *and* **fast** fitto come la grandine; (*fam.*) *to have a* ~ **head** avere la testa pesante; essere ottuso; (*fam.*) *to* **lay** *it on* ~ esagerare; adulare; (*fam.*) *to have a* ~ **skin** essere insensibile; *to be as* ~ *as* (*two*) **thieves** essere inseparabili; **through** ~ *and thin* nella buona e nella cattiva sorte.
to **thicken** ['θikən] **I** *v.t.* **1** ispessire; ingrossare. **2** addensare, condensare. **3** infittire, infoltire. **II** *v.i.* **1** ingrossarsi; ispessirsi. **2** (*di liquidi*) condensarsi, addensarsi. **3** infoltire. **4** (*fig.*) complicarsi, imbrogliarsi.
thickening ['θikəniŋ] *s.* **1** ispessimento; ingrossamento. **2** sostanza usata per condensare.
thicket ['θikit] *s.* boschetto, folto d'alberi.
thickhead ['θikhed] *s.* (*fam.*) persona ottusa, zuccone.
thick-headed [,θik'hedid] *a.* ottuso, duro di comprendonio.
thickness ['θiknis] *s.* **1** grossezza; spessore. **2** strato. **3** fittezza, compattezza; densità. **4** (*di liquidi*) consistenza. **5** (*fam.*) ottusità, stupidità.
thickset ['θik'set] *a.* **1** tarchiato, tozzo. **2** folto, fitto.
thick-skinned ['θikskind] *a.* dalla pelle dura (*anche fig.*).
thief [θi:f] *s.* (*pl.* **thieves** [θi:vz]) ladro. □ *stop* ~*!* al ladro!
to **thieve** [θi:v] *v.t./i.* rubare.
thievery ['θi:vəri] *s.* furto.

thievish [ˈθi:viʃ] *a.* **1** dedito al furto. **2** ladresco, da ladro.
thigh [θai] *s.* (*Anat.*) coscia.
thigh-bone [ˈθaibəun] *s.* (*Anat.*) femore.
thimble [ˈθimbl] *s.* ditale.
thimbleful [ˈθimblful] *s.* (*fam.*) goccio.
thin [θin] *a.* (*compar.* **thinner** [–ə*], *sup.* **thinnest** [–ist]) **1** sottile, leggero; fino, fine. **2** esile, magro, snello. **3** rado, poco fitto. **4** brodoso, acquoso; (*di vino*) leggero, non corposo. **5** (*fig.*) debole, fiacco. **6** (*di voce*) esile, fievole. ▭ ~ **air** aria rarefatta; (*fig.*) *out of* ~ **air** dal nulla; *to* **grow** ~ assottigliarsi; *to be* ~ *as a* **rake** esser magro come un chiodo; *to have a* ~ **time** passarsela male; (*fam.*) ~ *on* **top** stempiato; *my patience is* **wearing** ~ la mia pazienza si sta esaurendo.
to **thin** [θin] *v.* (*pass., p.p.* **thinned** [–d]) **I** *v.t.* **1** assottigliare; smagrire. **2** diluire, allungare. **3** diradare, sfoltire; ridurre. **4** (*di piante*) sfoltire, diradare. **II** *v.i.* **1** assottigliarsi, dimagrire. **2** diradarsi, sfoltirsi.
thine [ðain] *a./pron.* (*poet.*) tuo, tua.
thing [θiŋ] *s.* **1** cosa, aggeggio. **2** faccenda, cosa: *I have a lot of things to do today* ho molte cose da fare oggi. **3** *pl.* cose, situazione: *things are going well* le cose vanno bene. **4** *pl.* cose (possedute): *he got his things together and left* raccolse le sue cose e se ne andò. **5** *pl.* equipaggiamento, arnesi: *skiing things* equipaggiamento da sci. ▭ **above** *all things* sopra ogni cosa; (*fam.*) **and** *things* e così via, eccetera eccetera; (*and*) **another** ~ e inoltre, e per di più; **as** *things are* così come stanno le cose; **dump** *things* animali; **for** *one* ~ tanto per cominciare; *as a* **general** ~ generalmente; *to* **have** *a* ~ *about s.th.* andar matto per qc.; *the* ~ **is** il fatto è; **just** *the* ~ = **the** *very* ~; *a* **near** ~ un pericolo scampato; **neither** *one* ~ *nor another* indeciso, tra il sì e il no; **not** *a* ~ niente, nulla; **of** *all things* addirittura; *well,* **of** *all things!* questa poi!; *just* **one** *of those things* qualcosa d'inevitabile; *let's get the* ~ **over** *with* facciamola finita; **poor** ~ povera creatura, poverino; *to say the* **right** ~ parlare a proposito; (*fam.*) *to* **see** *things* soffrire di allucinazioni; *no* **such** ~ nient'affatto, certamente no; *to* **take** *things as they come* prendere le cose come vengono; **the** *very* ~ proprio quello che ci vuole; *that's not at all* **the** ~ *to do* non sta bene; (*fam.*) *to look not quite* **the** ~ non essere in forma; *an* **understood** ~ una cosa che va da sé; *to say the* **wrong** ~ parlare a sproposito.
thingummy [θiŋəmi], **thingumabob** [ˈθiŋəmibɔb], **thingumajig** [ˈθiŋəmidʒig] *s.* (*fam.*) aggeggio, (*fam.*) coso.
to **think** [θiŋk] *v.* (*pass., p.p.* **thought** [θɔ:t]) **I** *v.t.* **1** pensare; riflettere su. **2** credere, ritenere: *do what you* ~ *proper* fa' ciò che credi giusto. **3** immaginare, raffigurarsi. **4** (*seguito dall'inf.*) ricordare, pensare a: *I didn't* ~ *to invite him* non ho pensato di invitarlo. **5** aspettarsi: *I didn't* ~ *to find you here* non mi aspettavo di trovarti qui. **II** *v.i.* **1** pensare; riflettere, meditare. **2** supporre, ritenere. ▭ *to* ~ **about** pensare a; intendere; *to* ~ **better** *of it* ripensarci; *to* ~ **for** *o.s.* pensare con la propria testa; *to* ~ **highly** *of s.o.* = *to* ~ **well** *of s.o.*; *to* ~ **ill** *of s.o.* pensare male di qd.; *I thought as* **much** me lo aspettavo; *I* ~ **not** = *I don't* ~ **so**; *to* ~ **nothing** *of* considerare una cosa da nulla; ~ **nothing** *of it!* non c'è di che!; *to* ~ **of**: 1 pensare a; 2 ricordare, richiamare alla mente; 3 intendere, avere intenzione di; *to* ~ *s.th.* **out** studiare a fondo qc.; escogitare qc.; *to* ~ **over** riflettere su; *to* ~ *o.s.* **sick** instupidirsi a furia di pensare; *I* ~ **so** credo di sì; *I don't* ~ **so** credo di no; *to* ~ **through** riflettere a fondo su; *to* ~ **to** *o.s.* pensare tra sé e sé; *to* ~ **up** ideare, escogitare, inventare; *to* ~ **well** *of s.o.* avere una buona opinione di qd.; *to* ~ *the* **world** *of s.o.* pensare un gran bene di qd.
thinkable [ˈθiŋkəbl] *a.* pensabile, immaginabile.
thinker [ˈθiŋkə*] *s.* pensatore.
thinking [ˈθiŋkiŋ] **I** *s.* **1** pensiero. **2** parere, opinione. **3** riflessione. **II** *a.* pensante, dotato di raziocinio. ▭ (*fam.*) *to put one's* ~ **cap** *on* mettersi a pensare; **to** *my way of* ~ a mio parere, a mio avviso.
thinner [ˈθinə*] **I** *a.* → **thin.** **II** *s.* diluente.
thinness [ˈθinis] *s.* **1** sottigliezza, finezza. **2** magrezza, esilità. **3** diluizione. **4** scarsità. **5** (*fig.*) debolezza, fiacchezza.
thinnest [ˈθinist] → **thin.**
thin-skinned [ˈθinˈskind] *a.* (*fig.*) permaloso, suscettibile.
third [θə:d] **I** *a.* terzo. **II** *s.* **1** terzo. **2** (*Aut.*) terza. ▭ **every** ~ uno su tre; ~ **finger** anulare; *the Third* **World** il terzo mondo.
third-class [ˈθə:dˈklɑ:s] *a.* di terza classe.
third degree [ˈθə:ddiˈgri:] *s.* (*fam.*) interrogatorio di terzo grado. ▭ (*Med.*) ~ *burn* ustione di terzo grado.
thirdly [ˈθə:dli] *avv.* in terzo luogo.
third party [ˈθə:dˈpɑ:ti] *s.* (*Dir.*) terza persona, terzi. ▭ ~ *insurance* polizza di responsabilità civile verso terzi.
third-rate [ˈθə:dˈreit] *a.* scadente.
thirst [θə:st] *s.* sete (*anche fig.*).
to **thirst** [θə:st] *v.i.* avere sete. ▭ (*fig.*) *to* ~ *for* essere assetato di.
thirsty [ˈθə:sti] *a.* **1** assetato. **2** (*di terreno*) arido, riarso. **3** che mette sete. **4** (*fig. lett.*) assetato, avido (*for* di).
thirteen [ˈθə:ˈti:n] *a./s.* tredici.
thirteenth [ˈθə:ˈtinθ] *a./s.* tredicesimo.
thirtieth [ˈθə:tiiθ] *a./s.* trentesimo.
thirty [ˈθə:ti] *a./s.* trenta. ▭ *to be in one's thirties* essere tra i trenta e quaranta anni.
this [ðis] **I** *a.* (*pl.* **these** [ði:z]) questo, codesto: ~ *time tomorrow* domani a quest'ora. **II** *pron.* (*pl.* **these**) questo, questa, ciò: ~ *is yours, I believe* credo che questo sia tuo. **III**

avv. (*fam.*) così: *I never expected it to be ~ difficult* non mi sarei mai aspettato che fosse così difficile. ▭ **at** ~ = **with** ~; **before** ~ prima d'ora; **by** ~ (*time*) ormai, a quest'ora; ~ **day** *last year* oggi è un anno; ~ **day** *week* oggi a otto; **like** ~ in questo modo, così; *I know* ~ **much** so soltanto questo; ~ *is Mr. Jones* **speaking** parla il signor Jones, qui il signor Jones; ~ *and* **that** questo e quello; *to* **take** *about* ~ *and that* parlare del più e del meno; ~ **way** da questa parte; **what**'*s* (*all*) ~? che cosa c'è?; **with** ~ al che, (e) con ciò, con questo.

thistle ['θisl] *s.* (*Bot.*) cardo.

thither ['ðiðə*] *avv.* (*ant.*) là, in quel luogo.

tho, **tho'** [ðəu] (*fam.*) → **though**.

thole [θəul], **tholepin** ['θəulpin] *s.* (*Mar.*) scalmo.

Thomas ['tɔməs] *N.pr.m.* Tommaso.

thong [θɔŋ] *s.* **1** cinghia (di cuoio), correggia. **2** staffile.

thorax ['θɔ:ræks] *s.* (*Anat.*) torace.

thorium ['θɔ:riəm] *s.* (*Chim.*) torio.

thorn [θɔ:n] *s.* **1** spina, aculeo. **2** (*Bot.*) biancospino. ▭ (*fig.*) *a* ~ *in one's* **flesh** (o *side*) una spina nel cuore; (*fig.*) *to* **sit** *on thorns* stare sulle spine.

thorny ['θɔ:ni] *a.* spinoso (*anche fig.*).

thoro, **thorough** ['θʌrə, *am.* 'θərəu] *a.* **1** completo, esauriente; minuzioso, accurato. **2** meticoloso, scrupoloso.

thoroughbred ['θʌrəbred] **I** *a.* **1** purosangue, di razza. **2** (*fig.*) aristocratico, nobile. **II** *s.* (animale) purosangue.

thoroughfare ['θʌrəfɛə*] *s.* strada principale. ▭ (*Strad.*) *no* ~ divieto di transito.

thoroughgoing ['θʌrəgəuiŋ] *a.* **1** completo, esauriente. **2** deciso, risoluto.

thoroughly ['θʌrəli] *avv.* **1** in modo esauriente, completamente. **2** sotto tutti i punti di vista, totalmente.

those [ðəuz] → **that**[1].

thou [ðau] *pron.* (*poet.*) tu.

though [ðəu] **I** *congz.* **1** benché, sebbene, quantunque: ~ *it was raining, the match went on* benché piovesse, l'incontro proseguì. **2** anche se, per quanto: *strange* ~ *it may seem* per quanto possa sembrare strano. **3** ma, però, tuttavia: *he will probably win,* ~ *it's not certain* è probabile che vinca, ma non è certo. **II** *avv.* ciò nonostante, tuttavia, nondimeno: *it's not as easy as it looks* ~ tuttavia non è così facile come sembra. ▭ **as** ~ come se: *he talks as* ~ *he were drunk* parla come se fosse ubriaco; **even** ~ anche se.

thought[1] [θɔ:t] *s.* **1** pensiero; meditazione, riflessione. **2** dottrina, pensiero: *Greek* ~ il pensiero greco. **3** considerazione, attenzione. **4** intenzione, proposito. **5** opinione, parere. ▭ **a** ~ un po', un poco; **beyond** ~ oltre ogni immaginazione; *to* **keep** *one's thoughts to o.s.* tenere per sé i propri pensieri; *to give* **no** ~ *to* non darsi pensiero per; *to have* **no** ~ *of* non avere (alcuna) intenzione di; *on* **second** ~ ripensandoci; *to* **speak** *one's thoughts* dire ciò che si pensa; **what** *are your thoughts on the matter?* che ne pensi della questione?

thought[2] [θɔ:t] → to **think**.

thoughtful ['θɔ:tful] *a.* **1** pensoso, pensieroso; assorto. **2** premuroso, sollecito. ▭ *it was* ~ *of you* è stato gentile da parte tua.

thoughtfulness ['θɔ:tfulnis] *s.* **1** pensosità, pensierosità. **2** premura, sollecitudine.

thoughtless ['θɔ:tlis] *a.* **1** avventato, sconsiderato; incurante (*of* di). **2** irriguardoso; egoistico.

thousand ['θauzənd] **I** *a.* mille: *a* ~ *thanks* mille grazie. **II** *s.* **1** mille. **2** *pl.* migliaia: *thousands of people* migliaia di persone. ▭ **by** *the* ~ a migliaia; *a* **few** ~ *people* poche migliaia di persone; (*fig.*) **one** *in a* ~ eccezionale, che non ha rivali; (*a*) ~ *and one* innumerevoli in gran quantità; **some** ~ *men* un migliaio di uomini.

thousandfold ['θauzəndfəuld] *a./avv.* mille volte tanto.

thousandth ['θauzəndθ] *a./s.* millesimo.

thrall [θrɔ:l] *s.* schiavitù, soggezione (*anche fig.*).

to **thrash** [θræʃ] **I** *v.t.* **1** battere, percuotere; frustare. **2** (*fam.*) sconfiggere. **3** (*Agr.*) trebbiare. **II** *v.i.* **1** (spesso con *around*) dimenarsi, agitarsi. **2** (*Agr.*) trebbiare. ▭ (*fig.*) *to* ~ *out* sviscerare; chiarire, definire.

thrashing ['θræʃiŋ] *s.* **1** botte, percosse. **2** (*fam.*) sconfitta. **3** (*Agr.*) trebbiatura.

thread [θred] *s.* **1** filo (*anche fig.*): *to lose the* ~ *of a speech* perdere il filo del discorso. **2** filamento. **3** (*Mecc.*) filettatura, filetto. ▭ (*fig.*) *to hang by a* ~ essere appeso a un filo.

to **thread** [θred] **I** *v.t.* **1** infilare, infilzare. **2** (*fig.*) pervadere. **3** (*Mecc.*) filettare. **II** *v.i.* farsi strada (*through* tra), infilarsi (tra, in). ▭ *we threaded our way through the crowd* ci infilammo tra la folla.

threadbare ['θredbɛə*] *a.* **1** logoro, consunto, liso. **2** (*fig.*) trito, vecchio.

threadlike ['θredlaik] *a.* filiforme.

threat [θret] *s.* minaccia: *under* (*the*) ~ *of* sotto la minaccia di.

to **threaten** ['θretn] *v.t./i.* minacciare (*with* di).

threatening ['θretniŋ] *a.* minatorio, minaccioso.

three [θri:] *a./s.* tre.

three-cornered ['θri:kɔ:nəd] *a.* a tre angoli, triangolare. ▭ ~ *election* **fight** battaglia elettorale fra tre candidati; ~ **hat** cappello a tre punte.

three-dimensional ['θridi'menʃənəl] (*abbr.* **three-D**) *a.* tridimensionale.

threefold ['θri:fəuld] **I** *a.* **1** triplice. **2** tre volte. **II** *avv.* tre volte tanto.

threepence ['θrepəns] *s.* (moneta da) tre penny.

threepenny ['θrepəni] *a.* **1** da tre penny. **2** (*fig.*) da quattro soldi. □ ~ *bit* (o *piece*) moneta da tre penny.
three-quarters ['θri:kwɔ:təz] *s.* tre quarti.
threescore ['θri:'skɔ:*] *a./s.* sessanta.
threesome ['θri:səm] *s.* gruppo di tre persone.
three-speed ['θrispi:d] *a.* (*Aut.*) a tre velocità.
to **thresh** [θreʃ] *v.t./i.* (*Agr.*) trebbiare.
thresher ['θreʃə*] *s.* (*Agr.*) **1** trebbiatore. **2** trebbia(trice).
threshing ['θreʃiŋ] *s.* trebbiatura. □ ~ **floor** aia; ~ **machine** trebbia(trice).
threshold ['θreʃhəuld] *s.* soglia: *on the ~ of* alla soglia di.
threw [θru:] → to **throw**.
thrice [θrais] *avv.* (*lett.*) tre volte.
thrift [θrift] *s.* economia, parsimonia, frugalità.
thriftless ['θriftlis] *a.* scialacquatore, prodigo.
thriftlessness ['θriftlisnis] *s.* prodigalità, lo scialacquare.
thrifty ['θrifti] *a.* economo, parsimonioso.
thrill [θril] *s.* **1** brivido, fremito. **2** esperienza eccitante.
to **thrill** [θril] **I** *v.t.* entusiasmare, elettrizzare; far fremere. **II** *v.i.* entusiasmarsi, elettrizzarsi (*at* per), che dà i brividi; fremere (*with* di).
thriller ['θrilə*] *s.* (*fam.*) **1** racconto (*o* spettacolo, film) del brivido. **2** romanzo poliziesco.
thrilling ['θriliŋ] *a.* entusiasmante, elettrizzante.
to **thrive** [θraiv] *v.i.* (*pass.* **throve** [θrəuv]/**thrived** [–d], *p.p.* **thriven** ['θrivn]/**thrived**) **1** crescere bene; crescere rigoglioso. **2** (*fig.*) prosperare, fiorire.
thriving ['θraiviŋ] *a.* prosperoso, florido.
thro, **thro'** [θru:] (*abbr. di* **through**) *prep.* (*fam.*) attraverso, per.
throat [θrəut] *s.* **1** gola: *to have a sore ~* avere mal di gola. **2** strozzatura. □ *to* **catch** *s.o. by the ~* prendere qd. per la gola; (*fig.*) *to* **cut** *one's ~* darsi la zappa sui piedi; (*fam.*) *to* **jump** *down s.o.'s ~* saltare addosso a qd.; (*fig.*) *to* **stick** *in one's ~* stare sullo stomaco; (*fig.*) *to* **thrust** *s.th. down s.o.'s ~* costringere qd. ad accettare qc.
throaty ['θrəuti] *a.* gutturale, di gola.
throb [θrɔb] *s.* battito, pulsazione; palpito (*anche fig.*).
to **throb** [θrɔb] *v.i.* (*pass., p.p.* **throbbed** [–d]) battere, pulsare; palpitare (*anche fig.*).
throe [θrəu] *s.* **1** fitta (di dolore), spasimo. **2** *pl.* doglie. □ (*fam.*) *in the throes* alle prese con.
thrombosis [θrɔm'bəusis] *s.* (*pl.* **–ses** [–si:z]) (*Med.*) trombosi.
throne [θrəun] *s.* **1** trono. **2** (*Rel.*) cattedra, soglio.
throng [θrɔŋ] *s.* folla, ressa.
to **throng** [θrɔŋ] **I** *v.t.* gremire, affollare. **II** *v.i.* affollarsi.
throttle ['θrɔtl] *s.* **1** (*Mot.*) valvola a farfalla. **2** (*fam.*) gola.
to **throttle** ['θrɔtl] *v.t.* **1** strozzare, strangolare, soffocare. **2** (*fig.*) reprimere, soffocare. **3** (*Mot.*) (spesso con *down*) far rallentare, regolare.
through [θru:] **I** *prep.* **1** in, attraverso: *~ the city* attraverso la città. **2** da, per: *I came in ~ the window* entrai dalla finestra. **3** per, durante, per (tutta) la durata di: *the whole day ~* durante tutto il giorno. **4** tramite, per mezzo di: *~ a friend* tramite un amico. **5** (fino) alla fine di, fino in fondo (*spesso si traduce con il verbo corrispondente*): *to sit ~ a lecture* ascoltare una conferenza fino in fondo. **6** (*am.*) (fino) a... compreso: *from Tuesday ~ Friday* da martedì a venerdì compreso. **II** *avv.* **1** attraverso, da parte a parte (*spesso si traduce con il verbo corrispondente*): *a train steamed ~* un treno passò sbuffando. **2** direttamente: *the bus goes straight ~ to London* l'autobus va direttamente a Londra. **3** da cima a fondo, dal principio alla fine; completamente: *wet ~* completamente bagnato. □ ~ **and** ~ completamente, assolutamente; (*Tel.*) *to* **be** ~ essere in comunicazione; *to* **be** *~ with s.th.* aver finito qc.; (*fam.*) essere stufo di qc.; (*am.*) *you're ~* sei spacciato; (*Aut.*) *to* **drive** *~ a red light* passare col rosso; *to* **get** *~ an exam* passare un esame; (*Strad.*) *no ~* **road** strada senza uscita; ~ **train** treno diretto; *all the* **way** ~ fino alla fine; *half-***way** ~ a metà.
throughout [θru:'aut] **I** *prep.* **1** (*di luogo*) per tutto, attraverso tutto: *~ the country* per tutto il paese. **2** (*di tempo*) per (*o* durante) tutto: *~ one's life* per tutta la vita. **II** *avv.* interamente, completamente: *the house was painted white ~* la casa era interamente dipinta di bianco.
throve [θrəuv] → to **thrive**.
throw [θrəu] *s.* tiro, lancio. □ *it's your ~* tocca a te tirare.
to **throw** [θrəu] *v.* (*pass.* **threw** [θru:], *p.p.* **thrown** [θrəun]) **I** *v.t.* **1** lanciare, tirare, gettare, buttare. **2** sbattere, gettare: *to ~ into prison* sbattere in galera. **3** spingere, scaraventare, scagliare. **4** rivolgere, indirizzare: *to ~ a question at s.o.* rivolgere una domanda a qd. **5** disarcionare. **6** mettere, dedicare: *to ~ all one's energy into a job* mettere tutta la propria energia in un'impresa. **7** (*Sport*) lanciare; (*nella lotta*) gettare a terra. **8** (*Zool.*) mutare. **9** (*di animali*) figliare, partorire. **II** *v.i.* fare un lancio, tirare. □ *to ~* **about** gettare qua e là; *to ~ one's money* **about** gettare il denaro dalla finestra; *to ~ o.s.* **at** gettarsi su; *to ~* **away** buttare via; (*di denaro*) scialacquare, sperperare; *to ~* **back** rilanciare, rigettare; rovesciare, gettare (all') indietro; (*di luce, ecc.*) riflettere; *to ~ s.th.* **back** *at s.o.* rinfacciare qc. a qd.; *to ~* **down** gettare (in terra); (*fig.*) *to ~* **down** *one's arms* arrendersi; *to ~ a* **fit** avere una crisi di nervi; *to ~* **in**: 1 (*Aut.*) ingranare (una marcia); innestare; 2 (*nel calcio*) rimettere in

gioco; 3 dare in più, aggiungere; *to* ~ **off**: 1 levarsi, togliersi (abiti); 2 sbarazzarsi di; 3 buttar giù, scrivere; *to* ~ **open** *a door* spalancare una porta; *to* ~ **o.s.** buttarsi, lanciarsi; *to* ~ **out**: 1 sbarazzarsi di, disfarsi di; 2 respingere, scartare; 3 buttare fuori, cacciar via; 4 emettere, mandare (fuori); *to* ~ **out** *one's chest* gonfiare il petto; *to* ~ **over** abbandonare; *to* ~ **together** raccogliere (alla meno peggio), racimolare, mettere insieme; raffazzonare; *to* ~ **up**: 1 alzare; tirare in alto, gettare in su; 2 lasciare, abbandonare: *to* ~ *up a good job* lasciare un buon posto; 3 (*fam.*) vomitare, rigettare.

throwaway ['θrəuəwei] **I** *a.attr.* da gettare (dopo l'uso). **II** *s.* (*fam.*) volantino.

throwback ['θrəubæk] *s.* regresso.

throw-in ['θrəuin] *s.* (*Sport*) rimessa (in gioco).

thrown ['θrəun] → to **throw**.

throw-out ['θrəuaut] *s.* **1** reietto. **2** scarto.

thru *am.* [θru:] → **through.**

thrush [θrʌʃ] *s.* (*Zool.*) tordo.

thrust [θrʌst] *s.* **1** colpo, botta. **2** spinta, spintone. **3** (*Mil.*) attacco, offensiva. **4** (*fig.*) frecciata, stoccata. **5** motivo principale, spinta principale. **6** (*Mecc., Aer.*) spinta.

to **thrust** [θrʌst] *v.* (*pass., p.p.* **thrust**) **I** *v.t.* **1** spingere (con forza). **2** ficcare, conficcare. **II** *v.i.* farsi largo (*o* avanzare) a forza. □ *to* ~ **aside** spingere da parte, scansare; *to* ~ **away** respingere; *to* ~ **back** spingere indietro; *to* ~ *o.s.* **forward**: 1 spingersi avanti; 2 farsi largo a gomitate; 3 (*fig.*) mettersi in evidenza; *to* ~ **o.s.** cacciarsi, ficcarsi, intromettersi; *to* ~ **out** stendere, distendere; *to* ~ *s.th.* **upon** *s.o.* imporre qc. a qd.; *to* ~ *one's* **way** *through a crowd* farsi largo fra la folla.

thruster ['θrʌstə*] *s.* (*fam.*) arrivista *m./f.*

thud [θʌd] *s.* tonfo, rumore sordo.

to **thud** [θʌd] *v.i.* (*pass., p.p.* **thudded** [–id]) colpire con un rumore sordo; cadere con un tonfo.

thug [θʌg] *s.* criminale *m./f.*

thulium [θʌliəm] *s.* (*Chim.*) tulio.

thumb [θʌm] *s.* **1** (*Anat.*) pollice. **2** (*Arch.*) ovolo. □ (*fam.*) *thumbs* **down**! abbasso!; (*fam.*) *all* **fingers** *and thumbs* maldestro; **rule** *of* ~ regola empirica; (*fig.*) **under** *s.o.'s* ~ in potere di qd.; (*fam.*) *thumbs* **up**! evviva!, viva!

to **thumb** [θʌm] **I** *v.t.* **1** sfogliare, scartabellare. **2** sporcare a forza di sfogliare; lasciare l'impronta del pollice su. **II** *v.i.* sfogliare, scartabellare (*through s.th.* qc.). □ (*fam.*) *to* ~ *a lift* fare l'autostop.

thumb-nail ['θʌmneil] *s.* unghia del pollice. □ ~ *sketch* descrizione sommaria.

thumbscrew ['θʌmskru:] *s.* **1** (*Stor.*) (*strumento di tortura*) serrapollici. **2** (*tecn.*) vite ad alette.

thumbtack *am.* ['θʌmtæk] *s.* puntina da disegno.

thump [θʌmp] *s.* **1** colpo. **2** tonfo, rumore sordo.

to **thump** [θʌmp] **I** *v.t.* **1** picchiare su; prendere a pugni. **2** battere con un tonfo. **II** *v.i.* picchiare, battere (*at, on* a, su). □ *to* ~ *out* strimpellare.

thumping ['θʌ:mpiŋ] *a.* (*fam.*) enorme, colossale.

thunder ['θʌndə*] *s.* **1** tuono. **2** (*fig*) rombo, fragore. □ *a* **peal** *of* ~ un tuono; (*fig.*) *to* **steal** *s.o.'s* ~ battere qd. sul tempo.

to **thunder** ['θʌndə*] *v.i.* **1** (costr. impers.) tuonare: *it thundered the whole night* tuonò per tutta la notte. **2** (*fig.*) rimbombare, rombare. **3** (*fig.*) tuonare, inveire (*against* contro).

thunderbolt ['θʌndəbəult] *s.* fulmine, folgore. □ (*fig.*) *the news was a* ~ la notizia fu un fulmine a ciel sereno.

thunderclap ['θʌndəklæp] *s.* **1** rombo di tuono. **2** (*fig.*) fulmine a ciel sereno.

thundercloud ['θʌndəklaud] *s.* (*Meteor.*) nube temporalesca.

thundering ['θʌndəriŋ] *a.* **1** tonante. **2** (*fig.*) rimbombante, fragoroso. **3** (*fam.*) strepitoso, enorme.

thunderous ['θʌndərəs] *a.* **1** tonante. **2** (*fig.*) fragoroso, strepitoso.

thunderstorm ['θʌndəstɔ:m] *s.* temporale.

thunderstruck ['θʌndəstrʌk] *a.* sbalordito, sbigottito.

thundery ['θʌndəri] *a.* temporalesco.

Thur., **Thurs.** = *Thursday* giovedì (giov.).

Thursday ['θə:zdi] *s.* giovedì: *on* ~ giovedì; *on Thursdays* di giovedì.

thus [ðʌs] *avv.* **1** così, in questo modo. **2** quindi, di conseguenza. □ ~ *far* fin qui.

to **thwack** [θwæk] *v.t.* colpire, battere.

thwart [θwɔ:t] *s.* (*Mar.*) sedile del rematore.

to **thwart** [θwɔ:t] *v.t.* ostacolare, frustrare.

thy [ðai] *a.poss.* (*poet.*) tuo.

thyme [taim] *s.* (*Bot.*) timo.

thymus ['θaiməs] *s.* (*Anat.*) timo.

thyroid (**gland**) ['θairɔid (glænd)] *s.* (*Anat.*) tiroide.

thyself [ðai'self] *pron.pers.* (*poet.*) te stesso.

Ti = (*Chim.*) *titanium* titanio.

tiara [ti'ɑ:rə] *s.* **1** diadema, corona. **2** (*Lit.*) tiara.

tibia ['tibiə] *s.* (*pl.* **–biæ** [–bii:]) (*Anat.*) tibia.

tic [tik] *s.* (*Med.*) tic.

tick[1] [tik] *s.* **1** tic tac, ticchettio. **2** (*fam.*) attimo, istante. **3** segno (di visto). □ (*fam.*) *on the* ~ in perfetto orario, puntualmente.

to **tick** [tik] **I** *v.i.* fare tic tac, ticchettare. **II** *v.t.* spuntare (da una lista, ecc.). □ *the seconds ticked* **by** i secondi passavano; *to* ~ **off** spuntare (da un elenco, ecc.); (*fam.*) sgridare; *to* ~ **over**: 1 (*Mot.*) andare al minimo; 2 (*fam.*) segnare il passo.

tick[2] [tik] *s.* fodera di materasso.

tick[3] [tik] *s.* (*Zool.*) zecca.

tick[4] [tik] *s.* (*fam.*) credito: *to buy on* ~ comprare a credito.

ticker ['tikə*] *s.* **1** telescrivente; teleborsa. **2** (*fam.*) orologio. **3** (*fam.*) cuore.

ticket ['tikit] *s.* **1** biglietto; scontrino, tagliando; cartellino, etichetta. **2** (*fam.*) multa: *parking* ~ multa per divieto di sosta. **3** (*fig.*) programma politico. **4** (*am.*, *Pol.*) lista di candidati di un partito. □ (*GB*) ~ *of* **leave** foglio di libertà vigilata; *that's* **the** ~*!* così va bene!
to **ticket** ['tikit] *v.t.* **1** etichettare. **2** multare.
ticket collector ['tikitkəlektə*] *s.* bigliettaio.
ticket inspector ['tikitin'spektə*] *s.* (*Ferr.*) controllore.
ticket office ['tikit,ɔfis] *s.* biglietteria.
ticking ['tikiŋ] *s.* ticchettio, tic tac.
tickle ['tikl] *s.* solletico; prurito.
to **tickle** ['tikl] **I** *v.t.* **1** fare il solletico a, solleticare. **2** (*fig.*) stuzzicare, stimolare. **3** (*di pesce*) catturare con le mani. **II** *v.i.* **1** sentire prurito, pizzicare. **2** dare prurito.
tickler ['tiklə*] *s.* (*fam.*) problema difficile.
ticklish ['tikliʃ] *a.* **1** sensibile al solletico. **2** (*fam.*) delicato, scabroso.
tidal ['taidl] *a.* (*Mar.*) di marea. □ ~ *wave* onda di marea; (*fig.*) ondata (di entusiasmo, ecc.).
tidbit *am.* ['tidbit] → **titbit**.
tiddler ['tidlə*] *s.* pesciolino.
tiddl(e)y ['tidli] *a.* (*fam.*) **1** alticcio, brillo. **2** insignificante.
tiddlywinks ['tidliwiŋkz] *s.pl.* (costr. sing. o pl.) gioco delle pulci.
tide [taid] *s.* **1** (*Geog.*) marea. **2** (*fig.*) corrente, indirizzo, tendenza. □ (*fig.*) *to turn the* ~ segnare una svolta completa.
to **tide** [taid] *v.i.* (*Mar.*) navigare con la marea. □ (*fig.*) *to* ~ **over** (aiutare a) superare: *to* ~ **over** *a difficult period* superare un periodo difficile.
tidemark ['taidmɑ:k] *s.* (*Mar.*) linea di marea.
tideway ['taidwei] *s.* (*Mar.*) letto di marea.
tidiness ['taidinis] *s.* lindezza, pulizia.
tidings ['taidiŋz] *s.pl.* (costr. sing. o pl.) (*lett.*) notizie.
tidy ['taidi] **I** *a.* **1** lindo, pulito; ordinato. **2** (*fam.*) considerevole, notevole. **II** *s.* scatola per riporre piccoli oggetti.
to **tidy** ['taidi] *v.t.* riordinare, rassettare. □ *to* ~ *up* riordinare, rassettare.
tie [tai] *s.* **1** cravatta. **2** legaccio, laccio; legatura (*anche Mus.*). **3** nodo, annodatura. **4** (*fig.*) legame, vincolo. **5** (*Sport*) pareggio.
to **tie** [tai] *v.* (*pass.*, *p.p.* **tied** [–d], *p.pr.* **tying** ['taiiŋ]) **I** *v.t.* **1** legare, allacciare; annodare. **2** (*estens.*) unire, collegare. **3** (*fig.*) impegnare, vincolare. **II** *v.i.* **1** allacciarsi, legarsi; annodarsi. **2** (*Sport*) pareggiare. □ *to* ~ **down** legare, impegnare, vincolare; (*fam.*) *my* **hands** *are tied* ho le mani legate; *to* ~ **in** collegarsi strettamente (*with*, *to* a, con); (*fig.*) *your theory does not* ~ **in** *with the facts* la tua teoria non concorda con i fatti; *to* ~ **on** legare, allacciare; *to* ~ **up** legare; *to* ~ **up** *a wound* fasciare una ferita; (*fig.*) *I got tied* **up** *at the office* sono stato impegnato in ufficio; *to get tied* **up** *with s.o.* avere una relazione con qd.
tie-on ['taiɔn] *a.attr.* da attaccare; da allacciare.
tie-pin ['taipin] *s.* fermacravatta.
tier [tiə*] *s.* **1** fila (di posti). **2** (*Teat.*) ordine (di palchi).
tie-up ['taiʌp] *s.* (*fig.*) relazione, legame.
tiff [tif] *s.* battibecco.
tiger ['taigə*] *s.* (*Zool.*) tigre.
tiger-cat ['taigəkæt] *s.* (*Zool.*) gattopardo americano.
tigerish ['taigəriʃ] *a.* **1** tigresco. **2** (*fig.*) spietato, crudele.
tight [tait] *a.* **1** attillato, aderente. **2** stretto, tirato. **3** fermo, saldo. **4** teso, tirato. **5** a tenuta, ermetico. **6** (*fam.*) difficile, arduo: *to be in a* ~ *situation* essere in una situazione difficile. **7** (*fam.*) ubriaco, sbronzo. **8** (*fig.*) fermo, energico. □ (*fam.*) *a* ~ **corner** (o *spot*) una brutta situazione; a ~ **smile** un sorriso forzato.
to **tighten** ['taitn] **I** *v.t.* **1** stringere, serrare. **2** tendere. **II** *v.i.* **1** stringersi, serrarsi. **2** diventare teso, tendersi.
tightfisted ['tait'fistid] *a.* avaro, tirchio.
tight-lipped ['tait'lipt] *a.* (*fig.*) poco loquace; riservato.
tightrope ['taitrəup] *s.* corda dei funamboli. □ *to* **walk** *a* ~ camminare sulla corda; (*fig.*) camminare sul filo del rasoio; ~ **walker** funambolo.
tights [taits] *s.pl.* calzamaglia, collant.
tightwad ['taitwɔd] *s.* (*fam.*) avaro.
tigress ['taigris] *s.* (*Zool.*) femmina della tigre.
tike [taik] → **tyke**.
tile [tail] *s.* **1** (*Edil.*) tegola, mattonella, piastrella. **2** (*fam.*) cappello a cilindro. □ (*fam.*) *to have a* ~ **loose** essere un po' tocco; (*sl.*) *to have a* **night** *on the tiles* fare baldoria.
to **tile** [tail] *v.t.* coprire con tegole; piastrellare.
till[1] [til] **I** *prep.* fino a, sino a: ~ *the end* fino alla fine; (*nelle frasi negative*) prima di: *he won't be back* ~ *Tuesday* non sarà di ritorno prima di martedì. **II** *congz.* finché, fintantoché, fino a quando: *wait* ~ *we get home* aspetta finché arriviamo a casa. □ ~ *the* **end** *of time* per sempre; **from** *morning* ~ *night* dal mattino alla sera; ~ **then** fino (ad) allora; *goodbye* ~ **tomorrow** arrivederci a domani.
to **till** [til] *v.t.* (*Agr.*) lavorare, coltivare: *to* ~ *the soil* lavorare la terra.
till[2] [til] *s.* cassetto (del denaro); cassa. □ (*fam.*) *to be* **caught** *with one's hands in the* ~ essere colto con le mani nel sacco; (*Econ.*) ~ **money** fondo cassa.
tillage ['tilidʒ] *s.* (*Agr.*) **1** coltivazione, coltura. **2** terreno coltivato.
tiller[1] ['tilə*] *s.* coltivatore agricolo.
tiller[2] ['tilə*] *s.* (*Mar.*) barra del timone.
tilt[1] [tilt] *s.* **1** inclinazione, pendenza. **2** (*Stor.*)

giostra, torneo. □ (*at*) *full* ~ di gran carriera.
to **tilt** [tilt] **I** *v.t.* inclinare. **II** *v.i.* **1** inclinarsi, piegarsi. **2** (*fig.*) scagliarsi (*at* contro), attaccare (qc.). **3** (*Stor.*) giostrare (con, contro).
tilt[2] [tilt] *s.* copertone, telone.
timber ['timbə*] *s.* **1** legname. **2** alberi da legname. **3** grossa trave. **4** (*am. fig.*) stoffa, tempra. □ *to fell* ~ abbattere alberi.
timbered ['timbəd] *a.* in legno.
timbering ['timbəriŋ] *s.* legname (da costruzione).
timbre *fr.* [tæmbr, *am.* 'timbə*] *s.* (*Mus., Fis.*) timbro.
time [taim] *s.* **1** tempo. **2** ora, momento. **3** (spesso al pl.) tempo, tempi, epoca. **4** volta: *several times* parecchie volte. **5** orario; ora: *the times of the trains* l'orario dei treni; *closing* ~ orario di chiusura. □ **after** *a* ~ dopo un po'; *at* **all** *times* sempre; **all** *the* ~ per tutto il tempo, dall'inizio alla fine; **all** *the* ~ *that* per tutto il tempo in cui; *to be* **ahead** *of one's* ~ precorrere i tempi; **at** *times* talvolta, talora; *one* **at** *a* ~ uno alla volta; *come* **at** *any* ~ vieni in qualunque momento; **at** *one* ~ una volta, in passato; **at** *this* ~ adesso, ora; **before** ~ in anticipo; **behind** ~ in ritardo; *to be* **behind** *the times* essere antiquato; *at the* **best** *of times* quando tutto va bene; **by** *that* ~ allora, in quel momento; **by** *this* ~ ormai, a questo punto; *the* ~ *of* **day** l'ora (segnata dall'orologio); *to pass the* ~ *of* **day** *with s.o.* scambiare due parole con qd.; *for the* **first** ~ per la prima volta; *to* **give** *it* ~ lasciare tempo al tempo; *as* ~ **goes** *on* (o *by*) con il passare del tempo; **half** *the* ~ metà tempo; (*fam.*) prevalente; per lo più; **in** *three hours'* ~ fra tre ore; **in** *next to no* ~ = **in** *no* ~ subito; velocemente; *to* **make** *poor* ~ tardare; *to have* **no** ~ non avere tempo; (*fam.*) *to have* **no** ~ *for* non poter soffrire; *this is* **no** ~ non è (questo) il momento; **on** ~ puntuale, puntualmente; in orario; ~ *will* **show** (o *tell*) chi vivrà vedrà; **this** ~ *tomorrow* domani a quest'ora; (*fam.*) ~*'s* **up** è ora; (*at*) **what** ~? quando?; **what** ~ *is it?* che ore sono?; ~ **without** *number* tempo infinito; ~ *of* **year** stagione, periodo dell'anno; (*Geog.*) ~ **zone** fuso orario.
to **time** [taim] *v.t.* **1** stabilire il momento (giusto) per. **2** cronometrare. **3** regolare la velocità di.
time and motion study ['taim ænd 'məuʃən 'stʌdi] *s.* (*tecn.*) studio dei tempi e dei movimenti.
time-bomb ['taimbɔm] *s.* bomba a orologeria.
time card ['taimkɑ:d] *s.* cartellino delle presenze.
time-consuming ['taimkən'sju:miŋ] *a.* che richiede molto tempo.
timekeeper ['taimki:pə*] *s.* **1** (*Industria*) addetto al controllo delle ore di lavoro. **2** orologio; cronometro. **3** (*Sport*) cronometrista *m./f.*
time-lag ['taimlæg] *s.* intervallo, lasso di tempo.
timeless ['taimlis] *a.* (*lett.*) eterno, senza tempo.
timeliness ['taimlinis] *s.* tempestività; opportunità.
timely ['taimli] *a.* tempestivo; opportuno.
timer ['taimə*] *s.* **1** cronometro; contasecondi. **2** temporizzatore, timer.
timesaving ['taimseiviŋ] *a.* che fa risparmiare tempo.
timeserver ['taimsə:və*] *s.* opportunista *m./f.*
timeserving ['taimsə:viŋ] *a.* opportunistico.
time-sharing [taimʃɛəriŋ] *s.* (*neol.*) **1** multiproprietà. **2** (*Inform.*) time sharing.
time signal ['taimsignl] *s.* segnale orario.
time switch ['taimswitʃ] *s.* interruttore a tempo.
timetable ['taimteibl] *s.* **1** orario: *railway* ~ orario ferroviario. **2** (*estens.*) programma, tabella di marcia.
timework ['taimwə:k] *s.* lavoro retribuito a ore.
timeworn ['taimwɔ:n] *a.* consumato dal tempo.
timid ['timid] *a.* timido, timoroso.
timidity [ti'miditi] *s.* timidezza.
timing ['taimiŋ] *s.* **1** tempestività, tempismo. **2** (*Industria*) determinazione dei tempi. **3** (*Mecc.*) sincronizzazione.
timorous ['timərəs] *a.* timoroso, pauroso (*of* di).
Timothy ['timəθi] *N.pr.m.* Timoteo.
tin [tin] *s.* **1** (*Chim.*) stagno. **2** barattolo, lattina. **3** (*pop.*) denaro. □ (*fam.*) ~ *god* pallone gonfiato.
to **tin** [tin] *v.t.* (*pass., p.p.* **tinned** [–d]) **1** inscatolare. **2** (*Met.*) stagnare.
tin can ['tinkæn] *s.* lattina.
tincture ['tiŋktʃə*] *s.* **1** (*Farm.*) tintura. **2** sfumatura, colore.
to **tincture** ['tiŋktʃə*] *v.t.* colorare leggermente, sfumare (*anche fig.*).
tinder ['tində*] *s.* esca (infiammabile).
tinderbox ['tindəbɔks] *s.* **1** scatola contenente l'esca, l'acciarino e la pietra focaia. **2** (*fig.*) polveriera.
tine [tain] *s.* punta, rebbio, dente.
tinea ['tiniə] *s.* (*Med., Veterinaria*) tigna.
tinfoil ['tinfɔil] *s.* stagnola.
ting [tiŋ] *s.* tintinnio.
to **ting** [tiŋ] *v.t./i.* (far) tintinnare.
tinge [tindʒ] *s.* **1** lieve tinta, sfumatura. **2** (*fig.*) traccia, punta.
to **tinge** [tindʒ] *v.t.* (*pass., p.p.* **tinged** [–d], *p.pr.* **tinging/tingeing** [–iŋ]) **1** tingere leggermente, sfumare. **2** (*fig.*) (general. al passivo) pervadere, permeare.
tingle ['tiŋgl] *s.* **1** pizzicore, formicolio. **2** (*fig.*) fremito, brivido.
to **tingle** ['tiŋgl] **I** *v.i.* **1** pizzicare, formicolare. **2** (*fig.*) fremere, agitarsi (*with* per). **II** *v.t.* far formicolare, pizzicare.
tinker ['tiŋkə*] *s.* **1** stagnaio ambulante. **2** pa-

sticcione. **3** rabberciamento. ▭ (*fam.*) *I don't care a ~'s cuss* non me ne importa niente.
to **tinker** ['tiŋkə*] *v.i.* rabberciare, aggiustare alla meglio (*with s.th.* qc.).
tinkle ['tiŋkl] *s.* tintinnio; scampanellio.
to **tinkle** ['tiŋkl] *v.t./i.* (fare) tintinnare (*o* trillare).
tinned [tind] *a.* in scatola.
tinny ['tini] *a.* **1** di latta. **2** (*di suono*) metallico.
tin-opener ['tinəupnə*] *s.* apriscatole.
tinplate ['tinpleit] *s.* (*Met.*) lamiera stagnata.
tinpot ['tinpɔt] *a.attr.* (*fam.*) scadente, da due soldi.
tinsel ['tinsəl] *s.* orpello.
to **tinsel** ['tinsəl] *v.t.* (*pass., p.p.* **–lled**/*am.* **–led** [–d]) **1** decorare con orpello. **2** (*fig.*) coprire di fronzoli.
tinsmith ['tinsmiθ] *s.* stagnaio.
tint [tint] *s.* tinta; tonalità, sfumatura.
to **tint** [tint] *v.t.* colorare (leggermente), tinteggiare.
tinware ['tinwɛə*] *s.* oggetti di latta.
tiny ['taini] *a.* minuscolo, minimo.
tip[1] [tip] *s.* **1** punta, estremità; cima. **2** puntale. ▭ **filter-~** bocchino (*o* filtro) di sigarette; (*fig.*) *to have s.th. at the tips of one's* **fingers** conoscere qc. a menadito; *from ~ to* **toe** dalla testa ai piedi.
to **tip**[1] [tip] *v.t.* (*pass., p.p.* **tipped** [–t]) fornire di punta (*o* puntale).
tip[2] [tip] *s.* **1** capovolgimento, rovesciamento. **2** pendenza. **3** scarico (delle immondizie), discarica.
to **tip**[2] [tip] *v.* (*pass., p.p.* **tipped** [–t]) **I** *v.t.* **1** inclinare, piegare. **2** capovolgere, rovesciare, ribaltare. **3** scaricare, rovesciare. **II** *v.i.* **1** inclinarsi, piegarsi. **2** rovesciarsi, ribaltarsi, capovolgersi. ▭ (*fig.*) *to ~ the* **balance** *of power* spostare l'equilibrio del potere; *to ~* **over** capovolgere, rovesciare; *to ~* **up** inclinare, rovesciare.
tip[3] [tip] *s.* **1** mancia. **2** consiglio, suggerimento. **3** informazione riservata.
to **tip**[3] [tip] *v.t.* (*pass., p.p.* **tipped** [–t]) **1** dare la mancia a. **2** (general. con *off*) dare un'informazione riservata a; mettere in guardia. ▭ (*fam.*) *to ~ one's* **hand** scoprire le proprie carte; (*fam.*) *to ~ s.o. the* **wink** strizzare l'occhio a qd. (in segno d'intesa); *to ~ a* **winner** dire il nome del cavallo vincente.
tip[4] [tip] *s.* colpetto, tocco (leggero).
to **tip**[4] [tip] *v.t.* (*pass., p.p.* **tipped** [–t]) toccare, colpire leggermente.
tip-off ['tipɔ:f] *s.* (*sl.*) suggerimento; soffiata; informazione riservata.
tippet ['tipit] *s.* **1** (*Moda*) mantellina, cappa. **2** (*Lit.*) stola.
tipple ['tipl] *s.* (*fam.*) alcolico, bevanda alcolica.
to **tipple** ['tipl] *v.i.* darsi al bere.
tippler ['tiplə*] *s.* forte bevitore.
tipstaff ['tipstɑ:f] *s.* (*pl.* **–s** [–s]/**–staves** [–steivz]) (*Dir.*) ufficiale giudiziario.
tipster ['tipstə*] *s.* (*fam.*) informatore.
tipsy ['tipsi] *a.* (*fam.*) brillo, alticcio.
tiptoe ['tiptəu] *avv.* in punta di piedi. ▭ **on** ~ in punta di piedi; (*fig.*) *on ~* **with** *excitement* impaziente.
to **tiptoe** ['tiptəu] *v.i.* camminare in punta di piedi.
tiptop ['tip'tɔp] (*fam.*) **I** *a.* di prim'ordine, eccellente. **II** *avv.* eccellentemente, ottimamente.
tip-up seat ['tipʌp,si:t] *s.* sedile ribaltabile.
tirade [tai'reid] *s.* tirata, diatriba.
tire *am.* ['taiə*] → **tyre**.
to **tire** ['taiə*] **I** *v.t.* stancare, affaticare. **II** *v.i.* stancarsi, affaticarsi. ▭ (*fig.*) *to ~ out* fiaccare, spossare, sfinire.
tired [taiəd] *a.* stanco, affaticato. ▭ *~ out* esausto, spossato, stanco morto.
tiredness ['taiədnis] *s.* stanchezza.
tireless ['taiəlis] *a.* instancabile, indefesso.
tiresome ['taiəsəm] *a.* noioso, seccante.
tiring ['taiəriŋ] *a.* faticoso, affaticante.
'tis [tiz] *contraz. ant., poet. di* **it is**.
tissue ['tiʃ(j)u:] *s.* **1** tessuto (*anche Biol.*). **2** fazzolettino di carta. ▭ ~ **paper** carta velina; **toilet** ~ carta igienica.
tissue paper ['tiʃ(j)u:peipə*] *s.* carta velina.
tit[1] [tit] → **titmouse**.
tit[2] [tit] *s.* (*fam.*) capezzolo.
tit[3] [tit] *s.*: *~ for tat* pan per focaccia; *to give ~ for tat* ripagare della stessa moneta.
titan ['taitən] *s.* (*fig.*) titano, colosso.
titanic [tai'tænik] *a.* colossale, titanico.
titanium [tai'teiniəm] *s.* (*Chim.*) titanio.
titbit ['titbit] *s.* **1** bocconcino, leccornia. **2** (*fig.*) notizia ghiotta.
tithe [taið] *s.* (*Rel., Stor.*) decima.
titian ['tiʃ(j)ən] *a.* (biondo o rosso) tiziano, tizianesco.
to **titillate** ['titileit] *v.t.* titillare, solleticare.
to **titivate** ['titiveit] (*fam.*) **I** *v.t.* agghindare, ornare. **II** *v.i.* fare toletta. ▭ *to ~ o.s.* agghindarsi; farsi bello.
title ['taitl] *s.* **1** titolo (di libro, ecc.). **2** titolo, appellativo. **3** (*Sport*) titolo. **4** (*Dir.*) diritto (acquisito).
to **title** ['taitl] *v.t.* intitolare, dare un titolo a.
titled ['taitld] *a.* titolato, nobile.
title deed ['taitldi:d] *s.* (*Dir.*) atto di proprietà.
title page ['taitlpeidʒ] *s.* (*Edit.*) frontespizio.
titmouse ['titmaus] *s.* (*pl.* **–mice** [–mais]) (*Zool.*) cincia, cinciallegra.
titter ['titə*] *s.* risolino, riso soffocato.
to **titter** ['titə*] *v.i.* ridacchiare.
tittle ['titl] *s.*: (*fig.*) *not one jot or ~* un bel niente.
tittle-tattle ['titltætl] *s.* chiacchiere, pettegolezzi.
titular ['titjulə*] **I** *a.* titolare, nominale. **II** *s.* titolare *m./f.*
Tl = (*Chim.*) *thallium* tallio.
Tm = (*Chim.*) *thulium* tulio.

to [tu:, tu, tə] **I** *prep.* **1** (*moto*) da, a: *to go ~ school* andare a scuola; *I'll go ~ my aunt's* andrò da mia zia. **2** (*direzione*) verso, a (*anche fig.*): *a tendency ~ cynism* una tendenza al cinismo. **3** (*complemento di termine*) a: *to show s.th. ~ s.o.* mostrare qc. a qd. **4** (*distanza*) fino a, sino a, a: *it's not far ~ the station* da qui alla stazione non c'è molta strada. **5** (*contatto*) a, su: *to stick a poster ~ the wall* attaccare un manifesto al muro. **6** (*relazione*) a, rispetto a: *parallel ~ the river* parallelo al fiume; in confronto a, a paragone di. **7** (*nell'indicazione dell'ora*) a, prima di: *twenty minutes ~ six* venti minuti alle sei; (correlativo di *from*) a, fino a, sino a: *from Tuesday ~ Friday* da martedì a venerdì. **8** secondo, per, nell'opinione di: *~ my way of thinking* secondo il mio modo di pensare. **9** (*scopo*) in, a, per: *to come ~ the rescue* venire in aiuto. **II** *particella preposta all'inf.* di: *he decided ~ go* decise di andare; per: *made ~ last* fatto per durare; da, a: *we had little ~ do* avevamo poco da fare; da: *good ~ eat* buono da mangiare. **III** *avv.* a posto; accostato, semichiuso: *the door is ~* l'uscio è accostato; al suo posto. □ *I have been ~ London* sono stato a Londra; *~ and fro* avanti e indietro.

t.o. = *turn over* volta pagina.

TO = *Telegraph Office* Ufficio del Telegrafo.

toad [təud] *s.* (*Zool.*) rospo.

toadstool ['təudstu:l] *s.* (*Bot.*) fungo (ombrelliforme velenoso).

toady ['təudi] *s.* adulatore.

to **toady** ['təudi] *v.i.* adulare, lusingare (*to s.o.* qd.).

toast[1] [təust] *s.* pane tostato. □ (*sl.*) *to have s.o. on ~* avere qd. in pugno.

to **toast**[1] [təust] **I** *v.t.* **1** tostare, abbrustolire, **2** scaldare. **II** *v.i.* **1** abbrustolirsi, tostarsi. **2** scaldarsi.

toast[2] [təust] *s.* **1** brindisi: *to drink a ~* fare un brindisi. **2** persona in onore della quale si brinda. **3** persona ammirata da tutti. □ *to propose a ~* fare un brindisi.

to **toast**[2] [təust] *v.t./i.* brindare (a), fare un brindisi (a).

toaster ['təustə*] *s.* tostapane elettrico.

toastmaster ['təustmɑ:stə*] *s.* chi presiede ai brindisi in un banchetto.

tobacco [tə'bækəu] *s.* (*pl.* **-s/-es** [-z]) tabacco.

tobacconist [tə'bækənist] *s.* tabaccaio.

toboggan [tə'bɔgən] *s.* toboga.

to **toboggan** [tə'bɔgən] *v.i.* andare in toboga.

toby jug ['təubidʒʌg] *s.* boccale da birra (raffigurante un vecchio con tricorno).

tocsin ['tɔksin] *s.* campana d'allarme.

today [tə'dei] **I** *avv.* **1** oggi, quest'oggi. **2** (*fig.*) al giorno d'oggi, oggigiorno. **II** *s.* oggi. □ *~ week* oggi a otto.

toddle ['tɔdl] *s.* **1** andatura incerta. **2** (*fam.*) passeggiatina, giretto.

to **toddle** ['tɔdl] *v.i.* **1** trotterellare, camminare a piccoli passi. **2** (*fam.*) fare quattro passi. □ *to ~ off* andarsene.

toddler ['tɔdlə*] *s.* bambino che muove i primi passi.

toddy ['tɔdi] *s.* **1** ponce, grog. **2** succo estratto da alcune palme.

to-do [tə'du:] *s.* (*fam.*) putiferio, baccano, finimondo.

toe [təu] *s.* **1** dito del piede. **2** (*di calza, ecc.*) punta. □ **big** ~ alluce; (*fam.*) **on** *one's toes* attento, sveglio; *to* **tread** (o *step*) *on s.o.'s toes* pestare i piedi a qd. (*anche fig.*); (*sl.*) *to* **turn** *up one's toes* morire.

to **toe** [təu] *v.t.* **1** toccare con la punta del piede. **2** fare la punta a. □ (*fig.*) *to ~ the line* obbedire agli ordini.

toehold ['təuhəuld] *s.* appiglio, appoggio (per alpinismo, ecc.).

toe-nail ['təuneil] *s.* unghia del piede.

toff [tɔf] *s.* (*sl.*) elegantone.

toffee ['tɔfi] *s.* caramella morbida, toffee. □ (*sl.*) *he cannot sing for ~* come cantante non vale nulla.

toffee-nosed ['tɔfinəuzd] *a.* (*sl.*) tronfio, borioso.

tog [tɔg] *s.* (general. al pl.) (*sl.*) abiti, vestiti: *one's best togs* gli abiti migliori.

to **tog** [tɔg] *v.* (*pass., p.p.* **togged** [-d]) (spesso con *out, up*) **I** *v.t.* (*fam.*) agghindare. **II** *v.i.* agghindarsi.

toga ['təugə] *s.* (*Stor. romana*) toga.

together [tə'geðə*] *avv.* **1** insieme, assieme: *put them all ~* mettili tutti insieme. **2** contemporaneamente, a un tempo. **3** di seguito, consecutivamente: *for weeks ~* per settimane di seguito. □ *to* **strike** *two things ~* sbattere due cose l'una contro l'altra; ~ **with** insieme a.

togetherness [tə'geðənis] *s.* (spirito di) solidarietà.

toggle ['tɔgl] *s.* alamaro.

toil [tɔil] *s.* duro lavoro, fatica.

to **toil** [tɔil] *v.i.* lavorare duramente, sgobbare (*at* a). □ *to ~* **along** procedere a fatica; *we toiled* **up** *the hill* arrancammo su per la collina.

toilet ['tɔilit] *s.* **1** toletta, gabinetto. **2** toletta: *to make one's ~* fare toletta.

toilet paper ['tɔilitpeipə*] *s.* carta igienica.

toilet powder ['tɔilitpaudə*] *s.* talco borato.

toils [tɔilz] *s.pl.* rete; trappola.

toilsome ['tɔilsəm] *a.* laborioso, faticoso.

token ['təukən] **I** *s.* **1** pegno, simbolo, segno. **2** dono, ricordo. **3** gettone, contromarca, contrassegno. **4** buono: *book ~* buono libro. **II** *a.attr.* simbolico: *~ payment* pagamento simbolico. □ **by** *the same ~* per lo stesso motivo; inoltre; **in** *~ of* in segno di; ~ **strike** sciopero di avvertimento.

Tokyo ['təukjəu] *N.pr.* (*Geog.*) Tokio.

told [təuld] → to **tell**.

tolerable ['tɔlərəbl] *a.* tollerabile, sopportabile; passabile, discreto.

tolerance ['tɔlərəns] *s.* tolleranza.

tolerant ['tɔlərənt] *a.* tollerante, indulgente.
to **tolerate** ['tɔləreit] *v.t.* tollerare, sopportare.
toleration [,tɔlə'reiʃən] *s.* tolleranza (religiosa).
toll[1] [təul] *s.* pedaggio; dazio (doganale). ▭ ~ **call** telefonata a tariffa maggiorata; (*fig.*) *the flood* **took** *heavy* ~ *of cattle* la piena costò la vita a molti animali; *the* ~ *of the* **roads** le vittime della strada.
toll[2] [təul] *s.* rintocco di campana (a morto).
to **toll** [təul] *v.t./i.* rintoccare (a morto).
tollgate ['təulgeit] *s.* barriera di pedaggio.
tollhouse ['təulhaus] **1** *s.* casello autostradale. **2** casello daziario.
Tom [tɔm] *s.*: ~, *Dick and Harry* Tizio, Caio e Sempronio.
tomahawk ['tɔməhɔ:k] *s.* tomahawk, ascia di guerra.
tomato [tə'mɑ:təu, *am.* tə'meitəu] *s.* (*pl.* **–es** [–z]) pomodoro: ~ *sauce* sugo di pomodoro.
tomb [tu:m] *s.* tomba; sepolcro, fossa.
tomboy ['tɔmbɔi] *s.* (*rif. a ragazza*) maschiaccio.
to **tombstone** ['tu:mstəun] *s.* pietra tombale.
tomcat ['tɔmkæt] *s.* gatto (maschio).
tome [təum] *s.* tomo.
tomfool ['tɔmfu:l] *a./s.* stupido.
tomfoolery [tɔm'fu:ləri] *s.* sciocchezze, stupidaggini.
Tommy ['tɔmi] *N.pr.m. dim. di* **Thomas**. ▭ (*fam.*) *tommy* soldato semplice inglese.
tommy gun ['tɔmigʌn] *s.* (*Mil.*) fucile mitragliatore, mitra.
tommyrot ['tɔmirɔt] *s.* (*fam.*) sciocchezze, stupidaggini.
tomography ['təu'məgrəfi] *s.* (*Med.*) tomografia.
tomorrow [tə'mɔrəu] *avv.* domani. ▭ *the day* **after** ~ dopodomani; ~ **evening** domani sera; ~ **week** domani a otto.
tomtom ['tɔmtɔm] *s.* tamtam.
ton [tʌn] *s.* **1** (*unità di misura*) tonnellata → **Appendice**. **2** (*Mar.*) tonnellata di stazza. **3** *pl.* (*fam.*) gran quantità, mucchio: *tons of money* un mucchio di soldi.
tonal ['təunl] *a.* (*Mus.*) tonale.
tonality [tə(u)'næliti] *s.* (*Mus., Pitt.*) tonalità.
tone [təun] *s.* **1** tono. **2** (*fig.*) tono, stile, carattere. **3** (*di colore*) tonalità, gradazione.
to **tone** [təun] **I** *v.t.* **1** dare un tono a. **2** (*Mus.*) intonare. **II** *v.i.* (general. con *in*) intonarsi, armonizzare (*with* con). ▭ (*fig.*) *to* ~ **down**: 1 mitigare, calmare; attenuarsi, mitigarsi; 2 (*di colore*) sfumare, smorzare; *to* ~ **up** (*di colore*) ravvivare; (*di muscolo*) tonificare.
toneless ['təunlis] *a.* **1** privo di tono. **2** inespressivo, scialbo.
tongs [tɔŋz] *s.pl.* (costr. sing. o pl.) **1** tenaglie: *a pair of* ~ un paio di tenaglie. **2** (*per zucchero, ecc.*) molle, mollette.
tongue [tʌŋ] *s.* **1** (*Anat., Ling.*) lingua. **2** (*di scarpe*) linguetta. **3** (*Geog.*) lingua di terra. **4** (*di campana*) battaglio, batacchio. **5** (*di fibbia*) puntale. ▭ (*fam.*) *I could have* **bitten** *off my* ~ avrei fatto meglio a stare zitto; (*fig.*) *to have one's* ~ *in one's* **cheek** parlare ironicamente; (*fig.*) *keep a* **civil** ~ *in your head!* parla educatamente!; (*fig.*) *to* **find** *one's* ~ ritrovare la lingua; (*fig.*) *to* **hold** *one's* ~ stare zitto; (*fig.*) *to* **lose** *one's* ~ ammutolire; *to* **put** *one's* ~ *out at s.o.* fare le linguacce a qd.; (*fig.*) *a* **sharp** ~ una lingua tagliente; (*fig.*) *to* **wag** *one's* ~ parlare a vanvera.
tongueless ['tʌŋlis] *a.* **1** senza lingua. **2** (*lett.*) muto.
tongue-tied ['tʌŋtaid] *a.* muto, ammutolito.
tongue-twister ['tʌŋtwistə*] *s.* scioglilingua.
tonic ['tɔnik] **I** *a.* tonico, tonificante. **II** *s.* **1** (*Farm.*) tonico. **2** acqua tonica. **3** (*Mus.*) tonica.
tonight [tə'nait] *avv.* **1** questa notte, stanotte. **2** questa sera, stasera.
tonnage ['tʌnidʒ] *s.* **1** (*Mar.*) tonnellaggio, stazza. **2** (*collett.*) naviglio, tonnellaggio.
tonsil ['tɔnsl] *s.* (*Anat.*) tonsilla.
tonsure ['tɔnʃə*] *s.* tonsura, chierica.
to **tonsure** ['tɔnʃə*] *v.t.* tonsurare.
too [tu:] *avv.* **1** troppo, eccessivamente: ~ *far* troppo lontano. **2** anche, pure: *me* ~*!* anch'io! **3** per di più, per giunta: *young, clever, and rich* ~ giovane, intelligente e per di più ricco. ▭ **all** ~ *true* fin troppo vero; **all** ~ *soon* con eccessiva prontezza; (*that's*) ~ **bad***!* che peccato!; *not* ~ **bad** non (c'è) male; ~ **good** *to be true* troppo bello per essere vero; ~ **many** troppi; ~ **much** troppo; **none** ~ tutt'altro che, per niente.
took [tuk] → to **take**.
tool [tu:l] *s.* **1** strumento, attrezzo; utensile. **2** (*spreg.*) burattino, marionetta. ▭ ~ **kit** borsa degli attrezzi; *the tools of the* **trade** i ferri del mestiere.
to **tool** [tu:l] *v.t./i.* decorare (una rilegatura di libro). ▭ (*Industria*) *to* ~ *up* attrezzare, provvedere di macchinari; attrezzarsi.
toot [tu:t] *s.* suono di clacson (*o* tromba, ecc.).
to **toot** [tu:t] *v.t./i.* suonare un clacson (*o* una tromba, ecc.).
tooth [tu:θ] *s.* (*pl.* **teeth** [ti:θ]) dente. ▭ (*fig.*) *to* **cast** *s.th. in s.o.'s teeth* rinfacciare qc. a qd.; (*fig.*) **in** *the teeth of* in faccia a; a dispetto di; (*fam.*) *to be* **long** *in the teeth* essere vecchiotto; *to fight* ~ *and* **nail** combattere con le unghie e con i denti; **set** *of teeth* dentatura; *to* **show** *one's teeth* mostrare i denti.
to **tooth** [tu:θ] **I** *v.t.* **1** provvedere di denti. **2** dentellare. **II** *v.i.* (*Mecc.*) ingranare, ingranarsi.
toothache ['tu:θeik] *s.* (*Med.*) mal di denti.
toothbrush ['tu:θbrʌʃ] *s.* spazzolino da denti.
toothcomb ['tu:θkəum] *s.* pettine fitto. ▭ (*fig.*) *with a* (*fine*) ~ molto accuratamente.
toothless ['tu:θlis] *a.* sdentato, senza denti.
toothpaste ['tu:θpeist] *s.* pasta dentifricia.

toothpick ['tu:θpik] *s.* stuzzicadenti.

toothsome ['tu:θsəm] *a.* gustoso, gradevole.

top[1] [tɔp] **I** *s.* **1** cima, sommità (*anche fig.*). **2** parte superiore; superficie. **3** coperchio; tappo. **4** (*fig.*) il meglio, parte migliore. **5** (*Aut.*) cappotta, capote. **6** (*di scarpe*) tomaia. **II** *a.attr.* più alto; massimo: ~ *prices* prezzi massimi. ▭ *big* ~ tendone da circo; *from* ~ *to* **bottom** da cima a fondo; *to* **come** *to the* ~ (*fig.*) sfondare, affermarsi; (*fam.*) ~ **dog** dominatore; (*fig.*) *to be out of the* ~ **drawer** appartenere all'alta società; ~ **executive** alto funzionario; ~ **floor** ultimo piano; **on** ~ sopra, in cima; (*fig.*) in posizione di predominio; *to come out* **on** ~ riuscire primo; **on** ~ *of* in cima a, sopra, su; oltre, per giunta; *to be* **on** ~ *of one's job* essere padrone del proprio mestiere; *to sit at the* ~ *of the* **table** sedere a capotavola; *from* ~ *to* **toe** dalla testa ai piedi; (*fig.*) *the* ~ *of the* **tree** l'apice (di una carriera, ecc.); *at the* ~ *of one's* **voice** a squarciagola; (*fam.*) *to be on* ~ *of the* **world** essere al settimo cielo.

to **top** [tɔp] *v.t.* (*pass., p.p.* **topped** [–t]) **1** mettere un coperchio (*o* tappo) a. **2** superare, sorpassare. **3** essere in testa (*o* cima) a, capeggiare, avere il primo posto su (*o* in). **4** raggiungere la vetta di. **5** (*fam.*) (spesso con *off*) coronare, dare l'ultimo tocco a. **6** (*di piante*) cimare, spuntare. ▭ *to* ~ *up* riempire (fino all'orlo), colmare; rabboccare.

top[2] [tɔp] *s.* trottola. ▭ *to sleep like a* ~ dormire come un ghiro.

topaz ['təupæz] *s.* **1** (*Min.*) topazio. **2** color topazio, giallo topazio.

topcoat ['tɔpkəut] *s.* soprabito (leggero).

top-hat ['tɔphæt] *s.* (cappello a) cilindro.

top-heavy ['tɔphevi] *a.* sbilanciato.

topic ['tɔpik] *s.* argomento, tema, soggetto.

topical ['tɔpikəl] *a.* **1** d'attualità, attuale. **2** (*Med.*) topico.

topicality [,tɔpi'kæliti] *s.* attualità.

topknot ['tɔpnɔt] *s.* ciuffo (di capelli, penne, ecc.).

topless ['tɔplis] *a./s.* (abito) che lascia il seno scoperto.

top-level ['tɔplevl] *a.* (*fam.*) ad alto livello.

topmast ['tɔpmɑ:st] *s.* (*Mar.*) albero di gabbia.

topmost ['tɔpməust] *a.* il più alto, il più elevato; superiore.

topographer [tə'pɔgrəfə*] *s.* topografo.

topography [tə'pɔgrəfi] *s.* topografia.

topper ['tɔpə*] *s.* (*fam.*) (cappello a) cilindro.

topping ['tɔpiŋ] **I** *s.* (*Gastr.*) guarnizione, decorazione. **II** *a.* (*fam.*) eccellente, di prim'ordine.

to **topple** ['tɔpl] **I** *v.i.* **1** (spesso con *down, over*) capitombolare, rovesciarsi. **2** (*fig.*) vacillare, traballare. **II** *v.t.* rovesciare.

tops [tɔps] *s.pl.* (*fam.*) quanto c'è di meglio.

topsail ['tɔpsl] *s.* (*Mar.*) vela di gabbia.

top-secret ['tɔp'si:krit] *a.* segretissimo.

topside ['tɔpsaid] *s.* **1** parte superiore. **2** *pl.* (*Mar.*) opera morta. **3** scamone.

topsy-turvy ['tɔpsi'tə:vi] *a./avv.* sottosopra.

tor [tɔ:*] *s.* punta rocciosa.

torch [tɔ:tʃ] *s.* **1** torcia, fiaccola. **2** lampadina tascabile. ▭ (*fam.*) *to carry a* ~ essere innamorato (cotto) (*for* di) (spec. non corrisposto).

torchlight ['tɔ:tʃlait] *s.* luce di fiaccola.

tore [tɔ:*] → to **tear**.

torment ['tɔ:mənt] *s.* **1** tormento, tortura. **2** sofferenza, agonia.

to **torment** [tɔ:'ment] *v.t.* **1** tormentare, torturare. **2** infastidire, molestare.

torn [tɔ:n] → to **tear**.

tornado [tɔ:'neidəu] *s.* (*pl.* **–es** [–z]) **1** tornado; tromba d'aria. **2** (*fig.*) uragano.

torpedo [tɔ:'pi:dəu] *s.* (*pl.* **–es** [–z]) **1** (*Mar., mil.*) siluro, torpedine. **2** (*Ferr.*) petardo. ▭ (*Zool.*) ~ *fish* torpedine.

to **torpedo** [tɔ:'pi:dəu] *v.t.* **1** (*Mar., mil.*) silurare, attaccare con siluri. **2** (*fig.*) silurare, bocciare; far fallire, sabotare.

torpedo boat [tɔ:'pidəubəut] *s.* (*Mar., mil.*) torpediniera.

torpid ['tɔ:pid] *a.* **1** torpido. **2** apatico.

torpidity [,tɔ:'piditi], **torpidness** ['tɔ:pidnis], **torpor** ['tɔ:pə*] *s.* **1** torpidezza, torpore. **2** (*fig.*) apatia.

torrent ['tɔrənt] *s.* **1** torrente (*anche fig.*). **2** acquazzone, pioggia torrenziale.

torrential [,tɔ'renʃəl] *a.* torrentizio; (*di pioggia*) torrenziale.

torrid ['tɔrid] *a.* torrido.

torsion ['tɔ:ʃən] *s.* torsione.

torso ['tɔ:səu] *s.* (*pl.* **–s** [–z]) torso; tronco.

tort [tɔ:t] *s.* (*Dir.*) illecito civile.

tortoise ['tɔ:təs] *s.* (*pl. inv.*/**–ses** [–siz]) (*Zool.*) tartaruga, testuggine.

tortoiseshell ['tɔ:təʃel] *s.* **1** carapace di tartaruga. **2** (*Oreficeria*) tartaruga.

tortuosity [,tɔ:tju'ɔsiti] *s.* tortuosità.

tortuous ['tɔ:tjuəs] *a.* **1** tortuoso, serpeggiante. **2** (*fig.*) contorto, tortuoso; ambiguo.

torture ['tɔ:tʃə*] *s.* **1** tortura, supplizio: *to put to the* ~ sottoporre a tortura. **2** (*fig.*) tormento, strazio.

to **torture** ['tɔ:tʃə*] *v.t.* **1** torturare. **2** (*fig.*) tormentare

torturer ['tɔ:tʃərə*] *s.* torturatore.

Tory ['tɔ:ri] *s.* **1** (*Stor., Pol.*) tory. **2** (*estens.*) conservatore.

toss [tɔs] *s.* **1** lancio, tiro. **2** scossa, scrollata. ▭ *to win the* ~ vincere a testa e croce.

to **toss** [tɔs] *v.* (*pass., p.p.* **tossed** [–t]) **I** *v.t.* **1** buttare, lanciare. **2** scuotere, agitare, sballottare. **3** (*Gastr.*) mescolare. **II** *v.i.* **1** essere sballottato. **2** (spesso con *about*) dimenarsi. ▭ *to* ~ **away** scartare, eliminare; *to* ~ *one's* **head** scuotere la testa; *to* ~ **off** bere tutto d'un fiato; fare alla meglio, improvvisare; *to* ~ *s.th.* **out** buttare via qc.; *to* ~ **up** lanciare in aria; fare a testa e croce.

toss-up ['tɔsʌp] *s.* **1** tiro a sorte. **2** (*fam.*) probabilità incerta, cosa dubbia.

tot [tɔt] *s.* **1** bimbo. **2** sorso (di liquore).

to **tot** [tɔt] *v.* (*pass., p.p.* **totted** [–id]) (general. con *up*) (*fam.*) **I** *v.t.* addizionare, sommare. **II** *v.i.* ammontare (*to* a).

total ['təutl] **I** *a.* totale, complessivo; assoluto, completo. **II** *s.* totale, somma.

to **total** ['təutl] *v.* (*pass., p.p.* **–lled**/*am.* **–led** [–d]) **I** *v.t.* **1** addizionare, sommare. **2** raggiungere il numero di. **II** *v.i.* (general. con *up*) ammontare (*to* a).

totalitarian [tə(u),tæli'tɛəriən] *a.* totalitario.

totalitarianism [tə(u),tæli'tɛəriənizəm] *s.* totalitarismo.

totality [tə(u)'tæliti] *s.* totalità.

totalizator ['təutəlaizeitə*] *s.* totalizzatore.

to **totalize** ['təutəlaiz] *v.t.* totalizzare.

tote [təut] *s.* (*fam., Sport*) totalizzatore.

totem ['təutəm] *s.* totem.

to **totter** ['tɔtə*] *v.i.* barcollare, vacillare.

tottery ['tɔtəri] *a.* barcollante, vacillante.

touch [tʌtʃ] *s.* **1** tocco, colpetto. **2** tatto. **3** (*fig.*) punta, pizzico. **4** contatto, rapporto, comunicazione: *to lose ~* perdere i contatti. **5** (*fig.*) tocco, impronta, mano. **6** dettaglio, rifinitura. **7** (*Med.*) palpazione; (*rif. a malattia*) leggero attacco. □ **at** *a ~* al minimo tocco; *to* **get** *in ~ with s.o.* mettersi in contatto con qd.; *to* **keep** *in ~ with s.o.* tenersi in contatto con qd.; *to be* **out** *of ~ with s.o.* non avere (più) notizie di qd.; *to* **put** *to the ~* mettere alla prova.

to **touch** [tʌtʃ] **I** *v.t.* **1** toccare, tastare. **2** giungere a, arrivare a. **3** riguardare, concernere: *the struggle for peace touches us all* la lotta per la pace riguarda tutti noi. **4** commuovere, colpire. **5** (*fam.*) (*in frasi negative*) competere con, reggere il confronto con: *no one can ~ him as a writer* nessuno può competere con lui come scrittore. **6** intaccare, danneggiare. **II** *v.i.* toccarsi, essere a contatto. □ (*Mar.*) *to ~* **at** fare scalo a; *to ~ the* **bottom** toccare il fondo; (*Aer.*) *to ~* **down** atterrare; (*sl.*) *to ~ s.o.* **for** *s.th.* farsi prestare qc. da qd.; *to ~ one's* **hat** *to s.o.* salutare qd. toccandosi il cappello; *to ~* **off** far esplodere; (*fig.*) provocare, far scoppiare; *to ~* **on** sfiorare, trattare brevemente; *to ~* **up** (*di fotografia, disegno*) ritoccare; *to ~* **upon** = *to ~* **on**; *to ~* **wood** toccare ferro (per scaramanzia).

touch-and-go ['tʌtʃən'gəu] *a.* dubbio, incerto.

touchdown ['tʌtʃdaun] *s.* **1** (*Aer.*) impatto, atterraggio. **2** (*Sport*) meta.

touched [tʌtʃt] *a.* **1** commosso. **2** (*fam.*) tocco nel cervello.

touchiness ['tʌtʃinis] *s.* suscettibilità, permalosità.

touching ['tʌtʃiŋ] *a.* commovente, toccante.

touchstone ['tʌtʃstəun] *s.* pietra di paragone.

to **touch-type** ['tʌtʃtaip] *v.i./t.* dattilografare a tastiera cieca.

touchy ['tʌtʃi] *a.* suscettibile, permaloso.

tough [tʌf] **I** *a.* **1** resistente, tenace. **2** robusto, forte. **3** (*rif. a cibo*) duro, stopposo; (*rif. a carne*) tiglioso. **4** rigido, severo. **5** arduo, difficile. **6** (*fam.*) violento, brutale. **II** *s.* (*fam.*) teppista *m./f.* □ *to* **get** *~* usare la maniera forte; diventare difficile; (*fam.*) *to be in a ~* **spot** essere in una situazione difficile.

to **toughen** ['tʌfən] **I** *v.t.* **1** indurire. **2** fortificare. **II** *v.i.* indurirsi.

toughness ['tʌfnis] *s.* **1** resistenza, tenacità. **2** robustezza, forza. **3** rigidezza, severità. **4** difficoltà.

tour [tuə*] *s.* **1** giro, viaggio; escursione. **2** (*di museo, ecc.*) visita. **3** (*Teat.*) tournée. **4** (*Mil.*) turno (di servizio).

to **tour** [tuə*] **I** *v.t.* viaggiare (per); visitare. **II** *v.i.* **1** viaggiare. **2** (*Teat.*) andare in tournée.

touring ['tuəriŋ] *a.* turistico, da turismo.

tourism ['tuərizəm] *s.* turismo.

tourist ['tuərist] **I** *s.* turista *m./f.* **II** *a.* turistico: *~ agency* agenzia turistica; *~ class* classe turistica.

touristy ['tuəristi] *a.* invaso dai turisti.

tournament ['tuənəmənt] *s.* torneo.

tourniquet ['tuənikei] *s.* (*Med.*) laccio emostatico.

to **tousle** ['tauzl] *v.t.* arruffare, scarmigliare.

tout [taut] *s.* **1** piazzista insistente. **2** informatore sulle corse dei cavalli. **3** bagarino.

to **tout** [taut] *v.t./i.* (*fam.*) **1** andare in cerca di clienti; sollecitare ordinazioni. **2** (*nelle corse dei cavalli*) fare l'informatore. **3** fare bagarinaggio.

to **touzle** [tauzl] → to **tousle**.

tow[1] [təu] *s.* traino, rimorchio. □ (*fig.*) *to* **have** *in ~* guidare; (*fig.*) *to* **take** *in ~* prendere sotto la propria guida.

to **tow** [təu] *v.t.* **1** trainare, rimorchiare. **2** trascinare, tirarsi dietro.

tow[2] [tau] *s.* stoppa di lino (*o* canapa).

toward(s) [tə'wɔ:d(z)] *prep.* **1** (*di luogo*) verso, in direzione di. **2** (*di tempo*) verso, circa: *~ midday* verso mezzogiorno. **3** dalle parti di, nelle vicinanze di: *he lives ~ the river* abita dalle parti del fiume. **4** nei confronti di, nei riguardi di, verso: *one's attitude ~ foreigners* il proprio atteggiamento verso gli stranieri. **5** per, al fine di ottenere: *efforts ~ peace* sforzi per la pace.

towel ['tauəl] *s.* asciugamano. □ (*Sport*) *to throw in the ~* gettare la spugna.

to **towel** ['tauəl] *v.t.* (*pass., p.p.* **–lled**/*am.* **–led** [–d]) asciugare (con un asciugamano).

toweling *am.*, **towelling** ['tauəliŋ] *s.* tela per asciugamani.

tower ['tauə*] *s.* torre. □ (*fig.*) *a ~ of strength* una persona forte come una torre.

to **tower** ['tauə*] *v.i.* torreggiare, sovrastare.

towering ['tauəriŋ] *a.* **1** altissimo. **2** (*fig.*) violento.

towline ['təulain] *s.* cavo da rimorchio.

town [taun] *s.* città; cittadina. □ *the news was all over* (*the*) *~* la notizia era sulla bocca di tutti.

town clerk ['taunklɑ:k] *s.* segretario comunale.

town council ['taunkaunsl] *s.* consiglio municipale.
town councillor ['taunkaunslə*] *s.* consigliere comunale.
townee [tau'ni:] *s.* (*spreg.*) cittadino.
town hall ['taunhɔ:l] *s.* municipio.
town planning ['taunplæniŋ] *s.* urbanistica.
township ['taunʃip] *s.* **1** municipalità, distretto amministrativo. **2** (*USA, Canada*) suddivisione (amministrativa) di una contea. **3** (*Sudafrica*) comunità di gente di colore.
townsman ['taunzmən] *s.* (*pl.* **–men**) cittadino.
townspeople ['taunzpi:pl] *s.* cittadinanza.
toxic ['tɔksik] *a.* tossico.
toxicity [tɔk'sisiti] *s.* tossicità.
toxin ['tɔksin] *s.* (*Biol.*) tossina.
toy [tɔi] *s.* **1** giocattolo. **2** (*fig.*) bazzecola, inezia. □ ~ *dog* cagnolino.
to **toy** [tɔi] *v.i.* giocherellare, gingillarsi (*with* con). □ *to* ~ *with one's food* mangiucchiare.
toyshop ['tɔiʃɔp] *s.* negozio di giocattoli.
trace[1] [treis] *s.* **1** traccia, segno, impronta. **2** (*fig.*) ombra, pizzico.
to **trace** [treis] *v.t.* **1** rintracciare, ritrovare. **2** (*fig.*) rintracciare (risalendo nel tempo). **3** seguire la traccia di, inseguire. **4** seguire, percorrere. **5** intravedere, scorgere appena. **6** (spesso con *out*) tracciare, tratteggiare. **7** (spesso con *over*) calcare, ricalcare (un disegno). □ *to* ~ *back to* risalire a.
trace[2] [treis] *s.* tirella. □ (*fig.*) *to kick over the traces* mordere il freno.
traceable ['treisəbl] *a.* **1** rintracciabile. **2** attribuibile (*to* a). **3** (*di disegno, ecc.*) ricalcabile.
tracer ['treisə*] *s.* **1** chi rintraccia oggetti smarriti. **2** (*Med., Fis.*) elemento tracciante. □ (*Mil.*) ~ *bullet,* ~ *shell* proiettile tracciante.
tracery ['treisəri] *s.* **1** (*Arch.*) intaglio, traforo. **2** disegno ornamentale.
trachea [trə'ki:ə] *s.* (*pl.* **–cheae** ['–ki:i]) (*Anat.*) trachea.
tracheal [trə'ki:əl] *a.* (*Anat.*) tracheale.
trachoma [trə'kəumə] *s.* (*Med.*) tracoma.
tracing ['treisiŋ] *s.* ricalco, ricalcatura.
tracing paper ['treisiŋpeipə*] *s.* carta da ricalco.
track [træk] *s.* **1** traccia; (*di nave*) scia; (*di ruota*) solco. **2** orma, impronta. **3** viottolo, sentiero, pista. **4** (*Sport*) pista. **5** percorso, traiettoria, itinerario. **6** (*Aut.*) carreggiata, scartamento. **7** (*Mecc.*) cingolo. **8** (*Ferr.*) rotaie, binario. **9** (*di nastro magnetico*) pista. □ (*Sport*) ~ *and* **field** atletica leggera; *to* **have** *a one-~ mind* avere un'idea fissa; (*fam.*) **in** *one's tracks* su due piedi, lì per lì; *to* **keep** ~ *of* tenersi aggiornato su; (*Ferr.*) *to* **leave** *the* ~ deragliare; (*fam.*) *to* **make** *tracks* andarsene; **off** *the* ~ fuori strada; **on** *the* ~ *of* sulle tracce di; **race** ~ autodromo.
to **track** [træk] *v.t.* **1** seguire le tracce di, inseguire. **2** (*fig.*) rintracciare (risalendo nel tempo). **3** (*Ferr.*) fornire di binario. □ *to* ~ **down** scovare; *to* ~ **out** rintracciare.
tracker ['trækə*] *s.* (*Caccia*) battitore. □ ~ *dog* cane poliziotto.
trackless ['træklis] *a.* senza piste.
tract[1] [trækt] *s.* **1** distesa, estensione (di terreno, ecc.); (*am.*) terreno edificabile. **2** (*Anat.*) apparato.
tract[2] [trækt] *s.* (*Rel., Pol.*) trattatello, opuscolo.
tractability [,træktə'biliti] *s.* docilità.
tractable ['træktəbl] *a.* docile, arrendevole.
traction ['trækʃən] *s.* (*Mecc., Fis.*) trazione.
tractor ['træktə*] *s.* **1** (*Agr.*) trattore, trattrice. **2** (*Aut.*) motrice.
trade [treid] **I** *s.* **1** commercio; attività commerciale; scambi commerciali. **2** attività, occupazione; mestiere. **3** *pl.* (*Geog.*) alisei. **II** *a.* commerciale. □ **by** ~ di mestiere; ~ **fair** fiera campionaria; *to be* **in** ~ fare il commerciante.
to **trade** [treid] **I** *v.i.* commerciare: *to* ~ *in furs* commerciare in pellicce. **II** *v.t.* (s)cambiare, barattare (*for s.th.* qc.). □ *to* ~ *s.th.* **in** dare qc. a parziale pagamento; (*fig.*) *to* ~ **on** (o *upon*) approfittare di.
trade-in ['treid'in] *s.* (*fam.*) articolo usato dato in cambio per l'acquisto di uno nuovo.
trade-mark ['treidmɑ:k] *s.* **1** marchio (di fabbrica). **2** (*fig.*) caratteristica.
trade-name ['treidneim] *s.* **1** nome depositato. **2** ragione sociale.
trader ['treidə*] *s.* **1** commerciante *m./f.* **2** (*Mar.*) (nave) mercantile.
tradesman ['treidzmən] *s.* (*pl.* **–men**) **1** negoziante. **2** artigiano.
tradespeople ['treidzpi:pl] *s.pl.* commercianti, mercanti.
trade union ['treidju:njən] *s.* sindacato.
trade unionism ['treidju:njənizəm] *s.* sindacalismo.
trade unionist ['treidju:njənist] *s.* sindacalista *m./f.*
tradition [trə'diʃən] *s.* tradizione.
traditional [trə'diʃənəl] *a.* tradizionale.
traditionalism [trə'diʃənəlizm] *s.* tradizionalismo.
traditionalist [trə'diʃənəlist] *s.* tradizionalista *m./f.*
to **traduce** [trə'dju:s] *v.t.* **1** (*lett.*) calunniare, diffamare, screditare. **2** (*estens.*) gettare il ridicolo su.
traffic ['træfik] *s.* **1** traffico. **2** commercio, attività commerciale, traffico (spesso illegale). □ ~ *jam* ingorgo stradale.
to **traffic** ['træfik] *v.i.* (*pass., p.p.* **–ked** [–t]) commerciare, trafficare (*in* in). □ *drug trafficking* smercio della droga.
trafficator ['træfikeitə*] *s.* (*Aut.*) indicatore di direzione.
traffic circle ['træfiksəkl] *s.* (*am., Strad.*) rotatoria, rondeau.
traffic island ['træfikailənd] *s.* (*Strad.*) salvagente.

trafficker ['træfikə*] *s.* (*spreg.*) trafficante.
traffic lights ['træfiklaits] *s.pl.* semaforo.
traffic warden ['træfikwɔ:dn] *s.* vigile urbano (addetto al traffico).
tragedian [trə'dʒi:diən] *s.* **1** attore tragico. **2** tragediografo.
tragedienne [trə,dʒi:di'en] *s.* attrice tragica.
tragedy ['trædʒidi] *s.* tragedia.
tragic ['trædʒik] *a.* tragico.
tragicomedy [,trædʒi'kɔmidi] *s.* tragicommedia.
tragicomic [,trædʒi'kɔmik] *a.* tragicomico.
trail [treil] *s.* **1** traccia, orma, impronta. **2** sentiero, pista. **3** scia, striscia. **4** (*di abito*) strascico, coda. □ *on the* ~ *of* sulle tracce di.
to **trail** [treil] **I** *v.t.* **1** strascicare, trascinare. **2** inseguire, seguire le orme di (un animale); (*rif. a persona*) pedinare. **3** (*Mil.*) portare a bilanciarm. **II** *v.i.* **1** strascicare, strisciare. **2** pendere, penzolare. **3** (*di pianta*) arrampicarsi; strisciare. **4** (*fig.*) trascinarsi, camminare a stento. **5** (*fam.*) rimanere in coda. □ *to* ~ *away* (o *off*) venire meno, affievolirsi.
trailblazer ['treilbleizə*] *s.* pioniere.
trailer ['treilə*] *s.* **1** (*Aut.*) rimorchio. **2** (*am.*) roulotte. **3** (*Bot.*) (pianta) rampicante. **4** (*Cin.*) prossimamente (presentazione di un film). **5** inseguitore.
train [trein] *s.* **1** treno. **2** colonna, corteo, fila. **3** (*Mil.*) convoglio. **4** seguito, scorta, accompagnamento. **5** (*fig.*) serie, sequenza, successione. **6** (*di abito*) strascico, coda. **7** (*Astr.*) coda. **8** miccia. □ (*fig.*) *to* **bring** *in one's* ~ avere come conseguenza; (*fig.*) **in** ~ pronto; *one's* ~ *of* **thought** il filo dei propri pensieri.
to **train** [trein] **I** *v.t.* **1** educare, istruire; preparare, esercitare (*to* a). **2** addestrare, ammaestrare. **3** (*Sport*) allenare. **4** puntare, dirigere: *to* ~ *a camera on s.o.* puntare una macchina fotografica su qd. **5** (*Agr.*) far crescere nel modo voluto. **II** *v.i.* **1** addestrarsi, istruirsi. **2** (*Sport*) allenarsi.
trainee [trei'ni:] *s.* **1** allievo, apprendista. **2** animale ammaestrato.
trainer ['treinə*] *s.* **1** (*Sport*) allenatore. **2** addestratore (di animali).
trainers ['treinə:s] *s.pl.* scarpette da corsa *o* da jogging.
training ['treiniŋ] *s.* **1** istruzione, preparazione, addestramento. **2** esercizio, pratica. **3** (*Sport*) allenamento. **4** (*di animale*) ammaestramento. □ *to be* **in** ~ fare il tirocinio; (*Sport*) essere in forma; (*Sport*) *to be* **out** *of* ~ essere fuori allenamento.
training college ['treiniŋkɔlidʒ] *s.* scuola superiore di addestramento professionale.
training ship ['treiniŋʃip] *s.* (*Mar.*) nave scuola.
to **traipse** ['treips] *v.i.* (*fam.*) girovagare.
trait [trei, treit] *s.* **1** tratto; caratteristica, peculiarità. **2** tratti, lineamenti.
traitor ['treitə*] *s.* traditore.
traitress ['treitris] *s.* traditrice.
trajectory [trə'dʒektəri] *s.* traiettoria.
tram [træm] *s.* **1** tram, tranvai. **2** (*in miniera*) vagoncino.
tramcar ['træmkɑ:*] *s.* vettura tranviaria, tram.
tramline ['træmlain] *s.* linea tranviaria.
trammel ['træməl] *s.* **1** *pl.* (*fig.*) impedimento, ostacolo. **2** tramaglio (rete da pesca e da caccia). **3** (*di cavallo*) pastoia.
to **trammel** ['træməl] *v.t.* (*pass., p.p.* **-lled**/*am.* **-led** [-d]) ostacolare, intralciare.
tramp [træmp] *s.* **1** vagabondo. **2** lunga passeggiata; escursione. **3** (*Mar.*) nave da carico. **4** passo pesante; calpestio. □ *to go for a* ~ andare a fare una passeggiata.
to **tramp** [træmp] **I** *v.i.* **1** camminare con passo pesante. **2** vagabondare, girovagare. **II** *v.t.* percorrere a piedi; camminare per.
trample ['træmpl] *s.* pestata; calpestio.
to **trample** ['træmpl] **I** *v.i.* camminare con passo pesante. **II** *v.t.* calpestare. □ *to* ~ **on** camminare su, calpestare; (*fig.*) violare, infrangere.
trampoline ['træmpəlin] *s.* (*Ginn.*) trampolino.
tramway ['træmwei] *s.* tranvia.
trance [trɑ:ns] *s.* **1** trance. **2** (*estens.*) estasi.
tranquil ['træŋkwil] *a.* tranquillo, sereno, calmo.
tranquility *am.* [træŋ'kwiliti] *e deriv.* → **tranquillity** *e deriv.*
tranquillity [træŋ'kwiliti] *s.* tranquillità, serenità, calma; pace, quiete.
to **tranquillize** ['træŋkwilaiz] *v.t.* tranquillizzare, rassicurare.
tranquillizer ['træŋkwilaizə*] *s.* (*Farm.*) tranquillante.
to **transact** [træn'zækt] *v.t.* negoziare; trattare (affari).
transaction [træn'zækʃən] *s.* **1** affare, operazione; transazione. **2** *pl.* atti, verbali (di associazioni culturali).
transalpine [trænz'ælpain] *a.* transalpino.
transatlantic [,trænzət'læntik] *a.* transatlantico. □ ~ *flight* transvolata atlantica.
to **transcend** [træn'send] *v.t.* trascendere; superare.
transcendence [træn'sendəns], **transcendency** [træn'sendənsi] *s.* trascendenza.
transcendent [træn'sendənt] *a.* **1** straordinario, eccezionale. **2** (*Filos.*) trascendente.
transcendental [,trænsen'dentl] *a.* **1** astratto; astruso. **2** (*Filos.*) trascendentale. **3** (*Mat.*) trascendente.
transcontinental [,trænzkɔnti'nentl] *a.* transcontinentale.
to **transcribe** [træn'skraib] *v.t.* trascrivere.
transcript ['trænskript] *s.* copia (trascritta).
transcription [træns'kripʃən] *s.* trascrizione.
transept ['trænsept] *s.* (*Arch.*) transetto.
transfer ['trænsfə:*] *s.* **1** trasferimento. **2** modello da ricalcare, decalcomania. **3** biglietto cumulativo. **4** (*Dir.*) trasferimento, cessione.
to **transfer** [træns'fə:*] *v.* (*pass., p.p.* **transferred** [-d]) **I** *v.t.* **1** spostare, trasportare,

trasferire. **2** (*rif. a persona*) trasferire. **3** (*Dir.*) trasferire, cedere. **4** (*di disegno, ecc.*) riportare, decalcare. **II** *v.i.* trasferirsi, spostarsi.
transferable [træns'fə:rəbl] *a.* trasferibile.
transference [træns'fə:rəns] *s.* trasferimento.
transfiguration [ˌtrænsfigju'reiʃən] *s.* trasfigurazione.
to **transfigure** [træns'figə*] *v.t.* trasfigurare.
to **transfix** [træns'fiks] *v.t.* **1** trafiggere, infilzare. **2** (*fig.*) paralizzare.
to **transform** [træns'fɔ:m] *v.t.* trasformare (*into* in).
transformation [ˌtrænsfə'meiʃən] *s.* trasformazione.
transformer [træns'fɔ:mə*] *s.* (*El.*) trasformatore.
to **transfuse** [træns'fju:z] *v.t.* **1** (*Med.*) trasfondere; sottoporre a trasfusione. **2** (*fig.*) infondere, instillare.
transfusion [træns'fju:ʒən] *s.* (*Med.*) trasfusione.
to **transgress** [træns'gres] *v.t.* **1** trasgredire (a), violare. **2** oltrepassare, superare.
transgression [træns'greʃən] *s.* trasgressione, violazione.
transgressor [træns'gresə*] *s.* trasgressore, contravventore.
transience ['trænsiəns], **transiency** ['trænsiənsi] *s.* caducità, transitorietà.
transient ['trænsiənt] **I** *a.* transitorio, caduco. **II** *s.* (*am.*) cliente *m./f.* di passaggio.
transistor [træn'zistə*] *s.* **1** (*El.*) transistor(e). **2** (*fam.*) radio a transistor.
transit ['trænsit] *s.* passaggio, transito.
transition [træn'siʒən] *s.* passaggio, transizione.
transitional [træn'siʒənəl] *a.* di transizione.
transitive ['trænsitiv] *a./s.* (*Gramm.*) transitivo.
transitory ['trænsitəri] *a.* transitorio.
translatable [træns'leitəbl] *a.* traducibile.
to **translate** [træns'leit] *v.t./i.* **1** tradurre (*into* in). **2** trasferire (p.e. un vescovo). **3** interpretare. □ *to ~ word for word* tradurre alla lettera.
translation [træns'leiʃən] *s.* traduzione.
translator [træns'leitə*] *s.* traduttore.
to **transliterate** [trænz'litəreit] *v.t.* traslitterare.
transliteration [ˌtrænzlitə'reiʃən] *s.* traslitterazione.
translucence [trænz'lu:səns], **translucency** [trænz'lu:sənsi] *s.* traslucidità.
translucent [trænz'lu:sənt], **translucid** [trænz'lu:sid] *a.* traslucido.
to **transmigrate** [trænz'maigreit] *v.i.* trasmigrare.
transmigration [ˌtrænzmai'greiʃən] *s.* trasmigrazione.
transmission [trænz'miʃən] *s.* trasmissione.
to **transmit** [trænz'mit] *v.t.* (*pass., p.p.* **transmitted** [–id]) **1** trasmettere; inviare; comunicare. **2** (*Fis.*) trasmettere, condurre.
transmitter [trænz'mitə*] *s.* **1** trasmettitore. **2** radiotrasmettitore; stazione trasmittente.
transmutation [ˌtrænzmju:'teiʃən] *s.* **1** trasformazione. **2** (*Biol.*) mutazione.
to **transmute** [trænz'mju:t] *v.t.* trasmutare, trasformare.
transoceanic [ˌtrænzˌəuʃi'ænik] *a.* transoceanico.
transom ['trænsəm] *s.* (*Arch.*) lunetta.
transom window ['trænsəmwindəu] *s.* (*Arch.*) lunetta (di finestra).
transparence [træns'pεərəns] *s.* trasparenza.
transparency [træns'pεərənsi] *s.* **1** trasparenza. **2** (*Fot.*) diapositiva.
transparent [træns'pεərənt] *a.* trasparente.
transpiration [ˌtrænspi'reiʃən] *s.* traspirazione.
to **transpire** [træn'spaiə*] **I** *v.i.* **1** (*fig.*) trapelare. **2** (*pop.*) succedere, accadere. **3** traspirare, trasudare. **II** *v.t.* trasudare, stillare.
to **transplant** [træns'plɑ:nt] *v.t.* trapiantare (*anche Med.*).
transplantation [træns'plɑ:nteiʃən] *s.* trapianto (*anche Med.*).
transport ['trænspɔ:t] *s.* **1** trasporto. **2** mezzo di trasporto. **3** (*Mar., mil.*) nave trasporto (truppe). **4** (*Aer.*) aereo da trasporto. **5** (*fig.*) impeto, trasporto. □ *means of ~* mezzo di trasporto.
to **transport** [træns'pɔ:t] *v.t.* **1** trasportare. **2** (*Stor.*) deportare. **3** (*fig.*) trasportare, trascinare; estasiare.
transportation [ˌtrænspɔ:'teiʃən] *s.* **1** trasporto. **2** (*Stor.*) deportazione.
transporter [træns'pɔ:tə*] *s.* **1** trasportatore. **2** camion che trasporta automobili.
to **transpose** [træns'pəuz] *v.t.* trasporre.
transposition [ˌtrænspə'ziʃən] *s.* trasposizione.
transsexual [træns'sekʃuəl] *a./s.* transessuale.
to **transship** [træns'ʃip] *v.t./i.* trasbordare.
transshipment [træns'ʃipmənt] *s.* trasbordo.
transversal [trænz'və:səl] *a./s.* (*Geom.*) trasversale.
transverse [trænz'və:s] *a.* trasversale, obliquo.
transvestite [trænz'vestait] *s.* travestito.
trap [træp] *s.* **1** trappola (*anche fig.*). **2** trabocchetto, botola. **3** calesse, carrozzella. **4** sifone. **5** (*sl.*) bocca, becco: *shut your ~* chiudi il becco! □ *to be* **caught** *in a ~* essere preso in trappola; *to* **lay** (o *set*) *a ~* tendere una trappola (*for* a).
to **trap** [træp] *v.* (*pass., p.p.* **trapped** [–t]) **I** *v.t.* prendere in trappola; intrappolare. **II** *v.i.* mettere trappole.
trap-door ['træpdɔ:*] *s.* trabocchetto, botola.
trapeze [trə'pi:z] *s.* (*Ginn.*) trapezio. □ *~ artist* trapezista *m./f.*
trapezium [trə'pi:ziəm] *s.* (*Geom.*) trapezio.
trapezoid ['træpizɔid] *a./s.* (*Geom.*) trapezoide.
trapper ['træpə*] *s.* cacciatore di animali da pelliccia.
trappings ['træpiŋz] *s.pl.* **1** decorazioni, guarnizioni. **2** bardatura (del cavallo).
traps [træps] *s.pl.* (*fam.*) carabattole, bagaglio.

trapshooting ['træpʃu:tiŋ] *s.* tiro al piattello.
trash [træʃ] *s.* **1** (*am.*) immondizie, spazzatura. **2** sciocchezze, stupidaggini. **3** (*am.*) gente che non vale nulla. ▭ (*am.*) ~ *can* pattumiera.
trashy ['træʃi] *a.* scadente, di scarto.
trauma ['trɔ:mə] *s.* (*pl.* **–s** [–z]/**–mata** [–mətə]) (*Med.*) trauma.
traumatic [trɔ:'mætik] *a.* traumatico.
travail ['træveil] *s.* (*ant.*) travaglio, doglie.
travel ['trævl] *s.* il viaggiare; viaggio. ▭ *to set out on one's travels* mettersi in viaggio.
to **travel** ['trævl] *v.* (*pass., p.p.* **–lled**/*am.* **–led** [–d]) **I** *v.i.* **1** viaggiare. **2** procedere, andare, muoversi. **3** fare il commesso viaggiatore. **4** (*fam.*) andare veloce, correre. **II** *v.t.* **1** percorrere. **2** viaggiare per. ▭ *to* ~ **at** *fifty miles an hour* andare a cinquanta miglia all'ora; *to* ~ **over** viaggiare in, percorrere; *to* ~ **round** viaggiare (*o* girare) per.
travel agency ['trævl,eidʒənsi] *s.* agenzia di viaggi.
travelled ['trævəld] *a.* **1** che ha viaggiato: *much* ~ che ha viaggiato molto. **2** (*Strad.*) di gran traffico.
traveller ['trævlə*] *s.* **1** viaggiatore. **2** commesso viaggiatore. ▭ ~*'s cheque* assegno turistico.
travelling ['træv(ə)liŋ] **I** *s.* il viaggiare, viaggi. **II** *a.attr.* **1** viaggiante, viaggiatore. **2** da viaggio. ▭ ~ **expenses** spese di viaggio; (*am.*) ~ **salesman** commesso viaggiatore.
travelog *am.*, **travelogue** ['trævəlɔg] *s.* conferenza (con proiezioni) su un viaggio.
travel-sick ['trævlsik] *a.* che soffre il mal d'auto (di mare, ecc.).
travel sickness [trævl'siknes] *s.* mal d'auto (di mare, ecc.).
traverse ['trævəs] *s.* **1** (*Geom.*) linea trasversale. **2** (*Alpinismo*) traversata.
to **traverse** ['trævəs] *v.t.* **1** attraversare, traversare. **2** (*fig.*) esaminare (a fondo), considerare (attentamente).
travesty ['trævisti] *s.* parodia.
to **travesty** ['trævisti] *v.t.* parodiare.
trawl [trɔ:l] *s.* (*Pesca*) **1** rete a strascico, sciabica. **2** (*am.*) palamite.
to **trawl** [trɔ:l] *v.t./i.* pescare a strascico.
trawler ['trɔ:lə*] *s.* **1** motopeschereccio a strascico, trawler. **2** pescatore (che usa la sciabica).
tray [trei] *s.* **1** vassoio. **2** ripiano (con bordi rialzati); bacinella (per liquidi).
treacherous ['tretʃərəs] *a.* **1** traditore; sleale. **2** (*rif. a cosa*) infido, pericoloso.
treachery ['tretʃəri] *s.* tradimento; slealtà.
treacle ['tri:kl] *s.* melassa.
treacly ['tri:kli] *a.* **1** appiccicoso. **2** (*fig.*) sdolcinato.
tread [tred] *s.* **1** passo; andatura. **2** orma, impronta. **3** gradino (di scala). **4** (*Aut.*) battistrada.
to **tread** [tred] *v.* (*pass.* **trod** [trɔd]/**treaded** [–id], *p.p.* **trodden** [trɔdn]/**trod**) **I** *v.i.* camminare, procedere (*anche fig.*). **II** *v.t.* **1** camminare su, percorrere. **2** calpestare; calcare. **3** (*di sentiero, ecc.*) seguire, battere; tracciare (calpestando). ▭ (*fig.*) *to* ~ *on* **air** essere al settimo cielo; (*fam.*) *to* ~ *on s.o.'s* **corns** pestare i calli a qd.; *to* ~ **down** pigiare, pressare; (*fig.*) opprimere; *to* ~ *on s.o.'s* **heels** stare alle calcagna di qd.; *to* ~ **lightly** camminare con passo leggero; *to* ~ **on** calpestare, pestare; *to* ~ **on** *the accelerator* premere l'acceleratore; *to* ~ **out** *a fire* spegnere un fuoco con i piedi; (*fig.*) *to* ~ (*in*) *the* **steps** *of* seguire le orme di.
treadle ['tredl] *s.* (*Mecc.*) pedale.
to **treadle** ['tredl] *v.i.* azionare il pedale.
treadmill ['tredmil] *s.* **1** (*Stor.*) mulino azionato (da uomini, animali). **2** (*fig.*) lavoro monotono, routine.
treason ['tri:zn] *s.* tradimento.
treasonable ['tri:znəbl], **treasonous** ['tri:znəs] *a.* traditore.
treasure ['treʒə*] *s.* **1** tesoro. **2** (*estens.*) ricchezze.
to **treasure** ['treʒə*] *v.t.* **1** tesaurizzare, accumulare. **2** (*fig.*) ricordare con tenerezza; avere caro. **3** (*fig.*) far tesoro di, tenere in gran conto, apprezzare molto.
treasure house ['treʒəhaus] *s.* tesoreria.
treasure hunt ['treʒəhʌnt] *s.* caccia al tesoro.
treasurer ['treʒərə*] *s.* tesoriere.
treasure-trove ['treʒətrəuv] *s.* tesoro trovato.
treasury ['treʒəri] *s.* tesoreria. **Treasury** Ministero del Tesoro, erario pubblico.
Treasury Bench ['treʒeri,bentʃ] *s.* (*GB*) sezione della Camera dei Comuni occupata dai ministri in carica.
treasury bill ['treʒəribil] *s.* (*Econ.*) buono del tesoro (a breve scadenza).
treat [tri:t] *s.* **1** piacere, godimento. **2** turno di offrire. ▭ *to* **give** *o.s. a* ~ concedersi (il lusso di) qc.; *I'll* **stand** ~*!* offro io!
to **treat** [tri:t] **I** *v.t.* **1** trattare. **2** discutere, esporre; elaborare. **3** considerare: *to* ~ *s.th. as a joke* considerare qc. uno scherzo. **4** (*Med.*) curare. **5** offrire a, pagare (da bere, ecc.). **II** *v.i.* **1** trattare, negoziare. **2** trattare, occuparsi (*of, with* di). ▭ *to* ~ *o.s. to s.th.* concedersi qc., permettersi il lusso di qc.
treatise ['tri:tiz] *s.* trattato, dissertazione.
treatment ['tri:tmənt] *s.* **1** trattamento. **2** (*Med.*) cura.
treaty ['tri:ti] *s.* **1** (*Dir.*) trattato, patto. **2** trattativa, negoziato.
treble[1] ['trebl] *a./s.* triplo, triplice.
treble[2] ['trebl] *a./s.* (*Mus.*) (di) soprano.
to **treble** ['trebl] **I** *v.t.* triplicare. **II** *v.i.* triplicarsi.
tree [tri:] *s.* **1** albero; arbusto. **2** (*di scarpe*) forma. ▭ **family** ~ albero genealogico; (*Bibl.*) *the* ~ *of* **knowledge** l'albero della scienza; (*fam.*) **up** *a* ~ in una situazione difficile.
to **tree** [tri:] *v.t.* **1** costringere a rifugiarsi su un albero. **2** (*di scarpa*) mettere in forma.

tree-frog ['tri:frɔg] *s.* (*Zool.*) raganella.
trefoil ['tri:fɔil] *s.* **1** (*Bot.*) trifoglio. **2** (*Arch.*) decorazione a trifoglio.
trek [trek] *s.* viaggio faticoso.
to **trek** [trek] *v.i.* (*pass., p.p.* **trekked** [–t]) fare un viaggio faticoso.
trellis ['trelis] *s.* graticcio; pergolato (a graticcio).
trelliswork ['treliswə:k] *s.* ingraticciata.
tremble ['trembl] *s.* tremito, fremito. ▭ (*fam.*) *to be all of a* ~ tremare come una foglia.
to **tremble** ['trembl] *v.i.* **1** tremare, fremere, palpitare (*with* di). **2** (*rif. a cose*) vibrare, oscillare. **3** aver paura, trepidare (*for* per).
trembly ['trembli] *a.* tremante, tremolante.
tremendous [tri'mendəs] *a.* **1** tremendo, terrificante. **2** straordinario, fantastico, meraviglioso. **3** grandissimo, enorme, possente.
tremor ['tremə*] *s.* tremito, tremore (*anche Geol.*).
tremulous ['tremjuləs] *a.* **1** tremante, tremolante. **2** (*fig.*) timoroso, timido.
trench [trentʃ] *s.* **1** fosso, scavo. **2** (*Mil.*) trincea.
to **trench** [trentʃ] *v.t.* **1** scavare una fossa in. **2** (*Mil.*) trincerare. ▭ (*fig.*) *to* ~ *(up)on* sconfinare in; (*fig.*) rasentare.
trenchancy ['trentʃənsi] *s.* incisività, acutezza.
trenchant ['trentʃənt] *a.* tagliente; incisivo.
trench-coat ['trentʃkəut] *s.* impermeabile.
trencher ['trentʃə*] *s.* tagliere di legno.
trend [trend] *s.* **1** tendenza, orientamento. **2** moda, voga. **3** (*Econ.*) tendenza, andamento. ▭ *to set the* ~ dettare la moda.
to **trend** [trend] *v.i.* tendere.
trend-setting ['trendsetiŋ] *a.* che detta la moda.
trendy ['trendi] *a.* (*fam.*) alla moda.
trepan [tri'pæn] *s.* **1** (*Chir.*) trapano. **2** (*in miniera*) trivella.
to **trepan** [tri'pæn] *v.t.* (*pass., p.p.* **trepanned** [–d]) **1** (*Chir.*) trapanare. **2** (*in miniera*) trivellare.
trepidation [,trepi'deiʃən] *s.* trepidazione.
trespass ['trespəs] *s.* **1** (*Dir.*) trasgressione. **2** violazione; abuso. **3** (*Bibl.*) peccato.
to **trespass** ['trespəs] *v.i.* **1** (*Dir.*) trasgredire. **2** sconfinare (*on* in), invadere (qc.). ▭ *to* ~ *upon (on) s.th.* abusare di qc., violare qc.
trespasser ['trespəsə*] *s.* trasgressore.
tress [tres] *s.* (*poet. lett.*) capigliatura; chioma; treccia.
trestle [tresl] *s.* cavalletto, trespolo.
trews *scozz.* [tru:z] *s.pl.* calzoni corti e attillati.
TRH = *Their Royal Highnesses* Loro Altezze Reali.
triable ['traiəbl] *a.* (*Dir.*) perseguibile.
triad ['traiæd] *s.* triade.
trial ['traiəl] **I** *s.* **1** prova; esperimento; collaudo. **2** (*fig.*) cruccio; afflizione. **3** *pl.* difficoltà, prova. **4** (*Dir.*) processo, giudizio. **II** *a.attr.* di prova, sperimentale. ▭ (*Dir.*) *to* **bring** *s.o. up for* ~ mettere qd. sotto processo; *by* ~ *and* **error** per tentativi; (*Dir.*) **on** ~ sotto processo; (*fig.*) in prova; ~ **run** collaudo; ~ *of* **skill** prova di abilità; (*Dir.*) *to* **stand** *one's* ~ essere processato.
triangle ['traiæŋgl] *s.* (*Geom.*) triangolo.
triangular [,trai'æŋgjulə*] *a.* triangolare.
tribal ['traibəl] *a.* tribale.
tribalism ['traibəlizəm] *s.* organizzazione tribale, tribalismo.
tribe [traib] *s.* **1** tribù. **2** (*spreg.*) classe; genia.
tribesman ['traibzmən] *s.* (*pl.* **–men**) membro di una tribù.
tribulation [,tribju'leiʃən] *s.* tribolazione.
tribunal [trai'bju:nl] *s.* tribunale.
tribune[1] ['tribju:n] *s.* (*Stor.*) tribuno.
tribune[2] ['tribju:n] *s.* tribuna, podio.
tributary ['tribjutəri, *am.* –teri] **I** *a.* tributario. **II** *s.* **1** (*Geog.*) tributario, affluente. **2** stato tributario. **3** persona soggetta al pagamento di un tributo.
tribute ['tribju:t] *s.* **1** tributo. **2** (*fig.*) omaggio: *to pay* ~ *to s.o.* rendere omaggio a qd.
trice [trais] *s.*: *in a* ~ in un attimo.
trick [trik] **I** *s.* **1** stratagemma, trucco. **2** scherzo. **3** abilità, destrezza. **4** trucco, gioco di abilità. **5** abitudine, vezzo. **6** (*alle carte*) mano; presa. **II** *a.attr.* **1** truccato. **2** illusorio, ingannevole. ▭ (*fam.*) *to* **do** *the* ~ servire allo scopo; (*fam.*) *he* **knows** *a* ~ *or two* la sa lunga; *a* **mean** ~ un brutto tiro; *the tricks of the* **trade** i trucchi del mestiere; (*fam.*) *to be* **up** *to s.o.'s tricks* scoprire i piani di qd.; *he's* **up** *to his tricks again* ne sta combinando un'altra delle sue.
to **trick** [trik] **I** *v.t.* ingannare; imbrogliare. **II** *v.i.* fare imbrogli. ▭ *to* ~ *out* (*o up*): 1 agghindare, adornare; 2 camuffare.
trickery ['trikəri] *s.* **1** inganno, frode. **2** tiro mancino.
trickiness ['trikinis] *s.* **1** astuzia, scaltrezza. **2** complessità; difficoltà (p.e. di problema).
trickle ['trikl] *s.* **1** sgocciolamento. **2** rivolo: *a* ~ *of blood* un rivolo di sangue.
to **trickle** ['trikl] **I** *v.i.* **1** (s)gocciolare, stillare, colare. **2** (*fig.*) andare alla spicciolata. **II** *v.t.* fare sgocciolare. ▭ (*fig.*) *to* ~ **away** andarsene alla spicciolata; *to* ~ **out** (s)gocciolare, stillare; (*fig.*) (*di notizia*) trapelare.
trickster ['trikstə*] *s.* imbroglione.
tricky ['triki] *a.* **1** scaltro, astuto. furbo. **2** complicato.
tricolor *am.* ['traikʌlə*], **tricolour** ['trikələ*] *s.* (bandiera) tricolore.
tricycle ['traisikl] *s.* triciclo.
trident ['traidənt] *s.* tridente.
tridimensional [,traidi'menʃənl] *a.* tridimensionale.
tried [traid] *a.* sperimentato, provato.
triennial [trai'enjəl] *a./s.* triennale.
trier ['traiə*] *s.* sperimentatore.
trifle ['traifl] *s.* **1** sciocchezza, inezia. **2** zuppa inglese. ▭ *a* ~ *annoyed* un po' seccato.
to **trifle** ['traifl] *v.i.* **1** scherzare (*with* con),

prendere alla leggera (qc.). **2** giocherellare, gingillarsi (con). ▭ *to ~ s.th. away* sprecare qc., buttare via qc.

trifler ['traiflə*] *s.* **1** persona frivola. **2** fannullone.

trifling ['traifliŋ] *a.* **1** trascurabile, insignificante. **2** frivolo, fatuo.

trigger ['trigə*] *s.* **1** (*di armi da fuoco*) grilletto. **2** (*tecn.*) levetta di scatto. ▭ *quick on the ~* svelto a sparare; (*fam.*) che reagisce prontamente.

to **trigger** ['trigə*] *v.t.* **1** premere il grilletto di. **2** (*fig.*) (spesso con *off*) provocare, essere la causa (immediata) di.

trigger-happy ['trigə'hæpi] *a.* (*fam.*) che ha la pistola facile.

trigonometry [ˌtrigə'nɔmitri] *s.* trigonometria.

trilateral [trai'lætərəl] *a.* trilaterale.

trilby (hat) ['trilbi(hæt)] *s.* cappello floscio (di feltro).

trilingual [trai'liŋgwəl] *a.* trilingue.

trill [tril] *s.* (*Mus.*) trillo.

to **trill** [tril] *v.t./i.* **1** (*Mus.*) trillare. **2** (*scherz.*) canticchiare, canterellare.

trillion ['triljən] *s.* (*pl. inv.*/**–s** [–z]) **1** (*ingl.*) trilione (un milione di bilioni = 10^{18}). **2** (*am.*) bilione (mille miliardi).

trilogy ['trilədʒi] *s.* trilogia.

trim [trim] **I** *a.* **1** ordinato, in ordine; (*rif. a persona*) curato, lindo. **2** bene attrezzato, ben curato. **II** *s.* **1** disposizione, ordine. **2** taglio, spuntata. **3** addobbo. **4** (*Edil.*) finiture interne. **5** (*Mar., Aer.*) assetto. **6** (*Cin.*) taglio. ▭ *in good ~* in assetto; in forma.

to **trim** [trim] *v.* (*pass., p.p.* **trimmed** [–d]) **I** *v.t.* **1** ordinare, assettare. **2** (*di capelli*) tagliare, spuntare. **3** (*Agr.*) potare, cimare. **4** (*fig.*) ridurre, diminuire: *to ~ overheads* ridurre le spese generali. **5** (*Moda*) guarnire, ornare (*with* di). **6** (*fam.*) percuotere, picchiare; rimproverare. **7** (*Mar.*) assettare; (*di vela*) orientare. **8** (*Aer.*) equilibrare longitudinalmente. **II** *v.i.* (*fig.*) essere un opportunista, barcamenarsi. ▭ *to ~* **away** (o *off*) togliere (tagliando), tagliar via; (*fam.*) *to ~ s.o.'s* **jacket** picchiare qd.; (*fig.*) *to ~ one's* **sails** navigare secondo il vento; *to ~ o.s.* **up** agghindarsi.

trimmer ['trimə*] *s.* **1** decoratore. **2** (*fig.*) opportunista *m./f.* **3** (*Agr.*) potatore; forbici per potare. **4** (*Mar.*) stivatore.

trimming ['trimiŋ] *s.* **1** guarnizione; accessori. **2** (*Moda*) rifinitura. **3** *pl.* ritagli. **4** *pl.* (*Gastr.*) contorno.

trinity ['triniti] *s.* triade. **Trinity** (*Teol.*) Trinità.

trinket ['triŋkit] *s.* ciondolo, gingillo.

trinomial [trai'nəumiəl] *a./s.* (*Mat.*) trinomio.

trio *it.* ['tri:əu] *s.* (*pl.* **–s** [–z]) (*Mus.*) trio.

trip [trip] *s.* **1** viaggio; gita, escursione. **2** l'inciampare, passo falso. **3** (*fig.*) errore, sbaglio. **4** sgambetto. **5** (*sl.*) esperienza psichedelica, (*gerg.*) viaggio.

to **trip** [trip] *v.* (*pass., p.p.* **tripped** [–t]) **I** *v.i.* **1** (spesso con *up*) inciampare, incespicare (*over* in). **2** (*fig.*) sbagliare, fare un passo falso. **3** camminare con passi leggeri e agili. **II** *v.t.* **1** (spesso con *up*) fare lo sgambetto a. **2** (spesso con *up*) cogliere in fallo. ▭ (*fig.*) *to catch s.o. tripping* cogliere qd. in fallo.

tripartite [trai'pɑ:tait] *a.* tripartito.

tripe [traip] *s.* **1** (*Gastr.*) trippa. **2** (*fam.*) sciocchezze, stupidaggini.

triple ['tripl] *a.* triplice, triplo. ▭ *~ crown* triregno.

to **triple** [traipl] **I** *v.t.* triplicare. **II** *v.i.* triplicarsi.

triplet ['triplit] *s.* **1** *pl.* nati da un parto trigemino. **2** triade, terzetto.

triplex ['tripleks] **I** *a.* triplice, triplo. **II** *s.* *Triplex* (*glass*) vetro di sicurezza.

triplicate ['triplikit] *a.* triplice, triplo: *in ~* in triplice copia.

to **triplicate** ['triplikeit] *v.t.* triplicare.

tripod ['traipɔd] *s.* **1** treppiede. **2** sgabello (*o* tavolo) a tre gambe.

tripos ['traipəs] *s.* tripos (esami per conseguire la laurea all'università di Cambridge).

tripper ['tripə*] *s.* (*spreg.*) gitante *m./f.*, escursionista *m./f.*

tripping ['tripiŋ] *a.* agile, leggero, svelto.

triptych ['triptik] *s.* (*Arte*) trittico.

tripwire ['tripwaiə*] *s.* dispositivo d'allarme.

trisyllabic [ˌtraisi'læbik] *a.* (*Gramm.*) trisillabico, trisillabo.

trite [trait] *a.* banale, trito (e ritrito).

to **triturate** ['tritjureit] *v.t.* triturare, tritare.

triumph ['traiəmf] *s.* **1** trionfo. **2** esultanza, tripudio.

to **triumph** ['traiəmf] *v.i.* **1** trionfare (*over* su). **2** esultare (di gioia).

triumphal [trai'ʌmfəl] *a.* trionfale.

triumphant [trai'ʌmfənt] *a.* trionfante; esultante.

triumvirate [trai'ʌmvirit] *s.* (*Stor.*) triunvirato.

triune ['traiju:n] *a.* (*Teol.*) uno e trino.

trivet ['trivit] *s.* treppiedi (per pentole). ▭ (*fig.*) *as right as a ~* in ottime condizioni.

trivial ['triviəl] *a.* futile, banale; insignificante. ▭ *the ~ round* il solito trantran.

triviality [ˌtrivi'æliti] *s.* futilità, banalità.

trochee ['trəuki:] *s.* (*Metrica*) trocheo.

trod [trɔd], **trodden** ['trɔdn] → to **tread**.

troglodyte ['trɔglədait] *s.* troglodita *m./f.*

Trojan ['trəudʒən] *a./s.* troiano. ▭ (*fam.*) *to work like a ~* lavorare come un negro.

to **troll** [trəul] *v.t./i.* **1** cantare allegramente. **2** pescare a traina (*for s.th.* qc.).

trolley ['trɔli] *s.* **1** carretto. **2** carrello su rotaie. **3** (carrello) portavivande. **4** (*di tram, filobus*) presa ad asta. ▭ (*am.*) *~ car* tram.

trolley-bus ['trɔlibʌs] *s.* filobus.

trollop ['trɔləp] *s.* **1** sciattona. **2** prostituta.

trombone *it.* ['trɔmbəun] *s.* (*Mus.*) trombone.

troop [tru:p] *s.* **1** (*Mil.*) *pl.* truppa; soldati. **2** squadrone di cavalleria. **3** gruppo, frotta; branco.

to **troop** [tru:p] *v.i.* **1** radunarsi, raccogliersi. **2** muoversi in gruppo. ▭ (*Mil.*) *to ~ the*

colour(s) far sfilare le bandiere dei reggimenti (in occasione del compleanno del sovrano); *to* ~ **in** entrare a frotte; *to* ~ **out** uscire a frotte.
troop carrier ['tru:pkæriə*] *s.* aereo (*o* nave) per il trasporto delle truppe.
trooper ['tru:pə*] *s.* **1** (*Mil.*) soldato di cavalleria. **2** (*am.*) poliziotto a cavallo. □ *to swear like a* ~ bestemmiare come un turco.
troopship ['tru:pʃip] *s.* (*Mar., mil.*) nave per il trasporto di truppe.
trophy ['trəufi] *s.* trofeo.
tropic ['trɔpik] *s.* (*Geog.*) tropico.
tropical ['trɔpikəl] *a.* tropicale.
trot [trɔt] *s.* trotto; trottata. □ *to* **keep** *s.o. on the* ~ tenere qd. in attività; (*fam.*) **on** *the* ~ indaffarato.
to **trot** [trɔt] *v.* (*pass., p.p.* **trotted** [–id]) **I** *v.i.* trottare. **II** *v.t.* mettere al trotto. □ *to* ~ **along** camminare con passo veloce; *to* ~ **in** entrare trotterellando; *to* ~ **off** partire al trotto; (*fam.*) scappare via; *to* ~ **out**: 1 far trottare (un cavallo per mostrare l'andatura); 2 (*fig.*) ostentare, sfoggiare; 3 (*fam.*) presentare, tirar fuori; *to* ~ *s.o.* **round** portare qd. in giro.
troth [trəuθ] *s.* (*ant.*): *to* **plight** *one's* ~ fare promessa di matrimonio.
trotter ['trɔtə*] *s.* **1** trottatore. **2** (*Gastr.*) zampetto.
trouble ['trʌbl] *s.* **1** preoccupazione, ansia; problema. **2** fastidio, disturbo, (*fam.*) seccatura. **3** guaio, difficoltà. **4** sofferenza. **5** (*Pol.*) (general. al pl.) agitazione, disordine. **6** (*Med.*) disturbo. **7** (*Mecc.*) guasto. □ *to* **get** *into* ~ mettere (*o* mettersi) nei guai; *to* **give** ~ dare delle noie, dare dei fastidi; *to* **have** ~ *with* avere delle seccature con; *to be* **in** ~ essere nei guai; *he is* **in** ~ *with the police* ha delle noie con la polizia; *it is* **no** ~ nessun disturbo; *to* **take** *the* ~ *to do s.th.* prendersi il disturbo di fare qc.; *the* ~ *is* **that** il guaio è che; **what**'*s the* ~? cosa c'è che non va?; *to be* **worth** *the* ~ valere la pena.
to **trouble** ['trʌbl] **I** *v.t.* **1** preoccupare, turbare; infastidire; importunare, (*fam.*) seccare. **2** incomodare, scomodare. **II** *v.i.* **1** preoccuparsi, darsi pensiero. **2** disturbarsi, scomodarsi. □ *may I* ~ *you* **for** *a match?* posso chiederle un fiammifero?; *to* ~ **o.s.** preoccuparsi, darsi pensiero (*about* per).
troubled ['trʌbld] *a.* turbato, preoccupato. □ ~ *times* tempi difficili.
troublemaker ['trʌblmeikə*] *s.* sobillatore; piantagrane.
troubleshooter *am.* ['trʌblʃu:tə*] *s.* **1** mediatore nelle vertenze sindacali. **2** operaio che localizza i guasti.
troublesome ['trʌblsəm] *a.* **1** importuno, fastidioso. **2** difficile, problematico.
trough [trɔf] *s.* **1** trogolo, mangiatoia; abbeveratoio. **2** (*Meteor.*) saccatura. **3** avvallamento fra due onde. **4** (*Edil.*) doccia (di grondaia).
to **trounce** [trauns] *v.t.* **1** percuotere. **2** sconfiggere.
troupe [tru:p] *s.* compagnia teatrale.
trouper ['tru:pə*] *s.* membro di una compagnia teatrale. □ (*fig.*) *a good* ~ un buon compagno.
trousers ['trauzəz] *s.pl.* calzoni, pantaloni.
trousseau ['tru:səu] *s.* corredo da sposa.
trout [traut] *s.* (*pl. inv.*/**–s** [–s]) (*Zool.*) trota. □ (*spreg*) *she is a real old* ~ è una vecchia megera.
trowel ['trauəl] *s.* **1** (*Edil.*) mestola, cazzuola. **2** (*Giardinaggio*) paletta (per trapianti).
troy [trɔi] *a./s.* (*unità di misura per pietre e metalli preziosi*) troy.
Troy [trɔi] *N.pr.* (*Geog., Stor.*) Troia.
truancy ['truənsi] *s.* assenza ingiustificata da scuola.
truant ['truənt] *s.* **1** scolaro che marina la scuola. **2** scansafatiche *m./f.* □ *to play* ~ marinare la scuola.
truce [tru:s] *s.* (*Mil.*) tregua (d'armi).
truck[1] [trʌk] *s.* **1** (*Ferr.*) carro merci aperto, pianale. **2** (*am.*) autocarro. **3** carrello portabagagli. □ (*am.*) ~ *trailer* rimorchio.
to **truck** *am.* [trʌk] *v.t./i.* trasportare su un autocarro.
truck[2] [trʌk] *s.* **1** baratto, scambio. **2** (*Econ.*) pagamento dei salari in natura. **3** (*am.*) ortaggi coltivati per la vendita. □ (*fig.*) *to have* **no** ~ *with s.o.* non avere rapporti con qd.; (*Econ.*) ~ **system** pagamento dei salari in natura.
trucker *am.* ['trʌkə*] *s.* camionista.
to **truckle** ['trʌkl] *v.i.* essere servile (*to* nei confronti di).
truckle bed ['trʌklbed] *s.* branda su rotelle.
truculence ['trʌkjuləns], **truculency** ['trʌkjulənsi] *s.* aggressività; spavalderia.
truculent ['trʌkjulənt] *a.* bellicoso; aggressivo; spavaldo.
trudge [trʌdʒ] *s.* camminata lunga e faticosa.
to **trudge** [trʌdʒ] *v.i.* camminare a fatica, arrancare.
Trudy ['tru:di] *N.pr.f. dim. di* **Gertrude**.
true [tru:] **I** *a.* **1** vero. **2** fedele, sincero. **3** preciso, corretto, centrato. **4** conforme, fedele: ~ *copy* copia conforme. **II** *s.* **1** vero. **2** (*tecn.*) allineamento, centratura. **III** *avv.* **1** sinceramente. **2** con precisione. □ *to* **come** ~ avverarsi; realizzarsi; *to* **hold** ~ essere valido, valere; (*tecn.*) **out** *of* ~ fuori centro; *to be* ~ **to** *one's word* tenere fede alla parola data; **too** ~ fin troppo vero.
true-blue ['tru:'blu:] **I** *a.* fedele, leale. **II** *s.* sostenitore fedele.
true-born ['tru:'bɔ:n] *a.* autentico, genuino.
true-bred ['tru:'bred] *a.* purosangue.
true-hearted ['tru:'hɑ:tid] *a.* leale, sincero.
truffle ['trʌfl] *s.* (*Bot.*) tartufo.
truism ['tru:izəm] *s.* verità ovvia.
truly ['tru:li] *avv.* **1** esattamente. **2** sinceramente. **3** veramente, realmente: *I am* ~

sorry sono veramente spiacente. ▭ (*epist.*) *yours* ~ distinti saluti.
trump [trʌmp] *s.* **1** (*nei giochi di carte*) trionfo, carta vincente. **2** (*fam.*) tipo in gamba. ▭ (*fig.*) *to* **play** *one's* ~*-card* giocare i propri atout; (*fam.*) *to* **turn** *up trumps* rivelarsi superiore all'aspettativa.
to **trump** [trʌmp] **I** *v.t.* **1** prendere con una carta vincente. **2** (*fig.*) superare, battere; avere la meglio su. **II** *v.i.* giocare un atout. ▭ (*fam.*) *to* ~ *up* inventare, architettare.
trumpery ['trʌmpəri] *a.* senza valore; scadente.
trumpet ['trʌmpit] *s.* **1** tromba. **2** (*di elefante*) barrito. ▭ (*fig.*) *to blow one's own* ~ tessere le proprie lodi.
to **trumpet** ['trʌmpit] **I** *v.i.* **1** suonare la tromba. **2** (*di elefante*) barrire. **II** *v.t.* (*fig.*) strombazzare, divulgare.
trumpet call ['trʌmpitkɔ:l] *s.* squillo di tromba.
trumpeter ['trʌmpitə*] *s.* **1** suonatore di tromba. **2** (*Mil.*) trombettiere.
to **truncate** ['trʌŋkeit] *v.t.* troncare.
truncheon ['trʌntʃən] *s.* manganello; sfollagente.
to **trundle** ['trʌndl] *v.t./i.* (far) rotolare, spingere.
trunk [trʌŋk] *s.* **1** (*Anat., Bot.*) tronco. **2** baule. **3** proboscide. **4** (*am.*) bagagliaio di automobile. **5** *pl.* pantaloncini da ginnastica. **6** (*Tel.*) circuito di collegamento. **7** (*Inform.*) canale.
trunk call ['trʌŋ'kɔ:l] *s.* (telefonata) interurbana.
trunk line ['trʌŋklain] *s.* (*Ferr.*) linea principale.
trunk road ['trʌŋkrəud] *s.* strada principale.
truss [trʌs] *s.* **1** (*Edil.*) capriata. **2** (*Med.*) cinto erniario. **3** fascio (di fieno, paglia).
to **truss** [trʌs] *v.t.* **1** (spesso con *up*) legare stretto. **2** (*Edil.*) sostenere con una capriata.
trust [trʌst] *s.* **1** fiducia, confidenza. **2** responsabilità. **3** cura, custodia. **4** (*Dir.*) amministrazione fiduciaria; patrimonio fiduciario. **5** (*Econ.*) consorzio monopolistico, trust. ▭ **on** ~ sulla parola; (*Comm.*) a credito; (*Pol.*) ~ **territory** territorio in amministrazione fiduciaria.
to **trust** [trʌst] **I** *v.t.* **1** confidare in; fidarsi di: *he is not to be trusted* di lui non ci si può fidare. **2** credere a, dare credito a: *to* ~ *s.o.'s word* credere alla parola di qd. **3** affidare, dare in consegna: *to* ~ *one's jewels to s.o.* affidare i propri gioielli a qd. **II** *v.i.* **1** confidare, aver fiducia (*in, to* in). **2** essere fiducioso; sperare. ▭ *to* ~ *to chance* lasciare al caso.
trustee [trʌs'ti:] *s.* **1** (*Dir.*) amministratore fiduciario. **2** (*Econ.*) membro del consiglio di amministrazione.
trusteeship [trʌ'sti:ʃip] *s.* amministrazione fiduciaria.
trustful ['trʌstful], **trusting** ['trʌstiŋ] *a.* fiducioso, confidente.
trustworthy ['trʌstwə:ði] *a.* **1** fido, fidato. **2** attendibile.
trusty ['trʌsti] **I** *a.* (*ant.*) fido, fidato. **II** *s.* (*fam.*) detenuto che gode di speciali privilegi (per buona condotta).
truth [tru:θ] *s.* **1** verità, vero. **2** veridicità, sincerità. ▭ *to tell s.o. a few* **home** *truths* dire a qd. delle verità spiacevoli; (*lett.*) **in** ~ in verità; ~ **serum** siero della verità.
truthful ['tru:θful] *a.* sincero; veritiero.
truthfulness ['tru:θfulnis] *s.* sincerità; veridicità.
try [trai] *s.* **1** tentativo, prova. **2** (*Sport*) meta. ▭ *to have a* ~ *at s.th.* provare a fare qc.
to **try** [trai] **I** *v.t.* **1** cercare, provare, mettere alla prova. **2** assaggiare, degustare. **3** verificare, collaudare. **4** (*Dir.*) giudicare; processare (un imputato). **II** *v.i.* cercare, provare, tentare: ~ *and get there on time* cerca di arrivare in tempo. ▭ *to* ~ **again** riprovare; *to* ~ *the* **eyes** affaticare gli occhi; *to* ~ **for** cercare di ottenere; *to* ~ *one's* **hand** *at s.th.* tentare di fare qc.; *to* ~ *one's* **hardest** mettercela tutta; *to* ~ **on** provare (un abito); (*fam.*) *to* ~ *it* **on** *s.o.* cercare di farla a qd.; *to* ~ **out** provare, collaudare; mettere alla prova; *to* ~ *one's* **patience** mettere a dura prova la pazienza di qd.
trying ['traiiŋ] *a.* difficile, faticoso.
try-on ['trai'ɔn] *s.* **1** prova (di abiti). **2** (*fam.*) tentativo d'ingannare.
try-out ['traiaut] *s.* prova, esperimento.
tryst [traist] *s.* (*ant.*) appuntamento (amoroso).
tsar [zɑ:*] *s.* (*Stor.*) zar.
tsarina [zɑ:'ri:nə] *s.* (*Stor.*) zarina.
tsetse (**fly**) ['t(s)etsi (flai)] *s.* (*Zool.*) mosca tse tse; glossina.
T-shirt ['ti:ʃə:t] *s.* maglietta a girocollo.
tsp = *teaspoon* cucchiaino da tè.
TT = *Telegraphic transfer* versamento telegrafico.
Tu., Tues. = *Tuesday* martedì (mart.).
TU = *Trade Union* sindacato.
tub [tʌb] *s.* **1** tino, mastello, tinozza. **2** (*fam.*) vasca da bagno; bagno (in vasca). **3** (*fam., rif. a. barca*) bagnarola, tinozza.
to **tub** [tʌb] *v.t./i.* (*pass., p.p.* **tubbed** [–d]) fare il bagno (in una tinozza) (a).
tuba *it.* ['tju:bə, *am.* 'tu:–] *s.* (*Mus.*) tuba.
tubby ['tʌbi] *a.* piccolo e grassoccio.
tube [tju:b, *am.* tu:b] *s.* **1** tubo, conduttura. **2** tubetto. **3** (*ingl.*) metropolitana. **4** (*Anat.*) tuba, tromba. **5** tubo catodico.
tuber ['tju:bə*, *am.* 'tu:–] *s.* **1** (*Bot.*) tubero. **2** (*Anat.*) tubercolo.
tubercular [tju:'bə:kjulə*, *am.* tu:–] *a.* (*Med.*) tubercolare.
tuberculosis [tju:ˌbə:kju'ləusis, *am.* tu:–] *s.* (*Med.*) tubercolosi.
tuberculous [tju:'bə:kjuləs, *am.* tu:–] *a.* (*Med.*) tubercoloso, tubercolotico.
tubing ['tju:biŋ, *am.* 'tu:–] *s.* (*collett.*) tubatura, tubazione.

tub-thumper ['tʌbθʌmpə*] *s.* oratore ampolloso.
tubular ['tju:bjulə*, *am.* 'tu:–] *a.* tubolare.
tuck [tʌk] *s.* **1** (*Sartoria*) basta. **2** (*fam.*) dolciumi, dolci.
to **tuck** [fʌk] **I** *v.t.* **1** nascondere; riporre: *the bird tucked its head under its wing* l'uccello nascose il capo sotto l'ala. **2** rimboccare; infilare: ~ *your blouse into your trousers* infila la camicetta nei pantaloni. **3** (*Sartoria*) fare una piega in. **II** *v.i.* **1** fare baste. **2** ripiegarsi, piegarsi. □ *to* ~ **away** riporre, mettere via; *to be tucked* **away** essere nascosto; *to* ~ *s.o.* **in** rimboccare le coperte a qd.; (*fam.*) *to* ~ **into** mangiare avidamente, ingozzarsi.
tucker ['tʌkə*] *s.* (*Moda, ant.*) fisciù.
tuck-in ['tʌk'in] *s.* (*fam.*) scorpacciata.
tuck-shop ['tʌkʃɔp] *s.* negozietto che vende dolciumi (vicino a una scuola).
Tuesday ['tju:zdi, *am.* 'tu:–] *s.* martedì.
tufa ['tju:fə] *s.* (*Min.*) tufo.
tuft [tʌft] *s.* **1** ciuffo; ciocca (di capelli). **2** (*Tessitura*) fiocco.
tufted ['tʌftid] *a.* **1** ornato di ciuffi. **2** che cresce a ciuffi.
tug [tʌg] *s.* **1** strattone, tirata. **2** (*Mar.*) → **tugboat.**
to **tug** [tʌg] *v.* (*pass., p.p.* **tugged** [–d]) **I** *v.t.* **1** tirare (con forza), dare uno strattone a; trascinare (tirando). **2** (*Mar.*) rimorchiare. **II** *v.i.* tirare (con forza) (*at s.th.* qc.).
tugboat ['tʌgbəut] *s.* (*Mar.*) rimorchiatore.
tug-of-war ['tʌgəv'wɔ:*] *s.* **1** tiro alla fune. **2** (*fig.*) braccio di ferro.
tuition [tju:'iʃən, *am.* tu:–] *s.* **1** insegnamento. **2** tassa scolastica.
tulip ['tju:lip, *am.* 'tu:–] *s.* (*Bot.*) tulipano.
tumble ['tʌmbl] *s.* **1** capitombolo, ruzzolone. **2** acrobazie. **3** confusione, scompiglio.
to **tumble** ['tʌmbl] **I** *v.i.* **1** ruzzolare, capitombolare, cadere. **2** fare acrobazie. **3** (*fig.*) (*di prezzo, ecc.*) crollare. **4** (spesso con *down*) rovinare, franare; andare in rovina. **II** *v.t.* **1** far ruzzolare; far cadere. **2** scompigliare. □ *to* ~ **into** *bed* gettarsi nel letto; (*fam.*) *to* ~ **to** capire, afferrare.
tumbledown ['tʌmbldaun] *a.* cadente, in rovina.
tumbler ['tʌmblə*] *s.* **1** acrobata *m./f.* **2** bicchiere (senza piede). **3** (*di serratura*) meccanismo di ritenuta.
tumbrel ['tʌmbrəl], **tumbril** ['tʌmbril] *s.* **1** (*Stor.*) carretta (per il trasporto dei condannati alla ghigliottina). **2** carretto (per uso agricolo).
tumescent [tju:'mesnt, *am.* tu:–] *a.* turgido, gonfio.
tumid ['tju:mid, *am.* 'tu:–] *a.* gonfio, turgido.
tummy ['tʌmi] *s.* (*fam.*) pancia, stomaco.
tumor *am.*, **tumour** ['tju:mə*, *am.* 'tu:–] *s.* (*Med.*) tumore.
tumult ['tju:mʌlt, *am.* 'tu:–] *s.* tumulto; sommossa.
tumultuous [tju:'mʌltjuəs, *am.* tu:–] *a.* tumultuoso.
tumulus ['tju:mjuləs, *am.* 'tu:–] *s.* (*pl.* **–li** [–lai]) tumulo.
tun [tʌn] *s.* botte, barile.
tuna ['t(j)u:nə] *s.* (*pl. inv.*/**–s** [–z]) (*Zool.*) tonno.
tunable ['tju:nəbl] *a.* armonioso, melodioso.
tundra ['tʌndrə] *s.* (*Geog.*) tundra.
tune [tju:n, *am.* tu:–] *s.* **1** motivo, aria; canzone. **2** (*Mus.*) tono. **3** (*fig.*) armonia; sintonia. □ **in** ~ intonato; (*fig.*) in sintonia (*with* con); (*fam.*) *to the* ~ **of** per la somma di; **out** *of* ~ stonato; (*fig.*) in disaccordo (*with* con); (*fig.*) *to* **sing** *another* ~ cambiare tono.
to **tune** [tju:n, *am.* 'tu:–] **I** *v.t.* **1** (*Mus.*) accordare. **2** (*Rad.*) sintonizzare (*to* su). **3** (*fig.*) sintonizzare, armonizzare. **4** (*Mot.*) (spesso con *up*) mettere a punto. **II** *v.i.* (*fig.*) essere in sintonia, armonizzare (*with* con). □ (*Rad.*) *to* ~ **in** sintonizzare (*to* su); (*Rad.*) *to* ~ **out** spegnere; *to* ~ **up**: 1 (*Mus.*) accordare; 2 (*Mot.*) mettere a punto.
tuneful ['tju:nful, *am.* 'tu–] *a.* armonioso.
tuneless ['tju:nlis, *am.* 'tu:–] *a.* stonato; scordato.
tuner ['tju:nə*, *am.* 'tu:–] *s.* **1** (*Mus.*) accordatore. **2** (*Rad.*) sintonizzatore.
tungsten ['tʌŋstən] *s.* (*Chim.*) tungsteno.
tunic ['tju:nik, *am.* 'tu:–] *s.* tunica; casacca.
tuning fork ['tju:niŋfɔ:k, *am.* 'tu:–] *s.* (*Mus.*) diapason.
Tunis ['tju:nis] *N.pr.* (*Geog.*) Tunisi.
Tunisia [tju:'niziə] *N.pr.* (*Geog.*) Tunisia.
Tunisian [tju:'niziən] *a./s.* tunisino.
tunnel ['tʌnl] *s.* **1** galleria. **2** traforo.
to **tunnel** ['tʌnl] *v.t./i.* (*pass., p.p.* **–lled**/ *am.* **–led** [–d]) scavare una galleria (in).
tunny ['tʌni] → **tuna**.
tuppence ['tʌpəns] *s.* (*fam.*) due penny.
tuppenny ['tʌpəni] *a.* (*fam.*) da due penny.
turban ['tə:bən] *s.* turbante.
turbid ['tə:bid] *a.* torbido.
turbidity [ˌtə:'biditi], **turbidness** ['tə:bidnis] *s.* torbidezza.
turbine ['tə:bin] *s.* (*Mecc.*) turbina.
turbojet ['tə:bəu'dʒet] *s.* (*Aer.*) turbogetto, turboreattore.
turboprop ['tə:bəu'prɔp] *s.* (*Aer.*) turboelica; aereo a turboelica.
turbot ['tə:bət] *s.* (*pl. inv.*/**–s** [–s]) (*Zool.*) rombo.
turbulence ['tə:bjuləns] *s.* turbolenza.
turbulent ['tə:bjulənt] *a.* turbolento.
turd [tə:d] *s.* (*volg.*) stronzo.
tureen [t(j)u'ri:n] *s.* zuppiera; terrina.
turf [tə:f] *s.* (*pl.* **–s** [–s]/ **–ves** [–vz]) **1** tappeto erboso. **2** zolla erbosa. **3** zolla di torba. □ ~ **agent** allibratore; **the** ~ corsa ippica; ippodromo.
to **turf** [tə:f] *v.t.* ricoprire di zolle erbose. □ (*sl.*) *to* ~ *out* estromettere, buttar fuori.
turfy ['tə:fi] *a.* erboso, coperto di zolle erbose.
turgid ['tə:dʒid] *a.* **1** turgido, gonfio. **2** (*fig.*) ampolloso, pomposo.

turgidity [tə:'dʒiditi] *s.* **1** turgidità, turgore. **2** (*fig.*) ampollosità, pomposità.
Turin [tju'rin] *N.pr.* (*Geog.*) Torino.
Turk [tə:k] *s.* turco.
turkey ['tə:ki] *s.* (*pl. inv./*–**s** [–z]) **1** (*Zool.*) tacchino. **2** (*am., Teat.*) fiasco. **3** (*am. sl.*) cretino; pollo da spennare. ☐ (*am. sl.*) **cold** ~: 1 crisi di astinenza; 2 la verità pura e semplice (spesso spiacevole); (*am. sl.*) *to* **talk** ~ parlare chiaro e tondo.
Turkey ['tə:ki] *N.pr.* (*Geog.*) Turchia.
turkey-cock ['tə:kikɔk] *s.* **1** tacchino (maschio). **2** (*fig.*) presuntuoso.
Turkish ['tə:kiʃ] *a./s.* turco. ☐ ~ **bath** bagno turco; (*Stor.*) ~ **Empire** impero ottomano.
turmeric ['tə:mərik] *s.* (*Bot.*) curcuma.
turmoil ['tə:mɔil] *s.* tumulto, agitazione.
turn [tə:n] *s.* **1** giro; rotazione. **2** svolta; piega (*anche fig.*). **3** curva; virata. **4** turno. **5** disposizione; inclinazione. **6** azione, servizio: *to do s.o. a good* ~ rendere a qd. un buon servizio. **7** giretto, passeggiatina: *to take a* ~ fare un giretto. **8** (*Teat.*) breve esibizione. **9** (*fam.*) leggero attacco di nervi; leggero malessere. ☐ ~ *and* ~ **about** alternativamente; **at** *every* ~ frequentemente; *to do s.o. a* **bad** ~ giocare un brutto tiro a qd.; *a* ~ *for the* **better** un cambiamento in meglio; **by** *turns* a turno; *at the* ~ *of the* **century** alla svolta del secolo; **in** ~ subito dopo; a turno; ~ *of* **mind** carattere, temperamento; (*Strad.*) **no** *left* ~ divieto di svolta a sinistra; **on** *the* ~ prossimo a cambiare: *the milk is on the* ~ il latte sta andando a male; **out** *of* ~ fuori turno; in modo inopportuno; *this tool will* **serve** *my* ~ questo attrezzo risponde al mio scopo; *to* **take** *turns at s.th.* fare qc. a turno; *done* (o *cooked*) **to** *a* ~ cotto a puntino; **whose** ~ *is it?* a chi tocca?
to **turn** [tə:n] **I** *v.t.* **1** (far) girare; (far) ruotare. **2** convertire, trasformare (*into* in); far diventare. **3** tradurre (*into* in). **4** (*di tempo, età, ecc.*) superare, passare. **5** foggiare, modellare. **6** (*Sartoria*) rivoltare, rovesciare. **7** lavorare al tornio. **II** *v.i.* **1** girare, ruotare; voltarsi. **2** (*di strada, ecc.*) girare, curvare. **3** (*Mar.*) virare. **4** trasformarsi (*into s.th.* in qc.). **5** (*di cibi*) andare a male. ☐ *to* ~ *s.o.'s* **brain** sconvolgere qd.; (*fig.*) *to* ~ *s.o.'s* **head** montare la testa a qd.; *to* ~ **loose** lasciare libero; (*fig.*) concedere la massima libertà a. // (*seguito da avverbi*): *to* ~ **away** mandar via, respingere; *to* ~ *the conversation* **away** sviare la conversazione; *to* ~ **back** far ritorno; *to* ~ **down**: 1 abbassare, ridurre (p.e. il volume della radio); 2 respingere; rifiutare (p.e. una proposta); *to* ~ **in**: 1 (*fam.*) andare a letto; 2 consegnare alla polizia; *to* ~ **inside out** rivoltare; rovesciare; *to* ~ **off**: 1 chiudere; spegnere; 2 voltare, deviare; 3 (*sl.*) annoiare; irritare; *to* ~ **on**: 1 aprire; accendere; 2 attaccare qd. di sorpresa; *to* ~ **out**: 1 (*fig.*) diventare, risultare; 2 chiudere; spegnere; 3 vuotare; rovesciare; 4 (*Industria*) produrre; 5 mandar via, (s)cacciare; *to* ~ **over** (ri)voltare, capovolgere; *he turned* **over** *his business to his brother* cedette la ditta al fratello; *to* ~ *s.th.* **over** *in one's mind* riflettere a lungo su qc.; *to* ~ **over** *to the police* consegnare alla polizia; *to* ~ **round** voltare; voltarsi; *to* ~ **to** mettersi al lavoro; *to* ~ **up**: 1 presentarsi; (*di cose*) saltar fuori; 2 rimboccare (p.e. le maniche); 3 portare alla luce; 4 (*fam.*) dare il voltastomaco; *to* ~ **up one's nose** arricciare il naso. // (*seguito da preposizioni*): *to* ~ **against** inimicare; rivoltarsi contro; *to* ~ **on** dipendere da; *to* ~ **to** ricorrere a.
turnaround ['tə:nəraund] *s.* cambiamento improvviso (*anche fig.*).
turncoat ['tə:nkəut] *s.* voltagabbana *m./f.*
turncock ['tə:nkɔk] *s.* valvola di regolazione della portata dell'acqua; addetto al servizio idrico.
turner ['tə:nə*] *s.* (*Mecc.*) tornitore.
turning ['tə:niŋ] *s.* **1** svolta, curva: *take the next* ~ *on the right* prendi la prima svolta a destra. **2** (*Mecc.*) tornitura.
turning point ['tə:niŋpɔint] *s.* svolta (decisiva).
turnip ['tə:nip] *s.* (*Bot.*) rapa.
turnkey ['tə:nki] **I** *s.* (*lett.*) carceriere, secondino. **II** *a.* (*di contratto*) chiavi in mano.
turnout ['tə:naut] *s.* **1** raduno; affluenza. **2** attrezzatura, equipaggiamento. **3** (*Industria*) produzione.
turnover ['tə:nəuvə*] *s.* **1** (*Econ., Comm.*) volume di affari; fatturato. **2** avvicendamento del personale. **3** (*Gastr.*) focaccia ripiena. ☐ (*Econ.*) ~ *tax* imposta sull'entrata.
turnpike ['tə:npaik] *s.* (*am.*) autostrada a pedaggio.
turnstile ['tə:nstail] *s.* cancelletto girevole.
turntable ['tə:nteibl] *s.* **1** piatto di giradischi. **2** (*Ferr., Aer.*) piattaforma girevole.
turn-up ['tə:nʌp] *s.* risvolto di pantaloni. ☐ (*fam.*) *a* ~ *for the book* colpo di scena.
turpentine ['tə:pəntain] *s.* (*Chim.*) acquaragia, trementina.
turpitude ['tə:pitju:d, *am.* –'tu:] *s.* turpitudine, depravazione.
turps [tə:ps] *s.pl.* (costr. sing.) (*fam.*) → **turpentine**.
turquoise ['tə:kwɑ:z] *a./s.* turchese.
turret ['tʌrit] *s.* torretta (in tutti i significati).
turtle ['tə:tl] *s.* (*Zool.*) tartaruga (acquatica). ☐ (*fam.*) *to turn* ~ ribaltarsi.
turtle-dove ['tə:tldʌv] *s.* (*Zool.*) tortora.
turtleneck ['tə:tlnek] *s.* (*Moda*) maglione a collo alto, dolcevita.
tusk [tʌsk] *s.* (*Zool.*) zanna.
to **tussle** ['tʌsl] *v.i.* azzuffarsi, accapigliarsi.
tussock ['tʌsək] *s.* ciuffo (*o* cespo) d'erba.
tut [tʌt] *intz.* puah, vergogna.
to **tut** [tʌt] *v.i.* (*pass., p.p.* **tutted** [–id]) esprimere impazienza.
tutelage ['tju:tilidʒ, *am.* 'tu:–] *s.* (*Dir.*) tutela
tutelary ['tju:tiləri] *a.* (*Dir.*) tutelare.

tutor ['tju:tə*, *am.* 'tu:–] *s.* **1** istitutore, insegnante privato; precettore. **2** (*GB, Univ.*) docente incaricato di assistere un gruppo di studenti. **3** (*USA*) docente universitario incaricato.

to **tutor** ['tju:tə*, *am.* 'tu:–] **I** *v.t.* **1** insegnare, educare. **2** (*fig.*) controllare, disciplinare. **II** *v.i.* fare l'istitutore.

tutoress ['tju:təris, *am.* 'tu:–] *s.* istitutrice.

tutorial [tju:'tɔ:riəl, *am.* 'tu:–] **I** *a.* d'istitutore. **II** *s.* (*Univ.*) corso affidato a un docente universitario.

tux *am.* [tʌks] (*fam.*), **tuxedo** *am.* [tʌ'ksi:dəu] *s.* (*pl.* **–s** [–z]) (*Moda*) smoking.

TV = *television* televisione.

twaddle ['twɔdl] *s.* sciocchezze, stupidaggini.

to **twaddle** ['twɔdl] *v.i.* dire (*o* scrivere) sciocchezze.

twain [twein] *a./s.* (*ant. poet.*) un paio.

twang [twæŋ] *s.* **1** suono metallico. **2** suono nasale.

to **twang** [twæŋ] **I** *v.i.* **1** emettere un suono metallico. **2** parlare nel naso. **II** *v.t.* **1** pizzicare le corde di: *to ~ a guitar* pizzicare le corde di una chitarra. **2** pronunciare con un suono nasale.

'twas [twɔz, twəz] *contraz. di* **it was**.

tweak [twi:k] *s.* pizzicotto.

to **tweak** [twi:k] *v.t.* pizzicare, pizzicottare.

tweed [twi:d] *s.* (*tessuto*) tweed; *pl.* indumenti di tweed.

tween [twi:n] (*poet.*) **I** *prep.* tra, fra. **II** *avv.* in mezzo.

tweet [twi:t] *s.* cinguettio.

to **tweet** [twi:t] *v.i.* cinguettare.

tweezers ['twi:zəz] *s.pl.* pinzette.

twelfth [twelfθ] *a./s.* dodicesimo. □ *Twelfth Night* la dodicesima notte (la notte che precede l'Epifania).

twelve [twelv] *a./s.* dodici.

twentieth ['twentiiθ] *a./s.* ventesimo.

twenty ['twenti] *a./s.* venti. □ *to be in one's twenties* essere tra i venti e i ventinove anni; *in the '20s* (o *in the 1920s*) negli anni Venti.

twerp [twə:p] *s.* (*sl.*) buono a nulla.

twice [twais] *avv.* due volte. □ *he is ~* **as** *rich as me* è due volte più ricco di me; *~ as* **much** il doppio, due volte tanto; *to* **think** *~ about s.th.* pensarci (su) due volte.

twicetold ['twais'təuld] *a.* (*fig.*) detto e ridetto, trito, risaputo. □ *a ~ tale* una cosa risaputa.

to **twiddle** ['twidl] **I** *v.t.* giocherellare con. **II** *v.i.* giocherellare, gingillarsi (*with* con).

twig [twig] *s.* ramoscello.

to **twig** [twig] *v.t./i.* (*pass., p.p.* **twigged** [–d]) (*fam.*) capire.

twiggy ['twigi] *a.* sottile, esile.

twilight ['twailait] **I** *s.* crepuscolo; luce crepuscolare. **II** *a.* **1** crepuscolare. **2** (*fig.*) indistinto. □ (*fig.*) *in the ~ of history* agli albori della storia.

twill [twil] *s.* (*tessuto*) twill, spigato.

'twill [twil] *contraz. di* **it will**.

twin [twin] *s.* gemello. □ *a ~-bedded room* una stanza con due letti singoli.

twine [twain] *s.* **1** spago, cordicella. **2** spira, spirale.

to **twine** [twain] **I** *v.t.* **1** attorcigliare (assieme); intrecciare: *to ~ a wreath* intrecciare una ghirlanda. **2** avvolgere, avviluppare. **II** *v.i.* **1** avvolgersi, attorcigliarsi (*around, about* intorno a). **2** (*fig.*) serpeggiare.

twinge [twindʒ] *s.* fitta, trafittura. □ *~ of conscience* rimorso di coscienza.

twinkle ['twiŋkl] *s.* **1** scintillio, luccichio. **2** strizzatina d'occhio. **3** movimento rapido.

to **twinkle** ['twiŋkl] *v.i.* **1** luccicare. **2** muoversi velocemente. **3** (*di occhi*) brillare; ammiccare.

twinkling ['twiŋkliŋ] *s.* scintillio, luccichio. □ *in the ~ of an eye* in un batter d'occhio.

twirl [twə:l] *s.* giro vorticoso, piroetta.

to **twirl** [twə:l] **I** *v.t.* **1** roteare. **2** attorcigliare. **II** *v.i.* roteare, piroettare.

twist [twist] *s.* **1** torcimento, torsione; (*Sport*) effetto: *to give a ~ to a ball* dare l'effetto a una palla. **2** corda ritorta; treccia (di pane, tabacco). **3** curva, svolta (*anche fig.*). **4** (*fig.*) forte inclinazione, predisposizione. **5** (*fig.*) sviluppo imprevisto. **6** (*ballo*) twist.

to **twist** [twist] **I** *v.t.* **1** attorcigliare; intrecciare. **2** torcere. **3** (di-)storcere: *to ~ one's ankle* distorcersi la caviglia. **4** (*del volto, ecc.*) (di)storcere, contorcere. **5** far girare, far ruotare. **6** (*fig.*) travisare, svisare. **II** *v.i.* **1** (spesso con *about, around*) dimenarsi, contorcersi. **2** (spesso con *round, around*) girarsi, voltarsi. **3** attorcigliarsi, avvolgersi. **4** serpeggiare; piegare, curvare: *the road twisted up the mountain-side* la strada serpeggiava su per il fianco della montagna. **5** (s)torcersi. **6** (*fam.*) ballare il twist.

twister ['twistə*] *s.* **1** torcitore. **2** (*fam.*) imbroglione. **3** rompicapo; problema. **4** (*am. fam.*) tornado. □ *tongue-~* scioglilingua.

twisty ['twisti] *a.* **1** serpeggiante, tortuoso. **2** (*fam.*) disonesto, corrotto.

twit [twit] *s.* stupido, sciocco.

to **twit** [twit] *v.t.* (*pass., p.p.* **twitted** [–id]) **1** canzonare. **2** rimproverare (in modo scherzoso).

twitch [twitʃ] *s.* **1** spasmo. **2** strattone.

to **twitch** [twitʃ] **I** *v.t.* **1** (*di parte del corpo*) contrarre. **2** tirare; strappar via. **II** *v.i.* **1** (*di parte del corpo*) contrarsi. **2** dare uno strattone (*at* a), tirare (qd.).

twitter ['twitə*] *s.* cinguettio. □ (*fam.*) *to be all of a ~* essere in grande agitazione.

to **twitter** ['twitə*] *v.i.* cinguettare.

'twixt [twikst] *prep.* (*poet.*) tra, fra.

two [tu:] *a./s.* due. □ *~* **by** *~* a due a due; **in** (o *by*) *twos* a due a due; (*fig.*) **in** *~ twos* in quattro e quattr'otto; (*fig.*) *to* **put** *~ and ~ together* trarre le conseguenze logiche.

two-edged ['tu:'edʒd] *a.* a doppio taglio (*anche fig.*).

two-faced ['tu:'feist] *a.* falso, ipocrita.
twofold ['tu:fəuld] **I** *a.* duplice. **II** *avv.* due volte tanto (*o* tanti).
two-handed ['tu:'hændid] *a.* a due mani; da usare in due.
twopence ['tʌpəns] *s.* due penny. ▭ *it's not worth* ~ non vale niente.
twopenny ['tʌp(ə)ni] *a.* **1** da due penny. **2** (*fam.*) di poco valore, scadente. ▭ ~*-half penny* da due penny e mezzo; (*fam.*) insignificante.
two-piece ['tu:pi:s] *s.* (*Moda*) vestito (*o* costume) a due pezzi.
two-seater ['tu:'si:tə*] *s.* **1** (*Aut.*) vettura a due posti. **2** (aereo) biposto.
twosome ['tu:səm] *s.* **1** gruppo di due, duo. **2** (*Sport*) partita tra due persone.
two-step ['tu:step] *s.* passo doppio.
'twould [twud] *contraz. poet. di* **it would**.
two-way ['tu:'wei] *a.* **1** (*Strad.*) a due sensi. **2** reciproco, mutuo. ▭ ~ *radio* ricetrasmittente.
tycoon [tai'ku:n] *s.* (*fam.*) grande industriale, magnate.
tying ['taiiŋ] → to **tie**.
tyke [taik] *s.* **1** cane bastardo. **2** (*fam.*) monello, birba.
tympanum ['timpənəm] *s.* (*pl.* **–na** [–nə]) (*Anat.*) timpano.
type [taip] *s.* **1** tipo; genere; specie. **2** esemplare, modello. **3** (*Tip.*) carattere (tipografico), tipo. **4** (*fam.*) tizio, individuo. **5** simbolo, emblema.
to **type** [taip] *v.t./i.* (spesso con *out*) dattilografare.
to **typecast** ['taipkɑ:st] *v.t.* (*Cin.*, *Teat.*) assegnare a un attore un ruolo con una tipologia prefissata.
typescript ['taipskript] *s.* dattiloscritto.
to **typewrite** ['taiprait] *v.t./i.* (coniug. come to **write**) scrivere a macchina.
typewriter ['taipraitə*] *s.* macchina per scrivere.
typewriting ['taipraitiŋ] *s.* dattilografia.
typewritten [taip'ritən] *a.* dattiloscritto.
typhoid (fever) ['taifɔid ('fi:və*)] *s.* (*Med.*) febbre tifoidea.
typhoon [tai'fu:n] *s.* (*Meteor.*) tifone.
typhus ['taifəs] *s.* (*Med.*) tifo.
typical ['tipikəl] *a.* tipico; caratteristico, proprio (*of* di).
to **typify** ['tipifai] *v.t.* **1** caratterizzare. **2** simboleggiare; rappresentare.
typist ['taipist] *s.* dattilografo.
typographer [tai'pɔgrəfə*] *s.* tipografo.
typographic [,taipə'græfik] *a.* tipografico.
typography [tai'pɔgrəfi] *s.* tipografia.
typology [tai'pɔlədʒi] *s.* tipologia.
tyrannical [ti'rænikəl] *a.* tirannico.
tyrannicide [ti'rænisaid] *s.* **1** tirannicidio. **2** tirannicida *m./f.*
to **tyrannize** ['tirənaiz] *v.t./i.* tiranneggiare (*over s.o.* qd.).
tyranny ['tirəni] *s.* tirannia; tirannide.
tyrant ['taiərənt] *s.* tiranno; despota.
tyre [taiə*]. *s.* (*Aut.*) pneumatico.
tyro ['taiərəu] *s.* (*pl.* **–s** [–z]) principiante *m./f.*
Tyrol ['tirəl] *N.pr.* (*Geog.*) Tirolo.
Tyrolese [,tirə'li:z] *a./s.* tirolese.
Tyrrhenian Sea [ti'ri:niən'si:] *N.pr.* (*Geog.*) Mar Tirreno.
tzar [zɑ:*] → **tsar**.
tzarina [zɑ:'rinə] →**tsarina**.
tzetze (fly) ['t(s)etsi (flai)] → **tsetse (fly)**.
tzigane, **Tzigane** [tsi'gɑ:n] **I** *a.* zingaresco. **II** *s.* zigano.

U

u, U[1] [ju:] *s.* (*pl.* **u's/us, U's/Us** [–z]) u, U. □ (*Tel.*) ~ *for Uncle (anche am.)* U come Udine.

U[2] = (*Chim.*) *uranium* uranio.

UAE = *United Arab Emirates* Emirati Arabi Uniti.

ubiquitous [ju:'bikwitəs] *a.* onnipresente.

ubiquity [ju:'bikwiti] *s.* ubiquità.

udder ['ʌdə*] *s.* mammella (di animale).

UEFA = *Union of European Football Associations* Unione delle Associazioni Europee di Football.

UFO = *Unidentified Flying Object* oggetto volante non identificato.

Uganda [ju(:)gændə] *N.pr.* (*Geog.*) Uganda.

ugh [uh, ə:h] *intz.* puh, puah.

ugliness ['ʌglinis] *s.* bruttezza.

ugly ['ʌgli] *a.* **1** brutto; sgradevole, disgustoso. **2** minaccioso. □ (*fam.*) ~ *customer* brutto tipo.

UK = *United Kingdom* Regno Unito (Gran Bretagna e Irlanda del Nord).

ulcer ['ʌlsə*] *s.* (*Med.*) ulcera.

to **ulcerate** ['ʌlsəreit] **I** *v.t.* (*Med.*) ulcerare. **II** *v.i.* ulcerarsi.

ulcerous ['ʌlsərəs] *a.* (*Med.*) ulceroso.

ulna ['ʌlnə] *s.* (*pl.* **–nae** [–ni:]) (*Anat.*) ulna.

Ulster ['ʌlstə*] *N.pr.* (*Geog.*) Ulster.

ulterior [ʌl'tiəriə*] *a.* (*fig.*) recondito, nascosto: ~ *motives* motivi reconditi.

ultimate ['ʌltimit] *a.* **1** ultimo, definitivo, finale. **2** massimo, sommo, supremo: *the* ~ *authority* l'autorità suprema. **3** basilare, fondamentale.

ultimately ['ʌltimətli] *avv.* **1** alla fine, infine. **2** in definitiva.

ultimatum [,ʌlti'meitəm] *s.* (*pl.* **–s** [–z]/**–ta** [–tə]) ultimatum.

ultra ['ʌltrə] **I** *a.* che supera la norma, estremo. **II** *s.* estremista *m./f.*, ultra *m./f.*

ultramarine [,ʌltrəmə'ri:n] **I** *s.* blu oltremare. **II** *a.* **1** ultramarino, oltremare. **2** d'oltremare.

ultrashort ['ʌltrə'ʃɔ:t] *a.* (*Rad.*) ultracorto: ~ *waves* onde ultracorte.

ultrasonic ['ʌltrə'sɔnik] **I** *a.* (*Acustica*) ultrasonico, ultrasonoro. **II** *s.pl.* scienza degli ultrasuoni.

ultrasonography [,ʌltrəsə'nɔgrəfi] *s.* ecografia.

ultraviolet ['ʌltrə'vaiəlit] *a.* (*Fis.*) ultravioletto: ~ *rays* raggi ultravioletti.

to **ululate** ['ju:ljuleit] *v.i.* ululare.

ululation [,ju:lju'leiʃən] *s.* ululato, ululo.

umber ['ʌmbə*] *s.* (color) terra d'ombra.

umbilical [ʌm'bilikəl] *a.* ombelicale.

umbrage ['ʌmbridʒ] *s.*: *to take* ~ *at s.th.* adombrarsi, offendersi per qc.

umbrella [ʌm'brelə] *s.* **1** ombrello; ombrellone. **2** (*estens.*) protezione, patronato. □ ~ *stand* portaombrelli.

umpire ['ʌmpaiə*] *s.* (*Sport, Dir.*) arbitro.

to **umpire** ['ʌmpaiə*] *v.t./i.* arbitrare.

umpteen ['ʌmp'ti:n] *a.* (*fam.*) un fracco.

umpteenth ['ʌmp'ti:nθ] *a.* (*fam.*) ennesimo.

'un [ən] *pron.* (*fam.*) uno, una. □ *he is a bad* ~ è un brutto ceffo.

UN = *United Nations* Nazioni Unite.

unabashed ['ʌnə'bæʃt] *a.* impassibile, imperturbato; sfrontato.

unabated ['ʌnə'beitid] *a.* non diminuito; implacabile, inesorabile.

unable [ʌn'eibl] *a.* incapace, inabile.

unabridged ['ʌnə'bridʒd] *a.* integrale, non abbreviato.

unacceptable ['ʌnæk'septəbl] *a.* inaccettabile.

unaccountable ['ʌnə'kauntəbl] *a.* **1** inspiegabile, inesplicabile; misterioso. **2** che non è tenuto a dare spiegazioni.

unacknowledged ['ʌnək'nɔlidʒd] *a.* non ammesso; non riconosciuto.

unacquainted ['ʌnə'kweintid] *a.* non al corrente, non informato (*with* di).

unadvised ['ʌnəd'vaiz(i)d] *a.* **1** avventato, sconsiderato. **2** imprudente, irriflessivo.

unaesthetic ['ʌn'i:sθetik] *a.* antiestetico.

unaffected ['ʌnə'fektid] *a.* **1** semplice, spontaneo; naturale, genuino. **2** impassibile, imperturbabile.

unafraid ['ʌnə'freid] *a.* senza paura, impavido.

unaided ['ʌn'eidid] *a.* da solo, senza aiuto.

unalterable [ʌn'ɔ:ltərəbl] *a.* immutabile.

unambiguous ['ʌnæm'bigjuəs] *a.* senza mezzi termini, senza possibilità di dubbio.

unanimity [,ju:nə'nimiti] *s.* unanimità.

unanimous [,ju:'næniməs] *a.* unanime.

unannounced ['ʌnə'naunst] *a.* non annunciato, senza preavviso.

unanswerable ['ʌn'ɑ:nsərəbl] *a.* **1** cui non si

può rispondere. **2** irrefutabile, incontestabile.

unanswered ['ʌnɑ:nsəd] *a.* **1** senza risposta. **2** incontestato, indiscusso.

unapproachable ['ʌnə'prəutʃəbl] *a.* inaccessibile.

unarmed ['ʌn'ɑ:md] *a.* disarmato, inerme.

unashamed ['ʌnə'ʃeimd] *a.* **1** che non si vergogna (*of* di). **2** sfacciato, sfrontato.

unasked ['ʌn'ɑ:skt] *a.* non richiesto, gratuito: ~ *for contributions* contributi non richiesti.

unassisted ['ʌnə'sistid] *a.* senza aiuto, da solo.

unassuming ['ʌnə'sju:miŋ] *a.* alla buona, senza pretese.

unattached ['ʌnə'tætʃt] *a.* **1** libero; indipendente. **2** libero da legami affettivi.

unattainable ['ʌnə'teinəbl] *a.* irraggiungibile, inaccessibile.

unattended ['ʌnə'tendid] *a.* **1** che non è accompagnato, solo. **2** incustodito.

unattractive ['ʌnə'træktiv] *a.* poco attraente.

unauthorized ['ʌn'ɔ:θəraizd] *a.* non autorizzato, abusivo.

unavailable ['ʌnə'veiləbl] *a.* non disponibile.

unavoidable ['ʌnə'vɔ:idəbl] *a.* inevitabile, ineluttabile.

unaware ['ʌnə'wɛə*] *a.* ignaro, inconsapevole (*of* di).

unawares ['ʌnə'wɛəz] *avv.* **1** inconsapevolmente. **2** alla sprovvista, di sorpresa.

unbacked ['ʌn'bækt] *a.* **1** senza appoggio, senza sostenitori. **2** (*di cavallo*) su cui nessuno scommette.

to **unbalance** ['ʌn'bæləns] *v.t.* sbilanciare, squilibrare.

unbalanced ['ʌn'bælənst] *a.* sbilanciato; squilibrato.

to **unbar** ['ʌn'bɑ:*] *v.t.* **1** togliere il catenaccio a, disserrare. **2** (*estens.*) liberalizzare l'accesso (a una professione, ecc.).

unbearable [ʌn'bɛərəbl] *a.* insopportabile, intollerabile.

unbeatable ['ʌn'bi:tabl] *a.* imbattibile, insuperabile, invincibile.

unbeaten ['ʌn'bi:tən] *a.* **1** imbattuto, insuperato. **2** (*di sentiero, ecc.*) non frequentato, non battuto.

unbecoming ['ʌnbi'kʌmiŋ] *a.* **1** indecoroso, sconveniente: *it is* ~ *to* (o *for*) *a teacher* è sconveniente per un insegnante. **2** non adatto.

unbelievable ['ʌnbi'li:vəbl] *a.* incredibile, inconcepibile.

unbeliever ['ʌnbi'li:və*] *s.* (*Rel.*) miscredente *m./f.*

unbelieving ['ʌnbi'li:viŋ] *a.* **1** incredulo, scettico. **2** (*Rel.*) miscredente.

to **unbend** ['ʌn'bend] *v.* (coniug. come to **bend**) **I** *v.t.* **1** tendere, stendere; raddrizzare. **2** (*fig.*) rilassare, distendere. **II** *v.i.* **1** stendersi, tendersi; raddrizzarsi. **2** (*fig.*) rilassarsi, distendersi.

unbending ['ʌn'bendiŋ] *a.* **1** inflessibile, intransigente, rigido. **2** non pieghevole, rigido.

unbent [ʌn'hent] → to **unbend**.

unbias(s)ed ['ʌn'baiəst] *a.* imparziale, obiettivo.

to **unbind** ['ʌn'baind] *v.t.* (coniug. come to **bind**) liberare, sciogliere.

unblemished ['ʌn'blemiʃt] *a.* senza macchia, incontaminato.

to **unbolt** ['ʌn'bəult] *v.t.* levare il catenaccio a.

unborn ['ʌn'bɔ:n] *a.* **1** non ancora nato. **2** (*fig.*) futuro.

to **unbosom** [ʌn'buzəm] *v.t.* rivelare, svelare. □ *to* ~ *o.s. to s.o.* confidarsi con qc.

unbound ['ʌn'baund] *a.* **1** sciolto, slegato. **2** (*di libro*) non rilegato.

unbounded [ʌn'baundid] *a.* **1** illimitato, sconfinato. **2** (*fig.*) sfrenato.

unbreakable ['ʌn'breikəbl] *a.* infrangibile.

unbridled [ʌn'braidld] *a.* **1** sbrigliato. **2** (*fig.*) sfrenato.

unbroken ['ʌn'brəukən] *a.* **1** intero, non rotto. **2** ininterrotto, continuo. **3** (*di cavallo*) non domato. **4** (*di un record*) imbattuto.

to **unburden** ['ʌn'bə:dən] *v.t.* **1** togliere il carico a, scaricare. **2** (*fig.*) alleggerire, liberare da un peso. □ *to* ~ *o.s. to s.o.* sfogarsi con qd.

to **unbutton** ['ʌn'bʌtn] *v.t.* sbottonare.

unbuttoned ['ʌn'bʌtnd] *a.* **1** sbottonato. **2** (*fam.*) rilassato, disteso.

uncalled-for ['ʌn'kɔ:ldfɔ:*] *a.* **1** non necessario, superfluo. **2** ingiustificato, arbitrario; fuori luogo.

uncanny [ʌn'kæni] *a.* misterioso, arcano, soprannaturale; sinistro.

uncared-for ['ʌn'kɛədfɔ:*] *a.* trascurato, abbandonato.

unceasing [ʌn'si:siŋ] *a.* incessante, ininterrotto.

uncertain [ʌn'sə:tən] *a.* **1** incerto, non sicuro. **2** dubbioso, indeciso. **3** instabile, variabile.

uncertainty [ʌn'sə:tənti] *s.* insicurezza, incertezza.

to **unchain** [ʌn'tʃein] *v.t.* sciogliere dalla catena, liberare.

unchangeable [ʌn'tʃeindʒəbl] *a.* immutabile.

unchanged ['ʌn'tʃeindʒd] *a.* immutato, invariato.

uncharitable [ʌn'tʃæritəbl] *a.* spietato.

uncharted ['ʌn'tʃɑ:tid] *a.* non segnato sulle carte geografiche; inesplorato (*anche fig.*).

unchecked ['ʌn'tʃekt] *a.* incontrollato, indisciplinato.

unchristian ['ʌn'kristjən] *a.* **1** non cristiano. **2** (*am. fam.*) irragionevole, insensato.

uncivil ['ʌn'sivl] *a.* sgarbato, scortese.

unclaimed ['ʌn'kleimd] *a.* non reclamato.

to **unclasp** ['ʌn'klɑ:sp] **I** *v.t.* **1** slacciare. **2** lasciare andare, mollare. **II** *v.i.* allentare la stretta.

uncle ['ʌŋkl] *s.* zio. □ *Uncle Sam* Zio Sam (personificazione degli USA).

unclean ['ʌn'kli:n] *a.* **1** sporco, sozzo, sudicio. **2** (*fig.*) impuro, immondo.

to **unclose** ['ʌn'kləuz] *v.t.* **1** aprire. **2** (*fig.*) svelare.
unclouded ['ʌn'klaudid] *a.* **1** senza nubi, sereno. **2** (*fig.*) chiaro; sereno.
to **uncoil** ['ʌn'kɔil] **I** *v.i.* srotolarsi. **II** *v.t.* srotolare.
uncomfortable [ʌn'kʌmfətəbl] *a.* **1** scomodo, non confortevole. **2** (*rif. a persona*) a disagio. **3** sgradevole, spiacevole.
uncommitted [ˌʌnkə'mitid] *a.* **1** non vincolato (*to* a), indipendente (da). **2** (*Pol.*) non allineato.
uncommon [ʌn'kɔmən] *a.* **1** raro, insolito. **2** fuori del comune.
uncommunicative ['ʌnkə'mju:nikətiv] *a.* **1** taciturno, silenzioso. **2** riservato.
uncomplaining ['ʌnkəm'pleiniŋ] *a.* paziente, rassegnato; che non si lamenta.
uncompromising [ʌn'kɔmprəmaiziŋ] *a.* intransigente; irriducibile.
unconcerned ['ʌnkən'sə:nd] *a.* **1** indifferente (*with* a), noncurante (di). **2** non implicato (*in* in), estraneo (a).
unconditional ['ʌnkən'diʃənəl] *a.* incondizionato.
uncongenial ['ʌnkɔn'dʒi:njəl] *a.* sgradevole, spiacevole.
unconnected ['ʌnkə'nektid] *a.* **1** distaccato, disgiunto. **2** (*fig.*) sconnesso, incoerente.
unconquered ['ʌn'kɔŋkəd] *a.* invitto, indomito.
unconscious [ʌn'kɔnʃəs] **I** *a.* **1** inconscio, ignaro (*of* di). **2** privo di sensi, svenuto. **II** *s.* (*Psic.*) inconscio.
unconsciousness [ʌn'kɔnʃəsnis] *s.* **1** inconsapevolezza. **2** (*Med.*) stato d'incoscienza.
unconsidered ['ʌnkɔn'sidəd] *a.* **1** avventato, imprudente. **2** trascurato, ignorato.
uncontrollable [ˌʌnkɔn'trəuləbl] *a.* **1** incontrollabile. **2** irreprimibile, irrefrenabile.
unconventional ['ʌnkən'venʃənl] *a.* anticonformista.
unconvincing ['ʌnkɔn'vinsiŋ] *a.* non convincente.
uncooked [ʌn'kukt] *a.* non cotto; crudo.
to **uncork** ['ʌn'kɔ:k] *v.t.* stappare, sturare.
to **uncouple** ['ʌn'kʌpl] *v.t.* **1** staccare, sganciare. **2** sciogliere, slegare.
uncouth [ʌn'ku:θ] *a.* **1** rozzo, grossolano. **2** goffo, sgraziato.
uncouthness [ʌn'ku:θnis] *s.* **1** rozzezza. **2** goffaggine.
to **uncover** [ʌn'kʌvə*] *v.t.* **1** scoprire. **2** (*fig.*) svelare.
unction ['ʌŋkʃən] *s.* **1** (*Lit.*) unzione: *Extreme Unction* Estrema Unzione (Unzione degli Infermi). **2** unguento, pomata. **3** (*fig.*) ipocrisia; falso compiacimento.
unctuous ['ʌŋktjuəs] *a.* **1** untuoso. **2** (*fig.*) ipocrita.
uncultivated ['ʌn'kʌltiveitid] *a.* (*Agr.*) incolto.
uncut ['ʌn'kʌt] *a.* **1** non tagliato. **2** (*fig.*) integrale, intero.
undamaged ['ʌn'dæmidʒd] *a.* indenne, non danneggiato.
undated ['ʌn'deitid] *a.* senza data.
undaunted [ʌn'dɔ:ntid] *a.* imperterrito, intrepido.
to **undeceive** ['ʌndi'si:v] *v.t.* disingannare, disilludere.
undecided ['ʌndi'saidid] *a.* indeciso, incerto; esitante.
undemonstrative ['ʌndi'mɔnstrətiv] *a.* chiuso, riservato.
undeniable ['ʌndi'naiəbl] *a.* innegabile; indiscutibile.
undenominational ['ʌndiˌnɔmi'neiʃənl] *a.* (*Rel.*) aconfessionale.
under ['ʌndə*] **I** *prep.* **1** sotto: ~ *the bed* sotto il letto. **2** sotto, al di sotto di: *children ~ the age of six* bambini al di sotto dei sei anni. **3** in (corso di): ~ *construction* in costruzione; ~ *consideration* in esame. **4** secondo, in conformità a (*o* di): ~ *the terms of the treaty* secondo le clausole del trattato. **5** sotto l'effetto di: *to be ~ a drug* essere sotto l'effetto di una droga (*o* di un farmaco). **II** *avv.* **1** (di) sotto, abbasso. **2** in soggezione, in servitù; sottomesso: *they cannot keep the natives ~ for ever* non possono tenere gli indigeni sottomessi per sempre. **3** in calce, sotto: *see ~* vedere in calce. **III** *a.* **1** inferiore, (di) sotto. **2** scarso, insufficiente. **3** inferiore, subordinato. □ ~ **age** minorenne; (*Med.*) ~ **treatment** in terapia.
to **underact** ['ʌndər'ækt] *v.t./i.* (*Teat.*) recitare con scarsa forza drammatica.
underarm ['ʌndər'ɑ:m] **I** *a.* ascellare. **II** *avv./a.* (*Sport*) dal basso.
underbred ['ʌndə'bred] *a.* **1** maleducato, rozzo. **2** (*di animale*) non di razza, bastardo.
undercarriage ['ʌndə'kæridʒ] *s.* **1** (*Aut.*) telaio. **2** (*Aer.*) carrello (d'atterraggio).
to **undercharge** ['ʌndə'tʃɑ:dʒ] *v.t.* far pagare troppo poco.
underclothes ['ʌndəkləuðz], **underclothing** ['ʌndəkləuðiŋ] *s.pl.* biancheria intima.
undercover ['ʌndəˌkʌvə*] *a.* segreto, clandestino.
undercurrent ['ʌndəˌkʌrənt] *s.* **1** corrente sottomarina. **2** (*fig.*) tendenza occulta.
undercut ['ʌndəkʌt] *s.* **1** (*Sport*) colpo dal basso; taglio. **2** (*Gastr.*) roast beef.
to **undercut** ['ʌndə'kʌt] *v.t.* (coniug. come to **cut**) **1** tagliare sotto. **2** (*Econ.*) vendere a minor prezzo di.
underdeveloped ['ʌndədi'veləpt] *a.* sottosviluppato.
underdog ['ʌndədɔg] *s.* **1** (*fig.*) derelitto, diseredato. **2** (*estens.*) vittima predestinata.
underdone ['ʌndə'dʌn] *a.* poco cotto; (*di carne*) al sangue.
underestimate ['ʌndər'estimit] *s.* sottovalutazione, valutazione inadeguata.
to **underestimate** ['ʌndər'estimeit] *v.t.* sottovalutare.
to **underexpose** ['ʌndəriks'pəuz] *v.t.* (*Fot.*) sottoesporre.
underfed ['ʌndə'fed] *a.* denutrito.

underfoot ['ʌndə'fut] *avv.* sotto i piedi: *the ground was soft* ~ il terreno era molle sotto i piedi.

undergarment ['ʌndə,gɑ:mənt] *s.* indumento intimo.

to **undergo** ['ʌndə'gəu] *v.t.* (coniug. come to **go**) **1** sopportare. **2** sottoporsi, subire: *to* ~ *treatment* sottoporsi a una cura.

undergone ['ʌndə'gɔn] → to **undergo**.

undergraduate ['ʌndə'grædjuit] *s.* (*Univ.*) studente (universitario), non ancora laureato.

underground ['ʌndəgraund] **I** *a.* **1** sotterraneo, sottoterra. **2** (*fig.*) clandestino. **3** (*fig.*) controcorrente. **II** *avv.* **1** sottoterra. **2** (*fig.*) clandestinamente. **III** *s.* **1** (*Ferr., ingl.*) ferrovia sotterranea, metropolitana. **2** sottosuolo. **3** movimento clandestino. **4** movimento culturale controcorrente.

undergrowth ['ʌndəgrəuθ] *s.* sottobosco.

underhand ['ʌndəhænd] **I** *a.* **1** segreto, clandestino. **2** (*Sport*) dal basso all'alto. **II** *avv.* **1** di nascosto. **2** (*Sport*) dal basso all'alto.

underhung ['ʌndə'hʌŋ] *a.* **1** (*di mandibole*) sporgente. **2** (*rif. a persona*) dalla mandibola sporgente.

to **underlay** [,ʌndə'lei] *v.t.* (coniug. come to **lay**) **1** ricoprire il fondo di. **2** mettere sotto; sostenere da sotto.

to **underlie** ['ʌndə'lai] *v.t.* (coniug. come to **lie**) **1** essere sotto a, sottostare a. **2** (*fig.*) essere alla base di, costituire il fondamento di.

to **underline** ['ʌndə'lain] *v.t.* sottolineare.

underlinen ['ʌndəlinən] *s.* biancheria personale.

underling ['ʌndəliŋ] *s.* (*spreg.*) scagnozzo, tirapiedi.

underlip ['ʌndəlip] *s.* labbro inferiore.

underlying ['ʌndə'laiiŋ] *a.* **1** sottostante. **2** (*fig.*) basilare, fondamentale; implicito.

to **underman** ['ʌndə'mən] *v.t.* (*Mar.*) equipaggiare in modo insufficiente.

undermentioned ['ʌndə'menʃənd] *a.* sotto indicato.

to **undermine** ['ʌndəmain] *v.t.* **1** scalzare. **2** (*fig.*) insidiare, minare.

undermost ['ʌndəməust] *a.* il più basso, infimo.

underneath ['ʌndə'ni:θ] **I** *prep.* sotto, al di sotto di. **II** *avv.* sotto, abbasso.

undernourished ['ʌndə'nʌriʃt] *a.* denutrito.

underpaid ['ʌndə'peid] *a.* mal pagato.

underpants ['ʌndə'pænts] *s.pl.* mutande (da uomo).

underpass ['ʌndəpɑ:s] *s.* (*Strad.*) sottopassaggio.

to **underpay** ['ʌndə'pei] *v.t.* (coniug. come to **pay**) pagare male.

to **underpin** ['ʌndə'pin] *v.t.* puntellare.

underpopulated ['ʌndə'pɔpjuleitid] *a.* scarsamente popolato.

to **underrate** ['ʌndə'reit] *v.t.* sottovalutare, sminuire (*anche fig.*).

undersecretary ['ʌndə'sekritəri] *s.* sottosegretario.

to **undersell** ['ʌndə'sel] *v.t.* (coniug. come to **sell**) vendere sottocosto, svendere.

undershirt *am.* ['ʌndəʃə:t] *s.* maglietta, maglia.

undersigned ['ʌndə'saind] *a./s.* sottoscritto.

undersized ['ʌndə'saizd] *a.* di misura inferiore alla media.

undersold ['ʌndə'səuld] → to **undersell**.

to **understand** ['ʌndə'stænd] (coniug. come to **stand**) **I** *v.t.* **1** capire, comprendere. **2** capire, essere comprensivo con. **3** venire a sapere, avere l'impressione: *I* ~ *you are to be married* mi sembra di capire che stai per sposarti. **4** capire, rendersi conto di. **5** sottintendere: *the subject of the verb is understood* il soggetto del verbo è sottinteso. **II** *v.i.* **1** capire, comprendere. **2** desumere, dedurre, ritenere: *your objections are, I* ~, *purely formal* le tue obiezioni sono, ritengo, puramente formali. □ *to* **give** *s.o. to* ~ lasciare intendere a qd.; *to* **make** *o.s. understood* farsi capire.

understandable [,ʌndə'stændəbl] *a.* comprensibile.

understanding ['ʌndə'stændiŋ] **I** *s.* **1** comprensione. **2** indulgenza, tolleranza. **3** patto, accordo. **II** *a.* **1** comprensivo. **2** indulgente, tollerante. □ *on the* ~ *that* a condizione che.

to **understate** ['ʌndə'steit] *v.t.* minimizzare, attenuare.

understatement ['ʌndə'steitmənt] *s.* **1** lo sminuire. **2** affermazione sotto tono.

understood ['ʌndə'stud] → to **understand**.

understudy ['ʌndə'stʌdi] *s.* (*Teat.*) sostituto.

to **understudy** [,ʌndə'stʌdi] **I** *v.i.* (*Teat.*) prepararsi a sostituire. **II** *v.t.* studiare (una parte) per una sostituzione.

to **undertake** [,ʌndə'teik] *v.t.* (coniug. come to **take**) **1** intraprendere, accingersi a. **2** impegnarsi a, assumersi l'impegno di (*to* a); promettere. **3** assicurare, garantire. **4** assumersi, addossarsi (una responsabilità).

undertaken [,ʌndə'teikən] → to **undertake**.

undertaker ['ʌndəteikə*] *s.* impresario di pompe funebri.

undertaking ['ʌndə'teikiŋ] *s.* **1** impresa, iniziativa. **2** promessa, impegno. **3** impresa di pompe funebri.

under-the-counter ['ʌndəðə'kauntə*] *a.* (*fam.*) sottobanco.

undertone ['ʌndətəun] *s.* **1** tono sommesso. **2** (*fig.*) senso occulto. **3** tinta tenue.

undertook ['ʌndə'tuk] → to **undertake**.

undertow ['ʌndətəu] *s.* (*Mar.*) risacca.

to **undervalue** ['ʌndə'vælju:] *v.t.* sottovalutare; svalutare.

underwater ['ʌndəwɔ:tə*] *a.* subacqueo.

underwear ['ʌndəwɛə*] *s.* biancheria intima.

underwent ['ʌndəwent] → to **undergo**.

underwood ['ʌndəwud] *s.* sottobosco.

underworld ['ʌndəwə:ld] *s.* **1** (*Mitol.*) Inferi. **2** malavita.

to **underwrite** ['ʌndə'rait] *v.* (coniug. come to **write**) **I** *v.t.* **1** sottoscrivere, firmare. **2** (*di*

polizza) emettere; (*di rischio*) coprire. **3** (*Econ.*) sottoscrivere, finanziare. **II** *v.i.* fare l'assicuratore.
underwriter ['ʌndə'raitə*] *s.* **1** assicuratore. **2** (*Econ.*) sottoscrittore (di azioni); finanziatore.
underwritten ['ʌndə'ritən], **underwrote** ['ʌndə'rəut] → to **underwrite**.
undeserved ['ʌndi'zə:vd] *a.* immeritato, ingiusto.
undesirable ['ʌndi'zairəbl] **I** *a.* indesiderabile. **II** *s.* persona indesiderabile.
undetected [,ʌndi'tektid] *a.* non scoperto, non individuato.
undetermined ['ʌndi'tə:mind] *a.* **1** indeterminato, non stabilito. **2** vago, incerto. **3** indeciso, irresoluto.
undeveloped ['ʌndi'veləpt] *a.* non sviluppato.
undid ['ʌn'did] → to **undo**.
undignified [ʌn'dignifaid] *a.* senza dignità.
undischarged ['ʌndis'tʃɑ:dʒd] *a.* **1** non compiuto, incompiuto. **2** (*Comm.*) (*di debito*) non saldato.
undisciplined ['ʌn'disiplind] *a.* indisciplinato.
undisguised ['ʌndis'gaizd] *a.* **1** non mascherato. **2** (*fig.*) palese.
undistinguished ['ʌndis'tiŋgwiʃt] *a.* mediocre, modesto.
to **undo** ['ʌn'du:] *v.t.* (coniug. come to **do**) **1** sciogliere, slacciare, slegare. **2** disfare, sfare. **3** (*fig.*) annientare, distruggere: *to ~ s.o.'s hopes* distruggere le speranze di qd.
undone[1] ['ʌn'dʌn] → to **undo**.
undone[2] ['ʌn'dʌn] *a.* **1** incompiuto, non fatto. **2** slacciato, slegato.
undoubted [ʌn'dautid] *a.* sicuro, certo, indubbio.
undreamt-of ['ʌn'dremtɔv] *a.* inimmaginabile.
undress ['ʌn'dres] *s.* **1** (*Mil.*) uniforme ordinaria. **2** veste da camera. □ *in a state of ~* mezzo nudo.
to **undress** ['ʌn'dres] **I** *v.t.* spogliare. **II** *v.i.* spogliarsi.
undrinkable ['ʌn'driŋkəbl] *a.* imbevibile, non potabile.
undue ['ʌn'dju:] *a.* **1** eccessivo, smodato. **2** (*Econ.*) non scaduto.
to **undulate** ['ʌndjuleit, *am.* –dʒu:–] *v.i.* **1** ondeggiare, fluttuare. **2** avere una superficie ondulata.
undulation [,ʌndju'leiʃən] *s.* **1** ondulazione, ondeggiamento. **2** movimento ondulatorio.
unduly [ʌn'dju:li] *avv.* **1** ingiustamente. **2** eccessivamente.
undying [ʌn'daiiŋ] *a.* imperituro, immortale.
to **unearth** ['ʌn'ə:θ] *v.t.* **1** dissotterrare, disseppellire. **2** (*fig.*) scoprire, portare alla luce.
unearthly ['ʌn'ə:θli] *a.* **1** non terreno, soprannaturale. **2** misterioso, sinistro. **3** (*fam.*) assurdo, irragionevole.
uneasiness [ʌn'i:zinis] *s.* **1** inquietudine, agitazione. **2** imbarazzo. **3** scomodità, disagio.
uneasy [ʌn'i:zi] *a.* **1** inquieto, agitato. **2** imbarazzato, a disagio. **3** scomodo, disagevole.
uneconomical ['ʌni:kə'nɔmikəl] *a.* non economico; antieconomico.
uneducated ['ʌn'edjukeitid] *a.* ignorante, privo d'istruzione, incolto.
unemployable ['ʌnem'plɔiəbl] *a.* inabile al lavoro.
unemployed ['ʌnem'plɔid] **I** *a.* disoccupato. **II** *s.* (*collett.*) (costr. pl.) disoccupati.
unemployment ['ʌnem'plɔimənt] *s.* disoccupazione.
unending [ʌn'endiŋ] *a.* **1** infinito, eterno. **2** incessante, continuo.
unequal ['ʌn'i:kwəl] *a.* **1** diverso, differente; ineguale, disuguale. **2** impari, ineguale: *an ~ contest* una lotta impari. **3** non all'altezza (*to* di), inadeguato (a): *~ to the task* non all'altezza del compito. **4** irregolare, non uniforme.
unequaled *am.*, **unequalled** [ʌn'i:kwəld] *a.* senza pari, ineguagliato.
unerring ['ʌn'ə:riŋ] *a.* infallibile.
UNESCO = *United Nations Educational, Scientific & Cultural Organization* Organizzazione delle Nazioni Unite per l'Educazione, la Scienza e la Cultura.
uneven ['ʌn'i:vən] *a.* **1** ineguale, irregolare. **2** volubile, incostante.
uneventful ['ʌni'ventful] *a.* non movimentato, tranquillo.
unexampled ['ʌnig'zɑ:mpld] *a.* senza precedenti, unico.
unexceptionable ['ʌnik'sepʃənəbl] *a.* ineccepibile.
unexpected ['ʌniks'pektid] *a.* inatteso, imprevisto.
unexploded ['ʌniks'pləudid] *a.* inesploso.
unexplored ['ʌniks'plɔ:d] *a.* inesplorato.
unfailing [ʌn'feiliŋ] *a.* **1** infallibile, sicuro. **2** inesauribile.
unfair ['ʌn'fɛə*] *a.* ingiusto, sleale.
unfaithful [ʌn'feiθful] *a.* **1** infedele. **2** impreciso, inesatto.
unfaltering [ʌn'fɔ:ltəriŋ] *a.* fermo, risoluto.
unfamiliar ['ʌnfə'miliə*] *a.* **1** sconosciuto, ignoto (*to* a); non familiare (*to* a). **2** non pratico, non esperto (*with* di).
to **unfasten** ['ʌn'fɑ:sn] *v.t.* slacciare, sciogliere.
unfathomable [ʌn'fæðəməbl] *a.* **1** insondabile. **2** (*fig.*) impenetrabile.
unfavorable *am.*, **unfavourable** [ʌn'feivərəbl] *a.* **1** sfavorevole. **2** contrario, avverso.
unfeeling [ʌn'fi:liŋ] *a.* insensibile, indifferente.
unfeigned [ʌn'feind] *a.* non simulato, sincero, genuino.
unfettered ['ʌn'fetəd] *a.* **1** liberato dalle catene. **2** (*fig.*) libero.
unfinished ['ʌn'finiʃt] *a.* **1** non finito, incompiuto. **2** (*Industria*) semilavorato.
unfit ['ʌn'fit] *a.* **1** inadatto, non idoneo (*for* a). **2** non qualificato, incompetente. □ *~ for military service* inabile al servizio militare.
to **unfix** ['ʌn'fiks] *v.t.* slacciare, sciogliere.

unflagging [ʌn'flægiŋ] *a.* infaticabile, instancabile.
unflappable [ʌn'flæpəbl] *a.* imperturbabile, impassibile; flemmatico.
unflattering [ʌn'flætəriŋ] *a.* non adulatorio; veritiero.
unflinching [ʌn'flintʃiŋ] *a.* che non indietreggia, risoluto.
to **unfold** [ʌn'fəuld] **I** *v.t.* **1** spiegare, stendere, distendere. **2** (*fig.*) svelare, rivelare. **II** *v.i.* **1** spiegarsi, distendersi. **2** (*fig.*) rivelarsi, mostrarsi.
unforeseeable ['ʌnfɔ:'si:əbl] *a.* imprevedibile.
unforeseen ['ʌnfɔ:'si:n] *a.* imprevisto, inaspettato.
unforgettable ['ʌnfə'getəbl] *a.* indimenticabile.
unforgivable ['ʌnfə'givəbl] *a.* imperdonabile.
unforgiving ['ʌnfə'giviŋ] *a.* inesorabile, implacabile.
unfortunate [ʌn'fɔ:tʃ(ə)nit] *a.* **1** sfortunato, sventurato. **2** deplorevole, spiacevole.
unfounded ['ʌn'faundid] *a.* infondato.
unfrequented ['ʌnfri'kwentid] *a.* non frequentato; solitario.
unfriendly ['ʌn'frendli] *a.* poco amichevole, ostile.
unfulfilled ['ʌnful'fild] *a.* inesaudito; inappagato.
to **unfurl** ['ʌn'fə:l] **I** *v.t.* spiegare, distendere. **II** *v.i.* spiegarsi, distendersi.
unfurnished ['ʌn'fə:niʃt] *a.* **1** non ammobiliato. **2** sprovvisto (*with* di).
ungainly [ʌn'geinli] *a.* goffo, sgraziato.
ungenerous ['ʌn'dʒenərəs] *a.* non generoso.
ungodly [ʌn'gɔdli] *a.* **1** empio. **2** malvagio, scellerato. **3** (*fam.*) assurdo; (*rif. a ore*) antelucano.
ungovernable [ʌn'gʌvənəbl] *a.* indisciplinato, indocile; sfrenato.
ungracious [ʌn'greiʃəs] *a.* scortese, maleducato.
ungrateful [ʌn'greitful] *a.* ingrato.
ungrounded ['ʌn'graundid] → **unfounded.**
unguarded ['ʌn'gɑ:did] *a.* **1** incustodito, indifeso. **2** imprudente, incauto.
unguent ['ʌngwənt] *s.* (*Farm.*) unguento.
unhandy ['ʌn'hændi] *a.* poco maneggevole.
unhappiness [ʌn'hæpinis] *s.* infelicità.
unhappy [ʌn'hæpi] *a.* **1** infelice; sfortunato, sventurato. **2** inadatto, inopportuno.
unharmed ['ʌn'hɑ:md] *a.* incolume, illeso.
unhealthy [ʌn'helθi] *a.* **1** malaticcio. **2** insalubre, malsano. **3** (*fam.*) pericoloso.
unheard ['ʌn'hə:d] *a.* **1** non udito, non sentito. **2** inascoltato.
unheard-of ['ʌn'hə:dɔv] *a.* **1** senza precedenti. **2** inaudito, incredibile.
unheeded ['ʌn'hi:did] *a.* ignorato, inosservato.
to **unhinge** [ʌn'hindʒ] *v.t.* **1** scardinare. **2** (*fig.*) sconvolgere.
unholy [ʌn'həuli] *a.* **1** empio; malvagio, scellerato. **2** (*fam.*) irragionevole, assurdo. **3** tremendo.
to **unhook** ['ʌn'huk] *v.t.* **1** sganciare, staccare. **2** sfibbiare.
unhoped-for [ʌn'həuptfɔ:*] *a.* insperato, inaspettato.
to **unhorse** ['ʌn'hɔ:s] *v.t.* disarcionare.
unhygienic ['ʌnhai'dʒi:nik] *a.* antigienico.
unhurt ['ʌn'hə:t] *a.* incolume, illeso.
UNICEF = *United Nations International Children's Emergency Fund* Fondo di Emergenza delle Nazioni Unite per l'Infanzia.
unicellular ['ju:ni'seljulə*] *a.* (*Biol.*) unicellulare.
unicorn ['ju:nikɔ:n] *s.* unicorno, liocorno.
unidentified ['ʌnai'dentifaid] *a.* non identificato. ▭ ~ *flying object* oggetto volante non identificato (*abbr.* UFO); disco volante.
unification [,ju:nifi'keiʃən] *s.* unificazione.
uniform ['ju:nifɔ:m] **I** *a.* **1** uniforme. **2** costante, invariabile. **II** *s.* uniforme, divisa. ▭ (*Mil.*) *in full* ~ in alta uniforme.
uniformity [,ju:ni'fɔ:miti] *s.* uniformità.
to **unify** ['ju:nifai] *v.t.* unificare, unire, riunire.
unilateral ['ju:ni'lætərəl] *a.* unilaterale.
unimaginative [,ʌni'mædʒinətiv] *a.* privo di fantasia.
unimpaired ['ʌnim'pɛəd] *a.* indenne.
unimportant ['ʌnim'pɔ:tənt] *a.* senza importanza, trascurabile.
unimpressed ['ʌnim'prest] *a.* non impressionato, non colpito. ▭ *I was ~ by his achievements* le sue imprese non mi hanno sconvolto.
unimpressive ['ʌnim'presiv] *a.* che non impressiona, che non colpisce.
uninhibited ['ʌnin'hibitid] *a.* senza inibizioni.
uninspired ['ʌnin'spaiəd] *a.* banale; noioso.
unintelligible [,ʌnin'telidʒəbl] *a.* inintelligibile, incomprensibile.
unintentional ['ʌn'intenʃənəl] *a.* involontario.
uninteresting ['ʌn'intristiŋ] *a.* non interessante.
uninterrupted ['ʌnintə'rʌptid] *a.* ininterrotto; continuo.
uninvited ['ʌnin'vaitid] *a.* non invitato, senza invito.
uninviting ['ʌn'invaitiŋ] *a.* non allettante, non attraente.
union ['ju:niən] **I** *s.* **1** unione, associazione, lega. **2** sindacato. **3** armonia, accordo. **4** circolo universitario. **5** (*Mecc.*) raccordo, giunto. **II** *a.attr.* sindacale. ▭ (*Stor. am.*) *the Union* gli Stati Uniti d'America; *Union Jack* bandiera nazionale britannica.
unionism ['ju:njənizəm] *s.* **1** unionismo. **2** sindacalismo.
unionist ['ju:njənist] *s.* **1** unionista *m./f.* **2** sindacalista *m./f.*
unique [ju'ni:k] *a.* **1** unico, singolo. **2** (*fam.*) eccezionale, straordinario.
uniqueness [ju'ni:knis] *s.* unicità.
unisex ['ju:niseks] *a.* unisex.
unison ['ju:nizn] *s.* (*Mus.*) unisono (*anche fig.*).
unit ['ju:nit] *s.* **1** unità (*anche tecn., Mat.,*

Inform.). **2** unità di misura. **3** elemento; gruppo; blocco. **3** (*Mil.*) unità, reparto.
unitary ['ju:nitəri] *a.* unitario.
to **unite** [ju:'nait] **I** *v.t.* **1** riunire, unire; unire in matrimonio. **2** congiungere. **II** *v.i.* **1** unirsi, riunirsi. **2** congiungersi.
united [ju:'naitid] *a.* **1** unito; congiunto. **2** d'accordo, in armonia. **3** unito in matrimonio. □ *United Nations* Nazioni Unite.
United Kingdom, the [ju:'naitid'kiŋdəm] *N.pr.* (*Geog.*) Regno Unito.
United States, the [ju:'naitid'steits] *N.pr.* (*Geog.*) Stati Uniti (d'America).
united trust [ju:'naitid'trʌst] (*Econ., GB*) fondo comune d'investimento.
unity ['ju:niti] *s.* **1** unità. **2** (perfetto) accordo, (piena) armonia.
universal [,ju:ni'və:səl] *a.* universale; generale, totale.
universality [,ju:nivə:'sæliti] *s.* universalità.
universe ['ju:nivə:s] *s.* universo.
university [,ju:ni'və:siti] **I** *s.* università. **II** *a.attr.* universitario.
unjust ['ʌn'dʒʌst] *a.* ingiusto, iniquo.
unkempt [ʌn'kempt] *a.* **1** scarmigliato, spettinato. **2** sciatto, trasandato.
unkind [ʌn'kaind] *a.* scortese, sgarbato.
unknowing ['ʌn'nəuiŋ] *a.* inconsapevole, ignaro.
unknown ['ʌn'nəun] **I** *a.* sconosciuto, ignoto: *the ~ warrior* il milite ignoto. **II** *s.* **1** ignoto. **2** sconosciuto. **3** (*Mat.*) incognita. □ (*Mat.*) *~ quantity* incognita.
unlawful [ʌn'lɔ:ful] *a.* illecito, illegale.
to **unlearn** ['ʌn'lə:n] *v.t.* (coniug. come to **learn**) dimenticare, disimparare.
unlearned ['ʌn'lə:nid] *a.* ignorante, illetterato.
to **unleash** ['ʌn'li:ʃ] *v.t.* **1** liberare, slegare; sguinzagliare. **2** (*fig.*) scatenare.
unleavened ['ʌn'levnd] *a.* (*di pane*) azzimo, non lievitato.
unless [ən'les, ʌn'les] *congz.* a meno che, salvo che.
unlettered ['ʌn'letəd] *a.* incolto, ignorante; analfabeta.
unlike ['ʌn'laik] **I** *a.* **1** non somigliante, dissimile. **2** diverso, differente. **II** *prep.* **1** diverso da, differente da: *she is ~ her mother* è diversa da sua madre. **2** non da, non tipico di: *it is ~ him to lose his temper* non è da lui perdere la pazienza. **3** diversamente da, a differenza di.
unlikely ['ʌn'laikli] *a.* improbabile, inverosimile.
unlimited [ʌn'limitid] *a.* illimitato; sconfinato, immenso.
unlisted ['ʌn'listid] *a.* non quotato (in borsa).
to **unload** ['ʌn'ləud] **I** *v.t.* **1** scaricare. **2** (*fig.*) liberare, alleggerire, scaricare. **3** (*Econ.*) vendere, disfarsi di. **4** scaricare (un fucile). **II** *v.i.* scaricare.
to **unlock** [ʌn'lɔk] *v.t.* **1** aprire con la chiave. **2** (*fig.*) svelare, rivelare. **3** (*Mecc.*) sbloccare.
unlooked-for [ʌn'luktfɔ:*] *a.* imprevisto, inaspettato.
to **unloose** ['ʌn'lu:s], to **unloosen** ['ʌn'lu:sn] *v.t.* **1** allentare (la presa). **2** slacciare.
unlucky [ʌn'lʌki] *a.* **1** sfortunato, disgraziato. **2** malaugurato, infausto.
to **unmake** ['ʌn'meik] *v.t.* (coniug. come to **make**) disfare.
unmanly ['ʌn'mænli] *a.* **1** vile, codardo. **2** effeminato.
unmanned [ʌn'mænd] *a.* senza equipaggio.
unmannerly [ʌn'mænəli] *a.* sgarbato, scortese.
unmarked ['ʌn'mɑ:kt] *a.* **1** non contrassegnato. **2** non notato.
unmarried [ʌn'mærid] *a.* non sposato; single.
to **unmask** ['ʌn'mɑ:sk] **I** *v.t.* smascherare (*anche fig.*). **II** *v.i.* levarsi la maschera.
unmatched ['ʌn':mætʃt] *a.* **1** spaiato, scompagnato. **2** ineguagliato.
unmerciful [ʌn'mə:siful] *a.* spietato, implacabile, inesorabile.
unmistakable ['ʌnmis'teikəbl] *a.* **1** chiaro, evidente. **2** facilmente riconoscibile.
unmitigated [ʌn'mitigeitid] *a.* **1** non attenuato. **2** assoluto, perfetto, bell'e buono: *an ~ fool* un perfetto imbecille.
to **unmoor** ['ʌn'muə*] **I** *v.t.* (*Mar.*) togliere gli ormeggi a. **II** *v.i.* togliere gli ormeggi.
unmoved ['ʌn'mu:vd] *a.* **1** fermo, fisso. **2** (*fig.*) impassibile, imperturbato.
unnatural [ʌn'nætʃ(ə)rəl] *a.* **1** innaturale. **2** affettato, ricercato.
unnecessary [ʌn'nesisəri] *a.* non necessario, inutile, superfluo.
to **unnerve** ['ʌn'nə:v] *v.t.* **1** far perdere il controllo a. **2** rendere smidollato.
unnoticed ['ʌn'nəutist] *a.* inosservato. □ *to* **leave** *a fact ~* passare sotto silenzio un fatto; *to let s.th.* **pass** *~* non far caso a qc.
unnumbered ['ʌn'nʌmbəd] *a.* **1** non numerato. **2** innumerevole.
unobtrusive ['ʌnəb'tru:siv] *a.* discreto, riservato.
unofficial ['ʌnə'fiʃəl] *a.* **1** non ufficiale, informale. **2** (*di notizia, ecc.*) ufficioso.
unorthodox ['ʌn'ɔ:θədɔks] *a.* non ortodosso.
to **unpack** ['ʌn'pæk] **I** *v.t.* **1** togliere da una valigia (*o* un baule, ecc.). **2** (*di valigia, ecc.*) svuotare, disfare. **II** *v.i.* disfare le valigie.
unpaid ['ʌn'peid] *a.* **1** non retribuito, non pagato. **2** (*Comm.*) non saldato, insoluto.
unparalleled [ʌn'pærəleld] *a.* ineguagliabile, incomparabile; senza precedenti.
unparliamentary ['ʌnpɑ:lə'mentəri] *a.* che non si addice al Parlamento (di linguaggio, modi, ecc.).
to **unpin** ['ʌn'pin] *v.t.* staccare (togliendo gli spilli).
unplaced ['ʌn'pleist] *a.* **1** fuori posto. **2** (*Sport*) non piazzato.
unpleasant [ʌn'pleznt] *a.* sgradevole, spiacevole.
unpleasantness [ʌn'plezntnis] *s.* **1** spiacevolezza, sgradevolezza. **2** fatto spiacevole.
to **unplug** ['ʌn'plʌg] *v.t.* **1** (*El.*) staccare la spina di. **2** stappare.

unpractical ['ʌn'præktikəl] *a.* irrealizzabile, inattuabile.
unpracticed *am.*, **unpractised** ['ʌn'præktist] *a.* inesperto, poco pratico.
unprecedented [ʌn'presidəntid] *a.* senza precedenti; senza riscontro.
unprepared ['ʌnpri'pɛəd] *a.* **1** non preparato, improvvisato. **2** preso alla sprovvista.
unprepossessing ['ʌn,pri:pə'zesiŋ] *a.* non attraente, poco simpatico. □ ~ *figure* un personaggio scialbo.
unpresuming ['ʌnpri'zju:miŋ] *a.* modesto.
unpretending ['ʌnpri'tendiŋ], **unpretentious** ['ʌnpri'tenʃəs] *a.* senza pretese.
unprincipled [ʌn'prinsəpld] *a.* senza principi morali.
unproductive ['ʌnprə'dʌktiv] *a.* improduttivo, infecondo.
unprofessional ['ʌnprə'feʃənl] *a.* non professionale; dilettantesco.
unprofitable [ʌn'prɔfitəbl] *a.* **1** non redditizio, infruttuoso. **2** inutile, vano: ~ *arguments* discussioni inutili.
unpromising ['ʌn'prɔmisiŋ] *a.* poco promettente.
unprovided ['ʌnprə'vaidid] *a.* sprovvisto, sfornito (*with* di).
unprovided-for ['ʌnprə'vaididfɔ:*] *a.* senza mezzi.
unprovoked ['ʌnprə'vəukt] *a.* **1** non provocato. **2** (*estens.*) immeritato.
unqualified [ʌn'kwɔlifaid] *a.* **1** non qualificato, incompetente. **2** incondizionato, illimitato.
unquenchable [ʌn'kwentʃəbl] *a.* inestinguibile.
unquestionable [ʌn'kwestʃənəbl] *a.* incontestabile, indiscutibile.
unquestioned [ʌn'kwestʃənd] *a.* indiscusso, incontestato.
unquestioning [ʌn'kwestʃəniŋ] *a.* assoluto, senza condizioni.
unquiet ['ʌn'kwaiət] *a.* agitato, irrequieto.
to **unquote** [ʌn'kwəut] *v.t.* chiudere le virgolette.
to **unravel** [ʌn'rævəl] *v.* (*pass., p.p.* **–lled**/*am.* **–led** [–d]) **I** *v.t.* **1** dipanare, districare; disfare. **2** (*fig.*) chiarire, sbrogliare, districare. **II** *v.i.* districarsi, sbrogliarsi.
unreal ['ʌn'riəl] *a.* irreale, immaginario.
unrecognizable ['ʌn'rekəgnaizəbl] *a.* irriconoscibile.
unrefined ['ʌnri'faind] *a.* **1** non raffinato, grezzo, greggio. **2** (*fig.*) grossolano, rozzo.
unrelated ['ʌnri'leitid] *a.* indipendente (*to* da), senza rapporto (con).
unrelenting ['ʌnri'lentiŋ] *a.* **1** implacabile, inesorabile. **2** che non rallenta, accanito.
unreliable ['ʌnri'laiəbl] *a.* inattendibile.
unrelieved ['ʌnri'li:vd] *a.* invariato, che non conosce cambiamenti.
unremitting ['ʌnri'mitiŋ] *a.* **1** incessante, ininterrotto. **2** assiduo.
unrequested ['ʌnri'kwestid] *a.* non (ri)chiesto.
unrequited ['ʌnri'kwaitid] *a.* **1** non corrisposto, non ricambiato. **2** invendicato.
unreserved ['ʌnri'zə:vd] *a.* **1** non prenotato, non riservato. **2** franco, aperto. **3** incondizionato, senza riserve.
unrest ['ʌn'rest] *s.* agitazione, irrequietezza. □ *political* ~ fermenti politici.
unrestrained ['ʌnri'streind] *a.* non represso, libero.
unrestricted ['ʌnri'striktid] *a.* senza limitazioni.
unripe ['ʌn'raip] *a.* acerbo, immaturo.
unrivaled *am.*, **unrivalled** [ʌn'raivəld] *a.* impareggiabile.
to **unroll** ['ʌn'rəul] **I** *v.t.* srotolare, svolgere. **II** *v.i.* srotolarsi, svolgersi.
unruffled ['ʌn'rʌfld] *a.* calmo, imperturbato.
unruly [ʌn'ru:li] *a.* indisciplinato, insubordinato; turbolento.
to **unsaddle** ['ʌn'sædl] **I** *v.t.* **1** dissellare. **2** disarcionare. **II** *v.i.* dissellare un cavallo.
unsafe ['ʌn'seif] *a.* pericoloso, rischioso.
unsalted ['ʌn'sɔ:ltid] *a.* senza sale.
unsatisfactory ['ʌn,sætis'fæktəri] *a.* insoddisfacente; inadeguato; che lascia a desiderare.
unsavory *am.*, **unsavoury** ['ʌn'seivəri] *a.* **1** insipido, scipito. **2** (*fig.*) disgustoso, nauseante.
to **unsay** ['ʌn'sei] *v.t.* (coniug. come to **say**) ritrattare.
unscathed ['ʌn'skeiðd] *a.* illeso, incolume.
unscheduled ['ʌn'ʃedju:ld, *am.* ʌn'skedʒuld] *a.* **1** fuori programma. **2** (*Ferr.*) straordinario.
to **unscrew** ['ʌn'skru:] **I** *v.t.* svitare. **II** *v.i.* svitarsi.
unscripted ['ʌn'skriptid] *a.* improvvisato, estemporaneo.
unscrupulous [ʌn'skru:pjuləs] *a.* senza scrupoli.
to **unseal** ['ʌn'si:l] *v.t.* dissigillare.
unseasoned ['ʌn'si:zənd] *a.* **1** (*Gastr.*) scondito. **2** (*di legno*) non stagionato.
to **unseat** ['ʌn'si:t] *v.t.* **1** (*Parl.*) privare del seggio. **2** sbalzare di sella.
unseemly [ʌn'si:mli] *a.* sconveniente, indecoroso.
unseen ['ʌn'si:n] **I** *a.* **1** non visto, non veduto. **2** invisibile. **II** *s.* traduzione estemporanea.
unselfish ['ʌn'selfiʃ] *a.* altruista; disinteressato.
to **unsettle** ['ʌn'setl] *v.t.* sconvolgere, scompigliare.
unsettled ['ʌn'setld] *a.* **1** non a posto. **2** agitato, turbato. **3** non definito, non risolto. **4** instabile, incostante. **5** nomade, senza fissa dimora. **6** disabitato, non popolato. **7** (*Econ.*) non pagato.
to **unshackle** ['ʌn'ʃækl] *v.t.* liberare dalle catene.
unshak(e)able ['ʌn'ʃeikəbl] *a.* incrollabile.
unshaken ['ʌn'ʃeikən] *a.* fermo, saldo.
unshrinkable ['ʌn'ʃriŋkəbl] *a.* irrestringibile.
unsightly [ʌn'saitli] *a.* brutto, sgradevole.
unsigned ['ʌn'saind] *a.* senza firma.

unskilful ['ʌn'skilful] *a.* non abile, maldestro.
unskilled ['ʌn'skild] *a.* **1** inesperto. **2** non qualificato.
unsophisticated ['ʌnsə'fistikeitid] *a.* non sofisticato; genuino, schietto.
unsound ['ʌn'saund] *a.* **1** non valido, poco solido; falso, erroneo. **2** malsano; malato. **3** (economicamente) instabile. **4** poco solido, instabile; pericolante. □ ~ *of mind* non sano di mente.
unsparing [ʌn'spɛəriŋ] *a.* prodigo, generoso (*of, in* di).
unspeakable [ʌn'spi:kəbl] *a.* indicibile.
unspoilt ['ʌn'spɔilt] *a.* **1** non rovinato, non sciupato. **2** (*di bambino*) non viziato.
unstable ['ʌn'steibl] *a.* **1** instabile. **2** volubile, incostante.
unsteady ['ʌn'stedi] *a.* **1** instabile, malfermo; traballante, vacillante. **2** irresoluto, indeciso, incostante.
unstressed ['ʌn'strest] *a.* (*Fonetica*) non accentato.
unstrung ['ʌn'strʌŋ] *a.* (*fig.*) con i nervi tesi.
unstuck ['ʌn'stʌk] *a.* staccato, scollato. □ *to come* ~ scollarsi; (*fig.*) andar male.
unstudied ['ʌn'stʌdid] *a.* naturale, spontaneo.
unsubstantial ['ʌnsʌb'stænʃəl] *a.* **1** immateriale, incorporeo. **2** (*fig.*) inconsistente.
unsuccessful ['ʌnsək'sesful] *a.* fallito; che non ha successo.
unsuitable ['ʌn's(j)u:təbl] *a.* inadatto (*for* a).
unsuited ['ʌn's(j)u:tid] *a.* non adatto, non idoneo (*to* a). □ *they are* ~ *to each other* non sono fatti l'uno per l'altro.
unsullied ['ʌn'sʌlid] *a.* **1** pulito, senza macchia. **2** (*fig.*) puro, incontaminato.
unsung ['ʌn'sʌŋ] *a.* non celebrato in versi.
unsupported [,ʌnsə'pɔ:tid] *a.* **1** senza sostegno (economico). **2** non sorretto, non sostenuto. **3** non provato.
unsure [ʌn'ʃuə*] *a.* **1** insicuro. **2** incerto (*of* su), non certo (di).
unsuspected ['ʌnsəs'pektid] *a.* insospettato.
unswerving [ʌn'swə:viŋ] *a.* saldo, costante.
untarnished ['ʌn'tɑ:niʃt] *a.* senza macchia, immacolato.
unthinkable [ʌn'θiŋkəbl] *a.* inconcepibile, inimmaginabile.
unthinking [ʌn'θiŋkiŋ] *a.* irriflessivo; sbadato.
unthought-of [ʌn'θɔ:tɔv] *a.* impensato, inatteso.
untidy [ʌn'taidi] *a.* disordinato, trascurato.
to **untie** ['ʌn'tai] *v.t.* sciogliere, disfare; slegare.
until [ən'til] → **till**.
untimely [ʌn'taimli] *a.* **1** intempestivo, inopportuno. **2** prematuro.
untiring [ʌn'taiəriŋ] *a.* instancabile, infaticabile.
unto ['ʌntu(:)] *prep.* (*lett. ant.*) **1** a. **2** verso, in direzione di. **3** fino a.
untold [ʌn'təuld] *a.* **1** (*lett.*) indicibile. **2** incalcolabile, innumerevole; indicibile.
untouchable [ʌn'tʌtʃəbl] *a./s.* intoccabile.
untouched ['ʌn'tʌtʃt] *a.* **1** non toccato. **2** intatto, integro. **3** imperturbato, impassibile.
untoward [ʌn'təuəd, 'ʌntu'wɔ:d] *a.* (*lett.*) spiacevole, increscioso.
untrained ['ʌn'treind] *a.* **1** non esercitato. **2** inesperto, impreparato. **3** (*Sport*) non allenato.
untrodden ['ʌn'trɔdən] *a.* **1** non calpestato. **2** non frequentato.
untrue ['ʌn'tru:] *a.* **1** falso. **2** infedele, sleale.
untrustworthy ['ʌn'trʌstwə:ði] *a.* indegno di fiducia; poco attendibile.
untruth ['ʌn'tru:θ] *s.* bugia, menzogna.
untruthful ['ʌn'tru:θful] *a.* menzognero, bugiardo.
unused ['ʌn'ju:st] *a.* non abituato (*to* a).
unusual [ʌn'ju:ʒuəl] *a.* **1** insolito, inconsueto. **2** eccezionale, straordinario.
unvarnished ['ʌn'vɑ:niʃt] *a.* **1** non verniciato. **2** (*fig.*) non alterato. □ *the* ~ *truth* la verità nuda e cruda.
to **unveil** [ʌn'veil] **I** *v.t.* **1** togliere il velo a. **2** scoprire, inaugurare. **3** (*fig.*) svelare, rivelare. **II** *v.i.* svelarsi, scoprirsi.
unvoiced ['ʌn'vɔist] *a.* **1** inespresso, non detto. **2** (*Fonetica*) sordo.
unwarranted ['ʌn'wɔrəntid] *a.* **1** ingiustificato. **2** non garantito.
unwary ['ʌn'wɛəri] *a.* imprudente, avventato.
unwavering [ʌn'weivəriŋ] *a.* saldo, fermo.
unwelcome [ʌn'welkəm] *a.* sgradito, male accolto.
unwell ['ʌn'wel] *a.* indisposto, ammalato.
unwholesome [ʌn'həulsəm] *a.* **1** malsano, insalubre; (*di cibo*) guasto. **2** (*fig.*) corrotto, guasto.
unwieldy [ʌn'wi:ldi] *a.* **1** poco maneggevole, scomodo; ingombrante. **2** pesante; goffo.
unwilling ['ʌn'wiliŋ] *a.* non disposto (*to* a); riluttante, restio.
unwillingness ['ʌn'wiliŋnis] *s.* riluttanza, malavoglia.
to **unwind** ['ʌn'waind] *v.* (coniug. come to **wind**[3]) **I** *v.t.* **1** svolgere, spiegare. **2** dipanare. **3** districare, sbrogliare. **4** (*fig.*) far rilassare. **II** *v.i.* **1** svolgersi, sgomitolarsi. **2** (*fig.*) rilassarsi, distendersi.
unwise [ʌn'waiz] *a.* insensato, imprudente.
unwitting [un'witiŋ] *a.* **1** involontario. **2** inconsapevole, ignaro.
unworthiness [ʌn'wə:ðinis] *s.* indegnità, bassezza.
unworthy [ʌn'wə:ði] *a.* **1** indegno, immeritevole (*of* di). **2** basso, meschino.
to **unwrap** ['ʌn'ræp] *v.t.* scartare, disfare.
unwritten ['ʌn'ritən] *a.* non scritto, orale. □ (*Dir.*) ~ *law* legge consuetudinaria.
unyielding [ʌn'ji:ldiŋ] *a.* **1** rigido, duro. **2** (*fig.*) fermo, inflessibile; ostinato.
to **unzip** ['ʌn'zip] *v.t.* aprire la chiusura lampo di.
up [ʌp] **I** *avv.* **1** su, (di) sopra, in alto, in su, insù. **2** diritto, in piedi, ritto (*spesso non si traduce*): *to stand* ~ alzarsi (in piedi); alzato: *to stay* ~ *all night* stare alzato tutta la

notte. **3** (*per indicare movimento verso una città*) su (*spesso non si traduce*): *to go ~ to town* andare in città. **4** su, verso il nord. **5** (*per indicare intensità: si traduce in funzione del verbo del quale modifica l'azione*): *to turn the radio ~* alzare il volume della radio; *speak ~!* parla più forte! **6** (*per indicare completamento di un'azione*) (*spesso non si traduce*): *to eat ~* mangiare tutto. **7** all'esame, in esame: *the bill is ~ before the House of Lords* il progetto di legge è all'esame della camera dei Lord. **II** *prep.* **1** su (per): *to run ~ the hill* correre su per il colle; in cima a, verso la cima di. **2** verso il fondo di, in fondo a. **3** a nord di, verso il nord di. **4** contro, in direzione opposta a: *to sail ~ wind* veleggiare contro vento. **III** *a.* **1** in piedi, alzato. **2** sollevato; eretto. **3** alto: *the moon is ~* la luna è alta. **4** (*di fiume, ecc.*) in piena. **5** in aria. **6** che sale, in salita, diretto verso l'alto; rivolto verso l'alto. **7** finito: *it's all ~* è tutto finito. **8** (*Parl.*) in vacanza. **9** aumentato, salito: *prices are ~* i prezzi sono aumentati. □ *to be ~ and* **about** essere in giro; essere guarito; *to be ~* **against** essere alle prese con; *~* **and** *~* sempre più su; *to be ~ and* **doing** darsi da fare; *~ and* **down** su e giù; da cima a fondo; *ups and* **downs** alti e bassi, alterne vicende; *to* **feel** *~ to doing s.th.* sentirsi di fare qc., essere in grado di fare qc.; *to be ~* **for** *s.th.* essere processato per qc.; *to be ~* **for** *sale* essere in vendita; *to be ~ and* **going** = *to be ~ and* **doing**; *he is ~ to no* **good** ne sta facendo una delle sue; *to be ~* **in** essere informato di; (*fam.*) *to be well ~* **in** *s.th.* essere ferrato in qc.; *to be ~* **on** essere informato di; essere in anticipo su; (*fam.*) **on** *the ~ (and ~)* in continuo miglioramento; (*Strad.*) **road** *~* strada interrotta (per lavori in corso); *~* **till** *now* finora, fino a ora; *~* **to** fino a; *to be ~* **to** arrivare a; (*fam.*) essere all'altezza di; *it's ~* **to** *you* tocca a te; (*fam.*) **what***'s ~?* che cosa sta succedendo?

to **up** [ʌp] *v.* (*pass., p.p.* **upped** [ʌpt]) (*fam.*) **I** *v.t.* **1** alzare, sollevare. **2** aumentare, alzare. **II** *v.i.* **1** balzare su a fare qc. **2** alzarsi.

UP = *United Press* Stampa Associata.

up-and-coming [ʌpən'kʌmiŋ] *a.* (*fam.*) sulla strada del successo.

to **upbraid** [ʌp'breid] *v.t.* rimproverare.

upbringing ['ʌpbriŋiŋ] *s.* educazione.

to **update** [ʌp'deit] *v.t.* aggiornare.

up-front ['ʌpfrʌnt] *a.* **1** (*fam.*) fatto apertamente, sotto gli occhi di tutti. **2** (*rif. a pagamenti*) subito, sull'unghia: *I'll do it, but I want $ 50 ~* d'accordo lo farò, ma voglio subito 50 dollari.

upgrade ['ʌpgreid] *s.* salita. □ *on the ~* in aumento; (*fam.*) in miglioramento.

to **upgrade** [ʌp'greid] *v.t.* promuovere.

upheaval [ʌp'hi:vəl] *s.* **1** (*Geol.*) sollevamento. **2** (*fig.*) sovvertimento, sconvolgimento.

uphill ['ʌp'hil] **I** *avv.* in salita, in su. **II** *a.* **1** ascendente. **2** (*fig.*) arduo, difficile.

to **uphold** [ʌp'həuld] *v.t.* (coniug. come to **hold**) **1** sostenere, sorreggere. **2** (*fig.*) appoggiare; approvare.

to **upholster** [ʌp'həulstə*] *v.t.* imbottire; tappezzare.

upholsterer [ʌp'həulstərə*] *s.* tappezziere.

upholstery [ʌp'həulstəri] *s.* tappezzeria; imbottitura.

upkeep ['ʌp'ki:p] *s.* manutenzione; spese di manutenzione.

upland ['ʌplənd] **I** *s.* (spesso al pl.) regione montuosa; altopiano. **II** *a.* montano, montuoso.

uplift ['ʌplift] *s.* **1** sollevamento. **2** (*fig. iron.*) edificazione, elevazione morale. **3** (*fig.*) incoraggiamento, conforto.

to **uplift** [ʌp'lift] *v.t.* **1** sollevare, tirare su. **2** (*fig.*) incoraggiare, confortare.

upmost ['ʌpməust] → **uppermost**.

upon [ə'pɔn] *prep.* su, sopra: *a house ~ the hill* una casa sulla collina.

upper ['ʌpə*] **I** *a.* **1** più alto, superiore: *the ~ branches of a tree* i rami più alti di un albero. **2** (di grado) superiore. **II** *s.* tomaia (di scarpa). □ (*fam.*) *to* **be** (*down*) *on one's uppers* essere al verde; (*Tip.*) *~* **case** maiuscolo; (*scherz.*) *~* **crust** aristocrazia; (*fig.*) *to have the ~* **hand** avere il sopravvento; (*GB*) *Upper* **House** Camera dei Lord; (*fig.*) *to* **keep** *a stiff ~ lip* rimanere impassibile; *~* **lip** labbro superiore; (*fam.*) *to be weak in the ~* **storey** avere un cervello di gallina; (*fam.*) *the ~* **ten** (*thousand*) l'aristocrazia.

upper-class ['ʌpəklɑ:s] *a.* di ceto elevato.

upper classes [ʌpə'klɑ:siz] *s.pl.* le classi sociali più elevate.

upper-cut ['ʌpəkʌt] *s.* (*Sport*) montante, upper-cut.

uppermost ['ʌpəməust] **I** *a.* **1** massimo, il più alto. **2** (pre)dominante, preponderante. **II** *avv.* nel posto più alto.

uppish ['ʌpiʃ], **uppity** ['ʌpiti] *a.* (*fam.*) arrogante, presuntuoso.

to **upraise** [ʌp'reiz] *v.t.* alzare, sollevare.

upright ['ʌprait] **I** *a.* **1** dritto, eretto; verticale; perpendicolare. **2** (*fig.*) retto, onesto. **II** *s.* (*Edil.*) montante, stipite. **III** *avv.* d(i)ritto, verticalmente; perpendicolarmente. □ (*Mus.*) *~ piano* piano verticale.

uprising ['ʌpraiziŋ] *s.* insurrezione, rivolta.

upriver ['ʌp'rivə*] → **upstream**.

uproar ['ʌprɔ:*] *s.* **1** chiasso, strepito. **2** scompiglio, agitazione.

uproarious [ʌp'rɔ:riəs] *a.* tumultuoso, chiassoso; fragoroso.

to **uproot** [ʌp'ru:t] *v.t.* sradicare, estirpare.

upset ['ʌpset] **I** *a.* **1** capovolto; rovesciato. **2** (*fig.*) sconvolto, scombussolato. **II** *s.* **1** rovesciamento; capovolgimento. **2** (*fig.*) sconvolgimento, scombussolamento.

to **upset** [ʌp'set] *v.* (coniug. come to **set**) **I** *v.t.* **1** rovesciare; capovolgere. **2** (*fig.*) sconvolgere, scombussolare. **3** far stare male, causare

malessere. **II** *v.i.* capovolgersi; rovesciarsi.
upshot ['ʌpʃɔt] *s.* risultato, esito.
upside-down ['ʌp,said'daun] **I** *avv.* **1** a rovescio. **2** (*fig.*) a soqquadro, sottosopra. **II** *a.* **1** rovesciato, capovolto. **2** sottosopra; a rovescio. □ *to turn a glass* ~ capovolgere un bicchiere.
upstage ['ʌp'steidʒ] **I** *avv.* (*Teat.*) verso il fondo (della scena). **II** *a.* (*sl.*) altezzoso, sprezzante.
upstairs ['ʌp'steəz] **I** *a./avv.* al piano superiore. **II** *s.pl.* (costr. sing. o pl.) piano superiore, piani superiori.
upstanding [ʌp'stændiŋ] *a.* **1** dritto, eretto. **2** (*fig.*) retto, onesto.
upstart ['ʌpstɑ:t] **I** *s.* nuovo ricco. **II** *a.* da nuovo ricco, da villano rifatto.
upstream ['ʌp'stri:m] **I** *avv.* **1** a monte. **2** controcorrente. **II** *a.* **1** (posto) a monte. **2** che va controcorrente.
uptake ['ʌpteik] *s.* comprensione, intelligenza. □ **quick** *on the* ~ intelligente; **slow** *on the* ~ lento di comprendonio.
up-to-date ['ʌptə'deit] *a.* **1** aggiornato. **2** moderno, attuale; alla moda. □ *to* **be** ~ (*di persona*) essere ben informato; (*di cosa*) essere aggiornato; *to* **bring** ~ (*di persona*) mettere al corrente; (*di cosa*) aggiornare.
up-to-the-minute ['ʌptəðə'minit] *a.* **1** (*rif. a notizie*) dell'ultima ora. **2** all'ultima moda.
uptown *am.* ['ʌp'taun] *a./avv.* nei quartieri alti.
upturned [ʌp'tə:nd] *a.* rivolto in alto.
upward ['ʌpwəd] **I** *avv.* → **upwards**. **II** *a.* **1** ascensionale, ascendente. **2** in salita. **3** (*Econ.*) in aumento.
upwards ['ʌpwədz] *avv.* **1** in su, all'insù, in alto. **2** in salita. **3** in poi, in su: *from childhood* ~ dalla fanciullezza in poi. □ **and** ~ e più, e oltre; ~ **of** più di, oltre.
uranium [ju(ə)'reiniəm] *s.* (*Chim.*) uranio.
urban ['ə:bən] *a.* **1** urbano. **2** cittadino.
urbane [ə:'bein] *a.* cortese, educato.
urbanistic [,ə:bə'nistik] *a.* urbanistico.
urbanity [ə:'bæniti] *s.* cortesia, gentilezza.
urbanization [,ə:bənai'zeiʃən, *am.* –i'zei–] *s.* urbanizzazione.
to **urbanize** ['ə:bənaiz] *v.t.* urbanizzare.
urchin ['ə:tʃin] *s.* **1** monello. **2** (*Zool.*) riccio di mare.
ureter [juə'ri:tə*] *s.* (*Anat.*) uretere.
urethra [juə'ri:θrə] *s.* (*Anat.*) uretra.
urge [ə:dʒ] *s.* **1** spinta, stimolo. **2** forte desiderio.
to **urge** [ə:dʒ] *v.t.* **1** (spesso con *on, along*) spronare, stimolare, pungolare: *to* ~ *on one's horse* spronare il cavallo. **2** sollecitare, incalzare. **3** chiedere con insistenza, sollecitare. **4** insistere: *to* ~ *s.th.* (*up*) *on s.o.* insistere su qc. con qd.
urgency ['ə:dʒənsi] *s.* **1** urgenza. **2** insistenza, invadenza. **3** assoluta necessità; impellenza.
urgent ['ə:dʒənt] *a.* **1** urgente, pressante. **2** insistente; importuno. □ *to be* ~ **about** (o *for*) *s.th.* insistere per qc.; *to be* ~ **with** *s.o.* fare pressioni su qd.
uric ['juərik] *a.* (*Chim.*) urico.
urinal ['juərinl] *s.* **1** orinatoio. **2** vaso da notte.
urinary ['juərinəri, *am.* –neri] *a.* urinario.
to **urinate** ['juərineit] *v.i.* orinare, urinare.
urine ['juərin] *s.* orina, urina.
urn [ə:n] *s.* **1** urna. **2** caffettiera; samovar.
urologist [,juə'rɔlədʒist] *s.* (*Med.*) urologo.
urology [,juə'rɔlədʒi] *s.* (*Med.*) urologia.
Ursula ['ə:sjulə] *N.pr.f.* Orsola.
Uruguay ['juərəgwai] *N.pr.* (*Geog.*) Uruguay.
us [ʌs, əs] *pron. pers. compl.* ci, (a) noi: *come and see* ~ venite a trovarci; *he gave it to* ~ *not to you* lo ha dato a noi, non a te; *it's all right by* ~ per noi va bene.
US(A) = *United States* (*of America*) Stati Uniti (d'America).
usable ['ju:zəbl] *a.* usabile, adoperabile.
usage ['ju:zidʒ] *s.* **1** uso, impiego, utilizzazione. **2** usanza, costume. **3** trattamento. **4** (*Dir.*) consuetudine, uso.
usance ['ju:zəns] *s.* (*Comm.*) scadenza, termine. □ ~ *bill* effetto pagabile secondo l'uso; effetto scontabile.
use [ju:s] *s.* **1** uso; impiego, utilizzazione. **2** utilità, vantaggio, profitto: *is this of any* ~ *to you?* ti è di qualche utilità? **3** usanza; abitudine, consuetudine. **4** (*Dir.*) uso, diritto d'uso, godimento. □ *not to find* **any** ~ *for s.th.* non sapere che cosa fare di qc.; *to* **come** *into* ~ entrare nell'uso; **for** *the* ~ *of* a uso di; *to have no* **further** ~ *for s.th.* non sapere più che cosa fare di qc.; *to* **have** *one's uses* essere utile; *to* **make** ~ *of* usare, servirsi di; (*of*) **no** ~ inutile; *to have* **no** ~ *for* non avere bisogno di; **of** ~ utile; **out** *of* ~ fuori uso; *to* **put** *s.th. to* ~ servirsi di qc.; **what** *is the* ~? a cosa serve?
to **use** [ju:z] **I** *v.t.* **1** usare, adoperare, utilizzare. **2** servirsi di, approfittare di: *you may* ~ *my office while I'm away* puoi servirti del mio ufficio mentre sono fuori. **3** (talvolta con *up*) consumare; finire, esaurire; trattare, comportarsi con: *to* ~ *s.o. ill* comportarsi male con qd. **II** *v.i.* (usato al *pass.* **used** [ju:st] seguito dall'inf.) essere solito, essere avvezzo (*spesso non si traduce*): *you used not to be so intolerant* non eri così intollerante una volta. □ (*fam.*) *to* ~ *one's* **brains** usare la testa; *to* ~ *one's* **legs** andare a piedi.
used [ju:zd] *a.* **1** usato, adoperato. **2** di seconda mano; (*di abito*) smesso. **3** [ju:st] abituato, avvezzo (*to* a). □ *to get* ~ *to* abituarsi a.
useful ['ju:sful] *a.* **1** utile, vantaggioso. **2** pratico, funzionale. **3** (*fam.*) abile, bravo. □ *to come in* ~ tornare utile.
usefulness ['ju:sfulnis] *s.* utilità, vantaggiosità.
useless ['ju:slis] *a.* **1** inutile. **2** inservibile, inutilizzabile. **3** (*fam.*) incapace, incompetente.

uselessness ['ju:slisnis] *s.* inutilità.
user ['ju:zə*] *s.* utente *m./f.* □ ~ *charge* prezzo di utenza.
user-friendly ['ju:zə'frendli] *a.* facile da usare (rif. a computer, software, ecc.).
usher ['ʌʃə*] *s.* **1** maschera (di cinema, ecc.). **2** usciere.
to **usher** ['ʌʃə*] *v.t.* accompagnare, scortare. □ *to* ~ *in* introdurre.
usherette [ˌʌʃə'ret] *s.* maschera (di cinema, teatro).
USIS = *United States Information Service* Ufficio Informazioni per gli Stati Uniti d'America.
USSR = *Union of Soviet Socialist Republics* Unione delle Repubbliche Socialiste Sovietiche.
usual ['ju:ʒuəl] *a.* solito, usuale, consueto; ordinario. □ **as** ~ come di consueto; (*fam.*) **the** ~, *please* il solito, per favore.
usually ['ju:ʒuəli] *avv.* di solito; abitualmente.
usufruct ['ju:zju:frʌkt] *s.* (*Dir.*) usufrutto.
usurer ['juʒərə*] *s.* usuraio, strozzino.
to **usurp** [ju:'zə:p] *v.t.* usurpare.
usurpation [ˌju:zə:'peiʃən] *s.* usurpazione.
usurper [ju:'zə:pə*] *s.* usurpatore.
usury ['ju:ʒəri] *s.* usura (*anche fig.*).
utensil [ju:'tens(i)l] *s.* **1** utensile. **2** attrezzo, strumento. □ *cooking* ~ batteria da cucina.
uterine ['ju:tərain] *a.* (*Anat.*) uterino.
uterus ['ju:tərəs] *s.* (*pl.* **uteruses** [–es]) (*Anat.*) utero.
utilitarian [ˌju:tili'tɛəriən] **I** *a.* **1** funzionale, pratico. **2** utilitaristico. **II** *s.* utilitarista *m./f.*
utilitarianism [ˌju:tili'tɛəriənizəm] *s.* (*Filos.*) utilitarismo.
utility [ju:'tiliti] *s.* **1** utilità. **2** cosa utile o pratica. **3** servizio di pubblica utilità. □ (*Aut.*) ~ **car** utilitaria; ~ **company** impresa di pubblici servizi.
utilizable ['ju:tilaizəbl] *a.* utilizzabile.
utilization [ˌju:tilai'zeiʃən] *s.* utilizzazione, sfruttamento.
to **utilize** ['ju:tilaiz] *v.t.* utilizzare.
utmost ['ʌtməust] *a./s.* estremo, massimo. □ *to do one's* ~ fare tutto il possibile.
utopia [ju:'təupiə] *s.* utopia.
utopian [ju:'təupiən] **I** *a.* utopistico. **II** *s.* utopista *m./f.*
utter ['ʌtə*] *a.* **1** completo, assoluto. **2** bell'e buono, solenne.
to **utter** ['ʌtə*] *v.t.* **1** emettere, mandare: *to* ~ *a sigh of relief* emettere un sospiro di sollievo. **2** esprimere, dire. **3** divulgare, far conoscere. □ *to* ~ *false coins* spacciare denaro falso.
utterance ['ʌtərəns] *s.* **1** espressione. **2** modo di parlare, parlata. □ *to give* ~ *to* esprimere, manifestare.
uttermost ['ʌtəməust] → **utmost.**
UV = *Ultra-Violet* ultravioletto.
UVA = *Ultra-Violet A* raggi ultravioletti A.
uvula ['ju:vjulə] *s.* (*pl.* **–lae** [–li:]/**–s** [–z]) (*Anat.*) ugola.
uxoricide [ʌk'sɔ:risaid] *s.* **1** uxoricidio. **2** uxoricida *m./f.*
uxorious [ʌk'sɔ:riəs] *a.* troppo tenero con la moglie; troppo sottomesso alla moglie.

V

v[1], **V**[1] [vi:] *s.* (*pl.* **v's/vs, V's/Vs** [vi:z]) v, V. □ (*Tel.*) ~ *for Victor (anche am.)* V come Venezia.
v[2] = **1** *verb* verbo. **2** *volume* volume.
V[2] = (*Chim.*) *vanadium* vanadio.
vacancy ['veikənsi] *s.* **1** posto libero, posto vacante. **2** stanza libera. **3** (*fig.*) spazio vuoto; lacuna.
vacant ['veikənt] *a.* **1** non occupato, libero; (*di immobile*) sfitto. **2** (*di impiego, ecc.*) libero, vacante. **3** (*fig.*) vacuo, vuoto; (*di sguardo*) assente, senza espressione. **4** (*di tempo*) libero, senza impegni.
to **vacate** [və'keit, *am.* 'veikeit] *v.t.* **1** lasciar libero, sgomb(e)rare, liberare. **2** (*di impiego, ecc.*) dimettersi da, lasciare.
vacation [və'keiʃən, *am.* vei–] *s.* **1** (*rif. a impiego, ecc.*) dimissioni, rinuncia. **2** (*Dir., Univ.*) vacanza, vacanze. **3** (*am.*) ferie, vacanze.
to **vacation** *am.* [və'keiʃən] *v.i.* passare le vacanze (*at, in* in).
vacationer *am.* [və'keiʃənə*] *s.* villeggiante.
to **vaccinate** ['væksineit] *v.t.* vaccinare (*against* contro).
vaccination [ˌvæksi'neiʃən] *s.* vaccinazione.
vaccine ['væksi:n, *am.* væ'ksi:n] *s.* vaccino.
to **vacillate** ['væsileit] *v.i.* **1** esitare, tentennare. **2** (*am.*) vacillare, barcollare.
vacillation [ˌvæsi'leiʃən] *s.* **1** esitazione, incertezza. **2** (*am.*) vacillamento, barcollamento.
vacuity [væ'kju:iti] *s.* **1** vuoto, vacuità. **2** (*fig.*) vuotaggine; ottusità, stupidità.
vacuous ['vækjuəs] *a.* vacuo, vuoto; assente.
vacuum ['vækjuəm] *s.* (*pl.* **–s** [–z]/**–cua** [–kjuə]) (*Fis.*) vuoto (*anche fig.*). □ ~ **cleaner** aspirapolvere; ~ **flask** termos.
vacuum-packed ['vækjuəmpækt] *a.* (imballato) sottovuoto.
vademecum *lat.* ['veidi'mi:kəm] *s.* prontuario, vademecum.
vagabond ['vægəbɔnd] **I** *a.* vagabondo, errante. **II** *s.* vagabondo.
vagary ['veigəri] *s.* stravaganza, bizzarria.
vagina [və'dʒainə] *s.* (*Anat.*) vagina.
vaginal [və'dʒainəl] *a.* vaginale.
vaginismus [ˌvædʒi'niz'məs] *s.* (*Med.*) vaginismo.
vaginitis [ˌvædʒi'naitis] *s.* (*Med.*) vaginite.
vagrancy ['veigrənsi] *s.* vagabondaggio.
vagrant ['veigrənt] *a./s.* vagabondo.
vague [veig] *a.* **1** vago, impreciso; indistinto. **2** (*di persona*) distratto, assente. □ *I haven't the vaguest idea* non ne ho la minima idea.
vagueness ['veignis] *s.* vaghezza, imprecisione.
vain [vein] *a.* **1** inutile, vano. **2** vanitoso, presuntuoso. □ *in* ~ inutilmente, invano.
vainglorious [vein'glɔ:riəs] *a.* **1** vanaglorioso. **2** vanitoso.
vainglory [vein'glɔ:ri] *s.* vanagloria.
valance ['væləns] *s.* volant, balza (di tende ecc.).
vale [veil] *s.* (*lett.*) valle.
valediction [ˌvæli'dikʃən] *s.* commiato, addio.
valedictory [ˌvæli'diktəri] *a.* d'addio, di commiato. □ (*am., Univ.*) ~ *speech* discorso di commiato (al termine dell'anno accademico).
valence ['veiləns], **valency** ['veilənsi] *s.* (*Chim.*) valenza.
valentine ['væləntain] *s.* **1** cartolina, lettera mandata il giorno di san Valentino. **2** innamorato, innamorata.
Valentine ['vælənt(a)in] *N.pr.m.* Valentino.
valerian [və'liəriən] *s.* (*Bot., Farm.*) valeriana.
valet ['vælit] *s.* **1** cameriere personale. **2** guardarobiere.
to **valet** ['vælit] *v.t.* fare da cameriere personale.
valiant ['væljənt] *a.* coraggioso, valoroso.
valid ['vælid] *a.* **1** valido; valevole. **2** solido, (ben) fondato.
to **validate** ['vælideit] *v.t.* convalidare.
validity [və'liditi] *s.* **1** validità. **2** fondatezza, solidità.
valise [və'li:z] *s.* **1** valigia. **2** (*Mil.*) zaino.
valley ['væli] *s.* valle, vallata.
valor *am.* ['vælə*] → **valour**.
valorous ['vælərəs] *a.* valoroso, prode.
valour ['vælə*] *s.* valore, prodezza.
valuable ['væljuəbl] **I** *a.* **1** prezioso, molto utile; insostituibile. **2** prezioso, di gran valore. **II** *s.pl.* (oggetti) preziosi.
valuation [ˌvælju'eiʃən] *s.* **1** valutazione, stima. **2** prezzo, valore.
value ['vælju:] *s.* **1** valore; pregio; importanza. **2** valore, prezzo, costo. **3** (*di parola*) signifi-

cato, portata. □ *to* **give** *good* ~ *for one's money* far fruttare il proprio denaro; *increase* **in** ~ aumento di valore; *of* **no** ~ di nessun valore; *to* **set** *a high* ~ *on* dare grande valore a; ~ *added* **tax** (*VAT*) imposta sul valore aggiunto (IVA).
to **value** ['vælju:] *v.t.* **1** stimare, apprezzare. **2** determinare il valore di, valutare.
valueless ['væljulis] *a.* senza valore.
valuer ['væljuə*] *s.* stimatore, perito.
valve [vælv] *s.* valvola.
valvular ['vælvjulə*] *a.* valvolare.
to **vamoose** [væ'mu:s], *am.* to **vamose** [væ'məus] *v.i.* (*sl.*) filare via, tagliare la corda.
vamp[1] [væmp] *s.* tomaia.
to **vamp**[1] [væmp] **I** *v.t.* **1** fare la tomaia a. **2** (spesso con *up*) rabberciare. **3** (*Mus.*) improvvisare. **II** *v.i.* (*Mus.*) improvvisare.
vamp[2] [væmp] *s.* (*fam.*) donna fatale, vamp.
to **vamp**[2] [væmp] *v.t.* adescare, sedurre.
vampire ['væmpaiə*] *s.* **1** vampiro. **2** (*fig.*) sanguisuga. □ (*Zool.*) ~ *bat* vampiro.
van[1] [væn] *s.* (*Mil.*) avanguardia (*anche fig.*): *in the* ~ *of progress* all'avanguardia del progresso.
van[2] [væn] *s.* **1** furgone; furgoncino. **2** (*Ferr.*) bagagliaio; carro merci.
vanadium [və'neidiəm] *s.* (*Chim.*) vanadio.
vandal ['vændəl] *s.* (*fig.*) vandalo.
vandalism ['vændəlizəm] *s.* vandalismo.
vane [vein] *s.* **1** banderuola, segnavento. **2** (*tecn.*) pala.
vanguard ['vængɑ:d] → **van**[1].
vanilla [və'nilə] *s.* vaniglia.
to **vanish** ['væniʃ] *v.i.* scomparire, svanire; dileguarsi. □ (*Pitt.*) *vanishing point* punto di fuga.
vanity ['væniti] *s.* **1** vanità, presunzione. **2** inutilità, vanità. □ ~ *bag* (o *case*) beauty case, valigetta per cosmetici.
to **vanquish** ['væŋkwiʃ] *v.t.* (*lett.*) vincere, sconfiggere.
vantage ['vɑ:ntidʒ] *s.* vantaggio. □ ~*-point* punto panoramico; (*fig.*) posizione vantaggiosa.
vapid ['væpid] *a.* insulso, scipito.
vapor *am.* ['veipə*] → **vapour**.
vaporization [,veipərai'zeiʃən, *am.* –ri'–] *s.* vaporizzazione.
to **vaporize** ['veipəraiz] **I** *v.t.* vaporizzare. **II** *v.i.* evaporare, vaporizzarsi.
vaporizer ['veipəraizə*] *s.* vaporizzatore.
vaporous ['veipərəs] *a.* di vapore; vaporoso; pieno di vapori.
vapour ['veipə*] *s.* **1** vapore. **2** *pl.* (*ant.*) fantasticheria, stravaganza.
vapour-bath ['veipəbɑ:θ] *s.* bagno di vapore.
variability [,vεəriə'biliti] *s.* variabilità, mutevolezza.
variable ['vεəriəbl] **I** *a.* **1** variabile, mutevole. **2** incostante, volubile. **II** *s.* (*Mat.*) (quantità) variabile.
variance ['vεəriəns] *s.* divergenza (di opinioni). □ *to be at* ~ essere in disaccordo (*with* con).
variant ['vεəriənt] *a.* **I** diverso, differente. **II** *s.* variante.
variation [,vεəri'eiʃən] *s.* **1** variazione; cambiamento. **2** (*Mus.*) variazione.
varicolored *am.*, **varicoloured** ['vεərikʌləd] *a.* multicolore.
varicose ['værikəus] *a.* (*Med.*) varicoso.
varied ['vεərid] *a.* **1** svariato, vario. **2** mutevole, movimentato.
variegated ['vεərigeitid] *a.* variegato, screziato.
variegation [,vεəri'geiʃən] *s.* variegatura, screziatura.
variety [və'raiəti] *s.* **1** varietà. **2** assortimento. **3** tipo, genere. **4** (*Teat.*) (spettacolo di) varietà.
variform ['vεərifɔ:m, *am.* 'vær–] *a.* multiforme.
various ['vεəriəs] *a.* **1** svariato, vario. **2** differente, diverso.
varnish ['vɑ:niʃ] *s.* **1** vernice; lacca. **2** smalto per unghie. **3** (*fig.*) apparenza (superficiale).
to **varnish** ['vɑ:niʃ] *v.t.* verniciare, laccare. □ *to* ~ *over* mascherare, coprire.
to **vary** ['vεəri] **I** *v.t.* variare, modificare; diversificare. **II** *v.i.* cambiare, mutare; variare.
vascular ['væskjulə*] *a.* (*Biol.*) vascolare.
vase [vɑ:z, *am.* veiz] *s.* vaso.
vaseline ['væsili:n] *s.* (*Chim.*) vaselina.
vasodilator ['veisəu,dai'leitə*] *s.* vasodilatatore.
vassal ['væsəl] *s.* (*Stor.*) vassallo (*anche fig.*).
vassalage ['væsəlidʒ] *s.* (*Stor.*) vassallaggio (*anche fig.*).
vast [vɑ:st] *a.* vasto, esteso; ampio.
vastness ['vɑ:stnis] *s.* vastità; ampiezza.
vat [væt] *s.* tino, tinozza.
Vat = *Vatican* Vaticano.
VAT = *Value Added Tax* Imposta sul Valore Aggiunto (IVA).
Vatican ['vætikən] *N.pr.* Vaticano.
vaudeville *fr.* ['vəudəvil] *s.* (*Teat.*) (spettacolo di) varietà, vaudeville.
vault[1] [vɔ:lt] *s.* **1** (*Arch.*) volta. **2** tomba, cripta. **3** cantina. **4** camera blindata; cassaforte. **5** (*poet.*) volta celeste, cielo.
vault[2] [vɔ:lt] *s.* salto; volteggio.
to **vault** [vɔ:lt] *v.t./i.* saltare con un volteggio, volteggiare.
vaulted ['vɔ:ltid] *a.* (*Arch.*) a volta.
vaulting horse ['vɔ:ltiŋhɔ:s] *s.* (*Ginn.*) cavallo.
vaunt [vɔ:nt] *s.* (*lett.*) vanto, vanteria.
to **vaunt** [vɔ:nt] *v.t./i.* vantarsi (di).
vaunter ['vɔ:ntə*] *s.* millantatore.
VDT = (*Inform.*) *Video Display Terminal* terminale video.
VDU = (*Inform.*) *Visual Display Unit* unità di visualizzazione.
've [v] *contraz. di* to **have**.
veal [vi:l] *s.* (*Gastr.*) carne di vitello, vitella.
vector ['vektə*] *s.* (*Mat., Med.*) vettore.
to **veer** [viə*] *v.i.* **1** (*del vento*) cambiare dire-

zione, girare. **2** (*fig.*) cambiare parere.
vegetable ['vedʒ(i)təbl] **I** *s.* ortaggio, verdura. **II** *a.* vegetale.
vegetarian [,vedʒi'tɛəriən] *a./s.* vegetariano.
to **vegetate** ['vedʒiteit] *v.i.* vegetare.
vegetation [,vedʒi'teiʃən] *s.* vegetazione.
vegetative ['vedʒitətiv] *a.* vegetativo.
vehemence ['vi:iməns] *s.* impeto, veemenza.
vehement ['vi:imənt] *a.* veemente, impetuoso.
vehicle ['vi:ikl] *s.* **1** veicolo, mezzo di trasporto. **2** strumento, mezzo.
veil [veil] *s.* **1** velo. **2** (*fig.*) velo; maschera, pretesto. □ *to* **draw** *a* ~ *over s.th.* stendere un velo (pietoso) su qc.; (*fig.*) *to* **take** *the* ~ farsi monaca.
to **veil** [veil] *v.t.* **1** velare. **2** (*fig.*) nascondere; mascherare, dissimulare.
vein [vein] *s.* **1** (*Anat.*) vena. **2** (*Bot.*) nervatura. **3** (*Min.*) vena, filone. **4** vena, disposizione, umore. **5** vena, traccia: *a* ~ *of sadness* una vena di tristezza. □ (*fig.*) *to be in the* (*right*) ~ for essere in vena di.
veined ['veind] *a.* venato.
vellum ['veləm] *s.* pergamena.
velocipede [vi'lɔsipi:d] *s.* **1** velocipede. **2** (*am.*) triciclo.
velocity [vi'lɔsiti] *s.* **1** velocità. **2** rapidità, celerità.
velour(s) *fr.* [və'luə*] *s.* velour.
velvet ['velvit] *s.* velluto.
velveteen [,velvi'ti:n] *s.* flanella di cotone.
velvety ['velviti] *a.* vellutato.
venal ['vi:nl] *a.* venale, mercenario.
venality [vi:'næliti] *s.* venalità.
to **vend** [vend] *v.t.* (*Dir.*) vendere.
vendee [ven'di:] *s.* (*Dir.*) acquirente *m./f.*
vender ['vendə*] *s.* venditore.
vending ['vendiŋ] *s.* vendita. □ ~ *machine* distributore automatico (a moneta).
vendor ['vendɔ:*] → **vender**.
veneer [və'niə*] *s.* **1** (*tecn.*) impiallacciatura. **2** (*fig.*) vernice, apparenza (superficiale).
to **veneer** [və'niə*] *v.t.* (*tecn.*) impiallacciare.
venerable ['venərəbl] *a.* venerando, venerabile.
to **venerate** ['venəreit] *v.t.* venerare.
veneration [,venə'reiʃən] *s.* venerazione.
venereal [vi'niəriəl] *a.* (*Med.*) venereo.
Venetian blind [vi'ni:ʃən'blaind] *s.* (tenda alla) veneziana.
vengeance ['vendʒəns] *s.* vendetta. □ *to* **take** ~ *on s.o. for s.th.* vendicarsi con qd. di qc.; (*fam.*) **with** *a* ~ straordinariamente; violentemente.
vengeful ['vendʒful] *a.* vendicativo.
venial ['vi:niəl] *a.* veniale; perdonabile.
Venice ['venis] *N.pr.* (*Geog.*) Venezia.
venison ['venizn] *s.* carne di cervo (*o* daino, ecc.).
venom ['venəm] *s.* **1** (*Zool.*) veleno. **2** (*fig.*) astio.
venomous ['venəməs] *a.* **1** velenoso. **2** (*fig.*) astioso, pieno di livore.
venous ['vi:nəs] *a.* **1** venoso. **2** (*Bot.*) venato.
vent [vent] *s.* **1** (*tecn.*) apertura di sfogo; sfiatatoio; ventola. **2** (*Geol.*) bocca, orifizio. **3** (*Zool.*) ano; cloaca (di pesci, uccelli, ecc.). **4** (*fig.*) sfogo: *to give* ~ *to one's anger* dare sfogo alla propria ira. **5** spacco (di abito).
to **vent** [vent] *v.t.* **1** aprire un foro (in). **2** (*fig.*) sfogare: *to* ~ *one's anger on s.o.* sfogare la propria ira su qd.
vent-hole ['venthəul] *s.* sfiatatoio.
to **ventilate** ['ventileit] *v.t.* **1** arieggiare, ventilare. **2** (*fig.*) (*di problema, ecc.*) rendere manifesto; dibattere.
ventilation [,venti'leiʃən] *s.* **1** ventilazione, areazione. **2** impianto di ventilazione. **3** (*fig.*) discussione.
ventilator ['ventileitə*] *s.* ventilatore.
ventricle ['ventrikl] *s.* (*Anat.*) ventricolo.
ventriloquism [ven'triləkwizəm] *s.* ventriloquio.
ventriloquist [ven'triləkwist] *s.* ventriloquo.
venture ['ventʃə*] *s.* **1** iniziativa. **2** impresa rischiosa, avventura. **3** (*estens.*) spedizione avventurosa, viaggio rischioso. **4** (*Comm.*) speculazione. □ **at** *a* ~ a casaccio, per puro caso; **joint** ~ impresa congiunta; società a capitale misto.
to **venture** ['ventʃə*] **I** *v.t.* **1** azzardare, osare: *if I may* ~ *a suggestion* se posso azzardare un suggerimento. **2** rischiare, mettere a repentaglio. **II** *v.i.* avventurarsi, arrischiarsi, azzardarsi.
venturesome ['ventʃəsəm] *a.* **1** avventuroso, ardito; spericolato. **2** arrischiato.
venturous ['ventʃərəs] *a.* avventuroso.
venue ['venju:] *s.* **1** (*fam.*) luogo di riunione. **2** (*Sport*) località designata per un incontro.
veracious [və'reiʃəs] *a.* veritiero, veridico.
veracity [və'ræsiti] *s.* veridicità.
veranda(h) [və'rændə] *s.* veranda.
verb [və:b] *s.* (*Gramm.*) verbo.
verbal ['və:bl] *a.* **1** verbale (*anche Gramm.*). **2** orale. **3** letterale, parola per parola.
to **verbalize** ['və:bəlaiz] **I** *v.t.* esprimere con parole. **II** *v.i.* **1** sapersi esprimere verbalmente. **2** essere verboso.
verbatim [və:'beitim] *avv.* alla lettera, letteral mente.
verbena [və:'bi:nə] *s.* (*Bot.*) verbena.
verbiage ['və:bidʒ] *s.* verbosità, prolissità.
verbose [və:'bəus] *a.* prolisso, verboso.
verbosity [və:'bɔsiti] *s.* verbosità, prolissità.
verdant ['və:dənt] *a.* **1** (*lett.*) verdeggiante. **2** (*fig.*) inesperto, ingenuo.
verdict ['və:dikt] *s.* **1** (*Dir.*) verdetto; sentenza. **2** giudizio, opinione.
verdigris ['və:digris] *s.* (*Chim.*) verderame.
verdure ['və:dʒə*] *s.* (*lett.*) verde, vegetazione.
verge [və:dʒ] *s.* **1** bordo, orlo; ciglio; (*Strad.*) banchina. **2** (*fig.*) orlo: *on the* ~ *of war* sull'orlo della guerra. **3** (estremo) limite, margine: *the* ~ *of legality* il limite della legalità.
to **verge** [və:dʒ] *v.i.* **1** confinare (*on* con), essere contiguo(a). **2** (*fig.*) rasentare (*on s.th.* qc.); essere sull'orlo (di).

verger ['vɘ:dʒɘ*] *s.* sagrestano.
verifiable ['verifaiɘbl] *a.* verificabile, controllabile.
verification [ˌverifi'keiʃɘn] *s.* **1** verificazione, verifica; accertamento. **2** prova, conferma.
to **verify** ['verifai] *v.t.* **1** verificare, accertare; appurare. **2** confermare, provare. **3** (*Dir.*) ratificare, sanzionare. **4** (*Dir.*) autenticare (documenti).
verisimilitude [ˌverisi'militju:d, *am.* –tu:d] *s.* verosimiglianza.
veritable ['veritɘbl] *a.* vero, autentico; reale.
verity ['veriti] *s.* verità.
vermifuge ['vɘ:mifju:dʒ] *s.* vermifugo, ant(i)elmintico.
vermilion [vɘ'miljɘn] *a./s.* vermiglio.
vermin ['vɘ:min] *s.inv.* (costr. pl.) **1** animali nocivi; parassiti. **2** (*fig.*) criminali, delinquenti.
verminous ['vɘ:minɘs] *a.* **1** infestato da parassiti, insetti o animali nocivi. **2** (*estens.*) lurido, sporco, disgustoso. **3** (*Med.*) provocato da parassiti.
verm(o)uth ['vɘ:mɘθ] *s.* vermut.
vernacular [vɘ'nækjulɘ*] **I** *a.* vernacolo, vernacolare; dialettale. **II** *s.* vernacolo, dialetto.
vernal ['vɘ:nl] *a.* (*lett.*) primaverile.
verruca [ve'ru:kɘ] *s.* (*pl.* **verrucae** [–si:]) (*Med.*) verruca.
versatile ['vɘ:sɘtail, *am.* –til] *a.* **1** versatile. **2** che si presta a molti usi.
versatility [ˌvɘ:sɘ'tiliti] *s.* **1** versatilità. **2** varietà d'impiego.
verse [vɘ:s] *s.* **1** verso; poesia. **2** strofa. **3** (*Bibl.*) versetto.
versed [vɘ:st] *a.* versato (*in* in), esperto, pratico (di).
versification [ˌvɘ:sifi'keiʃɘn] *s.* **1** versificazione. **2** forma metrica.
to **versify** ['vɘ:sifai] **I** *v.t.* mettere in versi. **II** *v.i.* comporre versi.
version ['vɘ:ʃɘn] *s.* versione.
versus *lat.* ['vɘ:sɘs] *prep.* **1** in contrasto a, in contrapposizione con. **2** (*Sport, Dir.*) contro.
vertebra ['vɘ:tibrɘ] *s.* (*pl.* **–s** [–s]/**–brae** [–bri:]) (*Anat.*) vertebra.
vertebrate ['vɘ:tibr(e)it] *a./s.* (*Zool.*) vertebrato.
vertex ['vɘ:teks] *s.* (*pl.* **–tices** [–tisi:z]) vertice.
vertical ['vɘ:tikɘl] *a./s.* verticale.
vertiginous [vɘ:'tidʒinɘs] *a.* vertiginoso; che provoca vertigini.
vertigo ['vɘ:tigɘu] *s.* (*pl.* **–s** [–z]/**vertigines** [vɘ:'tidʒini:z]) (*Med.*) vertigine.
vervain ['vɘ:vein] → **verbena.**
verve [vɘ:v] *s.* **1** brio, vivacità. **2** vigore, energia.
very ['veri] **I** *avv.* **1** molto. **2** (*intens.*) (*con i superlativi*) proprio: *the ~ latest model* proprio l'ultimo modello. **II** *a.* **1** proprio, giusto: *you are the ~ man I need* sei proprio l'uomo di cui ho bisogno. **2** preciso, identico: *at that ~ moment* in quel preciso istante. **3** solo, semplice: *the ~ thought of it* il solo pensiero. ▭ *at the ~* **latest** al più tardi; *~* **much** moltissimo; *~* **much** *so* sì, certamente; *of our ~* **own** tutto nostro; *the ~* **same** proprio lo stesso; *the ~* **thing** quello che ci vuole; *~* **well** molto bene; d'accordo.
vesicle ['vesikl] *s.* **1** (*Anat.*) vescicola. **2** (*Med.*) vescichetta.
vesper ['vespɘ*] *s.* (*Lit.*) vespro.
vessel ['vesl] *s.* **1** recipiente. **2** nave, bastimento. **3** (*Anat., Biol.*) vaso.
vest [vest] *s.* **1** maglia, maglietta. **2** (*am.*) panciotto, gilè. ▭ *bulletproof ~* giubbotto antiproiettile.
to **vest** [vest] **I** *v.t.* (*Dir.*) conferire a, attribuire a: *to ~ s.o. with authority* conferire autorità a qd. **II** *v.i.* essere conferito (*in* a).
vested ['vestid] *a.* **1** (*di diritto*) acquisito. **2** legittimo, assegnato per legge.
vestibular [ves'tibjulɘ] *a.* (*Anat.*) vestibolare.
vestibule ['vestibju:l] *s.* atrio; vestibolo.
vestige ['vestidʒ] *s.* vestigio, traccia (*anche fig.*).
vestigial [ves'tidʒiɘl] *a.* residuo.
vestment ['vestmɘnt] *s.* **1** paramento liturgico. **2** abito da cerimonia.
vest-pocket *am.* ['vestpɔkit] *a.attr.* **1** tascabile. **2** (estens.) minuscolo.
vestry ['vestri] *s.* **1** sagrestia. **2** (*Rel. anglicana*) assemblea parrocchiale.
vestryman ['vestrimɘn] *s.* (*pl.* **–men**) membro dell'assemblea parrocchiale.
vet[1] [vet] *s.* (*fam.*) veterinario.
to **vet** [vet] *v.t.* (*pass., p.p.* **vetted** [–id]) **1** (*fam., scherz.*) curare, visitare. **2** esaminare attentamente; sottoporre a controllo.
vet[2] [vet] (*am. fam.*) → **veteran.**
vetch [vetʃ] *s.* (*Bot.*) veccia.
veteran ['vetɘrɘn] *s.* (*Mil.*) **1** veterano. **2** (*am.*) reduce.
veterinary ['vetɘrinɘri, *am.* –neri] *a.* veterinario. ▭ *~* **medicine** (medicina) veterinaria; *~* **surgeon** veterinario.
veto ['vi:tɘu] *s.* (*pl.* **–s** [–z]) **1** (*Pol.*) diritto di veto; veto. **2** (*estens.*) proibizione, divieto. ▭ *to put a ~ on s.th.* vietare qc.
to **veto** ['vi:tɘu] *v.t.* mettere il veto a.
to **vex** [veks] *v.t.* irritare, infastidire; tormentare, molestare. ▭ *a vexed question* una questione dibattuta.
vexation [vek'seiʃɘn] *s.* **1** irritazione, fastidio. **2** afflizione, dispiacere.
vexatious [vek'seiʃɘs], **vexing** ['veksiŋ] *a.* fastidioso, irritante.
via *lat.* ['vaiɘ] *prep.* via, per: *a ticket to Rome ~ Firenze* un biglietto per Roma via Firenze.
viability [ˌvaiɘ'biliti] *s.* **1** vitalità. **2** possibilità pratica; attuabilità.
viable ['vaiɘbl] *a.* **1** (*Biol.*) vitale, in grado di vivere. **2** attuabile; fattibile, concreto.
viaduct ['vaiɘdʌkt] *s.* viadotto.
vial ['vaiɘl] *s.* fiala; bottiglietta.
vibrant ['vaibrɘnt] *a.* **1** vibrante. **2** (*fig.*) vivace.
to **vibrate** [vai'breit, *am.* 'vai–] **I** *v.i.* **1** vibra-

re; oscillare. **2** (*fig.*) fremere (*with* di). **II** *v.t.* far vibrare; far oscillare.
vibration [vai'breiʃən] *s.* vibrazione; oscillazione.
vibrator [vai'breitə*] *s.* vibratore.
vicar ['vikə*] *s.* **1** (*Rel. cattolica*) parroco. **2** (*Rel. anglicana*) vicario.
vicarage ['vikəridʒ] *s.* canonica, casa parrocchiale.
vicarious [v(a)i'keəriəs] *a.* vissuto al posto di un altro; indiretto; per interposta persona.
vice[1] [vais] *s.* **1** vizio; depravazione. **2** vizio; difetto; cattiva abitudine. □ ~ *squad* squadra del buon costume.
vice[2] [vais] *s.* (*Mecc.*) morsa.
vice[3] [vais] *pref.* vice: ~-*president* vicepresidente.
vice[4] ['vaisi] *prep.* in vece di, al posto di.
viceroy ['vaisrɔi] *s.* viceré.
vice versa *lat.* ['vaisi'və:sə] *avv.* viceversa.
vicinity [vi'siniti] *s.* vicinanze; vicinato.
vicious ['viʃəs] *a.* **1** vizioso; depravato, dissoluto. **2** pericoloso; insidioso; maligno; disonesto. **3** (*di ragionamento*) capzioso. **4** (*di animale*) feroce, infido. **5** crudele, spietato, brutale. □ ~ *circle* circolo vizioso.
viciousness ['viʃəsnis] *s.* **1** depravazione, dissolutezza. **2** malignità, malevolenza. **3** ferocia, crudeltà.
vicissitude [vi'sisitju:d] *s.* (general. al pl.) vicissitudini, traversie.
victim ['viktim] *s.* vittima (*anche fig.*).
victimization [ˌviktimai'zeiʃən] *s.* persecuzione.
to **victimize** ['viktimaiz] *v.t.* perseguitare.
Victor ['viktə*] *N.pr.m.* Vittorio.
Victoria [vik'tɔ:riə] *N.pr.f.* Vittoria.
Victorian [vik'tɔ:riən] *a.* vittoriano.
victorious [vik'tɔ:riəs] *a.* vittorioso, trionfante.
victory ['viktəri] *s.* vittoria: *to win* (*o gain*) *a* ~ *over s.o.* riportare una vittoria su qd.
victual ['vitl] *s.* (general. al pl.) provviste, vettovaglie.
to **victual** ['vitl] *v.* (*pass., p.p.* **–lled**/*am.* **–led** [–d]) **I** *v.t.* fornire di provviste, vettovagliare. **II** *v.i.* approvvigionarsi.
video ['vidiəu] *s.* **1** videoregistrazione. **2** videoregistratore. **3** programma televisivo (*o* film) registrato. **4** video. **5** (*fam.*) televisione.
videocassette ['vidiəukæ'set] *s.* videocassetta.
videogame ['vidiəu'geim] *s.* videogioco, videogame.
videophone ['vidiəu'fəun] *s.* videotelefono.
videorecorder ['vidiəuri'kɔ:də*] *s.* videoregistratore.
videotape ['vidiəu'teip] *s.* videonastro, videotape.
to **vie** [vai] *v.i.* (*p.pr.* **vying** ['vaiiŋ]) gareggiare, rivaleggiare (*with* con).
Vienna [vi'enə] *N.pr.* (*Geog.*) Vienna.
Viennese [ˌviə'ni:z] *a./s.* viennese.
Vietnam ['vjet'næm] *N.pr.* (*Geog.*) Vietnam.
Vietnamese [ˌvjetnə'mi:z] *a./s.* vietnamita.
view [vju:] *s.* **1** vista; veduta, panorama. **2** (*fig.*) concezione, modo di vedere; opinioni, idee. **3** progetto, intenzione. □ **at** *first* ~ a prima vista; *to* **come** *in* ~ *of* arrivare vicino a; *to* **come** *into* ~ presentarsi alla vista; *in* **full** ~ ben in vista; **in** ~ in vista; in considerazione; **in** ~ *of* considerato, in considerazione di; **in** *my* ~ secondo me; **on** ~ esposto al pubblico; *to* **take** *the* ~ *that* essere dell'opinione che; **with** *a* ~ *to* allo scopo di.
to **view** [vju:] *v.t.* **1** considerare. **2** osservare. **3** esaminare, ispezionare.
viewer ['vju:ə*] *s.* **1** spettatore; osservatore. **2** (*fam.*) telespettatore. **3** visore (per diapositive).
viewfinder ['vju:faində*] *s.* (*Fot.*) mirino.
viewless ['vju:lis] *a.* **1** (*am.*) che non ha opinioni. **2** (*poet.*) invisibile.
viewpoint ['vju:pɔint] *s.* punto di vista.
vigil ['vidʒil] *s.* veglia; vigilanza.
vigilance ['vidʒiləns] *s.* vigilanza, sorveglianza. □ (*am.*) ~ *committee* comitato di vigilanza.
vigilant ['vidʒilənt] *a.* vigile; guardingo.
vigilante *am.* [ˌvidʒi'lænti] *s.* membro d'un comitato di vigilanza.
vignette [vi'njet] *s.* **1** (*Tip.*) fregio, vignetta. **2** quadretto, scenetta: *a* ~ *of family life* un quadretto di vita familiare. **3** (*fig.*) breve descrizione, schizzo.
vigor *am.* ['vigə*] → **vigour**.
vigorous ['vigərəs] *a.* vigoroso, forte; energico.
vigour ['vigə*] *s.* vigore, forza; energia.
Viking ['vaikiŋ] *a./s.* (*Stor.*) vichingo.
vile [vail] *a.* **1** miserevole. **2** pessimo, disgustoso, ripugnante. **3** spregevole, ignobile.
vilification [ˌvilifi'keiʃən] *s.* diffamazione.
to **vilify** ['vilifai] *v.t.* diffamare.
villa ['vilə] *s.* villa.
village ['vilidʒ] *s.* paese, villaggio. □ *globale* ~ villaggio globale.
villager ['vilidʒə*] *s.* abitante *m./f.* di paese.
villain ['vilən] *s.* **1** farabutto, mascalzone. **2** (*Lett., Cin., Teat.*) personaggio malvagio, (il) cattivo. **3** (*scherz.*) birichino.
villainous ['vilənəs] *a.* scellerato, malvagio.
villainy ['viləni] *s.* **1** scelleratezza, malvagità. **2** azione scellerata.
villein ['vilin] *s.* (*Stor.*) servo della gleba.
vim [vim] *s.* (*fam.*) energia, vigore.
to **vindicate** ['vindikeit] *v.t.* **1** ottenere un'affermazione, affermarsi (nonostante le previsioni negative). **2** rivendicare, affermare.
vindication [ˌvindi'keiʃən] *s.* **1** affermazione, risultato positivo (nonostante le previsioni). **2** rivendicazione, affermazione.
vindictive [vin'diktiv] *a.* vendicativo.
vindictiveness [vin'diktivnis] *s.* spirito di vendetta.
vine [vain] *s.* (*Bot.*) **1** vite. **2** (pianta) rampicante.
vinegar ['vinigə*] *s.* aceto.
vinegary ['vinigəri] *a.* **1** acidulo. **2** (*fig.*) acido, aspro.
vineyard ['vinjəd] *s.* vigna, vigneto.
vinous ['vainəs] *a.* vinoso, del vino.

vintage ['vintidʒ] *s.* **1** annata (*anche fig.*). **2** vino d'annata. □ ~ **car** auto d'epoca; ~ **wine** vino d'annata; ~ **year** annata vinicola; (*fig.*) annata eccellente.
vintager ['vintidʒə*] *s.* vendemmiatore.
vintner ['vintnə*] *s.* vinaio.
vinyl ['vainil] *s.* (*Chim.*) vinile.
viola [vi'əulə] *s.* (*Mus.*) viola.
to **violate** ['vaiəleit] *v.t.* **1** violare, trasgredire. **2** profanare. □ *to* ~ *the peace* disturbare la pace.
violation [ˌvaiə'leiʃən] *s.* **1** violazione, trasgressione. **2** profanazione.
violence ['vaiələns] *s.* **1** furia, violenza. **2** veemenza, impeto. □ (*fig.*) *to do* ~ *to* infrangere (un principio, ecc.).
violent ['vaiələnt] *a.* **1** violento, furioso. **2** intenso. **3** veemente, impetuoso.
violet ['vaiəlit] **I** *s.* **1** (*Bot.*) viola. **2** (color) violetto, viola. **II** *a.* viola, violetto.
violin [ˌvaiə'lin] *s.* violino.
violinist [ˌvaiə'linist] *s.* violinista *m./f.*
violoncellist [ˌvaiələn'tʃelist] *s.* violoncellista *m./f.*
violoncello *it.* [ˌvaiələn'tʃeləu] *s.* (*pl.* **–s** [–z]) violoncello.
VIP = *Very Important Person* persona molto importante, pezzo grosso (VIP).
viper ['vaipə*] *s.* **1** (*Zool.*) vipera. **2** (*fig.*) serpe.
virago [vi'reigəu] *s.* donna bisbetica; pettegola ficcanaso.
viral ['vaiərəl] *a.* (*Med.*) virale.
virgin ['və:dʒin] **I** *s.* vergine (*anche Rel.*). **II** *a.* **1** vergine. **2** (*fig.*) puro, incontaminato. □ (*Stor.*) *the Virgin* **Queen** Elisabetta I d'Inghilterra, la Regina Vergine; ~ **wool** lana vergine.
virginal ['və:dʒinl] **I** *a.* verginale; (*fig.*) puro. **II** *s.* (*Mus.*) virginale.
virginity [və:'dʒiniti] *s.* verginità.
Virgo ['və:gəu] *N.pr.* (*Astr.*) Vergine.
virile ['virail, *am.* –ril] *a.* **1** virile, mascolino. **2** (*fig.*) forte, vigoroso.
virility [vi'riliti] *s.* virilità.
virtual ['və:tjuəl] *a.* effettivo, di fatto, reale.
virtually ['və:tjuəli] *avv.* praticamente, in effetti.
virtue ['və:tju:] *s.* **1** virtù. **2** castità. **3** pregio, dote. **4** virtù, efficacia: *healing virtues* virtù terapeutiche. □ **by** (o *in*) ~ *of* in virtù di, in forza di; *to* **make** *a* ~ *of necessity* fare di necessità virtù.
virtuosity [ˌvə:tju'ɔsiti] *s.* virtuosismo.
virtuoso *it.* [ˌvə:tju'əuzəu] *s.* (*pl.* **–s** [–z]) **1** (*Mus.*) virtuoso. **2** intenditore (d'arte).
virtuous ['və:tjuəs] *a.* **1** virtuoso. **2** casto.
virulence ['viruləns] *s.* virulenza.
virulent ['virulənt] *a.* **1** virulento. **2** (*di veleni*) forte, letale.
virus ['vaieərəs] *s.* **1** (*Biol.*) virus. **2** (*fig.*) veleno.
visa ['vi:zə] *s.* visto, vidimazione.
to **visa** ['vi:zə] *v.t.* vistare, vidimare.
visage ['vizidʒ] *s.* (*lett.*) volto, viso.
viscera ['visərə] *s.pl.* (*Anat.*) visceri (*anche fig.*).
visceral ['visərəl] *a.* viscerale.
viscid ['visid] *a.* vischioso, viscoso.
viscose ['viskəus] *s.* viscosa.
viscount ['vaikaunt] *s.* visconte.
viscountess ['vaikauntis] *s.* viscontessa.
viscous ['viskəs] *a.* viscoso.
vise *am.* [vais] → **vice**[2].
visibility [ˌvizi'biliti] *s.* visibilità.
visible ['vizibl] *a.* **1** visibile. **2** evidente, manifesto, tangibile. **3** disponibile, a portata di mano. **4** ben in vista.
vision ['viʒən] *s.* **1** visione, immagine. **2** vista, capacità visiva. □ *field of* ~ campo visivo.
visionary ['viʒənəri, *am.* –neri] **I** *a.* **1** visionario, sognatore. **2** irreale, immaginario. **II** *s.* visionario, sognatore.
visit ['vizit] *s.* **1** visita. **2** gita, viaggio. **3** (*am.*) ispezione. □ *to pay s.o. a* ~ fare una visita a qd.
to **visit** ['vizit] **I** *v.t.* **1** visitare. **2** (*spec. am.*) ispezionare, controllare. **3** consultare (un medico, un avvocato, ecc.). **II** *v.i.* fare una visita, fare visite. □ (*am.*) *to visit with* fare una visita a; fare quattro chiacchiere con.
visitation [ˌvizi'teiʃən] *s.* **1** visita ufficiale. **2** (*fig.*) punizione divina.
visiting ['vizitiŋ] *s.* il far visite. □ ~ **card** biglietto da visita; ~ **hours** orario delle visite (in ospedale, ecc.); ~ **professor** professore di un istituto accademico invitato da un'università a tenere lezione per un periodo prestabilito.
visitor ['vizitə*] *s.* **1** visitatore. **2** turista *m./f.* **3** ispettore. **4** extraterrestre. □ *~'s book* registro dei visitatori.
visor ['vaizə*] *s.* **1** visiera. **2** (*nelle automobili*) schermo parasole.
vista *it.* ['vistə] *s.* **1** vista, veduta, prospettiva. **2** (*Arch.*) fuga prospettica. **3** (*fig.*) prospettiva, orizzonte. **4** *pl.* memorie, ricordi.
visual ['vizjuəl] *a.* visuale, visivo.
visualization [ˌvizjuəlai'zeiʃən, *am.* –li'z–] *s.* visualizzazione; raffigurazione.
to **visualize** ['vizjuəlaiz] *v.t.* visualizzare; raffigurarsi, figurarsi.
vital ['vaitl] *a.* **1** vitale. **2** essenziale, fondamentale. **3** (*fig.*) vivo, vivace. □ ~ *statistics* statistica demografica; (*fam.*) misure del busto, della vita e dei fianchi (di una donna).
vitality [vai'tæliti] *s.* **1** vitalità. **2** vivacità, brio.
to **vitalize** ['vaitəlaiz] *v.t.* animare, vivificare.
vitals ['vaitlz] *s.pl.* (*Anat.*) organi vitali.
vitamin ['vitəmin, *am.* 'vai–] *s.* (*Biol.*) vitamina.
to **vitiate** ['viʃieit] *v.t.* **1** guastare, viziare. **2** (*Dir.*) invalidare.
viticulture ['vitikʌltʃə*] *s.* viticoltura.
vitreous ['vitriəs] *a.* vitreo.
to **vitrify** ['vitrifai] **I** *v.t.* vetrificare. **II** *v.i.* vetrificarsi.
vitriol ['vitriəl] *s.* (*Chim.*) vetriolo.

vitriolic [ˌvitriˈɔlik] *a.* **1** di vetriolo. **2** (*fig.*) corrosivo, caustico.
to **vituperate** [viˈtju:pəreit, *am.* vaiˈ–] *v.t.* vituperare, ingiuriare.
vituperation [ˌvitju:pəˈrəiʃən] *s.* vituperio.
viva *it.* [ˈvaivə] (*fam.*) → **viva voce**.
vivacious [viˈveiʃəs] *a.* vivace, animato.
vivacity [viˈvæsiti] *s.* vivacità, animazione.
viva voce *it.* [ˈvaivəˈvəusi] **I** *a.* orale, verbale. **II** *s.* esame orale.
vivid [ˈvivid] *a.* **1** vivido, vivace. **2** distinto, chiaro.
vividness [ˈvividnis] *s.* **1** vivacità, vivezza. **2** chiarezza.
to **vivify** [ˈvivifai] *v.t.* vivificare, animare.
viviparous [viˈvipərəs] *a.* (*Biol.*) viviparo.
to **vivisect** [ˌviviˈsekt] *v.t.* vivisezionare.
vivisection [ˌviviˈsekʃən] *s.* vivisezione.
vivisectionist [ˌviviˈsekʃənist] *s.* **1** fautore della vivisezione. **2** chi pratica la vivisezione.
vixen [ˈviksn] *s.* **1** (*Zool.*) volpe femmina. **2** (*fig.*) bisbetica.
viz. = *videlicet* vale a dire.
vizier [viˈziə*] *s.* visir.
vocabulary [vəˈkæbjuləri] *s.* **1** vocabolario. **2** (*estens.*) lessico.
vocal [ˈvəukəl] *a.* **1** vocale. **2** orale, sonoro. **3** esplicito, che parla chiaro.
vocalist [ˈvəukəlist] *s.* cantante *m./f.* (di musica pop).
to **vocalize** [ˈvəukəlaiz] *v.t.* vocalizzare.
vocation [vəuˈkeiʃən] *s.* **1** (*Rel.*) vocazione. **2** (*estens.*) inclinazione, disposizione. **3** professione, mestiere.
vocational [vəuˈkeiʃənl] *a.* **1** per disposizione, per attitudine. **2** professionale: ~ *guidance* orientamento professionale.
vocative [ˈvɔkətiv] *a./s.* (*Gramm.*) vocativo.
to **vociferate** [vəuˈsifəreit] **I** *v.i.* vociare, sbraitare. **II** *v.t.* strillare, urlare.
vociferous [vəuˈsifərəs] *a.* rumoroso, chiassoso.
vogue [vəug] *s.* voga, moda. ▭ *to* **be** *all the* ~ essere molto in voga; *to* **come** *into* ~ diventare di moda.
voice [vɔis] *s.* **1** voce. **2** (*Gramm.*) voce, forma (verbale). **3** (*Fonetica*) suono sonoro. ▭ *to* **give** ~ *to* esprimere; *to* **have** *no* ~ *in a decision* non avere voce in capitolo in una decisione; *to shout at the* **top** *of one's* ~ urlare a squarciagola; **with** *one* ~ all'unanimità.
to **voice** [vɔis] *v.t.* **1** esprimere, dar voce a. **2** (*Mus.*) intonare, accordare.
voiceless [ˈvɔislis] *a.* **1** senza voce, muto. **2** (*Fonetica*) sordo.
void [vɔid] **I** *a.* **1** vuoto; libero, vacante. **2** privo, mancante (*of* di): *a life* ~ *of meaning* una vita priva di significato. **3** (*Dir.*) nullo. **II** *s.* vuoto.
to **void** [vɔid] *v.t.* (*Dir.*) annullare, invalidare.
voile *fr.* [vɔil] *s.* (*tessuto*) voile.
vol. = *volume* volume.
volatile [ˈvɔlətail, *am.* –til] *a.* **1** (*Chim.*) volatile. **2** (*fig.*) incostante, volubile. **3** (*fig.*) precario, instabile.
volatility [ˌvɔləˈtiliti] *s.* **1** (*Chim.*) volatilità. **2** (*fig.*) volubilità, incostanza. **3** (*fig.*) precarietà, instabilità.
to **volatilize** [ˌvɔˈlætilaiz] **I** *v.t.* volatilizzare. **II** *v.i.* volatilizzarsi.
volcanic [vɔlˈkænik] *a.* vulcanico.
volcano [vɔlˈkeinəu] *s.* (*pl.* **–s/–es** [–z]) vulcano.
volition [vəuˈliʃən] *s.*: *of one's own* ~ di propria volontà.
volitional [vəuˈliʃənəl] *a.* volitivo.
volley [ˈvɔli] *s.* **1** raffica, salva. **2** (*fig.*) scarica, sfilza. **3** (*nel tennis*) volée.
to **volley** [ˈvɔli] **I** *v.t.* (*Sport*) colpire al volo. **II** *v.i.* **1** sparare una raffica. **2** (*Sport*) colpire la palla al volo.
volley-ball [ˈvɔlibɔ:l] *s.* pallavolo, palla a volo.
volt [vəult] *s.* (*El.*) volt.
voltage [ˈvəultidʒ] *s.* (*El.*) voltaggio, tensione.
voltaic [vɔlˈteiik] *a.* (*El.*) voltaico.
volte-face *fr.* [ˈvɔltˈfɑ:s] *s.* voltafaccia.
volubility [ˌvɔljuˈbiliti] *s.* loquacità, facilità di parola.
voluble [ˌvɔljubl] *a.* loquace, ciarliero.
volume [ˈvɔljum, *am.* –əm] *s.* **1** (*Edit.*) libro, volume. **2** (*Geom.*) volume. **3** volume, quantità globale; mole, massa: *the* ~ *of business* il volume degli affari. **4** voluta (di fumo). **5** (*di suono*) volume. ▭ (*fig.*) *to* **speak** *volumes* dirla lunga (su qd. o su qc.); (*fig.*) *to* **speak** *volumes for* dimostrare, testimoniare.
voluminous [vəˈlju:minəs] *a.* **1** (*di scritti*) dettagliato, prolisso. **2** (*di abito, ecc.*) ampio, abbondante. **3** che si compone di molti volumi.
voluntary [ˈvɔləntəri, *am.* –teri] **I** *a.* **1** volontario, spontaneo. **2** (*di ente, ecc.*) sostenuto da contributi volontari (*o* dall'iniziativa privata). **II** *s.* (*Mus.*) assolo estemporaneo d'organo.
volunteer [ˌvɔlənˈtiə*] *s.* volontario.
to **volunteer** [ˌvɔlənˈtiə*] **I** *v.i.* **1** presentarsi volontariamente. **2** (*Mil.*) arruolarsi volontario. **II** *v.t.* offrire volontariamente, dare spontaneamente.
voluptuary [vəˈlʌptjuəri, *am.* –eri] *s.* libertino, gaudente *m./f.*
voluptuous [vəˈlʌptjuəs] *a.* **1** voluttuoso, sensuale. **2** (*di donna*) prosperosa.
voluptuousness [vəˈlʌptjuəsnis] *s.* voluttuosità.
volute [vəˈlju:t] *s.* voluta, spirale, spira.
voluted [vəˈlju:tid] *a.* **1** a spirale. **2** (*Arch.*) ornato di volute.
vomit [ˈvɔmit] *s.* vomito.
to **vomit** [ˈvɔmit] **I** *v.i.* vomitare. **II** *v.t.* **1** (spesso con *up, out*) vomitare. **2** (*fig.*) (spesso con *out, forth*) eruttare.
voodoo [ˈvu:du:], **voodooism** [ˈvu:duizəm] *s.* vudù.
VP = *Vice President* Vice Presidente.
voracious [vəˈreiʃəs] *a.* vorace, insaziabile.

voracity [və'ræsiti] *s.* voracità, insaziabilità.
vortex ['vɔ:teks] *s.* (*pl.* **–texes** [–teksiz]/**–tices** [–tisi:z]) vortice (*anche fig.*).
votary ['vəutəri] *s.* seguace, sostenitore; devoto.
vote [vəut] *s.* **1** voto, suffragio; diritto di voto; numero dei voti. **2** votazione. **3** somma stanziata (con votazione). ▭ *to put to the ~* mettere ai voti.
to **vote** [vəut] **I** *v.i.* votare (*for, against* per, contro). **II** *v.t.* **1** votare per. **2** proporre. **3** stanziare (una somma). **4** riconoscere all'unanimità, dichiarare concordemente. ▭ *to ~* **down** respingere, bocciare; (*rif. a persona*) bocciare alle elezioni; *to ~* **in** nominare con votazione; *to ~ a candidate* **out** bocciare un candidato (alle elezioni); (*Parl.*) *to ~ a bill* **through** votare un disegno di legge.
voteless ['vəutlis] *a.* che non ha diritto di voto.
voter ['vəutə*] *s.* votante *m./f.*, elettore.
votive ['vəutiv] *a.* votivo.
to **vouch** [vautʃ] *v.i.* **1** garantire (*for* per), rendersi garante (di). **2** provare, attestare.
voucher ['vautʃə*] *s.* buono, tagliando: *petrol vouchers* buoni (di) benzina.
to **vouchsafe** [vautʃ'seif] *v.t.* (*lett.*) degnarsi di dare, concedere: *to ~ s.o. an answer* degnarsi di dare una risposta a qd.
vow [vau] *s.* voto, promessa solenne: *to take a ~ of* fare voto di.
to **vow** [vau] *v.t.* promettere solennemente.
vowel ['vauəl] *s.* (*Gramm.*) vocale.
voyage ['vɔiidʒ] *s.* viaggio (per mare), traversata.
to **voyage** ['vɔiidʒ] *v.i.* fare un viaggio per mare.
voyager ['vɔiidʒə*] *s.* viaggiatore.
vulcanization [ˌvʌlkənai'zeiʃən, *am.* –kəni'–] *s.* vulcanizzazione.
to **vulcanize** ['vʌlkənaiz] *v.t.* vulcanizzare.
vulgar ['vʌlgə*] *a.* **1** volgare, grossolano. **2** triviale, scurrile. **3** comune, corrente.
vulgarian [vʌl'gɛəriən] *s.* individuo volgare.
vulgarity [vʌl'gæriti] *s.* volgarità; trivialità.
vulgarization [ˌvʌlgərai'zeiʃən, *am.* –gəri'–] *s.* (*am.*) volgarizzazione; divulgazione.
to **vulgarize** ['vʌlgəraiz] *v.t.* **1** rendere volgare, svilire. **2** (*am.*) volgarizzare, divulgare.
vulnerability [ˌvʌlnərə'biliti] *s.* vulnerabilità.
vulnerable ['vʌlnərəbl] *a.* vulnerabile.
vulpine ['vʌlpain] *a.* **1** volpino. **2** (*fig.*) astuto, furbo.
vulture ['vʌltʃə*] *s.* (*Zool.*) avvoltoio (*anche fig.*).
vulva ['vʌlvə] *s.* (*Anat.*) vulva.
vying ['vaiiŋ] → to **vie**.

W

w[1], **W**[1] ['dʌblju] *s.* (*pl.* **w's/ws, W's/Ws** [–z]) w, W. ▭ (*Tel.*) ~ *for William* (*anche am.*) W come Washington.

w[2] = **1** *watt* watt. **2** *week(s)* settimana, settimane.

W[2] = **1** (*Chim.*) *tungsten* tungsteno *o* wolframio. **2** *West* Ovest. **3** *Western* occidentale.

wad [wɔd] *s.* **1** batuffolo, tampone. **2** (*di giornali, ecc.*) fascio; rotolo.

to **wad** [wɔd] *v.t.* (*pass., p.p.* **wadded** [–id]) **1** fare un batuffolo di. **2** tappare, turare. **3** imbottire.

wadding ['wɔdiŋ] *s.* ovatta; imbottitura.

waddle ['wɔdl] *s.* andatura dondolante.

to **waddle** ['wɔdl] *v.i.* camminare dondolandosi (come una papera).

to **wade** [weid] **I** *v.i.* camminare a stento (*o* fatica). **II** *v.t.* guadare. ▭ *to* ~ **in** mettersi di buzzo buono; (*fam.*) *to* ~ **into** *one's work* mettersi al lavoro di buona lena; *to* ~ **through** *a dull book* procedere lentamente e a stento nella lettura di un libro noioso.

wader ['weidə*] *s.* **1** *pl.* stivali da palude. **2** (*Zool.*) trampoliere.

wading bird ['weidiŋ,bə:d] *s.* (*Zool.*) trampoliere.

wafer ['weifə*] *s.* **1** cialda. **2** (*Rel.*) ostia.

waffle[1] ['wɔfl] *s.* cialda (con sciroppo).

waffle[2] ['wɔfl] *s.* ciance, ciarle.

to **waffle** ['wɔfl] *v.i.* (*fam.*) cianciare, ciarlare.

waft [wɑ:ft, *am.* wæft] *s.* **1** effluvio; alito, soffio. **2** battito d'ala.

to **waft** [wɑ:ft, *am.* wæft] *v.t.* diffondere, spandere.

wag [wæg] *s.* scrollata; scodinzolio.

to **wag** [wæg] *v.* (*pass., p.p.* **wagged** [–d]) **I** *v.t.* dimenare, agitare. **II** *v.i.* agitarsi, dimenarsi. ▭ *the* **dog's** *tail wagged* il cane scodinzolava; *to* ~ *one's* **finger** *at s.o.* agitare il dito verso qd. in segno di rimprovero; *to* **set** *tongues* (o *beards*) *wagging* sollevare pettegolezzi.

wage [weidʒ] *s.* **1** (spesso al pl.) salario, retribuzione. **2** *pl.* (*ant.*) (costr. sing.) ricompensa. ▭ ~ *packet* busta paga.

to **wage** [weidʒ] *v.t.* intraprendere, iniziare. ▭ *to* ~ *war* muovere guerra.

wage-earner ['weidʒə:nə*] *s.* salariato.

wager ['weidʒə*] *s.* scommessa.

to **wager** ['weidʒə*] **I** *v.t.* scommettere (*on* su). **II** *v.i.* fare una scommessa.

waggery ['wægəri] *s.* **1** spiritosaggine. **2** scherzo, burla.

waggish ['wægiʃ] *a.* spiritoso.

waggle ['wægl] → **wag**.

to **waggle** ['wægl] → to **wag**.

waggon, **wagon** *am.* ['wægən] *s.* **1** carro (a quattro ruote). **2** (*Ferr.*) vagone (merci). ▭ (*sl.*) **on** *the* (*water*) ~ astemio; (*am.*) **station** ~ automobile familiare.

wagoner ['wægənə*] *s.* carrettiere.

waif [weif] *s.* **1** senzatetto *m./f.* **2** bambino abbandonato. ▭ (*Dir.*) *waifs and strays* infanzia abbandonata.

wail [weil] *s.* gemito, lamento.

to **wail** [weil] **I** *v.i.* **1** gemere, lamentarsi. **2** (*fam.*) lamentarsi, lagnarsi. **II** *v.t.* gemere, dire gemendo.

wain [wein] *s.* (*lett.*) carro. ▭ (*Astr.*) (*Charles's*) *Wain* Orsa maggiore.

wainscot ['weinskət] *s.* rivestimento a pannelli di legno.

waist [weist] *s.* **1** vita, cintola. **2** corpetto, corpino; camicetta, blusa. **3** (*rif. a cosa*) parte centrale.

waistband ['weistbænd] *s.* cintura.

waistcoat ['weistkəut] *s.* panciotto, gilè.

waist-deep ['weist'di:p], **waist-high** ['weist'hai] *a.* (fino) alla cintola.

waistline ['weistlain] *s.* vita, punto (di) vita.

wait [weit] *s.* **1** attesa, periodo di attesa. **2** *pl.* cantanti e suonatori che vanno di casa in casa la notte di Natale. ▭ *to lie in* ~ stare in agguato.

to **wait** [weit] **I** *v.i.* **1** aspettare, attendere. **2** essere rimandato (*o* rinviato): *the meeting will have to* ~ la riunione dovrà essere rimandata. **3** (*Strad.*) sostare. **II** *v.t.* **1** aspettare, attendere. **2** ritardare, rimandare: *don't* ~ *dinner for me* non ritardate il pranzo per me. ▭ *to* ~ **for** aspettare, attendere; *to* ~ **in** stare in casa ad aspettare; *to* ~ **on** servire: *to* ~ *on s.o. hand and foot* servire qd. di tutto punto; servire a tavola; *to* ~ *and* **see** stare a vedere (come vanno le cose); *to* ~ (*at, on*) **table** servire a tavola; *to* ~ **up** *for s.o.* stare alzato ad aspettare qd.; *to* ~ **upon** = *to* ~ **on**.

waiter ['weitə*] *s.* cameriere.
waiting ['weitiŋ] *s.* **1** attesa. **2** (*Strad.*) sosta. ▭ ~ **list** lista d'attesa; **no** ~ sosta vietata.
waiting-room ['weitiŋru:m] *s.* sala d'aspetto.
waitress ['weitris] *s.* cameriera.
to **waive** [weiv] *v.t.* rinunciare a (un diritto).
waiver ['weivə*] *s.* rinuncia; atto di rinuncia.
wake[1] [weik] *s.* (*in Irlanda*) veglia funebre.
to **wake** [weik] *v.* (*pass.* **woke** [wəuk]/**waked** [–t], *p.p.* **woken** ['wəukən]/**waked**/**woke**) **I** *v.i.* **1** (spesso con *up*) svegliarsi, risvegliarsi. **2** (*fig.*) (spesso con *up*) svegliarsi, scuotersi; aprire gli occhi (*to* su), rendersi conto (di). **II** *v.t.* **1** (spesso con *up*) svegliare, destare. **2** (*fig.*) (spesso con *up*) svegliare, scuotere; aprire gli occhi a. **3** rievocare, ridestare: *to* ~ *sad memories* rievocare tristi ricordi. ▭ (*fam.*) *to* ~ *an echo* sollevare un'eco.
wake[2] [weik] *s.* scia. ▭ *in the* ~ *of* subito dopo, come conseguenza di.
wakeful ['weikful] *a.* **1** insonne. **2** (*fig.*) vigile, all'erta.
to **waken** ['weikən] **I** *v.t.* (ri)svegliare, destare. **II** *v.i.* (ri)svegliarsi, destarsi.
Waldensian [wɔl'densiən] *a./s.* valdese.
wale *am.* [weil] *s.* segno lasciato da una frustata.
Wales [weilz] *N.pr.* (*Geog.*) Galles.
walk [wɔ:k] *s.* **1** passeggiata, giro; camminata. **2** cammino, percorso: *five minutes'* ~ cinque minuti di cammino. **3** passo, andatura; (*di cavallo, ecc.*) andatura al passo. **4** sentiero, vialetto. ▭ (*fig.*) ~ *of life* condizione (sociale).
to **walk** [wɔ:k] **I** *v.i.* **1** camminare; andare a piedi; fare una passeggiata. **2** (*di cavallo, ecc.*) andare al passo. **II** *v.t.* **1** camminare su (*o* per), percorrere. **2** (*di cavallo, ecc.*) far andare al passo; (*di cane*) far passeggiare. **3** accompagnare (a piedi). ▭ *to* ~ **about** gironzolare; *to* ~ **around** = *to* ~ **about**; *to* ~ **away** andarsene; *to* ~ **away** *from* distanziare, staccare; *to* ~ **away** *with* vincere con facilità; *to* ~ **back** ritornare a piedi; *to* ~ **down** scendere; *to* ~ **in** entrare; *to* ~ **into** entrare in; (*fig.*) rimproverare; *to* ~ **into** *a trap* cadere in una trappola; *to* ~ **off** *one's dinner* camminare per digerire; *to* ~ **off** *with*: 1 = *to* ~ **away** *with*; 2 (*fam.*) prendere, rubare; *to* ~ **on** andare avanti (camminando); (*Teat.*) fare la comparsa; *to* ~ **out**: 1 uscire; 2 andarsene in segno di protesta; 3 entrare in sciopero; (*sl.*) *to* ~ **out** *on* piantare in asso; (*Sport*) *to* ~ **over** battere facilmente; (*fam.*) tiranneggiare, trattare male; *to* ~ **round** gironzolare; *to* ~ **through** attraversare camminando; *to* ~ **up** salire (a piedi); percorrere (una strada); *to* ~ **up** *to s.o.* avvicinarsi, accostarsi a qd.
walkaway ['wɔ:kəwei] *s.* (*fam.*) gara vinta con facilità.
walker ['wɔ:kə*] *s.* camminatore.
walkie-talkie ['wɔki'tɔ:ki] *s.* radiotelefono portatile.
walking ['wɔ:kiŋ] *s.* camminata, passeggiata. ▭ *he is a* ~ *encyclopedia* è un'enciclopedia ambulante.
walking-shoes ['wɔ:kiŋʃu:z] *s.pl.* scarpe da passeggio.
walking-stick ['wɔ:kiŋstik] *s.* bastone da passeggio.
walking-tour ['wɔ:kiŋtuə*] *s.* giro turistico a piedi.
walkman ['wɔ:kmən] *s.* walkman, piccolo apparecchio portatile per l'ascolto, mediante cuffia, di cassette registrate.
walk-on ['wɔ:kɔn] *a. attr.*: (*Teat.*) ~ *part* ruolo da comparsa.
walkout ['wɔ:kaut] *s.* sciopero.
walkover ['wɔ:kəuvə*] *s.* vittoria facile.
walkway *am.* ['wɔ:kwei] *s.* passaggio pedonale.
walky-talky ['wɔ:ki'tɔ:ki] → **walkie-talkie**.
wall [wɔ:l] *s.* **1** muro. **2** parete. **3** (*fig.*) barriera, muro. ▭ (*fig.*) *to come up* **against** *a brick* ~ arrivare a un punto morto; (*fig.*) *to be with one's* **back** *to the* ~ essere con le spalle al muro; (*fig.*) *to* **drive** *s.o. to the* ~ mettere qd. con le spalle al muro; (*fig.*) *to* **go** *to the* ~ avere la peggio, soccombere; *the* **Great** *Wall of China* la muraglia cinese; (*fig.*) *to run one's* **head** *against a* (*brick*) ~ dare la testa contro il muro; (*fam.*) *to* **see** *through a* (*brick*) ~ essere molto perspicace; (*fam.*) *to drive s.o.* **up** *the* ~ far arrabbiare qd.
to **wall** [wɔ:l] *v.t.* **1** (spesso con *in*) circondare con un muro. **2** (spesso con *off*) dividere con un muro. **3** (spesso con *up*) murare.
wallet ['wɔlit] *s.* portafoglio.
wallflower ['wɔ:lflauə*] *s.* **1** (*Bot.*) violacciocca gialla. **2** (*fam.*) ragazza che fa da tappezzeria.
Walloon [wɔ'lu:n] *a./s.* vallone.
wallop ['wɔləp] *s.* (*fam.*) percossa.
to **wallop** ['wɔləp] *v.t.* (*fam.*) percuotere, picchiare.
walloping ['wɔləpiŋ] **I** *a.* (*fam.*) enorme, grandissimo. **II** *s.* (*fam.*) bastonatura, legnata.
wallow ['wɔləu] *s.* pantano.
to **wallow** ['wɔləu] *v.i.* **1** sguazzare; rotolarsi, voltolarsi. **2** (*fig.*) crogiolarsi. ▭ (*fam.*) *to be wallowing in money* nuotare nell'oro.
wallpaper ['wɔ:lpeipə*] *s.* carta da parati.
walnut ['wɔ:lnʌt] *s.* (*Bot.*) noce; (legno di) noce.
walrus ['wɔ:lrəs] *s.* (*Zool.*) tricheco. ▭ ~ *moustache* baffi spioventi.
waltz [wɔ:ls] *s.* valzer.
to **waltz** [wɔ:ls] **I** *v.i.* **1** ballare il valzer. **2** camminare (*o* avanzare) con passo danzante. **II** *v.t.* far ballare il valzer a.
wan [wɔn] *a.* (*compar.* **wanner** [–ə*], *sup.* **wannest** [–ist]) **1** pallido, smorto. **2** debole, fiacco.
wand [wɔnd] *s.* **1** bacchetta (magica). **2** bastone di comando.
to **wander** ['wɔndə*] **I** *v.i.* **1** vagare, girovagare. **2** smarrirsi. **3** (*dello sguardo, ecc.*) vaga-

re, errare. **4** (*fig.*) divagare, scostarsi dall'argomento. **II** *v.t.* vagare per, girovagare per. ▭ *to* ~ (*away*) **from** *the point* divagare (dal tema); *to* ~ **in** fare una visitina.

wanderer ['wɔndərə*] *s.* girovago, giramondo.

wandering ['ɔndəriŋ] *a.* errante, itinerante. ▭ (*Stor.*) *Wandering Jew* ebreo errante.

wanderings ['wɔndəriŋz] *s.pl.* **1** vagabondaggi. **2** (*fig.*) vaneggiamento.

wane [wein] *s.* **1** (*Astr.*) il calare della luna; fase decrescente. **2** (*fig.*) declino. ▭ (*Astr.*) *on the* ~ in fase decrescente; (*fig.*) in declino.

to **wane** [wein] *v.i.* **1** (*Astr.*) calare, decrescere. **2** (*fig.*) declinare, scemare.

wangle ['wæŋgl] *s.* (*fam.*) maneggio, intrigo.

to **wangle** ['wæŋgl] *v.t.* (*fam.*) procurarsi con l'astuzia, rimediare.

wanness ['wɔnnis] *s.* pallore.

want [wɔnt] *s.* **1** esigenza, bisogno. **2** mancanza, carenza. **3** povertà, indigenza. ▭ *to* **be** *in* ~ *of s.th.* avere bisogno di qc.; **for** ~ *of* in mancanza di.

to **want** [wɔnt] **I** *v.t.* **1** volere. **2** avere bisogno di, necessitare di. **3** dovere: *you* ~ *to be more careful* dovresti stare più attento. **4** (costr. impers.) mancare: *it wanted five minutes to midnight* mancavano cinque minuti a mezzanotte. **II** *v.i.* essere in miseria. ▭ (*fam.*) *it wants some* **doing** non è una cosa facile; *to* ~ **for** avere bisogno di; essere privo di; *to* ~ **for** *nothing* non avere bisogno di nulla. ‖ *to be wanting* mancare.

wanted ['wɔntid] *a.* **1** richiesto. **2** (*negli annunci pubblicitari*) cercasi. **3** (*Dir.*) ricercato (*for* per).

wanting ['wɔntiŋ] **I** *a.* **1** mancante; privo (*in* di). **II** *prep.* senza, in mancanza di. ▭ *to be found* ~ essere giudicato inadeguato, non all'altezza.

wanton ['wɔntən] *a.* **1** sfrenato, sregolato. **2** deliberato; arbitrario, gratuito. **3** (*ant.*) licenzioso, lascivo. **4** (*lett.*) giocoso, allegro; capriccioso.

to **wanton** ['wɔntən] *v.i.* (*lett.*) scherzare, giocherellare.

war [wɔ:*] *s.* guerra (*anche fig.*). ▭ **at** ~ in guerra (*with* con); *to* **declare** ~ dichiarare guerra (*on, upon* a); *to* **go** *to wars* andare in guerra; entrare in guerra; (*scherz.*) *you have been* **in** *the wars!* come sei malconcio!; *to* **make** ~ muovere guerra (*on, against* a, contro); ~ **memorial** monumento ai caduti di guerra.

to **war** [wɔ:*] *v.i.* (*pass., p.p.* **warred** [-d]) **1** fare guerra (*against* a). **2** (*fig.*) combattere, lottare (con).

warble ['wɔ:bl] *s.* trillo, gorgheggio.

to **warble** ['wɔ:bl] *v.t./i.* trillare; gorgheggiare.

warbler ['wɔ:blə*] *s.* uccello canoro.

war cry ['wɔ:krai] *s.* grido di guerra.

ward [wɔ:d] *s.* **1** custodia, tutela. **2** (*Dir.*) pupillo. **3** distretto, circoscrizione. **4** (*di ospedale*) padiglione, corsia; reparto.

to **ward** [wɔ:d] *v.t.* (general. con *off*) prevenire, allontanare.

warden ['wɔ:dn] *s.* **1** guardiano, custode *m./f* **2** (*am.*) direttore (di carcere).

warder ['wɔ:də*] *s.* carceriere, secondino.

wardrobe ['wɔ:drəub] *s.* **1** guardaroba. **2** vestiario, corredo, guardaroba.

wardroom ['wɔ:dru:m] *s.* (*Mar.*) quadrato (degli) ufficiali.

wardship ['wɔ:dʃip] *s.* (*Dir.*) tutela.

ware [wɛə*] *s.* **1** (*pl.*) merci, mercanzie. **2** (*collett.*) (spesso nei composti) prodotti, articoli: *industrial* ~ prodotti industriali.

warehouse ['wɛəhaus] *s.* (*Comm.*) magazzino, deposito.

to **warehouse** ['wɛəhaus] *v.t.* immagazzinare.

warfare ['wɔ:fɛə*] *s.* guerra.

warhead ['wɔ:hed] *s.* (*Mil.*) testata esplosiva.

wariness ['wɛərinis] *s.* cautela, circospezione.

warlike ['wɔ:laik] *a.* **1** guerriero, bellicoso. **2** bellico.

warlord ['wɔ:lɔ:d] *s.* **1** (*in Cina, Giappone*) signore della guerra. **2** dittatore militare.

warm [wɔ:m] *a.* **1** caldo. **2** (*fig.*) vivo, ardente; animato, acceso; caloroso, cordiale. **3** (*di traccia, odore*) fresco, recente. ▭ *to* **get** ~ (ri)scaldarsi; (*nei giochi*) *you're* **getting** ~ fuoco!, fuoco!; *to* **grow** ~ (ri)scaldarsi; (*fig.*) infervorarsi, accalorarsi; *to* **keep** ~ (*di persona*) stare caldo; (*di cosa*) tenere in caldo; (*fam.*) *to* **make** *things* ~ *for s.o.* rendere la vita impossibile a qd.

to **warm** [wɔ:m] **I** *v.t.* (general. con *up*) **1** riscaldare, scaldare. **2** (*fig.*) accendere, infervorare; animare, ravvivare. **II** *v.i.* (general. con *up*) **1** scaldarsi, riscaldarsi. **2** (*fig.*) accendersi, accalorarsi. ▭ *to* ~ *to* (*di persone*) prendere in simpatia; (*di cose*) appassionarsi a.

warm-blooded ['wɔ:m'blʌdid] *a.* **1** (*Zool.*) a sangue caldo. **2** (*fig.*) ardente, appassionato.

warmer ['wɔ:mə*] *s.* scaldino.

warm-hearted ['wɔ:m'hɑ:tid] *a.* affettuoso, cordiale.

warming pan ['wɔ:miŋpæn] *s.* scaldaletto.

warmonger ['wɔ:mʌŋgə*] *s.* guerrafondaio.

warmth [wɔ:mθ] *s.* **1** calore, caldo. **2** (*fig.*) cordialità; animazione, vivacità; entusiasmo. **3** (*di colore*) intensità, luminosità.

warm-up ['wɔ:mʌp] *s.* (*Sport*) ginnastica preparatoria per riscaldare i muscoli.

to **warn** [wɔ:n] *v.t.* **1** avvertire, avvisare (*of* di). **2** consigliare, ammonire. **3** (*Dir.*) diffidare. ▭ *to* ~ *away* (o *off*) tenere lontano, intimare di allontanarsi.

warning ['wɔ:niŋ] **I** *s.* **1** avvertimento, ammonimento. **2** avviso, preavviso. **3** allarme: *air raid* ~ allarme antiaereo. **4** (*Dir.*) diffida. **II** *a.attr.* d'avvertimento, ammonitore: *a* ~ *look* uno sguardo d'avvertimento. ▭ *to give* ~ avvertire, avvisare; (*Dir.*) diffidare.

warp[1] [wɔ:p] *s.* **1** deformazione, curvatura; distorsione. **2** (*fig.*) alterazione; (*di carattere*) stranezza, bizzarria.

to **warp** [wɔ:p] **I** *v.t.* **1** deformare, curvare;

(di)storcere; imbarcare. **2** (*fig.*) alterare, travisare. **II** *v.i.* **1** deformarsi, curvarsi; storcersi; imbarcarsi. **2** (*fig.*) alterarsi. ☐ *his warped mind* la sua mente distorta.

warp[2] [wɔ:p] *s.* ordito.

warpath ['wɔ:pɑ:θ] *s.* sentiero di guerra.

warrant ['wɔrənt] *s.* **1** autorizzazione; diritto, giustificazione. **2** (*Comm., Dir.*) mandato. **3** (*Mil.*) brevetto. ☐ (*Mil.*) ~ *officer* sottufficiale.

to **warrant** ['wɔrənt] *v.t.* **1** autorizzare; giustificare, legittimare. **2** garantire, assicurare.

warranty ['wɔrənti] *s.* **1** autorizzazione; giustificazione. **2** (*Dir., Comm.*) garanzia.

warren ['wɔrin] *s.* **1** (*Zootecnia*) garenna. **2** (*fig.*) labirinto.

warrior ['wɔriə*] *s.* guerriero, soldato.

Warsaw ['wɔ:sɔ:] *N.pr.* (*Geog.*) Varsavia.

warship ['wɔ:ʃip] *s.* nave da guerra.

wart [wɔ:t] *s.* (*Med.*) verruca, porro.

wartime ['wɔ:taim] *s.* tempo di guerra.

wary ['wɛəri] *a.* diffidente, circospetto, guardingo; cauto, accorto. ☐ *to keep a ~ eye on s.o.* sorvegliare qd.

was [wɔz, wəz] → to **be**.

wash [wɔʃ] *s.* **1** lavata, lavaggio. **2** bucato; lavanderia. **3** sciabordio, sciacquio. **4** lozione. **5** broda, brodaglia. **6** strato di colore. ☐ *to have a ~ and* **brush**-*up* fare toletta; (*fam.*) *it will all* **come** *out in the ~* tutto verrà a galla; *to* **have** *a ~* lavarsi.

to **wash** [wɔʃ] **I** *v.t.* **1** lavare. **2** (*di mare, ecc.*) bagnare. **3** trascinare (con l'acqua). **4** scavare (con l'acqua). **II** *v.i.* **1** lavarsi, lavare. **2** fare il bucato. **3** essere lavabile. **4** (*di onda*) infrangersi, frangersi. **5** (*fam.*) reggere, stare in piedi: *this excuse won't ~* questa scusa non regge. ☐ *to be washed* **ashore** essere gettato a riva; *to ~* **away** togliere lavando; spazzare via, portare via; *to ~* **down** lavare (con un getto d'acqua); annaffiare, accompagnare: *he washed his lunch with a glass of Italian wine* accompagnò il pranzo con un bicchiere di vino italiano; *to ~* **off** = to ~ **away**; *to ~* **out** sciacquare; togliere lavando; (*fam., Sport) to be washed* **out** essere sospeso a causa della pioggia; essere eliminato; *to ~* **up** lavare i piatti; (*am.*) lavarsi (general. mani e faccia); portare a riva; (*fig.*) *he's all washed* **up** è un fallito.

washable ['wɔʃəbl] *a.* lavabile.

wash-basin ['wɔʃbeisn] *s.* lavandino.

washboard ['wɔʃbɔ:d] *s.* asse per lavare.

washday ['wɔʃdei] *s.* giorno del bucato.

washer ['wɔʃə*] *s.* **1** lavabiancheria; lavastoviglie. **2** (*Mecc.*) rosetta, rondella. **3** lavandaio, lavandaia.

washerwoman ['wɔʃəwumən] *s.* (*pl.* **–women** ['wimin]) lavandaia.

washhouse ['wɔʃhaus] *s.* lavanderia.

washing ['wɔʃiŋ] *s.* **1** lavaggio. **2** bucato.

washing-machine ['wɔʃiŋməʃi:n] *s.* lavabiancheria, lavatrice.

Washington ['wɔʃiŋtən] *N.pr.* (*Geog.*) Washington.

washing-up ['wɔʃiŋʌp] *s.* rigovernatura.

washout ['wɔʃaut] *s.* (*fam.*) insuccesso, fiasco.

washroom *am.* ['wɔʃru:m] *s.* gabinetto, toilette (di un edificio pubblico).

washstand ['wɔʃstænd] *s.* portacatino.

washtub ['wɔʃtʌb] *s.* mastello.

washy ['wɔʃi] *a.* **1** allungato, diluito. **2** (*di colore*) pallido, smorto. **3** (*fig.*) debole, fiacco.

wasn't ['wɔznt] *contraz. di* **was not**.

wasp [wɔsp] *s.* (*Zool.*) vespa.

waspish ['wɔspiʃ] *a.* **1** irritabile, bisbetico.

wassail ['wɔs(ei)l] *s.* **1** bevanda a base di birra aromatizzata con spezie. **2** (*fig.*) bevuta, bisboccia.

wastage ['weistidʒ] *s.* spreco, sciupio.

waste [weist] **I** *a.* **1** di scarto, di rifiuto. **2** (*di terreno*) improduttivo, sterile; incolto. **3** arido, desolato. **II** *s.* **1** spreco, sciupio. **2** immondizia; rifiuti. **3** (spesso al pl.) regione disabitata; distesa desolata. ☐ *to* **go** *to ~* andare sprecato; (*di terreno*) restare incolto; *to* **lay** *~* devastare, distruggere.

to **waste** [weist] **I** *v.t.* **1** sciupare, sprecare; sperperare, dissipare. **2** devastare, distruggere. **3** (*Med.*) far deperire. **II** *v.i.* **1** consumarsi, logorarsi. **2** (*Med.*) (spesso con *away*) deperire. ☐ (*fig.*) *to ~ one's breath* (o *words*) parlare al vento.

wasteful ['weistful] *a.* **1** dispendioso. **2** (*rif. a persona*) sprecone, sciupone.

wastepaper ['weistpeipə*] *s.* carta straccia. ☐ *~ basket* cestino per la carta straccia.

waster ['weistə*], **wastrel** ['weistrəl] *s.* (*fam.*) spendaccione; buono a nulla.

watch[1] [wɔtʃ] *s.* **1** osservazione. **2** sorveglianza, vigilanza. **3** (*ant.*) veglia. **4** (*Mil.*) corpo di guardia. **5** (*Mar.*) turno di guardia; guardia. **6** (*Stor.*) ronda. ☐ *to* **keep** *~ over* sorvegliare; *to* **keep** *~ and ward* stare in guardia; *to be* **on** *the ~* stare all'erta.

to **watch** [wɔtʃ] **I** *v.t.* **1** guardare, osservare; assistere a. **2** sorvegliare, controllare. **3** custodire; badare a. **II** *v.i.* **1** stare a guardare, osservare. **2** fare da spettatore. ☐ *to ~* **for** stare in attesa di; (*fam.*) *~* **it** sta' attento; *to ~* **out** tenere gli occhi aperti; stare attento; *to ~* **over** sorvegliare, badare a.

watch[2] [wɔtʃ] *s.* orologio da polso.

watchdog ['wɔtʃdɔg] *s.* **1** cane da guardia. **2** (*fig.*) guardiano.

watcher ['wɔtʃə*] *s.* osservatore.

watchful ['wɔtʃful] *a.* vigile, guardingo.

watchfulness ['wɔtʃfulnis] *s.* vigilanza.

watchmaker ['wɔtʃmeikə*] *s.* orologiaio.

watchman ['wɔtʃmən] *s.* (*pl.* **–men**) sorvegliante.

watchword ['wɔtʃwɛ:d] *s.* **1** parola d'ordine. **2** slogan.

water ['wɔ:tə*] *s.* **1** acqua. **2** *pl.* acque territoriali. **3** marea: *high ~* alta marea. **4** *pl.* acque (termali). ☐ **above** *~* a galla; (*fam.*) fuori dalle difficoltà finanziarie; (*Geol.*) ~

bearing acquifero; **by** ~ per via d'acqua; (*fig.*) *of the* **first** ~ di prima qualità; (*fam.*) *to* **hold** ~ reggere, essere valido; *to be in* **hot** ~ essere nei guai; *to* **let** *in* ~ fare acqua; **like** ~ a fiumi; *to spend money* **like** ~ spendere e spandere; *to* **make** ~: 1 orinare; 2 (*Mar.*) imbarcare acqua (per falle); **under** ~ sommerso.

to **water** ['wɔ:tə*] **I** *v.t.* **1** innaffiare; irrigare. **2** inumidire, bagnare. **3** abbeverare. **4** (spesso con *down*) diluire, allungare; annacquare. **5** (*fig.*) (general. con *down*) moderare, temperare. **6** (*Tessitura*) marezzare. **II** *v.i.* **1** lacrimare, piangere. **2** abbeverarsi. **3** fare provvista d'acqua. □ *to make one's mouth* ~ far venire l'acquolina in bocca a qd.

waterborne ['wɔ:təbɔ:n] *a.* trasportato via acqua.

water-bottle ['wɔ:təbɔtl] *s.* **1** borraccia. **2** boule per l'acqua.

water cart ['wɔ:təkɑ:t] *s.* autocisterna (per acqua).

water-closet ['wɔ:tə͵klɔzit] *s.* gabinetto.

watercolor *am.*, **watercolour** ['wɔ:təkʌlə*] *s.* (*Pitt.*) acquerello.

watercourse ['wɔ:təkɔ:s] *s.* **1** corso d'acqua. **2** canale.

watercress ['wɔ:təkres] *s.* (*Bot.*) crescione.

waterfall ['wɔ:təfɔ:l] *s.* cascata, cateratta.

waterfront *am.* ['wɔ:təfrʌnt] *s.* **1** zona portuale. **2** lungomare.

waterhole ['wɔ:təhəul] *s.* pozza, polla.

water-ice ['wɔ:təais] *s.* (*Gastr.*) ghiacciolo.

watering ['wɔ:təriŋ] *s.* **1** annaffiata; irrigazione. **2** diluizione. **3** rifornimento d'acqua. **4** (*Fisiologia*) lacrimazione; salivazione.

watering-can ['wɔ:təriŋkæn] *s.* annaffiatoio.

watering-place ['wɔ:təriŋpleis] *s.* **1** abbeveratoio. **2** stazione termale; stazione balneare.

waterlevel ['wɔ:təlevl] *s.* livello dell'acqua.

waterlily ['wɔ:təlili] *s.* (*Bot.*) ninfea.

waterline ['wɔ:təlain] *s.* (*Mar.*) linea di galleggiamento.

waterlogged ['wɔ:təlɔgd] *a.* **1** (*Mar.*) che ha imbarcato tanta acqua da essere ingovernabile. **2** (*di legno*) impregnato d'acqua. **3** (*di terreno*) acquitrinoso; saturo d'acqua.

Waterloo [͵wɔ:tə'lu:] *N.pr.* (*Geog.*): (*fig.*) *to meet one's* ~ subire una sconfitta definitiva.

water main ['wɔ:təmein] *s.* conduttura dell'acqua.

waterman ['wɔ:təmən] *s.* (*pl.* **–men**) barcaiolo.

watermark ['wɔ:təmɑ:k] *s.* **1** (*di carta, ecc.*) filigrana. **2** livello di marea.

water-melon ['wɔ:təmelən] *s.* (*Bot.*) anguria.

water-mill ['wɔ:təmil] *s.* mulino ad acqua.

water pipe ['wɔ:təpaip] *s.* conduttura dell'acqua.

water power ['wɔ:təpauə*] *s.* energia idrica; energia idroelettrica.

waterproof ['wɔ:təpru:f] **I** *a.* impermeabile. **II** *s.* **1** tessuto impermeabile. **2** impermeabile.

to **waterproof** ['wɔ:təpru:f] *v.t.* impermeabilizzare.

watershed ['wɔ:təʃed] *s.* spartiacque (*anche fig.*).

water-ski ['wɔ:təski] *s.* sci nautico.

waterspout ['wɔ:təspaut] *s.* tromba marina.

water supply ['wɔ:təsəplai] *s.* **1** approvvigionamento idrico. **2** impianto idrico.

watertight ['wɔ:tətait] *a.* **1** stagno, a tenuta (d'acqua). **2** (*fig.*) inoppugnabile, inconfutabile. □ (*Mar.*) ~ *compartment* compartimento stagno.

waterway ['wɔ:təwei] *s.* corso d'acqua navigabile.

waterwheel ['wɔ:təwi:l] *s.* ruota idraulica.

water-wings ['wɔ:təwiŋz] *s.pl.* bracciali (salvagente).

waterworks ['wɔ:təwə:ks] *s.pl.* **1** (costr. sing. *o* pl.) impianto idrico. **2** giochi d'acqua.

watery ['wɔ:təri] *a.* **1** acqueo. **2** bagnato; lacrimoso. **3** acquoso; brodoso, lungo. **4** (*fig.*) (*di colore*) slavato, smorto. **5** (*di cielo*) che promette pioggia.

watt [wɔt] *s.* (*El.*) watt.

wattle ['wɔtl] *s.* **1** canniccio, graticcio. **2** bargiglio.

wave [weiv] *s.* **1** onda. **2** (*fig.*) ondata. **3** (*di capelli*) ondulazione. **4** cenno, gesto. **5** (*Fis., Rad.*) onda.

to **wave** [weiv] **I** *v.i.* **1** ondeggiare, fluttuare; sventolare. **2** fare un cenno (*o* saluto) con la mano (*to* a). **3** (*di capelli*) ondularsi, essere ondulati. **II** *v.t.* **1** sventolare; agitare (in segno di saluto, ecc.). **2** (*di capelli*) ondulare, arricciare. □ *to* ~ **aside** allontanare con un gesto della mano; (*fig.*) respingere; *to* ~ *s.o.* **away** fare segno a qd. di allontanarsi; *to* ~ *s.o.* **back** fare segno a qd. di tornare indietro; *to* ~ **down** fare cenno di fermarsi; *to* ~ *s.o.* **off** salutare qd. che parte; *to* ~ **on** fare segno di venire avanti.

waveband ['weivbænd] *s.* (*Rad.*) gamma di lunghezza d'onda.

wavebreaker ['weivbreikə*] *s.* frangiflutti.

wavelength ['weivleŋθ] *s.* (*Rad.*) lunghezza d'onda. □ (*fig.*) *to be on the same* ~ *as* essere in sintonia con.

to **waver** ['weivə*] *v.i.* **1** vacillare, ondeggiare. **2** (*fig.*) esitare, tentennare. **3** (*di prezzo, ecc.*) fluttuare.

waverer ['weivərə*] *s.* persona indecisa.

wavy ['weivi] *a.* **1** ondeggiante, fluttuante; sinuoso. **2** (*di capelli*) ondulato.

wax[1] [wæks] *s.* **1** cera. **2** ceralacca. **3** cerume.

to **wax**[1] [wæks] *v.t.* incerare; lucidare con la cera.

wax[2] [wæks] *s.* (*sl.*) accesso d'ira.

to **wax**[2] [wæks] *v.i.* (*pass.* **waxed** [–t]/*poet.* **waxen** [–ən]) **1** (*della luna*) crescere. **2** (*lett.*) diventare: *to* ~ *old* diventare vecchio.

waxcloth ['wæksklɔθ] *s.* tela cerata, incerata.

waxen[1] ['wæksən] → to **wax**[2].

waxen[2] ['wæksən] *a.* cereo.

waxwork ['wækswək] *s.* **1** statua di cera. **2** *pl.* (costr. sing. *o* pl.) museo delle cere.

waxy ['wæksi] *a.* **1** cereo, di cera. **2** pallido.

way [wei] **I** *s.* **1** via, strada; sentiero (anche

nei composti); tragitto, percorso: *ask s.o. the ~ to the station* chiedi a qd. la strada per la stazione; *railway* ferrovia; *on one's ~* durante il tragitto. **2** modo, maniera: *~ of life* modo di vivere; *one ~ or another* in un modo o nell'altro. **3** distanza, lontananza: *a long ~* molto lontano. **4** parte, direzione: *look this ~* guarda da questa parte. **5** comportamento abituale; *pl.* abitudini, usanza. **6** riguardo, aspetto: *in every ~* sotto ogni aspetto. **7** condizioni, stato: *in a bad ~* in cattive condizioni. **8** *pl.* invasatura (per il varo delle navi). **II** *avv.* (*fam.*) molto lontano. □ **by** *~ of* a titolo di; con l'intenzione di; nel corso di; **by** *the ~* durante il viaggio; tra parentesi; a proposito; *to* **clear** *the ~* sgomb(e)rare la strada; (*fig.*) spianare la strada; (*Rel.*) *Way of the* **Cross** Via Crucis; (*fam.*) *in the* **family** *~* in stato interessante; (*fig.*) *to* **give** *~* cedere, arrendersi; (*fig.*) *to* **go** *one's own ~* fare di testa propria; (*fig.*) *to* **go** *out of one's ~* darsi un gran daffare; *to* **have** *a ~ with* saperci fare con; *~* **in** entrata, ingresso; *to* **lead** *the ~* fare strada, precedere; (*fig.*) essere all'avanguardia; *to* **make** *one's ~ in life* avere successo nella vita; fare carriera; *to* **make** *one's ~ home* andare a casa; (*fam.*) **no** *~!* neanche per idea, non ci penso nemmeno!; (*fam.*) **on** *the ~ out* in declino; *~* **out** uscita; **out** *of one's ~* fuori dalla propria competenza; **out** *of the ~* eccezionale; *to* **put** *s.o. in the ~ of* dare a qd. l'occasione di; *to* **put** *s.o. out of the ~* togliere di mezzo qd.; **right** *of ~* diritto di passaggio; **this** *~* in questo modo, così; in questa direzione; *there are no* **two** *ways about it* c'è poco da discutere; **under** *~* per strada; in corso; **which** *~?* in che direzione?

waybill ['weibil] *s.* **1** lista dei passeggeri. **2** (*Comm.*) lettera di vettura.

wayfarer ['weifεərə*] *s.* (*lett.*) viandante *m./f.*

to **waylay** [wei'lei] *v.t.* (coniug. come to **lay**) tendere un agguato a; attendere al varco.

wayside ['weisaid] *s.* margine (di strada).

wayward ['weiwəd] *a.* ribelle, indocile; capriccioso.

we [wi:] *pron. pers. sogg.* noi (*spesso non si traduce*): *~ are ready* siamo pronti.

We., Wed. = *Wednesday* mercoledì (merc.).

weak [wi:k] *a.* **1** debole (nelle varie accezioni): *too ~ to walk* troppo debole per camminare; *to have ~ eyes* avere la vista debole; *~ in mathematics* debole in matematica. **2** poco resistente, debole: *a ~ rope* una corda poco resistente. **3** (*di colore*) tenue; (*di suono*) fievole. **4** (*di liquido*) diluito, allungato; (*di bevanda*) leggero. □ *to* **grow** *~* indebolirsi; (*fam.*) *to be ~ in the* **head** essere un po' stupido; (*fam.*) *to have ~* **knees** essere uno smidollato; *the weaker* **sex** il sesso debole.

to **weaken** ['wi:kən] **I** *v.t.* **1** indebolire. **2** diluire, allungare. **II** *v.i.* **1** indebolirsi. **2** calare (d'intensità). **3** cedere, ammorbidirsi.

weak-kneed ['wi:k'ni:d] *a.* debole, smidollato.

weakling ['wi:kliŋ] *s.* persona debole.

weakly ['wi:kli] **I** *a.* gracile, malaticcio. **II** *avv.* debolmente.

weakness ['wi:knis] *s.* **1** debolezza. **2** punto debole. **3** (*fig.*) debole, inclinazione (*for* per).

weal[1] [wi:l] *s.* segno di una frustata.

weal[2] [wi:l] *s.* (*lett.*) benessere. □ *in ~ and woe* nella buona e nella cattiva sorte.

wealth [welθ] *s.* **1** ricchezze, ricchezza. **2** beni, sostanze. **3** (*fig.*) abbondanza, profusione.

wealthy ['welθi] *a.* ricco (*anche fig.*), facoltoso.

to **wean** [wi:n] *v.t.* **1** svezzare, divezzare. **2** (*fig.*) (spesso con *away*) disabituare.

weapon ['wepən] *s.* arma (*anche fig.*).

wear [wεə*] *s.* **1** il portare (abiti, ecc.); uso. **2** logoramento; usura. **3** durata; resistenza all'uso. **4** (*nei composti*) abbigliamento: *men's ~* abbigliamento maschile. □ **fair** *~ and tear* deterioramento normale; *to be the* **worse** *for ~* essere logoro per l'uso; (*fam.*) (*rif. a persona*) essere sciupato.

to **wear** [wεə*] *v.* (*pass.* **wore** [wɔ:*], *p.p.* **worn** [wɔ:n]) **I** *v.t.* **1** indossare, portare; vestirsi di: *to ~ white* vestirsi di bianco; *to ~ one's hair long* portare i capelli lunghi. **2** consumare, logorare (*anche fig.*). **II** *v.i.* **1** durare. **2** (*fig.*) reggere, resistere. **3** logorarsi, consumarsi. □ *to ~* **away** consumare; consumarsi (completamente); *to ~* **away** *one's time in trifles* sprecare il tempo in sciocchezze; *to ~* **down** logorare; logorarsi; (*fig.*) fiaccare, indebolire; (*fig.*) *to ~* **off** sparire lentamente; (*di tempo*) *to ~* **on** passare lentamente; *to ~* **out** logorare; logorarsi (per l'uso); (*fig.*) spossare, sfinire; *to ~* **out** *one's welcome* abusare dell'ospitalità altrui; *to ~ a* **smile** sorridere; *to ~ one's* **years** *lightly* portare bene gli anni.

wearable ['wεərəbl] *a.* che si può indossare.

weariness ['wiərinis] *s.* **1** stanchezza, affaticamento. **2** noia.

wearisome ['wiərisəm] *a.* **1** faticoso, pesante. **2** tedioso, noioso.

weary ['wiəri] *a.* **1** stanco, affaticato. **2** faticoso. **3** noioso. **4** stanco, stufo (*of* di).

to **weary** ['wiəri] **I** *v.i.* **1** stancarsi, affaticarsi. **2** seccarsi, stufarsi (*of* di). **II** *v.t.* **1** stancare, affaticare. **2** annoiare.

weasel ['wi:zl] *s.* (*Zool.*) donnola.

weather ['weðə*] *s.* tempo (atmosferico); condizioni atmosferiche. □ (*Mar.*) *to make* **bad** (*o good*) *~* incontrare tempo cattivo (*o* buono); (*fig.*) *to keep one's ~* **eye** *open* stare all'erta; (*fam.*) *to make* **heavy** *~ of s.th.* trovare qc. difficile; fare storie; (*fam.*) **under** *the ~* indisposto; giù di tono; **what**'*s the ~ like?* che tempo fa?

to **weather** ['weðə*] **I** *v.t.* **1** superare, sopravvivere a: *to ~ a crisis* superare una crisi. **2** (*di legno*) stagionare. **3** (*Mar.*) doppiare (sopravvento). **II** *v.i.* deteriorarsi per l'azione degli agenti atmosferici.

weather-beaten ['weðəbi:tn] *a.* segnato dalle intemperie; segnato dal sole e dal vento.
weather-bound ['weðəbaund] *a.* (*Mar.*) trattenuto (in porto) dal maltempo.
weather bureau ['weðəbjuərəu] *s.* stazione meteorologica.
weather chart ['weðətʃɑ:t] *s.* carta meteorologica.
weathercock ['weðəkɔk] *s.* **1** galletto segnavento. **2** (*fig.*) banderuola.
weather forecasts ['weðə,fɔ:kɑ:st] *s.* previsioni del tempo.
weatherman ['weðəmən] *s.* (*pl.* **–men**) (*fam.*) meteorologo.
weatherproof ['weðəpru:f] *a.* che resiste alle intemperie.
weather report ['weðəri'pɔ:t] *s.* bollettino meteorologico.
weather-side ['weðəsaid] *s.* (*Mar.*) lato di sopravvento.
weather station ['weðəsteiʃən] *s.* osservatorio meteorologico.
weather-vane ['weð:əvein] *s.* banderuola.
weave [wi:v] *s.* (*Tessitura*) armatura.
to **weave** [wi:v] *v.* (*pass.* **wove** [wəuv], *p.p.* **woven** ['wəuvn]/**wove**) **I** *v.t.* **1** tessere. **2** (*fig.*) tessere, ordire. **II** *v.i.* **1** tessere. **2** muoversi a zigzag, serpeggiare. **3** tessere (una ragnatela). □ (*sl.*) *get weaving!* muoviti!, spicciati!
weaver ['wi:və*] *s.* tessitore.
web [web] *s.* **1** ragnatela, tela di ragno. **2** (*fig.*) tessuto, intreccio. **3** tessuto; ordito. **4** (*Zool.*) membrana interdigitale. **5** (*Tip.*) bobina di carta.
webbed [webd] *a.* (*Zool.*) palmato.
to **wed** [wed] *v.* (*pass., p.p.* **wedded** [–id]/**wed**) (*lett.*) **I** *v.t.* **1** sposare. **2** (*fig.*) combinare, accoppiare. **II** *v.i.* **1** sposarsi. **2** (*fig.*) armonizzarsi (*with* con). □ *to be wedded to s.th.* essere devoto a qc.; essere molto attaccato a qc.
we'd [wi(:)d] *contraz. di* **we had**, **we should**, **we would**.
wedding ['wediŋ] *s.* sposalizio, cerimonia nuziale; matrimonio.
wedding-cake ['wediŋkeik] *s.* torta nuziale.
wedding-ring ['wediŋriŋ] *s.* fede, vera.
wedge [wedʒ] *s.* **1** cuneo, zeppa. **2** spicchio, fetta. □ *to* **drive** *a* ~ *between* creare screzi fra; (*fig.*) *the* **thin** *end of the* ~ la punta dell'iceberg.
to **wedge** [wedʒ] *v.t.* **1** fermare con un cuneo, incuneare. **2** incastrare.
wedlock ['wedlɔk] *s.* vincolo coniugale. □ *born out of* ~ illegittimo.
Wednesday ['wenzdi] *s.* mercoledì.
wee [wi:] *a.* minuscolo, piccolissimo. □ *a* ~ *bit* un tantino.
weed [wi:d] *s.* **1** (*Bot.*) erbaccia, malerba. **2** (*sl.*) marijuana. □ (*Bot.*) ~ **guff** sargasso; ~ **killer** erbicida, diserbante.
to **weed** [wi:d] **I** *v.t.* **1** diserbare, sarchiare. **2** (*fig.*) (spesso con *out*) eliminare, epurare. **II** *v.i.* strappare le erbacce.
weeds ['wi:dz] *s.pl.* gramaglie, abito da lutto.
weedy ['wi:di] *a.* **1** pieno di erbacce. **2** (*fam.*) magro, allampanato.
week [wi:k] *s.* settimana. □ *three times* **a** ~ tre volte la settimana; *what* **day** *of the* ~ *is it?* che giorno della settimana è (oggi)?; **for** *weeks* (*on end*) per settimane (e settimane); ~ **in**, ~ *out* settimana dopo settimana; **last** ~ la settimana scorsa; **next** ~ la settimana prossima; (*fam.*) *a* ~ *of* **Sundays** un'eternità; **today** ~ oggi a otto.
weekday ['wi:kdei] *s.* giorno feriale (*o* lavorativo).
weekend ['wi:kend] *s.* fine settimana, weekend.
weekender [,wi:k'endə*] *s.* gitante di fine settimana.
weekly ['wi:kli] **I** *a./s.* settimanale. **II** *avv.* ogni settimana.
to **weep** [wi:p] *v.* (*pass., p.p.* **wept** [wept]) **I** *v.i.* **1** piangere, lacrimare. **2** trasudare. **II** *v.t.* **1** piangere su. **2** trasudare. □ *to* ~ *one's* **heart** *out* sciogliersi in lacrime; *to* ~ **over** piangere (qd., qc.).
weeping ['wi:piŋ] *a.* piangente, in lacrime. □ (*Bot.*) ~ *willow* salice piangente.
weft [weft] *s.* (*Tessitura*) trama.
to **weigh** [wei] **I** *v.t.* **1** pesare. **2** soppesare. **II** *v.i.* **1** pesare, essere pesante. **2** (*fig.*) essere importante, avere peso, contare: *nothing weighs with him but money* niente conta per lui eccetto il denaro. □ (*Mar.*) *to* ~ **anchor** levare l'ancora; *to* ~ **down** curvare (sotto il peso); (*fig.*) gravare, opprimere; (*Sport*) *to* ~ **in** pesare (*o* pesarsi) prima di una gara; *to* ~ **in** *with* intervenire (nella discussione) con; *to* ~ **on** preoccupare, opprimere; *to* ~ **out** pesare; *to* ~ **up** soppesare, valutare.
weighbridge ['weibridʒ] *s.* pesa pubblica, basculla.
weight [weit] *s.* **1** peso. **2** (*fig.*) peso, fardello, onere. **3** (*fig.*) importanza; influenza, autorità. □ **by** ~ a peso; (*fig.*) *to* **carry** ~ essere importante; *to* **gain** ~ ingrassare; *to* **lose** ~ dimagrire; ~ *of* **numbers** superiorità numerica; **over** ~ di peso superiore alla norma; (*fig.*) *to* **pull** *one's* ~ dare il proprio contributo; (*fam.*) *to* **throw** *one's* ~ *about* spadroneggiare; (*fig.*) *to* **throw** *one's* ~ *behind* sostenere, appoggiare; **under** ~ di peso inferiore alla norma.
to **weight** [weit] *v.t.* (spesso con *down*) **1** appesantire. **2** (*fig.*) opprimere, gravare. □ *to* ~ *in favour of* pendere a favore di, essere a favore di.
weightiness ['weitinis] *s.* **1** pesantezza. **2** (*fig.*) importanza, gravità.
weightless ['weitlis] *a.* senza peso.
weightlifter ['weitliftə*] *s.* (*Sport*) pesista.
weightlifting ['weitliftiŋ] *s.* (*Sport*) sollevamento pesi.
weighty ['weiti] *a.* **1** pesante. **2** (*fig.*) importante, influente, potente.
weir [wiə*] *s.* diga di sbarramento.

weird [wiəd] *a.* **1** misterioso, soprannaturale. **2** (*fam.*) strambo, bizzarro.
weirdie ['wiədi] *s.* (*sl.*) persona bizzarra.
weirdness ['wiədnis] *s.* (*fam.*) bizzarria, stranezza.
Welch [welʃ] → **Welsh**.
welcome ['welkəm] **I** *intz.* benvenuto, benvenuti. **II** *s.* benvenuto. **III** *a.* gradito, benvenuto. □ ~ **back**! bentornato!; *to* **make** *s.o.* ~ ricevere qd. con grande cordialità; *you are* ~ **to** *use my car* la mia macchina è a tua disposizione; (*am.*) **you**'*re* ~ prego, non c'è di che.
to **welcome** ['welkəm] *v.t.* **1** dare il benvenuto a. **2** accettare volentieri, gradire.
weld [weld] *s.* (*Met.*) saldatura.
to **weld** [weld] *v.t./i.* (*Met.*) saldare.
welder ['weldə*] *s.* saldatore.
welfare ['welfɛə*] *s.* benessere, prosperità. □ ~ **state** stato assistenziale; ~ **work** assistenza sociale; ~ **worker** assistente sociale.
well[1] [wel] **I** *avv.* (*compar.* **better** ['betə*], *sup.* **best** [best]) **1** bene: *to speak* ~ *of s.o.* parlare bene di qd. **2** a ragione, giustamente: *as Shakespeare* ~ *observes, man is a strange creature* come giustamente osserva Shakespeare, l'uomo è una strana creatura. **3** con ogni probabilità: *food and water may* ~ *last three or four days* cibo e acqua possono durare con ogni probabilità tre o quattro giorni. **II** *a.* **1** bene, in buona salute. **2** soddisfacente. **3** opportuno, conveniente. **III** *intz.* **1** allora, ebbene: ~, *what about it?* allora, che ne dici? **2** davvero, ma no: ~, *who would have thought it?* davvero, chi l'avrebbe pensato? **3** va bene: ~, *if you insist...* va bene, se insisti... **IV** *s.* bene: *to wish s.o.* ~ augurare ogni bene a qd. □ **as** ~ anche, pure; *that is just* **as** ~! fa lo stesso!; **as** ~ *as* come pure, così come; non solo ... ma anche; *you might* (o *may*) **as** ~ *give up* tanto vale che tu rinunci; (*fam.*) ~ **away** a buon punto; (*fam.*) un po' brillo; ~ **done**! bene!, bravo!; ~ **enough** discretamente; *to* **feel** ~ sentirsi bene; *to* **get** ~ (*again*) rimettersi, ristabilirsi; ~ *and* **good** va benissimo, sta bene; d'accordo; *to be* ~ **in** *with* essere in amicizia con, essere in ottimi rapporti con; ~ **on** *in the evening* a sera inoltrata; *to be* ~ **out** *of* cavarsela a buon mercato da, essere fuori da; ~ *and* **truly** completamente, del tutto.
well[2] [wel] *s.* **1** pozzo. **2** (*ant.*) fonte, sorgente. **3** (*di scale, ascensore*) pozzo, tromba.
to **well** [wel] *v.i.* (spesso con *up, out, forth*) **1** zampillare; sgorgare. **2** (*fig.*) (*di emozioni*) traboccare, prorompere.
we'll [wi(:)l] *contraz. di* **we shall, we will**.
well-advised ['wələd'vaizd] *a.* prudente, saggio.
well-appointed ['wələ'pɔintid] *a.* ben equipaggiato; ben arredato.
well-balanced ['wel'bælənst] *a.* equilibrato.
well-behaved ['welbi'heivd] *a.* beneducato.
well-being ['wel'bi:iŋ] *s.* benessere.
well-born ['wel'bɔ:n] *a.* di buona famiglia.
well-bred ['wel'bred] *a.* beneducato.
well-disposed ['weldis'pəuzd] *a.* favorevole (*to, towards* a), bendisposto.
well done ['wel'dʌn] *a.* **1** ben fatto. **2** ben cotto.
well-favored *am.*, **well-favoured** ['wel'feivəd] *a.* di bell'aspetto.
well-founded [ˌwel'faundid] *a.* fondato.
well-groomed ['wel'gru:md] *a.* azzimato.
well-grounded ['wel'graundid] *a.* **1** (ben) fondato. **2** esperto (*in* di, in).
wellhead ['welhed] *s.* sorgente.
well-heeled ['wel'hi:ld] *a.* (*fam.*) facoltoso, agiato.
well-informed ['wel'infɔ:md] *a.* ben informato.
wellingtons ['weliŋtənz] *s.pl.* stivali di gomma alti fino al ginocchio.
well-knit ['wel'nit] *a.* robusto, ben piantato.
well-known ['wel'nəun] *a.* famoso.
well-mannered ['wel'mænəd] *a.* educato, cortese.
well-meaning ['wel'mi:niŋ] *a.* **1** ben intenzionato, **2** → **well-meant**.
well-meant ['wel'ment] *a.* (fatto) a fin di bene.
well-nigh ['wel'nai] *avv.* (*ant.*) quasi.
well-off ['wel'ɔf] *a.* ricco, facoltoso. □ *to be* ~ *for* essere ben provvisto di.
well-read ['wel'red] *a.* colto, istruito.
well-set ['wel'set] *a.* ben piantato, robusto.
well-spoken ['wel'spəukən] *a.* che parla in modo raffinato.
wellspring ['welspriŋ] *s.* **1** sorgente. **2** (*fig.*) miniera, pozzo.
well-thought-of [wel'θɔ:təv] *a.* stimato.
well-timed ['wel'taimd] *a.* **1** ben calcolato. **2** tempestivo.
well-to-do ['weltə'du:] *a.* benestante, abbiente.
well-wisher ['wel'wiʃə*] *s.* amico; sostenitore.
well-worn ['wel'wɔ:n] *a.* **1** frusto, sdrucito. **2** (*fig.*) banale, trito.
welly ['weli] (*fam.*) → **wellingtons**.
to **welsh** [welʃ] *v.i.* **1** andarsene senza pagare. **2** mancare di parola.
Welsh [welʃ] **I** *a.* gallese, del Galles. **II** *s.inv.* (costr. pl.) gallesi. □ ~ *rabbit* pane tostato con formaggio fuso.
welsher ['welʃə*] *s.* truffatore.
welt [welt] *s.* **1** (*di scarpe*) guardolo; striscia ornamentale (sulla tomaia). **2** segno di una frustata.
welter ['weltə*] *s.* caos, confusione.
to **welter** ['weltə*] *v.i.* **1** rotolarsi, sguazzare. **2** (*poet.*) essere immerso (in).
welterweight ['weltəweit] *s.* (*Sport*) peso welter.
wen [wen] *s.* (*Med.*) cisti sebacea.
wench [wenʃ] *s.* (*ant.*) sgualdrina.
went [went] → to **go**.
wept [wept] → to **weep**.
were [wɔ:*] → to **be**.
we're [wiə*] *contraz. di* **we are**.

weren't [wə:nt] *contraz. di* **were not.**
werewolf ['wiəwulf] *s.* (*pl.* **–wolves** [–wulvz]) lupo mannaro.
west [west] **I** *s.* ovest, occidente. (*Pol.*) *the* West l'Occidente, il mondo occidentale. **II** *a.* occidentale. **III** *avv.* verso ovest. ▭ (*fam.*) *to go* ~ fallire, andare in fumo.
westbound ['westbaund] *a.* diretto a ovest.
westerly ['westəli] **I** *a.* diretto a ovest. **II** *avv.* verso ovest; dall'ovest.
western ['westən] **I** *a.* occidentale, dell'ovest. **II** *s.* (film) western.
westerner ['westənə*] *s.* occidentale *m./f.*
to **westernize** ['westənaiz] *v.t.* occidentalizzare.
westernmost ['westənməust] *a.* il più a ovest.
westward ['westwəd] **I** *a.* diretto a ovest. **II** *avv.* → **westwards.**
westwards ['westwədz] *avv.* verso ovest.
wet [wet] **I** *a.* (*compar.* **wetter** [–ə*], *sup.* **wettest** [–ist]) **1** bagnato; fradicio, zuppo. **2** piovoso. **3** (*di vernice, ecc.*) fresco, non asciutto. **4** (*fam.*) debole, fiacco. **5** (*Stor. am.*) antiproibizionista. **II** *s.* **1** umidità. **2** pioggia. ▭ (*fig.*) ~ **blanket** guastafeste; ~ **dock** darsena; (*fam.*) *to be* ~ *behind the* **ears** avere ancora il latte alla bocca; ~ **fish** pesce fresco; *to* **get** ~ bagnarsi; ~ *to the* **skin** zuppo; ~ **through** fradicio.
to **wet** [wet] *v.t.* (*pass., p.p.* **wetted** [–id]) bagnare; inzuppare. ▭ (*fam.*) *to* ~ *one's whistle* bere un bicchierino.
wether ['weðə*] *s.* montone castrato.
wet-nurse ['wetnə:s] *s.* balia (che allatta).
we've [wi:v] *contraz. di* **we have.**
wh., whr. = *watt-hour* wattora.
whack [wæk] *s.* **1** forte colpo, botta. **2** (*fam.*) parte, porzione.
to **whack** [wæk] *v.t.* battere, picchiare.
whacked ['wækt] *a.* (*fam.*) sfinito, spossato.
whacker ['wækə*] *s.* (*fam.*) cosa enorme.
whacking ['wækiŋ] **I** *s.* (*fam.*) botte, percosse. **II** *a.* grandissimo, enorme.
whale [weil] *s.* (*pl.* **–s** [–z]/*inv.*) (*Zool.*) **1** balena. **2** *pl.* cetacei. ▭ (*fam.*) *to have a* ~ *of a time* divertirsi molto, spassarsela.
to **whale** [weil] *v.i.* (*Mar.*) cacciare balene.
whalebone ['weilbəun] *s.* **1** fanone. **2** stecca di balena.
whaler ['weilə*] *s.* **1** baleniere. **2** baleniera.
whaling ['weiliŋ] *s.* caccia alla balena.
whammy ['wæmi] *s.* (*sl. am.*) incantesimo, malia; (*estens.*) malocchio.
whang [wæŋ] *s.* (*fam.*) colpo rumoroso.
to **whang** [wæŋ] *v.t.* (*fam.*) colpire con forza.
wharf [wɔ:f] *s.* (*pl.* **wharves** [–vz]/**–s** [–s]) (*Mar.*) banchina, molo.
wharfage ['wɔ:fidʒ] *s.* diritti di banchina.
wharves [wɔ:vz] → **wharf.**
what [wɔt] **I** *pron.interr.* che cosa, che: ~ *do you want?* che cosa vuoi? **II** *pron.rel.* (tutto) quello che, ciò che: *the country is not* ~ *it was* il paese non è (più) quello che era. **III** *intz.* che?, come?, che cosa? **IV** *a.* **1** (*interr.*) quale: ~ *newspapers do you read?* quali giornali leggi? **2** (*esclam.*) quanto, che: ~ *pleasure it gives me* che piacere mi fa; ~ *a day!* che giornata! **3** (quello) ... che, quanto: *I gave him* ~ *money I had* gli diedi tutto il denaro che avevo. ▭ ~ **about** *the others?* che ne è degli altri?; ~ **about** *going out tonight?* che ne diresti di uscire stasera?; ~ **else**? che altro?; ~ **few** quei pochi; (*fam.*) ~ **for**? perché?; ~ *is it* (*used*) **for**? a che cosa serve?; ~ **have** *you* eccetera, e via di seguito; ~ **if** e se; che importa se?; (*fam.*) *to* **know** ~*'s* ~ sapere il fatto proprio; ~ **little** quel poco; (*and*) ~ *is* **more** e inoltre, e per di più; ~ **next**? e poi?; (*iron.*) cos'altro?; ~ **now**? e adesso?; ~ **of**? che importa?; ~ **of** *it?* (*o so* ~) e con ciò?; *are you stupid,* **or** ~? ma sei stupido, o cosa?; (*fam.*) ~ *do you* **take** *me for?* per chi mi prendi?; (*I'll*) **tell** *you* ~! stammi bene a sentire!; ~ **with** ... *and* (*with*) un po' per ... un po' per ...
whate'er [wɔt'ɛə*] (*poet.*) → **whatever.**
whatever [wɔt'evə*] **I** *pron.* qualunque (*o* qualsiasi) cosa: ~ *he meant...* qualunque cosa volesse dire... **II** *a.* qualsiasi, qualunque: *we must use* ~ *means* dobbiamo usare qualsiasi mezzo. ▭ *there is no* **hope** ~ non c'è nessuna speranza; **or** ~ e cose simili (*o* del genere).
what-for ['wɔtfɔ:*] *s.* (*fam.*) punizione, castigo.
whatnot ['wɔtnɔt] *s.* **1** vetrinetta. **2** cose simili (*o* del genere).
what's [wɔts] *contraz. di* **what is, what has.**
whatsoe'er [,wɔtsə(u)'ɛə*], **whatsoever** [,wɔtsə(u)'evə*] (*poet.*) → **whatever.**
wheat [wi:t] *s.* (*Bot.*) grano, frumento.
wheaten ['wi:tən] *a.* di grano, di frumento.
to **wheedle** ['wi:dl] *v.t.* indurre con le lusinghe; ottenere con lusinghe.
wheel [wi:l] *s.* **1** ruota. **2** (*Mecc.*) ruota dentata. **3** (*Aut.*) volante, sterzo. **4** (*Mar.*) ruota del timone. **5** movimento rotatorio. **6** *pl.* (*fig.*) ingranaggi, meccanismo. ▭ **at** *the* ~ (*Aut.*) al volante; (*Mar.*) al timone; *the man* **at** *the* ~ il conducente; (*Aut.*) *to* **take** *the* ~ mettersi al volante; (*fig.*) *wheels* **within** *wheels* una faccenda molto ingarbugliata.
to **wheel** [wi:l] **I** *v.i.* **1** ruotare, roteare. **2** (spesso con *about, around, round*) girarsi. **II** *v.t.* **1** spingere; portare, trasportare (su un veicolo a ruote). **2** far ruotare. **3** (spesso con *about, around, round*) far girare.
wheelbarrow ['wi:lbærəu] *s.* carriola.
wheelchair ['wi:ltʃɛə*] *s.* sedia a rotelle.
wheelhouse ['wi:lhaus] *s.* (*Mar.*) timoniera.
wheelwright ['wi:lrait] *s.* carradore.
wheeze [wi:z] *s.* **1** affanno, respiro affannoso. **2** (*fam. ant.*) trucco, scherzo.
to **wheeze** [wi:z] **I** *v.i.* ansare, ansimare. **II** *v.t.* (spesso con *out*) dire ansimando.
wheezy ['wi:zi] *a.* ansimante, ansante.
whelp [welp] *s.* **1** cucciolo. **2** (*spreg.*) ragazzo maleducato.
to **whelp** [welp] *v.i.* figliare.

when [wen] **I** *avv.interr.* quando: ~ *did it happen?* quando è accaduto? **II** *avv.rel.* in cui, nel quale: *the years* ~ *we were young* gli anni in cui eravamo giovani. **III** *congz.* **1** quando, nel momento in cui; mentre: *it was raining* ~ *I went out* quando sono uscito pioveva. **2** sebbene, quantunque. **IV** *s.* quando. ▭ ~ **all***'s said and done* dopo tutto; **hardly** (o *scarcely*)... ~ appena (*o* a malapena) ... quando: *I had hardly finished speaking* ~ *he came in* avevo appena finito di parlare quando entrò; **since** ~ da allora, da quel momento; da quando.

whence [wens] (*lett.*) **I** *avv.interr.* da dove. **II** *avv.rel.* da cui, dal quale.

whencesoever [ˌwensəuˈevə*] *avv./congz.* **1** (*poet.*) da qualunque luogo. **2** per qualsiasi motivo.

whene'er [wenˈɛə*] (*poet.*) → **whenever**.

whenever [wenˈevə*] *avv./congz.* **1** ogni volta che, ogniqualvolta. **2** quando, in qualsiasi momento. ▭ (*fam.*) *or* ~ o in qualsiasi momento; o giù di lì.

whensoever [ˌwensə(u)ˈevə*] → **whenever**.

where [wɛə*] **I** *avv.interr.* **1** dove: ~ *do you live?* dove abiti?; ~ *are you going?* dove vai? **2** da dove: ~ *did he get the information?* da dove ha avuto quella informazione? **II** *avv. rel.* in cui, nel quale. **III** *congz./s.* dove. ▭ ~ **else***?* in quale altro posto?; **that** *is* ~ *you are mistaken* è qui che ti sbagli.

whereabouts [ˈwɛərəˈbauts] *avv.interr.* dove, in che luogo. ▭ *no one knows his* ~ nessuno sa dove si trovi attualmente.

whereas [wɛərˈæz] *congz.* mentre, e invece.

whereby [wɛəˈbai] *avv.rel.* (*lett.*) con cui; per cui.

wherefore [ˈwɛəfɔ:*] *avv.interr.* (*lett.*) perché.

wherefrom [wɛəˈfrɔm] *avv.rel.* (*lett.*) da cui, dal quale.

wherein [wɛərˈin] (*lett.*) **I** *avv.interr.* in che cosa. **II** *avv.rel.* in cui, nel quale.

whereof [wɛərˈɔv] *avv.rel.* di cui, del quale.

wheresoe'er [ˌwɛəsə(u)ˈɛə*] (*poet.*) → **wheresoever**.

wheresoever [ˌwɛəsə(u)ˈevə*] *avv./congz.* in qualsiasi luogo.

whereupon [ˈwɛərəˈpɔn] *congz.* (*lett.*) al che, dopo di che.

wherever [wɛərˈevə*] **I** *avv./congz.* dovunque, in qualsiasi luogo. **II** *avv.interr.* dove mai. ▭ (*fam.*) *or* ~ o da qualche parte.

wherewithal [ˈwɛəwiθɔ:l] *s.* mezzi, denaro.

to **whet** [wet] *v.t.* (*pass., p.p.* **whetted** [–id]) **1** affilare, arrotare. **2** (*fig.*) stimolare.

whether [ˈweðə*] *congz.* **1** se: *he doubted* ~ *he would arrive in time* non sapeva se sarebbe arrivato in tempo. **2** (con il correlativo *or*) sia ... o, sia ... sia: *the accused,* ~ *he be innocent or guilty* l'accusato, sia egli innocente o colpevole. ▭ ~ *or no*(*t*) in ogni caso.

whew [hwu:, hju:] *intz.* oh, ehi, tò.

whetstone [ˈwetstəun] *s.* cote.

whey [wei] *s.* (*Alim.*) siero di latte.

which [witʃ] **I** *a.* **1** (*interr.*) che, quale: ~ *train shall we catch?* che treno prendiamo? **2** (*con valore rel.: si deve far ricorso a locuzioni idiomatiche*): *don't come at midnight, at* ~ *time I usually sleep* non venire a mezzanotte, ora in cui generalmente dormo. **II** *pron.interr.* quale: ~ *do you want?* quale vuoi? **III** *pron.rel.* **1** che: *a result* ~ *no one expected* un risultato che nessuno si aspettava; (*con preposizioni*) cui, (il) quale: *the town in* ~ *he lives* la città nella quale vive. **2** la qual cosa, il che: *he said he was ill,* ~ *was not true* disse di essere malato, il che non era vero. ▭ ~ **is** ~*?* qual è l'uno e qual è l'altro?; ~ **way** da che parte, in che direzione; come, in che modo.

whichever [witʃˈevə*] **I** *pron.* chiunque, qualunque; qualsiasi cosa. **II** *a.* qualsiasi, qualunque.

whiff [wif] *s.* **1** soffio. **2** zaffata. **3** (*fam.*) tirata (di sigaretta, ecc.). **4** (*fig.*) sentore.

Whig [wig] *s./a.* **1** (*Stor. GB*) whig. **2** (*estens.*) liberale.

while [wail] **I** *s.* tempo; momento, attimo: *a long* ~ *ago* molto tempo fa; *to rest for a* ~ riposarsi un momento. **II** *congz.* **1** mentre: *he fell ill* ~ *on holiday* si ammalò mentre era in vacanza. **2** sebbene, quantunque. ▭ **after** *a* ~ dopo un po'; **all** *the* ~ (per) tutto il tempo: **once** *in a* ~ (una volta) ogni tanto.

to **while** [wail] *v.t.* (general. con *away*) ingannare, far passare (il tempo).

whilst [wailst] → **while.**

whim [wim] *s.* ghiribizzo, capriccio, grillo.

whimper [ˈwimpə*] *s.* piagnucolio; uggiolio.

to **whimper** [ˈwimpə*] **I** *v.i.* piagnucolare, frignare; uggiolare. **II** *v.t.* dire (qc.) piagnucolando.

whimsical [ˈwimzikəl] *a.* capriccioso; bizzarro.

whimsy [ˈwimzi] *s.* **1** capriccio, ghiribizzo. **2** bizzarria.

whine [wain] *s.* **1** uggiolio; piagnucolio. **2** gemito, lamento.

to **whine** [wain] **I** *v.i.* **1** uggiolare; piagnucolare, frignare. **3** lamentarsi, lagnarsi. **II** *v.t.* dire (qc.) piagnucolando.

whinny [wini] *s.* nitrito.

to **whinny** [ˈwini] *v.i.* nitrire.

whip [wip] *s.* **1** frusta, sferza. **2** convocazione a una seduta parlamentare. **3** capogruppo parlamentare. **4** (*caccia alla volpe*) bracchiere. ▭ *to* **give** *a horse the* ~ frustare un cavallo; *to have a* ~ **hand** *over s.o.* tenere qd. in propria balia; ~ *and* **spur** a spron battuto.

to **whip** [wip] *v.* (*pass., p.p.* **whipped** [–t]) **I** *v.t.* **1** frustare, fustigare. **2** (*fig.*) sferzare, colpire con forza: *the wind whipped my face* il vento mi sferzava il viso. **3** (*fam.*) sconfiggere, sbaragliare. **4** (*Gastr.*) sbattere, frullare; (*di panna*) montare. **5** avvolgere con una corda. **6** cucire a sopraggitto. **7** (*fam.*) rubare. **II** *v.i.* **1** precipitarsi, correre. **2** sventolare. ▭ *to* ~ **in** precipitarsi dentro; cacciare dentro; (*rif. a abito*) *to* ~ **off** togliere rapidamente; *to* ~ **on**: 1 (*rif. a cavallo*) incitare con la frusta; 2 (*rif. a abito*) infilarsi frettolosamente; *to* ~ **out** tirare fuori con un gesto rapido; *to* ~ **out** *an oath* lanciare un'imprecazione; *to* ~ **out** *one's sword* sguainare la spada; *to* ~ **round** *for money* fare una colletta (per un regalo, ecc.); *to* ~ *a* **top** far girare una trottola; *to* ~ **up**: 1 frustare; 2 (*fig.*) risvegliare (odio, entusiasmo, ecc.); 3 sollevare (polvere, acqua, ecc.); 4 (*rif. a uova*) sbattere, (*rif. a panna*) montare.

whipcord ['wipkɔ:d] *s.* sverzino.

whiplash ['wiplæʃ] *s.* frustata. ▭ (*Med.*) ~ *injury* colpo di frusta.

whipper-in ['wipərin] *s.* (*pl.* **whippers-in**) (*caccia alla volpe*) bracchiere.

whippet ['wipit] *s.* (*Zool.*) piccolo levriere inglese.

whipping ['wipiŋ] *s.* fustigazione.

whipping boy ['wipiŋbɔi] *s.* (*fig.*) capro espiatorio.

whipping top ['wipiŋtɔp] *s.* trottola.

whippy ['wipi] *a.* flessibile, elastico.

whip-round ['wipraund] *s.* colletta.

whir [wə:*] → **whirr.**

to **whir** [wə:*] → to **whirr.**

whirl [wə:l] *s.* **1** vortice, turbine. **2** (*fig.*) turbinio, movimento frenetico. **3** (*fig.*) confusione, smarrimento. ▭ (*fam.*) *to give it a* ~ fare un tentativo, provarci.

to **whirl** [wə:l] **I** *v.i.* **1** girare, roteare. **2** turbinare. **3** (general. con *away*) allontanarsi rapidamente. **4** (*di testa*) girare. **II** *v.t.* **1** (far) roteare, (far) girare. **2** (far) turbinare.

whirligig ['wə:ligig] *s.* trottola.

whirlpool ['wə:lpu:l] *s.* gorgo.

whirlwind ['wə:lwind] *s.* turbine; tromba d'aria.

whirr [wə:*] *s.* ronzio, frullio.

to **whirr** [wə:*] *v.i.* ronzare, frullare.

whisk [wisk] *s.* **1** scopino; piumino. **2** (*Gastr.*) frusta. **3** movimento rapido e leggero.

to **whisk** [wisk] *v.t.* **1** cacciare, scacciare (mosche, ecc.). **2** agitare, scuotere. **3** condurre in fretta. **4** (*Gastr.*) montare con la frusta.

whisker ['wiskə*] *s.* **1** (*di gatto, ecc.*) baffo. **2** *pl.* favoriti, basettoni. ▭ *by a* ~ per un pelo.

whiskey *am., irl.,* **whisky** ['wiski] *s.* whisky.

whisper ['wispə*] *s.* **1** sussurro, bisbiglio. **2** mormorio; (*di foglia*) fruscio. **3** (*fig.*) voce, diceria. ▭ *to speak in whispers* parlare sottovoce.

to **whisper** ['wispə*] *v.t./i.* sussurrare, bisbigliare; mormorare (*anche fig.*); (*di foglie*) stormire.

whisperer ['wispərə*] *s.* pettegolo.

whispering ['wispəriŋ] *s.* **1** bisbiglio, sussurro. **2** maldicenza. ▭ ~ *campaign* campagna diffamatoria.

whist [wist] *s.* (*gioco di carte*) whist.

whistle [wisl] *s.* **1** fischio. **2** fischietto. **3** sibilo. ▭ *to* **blow** *the* ~ *on* fischiare a; (*fam.*) fare la spia contro; (*sl.*) *to* **wet** *one's* ~ farsi un bicchierino.

to **whistle** [wisl] *v.t./i.* fischiare; zufolare, fischiettare. ▭ *to* ~ **for** chiamare con un fischio; *you can* ~ **for** *it* campa cavallo.

whit [wit] *s.*: *not a* ~, *no* ~ per niente, per nulla.

Whit [wit] *s.* (*Rel.*) settimana di Pentecoste.

white [wait] **I** *a.* **1** bianco. **2** pallido, smorto. **II** *s.* **1** (colore) bianco. **2** albume, bianco dell'uovo. **3** persona di razza bianca. **4** (*Anat.*) sclera. ▭ ~ **coffee** caffelatte; (*Biol.*) ~ **corpuscle** globulo bianco; ~ **flag** bandiera bianca (*anche fig.*); *as* ~ *as a* **ghost** (o *sheet*) bianco come un cencio lavato; (*Met.*) ~ **heat** incandescenza; (*fig.*) ~ **lie** bugia pietosa; ~ **night** notte insonne; ~ **slavery** tratta delle bianche; *as* ~ *as* **snow** candido come la neve; *to* **turn** ~ sbiancare, impallidire; (*di capelli*) incanutire.

whitebait ['waitbeit] *s.* (*Zool.,Gastr.*) bianchetti, avannotti.

white bear ['waitbɛə*] *s.* (*Zool.*) orso bianco (*o* polare).

whitecap ['waitkæp] *s.* cresta (d'onda) spumeggiante.

white-collar ['wait'kɔlə*] *a.* impiegatizio, da impiegato. ▭ ~ (*worker*) impiegato.

White House ['waithaus] *s.* (*USA*) Casa Bianca.

white-livered ['wait'livəd] *a.* vile, vigliacco.

to **whiten** ['waitn] **I** *v.t.* **1** sbiancare, imbiancare. **II** *v.i.* **1** sbiancarsi, imbiancarsi. **2** (*di capelli*) incanutire.

whiteness ['waitnis] *s.* **1** candore (*anche fig.*).

whitening ['waitniŋ] *s.* **1** imbiancatura. **2** bianchetto.

whitethorn ['waitθɔ:n] *s.* (*Bot.*) biancospino.

whitewash ['waitwɔʃ] *s.* **1** (*Pitt.*) bianco (di calce). **2** (*fig.*) mascheratura.

to **whitewash** ['waitwɔʃ] *v.t.* **1** (*Pitt.*) imbiancare, dare il bianco. **2** (*fig.*) coprire (le colpe di qd.), mascherare.

whither ['wiðə*] *avv.interr.* (*poet.*) dove.

whitlow ['witləu] *s.* (*Med.*) patereccio.

Whitsun ['witsən], **Whitsunday** [wit'sʌndi] *s.* (*Rel.*) (domenica di) Pentecoste.

Whitsuntide ['witsəntaid] *s.* (*Rel.*) settimana di Pentecoste.

to **whittle** ['witl] **I** *v.t.* **1** intagliare; scolpire. **2** (*fig.*) (spesso con *down*) ridurre. **II** *v.i.* intagliare.

whiz(z) [wiz] *s.* sibilo, fischio.

to **whiz(z)** [wiz] *v.i.* (*pass., p.p.* **whizzed** [–d]) fischiare, sibilare.

whiz(z)kid ['wizkid] *s.* **1** ragazzo prodigio. **2** (*estens.*) mago della finanza.

who [hu:] (*compl. ogg. e indiretto* **whom** [hu:m]; *genitivo poss.* **whose** [hu:z]) **I** *pron.interr.* chi: ~ *is it?* chi è?; *to whom?* a chi?; *whose dog is this?* di chi è questo cane? **II** *pron.rel.* che, il quale, la quale: *that*

is the man ~ *arrived yesterday* quello è l'uomo che è arrivato ieri; *the man to whom I was speaking* l'uomo con cui stavo parlando; *the man whose daughter I married* l'uomo di cui ho sposato la figlia. ☐ ~*'s who* elenco delle persone importanti; «Chi è?».
whodunit [hu'dʌnit] *s.* (*fam.*) (romanzo) giallo.
whoever [hu:'evə*] *pron.* chiunque, chi: ~ *it is* chiunque sia.
whole [həul] **I** *a.* **1** tutto, completo; intero. **2** (*pred.*) (tutt')intero, in un sol pezzo: *to swallow s.th.* ~ inghiottire qc. tutt'intero. **3** intatto; incolume. **II** *s.* intero, tutto; totale; complesso. ☐ **as** *a* ~ nell'insieme; *to do s.th. with one's* ~ **heart** fare qc. con tutto il cuore; *a* ~ **lot** molto; *he ate the* ~ **lot** ha mangiato tutto; **on** (o *upon*) *the* ~ nel complesso.
whole-hearted ['həul'hɑ:tid] *a.* **1** cordiale, espansivo. **2** sentito.
wholeness ['həulnis] *s.* **1** interezza, totalità. **2** integrità.
wholesale ['həulseil] **I** *s.* commercio all'ingrosso. **II** *a.* **1** (*Comm.*) all'ingrosso. **2** (*fig.*) in massa; indiscriminato. **III** *avv.* **1** (*Comm.*) all'ingrosso. **2** (*fig.*) in blocco.
wholesaler ['həulseilə*] *s.* grossista *m./f.*
wholesome ['həulsəm] *a.* **1** sano, salutare. **2** (moralmente) sano.
who'll [hu:l] *contraz. di* **who shall, who will.**
wholly ['həulli] *avv.* del tutto, completamente.
whom [hu:m] → **who.**
whoop [hu:p] *s.* **1** grido. **2** (*Med.*) urlo della pertosse.
to **whoop** [hu:p] *v.i.* urlare, gridare. ☐ (*am.*) *to* ~ *it up* fare baldoria.
whoopee ['wu:pi:] *intz.* (*fam.*) evviva, viva.
whooping-cough ['hu:piŋkɔf] *s.* (*Med.*) pertosse.
to **whop** [wɔp] *v.t.* (*pass., p.p.* **whopped** [–t]) (*sl.*) **1** picchiare, battere. **2** sconfiggere.
whopper ['wɔpə*] *s.* (*fam.*) **1** enormità. **2** bugia madornale.
whopping ['wɔpiŋ] *a.* (*fam.*) enorme.
whore [hɔ:*] *s.* prostituta.
who're ['hu:ə*] *contraz. di* **who are.**
whorl [wə:l] *s.* spirale; voluta.
whortleberry ['wə:tlberi] *s.* (*Bot.*) mirtillo.
who's [hu:z] *contraz. di* **who is, who has.**
whose [hu:z] → **who.**
whosoever [,hu:səu'evə*] *pron.* chiunque.
why [wai] **I** *avv.interr.* perché: ~ *did you do it?* perché l'hai fatto? **II** *avv.rel.* per cui, per il quale: *the reason* ~ *he did it* il motivo per cui lo ha fatto. **III** *intz.* ma sì; ma come. **IV** *s.* perché: *the whys and the wherefores* il perché e il percome.
wick [wik] *s.* stoppino, lucignolo.
wicked ['wikid] *a.* **1** cattivo; perverso. **2** malevolo. **3** malizioso.
wickedness ['wikidnis] *s.* **1** cattiveria, malvagità. **2** malignità, malevolenza.
wicker ['wikə*] *s.* vimine.
wickerwork ['wikəwə:k] *s.* articoli di vimini.
wicket ['wikit] *s.* **1** cancelletto. **2** sportello (di biglietteria). **3** (*nel cricket*) porta.
wide [waid] **I** *a.* **1** largo, ampio (*anche fig.*). **2** spalancato: *he watched with* ~ *eyes* guardò con occhi spalancati. **II** *avv.* **1** dappertutto: *to search for and* ~ cercare dappertutto. **2** perfettamente, del tutto: ~ *awake* perfettamente sveglio. **3** fuori segno; a vuoto. **III** *s.* (*Sport*) palla lanciata troppo lontano dalla porta. ☐ ~ *of the mark* non andato a segno; (*fig.*) non azzeccato.
widely ['waidli] *avv.* **1** ampiamente, largamente. **2** in lungo e in largo. **3** (*fig.*) molto: ~ *known* molto noto.
to **widen** ['waidn] **I** *v.t.* allargare, ampliare. **II** *v.i.* ampliarsi, allargarsi.
widespread ['waidspred] *a.* **1** molto esteso. **2** generale, diffuso.
widow ['widəu] *s.* vedova.
widower ['widəuə*] *s.* vedovo.
widowhood ['widəuhud] *s.* vedovanza, stato vedovile.
width [widθ] *s.* larghezza, ampiezza; (*di stoffa*) altezza.
to **wield** [wi:ld] *v.t.* **1** maneggiare, adoperare. **2** (*fig.*) esercitare.
wife [waif] *s.* (*pl.* **wives** [waivz]) moglie.
wifely ['waifli] *a.* da moglie.
wig [wig] *s.* parrucca.
wigging ['wigiŋ] *s.* (*fam.*) sgridata, rimprovero.
to **wiggle** ['wigl] **I** *v.i.* dimenarsi; agitarsi. **II** *v.t.* dimenare.
wigwam ['wigwæm] *s.* tenda dei pellerossa.
wild [waild] **I** *a.* **1** selvatico; selvaggio. **2** primitivo, incivile. **3** sfrenato; violento. **4** (*fig.*) pazzo, fuori di sé. **5** tempestoso. **6** disordinato; incontrollato. **7** fatto a caso, avventato. **II** *avv.* **1** selvaggiamente, furiosamente. **2** sfrenatamente; a casaccio. **III** *s.* **1** (*rif. a animali*) vita libera e selvaggia, stato brado. **2** (spesso al pl.) regione selvaggia. ☐ (*fam.*) *to be* ~ **about** andare pazzo per; *the* **call** *of the* ~ il richiamo della foresta; *to* **drive** *s.o.* ~ mandare qd. su tutte le furie; (*Zool.*) ~ **goose** oca selvatica; (*fig.*) *a* ~ **goose** *chase* un'impresa inutile; *to give a* ~ **guess** tirare a indovinare; ~ **life** animali e piante selvatiche; fauna e flora protette; (*fig.*) *to sow one's* ~ **oat** correre la cavallina; *to* **run** ~ crescere allo stato brado; (*fam.*) ~ *and* **woolly** selvatico, scontroso.
wildcat ['waildkæt] **I** *s.* **1** (*Zool.*) gatto selvatico. **2** (*am., Zool.*) lince rossa. **3** (*am.*) persona collerica. **II** *a.* rischioso, azzardato. ☐ ~ *strike* sciopero selvaggio.
wilderness ['wildənis] *s.* **1** territorio incolto. **2** (*estens.*) deserto.
wildfire ['waildfaiə*] *s.*: *to spread like a* ~ diffondersi in un lampo.
wildness ['waildnis] *s.* **1** stato selvaggio. **2** (*fig.*) sfrenatezza, sregolatezza.
wile [wail] *s.* (spesso al pl.) astuzia; inganno.

to **wile** [wail] *v.t.* allettare, ingannare. □ *to ~ away the time* ingannare il tempo.
wilful ['wilful] *a.* **1** testardo, ostinato. **2** (*Dir.*) intenzionale; premeditato.
wilfulness ['wilfulnis] *s.* **1** testardaggine, ostinazione. **2** intenzionalità.
will[1] [(*forma forte*) wil, (*forme deboli*) wəl, əl] *v.dif.* (*pres.* **will**, *neg.* **will not/won't** [wəunt]; *pass.* → **would**; manca dell'inf. e del p.p.) **1** (*nella 2° e 3° pers. sing. e pl. è ausiliare del futuro semplice*): *he ~ come back tomorrow* tornerà domani. **2** (*nella 1° pers. sing. e pl. è ausiliare del futuro volitivo*): *I ~ go there!* ci andrò davvero! **3** (*nella 2° pers. sing. e pl. in frasi interrogative, esprime forma di cortesia*): *~ you have some more cake?* vuole ancora un po' di torta? **4** volere: *if you ~ be so kind as to wait* se vuol essere così gentile di aspettare. **5** (*nelle frasi negative*) (*non si traduce*): *I ~ not agree on such a proposal* non sono d'accordo su una proposta del genere. **6** (*per esprimere azione consueta*) (*non si traduce*): *he ~ often work all night* lavora spesso tutta la notte. **7** (*probabilità: si traduce con dovere o con il futuro del verbo seguente*): *this ~ be the house* questa deve essere la casa.
will[2] [wil] *s.* **1** volontà; volere. **2** voglia, desiderio. **3** (*Dir.*) testamento. □ **at** ~ a piacimento, a volontà; **of** *one's own* (*free*) ~ volontariamente; (*fig.*) **with** *a* ~ con buona volontà.
to **will** [wil] **I** *v.t.* **1** disporre. **2** (*Dir.*) assegnare per testamento. **II** *v.i.* essere disposto.
William ['wiljəm] *N.pr.m.* Guglielmo.
willies ['wiliz] *s.pl.* (*sl.*) brividi.
willing ['wiliŋ] *a.* **1** disposto, pronto (*to* a). **2** volontario, spontaneo. **3** pieno di buona volontà, volonteroso. □ ~ *or* **not** volente o nolente; *to* **show** ~ mostrare buona volontà.
willingness ['wiliŋnis] *s.* buona volontà.
will-o'-the-wisp ['wiləðə'wisp] *s.* **1** fuoco fatuo. **2** (*fig.*) persona (*o* cosa) inafferrabile; miraggio.
willow ['wiləu] *s.* (*Bot.*) salice.
willowy ['wiləui] *a.* (*fig.*) slanciato.
will-power ['wilpauə*] *s.* forza di volontà.
willy-nilly ['wili'nili] *avv.* volente o nolente.
to **wilt** [wilt] *v.i.* **1** appassire, avvizzire. **2** (*fig.*) deperire, sciuparsi.
wily [waili] *a.* astuto, furbo.
wimple ['wimpl] *s.* soggolo.
win [win] *s.* vittoria; vincita.
to **win** [win] *v.* (*pass., p.p.* **won** [wʌn]) **I** *v.i.* **1** vincere. **2** (spesso con *out*) prevalere, avere la meglio. **II** *v.t.* **1** vincere. **2** conquistare (*anche fig.*). **3** (spesso con *over*) convincere, persuadere. □ *to ~* **back** riconquistare; *to ~* **clear** (riuscire a) liberarsi; *to ~* **hands** *down* vincere facilmente; *to ~* **through** *all difficulties* superare tutte le difficoltà.
wince [wins] *s.* sussulto.
to **wince** [wins] *v.i.* trasalire, sussultare.
winch [wintʃ] *s.* (*Mecc.*) **1** verricello; argano. **2** manovella.
wind[1] [wind] *s.* **1** vento. **2** fiato, respiro; (*fig.*) resistenza. **3** (*Med.*) flatulenza. **4** (*collett.*) strumenti a fiato, fiati. **5** (*fig.*) parole vuote. □ *to* **break** ~ fare un peto; (*fig.*) *to* **get** ~ *of* avere sentore di; (*fam.*) *to* **get** *the ~ up* avere fifa; *to have a* **long** ~ avere molto fiato; (*fig.*) *to* **put** *the ~ up s.o.* spaventare qd.; (*fam.*) *to* **raise** *the ~* procurarsi con urgenza denaro; (*fig.*) *to take the ~ out of s.o.'s* **sails** scoraggiare qd.; *to get one's* **second** ~ riprendere fiato (*anche fig.*).
to **wind**[1] [wind] *v.t.* **1** lasciare senza fiato. **2** far riprendere fiato a. **3** (*Zool.*) fiutare.
to **wind**[2] [waind] *v.t.* (*pass., p.p.* **winded** [–id]) suonare: *to ~ a horn* suonare un corno.
wind[2] [waind] *s.* **1** avvolgimento. **2** curva, svolta.
to **wind**[3] [waind] *v.* (*pass., p.p.* **wound** [waund]) **I** *v.i.* **1** serpeggiare, snodarsi. **2** girare, avvolgersi; attorcigliarsi. **II** *v.t.* **1** avvolgere, arrotolare. **2** cingere, avviluppare. **3** (*di molla, orologio, ecc.*) (spesso con *up*) caricare. □ *to ~* **down** abbassare (girando una manovella); (*di orologio, ecc.*) scaricarsi; *to ~* **off** srotolare; dipanare; *to ~* **up** alzare (girando una manovella); (*di orologio, ecc.*) caricare; finire, cessare; *to ~* **up** *a company* sciogliere una società; *to be wound* **up** essere teso al massimo.
windbag ['windbæg] *s.* **1** (*fig.*) parolaio. **2** otre (di cornamusa).
windbreak ['windbreik] *s.* frangivento.
wind-breaker *am.* ['windbreikə*], **wind-cheater** ['windtʃi:tə*] *s.* giacca a vento.
winder ['waində*] *s.* **1** (*Tessitura*) rocchettiera. **2** chiave per caricare l'orologio. **3** gradino di scala a chiocciola.
windfall ['windfɔ:l] *s.* **1** (*Agr.*) frutto fatto cadere dal vento. **2** (*fig.*) bene inaspettato, manna.
windflower ['windflauə*] *s.* (*Bot.*) anemone.
wind gauge ['windgeidʒ] *s.* (*Meteor.*) anemometro.
windiness ['windinis] *s.* **1** ventosità. **2** (*fig.*) verbosità.
winding ['waindiŋ] **I** *s.* **1** tortuosità (*anche fig.*). **2** avvolgimento. **II** *a.* serpeggiante, sinuoso.
wind instrument ['windinstrumənt] *s.* strumento a fiato.
windjammer ['winddʒæmə*] *s.* veliero.
windlass ['windləs] *s.* (*Mecc.*) argano, verricello.
windmill ['windmil] *s.* mulino a vento.
window ['windəu] *s.* **1** finestra. **2** (*Aut.*) finestrino. **3** vetrina. **4** sportello (di banca, ecc.). □ *to* **dress** *a ~* allestire una vetrina; *to* **stay** *at the ~* stare alla finestra.
window-dresser ['windəudresə*] *s.* vetrinista *m./f.*
window-dressing ['windəudresiŋ] *s.* **1** allestimento di una vetrina. **2** (*fig.*) capacità di mettere in mostra le proprie qualità.
window-shopping ['windəuʃɔpiŋ] *s.*: *to go ~*

lustrarsi gli occhi guardando le vetrine.
window-sill ['windəusil] *s.* davanzale.
windpipe ['windpaip] *s.* (*Anat.*) trachea.
windscreen ['windskri:n], **windshield** *am.* ['windʃi:ld] *s.* (*Aut.*) parabrezza. ▭ ~ *wiper* tergicristallo.
windsock ['windsɔk] *s.* manica a vento.
wind tunnel ['windtʌnl] *s.* galleria aerodinamica (*o* del vento).
windup ['waindʌp] *s.* conclusione, fine.
windward ['windwəd] **I** *avv./s.* (*Mar.*) sopravvento. **II** *a.* di sopravvento.
windy ['windi] *a.* **1** ventoso. **2** (*fig.*) verboso, ampolloso. **3** (*fam.*) spaventato.
wine [wain] *s.* **1** vino. **2** succo fermentato.
to **wine** [wain] **I** *v.t.* offrire vino a. **II** *v.i.* bere vino.
wineglass ['waingla:s] *s.* bicchiere da vino.
winegrower ['waingrəuə*] *s.* viticoltore.
winegrowing ['waingrəuiŋ] *s.* viticoltura.
winepress ['wainpres] *s.* torchio.
wineshop ['wainʃɔp] *s.* rivendita di vino.
wineskin ['wainskin] *s.* otre (per il vino).
wing [wiŋ] *s.* **1** ala (*in tutti i signif.*). **2** (*Aut.*) parafango. **3** *pl.* quinte (di palcoscenico). **4** *pl.* aquila (distintivo dei piloti). ▭ (*fig.*) *to* **add** (o *lend*) *wings to* mettere le ali ai piedi a; **on** *the* ~ in volo; *to* **take** ~ prendere il volo; (*fig.*) *to take s.o.* **under** *one's* ~ prendere qd. sotto le proprie ali.
to **wing** [wiŋ] **I** *v.t.* **1** mettere le ali a. **2** attraversare in volo. **3** ferire all'ala. **4** (*fam.*) ferire a un braccio. **II** *v.i.* volare.
winged ['wiŋd] *a.* alato.
wingspan ['wiŋspæn] *s.* apertura alare.
wink [wiŋk] *s.* **1** ammicco, strizzatina (d'occhio). **2** (*fig.*) attimo, batter d'occhio. ▭ (*fam.*) *I didn't sleep a* ~ non ho chiuso occhio.
to **wink** [wiŋk] **I** *v.i.* **1** ammiccare, strizzare l'occhio. **2** (*fig.*) luccicare; scintillare. **II** *v.t.* strizzare; (*di occhi, palpebre*) sbattere. ▭ *to* ~ *at* fare l'occhiolino a.
to **winkle** ['wiŋkl] *v.t.* (*fam.*) (general. con *out*) snidare, stanare.
winner ['winə*] *s.* vincitore; vincente.
winning ['winiŋ] **I** *a.* **1** vincente, vittorioso. **2** (*fig.*) seducente. **II** *s.pl.* vincite (al gioco).
winning post ['winiŋpəust] *s.* (*Sport*) traguardo.
to **winnow** ['winəu] *v.t.* **1** (*Agr.*) vagliare. **2** (*fig.*) (spesso con *out*) separare.
winsome ['winsəm] *a.* affascinante, seducente.
winter ['wintə*] *s.* inverno.
to **winter** ['wintə*] *v.i.* svernare (*in* in, a).
wintry ['wintri] *a.* **1** invernale. **2** (*fig.*) freddo, gelido.
wipe [waip] *s.* pulita, strofinata.
to **wipe** [waip] *v.t.* strofinare; asciugare (*o* pulire) strofinando. ▭ *to* ~ **away** asciugare, tergere; (*fig.*) *to* ~ *the* **floor** *with s.o.* sconfiggere qd.; *to* ~ **off** togliere strofinando; (*fam.*) liquidare (un debito); *to* ~ **out** togliere strofinando; (*fig.*) rimuovere, eliminare; (*fam.*) annientare, distruggere; *to* ~ **up** pulire (con uno strofinaccio).
wiper ['waipə*] *s.* (*Aut.*) tergicristallo.
wire [waiə*] *s.* **1** filo metallico. **2** (*El.*) filo, cavo. **3** (*fam.*) telegramma. ▭ **barbed** ~ filo spinato; (*fig.*) *to* **pull** *the wires* manovrare da dietro le quinte.
to **wire** [waiə*] *v.t.* **1** fissare, assicurare con filo metallico. **2** (*El.*) (spesso con *up*) installare l'impianto elettrico in; collegare elettricamente. **3** (*fam.*) telegrafare a; mandare telegraficamente.
wire-dancer ['waiəda:nsə*] *s.* funambolo.
to **wiredraw** ['waiədrɔ:] *v.t.* (coniug. come to **draw**) (*tecn.*) trafilare.
wiredrawn ['waiədrɔ:n] *a.* **1** (*Met.*) trafilato. **2** (*fig.*) arzigogolato.
wire-haired ['waiəhɛəd] *a.* dal pelo ispido.
wireless ['waiəlis] **I** *a.* senza fili. **II** *s.* (*ant.*) **1** (apparecchio) radio. **2** telegrafo senza fili.
wirepuller ['waiəpulə*] *s.* (*fig.*) intrigante *m./f.*
wire-tapping ['waiətæpiŋ] *s.* intercettazione telefonica.
wiring ['waiəriŋ] *s.* (*El.*) impianto elettrico.
wiry ['waiəri] *a.* **1** di filo metallico. **2** (*di capelli*) ispido, irto. **3** (*rif. a persona*) asciutto e muscoloso.
wisdom ['wizdəm] *s.* **1** saggezza; sapienza. **2** buonsenso, senno. ▭ (*fig.*) *to* **cut** *one's* ~ *teeth* mettere giudizio; ~ **tooth** dente del giudizio.
wise [waiz] *a.* **1** saggio, assennato; prudente. **2** (*am. sl.*) astuto, furbo. ▭ (*sl.*) *to* **get** ~ *to s.th.* aprire gli occhi su qc., scoprire qc.; *to be* **none** *the wiser* saperne quanto prima; *to* **put** *s.o.* ~ *to s.th.* informare qd. di qc.
wiseacre ['waizeikə*] *s.* sapientone.
wisecrack ['waizkræk] *s.* (*fam.*) spiritosaggine.
to **wisecrack** ['waizkræk] *v.i.* (*fam.*) fare dello spirito.
wish [wiʃ] *s.* **1** desiderio; richiesta. **2** volere, volontà. **3** augurio: *with best wishes* con i migliori auguri.
to **wish** [wiʃ] **I** *v.t.* **1** desiderare, volere: *I* ~ *to be left alone* desidero essere lasciato solo; *I* ~ *you would be more polite* vorrei che tu fossi più educato. **2** augurare a: *to* ~ *s.o. good luck* augurare a qd. buona fortuna. **3** (*fam.*) (general. con *on*) affibbiare, rifilare: *he wished the job on me* mi rifilò il lavoro. **II** *v.i.* desiderare. ▭ *I wished myself miles* **away** avrei voluto essere lontano mille miglia; *to* ~ **for** desiderare; *to* ~ *s.o.* **ill** augurare del male a qd.; *to* ~ *s.o.* **well** augurare ogni bene a qd.
wishbone ['wiʃbəun] *s.* (*di volatile*) forcella.
wishful ['wiʃful] *a.* desideroso, bramoso. ▭ ~ *thinking* pio desiderio.
wishy-washy ['wiʃi'wɔʃi] *a.* **1** acquoso; insipido, scipito. **2** (*fig.*) insulso.
wisp [wisp] *s.* **1** (*di fieno, ecc.*) piccolo fascio. **2** (*di capelli*) ciuffo, ciocca. ▭ *a* ~ *of smoke* un filo di fumo.

wistful ['wistful] *a.* **1** malinconico, triste. **2** insoddisfatto.
wit [wit] *s.* **1** spirito, arguzia. **2** (spesso al pl.) intelligenza; acume, acutezza. ▭ *to* **collect** *one's wits* riprendersi (da emozioni, spavento, ecc.); *to be at one's ~'s* **end** non sapere che pesci prendere; *to* **have** *(all) one's wits about one* avere presenza di spirito; *to* **live** *by* (o *on*) *one's wits* vivere di espedienti; (*fam.*) **out** *of one's wits* fuori di senno.
witch [witʃ] *s.* **1** strega, maga. **2** (*fig.*) maliarda.
witchcraft ['witʃkrɑ:ft] *s.* stregoneria.
witch-doctor ['witʃdɔktə*] *s.* stregone.
witchery ['witʃəri] *s.* **1** stregoneria; sortilegio. **2** (*fig.*) fascino.
witch-hunt ['witʃhʌnt] *s.* caccia alle streghe.
with [wið] *prep.* **1** con: *to live ~ one's parents* vivere con i genitori. **2** di: *covered ~ mud* coperto di fango. **3** con, per mezzo di: *to cut s.th. ~ a knife* tagliare qc. con un coltello. **4** (a causa) di, da, per, con: *to be silent ~ shame* tacere per la vergogna. ▭ *I* **am** *~ you* sono d'accordo con te; ti seguo, ti capisco; (*fam.*) *to be* **in** *~ s.o.* essere intimo con qd., essere in combutta con qd.; (*fam.*) *to be ~* **it** essere al corrente, essere aggiornato; **out** *~ you!* vattene!; *~* **that** (o *this*) con ciò, al che; *there's something* **wrong** *~ the car* nella macchina c'è qualcosa che non va.
to **withdraw** [wið'drɔ:] (coniug. come to **draw**) **I** *v.t.* **1** ritirare, ritrarre. **2** richiamare. **3** (*Comm.*) prelevare. **II** *v.i.* **1** ritirarsi, appartarsi. **2** ritirarsi (*from* da). ▭ *to ~ a statement* ritrattare una dichiarazione.
withdrawal [wið'drɔ:əl] *s.* **1** ritirata, ritiro. **2** (*Comm.*) prelievo. **3** ritrattazione. ▭ (*Med.*) *~ symptoms* sindrome di astinenza (nei tossicodipendenti).
withdrawn [wið'drɔ:n] *a.* **1** isolato, appartato. **2** (*fig.*) introverso.
withe [wiθ] *s.* vimine, vinco.
to **wither** ['wiðə*] **I** *v.i.* appassire, avvizzire (*anche fig.*). **II** *v.t.* **1** avvizzire, far appassire. **2** (*fig.*) fulminare, raggelare.
withers ['wiðəz] *s.pl.* (*Zool.*) garrese.
withheld [wið'held] → to **withhold**.
to **withhold** [wið'həuld] *v.t.* (coniug. come to **hold**) (*pass., p.p.* **withheld** [–'held]) **1** negare, rifiutare (di dare). **2** nascondere, celare.
within [wi'ðin] **I** *avv.* **1** all'interno, dentro. **2** nell'animo, nell'intimo. **II** *prep.* **1** dentro, all'interno di. **2** entro, non oltre: *~ a week* entro una settimana. **3** tra, fra: *~ these four walls* fra queste quattro mura. **4** nell'ambito di, nei limiti di. ▭ *to live ~ one's* **income** vivere secondo le proprie possibilità; *~* **reach** a portata (di mano); *~* **sight** in vista.
without [wi'ðaut] **I** *prep.* senza: *tea ~ milk* tè senza latte. **II** *avv.* (*ant.*) esternamente, (di) fuori: *seen from ~* visto da fuori. ▭ *to* **do** (o *go*) *~ s.th.* fare a meno di qc.; *~ so* **much** *as* senza nemmeno.
to **withstand** [wið'stænd] *v.t.* (coniug. come to **stand**) resistere a.
withstood [wið'stud] → to **withstand**.
withy ['wiði] → **withe**.
witless ['witlis] *a.* sciocco, stupido.
witness ['witnəs] *s.* **1** testimone *m./f.* **2** testimonianza, dimostrazione. ▭ *to bear ~* testimoniare, attestare (*to s.th.* qc.).
to **witness** ['witnəs] **I** *v.t.* **1** essere testimone di; assistere a. **2** (*di luogo*) vedere, essere teatro di. **3** testimoniare, provare. **4** autenticare, legalizzare (una firma); sottoscrivere come testimone. **II** *v.i.* testimoniare; fare da testimone. ▭ *to ~* **against** *s.o.* testimoniare contro qd.; *to ~* **for** *s.o.* testimoniare a favore di qd.
witness-box ['witnəsbɔks] *s.* (*Dir.*) banco dei testimoni.
witticism ['witisizəm] *s.* spiritosaggine.
wittingly ['witiŋli] *avv.* intenzionalmente.
witty ['witi] *a.* spiritoso, faceto.
wives [waivz] → **wife**.
wizard ['wizəd] *s.* mago (*anche fig.*); stregone.
wizened ['wiznd] *a.* avvizzito, appassito.
wk = **1** *week* settimana. **2** *work* lavoro.
wl = *wave length* lunghezza d'onda.
WL = *water line* linea di galleggiamento.
to **wobble** ['wɔbl] **I** *v.i.* **1** traballare, barcollare. **2** tremare, tremolare. **3** (*fig.*) esitare, titubare. **II** *v.t.* far oscillare, far traballare.
wobbler ['wɔblə*] *s.* persona titubante.
wobbly ['wɔbli] *a.* **1** traballante, barcollante; malfermo. **2** (*fig.*) esitante, titubante. **3** (*di voce*) tremante.
woe [wəu] *s.* (*lett.*) **1** dolore, pena. **2** (*general. pl.*) disgrazia, sventura. ▭ *~ to you!* che tu sia maledetto!
woebegone ['wəubigɔn] *a.* afflitto, addolorato.
woeful ['wəuful] *a.* **1** disgraziato, sventurato; doloroso. **2** deplorevole, deprecabile.
woke [wəuk], **woken** ['wəukn] → to **wake**.
wold [wəuld] *s.* terreno incolto; brughiera.
wolf [wulf] *s.* (*pl.* **wolves** [wulvz]) **1** lupo. **2** (*sl.*) donnaiolo. ▭ (*fig.*) *to* **keep** *the ~ from the door* tenere lontano la miseria; (*fig.*) *a ~ in* **sheep***'s clothing* un lupo in veste d'agnello.
to **wolf** [wulf] *v.t.* (*fam.*) (spesso con *down*) mangiare voracemente, divorare.
wolf-cub ['wulfkʌb] *s.* (*Zool.*) lupetto.
wolfhound ['wulfhaund] *s.* (*Zool.*) cane lupo.
wolfish ['wulfiʃ] *a.* **1** lupesco. **2** (*fig.*) vorace, avido.
wolfram ['wulfrəm] *s.* (*Chim.*) wolframio, tungsteno.
wolves [wulvz] → **wolf**.
woman ['wumən] *s.* (*pl.* **women** ['wimin]) **1** donna, femmina. **2** femminilità. **3** (*fam.*) donna, amante; moglie.
womanhater ['wumənheitə*] *s.* misogino.
womanhood ['wumənhud] *s.* **1** femminilità; l'essere donna. **2** → **womankind**.
womanish ['wuməniʃ] *a.* femminile.
to **womanize** ['wumənaiz] *v.i.* (*fam.*) essere un donnaiolo; andare a donne.

womankind ['wumənkaind] *s.* le donne.
womanlike ['wumənlaik], **womanly** ['wumənly] *a.* femminile, da donna.
womb [wu:m] *s.* **1** (*Anat.*) utero. **2** (*fig.*) grembo.
women ['wimin] → **woman.**
womenfolk ['wiminfəuk] *s.pl.* donne (di una famiglia, comunità, ecc.).
won [wʌn] → to **win.**
wonder ['wʌndə*] *s.* **1** meraviglia, stupore; ammirazione. **2** miracolo, prodigio: *to work wonders* fare miracoli. ▭ **for** *a* ~ incredibile a dirsi; *a* **nine** *days'* ~ un fuoco di paglia; (*esclam.*) **small** ~ c'è poco da meravigliarsi.
to **wonder** ['wʌndə*] **I** *v.i.* **1** meravigliarsi, stupirsi (*at* di). **2** essere sorpreso. **II** *v.t.* domandarsi, chiedersi: *he wondered what would happen* si chiedeva cosa sarebbe successo.
wonderful ['wʌndəful] *a.* **1** meraviglioso, stupendo. **2** (*fam.*) ottimo, eccellente.
wondering ['wʌndəriŋ] *a.* meravigliato, sorpreso.
wonderland ['wʌndəlænd] *s.* paese delle meraviglie.
wonderment ['wʌndəmənt] *s.* meraviglia, stupore.
wonder-struck ['wʌndəstrʌk] *a.* stupefatto, stupito.
wonderworker ['wʌndəwə:kə*] *s.* taumaturgo.
wondrous ['wʌndrəs] *a.* (*lett.*) meraviglioso.
wonky ['wɔŋki] *a.* (*sl.*) vacillante, traballante; malfermo.
wont [wəunt] *s.* (*ant.*) abitudine, consuetudine.
won't [wəunt] *contraz. di* **will not.**
to **woo** [wu:] *v.t.* **1** (*ant.*) corteggiare. **2** (*fig.*) andare in cerca di.
wood [wud] *s.* **1** legno. **2** (spesso al pl.) bosco, foresta. **3** legname. **4** botte, barile. **5** mazza da golf. **6** *pl.* (*Mus., collett.*) legni. ▭ ~ **alcohol** alcool metilico; (*fig.*) **out** *of the* ~ fuori dei guai; (*fig.*) *he cannot* **see** *the* ~ *for the trees* si perde nei particolari.
wood-carving ['wudkɑ:viŋ] *s.* scultura in legno; intaglio.
woodchuck ['wudtʃʌk] *s.* (*Zool.*) marmotta.
woodcock ['wudkɔk] *s.* (*pl. inv.*/**–s** [–s]) (*Zool.*) beccaccia.
woodcut ['wudkʌt] → **woodengraving.**
woodcutter ['wudkʌtə*] *s.* taglialegna, tagliaboschi.
wooded ['wudid] *a.* boscoso, boschivo.
wooden ['wudn] *a.* **1** di legno. **2** (*fig.*) rigido, legnoso.
wood-engraving ['wudin'greiviŋ] *s.* incisione su legno.
wooden-headed ['wudn'hedid] *a.* (*fam.*) stupido.
woodland ['wudlənd] *s.* terreno boscoso, boschi.
woodman ['wudmən] *s.* (*pl.* **–men**) guardaboschi.
woodpecker ['wudpekə*] *s.* (*Zool.*) picchio.
wood pulp ['wudpʌlp] *s.* pasta di legno.
woodshed ['wudʃed] *s.* legnaia.
woodsman ['wudzmən] → **woodman.**
woodwind ['wudwind] *s.* (*Mus.*) (*collett.*) strumenti a fiato in legno, legni.
woodwork ['wudwə:k] *s.* **1** carpenteria, falegnameria, ebanisteria. **2** rifiniture in legno; interni in legno.
woodworker ['wudwə:kə*] *s.* falegname.
woodworm ['wudwə:m] *s.* (*Zool.*) tarlo.
woody ['wudi] *a.* **1** boscoso, boschivo. **2** di legno.
wooer ['wu:ə*] *s.* corteggiatore.
woof [wu:f] → **weft.**
wool [wul] *s.* **1** lana; filato di lana; tessuto di lana. **2** (*fam.*) capelli folti e crespi. ▭ (*fig.*) **dyed** *in the* ~ intransigente; (*sl.*) *to* **lose** *one's* ~ uscire dai gangheri; (*fig.*) *to* **pull** *the* ~ *over s.o.'s eyes* imbrogliare qd.
woolfat ['wulfæt] *s.* (*Chim.*) lanolina.
wool-gathering ['wul,gæðeriŋ] **I** *s.* distrazione, sbadataggine. **II** *a.* distratto, sbadato.
woolen *am.*, **woollen** ['wulin] *a.attr.* **1** di lana. **2** laniero.
woolly ['wuli] **I** *a.* **1** lanoso. **2** (*fig.*) vago, nebuloso. **II** *s.* (*fam.*) indumento di lana; maglione, pullover.
woolsack ['wulsæk] *s.* (*GB*) cuscino (imbottito di lana) del seggio del Lord Cancelliere. ▭ *to reach the* ~ essere nominato Lord Cancelliere.
wop [wɔp] *s.* (*spreg.*) italiano.
word [wə:d] *s.* **1** parola, vocabolo. **2** *pl.* parole, discorso. **3** parola, promessa (orale): *to give s.o. one's* ~ dare a qd. la propria parola; *to break one's* ~ mancare di parola. **4** notizie, informazioni: *we have had no* ~ *of him since he left* non abbiamo avuto sue notizie da quando è partito. **5** parola d'ordine. **6** ordine, comando: *to give the* ~ *to attack* dare l'ordine di attacare. ▭ *not* **another** ~*!* non una parola in più!; **at** *a* ~ all'istante; **beyond** *words* oltre ogni dire; (*fam.*) **big** *words* smargiassata; (*fam.*) *to* **eat** *one's words* rimangiarsi la parola; *words* **fail** *me!* non ho parole!; ~ **for** ~ letteralmente; *too good for words* d'indicibile bontà; *to* **have** *words with s.o.* litigare con qd.; **in** *a* ~ per farla breve; **in** *other words* in altri termini, in altre parole; *the* **last** ~ *in* l'ultima novità in fatto di; *to* **leave** ~ *for s.o.* lasciare un messaggio per qd.; *by* ~ *of* **mouth** a (viva) voce; (*fam.*) *to* **put** *in a good* ~ *for s.o.* mettere una buona parola per qd.; *to* **send** ~ far sapere; *to* **take** (*up*) *the* ~ prendere la parola; *to* **take** *s.o. at his* ~ prendere qd. in parola; *to* **take** *s.o.'s* ~ *for it* prestare fede a ciò che qd. dice; **upon** *my* ~ parola d'onore!
to **word** [wə:d] *v.t.* mettere in parole; esprimere; formulare.
wordbook ['wə:dbuk] *s.* **1** vocabolario, dizionario. **2** (*Mus.*) libretto d'opera.

wording ['wə:diŋ] *s.* formulazione (in parole), enunciazione.

wordless ['wə:dlis] *a.* **1** muto, senza parole. **2** inespresso, tacito.

word-perfect ['wə:d'pə:fikt] *a.* che conosce qc. a memoria.

wordplay ['wə:dplei] *s.* gioco di parole.

word processing ['wə:d'prəusesiŋ] *s.* (*Inform.*) elaborazione della parola (EDP).

word processor ['wə:d'prəusesə*] *s.* (*Inform.*) sistema di videoscrittura.

word splitting ['wə:dsplitiŋ] *s.* pedanteria.

wordy ['wə:di] *a.* verboso, prolisso.

wore [wɔ:*] → to **wear**.

work [wə:k] *s.* **1** lavoro; attività. **2** lavoro, impiego, occupazione; mestiere, professione. **3** *pl.* (*Mecc.*) meccanismo, ingranaggio, congegno. **4** opera, lavoro: *literary works* opere letterarie. **5** *pl.* (costr. sing. *o* pl.) fabbrica, stabilimento. **6** (*Mil.*) fortificazione, opera fortificata. □ ~ *of* **art** opera d'arte; **at** ~ al lavoro; in attività; in azione; *to be* **at** ~ *on* (o *upon*) *s.th.* essere occupato a fare qc.; *works* **council** comitato di fabbrica; (*fam.*) *it's all in a* **day's** ~ è una cosa di ordinaria amministrazione; *to* **do** *its* ~ fare effetto; *to* **get** *to* ~ mettersi al lavoro; *to* **go** *about one's* ~ = *to* **set** *about one's* ~; **out** *of* ~ senza lavoro, disoccupato; *to* **set** *about one's* ~ cominciare a lavorare; *to make* **short** ~ *of* sbrigarsi.

to **work** [wə:k] *v.* (*pass., p.p.* **worked** [–t]/*non comune,* **wrought** [rɔ:t]) **I** *v.i.* **1** lavorare: *to* ~ *hard* lavorare sodo. **2** funzionare, andare: *this razor works by battery* questo rasoio va a batteria. **3** funzionare; essere efficace; riuscire: *the plan worked very well* il piano funzionò perfettamente. **4** lavorarsi, manipolarsi: *dry clay works badly* l'argilla secca si lavora male. **5** agitarsi; (*di volto*) contrarsi. **II** *v.t.* **1** far lavorare: *he works his men hard* fa lavorare i suoi uomini sodo. **2** (*di macchinario, ecc.*) azionare. **3** compiere, effettuare: *to* ~ *wonders* compiere miracoli. **4** lavorare, manipolare; foggiare. **5** (*Agr.*) coltivare, lavorare. **6** (*di miniera, ecc.*) sfruttare. **7** contrarre nervosamente. **8** operare in, lavorare in: *the salesman was given a new area to* ~ il piazzista ebbe una nuova zona in cui lavorare. **9** ricamare. □ *to* ~ **away** continuare a lavorare; *it worked like a* **charm** funzionò come per incanto; *to* ~ **in** inserire, introdurre; penetrare; *to* ~ **it** *so that* fare in modo che; *to* ~ **loose** allentarsi; *to* ~ **off** liberarsi di; sfogare; *to* ~ **on** lavorare a; influenzare, influire su; *to* ~ **out:** 1 risolvere, trovare la soluzione di; 2 elaborare, sviluppare: *to* ~ *out a plan* elaborare un piano; 3 (*di miniera*) esaurire; 4 calcolare; *to* ~ **out** *to* (o *at*) ammontare a; *to* ~ **up:** 1 elaborare; sviluppare; 2 eccitare, stimolare; *to* ~ *one's* **way** farsi strada a fatica.

workable ['wə:kəbl] *a.* **1** lavorabile. **2** realizzabile, attuabile. **3** (*Agr.*) coltivabile. **4** (*in miniera*) sfruttabile.

workaday ['wə:kədei] *a.* ordinario; banale.

workaholic [ˌwə:kə'hɔlik] *s.* lavoratore indefesso, fanatico del lavoro.

workday ['wə:kdei] *s.* giorno lavorativo.

worked up ['wə:ktʌp] *a.* (*fam.*) agitato, teso.

worker ['wə:kə*] *s.* lavoratore. □ (*Zool.*) ~ *bee* ape operaia.

workhouse ['wə:khaus] *s.* **1** (*GB, Stor.*) ricovero di mendicità. **2** (*am.*) casa di correzione.

working ['wə:kiŋ] **I** *s.* **1** funzionamento. **2** *pl.* (*in miniera*) scavi, pozzi. **II** *a.* **1** attivo, che lavora: *the* ~ *population* la popolazione attiva. **2** funzionante, operante. **3** di (*o* da) lavoro: ~ *clothes* abiti da lavoro. □ (*Econ.*) ~ **capital** capitale d'esercizio; ~ **class** classe operaia; (*Econ.*) ~ **expenses** spese d'esercizio; *to have a* ~ **knowledge** *of s.th.* conoscere qc. a sufficienza; ~ **order** condizioni d'efficienza; ~ **week** settimana lavorativa.

working day ['wə:kiŋdei] → **workday**.

workless ['wə:klis] *a.* disoccupato.

workman ['wə:kmən] *s.* (*pl.* **–men**) operaio.

workmanlike ['wə:kmənlaik] *a.* ben fatto; a regola d'arte.

workmanship ['wə:kmənʃip] *s.* **1** abilità, bravura. **2** esecuzione, fattura.

work-out ['wə:kaut] *s.* (*Sport*) allenamento.

workroom ['wə:kru:m] *s.* locale di lavoro, laboratorio.

workshop ['wəkʃɔp] *s.* **1** officina, laboratorio. **2** incontro di lavoro; gruppo di lavoro.

work-to-rule ['wə:ktə'ru:l] *s.* sciopero bianco.

world [wə:ld] **I** *s.* **1** mondo; terra, globo (terrestre). **2** (*fig.*) umanità; mondo, società. **3** (*fam.*) (spesso al pl.) grande quantità, mondo, (*fam.*) mucchio. **II** *a.attr.* mondiale, del mondo. □ *to be worlds* **apart** essere agli antipodi; (*fig.*) *to make the* **best** *of both worlds* conciliare i piaceri del mondo con quelli dello spirito; *to go to a* **better** ~ passare a miglior vita; *to* **bring** *into the* ~ mettere al mondo, dare alla luce; (*fig.*) *to* **carry** *the* ~ *before one* avere pieno successo; *the* ~ *to* **come** l'aldilà; *to* **come** *into the* ~ venire (alla luce); *to the* ~*'s* **end** fino alla fine del mondo; in capo al mondo; (*fam. fig.*) *to set the* ~ *on* **fire** ottenere un successo strepitoso; **for** *the* ~ per tutto l'oro del mondo; (*fig.*) *to* **give** *the* ~ *for* dare tutto per; *where* **in** *the* ~ *have you been?* dove mai sei stato?; (*fam.*) **out** *of this* ~ formidabile, favoloso; *to live* **out** *of the* ~ fare vita ritirata; *all the* ~ **over**, *all over the* ~ in tutto il mondo, dappertutto; *it's a* **small** ~*!* com'è piccolo il mondo!; *to* **think** *the* ~ *of s.o.* avere molta stima di qd.; (*sl.*) **to** *the* ~ totalmente, completamente; *tired* **to** *the* ~ stanco morto; (*fam.*) *to be on* **top** *of the* ~ essere al settimo cielo; ~ **war** guerra mondiale; *all the* ~ *and his* **wife** tutti quelli che contano; ~ **without** *end* eternamente.

worldliness ['wə:ldlinis] *s.* mondanità, carattere mondano.
worldly ['wə:ldli] *a.* **1** terreno, materiale. **2** mondano.
worldly-wise ['wə:ldliwaiz] *a.* navigato, esperto delle cose del mondo.
world-wide ['wə:ldwaid] *a.* universale, mondiale.
worm [wə:m] *s.* **1** verme (*anche fig.*); bruco, larva; tarlo. **2** (*fig.*) tarlo, assillo. **3** *pl.* (*Med.*) elmintiasi.
to **worm** [wə:m] *v.t.* liberare dai vermi. ▭ *to* ~ *s.th.* **out** (*of s.o.*) carpire qc. (p.e. una notizia) da qd.; *to* ~ *one's* **way** *into* (o *through*) insinuarsi (*anche fig.*).
worm-eaten ['wə:mi:tn] *a.* **1** tarlato. **2** (*fig.*) decrepito.
wormhole ['wə:mhəul] *s.* tarlatura.
wormwood ['wə:mwud] *s.* **1** (*Bot.*) assenzio romano. **2** (*fig.*) amarezza.
wormy ['wə:mi] *a.* **1** infestato di vermi. **2** tarlato. **3** simile a un verme.
worn[1] [wɔ:n] → to **wear**.
worn[2] [wɔ:n] *a.* **1** usato, sciupato. **2** (*fig.*) esausto, sfinito.
worn-out ['wɔ:n'aut] *a.* **1** consunto, logoro. **2** esausto, estenuato.
worried ['wʌrid] *a.* preoccupato, in ansia (*about, over* per).
worrisome ['wʌrisəm] *a.* preoccupante, inquietante.
worry ['wʌri] *s.* **1** preoccupazione, inquietudine. **2** fastidio, seccatura.
to **worry** ['wʌri] **I** *v.t.* **1** preoccupare, inquietare. **2** infastidire, seccare. **3** (*di cane, ecc.*) azzannare, dilaniare. **II** *v.i.* **1** preoccuparsi, inquietarsi (*about, over* per). **2** (*di cane, ecc.*) dare morsi (*at* a), azzannare (qc.). ▭ *to* ~ **along** tirare avanti; *to* ~ *o.s. to* **death** preoccuparsi da morire; (*fam.*) *I* **should** ~*!* sai che me ne importa!
worrying ['wʌriŋ] *a.* preoccupante, inquietante.
worse [wə:s] **I** *a.* (*compar. di* **bad**, **ill**) **1** peggiore. **2** in peggiori condizioni. **II** *avv.* (*compar. di* **bad**, **ill**) peggio: ~ *than ever* peggio che mai. **III** *s.* peggio: *from bad to* ~ di male in peggio. ▭ ~ **and** ~ sempre peggio; *to be* **none** *the* ~ *for s.th.* non risentire affatto di qc.; ~ **off** peggio; **so** *much the* ~ *for you* peggio per te.
to **worsen** ['wəsn] *v.t./i.* peggiorare.
worship ['wə:ʃip] *s.* adorazione, culto; venerazione. ▭ (*GB*) *your Worship* vostra eccellenza.
to **worship** ['wə:ʃip] *v.* (*pass., p.p.* **-pped**/*am.* **-ped** [-t]) **I** *v.t.* adorare, venerare. **II** *v.i.* assistere alle funzioni religiose.
worshiper *am.* ['wə:ʃipə*] → **worshipper**.
Worshipful ['wə:ʃipful] *s.* (*GB, nei titoli*) onorevole, eccellentissimo.
worshipper ['wə:ʃipə*] *s.* devoto; adoratore. ▭ *the worshippers* i fedeli.
worst [wə:st] **I** *a.* (*sup. di* **bad**, **ill**) **1** il peggiore. **2** il più serio, il più grave: *our* ~ *problem* il nostro problema più serio. **II** *avv.* (*sup. di* **badly**, **ill**) peggio; nel modo peggiore. **III** *s.* peggio; il peggiore, la peggiore. ▭ **at** *one's* ~ nello stato peggiore; **at** (*the*) ~ (per) male che vada; *if the* ~ **comes** *to the* ~ se le cose volgono al peggio; *to* **get** *the* ~ *of it* essere sconfitto.
to **worst** [wə:st] *v.t.* sconfiggere, avere la meglio su.
worsted ['wustid] *s.* (tessuto) pettinato.
worth [wə:θ] **I** *a.pred.* **1** che vale, del valore di. **2** che merita, meritevole: ~ *reading* che merita di essere letto. **3** che possiede, in possesso di (un certo patrimonio). **II** *s.* **1** valore; pregio; merito. **2** equivalente (in denaro): *five hundred pounds* ~ *of damage* un danno per cinquecento sterline. ▭ *to be* ~ *the* **effort** valere la pena; **for** *all one is* ~ mettendocela tutta; **for** *what it is* ~ per quel che vale; *it's not* ~ *the* **price** non vale il prezzo che costa; ~ **speaking** *of* degno di menzione; (*fig.*) *he is* ~ *his* **weight** *in gold* vale tanto oro quanto pesa; *to be* ~ *one's* **while** valere la pena.
worthiness ['wə:ðinis] *s.* **1** merito, valore. **2** rispettabilità.
worthless ['wə:θlis] *a.* **1** senza valore; inutile. **2** indegno, spregevole.
worthwhile, **worth-while** ['wə:θ'wail] *a.* utile, proficuo.
worthy ['wə:ði] **I** *a.* **1** meritevole, degno (*of* di); da, degno: *it is not* ~ *of you* non è da te. **2** onorevole, rispettabile; degno. **II** *s.* **1** notabile, dignitario. **2** (*scherz. iron.*) tipo, individuo, personaggio.
would [(*forma forte*) wud; (*forme deboli*) wəd, əd] *v.dif.* (*pass.* di → **will**; *neg.* **would not**, **wouldn't** [wudnt]; manca dell'inf. e del p.p.). **1** (*aus. del condiz.*): *I* ~ *if I could* lo farei se potessi; *he said he* ~ *be late* disse che avrebbe fatto tardi. **2** essere solito (*nell'imperf. ind.*: *spesso non si traduce*): *he* ~ *write for hours* era solito scrivere per ore, scriveva per ore. **3** (*nelle frasi negative*) volere: *he wouldn't help me* non volle aiutarmi; *the door wouldn't open* la porta non voleva aprirsi. **4** (*nella 2° pers. sing. e pl. in frasi interrogative, esprime forma di cortesia*): ~ *you please give me my hat?* vuoi darmi il cappello?; ~ *you close the door?* ti dispiace chiudere la porta?
would-be ['wud'bi:] *a.* aspirante: *a* ~ *poet* un aspirante poeta.
wouldn't [wudnt] *contraz. di* **would not**.
wound[1] [wu:nd] *s.* ferita (*anche fig.*).
to **wound** [wu:nd] *v.t.* ferire (*anche fig.*).
wound[2] [waund] → to **wind**[3].
wounded ['wu:ndid] *a.* ferito.
wove [wəuv], **woven** ['wəuvn] → to **weave**.
wow *am.* [wau] **I** *intz.* (*fam.*) oh. **II** *s.* (*sl.*) successone.
wrack [ræk] *s.* **1** (*Mar.*) relitto. **2** alghe (gettate dalle onde sulla spiaggia).
wraith [reiθ] *s.* (*lett.*) fantasma, spettro.

wrangle [ræŋgl] *s.* litigio, lite.
to **wrangle** [ræŋgl] *v.i.* litigare (*about, over* per).
wrap [ræp] *s.* scialle; coperta. □ *to keep s.th. under* ~ tener nascosto qc.
to **wrap** [ræp] *v.* (*pass., p.p.* **wrapped/wrapt** [–t]) **I** *v.t.* **1** avvolgere, avviluppare. **2** incartare. **II** *v.i.* avvolgersi, arrotolarsi. □ *to* ~ **up**: 1 impacchettare, imballare; 2 coprirsi (con indumenti pesanti); 3 (*sl.*) terminare, concludere; *to be wrapped* **up** *in*: 1 essere avvolto in; 2 essere completamente assorbito da.
wrapper ['ræpə*] *s.* **1** (*Poste*) fascetta per stampati. **2** (*Edil.*) copertina volante. **3** vestaglia leggera.
wrapping ['ræpiŋ] *s.* involucro. □ ~ *paper* carta da regalo
wrapt [ræpt] → to **wrap**.
wrath [rɔ(:)θ] *s.* (*lett.*) collera, ira.
wrathful ['rɔ(:)θful] *a.* irato, adirato.
to **wreak** [ri:k] *v.t.* (*lett.*) dar sfogo a. □ *to* ~ *havoc on s.th.* provocare la rovina di qc.
wreath [ri:θ] *s.* **1** corona, ghirlanda. **2** voluta, spira (di fumo, ecc.).
to **wreathe** [ri:ð] **I** *v.t.* **1** avvolgere, attorcigliare. **2** intrecciare in una ghirlanda. **II** *v.i.* (*di fumo*) salire in volute. □ *to* ~ *o.s.* **round** attorcigliarsi; *to be wreathed in* **smiles** essere felice come una pasqua.
wreck [rek] *s.* **1** (*Mar.*) relitto (*anche fig.*). **2** rottame.
to **wreck** [rek] **I** *v.t.* **1** far naufragare. **2** distruggere, rovinare (*anche fig.*). **II** *v.i.* naufragare.
wreckage ['rekidʒ] *s.* rottami, macerie (*anche fig.*).
wrecker ['rekə*] *s.* **1** (*Mar.*) ricuperatore (di relitti). **2** (*am.*) demolitore (di edifici). **3** (*am., Aut.*) carro attrezzi.
wren [ren] *s.* (*Zool.*) scricciolo.
wrench [rentʃ] *s.* **1** strappo, strattone. **2** (*Med.*) slogatura. **3** (*fig.*) grande dolore, strazio. **4** (*tecn.*) chiave inglese.
to **wrench** [rentʃ] *v.t.* **1** storcere, torcere. **2** strappare, tirare con forza. **3** (*Med.*) slogarsi. **4** (*fig.*) alterare, travisare. □ *to* ~ **away** strappare via; *to* ~ *one's* **eyes** *away from s.th.* distogliere lo sguardo da qc.; *to* ~ **free** liberarsi con uno strattone; *to* ~ **off** tirare via con uno strappo.
to **wrest** [rest] *v.t.* **1** strappare, tirare con forza. **2** estorcere. **3** distorcere, travisare.
to **wrestle** ['resl] *v.i.* **1** lottare. **2** (*fig.*) essere alle prese, cimentarsi (*with* con).
wrestler ['reslə*] *s.* lottatore (di wrestling).
wrestling ['resliŋ] *s.* wrestling (tipo di lotta libera).
wretch [retʃ] *s.* **1** disgraziato. **2** miserabile *m./f.*
wretched ['retʃid] *a.* **1** disgraziato, sventurato. **2** squallido, sordido. **3** orribile, pessimo. **4** (*fam.*) stupido; dannato. □ *to feel* ~ sentirsi molto male.
wretchedness ['retʃidnis] *s.* **1** disgrazia, sventura. **2** squallore, miseria.
wrick [rik] *s.*: ~ *in the neck* torcicollo.
wriggle [rigl] *s.* contorsione.
to **wriggle** [rigl] **I** *v.i.* dimenarsi, contorcersi. **II** *v.t.* dimenare, agitare. □ *to* ~ **free** liberarsi divincolandosi; *to* ~ **out** sgusciare; (*fig.*) cavarsi d'impaccio.
wring [riŋ] *s.* **1** spremitura, strizzata. **2** forte stretta (di mano).
to **wring** [riŋ] *v.t.* (*pass., p.p.* **wrung** [rʌŋ]) **1** torcere, strizzare. **2** spremere. **3** (*fig.*) estorcere, carpire. **4** (*fig.*) straziare.
wringing(-wet) ['riŋiŋ('wet)] *a.* (*fam.*) fradicio, zuppo.
wrinkle[1] ['riŋkl] *s.* **1** ruga, grinza. **2** piega.
to **wrinkle** ['riŋkl] **I** *v.i.* raggrinzirsi; incresparsi. **II** *v.t.* (spesso con *up*) raggrinzire. □ *to* ~ *one's* **eyes** strizzare gli occhi; *to* ~ *one's* **nose** arricciare il naso.
wrinkle[2] ['riŋkl] *s.* (*fam.*) consiglio utile, suggerimento.
wrist [rist] *s.* (*Anat.*) polso.
wristband ['ristbænd] *s.* **1** polsino (di camicia). **2** cinturino (di orologio).
wristlet ['ristlit] *s.* braccialetto.
wristwatch ['ristwɔtʃ] *s.* orologio da polso.
writ [rit] *s.* (*Dir.*) ordinanza, decreto; mandato
to **write** [rait] *v.* (*pass.* **wrote** [rəut], *p.p.* **written** ['ritn]) **I** *v.t.* **1** scrivere. **2** redigere, comporre, scrivere: *to* ~ *a novel* scrivere un romanzo. **II** *v.i.* scrivere. □ *to* ~ **back** rispondere (per iscritto); *to* ~ **down** scrivere, prendere nota di; (*am.*) *to* ~ **in** votare per; *written* **large** a caratteri cubitali; (*fig.*) su vasta scala; *to* ~ **off** buttar giù; (*Comm.*) cancellare, estinguere; *to* ~ **out** scrivere per esteso; *to* ~ **out** *a cheque* emettere un assegno; *to* ~ *for the* **papers** fare il giornalista; *to* ~ **up** *s.th.* stendere una relazione dettagliata su qc.
write-off ['raitɔf] *s.* (*rif. a veicolo*) rottame.
writer ['raitə*] *s.* scrittore; autore.
write-up ['raitʌp] *s.* (*Giorn.*) recensione; servizio.
to **writhe** [raið] *v.i.* dimenarsi, dibattersi.
writing ['raitiŋ] *s.* **1** lo scrivere. **2** scritto. **3** scrittura, grafia. **4** *pl.* scritti, opere. □ *in* ~ per iscritto.
writing-desk ['raitiŋdesk] *s.* scrittoio, scrivania.
writing-paper ['raitiŋˌpeipə*] *s.* carta da lettere.
written[1] ['ritn] → to **write**.
written[2] ['ritn] *a.* scritto.
wrong [rɔŋ] **I** *a.* **1** sbagliato, errato; (*rif. a persona*) in torto. **2** ingiusto; riprovevole. **3** inadatto, inopportuno. **4** che non funziona, guasto. **II** *s.* **1** male; peccato. **2** torto, ingiustizia, offesa. **3** (*Dir.*) illecito. **III** *avv.* scorrettamente, erroneamente; male. □ *to* **be** ~ essere in errore, sbagliarsi; (*fam.*) *in the* ~ **box** in una posizione difficile; *to* **do** ~ *to s.o.* fare del male a qd.; *to* **get** *s.o.* (o *s.th.*) ~ fraintendere qd. (*o* qc.); (*fam.*) *to* **get** *the* ~ *side of the stick* capire Roma per Toma;

to **go** ~ fallire; (*fig.*) prendere una cattiva strada; *to be* **in** *the* ~ avere torto; *the* ~ **side** rovescio (di tessuti); *to get out of bed on the* ~ **side** alzarsi con il piede sbagliato; ~ **side** *out* a rovescio; *the wrongs of* **time** le ingiurie del tempo; **what***'s* ~*?* cosa c'è (che non va)?

to **wrong** [rɔŋ] *v.t.* fare torto a.

wrongdoer ['rɔŋdu:ə*] *s.* **1** malfattore. **2** (*Dir.*) trasgressore.

wrongdoing ['rɔŋdu:iŋ] *s.* **1** male, peccato. **2** trasgressione, violazione.

wrongful ['rɔŋful] *a.* **1** ingiusto. **2** (*Dir.*) illegittimo; illecito.

wrong-headed ['rɔŋ'hedid] *a.* ostinato (nell'errore).

wrongly ['rɔŋli] *avv.* **1** in modo scorretto, erroneamente. **2** male, malamente. **3** a torto

wrote [rəut] → to **write**.

wrought[1] [rɔ:t] → to **work**.

wrought[2] [rɔ:t] *a.* **1** sagomato, modellato. **2** (*Met.*) battuto. □ ~ *iron* ferro battuto.

wrought-up ['rɔ:t'ʌp] *a.* agitato, inquieto.

wrung [rʌŋ] → to **wring**.

wry [rai] *a.* **1** storto. **2** ironico, sarcastico: *a* ~ *smile* un sorriso sarcastico. □ *to make a* ~ *face* storcere la bocca.

wryneck ['rainek] *s.* torcicollo.

wt = *weight* peso.

WT = *wireless telegraphy* radiotelegrafia.

WWF = *World Wildlife Fund* Fondo Mondiale per la Natura.

X

x, **X** [eks] *s.* (*pl.* **x's/xs, X's/Xs** ['eksiz]) x, X. □ (*Tel.*) ~ *for Xmas*; (*am.*) ~ *for X*; X come Xanthia.
Xe = (*Chim.*) *xenon* xeno.
xenon ['zenɔn] *s.* (*Chim.*) xeno.
xenophobia [ˌzenə'fəubiə] *s.* xenofobia.
to **xerox** ['ziərɔks] *v.t.* fotocopiare.
Xmas ['krisməs] *s.* (*fam.*) Natale.
X-ray ['eksrei] **I** *a.attr.* ai raggi X. **II** *s.* **1** raggio X. **2** (*Med.*) radiografia.
to **X-ray** [eksrei] *v.t.* (*Med.*) radiografare.
xylography [zai'lɔgrəfi] *s.* xilografia.
xylophone ['zailəfəun] *s.* (*Mus.*) xilofono.
xylophonist [zai'lɔfənist] *s.* xilofonista *m./f.*

Y

y, Y[1] [wai] *s.* (*pl.* **y's/ys, Y's/Ys** [waiz]) y, Y. ▭ (*Tel.*) ~ *for Yellow*; (*am.*) ~ *for Yoke*; Y come York.
Y[2] = (*Chim.*) *yttrium* ittrio.
yacht [jɔt] *s.* panfilo (da diporto), yacht.
yachting ['jɔtiŋ] *s.* (*Sport*) velismo.
yachtsman ['jɔtsmən] *s.* (*pl.* **–men**) (*Sport*) velista.
yah [jɑ:] *intz.* pu(a)h.
yahoo [jɑ:'hu:] *s.* zotico.
Yahweh ['jɑ:vei] *N.pr.m.* (*Bibl.*) Geova.
yank [jænk] *s.* (*fam.*) strattone, strappo.
to **yank** [jæŋk] *v.t./i.* (*fam.*) tirare con forza.
Yank [jæŋk] (*sl.*), **Yankee** ['jæŋki] **I** *s.* **1** americano. **2** (*Stor. am.*) nordista *m./f.* **II** *a.* americano.
yap [jæp] *s.* guaito.
to **yap** [jæp] *v.i.* (*pass., p.p.* **yapped** [–t]) guaire, uggiolare.
yard[1] [jɑ:d] *s.* **1** (*unità di misura*) iarda → **Appendice**. **2** (*Mar.*) pennone.
yard[2] [jɑ:d] *s.* **1** cortile. **2** (*Mar.*) cantiere navale; arsenale (marittimo). **3** (*am.*) giardino (attorno alla casa).
yardage ['jɑ:didʒ] *s.* quantità in iarde.
yardstick ['jɑ:dstik] *s.* **1** (*fig.*) criterio, metro. **2** (*fig.*) termine di confronto, parametro.
yarn [jɑ:n] *s.* **1** filo, filato. **2** (*fam.*) lungo racconto. ▭ (*fam.*) *to spin a* ~ raccontare storie.
to **yarn** [jɑ:n] *v.i.* raccontare storie.
yaw [jɔ:] *s.* **1** (*Mar.*) straorzata. **2** (*Aer.*) imbardata.
to **yaw** [jɔ:] *v.i.* **1** (*Mar.*) straorzare. **2** (*Aer.*) imbardare.
yawl [jɔ:l] *s.* **1** (*Mar.*) scialuppa. **2** iole.
yawn [jɔ:n] *s.* sbadiglio.
to **yawn** [jɔ:n] *v.i.* **1** sbadigliare. **2** (*fig.*) aprirsi.
Yb = (*Chim.*) *ytterbium* itterbio.
yd = *yard(s)* iarda, iarde.
ye [ji:] *pron.* (*Bibl.*) tu; voi.
yea [jei] **I** *avv.* (*scherz.*) **1** (*esclam.*) sì. **2** veramente, davvero. **II** *s.* sì, voto favorevole.
yeah *am.* [jɑ:, jæ] → **yes.**
year [jə:*, *am.* ji:ə*] *s.* **1** anno, annata. **2** *pl.* anni, età. ▭ ~ **by** ~ ogni anno; *in years to* **come** nei prossimi anni; ~ **in** ~ *out* tutti gli anni (con regolarità); **last** ~ l'anno scorso; *in the* ~ *of our* **Lord** nell'anno del Signore; **next** ~ l'anno prossimo; (*scherz.*) *the* ~ **one** molto tempo fa.
yearbook ['jə:buk] *s.* annuario.
yearling ['jə:liŋ] *s.* animale di un anno, cucciolo.
year-long ['jə'lɔŋ] *a.* che dura un anno, annuo.
yearly ['jə:li] **I** *a.* annuale. **II** *avv.* annualmente.
to **yearn** [jə:n] *v.i.* bramare (*for, after s.th.* qc.), anelare (a).
yearning ['jə:niŋ] *s.* desiderio intenso, struggimento.
yeast [ji:st] *s.* lievito (di birra).
yeasty ['ji:sti] *a.* **1** che sa di lievito. **2** schiumoso.
yell [jel] *s.* **1** urlo, grido, strillo. **2** (*am.*) grido d'incitamento.
to **yell** [jel] *v.t./i.* urlare, gridare, strillare.
yellow ['jeləu] **I** *a.* **1** giallo. **2** di pelle gialla. **3** (*sl.*) vigliacco, codardo, vile. **II** *s.* (color) giallo. ▭ (*Med.*) ~ **fever** febbre gialla; ~ **pages** pagine gialle (di guida telefonica); (*Giorn.*) ~ **press** stampa scandalistica; (*fam.*) *a* ~ **streak** una punta di vigliaccheria.
to **yellow** ['jeləu] *v.t./i.* ingiallire.
yellowish ['jeləuiʃ], **yellowy** ['jeləui] *a.* giallastro, giallognolo.
yelp [jelp] *s.* guaito.
to **yelp** [jelp] *v.i.* guaire, uggiolare.
yen[1] [jen] *s.* (*moneta*) yen.
yen[2] *am.* [jen] *s.* (*fam.*) gran voglia.
to **yen** [jen] *v.i.* (*pass., p.p.* **yenned** [–d]) (*fam.*) avere una gran voglia (*for* di).
yeoman ['jəumən] *s.* (*pl.* **–men**) **1** (*Stor.*) yeoman; piccolo proprietario terriero. ▭ *Yeoman of the* **Guard** guardiano della torre di Londra; (*fig.*) ~ **service** aiuto prezioso.
yeomanry ['jəumənri] *s.* **1** (*collett.*) classe di piccoli proprietari terrieri. **2** (*Stor.*) guardia nazionale a cavallo composta di agricoltori volontari.
yep *am.* [jep] *avv.* (*sl.*) sì.
yes [jes] **I** *avv.* sì. **II** *s.* (*pl.* **–es/–ses** ['jesiz]) sì: *answer* ~ *or no* rispondi sì o no.
yesman ['jesmən] *s.* (*pl.* **–men**) (*fam.*) persona servile, leccapiedi.
yesterday ['jestədi] *s./avv.* ieri. ▭ *the day*

before ~ l'altro ieri; ~ **evening** ieri sera.

yet [jet] **I** *avv.* **1** (*nelle frasi negative*) ancora; *I am not ready* ~ non sono ancora pronto; (*nelle frasi affermative*) ancora, tuttora: *there is ~ hope* c'è ancora speranza; (*nelle frasi interrogative*) già (ora): *are you ready ~?* sei già pronto? **2** nondimeno, tuttavia. **II** *congz.* ma, tuttavia, nondimeno: *a difficult, ~ necessary decision* una decisione difficile, ma necessaria. □ *strange* **and** ~ *true* strano ma vero; **as** ~ finora; **nor** ~ né, e nemmeno, e neppure, e neanche.

yew [ju:] *s.* (*Bot.*) tasso.

YHA = *Youth Hostels Associations* Associazione degli Ostelli della Gioventù.

Yiddish ['jidiʃ] *s.* (*Ling.*) yiddish.

yield [ji:ld] *s.* **1** prodotto, produzione. **2** resa, rendimento. **3** (*Agr.*) raccolto. **4** (*Econ.*) rendita, reddito.

to **yield** [ji:ld] **I** *v.t.* **1** rendere, produrre; fruttare. **2** (spesso con *up*) consegnare, cedere. **II** *v.i.* **1** fruttare. **2** cedere, arrendersi (*to* a). □ (*Parl.*) *to ~ the* **floor** cedere la parola (*to* a); (*ant. lett.*) *to ~ up the* **ghost** rendere l'anima a Dio, morire.

yielding ['ji:ldiŋ] *a.* **1** cedevole, flessibile. **2** arrendevole, condiscendente.

YMCA = *Joung Men's Christian Association* Associazione Cristiana dei Giovani.

yob [jɔb] *s.* giovinastro.

yoga ['jəugə] *s.* yoga.

yogh(o)urt ['jəugə:t] *s.* yogurt.

yo-heave-ho ['jəu'hi:v'həu] *intz.* (*Mar.*) oo-issa.

yoke [jɔuk] *s.* **1** giogo (*anche fig.*). **2** (*pl. inv.*) coppia (di buoi). **3** (*Sartoria*) sprone.

to **yoke** [jəuk] *v.t.* **1** (spesso con *together*) mettere sotto il giogo. **2** (*fig.*) unire, accoppiare, appaiare.

yokel ['jəukəl] *s.* villano, zoticone.

yolk [jəuk] *s.* tuorlo, rosso d'uovo.

yonder ['jɔndə*] (*lett.*) **I** *a.* quello (là). **II** *avv.* là.

yore [jɔ:*] *s.*: (*lett.*) *of ~* in passato, una volta.

Yorkist ['jɔ:kist] *s.* (*Stor.*) sostenitore della casa di York.

you [ju(:), jə] *pron.pers.sogg. e compl.* **1** (*singolare*) tu (*spesso non si traduce*): *how are ~?* come stai?; te, ti: *this is for ~* questo è per te. **2** (*plurale*) voi (*spesso non si traduce*); voi, vi: *I want to thank ~ all* voglio ringraziarvi tutti. **3** (*forma di cortesia*) lei, loro: *~ are very kind, Sir* lei è molto gentile, signore. **4** (*con valore impersonale*) si, tu: *how do ~ say house in French?* come si dice casa in francese?; *~ never know* non si sa mai.

you'd [ju(:)d, jəd] *contraz. di* **you had, you would.**

you'll [ju(:)l, jəl] *contraz. di* **you shall, you will.**

young [jʌŋ] **I** *a.* **1** giovane. **2** inesperto. **3** iniziato da poco. **II** *s.* (costr. pl.) **1** giovani, gioventù. **2** (*di animale*) piccoli. □ *to be ~ for one's* **age** non dimostrare i propri anni; ~ **lady** signorina; *to* **look** ~ avere un aspetto giovanile; ~ **man** giovanotto; (*di animale*) *to be* **with** ~ essere gravida.

youngish ['jʌŋiʃ] *a.* piuttosto giovane.

youngster ['jʌŋstə*] *s.* **1** giovanotto, ragazzo. **2** *pl.* giovani, gioventù.

your [jɔ:*, *am.* juə*] *a. poss.* **1** tuo, vostro: *give me ~ book* dammi il tuo libro. **2** (*forma di cortesia*) suo, loro: *how is ~ wife, Mr Brown?* come sta sua moglie, signor Brown? **3** (*con valore impersonale*) proprio: *you cannot alter ~ nature* non si può cambiare la propria natura.

you're [juə*] *contraz. di* **you are.**

yours [jɔ:z, *am.* juəz] *pron.poss.* **1** tuo, tua, vostro, vostra: *this is ~* questo è il tuo. **2** (*forma di cortesia*) suo, sua, loro: *isn't this a book of ~, Mr Smith?* non è un suo libro questo, signor Smith? □ (*Comm., epist.*) ~ *faithfully* (o *truly*) distinti saluti.

yourself ['jɔ'self, *am.* juəs–] *pron.* (*pl.* **–selves** [–selvz]) **1** (*con valore riflessivo*) ti, te stesso, vi, voi (stessi): *don't hurt ~* non farti male. **2** (*enfatico*) tu (stesso), proprio tu, tu in persona, voi (stessi), proprio voi: *you ~ told me* me l'hai detto proprio tu. □ *did you do it by ~?* l'hai fatto da solo?; *do it ~* fallo da te; *do it yourselves* fatelo da voi.

youth [ju:θ] *s.* **1** gioventù, giovinezza; adolescenza. **2** giovanotto, ragazzo. **3** (*collett.*) giovani, gioventù. □ ~ *hostel* ostello della gioventù.

youthful ['ju:θful] *a.* giovane; giovanile.

youthfulness ['ju:θfulnis] *s.* giovinezza.

you've [ju(:)v, jəv] *contraz. di* **you have.**

yowl [jaul] *s.* ululato, ululo.

to **yowl** [jaul] *v.i.* ululare.

yo-yo ['jəujəu] *s.* (*pl.* **–s** [–z]) yo-yo.

yr = **1** *year* anno. **2** *your* vostro.

yrs = *yours* vostro.

ytterbium [i'tə:biəm] *s.* (*Chim.*) itterbio.

yttrium ['itriəm] *s.* (*Chim.*) ittrio.

Yugoslav ['ju:gə(u)'slɑ:v] *a./s.* iugoslavo.

Yugoslavia ['ju:gəu'slɑ:vjə] *N.pr.* (*Geog.*) Iugoslavia.

yule, **Yule** [ju:l] *s.* (*lett:*) Natale, feste natalizie.

yule-log ['ju:llɔg] *s.* ceppo natalizio.

Yuletide ['ju:ltaid] *s.* (*lett.*) periodo natalizio.

yuppy, **yuppie** ['jupi, 'jʌpi] *s.* yuppy (giovane carrierista).

YWCA = *Joung Women's Christian Association* Associazione Cristiana delle Giovani.

Z

z, Z [zed *am.* zi:] *s.* (*pl.* **z's/zs, Z's/Zs** [zedz, *am.* zi:z]) z, Z. □ (*Tel.*) ~ *for Zebra* (*anche am.*) Z come Zara.

zany ['zeini] *a./s.* sciocco; buffone.

zeal [zi:l] *s.* zelo, entusiasmo, fervore.

zealot ['zelət] *s.* fanatico.

zealotry ['zelətri] *s.* fanatismo.

zealous ['zeləs] *a.* **1** zelante. **2** premuroso, sollecito.

zebra ['zi:brə, 'zebrə] *s.* (*pl. inv./*–**s** [–z] (*Zool.*) zebra. □ ~ *crossing* passaggio pedonale, (*fam.*) strisce.

zenith ['zeniθ, *am.* 'zi–] *s.* **1** (*Astr.*) zenit. **2** (*fig.*) culmine, apice.

zephyr ['zefə*] *s.* zeffiro; brezza leggera.

zero ['zi(ə)rəu] *s.* (*pl.* –**s/**–**es** [–z]) **1** zero. **2** niente, nulla. □ (*Mil.*) ~ *hour* ora zero; (*fig.*) momento cruciale.

zest [zest] *s.* (*fig.*) gusto, piacere (*for* per).

zibet(h) ['zibit] *s.* (*Zool.*) zibetto.

zigzag ['zigzæg] **I** *s.* zigzag, linea a zigzag. **II** *a./avv.* a zigzag.

to **zigzag** ['zigzæg] *v.i.* (*pass., p.p.* **zigzagged** [–d]) zigzagare, andare a zigzag.

zinc [ziŋk] *s.* (*Chim.*) zinco.

to **zinc** [ziŋk] *v.t.* (*pass., p.p.* –**ed/**–**ked** [–t]) zincare.

zing [ziŋ] *s.* (*fam.*) vigore, energia.

zinnia ['ziniə] *s.* (*Bot.*) zinnia.

Zionism ['zaiənizəm] *s.* sionismo.

Zionist ['zaiənist] **I** *a.* sionistico. **II** *s.* sionista *m./f.*

zip [zip] *s.* **1** cerniera lampo. **2** fischio, sibilo. **3** (*fam.*) vigore, energia.

to **zip** [zip] *v.t.* (*pass., p.p.* **zipped** [–t]) (spesso con *up*) chiudere con una cerniera lampo.

zip code *am.* ['zipkəud] *s.* codice di avviamento postale (CAP).

zip-fastener ['zip,fɑ:snə*], **zipper** ['zipə*] *s.* chiusura lampo.

zirconium ['zə:'kəuniəm] *s.* (*Chim.*) zirconio.

zither ['ziθə*] *s.* (*Mus.*) cetra.

Zn = (*Chim.*) *zinc* zinco.

zodiac ['zəudiæk] *s.* zodiaco.

zodiacal [zə(u)'daiəkəl] *a.* zodiacale.

zombie ['zɔmbi] *s.* **1** babbeo, zuccone. **2** morto risuscitato per magia, zombie.

zonal ['zəunəl] *a.* di zona; (*burocr.*) zonale.

zone [zəun] *s.* zona; area, regione.

to **zone** [zəun] *v.t.* dividere in zone.

zoo [zu:] *s.* (*pl.* –**s** [–z]) giardino zoologico, zoo.

zoological [,zəuə'lɔdʒikəl] *a.* zoologico: ~ *garden* giardino zoologico.

zoologist [zə(u)'ɔlədʒist] *s.* zoologo.

zoology [zəu'ɔlədʒi] *s.* zoologia.

zoom [zu:m] *s.* **1** (*Aer.*) salita in candela. **2** (*Cin., TV*) zumata.

to zoom [zu:m] *v.i.* **1** (*Aer.*) salire in candela; sfrecciare (*anche fig.*). **2** (*Cin., TV*) zumare. **3** (*di prezzi*) salire vertiginosamente.

zoophilist [zəu'ɔfilist] *s.* zoofilo.

zootechnics [zəu'tekniks] *s.pl.* (costr. sing.) zootecnia.

Zr = (*Chim.*) *zirconium* zirconio.

Zulu ['zu:lu:] *a./s.* (*pl. inv./*–**s** [–z]) zulù.

Zurich ['zjuərik] *N.pr.* (*Geog.*) Zurigo.

zygoma [zai'gəumə] *s.* (*pl.* –**mata** [–mətə]) (*Anat.*) zigomo.

zymotic [zai'mɔtik] *a.* enzimatico; infettivo.

APPENDICE

I. Elenco dei verbi irregolari

L'asterisco (*) che precede una forma verbale indica che il tempo corrispondente può essere formato anche regolarmente.

Infinito	*Passato*	*Participio passato*
abide [ə'baid]	**abode** [ə'bəud]	**abode** [ə'bəud]
arise [ə'raiz]	**arose** [ə'rəuz]	**arisen** [ə'rizn]
awake [ə'weik]	**awoke** [ə'wəuk]	**awoken** [ə'wəukən]
be [bi:]	**was** [wɔz, wəz]	**been** [bi:n, bin]
bear [bɛə*]	**bore** [bɔ:*]	**borne** [bɔ:n], **born** [bɔ:n]
beat [bi:t]	**beat** [bi:t]	**beaten** [bi:tn]
become [bi'kʌm]	**became** [bi'keim]	**become** [bi'kʌm]
befall [bi'fɔ:l]	**befell** [bi'fel]	**befallen** [bi'fɔ:lən]
beget [bi'get]	**begot** [bi'gɔt]	**begotten** [bi'gɔtn]
begin [bi'gin]	**began** [bi'gæn]	**begun** [bi'gʌn]
behold [bi'həuld]	**beheld** [bi'held]	**beheld** [bi'held]
bend [bend]	**bent** [bent]	**bent** [bent]
bereave [bi'ri:v]	**bereft** [bi'reft]	**bereft** [bi'reft]
beseech [bi'si:tʃ]	**besought** [bi'sɔ:t]	**besought** [bi'sɔ:t]
beset [bi'set]	**beset** [bi'set]	**beset** [bi'set]
bespeak [bi'spi:k]	**bespoke** [bi'spəuk]	**bespoken** [bi'spəukn, -kən]
bet [bet]	* **bet** [bet]	* **bet** [bet]
betake [bi'teik]	**betook** [bi'tuk]	**betaken** [bi'teikən]
bid [bid]	**bade** [beid], **bad** [bæd]	**bidden** ['bidn], **bid** [bid]
bind [baind]	**bound** [baund]	**bound** [baund]
bite [bait]	**bit** [bit]	**bit** [bit], **bitten** ['bitn]
bleed [bli:d]	**bled** [bled]	**bled** [bled]
blow [bləu]	**blew** [blu:]	**blown** [bləun]
break [breik]	**broke** [brəuk]	**broken** ['brəukən]
breed [bri:d]	**bred** [bred]	**bred** [bred]
bring [briŋ]	**brought** [brɔ:t]	**brought** [brɔ:t]
broadcast ['brɔ:dkɑ:st]	**broadcast** ['brɔ:dkɑ:st]	**broadcast** ['brɔ:dkɑ:st]
build [bild]	**built** [bilt]	**built** [bilt]
burn [bə:n]	* **burnt** [bə:nt]	* **burnt** [bə:nt]
burst [bə:st]	**burst** [bə:st]	**burst** [bə:st]
buy [bai]	**bought** [bɔ:t]	**bought** [bɔ:t]
cast [kɑ:st]	**cast** [kɑ:st]	**cast** [kɑ:st]
catch [kætʃ]	**caught** [kɔ:t]	**caught** [kɔ:t]
chide [tʃaid]	* **chid** [tʃid]	* **chidden** ['tʃidən], **chid** [tʃid]
choose [tʃu:z]	**chose** [tʃəuz]	**chosen** ['tʃəuzn]
cleave [kli:v]	**cleft** [kleft], **clove** [kləuv]	**cleft** [kleft], **cloven** ['kləuvn]
cling [kliŋ]	**clung** [klʌŋ]	**clung** [klʌŋ]
come [kʌm]	**came** [keim]	**come** [kʌm]
cost [kɔst]	**cost** [kɔst]	**cost** [kɔst]
creep [kri:p]	**crept** [krept]	**crept** [krept]
cut [kʌt]	**cut** [kʌt]	**cut** [kʌt]
deal [di:l]	**dealt** [delt]	**dealt** [delt]
dig [dig]	**dug** [dʌg]	**dug** [dʌg]
do [du:]	**did** [did]	**done** [dʌn]
draw [drɔ:]	**drew** [dru:]	**drawn** [drɔ:n]
dream [dri:m]	* **dreamt** [dremt]	* **dreamt** [dremt]
drink [driŋk]	**drank** [dræŋk]	**drunk** [drʌŋk]
drive [draiv]	**drove** [drəuv]	**driven** [drivn]
dwell [dwel]	**dwelt** [dwelt]	**dwelt** [dwelt]

Infinito	*Passato*	*Participio passato*
eat [i:t]	**ate** [et, eit]	**eaten** [i:tn]
fall [fɔ:l]	**fell** [fel]	**fallen** ['fɔ:lən]
feed [fi:d]	**fed** [fed]	**fed** [fed]
feel [fi:l]	**felt** [felt]	**felt** [felt]
fight [fait]	**fought** [fɔ:t]	**fought** [fɔ:t]
find [faind]	**found** [faund]	**found** [faund]
flee [fli:]	**fled** [fled]	**fled** [fled]
fling [fliŋ]	**flung** [flʌŋ]	**flung** [flʌŋ]
fly [flai]	**flew** [flu:]	**flown** [fləun]
forbear [fɔ:'bɛə*]	**forbore** [fɔ:'bɔ:*]	**forborne** [fɔ:'bɔ:n]
forbid [fə:'bid]	**forbade** [fə'beid]	**forbidden** [fə'bidn]
forecast ['fɔ:kɑ:st]	**forecast** ['fɔ:kɑ:st]	**forecast** ['fɔ:kɑ:st]
forego [fɔ:'gəu]	**forewent** [fɔ:'went]	**foregone** [fɔ:'gɔn]
foresee [fɔ:'si:]	**foresaw** [fɔ:'sɔ:]	**foreseen** [fɔ:'si:n]
foretell [fɔ:'tel]	**foretold** [fɔ:'təuld]	**foretold** [fɔ:'təuld]
forget [fə'get]	**forgot** [fə'gɔt]	**forgotten** [fə'gɔtn]
forgive [fə'giv]	**forgave** [fə'geiv]	**forgiven** [fə'givn]
forsake [fə'seik]	**forsook** [fə'suk]	**forsaken** [fə'seikən]
forswear [fɔ:'swɛ:*]	**forswore** [fɔ:'swɔ:*]	**forsworn** [fɔ:'swɔ:n]
freeze [fri:z]	**froze** [frəuz]	**frozen** ['frəuzn]
get [get]	**got** [gɔt]	**got** [gɔt]
gild [gild]	* **gilt** [gilt]	* **gilt** [gilt]
give [giv]	**gave** [geiv]	**given** ['givn]
go [gəu]	**went** [went]	**gone** [gɔn]
grind [graind]	**ground** [graund]	**ground** [graund]
grow [grəu]	**grew** [gru:]	**grown** [grəun]
hang [hæŋ]	* **hung** [hʌŋ]	* **hung** [hʌŋ]
have [hæv]	**had** [hæd]	**had** [hæd]
hear [hiə*]	**heard** [hə:d]	**heard** [hə:d]
hide [haid]	**hid** [hid]	**hidden** [hidn], **hid** [hid]
hit [hit]	**hit** [hit]	**hit** [hit]
hold [həuld]	**held** [held]	**held** [held]
hurt [hə:t]	**hurt** [hə:t]	**hurt** [hə:t]
inlay ['in'lei]	**inlaid** ['in'leid]	**inlaid** ['in'leid]
keep [ki:p]	**kept** [kept]	**kept** [kept]
kneel [ni:l]	**knelt** [nelt]	**knelt** [nelt]
knit [nit]	* **knit** [nit]	* **knit** [nit]
know [nəu]	**knew** [nju:]	**known** [nəun]
lade [leid]	**laded** ['leidid]	* **laden** ['leidn]
lay [lei]	**laid** [leid]	**laid** [leid]
lead [li:d]	**led** [led]	**led** [led]
lean [li:n]	* **leant** [lent]	* **leant** [lent]
leap [li:p]	* **leapt** [lept]	* **leapt** [lept]
learn [lə:n]	* **learnt** [lə:nt]	* **learnt** [lə:nt]
leave [li:v]	**left** [left]	**left** [left]
lend [lend]	**lent** [lent]	**lent** [lent]
let [let]	**let** [let]	**let** [let]
lie [lai]	**lay** [lei]	**lain** [lein]
light [lait]	* **lit** [lit]	* **lit** [lit]
lose [lu:z]	**lost** [lɔst]	**lost** [lɔst]
make [meik]	**made** [meid]	**made** [meid]
mean [mi:n]	**meant** [ment]	**meant** [ment]
meet [mi:t]	**met** [met]	**met** [met]

Infinito	*Passato*	*Participio passato*
misgive [mis'giv]	**misgave** [mis'geiv]	**misgiven** [mis'givn]
mislay [mis'lei]	**mislaid** [mis'leid]	**mislaid** [mis'leid]
mislead [mis'li:d]	**misled** [mis'led]	**misled** [mis'led]
mistake [mis'teik]	**mistook** [mis'tuk]	**mistaken** [mis'teikən]
misunderstand ['misʌndə'stænd]	**misunderstood** ['misʌndə'stud]	**misunderstood** ['misʌndə'stud]
mow [məu]	**mowed** [məud]	* **mown** [məun]
outbid [aut'bid]	**outbade** [aut'beid], **outbid** [aut'bid]	**outbidden** [aut'bidn], **outbid** [aut'bid]
outdo [aut'du:]	**outdid** [aut'did]	**outdone** [aut'dʌn]
outgrow [aut'grəu]	**outgrew** [aut'gru:]	**outgrown** [aut'grəun]
outrun [aut'rʌn]	**outran** [aut'ræn]	**outrun** [aut'rʌn]
outshine [aut'ʃain]	**outshone** [aut'ʃɔn]	**outshone** [aut'ʃɔn]
overbear [ˌəuvə'bɛə*]	**overbore** [ˌəuvə'bɔ:*]	**overborne** [ˌəuvə'bɔ:n]
overcast [ˌəuvə'kɑ:st]	**overcast** [ˌəuvə'kɑ:st]	**overcast** [ˌəuvə'kɑ:st]
overcome [ˌəuvə'kʌm]	**overcame** [ˌəuvə'keim]	**overcome** [ˌəuvə'kʌm]
overdo [ˌəuvə'du:]	**overdid** [ˌəuvə'did]	**overdone** [ˌəuvə'dʌn]
overdraw [ˌəuvə'drɔ:]	**overdrew** [ˌəuvə'dru:]	**overdrawn** [ˌəuvə'drɔ:n]
overeat [ˌəuvə'i:t]	**overate** [ˌəuvə'et]	**overeaten** [ˌəuvə'i:tn]
overfeed [ˌəuvə'fi:d]	**overfed** [ˌəuvə'fed]	**overfed** [ˌəuvə'fed]
overgrow [ˌəuvə'grəu]	**overgrew** [ˌəuvə'gru:]	**overgrown** [ˌəuvə'grəun]
overhang [ˌəuvə'hæŋ]	**overhung** [ˌəuvə'hʌŋ]	**overhung** [ˌəuvə'hʌŋ]
overhear [ˌəuvə'hiə*]	**overheard** [ˌəuvə'hə:d]	**overheard** [ˌəuvə'hə:d]
overlay [ˌəuvə'lei]	**overlaid** [ˌəuvə'leid]	**overlaid** [ˌəuvə'leid]
oversleep [ˌəuvə'sli:p]	**overslept** [ˌəuvə'slept]	**overslept** [ˌəuvə'slept]
overspread [ˌəuvə'spred]	**overspread** [ˌəuvə'spred]	**overspread** [ˌəuvə'spred]
overtake [ˌəuvə'teik]	**overtook** [ˌəuvə'tuk]	**overtaken** [ˌəuvə'teikn]
overthrow [ˌəuvə'θrəu]	**overthrew** [ˌəuvə'θru:]	**overthrown** [ˌəuvə'θrəun]
partake [pɑ:'teik]	**partook** [pɑ:'tuk]	**partaken** [pɑ:'teikən]
pay [pei]	**paid** [peid]	**paid** [peid]
put [put]	**put** [put]	**put** [put]
read [ri:d]	**read** [red]	**read** [red]
rebuild ['ri:'bild]	**rebuilt** ['ri:'bilt]	**rebuilt** ['ri:'bilt]
recast ['ri:'kɑ:st]	**recast** ['ri:'kɑ:st]	**recast** ['ri:'kɑ:st]
relay ['ri'lei]	**relaid** ['ri:'leid]	**relaid** ['ri:'leid]
rend [rend]	**rent** [rent]	**rent** [rent]
repay ['ri:'pei]	**repaid** ['ri:'peid]	**repaid** ['ri:'peid]
reset ['ri:'set]	**reset** ['ri:'set]	**reset** ['ri:'set]
rid [rid]	**rid** [rid]	**rid** [rid]
ride [raid]	**rode** [rəud]	**ridden** [ridn]
ring [riŋ]	**rang** [ræŋ]	**rung** [rʌŋ]
rise [raiz]	**rose** [rəuz]	**risen** ['rizn]
run [rʌn]	**ran** [ræn]	**run** [rʌn]
saw [sɔ:]	**sawed** [sɔ:d]	**sawn** [sɔ:n]
say [sei]	**said** [sed]	**said** [sed]
see [si:]	**saw** [sɔ:]	**seen** [si:n]
seek [si:k]	**sought** [sɔ:t]	**sought** [sɔ:t]
sell [sel]	**sold** [səuld]	**sold** [səuld]
send [send]	**sent** [sent]	**sent** [sent]
set [set]	**set** [set]	**set** [set]
sew [səu]	**sewed** [səud]	* **sewn** [səun]
shake [ʃeik]	**shook** [ʃuk]	**shaken** ['ʃeikən]
shed [ʃed]	**shed** [ʃed]	**shed** [ʃed]
shine [ʃain]	* **shone** [ʃɔn]	* **shone** [ʃɔn]
shoe [ʃu:]	**shod** [ʃɔd]	**shod** [ʃɔd]
shoot [ʃu:t]	**shot** [ʃɔt]	**shot** [ʃɔt]

Infinito	*Passato*	*Participio passato*
show [ʃəu]	**showed** [ʃəud]	* **shown** [ʃəun]
shrink [ʃriŋk]	**shrank** [ʃræŋk]	**shrunk** [ʃrʌŋk]
shrive [ʃraiv]	**shrove** [ʃrəuv]	**shriven** [ʃrivn]
shut [ʃʌt]	**shut** [ʃʌt]	**shut** [ʃʌt]
sing [siŋ]	**sang** [sæŋ]	**sung** [sʌŋ]
sink [siŋk]	**sank** [sæŋk]	**sunk** [sʌŋk]
sit [sit]	**sat** [sæt]	**sat** [sæt]
slay [slei]	**slew** [slu:]	**slain** [slein]
sleep [sli:p]	**slept** [slept]	**slept** [slept]
slide [slaid]	**slid** [slid]	**slid** [slid], **slidden** [slidn]
sling [sliŋ]	**slung** [slʌŋ]	**slung** [slʌŋ]
slink [sliŋk]	**slunk** [slʌŋk]	**slunk** [slʌŋk]
slit [slit]	**slit** [slit]	**slit** [slit]
smell [smel]	* **smelt** [smelt]	* **smelt** [smelt]
smite [smait]	**smote** [sməut]	**smitten** [smitn]
sow [səu]	**sowed** [səud]	* **sown** [səun]
speak [spi:k]	**spoke** [spəuk]	**spoken** ['spəukən]
speed [spi:d]	* **sped** [sped]	* **sped** [sped]
spell [spel]	* **spelt** [spelt]	* **spelt** [spelt]
spend [spend]	**spent** [spent]	**spent** [spent]
spill [spil]	* **spilt** [spilt]	* **spilt** [spilt]
spin [spin]	**span** [spæn], **spun** [spʌn]	**spun** [spʌn]
spit [spit]	**spat** [spæt]	**spat** [spæt]
split [split]	**split** [split]	**split** [split]
spoil [spɔil]	* **spoilt** [spɔilt]	* **spoilt** [spɔilt]
spread [spred]	**spread** [spred]	**spread** [spred]
spring [spriŋ]	**sprang** [spræŋ]	**sprung** [sprʌŋ]
stand [stænd]	**stood** [stud]	**stood** [stud]
steal [sti:l]	**stole** [stəul]	**stolen** ['stəulən]
stick [stik]	**stuck** [stʌk]	**stuck** [stʌk]
sting [stiŋ]	**stung** [stʌŋ]	**stung** [stʌŋ]
stink [stiŋk]	**stank** [stæŋk], **stunk** [stʌŋk]	**stunk** [stʌŋk]
strew [stru:]	**strewed** [stru:d]	* **strewn** [stru:n]
stride [straid]	**strode** [strəud]	**stridden** [stridn]
strike [straik]	**struck** [strʌk]	**struck** [strʌk]
string [striŋ]	**strung** [strʌŋ]	**strung** [strʌŋ]
strive [straiv]	**strove** [strəuv]	**striven** [strivn]
swear [swɛə*]	**swore** [swɔ:*]	**sworn** [swɔ:n]
sweat [swet]	* **sweat** [swet]	* **sweat** [swet]
sweep [swi:p]	**swept** [swept]	**swept** [swept]
swell [swel]	**swelled** [sweld]	* **swollen** ['swəulən]
swim [swim]	**swam** [swæm]	**swum** [swʌm]
swing [swiŋ]	**swung** [swʌŋ]	**swung** [swʌŋ]
take [teik]	**took** [tuk]	**taken** ['teikən]
teach [ti:tʃ]	**taught** [tɔ:t]	**taught** [tɔ:t]
tear [tɛə*]	**tore** [tɔ:*]	**torn** [tɔ:n]
tell [tel]	**told** [təuld]	**told** [təuld]
think [θiŋk]	**thought** [θɔ:t]	**thought** [θɔ:t]
thrive [θraiv]	* **throve** [θrəuv]	* **thriven** [θrivn]
throw [θrəu]	**threw** [θru:]	**thrown** [θrəun]
thrust [θrʌst]	**thrust** [θrʌst]	**thrust** [θrʌst]
tread [tred]	* **trod** [trɔd]	**trodden** [trɔdn]
unbend ['ʌn'bend]	**unbent** ['ʌn'bent]	**unbent** ['ʌn'bent]
unbind ['ʌn'baind]	**unbound** ['ʌn'baund]	**unbound** ['ʌn'baund]
underbid ['ʌndə'bid]	**underbid** ['ʌndə'bid]	**underbid** ['ʌndə'bid]

Infinito	*Passato*	*Participio passato*
understand ['ʌndə'stænd]	**understood** ['ʌndə'stud]	**understood** ['ʌndə'stud]
undertake ['ʌndə'teik]	**undertook** ['ʌndə'tuk]	**undertaken** ['ʌndə'teikən]
underwrite ['ʌndə'rait]	**underwrote** ['ʌndə'rəut]	**underwritten** ['ʌndə'ritn]
upset [ʌp'set]	**upset** [ʌp'set]	**upset** [ʌp'set]
wake [weik]	* **woke** [wəuk]	* **woken** ['wəukən]
wear [wɛə*]	**wore** [wɔ:*]	**worn** [wɔ:n]
weave [wi:v]	**wove** [wəuv]	**woven** [wəuvn]
weep [wi:p]	**wept** [wept]	**wept** [wept]
win [win]	**won** [wʌn]	**won** [wʌn]
wind [waind]	**wound** [waund]	**wound** [waund]
withdraw [wið'drɔ:]	**withdrew** [wið'dru:]	**withdrawn** [wið'drɔ:n]
withhold [wið'həuld]	**withheld** [wið'held]	**withheld** [wið'held]
withstand [wið'stænd]	**withstood** [wið'stud]	**withstood** [wið'stud]
work [wə:k]	* **wrought** [wrɔ:t]	* **wrought** [wrɔ:t]
wring [riŋ]	**wrung** [rʌŋ]	**wrung** [rʌŋ]
write [rait]	**wrote** [rəut]	**written** [ritn]

II. Aggettivi numerali

1. *Numeri cardinali*

0	nought, zero	zero
1	one	uno, una
2	two	due
3	three	tre
4	four	quattro
5	five	cinque
6	six	sei
7	seven	sette
8	eight	otto
9	nine	nove
10	ten	dieci
11	eleven	undici
12	twelve	dodici
13	thirteen	tredici
14	fourteen	quattordici
15	fifteen	quindici
16	sixteen	sedici
17	seventeen	diciassette
18	eighteen	diciotto
19	nineteen	diciannove
20	twenty	venti
21	twenty-one	ventuno
22	twenty-two	ventidue
23	twenty-three	ventitré
24	twenty-four	ventiquattro
25	twenty-five	venticinque
26	twenty-six	ventisei
27	twenty-seven	ventisette
28	twenty-eight	ventotto
29	twenty-nine	ventinove
30	thirty	trenta
31	thirty-one	trentuno
32	thirty-two	trentadue
33	thirty-tree	trentatré
40	forty	quaranta
50	fifty	cinquanta
60	sixty	sessanta
70	seventy	settanta
80	eighty	ottanta
90	ninety	novanta
100	a/one hundred	cento
101	a/one hundred and one	cent(o)uno
105	a/one hundred and five	centocinque
150	a/one hundred and fifty	centocinquanta
200	two hundred	duecento
300	three hundred	trecento
400	four hundred	quattrocento
500	five hundred	cinquecento
600	six hundred	seicento
700	seven hundred	settecento
800	eight hundred	ottocento
900	nine hundred	novecento
1,000	a/one thousand	mille
1,001	a/one thousand and one	mille uno
1,002	a/one thousand and two	mille due
1,100	one thousand one hundred, eleven hundred	mille cento
1,150	one thousand one hundred and fifty, eleven hundred and fifty	mille centocinquanta
1,200	one thousand two hundred, twelve hundred	mille duecento
1,900	one thousand nine hundred, nineteen hundred	mille novecento
2,000	two thousand	duemila
3,000	three thousand	tremila
10,000	ten thousand	diecimila
100,000	a/one hundred thousand	centomila
1,000,000	a/one million	un milione
1,000,000,000	a/one milliard, *am.* billion	un miliardo

2. *Numerali ordinali*

1st	first	primo
2(n)d	second	secondo
3(r)d	third	terzo
4th	fourth	quarto
5th	fifth	quinto
6th	sixth	sesto
7th	seventh	settimo
8th	eighth	ottavo
9th	ninth	nono
10th	tenth	decimo
11th	eleventh	undicesimo/ decimoprimo
12th	twelfth	dodicesimo/ decimosecondo
13th	thirteenth	tredicesimo/ decimoterzo
14th	fourteenth	quattordicesimo/ decimoquarto
15th	fifteenth	quindicesimo/ decimoquinto
16th	sixteenth	sedicesimo/ decimosesto
17th	seventeenth	diciassettesimo/ decimosettimo
18th	eighteenth	diciottesimo/ decim(o)ottavo
19th	nineteenth	diciannovesimo/ decimonono
20th	twentieth	ventesimo
21st	twenty-first	ventunesimo/ ventesimoprimo
22(n)d	twenty-second	ventiduesimo/ ventesimo-secondo
23(r)d	twenty-third	ventitreesimo/ ventesimoterzo
30th	thirtieth	trentesimo
31st	thirty-first	trentunesimo/ trentesimoprimo
32(n)d	thirty-second	trentaduesimo/ trentesimosecondo
40th	fortieth	quarantesimo
50th	fiftieth	cinquantesimo
60th	sixtieth	sessantesimo
70th	seventieth	settantesimo
80th	eightieth	ottantesimo
90th	ninetieth	novantesimo
100th	(one) hundredth	centesimo
101st	hundred and first	centunesimo/ centesimoprimo
105th	hundred and fifth	centocinquesimo/ centesimoquinto
150th	hundred and fiftieth	centocinquantesimo
200th	two hundredth	du(e)centesimo
300th	three hundredth	trecentesimo
400th	four hundredth	quattrocentesimo
500th	five hundredth	cinquecentesimo
600th	six hundredth	se(i)centesimo
700th	seven hundredth	settecentesimo
800th	eight hundredth	ottocentesimo
900th	nine hundredth	novecentesimo
1,000th	(one) thousandth	millesimo
2,000th	two thousandth	duemillesimo
3,000th	three thousandth	tremillesimo
100,000th	(one) hundred thousandth	centomillesimo
1,000,000th	(one) millionth	milionesimo
2,000,000th	two millionth	duemilionesimo

3. *Numerali frazionari*

1/2	one/a half	mezzo
1 1/2	one and a half	uno e mezzo
1/3	one/a third	un terzo
2/3	two thirds	due terzi
1/4	one/a fourth, one/a quarter	un quarto
3/4	three fourths, three quarters	tre quarti
2 1/4	two and a quarter	due e un quarto
1/5	one/a fifth	un quinto
2/5	two fifths	due quinti
1/6	one/a sixth	un sesto
1/7	one/a seventh	un settimo
1/8	one/a eighth	un ottavo
1/9	one/a ninth	un nono
1/10	one/a tenth	un decimo
1/100	one/a hundredth	un centesimo
1/1000	one/a thousandth	un millesimo
0.5	point five	zero virgola cinque
1.2	one point two	uno virgola due

4. *Numerali moltiplicativi*

double, twice, twofold, dual	doppio
triple, treble, threefold	triplo
fourfold, quadruple	quadruplo
fivefold, quintuple	quintuplo
sixfold, sextuple	sestuplo
sevenfold, septuple	settuplo
eightfold, octuple	ottuplo
ninefold	nonuplo
tenfold, decuple	dieci volte maggiore (*o* tanto)
elevenfold	undici volte maggiore (*o* tanto)
hundredfold, centuple	centuplo
thousandfold	mille volte maggiore (*o* tanto)

III. Pesi e Misure

1. *Misure di lunghezza*

line (l.)	linea	1 l.		= 2,12 mm
inch (in.)	pollice	1 in.	= 12 l.	= 2,539 cm
foot (ft.)	piede	1 ft.	= 12 in.	= 30,480 cm
yard (yd.)	iarda	1 yd.	= 3 ft. 36 in.	= 91,4399 cm
fathom (fm.)	braccio	1 fm.	= 6 ft. 2 yd.	= 1.8288 m
rod (rd.) **perch** **pole** (po.)	pertica	1 rd.	= 5½ yd.	= 5,02919 m
chain (chn.)	catena	1 chn.	= 4 rd. 22 yd.	= 20,11678 m
furlong (fur.)		1 fur.	= 10 chn. 220 yd.	= 201,16778 m
(statute) mile (sta.mi.)	miglio terrestre	1 sta.mi.	= 8 fur. 1760 yd.	= 1,60934 km
nautical mile (n.mi.)	miglio nautico	1 n.mi.	= 1.15 sta.mi.	= 1,853 km
league (lea.)	lega	1 lea.	= 3 n.mi.	= 5,55978 km

2. *Misure di superficie*

square inch (sq.in.)	pollice quadrato	1 sq.in.		= 6,45159 cm^2
square foot (sq.ft.)	piede quadrato	1 sq.ft.	= 144 sq.in.	= 929,028 cm^2
square yard (sq.yd.)	iarda quadrata	1 sq.yd.	= 9 sq.ft.	= 8361,260 cm^2
square perch (sq.perch) **square pole** (sq.po.) **square rod** (sq.rd.)	pertica quadrata	1 sq.rd.	= 30 ¼ sq.yd.	= 25,29280 m^2
rood (ro.)		1 ro.	= 40 sq.rd.	= 1011,712 m^2
acre (a.)	acro	1 a.	= 4840 sq.yd.	= 0,40468 ha
square mile (sq.mi.)	miglio quadrato	1 sq.mi.	= 640 a.	= 258,99824 ha

3. *Misure di volume*

cubic inch (cu.in.)	pollice cubico	1 cu.in.		= 16,3870 cm^3
cubic foot (cu.ft.)	piede cubico	1 cu.ft.	= 1728 cu.in.	= 0,02832 m^3
cubic yard (cu.yd.)	iarda cubica	1 cu.yd.	= 27 cu.ft.	= 0,764553 m^3

4. *Misure di capacità*

a) In Gran Bretagna

Misure per aridi e liquidi

gill (gi., gl.)		1 gi.		= 0,14205 l
pint (pt.)	pinta	1 pt.	= 4 gi.	= 0,56823 l
quart (qt.)	quarto	1 qt.	= 2 pt.	= 1,13646 l
(imperial) gallon ([imp.] gal.)	gallone	1 (imp.) gal.	= 4 qt. 8 pt.	= 4,545963 l

Misure per aridi

peck (pk.)		1 pk.	= 2 gal.	= 9,0917 l
bushel (bu.)	staio	1 bu.	= 4 pk.	= 36,366 l
quarter (qr.)		1 qr.	= 8 bu.	= 2,90935 hl

Misure per liquidi

barrel (bl., bbl.)	barile	1 bl.	= 36 gal.	= 1.6365 hl

b) Negli Stati Uniti

Misure per aridi

pint (pt.)	pinta	1 pt.		= 0,5506 l
quart (qt.)	quarto	1 qt.	= 2 pt.	= 1,1012 l
peck (pk.)		1 pk.	= 8 pt.	= 8,8096 l
bushel (bu.)	staio	1 bu.	= 4 pk.	= 35,2383 l

Misure per liquidi

gill (gi.)		1 gi.		= 0,1183 l
pint (pt.)	pinta	1 pt.	= 4 gi.	= 0,4732 l
quart (qt.)	quarto	1 qt.	= 2 pt.	= 0,9464 l
gallon (gal.)	gallone	1 gal.	= 4 qt.	= 3,7853 l
barrel (bbl.)	barile	1 bbl.	= 31,5 gal.	= 1,1922 hl
hogshead (hhd.)		1 hhd.	= 2 bbl.	= 2,3845 hl

5. *Pesi*

grain (gr.av.)	grano	1 gr.av.		= 0,0648 g
dram (dr.)	dramma	1 dr.	= 27,3438 gr.av.	= 1,77185 g
ounce (oz.av.)	oncia	1 oz.av.	= 16 dr.	= 28,34953 g
pound (lb.av.)	libbra	1 lb.av.	= 16 oz.av.	= 453,59243 g
stone (st.)		1 st.	= 14 lb.av.	= 6,35029 kg
quarter (qr.)		1 qr. (GB)	= 28 lb.av.	= 12,70059 kg
		(USA)	= 25 lb.av.	= 11,339 kg
hundredweight (cwt.)	quintale inglese	1 cwt. (GB)	= 112 lb.av.	= 50,80235 kg
		(USA)	= 110 lb.av.	= 45,359 kg
(long) ton (t., tn., tn.l.)	tonnellata inglese	1 tn.	= 2240 lb.av. 20 cwt.	= 1016,04 kg
short ton (tn.sh.)	tonnellata americana	1 tn.sh.	= 2000 lb.av.	= 907,185 kg

6. *Coefficienti di conversione per pesi e misure*

per trasformare	*in*	*moltiplicare per*	*per trasformare*	*in*	*moltiplicare per*
mm	inch	0,03937	inch	mm	25,400
cm	inch	0,3937	inch	cm	2,5400
m	foot	3,28084	foot	cm	30,48
m	yard	1,0936	yard	m	0,9144
km	statute mile	0,62137	statute mile	km	1,6093
km	nautical mile	0,5396	nautical mile	km	1,85318
cm^2	sq. inch.	0,1550	sq.in.	cm^2	6,4516
m^2	sq. foot	10,7639	sq.ft.	m^2	0,0929
m^2	sq. yard	1,1960	sq.yd.	m^2	0,8361
km^2	sq. mile	0,3861	sq. mi.	km^2	2,5900
ha	acre	2,4711	acre	ha	0,4047
cm^3	cu.in.	0,06102	cu. in.	cm^3	16,3870
m^3	cu.ft.	35,314	cu. ft.	m^3	0,02831
m^3	cu.yd.	1,3080	cu. yd.	m^3	0,7646
g	grain	15,4323	grain	g	0,0648
g	dram	0,5644	dram	g	1,7718
g	ounce	0,0353	ounce	g	28,3495
kg	pound	2,2046	pound	kg	0,4536
t	long ton (GB)	0,9842	long ton (GB)	kg	1016,05
t	short ton (USA)	1,1023	short ton (USA)	kg	907,2
l	peck (GB)	0,1100	peck (GB)	l	9,0922
	(USA)	0,1135	(USA)		8,8098
l	bushel (GB)	0,0275	bushel (GB)	l	36,3687
	(USA)	0,0284	(USA)		35,2393

per trasformare	*in*	*moltiplicare per*
m^3	quarter (GB)	3,4370
	(USA)	4,1305
m^3	barrel (GB)	6,1106
	(USA)	8,6484
l	gill (liquid) (GB)	7,0390
	(USA)	8,4534
l	pint (dry) (USA)	1,8162
	(liquid) (GB)	1,7598
	(USA)	2,1134
l	quart (dry) (USA)	0,9081
	(liquid) (GB)	0,8799
	(USA)	1,0567
l	gallon (GB)	0,2200
	(USA)	0,2642

per trasformare	*in*	*moltiplicare per*
quarter (GB)	m^3	0,2909
(USA)		0,2421
barrel (GB)	m^3	0,1637
(USA)		0,1156
gill (GB)	l	0,1421
(USA)		0,1183
pint (dry) (USA)	l	0,5506
(liquid) (GB)	l	0,5683
(USA)		0,1183
quart (dry) (USA)	l	1,1012
(liquid) (GB)		1,1365
(USA)		0,9464
gallon (GB)	l	4,5461
(USA)		3,7854

IV. Segni e simboli

1. Segni d'interpunzione e altri simboli

,	comma	virgola
;	semi-colon	punto e virgola
:	colon	due punti
.	full stop; (*USA*) perlod	punto
?	question mark	punto interrogativo
!	exclamation mark; (*USA*) exclamation point	punto esclamativo
’	apostrophe	apostrofo
“ ”	quotation marks; quotes; inverted commas	virgolette
( )	brackets; parentheses	parentesi
-	hyphen	trattino
–	en dash	trattino medio
/	solidus; slash; slant; virgule	barra (obliqua)
*	asterisk	asterisco
&	ampersand	e commerciale
´	acute accent	accento acuto
`	grave accent	accento grave

2. Simboli matematici

+	plus	più
−	minus	meno
±	plus or minus	più o meno
×	multiplied by	(moltiplicato) per
÷,:	divided by	diviso (per)
=	is equal to	è uguale a
≡	is identically equal to	è identico a
≠	is not equal to	è diverso da
∼	is similar to	è simile a
≈ ≃	is approximately equal	è approssimativamente uguale a
>	is greater than	è maggiore di
<	is less than	è minore di
⩾	is greater than or equal to	è maggiore o uguale a
⩽	is less than or equal to	è minore o uguale a
( )	parentheses	parentesi (tonde)
[ ]	brackets	parentesi quadre
{ }	braces	graffe
∞	infinity	infinito
√	(square) root of	radice (quadrata) di
°	degrees	gradi
′	minutes	minuti
″	seconds	secondi
%	per cent	per cento
‰	per thousand	per mille

Tabella di conversione tra gradi centigradi e Fahrenheit e viceversa.

Gradi centigradi	Fahrenheit	Gradi centigradi	Fahrenheit	Gradi centigradi	Fahrenheit
200	392	70	158	20	68
195	383	69	156.2	19	66.2
190	374	68	154.4	18	64.4
185	365	67	152.6	17	62.6
180	356	66	150.8	16	60.8
175	347	65	149	15	59
170	338	64	147.2	14	57.2
165	329	63	145.4	13	55.4
160	320	62	143.6	12	53.6
155	311	61	141.8	11	51.8
150	302	60	140	10	50
145	293	59	138.2	9	48.2
140	284	58	136.4	8	46.4
135	275	57	134.6	7	44.6
130	266	56	132.8	6	42.8
125	257	55	131	5	41
120	248	54	129.2	4	39.2
115	239	53	127.4	3	37.4
110	230	52	125.6	2	35.6
105	221	51	123.8	1	33.8
100	212	50	122	0	32
99	210.2	49	120.2	–1	30.2
98	208.4	48	118.4	–2	28.4
97	206.6	47	116.6	–3	26.6
96	204.8	46	114.8	–4	24.8
95	203	45	113	–5	23
94	201.2	44	111.2	–6	21.2
93	199.4	43	109.4	–7	19.4
92	197.6	42	107.6	–8	17.6
91	195.8	41	105.8	–9	15.8
90	194	40	104	–10	14
89	192.2	39	102.2	–11	12.2
88	190.4	38	100.4	–12	10.4
87	188.6	37	98.6	–13	8.6
86	186.8	36	96.8	–14	6.8
85	185	35	95	–15	5
84	183.2	34	93.2	–16	3.2
83	181.4	33	91.4	–17	1.4
82	179.6	32	89.6	–18	–0.4
81	177.8	31	87.8	–19	–2.2
80	176	30	86	–20	–4.0
79	174.2	29	84.2	–21	–5.8
78	172.4	28	82.4	–22	–7.6
77	170.6	27	80.6	–23	–9.4
76	168.8	26	78.8	–24	–11.2
75	167	25	77	–25	–13.0
74	165.2	24	75.2	–26	–14.8
73	163.4	23	73.4	–27	–16.6
72	161.6	22	71.6	–28	–18.4
71	159.8	21	69.8	–29	–20.2

Per convertire i gradi centigradi in Fahrenheit occorre moltiplicare per 9, dividere il prodotto per 5 e aggiungere 32.
Per convertire i gradi Fahrenheit in centigradi occorre sottrarre 32, moltiplicare il risultato per 5 e dividere il prodotto per 9.

ITALIANO-INGLESE

A

a[1], **A**[1] *f./m.* (*lettera dell'alfabeto*) a, A: *dall'a alla zeta* from A to Z. □ (*Tel.*) ~ *come Ancona* A for Andrew; (*am.*) A for Abel.

a[2] *prep.* **1** (*complemento di termine*) to: *scrivere a un amico* to write to a friend. **2** (*stato in luogo*) at: *essere alla stazione* to be at the station; (*in alcuni casi particolari*) in: *essere a letto* to be in bed; (*vicino a*) at, by, beside: *ero alla finestra* I was at (*o* by) the window; (*con nomi di nazioni, città grandi*) in: *vivere a Roma* to live in Rome; (*con nomi di città piccole*) at: *lo vidi a Como* I saw him at Como. **3** (*moto a luogo*) to: *andare alla stazione* to go to the station; *andare a Napoli* to go to Naples. **4** (*distanza: rif. a luogo*) at (*spesso non si traduce*): *a dieci metri di distanza* at a distance of ten metres; *a cinque chilometri da Roma* five kilometres from Rome; (*rif. a tempo passato*) after: *a tre mesi dal suo arrivo* three months after his arrival; (*rif. a tempo futuro*) before: *a tre mesi dagli esami non avevo ancora cominciato a studiare* three months before the exams I still had not begun studying. **5** (*tempo*) in: *a maggio* in May; (*rif. a festività*) at: *a Natale* at Christmas; (*nell'indicazione dell'ora*) at: *a che ora? – alle cinque* (at) what time? – at five (o'clock). **6** (*età*) at the age of, at: *a vent'anni* at the age of twenty. **7** (*fino a: in correlazione con da*) to: *da Roma a Milano* from Rome to Milan; (*rif. a tempo*) to, until, till: *dalle quattro alle otto* from four till eight. **8** (*fine, scopo*) for, to: *a questo scopo* for this purpose. **9** (*mezzo, strumento*) by, in, with: *cucito a mano* sewn by hand; *scrivere a matita* to write in (*o* with a) pencil. **10** (*modo, maniera*) at, in, with: *correre a cento l'ora* to go at a hundred (miles) an hour; *a voce bassa* in a low voice; *a braccia levate* with raised arms. **11** (*prezzo*) at: *a che prezzo? – a dieci scellini la libbra* at what price? – ten shillings a pound. **12** (*con valore distributivo*) by: *vendere a dozzine* to sell by the dozen; (*ripetuto due volte*) by, in: *marciare a due a due* to march two by two; (*rif. a tempo: si rende con l'art. indet.*): *due volte al giorno* twice a day. **13** (*seguito dall'inf.: general. non si traduce*): *comincia a piovere* it is beginning to rain. □ **arrivederci** *a domani* see you tomorrow; *stare a* **casa** to stay at home; *andare a* **casa** to go home; *voltare a* **destra** to turn (to the) right; *tornerà a* **giorni** he will be back (with)in a few days; *al* **ladro**! stop thief!; *scrivere a* **macchina** to type; **oggi** *a otto* a week from today; *dall'***oggi** *al domani* from one day to next; *la prima strada a* **sinistra** the first street on (*o* to) the left.

a[3] = *ara* are.

A[2] = (*El.*) *ampere* ampere (amp., A).

AAS = *Azienda Autonoma di Soggiorno* Tourist Information Office.

ab. = *abitanti* population (pop.).

abaco *m.* abacus (*pl.* abaci) (*anche Arch.).*

abate *m.* abbot.

abat-jour *fr.* [aba'ʒu:r] *m.* **1** (*paralume*) lampshade. **2** (*lampada*) (table) lamp.

abbacchiare *v.t.* (*frutta con una pertica*) to beat* (*o* knock) down.

abbacchiato *a.* (*fig.*) disheartened, depressed.

abbacchiatura *f.* (*di frutta*) knocking down.

abbacchio *m.* (*region.*) spring lamb.

abbacinamento *m.* dazzle, dazzling.

abbacinare *v.t.* to dazzle.

abbagliamento *m.* dazzle, dazzling.

abbagliante I *a.* dazzling (*anche fig.*). **II** *s.m.* (*Aut.*) headlights *pl.*

abbagliare *v.t.* to dazzle, to blind: *essere abbagliato dai fari di un'auto* to be blinded by a car's headlights; *il sole abbaglia* the sun is dazzling.

abbaglio *m.* (*svista*) blunder.

abbaiare *v.i.* to bark, to bay. □ (*fig.*) ~ *alla luna* to bay (at) the moon.

abbaino *m.* **1** dormer (window). **2** (*soffitta*) garret.

abbandonare *v.t.* **1** to leave*, to abandon, to quit: ~ *il paese natio* to leave one's native village. **2** (*non aiutare*) to forsake*, to desert. **3** (*trascurare*) to neglect. **4** (*rinunciare*) to give* up: ~ *l'insegnamento* to give up teaching. **5** (*reclinare*) to let* fall, to drop. **6** (*Dir.*) to desert: ~ *la moglie* to desert one's wife. **abbandonarsi** *v.r.* **1** (*lasciarsi cadere*) to let* o.s. fall, to drop, to sink*. **2** (*cedere a vizi, fantasie*) to indulge (in s.th.). **3** (*darsi senza ritegno*) to give* o.s. up. **4** (*perdersi*

d'animo) to lose* heart. ▭ ~ *un* **bambino** to abandon a child; *abbandonarsi alla* **disperazione** to give way to despair; *abbandonarsi ai* **ricordi** to lose o.s. in one's memories.
abbandonato *a.* **1** (*deserto*) deserted, abandoned. **2** (*trascurato*) neglected.
abbandono *m.* **1** (*stato di trascuratezza*) state of neglect. **2** (*Dir.*) desertion. **3** (*fig.*) abandon.
abbarbicarsi *v.i.pron.* to cling* (to) (*anche fig.*).
abbassamento *m.* **1** (*l'abbassarsi*) lowering. **2** (*diminuzione*) fall, drop.
abbassare *v.t.* **1** to lower (*anche fig.*). **2** (*far scendere*) to pull down, to let* down: ~ *la persiana* to pull down the blind. **3** (*rif. a luce*) to dim; (*rif. a volume di radio*) to turn down the radio. **4** (*chinare*) to lower, to drop: ~ *gli occhi* to lower one's eyes; (*rif. alla testa*) to bow. **abbassarsi I** *v.i.pron.* (*diminuire, indebolirsi*) (*di temperatura*) to fall*; (*di vento*) to drop. **II** *v.r.* **1** (*chinarsi*) to stoop, to bend* down: *abbassarsi per raccogliere qc.* to stoop to pick up s.th. **2** (*umiliarsi*) to humble o.s., to abase o.s.
abbasso I *avv.* downstairs. **II** *intz.* down with.
abbastanza *avv.* **1** enough: ~ *buono* good enough; *ho dormito* ~ I have slept long enough. **2** (*discretamente*) fairly, quite: *il tempo è* ~ *bello* the weather is quite nice. ▭ **averne** ~ *di* to have enough (*o* more than enough) of; *non ne ha* **mai** ~ he is never satisfied.
abbattere *v.t.* **1** to knock down, to throw* down; (*di alberi*) to fell; (*con arma da fuoco*) to shoot* (down). **2** (*demolire*) to pull down, to demolish. **3** (*Mil.*) to shoot* down, (*am.*) to down. **4** (*animali*) to slaughter; (*Caccia*) to shoot*. **5** (*fig.*) (*deprimere*) to depress, to dishearten. **abbattersi** *v.i.pron.* **1** to fall* (down): ~ *al suolo svenuto* to fall to the ground in a faint. **2** (*fig.*) (*avvilirsi*) to get* disheartened, to lose* heart.
abbattimento *m.* **1** (*atto*) knocking down; (*di alberi*) felling. **2** (*demolizione*) pulling down, demolition. **3** (*Mil.*) shooting down, (*am.*) downing. **4** (*fig.*) dejection, depression.
abbattuto *a.* depressed, dejected.
abbazia *f.* abbey.
abbecedario *m.* primer.
abbellimento *m.* embellishment.
abbellire *v.t.* to beautify, to make* beautiful; (*ornare*) to embellish.
abbeverare *v.t.* to water. **abbeverarsi** *v.r.* to water, to go* to water.
abbeverata *f.* watering.
abbeveratoio *m.* drinking-trough.
abbiccì *m.* ABC: *imparare l'*~ to learn one's ABC; (*sillabario*) primer.
abbiente I *a.* well-to-do, (*pred.*) well-off, affluent: *le classi abbienti* the affluent society. **II** *s.m./f.* **1** well-to-do person. **2** *pl.* the well-to-do (costr. pl.), (*fam.*) the haves *pl.* ▭ *i non abbienti* the needy (costr. pl.), (*fam.*) the have-nots *pl.*
abbigliamento *m.* clothes, *pl.* wear.
abbigliare *v.t.* **1** to dress. **2** (*adornare*) to deck out, to bedeck. **abbigliarsi** *v.r.* to dress up, to deck o.s. out.
abbinamento *m.* coupling, combining.
abbinare *v.t.* to couple, to combine.
abbindolare *v.t.* to trick, to swindle.
abbisognare *v.i.* to have need (*di* of), to need (s.th.).
abboccamento *m.* talk; (*con carattere ufficiale*) interview.
abboccare *v.t./i.* **1** (*di pesci*) to bite*. **2** (*Mecc.*) to join (up): ~ *due tubi* to join two pipes. **3** (*fig.*) to rise* to the bait, to be taken in.
abboccato *a.* (*di vino*) medium sweet; (*coll.*) sweetish.
abbonamento *m.* **1** subscription: *rinnovare l'*~ to renew one's subscription. **2** (*canone*) rental, rate: ~ *al telefono* telephone rental. ▭ ~ *ferroviario* railway season ticket.
abbonare[1] *v.t.* to take* out a subscription (for s.o., to s.th.). **abbonarsi** *v.r.* to subscribe (*a* to).
abbonare[2] *v.t.* (*defalcare*) to remit.
abbonato *m.* **1** subscriber. **2** (*a mezzi di trasporto, spettacoli*) season ticket holder.
abbondante *a.* **1** abundant, plentiful. **2** (*eccedente*) good, generous.
abbondanza *f.* abundance, plenty. ▭ *qc.* **in** ~ plenty of s.th., (*fam.*) s.th. galore; (*fig.*) **nuotare** *nell'*~ to be rolling in money.
abbondare *v.i.* **1** to be plentiful (*o* abundant), to abound. **2** (*avere in abbondanza*) to abound, to be rich (*di* in).
abbordabile *a.* **1** (*di persone*) approachable. **2** (*che si può affrontare: rif. a cosa*) not too difficult, reasonable: *una spesa* ~ a reasonable expense.
abbordaggio *m.* (*Mar.*) boarding.
abbordare *v.t.* **1** (*Mar.*) to draw* up alongside; (*ostilmente*) to board. **2** (*fig.*) (*rif. a persona*) to approach, to accost; (*rif. a questioni*) to broach.
abborracciare *v.t.* to botch, to bungle.
abbottonare *v.t.* to button (up).
abbottonato *a.* (*riservato*) reserved.
abbottonatura *f.* **1** buttoning. **2** (*l'insieme dei bottoni e degli occhielli*) buttons and buttonholes.
abbozzare *v.t.* to sketch (out), to outline; (*di sculture*) to rough-hew; (*di scritti*) to draft. ▭ ~ *un sorriso* to give a ghost of a smile.
abbozzato *a.* sketched, outlined, roughed out.
abbozzo *m.* **1** rough draft, outline. **2** (*Pitt.*) sketch. ▭ ~ *di contratto* draft contract.
abbr. = *abbreviazione* abbreviation (abbr.).
abbracciare *v.t.* **1** to embrace, to hug. **2** (*circoscrivere*) to enclose, to surround; (*fig.*) to grasp, to embrace: *la nostra mente non può*

~ *tutto lo scibile* our mind cannot grasp human knowledge in its whole. **3** (*dedicarsi a*) to take* up: ~ *l'insegnamento* to take up teaching. **4** (*seguire*) to embrace, to adopt: ~ *la causa di qd.* to embrace s.o.'s cause. **abbracciarsi I** *v.i.pron.* to embrace (s.o., s.th.). **II** *v.r.* (*recipr.*) to embrace, to embrace e.o.

abbraccio *m.* embrace, hug.

abbrancare *v.t.* **1** (*afferrare con forza*) to clutch. **2** (*afferrare con rapidità*) to snatch, to grab. **abbrancarsi** *v.r.* to clutch, to grip (*a qc.* s.th.).

abbreviare *v.t.* to shorten, to cut* short: ~ *la strada* to shorten the way; (*rif. a parola*) to abbreviate.

abbreviazione *f.* abbreviation.

abbriv(i)o *m.* **1** (*Mar.*) way, headway. **2** (*fig.*) headway.

abbronzare *v.t.* **1** (*Mecc.*) to bronze. **2** (*rif. al sole*) to tan. **abbronzarsi** *v.i.pron.* to get* a sun-tan, to tan.

abbronzato *a.* (sun-)tanned.

abbronzatura *f.* **1** (*atto*) tanning. **2** (*effetto*) sun-tan, tan.

abbrunare I *v.t.* to drape (*o* hang*) with black. **II** *v.i.impers.* to grow* (*o* get*) dark.

abbrunato *a.* draped with black. □ *bandiera abbrunata* flag hung at half-mast.

abbrustolire *v.t.* **1** to toast. **2** (*torrefare*) to roast. **abbrustolirsi** *v.i.pron.* **1** (*scaldarsi al fuoco*) to toast o.s. **2** (*al sole*) to tan o.s.

abbrutimento *m.* brutishness.

abbrutire *v.t.* to brutalize, to make* like a brute. **abbrutirsi** *v.i.pron.* to become* a brute.

abbuffarsi *v.r.* to stuff o.s.

abbuffata *f.* stuffing.

abbuiare *v.t.* (*oscurare*) to darken, to obscure. **abbuiarsi** *v.i.pron.* **1** (*diventare buio*) to darken, to grow* dark. **2** (*fig.*) to become* gloomy.

abbuono *m.* **1** (*Comm., Sport*) allowance: *concedere un* ~ *sul prezzo* to make an allowance on the price. **2** (*Sport*) bisque.

abdicare *v.i.* **1** to abdicate: ~ *al trono* to abdicate the throne. **2** (*rinunciare*) to give* up, to renounce (*a qc.* s.th.).

abdicazione *f.* **1** abdication. **2** (*rinuncia*) renunciation.

abduttore I *a.* (*Anat.*) abducent: *muscolo* ~ abducent muscle. **II** *s.m.* abductor.

Abele *N.pr.m.* Abel.

aberrazione *f.* aberration.

abete *m.* (*Bot.*) **1** (*abete bianco*) fir(-tree). **2** (*abete rosso*) spruce(-fir). **3** (*legno*) fir-wood.

abietto *a.* base, vile.

abiezione *f.* degradation, abasement.

abigeato *m.* (*Dir.*) cattle-stealing, (*am.*) rustling.

abile *a.* **1** suited (*a* to), suitable (for). **2** (*esperto*) good (*in* at), skilled: *un* ~ *artigiano* a skilled craftsman. **3** (*fatto con abilità*) clever, skilful. □ ~ *negli* **affari** shrewd (*o* clever) in business; ~ *al* **lavoro** fit for work; (*Mil.*) *essere fatto* ~ *alla* **leva** to be passed fit for military service.

abilità *f.* ability; (*astuzia*) cleverness; (*destrezza*) skill.

abilitare *v.t.* **1** to train, to make* competent: ~ *qd. a fare qc.* to train s.o. to do s.th. **2** (*Dir.*) to entitle; to qualify: ~ *all'insegnamento* to qualify as a teacher. **abilitarsi** *v.r.* to qualify.

abilitato *a.* qualified, (*am.*) certified.

abilitazione *f.* qualification: *diploma di* ~ *all'insegnamento* teaching diploma.

abissale *a.* **1** abyssal: *fauna* ~ abyssal fauna. **2** (*fig.*) abysmal: *ignoranza* ~ abysmal ignorance.

Abissinia *N.pr.f.* (*Geog.*) Abyssinia.

abissino *a./s.m.* Abyssinian.

abisso *m.* **1** abyss (*anche fig.*). **2** (*fig.*) (*distanza*) world of difference.

abitabile *a.* habitable, for habitation.

abitabilità *f.* habitability, fitness for habitation.

abitacolo *m.* **1** (*Aut.*) inside; (*per il guidatore*) driver's cabin, (*am.*) driver's cab. **2** (*Aer.*) cockpit. **3** (*Mar.*) binnacle.

abitante *m./f.* inhabitant, dweller.

abitare I *v.t.* to live in, to inhabit, to dwell* in. **II** *v.i.* to live, to dwell*.

abitato I *a.* **1** inhabited; (*rif. a casa*) occupied. **2** (*popolato*) populated, peopled. **II** *s.m.* built-up area.

abitazione *f.* **1** house. **2** (*residenza signorile*) residence. □ *casa d'*~ dwelling house.

abito *m.* **1** (*da uomo*) suit; (*da donna*) dress, frock. **2** *pl.* clothes *pl.*, clothing. **3** (*Med., Biol.*) habit. □ ~ **borghese** civilian dress, mufti, (*fam.*) civvies *pl.*; ~ *da* **cerimonia** dress coat; *abiti* **fatti** ready-made clothes; *abiti da* **lavoro** work-clothes; ~ **mentale** mental habit; *abiti su* **misura** made-to-measure clothes; ~ *da* **sera** (*rif. a donna*) evening dress (*o* gown); (*rif. a uomo*) evening suit, dinner jacket, (*am.*) tuxedo; *abiti* **sportivi** sportswear.

abituale *a.* habitual, usual, customary.

abituare *v.t.* to accustom: ~ *alle fatiche* to accustom to hard work. **abituarsi** *v.r.* to accustom o.s., to get* accustomed (*o* used).

abitudinario I *a.* of fixed habits. **II** *s.m.* person of fixed habits.

abitudine *f.* habit, practice; (*usanza*) custom. □ *essere* **attaccato** *alle proprie abitudini* to be attached to one's routine (*o* habits); **avere** *l'*~ *di fare qc.* to be accustomed to doing s.th.; **d'**~ as a rule; **per** ~ out of habit; **perdere** *un'*~ to lose a habit.

abiura *f.* abjuration.

abiurare *v.t.* to abjure.

ablativo *s.m.* (*Gramm.*) ablative: ~ *assoluto* ablative absolute.

abluzione *f.* ablution.

abnegazione *f.* abnegation, self-denial.

abnorme *a.* abnormal.

abolire *v.t.* to abolish; (*rif. a leggi*) to repeal, to abrogate.
abolizione *f.* **1** abolition. **2** (*Dir.*) abrogation
abolizionismo *m.* abolitionism.
abolizionista *m./f.* abolitionist.
abomaso *m.* (*Zool.*) abomasum.
abominevole *a.* abominable, abhorrent.
abominio *m.* abomination, abhorrence.
aborigeno I *a.* aboriginal. **II** *s.m.* aborigine.
aborrire *v.t.* to abhor, to loathe.
abortire *v.i.* **1** to have a miscarriage; (*non naturalmente*) to have an abortion. **2** (*fig.*) to miscarry.
abortivo I *a.* abortive. **II** *s.m.* (*Med.*) abortifacient.
aborto *m.* **1** miscarriage; (*procurato*) abortion. **2** (*fig.*) abortion. **3** (*Inform.*) abort.
Abramo *N.pr.m.* Abraham.
abrasione *f.* abrasion.
abrasivo *a./s.m.* abrasive.
abrogare *v.t.* to abrogate, to repeal.
abrogazione *f.* abrogation, repeal.
abside *f.* apse.
abulia *f.* **1** (*Med.*) abulia, aboulia. **2** (*fig.*) lack of willpower.
abulico *a.* abulic, aboulic.
abusare *v.i.* **1** to misuse, to abuse (*di qc.* s.th.). **2** (*eccedere nell'uso*) to over-indulge (in s.th.), to use to excess. **3** (*approfittarsi*) to take* advantage. **4** (*sessualmente*) to rape.
abusivo *a.* unauthorized, unlawful, illicit.
abuso *m.* **1** misuse, abuse; (*uso smodato*) excessive use. **2** (*Dir.*) abuse.
Ac = (*Chim.*) *attinio* actinium.
a.c. = **1** (*Comm.*) *assegno circolare* bank draft. **2** *anno corrente* current year.
a.C. = *avanti Cristo* before Christ (B.C.).
acacia *f.* (*Bot.*) acacia.
acanto *m.* (*Bot.*) acanthus.
acaro *m.* (*Zool.*) mite, acarus (*pl.* acari).
acca *f./m.* letter H. □ *non capisco un'~ d'inglese* I don't understand a word of English.
accademia *f.* **1** (*Stor.*) Academy. **2** (*istituto d'insegnamento*) school, academy: *~ di belle arti* school of fine arts; *~ d'arte drammatica* school of dramatic art. □ *fare dell'~* to talk rhetorically.
accademico I *a.* academic: *anno ~* academic year. **II** *s.m.* academician.
accadere *v.i.* to happen, to occur, to take* place: *che ti è accaduto?* what has happened to you?; *accadde una grave disgrazia* a serious accident happened; *mi accadde di essere fuori quando mi chiamò* I happened to be out when he called.
accaduto *m.* event, happening, incident: *riferire l'~* to recount the incident. □ *siamo spiacenti per l'~* we are sorry about what happened.
accalappiacani *m.* dog-catcher.
accalappiare *v.t.* to catch*, to ensnare (*anche fig.*).
accalcarsi *v.i.pron.* to crowd, to throng.
accaldarsi *v.i.pron.* **1** to get* overheated, to become* very hot. **2** (*fig.*) (*scalmanarsi*) to get* excited.
accalorarsi *v.r.* to get* excited, to become* heated.
accampamento *m.* camp, encampment: *piantare l'~* to pitch camp.
accampare *v.t.* (*fig.*) to put* forward. **accamparsi** *v.r.* **1** (*Mil.*) to camp, to encamp. **2** (*alloggiare provvisoriamente*) to camp. □ *~ diritti su qc.* to assert rights to s.th.
accanimento *m.* **1** (*furore*) rage, fury. **2** (*tenacia*) tenacity, perseverance.
accanirsi *v.i.pron.* **1** (*infierire*) to attack furiously, to torment (*contro qd.* s.o.). **2** (*ostinarsi*) to stick* doggedly (*in* at).
accanito *a.* **1** (*spietato*) relentless, implacable: *avversario ~* relentless adversary. **2** (*ostinato*) dogged, assiduous. **3** (*violento: rif. a cosa*) violent, heated. □ *fumatore ~* inveterate smoker.
accanto I *avv.* nearby, near, by: *abito qui ~* I live nearby. **II** *prep.* near, close to, by: *~ alla finestra* by the window. **III** *a.* next door, nearby: *nel negozio ~* in the shop next door.
accantonare *v.t.* **1** to set* aside, to put* away. **2** (*Comm.*) to lay* up. **3** (*rinviare*) to lay* aside.
accaparramento *m.* hoarding; (*Comm.*) cornering.
accaparrare *v.t.* to hoard; (*Comm.*) to corner; (*fig.*) (*assicurarsi*) to gain, to capture.
accaparratore *m.* hoarder; (*Comm.*) cornerman (*pl.* –men).
accapigliarsi *v.r.* **1** to come* to blows, to scuffle. **2** (*litigare*) to quarrel.
accapo I *avv.* on a new line. **II** *s.m.* new line, new paragraph: *andare ~* to begin a new paragraph.
accappatoio *m.* bath-robe; (*per la spiaggia*) bathing-wrap.
accapponare *v.i.* (*fig.*) to creep*: *far ~ la pelle a qd.* to make s.o.'s flesh creep, (*fam.*) to give s.o. the creeps. □ *mi si accapponò la pelle* (*per il freddo*) I got goose-flesh all over.
accarezzare *v.t.* **1** to caress; (*rif. ad animale*) to stroke. **2** (*lusingare*) to flatter: *~ la vanità di qd.* to flatter s.o.'s vanity. **3** (*vagheggiare*) to cherish, to entertain.
accartocciare *v.t.* **1** to twist (s.th.) into the form of a cone. **2** (*impachettare*) to wrap up. **accartocciarsi** *v.i.pron.* to curl up.
accasare *v.t.* to marry off. **accasarsi** *v.r.* **1** (*mettere su casa*) to set* up house. **2** (*sposarsi*) to marry, to get* married.
accasciare *v.t.* (*spossare*) to wear* out, to crush. **accasciarsi** *v.r.* **1** (*cadere*) to sink*, to collapse. **2** (*avvilirsi*) to lose* heart.
accasciato *a.* prostrated; (*fig.*) dejected.
accatastare *v.t.* **1** (*disporre in cataste*) to stack. **2** (*ammucchiare disordinatamente*) to heap, to pile up.

accattare **I** *v.t.* **1** to beg: ~ *il pane* to beg one's bread. **2** (*spreg.*) (*prendere a prestito*) to borrow. **II** *v.i.* to beg.
accattivarsi *v.r.* to win*, to gain.
accattonaggio *m.* begging.
accattone *m.* beggar.
accavallamento *m.* overlapping.
accavallare *v.t.* **1** to cross: ~ *le gambe* to cross one's legs. **2** (*rif. a punti a maglia*) to pass over. **accavallarsi** *v.r.* **1** (*sovrapporsi*) to overlap. **2** (*addensarsi*) to pile up, to accumulate.
accecamento *m.* blinding.
accecante *a.* blinding, dazzling.
accecare *v.t.* **1** to blind (*anche fig.*): *era accecato dall'ira* he was blinded by rage. **2** (*intasare*) to obstruct, to block; (*murare*) to wall up.
accedere *v.i.* **1** (*avvicinarsi*) to approach (*a qc.* s.th.), to go* (to s.th.). **2** (*entrare*) to enter (s.th.). **3** (*Inform.*) to access.
accelerare *v.t.* to speed* up, to quicken: ~ *il passo* to quicken one's pace; (*assol.*) to go* faster.
accelerato **I** *a.* **1** quick, rapid: *polso* ~ rapid pulse. **2** (*Fis.*) accelerated: *moto* ~ accelerated motion. **II** *s.m.* (*Ferr.*) slow train, (*am.*) local train.
acceleratore *m.* accelerator.
accelerazione *f.* acceleration.
accendere *v.t.* **1** to light*: ~ *il fuoco* to light the fire. **2** (*girando l'interruttore*) to turn (*o* switch) on, to put* on: ~ *la radio* to turn (*o* switch) on the radio. **3** (*fig.*) to inflame, to excite. **4** (*Comm.*) to open: ~ *un conto* to open an account. **accendersi** *v.i.pron.* **1** (*prendere fuoco*) to catch* fire; to light* up (*anche fig.*). **2** (*eccitarsi*) to get* excited. □ ~ *un* **fiammifero** to strike a match: ~ *una* **sigaretta** to light a cigarette.
accendigas *m.* gas-lighter.
accendino, **accendisigaro** *m.* cigarette -lighter, lighter.
accennare **I** *v.i.* **1** (*far cenno*) to sign, to make* a sign (*a* to), to beckon (s.o.); (*con il capo*) to nod. **2** (*alludere a*) to refer (to), to mention (s.th.): *a chi accennavi?* whom were you referring to? **3** (*fig.*) to show* signs: ~ *a fare qc.* to show signs of doing s.th. **II** *v.t.* **1** (*mostrare*) to indicate, to point out. **2** (*alludere*) to touch on, to mention briefly. □ ~ *un* **motivo** to sing a few notes; ~ *un* **passo** *di danza* to sketch a dance step.
accenno *m.* **1** (*cenno*) sign; (*col capo*) nod; (*con gli occhi*) wink; (*con la mano*) wave. **2** (*indizio*) indication, sign. **3** (*allusione*) mention, hint.
accensione *f.* **1** lighting. **2** (*tecn.*) ignition. **3** (*Comm.*) opening. □ ~ *di un'ipoteca* raising of a mortgage.
accentare *v.t.* (*scrivendo*) to accent; (*parlando*) to stress.
accentato *a.* accented, stressed.
accentazione *f.* accentuation.
accento *m.* **1** accent; (*tonico*) stress. **2** (*segno grafico*) accent, stress mark. **3** (*Mus.*) accent. **4** (*fig.*) stress, emphasis.
accentramento *m.* concentration, centralization.
accentrare *v.t.* to centralize.
accentratore **I** *s.m.* centralizer. **II** *a.* centralizing.
accentuare *v.t.* **1** (*pronunciando*) to stress, to emphasize; (*scrivendo, disegnando, ecc.*) to mark heavily, to accentuate. **2** (*fig.*) to bring* out, to heighten.
accentuazione *f.* accentuation.
accerchiamento *m.* encirclement, surrounding.
accerchiare *v.t.* to encircle, to surround.
accertabile *a.* verifiable, ascertainable.
accertamento *m.* **1** (*controllo*) check. **2** (*Econ.*) assessment.
accertare *v.t.* **1** to check. **2** (*constatare*) to ascertain, to confirm. **3** (*Dir.*) to establish. **4** (*Econ.*) to assess. **accertarsi** *v.r.* to make* sure, to assure o.s. (*di* of).
acceso *a.* **1** lighted, (*pred.*) alight: *una candela accesa* a lighted candle. **2** (*con interruttori*) on, turned on: *la radio è accesa* the radio is on. **3** (*fig.*) (*eccitato*) burning, inflamed: ~ *d'amore* burning with love. **4** (*rif. a colori*) vivid, bright. **5** (*Comm.*) opened.
accessibile *a.* **1** accessible. **2** (*rif. a persona*) approachable. **3** (*comprensibile*) comprehensible. **4** (*di prezzi*) reasonable.
accesso *m.* **1** access, admittance: *libero* ~ free admittance. **2** (*Med.*) attack, fit: ~ *di tosse* fit of coughing. **3** (*impulso*) fit: ~ *d'ira* fit of anger. **4** (*Inform.*) access: ~ *casuale* random access; ~ *diretto* direct access; ~ *sequenziale* serial (*o* sequential) access. □ *vietato l'*~ no trespassing.
accessorio *a./s.m.* accessory. □ (*Mecc.*) *accessori* fittings.
accetta *f.* hatchet.
accettare *v.t.* to accept, to agree to. □ ~ *le* **condizioni** *di qd.* to accept s.o.'s. conditions; ~ *di* **fare** *qc.* to agree to do s.th.
accettazione *f.* **1** acceptance (*anche Comm.*). **2** (*rif. a ospedale, albergo*) reception: *sala di* ~ reception room.
accetto *a.* **1** (*gradito*) acceptable, appreciated. **2** (*rif. a persona*) liked. □ *bene* ~ welcome.
accezione *f.* meaning.
acchiappare *v.t.* to seize, to catch*.
acchito *m.*: *di primo* ~ at the first go.
acciaccare *v.t.* (*schiacciare*) to crush; (*ammaccare*) to dent.
acciaccato *a.* in bad shape.
acciaccatura *f.* **1** crush. **2** (*Mus.*) acciaccatura. **3** (*di vestiti*) crease, wrinkle.
acciacco *m.* infirmity, ailment. □ *essere pieno di acciacchi* to be full of aches and pains.
acciaieria *f.* steel-works *pl.* (costr. sing. o pl.), steel plant (*o* mill).
acciaio *m.* steel. □ *nervi d'*~ nerves of steel.

acciambellarsi *v.r.* to curl up.
acciarino *m.* **1** steel; (*nelle vecchie armi*) hammer. **2** (*della ruota*) linchpin.
accidentale *a.* accidental, fortuitous.
accidentato *a.* (*rif. a terreno*) uneven, rough; (*di strada*) bumpy.
accidente *m.* **1** (*caso imprevisto*) accident, chance. **2** (*disgrazia*) accident, mishap. **3** (*fam.*) (*colpo apoplettico*) stroke. **4** (*fig.*) (*bambino vivace*) little devil. □ *non* **capisco** *un* ~ I can't make heads (or tails) of s.th.; *non mi* **importa** *un* ~ I couldn't care less; **mandare** *un* ~ *a qd.* to send s.o. to hell.
accidenti *intz.* **1** (*per stupore*) my God, my goodness. **2** (*per ira, contrarietà*) damn (it), dash (it). □ ~ *a lui* blast him.
accidia *f.* **1** sloth. **2** (*Teol.*) acedia.
accidioso **I** *a.* slothful. **II** *s.m.* **1** sluggard. **2** *pl.* the slothful (*costr. pl.*).
accigliarsi *v.i.pron.* to frown.
accigliato *a.* frowning.
accingersi *v.r.* to be on the point of, to set* about: ~ *a lavorare* to set about one's work.
acciottolato **I** *a.* cobbled, paved with cobble -stones. **II** *s.m.* cobbles *pl.*, cobbled paving.
acciottolio *m.* clatter.
acciuffare *v.t.* to seize, to catch* (hold of); (*per i capelli*) to seize by the hair.
acciuga *f.* (*Zool.*) anchovy.
acclamare *v.t.* **1** (*applaudire*) to applaud. **2** (*eleggere per acclamazione*) to acclaim, to hail.
acclamazione *f.* acclamation, applause.
acclimatare *v.t.* to acclimatize, (*am.*) to acclimate. **acclimatarsi** *v.r.* to acclimatize, to become* acclimatized.
acclimatazione *f.* acclimatization, acclimation.
accludere *v.t.* to enclose.
accluso *a.* enclosed: *come risulta da* ~ *documento* as per enclosed document.
accoccolarsi *v.r.* to crouch (down), to squat (down).
accodare *v.t.* **1** (*rif. ad animali*) to put* (*o* place) head to tail. **2** (*rif. a persone*) to set* in line, to line up. **accodarsi** *v.r.* to line up. □ *accodarsi a qd.* to follow s.o.
accogliente *a.* comfortable, cosy.
accoglienza *f.* welcome, reception.
accogliere *v.t.* **1** (*ospitare*) to give* hospitality to; (*intens.*) to welcome. **2** (*accettare*) to grant, to agree to: ~ *una richiesta* to agree to a request. **3** (*fig.*) to welcome, to approve of.
accolito *m.* acolyte (*anche fig.*).
accollare *v.t.* to saddle, to lay*: ~ *a qd. la responsabilità di qc.* to lay the responsibility for s.th. on s.o. □ *accollarsi tutte le spese* to take* upon o.s. all the expenses.
accollato *a.* (*rif. a vestiti*) high-necked; (*rif. a scarpe*) ankle-snug.
accollatura *f.* neckline.
accoltellare *v.t.* to knife, to stab.
accomandita *f.* (*Comm., Dir.*) limited partnership.
accomiatare *v.t.* **1** (*licenziare*) to dismiss, to send* away. **2** (*congedare*) to give* (s.o.) leave. **accomiatarsi** *v.r.* to take* (one's) leave (*da* of).
accomodamento *m.* **1** (*accordo*) agreement, arrangement. **2** (*Dir.*) transaction, composition. □ *venire a un* ~ to come to terms.
accomodante *a.* easy-going, obliging.
accomodare **I** *v.t.* **1** (*riparare*) to repair, to mend, (*fam.*) to fix: ~ *un paio di scarpe* to mend a pair of shoes. **2** (*mettere in ordine*) to (set* in) order. **3** (*Dir.*) to settle out of court: ~ *una lite* to settle a law-suit out of court. **4** (*iron. fam.*) to fix: *ora ti accomodo io* now I'll fix you. **II** *v.i.* (*fare comodo*) to suit, to be convenient. **accomodarsi** **I** *v.r.* **1** (*sedersi*) to sit* down: *prego, si accomodi* please, sit down; (*entrare*) to come* in: *si accomodi* come in. **2** (*mettersi a proprio agio*) to make* o.s. comfortable. **3** (*mettersi d'accordo*) to come* to an agreement (*su* on, over), to agree. **II** *v.i.pron.* (*aggiustarsi*) to come* right.
accompagnamento *m.* **1** (*seguito*) train, suite. **2** (*Mus.*) accompaniment.
accompagnare *v.t.* **1** to accompany, to go* (*o* come*) with: ~ *qd. alla stazione* to go and see s.o. off at the station; (*condurre*) to take*, to see*. **2** (*unire una cosa a un'altra*) to accompany (*con* with): ~ *il regalo con una lettera* to accompany the gift with a letter. **3** (*Mus.*) to accompany. **accompagnarsi** *v.r.* **1** (*andare insieme*) to go*, to keep* company (*a, con* with). **2** (*armonizzare*) to go* (well) together. □ ~ *la* **porta** to close the door gently; ~ **qd.** *alla porta* to show (*o* see) s.o. to the door.
accompagnatore *m.* **1** escort. **2** (*Mus.*) accompanist.
accomunare *v.t.* **1** (*mettere in comune*) to share (in common). **2** (*unire*) to join.
acconciare *v.t.* **1** (*disporre*) to arrange. **2** (*abbigliare*) to adorn, to dress up. **acconciarsi** *v.r.* (*abbigliarsi*) to dress (up), to adorn o.s.
acconciatore *m.* (*parrucchiere*) hairdresser.
acconciatura *f.* **1** (*pettinatura*) hairstyle, (*fam.*) hair-do. **2** (*ornamento per il capo*) head-dress.
accondiscendere *v.i.* to condescend; (*acconsentire*) to consent (*a* to).
acconsentire *v.i.* to consent, to agree.
accontentare *v.t.* to content, to satisfy. **accontentarsi** *v.r.* to be satisfied (*di* with).
acconto *m.* down (*o* advance) payment. □ *in* ~ in part payment.
accoppare *v.t.* (*fam.*) to kill, (*fam.*) to do* in, (*gerg.*) to bump off.
accoppiamento *m.* **1** (*l'accoppiare*) joining, coupling, matching. **2** (*Fisiologia*) copulation; (*rif. ad animali*) coupling, mating. **3** (*Mecc.*) connection, coupling.
accoppiare *v.t.* **1** (*congiungere in coppia*) to

couple, to pair (off). **2** (*unire*) to join. **3** (*Fisiologia*) to copulate; (*rif. ad animali*) to couple, to mate. **4** (*Mecc.*) to couple, to connect. **accoppiarsi** *v.r.* **1** (*unirsi*) to pair off, to join together; (*in matrimonio*) to marry, to get* married. **2** (*Fisiologia*) to copulate; (*rif. ad animali*) to couple, to mate.

accoppiata *f.* (*Ippica*) double.

accoramento *m.* heartache.

accorare *v.t.* to grieve. **accorarsi** *v.i.pron.* to grieve (*per* at, for).

accorato *a.* sorrowful, sad.

accorciamento *m.* shortening.

accorciare *v.t.* to shorten: ~ *un abito* to shorten a dress; (*abbreviare*) to abridge, to abbreviate. **accorciarsi** *v.i.pron.* to shorten, to grow* shorter.

accordare *v.t.* **1** to reconcile, to get* to agree: ~ *due avversari* to reconcile two adversaries. **2** (*armonizzare*) to match. **3** (*Mus.*) to tune (up). **4** (*Gramm.*) to make* agree (*con* with). **5** (*concedere*) to allow, to grant: ~ *un permesso* to grant leave. **accordarsi** *v.r.* **1** to reach an agreement, to come* to an agreement. **2** (*essere conforme*) to be consistent.

accordato *a.* **1** granted, allowed. **2** (*Mus.*) tuned.

accordatore *m.* tuner.

accordatura *f.* tuning.

accordo *m.* **1** agreement, arrangement. **2** (*Mus.*) chord. □ ~ **amichevole** gentleman's agreement; **andare** *d'*~ to get on well (together); **come** *d'*~ as agreed; ~ **commerciale** trade agreement; *agire di* **comune** ~ to act by mutual consent; **d'**~*!* all right!, agreed!, (*fam.*) right you are!, O.K.!; *essere* **d'**~ to agree; **mettere** *d'*~ to reconcile.

accorgersi *v.i.pron.* **1** to notice. **2** (*rendersi conto*) to realize, to become* aware (of).

accorgimento *m.* **1** (*astuzia*) shrewdness, cunning: *usare ogni* ~ to use all one's cunning. **2** (*espediente*) trick.

accorrere *v.i.* to run* (up), to rush.

accortezza *f.* **1** (*avvedutezza*) wisdom, prudence. **2** (*astuzia*) cunning, shrewdness.

accorto *a.* **1** (*saggio*) wise, sensible. **2** (*astuto*) shrewd, cunning.

accostamento *m.* (*l'accostare*) approach, approaching; (*rif. a colori*) matching.

accostare **I** *v.t.* **1** to bring* (*o* take*) near (*o* close), to put* (*o* place) near: ~ *la sedia alla scrivania* to put the chair near the desk. **2** (*avvicinarsi a*) to approach, to draw* near (to): ~ *una persona* to approach a person. **3** (*rif. a porte*) to set* (*o* leave*) ajar; (*rif. a finestre*) to half-close. **II** *v.i.* **1** (*Mar.*) (*attraccare*) to come* alongside. **2** (*Mar., Aer.*) (*cambiar direzione*) to change course. **accostarsi** *v.r.* **1** (*avvicinarsi*) to approach (*a qd.* s.o.), to draw* near (to), to go* up (*o* over) (to). **2** (*fig.*) (*aderire*) to support, to adhere.

accostato *a.* (*di porte*) set ajar; (*di finestre*) half-closed.

accosto *avv.* (*accanto*) near, close, nearby.

accovacciarsi *v.r.* to squat, to crouch.

accozzaglia *f.* **1** (*di persone*) rabble, mob. **2** (*di cose*) medley, (*fam.*) mess.

accozzare *v.t.* to throw* together, to jumble up. **accozzarsi** *v.r.* to meet*, to gather (*o* crowd) together.

accreditare *v.t.* **1** to give* credit (to s.th.). **2** (*Diplomazia, Giorn.*) to accredit. **3** (*Comm.*) to credit. **accreditarsi** *v.r.* (*rif. a persone*) to gain credit; (*rif. a cose*) to gain ground.

accreditato *a.* **1** trustworthy, reliable. **2** (*Diplomazia, Giorn.*) accredited.

accredito *m.* (*Econ.*) **1** (*atto*) crediting. **2** (*effetto*) credit.

accrescere *v.t.* (*aumentare*) to increase: ~ *un capitale* to increase capital. **accrescersi** *v.i. pron.* (*aumentare*) to grow*.

accrescimento *m.* increase, growth.

accrescitivo *a./s.m.* (*Gramm.*) augmentative.

accucciarsi *v.r.* **1** (*di animali*) to lie* down, to curl up. **2** (*di persone*) to crouch.

accudire *v.i.* to do* (*a qc.* s.th.), to attend.

accumulare *v.t.* to accumulate, to hoard, to heap up: ~ *ricchezze* to accumulate (*o* hoard) riches.

accumulatore *m.* (*tecn.*) accumulator; (*Aut.*) (storage) battery.

accumulo *m.* heap, pile, mass: ~ *di lavoro* mass of work.

accuratezza *f.* (*diligenza*) care; (*precisione*) accuracy, exactness.

accurato *a.* careful: *lavoro* ~ careful work; (*preciso*) accurate, precise.

accusa *f.* **1** accusation, charge: ~ *infondata* groundless charge. **2** (*Dir.*) charge, indictment; prosecution. □ **capo** *d'*~ count (of indictment); **pubblica** ~ (*GB*) Prosecutor for the Crown, (*USA*) District Attorney; **stato** *d'*~ committal for trial; **testimone** *d'*~ witness for the prosecution.

accusare *v.t.* **1** to accuse, to charge, to prosecute: ~ *qd. di furto* to accuse s.o. of theft; ~ *qd. di alto tradimento* to charge s.o. with high treason. **2** (*lagnarsi di*) to complain of: ~ *un dolore* to complain of a pain. **3** (*Comm.*) to acknowledge. **4** (*nel gioco delle carte*) to call, to declare. **accusarsi** *v.r.* **1** to accuse o.s. **2** (*recipr.*) to accuse e.o.

accusativo *m.* (*Gramm.*) accusative (case).

accusato **I** *a.* accused, charged (with). **II** *s.m.* defendant.

accusatore *m.* **1** accuser. **2** (*Dir.*) prosecutor.

acerbo *a.* **1** unripe, green: *frutto* ~ unripe fruit. **2** (*fig.*) (*pungente*) harsh, sharp.

acero *m.* (*Bot.*) maple.

acerrimo *a.sup.* implacable.

acetilene *m.* (*Chim.*) acetylene.

aceto *m.* vinegar.

acetone *m.* (*Chim.*) acetone; (*per unghie*) nail-polish remover.

acetosella *f.* (*Bot.*) wood sorrel.

Achille *N.pr.m.* Achilles. □ *tallone di* ~ Achille's heel.
ACI = *Automobile Club d'Italia* Italian Automobile Club.
acidificare *v.t.* to acidify.
acidità *f.* **1** (*Chim.*) acidity. **2** (*Med.*) hyperacidity, (*pop.*) heartburn. **3** (*fig.*) acidity, sourness, tartness.
acido **I** *a.* **1** acid, sour, tart: *latte* ~ sour milk. **2** (*Chim.*) acid. **3** (*fig.*) acid, sour, sharp: *lingua acida* sharp tongue. **II** *s.m.* acid.
acidulo *a.* acidulous.
acino *m.* (*d'uva*) grape: *un* ~ *d'uva* a grape; (*di bacca*) berry.
ACLI = *Associazione Cristiana Lavoratori Italiani* Italian Workers Catholic Association.
acme *f.* **1** acme, peak. **2** (*Med.*) crisis (*pl.* crises), acme.
acne *f.* (*Med.*) acne.
aconfessionale *a.* (*Rel.*) nondenominational; (*Pol.*) nonsectarian.
acqua *f.* **1** water: ~ *potabile* drinking water; ~ *non potabile* water unfit to drink. **2** (*pioggia*) rain: *un rovescio d'*~ a downpour (of rain). **3** *pl.* (*sorgenti termali*) (thermal) waters *pl.*, hot springs *pl.* **4** (*rif. a pietre preziose*) water. □ (*fig.*) ~ *in* **bocca** keep it under your hat; **buttarsi** *in* ~ to jump (*o* throw o.s.) into the water; (*fig.*) **calmare** *le acque* to pour oil on troubled waters; (*fig.*) *in* **cattive** *acque* in deep waters; *navigare in* **cattive** *acque* to be in dire straits; ~ **cheta** still waters *pl.*; (*fig.*) sly one, deep one; ~ *di* **colonia** eau-de-Cologne; ~ **corrente** running water; **corso** *d'*~ watercourse, stream; (*navigabile*) waterway; *fare la* **cura** *delle acque* to take the waters; *una* **distesa** *d'*~ a stretch of water; ~ **dolce** (*di fiumi, laghi*) fresh water: *pesce d'*~ *dolce* fresh water fish; (*non dura*) soft water; ~ **dura** hard water; **fare** ~ to leak, to take in water; *a* **fior** *d'*~ on the surface of the water; ~ *di* **fonte** spring water; (*fig.*) **gettare** ~ *sul fuoco* to pour oil on troubled waters; **giochi** *d'*~ waterworks; (*fig.*) *avere l'*~ *alla* **gola** to be in a tight corner; **livello** *dell'*~ water-level; ~ **minerale** mineral water; (*Chim.*) ~ **ossigenata** hydrogen peroxide; ~ **piovana** rainwater; *ho* **preso** *molta* ~ I got drenched; ~ **salmastra** brackish water; ~ *di* **selz** soda-water; ~ *di* **sorgente** spring water; (*Geol.*) *acque* **sotterranee** underground waters.
acquaforte *f.* etching.
acquaio *m.* (kitchen) sink.
acquamarina *f.* (*Min.*) aquamarine.
acquaplano *m.* (*Sport*) aquaplane.
acquaragia *f.* turpentine.
acquario *m.* aquarium (*pl.* aquariums, aquaria). **Acquario** (*Astr.*) Aquarius.
acquasanta *f.* holy water.
acquasantiera *f.* (holy water) stoup.
acquatico *a.* aquatic, water-.
acquattarsi *v.t.* **1** (*accucciarsi*) to crouch, to squat. **2** (*nascondersi*) to hide*.
acquavite *f.* brandy.
acquazzone *m.* shower, downpour.
acquedotto *m.* **1** waterworks *pl.* (costr. sing. o pl.), water system. **2** (*Arch.*) aqueduct.
acqueo *a.* **1** water-, watery. **2** (*acquoso*) aqueous.
acquerello *m.* water-colour.
acquerugiola *f.* fine rain, drizzle.
acquiescente *a.* acquiescent.
acquiescenza *f.* **1** acquiescence. **2** (*Dir.*) acceptance.
acquietare *v.t.* to quiet, to appease, to calm. **acquietarsi** *v.r.* to calm down, to be appeased.
acquifero *a.* (*Geol.*) water-bearing, aquiferous. □ *strato* ~ aquifer.
acquirente *m./f.* buyer, purchaser.
acquisire *v.t.* to acquire, to obtain.
acquisito *a.* acquired. □ *parente* ~ relative by marriage, in-law.
acquisizione *f.* acquisition (*anche fig.*).
acquistabile *a.* obtainable, purchasable.
acquistare **I** *v.t.* **1** (*comprare*) to buy*, to purchase. **2** (*estens.*) to acquire, to gain, to get*: ~ *pratica* to gain experience. **II** *v.i.* (*migliorare*) to improve.
acquisto *m.* purchase. □ *fare acquisti* to go shopping.
acquitrino *m.* bog, swamp, marsh.
acquitrinoso *a.* marshy, boggy, swampy.
acquolina *f.*: *far venire l'*~ *in bocca a qd.* to make s.o.'s mouth water.
acquoso *a.* watery.
acre *a.* pungent; acrid; sharp (*anche fig.*).
acredine *f.* **1** sharpness, sourness. **2** (*fig.*) bitterness, acrimony.
acrilico *a.* acrylic: *fibra acrilica* acrylic fibre.
acrimonia *f.* acrimony.
acrimonioso *a.* acrimonious.
acro *m.* (*unita di misura*) acre.
acrobata *m./f.* acrobat (*anche fig.*), tumbler.
acrobatico *a.* acrobatic.
acrobazia *f.* acrobatics *pl.* □ *acrobazie aeree* acrobatics.
acropoli *f.* acropolis.
acuire *v.i.* to sharpen (*anche fig.*).
aculeo *m.* aculeus (*pl.* aculei).
acume *m.* acumen, insight.
acuminato *a.* sharp, pointed.
acustica *f.* acoustics *pl.* (costr. sing.).
acustico *a.* acoustic(al), sound-. □ *apparecchio* ~ hearing-aid.
acutangolo *a.* (*Geom.*) acute-angled.
acutezza *f.* acuteness, sharpness, keenness (*anche fig.*); (*di suoni*) shrillness.
acutizzare *v.t.* to make* acute. **acutizzarsi** *v.i.pron.* to become* acute.
acuto **I** *a.* **1** (*aguzzo*) pointed, sharp. **2** (*di suoni*) shrill. **3** (*Med., Gramm.*) acute: *appendicite acuta* acute appendicitis. **4** (*fig.*) sharp, keen. **II** *s.m.* (*Mus.*) high note.
A.D. = *Anno Domini* Anno Domini.
adagiare *v.t.* to lay* (down) gently, to place

carefully. **adagiarsi** *v.r.* **1** (*mettersi comodo*) to make* o.s. comfortable; (*sdraiarsi*) to lie* down, to stretch out. **2** (*fig.*) (*abbandonarsi*) to yield, to abandon o.s. (*in* to).

adagio[1] **I** *avv.* **1** (*lentamente*) slowly: *camminare* ~ to walk slowly. **2** (*con delicatezza*) gently, softly. **3** (*a bassa voce*) low. **4** (*Mus.*) adagio. **II** *s.m.* (*Mus.*) adagio.

adagio[2] *m.* (*proverbio*) adage, saying.

adamantino *a.* adamantine (*anche fig.*).

adamitico *a.* adamitic. □ *in costume* ~ in one's birthday suit.

Adamo *N.pr.m.* Adam. □ *pomo di* ~ Adam's apple.

adattabile *a.* adaptable.

adattabilità *f.* adaptability.

adattamento *m.* adaptation, arrangement.

adattare *v.t.* to adapt, to adjust: ~ *un vestito a qd.* to adjust a garment for s.o. **adattarsi I** *v.r.* to adapt o.s., to adjust o.s.: *adattarsi alle circostanze* to adapt o.s. to the circumstances. **II** *v.i.pron.* (*essere adatto*) to be suited (to).

adatto *a.* suitable (*a* for), suited (to), fit (for), right (for).

addebitare *v.t.* **1** (*Comm.*) to charge (s.th.) to s.o.'s account, to debit. **2** (*fig.*) (*incolpare*) to blame, to charge (s.o. with s.th.).

addebito *m.* **1** (*Comm.*) debit. **2** (*fig.*) (*accusa*) charge.

addendo *m.* addendum (*pl.* addenda).

addensamento *m.* **1** thickening; (*rif. a nuvole*) gathering. **2** (*folla*) crowd.

addensare *v.t.* to thicken, to make* dense. **addensarsi** *v.r.* **1** to thicken, to grow* thick; (*rif. a nuvole*) to gather. **2** (*affollarsi*) to gather, to crowd, to throng.

addentare *v.t.* to bite* (into).

addentellato *m.* **1** (*Edil.*) toothing. **2** (*fig.*) connection.

addentrarsi *v.i.pron.* to penetrate, to go* (*in* into).

addentro *avv.* inside; deep.

addestramento *m.* training; (*Mil.*) drilling.

addestrare *v.t.* to train; (*Mil.*) to drill: ~ *qd. in qc.* to train s.o. in s.th. **addestrarsi** *v.r.* to train (o.s.) (*in* in), to exercise (o.s.) (in).

addetto I *a.* (*assegnato*) employed (*a* in, on), assigned: *essere* ~ *a un lavoro* to be employed on a job. **II** *s.m.* (*Diplomazia*) attaché. □ *personale* ~ *alle* **pulizie** cleaners *pl.*, sweepers *pl.*; **vietato** *l'ingresso alle persone non addette ai lavori* personnel only.

addì *avv.* on (the), on the (day) of: ~ *18 maggio* on the 18th of May.

addiaccio *m.* bivouac. □ *all'*~ in the open (air).

addietro *avv.* (*fa*) ago; (*prima*) before.

addio I *intz.* good-bye, (*poet.*) farewell, adieu: ~ *a domani* good-bye, see you tomorrow. **II** *s.m.* (*saluto*) good-bye, farewell.

addirittura *avv.* **1** (*direttamente*) straight, directly. **2** (*veramente*) really, absolutely, quite. **3** (*perfino*) actually, even.

addirsi *v.r.impers.dif.* to suit, to become*.

additare *v.t.* **1** to point at (*o* to). **2** (*mostrare*) to show*. □ ~ *come esempio* to hold (*o* set) up as an example.

additivo *a./s.m.* additive.

addivenire *v.i.* (*giungere*) to come* (*a* to), to reach (s.th.).

addizionale I *a.* additional, extra. **II** *s.f.* additional tax, surtax.

addizionare *v.t.* to add (up, together).

addizione *f.* (*Mat., Inform.*) addition.

addobbare *v.t.* to decorate, to adorn.

addobbo *m.* (*decorazioni*) decoration; (*in una chiesa*) hangings *pl.*

addolcire *v.t.* **1** to sweeten: ~ *il tè* to sweeten tea. **2** (*fig.*) (*lenire*) to soothe, to relieve: ~ *il dolore* to relieve suffering. **3** (*rendere mite*) to mellow, to soften. **4** (*tecn.*) to soften. **addolcirsi** *v.i.pron.* (*farsi più mite*) to mellow, to soften; (*spec. di clima*) to grow* gentler (*o* milder).

addolorare *v.t.* **1** (*contristare*) to grieve, to pain. **2** (*dispiacere*) to be sorry (costr. pers.): *mi addolora che tu sia partito senza salutarmi* I'm sorry you left without saying goodbye. **addolorarsi** *v.i.pron.* to be distressed (*per* by), to grieve.

addolorato *a.* **1** saddened, grieved. **2** (*dispiaciuto*) sorry, sad.

addome *m.* (*Anat.*) abdomen.

addomesticabile *a.* tamable.

addomesticare *v.t.* to tame.

addomesticato *a.* **1** tamed. **2** (*fig.*) rigged.

addominale *a.* abdominal.

addormentare *v.t.* **1** to send* (*o* put*) to sleep; (*far venire il sonno*) to make* sleepy; (*rif. a bambini*) to lull to sleep. **2** (*narcotizzare*) to put* to sleep. **addormentarsi** *v.i. pron.* **1** to go* to sleep, to fall* asleep. **2** (*intorpidirsi*) to grow* (*o* go*) numb, to go* to sleep.

addormentato *a.* **1** sleeping, (*pred.*) asleep. **2** (*narcotizzato*) anaesthetized. **3** (*di ingegno tardo*) dull. **4** (*intorpidito*) numb.

addossare *v.t.* **1** (*appoggiare*) to place against; (*inclinando*) to lean*. **2** (*fig.*) (*mettere a carico*) to lay*, to place. **addossarsi** *v.r.* **1** to lean*. **2** (*ammassarsi*) to crowd together, to throng. **3** (*fig.*) (*prendere su di sé*) to shoulder, to take* (upon o.s.).

addosso I *avv.* **1** (*sulle spalle*) on one's back; (*sulla persona*) on. **2** (*esclam.*) after him. **II** *prep.* on. □ **avere** *una malattia* ~ to be sick; *non* **avere** *nulla* ~ to have nothing on; **dare** ~ *a qd.* (*assalirlo*) to assault (*o* attack) s.o.; (*fig.*) (*biasimarlo*) to blame s.o.; **mettere** *le mani* ~ *a qd.* to lay hands on s.o.; (*percuoterlo*) to beat s.o.; **mettere** *gli occhi* ~ *a una ragazza* to cast one's eyes on a girl; **mettersi** *qc.* ~ (*vestirsi*) to put s.th. on.

addurre *v.t.* **1** to put* forward, to advance. **2** (*Dir.*) to produce.

adduttore I *a.* (*Anat.*) adducent. **II** *s.m.* adductor.

adeguamento *m.* adjustment.
adeguare *v.t.* to adjust, to relate. **adeguarsi** *v.r.* **1** (*conformarsi*) to conform, to adapt o.s.: *adeguarsi alle circostanze* to adapt o.s. to circumstances. **2** (*essere pari*) to equal.
adeguato *a.* **1** adequate. **2** (*conveniente*) suitable, fitting. **3** (*giusto*) fair, right.
adempiere I *v.t.* to carry out, to fulfil: ~ *il proprio dovere* to carry out one's duty. **II** *v.i.* to perform, to accomplish (*a qc.* s.th.). **adempiersi** *v.i.pron.* to be fulfilled, to come* true.
adempimento *m.* fulfilment; (*l'esecuzione*) accomplishment.
adenoidi (*Anat.*) *f.pl.* adenoids *pl.*
adepto *m.* follower.
aderente I *a.* **1** adherent. **2** (*di vestito*) close-fitting. **II** *s.m./f.* supporter, follower.
aderenza *f.* **1** adherence. **2** (*Med.*) adhesion. **3** *pl.* (*fig.*) connexions *pl.*, (*fam.*) contacts *pl.*
aderire *v.i.* **1** to stick*; (*rif. a vestiti*) to fit tightly (to). **2** (*fig.*) (*seguire*) to support (s.th.), to be a follower (of): ~ *a un'idea* to support an idea. **3** (*fig.*) (*accondiscendere*) to comply (with). **4** (*rif. a società, a partiti*) to join (s.th.).
adescamento *m.* **1** enticement. **2** (*Dir.*) soliciting.
adescare *v.t.* **1** to lure, to bait. **2** (*fig.*) to entice, to allure. **3** (*Dir.*) to solicit.
adescatore *m.* enticer, allurer.
adesione *f.* **1** adherence, adhesion. **2** (*consenso*) agreement, assent; (*appoggio*) support. **3** (*Fis.*) adhesion.
adesivo I *a.* adhesive. **II** *s.m.* adhesive; *pl.* (*etichette pubblicitarie*) stickers *pl.*
adesso *avv.* **1** (*ora*) now: *per* ~ for now, for the time being; *da* ~ *in poi* from now on. **2** (*ai giorni nostri*) nowadays. **3** (*poco fa*) just, just now. **4** (*fra poco*) any minute, any moment now.
adiacente *a.* **1** adjoining (*a qc.* s.th.), adjacent (to). **2** (*Geom.*) adjacent.
adiacenza *f.* vicinity, surroundings *pl.*
adibire *v.t.* **1** (*usare*) to use. **2** (*destinare*) to assign, to destine.
adipe *m.* adipose tissue; fat.
adiposità *f.* adiposity.
adiposo *a.* adipose: *tessuto* ~ adipose tissue.
adirarsi *v.i.pron.* to get* angry, to lose* one's temper.
adirato *a.* angry.
adire *v.t.* (*Dir.*) to take* legal possession of, to accept. □ ~ *un'***eredità** to accept an inheritance; ~ *le* **vie** *legali* to start legal proceedings.
adito *m.* entrance, access, entry. □ (*fig.*) *dare* ~ *a un errore* to lead (*o* give rise) to an error.
adocchiare *v.t.* **1** (*scorgere*) to set* eyes on, to catch* sight of, (*fam.*) to spot. **2** (*guardare con desiderio*) to eye.
adolescente I *a.* adolescent. **II** *s.m./f.* adolescent, (*fam.*) teen-ager, (*fam.*) teen-age boy (*f.* girl).
adolescenza *f.* adolescence, youth; (*fam.*) teens.
Adolfo *N.pr.m.* Adolf, Adolphus.
adombrare *v.t.* **1** to shade, to overshadow; (*oscurare*) to darken. **2** (*fig.*) (*celare*) to hide*, to conceal. **adombrarsi** *v.i.pron.* **1** (*spaventarsi*) to shy. **2** (*insospettirsi*) to become* touchy (*o* suspicious).
Adone *N.pr.m.* (*Mit.*) Adonis. **adone** *s.m.*: (*fig.*) *non è un adone* he is not handsome.
adontarsi *v.i.pron.* to be offended, to take* offence.
adoperare *v.t.* **1** to use. **2** (*fare buon uso*) to make* (good) use of, to put* to good use. **adoperarsi** *v.r.* **1** to do* one's utmost (*o* best): *adoperarsi per qd.* to do one's best for (*o* on behalf of) s.o. **2** (*sforzarsi*) to try hard, to strive*.
adorabile *a.* adorable.
adorare *v.t.* to adore, to worship (*anche fig.*).
adoratore *m.* **1** adorer, worshipper. **2** (*corteggiatore*) admirer.
adorazione *f.* **1** adoration, worship. **2** (*amore sviscerato*) passionate love.
adornare *v.t.* to adorn, to deck. **adornarsi** *v.r.* to adorn o.s., to deck o.s.
adorno *a.* adorned (*di* with).
adottare *v.t.* **1** to adopt (*anche fig.*): ~ *un orfano* to adopt an orphan. **2** (*scegliere*) to choose*: ~ *un libro di testo* to choose a text-book. **3** (*prendere*) to take*: ~ *provvedimenti* to take measures.
adottivo *a.* adoptive, adopted.
adozione *f.* **1** adoption. **2** (*fig.*) (*scelta*) choice.
adrenalina *f.* (*Fisiologia*) adrenalin.
Adriano *N.pr.m.* Adrian; (*Stor.*) Hadrian.
adriatico *a.* (*Geog.*) Adriatic.
Adriatico, Mar *N.pr.m.* (*Geog.*) Adriatic (Sea).
adulare *v.t.* to adulate, to flatter.
adulatore *s.m.* flatterer, adulator.
adulatorio *a.* flattering, fawning.
adulazione *f.* adulation, flattery.
adultera *f.* adulteress.
adulterare *v.t.* **1** to adulterate: ~ *sostanze alimentari* to adulterate foodstuffs. **2** (*corrompere*) to corrupt, to debase.
adulterato *a.* adulterated.
adulterazione *f.* (*Alim.*) adulteration.
adulterino *a.* (*di relazione*) adulterous; (*di figli*) adulterine.
adulterio *m.* adultery.
adultero I *a.* adulterous. **II** *s.m.* adulterer.
adulto I *a.* **1** adult. **2** (*fig.*) (*maturo*) mature. **II** *s.m.* adult, (*fam.*) grown-up.
adunanza *f.* assembly, meeting: *indire un'*~ to call a meeting.
adunare *v.t.* **1** to assemble; (*convocare*) to convene; (*rif. a soldati*) to muster. **2** (*contenere*) to include. **adunarsi** *v.i.pron.* to assemble, to gather, to meet*.
adunata *f.* **1** gathering, assembly, meeting. **2**

(*Mil.*) parade, muster. ▭ ~! fall in!, form up!

adunco *a.* hooked: *becco* ~ hooked beak.

aerare *v.t.* to air, to aerate.

aeratore *m.* ventilator.

aerazione *f.* **1** airing, ventilation. **2** (*tecn.*) aeration.

aereo[1] *a.* **1** aerial, air-: *incursione aerea* air -raid. **2** (*fig.*) (*inconsistente*) unsubstantial, vain. **3** (*elevato, eccelso*) lofty, airy.

aereo[2] *m.* → **aeroplano.**

aeriforme *a.* aeriform.

aerobico *a.* aerobic: *ginnastica* ~ aerobics *pl.* (costr. sing.).

aerodinamica *f.* aerodynamics *pl.* (costr. sing.).

aerodinamico *a.* **1** aerodynamic. **2** (*affusolato*) streamlined: *carrozzeria aerodinamica* streamlined body.

aerolinea *f.* air-line.

aerolito *m.* (*Geol.*) aerolite.

aeromobile *m.* (*Aer.*) aircraft.

aeromodellismo *m.* model aircraft flying; (*costruzione*) model aircraft construction.

aeromodello *m.* model aircraft.

aeronauta *m.* aeronaut.

aeronautica *f.* **1** aeronautics *pl.* (costr. sing.). **2** (*Aviazione*) Air Force. ▭ ~ *militare* Air Force.

aeronautico *a.* aeronautical, aircraft-.

aeronavale *a.* air-sea.

aeronave *f.* **1** (*dirigibile*) airship. **2** (*astronave*) spaceship.

aeroplano *m.* aircraft, (aero)plane, (*am.*) (air) plane. ▭ ~ *a grande* **autonomia** long-range aircraft; ~ **bimotore** twin-engined aeroplane; ~ *da* **bombardamento** bomber (aircraft); ~ *da* **caccia** fighter (air-craft); ~ *da* **carico** freight plane, (*am.*) cargo plane; ~ **civile** civil aircraft; ~ *da* **combattimento** fighter plane; ~ *di* **linea** airliner; ~ *a* **reazione** jet aircraft.

aeroporto *m.* airport.

aerosol *m.* aerosol.

aerospaziale *a.* space-.

aerostatica *f.* aerostatics *pl.* (costr. sing.).

aerostatico *a.* aerostatic.

aerostato *m.* aerostat.

aerostazione *f.* air terminal.

aerotrasportare *v.t.* to airlift.

aerotrasportato *a.* airborne.

a.f. = *alta frequenza* High Frequency (HF).

afa *f.* sultriness, sultry weather.

afasia *f.* (*Med.*) aphasia.

affabile *a.* affable, amiable.

affabilità *f.* affability, amiability.

affaccendarsi *v.r.* to bustle about, to busy (o.s.).

affaccendato *a.* busy.

affacciare *v.t.* **1** to show*, to present. **2** (*fig.*) to advance, to put* forward: ~ *un'ipotesi* to put forward a hypothesis; (*rif. a dubbi, difficoltà*) to raise. **affacciarsi** *v.r.* **1** (*per mostrarsi*) to appear (*a* at), to show* o.s. (at). **2** (*per guardare*) to go* over, to go* (to), to go* and look out (of). **3** (*fig.*) (*presentarsi alla mente*) to occur, to come* to. **4** (*essere esposto verso*) to face, to look.

affamare *v.t.* to starve (out).

affamato I *a.* **1** hungry: *essere* ~ to be hungry. **2** (*fig.*) (*avido*) eager (*di* for): ~ *di gloria* eager for glory. **II** *s.m.* hungry person; *pl.* the hungry (costr. pl.).

affannare *v.t.* (*angustiare*) to trouble, to worry. **affannarsi** *v.r.* **1** to worry o.s., to be worried (*o* anxious). **2** (*affaticarsi*) to toil, to strive*.

affanno *m.* **1** breathlessness. **2** (*ansia*) apprehension, anxiety; (*preoccupazione*) worry, trouble.

affannoso *a.* **1** breathless, difficult: *respiro* ~ difficult breathing. **2** (*faticoso*) exhausting, strenuous: *corsa affannosa* strenuous run. **3** (*fig.*) (*tormentoso*) painful.

affardellare *v.t.* to pack.

affare *m.* **1** (*faccenda*) matter, business: *è un* ~ *serio* it's a serious matter; (*compito*) affair, job, business: *non è* ~ *mio* it's not my business. **2** *pl.* (*Comm.*) business: *gli affari sono affari* business is business; (*vantaggioso*) bargain. **3** (*fam.*) (*arnese, cosa*) thing, gadget: *metti giù quell'*~ put that thing down. **4** *pl.* (*Diplomazia*) affairs *pl.* ▭ *che* **brutto** ~ what a bad business; *è un* ~ **conveniente** it's a good bargain; **fare** *affari con qd.* to do business with s.o.; (*fam.*) **fatti** *gli affari tuoi* mind your own business; (*Comm.*) **giro** *di affari* turnover; *di* **mal** ~ of low repute; *casa di* **mal** ~ house of ill fame; *donna di* **mal** ~ prostitute; *è un* ~ *da* **nulla** it's a trifle; **per** *affari* on business; **uomo** *di affari* businessman.

affarismo *m.* sharp practice, speculation.

affarista *m./f.* sharp businessman, (*spreg.*) profiteer, speculator.

affarone *m.* bargain, very good business.

affascinante *a.* fascinating; (*seducente*) charming, enchanting: *donna* ~ charming woman.

affascinare *v.t.* **1** to fascinate, to charm. **2** (*fig.*) (*sedurre*) to enchant; (*attrarre*) to attract.

affastellare *v.t.* **1** (*legare in fastelli*) to fagot, to tie in fagots. **2** (*ammucchiare*) to heap (*o* pile) up.

affaticare *v.t.* to tire, to weary; (*sforzare*) to overwork, to strain. **affaticarsi** *v.r.* to tire, to get* tired, to grow* weary; (*sforzarsi*) to work hard, to toil.

affatto *avv.* **1** (*completamente*) quite, completely. **2** (*preceduto da una negazione*) at all: *non mi è* ~ *antipatico* I don't dislike him at all; *niente* ~ not at all.

affermare *v.t.* to affirm, to assert, to profess: ~ *la propria innocenza* to profess one's innocence; ~ *i propri diritti* to assert one's rights. **affermarsi** *v.r.* (*imporsi*) to assert o.s., to prove o.s.; (*farsi un nome*) to make* a name (*o* reputation) for o.s.

affermativo *a.* affirmative.
affermato *a.* established.
affermazione *f.* **1** (*asserzione*) assertion, statement. **2** (*successo*) achievement, success.
afferrare *v.t.* **1** to seize, to catch*. **2** (*capire*) to grasp: ~ *il senso di una frase* to grasp the meaning of a sentence. **afferrarsi** *v.r.* **1** (*aggrapparsi*) to cling* (to), to clutch (at) (*anche fig.*). **2** (*recipr.*) to seize e.o.
affettare[1] *v.t.* to slice, to cut* into slices.
affettare[2] *v.t.* to affect, to pretend; (*ostentare*) to put* on, to assume.
affettato[1] **I** *a.* sliced: *salame* ~ sliced salami. **II** *s.m.* sliced salami and ham.
affettato[2] *a.* affected, mannered.
affettatrice *f.* slicer, slicing-machine.
affettazione *f.* affectation.
affettivo *a.* affective.
affetto[1] *m.* **1** affection; *nutrire* ~ *per qd.* to feel affection for s.o. **2** (*soggetto dell'amore*) object of one's affection: *il padre è il suo unico* ~ her father is the sole object of her affection. ▭ *con* ~ affectionately: (*epist.*) *ti saluto con* ~ affectionately yours.
affetto[2] *a.* (*Med.*) suffering (*da* from), affected (by), afflicted (with).
affettuosità *f.* **1** tenderness. **2** *pl.* (*atti affettuosi*) demonstrations *pl.* of affection.
affettuoso *a.* affectionate, tender, loving.
affezionarsi *v.r.* to become* fond (*a* of).
affezionato *a.* loving, affectionate, devoted.
affezione *f.* **1** affection, fondness. **2** (*Med.*) disease, affection.
affiancare *v.t.* **1** to place side by side. **2** (*fig.*) (*aiutare*) to support. **3** (*Mil.*) to flank. **4** (*Mar.*) to bring* alongside. **affiancarsi** *v.r.* **1** (*recipr.*) (*aiutarsi*) to help e.o., to co-operate. **2** (*Mil.*) to march side by side. **3** (*Mar.*) to come* (*o* go*) alongside.
affiatamento *m.* **1** (*concordia*) harmony, agreement. **2** (*Sport*) team-work.
affiatarsi *v.r.* **1** to get* on well. **2** (*recipr.*) (*intendersi*) to adjust to e.o.
affibbiare *v.t.* **1** (*fermare con fibbia*) to buckle, to clasp. **2** (*fam.*) (*assestare*) to give*, to deal*: ~ *uno schiaffo a qd.* to give s.o. a slap. **3** (*fig.*) (*attribuire*) to saddle.
affidabilità *f.* reliability (*anche Inform.*).
affidamento *m.* **1** entrusting, assignment. **2** (*fiducia*) trust, confidence: *dare* ~ to inspire confidence. ▭ *è una persona che non dà alcun* ~ he's an unreliable person.
affidare *v.t.* **1** (*dare in custodia*) to entrust, to trust with. **2** (*assegnare*) to assign: ~ *un incarico a qd.* to assign s.o. a task. **3** (*Dir.*) to grant, to award. **affidarsi** *v.r.* to trust, to place one's trust (*a* in): *affidarsi a Dio* to trust in God.
affievolire *v.t.* to weaken, to enfeeble. **affievolirsi** *v.i.pron.* (*indebolirsi*) to weaken, to grow* weaker; (*rif. a rumori*) to grow* soft (*o* faint); (*rif. a sentimenti*) to weaken; (*rif. a voci*) to die (*o* fade) away.
affiggere *v.t.* (*attaccare*) to post up, to stick* (*o* put*) up: ~ *un manifesto* to put up a poster.
affilare *v.t.* **1** (*dare il filo*) to sharpen: ~ *un coltello* to sharpen a knife; (*sul cuoio*) to strop; (*sulla pietra*) to hone. **2** (*rendere appuntito*) to sharpen. **3** (*fig.*) (*assottigliare*) to make* thinner: *la malattia gli ha affilato il viso* the illness has made his face thinner. **affilarsi** *v.i.pron.* (*dimagrire*) to grow* thin.
affilato *a.* **1** sharp (*anche fig.*). **2** (*scarno*) thin.
affilatura *f.* sharpening.
affiliare *v.t.* (*Dir.*) to affiliate. **affiliarsi** *v.r.* to become* a member (*a* of), to join (s.th.).
affiliato **I** *a.* associated: *azienda affiliata* associated firm. **II** *s.m.* member, associate.
affiliazione *f.* (*Dir.*) affiliation.
affinare *v.t.* **1** (*affilare*) to sharpen. **2** (*fig.*) to sharpen, to make* keener: ~ *l'ingegno* to make one's mind keener; ~ *l'orecchio* to sharpen one's ear. **3** (*perfezionare*) to improve, to refine. **4** (*Met.*) to refine. **affinarsi** *v.r.* (*perfezionarsi*) to get* refined.
affinché *congz.* so that, in order that.
affine **I** *a.* similar, related, cognate. **II** *s.m./f.* kinsman (*pl.* –men; *f.* –woman, *pl.* –women).
affinità *f.* affinity.
affiorare *v.i.* **1** to appear on the surface, to surface. **2** (*Geol.*) to outcrop. **3** (*fig.*) to come* out, to come* to light.
affissione *f.* bill-posting, posting (*o* sticking) up. ▭ *divieto d'*~ stick no bills, bill-posters will be prosecuted.
affisso *m.* **1** (*manifesto*) bill, poster. **2** (*Edil.*) fixture. **3** (*Ling.*) affix.
affittacamere *m./f.* landlord (*f.* landlady).
affittanza *f.* rent.
affittare *v.t.* **1** (*dare in affitto*) to let*, to rent: ~ *un appartamento a qd.* to rent s.o. an apartment. **2** (*prendere in affitto*) to rent. ▭ *camere da* ~ rooms to let, (*am.*) rooms for rent.
affitto *m.* **1** (*locazione di stabili*) rental; (*di terreni*) lease. **2** (*somma pagata*) rent. ▭ *blocco degli affitti* rent restriction (*o* control).
affittuario *m.* (*di stabili*) tenant, lessee; (*di terreni*) tenant.
affliggere *v.t.* **1** (*rattristare*) to distress, to grieve. **2** (*tormentare*) to afflict, to trouble. **affliggersi** *v.i.pron.* **1** (*rattristarsi*) to grieve. **2** (*tormentarsi*) to worry.
afflitto **I** *a.* **1** (*triste*) sad, hurt: *essere* ~ *per qc.* to be hurt about s.th. **2** (*tormentato*) afflicted. **II** *s.m.pl.* the afflicted.
afflizione *f.* **1** affliction, distress. **2** (*causa di tormento*) torment, calamity.
afflosciare *v.t.* **1** (*rendere floscio*) to make* flabby. **2** (*fig.*) (*infiacchire*) to weaken, to enervate. **afflosciarsi** *v.i.pron.* **1** (*diventare floscio*) to become* flabby; (*di vele, palloni*) to collapse. **2** (*accasciarsi*) to collapse.
affluente *m.* tributary, affluent.

affluenza *f.* **1** flow, flowing: ~ *di capitali* flow of capital. **2** (*di persone*) crowd, multitude.
affluire *v.i.* **1** (*rif. a liquidi*) to flow, to stream (*a* to). **2** (*rif. a cose*) to pour (in, on): *le merci affluiscono sul mercato* the goods pour on to the market. **3** (*rif. a persone*) to crowd, to flock.
afflusso *m.* **1** inflow, influx (*anche fig.*). **2** (*Med.*) afflux.
affogare I *v.t.* to drown (*anche fig.*): ~ *i dispiaceri nel vino* to drown one's sorrows in wine. **II** *v.i.* (*morire annegato*) to drown, to be drowned. **affogarsi** *v.r.* to drown o.s. ▭ *o bere o* ~ sink or swim.
affogato *a.* drowned. ▭ *uova affogate* poached eggs.
affollamento *m.* **1** crowding. **2** (*ressa*) crowd, throng.
affollare *v.t.* to crowd, to throng. **affollarsi** *v.i.pron.* **1** (*accalcarsi*) to crowd, to flock, to throng: *affollarsi intorno a qd.* to crowd round s.o. **2** (*fig.*) to crowd, to teem.
affollato *a.* crowded (*di* with).
affondamento *m.* sinking.
affondare I *v.t.* **1** (*mandare a fondo*) to sink*: ~ *una nave nemica* to sink an enemy ship. **2** (*far penetrare*) to plunge. **II** *v.i.* to sink*.
affondo *m.* (*Sport*) lunge.
affossare *v.t.* **1** (*fare fosse di scolo*) to ditch, to trench: ~ *un campo* to ditch a field. **2** (*fig.*) (*accantonare*) to shelve. **affossarsi** *v.i. pron.* to become* hollow (*o* sunken).
affrancare *v.t.* **1** (*liberare*) to (set*) free, to liberate (*anche fig.*): ~ *uno schiavo* to free a slave. **2** (*da oneri*) to release, to redeem: ~ *un podere dalle ipoteche* to redeem a farm from mortgage. **3** (*Poste*) to stamp: ~ *una lettera* to stamp a letter; (*automaticamente*) to frank. **affrancarsi** *v.r.* to free o.s.
affrancatrice *f.* (*Poste*) stamping-machine, franking-machine.
affrancatura *f.* **1** (*Poste*) stamping; (*automatica*) franking. **2** (*tassa di spedizione*) postage.
affranto *a.* (*abbattuto*) dismayed, overcome.
affratellamento *m.* **1** (*atto*) fraternization, fraternizing. **2** (*cameratismo*) fellowship.
affratellare *v.t.* to unite in comradeship, to bring* together. **affratellarsi** *v.r.* to fraternize.
affrescare *v.t.* (*Pitt.*) to fresco.
affresco *m.* fresco.
affrettare *v.t.* **1** (*accelerare*) to hasten, to quicken, to speed* up. **2** (*anticipare*) to bring* (*o* put*) forward: ~ *le nozze* to bring forward the wedding date. **affrettarsi** *v.r.* to hurry, to hasten.
affrettato *a.* **1** (*svelto*) quick, hurried, hasty: *passo* ~ quick step. **2** (*con poca cura*) hurried, rushed: *un lavoro* ~ a hurried job.
affrontare *v.t.* **1** to face (up to), to confront: ~ *il nemico* to confront the enemy; ~ *il pericolo* to face danger. **2** (*fig.*) (*rif. ad argomenti*) to face (up to), to tackle. **affrontarsi** *v.r.* (*recipr.*) **1** (*venire alle mani*) to come* to blows; (*rif. a eserciti*) to meet* in battle. **2** (*combaciare*) to fit together.
affronto *m.* affront, insult.
affumicare *v.t.* **1** to fill with smoke. **2** (*annerire*) to blacken with smoke. **3** (*di sostanze alimentari*) to smoke.
affumicato *a.* **1** (*annerito di fumo*) blackened, smoke-blackened. **2** (*rif. a sostanze alimentari*) smoked: *salmone* ~ smoked salmon.
affusolare *v.t.* to taper.
affusolato *a.* tapered, tapering.
affusto *m.* (*Mil.*) gun-carriage.
Afganistan *N.pr.m.* (*Geog.*) Afghanistan.
afgano *a.* Afghan.
afide *m.* (*Zool.*) aphis, aphid.
afnio *m.* (*Chim.*) hafnium.
afono *a.* (*Med.*) aphonic.
aforisma *m.* aphorism.
afoso *a.* sultry, sweltering.
Africa *N.pr.f.* (*Geog.*) Africa.
africano *a./s.m.* African.
afrikaans *s.* (*lingua*) Afrikaans.
afrikaner *m./f.* (*popolo*) Afrikaner.
afrodisiaco *a./s.m.* aphrodisiac.
Afrodite *N.pr.f.* (*Mitol.*) Aphrodite.
afta *f.* (*Med.*) aphtha (*pl.* aphthae).
ag. = *agosto* August (Aug.).
Ag = (*Chim.*) *argento* silver.
A.G. = *Albergo per la Gioventù* Youth Hostel (Y.H.).
agata (*Min.*) agate.
Agata *N.pr.f.* Agatha.
agave *f.* (*Bot.*) agave.
agenda *f.* **1** (*taccuino*) notebook, diary. **2** (*ordine del giorno*) agenda.
agente *m./f.* **1** (*Comm.*) agent. **2** (*di polizia*) policeman. **3** (*Chim., Fis., Med.*) agent. ▭ ~ *d'***assicurazione** insurance agent; *agenti* **atmosferici** atmospheric agents; ~ *di* **cambio** stockbroker; ~ *di* **custodia** prison warder; ~ **esclusivo** sole agent; ~ *delle* **imposte** tax collector; ~ **marittimo** shipping agent; ~ **provocatore** agent provocateur; ~ **segreto** secret agent.
agenzia *f.* **1** agency: ~ *stampa* press agency. **2** (*filiale*) branch (office). ▭ ~ *d'***assicurazioni** insurance agency; ~ *di* **banca** branch office of a bank; ~ *di* **collocamento** employment agency; ~ **immobiliare** estate agent's (office); ~ *di* **pubblicità** advertising agency; ~ *di* **viaggi** travel agency.
agevolare *v.t.* **1** (*rendere agevole*) to facilitate, to make* easy; (*aiutare*) to help. **2** (*Dir.*) to be an accessory.
agevolazione *f.* **1** concession, reduction: *agevolazioni fiscali* (*o tributarie*) tax (*o* fiscal) concessions. **2** (*facilitazione*) facilitation. ▭ *agevolazioni di pagamento* easy terms of payment.
agevole *a.* easy, light: *compito* ~ easy task.
agganciamento *m.* hooking, clasping.
agganciare *v.t.* **1** to hook up, to fasten: ~ *un vestito* to hook up a dress; (*sospendere a un*

gancio) to hang* up. **2** (*Ferr., Aut.*) to couple up. **3** (*fig.*) (*trattenere qd. per parlargli*) to buttonhole.
aggancio *m.* (*fam.*) connections *pl.*
aggeggio *m.* gadget, device.
aggettare *v.i.* to jut out.
aggettivato *a.* used as an adjective, attributive.
aggettivo *m.* adjective.
aggetto *m.* **1** (*Arch.*) overhang. **2** (*Mecc.*) boss, lug.
agghiacciare *v.t.* **1** to freeze*. **2** (*far inorridire*) to make* one's blood run cold. **agghiacciarsi** *v.i.pron.* to freeze*, to turn to ice.
agghindare *v.t.* to dress up. **agghindarsi** *v.r.* to dress o.s. up, to deck o.s. out.
aggiogare *v.t.* **1** to yoke: ~ *i buoi all'aratro* to yoke the oxen to the plough. **2** (*fig.*) (*soggiogare*) to subjugate, to subdue.
aggiornamento *m.* **1** bringing up to date; (*rif. a libri*) updating; (*rif. a impianti*) modernization. **2** (*rinvio*) adjournment. □ *corso di* ~ refresher course.
aggiornare *v.t.* **1** (*mettere al corrente*) to bring* up to date. **2** (*tenere a giorno*) to keep* up to date; (*rif. a libri*) to update. **3** (*rinviare*) to defer, to adjourn: *la seduta è aggiornata a domani* the meeting is adjourned until tomorrow. **aggiornarsi** *v.r* (*mettersi al corrente*) to get* (*o* bring* o.s) up to date; (*tenersi al corrente*) to keep* up with the times.
aggiornato *a.* **1** (*rif. a cose*) up-to-date; (*rif. a libri*) updated; (*differito*) adjourned. **2** (*rif. a persone*) up-to-date, well-informed.
aggiramento *m.* **1** avoidance. **2** (*Mil.*) outflanking.
aggirare *v.t.* **1** to go* (*o* get*) round, to avoid (*anche fig.*): ~ *un ostacolo* to avoid an obstacle. **2** (*Mil.*) to outflank. **3** (*fig.*) (*ingannare*) to deceive, to outwit. **aggirarsi** *v.i.pron.* **1** (*vagare*) to wander, to roam, to go* about; (*con intenzioni sospette*) to hang* about. **2** (*approssimarsi*) to be (*o* come* to) about (*o* around).
aggiudicare *v.t.* **1** to award: ~ *un premio* to award a prize. **2** (*nelle aste*) to knock down **3** (*ottenere*) to obtain, to win*. □ *aggiudicato!* gone!
aggiudicazione *f.* **1** award, adjudication. **2** (*all'asta*) knocking-down.
aggiungere *v.t.* to add (*anche fig.*). **aggiungersi** *v.r.* to join, to be added.
aggiunta *f.* addition.
aggiuntare *v.t.* to join; (*cucendo*) to stitch together.
aggiuntivo *a.* additional, supplementary.
aggiunto *m.* assistant, deputy.
aggiustare *v.t.* **1** (*riparare*) to repair, to fix· ~ *una macchina* to repair a machine; (*rammendare*) to mend. **2** (*riassettare*) to rearrange, to adjust: *aggiustarsi la cravatta* to adjust one's tie. **3** (*fig.*) (*sistemare*) to arrange, to settle. **4** (*fig. fam.*) (*rif. a persone*) to settle, to fix: *ora ti aggiusto io* now I'll settle you. **aggiustarsi** *v.r.* **1** (*accordarsi*) to agree, to come* to an agreement (*o* understanding): *per il prezzo ci aggiusteremo* we shall come to an understanding about the price. **2** (*sistemarsi alla meglio*) (*fam.*) to make* do.
aggiustatura *f.* repair, mending.
agglomeramento *m.* throng, crowd; (*rif. a cose*) agglomeration.
agglomerare *v.t.* to agglomerate. **agglomerarsi** *v.r.* to agglomerate; (*rif. a persone*) to crowd together, to gather.
agglomerato *m.* **1** agglomeration. **2** (*centro abitato*) built-up area, (*am.*) populated area.
agglutinare *v.t.* to agglutinate.
aggomitolare *v.t.* to wind* (into a ball). **aggomitolarsi** *v.r.* (*rannicchiarsi*) to curl up, to huddle up.
aggradare *v.i.* to like (costr. pers.), to please.
aggraffare *v.t.* to clip.
aggraffatrice *f.* stapler; (*tecn.*) stapling machine.
aggrapparsi *v.r.* (*afferrarsi*) to cling* (*a* to), to clutch (at).
aggravamento *m.* worsening, aggravation.
aggravante **I** *a.* (*Dir.*) aggravating: *circostanze aggravanti* aggravating circumstances. **II** *s.f.* aggravating circumstances.
aggravare *v.t.* **1** (*aumentare*) to increase, to augment. **2** (*peggiorare*) to aggravate, to make* worse. **aggravarsi** *v.i.pron.* **1** (*divenire più grave, più serio*) to become* more serious. **2** (*peggiorare*) to become* worse.
aggravio *m.* increase, rise.
aggraziato *a.* pretty, graceful.
aggredire *v.t.* to attack, to assault.
aggregare *v.t.* to aggregate; to admit, to associate. **aggregarsi** *v.r.* to join, to associate with.
aggregato **I** *a.* (*rif. a funzionari*) temporarily attached. **II** *s.m.* **1** aggregation. **2** (*Biol. Chim., Mat., Geol.*) aggregate.
aggressione *f.* attack, assault.
aggressività *f.* aggressiveness.
aggressivo *a.* aggressive.
aggressore *m.* attacker, assailant.
aggrinzire *v.t.* to wrinkle: ~ *la fronte* to wrinkle one's forehead. **aggrinzirsi** *v.i.pron* to shrivel, to wrinkle (up).
aggrottare *v.t.* to contract. □ ~ *la* **fronte** to knit one's brows; ~ *le* **sopracciglia** to frown.
aggrovigliare *v.t.* to (en)tangle. **aggrovigliarsi** *v.i.pron.* **1** to become* (*o* get*) (en)tangled. **2** (*fig.*) to become* complicated.
aggrovigliato *a.* **1** (en)tangled. **2** (*fig.*) involved, complicated: *una situazione aggrovigliata* an involved situation.
aggrumarsi *v.i.pron.* (*coagularsi*) to clot, to coagulate.
agguantare *v.t.* **1** to catch*, to seize. **2** (*Mar.*) to hold*.
agguato *m.* **1** trap, snare. **2** (*Mil.*) (*imboscata*) ambush.

agguerrire *v.t.* **1** (*Mil.*) to train (for war). **2** (*estens.*) to strengthen, to inure. **agguerrirsi** *v.r.* **1** to train o.s. (for war). **2** (*fig.*) to become* inured (to s.th.).
agguerrito *a.* **1** (well-)trained. **2** (*fig.*) inured, tough.
aghiforme *a.* needle-shaped.
agiatezza *f.* prosperity, wealth.
agiato *a.* well-to-do, well-off.
agibile *a.* ready (*o* fit) for use.
agile *a.* **1** agile, nimble, quick: *dita agili* nimble fingers. **2** (*fig.*) lively, quick, ready: *una mente* ~ a quick mind.
agilità *f.* **1** agility, nimbleness. **2** (*fig.*) liveliness, readiness. ☐ ~ *delle dita* finger suppleness.
agio *m.* **1** (*comodità*) ease, comfort; (*rif. al tempo disponibile*) leisure. **2** (*opportunità*) opportunity, chance: *dare* ~ *a qd. di fare qc.* to give s.o. the opportunity of doing s.th. ☐ *stare a proprio* ~ to be at (one's) ease.
agiografia *f.* hagiography.
AGIP = *Azienda Generale Italiana Petroli* Italian Petroleum Company.
agire *v.i.* **1** (*fare, operare*) to act: ~ *di comune accordo* to act by common (*o* mutual) consent. **2** (*comportarsi*) to behave: ~ *male* to behave badly. **3** (*Dir.*) to take* action (*o* legal proceedings).
AGIS = *Associazione Generale Italiana dello Spettacolo* Italian Association for Entertainment.
agitare *v.t.* **1** to wave, to agitate: ~ *le mani* to wave one's hands; (*scuotere*) to shake*: ~ *prima dell'uso* shake well before using. **2** (*incitare*) to stir (up), to rouse. **3** (*discutere*) to discuss, to debate, to air: ~ *una questione* to air a question. **agitarsi** *v.r.* **1** to toss, to be restless: *agitarsi nel sonno* to toss in one's sleep. **2** (*sollevarsi*) to agitate, to clamour. **3** (*turbarsi*) to get* upset, to become* troubled, to worry.
agitato *a.* **1** (*mosso*) agitated; (*rif. al mare*) rough. **2** (*inquieto*) troubled, restless. **3** (*turbato*) upset.
agitatore *m.* agitator.
agitazione *f.* agitation, excitement.
aglio *m.* (*Bot.*) garlic: *spicchio d'*~ clove of garlic.
agnello *m.* (*Zool.*) **1** lamb. **2** (*pelliccia*) lamb(skin). ☐ *essere un* ~ to be meek and mild.
agnosticismo *m.* (*Filos.*) agnosticism.
agnostico **I** *a.* agnostic(al). **II** *s.m.* agnostic.
ago[1] *m.* **1** needle: *infilare un* ~ to thread a needle. **2** (*di strumenti di misura*) tongue, needle. **3** (*Inform.*) (*di stampante*) pin. ☐ **cercare** *un* ~ *in un pagliaio* to look for a needle in a haystack; ~ *per* **iniezioni** (hypodermic) needle.
ago.[2] = *agosto* August (Aug.).
agognare *v.t.* to long for, to thirst for: ~ *la gloria* to thirst for glory.
agonia *f.* **1** pangs of death. **2** (*fig.*) agony.
agonismo *m.* competitive spirit.
agonistico *a.* agonistic(al).
agonizzare *v.i.* to be dying, to be on the point of death.
agopuntura *f.* (*Med.*) acupuncture.
agorafobia *f.* (*Med.*) agoraphobia.
Agostino *N.pr.m.* Austin; (*Stor.*) Augustine.
agosto *m.* August.
agraria *f.* agriculture.
agrario **I** *a.* agrarian, agricultural. **II** *s.m.* landowner. ☐ *riforma agraria* land reform.
agreste *a.* rustic, rural: *vita* ~ rural life.
agricolo *a.* agricultural, farm-.
agricoltore *m.* farmer.
agricoltura *f.* agriculture, farming.
agrifoglio *m.* (*Bot.*) holly.
agrimensore *m.* land-surveyor.
agrimensura *f.* land-surveying.
agriturismo *m.* farm holiday.
agro **I** *a.* **1** (*acido*) acid, sharp. **2** (*acerbo*) sour: *arancia agra* sour orange. **3** (*fig.*) harsh, sharp, bitter: *parole agre* bitter words. **II** *s.m.* (*agrezza*) sourness, bitterness.
agrodolce **I** *a.* bitter-sweet. **II** *s.m.* (*Gastr.*): *all'*~ in vinegar with sugar.
agronomia *f.* agronomy, agronomics *pl.* (costr. sing.).
agronomo *m.* agronomist.
agrume *m.* (*Bot.*) citrus(es) *pl.*; (*frutta*) citrus fruit(s) *pl.*
agrumeto *m.* citrus plantation.
agucchiare *v.i.* to sew*.
aguzzare *v.t.* to sharpen (*anche fig.*). ☐ ~ *gli orecchi* to prick one's ears.
aguzzino *m.* **1** (*carceriere*) gaoler, jailer. **2** (*fig.*) tyrant.
aguzzo *a.* sharp, pointed (*anche fig.*).
ah *intz.* ah, oh.
ahi *intz.* ah; (*per un dolore fisico*) ow, ouch.
ahimè *intz.* alas, ah me, (*scherz.*) woe is me.
A.I. = *Aeronautica Italiana* Italian Air Force.
aia *f.* threshing-floor.
Aia, L' *N.pr.f.* (*Geog.*) The Hague.
AIDO = *Associazione Italiana Donatori di Organi* Italian Organ Donor's Association.
AIDS = sigla internazionale per *Sindrome da Immuno Deficienza Acquisita* Aquired Immuno Deficiency Syndrome.
A.I.E. = *Associazione Italiana degli Editori* Italian Publishers' Association.
aiola *f.* flower-bed.
aire *m.*: *dar l'*~ *a qc., a qd.* to set s.th. going, to start s.o. off.
airone *m.* (*Zool.*) heron.
aitante *a.* vigorous, sturdy.
aiutante *m./f.* **1** assistant. **2** (*Mil.*) adjutant.
aiutare *v.t.* to help, to assist: ~ *qd. nel pericolo* to help s.o. in danger. **aiutarsi** *v.r.* **1** (*ingegnarsi*) to do* one's best, to help o.s.: *si aiuta come può* he does the best he can. **2** (*recipr.*) to help e.o.
aiuto *m.* **1** help, aid. **2** *pl.* (*concr.*) aid, relief. **3** (*persona che aiuta*) helper; (*assistente*) assistant. **4** *pl.* (*Mil.*) reinforcements *pl.* **5**

(*esclam.*) help. ▭ **accorrere** *in* ~ *di qd.* to come to s.o.'s aid; **chiedere** ~ *a qd.* to ask s.o. for help; ~ **chirurgo** assistant surgeon; **dare** ~ *a qd.* to help s.o.; **essere** *d'*~ *a qd.* to be of help (*o* assistance) to s.o.
aizzare *v.t.* to urge on, to goad; (*rif. ad animali*) to set* on.
Al = (*Chim.*) *alluminio* aluminium.
ala *f.* **1** wing. **2** (*di cappello*) brim. **3** (*Sport*) wing. ▭ (*fig.*) **abbassare** *le ali* to humble o.s.; (*Aer.*) **apertura** *dell'*~ wing-span; **apertura** *d'ali* wing-spread; **fare** ~ to line the way; (*Pol.*) ~ *del* **partito** wing of the party.
alabarda *f.* halberd.
alabardiere *m.* halberdier.
alabastro *m.* (*Min.*) alabaster.
alacre *a.* **1** brisk, prompt. **2** (*fig.*) (*vivace*) lively, quick.
alacrità *f.* alacrity, briskness.
alamaro *m.* **1** frog, toggle. **2** (*delle divise militari*) braiding.
alambicco *m.* still.
alare[1] *a.* wing-: *apertura* ~ wing-span.
alare[2] *m.* firedog, andiron.
Alasca *N.pr.f.* (*Geog.*) Alaska.
alato *a.* **1** winged. **2** (*fig.*) lofty.
alba *f.* dawn (*anche fig.*): *all'*~ at dawn; *sul fare dell'*~ at daybreak, at the break of dawn.
albanese *a./s.m./f.* Albanian.
Albania *N.pr.f.* (*Geog.*) Albania.
albatro *m.* (*Zool.*) albatross.
albeggiare *v.i.impers.* to dawn (*anche fig.*). ▭ *albeggia* day is breaking.
alberare *v.t.* to plant with trees: ~ *un viale* to plant an avenue with trees.
alberato *a.* **1** planted with trees. **2** (*Mar.*) masted.
alberatura *f.* (*Mar.*) masts *pl.*, masting.
albergare **I** *v.t.* **1** to lodge. **2** (*fig.*) to harbour. **II** *v.i.* lodge, to dwell*.
albergatore *m.* hotel-keeper.
alberghiero *a.* hotel-: *industria alberghiera* hotel trade.
albergo *m.* **1** hotel. **2** (*ricovero*) shelter. ▭ ~ **diurno** daytime hotel; ~ *per la* **gioventù** youth hostel; ~ *di* **lusso** luxury hotel.
albero *m.* **1** (*Bot.*) tree. **2** (*Mar.*) mast. **3** (*Mecc.*) shaft. ▭ **arrampicarsi** *su un* ~ to climb (up) a tree; (*Mecc.*) ~ *a* **camme** camshaft; ~ *della* **cuccagna** greasy pole; ~ *di alto* **fusto** long-trunked (*o* tall) tree; ~ *di* **Natale** Christmas tree.
Alberto *N.pr.m.* Albert.
albicocca *f.* (*Bot.*) apricot.
albicocco *m.* (*Bot.*) apricot (tree).
albinismo *m.* (*Biol.*) albin(o)ism.
albino *a./s.m.* albino.
albo *m.* **1** (*riquadro per l'affissione di documenti*) notice-board, (*am.*) bulletin-board. **2** (*Dir.*) register, roll. **3** (*libro figurato*) picture book; (*libro di fumetti*) comic (book): ~ *di Topolino* Mickey Mouse comic. **4** (*per fotografie*) album.
albore *m.* (*spec. pl.*) dawning.
album *m.* **1** album. **2** (*libro figurato*) picture book. ▭ ~ *da disegno* sketch-book.
albume *m.* albumen, white of egg.
albumina *f.* (*Biol.*) albumin.
alcali *m.pl.* (*Chim.*) alkali.
alcalino *a.* alkaline, alkali-.
alce *m.* (*Zool.*) elk.
alchechengi *m.* (*Bot.*) winter-cherry.
alchimia *f.* alchemy (*anche fig.*).
alchimista *m.* alchemist.
alcol *m.* (*Chim.*) alcohol.
alcolicità *f.* alcohol content.
alcolico **I** *a.* alcoholic. **II** *s.m.* **1** (*bevanda alcolica*) alcoholic drink. **2** *pl.* wines and spirits *pl.*
alcolismo *m.* alcoholism.
alcolista *m./f.* **alcolizzato** *a./s.m.* alcoholic.
alcool → **alcol**.
alcova *f.* **1** alcove. **2** (*fig.*) bedroom, chamber.
alcunché *pron.indef.* **1** (*qualche cosa*) something. **2** (*niente*) anything.
alcuno **I** *a.* **1** (*in frasi affermative o interrogative da cui si attende risposta affermativa*) some: *per alcun tempo* for some time. **2** (*in frasi negative*) any: *non posso darti alcun aiuto* I can't give you any help; (*con il verbo inglese in forma affermativa*) no: *non vedo alcun motivo* I see no reason. **3** *pl.* some, a few: *ci sono alcune parole che non capisco* there are some words which I don't understand; *alcuni anni fa* a few years ago. **II** *pron.* (*non com.*) **1** (*uno*) someone, somebody: ~ *parla* someone is talking; (*in proposizioni interrogative o dubitative*) anyone, anybody: *se* ~ *lo vedesse* if anyone should see it. **2** (*in frasi negative: nessuno*) anyone, anybody; (*con il verbo inglese in forma affermativa*) no one, nobody: *non c'è* ~ *che voglia aiutarmi* there's no one who wants to help me. **3** *pl.* some, a few, some people. ▭ *senza alcun dubbio* with no doubt.
aldilà *m.* life to come, hereafter.
Aldo *N.pr.m.* Aldous.
aleatorio *a.* **1** hazardous, uncertain: *esito* ~ uncertain outcome. **2** (*Dir.*) aleatory.
aleggiare *v.i.* (*lett.*) to blow* gently; (*rif. a profumo e sim.*) to waft.
alesare *v.t.* (*a mano*) to ream; (*con l'alesatrice*) to bore; (*col tornio*) to lathe-bore.
Alessandra *N.pr.f.* Alexandra.
Alessandria (d'Egitto) *N.pr.f.* (*Geog.*) Alexandria.
alessandrino *a./s.m.* Alexandrian. ▭ *verso* ~ Alexandrine line.
Alessandro *N.pr.m.* Alexander.
aletta *f.* (*Mecc.*) fin.
alettone *m.* (*Aer.*) aileron.
alfa *m./f.* (*alfabeto greco*) alpha.
alfabetico *a.* alphabetical.
alfabeto *m.* **1** alphabet. **2** (*primi rudimenti*) first steps *pl.*, elements *pl.* ▭ (*Tel.*) ~ *morse* Morse code (*o* alphabet).

alfiere *m.* **1** (*portabandiera*) standard-bearer (*anche fig.*). **2** (*Mil.*) ensign. **3** (*fig.*) (*antesignano*) pioneer, fore-runner. **4** (*negli scacchi*) bishop.
alfine *avv.* finally, at last, eventually.
Alfredo *N.pr.m.* Alfred.
alga *f.* (*Bot.*) seaweed, alga (*pl.* algae).
algebra *f.* algebra.
algebrico *a.* algebraic.
Algeri *N.pr.f.* (*Geog.*) Algiers.
Algeria *N.pr.f.* (*Geog.*) Algeria.
algerino *a./s.m.* Algerian.
algoritmo (*Mat.*) *m.* algorithm.
aliante *m.* (*Aer.*) glider.
alias *avv.* (*altrimenti detto*) otherwise known as, alias.
alibi *m.* (*Dir.*) alibi (*anche fig.*).
alice *f.* (*Zool.*) anchovy.
Alice *N.pr.f.* Alice.
alienabile *a.* alienable.
alienante *a.* alienating, soul-destroying.
alienare *v.t.* to alienate (*anche fig.*).
alienato I *a.* **1** (*Dir.*) alienated. **2** (*Med.*) insane, lunatic. **II** *s.m.* (*Med.*) lunatic. □ *casa di cura per alienati* mental home.
alienazione *f.* alienation. □ ~ *mentale* mental derangement.
alieno I *a.* averse (*a* from, to), opposed (*a* against, to), disinclined (*a* for s.th.; to do s.th.). **II** *s.m.* (*neol.*) alien.
alimentare[1] *v.t.* to feed*. **alimentarsi** *v.r.* to feed* (*di* on) (*anche fig.*).
alimentare[2] **I** *a.* food-, alimentary: *industria* ~ food industry. **II** *s.m.pl.* foodstuffs *pl.* □ *negozio di alimentari* grocer's shop.
alimentazione *f.* **1** feeding. **2** (*dieta*) diet. **3** (*tecn.*) feed(ing); (*El.*) power supply. **4** (*Mil.*) loading.
alimento *m.* **1** food. **2** *pl.* (*Dir.*) alimony. **3** (*fig.*) nourishment, food. **4** (*tecn.*) feed.
aliquota *f.* **1** share, quota. **2** (*rif. a imposte*) rate. **3** (*Mat.*) aliquot (part).
aliscafo *m.* (*Mar.*) hydrofoil.
aliseo *m.* trade-wind.
alitare *v.i.* **1** (*respirare*) to breathe. **2** (*soffiare leggermente*) to stir, to blow* gently.
alito *m.* **1** (*respiro, fiato*) breath. **2** (*soffio di vento*) puff, breath.
all. = *allegato* enclosure (encl.).
allacciamento *m.* **1** connection, junction. **2** (*collegamento*) connection, link. **3** (*Ferr.*) junction, (*am.*) crossover.
allacciare *v.t.* **1** (*legare con lacci*) to lace (up), to tie: ~ *le scarpe* to lace one's shoes. **2** (*legare insieme*) to tie (*o* fasten) together. **3** (*abbottonare*) to button (up), to fasten; (*affibbiare*) to buckle. **4** (*fig.*) (*stringere*) to form: ~ *nuove amicizie* to form new friendships. **5** (*tecn.*) to connect.
allacciatura *f.* lacing, tying, fastening; (*rif. a bottoni*) buttoning; (*rif. a fibbia*) buckling.
allagamento *m.* flooding, inundation; (*effetto*) flood.
allagare *v.t.* to flood. **allagarsi** *v.i.pron.* to be flooded.
Allah *N.pr.m.* Allah.
allampanato *a.* lean, lanky.
allargamento *m.* widening, broadening.
allargare *v.t.* **1** (*rendere più largo*) to widen, to broaden (*anche fig.*): ~ *la cerchia delle proprie amicizie* to enlarge (*o* widen) one's circle of friends. **2** (*rif. a vestiti*) to let* out; (*rif. a scarpe, guanti e sim.*) to stretch. **3** (*aprire*) to open, to spread* (out): ~ *le braccia* to open one's arms. **allargarsi** *v.r.* **1** to become* wider, to widen, to spread*. **2** (*trasferirsi in una casa più grande*) to move into larger premises.
allarmante *a.* alarming.
allarmare *v.t.* **1** to alarm. **2** (*fig.*) (*inquietare*) to alarm, to disturb. **allarmarsi** *v.i.pron.* to become* (*o* get*) alarmed.
allarme *m.* **1** (*Mil.*) alarm. **2** (*grido, segnale*) alarm, warning. **3** (*apprensione*) alarm, apprehension. □ ~ **aereo** air-raid warning; **dare** *l'*~ to give the alarm; **dispositivo** *d'*~ alarm system; **falso** ~ false alarm (*anche fig.*).
allarmismo *m.* alarmism.
allarmista *m./f.* alarmist.
allarmistico *a.* alarming.
allattamento *m.* **1** (*rif. a bambini*) (breast) feeding, nursing; (*rif. ad animali*) suckling. **2** (*periodo*) lactation. □ ~ *artificiale* bottle-feeding.
allattare *v.t.* (*rif. a bambini*) to feed*, to nurse; (*rif. ad animali*) to suckle.
alleanza *f.* alliance.
allearsi *v.r.* to form (*o* enter into) an alliance, to ally.
alleato I *a.* allied: *le nazioni alleate* the allied nations. **II** *s.m.* ally.
Allegani *N.pr.m.pl.* (*Geog.*) Allegheny.
allegare[1] *v.t.* **1** to enclose: ~ *un certificato* to enclose a certificate. **2** (*rif. ai denti*) to set* on edge.
allegare[2] *v.t.* to cite, to adduce: ~ *una testimonianza* to cite evidence; (*addurre*) to advance, to put* forward.
allegato I *a.* enclosed: *documenti allegati* documents enclosed. **II** *s.m.* enclosure, document enclosed.
alleggerire *v.t.* **1** to lighten, to make* lighter. **2** (*fig.*) to lighten, to ease: ~ *la propria coscienza* to ease one's conscience. **alleggerirsi** *v.r.* **1** to become* lighter. **2** (*indossare panni più leggeri*) to put* on lighter clothes.
allegoria *f.* allegory.
allegorico *a.* allegoric(al). □ *carro* ~ float.
allegramente *avv.* cheerfully, merrily.
allegretto *m.* (*Mus.*) allegretto.
allegrezza *f.* mirth.
allegria *f.* merriment, cheerfulness.
allegro I *a.* **1** merry, cheerful. **2** (*alticcio*) tipsy. **3** (*di facili costumi*) fast: *donnina allegra* fast woman. **4** (*Mus.*) allegro **II** *s.m.* (*Mus.*) allegro. □ **colore** ~ bright colour;

stare *allegri* (*divertirsi*) to make merry; *c'è poco da* **stare** *allegri* there isn't much to be cheerful about.
alleluia *m.* hallelujah.
allenamento *m.* **1** (*Sport*) training. **2** (*abitudine*) habit: ~ *allo studio* study habit, habit of studying. ☐ *essere in* ~ to be in training.
allenare *v.t.* (*Sport*) to train, to coach. **allenarsi** *v.r.* (*esercitarsi*) to practice; (*prepararsi*) to train (o.s.).
allenatore *m.* (*Sport*) trainer, coach.
allentare *v.t.* **1** (*rendere meno teso*) to slack(en), to ease off: ~ *una fune* to slacken a rope; (*rendere meno stretto*) to loosen: ~ *la fasciatura* to loosen the bandage. **2** (*rendere meno veloce*) to slacken, to slow down: ~ *il passo* to slacken one's pace. **3** (*rendere meno rigido*) to relax. **allentarsi** *v.i.pron.* **1** (*diventare meno teso*) to slacken, to grow* slack. **2** (*diventare meno stretto*) to loosen, to become* loose. **3** (*diventare meno rigido*) to become* less rigid, to relax.
allergia *f.* (*Med.*) allergy.
allergico *a.* allergic (*anche fig.*).
allergologo *m.* allergist.
allerta I *avv.* on the alert. **II** *s.f.* alert. ☐ ~*!* look out!
allestimento *m.* **1** preparation, setting up: ~ *di una mostra* preparation of an exhibition. **2** (*Mar.*) fitting out. **3** (*Teat.*) staging. ☐ ~ *scenico* staging.
allestire *v.t.* **1** to prepare, to get* ready: ~ *un pranzo* to prepare a dinner. **2** (*arredare*) to furnish. **3** (*Mar.*) to fit out. **4** (*Teat.*) to stage: ~ *uno spettacolo* to stage a production.
allettamento *m.* allurement, enticement.
allettante *a.* tempting, inviting.
allettare *v.t.* **1** (*lusingare*) to allure, to entice. **2** (*attrarre*) to attract, to tempt.
allevamento *m.* **1** breeding, rearing; (*rif. a bestiame*) cattle-breeding, stock-farming. **2** (*luogo*) (stock) farm; (*rif. a cavalli*) stud farm. ☐ *animale da* ~ brood (*o* stud) animal.
allevare *v.t.* **1** (*rif. a bambini*) to bring* up. **2** (*rif. ad animali*) to rear, to breed*.
allevatore *m.* breeder, farmer.
alleviare *v.t.* **1** to lighten, to make* lighter: ~ *una fatica* to make a hard task lighter. **2** (*fig.*) (*mitigare*) to relieve, to alleviate, to mitigate.
allibire *v.i.* to be dismayed.
allibramento *m.* (*Econ.*) registration, booking.
allibrare *v.t.* to register, to enter.
allibratore *m.* bookmaker.
allietare *v.t.* to cheer (up). **allietarsi** *v.i.pron.* to cheer up, to rejoice.
allievo *m.* **1** (*scolaro*) pupil. **2** (*Mil.*) cadet. **3** (*apprendista*) apprentice.
alligatore *m.* (*Zool.*) alligator.
allignare *v.t.* **1** (*mettere radici*) to take* root, to grow*. **2** (*fig.*) (*prosperare*) to flourish, to thrive*.
allineamento *m.* **1** (*adeguamento*) adjustment (*a* to), alignment (with). **2** (*Mil.*) dressing: ~ *di soldati* dressing of soldiers. **3** (*Tip.*) ranging, (*am.*) alignment. **4** (*Inform.*) justification.
allineare *v.t.* **1** to line up. **2** (*adeguare*) to adjust, to align: ~ *gli stipendi* to adjust salaries. **3** (*Tip.*) to range, (*am.*) to align. **4** (*Inform.*) to justify. **allinearsi** *v.r.* **1** to line up. **2** (*adeguarsi*) to become* adjusted, to adjust. **3** (*Mil.*) to dress, to fall* in: *allineatevi!* fall in! **4** (*Pol.*) to side.
allineato *a.* aligned.
allocco *m.* **1** (*Zool.*) (tawny) owl. **2** (*fig.*) fool.
allocuzione *f.* allocution.
allodola *f.* (*Zool.*) (sky)lark.
allogare *v.t.* **1** (*rif. a cose*) to arrange, to settle; (*rif. a ospiti*) to accommodate, to lodge. **2** (*collocare in un impiego*) to place.
allogeno *a./s.m.* alien.
alloggiamento *m.* **1** lodging, accommodation. **2** (*Mil.*) (*rif. a caserme: atto*) quartering; (*effetto*) quarters *pl.*; (*rif. a case private: atto*) billeting; (*effetto*) billet.
alloggiare *v.t./i.* **1** to lodge. **2** (*Mil.*) (*rif. a caserme*) to quarter; (*rif. a case private*) to billet.
alloggio *m.* **1** accommodation, lodging; (*rif. a stanze*) lodgings *pl.*, rooms *pl.* **2** (*Mil.*) (*rif. a caserme*) quarters *pl.*; (*rif. a case private*) billets *pl.* ☐ **crisi** *degli alloggi* housing shortage; **prendere** ~ to stay; **vitto** *e* ~ board and lodging.
allontanamento *m.* **1** removal: ~ *di un pericolo* removal of a danger. **2** (*licenziamento: di impiegati*) dismissal; (*dalla scuola*) expulsion.
allontanare *v.t.* **1** to remove, to send* away; (*tenere lontano*) to keep* away: ~ *qc. da sé* to keep s.th. away from o.s.; (*scacciare*) to chase away. **2** (*fig.*) to banish, to remove: ~ *il sospetto* to banish suspicion. **3** (*ispirare avversione*) to drive* off (*o* away), to alienate. **4** (*licenziare: rif. a impiegati*) to dismiss; (*rif. a scolari, studenti*) to expel. **allontanarsi** *v.r.* **1** to go* away, to leave*. **2** (*estraniarsi*) to draw* away. **3** (*fig.*) (*deviare*) to deviate, to swerve.
allora *avv.* **1** (*in quel momento*) then, at (*o* in) that moment; (*in quel tempo*) at that time, then: ~ *si usava così* it was the custom, then (*o* at that time). **2** (*in tal caso*) then, in that case, well then: *non sei ancora pronto?* ~ *ti aspetterò* aren't you ready yet? I'll wait for you, then. **3** (*dunque*) (well) then, therefore, so: ~ *siamo intesi* well then, we're agreed. **4** (*interr.*) well (then), what then (*o* now), so: *e* ~*?* and what then? ☐ **da** ~ since then: *da* ~ *in poi* since then, from then on; **fino** ~ until (*o* till) then.
allorché *congz.* (*lett.*) when, as soon as.
alloro *m.* (*Bot.*) laurel (*anche fig.*).
alluce *m.* (*Anat.*) big toe.

allucinante *a.* hallucinating.
allucinare *v.t.* **1** to hallucinate. **2** (*abbagliare*) to dazzle.
allucinazione *f.* hallucination.
allucinogeno *m.* (*Farm.*) hallucinogen.
alludere *v.i.* to hint (at), to allude.
allume *m.* (*Chim.*) alum.
alluminio *m.* (*Chim.*) aluminium, (*am.*) aluminum.
allunaggio *m.* moon-landing.
allunare *v.i.* to land on the moon.
allungabile *a.* extensible, extension-. □ *tavolo* ~ leaf-table.
allungamento *m.* (*atto*) lengthening, extending; (*effetto*) extension, prolongation.
allungare *v.t.* **1** to lengthen, to extend: ~ *una gonna di tre centimetri* to lengthen a skirt (by) three centimetres; (*rif. a tempo*) to extend. **2** (*stendere*) to stretch (out), to hold* out: ~ *le gambe sotto il tavolo* to stretch one's legs under the table. **3** (*dare: pugni, calci e sim.*) to let* fly, to deliver: ~ *una pedata a qd.* to let fly a kick at s.o. **4** (*porgere*) to hand, to pass: *allungami il giornale, per favore* pass me the newspaper, please. **5** (*diluire*) to dilute; (*con acqua*) to water (down). **allungarsi I** *v.i.pron.* (*rif. a spazio, tempo*) to lengthen, to draw* out; (*rif. a statura*) to grow* taller. **II** *v.r.* (*stendersi*) to stretch out, to lie* down.
allungato *a.* (*diluito*) diluted; (*con acqua*) watered-down.
allungatura *f.* (*atto*) lengthening, extending; (*effetto*) elongation.
allungo *m.* (*calcio*) pass; (*atletica e ciclismo*) spurt; (*pugilato*) lunge.
allusione *f.* hint, allusion.
allusivo *a.* allusive, (*pred.*) alluding.
alluvionale *a.* (*Geol.*) alluvial.
alluvionato I *a.* flooded, flood-: *regioni alluvionate* flood-areas. **II** *s.m.* flood victim.
alluvione *f.* flood, inundation.
almanaccare *v.t./i.* **1** (*fantasticare*) to (day) dream*. **2** (*congetturare*) to puzzle: ~ *su qc.* to puzzle over s.th.
almanacco *m.* almanac(k); (*calendario*) calendar.
almeno I *avv.* at least: *non è intelligente, ma* ~ *studia* he is not very clever, but at least he studies. **II** *congz.* (*se almeno*) if only, if at least: ~ *lavorasse* if only he would work.
aloe *m.* (*Bot., Farm.*) aloe.
alogeno I *a.* halogenous. **II** *s.m.* halogen. □ *lampada alogena* halogen lamp.
alone *m.* **1** (*Astr.*) halo: ~ *della luna* lunar halo. **2** (*fig.*) aura, halo.
alpaca *m.* (*Zool.*) alpaca.
alpacca *f.* (*Met.*) German (*o* nickel) silver.
alpe *f.* (*montagna*) alp.
alpestre *a.* **1** (*di montagna*) mountain. **2** (*delle Alpi*) Alpine.
Alpi *N.pr.f.pl.* (*Geog.*) Alps *pl.*
alpigiano *m.* mountain dweller.
alpinismo *m.* mountaineering, alpinism.
alpinista *m./f.* mountaineer, mountain -climber, alpinist.
alpino I *a.* alpine: *piante alpine* alpine plants. **II** *s.m.pl.* Alpini *pl.* (Italian Alpine troops).
alquanto I *a.* **1** a certain (*o* fair) amount of: *aveva* ~ *denaro* he had a fair amount of money. **2** *pl.* several, a good many. **II** *pron.* **1** a certain (*o* fair) amount, quite a lot, a good deal, some: *ne ho bevuto* ~ I have drunk a good deal (of it). **2** *pl.* several, some, a good many. **III** *avv.* (*un poco*) rather, somewhat, a little.
alt I *intz.* **1** (*Mil.*) halt. **2** (*Strad.*) stop. **II** *s.m.* halt: *dare l'*~ to call a halt.
alta definizione *f.* (*Fot., Cin., TV*) high -definition.
altalena *f.* **1** (*in bilico*) see-saw; (*sospesa a funi*) swing. **2** (*fig.*) (*alterna vicenda*) ups and downs *pl.*
altamente *avv.* highly: *è uno spettacolo* ~ *drammatico* it's a highly dramatic performance.
altana *f.* covered roof-terrace.
altare *m.* altar: ~ *maggiore* high altar. □ **accostarsi** *all'*~ to go up to receive Holy Communion; *il* **sacrificio** *dell'*~ the Mass.
alterabile *a.* **1** alterable. **2** (*deperibile*) perishable. **3** (*falsificabile*) falsifiable, forgeable. **4** (*fig.*) (*irritabile*) irritable, touchy.
alterare *v.t.* **1** (*mutare*) to alter. **2** (*adulterare*) to adulterate. **3** (*falsificare*) to falsify; (*rif. a denaro, documenti*) to counterfeit; (*rif. a firme, documenti*) to forge. **4** (*svisare*) to distort. **alterarsi** *v.i.pron.* **1** (*mutarsi*) to alter. **2** (*andare a male*) to go* bad (*o* off). **3** (*turbarsi, irritarsi*) to become* angry (*o* annoyed).
alterato *a.* **1** (*mutato*) altered. **2** (*adulterato*) adulterated. **3** (*falsificato*) falsified, counterfeited, forged. **4** (*guasto: rif. a cibi, bevande*) bad. **5** (*irritato*) angry, annoyed; (*turbato*) upset. □ **polso** ~ quick pulse; **voce** *alterata* broken voice.
alterazione *f.* **1** (*modificazione*) alteration. **2** (*adulterazione*) adulteration. **3** (*falsificazione*) falsification, forgery; (*atto*) counterfeiting. **4** (*svisamento*) distortion. **5** (*turbamento*) perturbation; (*irritazione*) anger, annoyance.
altercare *v.i.* to quarrel, to wrangle, to argue.
alterco *m.* wrangle, quarrel, argument.
alterigia *f.* haughtiness, arrogance.
alternanza *f.* alternation; (*Agr.*) rotation of crops.
alternare *v.r.* **1** to alternate (*anche El.*): ~ *il gioco con lo studio* to alternate work and play. **2** (*Agr.*) to rotate. **alternarsi** *v.r.* **1** to alternate. **2** (*rif. a persone*) to alternate, to take* turns.
alternativa *f.* **1** alternation. **2** (*possibilità di scelta*) alternative, choice.
alternativo *a.* **1** alternating, alternative: *medicina alternativa* alternative medicine. **2**

(*Mecc.*) reciprocating. □ *scuole alternative* progressive schools.

alternato *a.* **1** alternate. **2** (*El.*) alternating. **3** (*Inform.*) alternate.

alterno *a.* alternate (*in tutti i signif.*): *a giorni alterni* on alternate days, every other day; *angoli alterni* alternate angles.

altero *a.* **1** (*dignitoso*) dignified, stately: *portamento* ~ dignified bearing; (*sdegnoso*) disdainful, scornful. **2** (*superbo*) haughty, proud.

altezza *f.* **1** height. **2** (*rif. a tessuti*) width. **3** (*rif. a suoni*) pitch. **4** (*Geom.*) altitude. **5** (*profondità*) depth: *l'~ dell'acqua* the depth of the water; (*rif. a marea*) height. **6** (*titolo*) Highness: *Vostra Altezza* Your Highness. □ **all'~** *di* on a level (*o* line) with, at; (*fig.*) *essere* **all'~** *di qd.* to be up to s.o.'s level; **di** ~ high, in altitude, at a height of: *la città è a cento metri di* ~ the town is a hundred metres high (*o* in altitude); **grande** ~ great height, high altitude; ~ *sul* **livello** *del mare* height (*o* altitude) above sea level.

altezzoso *a.* haughty, arrogant.

alticcio *a.* tipsy; (*fam.*) tight.

altimetro *m.* altimeter.

altisonante *a.* high-sounding.

Altissimo, l' *m.* the Almighty.

altitudine *f.* altitude, height.

alto[1] **I** *a.* **1** high; (*in alto*) high (up): *il quadro è troppo* ~ the picture is too high up. **2** (*di statura*) tall: *un uomo* ~ a tall man. **3** (*rif. a stoffa*) wide. **4** (*rif. a suono*) high (-pitched): *note alte* high notes; (*forte*) loud. **5** (*Geog.*) (*settentrionale*) north(ern), upper: *alta Italia* northern Italy; (*rif. a fiumi*) upper: *l'~ Po* the upper Po. **6** (*rif. a ricorrenze*) late. **7** (*rif. a periodi storici*) early: *l'~ medioevo* the early Middle Ages. **8** (*profondo*) deep: *neve alta* deep snow. **9** (*grande, rilevante*) high, considerable: *il prezzo è molto* ~ the price is very high. **10** (*di rango elevato*) high(-ranking), high-up. **II** *avv.* **1** high (up), on high: *volare* ~ to fly high; (*su casse di imballaggio*) this side up. **2** (*ad alta voce*) aloud, loudly, in a loud voice. **III** *s.m.* (*la parte più alta*) top, upper part. □ **acqua** *alta* deep water; *avere degli alti e* **bassi** to have one's ups and downs; **dall'~** from above; **in** ~ (*stato*) high, high up, up, on high, high above: *là* **in** ~ up there; (*moto*) up, upward(s).

alto[2] *intz.* (*alt*) halt: ~ *là* halt, stop.

altoforno *m.* (*Met.*) blast-furnace.

altolocato *a.* high-ranking.

altoparlante *m.* (*Rad.*) loudspeaker.

altopiano *m.* tableland, plateau.

altorilievo *m.* high relief.

altresì *avv.* **1** (*lett.*) (*anche*) also, too. **2** (*parimenti*) likewise.

altrettanto I *a.* as much (again); *pl.* as many (again): *compra dieci penne e altrettante matite* buy ten pens and as many pencils. **II** *pron.* **1** (*la stessa quantità*) as much (again). **2** (*lo stesso numero*) as many (again). **3** (*la stessa cosa*) the same (thing): *si sedette ed io feci* ~ he sat down and I did the same. **III** *avv.* **1** as much, so much. **2** (*parimenti*) likewise, equally. □ *"tanti auguri" "~ a voi, grazie"* "all the best" "thank you, and the same to you".

altri *pron.sing.* **1** (*un'altra persona*) someone else; (*neg.*) no one, nobody else: *non può essere ~ che lui* it can be no one but him. **2** (*qualcuno*) someone, somebody.

altrimenti *avv.* **1** (*diversamente*) otherwise, differently. **2** (*se no*) or else, otherwise.

altro I *a.* **1** (an)other: *dammi un ~ libro* give me another book. **2** (*opposto a questo*) the other: *la casa sta sull'altra riva* the house stands on the other bank. **3** (*ulteriore*) further, some other, (*in frasi negative*) any other: *non posso fare altre concessioni* I cannot make any other concessions; (*ancora, di più*) more; (*rif. a tempo*) longer: *resterò altre due ore* I shall stay two hours longer; (*seguito da numeri*) another: *resta altri cinque minuti* stay another five minutes (*o* five minutes more). **4** (*secondo, nuovo*) another, second: *è stato per me un ~ padre* he has been a second father to me. **5** (*in espressioni temporali: antecedente*) last: *l'~ anno* last year; (*susseguente*) next: *quest'~ mese* next month. **6** (*rafforzativo: con pronomi e aggettivi*) else: *nessun* ~ nobody (*o* no one) else; *chi ~?* who else?; (*talvolta non si traduce*): *voi altri scrittori* you writers. **II** *pron.* **1** other (one), another (one). **2** *pl.* (*gli estranei*) others *pl.*, other people *pl.*: *non fidarti degli altri* don't trust other people. **3** (*in espressioni correlative*) other, another: *gli uni affermavano, gli altri negavano* some confirmed it, others denied it. **4** (*in espressioni reciproche*) each other; (*rif. a più persone o cose*) one another: *lottarono gli uni contro gli altri* they fought one another. **5** (*differente*) another, another person (*o* man). **III** *s.m.* **1** (*altra cosa*) more (besides), other things *pl.* **2** (*in espressioni negative e interrogative*) else, more: *nient'~, grazie!* nothing else, thank you!; *che ~ desidera?* what else would you like? **3** (*in espressioni correlative*) one thing... another: ~ *è dire,* ~ *è fare* it's one thing to say it and another to do it. □ **ben** ~ (*qualcosa di peggio*) much worse (than that); (*qualcosa di più*) much more (than that): *ci vuole ben ~ per convincerlo* it would take much more than that to persuade him; *non fare* (*niente*) ~ **che** (*seguito dall'inf.*) to do nothing but: *non fai ~ che bere* you do nothing but drink; **dell'~** something else; **fra** *l'~* among other things; *un* **giorno** *o l'~* one of these days; *ci* **mancherebbe** ~ that's all we need; *in un* **modo** *o nell'~* in one way or another; *l'~* **mondo** the next world; **più** *che* ~ mainly, above all; **questo** *e* ~ even more (than this), still more; **senz'~** (*certamente*) certainly, by all means;

(*senza indugio*) at once, straight away; *conosco* **sia** *gli uni sia gli altri* I know all of them; **tutt'**~ not at all, not in the least, not a bit; *l'***uno** *e l'*~ both *pl.*; *né l'***uno** *né l'*~ neither; *o l'***uno** *o l'*~ either; *ci* **vuol** ~ *per convincermi* it will take more than that to convince me.

altronde *avv.*: *d'*~ on the other hand.

altrove *avv.* elsewhere, somewhere else.

altrui **I** *a.* (*di altri*) someone else's; *pl.* other people's, of others: *le parole* ~ other people's words. **II** *s.m.* (*ciò che è di altri*) other people's property, the goods *pl.* (*o* belongings *pl.*) of others.

altruismo *m.* altruism, unselfishness.

altruista *m./f.* altruist, unselfish person.

altruistico *a.* altruistic, unselfish.

altura *f.* rise, hill.

alunna *f.* pupil, schoolgirl.

alunno *m.* pupil, schoolboy.

alveare *m.* **1** (bee)hive. **2** (*spreg.*) (*casamento*) hive, rabbit warren.

alveo *m.* (river-)bed.

alveolo *m.* (*Anat.*) alveolus (*pl.* alveoli).

alzabandiera *m.* flag-hoisting.

alzaia *f.* **1** (*fune*) towline. **2** (*strada*) towpath.

alzare *v.t.* **1** to raise, to lift (up): ~ *un peso* to lift a weight; ~ *il capo* to raise one's head. **2** (*costruire*) to build*, to erect: ~ *un muro* to build a wall. **3** (*carte da gioco*) to cut*. **alzarsi** **I** *v.i.pron.* **1** to (a)rise*: *si è alzato il vento* the wind has risen. **2** (*crescere di altezza*) to grow* tall; (*di fiume, marea, ecc.*) to rise*. **II** *v.r.* **1** (*levarsi in piedi*) to stand* up. **2** (*dal letto*) to get* up. □ ~ *la* **bandiera** to hoist the flag; ~ *la* **mano** (*per chiedere la parola*) to put one's hand up; ~ *le* **mani** (*per picchiare*) to raise one's hand to s.o.; (*per arrendersi*) to put one's hands up; ~ *gli* **occhi** (*per sorpresa* o *fastidio*) to raise one's eyebrows.

alzata *f.* **1** (*portadolci* o *portafrutta*) cake- (*o* fruit-) stand. **2** (*di un mobile*) upper part of a sideboard. **3** (*di uno scalino*) rise, riser. **4** (*Arch.*) elevation, front view. □ (*fig.*) ~ *di* **scudi** rebellion; ~ *di* **spalle** shrug; **votazione** *per* ~ *di mano* voting by show of hands.

alzo *m.* (*Mil.*) (*di fucile*) rear (*o* back) sight; (*di cannone*) sight.

Am = (*Chim.*) *americio* americium.

amabile *a.* **1** lovable, amiable: *essere* ~ *con qd.* to be amiable to s.o. **2** (*rif. a vino*) sweet.

amabilità *f.* friendliness, amiability.

amaca *f.* hammock.

amalgama *m.* amalgam (*anche fig.*).

amalgamare *v.t.*, **amalgamarsi** *v.r.* to amalgamate.

amante **I** *a.* fond, keen: *non è molto* ~ *della musica* he is not very fond of music. **II** *s.m./f.* **1** sweetheart, lover (*f.* mistress). **2** *pl.* (*gli innamorati*) lovers *pl.*

amanuense *m./f.* amanuensis (*pl.* amanuenses).

amaranto *a./s.m.* amaranth.

amare *v.t.* **1** to love. **2** (*estens.*) to be fond of, to like: ~ *lo studio* to be fond of study. **3** (*rif. a piante: aver bisogno*) to require, to need. **amarsi** *v.r. recipr.* to love e.o.; (*rif. a più persone*) to love one another.

amareggiare *v.t.* to embitter, to grieve. **amareggiarsi** *v.i.pron.* to grieve.

amarena *f.* (*Bot.*) sour black cherry, morello.

amareno *m.* (*Bot.*) sour cherry (tree).

amaretto *m.* (*biscotto*) macaroon.

amarezza *f.* **1** bitterness (*anche fig.*). **2** *pl.* (*delusioni*) disappointments *pl.*

amaro **I** *a.* bitter: ~ *come il fiele* (as) bitter as gall; (*rif. a bevande: senza zucchero*) unsweetened. **II** *s.m.* **1** bitter taste. **2** (*liquore*) bitters *pl.*

amarognolo *a.* bitterish.

amato **I** *a.* (be)loved. **II** *s.m.* sweetheart.

amatore *m.* **1** (*chi ama*) lover. **2** (*intenditore*) connoisseur; (*appassionato*) enthusiast.

amazzone *f.* **1** Amazon (*anche fig.*). **2** (*cavallerizza*) horse-woman. □ *cavalcare all'*~ to ride side-saddle.

Amazzoni, Rio delle *N.pr.m.* (*Geog.*) Amazon river.

Amazzonia *N.pr.f.* (*Geog.*) Amazonia.

ambasceria *f.* **1** diplomatic mission. **2** (*incarico*) embassy.

ambascia *f.* **1** (*angoscia*) anguish, distress. **2** (*difficoltà di respiro*) breathlessness.

ambasciata *f.* **1** embassy. **2** (*messaggio*) message.

ambasciatore *m.*, **ambasciatrice** *f.* ambassador.

ambedue **I** *a.* both: ~ *i fratelli* both (of the) brothers. **II** *pron.* both *pl.*

ambidestro *a.* ambidextrous.

ambientale *a.* environmental.

ambientamento *m.* (*rif. al fisico*) acclimatization, (*am.*) acclimation; (*rif. alla persona*) adaptation.

ambientare *v.t.* **1** (*rif. al fisico*) to acclimatize. **2** (*rif. a romanzi, film e sim.*) to set*, to place. **ambientarsi** *v.r.* to feel* at home; to adapt o.s.

ambientazione *f.* (*rif. a romanzi, film e sim.*) setting.

ambiente **I** *a.* room: *temperatura* ~ room temperature. **II** *s.m.* **1** (*ciò che circonda*) surroundings *pl.*, (*nel senso più esteso*) environment: *Ministero dell'*~ Department of the Environment; (*ambito*) background: *l'*~ *familiare* the family background; (*livello sociale*) sphere, set. **2** (*stanza*) room. □ sono **cresciuti** *sempre nello stesso* ~ they grew up in the same locale; ~ **equivoco** shady background; **sentirsi** *nel proprio* ~ to feel at home.

ambiguità *f.* ambiguity.

ambiguo *a.* **1** ambiguous: *comportamento* ~ ambiguous behaviour. **2** (*rif. a persona*) shady.

ambio *m.* amble.

ambire *v.t./i.* to long for.
ambito *m.* **1** limits *pl.* **2** (*fig.*) limits *pl.*; sphere, scope.
ambivalente *a.* ambivalent.
ambizione *f.* ambition.
ambizioso *a.* ambitious.
ambo[1] *a.* both.
ambo[2] *m.* (*nel lotto*) set of two numbers.
ambra *f.* (*Chim.*) amber. □ ~ *grigia* ambergris.
ambrato *a.* **1** (*rif. a colore*) amber-coloured. **2** (*profumato d'ambra*) amber-scented.
Ambrogio *N.pr.m.* Ambrose.
ambrosia *f.* ambrosia (*anche fig.*).
ambulante *a.* itinerant. □ **cadavere** ~ walking ghost; **suonatore** ~ street-musician; **venditore** ~ pedlar.
ambulanza *f.* **1** (*veicolo*) ambulance. **2** (*Mil.*) field-hospital.
ambulatoriale *a.* (*Med.*) first-aid-, out-patient-.
ambulatorio *m.* (*Med.*) out-patients' department; (*gestito da privati*) consulting room; (*pronto soccorso*) first-aid post (*o* station).
Amburgo *N.pr.f.* (*Geog.*) Hamburg.
AME = *Accordo Monetario Europeo* European Monetary Agreement (EMA).
ameba *f.* (*Zool.*) amoeba.
amen *m.* amen. □ (*fig.*) *in un* ~ in a twinkling of an eye.
amenità *f.* **1** (*piacevolezza*) pleasantness, amenity. **2** (*facezia*) pleasantry, joke.
ameno *a.* **1** pleasant, agreeable. **2** (*divertente*) amusing. **3** (*strano, bizzarro*) odd, eccentric.
America *N.pr.f.* America.
americanismo *m.* Americanism.
americanista *m./f.* Americanist.
americano *a./s.m.* American.
americio *m.* (*Chim.*) americium.
ametista *f.* (*Min.*) amethyst.
amianto *m.* (*Min.*) asbestos.
amica *f.* girl-friend; (*amante*) mistress.
amichevole *a.* friendly.
amicizia *f.* **1** friendship: *fare* ~ *con qd.* to make friends with s.o. **2** *pl.* (*amici*) friends *pl.*: *avere molte amicizie* to have a lot of friends. □ *per* ~ out of friendship.
amico **I** *s.m.* **1** friend: *essere* ~ *di qd.* to be friends with s.o., to be s.o.'s friend. **2** (*amante*) lover, (*fam.*) boy-friend. **II** *a.* friendly: *aver bisogno di una parola amica* to be in need of a friendly word. □ *un mio* ~ **avvocato** a lawyer friend of mine; ~ *del* **cuore** bosom friend (*o* pal); **da** ~ (*avv.*) in a friendly way, like a friend; **diventare** *amici* to become friends; ~ *d'***infanzia** childhood friend; ~ **intimo** close friend.
amicone *m.* great friend, (*fam.*) great pal, (*am. fam.*) buddy.
amido *m.* starch.
Amleto *N.pr.m.* Hamlet.
ammaccare *v.t.* **1** to dent, to batter. **2** (*rif. a parti del corpo e a frutta*) to bruise. **ammaccarsi** *v.i.pron.* **1** to get* dented. **2** (*rif. a parti del corpo e a frutta*) to get* (*o* be) bruised.
ammaccatura *f.* **1** (*Mecc.*) dent. **2** (*rif. a parti del corpo e a frutta*) bruise.
ammaestramento *m.* **1** (*insegnamento*) teaching. **2** (*addestramento*) training.
ammaestrare *v.t.* to teach*; to train.
ammaestrato *a.* (*rif. ad animali*) trained.
ammainabandiera *m.* the lowering (*o* hauling down) of the flag.
ammainare *v.t.* to haul down, to lower.
ammalarsi *v.i.pron.* to fall* (*o* become*) ill, to be taken ill.
ammalato **I** *a.* (*pred.*) ill, (*attr.*) sick: *essere* ~ *di* to be suffering from; *essere gravemente* ~ to be seriously ill. **II** *s.m.* sick person; *pl.* the sick (*costr. pl.*).
ammaliare *v.t.* to bewitch, to charm.
ammaliatore **I** *a.* bewitching, charming. **II** *s.m.* **1** enchanter, sorcerer. **2** (*fig.*) enchanter, (*scherz.*) charmer.
ammaliatrice *f.* enchantress.
ammanco *m.* shortage: ~ *di cassa* cash shortage.
ammanettare *v.t.* to handcuff.
ammannire *v.t.* to prepare.
ammansire *v.t.* **1** to tame, to domesticate. **2** (*rabbonire*) to calm (down), to appease, to soothe. **ammansirsi** *v.i.pron.* **1** (*rif. ad animali*) to become* tame. **2** (*rif. a persone*) to calm down, to be appeased.
ammantare *v.t.* to cloak, to mantle, to wrap up (*anche fig.*). **ammantarsi** *v.r.* to wrap o.s. in s.th.
ammaraggio *m.* (*Aer.*) landing; (*rif. a capsula spaziale*) splash-down.
ammarare *v.i.* (*Aer.*) to land (in the sea).
ammassare *v.t.* to amass, to hoard, to heap up. **ammassarsi** *v.i.pron.* **1** (*affollarsi*) to crowd (together). **2** (*accumularsi*) to accumulate, to heap up.
ammasso *m.* **1** (*mucchio*) mass, hoard, heap: *un* ~ *di rovine* a mass (*o* heap) of ruins. **2** (*Econ.*) stockpile.
ammattimento *m.* annoyance, nuisance.
ammattire *v.i.* **1** to go* mad. **2** (*lambiccarsi il cervello*) to rack one's brains for.
ammattonato **I** *a.* floored (*o* paved) with bricks. **II** *s.m.* brick pavement (*o* paving).
ammazzare *v.t.* **1** (*uccidere*) to kill; (*assassinare*) to murder. **2** (*fig.*) (*deprimere*) to wear* out; (*fam.*) to kill: *il caldo mi ammazza* the heat is killing me. **ammazzarsi** **I** *v.r.* (*suicidarsi*) to commit suicide, to kill o.s. **II** *v.i.pron.* (*rimanere ucciso*) to be (*o* get*) killed. □ (*fig.*) ~ *qd. di* **botte** to give s.o. a thorough thrashing; *ammazzarsi di* **lavoro** to work o.s. to death; **morire** *ammazzato* to be murdered.
ammazzata *f.* (*fig.*) great strain.
ammenda *f.* **1** amends *pl.*; *fare* ~ *di qc.* to make amends for s.th. **2** (*Dir.*) fine.
ammennicolo *m.* **1** (*cavillo*) cavil, pretext. **2** *pl.* (*accessori di piccola entità*) sundries *pl.*

ammesso *a.* **1** (*accolto*) admitted: *è stato ~ agli esami* he has been admitted to the exams. **2** (*permesso*) allowed. □ *~ che* provided that, supposing that.

ammettere *v.t.* **1** (*introdurre, accogliere*) to admit, to allow in, to let* in. **2** (*dichiarare abile*) to admit. **3** (*riconoscere*) to admit, to acknowledge: *ammette sempre i suoi errori* he always acknowledges his mistakes. **4** (*supporre*) to suppose, to assume; *ammettiamo che egli abbia ragione* let us assume that he is right. **5** (*permettere*) to allow, to permit.

ammezzato *m.* mezzanine.

ammiccamento *m.* winking.

ammiccare *v.i.* to wink (*a* at).

amministrare *v.t.* **1** to manage, to run*. **2** (*Rel., Dir.*) to administer.

amministrativo *a.* administrative.

amministratore *m.* **1** (*di beni*) administrator. **2** (*di società*) director, manager. □ *~ delegato* (*ingl.*) managing director, (*am.*) Chief Executive Officer (CEO).

amministrazione *f.* administration, management. □ *consiglio di ~* board of directors.

amminoacido *m.* (*Chim.*) amino acid.

ammirabile *a.* admirable.

ammiraglia *f.* (*Mar. mil.*) flagship.

ammiragliato *m.* **1** admiralty. **2** (*grado*) admiralship.

ammiraglio *m.* admiral.

ammirare *v.t.* to admire.

ammiratore *m.* **1** admirer; (*rif. a cantanti, campioni, ecc.*) fan. **2** (*corteggiatore*) suitor.

ammirazione *f.* admiration.

ammirevole *a.* admirable.

ammissibile *a.* admissible, acceptable: *scuse ammissibili* acceptable excuses.

ammissione *f.* **1** admission, admittance: *~ all'esame* admission to the exam. **2** (*approvazione*) acknowledgment, admission. **3** (*dichiarazione*) admission: *fare ~ della propria colpevolezza* to make an admission of guilt. □ **esame** *di ~* entrance examination; **tassa** *di ~* entrance fee.

ammobiliare *v.t.* to furnish.

ammodernare *v.t.* to modernize.

ammodo **I** *avv.* nicely; properly. **II** *a.* nice, respectable.

ammogliare *v.t.* to find* a wife (for), to marry. **ammogliarsi** *v.r.* to get* married, to marry.

ammollare[1] *v.t./i.* to soak. **ammollarsi** *v.i. pron.* to get* soaked.

ammollare[2] *v.t.* (*allentare*) to slack(en), to loosen.

ammollire *v.t.* to soften (*anche fig.*). **ammollirsi** *v.i.pron.* to soften.

ammollo *m.* (*di biancheria*) soak.

ammoniaca *f.* (*Chim.*) ammonia.

ammonimento *m.* **1** (*avvertimento*) warning. **2** (*rimprovero*) reproof.

ammonire *v.t.* to warn, to admonish.

ammonizione *f.* **1** (*rimprovero*) admonition. **2** (*avvertimento*) warning.

ammontare[1] *v.i.* to amount, to total.

ammontare[2] *m.* amount, sum, total (amount).

ammonticchiare *v.t.* to heap (up), to pile (up).

ammorbare *v.t.* to infect, to foul, to pollute (*anche fig.*).

ammorbidente *m.* softener.

ammorbidire *v.t./i.* to soften (*anche estens.*): *~ le linee di un disegno* to soften the lines of a drawing. **ammorbidirsi** *v.i.pron.* to soften.

ammortamento *m.* (*Econ.*) amortization. □ *fondo di ~* sinking fund.

ammortizzare *v.t.* **1** (*Econ.*) to amortize. **2** (*Mecc.*) to deaden, to damp.

ammortizzatore *m.* **1** (*El. e sim.*) damper. **2** (*Aut., Aer.*) vibration damper, shock-absorber.

ammosci(a)re **I** *v.t.* to make* flabby, to soften. **II** *v.i. e i.pron.* to become* flabby.

ammosciato *a.* **1** (*fiacco*) flabby. **2** (*region.*) (*abbattuto*) depressed.

ammucchiare *v.t.* to pile (up), to heap (up). **ammucchiarsi** *v.i.pron.* to crowd (together), to heap up.

ammuffire *v.i.* **1** to go* mouldy (*o* musty). **2** (*fig.*) (*rif. a persone*) to vegetate; (*rif. a cose*) to lie* idle. □ *~ sui libri* to be a book -worm.

ammuffito *a.* **1** mouldy, musty. **2** (*fig.*) (*rif. a persona*) fossilized.

ammutinamento *m.* mutiny.

ammutinarsi *v.i.pron.* to mutiny.

ammutinato **I** *a.* mutinous. **II** *s.m.* mutineer.

ammutolire *v.i.* **1** (*diventare muto*) to become* dumb. **2** (*tacere improvvisamente*) to fall* silent; (*per paura*) to be struck dumb.

amnesia *f.* amnesia.

amnistia *f.* amnesty.

amnistiare *v.t.* to amnesty.

amo *m.* (fish-)hook: *gettare l'~* to cast the hook. □ *abboccare all'~* to bite, to take the bait; (*fig.*) to swallow the bait.

amorale *a.* amoral.

amoralità *f.* amorality.

amore *m.* **1** love. **2** (*persona amata*) love, sweetheart; (*oggetto amato*) love, passion. **3** (*persona graziosa*) darling; (*cosa graziosa*) delightful thing. **4** (*vicende*) love story; (*relazioni*) love affairs. □ **ardere** *d'~ per qd.* to be burning with love for s.o.; **con** *~* with loving care, lovingly, (*epist.*) with love; **fare** *all'~* (o *fare l'~*) to make love; **figlio** *dell'~* love-child; *andare* (o *essere*) **in** *~* (*rif. ad animali*) to rut; **libero** *~* free love; **per** *~ di pace* for the sake of peace; **per** *~ o per forza* by hook or by crook, willy-nilly; *amor* **proprio** self-respect; (*ambizione*) ambition.

Amore *N.pr.m.* (*Mitol.*) Eros.

amoreggiamento *m.* flirtation.

amoreggiare *v.i.* to flirt.

amorevole *a.* loving, affectionate.

amorevolezza *f.* love, tender affection.
amorfo *a.* **1** amorphous. **2** (*fig.*) colourless.
amorino *m.* **1** Cupid. **2** (*fig.*) (*bambino*) little darling.
amoroso I *a.* **1** (*affettuoso*) loving, affectionate. **2** (*che concerne l'amore*) love-: *relazione amorosa* love-affair. **II** *s.m.* lover, sweetheart.
amperaggio *m.* amperage.
ampere *m.* (*unità di misura*) ampere.
ampiezza *f.* **1** width; (*spaziosità*) spaciousness, roominess: ~ *di un ambiente* spaciousness of a room. **2** (*fig.*) breadth. **3** (*Fis.*) amplitude.
ampio *a.* **1** wide, broad; (*rif. ad abiti*) loose, full: *cappotto* ~ loose coat; *gonna ampia* full skirt; (*spazioso*) spacious, roomy: *un salone* ~ a spacious hall. **2** (*abbondante*) ample, full: *ampi particolari* ample (*o* full) details. **3** (*fig.*) broad, wide: *i più ampi poteri* the widest powers.
amplesso *m.* embrace.
ampliamento *m.* **1** (*allargamento*) extension; (*ingrandimento*) enlargement, amplification. **2** (*aumento*) increase.
ampliare *v.t.* **1** to enlarge: ~ *una casa* to enlarge a house; (*allargare*) to widen, to broaden, to extend. **2** (*accrescere*) to increase, to enlarge (*anche fig.*). **ampliarsi** *v.i. pron.* (*estendersi*) to broaden, to grow* (larger).
amplificare *v.t.* **1** to enlarge; (*allargare*) to extend, to expand, to enlarge. **2** (*tecn.*) to amplify.
amplificatore *m.* amplifier.
amplificazione *f.* **1** enlargement. **2** (*tecn.*) amplification.
ampolla *f.* **1** cruet: ~ *dell'olio* oil cruet. **2** (*Lit.*, *Anat.*) ampulla. **3** (*tecn.*) bulb.
ampollosità *f.* pomposity, bombast.
ampolloso *a.* bombastic, pompous.
amputare *v.t.* **1** (*Chir.*) to amputate. **2** (*fig.*) to prune, to cut*.
amputazione *f.* (*Chir.*) amputation.
Amsterdam *N.pr.f.* (*Geog.*) Amsterdam.
amuleto *m.* amulet.
anabbagliante *m.* dipped headlight, (*am.*) low beam.
anacoreta *m./f.* anchorite.
anacronismo *m.* anachronism.
anacronistico *a.* anachronistic.
anafilattico *a.*: (*Med.*) *shock* ~ anaphylactic shock.
anagrafe *f.* **1** (*registro*) register (of births, marriages and deaths). **2** (*ufficio*) General Registry Office.
anagrafico *a.*: *ufficio* ~ registry office; *dati anagrafici* personal data.
anagramma *m.* anagram.
analcolico I *a.* non-alcoholic; (*rif. a bevande*) soft. **II** *s.m.* soft drink.
anale *a.* anal.
analfabeta *m./f.* illiterate (person).
analfabetismo *m.* illiteracy.
analgesico *a./s.m.* (*Farm.*) analgesic.
analisi *f.* **1** analysis, test(ing). **2** (*Chim.*, *Mat.*, *Psic.*) analysis. □ ~ **chimica** chemical analysis; ~ **logica** sentence analysis; ~ *del* **sangue** blood test.
analista *m./f.* analyst.
analitico *a.* analytic(al).
analizzare *v.t.* to analyse, to test.
analogia *f.* analogy.
analogico *a.* analogic(al), (*Inform.*) analogue.
analogo *a.* analogous; (*simile*) similar: *in modo* ~ in a similar way, likewise.
ananas *m.* (*Bot.*) pineapple.
anarchia *f.* anarchy.
anarchico I *a.* anarchic(al). **II** *s.m.* anarchist.
anarchismo *m.* anarchism.
ANAS = *Azienda Nazionale Autonoma* (*delle*) *Strade* National Road Board.
anatema *m.* anathema, curse.
anatomia *f.* anatomy.
anatomico I *a.* anatomic(al). **II** *s.m.* (*anatomista*) anatomist. □ *tavolo* ~ dissecting table.
anatomizzare *v.t.* to anatomize.
anatra *f.* (*Zool.*) duck.
anatroccolo *m.* (*Zool.*) duckling.
anca *f.* (*Anat.*) hip, haunch.
ancella *f.* (*lett.*) handmaid.
ancestrale *a.* (*lett.*) ancestral.
anche *cong.* **1** (*pure*) too, also, as well: *verrà* ~ *lui* he will come too; (*come seconda risposta affermativa*) so, too: *hai letto quel libro? – sì, e tu? –* ~ have you read that book? – yes, and you? – so have I; (*in frasi negative*) either: ~ *io non mangio* I do not eat either. **2** (*inoltre*) also, besides, moreover: *si potrebbe* ~ *obiettare che* you could also object that. **3** (*perfino*) even. **4** (*eventualità, possibilità*) quite easily, perhaps, even: *potrebbe* ~ *piovere* it could quite easily rain. **5** (*seguito da compar.*) even, still: *è* ~ *più bella di sua sorella* she is even more beautiful than her sister. □ **quand'**~ even if; ~ **se** even if.
ancheggiare *v.i.* to sway (*o* swing*) one's hips.
anchilosarsi *v.i.pron.* to grow* stiff.
anchilosato *a.* stiff(ened).
anchilosi *f.* stiffness; (*Med.*) ankylosis.
ancia *f.* (*Mus.*) reed.
ancora[1] *f.* **1** (*Mar.*, *tecn.*) anchor. **2** (*El.*) keeper. □ **essere** (o *stare*) *all'*~ to be at anchor; **gettare** *l'*~ to cast anchor; **levare** *l'*~ to weigh anchor; (*fig.*) ~ *di* **salvezza** last hope.
ancora[2] *avv.* **1** still: *sono* ~ *stanco* I am still tired. **2** (*in frasi neg. o rif. al futuro*) yet: *non sono* ~ *pronto* I'm not ready yet; (*con valore rafforzativo*) *still: è tardi e non e* ~ *tornato* it's late and he still hasn't come back. **3** (*di nuovo*) (once) again, once more: *ripeti* ~ *quei versi* say those lines again. **4** (*un altro poco, ancora altri, altri*) some more: *vuoi* ~ *del tè?* do you want some

more tea? **5** (*un altro*) another, one more: *dammi ~ una mela* give me another (*o* one more) apple. **6** (*rif. a tempo*) another, more: *aspetta ~ due giorni* wait another two days. **7** (*seguito dal comparativo*) even, still: *sei ~ più bella del solito* you are even more beautiful than usual. □ *~ un po'*: 1 a little more; 2 (*rif. a tempo*) a little longer.

ancoraggio *m.* (*Mar.*) anchorage.

ancorare *v.t.*, **ancorarsi** *v.r.* to anchor (*anche fig.*).

ancorché *congz.* **1** (*anche se*) even if. **2** (*sebbene*) (al)though.

andamento *m.* **1** progress; (*di malattia, di stagioni*) course. **2** (*tendenza*) trend: *~ della borsa* trend of the stock market. **3** (*stato, condizione*) state: *~ del mercato* state of the market.

andante I *a.* (*scadente*) cheap, second-rate: *stoffa ~* cheap material; *merce ~* second-rate goods. **II** *s.m.* (*Mus.*) andante.

andare[1] *v.i.* **1** to go*: *va' subito a casa* go home at once. **2** (*viaggiare in un veicolo*) to go*, to travel: *~ in aeroplano* to go by plane. **3** (*funzionare*) to work, to run*: *quest'automobile va a metano* this car runs on methane. **4** (*camminare*) to walk: *andavamo a passo lento* we walked slowly. **5** (*condurre: rif. a strada*) to lead*. **6** (*procedere: rif. a cose, avvenimenti*) to proceed, to go*: *le cose vanno bene* things are going well; (*avere esito favorevole*) to turn out well, to go* (off) well. **7** (*passare: rif. a tempo*) to go* by: *come vanno veloci gli anni* how quickly the years go by. **8** (*comportarsi*) to get* on: *come va quel ragazzo a scuola?* how is that boy getting on at school? **9** (*fare visita*) to call (*da* on), to go* and see*: *andrò da lui sabato prossimo* I shall call on him next Saturday. **10** (*adattarsi, calzare*) to fit: *il vestito dell'anno scorso non mi va più* last year's dress doesn't fit me any more. **11** (*essere di moda*) to be fashionable, to be in (fashion): *quest'anno vanno le giacche lunghe* this year long jackets are in (fashion). **12** (*vendersi*) to sell*: *un prodotto che va molto* a product that sells well. **13** (*avere corso legale*) to be legal tender. **14** (*piacere, gradire*) to please, to like (costr. pers.): *ti andrebbe di andare al cinema?* would you like to go to the cinema? **15** (*toccare*) to fall*: *la porzione più abbondante è andata a lui* the biggest portion fell to him. **16** (*occorrere*) to be needed (*o* required), to take* (costr. pers.): *in quest'opera ci andranno due anni* this work will take two years; (*essere speso*) to be spent, to cost* (costr. pers.): *per quel viaggio mi andò tutto lo stipendio* that journey cost me the whole salary. **17** (*seguito da un participio passato: essere*) to be: *il manoscritto è andato perduto* the manuscript has been lost; (*dover essere*) must be, should be: *è un particolare che non va trascurato* it is a detail which must not be overlooked. **18** (*seguito da un gerundio: per indicare lo svolgersi dell'azione*) to be: *la malattia va peggiorando* the disease is getting worse. **19** (*andarsene, andare via*) to go* away (*o* off), to leave*: *se ne andò senza avermi salutato* he left without saying goodbye to me; (*trascorrere*) to pass, to go* by; (*morire*) to pass away, to die: *il suo amico se n'è andato in pochi giorni* his friend died (*o* passed away) within a few days; (*sparire, dileguarsi*) to disappear, to fade away: *le illusioni se ne vanno con gli anni* illusions disappear with the passing of the years. □ *~* **a**: 1 (*seguito da sostantivo*) to go to: *~ a scuola* to go to school; 2 (*seguito da verbo*) to go and: *va' a imbucare questa lettera* go and post this letter; *~ all'***aria** to come to nothing; *~* **avanti**: 1 (*procedere*) to proceed, to go on: *andavano avanti per uno stretto sentiero* they proceeded along a narrow path; (*fig.*) *il lavoro va avanti bene* the work is proceeding well; 2 (*precedere*) to go (on) ahead, to precede, to lead the way: *andate avanti, vi raggiungerò* go (on) ahead, I'll catch up with you; 3 (*seguitare*) to go on, to continue; 4 (*rif. a orologio*) to gain: *il mio orologio va avanti di tre minuti al giorno* my watch gains three minutes a day; *~* **bene** (*rif. a salute*) to be good, to be well (*costr. pers.*): *come va la salute? – va bene* how are you? – I'm very well; *va* **bene** (*frase di consenso*) all right, (*fam.*) O.K., (*fam.*) okay; *gli è andata* **bene** he has got away with it; (*Mil.*) **chi** *va là?* who goes there?; *stare sul* **chi** *va là* to be on the look-out; **come** *va?* how are you?; *~* **con**: 1 (*accompagnare*) to accompany, to take, to go with: *va' con il fratellino dalla zia* take your little brother to your aunt's; (*adattarsi: rif. a vestiario*) to go with, to match: *voglio un cappello che vada bene con questo vestito* I want a hat to match (*o* go with) this dress; 2 (*frequentare*) to keep company with, to go around with: *perché vai con quel tizio?* why do you go around with that fellow?; *~* **dentro** to go in, to enter; *~* **fuori**: 1 (*uscire*) to go out; 2 (*traboccare*) to overflow, to brim over; *~* **fuori** (*di*) *strada* to run off the road; (*fig.*) to go astray; *~* **giù**: 1 (*scendere*) to go down (*o* downstairs): *va' giù ad aprire* go down and open the door; 2 (*peggiorare, deperire*) to get worse, to lose strength; *non ~* **giù**: 1 (*rif. a cibi*) not to go down; 2 (*fig.*) to put up with, to stand: *questa ingiustizia non mi va giù* I'm not going to put up with this injustice; *~* **in**: 1 to go into: *~ in casa* to go into the house; 2 (*con l'indicazione del mezzo di locomozione*) to go by, to travel by: *~ in bicicletta* to ride a bicycle; to go by bicycle; *~* **in** *pezzi* to fall (*o* go) to pieces; *~* **incontro** *a qd.*: 1 to (go and) meet s.o.; 2 (*fig.*) (*favorire*) to meet s.o. half-way; *~* **indietro** (*di auto, carri*) to back (up); *l'orologio mi va* **indietro** my watch loses; **lasciare** *~*: 1 (*non trattenere*) to let go; (*lasciare libero*) to let go, to release; 2 (*non insistere*) to drop: *lasciamo* ~, *non vale la pena litigare per così poco* let's drop the matter, it's not worth quarrelling over such a trifle; 3 (*dare, assestare*) to give, (*fam.*) to let have: *gli lasciò* ~ *un pugno* he gave him a punch; **lasciarsi** ~: 1 (*abbattersi*) to sink, to drop: *lasciarsi* ~ *sul divano* to sink on to the sofa; 2 (*fig.*) (*trascurarsi*) to let o.s. go, to neglect o.s.; ~ **lontano**: 1 to go far away; 2 (*fig.*) to go far: *è un ragazzo che andrà lontano* he is a boy who will go far; ~ *per la* **maggiore** to be popular; ~ *a* **male** to go bad (*o* off); ~ **male** *a scuola* to do badly at school; ~ *di* **mezzo** to get involved; (*subire le conseguenze*) to suffer the consequences; ~ *di pari* **passo** to keep pace; ~ **per** *mare* to go by sea; ~ **per** *terra* to go by land; ~ **per** *qc.* to go in search of s.th., to go looking for s.th.; ~ **per** *funghi* to go mushrooming; ~ **per** *i quaranta* to be getting on for forty; ~ **perduto** to be lost; (*essere sprecato*) to be wasted; ~ *a* **prendere** *qc.* to fetch s.th., to go and get s.th.; ~ *a* **prendere** *qd.* to go and meet s.o.; (*con un mezzo*) to go and pick s.o. up; **può** ~ it will do, it's all right; (*fam.*) ~ *a* **ruba** to sell like hot cakes; ~ *a* **spasso** to go for a walk; ~ **su**: 1 (*salire*) to go up; *vado su in casa un momento* I'm going up to my flat for a moment; 2 (*rif. a prezzo*) to go up, to rise; ~ *per* **terra** (*cadere*) to fall; ~ *di* **traverso** (*rif. a cibo, bevande*) to go down the wrong way; (*fig.*) to go awry, to go wrong; ~ *a* **vela** to sail; ~ **via**: 1 to go away, to leave; 2 (*uscire*) to go out, to leave: *a che ora vai via?* when are you going out?; 3 (*sparire*) to disappear, to come out: *mi è andata via la voce* I've lost my voice; *ma va'* **via**! come off it! | *andiamo!* let's go!, come on!; *ma andiamo!* look here!; *com'è andata?* how did it go?; *va da sé* (*è naturale*) it goes without saying; *va là che ti conosco bene io* come off it, I know you too well; *vado e vengo* I'll be right back.

andare[2] *m.* (*modo di camminare*) walk, gait. □ **con** *l'*~ *del tempo* with the passing of time; *a* **lungo** ~ in the long run; *a* **tutto** ~ for all one is worth, flat out: *lavorava a tutto* ~ he was working flat out.

andata *f.* **1** (*l'andare*) going. **2** (*rif. a biglietti di viaggio*): *biglietto d'*~ single ticket; *biglietto d'*~ *e ritorno* return ticket.

andato *a.* **1** (*trascorso*) past, (*pred.*) gone by: *nei tempi andati* in the past, in days gone by. **2** (*spacciato*) done for.

andatura *f.* **1** (*modo di camminare*) walk, gait. **2** (*Sport*) pace.

andazzo *m.* (current) practice, latest trend, state of affairs.

Ande *N.pr.f.pl.* (*Geog.*) Andes *pl.*

andirivieni *m.* coming and going.

andito *m.* passage.

Andorra *N.pr.f.* (*Geog.*) Andorra.

Andrea *N.pr.m.* Andrew.

androgino I *a.* androgynous. **II** *s.m.* androgyne.

androne *m.* porch, passage.

aneddotica *f.* anecdotage.

aneddotico *a.* anecdotal.

aneddoto *m.* anecdote.

anelante *a.* **1** panting, gasping, out of breath. **2** (*desideroso*) eager, longing, yearning.

anelare *v.i.* **1** (*respirare affannosamente*) to pant, to gasp (for breath). **2** (*fig.*) to yearn, to long (*a* for).

anelito *m.* (*lett.*) **1** panting, gasping. **2** (*fig.*) longing, yearning.

anello *m.* **1** ring. **2** (*Mecc.*) ring, collar; (*di una catena*) link (*anche fig.*). □ **ad** ~ ring -shaped; ~ **matrimoniale** wedding ring; ~ **stradale** link.

anemia *f.* (*Med.*) anaemia.

anemico *a.* anaemic.

anemone *m.* (*Bot.*) anemone.

anestesia *f.* (*Med.*) anaesthesia.

anestesista *m./f.* (*Med.*) anaesthetist.

anestetico *a./s.m.* (*Med.*) anaesthetic.

anestetizzare *v.t.* to anaesthetize.

aneto *m.* (*Bot.*) dill.

anfetamina *f.* (*Chim.*) amphetamine.

anfibio I *a.* (*Zool.*) amphibian; (*Mil.*) amphibious: *veicolo* ~ amphibious vehicle. **II** *s.m.* amphibian.

anfiteatro *m.* amphitheatre.

anfitrione *m.* host.

anfora *f.* amphora.

anfratto *m.* ravine.

angariare *v.t.* to harry, to vex.

angelico *a.* angelic (*anche fig.*).

angelo *m.* **1** angel (*anche fig.*). **2** (*scherz.*) (*guardia*) cop. □ ~ *custode* guardian angel.

angheria *f.* outrage, vexation.

angina *f.* (*Med.*) angina: ~ *pectoris* angina pectoris.

anglicanesimo, **anglicanismo** *m.* (*Rel.*) anglicanism.

anglicano *a./s.m.* Anglican.

angloamericano *a./s.m.* Anglo-American.

anglosassone *a./s.m./f.* Anglo-Saxon.

angolare I *a.* angular. **II** *s.m.* angle (iron).

angolazione *f.* **1** angulation. **2** (*Cin.*) angle -shot. **3** (*punto di vista*) point of view.

angolo *m.* **1** (*Geom.*) angle. **2** (*rif. a cose che hanno forma di angolo*) corner: *gli angoli della bocca* the corners of one's mouth. **3** (*luogo remoto*) corner, nook. □ **ad** ~ at an angle; **ad** ~ *retto* at right angles; **all'**~ at (*o* on) the corner; (*Sport*) **calcio** *d'*~ corner kick; **di** ~ (*o* d'~) corner-: *casa d'*~ corner house.

angoloso *a.* **1** angular. **2** (*fig.*) (*ossuto*) bony.

angora *f.*: *gatto d'*~ Angora cat; *lana d'*~ Angora wool.

angoscia *f.* anguish, distress.

angosciare *v.t.* to distress, to anguish. **angosciarsi** *v.i.pron.* to be distressed (*per* about).

angosciato *a.* anguished, distressed.

angoscioso *a.* **1** (*che dà angoscia*) distress-

ing. **2** (*pieno di angoscia*) anguished, distressed.
anguilla *f.* (*Zool.*) eel.
anguria *f.* (*Bot.*) watermelon.
angustia *f.* **1** (*penuria*) poverty, want. **2** (*ristrettezza: rif. a luogo*) narrowness. **3** (*ansia*) distress, anxiety. □ *stare in* ~ *per qc.* to be worried (*o* anxious) about s.th.
angustiare *v.t.* to worry, to trouble. **angustiarsi** *v.i.pron.* to worry (*per* about).
angustiato *a.* **1** (*preoccupato*) worried. **2** (*addolorato*) distressed.
angusto *a.* narrow (*anche fig.*).
ANICA = *Associazione Nazionale Industriale Cinematografica e Affini* National Association of Cinematographic and Related Industries.
anice *m.* **1** (*Bot.*) anise. **2** (*semi*) aniseed. **3** (*liquore*) anisette.
anidride *f.* (*Chim.*) anhydride. □ ~ *carbonica* carbon dioxide.
anilina *f.* (*Chim.*) aniline: *colore d'*~ aniline dye.
anima *f.* **1** soul: *pregare per l'*~ *di qd.* to pray for s.o.'s soul; *la concorrenza è l'*~ *del commercio* competition is the soul of commerce. **2** (*fervore*) heart. **3** (*persona*) person, soul: *non c'era* ~ *viva* there wasn't a (living) soul; (*abitante*) inhabitant, soul: *un paese di cinquecento anime* a village of five hundred inhabitants (*o* souls). **4** (*parte centrale*) core, heart: *è socialista nel profondo dell'*~ he is a socialist to the core; (*El.*) l'~ *di un cavo* a cable core. **5** (*Mus.*) (*di strumenti*) sound-post. □ ~ *di un* **bottone** button-mould; *la* **buon**'~ the dear departed; *darsi* ~ *e* **corpo** *a qd.* to give o.s. body and soul to s.o.; ~ **dannata** lost soul; (*fig.*) evil influence (*o* genius): *essere l'*~ *dannata di qd.* to be s.o.'s evil genius; *anime* **gemelle** kindred spirits; ~ **mia**! my love!, my darling!; **rendere** *l'*~ *a Dio* to give up the ghost; **rompere** *l'*~ *a qd.* to drive s.o.; *con* **tutta** *l'*~ with all one's heart.
animale **I** *s.m.* **1** animal. **2** (*fig.*) (*persona grossolana*) brute, beast. **II** *a.* animal. □ **amico** *degli animali* animal lover; **calore** ~ animal heat; ~ *da* **cortile** farmyard animal.
animalesco *a.* bestial.
animare *v.t.* **1** (*infondere l'anima*) to animate, to give* life to, to vivify. **2** (*rendere più vivo*) to enliven: ~ *una conversazione* to enliven a conversation. **3** (*incoraggiare*) to encourage, to spur on. **animarsi** *v.i.pron.* **1** to grow* lively, to come* to life. **2** (*prendere coraggio*) to take* courage (*o* heart).
animato *a.* **1** living, alive. **2** (*vivace*) animated, lively: *conversazione animata* lively conversation. **3** (*mosso, spinto*) inspired, prompted.
animatore **I** *s.m.* **1** animator; moving (*o* leading) spirit. **2** (*nelle attività socioculturali*) enterteiner. **II** *a.* life-giving spirit.
animazione *f.* **1** (*vivacità*) animation. **2** (*rif. a luoghi*) life, bustle. **3** (*Cin.*) animation.
animelle *f.pl.* (*Gastr.*) sweetbread.
animismo *m.* (*Filos.*) animism.
animo *m.* **1** mind, thoughts *pl.* **2** (*cuore*) heart. **3** (*carattere*) character. **4** (*coraggio*) courage, heart: *non avere l'*~ *di fare qc.* not to have the courage to do s.th. □ **aprire** *l'*~ *a qd.* to open one's heart to s.o.; **avere** *in* ~ *di fare qc.* to intend to do s.th.; *di* **buon** ~ willingly; *in* **fondo** *all'*~ at the bottom of one's heart; **forza** *d'*~ strength of character; ~ **irrequieto** restless disposition; **leggere** *nell'*~ *di qd.* to read s.o.'s thoughts; **mettersi** *l'*~ *in pace* to resign o.s.; **nobiltà** *d'*~ noble-mindedness; **perdersi** *d'*~ to lose heart; **stare** *di buon* ~ to be cheerful; **stato** *d'*~ mood.
animosità *f.* animosity, ill-will.
animoso *a.* **1** bold, courageous, brave. **2** (*ostile*) hostile.
anitra → **anatra**.
Anna *N.pr.f.* Anne, Ann.
annacquare *v.t.* **1** to water (down), to dilute. **2** (*fig.*) (*mitigare*) to soften, to moderate.
annacquato *a.* **1** watered (down), diluted. **2** (*mitigare*) mitigated.
annaffiare *v.t.* to water: ~ *i fiori* to water the flowers; (*rif. a strade*) to sprinkle.
annaffiata *f.* **1** watering, sprinkling. **2** (*pioggerella*) drizzle.
annaffiatoio *m.* watering-can.
annaffiatrice *f.* (road) sprinkler.
annali *m.pl.* annals *pl.*
annalista *m./f.* annalist.
annaspare *v.i.* **1** to grope (blindly); (*nell'acqua*) to flounder. **2** (*arrabattarsi*) to waste a lot of energy (*intorno a* on).
annata *f.* **1** year: *un'*~ *piovosa* a rainy year. **2** (*raccolto*) crop, harvest; (*di vino*) vintage. **3** (*l'importo annuo*) annual amount, year's.
annebbiamento *m.* **1** (*nebbia*) fog, mist. **2** (*fig.*) (*offuscamento*) dimming, clouding.
annebbiare *v.t.* **1** to fog. **2** (*fig.*) (*confondere*) to cloud, to dim. **annebbiarsi** *v.i.pron.* **1** to become* foggy, to grow* misty. **2** (*fig.*) to grow* dim.
annebbiato *a.* **1** foggy, misty. **2** (*fig.*) clouded, dim.
annegamento *m.* drowning.
annegare **I** *v.i.* to drown, to be drowned. **II** *v.t.* to drown (*anche fig.*): ~ *le preoccupazioni nel vino* to drown one's cares in drink. **annegarsi** *v.r.* to drown o.s.
annegato **I** *a.* drowned. **II** *s.m.* drowned person.
annerire *v.t./i.* to blacken, to darken. **annerirsi** *v.i.pron.* to become* black, to grow* dark, to darken.
annessione *f.* annexation (*anche Pol.*).
annesso **I** *a.* **1** annexed, attached: *una casa con* ~ *un bel giardino* a house with a beautiful garden attached. **2** (*rif. a scritti*) enclosed, attached: *documenti annessi* documents attached. **II** *s.m.* **1** (*costruzione accessoria*) annexe. **2** *pl.* (*Anat.*) appendage, ad-

nexa. ▭ *gli annessi e i connessi* the appurtenances *pl.*

annettere *v.t.* **1** (*aggiungere*) to add. **2** (*accludere*) to enclose, to attach. **3** (*Pol.*) to annex. **4** (*fig.*) to attach.

annichilire *v.t.* annihilate, to destroy (*anche fig.*). **annichilirsi** *v.r.* (*fig.*) to humble o.s.

annidarsi *v.r.* **1** to (build* one's) nest. **2** (*fig.*) to hide*.

annientamento *m.* annihilation, destruction.

annientare *v.t.* to annihilate, to destroy (*anche fig.*). **annientarsi** *v.r.* to abase o.s., to humble o.s.

anniversario *a./s.m.* anniversary.

anno *m.* **1** year: *un ~ dopo l'altro* year after year, year in year out. **2** (*per indicare l'età*) year (*spesso non si traduce*): *quanti anni hai? – ho venticinque anni* how old are you? – I'm twenty-five (years old); *non ha ancora trent'anni* he's under thirty. **3** *pl.* (*periodo della vita*) age, years *pl.* (*spesso non si traduce*): *i verdi anni* youth; *negli anni maturi* in middle age; (*periodo di tempo molto lungo*) years *pl.*, ages *pl.*: *sono anni che non mi scrivi* you haven't written to me for ages. ▭ **a** *dieci anni* at the age of ten; *~* **accademico** academic year; *due volte* **all'***~* twice a year; *essere* **avanti** *negli anni* to be getting on in years; *~* **bisestile** leap-year; *gli auguri di* **buon** *~* New Year's greetings; **compiere** *gli anni* to have one's birthday; *~* **corrente** present year; **da** *anni* for years; *quanti anni mi* **dai***?* how old do you think I am?; **di** *~ in ~* from year to year; **durante** *tutto l'~* all year round; *nel* **fior** *degli anni* in one's prime; *~* **giudiziario** law year; *~* **luce** light -year; *con il* **passare** *degli anni* as years go by; *l'~* **passato** last year; **per** *anni* for years; *~* **per** *~* year after year; **per** *tutto l'~* the whole year (round); **portare** *bene i propri anni* not to look one's age; *~* **precedente** preceding year, year before; *l'~* **prossimo** next year; *di* **quest'***~* this year's; *negli anni* **Venti** in the twenties.

annodare *v.t.* **1** to knot (together), to tie in a knot: *~ i due capi di una fune* to knot (*o* tie) the two ends of a rope together. **2** (*fig.*) to form, to make*: *~ nuove amicizie* to form new friendships. **annodarsi** *v.i.pron.* to become* knotted.

annoiare *v.t.* **1** to bore. **2** (*seccare*) to annoy, to bother: *non mi ~!* don't bother me! **annoiarsi** *v.i.pron.* **1** to be bored. **2** (*seccarsi*) to be annoyed.

annoiato *a.* bored.

annona *f.* **1** (*organismo amministrativo*) victualling-board, food office. **2** (*insieme dei cibi*) food supplies.

annonario *a.*: *tessera annonaria* ration card.

annoso *a.* (*lett.*) old, aged.

annotare *v.t.* **1** to note, to make* a note of, to jot down. **2** (*corredare di note*) to annotate.

annotazione *f.* note.

annottare *v.i.impers.* to grow* (*o* get*) dark.

annoverare *v.t.* to number, to count.

annuale **I** *a.* annual, yearly: *affitto ~* annual rent. **II** *s.m.* (*anniversario*) anniversary.

annualità *f.* **1** (*entrata annua*) yearly (*o* annual) income, annuity. **2** (*rata annua*) yearly (*o* annual) instalment.

annualmente *avv.* **1** (*ogni anno*) annually, yearly. **2** (*di anno in anno*) from year to year.

annuario *m.* yearbook.

annuire *v.i.* (*lett.*) **1** (*accennare di sì*) to nod (one's head in agreement). **2** (*acconsentire*) to assent, to agree.

annullamento *m.* **1** (*Comm.*) cancellation. **2** (*Dir.*) annulment, nullification.

annullare *v.t.* **1** (*dichiarare nullo*) to annul. **2** (*revocare*) to cancel, to annul. **3** (*obliterare*) to cancel: *~ i francobolli con un timbro* to cancel the stamps with a postmark. **annullarsi** **I** *v.r.* (*recipr.*) to cancel (e.o.) out. **II** *v.i.pron.* (*fig.*) to abase o.s. ▭ *~ un* **contratto** to cancel a contract; *~ un* **matrimonio** to annul a marriage; *~ un'***ordinazione** to cancel an order; *~ una* **sentenza** to quash a sentence.

annullo *m.* (*postale*) cancellation.

annunciare *v.t.* to announce. ▭ **chi** *devo ~?* whom shall I say?; **farsi** *~* to give one's name.

annunciatore *m.* announcer (*anche Rad., TV.*).

annunciatrice *f.* announcer.

Annunciazione *f.* (*Rel.*) Annunciation.

annuncio *m.* **1** announcement: *dare a qd. l'~ di qc.* to announce s.th. to s.o.; (*notizia*) news. **2** (*Giorn.*) advertisement, (*fam.*) ad: *mettere un ~ sul giornale* to put an advertisement in the paper; *annunci economici* classified advertisements; *~ mortuario* obituary. **3** (*presagio*) sign, presage.

annuo *a.* annual, yearly.

annusare *v.t.* **1** to sniff, to smell*; (*rif. a cani, a selvaggina*) to nose out. **2** (*fig.*) (*intuire*) to get* wind of, to smell*, (*fam.*) to twig.

annuvolare *v.t.* to cloud (*anche fig.*). **annuvolarsi** *v.i.pron.* **1** to cloud over, to become* overcast. **2** (*fig.*) (*oscurarsi in volto*) to cloud, to darken.

ano *m.* (*Anat.*) anus.

anodino *a.* **1** (*Med.*) anodyne. **2** (*fig.*) (*insignificante*) insignificant, colourless.

anodo *m.* (*Fis.*) anode.

anofele *m.* (*Zool.*) anopheles.

anomalia *f.* anomaly.

anomalo *a.* anomalous.

anonimato *m.* anonymity.

anonimo **I** *a.* anonymous. **II** *s.m.* **1** (*autore*) anonymous author; (*pittore*) anonymous painter. **2** (*rif. all'opera*) work by an anonymous author. ▭ *società anonima* joint-stock company.

anoressia *f.* (*Med.*) anorexia.

anormale **I** *a.* abnormal (*anche Psic.*). **II** *s.m./f.* subnormal person.
anormalità *f.* abnormality (*anche Med.*).
ansa *f.* **1** (*manico*) handle. **2** (*rif. a fiume*) bend, loop. **3** (*Anat.*) loop, ansa.
ANSA = *Agenzia Nazionale Stampa Associata* Italian News Agency.
ansante *a.* panting, gasping.
ansare *v.i.* to pant, to puff, to gasp.
ansia *f.* **1** anxiety, anxiousness. **2** (*desiderio*) longing, yearning.
ansietà *f.* anxiety. □ *con* ~ anxiously.
ansimare *v.i.* to pant, to puff.
ansiolitico **I** *a.* tranquillising. **II** *s.m.* tranquil-liser.
ansioso *a.* **1** (*impaziente*) longing, eager, anxious. **2** (*preoccupato*) anxious, worried.
ansito *m.* (*lett.*) gasping, panting.
ant. = *antimeridiano* before midday (a.m.).
anta *f.* (*imposta*) shutter; (*sportello*) door.
antagonismo *m.* antagonism.
antagonista **I** *a.* **1** (*avversario*) opposing, rival. **2** (*Anat.*) antagonistic. **II** *s.m./f.* antagonist (*anche Anat.*).
antartico *a.* (*Geog.*) antarctic: *Circolo Polare* ~ Antarctic Circle.
Antartide *N.pr.f.* (*Geog.*) the Antarctic· Antarctica.
antecedente **I** *a.* preceding, previous, antecedent: *il mese* ~ the previous month. **II** *s.m.* **1** (*Filos., Gramm., Mat.*) antecedent. **2** *pl.* antecedents *pl.*, precedents *pl.*
antecedenza *f.* precedence, antecedence.
antefatto *m.* antecedent facts *pl.*
anteguerra **I** *a.* prewar. **II** *s.m.* prewar period.
antenato *m.* ancestor, forefather.
antenna *f.* **1** (*Mar.*) (lateen) yard. **2** (*di bandiera*) flag-pole. **3** (*Rad.*) aerial, (*am.*) antenna. **4** (*Zool.*) antenna.
anteporre *v.t.* to place (*o* put*) before (*anche fig.*).
anteprima *f.* preview.
antera *f.* (*Bot.*) anther.
anteriore *a.* **1** front, fore: *ruota* ~ front wheel. **2** (*rif. a tempo*) preceding, prior.
anteriorità *f.* priority.
antesignano *m.* (*precursore*) forerunner.
antiabbagliante **I** *a.* anti-dazzle. **II** *s.m.* (*Aut.*) dipped headlight.
antiaderente *a.* nonstick.
antiaerea *f.* (*Mil.*) antiaircraft.
antiaereo *a.* (*Mil.*) antiaircraft.
antiallergico *a.* (*Farm.*) antiallergic.
antiappannante *a.* defogging, demisting, anti-mist.
antiatomico *a.* **1** anti-atomic, anti-nuclear: *rifugio* ~ nuclear (*o* atomic) shelter. **2** (*che è contro l'uso delle armi atomiche*) anti-nuclear.
antibiotico *a./s.m.* (*Farm.*) antibiotic.
anticaglia *f.* **1** (old) curiosity, antique: *negozio di anticaglie* old curiosity shop. **2** (*spreg.*) junk.
anticamente *avv.* formerly, in times past.
anticamera *f.* lobby, entrance hall. □ *fare* ~ to be kept waiting.
anticarro *a.* (*Mil.*) antitank.
antichità *f.* **1** antiquity. **2** (*età antica*) ancient times *pl.*, antiquity. **3** *pl.* (*oggetti antichi*) antiques *pl.*, antiquities *pl.*: *negozio di* ~ antique shop.
anticiclone *m.* (*Meteor.*) anticyclone.
anticipare **I** *v.t.* **1** to put* forward, to anticipate. **2** (*pagare prima*) to pay* in advance. **3** (*fare conoscere anticipatamente*) to divulge, to disclose. **II** *v.i.* **1** (*arrivare in anticipo*) to be ahead of time, to come* (*o* arrive) early. **2** (*di orologio*) to be fast. □ ~ *i tempi* to speed up.
anticipato *a.* **1** (*fatto prima del tempo*) in advance, anticipated. **2** (*pagato prima del tempo*) in advance, advance-: *pagamento* ~ payment in advance.
anticipazione *f.* **1** anticipation. **2** (*la somma anticipata*) advance.
anticipo *m.* **1** anticipation, advance. **2** (*la somma anticipata*) advance: *chiedere un* ~ *sullo stipendio* to ask for an advance on one's salary; (*caparra*) deposit: *dare un* ~ to give a deposit. **3** (*Mot.*) advance, lead. □ **arrivare** *con un'ora di* ~ to arrive an hour early; **in** ~ early, ahead of time, in advance; **pagare** *in* ~ to pay in advance.
anticlericale *a./s.m./f.* anticlerical.
antico **I** *a.* **1** old: *un'antica leggenda* an old legend; (*rif. all'antiquariato*) antique: *mobile* ~ antique piece of furniture. **2** (*dell'antichità*) ancient: *l'antica Grecia* ancient Greece. **II** *s.m.pl.* (*collett.*) the ancients *pl.* □ *all'antica* old-fashioned.
anticoagulante **I** *a.* anticlotting. **II** *s.m.* anticlotting medicine.
anticoncezionale *a./s.m.* (*Farm.*) contraceptive.
anticonformismo *m.* nonconformism.
anticonformista *m./f.* nonconformist.
anticongelante *a./s.m.* antifreeze.
anticorpo *m.* (*Biol.*) antibody.
anticostituzionale *a.* unconstitutional.
anticristo *m.* antichrist.
anticrittogamico *a./s.m.* (*Chim.*) fungicide.
antidemocratico *a.* antidemocratic.
antidifterico **I** *a.* (*Farm.*) antidiphtheria-. **II** *s.m.* antidiphtheritic.
antidiluviano *a.* antediluvian (*anche fig.*).
antidoto *m.* (*Med.*) antidote (*anche fig.*).
antiestetico *a.* unaesthetic.
antifascismo *m.* antifascism.
antifascista *a./s.m./f.* antifascist.
antifecondativo *a./s.m.* (*Farm.*) contraceptive.
antiflogistico *a.* (*Farm.*) antiphlogistic.
antifona *f.* (*Lit.*) antiphon. □ (*fig.*) *capire l'*~ to take the hint.
antiforfora *a.* anti-dandruff.
antifurto **I** *a.* anti-theft. **II** *s.m.* anti-theft device.

antigas *a.*: *maschera* ~ gas-mask.
antigelo *a./s.m.* antifreeze.
antigienico *a.* unhygienic.
Antille *N.pr.f.pl.* (*Geog.*) Antilles *pl.*
antilope *f.* (*Zool.*) antelope.
antimateria *f.* (*Fis.*) antimatter.
antimeridiano *a.* morning-, a.m., antemeridian.
antimilitarismo *m.* antimilitarism.
antimonio *m.* (*Chim.*) antimony.
antincendio *a.* fire (*attr.*); (*a prova di incendio*) fireproof.
antinebbia *a.* fog (*attr.*): *fari* ~ fog lights.
antinevralgico *a./s.m.* (*Farm.*) analgesic.
antinomia *f.* (*Filos.*) antinomy.
antinucleare *a.* antinuclear.
antiorario *a.* anticlockwise, counterclockwise.
antiossidante *a.* antioxidant.
antipapa *m.* antipope.
antiparassitario *a./s.m.* (*Chim.*) pesticide.
antipastiera *f.* hors d'oeuvre dish.
antipasto *m.* hors d'oeuvre.
antipatia *f.* dislike, antipathy.
antipatico **I** *a.* unpleasant, disagreeable. **II** *s.m.* unpleasant person.
antipiega *a.* crease-resistant.
antipiretico *a./s.m.* (*Farm.*) antipyretic.
antipodi *m.pl.* antipodes *pl.* ▭ (*fig.*) *essere agli* ~ to be poles apart.
antipolio **I** *a.* (*Farm.*) polio. **II** *s.f.* (*iniezione*) vaccination against polio.
antiquariato *m.* antique trade.
antiquario **I** *a.* antiquarian. **II** *s.m.* antiquarian, dealer in antiques. ▭ *bottega d'*~ antique shop.
antiquato *a.* obsolete, old-fashioned.
antirab(b)ica *f.* (*Farm.*) antirabic shot.
antireumatico *a./s.m.* (*Farm.*) antirheumatic.
antiruggine **I** *a.* antirust, rustproof, rust-resistant: *vernice* ~ antirust paint. **II** *s.m.* rust inhibitor (*o* preventer).
antisdrucciolevole *a.* nonskid.
antisemita **I** *s.m./f.* anti-Semite. **II** *a.* anti-Semitic.
antisemitismo *m.* anti-Semitism.
antisettico *a./s.m.* (*Farm.*) antiseptic.
antisismico *a.* earthquake-proof.
antisociale *a.* antisocial.
antistamina *f.* (*Farm.*) antihistamine.
antistaminico *a./s.m.* (*Farm.*) antihistaminic.
antistante *a.* before, in front, opposite.
antitarmico *a./s.m.* moth-repellent.
antitesi *f.* antithesis (*anche fig.*).
antitetanica *f.* (*Farm.*) injection against tetanus.
antitetico *a.* antithetic(al).
antitubercolare *a.* (*Farm.*) antitubercular.
antiurto *a.* shock-resistant, shockproof.
antiveggenza *f.* foresight.
antivigilia *f.* two days before.
antologia *f.* anthology.
antologico *a.* anthological.
Antonio *N.pr.m.* Ant(h)ony.
antonomasia *f.* antonomasia. ▭ *per* ~ par excellence.
antracite *f.* (*Min.*) anthracite.
antro *m.* **1** (*caverna*) cave, cavern, den. **2** (*Anat.*) antrum.
antropofagia *f.* anthropophagy.
antropofago *a./s.m.* anthropophagous.
antropoide *m.* (*Zool.*) anthropoid.
antropologia *f.* anthropology.
antropologo *m.* anthropologist.
antropometria *f.* anthropometry.
antropomorfismo *m.* anthropomorphism.
antropomorfo *a.* anthropomorphic.
anulare **I** *a.* annular, ring-. **II** *s.m.* ring-finger.
Anversa *N.pr.f.* (*Geog.*) Antwerp.
anzi *congz.* **1** (*invece, al contrario*) in fact, as a matter of fact: *non sei in anticipo,* ~ *ti aspettavo prima* you're not early, as a matter of fact I was expecting you earlier. **2** (*o meglio, o piuttosto*) or rather, better still, or better: *ti telefonerò,* ~ *passerò da te* I'll phone you, or better, I'll drop by.
anzianità *f.* seniority, (length of) service.
anziano **I** *a.* **1** (*di età avanzata*) elderly; (*molto anziano*) aged; (*il più vecchio*) senior, oldest. **2** (*che ha anzianità in un grado, in un ufficio*) senior, superior: *socio* ~ senior partner; (*rif. a studenti*) senior. **II** *s.m.* (*persona anziana*) elderly person; *pl.*, the old (*costr. pl.*).
anziché *congz.* **1** (*piuttosto che*) rather than, sooner than: ~ *rispondere, mi farò uccidere* I would sooner die than answer. **2** (*invece di*) instead of.
anzichenò *avv.* rather.
anzidetto *a.* aforesaid, above mentioned.
anzitempo *avv.* before one's time, prematurely.
anzitutto *avv.* first of all.
aorta *f.* (*Anat.*) aorta.
AP = (*Fis.*) *Alta Pressione* High Pressure (HP).
apartitico *a.* non-party.
apatia *f.* apathy, listlessness, indifference.
apatico *a.* apathetic, indifferent, listless.
ape *f.* (*Zool.*) bee. ▭ ~ **maschio** drone; **nido** *d'api* honeycomb; (*ricamo*) smoking; ~ **operaia** worker bee; ~ **regina** queen bee.
aperitivo *m.* aperitif: *l'ora dell'*~ aperitif time.
apertamente *avv.* openly, plainly, frankly.
aperto **I** *a.* **1** open: *un locale* ~ *tutta la notte* a place that stays open all night; (*rif. a rubinetti e sim.*) on, running. **2** (*non concluso*) open, unsettled: *una questione aperta* an open question. **3** (*ampio, spazioso*) open. **4** (*fig.*) (*schietto*) open, straightforward: *faccia aperta* open face; *un'aperta discussione* an open discussion. **5** (*fig.*) (*perspicace*) alert, quick, receptive: *intelligenza aperta* quick intelligence. **6** (*Comm.*) open: *conto* ~ open account. **7** (*Mil.*) open: *città aperta* open city. **II** *avv.* openly, frankly. **III** *s.m.* open: *all'*~ (out) in the open, outdoors. ▭ *accogliere qd. a* **braccia** *aperte* to welcome s.o.

with open arms; *combattere in* **campo** ~ to fight in the open; *una* **ferita** *aperta* an open wound *(anche fig.); una* **mente** *aperta* an open mind; **teatro** *all'~* open-air theatre.

apertura *f.* **1** (*l'aprire*) opening. **2** (*fenditura*) cleft, crack; (*buco*) hole: *praticare un'~ nel muro* to make a hole in the wall; (*ingresso*) mouth, entrance. **3** (*ampiezza*) span. **4** (*inizio dei lavori*) opening, beginning: ~ *del parlamento* opening of Parliament. **5** (*Comm., Econ.*) opening. **6** (*Pol.*) opening, co-operation: ~ *a sinistra* opening to the Left. **7** (*Fot.*) aperture. □ (*Aer.*) ~ **alare** wing-span; **discorso** *di* ~ opening speech; ~ **mentale** open-mindedness; **orario** *di* ~ opening time; ~ *delle* **ostilità** outbreak of hostilities; ~ *delle* **scuole** opening of the schools.

apice *m.* apex (*pl.* apicis) (*in tutti i signif.*).

apicoltore *m.* beekeeper.

apicoltura *f.* beekeeping.

apnea *f.* apnoea.

apocalisse, **apocalissi** *f.* **1** Apocalypse, Revelation: *i quattro cavalieri dell'~* the four horsemen of the Apocalypse. **2** (*fig.*) apocalypse.

apocalittico *a.* apocalyptic.

apocrifo I *a.* apocryphal. **II** *s.m.* apocrypha.

apofisi *f.* (*Anat.*) apophysis (*pl.* apophyses).

apogeo *m.* **1** (*Astr.*) apogee. **2** (*fig.*) (*apice*) height, climax.

apolide I *a.* (*Dir.*) stateless, displaced. **II** *s.m./f.* displaced (*o* stateless) person.

apolitico *a.* non-political.

Apollo *N.pr.m.* (*Mitol.*) Apollo.

apologeta *m.* (*Rel.*) apologist.

apologetico *a.* apolegetic.

apologia *f.* apologia, apology. □ *fare l'~ di qd.* to defend s.o.

apologo *m.* apologue.

apoplessia *f.* (*Med.*) apoplexy.

apoplettico *a./s.m.* (*Med.*) apoplectic.

apostasia *f.* apostasy.

apostata *m.* apostate.

apostolato *m.* (*Rel.*) apostolate, apostleship.

apostolico *a.* **1** apostolic(al) (*anche fig.*). **2** (*papale*) papal, of the Pope, apostolic.

apostolo *m.* apostle (*anche fig.*).

apostrofare[1] *v.t.* to address.

apostrofare[2] *v.t.* (*Gramm.*) to apostrophize.

apostrofo *m.* apostrophe.

apotema *m.* (*Geom.*) apothem.

apoteosi *f.* apotheosis, deification (*anche fig.*).

appagamento *m.* satisfaction, fulfilment.

appagare *v.t.* **1** to satisfy, to fulfil: ~ *i desideri di qd.* to satisfy s.o.'s desires. **2** (*fig.*) to soothe, to calm. **appagarsi** *v.r.* to be content (*o* satisfied), to content o.s. (*di* with).

appaiare *v.t.* to pair, to couple: ~ *due guanti* to pair two gloves. **appaiarsi** *v.r.* (*unirsi*) to form a pair.

appaiato *a.* coupled.

Appalachi *N.pr.m.pl.* (*Geog.*) Appalachians *pl.*

appallottolare *v.t.* to make* into pellets (*o* balls): ~ *un pezzo di carta* to make a piece of paper into a ball. **appallottolarsi** *v.r.* to coil up.

appaltare *v.t.* **1** to let* out on contract: ~ *un lavoro a qd.* to let out a job to s.o. on contract. **2** (*prendere in appalto*) to undertake* on contract.

appaltatore I *s.m.* **1** (*chi dà in appalto*) lessor. **2** (*chi prende in appalto*) contractor. **II** *a.* contracting.

appalto *m.* **1** (*il dare in appalto*) allocation (*o* giving out) on contract. **2** (*il prendere in appalto*) contracting.

appannaggio *m.* **1** ap(p)anage; (*compenso annuo*) annuity. **2** (*fig.*) (*prerogativa*) prerogative.

appannamento *m.* **1** (*rif. a vetri*) misting over, steaming up; (*rif. a metalli*) tarnishing. **2** (*della vista*) blurring, dimming.

appannare *v.t.* **1** (*rif. a vetri*) to mist over, to steam (up): ~ *uno specchio con l'alito* to steam a mirror with one's breath. **2** (*rif. alla vista*) to dim, to blur; (*rif. alla voce*) to make* husky. **appannarsi** *v.i.pron.* **1** (*rif. a vetri*) to steam up, to mist over. **2** (*rif. alla vista*) to grow* dim, to blur; (*rif. alla voce*) to grow* husky.

appannato *a.* (*di vetri*) misted over; (*di vista*) steamed up.

apparato *m.* **1** array, display: *un grande ~ di forze* a great display of forces. **2** (*tecn.*) equipment, apparatus. **3** (*fig. collett.*) apparatus, machinery: ~ *burocratico* bureaucratic machinery. **4** (*Anat.*) apparatus: ~ *respiratorio* respiratory apparatus.

apparecchiare *v.t.* (*preparare*) to prepare, to get* ready. □ ~ *la tavola* to lay* (*o* set*) the table.

apparecchiatura *f.* **1** (*tecn.*) equipment: ~ *elettrica* electrical equipment. **2** (*preparazione*) preparation.

apparecchio *m.* **1** (*tecn.*) apparatus, set; (*strumento*) instrument: ~ *di misurazione* measuring instrument; (*congegno*) device, appliance. **2** (*aereo*) aircraft. **3** (*Tel.*) telephone. □ (*Tel.*) *chi è* **all'**~? who is speaking?; *resti* **all'**~! hold the line! ~ **fotografico** camera; *apparecchi* **igienico**-*sanitari* sanitary fittings; ~ **ortopedico** orthopaedic appliance; ~ **radio** receiving set.

apparente *a.* apparent, seeming.

apparenza *f.* **1** outward appearance, appearances *pl.*: *giudicare dall'~* to judge from appearances. **2** (*aspetto*) appearance, aspect, look.

apparire *v.i.* **1** to appear: *il sole è apparso all'orizzonte* the sun appeared on the horizon. **2** (*intravedersi*) to loom (up): *un'isola apparve nella nebbia* an island loomed out of the mist. **3** (*sembrare*) to seem, to look.

appariscente *a.* **1** (*che dà nell'occhio*) showy;

(*rif. a colori*) gaudy: *un vestito* ~ a gaudy dress. **2** (*avvenente*) striking.

apparizione *f.* apparition.

appartamento *m.* flat, (*am.*) apartment; (*di albergo*) suite (of rooms). ☐ **affittasi** ~ flat to let; ~ *d'***affitto** rented flat.

appartarsi *v.r.* to stand* aloof, to withdraw*.

appartato *a.* (*rif. a persona*) (*pred.*) apart, aloof: *essere* ~ to live apart; (*rif. a luogo*) secluded.

appartenenza *f.* membership, belonging.

appartenere *v.i.* **1** to belong (*a* to). **2** (*essere iscritto a una associazione*) to be a member (of). **3** (*spettare, riguardare*) to be (for), to be up (to).

appassionare *v.t.* **1** to impassion; (*entusiasmare*) to thrill. **2** (*commuovere*) to move, to touch. **appassionarsi** *v.i.pron.* (*entusiasmarsi*) to be keen (*a, per* on).

appassionato I *a.* **1** impassioned, passionate: *parole appassionate* impassioned words. **2** (*entusiasta*) fond (*di, per, a* of), keen (on). **II** *s.m.* fan, lover.

appassire *v.i.* **1** to wither. **2** (*fig., lett.*) to fade.

appassito *a.* **1** faded, withered: *foglia appassita* withered leaf. **2** (*rif. a uva*) dried. **3** (*fig.*) faded: *bellezza appassita* faded beauty; (*rif. al volto*) wizen.

appellarsi *v.i.pron.* **1** to (make* an) appeal (*a* to): *appellarsi alla generosità di qd.* to appeal to s.o.'s generosity. **2** (*Dir.*) to (make* an) appeal (*contro* against).

appellativo I *a.* **1** (*Dir.*) appeal-, appellate. **2** (*Gramm.*) appellative. **II** *s.m.* **1** appellation, appellative. **2** (*epiteto*) nickname, epithet.

appello *m.* **1** appeal: *rivolgere un* ~ *alla cittadinanza* to make an appeal to the population. **2** (*chiamata*) roll-call. **3** (*Dir.*) appeal. ☐ **corte** *d'*~ Court of Appeal; **fare** ~ *a tutte le proprie forze* to muster (*o* summon up) all one's strength; **fare** ~ *al buonsenso di qd.* to appeal to s.o.'s common sense; **fare** *l'*~ to call the roll; (*Parl.*) ~ **nominale** roll-call for voting; **ricorrere** *in* ~ to (file an) appeal; **rispondere** *all'*~ to answer the roll-call.

appena I *avv.* **1** hardly, barely, scarcely: *potevo* ~ *muovermi* I could hardly move. **2** (*poco*) scarcely, (only) just, barely: *mosse* ~ *le labbra* his lips barely moved. **3** (*rif. a tempo: da poco*) just: *questo libro è* ~ *uscito* this book has just come out; (*soltanto*) only (just): *sono* ~ *le sette* it's only just seven (*correlativo con* che *o* quando) hardly, scarcely, just... when: *ero* ~ *entrato, quando...* I had just entered, when... **II** *congz.* (*subito dopo che*) as soon as, just, no sooner. ☐ *non* ~ *che* as soon as.

appendere *v.t.* to hang* (up).

appendice *f.* appendix (*pl.* appendices) (*anche Anat.*). ☐ *romanzo d'*~ serial.

appendicite *f.* (*Med.*) appendicitis.

Appennini *N.pr.m.pl.* (*Geog.*) Apennines *pl.*

appesantire *v.t.* **1** to make* heavier, to load. **2** (*fig.*) (*rendere torpido*) to dull, to weigh down. **appesantirsi** *v.i.pron.* to grow* heavy; (*rif. a persona*) to put* on weight.

appestare *v.t.* **1** to taint. **2** (*riempire di cattivo odore*) to stink*.

appestato I *a.* **1** (*infetto*) infected, tainted. **2** (*fetido*) stinking. **II** *s.m.* plague victim.

appetibile *a.* desirable.

appetire *v.t.* to desire, to long (*o* crave) for.

appetito *m.* appetite. ☐ **mangiare** *con* ~ to eat heartily; **stuzzicare** *l'*~ to whet one's appetite.

appetitoso *a.* **1** appetizing. **2** (*fig.*) (*attraente*) attractive.

appezzamento *m.* (*Agr.*) plot, allotment.

appianare *v.t.* **1** to level, to smooth. **2** (*fig.*) to smooth out, to remove.

appiattarsi *v.r.* to crouch (in hiding), to hide* (o.s.).

appiattire *v.t.* to level, to flatten. **appiattirsi** *v.r.* to become* flat, to flatten.

appiattito *a.* flat: *naso* ~ flat nose.

appiccare *v.t.* to hang* (up), to affix. **appiccarsi** *v.r.* (*impiccarsi*) to hang* o.s. ☐ ~ *il fuoco a* to set fire to.

appiccicare I *v.t.* **1** to stick*: ~ *un francobollo* to stick on a stamp. **2** (*fig.*) → **appioppare**. **II** *v.i.* (*essere attaccaticcio*) to be sticky; (*rif. a carta, francobollo*) to stick* (*on*). **appiccicarsi** *v.r.* to stick*, to cling* (*anche fig.*).

appiccicaticcio *a.* **1** sticky. **2** (*fig.*) (*rif. a persona*) clinging.

appiccicoso *a.* **1** sticky: *dita appiccicose di miele* fingers sticky with honey. **2** (*fig.*) (*rif. a persona*) clinging.

appiedare *v.t.* to dismount.

appieno *avv.* fully, quite, thoroughly.

appigliarsi *v.r.* to take* hold (*a* of), to cling* (*a* to). ☐ ~ *a un pretesto* to cling to an excuse.

appiglio *m.* **1** grip, hold. **2** (*fig.*) (*pretesto*) pretext, excuse.

appiombo *m.* perpendicularity, plumb(-line).

appioppare *v.t.* **1** to give*, to deal*: ~ *un ceffone a qd.* to give s.o. a slap. **2** (*dare ingannando*) to palm (*o* fob) off, to pass off.

appisolarsi *v.r.* to doze off.

applaudire *v.t./i.* to clap, to applaud; (*a gran voce*) to cheer.

applauso *m.* applause; (*a gran voce*) cheers *pl.*

applicabile *a.* applicable.

applicare *v.t.* **1** (*fare aderire*) to apply, to put* on; (*incollando*) to stick* on: ~ *il francobollo alla lettera* to stick the stamp on the letter. **2** (*stendere: rif. a colori, pomate*) to apply, to spread*. **3** (*mettere in atto*) to enforce, to apply: ~ *sanzioni* to apply sanctions; ~ *il regolamento* to enforce the regulation. **applicarsi** *v.r.* **1** (*dedicarsi*) to apply o.s. **2** (*assol.*) to apply o.s., to work hard.

applicato *a.* applied.

applicazione *f.* **1** application: ~ *di una legge fisica* application of a law of physics. **2**

(*Dir.*) enforcement, application. **3** (*Vest.*) appliqué. **4** (*fig.*) (*impegno*) application, diligence. **5** (*Inform.*) application, data processing.

appoggiare **I** *v.t.* **1** to lean*, to lay*: ~ *una scala al muro* to lean a ladder against the wall. **2** (*fig.*) (*sostenere*) to support, to back (up). **II** *v.i.* to rest, to stand* (*su* on): *l'arco appoggia su due pilastri* the arch rests on two pillars. **appoggiarsi** *v.r.* **1** to lean* (*a, su* on). **2** (*fig.*) (*basarsi*) to rely (*a, su* on), to place one's trust (in).

appoggiatesta *m.* head-rest.

appoggio *m.* (*sostegno*) support (*anche Sport*).

appollaiarsi *v.r.* to perch, to roost.

apporre *v.t.* **1** to affix: ~ *la propria firma a qc.* to affix one's signature to s.th., to sign s.th. **2** (*aggiungere*) to add.

apportare *v.t.* **1** to bring*, to carry. **2** (*produrre*) to produce, to bring* (about); (*introdurre*) to bring* in, to introduce.

apporto *m.* supply; (*contributo*) contribution.

appositamente *avv.* purposely, on purpose.

apposito *a.* **1** (*fatto appositamente: general. non si traduce*): *introdurre le monete nell'apposita fessura* to insert coins into the slot. **2** (*adatto*) suitable, proper.

apposizione *f.* **1** addition. **2** (*Gramm.*) apposition.

apposta **I** *avv.* **1** on purpose, purposely: *non l'ho fatto* ~ I didn't do it on purpose. **2** (*con uno scopo determinato*) specially: *sono venuto* ~ *per te* I have come specially for you. **II** *a.* special.

appostamento *m.* **1** (*agguato*) ambush. **2** (*Mil.*) (*rif. a soldati*) position; (*rif. a mitragliatrici*) position, nest; (*rif. a cannoni*) emplacement. **3** (*Caccia*) lying in wait (for s.o., s.th.).

appostarsi *v.r.* **1** to lie* in wait. **2** (*Mil.*) to take* up position.

apprendere *v.t.* **1** to learn*: ~ *una lingua* to learn a language. **2** (*venire a sapere*) to learn*, to find* out; (*sentir dire*) to hear*.

apprendimento *m.* learning (*anche Inform.*): ~ *automatico* machine learning.

apprendista *m./f.* apprentice.

apprendistato *m.* apprenticeship.

apprensione *f.* apprehension, anxiety.

apprensivo *a.* apprehensive, anxious.

appresso **I** *avv.* **1** (*accanto*) near, close by, at hand; (*con sé*) with one; *portarsi* ~ *una cosa* to take s.th. with one. **2** (*dopo*) then, afterwards. **II** *prep.* (*dietro*) (close) behind, after: *andare* ~ *a qd.* to go after s.o. **III** *a.* (*seguente*) next, after, following: *la mattina* ~ the next morning.

apprestare *v.t.* to prepare, to get* ready, to equip. **apprestarsi** *v.r.* to prepare (o.s.), to get* ready.

appretto *m.* dressing, size. □ *dare l'*~ to size.

apprezzabile *a.* (*notevole*) considerable, remarkable, noteworthy: *risultati apprezzabili* noteworthy results.

apprezzamento *m.* **1** (*stima*) esteem, consideration. **2** (*giudizio*) judgement, opinion.

apprezzare *v.t.* (*stimare*) to appreciate, to esteem.

approccio *m.* approach, overtures *pl.* □ *approcci amorosi* advances *pl.*

approdare *v.i.* **1** (*Mar.*) to berth; (*rif. a persone*) to land. **2** (*fig.*) to lead*, to come*.

approdo *m.* **1** landing. **2** (*luogo d'approdo*) landing place.

approfittare *v.i.* **1** to take* advantage, to avail o.s. (*di* of): ~ *dell'occasione* to take (advantage of) the opportunity; ~ *di un'offerta* to avail o.s. of an offer. **2** (*trarre profitto*) to profit (by), to gain, to benefit (by, from). **approfittarsi** *v.i.pron.* to take* advantage (*di* of).

approfondimento *m.* **1** deepening. **2** (*fig.*) thorough examination.

approfondire *v.t.* **1** to deepen, to make* deeper. **2** (*fig.*) (*studiare a fondo*) to examine closely, to investigate thoroughly.

approntare *v.t.* to prepare, to make* (*o* get*) ready: ~ *la cena* to get supper ready.

appropriare *v.t.* to adapt, to suit. **appropriarsi** *v.i.pron.* (*impadronirsi*) to appropriate (*di qc.* s.th.), to take* possession (of). □ *appropriarsi indebitamente (di) qc.* to misappropriate (*o* embezzle) s.th.

appropriato *a.* suitable, appropriate.

appropriazione *f.* appropriation. □ (*Dir.*) ~ *indebita* embezzlement.

approssimare *v.t.* **1** to bring* near. **2** (*Mat.*) to approximate. **approssimarsi** *v.r.* to approach, to come* (*o* draw*) near.

approssimativo *a.* **1** approximate. **2** (*impreciso*) rough, inaccurate.

approssimazione *f.* approximation.

approvare *v.t.* **1** to approve of. **2** (*promuovere*) to pass: ~ *uno studente* to pass a student; ~ *una legge* to pass a bill.

approvazione *f.* **1** approval: *ottenere l'*~ *di qd.* to obtain s.o.'s approval. **2** (*Scol.*) pass. □ ~ *del bilancio* adoption of the balance-sheet.

approvvigionamento *m.* **1** supplying. **2** (*provvista*) supply. **3** *pl.* (*Mil.*) supplies *pl.*, stores *pl.*

approvvigionare *v.t.* to supply, to provision. **approvvigionarsi** *v.r.* **1** to take* provisions, to lay* in provisions. **2** (*burocr.*) to make* industrial purchasing.

appuntamento *m.* **1** rendez-vous, (*fam.*) date. **2** (*professionale*) appointment.

appuntare[1] *v.t.* **1** (*fissare con uno spillo*) to fix, to pin: ~ *un fiore sul vestito* to fix (*o* pin) a flower to one's dress; (*rif. a spilli, aghi*) to stick*. **2** (*rendere appuntito*) to sharpen, to point: ~ *una matita* to sharpen a pencil. **appuntarsi** *v.i.pron.* (*essere rivolto*) to be focused, to be pointed.

appuntare[2] *v.t.* (*annotare*) to make* a note of, to note down.
appuntato *m.* (*Mil.*) lance-corporal (of the Carabinieri).
appuntino *avv.* meticulously, with precision.
appuntire *v.t.* to sharpen, to point.
appuntito *a.* pointed, sharpened.
appunto[1] *m.* **1** note: *prendere appunti di qc.* to make (*o* take down) notes on s.th. **2** (*osservazione*) remark, comment; (*rimprovero*) reproach, reprimand.
appunto[2] *avv.* **1** (*esattamente*) precisely, just. **2** (*rafforzativo: proprio*) very, precisely: *parlavamo ~ di te* you are the very person we were talking about. **3** (*nelle risposte affermative: certo*) that's right.
appurare *v.t.* to verify, to check.
apr. = *aprile* April (Apr.).
apribile *a.* that can be opened.
apribottiglie *m.* bottle-opener.
aprile *m.* April: *fare un pesce d'~ a qd.* to make an April fool of s.o.
apriorismo *m.* (*Filos.*) apriorism.
aprioristico *a.* a priori, aprioristic.
aprire *v.t.* **1** to open; (*usando la chiave*) to unlock; (*tirando*) to (pull) open; (*forzando*) to force (open). **2** (*fare un'apertura*) to open up, to make* an opening in, to make* a gap in. **3** (*scavare*) to dig*: *~ una trincea* to dig a trench. **4** (*allargare*) to spread*, to open: *~ le ali* to spread one's wings. **5** (*dare inizio*) to begin*, to open: *~ il discorso* to begin to speak. **6** (*essere in testa a*) to head, to lead*: *~ una lista* to head a list. **7** (*El.*) (*interrompere*) to cut* (*o* switch) off, to break*: *~ il circuito* to break the circuit.
aprirsi I *v.i.pron.* **1** to open: *la porta si apre dall'interno* the door opens from the inside; (*con violenza*) to burst* open. **2** (*fendersi*) to open (up), to split*: *la terra mi si aprì dinanzi* the earth opened up before me. **3** (*sbocciare*) to open, to blossom. **4** (*cominciare*) to open, to begin*. **II** *v.r.* (*fig.*) (*confidarsi*) to confide (*a, con* in), to open one's heart (*o* mind) (to). □ *non ~* **bocca** not to say a word; *~ (la)* **bocca** to open one's mouth; *~ le* **braccia** *a qd.* to welcome s.o. with open arms; *~* **casa** to set up house; *apriti* **cielo** good heavens; *~ un* **dibattito** to open a debate; (*Mil.*) *~ il* **fuoco** to open fire; *~ un'***inchiesta** to open (*o* set up) an inquiry; *~ un* **negozio** to open a shop; *~ gli* **occhi** (*svegliarsi*) to open one's eyes; (*fig.*) *apri gli* **occhi** keep your eyes open; *~ gli* **orecchi** to prick up one's ears; *~ le* **ostilità** to open hostilities; *aprirsi il* **passo** to make one's way; *~ un* **rubinetto** to turn on a tap; *~ una* **seduta** to open a meeting; *~ una* **strada** to open (up) a road; *~ un* **testamento** to read a will.
apriscatole *m.* tin-opener, (*am.*) can opener.
aquila *f.* **1** (*Zool.*) eagle. **2** (*fig.*) genius.
aquilino *a.* aquiline (*anche fig.*).
aquilone[1] *m.* (*vento*) north wind.
aquilone[2] *m.* kite.
Aquisgrana *N.pr.f.* (*Geog.*) Aachen.
Ar = (*Chim.*) *argo* argon.
AR = **1** *Altezza Reale* Royal Highness (RH). **2** (*Ferr.*) *andata e ritorno* return ticket.
ara[1] *f.* (*poet.*) (*altare*) altar.
ara[2] *f.* (*unità di misura*) are.
ara[3] *f.* (*Zool.*) macaw.
arabescare *v.t.* to decorate with arabesques.
arabesco *m.* (*Arte, Mus.*) arabesque.
Arabia *N.pr.f.* (*Geog.*) Arabia: *~ Saudita* Saudi Arabia.
arabico *a.* Arabic. □ *gomma arabica* gum arabic.
arabo I *a.* Arab-, Arabian. **II** *s.m.* **1** (*lingua*) Arabic. **2** (*abitante*) Arab, Arabian. □ *questo per me è ~* this is Greek to me.
arachide *f.* (*Bot.*) peanut.
aragosta *f.* (*Zool.*) lobster.
araldica *f.* heraldry.
araldico *a.* heraldic: *figura araldica* heraldic charge.
araldo *m.* herald (*anche fig.*).
aranceto *m.* orange-grove.
arancia *f.* (*Bot.*) orange.
aranciata *f.* **1** (*succo*) orange juice. **2** (*bibita gassata*) orangeade. **3** (*sciroppo*) orange squash.
arancio *m.* (*Bot.*) (*albero*) orange(-tree).
arancione I *a.* orange(-coloured), bright orange. **II** *s.m.* (bright) orange (colour).
arare *v.t.* to plough, (*am.*) to plow: *~ i campi* to plough the fields.
aratore *m.* ploughman (*pl.* –men).
aratro *m.* plough, (*am.*) plow.
aratura *f.* ploughing, (*am.*) plowing.
arazzo *m.* tapestry.
arbitraggio *m.* **1** (*Comm.*) arbitration; (*rif. a titoli, ecc.*) arbitrage. **2** (*calcio, pugilato, ecc.*) refereeing; (*tennis, cricket, ecc.*) umpiring.
arbitrale *a.* arbitral, arbitration.
arbitrare I *v.i.* to arbitrate, to act as arbitrator: *~ in una contesa* to arbitrate in a dispute. **II** *v.t.* (*calcio, pugilato, ecc.*) to referee; (*tennis, cricket, ecc.*) to umpire.
arbitrario *a.* arbitrary.
arbitrato *m.* (*Dir.*) arbitration.
arbitrio *m.* **1** will. **2** (*abuso*) liberty.
arbitro *m.* **1** arbiter. **2** (*Dir.*) arbitrator. **3** (*calcio, pugilato, ecc.*) referee; (*tennis, cricket, ecc.*) umpire.
arboreo *a.* arboreal, arboreous.
arboricoltura *f.* arboriculture.
arboscello *m.* sapling, shrub.
arbusto *m.* shrub.
Arc. = *Arcivescovo* Archbishop (Arch.).
arca *f.* **1** (*sarcofago*) sarcophagus. **2** (*Bibl.*) ark.
arcadico *a.* Arcadian (*anche fig.*).
arcaico *a.* **1** archaic. **2** (*rif. a parola, stile*) archaic, obsolete.
arcaismo *m.* (*Ling., Arte*) archaism.
arcangelo *m.* archangel.

arcano **I** *a.* (*misterioso*) arcane, mysterious. **II** *s.m.* mystery.
arcata *f.* **1** (*Arch.*) (*arco*) arch; (*ordine di archi*) arcade. **2** (*campata*) span. **3** (*Anat.*) arch. **4** (*Mus.*) bowing. ☐ ~ *dentaria* dental arch.
arch. = *architetto* architect (arch., archt.).
archeologia *f.* archaeology.
archeologico *a.* archaeological.
archeologo *m.* archaeologist.
archetipo **I** *a.* archetypal. **II** *s.m.* (*Filos., Filol.*) archetype.
archetto *m.* (*Mus.*) bow.
archibugio *m.* (*Stor.*) (h)arquebus.
Archimede *N.pr.m.* Archimedes.
architettare *v.t.* **1** to draw* (up) plans for, to design. **2** (*fig.*) (*ideare*) to plan, to conceive. **3** (*fig.*) (*macchinare*) to plot.
architetto *m.* architect.
architettonico *a.* architectural, architectonic.
architettura *f.* architecture (*anche fig.*).
architrave *m.* **1** (*Arch.*) architrave. **2** (*rif. a finestre, porte*) lintel.
archiviare *v.t.* **1** (*registrare pratiche, ecc.*) to record, to register. **2** (*sistemare nei raccoglitori*) to file. **3** (*chiudere, dimenticare una pratica, ecc.*) to pigeonhole.
archivio *m.* **1** (*ufficio pubblico*) record office, archives *pl.* **2** (*Comm.*) file. **3** (*Inform.*): ~ *dei dati* file; ~ *di lavoro* scratch file; ~ *permanente* master file.
archivista *m./f.* **1** (*di ufficio pubblico*) archivist. **2** (*Comm.*) filing clerk.
arcidiacono *m.* archdeacon.
arciduca *m.* archduke.
arciduchessa *f.* archduchess.
arciere *m.* archer, bowman (*pl.* –men).
arcigno *a.* frowning, sullen.
arcione *m.* **1** (*parte della sella*) saddle-bow. **2** (*sella*) saddle: *tenersi in* ~ to stay in the saddle.
arcipelago *m.* (*Geog.*) archipelago.
arciprete *m.* archpriest.
arcivescovado *m.* **1** (*sede*) archbishop's palace. **2** (*dignità*) archbishopric.
arcivescovo *m.* archbishop.
arco *m.* **1** (*arma*) bow: *tendere l'*~ to draw (*o* bend) a bow. **2** (*Arch.*) arch. **3** (*Mus.*) (*archetto*) bow; (*strumento ad arco*) string(ed) instrument. **4** (*Geom., Astr.*) arc. **5** (*Anat.*) arch. ☐ **ad** ~ arched; (*El.*) **lampada** *ad* ~ arc-lamp; **orchestra** *d'archi* string orchestra; (*Mus.*) **quartetto** *d'archi* string quartet; **saldatura** *ad* ~ arc-welding; ~ *di* **tempo** span (of time); (*Sport*) **tiro** *all'*~ archery; ~ *di* **trionfo** arch of triumph; (*El.*) ~ **voltaico** voltaic arc.
arcobaleno *m.* rainbow.
arcolaio *m.* wool-winder, skein-winder.
arcuato *a.* curved, bent, bowed.
Ardenne *N.pr.f.pl.* (*Geog.*) Ardennes *pl.*
ardente *a.* **1** burning, blazing: *carboni ardenti* burning coals. **2** (*appassionato*) ardent, passionate.
ardere **I** *v.t.* **1** (*bruciare*) to burn*. **2** (*inaridire*) to parch, to scorch: *il sole arse i campi* the sun parched (*o* scorched) the fields. **II** *v.i.* **1** to burn*. **2** (*fig.*) to burn* (*di* with): ~ *d'ira* to burn with rage. **3** (*essere in pieno svolgimento*) to rage: *ardeva la battaglia* the battle was raging. ☐ **da** ~ for burning; **legna** *da* ~ firewood.
ardesia *f.* **1** (*Min.*) slate. **2** (*colore*) slate (-grey).
ardimento *m.* boldness, daring.
ardimentoso *a.* **1** (*rif. a persona: coraggioso*) brave, daring. **2** (*rif. ad azione*) bold, daring.
ardire[1] *v.t.* to dare*, to venture.
ardire[2] *m.* **1** (*coraggio*) boldness, daring. **2** (*impudenza*) impudence, effrontery.
arditezza *f.* **1** (*rif. a persona*) boldness, daring. **2** (*impudenza*) impudence, effrontery. **3** (*rif. a cose*) boldness.
ardito *a.* **1** (*coraggioso*) bold, daring. **2** (*sfacciato*) impudent, insolent. **3** (*rif. a cose: rischioso*) risky, hazardous.
ardore *m.* **1** (*calore intenso*) fierce (*o* burning) heat. **2** (*fig.*) (*passione*) passion, ardour.
arduo *a.* **1** (*ripido*) steep: *un'ardua salita* a steep rise. **2** (*fig.*) (*difficile*) arduous, hard, difficult.
area *f.* **1** (*superficie*) area, surface. **2** (*regione*) area, region, zone. **3** (*Mat.*) area. **4** (*Edil.*) land, ground: ~ *da vendere* land for sale. **5** (*Inform.*) (*di memoria*) area: ~ *di comodo* hold area; ~ *di introduzione* imput area; ~ *di programma* program(me) storage, instruction area; ~ *di transito* buffer. ☐ ~ **depressa** depressed zone; ~ *del* **dollaro** dollar area; ~ **fabbricabile** building ground (*o* plot); (*Sport*) ~ *di* **rigore** penalty area.
arena[1] *f.* sand.
arena[2] *f.* **1** (*Archeologia*) arena. **2** (*per le corride*) bull-ring. **3** (*cinema all'aperto*) open-air cinema.
arenaria *f.* (*Min.*) sandstone.
arenarsi *v.i.pron.* **1** (*Mar.*) to run* aground, to be stranded. **2** (*fig.*) to get* bogged down.
arengario *m.* tribune.
arengo *m.* (*assemblea*) assembly; (*luogo di raduno*) meeting place.
arenile *m.* stretch of sand, sandy shore.
arenoso *a.* sandy.
argano *m.* **1** (*Mecc.*) winch. **2** (*Mar.*) capstan.
argentare *v.t.* to silver(-plate).
argentato *a.* **1** silver-plated. **2** (*rif. a colore*) silvery.
argentatura *f.* silver-plating.
argenteo *a.* **1** silver. **2** (*rif. a colore*) silvery, silver.
argenteria *f.* silverware, silver.
argentiere *m.* silversmith.
argentifero *a.* argentiferous.
argentina *f.* (*Vest.*) round-necked sweater.
Argentina *N.pr.f.* (*Geog.*) Argentina.
argentino[1] *a.* silver: *risata argentina* silver laugh.
argentino[2] *a./s.m.* Argentinian.

argento *m.* **1** (*Chim.*) silver. **2** *pl.* (*argenteria*) silverware, silver. ☐ **d'~**: 1 silver-: *un piatto d'~* a silver dish (*o* plate); 2 (*fig.*) silver, silvery: *capelli d'~* silver hair; *nozze d'~* silver wedding anniversary; (*pop.*) ~ **vivo** (*mercurio*) quick-silver (*o* mercury); (*fig.*) *avere l'~* **vivo** *addosso* to be fidgety (*o* restless).

argentone *m.* (*Met.*) nickel (*o* German) silver.

argilla *f.* **1** (*Min.*) clay. **2** (*per vasai*) argil, potter's clay.

argilloso *a.* clayey.

arginare *v.t.* **1** to embank, to dyke: ~ *un fiume* to embank a river. **2** (*fig.*) to check, to stem.

argine *m.* **1** embankment, dyke. **2** (*fig.*) check defence.

argo *m.* (*Chim.*) argon.

argomentare **I** *v.t.* (*dedurre*) to deduce, to infer. **II** *v.i.* (*ragionare*) to argue, to discuss.

argomentazione *f.* **1** reasoning. **2** (*Filos.*) argumentation.

argomento *m.* **1** argument: *confutare un ~* to confute an argument. **2** (*ciò di cui si tratta*) subject, topic. **3** (*contenuto di uno scritto*) subject-matter, contents *pl*: *esporre l'~ di un libro* to expound the subject-matter of a book. **4** (*motivo*) occasion, reason: *offrire ~ di biasimo* to give occasion (*o* reason) for blame. ☐ **allontanarsi** *dall'~* to go (*o* wander) off the subject; **entrare** *in ~* to broach (*o* enter upon) a subject.

argonauta *m.* (*Mitol.*) argonaut.

arguire *v.t.* (*dedurre*) to deduce, to infer.

arguto *a.* quick-witted, witty.

arguzia *f.* **1** wit, sharpness. **2** (*motto spiritoso*) witticism.

aria *f.* **1** air: ~ *fresca* fresh air; ~ *viziata* stale (*o* foul) air; *cambiamento d'~* change of air. **2** (*fig.*) (*aspetto*) look, apparence; (*atteggiamento*) air, demeanour; (*espressione del volto*) look, air. **3** *pl.* (*fig.*) airs *pl.* **4** (*Mus.*) air; (*rif. all'opera*) aria. ☐ **ad** ~ air-: *ad ~ fredda* cold-air-; *ad ~ compressa* compressed -air-; **all'~** in the open air, outdoors; (*fig.*) *andare* **all'~** to come to nothing; ~ **aperta** open air; **avere** *l'~ di* to look, to seem; **avere** *l'~ di una brava persona* to seem (*o* look like) a nice person; **buttare** *all'~ qc.* (*mettere in disordine*) to mess up everything; **cambiare** ~ (*per salute*) to have a change of air; (*fig.*) to get out; **campare** *d'~* to live on air; ~ **condizionata** air-conditioning; **corrente** *d'~* draught; **dare** ~ to air: *dare ~ ai vestiti* to air clothes; **darsi** *delle arie* to put on airs; ~ *di* **famiglia** family likeness; **in** ~: 1 (*stato*) in the air; (*moto*) into the air: *sparare in ~* to shoot into the air; 2 (*fig.*) (*senza fondamento*) unfounded, groundless; *in* **linea** *d'~* as the crow flies; *mi* **manca** *l'~* I feel I am suffocating; (*fig.*) **mandare** *all'~* to throw up; ~ *di* **mare** sea air; *c'è ~ di* **pioggia** it looks like rain; **prendere** ~ (o *un po' d'aria*) to get some (*o* a breath of) fresh air; ~ **soffocante** stifling air; **spostamento** *d'~* windage.

arianesimo *m.* (*Rel.*) Arianism.

Arianna *N.pr.f.* Ariadne.

ariano[1] *a./s.m.* Aryan.

ariano[2] *a./s.m.* (*Rel.*) Arian.

aridità *f.* **1** (*siccità*) dryness, aridity; (*sterilità*) barrenness: ~ *del terreno* barrenness of the land. **2** (*fig.*) (*mancanza di sensibilità*) lack of feeling, hard-heartedness.

arido **I** *a.* **1** dry, arid; (*sterile*) barren: *terreno ~* barren land. **2** (*fig.*) (*insensibile*) insensitive. **II** *s.m.pl.* dry substances.

arieggiare **I** *v.t.* **1** (*dare aria*) to air, to ventilate. **2** (*somigliare*) to resemble, to look like. **II** *v.i.* (*imitare*) to imitate (*a qd.* s.o.), to assume the manner (of).

ariete *m.* **1** (*Zool.*) ram. **2** (*Mil., ant.*) battering ram. **Ariete** (*Astr.*) Aries.

aringa *f.* (*Zool.*) herring. ☐ ~ *affumicata* kipper.

arioso *a.* airy: *una camera ariosa* an airy room.

aristocratico **I** *a.* aristocratic(al) (*anche fig.*). **II** *s.m.* aristocrat.

aristocrazia *f.* **1** aristocracy. **2** (*fig.*) cream.

Aristotele *N.pr.m.* Aristotele.

aristotelico *a./s.m.* (*Filos.*) Aristotelian.

aritmetica *f.* arithmetic.

aritmetico **I** *a.* arithmetical. **II** *s.m.* arithmetician.

aritmia *f.* (*Med.*) ar(r)hythmia.

aritmico *a.* ar(r)hythmic.

arlecchinata *f.* **1** (*buffonata*) buffonery, clowning. **2** (*Teat.*) harlequinade.

Arlecchino *N.pr.m.* Harlequin. **arlecchino** *m.* (*fig.*) buffoon, clown.

arma *f.* **1** arm, weapon: *prendere le armi* to take up arms. **2** (*Mil.*) (*corpo*) arm, force, service. **3** (*fig.*) (*mezzo*) weapon, means. ☐ **all'***armi!* to arm!; *armi* **atomiche** atomic weapons; ~ **azzurra** Italian Air Force; ~ **bianca** cold steel; **chiamare** *alle armi* to call up (*o* to arms); **compagno** *d'armi* comrade in arms; **deporre** *le armi* to lay down arms; (*fig.*) *un'~ a* **doppio** *taglio* a double-edged weapon; **fatto** *d'armi* feat of arms; *armi da* **fuoco** fire-arms *pl.;* **levarsi** *in armi* to rise up in arms; *armi* **nucleari** nuclear weapons; **passare** *qd. per le armi* to shoot s.o.; **piazza** *d'armi* drill-ground; **porto** *d'armi* licence to carry fire-arms; **presentare** *le armi* to present arms; (*fig.*) *essere alle* **prime** *armi* to be a novice; *andare* **sotto** *le armi* to go into the army.

armacollo *m.*: *ad ~* baldric-wise.

armadietto *m.* locker, cabinet. ☐ ~ *dei medicinali* first-aid cabinet.

armadillo *m.* (*Zool.*) armadillo.

armadio *m.* cupboard, cabinet. ☐ ~ *per gli* **abiti** wardrobe; ~ **guardaroba** wardrobe; ~ *a* **muro** built-in (*o* wall) cupboard.

armaiolo *m.* **1** (*fabbricante*) armourer, gunsmith. **2** (*venditore*) gun dealer.

armamentario *m.* paraphernalia *pl.*
armamento *m.* **1** (*Mil.*) (*atto*) arming; (*effetto*) armament. **2** (*tecn.: atto*) fitting-out, equipping; (*effetto*) equipment. **3** *pl.* (*Mil.*) armaments *pl.*; (*Mar.*) fittings *pl.*, rigging of a ship. □ **controllo** *degli armamenti* arms control; **corsa** *agli armamenti* arms race; **riduzione** *degli armamenti* arms reduction.
armare *v.t.* **1** to arm, to provide (*o* supply) with arms. **2** (*Mar.*) to fit out, to rig. **3** (*Edil.*) to reinforce. **4** (*in miniera*) to timber. **armarsi** *v.r.* to arm o.s. (*di* with) (*anche estens.*). □ *armarsi di coraggio* to pluck up courage.
armata *f.* **1** (*esercito*) army. **2** (*flotta*) fleet. □ (*Stor.*) *l'Invincibile Armata* the (Invincible) Armada.
armato I *a.* **1** armed (*anche fig.*). **2** (*provvisto*) equipped, furnished. **3** (*Mecc., Edil.*) reinforced: *cemento* ~ reinforced concrete. **II** *s.m.* **1** armed man. **2** (*soldato*) soldier. □ ~ *di* **coraggio** armed with courage; ~ *fino ai* **denti** armed to the teeth; *le* **forze** *armate* the armed forces.
armatore *m.* shipowner.
armatura *f.* **1** (*Stor.*) (suit of) armour. **2** (*Edil.*) framework; (*impalcatura*) scaffolding; (*nel cemento armato*) reinforcement. **3** (*in miniera*) timbering. **4** (*El.*) (*di un cavo*) armour.
armeggiamento *m.* **1** bustling (about). **2** (*l'intrigare*) manoeuvring.
armeggiare *v.i.* **1** to bustle. **2** (*intrigare*) to manoeuvre.
armeggio *m.* **1** bustling about. **2** (*intrigo*) manoeuvring.
Armenia *N.pr.f.* (*Geog.*) Armenia.
armeno *a./s.m.* Armenian.
armento *m.* herd, drove.
armeria *f.* **1** (*Mil.*) armoury. **2** (*collezione*) collection of arms.
armigero *m.* (*lett.*) armiger, armour-bearer.
armistizio *m.* armistice.
armo *m.* (*Mar.*) crew.
armonia *f.* harmony (*anche fig.*). □ *in* ~ *con* in keeping with.
armonica *f.* (*Mus.*) harmonica. □ ~ *a bocca* mouth-organ, (*am.*) harmonica.
armonico *a.* **1** harmonic. **2** (*armonioso*) harmonious. □ *cassa armonica* sound-box.
armonio *m.* (*Mus.*) harmonium.
armonioso *a.* harmonious.
armonizzare I *v.t.* **1** to harmonize (*anche estens.*). **2** (*rif. a colori, abiti*) to match. **II** *v.i.* (*essere in armonia*) to harmonize, to be in harmony; (*rif. a colori, abiti*) to match.
arnese *m.* **1** tool, implement; (*rif. alla cucina*) utensil. **2** (*aggeggio*) thing, gadget, (*fam.*) contraption. □ ~ **agricolo** agricultural hand tool; *essere* **male** *in* ~ (*rif. a vestiti*) to be shabbily (*o* poorly) dressed; (*rif. alla salute*) to be in poor (*o* bad) health.
arnia *f.* (bee)hive.
arnica *f.* (*Bot.*) arnica.
aroma *m.* **1** aroma, fragrance; (*del vino*) bouquet. **2** (*spezie*) spice, aromatic herb.
aromatico *a.* aromatic, fragrant; (*rif. a vino*) spiced.
aromatizzare *v.t.* to aromatize; (*insaporire*) to flavour; (*con spezie*) to spice.
arpa *f.* (*Mus.*) harp: ~ *eolia* Aeolian harp.
arpeggiare *v.i.* **1** (*suonare l'arpa*) to play the harp. **2** (*eseguire arpeggi*) to play arpeggios.
arpeggio *m.* (*Mus.*) arpeggio.
arpia *f.* (*Zool., Mitol.*) harpy (*anche fig.*).
arpionare *v.t.* to harpoon.
arpione *m.* **1** (*cardine*) hinge. **2** (*gancio*) hook. **3** (*fiocina*) harpoon. □ ~ *da ghiaccio* ice hook.
arpista *m./f.* harpist.
arrabattarsi *v.i.pron.* to do* all one can, to strive*, to bestir o.s.
arrabbiarsi *v.i.pron.* to get* angry, to fly* into a temper (*o* rage). □ **fare** *arrabbiare* ~ *qd.* to make s.o. angry; **non** *t'arrabbiare!* take it easy!
arrabbiato *a.* **1** rabid, mad: *un cane* ~ a rabid (*o* mad) dog. **2** (*irato*) angry furious: *essere* ~ *con qd.* to be angry with s.o. **3** (*accanito*) implacable, inveterate.
arrabbiatura *f.* rage.
arraffare *v.t.* **1** to grab, to snatch. **2** (*rubare*) to pinch.
arrampicarsi *v.i.pron.* to climb (up), to clamber: ~ *su un albero* to climb (up) a tree.
arrampicata *f.* **1** climb. **2** (*Sport*) climbing.
arrampicatore *m.* mountain climber. □ ~ *sociale* social climber.
arrancare *v.i.* **1** to hobble. **2** (*camminare faticosamente*) to trudge. **3** (*Mar.*) to row hard.
arrangiamento *m.* (*Mus.*) arrangement.
arrangiare *v.t.* **1** to adjust; (*mettere insieme alla meglio*) to improvise, to fix up. **2** (*conciare per le feste*) to fix. **3** (*Mus.*) to arrange. **arrangiarsi** *v.r.* **1** (*venire a un accomodamento*) to come* to an agreement. **2** (*cavarsela alla meglio*) to manage, to do* the best one can. □ *arrangiati!* get on with it!
arrangiatore *m.* (*Mus.*) arranger.
arrecare *v.t.* **1** (*lett.*) to bring*. **2** (*fig.*) (*cagionare*) to cause.
arredamento *m.* **1** (*progettazione*) interior design (*o* decoration). **2** (*l'arredare*) furnishing; (*il mobilio*) furniture, furnishings *pl.*
arredare *v.t.* to furnish.
arredatore *m.* **1** (*di appartamenti*) interior designer (*o* decorator). **2** (*Cin., Teat.*) stage designer.
arredo *m.* furnishings *pl.*, fittings *pl.*, furniture.
arrembaggio *m.* (*Mar.*) boarding.
arrendersi *v.r.* **1** to surrender, to give* o.s. up: ~ *al nemico* to surrender to the enemy. **2** (*cedere*) to yield, to give* way (*o* in).
arrendevole *a.* docile, compliant, yielding.
arrendevolezza *f.* docility, compliance.
arrestare *v.t.* **1** to stop, to halt: ~ *il nemico*

to halt the enemy. **2** (*mettere agli arresti*) to (put* under) arrest. **arrestarsi** *v.r.* to stop; (*di computer*) to hang* up.

arresto *m.* **1** stop(ping), halting. **2** (*interruzione*) interruption, standstill. **3** (*Mecc.*) stop, catch, grip. **4** (*Dir.*) arrest, capture: *arresti domiciliari* house arrest; *dichiarare in* ~ to put under arrest. **5** *pl.* (*Mil.*) arrest: *essere agli arresti* to be under arrest. **6** (*Inform.*) stop. □ *spiccare un mandato d'*~ to issue a warrant.

arretramento *m.* **1** backing, moving back. **2** (*Mil.*) (*ritirata*) withdrawal, falling back. **3** (*di rango*) loss of rank. **4** (*Inform.*) backspace.

arretrare *v.t.* **1** (*far indietreggiare*) to (move) back. **2** (*ritirare*) to withdraw*.

arretratezza *f.* backwardness.

arretrato **I** *a.* **1** (*non fatto*) overdue, behind (schedule). **2** (*sottosviluppato*) backward: *paesi arretrati* backward countries. **3** (*pubblicato in precedenza*) back: *numero* ~ *di un giornale* back number of a newspaper. **4** (*non ancora pagato*) outstanding. **II** *s.m.* arrears *pl.* (*anche Comm.*). □ **essere** ~ to be behind(hand); *gli arretrati dello* **stipendio** backpay.

arricchimento *m.* wealth, enrichment (*anche fig.*).

arricchire *v.t.* **1** to enrich, to make* rich (*anche fig.*). **2** to concentrate: ~ *un minerale* to concentrate an ore. **arricchirsi** *v.r.* to be enriched, to grow* richer (*anche fig.*).

arricchito **I** *a.* enriched: *combustibile* ~ enriched fuel. **II** *s.m.* (*spreg.*) nouveau riche, parvenu.

arricciare *v.t.* **1** to curl. **2** (*Edil.*) to render. **arricciarsi** *v.i.pron.* (*divenire riccio*) to become* curly, to curl (up).

arricciatura *f.* **1** curling. **2** (*Tessitura*) pucker.

arridere *v.i.* to be favourable, to be propitious (*a* to), to smile (on).

arringa *f.* **1** (*discorso*) harangue, address. **2** (*Dir.*) address by counsel.

arringare *v.t.* to harangue, to address.

arrischiare *v.t.* **1** to risk, to venture, to hazard: ~ *la vita* to risk one's life; ~ *una domanda* to hazard a question. **2** (*assol.*) to take* the risk. **arrischiarsi** *v.r.* to venture, to take* (*o* run*) risks (*o* a risk).

arrischiato *a.* **1** (*imprudente*) rash, foolhardy. **2** (*pericoloso*) risky, hazardous.

arrivare *v.i.* **1** to arrive (*a* at, in), to get* (to), to come* (to): *arriverò in ufficio in ritardo* I'll arrive at the office late; *arriverò a Roma alle dieci* I shall be arriving in Rome at ten; *arriverò a Londra stanotte* I'll get to London tonight. **2** (*giungere a un limite: rif. a tempo*) to reach: *è arrivato a novant'anni* he has reached the age of ninety; (*rif. ad altezza*) to reach (s.th.), to come* up (to): *l'acqua gli arrivava alla vita* the water reached his waist; (*rif. a distanza*) to go* as far (as): *arrivò in cima alla collina* she went as far as the top of the hill. **3** (*ricevere*) to receive (costr. pers.): *mi è arrivato un nuovo libro* I have received a new book. **4** (*riuscire*) to succeed (in), to manage, to be able to; (*assol.*) (*aver successo*) to be a success. □ ~ *a un* **accordo** to reach (*o* come to) an agreement; *non* **ci** *arrivo*: 1 (*non capisco*) I can't figure it out; 2 (*non posso*) I can't manage it; ~ *in* **orario** to arrive on time; (*fig.*) ~ *in* **porto** to reach one's goal; (*concludersi felicemente*) to be successfully concluded; ~ *a* **proposito** to arrive at the right moment; ~ *al* **punto** *di* (*o che*) to go so far as to; ~ *in* **ritardo** to arrive late; *fin dove arriva lo* **sguardo** as far as the eye can see; *il nemico ci arrivò alle* **spalle** the enemy took us from behind; ~ *a* **tempo** to arrive in good time.

arrivato **I** *a.* successful: *è un uomo* ~ he is a successful man. **II** *s.m.* successful person. □ **ben** ~ welcome; *i* **nuovi** *arrivati* the newcomers.

arrivederci **I** *intz.* goodbye, (*fam.*) bye-bye, (*fam.*) see you (later): ~ *a domani* goodbye, see you tomorrow. **II** *s.m.* goodbye.

arrivismo *m.* careerism; (*rif. a posizione sociale*) social climbing.

arrivista *m./f.* social climber, careerist.

arrivo *m.* **1** (*l'arrivare*) arrival. **2** (*Sport*) (*traguardo*) finishing line. **3** (*rif. a merci*) supply, article: *gli ultimi arrivi* the latest supplies. **4** *pl.* (*Ferr.*) arrivals *pl.* □ **data** *d'*~ date of arrival; **lettere** *in* ~ incoming letters.

arroccamento *m.* (*negli scacchi*) castling. □ (*Mil.*) *linea d'*~ strategic highway.

arroccare *v.t.* **1** (*negli scacchi*) to castle. **2** (*Mil.*) to move troops (behind the lines). **arroccarsi** *v.r.* (*Mil.*) to take* up a defensive position.

arrochire **I** *v.i.* to become* hoarse, to hoarsen. **II** *v.t.* to make* hoarse, to hoarsen.

arrogante *a.* arrogant.

arroganza *f.* arrogance.

arrogare *v.t.* (*Dir.*) to arrogate.

arrossamento *m.* reddening.

arrossare *v.t./i.* to redden, to make* red: *il freddo gli arrossava la pelle* the cold weather reddened his skin. **arrossarsi** *v.i.pron.* to become* (*o* turn) red, to redden.

arrossire *v.i.* (*per vergogna*) to blush; to flush.

arrostire *v.t.* **1** to roast; (*sulla griglia*) to grill. **2** (*Met.*) to roast. **arrostirsi** *v.i.pron.* (*fig.*) to bake, to broil.

arrosto **I** *s.m.* roast. **II** *a.* roast, roasted; (*sulla griglia*) grilled. **III** *avv.*: *cuocere* ~ to roast.

arrotare *v.t.* **1** (*affilare*) to sharpen, to whet: ~ *un coltello* to sharpen a knife. **2** (*tecn.*) (*levigare*) to grind*, to smooth and polish. **3** (*con un veicolo*) to graze. □ ~ *i denti* to grind one's teeth.

arrotatura *f.* **1** sharpening. **2** (*tecn.*) (*levigatura*) grinding, smoothing, polishing.

arrotino *m.* knifegrinder.

arrotolare *v.t.* to roll (up), to furl.

arrotondamento *m.* **1** rounding (off) (*anche fig.*). **2** (*Inform.*) rounding.

arrotondare *v.t.* to round (off), to make* round (*anche fig.*). **arrotondarsi** *v.i.pron.* **1** to become* round. **2** (*ingrassarsi*) to grow* plump. □ (*di cifra*) ~ (*per difetto*) to round off; ~ (*per eccesso*) to round up.

arrovellarsi *v.r.* **1** (*arrabbiarsi*) to get* angry. **2** (*affannarsi*) to do* one's utmost. □ ~ *il cervello* to rack one's brains.

arroventare *v.t.* to make* red-hot; (*rendere molto caldo*) to bake. **arroventarsi** *v.i.pron.* to become* red-hot.

arroventato *a.* red-hot.

arruffare *v.t.* **1** to ruffle: ~ *i capelli a qd.* to ruffle s.o.'s hair. **2** (*fig.*) (*confondere*) to muddle, to mix up.

arruffato *a.* **1** ruffled. **2** (*fig.*) (*confuso*) confused, muddled.

arruffio *m.* confusion, muddle, mess.

arruffone *m.* **1** muddler. **2** (*imbroglione*) swindler.

arrugginire *v.t./i.* to make* rusty, to rust. **arrugginirsi** *v.i.pron.* to rust, to go* (*o* become*) rusty.

arrugginito *a.* rusty (*anche fig.*).

arruolamento *m.* **1** (*Mil.*) enlistment. **2** (*Mar.*) signing on.

arruolare *v.t.* (*Mil.*) to enlist, to enrol. **arruolarsi** *v.r.* to enlist; (*fam.*) to join up.

arsenale *m.* **1** (*Mar.*) dockyard, (*am.*) navy yard. **2** (*fabbrica, deposito d'armi*) arsenal.

arsenico *m.* (*Chim.*) arsenic.

arso *a.* **1** burnt. **2** (*inaridito*) dry, dried-up. **3** (*fig.*) (*riarso*) dry, parched: *gola riarsa* dry throat.

arsura *f.* **1** parching heat. **2** (*siccità*) drought. **3** (*per sete*) raging (*o* parching) thirst; (*per febbre*) feverish thirst.

arte *f.* **1** art. **2** (*mestiere*) craft, trade. **3** (*abilità*) skill, craftsmanship. **4** (*astuzia*) cunning, artfulness. **5** (*Stor.*) (*corporazione*) guild. □ **ad** ~ (*con artifizio*) artfully, cunningly; (*deliberatamente*) on purpose, deliberately; ~ **applicata** applied art; *le* **belle** *arti* the fine arts; **con** ~ skilfully, with skill; **figlio** *d'~* born of (*o* into) theatrical family; ~ **grafiche** graphic arts; *il signor X,* **in** ~ ... Mr. X, on the stage...; ~ **militare** art of war; **nome** *d'~* (*di scrittore*) pen name; **opera** *d'~* work of art; *non avere né ~ né* **parte** without means of support; *fatto a* **regola** *d'~* done to perfection.

artefatto *a.* **1** (*artificioso*) artificial. **2** (*adulterato*) adulterated.

artefice *m.* author, creator.

arteria *f.* **1** (*Anat.*) artery. **2** (*fig.*) (*via*) artery; (*strada principale*) thoroughfare.

arteriosclerosi *f.* (*Med.*) arteriosclerosis.

arterioso *a.* arterial: *sangue* ~ arterial blood.

artesiano *a.* (*Geol.*) artesian.

artico *a.* (*Geog.*) Arctic: *Circolo Polare* ~ Arctic Circle.

articolare[1] *v.t.* **1** (*Anat.*) to articulate. **2** (*pronunciare*) to utter. **3** (*suddividere*) to split* up, to divide. **articolarsi** *v.r.* (*suddividersi*) to be divided (*in* into), to consist (of).

articolare[2] *a.* (*Anat.*) articular. □ *dolori articolari* pains in the joints.

articolato[1] *a.* **1** (*Anat.*) articulate(d). **2** (*Mecc.*) articulated, jointed. **3** (*fig.*) flowing, smooth.

articolato[2] *a.* (*Gramm.*): *preposizione articolata* preposition (which is) combined with the definite article.

articolazione *f.* **1** (*Anat.*) articulation. **2** (*Mecc.*) joint, connection.

articolista *m./f.* columnist.

articolo *m./f.* **1** (*Gramm., Giorn.*) article: ~ *di terza pagina* literary article. **2** (*Dir.*) article; (*di un contratto*) clause. **3** (*Teol.*) article: ~ *di fede* article of faith. **4** (*Comm.*) article line. **5** (*Inform.*) item. □ (*Giorn.*) ~ *di* **fondo** leading article, leader; *articoli di* **lana** woollens *pl.*, woollen goods; *articoli di* **lusso** luxury articles (*o* items); *articoli di prima* **necessità** prime necessities; *articoli* **sportivi** sports goods.

Artide *N.pr.f.* (*Geog.*) Arctic regions *pl.*

artificiale *a.* artificial: *seta* ~ artificial silk.

artificiere *m.* **1** pyrotechnist. **2** (*Mil.*) gun artificer.

artificio *m.* **1** (*espediente*) trick, artifice. **2** (*congegno*) device, contrivance. **3** (*ricercatezza*) affectation. □ *fuochi d'~* fireworks *pl.*

artificioso *a.* **1** artificial; (*astuto*) artful. **2** (*affettato*) affected.

artigianale *a.* artisan-, handicraft-.

artigianato *m.* **1** (*classe*) artisans *pl.*, craftsmen *pl.* **2** (*arte*) handicraft, craftsmanship.

artigiano **I** *a.* artisan-, manual. **II** *s.m.* artisan, craftsman (*pl.* –men). □ *lavoro* ~ craftwork.

artigliare *v.t.* to grip with claws.

artigliere *m.* (*Mil.*) artilleryman (*pl.* –men).

artiglieria *f.* **1** artillery. **2** (*tecnica*) gunnery.

artiglio *m.* **1** (*Zool.*) claw; (*di rapaci*) talon. **2** *pl.* (*fig.*) clutches *pl.*

artista *m./f.* artist (*anche fig.*).

artistico *a.* artistic.

arto *m.* (*Anat.*) limb: *arti inferiori* (*superiori*) lower (upper) limbs.

artrite *f.* (*Med.*) arthritis.

artritico *a.* arthritic: *dolori artritici* pains in the joints.

artropodi *m.pl.* (*Zool.*) arthropods *pl.*

artrosi *f.* (*Med.*) arthrosis.

Artù *N.pr.m.* (*lett.*) Arthur.

Arturo *N.pr.m.* Arthur.

arzigogolare *v.i.* **1** (*fantasticare*) to muse (*su* over). **2** (*cavillare*) to quibble.

arzigogolato *a.* convoluted.

arzigogolo *m.* **1** (*fantasticheria*) fantasy, fancy. **2** (*cavillo*) quibble.

arzillo *a.* sprightly, lively.

As = (*Chim.*) *arsenico* arsenic.

Asburgo *N.pr.* (*Stor.*) Hapsburg.

ascella *f.* **1** (*Anat.*) armpit. **2** (*Bot.*) axilla.

ascellare *a.* (*Anat.*) axillary.
ascendentale *a.* (*Dir.*) ascendant-, ascendent.
ascendente I *a.* **1** ascending. **2** (*Dir.*) ascendent. **II** *s.m./f.* **1** (*Dir., Astr.*) ascendant. **2** (*fig.*) (*influenza*) ascendancy. **3** (*antenato*) ancestor.
ascendenza *f.* ancestry, ascendents *pl.*
ascendere I *v.i.* **1** (*salire*) to ascend, to go* up. **2** (*fig.*) to rise*, to ascend. **3** (*ammontare*) to amount (*a* to). **II** *v.t.* to ascend, to climb (up).
ascensionale *a.* upward, ascensional.
ascensione *f.* **1** (*scalata*) climb, ascent: ~ *alpinistica* mountain climb. **2** (*Astr.*) ascension. **Ascensione** *N.pr.f.* (*Rel.*) Ascension.
ascensore *m.* lift, (*am.*) elevator.
ascensorista *m.* liftboy.
ascesa *f.* ascent. ▭ ~ *al trono* accession to the throne.
ascesso *m.* (*Med.*) abscess.
asceta *m./f.* ascetic (*anche fig.*).
ascetico *a.* ascetic.
ascetismo *m.* asceticism.
ascia *f.* axe; (*accetta*) hatchet. ▭ (*fig.*) **fatto** *con l'~* roughly (*o* clumsily) made; **maestro** *d'~* carpenter; (*Mar.*) shipwright.
ascissa *f.* (*Mat.*) abscissa (*pl.* abscissae).
asciugacapelli *m.* hairdryer.
asciugamano *m.* towel.
asciugare I *v.t.* to dry: ~ *qc. al sole* to dry s.th. in the sun. **II** *v.i.* to (become*) dry. **asciugarsi I** *v.r.* to dry o.s. **II** *v.i.pron.* (*diventare asciutto*) to (become*) dry. ▭ *asciugarsi il sudore* to wipe one's brow.
asciugatoio *m.* **1** bath-towel. **2** (*essiccatoio*) dryer.
asciuttezza *f.* **1** dryness. **2** (*fig.*) (*rif. a modi e sim.*) curtness; (*rif. a stile*) terseness.
asciutto I *a.* **1** dry: *luogo* ~ dry spot. **2** (*magro*) lean, thin: *un viso* ~ a lean face. **3** (*fig.*) (*laconico*) curt, abrupt. **II** *s.m.* (*luogo*) dry ground, dry place; (*clima*) dry climate. ▭ (*fig.*) **essere** *all'~* to be penniless; **pasta** *asciutta* macaroni, spaghetti.
ascoltare I *v.t.* **1** to listen to: ~ *un discorso* to listen to a speech. **2** (*dare retta*) to listen to, to heed: ~ *i consigli di qd.* to heed s.o.'s advice. **3** (*assistere*) to attend: ~ *le lezioni* to attend classes. **4** (*esaudire*) to grant, to hear*: ~ *le preghiere di qd.* to grant s.o.'s prayers. **II** *v.i.* to listen, to pay* attention.
ascoltatore *m.* **1** listener. **2** *pl.* audience (*sing.*).
ascolto *m.* **1** listening. **2** (*il dare retta*) attention. ▭ *gruppo di* ~ listeners' class.
ascorbico *a.* (*Chim.*) ascorbic: *acido* ~ ascorbic acid.
ascrivere *v.t.* **1** (*annoverare*) to enter the name of: ~ *qd. tra i membri di una società* to enter s.o.'s name among the members of a society. **2** (*attribuire*) to ascribe.
asessuale *a.* (*Biol.*) asexual.
asettico *a.* (*Med.*) aseptic.
asfaltare *v.t.* to asphalt.
asfalto *m.* asphalt.
asfissia *f.* (*Med.*) asphyxia.
asfissiante *a.* **1** (*Med.*) asphyxiant, asphyxiating. **2** (*fig.*) (*fastidioso*) tiresome, wearisome. ▭ **caldo** ~ stifling heat; **gas** ~ poisonous gas.
asfissiare I *v.t.* **1** to asphyxiate; (*con gas*) to gas. **2** (*soffocare, togliere il respiro*) to suffocate. **3** (*fam.*) (*infastidire*) to weary, to bore to death. **II** *v.i.* to be asphyxiated.
asfittico *a.* (*Med.*) asphyctic, asphyxial.
Asia *N.pr.f.* (*Geog.*) Asia.
asiatico I *a.* Asiatic, Asian. **II** *s.m.* Asiatic.
asilo *m.* **1** (*Dir.*) asylum, sanctuary: ~ *politico* political asylum; *diritto d'~* right of sanctuary (*o* asylum). **2** (*scuola*) kindergarten, nursery school. **3** (*rifugio, ricovero*) shelter, refuge (*anche fig.*). ▭ **concedere** (o *dare*) ~ *a qd.* to shelter s.o.; ~ **nido** day-nursery; (*Stor.*) ~ *per i* **poveri** workhouse.
asimmetria *f.* asymmetry.
asimmetrico *a.* asymmetric(al).
asina *f.* (*Zool.*) she-ass. ▭ *latte d'~* ass's milk.
asinata *f.* **1** (*azione da stupido*) foolish thing. **2** (*discorso da stupido*) stupid remark.
asincrono *a.* asynchronous (*anche Inform.*).
asineria *f.* **1** foolish act. **2** (*ignoranza*) gross ignorance.
asinino *a.* asinine, donkey's. ▭ *tosse asinina* (*pop.*) (w)hooping cough.
asino *m.* (*Zool.*) **1** ass, donkey. **2** (*fig.*) fool, dunce: *essere un* ~ to be a fool. ▭ *la* **bellezza** *dell'~* the passing beauty of youth; *qui* **casca** *l'~* there's the rub; **pezzo** *d'~* stupid fool; *strada a* **schiena** *d'~* hogbacked road.
asma *m./f.* (*Med.*) asthma.
asmatico I *a.* asthmatic(al). **II** *s.m.* asthmatic.
asociale *a.* asocial.
asola *f.* buttonhole.
asparago *m.* (*Bot.*) asparagus.
aspergere *v.t.* to (be)sprinkle.
asperità *f.* **1** roughness, unevenness. **2** (*fig.*) harshness.
asperrimo → **aspro**.
aspersione *f.* sprinkling.
aspersorio *m.* (*Lit.*) aspergillum.
aspettare *v.t.* **1** to wait for, to await: *ti aspetto da un'ora* I have been waiting for you for an hour. **2** (*attendere una persona che deve arrivare o una cosa che deve accadere*) to expect, to be expecting: ~ *una lettera* to expect a letter. **3** (*con rassegnazione*) to be prepared for; (*con desiderio*) to look forward to; (*con timore*) to dread. **4** (*Comm.*) to await. ▭ *mia moglie aspetta un* **bambino** my wife is expecting a baby; **fare** ~ *qd.* to keep s.o. waiting; **farsi** ~ to be late; *quando* **meno** *te l'aspetti* when you least expect it.
aspettativa *f.* **1** expectation. **2** (*burocr.*) (*esonero temporaneo*) leave (of absence).
aspetto[1] *m.* **1** appearance, look. **2** (*lato*) aspect, point of view.
aspetto[2] *m.* waiting, wait.

aspide *m.* (*Zool.*) asp.
aspirante I *a.* **1** (*Mecc.*) suction-, sucking. **2** (*che desidera vivamente*) aspiring, aspirant. **II** *s.m./f.* **1** applicant: ~ *a in impiego* applicant for a job. **2** (*Mar.*) midshipman (*pl.* –men). **3** (*Aer.*) air-force cadet.
aspirapolvere *m.* vacuum cleaner; (*fam.*) Hoover.
aspirare I *v.t.* **1** (*inspirare*) to inhale, to breathe in. **2** (*Mecc.*) to suck in (*o* up). **3** (*Fonetica*) to aspirate. **II** *v.i.* to aspire (*a* to).
aspirato *a.* (*Fonetica*) aspirate.
aspiratore *m.* ventilator.
aspirazione *f.* **1** (*desiderio*) aspiration (*a* after). **2** (*Mecc.*) suction, intake. **3** (*Fonetica*) aspiration.
aspirina *f.* (*Farm.*) aspirin.
aspo *m.* (*Tessitura*) reel.
asportare *v.t.* to remove.
asportazione *f.* removal.
asprezza *f.* **1** (*rif. a sapore*) sourness, tartness. **2** (*ruvidezza*) roughness. **3** (*rigore: rif. a clima*) severity, rigours *pl.* **4** (*fig.*) (*durezza*) harshness: *trattare qd. con* ~ to treat s.o. harshly.
asprigno *a.* (*rif. a sapore*) sourish; (*rif. a vino*) rather sharp (*o* rough).
aspro *a.* **1** (*rif. a sapore*) sour, tart; (*rif. a vino*) sharp, harsh. **2** (*rif. a superficie*) rough. **3** (*rif. a suono*) harsh, rasping. **4** (*rif. a clima*) severe, raw. **5** (*fig.*) (*duro*) harsh, hard.
assaggiare *v.t.* **1** (*gustare*) to taste, to try. **2** (*tecn.*) to assay: ~ *un metallo* to assay a metal.
assaggiatore *m.* taster.
assaggio *m.* **1** tasting. **2** (*campione*) sample. **3** (*rif. a metalli*) assay. □ ~ *di vino* wine -tasting.
assai I *avv.* **1** (*molto: con agg. e avv. positivi*) very: ~ *bello* very fine; (*con un comparativo* o *un verbo*) much, very much, a great deal: ~ *meglio* much better. **2** (*abbastanza*) enough. **3** (*nulla*) nothing, much. **II** *a.* a lot of, plenty of: *c'era* ~ *gente* there were a lot of people.
assale *m.* (*Mecc.*) axle.
assalire *v.t.* **1** to assail, to fall* (*o* set*) upon (*anche fig.*): ~ *qd. con ingiurie* to assail s.o. with insults. **2** (*Mil.*) to attack, to assault. **3** (*rif. a malattia*) to strike* down, to seize. **4** (*fig.*) to assail, to seize.
assalitore *m.* assailant, attacker.
assaltare *v.t.* to assault, to attack.
assalto *m.* **1** assault, attack (*anche Mil.*). **2** (*Sport*) bout. **3** (*fig.*) sudden attack, onslaught. □ **andare** *all'*~ to attack; ~ *alla* **banca** bank raid; **dare** *l'*~ *al nemico* to attack the enemy; **prendere** *d'*~ to attack; (*fig.*) to besiege; **sostenere** *l'*~ to withstand the assault.
assaporare *v.t.* to savour, to relish (*anche fig.*).
assassinare *v.t.* to murder (*anche fig.*).
assassinio *m.* murder: *commettere un* ~ to commit a murder.
assassino I *a.* **1** murderous, murderer's, assassin's. **2** (*fig.*) (*seducente*) killing, bewitching: *sguardo* ~ bewitching look. **II** *s.m.* murderer.
asse[1] *m.* **1** (*Mat., Fis.*) axis (*pl.* axes). **2** (*Mecc.*) axle, axle-tree.
asse[2] *f.* board, plank. □ (*Ginn.*) ~ *di* **equilibrio** balancing form; ~ *per* **lavare** scrubbing board, (*am.*) washboard; ~ *da* **stiro** ironing board.
asse[3] *m.* (*Dir.*) assets *pl.*, property. □ ~ **ereditario** hereditament; ~ **patrimoniale** patrimony, estate.
assecondare *v.t.* **1** (*favorire*) to support, to back up: ~ *gli sforzi di qd.* to support s.o.'s efforts. **2** (*esaudire*) to comply with.
assediante I *a.* besieging. **II** *s.m./f.* besieger.
assediare *v.t.* **1** (*Mil.*) to besiege. **2** (*fare ressa intorno a*) to throng (*o* crowd) around, to mill around. **3** (*fig.*) (*importunare*) to beset*, to pester.
assediato I *a.* besieged. **II** *s.m.* besieged person; *pl.* the besieged.
assedio *m.* (*Mil.*) siege. □ *stato d'*~ state of emergency.
assegnamento *m.* **1** assignment. **2** (*fiducia*) reliance. □ *fare* ~ *su qd., qc.* to rely on s.o., s.th.
assegnare *v.t.* **1** to assign. **2** (*Inform.*) (*un valore ad un contatore*) to preset*.
assegnazione *f.* assignment (*anche Inform.*). □ ~ *di* **case** *popolari* allocation of council houses; ~ *di* **premi** awarding of prizes; (*Inform.*) ~ *di* **tempo** time slicing.
assegno *m.* **1** allowance. **2** (*Comm.*) cheque, (*am.*) check. □ ~ **bancario** bank cheque; ~ *in* **bianco** blank cheque; ~ **circolare** banker's (*o* bank) draft; *pagamento* **contro** ~ payment cash on delivery (C.O.D.); **emettere** *un* ~ to issue a cheque; *assegni* **familiari** family allowance; **libretto** *degli assegni* cheque-book; ~ *al* **portatore** cheque to bearer; ~ **sbarrato** crossed cheque.
assemblea *f.* **1** assembly, meeting: (*Dir.*) *Assemblea Costituente* Statutory Meeting; *Assemblea Legislativa* Legislative Assembly. **2** (*Mar. mil.*) muster.
assembramento *m.* crowd, throng.
assembrarsi *v.i.pron.* (*radunarsi*) to assemble.
assennatezza *f.* wisdom, common (*o* good) sense.
assennato *a.* (*saggio*) wise; sensible.
assenso *m.* assent, approval, consent.
assentarsi *v.i.pron.* to absent o.s., to stay away.
assente I *a.* **1** absent, away: ~ *da Roma* away from (*o* out of) Rome; *gli alunni assenti* the pupils absent. **2** (*fig.*) (*distratto*) absent-minded, vacant: *sguardo* ~ vacant glance. **II** *s.m./f.* absentee; *pl.* the absent (*costr. pl.*), absentees *pl.*
assenteismo *m.* absenteeism.

assenteista *m./f.* absentee.
assentire *v.i.* to assent. □ ~ *con il capo* to nod (in) assent.
assenza *f.* **1** absence: *durante la mia* ~ in (*o* during) my absence. **2** (*mancanza*) lack, want.
asserire *v.t.* to assert, to affirm.
asserragliarsi *v.r.* to barricade o.s.
assertore *m.* assertor, champion.
asservimento *m.* enslavement (*anche fig.*).
asservire *v.t.* to enslave, to subdue. **asservirsi** *v.r.* to submit, to become* the slave (of).
asserzione *f.* **1** assertion, statement. **2** (*Dir.*) assertion.
assessorato *m.* aldermanry.
assessore *m.* alderman (*pl.* –men).
assestamento *m.* **1** arrangement, settlement. **2** (*Geol.*) settling, settlement.
assestare *v.t.* **1** to settle. **2** (*dare*) to deal*, to land: ~ *un pugno* to land a punch. **assestarsi** *v.r.* to settle in.
assetare *v.t.* to make* thirsty.
assetato **I** *a.* **1** thirsty. **2** (*riarso*) dry, parched: *campi assetati* parched fields. **3** (*fig.*) (*bramoso*) thirsty, athirst (*di* for): ~ *di sangue* athirst for blood. **II** *s.m.* **1** thirsty person. **2** *pl.* the thirsty (*costr. pl.*).
assettare *v.t.* to arrange, to set* in order: ~ *la casa* to set the house in order. **assettarsi** *v.r.* to arrange, to tidy up.
assetto *m.* **1** order. **2** (*Mar., Aer.*) trim, attitude.
assiale *a.* (*Mecc., Mat.*) axial.
assicurare *v.t.* **1** to assure: *ti assicuro che non è vero* I assure you it isn't true. **2** (*promettere*) to assure: *mi ha assicurato che non sarebbe partito* he assured me that he would not leave. **3** (*fermare*) to secure, to fasten. **4** (*Comm.*) to insure. **5** (*Poste*) to register. **6** (*fare arrestare*) to arrest. **assicurarsi** *v.r.* **1** (*accertarsi*) to make* (*o* be) sure, to assure o.s. (*di* of): *assicurati che tutto sia pronto* make sure that everything is ready. **2** (*fissarsi*) to fasten o.s.: *assicurarsi a una corda* to fasten o.s. to a rope. **3** (*Comm.*) to insure o.s. (*contro* against).
assicurata *f.* (*Poste*) registered letter.
assicurativo *a.* (*Comm.*) insurance-, assurance-.
assicurato **I** *a.* **1** (*Comm.*) insured: *una casa assicurata contro gli incendi* a house insured against fire. **2** (*Poste*) registered: *lettera assicurata* registered letter. **II** *s.m.* insured party, policy-holder.
assicuratore **I** *s.m.* insurer. **II** *a.* insurance-.
assicurazione *f.* **1** assurance. **2** (*Comm.*) insurance. □ ~ (*contro le*) **malattie** health (*o* sickness) insurance; **polizza** *di* ~ insurance policy; **premio** *di* ~ insurance premium; ~ *sulla* **vita** life insurance.
assideramento *m.* frost-bite.
assiderarsi *v.i.pron.* to become* frozen, to freeze*.
assiderato *a.* frost-bitten.
assiduità *f.* **1** (*costanza*) assiduity, perseverance. **2** (*il frequentare assiduamente*) regular attendance.
assiduo *a.* assiduous, unremitting: *cure assidue* unremitting attention; (*regolare, costante*) regular, habitual.
assieme → **insieme**.
assieparsi *v.i.pron.* to crowd round.
assillante *a.* harassing.
assillare *v.t.* to harass, to pester.
assillo *m.* (*pensiero tormentoso*) painful thought.
assimilabile *a.* assimilable.
assimilare *v.t.* to assimilate, to absorb.
assimilazione *f.* assimilation.
assioma *m.* axiom.
assiomatico *a.* axiomatic.
assiro *a./s.m.* (*Stor.*) Assyrian.
assise *f.pl.* (*Dir.*) (*anche corte d'assise*) Court of Assizes, Assizes *pl.*
assistentato *m.* assistantship.
assistente *m./f.* assistant. □ ~ **chirurgo** assistant surgeon; ~ **sociale** social worker; ~ **universitario** assistant lecturer; ~ *di* **volo** air steward (*f.* hostess).
assistenza *f.* **1** (*presenza*) attendance, presence. **2** (*aiuto*) assistance, aid, help. **3** (*rif ai malati*) care, treatment: ~ *medica* medical care. **4** (*soccorso, beneficenza*) welfare relief. **5** (*vigilanza a un esame*) invigilation. **6** (*Comm.*) service, assistance. **7** (*Inform.*) aid. □ ~ **sanitaria** health service; ~ **sociale** social welfare; ~ **tecnica** technical assistance.
assistenziale *a.* welfare-.
assistere **I** *v.i.* to attend (*a qc.* s.th.), to be present (at): ~ *a una lezione* to attend a lesson; (*come testimone*) to witness (s.th.). **II** *v.t.* **1** (*aiutare*) to assist, to help, to aid. **2** (*curare*) to nurse.
assistito *m.* person under a welfare scheme.
assito *m.* **1** (*parete di assi*) wooden partition. **2** (*impiantito*) floorboards *pl.*, plank floor.
asso *m.* **1** (*nel gioco delle carte, dei dadi*) ace. **2** (*rif. a persona*) ace, champion, (*fam.*) wizard. □ *piantare in* ~ *qd.* to leave s.o. in the lurch.
associare *v.t.* **1** to make* a member of, to take* into partnership. **2** (*riunire*) to join. **3** (*Psic.*) to associate (*anche fig.*): ~ *le idee* to associate ideas. **associarsi** *v.r.* **1** to become* a member (*a* of), to join (s.th.): *associarsi a un circolo* to join (*o* become a member of) a club. **2** (*unirsi in società*) to enter into partnership (*con* with), to join (s.th.). **3** (*prendere parte*) to share (s.th.).
associativo *a.* associative.
associato *m.* **1** (*socio*) member, associate. **2** (*Comm.*) partner, associate.
associazione *f.* **1** association, fellowship. **2** (*Comm.*) society, company, partnership. **3** (*Psic.*) association. □ ~ *a* **delinquere** criminal association; ~ *d'***idee** association of

ideas; ~ **segreta** secret society; ~ **sportiva** sports club (*o* association).
assodare *v.t.* **1** (*fig.*) (*accertare*) to ascertain, to check. **2** (*rendere duro*) to harden.
assoggettamento *m.* **1** subjection, subjugation, subduing. **2** (*l'assoggettarsi*) submission.
assoggettare *v.t.* to subdue, to subject: ~ *un popolo* to subdue a people. **assoggettarsi** *v.r.* to submit.
assolato *a.* sunny.
assoldare *v.t.* **1** to recruit, to enlist. **2** (*rif. a sicari, spie*) to hire.
assolo *m.* (*Mus.*) solo.
assolutismo *m.* absolutism.
assolutista *a./s.m./f.* absolutist.
assoluto **I** *a.* **1** (*illimitato*) absolute, unrestricted: *libertà assoluta* unrestricted freedom. **2** (*completo*) absolute, complete: *riposo* ~ complete rest. **3** (*Gramm., Fis.*) absolute: *uso* ~ *di un verbo* absolute use of a verb; *temperatura assoluta* absolute temperature. **II** *s.m.* (*Filos.*) (the) Absolute.
assolutorio *a.* (*Dir.*) absolutory.
assoluzione *f.* **1** (*Dir.*) acquittal. **2** (*Rel.*) absolution. □ (*Dir.*) ~ *per insufficienza di prove* acquittal for insufficiency of evidence.
assolvere *v.t.* **1** (*Dir.*) to acquit. **2** (*Rel.*) to absolve. **3** (*adempiere*) to perform.
assolvimento *m.* performance, fulfilment.
assomigliare **I** *v.i.* to look like, to resemble, to be like (*a qd.* s.o.): *assomiglio a mio padre* I look like my father. **II** *v.t.* to compare (*a* with, to), to liken (to). **assomigliarsi** *v.r.* (*recipr.*) to resemble e.o., to be alike.
assommare **I** *v.t.* to combine, to add together. **II** *v.i.* to amount, to add up (*a* to).
assonanza *f.* (*Metrica, Ling.*) assonance.
assonnato *a.* sleepy, drowsy.
assopimento *m.* drowsiness, doze.
assopire *v.t.* **1** to make* drowsy. **2** (*fig.*) (*calmare*) to assuage, to soothe. **assopirsi** *v.i. pron.* **1** to doze off, to drowse. **2** (*fig.*) (*calmarsi*) to cool, to be assuaged.
assorbente **I** *a.* absorbent, absorbing. **II** *s.m.* **1** (*Chim., Fis.*) absorbent. **2** (*assorbente igienico*) sanitary towel.
assorbimento *m.* absorption. □ ~ *di energia elettrica* electrical input.
assorbire *v.t.* to absorb (*anche fig.*); (*liquidi*) to soak (up): *la spugna assorbe l'acqua* sponges soak up water.
assordamento *m.* (*atto*) deafening; (*effetto*) deafness.
assordante *a.* deafening.
assordare *v.t.* **1** to deafen. **2** (*stordire*) to stun, to deafen.
assortimento *m.* assortment, choice.
assortire *v.t.* **1** to sort. **2** (*Comm.*) (*rifornire di merci*) to stock, to furnish.
assortito *a.* **1** matched, matching. **2** (*variato*) assorted, mixed; *antipasto* ~ assorted hors d'oeuvre.
assorto *a.* absorbed, engrossed (*in* in).
assottigliare *v.t.* **1** to thin; (*aguzzare*) to sharpen. **2** (*ridurre*) to diminish, to reduce. **assottigliarsi** *v.i.pron.* **1** to thin, to grow* thinner. **2** (*dimagrire*) to (grow*) thin. **3** (*diminuire di numero, di quantità*) to diminish, to decrease.
Assuan *N.pr.f.* (*Geog.*) Aswan.
assuefare *v.t.* to accustom, to make* used. **assuefarsi** *v.r.* to get* accustomed, to get* used (*a* to).
assuefazione *f.* **1** inurement, habit. **2** (*Med.*) tolerance. **3** (*Psic.*) habituation.
assumere *v.t.* **1** (*fare proprio*) to assume, to adopt: ~ *un'espressione annoiata* to assume a bored expression. **2** (*addossarsi*) to assume, to take* upon o.s. **3** (*prendere alle proprie dipendenze*) to employ, to take* on, to hire. **4** (*innalzare a una dignità*) to raise.
assunto *m.* assumption, proposition.
assunzione *f.* **1** assumption. **2** (*l'essere assunto a una dignità*) ascent, accession: ~ *al trono* ascent (*o* accession) to the throne. **3** (*rif. a impiegati*) engagement, hiring. **Assunzione** *N.pr.f.* (*Rel.*) Assumption.
assurdità *f.* **1** absurdity. **2** (*cosa* o *affermazione assurda*) nonsense.
assurdo *a.* absurd, preposterous.
assurgere *v.i.* (*lett.*) to rise*.
asta *f.* **1** pole, shaft. **2** (*Mecc.*) rod, bar: ~ *di comando* push rod. **3** (*Mar.*) boom. **4** (*attrezzo ginnico*) pole. **5** (*nella scrittura*) stroke. **6** (*Comm.*) (*vendita all'incanto*) (sale by) auction. □ ~ *della* **bandiera** flagstaff, flagpole; (*Scol.*) **fare** *le aste* to draw pothooks; ~ **giudiziaria** judiciary auction; **mettere** *all'*~ to put up for auction; *bandiera a* **mezz'**~ flag (flown) at half-mast.
astante *m./f.* onlooker, bystander.
astanteria *f.* reception ward.
astato *m.* (*Chim.*) astatine.
astemio **I** *a.* teetotal. **II** *s.m.* teetotaller.
astenersi *v.r.* to abstain, to refrain.
astensione *f.* abstention. □ ~ *dal lavoro* observance of a strike.
asterisco *m.* **1** (*Tip.*) asterisk. **2** (*Giorn.*) brief note.
asteroide *m.* (*Astr.*) asteroid.
astice *m.* (*Zool.*) European lobster.
astigmatico **I** *a.* (*Ott.*) astigmatic. **II** *s.m.* person suffering from astigmatism.
astigmatismo *m.* (*Ott.*) astigmatism.
astinenza *f.* abstinence (*anche Rel.*).
astio *m.* resentment, grudge, rancour.
astiosità *f.* resentment, rancour.
astioso *a.* resentful, grudging, rancorous.
astrakan *m.* (*Zool.*) astrak(h)an.
astrale *a.* astral.
astrarre **I** *v.t.* **1** (*distogliere*) to take* off, to abstract: ~ *la mente dalle preoccupazioni* to take one's mind off worrying thoughts. **2** (*Filos.*) to abstract. **II** *v.i.* (*prescindere*) to disregard (*da qc.* s.th.), to leave* (s.th.) out of consideration: *astraendo dal fatto che* leaving out of consideration the fact that.

astrarsi *v.r.* to abstract one's attention. □ *astrarsi dalla realtà* to withdrow from reality.
astrattezza *f.* abstractness.
astrattismo *m.* abstractionism.
astrattista *a./s.m./f.* abstractionist.
astratto *a./s.m.* abstract: *pittore* ~ abstract painter. □ *in* ~ in the abstract.
astrazione *f.* abstraction.
astringente *a./s.m.* (*Med.*) astringent.
astro *m.* **1** star, heavenly body. **2** (*fig.*) star. **3** (*Bot.*) aster.
astrofisica *f.* astrophysics *pl.* (costr. sing.).
astrologia *f.* astrology.
astrologico *a.* astrologic(al).
astrologo *m.* astrologer.
astronauta *m./f.* astronaut, spaceman (*pl.* –men).
astronautica *f.* astronautics *pl.* (costr. sing.).
astronautico *a.* astronautical.
astronave *f.* spaceship, spacecraft.
astronomia *f.* astronomy.
astronomico *a.* astronomic(al) (*anche fig.*).
astronomo *m.* astronomer.
astrusità *f.* abstruseness.
astruso *a.* abstruse.
astuccio *m.* case, box. □ ~ *per gli* **aghi** needle-case; ~ *per* **occhiali** glasses-case.
astuto *a.* shrewd, astute, crafty.
astuzia *f.* **1** astuteness, shrewdness, craftiness. **2** (*atto*) trick, guile; *pl.* trickery. □ *giocare d'*~ to play a crafty game.
At = (*Chim.*) *astato* astatine.
AT = *alta tensione* high voltage (HV).
atavico *a.* atavistic.
atavismo *m.* atavism.
ateismo *m.* atheism.
Atene *N.pr.f.* (*Geog.*) Athens.
ateneo *m.* **1** (*Stor.*) Athenaeum. **2** (*università*) university.
ateniese *a./s.m./f.* Athenian.
ateo I *a.* atheistic. **II** *s.m.* atheist.
aterosclerosi *f.* (*Med.*) atherosclerosis.
ATI = *Aereo Trasporti Italiani* Italian Freight and Passengers Air Lines.
atipico *a.* atypical.
atlante *m.* atlas.
atlantico *a.* Atlantic: *l'oceano* ~ the Atlantic (Ocean); *Patto* ~ North Atlantic Treaty.
atleta *m./f.* athlete (*anche fig.*).
atletica *f.* athletics *pl.* (*costr. sing.*). □ ~ **leggera** track and field events; ~ **pesante** weight-lifting and wrestling.
atletico *a.* athletic: *corporatura atletica* athletic build.
atmosfera *f.* atmosphere (*anche Fis.*).
atmosferico *a.* atmospheric.
atollo *m.* atoll.
atomica *f.* atomic (*o* atom) bomb.
atomico *a.* atomical; (*attr.*) atom-.
atomizzare *v.t.* to atomize.
atomo *m.* (*Fis.*) atom (*anche fig.*).
atonale *a.* (*Mus.*) atonal.
atonalità *f.* (*Mus.*) atonality.
atonia *f.* (*Ling.*, *Med.*) atony.
atono *a.* (*Ling.*) atonic.
atout *fr.m.* trump (*anche fig.*).
atrio *m.* **1** hall, entrance-hall. **2** (*Anat.*) atrium.
atroce *a.* atrocious, terrible, dreadful.
atrocità *f.* **1** atrociousness, dreadfulness. **2** (*azione*) atrocity.
atrofia *f.* (*Med.*) atrophy.
atrofico *a.* (*Med.*) atrophic.
atrofizzare *v.t.* to atrophy. **atrofizzarsi** *v.i.pron.* to atrophy.
attaccabottoni *m./f.* (*fam.*) buttonholer.
attaccabrighe *m./f.* (*fam.*) quarrelsome person.
attaccamento *m.* (*affezione*) attachment, affection: *mostrare* ~ *a qd.* to show affection for s.o.
attaccante I *a.* attacking. **II** *s.m.* **1** (*Sport*) forward. **2** (*Mil.*) attacker.
attaccapanni *m.* (*da parete*) peg, clothes-peg; (*a stelo*) clothes-tree; (*mobile*) hallstand; (*gruccia*) hanger.
attaccare I *v.t.* **1** (*unire incollando*) to stick*, to paste: ~ *il francobollo sulla busta* to stick the stamp on the envelope; (*cucendo*) to sew* (*o* stitch) on. **2** (*di animali da tiro*) to harness, to yoke: ~ *un pony a un carro* to harness a pony to a cart; ~ *i buoi all'aratro* to yoke the oxen to the plough. **3** (*appendere*) to hang* (up): ~ *un quadro alla parete* to hang a picture on the wall. **4** (*assalire*) to attack, to assail, to assault. **5** (*incominciare*) to begin*, to strike* up: *l'orchestra attaccò un valzer* the orchestra struck up a waltz. **6** (*contagiare*) to pass on, to give*. **7** (*Chim.*) to corrode. **II** *v.i.* **1** (*fare presa*) to stick* (well), to adhere. **2** (*cominciare*) to begin*, to start (work). **3** (*Bot.*) (*attecchire*) to take* root. **4** (*fig.*) (*trovare consenso*) to find* favour, to be successful. **attaccarsi** *v.i.pron.* **1** (*restare aderente*) to stick*, to cling*, to adhere (*a* to): *la pece si attacca alle dita* pitch sticks to the fingers. **2** (*aggrapparsi*) to cling*, to fasten on (*a* to). **3** (*comunicarsi per contagio*) to be catching, to spread*. **4** (*affezionarsi*) to become* attached (to). **5** (*rif. a vivande*) to catch*: *l'arrosto si è attaccato* the roast has caught. □ ~ *un* **bottone** to sew on a button; (*fig.*) ~ *un* **bottone** *con* (o *a*) *qd.* to buttonhole s.o.; ~ **briga** to pick a quarrel; ~ **discorso** *con qd.* to begin (*o* strike up) a conversation with s.o.
attaccaticcio *a.* **1** sticky. **2** (*fig.*) (*rif. a persona*) clinging.
attaccato *a.* (*affezionato*) attached, devoted (*a* to).
attaccatura *f.* **1** (*l'attaccare*) joining. **2** (*punto d'unione*) join.
attacchino *m.* billposter, billsticker.
attacco *m.* **1** (*punto d'unione*) join. **2** (*inizio*) attack; (*Mus.*) entry. **3** (*Med., Mil., Sport*) attack (*anche fig.*). **4** (*El.*) connection. **5** (*per sci*) *pl.* bindings *pl.* □ ~ **aereo** air raid;

(*Med.*) ~ *di* **cuore** heart attack; (*Med.*) ~ *di* **nervi** fit of nerves.
attagliarsi *v.i.pron.* to fit (s.o.).
attanagliare *v.t.* to grip, to clutch.
attardarsi *v.i.pron.* to loiter, to linger.
attecchire *v.i.* **1** (*Bot.*) to take* root. **2** (*fig.*) (*aver fortuna*) to catch* on.
atteggiamento *m.* attitude.
atteggiare *v.t.* to assume: ~ *il viso a meraviglia* to assume a wondering expression. **atteggiarsi** *v.r.* to set* o.s. up (as), to play (s.th.).
attempato *a.* elderly.
attendamento *m.* **1** (*Mil.*) encampment. **2** (*campeggio*) camping.
attendarsi *v.i.pron.* **1** (*Mil.*) to pitch camp. **2** (*fare campeggio*) to camp (out).
attendente *m.* (*Mil.*) orderly, batman (*pl.* -men).
attendere **I** *v.t.* to wait for, to await; (*aspettarsi, prevedere*) to expect: *non so che cosa mi attenda* I don't know what to expect. **II** *v.i.* **1** (*dedicarsi*) to attend (*a* to). **2** (*aspettare*) to wait, to await. □ *attendo con* **ansia** *tue notizie* I am looking forward to hearing from you; (*Comm.*) *attendiamo Vostra* **conferma** we await your confirmation.
attendibile *a.* reliable, trustworthy.
attendibilità *f.* reliability, trustworthiness.
attenersi *v.r.* **1** (*seguire*) to follow (s.th.). **2** (*non discostarsi*) to keep*, (*fam.*) to stick* (to).
attentare *v.i.* to make* an attempt (*a* against, on): ~ *alla vita di qd.* to make an attempt on s.o.'s life. **attentarsi** *v.i.pron.* to dare*, to venture.
attentato *m.* **1** (*tentato omicidio*) attempt on s.o.'s life. **2** (*atto di violenza*) (attempted) attack. □ ~ *terroristico* terrorist attack.
attentatore *m.* terrorist.
attenti *s.m./intz.* (*Mil., Ginn.*) attention: *dare l'*~ to order to come to attention.
attento *a.* **1** attentive: *uno scolaro* ~ an attentive pupil. **2** (*accurato*) careful, thorough: *dopo un* ~ *esame* after thorough examination. **3** (*esclam.*) (be) careful, mind (out), look out: ~ *al gradino!* mind the step! □ *attenti al* **cane** beware of the dog; **stare** ~ to pay attention; (*essere cauto*) to be careful, to mind; (*badare a*) to look after, to mind.
attenuante **I** *a.* mitigating, extenuating. **II** *s.f.* mitigating circumstance.
attenuare *v.t.* **1** to mitigate, to extenuate. **2** (*Fis.*) to deaden: ~ *il suono* to deaden sound. **attenuarsi** *v.i.pron.* to weaken, to abate.
attenuazione *f.* mitigation, extenuation.
attenzione *f.* **1** attention, care: *questo lavoro richiede* ~ *costante* this work requires constant attention. **2** *pl.* (*premure*) attentions *pl.*, kindnesses *pl.* **3** (*esclam.*) attention please, mind, look out: ~ *ai gradini* mind the steps. □ (*Comm.*) **alla** *cortese* ~ *di* for the attention of; **attirare** *l'*~ *di qd. su qc.* to draw (*o* call) s.o.'s attention to s.th.; **fare** ~ *a qc.* to pay attention to s.th.
atterraggio *m.* (*Aer.*) landing: *fare un* ~ *di fortuna* to make an emergency landing.
atterrare **I** *v.t.* to knock down. **II** *v.i.* (*Aer.*) to land.
atterrire *v.t.* to frighten, to terrify.
attesa *f.* **1** (*l'attendere*) waiting; (*il tempo d'attesa*) wait. **2** (*aspettazione*) expectation. □ **in** ~ awaiting (*di qc.* s.th.); (*epist.*) **in** ~ *della vostra lettera* awaiting (*o* looking forward to) your reply.
attestare[1] *v.t.* to attest, to certify.
attestare[2] *v.t.* **1** (*porre due cose testa a testa*) to abut. **2** (*Mil.*) to bring* into position. **attestarsi** *v.r.* (*Mil.*) to take* up positions.
attestato *m.* certificate; (*di merito*) testimonial.
attestazione *f.* **1** attestation, statement. **2** (*documento*) certificate, testimonial.
attico *m.* **1** (*Edil.*) penthouse. **2** (*Arch.*) attic.
attiguo *a.* adjoining, contiguous, next.
attillato *a.* **1** close-fitting, clinging, tight: *vestito* ~ clinging dress. **2** (*rif. a persona*) well-dressed, smart.
attimo *m.* moment, instant.
attinente *a.* pertaining, relating (*a* to), connected (with).
attinenza *f.* relation, connection.
attingere *v.t.* to draw*; (*fig.*) to obtain.
attinio *m.* (*Chim.*) actinium.
attirare *v.t.* **1** to attract: *la calamita attira il ferro* a magnet attracts iron. **2** (*fig.*) to attract, to draw*: *questo film non mi attira* this film doesn't attract (*o* appeal to) me. **3** (*rif. a sentimenti ostili*) to incur; (*rif. ad affetto, benevolenza e sim.*) to win*, to secure. **4** (*adescare*) to entice, to lure.
attitudinale *a.* aptitude-: *esame* ~ aptitude test.
attitudine[1] *f.* (*disposizione*) aptitude, bent, disposition.
attitudine[2] *f.* (*atteggiamento*) attitude.
attivare *v.t.* **1** to start (up), to set* going, to put* into action: ~ *il motore* to start the motor. **2** (*Chim.*) to activate.
attivismo *m.* (*Pol.*) activism.
attivista *m./f.* activist.
attività *f.* **1** activity. **2** *pl.* (*Comm.*) assets *pl.*: ~ *e passività* assets and liabilities. □ ~ **bancaria** banking business; **esercitare** *un'*~ to pursue an activity; **in** ~ in activity (*o* action), running, going; *mantenere* **in** ~ *una fabbrica* to keep a factory going; ~ **professionale** profession.
attivo **I** *a.* **1** active: *collaborazione attiva* active collaboration. **2** (*operoso*) active, industrious: *una persona molto attiva* a very active person. **3** (*Comm.*) active, profit-making, credit-: *bilancio* ~ credit balance. **4** (*Chim., Fis.*) active, activated: *principio* ~ active ingredient. **5** (*Gramm.*) active. **II** *s.m.* **1** (*Comm.*) assets *pl.* **2** (*Gramm.*) active voice. □ *avere qc.* **al** *proprio* ~ to have s.th.

to one's credit (*anche fig.*); (*Comm.*) **all'~** on the credit side; (*fig.*) *mettere qc.* **all'~** *di qd.* to credit s.o. with s.th.; *segnare* **all'~** to enter on the credit side; **popolazione** *attiva* working population.

attizzare *v.t.* to stir up, to poke.

attizzatoio *m.* poker.

atto[1] *m.* **1** act, action, deed: *un ~ generoso* a generous act. **2** (*movimento*) movement, gesture: *un ~ d'impazienza* a gesture of impatience. **3** (*manifestazione di un sentimento*) expression, gesture. **4** (*atteggiamento*) act: *il generale è rappresentato in ~ di sfoderare la spada* the general is portrayed in the act of drawing his sword. **5** (*documento*) deed; (*rif. al parlamento*) act; (*certificato*) certificate; (*contratto*) contract. **6** *pl.* (*resoconto, relazione*) records *pl.*, proceedings *pl.*, transactions *pl.*, minutes *pl.* **7** (*Rel., Filos.*) act: *~ di contrizione* act of contrition. **8** (*Teat.*) act: *commedia in due atti* play in two acts. □ *~ di* **accusa** indictment; **all'~** *della consegna* on delivery; **all'~** *del pagamento* on payment; (*Bibl.*) *Atti degli* **apostoli** Acts of the Apostles; **dare** *~* (*riconoscere*) to give credit; (*Dir.*) *~* **giudiziario** judicial act; **in** *~* in progress; **mettere** *in ~ qc.* to put s.th. into action; **mettete** *agli atti* (*archiviare*) to file; (*mettere a verbale*) to (place on) record; *~* **notarile** deed under the seal of a notary; *all'~* **pratico** in practice, in actual fact; **prendere** *~ di qc.* to take note of s.th.; *~* **pubblico** document under the seal of a public officer; (*Teat.*) *~* **unico** one-act play; *~ di* **vendita** bill of sale.

atto[2] *a.* (*idoneo*) fit, suitable (*a* for), fitted (for, to).

attonito *a.* stupefied, astonished, amazed.

attorcigliare *v.t.* to twist, to twine. **attorcigliarsi** *v.r.* to twine (o.s.); (*ingarbugliarsi*) to get* entangled; (*rif. a serpenti*) to coil (o.s.).

attore *m.* **1** actor. **2** (*Dir.*) plaintiff.

attorniare *v.t.* to surround, to encompass. **attorniarsi** *v.r.* to surround o.s.

attorno *avv./prep.* (a)round, about. □ *~* **a** (a)round, about; **andare** *~* to wander about; **avere** *qd. ~* to have s.o. around; **darsi** *d'~* to bustle about; **guardarsi** *~* to look round (one); **levarsi** *d'~ qd.* to get rid of s.o.; **stare** *~ a qd.* to hang around s.o.; **togliti** *d'~* get out of the way.

attraccare *v.t./i.* to moor; (*alla banchina*) to dock.

attracco *m.* **1** mooring, docking. **2** (*luogo*) dock, berth.

attraente *a.* attractive; (*affascinante*) fascinating, charming.

attrarre *v.t.* **1** to attract. **2** (*allettare*) to appeal, to allure.

attrattiva *f.* attraction, appeal, charm.

attraversamento *m.* crossing.

attraversare *v.t.* **1** to cross, to go* across: *~ la strada* to cross the road; (*rif. a regione, città, bosco*) to go* through. **2** (*con un veicolo*) to drive* through; (*cavalcando*) to ride* through. **3** (*fig.*) to cross: *un pensiero mi attraversò la mente* a thought crossed my mind; (*rif. a tempo*) to go* (*o* pass) through. **4** (*rif. a fiumi*) to run* through.

attraverso **I** *avv.* (*trasversalmente*) across, crosswise, sideways. **II** *prep.* **1** (*moto trasversale*) across; (*con penetrazione*) through: *la luce filtrava ~ le imposte* the light filtered through the shutters. **2** (*rif. a tempo*) through, over: *~ i secoli* through the centuries. **3** (*per mezzo di*) through, by means of.

attrazione *f.* attraction, appeal: *fisica* sex -appeal.

attrezzare *v.t.* **1** to equip. **2** (*rifornire del necessario*) to supply, to fit out. **3** (*Mar.*) to rig. **attrezzarsi** *v.r.* to provide o.s. with everything necessary.

attrezzatura *f.* **1** equipment. **2** (*Mar.*) rigging.

attrezzista *m./f.* **1** (*Sport*) gymnast. **2** (*Teat.*) property man (*pl.* –men).

attrezzo *m.* **1** tool, implement: *attrezzi del falegname* carpenter's tools. **2** *pl.* (*Teat.*) properties *pl.*, (*gerg.*) props *pl.* **3** (*Sport*) apparatus. □ *attrezzi da cucina* kitchen utensils.

attribuire *v.t.* **1** to attribute, to ascribe. **2** (*assegnare*) to assign, to award: *~ un premio a qd.* to award a prize to s.o. **attribuirsi** *v.r.* to claim.

attributivo *a.* (*Gramm.*) attributive.

attributo *m.* attribute (*anche Gramm.*).

attribuzione *f.* attribution, assignment.

attrice *f.* **1** actress: *~ del cinema* film actress (*o* star). **2** (*Dir.*) plaintiff.

attrito *m.* friction (*anche fig.*).

attrupparsi *v.r.* to troop.

attuabile *a.* feasible.

attuabilità *f.* feasibility.

attuale *a.* **1** present, current. **2** (*d'attualità*) topical.

attualità *f.* **1** topicality: *un problema di grande ~* a problem of great topicality. **2** (*avvenimento attuale*) current event; *pl.* news *pl.* (*costr. sing.*): le *~ sportive* the sporting news. **3** (*cinegiornale*) newsreel.

attualizzare *v.t.* to bring* up to date.

attualmente *avv.* at present, at the moment.

attuare *v.t.* to carry out, to put* into practice, to bring* about: *~ una riforma* to bring about a reform. **attuarsi** *v.i.pron.* to be realized, to come* true.

attuazione *f.* carrying out, accomplishment.

attutire *v.t.* **1** to deaden: *~ i rumori* to deaden the sounds. **2** (*fig.*) to calm, to appease. **attutirsi** *v.i.pron.* to calm down; to become* deadened.

Au = (*Chim.*) *oro* gold.

audace *a.* **1** bold, daring, audacious: *un'impresa ~* a daring enterprise. **2** (*licenzioso*) risqué.

audacia *f.* boldness, daring.

audio *m.* (*TV*) audio.

audiovisivo *a.* audio-visual. □ *archivi* ~ sound archives.
auditivo *a.* hearing.
auditorium *m.* auditorium.
audizione *f.* **1** hearing. **2** (*provino*) audition. **3** (*Dir.*) hearing.
auge *f.* top, summit. □ *essere in* ~ to be in great favour.
augurale *a.*: *un biglietto* ~ a greetings card.
augurare *v.t.* to wish: ~ *la buona notte a qd.* to wish s.o. good-night. **augurarsi** *v.i.pron.* to hope.
augurio *m.* **1** (good) wish: *gradisca i miei più sinceri auguri* accept my sincerest wishes. **2** (*presagio*) omen. □ **biglietto** *di auguri* greetings card; *tanti auguri di buon* **compleanno** every good wish for your birthday; *auguri di* **Natale** *e di Capodanno* good wishes for a Merry Christmas and a Happy New Year; **tanti** *auguri* all the best. ‖ *auguri* (*per un compleanno*) many happy returns.
augusto *a.* august.
Augusto *N.pr.m.* Augustus.
aula *f.* **1** hall. **2** (*Univ.*) lecture room. **3** (*Scol.*) classroom, schoolroom. **4** (*di tribunale*) courtroom. □ ~ *magna* assembly hall.
aulico *a.* courtly. □ *linguaggio* ~ elevated language.
aumentare I *v.t.* **1** (*rif. al numero*) to increase; (*rif. alla larghezza*) to enlarge, to widen. **2** (*rendere più alto*) to raise: ~ *gli stipendi agli impiegati* to raise the employees' salaries. **II** *v.i.* (*rif. al numero*) to increase; (*rif. ai prezzi*) to rise*, to go* up; (*rif. a fiumi e sim.*) to rise*; (*rif. a peso*) to put* on; (*rif. all'intensità*) to increase.
aumento *m.* increase; (*rialzo*) rise. □ ~ *di* **capitale** capital increase; **in** ~ on the increase.
aureo *a.* **1** gold: *una corona aurea* a gold crown. **2** (*fig.*) golden.
aureola *f.* **1** halo. **2** (*rif. a santi*) aureole.
auricolare I *a.* auricular. **II** *s.m.* (*Rad.*) earphone. □ *padiglione* ~ auricle.
aurifero *a.* auriferous.
auriga *m.* (*lett.*) charioteer.
aurora *f.* dawn (*anche fig.*).
auscultare *v.t.* (*Med.*) to auscultate.
auscultazione *f.* (*Med.*) auscultation.
ausiliare *a.* auxiliary.
ausiliaria *f.* (*Mil.*) WAAC (Women's Army Auxiliary Corps).
ausiliario *a.* auxiliary.
ausilio *m.* help, aid.
auspicabile *a.* to be hoped for.
auspicare *v.t.* to wish.
auspice *m.* patron.
auspicio *m.* **1** wish; omen: *di buon* ~ good-omened. **2** (*fig.*) (*protezione*) auspices *pl.*, patronage: *sotto gli auspici di* under the auspices of.
austerità *f.* austerity (*anche Pol.*).
austero *a.* austere.
australe *a.* southern, austral.
Australia *N.pr.f.* (*Geog.*) Australia.
australiano *a./s.m.* Australian.
Austria *N.pr.f.* (*Geog.*) Austria.
austriaco *a./s.m.* Austrian.
autarchia *f.* (*Pol.*) autarky, economic self-sufficiency.
autarchico *a.* (*Pol.*) autarkic(al).
aut aut *lat. m.* ultimatum.
autenticare *v.t.* to authenticate.
autenticazione *f.* authentication.
autenticità *f.* authenticity.
autentico *a.* **1** authentic: *un* ~ *Raffaello* an authentic Raphael. **2** (*vero*) real, true, genuine.
autiere *m.* (*Mil.*) driver.
autismo *m.* (*Psic.*) autism.
autista *m.* driver; (*di auto privata*) chauffeur. □ ~ *di piazza* taxi-driver.
auto → **automobile**.
autoadesivo I *a.* sticky. **II** *m.* sticker.
autoambulanza *f.* ambulance.
autobiografia *f.* autobiography.
autobiografico *a.* autobiographic(al).
autoblinda *f.* (*Mil.*) armoured car.
autobotte *f.* tank truck.
autobus *m.* bus. □ **andare** *in* ~ to travel by bus; ~ *per* **gite** *turistiche* excursion coach; ~ *a due* **piani** double-decker (bus); **servizio** *di* ~ bus service.
autocarro *m.* lorry, (*am.*) truck.
autocisterna *f.* tanker, tank truck.
autoclave *f.* autoclave.
autocolonna *f.* (*Mil.*) motor-convoy.
autocombustione *f.* spontaneous combustion.
autocontrollo *m.* self-control.
autocrate *m.* autocrat.
autocrazia *f.* autocracy.
autocritica *f.* self-criticism.
autodeterminazione *f.* self-determination.
autodidatta *m./f.* self-taught person.
autodifesa *f.* self-defence.
autodisciplina *f.* self-discipline.
autodromo *m.* race track.
autoferroviario *a.* public transport-.
autofficina *f.* repair garage.
autofilotranviario *a.* municipal transport-.
autofurgone *m.* van.
autogeno *a.* autogenous.
autogestione *f.* self-management.
autogol *m.* (*Sport*) own-goal.
autografo *a./s.m.* autograph.
autogrill *m.* motorway café.
autogrù *f.* breakdown crane; (*am.*) wrecker.
autolesionismo *m.* self-injury.
autolettiga *f.* ambulance.
autolinea *f.* bus line.
automa *m.* automaton (*anche fig.*).
automatico I *a.* automatic (*anche fig.*). **II** *s.m.* press stud.
automatismo *m.* automatism.
automatizzare *v.t.* to automatize.
automazione *f.* automation. □ (*Inform.*) ~ *degli uffici* office automation.

automezzo *m.* motor vehicle.
automobile *f.* (motor)car, automobile. □ ~ **blindata** armoured car; ~ **chiusa** saloon, (*am.*) sedan; ~ **decappottabile** convertible; ~ *a due* **posti** two-seater; ~ *di* **serie** mass produced car.
automobilismo *m.* **1** motoring. **2** (*Sport*) motor-racing.
automobilista *m./f.* motorist.
automobilistico *a.* motor-, car-. □ *corsa automobilistica* motor-race.
automotrice *f.* (*Ferr.*) railcar.
autonoleggio *m.* car-hire, (*am.*) car rental.
autonomia *f.* **1** autonomy. **2** (*Aut., Aer.*) range.
autonomista *a./s.m./f.* autonomist.
autonomo *a.* **1** autonomous. **2** (*Mecc.*) self -contained.
autoparcheggio *m.* car-park.
autoparco *m.* fleet of cars.
autopompa *f.* fire engine.
autopsia *f.* (*Med.*) autopsy, post-mortem (examination).
autopubblica *f.* taxi, (*am.*) cab.
autoradio *m.* **1** (*apparecchio radio*) car radio. **2** (*autovettura*) radio car.
autore *m.* author; (*artista*) artist.
autorespiratore *m.* aqualung.
autorete *f.* own-goal.
autorevole *a.* authoritative, influential.
autorevolezza *f.* authority.
autorimessa *f.* garage.
autorità *f.* authority.
autoritario *a.* **1** authoritative. **2** (*Pol.*) authoritarian.
autoritarismo *m.* authoritarianism.
autoritratto *m.* self-portrait.
autorizzare *v.t.* to authorize; (*permettere*) to give* leave to. □ *tutto ci autorizza a credere che* everything entitles us to believe that.
autorizzazione *f.* **1** authorization. **2** (*documento*) authorization, permit, licence.
autoscatto *m.* (*Fot.*) automatic shutter-release.
autoscuola *f.* driving-school.
autostazione *f.* bus station.
autostop *m.* hitchhiking. □ *fare l'~* to hitchhike.
autostoppista *m./f.* hitchhiker.
autostrada *f.* motorway, (*am.*) expressway, (*am.*) superhighway.
autostradale *a.* motorway.
autosufficiente *a.* self-sufficient.
autosufficienza *f.* self-sufficiency.
autosuggestione *f.* auto-suggestion.
autotassazione *f.* self-taxation.
autotraghetto *m.* ferry-boat.
autotrasportare *v.t.* to transport by road.
autotrasporto *m.* road haulage.
autotreno *m.* lorry (with trailer), (*am.*) trailer truck.
autoveicolo *m.* motor vehicle.
autovettura *f.* (motor) car.
autrice *f.* (*scrittrice*) author(ess), woman writer.
autunnale *a.* autumn-, autumnal.
autunno *m.* autumn, (*am.*) fall.
ava *f.* ancentress; (*nonna*) grandmother.
avallare *v.t.* **1** (*Comm.*) to guarantee, to endorse. **2** (*fig.*) (*confermare*) to confirm, to endorse.
avallo *m.* (*Comm.*) guarantee; (*firma*) endorsement.
avambraccio *m.* (*Anat.*) forearm.
avamposto *m.* (*Mil.*) outpost.
avana I *a.* Havana-brown. **II** *s.m.* (*sigaro*) Havana.
Avana *N.pr.f.* (*Geog.*) Havana.
avancarica (*Mil.*): *armi ad ~* muzzleloaders.
avanguardia *f.* (*Mil.*) vanguard, van (*anche fig.*); (*rif. a movimenti letterari e artistici*) avant-garde. □ *d'~* advanced.
avannotto *m.* (*Zool.*) fry.
avanscoperta *f.* reconnaissance.
avanspettacolo *m.* curtain raiser.
avanti I *avv.* **1** (*stato in luogo*) in front: *mi sono seduto ~ per vedere meglio* I sat in front to have a better view. **2** (*moto: di avvicinamento*) forward, nearer, closer: *venite ~* come nearer; (*di allontanamento*) ahead, on: *andate ~, io vi seguirò* go ahead, I'll follow you. **II** *intz.* **1** (*avvicinamento*) come nearer (*o* closer); (*entrate!*) come in!; (*allontanamento*) go on, (move) forward. **2** (*suvvia*) come on. **III** *prep.* (*di tempo*) before: *~ l'alba* before daybreak; (*di luogo*) in front of; before. **IV** *a.* (*precedente*) before, previous. **V** *s.m.* (*Sport*) (*giocatore*) forward. □ **andare** ~: 1 to go forward; (*precedere*) to go ahead; 2 (*rif. all'orologio*) to be fast; 3 (*continuare*) to go on; (*Scol.*) *essere un* **anno** ~ to be a year ahead; *essere ~ con gli* **anni** to be well on (*o* advanced) in years; ~ **Cristo** before Christ, B.C.; **essere** ~ to be well advanced, to be ahead: *essere ~ negli studi* to be well advanced in one's studies; **farsi** ~ to step (*o* come) forward; **guardare** ~ to look ahead (*anche fig.*); *piegarsi* **in** ~ to bend (*o* lean) forward; ~ *e* **indietro** to and fro, backwards and forwards: *passeggiare ~ e indietro* to walk to and fro; **mandare** ~ to send (on) ahead; (*Mil., Ginn.*) ~, **march**! quick march!; **mettere** *l'orologio* ~ to put the clock on; *d'***ora** *in ~* from now (*o* this moment) on, henceforth; **passare** ~ *a qd.* (*superarlo*) to overtake s.o.; *fare un* **passo** ~ to take a step forward (*anche fig.*); *la casa si trova* **più** ~ the house is farther on; **portarsi** ~ to move forward; ~ *c'è* **posto** move along, please; ~ *il* **primo** first, please; *come va? – si* **tira** ~ how are you? – still alive (*o* bearing up); (*fam.*) **tirare** ~ to scrape along, to keep going.
avantieri *avv.* the day before yesterday.
avantreno *m.* forecarriage.
avanzamento *m.* **1** (*l'avanzare*) advancement; progress. **2** (*promozione*) promotion.

3 (*di carta in stampanti*) form feed.

avanzare[1] **I** *v.i.* **1** (*andare avanti*) to advance, to move forward. **2** (*fig.*) (*progredire*) to make* progress, to get* on. **II** *v.t.* **1** (*superare*) to overtake*: ~ *qd. correndo* to overtake s.o. by running. **2** (*fig.*) to outdo*, to surpass: ~ *qd. in coraggio* to outdo s.o. in courage. **3** (*promuovere*) to promote: ~ *qd. di grado* to promote s.o. in rank. **4** (*fig.*) (*presentare*) to put* forward: ~ *un'ipotesi* to put forward a hypothesis. **avanzarsi** *v.i.pron.* (*approssimarsi*) to approach, to come* nearer.

avanzare[2] **I** *v.i.* **1** (*restare*) to remain, to be left (over): *se mi avanza del tempo ci vado* if there is any time left I shall go. **2** (*Mat.*) to be left over. **II** *v.t.* (*essere creditore*) to be creditor (for s.th.).

avanzata *f.* advance (*anche Mil.*).

avanzato *a.* advanced: *età avanzata* advanced age.

avanzo *m.* **1** remainder; leftovers *pl.* **2** (*di cibo, di lavorazione*) scrap. **3** *pl.* (*vestigia*) ruins; remains. □ ~ *di* **cassa** cash in hand; *il 3 nel 13 sta 4 volte* **con** *l'~ di 1* 3 into 13 goes 4 times with 1 over; **d'**~ more than enough; ~ *di* **galera** jail-bird.

avaria *f.* damage; (*Mecc.*) breakdown.

avariare *v.t.* to damage, to spoil*. **avariarsi** *v.i.pron.* to deteriorate; (*Mecc.*) to break* down.

avariato *a.* damaged, spoiled.

avarizia *f.* avarice, stinginess.

avaro **I** *a.* avaricious, stingy, mean. **II** *s.m.* miser, skinflint. □ *persona avara di parole* a tight-lipped person.

ave *intz.* hail.

ave(m)maria *f.* **1** (*preghiera*) Hail Mary. **2** (*a mezzogiorno*) Angelus; (*al tramonto*) eventide.

avena *f.* (*Bot.*) oat. □ *farina d'~* oatmeal.

avere[1] *v.t.* **1** to have: ~ *molti amici* to have many friends; (*rif. a sentimenti*) to feel*, to have: ~ *odio contro qd.* to feel hatred for s.o. **2** (*possedere*) to have, to own. **3** (*indossare*) to have on, to wear*. **4** (*acquistare*) to get*, to obtain. **5** (*verbo ausiliare*) to have: *ho visto un bel film* I have seen a good film. **6** (*dovere*) to have to: *ho molto da fare* I have a great deal to do. **7** (*ricevere*) to get*, to obtain: *ho avuto la tua lettera solo ieri* I got your letter only yesterday. □ *avercela* **con** *qd.* to be angry (*o* annoyed) with s.o.; ~ *a* **cuore** *qc.* to have s.th. at heart; ~ **fame** to be hungry; ~ *a che* **fare** *con qd.*: to have s.th. to do with s.o.; *ho* **male** I'm ill, I don't feel well; *ho* **male** *a un ginocchio* my knee hurts; *aversela a* **male** to get annoyed; ~ *in* **mente** to have in mind; *non* ~ **pace** to know no peace; ~ **parte** *in qc.* to take part in s.th.; ~ *dello* **spirito** to be witty; ~ *qc. per la* **testa** to have s.th. on one's mind; *averla* **vinta** to win out; *non ~ di che* **vivere** to have nothing to live on. ‖ *che cosa hai?* what's the matter?; *quanti anni hai?* how old are you?; *quanti ne abbiamo oggi?* what's the date today?, what date is it today?; *ne abbiamo quindici* it's the fifteenth.

avere[2] *m.* **1** *pl.* possessions *pl.*, substance, property. **2** (*Comm.*) credit: *dare e ~* debit and credit.

aviatore *m.* airman (*pl.* –men).

aviazione *f.* **1** aviation. **2** (*arma*) Air Force.

avicolo *a.* avicultural.

avicoltore *m.* aviculturist.

avicoltura *f.* aviculture.

avidità *f.* **1** avidity, greed, eagerness. **2** (*voracità*) voracity, greed.

avido *a.* avid, eager, greedy. □ ~ *di imparare* eager to learn.

aviere *m.* (*Mil.*) airman (*pl.* –men).

Avignone *N.pr.f.* (*Geog.*) Avignon.

aviogetto *m.* (*Aer.*) jet aircraft.

aviolinea *f.* airline, airway.

AVIS = *Associazione Volontari Italiani (del) Sangue* Association of Voluntary Italian Blood-donors.

avitaminosi *f.* (*Med.*) avitaminosis.

avito *a.* ancestral: *palazzo ~* ancestral palace.

avo *m.* ancestor; (*nonno*) grandfather.

avocare *v.t.* (*Dir.*) to arrogate.

avorio *m.* ivory. □ *di ~* of ivory, ivory-.

avulso *a.* distant, detached. □ ~ *dalla realtà* out of touch with reality.

avv. = *avvocato* lawyer (law.); solicitor (sol.); barrister (bar., barr.).

avvalersi *v.i.pron.* to avail o.s. (of).

avvallamento *m.* subsidence.

avvallarsi *v.i.pron.* to sink*.

avvallato *a.* sunken in (*pred.*).

avvalorare *v.t.* **1** (*dare valore*) to give* value to, to strengthen. **2** (*comprovare*) to confirm, to prove.

avvampare *v.i.* **1** to blaze (up), to burst* into flames. **2** (*fig.*) (*rif. a sentimenti*) to flare up, to blaze. **3** (*arrossire*) to flush.

avvantaggiare *v.t.* to benefit, to favour. **avvantaggiarsi** *v.r.* **1** (*trarre profitto*) to profit (*di* by), to take* advantage (of). **2** (*prendere vantaggio*) to gain, to get* ahead.

avvedersi *v.i.pron.* to become* aware (*di* of), to realize, to perceive (s.th.).

avvedutezza *f.* cleverness, shrewdness.

avveduto *a.* clever, shrewd.

avvelenamento *m.* poisoning.

avvelenare *v.t.* **1** to poison: ~ *una bevanda* to poison a drink. **2** (*fig.*) (*amareggiare*) to embitter. **avvelenarsi** *v.r.* to poison o.s.

avvelenato *a.* poisonous, poisoned.

avvelenatore *m.* poisoner.

avvenente *a.* attractive.

avvenenza *f.* attractiveness, (*fam.*) good looks *pl.*

avvenimento *m.* event, occurrence.

avvenire[1] **I** *v.i.* to happen, to occur, to take* place. **II** *v.i.impers.* to come* about, to happen: *avveniva spesso che litigassero* it often came about that they quarrelled. ▭ *per* **caso** *avvenne che* it so happened that; *avvenga ciò che* **vuole** come what may.

avvenire[2] *m.* **1** future. **2** (*possibilità di carriera*) prospects *pl.*, future. ▭ *in* ~ in (the) future.

avvenirismo *m.* futurism.

avveniristico *a.* futurist.

avventare *v.t.* **1** to hurl, to fling*: ~ *un sasso a* (o *contro*) *qd.* to hurl a stone at s.o. **2** (*fig.*) (*azzardare*) to venture: ~ *un giudizio* to venture an opinion. **avventarsi** *v.r.* to hurl o.s.: *si avventarono contro il nemico* they hurled themselves at (*o* upon) the enemy.

avventatezza *f.* rashness, recklessness.

avventato *a.* rash, reckless.

avventizio I *a.* occasional. **II** *s.m.* temporary employee.

avvento *m.* **1** (*lett.*) coming. **2** (*assunzione*) accession, coming: ~ *al potere* coming to power. **3** (*Rel.*) Advent.

avventore *m.* customer.

avventura *f.* adventure; (*avventura amorosa*) (love) affair. ▭ *per* ~ (*per caso*) by chance.

avventurarsi *v.r.* **1** to (ad)venture. **2** (*osare*) to dare*.

avventuriera *f.* adventuress.

avventuriero *m.* adventurer.

avventuroso *a.* adventurous, venturesome.

avverarsi *v.i.pron.* to come* true, to be fulfilled.

avverbiale *a.* (*Gramm.*) adverbial.

avverbio *m.* adverb.

avversare *v.t.* **1** (*essere contrario*) to oppose. **2** (*ostacolare*) to hinder.

avversario I *a.* opposing: *la squadra avversaria* the opposing team. **II** *s.m.* opponent, adversary.

avversativo *a.* (*Gramm.*) adversative.

avversione *f.* **1** aversion: *avere* ~ *per qd.* to have an aversion to (*o* for) s.o. **2** (*ripugnanza*) repugnance.

avversità *f.* adversity.

avverso *a.* **1** (*contrario*) adverse; (*opposto*) opposing. **2** (*sfavorevole*) unfavourable.

avvertenza *f.* **1** care, attention. **2** *pl.* instructions *pl.*, directions *pl.*: *leggere le avvertenze* to read the instructions.

avvertibile *a.* noticeable, perceptible.

avvertimento *m.* warning, advice.

avvertire *v.t.* **1** to inform. **2** (*mettere in guardia*) to warn: ~ *qd. di un pericolo* to warn s.o. of a danger; *ora sei avvertito* now you have been warned. **3** (*percepire*) to feel*; (*accorgersi*) to notice, to perceive.

avvezzare *v.t.* to accustom. **avvezzarsi** *v.r.* to become* accustomed, to get* used.

avvezzo *a.* accustomed, used.

avviamento *m.* **1** (*inizio*) start, starting; (*rif. a imprese*) setting up, starting up. **2** (*Comm.*) goodwill. **3** (*Mecc.*) (*azione*) starting; (*dispositivo*) starter. ▭ *scuola d'*~ technical school.

avviare *v.t.* **1** (*dare inizio*) to start, to begin*, to open: ~ *una conversazione* to open a conversation. **2** (*Mecc.*) to start (up), to set* going (*o* in motion). **3** (*Comm.*) (*rif. a imprese*) to set* up, to start (up). **4** (*lavori femminili*) to cast* on. **avviarsi** *v.i.pron.* **1** (*incamminarsi*) to set* off (*o* out). **2** (*Mecc.*) to start (up).

avviato *a.* **1** (*incominciato*) started; under way. **2** (*fiorente*) thriving, (*pred.*) doing well.

avvicendamento *m.* **1** alternation, rotation: ~ *del personale* rotation of personnel. **2** (*Agr.*) rotation.

avvicendare *v.t.* **1** to alternate, to rotate. **2** (*Agr.*) to rotate. **avvicendarsi** *v.r.* to alternate.

avvicinamento *m.* approach, approaching.

avvicinare *v.t.* **1** to bring* (near), to draw* near, to pull near. **2** (*una persona*) to approach; (*fare la conoscenza*) to meet*. **avvicinarsi** *v.r.* **1** to approach, to draw* near: *si avvicinano le vacanze* holidays are drawing near. **2** (*somigliare*) to be close to.

avvilente *a.* discouraging, humiliating.

avvilimento *m.* **1** (*scoraggiamento*) discouragement. **2** (*umiliazione*) humiliation.

avvilire *v.t.* **1** (*scoraggiare*) to discourage, to dishearten. **2** (*mortificare*) to humiliate, to mortify: ~ *qd. con un rimprovero* to mortify s.o. with a reproof. **3** (*degradare*) to dishonour, to disgrace. **avvilirsi** *v.r.* **1** (*scoraggiarsi*) to become* disheartened (*o* discouraged), to lose* heart. **2** (*abbassarsi*) to stoop, to lower o.s.

avvilito *a.* **1** (*scoraggiato*) discouraged, disheartened. **2** (*umiliato*) humiliated.

avviluppare *v.t.* **1** (*avvolgere*) to wrap up, to envelop. **2** (*aggrovigliare*) to entangle. **avvilupparsi** *v.r.* **1** to wrap o.s. up. **2** (*aggrovigliarsi*) to get* entangled.

avvinazzato *a.* drunk(en).

avvincente *a.* enthralling, engaging.

avvincere *v.t.* to fascinate, to charm, to enthral.

avvinghiare *v.t.* to clutch. **avvinghiarsi** *v.r.* to cling*.

avvio *m.* beginning, start.

avvisaglia *f.* **1** (*scaramuccia*) skirmish. **2** *pl.* (*primi sintomi*) first signs *pl.*

avvisare *v.t.* **1** to inform, to let* know: *avvisami quando vieni* let me know when you arrive. **2** (*mettere in guardia*) to warn.

avvisatore *m.* (*dispositivo*) warning (signal), monitor, alarm: ~ *d'incendio* fire-alarm.

avviso *m.* **1** (*annuncio*) piece of news, announcement; (*sul giornale*) advertisement. **2** (*annuncio, affisso*) notice. **3** (*Comm.*) notice, note. **4** (*avvertimento*) warning. **5** (*opinione*) opinion. ▭ **a** *mio* ~ in my opinion; (*Giorn.*) ~ **economico** advertisement; **mettere** *qd. sull'*~ to warn s.o.; ~ **mortuario** obituary notice; ~ *di* **pagamento** notice of payment.

avvistare *v.t.* to sight.

avvitare *v.t.* to screw.

avviticchiarsi *v.r.* to twine, to twist (around).

avvivare *v.t.* to enliven, to animate; (*rif. a*

fuoco) to rekindle; (*rif. a colori*) to brighten.
avvizzire *v.i.* to wither (*anche fig.*).
avvizzito *a.* withered.
avvocatessa *f.* (woman) lawyer.
avvocato *m.* **1** lawyer, (*am.*) counsellor. **2** (*GB*) (*presso le Corti inferiori*) solicitor; (*presso le Corti superiori*) barrister. **3** (*USA*) attorney(-at-law). **4** (*fig.*) advocate, defender. ▭ **albo** *degli avvocati* Law-List; ~ *delle* **cause** *perse* defender of lost causes; (*Rel.*) ~ *del* **diavolo** devil's advocate (*anche fig.*).
avvocatura *f.* **1** (*professione*) lawyer's profession. **2** (*collett.*) the Bar.
avvolgere *v.t.* **1** to wrap (up): ~ *un libro in un foglio di carta* to wrap up a book in a sheet of paper. **2** (*arrotolare*) to roll up. **avvolgersi I** *v.i.pron.* (*girare, arrotolarsi*) to wind* o.s. round. **II** *v.r.* (*avvilupparsi*) to wrap o.s. up.
avvolgibile *m.* roller blind.
avvolgimento *m.* **1** winding, rolling, wrapping. **2** (*effetto*) winding, roll. **3** (*El., Tessitura*) winding.
avvoltoio *m.* (*Zool.*) vulture (*anche fig.*).
avvoltolare *v.t.* **1** to wrap up carelessly. **2** (*arrotolare*) to roll up. **avvoltolarsi** *v.r.* to roll (o.s.), to wallow.
azalea *f.* (*Bot.*) azalea.
azienda *f.* company, firm, business, concern: *gestire un'*~ to run a business. ▭ ~ **agricola** farm; ~ **comunale** (o *municipale*) public concern; ~ *autonoma di* **soggiorno** public tourist office; ~ **tranviaria** tramway company.
aziendale *a.* company-, business-.
azimut *m.* (*Astr.*) azimuth.
azionamento *m.* (*Mecc.*) drive.
azionare *v.t.* **1** (*mettere in azione*) to set* in motion, to start. **2** (*far funzionare*) to operate.
azionario *a.* share-, stock-.
azione *f.* **1** action, act, deed: *cattive azioni* evil deeds. **2** (*Mecc.*) motion, movement: *mettere qc. in* ~ to set s.th. in motion, to start s.th. **3** (*Dir.*) legal action, lawsuit. **4** (*Comm.*) share; *pl.*, stock. ▭ (*Mil., Sport*) ~ **difensiva** defensive action; *il motore* **è** *in* ~ the engine is running; **entrare** *in* ~ to go into action; (*Mecc.*) **essere** *in* ~ to be working; (*Mil.*) ~ *di* **guerra** military action; **libertà** *d'*~ freedom of action; *essere in* **piena** ~ to be in full swing; (*Econ.*) ~ **privilegiata** preferential share; **raggio** *d'*~ range of action; *ad* ~ **ritardata** delayed action-.
azionista *m./f.* shareholder.
azotato *a.* nitrogenous.
azoto *m.* (*Chim.*) nitrogen.
azteco *a./s.m.* Aztec.
azzannare *v.t.* to bite*, to seize with the fangs.
azzardare *v.t.* to risk, to hazard, to venture: ~ *un giudizio* to venture an opinion. **azzardarsi** *v.i.pron.* to dare*, to venture.
azzardato *a.* **1** (*pericoloso*) risky, hazardous: *impresa azzardata* risky undertaking. **2** (*avventato*) rash, hasty.
azzardo *m.* risk, hazard. ▭ **giocatore** *d'*~ gambler; **gioco** *d'*~ game of chance.
azzeccagarbugli *m.* (*spreg.*) pettifogger.
azzeccare *v.t.* to hit* (on). ▭ (*fam.*) *non ne azzecca una* he's always wide of the mark.
azzerare *v.t.* to (set* to) zero; (*Inform.*) to clear; to reset*.
azzimarsi *v.r.* to dress up.
azzimato *a.* dressed up.
azzimo *a.* unleavened.
azzoppare *v.t.* to lame. **azzopparsi** *v.i.pron.* to become* lame, to lame o.s.
Azzorre *N.pr.f.pl.* (*Geog.*) Azores *pl.*
azzuffarsi *v.r.* to come* to blows, to brawl.
azzurrato *a.* blue-coloured. ▭ *lenti azzurrate* blue-tinted lenses.
azzurrino *a.* light blue.
azzurro I *a.* blue. **II** *s.m.* **1** (*colore*) blue, sky-blue. **2** (*cielo*) (the) sky. **3** *pl.* (*Sport*) Italian team.
azzurrognolo *a.* bluish.

B

b, **B**[1] *f./m. (lettera dell'alfabeto)* b, B. □ (*Tel.*) ~ *come Bologna* B for Benjamin; (*am.*) B for Baker.
B[2] = (*Chim.*) *boro* boron.
babau *m.* (*infant.*) bogey(-man).
babbeo I *a.* foolish, stupid. **II** *s.m.* blockhead, fool, simpleton.
babbo *m.* dad(dy), (*am.*) pop. □ *Babbo Natale* Father Christmas, Santa Claus.
babbuccia *f.* slipper.
babbuino *m.* **1** (*Zool.*) baboon. **2** (*fig.*) booby, fool.
Babele *N.pr.f.* (*Geog., Stor.*) Babel. **babele** *f. (confusione)* bedlam, chaos.
babelico *a.* (*fig.*) chaotic, confused.
babilonese *a./s.m.* (*Stor.*) Babylonian.
Babilonia *N.pr.f.* (*Geog., Stor.*) Babylon. **babilonia** *f.* (*confusione*) chaos.
babordo *m.* (*Mar.*) port(side).
baby pullman *m.* carrycot.
bacare *v.t.* **1** to rot. **2** (*fig.*) to corrupt. **bacarsi** *v.i.pron.* to become* worm-eaten, to go* bad.
bacato *a.* **1** worm-eaten, maggoty: *frutto* ~ maggoty fruit. **2** (*fig.*) depraved, morally corrupt. □ *cervello* ~ unsound mind.
bacca *f.* (*Bot.*) berry.
baccalà *m.* **1** dried salted cod. **2** (*fig.*) (*persona magra*) rake.
baccano *m.* uproar, hubbub, din.
baccante *f.* bacchante, maenad.
baccello *m.* (*Bot.*) pod.
bacchetta *f.* **1** rod, staff. **2** (*del direttore d'orchestra*) baton. **3** (*per suonare il tamburo e sim.*) (drum)stick. □ **comandare** *a* ~ to rule with a rod of iron; ~ **magica** magic wand.
bacchettone *m.* bigot.
bacchiare *v.t.* to beat* down (olives, nuts, etc.) with a pole.
bacheca *f.* **1** showcase. **2** notice board.
bachicoltore *m.* breeder of silkworms, silk grower.
bachicoltura *f.* breeding of silkworms, silk growing.
baciamano *m.* hand-kissing. □ *fare il* ~ to kiss s.o.'s hand.
baciare *v.t.* **1** to kiss. **2** (*sfiorare*) to kiss, to touch. **baciarsi** *v.r. recipr.* to kiss (e.o.). □ *essere baciato dalla* **fortuna** to be smiled on by fortune; ~ *la* **mano** to kiss the hand.
bacillo *m.* (*Biol.*) bacillus.
bacinella *f.* **1** basin. **2** (*Fot.*) tray.
bacinetto *m.* (*Anat.*) renal pelvis.
bacino *m.* **1** (*recipiente*) basin, bowl. **2** (*Geog.*) basin. **3** (*in miniera*) field, bed. **4** (*Mar.*) dock. **5** (*Anat.*) pelvis. **6** (*Met.*) well. □ ~ **carbonifero** coal field (*o* bed); (*Mar.*) ~ *di* **carenaggio** dry (*o* graving) dock; ~ **idrico** (o *idroelettrico*) reservoir; (*Geog.*) ~ **idrografico** catchment area.
bacio *m.* kiss: *dare un* ~ *a qd.* to give s.o. a kiss, to kiss s.o.
baco *m.* (*Zool.*) worm; (*bruco*) caterpillar; (*baco da seta*) silkworm.
bacucco *a.*: *vecchio* ~ old fool.
bada *f.*: *tenere a* ~ to hold at bay, to keep at bay.
badare *v.i.* **1** (*occuparsi di*) to look after, to take* care (of), to care (for): ~ *alla casa* to look after the house. **2** (*sorvegliare*) to look (after), to mind, to watch over (s.o.). **3** (*fare attenzione*) to look out (for), to mind (s.th.). **4** (*dare importanza*) to listen (to), to take* notice (of), to pay* attention (to). **5** (*curare*) to tend. □ *non* ~ *a spese* to spare no expense.
badessa *f.* abbess.
badile *m.* shovel.
baffo *m.* **1** moustache; (*di animali*) whisker. **2** (*fig.*) smear, smudge: *un* ~ *d'inchiostro* a smudge of ink. □ (*fig.*) **leccarsi** *i baffi* to lick one's lips; **ridere** *sotto i baffi* to laugh up one's sleeve.
baffuto *a.* **1** moustached. **2** (*di animali*) whiskered.
bagagliaio *m.* **1** (*Ferr.*) (*vagone*) luggage-van, (*am.*) baggage-car; (*scomparto*) baggage compartment. **2** (*Aut.*) boot, (*am.*) trunk.
bagaglio *m.* **1** luggage, (*am.*) baggage. **2** (*fig.*) store: *un ricco* ~ *di notizie* a rich store of news. □ (*Ferr.*) ~ **appresso** accompanied luggage; (*fig.*) **armi** *e bagagli* lock, stock and barrel; (*Ferr.*) **deposito** *bagagli* left-luggage office, (*am.*) baggage room; **disfare** *i bagagli* to unpack; **fare** *i bagagli* to pack; ~ *a* **mano** hand luggage; (*in aereo*) carry-on luggage.
bagarinaggio *m.* (*am.*) scalping, touting.
bagarino *m.* (*am.*) scalper, tout, ticket tout.

bagascia *f.* (*volg.*) harlot, whore.
baggianata *f.* (*discorso sciocco*) nonsense, rubbish; (*azione sciocca*) tomfoolery.
baggiano **I** *a.* stupid, foolish. **II** *s.m.* fool, simpleton.
bagliore *m.* flash, glare (*anche fig.*).
bagnante *m./f.* bather; (*am.*) swimmer.
bagnare *v.t.* **1** to wet*; (*immergere*) to dip; (*spruzzare*) to sprinkle; (*inzuppare*) to soak, to drench; (*annaffiare: rif. a fiori e sim.*) to water. **2** (*rif. a fiumi e sim.: traversare*) to flow through, (*lambire*) to wash, to lap. **bagnarsi** **I** *v.i. pron. (prendere la pioggia)* to get* wet. **II** *v.r. (in mare e sim.)* to have a swim. □ *bagnarsi la* **gola** (*bere*) to wet one's whistle; *bagnarsi le* **labbra** to moisten one's lips; ~ *di* **lacrime** to bathe with tears.
bagnasciuga *m.* **1** (*Mar.*) waterline. **2** (*battigia*) shore-line.
bagnata *f.* soaking, wetting.
bagnato **I** *a.* soaked, wet: *essere tutto* ~ to be drenched; to be wet through. **II** *s.m.* damp (*o* wet) ground, wet. □ *essere* ~ *come un* **pulcino** to be like a drowned rat; *essere* ~ *di* **sudore** to be dripping (*o* soaked) with sweat.
bagnino *m.* bathing-attendant, (*am.*) life -guard.
bagno *m.* **1** (*nella vasca*) bath; (*in mare e sim.*) swim, bathe: *fare un* ~ to take (*o* have) a bath, to bath; (*nel mare e sim.*) to bathe. **2** (*stanza da bagno*) bathroom. **3** (*tecn.*) bath: *un* ~ *di acido solforico* a bath of sulphuric acid. **4** *pl.* (*stabilimento di acque termali*) spa. □ **a** ~ soaking; *mettere* **a** ~ *la biancheria* to soak the washing; **costume** *da* ~ swim-suit, bathing-suit; **mutandine** *da* ~ swimming trunks; *bagni* **pubblici** public baths; ~ *di* **schiuma** bubble foam bath; *essere in un* ~ *di* **sudore** to be bathed in sweat; ~ **turco** Turkish bath; **vasca** *da* ~ bath(tub).
bagordo *m.* revelry, merry-making. □ *darsi ai bagordi* to carouse.
Bahama *N.pr.f.pl.* (*Geog.*) Bahamas *pl.*
baia *f.* (*Geog.*) bay.
baio *a./s.m.* bay.
baionetta *f.* bayonet.
baita *f.* Alpine hut.
balaustra, **balaustrata** *f.* (*Arch.*) balustrade.
balaustro *m.* (*Arch.*) baluster.
balbettare **I** *v.i.* to stammer, to stutter. **II** *v.t.* **1** (*pronunciare stentatamente*) to stammer (out): ~ *una scusa* to stammer out an excuse. **2** (*parlare stentatamente una lingua straniera*) to speak* brokenly. □ ~ *per la paura* to stammer with fear.
balbettio *m.* stammering; (*rif. a bambini*) prattle.
balbuzie *f.* (*Med.*) stammer, stutter. □ *è affetto da* ~ he stammers.
balbuziente **I** *a.* stammering, stuttering. **II** *s.m./f.* stammerer, stutterer.
Balcani *N.pr.m.pl.* (*Geog.*) Balkans *pl.*
balcanico *a.* Balkan.
balconata *f.* **1** (*Arch.*) balcony. **2** (*Teat.*) dress-circle; (*am.*) gallery.
balcone *m.* balcony.
baldacchino *m.* **1** canopy. **2** (*per processioni*) baldachin (*anche Arch.*). □ ~ *del letto* tester.
baldanza *f.* boldness, daring, self-confidence.
baldanzoso *a.* **1** (*sicuro di sé*) self-confident, self-assured. **2** (*spavaldo*) bold, daring.
baldo *a.* bold, daring.
baldoria *f.* revelry, merry-making; (*festa chiassosa*) spree, noisy party. □ *fare* ~ to carouse.
Baldovino *N.pr.m.* Baldwin.
Baleari *N.pr.f.pl.* (*Geog.*) Balearic Islands *pl.*
balena *f.* **1** (*Zool.*) whale. **2** (*anche fig.*): *grasso come una* ~ as large as a whale. □ **caccia** *alla* ~ whaling; **grasso** *di* ~ blubber; **stecca** *di* ~ whalebone.
balenare *v.i.* to flash (*anche fig.*): *mi è balenata un'idea* an idea flashed through my mind.
baleniera *f.* whaler, whaling-ship.
balenio *m.* **1** flashing. **2** (*sfolgorio*) blaze, glitter.
baleno *m.: in un* ~ in a flash.
balestra *f.* **1** (*arma*) crossbow, arbalest. **2** (*Mecc., Aut.*) (leaf)spring.
balia[1] *f.* wet-nurse, □ ~ **asciutta** nanny; **dare** a ~ to put out to nurse.
balia[2] *f.* power, authority. □ **cadere** *in* ~ *di qd.* to fall into s.o.'s hands; *in* ~ *delle* **onde** at the mercy of the waves.
balistica *f.* ballistics *pl.* (costr. sing).
balistico *a.* ballistic.
balla *f.* **1** bale. **2** (*fandonia*) tall story; lie: *un sacco di balle* a pack of lies.
ballabile **I** *a.* dance. **II** *s.m.* dance music.
ballare **I** *v.i.* **1** to dance: ~ *dalla gioia* to dance with (*o* for) joy. **2** (*fig.*) (*agitarsi*) to fidget. **3** (*traballare*) to toss: *la nave ballava per le onde* the ship tossed in the waves. **4** (*rif. a indumenti: stare largo*) to hang* off s.o.; to hang* loosely. **II** *v.t.* to dance; (*rif. a balli coreografici*) to perform. □ *mi balla un dente* I have a loose tooth.
ballata *f.* **1** (*Lett.*) ballad. **2** (*Mus.*) ballade.
ballatoio *m.* gallery, balcony.
ballerina *f.* **1** (female) dancer. **2** (*di balletto*) ballerina, ballet dancer, (*di rivista*) chorus -girl, (*am. sl.*) chorine. **3** (*scarpa*) leather pumps *pl.* **4** (*Zool.*) wagtail.
ballerino *m.* **1** dancer. **2** (*di balletto*) ballet dancer. □ *primo* ~ male lead.
balletto *m.* (*Teat.*) ballet.
ballista *m.* boaster, big lier, compulsive lier.
ballo *m.* (*il ballare*) dancing, dance; (*di gala*) ball. □ ~ *di* **beneficenza** charity ball; (*Teat.*) **corpo** *di* ~ corps de ballet; ~ *in* **costume** fancy-dress dance (*o* ball); **sala** *da* ~ dance -hall, ballroom; **scarpette** *da* ~ dancing shoes; (*fig.*) **tirare** *in* ~ *qc.* to bring s.th. up, to call s.th. into questions.
ballonzolare *v.i.* to skip about.

ballottaggio *m.* **1** (*Pol.*) second ballot. **2** (*Sport*) play off.
balneare *a.* bathing, seaside-. □ **località** ~ seaside-resort; **stagione** ~ bathing season.
baloccarsi *v.i.pron.* **1** to play. **2** (*fig.*) (*gingillarsi*) to fritter away the time; to dawdle.
balocco *m.* toy, plaything.
balordaggine *f.* **1** foolishness, stupidity. **2** (*azione balorda*) foolish action, stupid act; (*parole balorde*) stupid words *pl.*: *dire delle balordaggini* to talk nonsense.
balordo I *a.* **1** (*tonto*) slow-witted, dull-witted, foolish. **2** (*stordito*) stunned. **3** (*rif. ad atti, parole*) pointless, senseless, silly: *è un'idea balorda* it's a silly idea. **4** (*che promette male*) bad, unsound: *affare* ~ bad business. **5** (*rif. al tempo*) uncertain. **II** *s.m.* fool, simpleton.
balsamico *a.* balmy.
balsamo *m.* balsam, balm (*anche fig.*).
Baltico *N.pr.m.* (*Geog.*) Baltic Sea.
baluardo *m.* bulwark (*anche fig.*).
baluginare *v.i.* to glimmer, to blink.
balza *f.* **1** crag, cliff. **2** (*di abito*) flounce. **3** (*dei cavalli*) sock (on horse's fetlock).
balzano *a.* **1** (*rif. a cavallo*) having white fetlocks. **2** (*fig.*) (*strambo*) strange, odd, peculiar.
balzare *v.i.* **1** (*saltar su*) to bounce; (*slanciarsi*) to leap*, to jump. **2** (*sussultare*) to leap*, to pound. □ ~ **addosso** *a qd.* to spring upon s.o.; ~ **avanti** to leap forward; ~ **giù** *dal letto* to jump out of bed; (*fig.*) ~ *agli* **occhi** to strike one immediately; ~ *in* **piedi** to jump to one's feet.
balzelloni *s.pl.*: *camminare a* ~ to hop along.
balzo[1] *m.* bound, bounce, jump, leap. □ (*fig.*) *afferrare la* **palla** *al* ~ to seize an opportunity; *d'***un** ~ in a bound.
balzo[2] *m.* cliff, crag.
bambagia *f.* **1** (*cotone idrofilo*) cotton-wool. **2** (*cascame di cotone*) cotton-waste. □ (*fig.*) *tenere qd. nella* ~ to pamper s.o.; to coddle.
bambina *f.* (little) girl; (*in fasce*) baby girl.
bambinaia *f.* nurse(maid); (*fam.*) nanny.
bambinata *f.* childish action.
bambino *m.* **1** (*in fasce*) baby, infant. **2** child (*pl.* children): *ho tre bambini* I have three children. **3** (*ragazzino*) little boy. □ **fin** *da* ~ ever since childhood; ~ **prodigio** child prodigy.
bamboccio *m.* **1** plump baby. **2** (*fantoccio*) rag-doll.
bambola *f.* doll (*anche fig.*). □ *giocare alla* ~ to play with a doll.
bamboleggiare *v.i.* **1** to behave like a child. **2** (*essere lezioso*) to be affected.
bambolotto *m.* dolly.
bambù *m.* **1** (*Bot.*) bamboo. **2** (*canna di bambù*) bamboo cane.
banale *a.* **1** (*non originale*) banal, trite, commonplace: *frase* ~ trite sentence. **2** (*comune*) common, ordinary. **3** (*non importante*) trifling, trivial.
banalità *f.* **1** banality. **2** *pl.* (*sciocchezze*) rubbish.
banana *f.* (*Bot.*) banana.
banano (*Bot.*) banana tree.
banca *f.* bank. □ **biglietto** *di* ~ bank-note; **conto** *in* ~ bank account; **direttore** *di* ~ bank manager; **operazione** *di* ~ bank transaction; (*Med.*) ~ *degli* **organi** organ bank.
bancarella *f.* stall; booth; (*di libri*) bookstall.
bancarellista *m./f.* stall holder.
bancario I *a.* banking, bank-. **II** *s.m.* (*impiegato*) bank clerk. □ *operazione bancaria* bank transaction.
bancarotta *f.* bankruptcy (*anche fig.*)
banchettare *v.i.* to banquet, to feast.
banchetto *m.* banquet, feast.
banchiere *m.* banker.
banchina *f.* **1** (*molo*) wharf, quay, pier. **2** (*terrapieno*) bank. **3** (*Ferr.*) (*marciapiede*) platform. **4** (*Strad.*) verge, hard shoulder.
banchisa *f.* (*Geol.*) ice-pack.
banco *m.* **1** bench; seat. **2** (*nei negozi*) counter; (*nei mercati*) stall. **3** (*Mecc.*) (work-) bench. **4** (*banca*) bank. **5** (*rif. a gioco d'azzardo*) bank: *far saltare il* ~ to break the bank. **6** (*Geol.*) bank, bar; (*rif. a roccia, coralli*) reef. **7** (*branco*) shoal. □ ~ *degli* **accusati** dock; ~ *di* **chiesa** pew; ~ *di* **ghiaccio** ice-field, ice-floe; ~ *della* **giuria** jury-box; ~ *di* **nebbia** fog-bank; ~ *di* **sabbia** sand-bank; ~ *di* **scuola** desk, (*am.*) school bench; (*fig.*) **sotto** ~ under the counter; ~ *dei* **testimoni** witness-box, (*am.*) stand.
banconota *f.* bank-note, note; (*am.*) bill.
banda[1] *f.* **1** (*striscia*) stripe; band. **2** (*Araldica*) bend. **3** (*Fis., Rad., Anat.*) band. □ ~ *di* **frequenza** frequency band; (*Inform.*) ~ **perforata** punched tape.
banda[2] *f.* (*lato, parte*) side, part.
banda[3] *f.* **1** band. **2** (*gruppo di delinquenti*) gang. **3** (*scherz.*) (*compagnia*) clan.
banderuola *f.* weathercock (*anche fig.*); windvane. □ *essere una* ~ to be a weathercock.
bandiera *f.* **1** flag, banner. **2** (*Mar.*) ensign; (*per segnalazioni*) flag. □ **ammainare** *la* ~ to lower the flag; (*Mar.*) **battere** ~ *inglese* to fly the Union Jack; (*fig.*) **cambiare** ~ to be a turncoat; **issare** *la* ~ to hoist the flag; ~ *a* **mezz'asta** flag at half-mast; **spiegare** *la* ~ to unfurl the flag.
bandire *v.t.* **1** to proclaim, to announce publicly: ~ *una crociata* to proclaim a crusade. **2** (*esiliare*) to banish, to exile, to expel. **3** (*fig.*) (*mettere da parte*) to do* away with. □ ~ *un concorso* to declare a competition.
banditismo *m.* brigandage.
bandito *m.* bandit, outlaw; (*ant.*) highwayman (*pl.* –men).
banditore *m.* **1** (*di aste pubbliche*) auctioneer. **2** (*Stor.*) town-crier.
bando *m.* **1** announcement, proclamation. **2** (*esilio*) exile, ban. □ ~ *alle* **chiacchiere** no more chatter; ~ *di* **concorso** notice of competitive examination.

bandoliera *f.* (*Mil.*) bandoleer. □ *a* ~ baldric-wise.
bandolo *m.* end of a skein. □ (*fig.*) *trovare il* ~ *della matassa* to find the clou to the problem.
bar *m.* **1** (*locale*) bar. **2** (*mobiletto*) drinks cupboard.
bara *f.* coffin.
baracca *f.* **1** hut; (*per deposito*) shed; (*nelle fiere*) booth, stall. **2** (*fig.*) (*casa in cattivo stato*) hovel, slack, (*fam.*) dump. □ **mandare** *avanti la* ~ to keep things going; **piantare** ~ *e burattini* to give up everything and clear out.
baraccato *m.* shack-dweller.
baraccone *m.* (*nelle fiere*) booth.
baraonda *f.* **1** hubbub. **2** (*confusione*) chaos.
barare *v.i.* to cheat (*anche fig.*).
baratro *m.* **1** (*abisso*) abyss, chasm. **2** (*fig.*) abyss, depths *pl.*
barattare *v.t.* to barter, to exchange, (*fam.*) to swap.
baratto *m.* barter, exchange.
barattolo *m.* (*di latta*) tin, (*am.*) can; (*di vetro*) jar; (*di coccio e sim.*) pot.
barba *f.* **1** beard. **2** (*fig.*) (*cosa noiosa*) bore: (*fam.*) *che* ~*!* what a bore! **3** (*di animali*) beard; (*delle penne degli uccelli*) barb. **4** (*Bot.*) (*filamento delle radici*) root hair. **5** (*di cereali*) awn. □ **avere** *la* ~ to have a beard; ~ *e* **capelli!** shave and haircut!; *farsi* **crescere** *la* ~ to grow a beard; **fare** *la* ~ *a qd.* to shave s.o.; **farsi** *la* ~ to shave (o.s.); **in** ~ *a qd.* in spite of s.o.; *avere la* ~ **lunga** to be unshaven.
barbabietola *f.* (*Bot.*) beet, beetroot.
barbagianni *m.* **1** (*Zool.*) barn owl. **2** (*fig.*) dolt, block head.
barbarico *a.* barbaric, barbarian (*anche fig.*).
barbarie *f.* barbarism, barbarity: *le* ~ *della guerra* the barbarities of war.
barbaro I *a.* **1** barbarian, barbaric: *gusti barbari* barbaric tastes. **2** heaten; (*fig.*) uncivilized. **II** *s.m.* barbarian.
barbiere *m.* barber; (*negozio*) barber's.
barbiturico I *a.* (*Farm.*) barbituric. **II** *s.m.* barbiturate.
barbogio *a.*: *vecchio* ~ dotard.
barbona *s.* (*fam.*) bag lady.
barbone *m.* **1** long thick beard. **2** (*vagabondo*) tramp, vagrant. **3** (*cane*) poodle.
barboso *a.* (*fam.*) tiresome, tedious, boring.
barbuto *a.* bearded.
barca *f.* boat; (*carico*) boatload. □ **andare** *in* ~ to go by boat; (*fare una gita*) to go on a boat trip; ~ *da* **pesca** fishing boat (*o* smack); ~ *a* **remi** rowing-boat; ~ *di* **salvataggio** lifeboat; ~ *a* **vela** sailing boat.
barcaccia *f.* (*Teat.*) stage-box.
barcaiolo *m.* **1** boatman (*pl.* –men); (*traghettatore*) ferryman (*pl.* –men). **2** (*noleggiatore*) boat-hirer.
barcamenarsi *v.i.pron.* to steer a middle course.
barcollante *a.* staggering, swaying, tottering.
barcollare *v.i.* **1** to reel, to sway, to totter. **2** (*fig.*) to be precarious (*o* rocky).
barcollio *m.* reeling, tottering, swaying.
barcone *m.* (*da trasporto*) barge, lighter; (*per ponti provvisori*) pontoon.
bardare *v.t.* **1** to harness, to caparison. **2** (*scherz.*) to dress up. **bardarsi** *v.r.* to dress up: *bardarsi a festa* to dress in one's Sunday best.
bardatura *f.* **1** harnessing. **2** (*finimenti*) harness, trappings *pl.*, caparison.
barella *f.* **1** stretcher. **2** (*per trasporto di materiali*) barrow.
bargiglio *m.* (*Zool.*) wattle.
baricentro *m.* (*Fis.*) barycentre.
barile *m.* **1** barrel, cask: *un* ~ *di vino* a barrel of wine. **2** (*contenuto*) barrel(ful).
barilotto *m.* **1** keg. **2** (*scherz.*) (*persona tozza*) barrel.
bario *m.* (*Chim.*) barium.
barista *m./f.* **1** barman (*pl.* –men), bartender. **2** (*rif. al padrone*) barkeeper.
baritonale *a.* baritone: *voce* ~ baritone voice.
baritono *m.* (*Mus.*) baritone.
barlume *m.* **1** glimmer, gleam. **2** (*fig.*) (*parvenza*) glimpse. □ *un* ~ *di speranza* a glimmer of hope.
baro *m.* **1** (*al gioco*) swindler, cardsharper, rook. **2** (*truffatore*) swindler.
barocco *a./s.m.* (*Arte, Lett.*) baroque (*anche fig.*).
barometro *m.* (*Meteor.*) barometer: *il* ~ *sale* (o *scende*) the barometer is rising (*o* is falling).
baronale *a.* baronial.
barone *m.* **1** baron. **2** (*fig.*) (*persona potente*) tycoon, baron.
baronessa *f.* baroness.
baronetto *m.* baronet; (*davanti al nome*) Sir.
barra *f.* **1** bar: *una* ~ *d'oro* a bar of gold. **2** (*Mecc.*) lever. **3** (*Mar.*) (*del timone*) helm, tiller. **4** (*del morso del cavallo*) bit. **5** (*segno grafico*) stroke.
barracuda *m.* (*Zool.*) barracuda.
barricare *v.t.* to barricade, to bar: ~ *la porta* to bar the door. **barricarsi** *v.r.* to barricade o.s., to entrench o.s. (*anche fig.*).
barricata *f.* barricade.
barriera *f.* **1** barrier (*anche fig.*). **2** (*fig.*) obstacle. **3** (*steccato*) gate, fence, barrier. **4** (*per cavalli*) jump. □ ~ **corallina** coral reef (*o* barrier); ~ **doganale** Customs barrier; ~ *del* **suono** sound barrier.
barrire *v.i.* to trumpet.
barrito *m.* trumpeting.
Bartolomeo *N.pr.m.* Bartholomew.
baruffa *f.* **1** (*zuffa*) scuffle, brawl. **2** (*litigio*) squabble, quarrel.
baruffare *v.i.* **1** to brawl, to scuffle. **2** (*litigare*) to quarrel, to squabble.
barzelletta *f.* joke, funny story. □ *raccontare barzellette* to tell jokes.
basalto *m.* (*Geol.*) basalt.

basamento *m.* **1** base; (*di edificio*) foundations; (*di colonna, statua*) base, foot. **2** (*zoccolo di pareti*) skirting board.

basare *v.t.* to base, to found: *un'accusa basata su sospetti* an accusation based on suspicions. **basarsi** *v.r.* to be based, to be founded (*su* on); (*rif. a persona*) to go*, to judge (*by*).

bascula, **basculla** *f.* weigh-bridge, bascule.

base I *s.f.* **1** base, foundations: *la ~ cranica* the base of skull. **2** (*Arch.*) base, foot: *la ~ di una piramide* the base of a pyramid. **3** (*Pol.*) party members *pl.* **4** (*Mil., Chim., Geol.*) base. **5** (*nel baseball*) base. **6** (*Econ.*) standard. **7** (*componente principale*) basis, base: *questa era la ~ del progetto finale* this was the basis of the final project. **8** *pl.* (*fig.*) (*nozioni elementari*) elements *pl.*, foundations *pl.* **II** *a.* basic: *prezzo ~* basic price. □ **a** *~ di* based on; *dieta* **a** *~ di frutta* fruit diet; (*Mil.*) *~* **aerea** air base; *~ di* **dati** data base; **di** *~* basic: *colore di ~* basic colour; **in** *~ a* on the basis of, according to; **in** *~ a ciò* on that basis; *~ di* **lancio** launching base; **senza** *basi* groundless.

basetta *f.* sideburns *pl.*

basilare *a.* basic, fundamental.

Basilea *N.pr.f.* (*Geog.*) Basel, Bâle.

basilica *f.* (*Arch.*) basilica.

basilico *m.* (*Bot.*) basil.

basilisco *m.* (*Zool.*) basilisk.

bassa *f.* low plain, lowland.

bassezza *f.* **1** lowness. **2** (*viltà*) baseness, vileness. **3** (*azione vile*) base action, meanness.

basso I *a.* **1** low: *nuvole basse* low clouds. **2** (*rif. a statura*) short, small. **3** (*rivolto a terra*) bent, lowered: *a capo ~* with lowered (*o* bowed) head. **4** (*rif. a stoffa*) narrow. **5** (*rif. a suono*) low: *parlare a voce bassa* to speak in a low voice. **6** (*Geog.*) (*rif. a fiumi*) lower. **7** (*rif. a ricorrenze*) low: *la Pasqua è bassa* Easter is low. **8** (*poco profondo*) shallow, low. **9** (*piccolo, non rilevante*) small, low: *un numero ~* a small number. **10** (*fig.*) (*vile*) low **II** *avv.* **1** low: *volare ~* to fly low. **2** (*a bassa voce*) low, softly. **III** *s.m.* **1** (*parte bassa*) lower part, bottom. **2** (*Mus.*) (*voce*) bass (voice); (*rif. a strumenti musicali*) bass (note). **3** *pl.* (*fig.*) downs *pl.* □ (*fig.*) *guardare qd. dall'***alto** *in ~* to look down on s.o.; **chiave** *di ~* bass clef; **colpo** *~* blow below the belt; (*fig.*) underhand trick; **da** *~* below, down; (*rif. a una casa*) downstairs; **in** *~: 1* (*stato*) down, below, at the bottom; 2 (*moto*) downwards, down; 3 (*fig.*) low; *fare* **man** *bassa* to plunder; *tenere gli* **occhi** *bassi* to keep one's eyes lowered; **stagione** *bassa* low season; *persona di bassa* **statura** short person.

bassofondo *m.* **1** (*Mar.*) shoal, shallow waters *pl.* **2** *pl.* (*fig.*) underworld.

bassopiano *m.* (*Geog.*) lowland.

basta *intz.* that's enough, stop it: *ora ~* that's enough now.

bastante *a.* sufficient, enough (*pred.*).

bastardo I *a.* **1** bastard, illegitimate. **2** (*Zool., Bot.*) hybrid, crossbred. **II** *s.m.* **1** bastard. **2** (*Zool., Bot.*) hybrid, crossbreed. □ *cane ~* mongrel.

bastare I *v.i.* **1** (*essere sufficiente*) to be enough, to be sufficient, to suffice: *quello che guadagno mi basta per vivere* what I earn is enough for me to live on. **2** (*durare*) to last: *questo denaro ci deve ~ per un mese* this money must last us for a month. **II** *v.i.impers.* to need only (costr. pers.), to have only to (costr. pers.), to be sufficient, to be enough: *basta rivolgersi a un vigile* you need only ask a policeman (*pl.* –men). □ *basta* **che** (*purché*) so long as, provided that; *bastava* **che** *tu me lo avessi detto* if only you had told me; **quanto** *basta* all that is necessary; *~ a* **se** *stesso* to be self -sufficient. ‖ *basta!* that will do!

bastimento *m.* ship, vessel; (*nave da carico*) cargo-ship.

bastione *m.* (*Mil.*) bastion, rampart (*anche fig.*).

basto *m.* pack-saddle.

bastonare *v.t.* to beat*, to thrash; (*randellare*) to cudgel. **bastonarsi** *v.r. recipr.* to come* to blows.

bastonata *f.* **1** blow with a stick (*o* cane). **2** (*fig.*) (*batosta*) blow, beating.

bastone *m.* **1** stick; (*da passeggio*) walking-stick, cane. **2** (*forma di pane*) French loaf, baguette. **3** (*fig.*) (*sostegno*) support, staff. *sei il ~ della mia vecchiaia* you are the staff of my old age. □ **appoggiarsi** *al ~* to lean on one's stick; *~ di* **comando** baton, staff; *~ da* **montagna** alpenstock; (*fig.*) *mettere i bastoni fra le* **ruote** *a qd.* to put a spanner into the works.

batacchio *m.* clapper; (*di campana*) tongue.

batiscafo *m.* (*Mar.*) bathyscaph(e).

batosta *f.* **1** (*percossa*) blow. **2** (*fig.*) blow, misfortune, stroke of bad luck.

battaglia *f.* **1** battle: *dare ~* to give battle. **2** (*fig.*) (*lotta*) struggle, fight: *la sua ~ contro il cancro* her fight against cancer. □ *~* **aerea** air battle; *~* **campale** open battle; (*fig.*) great struggle; **campo** *di ~* battlefield; **ordine** *di ~* battle-array.

battagliare *v.i.* to fight*, to battle (*anche fig.*)

battagliero *a.* combative, pugnacious.

battaglio *m.* (*di campana*) clapper, tongue; (*di porta*) door-knocker.

battaglione *m.* (*Mil.*) battalion.

battello *m.* boat; (*per navigazione interna*) steamboat, steamer. □ *~ pneumatico* rubber dinghy.

battente *m.* (*di porta, persiana, tavolo pieghevole*) leaf; (*sportello di mobile*) door. □ *porta a* **due** *battenti* double door; *porta a* **un** *~* single door.

battere[1] **I** *v.t.* **1** to beat*, to strike*, to hit*; (*col martello*) to hammer; (*col pestello*) to crush. **2** (*picchiare*) to beat*. **3** (*trebbiare*) to thresh. **4** (*Met.*) to forge. **5** (*urtare*) to bump, to hit*. **6** (*sconfiggere*) to beat*, to defeat. **7** (*perlustrare*) to scour. **8** (*dattilografare*) to type: ~ *una lettera* to type a letter. **II** *v.i.* **1** (*bussare*) to knock (*a* on). **2** (*rif. al cricket*) to bat; (*rif. al tennis*) to serve; (*rif. al calcio, a rugby*) to take* a penalty kick. **3** (*sbattere, colpire*) to beat*, to hit*, to strike*; (*leggermente*) to tap. **4** (*colpire*) to strike*, to hit* (*su qc.* s.th., against s.th.): *la pioggia batteva sui tetti* the rain beat on the roofs; (*rif. al sole*) to beat* down. **5** (*di cuore*) to beat*; (*di vena*) to throb. **6** (*rif. alle ore*) to strike*: *battono le due* it is striking two. **7** (*urtare*) to bump, to strike*, to hit*: *è andato a ~ contro la porta* he bumped against (*o* into) the door. **8** (*insistere*) to insist (*su* on), to hammer home (s.th.). **battersi I** *v.r. recipr.* to beat* e.o.; (*duellare*) to duel: *battersi alla pistola* to duel with pistols. **II** *v.i. pron.* to fight* (*anche fig.*): *battersi per un'idea* to fight for an idea. ☐ ~ *le* **ali** to flap (*o* beat) one's wings; ~ **bandiera** to fly a flag; ~ **cassa** to ask for money; *senza* ~ **ciglio** without batting an eyelid; ~ la **concorrenza** to beat one's competitors; *batteva i* **denti** *dal* (o *per il*) *freddo* his teeth were chattering with cold; ~ *il* **ferro** *finch'è caldo* to strike while the iron is hot; ~ *le* **mani** to clap (one's hands), to applaud; ~ *i* **marciapiedi** to be a streetwalker; ~ **moneta** to strike (*o* mint) coins; ~ un **primato** to beat (*o* break) a record; (*Sport*) ~ *la* **punizione** to take the penalty kick; ~ *la* **ritirata** to beat a retreat; (*Mus.*) ~ *il* **tempo** to beat time; (*fam.*) *ha battuto la* **testa** he is slightly touched.

battere[2] *m.*: *in un batter d'occhio* in the twinkling of an eye.

batteria *f.* **1** battery. **2** (*insieme di attrezzi, oggetti*) set. **3** (*Mus.*) drums *pl.*, percussion section. **4** (*Sport*) heat.

battericida I *a.* bactericidal. **II** *s.m.* bactericide.

batterico *a.* bacterial.

batterio *m.* (*Biol.*) bacterium.

batteriologia *f.* bacteriology.

batteriologico *a.* bacteriological.

batteriologo *m.* bacteriologist.

batterista *m./f.* (*Mus.*) drummer.

battesimale *a.* baptismal.

battesimo *m.* **1** (*Rel.*) baptism (*anche fig.*). **2** (*cerimonia*) christening. ☐ (*fig.*) ~ *dell'***aria** first flight; ~ *del* **fuoco** baptism of fire; **nome** *di* ~ Christian name; **tenere** *a* ~ *un bambino* to stand (as) godfather (*f.* –mother) to a child.

battezzare *v.t.* (*Rel.*) to baptize, to christen.

battibaleno *m.*: *in un* ~ in the twinkling of an eye.

battibecco *m.* bickering, squabble.

batticuore *m.* **1** palpitations *pl.* **2** (*fig.*) anxiety, angst.

battigia *f.* water's edge, foreshore, shoreline.

battimano *m.* applause, (hand)clapping.

battipanni *m.* carpet-beater.

battiscopa *m.* skirting-board.

Battista *N.pr.m.* Baptist.

battistero *m.* (*Arch.*) baptistry.

battistrada *m.* **1** (*Aut.*) tread. **2** (*Stor.*) outrider. **3** (*Sport*) pacesetter.

battitappeto *m.* carpet-sweeper.

battito *m.* **1** pulsation, beat, throb. **2** (*Mot.*) knock(ing). ☐ ~ *del* **cuore** heartbeat; *il* ~ *dell'***orologio** the ticking of the clock; ~ *del* **polso** pulse.

battitore *m.* **1** beater. **2** (*chi batte il grano*) thresher. **3** (*nel cricket*) batsman (*pl.* –men); (*nel tennis*) server; (*nel baseball*) batter. **4** (*Caccia*) tracker, beater.

battona *f.* (*pop.*) street-walker.

battuta *f.* **1** beating, striking. **2** (*colpo, percossa*) blow. **3** (*in dattilografia*) stroke. **4** (*Mus.*) beat. **5** (*Teat.*) cue. **6** (*fig.*) (*frase spiritosa*) witty remark. **7** (*di polizia*) beat, round-up. **8** (*di caccia*) shooting party. **9** (*nel football*) kick-off. ☐ (*fig.*) ~ **d'arresto** lull, pause; *non* **perdere** *una* ~ not to miss a word; *avere la* ~ **pronta** to have a ready answer; ~ *di* **spirito** witticism.

battuto *a.* **1** beaten, struck. **2** (*Met.*) beaten, wrought: *ferro* ~ wrought iron. **3** (*fig.*) (*sconfitto, vinto*) beaten. ☐ *strada battuta* beaten track.

batuffolo *m.* wad; (*di lana*) flock.

bau *onom.* bow-wow.

baule *m.* (travelling) trunk; (*rif. ad automobili*) boot, (*am.*) trunk.

bauxite *f.* (*Min.*) bauxite.

bava *f.* **1** dribble; slobber; (*delle lumache*) slime. **2** (*in bachicoltura*) silk filament. ☐ (*fig.*) *con la* ~ *alla* **bocca** (*essere adirato*) foaming at the mouth; ~ *di* **vento** puff of wind.

bavaglino *m.* bib, feeder.

bavaglio *m.* gag.

bavarese *a./s.m./f.* bavarian.

bavero *m.* collar.

Baviera *N.pr.f.* (*Geog.*) Bavaria.

bavoso *a.* slobbering.

bazar *m.* bazaar (*anche fig.*).

bazza *f.* (*mento sporgente*) long (*o* protruding) chin.

bazzecola *f.* trifle.

bazzicare I *v.t.* to frequent, to haunt. **II** *v.i.* (*frequentare persone*) to associate, to go* around (*con* with); (*luoghi*) to frequent (*in qc.* s.th.).

bazzotto *a.*: *uovo* ~ soft boiled egg.

bearsi *v.i. pron.* to delight (in s.th.).

beatificare *v.t.* (*Rel.*) to beatify.

beatificazione *f.* (*Rel.*) beatification.

beatitudine *f.* (*Rel.*) beatitude, bliss (*anche estens.*).

beato I *a.* **1** blessed. **2** (*felice*) happy, blissful: *ore beate* happy hours. **II** *s.m.pl.* the blessed. ☐ (*Bibl.*) *beati i* **poveri** *in spirito* blessed are

the poor in spirit; ~ **te**! lucky you!; **vita** *beata* carefree life.
Beatrice *N.pr.f.* Beatrix, Beatrice.
bebè *m.* baby.
beccaccia *f.* (*Zool.*) woodcock.
beccaccino *m.* (*Zool.*) snipe.
beccare I *v.t.* **1** to peck (at), to peck up: ~ *il grano* to peck the corn. **2** (*estens.*) (*rif. a insetti: pungere*) to bite*, to sting*. **3** (*fam.*) (*sorprendere*) to catch* (in the act). **4** (*fam.*) (*buscare*) to catch*, to get*, to receive; (*rif. a malattie*) (*fam.*) to catch*, to get*: *beccarsi l'influenza* to catch flu. **II** *v.i.* to peck. **beccarsi** *v.r.recipr.* **1** (*darsi beccate*) to peck e.o. **2** (*bisticciarsi*) to squabble, to quarrel.
beccata *f.* **1** peck. **2** (*quantità di cibo*) beakful. **3** (*fig.*) (*punzecchiatura*) teasing (*o* goading) remark, (*fam.*) dig.
beccheggiare *v.i.* (*Mar.*) to pitch.
beccheggio *m.* (*Mar.*) pitching.
becchime *m.* chicken-feed, bird-seed.
becchino *m.* gravedigger.
becco[1] *m.* **1** beak, bill. **2** (*scherz.*) (*bocca*) mouth. **3** (*beccuccio*) spout. □ ~ (*di*) **Bunsen** Bunsen burner; (*scherz.*) **chiudi** *il* ~! shut up!; (*fig.*) *tenere il* ~ **chiuso** to keep one's mouth shut; (*fig.*) **mettere** ~ *in qc.* to poke one's nose into s.th.; *non avere il* ~ *di un* **quattrino** not to have a bean.
becco[2] *m.* (*Zool.*) billy-goat.
beccuccio *m.* **1** (*di recipienti*) spout, neck. **2** (*di bruciatore*) jet. **3** (*per capelli*) clip.
beduino *m.* bedouin.
befana *f.* **1** (*Rel.*) Epiphany. **2** (*doni*) Epiphany presents *pl.* **3** (*fig.*) (*donna vecchia e brutta*) hag, witch.
beffa *f.* hoax, practical joke. □ *farsi beffe di qd.* to scoff (at s.o.), to make a fool of s.o.
beffardo *a.* mocking, scoffing.
beffare *v.t.* to mock, to scoff at. **beffarsi** *v.i. pron.* to laugh, to scoff (*di* at), to make* fun (of).
beffeggiare *v.t.* to mock, to jeer at, to gibe at.
bega *f.* **1** (*lite*) dispute, wrangle, quarrel. **2** (*faccenda intricata*) trouble, nasty affair.
beghina *f.* (*spreg.*) (*bigotta*) bigot.
beh *intz.* well: ~, *che vuoi?* well, what do you want?
beige *fr.* [bɛ:ʒ] *a.* beige.
Beirut *N.pr.f.* (*Geog.*) Beirut.
belare *v.i.* to bleat, (*am.*) to blat.
belato *m.* bleat(ing).
Belfast *N.pr.f.* (*Geog.*) Belfast.
belga *a./s.m./f.* Belgian.
Belgio *N.pr.m.* (*Geog.*) Belgium.
Belgrado *N.pr.f.* (*Geog.*) Belgrade.
bella *f.* **1** (*donna bella*) beauty. **2** (*innamorata*) sweetheart, girl-friend, love. **3** (*stesura definitiva*) fair copy. **4** (*Sport*) (*partita decisiva*) deciding game, play-off.
belletto *m.* make-up, rouge.
bellezza *f.* beauty: *Maria è una* ~ Mary is a beauty; *le bellezze di Roma* the beauties of Rome; (*spec. di uomo*) handsomeness, good looks *pl.* □ **che** ~! how nice (*o* lovely)!; how wonderful!; *finire* **in** ~ to wind up with a flourish; **istituto** *di* ~ beauty parlour; **per** ~ for show; **prodotti** *di* ~ cosmetics; *ho* **speso** *la* ~ *di diecimila lire* I've spent a cool ten thousand lire.
bellico *a.* war-, wartime.
bellicoso *a.* bellicose, warlike.
belligerante *a./s.m.* belligerent.
belligeranza *f.* belligerency. □ *non* ~ no -belligerence.
bellimbusto *m.* dandy, beau: *fare il* ~ to play the dandy.
bello I *a.* **1** (*rif. a donna*) beautiful, lovely, good-looking, pretty; (*rif. a uomo*) handsome, good-looking; (*rif. a cosa* o *animale*) beautiful, fine: *ha una bella casa* she has a fine house. **2** (*accattivante, piacevole*) nice, pleasant, attractive: *un bel sorriso* a nice smile. **3** (*buono, piacevole*) good, nice, pleasant: *una bella notizia* a good piece of news. **4** (*valente*) good, able, fine: *un bell'ingegno* an able mind. **5** (*elegante*) smart: *l'abito* ~ one's smart suit. **6** (*rif. al tempo*) fine, lovely: *era una bella giornata* it was a lovely day. **7** (*iron.*) nice, fine, great: *bella consolazione* a great comfort. **8** (*considerevole*) good-sized, fair, considerable, quite: *ha una bella età* she is a quite old. **9** (*rafforzativo*) real, thorough: *sei un bel cretino* you're a real idiot. **II** *s.m.* **1** (*Arte*) beauty, the beautiful. **2** (*parte bella*) best (part). **3** (*innamorato*) sweetheart, boy-friend. □ *belle* **arti** fine arts; **bel** ~ slowly, unhurriedly; *c'è voluto del* ~ *e del* **buono** *per convincerlo* it took heaven and earth to convince him; *il* ~ *è* **che** the funny thing is that; *sarebbe una bella* **cosa** it would be lovely; *che fai* **di** ~ *stasera?* what are you thinking of doing this evening?; **farsi** ~ to dress up; **farsi** ~ *di qc.* to boast of s.th. undeservingly; *l'hai* **fatta** *bella* you've really done it now; *fare bella* **figura** to cut a fine figure; (*iron.*) *che bella figura* what a poor show; *belle* **maniere** good manners; *alla bell'e* **meglio** somehow or other; **mettersi** *al* ~ (*rif. al tempo*) to turn fine; *nel bel* **mezzo** right in the middle, in the very middle; *il bel* **mondo** the smart set; *un bel* **niente** nothing at all; *un bel* **no** a flat no; *non hai capito un bel* **nulla** you haven't understood a thing; **sul** *più* ~ at the crucial point.
belva *f.* wild beast (*anche fig.*).
belvedere *m.* **1** (*Arch.*) belvedere; gazebo. **2** (*estens.*) viewpoint, look-out. **3** (*Ferr.*) observation car. **4** (*Mar.*) mizzen-topgallant mast.
bemolle *m.* (*Mus.*) flat.
benamato *a.* beloved, dear.
benarrivato I *a.* welcome: *sia il* ~ (you are) welcome. **II** *s.m.* welcome.
benché *congz.* (al)though, even if, even though: ~ (*fosse*) *stanco, continuò a lavorare* although he was tired he kept on working.

benda *f.* **1** (*Med.*) bandage. **2** (*striscia di tela per coprire gli occhi*) blindfold. □ (*fig.*) *avere le bende agli occhi* to be blind.
bendare *v.t.* to bandage, to dress: ~ *gli occhi* to blindfold.
bene I *avv.* **1** well: *sentirsi* ~ to feel well. **2** (*rafforzativo*) quite, very, really, indeed: *è ben difficile che tu sia promosso* you are most unlikely to pass. **3** (*nientemeno che*) no less than: *ha vinto ben cento milioni di lire* he has won no less than a hundred million lire. **4** (*esclam.*) good, (all) right, fine, (*fam.*) O.K.; (*dunque*) well: ~, *che cosa volevi dirmi?* well, what did you want to tell me? **II** *s.m.* **1** good. **2** (*vantaggio*) welfare, sake. **3** (*felicità*) happiness, good. **4** (*persona amata*) beloved, sweetheart, darling. **5** *pl.* (*averi*) property, possessions *pl.* □ *ben* **altro** other things: *ho ben altro da fare* I have plenty of other things to do; *il* ~ **comune** the common good; *beni di* **consumo** consumer goods; *lo* **credo** ~ I should think so; *ben* **detto**! well said!; **fare** ~: 1 to be right, to do well, to do the right thing: *credevo di far* ~ I meant well, I thought I was doing the right thing; *faresti* ~ *a prendere l'ombrello* you had better take your umbrella; 2 (*rif. a salute*) to be good (*a* for), to do good (to); **fare** *del* ~ to do good; *a* **fin** *di* ~ to a good end; **in** ~ for the better; *il ben dell'***intelletto** reason; ~ *o* **male** somehow or other; *di* ~ *in* **meglio** better and better; **opere** *di* ~ good works; **pensare** ~ to think rightly; (*credere opportuno*) to think it better; **per** ~ properly, as one should; (*rif. a persone*) respectable, decent; *ben* **poco** very little; *ben* **presto** very soon (*o* shortly), in a very short time; **promettere** ~ to be (*o* look) promising; *se ben* **ricordo,** *l'ho già visto* if I remember rightly I have already seen him; **spero** ~ *che non ti sia offeso* I do hope you are not offended; (*iron.*) *ti* **sta** ~ (o *ben ti sta*) it serves you right; *come* **stai**? – ~ *grazie* how are you? – fine, thank you; **stare** ~ (*in salute*) to be (*o* feel) well; **stare** *poco* ~ not to be very well; **trovarsi** ~ (*rif. a persona*) to get on well; (*rif. a luogo*) to like it; **va** ~ all right, very well, (*fam.*) O.K.; **venir** ~ to turn out well; **volere** ~ *a qd.* to love s.o., to be fond of s.o.
benedettino *a./s.m.* Benedictine.
benedetto *a.* **1** blessed, holy: *acqua benedetta* holy water. **2** (*fam.*) blessed, wretched: *questi benedetti ragazzi* these blessed children.
Benedetto *N.pr.m.* Benedict.
benedire *v.t.* to bless (*anche estens.*). □ (*fam.*) *va a farti* ~! go to the devil!
benedizione *f.* **1** blessing (*anche fig.*). **2** (*Lit.*) benediction. □ *dare (*o *impartire*) *la* ~ to bless, to give (*o* impart) one's blessing.
beneducato *a.* well-mannered.
benefattore *m.* benefactor.
benefattrice *f.* benefactress.
beneficare *v.t.* to benefit.
beneficenza *f.* charity, beneficence. □ **opere** *di* ~ charitable activities (*o* works); **spettacolo** *di* ~ benefit performance.
beneficiare *v.i.* to benefit (*di* by, from).
beneficiario I *a.* (*Econ.*) beneficiary-. **II** *s. m.* **1** beneficiary. **2** (*Econ.*) payee.
beneficio *m.* **1** (*vantaggio*) benefit, advantage. **2** (*Dir.*) benefit. **3** (*Dir. canonico*) benefice. □ (*Dir.*) *con* ~ *d'***inventario** with benefit of inventory; **trarre** ~ *da una cura* to benefit by a treatement.
benefico *a.* **1** beneficent, charitable: *istituzione benefica* charitable institution. **2** (*che giova*) beneficial.
Benelux *N.pr.m.* (*Pol.*) Benelux.
benemerenza *f.* merit, good service.
benemerito *a.* well-deserving, meritorious.
beneplacito *m.* consent, permission.
benessere *m.* well-being, welfare.
benestante I *a.* well-off, well-to-do. **II** *s.m./f.* well-off-person; *pl.* the well-to-do.
benestare *m.* approval; (*consenso*) consent.
benevolenza *f.* goodwill, benevolence. □ *trattare qd. con* ~ to deal with s.o. indulgently.
benevolo *a.* benevolent.
bengala *m.* **1** Bengal light, firework. **2** (*Mil.*) flare.
beniamino *m.* **1** pet, darling: *il* ~ *della mamma* Mummy's pet. **2** (*estens.*) (*preferito*) favourite.
Beniamino *N.pr.m.* Benjamin.
benignità *f.* benignity.
benigno *a.* **1** benign (*anche Med.*). **2** (*affabile*) kindly, kind: *sorriso* ~ kindly smile.
benissimo *avv.* very well, perfectly (*o* quite) well; (*esclam.*) excellent, super.
benna *f.* (*Mecc.*) grab, bucket.
benone *avv.* very well (indeed), splendid(ly).
benpensante *m./f.* right-minded person; (*spreg.*) conventional person.
benservito *m.* testimonial, reference. □ (*fig.*) *dare il* ~ *a qd.* to sack s.o.
bensì *congz.* (*piuttosto*) but, rather.
benvenuto *a./s.m.* welcome.
benvisto *a.* well thought of.
benvolere *v.t.* to be fond of, to like. □ *farsi* ~ *da tutti* to make o.s. well-liked by everyone.
benvoluto *a.* well-liked, loved.
benzina *f.* petrol, (*am.*) gasoline, (*am. fam.*) gas; (*per smacchiare*) benzine. □ (*Aut.*) **fare** ~ to get petrol; **latta** *di* ~ petrol can; ~ **normale** normal grade petrol; *fare il* **pieno** *di* ~ to fill up; **serbatoio** *della* ~ petrol tank.
benzinaio *m.* petrol pump attendant; (service station) attendant.
beone *m.* great drunkard; (*fam.*) boozer.
bequadro *m.* (*Mus.*) natural.
berbero *a./s.m.* Berber.
bere[1] **I** *v.t.* **1** to drink*; (*mandare giù liquidi*) to swallow. **2** (*assorbire*) to soak up: *la terra arida beveva la pioggia* the thirsty ground soaked up the rain. **3** (*fig.*) (*ascoltare con*

grande attenzione) to drink* in, (*fam.*) to lap up. **4** (*fig.*) (*credere facilmente*) to swallow: *questa proprio non la bevo* I'm really not going to swallow that one. **II** *v.i.* (*bere vino o liquori*) to drink*. ▭ ~ *alla* **bottiglia** to drink from the bottle; **dare** *da* ~ to give s.o. s.th. to drink; (*rif. ad animali*) to water; (*fig.*) **darla** *a* ~ *a qd.* to put it over s.o.; **mettersi** *a* ~ to take to drinking (*o* drink); **offro** *io da* ~ this round is on me; ~ *come un* **otre** to drink like a fish; ~ *alla* **salute** *di qd.* to drink (to) s.o.'s health.

bere[2] *m.* (*atto*) drinking; (*ciò che si beve*) drink.

bergamotto *m.* (*Bot.*) bergamot.

berillio *m.* (*Chim.*) beryllium.

berillo *m.* (*Min.*) beryl.

berkelio *m.* (*Chim.*) berkelium.

berlina[1] *f.* (*Stor.*) pillory. ▭ (*fig.*) *mettere alla* ~ to pillory.

berlina[2] *f.* **1** (*carrozza*) berlin(e). **2** (*Aut.*) saloon, (*am.*) sedan.

Berlino *N.pr.f.* (*Geog.*) Berlin.

bermuda *m.pl.* (*pantaloncini*) Bermuda shorts *pl.*, Bermudas *pl.*

Bermude *N.pr.f.pl.* (*Geog.*) Bermudas Islands *pl.*

Berna *N.pr.f.* (*Geog.*) Bern(e).

Bernardo *N.pr.m.* Bernard.

bernoccolo *m.* **1** bump (on one's head), lump. **2** (*fig.*) flair, turn, bent: *avere il* ~ *di qc.* to have a flair for s.th.

bernoccoluto *a.* bumpy, lumpy.

berretto *m.* cap. ▭ ~ *a visiera* peaked cap.

bersagliare *v.t.* **1** (*Mil.*) to batter, to bombard; to shell: ~ *il nemico* to batter the enemy. **2** (*con pietre*) to pelt. **3** (*fig.*) to bombard, to harass, to pester: ~ *qd. di domande* to bombard s.o. with questions.

bersagliera *f.*: *alla* ~ boldly, daringly, dashingly.

bersagliere *m.* (*Mil.*) bersagliere (soldier of the light infantry of the Italian army).

bersaglio *m.* **1** target, mark: *tiro al* ~ target pratice. **2** (*fig.*) butt; *è il* ~ *della critica* he is the critics' butt. ▭ *colpire il* ~ to hit the mark.

Berta *N.pr.f.* Bertha.

bertuccia *f.* (*Zool.*) barbary ape.

bestemmia *f.* **1** swear, curse, oath. **2** (*estens.*) blasphemy. **3** (*sproposito*) ludicrous statement.

bestemmiare **I** *v.i.* to swear* (*contro* at), to curse (s.th.). **II** *v.t.* to curse, to swear* (at *o* against). ▭ ~ *come un turco* to swear like a trooper.

bestemmiatore *m.* blasphemer, swearer.

bestia *f.* **1** animal, beast. **2** *pl.* (*bestiame*) cattle (*costr. pl.*), livestock. **3** (*generico per insetti e parassiti*) insect; flea. **4** (*fig.*) (*persona stupida*) fool, blockhead, dolt. ▭ **andare** *in* ~ to fly into a rage, to lose one's temper; **diventare** *una* ~ to get wild; *bestie* **feroci** wild beasts; (*fig.*) **mandare** *in* ~ *qd.* to make s.o. furious; (*fig.*) ~ **rara** odd fish, queer fish; ~ *da* **soma** beast of burden; ~ *da* **tiro** draught animal.

bestiale *a.* **1** bestial, beastly, beastlike. **2** (*rafforzativo*) terrific, awful.

bestialità *f.* **1** bestiality. **2** (*errore grossolano*) stupid mistake, blunder. **3** (*assurdità*) nonsense; absurdity.

bestiame *m.* livestock; (*rif. a bovini*) cattle *pl.* ▭ *allevamento del* ~ cattle-raising, cattle-breeding.

bestione *m.* **1** (*fig.*) (*uomo grosso e rozzo*) great lumbering fool. **2** (*fig.*) (*sciocco*) blockhead.

beta *m./f.* (*alfabeto greco*) beta.

Betlemme *N.pr.f.* (*Geog.*) Bethlehem.

betoniera *f.* cement (*o* concrete) mixer.

bettola *f.* low tavern, (*fam.*) dive.

betulla *f.* (*Bot.*) birch tree.

bevanda *f.* drink, beverage; (*fam.*) refresher.

beveraggio *m.* **1** beverage. **2** (*per bestie*) swill.

bevibile *a.* drinkable, good (*o* fit) to drink.

bevitore *m.* drinker: *forte* ~ hard (*o* heavy) drinker; (*fam.*) boozer.

bevuta *f.* drinking: *fare una* ~ to have a drink.

BF = (*El.*) *bassa frequenza* Low Frequency (LF).

Bi = (*Chim.*) *bismuto* bismuth.

biacca *f.* white lead.

biada *f.* forage, fodder.

Bianca *N.pr.f.* Blanche.

Biancaneve *N.pr.f.* Snow White: ~ *e i sette nani* Snow White and the seven dwarfs.

biancastro *a.* whitish.

biancheggiare *v.i.* **1** (*essere bianco*) to be white, to look white. **2** (*diventare bianco*) to turn white, to whiten.

biancheria *f.* linen; (*intima*) underwear, underclothes *pl.* ▭ ~ *da* **cucina** kitchen cloths; ~ *da* **donna** lingerie; ~ *da* **letto** bed linen; ~ *da* **tavola** table linen.

bianchetto *m.* **1** (*per scarpe*) white shoe-cleaner. **2** (*per il bucato*) bleach. **3** *pl.* (*dial.*) (*pesci minuti*) whitebait (*costr. pl.*). **4** (*per cancellare*) correcting fluid.

bianchezza *f.* whiteness.

bianchiccio *a.* whitish.

bianco **I** *a.* **1** white. **2** (*non scritto*) blank: *foglio* ~ blank sheet. **II** *s.m.* **1** white. **2** (*spazio bianco in un foglio*) blank (space). ▭ **arma** *bianca* cold steel; **assegno** *in* ~ blank cheque; (*fig.*) *dare* **carta** *bianca a qd.* to give s.o. carte blanche; **mangiare** *in* ~ to eat plain food; ~ *come la* **neve** snow-white; ~ *come un* **panno** *lavato* as white as a sheet; **passare** *la notte in* ~ to have a sleepless night.

biancospino *m.* (*Bot.*) hawthorn.

biascicare *v.t.* **1** to slobber over. **2** (*pronunciare sottovoce*) to mumble, to mutter: ~ *le orazioni* to mumble one's prayers.

biasimare *v.t.* to blame, to disapprove of.
biasimevole *a.* blameworthy, blam(e)able.
biasimo *m.* disapproval, condemnation. ▭ *degno di* ~ blameworthy.
Bibbia *f.* Bible.
bibita *f.* (soft) drink, beverage, (*fam.*) refresher.
bibl. = **1** *bibliografia* bibliography. **2** *biblioteca* library.
biblico *a.* biblical, Bible-, of the Bible.
bibliografia *f.* bibliography.
bibliografico *a.* bibliographic(al).
bibliografo *m.* bibliographer.
biblioteca *f.* **1** library. **2** (*mobile a scaffale*) bookcase, bookshelves *pl.* ▭ ~ **circolante** circulating library; ~ **comunale** town library.
bibliotecario *m.* librarian.
bicarbonato *m.* (*Chim.*) bicarbonate.
bicchierata *f.* **1** (*contenuto*) glassful. **2** (*riunione*) (drinking-)party.
bicchiere *m.* glass: *un* ~ *di vino* a glass of wine; *un* ~ *da vino* a wine-glass. ▭ **affogare** *in un* ~ *d'acqua* to give up at the slightest difficulty; ~ *a* **calice** goblet, stemmed glass; ~ *di* **carta** paper cup.
bicchierino *m.* **1** (*da liquore*) liqueur glass. **2** (*contenuto*) (glass of) liqueur, tot, dram, (*fam.*) drop.
bicentenario *a./s.m.* bicentenary.
bici *f.* (*am.*) bike, (*am. fam.*) wheel.
bicicletta *f.* (bi)cycle. ▭ **andare** *in* ~ to bicycle, to cycle, (*am. fam.*) to wheel; ~ *da* **corsa** racing cycle; ~ *a* **motore** motor bicycle.
bicipite I *a.* **1** two-headed. **2** (*Anat.*) biceps, bicipital. **II** *s.m.* (*Anat.*) biceps (muscle).
bicocca *f.* (*catapecchia*) hovel, shanty.
bicolore *a.* **1** bicoloured. **2** (*Pol.*) two-party.
bidè *m.* bidet.
bidello *m.* school caretaker; (*am.*) janitor.
bidonare *v.t.* (*volg.*) to swindle; to take* (s.o.) in.
bidonata *f.* (*volg.*) swindle, taking.
bidone *m.* **1** (*recipiente*) drum, tin, bin; (*am.*) can. **2** (*volg.*) (*imbroglio*) swindle, trick. ▭ ~ del **latte** milk can; ~ *dei* **rifiuti** dustbin, rubbish bin, (*am.*) garbage can.
bieco *a.* surly, sullen, grim, sinister: *un'azione bieca* a sinister action.
biella *f.* (*Mecc.*) connecting (*o* piston) rod.
biennale *a.* **1** (*attr.*) (*che dura due anni*) two year. **2** (*che accade ogni due anni*) biennal.
biennio *m.* **1** period of two years, biennium. **2** (*Scol., Univ.*) two-year course of study.
bifido *a.* bifid, forked: *lingua bifida* forked tongue.
bifocale *a.* (*Ott.*) bifocal: *lente* ~ bifocal lens.
bifolco *m.* **1** ploughman (*pl.* –men). **2** (*spreg.*) boor.
bifora *f.* (*Arch.*) mullioned window.
biforcare *v.t.* to bifurcate. **biforcarsi** *v.i.pron.* **1** (*dividersi in due: rif. a strade*) to bifurcate; (*rif. a ramo*) to fork. **2** (*distaccarsi*) to branch off.
biforcazione *f.* **1** forking, branching off. **2** (*punto di biforcazione*) fork.
biforcuto *a.* forked, bifurcate.
bifronte *a.* two-faced (*anche fig.*).
biga *f.* **1** (*Stor.*) biga. **2** (*Mar.*) shears *pl.*
bigamia *f.* bigamy.
bigamo I *a.* bigamous. **II** *s.m.* bigamist.
bighellonare *v.i.* **1** (*andare a zonzo*) to wander about, to loiter. **2** (*perdere tempo*) to loaf, to idle.
bighellone *m.* loafer, idler, loiterer.
bigiare *v.t.* to play truant.
bigino *m.* (*Scol.*) crib.
bigio *a./s.m.* ash grey.
bigiotteria *f.* costume jewellery.
bigliettaio *m.* (*nei tram*) conductor; (*nei treni*) ticket-collector; (*nelle stazioni ferroviarie*) booking clerk, ticket clerk, (*am.*) ticket agent; (*nei teatri*) box-office attendant.
biglietteria *f.* (*di stazione*) ticket-office; (*di teatro, cinema*) box-office.
biglietto *m.* **1** (*breve lettera*) note. **2** (*cartoncino stampato*) card: ~ *d'auguri* (greeting) card. **3** (*biglietto d'entrata*) ticket. **4** (*Ferr.*) ticket, railway (*o* train) ticket. **5** (*banconota*) (bank-)note. ▭ ~ *di* **abbonamento** season ticket; (*Ferr.*) ~ *di* **andata** single ticket, (*am.*) one-way (ticket); ~ *di* **andata** *e ritorno* return ticket, (*am.*) round-trip ticket; **fare** *il* ~ to buy one's ticket; ~ *di* **favore** free ticket; ~ **festivo** weekend excursion ticket; ~ *a* **prezzo** *ridotto* reduced-rate ticket; ~ *da* (o *di*) **visita** visiting (*o* calling) card.
bignè *m.* (*Gastr.*) cream puff.
bigodino *m.* curler, (hair-)roller.
bigotta *f.* bigot, sanctimonious woman.
bigotto I *a.* bigotted. **II** *s.m.* **1** (*ant.*) bigot. **2** sanctimonious person; very churchy person.
bikini *m.* bikini.
bilancia *f.* **1** balance, pair of scales. **2** (*Pesca*) trawlnet. **3** (*Econ.*) balance. **Bilancia** (*Astr.*) Libra. ▭ ~ **automatica** automatic weighing machine; (*Econ.*) ~ **commerciale** trade balance; (*Econ.*) ~ *dei* **pagamenti** balance of payments.
bilanciare *v.t.* to balance (*anche fig.*). **bilanciarsi** *v.r.* to balance out.
bilanciere *m.* **1** (*Mot.*) rocking (*o* rocker) arm. **2** (*di orologio*) balance-wheel, swing-wheel.
bilancio *m.* budget, balance(-sheet). ▭ **approvare** *il* ~ to pass the budget; ~ **attivo** credit balance; **chiudere** *il* ~ to close the books; ~ **consuntivo** (final) balance; **fare** *il* ~ to draw up a balance; (*fig.*) to weigh in the balance; ~ *in* **pareggio** balance account; ~ **preventivo** (o *di previsione*) budget; ~ *dello* **Stato** State Budget.
bilaterale *a.* bilateral.
bile *f.* **1** bile, gall. **2** (*fig.*) (*collera*) anger, rage.
bilia *f.* **1** (*pallina di vetro*) marble. **2** (*buca del biliardo*) billiard-pocket.
biliardino *m.* table football. ▭ ~ *elettrico* pinball; pintable.

biliardo *m.* **1** billiards *pl.* (costr. sing.). **2** (*tavolo da biliardo*) billiard-table. ▭ **giocare** *a* ~ to play billiards; **palla** *da* ~ billiard-ball; **sala** *da* ~ billiard-room, (*am.*) pool-room.
biliare *a.* biliary, bilious. ▭ *vie biliari* bile ducts.
bilico *m.* unstable equilibrium, balance. ▭ *essere in* ~ to be poised (*o* balanced).
bilingue *a.* bilingual.
bilinguismo *m.* bilingualism.
bilione *m.* **1** (*in Italia, USA e Francia* = 10^9) one thousand millions, milliard; (*am.*) billion. **2** (*in Germania e GB* = 10^{12}) billion; (*am.*) trillion.
bilioso **I** *a.* **1** bilious. **2** (*fig.*) (*collerico*) bad-tempered, irascible. **II** *s.m.* bilious person.
bimba *f.* little child, little girl.
bimbo *m.* little child, little boy.
bimensile *m.* fortnightly magazine, (*am.*) semimonthly.
bimestrale *a.* two-monthly, bimonthly.
bimestre *m.* **1** (*periodo*) two months, period of two months. **2** (*rata*) two-monthly payment.
bimotore **I** *a.* twin-engined, twin-engine-. **II** *s.m.* twin-engined plane.
binario[1] *m.* **1** (railway) line, track; (*piattaforma*) platform. **2** (*fig.*) track. ▭ ~ **morto** dead-end track, blind track; ~ *di* **partenza** departure platform.
binario[2] *a.* binary: *numero* ~ binary number.
bindolo *m.* (*di arcolaio*) winder.
binocolo *m.* binoculars *pl.* (costr. pl. o sing.), pair of binoculars. ▭ ~ *da* **campagna** field glasses; ~ *da* **teatro** opera-glasses.
binomio **I** *a.* binomial: *equazione binomia* binomial equation. **II** *s.m.* **1** (*Mat.*) binomial. **2** (*fig.*) binary; (*coppia*) couple, team.
bioccolo *m.* (*di lana*) flock.
biochimica *f.* biochemistry.
biodegradabile *a.* biodegradable.
biografia *f.* biography.
biografico *a.* biographical.
biografo *m.* biographer.
bioingegneria *f.* bioengineering.
biologia *f.* biology.
biologico *a.* biologic(al).
biologo *m.* biologist.
biometria *f.* biometrics.
bionda *f.* blonde.
biondastro *a.* fairish, blondish.
biondeggiare *v.i.* to turn golden (*o* yellow).
biondo **I** *a.* blond, fair-haired, golden. **II** *s.m.* fair-haired person. ▭ **capelli** *biondi* blond (*o* fair) hair; ~ **cenere** ash blond; ~ **oro** golden; ~ **ossigenato** bleached; ~ **platino** platinum blonde.
biopsia *f.* (*Med.*) biopsy.
bioritmo *m.* biorhythm.
biosfera *f.* (*Scient.*) biosphere.
biossido *m.* (*Chim.*) dioxide.
biotecnologia *f.* biotechnology.
biotipo *m.* (*Biol.*) biotype.
bipartitico *a.* (*Pol.*) two-party.
bipede **I** *a.* biped(al), two-footed. **II** *s.m.* biped.
biplano *m.* (*Aer.*) biplane.
biposto *a.* two-seater-.
birba *f.* **1** (*scapestrato*) mad-cap. **2** (*scherz.*) (*birichino*) rascal; scamp.
birbante *m.* (*scherz.*) (*birichino*) scamp.
birbanteria *f.* (*scherz.*) (*monelleria*) mischievous trick.
birbantesco *a.* (*scherz.*) mischievous, impudent.
birbonata *f.* (*scherz.*) (*monelleria*) mischievous trick.
birbone **I** *s.m.* scoundrel, rogue, rascal. **II** *a.* (*usato come rafforzativo di sostantivi*) frightful, dreadful: *paura birbona* dreadful fright.
birichinata *f.* prank, escapade.
birichino **I** *s.m.* little scamp, cheeky youngster. **II** *a.* mischievous, naughty: *occhi birichini* mischievous eyes.
birillo *m.* skittle, ninepin.
Birmania *N.pr.f.* (*Geog.*) Burma.
birmano *a./s.m.* Burmese, Burman.
biro *f.* biro, ball-point pen.
birra *f.* beer: *un boccale di* ~ a mug of beer. ▭ ~ *in* **bottiglia** bottled beer; ~ **chiara** lager; **fabbrica** *di* ~ brewery; **fabbricare** ~ to brew beer; ~ **scura** stout; ~ *alla* **spina** draught beer; (*scherz.*) *a* **tutta** ~ at top speed.
birraio *m.* **1** (*fabbricante*) brewer. **2** (*venditore*) seller of beer.
birreria *f.* **1** beer-house, pub. **2** (*fabbrica*) brewery.
bis *m.* (*Teat., Mus.*) encore (*anche esclam.*).
bisaccia *f.* knapsack, haversack; (*della sella*) saddlebag.
bisav(ol)a *f.* great-grandmother.
bisav(ol)o *m.* great-grandfather.
bisbetica *f.* shrew.
bisbetico *a.* peevish, cantankerous, crabbed: *carattere* ~ peevish character; (*rif. a donna*) shrewish, waspish.
bisbigliare **I** *v.i.* **1** to whisper. **2** (*fig.*) (*sparlare*) to gossip. **II** *v.t.* to whisper.
bisbiglio[1] *m.* whisper, murmur.
bisbiglio[2] *m.* whispering, murmuring.
bisboccia *f.* revelry, feasting, (*fam.*) spree. ▭ *fare* ~ to go on a spree.
bisca *f.* gambling-den, gambling-house, (*am.*) gaming-house; (*am.*) casino.
biscazziere *m.* **1** (*gestore di bische*) owner (*o* manager) of a gambling-den. **2** (*frequentatore di bische*) gambler; (*am.*) casino owner.
bischero *m.* **1** (*Mus.*) peg of a stringed instrument. **2** (*volg.*) prick.
biscia *f.* (*Zool.*) grass snake, nonpoisonous snake.
biscottare *v.t.* to toast.
biscottato *a.* toasted: *fette biscottate* rusks.
biscottiera *f.* biscuit-tin.
biscotto *m.* **1** biscuit, (*am.*) cookie. **2** (*di ceramica*) biscuit, bisque. ▭ *biscotti da tè* tea-cakes.
biscroma *f.* (*Mus.*) demisemiquaver.

bisessuale *a.* bisexual.
bisestile *a.* bissextile. □ *anno* ~ leap year.
bisettimanale *a.* twice-weekly, (*am.*) semi-weekly.
bisillabo **I** *a.* bisyllabic. **II** *s.m.* bisyllable.
bislacco *a.* outlandish, odd, eccentric. □ *un uomo* ~ a weird man.
bismuto *m.* (*Chim.*) bismuth.
bisnipote *m./f.* **1** (*di nonno*) great-grandchild (*pl.* –grandchildren), great-grandson (*f.* –granddaughter). **2** (*di zio*) great nephew (*f.* niece).
bisnonna *f.* great-grandmother.
bisnonno *m.* great-grandfather.
bisognare **I** *v.i.* (*essere necessario*) to need (costr. pers.), to require (costr. pers.): *ti bisognano altri documenti?* do you need any other documents? **II** *v.i. impers.* **1** (*essere necessario*) to be necessary (costr. impers.), must (costr. pers.), to have to (costr. pers.): *bisogna che tu lavori di più* you must (*o* need to) work harder. **2** (*convenire*) should, ought to: *non bisogna essere troppo timorosi* one should not be too timid. **3** ought to, should: *bisognava sentirlo* you should have heard him.
bisogno *m.* **1** (*necessità*) need. **2** (*mancanza*) lack: ~ *di soldi* lack of money. **3** *pl.* (*quanto occorre, esigenze*) requirements *pl.*, needs *pl.*, necessities *pl.* **4** (*stimolo, desiderio*) need, desire. **5** (*povertà, ristrettezza*) need, poverty. □ **al** (o *a*) ~ in case of need, if necessary; **avere** ~ *di qc.* to need s.th.: *hai* ~ *di nulla?* is there anything you need?; *in* **caso** *di* ~ in case of need, if necessary; **esserci** ~ to be needed (*o* necessary); **ho** ~ *di parlarti subito* I must speak to you at once; **nel** ~ in need; **provare** (o *sentire*) *il* ~ to feel the need.
bisognoso **I** *a.* **1** in need, needing: ~ *di affetto* needing affection. **2** (*povero*) needy, poor. **II** *s.m.* poor person; *pl.* the poor (costr. pl.), the needy (costr. pl.).
bisonte *m.* (*Zool.*) bison.
bissare *v.t.* (*Teat.*) to give* an encore.
bistecca *f.* steak: ~ *ai ferri* grilled steak; ~ *alla fiorentina* T-bone steak.
bistecchiera *f.* griddle; (*am.*) broiler.
bisticciare *v.i.* **bisticciarsi** *v.i.pron.* to quarrel, to wrangle.
bisticcio *m.* **1** (*litigio*) quarrel, squabble; (*tra innamorati*) tiff. **2** (*gioco di parole*) pun, play on words.
bistrattare *v.t.* to mistreat, to ill-treat.
bistro *m.* **1** (*Pitt.*) bistre. **2** (*Cosmetica*) eye make-up, eye-shadow.
bisturi *m.* (*Chir.*) scalpel, lancet.
bisunto *a.* greasy. □ (*pop.*) *unto e* ~ filthy.
bitorzolo *m.* lump, swelling.
bitorzoluto *a.* warty; lumpy.
bitta *f.* (*Mar.*) bollard, bitt.
bitume *m.* **1** bitumen. **2** (*Mar.*) pitch.
bivaccare *v.i.* **1** to bivouac. **2** (*scherz.*) to camp.
bivacco *m.* bivouac.
bivalente *a.* bivalent (*anche Chim.*).
bivalve *a.* (*Zool.*) bivalve(d).
bivio *m.* **1** junction, crossroads *pl.* (*costr. sing. o pl.*). **2** (*fig.*) dilemma, crossroads *pl.* (*costr. sing. o pl.*).
bizantino *a.* Byzantine: *pittura bizantina* Byzantine painting.
bizza *f.* caprice, whim; (*dei bambini*) naughtiness, tantrum. □ *fare le bizze* to be wayward.
bizzarria *f.* oddity, freak; eccentricity; (*parole bizzarre*) strange words *pl.*, curious remarks *pl.*
bizzarro *a.* bizarre, peculiar, odd: *idee bizzarre* odd ideas.
bizzeffe *f.*: *a* ~ galore: *avere denaro a* ~ to have money galore.
bizzoso *a.* **1** (*capriccioso*) capricious, spoilt; (*di bambino*) naughty. **2** (*irascibile*) irritable.
Bk = (*Chim.*) *berkelio* berkelium.
blandire *v.t.* (*lett.*) **1** (*lusingare*) to blandish, to flatter. **2** (*lenire*) to soothe.
blando *a.* **1** mild, gentle: *maniere blande* mild (*o* gentle) manners; *rimprovero* ~ gentle rebuke. **2** (*rif. alla luce*) gentle, soft. **3** (*rif. a medicinali*) bland.
blasfemo **I** *a.* blasphemous. **II** *s.m.* blasphemer.
blasonato *a.* blazoned, titled. □ *gente blasonata* titled people, the gentry *pl.*
blasone *m.* **1** coat of arms. **2** (*Araldica*) blazon.
blaterare *v.i.* to chatter, to prattle, to blab.
blatta *f.* (*Zool.*) cockroach.
bleso *a.* lisping: *essere* ~ to have a lisp.
blindare *v.t.* to armour.
blindato *a.* armoured, armourplated. □ **auto** *blindata* armoured car; **carro** ~ tank.
bloccaggio *m.* **1** (*Mecc.*) locking, clamping. **2** (*nella boxe*) blocking; (*nel rugby*) tackle.
bloccare *v.t.* **1** to blockade: ~ *il porto* to blockade the port; (*rif. alla polizia*) to block. **2** (*rif. a movimento*) to stop: ~ *la macchina* to stop the car. **3** (*isolare*) to isolate, to cut* off: *la frana bloccò il paese* the slide cut off the village. **4** (*Econ.*) to freeze*, to block. **5** (*Sport*) to stop, to block. **bloccarsi** *v.i.pron.* (*Mecc.*) to jam, to stick*; (*rif. a ruota*) to lock. □ ~ *gli* **affitti** to peg (*o* control) rents; ~ *un* **assegno** to stop a cheque; ~ *i* **freni** to jam on the brakes; ~ *i* **licenziamenti** to halt dismissals.
bloccasterzo *m.* (*Aut.*) steering lock.
blocco[1] *m.* **1** block: *un* ~ *di ghiaccio* a block of ice. **2** (*Pol.*) bloc: *il* ~ *delle sinistre* the left-wing bloc. □ (*Comm.*) *vendere in* ~ to sell in bulk.
blocco[2] *m.* **1** (*atto o effetto del bloccare*) block: ~ *stradale* road block. **2** (*Mil.*) block -ade. **3** (*Med., Psic.*) block: ~ *cardiaco* heart-block. **4** (*Econ.*) block, control, freeze. □ ~ *dei* **fitti** rent control; ~ *dei* **prezzi** price control; ~ *dei* **salari** wage freeze.

blocco[3] *m.* (*fogli di carta*) pad: *un* ~ *di carta da lettere* a writing-pad.
blu *a./s.m.* blue: ~ *marina* navy blue.
bluastro *a.* bluish.
bluff *m.* bluff.
bluffare *v.i.* to bluff.
blusa *f.* **1** (*camicetta da donna*) blouse. **2** (*camiciotto da lavoro*) smock.
boa[1] *m.* **1** (*Zool.*) boa (constrictor). **2** (*Vest.*) boa.
boa[2] *f.* (*Mar.*) buoy.
boato *m.* rumble, roar.
bob *m.* (*Sport*) bobsleigh.
bobina *f.* **1** (*rocchetto*) reel, spool, bobbin. **2** (*El.*) coil. **3** (*Fot., Cin.*) spool; (*rotolo di pellicola*) reel. **4** (*Tessitura*) (*spola vuota*) bobbin, reel; (*filato avvolto*) cop.
bocca *f.* **1** (*Anat.*) mouth (*anche estens.*). **2** (*apertura, orifizio*) mouth, opening; (*rif. a cannoni, fucili*) muzzle. **3** (*Geog.*) (*foce*) mouth; (*stretto*) strait: *le bocche di Bonifacio* the straits of Bonifacio. **4** (*labbra*) lips: *il suo nome è sulla* ~ *di tutti* his name is on everyone's lips. □ *lasciare la* ~ **amara** to leave a bitter taste in s.o.'s mouth; (*fig.*) *restare a* ~ **aperta** to be dumbfounded; *restare a* ~ **asciutta** to go hungry (*o* without food); (*fig.*) to come away empty-handed; *essere di* ~ **buona** to be a hearty eater; *avere la* ~ **cattiva** to have a nasty taste in one's mouth; (*fig.*) **chiudere** *la* ~ *a qd.* to shut s.o. up; (*Bot.*) ~ *di* **leone** snapdragon; *in* ~ *al* **lupo** good luck; (*fig.*) **mettere** ~ *in qc.* to chip in on s.th.; *prendere una* **medicina** *per* ~ to take a medicine orally; *a* **mezza** ~ (*non chiaramente*) hinting; (*fig.*) (*con reticenza*) reluctantly, reticently; *a* ~ **piena** with one's mouth full; ~ *dello* **stomaco** pit of the stomach; *essere la* ~ *della* **verità** to be the soul of truth.
boccaccesco *a.* **1** (*Lett.*) in the style of Boccaccio. **2** (*fig.*) licentious, ribald.
boccaccia *f.* (*smorfia*) grimace.
boccaglio *m.* **1** (*Mecc.*) nozzle. **2** (*di respiratore*) mouthpiece.
boccale *m.* jug, mug, tankard: ~ *da birra* beer tankard; ~ *da vino* wine jug; *un* ~ *di vino* a jugful of wine.
boccaporto *m.* (*Mar.*) hatch(way).
boccascena *f.* (*Teat.*) proscenium.
boccata *f.* **1** mouthful. **2** (*rif. a sigarette e sim.*) puff. □ *prendere una* ~ *d'aria* to take a breath of (fresh) air.
boccetta *f.* **1** small bottle. **2** (*Sport*) jack.
boccheggiare *v.i.* to gasp, to pant.
bocchetta *f.* **1** (*apertura*) small opening (*o* aperture); nozzle. **2** (*Mecc.*) mouth. **3** (*Mus.*) mouthpiece.
bocchettone *m.* **1** (*Mecc.*) (pipe) union. **2** (*di serbatoio*) filler.
bocchino *m.* **1** (*per sigarette*) cigarette-holder; (*per sigari*) cigar-holder. **2** (*Mus.*) mouthpiece. □ ~ *della* **pipa** pipe mouthpiece; ~ *della* **sigaretta** cigarette filter.
boccia *f.* **1** (*recipiente*) decanter, carafe, jar. **2** *pl.* (*gioco*) bowls *pl.* **3** (*scherz.*) (*testa*) head, (*fam.*) nut.
bocciare *v.t.* **1** (*respingere*) to reject, to turn down. **2** (*Scol.*) to fail, (*fam.*) to flunk: ~*qd. in latino* to fail s.o. in Latin. **3** (*nel gioco delle bocce*) to scatter (the opponent's bowl).
bocciatura *f.* (*Scol.*) failure.
boccino *m.* jack (ball).
boccio *m.* bud: *in* ~ in bud.
bocciofilo I *a.* bowling, bowls-. **II** *m.* bowling fan.
bocciolo *m.* (*Bot.*) bud: ~ *di rosa* rosebud.
boccolo *m.* curl, ringlet.
bocconcino *m.* **1** morsel. **2** (*cibo prelibato*) titbit, dainty morsel.
boccone *m.* **1** mouthful: *un* ~ *di formaggio* a mouthful of cheese. **2** (*piccola quantità di cibo*) bite, morsel, bit. □ ~ **amaro** bitter pill; *parlare con il* ~ *in* **bocca** to speak with one's mouth full; (*fig.*) *con il* ~ *in* **bocca** having just finished eating; *un* **buon** ~ a titbit; **fra** *un* ~ *e l'altro* while eating; **in** *un* ~ in one (*o* a single) mouthful; **mangiare** *un* ~ to have a bite.
bocconi *avv.* prone, face downwards: *dormire* ~ to sleep face downards.
boemo *a./s.m.* Bohemian.
boero[1] *a./s.m.* Boer.
boero[2] *m.* (*cioccolatino*) chocolate-coated liqueur cherry.
bofonchiare *v.i.* to grumble.
Bogotà *N.pr.f.* (*Geog.*) Bogotà.
bohémien *fr.* [boe'miɛ] *a./s.m.* bohemian.
boia *m.* executioner, hangman (*pl.* –men). □ (*volg.*) *mondo* ~ rotten world.
boiata *f.* **1** (*azione indegna*) nasty trick. **2** (*pop.*) (*cosa mal fatta*) rubbish.
boicottaggio *m.* boycott(ing).
boicottare *v.t.* **1** to boycott. **2** (*fig.*) (*ostacolare*) to hinder.
bolgia *f.* **1** (*dell'inferno dantesco*) pit (in Dante's Inferno). **2** (*fig.*) (*confusione*) bedlam.
bolide *m.* **1** (*Astr.*) bolide. **2** (*fig.*) (*rif. ad automobili*) fast car, racing car. □ *passare come un* ~ to flash past.
Bolivia *N.pr.f.* (*Geog.*) Bolivia.
boliviano *a./s.m.* Bolivian.
bolla[1] *f.* **1** bubble. **2** (*Med., Met.*) blister. □ ~ *d'***aria** air bubble; (*Met.*) blister; ~ *di* **sapone** soap-bubble: *fare le bolle di sapone* to blow soap-bubbles.
bolla[2] *f.* **1** (*documento*) bull. **2** (*Comm.*) bill, note: ~ *di consegna* bill of parcel.
bollare *v.t.* **1** to seal, to stamp: ~ *una lettera* to stamp a letter. **2** (*con marchio a fuoco*) to brand.
bollato *a.* **1** stamped, sealed. **2** (*con marchio a fuoco*) branded (*anche fig.*): *bestiame* ~ branded cattle. □ *carta bollata* stamped paper.
bollente *a.* **1** boiling: *olio* ~ boiling oil. **2** (*fig.*) fiery.

bolletta *f.* bill; receipt, list. ▭ (*fam.*) **in** ~ broke (*o* hard up): *essere* (o *trovarsi*) *in* ~ to be broke; ~ *della* **luce** light (*o* electricity) bill.
bollettario *m.* counterfoil-book.
bollettino *m.* **1** bulletin. **2** (*pubblicazione periodica*) gazette. **3** (*bolletta*) note, list.
bollire I *v.i.* **1** to boil: *l'acqua bolle* the water is boiling. **2** (*sentire un gran caldo*) to be boiling (*o* roasting). **3** (*fig.*) (*fremere*) to seethe: ~ *di sdegno* to seethe with indignation. **II** *v.t.* (*far bollire*) to boil, to bring* to the boil. ▭ (*fig.*) *qc. bolle in pentola* s.th. is brewing.
bollito I *a.* boiled. **II** *s.m.* boiled (*o* poached) meat.
bollitore *m.* kettle, boiler. ▭ ~ *d'acqua* (*nel bagno, in cucina*) heater.
bollitura *f.* boiling.
bollo *m.* **1** (*marchio*) seal, stamp. **2** (*francobollo*) (postage) stamp. ▭ **annullare** *il* ~ to cancel the stamp; (*Aut.*) ~ *di* **circolazione** road tax; **marca** *da* ~ revenue stamp.
bollore *m.* **1** boil, boiling (point). **2** (*fig.*) (*ardore*) heat, ardour, fervour.
bolo *m.* (*Med.*) bolus.
bolscevico *a./s.m.* Bolshevik.
boma *f.* (*Mar.*) boom.
bomba *f.* **1** bomb. **2** (*Gastr.*) doughnut. **3** (*Sport*) (*sostanza eccitante*) dope. **4** (*fig.*) (*notizia sensazionale*) bombshell; (*Giorn.*) scoop. ▭ ~ **anticarro** anti-tank grenade; ~ **atomica** atom(ic) bomb, A-bomb; (*Med.*) ~ *al* **cobalto** cobalt bomb; ~ **H** H bomb; ~ *a* **mano** hand grenade; ~ *a* **orologeria** time bomb.
bombardamento *m.* **1** bombardment, bombing. **2** (*Aer.*) bombing, air raid. **3** (*Fis.*) bombardment. **4** (*fig.*) hail, storm.
bombardare *v.t.* **1** to shell, to bombard. **2** (*Aer.*) to bomb. **3** (*Fis.*) to bombard. **4** (*fig.*) to bombard: *lo hanno bombardato di domande* he was bombarded with questions.
bombardiere *m.* **1** (*aereo*) bomber. **2** (*pilota*) bomber pilot.
bombetta *f.* bowler (hat), (*am.*) derby.
bombola *f.* **1** (*per gas compressi*) cylinder, bomb, bottle. **2** (*per nebulizzazione*) aerosol (bomb). ▭ ~ *di* **gas** *liquido* liquid gas cylinder; ~ *di* **ossigeno** oxygen bottle.
bomboletta *f.* aerosol can, canister.
bomboniera *f.* (*degli sposi*) wedding keepsake; (*porta dolci*) sweet dish, bonbonnière, (*am.*) candy dish.
bompresso *m.* (*Mar.*) bowsprit.
bonaccia *f.* **1** (dead) calm. **2** (*fig.*) peace, calm. ▭ *il mare è in* ~ the sea is smooth.
bonaccione I *a.* good-natured, easy-going. **II** *s.m.* good-natured person.
bonario *a.* good-natured, genial.
bonifica *f.* **1** (*azione*) reclaiming; (*effetto*) reclamation. **2** (*zona bonificata*) reclaimed land.
bonificare *v.t.* **1** to reclaim; to improve, to drain: ~ *una palude* to drain a marsh. **2** (*Mil.*) (*degassificare*) to decontaminate; (*da mine*) to clear of mines. **3** (*Econ.*) to reduce by, to allow a discount of.
bonifico *m.* **1** (*Comm.*) discount, allowance. **2** (*Econ.*) reduction, rebate. ▭ ~ *bancario* credit transfer.
bontà *f.* **1** goodness. **2** (*gentilezza d'animo*) kindness. **3** (*rif. a cose: qualità eccellente*) quality, excellence: *la* ~ *del cibo* the excellence of food. **4** (*rif. a clima: salubrità*) healthiness. ▭ *è una* ~*!* it's delicious!
bontempone → **buontempone.**
bonzo *m.* bonze.
borbonico I *a.* (*Stor.*) Bourbon. **II** *s.m.* Bourbonist.
borbottare *v.t./i.* to grumble, to mutter; to mumble.
borbottio *m.* **1** (*brontolio*) grumbling, muttering. **2** (*parole indistinte*) mumbling, muttering.
borchia *f.* **1** stud, knob. **2** (*chiodo da tappezziere*) upholsterer's nail.
bordare *v.t.* **1** to hem, to edge, to border: ~ *una tenda* to hem a curtain. **2** (*delimitare, cingere*) to border, to rim. **3** (*Mar.*) (*rif. a vele*) to spread* (sails).
bordata *f.* (*Mar.*) **1** (*percorso*) tack. **2** (*fuoco di fiancata*) broadside.
bordatura *f.* **1** (*orlatura*) border, hem, edge, rim. **2** (*Mecc.*) (*di scatola di latta*) flange.
bordeggiare *v.i.* (*Mar.*) to tack.
bordello *m.* **1** brothel. **2** (*fig.*) (*disordine*) mess; (*rumore*) shindy.
bordo[1] *m.* (*Mar.*) ship's side, board. ▭ (*Mar., Aer.*) **a** ~ aboard, on board: *salire a* ~ to board, to go aboard; *d'***alto** ~: 1 (*Mar.*) tall (-sided): *nave d'alto* ~ tall-sided ship; 2 (*fig.*) (*altolocato*) highly-placed, important; (*Mar.*) **di** ~ ship's: *giornale di* ~ ship's log.
bordo[2] *m.* **1** edge. **2** (*orlo di recipiente*) rim, edge. **3** (*orlatura di stoffe*) hem. **4** (*striscia di guarnizione*) border, edging.
bordone *m.* pilgrim's staff.
bordura *f.* **1** border, hem, edge. **2** (*striscia di guarnizione*) edging.
boreale *a.* boreal, northerly.
borgata *f.* **1** (*villaggio*) village. **2** (*quartiere periferico*) suburb. **3** (*in città*) district.
borghese I *a.* **1** middle-class: *una famiglia* ~ a middle-class family. **2** (*spreg.*) bourgeois: *mentalità* ~ bourgeois outlook on life. **3** (*civile*) civilian: *abito* ~ civilian dress, (*fam.*) civvies *pl.* **II** *s.m./f.* **1** middle-class person. **2** (*spreg.*) bourgeois. **3** (*chi non porta uniforme militare*) civilian.
borghesia *f.* middle classes *pl*, bourgeoisie.
borgo *m.* **1** (*villaggio*) village. **2** (*sobborgo*) suburb.
borgomastro *m.* burgomaster.
boria *f.* arrogance, (self-)conceit.
boriarsi *v.r.* to boast, to puff o.s. up.
borico *a.* (*Chim.*) boric.
borioso *a.* haughty, conceited.

boro *m.* (*Chim.*) boron.
borotalco *m.* talcum powder.
borraccia *f.* water-bottle, flask.
borragine *f.* (*Bot.*) borage.
borsa[1] *f.* **1** bag, purse; (*borsetta*) handbag. **2** (*busta per documenti*) brief-case. **3** (*fig.*) (*denaro*) money: *o la ~ o la vita* your money or your life. **4** (*Anat.*) bursa: *~ sinoviale* synovial bursa. □ *~ dell'***acqua** *calda* hot -water-bottle; (*fig.*) **di** *~ propria* out of one's own pocket; *~ per* **ghiaccio** ice pack; *avere le borse sotto gli* **occhi** to have bags under one's eyes; *~ di* **studio** scholarship, grant.
borsa[2] *f.* (*Econ.*) stock-exchange, bourse, (*am.*) stock-market: *la ~ di Parigi* the Paris bourse. □ **affari** *di ~* stock-exchange business; **agente** *di ~* stockbroker; **chiusura** *di* (o *della*) *~* close of business on the exchange; **giocare** *in ~* to speculate on the stock-exchange, (*am.*) to play the stock-market; **listino** *di ~* stock-list; **operazione** *di ~* exchange transaction.
borsaiolo *m.* pickpocket, purse-snatcher.
borsanera *f.* black market.
borseggiare *v.t.* to pick (s.o.'s) pockets.
borseggiatore *m.* pickpocket.
borseggio *m.* pocket-picking, pickpocketing.
borsellino *m.* purse.
borsetta *f.* handbag.
borsista *m./f.* scholarship holder (*o* fellow).
borsistico *a.* (*Econ.*) stock-exchange-, exchange-.
boscaglia *f.* undergrowth; (*am.*) backwoods.
boscaiolo *m.* woodsman (*pl.* –men), woodcutter.
boschetto *m.* thicket, grove.
boschivo *a.* woodland-, forest-.
bosco *m.* **1** wood(s). **2** (*fig.*) forest, thatch. □ *essere uccello di ~* to disappear into the blue.
boscoso *a.* wooded, woodland-.
bosso *m.* (*Bot.*) box.
bossolo *m.* (*di proiettili*) case, shell case: *~ di cartuccia* cartridge case.
BOT = *Buono Ordinario del Tesoro* Ordinary Treasury Bond.
botanica *f.* botany.
botanico **I** *a.* botanical: *giardino* (o *orto*) *~* botanical garden. **II** *s.m.* botanist.
botola *f.* trap-door (*anche Teat.*).
botta *f.* **1** (*percossa*) blow; (*con le mani*) punch. **2** (*colpo da urto*) bump, knock. **3** (*pop.*) (*livido*) bruise. **4** (*rumore di cosa che urta*) crash. **5** (*sulle automobili*) dent: *una ~ sul paraurti* a dent on the fender. **6** (*fig.*) (*grave danno*) blow, shock. □ (*fig.*) *a ~* **calda** on the spur of the moment; **dare** *botte a qd.* to hit s.o.; **fare** *a botte* to come to blows; *botte da* **orbi** free-for-all: *dare botte da orbi* to have a free-for-all; *~ e* **risposta** tit for tat, quick repartee.
botte *f.* **1** cask, barrel. **2** (*contenuto*) cask, barrel(ful). **3** (*Caccia*) hide. □ (*fig.*) *essere in una ~ di ferro* to be safe on all sides.
bottega *f.* **1** (*dove si vende*) shop, store. **2** (*dove si lavora*) workshop. □ **aprire** *~* to open shop; **chiudere** *~* to shut up shop; **ragazzo** *di ~* apprentice.
bottegaio *m.* shopkeeper, (*am.*) storekeeper.
botteghino *m.* **1** (*biglietteria*) ticket-office; (*Teat.*) box-office. **2** (*del lotto*) betting office.
bottiglia *f.* **1** bottle. **2** (*poppatoio*) (baby's) bottle. □ *in ~* bottled: *vino in ~* bottled wine.
bottiglieria *f.* wine-shop.
bottino *m.* **1** booty, spoils *pl.* **2** (*refurtiva*) loot, haul.
botto *m.* **1** (*botta, colpo*) blow. **2** (*detonazione*) shot, crack. **3** (*rumore di cosa che urta*) crash. **4** *pl.* (*region.*) (*fuochi d'artificio*) fireworks *pl.* □ *di ~* suddenly, all at once.
bottone *m.* **1** button. **2** (*pulsante*) button. □ **attaccare** *un ~ a qd.* (*fig.*) to buttonhole s.o.; *~* **automatico** press-stud.
bottoniera *f.* **1** (row of) buttons. **2** (*pannello con pulsanti*) control panel.
botulismo *m.* (*Med.*) botulism.
bovaro *m.* cowherd, cowman (*pl.* –men).
bovino **I** *a.* cattle-, bovine. **II** *s.m.* **1** ox. **2** *pl.* cartle *pl.*
box *m.* **1** (*di sale da esposizione*) stand. **2** (*di scuderia*) stall. **3** (*di autorimessa*) lock-up, garage carport. **4** (*posto di rifornimento dei concorrenti di corse*) pit. **5** (*recinto per bambini*) playpen. **6** (*per cavalli*) stall.
boxe *fr.* [bɔks] *f.* (*pugilato*) boxing.
bozza *f.* **1** (*Arch.*) (*bugna*) ashlar. **2** (*bernoccolo*) bump, swelling. **3** (*Tip.*) proof. **4** (*rif. a contratto, lettera e sim.*) draft; (*brutta copia*) rough copy.
bozzettista *m./f.* **1** (*Lett.*) sketch-writer. **2** (*Arte*) designer.
bozzetto *m.* sketch; model design.
bozzolo *m.* **1** (*Zool.*) cocoon. **2** (*nodo*) knot. **3** (*grumo di farina*) lump.
Br = (*Chim.*) *bromo* bromine.
braca *f.* **1** *pl.* (*fam.*) (*pantaloni*) trousers *pl.*, breeches *pl.* **2** (*cavo per imbrigliare carichi*) sling.
braccare *v.t.* to hound, to hunt (*anche fig.*).
braccetto *m.*: *a ~* arm in arm; *camminare a ~* to walk arm in arm.
bracciale *m.* **1** (*braccialetto*) bracelet, armlet. **2** (*distintivo che si porta al braccio*) armband.
braccialetto *m.* bracelet; (*rigido*) bangle.
bracciante *m./f.* (day-)labourer. □ *~ agricolo* farm hand.
bracciata *f.* **1** armful: *una ~ d'erba* an armful of grass. **2** (*nel nuoto*) stroke.
braccio *m.* **1** arm: *il ~ sinistro* the left arm. **2** *pl.* (*fig.*) (*lavoratori, braccianti*) hands *pl.* **3** (*unità di misura*) ell; (*Mar.*) (*fathom*) fathom. **4** (*Arch.*) (*ala di edificio*) wing. **5** (*Fis.*) lever arm. **6** (*Mecc.*) arm. □ (*fig.*) *sentirsi* **cascare** *le braccia* to feel one's heart sink; *portare il ~ al* **collo** to have one's

arm in a sling; *stare a braccia* **conserte** to stand with folded arms; (*fig.*) *essere il* ~ **destro** *di qd.* to be s.o.'s right hand; ~ *di* **fiume** arm of a river; *gettarsi* **fra** *le braccia di qd.* to throw o.s. into s.o.'s arms; (*Mecc.*) ~ *di* **gru** crane jib; *prendere* **in** ~ *qd.* to pick s.o. up; (*Mecc.*) ~ *di* **leva** lever arm; ~ *di* **mare** sound, strait; *prendere qd.* **per** *un* ~ to take s.o. by the arm; ~ *di* **terra** promontory; *a braccia* **tese** with outstretched arms.

bracciolo *m.* arm(rest).

bracconaggio *m.* poaching.

bracconiere *m.* poacher.

brace *f.* embers *pl.* □ (*Gastr.*) **alla** ~ cooked over charcoal, barbecued: *bistecca alla* ~ barbecued steak; **di** ~ glowing.

braciere *m.* brazier; charcoal burner.

braciola *f.* (*Gastr.*) chop.

bradisismo *m.* (*Geol.*) bradyseism.

brado *a.* wild, untamed. □ *cavallo* ~ unbroken horse.

brahmanesimo *m.* (*Rel.*) Brahmanism.

brama *f.* yearning, desire, longing.

bramare *v.t.* to desire, to yearn (*o* long) for.

bramire *v.t.* to roar, to bellow; (*rif. a cervo*) to bell.

bramito *m.* roar, bellow; (*rif. a cervo*) bell.

bramosia *f.* longing, yearning, desire.

bramoso *a.* longing, yearning, greedy.

branca *f.* **1** branch: *una* ~ *della chimica* a branch of chemistry. **2** (*di strumenti*) jaw: *le branche delle tenaglie* the jaws of the pincers.

branchia *f.* (*Zool.*) gill.

branco *m.* **1** (*di pecore e uccelli*) flock; (*mandria*) herd; (*di lupi*) pack; (*di pesci*) shoal, (*am.*) school. **2** (*fig.*) (*banda*) gang.

brancolare *v.i.* to grope (*anche fig.*); (*nel buio*) to feel* one's way.

branda *f.* **1** (*letto pieghevole*) camp (*o* folding) bed, cot. **2** (*Mar.*) (*amaca*) hammock.

brandello *m.* shred, scrap, piece; (*pezzo strappato*) strip: *un* ~ *di carne* a scrap of meat. □ *a brandelli* in shreds, in rags.

brandire *v.t.* **1** (*impugnare*) to brandish. **2** (*estens.*) (*afferrare*) to seize.

brano *m.* **1** piece, shred, scrap, strip. **2** (*fig.*) passage: *leggere un* ~ *di Manzoni* to read a passage from Manzoni. □ ~ *musicale* musical excerpt.

brasare *v.t.* (*Gastr.*) to braise.

brasato *m.* (*Gastr.*) pot-roast.

Brasile *N.pr.m.* (*Geog.*) Brazil.

Brasilia *N.pr.f.* (*Geog.*) Brazilia.

brasiliano *a./s.m.* Brazilian.

brattea *f.* (*Bot.*) bract.

bravata *f.* **1** (*azione rischiosa*) act of bravado. **2** (*millanteria*) boasting, bragging.

bravo I *a.* **1** (*abile, intelligente*) clever, bright; (*esperto*) skilful, experienced: *una brava cuoca* an experienced cook. **2** good, nice: *sono brave persone* they are nice people. **3** (*meritevole*) splendid, praiseworthy: *è una brava ragazza* she is a splendid girl. **4** (*esclam.*) well done: ~ *hai preso un bel voto* well done, you've got a good mark; (*a teatro*) bravo. **II** *s.m.* (*Stor.*) bravo. □ *essere* ~ *in qc.* to be good at s.th.: *è* ~ *in matematica* he is good at maths.

bravura *f.* **1** (*abilità*) cleverness, skill, capability. **2** (*valore*) bravery, valour.

breccia[1] *f.* breach. □ *morire sulla* ~ to die in harness.

breccia[2] *f.* **1** (*roccia*) breccia. **2** (*pietrisco*) road metal.

brefotrofio *m.* foundling hospital.

Bretagna *N.pr.f.* (*Geog.*) Brittany.

bretella *f.* **1** braces *pl.*, (*am.*) suspender. **2** (*di biancheria femminile*) shoulder-strap. **3** (*di autostrada*) link-up motorway.

brev. = *brevetto* patent.

breve[1] **I** *a.* short, brief: *un periodo* ~ a brief period; ~ *tragitto* short journey. **II** *s.f.* **1** (*Metrica*) short syllable. **2** (*Mus.*) breve. □ *di* ~ **durata** short(-lived); *per* **essere** ~ to be brief; *per* (*o a*) **farla** ~ to be brief, to cut a long story short; **in** ~ briefly, in short; **tra** ~ shortly, before long.

breve[2] *m.* (*lettera pontificia*) breve, papal brief.

brevettare *v.t.* to patent, to register.

brevetto *m.* **1** patent. **2** (*Aer.*) pilot's licence. □ *Ufficio Brevetti* Patent Office.

breviario *m.* **1** (*Lit.*) breviary. **2** (*compendio, sommario*) compendium, summary.

brevità *f.* **1** brevity, shortness. **2** (*concisione*) concision, conciseness.

brezza *f.* breeze.

bricco *m.* (*recipiente*) pot, jug.

bricconata *f.* dirty trick.

briccone *m.* rogue, knave (*anche scherz.*).

bricconeria *f.* **1** roguery, knavery. **2** (*azione*) piece of roguery, trick.

briciola *f.* **1** (*di pane*) crumb. **2** (*pezzettino*) crumb, morsel, bit.

briciolo *m.* (*fig.*) bit, scrap, grain. □ *non hai un* ~ *di buon senso* you haven't got a scrap of common sense.

briga *f.* **1** trouble, care, (*fam.*) pickle. **2** (*lite*) quarrel. □ **attaccar** ~ to pick (*o* start) a quarrel; **darsi** *la* ~ *di fare qc.* to take the trouble to do s.th.

brigadiere *m.* (*Mil.*) sergeant.

brigantaggio *m.* **1** brigandage. **2** (*collett.*) brigands: *combattere il* ~ to fight the brigands; *atti di* ~ robberies.

brigante *m.* **1** brigand, bandit, highwayman (*pl.* –men). **2** (*malvivente, tipaccio*) scoundrel, rogue, rascal.

brigare *v.t.* to intrigue.

brigata *f.* **1** (*comitiva*) company, party, crowd: *un'allegra* ~ a merry crowd. **2** (*Mil.*) brigade. □ (*Mil.*) ~ **aerea** wing; **generale** *di* ~ brigadier, (*am.*) brigadier general.

Brigida *N.pr.f.* Bridget.

briglia *f.* **1** bridle; (*redine*) reins *pl.* **2** (*Idr.*) sill. **3** *pl.* (*per bambini*) leading strings *pl.* □

dar *la* ~ *al cavallo* to let a horse have its head; *a* ~ **sciolta** at full gallop, (*fig.*) hell-for-leather, at full speed.
brillamento *m.* **1** (*di mine*) blasting. **2** (*Astr.*) flare.
brillante **I** *a.* glittering, brilliant, sparkling, bright; (*vivace, spiritoso*) vivid, witty. **II** *s.m.* diamond. □ **acqua** ~ tonic water; *una* **carriera** ~ a brilliant career; *una* **commedia** ~ a (light) commedy.
brillantina *f.* brilliantine.
brillare[1] **I** *v.i.* **1** to shine*, to sparkle, to glitter: *le brillano gli occhi* her eyes were shining; (*rif. a stelle*) to twinkle, to shine*. **2** (*fig.*) to shine*: *non brilla nella conversazione* he does not shine in conversation. **3** (*rif. a mine: esplodere*) to blow* up, to blast, to set* off. **II** *v.t.* (*rif. a mine*) to blow* up, to blast.
brillare[2] *v.t.* (*rif. a cereali*) to polish, to husk, to hull.
brillatura *f.* polishing, husking, hulling.
brillo *a.* (*fam.*) tipsy, tight.
brina *f.* hoarfrost.
brinare **I** *v.i.impers.* to frost: *stanotte nei prati è brinato* there was frost in the meadows last night. **II** *v.t.* **1** to frost, to cover with frost: *il freddo ha brinato le rose* the cold has frosted the roses. **2** (*con ghiaccio*) to frost.
brinata *f.* hoarfrost, (white) frost.
brinato *a.* frosted-over, covered with hoarfrost.
brindare *v.t.* to toast (*a qc.* s.th.), to drink* (to), to drink* a toast (to). □ *brindate con noi* join in the toast.
brindisi *m.* toast.
brio *m.* **1** vivacity, liveliness, sprightliness; verve. **2** (*Mus.*) brio. □ *una ragazza piena di* ~ a lively girl, a girl full of pep.
briosità *f.* vivacity, liveliness; (*fam.*) pep.
brioso *a.* lively, spirited, sprightly.
briscola *f.* **1** (*gioco di carte*) briscola. **2** (*carta*) trump.
britannico **I** *a.* British, Britannic. **II** *s.m.* Briton, Britisher.
brivido *m.* **1** shiver; (*di ribrezzo*) shudder. **2** (*sensazione violenta*) thrill: *provare un* ~ *di piacere* to feel a thrill of pleasure. □ **avere** *i brividi della febbre* to shiver with fever; *era* **scossa** *dai brividi* she shuddered.
brizzolato *a.* **1** (*rif. a barba, capelli e sim.*) grizzled, greying: *tempie brizzolate* greying temples. **2** (*rif. a persona*) grey-haired, going grey.
brocca *f.* **1** (*caraffa*) jug, pitcher. **2** (*contenuto*) jug(ful).
broccato *m.* (*tessuto*) brocade.
brocco *m.* (*spreg.*) **1** (*ronzino*) hack, jade. **2** (*fig.*) second-rater.
broccolo *m.* (*Bot.*) bro(c)coli.
brodaglia *f.* (*spreg.*) dishwater.
brodo *m.* (*Gastr.*) broth; stock; soup: *tagliatelle in* ~ noodle soup. □ ~ *di* **carne** meat stock (*o* broth); (*Biol.*) ~ *di* **coltura** culture medium (*o* broth); (*fam.*) *lasciar* **cuocere** *qd. nel proprio* ~ to let s.o. stew in his own juice; ~ **lungo** thin (*o* weak) broth; ~ **ristretto** consommé.
brodoso *a.* watery, thin.
brogliaccio *m.* note-book, note pad.
broglio *m.* intrigue, rigging: ~ *elettorale* rigging of the election, (*am.*) gerry mandering.
bromo *m.* (*Chim.*) bromine.
bromuro *m.* (*Chim.*) bromide.
bronchiale *a.* bronchial.
bronchite *f.* (*Med.*) bronchitis.
broncio *m.* pout, sulky expression. □ **fare** *il* ~ to sulk; (*pop.*) **tenere** *il* ~ to have a grudge against s.o.
bronco *m.* (*Anat.*) bronchus.
brontolare **I** *v.i.* **1** to grumble, to mutter. **2** (*rif. al tuono*) to rumble, to growl. **3** (*rif. all'intestino*) to rumble. **II** *v.t.* to mutter.
brontolio *m.* **1** grumbling, muttering. **2** (*del tuono*) rumbling, growling. **3** (*del ventre*) rumbling.
brontolone *m.* grumbler, (*fam.*) moaner.
bronzeo *a.* bronze.
bronzo *m.* bronze. □ **di** ~ bronze: *statua di* ~ bronze statue; **età** *del* ~ Bronze Age; (*fig.*) **faccia** *di* ~ brazen-faced person.
brossura *f.* paperback (binding).
brucare *v.t.* to graze, to browse.
bruciacchiare *v.t.* to scorch, to singe.
bruciacchiatura *f.* burn, scorch mark.
bruciapelo *avv.*: *a* ~ (*a brevissima distanza*) point-blank, at close range: *sparare a* ~ to shoot point-blank. □ *fare una domanda a* ~ *a qd.* to fire a question on s.o.
bruciare **I** *v.t.* **1** to burn*: ~ *la legna* to burn wood; (*rif. a edifici: distruggere*) to burn* down. **2** (*stirando*) to scorch. **3** (*inaridire: rif. al sole*) to scorch, to parch; (*rif. al gelo*) to sear. **II** *v.i.* **1** (*ardere*) to burn*; (*essere in fiamme*) to be burning (*o* on fire), to blaze: *la casa brucia* the house is burning (*o* on fire). **2** (*scottare*) to be scorching, to be burning, to be very hot: *la tua fronte brucia* your forehead is burning. **3** (*essere infiammato*) to smart, to sting*: *mi bruciano gli occhi* my eyes are smarting; **4** (*fig.*) (*produrre gran dispiacere*) to sting*: *la tua critica mi brucia* your criticism stings me. **bruciarsi** *v.r./i.pron.* **1** (*scottarsi*) to burn* o.s.; (*con un liquido*) to scald (o.s.). **2** (*cuocersi eccessivamente*) to burn*. **3** (*El.*) (*fulminare*) to blow*, to burn* out. □ (*fig.*) *bruciarsi la* **carriera** to jeopardize one's career; (*fig.*) ~ *le* **tappe** to cut corners.
bruciaticcio *m.* **1** (*cosa bruciata*) burnt remains *pl.* **2** (*odore di bruciato*) smell of burning.
bruciato *a.* **1** burnt. **2** (*riarso per il sole*) scorched, parched; (*per il gelo*) seared.
bruciatore *m.* burner: ~ *a gas* gas burner.
bruciatura *f.* burn; (*causata da un liquido*) scald.

bruciore *m.* burning sensation, smart(ing). □ ~ *di stomaco* heartburn.
bruco *m.* (*Zool.*) caterpillar, grub, maggot.
brughiera *f.* heath, moor.
brulicante *a.* swarming (*di* with).
brulicare *v.i.* **1** to swarm, to seethe (*di* with): *lo stadio brulicava di gente* the stadium was swarming with people. **2** (*fig.*) to seethe, to teem.
brulichio *m.* **1** swarming, seething. **2** (*fig.*) seething, teeming.
brullo *a.* bare, barren, bleak: *colline brulle* bleak hills.
bruna *f.* brunette.
brunire *v.t.* (*Met.*) to burnish, to polish.
bruno I *a.* brown, dark: *capelli bruni* dark hair; (*di pelle*) swarthy. **II** *s.m.* (*colore*) brown.
brusca *f.* horse-brush.
brusco I *a.* **1** (*burbero, sgarbato*) rough, abrupt, blunt, curt. **2** (*improvviso*) abrupt, sharp, sudden: *una frenata brusca* a sharp braking. **3** (*di sapore asprigno*) sharp, sour, tart. **II** *s.m.* sourish taste.
bruscolo *m.* speck, mote.
brusio *m.* hum, buzz.
brutale *a.* (*da bruto*) brutish: *istinti brutali* brutish instincts; (*violento*) brutal.
brutalizzare *v.t.* to brutalize.
bruto I *a.* brute-: *forza bruta* brute force; (*violento*) brutal. **II** *s.m.* brute, beast (*anche fig.*).
brutta *f.* (*brutta copia*) rough copy.
bruttezza *f.* ugliness.
brutto I *a.* **1** ugly: *è* ~ *ma simpatico* he is ugly but nice. **2** (*cattivo, spiacevole*) bad, nasty, ugly, mean: *una brutta azione* a bad deed; *una brutta notizia* bad news. **3** (*rif. a tempo: cattivo*) nasty, bad, awful: ~ *tempo* nasty (*o* bad) weather. **4** (*rif. a malattia: grave*) nasty, bad, serious: *ho avuto un* ~ *raffreddore* I have had a bad (*o* nasty) cold. **5** (*rafforzativo*) (*fam.*) rotten; (*volg.*) bloody: ~ *cretino* bloody idiot; *che* ~ *scherzo* what a rotten trick. **II** *avv.* in an ugly way, nastily, badly. **III** *s.m.* **1** (*parte brutta*) bad (*o* nasty) part, worst (part). **2** (*tempo brutto*) bad weather. □ *avere una brutta* **cera** to look off colour; *fare una brutta* **figura** to cut a poor figure; **passarne** *delle brutte* to have a bad time; ~ *come il* **peccato** as ugly as sin; *un* ~ **scherzo** a dirty trick; ~ **segno** bad sign.
bruttura *f.* **1** (*cosa brutta*) ugly thing. **2** (*azione turpe*) ugly deed, low (*o* mean) action. **3** (*cosa sudicia*) filth.
Bruxelles *N.pr.f.* (*Geog.*) Brussels.
BT = *Buono del Tesoro* Treasury Bond.
bubbone *m.* (*Med.*) bubo (*pl.* buboes).
bubbonico *a.* bubonic: *peste bubbonica* bubonic plague.
buca *f.* **1** hole, pit. **2** (*avvallamento*) hollow. □ ~ *del* **biliardo** billiard pocket; ~ *delle* **lettere** letter-box, post-box, (*am.*) mailbox.
bucaneve *m.* (*Bot.*) snowdrop.
bucaniere *m.* (*Stor.*) buccaneer.
bucare I *v.t.* **1** to hole, to bore, to make* (*o* bore) a hole in: ~ *un muro* to make a hole in a wall. **2** (*pungere*) to prick. **II** *v.i.* (*di pneumatici*) to have a puncture (*o* flat tyre): *ho bucato tre volte* I have had three punctures. **bucarsi** *v.r./i.pron.* **1** (*pungersi*) to prick o.s. **2** (*iniettarsi droga*) (*sl.*) to shoot* up. □ ~ *i* **biglietti** to punch tickets; ~ *una* **gomma** to get a puncture.
Bucarest *N.pr.f.* (*Geog.*) Bucharest.
bucato *m.* wash, washing, laundry. □ **di** ~ freshly-laundered; **fare** *il* ~ to do the washing.
bucatura *f.* **1** holing, boring, puncturing. **2** (*buco*) hole. **3** (*di pneumatici*) puncture, flat tyre.
buccia *f.* **1** (*di frutti, di tuberi*) skin, peel, rind; (*di legumi, cereali*) hull, husk, pod, shell: *le bucce dei piselli* pea-pods. **2** (*corteccia*) bark.
bucherellare *v.t.* to riddle.
buco *m.* **1** hole. **2** (*cavità*) cavity, hollow. **3** (*apertura*) opening, aperture. **4** (*fossetta*) dimple. **5** (*pop.*) (*ferita*) hole, cut. □ *in che* ~ *si è* **cacciato?** where on heart has he gone?; (*fig.*) **fare** *un* ~ *nell'acqua* to get nowhere; ~ *della* **serratura** keyhole; (*fig.*) **tappare** *un* ~ (*pagare un debito*) to pay off a debt.
bucolico *a.* bucolic.
Budapest *N.pr.f.* (*Geog.*) Budapest.
Budda *N.pr.m.* (*Rel.*) Buddha.
buddismo *m.* (*Rel.*) Buddhism.
buddista *a./s.m./f.* Buddhist.
budello *m.* **1** bowel, gut. **2** *pl.* (*Anat.*) (*intestino*) bowels *pl.*, entrails *pl.*, guts *pl.* **3** (*fig.*) (*vicolo*) alley.
budino *m.* (*Gastr.*) pudding.
bue *m.* **1** (*Zool.*) ox (*pl.* oxen). **2** (*carne*) beef. **3** (*fig.*) (*uomo ottuso*) blockhead. □ *uova all'occhio di* ~ fried eggs.
Buenos Aires *N.pr.f.* (*Geog.*) Buenos Aires.
bufalo *m.* (*Zool.*) buffalo. □ *pelle di* ~ buff.
bufera *f.* storm (*anche fig.*). □ ~ *di* **neve** snowstorm, blizzard; ~ *di* **vento** gale, windstorm.
buffet *m.* **1** (*armadio per stoviglie*) cupboard; (*credenza*) sideboard. **2** (*caffè ristorante di stazione*) buffet, refreshment room. □ *verrà servito un* ~ *freddo* a buffet lunch will be served.
buffetto *m.* fillip.
buffo[1] *a.* **1** (*divertente*) funny, comical: *una storiella buffa* a funny story. **2** (*strano*) funny, odd, queer. **3** (*Teat.*) comic. □ (*Teat.*) *opera buffa* comic opera, opera buffa.
buffo[2] *m.* (*soffio di vento*) gust, puff.
buffonata *f.* **1** (*azione da buffone*) jest, foolery. **2** (*azione poco seria*) foolishness.
buffone *m.* **1** (*burlone*) jester, joker, buffoon. **2** (*fig.*) clown. □ ~ *di* **corte** court jester

(*o* fool); **fare** *il* ~ to play the fool.
buffonesco *a.* clownish.
buggerare *v.t.* to cheat, to swindle.
bugia[1] *f.* lie; (*infantile*) fib. □ **dire** *una* ~ to tell a lie, to fib; ~ **pietosa** white lie.
bugia[2] *f.* (*candeliere*) candlestick.
bugiardo I *a.* false, deceitful, lying. **II** *s.m.* liar; (*che dice bugie innocenti*) fibber. □ *dare del* ~ *a qd.* to call s.o. a liar.
bugigattolo *m.* **1** (*stanzino angusto*) cubby-hole. **2** (*ripostiglio*) lumberroom, closet.
bugliolo *m.* **1** (*Mar.*) bucket, bail. **2** (*nelle carceri*) commode.
buio I *a.* **1** dark: *una stanza buia* a dark room. **2** (*fig.*) gloomy, sombre: *faccia buia* gloomy face. **II** *s.m.* **1** dark(ness). **2** (*l'imbrunire*) nightfall. □ **al** (o *nel*) ~ in the dark: *stare al* ~ to be in the dark; **farsi** ~ to grow dark; ~ **pesto** pitch darkness (*o* dark).
bulbo *m.* bulb: (*Bot.*) ~ *di tulipano* tulip bulb; (*Anat.*) ~ *oculare* eyeball.
Bulgaria *N.pr.f.* (*Geog.*) Bulgaria.
bulgaro I *a.* Bulgarian. **II** *s.m.* Bulgar(ian).
bulino *m.* (*per incidere metalli*) graving tool, burin; (*per incidere cuoio*) punch.
bullo *m.* (*fam.*) bully; tough guy.
bullone *m.* (screw) bolt.
bum I *intz.* (*onom.*) bang, boom. **II** *s.m.* bang.
buonanotte *f.* goodnight: *dare la* ~ *a qd.* to wish s.o. goodnight.
buonasera *f.* (*di pomeriggio*) good afternoon; (*di sera, incontrandosi*) good evening.
Buona Speranza, Capo di *N.pr.m.* (*Geog.*) Cape of Good Hope.
buoncostume *m.* public morality (*o* decency). □ *squadra del* ~ vice squad.
buongustaio *m.* gourmet.
buongusto *m.* **1** (good) taste: *persona di* ~ person with good taste. **2** (*delicatezza, tatto*) good manners, tact. □ *con* ~ with (good) taste.
buono[1] **I** *a.* **1** good; kind, nice, gentle: *un uomo* ~ a good man; *sia tanto* ~ *da ascoltarmi* be so kind as to listen to me. **2** (*tranquillo, ubbidiente*) well-behaved, quiet: *è un bambino* ~ he is a well behaved child. **3** (*capace, abile*) good, able, skilful, capable: *un buon artigiano* a skilful artisan. **4** (*rif. ad animali*) good, well-behaved. **5** (*rif. al tempo: sereno*) good, fine, fair; (*rif. al clima: salubre*) good, healthy. **6** (*gustoso, gradevole*) good, tasty, delicious. **7** (*commestibile*) fit to eat: *questi funghi non sono buoni* these mushrooms are not fit to eat. **8** (*in buone condizioni*) good: *la strada è buona fino al paese* the road is good as far as the village. **9** (*opportuno, conveniente*) good, suitable: *non è una buona ragione* it isn't a suitable reason. **10** (*vantaggioso*) good, advantageous, profitable: *un buon affare* a bargain (*o* profitable deal). **11** (*in formule di augurio*) good, happy: *buon Natale* happy (*o* merry) Christmas; *buon giorno* good morning (*o* day). **12** (*con valore rafforzativo*) good, full, whole, considerable, (*fam.*) solid: *ti ho atteso due ore buone* I have waited for you two solid hours. **II** *s.m.* **1** (*persona buona*) good person; *pl.* the good. **2** (*parte buona*) good (*o* best) part. □ **alla** *buona* simple, free and easy, casual, plain: *gente alla buona* plain, simple folk; **con** *le buone* in a friendly way; *studierai* **con** *le buone o con le cattive* you shall study by hook or by crook; *buon* **divertimento**! have a good time!; **in** *buona* on good terms, in friendly relations; *Dio ce la* **mandi** *buona* God help us; *di buon* **mattino** early (in the morning); *a buon* **mercato** cheap, inexpensive; ~ *a* **nulla** good-for-nothing; *un buon* **numero** a large (*o* considerable) number; *fare un'***opera** *buona* to do a good deed; ~ *come il* **pane** as good as gold; *essere un* **poco** *di* ~ to be good for nothing; (*iron.*) **questa** *è buona* that is rich like that; *la buona* **tavola** good cooking; **tenere** ~ *qd.* to stall s.o. off; **tenersi** ~ *qd.* to keep on friendly terms with s.o.; *ascoltami una buona* **volta** listen to me once and for all.
buono[2] *m.* coupon, voucher. □ ~ *del Tesoro* Treasury Bond.
buonora *f.*: *di* ~ early: *alzarsi di* ~ to get up early.
buonsenso *m.* common sense, (good) sense.
buontempone *m.* jolly fellow; (*fam.*) bright spark.
buonuscita *f.* **1** (*per un appartamento*) key money. **2** (*gratifica a chi lascia un impiego*) gratuity.
burattinaio *m.* puppeteer.
burattino *m.* puppet (*anche fig.*).
buratto *m.* sifter, sieve.
burbero I *a.* gruff, grumpy, brusque: *uomo* ~ brusque man. **II** *s.m.* grumpy person.
buriana *f.* (*dial.*) **1** (*temporale*) short storm. **2** (*fig.*) (*trambusto*) turmoil.
burino *m.* peasant; (*persona grossolana*) boor lout.
burla *f.* trick, prank, practical joke, jest. □ **fare** *una* ~ *a qd.* to play a trick on s.o.; **per** ~ just for fun, in jest.
burlare *v.t.* to make* fun of, to laugh at, to tease, (*fam.*) to pull the leg of. **burlarsi** *v.i. pron.* to make* fun (*di* of), to make* a fool (of), to mock (s.o.).
burlesco *a.* farcical, burlesque.
burletta *f.* joke, jest, trick.
burlone *m.* joker, jester.
burocrate *m.* **1** (*impiegato*) Civil Servant. **2** (*spreg.*) bureaucrat.
burocratico *a.* bureaucratic; red-tape, Civil Service. □ *linguaggio* ~ officialese.
burocrazia *f.* **1** bureaucracy, (*fam.*) red-tape. **2** (*collett.*) bureaucracy, Civil Service.
burrasca *f.* **1** (*tempesta*) storm, tempest, gale. **2** (*fig.*) trouble, upheaval. □ (*fig.*) **aria** *di* ~ stormy atmosphere; **mare** *in* ~ rough, stormy sea.

burrascoso *a.* stormy (*anche fig.*).
burrificio *m.* butter-factory, dairy, creamery.
burro *m.* butter. ▭ (*Gastr.*) **al** ~ cooked in butter, (seasoned) with butter; ~ *di* **cacao** cocoa butter; ~ **fuso** melted butter; ~ **salato** salted butter; **uovo** *al* ~ fried egg.
burrone *m.* ravine, gorge.
burroso *a.* buttery.
buscare *v.t.* to get*, to catch*: ~ *l'influenza* to catch flu. ▭ *buscarle* to get a thrashing (*o* good hiding).
bussare *v.i.* to knock (*a* at, on). ▭ (*fam.*) ~ *a quattrini* to ask for money.
bussola[1] *f.* compass (*anche Mar.*). ▭ **ago** *della* ~ compass needle; (*fig.*) **perdere** *la* ~ to lose one's bearings.
bussola[2] *f.* **1** (*portantina*) sedan (chair). **2** (*porta rotante*) revolving door.
bussolotto *m.* (*per i dadi*) dice-box.
busta *f.* **1** envelope. **2** (*astuccio*) case. ▭ *in* ~ **aperta** in an unsealed envelope; *in* ~ **chiusa** in a sealed envelope; ~ **paga** pay packet (*o* envelope); *in* ~ a **parte** under separate cover.
bustaia *f.* (*Vest.*) corset-maker.
bustarella *f.* (*fam.*) bribe, backhander, payola.
bustina *f.* **1** (*Farm.*) packet. **2** (*Mil.*) (*berretto*) forage (*o* service) cap.
busto *m.* **1** (*Anat., Scultura*) bust; *un* ~ *di marmo* a marble bust. **2** (*Vest.*) corset; (*elastico*) girdle; (*parte del vestito*) bodice. ▭ *a* **mezzo** ~ half-length; ~ **ortopedico** shoulder corset.
buttafuori *m.* (*Teat.*) **1** call-boy. **2** (*di locale notturno*) bouncer.
buttare I *v.t.* **1** to throw*, to fling*: ~ *un sasso* to throw a stone. **2** (*fig.*) (*sprecare*) to waste, to throw* away: ~ *il fiato* to waste one's breath. **II** *v.i.* **1** (*rif. a piante, germogli*) to shoot*, to sprout. **2** (*rif. a fontane, sorgenti: sgorgare*) to play, to gush, to spout. **buttarsi** *v.r.* **1** (*lasciarsi cadere*) to throw* o.s., to drop. **2** (*scagliarsi*) to throw* o.s., to hurl o.s. **3** (*dedicarsi con impeto*) to throw* o.s. **4** (*rif. ad animali: scagliarsi sulla preda*) to pounce. ▭ ~ *all'***aria** to turn upside down; ~ *all'***aria** *un progetto* to throw up a plan; ~ *in* **aria** to throw up in the air; ~ *le* **braccia** *al collo di qd.* to throw one's arms round s.o.'s neck; *buttarsi nelle* **braccia** *di qd.* to fling o.s. into s.o.'s arms; *buttarsi in* **ginocchio** to fall (*o* throw o.s.) on one's knees; ~ **giù**: 1 to throw down; 2 (*abbattere*) to knock (*o* throw, pull) down; (*rif. al vento*) to blow down; (*demolire*) to demolish, to knock (*o* pull) down; 3 (*abbozzare*) to scribble (*o* jot) down, to dash off: ~ *giù un articolo* to dash off an article; 4 (*indebolire*) to weaken, to make weak; 5 (*avvilire*) to dishearten, to discourage, to depress: *non buttarti giù* don't get depressed; 6 (*fam.*) (*trangugiare*) to gulp down; to swallow; *buttarsi* **giù**: 1 to rush down, to dash down; 2 (*fig.*) (*avvilirsi*) to lose heart, to become disheartened; *buttarsi nella* **mischia** to plunge oneself into the fray; *buttarsi allo* **sbaraglio** to risk one's life; ~ *a* (o *per*) **terra** *qc.* to throw s.th. (on) to the ground; ~ **via** to throw out (*o* away), to get rid of; (*fig.*) (*sprecare*) to waste; to miss: ~ *via una buona occasione* to miss a good opportunity.
butterato *a.* pock-marked.
buttero *m.* (*mandriano*) cowboy.
buzzo *m.* (*pop.*) belly, paunch. ▭ *di* ~ *buono* with a will.

C

c[1], **C**[1] *f./m.* (*lettera dell'alfabeto*) c, C, the letter C. ▭ (*Tel.*) ~ *come Como* C for Charlie (*anche am.*).
c[2] = *capitolo* chapter.
C[2] = **1** (*Chim.*) *carbonio* carbon. **2** *Celsius* Celsius.
c.a. = *corrente anno* this year.
Ca = (*Chim.*) *calcio* calcium.
cabala *f.* **1** (*Rel.*) ca(b)bala. **2** (*fig.*) (*raggiro*) intrigue.
cabalistico *a.* **1** ca(b)balistic. **2** (*fig.*) (*incomprensibile*) incomprehensible.
cabaret *fr.* [kaba'rɛ] *m.* (*locale*) cabaret; (*spettacolo*) cabaret (show).
cabina *f.* (*di nave, aereo*) cabin; (*di pilotaggio*) cockpit; (*di camion: posto di guida*) cab; (*di ascensore, funivia*) cage. ▭ ~ **balneare** beach hut, bathing hut, bathhouse, (*am.*) cabana; ~ **elettorale** polling booth; ~ **telefonica** telephone box (*o* booth).
cabinato *m.* cabin cruiser.
cablo, **cablogramma** *m.* cable(gram).
cabotaggio *m.* (*Mar.*) coasting (trade), cabotage. ▭ *nave di piccolo* ~ coaster.
cabrare *v.i.* (*Aer.*) to zoom.
cabrata *f.* (*Aer.*) zoom.
cabriolet *fr.* [kabriɔlɛ] *m.* (*Aut.*) convertible.
cacao *m.* **1** cocoa. **2** (*Bot.*) cacao.
cacare *v.t./i.* (*volg.*) to shit, (*am.*) to crap.
cacca *f.* (*volg.*) shit, (*am.*) crap.
cacchio *m.* (*volg.*) prick, cock.
caccia[1] *f.* **1** hunt(ing), shooting. **2** (*cacciagione*) game, venison. **3** (*estens.*) (*ricerca*) hunt, chase, pursuit, search. ▭ **a** ~ *di* in search of; **andare** *a* ~ to go hunting; (*di volatili*) to go shooting; **apertura** *della* ~ opening of the shooting (*o* hunting) season; ~ *alla* **balena** whaling; **battuta** *di* ~ shooting party; ~ **con** *il falcone* hawking, falconry; **da** ~ hunting, shooting: *abito* (o *tenuta*) *da* ~ hunting outfit; **divieto** *di* ~ hunting forbidden; **essere** *a* ~ to be shooting (*o* hunting); (*fig.*) **essere** *a* ~ *di qc.* to be after (*o* out for) s.th.; ~ *di* **frodo** poaching; ~ **grossa** (*azione*) big-game hunting; (*selvaggina*) big game; **licenza** *di* ~ shooting licence; game licence; **stagione** *della* ~ hunting (*o* shooting) season; (*Stor.*) ~ *alle* **streghe** witch hunt; ~ **subacquea** underwater fishing; ~ *al* **tesoro** treasure-hunt; ~ *all'***uomo** man-hunt.
caccia[2] *m.* **1** (*Mil.*) fighter. **2** (*Mar.*) destroyer, torpedo-boat destroyer.
cacciabombardiere *m.* (*Mil.*) fighter-bomber.
cacciagione *f.* game: ~ *arrosto* roast game.
cacciare *v.t.* **1** to hunt*, to shoot*: ~ *la selvaggina* to shoot game; ~ *il cinghiale* to hunt wild boar. **2** (*scacciare*) to drive* away; to throw* out: ~ *di casa* to throw out of the house. **3** (*mettere, riporre*) to stuff, to shove: *cacciai tutto in un cassetto* I shoved everything into a drawer. **4** (*emettere*) to let* out: ~ *un grido* to let out a cry. **cacciarsi** *v.r.* **1** (*ficcarsi*) to get* into: *cacciarsi nei pasticci* to get into a mess. **2** (*andare a finire*) to end up, to get* to: *dove ti sei cacciato?* where did you get to? ▭ ~ **fuori** *qd.* to throw s.o. out; (*fam.*) ~ **fuori** *i soldi* to cough up; *cacciarsi le* **mani** *in tasca* to shove one's hands into one's pockets; ~ *di* (o *dalla*) **mente** to banish from one's mind; (*fam.*) *cacciarsi qc. in* **testa** to get s.th. into one's head; ~ **via** *senza tanti complimenti* to send* s.o. packing.
cacciata *f.* (*espulsione*) expulsion, banishment.
cacciatora *f.* (*giacca alla*) shooting-jacket. ▭ (*Gastr.*) *pollo alla* ~ stewed chicken.
cacciatore *m.* **1** hunter, huntsman (*pl.* –men); (*dilettante*) sportsman (*pl.* –men). **2** (*fig.*) hunter, chaser: ~ *di dote* fortune hunter. **3** (*Stor.*) (*soldato leggero*) light infantryman (*pl.* –men). ▭ ~ *di* **frodo** poacher; *cacciatori di* **teste** headhunters.
cacciatorpediniere *m.* (*Mar.*) torpedo-boat destroyer.
cacciavite *m.* screwdriver.
cachet *fr.* [ka'ʃɛ] *m.* **1** (*Farm.*) cachet; (*contro il mal di testa e sim.*) headache pill. **2** (*gettone di presenza*) appearance money. **3** (*colorante per capelli*) colour-rinse.
cachi[1] *m.* (*Bot.*) (japanese) persimmon.
cachi[2] *a./s.m.* khaki: *pantaloni* ~ khaki trousers.
cacio *m.* cheese. ▭ *una* **forma** *di* ~ a whole cheese; (*fig.*) *come il* ~ *sui* **maccheroni** it's just the job.
cacofonia *f.* (*Fonetica, Mus.*) cacophony.
cactus *m.* (*Bot.*) cactus.

cad. = *cadauno* each.
cadauno *a./pron.* (*burocr.*) each.
cadavere *m.* corpse, dead body; (*Med.*) cadaver. □ (*fig.*) *essere un* ~ *ambulante* to be a living corpse.
cadaverico *a.* **1** cadaverous, corpse-like. **2** (*fig.*) (*pallido, smunto*) ghastly, deadly pale.
cadente *a.* **1** (*in rovina*) decrepit, derelict: *edificio* ~ derelict building. **2** (*di persone*) decrepit, feeble: *vecchio* ~ decrepit old man. □ *stella* ~ shooting star, (*am.*) falling star.
cadenza *f.* **1** (*rif. a versi e sim.*) cadence. **2** (*accento, inflessione*) intonation. **3** (*ritmo*) rhythm, cadence. **4** (*Mus.*) cadenza.
cadenzare *v.t.* to mark the rhythm of.
cadenzato *a.* rhythmic, cadenced. □ *passo* ~ measured tread.
cadere[1] *v.i.* **1** to fall* (down), to drop: *inciampò e cadde* he stumbled and fell; (*rif. ad aeroplani*) to crash. **2** (*rif. a denti, capelli*) to fall* out. **3** (*crollare*) to fall* down, to collapse. **4** (*morire*) to fall*, to be killed. **5** (*capitolare*) to fall*. **6** (*Parl.*) to fall*; (*far cadere*) to bring* down: *fecero* ~ *il governo* they brought down the Government. **7** (*tramontare*) to set*. **8** (*ricorrere*) to fall*, to be. □ ~ **ammalato** to fall ill; ~ *in* **basso** to fall down; (*fig.*) to sink low; ~ **bene** to fall without hurting o.s.; (*fig.*) to fall on one's feet; (*rif. a vestiti*) to hang well; *il testimone cadde in* **contraddizioni** the witness contradicted himself; ~ *in* **deliquio** to faint; *mi è caduto un* **dente** I've lost a tooth; ~ *in* **disgrazia** to fall out of favour; ~ *in* **errore** to fall into error; ~ *in* **ginocchio** to fall on (*o* drop to) one's knees; ~ **giù** to fall (down); **lasciar** ~ *un argomento* to drop a subject; *si* **lasciò** ~ *sfinito sul letto* he sank (*o* dropped) onto the bed, exhausted; ~ **male** to fall awkwardly; (*rif. a vestiti*) to fall (*o* hang) badly; (*fig.*) to be unlucky; (*fig.*) ~ *in* **miseria** to fall upon hard times; ~ *dalle* **nuvole** to be dumbfounded; ~ *dalla* **padella** *nella brace* to fall from (*o* out of) the frying pan into the fire; ~ *a* **pezzi** to fall apart; to go to pieces; ~ *ai* **piedi** *di qd.* to fall at s.o.'s feet; ~ *in* **prescrizione** to be statute-barred, to be no longer indictable; ~ *nel* **ridicolo** to become ridiculous; ~ *dal* **sonno** to be dead on one's feet; ~ *a* **terra** to fall to the ground; *il* **vento** *è caduto* the wind has dropped.
cadere[2] *m.* falling. □ *al* ~ *del sole* at sunset.
cadetto **I** *s.m.* younger son; cadet (*anche Mil.*). **II** *a.* junior, younger, cadet-.
cadmio *m.* (*Chim.*) cadmium.
caducità *f.* caducity, frailty, transience.
caduco *a.* **1** short-lived, fleeting, transitory. **2** (*Bot.*) deciduous.
caduta *f.* **1** fall(ing); (*rif. ad aeroplani*) fall(ing), crash(ing). **2** (*capitolazione*) fall. **3** (*Parl.*) (down)fall. **4** (*Fis.*) drop. □ *la* ~ *dei* **capelli** hair loss; ~ *da* **cavallo** fall from a horse; **fare** *una brutta* ~ to have a bad fall; *la* ~ *dell'***impero** *romano* the fall of the Roman Empire; ~ *di* **temperatura** drop in temperature.
caduto **I** *a.* fallen: *i soldati caduti* the fallen. **II** *s.m.* fallen man; *pl.* the fallen (costr. pl.).
caffè *m.* **1** coffee. **2** (*chicchi*) coffee beans *pl.* **3** (*bevanda*) coffee. **4** (*locale*) café. □ ~ **amaro** unsweetened coffee; **color** ~ coffee colour; ~ *con o senza* **latte** black or white coffee; ~ **lungo** weak coffee; ~ **macinato** ground coffee; **macinino** *da* ~ coffee mill; ~ *in* **polvere** powdered coffee; ~ **ristretto** strong coffee; ~ **solubile** instant coffee.
caffeina *f.* (*Chim.*) caffeine. □ *senza* ~ caffeine free.
caffellatte *m.* white coffee, (*am.*) coffee with milk.
caffettiera *f.* **1** (*macchinetta*) coffee-maker; (*a filtro*) (coffee) percolator. **2** (*bricco*) coffee pot.
cafonaggine *f.* boorishness, ill-manneredness.
cafonata *f.* boorish action.
cafone **I** *s.m.* **1** (*region.*) (*contadino*) peasant. **2** (*spreg.*) (*persona grossolana*) boor. **II** *a.* boorish, rude.
cagionare *v.t.* to cause, to bring* about.
cagione *f.* cause, reason. □ **a** (*o per*) ~ *di* by reason of; **per** ~ *mia* because of me.
cagionevole *a.* weak, delicate.
cagliare *v.i.*, **cagliarsi** *v.i.pron.* to curdle, to clot.
caglio *m.* rennet.
cagna *f.* **1** bitch, she-dog. **2** (*spreg.*) bitch.
cagnara *f.* **1** barking of dogs. **2** (*fam.*) (*chiasso*) uproar: *far* ~ to make an uproar.
cagnesco *a.*: *guardare qd. in* ~ to scowl at s.o., (*fam.*) to look daggers at s.o.
cagnolino *m.* puppy.
CAI = *Club Alpino Italiano* Italian Alpine Club.
Caino *N.pr.m.* Cain.
Cairo *N.pr.m.* (*Geog.*) Cairo.
cala *f.* (*insenatura*) bay, creek.
calabrone *m.* (*Zool.*) hornet.
calafatare *v.t.* to caulk.
calamaio *m.* ink-pot.
calamaro *m.* (*Zool.*) squid, calamary.
calamita *f.* magnet (*anche fig.*).
calamità *f.* calamity, disaster.
calamitare *v.t.* to magnetize (*anche fig.*).
calamo *m.* **1** (*fusto di canna*) reed; (*stelo d'erba*) stalk. **2** (*Bot.*) (*internodio*) calamus. **3** (*Zool.*) calamus, quill.
calanco *m.* (*Geol.*) calanque.
calandra *f.* (*Mecc.*) calender; rolling press.
calandrare *v.t.* (*Mecc.*) to calender.
calante *a.* waning, setting, falling. □ **luna** ~ waning moon; **sole** ~ setting sun.
calare[1] **I** *v.t.* **1** to lower, to drop, to let* down: ~ *una fune nel pozzo* to let down a rope into the well. **2** (*rif. a prezzi e sim.*) to lower, to reduce: *il droghiere calò i prezzi* the grocer reduced the prices. **3** (*lavoro a maglia*) to decrease, to cast* off. **4** (*nei giochi di carte*) to play a card. **II** *v.i.* **1** (*scende-*

re) to descend, to go* down; (*rif. a uccelli*) to fall*, to swoop. **2** (*invadere*) to invade. **3** (*di peso*) to lose* (weight): ~ (*di*) *dieci chili* to lose ten kilograms. **4** (*diminuire: di prezzo*) to come* down; (*di livello*) to drop, to fall*. **5** (*tramontare*) to set*: *è calato il sole* the sun has set. **6** (*Mus.*) to drop in pitch. **calarsi** *v.r.* to let* o.s. down. ▭ *la* **febbre** *sta calando* the fever is dropping; (*Teat.*) ~ *il* **sipario** to drop the curtain; (*Teat.*) *cala la* **tela** the curtain falls; (*Mus.*) ~ *di* **tono** to fall in pitch; *il* **vento** *è calato* the wind has dropped.

calare[2] *s.*: *al* ~ *del giorno* (o *del sole*) at sunset; *al* ~ *della notte* at nightfall.

calata *f.* **1** descent, (downward) slope. **2** (*invasione*) invasion: ~ *dei barbari* barbarian invasion. **3** (*Mar.*) (*banchina*) quay.

calca *f.* crowd, throng.

calcagno *m.* (*Anat.*) heel: (*fig.*) *avere qd. alle calcagna* to have s.o. at one's heels.

calcare[1] *v.t.* **1** (*premere con forza*) to press; (*con i piedi*) to stamp on, to tread* (on). **2** (*rif. a disegni*) to trace. **3** (*pronunciare dando risalto*) to stress. ▭ ~ *la* **mano** to overdo; ~ *le* **scene** to be on the stage.

calcare[2] *m.* (*Min.*) limestone.

calcareo *a.* calcareous.

calce[1] *f.* lime. ▭ ~ **spenta** slaked lime; ~ **viva** quicklime.

calce[2] *m.*: *in* ~ *alla pagina* at the foot of the page.

calcestruzzo *m.* concrete.

calciare *v.t./i.* to kick.

calciatore *m.* (*Sport*) football player, footballer.

calcificare *v.t.*, **calcificarsi** *v.r.* to calcify.

calcina *f.* **1** (*calce spenta*) slaked lime. **2** (*malta*) lime mortar.

calcinaccio *m.* **1** flake of plaster. **2** *pl.* debris *pl.*

calcinare *v.t.* to calcine.

calcio[1] *m.* **1** kick. **2** (*Sport*) (association) football, (*fam.*) soccer. ▭ ~ *d'***angolo** corner kick; **campo** *di* ~ football field (*o* ground); **dare** *calci* to kick; **incontro** *di* ~ football (*o* soccer) match; ~ *di* **punizione** free kick; ~ *di* **rigore** penalty kick.

calcio[2] *m.* (*di fucile, pistola e sim.*) butt.

calcio[3] *m.* (*Chim.*) calcium.

calcistico *a.* football-, (*fam.*) soccer-.

calco *m.* **1** cast, mould: ~ *di gesso* plaster cast. **2** (*copia di disegno*) tracing.

calcografia *f.* **1** (*procedimento*) copper-plate engraving. **2** (*incisione*) copper plate.

calcolabile *a.* calculable, that may be calculated.

calcolare *v.t.* **1** to calculate, to reckon; (*fam.*) to work out: ~ *l'area di un triangolo* to calculate the area of a triangle. **2** (*tenere conto*) to allow for, to take* into account. **3** (*considerare, valutare*) to consider, to evaluate.

calcolatore I *s.m.* **1** calculator; (*elettronico*) computer. **2** (*fig.*) calculating person: *un freddo* ~ a cold calculating person. **II** *a.* calculating.

calcolatrice *f.* calculating machine.

calcolo[1] *m.* **1** calculation, reckoning, estimate (*anche fig.*). **2** (*Mat.*) calculus. ▭ **agire** *per* ~ to behave in a calculating way; **errore** *di* ~ miscalculation; (*fig.*) **fare** *i propri calcoli* to weigh the pros and cons; ~ **infinitesimale** infinitesimal calculus; (*fig.*) **per** ~ out of self-interest.

calcolo[2] *m.* (*Med.*) calculus, stone.

caldaia *f.* boiler: ~ *a nafta* oil-fired boiler.

caldamente *avv.* warmly.

caldana *f.* (hot) flush.

caldarrosta *f.* roast chestnut.

caldeggiare *v.t.* to support warmly.

calderone *m.* **1** cauldron. **2** (*fig.*) medley, hotchpotch.

caldo I *a.* warm (*anche fig.*); (*molto caldo*) hot: *è una testa calda* he is a hothead. **II** *s.m.* warmth; (*caldo intenso*) heat: *con questo* ~ in this heat. ▭ **aver** ~ to be (*o* feel) hot; **fare** ~ to be hot; **fa** *un* ~ *soffocante* it's stifling hot; (*fig.*) *non mi* **fa** *né* ~ *né freddo* I couldn't care less; **ondata** *di* ~ heat wave; (*Pol.*) *punto* ~ hot spot; *avere il* **sangue** ~ to be hot-blooded; *a* **sangue** ~ in warm (*o* hot) blood; *la* **stagione** *calda* the hot weather; **tenere** ~ (*di abiti*) to be warm.

caleidoscopio *m.* kaleidoscope.

calendario *m.* calendar (*anche estens.*). ▭ ~ *a fogli* **mobili** loose-leaf calendar; ~ *a fogli* **staccabili** tear-off calendar; ~ *da* **tavolo** desk calendar.

calende *f.pl.* kalends *pl.* ▭ (*fig.*) *rimandare qc. alle* ~ *greche* to put s.th. off (*o* until doomsday).

calendimaggio *m.* May Day.

calendola *f.* (*Bot.*) marigold.

calesse *m.* gig.

calibrare *v.t.* to calibrate, to gauge.

calibrato *a.* calibrated, gauged; (*fig.*) (*studiato minutamente*) carefully-gauged, balanced, measured.

calibro *m.* **1** calibre, bore, gauge. **2** (*Mecc.*) (*strumento di misura*) cal(l)ipers *pl.* **3** (*fig.*) (*rif. a persone*) big shot, V.I.P. ▭ *un fucile* ~ *dodici* a 12-bore gun.

calice *m.* **1** glass, goblet: ~ *d'argento* silver goblet. **2** (*Lit.*) chalice. **3** (*Bot., Anat.*) calyx, (*pl.* calices).

califfo *m.* Caliph, Khalif, Calif.

californio *m.* (*Chim.*) californium.

caligine *f.* haze, mist, fog; (*mista a fumo*) smog.

caliginoso *a.* foggy, misty.

callifugo *m.* corn plaster (*o* pad).

calligrafia *f.* **1** calligraphy. **2** (*scrittura*) handwriting: *avere una bella* (o *brutta*) ~ to have a good (or bad) handwriting.

calligrafico *a.* **1** calligraphic. **2** (*rif. alla scrittura*) handwriting-.

calligrafo *m.* calligrapher. ▭ *perito* ~ handwriting expert.

callista *m./f.* chiropodist.
callo *m.* **1** corn. **2** (*Bot.*) callus. □ *fare il* ~ *a qc.* to get used to s.th.
callosità *f.* horniness; (*raro*) callosity.
calloso *a.* callous, horny.
calma *f.* **1** (*quiete*) calm, tranquillity. **2** (*Mar.*) calm. **3** (*intz.*) keep calm. □ **con** ~ calmly; *calme* **equatoriali** doldrums; **mantenere** *la* ~ to keep calm; **perdere** *la* ~ to lose one's temper; **prendersela** *con* ~ to take things easy; ~ *e* **sangue** *freddo!* keep cool!
calmante **I** *m.* (*Farm.*) sedative. **II** *a.* calming, soothing.
calmare *v.t.* **1** to calm. **2** (*rif. a dolori*) to soothe, to ease, to relieve. **calmarsi** *v.i.pron.* **1** to grow* calm, to calm down, to subside, to abate. **2** (*rif. a dolori*) to ease, to diminish. □ *il* **lago** *si calmò* the lake became calm; *il* **vento** *si è calmato* the wind has dropped. ‖ *calmati!* take it easy, keep your cool.
calmierare *v.t.* to fix a ceiling price (for).
calmiere *m.* price control; ceiling price. □ *prezzo di* ~ controlled price.
calmo *a.* **1** calm, quiet: *mantenersi* ~ to keep calm. **2** (*Comm.*) slack.
calo *m.* fall, drop; (*di volume*) shrinkage, loss: ~ *di peso* loss in weight.
calore *m.* **1** warmth; (*intenso*) heat: *il* ~ *dell'estate* the heat of summer. **2** (*fig.*) (*entusiasmo*) heat, fervour; (*cordialità*) warmth. **3** (*Fis.*) heat: *il* ~ *dei raggi solari* the heat of sun rays. **4** (*Zool.*) heat, rut.
caloria *f.* (*Fis., Biol.*) calorie, therm.
calorico *a.* caloric.
calorifero *m.* central heating; (*radiatore*) radiator.
calorifico *a.* calorific.
caloroso *a.* **1** (*che non soffre il freddo*) warm -blooded. **2** (*fig.*) (*cordiale*) warm: *accoglienza calorosa* warm welcome.
caloscia *f.* galosh.
calotta *f.* **1** (*Geom.*) segment of sphere. **2** (*zucchetto*) calotte; (*papalina*) skull-cap. **3** (*Anat.*) skull-cap. □ ~ *polare* ice-cap.
calpestare *v.t.* **1** to trample (up)on, to tread* underfoot. **2** (*fig.*) to oppress. □ *è vietato* ~ *l'erba* keep off the grass.
calpestio *m.* pitter-patter.
calunnia *f.* calumny, slander.
calunniare *v.t.* to slander, to calumniate, to defame.
calunniatore **I** *s.m.* slanderer. **II** *a.* slanderous, calumnious, defamatory.
calunnioso *a.* slanderous, calumnious.
calura *f.* oppressive heat.
calvario *m.* (*fig.*) calvary, ordeal.
calvinismo *m.* Calvinism.
calvinista *a./s.m./f.* Calvinist.
calvizie *f.* baldness.
calvo *a.* bald.
calza *f.* (*da donna*) stocking; (*da uomo*) sock. □ *calze senza* **cucitura** seamless stockings; **fare** *la* ~ to knit; ~ **smagliata** laddered stocking.
calzamaglia *f.* leotards *pl.*, tights *pl.*
calzante **I** *a.* well-fitting; (*fig.*) apt, fitting: *è un paragone* ~ it is an apt comparison. **II** *s.m.* shoehorn.
calzare **I** *v.t.* **1** (*infilare scarpe, guanti*) to put* on; (*portare ai piedi*) to wear*. **2** (*provvedere di calzature*) to provide shoes for, to shoe. **II** *v.i.* **1** (*aderire*) to fit (closely), to fit well: *quel vestito le calza a pennello* that dress fits her like a glove. **2** (*fig.*) (*essere appropriato*) to fit, to be appropriate.
calzatura *f.* footwear; (*scarpa*) shoe. □ *negozio di calzature* shoe shop.
calzaturificio *m.* shoe factory.
calzerotto *m.* thick sock.
calzettone *m.* knee sock.
calzificio *m.* stocking factory.
calzino *m.* sock.
calzolaio *m.* shoemaker.
calzoleria *f.* **1** shoemaker's shop. **2** (*negozio*) shoe shop.
calzoncini *m.pl.* shorts *pl.* □ ~ *da bagno* trunks.
calzoni *m.pl.* trousers *pl.*, (*am.*) pants *pl.*; (*da donna*) slacks *pl.* □ **infilarsi** *i* ~ to put on one's trousers; ~ *alla* **zuava** knickerbockers *pl.*
camaleonte *m.* (*Zool.*) chameleon (*anche fig.*).
cambiale *f.* **1** bill (of exchange). **2** (*pagherò*) promissory note. **3** (*tratta*) draft. □ **girare** *una* ~ to endorse a bill; **protestare** *una* ~ to note a bill.
cambiamento *m.* change; (*modifica*) alteration. □ **apportare** *un* ~ to bring about a change; **fare** *un* ~ to make a change; ~ *di* **tempo** change in weather.
cambiare **I** *v.t.* **1** to change. **2** (*modificare, trasformare*) to alter, to modify, to transform. **3** (*barattare*) to change, to exchange: ~ *qc. con qd.* to exchange s.th. with s.o. **4** (*Econ.*) to change. **II** *v.i.* **1** (*mutare*) to change, to alter: *niente è cambiato* nothing has changed. **2** (*Aut.*) (*cambiare marcia*) to change (*o* shift) gear. **cambiarsi** *v.r./i.pron.* **1** to change, to turn into: *la neve si cambiò in pioggia* the snow turned into rain. **2** (*trasformarsi*) to change, to be transformed. **3** (*scambiarsi*) to change (places): *non mi cambierei con nessuno* I wouldn't change places with anyone. **4** (*mutar d'abito*) to change. □ ~ *l'***aria** to change the air; ~ **aria** to have a change of air; ~ **aspetto** to change (in appearance); ~ *le* **carte** *in tavola* to shift one's ground; ~ **casa** to move; ~ **colore** to change colour; (*fig.*) (*impallidire*) to turn pale; *ho cambiato* **idea** I have changed my mind; (*Aut.*) ~ *la* **marcia** to change gear; ~ **strada** to take another road; (*iron.*) **tanto** *per* ~ just for a change; *il* **tempo** *cambia* the weather is changing; ~ **vita** to start a new life.
cambiario *a.* exchange-, of exchange.
cambiavalute *m.* money-changer.

cambio *m.* **1** change; (*scambio*) exchange. **2** (*Econ.*) exchange: *il* ~ *attuale* the present rate (of exchange). **3** (*Aut.*) gears *pl.* ▭ **agente** *di* ~ stockbroker; (*Mecc.*) **albero** *del* ~ gear shaft; **dare** *il* ~ *a qd.* to take over from s.o.; **dare** *in* ~ to give in exchange; **darsi** *il* ~ to take (it in) turns; ~ *della* **guardia** changing of the guard (*anche fig.*); **in** ~ *di* in exchange for; **ufficio** *di* ~ bureau de change.

CAMBITAL → UIC.

Cambogia *N.pr.f.* (*Geog.*) Cambodia.

cambogiano *a./s.m.* Cambodian.

cambusa *f.* (*Mar.*) store-room, galley.

cambusiere *m.* storekeeper.

camera *f.* **1** room; (*con funzioni specifiche*) chamber; (*da letto*) bedroom. **2** (*mobilia*) suite of furniture (of a room). **3** (*Mecc., tecn.*) chamber. **4** (*Pol.*) *Camera* Chamber, House. ▭ ~ *d'***albergo** hotel room; (*Parl.*) *Camera* **alta** Upper House; ~ **ammobiliata** furnished room; ~ *d'***aria** (*di pneumatico*) inner tube; (*di pallone*) bladder; (*Parl.*) *Camera* **bassa** Lower House; ~ **blindata** strong -room; *Camera di* **commercio** Chamber of Commerce; **compagno** *di* ~ room-mate; (*GB*) *Camera dei* **comuni** House of Commons; (*Dir.*) ~ *di* **consiglio** camera; *Camera dei* **deputati** Chamber (*o* House) of Deputies; (*GB*) House of Commons, (*USA*) House of Representatives; ~ *a* **gas** gas chamber; ~ **matrimoniale** (*stanza*) double-bedroom; (*mobili*) bedroom suite; ~ **mortuaria** mortuary; **musica** *da* ~ chamber music; (*Fot.*) ~ **oscura** camera obscura.

camerata[1] *m./f.* comrade, (*fam.*) chum, pal.

camerata[2] *f.* **1** (*dormitorio*) dormitory. **2** (*compagni di camera*) roommates *pl.*

cameratesco *a.* comradely, friendly.

cameratismo *m.* comradeship, camaraderie.

cameriera *f.* maid; (*di albergo*) chambermaid; (*di ristorante*) waitress.

cameriere *m.* manservant; (*di ristorante*) waiter.

camerino *m.* (*di teatro*) dressing-room.

camerlengo *m.* (*Rel.*) camerlengo, camerlingo.

Camerun *N.pr.m.* (*Geog.*) Cameroons.

camice *m.* **1** (*di medico*) white coat. **2** (*da fatica*) smock. **3** (*Rel.*) alb.

camiceria *f.* **1** (*negozio*) shirt shop. **2** (*fabbrica*) shirt factory.

camicetta *f.* (*da donna*) blouse.

camicia *f.* **1** (*da uomo*) shirt; (*da donna*) blouse; (*da notte: da donna*) nightdress, nightgown; (*da uomo*) nightshirt. **2** (*tecn.*) jacket: ~ *di raffreddamento* cooling jacket. ▭ ~ *di* **forza** straitjacket; *in* **maniche** *di* ~ in one's shirt sleeves; *essere* **nato** *con la* ~ to be born with a silver spoon in one's mouth; **uovo** *in* ~ poached egg.

camiciaia *f.*, **camiciaio** *m.* shirtmaker.

camiciola *f.* sports shirt.

camiciotto *m.* work shirt.

caminetto *m.* **1** fireplace. **2** (*di montagna*) chimney. ▭ *mensola del* ~ mantelpiece.

camino *m.* **1** fireplace. **2** (*focolaio*) hearth, fireside. **3** (*di vulcano*) chimney. ▭ *cappa del* ~ chimney-flue.

camion *m.* lorry, (*am.*) truck. ▭ ~ *con rimorchio* articulated lorry.

camionabile, **camionale I** *a.* open to heavy traffic. **II** *s.f.* road open to heavy traffic.

camioncino *m.* van, light lorry.

camionetta *f.* jeep.

camionista *m.* lorry driver, (*am.*) truck driver.

camma *f.* (*Mecc.*) cam.

cammello *m.* **1** (*Zool.*) camel. **2** (*tessuto*) camel-hair, camel's hair. ▭ *color* ~ camel -coloured.

cammeo *m.* cameo.

camminare *v.i.* **1** to walk. **2** (*funzionare*) to work, to go*, to run*. **3** (*fig.*) (*progredire*) to go*, to progress. ▭ ~ **carponi** to go on all fours; ~ *in* **fila** *indiana* to walk in single file; *il mio* **orologio** *non cammina più* my watch has stopped; ~ *di buon* **passo** to walk quickly (*o* at a good pace); ~ *a grandi* **passi** to stride; ~ *in* **punta** *di piedi* to (walk on) tiptoe; **su** *cammina!* come on! get a move on; ~ **zoppicando** to limp.

camminata *f.* **1** walk, stroll. **2** (*passo, andatura*) walk, gait. ▭ *fare una* ~ to take a walk.

camminatore *m.* walker.

cammino *m.* **1** walk, journey. **2** (*strada*) road; (*sentiero*) path; (*strada percorsa o da percorrere*) way. **3** (*tempo del percorso: a piedi*) walk: *mezz'ora di* ~ half an hour's walk. ▭ **essere** *in* ~ to be on one's way; *cammin* **facendo** on the way; **indicare** *il* ~ *a qd.* to show s.o. the way; **mettersi** *in* ~ to start off, to set out.

camomilla *f.* **1** (*Bot.*) camomile. **2** (*infuso*) camomile tea.

camorra *f.* Camorra (*anche estens.*).

camorrista *m./f.* Camorrist (*anche estens.*).

camoscio *m.* **1** (*Zool.*) chamois. **2** (*pelle*) chamois (leather). ▭ *guanti di* ~ suede gloves.

campagna *f.* **1** country. **2** (*terra coltivata*) land; (*possedimento*) estate, property. **3** (*paesaggio*) countryside. **4** (*Mil.*) campaign. **5** (*propaganda*) campaign. ▭ **andare** *in* ~ (*in vacanza*) to go on holiday; *in* **aperta** ~ in the open country; **coltivare** *la* ~ to farm the land; ~ **diffamatoria** smear campaign; ~ **elettorale** electoral campaign; **gente** *di* ~ country folk (*o* people); ~ **pubblicitaria** advertising campaign; **vivere** *in* ~ to live in the country.

campagnola *f.* (*Aut.*) off-road vehicle.

campagnolo I *a.* country-, rural, rustic. **II** *s.m.* countryman (*pl.* –men), peasant.

campale *a.* field-. ▭ **battaglia** ~ pitched battle; (*fig.*) *una* **giornata** ~ a hard day.

campana *f.* **1** bell. **2** (*di vetro*) bell jar. ▭ **a** ~ bell-shaped; ~ *a* **martello** alarm-bell; ~ *a* **morto** death toll; **sentire** *l'altra* ~ to hear the other side of the question; **sordo** *come* *una* ~ (as) deaf as a post; ~ **subacquea** diving bell; **suonare** *le campane a morto* to toll the bells; *vivere sotto una* ~ *di* **vetro** to mollycoddle (*o* pamper) o.s.

campanaccio *m.* cow-bell, cattle-bell.

campanario *a.* bell-: *torre campanaria* bell tower.

campanaro *m.* bell-ringer.

campanello *m.* bell: ~ *d'allarme* alarm-bell.

campanile *m.* bell tower, belfry.

campanilismo *m.* parochialism.

campanilista **I** *a.* parochial(-minded): *idee campaniliste* parochial ideas. **II** *s.m./f.* parochial(-minded) person.

campare *v.i.* **1** to live: *campa del suo lavoro* he lives by his work. **2** (*vivere alla meno peggio*) to manage, to get* by.

campata *f.* (*Arch.*) span; (*di un ponte*) bay.

campato *a.*: ~ *in aria* unfounded, groundless.

campeggiare[1] *v.i.* **1** (*rif. a soldati*) to (en)-camp, to be encamped. **2** (*rif. a turisti*) to camp.

campeggiare[2] *v.i.* (*risaltare*) to stand* out.

campeggiatore *m.* camper.

campeggio *m.* **1** camping ground. **2** (*sosta, soggiorno*) camping.

campestre *a.* country-, rural, rustic. □ *corsa* ~ cross-country race.

Campidoglio *N.pr.m.* Capitol.

campionare *v.t.* to sample.

campionario **I** *a.* sample-. **II** *s.m.* **1** samples *pl.*, sample collection. **2** (*Tessitura*) pattern book.

campionato *m.* championship.

campione *m.* **1** champion. **2** (*estens.*) model: *è un* ~ *di onestà* he's a model of honesty. **3** (*Comm.*) sample, pattern, specimen. □ **come** *da* ~ as per sample; ~ **omaggio** free sample.

campo *m.* **1** field (*anche fig.*): ~ *di grano* cornfield; *esperto in tutti i campi* expert in all fields. **2** (*Fis., Inform.*) field: ~ *magnetico* magnetic field. **3** *pl.* (*la campagna*) fields *pl.*, country(side). **4** (*Mil.*) field: ~ *di battaglia* battlefield. **5** (*accampamento*) camp: *lettino da* ~ camp bed; *levare il* ~ to strike camp. **6** (*Aer.*) airfield. **7** (*Sport*) field; ground; course; court: ~ *da gioco* playground; ~ *di golf* golf course; ~ *sportivo* sports ground; ~ *da tennis* tennis court. **8** (*Arte*) (*sfondo*) background. **9** (*Araldica*) field. **10** (*Cin.*) shot: ~ *lungo* (o *medio*) long (*o* medium) shot. □ **artiglieria** *da* ~ field artillery; (*Aer.*) ~ *d'***atterraggio** landing field; ~ *di* **concentramento** concentration camp; **fiori** *di* ~ wild flowers; (*Cin.*) **fuori** ~ off screen; (*Sport*) **metà** ~ halfway line; ~ **minato** minefield; *campi di* **neve** snowfields; ~ **profughi** refuge camp; ~ *di* **sterminio** extermination field; ~ **visivo** field of vision.

camposanto *m.* cemetery, graveyard, churchyard.

camuffamento *m.* (*azione*) disguising; (*effetto*) disguise.

camuffare *v.t.* to disguise. **camuffarsi** *v.r.* to disguise o.s., to dress o.s. up.

camuso *a.* (*rif. a persona*) snub-nosed; (*rif. a naso*) snub.

Canada *N.pr.m.* (*Geog.*) Canada.

canadese *a./s.m.* Canadian.

canaglia *f.* **1** (*gaglioffo*) scoundrel, rascal. **2** (*gentaglia*) rabble, riff-raff.

canagliata *f.* dirty trick.

canagliesco *a.* rascally, scoundrelly.

canale *m.* **1** canal (*anche estens.*): *scavare un* ~ to dig a canal. **2** (*conduttura, tubazione*) conduit, pipe. **3** (*Geog.*) channel: *il* ~ *della Manica* the (English) Channel; (*artificiale*) canal: ~ *di Panama* Panama Canal. **4** (*Biol.*) canal, duct. **5** (*Rad., Tel.*) channel. **6** channel: *canali di distribuzione* distribution channels.

canalizzare *v.t.* to canalize.

canalone *m.* (*Geol.*) gully.

canapa *f.* (*Bot.*) hemp.

canapo *m.* (*Mar.*) hawser.

Canarie *N.pr.f.pl.* (*Geog.*) Canary Islands.

canarino **I** *s.m.* (*Zool.*) canary. **II** *a.* canary -coloured. □ *giallo* ~ canary yellow.

cancan *m.* **1** (*Mus.*) cancan. **2** (*fig.*) (*baccano*) noise, fuss.

cancellare *v.t.* **1** to erase; (*con gomma*) to rub out; (*con lo straccio*) to wipe out (*o* off), to sponge out; (*con la penna*) to cross out, to strike* out, to delete. **2** (*fig.*) to obliterate, to remove, to wipe out; (*rif. a debiti*) to cancel, to clear. **3** (*disdire*) to cancel.

cancellata *f.* railings *pl.*

cancellatura *f.* **1** (*azione*) cancelling, rubbing out. **2** (*parte cancellata*) erasure, crossing out.

cancellazione *f.* **1** cancellation, annulment. **2** (*di nastro magnetico*) wiping, erasure.

cancelleria *f.* **1** (*ufficio*) Chancellery, Chancery. **2** (*materiale di cancelleria*) stationery.

cancelliere *m.* **1** (*impiegato consolare*) Chancellor; (*di tribunale*) Clerk of the Court, Registrar. **2** (*Pol.*) Chancellor. □ (*GB*) ~ *dello scacchiere* Chancellor of the Exchequer.

cancellino *m.* (*per la lavagna*) duster, (*am.*) (blackboard) eraser.

cancello *m.* gate: ~ *scorrevole* sliding gate.

cancerizzarsi *v.r.* (*Med.*) to become* cancerous.

cancerogeno *a.* carcinogenic, cancerogenic.

cancerologo *m.* (*Med.*) cancerologist.

canceroso **I** *a.* cancerous. **II** *s.m.* cancer patient.

cancrena *f.* (*Med., Bot.*) gangrene. □ *andare in* ~ to go gangrenous.

cancrenoso *a.* gangrenous.

cancro *m.* **1** (*Med.*) cancer: *essere malato di* ~ to have cancer. **2** (*Bot.*) canker. **Cancro** (*Astr., Geog.*) Cancer: *tropico del* ~ Tropic of Cancer.

candeggiante **I** *a.* bleaching. **II** *s.m.* bleach.

candeggiare *v.t.* to bleach.

candeggina *f.* bleaching solution.
candeggio *m.* bleaching.
candela *f.* **1** candle (*anche El.*). **2** (*Mot.*) sparking plug, (*am.*) spark plug. ☐ ~ *di* **cera** wax candle; *una* **lampada** *da cento candele* a hundred watt bulb; *leggere al* **lume** *di* ~ to read by candlelight; (*Aer.*) **precipitare** *in* ~ to do a nosedive.
candelabro *m.* table-candlestick, candelabrum.
candeliere *m.* **1** candlestick. **2** (*Mar.*) stanchion.
candelora *f.* (*Rel.*) Candlemas.
candelotto *m.* short candle. ☐ ~ **fumogeno** smoke-bomb; ~ **lacrimogeno** tear-gas canister.
candidato *m.* candidate. ☐ ~ *a un* **esame** examinee; **presentarsi** ~ *alle elezioni* to stand* (*o* run*) for election.
candidatura *f.* candidature, candidacy. ☐ *presentare la propria* ~ *a una carica* to apply for a post.
candido *a.* **1** snow-white, (*immacolato*) spotless. **2** (*fig.*) innocent, pure; ingenuous.
candire *v.t.* to candy.
candito **I** *a.* candied. **II** *s.m.* candied fruit.
candore *m.* **1** whiteness. **2** (*estens.*) innocence, purity; (*ingenuità*) naivety, ingenuousness.
cane **I** *s.m.* **1** (*Zool.*) dog. **2** (*spreg.*) (*rif. a persona*) brute, dog; (*pessimo attore*) ham; (*pessimo cantante*) caterwauler. **3** (*nelle armi da fuoco*) hammer, cock. **II** *a.* awful, dreadful, frightful, (*fam.*) rotten, terrible: *freddo* ~ terrible cold. ☐ ~ *da* **caccia** hunting dog; (*fig.*) **come** *un* ~ like a dog: (*fam.*) *lavorare come un* ~ to work like a dog (*o* horse); **da** ~ (very) badly: *lavoro fatto da* ~ badly-done work; *essere come* ~ *e* **gatto** to fight like cat and dog; ~ **poliziotto** police-dog; ~ **randagio** stray dog; ~ *di* **razza** pedigree dog; *essere* **solo** *come un* ~ to be all alone; *fare una* **vita** *da cani* to lead a dog's life.
canestraio *m.* **1** (*fabbricante*) basket-maker. **2** (*venditore*) seller of baskets.
canestro *m.* **1** basket; (*con coperchio*) hamper. **2** (*il contenuto*) basketful. **3** (*Sport*) basket.
canfora *f.* camphor.
canforato *a.* camphorated: *olio* ~ camphorated oil.
cangiante *a.* changing; (*di colori*) iridescent; (*di tessuti*) shot: *seta* ~ shot silk.
canguro *m.* (*Zool.*) kangaroo.
canicola *f.* (*calura*) great heat, heat wave.
canicolare *a.* dog-day-, canicular.
canile *m.* **1** kennel. **2** (*luogo di allevamento*) kennels *pl.* ☐ ~ *municipale* (municipal) dog pound.
canino **I** *a.* canine. **II** *s.m.* (*dente*) canine.
canizie *f.* **1** white hair. **2** (*fig.*) old age.
canna *f.* **1** (*Bot.*) reed. **2** (*da pesca*) fishing -rod. **3** (*rif. ad arma da fuoco*) barrel. **4** (*della bicicletta*) cross-bar. **5** (*d'organo*) (organ-)pipe. ☐ **fucile** *a due canne* double -barrelled shotgun; ~ **fumaria** chimney, flue; **povero** *in* ~ poor as a church mouse.
cannella *f.* (*Bot., Gastr.*) cinnamon.
canneto *m.* cane-brake, reed; (*am.*) cane thicket.
cannibale *m.* cannibal.
cannibalismo *m.* cannibalism.
cannocchiale *m.* telescope. ☐ ~ *prismatico* prism binocular.
cannonata *f.* **1** cannon shot, cannonade. **2** (*fig.*) (*cosa strepitosa*) smasher. **3** (*Sport*) shot at goal. ☐ *è una* ~ it's terrific (*o* smashing).
cannoncino *m.* **1** light cannon (*o* gun). **2** (*di vestito*) small pleat. **3** (*Gastr.*) cannoncino (pastry filled with custard).
cannone *m.* **1** gun, cannon. **2** (*fam.*) ace, wizard. **3** (*Sartoria, Tessitura*) box pleat. **4** (*tubo*) pipe, tube. ☐ *sei un* ~ *in latino* you are a star in latin.
cannoneggiamento *m.* cannonade.
cannoneggiare *v.t./i.* to cannonade.
cannoniera *f.* **1** (*Mar.*) (*nave*) gunboat; (*apertura*) porthole. **2** (*Artiglieria*) embrasure.
cannoniere *m.* **1** (*soldato*) gunner. **2** (*Sport*) goal-kicker.
cannuccia *f.* thin cane; (*per bibita*) (drinking-) straw; (*della penna*) pen-holder; (*della pipa*) stem.
canoa *f.* canoe: *andare in* ~ to canoe.
canone *m.* **1** (*norma*) canon, standard criterion. **2** (*prestazioni in danaro*) rent, fee. **3** (*Rel., Mus.*) canon. ☐ ~ *d'***abbonamento** subscription fee; ~ *d'***affitto** rent.
canonica *f.* parsonage, presbytery.
canonico **I** *a.* canonical. **II** *s.m.* canon. ☐ *diritto* ~ canon law.
canonizzare *v.t.* to canonize.
canonizzazione *f.* canonization.
canoro *a.* singing, song-: *uccello* ~ songbird.
Canossa *N.pr.*: (*fig.*) *andare a* ~ to eat humble pie.
canottaggio *m.* (*a remi*) rowing; (*a pagaie*) canoeing. ☐ *gara di* ~ boat race.
canottiera *f.* T-shirt, vest.
canottiere *m.* rower, oarsman (*pl.* –men): *circolo dei canottieri* rowing club.
canotto *m.* rowing boat, skiff, (*am.*) rowboat. ☐ ~ **pneumatico** rubber dinghy; ~ *di* **salvataggio** lifeboat.
canovaccio *m.* **1** (*strofinaccio*) (dish)cloth. **2** (*tela da ricamo*) canvas. **3** (*Lett.*) (*trama*) plot.
cantabile **I** *a.* singable. **II** *s.m.* (*Mus.*) cantabile.
cantante **I** *a.* singing. **II** *s.m./f.* singer. ☐ ~ *di musica leggera* pop singer.
cantare **I** *v.i.* **1** to sing*: ~ *a orecchio* to sing by ear. **2** (*rif. a uccelli*) to sing*; (*rif. a gallo*) to crow; (*rif. a grilli, cicale*) to chirp. **3** (*fare la spia*) to squeal, (*fam.*) to grass. **II** *v.t.* to sing*. ☐ ~ *a* **bocca** *chiusa* to hum; **far** ~ *qd.* to make s.o. talk; ~ **vittoria** *su qd.*

to exult over s.o. ‖ *cantarle a qd.* to give s.o. a piece of one's mind.
cantastorie *m./f.* ballad singer; (*lett.*) bard.
cantata *f.* **1** song, singing. **2** (*Mus.*) cantata.
cantautore *m.* pop singer-composer.
canterano *m.* (*mobile*) chest of drawers.
canterellare *v.t./i.* to sing* to o.s., (*a bocca chiusa*) to hum.
canterino *a.* singing.
canticchiare → **canterellare**.
cantico *m.* canticle. □ (*Bibl.*) *il ~ dei cantici* the Song of Songs.
cantiere *m.* **1** (*Mar.*) dockyard, shipyard. **2** (*Edil.*) erecting yard.
cantilena *f.* **1** sing-song; (*ninnananna*) lullaby. **2** (*discorso uggioso*) old story.
cantina *f.* **1** cellar. **2** (*rivendita di vino*) wine -shop; wine bar.
cantiniere *m.* **1** cellarman (*pl.* –men). **2** (*oste*) wine-shop keeper.
canto[1] *m.* **1** song; (*il cantare*) singing. **2** (*rif. a uccelli*) singing; (*cinguettio*) chirping, twittering; (*rif. al gallo*) crowing; (*rif. a cicale*) chirping. **3** (*poesia*) lyric. **4** (*parte di un poema*) canto. **5** (*Lit.*) chant. □ (*fig.*) *il ~ del* **cigno** swan-song; *al ~ del* **gallo** at cock-crow; (*Mus.*) *~* **gregoriano** Gregorian chant; **maestro** *di ~* singing teacher; *canti di* **Natale** Christmas carols.
canto[2] *m.* **1** (*cantonata*) corner, street-corner. **2** (*angolo, spigolo*) corner. **3** (*parte*) side. □ *d'***altro** *~* on the other hand; **da** *un ~* in a way; **dal** *~ mio* as for me.
cantonale[1] *a.* cantonal.
cantonale[2] *m.* (*mobile*) corner cupboard.
cantonata *f.* **1** (street-)corner. **2** (*fig.*) (*errore grossolano*) blunder.
cantone[1] *m.* (*angolo*) corner.
cantone[2] *m.* (*in Svizzera*) canton.
cantoniera *f.* **1** (*abitazione*) trackman's house. **2** (*Strad.*) roadman's house.
cantoniere *m.* **1** (*Ferr.*) trackman (*pl.* –men). **2** (*Strad.*) roadman (*pl.* –men).
cantore *m.* singer; (*nel coro*) choir-singer, chorister.
cantoria *f.* (*collett.*) choir.
cantuccio *m.* **1** corner. **2** (*luogo appartato*) nook.
canuto *a.* white, hoary: *capelli canuti* white hair.
canzonare I *v.t.* to make* fun of, to laugh, to tease, (*fam.*) to pull the leg of. **II** *v.i.* (*scherzare*) to joke, to jest.
canzonatorio *a.* mocking, teasing.
canzonatura *f.* **1** (*il canzonare*) teasing, joking. **2** (*beffa*) joke.
canzone *f.* **1** song. **2** (*Lett.*) canzone (*pl.* canzoni).
canzonetta *f.* (light music) song, (*fam.*) pop song.
canzonettista *m./f.* cabaret singer.
canzoniere *m.* **1** song book. **2** (*Lett.*) collection of lyrics.
caos *m.* chaos (*anche fig.*).
caotico *a.* chaotic (*anche fig.*).
CAP = *Codice di Avviamento Postale* post-code; (*am.*) zip code.
capace *a.* **1** (*abile, competente*) able, competent, skilful: *un insegnante ~* a capable teacher; *un pilota molto ~* a very competent pilot. **2** (*in grado di*) able: *sei ~ di farlo?* are you able to (*o* can you) do it? **3** (*ampio, spazioso*) capacious, large: *un recipiente molto ~* a very capacious container.
capacità *f.* **1** capability, ability; (*perizia*) skill. **2** (*contenenza*) capacity, capaciousness: *~ d'una botte* capacity of a cask; (*rif. a locali*) seating-capacity. **3** (*Dir.*) capacity, competence, (*raro*) competency. **4** (*Fis., Inform.*) capacity: *~ di memoria* storage capacity. □ *~* **giuridica** legal competency; *un medico di* **grande** *~* a doctor of great ability; (*Dir.*) *~ di* **intendere** *e di volere* full possession of one's faculties; **manuale** manual skill.
capacitare *v.t.* to convince, to persuade. **capacitarsi** *v.r.* to convince o.s., to realize. □ *non riesco a capacitarmi di questo* I cannot accept this.
capanna *f.* hut; cabin.
capannello *m.* knot of persons, small group. □ *fare ~* to gather in a crowd.
capanno *m.* **1** (*cabina balneare*) bathing hut. **2** (*da caccia*) shooting hut.
capannone *m.* **1** shed; (*magazzino*) warehouse. **2** (*Aer.*) hangar.
caparbietà *f.* obstinacy, stubbornness.
caparbio *a.* stubborn, obstinate.
caparra *f.* deposit, down payment: *dare una ~ a qd. per qc.* to give s.o. a deposit on s.th.
capatina *f.* flying visit. □ *fare una ~ in un luogo* to put in an appearance (at a place), to drop in a place.
capeggiare *v.t.* to lead*, to head.
capello *m.* **1** hair. **2** *pl.* (*capigliatura*) hair (costr. sing.): *ha molti capelli* he has a lot of hair. □ *capelli* **arruffati** ruffled (*o* tousled) hair; *capelli* **biondi** fair (*o* blond) hair; *gli* **cadono** *i capelli* his hair is falling out; *averne* **fin** *sopra i capelli* to be fed up (*di* with), to be sick to death (of); *mettersi le* **mani** *nei capelli* to tear one's hair out; **perdere** *i capelli* to lose one's hair; (*fig.*) **prendersi** *per i capelli* to quarrel; *far* **rizzare** *i capelli sul capo a qd.* to make s.o.'s hair stand on end; *capelli a* **spazzola** crew cut; **taglio** *di capelli* haircut; (*fig.*) **tirare** *per i capelli* to force, to drag.
capellone *m.* long-haired youth; (*estens.*) hippie.
capelluto *a.* thick-haired, hairy: *cuoio ~* scalp.
capelvenere *m.* (*Bot.*) maiden hair.
capestro *m.* **1** (hangman's) rope. **2** (*cordone dei frati*) girdle.
capezzale *m.* **1** (*cuscino duro*) bolster. **2** (*fig.*) bedside; (*di malato*) sick-bed; (*di moribondo*) death-bed.
capezzolo *m.* (*Anat.*) nipple.
capiente *a.* capacious.

capienza *f.* capacity; (*di un magazzino*) storage capacity.
capigliatura *f.* hair (costr. sing.).
capillare I *a.* **1** (*Anat.*) capillary. **2** (*fig.*) vast, widespread: *organizzazione* ~ widespread organization. **II** *s.m.* capillary.
capillarità *f.* (*Fis.*) capillarity.
capinera *f.* (*Zool.*) black cap.
capire *v.t.* **1** to understand*: *non capisco il tedesco* I don't understand German. **2** (*rendersi conto*) to realize. **3** (*assol.*) to be intelligent (*o* bright): *è un ragazzo che capisce tutto* he is a bright boy. **4** (*usato impersonalmente: essere chiaro*) naturally, of course: *pagherà la ditta, si capisce* the company will pay, of course. **capirsi** *v.r.recipr.* to understand* e.o.: *i due non si capiscono più* the two of them don't understand each other any more. ◻ *non ne capisce un'***acca** he doesn't understand a word of it; **far** ~ *qc. a qd.* to make s.o. understand s.th.; **farsi** ~ to make o.s. understood; ~ *a* **volo** to understand in a flash.
capitale[1] *a.* **1** capital: *pena* ~ capital punishment. **2** (*principale*) main, chief; major: *è di importanza* ~ it's of major importance.
capitale[2] *f.* capital: *Roma è la* ~ *d'Italia* Rome is the capital of Italy.
capitale[3] *m.* **1** (*Econ.*) capital. **2** (*fig.*) capital, store. ◻ ~ **immobiliare** real estate; **investimento** *di capitali* investment of capital; ~ **sociale** capital stock; partnership's capital; ~ **versato** paid-up capital.
capitalismo *m.* capitalism.
capitalista *a./s.m.* capitalist.
capitalistico *a.* capitalist(ic).
capitalizzare *v.t.* to capitalize.
capitanare *v.t.* to command, to lead*, to captain.
capitaneria *f.* territory under port authorities. ◻ ~ *di porto* harbour master's office.
capitano *m.* **1** (*Mil.*) captain; (*Mar.*) (sea) captain. **2** (*estens.*) (*capo*) leader, chief. **3** (*Sport*) captain. ◻ ~ *di lungo* **corso** master; ~ *d'***industria** captain of industry; ~ *di* **vascello** captain.
capitare I *v.i.* **1** (*giungere per caso*) to happen, to come*, to find* oneself, (*fam.*) to turn up: *se capiti a Roma vieni a trovarmi* if you happen to come to Rome come and see me. **2** (*presentarsi: rif. a cose*) to occur, to arise*, to present itself: *gli è capitata una buona occasione* a good opportunity has come his way (*o* presented itself to him). **II** *v.impers.* to happen, to befall*, to come* about: *capita spesso che litighino* it often happens that they quarrel. ◻ (*iron.*) *siamo capitati* **bene**! this is a fine kettle of fish!; *gli è capitata una* **disgrazia** he has had a piece of bad luck; **dove** *capita* anywhere; ~ **male** to be unlucky; *se capiterà l'***occasione** should the occasion arise; *capitano* **tutte** *a me* it always happens to me.
capitello *m.* **1** (*Arch.*) capital. **2** (*Legatoria*) headband.
capitolare *v.i.* to capitulate; (*fig.*) to surrender.
capitolato *m.* specifications *pl.* of a contract.
capitolazione *f.* capitulation.
capitolo *m.* **1** chapter. **2** (*unità del bilancio*) item. **3** (*Rel.*) (*collegio*) chapter; (*sala capitolare*) chapter-house. ◻ *avere voce in* ~ to have a say in the matter.
capitombolare *v.i.* to fall* headlong, to tumble.
capitombolo *m.* headlong fall, tumble. ◻ *a capitomboli* head over heels.
capo *m.* **1** head. **2** (*chi comanda*) leader, head; manager; (*fam.*) boss; (*di tribù*) chief. **3** (*estremità*) end. **4** (*singolo animale*) head (*pl. inv.*), animal. **5** (*pezzo: di vestiario*) article, item. **6** (*Geog.*) cape. ◻ *andare* **a** ~ to start a new paragraph; *punto e* **a** ~ full stop, new line; *essere* **a** ~ *di un'azienda* to be at the head of a company; *lana* **a** *quattro capi* four-ply wool; **abbassare** *il* ~ to hang (*o* bow) one's head; ~ *d'***accusa** count of indictment, charge; *da un* ~ *all'***altro** from end to end; *cento capi di* **bestiame** a hundred head of cattle; *il* ~ *di* **casa** the head of the house; *a* ~ **chino** with bowed head; *non ha né* ~ *né* **coda** there's no rhyme or reason to it; (*fig.*) *fra* ~ *e* **collo** unexpectedly; **da** ~ (all over) again, from the beginning; **da** ~ (*ripetere*) (once) again; **da** ~ *a piedi* from head to foot; *siamo* **da** ~ we're back where we started; **fare** ~ *a* (*andare a finire*) to lead to; **fare** ~ *a qd.* (*dipendere*) to depend on s.o.; **in** ~ (in) chief: *aiutante in* ~ chief assistant; *a* ~ *del* **letto** at the head of the bed; **mettersi** *a* ~ *di* to take (*o* assume) command of; *andare in* ~ *al* **mondo** to go the ends of the earth; ~ *di* **partito** party leader; ~ *del* **personale** personnel manager; ~ *della* **polizia** chief of police; *a* ~ **scoperto** bare-headed; **scoprirsi** *il* ~ to take off one's hat; *per* **sommi** *capi* covering the main points; **venire** *a* ~ *di qc.* to get to the bottom of s.th.; *non* **venire** *a* ~ *di nulla* to reach no conclusion.
capobanda *m.* **1** (*Mus.*) bandmaster. **2** ring-leader; (*di delinquenti*) leader of a gang.
capocchia *f.* head: ~ *di spillo* pin-head.
capoccia *m.* (*sorvegliante*) overseer, foreman (*pl.* –men), (*fam.*) boss.
capocomico *m.* actor manager.
capocordata *m.* (*in montagna*) first climber on the rope.
capocuoco *m.* head cook, chef.
capodanno *m.* New Year's Day.
capodoglio *m.* (*Zool.*) spermwhale.
capofamiglia *m.* head of the family.
capofila *m./f.* **1** (*Sport*) leader of a file (*o* line). **2** (*rappresentante principale*) leader.
capofitto *a.*: *a* ~ headlong, head first: *cadere a* ~ to fall headlong.
capogiro *m.* (fit of) dizziness (*o* giddiness) ◻ *ho il* ~ I feel dizzy.

capogruppo *m.* group (*o* team) leader.
capoinfermiera *f.* matron.
capolavoro *m.* masterpiece.
capolinea *m.* terminus (*pl.* termini).
capolino *m.* (*Bot.*) capitulum, (*pl.* capitula); head. ▭ *fare* ~ to peep in.
capolista **I** *s.m.* (*Pol.*) head of a list. **II** *s.f.* (*Sport*) top team. **III** *a.* leading, first on the list.
capoluogo *m.* chief town. ▭ ~ *di provincia* capital of a Province.
capomastro *m.* master builder; master mason.
capoofficina *m.* shop (*o* chief) foreman (*pl.* –men).
capooperaio *m.* foreman (*pl.* –men).
caporale *m.* (*Mil.*) lance-corporal.
caporedattore *m.* chief editor.
caporeparto *m./f.* (*di fabbriche*) foreman (*pl.* –men); (*di grandi magazzini*) shopwalker, (*am.*) floorwalker; (*di ufficio*) department head.
caposala *s.f.* (*Med.*) ward sister, matron.
caposaldo *m.* **1** (*Topografia*) datum (*pl.* data) point. **2** (*Mil.*) strong point, stronghold. **3** (*fig.*) (*fondamento*) cornerstone, basis (*pl.* bases).
caposcuola *m./f.* founder of a school of art (*o* thought).
caposezione *m.* head of a department.
caposquadra *m.* **1** (*Mil.*) section leader, (*am.*) squad leader. **2** (*di operai*) foreman (*pl.* –men). **3** (*Sport*) captain.
capostazione *m.* station-master.
capostipite *m.* founder of a family, progenitor.
capotavola *m.* head of the table.
capote *fr.* [ka'pɔ:t] *f.* (*Aut.*, *Aer.*) hood. ▭ ~ *rigida* hard top.
capotreno *m.* guard, (*am.*) conductor.
capotribù *m.* chieftain.
capottare *v.i.* **1** (*Aut.*) to overturn, to turn over. **2** (*Mar.*) to capsize. **3** (*Aer.*) to somersault.
capoufficio *m.* head clerk, chief clerk; (*fam.*) boss.
capoverso *m.* **1** paragraph. **2** (*Tip.*) indent, indentation. **3** (*comma*) paragraph.
capovolgere *v.t.* **1** to turn upside down, to overturn. **2** (*fig.*) to change completely (*o* radically). **capovolgersi** *v.i.pron.* **1** to overturn. **2** (*Mar.*) to capsize. **3** (*fig.*) to change completely (*o* radically).
capovolgimento *m.* **1** overturning; (*di natanti*) capsizing. **2** (*fig.*) reversal, upset, radical change.
cappa *f.* **1** cloak, cape. **2** (*Rel.*) cowl. **3** (*parte del camino*) hood. **4** (*Mar.*) tarpaulin. ▭ (*fig.*) *sentirsi sotto una* ~ *di* **piombo** to feel weighed down; **romanzo** *di* ~ *e spada* cloak-and-dagger novel; *una* ~ *di* **visone** a mink coat.
cappella *f.* **1** chapel. **2** (*Mus.*) chapel. **3** (*di funghi*) cap.
cappellaio *m.* (*fabbricante e venditore*) hatter.
cappellano *m.* chaplain.
cappellata *f.* hatful.
cappelliera *f.* hatbox.
cappello *m.* **1** hat. **2** (*fig.*) (*preambolo*) introduction, preamble. ▭ (*Giorn.*) ~ *di un* **articolo** lead of an article; ~ *a* **cilindro** top hat; ~ **duro** bowler (hat), (*am.*) derby; ~ **floscio** soft (felt) hat; ~ *di* **paglia** straw hat; ~ *a tre* **punte** cocked hat.
cappero *m.* (*Bot.*) caper.
cappio *m.* **1** slip (*o* running) knot. **2** (*capestro*) noose, rope.
cappone *m.* (*Zool.*) capon.
cappotto *m.* **1** coat. **2** (*nel gioco*) capot.
Cappuccetto Rosso *N.pr.f.* Little Red Riding Hood.
cappuccino *m.* **1** (*frate*) Capuchin (friar). **2** (*caffè con latte*) white coffee, (*am.*) coffee with milk.
cappuccio *m.* **1** hood. **2** (*Rel.*) cowl. **3** (*Mecc.*) cap. **4** (*di stilografica*) cap.
capra *f.* (*Zool.*) goat; (*femmina*) she-goat. ▭ **salvare** ~ *e cavoli* to have one's cake and eat it; **sentiero** *da capre* goat track.
capretto *m.* **1** (*Zool.*) kid. **2** (*pelle*) kid(skin).
capriata *f.* (*Edil.*) truss.
capriccio *m.* **1** whim, caprice, fancy. **2** (*di bambini*) tantrum. **3** (*Mus.*) capriccio. ▭ *fare i capricci* to have tantrums.
capriccioso *a.* **1** capricious. **2** (*rif. a bambini*) naughty. **3** (*stravagante*) original. **4** (*rif. al tempo*) changeable.
Capricorno *N.pr.* (*Astr.*) Capricorn.
caprino *a.* goat, goat's: *latte* ~ goat's milk; (*simile a capra*) goatish, goat-like.
capriola *f.* caper; gambol, somersault: *fare una* ~ to turn a somersault.
capriolo *m.* (*Zool.*) roe deer, (*maschio*) roebuck, (*femmina*) doe.
capro *m.* (*Zool.*) billy goat, he-goat. ▭ (*fig.*) ~ *espiatorio* scapegoat.
caprone *m.* (*Zool.*) billy goat, he-goat.
capsula *f.* **1** capsule. **2** (*di proiettile*) (percussion) cap, primer. **3** (*per esplosivi*) detonator. **4** (*di dente*) crown. ▭ ~ *spaziale* space capsule.
captare *v.t.* **1** (*Rad.*, *Tel.*) to pick up. **2** (*intercettare*) to intercept. **3** (*capire per intuito*) to catch* on.
capzioso *a.* captious.
carabattola *f.* (*fam.*) thing, trinket.
carabina *f.* carbine.
carachiri *m.* hara-kiri.
caracollare *v.i.* (*Equitazione*) to caracole.
caraffa *f.* carafe; decanter.
Caraibi *N.pr.m.pl.* (*Geog.*) Caribbeans, Caribs.
Caraibico *a.* Caribbean: *Mar* ~ Caribbean (sea).
carambola *f.* (*biliardo*) cannon, (*am.*) carom; (*gioco della carambola*) (*am.*) carom billiards *pl.* (costr. sing.).
carambolare *v.i.* to cannon, (*am.*) to carom.
caramella *f.* **1** sweet, (*am.*) candy. **2** (*mono-*

colo) monocle. ▭ ~ *per la tosse* cough drop.
caramellare *v.t.* to caramelize.
caramello *m.* (*Gastr.*) caramel.
caramelloso *a.* syrupy; (*fig.*) sugary.
carato *m.* **1** carat. **2** (*quota*) share. **3** (*Mar.*) ship's part. ▭ *oro a ventiquattro carati* twenty-four carat gold.
carattere *m.* **1** character. **2** (*indole*) nature, disposition. **3** (*forza di carattere*) backbone. **4** (*natura*) nature, type, kind: *le domande furono di ~ generale* the questions were of a general nature. **5** (*caratteristica*) characteristic, peculiarity. **6** (*lettera scritta*) letter: *caratteri greci* Greek letters. **7** (*Tip.*) type: *in ~ corsivo* in italic type (*o* in italics). ▭ **avere** ~ to have a strong character; *essere di* **buon** ~ to have a good nature, to be good -natured; ~ **debole** weak character; **fermezza** *di* ~ strength of character; *essere* **in** ~ to go with, to suit; *non è* **nel** *suo ~ rispondere male* it is out of character for him to answer back; *è una persona* **senza** ~ he has no character, he is spineless.
caratterista *m./f.* (*Teat., Cin.*) character actor.
caratteristica *f.* **1** characteristic, distinctive (*o* main) feature, peculiarity. **2** (*Fis., Mat.*) characteristic.
caratteristico *a.* characteristic; (*rif. solo a persone*) typical, distinctive.. ▭ **note** *caratteristiche* performance report; **segni** *caratteristici* distinguishing marks.
caratterizzare *v.t.* to characterize, to distinguish.
caratura *f.* **1** carat. **2** (*Mar.*) (partnership) share; ship's part.
caravella *f.* (*Mar., ant.*) car(a)vel.
carboidrato *m.* (*Chim.*) carbohydrate.
carbonaia *f.* **1** charcoal kiln. **2** (*nelle case*) coal cellar. **3** (*Mar.*) bunker.
carbonaio *m.* coal merchant.
carbonato *m.* carbonate.
carbonchio *m.* **1** (*Med., Mil.*) carbuncle. **2** (*Veterinaria*) anthrax. **3** (*Agr.*) smut.
carboncino *m.* **1** charcoal pencil (*o* stick). **2** (*disegno*) charcoal (drawing).
carbone *m.* **1** coal. **2** (*Agr.*) smut. **3** (*Chim.*) carbon. ▭ **a** ~ coal-, coal-burning: *stufa a ~* coal stove; (*fig.*) *essere* (o *stare*) *sui carboni* **accesi** to be on tenterhooks; **carta** ~ carbon paper; **copia** ~ carbon copy; **nero** *come il ~* as black as coal; *un* **pezzo** *di ~* a lump of coal.
carbonella *f.* charcoal.
carbonico *a.* carbonic.
carbonifero *a.* carboniferous; coal.
carbonio *m.* (*Chim.*) carbon.
carbonizzare *v.t.* to carbonize, to char. **carbonizzarsi** *v.i.pron.* to be carbonized. ▭ *morire carbonizzato* to burn (*o* be burnt) to death.
carburante *m.* motor fuel. ▭ *fare rifornimento di ~* to refuel.
carburare *v.t.* **1** (*Mot.*) to carburet. **2** (*Chim.*) to carburet, to carburize.
carburatore *m.* (*Mot.*) carburettor, carburetter.
carburazione *f.* **1** (*Mot.*) carburetion, carburation. **2** (*Met.*) carburization. **3** (*Chim.*) carburetion.
carburo *m.* (*Chim.*) carbide.
carcassa *f.* **1** (*di animale morto*) carcass. **2** (*Mecc.*) frame, yoke; (*intelaiatura*) framework, skeleton. **3** (*Mar.*) hulk. **4** (*spreg.*) wreck; (*rif. a persona*) skin and bones. ▭ *la mia automobile è una vecchia ~* my car is an old crock.
carcerare *v.t.* to imprison, to goal, to jail.
carcerario *a.* prison-, gaol-.
carcerato *m.* prisoner; convict.
carcerazione *f.* imprisonment.
carcere *m.* **1** prison, gaol, jail. **2** (*pena*) imprisonment. ▭ **andare** *in ~* to go to prison; **condannare** *a dieci anni di ~* to sentence to ten years' imprisonment; **mettere** *in ~* to put in gaol; ~ **minorile** juvenile prison; ~ **preventivo** custody pending trial.
carceriere *m.* warder, gaoler.
carcinoma *m.* (*Med.*) carcinoma.
carciofo *m.* (*Bot.*) artichoke.
Card. = *Cardinale* Cardinal.
cardare *v.t.* (*Tessitura*) to card.
cardatura *f.* carding.
cardiaco **I** *a.* (*Med.*) cardiac, heart-: *attacco ~* heart attack. **II** *s.m.* heart patient, cardiopath.
cardinale[1] *a.* cardinal: *numero ~* cardinal number.
cardinale[2] *m.* (*Rel.*) cardinal.
cardine *m.* **1** hinge. **2** (*fig.*) foundation, cornerstone.
cardiochirurgia *f.* heart (*o* cardiac) surgery.
cardiochirurgo *m.* heart surgeon.
cardiocircolatorio *a.* cardiocirculatory.
cardiologia *f.* cardiology.
cardiologo *m.* cardiologist.
cardiopalma *m.* (*Med.*) palpitation of the heart.
cardiopatia *f.* cardiopathy.
cardiotonico *a./s.m.* cardiotonic.
cardo *m.* **1** (*Bot.*) thistle, (*commestibile*) cardoon. **2** (*Tessitura*) card(er).
carena *f.* **1** (*Mar.*) keel, bottom; hull. **2** (*Zool., Anat.*) carina (*pl.* carinae).
carenaggio *m.* (*Mar.*) careening. ▭ *bacino di ~* dry dock.
carenare *v.t.* (*Mar.*) to careen.
carenatura *f.* (*Mar., Aer.*) fairing.
carenza *f.* **1** (*mancanza*) want, lack. **2** (*scarsità*) shortage, scarcity. **3** (*Med.*) deficiency: ~ *di vitamine* vitamine deficiency.
carestia *f.* famine.
carezza *f.* (*rif. a persone*) caress, cuddle; (*rif. ad animali*) pat, stroke.
carezzare *v.t.* **1** (*accarezzare*) to caress, to cuddle; (*rif. ad animali*) to stroke. **2** (*fig.*) (*vagheggiare*) to cherish, to entertain. ▭ ~ *un'idea* to cherish an idea.
carezzevole *a.* affectionate, endearing.

cargo *m.* **1** (*Mar.*) cargo boat (*o* ship), freighter. **2** (*Aer.*) fright plane, air freighter.
cariare *v.t.* to rot; to decay; to cause caries in. **cariarsi** *v.i.pron.* to decay: *mi si è cariato un dente* my tooth has decayed.
cariatide *f.* (*Arch.*) caryatid.
cariato *a.* (*Med.*) decayed, carious.
caribico → **caraibico**.
carica *f.* **1** (*pubblico ufficio*) office, position. **2** (*Mil.*) (*assalto*) charge. **3** (*Sport*) tackle. **4** (*Mil.*) (*rif. ad armi da fuoco*) loading; (*esplosivo*) charge. **5** (*di congegni a molla*) winding. **6** (*El.*) charge. **7** (*fig.*) (*slancio, energia*) drive. ☐ (*Mil.*) ~ *di* **cavalleria** cavalry charge; **dare** *la* ~ to wind (up): *dare la* ~ *all'orologio* to wind one's watch; **dimettersi** *da una* ~ to resign from office; *essere* **in** ~ to hold (*o* be in) office; *restare* **in** ~ to continue in office; **occupare** *una* ~ to hold an office; *a* **passo** *di* ~ at the double (*anche fig.*); *avere una* ~ *di* **simpatia** to be a likeable person; *le alte cariche dello* **Stato** the dignities of the State; (*fig.*) **tornare** *alla* ~ to insist, to persist.
caricamento *m.* loading.
caricare *v.t.* **1** to load; (*fare un carico*) to load (up), to take* on. **2** (*riempire*) to fill (up): ~ *la pipa* to fill one's pipe. **3** (*Mil.*) to load. **4** (*El., Met., Mil.*) to charge. **5** (*rif. a congegni a molla*) to wind* (up): ~ *l'orologio* to wind the clock. **6** (*Sport*) to tackle. **caricarsi** *v.r.* to overburden o.s. ☐ *caricarsi di* **debiti** to plunge into debt; ~ *la* **dose** to increase the dose; (*fig.*) to lay it on thick; *si caricò il* **ferito** *sulle spalle* he hoisted the wounded man on to his shoulders; ~ *la* **macchina** *fotografica* to load one's camera.
caricato *a.* **1** (*affettato*) affected. **2** (*esagerato*) exaggerated.
caricatore *m.* **1** (*Mar.*) loader, stevedore, (*am.*) longshoreman (*pl.* –men). **2** (*Mil., Met.*) charger. **3** (*Mil.*) (*rif. a fucile*) cartridge clip; (*rif. a mitra*) magazine. **4** (*Fot.*) magazine.
caricatura *f.* caricature: *mettere in* ~ to caricature.
caricaturale *a.* grotesque, ludicrous.
caricaturista *m./f.* caricaturist.
carico[1] *a.* **1** loaded, laden: *camion* ~ *di pietre* lorry loaded with stones. **2** (*intenso: rif. a colore*) deep, vivid: *rosso* ~ deep red. **3** (*rif. a congegno a molla*) wound up. **4** (*rif. ad armi da fuoco*) loaded. **5** (*El.*) charged. ☐ ~ *d'***anni** burdened with years; ~ *di* **debiti** burdened with debts; ~ *come un* **somaro** loaded up like a pack-horse.
carico[2] *m.* **1** load; (*di un carico*) castload; (*di una nave*) shipload. **2** (*il caricare*) loading. **3** (*peso*) burden, weight (*anche fig.*). **4** (*onere*) charge, expense: *a mio* ~ at my expense. ☐ **a** ~ *di* (*contro*) against: *processo a* ~ *di qd.* proceedings against s.o.; *teste* **a** ~ witness for the prosecution; **a** ~ *di* (*a spese di*) to the account of, to be paid by: *le spese sono a* ~ *vostro* the expenses will be (charged) to your account; (*rif. a persone*) dependent: *ha tre figli a* ~ he has three dependent children; *vivere* **a** ~ *di qd.* to be supported by s.o.; **da** ~ cargo-: *nave da* ~ cargo ship; *a* **pieno** ~ fully loaded.
carie *f.* (*Med.*) caries; decay.
carillon *fr.* [kari'jɔ̃:] *m.* **1** (*Mus.*) carillon. **2** (*scatola armonica*) music box.
carino *a.* (*gentile*) nice, agreeable; (*grazioso*) charming, delightful, pretty, (*fam.*) cute.
carisma *m.* charism(a).
carismatico *a.* charismatic.
carità *f.* **1** charity. **2** (*elemosina*) charity, alms *pl.* ☐ **fare** *la* ~ (*a qd.*) to give (s.o.) alms; **fammi** *la* ~ *di tacere* please keep quiet; **istituto** *di* ~ charitable institution; **per** ~ (*richiesta*) for heaven's sake; (*rifiuto*) God forbid, (*fam.*) not on your life; **suora** *di* ~ Sister of Charity.
caritatevole *a.* charitable, benevolent.
carlinga *f.* (*Aer.*) cockpit.
Carlo *N.pr.m.* Charles.
carlona: *alla* ~ in a slapdash (*o* sloppy) manner.
Carlotta *N.pr.f.* Charlotte.
carme *m.* (*Lett.*) poem, song.
carmelitano *m.* Carmelite.
carminio *m.* carmine. ☐ *color* ~ crimson, carmine (like).
carnagione *f.* complexion.
carnaio *m.* **1** (*spreg.*) (*luogo molto affollato*) crush. **2** (*fig.*) (*strage*) slaughter, carnage.
carnale *a.* **1** carnal, sensual: *piaceri carnali* carnal pleasures. **2** (*consanguineo*) blood-: *fratelli carnali* blood brothers.
carne *f.* **1** flesh. **2** *pl.* (*corpo umano*) flesh: *carni sode* firm flesh. **3** (*Gastr.*) meat. **4** (*polpa di frutta, funghi*) flesh, pulp. **5** (*fig.*) (*i sensi*) flesh. ☐ ~ **congelata** frozen meat; ~ **equina** horsemeat; (*fig.*) *mettere troppa* ~ *al* **fuoco** to bite off more than one can chew; *essere bene* **in** ~ to be plump; ~ *di* **maiale** pork; ~ *di* **manzo** beef; *in* ~ *e* **ossa** in the flesh, in person; *né* ~ *né* **pesce** neither one thing nor another; ~ *in* **scatola** tinned meat, (*am.*) canned meat.
carnefice *m.* **1** executioner; (*rif. all'impiccagione*) hangman (*pl.* –men). **2** (*fig.*) persecutor.
carneficina *f.* slaughter, massacre: *fare una* ~ to slaughter.
carnevalata *f.* **1** carnival fun, revelry. **2** (*gazzarra*) prank, uproar. **3** (*buffonata*) farce.
carnevale *m.* carnival (*anche fig.*).
carnevalesco *a.* carnival-, carnival-like.
carnicino *a.* flesh-coloured.
carniere *m.* gamebag.
carnivoro I *a.* carnivorous, flesh-eating: *pianta carnivora* carnivorous plant. **II** *s.m.* carnivore, flesh-eater.
carnoso *a.* fleshy, plump: *un frutto* ~ a fleshy fruit.
caro I *a.* **1** dear, beloved, darling: *un* ~ *ami-*

co a dear friend; (*epist.*) Dear: *Cara mamma* Dear Mummy. **2** (*costoso*) dear, expensive: *un negozio* ~ an expensive shop. **II** *s.m.* **1** dear. **2** *pl.* dear ones *pl.*, loved ones *pl.*, family. **III** *avv.* dearly, dear. ▭ **aver** ~ *qd.* to love (*o* be fond of) s.o.; **costare** ~ to be expensive; (*fig.*) to cost dear: *ti costerà cara la tua impertinenza* your impertinence will cost you dear; ~ **mio** my dear man (*o* fellow); **pagare** ~ *qc.* to pay a lot for s.th.; (*fig.*) to pay dearly for s.th.; *a* ~ **prezzo** at a high price; (*fig.*) dearly.

carogna *f.* **1** carrion, rotting carcass. **2** (*fig.*) stinker.

Carolina *N.pr.f.* Caroline.

carosello *m.* **1** (*torneo*) car(r)ousel. **2** (*giostra*) merry-go-round, (*am.*) carousel. **3** (*fig.*) whirl, vortex: *un* ~ *di automobili* a whirl of cars; *un* ~ *di idee* a vortex of ideas.

carota *f.* **1** (*Bot.*) carrot. **2** (*Min.*) core.

carotide *f.* (*Anat.*) carotid.

carovana *f.* **1** caravan. **2** (*gruppo di persone*) large company, party, (*scherz.*) horde. **3** (*fig.*) (*fila*) caravan, procession.

carovaniera *f.* caravan route.

carovaniere *m.* caravan guide.

carovaniero *a.* caravan-.

carovita *m.* **1** high cost of living. **2** (*indennità*) cost of living allowance.

carpa *f.* (*Zool.*) carp.

carpenteria *f.* **1** (*arte*) carpentry. **2** (*officina*) carpenter's shop.

carpentiere *m.* **1** carpenter. **2** (*Mar.*) shipwright. **3** (*carradore*) cartwright.

carpire *v.t.* **1** to snatch, to seize. **2** (*ottenere con astuzia*) to obtain by trickery, (*fam.*) to get* out of. ▭ ~ *una* **promessa** to snatch a promise; ~ *un* **segreto** to wring out a secret.

carpo *m.* (*Anat.*) carpus.

carpone, **carponi** *avv.* on all fours.

carrabile → **carraio.**

carraio *a.* carriage-: *passo* ~ (carriage) driveway.

carrata *f.* cartload, cartful.

carreggiabile *a.*: *strada* ~ cart-track

carreggiare *v.t.* to cart.

carreggiata *f.* **1** roadway, carriageway. **2** (*solco delle ruote*) rut. **3** (*larghezza di un veicolo*) gauge. **4** (*fig.*) track, way. ▭ **mettersi** *in* ~ to get into line; **rimettere** *qd. in* ~ to set s.o. on the right track.

carrellare *v.i.* (*Cin., TV*) to track, to dolly.

carrellata *f.* tracking (*o* running) shot, dolly (*o* travelling) shot.

carrello *m.* **1** trolley, truck; (*di supermercato*) shopping trolley. **2** (*Mecc.*) carriage. **3** (*portavivande*) trolley. **4** (*Cin., TV*) dolly. **5** (*in miniera*) corf, (*am.*) car. **6** (*Aer.*) undercarriage, landing gear.

carretta *f.* **1** two-wheel cart. **2** (*estens.*) (*mezzo di trasporto vecchio e malandato*) wreck, jalopy, buggy. ▭ (*fig.*) *tirare la* ~ to plod along.

carrettata *f.* (cart)load, cartful.

carrettiere *m.* carter, cart-driver.

carretto *m.* **1** barrow. **2** (*Teat.*) pulleys *pl.* (for changing scenes).

carriera *f.* career, profession. ▭ **a** *gran* ~ at full speed; **abbracciare** *una* ~ to take up a career; *andare* **di** (*gran*) ~ to run (*o* go) at full speed; **fare** ~ to get on; to go up the ladder; **ufficiale** *di* ~ regular officer.

carriola *f.* wheelbarrow.

carrista *m.* (*Mil.*) tank crew-member, (*am.*) tanker.

carro *m.* **1** (*a quattro ruote*) wag(g)on; (*a due ruote*) cart. **2** (*Ferr.*) wag(g)on, (*am.*) car. **3** (*carico*) cartload, wag(g)on-load. ▭ *carri* **allegorici** (processional) floats; (*Mil.*) ~ **armato** tank; (*Aut.*) ~ **attrezzi** breakdown lorry, (*am.*) wrecking truck; (*fam.*) wrecker; ~ **bestiame** livestock (*o* cattle) trailer; (*Ferr.*) cattle wagon, (*am.*) stock car; (*Mil.*) ~ **blindato** armoured car; ~ **funebre** hearse; (*Astr.*) **Gran** *Carro* Great Bear; ~ **merci** freightcar; (*fig.*) **mettere** *il* ~ *innanzi ai buoi* to put the cart before the horse; (*Astr.*) **Piccolo** *Carro* Little Bear; ~ **rifiuti** refuse collector.

carrozza *f.* **1** carriage, coach. **2** (*Ferr.*) coach, (*pop.*) carriage, (*am.*) passenger car. ▭ ~ **belvedere** observation carriage (*o* coach), (*am.*) dome car; ~ *di prima* **classe** first-class carriage; ~ *con* **cuccette** coach with couchettes; **in** ~*!* all aboard!; ~ *di* **piazza** cab hackney carriage; ~ **ristorante** dining car.

carrozzabile *f.* carriage way.

carrozzare *v.t.* to build* the bodywork.

carrozzella *f.* **1** (*per bambini*) pram, (*am.*) baby carriage. **2** (*per paralitici*) wheelchair **3** (*carrozza di piazza*) cab.

carrozzeria *f.* **1** body, coachwork. **2** (*officina*) (*am.*) body shop.

carrozziere *m.* **1** (*Aut.*) (*progettista*) car-body designer; (*costruttore*) car-body builder; (*chi fa riparazioni*) car repairer. **2** coach-maker, carriage-builder.

carrozzina *f.* pram, (*am.*) baby carriage; (*passeggino*) push-chair.

carrozzone *m.* large wagon; (*del circo*) caravan.

carruba *f.* (*Bot.*) carob.

carrucola *f.* (*Mecc.*) pulley.

carsico *a.* (*Geol.*) karst(ic).

carta *f.* **1** paper. **2** (*dichiarazione programmatica*) charter. **3** (*carta geografica*) map. **4** (*Mar.*) chart. **5** (*carta da gioco*) card. **6** (*lista delle vivande*) menu. **7** *pl.* (*documenti*) papers *pl.*, documents *pl.* ▭ (*gioco*) **alzare** *le carte* to cut (the cards); ~ **argentata** silver paper; (*Stor.*) *Carta* **Atlantica** Atlantic Charter; ~ **automobilistica** (o *stradale*) road map; (*fig.*) *dare* ~ **bianca** *a qd.* to give s.o. carte blanche; (*fig.*) **cambiare** *le carte in tavola* to twist the meaning; ~ *di* **credito** credit card; ~ *da* **disegno** drawing paper; ~ *da* **gioco** playing card; ~ *d'***identità** identity card; ~ **igienica** toilet paper; ~ *da* **lettere** writing-paper; ~ *per* **macchina** *da scrivere* typing paper; (*Stor.*) **Magna** *Carta* Magna Charta; **mangiare** *alla* ~ to eat à la carte; **mazzo** *di carte* pack of cards; ~ **millimetrata** graph paper; ~ **moneta** paper money; (*Geog.*) ~ **muta** skeleton map; ~ **nautica** nautical chart; ~ **oleata** grease-proof paper; ~ *da* **parati** wallpaper; **partita** *a carte* game of cards; ~ **patinata** glossy (*o* art) paper; ~ **pergamena** parchment paper; ~ **protocollo** foolscap; ~ **quadrettata** squared paper; *avere le carte in* **regola** to have one's papers in order; ~ **rigata** ruled paper; (*fig.*) *giocare a carte* **scoperte** to play (*o* act) above board; (*fig.*) *mettere le carte in* **tavola** to lay one's cards on the table; ~ **topografica** topographic map; ~ **velina** tissue paper; ~ **vetrata** sandpaper.

cartacarbone *f.* carbon paper.

cartaccia *f.* **1** waste paper. **2** (*a carte*) bad card.

cartaceo *a.* paper-.

cartapecora *f.* parchment, vellum.

cartapesta *f.* papier-mâché.

cartario *a.* paper-, papermaking: *industria cartaria* paper industry.

carteggio *m.* **1** correspondence, exchange of letters. **2** (*raccolta di lettere*) correspondence, collection of letters.

cartella *f.* **1** (*busta di pelle*) briefcase, portfolio; (*per scolari*) schoolbag, satchel. **2** (*scheda*) card. **3** (*custodia a forma di copertina*) folder, file. **4** (*foglio dattiloscritto*) typewritten page. ▭ ~ **clinica** medical record; ~ **personale** personal file; ~ *delle* **tasse** tax return form.

cartellino *m.* **1** (*etichetta*) label; (*indicante il prezzo*) price tag. **2** (*scheda*) card. **3** (*per il controllo delle ore di lavoro*) time-card. ▭ ~ *segnaletico* fingerprint card.

cartello[1] *m.* **1** sign, notice board; (*pubblicitario*) poster; (*in dimostrazioni e sim.*) placard. **2** (*cartello stradale*) road sign. ▭ **artista** *di* ~ a top-billing artist; ~ *dei* **prezzi** price tab.

cartello[2] *m.* (*Econ.*) cartel.

cartellone *m.* **1** (*Teat.*) (play-)bill. **2** (*manifesto pubblicitario*) poster, placard. **3** (*nella tombola*) scorecard.

cartellonista *m./f.* poster designer.

carter *m.* **1** (*Mecc.*) case, casing. **2** (*copricatena*) guard. **3** (*coppa dell'olio*) (oil-)sump.

cartesiano *a.* (*Filos., Geom.*) Cartesian.

cartiera *f.* paper mill.

cartilagine *f.* (*Anat.*) cartilage.

cartilagineo, **cartilaginoso** *a.* cartilaginous.

cartina *f.* **1** packet. **2** (*Geog.*) map. **3** (*per sigarette*) cigarette paper. **4** (*Farm.*) (envelope containing a) dose. ▭ *una* ~ *di aghi* a packet (*o* card) of needles.

cartoccio *m.* **1** (paper) bag; (*fatto a cono*) cornet. **2** (*di granoturco*) dried maize leaves *pl.* **3** (*di arma da fuoco*) scroll. ▭ *cucinare al* ~ to cook in a foil package.

cartografia *f.* map-making, cartography.

cartografo *m.* map-maker, cartographer.

cartolaio *m.* stationer.

cartoleria *f.* stationery shop, stationer's.

cartolibreria *f.* stationery and book shop.

cartolina *f.* (post)card. ▭ ~ **illustrata** picture postcard; ~ **postale** stamped postcard; (*Mil.*) ~ **precetto** call-up notice, (*am.*) draft card.

cartomante *m./f.* fortune-teller (by means of playing cards).

cartomanzia *f.* cartomancy.

cartoncino *m.* (*biglietto*) card.

cartone *m.* **1** cardboard. **2** (*Pitt.*) cartoon. ▭ *cartoni animati* cartoons.

cartuccia *f.* (*Mil., tecn.*) cartridge. ▭ ~ *a salve* blank cartridge.

cartucciera *f.* (*Mil.*) cartridge belt.

casa *f.* **1** house; (*edificio*) building; (*ambiente familiare*) home: ~ *a due piani* two-storey house. **2** (*appartamento*) flat, (*am.*) apartment. **3** (*dinastia*) house, dynasty. **4** (*governo di casa*) household. **5** (*Comm.*) firm, house. **6** (*comunità religiosa*) (religious) house. ▭ **a** ~ (*stato in luogo*) at home: *essere a* ~ to be at home; (*moto a luogo*) home: *andare a* ~ to go home; *a* ~ *mia* in my house, at home; ~ *d'***affitto** rented house; **badare** *alla* ~ to keep house; **cacciare** *di* ~ to throw (*o* kick) out of the house; **cambiare** ~ to move house; **cercare** ~ to look for a house; ~ *di* **città** town house; ~ **colonica** farmhouse; ~ *di* **cura** nursing home; **da** ~ house-: *giacca da* ~ house jacket; **di** ~ house-, household-: *faccende di* ~ household chores; *essere* **di** ~ to be like one of the family; ~ *del* **diavolo** hell; ~ **editrice** publishing house; (*Sport*) *giocare* **fuori** ~ to play away; ~ *da* **gioco** gambling house; **in** ~ (*stato in luogo*) at home; **in** ~ *Rossi* at the Rossis'; (*Sport*) *giocare* **in** ~ to play at home; **stare** *in* ~ *di qd.* to stay with s.o.; (*moto a luogo*) into the house; **mettere** *su* ~ (*ammobiliarla*) to set up house; (*sposarsi*) to settle down; ~ *di* **moda** fashion house; ~ **paterna** one's father's house; (*Dir.*) ~ *di* **pena** penitentiary; *case* **popolari** council houses (*o* flats); ~ *dello* **studente** student's hostel.

casacca *f.* **1** smock, loose jacket. **2** (*da fantino*) jacket. **3** (*Mil.*) cassock.

casaccio *m.*: *a* ~ at random.

casale *m.* **1** (*agglomerato rurale*) hamlet. **2** (*casa rustica*) farmhouse.

casalinga *f.* housewife (*pl.* –wives).

casalingo **I** *a.* domestic, household; (*semplice*) homely; (*che ama la vita casalinga*) home-loving; (*fatto in casa*) home-made: *cucina casalinga* home cooking. **II** *s.m.pl.* (*oggetti*) household articles; kitchen-ware.

casamatta *f.* (*Mil.*) casemate.

casamento *m.* **1** (*edificio*) large building; block of flats. **2** (*rif. agli inquilini*) tenants *pl.* of a block of flats.

casareccio → **casereccio**.

casata *f.* family lineage; (*scozz., irl.*) clan.

casato *m.* **1** (*cognome*) family name, surname. **2** (*stirpe*) family, stock, lineage.
cascame *m.* waste: *cascami di lana* wool waste.
cascamorto *m.*: *fare il* ~ to spoon.
cascante *a.* **1** (*cadente*) drooping, (*flaccido*) flabby. **2** (*fiacco*) feeble.
cascare *v.i.* **1** to fall*. **2** (*rif. a case, muri*) to collapse, to tumble down. **3** (*rif. a capelli, denti*) to fall* out. □ *qui casca l'***asino** there's the rub; ~ *dal* **letto** to fall out of bed; ~ **male** to be unlucky; *caschi il* **mondo** come what may; *non cascherà il* **mondo** *per questo* it's not the end of the world; *nemmeno se cascasse il* **mondo** for nothing in the world; ~ *dal* **sonno** to be ready to drop with sleep. ‖ *cascarci* to swallow the bait.
cascata *f.* **1** (*salto d'acqua*) (water-)fall (*gener. pl.*): *le cascate del Niagara* Niagara falls. **2** (*rif. a vesti, ornamenti, drappi*) cascade.
cascatore *m.* (*Cin.*) stuntman (*pl.* –men).
cascina *f.* **1** (*fattoria*) dairy farm. **2** (*caseificio*) cheese dairy (*o* factory). **3** (*casa colonica*) farmhouse.
cascinale *m.* farm-stead.
casco[1] *m.* **1** helmet; (*di protezione*) safety helmet; (*da motociclista, ecc.*) crash-helmet; (*casco coloniale*) sun-helmet. **2** (*del parrucchiere*) hair-dryer.
casco[2] *m.* (*Bot.*) bunch.
caseario *a.* cheese-, dairy-: *industria casearia* dairy-farming.
caseggiato *m.* **1** (*gruppo di case*) group of houses, block of buildings. **2** (*edificio*) block of flats, (*am.*) apartment building.
caseificio *m.* cheese factory.
casella *f.* **1** (*di uno schedario*) pigeon-hole. **2** (*riquadro di foglio*) square. □ ~ *postale* post (-office) box.
casellante *m.* **1** (*Ferr.*) gate-keeper. **2** (*Strad.*) toll collector.
casellario *m.* pigeon-holes *pl.*; (*schedario*) filing cabinet. □ ~ *giudiziario* criminal records (office).
casello *m.* **1** (*Ferr.*) gate-keeper's lodge. **2** (*Strad.*) toll-house.
casereccio *a.* home-made.
caserma *f.* (*Mil.*) barracks *pl.*
casino *m.* **1** (*casa di campagna per raduni di caccia*) country house. **2** (*postribolo*) brothel. **3** (*chiasso*) racket; (*confusione*) mess: *che* ~! what a racket! what a mess! □ *fare* ~ to kick up a racket; to make a real mess.
casinò *m.* casino.
casistica *f.* **1** survey; (*Med.*) case record (*o* report). **2** (*Teol.*) casuistry.
caso *m.* **1** (*avvenimento imprevisto*) accident, chance: *per* ~ by accident, by chance. **2** (*fatto, vicenda*) incident, event: *i casi della vita* the events of life. **3** (*occasione, possibilità*) opportunity, possibility, chance: *se si presentasse il* ~ if the opportunity arose. **4** (*destino*) fate: *è stato il* ~ *che ha voluto così* it was ordained by fate. **5** (*Med., Dir., Gramm.*) case. □ **a** ~ at random, carelessly: *parlare a* ~ to talk at random; *in* ~ **affermativo** in the affirmative; *in* **certi** *casi* in certain cases; (*talvolta*) sometimes; ~ **clinico** clinical case; *in* ~ **contrario** should that not be the case; ~ *di* **coscienza** matter of conscience; **darsi** *il* ~ to happen; ~ **disperato** hopeless case; *casi* **dubbi** doubtful cases; **essere** *il* ~ *di* (*essere opportuno*) to be a good thing; *non* **è** *il* ~ *di parlarne* there's no point in talking about it; **fare** *al* ~ (*essere opportuno*) to be just what one needs: *quest'uomo fa al* ~ *nostro* this is just the man we need; **mettiamo** *il* ~ *che* let's suppose that; **in** ~ if need be; **in** ~ *di dubbio* in case of doubt; **in** ~ *di morte* in the event of death; ~ **limite** borderline case; *nel* **migliore** *dei casi* if all goes well; **per** ~ by chance, by accident; *in* **questo** ~ if that is the case, under those circumstances; *a* **seconda** *dei casi* according to (the) circumstances; *in* **tal** ~ in such a case, in that case.
casolare *m.* homestead, farmhouse.
casotto *m.* **1** wooden hut; shelter. **2** (*Mil.*) sentry-box. **3** (*Ferr.*) signalman's cabin, gate-keeper's lodge. **4** (*pop.*) (*casino*) brothel.
Caspio, **Mar** *N.pr.m.* (*Geog.*) Caspian Sea.
cassa *f.* **1** case, chest, crate, box. **2** (*Comm.*) (*fondo*) fund. **3** (*ufficio cassa*) cash department. **4** (*sportello*) (cash-)desk, cashier's window. **5** (*istituto di credito*) bank. **6** (*cassa da morto*) coffin. **7** (*tecn.*) (*cassa di strumenti*) box. **8** (*Mus.*) case; box: ~ *armonica* sound box. **9** (*Anat.*) (*toracica*) chest. **10** (*Tip.*) case. □ ~ **comune** (*fam.*) kitty; ~ **continua** night safe; ~ **integrazione** unemployment allowance; (*Mus.*) **gran** ~ bass drum; **libro** *di* ~ day-book, cash-book; ~ **malattia** health insurance fund; ~ *dell'***orologio** watchcase; **pagare** *alla* ~ to pay at the desk; ~ *di* **previdenza** welfare fund; **pronta** ~ ready cash; *a* **pronta** ~ cash down, (*fam.*) cash on the nail; **registratore** *di* ~ cash-register; ~ *di* **risparmio** savings bank.
cassaforte *f.* **1** safe; strong-box. **2** (*camera blindata*) strong-room, vault.
cassapanca *f.* chest; (*con spalliera*) settle.
cassare *v.t.* **1** (*cancellare con un segno*) to cross out, to delete. **2** (*Dir.*) (*abrogare, revocare*) to quash, to annul.
cassazione *f.* (*Dir.*) cassation. □ *Corte di Cassazione* Court of Cassation; (*GB*) Supreme Court.
casseruola *f.* (sauce)pan; (*di coccio*) casserole.
cassetta *f.* **1** box; small case; (*per preziosi*) jewel box. **2** (*Mus.*) cassette. **3** (*sedile*) box, coachman's seat. **4** (*per frutta, verdura*) crate. □ ~ *degli* **arnesi** tool-case, tool-kit; ~ *dei* (o *da*) **fiori** flower-box; ~ *delle* **lettere** letter-box, (*am.*) mailbox, (*am.*) post-box; ~ *di* **medicazione** first-aid chest; **pane** *in* ~ loaf of bread; ~ *di* **sicurezza** (*in banca*) safe de-

posit box; **successo** *di* ~ box-office success.
cassettiera *f.* chest of drawers.
cassetto *m.* drawer.
cassettone *m.* **1** chest of drawers. **2** (*Arch.*) lacunar, coffer. □ *soffitto a cassettoni* coffered ceiling.
cassiere *m.* cashier; (*in banca*) teller.
cassone *m.* **1** (*mobile*) large chest, cassone. **2** (*Edil.*) tank, caisson. **3** (*Mil.*) caisson, ammunition wagon. **4** (*parte dell'autocarro*) body: ~ *ribaltabile* tipping body.
casta *f.* caste (*anche fig.*).
castagna *f.* (*Bot.*) chestnut. □ *castagne* **arrostite** roast chestnuts; ~ *d'***India** horse chestnut; (*fig.*) **prendere** *qd. in* ~ to catch s.o. in the act (*o* red-handed).
castagnaccio *m.* chestnut cake.
castagneto *m.* chestnut wood (*o* grove).
castagno *m.* (*Bot.*) chestnut (tree).
castagnola *f.* (*in pirotecnica*) cracker, cap.
castano *a.* chestnut(-coloured).
castello *m.* **1** castle. **2** (*Mar.*) forecastle. **3** (*Edil.*) (*impalcatura*) scaffold(ing). □ *castelli in* **aria** castles in the air: *fare castelli in aria* to build castles in the air; **letto** *a* ~ bunk bed.
castigamatti *m.* (*persona severa*) martinet; bogeyman (*pl.* –men).
castigare *v.t.* **1** to punish. **2** (*lett.*) (*correggere*) to chasten.
castigato *a.* **1** (*morigerato*) restrained. **2** (*emendato*) castigated, chaste.
castigo *m.* punishment. □ ~ *di* **Dio** calamity, scourge; **mettere** *in* ~ (*in un angolo*) to put in a corner.
castità *f.* chastity, purity (*anche fig.*).
casto *a.* chaste: *vita casta* chaste life.
castone *m.* (*Oreficeria*) setting, mounting.
castorino *m.* (*Zool.*) nutria, coypu.
castoro *m.* (*Zool.*) beaver.
castrare *v.t.* to emasculate; to geld; (*rif. al maschio*) to castrate; (*rif. alla femmina*) to spay.
castrato I *s.m.* **1** gelding, neuter; (*di montone*) wether. **2** (*Macelleria*) mutton. **3** (*cantante evirato*) castrato. **II** *a.* castrated, gelded, neutered.
castrazione *f.* gelding; (*rif. al maschio*) castration; (*rif. alla femmina*) spaying.
castrone *m.* **1** (*agnello castrato*) wether. **2** (*puledro castrato*) gelding.
castroneria *f.* (*volg.*) stupidity, foolishness.
casuale *a.* chance, fortuitous, casual: *un incontro ~ con un amico* a chance meeting with a friend.
casualità *f.* chanciness, fortuitousness.
casualmente *avv.* by chance, casually.
casupola *f.* **1** poor house, (*am.*) cabin. **2** (*tugurio*) hovel.
cataclisma *m.* (*Geol.*) cataclysm (*anche fig.*).
catacomba *f.* **1** catacomb. **2** (*fig.*) (*luogo senza luce*) dark airless place.
catafalco *m.* catafalque.
catafascio: *a* ~ topsy-turvy; *andare a* ~ to go to the dogs; to go to rack and ruin.
catalessi *f.* (*Med., Filos.*) catalepsy.
catalizzatore *m.* (*Chim.*) catalyst (*anche fig.*).
catalogare *v.t.* to catalogue; (*am.*) to catalog.
catalogo *m.* catalogue; (*am.*) catalog.
catapecchia *f.* hovel, (*fam.*) dump.
cataplasma *m.* **1** poultice. **2** (*fig.*) (*persona noiosa*) (*fam.*) bore, nagger.
catapulta *f.* catapult (*anche Aer.*).
catapultare *v.t.* (*Aer.*) to catapult.
catarifrangente *m.* reflector, cat's eye.
catarro *m.* catarrh.
catarroso *a.* catarrhal.
catarsi *f.* (*Filos., Psic.*) catharsis.
catasta *f.* pile, heap, stack.
catastale *a.* cadastral. □ **imposta** ~ land tax; **mappa** ~ land survey map.
catasto *m.* **1** (*registro*) cadastre, land register. **2** (*ufficio*) land registry office.
catastrofe *f.* catastrophe. □ ~ **ecologica** ecocatastrophe; ~ **finanziaria** crash.
catastrofico *a.* catastrophic(al).
catechismo *m.* (*Rel.*) catechism.
catechizzare *v.t.* **1** (*Rel.*) to catechize. **2** (*cercare di persuadere*) to argue into.
catecumeno *m.* (*Rel.*) catechumen.
categoria *f.* category; class: *albergo di terza* ~ third-class hotel, (*spreg.*) third-rate hotel. □ ~ *sindacale* bargaining unit.
categorico *a.* **1** categorical (*anche in Filos.*); unconditional. **2** (*preciso*) explicit, outspoken. □ *un* **no** ~ a flat no; *un* **ordine** ~ an explicit order; *una* **risposta** *categorica* an outspoken answer.
catena *f.* **1** chain. **2** (*Geog.*) chain, range. **3** (*fig.*) (*serie*) sequence, succession, series. **4** *pl.* (*fig.*) ties *pl.*, shackles *pl.* **5** (*Chim., Comm.*) chain: *reazione a* ~ chain reaction. **6** (*Edil.*) tie-beam, truss-rod. □ **alla** ~ on a chain, chained(-up): *tenere alla* ~ to keep on a chain; ~ *della* **bicicletta** bicycle chain; **in** *catene* in chains, enchained: *prigioniero in catene* prisoner in chains; ~ *di* **montaggio** assembly line; *catene da* **neve** snow chains; ~ *dell'***orologio** watch-chain.
catenaccio *m.* **1** door-bolt. **2** (*fig.*) (*macchina vecchia*) wreck, (*am.*) jalopy. **3** (*Sport*) defensive tactics *pl.*: *fare* ~ to range the team in defence.
catenella *f.* small chain.
cateratta *f.* **1** (*chiusa*) sluice(-gate), floodgate. **2** (*cascata*) cataract, falls *pl.* **3** (*Med.*) cataract.
Caterina *N.pr.f.* Catherine, Catharine (*vezz.*) Kate, Katleen, Kitty.
caterva *f.* **1** (*moltitudine*) crowd, horde. **2** (*ammasso di cose*) heap, pile.
catetere *m.* catheter.
cateto *m.* (*Geom.*) cathetus.
catinella *f.* basin.
catino *m.* **1** basin. **2** (*Arch.*) bowl-shaped vault.
catodico *a.* (*El.*) cathode-, cathodic. □ (*TV*) *tubo* ~ cathode ray tube.

catodo *m.* (*El., tecn.*) cathode.
catramare *v.t.* to tar.
catrame *m.* tar.
cattedra *f.* **1** (*scrivania*) teacher's desk. **2** (*incarico di un docente*) teaching post; (*a livello universitario*) chair, professorship. □ *la Cattedra di San Pietro* St. Peter's Chair.
cattedrale *f.* cathedral.
cattedratico **I** *a.* professorial, pompous. **II** *s.m.* professor.
cattivarsi *v.r.* to win*, to gain: ~ *la simpatia di qd.* to win s.o.'s liking.
cattiveria *f.* **1** wickedness, malice, spite, nastiness: *fare qc. per* ~ to do s.th. out of spite; (*rif. a bambini*) naughtiness. **2** (*azione cattiva*) mischief, spiteful act, malicious action. □ *fare cattiverie* to be nasty.
cattività *f.* (*lett.*) captivity.
cattivo **I** *a.* **1** bad, evil, wicked: *un uomo* ~ a wicked man; *avere intenzioni cattive* to have bad intentions; (*pensieri cattivi*) evil thoughts; (*cattiva reputazione*) bad name. **2** (*sgarbato*) bad, ill-mannered, nasty: *è di cattive maniere* he is ill-mannered. **3** (*di bambini*) naughty, mischievous. **4** (*incapace, inetto*) bad, poor, incompetent: ~ *impiegato* incompetent employee. **5** (*scadente*) bad, poor: *una strada cattiva* a bad road. **6** (*sgradevole*) bad, disagreeable, nasty: ~ *odore* bad (*o* nasty) smell. **7** (*sfavorevole*) bad, unfavourable, unlucky. **8** (*rif. al tempo*) bad, nasty; (*rif. al mare*) rough. **9** (*guasto*) bad, off: *carne cattiva* bad meat. **II** *s.m.* **1** (*persona cattiva*) bad (*o* evil) person; *pl.* the wicked (costr. pl.). **2** (*parte cattiva*) bad part. □ *con le buone o* **con** *le cattive* by hook or by crook; *dare il* ~ **esempio** to set a bad example; ~ **gusto** bad taste; *una cattiva* **idea** a bad idea; *cattiva* **memoria** bad (*o* poor) memory; *cattive* **parole** bitter (*o* harsh) words; *in* ~ **stato** in a terrible plight (*o* bad state).
cattolicesimo, **cattolicismo** *m.* (Roman) Catholicism.
cattolicità *f.* **1** catholicity. **2** (*i cattolici*) (Roman) Catholics *pl.*
cattolico *a./s.m.* (Roman) Catholic.
cattura *f.* capture; (*arresto*) arrest.
catturare *v.t.* to capture, to seize, to catch*, to take* (prisoner); (*arrestare*) to arrest.
caucasico *a./s.m.* Caucasian.
caucciù *m.* (India) rubber, caoutchouc.
causa *f.* **1** (*motivo, ragione*) cause, motive, reason: *le tue parole furono* ~ *della lite* your words were the motive of the quarrel. **2** (*Dir.*) (law)suit, case, action, proceedings *pl.*: *fare* ~ *a qd.* to bring an action (*o* a suit) against s.o. **3** (*fig.*) cause: *lottare per una buona* ~ to fight for (*o* in) a good cause. □ **a** ~ *di* because of, owing to; (*fig.*) **chiamare** *in* ~ to make reference to; *fare* ~ **comune** *con qd.* to side with s.o.; ~ **determinante** decisive factor; ~ *ed* **effetto** cause and effect; **essere** ~ *di qc.* to be the cause of s.th.; **in** ~ in question: *la lettera in* ~ the letter in question; **parlare** *con cognizione di* ~ to speak with full knowledge of the facts; *essere* **parte** *in* ~ to be party to a suit; (*fig.*) to be involved in a matter; ~ **pendente** pending suit; **per** ~ *mia* because of me; **perdere** *una* ~ to lose a case; (*fig.*) ~ **persa** lost cause; ~ *di* **separazione** separation proceedings.
causale **I** *a.* causal. **II** *s.f.* cause. motive.
causalità *f.* causality.
causare *v.t.* to cause, to bring* about, to give* rise to, to lead* to: ~ *danni* to cause damage.
causticità *f.* causticity (*anche fig.*).
caustico *a.* caustic (*anche fig.*).
cautela *f.* **1** caution, prudence. **2** (*precauzione*) precaution.
cautelare *v.t.* to secure, to protect. **cautelarsi** *v.r.* to take* precautions (*contro* against).
cauterio *m.* (*Med.*) cautery.
cauterizzare *v.t.* (*Med.*) to cauterize.
cauterizzazione *f.* cauterization.
cauto *a.* cautious, prudent, wary. □ *andare* ~ to proceed warily (*o* with caution).
cauzione *f.* **1** (*Dir.*) bail: *rilasciato dietro* ~ released on bail. **2** (*deposito*) caution money. □ ~ *doganale* customs bond.
cava *f.* pit; quarry: ~ *di marmo* marble quarry; ~ *di ghiaia* gravel pit.
cavalcare **I** *v.t.* **1** to ride*: ~ *un cavallo* to ride a horse. **2** (*stare a cavalcioni*) to sit* astride. **3** (*rif. a ponti, archi*) to span. **II** *v.i.* to ride*, to go* on horseback.
cavalcata *f.* **1** ride. **2** (*gruppo di persone a cavallo*) riding party.
cavalcatura *f.* mount.
cavalcavia *m.* **1** (*Ferr.*) railway bridge, overbridge. **2** (*Strad.*) fly-over (bridge), overpass.
cavalcioni *avv.*: *a* ~ astride.
cavaliere *m.* **1** rider, horseman (*pl.* –men). **2** (*Stor.*) knight. **3** (*rif. alla danza*) partner; (*corteggiatore*) suitor. □ **comportarsi** *da* ~ to behave like a gentleman; (*Stor.*) ~ **errante** knight errant; (*scherz.*) ~ *d'***industria** swindler; *cavalier* **servente** swain, gallant.
cavalla *f.* (*Zool.*) mare.
cavalleggero *m.* light cavalryman (*pl.* –men).
cavalleresco *a.* **1** knightly. **2** (*fig.*) (*nobile, generoso*) chivalrous; (*cortese*) courteous, gentlemanly.
cavalleria *f.* **1** (*Mil.*) cavalry. **2** (*Stor.*) chivalry. **3** (*fig.*) chivalry, chivalrousness, gallantry.
cavallerizza *f.* **1** (*amazzone*) horse-woman (*pl.* –women). **2** (*acrobata*) circus rider.
cavallerizzo *m.* **1** (*maestro*) riding master. **2** (*acrobata*) circus rider. **3** (*chi cavalca*) rider.
cavalletta *f.* (*Zool.*) grasshopper.
cavalletto *m.* **1** (*sostegno, supporto*) trestle, stand, support; (*per segare legna*) sawbuck, sawhorse; (*da pittore*) easel. **2** (*Fot.*) tripod.
cavallina *f.* (*Zool.*) filly, young mare. □ (*fig.*)

correre la ~ to sow one's wild oats.

cavallino I *a.* horse-, horsy. **II** *m.* (*Zool.*) colt. □ (*Zool.*) *mosca cavallina* horsefly.

cavallo *m.* **1** (*Zool.*) horse. **2** (*negli scacchi*) knight. **3** (*Ginn.*) (vaulting-)horse. **4** (*di pantaloni*) crotch. □ **a** ~ on horseback; *polizia* **a** ~ mounted police; (*a cavalcioni*) astride: *stare a* ~ *del muretto* to sit astride the wall; (*rif. a tempo*) between, spanning; **carrozza** *a cavalli* horse-drawn carriage; ~ *di* **battaglia** war-horse; (*fig.*) forte; strong point; (*rif. a cantante*) pièce de résistance; **cadere** *da* ~ to fall from one's horse; ~ *a* **dondolo** rocking -horse; **febbre** *da* ~ raging fever; (*Mil.*) ~ *di* **Frisia** cheval-de-frise; ~ *da* **monta** stallion; **montare** *a* ~ to mount a horse; ~ *da* **soma** packhorse; ~ *da* **tiro** draught-horse; ~ **vapore** horse-power.

cavallone *m.* breaker, roller; billow.

cavalluccio *m.* small horse. □ (*Zool.*) ~ **marino** sea-horse; **portare** *qd. a* ~ to carry s.o. piggyback.

cavare *v.t.* **1** to extract, to take* (*o* pull *o* draw*) out: ~ *un dente a qd.* to extract (*o* take* out) s.o.'s tooth. **2** (*rif. a liquidi*) to draw* off. **3** (*togliersi indumenti*) to take* off, to remove: *cavarsi il cappello* to take off one's hat. □ ~ *un segreto di* **bocca** *a qd.* to worm a secret out of s.o.; *cavarsi da un* **impiccio** to get out of trouble; (*fig.*) *cavarsi gli* **occhi** to strain one's eyes; ~ **sangue** to draw blood; *cavarsi una* **voglia** to satisfy a desire. ‖ *cavarsela* to get by; to manage fairly well: *sai guidare la macchina? – me la cavo discretamente* can you drive? – I manage fairly well.

cavastivali *m.* bootjack.

cavatappi, **cavaturaccioli** *m.* corkscrew.

caverna *f.* **1** cave, cavern. **2** (*Med.*) cavity.

cavernicolo I *a.* cave-dwelling. **II** *s.m.* cave -dweller.

cavernoso *a.* **1** cavernous (*anche Med.*). **2** (*fig.*) (*cupo*) deep, hollow.

cavezza *f.* halter.

cavia *f.* (*Zool.*) guinea-pig (*anche fig.*). □ *fare da* ~ to be used as a guinea pig.

caviale *m.* caviar(e).

cavicchio *m.* **1** (*piolo*) wooden pin, peg. **2** (*Agr.*) dibble, dibber.

caviglia *f.* **1** (*Anat.*) ankle. **2** peg. □ *slogarsi una* ~ to sprain one's ankle.

cavigliera *f.* (*fascia per le caviglie*) ankle support.

cavillare *v.i.* to quibble, to cavil (*su* at, about), to split* hairs (over).

cavillo *m.* quibble, cavil.

cavilloso *a.* quibbling, captious.

cavità *f.* **1** cavity, hollow. **2** (*Anat.*) cavity, cavum.

cavo[1] **I** *a.* **1** (*vuoto*) hollow. **2** (*incavato*) sunken. **II** *s.m.* **1** hollow, cavity. **2** (*Anat.*) cavity, cavum.

cavo[2] *m.* **1** (*grossa fune*) cable, rope. **2** (*conduttore elettrico*) cable. □ ~ *di* **acciaio** steel cable; (*Mar.*) ~ *d'***ormeggio** mooring rope; (*Mar., Aut.*) ~ *da* **rimorchio** tow-rope. tow -line.

cavolfiore *m.* (*Bot.*) cauliflower.

cavolo *m.* (*Bot.*) cabbage. □ ~ **rapa** kohlrabi; ~ **verzotto** savoy.

cazzo *m.* (*volg.*) prick.

cazzottare *v.t.* (*pop.*) to punch. **cazzottarsi** *v.r.recipr.* to fight*, to come* to blows.

cazzottata, **cazzottatura** *f.* (*pop.*) punching.

cazzotto *m.* (*pop.*) punch. □ *fare a cazzotti* to come to blows.

cazzuola *f.* trowel.

c.c. = *conto corrente* current account (c.a.).

CC = **1** *carabinieri* carabinieri (Italian Gendarmerie). **2** *Carta Costituzionale* Constitutional Charter. **3** *codice civile* Civil Code. **4** *corpo consolare* consular corps.

CCI = *Camera di Commercio Internazionale* International Chamber of Commerce.

CCT = *Certificato di Credito del Tesoro* Treasury Certificate of Credit.

Cd = (*Chim.*) *cadmio* cadmium.

ce → **ci**.

Ce = (*Chim.*) *cerio* cerium.

CECA = *Comunità Europea per il Carbone e l'Acciaio* European Coal and Steel Community.

cecchino *m.* sniper.

cece *m.* (*Bot.*) chick-pea.

Cecilia *N.pr.f.* Cecily.

cecità *f.* blindness (*anche fig.*).

ceco *a./s.m.* Czech.

Cecoslovacchia *N.pr.f.* (*Geog.*) Czechoslovakia.

cecoslovacco I *a.* Czechoslovak(ian). **II** *s.m.* Czech(oslovak).

cedere I *v.i.* **1** to yield, to surrender, to give* in, to submit (*a* to) (*anche fig.*): ~ *alle insistenze* to yield to pressure; *non* ~! don't give in! **2** (*crollare o piegarsi sotto un peso*) to subside, to cave in, to give* way, to sink* in. **II** *v.t.* **1** (*dare*) to give* up, to give* (*o* hand) over, to yield (up), to surrender, to cede. **2** ((*ri*)*vendere*) to (re)sell*, to dispose of. □ ~ *le* **armi** to deliver up one's arms; ~ *i propri* **diritti** *a qd.* to transfer (*o* make over) one's right to s.o.; ~ *il* **passo** *a qd.* to make way for s.o.; ~ *il* **posto** to give up one's seat.

cedevole *a.* **1** yielding, docile, pliable. **2** (*di terreno*) soft.

cedibile *a.* transferable, assignable.

cediglia *f.* (*Ling.*) cedilla.

cedimento *m.* **1** giving in (*anche fig.*). **2** (*Edil.*) settlement; (*di trave*) yielding; (*di terreno*) subsiding; (*del fondo stradale*) sag.

cedola *f.* (*Econ.*) coupon: ~ *di azione* stock coupon; ~ *di dividendo* dividend coupon.

cedolare *a.* coupon-.

cedrata *f.* citron syrup, citron juice.

cedro[1] *m.* **1** (*Bot.*) cedar. **2** (*legno*) cedar (-wood). □ ~ *del Libano* cedar of Lebanon.

cedro[2] *m.* **1** (*Bot.*) citron (tree). **2** (*frutto*) citron.
ceduo *a.*: (*bosco ceduo*) coppice, copse.
CEE = *Comunità Economica Europea* European Economic Community (EEC).
cefalea *f.* (*Med.*) cephalea.
cefalico *a.* cephalic.
cefalo *m.* (*Zool.*) mullet.
ceffo *m.* **1** (*muso*) snout, muzzle. **2** (*spreg.*) (*viso brutto*) (ugly) mug. **3** (*fig.*) (*persona*) sinister-looking person.
ceffone *m.* cuff; (*sul viso*) slap; (*sulle orecchie*) box (on the ears). □ **dare** *un* ~ to slap, to give a slap; **prendere** *a ceffoni qd.* to slap s.o.
celare *v.t.* to hide*, to conceal: ~ *a qd. la verità* to hide (*o* keep) the truth from s.o. **celarsi** *v.r.* to hide* (o.s.), to conceal o.s.
celebrante *m.* (*Rel.*) celebrant, officiant.
celebrare *v.t.* **1** (*commemorare*) to commemorate, to honour. **2** (*Lit.*) to celebrate. □ ~ *un processo* to hold a trial.
celebrativo *a.* celebration-, commemorative.
celebrazione *f.* **1** celebration (*anche Lit.*). **2** (*rif. ad atti ufficiali*) performance.
celebre *a.* famous, renowned, celebrated.
celebrità *f.* **1** celebrity, fame, renown. **2** (*persona celebre*) celebrity.
celere *a.* quick, fast, swift. **la Celere** *f.* the Flying Squad.
celerità *f.* quickness, swiftness, celerity.
celeste I *a.* **1** celestial, heavenly: *volta* ~ heavenly vault; *il padre* ~ the Heavenly Father. **2** (*azzurro*) sky-blue, light-blue, blue. **II** *s.m.* sky-blue, light-blue, blue.
celestiale *a.* celestial, heavenly.
celia *f.* (*lett.*) joke, jest: *per* ~ as a joke, for fun.
celiare *v.i.* (*lett.*) to joke, to jest.
celibato *m.* celibacy, bachelorhood.
celibe I *a.* single, unmarried. **II** *s.m.* bachelor, single (*o* unmarried) man.
cella *f.* **1** cell (*anche El.*). **2** (*Archeologia*) cella, naos. □ ~ *frigorifera* cold room, cold store.
cellofan *m.* cellophane.
cellula *f.* cell (*in tutti i signif.*).
cellulare I (*Biol.*) *a.* cellular, cell-. **II** *s.m.* prison-van, (*fam.*) Black Maria.
cellulite *f.* (*Med.*) cellulitis.
celluloide *f.* celluloid.
cellulosa *f.* (*Bot.*) cellulose.
celtico *a./s.m.* Celtic.
cembalo *m.* **1** (*Stor.*) cymbal. **2** (*Mus.*) (*clavicembalo*) harpsichord.
cementare *v.t.* to cement (*anche fig.*).
cementificio *m.* cement works *pl.*
cemento *m.* cement. □ ~ *armato* reinforced concrete.
cena *f.* supper; (*cena importante, con ospiti*) dinner. □ *andare a* ~ (*cenare*) to have supper; (*andare a cena da qd.*) to go to dinner at s.o.'s.
cenacolo *m.* **1** (*Stor.*) cenacle. **2** (*Arte*) (painting representing the) Last Supper. **3** (*fig.*) (*gruppo di artisti*) artistic coterie.
cenare *v.i.* (*frugalmente*) to have supper; (*lautamente*) to have dinner, to dine. □ *stiamo cenando* we are having supper.
cenciaiolo *m.* rag-and-bone-man (*pl.* –men), junkman (*pl.* –men).
cencio *m.* **1** rag; (*per spolverare*) duster; (*per pavimenti*) floorcloth. **2** *pl.* (*abiti miseri*) rags *pl.*, tatters *pl.* □ *bianco come un* ~ *lavato* as white as a sheet.
cencioso *a.* ragged, tattered, in rags.
cenere I *s.f.* **1** ash, cinders *pl.* **2** *pl.* (*resti mortali*) ashes *pl.* **II** *a.* ash-coloured, ashy. **Ceneri** *f.pl.* (*Rel.*) Ash-Wednesday.
Cenerentola *N.pr.f.* Cinderella (*anche fig.*).
cenno *m.* **1** (*segno*) sign, gesture; (*rif. al capo*) nod; (*rif. alla mano*) wave; (*rif. agli occhi*) wink. **2** (*allusione*) hint, allusion, mention. **3** (*comando*) order. **4** (*notizia brevissima*) short account; mention. **5** *pl.* (*breve trattazione*) outline. □ **dare** ~ *di vita* to give signs of life; **fare** ~ *di no* to shake one's head; *fare* ~ *di sì* to nod; *al* **primo** ~ at the first hint (*o* sign); **salutare** *qd. con un* ~ *della mano* to wave to s.o.; (*accomiatandosi*) to wave good-bye to s.o.
censimento *m.* census: ~ *della popolazione* census of population.
censire *v.t.* **1** (*fare il censimento*) to take* a census of. **2** (*iscrivere nei registri del censo*) to register for assessment.
censo *m.* (*patrimonio*) estate, property, possessions *pl.*; (*ricchezze*) wealth.
censore *m.* **1** (*Stor.*) censor. **2** (*fig.*) critic.
censorio *a.* censorial.
censura *f.* **1** censorship (*anche Stor.*); (*comitato di censura*) board of censors. **2** (*riprovazione*) censure, blame. □ *sottoporre a* ~ to submit to the censor.
censurabile *a.* censurable, reprehensible.
censurare *v.t.* **1** to censor. **2** (*fig.*) (*criticare*) to censure, to blame.
centauro *m.* **1** (*Mitol.*) centaur. **2** (*Sport*) motorcyclist.
centellinare *v.t.* to sip.
centenario I *a.* **1** centenarian, (*attr.*) hundred-year-old, (*pred.*) a hundred years old. **2** (*che ricorre ogni cento anni*) centennial. **II** *s.m.* **1** (*commemorazione*) centenary, centennial. **2** (*rif. a persona*) centenarian.
centennio *m.* century, period of a hundred years.
centesimale *a.* centesimal.
centesimo I *a.* hundredth: *il* ~ *posto* the hundredth place. **II** *s.m.* **1** (*centesima parte*) hundredth (part). **2** (*che è al centesimo posto*) hundredth. □ **badare** *al* ~ to count every penny; ~ *di* **dollaro** cent; **essere** *senza un* ~ to be penniless.
centigrado *a.* centigrade.
centigrammo *m.* centigramme.
centimetro *m.* **1** centimetre, (*am.*) centimeter. **2** (*nastro per misurare*) tape-measure.

centinaio *m.* **1** hundred. **2** (*circa cento*) about a hundred, some hundred, a hundred or so. ▭ *a centinaia* in hundreds, by the hundred.
cento I *a.num.* a (*o* one) hundred: ~ *uomini* a (*o* one) hundred men. **II** *s.m.* hundred. ▭ **a** ~ *a* ~ in hundreds, by the hundred, a hundred at a time; **al** ~ *per* ~ a hundred per cent, out-and-out; ~ *di questi* **giorni** many happy returns (of the day); *una* **moneta** *da* ~ *lire* a hundred-lira coin; **per** ~ per cent.
centometrista *m./f.* (*Sport*) hundred-metre runner; (*fam.*) sprinter.
centomila *a.num./s.m.* a (*o* one) hundred thousand.
centrale I *a.* **1** central; (*rif. a idee, problemi, ecc.*) essential, main, basic: *il punto* ~ *del problema* the main point of the problem. **2** (*al centro della città*) central, in the centre (of town). **3** (*principale*) main, head, principal, central: *la direzione* ~ *di una ditta* the head office of a firm. **II** *s.f.* **1** station, plant, works *pl.* **2** (*Tel.*) (telephone) exchange, (*am.*) central. **3** (*El.*) power-station, power plant. ▭ ~ *del* **latte** municipal dairy; ~ **nucleare** nuclear power station, (*am.*) nuclear power plant.
centralinista *m./f.* (switchboard) operator.
centralino *m.* telephone exchange; (*manuale, di albergo, ecc.*) switchboard.
centralizzare *v.t.* to centralize.
centralizzazione *f.* centralization.
centrare *v.t.* **1** to hit* the centre of; (*colpire in pieno*) to make* (*o* score) a direct hit on. **2** (*fissare nel centro*) to fix in the centre, to centre. **3** (*fig.*) (*capire perfettamente*) to grasp fully.
centrato *a.* (*colpito in pieno*) struck in the centre.
centrattacco, **centravanti** *m.* (*Sport*) centre -forward.
centrifuga *f.* centrifuge.
centrifugare *v.t.* to centrifuge.
centrifugo *a.* (*Fis.*) centrifugal.
centrino *m.* doily.
centripeto *a.* (*Fis.*) centripetal.
centrismo *m.* (*Pol.*) centrism.
centrista I *a.* (*Pol.*) centre-, moderate. **II** *s.m./f.* centrist.
centro *m.* **1** centre, middle: *il* ~ *della tavola* the middle of the table. **2** (*luogo in cui si è sviluppata una determinata attività*) centre: ~ *agricolo* agricultural centre; (*luogo di soggiorno o ritrovo*) resort: ~ *balneare* seaside resort. **3** (*base di operazioni*) centre, station: ~ *di raccolta* collecting centre. **4** (*colpo centrato*) bull's-eye, hit. **5** (*Geom., Sport, Pol.*) centre. ▭ ~ **commerciale** business centre; (*am.*) downtown; **fare** ~ to hit the bull's-eye (*o* target); (*fig.*) (*indovinare*) to hit the mark (*o* nail on the head); *andare* **in** ~ to go into town; ~ **residenziale** residential area.
centrocampo *m.* (*Sport*) centre field.
centrodestra *m.* (*Pol.*) centre-right.
centromediano *m.* (*Sport*) centre half.
centrosinistra *m.* (*Pol.*) centre-left.
centuplicare *v.t.* **1** to centuple, to centuplicate. **2** (*fig.*) (*accrescere*) to increase greatly.
centuplo I *a.* hundredfold, centuple. **II** *s.m.* a hundred times as much.
ceppo *m.* **1** (*base dell'albero*) stump, stub. **2** (*tronco di sostegno: dell'incudine*) anvil block; (*per macellai*) chopping block; (*per decapitazioni*) (execution) block. **3** (*da ardere*) log: *il* ~ *di Natale* the Yule log. **4** *pl.* fetters *pl.*, shackles *pl.* (*anche fig.*). **5** (*fig.*) (*stirpe, lignaggio*) stock, lineage. **6** (*Mecc.*) (*ganascia*) (brake) shoe.
cera[1] *f.* wax; (*per lucidare*) polish.
cera[2] *f.* appearance, look. ▭ *avere un* **bella** ~ to look well; *avere una* **brutta** ~ to look off-colour (*o* ill).
ceralacca *f.* sealing wax.
ceramica *f.* **1** (*arte*) ceramics *pl.* (costr. sing.). **2** (*oggetto*) piece of pottery; *pl.* pottery. **3** (*materiale*) (baked) clay.
ceramista *m.* potter.
cerato *a.* waxed, wax-. ▭ *tela cerata* oilcloth, oilskin.
Cerbero *N.pr.m.* (*Mitol.*) Cerberus. **cerbero** *m.* (*fig.*) watchdog.
cerbottana *f.* **1** blowgun, blowpipe. **2** (*giocattolo*) peashooter.
cerca *f.* **1** search, quest. **2** (*questua*) begging, collection. ▭ *essere in* ~ *di* to be in search of.
cercare I *v.t.* **1** to look for, to search for: ~ *la chiave* to look for one's key; (*in senso più astratto*) to seek*, to try to find: ~ *un po' di tranquillità* to try to find a little peace. **2** (*rif. a opere di consultazione*) to look up: *l'ho cercato sul vocabolario* I have looked it up in the dictionary. **3** (*volere, desiderare*) to wish to see, to want, to look for: *chi mi cerca?* who wants (to see) me?; *chi cerca?* who are you looking for?; (*chiedere*) to ask for, to want. **4** (*perlustrare*) to search. **II** *v.i.* (*tentare*) to try; (*sforzarsi*) to strive*. ▭ ~ **casa** to go house-hunting; *abile* **dattilografa** *cercasi* capable typist wanted; ~ *qc. per* **mare** *e per terra* to look high and low for s.th.; ~ *il* **pelo** *nell'uovo* to split hairs; ~ **scampo** *nella fuga* to seek safety in flight; *è come* ~ *uno* **spillo** *in un pagliaio* it's like looking for a needle in a haystack.
cercatore *m.* seeker, searcher. ▭ ~ *d'oro* gold prospector, gold-digger.
cerchia *f.* **1** circle, ring: ~ *di mura* circle of walls, walls *pl.* **2** (*fig.*) (*rif. a persone*) circle, set, group: ~ *familiare* family circle.
cerchiare *v.t.* to ring; (*rif. a botti*) to hoop: ~ *una botte* to hoop a barrel; (*rif. a ruote*) to rim.
cerchiato *a.* ringed; (*rif. a botti*) hooped. ▭ *occhi cerchiati* black-ringed eyes.
cerchietto *m.* (*braccialetto*) bangle; (*anello*) ring; (*nei capelli*) band.
cerchio *m.* **1** (*Geom.*) circle. **2** (*di botte*) hoop. **3** (*per giocare*) hoop. **4** (*di persone*)

ring, circle. ▭ **a** ~ in a circle; **in** ~ in a ring (*o* circle); *disporsi* **in** ~ to form a circle; ~ **magico** magic circle (*o* ring).

cerchione *m.* (*Aut.*) rim.

cereale I *s.m.* (*Bot.*) **1** cereal. **2** *pl.* cereals *pl.*, grain, corn. **II** *a.* cereal-, cereal, grain-.

cerebrale *a.* cerebral (*anche fig.*). ▭ **commozione** ~ concussion; (**persona**) ~ over-intellectual person.

cereo *a.* **1** (*di cera*) wax-, waxen. **2** (*pallido*) pale, waxen: *viso* ~ pale face.

ceretta *f.* (*crema depilatoria*) depilatory wax.

cerfoglio *m.* (*Bot.*) chervil.

cerimonia *f.* **1** ceremony, ritual: ~ *nuziale* marriage ceremony. **2** *pl.* (*convenevoli*) ceremony. ▭ **abito** *da* ~ full dress; **fare** *cerimonie* to stand on ceremony; ~ **funebre** funeral rites (*o* service).

cerimoniale *m.* ceremonial, etiquette, protocol.

cerimoniere *m.* Master of Ceremonies.

cerimonioso *a.* ceremonious, formal; (*di discorso*) flowery.

cerino *m.* wax match.

cerio *m.* (*Chim.*) cerium.

cerniera *f.* **1** hinge. **2** (*di borsetta*) clasp. ▭ ~ *lampo* zip fastener, (*fam.*) zip(per).

cernita *f.* sorting, grading, selection. ▭ *fare la* ~ *di qc.* to grade s.th., to select.

cero *m.* large candle; (*di chiesa*) (church) candle.

cerone *m.* (*Cosmetica*) grease paint; (*trucco*) make up.

cerotto *m.* sticking plaster; (*fam.*) band-aid.

certamente *avv.* **1** certainly, undoubtedly, of course. **2** (*rafforzativo*) indeed: *sì,* ~ yes, indeed; (*si capisce*) of course.

certezza *f.* certainty, certitude, conviction. ▭ ~ **assoluta** absolute certainty; **avere** *la* ~ *che* to be sure that; *lo* **so** *con* ~ I know it for sure.

certi *pron.indef.m.pl.* some *pl.*, some people *pl.*: ~ *lo credono* some people believe it; ~ *lo farebbero* some people would do it.

certificare *v.t.* to certify, to attest, to testify: *si certifica che* this is to certify that.

certificato *m.* certificate. ▭ ~ *di* **battesimo** certificate of baptism; ~ *di buona* **condotta** good-conduct certificate, certificate of character; ~ *di* **garanzia** guarantee (certificate); ~ **medico** medical certificate; ~ *di* **morte** death certificate; ~ *di* **nascita** birth certificate; ~ **penale** certificate of police record.

certo I *a.* **1** (*sicuro*) certain, sure: *sono* ~ *che verrà* I'm sure he'll come. **2** (*indubbio*) certain, sure, indisputable: *prova certa* indisputable (*o* irrefutable) proof. **3** (*alcuno, qualche*) some, certain: *c'è una certa somiglianza tra loro* there is a certain likeness between them. **4** (*alquanto*) some: *dopo un* ~ *tempo* after some time. **5** (*tale*) certain, one: *un* ~ *signor Rossi* a (certain) Mr Rossi. **6** (*spreg.*) unspeakable, unmentionable; (*esclam.*) what: *c'era certa gente!* what (dreadful) people there were there!; (*di quel genere*) like that, such. **II** *avv.* **1** (*sicuramente*) certainly, undoubtedly: *tu,* ~, *non lo sapevi* you, certainly, did not know that. **2** (*rafforzativo*) certainly, indeed, to be sure, (*am. fam.*) sure: *no* ~ certainly not; (*si capisce*) of course. **III** *s.m.* certainty, thing that is certain. ▭ ~ **che** *sì* certainly, indeed yes; ~ **che** *no* certainly not; *un* ~ **che** a certain s.th.; *è* **cosa** *certa* it's a certainty; *certe* **cose** *non si dicono* some things should be left unsaid; **di** ~ certainly; *avere un* ~ **dolore** *al braccio* to have a bit of a pain in one's arm; *la sua* **guarigione** *è certa* her recovery is assured; *dare* **per** ~ *qc.* to give s.th. out as a fact; *sapere* **per** ~ to know for certain; to know for sure; *è* **più** *che* ~ it's absolutely certain.

certosa *f.* Charterhouse, Carthusian monastery.

certosino I *s.m.* Carthusian (monk). **II** *a.* Carthusian.

certuno I *pron.indef.* **1** someone, somebody. **2** *pl.* some (people). **II** *a.indef.* some.

cerume *m.* earwax, cerumen.

cervelletto *m.* (*Anat.*) cerebellum.

cervellino *m.* (*persona sventata*) hare-brain, scatterbrain.

cervello *m.* **1** (*Anat.*) brain; (*materia cerebrale*) brains *pl.* **2** (*Gastr.*) brains *pl.* **3** (*fig.*) (*intelligenza*) brains *pl.*, brain; (*fig.*) (*mente direttiva*) brains *pl.* ▭ *non avere un* **briciolo** *di* ~ not to have a grain of sense; **dove** *hai il* ~*?* what are you thinking of?; ~ **elettronico** electronic brain; *avere un* ~ **fino** to have a shrewd and subtle mind; (*Gastr.*) **fritto** *di* ~ fried brains; (*fig.*) **fuga** *dei cervelli* brain drain; ~ *di* **gallina** bird-brain; **lambiccarsi** *il* ~ to rack one's brains; **lavaggio** *del* ~ brain -washing; **senza** ~ (*agg.*) scatter-brained, hare-brained, thoughtless; (*avv.*) thoughtlessly, heedlessly, senselessly; **usare** *il* ~ to use one's brains (*o* head).

cervellone *m.* **1** (*persona intelligente*) brain. **2** (*sapientone*) know-all. **3** (*Inform.*) big electronic brain.

cervellotico *a.* odd, bizarre.

cervicale *a.* (*Anat.*) cervical: *arteria* ~ cervical artery.

cervice *f.* (*Anat.*) **1** (*parte posteriore del collo*) cervix. **2** (*dell'utero*) cervix.

cervo *m.* (*Zool.*) deer; (*maschio*) stag; (*femmina*) doe. ▭ *carne di* ~ venison.

Cesare *N.pr.m.* Caesar. **cesare** *m.* (*imperatore*) Caesar.

cesareo *a.*: (*Med.*) *taglio* ~ cesarean section.

cesellare *v.t.* **1** to chisel, to engrave. **2** (*fig.*) (*rifinire con cura*) to finish with care, to polish.

cesellatore *m.* chiseller, engraver.

cesello *m.* chisel. ▭ *lavoro di* ~ engraved work.

cesio *m.* (*Chim.*) caesium.

cesoie *f.pl.* shears *pl.*

cespite *m.* (*Econ.*) source (of income).
cespo *m.* (*rif. a erbe*) tuft; (*rif. a fiori, foglie e sim.*) cluster. □ *un* ~ *di lattuga* a head of lettuce.
cespuglio *m.* (*Bot.*) bush, shrub.
cespuglioso *a.* **1** bushy, shrubby. **2** (*fig.*) (*a folti ciuffi*) bushy.
cessare I *v.i.* to stop, to cease: *la pioggia è cessata* the rain has stopped; ~ *di piangere* to stop crying; *la tempesta cessò* the storm abated. **II** *v.t.* to suspend, to leave* off, to cease: (*Mil.*) *cessate il fuoco* cease fire. □ ~ *le* **ostilità** to cease hostilities; *cessato* **pericolo**! all clear!
cessazione *f.* **1** cessation, suspension. **2** (*Comm.*) discontinuance. □ ~ *di un* **contratto** termination of a contract; ~ *d'***esercizio** closing down (of a shop).
cessione *f.* cession, assignment, transfer. □ ~ *di immobili* transfer of real estate.
cesso *m.* (*volg.*) lavatory, (*am.*) john.
cesta *f.* **1** basket: ~ *del bucato* laundry -basket; (*cesta con coperchio*) hamper. **2** (*il contenuto*) basket(ful).
cestinare *v.t.* **1** (*gettare nel cestino*) to throw* into the waste-paper basket, to throw* away. **2** (*non pubblicare*) to reject, to discard, to rubbish: ~ *un articolo* to rubbish an article.
cestino *m.* (*per la carta*) waste-paper basket. □ ~ *da* **lavoro** sewing-basket; ~ *da* **viaggio** packed meal.
cestista *m./f.* (*Sport*) basket-ball player.
cesto *m.* (*cesta*) basket (*anche Sport*).
cesura *f.* (*Metrica, Mus.*) caesura.
cetaceo *a./s.m.* (*Zool.*) cetacean.
ceto *m.* (social) class, classes *pl.*: *il* ~ *medio* the middle classes.
cetra *f.* **1** (*Stor.*) cithara. **2** (*Mus.*) zither.
cetriolino *m.* (*Bot.*) gherkin.
cetriolo *m.* (*Bot., Zool.*) cucumber: ~ *di mare* sea-cucumber.
cf = *confronta* compare.
Cf = (*Chim.*) *californio* californium.
CF = *Codice Fiscale* Fiscal Code.
che[1] **I** *pron.rel.m./f.* **1** (*soggetto: rif. a persone*) who, that: *il signore* ~ *è entrato* the man who (*o* that) has come in; (*nelle proposizioni incidentali*) who: *mia sorella,* ~ *stava poco bene, non poté venire* my sister, who was ill, could not come; (*rif. a cose, animali*) that, which: *il sistema* ~ *dà i migliori risultati* the system that (*o* which) gives the best results; (*nelle proposizioni incidentali*) which: *la penicillina,* ~ *è stata scoperta da Fleming* penicillin, which was discovered by Fleming. **2** (*oggetto: rif. a persone*) that, who(m) (*spesso non si traduce*): *la ragazza* ~ *vedi è mia sorella* the girl (that, whom) you see is my sister; (*nelle proposizioni incidentali*) whom: *mio padre,* ~ *tutti ammiravano* my father, whom everybody admired; (*rif. a cose, animali*) that, which, (*spesso non si traduce*): *il libro* ~ *sto leggendo* the book (that, which) I'm reading; (*nelle proposizioni incidentali*) which. **3** (*temporale: in cui*) that, when, in (*o* on) which (*spesso non si traduce*): *la sera* ~ *ti conobbi* the evening (that) I met you. **4** (*locale: in cui*) that, where (*talvolta non si traduce*): *è qui* ~ *si danno informazioni sulle prenotazioni?* is it here (that) they give information about bookings? **5** (*correlativo di stesso*) as, that: *avevo lo stesso problema* ~ *hai avuto tu* I had the same problem that you had. **6** (*con valore neutro: la qual cosa*) which, this: *mi hanno lodato, il* ~ *mi ha fatto molto piacere* they praised me, which made me very pleased. **II** *pron.interr.* (*che cosa*) what: ~ *vuoi?* what do you want?; ~ *c'è?* what's the matter?; *a* ~ *pensi?* what are you thinking about? **III** *pron.esclam.* (*che cosa*) what: *ma* ~ *dici!* what on earth are you saying! **IV** *pron.indef.* something: *c'era in lei un* ~ *di falso* there was something false about her; *un certo* (*non so*) ~ a certain something. **V** *a.interr.* (*quale*) what: ~ *film hai visto?* what film did you see?; (*rif. a un numero limitato*) which: ~ *cappello ti vuoi mettere?* which hat do you want to wear? **VI** *a.esclam.* **1** (*unito a sostantivi*) what: ~ *musica meravigliosa* what wonderful music. **2** (*unito a sostantivi inglesi numerabili*) what a: ~ *ragazza carina* what a nice girl. **3** (*unito ad aggettivi*) how: ~ *bello* how lovely. □ **di** ~ (*cosa*) *stai parlando?* what are you talking about?; **di** ~ (*rif. a motivo*) a reason, something: *non avere di* ~ *lamentarsi* to have no reason for complaint; (*rif. a mezzi*) the means (*o* wherewithal), something: *non ho di* ~ *vivere* I've got nothing to live on; *grazie! – non c'è di* ~ thank you! – don't mention it (*o* not at all); **dopo** *di* ~ (and) then, (and) after, after which: *mi salutò dopo di* ~ *uscì* he said good-bye to me and then went out; *quel film non è un* **gran** ~ that film is nothing special; **in** ~ how: *in* ~ *posso esserle utile?* how can I help you? ‖ *la vedo in lontananza* ~ *viene* I can see her coming in the distance; *hai ragione, non c'è* ~ *dire* you're right, there's no denying it.
che[2] *congz.* **1** (*dichiarativa*) that (*spesso non si traduce*): credo ~ *tu abbia ragione* I think (that) you're right; (*dopo verbi di volontà, comando e sim. talvolta si usa la costruzione dell'accusativo e l'infinito, talvolta la traduzione è idiomatica*): *voglio* ~ *tu studi* I want you to study; *vorrei* ~ *mi facessi un piacere* I should like you to do me a favour; (*dopo locuzioni impersonali, la traduzione è idiomatica*): *mi dispiace* ~ *tu non sia venuto* I'm sorry you didn't come. **2** (*consecutiva*) that: *è tanto simpatico* ~ *tutti gli vogliono bene* he is so nice that everyone is fond of him. **3** (*comparativo: di maggioranza*) than: *spende più* ~ *non guadagni* he spends more than he earns; *è più furbo* ~ *intelligente* he is more shrewd than intelligent; *più* ~ *mai* more than ever; (*di uguaglianza*) as, as

much (*o* many) as: *vale tanto questo* ~ *quello* this is worth as much as that. **4** (*finale*) (so) that (*spesso non si traduce, talvolta si usa l'accusativo e l'infinito*): *fai in modo* ~ *il pranzo sia pronto per l'una* see that lunch is ready for one o'clock; *stai attento* ~ *non cada* mind he doesn't fall. **5** (*temporale: quando*) when: *arrivai* ~ *era già partito* he had already left when I arrived; (*non appena*) as soon as; (*finché*) until, till: *aspetta* ~ *egli arrivi* wait till he comes; (*dacché*) since, for: *sono due mesi* ~ *non lo vedo* I haven't seen him for two months; *è da gennaio* ~ *non torna qui* he hasn't been back here since January. **6** (*correlativa*) whether: ~ *tu sia d'accordo o no, poco importa* whether you agree or not is of little importance. **7** (*eccettuativa*) only, other, but: *non fa altro* ~ *piangere* he does nothing but cry; *non ho* ~ *te al mondo* I have no one but you in the world. **8** (*limitativa: per quanto*) as far as, in as much as: *è stato promosso,* ~ *tu sappia?* has he passed, as far as you know? **9** (*rafforzativa: in frasi interrogative*) perhaps, (*spesso la traduzione è idiomatica*): ~ *mi sia ingannato?* perhaps I have made a mistake; (*in frasi imperative*) (*spesso non si traduce e la traduzione è idiomatica*): ~ *entri pure* show him in; (*negli auguri, nelle imprecazioni*) may (*spesso non si traduce*): ~ *tu sia felice* may you be happy. □ **dopo** ~ after; *a* **meno** ~ unless; **non** ~ not that: *non* ~ *sia cattivo* not that he's bad; **posto** ~ supposing (*o* assuming) that; **prima** ~ before; **sia** ~ ... *sia* ~ whether ... or: *lo farà, sia* ~ *gli piaccia, sia* ~ *non gli piaccia* he'll do it, whether he likes it or not; *una* **volta** ~ *avrai preso una decisione, scrivimi* once (*o* as soon as) you've made a decision, write to me. ‖ ~ *ti venga un accidente!* damn you!; *corre* ~ *sembra una lepre* he runs like a hare.

che[3] *intz.* what, (*fam.*) never, (*fam.*) nonsense, (*fam.*) not on your life: ~, *non ci credo* nonsense! I don't believe it.

ché *congz.* (*non com.*) **1** (*causale*) because, since, as, for. **2** (*finale*) so that; (*spesso in frasi negative*) lest.

checchè *pron.rel.indef.* whatever, no matter what.

checchessia *pron.indef.* (*lett.*) (*qualunque cosa*) anything; (*tutto*) everything.

chela *f.* (*Zool.*) chela (*pl.* chelae); (*fam.*) pincers.

chemioterapia *f.* (*Med.*) chemotherapy.

chemisier *fr.* [ʃəmizi'e:] *m.* (*Vest.*) shirtwaister.

cheratina *f.* (*Biol.*) keratin.

cherosene *m.* kerosene.

cherubino *m.* cherub (*pl.* cherubim, cherubs) (*anche fig.*).

chetare *v.t.* (*calmare, soddisfare*) to calm, to appease. **chetarsi** *v.r.* to calm (*o* quiet) down, to grow* quiet.

chetichella: *alla* ~ stealthily, unobtrusively. □ *andarsene alla* ~ to steal away; to slip off.

cheto *a.* (*tranquillo*) tranquil, calm; (*silenzioso*) silent, quiet.

chi **I** *pron.rel. e dimostr.* **1** (*soggetto nella proposizione relativa: colui che, colei che*): the person who (*o* that), the one who (*o* that), the man (*f.* woman) who (*o* that): ~ *ha detto ciò deve essere pazzo* the person (*o* man) who said that must be mad; *premierò* ~ *lavorerà di più* I shall reward the one who works hardest; (*coloro che*) those who, the ones that, people who: *sii buono con* ~ *ti aiuta* be kind to those who help you; (*nelle frasi proverbiali*) he (*o* she) who. **2** (*complemento della proposizione relativa: colui che, colei che*): the person (that, whom), the one (that, whom), the man (*f.* woman) (that): *mi rivolsi a* ~ *si rivolsero gli altri* I addressed the man the others addressed; (*coloro che*) those (that, whom), the ones (that), people (that): *non andare con* ~ *non conosci* don't go round with people (*o* those) you don't know; (*nelle frasi proverbiali*) he (*f.* she) whom. **II** *pron.rel.indef.* **1** (*chiunque*) whoever, anyone (*o* anybody) who, (all) those who: ~ *non ubbidisce verrà punito* those who do not obey will be punished. **2** (*uno che*) someone who, somebody who, one who: *cerco* ~ *possa consigliarmi* I'm looking for s.o. to (*o* who can) give me some advice; (*nelle proposizioni negative: nessuno che*) no one who, nobody who, not... anyone (*o* anybody) who: *non c'è* ~ *mi creda* there is nobody who believes me; *non rispondo a* ~ *mi insulta* I don't answer anyone who insults me; (*alcuni che*) some *pl.*, (some) people *pl.*: *c'è* ~ *dice* there are some who say, some (people) say. **3** (*se uno, se alcuno*) if anybody (*o* anyone), if you, if one. **III** *pron.indef.* **1** (*rif. a gruppo non definito*) some (people): ~ *dice una cosa* ~ *ne dice un'altra* some (people) say one thing, some (*o* others) say something else. **2** (*rif. a gruppo definito*) some (of them): ~ *ballava,* ~ *parlava* some (of them) were dancing, some (*o* others) were talking. **3** (*rif. a una sola persona*) one: ~ *gli accendeva la sigaretta,* ~ *gli porgeva un bicchiere* one lit his cigarette, one (*o* another) handed him a glass. **IV** *pron.interr.* **1** (*soggetto*) who: ~ *è?* who is it?; (*quando si bussa alla porta*) who's there?; ~ *sarà mai?* who on earth (*o* whoever) can it be?; ~ *siete?* who are you?; ~ *va là?* who goes there? **2** (*complemento*) who, whom: *non so a* ~ *rivolgermi* I don't know who to turn to; *con* ~ *parlavi?* who were you talking to? **3** (*rif. a un numero limitato di persone*) which: ~ *di voi ha visto il film?* which of you has seen the film? **4** (*nelle esclamazioni*) who: *guarda* ~ *si vede!* look who's here! □ **a** ~ *lo dici!* that's not news to me!; **di** ~*?* (*possessivo*) whose: *di* ~ *sono quei vestiti?* whose clothes are those?;

(*compl. di specificazione*) who ... of, of whom: **di** ~ *hai paura?* who are you afraid of?; **stare** *sul* ~ *vive* to be on the qui vive (*o* alert).

chiacchiera *f.* **1** chat, (small) talk: *chiacchiere in famiglia* family chat; (*discorsi inutili*) (idle) talk, chatter. **2** (*notizia infondata*) (groundless) rumour; (*pettegolezzo*) gossip. □ *fare due chiacchiere con qd.* to have a chat with s.o.

chiacchierare *v.i.* **1** to chat, to talk. **2** (*parlare inutilmente*) to chatter (away), to prattle (on). **3** (*fare pettegolezzi*) to gossip.

chiacchierata *f.* chat. □ *fare una bella* ~ to have a nice chat.

chiacchierio *m.* chattering, babble of voices.

chiacchierone **I** *a.* talkative; (*pettegolo*) gossipy. **II** *s.m.* **1** (*chi parla molto*) chatterbox. **2** (*pettegolo*) gossip.

chiamare *v.t.* **1** to call: *rispondi, quando ti chiamo* answer when I call you; *il dovere mi chiama* duty calls me. **2** (*chiamare al telefono*) to ring* (up), to phone; (*formare il numero*) to dial: *chiamate questo numero* dial this number. **3** (*far venire*) to send* for, to call (in): ~ *l'elettricista* to send for the electrician; ~ *il medico* to call (in) the doctor. **4** (*invocare*) to call on (*o* for): ~ *aiuto* to call for help. **5** (*imporre un nome*) to call, to name: *lo chiamarono Giuseppe* they called him Joseph. **6** (*nominare, eleggere*) to nominate, to elect, to appoint: *è stato chiamato alla presidenza* he was elected for the presidency. **7** (*attrarre*) to lead* to, to produce: *un errore chiama l'altro* one mistake leads to another. **chiamarsi** *v.i.pron.* **1** (*avere nome*) to be called: *come si chiama quel gatto?* what is that cat called?, what do you call that cat? **2** (*essere*) to be: *questo si chiama parlar chiaro* this is (what I call) plain speaking. □ ~ *qd.* (*a voce alta*) *in* **aiuto** to call to (*o* on) s.o. for help; ~ *sotto le* **armi** to call up; ~ *in* **causa** (*Dir.*) to summons; (*fig.*) to call in question; (*rif. a persona*) to involve; ~ *qd. con un* **cenno** (*della mano*) to beckon s.o. (over); ~ *le* **cose** *con il loro nome* to call a spade a spade; ~ *in* **disparte** to call to one side; **mandare** *a* ~ to send for; (*convocare*) to summon; ~ *per* **nome** to call by name; ~ *a* **raccolta** to muster; (*Teat.*) ~ *alla* **ribalta** to call to the footlights; ~ *un* **taxi** to hail a taxi.

chiamata *f.* **1** call: *il medico ha avuto la* ~ *di un cliente* the doctor has had a call from a patient. **2** (*Tel.*) call. **3** (*Teat.*) curtain-call. **4** (*Mil.*) call-up, (*am.*) draft. **5** (*Dir.*) summons. □ (*Tel.*) ~ *a* **carico** *del destinatario* collect call; ~ **interurbana** trunk-call, long -distance call; (*Tel.*) ~ **urbana** local call.

chiappa *f.* (*volg.*) (*natica*) buttock.

chiara *f.* egg-white.

Chiara *N.pr.f.* Clare.

chiarezza *f.* **1** (*luminosità*) brightness, luminosity. **2** (*limpidezza*) limpidity, clarity.

chiarificante **I** *a.* clarifying. **II** *s.m.* clarificant.

chiarificare *v.t.* to clarify (*anche fig.*).

chiarificazione *f.* clarification (*anche fig.*).

chiarimento *m.* explanation, clearing up: *chiedere un* ~ to ask for an explanation.

chiarire *v.t.* **1** (*rendere più chiaro*) to make* clearer, to clarify. **2** (*fig.*) (*spiegare*) to clarify, to make* clear, to clear up: ~ *un dubbio* to clear up a doubt. **chiarirsi** *v.i. pron.* **1** (*diventare chiaro*) to become* clear, to clear. **2** (*fig.*) to become* clear, to be cleared up: *il mistero non si è ancora chiarito* the mystery has not been cleared up yet.

chiaro **I** *a.* **1** (*luminoso*) bright, shining; (*senza nuvole*) cloudless. **2** (*pallido: rif. a colore*) light, pale; (*rif. al tipo fisico*) fair: *carnagione chiara* fair complexion. **3** (*limpido: rif. a liquidi*) clear, limpid. **4** (*diluito, leggero*) thin: *brodo* ~ thin broth. **5** (*che si sente o si vede distintamente*) clear, distinct: *leggere con voce chiara* to read in a clear voice. **6** (*fig.*) (*ben definito*) clear: *avere idee chiare* to have clear ideas; (*evidente*) clear, evident, obvious: *è* ~ *che non lo puoi fare* it is clear that you can't do that. **7** (*fig.*) (*illustre*) famous, eminent, renowned. **II** *avv.* (*con franchezza*) plainly, frankly, openly: *parlare* ~ to speak plainly. **III** *s.m.* **1** (*chiarore*) luminosity, brightness, lightness; (*luce*) light. **2** (*colore chiaro*) light (*o* pale) colour. □ *persona di chiara* **fama** person of great renown; ~ *e* **lampante** crystal clear; ~ *di* **luna** moonlight; (*fig.*) *con questi chiari di* **luna** in such difficult times as these; **mettere** *in* ~ *qc.* to make s.th. clear; **vederci** ~ to get to the bottom of s.th.

chiarore *m.* (faint *o* dim) light, glimmer.

chiaroscuro *m.* chiaroscuro, light and shade.

chiaroveggente **I** *a.* **1** (*divinatore*) clairvoyant. **2** (*estens.*) (*perspicace*) clear-sighted; (*lungimirante*) far-sighted. **II** *s.m./f.* clairvoyant.

chiaroveggenza *f.* **1** (*divinazione*) clairvoyance. **2** (*fig.*) (*perspicacia*) clear-sightedness; (*lungimiranza*) far-sightedness.

chiassata *f.* **1** (*chiasso, schiamazzo*) uproar, din. **2** (*lite*) brawl, quarrel, row.

chiasso *m.* noise, uproar, racket, din. □ *far* ~ to make a racket; (*fig.*) (*suscitare commenti, interesse*) to make a stir.

chiassoso *a.* **1** (*rif. a persona*) noisy, rowdy. **2** (*rif. a cose*) noisy, uproarious, loud: *allegria chiassosa* noisy gaiety. **3** (*vistoso*) loud, showy, gaudy.

chiatta *f.* barge. □ *ponte di chiatte* pontoon bridge.

chiavare *v.t.* (*volg.*) to screw, to fuck.

chiave **I** *s.f.* **1** key. **2** (*fig.*) key, clue: *avere la* ~ *del problema* to have the key to the problem. **3** (*di codice cifrato*) (cipher-)key. **4** (*Mecc.*) spanner, wrench; (*per caricare molle*) key, winder. **5** (*Mus.*) (*segno musicale*) clef. **6** (*Arch.*) keystone. **II** *a.* (*fig.*) key-. □

chiudere *a* ~ to lock (up); ~ **inglese** wrench; **mazzo** *di chiavi* bunch of keys; **sotto** ~ under lock and key; ~ **universale** skeleton key, master key; ~ *di* **violino** treble clef; (*Arch.*) ~ *di* **volta** keystone (*anche fig.*).

chiavetta *f.* **1** small key. **2** (*di rubinetto*) stopcock. **3** (*Mecc.*) cotter, key. **4** (*di giocattolo*) key; winder. ▭ (*Aut.*) ~ *dell'***accensione** ignition key; ~ *del* **gas** gas-tap.

chiavica *f.* (*fogna*) sewer.

chiavistello *m.* (door-)bolt, latch. ▭ *mettere il* ~ to bolt the door.

chiazza *f.* **1** (*sulla pelle*) patch, mark, blotch. **2** (*macchia*) stain, spot.

chiazzare *v.t.* to stain, to spot; (*con colori diversi*) to mottle.

chicchessia *pron.indef.* (*lett.*) anyone, anybody.

chicchirichì *m.* cock-a-doodle-doo: *fare* ~ to crow.

chicco *m.* grain. ▭ ~ *di* **caffè** coffee bean; ~ *di* **grandine** hailstone; ~ *d'***uva** grape.

chiedere *v.t.* **1** (*chiedere per sapere*) ask: ~ *qc. a qd.* to ask s.o. s.th. **2** (*chiedere per avere*) to ask for: ~ *un libro* to ask for a book. **3** (*sollecitare*) to ask, to request; (*vivamente*) to beg, to urge. **4** (*un prezzo, un compenso*) to ask, to charge: *quanto chiedete?* how much do you charge? **chiedersi** *v.r.apparente* to wonder: *mi chiedo quando verrà* I wonder when he will come. ▭ ~ **di** *qd.* (*informarsi*) to ask after (*o* about) s.o.; (*voler parlare*) to ask for; ~ *la* **mano** *di una ragazza* to ask for a girl's hand; ~ *l'***ora** *a qd.* to ask s.o. the time; ~ **perdono** to beg (*o* ask) pardon; ~ **permesso** to ask permission (*o* leave); ~ *qc. in* **prestito** to ask to borrow s.th.; ~ **scusa** to apologize; *chiedo* **scusa** I beg your pardon.

chierica *f.* **1** tonsure. **2** (*scherz.*) (*calvizie*) bald patch.

chierichetto *m.* altar-boy, server.

chierico *m.* **1** (*membro del clero*) cleric, clergyman (*pl.* –men). **2** (*seminarista*) seminarist. **3** (*chierichetto*) altar-boy.

chiesa *f.* **1** (*edificio*) church. **2** (*comunità dei fedeli*) Church. ▭ ~ **anglicana** Anglican Church; ~ **cattolica** (Roman) Catholic Church; **di** ~ church-going; *uomo* **di** ~ church-goer; ~ **ortodossa** Orthodox Church; ~ **protestante** Protestant Church.

chiglia *f.* (*Mar.*) keel.

chilo[1] *m.* (*unità di misura*) kilo: *mille lire al* (*o il*) ~ one thousand lire a (*o* per) kilo.

chilo[2] *m.* (*Fisiologia*) chyle.

chilogrammo *m.* kilogram(me).

chilometraggio *m.* distance in kilometres; (*in miglia*) mileage.

chilometrico *a.* **1** kilometric, (*pred.*) (measured) in kilometres. **2** (*fig.*) (*lunghissimo*) extremely long, interminable.

chilometro *m.* kilometre.

chimera *f.* chimera (*anche fig.*).

chimerico *a.* (*illusorio*) chimerical, fanciful.

chimica *f.* chemistry: ~ *farmaceutica* pharmaceutical chemistry.

chimico **I** *a.* chemical. **II** *s.m.* chemist. ▭ *sostanze chimiche* chemicals.

chimono *m.* (*Moda*) kimono: *manica a* ~ kimono sleeve.

china[1] *f.* **1** (*pendio*) slope, descent. **2** (*fig.*) turn for the worse. ▭ (*fig.*) **essere** (o *mettersi*) *su una brutta* ~ to go downhill; **risalire** *la* ~ to get back on top.

china[2] *f.* **1** (*Bot.*) cinchona(-tree). **2** (*corteccia*) cinchona-bark.

china[3] *f.* (*inchiostro di china*) Indian ink.

chinare *v.t.* (*rif. alla testa*) to bend*, to bow; (*rif. agli occhi*) to lower. **chinarsi** *v.r.* to stoop (down), to bend* down. ▭ ~ *il* **capo** (*in segno di consenso*) to nod (one's head); (*per salutare*) to nod, to bow; ~ *lo* **sguardo** to look down.

chincaglieria *f.* **1** (*negozio*) fancy goods shop. **2** *pl.* (*ninnoli*) trinkets *pl.*, knick-knacks *pl.*

chinino *m.* (*Chim.*) quinine.

chino *a.* bent, bowed.

chinotto *m.* (*Bot.*) bigarade.

chioccia *f.* **1** (*Zool.*) broody hen. **2** (*fig.*) over-protective mother, mother hen.

chiocciare *v.i.* to cluck.

chiocciola *f.* **1** (*Zool.*) snail. **2** (*Anat.*) cochlea. ▭ *scala a chiocciola* winding staircase.

chiodato *a.* nailed, spiked. ▭ *scarpe chiodate* hobnailed boots.

chiodino *m.* small nail, tack.

chiodo *m.* **1** nail; (*a capocchia larga*) stud; (*di scarpe sportive e pneumatici*) spike. **2** (*fig.*) (*idea fissa*) fixed idea. **3** (*fam.*) (*debito*) debt. ▭ **conficcare** *un* ~ to drive a nail in, to hammer a nail in; *roba* **da** *chiodi* it's shocking; (*Gastr.*) ~ *di* **garofano** clove; (*da montagna*) ~ *da* **ghiaccio** frost-nail; **magro** *come un* ~ as thin as a rake; ~ *da* **roccia** rock-pilon.

chioma *f.* **1** (head of) hair. **2** (*fogliame d'albero*) foliage, leafage. **3** (*Astr.*) coma.

chiomato *a.* long-haired; (*di albero*) leafy.

chiosco *m.* **1** stall, stand, kiosk: ~ *di bibite* soft-drink kiosk; ~ *del giornalaio* newspaper kiosk; ~ *di frutta e verdura* fruit and vegetable stand. **2** (*padiglione a colonne*) kiosk.

chiostra *f.* **1** ring, circle: ~ *di monti* ring of mountains. **2** (*recinto*) enclosure. ▭ ~ *dei denti* set of teeth.

chiostro *m.* cloister (*anche fig.*).

chirografo *m.* chirograph.

chiromante *m./f.* palmist, chiromancer.

chiromanzia *f.* palmistry, chiromancy.

chirurgia *f.* surgery: ~ *plastica* plastic surgery.

chirurgico *a.* surgical.

chirurgo *m.* surgeon. ▭ *medico* ~ surgeon.

chissà *avv.* **1** who knows, goodness knows, I wonder: ~ *quando ti rivedremo* who knows when we'll meet again. **2** (*forse*) perhaps, (*fam.*) maybe: *verrai al cinema con noi?* – ~

are you coming to the cinema with us? – maybe.

chitarra *f.* (*Mus.*) guitar.

chitarrista *m./f.* guitarist.

chiudere I *v.t.* **1** to shut*, to close: ~ *la porta* to shut the door; (*tirando: rif. a tende e sim.*) to draw*, to pull shut; (*legando: rif. a sacchi, pacchi*) to tie up; (*con il coperchio*) to cover, to put* the lid on; (*con il tappo*) to stopper, to plug; (*violentemente*) to slam, to bang (shut); (*con la chiave*) to lock. **2** (*rif. a oggetti pieghevoli*) to fold (up), to shut* (up), to close: ~ *la sedia sdraio* to close one's deck-chair. **3** (*serrare*) to clutch, to clench: ~ *il pugno* to clench one's fist. **4** (*rif. a luce, apparecchi: spegnere*) to turn off, to switch off. **5** (*suggellare: rif. a lettere e sim.*) to seal (up). **6** (*recintare*) to enclose; (*con una siepe*) to hedge; (*con uno steccato*) to fence. **7** (*circondare*) to ring* round, to surround. **8** (*sbarrare*) to block (up), to bar: ~ *il passaggio* to bar the way. **9** (*porre in luogo sicuro*) to lock up (*o* away), to shut* up (*o* away): ~ *in carcere qd.* to shut s.o. up in prison. **10** (*temporaneamente: rif. a negozi, fabbriche, scuole e sim.*) to close; (*permanentemente*) to shut* (*o* close) down. **11** (*porre termine*) to close, to bring* to an end, to wind* up. **12** (*venire per ultimo*) to bring* up the rear, to come* at the end (*o* bottom) (*qc.* of s.th.): ~ *un corteo* to bring up the rear of a procession. **13** (*nei giochi di carte*) to go* down. **14** (*El.*) to close. **II** *v.i.* **1** (*venir chiuso: rif. a negozi e sim.*) to close: *i negozi chiudono alle venti* the shops close at eight; (*terminare*) to end: *la caccia chiude tra un mese* the hunting season ends in a month. **2** (*combaciare*) to close, to shut*: *la porta non chiude bene* the door won't close (*o* shut). **chiudersi** *v.r./i.pron.* **1** (*ritirarsi*) to shut* o.s. up (*o* away), to withdraw*: *si è chiusa in convento* she has withdrawn to a convent. **2** (*serrarsi*) to close, to shut*: *la porta si chiude da sé* the door shuts automatically. **3** (*rif. a fiori*) to close (up). **4** (*rimarginarsi*) to heal (up), to close (up): *la ferita non si è ancora chiusa* the wound still hasn't healed up. **5** (*rif. al tempo: oscurarsi*) to cloud over (costr. impers.), to grow* overcast (costr. impers.). **6** (*fig.*) to withdraw*. □ *l'***argomento** *è chiuso* the matter is closed; (*Comm.*) ~ *in* **attivo** to show a profit (*o* credit balance); ~ *la* **bocca** to close one's mouth; (*fig.*) *chiudi la* **bocca** hold your tongue, (*fam.*) shut up; (*fig.*) ~ *la* **bocca** *a qd.* to silence s.o.; ~ *un* **buco** to stop (*o* block up) a hole; ~ *un* **dibattito** to wind up a debate; ~ **fuori** to shut (*o* lock) out; ~ *una* **lettera** to end a letter; ~ *gli* **occhi** to shut (*o* close) one's eyes; (*morire*) to end one's days; (*fig.*) ~ *un* **occhio** *su qc.* to turn a blind eye to s.th.; ~ *in* **perdita** to show a loss; ~ *la* **porta** *in faccia a qd.* to shut the door in s.o.'s face; ~ *il* **rubinetto** to turn off the tap; *la* **seduta** *è chiusa* the meeting is closed. ‖ *signori, si chiude* (closing) time, gentlemen, please.

chiunque I *pron.rel.indef.* **1** whoever, anyone who (*o* that), anybody who (*o* that); (*enfatico*) whosoever: *lo dirò a* ~ *me lo chieda* I shall tell whoever asks me; (*in un numero ristretto*) whichever: ~ *di voi esca per ultimo, chiuda la porta* whichever of you is the last to leave, remember to close the door. **2** (*di chiunque*) whosoever; (*enfatico*) whosesoever (*usati come aggettivo attr.*): *di* ~ *sia questa macchina* whosever this car is. **II** *pron.indef.* (*solo singolare*) anyone, anybody: ~ *avrebbe agito così* anyone would have done the same. □ ~ *sia* whoever it is (*o* may be).

chiurlo *m.* (*Zool.*) curlew.

chiusa *f.* **1** (*Idraulica*) lock, sluice. **2** (*recinto di terreno*) enclosure.

chiusino *m.* manhole.

chiuso I *a.* **1** closed, shut: *il libro era* ~ the book was closed; (*a chiave*) locked; (*sbarrato*) barred; (*sigillato*) sealed. **2** (*rif. a negozi, uffici*) closed. **3** (*rif. ad apparecchio elettrico*) (switched) off. **4** (*angusto*) narrow: *una valle molto chiusa* a very narrow valley. **5** (*rif. al tempo*) overcast, cloudy. **6** (*fig.*) (*ristretto*) exclusive: *circolo* ~ exclusive circle. **7** (*fig.*) (*riservato, poco espansivo*) reserved, close. **8** (*concluso*) settled, closed: *l'argomento è* ~ the matter is settled. **9** (*Fonetica, Econ.*) closed. **II** *s.m.* **1** (*luogo chiuso*) enclosure, close. **2** (*recinto: per animali*) pen; (*per pecore*) fold. □ (*fig.*) *tenere la* **bocca** *chiusa* to keep one's mouth shut; **casa** *chiusa* brothel; ~ *per* **ferie** closed for holidays; ~ **in** *casa* shut up at home; ~ *per* **lutto** closed for mourning; **odore** *di* ~ musty (*o* stuffy) smell; (*Dir.*) *a* **porte** *chiuse* in camera.

chiusura *f.* **1** (*serratura*) lock, fastener. **2** (*il chiudere*) closing, shutting; (*il concludere*) ending, conclusion. **3** (*termine, fine*) close, end, conclusion. **4** (*allacciatura*) fastening. □ (*Mecc.*) *a* ~ **automatica** self-locking, self -closing; (*Comm.*) ~ *annuale dei* **conti** annual closing; **data** *di* ~ (*scadenza*) closing date; **discorso** *di* ~ closing speech; ~ **ermetica** hermetic seal; *la* ~ *di una* **fabbrica** closing of a factory, shut-down; ~ **lampo** zip (fastener), zipper; **ora** *di* ~ closing time.

ci I *pron.pers.* **1** (*noi: complemento oggetto*) us: ~ *hai chiamato?* did you call us? **2** (*a noi: complemento di termine*) (to) us: *non* ~ *hanno detto nulla* they didn't tell us anything, they didn't say anything to us. **3** (*riflessivo*) ourselves (*talvolta non si traduce*): ~ *laviamo* we wash (ourselves). **4** (*reciproco*) (*fra due*) each other; (*fra più di due*) one another: ~ *vogliamo bene* we love each other. **5** (costr. impers.) one, you, we, it: ~ *si annoia* it is boring, one gets bored. **II** *pron. dimostr.* (*di solito viene tradotto con la dovuta prep.* + it, this *e* that; *talvolta non si traduce*): *non* ~ *penso* I don't think about it; ~ *penso io* I'll see to it; *posso contarci?* can I count on it? **III** *avv.* **1** (*lì, in quel luogo*) there: *non ~ vado da molti anni* I haven't been there for many years; *vacci subito!* go (there) right away! **2** (*qui, in questo luogo*) here: ~ *siamo finalmente* here we are at last. **3** (*per questo luogo*) by here (*o* it), by this (*o* that) place: ~ *sono passato spesso* I have often passed by it. **4** (*pleonastico: non si traduce*): *non ~ sente bene* he doesn't hear very well. ‖ *c'è* there is: *non c'è nessuno qui* there is nobody here; *c'è Luigi?* is Luigi here (*o* there)?; *c'era una volta un re* once upon a time there was a king; *starci* to be willing (*o* ready); *io ~ sto* I'll be in it, count me in; *eccoci qua!* here we are!

C.ia = *Compagnia* Company (Co.).

ciabatta *f.* **1** slipper. **2** (*scarpa vecchia*) down-at-heel (*o* worn-out) shoe.

ciabattare *v.i.* to shuffle (along).

ciabattino *m.* cobbler.

ciac *m.* (*Cin.*) clappers *pl.*, clapper boards *pl* □ *~!, si gira!* camera!; action!

cialda *f.* **1** (*Gastr.*) wafer. **2** (*Farm.*) wafer sheet.

cialtrone *a.* **1** (*chi lavora male*) bungler, botcher. **2** (*manigoldo*) rogue, rascal. **3** (*persona poco affidabile*) big talker.

cialtroneria *f.* **1** (*furfanteria*) roguery, rascality. **2** (*comportamento scorretto*) rascally action.

ciambella *f.* **1** (*Gastr.*) ring-shaped cake. **2** (*salvagente*) lifebuoy.

ciambellano *m.* chamberlain.

ciancia *f.* **1** (*discorso vano*) idle talk, empty words *pl.*; gossip. **2** *pl.* (*fandonie*) nonsense, rubbish.

cianciare *v.i.* to chatter, to talk idly.

cianfrusaglie *f.pl.* rubbish, junk.

cianografico *a.* (*Tip.*) blueprint.

cianosi *f.* (*Med.*) cyanosis.

cianotico *a.* cyanotic.

cianuro *m.* (*Chim.*) cyanide.

ciao *intz.* (*nel congedarsi*) bye-bye, 'bye, cheerio, (*am.*) so long; (*nell'incontrarsi*) hello, (*am.*) hi (there).

ciarla *f.* **1** (*notizia falsa*) false rumour. **2** *pl.* (*discorsi inutili*) (idle) talk, chatter; (*chiacchiere*) chat, talk.

ciarlare *v.t.* **1** (*chiacchierare vanamente*) to chatter. **2** (*fare pettegolezzi*) to gossip, to tittle-tattle.

ciarlataneria *f.* charlatanry, quackery.

ciarlatanesco *a.* charlatanish, quackish.

ciarlatano *m.* charlatan, quack.

ciarliero *a.* talkative, garrulous, loquacious.

ciarlone *m.* chatterbox, (*fam.*) wind-bag.

ciarpame *m.* rubbish, junk, odds and ends *pl.*

ciascheduno (*raro*) → **ciascuno**.

ciascuno I *a.* **1** (*ogni*) every: *a ciascun visitatore fu offerto un piccolo ricordo* every visitor was given a small souvenir. **2** (*distributivo*) each: *ciascun bambino declamò una poesia* each child recited a poem. **II** *pron.indef.* **1** (*ogni persona, tutti*) everybody, everyone, every person (*o* one), every man: *a ~ il suo* give every man his due; ~ *riceverà la sua parte* everybody will get his share. **2** (*distributivo*) each, each person (*o* one), each man: *pagammo una sterlina ~* we paid a pound each.

cibare *v.t.* to feed*, to nourish (*anche fig.*): ~ *i poveri* to feed the poor. **cibarsi** *v.r.* to feed*, to live (*di* on), to eat* (s.th.).

cibarie *f.pl.* foodstuffs *pl.*, provisions *pl.*

cibernetica *f.* cybernetics *pl.*

cibo *m.* **1** food: ~ *sano* wholesome food. **2** (*ciò che si mangia in un pasto*) meal, food

cicala *f.* **1** (*Zool.*) cicada. **2** (*fig.*) (*chiacchierone*) chatterbox.

cicalare *v.i.* to chatter (away), to jabber.

cicaleccio, cicaleggio *m.* (shrill) chattering, chatter, babble.

cicalino *m.* (*El.*) (*campanello*) buzzer; bleeper: *chiamare con il ~* to bleep.

cicatrice *f.* **1** scar (*anche fig.*). **2** (*Med., Bot.*) cicatrix.

cicatrizzare I *v.t.* to heal, to cicatrize, to scar. **II** *v.i.* **cicatrizzarsi** *v.i.pron.* to heal (up), to cicatrize.

cicatrizzazione *f.* healing (up), cicatrization.

cicca *f.* **1** (*fam.*) (*mozzicone*) (cigarette or cigar) stub, cigarette-end, cigar-end, (*fam.*) fag-end. **2** (*fam.*) (*gomme da masticare*) chewing gum.

cicchetto *m.* **1** (*bicchierino di liquore*) nip, drop, pick-me-up; (*fam.*) tot. **2** (*fam.*) (*ramanzina*) dressing-down, telling-off.

ciccia *f.* **1** (*infant.*) (*carne*) meat. **2** (*scherz.*) (*adipe*) fat, flesh: *hai troppa ~ addosso!* you are too fat!

ciccione *m.* (*scherz.*) fatty, tubby.

cicerone *m.* (*guida*) guide, cicerone: *fare da ~* to act as guide; *fare da ~ a qc.* to show s.o. around.

ciclabile *a.* cycle-, for cyclists: *pista ~* cycle-path; (*am.*) bike path, bikeway.

ciclamino I *s.m.* (*Bot.*) cyclamen. **II** *a.* cyclamen-coloured.

ciclico *a.* cyclic(al).

ciclismo *m.* cycling, (bi)cycle racing.

ciclista *m./f.* (bi)cyclist.

ciclistico *a.* cycling-, (bi)cycle-: *gara ciclistica* cycle race.

ciclo *m.* **1** cycle. **2** (*di cure mediche*) course of treatment.

ciclocampestre *f.*, **ciclocross** *m.* (*Sport*) cross-country cycle race.

ciclomotore *m.* motor bicycle, moped, (*am.*) minibike.

ciclone *m.* **1** (*Meteor.*) cyclone. **2** (*fig.*) (*persona vivace*) ball of fire, tornado.

ciclonico *a.* cyclonic: (*Meteor.*) *area ciclonica* cyclonic region.

ciclope *m.* (*Mitol.*) Cyclop(s).

ciclopico *a.* **1** Cyclopean. **2** (*fig.*) (*gigantesco*) huge, gigantic; (*immane*) tremendous, over-

whelming: *fatica ciclopica* tremendous effort.
ciclostilare *v.t.* to cyclostyle, to stencil; to mimeograph.
ciclostile, ciclostilo *m.* cyclostyle, duplicator, mimeograph; stencil machine.
cicogna *f.* (*Zool.*) stork. □ (*fig.*) *è arrivata la* ~ (*è nato un bambino*) the stork has come (*o* paid a visit).
cicoria *f.* (*Bot.*) chicory.
cicuta *f.* (*Bot.*) hemlock.
cieco I *a.* blind (*anche fig.*): ~ *d'ira* blind with rage. **II** *s.m.* **1** blind person. **2** *pl.* the blind. □ **alla** *cieca* blindly, gropingly; (*fig.*) unthinkingly, thoughtlessly: *agire alla cieca* to act unthinkingly; **finestra cieca** blank (*o* blind) window; ~ *di* **guerra** blinded ex -serviceman (*pl.* –men); (*infant.*) *giocare a* **mosca** *cieca* to play blind man's buff; ~ **nato** person blind from birth (*o* born blind); ~ *da* (o *di*) *un* **occhio** blind in one eye; ~ *come una* **talpa** as blind as a bat; **vicolo** ~ blind alley.
cielo *m.* **1** sky (*anche fig.*): ~ *sereno* clear sky. **2** (*spazio aereo*) air space. **3** (*paradiso*) Heaven. **4** (*volta, soffitto*) ceiling. □ (*esclam.*) *per* **amor** *del* ~ for Heaven's (*o* goodness') sake; **grazie** *al* ~ thank Heaven(s) (*o* goodness); *in* **nome** *del* ~ in Heaven's name; (*Meteor.*) ~ *a* **pecorelle** mackerel sky; **pregare** *il* ~ to pray (to) Heaven; *il* **regno** *dei cieli* the Kingdom of Heaven; *lo* **sa** *il* ~ Heaven knows; (*esclam.*) **santo** ~ (good) heavens; *a ciel* **sereno** (*inaspettatamente*) out of the blue; *portare qd. al* **settimo** ~ to praise s.o. to the skies; *essere al* **settimo** ~ to be in seventh heaven; *cose che non* **stanno** *né in* ~ *né in terra* things that are out of this world; **toccare** *il* ~ *con un dito* to be in Heaven.
cifra *f.* **1** (*Mat.*) figure, number, numeral, digit: ~ *binaria* binary digit. **2** (*somma di denaro*) figure, sum, amount: *ho pagato una bella* ~ I paid a large amount. **3** (*monogramma*) monogram, initials *pl.* **4** (*scrittura convenzionale*) cipher, cypher, code. □ (*Comm.*) ~ *d'***affari** turnover; **in** ~ in code (*o* cipher), code-: *messaggio in* ~ message in code; *trasmettere in* ~ to trasmit in code; **numero** *di tre cifre* three-digit number; ~ **tonda** round figure.
cifrare *v.t.* **1** to code, to cipher: ~ *un messaggio* to code a message. **2** (*ricamare con monogramma*) to monogram, to mark with initials.
cifrario *m.* code (book), cipher book, cypher book.
cifrato *a.* **1** (*espresso in cifra*) coded, in code: *messaggio* ~ coded message. **2** (*con monogramma*) monogrammed.
ciglio *m.* **1** eyelash. **2** (*estens.*) (*sopracciglio*) (eye)brow. **3** (*Biol.*) cilium. **4** (*fig.*) (*orlo*) edge, brink, verge, rim: *camminare sul* ~ *della strada* to walk along the verge. □ (*fig.*) *senza batter* ~ without flinching.
cigno *m.* (*Zool.*) swan; (*femmina*) pen; (*giovane*) cygnet. □ *canto del* ~ swan-song.
cigolare *v.i.* to creak; (*sotto un peso*) to groan.
cigolio *m.* creaking; (*sotto un peso*) groaning.
Cile *N.pr.m.* (*Geog.*) Chile.
cilecca *f.*: *far* ~: 1 (*rif. ad arma da fuoco*) to misfire; 2 (*estens.*) (*non riuscire allo scopo; venir meno*) to fail.
cileno *a./s.m.* Chilean.
cilicio *m.* **1** hair-shirt, cilice. **2** (*fig.*) torture, torment.
ciliegia I *s.f.* (*Bot.*) cherry. **II** *a.* cherry, cherry-red-.
ciliegio *m.* (*Bot.*) cherry tree.
cilindrare *v.t.* **1** (*tecn.*) to roll, to put* through a roller. **2** (*Industria*) to calender. **3** (*Strad.*) to roll.
cilindrata *f.* (*Mot.*) engine displacement, piston displacement. □ *macchine di grossa* (o *piccola*) ~ high-powered (*o* low-powered) cars.
cilindrico *a.* cylindrical.
cilindro *m.* **1** cylinder. **2** (*cappello*) top-hat. **3** (*Mecc., Mot., Tip.*) cylinder; (*rullo*) roll(er). **4** (*Industria*) calender. □ *un motore a due cilindri* a two cylinder engine.
cima *f.* **1** (*punta*) top, tip: *la* ~ *del campanile* the top of the bell-tower; *la* ~ *del ramo* the tip of the branch. **2** (*vetta, monte*) top, summit, peak. **3** (*estremità*) end, tip: *la* ~ *della corda* the end of the rope; (*parte superiore*) top, head. **4** (*fam.*) (*persona intelligente*) genius. **5** (*Mar.*) (*cavo*) rope, line. □ *da* ~ *a fondo* from top to bottom; (*dal principio alla fine*) from beginning to end; *leggere un libro da* ~ *a fondo* to read a book from cover to cover.
cimare *v.t.* **1** to trim, to clip, to crop. **2** (*Tessitura*) to shear, to clip. **3** (*Agr.*) (*rif. ad alberi*) to poll, to lop.
cimasa *f.* (*Edil.*) moulding; coping.
cimbalo *m.pl.* (*Mus.*) cymbals. □ *essere in cimbali* to be tipsy.
cimelio *m.* (*oggetto prezioso*) curio, curiosity, antique; (*ricordo, reliquia*) relic, memento. □ ~ *di famiglia* keepsake.
cimentare *v.t.* **1** (*mettere alla prova*) to put* s.o. to the test, to try. **2** (*rischiare*) to risk, to venture. **cimentarsi** *v.r.* **1** (*avventurarsi*) to engage (*in* in), to venture (upon), to take* on (s.th.); (*mettersi alla prova*) to put* o.s. to the test, to test o.s. **2** (*competere*) to compete (*con* with).
cimento *m.* **1** (*rischio*) risk, danger, hazard. **2** (*prova*) test, trial.
cimice *f.* **1** (*Zool.*) bug. **2** (*puntina da disegno*) drawing-pin. □ ~ *dei letti* bed bug.
cimiero *m.* **1** crest. **2** (*poet.*) (*elmo*) helmet.
ciminiera *f.* (*di fabbrica*) (factory) chimney, smokestack; (*di nave*) funnel, smokestack; (*di locomotiva*) funnel, chimney, (*am.*) smokestack.
cimitero *m.* graveyard, cemetery; (*annesso a*

una chiesa) churchyard. ▭ ~ *di automobili* car dump.
cimosa *f.* (*Tessitura*) selvage, selvedge.
cimurro *m.* **1** (*Veterinaria*) distemper. **2** (*scherz.*) (*forte raffreddore*) bad (*o* nasty) cold.
Cina *N.pr.f.* (*Geog.*) China.
cinciallegra *f.* (*Zool.*) great tit.
cincin *intz. onom.* cheers, cheerio. ▭ *fare* ~ to clink glasses.
cincischiare I *v.t.* **1** (*sgualcire*) to crumple, to crush, to crease. **2** (*fig.*) (*pronunciare male*) to mumble, to mutter. **II** *v.i.* (*perdere tempo*) to mess (*o* potter) about. **cincischiarsi** *v.i. pron.* (*sgualcirsi*) to become* crumpled, to get* creased, to be crushed.
cineamatore *m.* amateur film-maker.
cineasta *m./f.* (*regista*) director; (*produttore*) producer, (*am.*) moviemaker.
cinecamera *f.* cine-camera, (*am.*) movie camera.
cinegiornale *m.* news-reel.
cinelandia *f.* filmdom.
cinema → **cinematografo**.
cinematografare *v.t.* to film.
cinematografia *f.* **1** cinematography. **2** (*industria*) cinema, motion-picture industry.
cinematografico *a.* film-, cinema-, (*am.*) motion picture-, cine-, (*am. fam.*) movie-: *attore* ~ film actor; (*am.*) movie actor.
cinematografo *m.* **1** (*locale*) cinema, picture hall; (*am.*) movie theater. **2** (*arte*) (the) cinema, films *pl.*, (*am. fam.*) movies *pl.* **3** (*industria*) cinema, (*am.*) motion-picture industry. **4** (*fig.*) sight, show: *era un* ~ *vedere i tifosi agitarsi* it was a show to see the fans getting excited. ▭ ~ *all'***aperto** open-air cinema; **diva** *del* ~ film-star, (*am.*) movie star; ~ **muto** silent films; ~ **sonoro** sound (*o* talking) films, (*fam.*) talkies *pl.*
cinepresa *f.* cine-camera, (*am. fam.*) movie camera.
cinerario *a.* cinerary: *urna cineraria* cinerary urn.
cinereo *a.* (*pallido*) ashen, deadly pale.
cineromanzo *m.* (*Giorn.*) photo-strip story.
cinese I *a.* Chinese, China-. **II** *s.m.* **1** (*lingua*) Chinese. **2** *m./f.* (*abitante*) Chinese. ▭ *quartiere* ~ Chinatown.
cineseria *f.* chinoiserie.
cineteca *f.* film library.
cinetica *f.* (*Fis.*) kinetics *pl.*
cinetico *a.* kinetic.
cingere *v.t.* **1** (*circondare con le braccia*) to put* round, to encircle. **2** (*circondare*) to surround, to encircle, to encompass: ~ *la città di mura* to surround the city with walls. **3** (*legare intorno alla vita*) to gird*.
cinghia *f.* **1** strap; (*di cuoio*) thong. **2** (*cintura*) belt (*anche fig.*). **3** (*Mecc.*) belt. ▭ **tirare** *la* ~ to pull in one's belt; ~ *di* **trasmissione** driving belt.
cinghiale *m.* (*Zool.*) wild boar. ▭ *pelle di* ~ pigskin.
cingolato *a.* tracked, caterpillar-, (*am.*) crawler-. ▭ *mezzi cingolati* tracked vehicles.
cingolo *m.* (*Mecc.*) crawler track.
cinguettare *v.i.* to twitter, to chirp, (*di bambini*) to prattle.
cinguettio *m.* **1** twitter, chirping. **2** (*fig.*) (*balbettio di bambini*) prattling.
cinico I *a.* **1** cynical: *un sorriso* ~ a cynical smile. **2** (*Filos.*) Cynic. **II** *s.m.* cynic.
ciniglia *f.* (*tessuto*) chenille.
cinismo *m.* cynism.
cinodromo *m.* greyhound track.
cinofilo I *s.m.* dog-lover. **II** *a.* dog-loving-.
cinquanta *a./s.m.* fifty: ~ *lire* fifty lire. ▭ *negli anni* ~ in the Fifties.
cinquantamila *a./s.m.* fifty thousand.
cinquantenario *m.* fiftieth anniversary.
cinquantenne I *a.* (*attr.*) fifty-year-old; (*pred.*) fifty years old. **II** *s.m./f.* fifty-year-old person.
cinquantennio *m.* (period of) fifty years.
cinquantesimo *a./s.m.* fiftieth.
cinquantina *f.* about (*o* some) fifty, fifty or so.
cinque I *a.* five. **II** *s.m.* **1** (*numero*) five. **2** (*nelle date*) fifth.
cinquecento *a./s.m.* five hundred. **Cinquecento** *m.* sixteenth century; (*rif. all'arte e alla letteratura italiana*) Cinquecento.
cinquemila *a./s.m.* five thousand.
cinquina *f.* **1** (*cinque cose*) (set of) five. **2** (*nella tombola*) five-number row, bingo. **3** (*nel gioco del lotto: giocata*) five numbers played; (*i numeri estratti*) series of five winning numbers. **4** (*Mil., Teat.*) (*paga*) five-days' pay.
cinta *f.* **1** (*cerchia di mura*) city walls, circle (of walls). **2** (*muro di protezione*) wall: *la* ~ *del giardino* the garden wall. ▭ ~ *daziaria* town customs barrier.
cinto *m.* (*cintura*) belt, girdle. ▭ (*Med.*) ~ *erniario* truss.
cintola *f.* **1** (*vita*) waist. **2** (*cintura*) belt.
cintura *f.* **1** belt; (*di tessuto*) sash; (*per gonna, calzoni*) waistband. **2** (*vita*) waist. **3** (*nello sport: presa*) waist-lock; (*nel judo, pugilato*) belt (grade). ▭ (*Stor.*) ~ *di* **castità** chastity belt; ~ *di* **salvataggio** lifebelt; (*Aer., Aut.*) ~ *di* **sicurezza** safety belt; seat belt: *allacciare le* ~ to fasten seat belts.
cinturino *m.* **1** (*dell'orologio*) watchstrap; (*della camicia: al collo*) band, neckband; (*delle scarpe*) shoestrap. **2** (*Mil.*) (*per appendere la sciabola*) sword-belt.
cinturone *m.* (*Mil.*) holster-belt.
Cinzia *N.pr.f.* Cynthia.
ciò *pron.dimostr.* that, this, it: *di* ~ *sono contento* I am pleased about that; ~ *mi dispiace* I am sorry about it. ▭ ~ **che** what: ~ *che mi dici è molto grave* what you tell me is very serious; **con** ~ therefore, so, consequently: *e con* ~*?* so what?, and so?; ~ **nondimeno** (o *nonostante*) nevertheless, in spite of this; **oltre** *a* ~ besides that, moreover, furthermore; **tutto** ~ (*ogni cosa*) everything, all; (*qualunque cosa*) whatever.

CIO = *Comitato Internazionale Olimpico* International Olympic Committee.
ciocca *f.* (*di capelli*) lock.
ciocco *m.* (*ceppo da ardere*) log.
cioccolata **I** *s.f.* **1** (*bevanda*) (drinking) chocolate. **2** (*cioccolato*) chocolate. **II** *a.* chocolate (-coloured). □ **color** ~ chocolate (colour); ~ *con* **panna** chocolate with whipped cream; *una* **tavoletta** *di* ~ a bar of chocolate.
cioccolatino *m.* chocolate.
cioccolato *m.* chocolate. □ ~ **fondente** plain chocolate; ~ *al* **latte** milk chocolate.
cioè *avv.* **1** that is, i.e., namely, viz: *verrò tra un'ora,* ~ *alle cinque* I'll come in an hour's time, that is, at five o'clock. **2** (*o piuttosto*) or rather, or better: *verrò,* ~ *ti telefonerò domani* I'll come, or rather I'll phone you tomorrow; (*per lo meno*) at least, at any rate.
ciondolare **I** *v.i.* **1** to dangle, to hang* (loosely). **2** (*fig.*) (*bighellonare*) to lounge (*o* hang*) about. **II** *v.t.* to dangle, to loll: ~ *il capo* to loll one's head.
ciondolo *m.* pendant, trinket, charm; (*dell'orecchino*) drop-earring; (*della catena dell'orologio*) fob.
ciondoloni *avv.* dangling, hanging: *tenere le braccia* (*a*) ~ to let one's arms dangle.
ciotola *f.* **1** bowl. **2** (*il contenuto*) bowl(ful).
ciottolato *m.* cobblestone paving, cobblestones *pl.*
ciottolo *m.* (*sasso arrotondato*) pebble; (*per fondo stradale*) cobblestone.
CIP = *Comitato Interministeriale Prezzi* Interdepartmental Committee on Prices.
CIPE = *Comitato Interministeriale per la Programmazione Economica* Interdepartmental Committee for Economic Planning.
cipiglio *m.* **1** (*aspetto severo*) stern (*o* grim) look, angry expression, frown. **2** (*corrugamento delle sopracciglia*) frown. □ *guardare qd. con* ~ to frown (*o* scowl) at s.o.
cipolla *f.* **1** (*Bot.*) onion. **2** (*bulbo di pianta*) bulb. **3** (*orologio*) turnip.
cipollino *m.* (*marmo*) cipol(l)in.
cippo *m.* **1** cippus. **2** (*pietra di confine*) boundary stone. □ ~ *funerario* memorial stone.
cipresso *m.* (*Bot.*) cypress(-tree).
cipria *f.* (face) powder: ~ *compatta* compressed powder; ~ *in polvere* loose powder.
cipriota **I** *a.* Cypriot, Cyprus-. **II** *s.m./f.* Cypriot(e).
Cipro *N.pr.m.* (*Geog.*) Cyprus.
circa **I** *prep.* about, concerning, regarding, as to, as regards: *non so nulla* ~ *la sua partenza* I don't know anything about his departure. **II** *avv.* about, approximately, roughly, around, more or less, (*pred.*) or so, some: *ha* ~ *trent'anni* he's about thirty.
Circe *N.pr.f.* (*Mitol.*) Circe. **circe** *f.* (*fig.*) enchantress.
circo *m.* **1** (*circo equestre*) circus (*anche Stor. romana*). **2** (*Geol.*) cirque: ~ *glaciale* glacial cirque.
circolante *a.* circulating (*anche Econ.*). □ *denaro* ~ money in circulation.
circolare[1] **I** *a.* circular, round: *settore* ~ circular sector. **II** *s.f.* **1** circular: *mandare una* ~ to send a circular. **2** (*linea di autobus, tram*) circle line, belt line. □ **assegno** ~ bank draft; **biglietto** ~ circular (*o* tourist) ticket.
circolare[2] *v.i.* **1** to move about, to circulate; (*in automobile*) to get* about. **2** (*passare da una persona all'altra*) to circulate, to be in circulation. **3** (*di denaro*) to circulate, to be in circulation. **4** (*di notizie*) to circulate, to spread*. **5** (*rif. a fluidi*) to circulate, to flow. □ ~ *prego!* move along, please!; keep moving, please!
circolatorio *a.* (*Med.*) circulatory.
circolazione *f.* **1** circulation. **2** (*traffico*) traffic, flow: ~ *stradale* road traffic. **3** (*Anat., Econ.*) circulation: *disturbi di* ~ circulation disorders. □ (*Strad.*) **divieto** *di* ~ no thoroughfare; **in** ~ in circulation; **mettere** *in* ~ (*rif. a valuta*) to put into circulation; (*rif. a notizie*) to circulate, to spread, to put about; ~ **monetaria** currency; (*Strad.*) ~ *in due* **sensi** two-way traffic; ~ **venosa** venous circulation.
circolo *m.* **1** circle; ring: *tracciare un* ~ to draw a circle. **2** (*società*) club, society, circle. **3** *pl.* (*ambiente*) circles *pl.*: *i circoli politici* political circles. **4** (*circolazione del sangue*) circulation, bloodstream. **5** (*Geog., Geom., Astr.*) circle. □ **in** ~ in a circle (*o* ring); ~ **militare** officers' club; ~ **polare** polar circle; (*scherz.*) **tenere** ~ (*polarizzare l'attenzione generale*) to hold court; ~ **vizioso** vicious circle.
circoncidere *v.t.* to circumcise.
circoncisione *f.* circumcision.
circondare *v.t.* **1** to surround (*di* with, by); (*con uno steccato*) to fence in; (*con un muro*) to wall in. **2** (*attorniare*) to surround, to cluster round. **3** (*fig.*) to load; to overwhelm: ~ *di cure* to overwhelm s.o. with attention. **circondarsi** *v.r.* to surround o.s., to gather round o.s.
circondario *m.* **1** (*suddivisione amministrativa*) (administrative) district. **2** (*dintorni*) neighbourhood, surroundings *pl.*
circonferenza *f.* **1** (*Geom.*) circumference. **2** (*rif. a persone, alberi*) girth.
circonflesso **I** *a.* **1** (*piegato in cerchio*) bent, curved, arched. **2** (*di accento*) circumflex. **II** *s.m.* (*Ling.*) circumflex.
circonfuso *a.* surrounded (*di* by, with), bathed (in): *volto* ~ *di luce* face bathed in light.
circonlocuzione *f.* circumlocution.
circonvallazione *f.* (*strada*) ring road, (*am.*) belt highway; (*tangenziale*) by-pass.
circonvenire *v.t.* to circumvent, to cheat, to swindle.

circonvenzione *f.* circumvention, swindling.
circonvoluzione *f.* (*Anat.*) convolution.
circoscrivere *v.t.* **1** (*Geom.*) to circumscribe. **2** (*fig.*) (*delimitare*) to circumscribe, to limit, to restrict; (*arginare*) to check, to get* under control.
circoscrizione *f.* district, area, territory. □ ~ *elettorale* constituency; (*am.*) district.
circospetto *a.* circumspect, cautious.
circospezione *f.* circumspection, caution.
circostante *a.* surrounding, neighbouring.
circostanza *f.* **1** circumstance, occurrence. **2** (*condizione temporanea*) circumstances *pl.*, occasion. □ (*Dir.*) ~ **aggravante** aggravating circumstance, aggravation; (*Dir.*) ~ **attenuante** extenuating circumstance; **di** ~ suitable to the occasion.
circostanziare *v.t.* (*riferire*) to circumstantiate, to relate in detail.
circostanziato *a.* detailed, circumstantiated.
circuire *v.t.* to entrap, to circumvent, to deceive.
circuito *m.* **1** (*circonferenza*) circumference, circuit. **2** (*Sport*) (*percorso di gara*) (circular) track, course; (*la gara*) race. **3** (*El., Rad., Tel.*) circuit. **4** (*Cin.*) (*catena di distribuzione*) circuit.
circumnavigare *v.t.* to circumnavigate.
circumnavigazione *f.* circumnavigation.
cirillico *a.* Cyrillic: *caratteri cirillici* Cyrillic letters.
cirro *m.* **1** (*Meteor.*) cirrus. **2** (*Zool.*) cirrus, barbel. **3** (*Bot.*) cirrus, tendril.
cirrocumulo *m.* (*Meteor.*) cirro-cumulus.
cisalpino *a.* cisalpine.
cispa *f.* (eye)rheum.
cispadano *a.* cispadane.
cisposo *a.* blear(y), rheumy: *occhi cisposi* bleary eyes.
cisterna *f.* cistern; (*serbatoio*) tank. □ **auto** ~ (*per trasporto di liquidi*) tanker; (*per innaffiare*) watering lorry; **nave** ~ (*per petrolio*) tanker; (*per acqua*) water-supply ship.
cisti *f.* (*Med., Zool., Bot.*) cyst.
cistifellea *f.* (*Anat.*) gall-bladder.
citare *v.t.* **1** (*Dir.*) to summon(s) (to appear in court), to subpoena: ~ *un testimone* to summon (*o* subpoena) a witness; (*chiamare in giudizio*) to sue, to prosecute: ~ *per danni* to sue for damages. **2** (*riportare parole altrui*) to quote; (*a conferma di quanto si dice*) to cite. **3** (*portare come modello*) to cite, to hold* up as an example.
citazione *f.* **1** (*Dir.*) summons (to appear), citation; (*come testimone*) subpoena. **2** (*riferimento a un passo*) quotation; (*a conferma di quanto sostenuto*) citation.
citofono *m.* intercom; (*di edifici*) housephone.
citologia *f.* (*Biol.*) cytology.
citoplasma *m.* cytoplasm.
citrato *m.* (*Chim.*) citrate.
citrico *a.* citric: *acido* ~ citric acid.
citrullo **I** *s.m.* numskull, blockhead, dolt, (*vezz.*) silly-billy. **II** *a.* silly, foolish.
città *f.* **1** town; (*città grande, importante*) city: *la* ~ *di Roma* the city of Rome. **2** (*gli abitanti*) town. □ ~ **alta** upper town; (*Mil.*) ~ **aperta** open city (*o* town); ~ **bassa** lower town; ~ **capitale** capital (city); *la* ~ *è in* **festa** the town is celebrating; **gente** *di* ~ townspeople *pl.*; ~ **giardino** garden-city; **in** ~ (*stato in luogo*) in town; (*moto a luogo*) (in)to town; ~ **natale** native (*o* home) town; *tutta la* ~ *ne* **parla** it's the talk of the town; *la* ~ **santa** (*Gerusalemme*) the Holy City; ~ **satellite** dormitory town; (*quartiere economicamente dipendente*) satellite town; **~-stato** city-state; ~ **universitaria** universitary town; (*zona*) university compounds; (*am.*) campus.
Città del Capo *N.pr.f.* (*Geog.*) Cape Town.
cittadella *f.* citadel, stronghold (*anche fig.*).
Città del Messico *N.pr.f.* (*Geog.*) Mexico City.
Città del Vaticano *N.pr.f.* (*Geog.*) Vatican City.
cittadina *f.* small town, country town.
cittadinanza *f.* **1** (*nazionalità*) nationality, citizenship: ~ *italiana* Italian nationality. **2** (*cittadini*) citizens *pl.* □ **acquistare** *la* ~ to acquire citizenship, to become a naturalized subject; **certificato** *di* ~ certificate of citizenship; **conferire** *la* ~ *a* to confer citizenship on; ~ **onoraria** freedom of the city.
cittadino **I** *s.m.* **1** (*chi abita in città*) town -dweller, city-dweller. **2** (*chi ha la cittadinanza di uno stato*) citizen: ~ *italiano* Italian citizen; (*di uno stato monarchico*) subject: ~ *britannico* British subject. **II** *a.* town-, city-, of the town (*o* city): *case cittadine* town houses. □ **centro** ~ town-centre; civic centre; **libero** ~ free citizen; ~ *del* **mondo** citizen of world; ~ **onorario** *di una città* freeman of a city.
ciucca *f.* (*pop.*) (*sbornia*): *prendere la* ~ to get drunk.
ciuccio *m.* (*fam.*) **1** (*succhiotto*) dummy, (*am.*) pacifier. **2** (*tettarella per il poppatoio*) rubber teat.
ciuco *m.* (*fam.*) donkey, ass (*anche fig.*).
ciuffo *m.* **1** (*rif. a capelli*) tuft of hair. **2** (*rif. a uccelli*) tuft (*anche estens.*).
ciurma *f.* **1** (*equipaggio*) crew. **2** (*fig. spreg.*) mob, rabble, riff-raff.
ciurmaglia *f.* (*lett.*) (*marmaglia*) riff-raff, mob, rabble.
civetta *f.* **1** (*Zool.*) little owl: *piccola* ~ owlet. **2** (*fig.*) flirt, coquette. □ **auto** ~ (*della polizia*) disguised patrol car; **nave** ~ decoy ship.
civettare *v.i.* to flirt, to play the coquette.
civetteria *f.* coquetry.
civettuolo *a.* **1** coquettish: *sguardo* ~ coquettish look. **2** (*attraente, grazioso*) attractive, charming.
civico *a.* **1** (*della città*) town-, municipal, city-: *museo* ~ municipal (*o* town) museum. **2** (*dei cittadini*) civic. □ **educazione** *civica* civics; **senso** ~ public spirit.

civile I *a.* **1** civil: *codice* ~ civil code. **2** (*non militare*) civilian: *abiti civili* civilian clothes, (*fam.*) civvies *pl.*; (*non ecclesiastico, religioso*) civil, public, secular: *matrimonio* ~ civil marriage; *festa* ~ public holiday. **3** (*incivilito*) civilized. **4** (*cortese*) civil, polite, urbane: *maniere civili* polite ways. **II** *s.m./f.* civilian.

civilista *m.* **1** (*Dir.*) (*avvocato*) civil lawyer, (*am.*) attorney. **2** (*studioso*) expert on civil law.

civilizzare *v.t.* to civilize. **civilizzarsi** *v.i.pron.* to become* civilized; (*raffinarsi*) to become* more refined.

civilizzatore I *s.m.* civilizer. **II** *a.* civilizing.

civilizzazione *f.* civilization.

civilmente *avv.* **1** civilly. **2** (*educatamente*) politely. □ *essere sposato* ~ to be married in a registry-office.

civiltà *f.* **1** civilization: ~ *etrusca* Etruscan civilization. **2** (*cortesia, educazione*) politeness, civility.

civismo *m.* public spirit.

cl = *centilitro* centilitre.

Cl = (*Chim.*) *cloro* chlorine.

clacson *m.* horn; hooter.

clamore *m.* (*lett.*) **1** (*schiamazzo*) clamour, uproar, din, noise. **2** (*fig.*) outcry.

clamoroso *a.* resounding, tremendous: *quello fu un successo* ~ that was a resounding success; *la commedia fu un insuccesso clamoroso* the play was a tremendous failure.

clandestinità *f.* secrecy, clandestinity.

clandestino I *a.* clandestine, secret, underground: *attività clandestina* clandestine activity; (*Pol.*) *movimento* ~ underground movement. **II** *s.m.* stowaway. □ *trasmissione clandestina* pirate broadcast; (*in tempo di guerra*) clandestine broadcast.

claque *fr.* [klak] *f.* (*Teat.*) claque.

Clara *N.pr.f.* Clare, Clara.

clarinetto *m.* (*Mus.*) clarinet.

clarino *m.* (*Mus.*) clarino.

classe *f.* **1** (*condizione sociale*) classes *pl.*, class: *la* ~ *operaia* the working class(es). **2** (*categoria*) class, category: ~ *turistica* tourist class; (*qualità*) class, grade, quality: *carrozza di prima* ~ first class coach (*am.* car). **3** (*Scol.*) class, (*am.*) grade: *che* ~ *fai?* what class are you in?; (*gli alunni*) form, (*am.*) grade; (*aula*) classroom. **4** (*Mil.*) (*soldati della stessa leva*) class, (annual) contingent. **5** (*Zool., Bot., Mat.*) class. **6** (*stile, distinzione*) class, style, distinction: *avere* ~ to have style (*o* class). □ *un* **atleta** *di* ~ a first-rate athlete; **compagno** *di* ~ class-mate; **coscienza** *di* ~ class-consciousness; **di** ~ high-class, with class, (*fam.*) classy: *una donna di* ~ a stylish (*o* classy) woman; *la* ~ **dirigente** the ruling class; (*fig.*) **fuori** ~ (*straordinario*) of superlative quality, in a class of one's own; ~ **lavoratrice** working class(es); **prima** ~ first class: *viaggiare in prima* ~ to travel first class; *di prima* ~ first-class, first-rate, top (-ranking), high-class.

classicismo *m.* classicism (*anche estens.*).

classicista *m.* classicist.

classicità *f.* **1** (*antichità classica*) classical antiquity. **2** (*carattere classico*) classicism, classical spirit.

classico I *a.* classical, classic (*anche estens.*): *studi classici* classical studies; *un tailleur* ~ a classic suit. **II** *s.m.* classic. □ **antichità** *classiche* classical antiquities; **danza** *classica* classical dancing (*o* ballet); **liceo** ~ grammar school (specializing in classical studies); **musica** *classica* classical music; **tipo** ~ classic (type): *è il tipo* ~ *dell'arrampicatore sociale* he is a typical social climber.

classifica *f.* **1** (*il classificare*) classification. **2** (*elenco*) list: *è il primo in* ~ he is at the top of the list. **3** (*Sport*) results *pl.*; (*posto in classifica*) placing position. □ *essere terzo in* ~ (*in un esame*) to be classed third; (*Sport*) to be placed third.

classificare *v.t.* **1** to classify. **2** (*Scol.*) to mark, to give* a mark to. **3** (*Aer., Mar.*) to class. **classificarsi** *v.r.* to be classed, to be placed. □ *classificarsi* **bene** to be awarded a good place; *classificarsi terzo in un* **concorso** to win third place (*o* come third) in a competitive examination; ~ *terzo in una* **gara** to be placed third in a competition.

classificatore *m.* **1** (*chi classifica*) classifier. **2** (*cartella*) file. **3** (*mobile*) filing-cabinet.

classificazione *f.* **1** classification, classifying. **2** (*Scol.*) (*atto*) marking, (*am.*) grading; (*voto*) mark. **3** (*Mat., Aer., Mar.*) classification.

classismo *m.* (*Pol.*) class-consciousness.

classista I *s.m./f.* class conscious person **II** *a.* → **classistico.**

classistico *a.* class-, (*pred.*) based on class: *società classistica* society based on class; (*che dà importanza alle differenze di classe*) class-conscious.

claudicante *a.* limping, lame, hobbling.

claudicare *v.i.* (*lett.*) to limp, to hobble.

Claudio *N.pr.m.* Claude.

clausola *f.* **1** (*Ling.*) clausola. **2** (*condizione, riserva*) condition, pròviso, stipulation: *con la* ~ *che* with the stipulation that; *secondo le clausole* under the terms. **3** (*Dir.*) clause.

claustrale *a.* cloistered, claustral.

clausura *f.* **1** (*Rel.*) seclusion, enclosure: *voto di* ~ vow of enclosure. **2** (*fig.*) (*vita appartata*) cloistered life.

clava *f.* **1** club, cudgel. **2** (*Ginn.*) Indian club.

clavicembalo *m.* (*Mus.*) harpsichord.

clavicola *f.* (*Anat.*) clavicle, collar-bone.

clemente *a.* **1** (*rif. a persona*) clement, merciful. **2** (*rif. al clima*) mild.

Clementina *N.pr.f.* Clementine.

clemenza *f.* **1** clemency, mercy: *usare* ~ *verso qd.* to show clemency (*o* mercy) towards s.o. **2** (*rif. a clima*) mildness.

cleptomane *a./s.m./f.* kleptomaniac.

cleptomania *f.* kleptomania.

clericale I *a.* clerical. **II** *s.m.* clericalist, clerical.

clericalismo *m.* clericalism (*anche estens.*).
clero *m.* clergy.
clessidra *f.* **1** (*orologio ad acqua*) clepsydra. **2** (*orologio a sabbia*) hour glass.
cliché *fr.* [kli'ʃe] *m.* **1** (*Tip.*) block, cliché. **2** (*fig.*) (*luogo comune*) cliché, commonplace.
cliente *m./f.* **1** (*di negozio*) customer; (*di albergo*) guest. **2** (*di professionista*) client; (*di medico*) patient. **3** (*spreg.*) (*sostenitore*) hanger-on.
clientela *f.* **1** (*di negozio*) clientele, customers *pl.* **2** (*di professionista*) clients *pl.*, practice; (*di medico*) patients *pl.*, practice. **3** (*spreg.*) hangers-on *pl.* **4** (*Stor.*) clientage. □ ~ *abituale* (o *fissa*) regular patrons *pl.*
clientelismo *m.* (*spreg.*) patronage system; favouritism.
clima *m.* climate (*anche estens.*): *vivere in un ~ di terrore* to live in a climate of terror.
climatico *a.* **1** climatic: *condizioni climatiche* climatic conditions. **2** (*che ha buon clima*) health-: *stazione climatica* health resort.
climatizzazione *f.* air-conditioning.
clinica *f.* **1** (*disciplina*) clinic, clinical teaching. **2** (*ospedale*) clinic; (*casa di cura*) nursing-home.
clinico **I** *a.* clinical: *caso ~* clinical case. **II** *s.m.* (*medico*) clinician.
clistere *m.* enema, clyster.
clitoride *f./m.* (*Anat.*) clitoris.
clivaggio *m.* (*Geol.*) cleavage.
cloaca *f.* **1** (*fogna*) sewer, drain. **2** (*Anat.*) cloaca (*pl.* cloacae). **3** (*fig.*) cesspit.
cloche *fr.* [klɔʃ] *f.* **1** (*Aer.*) joy-stick. **2** (*Aut.*) cloche. **3** (*Moda*) cloche (hat). □ (*Aut.*) *cambio a ~* floor change.
clone *m.* (*Biol.*) clone.
cloridrico *a.* hydrochloric.
cloro *m.* (*Chim.*) chlorine.
clorofilla *f.* (*Bot.*) chlorophyl(l).
clorofilliano *a.* chlorophyll-, chlorophyllous.
cloroformio *m.* (*Chim.*) chloroform.
cloruro *m.* (*Chim.*) chloride.
cm = *centimetro* centimetre.
c.m. = *corrente mese* instant, the present month.
Cm = (*Chim.*) *curio* curium.
Co = (*Chim.*) *cobalto* cobalt.
c/o *presso* (sulle lettere) care of.
coabitare *v.i.* to live (together), to share a home (*con* with).
coabitazione *f.* living together. □ *appartamento in ~* shared flat.
coadiutore *m.* **1** (*chi aiuta*) assistant; (*chi fa le veci*) deputy, substitute. **2** (*Rel.*) coadjutor.
coadiuvante **I** *a.* **1** assisting, coadjutant. **2** (*Farm.*) adjuvant. **II** *s.m.* (*Farm.*) adjuvant.
coagulante **I** *a.* (*Med.*) coagulative. **II** *s.m.* coagulant.
coagulare *v.t./i.*, **coagularsi** *v.i.pron.* to coagulate; (*rif. al latte*) to curdle.
coagulazione *f.* coagulation; (*rif. al latte*) curdling.
coagulo *m.* **1** (*grumo*) clot, coagulum (*pl.* coagula). **2** (*caglio*) rennet, curd.
coalizione *f.* coalition.
coalizzare *v.t.*, **coalizzarsi** *v.r.recipr.* to form a coalition.
coatto *a.* forced, compulsory (*anche Dir.*). □ *domicilio ~* forced residence.
coautore *m.* co-author.
coazione *f.* coercion, compulsion (*anche Psic.*), constraint (*anche Dir.*).
cobalto *m.* (*Chim.*) cobalt.
cobra *m.* (*Zool.*) cobra.
coca *f.* (*Bot.*) coca.
cocaina *f.* (*Farm.*) cocaine, (*fam.*) coke; (*sl.*) snow.
cocainomane *m./f.* cocaine addict.
cocca *f.* **1** (*tacca della freccia*) nock, arrow -notch. **2** (*angolo di fazzoletto, del grembiule*) corner.
coccarda *f.* cockade, rosette.
cocchiere *m.* coachman (*pl.* –men).
cocchio *m.* **1** coach. **2** (*Stor.*) chariot. □ ~ *reale* state coach.
coccige *m.* (*Anat*) coccyx.
coccinella *f.* (*Zool.*) lady bird, (*am.*) lady bug.
coccio *m.* **1** (*terracotta*) earthenware: *vaso di ~* earthenware pot. **2** (*oggetto di terracotta*) crock, pot. **3** *pl.* (*vasellame*) crockery. **4** (*frammenti*) bits, bits and pieces.
cocciutaggine *f.* (*fam.*) stubbornness, obstinacy.
cocciuto *a.* stubborn, pig-headed; obstinate.
cocco[1] *m.* (*Bot.*) **1** coco, coco(a) palm. **2** (*noce di cocco*) coconut.
cocco[2] *m.* (*fam.*) (*persona prediletta*) darling, sweetie-pie.
cocco[3] *m.* (*fam.*) (*uovo*) egg.
cocco[4] *m.* (*Biol.*) coccus (*pl.* cocci).
coccodè **I** *intz.* (*onom.*) cluck-cluck. **II** *s.m.* cluck. □ *la gallina ha fatto ~* the hen has clucked.
coccodrillo *m.* (*Zool.*) crocodile.
coccolare *v.t.* (*vezzeggiare*) to pet, to cuddle, to fondle; (*viziare*) to spoil.
coccolo *m.* (*fam.*) (*bimbo grazioso*) cuddly baby.
cocente *a.* **1** scorching, scalding: *sole ~* scorching sun. **2** (*fig.*) (*acuto, violento*) keen, acute, searing.
coclea *f.* (*Anat.*) cochlea.
cocomero *m.* (*Bot.*) water-melon.
cocorita *f.* (*Zool.*) parakeet.
cocuzzolo *m.* (*rif. a monti*) summit, top; (*rif. a capo*) crown, top (of the head); (*rif. a cappello*) crown.
cod = *codice* codex.
coda *f.* **1** tail (*anche fig.*). **2** (*parte estrema*) tail, tail-end, end. **3** (*rif. a giacche*) (swallow-)tail: *una giacca con le code* a tail -coat, (*fam.*) tails *pl.*; (*strascico*) train. **4** (*fila*) queue, (*am.*) line: *mettersi in ~* to queue up; (*am.*) to stand in a line. □ (*fig.*) *non avere né* **capo** *né ~* to be nonsensical; *un*

discorso senza **capo** né ~ a talk you can make head nor tail of; ~ *di* **cavallo** (*pettinatura*) pony-tail; **fanale** *di* ~ tail-light, rear -light; **fare** *la* ~ to queue (up), (*am.*) to line up; *andarsene con la* ~ *tra le* **gambe** to go off with one's tail between one's legs; *essere* **in** ~ to be at the end (*o* back); *guardare con la* ~ *dell'***occhio** to look out of the corner of one's eye; *avere la* ~ *di* **paglia** to have a guilty conscience; ~ *di* **volpe** brush.

codardia *f.* (*lett.*) cowardice, cowardliness.

codardo I *a.* (*lett.*) cowardly: *un rifiuto* ~ a cowardly refusal. **II** *s.m.* coward.

codazzo *m.* (*spreg.*) train of people; throng.

codesto I *a.* that: *non badare a codeste chiacchiere* don't take any notice of that gossip. **II** *pron.* **1** that (one). **2** (*codesta cosa*) that.

codice *m.* **1** (*manoscritto*) codex, manuscript. **2** (*Dir.*) code: *il* ~ *della strada* highway code. **3** (*cifrario*) code: ~ *telegrafico* telegraphic code. ☐ ~ *a* **barre** bar code; ~ **civile** civil code; ~ **fiscale** fiscal code; **in** ~ in code, coded: *telegramma in* ~ coded telegram; ~ **postale** postal code; ~ *di avviamento* **postale** (CAP) postal code, (*am.*) zip code.

codicillo *m.* **1** (*Dir.*) codicil. **2** (*poscritto*) postscript.

codifica *f.* (*Inform.*) coding.

codificare *v.t.* **1** to codify: ~ *le leggi sulla circolazione stradale* to codify the road traffic laws. **2** (*attribuire un cifrario*) to code. **3** (*Inform.*) to encode.

codificazione *f.* **1** (*di leggi*) codification. **2** (*di cifrari*) coding.

codino *m.* **1** (*trecciolina*) pigtail. **2** (*fig.*) (*reazionario*) reactionary, diehard.

coeditore *m.* co-publisher.

coedizione *f.* co-edition; joint edition.

coefficiente *m.* **1** (*causa concomitante*) (contributory) factor, coefficient. **2** (*Mat., Fis.*) coefficient.

coercitivo *a.* coercive, compulsive.

coercizione *f.* coercion, compulsion.

coerente *a.* **1** coherent. **2** (*fig.*) coherent, consistent. ☐ **essere** ~ to be consistent; *una* **roccia** ~ a coherent rock.

coerenza *f.* **1** coherence, cohesion. **2** (*fig.*) coherence, consistency.

coesione *f.* cohesion, cohesiveness.

coesistente *a.* coexistent.

coesistenza *f.* coexistence: (*Pol.*) ~ *pacifica* peaceful coexistence.

coesistere *v.i.* to coexist.

coesivo *a.* cohesive.

coetaneo I *a.* (*pred.*) (of) the same age (*di* as), contemporary (with): *essere* ~ *di qd.* to be the same age as s.o. **II** *s.m.* person of the same age. ☐ *i coetanei* contemporaries *pl.*

cofanetto *m.* casket.

cofano *m.* **1** coffer, chest. **2** (*Aut.*) bonnet, (*am.*) hood. **3** (*Mil.*) ammunition-box.

coffa *f.* (*Mar.*) top, crow's nest. ☐ ~ *di maestra* maintop.

cogestione *f.* joint management.

cogliere *v.t.* **1** to pick, to pluck: ~ *una mela da un albero* to pick an apple from a tree; (*raccogliere*) to gather, to pick: ~ *i fiori* to pick flowers. **2** (*profittare di*) to grasp, to seize, to take*: ~ *l'occasione per fare qc.* to take the opportunity of doing s.th. **3** (*capire*) to grasp, to catch*: ~ *il senso di una frase* to grasp the meaning of a sentence. **4** (*sorprendere*) to catch*, to surprise, to come* upon. **5** (*colpire*) to hit*. **6** (*sorprendere*) to catch*; to come* upon: *la notte mi colse in aperta campagna* the night came upon me in the open country. ☐ ~ *in* **fallo** to catch out; ~ *sul* **fatto** to catch in the act; ~ *qd. con le* **mani** *nel sacco* to catch s.o. red-handed; (*fig.*) ~ *la* **palla** *al balzo* to seize the opportunity; *mi colse il* **sonno** sleep overtook me; ~ *qd. di* **sorpresa** to take s.o. by surprise.

coglione *m.* (*volg.*) **1** (*testicolo*) ball. **2** (*fig.*) prick. ☐ *rompere i coglioni a qd.* to be a pain in s.o.'s arse.

coglioneria *f.* (*volg.*) crap.

cognac *m.* cognac, brandy.

cognata *f.* sister-in-law (*pl.* sisters-in-law).

cognato *m.* brother-in-law (*pl.* brothers-in -law).

cognizione *f.* **1** (*conoscenza*) knowledge. **2** (*Filos.*) cognition. **3** (*nozione*) notion, knowledge: *avere un ricco bagaglio di cognizioni* to have a great deal of knowledge. **4** (*Dir.*) cognizance. ☐ ~ *di causa* full knowledge (of the facts): *parlare con* ~ *di causa* to speak with full knowledge of the facts.

cognome *m.* surname, (*am.*) family name. ☐ ~ *da nubile* maiden name.

coibentare *v.t.* to insulate.

coibente I *a.* (*Fis.*) insulating, nonconductive. **II** *s.m.* insulator, non-conductor.

coincidenza *f.* **1** (*caso, combinazione*) coincidence. **2** (*identità*) agreement, harmony, accord: ~ *di idee* harmony of ideas. **3** (*rif. a mezzi di trasporto*) connection. **4** (*Geom Fis.*) coincidence.

coincidere *v.i.* **1** (*accadere nello stesso tempo*) to coincide; (*rif. a ricorrenze, manifestazioni e sim.*) to fall* on, to come* on. **2** (*essere identico*) to coincide, to correspond, to agree.

coinquilino *m.* co-tenant.

cointeressare *v.t.* to give* (s.o.) a profit share.

cointeressato I *a.* (profit-)sharing. **II** *s.m.* profit sharer.

cointeressenza *f.* (*Comm.*) profit-sharing.

coinvolgere *v.t.* to involve, to implicate.

coito *m.* coitus.

coke *m.* coke.

colà *avv.* (over, down, up) there.

colabrodo *m.* colander, strainer.

colapasta *m.* colander (for pasta).

colare I *v.t.* **1** (*filtrare*) to filter, to strain; (*rif. a caffè*) to percolate: ~ *il brodo* to strain broth. **2** (*scolare*) to drain, to strain (off): ~ *la pasta* to strain pasta. **3** (*versare a gocce*) to drip, to drop. **4** (*Met.*) to pour, to cast*, to melt: ~ *l'oro* to melt gold. **II** *v.i.* **1** (*gocciolare*) to drip, to drop, to trickle, to ooze: *il sangue cola dalla ferita* blood is oozing from the wound. **2** (*perdere gocce*) to leak: *il rubinetto cola* (*non chiuso bene*) the tap drips; (*per guasto*) the tap leaks. □ *mi cola il* **naso** my nose is running; **oro** *colato* pure gold; *prendere qc. per* **oro** *colato* to accept s.th. without reservation; (*Mar.*) ~ *a* **picco** to sink: ~ *a picco una nave* to sink a ship.

colata *f.* **1** (*Met.*) casting, pouring. **2** (*Met.*) (*quantità di metallo fuso*) melt, cast. **3** (*Geol.*) (out)flow.

colazione *f.* **1** (*della mattina*) breakfast: *far* ~ to (have) breakfast. **2** (*di mezzogiorno*) lunch; (*importante*) luncheon: *far* ~ to (have) lunch. □ ~ *all'***italiana** continental breakfast; ~ *di* **lavoro** lunch; ~ *al* **sacco** picnic.

colbacco *m.* (*Vest.*) busby, bearskin.

colei *pron.dimostr.f.sing.* **1** she. **2** (*complemento*) her.

coleottero *m.* (*Zool.*) chafer; coleopter.

colera *m.* (*Med.*) cholera.

colerico *a.* cholera-, choleric: *febbre colerica* cholera fever.

coleroso **I** *a.* affected by cholera. **II** *s.m.* cholera patient.

colesterolo *m.* (*Biol.*) cholesterol.

colibrì *m.* (*Zool.*) hummingbird.

colica *f.* (*Med.*) colic.

colino *m.* small strainer.

colite *f.* (*Med.*) colitis.

colla *f.* (*adesivo*) glue, gum; (*di farina*) paste. □ ~ *da* **falegname** (carpenter's) glue; ~ *di* **pesce** fish glue.

collaborare *v.i.* **1** to collaborate, to contribute: ~ *a* (o *in*) *un giornale* to contribute to a newspaper. **2** (*Pol.*) to collaborate.

collaboratore *m.* collaborator; member of a team; (*di un giornale*) contributor (to a newspaper). □ ~ *esterno* freelance.

collaboratrice *f.* collaborator. □ ~ *domestica* housemaid; (*am.*) domestic help.

collaborazione *f.* **1** collaboration, co-operation; team work; (*a un giornale*) contribution. **2** (*Pol.*) collaboration.

collaborazionismo *m.* collaborationism.

collaborazionista *m./f.* collaborationist.

collana *f.* **1** necklace: *una* ~ *di perle* a pearl necklace. **2** (*Edit.*) collection, series: ~ *di romanzi* series of novels.

collant *fr.* [kɔ'lã] *m.* (*Moda*) tights, (*am.*) panty-hose.

collare *m.* **1** collar. **2** (*Rel.*) (*colletto dei preti*) clerical collar; (*fam.*) dog collar. **3** (*distintivo di ordine cavalleresco*) collar, neck-chain. **4** (*Zool.*) collar, (*fam.*) ruff.

collasso *m.* (*Med.*) collapse; (*fam.*) break down. □ ~ *cardiaco* heart failure.

collaterale **I** *a.* collateral. **II** *s.m.* collateral (kinsman).

collaudare *v.t.* to test, to try (out), to put* to the test (*anche estens.*): ~ *una macchina* to test a car.

collaudatore *m.* **1** tester. **2** (*di officina, ecc.*) inspector.

collaudo *m.* (*atto*) test, testing; tryout; (*di officina*) inspection.

colle[1] *m.* (*piccola altura*) hill.

colle[2] *m.* (*passo, valico*) col, pass.

collega *m./f.* colleague.

collegamento *m.* **1** connexion, connection (*anche fig.*). **2** (*Mil.*) liaison. **3** (*El., Tel., Rad.*) connexion, connection, link(-up). **4** (*Mecc.*) connexion, connection, link(age), joint. □ *trasmissione in* ~ **diretto** live broadcast; ~ *via* **satellite** satellite hook-up.

collegare *v.t.* **1** to connect, to link, to join: *una corriera collega la stazione con il paese* the station is connected to the town by bus. **2** (*fig.*) (*connettere*) to relate, to connect, to put* together: ~ *le idee* to put one's ideas together. **3** (*El., Rad.*) to connect (up), to link. **4** (*Mecc.*) to connect, to link, to join. **collegarsi** *v.r.* **1** (*mettersi in comunicazione*) to put* a call through, (*fam.*) to get* through (to). **2** (*concordare*) to connect, to link up: *i due fatti si collegano* the two facts link up.

collegiale **I** *a.* **1** (*collettivo*) collective, joint, team-: *lavoro* ~ joint (team) work; *responsabilità* ~ collective (*o* joint) responsibility. **2** (*rif. a collegio*) college-, collegiate: *vita* ~ college life; (*rif. a convitto*) boarding-school-. **II** *s.m./f.* boarder, (*am.*) collegian.

collegiata *f.* (*chiesa collegiata*) collegiate church.

collegio *m.* **1** college, body, board: ~ *dei medici* college of physicians; (*rif. al corpo insegnante*) staff, teaching body. **2** (*convitto*) boarding-school; (*istituto superiore, militare o navale*) college. □ *il* ~ *degli* **avvocati** the Bar; ~ *dei* **cardinali** College of Cardinals; (*Dir.*) ~ *di* **difesa** counsel (*o* lawyers *pl.*) for the defence; ~ **elettorale** constituency, (*USA*) electoral college; ~ **femminile** girls' boarding-school; ~ **militare** army (*o* military) college, (*am.*) military boarding-school.

collera *f.* anger; rage; (*ira*) wrath. □ **andare** (o *montare*) *in* ~ to get angry, to fly into a rage; *fare* **andare** *in* ~ *qd.* to make s.o. angry, to send s.o. into a rage; *la* ~ *di* **Dio** the wrath of God; **essere** *in* ~ *con qd.* to be angry with s.o.

collerico *a.* **1** (*facile alla collera*) irascible, quick-tempered, choleric: *temperamento* ~ choleric temperament (*o* quick temper). **2** (*causato dalla collera*) angry, choleric.

colletta *f.* **1** collection: *fare* (o *aprire*) *una* ~ *per qc.* to collect for s.th. **2** (*in chiesa*) offertory. **3** (*Lit.*) collect.

collettivismo *m.* collectivism.

collettivista **I** *a.* collectivist(ic). **II** *s.m./f.* collectivist.
collettivistico *a.* collectivist(ic).
collettività *f.* community, collectivity.
collettivizzare *v.t.* to collectivize.
collettivizzazione *f.* collectivization.
collettivo **I** *a.* collective (*anche in Gramm.*), joint, common: *deliberazione collettiva* collective (*o* joint) decision. **II** *s.m.* collective.
colletto *m.* **1** collar. **2** (*di dente*) neck. □ *colletti* **bianchi** (*impiegati*) white collars; *colletti* **blu** (*operai*) blue collars.
collettore **I** *s.m.* **1** (*chi raccoglie*) collector: ~ *delle imposte* tax-collector. **2** (*tecn.*) (*tubazione di raccolta o di distribuzione*) manifold; (*di caldaia*) header. **3** (*nelle fognature*) drain, main sewer. **4** (*Geol.*) (*di ghiacciaio*) catchment basin. **II** *a.* (*Anat.*) collecting: *tubulo* ~ collecting tube.
collezionare *v.t.* to collect, to be a collector of.
collezione *f.* collection: ~ *di francobolli* stamp collection.
collezionista *m./f.* collector.
collidere *v.i.* **1** to collide (*contro* with). **2** (*Mar.*) to run* foul (of).
collimare *v.i.* **1** to correspond, to coincide (*con* with). **2** (*fig.*) to correspond (*con* with, to), to agree, to coincide.
collimatore *m.* (*Ott.*) collimator.
collina *f.* hill: *la cima della* ~ the hilltop.
collinetta *f.* small hill, hillock.
collinoso *a.* hilly: *terreno* ~ hilly country.
collirio *m.* (*Farm.*) eye drops (*pl.*); eyewash.
collisione *f.* **1** collision (*anche Fis.*). **2** (*Mar.*) collision, running foul: *entrare in* ~ *con qc.* to collide with s.th. **3** (*fig.*) (*conflitto*) conflict, clash.
collo[1] *m.* **1** neck. **2** (*colletto*) collar, neck: ~ *della camicia* shirt collar; *maglione con il* ~ *alto* polo-necked sweater. **3** (*rif. a recipienti e sim.*) neck: *il* ~ *della bottiglia* the neck of the bottle. **4** (*Anat.*) neck. □ **allungare** *il* ~ to stretch (*o* crane) one's neck; *avere il* **braccio** *al* ~ to have one's arm in a sling; *tra* **capo** *e* ~ suddenly, unexpectedly; ~ *di* **cigno** (*flessuoso*) swan-neck; **fino** *al* ~ up to one's ears (*o* neck, eyes); *essere indebitato* **fino** *al* ~ to be deep in debt; (*Mecc.*) ~ *d'***oca** goose-neck, crank-shaft; (*fig.*) *rimetterci l'***osso** *del* ~ to lose the shirt off one's back; ~ *del* **piede** instep; ~ *dell'***utero** cervix.
collo[2] *m.* package, packet, parcel, item (of luggage).
collocamento *m.* **1** placing, setting (up), arrangement: ~ *in borsa* stock exchange placing. **2** (*sistemazione, occupazione*) employment, appointment. □ **agenzia** *di* ~ employment bureau (*o* agency); ~ *a* **riposo** pensioning off; **ufficio** *di* ~ employment exchange.
collocare *v.t.* **1** (*mettere: verticalmente*) to place, to set* (up), to arrange: ~ *i libri negli scaffali* to arrange books on shelves; (*orizzontalmente*) to place, to lay*. **2** (*fig.*) to set* up, to place. **3** (*sistemare con un impiego*) to place, to find* employment (*o* a job) for: *ho collocato mio figlio in una banca* I have placed my son in a bank. **4** (*maritare*) to marry off, to settle. **5** (*Econ.*) (*vendere*) to place, to sell*, to find* a market for: ~ *una merce* to sell (*o* place) an article. **collocarsi** *v.r./i.pron.* **1** (*disporsi*) to place o.s., to be placed. **2** (*procurarsi un impiego*) to find* employment, to get* a job. □ ~ *in* **aspettativa** to discharge (temporarily); ~ *a* **riposo** to superannuate, to pension off.
collocazione *f.* **1** arrangement, placing, position, setting: ~ *di mobili* arrangement of furniture. **2** (*di libri*) classification, arrangement; (*cartellino*) press-mark, (*am.*) call -number.
colloidale *a.* colloidal, colloid-.
colloide *m.* colloid.
colloquiale *a.* colloquial.
colloquiare *v.i.* to converse (with), to talk with s.o.
colloquio *m.* **1** talk, conversation; (*ufficiale*) interview: *chiedere un* ~ to request an interview. **2** (*Univ.*) (*preesame orale*) preliminary oral exam.
collosità *f.* stickiness, glueyness.
colloso *a.* **1** (*che contiene colla*) gummy, glutinous. **2** (*simile a colla*) sticky, gluey.
collusione *f.* (*Dir.*) collusion.
collutorio *m.* (*Farm.*) mouthwash, gargle.
colluttazione *f.* brawl, scuffle.
colmare *v.t.* **1** (*riempire fino all'orlo*) to fill to the brim (*o* top), to fill (right) up: ~ *il bicchiere di vino* to fill the glass to the brim with wine; (*rif. a buche, fosse e sim.*) to fill in (*o* up). **2** (*fig.*) to fill, to overwhelm: *quella vista mi colmò di orrore* the sight filled me with horror; ~ *qd. di gentilezze* to overwhelm s.o. with kindness. □ ~ *un* **disavanzo** to make good (*o* up) a deficit; ~ *il* **divario** to bridge (*o* fill) the gap; (*fig.*) ~ *la* **misura** to go too far, to be the last straw (*o* limit); (*fig.*) ~ *un* **vuoto** to fill a gap.
colmo[1] *m.* **1** (*punto più alto*) top, summit. **2** (*fig.*) (*culmine*) height, summit, climax. **3** (*Edil.*) ridge: *il* ~ *del tetto* the ridge of the roof. **4** (*fig.*) (*situazione paradossale*) last straw, limit, end: (*fam.*) *ma è il* ~*!* that's the limit (*o* end)! □ *il* ~ *dei colmi* the absolute limit.
colmo[2] *a.* **1** full, (*pred.*) full to the brim (with); (*traboccante*) overflowing (with). **2** (*fig.*) brimming over, bursting (with), full (of). □ *un vaso* ~ *di terra* a pot full to the brim with earth.
colomba *f.* (*Zool.*) dove (*anche fig.*).
colombaia *f.* dovecot(e), pigeon coop.
colombiano *a./s.m.* Colombian.
colombo *m.* **1** (*Zool.*) pigeon: ~ *viaggiatore* homing (*o* carrier) pigeon. **2** *pl.* (*innamorati*) turtle-doves *pl.*
colon *m.* (*Anat.*) colon.

colonia *f.* **1** colony, community: *la ~ italiana di Bruxelles* the Italian colony in Brussels. **2** (*colonia scolastica per bambini*) holiday camp: *~ marina* seaside holiday camp. **3** (*Stor.*) colony, settlement. **4** (*Zool., Bot.*) colony: *una ~ di microbi* a colony of microbes. □ *~* **agricola** penal farm; *~* **montana** children's mountain holiday camp; *~* **penale** penal colony, convict settlement.

coloniale I *a.* colonial: *possedimenti coloniali* colonial possessions. **II** *s.m.* **1** colonial, colonist. **2** *pl.* (*generi coloniali*) groceries (*pl.*).

colonialismo *m.* colonialism.

colonialista *m./f.* (*Pol.*) colonialist.

colonialistico *a.* (*Pol.*) colonialist(ic).

colonico *a.* farmer's, farm-: *casa colonica* farmhouse

colonizzare *v.t.* to colonize.

colonizzatore *m.* colonizer.

colonizzazione *f.* colonization.

colonna *f.* **1** column, pillar (*anche estens.*): *una ~ di fumo* a column of smoke; *una ~ di auto* a column of cars. **2** (*fig.*) (*sostegno*) mainstay, pillar. **3** (*Mil., Tip.*) column. □ **bozza** *in ~* galley(-proof); (*Mitol.*) *le colonne d'***Ercole** the Pillars of Hercules; **in** *~* (*rif. a uomini, cose*) in (a) column: *marciare in ~* to march in column; (*rif. a parole, numeri*) in a column, one below the other; (*Stor.*) **quinta** *~* fifth column; (*Arch.*) *~* **scanalata** fluted column; (*Cin.*) *~* **sonora** sound track; *~* **vertebrale** spine, backbone.

colonnato *m.* colonnade.

colonnello *m.* (*Mil.*) colonel.

colonnina *f.* **1** (*nel distributore di benzina*) petrol pump, (*am.*) gas pump. **2** (*Mecc.*) stud.

colono *m.* **1** (*lett.*) (*contadino: in proprio*) farmer; peasant; (*per conto di altri*) farm -worker. **2** (*Stor.*) colonist, settler.

colorante I *a.* colouring: *sostanza ~* colouring matter. **II** *s.m.* dye(stuff): *coloranti alimentari* food dyes.

colorare *v.t.* to colour, to give* colour to; (*delicatamente*) to tinge, to tint; (*rif. a tessuti e sim.*) to dye. **colorarsi** *v.i.pron.* **1** to take* on a colour; (*seguito dalla specificazione del colore*) to turn, to grow*; (*leggermente*) to be tinged (*di* with). **2** (*fig.*) (*arrossire*) to colour, to blush, to go* red.

colorato *a.* coloured; (*rif. a tessuti e sim.*) dyed.

colorazione *f.* **1** (*colore*) colouring. **2** (*tintura*) dyeing. **3** (*tinta*) hue, tint.

colore *m.* **1** colour; (*am.*) color: *il rosso è un bel ~* red is a beautiful colour. **2** (*sostanza per dipingere*) paint, colour: *colori a olio* oil paints; *mescolare i colori* to mix one's colours. **3** (*colorito del viso*) colour. **4** (*Pitt.*) colours *pl.*, colour(ing), use of colour. **5** *pl.* (*colori nazionali*) colours *pl.* (*anche Sport*). **6** (*nelle carte: seme*) suit; (*nel poker*) flush: *far ~* to get a flush. □ **a** *colori* in colour, colour-: *film a colori* film in colour, colour film; (*colorato*) coloured, in colour: *illustrazione a colori* coloured illustration; **cambiar** *~* to change colour; (*impallidire*) to turn pale; (*arrossire*) to colour, to blush; *~* **chiaro** light (*o* pale) colour; **di** *~* coloured: *gente di ~* coloured people; *di che ~?* what (*o* which) colour?; (*fam.*) **dirne** *di tutti i colori* to talk through one's hat; **diventare** *di tutti i colori* to turn all the colours of the rainbow; **farne** *di tutti i colori* to be (*o* get) up to all kinds of mischief; **gradazione** *di ~* colour shade; *una* **mano** *di ~* a coat of paint; *~* **politico** political views; **senza** *~* colourless; (*fig.*) colourless, dull.

colorificio *m.* paint-factory, colour (*o* dye) factory.

colorire *v.t.* **1** (*dare il colore*) to colour, to paint. **2** (*fig.*) (*rendere vivace*) to enliven, to embellish. **colorirsi** *v.i.pron.* to colour (up).

colorito[1] *a.* **1** coloured; (*rif. al viso*) rosy, pink; (*rubicondo*) ruddy: *carnagione colorita* rosy complexion. **2** (*fig.*) (*vivace*) colourful, vivid.

colorito[2] *m.* colouring, (natural) colour: *il ~ della pelle* the colouring of the skin; (*rif. al viso*) complexion: *~ bruno* dark complexion.

coloro *pron.dimostr.m./f.pl.* **1** they. **2** (*complemento*) them.

colossale *a.* colossal, enormous, huge.

colosso *m.* **1** (*statua*) colossus: *il ~ di Rodi* the Colossus of Rhodes. **2** (*estens.*) (*gigante*) giant, colossus. □ (*fig.*) *essere un ~ dai piedi d'argilla* (o *di creta*) to be a colossus with feet of clay.

colpa *f.* **1** fault. **2** (*biasimo*) blame: *buttare la ~ addosso a qd.* to throw the blame on s.o. **3** (*colpevolezza*) guilt: *hanno confessato le loro colpe* they have confessed their guilt; (*azione colpevole*) offence, misdeed: *fuggendo ha aggravato la sua ~* by running away he has aggravated his offence. **4** (*Teol.*) sin. □ **addossarsi** *la ~ di una azione* to take the blame for an action; **avere** *la ~ di qc.* to be to blame for s.th.; *tu non ne* **hai** *~* it's not your fault; (*Dir.*) **concorso** *di ~* contributory negligence; **dare** *a qd. la ~ di qc.* to lay the blame for s.th. on s.o.; **di** *chi è la ~?* whose fault is it?; **è** *~ della fretta* it's because of all the hurry; **espiare** *una ~* to atone for a misdeed; **essere** *in ~* to be to blame (*o* at fault); **macchiarsi** *di una ~* to be guilty of a wrong; **per** *~ di* through, owing to, because of, (*iron.*) thanks to.

colpetto *m.* tap; (*colpo secco*) rap; (*colpo affettuoso*) pat.

colpevole I *a.* **1** (*rif. a persona*) guilty, to blame, at fault. **2** (*rif. ad azioni*) culpable, guilty. **II** *s.m./f.* culprit, offender.

colpevolezza *f.* **1** guilt, culpability. **2** (*Dir.*) guilt.

colpire *v.t.* **1** to hit*, to strike*, to knock: *~ qd. con un bastone* to hit s.o. with a stick; (*con oggetti a punta*) to stab, to strike*: *lo colpì al braccio con il coltello* he stabbed him in the arm with his knife; *il proiettile lo colpì al cuore* the bullet struck him in the heart. **2** (*danneggiare*) to hit* (hard), to strike*: *l'uragano ha colpito le zone costiere* the hurricane has hit the coastal areas. **3** (*rif. a malattia*) to affect, to strike*, to attack: *questa influenza colpisce i bambini* this flu affects children. **4** (*fig.*) (*impressionare*) to strike*, to make* an impression on, to come* as a shock to: *mi ha colpito il tono della sua voce* I was struck by his tone of voice. ▭ ~ *il* **bersaglio** to hit the target (*o* mark); ~ *la* **fantasia** *di qd.* to catch s.o.'s fancy; ~ *nel* **segno** (*indovinare*) to hit the nail on the head; ~ *nel* **vivo** to cut s.o. to the quick.

colpo *m.* **1** blow, knock, hit, stroke; (*lo sbattere*) flap; (*rif. a oggetti a punta*) cut, thrust. **2** (*di taglio*) slash; (*di pugnale, baionetta e sim.*) stab; (*di scure e sim.*) chop. **3** (*di arma da fuoco*) shot; (*salva*) round. **4** (*spinta, urto*) push, blow, thrust: *con un ~ lo fece cadere a terra* with one blow he knocked him to the ground. **5** (*Med.*) stroke: ~ *apoplettico* apoplectic stroke. **6** (*impresa*) coup, attempt, enterprise; (*rapina*) robbery, raid. **7** (*fig.*) (*viva impressione*) shock, hit, blow. **8** (*Sport*) shot. ▭ ~ *d'***ala** flap of a wing; ~ *d'***aria** draught; *prendere un ~ d'***aria** to catch a chill; ~ **basso** blow below the belt (*anche fig.*); *un* **bel** ~ a fine shot (*o* stroke); (*fig.*) a good move, a hit; ~ *di* **calore** heat-stroke; **dare** *un* ~ to deal a blow; **di** ~ all at once, suddenly, unexpectedly; **d'***un* ~ with one blow, at one go; **fallire** *il* ~ to miss one's aim (*o* stroke); **far** ~ to make a strong impression, (*fam.*) to be (*o* make) a hit; *senza* ~ **ferire** without striking a blow; *avere un ~ di* **fortuna** to have a stroke of luck; ~ *di* **fucile** rifle-shot; ~ *di* **fulmine** stroke of lightning; (*fig.*) love at first sight; ~ **giornalistico** scoop; ~ *di* **grazia** finishing stroke (*anche fig.*); *tutto* **in** *un* ~ (*tutto in una volta*) all at once; ~ **mortale** death blow; ~ *alla* **nuca** shot in the back of the neck; ~ *d'***occhio** (*veduta*) view, panorama; (*Aut.*) **perdere** *colpi* to misfire; *al* **primo** ~ at the first shot; (*fig.*) first go (*o* shot), straight off; (*fig.*) ~ *di* **scena** coup de théâtre; *a* ~ **sicuro** unhesitatingly; (*senza pericolo*) without any risk; ~ *di* **sole** sunstroke; ~ *di* **stato** coup d'état; ~ *di* **striscio** graze; (*fam.*) ~ *di* **telefono** buzz, ring; **tentare** *il* ~ to have a shot; ~ *di* **testa** (*fig.*) impulse, rash act, whim; (*Sport*) header; ~ *di* **tosse** coughing fit.

colposo *a.* (*Dir.*) culpable (without express malice). ▭ *omicidio* ~ manslaughter.

coltellaccio *m.* large knife.

coltellata *f.* stab, knife-wound. ▭ *dare una ~ a qd.* to stab (*o* knife) s.o.

coltelleria *f.* cutlery.

coltellinaio *m.* cutler.

coltello *m.* **1** knife. **2** (*Mecc.*) cutter, blade. **3** (*della bilancia*) knife-edge. ▭ **a** ~ (*accanito*) to the death, fierce: *lotta a* ~ fight to the death; (*fig.*) *avere il ~ alla* **gola** to have one's back to the wall; **lama** *di* ~ knife-blade; **manico** *del* ~ knife-handle; (*fig.*) *avere il ~ per il* **manico** to have upper hand; ~ *a* **serramanico** clasp-knife, jack-knife.

coltivabile *a.* cultivable, tillable.

coltivare *v.t.* **1** to cultivate, to till: ~ *la terra* to till the land (*o* soil); (*rif. ad aree delimitate*) to farm, to work; (*rif. a prodotti agricoli, piante*) to grow*, to cultivate: ~ *il grano* to grow wheat; ~ *le rose* to grow roses. **2** (*fig.*) (*educare*) to cultivate. **3** (*fig.*) to cultivate, to foster: ~ *la passione per la musica* to cultivate a passion for music. ▭ ~ *a* to plant with, to grow on (*o* in): ~ *a grano* to plant with corn.

coltivato *a.* cultivated, under cultivation: *campo* ~ cultivated field.

coltivatore *m.* grower, cultivator; (*della terra*) cultivator, farmer. ▭ ~ *diretto* farmer (who owns his farm).

coltivazione *f.* **1** cultivation, (*rif. a prodotti agricoli e piante*) growing: ~ *del riso* rice-growing. **2** (*campi coltivati*) land under cultivation (*o* crop). **3** (*di giacimento minerario*) exploitation.

colto *a.* (well-)cultured; (*dotto*) learned.

coltre *f.* **1** (*coperta da letto*) blanket. **2** (*fig.*) (*strato*) blanket, carpet. **3** (*drappo funebre*) pall.

coltura *f.* **1** cultivation; farming: ~ *dei campi* cultivation of the fields; (*di prodotti agricoli*) growing, cultivation: ~ *del riso* rice-growing. **2** *pl.* (*terreno coltivato*) cultivated land, land under cultivation (*o* crop). **3** (*Biol.*) culture: *brodo di* ~ culture medium. ▭ ~ **alternata** crop rotation; ~ **intensiva** intensive farming.

colui *pron.dimostr.m.sing.* **1** he. **2** (*complemento*) him. **3** (*spreg.*) that man. ▭ ~ *che* the one who, the man who.

colza *f.* (*Bot.*) colza, rape.

coma *m.* (*Med.*) coma: *entrare in* ~ to go into a coma. ▭ ~ *irreversibile* irreversible coma.

comandamento *m.* (*Rel.*) commandment.

comandante *m.* **1** (*Mil.*) (*di truppe*) commander, commanding officer; (*di piazzaforte, arsenale e sim.*) commandant. **2** (*Mar.*) (*di nave da guerra*) (naval) commander; (*di mercantile*) captain. **3** (*Aer.*) captain. ▭ ~ *in capo* commander-in-chief.

comandare **I** *v.t.* **1** (*ordinare*) to order; to command: *ti comando di venire* I order you to come. **2** (*avere la responsabilità di*) to be in charge of, to head, to lead*: ~ *una squadra di operai* to be in charge of a gang of workers; (*Mil.*) to command, to be in command of. **3** (*destinare*) to second. **4** (*fare un'ordinazione*) to order: ~ *il vino* to order wine. **5** (*Mecc.*) to control, to operate; (*azionare*) to drive. **II** *v.i.* to be in charge, to be master, (*fam.*) to be the boss: *a casa mia comando io* in my house I'm the boss. ▭ ~

a **bacchetta** to rule with a rod of iron; *come* **Dio** *comanda* well, properly. ‖ *il signore comanda?* yes, sir?

comando *m.* **1** (*ordine*) order; command: *dare un* ~ to give an order. **2** (*Mil.*) command; (*collett.*) headquarters *pl.* **3** (*burocr.*) temporary posting (*o* transfer). **4** (*Mecc.*) (*manovra*) control, operation; (*azionamento*) working, driving. **5** *pl.* (*Mecc.*) (*congegni di comando*) controls *pl.* ▭ (*Mil.*) **al** ~ *di qd.* under s.o.'s orders; **assumere** *il* ~ to take command (*o* charge); (*Mecc.*) ~ **automatico** automatic control; **dare** *un* ~ to give (*o* issue) an order; ~ *a* **distanza** (*manovra*) remote control; (*azionamento*) remote drive; (*Mil.*) ~ **supremo** supreme command.

comare *f.* **1** (*madrina*) godmother. **2** *pl.* (*donne del popolo, del vicinato*) old women *pl.*, wives *pl.* **3** (*spreg.*) (*pettegola*) gossip.

comatoso *a.* (*Med.*) comatose.

combaciare *v.i.*, **combaciarsi** *v.r.* (*aderire*) to fit together, to meet*: *i due pezzi non combaciano* the two pieces don't fit together properly; (*congiungersi*) to join, to tally.

combattente **I** *a.* fighting, combatant: *reparto* ~ fighting unit. **II** *s.m.* **1** fighter, fighting man. **2** (*soldato*) serviceman (*pl.* –men). ▭ *ex* ~ ex-serviceman, (*am.*) (war) veteran.

combattere **I** *v.i.* **1** to fight*. **2** (*fig.*) to fight*, to struggle, to battle: ~ *per un'idea* to fight for an idea. **II** *v.t.* to fight* (*anche fig.*): ~ *una battaglia* to fight a battle. **combattersi** *v.r. recipr.* to fight*.

combattimento *m.* **1** (*Mil.*) fighting; (*azione militare*) combat, battle, action. **2** (*fig.*) fight, struggle, conflict. **3** (*Sport*) match. ▭ **fuori** ~ disabled, out of action, hors de combat; (*Sport*) *mettere* **fuori** ~ to knock out, (*fam.*) to K.O.; ~ *di* **galli** cockfight; ~ *di* **tori** bullfight; **truppe** *da* ~ combat troops.

combattività *f.* fighting spirit, pugnacity.

combattivo *a.* fighting, combative.

combattuto *a.* **1** (*travagliato*) troubled, distressed, assailed: *essere* ~ *dai dubbi* to be assailed by doubt. **2** (*incerto*) uncertain, undecided, torn.

combinare **I** *v.t.* **1** to combine, to put* together; (*mettere d'accordo*) to bring* into agreement, to reconcile: *non riesco a* ~ *lo studio con il lavoro* I can't reconcile study with work; (*rif. a colori*) to match (up). **2** (*concludere*) to settle, to conclude, to arrange: ~ *un affare* to conclude a transaction; ~ *un matrimonio* to arrange a marriage. **3** (*organizzare*) to arrange (for), to organize. **4** (*fare, causare*) to cause, to get* into; (*fam.*) to get* up to: *ogni giorno ne combina una* every day he gets up to some new mischief. **5** (*concludere*) to get* done: *oggi non ho combinato nulla* I haven't got anything done today. **6** (*Chim.*) to combine. **II** *v.i.* **1** (*corrispondere*) to correspond, to conform, to fit (together). **2** (*accordarsi*) to be in agreement, to agree. **combinarsi** *v.i. pron.* **1** (*andare d'accordo*) to be compatible, to go* together; (*coincidere*) to coincide, to fit (in). **2** (*Chim.*) to combine.

combinata *f.* (*Sport*) combined competition.

combinazione *f.* **1** combination, arrangement, scheme. **2** (*gruppo di oggetti o numeri associati*) set, assortment; (*rif. a carte*) hand. **3** (*caso*) chance, coincidence: *per* ~ by chance; *per pura* ~ by chance, quite by chance. **4** (*indumento femminile*) combinations *pl.*, (*fam.*) combs *pl.* **5** (*di cassaforte*) combination.

combriccola *f.* gang, band.

combustibile **I** *a.* combustible: *liquido* ~ combustible liquid. **II** *s.m.* **1** combustible. **2** (*per motori*) fuel. ▭ *olio* ~ fuel oil.

combustibilità *f.* combustibility.

combustione *f.* combustion; (*il bruciare*) burning. ▭ *camera di* ~ (*di caldaia*) firebox.

combusto *a.* burned, burnt.

combutta *f.*: *essere in* ~ *con qd.* to be in cahoots with s.o.

come **I** *avv. di maniera* **1** (*per esprimere somiglianza, identità: rif. a sost. e pron.*) like: *brilla* ~ *l'oro* it glitters like gold; (*rif. a tempi finiti*) as: *fai* ~ *ti ho detto* do as I told you; (*rif. all'infinito*) like (+ *ger.*): *è* ~ *parlare al muro* it's like talking to a brick wall. **2** (*nei comparativi di uguaglianza*) (as...) as: *bianco* ~ *la neve* (as) white as snow; (*in frasi negative*) so... as: *non sei* (*così*) *puntuale* ~ *me* you are not so (*o* as) punctual as I am. **3** (*in qualità di*) as: ~ *giudice devi essere imparziale* as a judge you must be impartial. **4** (*come per esempio*) like, such as: *piante rampicanti* ~ *l'edera* climbing plants like (*o* such as) ivy. **5** (*Tel.*) for, as in: *G* ~ *Genova* G for George. **II** *avv.interr.* **1** (*in che modo*) how: ~ *sta tuo padre?* how is your father?; ~ *va?* how are things?; (*col verbo dire*) what: ~ *sarebbe a dire?* what do you mean?; (*rif. a sost.*) what... like: *com'è il tuo amico?* what is your friend like? **2** (*quanto*) how: ~ *sei bravo!* how clever you are!; (*quanto bene*) how well: ~ *parla il francese?* how well does he speak French? **3** (*che cosa?, prego?*) I beg your pardon?, (*fam.*) what?, (*fam.*) sorry?: ~*?, non ho capito* I beg your pardon, what was that? (*o* I didn't catch what you said). **4** (*perché*) why: ~ *mai non è più venuto?* why has he stopped coming? **5** (*esclam.*) what!, do you mean to say? **III** *congz.* **1** (*temporale: appena, quando*) as soon as, no sooner ... than, when: ~ *vide la polizia fuggì* as soon as he saw the police he fled; (*mentre*) as, while. **2** (*correlativa*) as: *mi piace così com'è* I like it as it is; *vado* ~ *sono* I shall go as I am; (*sia... sia*) as well as, both ... and: *tanto i greci* ~ *i romani* both the Greeks and the Romans. **3** (*modale: quasi, quasi che*) as if, as though: *fa pure* ~ *se io non ci fossi* go ahead as if I weren't here. **IV** *s.m.* the way, the manner, the means. □ ~ *d'***accordo** as agreed; ~ **capita** in a slapdash (*o* happy-go-lucky) way, anyhow; (*Comm.*) ~ **da** as per, in accordance (*o* compliance) with, according to, as indicated by: ~ *da campione* as per sample; ~ *da istruzione* according to instructions; *da* ~ (from) the way; ~ **Dio** *volle* (*finalmente*) at (long) last, eventually; ~ (*a, per*) **dire** as if to say; **e** ~*!* I should say so!, (*fam.*) rather!; ~ **fare***?* what is to be done?, what are we to do?; **io** ~ *io* for my part, I myself; **ma** ~*!* what!, do you mean to say?; ~ **mai** (*nelle interrogative dirette*) why (on earth)?, why ever?, how on earth?, how is (it) that?: ~ *mai sei arrivato tardi?* why did you arrive late?; *è stato licenziato* – ~ *mai?* he has been sacked – how (*o* why) is that?; (*nelle interrogative indirette*) why (on earth), how on earth, how (*o* why) it is that: *non capisco* ~ *mai tardi tanto* I can't understand why (*o* how it is that) he is so late; ~ **se** as if, as though: *gridi* ~ *se io fossi sordo* you're shouting as if I were deaf; ~ **stanno** *le cose, vi dovrò rinunciare* as it is (*o* things are) I shall have to give up the idea; ~ *d'***uso** as is the custom; *com'è* **vero** *Iddio* as God is my witness.

comedone *m.* (*Med.*) comedo; (*fam.*) blackhead.

cometa *f.* (*Astr.*) comet.

comica *f.* (*Cin.*) slapstick (comedy).

comicità *f.* comicality; (*spirito*) comic spirit; (*effetto*) comic effect; (*lato comico*) funny side.

comico I *a.* **1** (*che fa ridere*) comic(al), funny: *scena comica* comic scene. **2** (*di commedia*) dramatic, theatrical, theatre-: *compagnia comica* company of players. **II** *s.m.* **1** (*comicità*) comic quality (*o* spirit), comicality, comedy. **2** (*attore di commedie*) actor, player: *una compagnia di comici* a company of players. **3** (*attore comico*) comic actor.

comignolo *m.* **1** chimney-pot. **2** (*sommità del tetto*) roof ridge.

cominciare *v.t./i.* to begin*, to start; to commence: ~ *un libro* to begin a book; *sono cominciate le vacanze* the holidays have begun; *la strada comincia più avanti* the road begins further on. □ **a** ~ *da oggi* from today on(wards), as from today; ~ *da* **capo** to begin all over again; ~ **con** to begin by, to start off by: *cominciò col dire che non voleva andarci* he began by saying that he didn't want to go; **per** ~ to begin (*o* start off) with, first of all.

comitato *m.* committee, board: *essere in un* ~ to be on board; ~ *per la programmazione* planning committee.

comitiva *f.* party, group, company: *una* ~ *di amici* a group of friends.

comizio *m.* **1** meeting, assembly. **2** (*Stor.*) comitia. □ *tenere un* ~ to hold a meeting.

comma *m.* **1** (*Dir.*) clause, subclause, subparagraph. **2** (*Mus.*) comma. **3** (*parte del periodo*) short clause.

commedia *f.* **1** comedy; (*opera teatrale*) play. **2** (*fig.*) (*finzione*) play-acting, make-believe. **3** (*componimento letterario*) comedy: *la Divina Commedia* the Divine Comedy.

commediante *m./f.* **1** (*spreg.*) third-rate actor (*f.* actress); (*fam.*) ham. **2** (*artista comico*) comedian (*f.* comedienne), comic actor. **3** (*fig.*) (*ipocrita*) shammer. □ (*fig.*) *fare il* ~ to put on an act.

commediografo *m.* (*rif. a commedie*) writer of comedies; (*rif. a drammi*) playwright.

commemorare *v.t.* to commemorate.

commemorativo *a.* commemorative, memorial: *cerimonia* (*religiosa*) *commemorativa* memorial service. □ *francobollo* ~ commemorative stamp.

commemorazione *f.* commemoration.

commendatore *m.* **1** knight commander (of an Order of Chivalry). **2** (*titolo italiano*) commendatore.

commensale *m.* **1** table-companion. **2** (*Biol.*) commensal.

commensurabile *a.* (*Mat.*) commensurable.

commentare *v.t.* **1** to annotate: ~ *un testo* to annotate a text; (*illustrare, chiarire*) to write a commentary on, to expound, to comment. **2** (*esprimere un giudizio*) to comment upon, to talk about: ~ *le parole di qd.* to comment upon s.o.'s words. **3** (*alla radio, alla televisione*) to commentate on.

commentario *m.* commentary.

commentatore *m.* **1** annotator, expounder. **2** (*Rad., Cin., Giorn.*) commentator; (*TV*) newscaster.

commento *m.* **1** commentary, notes *pl.*, comments *pl.*: *fare il* ~ *a un testo* to write a commentary on a text. **2** (*giudizio*) comment, remark. **3** *pl.* (*pettegolezzi*) talk, gossip. **4** *pl.* (*discussioni*) comment, remarks *pl.* **5** (*alla radio, nel cinegiornale*) commentary; (*radiocronaca*) running commentary. □ ~ *musicale* background music.

commerciabile *a.* marketable: *prodotti commerciabili* marketable products; (*rif. a titoli e sim.*) negotiable.

commerciale *a.* **1** (*che riguarda il commercio*) commercial, business-, trade-, mercantile: *società* ~ commercial company; *centro* ~ trade-centre. **2** (*che riguarda la vendita*) sale-, marketing. **3** (*comune, dozzinale*) commercial.

commercialista *m./f.* **1** (*consulente*) business consultant. **2** (*contabile*) accountant. **3** (*dottore commercialista*) graduate in Economics.

commercializzare *v.t.* to commercialize.

commerciante *m./f.* **1** dealer, trader; (*all'ingrosso*) merchant, wholesaler. **2** (*negoziante*) shopkeeper.

commerciare *v.i.* to trade, to deal* (*in* in). □ ~ *all'ingrosso* (o *al minuto*) to do wholesale (*o* retail) business, to be in the wholesale (*o* retail) trade.

commercio *m.* trade, commerce, trading; (*rif. a merci determinate*) trade, business: *il* ~

della frutta the fruit trade; *mettere in* ~ to put on sale (*o* the market). □ **esercitare** *il* ~ to be in business; **essere** *in* ~ (*rif. a cosa*) to be on sale (*o* the market); (*rif. a persona*) to be in business (*o* trade); ~ **estero** foreign trade; (*fig.*) **far** ~ *di qc.* to sell s.th.; (*fig.*) **far** ~ *di sé* to sell o.s.; ~ *all'***ingrosso** wholesale trade; ~ *al* **minuto** retail trade.

commessa[1] *f.* (shop-)assistant, salesgirl.

commessa[2] *f.* (*Econ.*) order.

commesso *m.* **1** (*di negozio*) (shop-)assistant. **2** (*di ufficio*) clerk: ~ *di banca* bank clerk; (*fattorino*) messenger, errand-boy; (*usciere*) usher. □ ~ *viaggiatore* travelling salesman.

commestibile *a.* eatable, edible.

commestibili *m.pl.* foodstuffs *pl.*, provisions *pl.*

commettere *v.t.* **1** to commit, to do*, to make*: ~ *un delitto* to commit a crime; ~ *un errore* to make a mistake. **2** (*incastrare*) to join (together).

commiato *m.* **1** leave. **2** (*congedo*) leave-taking, parting.

commilitone *m.* fellow-soldier, comrade-in-arms.

comminare *v.t.* (*Dir.*) to threaten.

commiserare *v.t.* to pity, to feel* pity for, to commiserate.

commiserazione *f.* commiseration, pity.

commissariato *m.* **1** (*sede*) commissioner's office; (*di polizia*) police station. **2** (*carica*) commissionership. **3** (*Mil.*) commissariat.

commissario *m.* **1** (*di pubblica sicurezza*) police (*o* detective) superintendent. **2** (*membro di commissione*) member of a committee (*o* board): ~ *d'esami* member of an examining board. **3** (*Stor.*) (people's) commissar. **4** (*Sport*) official. □ **alto** ~ high commissioner; ~ *di* **bordo** purser.

commissionare *v.t.* to order, to commission.

commissionario I *s.m.* (*Comm.*) commission (*o* selling) agent. **II** *a.* commission-.

commissione *f.* **1** (*incarico*) commission, order: *fare qc. su* ~ to make s.th. to order. **2** (*Comm.*) commission. **3** (*incombenza*) errand. **4** *pl.* (*compere*) shopping. **5** (*comitato*) committee, board, commission: ~ *esaminatrice* examining board, board of examiners. □ ~ *d'***inchiesta** committee of inquiry; ~ **interna** shop committee; *comprare* **su** ~ to buy on commission.

commisurare *v.t.* to (make*) fit, to suit, to adapt.

committente *m./f.* **1** purchaser, customer. **2** (*di un'opera d'arte*) client.

commodoro *m.* (*Mar. mil.*) commodore.

commosso *a.* **1** moved, touched: *essere* ~ *fino alle lacrime* to be moved to tears. **2** (*che esprime commozione*) heartfelt, deep-felt.

commovente *a.* touching, moving.

commozione *f.* **1** emotion, (deep) feeling: *fu sopraffatta dalla* ~ she was overcome by emotion (*o* she was very moved). **2** (*Med.*) (*cerebrale*) concussion.

commuovere *v.t.* to move, to touch, to affect: *non lasciarti* ~ *dalle sue lamentele* don't be moved by his complaints. **commuoversi** *v.i.pron.* to be moved, to be touched, to be affected: ~ *fino alle lacrime* to be moved to tears.

commutare *v.t.* **1** to commute: *la pena di morte è stata commutata in ergastolo* the death penalty has been commuted to life imprisonment. **2** (*El.*) to commutate, to change (*o* switch) over.

commutativo *a.* (*Dir., Mat.*) commutative.

commutatore *m.* **1** changer, transformer. **2** (*El.*) switch, commutator. **3** (*Tel.*) switchboard.

commutazione *f.* **1** commutation. **2** (*El.*) change-over, switching.

comò *m.* chest of drawers.

comodino *m.* bedside table, night table.

comodità *f.* **1** comfort. **2** (*vantaggio*) convenience: *le* ~ *moderne* conveniences. □ *per vostra* ~ for your convenience.

comodo I *a.* **1** comfortable: *una poltrona comoda* a comfortable armchair; (*agevole*) easy, smooth; (*facilmente raggiungibile*) accessible, handy: *la spiaggia più comoda da Roma è Ostia* the most accessible beach from Rome is Ostia. **2** (*ampio: rif. a indumenti*) loose-fitting, comfortable; (*fam.*) sensible: *scarpe comode* comfortable shoes; (*pratico*) sensible: *indumenti comodi* sensible clothing. **3** (*rif. alla vita: agiato*) comfortable: *amo la vita comoda* I love a comfortable life (*o* life of comfort). **4** (*conveniente*) convenient: *mi è più* ~ *partire subito* it's more convenient for me to leave at once. **5** (*utile*) useful, handy: *può essere* ~ *conoscere le lingue straniere* it can be useful to know foreign languages. **6** (*rif. a persona: che agisce senza fretta*) easy-going. **II** *s.m.* **1** comfort, convenience. **2** (*convenienza, vantaggio*) convenience; (*agio*) ease. □ *non posso* **aspettare** *il tuo* ~ I can't wait upon your convenience; **con** ~ at one's convenience; *fai pure* **con** ~, *non ho fretta* take your time, I'm in no hurry; **fare** ~ (*riuscire utile*) to be useful handy: *mi farebbe proprio* ~ *avere una giornata libera* a day off would come in very handy for me; (*essere d'aiuto*) to be a help; **fare** *il proprio* ~ to do (just) as one likes; *una* **soluzione** *di* ~ an easy solution; **star** ~ to be comfortable: *si sta comodi su questa poltrona* it is very comfortable in this armchair; **stia** ~ (*non si alzi*) please don't get up; (*non si disturbi*) please don't trouble.

compaesano *m.* fellow-townsman (*pl.* –men). □ *essere compaesani* to come from the same town.

compagine *f.* **1** complex; (*struttura*) structure, frame-work. **2** (*Sport*) team. □ *la* ~ *ministeriale* the Cabinet.

compagna *f.* **1** companion, friend; (*nei composti*) mate, fellow: ~ *di viaggio* fellow

-traveller. **2** (*di scuola*) schoolfriend. **3** (*moglie*) wife; (*amica*) girlfriend, partner. **4** (*Pol.*) comrade.

compagnia *f.* **1** company: *quel ragazzo non ama la* ~ that boy doesn't like company. **2** (*complesso di persone*) company, group, party. **3** (*Comm., Teat., Mil.*) company. **4** (*Rel.*) society, confraternity. ▭ **cercare** ~ to seek company; ~ **drammatica** theatrical company; **fare** ~ *a qd.* to keep s.o. company; (*Rel.*) ~ *di* **Gesù** Society of Jesus; *essere* **in** ~ *di qd.* to be in s.o.'s company; *essere* **in** *dolce* ~ to be with one's sweet -heart; (*Teat.*) ~ **stabile** resident company.

compagno I *s.m.* **1** companion, mate, friend, partner; (*am.*) buddy; (*nei composti*) fellow, mate: ~ *di viaggio* travelling companion, fellow-traveller. **2** (*di scuola*) schoolmate, school-friend. **3** (*di giochi*) playmate. **4** (*in un gioco*) partner. **5** (*marito*) husband; (*convivente*) partner. **6** (*Comm.*) (*socio*) partner. **7** (*rif. a cose*) other, fellow, twin. **8** (*Pol.*) comrade. **II** *a.* (*fam.*) **1** (*uguale*) like (this): *dove lo trovi un vino ~?* where can you find a wine like this? **2** (*rif. a oggetti appaiati*) other, fellow, matching, companion-: *la scarpa compagna* the matching shoe. ▭ ~ *d'***armi** companion-in-arms, fellow-soldier; *i* **cattivi** *compagni* bad company; ~ *di* **prigionia** fellow-prisoner; *essere stati compagni di* **scuola** to have been at school together; ~ *di* **squadra** team-mate.

compagnone *m.* (*fam.*) boon (*o* merry *o* jolly) companion.

companatico *m.* something to eat with bread.

comparabile *a.* comparable (*a* with, to).

comparare *v.t.* to compare, to liken.

comparativo *a./s.m.* comparative (*anche Gramm.*).

comparato *a.* comparative.

comparazione *f.* comparison.

compare *m.* **1** (*padrino: di battesimo*) godfather; (*di cresima*) sponsor (at confirmation). **2** (*fam.*) (*vecchio amico*) old friend; (*come titolo davanti a nome proprio*) Master: ~ *Alfio* Master Alfio. **3** (*complice*) accomplice; (*chi fa da spalla*) stooge. ▭ ~ *d'anello* best man.

comparire *v.i.* **1** (*presentarsi all'improvviso*) to appear; (*fam.*) to turn up. **2** (*presentarsi*) to present o.s., to appear. **3** (*uscire: rif. a libri*) to appear, to come* out. **4** (*apparire*) to seem, to look, to appear, to have an (*o* the) appearance of. ▭ ~ *in* **giudizio** to appear before the court; ~ *in* **pubblico** to appear in public.

comparizione *f.* appearance (*anche Dir.*). ▭ *mandato di* ~ summons to appear.

comparsa *f.* **1** appearance (*anche estens.*). **2** (*Cin.*) (film) extra; (*Teat., TV*) walker-on; (*fam.*) super; (*che ha un minimo di dialogo*) bit actor. **3** (*Dir.*) brief, pleading, statement.

compartecipazione *f.* **1** sharing, participation, partaking (*a, in* in): ~ *agli utili* profit-sharing. **2** (*parte spettante al compartecipe*) share. ▭ *in* ~ jointly; (*Comm.*) in joint account.

compartecipe *a.* participating, sharing, partaking (*a, in* in): ~ *agli utili* profit-sharing.

compartimentale *a.* departmental.

compartimento *m.* **1** (*suddivisione*) division, section. **2** (*Ferr., Mar.*) compartment. **3** (*circoscrizione amministrativa*) department, administrative district. ▭ (*Ferr.*) ~ *per fumatori* smoker.

compassato *a.* **1** (*rif. a persone*) self -controlled, cool and collected. **2** (*rif. a gesti*) deliberate, measured; (*rif. a parole*) measured, restrained.

compassionare *v.t.* to sympathize with, to feel* compassion for, to pity.

compassione *f.* **1** compassion (*per* on), pity, sympathy (for): *provare* ~ *per qd.* to feel pity for s.o., to sympathize with s.o. **2** (*spreg.*) (*disprezzo*) pity. ▭ **degno** *di* ~ worthy of compassion; **far** ~ to arouse pity; **mostrare** ~ *per qd.* to take pity on s.o.; **per** ~ out of pity.

compassionevole *a.* **1** (*che suscita compassione*) pathetic, pitiful: *condizioni compassionevoli* pitiful conditions. **2** (*che prova compassione*) compassionate, sympathetic.

compasso *m.* compasses, pair of compasses: *una scatola di compassi* a set of drawing instruments. ▭ ~ *a punta fissa* dividers *pl.*

compatibile *a.* (*conciliabile*) compatible; consistent: *questo comportamento non è* ~ *con le tue idee* this behaviour is not consistent with your ideas.

compatibilità *f.* compatibility; consistency.

compatimento *m.* **1** (*indulgenza*) indulgence, forbearance. **2** (*commiserazione*) sympathy, commiseration, compassion, pity.

compatire *v.t.* **1** (*provare compassione*) to commiserate (with), to pity, to be sorry for, to sympathize with. **2** (*perdonare*) to forgive*; (*trattare con indulgenza*) to make* allowances for. **3** (*trattare con disprezzo*) to be sorry for.

compatrio(t)ta *m./f.* compatriot, (fellow) countryman (*pl.* –men; *f.* –woman, *pl.* –women).

compattezza *f.* **1** compactness, closeness: ~ *di un tessuto* close weave of a material; (*rif. a terreno, legno*) hardness. **2** (*fig.*) unity, solidarity: *la* ~ *di un partito* the solidarity of a party.

compatto *a.* **1** compact, close; (*rif. a stoffa*) closely-woven; (*rif. a maglieria*) close-knit; (*solido*) solid: *roccia compatta* solid rock; (*rif. a terreno, legno*) hard: *legno* ~ hardwood.. **2** (*fig.*) (*denso, fitto: rif. a persone*) thick, dense, close-packed. **3** (*fig.*) (*concorde, unito*) united, closely-knit: *un partito* ~ a united party.

compendiare *v.t.* **1** (*riassumere*) to summarize, to abridge. **2** (*trattare in modo sintetico*) to outline, to give* a concise account of.

compendio *m.* **1** (*riassunto*) summary, compendium, précis, digest. **2** (*trattato breve e sintetico*) compendium, outlines *pl.*

compenetrare *v.t.* to permeate (through, among), to penetrate (into) (*anche estens.*). **compenetrarsi** *v.i.pron.* **1** (*recipr.*) to interpenetrate. **2** (*fig.*) (*essere conscio*) to be fully aware (*di* of); (*immedesimarsi*) to feel* deeply (s.th.).

compenetrazione *f.* (inter)penetration, permeation.

compensare *v.t.* **1** (*equilibrare, bilanciare*) to compensate (for), to make* up for, to counterbalance. **2** (*ricompensare*) to recompense. **3** (*retribuire*) to pay*, to remunerate, to reward. **4** (*risarcire*) to pay* compensation, to compensate (*di* for). **5** (*Psic.*) to compensate. **compensarsi** *v.r.recipr.* to make* up for e.o., to balance e.o., to compensate e.o.

compensato *m.* (*legno compensato*) plywood.

compensazione *f.* **1** compensation, making up. **2** (*Dir., Fis., Mecc.*) compensation. **3** (*Econ.*) clearing. □ *stanza di* ~ clearing house.

compenso *m.* **1** (*ricompensa*) reward, recompense, repayment, compensation. **2** (*retribuzione*) remuneration, recompense, (*am.*) compensation; (*onorario*) fee. **3** (*risarcimento*) compensation, indemnity. □ **dietro** ~ for money; **in** ~ to make up for it, in compensation; (*in cambio*) in return, in exchange; ~ **simbolico** token payment.

compera *f.* **1** purchase. **2** *pl.* (*commissioni*) shopping: *ho fatto molte compere stamattina* I did a lot of shopping this morning.

comperare → **comprare**.

competente I *a.* **1** (*esperto*) qualified, expert, competent: *non sono* ~ *in materia* I'm not qualified to speak on this subject. **2** (*che ha autorità*) competent, (*pred.*) in charge, (*pred.*) concerned: *ministero* ~ Ministry concerned. **3** (*Dir.*) competent: *tribunale* ~ competent court. **4** (*adeguato*) fair, adequate: *mancia* ~ fair (*o* suitable) compensation. **II** *s.m./f.* expert; (*d'arte*) connoisseur.

competenza *f.* **1** (*esperienza*) competence, skill; (*autorevolezza*) authority. **2** (*pertinenza*) province, concern: *la faccenda non è di mia* ~ the matter is no concern of mine (*o* outside my province). **3** *pl.* (*onorario*) fee, fees *pl.* □ *avere* ~ to be competent.

competere *v.i.* **1** (*gareggiare*) to compete: ~ *per un premio* to compete for a prize; *non posso* ~ *con la tua esperienza* I cannot compete with your experience. **2** (*spettare*) to be due (*o* owing), to belong (*a* to): *avrai ciò che ti compete* you will have what is due to you. **3** (*Dir.*) to lie* within the competence of.

competitività *f.* (*Comm.*) competitiveness.

competitivo *a.* competitive.

competitore *m.* competitor, rival.

competizione *f.* competition, contest (*anche Sport*): ~ *sportiva* sports competition (*o* contest). □ *automobile da* ~ racing-car, racer.

compiacente *a.* **1** (*cortese*) obliging, courteous. **2** (*accomodante*) complaisant.

compiacenza *f.* **1** complaisance, courtesy, kindness. **2** (*soddisfazione*) satisfaction, gratification. □ *abbiate la* ~ *di indicarmi* ... be so kind as to show me ...

compiacere I *v.t.* (*fare piacere*) to please, to satisfy, to gratify (*a qd.* s.o.). **II** *v.t.* (*accontentare*) to please, to content, to satisfy: *cerco di compiacerti in tutto* I try to please you in everything. **compiacersi** *v.i.pron.* **1** (*provare piacere*) to be pleased (*o* glad *o* delighted), to (take*) delight (*di* in). **2** (*congratularsi*) to congratulate. **3** (*avere la cortesia*) to be good (*o* kind) enough, to be so good (*o* kind) as.

compiacimento *m.* **1** (*soddisfazione*) satisfaction, gratification. **2** (*congratulazione*) congratulations *pl.*

compiaciuto *a.* pleased, satisfied, delighted.

compiangere *v.t.* **1** to pity, to sympathize with. **2** (*spreg.*) (*compatire*) to pity, to be sorry for: *ti compiango perché non sai quello che fai* I'm sorry for you because you don't know what you are doing.

compianto[1] *a.* late (lamented).

compianto[2] *m.* (*cordoglio*) mourning, grief.

compiere *v.t.* **1** to carry out: ~ *un'impresa difficile* to carry out a difficult task; (*terminare*) to finish (off), to complete. **2** (*fare, eseguire*) to do*, to perform, to execute: ~ *un esercizio* to do an exercise. **3** (*adempiere*) to fulfil, to accomplish, to carry out, to do*: ~ *il proprio dovere* to do (*o* carry out) one's duty. **4** (*commettere*) to commit: ~ *un delitto* to commit a crime. **5** (*rif. a età*) to be: *ho già compiuto trent'anni* I'm already thirty. **compiersi** *v.i.pron.* **1** (*giungere a termine*) to (come* to an) end, to be over. **2** (*avverarsi*) to be fulfilled, to come* true. □ ~ *gli* **anni** to be; (*festeggiare il compleanno*) to have one's birthday: *quando compi gli anni?* when is your birthday?; ~ *una* **missione** to carry out a mission; ~ *un* **percorso** to cover a distance.

compilare *v.t.* **1** (*redigere*) to draw* up, to compile, to make* out (*o* up): ~ *una lista* to draw (*o* make) a list. **2** (*riempire*) to fill in (*o* out): ~ *un questionario* to fill in a questionnaire. **3** (*Inform.*) to compile.

compilatore *m.* compiler (*anche Inform.*); editor.

compilazione *f.* compilation, editing; (*di documenti*) drawing up, making out.

compimento *m.* **1** completion, end(ing), conclusion; (*rif. agli studi*) completion, end. **2** (*esecuzione*) execution, accomplishment, performance. □ *portare a* ~ to finish.

compitare *v.t.* to spell* out.

compitezza *f.* politeness, good manners, courtesy.

compito[1] *m.* **1** (*lavoro, incarico*) task, duty;

(*fam.*) job: *non è* ~ *mio* it's not my job. **2** (*dovere*) duty: *è* ~ *mio aiutarti* it's my duty to help you. **3** (*Scol.*) exercise; (*a casa*) homework. ◻ **assegnare** *i compiti* to assign tasks; (*a scuola*) to give homework; ~ **in** *classe* written exercise.

compito[2] *a.* polite, well-mannered, well-bred.

compiutezza *f.* **1** (*completezza*) completeness. **2** (*perfezione*) perfection.

compiuto *a.* finished, completed, (*pred.*) done. ◻ *ha cinque anni compiuti* he has turned five.

compleanno *m.* birthday. ◻ *buon* ~*!* happy birthday!

complementare I *a.* **1** complementary (*anche Mat.*). **2** (*Scol.*) (*non fondamentale*) subsidiary. **II** *s.f.* (*Econ.*) (supplementary) income tax.

complemento *m.* **1** complement, completion. **2** (*Gramm.*) complement, object: ~ *indiretto* indirect object. **3** (*Mil.*) reserve: *truppe di* ~ reserve (troops). ◻ ~ *diretto* (o *oggetto*) direct object.

complessato *m.* (*Psic.*) ill-adjusted person (with many complexes).

complessità *f.* complexity.

complessivo *a.* total, inclusive, general comprehensive: *la spesa complessiva fu di un milione di lire* the total expenditure was one million lire.

complesso[1] *a.* **1** (*complicato*) complex, complicated: *una questione complessa* a complex question. **2** (*Mecc., Mat.*) complex: *numero* ~ complex number.

complesso[2] *m.* **1** (*insieme*) whole, (whole) group, mass, system: *un* ~ *imponente di edifici* an imposing group of buildings; *un* ~ *di circostanze* a whole series of circumstances. **2** (*organismo industriale*) group; firm, company: ~ *editoriale* editorial group; *un* ~ *chimico* a chemical company. **3** (*gruppo, assieme meccanico*) assembly, unit. **4** (*Psic.*) complex: ~ *di inferiorità* inferiority complex. **5** (*Mus.*) ensemble, company: ~ *corale* choral ensemble; (*orchestrina*) band; (*di musica "beat"*) group. ◻ *in* ~ (*in generale*) on the whole, all in all; (*in tutto*) in all, altogether.

completamente *avv.* completely, entirely.

completamento *m.* completion, completing.

completare *v.t.* to complete, to finish; to conclude.

completezza *f.* completeness; (*perfezione*) perfection.

completo I *a.* **1** complete, full, entire, whole: *un resoconto* ~ a complete (*o* full) account. **2** (*assoluto*) entire, absolute, utter: *un disastro* ~ an absolute wash-out. **3** (*pieno*) full (up): *l'autobus è* ~ the bus is full up. **II** *s.m.* (*abito completo da uomo e da donna*) suit; (*due pezzi*) two-piece; (*rif. a golfini*) twinset; (*da sci*) ski suit. ◻ **al** ~ (*pieno*) full (up); (*gremito*) packed (out); (*esaurito*) (*pred.*) sold out: *il teatro era al* ~ the theatre was sold out; (*tutti presenti*) all present; **atleta** ~ all-round athlete; **pensione** *completa* full board and lodging.

complicare *v.t.* to complicate, to aggravate: *non complicarti l'esistenza* don't complicate your life. **complicarsi** *v.i.pron.* **1** (*diventare difficile*) to become* (*o* get*) complicated: *la situazione si complica sempre più* the situation is getting more and more complicated. **2** (*diventare intricato*) to thicken. **3** (*rif. a malattia: aggravarsi*) to worsen, to get* worse.

complicato *a.* complicated, complex.

complicazione *f.* complication (*anche Med.*). ◻ *salvo complicazioni* if no complications arise.

complice *m./f.* (*Dir.*) accomplice, party, accessory: *essere* ~ *nel delitto* to be a party to the crime.

complicità *f.* **1** (*Dir.*) complicity. **2** (*estens.*) help, aid.

complimentare *v.t.* to compliment. **complimentarsi** *v.i.pron.* to congratulate: *si complimentarono con me per la promozione* they congratulated me on my promotion.

complimento *m.* **1** compliment, complimentary remark: *fare un* ~ *a una ragazza* to pay a girl a compliment. **2** *pl.* (*congratulazioni*) congratulations *pl.* **3** *pl.* (*ossequi*) regards *pl.*, respects *pl.*, compliments *pl.*

complimentoso *a.* **1** (*rif. a persone*) full of polite attentions, ceremonious; (*adulatorio*) obsequious, flattering. **2** (*rif. a cose: adulatorio*) flattering; (*cerimonioso*) ceremonious.

complottare *v.i.* to plot.

complotto *m.* plot, conspiracy.

componente I *a.* component, composing: *le parti componenti* the component parts. **II** *s.m./f.* (*rif. a persone*) member; (*rif. a cose*) component (part); (*fig.*) constituent, component, element.

componibile *a.* unit-, sectional, modular: *mobili componibili* modular furniture.

componimento *m.* **1** (*tema scolastico*) essay, composition. **2** (*Lett.*) work, writing: ~ *lirico* lyric work. **3** (*Mus.*) composition. **4** (*Dir.*) settlement, composition, adjustment: *il* ~ *di una lite* the settlement of a dispute.

comporre *v.t.* **1** to compose, to make* up, to put* together: ~ *un mosaico* to put a mosaic together. **2** (*costruire, formare*) to constitute, to form, to make* up: *undici giocatori compongono la squadra* the team is made up (*o* consists) of eleven players. **3** (*assestare*) to arrange, to adjust, to tidy up: ~ *i capelli* to tidy up one's hair. **4** (*conciliare*) to settle, to compose: ~ *una lite* to settle a dispute. **5** (*scrivere*) to compose, to write* (*anche Mus.*): ~ *una sinfonia* to compose a symphony. **6** (*Tip.*) to set* up (in type), to type. **7** (*Farm., Chim.*) to compound. **comporsi** *v.i.pron.* **1** (*essere formato*) to consist, to be composed, to be made up: *questo appartamento si compone di tre stanze* this flat

is made up of three rooms. **2** (*Chim.*) to be composed. □ (*Tel.*) ~ *un* **numero** to dial a number; ~ *una* **salma** to lay (out) a body.
comportamentale *a.* behavioural.
comportamento *m.* behaviour (*anche Psic.*).
comportare *v.t.* (*richiedere*) to involve, to imply: *è un'impresa che comporta dei rischi* it's an undertaking which implies certain risks; ~ *spese* to involve expense. **comportarsi** *v.i.pron.* to behave: *comportati come si deve!* behave properly!
composito *a.* composite, compound: *macchina composita* compound machine.
compositore *m.* **1** (*Mus.*) composer. **2** (*Tip.*) type-setter, compositor.
composizione *f.* **1** composition: *una* ~ *floreale* a floral composition. **2** (*rif. a persone: componenti*) composition, make-up: *la* ~ *della squadra* the composition of the team. **3** (*struttura*) structure, make-up: *la* ~ *della frase* the structure of the phrase. **4** (*Dir.*) (*conciliazione*) settlement, composition. **5** (*scritto: in prosa*) work, composition; (*in versi*) poem. **6** (*Mus.*) composition. **7** (*Scol.*) (*componimento*) composition. **8** (*Tip.*) (*il comporre*) (type-)setting; (*testo composto*) matter.
composta *f.* (*Alim.*) compote, stewed fruit.
compostezza *f.* **1** (*lo stare composto*) composure, sedateness, self-possession. **2** (*dignità*) dignity, decorum.
composto I *a.* **1** (*costituito*) composed, consisting, formed, made up (*di* of): *un appartamento* ~ *di due camere e servizi* a flat made up of two rooms, kitchen and bath -room. **2** (*decoroso, dignitoso*) modest, decorous: *atteggiamento* ~ decorous behaviour; (*solenne*) dignified: *lineamenti composti* dignified features. **3** (*assestato*) neat; tidy: *capelli composti* neat hair. **II** *s.m.* **1** mixture, compound. **2** (*Chim., Gramm.*) compound: ~ *chimico* chemical compound. □ (*Mat.*) **numero** ~ compound number; **stare** ~ to be (*o* keep) still, to sit properly.
comprare *v.t.* **1** to buy*, to purchase: ~ *qc. da qd.* to buy s.th. from s.o.; *mi hai comprato il dentifricio?* did you buy me the toothpaste? **2** (*spreg.*) (*corrompere con denaro*) to bribe. □ ~ *all'***asta** to buy at an auction; ~ *in* **contanti** to buy for cash; ~ *a buon* **mercato** to buy cheap(ly); ~ *qc. a* **mille** *lire* to by s.th. for one thousand lire; ~ *a* **occhi** *chiusi* to buy a pig in a poke; ~ *a* **rate** to buy by instalments.
compratore *m.* buyer, purchaser; (*cliente*) customer.
compravendita *f.* sale: *atto di* ~ deed of sale.
comprendere *v.t.* **1** to comprise, to include: *il conto comprende anche il servizio* the bill includes service. **2** (*capire*) to understand*, to make* out: *non comprendo le tue parole* I don't understand (*o* can't make out) what you are saying; (*rendersi conto*) to realize: *comprendo benissimo la situazione* I fully realize the situation. **comprendersi** *v.r.* (*recipr.*) to understand* e.o.
comprendonio *m.* (*fam.*) wits *pl.*, brains *pl.*: *duro di* ~ slow on the uptake.
comprensibile *a.* comprehensible, understandable, intelligible.
comprensione *f.* comprehension, understanding. □ *di* **facile** ~ easy to understand; **mostrare** ~ *per qd.* to show sympathy for s.o.
comprensivo *a.* **1** sympathetic, understanding: *un insegnante* ~ an understanding teacher. **2** (*rif. a prezzi*) comprehensive, inclusive: *un conto* ~ *di tutte le spese* an all -inclusive bill.
comprensorio *m.* district, territory, area.
compreso *a.* **1** (*incluso*) including, included: *gli ho dato mille lire compresa la mancia* I gave him a thousand lire including the tip. **2** (*racchiuso*) contained, included: *il territorio* ~ *tra il fiume e la collina* the land (contained) between the river and the hill. **3** (*rif. a tempo*) inclusive. **4** (*capito*) understood: *il ragazzo non si sente* ~ *in famiglia* the boy does not feel understood at home. **5** (*compenetrato*) fully (*o* very) aware (*o* conscious); (*occupato*) taken up.
compressa *f.* **1** (*pastiglia*) tablet. **2** (*di garza*) compress.
compressione *f.* **1** compression. **2** (*pressione*) pressure.
compresso *a.* **1** (com)pressed. **2** (*fig.*) suppressed, smothered, repressed: *ira compressa* suppressed anger. **3** (*Aut.*) compressed. □ *aria compressa* compressed air.
compressore I *a.* compressing. **II** *s.m.* **1** (*Mecc., Chim., Anat*) compressor. **2** (*Aut.*) supercharger. □ ~ *stradale* road-roller.
comprimario *m.* (*Teat., Cin.*) supporting actor; co-star.
comprimere *v.t.* **1** to compress, to press: ~ *una molla* to compress a spring. **2** (*ridurre*) to squeeze. **3** (*fig.*) (*reprimere*) to restrain, to suppress, to repress.
compromesso *m.* **1** arrangement, compromise. **2** (*spreg.*) (*espediente disonesto*) compromise, half-measure: *vivere di compromessi* to live by half-measures. □ ~ *preliminare* (*contratto preliminare*) preliminary contract; preliminary agreement.
compromettente *a.* compromising.
compromettere *v.t.* to compromise, to jeopardize: ~ *una ragazza* to compromise a girl. **compromettersi** *v.r.* **1** to compromise o.s. **2** (*impegnarsi*) to commit o.s.
comproprietà *f.* (*Dir.*) **1** joint ownership. **2** (*cosa posseduta*) joint property.
comproprietario *m.* joint-owner; part-owner.
comprovare *v.t.* to prove, to confirm.
compunto *a.* contrite, afflicted.
compunzione *f.* compunction.
computare I *v.t.* **1** to calculate, to estimate, to reckon; (*rif. a calcoli di precisione*) to

compute. **2** (*addebitare*) to debit. **II** *v.i.* to count.

computista *m./f.* book-keeper.

computisteria *f.* book-keeping.

computo *m.* calculation, estimate.

comunale *a.* (*del comune*) town-, city-, municipal. □ **consiglio** ~ municipal (*o* town) council; **palazzo** ~ city hall.

comunanza *f.* community: ~ *religiosa* religious community. □ ~ *d'idee* sharing of ideas.

comune[1] *a.* **1** (*di tutti o della maggioranza*) common, general: *il bene* ~ the common good. **2** (*di un gruppo ristretto*) common, mutual: *un nostro* ~ *amico* a common (*o* mutual) friend of ours. **3** (*proprio, caratteristico*) common (*a* to), shared (by). **4** (*consueto*) common, ordinary, everyday-, routine, normal: *attendere alle comuni faccende domestiche* to do one's ordinary household chores. **5** (*mediocre*) ordinary, common(place): *intelligenza* ~ ordinary intelligence; *vino* ~ cheap (*o* ordinary) wine. □ **fuori** *del* ~ outstanding(ly), unusual(ly), out of the common (run); **gente** ~ common people; **in** ~ in common: *avere qc. in* ~ *con qd.* to have s.th. in common with s.o.; (*spartire*) to share s.th. with s.o.; (*Gramm.*) **nome** ~ common noun; **non** ~ uncommon.

comune[2] *m.* **1** (*suddivisione amministrativa*) (*in Italia, Francia, ecc.*) commune, (*GB, USA*) municipality. **2** (*ufficio*) municipal office; (*sede*) town-hall. **3** (*Stor.*) (*governo autonomo cittadino*) Italian city-state. □ *sposarsi in* ~ to get married at a registry office.

comune[3] *f.* (*Pol.*) commune.

comunella *f.*: *far* ~ to band together, to gang up.

comunicabile *a.* communicable.

comunicabilità *f.* communicability.

comunicando *m.* communicant.

comunicante I *a.* communicating: *camere comunicanti* communicating rooms. **II** *s.m.* (*Rel.*) priest administering Holy Communion.

comunicare I *v.t.* **1** to make* known, to communicate; (*per radio*) to broadcast*; (*per telefono*) to tell* over (*o* on) the telephone; (*solennemente*) to notify, to announce. **2** (*infondere*) to instil (*a* into), to convey, to communicate, to pass on (to): *mi hai comunicato la tua ansia* you have passed your anxiety on to me. **3** (*trasmettere*) to transmit, to communicate: ~ *calore* to transmit heat. **4** (*Rel.*) to administer Holy Communion. **II** *v.i.* **1** (*essere in relazione*) to communicate: ~ *per lettera* to communicate by letter. **2** (*essere in comunicazione*) to communicate (with e.o.). **comunicarsi** *v.i. pron.* **1** (*diffondersi*) to spread*, to be communicated: *il suo entusiasmo si comunicò agli altri* his enthusiasm spread to the others. **2** (*trasmettersi*) to be transmitted (*o* communicated). **3** (*Rel.*) (*ricevere la Comunione*) to receive Holy Communion.

comunicativa *f.* communicativeness, capacity to communicate (with people).

comunicativo *a.* **1** (*rif. a cosa*) catching, infectious. **2** (*rif. a persona*) communicative.

comunicato *m.* communiqué, bulletin. □ (*Rad., TV*) ~ **commerciale** commercial; (*brevissimo*) television spot; ~ **stampa** press release.

comunicazione *f.* **1** communication; (*annuncio*) announcement; (*dichiarazione*) (official) statement; (*relazione*) report, account; (*scientifica*) paper. **2** (*collegamento*) communication. **3** (*Tel.*) (telephone) call; (*collegamento*) (telephone) connection; (*notizia comunicata*) telephone message. □ *comunicazioni* **aeree** air communications; (*Tel.*) **dare** (o *passare*) *la* ~ *a qd.* to put s.o. through; (*Tel.*) ~ **diretta** direct call; *comunicazioni* **ferroviarie** rail communications; *essere* **in** ~ *con qd.* to be in contact with s.o.; **interrompere** *la* ~ to cut off, to disconnect, to break a connection; (*Tel.*) ~ **interurbana** long -distance call; **mezzi** *di* ~ means of communication; **mezzi** *di* ~ *di massa* mass media; **Ministero** *delle Comunicazioni* Ministry of Transport.

comunione *f.* **1** (*comunanza*) community, sharing: ~ *d'idee* sharing of ideas. **2** (*Rel.*) (Holy) Communion. □ (*Dir.*) ~ *dei beni* community of property.

comunismo *m.* (*Pol.*) communism.

comunista I *s.m./f.* communist, (*fam.*) commie. **II** *a.* communist.

comunità *f.* **1** (*collettività*) community. **2** (*abitanti di un comune*) (inhabitants of a) commune. □ *Comunità Europea del Carbone e dell'Acciaio* European Coal and Steel Community; *Comunità Economica Europea* European Economic Community.

comunitario *a.* community-, public. □ (*Econ.*) *bilancio* ~ community budget.

comunque I *congz.* whatever, however, no matter how: ~ *vada non mi pentirò* whatever happens I shan't be sorry. **II** *avv.* **1** (*in ogni modo*) anyway, anyhow, in any case, at any rate; (*in qualche modo*) somehow (or other): *riuscirò* ~ *a vederlo* I shall somehow manage to see him. **2** (*tuttavia*) however, nevertheless, nonetheless, anyway.

con *prep.* **1** (*compagnia, unione*) with: *cenare* ~ *gli amici* to dine with friends; (*presso*) with: *abita* ~ *i genitori* he lives with his parents. **2** (*rif. a cose*) with; (*rif. ad abiti e sim.: indossando, avendo con sé*) with, with ... on: *è uscito* ~ *l'impermeabile* he went out with his raincoat on; (*possesso*) with: *una casa col giardino* a house with a garden. **3** (*Gastr.*) with, and: *uova con prosciutto* ham and eggs. **4** (*relazione: nei confronti di*) to, towards, with: *è gentile* ~ *tutti* he is pleasant to everybody; *si è comportato male* ~ *me* he behaved badly towards me; *litigare*

~ *qd.* to quarrel with s.o. **5** (*mezzo, strumento*) with, by: *ottenere qc.* ~ *la forza* to get something by use of force; (*rif. a mezzi di trasporto*) by: *viaggiare* ~ *la macchina* to travel by car. **6** (*materia*) from, with, out of: *l'olio si fa* ~ *le olive* oil is made from olives. **7** (*modo, maniera: si traduce spesso con un avverbio*) with, in: ~ *pazienza* patiently; *trattare qd.* ~ *gentilezza* to treat s.o. with kindness; *parlare* ~ *tono irato* to speak in an angry tone. **8** (*qualità, caratteristica*) with: *scarpe con il tacco alto* shoes with high heels; *un vecchio* ~ *la barba bianca* an old man with a white beard. **9** (*circostanza concomitante*) in, at, with, on: *dove vai* ~ *questo tempaccio?* where are you going in this bad weather? **10** (*temporale: da, a partire da*) as from, on: ~ *domani* as from tomorrow. **11** (*concessivo: malgrado, nonostante*) with, despite: ~ *tutti i suoi difetti, non è antipatico* with all his faults he is not dislikable. **12** (*consecutivo*) to: ~ *mio stupore non venne* to my surprise he did not come. **13** (*causale*) with, because of: ~ *la sua timidezza non fa figura* because of her shyness she doesn't make a good impression. **14** (*nelle comparazioni*) with: *non puoi paragonare la tua situazione* ~ *la mia* you cannot compare your situation with mine. **15** (*seguito dall'infinito sostantivato*) by, from, through: *finì con il confessare tutto* he ended up by making a full confession. □ **avere** ~ *sé* to have with (*o* on) one: *non ho denaro* ~ *me* I have no money on me; ~ *tutto il* **cuore** with all one's heart; (*fam.*) ~ **dentro** with ... in it (*o* inside): *un cestino* ~ *dentro delle uova* a basket with eggs in it; *fuggì con il* **favore** *delle tenebre* he fled under cover of darkness; ~ *tutte le* **forze** with all one's strength; **insieme** ~ (together, along) with: *arrivò insieme* ~ *il padre* he arrived (along) with his father; *parlava* ~ *le* **lacrime** *agli occhi* he spoke with tears in his eyes.

conato *m.* (*tentativo*) attempt; (*sforzo*) effort. □ ~ *di vomito* retching.

conca *f.* **1** vessel, basin, tub. **2** (*valle, depressione*) hollow, valley. **3** (*Geol.*) basin.

concatenare *v.t.* to link together (*o* up), to concatenate: ~ *due fatti* to link two facts together. **concatenarsi** *v.r.recipr.* to be linked together, to be connected.

concatenazione *f.* connection; linkage, concatenation.

concavità *f.* **1** (*l'essere concavo*) concavity, concaveness. **2** (*cavità*) concavity, hollow.

concavo *a.* concave, hollow.

concedere *v.t.* **1** to grant, to allow, to concede, to award, to bestow: ~ *un onore* to bestow an honour; ~ *un sussidio* to grant a subsidy. **2** (*ammettere*) to admit, to concede: *hai ragione, te lo concedo* you're right, I must admit it. **concedersi** *v.r.* **1** to allow o.s., to treat o.s. to. **2** (*rif. a donna*) to give* o.s., to yield (*a* to). □ *mi concedi questo* **ballo***?* may I have this dance?; ~ *una* **dilazione** *di pagamento* to allow (*o* grant) an extension of payment; *concedersi un* **lusso** to treat o.s.; ~ *uno* **sconto** to grant a discount; ~ *un'***udienza** to grant an audience.

concentramento *m.* concentration (*anche Mil.*): *campo di* ~ concentration camp.

concentrare *v.t.* **1** to concentrate: ~ *le truppe* to concentrate troops. **2** (*fig.*) to concentrate, to focus, to centre: ~ *l'attenzione su qc.* to concentrate (one's attention) on s.th. **3** (*Chim.*) to concentrate. **concentrarsi** *v.r.* **1** to concentrate. **2** (*fig.*) to concentrate, to fix one's mind (*in* on). **3** (*convergere*) to converge, to be focused, to centre: *le truppe si concentrarono su un unico fronte* the troops concentrated along a single front.

concentrato I *a.* **1** concentrated. **2** (*fig.*) (*assorto*) wrapped (up), absorbed. **3** (*ristretto*) concentrated, condensed: *succo* ~ concentrated juice. **II** *s.m.* concentrate (*anche Chim.*).

concentrazione *f.* concentration (*in tutti i signif.*).

concentrico *a.* concentric.

concepibile *a.* conceivable.

concepimento *m.* (*Fisiologia*) conception.

concepire *v.t.* **1** (*rif. spec. a donna*) to conceive: ~ *un figlio* to conceive a child; (*assol.*) to become* pregnant. **2** (*fig.*) (*rif. a sentimenti*) to entertain, to conceive, to cherish: ~ *una speranza* to cherish a hope. **3** (*fig.*) (*comprendere*) to understand*, to conceive (of); to grasp. **4** (*fig.*) (*ideare*) to conceive, to devise: ~ *un piano* to devise a plan. **5** (*fig.*) (*considerare*) to conceive (of), to see*: ~ *la vita come una lotta* to see life as a struggle.

conceria *f.* **1** (*tecnica*) tanning, tannage. **2** (*locale*) tannery.

concernere *v.t.* to concern, to relate to, to regard: *i testi concernenti l'argomento* the texts relating to (*o* on) the subject. □ *per quanto mi concerne* as far as I am concerned.

concertare *v.t.* **1** (*Mus.*) (*dirigere una prova*) to rehearse; (*accordare gli strumenti fra loro*) to harmonize. **2** (*stabilire con altri*) to undertake* in concert; to contrive, to devise: ~ *un piano* to devise a plan; (*macchinare*) to plot.

concertato *a.* **1** (*Mus.*) orchestrated. **2** (*convenuto*) concerted, planned, arranged; (*macchinato*) plotted.

concertatore *m.* (*Mus.*) (*direttore d'orchestra*) conductor.

concertista *m./f.* (*Mus.*) concert performer, concert artist; (*solista*) soloist.

concertistico *a.* concert-.

concerto *m.* **1** (*trattenimento musicale*) concert: *andare al* ~ to go to the concert; (*rif. a solisti*) recital. **2** (*composizione musicale*) concerto: ~ *per pianoforte e orchestra* concerto for piano and orchestra. **3** (*scherz.*) chorus: *sollevare un ~ di grida* to raise a chorus of cries. **4** (*intesa*) agreement; (*collusione*) collusion. □ *un ~ di campane* chimes *pl.*

concessionario I *a.* concessionary. **II** *s.m.* **1** (*Comm.*) concessionary agent. **2** (*Dir.*) licensee.

concessione *f.* **1** (*il concedere*) concession, granting: *~ di un prestito* granting of a loan. **2** (*Dir.*) concession, licence: *~ di lavori pubblici* concession of public works. □ *~ petrolifera* oil concession.

concessivo *a.* (*Gramm.*) concessive.

concesso *a.*: *~ che* granted that; provided that; *dato e non ~ che* even granting that.

concetto *m.* **1** idea, concept, notion. **2** (*opinione*) opinion, view, concept: *ha uno strano ~ della famiglia* he has a strange concept of the family; *ignora i concetti basilari della matematica* he hasn't a single notion of mathematics. □ **impiegato** *di ~* employee with managerial functions; **lavoro** *di ~* independent (*o* responsible) work.

concettoso *a.* **1** full of (*o* packed with) ideas: *fu un discorso ~* it was a talk full of ideas. **2** (*dispreg.*) full of laboured concepts.

concettuale *a.* conceptual.

concezione *f.* **1** (*Fisiologia*) conception. **2** (*fig.*) conception, conceiving, devising.

conchiglia *f.* (*Zool.*) shell, conch.

concia *f.* **1** tanning, tannage. **2** (*sostanza*) tan (-bark), tannin.

conciare *v.t.* **1** to tan: *~ pelli* to tan hides (*o* skins). **2** (*rif. a tabacco*) to cure: *~ il tabacco* to cure tobacco. **3** (*fig.*) (*ridurre in cattivo stato*) to beat* up: *ti hanno conciato bene* they've really beaten you up. **4** (*sporcare*) to dirty, to soil, to mess up; (*sciupare*) to spoil. **conciarsi** *v.r.* **1** (*ridursi in cattivo stato*) to get* o.s. into mess; (*farsi male*) to hurt* o.s. **2** (*vestirsi con cattivo gusto*) to dress in bad taste.

conciliabile *a.* reconcilable, compatible.

conciliabolo *m.* secret (*o* clandestine) meeting, furtive gathering.

conciliante *a.* conciliatory, compliant.

conciliare[1] *v.t.* **1** to reconcile: *~ due avversari* to reconcile two adversaries. **2** (*fig.*) to reconcile, to conciliate: *~ il lavoro con lo studio* to reconcile work with study. **3** (*favorire*) to be conducive to, to induce, to bring* on: *la musica concilia il sonno* music is conducive to sleep. **4** (*burocr.*) to settle, to pay* on the spot: *~ una multa* to settle a fine. **conciliarsi** *v.i.pron.* (*andare d'accordo*) to be compatible, to agree.

conciliare[2] **I** *a.* council-, of the (*o* a) council: *i padri conciliari* the council Fathers. **II** *s.m.* member of a council.

conciliativo *a.* conciliatory.

conciliatore I *s.m.* peace-maker, conciliator. **II** *a.* conciliatory, conciliating. □ (*Dir.*) *giudice ~* Justice of the Peace.

conciliazione *f.* **1** reconcilement, (re)conciliation. **2** (*Dir.*) settlement, composition, conciliation.

concilio *m.* **1** (*Rel.*) council. **2** (*riunione segreta*) secret assembly council.

concimaia *f.* (*mucchio*) manure-heap; (*buca*) manure-pit, (*per giardini*) compost bin.

concimare *v.t.* to manure; (*Chim.*) to fertilize.

concimazione *f.* manuring.

concime *m.* manure, (*chimico*) fertilizer; (*per giardini*) compost.

concisione *f.* conciseness, concision.

conciso *a.* concise, brief, terse, short: *essere ~ nel parlare* to be short-spoken; *uno scrittore ~* a concise author; *un resoconto ~* a brief report.

concistoro *m.* (*Rel.*) consistory.

concitato *a.* excited, agitated, animated: *una discussione concitata* an animated discussion.

concitazione *f.* excitement, agitation.

concittadino *m.* fellow-citizen.

conclave *m.* (*Rel.*) conclave.

conclavista *m.* conclavist.

concludente *a.* **1** (*rif. a discorso, ragionamento e sim.*) conclusive, decisive, convincing. **2** (*rif. a persona*) business-like, efficient.

concludere I *v.t.* **1** to conclude, to (bring* to an) end, to wind* up, to close, to finalize; (*fam.*) to clinch: *~ le trattative* to finalize negotiations; *~ un affare* to clinch a deal. **2** (*terminare*) to conclude, to end (up), to finish: *concluse serenamente i suoi giorni* he ended his days in peace. **II** *v.i.* **1** (*stabilire*) to conclude, to come* to a conclusion, to decide. **2** (*venire alla conclusione*) to conclude, to end (up), to come* to a conclusion, to wind* up: *cerchiamo di ~* let us try to wind up. **3** (*operare con profitto*) to get* s.th. done, to get* somewhere: *mi sembra che oggi tu abbia concluso ben poco* it seems to me that you have got very little done today. **concludersi** *v.i.pron.* (*terminare*) to end (up), to conclude, to close, to come* to a close (*o* an end) (*con* with).

conclusione *f.* **1** (*risultato finale*) end, close, conclusion, result: *quale sarà la ~ di tutto ciò?* what will the end of all this be?; *la ~ di un discorso* the close of a speech. **2** (*deduzione*) conclusion, inference: *trarre le conclusioni di* (*o da*) *qc.* to draw one's conclusions from s.th. □ *in ~* in short, to sum up.

conclusivo *a.* **1** (*finale*) final, last, conclusive: *fase conclusiva* last stage. **2** (*decisivo*) decisive.

concomitante *a.* concomitant.

concomitanza *f.* concomitance.

concordante *a.* concordant.

concordanza *f.* **1** agreement, accordance, concordance. **2** (*Gramm.*) agreement, concord.

concordare I *v.t.* **1** to reconcile: *~ due opi-*

nioni diverse to reconcile two different opinions. **2** (*stabilire d'accordo*) to agree on: ~ *il prezzo* to agree on the price. **3** (*Gramm.*) to make* agree. **II** *v.i.* **1** (*essere d'accordo*) to agree, to be in agreement. **2** (*corrispondere*) to be in agreement, to match, to fit in: *le tue idee concordano con le mie* your ideas are in agreement with mine. **3** (*Gramm.*) to agree.

concordato *m.* **1** (*Rel., Pol.*) concordat, pact. **2** (*Dir.*) composition (with creditors) compounding.

concorde *a.* in agreement, unanimous.

concordia *f.* concord, harmony.

concorrente I *a.* **1** concurrent: *cause concorrenti* concurrent causes. **2** (*Comm.*) competing, rival: *imprese concorrenti* rival firms. **II** *s.m./f.* **1** (*chi partecipa a un concorso*) candidate, applicant. **2** (*chi partecipa a una gara*) competitor. **3** (*Comm.*) competitor; (*estens.*) rival.

concorrenza *f.* competition: *vincere la* ~ to keep ahead of competition; *far* ~ *a qd.* to compete with s.o.

concorrere *v.i.* **1** (*contribuire*) to concur (*a* in), to contribute (to): *molte cause hanno concorso alla sua rovina* many causes contributed to his ruin. **2** (*partecipare*) to share: ~ *a una spesa* to share (in) expenses. **3** (*fare un concorso*) to compete (in, for), to go* (*o* put*) in: ~ *a un premio* to compete for a prize. **4** (*convergere*) to converge, to meet* (in a point).

concorso *m.* **1** (*affluenza*) concourse, crowd, gathering. **2** (*partecipazione*) contribution (to), sharing in: ~ *in una spesa* sharing in an expense. **3** (*Dir.*) complicity, participation. **4** (*concomitanza*) concurrence, combination: *un* ~ *di cause* a concurrence of causes. **5** (*gara*) competition, contest. **6** (*esame selettivo*) competitive examination. **7** (*Sport*) contest, show: ~ *ippico* horse show. □ **bandire** *un* ~ to advertise (*o* announce) a competition; **col** ~ *di* with the aid of; (*Dir.*) ~ *di* **colpa** contributory negligence; **fuori** ~ (*partecipante non classificato*) unclassified competitor; ~ *a* **premi** advertising contest.

concretare *v.t.* (*rendere concreto*) to make* concrete, to materialize, to accomplish, to put* into effect (*o* practice): ~ *un progetto* to carry out a plan. **concretarsi** *v.i.pron.* **1** to take* (on) concrete form. **2** (*realizzarsi*) to be realized, to come* true, to materialize: *le mie speranze non si sono concretate* my hopes have not materialized.

concretezza *f.* concreteness (*anche fig.*).

concretizzare → **concretare**.

concreto I *a.* **1** (*fondato*) concrete, well -founded, solid: *speranze concrete* concrete hopes. **2** (*reale*) definite, solid, concrete, positive: *mi hanno fatto proposte concrete* they have made me definite (*o* positive) proposals. **3** (*rif. a persona: positivo, pratico*) practical: *una persona concreta* a practical person. **4** (*Gramm.*) concrete: *nome* ~ concrete noun. **II** *s.m.* concrete.

concrezione *f.* (*Geol., Med.*) concretion.

concubina *f.* concubine.

concubinato *m.* concubinage.

conculcare *v.t.* (*lett.*) **1** (*violare*) to violate, to infringe (upon): ~ *i diritti di qd.* to violate (*o* infringe upon) s.o.'s rights. **2** (*opprimere*) to oppress.

concupiscente *a.* lustful, concupiscent.

concupiscenza *f.* lust, concupiscence.

concussione *f.* (*Dir.*) extortion.

condanna *f.* **1** conviction. **2** (*sentenza*) sentence, judgment: *pronunciare una* ~ to pass judgment. **3** (*pena*) sentence, penalty, punishment. **4** (*fig.*) (*biasimo*) condemnation, blame, censure. □ ~ *a* **morte** death sentence; **riportare** *una* ~ to be sentenced.

condannabile *a.* **1** condemnable. **2** (*fig.*) censurable, condemnable.

condannare *v.t.* **1** to sentence, to condemn, to convict, to find* guilty: ~ *qd. a dieci anni* to sentence s.o. to ten years' imprisonment. **2** (*disapprovare*) to condemn, to blame, to reprove. **3** (*dichiarare inguaribile*) to give* up all hope for; to condemn: *i medici lo hanno condannato* the doctors have given up all hope for him.

condannato *m.* **1** condemned person. **2** (*carcerato*) convict, prisoner.

condensamento *m.* condensation.

condensare *v.t.* **1** (*Fis., Chim., Ott.*) to condense. **2** (*Alim.*) to condense, to evaporate. **3** (*fig.*) (*ridurre*) to condense, to abridge: ~ *un romanzo* to abridge a novel. **condensarsi** *v.i.pron.* (*Chim., Fis.*) to condense, to be condensed.

condensato I *a.* **1** (*Fis., Chim., Ott.*) condensed. **2** (*Alim.*) condensed, evaporated: *latte* ~ condensed (*o* evaporated) milk. **3** (*fig.*) condensed, abridged. **II** *s.m.* **1** (*compendio*) summary. **2** (*fam.*) (*mucchio*) mass, heap, pile.

condensatore *m.* (*El., Rad.*) condenser; capacitor.

condensazione *f.* condensation, condensing.

condimento *m.* **1** seasoning, flavouring; (*sale e pepe*) condiment; (*rif. all'insalata*) dressing. **2** (*fig.*) spice.

condire *v.t.* **1** to season, to flavour: ~ *una pietanza* to season a dish; (*rif. all'insalata*) to dress; (*con una salsa*) to serve with a sauce. **2** (*fig.*) (*rendere più gradevole*) to spice, to season.

condirettore *m.* co-director, joint manager; (*rif. a un giornale*) co-editor.

condiscendente *a.* **1** (*arrendevole*) yielding, compliant. **2** (*indulgente*) obliging, indulgent; (*spreg.*) condescending.

condiscendenza *f.* **1** (*arrendevolezza*) compliance, docility. **2** (*indulgenza*) obligingness, indulgence; (*spreg.*) condescension.

condiscendere *v.i.* to comply (*a* with), to yield, to agree (to).

condiscepolo *m.* fellow-disciple.
condividere *v.t.* to share.
condizionale I *a.* **1** (*Gramm.*) conditional. **2** (*Dir.*) conditional, suspended. **II** *s.m.* (*Gramm.*) conditional (mood). **III** *s.f.* (*Dir.*) suspended sentence; probation.
condizionamento *m.* **1** (*rif. all'aria*) air-conditioning. **2** (*Psic., Ling.*) conditioning.
condizionare *v.t.* **1** (*subordinare, far dipendere*) to make* depend, to make* conditional (*a* on), to subject to a condition. **2** (*Psic.*) to condition.
condizionato *a.* **1** (*subordinato a una condizione*) conditional: *assenso* ~ conditional assent. **2** (*Psic.*) conditioned: *riflesso* ~ conditioned reflex. □ *ad* (o *con*) **aria** *condizionata* air-conditioned; **impianto** *d'aria condizionata* air-conditioner.
condizionatore *m.* air-conditioner.
condizione *f.* **1** condition: *porre* (o *imporre*) *delle condizioni* to lay down conditions. **2** *pl.* (*modalità*) terms *pl.*, conditions *pl.* **3** *pl.* (*stato di salute*) condition, state; (*rif. a cose*) condition, state, order: *la casa è in condizioni pietose* the house is in a dreadful state. **4** (*Dir.*) condition, provision, term. □ **a** ~ on condition; **a** ~ *che* on condition that, provided that; *condizioni* **atmosferiche** weather conditions; **essere** *in* ~ *di fare qc.* to be in a position to do s.th.; *condizioni di* **favore** preferential terms; *le sue condizioni* **finanziarie** *sono buone* he is in good financial circumstances; ~ **indispensabile** sine qua non, essential condition; *condizioni di* **pagamento** terms of payment; **porre** *come* ~ *che* to make it a condition that; ~ **sociale** social standing.
condoglianza *f.* sympathy, condolence. □ *le faccio le mie più sincere condoglianze per la morte di suo marito* my deepest sympathy on the death of your husband.
condominiale *a.* of (*o* relating to) joint ownership; (*am.*) condominium. □ **riunione** ~ meeting of co-owners; condominium meeting; **spese** *condominiali* condominium expenses.
condominio *m.* **1** (*Dir.*) condominium. **2** (*comproprietà*) joint ownership. **3** (*edificio*) (*am.*) condominium; jointly owned block of flats; apartment building.
condomino *m.* joint-owner, co-owner.
condonare *v.t.* to remit.
condono *m.* remission. □ ~ *fiscale* conditional amnesty for tax evaders.
condotta *f.* **1** (*comportamento*) conduct, behaviour: ~ *esemplare* exemplary behaviour. **2** (*modo di condurre un'azione*) conduct, direction. **3** (*circoscrizione di medico condotto*) district assigned to a doctor employed by the Municipality. **4** (*tubazione*) pipe(line), main. **5** (*Scol.*) conduct. □ ~ *dell'***acqua** water pipe (*o* main); **buona** ~ good conduct (*o* behaviour); ~ **medica** post of municipal doctor.
condottiero *m.* (*Mil.*) leader of troops, commander.
condotto *m.* **1** (*tubo, canale*) pipe, duct, conduit, main: *il* ~ *dell'acqua* water pipe (*o* main); (*per petrolio*) pipeline. **2** (*Anat.*) duct, canal: ~ *uditivo* auditory canal.
conducente *m.* driver. □ ~ *di* **bus** bus-driver; ~ *di* **tassì** taxi-driver.
conducibilità *f.* (*Fis.*) conducibility.
condurre *v.t.* **1** (*accompagnare*) to take*: *conduci a passeggio i bambini* take the children out for a walk; (*con veicoli*) to drive*. **2** (*fig.*) (*portare*) to lead*, to bring* (about), to drive*: *l'ozio conduce alla rovina* idleness brings about a man's ruin. **3** (*dirigere*) to manage, to direct, to run*: ~ *un'azienda* to run (*o* manage) a firm. **4** (*eseguire*) to carry out, to conduct, to handle: ~ *le trattative* to handle negotiations. **5** (*guidare*) to drive*. **6** (*tracciare*) to draw*, to trace (out): ~ *una retta* to draw a straight line. **7** (*convogliare liquidi, gas, ecc.*) to convey, to pipe. **8** (*trascorrere*) to lead*, to spend: ~ *una doppia vita* to lead a double life. **9** (*Fis., El.*) to conduct. **10** (*Sport*) (*essere in vantaggio*) to lead*: *la nostra squadra conduce per due a zero* our team is leading by two-nil. **condursi** *v.r.* (*comportarsi*) to behave (o.s.), to conduct o.s.
conduttività *f.* (*Fis.*) conductivity.
conduttivo *a.* (*Fis.*) conductive.
conduttore I *s.m.* **1** (*conducente*) driver. **2** (*bigliettaio*) ticket collector; (*am.*) (*controllore*) conductor. **3** (*Dir.*) (*affittuario*) tenant, lessee. **4** (*Fis., El.*) conductor. **II** *a.* (*Fis.*) conducting. □ *motivo* ~ leitmotiv, theme.
conduttura *f.* (*complesso*) piping, pipes *pl.*; (*condotto*) pipe, duct, main; (*impianto idraulico*) plumbing. □ ~ *dell'acqua* water main (*o* pipe).
conduzione *f.* **1** (*Fis.*) conduction: ~ *termica* heat conduction. **2** (*Dir.*) tenancy, leasing. **3** (*gestione*) management. □ *azienda a* ~ *familiare* family business.
confabulare *v.i.* to talk in secret, (*fam.*) to pow-wow.
confabulazione *f.* secret conversation, (*fam.*) pow-wow.
confacente *a.* suitable, fitting (*a* for), proper.
confarsi *v.i.pron.* (*lett.*) to be suitable (*a* for), to be appropriate (to), to suit: *questo clima non si confà alla mia salute* that climate does not suit my health.
confederarsi *v.r.* to (con)federate, to form a (con)federation.
confederato I *a.* federal, confederate, federate(d). **II** *s.m.* confederate.
confederazione *f.* **1** (con)federation. **2** (*stato federale*) confederation, federation (of states). □ ~ **elvetica** Swiss Confederation; ~ *del* **lavoro** trade union (federation).
conferenza *f.* **1** lecture: *tenere una* ~ *su qc.* to (give a) lecture on s.th. **2** (*riunione inter-*

nazionale) conference. ▭ ~ **stampa** press conference; ~ *al* **vertice** summit meeting (*o* conference).

conferenziere *m.* lecturer, speaker.

conferimento *m.* **1** conferring, conferment, grant, bestowal, awarding. **2** (*di una carica*) appointment.

conferire I *v.t.* to confer, to bestow (*a* on), to award, to grant. **II** *v.i.* (*avere un colloquio*) to confer (*con* with), to consult (s.o.): ~ *con il proprio direttore* to confer with one's director. ▭ ~ *un premio a qc.* to award s.o. with a prize.

conferma *f.* confirmation; (*consenso*) assent. ▭ **a** ~ in confirmation: *a* ~ *di quanto ti dissi* in confirmation of what I told you; **dare** ~ to confirm.

confermare *v.t.* **1** to confirm, to corroborate, to bear* out, to uphold*: *i fatti confermano i miei sospetti* the facts confirm my suspicions; ~ *una sentenza* to uphold a sentence. **2** (*rif. a cariche e sim.*) to confirm.

confessare *v.t.* **1** to confess, to plead guilty to; to admit, to acknowledge: ~ *un delitto* to confess a crime. **2** (*Rel.*) to confess. **confessarsi** *v.r.* **1** to confess: *confessarsi colpevole* to plead guilty, to confess one's guilt. **2** (*Rel.*) to confess (o.s.), to go* to confession.

confessionale *a./s.m.* confessional.

confessione *f.* **1** confession: *la* ~ *di un delitto* the confession of a crime. **2** (*Rel.*) confession. **3** (*fede professata*) confession; denomination: *una bibbia per tutte le confessioni* a Bible for all denominations.

confesso *a.*: *essere reo* ~ to have pleaded guilty.

confessore *m.* confessor.

confetto *m.* **1** sugared almond. **2** (*Farm.*) pill.

confettura *f.* (*Gastr.*) jam; (*conserva*) preserve; (*di arance*) marmalade.

confezionare *v.t.* **1** (*Vest.*) to make* (up), to tailor: *si confezionano abiti su misura* clothes made to measure. **2** (*imballare: rif. a pacchi e sim.*) to make* up, to package; (*rif. a merci*) to pack, to package; (*in scatole di latta*) to tin, (*am.*) to can. **3** (*impacchettare*) to wrap up.

confezionato *a.* (*di abito*) ready-made; off the peg.

confezione *f.* **1** (*Vest.*) making(-up), tailoring. **2** (*abiti*) *pl.* garments *pl.*, clothes *pl.*, wear: *confezioni per bambini* children's wear; *confezioni su misura* tailor-made clothes, (*am.*) custom(-made) clothes. **3** (*imballaggio*) packaging; (*in scatole di latta*) tinning, (*am.*) canning. **4** (*involucro*) packet, wrap.

conficcare *v.t.* to hammer (in), to drive* (in): ~ *un chiodo nel muro* to hammer a nail into the wall; ~ *un palo* to drive in a post. **conficcarsi** *v.r.* to stick*, to run*, to get*: ~ *un'idea in testa* to get an idea into one's head.

confidare I *v.t.* to confide. **II** *v.i.* (*avere fiducia*) to confide (*in* in), to rely (on): ~ *in Dio* to confide in God; (*essere fiducioso*) to feel* sure, to be confident: *confido che tu possa aiutarmi* I feel sure that you can help me. **confidarsi** *v.r.* to confide (*con* in), to open one's heart (to).

confidente I *a.* trusting, confiding. **II** *s.m./f.* **1** confidant (*f.* confidante). **2** (*informatore*) informer.

confidenza *f.* **1** intimacy, familiarity: *siamo ormai in rapporti di grande* ~ we are on very familiar terms by now. **2** (*fiducia*) confidence, trust. **3** (*segreto confidato*) confidence, secret. ▭ **dare** ~ *a qd.* to be (*o* get) familiar with s.o.; **fare** *una* ~ *a qd.* to tell s.o. a secret; **in** ~ in confidence, confidentially; (*introducendo il discorso*) to tell you the truth, between ourselves; **in** *tutta* ~ in all sincerity, quite honestly; (*fig.*) **prendere** ~ *con qc.* to (get to) know s.th. well, to get used to s.th.; **prendersi** *delle confidenze* to talk in an over-familiar way; to take liberties; (*fam.*) (*nei riguardi di una ragazza*) to be fresh.

confidenziale *a.* **1** (*riservato*) confidential: *informazione* ~ confidential information. **2** (*cordiale*) familiar, friendly: *modi confidenziali* familiar ways.

configgere *v.t.* (*conficcare*) to drive* (in), to thrust* (in).

configurarsi *v.i.pron.* to assume (*o* take* on) a shape (*o* form).

configurazione *f.* **1** configuration, shape, outline. **2** (*Geog.*) configuration, conformation.

confinante I *a.* bordering (*con* on, upon), neighbouring: *terreni confinanti* bordering lands; *stato* ~ neighbouring state. **II** *s.m./f.* neighbour.

confinare I *v.i.* to border (*con* on, upon): *l'Italia confina con la Svizzera* Italy borders on Switzerland. **II** *v.t.* **1** (*mandare al confino*) to banish, to intern. **2** (*fig.*) to confine, to shut* up. **confinarsi** *v.r.* (*isolarsi, appartarsi*) to confine o.s., to retire.

confinato *m.* person condemned to forced residence, internee.

confine *m.* **1** border, boundary; (*tra stati*) frontier, border: *confini italiani* the Italian borders. **2** (*fig.*) boundary, limits *pl.*, bounds *pl.* ▭ *zona di* ~ borderland.

confino *m.* forced residence, internment.

confisca *f.* confiscation.

confiscare *v.t.* to confiscate.

conflagrazione *f.* **1** conflagration. **2** (*fig.*) (*estens.*) outbreak.

conflitto *m.* **1** conflict. **2** (*fig.*) (*contrasto*) conflict, clash: ~ *d'interessi* clash of interests. ▭ ~ **armato** armed conflict; **essere** *in* ~ *con la famiglia* to be at odds with one's family; ~ **mondiale** world war; **venire** *a* ~ to come into conflict, to clash.

confluente *m.* confluent (stream).

confluenza *f.* (*rif. a fiumi, ghiacciai*) confluence; (*rif. a valli*) convergence; (*rif. a strade*) road junction.

confluire *v.i.* **1** to flow together (*o* into e.o.); (*rif. a un fiume che si versa in un altro*) to flow; (*rif. a valli, strade*) to meet*, to come* together. **2** (*fig.*) to meet*, to come* together, to be found.

confondere *v.t.* **1** (*mescolare*) to confuse, to mix up: *non confondete le schede* do not mix up the filing-cards. **2** (*scambiare*) to mistake*, to take* for: *ha confuso il mio impermeabile con il suo* he has mistaken my raincoat for his. **3** (*turbare*) to confuse, to muddle, to mix up: ~ *le idee a qd.* to muddle s.o.; (*mettere in imbarazzo*) to embarrass. **4** (*rendere indistinto*) to confuse, to blur, to cover up. **confondersi** *v.i.pron.* **1** (*mescolarsi*) to mix, to mingle, to get* mixed up. **2** (*turbarsi*) to become* (*o* grow*) confused: *a quelle parole la ragazza si confuse* when she heard these words, the girl grew confused. **3** (*sbagliare*) to get* mixed up: *scusami, mi sono confuso* sorry, I've got mixed up.

conformare *v.r.* to conform, to adapt. **conformarsi** *v.r.* **1** (*agire in conformità*) to conform (*a* to), to comply (with), to abide* (by): *conformarsi alle leggi* to abide by the laws. **2** (*adeguarsi*) to adapt (o.s.), to adjust (o.s.), to conform (to).

conformazione *f.* **1** (*forma*) conformation, form, shape; structure. **2** (*Geol.*) conformation.

conforme *a.* **1** (*uguale*) exactly alike (*a qc.* s.th.); (*simile*) similar. **2** (*fedele: rif. a relazioni, documenti e sim.*) true. □ *copia* ~ certified (*o* true) copy.

conformismo *m.* conformism (*anche estens*).

conformista *m./f.* conformist.

conformistico *a.* conformist.

conformità *f.* conformity, accordance, compliance. □ **in** ~ accordingly; **in** ~ *di* (o *a*) in conformity (to, with), in accordance (with), according (to).

confortante *a.* comforting, consoling.

confortare *v.t.* **1** to comfort, to console, to solace: *cercai di confortarlo* I tried to comfort him. **2** (*avvalorare*) to support, to back up. **confortarsi** *v.r.* to comfort o.s., to console o.s., to take* courage.

confortevole *a.* **1** (*che conforta*) comforting. **2** (*che offre comodità*) comfortable; cosy.

conforto *m.* **1** comfort, consolation, solace. **2** *pl.* (*comodità, agio*) comfort, facility, convenience.

confratello *m.* (*Rel.*) member of a confraternity, brother.

confraternita *f.* confraternity, brotherhood.

confrontare *v.t.* **1** to compare: ~ *un'opera con un'altra* to compare one work with another. **2** (*estens.*) (*collazionare*) to collate. **3** (*Dir.*) to confront. **confrontarsi** *v.r.recipr.* to confront each other.

confronto *m.* **1** comparison: *non c'è* ~ there is no comparison; (*collazione*) collation. **2** (*Dir.*) confrontation. □ **a** ~ *di* (o *in* ~ *a*) in comparison with, compared with: *oggi fa caldo a* ~ *di ieri* it's hot today compared with yesterday; ~ *all'***americana** identification parade; **mettere** *a* ~ to compare; (*Dir.*) to confront: *i due testimoni furono messi a* ~ the two witnesses were confronted; **nei** *confronti di* to, towards: *questo non è gentile nei confronti di tua madre* this is not a kind thing to do to your mother.

confucianesimo *m.* (*Rel.*) Confucianism.

confusionario **I** *a.* muddling, bungling. **II** *s.m.* muddler, bungler.

confusione *f.* **1** confusion, disorder, muddle, mess: ~ *di nomi* confusion of names. **2** (*disordine mentale*) confusion. **3** (*imbarazzo*) confusion, embarrassment. **4** (*ressa e baraonda*) bustle, stir: *in strada c'era una gran* ~ *di persone* there was a great bustle of people in the road.

confuso *a.* **1** (*disordinato*) confused, jumbled(-up). **2** (*non chiaro*) confused, muddled: *avere le idee confuse* to have muddled ideas. **3** (*imbarazzato, turbato*) confused, embarrassed, disconcerted; (*mortificato*) ashamed, abashed.

confutare *v.t.* to confute; to rebut.

confutazione *f.* refutation; rebuttal.

congedare *v.t.* **1** to dismiss, to discharge, to send* away (*o* off). **2** (*Mil.*) to discharge. **congedarsi** *v.r.* to take* leave (*da* of), to say* goodbye (to).

congedo *m.* **1** leave, dismissal, discharge. **2** (*Mil.*) discharge. **3** (*permesso*) leave (of absence); (*Mil.*) furlough, leave (of absence).

congegnare *v.t.* **1** to assemble, to fit (*o* put*) together. **2** (*fig.*) (*concepire*) to devise, to contrive, to plan: ~ *un furto* to plan a robbery.

congegno *m.* **1** (*meccanismo*) mechanism, gear, apparatus, machine; (*strumento*) instrument; (*dispositivo*) device, contrivance. **2** (*oggetto*) device, gadget, contrivance, (*fam.*) contraption: ~ *di sicurezza* safety device.

congelamento *m.* **1** (*Fis.*) freezing, congelation, congealment. **2** (*Alim*) (quick-)freezing, deep-freezing: ~ *della carne* freezing of meat. **3** (*Med.*) frostbite. **4** (*Econ.*) freezing. □ *morire per* ~ to freeze to death.

congelare *v.t./i.* **1** to freeze*: ~ *l'acqua* to freeze water; (*rif. a sostanze alimentari*) to (quick-)freeze*, to deep-freeze*: ~ *la carne* to freeze meat. **2** (*Econ.*) to freeze*. **congelarsi** *v.i.pron.* **1** to freeze*, to congeal. **2** (*Med.*) to become* frostbitten.

congelato *a.* **1** (*Alim.*) (quick-)frozen, deep-frozen: *cibi congelati* frozen food. **2** (*Econ.*) frozen. **3** (*Med.*) frostbitten.

congelatore *m.* freezer.

congenere *a.* **1** (*simile*) similar, like this (*o* that), of the same sort. **2** (*Biol.*) congenerous.

congeniale *a.* congenial.

congenito *a.* congenital: *malformazione congenita* congenital malformation.
congestionare *v.t.* **1** (*Med.*) to congest. **2** (*Strad.*) to congest, to jam.
congestionato *a.* **1** (*Med.*) congested. **2** (*estens.*) (*accalorato, rosso*) flushed: *faccia congestionata* flushed face. **3** (*Strad.*) congested, jammed.
congestione *f.* **1** (*Med.*) congestion. **2** (*Strad.*) (jam): ~ *del traffico* traffic (jam).
congettura *f.* conjecture, supposition, guess.
congetturare *v.t.* to conjecture, to surmise.
congiungere *v.t.* **1** (*unire*) to join (up, together); to link, to bring* together. **2** (*Mecc.*) (*mediante saldature*) to weld, to solder; (*rif. a corde*) to tie (*o* knot) together; (*rif. a travi, binari*) to splice; (*mediante cavicchi*) to peg; (*mediante incastri*) to cog. **3** (*accostare*) to join: ~ *le mani* to join hands. **4** (*Geom.*) to join. **congiungersi** *v.r.recipr.* **1** to join (up), to meet* (up), to link (up). **2** (*Fisiologia*) to have sexual intercourse.
congiungimento *m.* **1** joining, junction, linking, meeting. **2** (*Mil.*) link-up.
congiuntiva *f.* (*Anat.*) conjunctiva.
congiuntivite *f.* (*Med.*) conjunctivitis.
congiuntivo I *a.* conjunctive. **II** *s.m.* (*Gramm.*) subjunctive, conjunctive.
congiunto I *a.* (*unito*) joined, united; (*collegato*) connected, linked. **II** *s.m.* relative, relation: *un mio* ~ a relative of mine; *inviterò amici e congiunti* I shall invite friends and relations.
congiuntura *f.* **1** (*punto di congiunzione*) (point of) junction; joint. **2** (*circostanza*) juncture, circumstance: *in questa* ~ at this juncture. **3** (*Anat.*) joint, articulation. **4** (*Econ.*) business cycle. □ ~ *bassa* slump.
congiunturale *a.* (*Econ.*) connected with the current business cycle. □ *una crisi* ~ a cyclical crisis.
congiunzione *f.* **1** junction, connection, joint. **2** (*Gramm., Astr.*) conjunction.
congiura *f.* conspiracy, plot: *fare* (o *ordire*) *una* ~ to hatch (*o* lay) a plot; ~ *del silenzio* conspiracy of silence.
congiurare *v.i.* to conspire, to plot.
congiurato *m.* conspirator, plotter.
conglobamento *m.* conglobation, lumping together; (*crediti, imposte*) to combine.
conglobare *v.t.* **1** (*lett.*) (*ammassare, ammucchiare*) to amass, to conglobate. **2** (*Econ.*) to combine; to lump together.
conglomerare *v.t.* to conglomerate. **conglomerarsi** *v.i.pron.* to conglomerate.
conglomerato *m.* **1** (*ammasso*) conglomerate, mass (*anche fig.*). **2** (*Geol.*) conglomerate, pudding-stone. **3** (*Edil.*) concrete, mix.
congratularsi *v.i.pron.* to congratulate: *mi congratulo con te per la promozione* I congratulate you on your promotion.
congratulazione *f.* **1** congratulation. **2** *pl.* congratulations *pl.*; (*fam.*) congrats *pl.*
congrega *f.* band, gang, (*fam.*) bunch.
congregazione *f.* **1** assembly. **2** congregation (*anche Rel.*) □ ~ *di carità* charitable institution.
congressista *m./f.* member of a congress.
congresso *m.* **1** congress, conference; convention: *un* ~ *medico* a medical congress. **2** (*di un partito*) congress; (*USA*) Convention. **3** (*Parlamento Americano*) Congress.
congressuale *a.* of a (*o* the) congress, congressional: *atti congressuali* proceedings of a congress.
congruo *a.* **1** adequate, fitting: *dietro* ~ *compenso* for an adequate reward. **2** (*Mat., Geom.*) congruent.
conguagliare *v.t.* (*Econ.*) to square up, to balance.
conguaglio *m.* **1** (*Econ.*) balancing, squaring up. **2** (*concr.*) balance.
coniare *v.t.* **1** to coin, to mint, to strike*: ~ *una medaglia* to strike a medal. **2** (*fig.*) (*creare: rif. a parole*) to coin, to mint.
coniazione *f.* coinage, mintage.
conico *a.* conic(al), cone-shaped.
conifera *f.* (*Bot.*) conifer.
conigliera *f.* **1** (*gabbia*) rabbit-hutch. **2** (*recinto*) rabbit-warren.
coniglio *m.* **1** (*Zool.*) rabbit. **2** (*pelliccia*) con(e)y. **3** (*fig.*) (*persona timida*) timid person; (*persona pavida*) (*fam.*) chicken.
conio *m.* **1** (*matrice per coniare*) minting die. **2** (*il coniare*) coinage, coining, minting. □ **monete** *di nuovo* ~ brand-new (*o* newly -minted) coins; **parole** *di nuovo* ~ words of new coniage.
coniugabile *a.* (*Gramm.*) conjugable.
coniugale *a.* conjugal, married. □ *vita* ~ married life.
coniugare *v.t.* **1** (*Gramm.*) to conjugate. **2** to unite. **coniugarsi** *v.i.pron.* to marry, to get* married.
coniugato I *a.* **1** (*sposato*) married. **2** (*Mat., Geom., Chim.*) conjugate(d). **II** *s.m.* married person.
coniugazione *f.* (*Gramm.*) conjugation.
coniuge *m.* **1** spouse, consort. **2** *pl.* married couple, husband and wife. □ *i coniugi Bianchi* Mr. and Mrs. Bianchi, the Bianchis.
connaturato *a.* innate; (*radicato*) ingrained, deeply rooted.
connazionale *m./f.* (fellow) countryman (*pl.* –men; *f.* –woman, *pl.* –women), compatriot.
connessione *f.* **1** (*El.*) connection, connexion. **2** (*estens.*) connection, relationship.
connesso *a.* connected; joined, linked, relative (to) (*anche fig.*). □ (*Dir.*) *annessi e connessi* appurtenances *pl.*
connettere I *v.t.* **1** to join, to link, to connect (*anche fig.*): ~ *le idee* to connect ideas. **2** (*El.*) to connect. **3** (*Inform.*) to interface with. **II** *v.i.* (*collegare i pensieri*) to think* rationally, (*fam.*) to think* straight. **connettersi** *v.i.pron.* to be connected (*o* linked).
connettivo *a.* (*Anat.*) connective.
connivente *a.* (*Dir.*) conniving (*con* with, in,

at). □ *essere* ~ to connive (*anche estens.*).
connivenza *f.* connivance.
connotato *m.* characteristic feature; *pl.* description. □ *cambiare i connotati a qc.* to beat s.o. black and blue.
connubio *m.* **1** (*matrimonio*) marriage. **2** (*fig.*) (*unione*) marriage, union.
cono *m.* cone; (*del gelato*) (ice-cream) cone, cornet; (*del pino*) cone; (*del vulcano*) volcanic cone. □ ~ *d'ombra* cone of shadow.
conoscente *m./f.* acquaintance.
conoscenza *f.* **1** (*il conoscere*) knowledge: *ha una buona* ~ *del latino* he has a good knowledge of Latin. **2** (*persona conosciuta*) acquaintance. **3** (*sensi, coscienza*) consciousness, senses *pl.*: *perdere la* ~ to lose consciousness. **4** (*Filos.*) cognition. **5** (*Dir., burocr.*) cognizance. □ **essere** *a* ~ *di qc.* to know (of, about) s.th., to be aware of s.th.: *sono a* ~ *di tutto* I know all about it; (*fam.*) **fare** *la* ~ *di qd.* to get to know s.o., to make s.o.'s acquaintance; *lieto di* **fare** *la Sua* ~ glad to meet you; (*burocr.*) **per** ~ copy to; *una* **persona** *di mia* ~ an acquaintance of mine; (*scherz.*) *una* **vecchia** ~ *della polizia* an old jailbird.
conoscere *v.t.* **1** to know*, to be familiar with, to be acquainted with: *conosci il francese?* do you know French? **2** (*fare la conoscenza*) to meet*, to make* the acquaintance of: *ieri ho conosciuto la tua amica* yesterday I met your friend. **3** (*riconoscere, ravvisare*) to know*, to distinguish, to recognize: *lo conobbi all'andatura* I recognized him by his gait. **4** (*con la negazione: ammettere*) to listen to, to hear*: *non vuol* ~ *ragioni* he won't listen to reason; (*concedersi*) to allow o.s., to give* o.s.: *non conosce tregua* he won't give himself a break. **conoscersi** *v.r.* **1** (*conoscere se stesso*) to know* o.s. **2** (*recipr.*) to know* e.o.; (*fare conoscenza*) to meet*: *noi ci conosciamo già* we have already met. □ ~ *qd.* **di** *fama* to know s.o. by reputation; ~ *qd.* **di** *persona* to know s.o. personally; ~ *qd.* **di** *vista* to know s.o. by sight; (*Comm.*) **far** ~ to advertise; **far** ~ *qc. a qd.* to make s.th. known to s.o., to inform s.o. of s.th.; **farsi** ~ (*diventare noto*) to make a name for o.s., to become well-known; (*farsi riconoscere*) to make o.s. known; ~ *qc. per* **filo** *e per segno* to know s.th. inside out; ~ *a* **fondo** *qd.* to know s.o. through and through.
conoscibile *a.* **1** knowable. **2** (*Filos.*) cognizable.
conoscitivo *a.* cognitive.
conoscitore *m.* (*intenditore*) connoisseur (*di* of, in), expert (in): ~ *di vini* wine connoisseur.
conosciuto *a.* **1** (*noto*) well-known: *un attore poco* ~ a not very well-known (*o* little known) actor. **2** (*provato*) known, trusted, tried.
conquista *f.* **1** conquest (*anche estens.*). **2** (*fig.*) achievement, attainment: *le grandi conquiste della scienza* the great achievements of science; *la* ~ *del potere* the attainment of power.
conquistare *v.t.* **1** to conquer: ~ *lo spazio* to conquer space; (*rif. a città e sim.*) to take*, to capture. **2** (*fig.*) to gain, to win* (over), to acquire, to obtain: ~ *il cuore di qd.* to win s.o.'s heart. **3** (*fam.*) (*fare innamorare*) to conquer. □ ~ *il successo* to attain (to achieve) success.
conquistatore **I** *s.m.* **1** conqueror. **2** (*chi ha fortuna in amore*) lady-killer. **II** *a.* conquering.
consacrare *v.t.* **1** to consecrate, to dedicate (*anche fig.*): ~ *una cappella alla Madonna* to consecrate a chapel to the Virgin; ~ *la vita alla scienza* to dedicate one's life to science. **2** (*Rel.*) (*ordinare*) to ordain: ~ *un sacerdote* to ordain a priest. **consacrarsi** *v.r.* to consecrate o.s., to dedicate o.s. □ (*Lit.*) ~ *l'ostia* to consecrate the Host.
consacrazione *f.* consecration, dedication.
consanguineità *f.* consanguinity, blood-relationship.
consanguineo **I** *s.m.* blood-relation, kinsman (*pl.* –men). **II** *a.* consanguineous, (*pred.*) related by blood, consanguine.
consapevole *a.* (*cosciente*) aware, conscious (*di* of): *sono* ~ *delle mie responsabilità* I am aware of my responsibilities.
consapevolezza *f.* awareness, consciousness.
conscio *a.* (*lett.*) (*cosciente*) conscious, aware.
consecutivo *a.* **1** (*seguente*) following, (*attr.*) next: *l'anno* ~ *al nostro arrivo* the year following (*o* after) our arrival. **2** (*di seguito*) consecutive, running, in a row: *sei arrivato in ritardo per tre volte consecutive* you have arrived late three times in a row. **3** (*Geom.*) contiguous. □ *fu interrogato per due ore consecutive* he was questioned for two hours on end.
consegna *f.* **1** delivery, consignment: *sarai pagato alla* ~ *del lavoro* you will be paid on consignment of the work. **2** (*distribuzione*) giving-out, distribution. **3** (*custodia*) trust, custody, care. **4** (*Dir.*) (*di malfattori, detenuti*) handing (*o* turning) over, delivering up. **5** (*Mil.*) (*ordine da trasmettere*) orders *pl.* **6** (*Mil.*) (*punizione*) confinement to barracks; (*Mar. mil.*) confinement to a ship. □ (*Comm.*) **alla** ~ on delivery: *pagamento alla* ~ cash on delivery, C.O.D.; **avere** *in* ~ (*in custodia*) to hold in (*o* on) trust, to have in custody; (*in deposito*) to have in deposit; (*Comm.*) **buono** *di* ~ delivery note; **dare** *qc. in* ~ *a qd.* to entrust s.o. with s.th., to consign s.th. to s.o.; (*in deposito*) to leave s.th. in (*o* at a) deposit; ~ *a* **domicilio** home delivery; **mancata** ~ non delivery; **passare** *le consegne* to hand over one's offices.
consegnare *v.t.* **1** (*rif. a merci*) to deliver; (*rif. a lavoro*) to hand over (*o* in), to consign: *non ho ancora consegnato il lavoro*

I have not handed in the work yet. **2** (*distribuire*) to give* (*o* hand) out, to distribute: ~ *i pacchi ai profughi* to hand out parcels to refugees. **3** (*dar via*) to give* up (*o* in), to hand in (*o* over): ~ *i biglietti all'uscita della stazione* to give up one's ticket at the barrier. **4** (*consegnare per la spedizione*) to hand in (*o* over), to give* in, to consign. **5** (*affidare*) to consign, to entrust, to leave* in safe keeping (with). **6** (*Dir.*) to deliver up, to hand over, to give* in charge: ~ *il ladro alla giustizia* to deliver the thief into the hands of the law. **7** (*Mil.*) to confine to barracks. □ *ho consegnato le chiavi al custode* I have left the keys with the caretaker.

consegnatario *m.* **1** trustee, bailee. **2** (*Comm.*) consignee.

conseguente *a.* **1** consequent (*a* on, upon), resulting (from): *ragionamento* ~ consequent reasoning. **2** (*coerente*) consistent, consequent.

conseguenza *f.* **1** consequence: *il fatto ha avuto conseguenze gravi* the matter has had serious consequences. **2** *pl.* (*Med.*) after-effects *pl.* □ *di* (o *in, per*) ~ consequently, in (*o* as a) consequence; (*perciò*) therefore.

conseguimento *m.* attainment, achievement.

conseguire **I** *v.t.* to obtain, to attain, to achieve, to get*, to win*: ~ *lo scopo* to achieve one's end; ~ *una laurea* to obtain a degree; (*am.*) to graduate. **II** *v.i.* to result, to ensue, to follow (on): *ne consegue che* it follows that.

consenso *m.* **1** (*permesso*) consent, permission. **2** (*approvazione*) assent, agreement, approval, (*raro*) consensus: *per comune* ~ by common consent. □ **incontrare** *larghi consensi* to be acclaimed (*o* to be warmly received); ~ **matrimoniale** licence; **politica** *del* ~ consensus politics.

consensuale *a.* (*Dir.*) by mutual consent.

consentire **I** *v.i.* **1** (*essere d'accordo*) to agree, to be in agreement. **2** (*accondiscendere*) to comply (*a* with), to agree, to consent (to). **3** (*permettere*) to enable. **II** *v.t.* to allow, to permit.

consenziente *a.* consenting, assenting.

conserva[1] *f.* **1** (*Alim.*) preserve. **2** (*il conservare*) preservation. □ ~ *di* **frutta** preserve, jam; (*di arance*) marmalade; ~ *di* **pomodoro** tomato puree.

conserva[2] *f.* (*Mar.*) (ships sailing under) convoy.

conservante *m.* (*Alim.*) preservative.

conservare *v.t.* **1** (*serbare*) to keep* (*anche fig.*): ~ *la calma* to keep one's calm; (*tenere caro*) to cherish, to treasure: *conservo di lui un bel ricordo* I cherish a happy memory of him. **2** (*mettere in conserva*) to preserve, to conserve; (*in scatola*) to tin, (*am.*) to can; (*in recipienti di vetro*) to bottle; (*in recipienti di terraglia e sim.*) to pot; (*sotto sale*) to salt. **3** (*non sciupare*) to look after, to take* care of: ~ *bene la roba* to look after one's things, to take care of one's things. **conservarsi** *v.i.pron.* **1** to keep*: *il latte non si conserverà fino a domani* the milk won't keep until tomorrow. **2** (*continuare a essere, restare*) to keep*, to remain. **3** (*fam.*) (*mantenersi in salute*) to keep*: *conservarsi in buona salute* to keep fit.

conservativo *a.* **1** (*conservante*) preservative. **2** (*Dir.*) preventive, conservative.

conservato *a.* **1** preserved, kept. **2** (*Alim.*) preserved; (*in scatola*) tinned, (*am.*) canned; (*in vasi di vetro*) bottled; (*in recipienti di terraglia*) potted.

conservatore **I** *s.m.* **1** (*Pol.*) conservative. **2** (*funzionario*) custodian, curator: ~ *di museo* museum curator. **II** *a.* (*Pol.*) conservative: *partito* ~ Conservative party.

conservatorio *m.* conservatoire, (*am.*) conservatory.

conservazione *f.* **1** (state of) preservation. **2** (*Alim.*) preservation; (*in scatola*) tinning, (*am.*) canning; (*in vasi di vetro*) bottling; (*in recipienti di terraglia*) potting. □ *istinto di* ~ instinct of self-preservation.

conserviero *a.* preserving, preserved food-. □ *industria conserviera* cannery industry.

consesso *m.* assembly, meeting.

considerare *v.t.* **1** to consider, to weigh up: ~ *tutti gli aspetti di una proposta* to consider (*o* weigh up) all the aspects of a proposal. **2** (*tener conto*) to consider, to take* into account (*o* consideration). **3** (*reputare*) to consider, to think* of, to judge, to regard: *lo considero un mascalzone* I regard him as a scoundrel. **4** (*apprezzare, stimare*) to consider highly, to think* highly of. **considerarsi** *v.r.* (*ritenersi*) to consider (o.s.), to regard o.s. as: *mi considero fortunato* I consider myself lucky. □ *considerando* (o *considerato*) *che* considering that.

consideratezza *f.* carefulness, caution.

considerato *a.* (*apprezzato*) esteemed, reputed. □ ~ **che** bearing in mind that, since, considering that; **tutto** ~ all things considered.

considerazione *f.* **1** (*il considerare*) consideration. **2** *pl.* (*osservazione*) remarks *pl.*, comments *pl.* **3** (*riguardo*) regard, consideration, concern: *non ha alcuna* ~ *per la sua salute* he has no regard for his health. **4** (*stima, reputazione*) regard, esteem, respect. □ **degno** *di* ~ (*rif. a proposte e sim.*) worth considering; (*rif. a persona*) worthy of respect; **in** ~ *di* in consideration of, in view of; **prendere** *in* ~ *una proposta* to consider a proposal; **tenere** *qd. nella giusta* ~ to have the right amount of respect for s.o.; *essere* **tenuto** *in grande* ~ to be very well thought of.

considerevole *a.* considerable, substantial, large.

consigliabile *a.* advisable.

consigliare *v.t.* **1** to advise, to counsel: *consigliami come devo fare* advise me (as to) what I should do. **2** (*raccomandare*) to advise, to recommend: *il medico mi ha consigliato il mare* the doctor has advised me to go to the sea. **consigliarsi** *v.i.pron.* (*chiedere consiglio*) to ask (*o* seek*) advice, to consult: *mi sono consigliato con il mio avvocato* I have consulted my lawyer. □ ~ *bene* (o *male*) *qd.* to give s.o. good (*o* bad) advice; *te lo consiglio* that's my advice to you; *non te lo consiglio* I advise you against it.

consigliere *m.* **1** adviser, counsel(l)or. **2** (*membro di un consiglio*) councillor. □ (*Comm.*) ~ *d'***amministrazione** member of a board of directors; **cattivo** ~ bad (*o* poor) counsellor; ~ **comunale** town councillor; (*Comm.*) ~ **delegato** managing director.

consiglio *m.* **1** (piece of) advice: *dammi un buon* ~ give me a good piece of advice; *dai retta ai miei consigli* take my advice. **2** (*organo amministrativo*) council, board: ~ *comunale* town (*o* municipal) council. **3** (*consultazione congiunta*) council, meeting: ~ *di famiglia* family meeting (*o* council). □ ~ *d'***amministrazione** board of directors; (*nelle istituzioni scolastiche*) board of governors; ~ *di* **fabbrica** factory board; **per** ~ *di* on (*o* following) the advice of; *Consiglio di* **Sicurezza** Security Council; **venire** *a più miti consigli* to come to one's senses, to see reason.

consistente *a.* **1** (*denso*) thick, dense. **2** (*compatto*) firm, compact, solid. **3** (*valido*) valid, convincing, sound: *prove consistenti* convincing proof.

consistenza *f.* **1** (*densità*) consistency, thickness, density. **2** (*compattezza*) firmness, compactness, solidity. **3** (*fondamento*) basis, foundation, ground. □ *senza* ~ (*vago*) vague, airy; (*senza fondamento*) groundless, unfounded.

consistere *v.i.* **1** to consist, to be composed (of): *la mia dieta consiste di sola frutta* my diet consists of nothing but fruit. **2** (*avere fondamento*) to lie* (*in* in), to depend (on): *la difficoltà consiste nel capire i riferimenti* the difficulty lies in understanding the references.

CONSOB = *Commissione Nazionale per le Società e la Borsa* Stock Exchange Committee.

consociare *v.t.* to associate, to join; to merge. **consociarsi** *v.r.recipr.* to associate.

consolante *a.* consoling, comforting.

consolare[1] *v.t.* **1** to console, to comfort, to soothe: ~ *gli afflitti* to comfort the afflicted. **2** (*rallegrare*) to cheer (up), to rejoice: *mi consola il pensiero di rivederti* I am cheered by the thought of seeing you again. **consolarsi** *v.r.* **1** to be consoled (*o* comforted), to take* comfort, to cheer up; (*rassegnarsi*) to console o.s., to get* over. **2** (*rallegrarsi*) to cheer up; (*provare piacere*) to be delighted (*o* glad).

consolare[2] *a.* consular: *visto* ~ consul's visa.

consolato *m.* consulate (*anche Stor.*).

consolazione *f.* **1** consolation, comfort, solace. **2** (*gioia*) delight, joy. □ *premio di* ~ consulation prize; (*fam.*) booby prize.

console[1] *m.* consul.

console[2] [kɔ̃sɔl] *f.* **1** (*mobile*) console table. **2** (*negli elaboratori*) console: ~ *di visualizzazione* display console.

consolidamento *m.* **1** consolidation, solidification. **2** (*fig.*) strengthening, consolidation. **3** (*Econ.*) funding; consolidation: ~ *del capitale* consolidation of capital.

consolidare *v.t.* **1** to consolidate; (*rafforzare*) to reinforce, to strengthen (*anche fig.*): ~ *una posizione* to consolidate a position; ~ *un'amicizia* to strenghten a friendship. **2** (*rif. a terreni*) to consolidate. **3** (*Econ.*) to consolidate, to fund. **consolidarsi** *v.i.pron.* to consolidate.

consolidato **I** *a.* **1** consolidated (*anche Econ.*): *debito* ~ consolidated debt. **2** (*fig.*) strengthened, firm. **II** *s.m.* consolidated annuities; consols.

consommé *fr.* [kõso'me] *m.* (*Gastr.*) consommé.

consonante *f.* (*Fonetica*) consonant.

consonantico *a.* consonantal, consonant-.

consorella **I** *s.f.* **1** (*Rel.*) sister. **2** (*Comm.*) (*rif. a società*) sister company; (*rif. a filiale*) sister branch. **II** *a.* sister: *ditta* ~ sister company.

consorte **I** *s.m.* (*marito*) husband; consort. **II** *s.f.* (*moglie*) wife; consort.

consorteria *f.* political clique (*o* faction).

consorziare *v.t.* to associate, to pool. **consorziarsi** *v.r.recipr.* to pool.

consorzio *m.* (*rif. a imprese riunite*) union, co-operative, society, consortium; (*monopolistico*) trust, cartel, pool. □ ~ **agrario** farmers' co-operative; ~ **umano** human society.

constare **I** *v.i.* to consist, to be composed, to be made up (*di* of). **II** *v.i.impers.* (*essere noto*) to be known, to know* (*costr. pers.*), to be within one's knowledge. □ *a* (o *per*) *quanto mi consta* as far as I know.

constatare *v.t.* **1** (*accertare*) to ascertain, to establish, to verify: *dobbiamo* ~ *l'entità del danno* we must ascertain (*o* evaluate) the extent of the damage. **2** (*notare*) to note, to observe, to notice: *constatiamo che sei stato bravissimo* we have noted that you were marvellous.

constatazione *f.* **1** (*l'accertare*) ascertainment, verification, establishment. **2** (*il notare*) observation, noting.

consueto **I** *a.* usual, habitual, customary. **II** *s.m.* usual. □ **come** *di* ~ as usual; **di** (o *per*) ~ usually, generally, as a rule.

consuetudinario *a.* **1** habitual, customary. **2** (*abitudinario*) of habit, habitual: *persona consuetudinaria* creature of habit. □ *diritto* ~ customary law.

consuetudine *f.* **1** (*abitudine*) habit, custom,

practice. **2** (*usanza*) custom, tradition. **3** (*Dir.*) customary (*o* consuetudinary) law. ▭ *com'è* ~ as usual.

consulente I *a.* consultant-, consulting: ~ *legale* legal adviser. **II** *s.m./f.* consultant, adviser.

consulenza *f.* advice, consultation: *chiedere una* ~ to ask for advice.

consulta *f.* (*organo consultivo*) council.

consultare *v.t.* **1** to consult: ~ *un medico* to consult a physician. **2** (*esaminare per trovare una notizia e sim.*) to consult, to look (s.th.) up: ~ *un dizionario* to consult a dictionary, to look s.th. up in a dictionary. **consultarsi** *v.r.recipr.* (*consigliarsi*) to consult (*con qd.* s.o.), to take* advice (from), to confer (with s.o.); (*consigliarsi l'un l'altro*) to consult together (*o* e.o.).

consultazione *f.* **1** consultation. **2** (*rif. a libri*) reference: *libro di* ~ reference book. **3** (*Pol.*) consultation: ~ *elettorale* election; ~ *popolare* referendum.

consultivo *a.* consultative.

consulto *m.* (*Med.*) consultation.

consultorio *m.* advisory center (*o* bureau): ~ *pediatrico* child care center; ~ *prematrimoniale* pre-matrimonial advisory bureau.

consumare[1] *v.t.* **1** to consume; (*logorare*) to wear* out (*o* down, away): *ha consumato tutte le sue energie* he consumed all his energies; ~ *le scarpe* to wear out one's shoes. **2** (*terminare a poco a poco*) to use up, to go* (right) through: ~ *le provviste* to use up provisions. **3** (*adoperare*) to use, to consume, (*fam.*) to get* through: *quest'auto consuma un litro di benzina ogni dieci chilometri* this car consumes a litre of petrol every ten kilometres. **4** (*dissipare*) to waste, to squander. **5** (*rif. a pasti*) to have, to eat*, to take*: ~ *i pasti al ristorante* to have one's meals in a restaurant. **6** (*fig.*) (*rif. a malattie e sim.*) to waste away: *la malattia lo consuma lentamente* the illness is slowly wasting him away. **consumarsi** *v.i.pron.* **1** (*logorarsi*) to wear* (out). **2** (*terminare*) to be used up, to be consumed; (*rif. a combustibile e sim.*) to burn* up (*o* out). ▭ ~ *di dolore* to be consumed with pain.

consumare[2] *v.t.* (*portare a compimento*) to commit, to consummate: ~ *un delitto* to commit a crime; ~ *il matrimonio* to consummate marriage.

consumato[1] *a.* (*logoro*) worn(-out), worn down, threadbare.

consumato[2] *a.* (*esperto, abile*) consummate, skilled, accomplished.

consumatore *m.* consumer: *chi tutela i diritti dei consumatori* consumer advocate. ▭ *dal produttore al* ~ from the producer to the consumer.

consumazione[1] *f.* (*spuntino*) snack; (*bevanda*) drink: *pagare la propria* ~ to pay for one's snack; *pagare la* ~ *per tutti* (*rif. a bibite*) to pay a round.

consumazione[2] *f.* (*compimento*) committing, consummation: ~ *di un delitto* committing of a crime.

consumismo *m.* consumerism.

consumistico *a.* consumeristic.

consumo *m.* consumption, expenditure, use; (*usura*) wear. ▭ ~ **alimentare** food consumption; **articolo** *di* ~ consumer item; **beni** *di* ~ consumer goods; ~ *di* **carburante** fuel consumption; **civiltà** *dei consumi* consumers culture; (*Econ.*) **imposta** *sui consumi* excise duty (*o* tax); *la* **società** *dei consumi* consumer's society.

consuntivo I *a.* (*Econ.*) definitive, final. **II** *s.m.* **1** (*Econ.*) balance-sheet. **2** (*fig.*) survey.

consunto *a.* **1** (*logoro*) worn(-out): *scarpe consunte* worn shoes; (*rif. a stoffe, vestiti*) threadbare. **2** (*emaciato*) wasted, emaciated.

consunzione *f.* (*Med.*) consumption.

conta *f.*: *fare la* ~ to count out.

contabile I *a.* book-keeping, book-: *valore* ~ book value. **II** *s.m./f.* **1** (*computista*) book-keeper. **2** (*ragioniere*) accountant.

contabilità *f.* **1** (*disciplina*) book-keeping; (*ragioneria*) accounting. **2** (*ufficio*) accounts department, accounting office, (*fam.*) accounts *pl.* **3** (*sistema di scritture contabili*) book-keeping. ▭ ~ *di* **cassa** cash accounts; **tenere** *la* ~ to keep the books.

contachilometri *m.* mileometer; (*rif. a biciclette e sim.*) cyclometer.

contadina *f.* countrywoman (*pl.* –women).

contadinesco *a.* **1** rustic, country-, rural, peasant-. **2** (*spreg.*) (*villano*) oafish, rough, boorish.

contadino I *s.m.* **1** countryman (*pl.* –men). **2** (*chi lavora la terra: in proprio*) farmer; (*per conto altrui*) farm-worker, farm-hand, peasant. **II** *a.* country-, rustic, rural, peasant-.

contado *m.* **1** countryside, surrounding country. **2** (*popolazione*) countrypeople *pl.*, countryfolk *pl.*

contagiare *v.t.* to infect, to contaminate. **contagiarsi** *v.i.pron.* to be infected, to be contaminated.

contagio *m.* infection, contamination; (*per mezzo del contatto diretto*) contagion. ▭ *pericolo di* ~ danger of infection.

contagioso *a.* **1** (*infettivo*) infectious; (*trasmesso per contatto diretto*) contagious. **2** (*fig.*) infectious, catching, contagious.

contagiri *m.* (*Mecc.*) revolution (*o* speed) counter, (*am.*) reading tachometer.

contagocce *m.* (glass) dropper, dropping tube; (*per medicinali*) medicine dropper.

contaminare *v.t.* to contaminate, to pollute (*anche fig.*). **contaminarsi** *v.r.* to be (*o* become*) contaminated (*o* infected *o* polluted).

contaminazione *f.* contamination, pollution, infection.

contante I *a.* ready, cash-: *denaro* ~ ready cash. **II** *s.m.* cash, ready money. ▭ *a* (o *per*) *contanti* cash-, in cash.

contare I *v.t.* **1** to count (up), to reckon (up): *la maestra conta gli scolari* the teacher counts the pupils. **2** (*mettere nel conto*) to count, to reckon in (*o* with), to take* into account: *siamo dodici, senza ~ i bambini* we are twelve, not including the children. **3** (*lesinare*) to count (out), to dole out, to stint. **II** *v.i.* **1** to count: *~ fino a dieci* to count up to ten. **2** (*avere importanza, autorità*) to count (for), to be important: *la sua opinione conta poco* his opinion counts for little. **3** (*fare assegnamento*) to count, to rely (*su* on). **4** (*aspettarsi*) to count on, to trust, to expect: *contavo che saresti venuto* I expected that you would come. **5** (*proporsi*) to intend, to propose, to mean*, to think* of: *conto di partire lunedì* I am thinking of leaving on Monday. □ *avere il* **denaro** *contato* (*averne poco*) not to have a penny to spare; to have very little money; (*avere la somma esatta occorrente*) to have the exact amount; *~ sulle* **dita** to count on the fingers of one hand; *avere i* **minuti** *contati* to have not a minute to spare; *~* **molto** to be important; *non conta* **nulla** he doesn't count for anything; *~* **poco** to count for little; *~ alla* **rovescia** to count down; **senza** *~ che* (quite) apart from the fact that, not to mention that; *~* **storie** (o *fandonie*) to tell lies. ‖ *contarci* to count (*o* rely, depend) on it.

contato *a.* **1** counted. **2** (*fig.*) (*limitato*) limited.

contatore *m.* meter: *~ dell'acqua* water meter.

contattare *v.t.* to contact.

contatto *m.* **1** contact; touch (*anche fig.*): *mettersi in ~ con qd.* to get in touch with s.o.; *tenersi in ~ con qd.* to keep in touch with s.o. **2** (*El.*) contact; (*fam.*) (*guasto all'impianto elettrico*) loose contact. □ *non voglio* **avere** *contatti con lui* I don't want anything to do with him; **prendere** *~ con qd.* to get in touch with s.o.; **punto** *di ~* contact point.

conte *m.* count, (*GB*) earl.

contea *f.* (*GB*) (*divisione amministrativa*) county; (*nei composti*) -shire: *la ~ di York* Yorkshire.

conteggiare I *v.t.* **1** (*calcolare*) to count, to reckon, to compute. **2** (*addebitare*) to charge, to put* on the bill. **II** *v.i.* to count, to reckon, to calculate.

conteggio *m.* **1** reckoning, counting, calculation, computation. **2** (*nel pugilato*) count, counting-out. □ (*Missilistica*) *~ alla rovescia* count-down.

contegno *m.* **1** (*condotta, atteggiamento*) demeanour, behaviour. **2** (*atteggiamento dignitoso*) dignity, reserve. □ *darsi* (*un*) *~* to strike an attitude.

contegnoso *a.* (*dignitoso*) dignified; (*riservato*) reserved; (*compassato*) sedate, demure, composed; (*altero*) aloof, haughty.

contemperare *v.t.* **1** (*adattare*) to adapt, to suit, to make* fit. **2** (*mitigare*) to temper, to mitigate, to moderate.

contemplare *v.t.* **1** (*guardare*) to contemplate, to gaze at (*o* upon), to behold*. **2** (*Rel.*) to contemplate. **3** (*Dir.*) (*considerare, prevedere*) to provide (*o* make* provision) for. **contemplarsi** *v.r.* to gaze at o.s., to contemplate o.s.

contemplativo *a.* contemplative.

contemplazione *f.* contemplation (*anche Rel.*).

contempo *avv.*: *nel ~* at the same time, in the meantime.

contemporaneamente *avv.* at the same time, simultaneously. □ *~ a* at the same time as.

contemporaneità *f.* contemporaneousness, contemporaneity.

contemporaneo I *a.* **1** contemporary (*di* with). **2** (*dei giorni nostri*) contemporary, (*attr.*) present-day: *scrittori contemporanei* contemporary writers. **II** *s.m.* contemporary.

contendente I *a.* contending, rival, opposing: *le parti contendenti* the rival parties. **II** *s.m./f.* rival, adversary, opponent; (*Dir.*) litigant.

contendere I *v.t.* to contest, to dispute: *~ un diritto a qd.* to contest s.o.'s right; (*contrastare*) to contend. **II** *v.i.* **1** (*litigare*) to dispute (*per* over), to quarrel (over, about). **2** (*competere*) to compete (*con* with), to rival (s.o.), to contend (with). **contendersi** *v.r. recipr.* to contend for, to compete for.

contenere *v.t.* **1** to contain, to hold*: *la bottiglia contiene due litri* the bottle holds two litres; (*rif. a numero di posti*) to hold*, to seat: *la sala contiene 500 posti* the hall seats five hundred. **2** (*trattenere*) to contain, to control, to hold* back, to curb: *~ l'ira* to curb one's anger. **3** (*limitare*) to limit: *~ le spese* to limit expenditure. **contenersi** *v.r.* **1** (*dominarsi*) to contain o.s., to restrain o.s., to control o.s. **2** (*limitarsi*) to limit (o.s.).

contenitore *m.* container.

contentare *v.t.* **1** (*fare contento*) to please, to make* content (*o* happy). **2** (*appagare*) to satisfy, to gratify. **contentarsi** *v.r.* to be content, to be satisfied, to content o.s. (*di* with).

contentezza *f.* content(ment), pleasure, gladness, happiness.

contentino *m.* make-weight, (bit) extra, sop.

contento *a.* **1** (*soddisfatto*) pleased, (*pred.*) content, satisfied (*di* with): *la maestra è contenta dei suoi alunni* the teacher is satisfied with her pupils. **2** (*lieto*) glad, happy. **3** (*che esprime contentezza*) contented: *un viso ~* a contented expression. □ *~ come una pasqua* as pleased as Punch.

contenuto *m.* **1** contents *pl.*: *il ~ di un bicchiere* the contents of a glass. **2** (*Fis., Filos.*) content. **3** (*argomento, soggetto*) content.

contenzioso I *a.* (*Dir.*) contentious. **II** *s.m.* **1** contentious jurisdiction. **2** (*ufficio che cura le controversie legali*) legal office (*o* department).

conterraneo **I** *a.* from the same country. **II** *s.m.* (fellow) countryman (*pl.* –men).
contesa *f.* dispute, argument, quarrel.
conteso *a.* (*rif. a cosa*) longed-for, sought -after; (*rif. a persona*) sought-after.
contessa *f.* countess.
contessina *f.* daughter of a count (*o* an earl).
contestare *v.t.* **1** (*Dir.*) to charge with, to give* notice of; to notify. **2** (*negare*) to contest, to dispute. **3** (*Pol.*) to dissent, to protest.
contestatore *m.* (*Pol.*) protester, political dissenter.
contestazione *f.* **1** (*Dir.*) (giving of) formal notice, notification. **2** (*opposizione*) contestation, challenge. **3** (*Pol.*) protest, dissent, confrontation.
contesto *m.* **1** context: *in questo ~ il vocabolo ha un significato diverso* in this context the word has a different meaning. **2** (*fig.*) framework.
contestuale *a.* contextual.
contiguo *a.* next, adjacent (*a* to), neighbouring, adjoining: *camere contigue* adjoining rooms.
continentale *a.* continental: *clima ~* continental climate. □ *l'Europa ~* continental Europe; (*per gli inglesi*) the Continent.
continente[1] *m.* (*Geog.*) **1** continent. **2** (*terraferma*) mainland.
continente[2] *a.* (*moderato*) moderate, temperate, sober: *essere ~ nel bere* to be a moderate drinker.
continenza *f.* temperance, moderation; (*rif. a rapporti sessuali*) continence.
contingente **I** *a.* contingent (*anche Filos.*). **II** *s.m.* **1** (*quota*) quota; (*parte assegnata a qd.*) share. **2** (*Mil., Filos.*) contingent.
contingenza *f.* **1** contingency (*anche Filos.*). **2** (*circostanza*) circumstance, occasion. □ *indennità di ~* cost-of-living bonus (*o* allowance).
continuare **I** *v.t.* to continue (with), to go* (*o* carry) on with: *continua il tuo lavoro* go on with your work; (*riprendere*) to resume. **II** *v.i.* to continue, to go* on: *la strada continua fino al paese* the road continues as far as the village; *così non si può ~* we can't go on like this; *continuò dicendo che voleva partire* he continued, saying that he wished to leave. □ *~ a* to go on, to continue (*con il gerundio*): *~ a scrivere* to go on writing; *~ a vivere* to continue living; (*insistere, perseverare*) to keep (on). ‖ *continua!* (*rif. a discorsi*) go on!; (*nei romanzi a puntate*) to be continued; *continua a pag. 5* continued on page 5.
continuativo *a.* continuative, permanent.
continuato *a.* continuous, uninterrupted, unbroken, unceasing. □ *ingresso ~* (*rif. a cinematografo e sim.*) continuous (*o* non-stop) performance.
continuatore *m.* continuer, continuator; (*successore*) successor.
continuazione *f.* continuation: (*rif. a romanzi*) sequel. □ *in ~* continuously; (*ininterrottamente*) non-stop, uninterruptedly.
continuità *f.* **1** continuity. **2** (*connessione logica*) coherence, logical connection.
continuo *a.* **1** (*ininterrotto*) continuous, unbroken, non-stop, uninterrupted. **2** (*che dura*) continual, endless, incessant, constant: *vivere nel ~ terrore di qc.* to live in continual terror of s.th. **3** (*frequente*) continual, constant, frequent. **4** (*El.*) direct: *corrente continua* direct current.
conto *m.* **1** (*calcolo*) account, calculation, computation. **2** (*somma dovuta*) bill, (*am.*) check; (*fattura*) invoice: *il ~ della sarta* the dressmaker's bill. **3** (*fig.*) (*stima*) account, esteem, consideration. **4** (*assegnamento*) reliance. **5** (*Econ.*) account. □ (*Comm.*) **addebitare** *qc. sul ~ di qd.* to debit (*o* charge) s.th. to s.o.'s account; *a* (*ogni*) **buon** (*in ogni caso*) in any case, at any rate; (*per prudenza*) just in case, to be on the safe side; **cameriere,** *il ~!* waiter, the bill!; (*Comm.*) *~* **cassa** cash account; *~* **corrente** current account, (*am.*) checking account; *~* **corrente** *postale* post office (current) account; **facciamo** *~ che tu abbia ragione* let's suppose you are right; **fare** *i conti* to draw up the accounts, (*fam.*) to do the accounts; **fare** *i conti in tasca a qd.* to pry into s.o.'s financial affairs; (*fig.*) **fare** *i conti con qd.* to settle accounts with s.o.; (*fig.*) *a conti* **fatti** all things considered; *in* **fin** *dei conti* after all; (*Comm.*) **libro** *dei conti* accounts book; **mettere** *in ~* (*includere nel conto*) to put on the bill, to charge up; (*segnare a debito*) to put on (s.o.'s) account; **per** *~ d'altri* (o *di terzi*) on behalf of third parties; (*fig.*) **per** *~ mio* as far as I am concerned; (*da solo*) alone, one one's own; *mettersi* **per** *~ proprio* to set up on one's own; **rendere** *~ di qc.* to account (*o* be accountable) for s.th.: *non devo render ~ a nessuno delle mie azioni* I need account to no one for my actions; **rendersi** *~ di qc.* (*capire*) to realize s.th.; (*accorgersi*) to become aware of s.th.; (*essere conscio*) to be aware (*o* conscious) of s.th.; (*darsi una spiegazione*) to account for s.th.; (*Comm., Econ.*) **resa** *dei conti* rendering of accounts; (*fig.*) settling (*o* squaring) of accounts; (*Comm.*) **saldare** *il ~* to settle an account, (*fam.*) to settle (*o* pay) up; **saper** *qc. sul ~ di qd.* to know s.th. about s.o.: *ne so di belle sul tuo ~* I know some nice stories about you; *~* **scoperto** overdrawn account; overdraft; (*Comm.*) *~* **spese** expense account; **tenere** *~ di* (*prendere nota*) to make a note of, to note (down); (*considerare*) to take into account, to consider; (*fig.*) *senza* **tener** *~ di* without taking into account (*o* considering); (*a prescindere*) apart from, let alone; **tenere** *qc. da* (o *di*) *~* (*custodire con cura*) to take great care of s.th.; **tenere** *qd. in gran ~* to hold s.o. in high

regard; **tenere** *qd. in poco* ~ to consider s.o. unimportant (*o* of no account); **tenuto** ~ *di* taking into account that. ‖ *non si può dire nulla sul suo* ~ there is nothing to be said against him.

contorcere *v.t.* to twist, to wring* (out). **contorcersi** *v.r.* to writhe: *contorcersi dal dolore* to writhe in pain. ☐ *contorcersi dalle risate* to roll with laughter.

contorcimento → **contorsione**.

contornare *v.t.* **1** (*cingere*) to surround, to enclose (*di, da* with), to encircle (by); (*con ornamenti*) to decorate (round the edge), to edge round (with). **2** (*fig.*) (*attorniare*) to surround. **3** (*disegnare il contorno*) to outline.

contorno *m.* **1** (*linea esterna*) outline, contour. **2** (*Gastr.*) trimmings *pl.*

contorsione *f.* writhing, twisting (and turning), contortion.

contorsionista *m./f.* contorsionist.

contorto *a.* twisted, contorted, involved (*anche fig.*): *ragionamento* ~ twisted (*o* warped) reasoning.

contrabbandare *v.t.* to smuggle.

contrabbandiere *m.* smuggler; (*di liquori*) bootlegger.

contrabbando *m.* contraband, smuggling. ☐ *di* ~ smuggled, contraband-: *sigarette di* ~ contraband cigarettes; (*fig.*) (*furtivamente*) clandestinely, surreptitiously.

contrabbasso *m.* **1** (*Mus.*) double-bass. **2** (*suonatore*) double-bass player.

contraccambiare *v.t.* to return, to reciprocate, to repay*: ~ *un favore* to return a favour.

contraccambio *m.* return, repayment. ☐ *in* ~ *di qc.* in return for s.th.

contraccettivo *a./s.m.* (*Farm.*) contraceptive.

contraccezione *f.* contraception.

contraccolpo *m.* **1** rebound, repercussion; (*rif. ad arma da fuoco*) recoil, kick. **2** (*fig.*) (*conseguenza immediata*) consequence, repercussion.

contrada *f.* **1** (*rione di città medievale*) quarter; town district. **2** (*strada principale*) main street. **3** (*lett.*) (*paese*) country.

contraddire *v.t.* to contradict. **contraddirsi** *v.r.* **1** to contradict o.s. **2** (*recipr.*) to contradict e.o.

contraddistinguere *v.t.* to mark; (*con un'etichetta*) to label, to tag. **contraddistinguersi** *v.i.pron.* to differ, to stand* out.

contraddittorio **I** *a.* (*che contraddice*) contradictory (*anche Filos.*); (*non coerente*) inconsistent. **II** *s.m.* debate.

contraddizione *f.* **1** contradiction (*anche Filos.*). **2** *pl.* (*parole, fatti che si contraddicono*) contradictions *pl.*, discrepancies *pl.* ☐ *cadere in* ~ to contradict oneself.

contraente **I** *a.* contracting: *le parti contraenti* the contracting parties. **II** *s.m./f.* contracting party.

contraereo *a.* anti-aircraft.

contraffare *v.t.* **1** (*falsificare*) to counterfeit, to forge: ~ *una firma* to forge a signature. **2** (*imitare*) to imitate, to counterfeit. **3** (*adulterare*) to adulterate.

contraffatto *a.* **1** (*imitato*) forged: *calligrafia contraffatta* forged handwriting. **2** (*falsificato*) counterfeit, forged, falsified, false: *lettera contraffatta* forged letter. **3** (*non genuino*) sham, imitation, fake: *merce contraffatta* imitation goods; (*rif. a cibi e sim.*) adulterated.

contraffazione *f.* **1** (*imitazione*) imitation. **2** (*falsificazione*) forging, counterfeiting: ~ *di monete* counterfeiting of coins. **3** (*oggetti contraffatti*) forgery, counterfeit, fake. **4** (*sofisticazione*) adulteration.

contrafforte *m.* **1** (*Edil.*) buttress, counterfort. **2** (*Geol.*) spur.

contralto **I** *s.m.* (*Mus.*) contralto. **II** *a.* (contr)alto-. ☐ *chiave di* ~ alto clef.

contrammiraglio *m.* (*Mar., Mil.*) rear-admiral.

contrappesare *v.t.* **1** (*bilanciare*) to counterbalance, to counterpoise. **2** (*fig.*) (*essere equivalente a*) to balance (out), to offset*: *il vantaggio contrappesa il danno* the drawback is offset by the advantage. **contrappesarsi** *v.r.recipr.* **1** (*bilanciarsi*) to balance, to counterbalance e.o. **2** (*fig.*) to balance e.o., to even out, to offset* e.o.

contrappeso *m.* **1** counterbalance, counterpoise. **2** (*tecn.*) counterweight, balance weight.

contrapporre *v.t.* to set* against, to oppose (to) (*anche fig.*): ~ *un argomento a un altro* to set one argument against another. **contrapporsi** *v.r.* **1** (*opporsi*) to oppose. **2** (*contrastare*) to contrast, to clash: *le due teorie si contrappongono* the two theories clash.

contrapposizione *f.* **1** contrast, opposition. **2** (*Filos.*) contraposition.

contrapposto *a.* opposite, contrasting: *idee contrapposte* contrasting ideas.

contrappunto *m.* (*Mus.*) counterpoint.

contrariamente *avv.*: ~ *a* contrary to. ☐ ~ *al solito* just for once.

contrariare *v.t.* **1** (*ostacolare*) to thwart, to cross, to oppose. **2** (*irritare*) to put* out. to annoy, to irritate.

contrariato *a.* annoyed, irritated.

contrarietà *f.* **1** (*avversione*) aversion, strong dislike. **2** (*l'essere sfavorevole*) adversity, contrariety, unpropitiousness. **3** *pl.* (*disavventura*) misfortunes *pl.*, setbacks *pl.*, mishaps *pl.*, adversities *pl.*

contrario **I** *a.* **1** contrary, opposite, converse: *movimento* ~ contrary motion; *quello che vuoi fare è* ~ *al regolamento* what you want to do is contrary to the regulations; *andare in direzione contraria* to go in the opposite (*o* converse) direction. **2** (*alieno*) opposed (*a* to), averse (to): *essere* ~ *a ogni innovazione* to be opposed to all innovation. **3** (*sfavorevole*) unfavourable, adverse, against (*pred.*):

il destino ci è ~ fate is against us. **II** *s.m.* **1** contrary, opposite. **2** (*Gramm.*) antonym. □ **al** ~ on the contrary, while, whereas; **al** ~ *di* contrary to, unlike: *suo fratello, al* ~ *di lui, è molto gentile* his brother, unlike him, is very charming; *fino ad* **avviso** ~ until further notice; *in* **caso** ~ otherwise; *non ho nulla* **in** ~ I have nothing against it (*o* to object).

contrarre *v.t.* **1** (*rif. a muscoli e sim.*) to contract; (*in una smorfia*) to twist. **2** (*prendere*) to contract, to acquire, to get* into: ~ *una abitudine* to form a habit; (*rif. a malattia*) to catch*, to contract. **3** (*concludere*) to contract, to enter into, to make*: ~ *un prestito* to contract a loan. **contrarsi** *v.i.pron.* **1** to shrink. **2** (*rif. a muscoli e sim.*) to contract; (*in una smorfia*) to twist. **3** (*Ling.*) to be contracted.

contrassegnare *v.t.* to (counter)mark; (*con cartellino*) to label, to tag.

contrassegno[1] *m.* mark; badge.

contrassegno[2] *avv.*: (*Comm.*) *pagamento con* ~ cash on delivery.

contrastante *a.* conflicting, contrasting, clashing.

contrastare I *v.i.* to clash, to (be in) contrast (*con* with): *le sue parole contrastano con le sue azioni* his words contrast with his actions. **II** *v.t.* to oppose, to cross: ~ *i progetti di qd.* to cross s.o.'s plans; (*rif. al cammino e sim.*) to bar: ~ *il passo a qd.* to bar (*o* stand in) s.o.'s way. **contrastarsi** *v.r. recipr.* (*contendersi*) to struggle for, to fight* for (*o* over), to contend for.

contrastato *a.* **1** disputed, opposed: *matrimonio* ~ opposed marriage. **2** (*combattuto*) hard-won, hard-fought. **3** (*Fot.*) with high contrasts.

contrasto *m.* **1** contrast. **2** (*litigio, discordia*) disagreement, dispute. **3** (*Fot., TV*) contrast. **4** (*Sport*) tackle, defensive action. □ ~ *di* **colori** colour contrast; **in** ~ in contrast; *le nostre vedute sono* **in** ~ we hold conflicting opinions; *essere* **in** ~ *con qc.* to clash with s.th.; ~ *di* **opinioni** clash (*o* conflict, difference) of opinion.

contrattaccare *v.t.* to counterattack (*anche fig.*).

contrattacco *m.* (*Mil., Sport*) counterattack.

contrattare I *v.t.* to negotiate, to bargain; to bargain for (*o* over). **II** *v.i.* to bargain; (*facendo delle discussioni*) to haggle: *è abile nel* ~ he's good at bargaining.

contrattazione *f.* negotiation, dealing, bargaining. □ ~ *libera* free marketing.

contrattempo *m.* **1** setback, hitch, mishap, contretemps: *un* ~ *tecnico* a technical hitch. **2** (*Mus.*) syncopation.

contratto[1] *m.* contract, agreement. □ ~ *d'***affitto** lease, tenancy agreement (*o* contract); **annullare** *un* ~ to annul a contract; ~ **collettivo** *di lavoro* collective agreement; ~ *di* **lavoro** labour contract; **stipulare** *un* ~ to draw up an agreement.

contratto[2] *a.* contracted, drawn.

contrattuale *a.* contractual, of a contract, contract-.

contravvenire *v.i.* to contravene, to infringe, to transgress: ~ *alla legge* to infringe the law.

contravventore *m.* offender, trasgressor (*a* against), infringer (of).

contravvenzione *f.* **1** contravention, infringement, breach, violation. **2** (*multa*) fine: *fare la* ~ *a qc.* to fine s.o.

contrazione *f.* **1** contraction (*anche Ling., Mat.*). **2** (*fig.*) (*riduzione*) reduction: ~ *delle vendite* reduction in sales.

contribuente *m./f.* tax-payer.

contribuire *v.i.* **1** (*cooperare*) to contribute (*a* to), to co-operate, to have a share (in): ~ *alla buona riuscita di un'impresa* to contribute to the success of an undertaking. **2** (*partecipare alle spese*) to contribute (*a* to), to share (in). **3** (*giovare*) to contribute (to, towards), to help (in, towards), to be good (for).

contributo *m.* **1** contribution. **2** (*Econ.*) (*tassa*) tax. **3** *pl.* (*Econ.*) (*versamenti a enti previdenziali*) contributions *pl.* □ ~ *previdenziale* social security contribution.

contribuzione *f.* **1** contribution. **2** (*Econ.*) (*imposta*) tax, levy, tribute.

contrito *a.* contrite, penitent.

contrizione *f.* contrition (*anche Rel.*).

contro I *prep.* **1** (*opposizione, ostilità*) against: ~ *la mia volontà* against my will; *combattere* ~ *il nemico* to fight (against) the enemy. **2** (*in direzione opposta*) against: *nuotare* ~ *corrente* to swim against the current. **3** (*addosso*) against: *batté la testa* ~ *il muro* he hit his head against the wall; (*violentemente*) into: *la macchina andò a sbattere* ~ *il muro* the car crashed into the wall. **4** (*verso*) towards: *l'ho visto venirmi* ~ I saw him coming towards me; (*di fronte*) facing: *stare voltato* ~ *la parete* to stand facing the wall. **5** (*appoggiato a*) against: *poggiò il bastone* ~ *il muro* he leaned the stick against the wall. **6** (*Sport*) versus (*o* vs.), against: *Roma* ~ *Lazio* Rome versus Lazio. **7** (*Comm.*) on, against: *pagamento* ~ *assegno* cash on delivery; ~ *pagamento* on payment. **II** *avv.* against (*a qc.* s.th.), in opposition (to s.th.). **III** *s.m.* con: *i pro e i* ~ the pros and cons. □ ~ **di** against: *tu sei* ~ *di me* you are against me; ~ **natura** against nature; *gli si sono* **rivoltati** *tutti* ~ they all rebelled against him; *scommettere dieci* ~ **uno** to bet ten to one.

controbattere *v.t.* **1** (*Mil.*) to counter. **2** (*fig.*) (*confutare*) to confute, to disprove, to rebut: ~ *un'accusa* to rebut an accusation. **3** (*fig.*) (*replicare*) to retort, to reply, to answer (back).

controbilanciare *v.t.* **1** to (counter)balance: ~ *un carico* to counterbalance a load. **2** (*fig.*)

to (counter)balance; (*compensare*) to make* up for, to compensate for. **controbilanciarsi** *v.r. recipr.* to balance out, to counterbalance e.o. (*anche fig.*).

controcorrente I *s.f.* (*Geog., El.*) countercurrent. **II** *a.* nonconformist: *un giornale* ~ a nonconformist newspaper. **III** *avv.* **1** against the current; (*rif. a fiumi*) upstream. **2** (*fig.*) against the stream (*o* tide): *andare* ~ to go against the tide.

controffensiva *f.* (*Mil.*) counter-offensive (*anche fig.*).

controfigura *f.* (*Cin.*) double, stand-in; (*acrobatica*) stunt man.

controfirma *f.* counter-signature.

controfirmare *v.t.* to countersign.

controindicato *a.* inadvisable; contraindicated.

controindicazione *f.* (*Med.*) contraindication; side effect.

controllare *v.t.* **1** (*verificare*) to check (up, on), to verify: ~ *l'esattezza di una notizia* to check (up, on) a piece of news; (*rif. a conti*) to audit. **2** (*ispezionare*) to inspect, to examine; (*collaudare*) to test. **3** (*sorvegliare*) to control, to watch. **4** (*regolare*) to control, to regulate: *lo stato controlla l'esportazione* the State controls exportation. **controllarsi** *v.r.* to control o.s. □ ~ *i* **bagagli** to check the luggage; ~ *i* **conti** to audit accounts; ~ *i propri* **nervi** to keep one's nerves under control; ~ *l'***ora** to check the time; ~ *i* **passaporti** to examine passports. ‖ *controllati!* pull yourself together!

controllo *m.* **1** (*verifica*) check(ing), check-up; (*rif. a conti*) audit(ing). **2** (*ispezione*) inspection, examination; (*collaudo*) test. **3** (*sorveglianza*) control, surveillance. **4** (*azione regolatrice*) control, regulation: ~ *dei prezzi* price-control. **5** (*padronanza, dominio*) control, rule, domination: ~ *dei mari* control of the seas. **6** (*dominio di sé*) self-control. **7** (*dispositivo di regolazione*) controls *pl.*, control, regulator. **8** (*Med.*) check-up. □ ~ *dei* **biglietti** ticket inspection; ~ *a* **distanza** remote control; ~ *delle* **nascite** birth control; *avere il* ~ *dei propri* **nervi** to have one's nerves under control; **perdere** *il* ~ *di se stesso* to lose one's self-control; **posto** *di* ~ check point; **sotto** ~ under control: *tenere qd. sotto* ~ to keep s.o. under control.

controllore *m.* **1** controller, inspector. **2** (*nei treni, autobus e sim.*) ticket collector; (*am.*) conductor.

controluce I *s.f.* (*Cin.*) backlighting. **II** *s.m.* (*fotografia*) photograph taken against the light. **III** *avv.* **1** (*contro luce*) against the light. **2** (*Cin., Fot.*) with backlighting. □ **essere** *in* ~ to be backlit; **guardare** *qc. in* ~ to hold s.th. up against the light.

contromano *avv.* on the wrong side of the road, in the wrong direction.

contromarca *f.* check, token; (*rif. a spettacoli*) pass-out check, pass-out.

contromarcia *f.* countermarch.

contromisura *f.* countermeasure.

contromossa *f.* (*negli scacchi*) countermove.

controparte *f.* **1** (*Dir.*) opposite party; opponent; adversary. **2** (*Teat.*) counterpart.

contropartita *f.* **1** (*Comm.*) counter-item; contra; offsetting entry; set-off. **2** (*fig.*) (*compenso*) reward, compensation. □ *registrazione in* ~ contra- (*o* balancing) entry.

contropelo *avv.* the wrong way; (*rif. a tessuti*) against the nap. □ *fare il* ~ to shave against the hair.

contropiede *m.* **1** (*nel calcio*) counter-attack. **2** (*nel tennis*) wrong-footing. □ (*fig.*) *prendere qd. in* ~ to catch s.o. unawares.

controporta *f.* second door; (*esterna*) outer door; (*interna*) inner door.

controproducente *a.* counterproductive, producing the opposite effect, having a negative effect.

controproposta *f.* counter-proposal.

controprova *f.* **1** (*seconda prova*) double -check; counter-proof; (*nelle votazioni*) re -count. **2** (*Dir.*) confirmatory evidence, counterevidence.

contrordine *m.* counter-order, countermand. □ *salvo* ~ unless we hear to the contrary.

controriforma *f.* (*Stor.*) Counter-Reformation.

controsenso *m.* **1** (*parole contraddittorie*) contradiction (in terms); (*assurdità*) nonsense. **2** (*azione contraddittoria*) inconsistency, contradiction.

controspionaggio *m.* counterespionage.

controvento *avv.* against (*o* into) the wind, upwind.

controversia *f.* **1** dispute, debate. **2** (*Dir.*) controversy. □ *in* **caso** *di* ~ in case of dispute; **comporre** *una* ~ to settle a dispute.

controverso *a.* controversial. □ *una questione controversa* a vexed issue.

controvoglia *avv.* unwillingly.

contumace *a.* (*Dir.*) absent, guilty of default.

contumacia *f.* **1** absence, default: *condannare qd. in* ~ to sentence s.o. by default. **2** (*quarantena*) quarantine.

contundente *a.* blunt: *corpo* ~ blunt instrument.

conturbante *a.* disturbing, perturbing, upsetting.

conturbare *v.t.* to disturb, to upset*, to perturb. **conturbarsi** *v.i.pron.* to get* upset, to be disturbed.

contusione *f.* (*Med.*) contusion, bruise.

contuso *a.* contused: *ferita contusa* contused wound.

convalescente *a./s.m./f.* convalescent.

convalescenza *f.* convalescence. □ *essere in* ~ to be convalescing.

convalescenziario *m.* convalescent home; nursing home.

convalida *f.* (*burocr.*) confirmation, ratification.

convalidare *v.t.* **1** (*burocr.*) to confirm, to ratify: ~ *un decreto* to ratify a decree. **2**

(*avvalorare*) to confirm, to corroborate, to support.

convegno *m.* **1** (*riunione*) meeting, gathering; (*congresso*) congress, convention: ~ *di studi* study congress. **2** (*luogo di riunione*) meeting-place.

convenevoli *m.pl.* compliments *pl.*: *fare i* ~ *a qd.* to pay s.o. compliments. □ *non fate troppi* ~ don't stand on ceremony.

conveniente *a.* **1** (*non costoso*) cheap, well priced: *un vestito a prezzo* ~ a well priced dress. **2** (*adatto*) suitable, fitting (*a* for), suited (to). **3** (*vantaggioso*) profitable, advantageous, favourable: *affare* ~ profitable business. **4** (*opportuno*) expedient, opportune. □ *a prezzo* ~ cheaply, at a reasonable price.

convenienza *f.* **1** (*utilità, vantaggio*) profit, advantage; (*di prezzo*) convenience, good value; (*basso costo*) cheapness: *matrimonio di* ~ marriage of convenience. **2** (*senso del decoro*) proprieties *pl.*, good-manners *pl.*: *rispettare le convenienze* to observe the proprieties. □ **non** *c'è* ~ there is nothing to be gained; *per* **ragioni** *di* ~ on grounds of expediency.

convenire I *v.i.* **1** (*venire da più parti*) to come* together; (*riunirsi*) to meet* (together), to assemble. **2** (*essere opportuno*) to be convenient (*o* better) (*a* for); (*essere vantaggioso*) to be worth-while (*o* worth one's while): *non ci conviene farlo* it's not worth our while to do it. **II** *v.i.impers.* **1** (*bisognare*) to be necessary, to have to, must: *se si vuole essere promossi conviene studiare* if one wants to pass examinations one must (*o* it is necessary) to study. **2** (*essere opportuno*) to be advisable, to be better: *conviene tacere* it is better to keep quiet. **3** (*addirsi*) to be fitting (*o* proper) (*a* for, in), to become* (s.o.): *comportati come conviene a una fanciulla* behave as it is fitting for a young girl. **III** *v.t.* (*pattuire*) to agree (on, upon), to negotiate, to stipulate.

convento *m.* (*di monaci*) monastery; (*di monache*) convent, nunnery. □ ~ *di clausura* enclosed convent.

conventuale *a.* conventual.

convenuto I *a.* (*stabilito*) agreed, fixed, settled: *pagammo il prezzo* ~ we paid the price agreed upon. **II** *s.m.* **1** *pl.* members *pl.* of a congress, people *pl.* attending a meeting. **2** (*Dir.*) defendant.

convenzionale *a.* **1** (*stabilito per convenzione*) conventional, agreed, stipulated. **2** (*prestabilito*) agreed, pre-arranged: *segni convenzionali* pre-arranged signs. **3** (*non originale*) conventional. □ *frasi convenzionali* conventional sentences.

convenzionare *v.t.* to reach agreement on, to settle, to arrange. **convenzionarsi** *v.i.pron.* to reach an agreement.

convenzionato *a.* **1** agreed (upon), fixed, arranged. **2** (*di clinica, ecc.*) operating within the National Health Service. **3** (*di medico*) on the panel.

convenzione *f.* **1** (*accordo privato*) agreement, contract: *alcune cliniche hanno una* ~ *con le USL* some clinics have an agreement with the National Health Service. **2** (*Pol., Stor.*) convention: *Convenzione Nazionale* National Convention. **3** (*regole tradizionali*) convention, (the) conventions: *appartiene a una famiglia che rispetta le convenzioni* he belongs to a family that observes the conventions.

convergente *a.* **1** converging: *linee convergenti* converging lines. **2** (*fig.*) convergent.

convergenza *f.* convergence (*anche fig.*).

convergere *v.i.* **1** to converge (*in, su, verso* in). **2** (*fig.*) to converge (on, towards), to be directed (towards).

conversa *f.* (*Rel.*) lay sister.

conversare *v.i.* to talk, to make* conversation (*di* about, of, on): ~ *del più e del meno* to talk about this and that; (*chiacchierare*) to chat.

conversatore *m.* talker, conversationalist.

conversazione *f.* talk, conversation: *sostenere la* ~ to keep the conversation going. □ ~ *telefonica* telephone call (*o* conversation).

conversione *f.* **1** (*Rel., Pol.*) conversion: ~ *politica* political conversion. **2** (*mutamento di direzione*) turn(ing); (*Aut.*) U turn; (*Mil.*) wheel(ing). **3** (*Econ., Chim., Fis.*) conversion. □ ~ *a destra* (*Strad.*) turn to the right; (*Mil.*) right wheel.

convertibile *a./s.f.* convertible. □ *titoli convertibili* convertible securities.

convertibilità *f.* convertibility: ~ *della moneta* convertibility of currency.

convertire *v.t.* **1** to convert. **2** (*trasformare*) to turn, to change (*in* to, into). **3** (*Econ., Chim., Fis.*) to convert. **convertirsi** *v.r.* **1** to be (*o* become*) converted: *convertirsi al cattolicesimo* to be converted to Catholicism. **2** (*trasformarsi*) to turn, to change, to be converted (*o* changed) (*in* into, to). **3** (*Chim., Fis.*) to be converted.

convertitore I *s.m.* (*El.*) convertor, converter. **II** *a.* (*Rad.*) converter-, converting.

convessità *f.* convexity.

convesso *a.* convex.

convincente *a.* convincing.

convincere I *v.t.* to convince, to persuade: *come posso convincerti della sua buona fede?* how can I convince you of his good faith? **II** *v.i.* to be convincing. **convincersi** *v.r.* to be (*o* become*) convinced, to be persuaded.

convincimento *m.* conviction, persuasion.

convinto *a.* convinced, persuaded: *un cattolico* ~ a convinced Catholic. □ *un rivoluzionario* ~ an out and out revolutionary.

convinzione *f.* conviction, persuasion; (*opinione*) opinion, (firm) belief: *convinzioni politiche* political opinions.

convitato *m.* guest.

convito *m.* feast, banquet.

convitto I *s.m.* boarding-school. **II** *a.* boarding.
convittore *m.* boarder, pupil (of a boarding -school).
convivente I *a.* cohabiting, living together. **II** *s.m./f.* cohabitant. □ *un uomo e la sua* ~ a man and his common-law wife.
convivenza *f.* living together, cohabitation.
convivere *v.i.* **1** to live (together). **2** (*di coppie*) to cohabit.
convocare *v.t.* **1** (*una riunione*) to convene, to call together, to summon. **2** (*riunire*) to rally, to call together, to assemble. □ *i candidati sono convocati per le otto* the applicants are convened for eight o'clock.
convocazione *f.* **1** convocation, convening, summons *sing.* **2** (*riunione*) meeting.
convogliare *v.t.* **1** (*dirigere*) to direct, to send*; (*condurre*) to convey, to conduct, to transport. **2** (*trasportare*) to carry (along), to transport, to convey; (*in condutture*) to pipe.
convoglio *m.* **1** (*treno*) train. **2** (*funebre*) funeral procession. **3** (*Mar., Mil.*) convoy. □ ~ *militare* troop convoy.
convolare *v.i.* to fly* together. □ (*scherz.*) ~ *a (giuste) nozze* to get married.
convulsione *f.* **1** (*Med.*) convulsion. **2** (*manifestazione parossistica*) fit, paroxysm: *avere le convulsioni* to throw a fit.
convulsivo *a.* convulsive.
convulso I *a.* **1** convulsive, nervous: *tremito* ~ nervous trembling. **2** (*incontrollato*) violent, uncontrollable, convulsive. **II** *s.m.* **1** convulsion. **2** (*manifestazione parossistica*) fit, paroxysm: *fu preso da un* ~ *di riso* he went into fits of laughter. □ *tosse convulsa* whooping cough.
COOP = *Cooperativa* Cooperative Society.
cooperare *v.i.* to co-operate (*a* in), to contribute (to).
cooperativa *f.* **1** co-operative, society. **2** (*negozio*) co-operative, co-op. □ ~ *di consumo* cooperative store.
cooperativismo *m.* co-operativism.
cooperativo *a.* co-operative.
cooperatore *m.* co-operator.
cooperazione *f.* co-operation (*anche Econ.*).
coordinamento *m.* co-ordination.
coordinare *v.t.* to co-ordinate (*anche Gramm.*).
coordinata *f.* **1** (*Mat., Geog., Astr.*) co-ordinate. **2** (*Gramm.*) co-ordinate clause.
coordinato *a.* **1** co-ordinated. **2** (*Mat., Gramm.*) co-ordinate. **3** (*abito*) suit, outfit. □ *proposizione coordinata* co-ordinate clause.
coordinatore *m.* co-ordinator.
coordinazione *f.* co-ordination.
copale *f./m.* **1** (*resina*) copal-(gum). **2** (*pelle lucida*) patent leather.
copeco *m.* (*moneta*) kopeck, copeck.
Copenaghen *N.pr.f.* (*Geog.*) Copenhagen.
coperchio *m.* lid, cover.
copernicano *a.* Copernican.
coperta *f.* **1** (*da letto*) blanket; (*da viaggio*) rug. **2** (*Mar.*) (*ponte scoperto*) deck. □ **ficcarsi** *sotto le coperte* to snuggle down under the blankets; ~ **imbottita** quilt; (*Mar.*) **in** ~ on deck; (*Mar.*) **sotto** ~ below deck; (*Mar.*) **tutti** *in* ~! all hands on deck!
copertina *f.* **1** (*di libri: sopraccoperta*) (dust-) jacket, (dust-) cover. **2** (*Legatoria*) (book) cover; (*non rigida*) paperback, soft cover. □ *ragazza* ~ covergirl.
coperto[1] **I** *a.* **1** covered (*anche fig.*): *monte* ~ *di neve* mountain covered with snow; (*rif. a piante*) overgrown (with); (*cosparso*) covered, scattered, strewn, spread (*di* with): *un campo* ~ *di fiori* a field covered (*o* strewn) with flowers. **2** (*protetto da tetto*) roofed-over, roofed-in, covered. **3** (*chiuso con coperchio*) covered, with the lid on. **4** (*vestito*) dressed, clothed: *un mendicante* ~ *di stracci* a beggar dressed in rags. **5** (*nuvoloso*) overcast, cloudy. **6** (*chiuso*) closed, covered: *vettura coperta* closed vehicle. **7** (*Econ.*) covered, provided with funds. **8** (*nascosto alla vista*) covered, hidden, concealed. **II** *s.m.* cover, covered place; (*riparo*) shelter. □ *il danno è* ~ *dall'***assicurazione** the damage is covered by the insurance; *a* **capo** ~ with one's head covered; **dormire** *al* ~ to sleep indoors (*o* under cover); **essere** *al* ~ to be sheltered (*o* under cover); (*fig.*) to be safe (*o* secure).
coperto[2] *m.* **1** (*insieme di piatti e posate*) cover, place. **2** (*prezzo*) cover charge.
copertone *m.* **1** (*telone*) tarpaulin. **2** (*Aut.*) tyre, (*am.*) tire.
copertura *f.* **1** covering; (*con un tetto*) roofing-over, roofing-in. **2** (*la cosa con cui si copre*) cover(ing). **3** (*fig.*) cover-up, screen. **4** (*Edil.*) roof(ing), covering. **5** (*Econ.*) cover(ing), coverage: ~ *bancaria* bank coverage.
copia[1] *f.* **1** copy. **2** (*riproduzione*) reproduction, copy. **3** (*esemplare*) copy. **4** (*fig.*) (living) image, picture. **5** (*Fot., Cin.*) print. **6** (*con carta copiativa: rif. a disegno*) tracing, traced design. □ ~ **autentica(ta)** certified copy; **bella** ~ fair copy, final draft; **brutta** ~ (*minuta*) rough copy, draft; ~ **conforme** true copy; ~ **fotostatica** photostat; **in** ~ copied, with a copy (of); (*burocr.*) **in** *duplice* ~ in duplicate; ~ *in* **omaggio** complimentary copy.
copia[2] *f.* (*lett.*) (*abbondanza*) abundance, plenty.
copiare *v.t.* **1** (*trascrivere*) to copy: ~ *una lettera* to copy a letter. **2** (*ricalcare: con carta carbone*) to make* a carbon copy of; (*con carta trasparente*) to trace. **3** (*rif. a opera d'arte*) to copy, to make* a reproduction of. **4** (*Scol.*) to crib. □ ~ *in* **bella** *qc.* to make a fair copy of s.th.; ~ *a* **macchina** to type (out).
copiativo *a.* copying. □ *inchiostro* ~ indelible ink.
copiatrice *f.* copying-machine; (*fotocopiatrice*) Xerox copier.
copiatura *f.* **1** copying; transcription; (*con la macchina da scrivere*) typing. **2** (*a ricalco*)

tracing. **3** (*plagio*) imitation, copy. **4** (*Scol.*) crib.

copione *m.* (*Teat., Cin., Rad.*) script.

copiosità *f.* (*lett.*) copiousness, plenty.

copioso *a.* (*lett.*) copious, plentiful, abundant.

copista *m./f.* copyist; (*a macchina*) typist.

copisteria *f.* copying office, typing agency (*o* office).

coppa *f.* **1** goblet, glass, (drinking-)cup; (*rif. a gelato*) ice-cream cup. **2** (*Archeologia*) goblet, beaker. **3** (*contenuto*) goblet(ful), cup(ful), glass(ful). **4** (*Sport*) cup, trophy. **5** (*Mecc.*) (*dell'olio*) oil sump.

coppia *f.* **1** couple, pair: *le è nata una* ~ *di gemelli* she has had (a pair of) twins; (*rif. a selvaggina*) brace. **2** (*marito e moglie*) (married) couple. **3** (*Sport*) pair, partners *pl.* **4** (*due carte uguali*) pair. **5** (*Fis.*) torque, couple. □ *gara* **a** *coppie* doubles *pl.*; *formare una* **bella** ~ to make a handsome couple; ~ *di* **buoi** yoke of oxen; **fare** ~ *con qd.* to pair off with s.o.; *giocare* **in** ~ *con qd.* to play with a partner.

coppiere *m.* cup-bearer.

coppo *m.* **1** (*orcio*) oil-jar. **2** (*tegola*) pantile.

copricapo *m.* head-gear; (*cappello*) hat.

coprifuoco *m.* curfew.

copriletto *m.* bedspread, bedcover.

coprire *v.t.* **1** to cover: *la neve copriva i monti* the snow covered the mountains. **2** (*chiudere col coperchio*) to cover, to put* the lid on. **3** (*coprire con coperte*) to cover up, to draw* the bedclothes over: *lo mise nella culla e lo coprì* she put him to cradle and covered him up. **4** (*vestire*) to cover up, to wrap (up), to dress (warmly). **5** (*nascondere alla vista*) to conceal, to hide*. **6** (*proteggere*) to shelter, to protect: ~ *le fragole con la paglia* to protect strawberries with straw. **7** (*rif. a uffici, cariche, ecc.*) to hold*, to fill: ~ *una carica* to hold a post. **8** (*superare d'intensità: rif. a suoni*) to drown, to smother. **9** (*percorrere*) to cover: *coprì gli otto chilometri in un'ora* he coverd the eight kilometres in an hour. **10** (*Comm., Mil.*) to cover. **11** (*rif. a animali: montare*) to cover, to mount. **12** (*fig.*) (*colmare: rif. a onori, insulti*) to load (*di* with); (*di gentilezze*) to overwhelm (*di* with). **coprirsi** *v.r.* **1** to cover (*anche fig.*): *coprirsi il volto con le mani* to cover one's face in one's hands; *coprirsi d'infamia* to cover o.s. with shame. **2** (*vestirsi*) to wrap (o.s.), to dress. **3** (*annuvolarsi*) to grow* overcast, to cloud over. **4** (*scherma*) to guard, to be on (one's) guard. □ ~ *qd. di* **ridicolo** to heap ridicule on s.o.; ~ *le* **spese** to cover expenses.

copriteiera *m./f.* tea-cosy.

coproduzione *f.* (*Cin.*) coproduction.

coprotagonista *f./m.* (*Cin.*) co-star.

copula *f.* **1** copulation. **2** (*Gramm.*) copula.

copulativo *a.* copulative.

coque *fr.* [kok] *f.*: (*Gastr.*) *uovo alla* (o *à la*) ~ soft-boiled egg.

coraggio *m.* **1** courage, bravery: *dimostrare* ~ to show courage; (*in guerra*) valour, (*am.*) valor; (*ardimento*) boldness; (*fegato*) grit, (*fam.*) guts *pl.* **2** (*impudenza*) effrontery, impudence, (*fam.*) nerve, cheek. **3** (*esclam.*) don't be afraid; (*avanti*) come on; (*su con il morale*) cheer up. □ **avere** *il* ~ to have the courage: *avere il* ~ *delle proprie opinioni* to have the courage of one's convictions; (*avere la forza d'animo*) to have the heart: *non ho avuto il* ~ *di dire di no* I hadn't the heart to say no; (*avere la sfacciataggine*) to have the nerve (*o* cheek); **fare** ~ *a qd.* to encourage (*o* comfort) s.o.; **farsi** ~ to pluck up courage; ~ *da* **leone** lion-heartedness; **perdere** (o *perdersi di*) ~ to lose heart, to become discouraged.

coraggioso *a.* brave, courageous; (*ardito*) bold; daring; (*valoroso*) gallant.

corale I *a.* **1** choral: *musica* ~ choral music. **2** (*fig.*) (*unanime*) unanimous. **II** *s.m.* **1** (*Mus.*) chorale. **2** (*libro*) choir-book.

corallifero *a.* coral-, coralliferous. □ *banco* ~ coral reef.

corallino *a.* coral-, coralline (*anche fig.*).

corallo *m.* (*Zool.*) coral.

coramella *f.* strop.

corano *m.* Koran.

corata, **coratella** *f.* (*Macelleria*) pluck.

corazza *f.* **1** cuirass. **2** (*nel rugby*) chest -protector; (*nella scherma*) fencing jacket. **3** (*Mil.*) armour. **4** (*Zool.*) carapace, shell.

corazzare *v.t.* **1** (*Mil.*) to fortify (*anche fig.*). **2** (*Mar. mil.*) to armour(-plate). **corazzarsi** *v.r.* (*fig.*) (*premunirsi*) to arm o.s.

corazzata *f.* (*Mar. mil.*) battleship.

corazzato *a.* **1** (*Mil., Mar.*) armoured. **2** (*fig.*) hardened. □ *divisioni corazzate* armoured divisions.

corazziere *m.* (*Mil.*) cuirassier.

corbelleria *f.* (*pop.*) **1** (*atto sciocco*) folly, foolishness. **2** (*discorso sciocco*) nonsense, rubbish. **3** (*sproposito*) howler. □ *dire un sacco di corbellerie* to talk a lot of nonsense.

corbello[1] *m.* basket.

corbello[2] *m.* (*volg.*) ball.

corda *f.* **1** cord; (*fune*) rope; (*cordicella*) string. **2** (*di strumenti musicali*) string: *le corde del violino* the violin strings. **3** (*Ginn.*) (*per saltare*) rope, (*am.*) jump rope. **4** (*Sport*) (*del ring*) rope. **5** (*Anat.*) c(h)ord: *corde vocali* vocal chords. □ ~ *dell'***arco** bowstring; (*fig.*) *mettere la* ~ *al* **collo** *a qd.* to hold a knife to s.o.'s throat; (*fig.*) **dare** ~ *a qd.* (*prestargli ascolto*) to encourage s.o. to talk; (*fig.*) *essere* **giù** *di* ~ to be depressed, to feel low; **mettere** *l'avversario alle corde* to put one's opponent on the ropes; **mostrare** *la* ~ (*essere logoro*) to be threadbare; (*fig.*) to wear thin; **saltare** *con la* ~ to skip; **scala** *a* (o *di*) ~ rope-ladder; **scarpe** *di* ~ rope-sandals; (*fig.*) **tagliare** *la* ~ to slip away, to sneak off; **tirare** *troppo la* ~ to go too far.

cordame *m.* **1** cordage. **2** (*Mar.*) rigging.

cordata *f.* (*in montagna*) (group on one) rope, roped party. ▭ **in** ~ on the rope; **legarsi** *in* ~ to rope up.

cordiale[1] *a.* warm, cordial, friendly, hearty, genial: *un'accoglienza* ~ a warm welcome; *un sorriso* ~ a genial smile. ▭ *cordiali saluti* best wishes, kind regards.

cordiale[2] *m.* (*bevanda*) cordial.

cordialità *f.* cordiality, warmth, geniality.

cordialmente *avv.* warmly, cordially, heartily: *salutare* ~ *qd.* to greet s.o. warmly. ▭ (*epist.*) *ti saluto molto* ~ with kindest regards.

cordigliera *f.* (*Geog.*) cordillera.

cordoglio *m.* **1** (*dolore*) sorrow, grief, affliction. **2** (*condoglianze*) condolences *pl.*, sympathy.

cordoncino *m.* cord, twist string, twine; (*per ornamento*) braid.

cordone *m.* **1** cord, string: ~ *della tenda* curtain cord. **2** (*Araldica*) cordon, ribbon. **3** (*Strad.*) (*per delimitare i marciapiedi*) kerb; (*am.*) curb. **4** (*schieramento di agenti e sim.*) cordon, chain. **5** (*Arch.*) string-course, cordon. **6** (*Anat.*) cord. ▭ *i cordoni della* **borsa** the purse-strings; ~ *del* **campanello** bell-pull; *il* ~ *di una* **lampada** the flex of a lamp; (*Anat.*) ~ **ombelicale** umbelical cord; ~ *di* **polizia** police cordon; ~ **sanitario** sanitary cordon.

Corea *N.pr.f.* (*Geog.*) Korea.

coreano *a./s.m.* Korean.

coreografia *f.* choreography.

coreografico *a.* **1** choreographic. **2** (*fig.*) (*spettacolare*) spectacular.

coreografo *m.* choreographer.

coriaceo *a.* **1** leathery, tough, coriaceous: *foglia coriacea* coriaceous (*o* tough) leaf. **2** (*fig.*) (*rif. a persona*) hard, (*fam.*) tough.

coriandoli *m.pl.* confetti *pl.*

coricare *v.t.* (*adagiare*) to lay* down; (*mettere a letto*) to put* to bed. **coricarsi** *v.i.pron.* **1** to lie* down; (*andare a letto*) to go* to bed. **2** (*rif. al sole; tramontare*) to set*.

Corinto *N.pr.f.* (*Geog.*) Corinth.

corinzio *a./s.m.* Corinthian (*anche Arch.*).

corista *m./f.* **1** member of a choir; (*ragazzo*) choir-boy, chorister. **2** (*Mus.*) diapason.

cornacchia *f.* (*Zool.*) rook.

cornamusa *f.* (*Mus.*) bagpipes *pl.*

cornata *f.* butt, goring: *ricevere una* ~ to be gored.

cornea *f.* (*Anat.*) cornea.

corneale *a.*: *lenti corneali* contact lenses.

corneo *a.* horny, corneous.

cornetta *f.* **1** (*Mus.*) (*strumento*) cornet. **2** (*suonatore*) cornetist; (*am.*) cornettist. **3** (*region.*) (*ricevitore del telefono*) receiver.

cornetto *m.* **1** (*amuleto*) horn-shaped amulet. **2** (*Gastr.*) croissant. **3** (*gelato*) cornet. **4** (*fagiolino*) French bean. ▭ ~ *acustico* hearing -aid.

cornice *f.* **1** frame (*anche fig.*): *la* ~ *del quadro* the picture-frame. **2** (*ambientazione di racconto e sim.*) framework. **3** (*Arch.*) cornice, drip-stone; (*modanatura*) moulding. **4** (*di montagna*) narrow ledge.

corniciaio *m.* **1** (*fabbricante*) frame-maker. **2** (*venditore*) seller of frames.

cornicione *m.* (*Edil.*) cornice; (*modanatura*) moulding.

cornificare *v.t.* (*scherz.*) (*tradire: la moglie*) to be unfaithful to; (*il marito*) to cuckold.

corniola *f.* (*Min.*) cornelian.

corno *m.* **1** horn: *le corna del bue* an ox's horns. **2** *pl.* (*ramificate*) antlers *pl.* **3** (*amuleto*) horn-shaped amulet, horn. **4** (*materia*) horn: *bottoni di* ~ horn buttons. **5** (*calzascarpe*) shoehorn. **6** (*scherz.*) (*bernoccolo*) bump (on the head). **7** (*Mus.*) (French) horn. ▭ (*scherz.*) **avere** *le corna* (*rif. al marito*) to be a cuckold; (*rif. alla moglie*) to have an unfaithful husband; (*Mus.*) ~ *da* **caccia** hunting horn; (*pop.*) *non hai* **capito** *un* ~ you haven't understood a blasted word; **di** ~ horn-, made of horn; (*fig.*) **dire** *corna di qd.* to run s.o. down; (*pop.*) **facciamo** *le corna!* (*come scongiuro*) let's keep our fingers crossed!, touch wood!; (*volg.*) *non m'***importa** *un* ~ I don't give a damn; (*Mus.*) ~ **inglese** English horn; (*fig.*) *prendere il* **toro** *per le corna* to take the bull by the horns. | (*volg.*) *un* ~! like hell!

cornucopia *f.* cornucopia, horn of plenty.

cornuto *a.* **1** horned, with horns: *animale* ~ horned animal. **2** (*volg.*) (*persona tradita dal coniuge*) deceived; (*rif. al marito*) cuckolded.

coro *m.* **1** (*Teat., Mus.*) chorus. **2** (*cantori*) choir. **3** (*parte dell'abside*) choir, chancel; (*stalli per i cantori*) choir-stalls *pl.* **4** (*fig.*) chorus(ing): *un* ~ *di protesta* a chorus of protest. ▭ **maestro** *del* ~ choirmaster; *cori di* **montagna** mountain choirs.

corolla *f.* (*Bot.*) corolla.

corollario *m.* (*Filos., Mat.*) corollary.

corona *f.* **1** crown; (*corona nobiliare*) coronet. **2** (*ghirlanda*) garland, wreath: ~ *d'alloro* laurel wreath. **3** (*fig.*) (*regno*) throne, crown. **4** (*di persone*) circle, ring. **5** (*rosario*) rosary, beads *pl.* **6** (*la parte più folta dell'albero*) crown, head. **7** (*moneta inglese*) crown; (*moneta svedese*) krona. **8** (*Mus.*) pause-sign, corona. **9** (*Astr.*) (*alone*) corona, halo. **10** (*Anat.*) (*parte del dente*) crown. ▭ *i* **beni** *della Corona* Crown estate; **cingere** *la* ~ to assume the crown; *i* **gioielli** *della Corona* the Crown jewels; **rinunciare** *alla* ~ to renounce the throne.

coronamento *m.* **1** (*compimento*) climax, culmination; (*finale*) achievement. **2** (*Edil.*) coping, crowning part. **3** (*Mar.*) taffrail.

coronare *v.t.* **1** (*circondare*) to ring, to encircle, to surround. **2** (*fig.*) (*compiere adeguatamente*) to crown.

coronaria *f.* (*Anat.*) coronary (artery).

coronarico *a.* (*Med.*) coronary.

coronario *a.* coronary (*anche Anat.*).

corpino *m.* (*di abito femminile*) bodice.

corpo *m.* **1** body (*anche estens.*): *il ~ umano* the human body; *i corpi celesti* the heavenly bodies. **2** (*corporatura*) physique, build, frame; (*figura*) figure. **3** (*cadavere*) (dead) body, corpse. **4** (*parte centrale: di un oggetto*) body, central (*o* main) part; (*di una costruzione*) main body. **5** (*raccolta*) body, corpus: *~ di leggi* body of laws. **6** (*collettività di persone*) body, corps; (*personale*) staff, personnel: *il ~ insegnante* the teaching staff. **7** (*forma*) shape, form: *il progetto prende ~* the project is taking shape. **8** (*robustezza*) strength; (*rif. a carta*) bulk; (*rif. a vino*) body; (*rif. a voce*) body, strength, range; (*densità*) thickness, density; (*rif. a stoffa*) body. **9** (*Mil.*) (*specialità militare*) corps, force. **10** (*Tip.*) point size, type size. **11** (*Anat.*) corpus: *~ calloso* corpus callosum. □ (*a*) *~* **a** *corpo* hand-to-hand; *~* **accademico** academic body; **andare** *di ~* to evacuate the bowels; (*Mil.*) *~ d'***armata** army corps; *~ di* **ballo** corps de ballet; (*Tip.*) *~ dei* **caratteri** type size; *~* **consolare** consular corps; *~* **contundente** blunt instrument; (*fig.*) **darsi** *anima e ~ a qc.* to devote o.s. heart and soul to s.th.; *~* **diplomatico** diplomatic corps; *~* **estraneo** foreign body; (*Mil.*) *~ di* **guardia** guardroom; **guardia** *del ~* bodyguard; (*fig.*) *avere* **in** *~ qc.* to be full of s.th., to be consumed with s.th.: *ha molta rabbia* **in** *~* he is furious; *~* **legislativo** legislative body; (*Sport*) *esercizio a ~* **libero** free standing exercise; *a ~* **morto** (*pesantemente*) heavily, like a dead weight; (*con accanimento*) with all one's strength, whole-heartedly; (*di notizie*) **prendere** *~* to gain credit; **senza** *~* bodiless, incorporeal; (*fig.*) (*infondato*) groundless.

corporale *a.* corporal, bodily.

corporativismo (*Stor., Pol.*) *m.* corporativism.

corporativo *a.* corporative.

corporatura *f.* build, physique, frame.

corporazione *f.* **1** association. **2** (*di arti e mestieri*) guild.

corporeo *a.* bodily, physical, corporeal.

corpulento *a.* corpulent, stout, bulky.

corpuscolo *m.* corpuscle (*anche Fis., Anat.*).

Corpus Domini *m.* (*Rel.*) Corpus Christi.

Corrado *N.pr.m.* Conrad.

corredare *v.t.* **1** to fit out, to equip, to supply, to provide (*di* with). **2** (*fig.*) to furnish (*di* with), to add (to); (*rif. a documenti e sim.*) to attach (*di* to).

corredino *m.* (*per neonato*) layette.

corredo *m.* **1** outfit, equipment; (*di strumenti*) equipment, kit. **2** (*rif. a sposa*) trousseau. **3** (*fig.*) (*rif. a nozioni*) fund, store, wealth: *un ampio ~ di cognizioni* a rich store of knowledge. □ *~ cromosomico* chromosome complement.

correggere *v.t.* **1** to correct, to rectify: *~ un errore* to correct (*o* rectify) an error. **2** (*rettificare*) to adjust, to rectify: *~ il tiro* to adjust one's fire. **3** (*rif. a bevanda*) to lace (with spirits), to flavour: *~ il caffè con cognac* to lace a cup of coffee with brandy. **correggersi** *v.r.* **1** (*liberarsi di un vizio*) to get* rid (*di* of). **2** to correct o.s. □ *~ le bozze* to read the proofs.

correggia *f.* strap, belt.

correggibile *a.* corrigible.

correità *f.* (*Dir.*) complicity.

correlativo *a.* correlative (*anche Gramm.*).

correlazione *f.* correlation.

correligionario **I** *a.* of the same religion. **II** *s.m.* coreligionist.

corrente[1] *a.* **1** running, flowing: *acqua ~* running water. **2** (*fig.*) (*fluente*) flowing, smooth, fluent: *parla un inglese ~* he speaks fluent English. **3** (*rif. al tempo*) current, present; (*Comm.*) instant: *in risposta alla vostra del 15 ~* in reply to your letter of the 15th instant (*o* inst.). **4** (*rif. a valuta: in corso*) current, that is legal tender. **5** (*in vigore*) current: *prezzo ~* current price. **6** (*diffuso, comune*) current, common, ordinary; (*convenzionale*) conventional: *la morale ~* conventional (*o* generally-accepted) moral standards. **7** (*andante*) standard, ordinary; (*di poco prezzo*) cheap. □ *essere* **al** *~ di qc.* to be informed of s.th.; *mettere qd.* **al** *~ di qc.* to inform s.o. about s.th.; *tenere* **al** *~ di qc.* to keep s.o. informed of (*o* about, on) s.th.; *tenersi* **al** *~* to keep up to date; **opinione** *~* current opinion; **parola** *~* word in common use; *la* **settimana** *~* this week; **uso** *~* common usage.

corrente[2] *f.* **1** current, stream: *la ~ del fiume è molto forte* the current of the river is very strong. **2** (*rif. ad aria*) current (of air); (*spiffero*) draught. **3** (*massa di materia fluida*) stream, flow: *~ di lava* stream of lava. **4** (*fig.*) (*tendenza di opinione*) current of thought, trend of opinion; (*fazione*) faction, wing. **5** (*fig.*) (*orientamento*) trend, current. **6** (*El.*) current. □ *~* **continua** direct (*o* continuous) current; **contro** *~* (*rif. a fiumi*) upstream, against the current (*o* stream): *navigare contro ~* to sail upstream; (*fig.*) against the tide (*o* general trend); *~* **elettrica** electric current; (*Geog.*) *~ del* **Golfo** Gulf Stream; *~* **industriale** power current; *è* **mancata** *la ~* there has been a power-cut; *~* **marina** (o *di mare*) sea current; *~ di* **pensiero** current (*o* trend) of thought; **presa** *di ~* socket; **seguire** *la ~* to swim with the tide.

correntista *m./f.* current account holder.

correo *m.* (*Dir.*) accomplice; (*Leg.*) codefendant.

correre **I** *v.i.* **1** to run*: *dovetti ~ per raggiungerlo* I had to run to catch up with him; (*rif. a veicoli*) to speed* (along), to travel (fast). **2** (*affrettarsi*) to hurry, to be quick; (*precipitarsi*) to rush. **3** (*scorrere*) to run*, to flow: *un brivido gli corse lungo la schiena* a shiver ran down his spine. **4** (*seguire un certo percorso*) to run*, to go*: *la ferrovia* *corre lungo il fiume* the railway runs alongside (of) the river. **5** (*rif. a tempo: intercorrere*) to pass, to go* by; (*intens.*) to fly* (by): *come corre il tempo!* how time flies!; (*essere in corso*) to be: *correva l'anno 1990* it was 1990; (*intercorrere*) to be between, to intervene: *tra i due avvenimenti corrono due anni* there are two years between the two events. **6** (*fig.*) (*diffondersi*) to circulate, to go* around: *corrono brutte voci sul suo conto* ugly rumours about him are going around. **7** (*fig.*) (*dirigersi involontariamente*) to go*, to fly*: *la mano gli corse alla pistola* his hand flew to his pistol; (*rif. a pensiero: rivolgersi*) to turn. **8** (*Sport*) (*partecipare a una gara*) to (take* part in a) race. **II** *v.t.* **1** (*percorrere: con veicoli*) to travel over, to drive* along (*o* over, about); (*a piedi*) to walk (over, about); (*a cavallo*) to ride* over. **2** (*Sport*) to run*. □ ~ *in* **aiuto** *di qd.* to run to s.o.'s aid; ~ *alle* **armi** to fly to arms; ~ *a* **chiamare** *aiuto* to run for help; ~ **dietro** *a qd.* to run after s.o.: ~ *dietro alle donne* to run after women; *il* **discorso** *corre meglio* the speech flows better; ~ *come il* **fulmine** to run like lightning; ~ **fuori** to run out (*o* outside), to rush out; (*fig.*) **lasciar** ~ (*non intervenire*) to let things take their course; (*sorvolare*) to turn a blind eye to s.th.; ~ *come una* **lepre** to run like a hare; ~ *i* **mari** to sail the seas; **mettersi** *a* ~ to break into a run; *ci corre* **molto** there's a big (*o* lot of) difference; *un* **mormorio** *corse tra la folla* a murmur ran through the crowd; ~ *un* **pericolo** to be in danger; ~ *ai* **ripari** to take measures; ~ *un* **rischio** to run a risk; *tra i due non corre buon* **sangue** there is bad blood between the two; *coi* **tempi** *che corrono* as things are at present; *far* ~ *una* **voce** to spread rumours; *corre* **voce** it is rumoured (*o* said); **voci** *che corrono* rumours *pl.*

corresponsabile **I** *a.* jointly responsible (*o* liable); (*colpevole*) accessory. **II** *s.m./f.* accomplice, accessory.

corresponsione *f.* (*Comm.*) payment.

correttezza *f.* **1** correctness. **2** (*onestà*) honesty. **3** (*Sport*) fair play.

correttivo *a./s.m.* corrective. □ *ginnastica correttiva* corrective exercises.

corretto **I** *a.* **1** (*privo di errori*) correct, right. **2** (*onesto*) honest, fair, straightforward. **3** (*educato*) civil, polite: *contegno* ~ correct conduct, polite manners. **4** (*rif. a bevande*) laced. **II** *avv.* correctly.

correttore *m.* **1** corrector. **2** (*Tip.*) reader. □ *liquido* ~ correcting fluid.

correzione *f.* **1** correction (*anche tecn.*), revision: ~ *dei temi* correction of the compositions. **2** (*Tip.*) reading: ~ *delle bozze* proof-reading. □ *casa di* ~ reformatory.

corrida *f.* bullfight.

corridoio *m.* corridor, passage(-way); (*rif. a treno*) corridor; (*rif. al Parlamento*) lobby; (*rif. a teatro, cinema*) aisle. □ ~ **aereo** air lane, corridor; **voci** *di* ~ unconfirmed reports.

corridore **I** *a.* running, racing; (*rif. a animali*) cursorial. **II** *s.m.* **1** (*a piedi*) runner, racer; (*su veicolo*) driver. **2** (*cavallo da corsa*) racehorse. □ ~ *automobilista* racing motorist (*o* driver), motorracer.

corriera *f.* **1** coach. **2** (*di linea*) local bus.

corriere *m.* **1** (*Stor.*) messenger, courier. **2** (*chi trasporta merci*) carrier, forwarding agent. **3** (*Giorn.*) Mail, Courier. □ ~ **diplomatico** (*la persona*) (diplomatic) courier; (*la corrispondenza*) diplomatic bag; ~ *della* **droga** drug runner.

corrimano *m.* handrail; (*di scale*) bannister.

corrispettivo **I** *a.* corresponding, equivalent. **II** *s.m.* (*compenso*) compensation; (*equivalente*) equivalent.

corrispondente **I** *a.* corresponding, equivalent (*anche Geom.*). **II** *s.m./f.* correspondent (*anche Giorn., Comm.*).

corrispondenza *f.* **1** correspondence, accordance, agreement, harmony. **2** (*carteggio*) correspondence; (*posta*) post, mail. **3** (*Giorn.*) dispatch, report. **4** (*reciprocità di sentimenti*) reciprocity, requital. □ ~ **amorosa** love letters; (*burocr.*) ~ *in* **arrivo** *e in partenza* incoming and outgoing mail; **essere** *in* ~ *con qd.* to carry on (*o* keep up) a correspondence with s.o.; ~ **inevasa** unanswered mail; *corso* **per** ~ correspondence (*o* postal) course; **scuola** *per* ~ correspondence school; **vendita** *per* ~ mail order.

corrispondere **I** *v.i.* **1** to correspond (*a* with, to), to agree, to tally, to square (with), to match (s.th.): *il locale corrispondeva alla descrizione* the room corresponded (*o* answered) to the description. **2** (*equivalere*) to be the equivalent (of), to be tantamount (to). **3** (*coincidere*) to coincide. **4** (*soddisfare*) to be equal (to), to answer, to meet*, to fulfil, to come* up to: ~ *all'attesa* to come up to expectations. **5** (*contraccambiare*) to return, to reciprocate. **6** (*essere in corrispondenza*) to correspond (*con* with). **II** *v.t.* **1** (*pagare*) to pay*, to remit, to give*. **2** (*contraccambiare*) to reciprocate, to requite. □ *non* ~ *alle* **aspettative** to disappoint; ~ *alle* **esigenze** to meet requirements; ~ *a* **verità** to be true.

corrisposto *a.* **1** requited, reciprocal, mutual: *un affetto* ~ a reciprocal affection. **2** (*rif. a denaro*) paid: *la somma corrisposta* the sum paid.

corroborante **I** *a.* strengthening, fortifying, corroborant. **II** *s.m.* corroborant; (*Farm.*) tonic.

corroborare *v.t.* to strengthen, to fortify, to invigorate.

corrodere *v.t.* **1** to corrode, to eat* (*o* wear*) away. **2** (*fig.*) to corrode, to wear* away (*o* down), to eat* into. **corrodersi** *v.i.pron.* to corrode, to wear* away.

corrompere *v.t.* **1** (*guastare*) to spoil*, to rot;

(*contaminare*) to pollute, to contaminate, to foul. **2** (*fig.*) to corrupt, to deprave. **3** (*con denaro e sim.*) to corrupt, to bribe: ~ *un funzionario* to bribe an official. **4** (*rif. a lingua*) to corrupt. **corrompersi** *v.i.pron.* **1** (*andare in putrefazione*) to rot, to decay, to be spoiled (*o* contaminated). **2** (*fig.*) to become* corrupted.

corrosione *f.* corrosion (*anche Geol.*).

corrosivo I *a.* **1** corrosive. **2** (*fig.*) corrosive, caustic. **II** *s.m.* corrosive.

corroso *a.* corroded, eaten (*o* worn) away.

corrotto *a.* **1** (*depravato*) corrupt, depraved: *società corrotta* corrupt society. **2** (*contaminato*) polluted, contaminated. **3** (*con denaro e sim.*) corrupt, bribed.

corrucciarsi *v.i.pron.* to grow* angry; (*in viso*) to frown, to scowl.

corrucciato *a.* **1** (*adirato*) angry, cross, vexed. **2** (*che esprime corruccio*) frowning, worried.

corruccio *m.* anger, vexation, annoyance.

corrugamento *m.* **1** wrinkling; (*rif. a fronte, ciglia*) knitting, frowning. **2** (*Geol.*) folding.

corrugare *v.t.* (*increspare*) to wrinkle, to corrugate, to crease; (*rif. alla fronte*) to knit. **corrugarsi** *v.i.pron.* **1** (*incresparsi*) to wrinkle, to corrugate; (*rif. a fronte, ciglia*) to knit. **2** (*Geol.*) to fold.

corruttibile *a.* **1** perishable, corruptible: *cibi corruttibili* perishable food. **2** (*con denaro*) bribable, open to bribery.

corruttibilità *f.* corruptibility.

corruttore I *s.m.* corrupter; (*con denaro*) briber. **II** *a.* corrupting.

corruzione *f.* **1** corruption, depravity. **2** (*con denaro*) corruption, bribery.

corsa *f.* **1** run(ning); (*rif. a veicoli*) run, drive. **2** (*fig.*) (*scappata*) errand, run, short visit. **3** (*Sport*) (*gara*) race; (*disciplina atletica*) running. **4** *pl.* (*di cavalli*) races *pl.*, racing. **5** (*fig.*) rush, race, run. **6** (*tragitto su un trasporto pubblico*) trip, journey, run; (*prezzo*) fare. **7** (*Mecc.*) stroke. **8** (*Aer.*) run. ▭ ~ **automobilistica** motor-race; ~ **campestre** cross-country run (*o* race); ~ *di* **cani** greyhound racing; ~ *di* **cavalli** horse-race, horse-racing; (*Sport*) ~ *di* **collaudo** test run; ~ *a* **cronometro** time trial; *automobile* (o *vettura*) **da** ~ racing car; **di** ~ running, at a run, on the run; (*in fretta*) in a hurry (*o* rush), in haste; *andare* **di** ~ (*correre*) to run; (*fig.*) (*avere fretta*) to (be in a) hurry; **fare** *una* ~ *in un luogo* to run (*o* rush *o* dash) over to a place; (*con veicolo*) to drive somewhere quickly; **fare** *una* ~ *dal tabaccaio* to dash over to the tabacconist'; ~ *a* **ostacoli** cross country race; *a* **passo** *di* ~ running, at a run; (*Mil., fam.*) at the double; ~ *su* **pista** track race (*o* event); ~ **podistica** foot race; ~ *nei* **sacchi** (*gioco*) sack-race.

corsaro I *s.m.* pirate, privateer, corsair. **II** *a.* privateer, pirate. ▭ *nave corsara* pirate ship.

corsetto *m.* **1** (*bustino*) corset; (*di elastico*) girdle. **2** (*Med.*) corset; (*gessato*) plaster -jacket.

corsia *f.* **1** gangway, passage, (*am.*) aisle. **2** (*di autostrada*) lane. **3** (*Sport*) lane; (*per il salto*) runway; (*di piscina*) swimming lane. **4** (*di ospedale*) ward. **5** (*guida di panno*) (carpet) runner.

corsivo I *a.* **1** cursive. **2** (*Tip.*) italic. **II** *s.m.* **1** cursive. **2** (*Tip.*) italics *pl.*; (*inglese*) script. **3** (*Giorn.*) short polemic article of comment (printed in italics).

corso[1] *m.* **1** course (*anche estens.*): *il* ~ *del Tevere* the course of the Tiber; *il* ~ *degli eventi* the course of events; *la malattia segue il suo* ~ the illness is taking (*o* running) its course; *un* ~ *per studenti stranieri* a course for foreign students. **2** (*annata*) year: *studente del primo* ~ first-year student. **3** (*Econ.*) (*rif. a monete*) circulation. **4** (*rif. a titoli, valute: quotazione*) rate, rate (*o* course) of exchange, (exchange) price. **5** (*Strad.*) main (*o* high) street; (*viale alberato*) avenue. **6** (*Astr.*) course: *il* ~ *del sole* the corse of the sun. ▭ ~ *d'***acqua** watercourse; (*Econ.*) **avere** ~ to be current; (*Scol., Univ.*) ~ **facoltativo** optional course; **fuori** ~ (*Econ.*) out of circulation, not current, (*Univ.*) having completed one's course of studies without obtaining one's degree in the time prescribed; **in** ~ in course (*o* progress); (*pred.*) under way: *lavori in* ~ work in progress; (*cartello d'avvertimento*) roadworks ahead; (*già inoltrato*) on hand: *ordinazione in* ~ order on hand; (*corrente*) current: *l'anno in* ~ the current (*o* this) year; *lasciare* (o *dare*) **libero** ~ *all'immaginazione* to give one's imagination free rein; (*Mar.*) *capitano di* **lungo** ~ merchant captain, master mariner; **moneta** *a* ~ *legale* legal tender; **nel** ~ *di* in the course of, during, in; ~ *di* **perfezionamento** specialization course; **seguire** *il* ~ to follow the course; (*Scol.*) **seguire** *un* ~ to take (*o* attend) a course; ~ **superiore** (*di fiume*) upper course of a river; (*Scol.*) upper class.

corso[2] *a./s.m.* (*della Corsica*) Corsican.

corte *f.* **1** (*residenza, seguito del sovrano*) court. **2** (*cortile*) yard, court(yard). **3** (*Dir.*) (law-)court. **4** (*corteggiamento*) court(ing), courtship: *fare la* ~ *a una ragazza* to court a girl. ▭ (*Dir.*) ~ *d'***appello** Court of Appeal; (*Dir.*) ~ *d'***assise** Court of Assizes; (*Dir.*) ~ *di* **cassazione** Court of Cassation; ~ *dei* **conti** State Audit Court (*o* Board); ~ **costituzionale** Constitutional Court; *dama* **di** ~ court lady; (*dama di compagnia della regina*) lady-in-waiting; **intrighi** *di* ~ court intrigues ~ **marziale** court-martial.

corteccia *f.* **1** (*Bot.*) bark, rind. **2** (*Anat.*) cortex: ~ *cerebrale* cerebral cortex.

corteggiamento *m.* **1** (*il corteggiare*) courting, courtship. **2** (*l'adulare*) courting, flattering.

corteggiare *v.t.* **1** to court: ~ *una donna* to court a woman. **2** (*adulare*) to court, to curry favour with.

corteggiatore *m.* suitor, wooer, admirer, (*fam.*) boy-friend.

corteo *m.* **1** train, procession; (*sfilata*) parade: ~ *nuziale* bridal procession. **2** (*fila*) line, row, string, train; (*sfilata*) procession. □ ~ *di macchine* motorcade.

cortese *a.* **1** polite, kind; (*lett.*) courteous. **2** (*servizievole*) obliging. □ (*Lett.*) *amor* ~ courtly love.

cortesia *f.* **1** courtesy, politeness; (*gentilezza*) kindness. **2** (*atto cortese*) (act of) kindness, attention; (*favore, piacere*) favour. □ **colmare** *qd. di cortesie* to be very attentive to s.o.; **fammi** *la* ~ *di avvertirmi in tempo* do me the favour of letting me know in time; **per** ~ (*per favore*) please, kindly: *per* ~, *che ore sono?* what time is it, please?; **scambio** *di cortesie* exchange of courtesies.

cortigiana *f.* **1** (*dama di corte*) court lady. **2** (*donna di facili costumi*) courtesan.

cortigianeria *f.* **1** courtier's art. **2** (*atto adulatorio*) flattery, obsequiousness.

cortigianesco *a.* (*spreg.*) obsequious, flattering.

cortigiano **I** *a.* **1** (*della corte*) courtly, court-. **2** (*adulatore*) flattering. **II** *s.m.* **1** (*gentiluomo di corte*) courtier. **2** (*spreg.*) flatterer.

cortile *m.* **1** court(yard), yard. **2** (*in un cascinale*) (farm)yard. □ *animali da* ~ farmyard animals.

cortina *f.* **1** (*tenda*) curtain, hanging. **2** (*fig.*) screen, curtain. □ (*Pol.*) ~ *di* **bambù** bamboo curtain; (*Pol.*) ~ *di* **ferro** iron curtain; ~ **fumogena** smoke-screen.

cortisone *m.* (*Farm.*) cortisone.

corto *a.* **1** short: *capelli corti* short hair. **2** (*fig.*) (*scarso*) limited, scanty: *cervello* ~ limited intelligence. □ **calzoni** *corti* shorts *pl.*; **essere** *a* ~ *di qc.* to be short of s.th.; *per* **farla** *corta* in short, to cut a long story short; **memoria** *corta* short memory; **rimanere** *a* ~ *di qc.* to run short of s.th.; **tagliar** ~ to cut short; to make it short and sweet.

cortocircuito *m.* short circuit.

cortometraggio *m.* (*Cin.*) short (film).

corvè *f.* **1** (*Mil.*) fatigue. **2** (*fig.*) (*lavoro pesante*) sweat; (*fam.*) fag, grind.

corvetta *f.* (*Mar.*) corvette.

corvino *a.* raven-, black: *capelli corvini* raven hair.

corvo *m.* (*Zool.*) crow, raven.

cosa **I** *s.f.* **1** thing: *non sono cose da dirsi* you shouldn't say things like that; (*qualche cosa, una cosa*) something: *hai fatto una* ~ *orribile* you have done something terrible; (*in frasi interrogative o col verbo negativo*) anything. **2** (*causa*) thing, reason, matter: *si irrita per le più piccole cose* he gets angry for the slightest reason. **3** *pl.* (*affari*) affair, business, matters *pl.*: *questa è una* ~ *privata* it's a private affair. **4** *pl.* (*masserizie*) things *pl.*, goods and chattels *pl.* **II** *pron.interr.* (*fam.*) **1** (*che cosa*) what: ~ *volete?* what do you want?; *non so* ~ *fare* I don't know what to do; (*esclam.*) what: ~, *sarebbe colpa mia?* what's that, you mean it's my fault? **2** (*in che modo*) what, how, where. □ **a** ~ what: *a* ~ *pensi?* what are you thinking of?; (*a che scopo*) what, what ... for: *a* ~ *serve?* what is it (used) for?; *un'***altra** ~ (*ancora una cosa*) another thing (*o* matter), something else; (*una cosa diversa*) a different thing (*o* matter); *tra una* ~ *e l'***altra** *si fecero le otto* before they knew it, it was eight o'clock; *fra le* **altre** *cose* among other things; *non è una* **bella** ~ (*è un'azionaccia*) it's not nice; (*iron.*) **belle** *cose si dicono sul tuo conto* there are some nice things going round about you; *gran* **brutta** ~ *essere poveri* it's a bad business being poor; *le cose sono* **cambiate** things (*o* matters) have changed; *sono cose che* **capitano** these things happen; *si crede chi sa* **che** ~ he thinks he is really s.o.; *mettere le cose in* **chiaro** to make things clear; **con** ~ *scrivo?* what am I to write with?; **da** ~ *nasce* ~ one things leads to another; **di** ~ *parlate?* what are you talking about?; *a cose* **fatte** when everything is over; *fare le cose in* **grande** (*stile*) to do things on a big scale; *è una* ~ **impossibile** it is quite impossible; **nessuna** ~ nothing; (*in frasi interrogative o col verbo negativo*) anything; *è una* ~ *da* **nulla** it's mere trifle (*o* nothing); **ogni** ~ everything; ~ **ovvia** something that speaks for itself; *cose da* **pazzi** incredible (*o* very strange) matters; **più** *di ogni* ~ more than anything else; *una* ~ *da* **poco** a trifle, nothing much; *mettere le cose a* **posto** to put things straight; *la* ~ **principale** the chief (*o* main) thing; **qualche** ~ something; (*in frasi interrogative o col verbo negativo*) anything; **qualsiasi** ~ anything, whatever: *farei qualsiasi cosa per lui* I would do anything for him; *qualsiasi cosa succeda* whatever happens; *è una* ~ *da* **ridere** it's a laughing matter; *la* **stessa** ~ (*lo stesso*) (all, just) the same: *è la stessa* ~ it's all the same, it makes no difference; **tutt'***altra* ~ quite another (*o* a different) matter; *una* ~ *per* **volta** one thing at a time. ‖ *stando così le cose* as things are, as matters stand; *se le cose stanno così* if this is how things stand; *sai una* ~*?* do you know what?; *senti una* ~ listen, look (here); *cos'hai?* what's the matter with you?, what's wrong?

cosacco *a./s.m.* Cossack.

coscia *f.* **1** thigh. **2** (*Macelleria*) leg, (*di selvaggina*) haunch.

cosciente *a.* conscious, responsible; (*consapevole*) aware (*di* of) (*pred.*).

coscienza *f.* **1** conscience. **2** (*consapevolezza*) awareness, consciousness: ~ *civile* civic consciousness; ~ *politica* political awareness. **3** (*coscienziosità*) consciousness: *devo ammettere che lavora con* ~ I must admit he works with coscientiousness. **4** (*conoscenza*) consciousness: *perdere* ~ to lose consciousness. ▭ **avere** ~ *di qc.* to be conscious (*o* aware) of s.th.: *ne ho piena* ~ I am fully aware of it; *un* **caso** *di* ~ a matter of conscience; **con** ~ conscientiously; *fare l'***esame** *di* ~ to examine one's conscience; **in** ~ (*onestamente*) in all conscience, (*fam.*) quite honestly; **obiettore** *di* ~ conscientious objector; *mettersi la* ~ *in* **pace** to set one's conscience at rest; *operare* (o *agire*) **secondo** ~ to do as one's conscience tells one; **senza** ~ unscrupulous; *avere la* ~ **sporca** to have a guilty conscience; *avere qc.* (o *qd.*) **sulla** ~ to have s.th. (*o* s.o.) on one's conscience; *avere la* ~ **tranquilla** to have a clear (*o* easy) conscience.

coscienziosità *f.* conscientiousness.

coscienzioso *a.* conscientious, scrupulous.

cosciotto *m.* leg, (*di selvaggina*) haunch.

coscritto I *a.* (*Mil.*) conscript, recruited. **II** *s.m.* conscript; (*recluta*) recruit, (*am.*) draftee.

coscrizione *f.* (*Mil.*) conscription, call-up, (*am.*) draft.

coseno *m.* (*Mat.*) cosine.

così I *avv.* **1** so, this, thus: *un bambino alto* ~ a little boy so (*o* this) high; (*in questa maniera*) like this (*o* that), this (*o* that) way, this, that: *le cose stanno* ~ this is how matters stand; (*seguito dal gerundio*) so: ~ *dicendo se ne andò* so saying, he went off. **2** (*tanto: con aggettivi*) so, such: *è* ~ *facile* it's so easy; (*con aggettivi che qualificano un sostantivo*) such: *è una persona* ~ *buona che vorrei aiutarla* she is such a good person that I should like to help her; (*con avverbi*) so: *legge* ~ *lentamente* he reads so slowly. **3** (*nello stesso modo, altrettanto*) so: *lei uscì e* ~ *feci anch'io* she went out and so did I. **II** *congz.* **1** so: *ero* ~ *stanco che non riuscivo a studiare* I was so tired that I couldn't study. **2** (*dunque*) so (then): ~ *hai deciso di non partire?* so you have decided not to leave? **3** (*pertanto*) therefore: *ho letto il libro e* ~ *te lo restituisco* I have read the book and therefore I give it back to you. **III** *a.* (*tale, siffatto*) like this (*o* that), such, of this kind: *non mi sarei aspettato un risultato* ~ I wouldn't have expected a result like this. ▭ **basta** ~*!* that's enough!, that will do!; ~ *va* **bene** that's right (*o* better); ~ ... **che** so ... (that): *ero* ~ *emozionato che non potei rispondere* I was so excited (that) I couldn't reply; ~ ... **come** (*nei comparativi di uguaglianza*) as ... as; (*altrettanto*) just as: *l'ho lasciato* ~ *com'era* I left it just as it was; (*in frasi negative o interrogative*) so ... as, as ... as; ~ *o* **cosà** this way or that way, one way or another; ~ **così** so-so, fairly (*o* quite) good (*o* well): *come ti senti?* – ~ *così* how do you feel? – so-so; *non so fare meglio* **di** ~ I can't do any better than this; *per* ~ **dire** so to speak; ~ **è** that's how it is, that's how things stand, there it is; **e** ~*?* (and) so?, well (then)?, what about it?, (*fam.*) so what?; **meglio** ~ it's better like this (*o* this way); **proprio** ~ just (*o* quite) so, exactly; (*proprio in questo modo*) just like this; ~ **pure** so, also, as well; ~ **sembra** so it seems; ~ **sia** so be it; *e* ~ **via** and so on.

cosicché *congz.* so (that).

cosiddetto *a.* so-called.

cosiffatto *a.* such, like this (*o* that), of this kind.

cosmesi, **cosmetica** *f.* cosmetology; beauty treatment.

cosmetico *a./s.m.* cosmetic.

cosmico *a.* cosmic (*anche fig.*). ▭ *raggi cosmici* cosmic rays.

cosmo *m.* cosmos; universe.

cosmologia *f.* cosmology.

cosmologico *a.* cosmologic(al).

cosmonauta *m./f.* cosmonaut.

cosmonautica *f.* cosmonautics *pl.* (costr. sing.).

cosmonautico *a.* cosmonautic(al).

cosmopolita *a./s.m./f.* cosmopolite, cosmopolitan.

cosmopolitismo *m.* cosmopolitism, cosmopolitanism.

coso *m.* (*fam.*) (*di cosa*) what-d'you-call-it, thingumajig; thingummy; (*di persona*) what's -his-name.

cospargere *v.t.* to strew*, to scatter, to spread*; (*con liquidi*) to sprinkle (*di* with).

cospetto *m.*: *al* ~ *di* in the presence of, in front of.

cospicuo *a.* **1** (*notevole*) conspicuous, remarkable, outstanding. **2** (*grande*) considerable, large.

cospirare *v.t.* to conspire, to plot (*anche fig.*).

cospiratore *m.* conspirator, plotter.

cospirazione *f.* conspiracy, plot.

costa *f.* **1** (sea-)coast, sea-shore; (*am.*) seaboard; (*linea di costa*) coastline; (*litorale*) shore. **2** (*pendio*) hillside, mountain-side, slope. **3** (*di libro*) back, spine. **4** (*cucitura*) seam. **5** (*Anat., Zool., Mar.*) rib. **6** (*Bot.*) rib, vein. ▭ *Costa d'***Avorio** Ivory Coast; *Costa* **Azzurra** Côte d'Azur; ~ **bassa** flat coast; **lungo** *la* ~ along the coast, coastwise; *a* **mezza** ~ across (*o* cut into) a hillside (*o* mountain-side); **velluto** *a coste* corduroy.

costale *a.* costal: *arcata* ~ costal arch.

costante I *a.* **1** constant, steady, steadfast, unchanging: *temperatura* ~ even temperature. **2** (*perseverante*) persevering, unfailing. **3** (*Mat., Fis.*) constant: *funzione* ~ constant function. **II** *s.f.* **1** (*Mat., Fis.*) constant. **2** (*fig.*) constant (factor).

costanza *f.* constancy, steadfastness, perseverance. ▭ *con* ~ steadfastly.

Costanza *N.pr.f.* Constance.

costare *v.i.* **1** to cost* (*anche fig.*): *costi quel che costi!* cost what it may!; *che ti costa aiutarmi?* what will it cost you to help me? **2** (*essere caro*) to be expensive. ▭ ~ **caro** to be expensive; (*fig.*) to cost dear (*o* dearly);

questo cappello mi è costato un **occhio** this hat cost me a fortune; ~ **poco** to cost little, to be inexpensive; **quanto** *costa?* how much is it?, how much does it cost?

Costarica *N.pr.f.* (*Geog.*) Costa Rica.

costata *f.* (*Gastr.*) (*con l'osso*) porterhouse steak; (*am.*) T-bone steak. □ ~ *di* **agnello** lamb chop; ~ *di* **manzo** entrecôte.

costato *m.* chest, ribs.

costeggiare I *v.t.* **1** (*per mare*) to coast, to sail along the coast of. **2** (*per terra*) to run* along, to skirt; (*a piedi*) to walk along; (*in veicoli*) to drive* along. **II** *v.i.* (*Mar.*) to sail along (*o* hug) the coast.

costei *pron.dimostr.f.sing.* **1** she. **2** (*complemento*) her. **3** (*spreg.*) this (*o* that) woman.

costellare *v.t.* to stud, to spangle: *la tua traduzione è costellata di errori* your translation is studded with mistakes.

costellazione *f.* (*Astr.*) constellation (*anche fig.*).

costernare *v.t.* to consternate, to fill with consternation, to dismay.

costernato *a.* consternated, dismayed.

costernazione *f.* consternation, dismay.

costiera *f.* stretch of coast: *strada* ~ coastroad.

costiero *a.* coastal, coasting, coast-: *nave costiera* coaster.

costipare *v.t.* **1** to pack down: ~ *la terra* to pack down earth. **2** (*Med.*) (*provocare stitichezza*) to constipate; (*provocare raffreddore*) to cause to catch a bad cold. **costiparsi** *v.i. pron.* (*Med.*) (*prendere un raffreddore*) to catch* a bad cold; (*diventare stitico*) to become* constipated.

costipato *a.* (*Med.*) **1** (*raffreddato*) having a bad cold. **2** (*stitico*) constipated.

costipazione *f.* (*Med.*) **1** (*raffreddore*) bad cold. **2** (*stitichezza*) constipation.

costituente *a.* constituent: *assemblea* ~ constituent Assembly.

costituire *v.t.* **1** (*istituire*) to constitute, to set* up, to form, to institute, to establish: ~ *un'associazione* to constitute an association. **2** (*mettere insieme*) to build* up, to put* together; (*formare*) to form, to create: ~ *un governo* to form a government. **3** (*comporre*) to constitute, to make* up, to form. **4** (*nominare*) to appoint, to make*: ~ *qd. erede* to appoint s.o. (as) one's heir. **costituirsi** *v.r.* **1** (*formarsi*) to come* into being, to be formed. **2** (*nominarsi, dichiararsi*) to constitute o.s., to appoint o.s. **3** (*Dir.*) to give* o.s. up. □ (*Dir.*) *costituirsi in* **giudizio** to appear before a court (in civil proceedings); (*Dir.*) *costituirsi* **parte** *civile* to prosecute (*o* to sue) in civil case; (*Dir.*) *il fatto non costituisce* **reato** the act is not a criminal offence.

costituito *a.* constituted, established.

costitutivo *a.* constitutive, constituent.

costituzionale *a.* constitutional (*anche Med.*).

costituzionalità *f.* constitutionality.

costituzione *f.* **1** (*l'istituire*) constitution, establishment: *la* ~ *di una nuova società* the establishment of a new company. **2** (*struttura fisica*) composition, constitution: *persona di forte* ~ person having a strong constitution. **3** (*Pol.*) constitution.

costo *m.* **1** cost; (*prezzo*) price; (*spesa*) expense. **2** (*fig.*) (*sacrificio*) cost; (*sforzo*) effort. □ (*fig.*) **a** ~ *di* at the cost of, even if (*o* though): *a* ~ *della vita* at the cost of one's life; **a** *nessun* ~ on no account; **a** *ogni* (o *qualunque*) ~ at all costs, at any price; **sotto** ~ below cost (price); *il* ~ *della* **vita** the cost of living.

costola *f.* **1** rib. **2** (*di coltello, di libro e sim.*) back, spine. **3** (*Bot.*) rib, vein; stalk: *una* ~ *di sedano* a stalk of celery. **4** (*Arch., Mar.*) rib. □ **avere** *qd. alle costole* to have s.o. on one's back; *gli si* **contano** *le costole* you can see his ribs sticking out; **stare** *alle costole di qd.* to breath down s.o.'s neck.

costoletta *f.* (*Gastr.*) cutlet; (*braciola*) chop.

costoro *pron.dimostr.m.pl.* **1** they. **2** (*complemento*) them. **3** (*spreg.*) these (*o* those) people.

costoso *a.* expensive, dear, costly.

costringere *v.t.* (*forzare*) to force, to compel, to oblige: *fui costretto a partire* I was forced to leave.

costrittivo *a.* (*Leg.*) coercive, compelling, compulsive.

costrizione *f.* constraint, compulsion.

costruire *v.t.* **1** to construct, to build*: ~ *una casa* to build a house. **2** (*fig.*) (*creare*) to build* (up), to construct, to create: ~ *la propria fortuna* to build up one's fortune. **3** (*produrre*) to produce, to manufacture: *la fabbrica costruisce aeroplani* the factory manufactures airplanes. **4** (*Gramm., Geom.*) to construct. □ (*fig.*) ~ *sulla sabbia* to build on sand.

costruttivo *a.* **1** building-: *tecnica costruttiva* building technique. **2** (*fig.*) constructive.

costruttore I *s.m.* builder, maker; (*fabbricante*) manufacturer. **II** *a.* building. □ *impresa costruttrice* building contractor.

costruzione *f.* **1** construction; (*fabbricazione*) manufacture. **2** (*edificio*) building; (*imponente*) edifice. **3** (*Gramm., Geom.*) construction. □ **difetto** *di* ~ construction defect; **in** ~ under (*o* in course of) construction, being built; (*Mar.*) on the stocks; **legname** *da* ~ lumber; timber; ~ **navale** shipbuilding; **scienza** *delle costruzioni* construction theory; **strada** *in* ~ road under construction.

costui *pron.dimostr.m.sing.* **1** he. **2** (*complemento*) him. **3** (*spreg.*) this (*o* that) man.

costumanza *f.* custom, habit.

costumato *a.* decent.

costume *m.* **1** (*usanza*) custom, use, practice. **2** (*abitudine personale*) habit. **3** *pl.* (*condotta morale*) morals *pl.*, morality; (*comportamento*) behaviour: *persona di sani costumi* person of sound morals. **4** (*foggia di vestire*)

costume, dress. **5** (*per festa mascherata*) fancy dress. **6** (*da bagno*) swimming costume, bathing suit; (*da uomo*) trunks *pl.* ▭ **buon** ~ (public) morality; *contrario al* **buon** ~ immoral, indecent; *squadra del* **buon** ~ vice-squad; *donna di* **facili** *costumi* loose (*o* fast) woman; **in** ~ costume-, in costume: *film in* ~ costume-film; ~ (*da bagno*) *a un* **pezzo** one-piece swimming costume; ~ (*da bagno*) *a due* **pezzi** bikini; (*Teat.*) **prova** *in* ~ dress rehearsal; **usi** *e costumi* uses and customs.
costumista *m./f.* (*Teat., Cin.*) costumier.
costura *f.* (*cucitura*) seam.
cote *f.* whetstone, hone.
cotenna *f.* (*pelle di maiale*) pigskin; (*del lardo*) rind.
cotiledone *m.* (*Bot.*) cotyledon.
cotogna *f.* (*Bot.*) quince.
cotognata *f.* (*Gastr.*) quince jam.
cotogno *m.* (*Bot.*) quince(tree).
cotoletta *f.* (*Gastr.*) cutlet: ~ *di vitello* veal cutlet.
cotonare *v.t.* (*rif. a capelli*) to backcomb, to tease.
cotonato *a.* **1** (*tessuto*) cotton-, cottony. **2** (*rif. a capelli*) backcombed, teased.
cotonatura *f.* backcombing.
cotone *m.* **1** (*Bot.*) cotton (plant). **2** (*filato*) cotton, cotton yarn (*o* thread). **3** (*tessuto*) cotton, cotton fabric (*o* cloth). ▭ ~ *idrofilo* cotton-wool, (*am.*) (absorbent) cotton.
cotoniero *a.* cotton-: *industria cotoniera* cotton industry.
cotonificio *m.* cotton mill.
cotonina *f.* calico.
cotta[1] *f.* **1** (*cottura*) cooking, (*al forno*) baking. **2** (*infornata*) batch; (*rif. a mattoni, ceramiche e sim.*) kilnful. **3** (*scherz.*) (*innamoramento*) crush. **4** (*Sport*) crack-up, breakdown. ▭ (*fig.*) *un* **furfante** *di tre cotte* an out-and-out rascal. **prendere** *una* ~ *per qd.* to fall for s.o., to have a crush on s.o.
cotta[2] *f.* **1** (*Lit.*) surplice. **2** (*armatura*) hauberk; (*sopravveste*) tabard.
cottimista *m./f.* piece-worker; task worker.
cottimo *m.* **1** (*contratto*) job contract, jobbing contract. **2** (*lavoro*) jobwork, piece work. **3** (*retribuzione*) incentive pay, piece rate. ▭ **a** ~ by piece work; **dare** *un lavoro a* ~ to job out a work.
cotto I *a.* **1** cooked, done; (*in forno*) baked. **2** (*fig.*) (*scottato*) burnt, scorched: *un viso* ~ *dal sole* a face burnt by the sun. **3** (*fig.*) (*innamorato*) head overheel in love (*di* with). **4** (*Sport*) broken down. **II** *s.m.* (*mattone cotto*) brick; (*piastrella*) tile. ▭ **ben** ~ well done; ~ *ai* **ferri** grilled; **frutta** *cotta* stewed fruit; **poco** ~ underdone; ~ *a* **puntino** done to a turn; ~ *e* **stracotto** overdone.
cottura *f.* **1** (*il cuocere, il cuocersi*) cooking; (*dell'arrosto*) roasting; (*del fritto*) frying; (*del lesso*) boiling; (*al forno*) baking; (*in umido*) stewing. **2** (*rif. a mattoni, vetri e sim.*) baking, firing.
coupé *fr.* [ku'pe] *m.* (*Aut.*) coupe.
coupon *fr.* [ku'pɔ̃] *m.* (*tagliando*) coupon, slip.
cova *f.* brooding, sitting.
covare I *v.t.* **1** to sit* on, to hatch, to brood (over): ~ *le uova* to sit on eggs. **2** (*fig.*) (*alimentare segretamente*) to brood over (*o* on), to nurse, to cherish. **II** *v.i.* to brood, to sit* (on eggs). ▭ *qui* **gatta** *ci cova* I smell a rat; ~ *una* **malattia** to be sickening for an illness.
covata *f.* **1** (*uova*) clutch; (*pulcini*) brood. **2** (*scherz.*) (*figliolanza*) brood.
covile *m.* **1** (*tana*) den, lair. **2** (*cuccia*) kennel. **3** (*estens.*) (*giaciglio*) pallet.
covo *m.* **1** lair, den: *il* ~ *della volpe* the fox's lair; (*del coniglio*) burrow; (*della lepre*) form; (*nido*) nest: *un* ~ *di vipere* a nest of vipers. **2** (*fig.*) hideout, hiding-place, den.
covone *m.* sheaf: ~ *di grano* sheaf of corn.
cozza *f.* (*Zool.*) (*mitilo*) mussel.
cozzare I *v.i.* **1** (*percuotere con le corna*) to butt. **2** (*urtare violentemente*) to run* (*contro* into), to bang (against), to collide (with); (*rif. a veicoli*) to crash (against, into), to run* (into). **3** (*fig.*) (*essere in contraddizione*) to clash. **4** (*recipr.*) (*urtarsi violentemente*) to collide, to crash (*o* run*) into e.o. **II** *v.t.* **1** (*con le corna*) to butt. **2** (*urtare violentemente*) to run* (into).
cozzo *m.* **1** butt. **2** (*urto violento*) crash, shock, clash, collision. **3** (*fig.*) (*conflitto*) clash, conflict.
CP = **1** *Casella Postale* Post Box. **2** *Codice Penale* Penal Code.
Cr = (*Chim.*) *cromo* cromium.
crac I *intz.* (*onom.*) crack. **II** *s.m.* **1** crack. **2** (*fig.*) (*rovina, fallimento*) crash.
crampo *m.* cramp.
cranico *a.* cranical, cranic.
cranio *m.* **1** (*Anat.*) cranium, skull. **2** (*fam.*) (*testa*) head.
crapula *f.* (*di cibo*) gluttony; (*di bevanda*) guzzling, binge.
crapulone *m.* glutton, guzzler.
crasso I *a.* (*fig.*) crass, gross: *ignoranza crassa* crass ignorance. **II** *s.m.* (*Anat.*) large intestine.
cratere *m.* crater.
crauti *m.pl.* (*Gastr.*) sauerkraut (*sing.*).
cravatta *f.* **1** (neck-)tie; (*a farfalla*) bow tie. **2** (*Sport*) neck-hold.
creanza *f.* good manners *pl.* breeding, politeness.
creare *v.t.* **1** to create, to make*: *Dio creò il mondo* God created the world. **2** (*ideare*) to create, to produce: ~ *un capolavoro* to produce a masterpiece. **3** (*fondare, costruire*) to establish, to set* up. **4** (*suscitare*) to cause, to create, to make*: *non crearmi altre difficoltà* don't make more difficulties for me. **5** (*eleggere, nominare*) to create, to make*, to appoint. ▭ ~ *un precedente* to establish a precedent.

creatività *f.* creativeness, creativity.
creativo **I** *a.* creative. **II** *m.* (*Pubblicità*) copywriter.
creato **I** *a.* created. **II** *s.m.* creation.
creatore **I** *s.m.* **1** (*Dio*) Creator, Maker. **2** (*ideatore*) creator, mastermind. **II** *a.* creative. □ (*pop.*) **andare** *al* ~ to go to meet one's Maker; (*pop.*) **mandare** *al* ~ *qd.* to send s.o. to the other world.
creatura *f.* **1** creature; being: *le creature umane* human beings. **2** (*fam.*) (*bambino*) baby, child, little one: *ha quattro creature da sfamare* she has four children to feed. **3** (*protetto*) creature, protégé. □ *povera* ~ poor little thing.
creazione *f.* **1** creation: *la* ~ *del mondo* the creation of the world. **2** (*l'ideazione*) creation, invention. **3** (*fondazione*) foundation, establishment, setting up, formation. **4** (*creato*) creation. **5** (*Moda*) creation.
credente **I** *a.* believing. **II** *s.m./f.* believer.
credenza[1] *f.* **1** (*opinione*) belief, credence, convinction. **2** (*fede*) belief, faith.
credenza[2] *f.* (*armadio*) dresser; sideboard.
credenziale **I** *a.* (*Diplomazia*) credential. **II** *s.f.* (*Econ.*) banker's draft. □ (*lettere*) *credenziali* credentials.
credere **I** *v.i.* **1** (*prestare fede*) to believe (*a qc.* s.th.): *non posso crederci* I can't believe it. **2** (*credere per atto di fede*) to believe (*a, in* in): ~ *in Dio* to believe in God. **3** (*avere fiducia*) to believe, to trust, to have faith. **4** (*pensare, ritenere*) to think*, to believe; *non credevo di darti un dispiacere* I didn't think I would upset you; (*preferire*) to think* best: *come credi* as you think best. **II** *v.t.* **1** to believe. **2** (*ritenere*) to think*, to believe, to understand*: *ti credevo all'estero* I thought (*o* gave for granted) you were abroad. **3** (*stimare giusto, opportuno*) to think* (*o* believe) best: *fai pure quello che credi* go ahead and do what you think best. **credersi** *v.r.* to consider o.s., to believe o.s.: *si crede un genio* he thinks he is a genius. □ ~ **bene** to think it better (*o* best): *credetti bene di partire subito* I thought it best to leave at once; *lo credo* **bene** I should think so; **far** ~ to make s.o. think (*o* believe); **fà** *come credi* do as you like; ~ **necessario** to think it necessary; *credo di* **no** I don't think so; *non credo ai miei* **occhi** I can't believe my eyes; ~ *a qd. sulla* **parola** to trust s.o.'s word; *ti credo sulla* **parola** I'll take your word for it; *credo di* **sì** I think (*o* believe) so; **voler** ~ to trust, to hope: *voglio* ~ *che tu sia pentito* I hope you are sorry for what you've done; *non* **voglio** *crederci* I refuse to believe it. ‖ *verrai? – credo* (*di sì*) will you come? I think so.
credibile *a.* credible, believable, plausible; (*degno di fiducia*) trustworthy: *notizia* ~ credible news.
credibilità *f.* credibility.
creditizio *a.* credit-: *sistema* ~ credit system.
credito *m.* **1** credit; esteem, reputation: *gode di molto* ~ he is held in high esteem. **2** (*Comm., Econ.*) credit. □ **a** ~ on credit (*o* trust): *comprare a* ~ to buy on credit; **aprire** *un* ~ to open a credit; ~ **bancario** bank credit; **carta** *di* ~ credit card; **concedere** *un* ~ *a qd.* to grant s.o. a credit; **fare** ~ *a qd.* to give s.o. credit; *non si* **fa** ~ no credit (given); *essere* **in** ~ *con qd.* to be s.o.'s creditor; **istituto** *di* ~ bank, credit institution; *una* **teoria** *che non trova più* ~ an exploded theory; **trovar** ~ (*essere creduto*) to be believed.
creditore *m.* creditor.
credo *m.* **1** (*Rel., Lit.*) (*preghiera*) Creed. **2** (*fig.*) creed; (*lett.*) credo, views *pl.*, beliefs *pl.*
credulità *f.* credulity, credulousness, gullibility.
credulo *a.* credulous, gullible.
credulone *m.* gullible (person.); (*fam.*) sucker.
crema **I** *s.f.* **1** (*Gastr.*) cream: *un dolce alla* ~ a cream-cake; (*di uova e latte*) custard. **2** (*passato di legumi*) thick soup, purée: ~ *di piselli* thick pea-soup. **3** (*Cosmetica*) cream. **4** (*per lucidare scarpe, borse e sim.*) polish: ~ *per calzature* shoe-polish. **5** (*fig.*) (*fior fiore*) cream, élite. **II** *s.m.* (*colore*) cream. **III** *a.* (*color crema*) cream-, cream-coloured. □ ~ *da* (o *per*) **barba** shaving-cream; (*Cosmetica*) ~ **depilatoria** depilatory cream; **formaggio** *alla* ~ cream cheese; **gelato** *di* (o *alla*) ~ vanilla ice-cream; ~ **solare** sun-tan cream.
cremagliera *f.* (*Mecc.*) rack.
cremare *v.t.* to cremate.
crematorio **I** *a.* crematory. **II** *s.m.* (*anche forno crematorio*) crematorium (*pl.* –s/–ria).
cremazione *f.* cremation.
cremisi *a./s.m.* crimson.
Cremlino *N.pr.m.* Kremlin.
cremor tartaro *m.* (*Chim.*) cream of tartar.
cremoso *a.* creamy.
creolo *a./s.m.* Creole.
crepa *f.* crack, crevice, cleft.
crepaccio *m.* cleft; (*rif. a ghiacciaio*) crevasse.
crepacuore *m.* heartbreak, broken heart.
crepapelle *avv.*: *a* ~ fit to burst; *mangiare a* ~ to stuff o.s. with food; *ridere a* ~ to split one's sides with laughter.
crepare *v.i.* **1** to crack: *il muro è crepato in più punti* the wall has (*o* is) cracked in several places; (*fendersi*) to split*. **2** (*scoppiare*) to burst* (*anche fig.*): *se continui a mangiare così creperai* if you keep on eating like that you'll burst. **3** (*volg.*) to die, (*fam.*) to kick the bucket, (*am. fam.*) to croak. □ (*fam.*) *crepi l'***avarizia** to hell with the expense; ~ *di* **caldo** to be boiling; ~ *di* **freddo** to freeze, to be freezing; (*scherz.*) ~ *di* **salute** to be bursting with health. ‖ *crepa!* go to hell!
crepitare *v.i.* to crackle, to rattle; (*forte*) to pop.
crepitio *m.* crackling, crackle, rattling, rattle.

crepuscolare *a.* twilight, crepuscular.
crepuscolo *m.* **1** twilight, dusk: *al* ~ in the twilight, at dusk. **2** (*fig.*) (*declino*) twilight, decline: *il* ~ *degli dei* the twilight of gods.
crescendo *m.* (*Mus.*) crescendo (*anche estens.*).
crescente *a.* growing, increasing, mounting, crescent; (*della luna*) waxing.
crescenza *f.* growth, growing.
crescere I *v.i.* **1** (*diventare più alto*) to grow* (taller, higher); (*diventare più lungo*) to grow* (longer); (*diventare più grande*) to grow* (larger). **2** (*rif. a piante*) to grow*. **3** (*aumentare*) to grow*, to increase: *la folla cresceva nella piazza* a crowd was growing in the square; (*rif. a livello, intensità*) to rise*, to swell, to mount. **4** (*rif. a prezzo*) to go* up, to rise* (in price): *i prezzi crescono* prices are rising. **5** (*diventare adulto*) to grow* up. **6** (*essere allevato*) to grow* up, to be brought up. **7** (*progredire*) to grow*, to rise*: ~ *di grado* to rise in rank. **8** (*rif. alla luna*) to wax. **II** *v.t.* **1** (*allevare*) to bring* up, to raise: *ha cresciuto i suoi ragazzi con molta severità* he brought up his children very strictly. **2** (*nei lavori a maglia*) to increase, to cast* on. □ ~ **di** *numero* to rise in number; ~ **di** *peso* to gain (*o* put on) weight; **essere** *cresciuto* to be grown-up (*o* big); **come** *sei cresciuto!* how you have grown!; **far** ~ (*rif. a prezzi*) to put up; **farsi** ~ *la barba* to grow a beard; **farsi** ~ *i capelli* to let one's hair grow; ~ **vertiginosamente** (*spec. di prezzi*) to spiral upward; ~ *a* **vista** *d'occhio* to grow apace.
crescione *m.* (*Bot.*) watercress.
crescita *f.* **1** (*atto*) growing, growth; (*effetto*) growth. **2** (*aumento*) increase, rise.
cresima *f.* (*Rel.*) confirmation.
cresimando *m.* candidate for confirmation.
cresimare (*Rel.*) *v.t.* to confirm. **cresimarsi** *v.i.pron.* to be confirmed.
crespa *f.* (*piccola piega*) tuck, gather.
crespo I *a.* **1** frizzy: *capelli crespi* frizzy hair. **2** (*tessuto*) crinkled. **II** *s.m.* (*tessuto*) crêpe; (*per lutto*) crape.
cresta *f.* **1** crest, comb; (*ciuffo di piume*) crest, tuft. **2** (*Geog.*) crest, ridge. □ (*fig.*) **abbassare** *la* ~ to come off one's high horse; *fare* **abbassare** *la* ~ *a qd.* to take s.o. down (a peg or two); (*fig.*) **alzare** *la* ~ to get on one's high horse, (*fam.*) to get cocky; (*fam.*) **fare** *la* ~ *sulla spesa* to keep a little of the shopping money for o.s.; *la* ~ *dell'***onda** the crest of the wave (*anche fig.*).
crestina *f.* (*della cameriera*) maid's starched cap.
creta *f.* clay.
Creta *N.pr.f.* (*Geog.*) Crete.
cretese *a./s.m./f.* Cretan.
cretineria *f.* **1** idiocy, stupidity, foolishness. **2** (*azione cretina*) idiocy, stupid act, foolishness. **3** (*parole cretine*) rubbish, nonsense, (*fam.*) rot.
cretino *m.* **1** (*Med.*) cretin. **2** (*estens.*) (*stupido*) fool, idiot.
cretonne *fr.* [kre'tɔn] *f.* (*tessuto*) cretonne.
CRI = *Croce Rossa Italiana* Italian Red Cross.
cricca *f.* gang, clique, set.
cricco *m.* (*Mecc.*) jack.
criceto *m.* (*Zool.*) hamster.
cri cri I *onom.* chirp-chirp. **II** *s.m.* chirp.
criminale I *a.* criminal. **II** *s.m./f.* criminal, felon. □ ~ *di guerra* war criminal.
criminalità *f.* **1** criminality. **2** (*delinquenza*) crime.
criminalizzare *v.t.* to criminalize.
crimine *m.* crime, felony.
criminologia *f.* criminology.
criminosità *f.* criminality.
criminoso *a.* criminal: *azione criminosa* criminal deed.
crinale *m.* (*Geog.*) ridge, crest; (*spartiacque*) line of a watershed.
crine *m.* **1** horsehair: *materasso di* ~ horsehair mattress. **2** (*tessuto*) haircloth. □ ~ *vegetale* vegetable hair.
criniera *f.* **1** mane. **2** (*scherz.*) (*folta capigliatura*) mop, mane.
crinolina *f.* (*Vest.*) crinoline.
criochirurgia *f.* cryosurgery.
cripta *f.* crypt (*anche estens.*).
cripto *m.* (*Chim.*) krypton.
crisalide *f.* (*Zool.*) chrysalis (*pl.* chrysalides).
crisantemo *m.* (*Bot.*) chrysanthemum.
crisi *f.* **1** crisis (*anche Med.*). **2** (*Econ.*) crisis, slump, recession. **3** (*manifestazione violenta*) attack, fit, outburst. □ *la* ~ *degli* **alloggi** the housing problem (*o* shortage); (*tossicodipendenza*) ~ *d'***astinenza** withdrawal symptom; **attraversare** *una* ~ to go (*o* pass) through a crisis; (*Med.*) ~ **cardiaca** cardiac crisis; (*fam.*) heart attack; ~ *di* **coscienza** conflict of conscience; ~ *di* **governo** cabinet crisis; **mettere** *in* ~ to put in a critical position; ~ *di* **nervi** fit of hysteria (*o* hysterics); ~ **petrolifera** oil crisis; **superare** *la* ~ to overcome (*o* get over) a crisis.
crisma *m.* **1** (*Lit.*) chrism. **2** (*fig. scherz.*) approval, official blessing. □ *con tutti i crismi* by the book.
cristalleria *f.* **1** crystal(-ware), glass(ware). **2** (*negozio*) glassware shop; (*fabbrica*) crystal factory, glassworks.
cristalliera *f.* glass display cabinet.
cristallino I *a.* **1** (*di cristallo*) crystalline, crystal-. **2** (*fig.*) (*limpido*) crystal-clear, crystal-, crystalline. **II** *s.m.* (*Anat.*) crystalline lens.
cristallizzare I *v.t.* to crystallize (*anche fig.*). **II** *v.i.*, **cristallizzarsi** *v.i.pron.* to crystallize, to be crystallized.
cristallizzazione *f.* crystallization (*anche fig.*).
cristallo *m.* **1** (*vetro pregiato*) crystal (glass), cut glass: *una coppa di* ~ a crystal goblet. **2** *pl.* (*oggetti di cristallo*) crystal(-ware), glass (-ware), cut glass. **3** (*lastra di vetro*) (plate) glass; (*di finestra*) pane. □ ~ **blindato** bulletproof glass; ~ *di* **Boemia** Bohemian

glass; **di** ~ crystal-, glass-, cut glass-: *vaso di* ~ cut glass vase; ~ **infrangibile** safety glass, (*am.*) shatter-proof glass; (*Min.*) ~ *di* **rocca** rock crystal.

cristallografia *f.* crystallography.

cristianesimo *m.* Christianity.

cristiania *m.* (*Sport*) Christiania.

cristianità *f.* **1** Christianity. **2** (*collett.*) (*insieme dei cristiani*) Christendom.

cristianizzare *v.t.* to convert to Christianity; to christianize.

cristiano *a./s.m.* Christian. ▭ (*fam.*) *da* ~ (*decentemente*) decently, in a civilized way; (*ragionevolmente*) sensibly.

Cristina *N.pr.f.* Christine.

Cristo *N.pr.m.* **1** Christ. **2** (*crocifisso*) crucifix. ▭ **avanti** ~ before Christ, B.C.; **dopo** ~ after Christ, Anno Domini, A.D.; **Gesù** ~ Jesus Christ; *un* **povero** ~ a poor fellow (*o* devil).

Cristoforo *N.pr.m.* Christopher.

criterio *m.* **1** criterion (*pl.* criteria), standard, principle, rule. **2** (*fam.*) (*buon senso*) (common, good) sense. ▭ **con** ~ with common sense, sensibly: *agire con* ~ to act sensibly; **senza** ~ (*scriteriato*) lacking in common sense; (*a casaccio*) at random.

critica *f.* **1** criticism: ~ *letteraria* literary criticism. **2** (*collett.*) critics *pl.* **3** (*scritto critico*) critique, critical essay; (*recensione*) review. **4** (*giudizio*) opinion, judgment. **5** (*fam.*) (*disapprovazione*) criticism, disapproval. ▭ ~ **artistica** (o *d'arte*) art criticism; ~ **cinematografica** film reviewing (*o* criticism); **fare** *la* ~ *a qc.* to express one's opinion about s.th.; (*sui giornali e sim.*) to review s.th.; *essere* **oggetto** *di critiche* to be criticized.

criticabile *a.* **1** criticizable. **2** (*biasimevole*) blamable.

criticare *v.t.* **1** (*sottoporre a esame critico*) to criticize, to write* a criticism of: ~ *un romanzo* to criticize a novel. **2** (*fam.*) (*biasimare*) to criticize, to find* fault with, to blame, to censure.

critico **I** *a.* critical: *facoltà critica* critical faculty; *momento* ~ critical moment. **II** *s.m.* critic; (*di libri, films, ecc.*) reviewer. ▭ ~ **cinematografico** film reviewer (*o* critic); (*Fisiologia*) **età** *critica* climacteric; *guardare qc. con* **occhio** ~ to observe s.th. with a critical eye.

crivellare *v.t.* **1** to riddle. **2** (*setacciare*) to sieve. **3** (*in miniera*) to jig. ▭ (*fig.*) ~ *qd. di colpi* to riddle s.o. with bullets.

crivello *m.* sieve, sifter, riddle; (*in miniera*) jig.

croato **I** *a.* Croat(ian). **II** *s.m.* **1** (*abitante*) Croat(ian). **2** (*lingua*) Croatian.

croccante **I** *a.* crisp, crackling, (*fam.*) crunchy. **II** *s.m.* (*Gastr.*) almond sweetmeat; nougat.

crocchetta *f.* (*Gastr.*) croquette.

crocchia *f.* chignon, bun.

crocchio *m.* group, circle, knot.

croce *f.* **1** cross. **2** (*crocifisso*) cross, crucifix. **3** (*segno grafico*) cross. **4** (*fig.*) (*tormento, preoccupazione*) cross, trial, burden, affliction. **5** (*decorazione e persona insignita*) cross. ▭ ~ *di* **cavaliere** knight's cross; **doppia** ~ double cross; (*fig.*) **fare** *una* ~ *su qc.* (*rinunziarci*) to give s.th. up; (*non pensarci più*) to stop (*o* give up) thinking about s.th.: *ormai ci ho fatto una* ~ *sopra* I have stopped thinking about it; *a* **forma** *di* ~ cross-shaped; **in** ~ crosswise, across: *legare in* ~ to tie crosswise; (*incrociato*) cross (-shaped), crossed; (*fig.*) **mettere** *in* ~ to torment, to plague, to pester; *a* **occhio** *e* ~ approximately, roughly, at a rough guess; ~ **rossa** Red Cross; **testa** *o* ~ heads or tails; *giocarsi qc. a* **testa** *o* ~ to toss (up) for s.th.; ~ **uncinata** (*svastica*) swastika.

crocefiggere *e deriv.* → **crocifiggere** *e deriv.*

crocerista *m./f.* passenger on a cruise.

crocerossina *f.* Red Cross nurse.

crocevia *m.* crossroads *pl.*

crochet *fr.* [kro'ʃɛ] *m.* **1** (*uncinetto*) crochet -hook. **2** (*nel pugilato*) hook.

crociata *f.* crusade (*anche fig.*).

crociato **I** *a.* (*disposto a croce*) in the form of a cross, cruciform. **II** *s.m.* crusader. ▭ *parole crociate* crosswords.

crocicchio *m.* crossroads *pl.*

crociera[1] *f.* (*Arch.*) transept. ▭ (*Arch.*) *volta a* ~ cross-vault(ing).

crociera[2] *f.* cruise (*anche Mar. mil.*): *andare in* ~ to go on a cruise. ▭ *velocità di* ~ cruising speed.

crocifiggere *v.t.* to crucify (*anche fig.*).

crocifissione *f.* crucifixion (*anche Arte*).

crocifisso **I** *a.* crucified. **II** *s.m.* **1** (*Cristo crocifisso*) (Christ) Crucified. **2** (*Arte*) crucifix: ~ *d'avorio* ivory crucifix.

crogiolare *v.t.* to cook (s.th.) on a slow fire; to simmer. **crogiolarsi** *v.r.* (*al sole*) to bask; (*nel letto*) to be snug; (*rif. a pensieri, sentimenti e sim.*) to relish (s.th.).

crogiolo *m.* crucible, melting-pot.

crollare **I** *v.i.* **1** to collapse, to fall* down (*anche fig.*); to ruin, (*cedere*) to give* way; (*del tetto*) to cave in. **2** (*Econ.*) to slump, to fall* sharply: *i prezzi crollano* prices are falling sharply, there is a slump (in prices). **II** *v.t.* (*scuotere, agitare*) to shake*, to toss: ~ *il capo* to shake one's head. ▭ *i suoi* **nervi** *stavano per* ~ he was cracking up; ~ **su** *una sedia* to sink into a chair; ~ *a* **terra** to collapse, to fall down.

crollo *m.* **1** collapse, fall, downfall (*anche fig.*). **2** (*Econ.*) slump, crash.

croma *f.* (*Mus.*) quaver.

cromare *v.t.* to chrome, to chromium-plate.

cromatico *a.* **1** (*Pitt.*) chromatic, colour-. **2** (*Mus.*) chromatic.

cromatina *f.* (*Biol.*) chromatin.

cromatismo *m.* **1** (*Pitt.*) chromatism; (*eccesso di colorazione*) colourfulness. **2** (*Mus.*) chromaticism.

cromato *a.* chromium-plated, chrome-.
cromatura *f.* chromium-plating, chroming.
cromo *m.* (*Chim.*) chromium.
cromosoma *m.* (*Biol.*) chromosome.
cronaca *f.* **1** (*narrazione storica*) chronicle. **2** (*Giorn.*) news *pl.*; reporting; (*rubrica*) column. **3** (*relazione orale*) account; (*alla radio, televisione*) commentary. ▭ ~ **cittadina** local news; **fatto** *di* ~ news item; ~ **mondana** gossip column; ~ **nera** crime news; *a* **titolo** *di* ~ for the record.
cronicità *f.* chronicity.
cronico **I** *a.* chronic: *malattia cronica* chronic disease. **II** *s.m.* chronic invalid (*o* patient).
cronista *m./f.* **1** (*storico*) chronicler. **2** (*Giorn.*) reporter, newsman (*pl.* –men), columnist. **3** (*Rad., TV*) commentator.
cronistoria *f.* chronicle. ▭ (*estens.*) *fare la* ~ *di qc.* to give an account of s.th.
cronologia *f.* chronology.
cronologico *a.* chronological.
cronometrare *v.t.* to time.
cronometrico *a.* chronometric(al). ▭ *esattezza cronometrica* clockwork precision.
cronometrista *m.* time-keeper, timer.
cronometro *m.* **1** chronometer. **2** (*Sport*) stop-watch. ▭ *corsa a* ~ timed race.
crosta *f.* **1** crust. **2** (*fig. spreg.*) (*pittura scadente*) daub. **3** (*Med.*) scab. ▭ ~ *di formaggio* cheese rind.
crostacei *m.pl.* (*Zool.*) crustacea *pl.*; (*Gastr.*) crustaceans.
crostata *f.* (*Gastr.*) tart.
crostino *m.* (*Gastr.*) crouton.
crucciare *v.t.* to trouble, to distress, to vex, to worry. **crucciarsi** *v.i.pron.* **1** (*affliggersi*) to be troubled (*di, per* by, about), to be distressed (by, at). **2** (*preoccuparsi*) to worry (*di* about, at, over), to fret. ▭ *non crucciarti per il ritardo* don't fret over the delay.
cruccio *m.* **1** trouble, worry. **2** (*pena*) sorrow.
cruciale *a.* crucial: *momento* ~ crucial moment.
cruciverba *m.* crossword (puzzle).
crudele *a.* **1** cruel, merciless. **2** (*doloroso*) cruel, painful. ▭ *di animo* ~ hard-hearted.
crudeltà *f.* cruelty, atrocity. ▭ ~ *mentale* mental cruelty.
crudezza *f.* harshness, severity, rudeness.
crudo *a.* **1** raw, uncooked: *cibi crudi* raw foods; (*poco cotto di carne*) rare, underdone: *un pezzo di carne cruda* a piece of raw meat; *questa bistecca è quasi cruda* this steak is too rare. **2** (*rif. a clima*) harsh, severe, bitingly cold: *un inverno* ~ a harsh winter. **3** (*fig.*) (*rude*) rude, blunt.
cruento *a.* bloody, sanguinary.
crumiro *m.* blackleg, strike-breaker, scab.
cruna *f.* eye: *la* ~ *dell'ago* the eye of the needle.
crusca *f.* (*Bot.*) bran.
cruscotto *m.* **1** (*Aut.*) dashboard. **2** (*Aer.*) instrument panel.

c.s. = *come sopra* as above.
Cs = (*Chim.*) *cesio* caesium.
CSM = *Consiglio Superiore della Magistratura* Council of Magistrates.
c.to = *conto* account.
Cu = (*Chim.*) *rame* copper.
Cuba *N.pr.f.* (*Geog.*) Cuba.
cubano *a./s.m.* Cuban.
cubatura *f.* (*calcolo*) cubature, cubic content; (*misura*) cubage.
cubetto *m.* **1** (small) cube (*o* block): ~ *di ghiaccio* ice cube. **2** (*Strad.*) cube.
cubico *a.* **1** cubic, cubical. **2** (*Mat.*) cube-, cubic(al): *radice cubica* cube root.
cubismo *m.* (*Arte*) cubism.
cubitale *a.* **1** (*molto grande*) very large. **2** (*Anat.*) cubital. ▭ *titolo* ~ banner (headline).
cubito *m.* (*Anat.*) cubitus.
cubo **I** *s.m.* **1** cube, block. **2** (*Mat.*) cube. **II** *a.* cubic: *metro* ~ cubic metre. ▭ *elevare un numero al* ~ to cube a number.
cuccagna *f.*: *il paese della* ~ the Land of Plenty, Cockaigne; *albero della* ~ greasy pole.
cuccetta *f.* **1** (*Mar.*) (*per passeggeri*) berth; (*per marinai*) bunk. **2** (*Ferr.*) couchette, sleeping berth.
cucchiaiata *f.* spoonful; (*nelle ricette*) spoon.
cucchiaino *m.* **1** teaspoon; (*da caffè*) coffee -spoon. **2** (*contenuto*) teaspoon(ful).
cucchiaio *m.* **1** spoon. **2** (*contenuto*) spoonful.
cuccia *f.* **1** dog's bed (*o* basket). **2** (*scherz. spreg.*) (*letto*) pallet. ▭ **a** ~ down, to your basket; **fare** *la* ~ to lie down.
cucciolo *m.* (*di cane*) pup(py); (*di altri animali*) whelp, pup(py), cub.
cuccuma *f.* **1** (*recipiente*) coffee-pot. **2** (*contenuto*) potful.
cucina *f.* **1** (*stanza*) kitchen; (*sulle navi*) galley. **2** (*apparecchio per cucinare*) cooker; (*fornello*) range. **3** (*arredamento da cucina*) kitchen unit, (*am.*) kitchen. **4** (*il cucinare*) cooking; (*modo, arte di cucinare*) cookery, cuisine: *libro di* ~ cookery book. **5** (*cibi*) food: ~ *sana* wholesome food. ▭ ~ **economica** kitchen (*o* cooking) range, stove, (*am.*) cookstove; ~ *a* **gas** gas cooker, (*am.*) gas range.
cucinare *v.t.* to cook.
cuciniere *m.* **1** cook. **2** (*Mil.*) food (*o* mess) officer.
cucinino *m.* kitchenette.
cucire *v.t.* **1** to sew*, to stitch; (*attaccare*) to sew* on. **2** (*Chir.*) to suture, to stitch. **3** (*con la cucitrice: fogli di carta*) to staple; (*Legatoria*) to stitch. **4** (*fig.*) (*mettere insieme*) to put* (*o* string*) together. ▭ ~ *la* **bocca** *a qd.* to close s.o.'s mouth; (*fam.*) *essere cucito a* **filo** *doppio con qd.* to be very close to s.o.; **macchina** *da* (o *per*) ~ sewing -machine.
cucito **I** *a.* sewn, stitched. **II** *s.m.* sewing,

needlework. □ *lavoro di* ~ sewing, needlework.

cucitrice *f.* **1** (*persona*) seamstress, needlewoman (*pl.* –women). **2** (*per carta*) stapler. **3** (*Tip., Legatoria*) stitcher.

cucitura *f.* **1** sewing, stitching. **2** (*costura*) seam. □ **calze** *senza* ~ seamless stockings; ~ *a* **macchina** machine-stitched seam; ~ *a* **mano** hand-sewn seam.

cucù I *s.m.* (*cuculo*) cuckoo. **II** *intz.* peekaboo. □ *orologio a* ~ cuckoo clock.

cuculo *m.* (*Zool.*) cuckoo.

cuffia *f.* **1** bonnet, cap; (*da bagno*) swimming (*o* bathing) cap. **2** (*di suora*) coif. **3** (*Rad., Tel.*) headphones *pl.*, earphones *pl.*, headset. **4** (*Teat.*) prompt(er's) box. □ *per il rotto della* ~ by the skin of one's teeth.

cugina *f.*, **cugino** *m.* cousin. □ *primo* ~ first cousin.

cui *pron.rel. m./f. sing./pl.* **1** (*con preposizioni: rif. a cose, animali*) (*di solito non si traduce*) that, which: *i libri di* ~ *tutti parlano* the books (that) everyone is talking about; *l'anno in* ~ *ti conobbi* the year I met you; (*rif. a persone*) (*di solito non si traduce*) that, whom: *la signora* (*a*) ~ *ti presentai* the lady (that) I introduced you to. **2** (*genitivo possessivo: rif. a persone*) whose: *un'artista le* ~ *opere sono divenute famose* an artist whose works have become famous; (*rif. a cose*) of which. **3** (*dove*) (*compl. di luogo*) where, in which: *la città in* ~ *vivo* the town where (in which) I live. **4** (*quando*) (*compl. di tempo*) when, in which: *il giorno in* ~ *finirò la scuola* the day when (in which) I'll finish the school. □ *per* ~ so (that), and therefore.

culatta *f.* (*di arma*) breech (of a gun).

culetto *m.* (*infant.*) fanny.

culinario *a.* culinary, cookery: *arte culinaria* culinary art, cookery.

culla *f.* cradle (*anche fig.*).

cullare *v.t.* **1** (*nella culla*) to rock; (*tra le braccia*) to rock, to cradle; (*cantando*) to lull. **2** (*fig.*) (*illudere*) to lull, to quiet, to beguile. **cullarsi** *v.r.* (*illudersi*) to indulge (*in* in), to delude o.s. (with), to cherish (s.th.).

culminante *a.* **1** (*principale*) culminating. **2** (*Astr.*) culminant.

culminare *v.i.* **1** (*Astr.*) to culminate. **2** (*fig.*) to culminate, to end: *la manifestazione culminò in una tragedia* the demonstration ended in a tragedy.

culmine *m.* **1** top, peak, summit. **2** (*fig.*) height, climax.

culo *m.* (*volg.*) bottom, bum, arse, (*am.*) ass.

culto *m.* **1** (*adorazione*) worship; (*venerazione*) veneration, cult. **2** (*religione*) religion, faith; (*confessione*) creed, confession. **3** (*fig.*) cult, worship (*di, per* of). □ **avere** *un* ~ *per qd.* to worship s.o.; **libertà** *di* ~ freedom of worship; ~ *dei* **morti** veneration (*o* cult) of the dead; ~ *della* **personalità** personality cult.

cultore *m.* student, scholar.

cultura *f.* **1** culture, education, learning. **2** (*Biol.*) culture: *terreno di* ~ culture medium. **3** (*raro*) (*coltura*) cultivation; (*di piante*) growing.

culturale *a.* cultural, educational: *istituzione* ~ cultural institute.

culturismo *m.* body-building; physical culture.

culturista *m./f.* **1** body-builder. **2** (*fanatico dell'efficienza fisica*) fitness devotee, body -building devotee.

cumino *m.* (*Bot.*) cumin; (*cumino dei prati*) caraway.

cumulare *v.t.* (*fig.*) to accumulate, to heap up.

cumulativo *a.* cumulative, inclusive.

cumulo *m.* **1** (*mucchio*) heap, pile. **2** (*fig.*) (*grande quantità*) mass, heap, lot. **3** (*di cariche, stipendi*) plurality. **4** (*Meteor.*) cumulus. □ ~ *dei redditi* joint income-tax return; (*tassa pagata*) joint taxation.

cuneiforme *a.* cuneiform.

cuneo *m.* **1** wedge (*anche Mil.*). **2** (*zeppa per bloccare*) chock. **3** (*Arch.*) quoin. □ *a* ~ wedge-shaped.

cunetta *f.* **1** (*canaletto di scolo*) gutter; (*nelle strade di campagna*) ditch. **2** (*avvallamento del fondo stradale*) bump.

cunicolo *m.* **1** underground passage (*o* tunnel). **2** (*in miniera*) shaft. **3** (*tana di animali*) burrow.

cuoca *f.* (woman-)cook.

cuocere I *v.t.* **1** to cook; (*rif. ad arrosto*) to roast; (*rif. a lesso*) to boil; to poach; (*al forno*) to bake; (*in umido*) to stew; (*alla griglia*) to grill; (*am.*) to broil. **2** (*fig.*) (*rif. al sole: bruciare*) to burn*, to bake, to parch. **3** (*rif. a mattoni*) to fire, to bake. **II** *v.i.* **1** to cook. **2** (*fig.*) (*rif. al sole*) to burn*, to be hot.

cuoco *m.* cook. □ *primo* ~ chef.

cuoio *m.* leather; (*pelle*) hide. □ ~ **artificiale** imitation leather, leatherette; (*Anat.*) ~ **capelluto** scalp; **lavorare** *il* ~ to dress leather; (*fig. pop.*) **tirare** *le cuoia* to kick the bucket.

cuore *m.* **1** (*Anat.*) heart. **2** (*estens.*) (*petto*) heart, breast, bosom. **3** (*fig.*) heart. **4** (*fig.*) (*parte centrale*) heart, centre, core: *il* ~ *della città* the heart of the city; *il* ~ *della centrale nucleare* the core of the nuclear power station. **5** *pl.* (*nelle carte da gioco*) hearts *pl.* □ **amico** *del* ~ bosom friend; **avere** *buon* ~ to be kind-hearted; **chirurgia** *a* ~ *aperto* open heart surgery; **col** ~ (*volentieri*) willingly, gladly; (*sinceramente*) sincerely; **di** ~ with all one's heart; (*con entusiasmo*) heartily; *in* **fondo** *al* ~ deep down; *nel* ~ *dell'***inverno** in the depths of winter; *a cuor* **leggero** with a light heart, light-heartedly; **macchina** ~*-polmone* heart-lung machine; **mal** *di* ~ heart trouble (*o* disease); **malato** *di* ~ a person with heart disease, cardiopath; *a quella notizia mi sentii* **mancare** *il* ~ my heart sank at the news; *avere la* **morte** *nel* ~

to be sick at heart; *nel* ~ *della* **notte** at (*o* in the) dead of night; (*fig.*) *mettere* (o *mettersi*) *il* ~ *in* **pace** to set one's mind at rest; *dal* **profondo** *del* ~ whole-heartedly; **risata** *di* ~ hearty laugh; **stare** *a* ~ (*premere, importare*) to be of great concern, to have at heart (costr. pers.); *a quella vista mi si* **strinse** *il* ~ my heart ached at (*o* was wrung by) the sight; **trapianto** *del* ~ heart transplant.

cuoriforme *a.* heart-shaped.

cupidigia *f.* (*lett.*) cupidity, greed, covetousness, lust: ~ *di potere* lust (*o* thirst) for power.

cupido *a.* (*lett.*) covetous, greedy, lustful.

cupo *a.* **1** dark, gloomy, obscure: *un antro* ~ a dark cave; *rosso* ~ dark red. **2** (*rif. a suono: basso, sordo*) low, deep: *una voce cupa* a deep voice. **3** (*fig.*) (*tetro*) gloomy, sullen, dismal. □ **carattere** ~ gloomy nature; **descrivere** *qc. a tinte cupe* to paint a gloomy picture of s.th.

cupola *f.* **1** (*Arch.*) dome; (*piccola*) cupola. **2** (*di cappello*) crown. **3** (*Bot.*) cupule.

cura *f.* **1** care. **2** (*accuratezza*) care, accuracy. **3** (*prescrizione medica*) treatment; (*terapia specifica*) care. **4** (*Rel.*) (*ministero del sacerdote*) cure, spiritual charge. **5** (*Dir.*) (*curatela*) guardianship, thrusteeship. **6** *pl.* (*lett.*) (*affanni*) cares *pl.*, anxieties *pl.*, worries *pl.* □ **a** ~ *di* by; (*edito da*) edited by; **affidare** *qd. alle cure di qd.* to leave s.o. to s.o.'s care; **avere** ~ *di qc.* (o *qd.*) to look after (*o* take care of) s.th. (o *s.o.*): *abbi* ~ *di lui* take care of him; **casa** *di* ~ nursing home; **con** ~ carefully; *essere in* ~ **da** *un medico* to be under doctor's orders; ~ **dimagrante** slimming cure; **fare** *una* ~ *termale* to take the waters; *avere* **in** ~ *un malato* (*rif. a medico*) to be treating a patient; (*rif. a infermiera, parente, ecc.*) to be nursing a patient; **luogo** *di cure termali* spa; **senza** ~ carelessly.

curabile *a.* curable.

curante *a.* in charge of the case. □ **medico** ~ doctor in charge; *il* **nostro** *medico* ~ our family doctor.

curare *v.t.* **1** to take* care of, to look after. **2** (*rif. a infermiera*) to nurse. **3** (*rif. a medico*) to treat; to attend; (*medicare*) to dress. **4** (*Comm.*) to see to, to arrange for: *curerò la spedizione delle merci* I'll see to the forwarding of the good's myself. **5** (*rif. a libri*) to edit: ~ *l'edizione di un'opera* to edit a work. **curarsi** *v.r./i.pron.* **1** (*interessarsi*) to pay* attention (*di to*), to care (about); (*badare*) to take* notice (of), to mind (s.th.): *non me ne curo* I don't care. **2** (*sottoporsi a cure mediche*) to follow a treatment; (*avere cura della propria salute*) to look after o.s. (*o* ones' health), to take* care of o.s.

curaro *m.* (*Chim.*) curare.

curatela *f.* (*Dir.*) administratorship, curatorship; (*di fallimento*) trusteeship.

curativo *a.* curative, of treatment.

curato *m.* curate; (*parroco*) parish priest.

curatore *m.* **1** (*Dir.*) administrator, trustee. **2** (*di un testo*) editor. **3** (*di minore*) guardian.

curcuma *f.* (*Bot., Gastr.*) turmeric.

curia *f.* **1** (*Rel.*) curia. **2** (*collett.*) (*l'insieme degli avvocati di un luogo*) (the) Bar.

curio *m.* (*Chim.*) curium.

curiosare *v.i.* to look about curiously; to have a look around; (*spreg.*) to pry; to nose about; to snoop (around); (*tra i libri*) to browse.

curiosità *f.* **1** curiosity, inquisitiveness, (*fam.*) nosiness. **2** (*cosa rara, strana*) curio, curiosity. □ ~ *morbosa* morbid curiosity.

curioso **I** *a.* **1** curious, inquisitive, (*fam.*) nosy. **2** (*strano*) curious, odd, peculiar, funny: ~, *credevo che fosse partito* that's odd, I thought he had left. **II** *s.m.* **1** curious person; (*spreg.*) nosey parker. **2** (*spettatore*) onlooker: *una folla di curiosi* a crowd of onlookers.

curriculum *m.* résumé; personal history; (*raro*) curriculum (vitæ).

cursore *m.* (*tecn., Inform.*) slider; (*rif. a strumento matematico*) cursor.

curva *f.* **1** (*Geom.*) curve. **2** (*di strada*) bend, curve, turn; (*di fiume*) bend, curve. **3** (*rappresentazione grafica*) curve, graph. **4** (*Sport*) (*parte della pista*) bend. **5** *pl.* (*scherz.*) (*rotondità del corpo femminile*) curves *pl.* □ ~ *a* **destra** (o *a sinistra*) right (*o* left) bend; (*Strad.*) **doppia** ~ S-bend; **fare** *una* ~ to turn; **strada** *con molte curve* winding (*o* twisting) road.

curvare **I** *v.t.* **1** to bend*, to curve. **2** (*chinare*) to bend*, to bow: ~ *il capo* to bow one's head. **II** *v.i.* (*rif. a strada, fiume*) to curve, to bend*. **curvarsi** *v.r.* **1** to bend*, to curve: *l'asse si curvò sotto il peso* the plank bent under the weight; (*rif. a legno*) to warp. **2** (*rif. a persona: chinarsi*) to stoop, to bend* (down).

curvatura *f.* **1** curving, bending; curvature. **2** (*Arch.*) sweep. □ *la* ~ *della Terra* the curvature of the Earth.

curvilineo **I** *a.* curvilinear. **II** *s.m.* French curve.

curvo *a.* **1** curved: *linea curva* curved line; (*piegato*) bent; (*storto*) crooked. **2** (*rif. a persona*) bent, stooping. □ *camminare* ~ to walk with a stoop.

cuscinetto *m.* **1** (*piccolo cuscino, imbottitura*) pad. **2** (*puntaspilli*) pincushion. **3** (*per timbri*) ink-pad. **4** (*Mecc.*) bearing. □ (*fig.*) **fare** *da* ~ to (act as a) buffer; ~ *a* **sfere** ball bearing; (*Pol.*) **stato** ~ buffer state.

cuscino *m.* cushion; (*guanciale*) pillow.

cuspidato *a.* cuspidate, pointed.

cuspide *f.* **1** (*vertice*) point, cusp. **2** (*punta di lancia, freccia*) point, tip. **3** (*Arch.*) spire, pinnacle. **4** (*Mat., Astr., Anat.*) cusp.

custode *m./f.* **1** caretaker, guardian, keeper, custodian; (*portiere*) door-keeper, janitor. **2** (*fig.*) guardian, protector: *angelo* ~ guardian angel.

custodia *f.* **1** care. **2** (*Dir.*) custody, guardianship. **3** (*astuccio*) case, holder; (*dei dischi*) sleeve; (*am.*) jacket. **4** (*Mecc.*) housing, casing. □ **agente** *di* ~ (*di un carcere*) warder, prison guard; (*Dir.*) ~ **preventiva** detention awaiting trial; *essere* **sotto** *la* ~ *di qd.* to be in s.o.'s charge.

custodire *v.t.* **1** to keep*, to guard. **2** (*sorvegliare*) to look after, to take* care of; (*fare la guardia*) to guard, to watch over: ~ *i prigionieri* to guard the prisoners. **3** (*serbare con cura*) to preserve, to guard. **4** (*fig.*) (*mantenere*) to keep*, to guard, to cherish.

cutaneo *a.* cutaneous, skin-, of the skin. □ *malattia cutanea* skin disease.

cute *f.* (*Anat.*) skin, cutis.

cutrettola *f.* (*Zool.*) wagtail.

CV = *cavallo vapore* horse power (H.P.).

c.v.d. = (*Mat.*) *come volevasi dimostrare* quod erat demonstrandum (Q.E.D.).

D

d, **D** *f./m.* (*lettera dell'alfabeto*) d, D. ▭ (*Tel.*) ~ *come Domodossola* D for David, (*am.*) D for Dog.

da *prep.* **1** (*agente, causa efficiente*) by: *era amata* ~ *tutti* she was loved by all; *il libro è scritto* ~ *Sartre* the book is written by Sartre. **2** (*moto da luogo*) from: ~ *Napoli a Firenze* from Naples to Florence; (*fuori da*) out of, (out) from: *uscire dal negozio* to go (*o* come) out of the shop; *buttarsi dalla finestra* to throw o.s. out of (*o* down from) the window; (*luogo, punto da cui si compie un'azione*) from: *dal primo all'ultimo* from beginning to end. **3** (*moto per luogo*) by, through, via: *all'andata siamo passati* ~ *Firenze* on the way there we went via Florence; *i ladri sono passati dalla finestra* the thieves got in through (*o* by) the window. **4** (*moto a luogo*) to: *andrò* ~ *lui domani* I shall go to (see) him (*o* to his house) tomorrow; *recarsi dal medico* to go to the doctor's. **5** (*stato in luogo*) with, at: *abita* ~ *un parente* he lives with a relative; (*rif. a nomi di ristoranti*) at: ~ *Tullio* at Tullio's (Restaurant). **6** (*origine, provenienza*) from, of: *discendere* ~ *nobile famiglia* to descend from a noble family; *apprendere qc. dai giornali* to learn of s.th. from the newspapers; (*copiato da*) (taken, copied) from: *disegno dal vero* drawing from life. **7** (*distanza, separazione, allontanamento*) (away) from: *a cento chilometri* ~ *Roma* a hundred kilometres from Rome; *mi separai dai miei parenti* I parted from my relatives. **8** (*tempo passato: rif. a durata*) for (*talvolta non si traduce*): *dormivo* ~ *due ore* I had been sleeping (for) two hours; (*fin da, a partire da*) since: *è dalle dieci che ti aspetto* I have been waiting for you since ten; (*tempo futuro: a decorrere da*) (as) from: *l'appartamento è libero dal mese prossimo* the flat is free as from next month. **9** (*fine, scopo*) as, for; (*uso, destinazione*) for (*si rende per lo più con un sostantivo composto o aggettivato*): *rete* ~ *pesca* net for fishing, fishing net; *abiti* ~ *inverno* winter clothes; *stanza* ~ *pranzo* dining-room. **10** (*prezzo, valore*) (*si rende con un aggettivo composto*): *un francobollo* ~ *cinquanta lire* a fifty-lire stamp. **11** (*limitazione*) in: *cieco* ~ *un occhio* blind in one eye. **12** (*modo, maniera*) like: *comportarsi* ~ *vigliacco* to behave like a coward; *vivere* ~ *principe* to live like a prince; (*degno di*) like, worthy of, fit for (*spesso si rende con un aggettivo, un avverbio o il caso possessivo*): *non è* ~ *te* it is not like (*o* worthy of) you; *un'azione* ~ *gentiluomo* gentlemanly behaviour; *una vita* ~ *cani* a dog's life. **13** (*età, condizione*) as, when: ~ *giovane era uno sportivo* as a young man he was keen on sport; *che cosa vuoi fare* ~ *grande?* what will you be when you grow up? **14** (*rif. a uffici, cariche: in funzione di*) as. **15** (*seguito dall'inf.: consecutivo*) that, as to (*spesso non si traduce*): *era così stanco* ~ *non poter studiare* he was so tired (that) he could not study; *chi è così gentile* ~ *accompagnarmi a casa?* who will be so kind as to take me home? **16** (*seguito dall'inf.: finale*) (*si traduce coll'infinito*): *dammi un libro* ~ *leggere* give me a book to read. **17** (*seguito dall'inf.: necessità, obbligo*) for (*spesso si rende con una proposizione relativa, con l'infinito, o con un aggettivo*): *camicie* ~ *stirare* shirts (that are) to be ironed, shirts for ironing; *un vecchio* ~ *compatire* an old man who is to be pitied. ▭ ~ ... **a** (*quantità approssimativa*) from ... to: *c'erano* ~ *trecento a quattrocento persone* there were from three to four hundred people; ~ **allora** since (then): ~ *allora in poi* ever since (then), from that time on; *a* **cominciare** ~ (as) from, beginning from: *a cominciare* ~ *oggi* as from today; ~ **dove** where (from): *non so* ~ *dove cominciare* I don't know where to begin; ~ *dove viene?* where is he from?; **fin** ~ (ever) since, from ... on: *fin dall'infanzia* since childhood, from childhood on; **fin** ~ *piccolo* since he was a child; *lo conosco dall'***infanzia** I have known him ever since he was a child; ~ **lontano** from afar (*o* far off), at a distance; ~ **molto** for a long time: *è* ~ *molto che non lo vedo* I haven't seen him for a long time; ~ **noi** (*a casa mia*) at home; (*nel mio paese*) in my country; ~ **quando** *sei qui?* how long have you been here?; *ha la ragione dalla* **sua** he is (in the) right; **tanto** ~ enough (*o* sufficient) to; *a due*

metri ~ **terra** two metres from (*o* off) the ground.
dabbasso *avv.* down(stairs), below.
dabbenaggine *f.* simple-mindedness, foolishness.
dabbene *a.* honest, decent, upright.
daccanto *avv.* (*vicino*) nearby; (*a fianco*) beside.
daccapo *avv.* **1** (*di nuovo*) (once) again, once more: *ti spiegherò* ~ I'll explain again. **2** (*dal principio*) from the beginning, all over again. ▭ *siamo* ~*!* it's the same old story!
dacché *congz.* (*lett.*) **1** (ever) since: ~ *lo conosco non mi ha dato che noie* ever since I've known him he's given me trouble. **2** (*poiché*) since, as.
dacia *f.* da(t)cha.
dado *m.* **1** die (*pl.* dice): *giocare a dadi* to play dice. **2** (*Arch.*) dado, die. **3** (*Gastr.*) soup cube. **4** (*Mecc.*) nut. ▭ (*Gastr.*) **tagliare** *a dadi* to cut into small cubes; (*fig.*) *il* ~ *è* **tratto** the die is cast.
daffare *m.* work, task, toil. ▭ *ho avuto un* **bel** ~ I have been very busy; *avere un* **gran** ~ to have a great deal to do.
dag = *decagrammo* decagram(me) (dkg).
daga *f.* dagger.
dai *intz.* come on, go on, go it: ~, *parla* come on, out with it.
daino *m.* **1** (*Zool.*) fallow deer; (*maschio*) buck; (*femmina*) doe. **2** (*pelle*) buckskin, doeskin.
dal = *decalitro* decalitre (dkl).
dalia *f.* (*Bot.*) dahlia.
dalmata *a./s.m./f.* Dalmatian.
Dalmazia *N.pr.f.* (*Geog.*) Dalmatia.
daltonico **I** *a.* (*Med.*) colour-blind. **II** *s.m.* colour-blind person, Daltonian.
daltonismo *m.* (*Med.*) colour-blindness, Daltonism.
daltronde, **d'altronde** *avv.* on the other hand, however.
dam = *decametro* decametre (dkm).
dama *f.* **1** (*gentildonna*) lady (of rank). **2** (*rif. al ballo*) (dancing-)partner. **3** (*gioco*) draughts *pl.* (costr. sing. *o* pl.), (*am.*) checkers *pl.* (costr. sing.); (*pedina doppia*) king. ▭ ~ *di* **carità** lady visitor; ~ *di* **compagnia** (lady) companion; ~ *di* **corte** lady-in-waiting; **giocare** *a* ~ to play draughts (*o* checkers).
damascato *a.* damask-.
damasco *m.* (*tessuto*) damask.
Damasco *N.pr.f.* (*Geog.*) Damascus.
damerino *m.* fop, dandy, beau.
damigella *f.* (*lett.*) damsel. ▭ ~ *d'onore* bridesmaid.
damigiana *f.* demijohn; (*per acidi e sim.*) carboy.
dammeno *a.* less (*di* than); (*inferiore*) inferior (to). ▭ *egli non è* ~ *di te* he is just as good as you.
danaro *m.* money.
danaroso *a.* rich, (*attr.*) moneyed, wealthy, (*pred.*) well-off, well-to-do.
danese **I** *a.* Danish. **II** *s.m.* **1** *m./f.* (*abitante*) Dane. **2** (*lingua*) Danish. **3** (*cane*) Great Dane.
Daniele *N.pr.m.* Daniel.
Danimarca *N.pr.f.* (*Geog.*) Denmark.
dannare *v.t.* to damn. **dannarsi** *v.r.* **1** to be damned. **2** (*affannarsi*) to slave (*o* work o.s.) to death, to drive* o.s. mad. ▭ ~ *la propria* **anima** to be damned; (*fig.*) *dannarsi l'***anima** to go crazy.
dannato **I** *a.* **1** damned. **2** (*fig.*) (*maledetto*) wretched. **3** (*fig.*) (*smisurato*) dreadful, frightful, (*fam.*) beastly, appalling. **II** *s.m.* damned soul; *pl.* the damned (*costr. pl.*).
dannazione *f.* **1** damnation. **2** (*fig.*) (*affanno tormento*) trial, curse, pest. **3** (*esclam.*) damn (it).
danneggiamento *m.* (*Dir.*) **1** damaging. **2** *pl.* (*danni*) damages *pl.*
danneggiare *v.t.* **1** to damage: *la grandine ha danneggiato le piante* the hail has damaged the plants; (*sciupare*) to spoil*. **2** (*nuocere*) to harm, to injure. **3** (*ledere, pregiudicare*) to prejudice, to be detrimental to, to damage.
danneggiato **I** *a.* damaged, harmed, injured. **II** *s.m.* (*sinistrato*) victim.
danno *m.* **1** damage, harm, injury: *la grandine ha causato gravi danni* the hail has caused serious damage; (*perdita*) loss. **2** (*pregiudizio*) detriment, prejudice, damage. ▭ **a** ~ *di* against, to the prejudice (*o* detriment *o* loss) of; **accertare** *i danni* to assess the damages; **ammontare** *del* ~ extent of damage; *avere il* ~ *e le* **beffe** to have insult added to injury; *danni di* **guerra** war damage; ~ **materiale** material damage; ~ **morale** moral injury; *nessun* ~ *alle* **persone** no one was hurt; **recare** ~ *a qd.* to cause damage to s.o., to do s.o. harm, to harm (*o* injure) s.o.
dannoso *a.* harmful, detrimental (*a* to), noxious.
dantesco *a.* of Dante, Dante-, Dantesque.
Danubio *N.pr.m.* (*Geog.*) Danube.
danza *f.* **1** dance. **2** (*il danzare*) dancing: *studiare* (*la*) ~ to learn dancing. ▭ ~ *popolare* folk dance.
danzante *a.* **1** (*rif. a persona*) dancing. **2** (*da ballo*) dance-. ▭ *trattenimento* ~ ball.
danzare *v.i./t.* to dance (*anche fig.*).
danzatore *m.* dancer.
dappertutto *avv.* everywhere, on all sides, all over the place.
dappocaggine *f.* worthlessness, inefficiency, ineptitude.
dappoco *a.* (*inetto*) worthless, inefficient, inept.
dappresso *avv.* **1** (*vicino*) near(by). **2** (*da vicino*) closely, at close quarters, close (by).
dapprima *avv.* (at) first.
dapprincipio *avv.* at (*o* in) the beginning.
dardeggiare *v.t./i.* to dart (*anche fig.*).

dardo *m.* dart (*anche fig.*); arrow.

dare[1] **I** *v.t.* **1** to give*: *dammi qc. da mangiare* give me s.th. to eat. **2** (*consegnare*) to give*, to hand (over); (*distribuire*) to give* out, to hand out: ~ *le pagelle* to hand out the school-reports. **3** (*assegnare*) to give*, to award, to assign: *gli hanno dato il primo premio* they awarded him the first prize; (*attribuire*) to attach, to give*: *non* ~ *importanza alle parole di qd.* to attach no importance to s.o.'s words. **4** (*produrre*) to give* (off), to yield: *la stufa dà calore* the stove gives off heat. **5** (*infliggere*) to inflict, to lay*: ~ *una multa a qd.* to inflict a fine on s.o.; (*condannare*) to give*, to sentence to: *gli hanno dato tre anni di carcere* he was given (*o* sentenced to) three years' prison. **6** (*assestare colpi, percosse*) to give*, to deal*. **7** (*rif. a sentimenti: cagionare*) to give*, to cause: *non* ~ *dispiaceri a tua madre* don't cause your mother worry; (*infondere, ispirare*) to inspire (with), to give*, to fill with: ~ *coraggio a qd.* to inspire courage in s.o., to inspire s.o. with courage; ~ *speranza* to fill with hope; (*suscitare*) to give* rise to, to arouse, to stir up: ~ *scandalo* to give rise to scandal. **8** (*indire, organizzare*) to give*, to hold*: ~ *una festa* to give a party. **9** (*augurare*) to wish, to say*: ~ *il buongiorno a qd.* to wish s.o. good morning, to say good morning to s.o. **10** (*rif. a età*) to think*: *non gli darei trent'anni* I don't think he is over thirty. **11** (*rif. a conti, operazioni*) to make*, to be: *tre per tre dà nove* three times three makes (*o* is) nine. **12** (*rif. a vernici e sim.*) to apply, to put* (on): ~ *una verniciata a qc.* to put on s.th. a coat of paint. **II** *v.i.* **1** (*colpire, urtare*) to hit*, to bang, to bump: ~ *con la testa nel muro* to bang one's head against the wall. **2** (*rif. a finestre, porte e sim.*) to look (out) (onto, towards), to overlook; (*aprirsi*) to open (onto), to lead* (into): *la finestra dà sulla strada* the window looks onto the road; *questa stanza dà sul giardino* this room leads into the garden. **darsi** *v.r.* **1** (*dedicarsi*) to devote o.s., to dedicate o.s. (*a* to): *darsi alla musica* to dedicate o.s. to music; (*rif. a professioni*) to take* up, to enter on, to go* into (*o* for): *darsi al commercio* to go into business. **2** (*abbandonarsi: rif. a passioni*) to give* o.s. up (*o* over), to take*: *darsi al gioco* to give o.s. up to gambling; *darsi al bere* to take to drink. **3** (*rif. a donna: concedersi*) to give* o.s. □ ~ **addosso** *a qd.* to attack (*o* lay into) s.o.; ~ **aria** *alla stanza* to air the room; ~ **ascolto** *a qd.* to listen to s.o.; ~ **atto** *di qc.* to acknowledge s.th.; ~ *un* **bacio** to (give a) kiss; ~ *le* **carte** to deal (the cards); *si dà il* **caso** it (just) so happens; (*burocr.*) ~ **corso** *a un ordine* (*eseguirlo*) to carry out an order; ~ **del** to call: ~ *del ladro a qd.* to call s.o. a thief; ~ *da* **fare** to keep busy; *darsi da* **fare** *per ottenere qc.* to do all one can to obtain s.th.; ~ **in** *un pianto disperato* to burst into tears of despair; ~ *da* **pensare** *a qd.* (*preoccuparlo*) to worry s.o.; ~ **per** to consider, to give out as, to state (*o* say *o* think) that: ~ *per certo qc.* to consider s.th. certain, to give s.th. out as a fact; ~ *il* **permesso** to give (*o* grant) permission; *darsi* **prigioniero** to give o.s. up; **può** *darsi* maybe; **può** *darsi che sia giusto* it may be right; ~ **sul** *verde* to verge (*o* border) on green, to be greenish; ~ **via** to give away; ~ *il* **via** (*iniziare*) to start; to give the go-ahead for s.th.; (*Sport*) to give the starting-signal; *darla* **vinta** *a qd.* to give in to s.o., to let s.o. have his own way; ~ **vita** *a qc.* (*animare*) to liven s.th. up; (*fondare*) to found s.th., to establish s.th.; *ti ha dato di* **volta** *il cervello?* have you gone off your head (*o* out of your mind)? ‖ *darle* to smack, to beat, to give a good hiding: *se non smetti di gridare te le do* if you don't stop shouting I shall smack you, *darsele* to go for (*o* at) e.o.

dare[2] *m.* (*Comm.*) debit: *il* ~ *e l'avere* debit and credit. □ *colonna del* ~ debit column (*o* side).

darsena *f.* (wet-)dock, dockyard.

darvinismo *m.* (*Filos.*) Darwinism.

data *f.* **1** date: *fissare la* ~ *dell'incontro* to fix the date of the meeting. **2** (*tempo*) time: *si conoscono da lunga* ~ they have known each other for a long time. □ ~ *di* **emissione** date of issue; *di* **fresca** ~ recent, of recent date; **in** *che* ~? when?; *amicizia di* **lunga** ~ long-standing (*o* old) friendship; *in* ~ **odierna** under today's date; ~ *di* **scadenza** date of maturity (*o* expiry), date due; *lettera* **senza** ~ undated letter; (*Comm.*) ~ *del* **timbro** *postale* date as postmark.

databile *a.* dat(e)able.

datare I *v.t.* to date: ~ *un documento* to date a document. **II** *v.i.* to date (*da* from, back to). □ *a* ~ *da* as (*o* dating) from; (*rif. a disposizioni e sim.*) having effect as from.

datario *m.* (*timbro*) date stamp.

datazione *f.* dating.

dativo *m.* (*Gramm.*) dative.

dato I *a.* **1** given, certain: *entro un* ~ *periodo* within a given period; *in date occasioni* on certain occasions. **2** (*assol.*) considering, in view (*o* consideration) of, under: *date le circostanze* under the circumstances. **II** *s.m.* **1** datum (*pl.* data): *dati del problema* data (of a problem). **2** (*fig.*) (*elemento*) fact, datum. □ ~ **che** (*supposto che*) supposing that; (*poiché*) since, as; ~ *e non* **concesso** even granting that; ~ *di* **fatto** fact: *è un* ~ *di fatto che arrivi sempre in ritardo* it is a fact that you always arrive late; *dati* **statistici** statistical data, statistics *pl.; dati* **tecnici** specifications, technical data.

datore *m.* giver. □ ~ *di lavoro* employer.

dattero *m.* **1** (*Bot.*) date palm; (*frutto*) date. **2** (*Zool.*) ~ *di mare* date mussel.

dattilografa *f.* typist.

dattilografare *v.t.* to type(-write*).
dattilografia *f.* typing, type-writing.
dattilografo *m.* typist.
dattiloscritto I *a.* typed, typewritten. **II** *s.m.* typescript.
dattorno *avv.* (*intorno*) around, round about.
davanti I *avv.* **1** in front: ~ *c'è posto* there is room in front. **2** (*dirimpetto*) opposite: ~ *era seduto un signore con gli occhiali* a gentleman with glasses was seated opposite. **II** *a.* (*prima del sostantivo*) front, fore: *i denti* ~ the front teeth. **III** *s.m.* front. □ ~ **a**: 1 (*innanzi*) in front of, before: *hai tutta la vita* ~ *a te* you have your whole life before you; 2 (*dirimpetto*) opposite (to), facing: *la mia casa è* ~ *alla scuola* my house is opposite the school; 3 (*alla presenza*) before, in the presence (*o* face) of, in front of; **mettere** ~ to put forward (*o* to the front); *le stanze* **sul** ~ the front rooms.
davantino *m.* (*di abito*) dick(e)y.
davanzale *m.* window-sill.
davanzo *avv.* more than enough.
Davide *N.pr.m.* David.
davvero *avv.* **1** (*in verità, veramente*) really, truly, indeed: *sono* ~ *contento dei tuoi successi* I am really (*o* truly) glad about your success; *sei* ~ *gentile* you are very kind indeed. **2** (*interrogativo*) really, indeed, is that so: (*per*) ~? *ma è impossibile* is that so? it's impossible.
daziario *a.* revenue-, customs-, excise-, toll-.
daziere *m.* excise officer.
dazio *m.* **1** (*tassa*) duty, levy, toll. **2** (*ufficio del daziere*) customs (*o* revenue) office; (*casello daziario*) toll-house. □ ~ **doganale** customs duty; **esente** *da* ~ duty-free; **gravare** *qc. di* ~ to levy duty on s.th.; **pagare** *il* ~ *per qc.* to pay duty on s.th.; **soggetto** *a* ~ dutiable.
d.C. = *dopo Cristo* Anno Domini (A.D.).
dea *f.* goddess (*anche fig.*).
deambulare *v.i.* to stroll (*o* walk) about.
deambulazione *f.* gait (*anche Med.*).
debellare *v.t.* **1** to defeat, to subdue. **2** (*fig.*) to defeat, to overcome*; (*estirpare*) to exterminate, to wipe (*o* root) out.
debilitante *a.* debilitating, weakening.
debilitare *v.t.* to weaken, to debilitate, to enfeeble.
debitamente *avv.* duly.
debito[1] *m.* **1** (*Comm.*) debit, debt: ~ *e credito* debit and credit. **2** (*fig.*) (*dovere*) duty; (*obbligo morale*) debt, (moral) obligation: ~ *di riconoscenza* debt of gratitude. □ **avere** *un* ~ *con qd.* to be in debt to s.o., to be s.o.'s debtor; ~ *di* **coscienza** moral duty; ~ **esigibile** recoverable (*o* due) debt; (*fig.*) **fare** *un* ~ to incur (*o* contract) a debt; **fare** *debiti* to run (*o* get) into debt; ~ *di* **gioco** gaming debt; ~ *d'***onore** debt of honour; ~ **pubblico** National Debt.
debito[2] *a.* due, proper, right: *fatte le debite riserve* with due reserve; *a tempo* ~ at the right time; *in tempo* ~ in due course.
debitore *m.* debtor (*anche fig.*). □ *essere* ~ *di qc. a* (o *verso*) *qd.* to owe s.o. s.th.
debole I *a.* **1** weak (*anche fig.*). **2** (*poco luminoso*) faint, dim: *un* ~ *chiarore* a faint gleam. **3** (*poco sonoro*) faint, feeble; *udì un* ~ *lamento* he heard a feeble cry. **II** *s.m.* **1** weakling, weak person. **2** (*punto debole*) weak point (*o* side). **3** (*inclinazione, preferenza*) weakness, fondness, liking. □ *avere un* ~ *per qd.* (o *qc.*) to have a soft spot for s.o. (*o* s.th.).
debolezza *f.* **1** weakness (*anche fig.*). **2** (*difetto*) frailty, weakness: *le debolezze umane* human frailties.
debolmente *avv.* weakly; faintly; feebly.
debordare *v.i.* (*traboccare*) to overflow; (*straripare*) to flood.
debosciato I *a.* debauched. **II** *s.m.* debauchee.
debuttante I *m./f.* (*principiante*) beginner, novice. **II** *f.* débutante, (*fam.*) deb: *il ballo delle debuttanti* the débutantes' ball.
debuttare *v.i.* **1** (*Teat.*) (*esordire*) to make* one's début. **2** (*estens.*) to begin*, to start off. □ ~ *in società* to come out.
debutto *m.* **1** (*Teat.*) début. **2** (*estens.*) beginning, start, outset.
decade *f.* (*dieci giorni*) ten days *pl.*
decadente *a./s.m./f.* (*Lett.*) decadent.
decadentismo *m.* (*Arte, Lett.*) decadence.
decadenza *f.* **1** decadence, decline: *la* ~ *dell'impero romano* the decline of the Roman Empire. **2** (*Dir.*) forfeiture, loss.
decadere *v.i.* **1** to decline, to decay, to fall* into decline (*o* decay). **2** (*Dir.*) to lose*, to forfeit.
decadimento *m.* decay, decline.
decaduto *a.* **1** (*scaduto*) fallen into disuse. **2** (*impoverito*) impoverished.
decaffeinizzare *v.t.* to decaffeinate: *caffè decaffeinizzato* decaffeinated coffee.
decagrammo *m.* decagram(me).
decalcificare *v.t.* (*Chim., Med.*) to decalcify.
decalcificazione *f.* decalcification.
decalcomania *f.* transfer.
decalogo *m.* (*Rel.*) decalogue.
decampare *v.i.* **1** (*levare il campo*) to decamp. **2** (*fig.*) to recede.
decano *m.* **1** doyen, dean. **2** (*Univ., Rel.*) dean.
decantare[1] *v.t.* to praise (highly), to extol.
decantare[2] **I** *v.t.* (*Chim.*) to decant. **II** *v.i* (*Chim.*) to clear.
decapitare *v.t.* to behead, to decapitate.
decapitazione *f.* beheading, decapitation.
decappottabile *a./s.f.* (*Aut.*) convertible.
decarburazione *f.* decarbonization.
decasillabo I *a.* (*Metrica*) decasyllabic. **II** *s.m.* decasyllable.
decatlon *m.* (*Sport*) decathlon.
decedere *v.i.* to die, to decease.
decelerare *v.i.* to decelerate.
decelerazione *f.* deceleration.

decennale I *a.* ten-year-: *piano* ~ ten-year plan. **II** *s.m.* (*decimo anniversario*) tenth anniversary.
decenne I *a.* (*attr.*) ten-year old, (*pred.*) ten years old. **II** *s.m./f.* ten-year-old person.
decennio *m.* decade, ten years *pl.*
decente *a.* decent.
decentramento *m.* decentralization.
decentrare *v.t.* to decentralize.
decentrato *a.* decentralized.
decenza *f.* decency, propriety, respectability, decorum: *vestire con* ~ to dress with propriety.
decesso *m.* (*burocr.*) death, decease.
decidere I *v.t.* **1** to decide (on), to fix, to arrange: *bisogna* ~ *il giorno della partenza* we must decide on the day of departure. **2** (*risolvere*) to decide, to settle, to solve: ~ *una questione* to settle an issue. **II** *v.i.* to decide: *sei tu che devi* ~ it is you who must decide. **decidersi** *v.i. pron.* to decide, to make* up one's mind.
deciduo *a.* deciduous.
decifrabile *a.* decipherable.
decifrare *v.t.* **1** to decipher, to decode: ~ *un messaggio* to decode a message. **2** (*estens.*) to decipher, to make* out, to solve: ~ *un enigma* to solve a puzzle.
decigrammo *m.* decigram(me).
decilitro *m.* decilitre.
decima *f.* (*Stor.*) tithe, tenth (part).
decimale *a./s.m.* (*Mat.*) decimal: *numero* ~ decimal (number, digit) □ *sistema metrico* ~ metric (*o* decimal) system.
decimare *v.t.* to decimate (*anche estens.*).
decimazione *f.* decimation (*anche estens.*).
decimetro *m.* decimeter.
decimo *a./s.m.* tenth.
decina *f.* **1** (*dieci*) ten, half-a-score. **2** (*circa dieci*) about (*o* some) ten, ten or so: *c'era una* ~ *di persone* there were about ten people. □ *a decine* by (*o in*) tens; (*fig.*) by the dozen (*o* score).
decisamente *avv.* **1** (*risolutamente*) resolutely. **2** (*senza dubbio*) definitely, decidedly.
decisionale *a.* decision-making.
decisione *f.* decision; resolution: *agire con* ~ to act with resolution. □ **giungere** *a una* ~ to reach (*o* come to) a decision; **prendere** *una* ~ to make a decision.
decisionismo *m.* assertive decisiveness; (*am.*) decision-making attitude.
decisivo *a.* decisive, conclusive. □ **momento** ~ crucial moment; **prove** *decisive* conclusive evidence; **voto** ~ casting vote.
deciso *a.* **1** definite, fixed, settled: *non c'è ancora nulla di* ~ there is still nothing definite (*o* fixed); *la questione è decisa* the matter is settled. **2** (*risoluto*) decided, resolute, determined, decisive: *un uomo* ~ a resolute man; *sono* ~ *a farlo* I am decided (*o* determined) to do it. **3** (*netto*) clean, sharp: *un taglio* ~ a clean cut. **4** (*spiccato*) decided, marked.
declamare I *v.t.* to declaim, to recite. **II** *v.i.* to declaim, to speak* rhetorically.
declamatorio *a.* declamatory.
declamazione *f.* declamation, recitation.
declassare *v.t.* **1** to declass. **2** (*togliere prestigio*) to downgrade, to lower the status of.
declinabile *a.* (*Gramm.*) declinable.
declinare[1] *v.i.* **1** (*rif. al sole*) to set*; (*rif. alla luna*) to wane. **2** (*fig.*) (*volgere al termine*) to draw* to a close, to near one's end. **3** (*fig.*) (*diminuire*) to decline: *la sua gloria declinava* his glory was declining. **4** (*scendere, tendere verso il basso*) to slope (down): *le montagne declinano verso la pianura* the mountains slope down to the plain; (*scorrere verso il basso*) to flow down. **5** (*Fis.*) (*rif. all'ago magnetico*) to deviate. **II** *v.t.* **1** (*rifiutare*) to decline, to turn down: ~ *un invito* to decline an invitation; ~ *un'offerta* to turn down an offer. **2** (*Gramm.*) to decline. □ ~ *le proprie* **generalità** to give one's (personal) particulars; *declino qualsiasi* **responsabilità** I disclaim all responsibility.
declinare[2] *m.* decline.
declinazione *f.* **1** (*Gramm.*) declension. **2** (*Geog., Astr.*) declination.
declino *m.* (*fig.*) decline.
declivio *m.* slope, declivity.
decodificare *v.t.* **1** (*Inform.*) to decode. **2** (*estens.*) to decipher.
decodificazione *f.* decoding.
decollare *v.i.* (*Aer.*) to take* off; (*di veicoli spaziali*) to blast off.
decollo *m.* (*Aer.*) take-off.
decolorante I *a.* (*Chim.*) decolo(u)rizing, bleaching. **II** *s.m.* decolorant, bleach: ~ *per capelli* hair bleach.
decolorare *v.t.* to bleach, to decolo(u)rize.
decolorazione *f.* decolo(u)rization, bleaching.
decomporre *v.t.* **1** to decompose (*anche Chim*). **2** (*Mat.*) to factorize. **decomporsi** *v.i. pron.* to decompose.
decomposizione *f.* **1** decomposition (*anche Chim.*). **2** (*Mat.*) factorization.
decompressione *f.* decompression. □ *camera di* ~ decompression chamber.
deconcentrato *a.* distracted.
deconcentrazione *f.* lack of concentration.
decongelare *v.t.* to defrost.
decongestionante *a.* decongestant.
decongestionare *v.t.* **1** (*Med.*) to decongest. **2** (*rif. al traffico*) to keep* moving (*o* flowing smoothly). **decongestionarsi** *v.i.pron.* (*Med.*) to be decongested.
decontaminare *v.t.* to decontaminate.
decontaminazione *f.* decontamination.
decorare *v.t.* **1** to decorate, to adorn, to ornament, to deck. **2** (*insignire di decorazione*) to decorate: ~ *al merito* to decorate for merit.
decorativo *a.* (*Arte, Lett.*) decorative (*anche estens.*).
decorato I *a.* decorated. **II** *s.m.* holder of a decoration.

decoratore *m.* decorator.
decorazione *f.* **1** decoration, ornamentation, adornment: *una ~ di fiori* a flower decoration. **2** (*onorificenza*) decoration.
decoro *m.* **1** (*convenienza*) decorum, propriety: *vestire con ~* to dress with propriety. **2** (*sentimento di dignità*) dignity.
decoroso *a.* **1** (*decente*) decent, respectable, proper: *un'abitazione decorosa* a respectable house. **2** (*dignitoso*) proper, decorous, dignified.
decorrenza *f.* starting point (*o* day). □ **con** *~ dal 1° gennaio* starting on (*o* from) January 1st; **con** *~ immediata* starting immediately.
decorrere *v.i.* **1** to pass, to elapse, to go* by. **2** (*avere vigore*) to have (*o* take*) effect, to run*, to start. □ *a ~ da oggi* starting (*o* as) from today.
decorso *m.* **1** passing, elapsing; (*corso, periodo*) course, lapse. **2** (*Med.*) course.
decotto *m.* decoction.
decrepito *a.* **1** decrepit. **2** (*fig.*) in decay (*o* decline), declining.
decrescente *a.* decreasing, diminishing, waning.
decrescenza *f.* decrease, diminution.
decrescere *v.i.* to decrease, to diminish; (*rif. alla luna*) to wane; (*diminuire di livello*) to subside, to sink*; (*rif. a suoni*) to die (*o* fade) away; (*rif. alla marea*) to ebb.
decretare *v.t.* **1** to decree, to order. **2** (*tributare*) to award, to grant, to confer.
decreto *m.* **1** decree. **2** (*in diritto penale*) order, judg(e)ment; (*in diritto civile*) decree, order. □ (*Dir.*) *~ di* **amnistia** amnesty ordinance; **emettere** *un ~* to issue a decree; *~* **-legge** decree law.
decubito *m.*: *piaga da ~* bedsore.
decuplicare *v.t.* to multiply by ten.
decuplo **I** *a.* tenfold. **II** *s.m.* ten times (as much, the amount).
decurtare *v.t.* to curtail, to reduce.
decurtazione *f.* curtailment, reduction.
dedalo *m.* maze, labyrinth.
Dedalo *N.pr.m.* (*Mitol.*) Daedalus.
dedica *f.* dedication.
dedicare *v.t.* **1** to dedicate. **2** (*riservare*) to devote, to give* (up, over): *dedico il tempo libero alla musica* I devote my free time to music. **dedicarsi** *v.r.* to devote o.s.
dedito *a.* **1** devoted (*a* to): *~ agli studi* devoted to study. **2** (*rif. a vizio*) addicted, given (to).
dedizione *f.* devotion.
deducibile *a.* **1** deducible. **2** (*che si può detrarre*) deductible.
dedurre *v.t.* **1** (*desumere*) to deduce, to infer: *cosa devo ~ dalle tue parole?* what am I to infer from your words? **2** (*sottrarre*) to deduct, to subtract: *~ le spese dall'incasso* to deduct expenses from takings. □ *si deduce che* we can infer that.
deduzione *f.* **1** deduction, inference. **2** (*detrazione*) deduction.
defalcare *v.t.* to deduct, to subtract (*da* from).
defalco *m.* deduction, subtraction.
defecare *v.t./i.* to defecate.
defecazione *f.* defecation.
defenestrare *v.t.* **1** to throw* out of the window. **2** (*fig.*) to throw* out, to drive* out.
defenestrazione *f.* (*fig.*) dismissal, removal (from office).
deferente *a.* **1** (*rispettoso*) deferential. **2** (*Anat.*) deferent: *canale ~* deferent conduit.
deferenza *f.* deference.
deferimento *m.* (*Dir.*) submitting, referring, deferring.
deferire *v.t.* (*Dir.*) to submit, to refer, to defer. □ *~ qd. al tribunale* to take s.o. to court.
defezionare *v.i.* to desert (*da qc.* s.th.), to defect (from s.th.).
defezione *f.* defection, desertion.
deficiente **I** *a.* **1** (*insufficiente*) insufficient. **2** (*minorato*) mentally deficient; (*stupido*) idiotic, stupid. **II** *s.m./f.* mental deficient (*o* defective); (*stupido*) idiot, imbecile.
deficienza *f.* **1** (*insufficienza*) deficiency, insufficiency, shortage. **2** (*lacuna*) gap. **3** (*idiozia*) mental deficiency; (*stupidità*) idiocy, imbecility.
deficit *m.* (*Econ.*) deficit; (*perdita*) loss; (*ammanco*) shortage.
deficitario *a.* (*Econ.*) showing a deficit, having (*o* with) a debit balance.
defilare **I** *v.t.* (*Mil.*) to defilade. **II** (*Mar.*) to pass astern.
definibile *a.* definable.
definire *v.t.* **1** (*delimitare*) to define, to determine: *~ i poteri di qd.* to define s.o.'s powers. **2** (*fissare, stabilire*) to settle, to make* clear, to determine: *~ la propria posizione* to make one's position clear. **3** (*determinare con una spiegazione*) to define: *~ un concetto* to define a concept. **4** (*risolvere*) to resolve, to settle.
definitivamente *avv.* definitively; (*per sempre*) once for all, for good.
definitivo *a.* definitive, final: *dare una risposta definitiva* to give a definitive answer. □ *in definitiva* (*in conclusione*) in short; (*in fin dei conti*) after all; (*dunque*) (well) then.
definito *a.* **1** defined, definite: *confini ben definiti* well-defined limits. **2** (*netto*) clear -cut, sharp. □ *non ben ~* vague.
definizione *f.* **1** definition: *una ~ esatta* an exact definition. **2** (*risoluzione*) settlement. **3** (*Fot., TV*) definition.
deflagrare *v.i.* **1** to deflagrate. **2** (*fig.*) (*divampare*) to blaze (*o* flare) up.
deflagrazione *f.* deflagration.
deflazione *f.* (*Econ.*) deflation.
deflazionistico *a.* (*Econ.*) deflationary.
deflessione *f.* **1** deviation, turning aside (*da* from). **2** (*Rad., TV, Fis.*) deflection.
deflettere *v.i.* **1** to deflect, to deviate, to

diverge. **2** (*fig.*) (*desistere*) to desist, to give* over (*o* up).
deflettore *m.* **1** deflector, baffle. **2** (*Aer.*) flap. **3** (*Aut.*) quarter light.
deflorare *v.t.* to deflower.
deflorazione *f.* defloration.
defluire *v.i.* **1** (*rif. a liquidi*) to flow (*o* run*) down. **2** (*fig.*) to stream, to flow.
deflusso *m.* **1** (down)flow: ~ *dell'acqua* down-flow of water. **2** (*rif. al mare*) reflux, ebb. **3** (*fig.*) (*rif. a folla*) flow.
defogliante *s.m.* defoliant.
deformabile *a.* deformable.
deformante *a.* deforming.
deformare *v.t.* **1** (*rif. a parti del corpo*) to deform, to distort; (*rattrappire*) to twist, to crook. **2** (*Mecc.*) to deform, to warp. **3** (*Edil.*) to strain. **4** (*rif. a specchio, lente*) to distort. **5** (*fig.*) to distort, to twist: ~ *il senso di un discorso* to twist the meaning of words. **deformarsi** *v.i.pron.* **1** to become* deformed, to lose* shape. **2** (*rif. a parti del corpo*) to become* deformed (*o* disfigured); (*curvarsi, rattrappirsi*) to bend*, to become* twisted (*o* crooked). **3** (*Mecc.*) to warp, to buckle. **4** (*fig.*) to become* distorted (*o* twisted).
deformazione *f.* **1** (*rif. a parti del corpo*) deformation, deformity. **2** (*Mecc.*) buckling, warping. **3** (*Edil.*) strain(ing). **4** (*Ott.*) distortion. **5** distortion, twisting. ▭ ~ *professionale* professional bias.
deforme *a.* **1** (*rif. a parti del corpo*) deformed, misshapen, disfigured. **2** (*estens.*) (*brutto*) ugly, unsightly.
deformità *f.* deformity; (*bruttezza*) ugliness.
defraudare *v.t.* to defraud, to cheat: ~ *qd. di qc.* (o *qc. a qd.*) to defraud s.o. of s.th., to cheat (*o* trick) s.o. out of s.th.
defunto **I** *a.* late, dead: *il* ~ *signor Rossi* the late Mr Rossi. **II** *s.m.* **1** dead person; (*Dir.*) deceased. **2** *pl.* the dead (*costr. pl.*).
degenerare *v.i.* **1** to degenerate, to deteriorate: *la discussione degenerò in una lite* the argument degenerated into a quarrel; (*rif. a malattie*) to turn. **2** (*Biol., Fis.*) to degenerate.
degenerato *a./s.m.* degenerate (*anche fig.*).
degenerazione *f.* degeneration.
degenere *a.* degenerate: *figlio* ~ degenerate son.
degente **I** *a.* bedridden, ill in bed. **II** *s.m./f.* bedridden person; (*all'ospedale*) in-patient.
degenza *f.* (period of) confinement to bed; (*in ospedale*) stay in hospital.
deglutire *v.t.* to swallow.
deglutizione *f.* swallowing.
degnare *v.t.* to deign, to condescend, to deem worthy: *non mi ha degnato di una risposta* he did not deign to reply to me; ~ *qd. di uno sguardo* to deem s.o. worthy of a glance. **degnarsi** *v.i.pron.* to deign, to condescend, to be so kind (*o* gracious *o* good), to be good enough.
degnazione *f.* condescension.
degno *a.* **1** (*meritevole*) worthy (*di* of), worth (s.th.): *essere* ~ *di lode* to be worthy of praise. **2** (*conveniente*) suitable, suited. **3** (*rispettabile*) worthy, respectable: *una degna persona* a worthy person. ▭ ~ *di* **biasimo** blameworthy, to be blamed; ~ *di* **fede** (*rif. a cosa*) credible, believable; (*rif. a persona*) reliable, trustworthy; *non è* ~ *di* **fiducia** he is untrustworthy; *azione degna di* **lode** praiseworthy deed; ~ *di* **nota** noteworthy.
degradabile *a.* degradable.
degradante *a.* degrading.
degradare *v.t.* **1** (*Mil.*) to demote. **2** (*fig.*) (*rendere abietto*) to degrade, to debase. **3** (*Geol., Fis.*) to degrade. **degradarsi** *v.r.* (*disonorarsi*) to degrade o.s.
degradazione *f.* degradation.
degustare *v.t.* to taste.
degustazione *f.* tasting.
deiezione *f.* **1** (*defecazione*) defecation. **2** *pl.* (*escrementi*) faeces *pl.*, excrement. **3** (*Geol.*) alluvial deposit, alluvium.
deificare *v.t.* to deify (*anche fig.*).
deismo *m.* (*Filos.*) deism.
delatore *m.* informer, delator.
delazione *f.* tip-off; delation.
delega *f.* **1** delegation. **2** (*procura*) proxy; (*procura legale*) power of attorney.
delegare *v.t.* to delegate, to commit.
delegato **I** *a.* delegated. **II** *s.m.* delegate, representative. ▭ **amministratore** ~ managing director; ~ **governativo** governmental delegate.
delegazione *f.* **1** delegation (*anche Dir.*). **2** (*circoscrizione territoriale*) district, territory (of a delegate).
deleterio *a.* deleterious, noxious.
delfino[1] *m.* (*Zool.*) dolphin.
delfino[2] *m.* (*Stor.*) Dauphin.
delibera *f.* (*burocr.*) **1** (*deliberazione*) deliberation. **2** (*aggiudicazione*) knocking-down.
deliberare **I** *v.t.* **1** to decide; to announce: *la giunta comunale deliberò che...* the city council decided (*o* announced) that... **2** (*nelle aste*) to knock down. **II** *v.i.* (*riflettere*) to deliberate: ~ *su qc.* to deliberate (upon, over) s.th.
deliberato *a.* determined, decided.
deliberazione *f.* **1** (*atto*) deliberation. **2** (*effetto*) decision, determination, resolution.
delicatezza *f.* **1** delicacy; (*rif. a colori*) softness. **2** (*rif. a cibi*) delicacy, daintiness. ▭ ~ *d'animo* delicacy of feeling.
delicato *a.* **1** delicate (*anche fig.*). **2** (*tenue, leggero*) delicate, light: *profumo* ~ light perfume; (*rif. a colori*) soft. **3** (*di gracile costituzione*) frail, weakly.
delimitare *v.t.* **1** to (de)limit, to circumscribe. **2** (*definire*) to define (*anche fig.*).
delimitazione *f.* delimitation, determination.
delineare *v.t.* to outline, to sketch (out): ~ *una figura* to sketch a figure; ~ *brevemente la situazione* to outline the situation in

brief. **delinearsi** *v.i.pron.* **1** to loom (up), to be outlined. **2** (*fig.*) (*presentarsi*) to emerge, to take* shape.

delineato *a.* **1** outlined, delineated. **2** (*definito*) clearly defined, well marked.

delinquente *m./f.* **1** criminal (offender), delinquent. **2** (*estens.*) (*mascalzone*) rogue, rascal, scoundrel. ▭ ~ **abituale** habitual criminal; ~ **minorile** juvenile delinquent; *un* ~ **nato** a born criminal.

delinquenza *f.* **1** delinquency, criminality. **2** (*complesso dei delitti*) crime.

delinquere *v.i.* to commit a crime.

deliquio *m.* fainting-fit, swoon. ▭ *cadere in* ~ to faint, to swoon.

delirante *a.* delirious; (*che parla in delirio*) raving.

delirare *v.i.* **1** (*essere in delirio*) to be delirious: ~ *per la febbre* to be delirious with fever; (*parlare in delirio*) to rave. **2** (*estens.*) (*dire cose insensate*) to rave, to talk wildly.

delirio *m.* **1** (*Med.*) delirium. **2** (*estens.*) (*discorso insensato*) raving, wild talk. **3** (*fig.*) (*entusiasmo*) frenzy (of enthusiasm), (*fam.*) raptures *pl.*

delitto *m.* **1** (*Dir.*) crime; (*violazione: grave*) felony; (*lieve*) misdemeanour. **2** (*estens.*) crime. ▭ ~ *contro l'***ambiente** offence against the environment; **commettere** *un* ~ to commit (*o*) perpetrate a crime; **corpo** *del* ~ corpus delicti; ~ **perfetto** perfect crime.

delittuoso *a.* criminal. ▭ *azione delittuosa* crime.

delizia *f.* **1** delight: *questa musica è una* ~ this music is a delight (*o* delightful). **2** (*rif. a persona*) joy, darling. ▭ *che* ~*!* how lovely!

deliziare *v.t.* to delight, to charm. **deliziarsi** *v.i.pron.* to delight, to take* great pleasure (*di, con* in).

delizioso *a.* **1** delightful: *un fresco* ~ delightful coolness. **2** (*grazioso*) charming, lovely, fetching: *un visetto* ~ a lovely little face. **3** (*rif. a cibi, bevande*) delicious.

delta[1] *m.* (*lettera dell'alfabeto greco*) delta.

delta[2] *m.* (*Geog.*) delta.

deltaplano *m.* hang glider.

delucidare *v.t.* to explain, to elucidate.

delucidazione *f.* explanation, elucidation.

deludere *v.t.* to disappoint.

delusione *f.* disappointment: *provare un'amara* ~ to feel bitterly disappointed.

deluso *a.* disappointed.

demagogia *f.* demagogy.

demagogico *a.* demagogic(al).

demagogo **I** *s.m.* demagogue. **II** *a.* demagogic.

demandare *v.t.* (*Dir.*) to refer, to transfer.

demaniale *a.* State-, of (*o* belonging to) the State: *beni demaniali* State property; *foresta* ~ State forest.

demanio *m.* **1** State property. **2** (*ufficio del demanio*) State Property Office.

demarcare *v.t.* to demarcate

demarcazione *f.* demarcation.

demente **I** *a.* (*Med.*) demented, mentally deranged. **II** *s.m./f.* **1** madman (*pl.* –men; *f.* –woman *pl.* –women). **2** (*Med.*) insane, lunatic.

demenza *f.* **1** (*insensatezza, stoltezza*) senselessness, foolishness. **2** (*Med.*) dementia.

demenziale *a.* **1** (*Med.*) demential. **2** (*fig.*) foolish, absurd.

demeritare *v.t.* to forfeit, to become* unworthy of: ~ *la stima di qd.* to forfeit s.o.'s esteem.

demerito *m.* demerit, unworthiness.

demilitarizzare *v.t.* to demilitarize.

demilitarizzazione *f.* demilitarization.

demistificare *v.t.* to demistify. ▭ *processo di demistificazione* demistifying process.

demiurgo *m.* **1** (*Filos.*) demiurge. **2** (*fig.*) mastermind.

democraticità *f.* democracy, democratic nature.

democratico **I** *a.* democratic. **II** *s. m.* democrat.

democratizzare *v.t.* to democratize.

democrazia *f.* democracy.

democristiano *a./s.* Christian Democrat.

demografia *f.* demography.

demografico *a.* demographic.

demolire *v.t.* **1** to demolish, to pull down: ~ *un edificio* to pull down a building. **2** (*Mil.*) (*con esplosivi*) to blow* up, to demolish. **3** (*fig.*) to demolish, to pull to pieces: ~ *una teoria* to demolish a theory; (*rif. a persona*) to demolish, to crush.

demolitore **I** *s.m.* demolisher, destroyer. **II** *a* demolishing, destructive.

demolizione *f.* demolition (*anche fig.*): *la* ~ *di una casa* the demolition of a house; (*rif. a vetture usate, navi*) breaking-up, scrapping.

demone *m.* **1** (*genio ispiratore*) d(a)emon. **2** (*fig.*) (*passione travolgente*) demon. **3** (*lett.*) (*demonio*) demon, devil.

demoniaco *a.* demoniac(al).

demonio *m.* demon, devil (*anche fig.*).

demoralizzare *v.t.* to demoralize, to dishearten. **demoralizzarsi** *v.i.pron.* to get* (*o* become*) demoralized, to lose* heart.

demoralizzazione *f.* demoralization.

demoscopia *f.* public opinion research.

demoscopico *a.* (public) opinion-.

demotivato *a.* lacking motivation, without motivation.

denaro *m.* **1** money. **2** (*Stor.*) denarius. **3** *pl.* (*nelle carte da gioco*) money. ▭ ~ **contante** ready money, cash: *pagare in* ~ *contante* to pay cash (down); *essere a* **corto** *di* ~ to be short of money (*o* hard up); **far** ~ (o *denari*) to make money; ~ **liquido** ready money, cash; ~ **pubblico** public money; (*fig.*) **sete** *di* ~ thirst for riches; ~ **spicciolo** (small) change.

denaturato *a.* denatured.

denigrare *v.t.* to denigrate, to disparage

denigratore *m.* denigrator, disparager.

denigratorio *a.* disparaging, denigrating.
denominare *v.t.* to call, to name, to denominate. **denominarsi** *v.r.* to be called (*o* named).
denominatore *m.* (*Mat.*) denominator.
denominazione *f.* name, denomination, naming.
denotare *v.t.* to denote, to be a sign of.
densità *f.* **1** density, denseness. **2** (*l'essere fitto*) thickness. **3** (*Fis.*) density.
denso *a.* **1** dense, thick: *nebbia densa* thick (*o* dense) fog; *popolazione densa* dense population. **2** (*fig.*) full (*di* of), packed (*di* with), charged (*di* with): *parole dense di significato* words charged with meaning.
dentale I *a.* (*Anat., Fonetica*) dental. **II** *s.f.* (*Fonetica*) dental (consonant).
dentario *a.* (*Anat.*) dental, tooth-.
dentata *f.* **1** (*morso*) bite. **2** (*segno dei denti*) tooth-mark.
dentato *a.* **1** (*Bot., Anat.*) dentate: *foglia dentata* dentate leaf. **2** (*Mecc.*) toothed, serrated; (*rif. a ruota*) cogged.
dentatura *f.* **1** set of teeth, teeth *pl.* **2** (*Mecc.*) toothing, teeth *pl.* □ ~ *di latte* milk teeth *pl.*
dente *m.* **1** (*Anat., Bot.*) tooth (*pl.* teeth). **2** (*Mecc.*) tooth; (*rif. a ruota dentata*) cog. **3** (*rif. a forchette, rastrelli e sim.*) prong. **4** (*cima di montagna*) jag. **5** (*di ancora*) fluke. **6** (*di pettine, sega*) tooth. □ (*Gastr.*) **al** ~ underdone; **armato** *fino ai denti* armed to the teeth; (*fig.*) *avere il* ~ **avvelenato** *contro qd.* to bear s.o. a grudge; *mi è* **caduto** *un* ~ I have lost a tooth; (*Anat.*) ~ **canino** canine tooth; ~ **cariato** decayed (*o* bad) tooth; (*Anat.*) ~ *del* **giudizio** wisdom tooth; (*Anat.*) ~ *da* **latte** milk tooth; **levare** *un* ~ to take (*o* pull) a tooth out; *farsi* **levare** *un* ~ to have a tooth out; **mal** *di denti* toothache; **mettere** *i denti* to teethe, to cut one's teeth; *non è* **pane** *per i miei denti* (*non fa per me*) it's not my cup of tea; **senza** ~ toothless; (*fam.*) *non aver nulla da mettere* **sotto** *i denti* to have nothing to eat; ~ **sporgente** buck-tooth; *gli è* **spuntato** *il primo* ~ he has cut his first tooth; (*fig.*) *a denti* **stretti** tight-lipped.
dentellare *v.t.* to notch, to indent.
dentellatura *f.* **1** notches *pl.*, indentations *pl.* **2** (*Mecc.*) indent(ation). **3** (*di francobollo*) perforation.
dentello *m.* **1** (*Mecc.*) tooth, notch. **2** (*tacca, intaccatura*) notch. **3** (*di francobollo*) perforation.
dentiera *f.* **1** denture, dental plate, (set of) false teeth. **2** (*Mecc.*) (*cremagliera*) rack.
dentifricio I *s.m.* toothpaste. **II** *a.* tooth-.
dentina *f.* (*Anat.*) dentine.
dentista *s.m./f.* dentist.
dentistico *a.* dental: *gabinetto* ~ dental (*o* dentist's) surgery.
dentizione *f.* teething, cutting of teeth.
dentro I *avv.* **1** in, inside: *portami la borsa,* ~ *ci sono i soldi* bring me the bag, the money is inside (*o* in it); (*al coperto, in casa*) indoors, in(side). **2** (*nell'intimo*) within, inside, inwardly, in one's mind. **II** *prep.* **1** (*stato*) in(side), within; (*in casa, al coperto*) in(doors). **2** (*moto*) into, inside, within; (*in casa*) indoors, in(side). **III** *s.m.* inside. □ ~ **a**: 1 (*stato*) in(side), within: *il maglione è* ~ *al cassetto* the sweater is in the drawer; 2 (*moto*) into, in(side), within: *mettiti* ~ *al letto* get into bed; (*fam.*) **andare** ~ (*in prigione*) to land in gaol; ~ **casa** in(doors); **con** ~ with ... in it, with ... inside, containing: *ho una bottiglia con* ~ *del caffè* I have a bottle with coffee in it; (*fam.*) **darci** ~ (*lavorare sodo*) to throw o.s. (*o* put one's back) into s.th.; **di** ~ from inside (*o* within), from the inside; *la parte* **di** ~ the inside, the inner part; ~ **di** *me pensai che aveva ragione* deep down inside me I thought that he was right; **entrare** ~ to go (*o* come) in, to enter; (*fam.*) *essere* ~ (*in prigione*) to be locked up; ~ *e* **fuori** inside and outside; **là** ~ in there; **qui** ~ in here.
denuclearizzare *v.t.* to denuclearize.
denuclearizzato *a.* nuclear-free.
denudare *v.t.* to bare, to denude (*anche fig.*); (*svestire*) to undress. **denudarsi** *v.r.* to strip, to undress.
denuncia *f.* **1** denunciation: ~ *di un reato* denunciation of a crime. **2** (*dichiarazione*) declaration, statement; (*fiscale*) return: ~ *dei redditi* income tax return, statement of income. **3** (*disdetta*) denunciation. □ *sporgere* ~ *alla polizia* to give information to the police.
denunciare *v.t.* **1** to denounce, to report; (*rif. a persona*) to inform (*o* lay* information) against, to denounce: *il ladro ha denunciato i complici* the thief has informed against his accomplices. **2** (*dichiarare*) to declare: ~ *i redditi* to declare one's income. **3** (*fig.*) (*manifestare*) to denote, to betray.
denutrito *a.* underfed, undernourished.
denutrizione *f.* malnutrition, undernourishment.
deodorante *a./s.m.* deodorant.
deodorare *v.t.* to deodorize.
deontologia *f.* **1** (*Filos.*) deontology. **2** (*estens.*) ethics, code of conduct.
depauperamento *m.* impoverishment.
depauperare *v.t.* to impoverish.
depennare *v.t.* to strike* out, to cross out.
deperibile *a.* perishable.
deperimento *m.* **1** (*Med.*) run-down condition. **2** (*rif. a piante*) withering. **3** (*deterioramento*) deterioration.
deperire *v.i.* **1** to waste away. **2** (*rif. a piante*) to wither. **3** (*deteriorarsi*) to perish, to deteriorate. □ *ha l'aria deperita* he looks run-down.
depilare *v.t.* to depilate. **depilarsi** *v.r.* to depilate.
depilatorio I *a.* depilatory, hair-removing:

crema depilatoria depilatory (*o* hair -removing) cream. **II** *s.m.* depilatory, hair -remover.

depilazione *f.* depilation, hair removal.

dépliant *m.* brochure.

deplorare *v.t.* **1** (*compiangere*) to deplore, to grieve over. **2** (*biasimare*) to deplore, to blame.

deplorazione *f.* blame, disapproval, reproof.

deplorevole *a.* deplorable.

deporre I *v.t.* **1** to put* (*o* set* *o* lay*) down: ~ *un peso* to set down a weight; (*appoggiare*) to lay*, to set*: ~ *il cappotto sullo sgabello* to lay one's coat on the stool; (*calare*) to lay*: ~ *il corpo nella tomba* to lay the body in the tomb. **2** (*fig.*) (*destituire*) to remove; (*rif. a re*) to depose. **3** (*Dir.*) (*testimoniare*) to testify, to bear* witness, to give* evidence (upon oath). **II** *v.i.* **1** (*Dir.*) to bear* witness, to give* (sworn) evidence: ~ *contro qd.* to give evidence against s.o.; ~ *a favore di qd.* to testify on s.o.'s behalf. **2** (*fig.*) to redound, to testify (*a* to), to speak* (for): *tutto ciò depone a suo favore* all this redounds (*o* is) to his credit. ▭ (*Dir.*) ~ *il* **falso** to bear false witness; ~ **uova** to lay eggs; (*rif. a pesci, molluschi*) to spawn.

deportare *v.t.* to deport.

deportato I *a.* deported. **II** *s.m.* deported convict.

deportazione *f.* deportation.

depositante I *a.* depositing. **II** *s.m.* depositor.

depositare *v.t.* **1** to leave*: ~ *l'ombrello al guardaroba* to leave one's umbrella at the cloakroom; (*rif. a denaro, documenti*) to deposit, to lodge; (*rif. a merci*) to store. **2** (*rif. a liquidi*) to deposit. **depositarsi** *v.i. pron.* to deposit, to settle, to make* a sediment (*o* deposit).

depositario *m.* **1** depository, trustee, consignee; (*di merci*) stockist. **2** (*fig.*) repository.

deposito *m.* **1** (*denaro depositato*) deposit. **2** (*luogo in cui si lasciano oggetti in custodia*) depot; (*deposito bagagli*) left-luggage office, (*am.*) checkroom. **3** (*magazzino di merci*) warehouse, store(house). **4** (*rimessa per locomotive*) engine (*o* running) shed; (*per tram, autobus*) depot, garage. **5** (*Mil.*) depot. **6** (*sedimento di un liquido*) deposit, sediment, dregs *pl.*; (*rif. a vino, birra*) dregs *pl.*; (*rif. a caffè*) grounds *pl.* **7** (*Geol.*) deposit. ▭ ~ **bancario** bank deposit; **fare** *un* ~ *di denaro* to deposit money; (*Econ.*) ~ **fruttifero** interest-bearing deposit; **in** ~ on deposit (*o* consignment *o* trust); ~ **merci** warehouse, store (-house); (*Mar.*) ~ **munizioni** ammunition depot.

deposizione *f.* **1** (*Dir.*) deposition. **2** (*rimozione dalla dignità regia*) deposition; (*rimozione da un'alta carica*) removal. **3** (*Rel., Arte*) Deposition.

depravare *v.t.* to deprave, to corrupt.

depravato I *a.* depraved, corrupt, perverted. **II** *s.m.* depraved person, pervert.

depravazione *f.* depravation, corruption.

deprecabile *a.* (*lett.*) disgraceful.

deprecare *v.t.* to deprecate, to disapprove of.

deprecazione *f.* deprecation, disapproval.

depredare *v.t.* to despoil, to plunder, to rob.

depressione *f.* depression (*in tutti i signif.*).

depressivo *a.* **1** depressant. **2** (*Psic.*) depressed.

depresso I *a.* **1** (*rif. a terreno*) low(-lying), depressed: *terreno* ~ low ground. **2** (*fig.*) depressed, dejected, dispirited: *hai un'aria depressa* you look depressed. **3** (*Econ., Psic., Bot.*) depressed. **II** *s.m.* (*Psic.*) depressive.

deprezzamento *m.* depreciation.

deprezzare *v.t.* to depreciate.

deprimente *a.* **1** depressing: *compagnia* ~ depressing company. **2** (*Med.*) sedative, depressant.

deprimere *v.t.* **1** to depress, to press down. **2** (*fig.*) (*abbattere, avvilire*) to depress, to make* dejected. **deprimersi** *v.i.pron.* **1** (*rif. a terreni*) to sink*, to subside. **2** (*fig.*) to get* (*o* become*) depressed.

depurare *v.t.* **1** to purify, to depurate, to filter. **2** (*Met.*) to refine. **depurarsi** *v.i.pron.* to be purified (*o* cleansed).

depuratore *m.* **1** (*operaio*) purifier, cleaner. **2** (*Mecc., Chim.*) purifier.

depurazione *f.* **1** purification (*anche Chim.*). **2** (*Met.*) refining.

deputare *v.t.* to depute, to delegate.

deputatessa *f.* (lady) deputy, (*GB*) Member of Parliament, (*USA*) Congress-Woman (*pl.* –Women).

deputato I *a.* deputed, assigned. **II** *s.m.* **1** (*incaricato*) deputy, representative. **2** (*delegato*) delegate. **3** (*Pol.*) deputy, (*GB*) Member of Parliament, (*USA*) Congressman (*pl.* –men).

deputazione *f.* **1** deputation. **2** (*delegazione*) delegation.

dequalificazione *f.* deterioration. ▭ ~ *professionale* professional downgrading.

deragliamento *m.* derailment.

deragliare *v.i.* to be derailed, to run* off the rails.

derattizzazione *f.* rat disinfestation, (*am.*) deratization.

derelitto I *a.* abandoned, derelict; wretched, forsaken. **II** *s.m.* forlorn person; wretched; down-and-out; (*rif. a bambini*) waif, foundling.

deretano *m.* bottom, buttocks *pl.*, (*fam.*) behind.

deridere *v.t.* to mock, to laugh at.

derisione *f.* derision, mockery.

derisorio *a.* derisive, derisory, mocking.

deriva *f.* **1** (*Mar.*) (*deviazione dalla rotta*) drift; (*rif. a nave a vela*) leeway; (*Aer.*) drift. **2** (*Mar.*) (*chiglia di deriva*) keel. **3** (*Aer.*) (*superficie di deriva*) drift, (tail) fin, (*am.*) vertical stabilizer. ▭ (*Mar.*) **andare** *alla* ~ to go adrift, to drift; (*fig.*) to drift (along);

(*Geol.*) ~ *dei* **continenti** continental drift.
derivare I *v.i.* **1** to be derived, to derive, to be due (to), to come*, to originate (in, from). **2** (*rif. a fiumi e sim.*) to rise*, to have one's source (in). **3** (*Ling.*) (*provenire*) to be derived, to derive. **II** *v.t.* **1** (*prendere, dedurre*) to take*, to draw*, to derive. **2** (*di opere idriche*) to divert. **3** (*El.*) to shunt, to branch, to derive. ▭ *ne deriva* hence, it follows; *ciò deriva dal fatto che* that is due to the fact that.
derivata *f.* (*Mat.*) derivative.
derivato I *a.* **1** (*di opere idriche*) diverted. **2** (*El.*) shunted, branch(ed). **3** (*Ling., Fis.*) derived. **II** *s.m.* **1** (*Chim.*) derivative. **2** (*sottoprodotto industriale*) by-product.
derivazione *f.* **1** derivation. **2** (*Idraulica*) diversion, derivation. **3** (*El.*) shunt, branch (ing), derivation. **4** (*Ling., Mat.*) derivation. **5** (*Tel.*) branching.
derma *m.* (*Anat.*) derm(a), dermis.
dermatologia *f.* (*Med.*) dermatology.
dermatologo *m.* dermatologist.
deroga *f.* **1** departure (*a* from), exception (to). **2** (*rif. a legge*) derogation, partial repeal. ▭ *in* ~ *a* notwithstanding, making an exception to, in derogation of.
derogabile *a.* that may be derogated from.
derogare I *v.i.* **1** to fail to observe (*a qc.* s.th.), to depart (from). **2** (*estens.*) to deviate, to depart: *non volle* ~ *ai propri principi* he would not deviate from his principles. **3** (*Dir.*) (*rif. a legge: abrogare parzialmente*) to repeal in part, to restrict the force of. **II** *v.t.* to depart from, to make* an exception to, to repeal in part.
derogatorio *a.* **1** creating an exception: *norma derogatoria* regulation creating an exception. **2** (*parzialmente abrogativo*) repealing; derogatory.
derrata *f.* **1** food supplies *pl.*, foodstuff, provisions *pl.* **2** (*merce*) commodity, merchandise; *pl.* goods *pl.* ▭ *derrate alimentari* foodstuffs *pl.*
derubare *v.t.* to rob.
desco *m.* (*lett.*) dining table.
descrittivo *a.* descriptive.
descrivere *v.t.* to describe, to give* an account (*o* a description) of: ~ *un paesaggio* to describe a landscape.
descrivibile *a.* describable.
descrizione *f.* description.
desertico *a.* desert(ic).
deserto I *a.* **1** (*disabitato*) deserted, uninhabited. ▭ *un'isola deserta* a desert island. **2** (*vuoto*) deserted, empty. **II** *s.m.* **1** desert; (*distesa deserta*) wastes *pl.*, wasteland. **2** (*fig.*) (*luogo spopolato, sterile*) wilderness, wastes *pl.*
desiderabile *a.* desirable.
desiderare *v.t.* **1** to want, to wish (for): *desidero rivederti presto* I want to see you again soon; (*al condizionale*) to like: *desidererei un bicchiere d'acqua* I should like a glass of water. **2** (*bramare*) to long for, to crave (for), to be eager for, to yearn for (*o* after), to desire: ~ *un figlio* to long for (*o* to have) a child. **3** (*chiamare, cercare*) to want: *ti desiderano al telefono* you're wanted on the phone; (*chiedere di parlare*) to want (to see), to wish to speak to. **4** (*desiderare carnalmente*) to desire, to lust for (*o* after). ▭ **farsi** ~ (*tardare*) to keep people waiting; **lasciare** *molto a* ~ to leave a lot to be desired.
desiderata *f.pl.* (*burocr.*) desiderata; requirements.
desiderio *m.* **1** wish; (*brama*) longing, desire, eagerness (*di* for). **2** (*desiderio carnale*) desire, lust. ▭ **appagare** *i desideri di qd.* to satisfy (*o* grant) s.o.'s wishes; **esprimere** *un* ~ to express a wish; **nutrire** *un* ~ to cherish (*o* have) a wish; **per** ~ *di qd.* at s.o.'s wish: **per** *mio* ~ at my wish; **pio** ~ wishful thinking (*anche iron.*).
desideroso *a.* desirous (*di of*), longing, eager, thirsty.
designare *v.t.* **1** (*nominare*) to designate, to appoint. **2** (*stabilire*) to fix, to set*.
designazione *f.* designation, appointment, nomination.
desinare[1] *v.i.* to have lunch, to lunch, to dine.
desinare[2] *m.* lunch, dinner.
desinenza *f.* (*Gramm.*) ending.
desistere *v.i.* to desist, to forbear* (*da* from), to leave* off.
desolante *a.* desolating, distressing, disheartening.
desolato *a.* **1** (*disabitato, incolto*) desolate, deserted, barren: *una landa desolata* a desolate (*o* barren) waste. **2** (*afflitto*) desolate(d), distressed, grieved: *siamo desolati per questa notizia* we are greatly distressed by this news. ▭ *essere* ~ (*essere spiacente*) to be sorry, to regret.
desolazione *f.* **1** desolation. **2** (*dolore*) distress, grief.
despota *m.* despot (*anche fig.*).
dessert *fr.* [de'sɛ:t] *m.* dessert.
destabilizzante *a.* destabilising.
destabilizzare *v.t.* to destabilise.
destare *v.t.* **1** (*svegliare*) to wake* (up), to awake*. **2** (*fig.*) to (a)rouse, to excite, to stir (up): *cercò invano di* ~ *la sua curiosità* he tried in vain to arouse her curiosity. **destarsi** *v.i.pron.* to wake* up, to awake*, to rouse o.s. (*anche fig.*). ▭ ~ **interesse** to arouse interest; ~ **invidia** to excite envy; ~ **meraviglia** to cause wonder; ~ **ricordi** to awaken memories; ~ **sospetti** to arouse suspicions.
destinare I *v.t.* **1** (*assegnare, devolvere*) to assign, to set* apart; (*col pensiero*) to intend, to design, to mean*: *avevo destinato il regalo a lui* I had intended the gift for him. **2** (*assegnare, designare*) to assign, to appoint, to nominate. **3** (*indirizzare*) to ad-

dress. **II** *v.i.* (*deliberare*) to decree, to (fore-)ordain, to will.
destinatario *m.* **1** (*rif. a merci*) consignee. **2** (*Poste*) addressee.
destinato *a.* (*a*) destined (for).
destinazione *f.* **1** destination, (intended) purpose. **2** (*meta di un viaggio*) destination. **3** (*luogo di recapito*) destination. **4** (*residenza assegnata a un impiegato*) post(ing), appointed residence.
destino *m.* destiny, fate.
destituire *v.t.* to dismiss, to discharge, to remove (from office): ~ *un funzionario* to dismiss an official.
destituito *a.* (*privo*) devoid, lacking (in). □ *accusa destituita di ogni fondamento* groundless charge.
destituzione *f.* **1** deposition: ~ *di un sovrano* deposition of a king. **2** (*estens.*) dismissal, removal.
desto *a.* **1** (*sveglio*) (wide-)awake. **2** (*fig.*) awakened, aroused.
destra *f.* **1** (*mano destra*) right hand. **2** (*parte destra*) right (side), right-hand side. **3** (*Pol.*) Right, right wing. □ **a** ~ on (*o* to) the right: *prendere a* ~ to go right; *voltare a* ~ to turn (to the) right; *alla* ~ *di* on the right (*o* right-hand side) of, to the right of: *alla mia* ~ on my right; (*Strad.*) **tenere** *la* ~ (*rif. a veicoli*) to keep to the right; (*rif. a pedoni*) to keep to (*o* walk along) the right-hand side of the road.
destreggiare *v.i.*, **destreggiarsi** *v.i.pron.* to manoeuvre, to manage.
destrezza *f.* skill, dexterity, adroitness.
destriero *m.* (*poet.*) steed; (*cavallo da battaglia*) war-horse.
destrismo *m.* right-handedness.
destro[1] **I** *a.* **1** right(-hand): *il lato* ~ *della strada* the right-hand side of the road. **2** (*abile*) skilful (*in* at, in), clever (at), adroit, dexterous (in). **II** *s.m.* (*pugno*) right(-hander). □ *essere il* **braccio** ~ *di qd.* to be s.o.'s right-hand man; ~ *di* **mano** dexterous, deft, skilful.
destro[2] *m.* (*occasione*) opportunity, chance.
destrosio *m.* (*Chim.*) dextrose, glucose.
desumere *v.t.* to deduce, to infer, to gather.
detenere *v.t.* **1** (*possedere*) to hold*: ~ *un primato* to hold a record. **2** (*Dir.*) to hold* (unlawfully), to possess illegally: ~ *armi* to possess fire-arms (unlawfully). **3** (*tenere in prigione*) to detain, to hold* in custody.
detentivo *a.* detentive. □ (*Dir.*) *pena detentiva* sentence of imprisonment.
detentore *m.* **1** holder (*anche Sport*): ~ *di un primato* record-holder. **2** (*Dir.*) (unlawful) holder, (unauthorized) possessor.
detenuto **I** *a.* (*in arresto*) detained, held in custody; (*imprigionato*) imprisoned. **II** *s.m.* person under arrest (*o* held in custody); (*carcerato*) prisoner.
detenzione *f.* **1** (*nel diritto penale*) (unlawful) holding, (unauthorized) possession: ~ *abusiva di armi* unauthorized possession of fire-arms. **2** (*nel diritto civile*) detention, holding. **3** (*carcerazione*) imprisonment, confinement; (*stato d'arresto*) custody, detention.
detergente **I** *a.* cleansing. **II** *s.m.* cleanser.
detergere *v.t.* **1** (*asportare: con acqua*) to wash off (*o* away); (*asciugando*) to wipe away (*o* off). **2** (*Med.*) to deterge.
deteriorabile *a.* liable to deteriorate; (*rif. a cibi*) perishable.
deterioramento *m.* **1** (*rif. a macchine e merci*) wear and tear, deterioration. **2** (*rif. a generi alimentari*) perishing, deterioration, spoiling.
deteriorare *v.t.* **1** (*rif. a macchine e merci*) to deteriorate, to damage. **2** (*rif. a cibi*) to spoil*, to go* bad: *il caldo deteriora i cibi* the heat causes the food to go bad. **deteriorarsi** *v.i.pron.* **1** (*rif. a macchine, merci*) to deteriorate, to be damaged. **2** (*rif. a cibi*) to perish, to go* bad, to be spoilt.
deteriore *a.* (*peggiore*) worse; (*scadente*) inferior.
determinabile *a.* determinable.
determinante **I** *a.* determining, determinant. **II** *s.f.* (*Dir.*) (determining) motive, decisive factor.
determinare *v.t.* **1** (*definire, precisare*) to define, to determine, to fix: ~ *il significato di una parola* to define the meaning of a word; ~ *i confini dello stato* to fix (*o* delimit) the state boundaries. **2** (*stabilire*) to fix, to settle. **3** (*calcolare*) to determine, to reckon; (*individuare*) to determine, to ascertain. **4** (*provocare, causare*) to bring* about, to produce, to cause.
determinativo *a.* (*Gramm.*) definite.
determinato *a.* **1** (*stabilito*) fixed, appointed: *verrò nel giorno* ~ I shall come on the appointed day. **2** (*speciale, particolare*) special, particular. **3** (*qualche, certo*) certain, some: *in determinati casi* in certain cases. **4** (*deciso, risoluto*) determined, resolute.
determinazione *f.* **1** determination. **2** (*decisione*) decision. **3** (*risolutezza*) determination, resolution.
determinismo *m.* (*Filos.*) determinism.
deterrente *a./s.* deterrent.
detersivo *a./s.* detergent.
detestabile *a.* detestable, hateful.
detestare *v.t.* to detest, to hate, to loathe.
detonante **I** *a.* detonating, explosive. **II** *s.m.* explosive, (*am.*) knock fuel.
detonare *v.i.* to detonate.
detonatore *m.* detonator.
detonazione *f.* detonation; (*scoppio*) explosion, blast.
detrarre *v.t.* to deduct, to take* away (*da* from), to take* (off, from).
detrattore *m.* (*denigratore*) detractor, defamer, disparager.
detrazione *f.* deduction.
detrimento *m.* (*danno*) detriment, damage,

harm: (*pregiudizio*) prejudice. ▭ *a* ~ *di* to the detriment (*o* prejudice) of.

detrito *m.* **1** (*frammento, scoria*) rubble, debris. **2** (*Geol.*) detritus.

detronizzare *v.t.* to dethrone, to depose.

detta *f.*: *a* ~ *di* according to: *a* ~ *di tutti* according to what everybody says.

dettagliante *m.* retailer, retail dealer.

dettagliare *v.t.* to (give* in) detail, to relate the details of, to give* full details of.

dettagliato *a.* detailed, in detail.

dettaglio *m.* detail. ▭ **al** ~ (at) retail: *comprare al* ~ to buy retail; **prezzo** *al* ~ retail price; **vendere** *al* ~ to sell (at) retail.

dettare *v.t.* **1** to dictate: ~ *una lettera* to dictate a letter. **2** (*fig.*) to tell*, to dictate, to suggest: *fai quel che ti detta la coscienza* do as your conscience tells you. **3** (*imporre*) to dictate, to lay* down. ▭ (*fig.*) *dettar legge* (o *leggi*) to lay down the law.

dettato *m.* dictation. ▭ *fare il* ~ (*rif. a maestro*) to give a dictation; (*rif. a scolaro*) to do (*o* have) a dictation.

dettatura *f.* dictation: *scrivere sotto* ~ to take (*o* write from) dictation.

detto I *a.* **1** (*soprannominato*) called, known as, alias. **2** (*sopraddetto*) (afore)said, above (-mentioned): *nel* ~ *giorno* on said day; (*rif. a persone*) above-named. **II** *s.m.* **1** (*sentenza*) saying; (*motto*) maxim. **2** (*proverbio*) proverb, saying. ▭ **così** ~ so-called; ~ **fatto** no sooner said than done; *è* **presto** ~ it's easier said that done.

deturpare *v.t.* **1** to disfigure, to deface: *una cicatrice gli deturpava la guancia* his cheek was disfigured by a scar. **2** (*moralmente*) to sully, to defile.

deturpazione *f.* disfigurement, defacement.

deuterio *m.* (*Chim.*) deuterium.

dev., dev.mo = (*ant.*) (*nelle lettere*) *devotissimo* yours truly.

devastare *v.t.* **1** to devastate, to lay* waste. **2** (*fig.*) to devastate, to ruin.

devastatore I *s.m.* devastator. **II** *a.* devastating.

devastazione *f.* **1** devastation. **2** (*rovina*) devastation, damage.

deviare I *v.i.* **1** to deviate, to swerve, to diverge. **2** (*fig.*) to deviate, to stray, to turn aside (*o* away): ~ *dai propri principi* to deviate from one's principles. **3** (*Mar.*) to yaw, to sheer (off, away), to fall* off. **II** *v.t.* **1** to divert, to turn aside, to deflect: *il prisma devia i raggi di luce* the prism deflects (*o* refracts) light rays. **2** (*fig.*) (*sviare*) to divert, to turn aside, to distract. **3** (*rif. a treno, tram*) to shunt.

deviazione *f.* **1** (*il percorrere una via diversa*) detour, deviation. **2** (*fig.*) deviation, straying, swerving; (*perversione*) perversion: ~ *morale* moral perversion. **3** (*Mar., Aer.*) yaw. **4** (*rif. a tram, treni*) shunting.

devitalizzare *v.t.* (*Med.*) to devitalize.

devoluzione *f.* (*Dir.*) devolution, assignment.

devolvere *v.t.* to assign, to transfer, to devolve (*anche Dir.*).

devoto I *a.* **1** (*dedito*) devoted, dedicated, committed. **2** (*religioso, osservante*) devout, pious. **3** (*affezionato, fedele*) devoted. **II** *s.m.* (assiduous) church-goer, (regular) worshipper. ▭ (*epist.*) *Suo devotissimo Mario Rossi* Yours very sincerely (*o* truly), Mario Rossi.

devozione *f.* **1** devoutness; (*dedizione a un santo, un culto*) devotion. **2** *pl.* (*preghiere*) devotions *pl.*, prayers *pl.* **3** (*dedizione*) devotion.

dg = *decigrammo* decigram(me) (dg).

di *prep.* **1** (*compl. di specificazione*) of: *il Presidente della Repubblica* the President of the Republic; *il suono delle campane* the sound of the bells; *una veduta* ~ *Parigi* a view of Paris; (*rif. a persone e, a volte, ad animali*) (*si traduce spesso con il genitivo di possesso*): *l'auto* ~ *mio padre* my father's car; *un'idea* ~ *Giovanni* an idea of John's; (*indicante l'autore di un'opera*) by: *un quadro* ~ *Picasso* a painting by Picasso; (*spesso si rende con un sostantivo aggettivato o composto*): *il colletto della camicia* the shirt collar; *il direttore dell'albergo* the hotel manager. **2** (*compl. di denominazione*) of: *la città* ~ *Venezia* the city of Venice. **3** (*compl. partitivo*) (*una certa quantità*) some: *vorrei della frutta* I'd like some fruit; (*tra di*) of: *molti di voi* many of you; (*a volte non si traduce*): *un po'* ~ *pazienza* a little patience; *qualche cosa* ~ *nuovo* something new. **4** (*paragone: con i comparativi*) than: *mio fratello è più grande* ~ *me* my brother is older than me (*o* I am); (*coi superlativi: rif. a persone, cose*) of: *la maggiore delle mie sorelle* the eldest of my sisters, my eldest sister; (*rif. a luogo*) in: *il più grande albergo della città* the biggest hotel in town. **5** (*argomento: intorno a*) about, of, on, concerning, with regard to: *parlo* ~ *te* I am speaking about you; *un trattato* ~ *fisica* a treatise on physics. **6** (*materia*) (*generalmente si rende con un sostantivo composto o aggettivato*): *uno scalone* ~ *marmo* a marble staircase. **7** (*origine, provenienza*) from, of: *sono* ~ *Roma* I am from Rome; *vengo* ~ *lontano* I come from far off. **8** (*fine, scopo*) for (*più spesso si rende con un sostantivo composto o aggettivato*): *libro* ~ *lettura* reading-book; *sala* ~ *musica* music-room. **9** (*causa*) with, of, from: *morire* ~ *fame* to die of hunger; *ridere* ~ *gioia* to laugh with joy. **10** (*modo, maniera*) with, in (*spesso si rende con un participio presente o con un avverbio*): *vestire* ~ *nero* to dress in black; *mangiare* ~ *buon appetito* to eat with a hearty appetite (*o* heartily); *giungere* ~ *corsa* to come running. **11** (*abbondanza, privazione*) in, of: *una regione ricca* ~ *metalli* a region rich in metals. **12** (*limitazione*) of, in: *debole* ~ *udito* hard of hearing. **13** (*tempo*) in, on, at, during, by: *d'inverno* in (the) winter; ~ *notte* at (*o* by) night, during the night; ~ *domenica* on Sundays. **14** (*durata*) of (*più spesso si traduce con il genitivo sassone o con un sostantivo con funzione attributiva*): *la guerra dei cent'anni* the Hundred Years' War; *una passeggiata* ~ *due ore* a two-hour walk. **15** (*età*) of; *un uomo* ~ *cinquant'anni* a man of fifty. **16** (*misura, peso*) (*generalmente si rende con un aggettivo composto*): *un carico* ~ *due tonnellate* a two-ton load. **17** (*stima, prezzo*) (*general. si rende con un aggettivo composto*): *una multa* ~ *mille lire* a thousand lire fine. **18** (*seguito dall'infinito*) (*traduzione idiomatica*): *mi promise* ~ *ritornare* he promised me he would come back; *digli* ~ *andare* tell him to go; *smettete* ~ *disturbarmi* stop bothering me. □ ~ **gran** *lunga* (very) much, (by) far, a great deal: *è* ~ *gran lunga migliore di me* he is much (*o* far) better than me; ~ *volta* **in** *volta* each time; ~ *quando* **in** *quando* every so often, every now and then; ~ **modo** *che* so that; ~ **nascosto** secretly; ~ **nuovo** (once) again.‖ *che razza d'imbecille* what an idiot.

dì *m.* day.

diabete *m.* (*Med.*) diabetes.

diabetico *a.* diabetic.

diabolico *a.* diabolic(al), devilish, fiendish.

diacono *m.* deacon.

diacritico *a.* (*Ling.*) diacritic(al).

diadema *m.* **1** diadem (*anche Stor.*). **2** (*gioiello che adorna il capo*) tiara.

diafano *a.* **1** diaphanous. **2** (*estens.*) ethereal, transparent.

diaframma *m.* **1** (*divisione*) screen. **2** (*Anat., Fot., Ott.*) diaphragm. **3** (*anticoncezionale*) diaphragm, Dutch cap.

diaframmare *v.t.* (*Fot.*) to stop (down), to diaphragm.

diagnosi *f.* (*Med.*) diagnosis (*anche fig.*).

diagnosticare *v.t.* to diagnose (*anche fig.*).

diagonale I *a.* **1** (*Geom.*) diagonal. **2** (*nei tessuti*) twilled. **II** *s.f.* (*Geom.*) diagonal.

diagramma *m.* diagram, graph, curve.

dialettale *a.* dialect-.

dialettica *f.* dialectic, dialectics *pl.* (*costr. sing.*).

dialettico I *a.* dialectic(al) (*anche Filos.*). **II** *s.m.* dialectician.

dialetto *m.* dialect.

dialisi *f.* (*Chim., Med.*) dialysis.

dialogare I *v.i.* (*non com.*) to converse, to hold* a dialogue. **II** *v.t.* to write* the dialogue of.

dialogo *m.* **1** (*colloquio, discorso*) conversation, talk, dialogue. **2** (*Lett.*) dialogue.

diamante *m.* **1** diamond. **2** (*Mar.*) crown (of an anchor). □ **anello** *di diamanti* diamond ring; ~ **difettoso** spotted stone; ~ **grezzo** rough diamond; **nozze** *di* ~ diamond wedding (anniversary).

diametrale *a.* diametrical.

diametralmente *avv.* diametrically: ~ *opposto* diametrically opposite.

diametro *m.* (*Geom.*) diameter.

diamine *intz.* (*fam.*) (*con impazienza*) the dickens (*o* deuce *o* devil), on earth, (*intens.*) the hell: *chi* ~ *cerchi?* who on earth are you looking for?; *che* ~ *vuoi?* what the devil do you want?; (*con disapprovazione*) my goodness, (good) heavens: ~, *che modi* heavens (*o* my goodness), what a way to behave; (*sì, certo*) of course, certainly, you bet.

Diana *N.pr.f. Diana.*

diapason *m.* **1** (*strumento*) tuning-fork. **2** (*estensione: rif. a voce, strumento musicale*) compass. **3** (*fig.*) (*tono*) pitch.

diapositiva *f.* slide, transparency.

diaria *f.* (*indennità giornaliera di trasferta*) daily allowance (for travelling expenses).

diario *m.* **1** diary, journal (*anche Lett.*). **2** (*diario scolastico*) notebook (for homework). □ *tenere un* ~ to keep a diary.

diarrea *f.* (*Med.*) diarrh(o)ea.

diaspora *f.* diaspora (*anche fig.*).

diaspro *m.* (*Min.*) jasper.

diastole *f.* (*Med.*) diastole.

diatriba *f.* diatribe.

diavola *f.*: (*Gastr.*) *pollo alla* ~ broiled chicken.

diavoleria *f.* **1** devilry, devilment, work of the devil. **2** (*trovata astuta*) trick, cunning device. **3** (*fam.*) (*cosa strana*) oddity, freak.

diavoletto *m.* little devil; imp (*anche fig.*).

diavolio *m.* (*baccano*) uproar, hubbub, din.

diavolo *m.* **1** devil (*anche fig.*): *quel ragazzo è un* ~ that boy's a devil. **2** (*in frasi esclamative*) my goodness, heavens, good Lord; (*in domande*) what the devil (*o* deuce *o* dickens), what on earth, (*fam.*) (what) the hell: *dove* ~ *ti sei cacciato?* where the devil (*o* on earth) have you got to? □ *sono come il* ~ *e l'***acqua** *santa* there is no love lost between them; **al** ~ to hell with: *al* ~ *la fretta* to hell with all this hurry; *va* **al** ~ go to hell (*o* the devil); **avere** *il* ~ *in corpo* to be like one possessed; **brutto** *come il* ~ as ugly as sin; (*fam.*) *un* **buon** ~ a good fellow (*o* soul); *un* ~ *di* **donna** a devil of a woman; *ho una* **fame** *del* ~ I am starving; **fare** *l'avvocato del* ~ to play the devil's advocate; **fare** *il* ~ *a quattro* (*fare baccano*) to raise hell (*o* Cain); (*darsi un gran da fare*) to move heaven and earth; **furbo** *più del* ~ as cunning as Old Nick; *che il* ~ *ti* **porti** the devil take you; (*fam.*) *un* **povero** ~ a poor devil (*o* wretch *o* soul); **saperne** *più del* ~ to be up to more tricks than Old Nick; *i miei figli sono dei diavoli* **scatenati** my children are real imps (*o* little devils let loose).

dibattere *v.t.* to debate, to discuss: ~ *una questione* to debate a matter. **dibattersi** *v.r.* **1** (*agitarsi, divincolarsi*) to struggle, to writhe. **2** (*fig.*) to struggle; (*rif. a dubbi*) to be torn; (*rif. a un problema*) to grapple (*in* with).

dibattimento *m.* **1** (*dibattito*) debate, discussion. **2** (*Dir.*) hearing, trial.

dibattito *m.* debate, discussion.
dibattuto *a.* much-discussed.
diboscamento *m.* dis(af)forestation, deforestation.
diboscare *v.t.* to dis(af)forest, to deforest.
dic. = *dicembre* December (Dec.).
dicastero *m.* (*ministero*) ministry, (*USA*) department.
dicembre *m.* December.
diceria *f.* hearsay, rumour.
dichiarante *m./f.* (*Dir.*) declarant.
dichiarare *v.t.* **1** to declare, to state: *il testimone dichiara di non aver mai visto l'imputato* the witness states that he has never seen the accused. **2** (*manifestare*) to profess, to declare: ~ *il proprio amore* to declare one's love. **3** (*proclamare*) to proclaim, to declare. **4** (*nominare*) to nominate, to designate, to appoint. **5** (*giudicare*) to find*, to judge, to declare: *fu dichiarato colpevole* he was found guilty. **6** (*attestare, certificare*) to testify, to certify, to declare. **dichiararsi** *v.r.* **1** to declare o.s., to proclaim o.s. **2** (*confessare il proprio amore*) to propose, to declare o.s. (*o* one's love). □ ~ **aperta** *la seduta* to declare the meeting open; ~ *in* **arresto** *qd.* to declare s.o. under arrest; ~ **guerra** *a un paese* to declare war on a country; ~ **marito** *e moglie* to join in wedlock.
dichiarato *a.* (*manifesto*) declared, avowed, open: *nemico* ~ avowed enemy.
dichiarazione *f.* **1** declaration, statement: *una* ~ *del Ministro degli Esteri* a statement by the Minister for Foreign Affairs; *occorre una* ~ *del padre* a declaration from the father is required. **2** (*dichiarazione d'amore*) proposal, declaration (of love). **3** (*nei giochi di carte*) bid. □ ~ *dei* **diritti** declaration of rights; ~ **doganale** customs declaration; **fare** *una* ~ to make a declaration (*o* statement); ~ **giurata** affidavit, sworn statement; ~ *di* **guerra** declaration of war; ~ *di* **morte** (o *nascita*) notice (*o* notification) of death (*o* birth); ~ *di* **paternità** declaration of paternity; ~ *dei* **redditi** (income-)tax return.
diciannove **I** *a.* nineteen. **II** *s.m.* **1** (*numero*) nineteen. **2** (*nelle date*) nineteenth.
diciannovenne **I** *a.* (*attr.*) nineteen-year-old; (*pred.*) nineteen years old. **II** *s.m./f.* nineteen -year-old person.
diciannovesimo *a./s.m.* nineteenth.
diciassette **I** *a.* seventeen. **II** *s.m* **1** (*numero*) seventeen. **2** (*nelle date*) seventeenth.
diciassettenne **I** *a.* (*attr.*) seventeen-year-old; (*pred.*) seventeen years old. **II** *s.m./f.* seventeen-year-old person.
diciassettesimo *a./s.m.* seventeenth.
diciottenne **I** *a.* (*attr.*) eighteen-year-old; (*pred.*) eighteen years old. **II** *s.m./f.* eighteen -year-old person.
diciottesimo *a./s.m.* eighteenth.
diciotto **I** *a.* eighteen. **II** *s.m.* **1** (*numero*) eighteen. **2** (*nelle date*) eighteenth.
dicitura *f.* (*didascalia*) caption.
dicotomia *f.* dichotomy.
didascalia *f.* **1** caption. **2** (*Teat.*) stage direction. **3** (*Cin.*) (sub-)title.
didascalico *a.* didactic: *poema* ~ didactic poem.
didattica *f.* didactics *pl.* (costr. sing. *o* pl.).
didattico *a.* **1** didactic: *principi didattici* didactic principles. **2** (*istruttivo*) educational.
didentro *m.* (*fam.*) inside; (*fig.*) within: *una voce dal* ~ a voice from within.
didietro **I** *a.* back, rear, hind: *le zampe* ~ the hind legs. **II** *s.m.* **1** back (part), rear. **2** (*fam.*) (*sedere*) behind, bottom.
dieci **I** *a.* ten. **II** *s.m.* **1** (*numero*) ten. **2** (*nelle date*) tenth.
diecimila *a./s.m.* ten thousand.
dieresi *f.* (*Ling.*) diaeresis.
diesis *m.* (*Mus.*) sharp.
dieta[1] *f.* diet (*anche Med.*). □ ~ **dimagrante** slimming diet; **essere** *a* ~ to be on a diet (*o* dieting); **fare** *una* ~ to diet; ~ **lattea** milk diet.
dieta[2] *f.* (*assemblea*) diet.
dietetica *f.* dietetics *pl.* (costr. sing. *o* pl.).
dietetico *a.* dietary.
dietista, **dietologo** *m.* dietician, nutrionist.
dietro **I** *prep.* **1** behind, at the back of: *si nascose* ~ *la tenda* he hid behind the curtain. **2** (*rif. a tempo: dopo*) after: *gli incidenti capitarono uno* ~ *l'altro* the accidents occurred one after an other. **3** (*Comm., burocr.*) on, against: *consegna* ~ *pagamento* delivery on payment; ~ *ricevuta* against receipt. **II** *avv.* **1** (*stato*) behind, at the back: *io ero in prima fila, gli altri sedevano* ~ I was in the front row, the others sat behind; (*rif. ad automobile*) in the back. **2** (*moto*) behind, to the back: *siedi avanti, io mi metterò* ~ you sit in the front, I'll go behind. **III** *s.m.* back, rear: *la cucina sta sul* ~ *della casa* the kitchen is at the back of the house. **IV** *a.* back, rear, hind (*attr.*): *le zampe di* ~ the hind legs. □ ~ **a**: 1 (*stato*) behind, at the back of: ~ *alla casa* behind the house; 2 (*moto*) behind, to the back of: *andare* ~ *alla casa* to go to the back (*o* rear) of the house; **andare** ~ *a qd.* to follow s.o.; **correre** ~ *a qd.* to run (*o* be) after s.o. (*anche fig.*); (*fig.*) **correre** ~ *a qc.* to pursue (*o* be after) s.th.; ~ **di**: 1 (*stato*) behind, at the back of; 2 (*moto*) behind, to the back of; **lasciarsi** ~ to leave behind (*anche fig.*); ~ **ordinazione** to order; **portarsi** ~ to take (with one); **qui** ~ back here; ~ **richiesta** on (*o* by) request, on demand (*o* application); ~ **richiesta** *di qd.* at s.o.'s request; ~ *le* **spalle** behind one's back; (*fig.*) **star** ~ *a qd.*: to keep an eye on s.o.; to look after s.o.; **tener** ~ *a* to cope with.
dietrofront *m.* (right)about-face; about turn (*anche esclam.*).
difatti *congz.* (*infatti*) as a matter of fact, in fact.
difendere *v.t.* **1** to defend (*anche fig.*). **2** (*sostenere*) to defend, to stand* up for. **3** (*Dir.*)

(*rif. a persona*) to plead for (*o* the case of); (*riferito a causa*) to plead. **difendersi** *v.r.* **1** to defend o.s. (*da* against, from). **2** (*ripararsi*) to protect o.s. **3** (*cavarsela*) to manage, to get* by (*o* along).

difensiva *f.* (*Mil.*) defensive. □ *mettersi sulla* ~ to take up a defensive position (*anche fig.*).

difensivo *a.* defensive, of defence.

difensore *m.* **1** defender: ~ *della patria* defender of one's country. **2** (*sostenitore*) upholder, supporter, champion. **3** (*Sport*) defender, back. □ *avvocato* ~ counsel for the defence.

difesa *f.* **1** defence (*anche Dir., Sport, Mil.*): *armi di* ~ weapons of defence. **2** (*Dir.*) (*avvocato difensore*) (counsel for) the defence. **3** *pl.* (*fortificazioni*) defences *pl.*, defensive works *pl.* □ **a** ~ *di* in defence of, defending; **accorrere** *in* ~ *di qd.* to run to s.o.'s defence; **assumere** *la* ~ *di qd.* to defend (*o* side with) s.o.; (*Dir.*) to undertake s.o.'s defence; (*Dir.*) **legittima** ~ self-defence; **senza** ~ defenceless.

difeso *a.* **1** defended. **2** (*fortificato*) fortified.

difettare *v.i.* **1** (*mancare*) to be lacking (*di* in), to lack (s.th.); to be short (*di* of). **2** (*essere difettoso*) to be defective.

difettivo *a.* defective (*anche Gramm.*).

difetto *m.* **1** (*mancanza*) lack, want. **2** (*imperfezione*) defect: *un* ~ *meccanico* a mechanical defect; (*irregolarità*) flaw. **3** (*rif. a persona: difetto fisico*) defect, blemish; (*difetto morale*) defect, fault, flaw, blemish. □ **essere** *in* ~ (*trovarsi in colpa*) to be at fault; ~ *di* **fabbricazione** manufacturing defect; **far** ~: 1 (*mancare*) to lack: *non gli fa certo* ~ *la faccia tosta* he certainly doesn't lack cheek; 2 (*venir meno*) to fail: *mi fa* ~ *la memoria* memory fails me; ~ *di* **lavorazione** defect in workmanship; ~ *di* **pronunzia** defect in pronunciation; **senza** *difetti* flawless, faultless.

difettoso *a.* defective, faulty, imperfect.

diffamare *v.t.* **1** to defame. **2** (*Dir.*) to slander; (*per iscritto*) to libel.

diffamatore *m.* slanderer.

diffamatorio *a.* defamatory.

diffamazione *f.* **1** defamation. **2** (*Dir.*) slander; (*per iscritto*) (defamatory) libel.

differente *a.* different: *essere* ~ *da qc.* to be different from (*o* to) s.th.

differenza *f.* **1** (*diversità*) difference (*di* in): ~ *di colori* difference in colour. **2** (*divario*) discrepancy. **3** (*somma mancante*) difference (*anche Mat.*). □ **a** ~ *di* unlike; *c'***è** *una bella* ~ there's quite a difference; *non c'è* ~ it makes no difference; ~ *d'***età** age difference; **far** ~ to make a difference.

differenziale I *a.* differential. **II** *s.m.* (*Mecc.*) differential gear(ing), differential.

differenziare *v.t.* to differentiate, to make* different. **differenziarsi** *v.r./v.i.pron.* **1** (*essere differente*) to differ, to be different. **2** (*distinguersi*) to differentiate, to become* (*o* grow*) different. **3** (*Biol.*) to differentiate.

differimento *m.* deferment, postponement.

differire I *v.i.* to differ, to be different. **II** *v.t.* to defer, to postpone, to put* off: ~ *il pagamento* to defer payment. □ ~ *in qc.* to differ in s.th.

differita *f.* (*Rad., TV*) recording (of a performance).

difficile I *a.* **1** difficult, hard: *un'impresa* ~ a difficult undertaking. **2** (*rif. a persona: scontroso*) difficult, hard to get on with: *un ragazzo* ~ a difficult boy; (*incontentabile*) hard to please, difficult, exacting; (*schizzinoso*) difficult, fastidious, fussy. **3** (*improbabile*) unlikely, improbable. **II** *s.m.* difficulty □ **digestione** ~ weak digestion; **fare** *il* (o *la*) ~ to be difficult (*o* hard to get on with); **rendere** *la vita* ~ *a qd.* to make life hard for s.o.; *mi* **riesce** ~ *crederti* I find it hard to believe you.

difficilmente *avv.* **1** (*con difficoltà*) with difficulty. **2** (*con scarsa probabilità*) unlikely.

difficoltà *f.* **1** difficulty. **2** (*opposizione, obiezione*) difficulty, objection: *sollevare delle* ~ to raise (*o* make) difficulties. **3** *pl.* (*ristrettezze economiche*) (financial) difficulties *pl.*, straits *pl.*: *trovarsi in* ~ to be in difficulties. □ **appianare** *una* ~ to smooth out a difficulty; **con** ~ (*faticosamente*) with difficulty (*o* an effort); *respirava* **con** ~ he had troubled breathing; *ciò non* **presenta** *alcuna* ~ that presents no difficulty, that's no trouble.

difficoltoso *a.* difficult, hard.

diffida *f.* (*Dir.*) warning, notice, intimation.

diffidare I *v.i.* to mistrust, not to trust (*di qc.* s.th.), to be distrustful. **II** *v.t.* to warn, to give* warning (*o* notice) to: ~ *qd. dal fare qc.* to warn s.o. not to do s.th. □ *diffidate dalle imitazioni* beware of imitations.

diffidente *a.* distrustful, mistrustful, suspicious. □ *essere* ~ *con qd.* to be distrustful (*o* suspicious) of s.o.

diffidenza *f.* distrust, mistrust, suspicion.

diffondere *v.t.* **1** to give* out, to shed*, to diffuse: *il fuoco diffondeva calore nell'ambiente* the fire gave out warmth to the room. **2** (*fig.*) (*divulgare*) to spread* (abroad): ~ *una notizia* to spread news. **3** (*Rad.*) (*trasmettere*) to broadcast*; (*TV*) to telecast*. **diffondersi** *v.i.pron.* **1** to spread* (out): *un improvviso rossore si diffuse sul suo volto* a sudden flush spread over her face. **2** (*fig*) to spread*. **3** (*dilungarsi*) to dwell.

difforme *a.* different, unlike, dissimilar.

difformità *f.* unlikeness, difference, dissimilarity.

diffrazione *f.* diffraction.

diffusamente *avv.* fully, at length.

diffusione *f.* **1** spread, diffusion, propagation: ~ *di notizie* propagation of news; (*rif. a giornali e sim.*) circulation. **2** (*Fis.*) scattering. **3** (*Ott., Met., Chim.*) diffusion.

diffuso *a.* **1** (*di notizie*) widespread; (*di gior-*

nali) widely circulated; (*di prodotti*) widely available, widely distributed. **2** (*Scient.*) diffuse. **3** (*con valore pred.*) diffused.

diffusore *m.* **1** (*Mecc., Fis.*) diffuser. **2** (*Fis.*) scatterer. **3** (sound) diffuser. **4** (*Aut.*) choke (tube). **5** (*Ind.*) diffuser.

difilato *avv.* **1** (*direttamente*) straight: *vai ~ a scuola* go straight to school. **2** (*subito*) straight away (*o* off).

difterite *f.* (*Med.*) diphtheria.

diga *f.* **1** (*sbarramento di fiume*) dam, barrage. **2** (*argine litoraneo*) dike, dyke. **3** (*opera portuale*) breakwater. **4** (*fig.*) defence, barrier, dike.

digerente *a.* digestive.

digeribile *a.* digestible.

digeribilità *f.* digestibility.

digerire *v.t.* **1** to digest: *non digerisco bene* my digestion is not good. **2** (*fig.*) to assimilate, to digest. **3** (*tollerare, sopportare*) to bear*, to stand.

digestione *f.* digestion (*anche Chim.*).

digestivo I *a.* digestive: *liquore ~* digestive liqueur. **II** *s.m.* digestive.

digitale[1] *a.* finger (*usato attributivamente*), of the finger(s). □ *impronte digitali* fingerprints.

digitale[2] (*numerico*) digital: *visualizzazione ~* digital display.

digitale[3] (*Bot., Farm.*) digitalis.

digiunare *v.i.* (*per penitenza*) to fast; (*patire la fame*) to go* hungry.

digiuno[1] *m.* fast(ing). □ **a** ~ on an empty stomach, before eating (*o* meals): *medicina da prendere a ~* medicine to be taken before meals; **essere** *a ~* not to have eaten; **tenere** *a ~* to keep without food, to starve; (*fig.*) to starve, to keep without.

digiuno[2] *a.* **1** not having eaten, fasting. **2** (*fig.*) (*privo*) without (*di qc.* s.th.), lacking (in): *essere ~ di notizie* to be without news.

dignità *f.* **1** dignity. **2** (*alto ufficio*) dignity, high office, rank.

dignitario *m.* dignitary.

dignitoso *a.* **1** dignified. **2** (*decoroso*) decorous.

DIGOS = *Divisione Investigazioni Generali e Operazioni Speciali* (*della Polizia*) Italian Secret Service.

digradare *v.i.* **1** to decline. **2** (*rif. a colori*) to shade off.

digressione *f.* digression.

digressivo *a.* digressive.

digrignare *v.t.* to grind*, to gnash. □ *~ i denti* (*rif. ad animali*) to bare (*o* show) the teeth; (*rif. a persone*) to grind* (*o* gnash) one's teeth.

digrossare *v.t.* **1** (*sgrossare*) to trim (down), to reduce, to thin down. **2** (*sbozzare*) to rough-hew. **3** (*fig.*) (*dirozzare*) to refine, to polish, to give* polish to.

dilagante *a.* on the increase, rampant.

dilagare *v.i.* **1** to flood (*in qc.* s.th.), to spread*, to overflow (into). **2** (*fig.*) to spread* (far and wide); to be rampant.

dilaniare *v.t.* **1** to tear* to pieces, to rend*, to lacerate. **2** (*fig.*) (*tormentare*) to torment, to rend*, to gnaw. □ *il suo corpo fu dilaniato dall'esplosione* he was blown to pieces by the explosion.

dilapidare *v.t.* to squander, to dissipate, to waste.

dilatabile *a.* expandable, expansible, dilatable.

dilatabilità *f.* expandability, expansibility.

dilatare *v.t.* **1** to open (up), to dilate: *questa crema dilata i pori* this cream opens up the pores. **2** (*Fis., Med.*) to dilate. **dilatarsi** *v.i. pron.* **1** to dilate, to expand, to widen (out): *gli si dilatarono le pupille per l'ira* his pupils dilated with anger. **2** (*Fis.*) to expand. **3** (*Med.*) to dilate.

dilatazione *f.* **1** dilation. **2** (*Fis.*) expansion, dilation. **3** (*Med.*) dilation.

dilavamento *m.* washing away.

dilazionare *v.t.* to defer, to delay: *~ il pagamento* to defer payment.

dilazione *f.* extension, delay.

dileggiare *v.t.* to mock, to scoff at.

dileggiatore *m.* mocker, scoffer.

dileggio *m.* mocking, scoffing, derision.

dileguare I *v.t.* to dispel, to dissipate (*anche fig.*): *~ ogni dubbio* to dispel all doubt. **II** *v.i.*, **dileguarsi** *v.i.pron.* to vanish, to disappear.

dilemma *m.* dilemma.

dilettante I *a.* amateur-, (*spreg.*) dilettante-: *pittore ~* amateur painter. **II** *s.m./f.* **1** amateur. **2** (*spreg.*) dilettante, dabbler. **3** (*Sport*) amateur.

dilettantesco *a.* (*spreg.*) amateurish.

dilettantismo *m.* **1** (*spreg.*) amateurishness. **2** (*Sport*) amateurism, non-professionalism.

dilettantistico *a.* amateur-; (*spreg.*) amateurish, dilettante-.

dilettare *v.t.* **1** to delight, to please. **2** (*far divertire*) to amuse, to entertain. **dilettarsi** *v.i.pron.* **1** (*provare piacere*) to take* pleasure, to delight, to revel (*di, a, in* in), to enjoy (s.th.). **2** (*occuparsi per diletto*) to delight (*di* in), to love (s.th.).

dilettevole *a.* delightful, pleasing, amusing.

diletto[1] **I** *a.* beloved, cherished. **II** *s.m.* beloved, loved one.

diletto[2] *m.* delight, pleasure. □ **con** ~ with pleasure; **per** ~ for pleasure (*o* enjoyment).

diligente *a.* **1** diligent, hard-working: *scolaro ~* hard-working pupil. **2** (*accurato*) diligent, careful.

diligenza[1] *f.* **1** diligence. **2** (*accuratezza*) care; (*zelo*) zeal.

diligenza[2] *f.* (*Stor.*) (*corriera*) stage-coach, diligence.

diliscare *v.t.* (*Gastr.*) to bone

diluente I *a.* (*Chim.*) diluting, diluent. **II** *s.m.* diluent; (*per vernici e sim.*) thinner.

diluire *v.t.* to dilute, to thin (down), to water down: *~ una soluzione* to dilute a sol-

ution; ~ *una vernice* to thin a paint.
diluizione *f.* dilution, thinning, watering down.
dilungarsi *v.i.pron.* (*parlare a lungo*) to talk at length, to dwell* (on s.th.).
diluviare **I** *v.i.impers.* to pour, (*fam.*) to rain cats and dogs. **II** *v.i.* to pour in, to come* thick and fast.
diluvio *m.* **1** downpour, deluge. **2** (*fig.*) flood, torrent, shower: *un* ~ *di parole* a torrent of words. **3** (*diluvio universale*) Flood, Deluge.
dimagramento *m.* **1** getting (*o* becoming) thin, slimming. **2** (*Agr.*) impoverishment.
dimagrante *a.* slimming..
dimagrire **I** *v.i.* to get* (*o* become*) thin, to lose* weight, to grow* thinner (*o* slimmer); (*dimagrire di proposito*) to slim. **II** *v.t.* **1** (*far diventare magro*) to make* thin. **2** (*far apparire snello*) to slim, to make* look slim(mer).
dimenare *v.t.* (*rif. agli arti*) to wave (about): ~ *le braccia* to wave one's arms about; (*dondolare*) to swing*; (*rif. a coda*) to wag(gle). **dimenarsi** *v.r.* **1** to fidget, to fling* o.s. about. **2** (*nel letto*) to toss (about). **3** (*fam.*) (*camminando*) to sway (one's hips), to wiggle. **4** (*divincolarsi*) to writhe, to wriggle.
dimenio *m.* **1** (*rif. agli arti*) waving; (*rif. alla coda*) wagg(l)ing. **2** (*il dimenarsi*) fidgeting; (*nel letto*) tossing (about).
dimensione *f.* **1** dimension (*anche Geom., Fis.*). **2** *pl.* size, dimensions *pl.* **3** (*grandezza*) (*anche pl.*) proportion, importance: *il fatto ha assunto una notevole* ~ the event has taken on great importance. □ *a tre dimensioni* three-dimensional, (*fam.*) 3-D.
dimenticanza *f.* **1** forgetfulness. **2** (*omissione*) omission; (*svista*) oversight, slip.
dimenticare *v.t.* **1** to forget*: *non ha dimenticato i vecchi amici* he has not forgotten his old friends. **2** (*trascurare*) to neglect, to overlook: ~ *i propri doveri* to neglect one's duties. **3** (*perdonare*) to forgive*, to forget* about: ~ *le offese* to forgive affronts. **4** (*lasciare per dimenticanza*) to leave* (behind): *ho dimenticato l'ombrello in ufficio* I left my umbrella (behind) at the office. **dimenticarsi** *v.i.pron.* to forget*: *dimenticarsi (di) qc.* to forget (about) s.th.; *mi sono dimenticato di avvertirti* I forgot to notify you. □ ~ *il passato* to let bygones be bygones.
dimentico *a.* **1** forgetful (*di* of), forgetting (s.th): ~ *di sé* forgetting o.s. **2** (*noncurante*) unmindful, unaware (*di* of).
dimesso *a.* **1** (*umile*) humble, lowly; (*modesto*) modest, unassuming. **2** (*rif. a vestiario*) plain, simple; (*trascurato*) shabby.
dimestichezza *f.* familiarity. □ *avere* ~ *con qd.* to be friendly (*o* on familiar terms) with s.o.
dimettere *v.t.* **1** (*deporre*) to remove, to dismiss: ~ *da una carica* to remove from a post. **2** (*lasciar andare: dall'ospedale*) to discharge; (*dal carcere*) to release, to discharge. **dimettersi** *v.r.* to resign.
dimezzamento *m.* halving.
dimezzare *v.t.* to cut* in half, to halve.
diminuendo *m.* (*Mus.*) diminuendo.
diminuire **I** *v.t.* **1** to diminish, to decrease, to reduce. **2** (*abbassare*) to reduce, to lower, to cut* (down): ~ *i prezzi* to lower (*o* cut) prices. **3** (*di lavoro a maglia*) to cast* off. **II** *v.i.* to diminish, to decrease, to go* down; to fall*, to drop.
diminutivo *a./s.m.* (*Gramm.*) diminutive.
diminuzione *f.* **1** decrease, reduction, lessening. **2** (*di lavoro a maglia*) decrease, casting off. □ **in** ~ on the decrease (*o* wane), falling, diminishing; ~ *di* **peso** loss of weight; ~ *di* **temperatura** drop (*o* fall) in temperature.
dimissionario *a.* outgoing, resigning: *governo* ~ outgoing government. □ *essere* ~ to have resigned.
dimissione *f.* resignation: *dimissioni da una carica* resignation from a post. □ **accettare** *le dimissioni di qd.* to accept s.o.'s resignation; **dare** *le dimissioni* to resign.
dimora *f.* **1** (*permanenza*) stay, residence. **2** (*abitazione*) home, residence, (*lett.*) abode. □ ~ *fissa* fixed abode: *senza fissa* ~ of (*o* with) no fixed abode.
dimorare *v.i.* to stay, to live.
dimostrabile *a.* demonstrable.
dimostrabilità *f.* demonstrability.
dimostrante *m./f.* demonstrator (*anche Pol.*)
dimostrare *v.t.* **1** to show*, to display, to manifest, to demonstrate: *dimostrò molto coraggio* he displayed great courage. **2** (*provare*) to prove, to show*. **3** (*Mat., Filos.*) to demonstrate, to prove. **4** (*rif. all'età*) to show*, to look: *non dimostri l'età che hai* you don't look your age. **dimostrarsi** *v.r.* to show* o.s. to be, to prove (to be): *si è dimostrato molto intelligente* he proved very intelligent; (*rif. a cose.: rivelarsi*) to prove (*o* turn out) to be. □ (*Mat.*) *come dovevasi* (o *volevasi*) ~ which was to be demonstrated.
dimostrativo *a.* (*Gramm.*) demonstrative.
dimostratore *m.* (*propagandista*) demonstrator.
dimostrazione *f.* **1** demonstration, display: ~ *di affetto* display of affection. **2** (*prova*) proof, demonstration (*anche Mat., Filos.*). □ ~ *di* **piazza** (public) demonstration; ~ *di* **protesta** protest demonstration.
dinamica *f.* (*in tutti i signif.*) dynamics *pl.* (costr. sing *o* pl.): ~ *economica* economic dynamics. □ (*Psic.*) ~ *di gruppo* group dynamics.
dinamicità *f.* dynamism (*anche fig.*).
dinamico *a.* dynamic (*anche fig.*).
dinamismo *m.* dynamism (*anche Filos.*); energy, drive.
dinamitardo **I** *a.* dynamite-: *attentato* ~ dynamite attack. **II** *s.m.* dynamitard, bomber.

dinamite *f.* dynamite.
dinamo *f.* (*El.*) dynamo, generator.
dinamometro *m.* (*Fis.*) dynamometer.
dinanzi *avv.* (*avanti*) ahead, before, forward: *guardare* ~ to look ahead; (*davanti*) in front. ☐ ~ *a*: 1 (*innanzi*) in front of, before: *passò* ~ *alla casa* he went by in front of the house; 2 (*dirimpetto*) opposite, facing; 3 (*alla presenza*) before, in the presence of.
dinastia *f.* dynasty.
dinastico *a.* dynastic(al).
dindin *onom.* ting-a-ling.
dindon *onom.* ding-dong.
diniego *m.* **1** (*rifiuto*) refusal. **2** (*negazione*) denial.
dinnanzi → **dinanzi**.
dinoccolato *a.* lanky, gangling. ☐ *camminare* ~ to slouch.
dinosauro *m.* dinosaur.
dintorno I *avv.* (a)round, (round) about. **II** *s.m.pl.* (*vicinanze*) surroundings *pl.*, environs *pl.*
dio *m.* **1** god (*anche fig.*). **2** (*Essere Supremo*) God. **3** (*esclam.*) (good) heavens, (good) Lord, (my) goodness, (*intens.*) good God: ~, *che freddo* goodness, how cold it is. ☐ ~ *dell'***amore** god of Love; (*esclam.*) *per l'***amore** *di* ~ for heaven's (*o* goodness') sake; ~ *mi* **assista** (may) God help me; (*che*) ~ *ti* **benedica** (*God*) bless you; ~ **buono***!* good Lord!, heavens!; *bello* **come** *un* ~ very handsome; **credersi** *un* ~ to think o.s. a little tin god (*o* God almighty); **gran** ~*!* good Lord!, (*intens.*) good God!; **grazie** *a* ~ thank God; (*per fortuna*) thank heavens (*o* goodness); ~ *me ne* **guardi** God forbid; ~ *sia* **lodato** thank God, God (*o* heaven) be praised; (*pop.*) *viene giù che* ~ *la* **manda** the skies have opened up; ~ *ce la* **mandi** *buona* let's keep our fingers crossed; ~ *ve ne renda* **merito** may God reward you; ~ **padre** God the Father; **per** ~ by God (*o* Jove *o* heavens); ~ *ce ne* **scampi** *e liberi* God forbid; **senza** ~ godless; **simile** *a un* ~ godlike; *se* ~ **volle** at last, finally, in the end.
diocesi *f.* (*Rel.*) diocese.
diodo *m.* (*El., Rad.*) diode.
dionisiaco *a.* Dionysiac, Dionysian (*anche fig.*).
diossina *f.* (*Chim.*) dioxin.
diottria *f.* (*Ott.*) diopter, dioptre.
dipanare *v.t.* **1** to wind* (up), to wind* into a ball. **2** (*fig.*) (*sbrogliare*) to disentangle, to unravel.
dipartimentale *a.* departmental.
dipartimento *m.* **1** department, district. **2** (*USA*) department.
dipartirsi *v.i.pron.* **1** (*partire*) to leave*, to depart, to go* away. **2** (*diramarsi*) to branch off. **3** (*eufem.*) (*morire*) to pass away.
dipartita *f.* (*lett.*) **1** (*partenza*) departure. **2** (*eufem.*) (*morte*) passing away.
dipendente I *a.* depending, dependent (*da* on); (*subordinato*) subordinate, subsidiary. **II** *s.m./f.* **1** (*impiegato*) employee; (*subordinato*) subordinate. **2** (*collett.*) staff, personnel. ☐ (*Gramm.*) **proposizione** ~ subordinate (*o* dependent) clause; *dipendenti* **statali** civil servants.
dipendenza *f.* **1** dependence. **2** (*edificio annesso*) annex(e). ☐ **avere** *alle proprie dipendenze molti impiegati* to have many employees working for one; **essere** *alle dipendenze di qd.* to be in s.o.'s employ (*o* pay).
dipendere *v.i.* **1** to depend (*da* on, upon), to be due (to), to hang* (on): *il prezzo dipende dalla qualità* the price depends on the quality; *dalla tua decisione dipende il mio avvenire* my future hangs on your decision. **2** (*essere in potere, in facoltà*) to be for (*o* up to) (s.o.), to depend (on, upon), to lie* (*o* rest) (with): *dipende da te se accettare o meno* it is up to you to accept or not; *non dipende da noi decidere* it is not for us to decide. **3** (*essere alle dipendenze*) to be (*o* come*) under (s.o.), to be under the supervision (*o* authority) (of), to be subordinated (to). **4** (*Gramm.*) to depend (on, upon), to be subordinated (to). ☐ (*risposta evasiva o incerta*) *dipende* that (*o* it all) depends; we'll see.
dipingere *v.t.* **1** (*ritrarre*) to paint (the portrait of), to portray; (*rif. a cose*) to paint. **2** (*ornare di pitture*) to paint, to decorate. **3** (*pitturare*) to paint: *ho dipinto la cucina di* (o *in*) *giallo* I painted the kitchen yellow. **4** (*fig.*) (*descrivere*) to describe, to depict, to portray. **dipingersi** *v.r.* **1** to paint o.s.; (*truccarsi*) to make* up, to use make-up. **2** (*fig.*) (*apparire: rif. a sentimenti*) to show*, to be the picture of, to be portrayed (*o* written). ☐ ~ *ad* **acquarello** to paint in water-colours; ~ *a* **olio** to paint in oils; ~ *su* **tela** to paint on canvas; ~ *dal* **vero** to paint from life.
dipinto[1] *a.* painted, decorated.
dipinto[2] *m.* (*pittura*) painting.
diploma *m.* diploma, certificate. ☐ ~ *di* **abilitazione** professional diploma; **conseguire** *un* ~ to obtain a diploma; ~ *di* **laurea** degree certificate; ~ *di* **maturità** school-leaving certificate, (*GB*) General Certificate of Education.
diplomare *v.t.* to award a diploma to, (*am.*) to graduate. **diplomarsi** *v.i.pron.* to obtain (*o* get*) a diploma, to qualify, (*am.*) to graduate.
diplomaticamente *avv.* diplomatically (*anche fig.*).
diplomatico I *a.* diplomatic (*anche fig.*). **II** *s.m.* diplomat.
diplomato I *a.* trained, holding a diploma, certificated. **II** *s.m.* holder of a diploma, (*am.*) graduate.
diplomazia *f.* **1** diplomacy (*anche fig.*). **2** (*collett.*) diplomatic corps, diplomacy; (*la carriera*) diplomatic service.
diporto *m.* amusement, sport; (*passatempo*)

pastime, hobby; (*ricreazione*) recreation. ▭ *imbarcazione* **da** ~ pleasure craft; **per** ~ for pleasure, as a pastime (*o* hobby).

Dir = *direttore* manager.

diradamento *m.* thinning (out) (*anche Agr.*).

diradare *v.t.* **1** to thin (out) (*anche Agr.*), to space out; (*rif. a nebbia, nubi*) to disperse, to dissipate. **2** (*rendere meno frequente*) to make* less frequent. **diradarsi** *v.i.pron.* **1** to thin out, to disperse: *la folla si diradò* the crowd thinned out (*o* scattered); (*rif. a nebbia, nubi*) to clear up (*o* away). **2** (*divenire meno frequente*) to become* less frequent.

diramare *v.t.* to issue, to send* out (*o* round): ~ *un ordine* to issue an order. **diramarsi** *v.i.pron.* **1** (*ramificarsi*) to branch (*o* spread*) out. **2** (*rif. a strade*) to branch (off). ▭ ~ *un* **invito** to send out an invitation; ~ *per* **radio** to broadcast.

diramazione *f.* **1** (*rif. a strade e Inform.*) branch. **2** (*Ferr.*) branch(-line). **3** (*per radio*) broadcasting. **4** (*fig.*) (*ramificazione*) ramification.

dire[1] **I** *v.t.* **1** to say*: *non è detta ancora l'ultima parola* the last word hasn't been said yet; *aspettami – disse – torno subito* wait for me – he said – I shall be right back. **2** (*raccontare, riferire*) to tell*: *dimmi che cosa è accaduto* tell me what happened; *non so dirti quanto piacere mi ha fatto la tua lettera* I cannot tell you how pleased I was by your letter. **3** (*significare*) to mean*: *che vuol* ~ *questa parola?* what does this word mean? **4** (*esprimere*) to say*, to express, to speak*: *i suoi occhi dicevano molte cose* his eyes said many things (*o* spoke worlds). **II** (*assol.*) **1** (*parlare*) to tell*, to speak*: *dimmi un po', lo conosci?* tell me, do you know him? **2** (*supporre*) to suppose, to say*: *costerà, diciamo, centomila lire* it will cost, (let us) say, a hundred thousand lire. **3** (*pensare*) to think* (*di* of), to say* (to): *che ne dici della mia proposta?* what do you think of (*o* say to) my proposal? **III dirsi**: **1** (*con valore passivante*): *si dice che sia una brava ragazza* people say she is a good girl; *come si dice "zia" in inglese?* how do you say "zia" in English? **2** (*dire a se stesso*): *mi son detto che era ora di andare* I said to myself that it was time to go. **3** (*con valore riflessivo*) to say* one is, to call o.s.: *si diceva mio amico* he said he was (*o* called himself) my friend. ▭ (*come*) *sarebbe* **a** ~*?* what do you mean (by that)?; **a** *dir poco, ci saranno state cento persone* there must have been at least a hundred people; **a** ~ *il vero* to tell the truth; ~ **addio** to say good-bye; (*rinunziare*) to give up (the idea) (*a* of); **altro** *è* ~ *e altro è fare* easier said than done; **avere** *da* ~ *su qc.* to find fault with s.th.; **avere** *da* ~ *con qd.* to have a bone to pick with s.o.; ~ **bene** *di qd.* to speak well (o highly) of s.o.; *dico* **bene***?* (am I) right?; **che** *dico?* no, rather; *si dice* **che** it is said (*o* there is a rumour) that; *non c'è* **che** ~ there's no denying it; *a* **chi** *lo dici!* as if I didn't know!; **come** *non detto* forget (about) it, it doesn't matter; *se ne dicono tante sul suo* **conto** he is so much talked about; **da** *non dirsi* unspeakable, incredible; ~ **di** *sì* to say yes; (*accondiscendere*) to agree, to accept; ~ **di** *no* to say no; (*rifiutare*) to refuse; *che ne diresti* **di** *un caffè?* what would you say to (having) a cup of coffee?; **e** ~ *che* and to think that; ~ *qc. in* **faccia** *a qd.* to say s.th. to s.o.'s face; **far** ~ *qc. a qd.* to put s.th. into s.o.'s mouth; *non se lo* **fece** ~ *due volte* he didn't wait to be told (*o* asked) twice; *detto* **fatto** no sooner said than done; *detto* **fra** *noi* between ourselves (*o* you and me); ~ **fra** *sé* to say to o.s.; *dirle* **grosse** to tell tall stories; **inutile** ~ *che* needless to say, it goes without saying that; **lasciar** ~ to let talk (on), to take no notice of; ~ *la* **messa** to say Mass; ~ **pane** *al pane* to call a spade a spade; **per** *dirla in parole povere* (*semplicemente*) to speak plainly; (*brevemente*) to cut a long story short; **per** *così* ~ so to speak; **per** *meglio* ~ to be more exact; *è* **presto** *detto* easier said than done; *si fa* **presto** *a* ~ it's easy to talk; ~ *qc. per* **scherzo** to say s.th. as a joke; **sentir** ~ to hear; *per* **sentito** ~ from hearsay; ~ *la* **sua** to have one's say, to give one's opinion; *come si* **suol** ~ as they say; *è* **tutto** ~ I need say no more; **vale** *a* ~ that is (to say), namely; *e poi* (*non*) *mi si* **venga** *a* ~ *che* don't let anyone tell me that. ‖ *mi dicono che* I am told (that), I hear (that); *dicono* (o *si dice*) it is said; *dica signora?* yes, Madam?; *l'hai detto* exactly, quite so, (*am.*) you said it.

dire[2] *m.* talk; (*il parlare*) talking. ▭ **a** ~ *di tutti* by general consent; **oltre** *ogni* ~ beyond all description.

direttamente *avv.* straight, direct(ly): *vado* ~ *a casa* I am going straight home; *questi avvenimenti non mi riguardano* ~ these events don't affect me directly.

direttissima *f.* (*in montagna*) shortest (*o* most direct) route. ▭ (*Dir.*) *processo per* ~ summary trial.

direttissimo *m.* (*Ferr.*) fast (through) train.

direttiva *f.* instruction, directive: *dare le direttive* to give instructions.

direttivo I *a.* **1** leading, directing. **2** (*attinente alla direzione*) managerial, managing, executive. **II** *s.m.* leaders *pl.*, leadership.

diretto I *a.* **1** (*rivolto*) on one's way (*a* to): *essere* ~ *a casa* to be on one's way home; (*rif. a veicoli*) going (to), bound (for); (*fig.*) aimed (at). **2** (*indirizzato*) to, (intended) for, addressed (to): *un messaggio* ~ *alla popolazione* a message to the people. **3** (*breve*) short: *prese la via più diretta* he took the shortest route. **4** (*immediato*) direct, immediate. **II** *s.m.* **1** (*Ferr.*) (*treno diretto*) through train. **2** (*nel pugilato*) straight (punch). ▭ ~ *verso il* **basso** downward;

(*Ferr.*) **carrozza** *diretta* through coach; *discendere in* **linea** *diretta da qd.* to be the direct descendant of s.o.; **luce** *diretta* direct light; ~ *al* **sud** southbound; (*TV*) **trasmissione** *in* (*ripresa*) *diretta* live show.

direttore *m.* director, manager; (*di scuola*) headmaster, principal. □ ~ d'**albergo** hotel manager; ~ **amministrativo** administrative director; ~ *del* **carcere** prison governor; ~ **commerciale** sales manager; ~ *di* **fabbrica** works (*o* factory) manager; ~ **generale** general manager, (*am.*) president; ~ *d'***orchestra** conductor; (*rif. a musica leggera*) bandleader, bandmaster; (*Cin.*) ~ *di* **produzione** producer; (*Giorn.*) ~ **responsabile** editor (-in-chief); (*Teat.*) ~ *di* **scena** stage-manager; (*Rel.*) ~ **spirituale** spiritual director; ~ **tecnico** technical (*o* works) manager; (*Sport*) team-manager.

direttoriale *a.* **1** directorial. **2** (*Comm.*) managerial.

direttorio *m.* **1** board of directors. **2** (*Stor.*) Directory.

direttrice *f.* **1** directress, manageress; (*di scuola*) headmistress, (lady) principal; (*di giornale*) (lady) editor(-in-chief). **2** (*Pol.*) policy, line. **3** (*Geom.*) directrix.

direzionale *a.* directional (*anche fig.*). □ *centro* ~ office district.

direzione *f.* **1** direction, way, course (*anche fig.*): *cercava di mantenere la stessa* ~ he tried to keep the same course. **2** (*il dirigere*) management: *la* ~ *di una fabbrica* factory management; (*rif. a una scuola*) headmastership; (*rif. a un giornale*) editorship; (*rif. a un partito*) leadership. **3** (*sede*) head office, administrative offices *pl.* (*o* department); (*ufficio del direttore*) manager's (*o* director's) office; (*ufficio del direttore di una scuola*) headmaster's office (*o* study). **4** (*collett.*) (board of) directors. □ ~ *degli* **affari** business management; ~ **amministrativa** administration; ~ *dell'***azienda** management of the firm; ~ **commerciale** sales management; **in** *tutte le direzioni* in all directions, on all sides; **in** ~ *verticale* vertically; **in** *quale* ~ *stai andando?* which way are you going?; **in** ~ *di* in the direction of, towards; ~ *di* **marcia** line (*o* route) of march; ~ *del* **partito** party leadership; (*collett.*) party leaders; **sotto** *la* ~ *di* under the management (*o* direction) of; ~ **tecnica** technical management.

dirigente I *a.* **1** ruling, leading: *le classi dirigenti* the ruling classes. **2** (*Comm.*) managerial, executive: *il personale* ~ the managerial staff. **II** *s.m./f.* manager, executive. □ ~ **politico** leader; ~ **sindacale** trade-union officer, (*am.*) union executive.

dirigenza *f.* **1** management, direction. **2** (*carica*) managerial status.

dirigere *v.t.* **1** (*volgere*) to direct, to turn, to bend* (*anche fig.*). **2** (*indirizzare*) to address: *diresse la lettera al rettore* he addressed the letter to the rector. **3** (*comandare*) to manage, to run*: ~ *una scuola* to run (*o* be headmaster of) a school; ~ *una fabbrica* to manage a factory; (*sovrintendere*) to superintend, to supervise: ~ *i lavori* to superintend work; (*regolare*) to direct, to regulate: ~ *il traffico* to direct the traffic. **4** (*Mus.*) to conduct. **dirigersi** *v.r.* to go*, to direct one's steps, to make* one's way (*verso* towards), to head (for); (*rif. a natante*) to sail, to steer (for); (*rif. a velivolo*) to fly* (towards). □ ~ *la casa* to run the house(hold), to keep house.

dirigibile *m.* (*Aer.*) airship.

dirimpetto *a./avv.* opposite. □ ~ *a* opposite (to): *la scuola sta* ~ *alla chiesa* the school is opposite the church.

diritta *f.* right(-hand): *a* ~ to (*o* on) the right.

diritto[1] → **dritto**.

diritto[2] *m.* **1** (*scienza*) law: *studiare* ~ to study law. **2** (*facoltà riconosciuta*) right: *i diritti e i doveri del cittadino* the rights and duties of citizen. **3** (*tassa*) due, duty, fee, charge; *diritti di cancelleria* registry dues. □ **a** ~ rightly, by right: *a buon* ~ quite rightly; *diritti d'***autore** (*il compenso*) royalties *pl.*; ~ *d'***autore** copyright; **avente** ~ entitled; **aver** ~ *a qc.* to have a (*o* the) right to s.th.; **aver** ~ *a* (*o di*) *fare qc.* to have a (*o the*) right to do s.th.; **dare** ~ to give the right, to entitle: *la tessera dà* ~ *a entrare in biblioteca* the card entitles the holder to enter (*o* gives the right of entry into) the library; **di** ~ by right, lawfully: *mi spetta di* ~ it is mine by (*o* my) right; **difendere** *i propri diritti* to stand on (*o* assert) one's rights; *diritti* **doganali** Customs duty; **esercitare** *un* ~ to exercise a right; **essere** (*nel*) ~ *di qd.* to be s.o.'s right, to have the right (to do s.th.); ~ *di* **famiglia** family law; ~ **internazionale** international law; ~ *al* **lavoro** right to work; ~ *del* **lavoro** labour law; ~ **naturale** natural law, law of nature; ~ **penale** criminal (*o* penal) law; **perdere** *un* ~ to lose a right; (*per inadempienza, ecc.*) to forfeit a right; (*Strad.*) ~ *di* **precedenza** right of way; ~ **privato** private law; ~ *di* **proprietà** ownership; **rinunciare** *a un* ~ to waive a right; **riservarsi** *il* ~ to reserve the right; *tutti i diritti* **riservati** all rights reserved; ~ *di* **sciopero** freedom to strike; *diritti dell'***uomo** rights of man; ~ *di* **voto** right to vote, franchise.

dirittura *f.* **1** (*Sport*) (*rettilineo*) straight. **2** (*fig.*) (*rettitudine*) uprightness, honesty, rectitude. □ (*Sport*) ~ *d'arrivo* finishing (*o* final) straight.

diroccare *v.t.* to demolish, to pull down.

diroccato *a.* ruined, in ruins; (*cadente*) tumble-down.

dirompente *a.* bursting, disruptive.

dirottamento *m.* **1** (*rif. ad aerei*) hijacking. **2** (*Mar.*) changing of course; (*deviazione*) deviation (from course). **3** (*estens.*) diversion, deviation.

dirottare I *v.t.* **1** (*di aerei*) to hijack. **2** (*Mar.*)

to change the course of. **3** (*estens.*) to divert: ~ *il traffico* to divert traffic. **II** *v.i.* **1** (*Mar.*) to change course. **2** (*estens.*) to deviate, to turn off (*o* aside).

dirottatore *m.* (*rif. ad aerei*) hijacker.

dirotto *a.* copious, abundant. ☐ **a** ~ in torrents, copiously; **piangere** *a* ~ to cry bitterly, to weep one's heart out; **piove** *a* ~ it's raining cats and dogs.

dirupato *a.* precipitous, abrupt, steep.

dirupo *m.* precipice, crag.

disabile *a./s.m./f.* disabled, handicapped.

disabitato *a.* **1** (*non abitato*) uninhabited. **2** (*spopolato*) deserted, abandoned.

disabituare *v.t.* to disaccustom; to break* (*o* get* out) of a habit. **disabituarsi** *v.i.pron.* to lose* (*o* get* out of *o* get* rid of) a habit.

disaccordo *m.* disagreement, variance. ☐ **essere** *in* ~ *su una questione* to disagree on a matter; **trovarsi** *in* ~ *su qc.* to be at variance (*o* issue) over s.th.

disadattato I *a.* maladjusted. **II** *s.m.* misfit.

disadatto *a.* unsuited, unfit.

disadorno *a.* plain, bare.

disaffezionarsi *v.i.pron.* to lose* one's affection (*a, da* for), to become* estranged (from).

disaffezione *f.* estrangement, disaffection, loss of affection (for).

disagevole *a.* uncomfortable, hard.

disagiato *a.* **1** (*privo di agi*) uncomfortable, inconvenient. **2** (*povero*) poor, hard: *condurre una vita disagiata* to lead a hard life.

disagio *m.* **1** (*mancanza di agi*) discomfort; (*disturbo*) inconvenience. **2** *pl.* (*incomodi*) discomfort, hardships *pl.* **3** (*imbarazzo*) embarrassment; (*senso di molestia*) uneasiness. ☐ *essere* (o *sentirsi*) *a* ~ to be (*o* feel) uneasy.

disambientato *a.* out of place.

disamina *f.* close examination (*o* inquiry), careful investigation.

disamore *m.* **1** estrangement (*per, a* from). **2** (*indifferenza*) indifference (to).

disancorare *v.t.* (*Mar.*) to unmoor. **disancorarsi** *v.r./i.pron.* **1** to unmoor. **2** (*fig.*) to break* (*o* get*) away (*da* from).

disapprovare *v.t.* **1** to disapprove (of). **2** (*assol.*) to show* one's disapproval.

disapprovazione *f.* disapproval.

disappunto *m.* disappointment.

disarcionare *v.t.* to unhorse.

disarmante *a.* disarming.

disarmare I *v.t.* **1** to disarm (*anche fig.*). **2** (*rif. a fortezze e sim.*) to dismantle. **3** (*Mar.*) to lay* up, to unrig. **4** (*Edil.*) to take* down (the scaffolding from). **II** *v.i.* **1** to disarm. **2** (*fig.*) to give* in, to yield, to surrender.

disarmato *a.* **1** unarmed (*anche fig.*). **2** (*rif. a fortezze e sim.*) dismantled. **3** (*Mar.*) laid up, out of commission.

disarmo *m.* **1** disarmament. **2** (*rif. a fortezze e sim.*) dismantlement, dismantling. **3** (*Mar.*) laying up, unrigging.

disarmonia *f.* disharmony, discord(ance).

disarmonico *a.* discordant.

disarticolare *v.t.* to disarticulate, to disjoint (*anche Chir.*). **disarticolarsi** *v.i.pron.* to be dislocated.

disastrato I *a.* heavily damaged, badly-hit. **II** *s.m.* victim.

disastro *m.* **1** disaster: *è accaduto un* ~ there has been a disaster. **2** (*grave incidente*) crash. **3** *pl.* damage, destruction: *i disastri del terremoto* the destruction caused by the earthquake. **4** (*fam. scherz.*) complete failure, fiasco. ☐ ~ **aereo** air crash; ~ **ferroviario** rail crash.

disastroso *a.* **1** disastrous, ruinous: *una grandinata disastrosa* a disastrous hailstorm. **2** (*pessimo*) shocking, dreadful, terrible.

disattento *a.* inattentive, heedless.

disattenzione *f.* **1** inattention, lack of attention, carelessness; (*distrazione*) absent-mindedness. **2** (*svista*) oversight.

disavanzo *m.* (*Econ.*) deficit.

disavventura *f.* mishap, misadventure. ☐ *per* ~ unfortunately, unluckily.

disavvertenza *f.* carelessness, heedlessness.

disboscamento *e deriv.* → **diboscare** *e deriv.*

disbrigo *m.* (prompt) settlement, dispatch, clearing-up (*di* of), dealing (with).

discapito *m.* damage; (*svantaggio*) detriment, disadvantage. ☐ *a* ~ *di qd.* to s.o.'s cost (*o* detriment *o* prejudice).

discarica *f.* **1** (*per rifiuti*) dumping ground, refuse disposal site. **2** (*di miniera*) mine dump.

discarico *m.* (*discolpa*) defence, justification. ☐ **per** ~ *di coscienza* to ease (*o* clear) one's conscience; **testimoni** *a* ~ witnesses for the defence.

discendente I *a.* descending. **II** *s.m./f.* descendant. ☐ ~ *diretto* direct descendant.

discendenza *f.* **1** descent, lineage. **2** (*collett.*) descendants *pl.*, offspring.

discendere I *v.i.* **1** to come* down, to descend, to go* down. **2** (*smontare: da autobus, treno, tram*) to get* off (*da qc.* s.th.); (*da automobile*) to get* out (of); (*da cavallo*) to dismount (s.th.), to get* down (from). **3** (*digradare*) to slope down, to descend. **4** (*calare*) to come* (*o* go*) down, to fall*. **5** (*tramontare*) to go* down, to set*. **6** (*trarre origine*) to be descendend. **II** *v.t.* to come* down, to go* down, to descend.

discente *m./f.* (*alunno*) learner.

discepolo *m.* **1** (*scolaro*) pupil. **2** (*seguace*) disciple.

discernere *v.t.* to discern, to distinguish (*da* from, between).

discernimento *m.* discernment, insight; (*buon senso*) common sense. ☐ *agire con* ~ to act sensibly.

discesa *f.* **1** descent. **2** (*col paracadute*) jump. **3** (*abbassamento, diminuzione*) fall: ~ *dei prezzi* fall in prices. **4** (*calata, invasione*) descent, invasion. ☐ (*Rad., TV*) ~ *d'***anten-**

na lead in; **in** ~ downhill, downward: *tratto in* ~ downhill stretch; (*Sport*) ~ **libera** downhill racing; (*Aer.*) ~ *in* **picchiata** nose-dive; ~ **ripida** steep slope.

discesista *m./f.* (*sciatore*) downhill skier.

dischetto *m.* **1** (*nel calcio*) penalty spot. **2** (*Inform.*) diskette; floppy disk.

dischiudere *v.t.* (*lett.*) **1** (*aprire*) to open. **2** (*fig.*) to reveal.

dischiuso *a.* (*lett.*) (half-)open.

discinto *a.* scantily dressed.

disciogliere *v.t.* **1** (*dissolvere*) to dissolve. **2** (*liquefare, fondere*) to melt, to thaw. **3** (*lett.*) (*slegare, slacciare*) to unfasten, to untie. **disciogliersi** *v.i.pron.* **1** (*dissolversi*) to dissolve. **2** (*fondersi*) to melt, to thaw. **3** (*lett.*) (*slegarsi*) to untie o.s., to release o.s.

disciolto *a.* dissolved; (*fuso*) melted, thawed.

disciplina *f.* **1** discipline. **2** (*materia di studio*) discipline, branch of learning. **3** (*flagello*) scourge, discipline. ▭ **di** ~: 1 disciplinary: *consiglio di* ~ disciplinary committee; (*Dir.*) disciplinary court; 2 (*Mil.*) guard-, disciplinary: *sala* (*o camera*) di ~ guard-room; ~ **ferrea** strict discipline; **mantenere** *la* ~ to keep discipline; ~ **scolastica** discipline in school, classroom discipline.

disciplinare[1] *v.t.* **1** to discipline. **2** (*regolare*) to control. **disciplinarsi** *v.r.* to discipline o.s.

disciplinare[2] *a.* disciplinary.

disciplinato *a.* (well-)disciplined; (*rif. a soldati e sim.*) well-drilled.

disco *m.* **1** disk, disc: *un* ~ *di metallo* a metal disk; (*Med.*) *ernia del* ~ slipped disk; ~ *orario* parking-time indicator disc. **2** (*Mus.*) record: ~ *ad alta fedeltà* hi-fi record. **3** (*Sport*) discus: *lancio del* ~ discus throwing. **4** (*Ferr.*) disk signal: ~ *verde* green disk signal. **5** (*Mecc.*) plate, disk. ▭ ~ *volante* flying saucer.

discobolo *m.* discus-thrower; (*nell'atletica antica*) discobolus (*pl.* discoboli).

discografia *f.* **1** recording, record-making. **2** (*Industria*) record industry.

discografico I *a.* record-, recording: *industria discografica* record industry. **II** *s.m.* person engaged in the record industry.

discoide I *a.* discoid. **II** *s.m.* (*Farm.*) tablet, discoid.

discolo I *a.* mischievous. **II** *s.m.* (little) rogue, rascal.

discolpa *f.* excuse, justification, defence: *a propria* ~ in one's defence, for one's justification.

discolpare *v.t.* to clear, to justify. **discolparsi** *v.r.* to justify o.s., to clear o.s.

disconoscere *v.t.* to disown.

disconoscimento *m.* disownment.

discontinuità *f.* discontinuity.

discontinuo *a.* **1** discontinuous. **2** (*disuguale*) uneven, fluctuating.

discopatia *f.* (*Med.*) discopathy.

discordante *a.* **1** clashing, conflicting, discordant. **2** (*rif. a suoni*) dissonant, discordant; (*rif. a colori*) clashing.

discordanza *f.* **1** discordance, conflict, clash: ~ *di opinioni* clash of opinions. **2** (*rif. a suoni*) dissonance, discord(ance); (*rif. a colori*) clash(ing).

discordare *v.i.* **1** to disagree, to be at variance, to clash (*da* with): *le nostre opinioni discordano* our opinions clash (*o* are at variance). **2** (*rif. a suoni, colori*) to clash.

discorde *a.* clashing, discordant, conflicting.

discordia *f.* **1** (*disaccordo*) discord, variance: ~ *tra parenti* discord in the family. **2** (*divergenza*) disagreement, clash, discrepancy.

discorrere *v.i.* **1** (*conversare*) to talk (*di* about); (*chiacchierare*) to chat. **2** (*parlare*) to talk. ▭ ~ *del* **più** *e del meno* to talk about this, that and the other; ~ *di* **politica** to talk politics.

discorsivo *a.* **1** conversational: *stile* ~ conversational style. **2** (*loquace*) talkative, chatty.

discorso *m.* **1** (*conversazione*) talk, conversation. **2** (*orazione*) speech. ▭ **attaccare** ~ *con qd.* to strike up a conversation with s.o.; *far* **cadere** *il* ~ *su qc.* to bring the conversation round to s.th.; **cambiare** ~ to change the subject; **che** *discorsi sono questi?* what do you mean by that?; (*Gramm.*) ~ **diretto** direct speech; **fare** *un* ~ to make a speech; **fare** *strani discorsi* to talk in an odd way; *perdere il* **filo** *del* ~ to lose the thread (of what one was saying); (*Gramm.*) ~ **indiretto** indirect (*o* reported) speech; *è un* ~ **lungo** it's a long story; (*Gramm.*) *le* **parti** *del* ~ the parts of speech; **pochi** *discorsi!* don't make so much fuss!; **senza** (*fare*) *tanti discorsi* without wasting words; frankly.

discostarsi *v.r.* to move away (*da* from); (*fig.*) to wander, to move (*o* draw*) away (from).

discoteca *f.* **1** (*locale notturno*) disco, discothèque. **2** record library.

discredito *m.* discredit, disrepute.

discrepante *a.* divergent, discrepant.

discrepanza *f.* discrepancy, disagreement.

discretamente *avv.* **1** (*sufficientemente bene*) quite well; (*abbastanza*) quite, fairly. **2** (*con discrezione*) discreetly, tactfully.

discretezza *f.* discretion.

discreto *a.* **1** (*abbastanza buono*) quite (*o* fairly) good, fair, not bad: *il tempo è stato* ~ the weather has been fair (*o* quite good). **2** (*sufficiente*) fair, reasonable, good: *ho un appetito* ~ I've got a pretty good appetite. **3** (*moderato*) fair, reasonable, moderate: *è stato molto* ~ *nelle sue richieste* he has been very reasonable in his requests. **4** (*riservato*) discreet, unobtrusive. **5** (*Scient.*) discrete.

discrezionale *a.* (*Dir.*) discretionary.

discrezione *f.* **1** (*discernimento*) discernment, discrimination. **2** (*moderazione*) moderation, restraint. **3** (*riservatezza*) discretion, prudence. **4** (*arbitrio*) discretion, judgement: *a* ~ *di qd.* at s.o.'s discretion. ▭ **arrendersi** *a*

~ to surrender at discretion; **con** ~: 1 in (*o* with) moderation, moderately, with restraint; 2 (*con tatto*) discreetly, tactfully.

discriminante *f.* (*Dir.*): *circostanza* ~ extenuating circumstance.

discriminare *v.t.* **1** to discriminate. **2** (*Dir.*) to extenuate.

discriminazione *f.* discrimination.

discussione *f.* **1** discussion. **2** (*rif. ad assemblea*) debate, discussion. **3** (*litigio*) argument, dispute. □ *essere* **fuori** (*di*) ~ to be beyond dispute (*o* indisputable); *essere* **in** ~ to be under discussion; **mettere** *in* ~ to debate, to discuss; (*fig.*) (*mettere in dubbio*) to doubt.

discutere I *v.t.* **1** to discuss, to debate: ~ *un progetto di legge* to debate a bill. **2** (*contrastare*) to argue. **II** *v.i.* **1** to discuss, to debate: ~ *su* (o *sopra, intorno a qc.*) to discuss s.th., to debate about s.th. **2** (*parlare*) to discuss (*di qc.* s.th.), to talk (about s.th.). **3** (*litigare*) to argue, to quarrel. □ ~ *a* **fondo** *qc.* to go (deeply) into s.th., to talk s.th. over; ~ *sul* **prezzo** to haggle (over the price).

discutibile *a.* **1** debatable, questionable, disputable. **2** (*dubbio*) questionable, doubtful.

disdegnare *v.t.* to disdain, to scorn.

disdegno *m.* disdain, scorn.

disdetta *f.* **1** (*Dir.*) notice (of termination), notice to leave (*o* quit). **2** (*sfortuna*) misfortune, bad luck.

disdicevole *a.* unbecoming.

disdire[1] *v.t.* **1** (*ritrattare*) to take* back, to retract. **2** (*annullare*) to cancel: ~ *un abbonamento* to cancel a subscription. **3** (*Dir.*) to give* notice (of termination of).

disdire[2] *v.i.impers.*, **disdirsi** *v.i.pron.* (*essere sconveniente*) to be unbecoming (*a* to), to be unsuitable (for), to be unseemly (in).

diseducare *v.t.* to miseducate; (*viziare*) to spoil*.

disegnare *v.t.* **1** to draw*: ~ *un rettangolo* to draw a rectangle. **2** (*progettare*) to design, to sketch. **3** (*fig.*) (*descrivere*) to outline, to sketch (out), to describe.

disegnatore *m.* **1** (*tecn.*) draughtsman (*pl.* –men), draftsman (*pl.* –men). **2** (*progettista, bozzettista*) designer. **3** (*Inform.*) plotter.

disegno *m.* **1** drawing, sketch. **2** (*su stoffe, carte e sim.*) pattern, design. **3** (*l'arte del disegnare*) drawing, design. **4** (*schizzo*) sketch, design; (*progetto*) plan. **5** (*fig.*) (*abbozzo*) outline, plan, draft. □ (*Cin.*) *disegni* **animati** (animated) cartoons; **carta** *da* ~ drawing-paper; ~ **industriale** industrial design; (*Pol.*) ~ *di* **legge** bill; ~ *di* **legge** *governativo* government bill, (*am.*) administration bill; ~ *a* **mano** *libera* free-hand drawing; ~ *a* **penna** pen-and-ink drawing; ~ *a* **tratteggio** (out)line drawing; ~ *dal* **vero** real-life drawing.

diserbante I *a.* (*Agr.*) herbicidal. **II** *m.* herbicide; weed-killer.

diserbare *v.t.* (*Agr.*) to weed.

diseredare *v.t.* to disinherit.

diseredato I *a.* **1** disinherited. **2** (*fig.*) underprivileged, unfortunate, destitute. **II** *s.m.* disinherited person; (*fig.*) underprivileged (*o* unfortunate) person, destitute.

disertare I *v.i.* to desert (*anche fig.*). **II** *v.t.* **1** (*non andare*) to fail to turn up at (*o* to), not to go* to: *ha disertato la riunione* he didn't go to (*o* attend) the meeting. **2** (*abbandonare*) to desert (*anche Mil.*).

disertore *m.* deserter (*anche fig.*).

diserzione *f.* desertion (*anche fig.*).

disfacimento *m.* **1** (*lett.*) (*decomposizione*) decomposition, decay. **2** (*fig*) (*sfacelo*) undoing, break-up. □ *in* ~ in decay, decaying, decomposing.

disfare *v.t.* **1** (*distruggere*) to undo*. **2** (*sciogliere, slegare*) to untie, to undo*: ~ *un nodo* to undo a knot; (*rif. a pacchi*) to unwrap, to unpack. **3** (*scucire*) to unpick; (*rif. a lavori a maglia*) to unravel. **4** (*sconfiggere*) to defeat, to (put* to) rout. **5** (*liquefare*) to melt; (*rif. a neve*) to thaw. **disfarsi I** *v.i.pron.* **1** (*scucirsi*) to come* undone (*o* to pieces). **2** (*slegarsi*) to come* undone, to be untied, to come* unfastened (*o* loose). **3** (*liquefarsi*) to melt; (*rif. a neve*) to thaw. **II** *v.r.* (*liberarsi*) to rid* o.s., to get* rid (*di* of). □ *disfarsi in* **bocca** to melt in the mouth; ~ *il* **letto** to strip the bed; ~ *le* **valigie** to unpack.

disfatta *f.* defeat, overthrow, rout.

disfattismo *m.* defeatism (*anche fig.*).

disfattista *a./s.m./f.* defeatist (*anche fig.*).

disfatto *a.* **1** (*slegato*) undone. **2** (*sconfitto*) defeated. **3** (*liquefatto*) melted, thawed. **4** (*sfiorito*) haggard, wasted: *volto* ~ wasted (*o* haggard) face. **5** (*molto stanco*) worn out, exhausted.

disfida *f.* (*lett.*) challenge.

disfunzione *f.* (*Med.*) disorder, trouble.

disgelare *v.t./i.* to thaw (out).

disgelo *m.* thaw (*anche fig.*).

disgiungere *v.t.* to separate, to sever, to disjoin. **disgiungersi** *v.r.* to separate, to part.

disgiunto *a.* (*separato*) separated, disjointed.

disgrazia *f.* **1** (*sfortuna*) misfortune, ill-luck, bad luck: *la* ~ *lo perseguita* he is dogged by misfortune (*o* ill-luck). **2** (*avvenimento funesto*) terrible misfortune, mishap; (*incidente*) accident. **3** (*sfavore*) disgrace, loss of favour. □ **cadere** *in* ~ *di qd.* to fall out of favour with s.o.; **che** ~! what a terrible thing!; **per** ~ unfortunately, unluckily.

disgraziato I *a.* **1** unfortunate, unlucky, wretched: *una famiglia disgraziata* a terribly unlucky family. **2** (*deforme*) misshapen, deformed. **II** *s.m.* **1** (*persona sfortunata*) wretch, poor devil. **2** (*mascalzone*) wretch: ~! you wretch!

disgregamento → **disgregazione**.

disgregare *v.t.* to disassemble, to take* apart. **disgregarsi** *v.i.pron.* to fall* apart, to break* up.

disgregazione *f.* break-up, disintegration.
disguido *m.* going astray, wrong delivery: ~ *postale* going astray of mail, wrong delivery.
disgustare *v.t.* to disgust, to make* feel sick (*anche fig.*): *i suoi discorsi mi hanno disgustato* his words disgusted me. **disgustarsi** *v.i.-pron.* to be disgusted, to be sickened (*di* by).
disgusto *m.* disgust (*di, per* at, for), loathing (for), (*avversione*) aversion (to, from, for).
disgustoso *a.* disgusting, loathsome (*anche fig.*).
disidratare *v.t.* (*Chim.*) to dehydrate. **disidratarsi** *v.i.pron.* **1** (*Chim.*) to dehydrate. **2** (*Med.*) to become* dehydrated.
disidratazione *f.* (*Chim., Med.*) dehydration.
disilludere *v.t.* to disillusion. **disilludersi** *v.r.* to be ,disillusioned.
disillusione *f.* disillusion.
disimparare *v.t.* to forget*, to unlearn*.
disimpegnare *v.t.* **1** (*liberare da un impegno*) to release (from an obligation). **2** (*liberare un oggetto dato in pegno*) to redeem, to get* out of pawn. **3** (*rendere libero, servibile*) to free, to clear: ~ *l'ancora* to clear the anchor. **4** (*adempiere a un ufficio*) to fulfil, to perform. **5** (*Edil.*) to make* independent, to afford direct access to. **disimpegnarsi** *v.r.* **1** (*liberarsi da un impegno*) to release o.s., to free o.s. (*da* from). **2** (*cavarsela*) to manage, to cope.
disimpegno *m.* **1** (*rif. a oggetto dato in pegno*) redemption **2** (*adempimento*) fulfilment, performance. **3** (*Edil.*) (*ripostiglio*) box-room, lumber-room. **4** (*Pol.*) disengagement.
disincagliare *v.t.* **1** (*Mar.*) to refloat. **2** (*fig.*) to get* going (*o* moving) again. **disincagliarsi** *v.r./i.pron.* **1** (*Mar.*) to get* afloat again. **2** (*fig.*) to get* going (*o* under way) again.
disincantato *a.* disenchanted, disillusioned.
disinfestare *v.t.* to disinfest.
disinfestazione *f.* disinfestation.
disinfettante *a./s.m.* disinfectant, antiseptic.
disinfettare *v.t.* to disinfect.
disinfezione *f.* disinfection.
disinflazione *f.* disinflation.
disinflazionistico *a.* disinflationary.
disinformazione *f.* disinformation.
disingannare *v.t.* to disabuse, to disillusion. **disingannarsi** *v.i.pron.* to be undeceived, to become* disillusioned.
disinganno *m.* **1** disillusionment, disenchantment. **2** (*delusione*) disappointment.
disinibire *v.t.* to disinhibit.
disinibito *a.* disinhibited, uninhibited.
disinnescare *v.t.* to defuse.
disinnestare *v.t.* (*Mecc.*) to disconnect, to disengage, to declutch.
disinnesto *m.* (*Mecc.*) release, knock-off.
disinquinamento *m.* depollution.
disinquinare *v.t.* to depollute, to free from pollution.
disinserire *v.t.* (*El., Mecc.*) to switch off, to cut* out, to disconnect, to release: ~ *il motore* to switch off the motor.
disintegrare *v.t.*, **disintegrarsi** *v.i.pron.* to disintegrate (*anche fig.*).
disintegrazione *f.* disintegration (*anche fig.*).
disinteressare *v.t.* to make* (*o* cause to) lose interest (*di* in). **disinteressarsi** *v.i.pron.* to take* (*o* show*) no interest (*di* in), to lose* interest (in), to wash one's hands (of).
disinteressato *a.* **1** disinterested: *amicizia disinteressata* disinterested friendship. **2** (*altruistico*) unselfish.
disinteresse *m.* **1** (*altruismo*) disinterestedness, unselfishness. **2** (*indifferenza*) indifference (*per* to), lack of interest (in).
disintossicare *v.t.* to detoxify. **disintossicarsi** *v.r.* to detoxify o.s.
disintossicazione *f.* detoxification.
disinvestimento *m.* (*Econ.*) disinvestment, divestment, negative investment.
disinvolto *a.* (free and) easy, self-confident: *modi disinvolti* free-and-easy ways.
disinvoltura *f.* ease, unconstraint, self -confidence.
disistima *f.* lack of esteem, disesteem.
dislivello *m.* **1** difference in level, gradient; (*rif. ad altezza*) difference in height; (*rif. a profondità*) difference in depth. **2** (*fig.*) inequality, difference.
dislocamento *m.* stationing: ~ *di truppe* stationing of troops.
dislocare *v.t.* (*Mil.*) to station, to position.
dislocazione *f.* **1** positioning, placing. **2** (*Geol.*) dislocation.
dismisura *f.* lack of restraint (*o* sense of proportion); (*eccesso*) excess. □ *a* ~ excessively, to excess, out of all proportion.
disobbediente *e deriv.* → **disubbidiente** *e deriv.*
disobbligarsi *v.r.* to free o.s. from an obligation; to do* (*o* give*) s.th. in return.
disoccupato **I** *a.* unemployed, out of work, jobless. **II** *s.m.* unemployed (*o* jobless) person; *pl.* the unemployed *pl.*
disoccupazione *f.* unemployment. □ *tasso di* ~ unemployment rate.
disonestà *f.* **1** dishonesty. **2** (*azione disonesta*) swindle.
disonesto *a.* **1** dishonest, deceitful: *commerciante* ~ dishonest tradesman (*pl.* –men). **2** (*immorale*) dishonourable, immoral.
disonorare *v.t.* to dishonour, to disgrace, to bring* dishonour to. **disonorarsi** *v.r.* to be dishonoured*, to disgrace o.s.
disonorato *a.* dishonoured, disgraced.
disonore *m.* **1** dishonour, shame. **2** (*causa di disonore*) disgrace.
disonorevole *a.* dishonourable, disgraceful, shameful: *un'azione* ~ a shameful deed.
disopra **I** *avv.* **1** (*nella parte superiore: con contatto*) on (top): *i libri più belli stavano* ~ the best books were on top; (*senza contatto*) above, high up, on high, overhead. **2** (*al piano superiore*) upstairs. **II** *a.* **1** (*superiore*) upper, (*pred.*) above: *la parte* ~ the upper

part. **2** (*fam.*) (*del piano superiore*) (*pred.*) above, upstairs, next: *la ditta si è trasferita al piano* ~ the firm has moved up to the next floor; (*rif. a persone*) (*pred.*) above, upstairs: *gli inquilini* ~ the tenants upstairs. **III** *s.m.* top, upper part (*o* side). ▭ *al* ~ *di*: 1 (*più di*) more than, (over and) above: *al* ~ *di ogni cosa* more than anything; *al* ~ *della media* (o *del normale*) above average; 2 (*superiore*) above, superior to; 3 (*maggiore*) over, above.

disordinare **I** *v.t.* **1** to (throw* into) disorder, to disarrange, to confuse, to muddle (up), to mess up. **2** (*fig.*) (*confondere*) to upset*, to confuse. **II** *v.i.* to exceed, to go* to excess.

disordinato *a.* **1** untidy, disordered, muddled, topsy-turvy, upside-down, (*fam.*) messy: *una stanza disordinata* an untidy room. **2** (*fig.*) (*confuso*) confused, muddled, mixed-up: *idee disordinate* confused ideas. **3** (*sregolato*) wild, irregular.

disordine *m.* **1** untidiness; (*meno usato*) disorder; (*fam.*) mess: *in* ~ untidy, in a mess; in a muddle; (*meno usato*) in disorder: *i miei capelli sono in* ~ my hair is in a mess. **2** (*fig.*) (*confusione mentale*) muddle. **3** (*sregolatezza*) excess; intemperance. **4** (*pl.*) disorder, commotion, tumult.

disorganico *a.* incoherent, lacking in order (*o* co-ordination).

disorganizzare *v.t.* to disorganize. **disorganizzarsi** *v.i.pron.* to become* disorganized.

disorganizzazione *f.* disorganization.

disorientare *v.t.* **1** to disorient. **2** (*fig.*) (*confondere*) to confuse, to bewilder, to disorientate: *la domanda mi ha disorientato* I was confused by the question. **disorientarsi** *v.i. pron.* **1** to lose* one's bearings; (*smarrirsi*) to get* lost. **2** (*fig.*) (*confondersi*) to get* confused.

disorientato *a.* **1** disorientated. **2** (*fig.*) bewildered.

disossare *v.t.* to bone.

disotto **I** *avv.* **1** (*nella parte inferiore*) below, underneath; (*in fondo*) at the bottom. **2** (*al piano inferiore, più in basso*) downstairs, below. **II** *a.* **1** (*inferiore*) below, underneath: *scrivi nella riga* ~ write on the line below; (*tra due*) lower; (*in fondo*) bottom: *i fazzoletti sono nel cassetto* ~ the handkerchiefs are in the bottom drawer. **2** (*fam.*) (*del piano inferiore*) downstairs, below: *gli inquilini* ~ the tenants downstairs. **III** *s.m.* underneath, lower part (*o* side), underside; (*parte in fondo*) bottom. ▭ *al* ~ *di* (*inferiore a*) below, under, lower than.

dispaccio *m.* (*Diplomazia*) dispatch, despatch.

disparato *a.* disparate, dissimilar, different.

dispari *a.* odd, uneven: *numero* ~ odd number.

disparità *f.* **1** (*disuguaglianza*) disparity, inequality: ~ *di forze* disparity of forces. **2** (*divergenza*) divergence, difference.

disparte *avv.*: *in* ~ (*moto*) aside, to one side, apart; (*stato*) on one side; (*lontano*) aloof, at a distance, off, away; (*da parte*) aside, by. ▭ **mettere** *qc. in* ~ to set s.th. aside (*o* apart); (*fig.*) **mettere** *qd. in* ~ to set s.o. to one side; **stare** (o *tenersi*) *in* ~ to keep (o.s.) to o.s.; **tirarsi** *in* ~ to draw off (*o* aside).

dispendio *m.* **1** expense, expenditure. **2** (*fig.*) (*spreco*) waste: ~ *di tempo* waste of time.

dispendioso *a.* expensive, costly.

dispensa *f.* **1** (*distribuzione*) distribution. **2** (*stanza per le provviste*) pantry, larder, store -room; (*in cucina*) dresser, cupboard. **3** (*Edit.*) number, instalment: *l'opera si pubblica in dispense* the work is being published in instalments; (*Univ.*) course, lecture notes. **4** (*Rel.*) dispensation.

dispensare *v.t.* **1** (*distribuire*) to distribute, to dispense: ~ *il pane ai poveri* to distribute bread to the poor. **2** (*elargire*) to bestow, to dispense. **3** (*esonerare*) to exempt: ~ *qd. da un obbligo* to exempt s.o. from an obligation. **4** (*Dir. canonico*) to dispense. **5** (*licenziare*) to dismiss: ~ *dal servizio* to dismiss (from service).

dispensario *m.* (*Med.*) dispensary. ▭ ~ *antitubercolare* antituberculosis dispensary.

disperare *v.i.* to despair, to lose* all hope, to give* up hope (*di* of): *i medici disperano di salvarlo* the doctors have given up hope of saving him. **disperarsi** *v.i.pron.* to (be in) despair, to give* o.s. up to despair, to lose* (all) hope (*anche iperb.*). ▭ *far* ~ to drive to distraction, to drive mad (*anche iperb.*).

disperato **I** *a.* **1** desperate, in despair, despairing. **2** (*causato dalla disperazione*) desperate: *pianto* ~ desperate (*o* bitter) weeping. **3** (*senza speranza*) desperate, hopeless: *caso* ~ desperate (*o* hopeless) case. **4** (*accanito*) desperate, reckless, wild: *una lotta disperata* a desperate struggle. **5** (*miserabile*) wretched. **II** *s.m.* **1** despairing (*o* desperate) person. **2** (*miserabile*) wretch.

disperazione *f.* **1** despair, desperation, hopelessness: *essere in preda alla* ~ to be seized by despair. **2** (*persona o cosa che fa disperare*) despair. ▭ *il* **coraggio** *della* ~ the courage of despair; **dalla** (o *per la*) ~ out of despair, in despair.

disperdere *v.t.* **1** to scatter, to disperse, to dispel: *la polizia ha disperso i dimostranti* the police dispersed the demonstrators. **2** (*rif. a nuvole, nebbia: dileguare*) to dissipate. **3** (*fig.*) to waste, to dissipate: ~ *le energie* to dissipate one's energy. **disperdersi** *v.r./i.pron.* **1** to disperse, to scatter. **2** (*dissiparsi*) to dissipate: *la nebbia si disperse* the fog dissipated. **3** (*rif. a cosa: andare perduto*) to be scattered (*o* lost): *il calore si disperde in una stanza così grande* heat is lost in such a big room. **4** (*fig.*) to squander (*o* waste) one's energy, to dissipate one's efforts. **5** (*rif. a gas*) to disperse.

dispersione *f.* **1** scattering, dispersion, dispersal. **2** (*fig.*) scattering, dispersion, dissipation: ~ *di forze* dissipation of strength. **3** (*Chim.*) dispersion. **4** (*Fis., Ott., Statistica*) dispersion, scatter. **5** (*El.*) leak, leakage.

disperso **I** *a.* **1** scattered, dispersed. **2** (*smarrito*) missing, lost. **3** (*Mil.*) missing: *soldati dispersi* missing soldiers. **4** (*sprecato*) dissipated, wasted: *voti dispersi* dissipated votes. **II** *s.m.* (*Mil.*) soldier missing in action. □ *essere dato per* ~ to be given up for lost.

dispetto *m.* **1** (piece of) spite, nasty turn. **2** (*stizza, irritazione*) vexation, annoyance. □ **a** ~ *di qc.* despite (*o* in spite of) s.th.; **a** ~ *di tutto* in spite of everything; **a** ~ *di qd.* to spite s.o., against s.o.'s will; **fare** *un* ~ *a qd.* to annoy (*o* tease) s.o., to play a trick on s.o.; *fare qc.* **per** ~ to do s.th. out of spite.

dispettoso *a.* spiteful; (*birichino*) mischievous.

dispiacere[1] *m.* **1** (*rammarico*) regret, sorrow; (*dolore*) grief; (*disapprovazione, malcontento*) displeasure; (*delusione*) disappointment. **2** *pl.* (*affanni*) troubles *pl.*, worries *pl.* **3** (*fastidi*) trouble, worry. □ *dispiaceri* **amorosi** disappointments in love; **avere** *dei dispiaceri* to have trouble(s); **con** ~ with regret; **con** *mio grande* ~ much to my regret.

dispiacere[2] **I** *v.i.* **1** (*contrariare*) to displease, to upset* (*a qd.* s.o.): *il suo comportamento dispiacque al padre* his behaviour upset his father. **2** (*non piacere*) to be disagreeable, not to please (s.o.), to dislike (costr. pers.), not to like (costr. pers.). **II** *v.i.impers.* **1** to be sorry (costr. pers.), to regret (costr. pers.): *mi dispiace dover rifiutare* I am sorry to have to refuse, I regret having to refuse. **2** (*in espressioni di cortesia*) to mind (costr. pers.): *se non Le dispiace, io vado* if you don't mind, I shall be going. □ *mi* (o *me ne*) *dispiace* (*sono dolente*) I am sorry; (*scusandosi*) I beg your pardon.

dispiaciuto *a.* (*spiacente*) sorry: *sono molto* ~ *di ciò che è accaduto* I am very sorry about (*o* deeply regret) what has happened.

disponibile *a.* **1** (*di cui si può disporre*) available, at one's disposal, on (*o* in) hand. **2** (*libero*) free: *oggi sono* ~ I am free today. **3** (*non occupato*) free, vacant, available.

disponibilità *f.* **1** availability. **2** (*di persona*) willingness. **3** (*fig.*) (*apertura*) open -mindedness. **4** *pl.* (*denaro disponibile*) available funds *pl.*, available (*o* liquid) assets *pl.* **5** (*temporanea sospensione dal servizio*) temporary suspension from work, (state of) reserve. □ ~ *finanziarie* assets, (available) funds.

disporre **I** *v.t.* **1** (*collocare in un determinato ordine*) to arrange, to dispose, to (put* in) place: ~ *i libri nello scaffale* to arrange the books on the shelf. **2** (*preparare opportunamente*) to arrange, to make* arrangements: ~ *ogni cosa per la partenza* to make all the arrangements for the departure. **3** (*dare disposizioni*) to order, to enjoin. **II** *v.i.* **1** (*decidere*) to decide, to determine; (*stabilire*) to make* arrangements, to arrange, to settle: ~ *per il da farsi* to settle what is to be done. **2** (*avere a propria disposizione*) to have at one's disposal, to have: *nel mio nuovo ufficio dispongo di due linee telefoniche* in my new office I have two telephone lines; *può disporre di un'ingente somma di denaro* he has a large sum of money at his disposal. **disporsi** *v.r.* **1** to arrange o.s., to draw* up, to place o.s. **2** (*prepararsi*) to prepare (o.s.), to get* ready: *disporsi alla lotta* to prepare for the fight. □ ~ *dei propri* **beni** *a favore di qd.* to make over one's property to s.o.; *i fanciulli si disposero in* **cerchio** the children formed a ring; ~ *in* **fila** to range; (*rif. a persone*) to line up; ~ *della propria* **vita** to live one's own life.

dispositivo *m.* (*Mecc.*) (*congegno*) device, contrivance, apparatus; (*accessorio*) gear. □ ~ *d'***allarme** alarm (*o* warning) system; ~ **antifurto** (*per auto*) anti-theft device; (*per appartamenti*) burgler alarm; ~ *di* **comando** control device; ~ *di* **sicurezza** safety device; (*rif. ad arma da fuoco*) safety catch.

disposizione *f.* **1** arrangement, disposition; (*distribuzione*) distribution: *la* ~ *dei locali in un appartamento* the distribution of rooms in a flat; *la* ~ *delle truppe* the disposition of troops. **2** (*stato d'animo*) mood; (*attitudine*) bent, attitude: *non sono nella* ~ *adatta per ascoltare quella musica* I am not in the mood for listening to that music; *ha* ~ *per le lingue straniere* she has a natural bent for foreign languages. **3** (*facoltà di disporre*) disposal, disposition: *metto a tua* ~ *la mia auto* I am putting my car at your disposal (*riferendosi a persone si deve cambiare la costruzione della frase*): *quello scrittore ha a sua* ~ *una squadra di ricercatori* that writer can avail himself of a team of researchers. **4** (*comando*) order, instruction. **5** (*norma, provvedimento*) provision, regulation: ~ *legale* (o *di legge*) provision: *per* ~ *di legge* as the law requires. □ *essere* (o *tenersi*) **a** ~ *di qd.* to be at s.o.'s disposal; ~ *di una* **pagina** (*grafica*) layout; ~ **testamentaria** testamentary disposition.

disposto *a.* **1** arranged, set (*o* laid) out. **2** (*pronto*) ready, willing, prepared: *sono dispostissimo ad aiutarti* I am only too willing to help you; *non sono* ~ *a cedere su questo punto* I am not prepared to give in on this point. **3** (*stabilito*) laid down, set out, established, provided (for). □ *ben* ~: 1 well-arranged; 2 (*fig.*) well-disposed, favourably disposed.

dispotico *a.* despotic (*anche fig.*).

dispotismo *m.* despotism (*anche fig.*).

dispregiativo **I** *a.* **1** derogatory, disparaging. **2** (*Gramm.*) pejorative. **II** *s.m.* (*Gramm.*) pejorative.

disprezzabile *a.* despicable, contemptible. □

una cifra non ~ a considerable sum.

disprezzare *v.t.* **1** to scorn, to despise, to look down upon, to spurn. **2** (*non osservare, trascurare*) to disregard: ~ *i consigli* to disregard advice.

disprezzo *m.* scorn, contempt. □ **con** ~ with contempt; **in** ~ *a qc.* in contempt of s.th.: *fare qc. in* ~ *alla legge* to do s.th. in contempt of the law; **mostrare** ~ *per qc.* to scorn, to disdain s.th.; **mostrare** ~ *per qd.* to look down on s.o.; ~ *del* **pericolo** disregard of danger.

disprosio *m.* (*Chim.*) dysprosium.

disputa *f.* **1** (*diverbio*) difference of opinion; argument; quarrel; dispute. **2** (*Filos.*) disputation. □ *la* ~ *dell'incontro di pugilato avverrà domenica* the boxing match will take place next Sunday.

disputare **I** *v.i.* **1** (*discutere*) to debate, to discuss (*di, su qc.* s.th.), to dispute (about, on). **2** (*litigare*) to quarrel. **II** *v.t.* **1** (*contendere*) to dispute, to contend for, to contest: ~ *il premio all'avversario* to contend for the prize with one's opponent. **2** (*Sport*) (*giocare*) to play: ~ *una partita* to play a match; (*gareggiare*) to take* part in: ~ *una gara* to take part in a contest (*o* match). **disputarsi** *v.r.* (*contendersi*) to contend for, to dispute, to fight* for (*o* over).

disquisizione *f.* disquisition.

dissacrare *v.t.* to desecrate; to debunk.

dissalare *v.t.* to desalinate; to desalt.

dissalazione *f.* desalination.

dissanguamento *m.* **1** loss of blood, bleeding. **2** (*fig.*) bleeding (white, dry), draining.

dissanguare *v.t.* **1** to bleed*. **2** (*fig.*) to bleed* (white), to ruin. **dissanguarsi** *v.r./i.pron.* **1** to lose* a great deal of blood, to bleed* copiously. **2** (*fig.*) to bleed* o.s. white, to ruin o.s.

dissanguato *a.* **1** drained of blood, bled; (*privo di sangue*) bloodless. **2** (*fig.*) bled (white), ruined. □ *morire* ~ to bleed to death.

dissapore *m.* slight disagreement, variance.

disseccare *v.t.* **1** (*seccare*) to dry (up), to parch. **2** (*prosciugare*) to dry up, to drain. **disseccarsi** *v.i.pron.* **1** (*seccarsi*) to dry up, to be parched. **2** (*fig.*) (*esaurirsi*) to dry up, to wither.

disseminare *v.t.* **1** to scatter, to spread*. **2** (*diffondere*) to spread* (abroad), to disseminate.

dissennato *a.* (*lett.*) mad, insane; (*sciocco*) foolish; (*insensato*) senseless.

dissenso *m.* **1** dissent, disagreement. **2** (*disapprovazione*) disapproval. **3** (*discordia*) discord, variance, dissension. □ ~ *politico* political dissent.

dissenteria *f.* (*Med.*) dysentery.

dissentire *v.i.* to disagree (*da* with), to dissent (from), to differ (from, with).

dissenziente **I** *a.* dissenting, disagreeing. **II** *s.m./f.* dissenter.

disseppellire *v.t.* **1** (*lett.*) to disinter, to exhume. **2** (*riportare alla luce*) to unearth; (*rif. a costruzioni e sim.*) to dig* up. **3** (*fig.*) to unearth, to bring* to light.

dissertare *v.i.* to dissert, to dissertate (*di, su* on).

dissertazione *f.* dissertation, disquisition.

disservizio *m.* faulty service, inefficiency; (*raro*) disservice.

dissestare *v.t.* **1** to impair, to unbalance. **2** (*rif. a finanze e sim.*) to upset*, to throw* out (*o* off balance).

dissestato *a.* **1** disarranged, in disorder. **2** (*rif. a finanze e sim.*) ruined, unbalanced: *bilancio* ~ unbalanced budget.

dissesto *m.* **1** disorder, unbalance. **2** (*rif. a finanze e sim.*) bad financial state. □ ~ *finanziario* financial trouble.

dissetante *a.* thirst-quenching, refreshing: *bevanda* ~ refreshing drink.

dissetare *v.t.* to quench (*o* slake) the thirst of; (*rif. ad animali*) to water. **dissetarsi** *v.r.* to quench (*o* slake) one's thirst.

dissezione *f.* (*Med.*) dissection. □ *sala di* ~ dissecting room.

dissidente **I** *a.* **1** dissident, dissenting (*anche Pol.*). **2** (*Rel.*) nonconformist. **II** *s.m./f.* **1** dissident, dissenter (*anche Pol.*). **2** (*Rel.*) nonconformist.

dissidio *m.* **1** disagreement, variance, difference of opinion. **2** (*lite*) quarrel, dissention, dispute.

dissimile *a.* (*diverso*) unlike, different, dissimilar: *essere* ~ *da* (o *a*) *qd.* (*o qc.*) to be unlike s.o. (*o* s.th.), to be different to (*o* from) s.o. (*o* s.th.), to be dissimilar to s.o. (*o* s.th.).

dissimulare **I** *v.t.* to dissimulate, to dissemble; to conceal. **II** *v.i.* to dissemble, to dissimulate.

dissimulazione *f.* dissimulation, dissembling, concealment; (*finzione*) pretence, simulation.

dissipare *v.t.* **1** to dissipate, to dispel, to disperse (*anche fig.*): *il vento ha dissipato le nuvole* the wind has dispersed the clouds; *questo fatto dissipa ogni dubbio* this fact dissipates all doubt. **2** (*sperperare*) to dissipate, to waste, to squander. **dissiparsi** *v.i.pron.* **1** to dissipate, to disperse, to vanish, to clear. **2** (*fig.*) to be dispelled, to vanish.

dissipatezza *f.* dissipation, debauchery.

dissipato *a.* dissipated, dissolute, debauched.

dissipatore *m.* squanderer, spendthrift.

dissociare *v.t.* **1** to dissociate, to separate. **2** (*Chim.*) to dissociate. **dissociarsi** *v.r.* (*Chim.*) to dissociate.

dissociativo *a.* dissociative.

dissociato **I** *a.* **1** dissociated, unconnected, unrelated: *idee dissociate* unrelated ideas. **2** (*Psic., Chim.*) dissociated. **II** *s.m.* (*Psic.*) sufferer from dissociation.

dissociazione *f.* **1** dissociation, separation. **2** (*Chim., Psic., Med.*) dissociation.

dissodamento *m.* (*Agr.*) tillage, breaking up.
dissodare *v.t.* (*Agr.*) to till, to plough up: ~ *un terreno* to till land.
dissolubilità *f.* dissolubility.
dissolutezza *f.* dissoluteness, licentiousness.
dissoluto *a.* (*vizioso*) dissolute, loose, debauched: *vita dissoluta* dissolute life.
dissoluzione *f.* **1** disintegration, dissolution. **2** (*dissolutezza*) dissoluteness, licentiousness.
dissolvenza *f.* (*Cin., TV*) fading.
dissolvere *v.t.* **1** (*dileguare*) to dissolve, to disperse, to dispel: *il sole ha dissolto la nebbia* the sun has dispersed the fog. **2** (*lett.*) (*sciogliere*) to dissolve. **3** (*fig.*) (*dissipare*) to dispel, to dissipate: *le tue parole hanno dissolto ogni dubbio* your words have dispelled all doubt. **4** (*fig.*) (*dividere, disunire*) to disintegrate, to break* up, to dissolve. **dissolversi** *v.i.pron.* **1** (*dileguarsi*) to dissolve, to disperse, to scatter, to clear. **2** (*disfarsi*) to disintegrate, to separate. **3** (*lett.*) (*sciogliersi*) to dissolve, to melt. **4** (*fig.*) (*svanire*) to be dispelled (*o* dissipated), to clear up.
dissonante *a.* **1** (*Mus.*) dissonant. **2** (*fig.*) discordant, clashing, dissonant.
dissonanza *f.* (*Mus.*) dissonance (*anche fig.*)
dissonare *v.i.* **1** (*Mus.*) to be out of tune. **2** (*fig.*) (*discordare*) to disagree.
dissotterrare *v.t.* **1** to disinter: ~ *un cadavere* to disinter a corpse. **2** (*rif. a reperti archeologici*) to dig* up, to excavate. **3** (*fig.*) to unearth, to bring* up again.
dissuadere *v.t.* to dissuade, to deter (*da* from).
dissuasione *f.* dissuasion.
distaccamento *m.* detachment (*anche Mil.*).
distaccare *v.t.* **1** (*staccare*) to detach, to separate; (*strappare*) to pull off (*o* away), to pluck. **2** (*fig.*) (*allontanare*) to alienate, to estrange, to draw* away (*da* from). **3** (*Mil.*) (*trasferire*) to detach. **4** (*burocr.*) (*trasferire: rif. a cose*) to set* up: ~ *un ufficio* to set up a branch office; (*rif. a persone*) to detail, to transfer. **5** (*Sport*) (*distanziare*) to outdistance. **distaccarsi** *v.i.pron.* **1** (*staccarsi*) to be detached, to get* separated, to come* of (*o* away). **2** (*allontanarsi spiritualmente*) to withdraw*, to become* detached (*o* cut off). **3** (*fig.*) (*distinguersi, risaltare*) to stand* out.
distaccato *a.* detached (*anche Mil.*).
distacco *m.* **1** detachment, removal. **2** (*addio, separazione*) parting. **3** (*fig.*) (*indifferenza*) detachment (*da* from), indifference (*to*), unconcern (for). **4** (*Sport*) interval, distance. **5** (*Med.*) detachment.
distante I *a.* **1** distant, far off (*o* away): *è andato ad abitare in un quartiere* ~ he has gone to live in a district a long way off. **2** (*fig.*) distant; (*di persona*) stand-offish. **II** *avv.* far (off, away). □ **molto** ~ a long (*o* good) way off, very far (away, off); **poco** ~ not far (away, off); *fatti distanti nel* **tempo** events which took place a long time ago.
distanza *f.* **1** distance. **2** (*intervallo di spazio, di tempo*) distance, interval. **3** (*fig.*) (*differenza*) difference, distance, disparity. **4** (*Sport*) (*percorso*) distance, course. □ **a** ~: 1 long-distance, remote: *comando a* ~ remote control; 2 (*fig.*) at a distance: *tenere qd. a* ~ to keep s.o. at a distance; *lo rividi a* ~ *di un anno* I saw him again a year later (*o* after a year); **alla** ~ *di* at a distance of, away, off: *si trovava alla* ~ *di cento metri* he was a hundred metres away (*o* off); ~ **focale** focal length (*o* distance); *a* **grande** ~ long-distance, long-range; **in** ~ in the distance, at a distance: *vedere qc. in* ~ to see s.th. in the distance; ~ *in* **linea** *d'aria* distance by the most direct route (*o* in a straight line *o* as the crow flies); (*fig.*) **mantenere** *le distanze* to keep one's distance.
distanziare *v.t.* **1** (*Sport*) to (out)distance, to outstrip (*anche fig.*) **2** (*mettere a distanza determinata*) to space (out). **distanziarsi** *v.r.* to outdistance, to outstrip, to outrun* (*da qd.* s.o.), to go* ahead (of).
distare *v.i.* to be distant (*o* far), to be ... away: *la fermata dell'autobus dista pochi metri dal semaforo* the bus-stop is only a few metres (away) from the traffic-lights.
distendere *v.t.* **1** (*stendere*) to spread*, to lay* (down); (*allargare*) to stretch (out): ~ *le gambe* to stretch one's legs; *mi venne incontro con le braccia distese* she moved towards me with outstretched arms; (*rif. a mano, braccio*) to hold* (*o* put*) out. **2** (*mettere a giacere*) to lay*. **3** (*rilassare*) to relax: ~ *i nervi* to relax. **distendersi** *v.r./i.pron.* **1** (*mettersi a giacere*) to lie* (down). **2** (*rilassarsi*) to relax.
distensione *f.* **1** (*stiramento*) stretching: ~ *delle membra* stretching of the limbs. **2** (*riposo, svago*) relaxation, rest. **3** (*Pol.*) détente: ~ *nei rapporti internazionali* détente in international relations.
distensivo *a.* **1** relaxing. **2** (*Pol.*) conciliatory: *politica distensiva* conciliatory policy.
distesa *f.* **1** expanse, stretch: *la* ~ *del mare* the expanse of the sea. **2** (*fila di oggetti*) line, row. □ *suonare le campane a* ~ to peal the bells.
disteso *a.* **1** extended, stretched. **2** (*allungato*) outstretched, stretched (*o* held) out: *con la mano distesa* with outstretched hand. **3** (*sdraiato*) laid out, stretched (out), lying. **4** (*rilassato, riposato*) relaxed, rested: *avere il volto* ~ to have a relaxed look. □ *lungo* ~ full length, flat: *cadere lungo* ~ to fall flat (on one's face).
distico *m.* (*Metrica*) couplet.
distillare *v.t.* to distil(l).
distillato I *a.* distilled. **II** *s.m.* distillate.
distillazione *f.* distillation.
distilleria *f.* distillery.
distinguere *v.t.* **1** to distinguish, to tell*. **2** (*vedere, discernere*) to distinguish, to make* (*o* pick) out. **3** (*contrassegnare*) to mark (off). **distinguersi** *v.i.pron.* to stand* out, to

be conspicuous (*o* distinguished).

distinta *f.* note, bill. □ ~ *di* **cassa** cash statement; ~ *di* **versamento** paying-in (*o* deposit) slip.

distintamente *avv.* **1** distinctly. **2** (*epist.*) faithfully; truly.

distintivo **I** *a.* distinctive, distinguishing: *segno* ~ distinguishing mark. **II** *s.m.* badge (*anche fig.*).

distinto *a.* **1** (*differente*) distinct, different: *si tratta di due cose distinte* these are two distinct matters. **2** (*chiaro*) distinct, clear. **3** (*raffinato*) distinguished, refined, well-bred.

distinzione *f.* distinction. □ **fare** *una* ~ to distinguish; ~ *di* **modi** distinguished (*o* refined) manners; **senza** ~: 1 without distinction; 2 (*in modo equo*) impartially, fairly.

distogliere *v.t.* **1** (*allontanare*) to remove, to take* away. **2** (*dissuadere*) to dissuade, to deter, to turn (away, aside): ~ *qd. da un proposito* to turn s.o. from a purpose. **3** (*distrarre*) to distract, to divert.

distorcere *v.t.* to twist (*anche fig.*). **distorcersi** *v.r.* to sprain, to twist.

distorsione *f.* **1** (*Med.*) sprain. **2** (*fig.*) distortion, twisting: ~ *della verità* distortion of the truth. **3** (*Fis., TV, Mecc.*) distortion.

distrarre *v.t.* **1** to distract, to divert. **2** (*divertire*) to amuse, to entertain. **distrarsi** *v.r.* **1** to let* one's thoughts wander, to be inattentive. **2** (*divertirsi*) to amuse o.s., to have some relaxation (*o* fun). □ ~ *l'***attenzione** *di qd.* to distract (*o* divert) s.o.'s attention; **non** *distrarti!* pay attention!

distratto *a.* **1** (*assente*) absent(-minded), preoccupied. **2** (*disattento: spec. di studenti*) inattentive.

distrazione *f.* **1** absent-mindedness; carelessness. **2** (*svago*) distraction, amusement; entertainment. **3** (*di denaro*) misappropriation. **4** (*Med.*) strain. □ **errore** *di* ~ careless (*o* inadvertent) mistake; **per** ~ carelessly, inadvertently, without thinking.

distretto *m.* **1** (*circoscrizione territoriale*) district. **2** (*Mil.*) recruiting office (*o* centre).

distrettuale *a.* district-.

distribuire *v.t.* **1** (*dividere*) to distribute, to give* (*o* hand) out, to share (*o* deal*) out (*a* to, among): *il ricavato fu distribuito ai poveri* the takings were distributed among the poor. **2** (*consegnare*) to distribute, to deliver, to give* (*o* hand) out: ~ *la posta* to deliver the post; ~ *le paghe* to hand out the wages. **3** (*ordinare, disporre*) to distribute, to arrange, to set* out. □ ~ *le* **carte** to deal the cards; (*Econ.*) ~ *i* **dividendi** to distribute dividends; ~ *i* **posti** *a tavola* to assign places at table; ~ *i* **premi** to award prizes.

distributivo *a.* distributive.

distributore *m.* **1** (*persona, organizzazione*) distributor. **2** (*dispositivo*) dispenser. **3** (*Mecc.*) slot-machine. □ ~ **automatico** (o *a gettone*) slot-machine; ~ *di* **benzina** (o *carburante*) petrol (*o* filling) station; (*colonnina*) petrol pump, (*am.*) gas(oline) pump; (*Ferr.*) ~ *di* **biglietti** railway ticket machine; ~ *di* **sigarette** cigarette vending machine.

distribuzione *f.* **1** distribution: *la ~ dei viveri* the distribution of foodstuffs; (*fornitura*) supply. **2** (*recapito*) delivery: *la ~ della posta* postal delivery. **3** (*disposizione*) distribution, arrangement: *la ~ delle stanze in un appartamento* the arrangement of the rooms in a flat. **4** (*Aut., Mecc.*) timing system, (timing) gear. **5** (*Cin.*) release. □ ~ *dei* **compiti** task setting; ~ *di* **corrente** current supply; ~ *del* **lavoro** allotment of work, work distribution; (*Teat., Cin.*) ~ *delle* **parti** casting; *la* ~ *dei* **premi** awarding of the prizes; ~ *degli* **utili** distribution of profits.

districare *v.t.* (*sbrogliare*) to unravel, to disentangle (*anche fig.*). **districarsi** *v.r.* **1** to disentangle o.s., to extricate o.s. **2** (*fig.*) to extricate o.s. (*da* from), to get* (*o.s.*) out (*of*).

distrofia *f.* (*Med.*) dystrophy: ~ *muscolare* muscolar dystrophy.

distruggere *v.t.* **1** to destroy: *la grandine ha distrutto il raccolto* the hail has destroyed the crops. **2** (*fig.*) (*vanificare*) to destroy, to wipe out.

distruttivo *a.* destructive (*anche fig.*).

distrutto *a.* **1** destroyed (*anche fig.*). **2** (*stanchissimo*) shattered.

distruttore **I** *s.m.* destroyer (*anche fig.*). **II** *a.* destroying, destructive.

distruzione *f.* **1** destruction. **2** (*fig.*) shattering, ruin.

disturbare *v.t.* **1** to disturb, to trouble: ~ *il sonno di qd.* to disturb (*o* interrupt) s.o.'s sleep. **2** (*recare molestia*) to trouble, to bother, to disturb: *scusa se ti disturbo a quest'ora* I'm sorry to trouble you at this hour; *La disturbo se fumo?* does it bother you (*o* do you mind) if I smoke? **3** (*Rad.*) to disturb; (*intenzionalmente*) to jam. **disturbarsi** *v.r.* to put* o.s. out, to bother, to take* (*o* go* to) the trouble: *non si disturbi* don't trouble (*o* put yourself out).

disturbatore *m.* disturber.

disturbo *m.* **1** (*seccatura*) nuisance, bother, inconvenience. **2** (*incomodo*) inconvenience, annoyance. **3** (*indisposizione*) (slight) disorder, ailment, indisposition. **4** (*Rad.*) noise, static; (*intenzionale*) jamming. □ (*Rad.*) *disturbi* **atmosferici** atmospherics *pl.*, atmospheric disturbances; **essere** *di* ~ to be a nuisance (*o* bother); **prendersi** *il* ~ *di fare qc.* to take (*o* go to) the trouble of doing s.th.; *se non ti* **reca** ~ if it's no trouble; **scusi** *il* ~ I'm sorry to trouble you.

disubbidiente *a.* disobedient.

disubbidienza *f.* disobedience.

disubbidire *v.i.* **1** to disobey (*a qd.* s.o.). **2** (*trasgredire*) to break*.

disuguaglianza *f.* inequality, difference.

disuguale *a.* **1** unequal, different. **2** (*incostante*) irregular.

disumano *a.* **1** (*bestiale*) brutish, bestial;

(*terribile*) terrible, fearful: *grido* ~ terrible cry. **2** (*spietato*) inhuman, cruel.
disunione *f.* disunion, discord, dissension.
disunire *v.t.* to disunite (*anche fig.*). **disunirsi** *v.r.* to become* disunited.
disunito *a.* **1** (*in discordia*) disunited, at variance, divided: *famiglia disunita* divided family. **2** (*fig.*) (*disorganico*) fragmentary.
disusato *a.* disused, no longer in use: *un metodo* ~ a disused method; (*antiquato, invecchiato*) out-of-date. ▭ *parola disusata* obsolete word.
disuso *m.* disuse. ▭ *in* ~ obsolete.
ditale *m.* **1** thimble. **2** (*dito di guanto*) finger -stall.
ditata *f.* **1** (*colpo*) jab (*o* thrust) with a finger. **2** (*impronta*) fingermark.
dito *m.* **1** (*della mano*) finger; (*del piede*) toe. **2** (*di guanto*) finger. **3** (*misura dello spessore di un dito*) finger-breadth; inch: *su questo tavolo c'è un* ~ *di polvere* the dust on this table is an inch deep; (*rif. a liquidi*) drop, little: *dammi solo un* ~ *di vino* give me just a drop of wine. ▭ **contare** *sulle* (*o sulla punta delle*) *dita* to count on one's fingers; *è roba da* **leccarsi** *le dita* it's enough to make one's mouth water; *se l'è* **legata** *al* ~ he took it to heart; **mettere** *il* ~ *sulla piaga* to put one's finger on it (*o* the weak point); **mordersi** *le dita* (*per rabbia*) to be (inwardly) raging; (*per pentimento*) to repent bitterly; **mostrare** *a* ~ *qd.* to point s.o. out, to point (the finger) at s.o.; *non* **muovere** *un* ~ not to lift a finger; *avere qc. sulla* **punta** *delle dita* to have s.th. at one's fingertips.
ditta *f.* **1** (*nome di impresa*) firm; (*negli indirizzi*) Messrs *pl.*: ~ *Rossi & C.* Messrs Rossi and Co. **2** (*impresa*) firm, concern, business. ▭ ~ **commerciale** commercial (*o* trading) house; ~ **esportatrice** export firm; ~ **importatrice** import firm; (*epist.*) **spettabile** ~ Dear Sirs, Gentlemen; (*nell'indirizzo*) Messrs; **titolare** *della* ~ principal of the firm.
dittafono *m.* dictaphone.
dittatore *m.* dictator (*anche fig.*).
dittatoriale *a.* dictatorial (*anche fig.*).
dittatura *f.* dictatorship (*anche fig.*).
dittongo *m.* diphthong.
diuretico *a./s.m.* diuretic.
diurno *a.* day-, daytime-, diurnal. ▭ *albergo* ~ public baths and lavatories.
diva *f.* (*del cinema*) (film-)star; (*del teatro*) stage celebrity (*o* star).
divagare *v.t.* to digress, to wander, to stray (*da* from): ~ *dal tema* to stray from the point.
divagazione *f.* digression, straying.
divampare *v.i.* **1** to flare up, to burst* into flame(s), to blaze up; (*rif. a incendio*) to break* out. **2** (*fig.*) to flare up, to blaze: ~ *dall'ira* to blaze with anger.
divano *m.* divan, sofa, couch.
divanoletto *m.* (*am.*) davenport.
divaricare *v.t.* to open wide, to pull apart (*o* open). ▭ ~ *le gambe* to stretch one's legs apart, to straddle.
divaricato *a.* wide apart, opened wide (*o* out).
divario *m.* difference, gap, discrepancy.
divellere *v.t.* **1** (*sradicare*) to uproot, to pull (*o* root) up (*anche estens.*). **2** (*fig.*) to eradicate, to extirpate, to root out.
divelto *a.* **1** (*sradicato*) uprooted. **2** (*fig.*) eradicated.
divenire, **diventare** *v.i.* **1** to become*: *tra due anni diventerò medico* in two years I shall be(come) a doctor; (*seguito da aggettivo*) to get*: ~ *magro* to get thin; (*gradualmente*) to grow* (into), to turn into: ~ *vecchio* to grow (*o* get) old. **2** (*trasformarsi*) to turn (*o* change) into. ▭ ~ *di tutti i* **colori** (*arrossire*) to blush; ~ **famoso** to become famous; *quando diventerò* **grande** when I grow up; ~ **pallido** to turn pale; ~ **qualcuno** to make a name for o.s.; ~ **rosso** to go red, to blush.
diverbio *m.* dispute; (*lite*) quarrel.
divergente *a.* diverging, divergent.
divergenza *f.* divergence. ▭ ~ *di vedute* difference of views, disagreement.
divergere *v.i.* **1** to diverge. **2** (*fig.*) to differ, to diverge.
diversamente *avv.* **1** differently, in a different way, otherwise: *io la penso* ~ I think otherwise; *lo tratta* ~ *dagli altri* he treats him differently from the others. **2** (*in vari modi*) in different ways, differently.
diversificare *v.t.* (*rendere differente*) to differentiate, to distinguish; (*rendere vario*) to diversify, to vary. **diversificarsi** *v.i.pron.* to be different, to differ.
diversità *f.* difference, diversity, variety.
diversivo **I** *s.m.* distraction, diversion, change; (*svago*) amusement, relaxation, recreation. **II** *a.* (*che devia*) deviating; (*che distrae*) diverting.
diverso **I** *a.* **1** different; unlike (*da qd.* s.o.); dissimilar: *i due fratelli sono molto diversi* the two brothers are very unlike. **2** (*premesso a sostantivi plurali: vari*) various, several, sundry: *per diverse ragioni* for various (*o* several) reasons. **II** *pron.pl.* (*parecchi*) several.
divertente *a.* **1** entertaining, pleasant: *un film* ~ an entertaining film. **2** (*che fa ridere*) amusing, funny.
divertimento *m.* **1** amusement, entertainment; (*passatempo*) pastime, recreation. **2** (*Mus.*) divertimento. ▭ (*iron.*) **bel** ~ how lovely; (*esclam.*) **buon** ~ have a good time, enjoy yourself.
divertire *v.t.* to entertain; to amuse; to divert. **divertirsi** *v.r.* to enjoy o.s., to have fun (*o* a good time), to amuse o.s.: *vado al cinema – divertiti!* I am going to the movies – have fun! ▭ *divertirsi alle spalle di qualcuno* to make fun of s.o.

divezzare *v.t.* to wean (*anche fig.*). **divezzarsi** *v.r.* to break* o.s. (of the habit) (*da* of), to give* up.

dividendo *m.* (*Mat., Econ.*) dividend.

dividere *v.t.* **1** to divide (up), to split*: ~ *un libro in capitoli* to divide a book (up) into chapters; ~ *15 per 3* to divide 15 by 3. **2** (*separare*) to separate, to part. **3** (*spartire*) to share (*anche fig.*). **dividersi I** *v.r.* **1** to divide, to split* (up). **2** (*separarsi: rif. a coniugi*) to separate. **II** *v.i.pron.* **1** (*essere diviso, constare*) to be divided (*in* into), to consist (of): *il dramma si divide in tre atti* the play is divided into three acts. **2** (*spartire con altri*) to divide up, to share out, to split*.

divieto *m.* prohibition. □ ~ *di* **accesso** no entry, Keep out; ~ *d'***affissione** post (*o* stick) no bills; ~ *di* **sorpasso** no overtaking, (*am.*) no passing; ~ *di* **sosta** no parking; ~ *di* **svolta** *a sinistra* no left turn; ~ *di* **transito** no thoroughfare.

divincolare *v.t.* to wriggle. **divincolarsi** *v.r.* to wriggle.

divinità *f.* divinity.

divinizzare *v.t.* to deify (*anche fig.*).

divino *a.* **1** divine: *la misericordia divina* Divine mercy. **2** heavenly, divine, sublime.

divisa[1] *f.* **1** (*uniforme*) uniform. **2** (*motto*) motto. □ ~ *di* **gala** gala (*o* full) dress; **in** ~ in uniform.

divisa[2] *f.* (*Econ.*) currency.

divisibile *a.* divisible: *12 è ~ per 3* 12 is divisible by 3.

divisibilità *f.* divisibility.

divisione *f.* **1** division. **2** (*fig.*) (*discordia*) disagreement. **3** (*settore amministrativo*) (government) department, (*am.*) division; (*rif. a ospedali e sim: reparto*) ward. **4** (*parete divisoria*) partition. □ (*burocr.*) **capo** ~ head of a department; (*Mil.*) ~ **corazzata** armoured division; (*Dir.*) ~ *dell'***eredità** (o *dei beni ereditari*) distribution of the estate; **linea** *di* ~ dividing line; ~ **navale** naval division.

divisionismo *m.* (*Arte*) Divisionism.

divismo *m.* **1** (*Cin.*) stardom. **2** (*infatuazione per divi*) star worship.

diviso *a.* **1** divided: *una torta divisa in parti uguali* a cake divided (*o* cut up) into equal slices. **2** (*separato*) separate(d).

divisore *m.* (*Mat.*) divisor. □ (*Mat.*) *massimo comun* ~ greatest common divisor.

divisorio I *a.* dividing, separating, partition-. **II** *s.m.* (*parete divisoria*) partition (wall).

divo *m.* (*del cinema*) (film-)star; (*del teatro*) stage celebrity (*o* star).

divorare *v.t.* to devour (*anche fig.*); to eat* up, to wolf (down). **divorarsi** *v.i.pron.* to be consumed (*o* eaten up) (*da* with), to be devoured (by). □ ~ *qd. con gli occhi* to devour s.o. with one's eyes.

divoratore I *s.m.* **1** (greedy) eater. **2** (*fig.*) (*lettore accanito*) avid (*o* keen) reader. **II** *a.* consuming, devouring, destroying.

divorziare *v.i.* to divorce (*da qd.* s.o.).

divorziato I *a.* divorced. **II** *m.* divorcee.

divorzio *m.* divorce.

divorzista *m./f.* **1** (*legale*) divorce lawyer. **2** (*sostenitore*) supporter of divorce.

divulgare *v.t.* **1** (*rendere noto*) to make* known; (*per radio*) to broadcast*; (*per televisione*) to telecast*, to televise; (*per stampa*) to publish; (*rif. a segreti*) to divulge, to disclose, to reveal. **2** (*rendere accessibile*) to popularize, to vulgarize. **divulgarsi** *v.i.pron.* to spread*, to travel.

divulgativo *a.* popular: *opera divulgativa* popular work.

divulgatore I *s.m.* popularizer, vulgarizer. **II** *a.* popular. □ *fare opera divulgatrice* to popularize.

divulgazione *f.* **1** making known; (*per radio*) broadcasting; (*per televisione*) telecasting; (*per stampa*) publication, publishing; (*rif. a segreti*) divulgence, revelation; (*diffusione*) spreading. **2** (*esposizione chiara e facile*) popularization, vulgarization.

dizionario *m.* dictionary.

dizione *f.* **1** diction. **2** (*declamazione in pubblico*) recital, reading.

dl = *decilitro* decilitre.

dm = *decimetro* decimetre.

DNA = *acido desossiribonucleico* deoxyribonucleic acid.

do *m.* (*Mus.*) C, do(h).

DOC = (*per vini*) *Denominazione d'Origine Controllata* Controlled Denomination of Origin.

doccia *f.* **1** shower: *fare una* ~ to have a shower; (*locale*) showers *pl.* **2** (*doccia terapeutica*) douche. **3** (*grondaia*) gutter. **4** (*apparecchio ortopedico*) shoulder brace. □ *fare una ~ fredda a qd.* to damp down s.o.'s enthusiasm.

doccione *m.* (*Arch.*) gargoyle.

docente I *a.* teaching: *corpo* ~ teaching body (*o* staff). **II** *s.m./f.* teacher; (*Univ.*) university lecturer. □ *libero* ~ qualified lecturer.

docenza *f.* (*Univ.*) teaching. □ *libera* ~ university teaching qualification.

docile *a.* **1** docile, meek, manageable: *un ragazzo* ~ an obedient boy. **2** (*rif. a materiali*) soft, workable, malleable.

docilità *f.* **1** obedience, meekness. **2** (*rif. a materiali*) malleability, softness.

documentabile *a.* documentable.

documentare *v.t.* **1** (*dimostrare*) to document: ~ *un'accusa* to document an accusation. **2** (*corredare, fornire di documenti*) to document, to support by documents. **documentarsi** *v.r.* (*informarsi minuziosamente*) to collect background information (*su* about), to gather (documentary) evidence (about).

documentario I *a.* documentary. **II** *s.m.* (*Cin.*) documentary (film). □ ~ *di attualità* newsreel.

documentazione *f.* **1** documentation; documentary evidence. **2** (*insieme dei documenti*) documents *pl.*, records *pl.*, documentation.

documento *m.* **1** document. **2** (*documento di identificazione e sim.*) document, paper. **3** (*fig.*) (*documento storico*) historical document, evidence, record. □ ~ *in* **carta** *da bollo* stamped (*o* official) document; ~ *in* **carta** *semplice* document on plain paper; *documenti d'***identificazione** (identity) papers; ~ **scaduto** expired document; (*Inform.*) ~ **stampato** hard copy.

dodecafonia *f.* (*Mus.*) dodecaphony; twelve -note system.

dodecafonico *a.* (*Mus.*) dodecaphonic; twelve-note (*attr.*).

dodicenne **I** *a.* (*attr.*) twelve-year-old; (*pred.*) twelve years old. **II** *s.m./f.* twelve-year-old person.

dodicesimo *a.* twelfth.

dodici **I** *a.* twelve. **II** *s.m.* **1** (*numero*) twelve. **2** (*nelle date*) twelfth.

doga *f.* stave.

dogana *f.* **1** customs *pl.* (costr. sing.). **2** (*sede*) custom(s)-house, custom(s)-office. □ **esente** (o *franco*) *da* ~ duty-free; **franco** *in* ~ duty paid; **operazioni** *di* ~ clearance through customs; **pagare** *la* ~ to pay duty.

doganale *a.* customs-.

doganiere *m.* customs officer (*o* official).

doglie *f.pl.* labour, labour pains *pl.*: *avere le* ~ to be in labour.

dogma *m.* dogma (*anche estens.*).

dogmatico *a.* dogmatic (*anche estens.*).

dogmatismo *m.* dogmatism (*anche estens.*).

dolce **I** *a.* **1** sweet; (*non piccante*) mild: *formaggio* ~ mild cheese; (*rif. a canti, voci*) sweet; (*rif. a profumo*) fragrant. **2** (*fig.*) (*piacevole*) sweet, pleasant, agreeable: *dolci ricordi* sweet memories. **3** (*fig.*) (*gentile, amabile*) sweet, kind, gentle, dear, charming; (*mite*) mild, gentle: *le sussurrò dolci parole* he whispered sweet nothings in her ear. **4** (*fig.*) (*lieve*) gentle, mild: *un* ~ *pendio* a gentle (*o* easy) slope. **5** (*fig.*) (*facile a lavorarsi*) malleable, soft. **6** (*Fonetica*) soft: *una s* ~ a soft s. **II** *s.m.* **1** (*sapore dolce*) sweetness, sweet taste. **2** (*portata*) sweet, (*am.*) dessert. **3** (*torta*) cake; *pl.* sweets *pl.*, (*am.*) candies *pl.*; (*collett.*) confectionery. □ **al** ~ (*alla fine del pranzo*) at the end of one's meal; *il* ~ **far** *niente* sweet idleness.

dolcemente *avv.* **1** sweetly, gently, mildly, softly. **2** (*con precauzione*) gently, carefully, delicately.

dolcevita *f.* polo-necked jumper.

dolcezza *f.* **1** sweetness, sweet taste. **2** (*fig.*) (*mitezza*) mildness: *la* ~ *del clima* the mildness of the climate. **3** (*fig.*) (*rif. a materiali*) malleability, softness. **4** *pl.* (*piacere, gioia*) sweets *pl.*, pleasures *pl.*, delights *pl.* □ ~ *mia!* my sweet!, my darling!

dolciario *a.* confectionery.

dolciastro *a.* **1** sweetish. **2** (*fig.*) (*mellifluo*) sugary, ingratiating.

dolcificante **I** *a.* sweetening. **II** *s.m.* sweetener.

dolcificare *v.t.* to sweeten, to add sugar (*o* sweetening) to.

dolciumi *m.pl.* sweets *pl.*, confectionery, (*am.*) candies *pl.*

dolente *a.* **1** (*che duole*) aching, painful, sore. **2** (*afflitto, contrariato*) (very) sorry, grieved, distressed: *sono* ~ *di quanto è accaduto* I am sorry for what has happened. **3** (*che esprime dolore*) sorrowful, mournful.

dolere *v.i.* **1** (*dar dolore, far male*) to ache, to hurt*: *mi duole la testa* my head is aching, my head hurts. **2** (*fig.*) (*dispiacere*) to regret (*di qc.* s.th.), to be sorry (about), to grieve (at). **dolersi** *v.i.pron.* **1** (*rammaricarsi*) to be (very) sorry (*di* about), to regret (s.th.), to be distressed (about): *mi dolgo dell'accaduto* I am sorry about what has happened. **2** (*lamentarsi*) to complain (*di* about).

dollaro *m.* dollar, (*fam.*) buck.

dolo *m.* (*Dir.*) fraud; fraudolent intention.

dolomitico *a.* **1** (*Min.*) dolomitic. **2** (*delle Dolomiti*) Dolomite-.

dolorante *a.* aching, sore, painful.

dolore *m.* **1** pain, ache. **2** (*sofferenza morale*) sorrow, grief: *la notizia gli diede un grande* ~ the news caused him great sorrow. **3** *pl.* (*fig.*) (*dispiaceri*) trouble, troubles *pl.*, worry. □ **avere** ~ *a* (o *in*) *un ginocchio* to have a sore knee; ~ *a un* **braccio** pain in an arm; **con** *mio grande* ~ to my great sorrow (*o* distress); ~ *di* **denti** toothache; ~ **lancinante** acute (*o* agonizing) pain; **morire** *di* ~ to die of grief; **per** *il* ~ with (*o* from, in) pain; *essere* **pieno** *di dolori* to ache all over.

doloroso *a.* **1** painful. **2** (*fig.*) painful, sad, grievous: *avvenimento* ~ sad happening.

doloso *a.* fraudulent. □ *incendio* ~ arson.

domanda *f.* **1** question: *fare una* ~ *a qd.* to ask s.o. a question, to put a question to s.o. **2** (*istanza*) application; (*richiesta*) request: (*burocr.*) *su Vostra* ~ at your request; (*richiesta di riconoscimento di un diritto*) claim: ~ *di pensione* pension claim. **3** (*Econ.*) demand. □ **accogliere** *una* ~ to accept an application; ~ *d'***ammissione** application for entry (*o* admission); (*Econ.*) *la* ~ **aumenta** demand is increasing (*o* on the rise); ~ *in* **carta** *bollata* application (*o* request) on stamped paper; *ma* **che** ~*!* what a question!; **fare** ~ *di trasferimento* to request (*o* apply for) a transfer; ~ *di* **grazia** petition for mercy; ~ *d'***impiego** application for a post (*o* job); (*nei giornali*) *domande d'***impiego** situations (*o* jobs) wanted; ~ *d'***iscrizione** application for enrolment (*o* registration); (*rif. a circolo*) application for membership; ~ *di* **matrimonio** proposal.

domandare **I** *v.t.* **1** (*chiedere per sapere*) to ask, to enquire: ~ *qc. a qd.* to ask s.o. s.th.; ~ *l'ora* to ask the time; *perché lo domandi?* why do you ask? **2** (*chiedere per avere*) to ask for: ~ *un consiglio a qd.* to ask s.o. for advice; (*pregare*) to beg (for): ~ *l'elemosina* to beg (for alms). **II** *v.i.* **1** (*cercare*) to ask, to look (*di* for), to want (s.o.): *domandano di Lei* you are wanted. **2** (*informarsi*) to ask, to enquire (*di* after): *gli amici mi hanno domandato di te* our friends were asking after you. **domandarsi** *v.r.* (*chiedersi*) to wonder: (*per enfatizzare la perplessità*) to ask o.s.: *mi domando se sia veramente felice* I wonder whether she is really happy. ▭ ~ *il* **nome** *a qd.* to ask s.o.'s name; ~ **notizie** *di qd.* to ask (*o* enquire) after s.o.; ~ *l'***opinione** *di qd.* to ask s.o.'s opinion; ~ *il* **prezzo** to ask the price (*o* what the price is).

domani I *avv.* **1** tomorrow: ~ *è martedì* tomorrow is Tuesday. **2** (*estens.*) (*l'avvenire, il futuro*) the future, tomorrow. **II** *s.m.* **1** (*il giorno dopo*) tomorrow; (*rif. ad avvenimenti, al passato*) next (*o* following) day, day after: *pensava con piacere al* ~ he was looking forward to the next day. **2** (*estens.*) (*il futuro*) the future, tomorrow. ▭ **a** ~ till (*o* until) tomorrow; (*arrivederci*) **a** ~ see you tomorrow; **di** ~ tomorrow's: *il giornale di* ~ tomorrow's paper; **dopo** ~ the day after tomorrow; ~ **mattina** tomorrow morning; *dàgli* **oggi**, *dàgli* ~ in the long run; *dall'***oggi** *al* ~ from one day to the next; (*improvvisamente*) suddenly, overnight; ~ *a* **otto** tomorrow week.

domare *v.t.* **1** (*rif. ad animali feroci*) to tame; (*rif. a cavalli e sim.*) to break* (in). **2** (*scherz.*) (*rif. a persone*) to tame. **3** (*fig.*) (*sedare*) to put* down: ~ *una rivolta* to put down a revolt. **4** (*fig.*) (*frenare*) to subdue, to control. ▭ ~ *un incendio* to put out a fire.

domatore *m.* tamer: ~ *di leoni* lion-tamer. ▭ ~ *di cavalli* horse-breaker.

domattina *avv.* tomorrow morning.

domenica *f.* Sunday. ▭ ~ *delle* **Palme** Palm Sunday; ~ *di* **Pasqua** Easter Sunday; ~ *di* **Passione** Passion Sunday.

domenicale *a.* Sunday-: *riposo* ~ Sunday rest.

domenicano I *a.* Dominican. **II** *s.m.* Dominican friar.

domestica *f.* maid, servant; (*cameriera*) (house)maid, maid-of-all-work. ▭ ~ *a ore* daily help (*o* woman).

domesticare *v.t.* **1** (*Zool., Bot.*) to domesticate. **2** (*addomesticare*) to tame.

domestichezza *f.* familiarity.

domestico I *a.* **1** (*della casa, della famiglia*) domestic, household-: *lavori domestici* domestic chores, housework. **2** (*rif. ad animali*) domestic. **II** *s.m.* **1** (*servitore*) servant. **2** *pl.* (*collett.*) servant *pl.*, household staff (costr. pl.). ▭ (*fig.*) *tra le* **pareti** *domestiche* at home; *per* **uso** *domestico* for domestic (*o* household) use.

domiciliare[1] *a.* house-, home-.

domiciliare[2] *v.t.* (*Comm.*) to domicile. **domiciliarsi** *v.r.* (*prendere domicilio*) to take* up residence.

domiciliato *a.* domiciled, resident.

domicilio *m.* **1** domicile, place of abode, (place of) residence. **2** (*Dir.*) domicile. ▭ **a** ~ at home, home-, house-: *lavoro a* ~ work at home; *consegna a* ~ home delivery; **avere** ~ to be domiciled (*o* resident); ~ **coatto** forced domicile (*o* residence); (*Comm.*) **franco** ~ carriage free; **stabilire** *il proprio* ~ *in un luogo* to take up residence in a place.

dominante *a.* (pre)dominant, prevailing, prevalent: *opinioni dominanti* prevailing opinions.

dominare I *v.i.* **1** (*avere potestà*) to dominate, to rule (*su, sopra qc.* s.th., over s.th.): ~ *sui mari* to rule the seas. **2** (*fig.*) (*essere superiore*) to stand* out (*su* from), to be outstanding (among), to be superior (to), to surpass (s.o.). **3** (*fig.*) (*predominare*) to predominate, to prevail (over). **II** *v.t.* **1** (*tenere sottomesso*) to dominate (over), to rule (over). **2** (*fig.*) to dominate (over), to domineer, to rule: ~ *la situazione* to dominate (*o* be master of) the situation. **3** (*fig.*) (*frenare: rif. a sentimenti*) to control, to curb, to master, to check: ~ *un impulso* to check an impulse. **4** (*fig.*) (*rif. a luogo: sovrastare, essere in alto*) to dominate, to overlook. **dominarsi** *v.r.* to control o.s., to master o.s.

dominatore *m.* ruler, master.

dominazione *f.* domination, rule.

dominio *m.* **1** dominion, rule, sway. **2** (*territorio dominato*) dominion, domain. **3** (*campo, branca*) field, domain. ▭ **avere** *il* ~ *di qc.* to hold sway over s.th., to rule (*o* control) s.th.; **avere** *il* ~ *dei propri nervi* to have control of one's nerves; **esercitare** *il* ~ *su qd.* to rule s.o.; ~ **pubblico** public property (*o* domain); (*Dir.*) *di* ~ **pubblico** public property; (*fig.*) (*noto a tutti*) common knowledge.

domino *m.* (*gioco*) dominoes *pl.* (costr. sing.).

don *m.* (*titolo italiano o spagnolo*) Don: ~ *Giovanni* Don Juan; (*rif. a sacerdoti*) Father, Don; (*rif. ai Benedettini*) Dom.

donare I *v.t.* **1** to give*, to present: ~ *qc. a qd.* to give s.o. s.th., to present s.th. to s.o. (*o* s.o. with s.th.). **2** (*fare donazione: per beneficienza e sim.*) to donate. **3** (*sacrificare*) to give* (up). **II** *v.i.* (*addirsi*) to suit, to become* (*a qd.* s.o.): *questo vestito ti dona* this dress suits you. ▭ ~ *il sangue* to give (*o* donate) one's blood.

donativo *m.* present, gift; (*in denaro*) bonus.

donatore *m.* **1** giver, donor. **2** (*Dir.*) donor. ▭ ~ *di* **organi** organ donor; ~ *di* **sangue** blood donor.

donazione *f.* (*Dir.*) donatio(n).

donchisciottesco *a.* quixotic.

donde *avv.* (*lett.*) (*da dove*) whence, where (from): ~ *vieni?* from where do you come?

dondolare I *v.t.* to rock, to swing*; (*penzolare, ciondolare*) to dangle, to swing*: ~ *i piedi* to dangle one's feet. **II** *v.i.* to rock, to swing*. **dondolarsi** *v.r.* to swing*, to sway, to rock (o.s.).

dondolio *m.* rocking, swinging.
dondolo *m.* rocking-chair. ▭ *a* ~ rocking.
dongiovanni *m.* Don Juan, libertine, (*fam.*) lady-killer: *essere un* ~ to be a Don Juan.
donna *f.* **1** woman (*pl.* women): *una bella* ~ a beautiful woman. **2** (*fam.*) (*compagna, amante*) woman, (*fam.*) girl-friend. **3** (*nei titoli italiani*) Donna. **4** (*domestica*) maid, housemaid. **5** (*nelle carte da gioco, negli scacchi*) queen. ▭ **buona** ~ good woman (*o* soul); (*prostituta*) loose woman, prostitute; (*volg.*) *figlio di* **buona** ~ son of a bitch; ~ *in* **carriera** career woman; **da** ~ woman's, women's, lady's, ladies': *abiti da* ~ women's clothes; ~ *di* **fatica** charwoman, (*fam.*) char; (*fam.*) ~ *a* **giornata** daily; ~ *di* **mondo** woman of the world; ~ *del* **popolo** working -class woman; (*Teat.*) **prima** ~ prima donna; ~ *delle* **pulizie** charwoman, (*fam.*) char; ~ *di* **servizio** maid; ~ *di* **strada** street-walker.
donnaccia *f.* (*spreg.*) slut, hussy, whore.
donnaiolo *m.* womanizer, lecher, philanderer, lady-killer.
donnicciola *f.* (*spreg.*) **1** silly (*o* empty -headed) woman. **2** (*uomo debole*) weakling, (*fam.*) sissy, wimp.
donnina *f.* (*vezz.*) **1** (*donna piccola e graziosa*) pretty little woman. **2** (*fanciulla assennata*) sensible little girl, little woman.
donnola *f.* (*Zool.*) weasel.
dono *m.* **1** gift, present: *un* ~ *prezioso* a precious gift. **2** (*dote naturale, qualità*) gift, talent: ~ *di natura* natural gift (*o* talent). ▭ ~ *del* **cielo** godsend; **far** ~ *di qc. a qd.* to give s.o. s.th. (*o* s.th. to s.o.), to make a present of s.th. to s.o.; **in** ~ as a gift; *dare qc.* **in** ~ to give s.th. as a present; *ricevere* (o *avere*) *qc.* **in** ~ to be given (*o* presented with) s.th.; *il* ~ *della* **parola** the gift of speech.
dopo I *avv.* **1** (*rif. a tempo: poi*) then, after (wards); (*più tardi*) later (on), after(wards); *ci vedremo* ~ see you later. **2** (*rif. a luogo*) after, next. **II** *prep.* **1** (*rif. a tempo*) after, later: *to rividi* ~ *un anno* I saw him a year later; *se ne parlerà* ~ *Pasqua* it will be dealt with after Easter; (*da, a partire da*) since: ~ *Natale non l'ho più visto* I haven't seen him since Christmas. **2** (*rif. a luogo*) past, beyond, after: ~ *la chiesa voltate a destra* after the church turn right. **III** *a.* (*attr.*) following, (*pred.*) after: *gli telefonai il giorno* ~ I phoned him the day after (*o* next day). **IV** *s.m.* (what comes) afterwards: *non pensare al* ~ don't think about what comes afterwards. **V** *congz.* (*davanti al participio passato*) after, when: ~ *morto* after his death; ~ *mangiato si alzò* when he had finished lunch he rose. ▭ **a** ~: 1 until (*o* till) after: *a* ~ *Natale* till after Christmas; 2 (*a più tardi*) until later, till later (on); 3 (*nei saluti*) see you later; ~ *di* **ciò** then, after that; *qualche* **giorno** ~ some days later; **molto** (*tempo*) ~ a long time afterwards, much later; **per** ~ till afterwards, for later (on); **poco** (*tempo*) ~ a short time later, a little (while) later; **subito** ~ immediately after; **uno** ~ *l'altro* one after another (*o* the other).
dopobarba I *a.* after-shave. **II** *s.m.* after-shave lotion.
dopoché *congz.* after, when; (*da quando*) since.
dopodomani *avv.* the day after tomorrow.
dopoguerra *m.* post-war period. ▭ *gli* **anni** *del* ~ the post-war years; *il* **primo** ~ the period after the First World War.
dopolavoro *m.* workmen's club.
dopopranzo I *avv.* after lunch (*o* dinner). **II** *s.m.* afternoon.
doposcì I *a.* après-ski, after-ski: *scarpe* ~ after-ski shoes. **II** *s.m.* (*abito*) après-ski outfit.
dopotutto *avv.* after all.
doppiaggio *m.* (*Cin.*) dubbing.
doppiare[1] *v.t.* (*Mar.*) to double, to round.
doppiare[2] *v.t.* (*Cin.*) to dub.
doppiato I *a.* (*Cin.*) dubbed. **II** *s.m.* dubbed soundtrack.
doppiatore *m.* dubber.
doppietta *f.* **1** (*fucile*) double-barrelled (shot)-gun. **2** (*Aut.*) double-declutch: *fare la* ~ to double-declutch.
doppiezza *f.* (*falsità, ipocrisia*) duplicity.
doppio I *a.* **1** double: *doppia paga* double pay. **2** (*duplice*) double, dual, two-, twofold: ~ *mento* double chin; *è stato per me un* ~ *dolore* it was a twofold grief to me. **3** (*fig.*) (*ambiguo, falso*) double-dealing, deceitful, false. **II** *s.m.* **1** double, twice as much (*o* the amount): *dare il* ~ to give twice as much; (*rif. a plurale*) twice as many (*o* the number). **2** (*Sport*) doubles *pl.* **III** *avv.* double, twofold, doubly.
doppiofondo *m.* double (*o* false) bottom.
doppione *m.* duplicate (copy).
doppiopetto *a.* double-breasted: *abito* ~ double-breasted suit.
dorare *v.t.* **1** to gild*; (*con lamine*) to gold -plate. **2** (*Gastr.*) to brown.
dorato *a.* **1** gilded, gilt, golden; (*coperto di lamine d'oro*) gold-plated. **2** (*fig.*) golden: *biondo* ~ golden blonde. **3** (*Gastr.*) golden -brown.
doratura *f.* **1** gilding (process); (*con lamine d'oro*) gold-plating. **2** (*fregio*) gold-leaf work, gilt ornament (*o* decoration).
dormicchiare *v.t.* to doze, to drowse, (*fam.*) to snooze.
dormiente I *a.* sleeping. **II** *s.m./f.* **1** sleeping person. **2** (*Arch.*) beam, joist.
dormiglione *m.* sleepyhead.
dormire I *v.i.* **1** to sleep*, to be asleep (*anche estens.*): *dormi?* are you asleep? **2** (*alloggiare*) to sleep*, to spend* the night. **3** (*fig.*) (*rif. a lavori, pratiche: essere fermo*) to lie* dormant, to sleep*, to slumber. **II** *v.t.* to sleep*. ▭ ~ **abbastanza** to get enough sleep; ~ *sugli* **allori** to rest on one's laurels; **andare** *a*

~ to go to bed; ~ **bene** to sleep well (*o* soundly); (*abitualmente*) to be a sound sleeper; ~ **bocconi** to sleep on one's stomach; **far** ~ to send to sleep (*anche fig.*); ~ *su* (*di*) *un* **fianco** to sleep on one's side; **mettere** *a* ~ to put to bed; (*fig.*) **mettere** *a* ~ *una pratica* to shelve a matter; (*fig.*) ~ *in* **pace** to rest in peace; (*fig.*) ~ *in* **piedi** to be dead on one's feet; ~ **sodo** to sleep soundly (*o* deeply); (*fig.*) ~ *il* **sonno** *eterno* to sleep eternally; *dormirci* **su** (*o* sopra) to sleep on (*o* over) s.th.

dormita *f.* (good, sound) sleep.

dormitina *f.* nap, snooze, doze.

dormitorio *m.* dormitory. □ ~ *pubblico* free hostel, doss-house.

dormiveglia *m.* drowsiness. □ *essere nel* ~ to be half-asleep (*o* drowsy).

Dorotea *N.pr.f.* Dorothy.

dorsale **I** *a.* **1** (*Anat., Zool., Bot.*) dorsal. **2** (*Sport*) back-: *nuoto* ~ back-stroke. **II** *s.f.* (*Geol.*) ridge; (*catena*) range.

dorsista *m./f.* (*Sport*) back-stroke swimmer.

dorso *m.* **1** back. **2** (*nuoto*) back-stroke. **3** (*Geol.*) ridge, crest. **4** (*di libro*) spine. □ *a* ~ *di* **cavallo** on horse-back; ~ *della* **mano** back of the hand; **sul** ~ on one's back.

dosaggio *m.* (*Farm., Chim.*) dosage.

dosare *v.t.* **1** to measure out; (*medicine e sim.*) to dose. **2** (*fig.*) to dole out, to weigh.

dose *f.* **1** quantity, amount; (*rif. a medicine e sim.*) dose. **2** (*fig.*) portion, amount, deal. □ ~ **eccessiva** overdose; *a* **forti** *dosi* in strong doses; ~ **mortale** lethal dose; *a* **piccole** *dosi* in small doses.

dossier *m.* dossier.

dosso *m.* **1** (*dorso*) back. **2** (*Geol.*) knoll, hillock, mound. **3** (*Strad.*) cat's-back. □ *di* ~ off: (*fig.*) *togliersi un peso di* ~ to get a weight off one's mind; *scuotersi di* ~ *la polvere* to shake the dust off (o.s.).

dotare *v.t.* **1** (*fornire, munire: di beni e sim.*) to equip, to provide, to furnish, to supply (*di* with). **2** (*fig.*) to endow (with), to bestow (on, upon). **3** (*dare la dote*) to give* a dowry to.

dotato *a.* **1** gifted, endowed (*di* with): *essere* ~ *di una buona memoria* to be endowed with (*o* have) a good memory. **2** (*assol.*) gifted, talented. **3** (*munito, fornito*) equipped, provided (*di* with).

dotazione *f.* **1** (*rif. a macchine e sim.*) equipment. **2** (*rendita assegnata a un istituto e sim.*) endowment. **3** (*Mil.*) equipment, kit. □ *avere in* ~ *qc.* to be equipped with s.th.

dote *f.* **1** dowry. **2** (*rif. a istituto e sim.*) endowment. **3** (*fig.*) (*qualità, dono naturale*) endowment, gift, talent. □ *andare a* **caccia** *di* ~ to look for a rich wife; **cacciatore** *di* ~ fortune-hunter; *dare* **in** ~ to give as a dowry; ~ **naturale** natural gift (*o* talent).

dott. = *Dottore* Doctor (dr.).

dotto[1] **I** *a.* **1** (*rif. a persona: istruito*) learned, well-read; (*in un determinato campo*) learned, expert. **2** (*rif. a cose*) learned, scholarly: *dotte citazioni* scholarly quotations. **II** *s.m.* scholar, learned person.

dotto[2] *m.* (*Anat.*) duct: ~ *cistico* cystic duct.

dottorale *a.* doctoral, Doctor's.

dottorato *m.* degree; (*rif. a dottorato di ricerca*) doctorate, doctor's degree.

dottore *m.* **1** (*laureato*) graduate. **2** (*medico*) doctor. □ (*Rel.*) *i dottori della* **Chiesa** the Doctors of the Church; ~ **honoris** *causa* Doctor honoris causa, honorary Doctor (*o* graduate); ~ *in* **legge** law graduate; ~ *in* **lettere** Bachelor of Arts; ~ *in* **matematica** mathematics graduate; ~ *in* **medicina** doctor of medicine; ~ *in* **scienze** *naturali* Bachelor of science.

dottoressa *f.* **1** (*laureata*) graduate. **2** (*donna medico*) (lady) doctor.

dottrina *f.* **1** (*cultura*) learning, culture, erudition: *uomo di molta* ~ man of great learning. **2** (*principi fondamentali*) doctrine. **3** (*catechismo*) catechism.

dottrinale *a.* doctrinal.

dottrinario *a./s.m.* doctrinaire.

dove **I** *avv.* **1** where: ~ *abiti?* where do you live?; *dimmi dov'è* tell me where it is. **2** (*dovunque*) wherever; (*in qualsiasi luogo*) anywhere. **II** *s.m.* place, where: *voglio sapere il* ~ *e il quando* I want to know the time and place. □ **chissà** ~ goodness (*o* Heaven) knows where; **da** (o *di)* ~ from where, where (from), (*lett.*) whence: *da* ~ *vieni?* where do you come from?; *non so da* ~ *cominciare* I don't know where to begin; *la stanza* ~ **entrammo** *era grande* the room we went into was a big one; **fin** ~ as far as, up to: *ti aiuterò fin* ~ *mi è possibile* I shall help you as far as I can; (*in proposizioni interrogative*) how far?: **fin** ~ *lo hai accompagnato?* how far did you go with him?; *in* **ogni** ~ everywhere; **per** ~ *si passa?* which way must we go?

dovere[1] **I** *v.i.* **1** (*obbligo, necessità*) must (*dif., pr.ind. e cong.*), to have to (+ *inf.*), to be to (+ *inf.*), shall (*dif., si usa nella 2° e 3° pers. sing. e pl. del pr. ind.; nelle proposizioni interr. si usa in tutte le pers.*): *tutti devono morire* all men must die; *sono dovuto uscire* I had to go out; *dovendo partire mi sono alzato presto* as I had to leave I got up early; *devi farlo!* you shall do it!; *devo aprire la finestra?* shall I open the window? **2** (*necessità, opportunità*) must (*dif.*), to have to (+ *inf.*), to have got to (+ *inf.*); (*nelle proposizioni interr.*) need (*dif.*): *domani dovrò essere in ufficio per le 8.30* tomorrow I've got to be in the office by 8.30; *devi proprio partire?* need you really leave? **3** (*in proposizioni neg.: essere vietato*) must not, to be not to (+ *inf.*): *non devi lavorare più di 8 ore* you mustn't (aren't to) work more than 8 hours; (*non essere necessario*) needn't (*dif.*), to have not to (+ *inf.*): *non devi stare in casa* (*se non vuoi*) you needn't (*o* haven't to) stay at home. **4** (*probabilità, opinione*) must (*dif.*): *deve essere tardi* it must be late. **5** (*ordine, perplessità*) to be to (+ *inf.*): *devi partire subito* you are to leave at once; *che cosa devo fare?* what am I to do? **6** (*programma stabilito*) to be (due) to (+ *inf.* o il presente progressivo del verbo): *mi deve telefonare alle tre* he is ringing (*o* due to ring) me at three. **7** (*essere inevitabile*) to be bound to: *presto o tardi doveva succedere* it was bound to happen sooner or later. **8** (*al condizionale*) should, ought to: *dovresti avvertirlo* you ought to warn him; *non dovresti rispondere così sgarbatamente* you shouldn't answer so rudely; *avrebbe dovuto scrivere* he should have written. **9** (*all'imperfetto*): should have, ought to have: *non dovevi dirglielo* you shouldn't have told him. **10** (*al passato remoto*) to be obliged (*o* compelled) to, to have to: *dovette andare* he was obliged (*o* had) to go. **11** (*al cong. imperfetto*) should (*dif.*), were to (+ *inf.*): *se dovesse venire, dimmelo* if he were to come, tell me. **II** *v.t.* (*essere debitore*) to owe (*anche fig.*): *mi devi una spiegazione* you owe me an explanation. □ *fare le cose* **come** *si deve* to do things properly; *una persona* **come** *si deve* a decent person; *dovrò* **forse** *assentarmi per qualche giorno* I may be away for a few days; *devi* (o *dovete*) **sapere** *che* I must tell you that.

dovere[2] *m.* duty: *fare il proprio* ~ to do one's duty; *i doveri verso la famiglia* one's duties towards (*o* by) one's family. □ **a** ~ properly, in the right way: *fare le cose a* ~ to do things properly; **chi** *di* ~ the person in charge; *un uomo* **ligio** *al* ~ a dutiful man; **mancare** *al* ~ to fail in one's duty; **per** ~ out of duty.

doveroso *a.* right and proper, only right: *è* ~ *dirglielo* it is only right to tell him.

dovizia *f.* (*lett.*) wealth, abundance.

dovunque *avv.* (*dappertutto*) everywhere, (*fam.*) all over the place; (*in qualsiasi luogo*) anywhere, wherever, no matter where.

dovuto I *a.* **1** (*che si deve dare*) due: *la somma dovuta* the amount due. **2** (*debito*) due, right(ful), proper. **II** *s.m.* amount due.

dozzina *f.* **1** (*dodici*) dozen: *una* ~ *di alunni* a dozen pupils; *una mezza* ~ half a dozen. **2** (*circa dodici*) about a dozen, about twelve. **3** (*pensione*) board and lodging. □ *a dozzine* by the dozen, in dozens; (*in gran numero*) dozens, scores.

dozzinale *a.* cheap, second-rate.

dr. → **dott.**

draga *f.* dredge(r).

dragaggio *m.* **1** dredging. **2** (*rif. a mine*) mine-sweeping.

dragamine *m.* (*Mar.*) mine-sweeper.

dragare *v.t.* **1** to dredge: ~ *un fiume* to dredge a river. **2** (*rif. a mine*) to sweep*.

drago *m.* dragon.

dragone *m.* **1** (*drago*) dragon. **2** (*Mil.*) dragoon. **3** (*barca*) dragon(-class boat).

dramma *m.* **1** (*Teat.*) drama, play. **2** (*fig.*) tragedy. **3** (*tensione drammatica*) dramatic force; dramatic tension.

drammatico *a.* **1** dramatic (*anche fig.*): *arte drammatica* dramatic art (*o* drama). **2** (*impellente, urgente*) acute, urgent.

drammatizzare *v.t.* to dramatize. □ *non* ~, *non è successo nulla di grave* don't be melodramatic, nothing terrible has happened.

drammaturgo *m.* dramatist, playwright.

drappeggiare *v.t.* to drape. **drappeggiarsi** *v.r.* to drape o.s.

drappeggio *m.* drapery, drapes *pl.*

drappello *m.* **1** (*Mil.*) squad. **2** (*estens.*) band, group.

drapperia *f.* **1** (*insieme di drappi*) drapery, drapes *pl.* **2** (*magazzino di tessuti*) draper's (shop).

drappo *m.* **1** cloth. **2** (*panno verde dei tavoli da biliardo*) billiard-cloth. □ ~ *funebre* pall.

drastico *a.* drastic: *decisione drastica* drastic decision.

drenaggio *m.* drainage. □ (*Econ.*) ~ *fiscale* fiscal drag.

drenare *v.t.* to drain.

dribblare I *v.i.* (*Sport*) to dribble. **II** *v.t.* (*schivare*) to dodge.

drindrin *onom.* tinkle-tinkle, ting-a-ling.

dritta *f.* **1** (*mano destra*) right hand. **2** (*parte destra*) right, right(-hand) side. **3** (*Mar.*) starboard.

dritto I *a.* **1** straight, direct: *una via dritta* a straight road. **2** (*rif. a persona*) upright, erect. **3** (*destro*) right(-hand): *la mano dritta* the right hand. **4** (*fam.*) (*astuto*) cunning, crafty, sly. **II** *avv.* directly, straight. **III** *s.m.* **1** (*parte dritta: rif. a stoffa*) right side. **2** (*fam.*) dodger. **3** (*nel tennis*) forehand (drive). **4** (*rif. a monete, medaglie*) obverse, right side. **5** (*di lavoro a maglia*) plain. □ (*fig.*) **per** ~ *e per traverso* by hook or by crook; **reggersi** ~ to keep upright; (*fam.*) **rigare** ~ to behave properly.

drizzare *v.t.* **1** (*raddrizzare*) to straighten (out): ~ *un fil di ferro* to straighten a wire. **2** (*volgere, indirizzare*) to turn, to direct (*anche fig.*). **3** (*mettere in posizione verticale*) to stand* up, to set* upright. **4** (*erigere*) to erect, to set* up. **drizzarsi** *v.r./i.pron.* (*rizzarsi*) to stand* up, to rise*. □ (*fig.*) ~ *le* **orecchie** to prick up one's ears; *drizzarsi in* **piedi** to rise.

droga *f.* **1** (*sostanza aromatica*) spice. **2** (*stupefacente*) drug. □ **dedito** *alla* ~ drug addicted; *droghe* **leggere** soft drugs; *droghe* **pesanti** hard drugs; **prendere** *la* ~ to take drugs; **spacciatore** *di* ~ (drug) pusher.

drogare *v.t.* **1** (*insaporire*) to season, to spice. **2** (*aggiungere, somministrare stupefacenti*) to drug, to dope. **drogarsi** *v.r.* to take* (*o* use *o* be on) drugs.

drogato I *s.m.* drug addict. **II** *a.* (*Gastr.*) spiced, flavoured; (*rif. a persona*) drugged.

drogheria *f.* grocer's shop, grocery.
droghiere *m.* grocer.
dromedario *m.* (*Zool.*) dromedary.
drosofila *f.* (*Zool.*) drosophila; vinegar-fly.
dualismo *m.* (*Stor., Filos.*) dualism.
dubbio[1] *m.* **1** doubt: *non ci sono dubbi* there can be no doubt. **2** (*sospetto*) suspicion, misgiving, doubt. **3** (*punto oscuro*) doubtful point. □ **avere** *un* ~ to be in doubt; **avere** *dei dubbi* to have doubts (*su* as to, about); *in* **caso** *di* ~ in case of doubt; **dissipare** *un* ~ to dispel a doubt; **essere** *in* ~ to be uncertain (*o* doubtful); **mettere** *in* ~ to doubt; *non c'è* **ombra** *di* ~ there is not a shadow of a doubt; **senza** ~ no (*o* without) doubt, certainly, undoubtedly; *ciò mi fa* **venire** *un* ~ this makes me wonder; *mi* **viene** *un* ~ I am wondering (*o* doubtful).
dubbio[2] *a.* **1** (*incerto*) doubtful, dubious, uncertain: *un caso* ~ a dubious case; *colore* ~ uncertain colour. **2** (*ambiguo*) dubious, ambiguous.
dubbioso *a.* doubtful, dubious, in doubt.
dubitare *v.i.* **1** to doubt (*di qc.* s.th.): *dubitavo che tu venissi* I doubted whether (*o* that) you would come. **2** (*diffidare*) to distrust, to mistrust, not to trust (*s.th.*). □ **ne** *dubito* I doubt it; **non** ~ (*stai tranquillo*) depend on it, you can be sure, (*fam.*) don't worry.
dubitativo *a.* dubitative.
Dublino *N.pr.f.* (*Geog.*) Dublin.
duca *m.* duke.
ducale *a.* ducal, duke's. □ *palazzo* ~ ducal palace; (*a Venezia*) Doge's Palace.
ducato[1] *m.* **1** (*titolo*) dukedom. **2** (*territorio*) duchy, dukedom.
ducato[2] *m.* (*moneta*) ducat.
duce *m.* **1** leader, chief. **2** (*Stor.*) Duce.
duchessa *f.* duchess.
due **I** *a.* **1** two. **2** (*fam.*) (*piccola quantità*) a few, a couple (of): *gli ho scritto* ~ *righe* I have written him a few lines (*o* a line or two). **II** *s.m.* **1** (*numero*) two. **2** (*nelle date*) second. **3** (*nelle carte da gioco*) two, deuce: *il* ~ *di cuori* the two of hearts. □ **a** ~ *a* ~ two by two, in pairs, in twos; *fare* ~ **chiacchiere** to have a short chat; **in** ~ in two (*o* half); **nessuno** *dei* ~ neither (of them): *nessuno dei* ~ *fratelli è venuto* neither brother (*o* of the two brothers) came; (*con verbo negativo*) either (of them): *non ho visto nessuno dei* ~ I haven't seen either of them; **voi** ~ you two; **ogni** ~ *giorni* every other day; *dire* ~ **parole** to say (*o* have) a word or two; **per** ~ (enough) for two: *mangiare per* ~ to eat enough for two men; *moltiplicare* **per** ~ to multiply by two; *dividere* **per** ~ to divide by two; (*fig.*) *su* ~ **piedi** straight off, on the spot; ~ **punti** (*doppio punto*) colon; **tutt'***e* ~ both (of); **una** *delle* ~, *o ci aiuti o te ne vai* you can take your choice, either you help us or you go; ~ **volte** twice: ~ *volte al giorno* twice a day.
duecentesimo *a.num./s.m.* two-hundredth.
duecento *a./s.m.* two hundred. **Duecento** *m.* thirteenth century; (*rif. all'arte e alla letteratura italiana*) Duecento.
duellante *m./f.* duellist.
duellare *v.i.* to duel, to fight* (*o* have) a duel.
duello *m.* duel (*anche fig.*). □ ~ *all'***arma** *bianca* knife fighting; **battersi** *in* ~ to fight (*o* have) a duel; ~ *alla* **pistola** duel fought with pistols; **sfidare** *a* ~ *qd.* to challenge s.o. to a duel.
duemila *a./s.m.* two thousand.
duepezzi *m.* **1** (*costume da bagno*) two-piece bathing costume (*o* suit). **2** (*abito composto*) two-piece (costume).
duetto *m.* (*Mus.*) duet.
duna *f.* (*Geol.*) dune.
dunque **I** *congz.* **1** (*quindi*) so, therefore: *ho già detto di no,* ~ *non insistere* I have already said no, so don't insist. **2** (*riprendendo il discorso*) well then, well (now): ~, *dicevamo che* well, we were saying that. **3** (*in frasi esclamative*) then: *parla* ~ speak, then; (*in frasi interrogative*) well (then), so: *che vuoi* ~ *da me?* what do you want from me, then? **II** *s.m.* point.
duo *m.* (*Mus.*) duo.
duodeno *m.* (*Anat.*) duodenum.
duomo[1] *m.* cathedral.
duomo[2] *m.* (*Mecc.*) (*di caldaia*) (steam) dome.
duplex *m.* (*Tel.*) shared line.
duplicare *v.t.* **1** (*raddoppiare*) to double. **2** (*fare una seconda copia*) to duplicate.
duplicato *m.* (*copia di documento*) duplicate.
duplicatore *m.* **1** duplicator. **2** (*Rad., El.*) doubler.
duplice *a.* double, twofold. □ *documento in* ~ *copia* document in duplicate.
duplicità *f.* **1** doubleness. **2** (*fig.*) (*falsità*) duplicity, double-dealing.
duracino *a.* (*di frutta*) clingstone.
durante *prep.* **1** during: ~ *la settimana* during the week. **2** (*per tutta la durata di*) throughout, all through.
durare **I** *v.i.* **1** to last: *lo spettacolo dura due ore* the show lasts two hours. **2** (*mantenersi: rif. a merce deperibile*) to keep*; (*non logorarsi*) to wear* (well): *questa stoffa è durata molto* this material has worn well. **3** (*resistere*) to last, to hold* out. **II** *v.t.* (*sopportare*) to endure, to stand*, to bear*, to suffer. □ ~ *in* **eterno** to last forever, to be everlasting; ~ **fatica** to have difficulty (*o* a hard job), to be hardly able.
durata *f.* **1** duration, length (of time), continuance. **2** (*rif. a stoffe e sim.*) wear, endurance. **3** (*periodo*) term, period: *la* ~ *di una carica* the term of an office. **4** (*Mecc.*) (*vita*) working (*o* service) life. □ ~ *in* **carica** tenure of office; ~ *del* **contratto** life (*o* period of validity) of a contract; **di** ~ well-wearing, lasting: *una stoffa di* ~ a well-wearing fabric; ~ *del* **soggiorno** length of stay; ~ *della* **vita** duration of life.

duraturo *a.* **1** lasting, enduring: *fama duratura* lasting fame. **2** (*rif. a materiale*) durable; (*rif. a colori*) fast.
durevole *a.* lasting, durable.
durezza *f.* **1** hardness: *la ~ della pietra* the hardness of the stone. **2** (*fig.*) (*severità, asprezza*) harshness, severity, hardness. **3** (*fig.*) (*mancanza di grazia*) stiffness.
duro **I** *a.* **1** hard. **2** (*fig.*) (*spiacevole, grave*) hard, (*fam.*) tough: *tempi duri* hard times. **3** (*fig.*) (*brusco*) hard, harsh, sharp. **4** (*fig.*) (*caparbio*) stubborn, pig-headed. **5** (*fig.*) (*privo di grazia*) hard, stiff. **6** (*rif. a carne*) tough. **7** (*rif. a congegni e sim.*) stiff. **II** *avv.* hard: *ha studiato ~* he has been studying hard. **III** *s.m.* **1** (*cosa o parte dura*) hard part, something hard. **2** (*fam.*) (*rif. a persona*) bully, tough guy. □ *~ di* **comprendonio** dull, slow -witted; **dormire** *sul ~* to sleep on s.th. hard (*o* bare boards); (*fam.*) **essere** *un ~* to be tough; (*fig.*) *essere ~ a* **morire** to be tough (*o* a diehard); (*rif. a cosa*) to take a long time to die out; *essere ~ d'***orecchio** to be hard of hearing; **pane** *~* stale bread; (*fig.*) *avere la* **pelle** *dura* to be tough; (*essere moralmente poco sensibile*) to be thick-skinned; **tener** *~* to hold fast, to resist.
durone *m.* (*callosità*) callosity, hard skin.
duttile *a.* **1** ductile: *metallo ~* ductile metal. **2** (*fig.*) (*arrendevole*) ductile, compliant, yielding.
duttilità *f.* **1** ductility. **2** (*fig.*) flexibility, adaptability.
Dy = (*Chim.*) *disprosio* disprosium.

E

e[1], **E**[1] *f./m.* (*lettera dell'alfabeto*) e, E. ▭ (*Tel.*) ~ *come Empoli* E for Edward; (*am.*) E for Easy.
e[2] *congz.* **1** and: *aprì la porta ~ uscì* he opened the door and went out. **2** (*ma, invece*) but (then), and then: *doveva venire ~ non è venuto* he was to come but he didn't. **3** (*eppure*) (and) yet: *non capisce nulla, ~ sembrava tanto intelligente* he understands nothing yet he seemed so intelligent. **4** (*ebbene*) well, then: *vuoi venire? ~ vieni* do you want to come? come then. ▭ *tutt' ~* **due** both; *tutti ~* **tre** all three (of them).
E[2] = *Est* East.
ebano *m.* ebony. ▭ *nero come l'~* jet-black.
ebbene *congz.* well (then): *~, hai deciso?* well, have you made up your mind?
ebbrezza *f.* **1** intoxication. **2** (*fig.*) rapture, elation, thrill. ▭ *essere in stato di ~* to be drunk.
ebbro *a.* **1** intoxicated, inebriated. **2** (*fig.*) elated, intoxicated.
ebete I *a.* dull(-witted), doltish. **II** *s.m.* idiot, dolt.
ebetismo *m.* (*Med.*) hebetude.
ebollizione *f.* boiling: *essere in ~* to be boiling.
ebraico I *a.* Hebrew, Hebraic, Jewish; (*rif. alla religione*) Jewish: *il popolo ~* the Jewish people. **II** *s.m.* (*lingua*) Hebrew.
ebraismo *m.* **1** Hebraism (*anche Ling.*). **2** (*religione ebraica*) Judaism.
ebrea *f.* Hebrew, Jewess.
ebreo I *a.* Hebrew, Jewish. **II** *s.m.* **1** Jew, Hebrew. **2** (*spreg.*) (*avaro*) Jew.
E/C = *Estratto Conto* Statement of Account.
ecatombe *f.* (*fig.*) (*strage*) massacre, blood -bath.
ecc. = *eccetera* and so on (etc.).
Ecc. = *Eccellenza* Excellency (Exc.).
eccedente *a.* **1** excess, in excess. **2** (*d'avanzo*) surplus. ▭ *peso ~* overweight.
eccedenza *f.* excess, surplus. ▭ *in ~* (*di troppo*) in excess; (*rif. a numero*) too many.
eccedere I *v.t.* to exceed, to go* beyond. **II** *v.i.* to go* too far, to overdo*. ▭ *~ nel* **bere** to drink too much; *~ nel* **mangiare** to overeat.
eccellente *a.* **1** (*di gran valore*) excellent, superlative, first-rate, first-class. **2** (*squisito*) exquisite, excellent, delicious.
eccellentissimo *a.* (*epist.*) most excellent.
eccellenza *f.* **1** excellence. **2** (*titolo*) Excellency.
eccellere *v.i.* to excel.
eccelso *a.* **1** (*altissimo*) lofty, high. **2** (*eccellente*) excellent; (*straordinario*) outstanding.
eccentricità *f.* **1** eccentricity. **2** (*fig.*) (*stravaganza*) eccentricity, oddity.
eccentrico I *a.* **1** eccentric. **2** (*fig.*) eccentric, odd. **II** *s.m.* **1** (*Mecc.*) cam, eccentric. **2** (*persona eccentrica*) eccentric.
eccepire *v.t.* to object, to take* exception to.
eccessivamente *avv.* too (much), excessively.
eccessivo *a.* excessive, extreme; (*smodato*) immoderate. ▭ *prezzo ~* exorbitant price.
eccesso *m.* **1** excess, surplus. **2** (*intemperanza*) immoderacy, excess. ▭ **all'**~ excessively; *spingere qc.* **all'**~ to go to extremes with s.th.; *arrotondare* **per** ~ to round up; ~ *di* **produzione** overproduction; (*Strad.*) ~ *di* **velocità** exceeding the speed limit, speeding.
eccetera *avv.* etcetera, and so on (*o* forth).
eccetto *prep.* except(ing), save, but. ▭ *~ che* (*tranne che*) except (for), but (for); (*a meno che*) unless.
eccettuare *v.t.* to except, to exclude, to leave* out.
eccettuato *a.* excepting, excepted.
eccezionale *a.* exceptional; extraordinary: *caso ~* exceptional case.
eccezione *f.* **1** exception. **2** (*Dir.*) exception, objection. ▭ **a** ~ *di* with the exception of, except for; **fare** ~ to be (*o* constitute) an exception; **fare** *un'~* to make an exception; ~ *alla* **regola** exception to the rule.
ecchimosi *f.* (*Med.*) bruise, ecchymosis.
eccidio *m.* slaughter, massacre.
eccitabile *a.* excitable.
eccitabilità *f.* excitability.
eccitamento *m.* **1** excitement, agitation. **2** (*incitamento*) incitement.
eccitante I *a.* exciting, stimulating. **II** *s.m.* stimulant.
eccitare *v.t.* **1** to excite, to stimulate. **2** (*provocare*) to provoke, to (a)rouse. **3** (*incitare*) to incite, to provoke, to (a)rouse. **eccitarsi** *v.i.pron.* to get* excited.

eccitazione *f.* **1** excitement, stimulation. **2** (*animazione*) excitement, fervour.
ecclesiastico **I** *a.* **1** (*della chiesa*) ecclesiastic(al), church-: *beni ecclesiastici* church property. **2** (*dei sacerdoti*) clerical. **II** *s.m.* ecclesiastic, churchman (*pl.* –men), clergyman (*pl.* –men).
ecco *avv.* **1** (*qui*) here is (*o* are): ~ *la mamma* here's mother. **2** (*là*) there is (*o* are): ~ *il nostro autobus* there is our bus. **3** (*con i pronomi personali*): *eccomi* here I am; *eccolo* here he is. ▭ ~ **fatto** that's done; ~ **perché** that's why; ~ **tutto** that's all.
eccome *avv.* certainly, yes indeed.
echeggiare *v.i.* to echo, to (re)sound.
eclettico *a.* eclectic.
eclissare *v.t.* **1** (*Astr.*) to eclipse. **2** (*fig.*) to outshine*, to eclipse. **eclissarsi** *v.i.pron.* **1** (*Astr.*) to be eclipsed. **2** (*fig.*) to disappear, (*fam.*) to make* o.s. scarce.
eclissi *f.* (*Astr.*) eclipse.
eco *f./m.* echo (*anche fig.*). ▭ (*Giorn.*) *echi di* **cronaca** gossip column; (*fig.*) **fare** ~ to echo, to be an echo of.
ecografia *f.* ultrasound scan.
ecologia *f.* ecology.
ecologico *a.* ecological.
ecologista, **ecologo** *m.* ecologist.
economato *m.* supply (*o* purveying) office; (*Scol., Univ.*) bursar's office.
economia *f.* **1** (*scienza*) economics *pl.* (costr. sing.). **2** (*sistema economico*) economy. **3** (*risparmio*) saving, economy, thrift. **4** *pl.* (*denari risparmiati*) savings *pl.* ▭ (*Scol.*) ~ **domestica** home economics; **fare** ~ *di qc.* to save s.th., to economize on s.th.; **fare** *economie* to save up money, to economize; **senza** ~ freely, liberally; ~ *di* **tempo** time-saving.
economico *a.* **1** economic, thrifty. **2** (*che richiede poca spesa*) economical; (*a buon mercato*) cheap: *edizione economica* cheap edition.
economista *m./f.* economist.
economizzare *v.t.* (*risparmiare*) to save, to economize (*qc.* on s.th.): ~ *lo spazio* to economize on space.
economo **I** *s.m.* supply officer; (*di un circolo*) treasurer; (*di università, collegi*) bursar. **II** *a.* economical.
ecosistema *m.* ecosystem.
ECU = *Unità Monetaria Europea* European Currency Unit.
ecumenico *a.* (o)ecumenic(al).
ecumenismo *m.* (*Rel.*) ecumenism.
eczema *m.* (*Med.*) eczema.
edema *m.* (*Med.*) edema.
edera *f.* (*Bot.*) ivy.
edicola *f.* bookstall, (*am.*) news-stand.
edificabile *a.* suitable for building.
edificante *a.* edifying.
edificare *v.t.* **1** to build*, to erect. **2** (*fig.*) (*fondare*) to found; (*costruire*) to build*, to construct. **3** (*fig.*) (*stimolare al bene*) to edify.
edificazione *f.* **1** building, construction. **2** (*fig.*) (*ammaestramento*) edification.
edificio *m.* **1** building. **2** (*fig.*) (*struttura*) structure. ▭ *complesso di edifici* block of buildings.
edile **I** *a.* building. **II** *s.m.* (*operaio*) worker in the building industry. ▭ *costruttore* ~ builder.
edilizia *f.* building, building trade (*o* industry).
edilizio *a.* building-.
edipico *a.*: (*Psic.*) *complesso* ~ Oedipus complex.
edito *a.* published.
editore **I** *s.m.* publisher. **II** *a.* publishing. ▭ *casa editrice* publishing house.
editoria *f.* publishing (business).
editoriale *a./s.m.* editorial.
editto *m.* edict.
edizione *f.* edition. ▭ ~ **economica** cheap edition; ~ **integrale** unabridged edition; (*Giorn.*) ~ **straordinaria** late (*o* extra) edition, stop-press; ~ **tascabile** pocket edition.
Edmondo *N.pr.m.* Edmund.
Edoardo *N.pr.m.* Edward.
edonismo *m.* hedonism.
edonista *m./f.* hedonist.
edotto *a.* (*burocr.*) informed (of, about), acquainted (with).
educanda *f.* boarding-school girl.
educare *v.t.* **1** (*allevare*) to rear, to bring* up. **2** to educate; (*ammaestrare*) to train.
educativo *a.* **1** educational: *metodi educativi* educational methods. **2** (*che serve a educare*) instructive: *romanzo* ~ instructive novel.
educato *a.* well-bred, polite. ▭ **bene** ~ well-bred; **male** ~ ill-bred, ill-mannered.
educatore *m.* educator.
educazione *f.* **1** upbringing. **2** (*buone maniere*) (good) breeding, good manners *pl.* **3** (*affinamento*) training, education: ~ *musicale* musical education. ▭ ~ **civica** civics *pl.*; ~ **fisica** physical training (*o* education); **insegnare** *l'*~ *a qd.* to teach s.o. manners; **mancanza** *di* ~ bad manners, rudeness.
efelide *f.* freckle. ▭ *un volto cosparso di efelidi* a freckled face.
effeminato *a./s.m.* effeminate.
efferatezza *f.* ferocity, cruelty.
efferato *a.* brutal, savage.
effervescente *a.* effervescent, fizzy, sparkling.
effervescenza *f.* effervescence.
effettivo **I** *a.* **1** (*reale*) real, actual; (*concreto*) concrete, definite. **2** (*non provvisorio*) permanent, regular: *professore* ~ permanent professor. **3** (*Mil.*) (*in servizio permanente*) regular. **II** *s.m.* **1** (*Mil.*) effectives *pl.* **2** (*consistenza concreta*) sum total.
effetto *m.* **1** effect. **2** (*validità, efficacia*) effect, validity. **3** (*viva impressione*) effect, impression, sensation. **4** (*Econ.*) (*cambiale*) bill (of exchange); (*pagherò*) promissory note; *pl.*

(*titoli*) securities *pl.* **5** (*Fis.*) effetto. **6** *pl.* (*indumenti*) effects *pl.*, belongings *pl.*: *effetti personali* personal belongings. ▭ **a** *questo* ~ for this purpose; **a** *tutti gli effetti* to all intents and purposes; **avere** ~ to take effect, to work; (*rif. a legge e sim.*) to take (*o* come into) effect; **con** ~ *da* with effect from, as from; *una scena* **di** *grande* ~ a very effective scene; **fare** ~ to take effect, (*fam.*) to work; **in** *effetti* actually, in fact, indeed; **per** ~ *di* because of; ~ **serra** greenhouse effect.
effettuabile *a.* feasible, realizable.
effettuare *v.t.* to effect, to put* into effect (*o* practice), to carry out. **effettuarsi** *v.i.pron.* to be realized, to be carried out.
efficace *a.* efficacious, effective (*anche fig.*).
efficacia *f.* efficacy, effectiveness.
efficiente *a.* efficient; (*in buono stato*) in working order.
efficienza *f.* efficiency. ▭ *essere in* ~ to be in working order; (*rif. a legge*) to be in force; (*rif. a persone*) to be fit.
effigie *f.* effigy.
effimero *a.* ephemeral, short-lived.
effluvio *m.* (*lett.*) scent, fragrance.
effondere *v.t.* **1** (*versare*) to pour out (*o* forth); (*diffondere*) to diffuse, to send* out. **2** (*fig.*) to pour out, to give* vent to. **effondersi** *v.i.pron.* to spread*.
effrazione *f.* (*Dir.*) house-breaking, effraction. ▭ *furto con* ~ burglary.
effusione *f.* effusion.
egemonia *f.* **1** hegemony. **2** (*estens.*) leadership.
egida *f.* aegis (*anche fig.*).
Egitto *N.pr.m.* (*Geog.*) Egypt.
egiziano *a./s.m.* Egyptian.
egizio *a.* (*dell'antico Egitto*) of ancient Egypt, ancient Egyptian.
eglefino *m.* (*Zool.*) haddock.
egli *pron.pers.m.sing.* he: ~ *stesso* he himself.
ego (*lat.*) *m.* ego.
egocentrico **I** *a.* self-centred, egocentric. **II** *s.m.* self-centred (*o* egocentric) person.
egocentrismo *m.* egocentricity, self-centredness.
egoismo *m.* selfishness.
egoista **I** *s.m./f.* selfish person, egoist. **II** *a.* egoistic(al).
egoistico *a.* selfish, egoistic(al).
egotismo *m.* egotism.
egregio *a.* **1** (*all'inizio di una lettera*) dear: ~ *signore* Dear Sir; (negli indirizzi) Mr: ~ *signor Carlo Rossi* Mr Carlo Rossi. **2** exceptional, excellent: *ha fatto un lavoro* ~ he did an excellent job.
eguaglianza *f.* equality.
eguagliare *v.t.* **1** to equalize. **2** (*essere pari*) to equal, to be equal to.
eguale *a.* equal.
eh *intz.* oh dear, ah.
ehi *intz.* hey (there).
ehm *intz.* (a)hem, hum.
eiaculazione *f.* ejaculation.
einsteinio *m.* (*Chim.*) einsteinium.
elaborare *v.t.* to elaborate, to draw* up; (*rif. a dati*) to process.
elaborato **I** *a.* elaborate, carefully drawn up. **II** *s.m.* (*Scol.*) paper.
elaboratore *m.* elaborator; (*Inform.*) processor. ▭ ~ **digitale** digital computer; ~ **elettronico** (electronic) computer; ~ *della* **parola** word processor; ~ *di* **riserva** back up computer; ~ *di* **testi** text processor.
elaborazione *f.* elaboration, drawing up; (*Inform.*) processing. ▭ ~ *a* **distanza** teleprocessing; ~ **elettronica** *dei dati* electronic data processing; ~ *di* **testi** word processing.
elargire *v.t.* to lavish (*a* on), to give* freely.
elargizione *f.* donation, gift.
elasticità *f.* **1** elasticity; resilience. **2** (*agilità*) agility, nimbleness. **3** (*fig.*) elasticity, adaptability. **4** (*fig.*) (*agilità mentale*) nimbleness, quickness. **5** (*Econ., Mecc.*) elasticity.
elastico **I** *a.* **1** elastic: *sostanza elastica* elastic substance; (*di molle*) springy; (*estensibile*) flexible, stretchy. **2** (*agile*) nimble, agile. **3** (*fig.*) elastic, flexible. **4** (*fig.*) (*largo di vedute*) broad-minded. **II** *s.m.* **1** (*tessuto*) elastic (web). **2** (*nastro*) elastic band, elastic; rubber band. **3** (*delle calze*) garter.
elefante *m.* (*Zool.*) elephant. ▭ ~ *marino* sea elephant.
elefantesco *a.* elephantine.
elegante *a.* elegant, smart; stylish.
elegantone *m.* dandy, fop.
eleganza *f.* elegance, smartness, stylishness.
eleggere *v.t.* **1** to elect. **2** (*nominare*) to appoint, to nominate. ▭ ~ *il proprio domicilio a Roma* to fix one's domicile in Rome.
eleggibile *a.* (*Dir.*) eligible.
elegia *f.* (*Lett., Mus.*) elegy.
elegiaco *a.* elegiac.
elementare *a.* **1** (*che si riferisce agli elementi*) elemental. **2** (*fondamentale*) elementary, fundamental, basic. **3** (*estens.*) (*facile, semplice*) simple, easy.
elementari *f.pl.* (*scuole*) primary school.
elemento *m.* **1** element (*anche Chim., Mat.*). **2** (*parte componente*) element, component (part), constituent (part); (*rif. a termosifone*) section. **3** (*individuo*) person, individual, (*fam.*) fellow, (*fam.*) chap. **4** (*fig.*) (*ambiente*) element: *essere nel proprio* ~ to be in one's element. **5** *pl.* (*principi fondamentali*) elements *pl.*, rudiments *pl.* **6** (*dato*) fact, datum: *elementi di giudizio* facts by which one can judge.
elemosina *f.* **1** alms *pl.* (costr. sing. o pl.), charity. **2** (*fig. spreg.*) charity.
elemosinare **I** *v.i.* to beg, to ask alms. **II** *v.t.* to beg (for) (*anche fig.*).
Elena *N.pr.f.* Helen.
elencare *v.t.* to list, to make* a list of.
elencazione *f.* listing; enumeration.
elenco *m.* list, roll; (*inventario*) inventory. ▭ ~ *telefonico* telephone directory.

Eleonora *N.pr.f.* Eleonor, Eleanor, Elinor.
elettivo *a.* elective.
eletto *a.* **1** elected; (*scelto*) chosen. **2** (*eccellente, nobile*) select, noble. □ *gli eletti* the elect.
elettorale *a.* electoral.
elettorato *m.* (*collett.*) (*gli elettori*) electorate; (*collegio elettorale*) constituency.
elettore *m.* elector, voter.
elettrauto *m.* **1** (*officina*) (workshop for) car electrical repairs. **2** (*operaio*) car electrician.
elettricista *m.* electrician.
elettricità *f.* electricity.
elettrico *a.* **1** electric(al). **2** (*che funziona a elettricità*) electric(al). **3** (*fam.*) (*teso, nervoso*) highly-strung, excited.
elettrificare *v.t.* to electrify.
elettrificazione *f.* electrification.
elettrizzare *v.t.* (*El.*) to electrify (*anche fig.*).
elettrizzazione *f.* electrification.
elettrocalamita *f.* electromagnet.
elettrocardiogramma *m.* (*Med.*) electrocardiogram.
elettrodo *m.* (*Fis.*) electrode.
elettrodomestico *m.* electric (household) appliance.
elettrodotto *m.* (*El.*) power line, electric main.
elettrolisi *f.* (*Chim.*) electrolysis.
elettrolito *m.* electrolyte.
elettromeccanica *f.* electromechanics *pl.* (costr. sing.).
elettromeccanico I *a.* electromechanical. **II** *s.m.* (*operaio*) electrician.
elettrone *m.* (*Fis.*) electron.
elettronica *f.* electronics *pl.* (costr. sing.).
elettronico *a.* electronic, electron-.
elettroscopio *m.* (*Fis.*) electroscope.
elettroshock *m.* (*Med.*) electroshock.
elettrostatica *f.* (*Fis.*) electrostatics *pl.* (costr. sing.).
elettrotecnica *f.* electrotechnology, electrotechnics *pl.* (costr. sing.).
elettrotecnico *s.m.* (*operaio*) electrotechnician; (*ingegnere*) electrical engineer.
elevare I *v.t.* **1** (*alzare*) to raise, to heighten, to elevate. **2** (*fig.*) (*innalzare*) to elevate, to uplift, to raise. **3** (*fig.*) (*migliorare*) to raise, to improve. **4** (*fig.*) (*rif. a cariche e sim.*) to raise, to elevate. **5** (*Mat.*) to raise. **elevarsi I** *v.r.* to rise*. **II** *v.i.pron.* (*dominare dall'alto*) to overlook (*su qc.* s.th.), to tower (over s.th.); (*fig.*) to be elevated (*o* uplifted). □ ~ *un numero al quadrato* to square a number.
elevatezza *f.* **1** (*altezza*) height. **2** (*fig.*) elevation, loftiness.
elevato *a.* **1** (*alto*) high, elevated, soaring: *un monte* ~ a high mountain. **2** (*fig.*) (*nobile*) elevated, lofty.
elevazione *f.* **1** raising, elevating. **2** (*fig.*) (*innalzamento*) raising, uplift, elevation: ~ *dello spirito* elevation of the mind. **3** (*Lit.*) elevation. □ (*Mat.*) ~ *a* **potenza** raising to a power; ~ *al* **trono** raising to the throne.
elezione *f.* election. □ *elezioni* **amministrative** local government elections; **d'~** by (*o* of, from) choice: *patria d'~* country of choice; *le elezioni* **politiche** general (*o* parliamentary) election; *elezioni* **regionali** regional government elections.
elica *f.* **1** (*Aer., Mar.*) screw, propeller; (*di elicottero*) rotor. **2** (*Geom.*) helix.
elicoidale *a.* helical.
elicottero *m.* helicopter.
elidere *v.t.* **1** (*annullare*) to annul. **2** (*Gramm.*) to elide. **elidersi** *v.r.* (*annullarsi*) to annul e.o.
eliminare *v.t.* **1** to eliminate, to remove; (*togliere*) to get* rid of, to do* away with. **2** (*espellere*) to eliminate, to expel. **3** (*Sport*) to eliminate, (*fam.*) to knock out. **4** (*gerg.*) (*uccidere*) to eliminate, (*fam.*) to bump off.
eliminatoria *f.* preliminary heat.
eliminatorio *a.* eliminating, preliminary.
eliminazione *f.* elimination; (*il togliere*) ridding, doing away with.
elio *m.* (*Chim.*) helium.
eliporto *m.* heliport.
Elisa *N.pr.f.* Eliza.
Elisabetta *N.pr.f.* Elizabeth.
elisione *f.* (*Gramm.*) elision.
elisir *m.* elixir.
élite *fr.* [e'lit] *f.* élite, cream.
ella *pron.pers.f.sing.* **1** she. **2** (*forma di cortesia*) you.
elleboro *m.* (*Bot.*) hellebore.
ellenico *a.* Hellenic: *mondo* ~ Hellenic world.
ellenismo *m.* Hellenism.
ellenistico *a.* Hellenistic.
ellisse *f.* (*Geom.*) ellipse.
ellissi *f.* (*Gramm.*) ellipsis.
ellittico *a.* elliptic(al).
elmetto *m.* helmet.
elmo *m.* helmet.
elocuzione *f.* elocution.
elogiabile *a.* praiseworthy, commendable.
elogiare *v.t.* to praise, to commend.
elogiativo *a.* laudatory.
elogio *m.* **1** (*discorso o scritto elogiativo*) eulogy. **2** (*estens.*) praise, commendation. □ *fare gli elogi di qd.* to praise (*o* laud) s.o., to sing s.o.'s praises.
eloquente *a.* eloquent.
eloquenza *f.* eloquence.
elsa *f.* hilt.
eludere *v.t.* to elude, to escape, to dodge.
elusione *f.*: ~ *fiscale* tax avoidance.
elusivo *a.* evasive, elusive.
elvetico I *a.* **1** (*Stor.*) Helvetic. **2** (*svizzero*) Swiss. **II** *s.m.* **1** (*Stor.*) Helvetian. **2** (*svizzero*) Swiss.
elzeviro *m.* **1** (*Giorn.*) literary article. **2** (*Tip.*) Elzevir type.
emaciato *a.* emaciated, wasted; (*rif. al volto*) drawn.
emanare I *v.i.* to emanate, to come*, to be given off. **II** *v.t.* **1** to give* off (*o* out, forth),

to send* out. **2** (*fig.*) (*emettere*) to issue, to enact.
emanazione *f.* **1** emanation, efflux. **2** (*emissione*) issuing, promulgation.
emancipare *v.t.* to emancipate (*anche Dir.*). **emanciparsi** *v.r.* to free o.s., to set* o.s. free, to emancipate o.s. (*da* from).
emancipato *a.* **1** emancipated. **2** (*spregiudicato*) open-minded, unprejudiced.
emancipazione *f.* emancipation (*anche Dir.*).
emarginare *v.t.* **1** (*burocr.*) to make* marginal notes on. **2** (*fig.*) to outcast*.
emarginato I *a.* outcast. **II** *s.m.* (*fig.*) outcast: *un ~ della società* a social outcast. ▭ *sentirsi ~* to feel an outcast.
emarginazione *f.* (*fig.*) (social) outcasting.
ematico *a.* haematic.
ematite *f.* (*Min.*) haematite.
ematoma *m.* (*Med.*) haematoma.
embargo *m.* embargo. ▭ *mettere l'~ su una nave* to embargo a ship.
emblema *m.* **1** emblem, badge. **2** (*fig.*) (*simbolo*) emblem, symbol.
emblematico *a.* emblematic, symbolic.
embrionale *a.* embryonic, embryo-.
embrione *m.* embryo: *in ~* in embryo.
emendamento *m.* **1** amendment. **2** (*Filol.*) emendation.
emendare *v.t.* **1** to amend. **2** (*Filol.*) to emend.
emergente *a.* emergent, emerging.
emergenza *f.* emergency: *in caso di ~* in an emergency.
emergere *v.i.* **1** (*venire a galla*) to emerge, to rise*, to surface. **2** (*elevarsi*) to rise*, to stand* out. **3** (*fig.*) (*distinguersi*) to stand* out (*da, su* among). **4** (*fig.*) (*risultare, apparire*) to emerge, to appear, to come* out.
emerito *a.* **1** emeritus: *professore ~* professor emeritus. **2** (*insigne, egregio*) outstanding, distinguished. **3** (*iron.*) arrant.
emersione *f.* emergence, emerging.
emetico *a./s.m.* (*Farm.*) emetic.
emettere *v.t.* **1** (*mandar fuori*) to give* out, to emit; (*rif. a voce e sim.*) to utter. **2** (*fig.*) (*emanare*) to issue. **3** (*fig.*) (*mettere in circolazione*) to issue. **4** (*fig.*) (*esprimere, pronunciare*) to express, to emit, to deliver: *~ un giudizio* to deliver a judg(e)ment.
emicrania *f.* (*Med.*) migraine.
emigrante *a./s.m./f.* emigrant.
emigrare *v.i.* to (e)migrate.
emigrato I *a.* emigrated. **II** *s.m.* emigrant.
emigrazione *f.* **1** (e)migration. **2** (*di animali*) migration. **3** (*Econ.*) flow (*o* transfer) abroad.
Emilia *N.pr.f.* Emily.
eminente *a.* (*fig.*) (*eccellente, illustre*) eminent, outstanding, distinguished.
eminentissimo *a.* His Eminence; (*vocativo*) Your Eminence.
eminenza *f.* (*fig.*) (*eccellenza*) eminence; (*titolo*) Eminence. ▭ (*fig.*) *~ grigia* éminence grise.
emiplegia *f.* (*Med.*) hemiplegia.
emiro *m.* emir.
emisfero *m.* hemisphere.
emissario[1] *m.* **1** (*fiume*) effluent, outlet. **2** (*di fognature*) drain.
emissario[2] *m.* emissary.
emissione *f.* **1** emission. **2** (*Econ.*) issue, emission. **3** (*Fis.*) emission. **4** (*Rad.*) broadcasting. **5** (*Inform.*) output. ▭ *~ di* **corrente** impulse of current; *~ di* **francobolli** issue of stamps.
emittente I *a.* **1** (*Econ.*) issuing, emitting. **2** (*Rad.*) broadcasting, transmitting. **II** *s.f.* (*Rad.*) **1** (*apparecchio*) transmitter, broadcaster. **2** (*stazione radio*) broadcasting (*o* transmitting) station. **III** *s.m./f.* (*Econ.*) drawer.
emofilia *f.* (*Med.*) haemofilia.
emoglobina *f.* (*Biol.*) haemoglobin.
emolliente *a./s.m.* (*Farm., Tessitura*) emollient.
emolumento *m.* emolument.
emorragia *f.* (*Med.*) haemorrhage.
emorragico *a.* haemorrhagic.
emorroidi *f.pl.* (*Med.*) haemorrhoids, piles.
emostatico *a./s.m.* styptic.
emoteca *f.* blood bank.
emotività *f.* emotiveness, emotionality.
emotivo *a.* emotional; (*sensibile*) sensitive.
emozionabile *a.* emotional, easily (*o* quickly) moved (*o* upset).
emozionante *a.* exciting, stirring.
emozionare *v.t.* (*eccitare*) to excite, to stir; (*commuovere*) to move. **emozionarsi** *v.i.pron.* (*eccitarsi*) to get* excited, to be stirred; (*commuoversi*) to be moved.
emozione *f.* emotion; (*eccitazione*) excitement.
empietà *f.* impiety; (*parole empie*) impious talk.
empio *a.* **1** impious. **2** (*estens.*) (*scellerato*) wicked; (*spietato, crudele*) cruel, pitiless.
empire → **riempire**.
empirico *a.* empirical.
empirismo *m.* empiricism.
emporio *m.* **1** (*centro commerciale*) emporium, trade centre, market. **2** (*grande magazzino*) department store.
emulare *v.t.* to emulate.
emulazione *f.* emulation.
emulo *m.* emulator.
emulsionante I *a.* (*Chim.*) emulsifying. **II** *s.m.* emulsifier, emulsifying agent.
emulsionare *v.t.* to emulsify.
emulsione *f.* emulsion.
encefalite *f.* (*Med.*) encephalitis.
encefalo *m.* (*Anat.*) encephalon.
enciclica *f.* (*Rel.*) encyclical.
enciclopedia *f.* encyclop(a)edia.
enciclopedico *a.* encyclop(a)edic (*anche fig.*).
encomiabile *a.* praiseworthy.
encomiare *v.t.* to praise, to commend.
encomiastico *a.* encomiastic(al).
encomio *m.* **1** (*lode*) encomium, praise, com-

mendation. **2** (*Mil.*) mention in a dispatch. □ *degno di* ~ praiseworthy.
endecasillabo I *a.* (*Metrica*) hendecasyllabic. **II** *s.m.* hendecasyllable.
endemico *a.* (*Med., Biol.*) endemic.
endice *m.* (*Zootecnia*) nest-egg.
endocrino *a.* (*Anat.*) endocrine.
endoscopia *f.* (*Med.*) endoscopy.
endoscopio *m.* (*Med.*) endoscope.
endovenosa *f.* (*Med.*) intravenous injection.
endovenoso *a.* (*Med.*) intravenous.
energetico *a.* **1** energy-, of energy. **2** (*Med.*) energy-giving, invigorating.
energia *f.* energy (*in tutti i signif.*). □ ~ *nucleare* nuclear power.
energico *a.* **1** energetic, forcible, strong: *un carattere* ~ a strong character. **2** (*radicale*) drastic.
energumeno *m.* wild (*o* furious) man, madman (*pl.* –men).
enfasi *f.* emphasis.
enfatico *a.* **1** emphatic. **2** (*ampolloso*) bombastic, grandiloquent: *stile* ~ bombastic style.
enfiare → **gonfiare**.
enfisema *m.* (*Med.*) emphysema.
enigma *m.* puzzle, enigma; (*indovinello*) riddle.
enigmatico *a.* enigmatic, puzzling; (*misterioso*) mysterious.
enigmista *m./f.* solver (*o* inventor) of puzzles.
enigmistica *f.* art of solving (*o* inventing) puzzles.
enigmistico *a.* puzzle-.
ENIT = *Ente Nazionale Italiano per il Turismo* Italian National Institution for the Promotion of the Tourist Industry.
ennesimo *a.* **1** (*Mat.*) n^{th}: *elevare all'ennesima potenza* to raise to the nth power. **2** (*fam.*) umpteenth.
enologia *f.* oenology.
enologico *a.* oenological.
enologo *m.* oenologist.
enorme *a.* **1** enormous, huge. **2** (*fig.*) enormous, tremendous.
enormità *f.* **1** hugeness. **2** (*fig.*) (*assurdità*) absurdity; (*atto malvagio*) enormity.
enoteca *f.* stock of vintage wines.
Enrichetta *N.pr.f.* Harriet.
Enrico *N.pr.m.* Henry.
ente *m.* **1** (*Filos.*) being: *l'*~ *supremo* the Supreme Being. **2** (*Dir.*) corporation, (corporate) body, agency. □ ~ **assicurativo** insurance company, insurer; ~ **autonomo** autonomous board; ~ **locale** local (*o* authority); ~ **morale** non-profit agency, charity trust.
enteroclisma *m.* (*Med.*) enema.
entità *f.* **1** (*Filos.*) entity. **2** (*portata*) extent; (*valore*) value; (*gravità*) import.
entomologia *f.* entomology.
entomologo *m.* entomologist.
entrambi *a./pron. pl.* both: *li vidi* ~ I saw them both (*o* both of them); ~ *i fratelli* both brothers.
entrante *a.* coming, next.
entrare *v.i.* **1** to enter (s.th.): ~ *in una stanza* to enter a room; (*allontanandosi da chi parla*) to go* in(to); (*avvicinandosi a chi parla*) to come* in(to); (*entrare con difficoltà*) to get* in(to). **2** (*rif. ad automobile e sim.*) to drive* in(to); (*rif. a bicicletta, cavallo*) to ride* in(to). **3** (*essere contenuto*) to go* in(to). **4** (*penetrare*) to go* in, to sink* in, to drive* in(to). **5** (*rif. ad abiti e sim.*) to fit: *queste scarpe non mi entrano più* these shoes don't fit me anymore. **6** (*fig.*) (*essere ammesso a far parte*) to join (s.th.), to become* a member (of); (*immischiarsi*) to have to do (*o* dealings) with. **7** (*Teat.*) to enter: *entra Amleto* enter Hamlet. □ ~ *in* **azione** to go into action; ~ *in* **carica** to take office; to enter upon office; ~ *in* **contatto** *con qd.* to make (*o* come into) contact with s.o., to get in touch with s.o.; ~ **correndo** (o *di corsa*) to run (*o* rush) in; **far** ~ to show (*o* usher) in(to); ~ *in* **funzione** to begin working; ~ **furtivamente** to creep in; **lasciar** ~ to let in; ~ *nei* **particolari** to go into details; (*Teat.*) ~ *in* **scena** to enter (the scene), to go on to the stage; (*fig.*) to come on the scene; ~ *in* **servizio** to go on duty; *far* ~ *qc. in* **testa** *a qd.* to get s.th. into s.o.'s head; **vietato** ~ No Entry, No Admittance; ~ *in* **vigore** to come into force (*o* effect). ‖ *entra* (o *entrate*) come in; *entrarci* (*starci, essere contenuto*) to take, to be sufficient for, to hold; (*avere relazione*) to have to do with: *io non c'entro* I have nothing to do with it; (*fam.*) *entrarci come i cavoli a merenda* to have nothing to do with it.
entrata *f.* **1** (*ingresso*) entrance, way in, entry. **2** *pl.* (*Econ.*) income, earnings *pl.*; (*dello stato, di enti pubblici*) revenue. **3** (*Inform.*) input. □ ~ *libera* free admission.
entro *prep.* **1** (*rif. a tempo*) in, within; (*rif. a un periodo precisato*) by, not later than: *avrò finito* ~ *sabato* I'll have finished by Saturday. **2** (*lett.*) (*rif. a luogo*) in, inside; within.
entroterra *m.* hinterland.
entusiasmante *a.* thrilling, exciting, stirring.
entusiasmare *v.t.* to arouse enthusiasm in, to thrill, to stir. **entusiasmarsi** *v.i.pron.* to become* enthusiastic (*per* about), to be thrilled (by).
entusiasmo *m.* enthusiasm. □ *con* ~ enthusiastically, with enthusiasm.
entusiasta I *s.m./f.* enthusiast. **II** *a.* **1** enthusiastic. **2** (*molto soddisfatto*) delighted, very pleased, highly satisfied (*di* with).
entusiastico *a.* enthusiastic.
enucleare *v.t.* (*spiegare*) to explain.
enumerare *v.t.* to enumerate.
enumerazione *f.* enumeration.
enunciare *v.t.* to enunciate, to formulate.
enunciativo *a.* **1** (*Mat.*) propositional. **2** (*di dottrine, ecc.*) enunciative, enunciatory.

enunciato *m.* **1** (*Mat.*) proposition: ~ *di un teorema* proposition of a theorem. **2** (*Ling.*) utterance. **3** (*di dottrine, ecc.*) enunciation.
enzima *m.* enzyme.
epatico *a.* (*Med.*) hepatic, liver-.
epatite *f.* (*Med.*) hepatitis.
epica *f.* epic poetry.
epicentro *m.* (*Geol.*) epicentre.
epico *a.* epic (*anche estens.*).
epicureo **I** *a.* epicurean. **II** *s.m.* **1** (*Filos.*) epicurean. **2** (*estens.*) epicure.
epidemia *f.* (*Med.*) epidemic (*anche fig.*).
epidemico *a.* epidemic (*anche fig.*).
epidermico *a.* **1** (*Anat.*) epidermal, epidermic. **2** (*fig.*) (*superficiale*) superficial, skin -deep.
epidermide *f.* **1** (*Anat., Bot.*) epidermis. **2** (*fig.*) surface.
Epifania *N.pr.f.* (*Rel.*) Epiphany. □ **festa** *dell'*~ the Epiphany; *la* **notte** *dell'*~ Twelfth Night.
epifisi *f.* (*Anat.*) epiphysis.
epiglottide *s.* (*Anat.*) epiglottis.
epigono *m.* follower, epigone.
epigrafe *f.* epigraph, inscription.
epigrafico *a.* **1** epigraphic(al). **2** (*conciso*) terse, concise: *stile* ~ terse style.
epigramma *m.* epigram.
epigrammatico *a.* epigrammatic (*anche fig.*).
epilessia *f.* (*Med.*) epilepsy.
epilettico *a./s.m.* (*Med.*) epileptic.
epilogo *m.* **1** epilogue. **2** (*fig.*) (*conclusione, fine*) conclusion, epilogue.
episcopale *a.* episcopal, bishop's.
episcopato *m.* episcopate.
episodico *a.* episodic.
episodio *m.* episode.
epistola *f.* epistle.
epistolare *a.* epistolary.
epistolario *m.* collection of letters, letters *pl.*
epitaffio *m.* epitaph.
epitelio *m.* (*Anat.*) epithelium.
epiteto *m.* epithet (*anche in senso spreg.*).
epoca *f.* **1** epoch, age, era. **2** (*tempo*) time, period, days *pl.*: *all'*~ *del suo matrimonio* at the time of his marriage. **3** (*Geol., Astr.*) epoch. □ **a** *quell'*~ at that time, in those days; **da** *quell'*~ from that time on, since then; **fare** ~ to mark a new epoch.
epopea *f.* (*Lett.*) **1** (*poema epico*) epic (poem). **2** (*genere epico*) epos. **3** (*estens.*) (*imprese eroiche*) epic deeds *pl.*
eppure *congz.* (*tuttavia*) and yet, nevertheless; all the same.
epurare *v.t.* to purge, to weed out.
epurazione *f.* purge, purging.
equanime *a.* (*imparziale*) impartial, just, fair.
equanimità *f.* (*imparzialità*) impartiality.
equatore *m.* (*Geog.*) equator.
equatoriale *a.* (*Geog.*) equatorial.
equazione *f.* (*Mat.*) equation. □ ~ *di* **primo** *grado* linear (*o* first degree) equation; ~ *di* **secondo** *grado* quadratic equation; ~ *di* **terzo** *grado* cubic equation.
equestre *a.* equestrian. □ *circo* ~ circus.
equidistante *a.* equidistant.
equidistanza *f.* equal distance.
equilatero *a.* (*Geom.*) equilateral.
equilibrare *v.t.* to (counter)balance (*anche fig.*). **equilibrarsi** *v.r.* to (counter) balance (e.o.) (*anche fig.*).
equilibrato *a.* **1** (*Mecc.*) balanced. **2** (*fig.*) sensible, (well-)balanced.
equilibrio *m.* **1** balance, equilibrium; (*Arte*) proportion, harmony. **2** (*fig.*) (*moderazione, senso della misura*) common sense, balance. **3** (*Aer., Mar.*) (*stabilità*) stability. □ *tenersi in* ~ to balance.
equilibrismo *m.* acrobatics *pl.* (costr. sing. o pl.).
equilibrista *m./f.* tightrope walker, acrobat.
equino **I** *a.* horse-, of horses, horse's, equine. **II** *s.m.* equine.
equinozio *m.* (*Astr.*) equinox.
equipaggiamento *m.* equipment, outfit, kit.
equipaggiare *v.t.* **1** (*fornire di equipaggio*) to man. **2** (*fornire di equipaggiamento*) to equip, to fit out, (*di* with). **equipaggiarsi** *v.r.* to equip o.s.
equipaggio *m.* (*Mar., Aer., Sport*) crew. □ *senza* ~ unmanned: *volo senza* ~ unmanned flight.
equiparare *v.i.* to equalize, to level.
equiparazione *f.* equalization.
équipe *fr.* [e'kip] *f.* team.
equipollente *a.* equivalent.
equipollenza *f.* equivalence.
equità *f.* **1** fairness, equity. **2** (*estens.*) (*imparzialità*) impartiality.
equitazione *f.* **1** (horse) riding. **2** (*arte*) horsemanship.
equivalente **I** *a.* equivalent. **II** *s.m.* equivalent (*anche Chim., Fis.*).
equivalenza *f.* equivalence (*anche Fis., Mat.*).
equivalere *v.i.* (*avere lo stesso valore*) to be equivalent (*a* to). **equivalersi** *v.r.* to be equivalent (*o* on a par); to have the same value.
equivocare *v.i.* to mistake*, to misunderstand*.
equivoco **I** *a.* **1** ambiguous, equivocal. **2** (*di dubbia moralità*) dubious, questionable, shady: *persona equivoca* dubious character. **II** *s.m.* (*malinteso*) mistake, misunderstanding. □ *a scanso di equivoci* to avoid any misunderstanding.
equo *a.* (*giusto*) fair, just, equitable.
Er = (*Chim.*) *erbio* erbium.
era *f.* **1** (*in cronologia*) era: ~ *cristiana* Cristian era. **2** (*epoca*) age, era, period: ~ *atomica* atomic age. **3** (*Geol.*) era.
erariale *a.* revenue-, fiscal, tax-.
erario *m.* (*tesoro pubblico*) Treasury, Exchequer.
erba *f.* **1** grass. **2** (*Farm., Gastr.*) herb. **3** (*sl.*) (*marijuana*) grass. □ (*Gastr.*) *erbe* **aromatiche** (aromatic) herbs; (*fig.*) **in** ~ budding, in

the making: *un avvocato in* ~ a budding lawyer; (*Bot.*) ~ **medica** lucerne.
erbaccia *f.* weed.
erbaceo *a.* herbaceous.
erbaggi *m.pl.* (green) vegetables *pl.*, greens *pl.*
erbario *m.* herbarium.
erbio *m.* (*Chim.*) erbium.
erbivendolo *m.* greengrocer; (*ambulante*) costermonger.
erbivoro I *a.* herbivorous. **II** *s.m.* (*Zool.*) herbivore.
erborista *m./f.* herbalist.
erboristeria *f.* herbalist' shop.
erboso *a.* grassy, grass-(covered).
erculeo *a.* Herculean (*anche fig.*).
erede *m./f.* heir: ~ *testamentario* testamentary heir, heir under a will. ▭ ~ **legittimo** heir at law, legal heir; **nominare** *un* ~ to appoint an heir.
eredità *f.* **1** inheritance, legacy, heritage (*anche fig.*). **2** (*Biol.*) inheritance. ▭ *lasciare in* ~ to bequeath (*a qd.* to s.o., s.o.) (*anche fig.*).
ereditabile *a.* heritable.
ereditare *v.t./i.* to inherit (*anche fig.*).
ereditarietà *f.* heredity.
ereditario *a.* hereditary, inherited. ▭ (*Biol.*) **caratteri** *ereditari* hereditary characters; **principe** ~ crown prince.
ereditiera *f.* heiress.
eremita *m.* hermit. ▭ (*fig.*) *fare vita da* ~ to lead a hermit-like existence.
eremitaggio *m.* hermitage (*anche estens.*).
eremo *m.* hermitage.
eresia *f.* (*Rel.*) heresy.
eretico I *a.* heretical. **II** *s.m.* heretic.
erettile *a.* (*Fisiologia*) erectile.
eretto *a.* (*dritto*) erect, straight, upright.
erezione *f.* **1** (*l'erigere*) erection, building. **2** (*fig.*) (*fondazione*) foundation. **3** (*Fisiologia*) erection.
ergastolano *m.* prisoner (*o* convict) serving a life sentence, (*fam.*) lifer.
ergastolo *m.* **1** (*pena*) life imprisonment. **2** (*casa di pena*) prison. ▭ *condanna all'*~ life sentence.
ergere *v.t.* (*lett.*) to raise, to lift up. **ergersi** *v.r.* **1** (*rif. a monti e sim.*) to rise*. **2** (*fig.*) to set* o.s. up (as).
erigere *v.t.* **1** to erect, to raise. **2** (*fondare*) to set* up. **3** (*fig.*) (*elevare, innalzare*) to raise to the status (*a* of), to elevate (to). **erigersi** *v.r.* to set* o.s. up (as).
eritema *m.* (*Med.*) erythema.
eritreo *a./s.m.* Eritrean.
ermafrodito I *a.* hermaphroditic. **II** *s.m.* hermaphrodite.
ermellino *m.* **1** (*Zool.*) ermine, stoat. **2** (*pelliccia*) ermine.
ermetico *a.* **1** (*a perfetta tenuta*) airtight, hermetic; (*a tenuta d'acqua*) watertight; (*a tenuta di gas*) gas-proof. **2** (*fig.*) obscure, inscrutable.
ermetismo *m.* **1** (*impenetrabilità*) inscrutability, obscurity. **2** (*Lett.*) "Ermetismo".
Ernesto *N.pr.m.* Ernest.
ernia *f.* (*Med.*) hernia, rupture.
erodere *v.t.* to erode, to eat* away.
eroe *m.* hero (*anche estens.*).
erogabile *a.* **1** (*rif. a denari*) distributable, donable: *somma* ~ donable sum. **2** (*rif. ad acqua, gas e sim.*) deliverable, suppliable.
erogare *v.t.* **1** (*rif. a denari*) to distribute, to allocate; (*in donazione, per beneficenza*) to donate. **2** (*acqua, gas, ecc.*) to deliver.
erogazione *f.* **1** (*rif. a denari*) distribution, allocation; (*donazione, beneficenza*) donation. **2** (*rif. ad acqua e sim.*) supply: ~ *d'acqua potabile* drinking-water supply; ~ *di corrente* power supply.
eroico *a.* heroic.
eroicomico *a.* mock-heroic.
eroina[1] *f.* heroine.
eroina[2] *f.* (*Chim.*) heroin.
eroinomane *s.m./f.* heroin addict.
eroismo *m.* heroism.
erompere *v.i.* to burst* out (*o* forth), to break* (out).
erosione *f.* (*Geol.*) erosion.
erosivo *a.* (*Geol.*) erosive.
erotico *a.* erotic.
erotismo *m.* eroticism.
erpice *m.* (*Agr.*) harrow.
errabondo *a.* (*lett.*) wandering, rambling.
errante *a.* wandering, roving: *l'Ebreo* ~ the Wandering Jew.
errare *v.i.* **1** to wander, to roam, to ramble, to rove. **2** (*ingannarsi, sbagliare*) to be mistaken (*o* wrong), to make* a mistake. ▭ ~ *è umano* to err is human.
errata (**corrige**) *m.* (*Tip.*) errata *pl.*, corrigenda *pl.*
errato *a.* wrong, mistaken, incorrect. ▭ *se non vado* ~ if I am not mistaken.
erroneo *a.* wrong, mistaken, erroneous.
errore *m.* **1** mistake, error. **2** (*colpa, fallo*) error, fault, lapse; (*peccato*) sin. ▭ ~ *di* **calcolo** miscalculation; ~ *di* **disattenzione** slip; **fare** *un* ~ to make a mistake; ~ **giudiziario** miscarriage of justice; **per** ~ by mistake, in error; **salvo** ~ if I am not mistaken; ~ *di* **stampa** misprint.
erta *f.* steep slope (*o* ascent). ▭ **all'**~*!* look out!, careful!; (*fig.*) **stare** *all'*~ to be on the alert.
erto *a.* steep, precipitous.
erudire *v.t.* (*istruire*) to instruct, to educate.
erudito I *a.* learned, erudite, scholarly. **II** *s.m.* learned person, scholar.
erudizione *f.* learning, erudition.
eruttare *v.t.* **1** (*Geol.*) to erupt, to belch, to throw* (*o* spew) out. **2** (*fig.*) to spew out.
eruttivo *a.* eruptive.
eruzione *f.* **1** (*Geol.*) (volcanic) eruption. **2** (*Med.*) eruption, rash.
es. = *esempio* example (ex.).
Es = (*Chim.*) *einsteinio* einsteinium.
esacerbare *v.t.* to exacerbate.

esadecimale *a.* (*Inform.*) hexadecimal.
esagerare I *v.t.* to exaggerate, to overstate. **II** *v.i.* to exaggerate, to overdo*, to go* too far.
esagerato *a.* (*eccessivo*) exaggerated, excessive; (*rif. a prezzi e sim.*) exorbitant, excessive. □ *essere* (*un*) ~ to overdo things, to go too far.
esagerazione *f.* exaggeration, overstatement.
esagonale *a.* (*Geom.*) hexagonal.
esagono *m.* (*Geom.*) hexagon.
esalare I *v.t.* to give* off (*o* out), to exhale. **II** *v.i.* to exhale, to come* (out) (*da* from); (*rif. a cattivo odore*) to reek (costr. pers.). □ ~ *l'ultimo respiro* to breathe one's last.
esalazione *f.* exhalation.
esaltante *a.* exciting, stimulating.
esaltare *v.t.* **1** (*magnificare*) to exalt, to extol, to magnify. **2** (*innalzare a una dignità*) to raise, to elevate. **3** (*entusiasmare*) to thrill, to (a)rouse, to stir. **4** (*far risaltare*) to enhance, to heighten, to set* off. **esaltarsi** *v.r.* to be (a)roused, to be thrilled (*o* elated), to be stirred.
esaltato I *a.* (*eccitato*) excited; (*fanatico*) fanatical; (*avventato*) hot-headed. **II** *s.m.* fanatic, hot-head.
esaltazione *f.* **1** (*lode*) exalting, extolling. **2** (*eccitazione*) excitement, elation.
esame *m.* **1** examination, test; (*accurato*) scrutiny; inspection. **2** (*controllo*) check. **3** (*Scol., Univ.*) examination, (*fam.*) exam. □ **dare** *un* ~ to take (*o* sit) an examination; ~ *di* **idoneità** aptitude test; **in** ~ under examination; (*in prova, in visione*) on approval; ~ *di* **maturità** (*GB*) A-levels; (*USA*) final exams; ~ **orale** oral (examination); **prendere** *qc. in* ~ to take s.th. into consideration; ~ *del* **sangue** blood test.
esametro *m.* (*Metrica*) hexameter.
esaminando *m.* examinee, candidate.
esaminare *v.t.* **1** to examine, to test; (*controllare*) to check. **2** (*Scol., Univ., Dir.*) to examine. **3** (*considerare*) to examine, to take* into consideration, to look (*o* go*) into.
esaminatore I *s.m.* examiner. **II** *a.* examining.
esangue *a.* **1** bloodless. **2** (*fig.*) (*pallido*) (deadly) pale, white (as a sheet).
esanime *a.* lifeless.
esasperante *a.* exasperating, irritating.
esasperare *v.t.* **1** (*rendere più gravoso*) to increase. **2** (*irritare*) to exasperate. **esasperarsi** *v.r.* to get* (*o* become*) exasperated (*o* annoyed) (*per* by, at).
esasperazione *f.* **1** (*l'esasperare*) heightening, sharpening. **2** (*irritazione*) exasperation.
esattamente *avv.* exactly.
esattezza *f.* **1** exactness, precision, preciseness. **2** (*accuratezza*) exactitude, accuracy. **3** (*puntualità*) punctuality. □ *con* ~ exactly, precisely.
esatto *a.* **1** exact; (*giusto*) correct, right. **2** (*preciso*) accurate, precise. **3** (*puntuale*) punctual. **4** (*rif. a ore: in punto*) exactly, precisely. □ *il mio orologio è* ~ my watch is right; (*nelle risposte*) ~*!* that's right, just (*o* quite) so.
esattore *m.* (tax) collector.
esattoria *f.* collector's office.
esaudimento *m.* granting.
esaudire *v.t.* to grant, to answer.
esauriente *a.* exhaustive, thorough.
esaurimento *m.* **1** exhaustion. **2** (*Med.*) (*esaurimento nervoso*) nervous breakdown. □ (*Comm.*) *svendita fino a* ~ *della merce* clearance sale.
esaurire *v.t.* **1** to exhaust, to use up; (*rif. a miniere*) to work out. **2** (*rif. a merci: venderle completamente*) to sell* out. **3** (*trattare compiutamente*) to exhaust: ~ *un argomento* to exhaust a subject. **4** (*estens.*) (*debilitare*) to wear* (*o* tire) out, to exhaust. **esaurirsi** *v.r.* **1** to be used up (*o* exhausted), to run* out; (*rif. a miniere*) to be worked out. **2** (*rif. a merci*) to be sold out; (*rif. a libri*) to be out of print. **3** (*fig.*) (*estinguersi*) to dry up, to run* dry. **4** (*estens.*) (*debilitarsi*) to get* exhausted, to wear* o.s. out.
esausto *a.* (*estens.*) (*spossato*) worn (*o* tired) out, exhausted, spent.
esautorare *v.t.* to deprive of power (*o* authority).
esazione *f.* collection, exaction.
esca *f.* **1** bait (*anche fig.*). **2** (*per accendere il fuoco*) tinder. □ (*fig.*) **dare** ~ to foment, to stir up; **mettere** *l'*~ *all'amo* to bait the hook; (*fig.*) **prendere** *all'*~ *qd.* to hook s.o.
escandescenza *f.* fit of rage, outburst of anger. □ *dare in escandescenze* to fly into a rage.
escavatore *m.*, **escavatrice** *f.* excavator, digger.
eschimese *a./s.m./f.* Eskimo.
esclamare *v.i.* to exclaim, to cry (out).
esclamativo *a.* exclamatory.
esclamazione *f.* **1** exclamation. **2** (*Gramm.*) (*interiezione*) exclamation, interjection.
escludere *v.t.* **1** to exclude, to leave* out. **2** (*ritenere non vero*) to refuse to admit: *escludo che sia accaduto un fatto simile* I refuse to admit that such a thing happened.
esclusione *f.* exclusion. □ **a** ~ *di* except; **per** ~ by elimination; **senza** ~ *di colpi* (with) no holds barred.
esclusiva *f.* exclusive (*o* sole) right. □ **notizia** *in* ~ exclusive (report), (*fam.*) scoop; ~ *di* **vendita** sole agency.
esclusivo *a.* exclusive; sole.
escluso I *a.* **1** excluded, excepted: *nessuno* ~ nobody excepted. **2** (*impossibile*) impossible, out of the question: *è* ~ *che sia partito* it's impossible that he has left. **II** *s.m.* outcast.
escogitare *v.t.* to think* up (*o* out), to contrive, to devise (*anche scherz.*).
escoriare *v.t.* to graze, to excoriate.
escoriazione *f.* graze, excoriation.
escremento *m.* excrement, faeces *pl.*

escrescenza *f.* (*Anat.*) growth, excrescence.
escursione *f.* **1** trip, excursion, outing; (*a piedi*) hike. **2** (*Mecc.*) travel, stroke. **3** (*Meteor.*) range: ~ *termica* temperature range.
escursionismo *m.* touring; (*a piedi*) hiking; (*in zone non battute*) trekking.
escursionista *m./f.* tourist; (*chi fa escursioni a piedi*) hiker.
esecrabile *a.* execrable.
esecrare *v.t.* to execrate, to abhor.
esecrazione *f.* execration, abhorrence.
esecutivo I *a.* executive; (*Dir.*) executory: *sentenza esecutiva* executory judgement. **II** *s.m.* **1** (*potere esecutivo*) executive. **2** (*comitato esecutivo*) executive (committee).
esecutore *m.* **1** executant. **2** (*Mus.*) performer. □ (*Dir.*) ~ **fallimentare** trustee in bankruptcy; (*Dir.*) ~ **testamentario** executor.
esecuzione *f.* **1** execution; (*realizzazione*) carrying out. **2** (*Mus.*) performance. **3** (*esecuzione capitale*) execution.
esegesi *f.* exegesis.
eseguibile *a.* feasible.
eseguibilità *f.* feasibility.
eseguire *v.t.* **1** to carry out, to execute, to perform, to fulfil: ~ *un piano* to carry out a plan. **2** (*Mus., Teat.*) to perform.
esempio *m.* **1** (*modello*) example, model, pattern. **2** (*citazione*) example, instance, specimen: *questa grammatica contiene molti esempi* this grammar contains many examples. **3** (*ammaestramento*) example, lesson. □ **ad** ~ for example (*o* instance), e.g.; **dare** *il buon* (o *cattivo*) ~ to set a good (*o* bad) example; **fare** *un* ~ to give an example; **per** ~ for example (o instance); **portare** *a* ~ to give as an example.
esemplare I *a.* exemplary, model-. **II** *s.m.* **1** (*modello*) example, model (*anche fig.*). **2** (*copia di libro, di documenti*) copy. **3** (*individuo, oggetto*) example, specimen. □ *in due esemplari* in duplicate.
esemplificare *v.t.* to exemplify.
esemplificazione *f.* **1** exemplification, illustration. **2** (*esempi*) examples *pl.*
esentare *v.t.* to exempt, to free (*da* from). **esentarsi** *v.r.* to free o.s. from.
esente *a.* exempt(ed) (*da* from), free (of, from): ~ *da imposte* (*o tasse*) duty-free, tax -free.
esenzione *f.* exemption.
esequie *f.pl.* funeral rites *pl.*, obsequies *pl.*
esercente *s.m./f.* shopkeeper.
esercitare *v.t.* **1** to exercise: ~ *la mente* to exercise the mind. **2** (*addestrare*) to train, to drill (*spec. Mil.*). **3** (*dedicarsi a un'attività: rif. a professioni*) to practise; (*rif. a commercio e sim.*) to carry on. **4** (*usare, far valere*) to exercise, to exert: ~ *la propria autorità su qd.* to exert one's authority on s.o. **esercitarsi** *v.r.* to practise, to exercise o.s. □ ~ *il* **commercio** to be in trade; ~ *la* **memoria** to exercise the memory; (*fig.*) ~ **pressioni** *su qd.* to exert pressure on s.o.
esercitazione *f.* **1** exercise, practice, drill: ~ *scolastica* exercise in class. **2** (*Mil.*) exercises *pl.*, manoeuvres *pl.*
esercito *m.* **1** army. **2** (*fig.*) (*moltitudine*) host, crowd, army. □ **entrare** *nell'* ~ to join the army; ~ *della* **salvezza** Salvation Army.
esercizio *m.* **1** exercise. **2** (*pratica*) practice. **3** (*svolgimento di un'attività professionale*) practice. **4** (*l'usare, il far valere*) exercise, exertion: ~ *del potere* exercise of power. **5** (*gestione di un'azienda*) management, running; (*l'azienda gestita*) business, concern; (*negozio*) shop. □ **capitale** *d'*~ working capital; **entrare** *in* ~ (*rif. a impianti*) to go into operation; ~ **finanziario** financial year; *essere* **fuori** (*d'*) ~ to be out of practice; (*Scol.*) **libro** *di esercizi* workbook; ~ **pubblico** public commercial concern.
esibire *v.t.* **1** (*mostrare documenti e sim.*) to produce. **2** (*mettere in mostra*) to display, to exhibit, to show*. **esibirsi** *v.r.* **1** (*dare spettacolo*) to perform. **2** (*fig.*) to show* off, to parade o.s.
esibizione *f.* **1** presentation, production. **2** (*ostentazione*) show, display, exhibition. **3** (*spettacolo*) performance.
esibizionismo *m.* **1** exhibitionism, (*fam.*) showing off. **2** (*Psic.*) exhibitionism.
esibizionista *m./f.* **1** exhibitionist, (*fam.*) show-off. **2** (*Psic.*) exhibitionist.
esigente *a.* exacting, demanding.
esigenza *f.* **1** (*l'essere esigente*) exactingness. **2** (*necessità*) demand, need, requirement. □ *avere molte esigenze* to be very exacting.
esigere *v.t.* **1** (*pretendere, volere*) to exact, to demand. **2** (*richiedere, imporre*) to demand, to require, to call for: *il lavoro esige prontezza* the work calls for speed. **3** (*riscuotere*) to collect, to exact.
esigibile *a.* due, collectable.
esiguità *f.* meagreness, exiguity.
esiguo *a.* meagre, exiguous.
esilarante *a.* exhilarating; (*molto divertente*) hilarious.
esilarare *v.t.* to exhilarate.
esile *a.* **1** slender, thin. **2** (*fig.* (*rif. a suoni*) weak, feeble, thin.
esiliare *v.t.* to exile, to banish. **esiliarsi** *v.r.* **1** to go* into exile. **2** (*fig.*) (*ritirarsi*) to retire, to withdraw*.
esiliato I *a.* exiled, banished. **II** *s.m.* exile.
esilio *m.* exile, banishment.
esimere *v.t.* to exempt, to free, to release. **esimersi** *v.r.* to get* out (*da* of), to avoid.
esimio *a.* (*titolo di cortesia*) distinguished, eminent: ~ *collega* my distinguished colleague.
esistente *a.* existent, in existence; (*rif. a documenti e sim.*) (*pred.*) extant.
esistenza *f.* existence.
esistenziale *a.* existential.
esistenzialismo *m.* (*Filos.*) existentialism.
esistenzialista *a./s.m./f.* existentialist.

esistere *v.i.* to exist, to be; (*vivere*) to live.
esitante *a.* hesitant, hesitating; (*rif. alla voce*) faltering.
esitare *v.i.* to hesitate, to waver; (*rif. alla voce*) to falter.
esitazione *f.* hesitation, hesitancy, wavering. □ *rispose con* ~ he answered hesitatingly.
esito *m.* **1** (*risultato*) result, outcome, issue. **2** (*Comm.*) sale, turnover. □ *avere* **buon** (*o cattivo*) ~ to turn out well (*o* badly); **senza** ~ to no purpose, without result.
esodo *m.* **1** (*lett.*) exodus (*anche estens.*). **2** (*fig.*) (*rif. a capitali e sim.*) flight. **3** (*Bibl.*) Exodus.
esofago *m.* (*Anat.*) (o)esophagus.
esonerare *v.t.* to exempt, to excuse, to free: ~ *dal servizio militare* to exempt from military service. □ ~ *qd. da un incarico* to remove s.o. from office.
esonero *m.* exemption, release, exoneration. □ ~ *dal servizio militare* exemption from military service.
esorbitante *a.* exorbitant.
esorbitare *v.i.* to exceed, to go* (*o* be) beyond.
esorcismo *m.* exorcism.
esorcista *m.* exorcist.
esorcizzare *v.t.* to exorcize.
esordiente **I** *a.* making one's debut, appearing for the first time. **II** *s.m./f.* beginner.
esordio *m.* **1** introduction, preamble. **2** (*estens.*) (*inizio*) beginning, start; (*debutto*) debut.
esordire *v.i.* **1** to open, to begin*. **2** (*estens.*) to begin* (one's career), to start out; (*debuttare*) to make* one's debut.
esortare *v.t.* to exhort, to urge.
esortazione *f.* exhortation.
esosità *f.* **1** (*avarizia*) meanness, stinginess. **2** (*rif. a prezzi e sim.*) exorbitance.
esoso *a.* **1** (*avaro*) mean, stingy. **2** (*rif. a prezzo e sim.*) exorbitant, excessive.
esotico *a./s.m.* exotic.
espandere *v.t.* to extend, to spread*: ~ *i confini* to extend one's boundaries. **espandersi** *v.i.pron.* **1** to spread* (out), to expand, to extend. **2** (*Fis.*) to expand.
espansione *f.* **1** growth, expansion: ~ *economica* economic expansion. **2** (*Fis., Mat.*) expansion. □ *in* ~ expanding, growing.
espansionismo *m.* expansionism.
espansionista *m./f.* expansionist.
espansività *f.* **1** expansiveness. **2** (*fig.*) expansiveness, warmth.
espansivo *a.* expansive.
espatriare *v.i.* to expatriate o.s., to leave* one's country.
espatrio *m.* expatriation.
espediente *m.* **1** expedient, device. **2** (*con intenzioni poco oneste*) dodge, trick. □ *vivere di espedienti* to live on one's wits.
espellere *v.t.* to expel (*in tutti i signif.*).
esperienza *f.* **1** experience. **2** (*esperimento*) experiment. □ **fare** ~ *di qc.* to get (*o* gain) experience in s.th.; **per** ~ from (*o* by) experience: *parlare per* ~ to speak from experience.
esperimentare → **sperimentare.**
esperimento *m.* experiment, test.
esperire *v.t.* to test, to try (out). □ ~ *un'indagine* to carry out an investigation.
esperto **I** *a.* **1** expert (*in* at, in), skilled (in), skilful (at). **2** (*navigato*) experienced. **II** *s.m.* expert.
espettorare *v.t.* (*Med.*) to expectorate.
espiare *v.t.* to expiate, to atone for.
espiazione *f.* expiation, atonement.
espirare *v.t./i.* to breathe out.
espirazione *f.* expiration.
espletamento *m.* (*burocr.*) fulfilment, accomplishment.
espletare *v.t.* to fulfil, to accomplish.
esplicare *v.t.* (*svolgere*) to carry on (*o* out), to perform.
esplicativo *a.* explanatory.
esplicazione *f.* carrying on, performance.
esplicito *a.* explicit.
esplodere **I** *v.i.* **1** to explode, to blow* up; to burst*. **2** (*fig.*) to burst*, to break* out, to explode. **II** *v.t.* to fire.
esplorare *v.t.* **1** to explore. **2** (*Mil.*) to reconnoitre, to scout.
esplorativo *a.* exploratory.
esploratore *m.* **1** explorer. **2** (*Mil.*) scout. **3** (*Mar., Mil.*) scout (ship). □ *giovani esploratori* Boy Scouts.
esploratrice *f.* explorer. □ *giovane* ~ Girl Guide, (*am.*) Girl Scout.
esplorazione *f.* **1** exploration. **2** (*Mil.*) reconnaissance, scouting.
esplosione *f.* explosion (*anche fig.*).
esplosivo **I** *a.* explosive (*anche fig.*). **II** *s.m.* explosive.
esponente *m.* **1** exponent; (*rappresentante*) representative. **2** (*Mat.*) exponent.
esporre *v.t.* **1** to expose. **2** (*esibire*) to exhibit, to show*, to display. **3** (*spiegare*) to expound. **4** (*mettere a repentaglio*) to risk: ~ *la propria vita* to risk one's life. **5** (*narrare*) to retail, to detail. **6** (*Fot.*) to expose. **esporsi** *v.r.* **1** to expose o.s. (*anche fig.*). **2** (*compromettersi*) to compromise o.s., to commit o.s. □ ~ *un* **avviso** to put up a notice; ~ *al* **pubblico** to put on (public) view (*o* show).
esportare *v.t.* to export.
esportatore **I** *s.m.* exporter. **II** *a.* exporting.
esportazione **I** *s.f.* export, exportation. **II** *a.* export-. □ *divieto di* ~ ban on exportation.
esposimetro *m.* (*Fot.*) exposure meter.
espositore **I** *s.m.* **1** exhibitor. **2** (*chi spiega*) expositor. **II** *a.* exhibiting: *ditta espositrice* exhibiting firm.
esposizione *f.* **1** exposure. **2** (*mostra*) exhibition, show. **3** (*di vetrina*) display. **4** (*Fot.*) exposure.
esposto *m.* (*burocr.*) exposé.
espressione *f.* expression.

espressionismo *m.* (*Arte*) expressionism.
espressionista **I** *s.m./f.* expressionist. **II** *a.* expressionist.
espressionistico *a.* expressionist.
espressività *f.* expressiveness.
espressivo *a.* expressive, significant.
espresso **I** *a.* (*manifesto*) express, explicit. **II** *s.m.* **1** (*lettera espresso*) express letter, special delivery letter. **2** (*treno espresso*) express (train). **3** (*caffè espresso*) espresso. □ *per* ~ by express, by special delivery.
esprimere *v.t.* to express, to state. **esprimersi** *v.i.pron.* to express o.s.
espropriare *v.t.* to expropriate.
espropriazione *f.* expropriation.
espugnabile *a.* conquerable.
espugnare *v.t.* **1** to storm, to take* by force (*o* storm), to conquer. **2** (*fig.*) to overcome*.
espugnazione *f.* storming.
espulsione *f.* expulsion.
espurgare *v.t.* to expurgate, to bowdlerize.
esquimese → **eschimese**.
essa *pron.pers.f.sing.* **1** (*rif. a persone: soggetto*) she; (*raro*) (*compl. indiretti*) her. **2** (*rif. ad animali o cose*) it.
esse *pron.pers.f.pl.* (*soggetto*) they; (*raro*) (*compl. indiretti*) them.
essenza *f.* **1** (*parte essenziale*) essence, main (*o* essential) point. **2** (*Filos., Chim.*) essence.
essenziale **I** *a.* essential. **II** *s.m.* essential.
essere[1] *v.i.* **1** (*come copula, forma impers., esistere*) to be: *mia madre è inglese* my mother is English; *chi è? – sono io* who is it? – it's me; *penso, dunque sono* I think, therefore I am. **2** (*accadere, avvenire*) to be, to happen; to become*: *che cosa è stato?* what was it?, what happened?; *che sarà di me?* what will become of me? **3** (*consistere*) to lie* in, to consist of, to be. **4** (*diventare*) to be(come*), to grow*: *quando sarai grande* when you are big (*o* grow up). **5** (*andare, trovarsi in un luogo*) to be: *sono stato a trovarlo* I have been to see him; *non è in casa* he isn't at home (*o* in). **6** (*costare*) to be, to cost*: *quant'è?* how much is it? **7** (*pesare*) to weigh. **8** (*essere lungo*) to be... long: *è 6 metri* it is 6 metres long. **9** (*appartenere*) to be, to belong to: *il libro è mio* this book is mine (*o* belongs to me). **10** (*ausiliare: con la forma attiva*) to have: *cosa è accaduto?* what has happened?; *dove sei stato?* where have you been?; (*con la forma passiva*) to be: *questo libro è letto dai giovani* this book is read by young people; *quella ragazza è stata baciata da uno sconosciuto* that girl has been kissed by a stranger. **esserci** **1** to be: *c'era molta gente a riceverlo* there were a lot of people waiting to receive him; *c'ero anch'io* I was there, too; *che cosa c'è?* what's the matter?; *non c'è nulla per te* there is nothing for you. **2** (*esistere*) to be, to live: *c'era una volta un re* once upon a time there was a king, there once lived a king. **3** (*distare: rif. a spazio*) to be: *quanto c'è da qui alla posta? – ci sono cinquecento metri* how far is the post office? – it is five hundred metres"; (*rif. a tempo*) to take*, to be: *quanto c'è* (*ci vuole*) *per la stazione?* how long does it take to go to the station? □ *sei d'***accordo** *con me?* do you agree with me?; *non c'è* **altro** that's all; ~ ... **che** (*in determinazioni temporali*) (*traduzione idiomatica*): *sono tre settimane che non ti vedo* I haven't seen you for three weeks; *è* **che** (*causale*) it is because; the fact is that: *è che sei un galantuomo* it is because you are a gentleman; **com'***è che* how is it that, why: *com'è che non risponde?* why doesn't he answer?; *sia* **come** *si sia* be that as it may; *non è* **da** *te* it isn't like you; ~ **di** (*provenire*) to be, to come from: *è di Roma* he comes from Rome; (*per indicare possesso*) to be, to belong to: *di chi è?* whose is it?; (*rif. a materia*) to be made of: *questa scala è di marmo* this staircase is made of marble; (*nelle indicazioni di autore*) to be by: *di chi è quest'articolo?* who is this article by?; *nei tempi che* **furono** in bygone days of long ago; ~ **in** to be: *se io fossi in te* if I were you; *non* ~ **in** *sé* to be beside o.s., to be out of one's mind; *è* **meglio** *che io vada* I had better go; *è* **per** *questo che* that's (*o* this is) why; ~ **per** *qd.* (*parteggiare*) to be on s.o.'s side, to be for s.o.; ~ *in* **piedi** to be standing; *a che* **punto** *sei?* how far have you got?; **quant'***è che* how long is it since; *siamo alle* **solite** here we are (*o* go) again. ‖ *due anni or sono* two years ago; *quel che è stato è stato* let bygones be bygones; *ci sono!* (*ho capito*) I've got it!; *ci siamo!* here we are!; *Antonio Carli* (*del*) *fu Luigi* Antonio Carli, son of the late Luigi; *sarà!* (that) may be!, it's possible; *e sia* very well then; *così sia!* so be it!; *sia pure* very well, all right; *sia... sia* whether... or; *sia... che* both... and; *sia che... sia che* whether... or.
essere[2] *m.* **1** being, creature; (*esistenza*) existence. **2** (*fam.*) (*uomo, individuo*) creature, fellow. □ ~ **supremo** Supreme Being; *gli esseri* **viventi** living creatures.
essi *pron.pers.m.pl.* (*soggetto*) they; (*raro*) (*compl. indiretti*) them.
essiccare *v.t.* **1** to dry (up). **2** (*prosciugare*) to drain. **essiccarsi** *v.i.pron.* to dry up (*anche fig.*).
essiccativo *a.* drying.
essiccazione *f.* drying (process).
esso *pron.pers.m.sing.* **1** (*rif. a persone: soggetto*) he; (*raro*) (*compl. indiretti*) him. **2** (*rif. ad animali o cose*) it. □ (*burocr.*) *chi per* ~ his representative, whoever is acting for him.
est *m.* east.
estasi *f.* ecstasy, rapture (*anche estens.*)
estasiare *v.t.* to send* into ecstasy (*o* raptures), to enrapture. **estasiarsi** *v.i.pron.* to go into ecstasy, to be enraptured.
estate *f.* summer. □ **d'**~ in summer(-time);

(*estivo*) summer-, summer's; ~ *di san* **Martino** Indian summer.
estatico *a.* ecstatic.
estemporaneità *f.* extemporaneousness.
estemporaneo *a.* impromptu, unscripted.
estendere *v.t.* to extend, to expand. **estendersi** *v.i.pron.* **1** (*ampliarsi*) to extend. **2** (*stendersi*) to stretch, to extend. **3** (*fig.*) (*diffondersi*) to spread*.
estensibile *a.* **1** stretchable, extensible. **2** (*fig.*) extensible, extendible, that may be extended.
estensione *f.* **1** extension, expansion. **2** (*vastità*) extent. **3** (*Mus.*) compass, range. ▭ *per* ~ in a broader sense.
estensivo *a.* **1** extensive. **2** (*fig.*) extended, broad, wide.
estensore *m.* **1** (*compilatore*) compiler. **2** (*Ginn.*) chest-expander. ▭ (*Anat.*) *muscolo* ~ extensor.
estenuante *a.* exhausting.
estenuare *v.t.* to tire out, to exhaust. **estenuarsi** *v.i.pron.* to tire o.s. out.
estenuazione *f.* exhaustion.
estere *m.* (*Chim.*) ester.
esteriore *a.* exterior, external, (*attr.*) outer.
esteriorità *f.* appearance.
esternare *v.t.* to express, to manifest. ▭ ~ *un pensiero* to speak (*o* utter) a thought.
esterno I *a.* **1** external, (*attr.*) outside, exterior, (*attr.*) outward. **2** (*Geom.*) exterior. **II** *s.m.* **1** (*parte esterna*) outside, exterior. **2** (*Scol.*) day-boy. **3** (*Cin., Fot.*) exterior, outdoor (*o* location) shot. ▭ **all'**~ on the outside; **dall'**~ from (the) outside; *per* **uso** ~ for external use.
estero I *a.* foreign. **II** *s.m.* foreign countries *pl.* ▭ **all'**~ abroad; **Ministero** *degli Esteri* Ministry of Foreign Affairs; (*GB*) Foreign Office.
esterrefatto *a.* (*sbigottito*) amazed, astonished; (*atterrito*) aghast, terrified.
esteso *a.* wide, broad, extensive. ▭ *per* ~ in full: *firmare per* ~ to sign one's full name (*o* name in full); (*dettagliatamente*) in detail, with full particulars.
esteta *m./f.* aesthete.
estetica *f.* **1** (*Filos.*) aesthetics *pl.* (costr. sing.). **2** (*bellezza*) beauty, harmony.
estetico *a.* **1** aesthetic. **2** (*bello*) beautiful, attractive.
estetista *m./f.* beautician.
estimo *m.* estimate, (e)valuation.
estinguere *v.t.* **1** to extinguish (*anche fig.*); to put* out: ~ *un incendio* to put out a fire. **2** (*Econ.*) to pay* (off), to wipe out. **estinguersi** *v.i.pron.* **1** to die out. **2** (*fig.*) to die away (*o* out), to fade (away).
estinguibile *a.* redeemable.
estinto *m.* (*defunto*) deceased, departed. ▭ *gli estinti* the dead *pl.*; il **caro** ~ the loved one.
estintore *m.* (fire-)extinguisher.
estinzione *f.* **1** extinction. **2** (*Econ.*) (*cancellazione*) extinction, wiping-out, pay-off.
estirpare *v.t.* **1** to extirpate, to eradicate, to pull up, to uproot. **2** (*fig.*) to extirpate, to eradicate, to root out. **3** (*Chir.*) to extirpate; (*rif. a denti*) to extract, to pull (out).
estirpazione *f.* **1** extirpation, eradication (*anche fig.*). **2** (*Chir.*) extirpation.
estivo *a.* summer-, summer's; (*adatto all'estate*) summery.
estone *a./s.m.* Esthonian.
Estonia *N.pr.f.* (*Geog.*) Estonia.
estorcere *v.t.* to extort.
estorsione *f.* extortion.
estradare *v.t.* (*Dir.*) to extradite.
estradizione *f.* (*Dir.*) extradition.
estraneità *f.* extraneousness.
estraneo I *a.* **1** (*che non ha relazione*) extraneous, unrelated (*a* to). **2** (*alieno, contrario*) alien. **II** *s.m.* outsider, stranger. ▭ *essere* (o *rimanere*) ~ *a qc.* to have nothing to do with s.th.; (*non partecipare*) to keep out of s.th.
estraniare *v.t.* to estrange. **estraniarsi** *v.r.* to become* estranged.
estraniazione *f.* estrangement.
estrapolare *v.t.* to extrapolate.
estrarre *v.t.* **1** to extract, to take* (out), to pull (out). **2** (*sorteggiare*) to draw*: ~ *a sorte* to draw lots. **3** (*in miniera*) to extract, to mine; (*da una cava*) to quarry. ▭ *farsi* ~ *un* **dente** to have a tooth out; (*Mat.*) ~ *una* **radice** (*quadrata*) to extract a (square) root.
estratto *m.* **1** extract, excerpt. **2** (*compendio: di libro o documento*) abstract. **3** (*Giorn.*) off-print. ▭ (*Comm.*) ~ (*di*) *conto* statement of account.
estrazione *f.* **1** extraction (*anche fig.*): *persona di bassa* ~ person of low extraction. **2** (*sorteggio: atto*) drawing; (*effetto*) draw. **3** (*da una miniera*) mining, digging (out); (*da una cava*) quarrying.
estremismo *m.* extremism.
estremista *m./f.* extremist.
estremistico *a.* extremist.
estremità *f.* **1** end, extremity; (*punta*) tip, point; (*di cosa verticale*) top. **2** *pl.* (*arti*) extremities *pl.*; (*piedi*) feet *pl.*
estremo I *a.* **1** extreme; (*più distante*) outermost, outmost, utmost. **2** (*ultimo*) last, final: *l'ora estrema* the last hour. **3** (*Pol.*) extreme: *l'estrema destra* the extreme right. **II** *s.m.* **1** (*parte estrema, estremità*) extremity, end, tip. **2** (*fig.*) (*eccesso*) extreme, excess. **3** *pl.* (*punto culminante*) heights; peak; (*in senso negativo*) depths: *giunse agli estremi della disperazione* she was in the depths of despair. **4** *pl.* (*Dir.*) terms *pl.*, essentials *pl.* **5** *pl.* (*Mat.*) extremes *pl.* ▭ **all'**~ extremely, in the extreme; *un* **caso** ~ an extreme (*o* a desperate) case; **essere** *agli estremi* to be on the point of death; *Estremo* **Oriente** Far East.
estrinsecare *v.t.* to express, to manifest. **estrinsecarsi** *v.i.pron.* to be expressed.

estrinsecazione *f.* expression, voicing.
estrinseco *a.* extrinsic.
estro *m.* **1** (*ghiribizzo*) fancy, whim. **2** (*fig.*) (*ispirazione artistica*) inspiration.
estrogeno I *s.m.* (o)estrogen. **II** *a.* (o)estrogenic. □ *ormone* ~ oestrogenic hormone.
estromettere *v.t.* to turn (*o* throw*) out, to expel.
estromissione *f.* expulsion, exclusion.
estroso *a.* **1** original, inspired, talented. **2** (*capriccioso, lunatico*) whimsical, capricious.
estroverso I *a.* extrovert(ed). **II** *s.m.* extrovert.
estuario *m.* (*Geog.*) estuary.
esuberante *a.* exuberant, lively.
esuberanza *f.* **1** (*sovrabbondanza*) superabundance, redundance. **2** (*fig.*) (*vivacità*) exuberance, liveliness.
esulare *v.i.* **1** to go* into exile. **2** (*fig.*) to be beyond, to lie* outside.
esulcerare *v.t.* **1** (*ulcerare*) to ulcerate. **2** (*fig.*) to exacerbate.
esule *m./f.* exile.
esultante *a.* exultant.
esultanza *f.* exultation. □ *con* ~ exultantly.
esultare *v.i.* to exult (*per* at).
esumare *v.t.* **1** to exhume. **2** (*fig.*) to unearth, to bring* to light, to revive.
esumazione *f.* **1** exhumation. **2** (*fig.*) unearthing.
età *f.* **1** age. **2** (*periodo, epoca*) age (*anche Geol.*): ~ *della Pietra* Stone Age. □ **all'**~ *di vent'anni* at (the age of) twenty; *essere in* ~ **avanzata** to have reached a good (*o* ripe) old age; **avere** *l'*~ *di trent'anni* to be thirty years old; *persona di una* **certa** ~ elderly person; *che* ~ **hai***?* how old are you?; **limiti** *di* ~ age limit; **maggiore** ~ majority; **minore** ~ minority; *essere in* **minore** ~ to be under age; (*Dir.*) to be an infant; **raggiungere** *la maggiore* ~ to come of age.
etere *m.* (*Chim.*) ether.
etereo *a.* (*lett.*) ethereal (*anche Filos., Chim.*).
eternare *v.t.* to immortalize, to perpetuate. **eternarsi** *v.r.* to win* eternal fame, to achieve immortality.
eternità *f.* eternity. □ **metterci** *un'*~ to take very long time; **per** (*tutta*) *l'*~ forever, throughout eternity; (*fig.*) **un'**~ a month of Sundays.
eterno *a.* **1** eternal: *Dio è* ~ God is eternal. **2** (*immortale, senza fine*) eternal, immortal, everlasting. **3** (*interminabile*) interminable, endless, everlasting; never-ending; (*duraturo*) durable. □ **in** ~ forever, for ever (and ever), eternally; *il* **padre** ~ the Eternal Father; *il* **sonno** ~ everlasting sleep.
eterodossia *f.* heterodoxy.
eterodosso *m.* heterodox.
eterogeneo *a.* heterogeneous.
eterosessuale *a./s.m./f.* heterosexual.
etica *f.* ethics *pl.* (costr. sing. o pl.).
etichetta[1] *f.* **1** label, tag; (*adesiva*) sticker. **2** (*fig.*) label.
etichetta[2] *f.* (*cerimoniale*) etiquette. □ **badare** *all'*~ to stand on ceremony; **senza** ~ informally.
etichettare *v.t.* to label (*anche fig.*).
etico *a.* ethical.
etile *m.* (*Chim.*) ethyl.
etilico *a.* (*Chim.*) ethyl-, ethylic: *alcool* ~ ethyl alcohol.
etilismo *m.* (*Med.*) alcoholism.
etimo *m.* (*Ling.*) etymon.
etimologia *f.* etymology.
etimologico *a.* etymologic(al).
Etiopia *N.pr.f.* (*Geog.*) Ethiopia.
etiopico *a./s.m.* Ethiopian.
etnico *a.* ethnic(al).
etnografia *f.* ethnography.
etnografico *a.* ethnographic.
etnologia *f.* ethnology.
etnologico *a.* ethnologic(al).
etnologo *m.* ethnologist.
etologia *f.* ethology.
etologo *m.* ethologist.
etrusco *a./s.m.* (*Stor.*) Etruscan.
ettagono *m.* (*Geom.*) heptagon.
ettaro *m.* hectare.
etto, ettogrammo *m.* hectogram.
ettolitro *m.* hectolitre; (*am.*) hectoliter.
ettometro *m.* hectometre; (*am.*) hectometer.
Eu = (*Chim.*) *europio* europium.
eucalipto *m.* (*Bot.*) eucalyptus.
eucaristia *f.* (*Rel.*) Eucharist. □ *ricevere l'*~ to receive Holy Communion.
eucaristico *a.* Eucharistic.
eufemismo *m.* euphemism.
eufemistico *a.* euphemistic.
eufonia *f.* euphony.
eufonico *a.* euphonic.
euforia *f.* euphoria, elation.
euforico *a.* euphoric, elated. □ *stato* ~ elated state.
Eugenia *N.pr.f.* Eugenie.
Eugenio *N.pr.m.* Eugene.
eunuco *m.* eunuch.
eurasiano *a./s.m.* Eurasian.
eurasiatico *a.* Eurasian.
EURATOM *Comunità Europea dell'Energia Atomica* European Atomic Energy Organization.
eurodollaro *m.* (*Econ.*) eurodollar.
Europa *N.pr.f.* (*Geog.*) Europe.
europeismo *m.* Europeanism.
europeo *a./s.m.* European.
europio *m.* (*Chim.*) europium.
eurovisione *f.* (*TV*) Eurovision: *trasmissione in* ~ Eurovision telecast.
eutanasia *f.* euthanasia.
Eva *N.pr.f.* Eve.
evacuare I *v.t.* to evacuate. **II** *v.i.* to evacuate (*da qc.* s.th.); (*ritirarsi*) to withdraw* (from).
evacuazione *f.* **1** evacuation. **2** (*defecazione*) evacuation, defecation.
evadere I *v.i.* **1** to escape, to run* away (*da* from). **2** (*fig.*) to escape, to get* away (from). **II** *v.t.* **1** (*burocr.*) (*sbrigare*) to dis-

patch, to clear (s.th.): ~ *la corrispondenza* to clear correspondence. **2** (*rif. al fisco*) to evade, to dodge.
evanescente *a.* evanescent, vanishing, fading.
evanescenza *f.* **1** evanescence. **2** (*Rad.*) fading.
evangelico I *a.* **1** Gospel-, evangelic(al). **2** (*protestante*) evangelical. **II** *s.m.* evangelical.
evangelista *m.* Evangelist.
evangelizzare *v.t.* to evangelize.
evangelizzazione *f.* evangelization.
evaporare *v.i./t.* to evaporate.
evaporatore *m.* evaporator.
evaporazione *f.* evaporation; (*vaporizzazione*) vaporization.
evasione *f.* **1** (*rif. a prigioni*) escape; (*fam.*) break out, jail-break. **2** (*fig.*) escape; escapism. **3** (*burocr.*) dispatch, carrying out. ▭ ~ *fiscale* tax evasion.
evasivo *a.* evasive, elusive.
evaso *m.* fugitive, runaway.
evasore *m.* tax-evader, tax-dodger.
Evelina *N.pr.f.* Evelyn.
evenienza *f.* event, occurrence, eventuality. ▭ *per ogni* ~ in case of need, if need be.
evento *m.* case, event.
eventuale *a.* (*pred.*) possible, probable; any, whatever: *le tue eventuali decisioni saranno rispettate* whatever decision you make will be respected.
eventualità *f.* eventuality, event. ▭ **nell'**~ *che* in the event of, if, in case; **per** *ogni* ~ for all eventualities.
eventualmente *avv.* in case, if necessary, in that case.
eversivo *a.* subversive, revolutionary.
evidente *a.* evident, clear.
evidenza *f.* evidence. ▭ **mettere** *in* ~ to stress; to bring out; **mettersi** *in* ~ to make o.s. conspicuous, to draw attention to o.s.
evidenziare *v.t.* **1** (*mettere in evidenza*) to point out. **2** (*burocr.*) (*tenere in evidenza*) to keep* out for immediate attention.
evidenziatore *m.* marker.
evirare *v.t.* to emasculate.
evirazione *f.* emasculation.
evitare *v.t.* **1** to avoid, to shun, to evade, to escape, to dodge. **2** (*astenersi*) to avoid, to abstain, to refrain: ~ *di fare qc.* to avoid doing s.th., to abstain (*o* refrain) from doing s.th. **3** (*risparmiare*) to spare, to save: *farò di tutto per evitarti questa noia* I'll do all I can to save you this trouble.
evo *m.* ages *pl.*, times *pl.*: *Medio Evo* Middle Ages.
evocare *v.t.* **1** (*Occultismo*) to evoke, to conjure (up). **2** (*estens.*) (*rievocare*) to evoke, to recall, to call up.
evocativo *a.* evocative.
evocazione *f.* evocation.
evolutivo *a.* evolutionary.
evoluto *a.* **1** fully-developed, evolved. **2** (*estens.*) (*progredito*) advanced, progressive, up-to-date; (*senza pregiudizi*) open-minded.
evoluzione *f.* evolution, development, growth. ▭ ~ *della specie* evolution of the species.
evoluzionismo *m.* (*Stor.*) evolutionism.
evolvere *v.t.* (*non com.*), **evolversi** *v.i.pron.* to evolve.
evviva I *intz.* (*usato da solo*) hurrah, hurray. **II** *s.m.* cheer, shout, hurrah.
ex *lat.* ex, former: ~ *sindaco* ex-mayor, former mayor.
extra I *a.* **1** best-quality, first-rate, extra: *burro* ~ best-quality butter. **2** (*fuori del previsto*) extra, additional: *spese* ~ additional expenditure. **II** *s.m.* (*spesa*) extra.
extraconiugale *a.* extramarital.
extraparlamentare *a.* extraparliamentary.
extraterrestre *a.* extraterrestrial.
extraterritoriale *a.* extraterritorial.
extraterritorialità *f.* extraterritoriality, extraterritorial status.
eziologia *f.* (*Med.*) etiology.

F

f[1], **F**[1] *f./m.* (*lettera dell'alfabeto*) f, F. □ (*Tel.*) ~ *come Firenze* F for Frederick; (*am.*) F for Fox.

f[2] = **1** *femminile* feminine. **2** (*Fis.*) *frequenza* frequency.

F[2] = **1** (*Fis.*) *Fahrenheit* Fahrenheit. **2** (*Chim.*) *fluoro* fluorine.

fa[1] *m.* (*Mus.*) F, fa: *chiave di* ~ key of F.

fa[2] *avv.* ago: *due anni* ~ two years ago; *molto tempo* ~ long ago.

fabbisogno *m.* requirements *pl.*, needs *pl.*

fabbrica *f.* **1** factory, (*officina*) works *pl.*; (*piccolo stabilimento*) workshop: ~ *di automobili* motor-works. **2** (*edificio*) building structure. □ *a prezzo di* ~ at cost price.

fabbricabile *a.* **1** manufacturable. **2** (*edificabile*) building: *area* ~ building site.

fabbricante *m./f.* manufacturer, maker.

fabbricare *v.t.* **1** to build*, to manufacture, to make*, to produce. **2** (*fig.*) (*architettare*) to fabricate, to trump up: ~ *un'accusa* to trump up a charge.

fabbricato *m.* building, edifice.

fabbricazione *f.* **1** (*Industria*) manufacture, manufacturing, making, make. **2** (*in urbanistica: edificazione*) building, construction: ~ *intensiva* building up. □ *di* ~ *inglese* made in England.

fabbro *m.* (*chi lavora in ferramenta*) blacksmith, (*chi fa chiavi serrature e sim.*) locksmith. □ ~ *ferraio* blacksmith, smith.

faccenda *f.* **1** thing, matter. **2** *pl.* (*lavori domestici*) housework, chores *pl.*: *accudire alle faccende* to do the housework. **3** (*caso, questione*) matter, affair, business.

faccetta *f.* (*Min., fig.*) facet.

facchino *m.* porter. □ (*fig.*) **da** ~ coarse, vulgar, foul; **lavorare** *come un* ~ to work like a slave; **linguaggio** *da* ~ foul language.

faccia *f.* **1** face. **2** (*espressione*) face, expression, look: ~ *arcigna* sour face, sullen look. **3** (*apparenza, lato*) side, aspect. **4** (*rif. a moneta*) side. **5** (*Geom.*) face, side. □ *(a)* ~ **a** ~ face to face; (*volg.*) *fare qc.* **alla** ~ *di qd.* to do s.th. just to spite s.o.; **di** ~ (*dirimpetto*) opposite, facing; (*fig.*) **in** ~ frankly, openly; *dire qc.* **in** ~ *a qd.* to say s.th. to s.o.'s face; **perdere** *la* ~ to lose face; (*fig.*) **salvare** *la* ~ to save one's face; ~ **tosta** face, cheek, nerve; *che* ~ **tosta**! what a cheek (*o* a nerve)!

facciale *a.* facial, face.

facciata *f.* **1** façade, front. **2** (*pagina*) page.

faceto *a.* facetious.

facezia *f.* jest, witticism.

fachiro *m.* fakir.

facile *a.* **1** easy; simple; (*comprensibile*) simple; (*scorrevole: di stile*) smooth: *una lezione* ~ an easy lesson. **2** (*di carattere*) easy-going. **3** (*incline*) prone, quick, inclined (*a* to): ~ *alla collera* quick-tempered. □ *è* ~ **che** it is likely that: *è* ~ *che piova* it is likely to rain (*o* it may well rain); **guadagni** *facili* money for old rope.

facilità *f.* **1** easiness, facility, ease. **2** (*inclinazione*) talent, bent, flair; facility (in). □ *parla l'inglese con* ~ he speaks English fluently.

facilitare *v.t.* **1** to facilitate, to make* easy (*o* easier). **2** (*aiutare*) to help.

facilitazione *f.* **1** facility, facilitation. **2** *pl.* facilities *pl.*, easy terms *pl.*

facilone *m.* happy-go-lucky person.

faciloneria *f.* superficiality, carelessness.

facinoroso **I** *a.* violent, rough: *gente facinorosa* violent people. **II** *s.m.* villain.

facoltà *f.* **1** (*capacità*) faculty: *la* ~ *di intendere* the faculty of understanding. **2** (*potere, autorità*) faculty, power, authority. **3** (*Univ.*) faculty, department. □ (*Univ.*) **consiglio** *di* ~ faculty board; **dare** ~ *a qd. di fare qc.* to authorize (*o* allow) s.o. to do s.th.; ~ *di* **ingegneria** Faculty of Engineering; (*Dir.*) ~ *di* **intendere** *e di volere* possession of one's faculties.

facoltativo *a.* optional.

facoltoso *a.* wealthy, rich, well-off.

facondo *a.* (*lett.*) eloquent.

facsimile *m.* **1** facsimile. **2** (*fax*) fax, facsimile. □ *mandare per* ~ to fax.

factotum *m.* factotum; (*scherz.*) jack of all trades.

faggio *m.* (*Bot.*) beech.

fagiano *m.* (*Zool.*) pheasant.

fagiolino *m.* (*Bot.*) French (*o* green) bean; (*am.*) string bean.

fagiolo *m.* **1** (*Bot.*) bean: *piatto di fagioli* dish of beans. **2** (*Univ.*) (*studente del secondo

anno) second-year student, (*am.*) sophomore.
faglia *f.* (*Geol.*) fault.
fagocitare *v.t.* **1** (*Biol.*) to phagocytize. **2** (*fig.*) (*assorbire*) to absorb, to engulf.
fagotto[1] *m.* bundle. ☐ (*fig.*) *far* ~ (*partire*) to pack up and leave.
fagotto[2] *m.* (*Mus.*) bassoon.
faida *f.* (*Stor.*) feud.
faina *f.* (*Zool.*) (beech-)marten.
falange (*Anat.*) phalanx.
falangetta *f.* (*Anat.*) terminal (*o* ungual) phalanx.
falangina *f.* (*Anat.*) middle (*o* second) phalanx.
falangista *m./f.* (*Pol.*) Falangist.
falcata *f.* **1** (*Equitazione*) curvet. **2** (*Sport*) stride.
falce *f.* (*falce messoria*) sickle; (*falce fienaia*) scythe. ☐ ~ *di* **luna** crescent; (*Pol.*) ~ *e* **martello** hammer and sickle.
falcetto *m.* reaping-hook.
falciare *v.t.* **1** to mow*, to scythe. **2** (*fig.*) (*uccidere*) to mow* (*o* cut*) down.
falciata *f.* mowing, scything.
falciatrice *f.* **1** (*Agr.*) mower. **2** (*Giardinaggio*) lawn-mower.
falciatura *f.* mowing.
falco *m.* **1** (*Zool.*) hawk; (*usato per la caccia*) falcon. **2** (*fig.*) (*persona avida*) hawk. ☐ **avere** *occhi di* ~ to be hawk-eyed; **occhi** *di* ~ keen (*o* hawk's) eyes; ~ **pescatore** osprey.
falcone *m.* **1** (*Zool.*) falcon. **2** (*Edil.*) derrick. ☐ *caccia con il* ~ falconry.
falconiere *m.* falconer, hawker.
falda *f.* **1** (*strato*) layer. **2** (*Geol.*) stratum (*pl.* strata). **3** (*rif. a neve*) flake, snowflake. **4** (*parte dell'abito*) flap, skirt: *le falde di un soprabito* the skirts of an overcoat; (*coda*) tail. **5** (*tesa del cappello*) brim. **6** (*base di pendio*) slope. **7** (*parte del tetto*) pitch. ☐ (*Geol.*) ~ **acquifera** water bed, water-bearing stratum; (*Geol.*) ~ **impermeabile** impermeable stratum; *cappello a* **larghe** *falde* broad-brimmed hat.
falegname *m.* (*per piccoli lavori*) joiner; (*per grandi lavori*) carpenter.
falegnameria *f.* **1** joinery, carpentry. **2** (*laboratorio*) joiner's (*o* carpenter's) shop.
falena *f.* (*Zool.*) moth.
falla *f.* breach, leak (*anche fig.*). ☐ *la* **nave** *ha una* ~ the ship is leaking; **tappare** *una* ~ to stop a leak; (*fig.*) to fill a gap.
fallace *a.* fallacious, deceptive.
fallimentare *a.* **1** (*Dir.*) bankruptcy-. **2** (*fig.*) (*disastroso*) ruinous, disastrous.
fallimento *m.* **1** failure. **2** (*fam.*) (*cosa mal riuscita*) failure, (*fam.*) flop: ~ *totale* complete failure, fiasco. **3** (*Dir., Comm.*) bankruptcy. ☐ (*Dir.*) **dichiarare** ~ to adjudicate (*o* declare) a state of bankruptcy; (*fig.*) to give up; (*Comm.*) **far** ~ to go bankrupt; (*fig.*) to end in failure.
fallire **I** *v.i.* **1** (*non riuscire*) to fail, to be unsuccessful (*o* in vain), to come* to nothing. **2** (*rif. a colpi*) to miss. **3** (*Dir., Comm.*) to go* bankrupt. **II** *v.t.* to miss (*anche fig.*).
fallito **I** *a.* **1** unsuccessful. **2** (*Dir.*) bankrupt. **II** *s.m.* **1** (*Dir., Comm.*) bankrupt. **2** (*fig.*) failure.
fallo[1] *m.* **1** (*errore*) error, mistake. **2** (*nel calcio*) foul; (*nel tennis*) fault. **3** (*imperfezione*) flaw, fault, defect. ☐ **cogliere** *qd. in* ~ to catch s.o. out (*o* red-handed); **essere** *in* ~ to be at fault.
fallo[2] *m.* (*Anat.*) phallus.
falloso *a.* (*Sport*) foul, rough.
falò *m.* bonfire: *fare un* ~ *di qc.* to make a bonfine of s.th.
falsare *v.t.* **1** to distort. **2** (*lett.*) (*falsificare*) to falsify.
falsariga *f.* **1** guide sheet of ruled paper. **2** (*fig.*) pattern, model, example.
falsario *m.* (*di monete*) counterfeiter; (*di documenti*) forger.
falsetto *m.* falsetto.
falsificare *v.t.* to counterfeit, to falsify, to fake: ~ *un'opera d'arte* to fake a work of art; (*rif. a documenti*) to forge.
falsificatore *m.* counterfeiter, forger, faker.
falsificazione *f.* falsification, counterfeiting, forgery. ☐ ~ *di* **documenti** forgery of documents; ~ *di* **monete** counterfeiting.
falsità *f.* **1** falseness, falsity. **2** (*affermazione falsa*) falsehood.
falso **I** *a.* **1** false, untrue. **2** (*errato, erroneo*) wrong, false. **3** (*non autentico*) imitation, fake. **4** (*falsificato*) counterfeit, forged, falsified. **II** *s.m.* **1** untruth, falsehood. **2** (*Dir.*) forgery. **3** (*persona menzognera*) false (*o* deceitful) person. ☐ ~ **allarme** false alarm; (*Dir.*) ~ *in* **atto** *pubblico* forgery of public document; **chiave** *falsa* skeleton key; (*fig.*) *sotto falsa* **luce** in false light; (*fig.*) *fare un* **passo** ~ to make a false move; **testimoniare** *il* ~ to bear false witness.
fama *f.* **1** (*reputazione*) reputation, repute, fame. **2** (*celebrità*) fame, renown, celebrity. ☐ **avere** ~ *di* to be known (*o* have a reputation) as, to be held; *avere* **cattiva** ~ to have a bad reputation; *di* **cattiva** ~ ill -reputed, ill-famed; *di* ~ **mondiale** world famous.
fame *f.* **1** hunger (*anche fig.*). **2** (*mancanza di cibo, carestia*) starvation, famine. ☐ **avere** ~ to be hungry; **fare** *la* ~ to go hungry; (*avere la vita difficile*) to go through hard times; (*fam.*) *avere una* ~ *da* **lupo** to be ravenous, to be starving; **morire** *di* ~ to starve to death; **morto** *di* ~ (*spreg.*) miserable fellow; **sciopero** *della* ~ hunger-strike.
famelico *a.* ravenous, famished.
famigerato *a.* notorius.
famiglia *f.* family. ☐ **avere** ~ to be married; **di** ~ family-; *essere* **di** ~ to be a close friend of the family; **in** ~ at home, in the (bosom of the) family; (*alla buona*) in a homely way,

without ceremony; (*Arte*) **Sacra** ~ Holy Family; **sostegno** *della* ~ breadwinner.

familiare **I** *a.* **1** family-, domestic: *vita* ~ family life; *pianificazione* ~ family planning. **2** (*ben noto*) familiar, well-known. **3** (*naturale*) natural, normal, usual. **4** (*semplice, alla buona*) informal, homely: *un'accoglienza* ~ a homely welcome. **II** *s.m./f.* (*parente*) relative, relation. ☐ *familiari a carico* dependants.

familiarità *f.* familiarity, informality. ☐ **avere** ~ *con qc.* to be familiar with s.th., to be at home in s.th.; **avere** ~ *con qd.* to be on familiar terms with s.o.

familiarizzare *v.i.* to make* (good) friends (*con* with). **familiarizzarsi** *v.i.pron.* **1** (*entrare in familiarità*) to become* friendly (*con* with). **2** (*impratichirsi*) to familiarize o.s. (*con* with).

famoso *a.* famous, well-known.

fanale *m.* **1** lamp. **2** (*Aut., Ferr.*) light, lamp. ☐ ~ **anteriore** headlight; ~ **posteriore** rear light, tail-light.

fanalino *m.* lamp, light. ☐ ~ *di* **coda** tail-light; (*fig.*) *essere il* ~ *di* **coda** to bring up the rear.

fanatico **I** *a.* **1** fanatic(al). **2** (*fam.*) (*entusiasta*) wild (about), crazy (about). **II** *s.m.* **1** fanatic. **2** (*estens.*) (*entusiasta*) enthusiast, keen supporter; (*tifoso*) fan.

fanatismo *m.* fanaticism.

fanciulla *f.* (young) girl, (*poet.*) maid, maiden.

fanciullesco *a.* children's, child's, childish.

fanciullezza *f.* childhood.

fanciullo *m.* child, little (*o* young) boy. ☐ *da* ~ child-like, child's, children's.

fandonia *f.* (tall *o* idle) story, humbug, nonsense. ☐ (*fam.*) *raccontar fandonie* to spin yarns.

fanfara *f.* **1** (brass)band. **2** (*pezzo musicale*) fanfare.

fanfaronata *f.* swaggering; (*parole*) empty boasting, bragging (talk).

fanfarone *m.* braggart, boaster, swaggerer.

fanghiglia *f.* mire, soft (*o* wet) mud; slush.

fango *m.* **1** mud, mire **2** (*fig.*) (*abiezione morale*) degradation, filth. **3** *pl.* (*fangature*) mud-baths *pl.*

fangosità *f.* muddiness.

fangoso *a.* muddy, miry.

fannullone **I** *s.m.* loafer, sluggard, (*fam.*) lazy-bones. **II** *a.* idle, lazy, sluggish. ☐ *fare il* ~ to lounge about.

fanone *m.* (*Zool.*) whalebone.

fantascientifico *a.* science fiction-.

fantascienza *f.* science fiction, sci-fi.

fantasia **I** *s.f.* **1** fancy, fantasy, imagination. **2** (*fantasticheria*) reverie, day-dream: *perdersi in fantasie* to lose o.s. in day-dreams. **3** (*capriccio*) fancy, whim, caprice. **4** (*Mus.*) fantasia. **5** (*Moda*) (*usato come attr.*) fancy: *oggetti di* ~ fancy goods; (*disegno*) pattern, design. **II** *a.* (*Moda*) fancy; (*rif. al disegno*) patterned.

fantasioso *a.* fanciful, imaginative.

fantasma *m.* **1** (*spettro*) ghost, phantom, spectre. **2** (*prodotto della fantasia*) fancy, fantasy, phantasm.

fantasmagoria *f.* phantasmagoria.

fantasmagorico *a.* phantasmagoric(al).

fantasticare **I** *v.t.* to dream* about; to daydream* about. **II** *v.i.* to daydream*.

fantasticheria *f.* reverie, daydream.

fantastico *a.* **1** (*della fantasia*) imaginative. **2** (*creato dalla fantasia*) imaginary, fancyful. **3** (*fam.*) (*bellissimo*) fantastic, wonderful, marvellous, (*fam.*) terrific, super. **4** (*esclam.*) (that's) wonderful, (that's) marvellous, splendid, (*fam.*) that's great.

fante *m.* **1** infantryman (*pl.* –men). **2** (*nelle carte da gioco*) jack, knave.

fanteria *f.* infantry.

fantino *m.* jockey.

fantoccio *m.* **1** (*pupazzo*) puppet; (*bambola*) doll. **2** (*fig.*) (*persona inetta*) puppet. ☐ *governo* ~ puppet government.

fantomatico *a.* **1** (*immaginario, irreale*) phantom, ghostly. **2** (*inafferrabile*) elusive, mysterious.

FAO = *Organizzazione per l'Alimentazione e l'Agricoltura* Food and Agriculture Organization.

farabutto *m.* rascal, scoundrel, rogue.

faraona *f.* (*Zool.*) guinea fowl.

faraone *m.* (*Stor.*) Pharaoh.

farcire *v.t.* (*Gastr.*) to stuff.

fardello *m.* **1** bundle. **2** (*fig.*) burden.

fare[1] **I** *v.t.* **1** (*generico, astratto e con significato di agire*) to do*: *che cosa posso* ~ *per te?* what can I do for you?; *non* ~ *altro che...* to do nothing but...; ~ *i compiti* to do one's homework; *avere qc. di meglio da* ~ to have better things to do; ~ *del proprio meglio* to do one's best. **2** (*creare, fabbricare, costruire*) to make*: *Iddio fece il mondo* God made the world; ~ *la minestra* to make the soup. **3** (*partorire*) to have, to bear*: *la gatta ha fatto 4 gattini* the cat has had four kittens. **4** (*cagionare, produrre*) to make*: *la notizia ha fatto molta impressione* the news made a great impression; (*spesso si traduce con il verbo appropriato*): ~ *piacere a qd.* to please s.o.; ~ *paura a qd.* to frighten s.o. **5** (*mettere insieme*) to make*, to have: ~ *soldi* to make money; *questo paese fa cinquecento abitanti* this village has five hundred inhabitants. **6** (*rendere*) to make*: *la notizia mi ha fatto felice* the news made me happy. **7** (*dare come risultato*) to make*, to be: *tre per tre fa nove* three times three makes (*o* is) nine; (*ammontare*) to come* to, to be: *quanto fa?* how much is it? **8** (*comportarsi*) to act, to play, to pretend: *fa lo stupido* he is pretending to be silly; (*Teat.*) to play: *fa la parte di Amleto* he plays Hamlet. **9** (*nominare*) to make*, to appoint: *lo fecero sindaco* they made him mayor. **10** (*esercitare una professione*) to be: ~ *l'avvocato* to be a lawyer. **11** (*praticare un'attività*) to go* in for, to do*, to engage in: *i miei figli fanno molto sport* my children go in for a lot of sport. **12** (*credere, pensare*) to think*, to consider: *ti facevo più furbo* I thought you more clever. **13** (*percorrere*) to do*; to go* (along): *ho fatto dieci chilometri a piedi* I did ten kilometres on foot. **14** (*trascorrere*) to spend*: *farò le vacanze al mare* I am going to spend my holidays at the seaside. **15** (*compiere: rif. a età*) to be: *il bambino farà due anni a marzo* the baby will be two in March. **16** (*dire*) to say*: *appena mi vide mi fece: "sei arrivato finalmente"* as soon as he saw me he said "at last you've come". **17** (*fam.*) (*rassettare*) to make*: *~ il letto* to make the bed; (*rigovernare*) to do*: *~ i piatti* to do the dishes. **18** (*per evitare la ripetizione di un verbo*) to do*: *"posso alzarmi?" "fallo pure"* "may I stand up?" "please do". **19** (*seguito dall'inf. con senso attivo*) to make*, to get*, to let*: *mi fai ridere* you make me laugh; *fammi sedere!* let me sit down! **20** (*seguito dall'inf. con senso passivo*) to have, to get*: *mi farò ~ un vestito nuovo* I'll have (*o* get) a new dress made. **II** *v.i.* **1** to do*, to make*: *fa' come se fossi a casa tua* make yourself at home; (*lavorare*) to do*: *ho molto da ~* I have a lot to do. **2** (*regolarsi*) to do*, to decide: *fa come credi* do as you think best. **3** (*agire, rif. a medicine e sim.*) to do*, to act: *questa medicina mi fa bene* this medicine does me good. **4** (*potere*) can (*dif.*), could (*dif.*), to be able to (+ *inf.*): *come fai a dire certe cose?* how can you say such things? **5** (*essere adatto*) to be (suitable *o* right) (*per* for), to suit (s.o.): *questo lavoro non fa per me* this job is not for me. **6** (*nelle determinazioni temporali*) to be, to make*: *fanno tre mesi oggi che sono arrivato in Italia* it is three months today since I arrived in Italy. **III** *v.i.impers.* to be: *oggi fa freddo* it is cold today; (*diventare*) to get*, to grow*: *in inverno fa buio presto* in winter it gets dark early. **farsi I** *v.i.pron.* **1** (*diventare*) to grow*, to get*, to become*: *come ti sei fatto grande* how big you have grown (*o* got); (*in modo improvviso*) to turn, to go*: *farsi rosso in viso* to turn (*o* go) red. **2** (*rif. al tempo*) to get*, to grow*, to be: *andiamo, si è fatto tardi* let's go, it is late; *si fa giorno* it is getting light. **II** *v.r.* **1** (*seguito dall'inf.*) to make* o.s. (+ *p.p. del verbo*): *farsi capire* to make o.s. understood; (*fare in modo che*) to get* (*o* have) o.s. (+ *p.p. del verbo*): *farsi invitare* to get o.s. invited. **2** (*rendersi*) to become*, to turn: *farsi cattolico* to turn catholic. **3** (*andare*) to go*: *farsi incontro a qd.* to go forward to greet s.o.; (*venire*) to come*: *fatti vicino* come near. ☐ *~* **amicizia** *con qd.* to make friends with s.o.; *~* **aspettare** *qd.* to keep s.o. waiting; *farsi* **avanti** to step (*o* come) forward; **avere** *a che ~ con qd.* to have dealings (*o* have s.th. to do) with s.o.; *~* **avere** to let have, to send: *ti farò avere una copia del libro* I will let you have a copy of the book; *farsi* **coraggio** to take heart; *~* **da** (*fare le funzioni*) to be (like); (*lavorare da*) to act as: *fare da segretaria* to act as secretary; **dare** *da ~ a qd.* to busy s.o., to keep s.o. busy; **darsi** *da ~* to busy o.s., to get busy; **ecco** *fatto* there we (*o* you) are; *farla* **finita** *con qc.* to have done with s.th.; *farla* **finita** *con la vita* to put an end to one's life; *farla* **franca** to get away with s.th. (*o* it); *far* **funzionare** to start (up), to make work; *facente* **funzioni** acting; **lascia** *~ a me* leave it to me; **lasciar** *~ a qd.* to let s.o. do s.th.; **niente** *da ~* (*fam.*) nothing doing; *non fa* **nulla** (*non importa*) it doesn't matter, never mind; *non* **posso** *farci nulla* I cannot do anything about it; *far* **presente** *qc. a qd.* to point s.th. out to s.o.; *fai* **presto** be quick, hurry up; *farsi in* **quattro** to do one's utmost, to go out of one's way; **saperci** *~* (*essere in gamba*) to be a clever person; *~* **senza** *di qc.* (o *qd.*) to do (*o* manage) without s.th. (*o* s.o.); *~* **sì** *che* to have, to get, to work things in such a way that; *~ di* **tutto** to do everything possible; *~* **valere** *un diritto* to enforce a right; *~* **vedere** *qc. a qd.* to show s.o. s.th.; *~* **venire** *qd.* to get s.o. to come. ‖ *farcela* (*riuscire*) to succeed, to manage, (*fam.*) to make it; *non ce la faccio* I can't (do it); (*non resisto più*) I cannot go on; *permette? – faccia pure* may I? – please do; *faccia Lei* I'll leave it to you; *quanto Le devo? – faccia Lei* how much do I owe you? – I'll leave it to you; *faccia, faccia* (*espressione di cortesia*) please do; *farsene* to do with: *che me ne faccio?* what am I going to do with it?

fare[2] *m.* manner, way. ☐ *sul far del* **giorno** at daybreak (*o* dawn); *sul far della* **notte** at nightfall.

faretra *f.* quiver.

farfalla *f.* **1** (*Zool.*) butterfly; (*falena*) moth. **2** (*fig.*) (*persona volubile*) fickle person. **3** (*cravatta a farfalla*) bow-tie. **4** (*Mecc.*) (*valvola*) throttle (valve). **5** (*Sport*) butterfly (stroke).

farfallone *m.* (*zerbinotto*) dandy, fop.

farfugliare *v.t./i.* to mumble, to mutter.

farina *f.* **1** flour. **2** (*grossa*) meal. ☐ *~* **gialla** corn (*o* Indian) meal; *~* **integrale** wholemeal; *~* **lattea** powdered milk; *~ di* **riso** rice meal; grand rice; (*fig.*) *non è ~ del suo* **sacco** it is not his own work.

farinaceo I *a.* floury, farinaceous. **II** *s.m.pl.* starchy foods *pl.*

faringe *f./m.* (*Anat.*) pharynx.

faringite *f.* (*Med.*) pharyngitis.

farinoso *a.* floury; mealy.

farisaico *a.* (*lett.*) **1** (*dei farisei*) Pharisaic. **2** (*fig.*) hypocritical, pharisaic(al).

fariseo *m.* **1** (*Rel.*) Pharisee. **2** (*fig.*) (*ipocrita*) hypocrite, pharisee.

farmaceutico *a.* pharmaceutical, drug-: *industria farmaceutica* pharmaceutical industry.

farmacia *f.* **1** (*scienza*) pharmacy. **2** (*negozio*) chemist's (shop), (*am.*) drugstore, pharmacy. ☐ ~ *notturna* chemist's open at night, (*am.*) all-night drugstore.
farmacista *m./f.* chemist, (*am.*) druggist, pharmacist.
farmaco *m.* drug, medicine.
farmacologia *f.* pharmacology.
farmacologo *m.* pharmacologist.
farmacopea *f.* pharmacopoeia.
farneticare *v.i.* **1** to rave, to be delirious. **2** (*fig.*) to talk nonsense.
faro *m.* **1** (*torre*) lighthouse; (*fanale*) light, beacon. **2** (*fig.*) beacon. **3** (*Aut.*) headlight, headlamp. **4** (*Aer.*) beacon, light. ☐ (*Aut.*) ~ **abbagliante** headlights, (*am.*) brights *pl;* ~ **anabbagliante** dipped headlight (*o* headlamp), (*am.*) low beam; ~ **antinebbia** fog light (*o* lamp).
farraginoso *a.* muddled; (*di persona*) wolly -headed; (*lett.*) farraginous.
farro *m.* (*Bot.*) spelt.
farsa *f.* farce.
farsesco *a.* farcical, ludicruous.
farsetto *m.* doublet.
fascetta *f.* **1** (*Poste*) wrapper. **2** (*del sigaro*) band. **3** (*busto*) girdle. ☐ ~ *editoriale* publisher's blurb (*o* band).
fascia *f.* **1** (*striscia di stoffa*) band, strip; (*per fasciature*) bandage, (*am.*) gauze; (*di cuoio*) strap. **2** (*di funzionari*) sash. **3** (*striscia di carta*) wrapper, (paper) band. **4** (*zona di territorio*) strip, belt. ☐ ~ **elastica** (*Med.*) elastic bandage; (*Moda*) elastic belt, roll-on; (*Med.*) ~ **gessata** plaster (*o* chalk) bandage; **in** *fasce* in swaddling clothes.
fasciame *m.* (*Mar.*) planking; (*di metallo*) plating.
fasciare *v.t.* **1** to bandage, to dress. **2** (*avvolgere*) to swathe, to wrap. **3** (*rif. a bambini*) to swathe, to swaddle.
fasciatura *f.* **1** bandaging, dressing. **2** (*fasce*) bandage.
fascicolo *m.* **1** (*numero di riviste e sim.*) issue, number; (*dispensa*) instalment. **2** (*opuscolo*) pamphlet, booklet. **3** (*burocr.*) (*incartamento*) file.
fascina *f.* faggot.
fascino *m.* fascination, charm, glamour. ☐ **avere** ~ to be fascinating (*o* glamorous); **esercitare** *un* ~ *su qd.* to fascinate (*o* charm) s.o.; to hold a (great) fascination for s.o.
fascinoso *a.* fascinating, charming, glamorous.
fascio *m.* **1** bundle, bunch, sheaf. **2** (*estens.*) bundle, sheaf: *un* ~ *di carte* a bundle of papers. **3** (*Anat.*) bundle. ☐ (*fig.*) *fare di ogni erba un* ~ to lump things together.
fascismo *m.* (*Pol.*) Fascism.
fascista *a./s.m./f.* (*Pol.*) Fascist.
fase *f.* **1** phase, stage, period. **2** (*El., Mot.*) phase. ☐ (*Mot., El.*) *essere fuori* ~ to be out of phase; (*fig.*) to be out of form (*o* sorts).
fastidio *m.* **1** (*molestia*) annoyance, trouble. **2** (*noia, tedio*) boredom, tediousness. **3** (*scomodità*) inconvenience. ☐ *Le* **dà** ~ *il fumo?* do you mind if I smoke? **dare** (*o recare*) ~ *a qd.* (*rif. a persone*) to annoy (*o* bother, irritate) s.o.; (*rif. a cose*) to trouble (*o* bother, upset) s.o.
fastidioso *a.* annoying, irritating.
fasto, **fastosità** *f.* pomp, splendour, magnificence.
fastoso *a.* magnificent, pompous.
fasullo *a.* counterfeit, false, fake, phony.
fata *f.* fairy: *i racconti delle fate* fairy-tales.
fatale *a.* **1** inevitable, ordained by fate, fatal, destined: *era* ~ *che ciò avvenisse* it was inevitable that this should happen (*o* it was bound to happen). **2** (*funesto*) fatal, disastrous. ☐ *donna* ~ femme fatale.
fatalismo *m.* fatalism.
fatalista *m./f.* fatalist.
fatalità *f.* **1** fatality, fate, destiny. **2** (*disgrazia*) misfortune.
fatato *a.* magic, enchanted, fairy.
fatica *f.* **1** effort, toil, labour. **2** (*affaticamento, stanchezza*) fatigue, tiredness, weariness, exhaustion. **3** (*opera compiuta*) job, work. **4** (*fig.*) (*difficoltà*) difficulty. ☐ **a** ~ with difficulty; **a** *gran* ~ with great difficulty; **costare** ~ to require an effort; **fare** ~ to have trouble (*o* difficulty); **senza** ~ without difficulty, without effort.
faticare *v.i.* **1** to toil, to labour. **2** (*fig.*) to have (great) trouble (o difficulty), to have a hard time (*o* job), to find* it difficult: *faticava a sollevare la valigia* he had a job to lift the suitcase.
faticata *f.* drudgery, (*fam.*) sweat.
faticoso *a.* tiring, wearing, exhausting, laborious: *lavoro* ~ tiring work; (*difficile*) hard, difficult.
fatidico *a.* **1** prophetic. **2** (*fatale*) fateful.
fato *m.* **1** (*Mitol.*) fate. **2** (*destino*) fate, destiny.
fatt. = *fattura* invoice (inv.).
fatta *f.* kind, type, sort. ☐ *male fatte* misdeeds *pl.*
fattaccio *m.* (*fam.*) wicked deed.
fattezze *f.pl.* features *pl.*
fattibile *a.* practicable, feasible.
fattispecie *f.* (*Dir.*) case in point, present case. ☐ *nella* ~ in this case, in the case in point.
fattivo *a.* **1** active, energetic. **2** (*operoso*) efficient.
fatto[1] *a.* **1** made, done. **2** (*confezionato*) ready-made. **3** (*maturo*) ripe; (*pienamente sviluppato*) full-grown. ☐ ~ **a** (*a forma di*) in the shape of, -shaped: *una spilla fatta a stella* a star-shaped brooch; (*eseguito con*) -made: ~ **a** *mano* hand-made; **ben** ~ well -made; (*bello*) with a good figure, shapely; **ben** ~! well done!; **detto** ~ no sooner said than done; *essere* ~ **per** (*rif. a persona*) to be made (*o* cut out) for; (*rif. a lavoro e sim.*) to be (right, suitable) for.

fatto[2] *m.* **1** (*avvenimento*) event, occurrence. **2** (*azione*) action, deed: *un ~ glorioso* a glorious deed. **3** (*affare*) business, affair, matter. **4** (*realtà concreta*) fact, deed. **5** (*vicenda, intreccio*) story, plot. **6** (*argomento*) point, main issue. **7** (*realtà, verità*) fact, truth: *il ~ è che sono stufo di questo lavoro* the fact is, I'm fed up with this job. □ **bada** *ai fatti tuoi* mind your own business; **cogliere** *qd. sul ~* to catch s.o. red-handed; *~* **compiuto** (*fr.*) fait accompli; *~ di* **cronaca** news item; **dire** *a qd. il ~ suo* to give s.o. a piece of one's mind; **in** *~ di (riguardo, relativamente)* as far as... goes (*o* is concerned), as for; *sapere il ~* **proprio** to know one's job.

fattore *m.* **1** (*creatore*) maker. **2** factor, element: *i fattori del progresso* the factors of progress. **3** (*Mat., Biol., Fis.*) factor. **4** (*capo di fattoria*) bailiff, steward.

fattoria *f.* **1** farm; (*am.*) ranch; (*tenuta*) estate. **2** (*casa del fattore*) bailiff's (*o* land agent's) house.

fattorino *m.*: *~ di banca* bank messenger; (*di ufficio*) office-boy; (*di negozio*) errand-boy; (*di albergo*) page.

fattrice *f.* (*Zootecnia*) brood female; (*cavalla*) brood-mare.

fattucchiera *f.* witch, sorceress.

fattura *f.* **1** (*il fare*) making, manufacture. **2** (*confezionare*) making; (*rif. a vestiti*) making up. **3** (*maniera in cui qualcosa è fatto*) workmanship, make, execution; (*rif. a vestiti e sim.*) cut, design. **4** (*Comm.*) invoice. **5** (*maleficio*) charm, spell.

fatturare *v.t.* **1** (*Comm.*) to bill, to invoice. **2** (*adulterare*) to adulterate.

fatuo *a.* fatuous.

fauci *f.pl.* **1** (*Anat.*) fauces *pl.* (costr. sing.). **2** (*estens.*) jaws *pl.*

fauna *f.* fauna.

fauno *m.* (*Mitol.*) faun.

fausto *a.* favourable, propitious.

fautore *m.* supporter, upholder.

fava *f.* (*Bot.*) broad bean.

favella *f.* speech, talk(ing).

favilla *f.* spark (*anche fig.*).

favo *m.* honeycomb.

favola *f.* **1** fable; story, tale: *le favole di Esopo* Aesop's fables. **2** (*fiaba*) fairy story. **3** (*fandonia*) tall story, (idle) talk, yarn.

favoleggiare *v.i.* **1** to tell* fables (*o* stories). **2** (*fantasticare*) to make* up stories (*di* about).

favoloso *a.* fabulous; legendary; wonderful: *bellezza favolosa* fabulous beauty. □ *prezzi favolosi* exorbitant prices.

favore *m.* **1** (*benevolenza*) favour, goodwill. **2** (*approvazione*) favour, approval. **3** (*piacere*) favour, kindness. **4** (*rif. a cose: protezione*) help, cover: *fuggì con il ~ delle tenebre* he escaped under cover of darkness. □ **a** *~ di* in favour of, on behalf of; *biglietto* **di** *~* complimentary ticket; *prezzo* **di** *~* special (*o* low) price; **fare** *un ~ a qd.* to do s.o. a favour; **per** *~* please.

favoreggiamento *m.* (*Dir.*) aiding and abetting.

favoreggiare *v.t.* **1** to favour. **2** (*Dir.*) to aid and abet.

favorevole *a.* in favour, favourable: *voto ~* vote in favour. □ *essere ~* to be for, to support.

favorire *v.t.* **1** to favour (*anche fig.*): *~ un candidato* to favour a candidate. **2** (*promuovere*) to encourage, to foster, to favour. **3** (*porgere cortesemente*) to hand, to give*, to pass: *favoriscimi il vino* would you pass me the wine, please? **4** (*servirsi*) to have some, to help o.s.: *vuoi ~ una tazza di caffè?* will you help yourself to a cup of coffee? □ *favoriscano il* **biglietto** tickets, please.

favoritismo *m.* favouritism.

favorito **I** *a.* favourite (*anche Sport*). **II** *s.m.* **1** (*prediletto*) favourite, pet. **2** (*Sport*) favourite. **3** *pl.* (*basette*) side whiskers *pl.*

fazione *f.* faction.

faziosità *f.* factiousness.

fazioso *a.* factious, seditious.

fazzoletto *m.* handkerchief; (*da collo*) scarf; (*da testa*) scarf. □ *~ di* **carta** tissue, paper handkerchief; (*fig.*) *un ~ di* **terra** a small patch (*o* plot) of land.

f.co = (*Comm.*) *franco* free.

Fe = (*Chim.*) *ferro* iron.

feb. = *febbraio* February (Feb.).

febbraio *m.* February.

febbre *f.* **1** temperature: *avere la ~* to have a temperature; (*preceduto dal nome di un malattia*) fever: *~ gialla* yellow fever. **2** (*erpete*) cold sore. **3** (*fig.*) fever, thirst, frenzy: *la ~ del sapere* the thirst for knowledge. □ **accesso** *di ~* attack of fever; *~* **alta** high temperature (*o* fever); *la ~* **cala** the fever is going down; *la ~ dell'***oro** the gold rush.

febbricitante *a.* feverish.

febbrile *a.* **1** (*di febbre*) feverish, febrile. **2** (*fig.*) feverish, frenzied.

fecale *a.* f(a)ecal.

feccia *f.* dregs *pl.* (*anche fig.*).

feci *f.pl.* (*escrementi*) f(a)eces *pl.*, excrement.

fecola *f.* starch(-flour), flour.

fecondare *v.t.* to fertilize (*in tutti i signif.*).

fecondazione *f.* (*Biol.*) fertilization. □ *~ artificiale* artificial insemination.

fecondità *f.* **1** fertility, fecundity. **2** (*fertilità*) fertility, fruitfulness.

fecondo *a.* **1** fertile, fecund. **2** (*fertile*) fertile, productive (*anche fig.*); (*rif. a persona*) prolific.

fede *f.* **1** (*convinzione, opinione*) belief, faith: *~ politica* political belief. **2** (*Rel.*) faith. **3** (*fiducia*) trust. **4** (*anello*) wedding-ring. **5** (*certificato*) certificate. □ **avere** *~ in qd.* to have faith in s.o., to trust s.o.; **buona** *~* good faith; **degno** *di ~* trustworthy; **far** *~* to be proof (evidence) of, to prove; **in** *~* (*in dichiarazioni e sim.*) in witness whereof;

mala ~ disloyalty, bad faith; *in* **mala** ~ in bad faith; ~ *di* **nascita** birth certificate.
fedele I *a.* **1** faithful, true, loyal. **2** (*conforme*) true, faithful; (*preciso, esatto*) exact, accurate, reliable: *narrazione* ~ exact account. **II** *s.m./f.* **1** (*devoto*) believer; *pl.* the faithful, congregation. **2** (*seguace*) (loyal) follower, supporter. ▭ **rimanere** ~ *a qd.* to be true to s.o.; **rimanere** ~ *a qc.* to hold fast to s.th., to stick to s.th.
fedeltà *f.* **1** faithfulness, loyalty: ~ *agli ideali* faithfulness to ideals; (*fedeltà coniugale*) fidelity. **2** (*precisione, esattezza*) fidelity, faithfulness, exactness, accuracy; (*rif. a persona*) reliability, trustworthiness. **3** (*El.*) fidelity: *alta* ~ high fidelity, (*fam.*) hi-fi.
federa *f.* pillow-case, pillow-slip.
federale *a.* (*Pol.*) federal: *stato* ~ federal state.
federalismo *m.* (*Pol.*) federalism.
federato *a.* confederate.
federazione *f.* **1** (*Pol.*) confederation. **2** (*associazione*) federation, association. **3** (*Sport*) league.
Federico *N.pr.m.* Frederick.
fedifrago I *a.* faithless. **II** *s.m.* faithless person.
fedina *f.* **1** (*Dir.*) (criminal *o* police) record: *avere la* ~ *sporca* to have a police record; *avere la* ~ *pulita* to have a clean record. **2** *pl.* (*basette lunghe*) side whiskers *pl.*
fegataccio *m.* (*fam.*) **1** (*coraggio*) guts *pl.* **2** (*uomo coraggioso*) daredevil.
fegato *m.* **1** (*Anat., Gastr.*) liver. **2** (*fig.*) (*coraggio*) guts *pl.*
felce *f.* (*Bot.*) fern.
felice *a.* **1** happy, glad. **2** (*fig.*) (*rif. a cosa.: fortunato, opportuno*) happy, fortunate; (*indovinato*) appropriate, well-chosen. **3** (*negli auguri*) happy, good. **4** (*fig.*) (*rif. a persona: fortunato*) lucky, fortunate, happy. **5** (*nelle presentazioni*) pleased, glad, happy: ~ *di fare la Sua conoscenza* pleased to meet you, how do you do?
felicità *f.* **1** happiness, felicity, bliss. **2** (*fatto piacevole*) pleasure, delight. **3** (*fig.*) (*opportunità*) felicity, fitness.
felicitarsi *v.r.* to congratulate (*con qd.* s.o.).
felicitazioni *f.pl.* (*congratulazioni*) congratulations *pl.* (*per* on): *vivissime* ~ hearty congratulations.
felino I *a.* **1** (*Zool.*) feline. **2** (*di gatti*) cat-, cat's: *mostra felina* cat show. **3** (*fig.*) (*da gatto*) feline, cat-like. **II** *s.m.* feline. ▭ (*Zool.*) *i felini* the cats, the cat family.
felpa *f.* **1** (*tessuto*) plush. **2** (*indumento*) plush sweater.
felpato *a.* **1** plush-, plushy; (*rivestito di felpa*) (*all'interno*) plush-lined; (*all'esterno*) plush-covered: *pantofole felpate* plushy slippers. **2** (*fig.*) (*silenzioso*) stealthy, soft.
feltro *m.* **1** (*tessuto*) felt. **2** (*cappello di feltro*) felt (hat).
femmina I *s.f.* **1** female; (*donna*) woman (*pl.* women); (*ragazza*) girl. **2** (*figlia*) daughter, girl: *ha un maschio e due femmine* he has one son and two daughters (*o* one boy and two girls). **3** (*rif. ad animali*) female, (*attr.*) she, (*attr., di alcuni mammiferi*) cow (*spesso si traduce con un nome particolare*): *la* ~ *del lupo* the she-wolf; *la* ~ *dell'elefante* the cow elephant; *la* ~ *del cervo* the doe, the hind; (*rif. ad alcuni volatili*) hen: *la* ~ *del fagiano* the hen-pheasant. **4** (*Mecc.*) (*attr.*) female, female part. **II** *a.* **1** (*Zool.*) female, cow-, she-: *una lepre* ~ a female hare; (*rif. ad alcuni volatili*) hen-. **2** (*Mecc.*) female.
femmineo *a.* (*lett.*) **1** feminine, female. **2** (*effeminato*) effeminate, womanish.
femminile I *a.* **1** female, feminine, womanly: *sesso* ~ female sex. **2** (*da donna*) woman's, women's: *lavori femminili* woman's work. **3** (*Gramm.*) feminine: *genere* ~ feminine gender. **II** *s.m.* **1** (*Gramm.*) feminine. **2** (*Sport*) (*torneo femminile*) women's tournament.
femminilità *f.* femininity, womanliness.
femminismo *m.* feminism.
femminista *a./s.m./f.* feminist.
femminuccia *f.* **1** (*vezz.*) little (*o* baby) girl. **2** (*spreg.*) milksop, sissy.
femore *m.* (*Anat.*) femur, thigh-bone.
fendente *m.* cutting blow.
fendere *v.t.* **1** (*spaccare*) to split*, to cleave*, to rend* asunder. **2** (*attraversare*) to pass (*o* cut*) through, to force (*o* elbow) one's way through. **fendersi** *v.i.pron.* to split*, to cleave*; (*rif. a vasi e sim.*) to crack.
fenditura *f.* split, cleft, crack.
fenice *f.* (*Mitol.*) phoenix.
fenicottero *m.* (*Zool.*) flamingo.
fenomenale *a.* phenomenal; (*fam.*) (*straordinario*) extraordinary, (*fam.*) super.
fenomeno *m.* **1** phenomenon. **2** (*persona bravissima*) phenomenon, wonder, wizard.
fenomenologia *f.* (*Fil.*) phenomenology.
feretro *m.* coffin.
feriale *a.* week-, work-, working: *giorno* ~ week-day, working day.
ferie *f. pl.* holidays *pl.*, holiday *sing.*, (*am.*) vacation *sing.*: *andare* (o *essere*) *in ferie* to go (*o* be) on holiday. ▭ *prendersi le* ~ to take one's holidays.
ferimento *m.* wounding, injuring.
ferire *v.t.* **1** to wound, to injure; (*leggermente*) to hurt*. **2** (*fig.*) (*colpire*) to hurt*, to strike*. **3** (*fig.*) (*offendere*) to hurt*, to offend. **ferirsi** *v.r.* to hurt* (o.s.), to injure (o.s.)., to wound o.s. ▭ ~ *qd. con il* **coltello** to inflict a knife-wound on s.o.; ~ *qd. a* **morte** to wound s.o. to death.
ferita *f.* wound, injury. ▭ ~ *d'***arma** *da fuoco* gunshot wound; ~ **contusa** contused wound; ~ *di* **striscio** graze; ~ **superficiale** flesh -wound.
ferito I *a.* wounded, injured, hurt: *un soldato* ~ a wounded soldier. **II** *s.m.* casualty, wounded (person).
feritoia *f.* **1** (*nelle opere fortificate*) loophole;

(*cannoniera*) embrasure. **2** (*estens.*) (*stretta apertura*) slit, slot.
ferma *f.* **1** (*Mil.*) (period of, term of) service. **2** (*Caccia*) pointing. □ *cane da* ~ pointer, setter.
fermacarte *m.* paper-weight.
fermacravatta *m.* tie-pin.
fermaglio *m.* **1** clasp, fastener, clip; (*a fibbia*) buckle; (*a spillo*) pin; (*a gancio*) clasp, hook. **2** (*per fermare fogli: a gancio*) paper-clip; (*a molla*) (spring) clip. **3** (*chiusura*) clasp, fastener: *il* ~ *della collana* the clasp of the necklace. **4** (*gioiello*) brooch, clasp, clip. **5** (*El., Mecc.*) fastener.
fermare I *v.t.* **1** to stop, to halt, to bring* to a halt (*o* stop), to arrest. **2** (*frenare, ritardare*) to stunt, to retard, to hold* back. **3** (*trattenere*) to stop, to hold* (*o* keep*) back. **4** (*fissare*) to fasten, to fix, to make* firm (*o* fast). **5** (*operare un fermo di polizia*) to detain, to hold* in custody. **II** *v.i.* **1** to stop, to draw* up. **2** (*Caccia*) to point, to set*. **fermarsi** *v.i.pron.* **1** to stop, to come* to a stop (*o* halt, stand), to halt. **2** (*trattenersi, restare*) to stay, to remain. **3** (*rif. a mezzi di trasporto: arrestarsi*) to pull (*o* draw*) up, to come* to a stop (*o* halt *o* standstill), to stop. **4** (*trattenersi*) to stop o.s., to hold* back, to restrain o.s. **5** (*rif. a meccanismi: cessare di funzionare*) to stop, to shut* down; (*rif. a motori*) to stall. **6** (*interrompersi*) to stop, to pause. □ ~ *l'***attenzione** *su qc.* to fix (*o* focus) one's attention on s.th.; *fermarsi di* **botto** to stop dead (in one's tracks); ~ *il* **sangue** to staunch blood; ~ *il* **traffico** to bring traffic to a halt. ‖ *ferma!* (o *fermate!*) stop!, halt!; (*invito a cessare di fare qc.*) stop it!, don't!; *fermatelo!* stop him!
fermata *f.* halt, stop. □ ~ *dell'***autobus** bus stop; ~ **facoltativa** request stop; ~ **obbligatoria** compulsory stop; **senza** *fermate* non-stop.
fermentare *v.i.* to ferment (*anche fig.*).
fermentazione *f.* fermentation.
fermento *m.* **1** (*Biol.*) ferment. **2** (*lievito: di pane*) leaven; (*di birra*) yeast. **3** (*fig.*) (*agitazione*) ferment, turmoil.
fermezza *f.* **1** (*saldezza, stabilità*) firmness, steadiness. **2** (*fig.*) firmness, steadiness, steadfastness.
fermio *m.* (*Chim.*) fermium.
fermo I *a.* **1** (*immobile*) still: *stai* ~ keep still; (*rif. a mezzi di trasporto*) at a halt (*o* standstill), standing (still). **2** (*non in funzione*) at a standstill (*o* stop), not working. **3** (*saldo*) firm, steady, stable: *voce ferma* steady voice. **4** (*fig.*) (*perseverante*) firm, steady, steadfast. **5** (*fig.*) (*risoluto, deciso*) firm, resolute, determined. **6** (*fig.*) (*stabilito*) firm, fixed, definite. **7** (*Econ.*) flat, standard. **8** (*esclam.*) stop!, keep still!, halt!, (*fam.*) hold it! **II** *s.m.* **1** (*congegno per fermare*) catch, lock, stop; (*di imposte e sim.*) latch, holder. **2** (*Econ.*) (*sospensione della validità*) stop. **3** (*Dir.*) detention, holding in custody (*o* for questioning).
fermoposta *avv.* poste restante, (*am.*) general delivery: *spedire* ~ to send poste restante.
feroce *a.* **1** ferocious, wild, savage, cruel. **2** (*fig.*) (*insopportabile*) fierce, sharp, violent.
ferodo *m.* (*Mecc.*) (brake) lining.
ferr. = *ferrovia* railway (ry.).
ferraglia *f.* scrap-iron.
ferragosto *m.* mid-August holiday; (*il 15 di agosto*) Feast of the Assumption. □ *il* ~ *inglese* August bank holiday.
ferramenta *f.pl.* **1** hardware, ironware. **2** (*negozio*) ironmonger's (shop), ironmongery, (*am.*) hardware.
ferramento *m.* (*utensile*) tool, iron.
ferrare *v.t.* **1** (*rif. a cavalli*) to shoe. **2** (*rinforzare con ferro*) to fit with iron.
ferrato *a.* **1** (*rif. a cavalli*) shod. **2** (*rinforzato con ferro*) ironclad. **3** (*munito di bullette*) hobnailed. **4** (*fig.*) well read (*o* versed).
ferreo *a.* **1** (*di ferro*) iron. **2** (*fig.*) (*rigido*) iron, inflexible.
ferriera *f.* ironworks *pl.*, iron-foundry.
ferro *m.* **1** iron. **2** (*oggetto di ferro*) iron (implement); (*sbarra*) (iron) bar, (iron) rod; (*ferro da calza*) knitting needle; (*ferro da stiro*) iron. **3** *pl.* (*arnesi*) tools *pl.*: *i ferri del fabbro* the blacksmith's tools; (*del chirurgo*) (surgical) instruments *pl.* □ (*Gastr.*) **ai** *ferri* grilled, (*am.*) broiled: *bistecca ai ferri* grilled steak; (*fig.*) **battere** *il* ~ *finché è caldo* to strike while the iron is hot; ~ **battuto** wrought iron; ~ *di cavallo* horseshoe; *a* ~ *di* **cavallo** horseshoe-, horseshoe-shaped: *tavolo a* ~ *di cavallo* horseshoe table; *essere ai ferri* **corti** to be at loggerheads (*o* odds); **fil** *di* ~ (iron) wire; **memoria** *di* ~ retentive memory; *i ferri del* **mestiere** the tools of the trade; *essere* **sotto** *i ferri* to be undergoing an operation; **tocca** ~*!* touch wood!
ferroso *a.* (*Chim.*) ferrous.
ferrotranviario *a.* rail and tram-.
ferrovecchio *m.* scrap-iron dealer; (*rigattiere*) second-hand (*o* junk) dealer.
ferrovia *f.* railway, (*am.*) railroad. □ ~ **elettrica** electric railway; ~ **metropolitana** underground (railway), (*am.*) subway; (*a Londra*) Underground, (*fam.*) Tube; **per** ~ by rail (*o* train), rail-; ~ *a* **scartamento** *ridotto* narrow -gauge (*o* light) railway; *Ferrovie dello* **Stato** State Railways; (*GB*) British Railways.
ferroviario *a.* railway-, train-, (*am.*) railroad.
ferroviere *m.* railway employee (*o* worker), railwayman (*pl.* –men); (*funzionario*) railway official; (*sui treni*) (*am.*) trainman (*pl.* –men).
fertile *a.* fertile.
fertilità *f.* fertility.
fertilizzante I *a.* (*Agr.*) fertilizing. **II** *s.m.* compost, fertilizer.
fertilizzare *v.t.* to fertilize.
fervente *a.* fervent, ardent.
fervere *v.i.* (*essere al massimo*) to be at the height (*o* in full swing), to rage.
fervido *a.* fervid, fervent.

fervore *m.* **1** fervour, ardour; heat, excitement. **2** (*zelo*) enthusiasm, eagerness: *lavorare con ~* to work with eagerness. **3** (*punto culminante*) height, head.
fesseria *f.* (*volg.*) **1** (*azione*) silly action (*o* thing), foolishness; (*parole*) foolish talk, rubbish, nonsense. **2** (*cosa da nulla*) trifle, mere nothing.
fesso I *a.* (*volg.*) silly, stupid, foolish, idiotic. **II** *s.m.* fool, idiot, blockhead, dolt. □ *fare ~ qd.* to make a fool of s.o.
fessura *f.* **1** cleft, split, crack. **2** (*buco, feritoia*) slit, slot.
festa *f.* **1** holiday: *~ civile* civil (*o* public *o* legal) holiday; (*GB*) Bank Holiday; (*Rel.*) feast, feast-day, holy-day; (*con un nome particolare*) Day: *la ~ della mamma* Mother's Day. **2** *pl.* (*giorni festivi, vacanze*) holidays *pl.*; (*di Natale*) Christmas holidays *pl.*; (*di Pasqua*) Easter holidays *pl.* **3** (*festeggiamento*) celebration, festival, festivity; (*ricevimento*) party. **4** (*fam.*) (*onomastico*) saint's day; (*compleanno*) birthday. **5** (*dimostrazione di gioia*) fuss, to-do; (*benvenuto*) warm welcome. □ *essere vestito* **a** *~* to be dressed up in one's Sunday best; *~ da* **ballo** dance, ball; **buone** *feste!* happy holidays!; (*per Natale*) a Merry Christmas and Happy New Year!; (*per Pasqua*) Happy Easter!; (*Rel.*) **celebrare** *una ~* to celebrate a feast; **dare** *una ~* to give a party; *~ di* **famiglia** family celebration; **fare** *~* (*non lavorare*) to take a day off; (*divertirsi*) to have a good time; **fare** *~ a qd.* to give s.o. a warm welcome; **fare** *~ a qc.* (*gradirla*) to appreciate s.th.; (*fig.*) **fare** *la ~ a qd.* to bump s.o. off; *~ del* **lavoro** Labour Day.
festante *a.* (*lett.*) rejoicing, celebrating.
festeggiamento *m.* **1** celebration. **2** *pl.* (*feste, manifestazioni*) festivities *pl.*, celebrations *pl.*, festival.
festeggiare *v.t.* **1** to celebrate. **2** (*accogliere festosamente*) to give* a hearty welcome to.
festeggiato I *a.* warmly welcomed; (*rif. a una ricorrenza*) celebrated. **II** *s.m.* guest of honour.
festicciola *f.* small (*o* informal) party.
festino *m.* party.
festività *f.* festivity, holiday; (*con un nome particolare*) Day: *la ~ di Natale* Christmas Day.
festivo *a.* Sunday, holiday-: *orario ~* holiday hours.
festone *m.* **1** festoon (*anche Arte*); (*di carta*) paper chain. **2** (*cucito*) scallop.
festosità *f.* joyfulness, merriment, cheerfulness.
festoso *a.* joyful, merry, cheerful.
fetale *a.* (*Biol.*) f(o)etal.
fetente I *a.* stinking, fetid, foul. **II** *s.m.* (*volg.*) skunk, stinker.
feticcio *m.* fetish.
feticismo *m.* fetishism.
fetido *a.* fetid, stinking, foul.
feto *m.* (*Biol.*) f(o)etus.
fetore *m.* stench, stink.
fetta *f.* **1** slice: *una ~ di pane* a slice of bread; (*di prosciutto, pancetta*) rasher; (*di torta*) piece. **2** (*fig.*) (*striscia sottile*) strip, piece.
fetta biscottata *f.* rusk.
fettuccia *f.* (*nastro*) tape, ribbon.
feudale *a.* (*Stor.*) feudal, manorial.
feudalesimo, **feudalismo** *m.* feudalism, feudal system.
feudatario I *s.m.* feudatory, feudal vassal (*o* lord). **II** *a.* feudatory-, feudal.
feudo *m.* **1** (*Stor.*) fief, fee; (*estens.*) feudal domain. **2** (*proprietà terriera*) estate.
fiaba *f.* (fairy-)tale, story.
fiabesco *a.* fairy-tale-, fairy-like, (*attr.*) fairy.
fiacca *f.* **1** (*stanchezza*) weariness, tiredness. **2** (*pigrizia*) sluggishness, laziness. □ *battere la ~* to slack off.
fiaccare *v.t.* **1** (*indebolire*) to weaken: (*spossare*) to weary, to wear* out, to tire out, to exhaust. **2** (*fig.*) to weaken, to wear* down, to break* (down).
fiacchezza *f.* (*spossatezza*) weariness, tiredness; (*debolezza*) weakness.
fiacco *a.* **1** (*spossato*) weary, tired out, worn out; (*svogliato*) listless, sluggish. **2** (*Econ.*) dull, slack: *mercato ~* dull market.
fiaccola *f.* torch.
fiaccolata *f.* torchlight procession.
fiala *f.* phial, vial; (*per iniezioni*) ampoule, ampule.
fiamma I *s.f.* **1** flame; (*improvvisa, irregolare*) flare; (*molto viva*) blaze. **2** *pl.* (*incendio, fuoco*) flames *pl.*, fire. **3** (*fig.*) (*persona amata*) flame, sweetheart. **4** *pl.* (*fig.*) (*rossore*) flush, blush. **5** *pl.* (*Mil.*) (*mostrine*) collar badges *pl.* **6** (*Mar. mil.*) (*bandiera*) pennant, long pennon. **II** *a.* (*acceso*) flame-, bright: *rosso ~* flame red. □ (*Gastr.*) **alla** *~* flambé; **andare** *in fiamme* to go up in flames; **dare** *alle fiamme* to set to flames; *~* **ossidrica** oxy-hydrogen flame; **ritorno** *di ~* backfire; (*fig.*) fresh flush of sentiment; (*fig.*) **vecchia** *~* old flame.
fiammante *a.* (*fig.*) (*rif. a colori: acceso*) bright, flame-, flaming. □ *nuovo ~* brand new.
fiammata *f.* **1** blaze, flare; (*improvvisa*) flare -up. **2** (*fig.*) blaze (of passion), flare-up, outburst.
fiammeggiante *a.* **1** flaming, blazing. **2** (*fig.*) (*splendente*) blazing, bright, fiery.
fiammeggiare *v.i.* **1** to flame, to blaze. **2** (*fig.*) (*scintillare*) to blaze, to flash. **3** (*rosseggiare*) to glow, to flame.
fiammifero *m.* match. □ *una scatola di fiammiferi* a match box.
fiammingo I *a.* Flemish. **II** *s.m.* **1** (*lingua*) Flemish (language). **2** (*abitante*) Fleming; *pl.* the Flemish.
fiancata *f.* **1** (*urto dato col fianco*) blow given with the hip, blow in the side. **2** (*parete laterale*) side, side panel. **3** (*Mar.*) broadside.

fiancheggiare *v.t.* **1** to flank, to border, to line: *la strada fiancheggia il fiume* the road borders (*o* runs along by) the river. **2** (*fig.*) (*spalleggiare*) to support, to back (up). **3** (*Mil.*) to flank, to cover the flank of.
fiancheggiatore *m.* (*Pol.*) supporter.
fianco *m.* **1** flank, side. **2** (*anca*) hip. **3** (*versante di montagna e sim.*) flank, side. □ (*Ginn.*) ~ **destro**! right (about) turn, by the right (turn); **di** ~ (*lateralmente*) from the side, sideways (on); *porta* **di** ~ side door; **stare** *al* ~ *di qd.*, to be at s.o.'s side.
fiandra *f.* (*tessuto*) Flanders linen; damask linen.
Fiandre *N.pr.f.pl.* (*Geog.*) Flanders.
fiasca *f.* hip-flask.
fiasco *m.* **1** flask; (*contenuto*) flaskful. **2** (*scherz.*) (*insuccesso*) fiasco, failure, (*fam.*) flop: *lo spettacolo è stato un* ~ the show was a fiasco. □ (*fig.*) *fare* ~ to draw a blank.
fiatare *v.i.* (*aprire bocca*) to speak*, to breathe (a word), to open one's mouth. □ *senza* ~ without batting an eye-lid; (*senza protestare*) without (saying) a word.
fiato *m.* **1** (*respiro*) breath. **2** (*sorsata*) gulp, draught. **3** (*resistenza*) staying power, stamina, endurance. **4** *pl.* (*Mus.*) wind instruments *pl.* □ *(tutto)* **d'***un* ~ all in one breath, at a breath; *bere* **d'***un* ~ to drink s.th. in one gulp; *avere il* ~ **grosso** to be out of breath, to be breathless; to be short of breath; **strumenti** *a (o da)* ~ wind (instruments).
fiatone *m.* heavy breathing, panting.
fibbia *f.* buckle.
fibra *f.* **1** fibre. **2** (*fig.*) (*costituzione*) fibre, constitution. □ *fibre* **ottiche** optical fibres; ~ **sintetica** synthetic fibre.
fibrillazione *f.* (*Med.*) fibrillation.
fibroma *m.* (*Med.*) fibroma (*pl.* fibromata).
fibroso *a.* fibrous.
fibula *f.* (*Anat.*) fibule.
ficcanaso *m./f.* (*fam.*) meddler, busybody, nosey parker.
ficcare *v.t.* **1** to poke, to stick*. **2** (*conficcare*) to thrust*, to drive*. **3** (*cacciare, mettere*) to put*, to stick*. **ficcarsi** *v.r.* **1** (*mettersi, cacciarsi*) to put* (*o* thrust*) o.s., to get*. **2** (*fam.*) (*andare a finire*) to get* to: *dove si sono ficcati i miei guanti?* where have my gloves got to? **3** (*fig.*) (*cacciarsi*) to get* (*in* into) to become* involved (in): *ficcarsi nei guai* to get into trouble. □ ~ *il naso nelle faccende altrui* to poke one's nose into other people's business.
fico *m.* (*Bot.*) **1** fig-tree, fig. **2** (*frutto*) fig. □ (*fam.*) *non m'***importa** *un* ~ I don't care a fig, I don't give a fig; *non* **valere** *un* ~ not to be worth a fig.
ficodindia *m.* (*Bot.*) prickly pear (cactus).
fidanzamento *m.* engagement; (*lett.*) betrothal.
fidanzare *v.t.* to engage; (*lett.*) to betroth. **fidanzarsi** *v.r.* to get* (*o* become*) engaged.
fidanzata *f.* fiancée.
fidanzato **I** *a.* engaged, (*lett.*) betrothed. **II** *s.m.* **1** fiancé. **2** *pl.* engaged couple.
fidare *v.i.* **1** (*confidare*) to trust (*in* in, to), to confide (in), to rely (on). **2** (*avere fede*) to trust, to have faith (in). **fidarsi** *v.i.pron.* **1** (*avere fiducia*) to trust (*di qd.* s.o.), to (place) trust, to confide (in s.o.): *non fidarti di lui* do not trust him. **2** (*avere il coraggio*) to dare*, to feel* up (*o* equal) to: *non mi fido a guidare da solo* I don't feel up to driving by myself.
fidato *a.* reliable, trustworthy.
fido[1] **I** *a.* faithful, devoted. **II** *s.m.* (*seguace*) follower, faithful attendant.
fido[2] *m.* (*Econ.*) credit.
fiducia *f.* **1** trust, confidence (*in* in), reliance, dependance (on): ~ *in Dio* trust in God. **2** (*Parl.*) confidence: *voto di* ~ vote of confidence. □ **avere** ~ *in qd.* to trust (*o* rely on) s.o., to have confidence in s.o.; **di** ~ (*di responsabilità*) responsible, of trust; (*fidato*) reliable, trustworthy; **godere** *della* ~ *di qd.* to be trusted by s.o., to enjoy s.o.'s confidence.
fiduciario **I** *a.* (*Dir.*) trust-. **II** *s.m.* **1** confidential (*o* official) representative. **2** (*Dir.*) trustee.
fiducioso *a.* trusting (*in* in, to), confident (of), trustful.
fiele *m.* **1** (*bile*) bile, gall. **2** (*fig.*) (*malanimo*) gall, bitterness; (*rancore*) rancour, grudge.
fienile *m.* (*locale*) barn.
fieno *m.* hay. □ (*Med.*) *febbre da* ~ hay fever.
fiera[1] *f.* **1** fair (*anche fig.*). **2** (*esposizione*) exhibition; (*mostra*) show. □ ~ *campionaria* trade fair.
fiera[2] *f.* wild beast (*o* animal).
fierezza *f.* **1** (*alterigia*) haughtiness. **2** (*orgoglio*) pride. □ ~ *d'animo* spirit, mettle.
fieristico *a.* fair-, exhibition-, of a fair.
fiero *a.* **1** (*altero*) haughty: *atteggiamento* ~ haughty bearing. **2** (*orgoglioso*) proud: *sono* ~ *di te* I am proud of you. **3** (*feroce*) fierce, cruel, wild. **4** (*violento, furioso*) fierce, violent, raging.
fievole *a.* feeble, faint, weak.
fifa *f.* (*fam.*) funk: *avere* ~ to be in a funk.
fifone *m.* (*fam.*) funk.
figlia *f.* **1** daughter; (*ragazza*) girl. **2** (*cedola*) counterfoil, stub.
figliare *v.t.* (*rif. ad animale*) to give* birth to, to bring* forth; (*fare più piccoli in una volta*) to litter; (*rif. a cavallo*) to foal; (*rif. a mucca*) to calve; (*rif. a scrofa*) to farrow.
figliastra *f.* stepchild (*pl.* –children), stepdaughter.
figliastro *m.* stepchild (*pl.* –children), stepson.
figliata *f.* litter.
figlio *m.* **1** child; *pl.* (*figli e figlie*) children *pl.*; (*bambino piccolo*) baby; (*figlio maschio*)

son. **2** (*rif. ad animali*) young. ☐ ~ **adottivo** adopted (*o* adoptive) child; ~ *dell'***amore** love-child; **fare** *un* ~ to have a child; ~ **illegittimo** illegitimate child; ~ **legittimo** legitimate (*o* lawful) child; ~ **naturale** natural child; (*spreg.*) ~ *di* **papà** spoilt young man; **senza** *figli* childless.

figlioccia *f.* goddaughter.

figlioccio *m.* godson; godchild (*pl.* –children).

figliola *f.* **1** (*figlia*) daughter, child (*pl.*) children. **2** (*ragazza*) girl.

figliolanza *f.* children *pl.*, offspring (costr. pl.).

figliolo *m.* **1** (*figlio*) son; (*senza distinzione di sesso*) child (*pl.* children). **2** *pl.* (*figli e figlie*) children *pl.* **3** (*ragazzo*) boy, fellow, chap, lad: *un bravo* ~ a good lad.

figura *f.* **1** figure, shape. **2** (*illustrazione*) illustration, picture. **3** (*Geom., Arte*) figure. **4** (*apparenza*) figure, appearance; (*buona apparenza*) fine (*o* good) figure, good impression. **5** (*personaggio*) character. **6** (*nella danza, nel pattinaggio e sim.*) figure. **7** (*nelle carte*) court-card. ☐ *fare* **bella** (o *buona*) ~ to cut a dash; *fare* **brutta** (o *cattiva*) ~ to put one's foot in it; **fare** ~ to cut (*o* make) a fine figure, to cut a dash; (*rif. a vestiti*) to look good (*o* smart *o* nice); ~ **retorica** figure of speech.

figuraccia *f.* poor (*o* sorry) figure.

figurante *m./f.* (*comparsa*) figurant, supernumerary.

figurare **I** *v.t.* **1** (*rappresentare*) to represent, to figure, to show*. **2** (*simboleggiare*) to symbolize, to stand* for. **II** *v.i.* **1** (*risultare, esserci*) to appear, to be found (*o* shown), to be. **2** (*apparire*) to appear, to be shown; (*essere conosciuto*) to be known. **3** (*fare bella figura*) to look smart, to cut* a dash. **figurarsi** *v.r.* to imagine. ☐ *figurati* just think (*o* fancy *o* imagine), fancy that.

figurativo *a.* figurative: *arti figurative* figurative arts.

figurato *a.* **1** (*che contiene figure*) figured, bearing figures; (*rif. a libro*) illustrated. **2** (*Ling.*) (*simbolico*) figurative.

figurina *f.* **1** (*cartoncino con una figura*) picture card. **2** (*statuetta*) figurine.

figurinista *m./f.* **1** (*Moda*) dress-designer, fashion designer, (*am.*) stylist. **2** (*Teat.*) costume-designer.

figurino *m.* **1** (*Moda*) (*disegno*) fashion-plate, fashion-sketch. **2** (*giornale di moda*) fashion -magazine. ☐ *essere un* ~ to be a fashion plate.

figuro *m.* (*tipo losco*) shady character, scoundrel, rogue.

fila *f.* **1** row, line, string. **2** (*coda*) queue, (*am.*) line. **3** (*fila di posti*) row: *poltrona di prima* ~ front-row seat. **4** (*fig.*) (*serie*) string, series, succession. ☐ **di** ~ (*uno dopo l'altro*) in succession; (*ininterrottamente*) continuously; *è piovuto per cinque giorni* **di** ~ it rained for five days running; **fare** *la* ~ (*la coda*) to queue (up), (*am.*) to line up; **in** ~ in a line; (*uno dietro l'altro*) in file, lined up; (*uno accanto all'altro*) in a row, lined up; **in** ~ *per due* (o *tre*) in double (*o* treble) file; *in* ~ **indiana** in single (*o* Indian) file.

filamento *m.* (*Bot., El.*) filament; (*fibra*) fibre.

filanda *f.* spinning-mill; (*per seta*) silk-factory, silk-mill.

filante *a.*: *stella* ~: 1 (*stella cadente*) shooting star, falling star; 2 (*striscia di carta*) (paper) streamer.

filantropia *f.* philanthropy.

filantropico *a.* philanthropic.

filantropo **I** *s.m.* philanthropist. **II** *a.* philantropic(al).

filare[1] **I** *v.t.* **1** to spin*. **2** (*ridurre in fili mediante fusione*) to spin*, to draw* (out). **3** (*Mar.*) to pay* out, to ease off. **II** *v.i.* **1** (*assumere forma di filo*) to go* stringy: *il formaggio fila* the cheese is going stringy. **2** (*colare*) to trickle. **3** (*procedere velocemente*) to speed* (along), to run*: ~ *a cento all'ora* to speed along at a hundred miles an hour. **4** (*fam.*) (*flirtare*) to be going out. **5** (*scorrere: rif. a discorso e sim.*) to make* sense, to hang* together. **6** (*fam.*) (*andarsene*) to make* off, to clear off, to make* o.s. scarce. ☐ **fare** ~ *qd.* to make s.o. toe the line; (*fam.*) **fila**! scram!; *fila* **via**! clear off!

filare[2] *m.* row.

filarmonica *f.* (*Mus.*) philarmonic society.

filarmonico *a./s.m.* philharmonic.

filastrocca *f.* **1** (*poesiola infantile*) nursery rhyme, nonsense. **2** (*serie lunga e noiosa di parole*) endless list, rigmarole.

filatelia, **filatelica** *f.* philately.

filatelico **I** *a.* philatelic, stamp-: *esposizione filatelica* philatelic exhibition. **II** *s.m.* philatelist.

filato **I** *a.* **1** spun: *lana filata* spun wool. **2** (*ininterrotto*) running, on end: *discorso* ~ running speech; *tre giorni filati* three days on end. **II** *s.m.* (*industria tessile*) yarn.

filatura *f.* spinning.

filettare *v.t.* **1** to adorn, to decorate (with threads or ribbons); (*bordare*) to edge. **2** (*Mecc.*) to thread, to cut* (a thread in); (*all'interno*) to tap.

filettatura *f.* **1** adorning, decorating (with threads, ribbons, etc.); (*il bordare*) edging, trimming; (*filetti*) threads *pl.*, ribbons *pl.* **2** (*Mecc.*) threading, screw-cutting; (*all'interno*) tapping; (*filetto della vite*) (screw) thread.

filetto *m.* **1** (*filo sottile*) fine thread. **2** (*cordoncino*) thread; (*bordatura*) edging, border, braid, trimming. **3** (*Tip.*) rule. **4** (*Gastr.*) fillet. **5** (*Mecc.*) (*filettatura*) (screw) thread, worm (of a screw).

filiale[1] *a.* filial.

filiale[2] *f.* branch; (*ufficio*) branch office.

filibustiere *m.* **1** (*Stor.*) filibuster, freebooter, buccaneer. **2** (*fig.*) (*individuo senza scrupoli*) rogue, rascal.

filiforme *a.* thread-like.

filigrana *f.* **1** (*Oreficeria*) filigree. **2** (*nella carta*) watermark.
filigranato *a.* (*nella carta*) watermarked.
filippica *f.* philippic.
Filippo *N.pr.m.* Philip.
filisteo *a./s.m.* (*Stor.*) Philistine.
fillossera *f.* (*Zool.*) phylloxera; vine-pest.
film *m.* **1** (*Fot.*) (*pellicola*) film. **2** (*opera cinematografica*) film, (*fam.*) picture, (*am.*) motion picture, (*am. fam.*) movie. **3** (*cinematografia*) film, films *pl.*, cinema. □ ~ **giallo** detective film, (*fam.*) thriller; **girare** *un* ~ to shoot a film; **proiettare** *un* ~ to project a film; ~ *a* **puntate** serial.
filmare *v.t.* **1** to film. **2** (*ridurre in edizione cinematografica*) to film, to make* a film of, to put* on the screen; (*girare*) to shoot*.
filmato **I** *a.* filmed, made into a film: *racconto* ~ story made into a film. **II** *s.m.* film (strip).
filo *m.* **1** thread; (*filato*) yarn: ~ *di lana* woollen yarn; (*per cucire*) sewing-thread; (*di cotone*) cotton: *un rocchetto di* ~ a cotton reel. **2** (*filo metallico*) wire. **3** (*El.*) (*conduttore*) wire. **4** (*rif. a collana*) string, row. **5** (*foglia filiforme*) blade. **6** (*taglio di lama*) cutting edge, edge. **7** (*fig.*) (*svolgimento logico*) thread. **8** (*quantità minima*) scrap, ounce. □ *un* ~ *d'***acqua** a trickle of water; ~ **conduttore** (*El.*) conducting (*o* lead) wire; (*fig.*) (guiding) thread; *perdere il* ~ *del* **discorso** to lose track (*o* the thread) of what one was saying; ~ **elettrico** electric wire (*o* flex); ~ *d'***erba** blade of grass; ~ *di* **ferro** (iron) wire; ~ *di* **perle** strand of pearls; **per** ~ *e per segno* in (great) detail, thoroughly; (*Edil.*) ~ *a* **piombo** plumb line; (*fig.*) *sul* ~ *del* **rasoio** on the razor's edge; ~ **spinato** barbed wire.
filobus *m.* trolley-bus.
filodendro *m.* (*Bot.*) philodendron.
filodiffusione *f.* piped music, canned music.
filodrammatica *f.* amateur dramatic society.
filodrammatico **I** *a.* amateur (dramatic). **II** *s.m.* amateur actor.
filologia *f.* philology.
filologico *a.* philologic(al).
filologo *m.* philologist.
filone *m.* **1** (*Min.*) seam, lode, vein. **2** (*nel fiume*) current. **3** (*fig.*) (*indirizzo, corrente*) course, trend, line. **4** (*pane di forma allungata*) French loaf.
filosofare *v.i.* (*iron.*) to philosophize.
filosofia *f.* philosophy. □ *prendere la vita con* ~ to take life philosophically.
filosofico *a.* **1** (*di filosofia*) philosophic(al). **2** (*da filosofo*) philosopher's, of a philosopher.
filosofo *m.* philosopher.
filovia *f.* **1** (*linea di filobus*) trolley line, trolley-bus service. **2** (*pop.*) → **filobus**.
filtrare **I** *v.t.* to filter, to strain. **II** *v.i.* **1** to filter, to percolate, to seep. **2** (*estens.*) (*rif. alla luce*) to filter (*o* pass) through. **3** (*fig.*) (*trapelare*) to filter (through), to leak (*o* get*) out, to trickle.
filtro[1] *m.* **1** filter. **2** (*colino*) strainer: *il* ~ *per il tè* the tea-strainer. **3** (*di pipa*) filter; (*di sigaretta*) filter(-tip). **4** (*Fot.*) filter, screen. **5** (*Rad.*) filter, suppressor. □ (*Mot.*) ~ *dell'***aria** air-filter; (*am.*) air cleaner; (*Fot.*) ~ **colorato** colour filter; (*Mot.*) ~ *dell'***olio** oil filter; **sigarette** *con* ~ filter-tip(ped) cigarettes.
filtro[2] *m.* (*bevanda magica*) philtre.
filza *f.* **1** string, row. **2** (*fig.*) (*sequela*) string, series, long train. **3** (*di documenti*) file.
finale **I** *a.* **1** (*ultimo*) last, final, end-: *proposizione* ~ final clause. **2** (*definitivo*) final, ultimate. **II** *s.m.* **1** (*ultima scena*) last scene; (*parte conclusiva*) end, ending. **2** (*Mus.*) finale. **III** *s.f.* **1** (*di gara*) finals *pl.*, final. **2** (*di concorso*) final (*o* last) round.
finalista *s.m./f.* (*Filos., Sport*) finalist.
finalità *f.* **1** (*fine, scopo*) end, purpose, aim. **2** (*Filos.*) finality.
finalmente *avv.* **1** (*da ultimo*) finally, in (*o at*) the end, lastly. **2** (*alla fine*) at last, finally. **3** (*esclam.*) at (long) last.
finanche *avv.* even.
finanza *f.* **1** finances *pl.*, public revenue: *le finanze dello Stato* State finances. **2** (*attività finanziaria*) finance. **3** *pl.* (*scherz.*) (*mezzi economici*) finances *pl.*, means *pl.*, financial state (*o* resources *pl.*). **4** (*finanzieri*) financiers *pl.*
finanziamento *m.* **1** (*il finanziare*) financing, financial support. **2** (*concr.*) funds *pl.*, capital.
finanziare *v.t.* to finance.
finanziario *a.* financial.
finanziatore *m.* (financial) backer, financer.
finanziere *m.* **1** financier. **2** (*guardia di finanza*) customs (*o* revenue) officer; (*lungo le coste*) coast-guard.
finché *congz.* **1** (*fino al momento in cui*) until, till: *aspetta* ~ *io non sarò tornato* wait until I return. **2** (*per tutto il tempo in cui*) as long as, (*raro*) while: *ti amerò* ~ *vivo* I shall love you as long as I live.
fine[1] **I** *s.f.* **1** end(ing), conclusion. **2** (*eufem.*) (*la morte*) end, death. **II** *s.m.* **1** (*scopo*) end, purpose, aim, intentions *pl.*: *a che* ~ *l'hai fatto?* what was your aim in doing that? **2** (*esito*) outcome, conclusion: *portare un impresa a buon* ~ to bring an undertaking to a successful conclusion. □ **al** ~ *di* in order to, with a view to; **alla** ~ (*rif. a spazio*) at the end; (*rif. a tempo*) in the end; (*finalmente*) at last, finally; **che** ~ *ha fatto tuo fratello?* what has become of your brother?; *in fin dei* **conti** after all, all things considered, on the whole; **fare** *una brutta* ~: 1 (*finir male*) to turn out badly; 2 (*fig.*) (*morir male*) to come a bad end; **lieto** ~ happy ending; *a* ~ **mese** at the end of the month; *il* ~ *giustifica i* **mezzi** the end justifies the means; **porre** ~ *a qc.* to put an end to s.th.; **secondo** ~ ulterior motive, hidden intention; **senza** ~ endless, never-ending; *essere*

in fin di **vita** to be at death's door.

fine[2] *a.* **1** (*sottile*) fine, thin, slender; (*impalpabile*) fine. **2** (*di buon gusto*) fine, good -looking, dainty. **3** (*delicato*) fine, delicate: *lineamenti fini* fine (*o* delicate) features. **4** (*signorile, raffinato*) refined, distinguished, fine. **5** (*fig.*) (*acuto, penetrante*) sharp, acute, discerning, subtle.

fine settimana *m./f.* week-end.

finestra *f.* **1** window. **2** (*breccia*) breach, crack. **3** (*nelle buste commerciali*) (envelope) window. **4** (*Giorn.*) box. □ *affacciarsi* **alla** ~ to come (*o* go) to the window; (*farsi vedere*) to appear at the window; ~ *a* **battenti** casement-window; *la* ~ **dà** *sul lago* the window overlooks the lake; **davanzale** *della* ~ window sill; ~ *a* **ghigliottina** sash window. **guardare** *dalla* ~ to look out of the window.

finestrino *m.* (*di treni, auto e sim.*) window.

finezza *f.* **1** fineness, thinness. **2** (*delicatezza*) fineness, delicacy, finesse. **3** (*raffinatezza*) refinement. **4** (*fig.*) (*acutezza*) sharpness, keenness.

fingere *v.t.* **1** (*simulare*) to feign, to pretend, to sham. **2** (*supporre*) to imagine, to suppose. **fingersi** *v.r.* to pretend to be, to feign (o.s.).

finimenti *m.pl.* (*bardatura del cavallo*) harness.

finimondo *m.* (*fig.*) pandemonium, bedlam.

finire I *v.i.* **1** (*cessare: rif. a cose*) to (come* to an) end, to finish, to be over; (*rif. a persone*) to finish, to end, (*fam.*) to be through. **2** (*consumarsi, esaurirsi*) to be finished (*o* used up), to be (all) gone. **3** (*terminare*) to (come* to an) end, to stop. **4** (*sboccare: rif. a fiumi*) to flow; (*rif. a strade*) to lead*. **5** (*concludersi*) to end (up): *come finisce il film?* how does the film end? **6** (*andare a capitare*) to end (*o* land) up: ~ *in galera* to end (*o* land) up in jail. **7** (*Gramm.*) to end. **II** *v.t.* **1** (*portare a termine*) to finish, to end, to bring* to an end. **2** (*esaurire, consumare*) to finish (up, off), to go* through; (*ultimare*) to run* (*o* sell*) out of. **3** (*mangiare tutto*) to eat* up, to polish off; (*bere tutto*) to drink* up. **4** (*smettere*) to stop, to put* an end to. **5** (*dare il colpo di grazia*) to finish off, to dispatch. □ **andare** *a* ~ (*capitare*) to happen (*o* get) to; (*terminare*) to go (*o* lead) to, to end (*up*); **andrà** *a* ~ *male* no good will come of this; (*rif. a persona*) he will come to no good; **avere** *finito qc.* to have finished s.th., (*fam.*) to be through (*o* done) with s.th.; ~ *in* **bellezza** to come off with flying colours; ~ **che** (o *con*) to end up by: *finirà che dovrà pagare* he will end up by having to pay; ~ **di** to stop, to finish, to leave off: *ho appena finito di mangiare* I have just finished eating; ~ *i propri* **giorni** to end one's days; **non** ~ *mai* to be endless. ‖ *finirla* to stop, (*fam.*) to leave off, (*fam.*) to give over: *è ora di finirla* it is high time that you stopped all this; *finiscila!* stop it!; *vuoi finirla?* just leave off, will you?

finitezza *f.* perfection, completeness.

finito *a.* **1** finished, over. **2** (*venduto*) sold out. **3** (*rif. a persona: rovinato*) done for, finished, ruined. **4** (*bravo nella propria arte*) accomplished, perfect. **5** (*rifinito*) finished, polished. **6** (*passato*) past. □ **è** *finita* it is all over: *tra noi tutto è* ~ it's all over between us; **farla** *finita con* to put an end to; **falla** *finita con queste lamentele* stop all this complaining.

finitura *f.* (*atto*) finishing (off); (*effetto*) trimmings *pl.*, finish.

finlandese I *a.* Finnish. **II** *s.* **1** *m.* (*lingua*) Finnish. **2** *m./f.* (*abitante*) Finn.

Finlandia *N.pr.f.* (*Geog.*) Finland.

fino[1] **I** *prep.* **1** (*rif. a tempo*) until, till, up to: *sarò qui* ~ *alle sei* I shall be here until six. **2** (*rif. a luogo*) as far as, to: *ho letto* ~ *a pagina cinque* I have read as far as page five. **II** *avv.* (*perfino, anche*) even. □ ~ **a** (*seguito dall'inf.*) until, till; (*tanto da*) so much that; (*rif. a tempo*) until, till, up to; (*rif. a luogo*) as far as, to; ~ *in* **cima** to the (very) top, right up; *fin* **da** (*rif. al presente o al futuro*) (as) from, from ... on(wards): *fin da domani* as from tomorrow, from tomorrow (onwards); (*rif. al passato*) since, (*enfat.*) ever since; *fin* **dove**? how far?; ~ *in* **fondo** to the (very) bottom, right down; *fin* **là** (as far as) there; ~ *a* **ora** so far, till now, up to now; *fin d'***ora** from now on, straight away; (*burocr.*) ~ *a nuovo* **ordine** till further notice; ~ *a* **quando** until; (*interr.*) till when?; (*per quanto tempo?*) how long?

fino[2] *a.* **1** (*sottile*) fine, thin. **2** (*rif. a lavoro: accurato*) fine, delicate. **3** (*fig.*) (*acuto*) sharp, keen.

finocchio *m.* **1** (*Bot.*) fennel. **2** (*volg.*) (*omosessuale*) queen.

finora *avv.* so far, until now, up to now; (*in frasi negative*) so far, yet.

finta *f.* **1** (*finzione, simulazione*) pretence, sham, feint. **2** (*nel pugilato*) feint. □ **fare** ~ (*fingere*) to pretend, to sham, to feign; *fare* ~ *di* **nulla** to act as if nothing had happened.

fintantoché *congz.* **1** (*per tutto il tempo che*) as long as. **2** (*fino a quando*) until, till.

finto *a.* **1** false, deceitful. **2** (*artificiale*) artificial, false, imitation: *fiori finti* artificial flowers. **3** (*simulato*) feigned. □ **fare** *il* ~ *tonto* to play dumb; **finestra** *finta* false (*o* blind) window.

finzione *f.* **1** pretence, sham. **2** (*immaginazione*) fiction, make-believe.

fioccare *v.i.* **1** to snow, to fall* in flakes. **2** (*fig.*) to pour (in), to shower.

fiocco[1] *m.* **1** bow. **2** (*bioccolo*) tuft, flock, lock. **3** (*di neve*) flake, snowflake. **4** *pl.* (*Alim.*) flakes *pl.*: *fiocchi di granturco* cornflakes. □ *fiocchi di* **avena** oatflakes; (*fig.*) **con** *i fiocchi* (*eccellente*) first-rate; (*di cibo*)

(*fam.*) slap-up; (*completo*) real, thorough: *un predicozzo coi fiocchi a* real talking-to.
fiocco[2] *m.* (*Mar.*) jib.
fiocina *f.* (*Pesca*) harpoon.
fioco *a.* **1** (*rif. a suono*) faint, weak, dim. **2** (*rif. a luce*) dim, faint.
fionda *f.* catapult; (*am.*) slingshot.
fioraio *m.* **1** florist. **2** (*negozio*) florist, florist's shop.
fiorami *pl.* flowered pattern. ▭ *stoffa a* ~ flowered fabric.
fiorato *a.* flowered, with a floral design.
fiordo *m.* (*Geol.*) fiord, fjord.
fiore *m.* **1** (*Bot.*) flower: *coltivare i fiori* to grow flowers; (*di albero*) blossom: ~ *di mandorlo* almond blossom. **2** (*fig.*) (*parte migliore*) elite, cream; (*il periodo di massimo splendore*) bloom, prime: *essere nel* ~ *della vita* to be in the prime of life. **3** *pl.* (*nelle carte francesi*) clubs *pl.*: *asso di fiori* ace of clubs. ▭ **a** *fiori* with a floral pattern (*o* design): *abito a fiori* dress with a flowered pattern; **a** *fior di* on the surface of: *avere i nervi a fior di pelle* to be on edge; *il* ~ *degli* **anni** the bloom of youth; ~ *d'***arancio** orange blossom; ~ *di* **campo** wild flower; *fior* **di** a lot (*o* mint) of: *fior di quattrini* a mint of money; **essere** *in* ~ to be in bloom (*o* flower); (*fig.*) to be flourishing, to thrive.
fiorellino *m.* floweret.
fiorente *a.* **1** flowering. **2** (*fig.*) (*prospero*) flourishing, thriving. **3** (*fig.*) (*rif. a persona*) blooming, flourishing: *una ragazza* ~ a blooming girl.
fioretto[1] *m.* (*Rel.*) act of mortification.
fioretto[2] *m.* (*Sport*) foil.
fioriera *f.* **1** (*cassetta*) flower-box. **2** (*recipiente*) flower-holder.
fiorino *m.* (*moneta*) **1** florin. **2** (*in Olanda*) guilder, gulden.
fiorire *v.i.* **1** to flower, to bloom; (*rif. ad alberi da frutto*) to blossom; (*rif. a piante di fiori*) to come* out; (*rif. a luoghi: coprirsi di fiori*) to be in flower (*o* bloom), to be covered with (*o* full of) flowers. **2** (*fig.*) (*prosperare*) to flourish, to thrive*. **3** (*rif. alla pelle: coprirsi di eruzioni*) to come* out in a rash.
fiorista *m./f.* florist.
fiorito *a.* **1** flowering, blooming, in flowers (*o* bloom); (*rif. ad alberi da frutto*) blossoming, in blossom: *un albero* ~ a tree in blossom; (*rif. a luoghi: coperto di fiori*) covered with flowers. **2** (*ornato di fiori*) adorned (*o* decked) with flowers. **3** (*fig.*) (*spreg.*) flowery, florid: *linguaggio* ~ flowery language.
fioritura *f.* **1** flowering, blooming; (*rif. ad alberi da frutto*) blossoming; (*periodo*) flowering (time), bloom; (*rif. ad alberi da frutto*) blossom-time. **2** (*fiori*) bloom, flowers *pl.*; (*rif. ad alberi da frutto*) blossom. **3** (*rif. alla pelle*) rash. **4** (*fig.*) (*abbondanza*) crop, wealth, thriving.
fiotto *m.* gush, spurt, stream. ▭ **a** *fiotti* in streams (*o* floods); **sgorgare** *a fiotti* to gush.
Firenze *N.pr.f.* (*Geog.*) Florence.
firma *f.* **1** signature. **2** (*il firmare*) signing. **3** (*autorizzazione a firmare*) authorization to sign. ▭ **apporre** *la propria* ~ to put one's signature; (*Dir.*) to set one's hand; ~ *in* **bianco** blank signature; ~ **depositata** (*in banca*) specimen signature; ~ **falsa** forged signature; *le grandi firme della* **moda** the top stylists; **passare** *alla* ~ to submit for signature.
firmamento *m.* firmament.
firmare *v.t.* to sign; (*sottoscrivere*) to subscribe.
firmatario *s.m.* signer; (*Comm., Dir.*) signatory.
fisarmonica *f.* (*Mus.*) accordion.
fiscale *a.* **1** (*del fisco*) fiscal; (*delle tasse*) fiscal, tax-, revenue: *leggi fiscali* tax (*o* fiscal) laws. **2** (*fig. spreg.*) rigid, strict, exacting.
fiscalismo *m.* **1** (*Econ.*) financial (*o* fiscal) system. **2** (*fig.*) rigour, strictness.
fiscalità *f.* **1** fiscal system. **2** (*fig.*) rigour, strictness.
fischiare I *v.i.* **1** to whistle; (*rif. a uccelli*) to whistle, to sing*; (*rif. a serpenti*) to hiss. **2** (*rif. a sirene e sim.*) to hoot. **3** (*sibilare*) to whistle, to whizz. **II** *v.t.* **1** to whistle: ~ *una canzone* to whistle a tune. **2** (*disapprovare*) to boo, to hiss, to hoot. **3** (*Sport*) to blow* (the whistle) for.
fischiata *f.* **1** (*di disapprovazione*) boo(ing), hiss(ing). **2** (*di richiamo*) whistle.
fischiettare *v.t./i.* to whistle.
fischietto *m.* **1** (*per segnali*) whistle. **2** (*Mar.*) pipe.
fischio *m.* **1** whistle, whistling; (*di disapprovazione*) boo(ing), hoot(ing), hiss(ing), catcall. **2** (*rif. ad animali, al vento*) whistle, whistling; (*rif. a uccelli*) whistle, singing; (*rif. a serpenti*) hiss(ing). **3** (*rif. a segnali acustici*) hoot(ing); (*di avvertimento*) toot(ing). **4** (*sibilo*) whistle, whistling, whizz(ing). **5** (*strumento*) whistle. **6** (*Mar.*) pipe. ▭ (*fam.*) *capire fischi per fiaschi* to get the wrong end of the stick.
fisco *m.* **1** public revenue, (*GB*) Treasury, (*GB*) Inland Revenue, (*USA*) Internal Revenue. **2** (*amministrazione delle imposte*) revenue (*o* tax) authorities *pl.*
fisica *f.* physics *pl.* (costr. sing.).
fisico I *a.* physical: *il dolore* ~ physical pain. **II** *s.m.* **1** (*studioso di fisica*) physicist. **2** (*corpo*) constitution; (*corporatura*) figure, build; (*rif. ad atleti*) physique: *un* ~ *robusto* a strong costitution; *quell'indossatrice ha un bel* ~ that model has a beautiful figure.
fisima *f.* **1** (*ghiribizzo*) whim, fancy. **2** (*piccola fissazione*) fad.
fisiologia *f.* physiology.
fisiologico *a.* physiologic(al).
fisiologo *m.* physiologist.
fisionomia *f.* **1** (*espressione*) physiognomy;

(*fattezze*) features, face. **2** (*fig.*) physiognomy, (characteristic) aspect, appearance.
fisionomico *a.* physiognomic(al), characteristic.
fisionomista *m./f.* physiognomist. □ *essere* ~ to have a good memory for faces.
fisioterapia *f.* (*Med.*) physiotherapy.
fisioterapista *m./f.* physiotherapist.
fissare *v.t.* **1** to fix, to fasten, to make* firm (*o* fast): ~ *un gancio* to fix a hook; (*bloccare*) to lock, to block; (*appuntare*) to pin (up). **2** (*fermare: con chiodi*) to nail (up, down), to fasten with nails; (*con viti*) to screw, to fix with screws. **3** (*agganciare*) to fasten (with a hook), to hook. **4** (*Fot.*) to fix: ~ *una negativa* to fix a negative. **5** (*guardare fissamente*) to gaze, to stare. **6** (*stabilire, determinare*) to fix, to settle, to arrange. **7** (*pattuire*) to fix, to agree upon, to settle. **8** (*prenotare*) to book, to reserve: ~ *una stanza* to book a room. **fissarsi** *v.i.pron.* **1** (*stabilirsi*) settle (down). **2** (*con lo sguardo*) to stare, to gaze fixedly (*su* at), to fix one's eyes (*o* gaze) (on). **3** (*fig.*) (*avere una fissazione*) to be obsessed by an idea, to be fixated (on s.th.). **4** (*fig.*) (*ostinarsi*) to set* one's heart (on), to set* one's mind (on). □ ~ *una* **data** to set a date; (*fig.*) ~ *gli* **occhi** *su qc.* to become set on s.th., to set one's heart on (having) s.th.; ~ *lo* **sguardo** *su qc.* to fix one's gaze (*o* eyes) on s.th., to stare (*o* gaze) at s.th.
fissato **I** *a.* **1** (*che ha una fissazione*) obsessed, fixated; (*fam.*) with a bee in one's bonnet. **2** (*stabilito*) set, fixed, appointed, arranged. **II** *s.m.* person with an obsession (*o* a bee in his bonnet), (*fam.*) fuss-pot.
fissatore *m.* **1** (*Fot.*) fixing bath, fixer. **2** (*per capelli*) hair-spray.
fissazione *f.* (*pensiero fisso*) obsession, fixed idea, mania; fixation.
fissità *f.* fixity, steadiness.
fisso **I** *a.* **1** (*che non varia*) fixed, definite, set. **2** (*stabile*) fixed, steady: *impiego* ~ steady job; (*rif. a persona*) fixed, permanent, regular. **3** (*rif. a occhi, sguardi*) fixed, staring, gazing. **II** *avv.* fixedly, intently, steadily.
fitta *f.* (*dolore acuto*) sharp pain, stab of pain, twinge, pang.
fittavolo *m.* tenant.
fittizio *a.* fictitious, sham.
fitto[1] **I** *a.* **1** driven (*in* into), thrust. **2** (*denso*) thick, dense: *una fitta nebbia* a thick fog; *folla fitta* thick crowd. **3** (*rif. a tessuti e sim.*) thick, closely woven: *tessuto* ~ closely woven fabric. **II** *avv.* thickly, closely, hard, heavily: *piove* ~ it is raining hard. **III** *s.m.* thick, depths *pl.*, middle. □ **buio** ~ pitch dark; *a* **capo** ~ headlong, head-first.
fitto[2] *m.* rent; (*rif. a terreni*) rent, lease.
fittone *m.* (*Bot.*) main root. □ *radice a* ~ tap-root.
fiumana *f.* **1** swollen river; (*inondazione*) flood. **2** (*fig.*) stream, flood.
fiume **I** *s.m.* **1** river. **2** (*fig.*) river, stream, flood. **II** *a.* never-ending: *una seduta* ~ a never-ending sitting. □ **a** *fiumi* in floods, in abundance; *il* **letto** *del* ~ the river-bed; **romanzo** ~ saga, roman-fleuve.
fiutare *v.t./i.* **1** (*annusare*) to smell*, to sniff. **2** (*Caccia*) to scent. **3** (*fig.*) (*intuire*) to sense, to scent, to get* wind of. □ ~ *qualcosa di* **losco** to smell a rat; ~ **tabacco** to take snuff.
fiutata *f.* sniff.
fiuto *m.* **1** (*odorato*) (sense of) smell; (*rif. ad animali*) scent, nose. **2** (*fig.*) (*intuizione*) nose.
flaccido *a.* flabby, flaccid.
flacone *m.* bottle.
flagellare *v.t.* **1** to scourge, to flagellate, to whip. **2** (*fig.*) to lash.
flagellazione *f.* **1** scourging, flagellation. **2** (*Arte*) Flagellation.
flagello *m.* **1** (*sferza*) scourge, whip. **2** (*fig.*) scourge, plague.
flagrante *a.* **1** (*Dir.*) in the act. **2** (*estens.*) (*evidente*) flagrant, evident, blatant, glaring. □ *cogliere qd. in* ~ to catch s.o. red -handed; (*Dir.*) to catch s.o. in the very act.
flagranza *f.* (*Dir.*) flagrante delicto.
flanella *f.* flannel.
flatulento *a.* flatulent.
flatulenza *f.* (*Med.*) flatulence.
flautato *a.* (*Mus.*) fluted; (*estens.*) flute-like.
flautista *m./f.* fl(a)utist.
flauto *m.* (*Mus.*) flute.
flebite *f.* (*Med.*) phlebitis.
flemma *f.* coolness, phlegm, calm.
flemmatico *a.* cool, calm, phlegmatic, stolid.
flessibile *a.* flexible, pliable.
flessibilità *f.* flexibility, pliability, pliancy.
flessione *f.* **1** bending, flexing, bowing. **2** (*graduale diminuzione*) decline, (gradual) fall, drop, sag. **3** (*Ginn.*) (*atto*) bending; (*effetto*) bend: ~ *delle gambe* knee-bend. **4** (*Gramm.*) inflection.
flessuoso *a.* supple, lithe.
flettere *v.t.* **1** to bend*, to bow. **2** (*rif. a membra*) to bend*, to flex. **3** (*Gramm.*) to inflect. **flettersi** *v.r./i.pron.* to bend*, to bow.
flipper *ingl.* ['flipə*] *m.* pinball machine.
flirt *ingl.* [flə:rt] *m.* **1** flirtation. **2** date, boyfriend (*f.* girl-).
flirtare *v.i.* to flirt.
F.lli = (*Comm.*) *Fratelli* Brothers (Bros.).
flogosi *f.* (*Med.*) phlogosis.
flora *f.* flora.
floreale *a.* floral. □ (*Arte*) *stile* ~ Modern Style; Art Nouveau.
floridezza *f.* **1** flourishing (*o* booming) state. **2** (*rif. a persona*) glowing health, healthy glow, bloom.
florido *a.* **1** (*prospero*) thriving, booming, flourishing. **2** (*rif. a persona*) blooming, glowing with health, healty: *aspetto* ~ healty look.
floscio *a.* **1** soft, limp, floppy, droopy: *cap-*

pello ~ soft (*o* floppy) hat. **2** (*flaccido*) flabby, slack.
flotta *f.* (*Mar.mil., Aer.*) fleet.
flottiglia *f.* (*Mar.mil., Aer.*) flotilla.
fluente *a.* flowing; (*di discorso*) fluent (*anche fig.*).
fluidità *f.* **1** fluidity. **2** (*fig.*) (*scorrevolezza*) fluency, smoothness. **3** (*fig.*) (*instabilità*) unsettled state, unstableness.
fluido I *a.* **1** fluid, flowing. **2** (*fig.*) (*scorrevole*) fluent, flowing, smooth: *stile* ~ fluent style. **3** (*fig.*) (*instabile*) unsettled, unstable: *situazione fluida* unsettled situation. **II** *s.m.* (*Fis.*) fluid.
fluire *v.i.* to flow.
fluorescente *a.* fluorescent.
fluorescenza *f.* fluorescence.
fluoro *m.* (*Chim.*) fluorine.
flusso *m.* **1** flow, flux. **2** (*fig.*) onward course, march, passing: *il* ~ *del tempo* the march of time. **3** (*fig.*) (*viavai continuo*) coming and going. **4** (*Med.*) flux, flow. **5** (*Fis., Met.*) flux, **6** (*Geol.*) (*alta marea*) flood, floodtide.
flussometro *m.* **1** (*tecn.*) flowmeter. **2** (*Fis.*) fluxmeter.
flutto *m.* (*onda*) wave; (*onda grossa*) billow.
fluttuante *a.* floating, fluctuating.
fluttuare *v.i.* **1** (*ondeggiare*) to rise* and fall*, to surge, to heave, to billow. **2** (*fig.*) to fluctuate, to waver, to float.
fluttuazione *f.* **1** (*l'ondeggiare*) surging, rise and fall. **2** (*fig.*) (*oscillazione, variazione*) fluctuation, floating.
fluviale *a.* river-, fluvial: *porto* ~ river port.
Fm = (*Chim.*) *fermio* fermium.
fobia *f.* **1** (*Psic.*) phobia. **2** (*fam.*) (*forte antipatia*) aversion.
fobico *a.* (*Psic.*) phobic.
foca *f.* (*Zool.*) seal.
focaccia *f.* **1** (*schiacciata*) flat loaf. **2** (*dolce*) cake.
focaia *a.*: *pietra* ~ flint.
focale *a.* (*Fis., Geom., Med.*) focal.
focalizzare *v.t.* (*Fot.*) to focus.
foce *f.* mouth; (*sbocco*) outlet. ▭ ~ *a* **delta** delta; ~ *a* **estuario** estuary.
focolaio *m.* **1** (*Med.*) focus. **2** (*fig.*) (*centro di diffusione*) hotbed.
focolare *m.* **1** hearth; (*camino*) fireplace. **2** (*fig.*) (*casa*) home, hearth. **3** (*tecn.*) furnace, firebox.
focomelia *f.* (*Med.*) phocomelia, phocomely.
focomelico *a.* phocomelic, phocomelus.
focoso *a.* fiery, impetuous, hot, ardent.
fodera *f.* **1** (*di abiti*) lining; (*tessuto*) lining (material). **2** (*rivestimento*) loose cover.
foderare *v.t.* **1** to line. **2** (*rivestire: internamente*) to line; (*esternamente*) to cover, to put* a cover on.
fodero *m.* sheath.
foga *f.* enthusiasm, ardour: ~ *giovanile* youthful enthusiasm. ▭ *con* ~ heatedly, passionately.
foggia *f.* **1** form, shape, manner. **2** (*modo di vestire o pettinarsi*) style, fashion.
foggiare *v.t.* to shape, to form, to mould.
foglia *f.* **1** leaf. **2** *pl.* (*fogliame*) leaves *pl.*, foliage, leafage. **3** (*lamina*) foil: ~ *d'argento* silver foil. ▭ (*fig.*) **mangiare** *la* ~ to smell a rat; **senza** *foglie* leafless; **tremare** *come una* ~ to shake like a leaf.
fogliame *m.* foliage, leaves *pl.*
foglio *m.* **1** sheet (of paper), piece (of paper); (*di quaderno*) leaf, page. **2** (*facciata*) page, side. **3** (*biglietto di banca*) bank-note, note, (*am.*) bill. **4** (*giornale*) news-sheet, paper. **5** (*lamina*) sheet, plate: ~ *di plastica* plastic sheet. ▭ (*Inform.*) ~ **elettronico** spreadsheet; ~ **protocollo** sheet of foolscap; ~ *a* **righe** sheet of ruled paper; (*Aut.*) ~ **rosa** learner's (driving) licence; (*Dir.*) ~ *di* **via** expulsion order.
fogna *f.* **1** sewer, drain. **2** (*fig.*) (*luogo sudicio*) pigsty; (*luogo corrotto*) cesspool.
fognatura *f.* drainage, sewerage (system).
foia *f.* (*di animali*) heat; (*estens.*) lust.
folata *f.* gust, blast.
folclore *m.* folklore.
folcloristico *a.* **1** of (*o* relating to) folklore, folkloric. **2** (*popolare*) folk-.
folgorare I *v.i.* **1** (*lampeggiare*) to flash. **2** (*fig. lett.*) (*brillare*) to flash, to blaze, to shine*: *i suoi occhi folgoravano* his eyes flashed. **II** *v.t.* **1** (*lett.*) to strike* with a thunderbolt. **2** (*colpire con una scarica elettrica*) to electrocute; (*rif. a fulmine*) to strike* by (*o* with) lightning. **3** (*uccidere con arma da fuoco*) to hit*, to shoot* (down). **4** (*abbagliare*) to dazzle.
folgorazione *f.* **1** (*fulminazione*) stroke (*o* flash) of lightning. **2** (*fulminazione da corrente*) electrocution.
folgore *f.* (*lett.*) (*fulmine*) flash of lightning, thunderbolt.
folklore *e deriv.* → **folclore** *e deriv.*
folla *f.* **1** crowd, throng, (*spreg.*) mob. **2** (*fig.*) (*rif. a cose astratte*) host, mass.
folle I *a.* **1** (*pazzo*) mad, insane. **2** (*estens.*) foolish, mad, crazy. **3** (*Mecc.*) idle. **4** (*Aut.*) neutral. **II** *s.m./f.* (*pazzo*) madman (*pl.* –men; *f.* –woman, *pl.* –women), lunatic. ▭ *in* ~ (*Mecc.*) idle: *essere* (o *girare*) *in* ~ to idle; (*Aut.*) in neutral: *motore in* ~ engine in neutral.
folleggiare *v.i.* to frolic, to romp.
folletto *m.* **1** elf, sprite. **2** (*fig.*) imp.
follia *f.* **1** (*pazzia*) madness, insanity, lunacy. **2** (*estens.*) foolishness, folly; (*azione sconsiderata*) foolish act, piece of foolishness. ▭ **fare** *follie* to frolic; **fare** *follie per qd.* (o *qc.*) to be mad (*o* crazy) about s.o. (*o* s.th.).
foltezza *f.* thickness.
folto I *a.* **1** thick, dense: *un* ~ *bosco* a thick wood. **2** (*estens.*) (*numeroso*) large, numerous. **II** *s.m.* thick, depths *pl.*: *gettarsi nel* ~ *della mischia* to throw o.s. in the thick of the fray.

fomentare *v.t.* to foment, to stir up, to incite, to rouse.
fomentatore *m.* fomenter.
fon *m.* (*asciugacapelli*) hair-dryer.
fonda *f.* **1** (*Mar.*) anchorage. **2** (*borsa da sella*) saddlebag. ▭ (*Mar.*) *essere alla* ~ to ride at anchor.
fondale *m.* **1** depth, soundings *pl.* **2** (*Teat.*) back-drop.
fondamentale *a.* fundamental, basic.
fondamento *m.* **1** (*Edil.*) foundation. **2** *pl.* (*fig.*) foundation, basis, founding.
fondare *v.t.* **1** to lay* the foundations of, to found. **2** (*erigere*) to build*, to found. **3** (*istituire*) to found, to establish: ~ *una colonia* to found a colony; ~ *una ditta* to establish a firm. **4** (*fig.*) (*basare*) to base, to found, to ground. **fondarsi** *v.i.pron.* (*basarsi*) to be founded (*o* based) (*su* on).
fondatezza *f.* (*validità*) validity, soundness; (*attendibilità*) truth, authenticity.
fondato *a.* **1** (*fig.*) (*che ha solido fondamento*) well-founded, legitimate sound. **2** (*sicuro*) reliable: *notizia fondata* reliable news. ▭ *ben* ~ well-grounded.
fondatore *m.* founder.
fondazione *f.* **1** foundation, founding; (*di una ditta*) establishment. **2** (*Edil.*) foundation, groundwork. **3** (*ente morale*) foundation.
fondente **I** *a.* melting. **II** *s.m.* **1** (*Gastr.*) fondant. **2** (*Met.*) flux. ▭ *cioccolato* ~ plain chocolate.
fondere **I** *v.t.* **1** (*Met.*) to (s)melt, to fuse. **2** (*liquefare*) to melt. **3** (*gettare nella forma*) to cast*, to mould. **4** (*fig.*) (*unire*) to unite, to fuse, to merge: ~ *due partiti* to unite (*o* fuse) two parties. **5** (*fig.*) (*accostare armonicamente*) to blend. **II** *v.i.* **1** (*Met.*) to melt, to fuse. **2** (*sciogliersi*) to melt, to thaw. **3** (*rif. a motore*) to seize up: *ho fuso* my motor seized up. **fondersi** **I** *v.i.pron.* **1** (*Met.*) to melt, to fuse. **2** (*liquefarsi*) to melt. **II** *v.r.rec.* (*fig.*) (*unirsi*) to unite, to merge.
fonderia *f.* foundry.
fondiario *a.* land-, landed.
fondina[1] *f.* (*custodia*) holster.
fondina[2] *f.* (*region.*) (*piatto fondo*) soup plate.
fondista *m./f.* (*Sport*) long-distance runner.
fonditore *m.* foundry worker.
fondo[1] *m.* **1** bottom: *il* ~ *del bicchiere* the bottom of the glass. **2** (*fine, estremità*) end. **3** (*parte posteriore*) back, rear: *i vagoni in* ~ *al treno* the carriages at the rear (*o* back) of the train. **4** (*fig.*) (*parte intima*) bottom, depths *pl.*: *in* ~ *all'animo* at the bottom of one's heart. **5** (*fondiglio*) dregs *pl.*, lees *pl.*; (*rif. al caffè*) grounds *pl.* **6** (*sfondo, base*) background. **7** (*Giorn.*) (*articolo di fondo*) editorial, leading article, leader. **8** (*Strad.*) road-bed, (*fam.*) surface. **9** (*Sport*) long -distance race; (*sci*) cross-country race. **10** (*Sport*) (*linea di fondo*) goal-line. ▭ **a** ~ (*profondamente*) thoroughly, to the bottom; *conoscere* **a** ~ *qd.* to know s.o. through and through (*o* inside-out); **andare** *a* ~ *di* (o *in fondo a*) *una faccenda* to get to the bottom of a matter; *non* **avere** ~ to be bottomless; **calare** *a* ~ to sink; **dare** ~ *a* to consume, to go (*o* run, get) through, to use up; **fino** *in* ~ to the end (*o* bottom): *leggere fino in* ~ to read to the end (*o* last page); (*fig.*) thoroughly; **in** ~ (*nella parte più bassa: stato*) at the bottom; (*moto*) to the bottom; (*alla fine: stato*) at the end; (*moto*) to the end; (*fig.*) (*in conclusione*) after all, all things considered; *fondi di* **magazzino** old (*o* unsold) stock, remnants *pl.*; **senza** ~ (*senza fine*) endless.
fondo[2] *m.* **1** (*appezzamento di terreno*) land, property, (real) estate, landed property; (*fondo rustico*) country estate; (*fondo urbano*) town property. **2** (*somma di denaro*) fund. **3** (*in borsa: titoli, azioni e obbligazioni*) security, fund, stock. ▭ ~ **cassa** cash in hand; (*per spese minute*) petty cash; *fondi* **liquidi** liquid assets; *a* ~ **perduto** without security, permanently locked up.
fondo[3] *a.* deep: *un pozzo* ~ *dieci metri* a well ten metres deep.
fondotinta *m.* foundation cream.
fondovalle *m.* bottom of the valley.
fonema *m.* (*Ling.*) phoneme.
fonendescopio *m.* (*Med.*) phonendoscope.
fonetica *f.* phonetics *pl.* (costr. sing.).
fonetico *a.* phonetic.
fonico **I** *a.* phonic, sound-. **II** *s.m.* (*Cin.*) sound technician.
fonografico *a.* phonographic.
fonografo *m.* phonograph, gramophone.
fonogramma *m.* (*Tel., Ling.*) phonogram.
fonologia *f.* phonology.
fonologico *a.* phonological.
fontana *f.* fountain.
fontanella *f.* (*fontana a colonnina*) (drinking) fountain.
fontanile *m.* spring.
fonte **I** *s.f.* **1** (*sorgente*) spring, source (*anche fig.*): ~ *di ricchezze* source of wealth. **2** (*rif. a notizie e sim.*) source; (*documenti originali*) sources *pl.* **II** *s.m.*: ~ *battesimale* font. ▭ **acqua** *di* ~ spring-water; **da** ~ *attendibile* from a reliable source; ~ *di* **energia** source of energy.
footing *ingl.* ['futiŋ] *m.* (*Sport*) jogging.
foracchiare *v.t.* to riddle, to pierce; (*con uno spillo*) to prick all over.
foraggero *a.* (*Agr.*) forage-, fodder.
foraggiare *v.t.* to (supply with) forage, to fodder: ~ *i cavalli* to fodder the horses.
foraggio *m.* (*Agr.*) fodder, forage.
foraneo *a.* (*esterno al porto*) outer, offshore.
forare **I** *v.t.* **1** to pierce, to perforate, to make* a hole in, to riddle. **2** (*trapanare*) to drill; (*trivellare*) to bore. **3** (*rif. a biglietti*) to punch. **4** (*di pneumatici*) to puncture. **II** *v.i.* to have a puncture. **forarsi** *v.i.pron.* to get* a hole in (it).
foratura *f.* **1** perforation, piercing. **2** (*il trapa-*

nare) drilling. **3** (*di pneumatico: atto*) puncturing; (*effetto*) puncture.
forbici *f.pl.* scissors *pl.*; (*cesoie*) shears *pl.*
forbiciata *f.* cut, snip.
forbire *v.t.* **1** (*pulire*) to clean. **2** (*fig.*) (*raffinare*) to polish (up), to refine: ~ *lo stile* to refine one's style.
forbitezza *f.* polish, poise, elegance.
forbito *a.* **1** (*pulito*) polished, clean. **2** (*raffinato*) polished, elegant, refined; polite.
forca *f.* **1** (*Agr.*) pitchfork, fork. **2** (*patibolo*) gallows, gibbet. □ **condannare** *alla* ~ to sentence to be hanged; (*volg.*) **fare** *la* ~ *a qd.* (*ingannarlo*) to take s.o. in, to swindle (*o* cheat) s.o.
forcella *f.* **1** fork. **2** (*biforcazione di tronco o di ramo*) fork, crutch. **3** (*Mecc.*) fork. **4** (*per capelli*) hairpin, clip. **5** (*Geol.*) pass, col. **6** (*di telefono, microfono, ecc.*) cradle, rest. □ *ramo a* ~ forked branch.
forchetta *f.* fork. □ (*fig.*) **essere** *una buona* ~ to be a hearty eater; **parlare** *in punta di* ~ to speak affectedly (*o* mincingly).
forchettata *f.* forkful.
forchettone *m.* carving fork.
forcina *f.* (*per capelli*) hairpin, clip.
forcipe *m.* (*Chir.*) forceps.
forcone *m.* (*Agr.*) pitchfork; (*per fieno*) hay-fork.
forense *a.* forensic.
foresta *f.* forest (*anche fig.*). □ *una* ~ *di capelli* a mop of hair.
forestale *a.* forest(al): *patrimonio* ~ forest heritage, forests *pl.*; *scienze forestali* forestry. □ **corpo** ~ Corps of Forests; **guardia** ~ Forester.
foresteria *f.* guest-rooms *pl.*
forestiero **I** *s.m.* stranger; (*persona di altra nazione*) foreigner; (*burocr.*) alien. **II** *a.* (*di altra nazione*) foreign: *usi forestieri* foreign customs; (*burocr.*) alien.
forfait[1] *fr.* [fɔr'fɛ] *m.* lump sum. □ **a** ~ on a lump-sum basis; **prezzo** *a* ~ lump-sum price.
forfait[2] *fr.* [fɔr'fɔw] *m.* (*Sport*) withdrawal. □ *dichiarare* ~ to scratch; (*fig.*) to give up.
forfet(t)ario *a.* lump-sum-.
forfora *f.* dandruff.
forgia *f.* forge.
forgiare *v.t.* **1** (*Met.*) to forge. **2** (*fig.*) (*plasmare*) to mould, to shape.
foriero *a.* foreboding, heralding.
forma *f.* **1** form, shape: *la* ~ *di un tavolo* the form of a table; *a* ~ *di L* L-shaped; *prendere* ~ to take form (*o* shape). **2** *pl.* (*convenzioni sociali*) convention(s), decorum, form: *rispettare le forme* to conform to convention; *è una questione di* ~ it is a matter of form. **3** *pl.* (*configurazione del corpo*) figure, shape. **4** (*stile*) style, form. **5** (*Gramm.*) form. **6** (*stampo*) mould; (*per fare le scarpe*) last; (*per tenerle in forma*) (shoe-)tree. **7** (*condizione fisica*) form, shape: *essere in buona* ~ to be in good shape (*o* form). **8** (*Med., Biol.*) form: *una* ~ *infettiva* an infectious form. □ *una* ~ *di* **formaggio** a cheese; *una* ~ *di* **pane** a loaf of bread; *in* ~ **privata** (*o ufficiale*) in a private (*o* official) capacity; (*Comm.*) *fattura* **pro** ~ pro forma invoice; *controllo* **pro** ~ purely formal check.
formaggiera *f.* dish for grated cheese.
formaggino *m.* (processed) cheese.
formaggio *m.* cheese.
formale *a.* formal.
formalismo *m.* formalism.
formalista *m./f.* formalist.
formalità *f.* formality, form.
formalizzare *v.t.* to formalize.
formalizzarsi *v.i.pron.* to take* offence.
formare *v.t.* **1** to form, to shape, to make*. **2** (*costituire*) to form, to constitute, to set* up, to establish. **3** (*fig.*) (*plasmare, educare*) to mould, to form, to build*, to train: ~ *il carattere* to build character. **formarsi** *v.i. pron.* **1** (*prodursi*) to form, to take* shape. **2** (*svilupparsi*) to develop (fully), to grow* (up). **3** (*fig.*) (*plasmarsi*) to be formed (*o* moulded *o* trained). □ *formarsi un'***idea** *di qc.* to form (*o* get) an idea of s.th.; (*Tel.*) ~ *un* **numero** to dial a number.
formativo *a.* formative.
formato *m.* size, format. □ ~ *della* **carta** paper size; ~ **tascabile** pocket (size); *fotografia* ~ **tessera** passport-size photograph.
formattare *v.t.* (*Inform.*) to format.
formattato *a.* (*Inform.*) formatted.
formattazione *f.* (*Inform.*) formatting.
formazione *f.* **1** formation, forming. **2** (*addestramento*) training. **3** (*Mil., Aer.*) formation.
formella *f.* **1** (*mattonella*) tile. **2** (*Arte*) (*riquadro*) panel.
formica[1] *f.* (*Zool.*) ant.
formica[2] *f.* (*materiale*) formica.
formicaio *m.* **1** ant's-hill. **2** (*fig.*) swarm.
formichiere *m.* (*Zool.*) anteater.
formicolare *v.i.* **1** (*brulicare*) to swarm. **2** (*rif. ad arti intorpiditi*) to tingle, to have pins and needles in (costr. pers.).
formicolio *m.* **1** (*brulichio*) swarm(ing): *un* ~ *di gente* a swarm of people. **2** (*rif. ad arti intorpiditi*) pins and needles *pl.*, tingling (sensation).
formidabile *a.* **1** (*straordinario*) extraordinary, remarkable, impressive, exceptional: *un pianista* ~ a remarkable pianist. **2** (*che incute spavento*) terrifying, formidable. **3** (*fortissimo*) powerful.
formoso *a.* shapely, buxom.
formula *f.* **1** formula. **2** (*sistema*) form, system; (*metodo*) key, way. **3** (*Sport*) racing formula.
formulare *v.t.* **1** (*esprimere*) to express, to formulate: ~ *un augurio* (o *desiderio*) to express a wish. **2** (*compilare*) to draw* up, to word.
formulazione *f.* **1** (*il formulare*) formulation; (*l'avanzare*) proposal. **2** (*testo*) text, wording.
fornace *f.* **1** kiln. **2** (*Met.*) furnace (*anche fig.*).

fornaio *m.* baker; (*negozio*) baker's (shop).
fornello *m.* stove, cooker: ~ *a gas* gas-stove, gas-cooker. ▭ ~ **elettrico** electric cooker; ~ *a* **petrolio** primus stove, oil-stove.
fornicare *v.i.* to fornicate.
fornire *v.t.* **1** (*provvedere*) to supply, to provide; (*raro*) to furnish (*di* with). **2** (*equipaggiare*) to equip (with). **3** (*Comm.*) to supply, to furnish, to purvey. **fornirsi** *v.r.* **1** (*procurarsi*) to procure, to get*, to obtain (*di qc.* s.th.), to supply o.s. (with). **2** (*Comm.*) to buy* (*presso* from), to deal* (with).
fornito *a.* provided, furnished, supplied (*di* with); (*dotato*) endowed; (*equipaggiato*) equipped.
fornitore *m.* supplier, purveyor; (*all'ingrosso*) wholesaler; (*al dettaglio*) retailer.
fornitura *f.* supplying, providing, furnishing; (*merce fornita.*) supplies *pl.*, supply, provision.
forno *m.* **1** oven. **2** (*Met.*) furnace. **3** (*per calce, cemento e sim.*) kiln; (*per vasellame*) stove. **4** (*bottega di fornaio*) bakery, baker's shop. **5** (*fig.*) (*ambiente molto caldo*) oven, furnace. ▭ (*Gastr.*) *al* ~ (*rif. a carne, patate*) roast, baked: *pollo al* ~ roast chicken; (*rif. a pasta e sim.*) baked.
foro[1] *m.* hole.
foro[2] *m.* **1** (*Stor.*) forum. **2** (*tribunale*) (law-) court. **3** (*gli avvocati*) (the) Bar.
forra *f.* (*Geol.*) ravine, gorge.
forse I *avv.* **1** perhaps, possibly, maybe: ~ *è meglio così* perhaps it is better this way; ~ *arriverò in ritardo* I may (possibly) be late. **2** (*circa, quasi*) about, almost, some: *avrà* ~ *quindici anni* he must be about fifteen. **3** (*per caso*) perhaps, by any chance (*spesso non si traduce*): *credi* ~ *che io sia in condizioni migliori?* do you think I'm any better off? **4** (*nelle interrogazioni retoriche*) by any chance: *non hai* ~ *mentito?* you were not by any chance lying? **II** *s.m.* doubt.
forsennato I *a.* mad, crazy. **II** *s.m.* madman (*pl.* –men), (raving) lunatic.
forte[1] **I** *a.* **1** strong: *braccia forti* strong arms. **2** (*robusto, grosso*) large, broad, ample: *essere* ~ *di petto* to have a large bosom. **3** (*in senso morale*) strong: *carattere* ~ strong character. **4** (*valente*) good: *essere* ~ *in matematica* to be good at mathematics. **5** (*violento*) mighty, powerful, strong. **6** (*valido*) sound, convincing, valid: *ho forti motivi per sospettare di lui* I have sound motives for suspecting him. **7** (*rif. a sentimento: intenso profondo*) deep, strong, powerful. **8** (*numeroso*) large, great, numerous. **9** (*grande*) great, large, heavy, considerable, sizable: *mi ha chiesto una* ~ *somma di denaro* he asked me for a considerable sum of money. **10** (*intenso: rif. a luce*) bright, dazzling; (*rif. a colore*) bright; (*rif. a suono*) loud. **11** (*rif. a sapore*) strong; (*piccante*) hot, sharp. **12** (*rif. a malattie e sim.*) bad, severe. **II** *avv.* **1** (*con forza*) hard, tight(ly); (*con violenza*) hard, heavily: *piove* ~ it is raining hard (*o* heavily). **2** (*molto*) a lot: *mangiare* ~ to eat a lot. **3** (*assai*) greatly, very much. **4** (*a voce alta*) loud(ly). **5** (*Mus.*) forte. **III** *s.m.* **1** (*persona forte*) strong person; *pl.* the strong (costr. pl.); (*persona coraggiosa*) brave person; *pl.* the brave (costr. pl.). **2** (*specialità*) strong point, forte. **3** (*sapore acido*) sour taste: *questo vino sa di* ~ this wine has a sour taste. ▭ **andare** ~ (*velocemente*) to drive fast, to go quickly; (*fam.*) (*avere successo*) to be successful, to be going strong; (*fig.*) *è* **più** ~ *di lui* he can't help it.
forte[2] *m.* (*fortezza*) fort, fortress.
fortezza *f.* **1** (*forza spirituale*) strength: ~ *d'animo* strength of mind; (*una delle virtù cardinali*) fortitude. **2** (*opera di fortificazione*) fort, fortress, stronghold. ▭ (*Aer. mil.*) ~ *volante* flying fortress.
fortificare *v.t.* **1** to strengthen, to fortify (*anche fig.*). **2** (*Mil.*) to fortify.
fortificazione *f.* (*Mil.*) fortification.
fortino *m.* (*Mil.*) blockhouse, redoubt.
fortuito *a.* (*attr.*) chance, fortuitous. ▭ *per un caso* ~ by (pure) chance.
fortuna *f.* **1** (*sorte*) fortune. **2** (*buona sorte*) luck; (*riuscita, successo*) success, fortune. **3** (*patrimonio*) fortune. ▭ **afferrare** *la* ~ *per i capelli* to seize one's chance; **avere** ~ to be lucky; (*incontrare favore*) to meet with success, to be successful, (*fam.*) to go down well; **buona** ~*!* good luck!: *augurare* (*la*) *buona* ~ *a qd.* to wish s.o. good luck; **di** ~ improvised, makeshift: *arnesi di* ~ makeshift tools; *atterraggio* **di** ~ emergency landing; **mezzi** *di* ~ makeshift: *con mezzi di* ~ in a makeshift (*o* an improvised) way; (*disponibilità patrimoniali*) means *pl.*; **per** ~ luckily; **portare** ~ to bring luck; **tentare** *la* ~ to try one's luck.
fortunale *m.* storm; (*di vento*) gale.
fortunato *a.* **1** lucky, fortunate. **2** (*che ha buon esito*) successful, lucky, happy.
fortunoso *a.* eventful.
foruncolo *m.* pimple, boil.
forza I *s.f.* **1** strength. **2** (*intensità*) force, strength, intensity. **3** (*violenza*) force, violence. **4** (*potere*) power, force, might. **5** (*Dir., Fis.*) force: *il decreto ha* ~ *di legge* the decree has legal force. **6** *pl.* (*Mil.*) forces *pl.* **II** *intz.* **1** (*dai, coraggio*) come on. **2** (*presto*) come on, hurry up. ▭ **a** ~ (*con sforzo*) by force; **a** ~ *di*: 1 (*per mezzo di: seguito da sostantivo*) by, through, by dint (*o* means) of: *a* ~ *di duro lavoro* by dint of hard work; 2 (*dopo tanto: seguito da infinito sostantivato o sostantivo*) after much (*o* a lot of), through: *a* ~ *di gridare ha perso la voce* through shouting so much he has lost his voice; *farsi strada* **a** ~ *di gomiti* to push (*o* elbow) one's way; *forze* **armate** armed forces; **avere** *molta* ~ to be very strong; (*iron.*) **bella** ~*!* it isn't difficult!; **con** ~ hard, heavily; **con** *la* ~ by force; **fare** ~ *a qd.*

(*incoraggiarlo*) to encourage s.o.; **farsi** ~ to pluck up courage; **in** ~ *di (a norma)* by virtue of, in accordance with; (*Pol.*) ~ *di* **pace** Peace corps; **per** ~ (*controvoglia*) against one's will, unwillingly; (*naturalmente*) of course; **per** ~ *di cose* by force of circumstances; *forze di* **polizia** police force; *la* ~ **pubblica** the police *pl.*; **senza** ~ (*fiacco*) weak, listless; *a* **viva** ~ by (main) force; ~ *di* **volontà** willpower.

forzare *v.t.* **1** (*obbligare*) to force, to compel. **2** (*premere con forza*) to force. **3** (*scassinare: rif. a serratura*) to force; (*rif. a porta e sim.*) to break* down; (*rif. a cassaforte*) to crack, to break* open. **4** (*fig.*) (*interpretare arbitrariamente*) to twist. **5** (*Mot.*) to run* at full throttle.

forzatamente *avv.* **1** (*con sforzo*) forcedly. **2** (*per forza*) against one's will.

forzato **I** *a.* **1** forced: *risata forzata* forced laugh. **2** (*fig.*) (*arbitrario*) twisted. **II** *s.m.* convict. □ *lavori forzati* hard labour.

forzatura *f.* cracking, forcing, straining.

forziere *m.* strong-box, coffer.

forzuto *a.* strong, robust.

foschia *f.* haze, mist. □ *c'è* ~ it is misty.

fosco *a.* **1** (*scuro*) dark, dull. **2** (*offuscato*) overcast, dull. **3** (*torvo*) sullen, grim.

fosfato *m.* (*Chim.*) phosphate.

fosforescente *a.* phosphorescent.

fosforescenza *f.* phosphorescence.

fosforo *m.* (*Chim.*) phosphorus.

fossa *f.* **1** hole, pit: *scavare una* ~ to dig a hole. **2** (*tomba*) grave (*anche fig.*). **3** (*nelle autorimesse e sim.*) (inspection) pit. □ ~ **biologica** septic tank; ~ **comune** pauper's grave; (*fig.*) *avere* (o *essere con*) *un* **piede** *nella* ~ to have one foot in the grave.

fossato *m.* **1** ditch. **2** (*Mil.*) moat.

fossetta *f.* dimple.

fossile *a./s.m.* fossil.

fossilizzare *v.t.* to fossilize (*anche fig.*). **fossilizzarsi** *v.i.pron.* to fossilize, to become* a fossil (*anche fig.*).

fosso *m.* **1** ditch. **2** (*Mil.*) moat.

foto *f.* photo, picture.

fotocellula *f.* photoelectric cell, (*fam.*) electric (*o* magic) eye.

fotocopia *f.* photocopy.

fotogenico *a.* photogenic.

fotografare *v.t.* to photograph, to take* a picture of.

fotografia *f.* **1** (*tecnica*) photography. **2** (*copia*) photograph, (*fam.*) photo, picture. □ ~ *in* **bianco** *e nero* black and white photograph; ~ *a* **colori** colour photograph; **fare** *una* ~ to (take a) photograph; ~ **istantanea** snapshot, (*fam.*) snap.

fotografico *a.* **1** photographic. **2** (*fedele al modello*) true-to-life, faithful. □ *macchina fotografica* camera.

fotografo *m.* photographer.

fotogramma *m.* (*Cin.*) frame.

fotoincisione *f.* (*tecn.*) photogravure.

fotomodella *f.* model; (*per le copertine*) cover girl.

fotomontaggio *m.* (*Fot.*) photomontage.

fotoromanzo *m.* (*Giorn.*) picture story.

fotosintesi *f.* (*Chim.*) photosynthesis.

fotostatico *a.* photostatic.

foulard *fr.* [fu'la:r] *m.* (*fazzoletto: da testa*) scarf; (*da collo*) scarf, neckerchief.

fr = *franco* franc.

Fr = (*Chim.*) *francio* francium.

fra[1] *prep.* **1** (*rif. a due persone o cose*) between: *ci vedremo domani* ~ *le nove e le dieci* we'll see each other tomorrow between nine and ten. **2** (*rif. a più persone o cose*) among, amongst, (*lett.*) amid: *la pace* ~ *le nazioni* peace among nations. **3** (*in mezzo a*) among, in, in the middle of, in the midst of; (*attraverso*) through: *cercare* ~ *le carte* to look through one's papers. **4** (*entro: rif. a tempo*) in, within: ~ *quindici giorni* within a fortnight. **5** (*partitivo*) of, among: *il più giovane* ~ *noi* the youngest of us. **6** (*per indicare un complesso, una totalità*) in: ~ *tutti saranno stati una trentina* there must have been some thirty of them in all (*o* altogether). □ ~ *l'***altro** among other things; (*inoltre*) besides; **detto** ~ (*di*) *noi* between ourselves; (*fig.*) **essere** ~ *due fuochi* to be between the devil and the deep blue sea; ~ **poco** in a little while, soon; ~ **sé** to o.s.: *parlare* ~ *sé* to talk to o.s.

fra[2] *m.* Brother.

frac *m.* (*abito*) tail-coat, (*fam.*) tails *pl.*

fracassare *v.t.* to smash, to shatter. **fracassarsi** *v.i.pron.* to break* up (*o* in pieces); (*rif. a veicoli*) to crash.

fracasso *m.* **1** (*di persone*) din, uproar, racket, loud noise: *i ragazzi fecero un* ~ *d'inferno* the boys set up a tremendous racket. **2** (*di oggetti che si rompono o si urtano*) crash, clang. □ *fare* ~ to make a din, (*fam.*) to make a row; (*fig.*) (*fare scalpore*) to cause an uproar.

fradicio **I** *a.* **1** (*guasto*) rotten, decayed. **2** (*zuppo*) soaking (wet), soaked, drenched. **3** (*fig.*) (*corrotto*) corrupt, rotten. **II** *s.m.* (*parte fradicia*) rotten (*o* bad) part. □ **bagnato** ~ soaked to the skin, wet through; (*fig.*) **ubriaco** ~ blind (*o* dead) drunk.

fragile *a.* **1** brittle, fragile; (*su pacchi e sim.*) (handle) with care. **2** (*fig.*) (*gracile, delicato*) frail, fragile, delicate: *salute* ~ delicate (*o* poor) health. **3** (*fig.*) (*inconsistente*) faint, weak, frail.

fragilità *f.* **1** fragility. **2** (*fig.*) faintness, weakness, frailty.

fragola *f.* (*Bot.*) strawberry.

fragore *m.* crash, din, clash; (*di ruote*) rumble, roar.

fragoroso *a.* loud, roaring, crashing; (*assordante*) deafening.

fragrante *a.* fragrant, sweet-smelling, scented.

fragranza *f.* fragrance, scent.

fraintendere *v.t.* to misunderstand*, to mis-

interpret, to misapprehend. □ *non fraintendermi* don't get me wrong.
frammentare *v.t.* to fragment, to split* up.
frammentario *a.* **1** (*incompleto*) fragmentary, fragmental: *opera frammentaria* fragmentary work. **2** (*fig.*) (*privo di organicità*) scrappy, fragmentary, disjointed.
frammento *m.* fragment. □ *in frammenti* to smithereens.
frammettere *v.t.* to insert, to put* between. **frammettersi** *v.r.* **1** (*interporsi*) to interpose, to come* between. **2** (*immischiarsi*) to interfere, to meddle.
frammezzo *avv.* (*tra due*) between; (*tra più di due*) in the midst, in the middle.
frammischiare *v.t.* to mix, to intermingle.
frana *f.* landslide, landslip.
franare *v.i.* **1** to slip, to slide* (down). **2** (*estens.*) (*crollare*) to cave in, to collapse.
Franca *N.pr.f.* Fanny.
Francesca *N.pr.f.* Frances.
francescano *a./s.m.* (*Rel.*) Franciscan.
Francesco *N.pr.m.* Francis, Frank.
francese **I** *a.* French. **II** *s.* **1** *m.* (*lingua*) French. **2** *m./f.* (*abitante*) Frenchman (*pl.* –men; *f.* –woman, *pl.* –women); *pl.* (*popolo*) the French (costr. pl.); *pl.* (*gruppo determinato*) French people *pl.*
franchezza *f.* frankness, sincerity, straightforwardness, outspokenness. □ *parlare in tutta* ~ to speak quite frankly.
franchigia *f.* **1** (*Comm.*) exemption, immunity. **2** (*assicurazioni*) deductible (coverage). **3** (*Mar.*) furlough, leave: *in* ~ on furlough. □ *in* ~ **doganale** duty-free; (in) ~ **postale** post-free.
Francia *N.pr.f.* (*Geog.*) France.
francio *m.* (*Chim.*) francium.
franco[1] **I** *a.* **1** (*aperto, schietto*) frank, open, straightforward, outspoken. **2** (*Comm.*) free (*di* of), exempt (from). **3** (*Mar.*) off-duty. **II** *avv.* frankly, candidly, openly: *parlare* ~ to speak frankly. □ ~ *a* **bordo** free on board; (*Mar.*) ~ **bordo** freeboard; **città** *franca* free town; ~ *di* **dogana** duty-free; (*fig.*) **farla** *franca* to get away.
franco[2] *m.* (*moneta*) franc.
franco[3] **I** *a.* **1** Frankish. **2** (*francese: in composizione con altro aggettivo*) Franco-, French: *guerra ~-prussiana* Franco-Prussian War. **II** *s.m.* (*Stor.*) Frank.
Franco *N.pr.m.* Frank.
francobollo *m.* (postage) stamp.
frangente *m.* **1** (*ondata*) breaker. **2** (*scogliera a fior d'acqua*) reef; (*scoglio*) shoal, shallows *pl.* **3** (*fig.*) (*situazione difficile*) difficult situation, predicament, (*fam.*) spot, (*fam.*) fix. □ *si trova in un brutto* ~ he is in a bit of a fix.
frangere *v.t.*, **frangersi** *v.i.pron.* to break*, to dash.
frangetta, **frangettina** *f.* (*acconciatura*) fringe.
frangia *f.* **1** fringe: *appartiene alle frange della destra* he belongs to the fringes of the right. **2** (*fig.*) (*fronzolo*) frill.
frangiflutti *m.* breakwater.
frangivento *m.* (*Agr.*) windbreak.
franoso *a.* subject to landslides.
frantoio *m.* mill; (*per pietre*) crusher, breaker; (*per olive*) olive press.
frantumare *v.t.* **1** to break* into pieces, to break* up, to shatter, to smash. **2** (*tecn.*) to crush, to break*. **frantumarsi** *v.i.pron.* to break* into pieces, to shatter, to smash.
frantumi *pl.* (*frammenti*) pieces *pl.*, shivers *pl.*, bits *pl.*; (*schegge*) splinters *pl.*, chips *pl.* □ *andare in* ~ to be smashed to smithereens.
frapporre *v.t.* to interpose; (*rif. a difficoltà e sim.*) to set* in the way. **frapporsi** *v.r.* (*intromettersi*) to come* between, to intervene.
frasario *m.* **1** language, (style of) speech, phraseology, vocabulary. **2** (*linguaggio particolare*) jargon, parlance.
frasca *f.* **1** (*ramo fronzuto*) (leafy) branch, (leafy) bough. **2** (*ramoscello tagliato*) branch.
frase *f.* **1** (*Gramm.*) (*proposizione*) clause; (*locuzione*) phrase; (*periodo*) sentence. **2** (*espressione*) phrase, expression: *trovare la* ~ *giusta* to find the right expression. **3** (*Mus.*) phrase. □ ~ **fatta** stock phrase; (*luogo comune*) platitude, commonplace; ~ **idiomatica** idiom.
fraseggio *m.* phrasing.
fraseologia *f.* phraseology.
fraseologico *a.* phraseological.
frassino *m.* (*Bot.*) ash(tree).
frastagliare *v.t.* to indent.
frastagliato *a.* (*tagliuzzato ai margini*) indented, jagged; (*non uniforme*) irregular, uneven.
frastornare *v.t.* to disturb, to bother, to stun; (*distogliere, distrarre*) to distract.
frastornato *a.* dazed, bewildered, confused.
frastuono *m.* uproar, hubbub, din.
frate *m.* (*Rel.*) friar; (*monaco*) monk. □ **farsi** ~ to become a friar; ~ **laico** lay brother.
fratellanza *f.* brotherhood, fraternity.
fratellastro *m.* half-brother; (*per matrimonio precedente*) stepbrother.
fratello *m.* **1** brother. **2** *pl.* (*fratelli e sorelle*) brothers and sisters *pl.* **3** (*Rel.*) brother. □ ~ **adottivo** adopted brother; ~ **gemello** twin brother; *fratelli di* **latte** foster-brothers; ~ **maggiore** (*tra due*) elder brother; (*tra più di due*) eldest brother; ~ **minore** (*tra due*) younger brother; (*tra più di due*) youngest brother.
fraternità *f.* brotherhood, fraternity.
fraternizzare *v.i.* to fraternize (*anche estens.*).
fraterno *a.* fraternal, brotherly.
fratricida **I** *s.m./f.* fratricide (*anche estens.*). **II** *a.* fratricidal (*anche estens.*).
fratricidio *m.* fratricide (*anche estens.*).
fratta *f.* thicket, scrub.
frattaglie *f.pl.* entrails *pl.*, chitterlings *pl.*; (*di agnelli, vitelli*) pluck; (*di polli, conigli e sim.*) giblets *pl.*
frattale *m.* (*Mat., Fis.*) fractal.

frattanto *avv.* meanwhile, in the meantime.

frattempo *m.*: *nel* ~ meanwhile, in the meantime.

fratto *a.* (*Mat.*) fractional: *numero* ~ fractional number; (*diviso*) divided by: *quattro* ~ *due* four divided by two.

frattura *f.* **1** (*rottura*) break, fracture, rupture. **2** (*Med.*) fracture. **3** (*Geol.*) (*atto*) faulting, fracture; (*effetto*) fault, fissure, fracture.

fratturare *v.t.* to fracture, to break*.

fraudolento *a.* (*lett.*) fraudulent: *bancarotta fraudolenta* fraudulent bankruptcy.

frazionamento *m.* breaking up, parcelling out, splitting up, subdivision.

frazionare *v.t.* **1** to break* up, to split* up, to parcel out, to divide, to subdivide. **2** (*Chim.*) to fractionate. **3** (*Mat.*) to fractionize.

frazionario *a.* fractional.

frazione *f.* **1** fraction, (small) part, portion. **2** (*Mat.*) fraction. **3** (*borgata*) hamlet. □ *in una* ~ *di secondo* in a split second.

freatico *a.* (*Geol.*) water-bearing.

freccia *f.* **1** arrow, shaft, dart: *scagliare una* ~ to shoot an arrow. **2** (*segnale*) arrow (*anche Strad.*). **3** (*Aut.*) (*freccia di direzione*) indicator, (*am.*) blinker.

frecciata *f.* **1** arrow(-shot). **2** (*fig.*) (*allusione maligna*) cutting remark, gibe, shaft.

freddare *v.t.* to shoot* dead. **freddarsi** *v.i. pron.* to become* (*o* get*) cold.

freddezza *f.* **1** coldness, coolness (*anche fig.*). **2** (*fig.*) (*sangue freddo*) coolness, calmness, self-control, sang froid.

freddo I *a.* **1** cold: *acqua fredda* cold water; (*fresco*) cool, chilly. **2** (*rif. a cibi*) cold: *carne fredda* cold meat. **3** (*fig.*) (*indifferente*) cold, cool, chilly. **4** (*fig.*) (*calmo*) cool, calm, self -controlled. **II** *s.m.* **1** cold. **2** (*stagione fredda*) cold (weather), chill. □ **a** ~ cold: (*Met.*) *lavorazione a* ~ cold working; (*freddamente, deliberatamente*) deliberately, in cold blood; **avere** ~ to be (*o* feel) cold: *ho* ~ I am cold; **diventare** ~ to become (*o* get) cold; **fa** ~ it's cold; **mostrarsi** ~ *con qd.* to act coldly towards s.o.; (*fig.*) *avere* **sangue** ~ to be cold-blooded.

freddoloso *a.* sensitive to the cold.

freddura *f.* witticism, pun.

fregare *v.t.* **1** to rub; (*per lavare*) to scrub; (*per lucidare*) to polish. **2** (*volg.*) (*ingannare*) to take* in, to diddle, to cheat. **3** (*volg.*) (*rubare*) to pinch, to swipe, to lift: *mi hanno fregato la macchina fotografica* they've pinched my camera. **fregarsi** *v.i.pron.* (*volg.*) (*infischiarsene*) not to give* a damn (*di* about): *e chi se ne frega?* who gives a damn? □ *restare* (o *rimanere*) *fregato* to have been swindled (*o* taken in).

fregata[1] *f.* **1** (*il fregare*) rubbing, scrabbing. **2** (*volg.*) (*fregatura*) swindle, cheat.

fregata[2] *f.* (*Mar. mil.*) frigate.

fregatura *f.* (*volg.*) **1** (*inganno*) swindle, cheat, (*fam.*) sell. **2** (*cosa scadente*) wash-out. □ (*fam.*) *prendere una* ~ to be cheated.

fregiare *v.t.* to decorate, to embellish, to adorn.

fregio *m.* **1** (*Arch.*) frieze. **2** (*ornamento*) decoration, embellishment.

frego *m.* stroke, line. □ *tirare un* ~ *su qc.* to cross s.th. out.

fregola *f.* **1** (*Zool.*) heat, rut. **2** (*fig. volg.*) (*smania, frenesia*) itch, urge, desire. □ *essere in* ~ to be in heat.

fremente *a.* trembling, quivering, shaking (*di* with).

fremere *v.i.* **1** to be in a state of extreme agitation. **2** (*tremare*) to tremble, to quiver, to shake*; (*palpitare*) to throb: ~ *d'amore* to throb with love.

fremito *m.* quiver, shiver; (*brivido*) shudder.

frenaggio *m.* **1** (*Mecc.*) locking. **2** (*Aut., Sport*) braking.

frenare *v.t.* **1** to brake. **2** (*rif. a cavalcatura*) to rein in. **3** (*fig.*) to restrain, to control. **frenarsi** *v.r.* to restrain o.s., to control o.s., to hold* o.s. back. □ ~ *le lacrime* to hold back one's tears.

frenata *f.* **1** braking. **2** (*segno*) tyre marks.

frenesia *f.* frenzy.

frenetico I *a.* frenzied, frantic. **II** *s.m.* madman (*pl.* –men), raving lunatic. □ *ritmo di vita* ~ frantic pace of living.

freno *m.* **1** brake. **2** (*morso del cavallo*) bit. **3** (*fig.*) check, restraint, curb, control. □ ~ *ad* **aria** *compressa* airbrake; **bloccare** *i freni* to jam on the brakes; ~ *a* **disco** diskbrake; (*fig.*) **mettere** *un* ~ *a qc.* to check (*o* curb) s.th.; (*fig.*) **mordere** *il* ~ to champ at the bit; (*fig.*) **senza** ~ without restraint; (*fig.*) **tenere** *a* ~ to hold in check; **tenere** *a* ~ *la lingua* to hold one's tongue; **tirare** *il* ~ to apply the brake.

frenologia *f.* phrenology.

frenologo *m.* phrenologist.

frenulo *m.* (*Anat.*) fr(a)enulum.

frequentare *v.t.* **1** (*rif. a persone*) to associate (*o* go* round) with; (*rif. a luoghi*) to frequent. **2** (*Scol., Univ.*) to attend. □ ~ *cattive compagnie* to keep bad company.

frequentato *a.* **1** frequented, patronized, visited. **2** (*Scol., Univ.*) attended.

frequentatore *m.* **1** regular customer, -goer: *un assiduo* ~ *di concerti* an assiduous concert-goer. **2** (*cliente*) patron, client.

frequente *a.* frequent. □ *di* ~ frequently, often.

frequenza *f.* **1** frequency. **2** (*Scol., Univ.*) attendance. □ (*El.*) **alta** ~ high frequency; (*El.*) **bassa** ~ low frequency; (*Scol.*) **certificato** *di* ~ attendance certificate; **con** ~ frequently, often; **modulazione** *di* ~ frequency modulation.

fresa *f.* (*Mecc.*) (*utensile*) mill.

fresare *v.t.* (*Mecc.*) to mill.

freschezza *f.* freshness; (*rif. al tempo*) coolness.

fresco I *a.* **1** cool; fresh: *acqua fresca* cool

water. **2** (*preparato o fatto da poco*) fresh: *pane* ~ fresh bread. **3** (*ancora umido*) wet: *vernice fresca* wet paint. **4** (*fig.*) (*giovane*) fresh, youthful. **5** (*fig.*) (*recente*) fresh, recent: *notizia fresca* recent news. **6** (*fig.*) (*riposato*) fresh, refreshed. **7** (*fig.*) (*vivace*) fresh, bright: *immagini fresche* fresh images. **II** *s.m.* **1** cool(ness), freshness: *il ~ della sera* the cool of the evening. **2** (*tessuto*) light wool fabric. □ *dipingere* **a** ~ to (paint in) fresco; **al** ~ in the cool; *mettere* **al** ~ to put in a cool place; (*fig. scherz.*) (*mettere in prigione*) to put in the cooler; *tenere* **al** ~ to keep in a cool place; **fa** ~ it's cool; ~ *di* **stampa** hot off the press; (*fig.*) **stare** ~ (*avere dei guai*) to be in for it (*o* a surprise); **tenere** *qc. in* ~ to keep s.th. cool.

frescone *m.* (*volg.*) imbecile, blockhead.

frescura *f.* cool(ness).

fretta *f.* hurry, haste. □ **avere** ~ to be in a hurry; *non c'***è** ~ there's no hurry; **fare** ~ *a qd.* to hurry s.o. up; **in** ~ in a hurry, hurriedly, hastily; **in** ~ *e furia* in a great hurry, in great haste, helter-skelter.

frettoloso *a.* hurried, hasty, rushed.

freudiano *a.* Freudian. □ *lapsus* ~ Freudian slip.

friabile *a.* friable, crumbly.

friabilità *f.* friability.

friggere **I** *v.t.* to fry. **II** *v.i.* **1** to sizzle, to frizzle. **2** (*stridere: rif. a metallo rovente*) to hiss. **3** (*fig.*) to seethe, to fume. □ *andare a farsi* ~ (*andare al diavolo*) to go to hell (*o* blazes); (*andare in rovina*) to go down the drain (*o* up in smoke).

frigidità *f.* frigidity, frigidness.

frigido *a.* frigid.

frignare *v.i.* to whimper, to whine.

frigo *m.* (*fam.*) fridge.

frigorifero **I** *a.* refrigerant, refrigerating, freezing. **II** *s.m.* refrigerator. □ *cella frigorifera* refrigerator.

fringuello *m.* (*Bot.*) chaffinch.

frinire *v.i.* to chirp.

frittata *f.* (*Gastr.*) omelet(te). □ (*scherz.*) **fare** *una* ~ to make a mess (*o* hash); (*fig.*) **rivoltare** *la* ~ to turn the tables.

frittella *f.* **1** (*Gastr.*) pancake, (*am.*) griddle-cake, (*am.*) flapjack. **2** (*fam.*) (*macchia d'unto*) grease (*o* greasy) spot.

fritto **I** *a.* fried: *pesce* ~ fried fish. **II** *s.m.* **1** (*piatto di cibi fritti*) fry. **2** (*vivande fritte*) fried food. □ (*fig.*) *cose fritte e rifritte (risapute)* old hat.

frittura *f.* fry, fried food.

frivolezza *f.* frivolity, frivolousness; (*concr.*) trifle.

frivolo *a.* frivolous, flippant, trifling.

frizionare *v.t.* **1** to rub, to massage. **2** (*Aut.*) to declutch.

frizione *f.* **1** rub-down, massage. **2** (*Fis.*) friction. **3** (*Aut.*) clutch; (*pedale*) clutch pedal. **4** (*fig.*) (*contrasto*) friction, conflict.

frizzante *a.* **1** (*rif. a bevanda*) sparkling, fizzy. **2** (*fig.*) (*mordace*) biting, mordant, pointed, pungent.

frizzare *v.i.* **1** (*rif. a bevande*) to sparkle, to fizz. **2** to tingle, to smart, to sting*.

frizzo *m.* caustic remark, gibe; (*motto arguto*) quip, witticism.

frodare *v.t.* to defraud, to swindle, to cheat.

frode *f.* fraud, cheat, swindle. □ ~ **alimentare** food fraud; ~ **fiscale** tax-evasion.

frodo *m.* smuggling. □ *caccia* (*o pesca*) *di* ~ poaching.

frollare *v.t./i.* to ripen, to let* become high: ~ *la selvaggina* to ripen the game. **frollarsi** *v.i.pron.* to ripen, to become* high.

frollo *a.* **1** ripe, high. **2** (*fig.*) (*senza vigore*) lethargic, sluggish.

fronda[1] *f.* **1** (*frasca*) (leafy) branch. **2** *pl.* (*foglie*) leafy fronds *pl.* **3** (*Bot.*) frond.

fronda[2] *f.* **1** (*Stor.*) Fronde. **2** (*fig.*) opposition; rebellion.

frondista **I** *s.m./f.* **1** (*Stor.*) frondeur. **2** (*fig.*) political opposer. **II** *a.* rebellious, seditious.

frondoso *a.* leafy: *albero* ~ leafy tree.

frontale *a.* frontal.

fronte **I** *s.f.* **1** forehead, brow. **2** (*facciata*) front(age), façade. **II** *s.m.* **1** (*Mil., Meteor.*) front. **2** (*Pol.*) front, coalition. □ **di** ~ (*dirimpetto*) opposite; (*da davanti*) from the front; **di** ~ *a* in front of, before, facing; (*a paragone*) compared to (*o* with); (*in presenza*) before, in the face of; **fare** ~ *a* (*fronteggiare*) to face, to stand up to, to confront; (*fig.*) to cope with; (*adempiere*) to meet.

fronteggiare *v.t.* **1** to face, to confront, to stand* up to (*anche fig.*): *l'oratore fronteggiò l'avversario* the orator stood up to his opponent. **2** (*stare di fronte*) to face, to be opposite, to front. **fronteggiarsi** *v.r recipr.* to face (e.o.).

frontespizio *m.* **1** (*Edit.*) title-page. **2** (*frontone*) frontispiece.

frontiera *f.* **1** frontier, border. **2** (*fig.*) (*confine*) boundary (line), line. □ *di* ~ border-.

frontone *m.* (*Arch.*) pediment: (*di finestre*) gable.

fronzoli *m.pl.* frill, frippery.

frotta *f.* crowd, throng, swarm. *a frotte* (*a gruppi*) in swarms.

frottola *f.* tall story, humbug.

frugale *a.* frugal.

frugalità *f.* frugality.

frugare **I** *v.i.* to search, to rummage. **II** *v.t.* to search, to ransack.

frugolo *m.* lively child (*pl.* children).

fruire *v.i.* to enjoy (*di qc.* s.th.), to benefit (from).

frullare **I** *v.i.* **1** (*rif. a uccelli*) to whirr, to flutter. **2** (*estens.*) (*girare rapidamente*) to spin*, to whirl. **3** (*fig.*) (*agitarsi: rif. a idee e sim.*) to whirl. **II** *v.t.* to whip, to whisk, to beat* (up).

frullato **I** *a.* whipped, whisked, beaten up: *uovo* ~ whisked egg. **II** *s.m.* milk-shake.

frullatore *m.* mixer, blender.

frullino *m.* whisk.
frullo *m.* whirt, flutter.
frumento *m.* (*Bot.*) wheat.
frusciare *v.i.* to rustle.
fruscio *m.* **1** rustle, rustling. **2** (*Rad.*) ground noise.
frusta *f.* **1** whip, lash. **2** (*utensile da cucina*) whisk. □ *fare schioccare la* ~ to crack the whip.
frustare *v.t.* to whip, to lash, to flog.
frustata *f.* lash. □ *a suon di frustate* to the tune of a whipping.
frusto *a.* worn out, shabby, threadbare.
frustrare *v.t.* to frustrate, to thwart.
frustrazione *f.* frustration.
frutta *f.* **1** fruit. **2** (*portata*) fruit, dessert. □ ~ **candita** candied fruit; ~ **cotta** stewed fruit; ~ **sciroppata** fruit in syrup.
fruttare I *v.i.* **1** (*fruttificare*) to fruit, to bear*, to yield. **2** (*estens.*) (*rendere*) to yield, to bring* in. **3** (*Econ.*) to yield, to earn. **II** *v.t.* **1** to yield, to bring* in. **2** (*fig.*) (*procurare*) to earn, to get*, to bring*. □ *fare* ~ *un capitale* to invest capital.
frutteto *m.* orchard.
fruttiera *f.* fruit bowl.
fruttifero *a.* **1** fruit-(bearing), fruitful. **2** (*Econ.*) interest-bearing. **3** (*redditizio*) profitable. □ (*Econ.*) *buoni fruttiferi* interest bearing securities.
fruttificare *v.i.* to fructify, to bear* (*o* produce) fruit.
fruttivendolo *m.* greengrocer, fruiterer. □ *negozio di* ~ greengrocer's, fruiterer's.
frutto *m.* **1** fruit. **2** (*fig.*) (*guadagno*) fruits *pl.*, earnings *pl.* **3** (*Econ.*) interest, yield. **4** (*fig.*) (*buoni risultati*) fruits *pl.*, success. □ (*fig.*) **dare** *buoni frutti* to be fruitful; (*Gastr.*) *frutti di* **mare** shellfish, seafood; (*Econ.*) **mettere** *a* ~ *un capitale* to put a capital to interest; **senza** ~ (*inutilmente*) fruitlessly, uselessly.
fruttuoso *a.* **1** fruitful. **2** (*fig.*) fruitful, profitable, advantageous.
f.to = *firmato* signed.
fu *a.* (*defunto*) late: *Antonio Carli* (*del*) ~ *Federico* Antonio Carli son of the late Federico.
fucilare *v.t.* to shoot*.
fucilata *f.* (*colpo di fucile*) gunshot; (*rumore*) shot.
fucilazione *f.* shooting, execution.
fucile *m.* **1** gun; (*da caccia*) shotgun; (*carabina*) rifle. **2** (*fig.*) (*tiratore*) shot: *un buon* ~ a good shot. □ ~ *ad* **aria** *compressa* air-gun; ~ **automatico** automatic rifle; ~ *da* **caccia** shotgun; ~ **mitragliatore** machine-gun.
fuciliere *m.* (*Mil.*) rifleman (*pl.* –men).
fucina *f.* **1** forge. **2** (*fig.*) mine, source.
fucinare *v.t.* **1** (*Met.*) to forge. **2** (*fig.*) (*foggiare*) to forge, to mould.
fuco *m.* (*Zool.*) drone.
fuga *f.* **1** escape, flight (*anche fig.*); (*con un amante*) elopement. **2** (*rif. a liquidi, gas*) leak, leakage. **3** (*serie*) series, succession; (*rif. a stanze*) suite. **4** (*nel ciclismo*) sprint, spurt. **5** (*Econ.*) flight: ~ *dei capitali* flight of capital. **6** (*Mus.*) fugue. □ **darsi** *alla* ~ to take to flight; **mettere** *in* ~ to put to flight; ~ *di* **notizie** leak.
fugace *a.* fleeting, short-lived, transient.
fugacità *f.* transiency.
fugare *v.t.* (*lett.*) **1** (*mettere in fuga*) to put* to flight. **2** (*estens.*) (*disperdere*) to disperse. **3** (*fig.*) (*scacciare*) to drive* away, to dispel.
fuggente *a.* fleeting, fugitive.
fuggi *m.*: ~ *fuggi* rush, scramble, stampede.
fuggiasco *a./s.m.* fugitive.
fuggire I *v.i.* **1** to flee*, to run* away, to escape. **2** (*evadere*) to escape, to get* away. **3** (*con un amante*) to elope. **4** (*fig.*) (*passare velocemente*) to fly*: *come fugge il tempo!* how time flies! **II** *v.t.* to avoid, to shun.
fuggitivo I *a.* fugitive. **II** *s.m.* fugitive, runaway.
fulcro *m.* **1** fulcrum. **2** (*fig.*) corner-stone, hub, heart.
fulgido *a.* shining, bright, glittering, radiant.
fulgore *m.* glitter, brightness, radiance.
fuliggine *f.* soot.
fuligginoso *a.* sooty.
fulminante *a.* **1** (*fig.*) withering. **2** (*Med.*) fulminating. **3** (*esplosivo*) fulminating.
fulminare I *v.t.* **1** (*rif. a fulmine*) to strike* by lightning. **2** (*rif. a scariche elettriche*) to electrocute. **3** (*rif. ad armi da fuoco*) to strike* dead. **4** (*fig.*) (*folgorare, fare allibire*) to annihilate, to wither. **II** *v.i.impers.* (*traduzione idiomatica*): *tuonò e fulminò tutta la notte* there was thunder and lightning all night. **fulminarsi** *v.i.pron.* (*El.*) to burn* out.
fulmine *m.* (*Meteor.*) thunderbolt, lightning. □ (*fig.*) *un* ~ *a ciel sereno* a bolt from the blue.
fulmineo *a.* (*rapido*) lightning(-swift), rapid; (*improvviso*) sudden: *morte fulminea* sudden death.
fumaiolo *m.* chimney-pot (*o* -top), chimney; (*di fabbrica*) smokestack; (*di locomotiva, di nave*) funnel, smokestack.
fumante *a.* smoking, steaming.
fumare I *v.i.* **1** (*emettere fumo*) to smoke. **2** (*emettere vapore*) to steam: *la minestra fumava nei piatti* the soup was steaming in the plates. **II** *v.t.* to smoke. □ ~ *come un* **turco** to smoke like a chimney; **vietato** ~ no smoking.
fumata *f.* **1** smoke, puff of smoke. **2** (*segnalazione*) smoke signal.
fumatore *m.* smoker. □ (*Ferr.*) *scompartimento per fumatori* smoking compartment.
fumettistico *a.* **1** comic-strip-. **2** (*spreg.*) (*di scarso valore*) stereotyped.
fumetto *m.* **1** balloon. **2** *pl.* strip cartoons *pl.*, comic strips *pl.*, comics *pl.* □ *giornale a fumetti* comic-strip magazine.
fumo *m.* **1** smoke. **2** (*il fumare tabacco*) smoking. **3** (*vapore*) steam. **4** *pl.* (*fig.*) (*an-

nebbiamento) mist, haze, fumes *pl.*: *i fumi del vino* wine fumes. □ **andare** *in* ~ (*fallire*) to go up in smoke; (*diventare vano*) to melt away, to come to nothing; (*fig.*) *molto* ~ *e poco* **arrosto** more appearance than substance, (a lot of) hot air; **filo** *di* ~ wisp of smoke; ~ *di* **Londra** (*colore*) dark grey; (*fig.*) **mandare** *in* ~ to shatter, to dash.

fumogeno I *a.* smoke(-producing): *cortina fumogena* smoke-screen. **II** *s.m.* smoke producing substance.

fumoso *a.* smoky.

funambolismo *m.* tightrope walking (*anche fig.*).

funambolo *m.* tightrope walker.

fune *f.* **1** (*corda*) rope; (*grossa corda*) cable. **2** (*per bucato*) clothes (*o* laundry *o* washing) line. **3** (*Mar.*) (*cavo*) cable, hawser. □ **legare** *con una* ~ to rope, to tie with a rope; ~ **da rimorchio** tow-rope; **tiro** *alla* (*o della*) ~ tug -of-war.

funebre *a.* **1** funeral, funerary: *ufficio* ~ funeral service. **2** (*fig.*) (*lugubre*) gloomy, mournful, funereal.

funerale *m.* funeral, obsequies *pl.* □ (*fig.*) *avere una faccia da* ~ to have a long face.

funerario *a.* funerary, funeral.

funereo *a.* **1** (*funebre*) funeral, funereal. **2** (*fig.*) mournful, gloomy, sad.

funestare *v.t.* **1** to devastate, to ravage. **2** (*rattristare*) to distress, to afflict.

funesto *a.* **1** (*che causa lutto*) deadly, fatal. **2** (*che causa grave danno*) ruinous, disastrous: *guerra funesta* ruinous war. **3** (*triste, doloroso*) woeful, distressing: *notizia funesta* distressing news.

fungere *v.i.* to act, to function (*da* as).

fungo *m.* **1** (*Bot.*) mushroom; (*coltivato*) champignon. **2** (*Bot., Med.*) fungus (*pl.* fungi/funguses). □ **andare** *per funghi* to go mushrooming; *funghi* **commestibili** edible mushrooms; ~ **velenoso** toadstool.

funicolare *f.* funicular (railway), cable railway.

funivia *f.* cableway.

funzionale *a.* functional, (*fam.*) handy.

funzionalità *f.* functionality.

funzionamento *m.* functioning, operation.

funzionare *v.i.* **1** to work, to function; (*rif. a motore*) to run*. **2** (*essere in funzione*) to be on (*o* in operation), to work, to function, to operate. **3** (*rif. ad aziende e sim.*) to operate, to go*, to work. **4** (*fig.*) (*procedere bene*) to go* right, to work well. □ **fare** ~ *qc.* to make s.th. work, to operate s.th.; **non** ~ to be out of order.

funzionario *m.* official, officer.

funzione *f.* **1** function, role. **2** (*ufficio, carica*) office, position. **3** (*mansione*) duty, assignment. **4** (*attività*) operation, working, running: *il motore è in* ~ the engine is working. **5** (*rif. a cose: scopo*) purpose, function. **6** (*Lit.*) service. **7** (*Gramm., Mat.*) function. □ **entrare** *in* ~ to come into operation, to take effect; (*rif. a macchina*) to go into operation, to start up (*o* working); (*rif. a persona*) to take up office; *nell'***esercizio** *delle proprie funzioni* in the performance of one's duties; **facente** *funzioni di* acting as; (*fig.*) **in** ~ *di* dependent upon, related to.

fuochista *m.* **1** fireman (*pl.* –men). **2** (*Mar., Industria*) stoker.

fuoco *m.* **1** fire. **2** (*caminetto*) fireplace, fireside, hearth. **3** (*fornello*) burner: *cucina a tre fuochi* three-burner stove. **4** (*incendio*) fire. **5** (*fig.*) (*ardore*) fire, ardour, passion. **6** (*Fis.*) focus. □ (*fig.*) *versare* **acqua** *sul* ~ to pour oil on troubled waters; **al** ~*!* fire!; **appiccare** *il* ~ *a qc.* to set fire to s.th.; *fuochi* **artificiali** fireworks *pl.*; (*Mil.*) **cessare** *il* ~ to cease fire; (*fig.*) **di** ~ (*ardente*) fiery, burning, bright; (*irato*) blazing, angry; (*appassionato*) passionate, ardent, fiery; (*Mil.*) **far** ~ to (open) fire; ~ **fatuo** will-o'-the-wisp; **mettere** *a* ~ (*Fot.*) to focus; (*fig.*) (*puntualizzare*) to focus; (*fig.*) ~ *di* **paglia** flash in the pan; **prendere** ~: 1 to catch fire; 2 (*fig.*) (*adirarsi*) to flare up; *a* **prova** *di* ~ fireproof.

fuorché I *congz.* (*tranne che*) except, but. **II** *prep.* (*tranne*) except, save, but.

fuori I *avv.* **1** (*stato*) outside; (*all'aperto*) outdoors; ~ *fa freddo* it's cold outdoors. **2** (*moto*) out(side): *venite* ~*!* come outside! **3** (*fuori di casa*) out (of the house): *stasera ceneremo* ~ this evening we're having dinner out. **4** (*nella parte esterna*) outside. **5** (*Sport*) out. **II** *prep.* **1** (*stato*) out(side), out of: *è stato* ~ *tutto il giorno* he has been out all day. **2** (*moto*) out of, away from: *quest'anno andrò* ~ *Roma* this year I'll go away from Rome. **III** *s.m.* outside. □ (*fam.*) **buttare** ~ to throw out; (*licenziare*) to fire, to sack; ~ **commercio** not for sale; **di** ~ outside; *dal* **di** ~ from the outside: *la porta è chiusa dal di* ~ the door is closed from the outside; **essere** ~ to be out; (*essere uscito di prigione*) to be out, to have left prison; (*fam.*) **far** ~ (*uccidere*) to do in, to bump off; (*distruggere*) to destroy; **in** ~ (*verso l'esterno*) out(wards); *sporgersi* **in** ~ to lean out; *petto* **in** ~*!* chest out!; ~ **luogo** out of place, uncalled for; ~ (*di*) **posto** out of place; ~ *di* **qui***!* get out (of here)!; *essere* ~ *di* **sé** *dalla rabbia* to be beside o.s. with rage; *essere* ~ (*di*) **servizio** to be off duty; ~ *i* **soldi***!* out with your money!, pay up!; **tagliare** ~ *qd.* to cut s.o. off; ~ **uso** (*guasto*) out of order.

fuoribordo I *s.m.* outboard motorboat. **II** *a.* outboard: *motore* ~ outboard motor.

fuoriclasse I *s.m./f.* **1** unequalled (*o* outstanding) person. **2** (*Sport*) undisputed champion. **II** *a.* outstanding, first-rate, tip-top, top -notch.

fuoricombattimento I *s.m.* knock-out, (*fam.*) K.O. **II** *a.* knocked out. □ *mettere* ~ to knock out.

fuorigioco *m.* off-side.

fuorilegge **I** *s.m./f.* outlaw. **II** *a.* illegal, outlawed, unlawful.
fuoriserie **I** *a.* made to order, (*am.*) custom -built. **II** *s.f.* *(automobile)* specially-made car.
fuoriuscire *v.i.* to come* out, to be discharged.
fuoriuscita *f.* coming out, emission, discharge.
fuoriuscito *m.* exile; (*profugo*) refugee.
fuorviare *v.t.* to lead* astray (*anche fig.*).
furbacchione *m.* cunning (*o* crafty) fellow, (*fam.*) sly old fox.
furberia *f.* craftiness; (*scaltrezza*) shrewdness.
furbesco *a.* cunning, sly.
furbizia *f.* shrewdness.
furbo *a.* cunning, crafty, wily; (*spreg.*) sly, artful; (*scaltro*) shrewd.
furente *a.* furious, raging.
fureria *f.* (*Mil.*) company office.
furfante *m.* rascal, rogue, scoundrel.
furfantesco *a.* rascally, scoundrelly, knavish, roguish.
furgoncino *m.* small (*o* light) van.
furgone *m.* (delivery) van; (*cellulare della polizia*) police (*o* prison) van, (*fam.*) Black Maria van.
furia *f.* **1** (*collera, furore*) fury, rage, anger; (*accesso d'ira*) fit of passion. **2** (*fig.*) (*rif. a sentimenti*) vehemence, intensity; (*rif. a forze naturali*) fury, violence. **3** (*rif. a combattimento e sim.*) fury, heat. **4** (*grande fretta*) rush, haste. □ **a** ~ *di* by dint of, by... again and again: *la convinse a ~ di pianti* she convinced her by dint of crying; *la convinse a ~ di dirglielo* he convinced her by telling her again and again; **andare** *su tutte le furie* to fly into a rage; **essere** *su tutte le furie* to be (absolutely) furious.
furibondo *a.* furious, enraged, wrathful.
furiere *m.* (*Mil.*) quartermaster.
furioso *a.* furious, enraged, raged, mad: *era ~ con me* he was mad (*o* furious) at me. □ *pazzo ~* raving lunatic.
furore *m.* **1** fury, rage: *~ cieco* blind rage; *in preda al ~* seized with fury. **2** (*lett.*) frenzy. □ **far** ~ (*di persone*) to be a hit; to cause (*o* create) a furor; (*di cose*) to be all the rage; *a ~ di* **popolo** by popular acclaim.
furoreggiare *v.i.* to be a great success (*o* all the rage), to be a hit.
furtivo *a.* stealthy, furtive, surreptitious.
furto *m.* theft. □ ~ **aggravato** grand larceny; **fare** *un ~* to steal, to commit larceny; *~ con* **scasso** burglary.
fusa *f.*: *fare le ~* to purr.
fuscello *m.* twig.
fusibile *m.* (*El.*) fuse.
fusione *f.* **1** (*Met.*) fusion, founding. **2** (*liquefazione*) melting. **3** (*colata*) casting. **4** (*fig.*) fusion, union, coalition; (*Comm.*) (*rif. a società*) merger.
fuso[1] *m.* spindle. □ (*Geog.*) *~ orario* time zone.
fuso[2] *a.* **1** (*Met.*) melted; molten; (*colato*) cast. **2** (*liquefatto*) melted.
fusoliera *f.* (*Aer.*) fuselage.
fustagno *m.* (*Tessuto*) fustian.
fustigare *v.t.* **1** to flog, to whip, to lash: *~ a sangue qd.* to flog s.o. until he bleeds. **2** (*fig.*) to criticize, to lash out at.
fustigazione *f.* flogging, lashing.
fusto *m.* **1** (*tronco*) trunk; (*stelo*) stalk, stem. **2** (*tronco umano*) trunk. **3** (*fam.*) (*giovane atletico*) (*am.*) beefcake, (*scherz.*) rambo. **4** (*ossatura, intelaiatura*) frame(work). **5** (*recipiente*) container, trunk; (*di metallo*) drum; (*di legno*) barrel, keg, cask: *un ~ di vino* a cask of wine. **6** (*Arch.*) shaft.
futile *a.* futile, pointless, trifling, trivial; (*meschino*) paltry, petty: *hanno litigato per motivi futili* they quarrelled for petty reasons.
futilità *f.* futility; (*cosa frivola*) frivolity.
futurismo *m.* (*Lett.*) futurism.
futurista **I** *s.m./f.* futurist. **II** *a.* futurist(ic).
futuro **I** *a.* future, (*pred.*) to come, coming. **II** *s.m.* future (*anche Gramm.*).

G

g[1], **G** *f./m.* (*lettera dell'alfabeto*) g, G. ▭ (*Tel.*) ~ *come Genova* G for George (*anche am.*).
g[2] = *grammo* gram(me) (g).
Ga = (*Chim.*) *gallio* gallium.
gabbana *f.*: (*fig.*) *voltar gabbana* to be a turncoat.
gabbare *v.t.* **1** (*ingannare*) to cheat, to swindle, to take* in. **2** (*deridere, beffare*) to make* fun of, to mock. **gabbarsi** *v.i.pron.* (*prendersi gioco*) to laugh (*di* at), to make* a fool of.
gabbia *f.* **1** cage. **2** (*fam.*) (*prigione*) prison, jail, gaol. **3** (*da imballaggio*) crate. **4** (*Edil.*) reinforcement. **5** (*di ascensore*) cage. ▭ ~ *per* **conigli** hutch; ~ *degli* **imputati** dock; (*fig.*) *una* ~ *di* **matti** a madhouse; ~ *per* **polli** chicken coop; (*Anat.*) ~ **toracica** thoracic cage.
gabbiano *m.* (*Zool.*) gull, seagull.
gabella *f.* excise, toll, (local) tax.
gabinetto *m.* **1** (*studio privato*) study. **2** (*studio: di medico*) consulting room, surgery, (*am.*) office; (*di fotografo*) studio. **3** (*laboratorio*) laboratory, (*fam.*) lab. **4** (*Pol.*) (*ministero*) cabinet. **5** (*servizi igienici*) lavatory, toilet; (*fam.*) loo, (*am., fam.*) john. ▭ (*Pol.*) *capo di* ~ first private secretary.
Gabriele *N.pr.m.* Gabriel.
Gabriella *N.pr.f.* Gabrielle.
gadolino *m.* (*Chim.*) gadolinium.
gaelico *a./s.m.* Gaelic.
gaffe *fr.* [gaf] *f.* gaffe, blunder. ▭ *fare una* ~ to put one's foot in it, to drop a brick.
gagà *m.* fop, dandy.
gagliardetto *m.* pennon, pennant.
gagliardo *a.* **1** strong, robust, (*fam.*) strapping. **2** (*rif. a vino*) full-bodied.
gaglioffo *m.* **1** (*furfante*) scoundrel, rogue, rascal. **2** (*buono a nulla*) idler, (*fam.*) good-for-nothing.
gaiezza *f.* gaiety, cheerfulness, merriness.
gaio *a.* light-hearted, cheerful; (*rif. a colori*) bright, lively.
gala **I** *s.f.* **1** (*lusso, sfarzo*) luxury, pomp, show. **2** (*fiocco*) bow. **3** (*Mar.*) (*pavese*) flags *pl.*, flag dressing. **II** *s.m.* (*ricevimento*) gala. ▭ *di* ~ gala-: *serata di* ~ gala evening.
galante *a.* **1** gallant. **2** (*amoroso*) love: *un biglietto* ~ a love letter (*o* billet-doux).
galanteria *f.* gallantry, courtesy. ▭ *dire una* ~ to pay a compliment.
galantina *f.* (*Gastr.*) galantine.
galantuomo *m.* gentleman (*pl.* –men), man of honour, honest man. ▭ *parola di* ~ (on my) word of honour.
galassia *f.* (*Astr.*) galaxy.
galateo *m.* **1** (*libro*) book of etiquette. **2** (*estens.*) (*buona educazione*) (good) manners *pl.*; etiquette.
galeotto *m.* **1** (*Mar. ant.*) galley slave. **2** (*carcerato*) convict, (*fam.*) jail-bird. **3** (*estens.*) (*furfante*) ruffian, scoundrel.
galera *f.* **1** (*Mar. ant.*) galley. **2** (*lavori forzati*) hard labour; (*prigione*) prison, gaol, jail. **3** (*fig.*) prison. ▭ **avanzo** *di* ~ jail-bird; **fare** *una vita da* ~ to drudge and slave.
galla *f.* **1** (*Bot.*) gall. **2** (*vescica*) blister, gall. ▭ **a** ~ afloat, floating: **tenersi** *a* ~ to keep afloat (*anche fig.*); **venire** *a* ~ to (come to the) surface; (*fig.*) to come out (*o* to light).
galleggiamento *m.* floating, flo(a)tation, flotage. ▭ **linea** *di* ~ water line; **spinta** *di* ~ buoyancy.
galleggiante **I** *a.* floating, afloat. **II** *s.m.* **1** (*natante*) float, barge. **2** (*boa*) buoy. **3** (*Pesca, Idraulica*) float.
galleggiare *v.i.* **1** to float. **2** (*Aer.*) to plane, to glide.
galleria *f.* **1** (*traforo*) tunnel. **2** (*strada coperta*) arcade. **3** (*esposizione di opere d'arte*) gallery. **4** (*Cin.*) balcony, (*Teat.*) circle: *prima* ~ (dress) circle; *seconda* ~ upper circle. **5** (*Arch.*) gallery, portico. **6** (*in miniera*) gallery, tunnel. **7** (*scavo fatto da animali*) burrow, tunnel. **8** (*Mil.*) gallery. **9** (*Aer.*) (*galleria del vento*) wind-tunnel.
Galles *N.pr.m.* (*Geog.*) Wales.
gallese **I** *a.* Welsh. **II** *s.* **1** *m.* (*lingua*) Welsh. **2** *m./f.* (*abitante*) Welshman (*pl.* –men; *f.* –woman, *pl.* –women).
galletta *f.* (*per soldati*) biscuit; (*per marinai*) ship's (*o* sea) biscuit, hardtack.
galletto *m.* **1** (*giovane gallo*) cockerel, young cock. **2** (*fig.*) (*giovane vivace o arrogante*) young cock. **3** (*Mecc.*) wing (*o* butterfly) nut.
gallina *f.* (*Zool.*) hen: ~ *faraona* guinea hen.

gallinaceo **I** *a.* gallinaceous. **II** *s.m.pl.* gallinaceans *pl.*
gallio *m.* (*Chim.*) gallium.
gallo *m.* **1** (*Zool.*) cock, rooster. **2** (*pugilato*) bantam, bantamweight. **3** (*iron.*) lady-killer. ▭ *combattimento di galli* cock-fight.
gallonare *v.t.* to (trim with) braid, to decorate with stripes.
gallone[1] *m.* **1** braid, galloon. **2** (*Mil.*) stripe, chevron.
gallone[2] *m.* (*unità di misura*) gallon → **Appendice**.
galoppare *v.i.* to gallop. ▭ (*fig.*) *lasciar* ~ *la fantasia* to let one's imagination run away with one.
galoppata *f.* gallop: *fare una* ~ to go for a gallop.
galoppatoio *m.* riding track.
galoppino *m.* **1** (*fam. spreg.*) messenger (*o* errand) boy. **2** (*tecn.*) pulley; (*elettorale*) canvasser.
galoppo *m.* **1** gallop. **2** (*danza*) galop. ▭ **al** ~ at a gallop; **gran** ~ full gallop; **piccolo** ~ canter.
galvanizzare *v.t.* to galvanize (*anche fig.*).
galvanometro *m.* (*El.*) galvanometer.
gamba *f.* **1** leg (*anche estens.*). **2** (*asta: di lettera, di nota musicale*) stem. ▭ **a** *tre gambe* three-legged; **accavallare** *le gambe* to cross one's legs; ~ **anteriore** foreleg; *andare a gambe all'***aria** to fall flat on one's back; (*fig.*) (*fallire*) to fail, to be ruined; **darsela** *a gambe* to take to one's heels; (*fig.*) **in** ~ (*valente*) smart, bright, clever, (*fam.*) on the ball; (*in buona salute*) well, (*fam.*) on top of the world; (*rif. a persona anziana*) sprightly; *a* **mezza** ~ halfway up (*o* down) the leg; (*rif. a gonna*) calf-length; ~ **posteriore** hind leg; **prendere** *qc. sotto* ~ to underestimate (*o* underrate) s.th.; **sgranchirsi** *le gambe* to stretch one's legs.
gambale *m.* (boot)leg; (*ghetta*) legging.
gamberetto *m.* shrimp; (*di mare*) prawn.
gambero *m.* (*Zool.*) crayfish, crawfish. ▭ (*fig.*) **camminare** *come i gamberi* to go backwards; **rosso** *come un* ~ as red as a boiled lobster.
gambo *m.* **1** (*di fiore*) stem, stalk; (*di fungo*) stipe, stalk. **2** (*Mecc.*) shank.
gamma *f.* **1** (*lettera dell'alfabeto greco*) gamma. **2** (*Mus.*) scale, gamut. **3** (*rif. a colori*) range, gamut (*anche fig.*). **4** (*Rad.*) band.
ganascia *f.* **1** jaw. **2** (*Mecc.*) jaw, shoe. **3** (*dei freni*) brake shoe. **4** (*Ferr.*) fish(ing) plate.
gancio *m.* hook (*anche Sport*).
ganga *f.* **1** (*Min.*) gangue. **2** (*banda*) gang, band.
Gange *N.pr.m.* (*Geog.*) Ganges.
ganghero *m.* **1** hinge. **2** (*gancio per abbottonare*) hook. ▭ (*fig.*) *uscire dai gangheri* to lose one's temper; to fly off the handle.
ganglio *m.* (*Anat., Med.*) ganglion.
gangsterismo *m.* gangsterism.
gara *f.* **1** competition. **2** (*Sport*) contest; event; (*corsa*) race; (*fra due contendenti o squadre*), match. **3** (*Comm.*) tender; (*d'appalto*) bidding, bid for tenders. ▭ **a** ~ in competition; *fare* **a** ~ (*fra due contendenti*) to vie with e.o., to try to outdo e.o.; **abbandonare** *una* ~ to drop out of a competition; ~ **eliminatoria** heat; **fuori** ~ non competing; **iscriversi** *a una* ~ to enter a competition; *essere* **secondo** *in una* ~ *di corsa* to come in second in a race.
garage *fr.* [gaˈraːʒ] *m.* garage.
garagista *m.* (*operaio*) garage man, garage hand; (*meccanico*) mechanic; (*proprietario*) garage owner.
garante **I** *a.* guarantee-. **II** *s.m.* guarantor; (*fidejussore*) surety, warrantor. ▭ *farsi* ~ *di qd.* to vouch for s.o.
garantire **I** *v.t.* **1** to guarantee, to warrant. **2** (*fig.*) to vouch (*o* answer) for. **3** (*fig.*) (*assicurare*) to assure, to warrant. **II** *v.i.* to go* (*o* stand* as) surety: ~ *per qd.* to go surety for s.o. **garantirsi** *v.i.pron.* to obtain guarantees. ▭ *te lo garantisco io!* I can tell you!
garantito *a.* **1** guaranteed, warranted. **2** (*esclam.*) depend on it, no doubt, you can be sure of it.
garanzia *f.* **1** guarantee, guaranty; (*fidejussione*); surety, warranty. **2** (*Comm., fig.*) guarantee. **3** (*cauzione*) security. ▭ ~ **bancaria** bank guarantee; (*Comm.*) **periodo** *di* ~ warranty period; **senza** ~ without recourse.
garbare *v.i.* to please, to like (costr. pers.): *il suo nuovo atteggiamento non mi garba* I don't like his new attitude.
garbatezza *f.* politeness, courtesy, good manners *pl.*
garbato *a.* polite, courteous, well-mannered; (*gentile*) kind, amiable, nice.
garbo *m.* (*gentilezza*) kindness; (*modi garbati*) good (*o* nice) manners *pl.*; (*grazia*) grace(fulness); (*tatto*) tact: *trattava i suoi dipendenti con* ~ he treated his employees with kindness; *con grande* ~ *John disse di no* with great tact John said no. ▭ *una persona piena di* ~ a very courteous person.
garbuglio *m.* **1** entanglement, tangle. **2** (*fig.*) confusion, muddle.
gardenia *f.* (*Bot.*) gardenia.
gareggiare *v.i.* **1** to compete. **2** (*fig.* (*misurarsi*) to vie, to compete.
garenna *f.* (*Zootecnia*) warren.
garganella: *bere a* ~ to gulp down (out of the bottle).
gargarismo *m.* gargle. ▭ *fare i gargarismi* to gargle.
gargarizzare *v.i.*, **gargarizzarsi** *v.r. apparente* to gargle.
garibaldino **I** *a.* **1** (*di Garibaldi*) Garibaldian, Garibaldi's. **2** (*fig.*) (*audace*) dashing, daring, reckless. **II** *s.m.* soldier in Garibaldi's army.
garitta *f.* **1** (*Mil.*) sentry-box. **2** (*Ferr.*) cabin.
garofano *m.* (*Bot.*) carnation, gillyflower, pink. ▭ (*Gastr.*) *chiodo di* ~ clove.
garrese *m.* (*Zool.*) withers (*pl.*).

garretto *m.* **1** (*di animale*) hock, fetlock. **2** (*nell'uomo*) back of the heel.
garrire *v.i.* to chirp, to twitter.
garrulo *a.* (*lett.*) **1** (*che garrisce*) chirping, twittering. **2** (*rif. a persona: ciarliero*) garrulous, talkative.
garza *f.* gauze: ~ *idrofila* surgical gauze.
garzone *m.* boy: ~ *di bottega* shop boy.
gas *m.* (*Fis.*) gas. ☐ **a** ~ gas-: *cucina a* ~ gas-cooker; **accendere** (*spegnere*) *il* ~ to turn on (off) the gas; ~ **asfissiante** poison(ous) gas; **bombole** *di* ~ gas cylinder; **contatore** *del* ~ (gas)meter; **fuga** *di* ~ gas leak; ~ **lacrimogeno** tear gas; ~ *delle* **miniere** fire damp; *a* **tutto** ~ at full speed; (*fig.*) flat out.
gasare *e deriv.* → **gassare** *e deriv.*
gasdotto *m.* gas pipeline.
gasolio *m.* (*Chim.*) diesel oil (*o* fuel).
gassare *v.t.* **1** (*rif. a liquidi*) to aerate, to carbonate. **2** (*uccidere con gas*) to gas.
gassato *a.* **1** (*di bevanda*) aerated. **2** (*fig.*) (*di persona*) over-excited.
gassista *m.* gasman (*pl.* –men), gas-fitter.
gassometro *m.* gasholder.
gassosa *f.* fizzy drink.
gassoso *a.* gaseous; (*di bevanda*) fizzy.
gastrico *a.* gastric. ☐ *lavanda gastrica* gastric lavage.
gastronomia *f.* gastronomy: *negozio di* ~ delicatessen.
gastronomico *a.* gastronomic(al).
gastronomo *m.* gastronomist, gastronomer.
gatta *f.* female cat, (*fam.*) pussy. ☐ *qui* ~ *ci* **cova** I smell a rat; (*fig.*) *una* ~ *da* **pelare** a hard nut to crack.
gattabuia *f.* (*pop., scherz.*) (*prigione*) clink, cooler: *mettere qd. in* ~ to put s.o. in the clink.
gattamorta *f.* (*fam.*) sly one. ☐ *fare la* ~ to act slyly.
gattino *m.* **1** kitten. **2** (*Bot.*) ament, catkin.
gatto *m.* **1** (*Zool.*) cat; (*gatto maschio*) tom -cat, cat. **2** (*pelliccia*) cat fur. ☐ (*fig.*) ~ **a** *nove code* cat-o'-nine-tails; (*fam.*) *c'erano* **quattro** *gatti* there was hardly anybody there; ~ **rosso** ginger cat; ~ **soriano** tabby cat.
gattopardo *m.* (*Zool.*) (*africano*) serval; (*americano*) ocelot.
gattuccio *m.* (*Zool.*) dogfish.
gaudente **I** *s.m.* playboy, reveller. **II** *a.* pleasure-loving, pleasure-seeking.
gaudio *m.* bliss, joy; (*letizia*) mirth; joy.
gaudioso *a.* (*lett.*) joyful.
gavetta *f.* (*Mil.*) mess tin. ☐ *venire dalla* ~ to rise (*o* come) from the ranks; (*fig.*) to be a self-made man.
gavitello *m.* (*Mar.*) buoy.
gazza *f.* (*Zool.*) magpie.
gazzarra *f.* uproar, hubbub, din, row. ☐ *fare* ~ to make a racket.
gazzella *f.* **1** (*Zool.*) gazelle. **2** (*polizia stradale*) patrol car.
gazzetta *f.* gazette.
gazzettino *m.* **1** news-sheet. **2** (*alla radio*) local news *pl.* **3** (*fig.*) (*persona pettegola*) newsmonger, gossip.
GB = *Gran Bretagna* Great Britain.
Gd = (*Chim.*) *gadolinio* gadolinium.
Ge = (*Chim.*) *germanio* germanium.
geco *m.* (*Zool.*) gecko.
gelare **I** *v.i.* to freeze* (over), to become* frozen; (*sentire molto freddo*) to be freezing; (*di piante*) to be frosted. **II** *v.i. impers.* to freeze*. **III** *v.t.* to freeze*; (*rif. a bibite e sim.*) to chill, to ice. **gelarsi** *v.i.pron.* to freeze*, to be frozen. ☐ **fare** ~ to freeze; (*fig.*) **mi** *sentii* ~ my heart missed a beat.
gelata *f.* hard-frost, frost.
gelataio *m.* ice-cream man (*o* vendor).
gelateria *f.* ice-cream shop.
gelatina *f.* **1** (*Gastr.*) jelly. **2** (*Chim.*) gelatin(e). ☐ ~ *di* **frutta** fruit jelly; **in** ~ in gelatine (*o* aspic).
gelatinoso *a.* gelatinous; jelly-like.
gelato **I** *a.* frozen, icy: *un fiume* ~ a frozen river. **II** *s.m.* (*Gastr.*) ice-cream: ~ *da passeggio* ice-cream lolly.
gelido *a.* icy, ice cold, gelid.
gelo *m.* **1** (*freddo intenso*) (intense) cold. **2** (*Agr.*) (black) frost. **3** (*ghiaccio*) ice; (*brina*) frost. **4** (*fig.*) chill; (*freddezza*) chill, chilliness.
gelone *m.* (*Med.*) chilblain.
gelosia[1] *f.* jealousy; (*invidia*) envy.
gelosia[2] *f.* (*persiana*) jalousie, shutter.
geloso *a.* **1** jealous. **2** (*invidioso*) envious. **3** (*attaccato*) particular, jealous: *sono* ~ *dei miei libri* I am particular about (*o* possessive with) my books.
gelso *m.* (*Bot.*) mulberry, mulberry-tree.
gelsomino *m.* (*Bot.*) jasmine.
gemellaggio *m.* twinship.
gemellare *a.* twin-: *parto* ~ twin birth.
Gemelli *N.pr.m.pl.* (*Astr.*) Gemini.
gemello **I** *a.* twin: *letti gemelli* twin beds. **II** *s.m.* **1** twin. **2** *pl.* (*dei polsini*) cuff-links *pl.*
gemere *v.i.* **1** (*lamentarsi*) to moan, to groan. **2** (*stridere, scricchiolare*) to creak, to groan. **3** (*rif. a liquidi: perdere*) to leak; (*colare goccia a goccia*) to drip, to trickle, to ooze: *una ferita che geme sangue* a wound oozing (with) blood.
gemito *m.* moan, wail, groan.
gemma *f.* **1** (*Bot.*) bud, gemma (*pl.* -ae). **2** (*pietra preziosa*) gem. **3** (*fig.*) (*cosa preziosa*) jewel. **4** (*catarifrangente*) cat's eye.
gemmare *v.i.* (*Bot.*) to bud, to put* forth buds.
Gen. = *Generale* General.
gendarme *m.* **1** gendarme, policeman (*pl.* –men). **2** (*fam.*) (*donna grossa ed energica*) battle-axe, virago.
gendarmeria *f.* **1** (*corpo dei gendarmi*) gendarmerie. **2** (*caserma*) police station.
gene *m.* (*Biol.*) gene.
genealogia *f.* **1** genealogy. **2** (*rif. ad animali*) pedigree.
genealogico *a.* genealogic(al). ☐ *albero* ~

(*fam.*) family tree; genealogical tree.

generale[1] **I** *a.* general, common: *direttore* ~ general manager; *secondo l'opinione* ~ the general opinion is that. **II** *s.m.* general. □ **in** ~ (*per sommi capi*) in general (terms); (*di solito*) usually, as a rule, in general, generally (speaking); **stare** (o *mantenersi*) *sulle generali* to keep (*o* stick) to generalities.

generale[2] *m.* **1** (*Mil.*) general. **2** (*Rel.*) superior-general. □ ~ *di corpo d'***armata** lieutenant general; ~ *di* **brigata** brigadier; (*Aer.*) brigadier general; ~ *di* **divisione** major-general.

generalità *f.* **1** generality. **2** (*la maggior parte*) majority. **3** (*dati anagrafici*) personal particulars *pl.*, name and address: *declinare le* ~ to give one's (personal) particulars.

generalizzare *v.t./i.* to generalize.

generalizzazione *f.* generalization.

generalmente *avv.* **1** generally: ~ *parlando* generally speaking. **2** (*di solito*) in general, generally, usually, as a rule.

generare *v.t.* **1** to give* birth to, to breed*, to procreate. **2** (*fig.*) (*cagionare, provocare*) to arouse: *il suo atteggiamento genera sospetti* his attitude arouses suspicions. **3** (*tecn.*) to generate, to produce: ~ *elettricità* to generate electricity. **generarsi** *v.i.pron.* to be produced (*o* formed).

generativo *a.* generative.

generatore I *s.m.* (*tecn.*) generator. **II** *a.* generative, generating.

generazione *f.* **1** generation, procreation. **2** (*discendenti*) descendants *pl.*; (*stirpe*) house, race. **3** (*individui della stessa età*) generation. **4** (*tecn.*) generation, production.

genere *m.* **1** (*tipo, specie*) type, kind, sort, manner, way. **2** (*Comm.*) (*tipo di merce*) product, article, line, goods: *questo non è il mio* ~ this is not my line of business. **3** (*Lett., Mus.*) genre. **4** (*Biol.*) genus. **5** (*Gramm.*) gender. □ *generi* **alimentari** foodstuffs *pl.*; (*Lett.*) ~ **drammatico** dramatic genre; **in** ~ generally, usually, as a rule; *generi di prima* **necessità** commodities; *di* **nuovo** ~ new; *persone d'***ogni** ~ all kinds of people; **qualcosa** *del* ~ something of the sort; *il* ~ **umano** mankind.

genericità *f.* lack of precision, indefiniteness.

generico I *a.* **1** (*che riguarda il genere*) generic: *caratteri generici* generic characteristics. **2** (*generale*) general; (*impreciso*) generic, imprecise. **3** (*rif. a persona: non specializzata*) general, non-specialized: *medico* ~ general practitioner. **II** *s.m.* **1** (*Teat., Cin.*) utility man, extra. **2** (*ciò che ha valore generico*) general, generalities *pl.*

genero *m.* son-in-law (*pl.* sons-in-law).

generosità *f.* generosity; (*liberalità*) munificence, liberality.

generoso *a.* **1** generous, liberal, lavish. **2** (*rif. a vino: forte*) generous. **3** (*rif. a terreno: fertile*) rich, fertile. □ *fare il* ~ to be lavish.

genesi *f.* genesis, origin, birth.

genetica *f.* (*Biol.*) genetics *pl.* (costr. sing.).

genetico *a.* genetic (*anche Biol.*).

genetista *m./f.* geneticist.

genetliaco I *a.* birthday-. **II** *s.m.* birthday.

gengiva *f.* (*Anat.*) gum.

gengivite *f.* (*Med.*) gingivitis.

genia *f.* (*spreg.*) pack, gang.

geniale *a.* **1** (*rif. a persona*) ingenious, talented, creative, having genius: *quel ragazzo è davvero* ~ that boy has genius, really. **2** (*rif. a cosa*) brilliant, ingenious, original: *fu un'idea molto* ~ the idea was very ingenious.

genialità *f.* cleverness, brilliance; ingeniousness.

geniere *m.* (*Mil.*) sapper, (*fam.*) engineer.

genio[1] *m.* **1** (*persona d'ingegno*) genius (*anche estens.*): *un colpo di* ~ a stroke of genius. **2** (*talento*) genius, talent; (*disposizione*) bent, flair: *ha del* ~ *per la pubblicità* he has a flair for advertising. □ **andare** *a* ~ to be to one's liking (*o* taste); ~ **incompreso** misunderstood genius (*anche iron.*).

genio[2] *m.* (*Mil.*) engineers *pl.*; (*GB*) Royal Engineers *pl.*; (*USA*) Engineer Corps.

genitale I *a.* genital. **II** *s.m.pl.* genitals *pl.*

genitivo *a./s.m.* (*Gramm.*) genitive. □ ~ *sassone* possessive case.

genitore *m.* **1** father. **2** *pl.* (*padre e madre*) parents *pl.*

genn. = *gennaio* January (Jan.).

gennaio *m.* January.

genocidio *m.* genocide.

gentaglia *f.* (*spreg.*) mob, rabble, scum.

gente *f.* **1** people *pl.*; folk. **2** (*lett.*) (*popolo*) people. **3** (*famiglia*) people: *la mia* ~ *è al mare* my people are at the seaside. □ ~ *alla* **buona** easy-going people; ~ *di* **campagna** country folk (*o* people); ~ *di* **chiesa** churchgoers *pl.*; **quanta** ~*!* what a crowd!

gentildonna *f.* gentlewoman (*pl.* –women), lady.

gentile I *a.* **1** (*d'animo*) kind; (*educato*) polite: *essere* ~ *con qd.* to be kind to s.o.; *vuoi essere così* ~ *da imbucarmi questa lettera?* will you be so kind as to mail this letter? **2** (*aggraziato*) graceful; (*nobile*) gentle: *un'anima* ~ a gentle soul. **3** (*nelle lettere*) dear: *gentili Signori* Dear Sirs; (*sulla busta: non si traduce*): ~ *Signora Anna Rossi* Mrs Anna Rossi. **II** *s.m./f.* (*non ebreo*) gentile. □ *il gentil sesso* the fair sex.

gentilezza *f.* **1** kindness, politeness. **2** (*squisitezza*) gentleness. □ ~ *d'***animo** kindheartedness; **per** ~ (*per favore*) please.

gentiluomo *m.* gentleman (*pl.* –men). □ ~ *di campagna* squire.

genuflessione *f.* genuflection, genuflexion.

genuflesso *a.* on one's knees.

genuflettersi *v.i.pron.* to genuflect, to kneel* (down).

genuinità *f.* **1** genuineness, authenticity. **2** (*spontaneità*) naturalness, spontaneity.

genuino *a.* **1** natural, spontaneous, genuine:

sentimenti genuini genuine feelings. **2** (*autentico*) authentic, genuine.
genziana *f.* (*Bot.*) gentian.
geocentrismo *m.* geocentrism.
geochimica *f.* geochemistry.
geode *m.* (*Min.*) geode.
geografia *f.* geography.
geografico *a.* geographic(al).
geografo *m.* geographer.
geologia *f.* geology.
geologico *a.* geologic(al).
geologo *m.* geologist.
geometra *m.* land-surveyor, surveyor.
geometria *f.* geometry.
geometrico *a.* geometric(al).
geranio *m.* (*Bot.*) geranium.
gerarca *m.* **1** (*Rel.*) hierarch. **2** (*Pol.*) (party) leader; (*scherz.*) big-shot.
gerarchia *f.* hierarchy (*anche Rel.*).
gerarchico *a.* hierarchical.
gerente *m./f.* manager, director.
gerenza *f.* **1** management, direction. **2** (*di una pubblicazione*) masthead.
gergo *m.* slang, jargon: *parlare in* ~ to speak (*o* talk) slang.
gerla *f.* pan(n)ier.
Germania *N.pr.f.* (*Geog.*) Germany.
germanico *a.* **1** (*Stor.*) germanic. **2** (*tedesco*) German: *la cultura germanica* German culture.
germanio *m.* (*Chim.*) germanium.
germanista *m./f.* Germanist.
germanistica *f.* Germanistics *pl.* (costr. sing.), Germanics *pl.* (costr. sing.).
germano[1] **I** *a.* full blood. **II** *s.m.* full brother.
germano[2] *m.* (*Zool.*) wild duck. ▭ ~ *reale* mallard.
germe *m.* **1** germ. **2** (*fig.*) (*principio, origine*) germ, seed. ▭ *in* ~ in embryo.
germicida *m.* germicide.
germinare *v.i.* (*Bot.*) to germinate; to sprout.
germinazione *f.* germination (*anche fig.*).
germogliare *v.i.* **1** (*Bot.*) to bud, to sprout, to shoot*, to germinate. **2** (*fig.*) to germinate, to spring* up.
germoglio *m.* (*Bot.*) bud, sprout, shoot.
geroglifico I *a.* hieroglyphic. **II** *s.m.* **1** hieroglyph(ic). **2** (*fig.*) (*scrittura incomprensibile*) hieroglyphics *pl.*
gerontologia *f.* gerontology.
gerontologo *m.* gerontologist.
gerundio *m.* (*Gramm.*) gerund.
Gerusalemme *N.pr.f.* (*Geog.*) Jerusalem.
gessetto *m.* (piece of) chalk; (*morbido*) crayon.
gesso *m.* **1** (*Min.*) gypsum. **2** (*per scrivere sulla lavagna*) chalk. **3** (*Med.*) plaster cast, cast. **4** (*per modellare*) plaster cast; (*a presa rapida*) plaster of Paris. ▭ *togliere il* ~ *a un braccio* to remove the cast from an arm.
gessoso *a.* **1** (*che contiene gesso*) containing gypsum, gypsum-. **2** (*simile al gesso*) chalky.
gesta *f.pl.* feats *pl.*, deeds *pl.* ▭ *canzoni di* ~ chansons de geste.
gestante *f.* pregnant woman, expectant mother.
gestazione *f.* pregnancy, gestation (*anche fig.*). ▭ (*fig.*) *in* ~ in preparation.
gesticolare *v.i.* to gesticulate.
gestione *f.* (*Comm., Dir.*) management, direction. ▭ (*Inform.*) ~ *dei dati* data management.
gestire *v.t.* to manage, to administrate, to run*: ~ *un'azienda* to manage a firm.
gesto *m.* **1** gesture; (*col capo*) nod; (*con la mano*) wave. **2** (*posa, piglio*) pose, attitude: ~ *teatrale* theatrical attitude. **3** (*estens.*) (*azione*) gesture, deed, action: *un bel* ~ a good deed.
gestore *m.* manager.
Gesù *N.pr.m.* **1** Jesus. **2** (*esclam.*) Good Heavens. ▭ ~ *Bambino* the Christ Child (*o* Infant Jesus).
gesuita *m.* **1** Jesuit. **2** (*spreg.*) jesuit, hypocrite.
gesuitico *a.* jesuitical (*anche fig.*).
gettare I *v.t.* **1** (*buttare*) to throw*, to cast*; (*scagliare con violenza*) to hurl, to fling*. **2** (*un grido*) to let* out. **3** (*rif. a liquidi: versare*) to spout, to gush: *la ferita getta sangue* the wound is spouting blood. **4** (*Econ.*) (*rendere, fruttare*) to yield, to bring* in. **5** (*Scultura*) to cast*. **6** (*Edil.*) to lay* (the foundation). **II** *v.i.* **1** (*rif. a sorgente e sim.: sgorgare*) to flow. **2** (*rif. a piante: germogliare*) to sprout, to bud, to shoot*. **gettarsi** *v.i.pron.* **1** (*scagliarsi*) to throw* o.s., to hurl o.s., to fling* o.s. **2** (*rif. a fiumi e sim.: sfociare*) to flow: *il torrente si getta nel lago* the stream flows into the lake. ▭ *gettarsi* **addosso** (*indossare in fretta*) to throw on; *gettarsi* **addosso** *a qd.* to spring on s.o.; ~ *in* **alto** to toss (in the air); ~ *l'***amo** to cast the line; ~ *le* **braccia** *al collo di qd.* to throw one's arms around s.o. (*o* s.o.'s neck); ~ *qc. in* **faccia** *a qd.* to throw s.th. in s.o.'s face (*anche fig.*); ~ **giù** (*demolire*) to knock down; (*fig.*) (*scrivere in fretta*) to jot down, to dash off; (*fig.*) ~ *la* **maschera** to tear off the mask; ~ *nella* **miseria** to leave in dire poverty; ~ *uno* **sguardo** *a qd.* to cast a glance at s.o.; (*fig.*) ~ *i* **soldi** *dalla finestra* to throw money down the drain; ~ *a* **terra** to knock down.
gettata *f.* **1** throwing, casting. **2** (*Mil.*) range. **3** (*tecn.*) cast.
gettito *m.* (*Econ.*) levy, yield of taxation. ▭ ~ *fiscale* inland revenue, tax revenue.
getto[1] *m.* **1** (*lancio*) throw (*anche Sport*). **2** (*emissione: rif. a liquidi, gas*) jet, spout. **3** (*Bot.*) sprout, shoot. ▭ *un romanzo scritto di* ~ a novel written straight off.
getto[2] *m.* (*Aer.*) jet.
gettone *m.* **1** token, counter, (*am.*) slug. **2** (*nei giochi*) counter; (*nei giochi d'azzardo*) chip. **3** (*contromarca*) token, check. ▭ **apparecchio** *a* ~ slot-machine; ~ *di* **presenza** attendance check; ~ **telefonico** telephone counter.

gheppio *m.* (*Zool.*) kestrel, windhover.
gheriglio *m.* kernel.
ghermire *v.t.* **1** (*di rapaci*) to clutch, to seize (in one's talons). **2** (*estens.*) to grab, to seize, to snatch.
ghette *f.pl.* spats *pl.*
ghetto *m.* ghetto (*anche estens.*).
ghiacciaia *f.* **1** (*locale*) ice-house. **2** (*mobile*) icebox (*anche fig.*).
ghiacciaio *m.* glacier.
ghiacciare I *v.i.* to freeze* (over). **II** *v.t.* **1** to freeze*, to ice, to frost: *il freddo ghiacciò il fiume* the cold froze the river; *mettere in ~ una bottiglia* to ice a bottle. **2** (*fig.*) (*raggelare*) to freeze*, to send* chills down one's spine.
ghiaccio *m.* ice. □ *ho i* **piedi** *di ~* my feet are freezing (*o* frozen); **rompere** *il ~* to break the ice (*anche fig.*); *~* **secco** dry ice.
ghiacciolo *m.* **1** icicle. **2** (*gelato*) ice-lolly.
ghiaia *f.* gravel.
ghiaioso *a.* gravelly.
ghianda *f.* (*Bot.*) acorn.
ghiandaia *f.* (*Zool.*) jay.
ghiandola *f.* (*Anat.*) gland.
ghiandolare *a.* glandular.
ghibellino *a./s.m.* (*Stor.*) Ghibelline.
ghigliottina *f.* guillotine.
ghigliottinare *v.t.* to guillotine.
ghignare *v.i.* to sneer, to grin sarcastically; (*sogghignare*) to smirk.
ghigno *m.* **1** (*smorfia*) grimace. **2** (*riso beffardo*) sneer, smirk.
ghinea *f.* (*Numismatica*) guinea.
ghingheri: (*fam.*) *in ~* dressed up, in one's Sunday best.
ghiotto *a.* greedy; (*appetitoso*) delicious, appetizing. □ *essere ~ di qc.* to have a weakness for s.th.
ghiottone *m.* glutton, greedy person.
ghiottoneria *f.* **1** gluttony, greediness. **2** (*cibo prelibato*) titbit, tasty morsel.
ghirba *f.* (*recipiente*) waterskin, water bag. □ *perderci* (o *lasciarci*) *la ~* to lose one's life.
ghiribizzo *m.* whim, fancy, caprice.
ghirigoro *m.* doodle, scribble, squiggle.
ghirlanda *f.* wreath, garland.
ghiro *m.* **1** (*Zool.*) dormouse (*pl.* dormice). **2** (*fig.*) (*dormiglione*) lazy-bones *pl.* (costr. sing.). □ *dormire come un ~* to sleep like a log.
ghisa *f.* (*Met.*) cast iron.
già *avv.* **1** already: *è ~ ora di andare a casa* it's already time to go home. **2** (*prima d'ora*) before, already: *ho ~ visto quell'uomo* I have seen that man before. **3** (*ex*) formerly, once; (*con funzione aggettivale*) ex-, former: *l'onorevole Mario Rossi, ~ ministro della Pubblica Istruzione* (Mr) Mario Rossi M.P., ex- (*o* former) Minister for Education. **4** (*anche*) also, as well, too: *~ suo padre era dottore* his father was a doctor too. **5** (*fin da*) since: *parlava così ~ da ragazzo* he spoke like that since he was a boy. **6** (*fam.*) (*nelle risposte: sì*) yes, of course, indeed.
Giacarta *N.pr.f.* (*Geog.*) Djakarta.
giacca *f.* jacket. □ *~ a* **doppio petto** double-breasted jacket; *~ di* **maglia** cardigan; *~ a* **vento** anorak; (*am.*) wind-breaker.
giacché *congz.* as, since, in-as-much as.
giacente *a.* **1** (*in sospeso*) pending, in abeyance: *affari giacenti* business pending. **2** (*invenduto*) unsold. **3** (*Poste*) unclaimed, undelivered. **4** (*Econ.*) uninvested, idle, unproductive.
giacenza *f.* **1** (*merce invenduta*) (unsold) stock. **2** (*periodo*) lay over, waiting period. **3** *pl.* (*Econ.*) deposits *pl.* □ *~ di* **cassa** cash on hand; *~ di* **magazzino** stock, inventory; **merce** *in ~* goods in stock (*o* store).
giacere *v.i.* **1** to lie*: *~ ammalato* to lie ill. **2** (*Comm.*) to lie*, to be stored. **3** (*Geom.*) to lie*. □ **mettersi** *a ~* to lie down; **qui** *giace* (*nelle iscrizioni funebri*) here lies.
giaciglio *m.* pallet.
giacimento *m.* (*Geol.*) deposit, bed, layer. □ *~ di* **carbone** coal seam; *~ di* **petrolio** oil field.
Giacomo *N.pr.m.* James.
giaculatoria *f.* **1** (*Rel.*) ejaculation. **2** (*fig.*) (*discorso noioso*) boring words *pl.*
giada *f.* jade.
giaggiolo *m.* (*Bot.*) iris.
giaguaro *m.* (*Zool.*) jaguar. □ (*scherz.*) *amico del ~* one who sides with one's friend's opponents.
giallastro *a.* yellowish.
giallo I *a* **1** yellow. **2** (*rif. al colorito del viso*) sallow, yellow. **3** (*poliziesco*) crime-, detective-, mystery-: *romanzo ~* detective (*o* mystery) story. **II** *s.m.* **1** (*colore*) yellow. **2** (*romanzo giallo*) thriller, detective (*o* mistery) story; (*film giallo*) detective (*o* mystery) film, (*fam.*) thriller. □ *~ oro* golden yellow.
giallognolo *a.* yellowish.
Giamaica *N.pr.f.* (*Geog.*) Jamaica.
giamaicano *a./s.m.* Jamaican.
giammai *avv.* (*lett.*) never.
Gianna *N.pr.f.* Janet.
Gianni *N.pr.m.* Jack.
Giappone *N.pr.m.* (*Geog.*) Japan.
giapponese *a./s.m.* Japanese.
giara *f.* (*recipiente*) jar.
giardinaggio *m.* gardening.
giardinetta *f.* (*Aut.*) station-wagon; estate car.
giardiniera *f.* **1** (woman) gardener. **2** (*Gastr.*) (*sottaceti misti*) pickled vegetables *pl.*
giardiniere *m.* gardener.
giardino *m.* garden. □ *~ d'***infanzia** kindergarten, nursery school; *~* **pensile** hanging garden, roof-garden; *~* **zoologico** zoo, zoological gardens *pl.*
giarrettiera *f.* suspender, (*am.*) garter. □ (*Stor.*) *Ordine della Giarrettiera* Order of the Garter.
giavellotto *m.* javelin. □ *il lancio del ~* javelin (throwing).
gibbosità *f.* hump.

gibboso *a.* gibbous, humped: *schiena gibbosa* gibbous spine.
giberna *f.* (*Mil.*) cartridge pouch (*o* box).
Gibilterra *N.pr.f.* (*Geog.*) Gibraltar.
gigante **I** *s.m.* giant (*anche estens.*). **II** *a.* (*altissimo*) gigantic, huge, colossal (*anche fig.*). ☐ (*fig.*) *fare passi da* (*o di*) ~ to make great strides.
giganteggiare *v.i.* to tower, to loom.
gigantesco *a.* gigantic (*anche fig.*).
gigione *m.* (*Teat.*) ham (actor).
gigliato *a.* lilied: *stemma* ~ lilied banner.
giglio *m.* **1** (*Bot.*) lily (*anche fig.*). **2** (*Araldica*) fleur-de-lys, lily.
gincana *f.* (*Sport*) gymkhana.
ginecologia *f.* (*Med.*) gynaecology.
ginecologo *m.* gynaecologist.
ginepraio *m.* **1** juniper thicket. **2** (*fig.*) (*situazione intricata*) labyrinth, maze.
ginestra *f.* (*Bot.*) broom.
Ginevra *N.pr.f.* (*Geog.*) Geneva.
gingillare *v.t.* to amuse, to entertain. **gingillarsi** *v.i.pron.* to toy, to fiddle; (*perdere tempo*) to idle, to hang* about, to waste time.
gingillo *m.* **1** (*ninnolo*) knick-knack, trinket, trifle. **2** (*balocco*) toy, plaything. **3** (*ciondolo*) bauble, charm.
ginnasiale **I** *a.* gymnasial, grammar school-. **II** *s.m./f.* grammar school student.
ginnasio *m.* (*GB*) grammar school, (*am.*) high school.
ginnasta *m./f.* gymnast.
ginnastica *f.* **1** gymnastics *pl.* (*costr. sing.*), physical training (*o* culture); (*esercizi collettivi*) drill, (*am.*) calisthenics *pl.* **2** (*fig.*) exercise. ☐ ~ *agli* **attrezzi** apparatus work; ~ *da* **camera** (physical) exercise; **scarpe** *da* ~ gym shoes, (*am.*) sneakers *pl.*; ~ **terapeutica** remedial gymnastics *pl.*
ginnico *a.* gymnastic: *saggio* ~ gymnastic dis play.
ginocchiera *f.* **1** (*Sport*) knee-pad; (*elastica*) knee-band. **2** (*dei cavalli*) knee-pad.
ginocchio *m.* knee. ☐ **gonna** *al* ~ knee -length skirt; **in** ~*!* down on your knees!
ginocchioni *avv.* on one's knees, kneeling (down).
giocare **I** *v.i.* **1** to play. **2** (*avere il vizio del gioco*) to gamble, to be a gambler. **3** (*in borsa*) to speculate. **4** (*giocherellare*) to play, to toy. **5** (*fig.*) (*svolgere un ruolo, avere peso*) to count, to be important, to play a part. **II** *v.t.* **1** (*rif. a partita*) to play; (*rif. a pedine e sim.*) to move. **2** (*nel gioco del lotto*) to bet* on. **3** (*rif. a denari: puntare*) to bet*, to stake: *quanto giochi?* how much are you betting? **4** (*fig.*) (*mettere a repentaglio*) to risk, to jeopardize. **5** (*ingannare*) to take* in, to outwit. **giocarsi** *v.r. apparente* **1** (*perdere al gioco*) to gamble away, to lose* (by gambling): *si è giocato una fortuna* he has gambled away a fortune. **2** (*perdere per leggerezza*) to lose*, to throw* away: *ho paura che si giocherà il posto* I'm afraid he will lose his job. **3** (*beffarsi*) to make* fun (*o* game) (*di* of): *si è giocato di noi* he made fun of us. ☐ ~ *d'***astuzia** to resort to cunning; ~ *d'***azzardo** to gamble; ~ *a* **carte** to play cards; (*fig.*) *a che* **gioco** *giochiamo?* what are you to?; ~ *a* **pallone** to play football.
giocata *f.* **1** (*partita*) game. **2** (*puntata*) stake. **3** (*nel gioco del lotto*) set of numbers.
giocatore *m.* **1** player. **2** (*giocatore d'azzardo*) gambler. ☐ ~ *di calcio* football player, footballer.
giocattolo *m.* **1** toy. **2** (*fig.*) (*rif. a persona*) plaything. ☐ *negozio di giocattoli* toyshop.
giocherellare *v.i.* to toy, to fiddle: *non* ~ *con le chiavi* don't toy with the keys.
giochetto *m.* **1** (*passatempo*) pastime. **2** (*fig.*) (*lavoro di poco impegno*) child's play.
gioco *m.* **1** game; (*il giocare in genere*) play; (*passatempo*) pastime. **2** (*gioco d'azzardo*) gambling, gamble. **3** (*partita*) game. **4** (*combinazione delle carte di un giocatore*) hand. **5** (*posta*) stake(s). **6** (*spettacolo ad effetto*) play: *giochi d'acqua* play of water. **7** (*fig.*) (*scherzo*) joke, fun. **8** (*beffa, tiro*) trick. **9** (*Mecc.*) (*spazio tra due superfici*) clearance. ☐ ~ *di* **abilità** game of skill; ~ *d'***azzardo** game of chance; ~ *in* **borsa** speculation; (*fig.*) *avere* **buon** ~ to be in a good (*o* favourable) position; (*a carte*) to have a good hand; (*fig.*) *fare il* **doppio** ~ to double-cross; ~ **enigmistico** puzzle; (*fig.*) **entrare** *in* ~ to come into play; **fare** *il* ~ *di qd.* to play s.o.'s game; *essere* **in** ~ to be at stake; **mise** *in* ~ *tutte le sue risorse* he called upon all his resources; **per** ~ for fun; ~ *di* **prestigio** conjuring.
giocoforza: *essere* ~ (*inevitabile*) to be necessary, to have to.
giocoliere *m.* juggler.
giocondo *a.* cheerful, merry.
giocoso *a.* **1** playful, jocose, jesting. **2** (*Lett.*) burlesque.
giogaia[1] *f.* mountain range.
giogaia[2] *f.* (*Zool.*) dewlap.
giogo *m.* **1** yoke (*anche fig.*). **2** (*della bilancia*) beam. **3** (*sommità di monte*) top, summit; (*valico montano*) pass, col.
gioia[1] *f.* joy, delight, gladness. ☐ **grida** *di* ~ cries of joy; *darsi alla* **pazza** ~ to let one's hair down.
gioia[2] *f.* **1** (*pietra preziosa*) jewel, gem, precious stone. **2** *pl.* jewellery, jewels *pl.*
gioielleria *f.* jeweller's (shop).
gioielliere *m.* jeweller.
gioiello *m.* jewel (*anche fig.*).
gioioso *a.* joyful, merry.
gioire *v.i.* to rejoice at s.th., to be glad (of s.th.): *gioì per il suo successo* she rejoiced at his success.
giornalaccio *m.* (*fam.*) rag.
giornalaio *m.* newsagent, news-vendor.
giornale *m.* **1** newspaper, paper; (*quotidiano*) daily (paper); (*scientifico*) journal. **2** (*sede*)

newspaper office. **3** (*diario*) diary, daily, daily record. **4** (*Comm.*) journal, daybook. □ **abbonarsi** *a un* ~ to subscribe to a newspaper; (*Mar.*) ~ *di* **bordo** (ship's) log, log-book; **cine**~ newsreel; ~ *di* **moda** fashion magazine; ~ **radio** news (bulletin).

giornaliero I *a.* daily, everyday. **II** *s.m.* day-labourer.

giornalismo *m.* **1** journalism. **2** (*la stampa*) press.

giornalista *m./f.* journalist, (*am.*) newsman (*pl.* –men); (*cronista*) reporter. □ *linguaggio dei giornalisti* journalese.

giornalistico *a.* journalistic. □ *servizio* ~ feature (article).

giornata *f.* **1** (*giorno*) day: *durante la* ~ during (*o* in the course of) the day. **2** (*giornata lavorativa*) work(ing) day; (*lavoro di un giorno*) day's work. **3** (*paga*) day's pay. □ **a** ~ daily, by the day: *lavoratore a* ~ day-labourer; *vivere* **alla** ~ to live from hand to mouth; **di** ~ (*fresco*) fresh, today's; ~ **festiva** holiday; **in** ~ today, by the end of today; *a* **mezza** ~ by the half-day; ~ *di* **riposo** free day.

giorno *m.* **1** day. **2** *pl.* (*periodo di tempo*) days *pl.*, time(s). □ **a** ~ brightly: *illuminato a* ~ floodlit; (*Arch.*, *Oreficeria*) open work(ed); *punto* **a** ~ hemstitch; **a** *giorni* (*fra pochi giorni*) in a few days (time); (*a intervalli*) sometimes; **ai** *giorni nostri* nowadays; **al** ~ a day; *l'***altro** ~ (*qualche giorno fa*) the other day; *da un* ~ *all'***altro** (*improvvisamente*) suddenly, overnight; (*imminentemente*) any day now; **buon** ~*!* good day!, good afternoon!; (*fino a mezzogiorno*) good morning!; **che** ~ *è oggi?* (*rif. al mese*) what's the date (today)?; (*rif. alla settimana*) what day (of the week) is it?; **di** ~ *in* ~ from day to day, every day; *sul* **far** *del* ~ at daybreak; ~ **feriale** weekday; working day; ~ **festivo** holiday; *per giorni* **interi** for days on end; *la* **moda** *del* ~ the current fashion; ~ *e* **notte** night and day; *al* ~ *d'***oggi** today, nowadays; *dare gli* **otto** *giorni a qd.* to give s.o. a week's notice; ~ **per** ~ day by day, each day; *tutto il* **santo** ~ all day long; *un* ~ **sì** *e uno no* every other (*o* second) day; **un** ~ (*una volta: nel futuro*) some day, one of these days; (*nel passato*) one day.

giostra *f.* **1** (*Stor.*) joust; (*torneo*) tournament, jousts *pl.* **2** (*carosello delle fiere*) merry-go-round, roundabout.

giostrare *v.i.* **1** (*Stor.*) to joust (*anche estens.*). **2** (*fig.*) (*destreggiarsi*) to manage.

giovamento *m.* benefit, advantage. □ **essere** *di* ~ to be useful; **recare** ~ to benefit.

giovane I *a.* **1** young. **2** (*giovanile*) youthful. **3** (*non stagionato*) fresh, new: *vino* ~ new wine. **4** (*di età minore*) younger, junior: *Plinio il* ~ Pliny the younger. **II** *s.m./f.* **1** young man (*f.* woman), youth (*f.* girl). **2** *pl.* (*collett.*) young people *pl.*, youth. **3** (*aiutante*) assistant, apprentice. □ *da* ~ in one's youth, when (*o* as) a young man.

giovanile *a.* juvenile; (*da giovane*) youthful, young. □ **avere** *un aspetto* ~ to look young; **delinquenza** ~ juvenile delinquency.

Giovanna *N.pr.f.* Joan, Jane.

Giovanni *N.pr.m.* John.

giovanotto *m.* **1** young man, youth. **2** (*fam.*) (*scapolo*) bachelor.

giovare I *v.i.* **1** (*essere utile*) to be useful (*o* of use), to help, to be a help (*o* of avail). **2** (*fare bene*) to do* good. **II** *v.i.impers.* to be useful (*o* of use), to do* good, to be worthwhile. **giovarsi** *v.i.pron.* to take* advantage of.

Giove *N.pr.m.* (*Astr.*) Jupiter.

giovedì *m.* Thursday.

giovenca *f.* heifer.

gioventù *f.* **1** youth. **2** (*i giovani*) youth, young people (*o* folk) *pl.*, the young (costr. pl.).

giovevole *a.* advantageous, profitable, beneficial, useful.

gioviale *a.* jovial, jolly; (*cordiale*) genial.

giovialità *f.* joviality; (*cordialità*) geniality.

giovinastro *m.* hooligan.

giovincello *m.* (*scherz.*) lad, stripling.

giovinetto I *s.m.* boy, adolescent, (*fam.*) lad. **II** *a.* young, adolescent.

giovinezza *f.* youth. □ *prima* ~ childhood.

giradischi *m.* record player.

giraffa *f.* **1** (*Zool.*) giraffe (*anche fig.*). **2** (*Cin.*) boom.

giramento *m.* (*di capo*) (fit of) dizziness: *avere un* ~ *di capo* to feel dizzy.

giramondo *m.* tramp, vagrant; (*am. fam.*) bum.

girandola *f.* **1** (*fuoco d'artificio*) Catherine-wheel. **2** (*giocattolo*) toy windmill. **3** (*banderuola*) weather-cock (*anche fig.*).

girandolone *m.* rambler, wanderer.

girare I *v.t.* **1** to turn. **2** (*percorrere, visitare viaggiando*) to tour, to travel around; (*a piedi*) to walk (*o* go*) round. **3** (*Econ.*) to endorse. **4** (*Cin.*, *TV*) to shoot*, to take*. **II** *v.i.* **1** (*rotare*) to go* (*o* turn) round; (*rapidamente*) to spin*; (*turbinare*) to whirl. **2** (*andare in giro*) to go* around; (*con veicolo*) to drive* around. **3** (*girellare*) to wander, to ramble, to stroll about: *mi piace* ~ *per le vie della città* I like to wander about the street. **4** (*circolare*) to go* around. **5** (*cambiare direzione*) to turn. **6** (*Mot.*) to run*, to be running. **7** (*venire in mente*) to come* over, to feel* like (*costr. pers.*): *se mi gira, parto domani* if I feel like I'll leave tomorrow. **girarsi** *v.r.* **1** (*voltarsi*) to turn. **2** (*rigirarsi nel letto*) to toss and turn. □ (*Mot.*) ~ *in* **folle** to idle; ~ *alla* **larga** to give a wide berth; ~ *la* **pagina** to turn the page; *fare* ~ *la* **testa** *a qd.* (*causare vertigini*) to make s.o. dizzy; (*rif. a vino e sim.*) to go to s.o.'s head: *quella ragazza fa* ~ *la testa a tutti* everybody falls for that girl; ~ *come una* **trottola** to spin like a top; (*fig.*) ~ *a*

vuoto to turn idly. ‖ (*Cin.*) *si gira!* Action!; *silenzio, si gira!* silence, Action!

girarrosto *m.* spit, roasting-jack.

girasole *m.* (*Bot.*) sunflower.

girata *f.* **1** turn(ing). **2** (*passeggiata: a piedi*) walk, stroll; (*con veicolo*) drive. **3** (*Econ.*) endorsement.

giravolta *f.* **1** (*giro su se stesso*) turn, twirl. **2** (*fig.*) (*mutamento improvviso*) shift, change. □ *fare giravolte* to twirl (*o* spin) around.

girellare *v.i.* to stroll (*o* saunter) about.

girello *m.* **1** (*cerchietto*) small ring. **2** (*per bambini*) (baby) walker. **3** (*Macelleria*) topside.

girevole *a.* turning, revolving. □ **poltrona** ~ swivel chair; **ponte** ~ swing-bridge; **porta** ~ revolving door.

girino *m.* (*Zool.*) tadpole.

giro *m.* **1** turn, twist. **2** (*movimento circolare, rotazione*) turn, rotation. **3** (*deviazione*) detour. **4** (*giro della pista*) lap. **5** (*curva*) curve, turn, bend. **6** (*itinerario, percorso abituale*) round (*general. pl.*). **7** (*viaggio*) trip; (*gita*) excursion, tour. **8** (*passeggiata: a piedi*) walk, stroll; (*in automobile*) drive; (*in bicicletta, a cavallo*) ride. **9** (*viaggio di artisti, sportivi e sim.*) tour. **10** (*periodo di tempo*) period, space, course, time. **11** (*Mot., Mecc.*) revolution. □ (*Comm.*) ~ *d'***affari** turnover; **fare** *il* ~ (*andare attorno*) to go round; (*andare da uno all'altro*) to make the rounds, to circulate: *la notizia fece il* ~ *del gruppo* the news made the rounds of the group; (*visitare*) to go round, to make a tour of, to visit; *essere* **in** ~ (*essere fuori*) to be out (*o* away); (*circolare*) to be somewhere (*o* around); *andare* **in** ~ to go about, to walk around; *mettere* **in** ~ *delle voci* to spread rumours; *fare il* ~ *del* **mondo** to go around the world; ~ *di* **parole** circumlocution; *a* ~ *di* **posta** by return of post, (*am.*) by return mail; **prendere** *in* ~ *qd.* to tease s.o.; **presa** *in* ~ joke; (*fig.*) *essere* **su** *di giri* (*di motore*) to be revved up; (*di persona*) to be in high spirits; ~ **turistico** tour, tourist trip; (*fig.*) ~ *di* **vite** tightening up, clamping down.

girocollo *m.* **1** (*lavori a maglia*) neck opening. **2** (*di abito*) neckline. □ *maglione a* ~ pullover, sweater.

giroconto *m.* (*Comm.*) giro, giro system.

giromanica *m.* armhole.

girone *m.* (*Sport*) round; heat. □ (*calcio*) ~ *di* **andata** first series of matches; ~ *di* **ritorno** second series of matches (for the national championship).

gironzolare *v.i.* to stroll (*o* saunter) about, to wander about.

girotondo *m.*: *fare il* ~ to play "ring-a-ring -o'-roses".

girovagare *v.i.* to wander, to roam about.

girovago I *a.* wandering, itinerant. **II** *s.m.* wanderer, tramp, vagrant.

gita *f.* trip, excursion: *andare in* ~ to take a trip (*o* to make an excursion).

gitante *m./f.* excursionist; (*fam.*) tripper.

gittata *f.* (*di arma da fuoco*) range.

giu. = *giugno* June (Jun.).

giù *avv.* **1** down; (*dabbasso*) down, downstairs; (*sotto*) below, underneath. **2** (*rafforzativo*) and down came, then there was; (*talvolta la traduzione è idiomatica*): *e* ~ *botte da orbi* then there was a hail of blows. **3** (*negli ordini: via*) down!, off!: ~ *le mani!* hands off!; (*Mil.*) (*a terra*) down!, take cover! □ **in** ~ (*moto*) down, downward(s); (*stato*) low; *ragazzi dai sedici anni* **in** ~ children of sixteen and under; **lì** ~ down there; ~ *di* **lì** thereabouts, round about (*anche fig.*): *avrà cinquantanni o* ~ *di lì* he must be fifty or thereabouts; *essere* ~ *di* **morale** to be depressed (*o* in low spirits).

giubba *f.* **1** (*giacca*) jacket. **2** (*Mil.*) tunic, jacket.

giubbotto *m.* sports jacket. □ ~ **antiproiettile** bulletproof vest; ~ *di* **salvataggio** life-jacket.

giubilante *a.* overjoyed, jubilant, exultant.

giubilare I *v.i.* to be jubilant. **II** *v.t.* (*mettere in pensione*) to pension off.

giubileo *m.* (*Rel.*) jubilee (*anche estens.*).

giubilo *m.* jubilation, rejoicing, exultation.

Giuda *N.pr.m.* Judas. **giuda** *m.* (*traditore*) Judas, traitor.

giudaico *a.* Judaic: *la legge giudaica* Judaic law.

giudaismo *m.* Judaism.

giudeo I *a.* **1** (*della Giudea*) Jud(a)ean. **2** (*ebreo*) Judaic. **II** *s.m.* **1** Jud(a)ean. **2** (*ebreo*) Jew.

giudicare *v.t.* **1** to judge. **2** (*Dir.*) (*esaminare*) to try, to judge; to pass judgment (on s.o.). **3** (*ritenere, reputare*) to judge, to deem, to consider. □ *a* ~ *da* judging by.

giudicato *m.* (*Dir.*) (*sentenza definitiva*) decision; (*civile*) judgement; (*penale*) sentence. □ *passare in* ~ to be beyond recall.

giudice *m.* judge (*anche fig.*). □ (*Sport*) ~ *d'***arrivo** finish line judge; ~ **conciliatore** Justice of the Peace; ~ **popolare** jury man.

giudiziario *a.* legal, judiciary, judicial. □ *ufficiale* ~ bailiff.

giudizio *m.* **1** judgement. **2** (*opinione, parere*) opinion; (*giudizio critico*) appraisal, criticism. **3** (*discernimento, ragione*) discretion, wisdom, reason; (*senno*) (common) sense. **4** (*Dir.*) (*sentenza*) judgement, sentence, decision. **5** (*Dir.*) (*processo*) trial, proceedings *pl.*, suit. **6** (*verdetto*) verdict, decision. □ **avere** ~ to be sensible; **comparire** *in* ~ to appear before a court (*o* judge); **dare** *un* ~ *su qc.* to give an (*o* one's) opinion on s.th.; **dente** *del* ~ wisdom tooth; **mettere** ~ to become sensible; *il Giudizio* **universale** the Last Judgement.

giudizioso *a.* sensible, judicious.

giugno *m.* June.

giugulare I *a.* (*Anat.*) jugular. **II** *s.f.* jugular vein.

Giulia *N.pr.f.* Julia.

Giuliano *N.pr.m.* Julian.
Giulietta *N.pr.f.* Juliet.
Giulio *N.pr.m.* Julius.
giulivo *a.* merry, cheerful, blithe.
giullare *m.* (*Stor.*) (*cantastorie*) minstrel; (*buffone di corte*) jester, buffoon.
giumenta *f.* mare.
giunca *f.* (*Mar.*) junk.
giunchiglia *f.* (*Bot.*) jonquil.
giunco *m.* (*Bot.*) rush, reed.
giungere I *v.i.* **1** (*arrivare*) to arrive (*a* at, in), to reach (s.th.), to get* (to), to get* as far as (s.th.). **2** (*estendersi*) to stretch, to spread*. **II** *v.t.* to join, to clasp. □ ~ *alla* **meta** to reach one's goal; ~ **nuovo** to be new (*o* news).
giungla *f.* jungle.
giunta[1] *f.* **1** (*aggiunta*) addition. **2** (*rif. ad abiti*) added (*o* extra) piece. □ *per* ~ (*inoltre*) in addition, into the bargain.
giunta[2] *f.* council, commission, board. □ ~ **comunale** municipal (*o* town) council; ~ **militare** military junta.
giuntare *v.t.* **1** (*unire, aggiustare*) to join, to connect. **2** (*Cin.*) to splice. **3** (*Sartoria*) to sew* together.
giunto *m.* (*Mecc.*) joint; (*accoppiamento*) coupling; (*punto di giunzione*) junction. □ ~ *cardanico* universal joint.
giuntura *f.* **1** joint, junction. **2** (*Med.*) joint; (*articolazione*) articulation. **3** (*tecn.*) joint, connection.
giunzione *f.* **1** junction, connection. **2** (*Mecc.*) joint.
giuramento *m.* oath. □ ~ **falso** perjury; **fare** *un* ~ to take an oath, to swear; ~ *di* **fedeltà** oath of allegiance; **formula** *di* ~ wording of an oath; **sotto** ~ under oath.
giurare I *v.i.* to swear*, to take* an oath. **II** *v.t.* to swear*. □ ~ *il* **falso** to commit perjury; ~ *e* **spergiurare** to swear blind; ~ **vendetta** to swear revenge.
giurato I *a.* sworn (*anche estens.*). **II** *s.m.* (*Dir.*) juror, juryman (*pl.* –men). □ *i giurati* the jury.
giureconsulto *m.* jurisconsult.
giurì *m.* (*giuria*) jury.
giuria *f.* **1** jury. **2** (*commissione giudicante*) judges *pl.* (*anche Sport*).
giuridico *a.* legal, juridical, law. □ **stato** ~ legal status; **studi** *giuridici* legal studies.
giurisdizionale *a.* jurisdictional.
giurisdizione *f.* jurisdiction.
giurisprudenza *f.* jurisprudence.
giurista *m./f.* jurist.
Giuseppe *N.pr.m.* Joseph.
Giuseppina *N.pr.f.* Josephine.
giustapporre *v.t.* to juxtapose.
giustapposizione *f.* juxtaposition.
giustezza *f.* **1** correctness, exactness. **2** (*Tip.*) justification.
giustificabile *a.* justifiable.
giustificare *v.t.* **1** to justify; to excuse: ~ *un'assenza* to excuse an absence. **2** (*Tip.*) to justify. **giustificarsi** *v.r.* **1** to justify o.s. **2** (*scusarsi*) to excuse o.s.
giustificazione *f.* **1** justification; (*scusa*) excuse. **2** (*Scol.*) parent's note.
giustizia *f.* **1** justice. **2** (*equità*) fairness, equity. **3** (*autorità*) law, authorities *pl.* □ **farsi** ~ *da sé* to take the law into one's own hands; **Palazzo** *di Giustizia* Law Courts; **per** ~ out of fairness, in justice; **rendere** ~ *a qd.* to give s.o. his due; to do justice to s.o.; **ricorrere** *alla* ~ to turn to the law.
giustiziare *v.t.* to execute, to put* to death.
giustiziere *m.* executioner; (*boia*) hangman (*pl.* –men).
giusto I *a.* **1** just; fair: *una sentenza giusta* a just sentence. **2** (*legittimo*) rightful, legitimate, lawful. **3** (*rispondente al vero*) correct. **4** (*adatto, conveniente*) right, suitable: *aspettare il momento* ~ to wait for the right moment. **5** (*preciso, esatto*) right, correct, exact: *peso* ~ exact weight. **6** (*esclam.*) (*è vero*) right, correct, true. **II** *avv.* **1** (*esattamente*) correctly, precisely, justly. **2** (*proprio, per l'appunto*) just: *cercavo* ~ *te* you're just the (*o* the very) one I was looking for. **3** (*appena*) just (about), barely. **III** *s.m.* **1** (*uomo giusto*) just (*o* righteous *o* upright) man. **2** *pl.* the just (costr. pl.). **3** (*ciò che è giusto*) (what is) right. **4** (*ciò che è dovuto*) one's due. □ *giusta* **causa** just cause; **essere** *nel* ~ to be (in the) right; *per* **essere** *giusti* to tell the truth; **siamo** *giusti!* let's be fair!
glabro *a.* **1** (*lett.*) hairless. **2** (*Scient.*) glabrous.
glaciale *a.* **1** glacial (*anche Geol.*). **2** (*freddissimo*) icy, glacial. **3** (*fig.*) icy, glacial, cold.
glaciazione *f.* (*Geol.*) glaciation.
gladiatore *m.* (*Stor.*) gladiator.
gladiolo *m.* (*Bot.*) gladiolus.
glassa *f.* (*Gastr.*) icing, frosting, glazing.
glassare *v.t.* (*Gastr.*) to frost, to ice, to glaze.
glaucoma *m.* (*Med.*) glaucoma.
gleba *f.* (*lett.*) (*zolla di terra*) clod; glebe. □ *servo della* ~ serf.
gli *art.* → **i**.
glicemia *f.* (*Med.*) glyc(a)emia.
glicerina *f.* glicerin(e).
globale *a.* overall, comprehensive, all-inclusive, global. □ **importo** ~ total, total sum; **metodo** ~ global method.
globo *m.* globe, sphere, ball. □ *il* ~ **oculare** eyeball; *il* ~ **terrestre** the terrestrial globe.
globulo *m.* globule; (*Med.*) corpuscle: *globuli bianchi* white corpuscles; *globuli rossi* red corpuscles.
gloria[1] *f.* glory; honour, renown; (*vanto*) pride. □ **Dio** *l'abbia in* ~ God rest his soul; **lavorare** *per la* ~ to be paid little or nothing for one's work.
gloria[2] *m.* (*Rel.*) Gloria.
gloriarsi *v.i.pron.* to glory (*di* in), to be proud (of); (*vantarsi*) to boast (of).
glorificare *v.t.* to exalt, to honour, to glorify.
glorificazione *f.* glorification.

glorioso *a.* **1** glorious, illustrious: *una spedizione gloriosa* a glorious expedition; *stirpe gloriosa* illustrious descent. **2** (*Teol.*) glorified.
glossa *f.* (*spiegazione*) gloss; (*annotazione*) annotation, note.
glossario *m.* glossary.
glottide *f.* (*Anat.*) glottis.
glottologia *f.* glottology.
glottologo *m.* glottologist.
glucide *m.* (*Chim.*) glucide.
glucosio *m.* glucose.
gluteo *m.* (*Anat.*) gluteus (muscle).
GMT = *tempo medio di Greenwich* Greenwich Mean Time.
gnocchi *m.pl.* (*Gastr.*) gnocchi *pl.*; dumplings.
gnomo *m.* gnome, goblin.
gnorri *m./f.* *fare lo* ~ (*fingere di non sapere*) to feign ignorance; (*fingere di non capire*) to act dumb.
gobba *f.* **1** hump; (*rif. a essere umani*) hunchback, humpback. **2** (*protuberanza*) bump, lump, swelling. **3** (*irregolarità del terreno*) bump, mound.
gobbo I *a.* **1** hunchbacked, humpbacked. **2** (*con le spalle curve*) round-shouldered, hunched up. **II** *s.m.* hunchback, humpback. □ *camminare* ~ to walk with a stoop.
goccia *f.* **1** drop (*anche estens.*); (*goccia che stilla*) drip. **2** (*ornamento di lampadari, orecchini*) pendant, drop. □ **a** ~ drop-, pendant: *orecchino a* ~ drop-earring; *una* ~ *d'***acqua** a drop of water; *assomigliarsi come due gocce d'***acqua** to be alike as two peas in a pod; *una* ~ *di* **rugiada** a dewdrop.
goccio *m.* drop, (*fam.*) spot. □ *bere un* ~ **di** *caffè* to drink a little coffee; *un* ~ **di** *whisky* a tot of whisky.
gocciolare *v.t./i.* to drip; (*rif. a naso*) to run*.
gocciolina *f.* droplet.
gocciolio *m.* dripping, trickling.
godere I *v.i.* **1** to be delighted (*di* at, by, with), to delight (in), to be glad, to rejoice (at, over): *godeva dei successi dell'amico* he was delighted at his friend's success. **2** (*possedere, avere*) to enjoy (s.th.), to benefit (from s.th.). **II** *v.t.* **1** (*gustare*) to enjoy, to delight in, to take* pleasure in. **2** (*possedere*) to enjoy, to benefit from: ~ *buona salute* to enjoy good health. **godersi** *v.r. apparente* to enjoy: *godersi uno spettacolo* to enjoy a show. □ *godersela* to have a good time, to enjoy o.s.; *godersi la vita* to enjoy (*o* get the most out of) life.
godereccio *a.* pleasure-loving.
godet *m.*: *gonna* ~ flared skirt.
godibile *a.* enjoyable.
godimento *m.* **1** enjoyment, pleasure, delight. **2** (*Dir.*) enjoyment, possession.
goffaggine *f.* **1** (*l'essere goffo*) awkwardness, clumsiness. **2** (*atto goffo*) blunder; (*parole goffe*) awkward remark.
goffo *a.* (*impacciato*) awkward, clumsy.
gogna *f.* pillory. □ (*fig.*) *mettere qd. alla* ~ (*schernirlo*) to pillory s.o.
gola *f.* **1** throat. **2** (*golosità*) gluttony, greed, greediness. **3** (*fumaiolo*) stack; (*di camino*) flue. **4** (*valle stretta e profonda*) gorge. □ *col boccone in* ~ having only just eaten; **fare** ~ to tempt, to make one's mouth water (*anche fig.*); **mal** *di* ~ sore throat; *avere un* **nodo** *in* ~ to have a lump in one's throat.
goletta *f.* (*Mar.*) schooner.
golf[1] *m.* (*gioco*) golf.
golf[2] *m.* (*giacca di lana*) (*con bottoni*) cardigan; (*maglione*) sweater.
golfo *m.* (*Geog.*) gulf.
goliardia *f.* **1** (*spirito goliardico*) university spirit. **2** (*i goliardi*) university students *pl.*
goliardico *a.* student-, student's, university.
golosità *f.* **1** greediness; gluttony. **2** (*leccornia*) titbit, dainty.
goloso I *a.* greedy; gluttonous. **II** *s.m.* glutton, gourmand. □ *sono* ~ *di dolci* I have a sweet tooth.
gomena *f.* (*Mar.*) cable, hawser.
gomitata *f.* **1** dig with the elbow. **2** (*urto al gomito*) bump (on one's elbow). □ **dare** *una* ~ *per attirare l'attenzione di qd.* to nudge s.o.; (*fig.*) **farsi** *avanti a forza di gomitate* to elbow one's way ahead.
gomito *m.* **1** elbow (*anche estens.*). **2** (*curva*) sharp bend. **3** (*Mecc.*) crank. □ ~ **a** ~ side by side; (*fig.*) **alzare** *il* ~ to tipple.
gomitolo *m.* ball.
gomma *f.* **1** rubber. **2** (*colla*) gum. **3** (*gomma per cancellare*) rubber, (*am.*) eraser. **4** (*pneumatico*) tyre; (*am.*) tire. □ **articoli** *di* ~ rubber articles; ~ *da* **masticare** chewing-gum; (*Aut.*) ~ *a* **terra** flat tyre, (*fam.*) flat.
gommapiuma *f.* foam rubber.
gommare *v.t.* **1** (*coprire di gomma*) to rubberize. **2** (*coprire di colla*) to gum.
gommista *m.* tyre repairer; (*chi vende*) tyre dealer.
gommone *m.* (*canotto*) rubber dinghy.
gommoso *a.* gummy, rubbery.
gondola *f.* gondola.
gondoliere *m.* gondolier.
gonfalone *m.* **1** (*Stor.*) gonfalon. **2** (*per le processioni*) banner, standard.
gonfiare *v.t.* **1** to inflate, to blow* up; (*con la pompa*) to pump up. **2** (*dilatare*) to swell* (up), to puff (out). **3** (*fig.*) (*esagerare*) to exaggerate, to magnify. **4** (*reclamizzare troppo*) to boost. **gonfiarsi** *v.i.pron.* **1** to swell* (up, out). **2** (*rif. a fiumi e sim.*) to rise*, to swell*.
gonfiatura *f.* **1** (*atto*) swelling (up), blowing up (*o* out); (*effetto*) inflation; (*con la pompa*) pumping up. **2** (*fig.*) (*montatura, esagerazione*) exaggeration, puffing up.
gonfiezza *f.* **1** swelling. **2** (*fig.*) (*ampollosità*) pomposity, bombast.
gonfio *a.* **1** swollen, inflated; (*gonfiato con la pompa*) pumped up. **2** (*rif. allo stomaco*) full, bloated. **3** (*fig.*) (*tronfio*) full of o.s.,

puffed up, conceited. **4** (*fig.*) (*ampolloso*) bombastic. □ ~ *di boria* swollen with pride.
gonfiore *m.* swelling. □ ~ *degli occhi* puffiness.
gong *m.* gong.
gongolante *a.* overjoyed, rejoicing.
gongolare *v.i.* to rejoice, to be overjoyed.
gonna *f.* skirt. □ ~ *a* **campana** bell-shaped skirt; ~ **pantalone** culottes *pl.*
gonnella *f.* **1** (*gonna*) skirt. **2** (*fig.*) (*donna*) woman, (*fam.*) skirt. □ *correre dietro alle gonnelle* to be a skirt chaser.
gonnellino *m.* short skirt. □ ~ *scozzese* kilt.
gonzo I *a.* foolish, silly. **II** *s.m.* simpleton, fool.
gora[1] *f.* **1** (*canale di mulino*) millrace; (*riserva d'acqua*) millpond. **2** (*acqua stagnante*) marsh, swamp.
gora[2] *f.* (*alone di una macchia*) mark, ring.
gorgheggiare I *v.i.* **1** to trill. **2** (*estens.*) (*rif. a uccelli*) to warble. **II** *v.t.* to trill.
gorgheggio *m.* **1** trill, trilling. **2** (*rif. a uccelli*) warbling.
gorgiera *f.* (*Stor.*) ruff.
gorgo *m.* whirlpool, vortex.
gorgogliare *v.i.* **1** to gurgle; (*rif. a liquido che bolle*) to bubble. **2** (*rif. agli intestini*) to rumble.
gorgoglio *m.* **1** gurgling, bubbling. **2** (*rif. agli intestini*) rumbling.
gorilla *m.* **1** (*Zool.*) gorilla (*anche fig.*). **2** (*guardia del corpo*) bodyguard.
gota *f.* (*lett.*) (*guancia*) cheek.
gotico *a./s.m.* Gothic.
gotta *f.* (*Med.*) gout.
gottazza *f.* (*Mar.*) bailing scoop.
governante I *s.m.* ruler, governer. **II** *s.f.* **1** housekeeper. **2** (*di bambini*) nurse. □ *i governanti* the men in power.
governare *v.t.* **1** to govern, to rule. **2** (*rif. ad animali*) to tend; (*rif. a cavalli*) to groom; (*dare da mangiare*) to feed*. **3** (*pilotare, guidare*) to steer. **4** (*fig.*) (*dominare*) to rule, to dominate. **governarsi** *v.r.* to govern o.s., to rule o.s.
governativo *a.* government-, governmental.
governatorato *m.* (*carica*) governorship; (*territorio*) governorate.
governatore *m.* governor (*anche estens.*).
governo *m.* **1** government; (*l'insieme dei ministri*) government, cabinet: *formare un nuovo* ~ to form a new government (*o* cabinet). **2** (*direzione*) management, running. **3** (*rif. ad animali*) tending, feeding; (*rif. a cavalli*) grooming. **4** (*guida, pilotaggio*) steering. □ **andare** *al* ~ to come to power; ~ **bipartito** two-party government; ~ *della* **casa** housekeeping; **costituire** *il* ~ to form the government; ~ **fantoccio** puppet government; ~ *di* **maggioranza** majority rule; *il* **partito** *al* ~ the party in office.
gozzo *m.* **1** (*Zool.*) crop. **2** (*Med.*) goitre; (*am.*) goiter. □ (*fam.*) *mi sta sul* ~ I cannot swallow it.
gozzoviglia *f.* carousel, spree, revelry.
gozzovigliare *v.i.* to revel, to carouse, to go* on a spree.
gracchiare, **gracidare** *v.i.* to croak (*anche fig.*).
gracile *a.* **1** (*delicato*) delicate, frail. **2** (*sottile, magro*) thin, slender.
gracilità *f.* **1** slenderness, frailness, frailty. **2** (*rif. a cosa*) thinness, slenderness.
gradasso *m.* braggart, boaster. □ *fare il* ~ to brag, to boast.
gradatamente *avv.* gradually, by degrees.
gradazione *f.* **1** gradation; scale; (*sfumatura*) shade. **2** (*gradazione alcolica*) strength, alcoholic content.
gradevole *a.* pleasant, agreeable, nice.
gradimento *m.* **1** pleasure, satisfaction, liking. **2** (*burocr.*) (*accettazione, approvazione*) approval. □ **essere** (*o riuscire*) *di* ~ to be to s.o.'s liking; **indice** *di* ~ popularity rating.
gradinata *f.* **1** (*Arch.*) steps *pl.*, flight of steps. **2** (*ordine di posti*) tier of seats; (*am.*) bleachers *pl.* **3** (*nello stadio*) terrace, stand. **4** (*in teatro*) gallery, balcony.
gradino *m.* **1** step (*anche fig.*). **2** (*Alpinismo*) foothold, step. **3** (*di scala a pioli*) rung. □ *attenti al* ~ mind the step.
gradire *v.t.* **1** to appreciate, to enjoy, to like. **2** (*accettare*) to accept. **3** (*desiderare*) to like: *gradirei un bicchiere d'acqua* I should like a glass of water. □ **per** ~ only (*o* just) to oblige; (*nelle lettere*) **voglia** ~ *i miei più cordiali saluti* please accept my best greetings.
gradito *a.* **1** appreciated, welcome. **2** (*piacevole, gradevole*) pleasant, agreeable. □ (*nelle lettere*) *la Vostra gradita del 20 luglio* your kind letter of July 20th.
grado[1] *m.* **1** degree; (*livello*) level. **2** (*posto di una gerarchia, rango*) rank (*anche Mil.*). **3** (*Mat., Fis.*) degree: *un angolo di 45 gradi* a 45 degree angle; *20 gradi sotto zero* 20 degrees below zero. □ **a** *gradi* (step) by step, gradually: *procedere a gradi* to proceed by steps; (*Gramm.*) ~ *dell'***aggettivo** degree of an adjective; **avanzamento** *di* ~ promotion; **avanzare** *di* ~ to be promoted; *essere* **in** ~ to be in a position; *al* **massimo** ~ to the highest degree; ~ *di* **maturazione** stage of maturity (*o* ripening); **mettere** *in* ~ to enable; (*Mil.*) **perdere** *i gradi* to be demoted, to lose one's rank.
grado[2]: *di buon* ~ (*volentieri*) willingly, gladly.
graduale *a.* gradual.
gradualità *f.* gradualness; graduality.
graduare *v.t.* **1** to grade; to graduate, to scale, to dose. **2** (*uno strumento*) to graduate, to index.
graduato I *a.* (*progressivo*) **1** graded: *esercizi graduati secondo le difficoltà* exercises graded according to difficulty. **2** (*provvisto dei segni dei gradi*) graduated: *termometro* ~ graduated thermometer. **II** *s.m.* (*Mil.*)

non-commissioned officer, N.C.O.

graduatoria *f.* (*ordine*) place (*o* classification) list: *entrare in* ~ to enter the classification list; (*elenco*) list: *essere il primo in* ~ to be first on the list.

graduazione *f.* graduation, scale.

graffa *f.* **1** (*Edil.*) cramp. **2** (*Tip.*) brace.

graffetta *f.* staple, clip.

graffiare *v.t.* **1** to scratch. **2** (*fig.*) (*pungere con parole*) to lash out at. **graffiarsi** *v.r.* to scratch o.s.

graffiatura, **graffio** *m.* scratch.

graffito *m.* graffito (*pl.* graffiti).

grafia *f.* **1** spelling. **2** (*calligrafia, scrittura*) writing, handwriting.

grafica *f.* **1** graphics. **2** (*arte grafica*) graphic arts *pl.* ▭ ~ *computerizzata* computer graphics.

grafico I *a.* graphic. **II** *s.m.* **1** (*diagramma*) graph. **2** (*stampatore*) printer. **3** (*creativo*) graphic designer.

grafite *f.* (*Min.*) graphite.

grafologia *f.* graphology.

grafologo *m.* graphologist.

grafomania *f.* graphomania.

gragnola *f.* hail, shower (*anche fig.*).

gramaglie *f.pl.* (*lett.*) mourning (dress); (*di vedova*) weeds *pl.*

gramigna *f.* **1** (*Bot.*) couch grass. **2** (*estens.*) (*erba cattiva*) weed (*anche fig.*). ▭ *crescere come la* ~ to spread like wild fire.

grammatica *f.* **1** grammar. **2** (*libro*) grammar (book).

grammaticale *a.* grammatical-, grammar-.

grammo *m.* gram(me).

grammofono *m.* gramophone.

gramo *a.* **1** (*lett.*) (*misero*) wretched, miserable. **2** (*triste*) sad: *vita grama* sad life; sorry existence.

grana[1] **I** *s.f.* grain: *di* ~ *grossa* coarse-grained. **II** *s.m.* (*Alim.*) Parmesan (cheese).

grana[2] *f.* (*fam.*) (*seccatura*) trouble. ▭ *piantare una* ~ to make (*o* stir up) trouble.

grana[3] *f.* (*gerg.*) (*denaro*) dough. ▭ *essere pieno di* ~ to be rolling in money.

granaglie *f.pl.* cereals, corn (*sing.*), grain (*sing.*): *commerciante in* ~ corn dealer.

granaio *m.* **1** barn, granary. **2** (*fig.*) granary.

granata[1] *f.* (*scopa di saggina*) broom.

granata[2] *f.* hand-grenade; (*proiettile di artiglieria*) shell.

granatiere *m.* **1** (*Mil.*) grenadier. **2** (*fig.*) giant.

Gran Bretagna *N.pr.f.* (*Geog.*) Great Britain.

grancassa *f.* (*Mus.*) bass drum. ▭ (*fig.*) *battere la* ~ to beat the drum.

granchio *m.* **1** (*Zool.*) crab. **2** (*fig.*) (*errore grossolano*) mistake, blunder: *prendere un* ~ to make a blunder.

grande I *a.* **1** great; (*anche fig.*): *è un* ~ *artista* he's a great artist; *sei stato* ~*: ti ammiro* you were great, I really admire you. **2** (*grosso*) big (*anche fig.*); (*elevato*) high (*anche estens.*); (*ampio*) large; (*largo*) wide, broad; (*rif. a statura*) tall: *un* ~ *errore* a big mistake; *ha una* ~ *esperienza* he has a wide (*o* broad) experience; *correre grandi rischi* to take execptionally high risks; *una* ~ *casa* a large house; *come ti sei fatto* ~ how tall you have grown! **3** (*grandioso, maestoso*) grand; (*di nobili sentimenti*) great; *in* ~ *stile* in grand style; *sei una gran donna* you are a great woman. **4** (*nei nomi geografici e di regnanti*) Great: *i Grandi Laghi* the Great Lakes; *Federico il Grande* Frederick the Great. **5** (*rafforzativo*) great, real; heavy; (*davanti ad aggettivo*) very, really: *è un gran parlatore* he is a great talker; *è un gran bevitore* he is a heavy drinker; *una gran bella casa* a very (*o* really) beautiful house. **II** *s.m.* **1** (*adulto*) grown-up: *quando sarai* ~ *lavorerai con me* when you are grown up you'll work with me. **2** (*persona illustre*) big man, (*fam.*) big; *pl.* the great: *è uno dei grandi del teatro* he's one of the theatre's greats. ▭ (*Stor.*) *la Grande* **Armata** the Grand Army; *il* **Canal** *Grande* the Grand Canal; (*fam.*) *un gran* **che**: 1 (*poco pregevole*) nothing special: *questo vino non è un gran che* this wine is nothing special; 2 (*molto*) much, very much: *non mi intendo un gran che di musica* I don't know much about music; **in** ~ on a large scale; *i* **Quattro** *Grandi* the Big Four.

grandeggiare *v.i.* **1** (*sovrastare*) to tower (*su* above, over). **2** (*fig.*) to stand* out (above, among), to tower (above). **3** (*darsi arie da gran signore*) to put* on airs, to show* off.

grandezza *f.* **1** (*l'essere grande*) greatness, bigness. **2** (*estensione*) extent, range. **3** (*mole*) bulk. **4** (*larghezza*) width; (*ampiezza*) breadth. **5** (*profondità*) depth. **6** (*altezza*) height. **7** (*dimensione, misura*) size. **8** (*taglia: misura*) size; (*formato*) size, format. **9** (*fig.*) greatness. **10** (*Mat., Fis.*) quantity. ▭ ~ *d'***animo** greatness of soul; ~ **naturale** life -size.

grandinare I *v.i.impers.* to hail. **II** *v.i.* to hail (down), to shower (down).

grandinata *f.* **1** hailstorm. **2** (*fig.*) hail, shower.

grandine *f.* hail. ▭ *chicco di* ~ hailstone.

grandiosità *f.* **1** grandeur, grandiosity, magnificence, greatness. **2** (*ostentazione di ricchezza*) ostentation of wealth, lavishness.

grandioso *a.* **1** grandiose, grand, majestic. **2** (*fig.*) grandiose, grand. **3** (*rif. a persona*) lavish.

granduca *m.* grand duke.

granducale *a.* grand-ducal.

granducato *m.* (*territorio*) Grand Duchy.

granduchessa *f.* grand duchess.

granello *m.* grain, speck. ▭ ~ *di* **pepe** pepper corn; ~ *di* **polvere** a speck of dust (*anche fig.*).

graniglia *f.* grit.

granita *f.* granita.

granitico *a.* granitic (*anche fig.*).

granito *m.* (*Min.*) granite.
grano *m.* **1** (*Bot.*) wheat. **2** *pl.* (*cereali*) grain (*sing.*), corn (*sing.*). **3** (*chicco di grano*) grain, kernel. **4** (*unità di misura*) grain → **Appendice**. □ *campo di* ~ corn field.
granturco *m.* (*Bot.*) maize, Indian corn, (*am.*) corn.
granulare *a.* **1** granular. **2** (*Farm.*) granulated.
granulo *m.* **1** (*granello*) granule. **2** (*Farm.*) pellet.
granuloso *a.* granular, granulous.
grappa[1] *f.* (*Edil.*) cramp.
grappa[2] *f.* (*liquore*) eau-de-vie, grappa.
grappolo *m.* bunch, cluster: *a grappoli* in bunches.
graspo *m.* (*Bot.*) grape stalk.
grassaggio *m.* (*Mecc.*) greasing.
grassetto *m.* (*Tip.*) boldface (type).
grassezza *f.* **1** fatness, plumpness. **2** (*Agr.*) abundance.
grasso I *a.* **1** fat. **2** (*che contiene grasso*) fatty: *carne grassa* fatty meat. **3** (*ricco di grassi*) rich: *formaggio* ~ rich cheese. **4** (*unto, untuoso*) greasy, oily: *capelli grassi* greasy hair. **5** (*fig.*) (*ricco, abbondante*) abundant, rich, prosperous. **6** (*fig.*) (*licenzioso*) licentious, coarse. **II** *s.m.* **1** fat, grease: ~ *di maiale* pork fat. **2** (*sostanza untuosa*) grease: *una macchia di* ~ a grease stain. **3** *pl.* (*Chim.*) fat. □ **pianta** *grassa* succulent plant, cactus; **settimana** *grassa* Shrovetide.
grassoccio *a.* plump.
grassone *m.* fat person, (*fam.*) fatty.
grata *f.* grating, grille, lattice: *una finestra con* ~ a lattice window.
gratella *f.* (*Cucina*) grill, gridiron. □ *carne in* ~ grilled meat.
graticciata *f.* trellis-work, lattice work.
graticcio *m.* **1** hurdle, trellis. **2** (*stuoia*) rush matting.
graticola *f.* grill. □ *cuocere sulla* ~ to grill.
gratifica *f.* bonus; (*estens.*) gratuity.
gratificare *v.t.* **1** to gratify. **2** (*dare la gratifica*) to give* a bonus (to)
gratin *fr.* [gra'tɛ] *m.* gratin. □ *al* ~ au gratin.
gratinare *v.t.* (*Gastr.*) to gratinate.
gratis I *a.* free, gratis. **II** *avv.* for nothing, without pay. □ *ingresso* ~ free admission.
gratitudine *f.* gratitude, gratefulness.
grato *a.* **1** (*riconoscente*) grateful, thankful, obliged: *ti sono molto* ~ I am most grateful. **2** (*gradito*) welcome. □ *vi saremmo grati se...* we would appreciate if you...
grattacapo *m.* worry, trouble, problem, (*fam.*) headache.
grattacielo *m.* skyscraper.
grattare I *v.t.* **1** to scratch. **2** (*grattugiare*) to grate. **3** (*fig., pop.*) (*rubare*) to pinch. **II** *v.i.* **1** (*fam.*) (*stridere*) to be scratchy. **2** (*Aut., Mecc.*) to clash, to grate. **grattarsi** *v.r.* to scratch o.s.; (*contro qc.*) to rub o.s.
grattata *f.* scratching, scratch.
grattugia *f.* grater. □ ~ *mille usi* box grater.
grattugiare *v.t.* to grate. □ *pane grattugiato* bread crumbs *pl.*
gratuità *f.* gratuitousness (*anche fig.*).
gratuito *a.* **1** free (of charge), at no cost; (*raro*) gratuitous: *campioni gratuiti* free samples. **2** (*fig.*) (*infondato*) unfounded, gratuitous, groundless: *le tue insinuazioni sono gratuite* your insinuations are groundless. □ (*Econ.*) *emissione di azioni gratuite* bonus issue.
gravame *m.* **1** (*peso*) burden, weight. **2** (*Econ.*) encumbrance, imposition; (*imposta*) tax; (*ipoteca*) mortgage. **3** (*Dir.*) appeal.
gravare I *v.t.* **1** to burden, to weigh down, to load. **2** (*fig.*) to burden. **3** (*Econ.*) to impose (a tax) on, to tax. **II** *v.i.* **1** (*fare peso*) to weigh upon, to rest on. **2** (*fig.*) to fall* on, to lie* (heavily) on, to be burdened with. □ ~ *di* **imposte** to tax; ~ *d'***ipoteca** to mortgage.
grave *a.* **1** (*pesante*) heavy, weighty: *una responsabilità* ~ a heavy responsibility. **2** (*importante*) heavy, serious; (*difficile*) hard: ~ *compito* hard task. **3** (*severo*) severe, stern: *uno sguardo* ~ a stern look. **4** (*rif. a malattia*) serious, dangerous: *una malattia* ~ a serious (*o* dangerous) illness. **5** (*Fis.*) heavy. **6** (*Mus.*) low(-pitched), grave, deep: *suono* ~ low-pitched sound. **II** *s.m.* (*Fis.*) mass, body: *la caduta dei gravi* the fall of bodies.
gravemente *avv.* **1** (*seriamente*) seriously: *essere* ~ *ammalato* to be seriously ill. **2** (*solennemente*) gravely, solemnly.
gravidanza *f.* pregnancy. □ *essere al terzo mese di* ~ to be three months pregnant.
gravido *a.* **1** pregnant. **2** (*fig.*) pregnant, laden (with), full (of).
gravità *f.* **1** gravity, seriousness. **2** (*solennità, austerità*) solemnity, austerity. **3** (*severità*) severity, sterness, harshness. **4** (*Fis.*) gravity.
gravitare *v.i.* (*Fis.*) to gravitate (*anche fig.*).
gravitazione *f.* (*Fis.*) gravitation.
gravosità *f.* onerousness, heaviness.
gravoso *a.* **1** heavy, hard, onerous, oppressive. **2** (*faticoso, difficile*) hard, difficult, exhausting.
grazia *f.* **1** grace, gracefulness, charm. **2** mercy; pardon: *concedere la* ~ to grant pardon; *domandare la* ~ to beg for mercy. **3** (*miracolo*) miracle, grace. **4** (*Teol.*) (state of) grace. □ (*fam.*) **buona** ~ (*cortesia*) courtesy, good manners *pl.*; **colpo** *di* ~ coup de grâce, finishing stroke (*anche fig.*); **di** ~ (*per favore*) kindly, please; *essere fuori dalla* ~ *di* **Dio** to be beside o.s.; **essere** *nelle grazie di qd.* to be in s.o.'s favour; *grazie* **infinite**! = **tante** *grazie!*; **mala** ~ bad grace; **rendere** *grazie a Dio* to thank (*o* give thanks to) God; **tante** *grazie!* many thanks!, thanks a lot!
Grazia *N.pr.f.* Grace.
graziare *v.t.* (*Dir.*) to pardon.
grazie I *intz.* **1** thanks, thank you: *eccoti il denaro* – ~*!* here is the money – thanks!; (*accettando un invito*) yes, please; (*rifiutando*

un invito) no, thanks. **2** (*iron.*) (*certo*) no wonder, naturally. **II** *s.m.* thanks. □ ~ **a** thanks to: ~ *a lui* (*a lei*) thanks to him (her); ~ **a** *Dio* thank God; **dire** ~ to thank.

grazioso *a.* **1** graceful, charming, delightful. **2** (*piacevole*) nice, pleasant, agreeable. **3** (*rif. a sovrani, a principi*) gracious.

Grecia *N.pr.f.* (*Geog.*) Greece.

greco *a./s.m.* Greek.

gregario I *s.m.* **1** (*Mil.*) private (soldier). **2** (*fig.*) follower. **3** (*Sport*) team-mate. **II** *a.* gregarious, herd-: *istinto* ~ herd instinct.

gregge *m.* **1** flock, herd. **2** (*fig.*) (*moltitudine*) crowd. **3** (*fig.*) (*rif. a fedeli*) flock.

greggio I *a.* **1** (*non lavorato*) raw. **2** (*fig.*) (*rozzo, grossolano*) coarse, crude. **II** *s.m.* **1** (*Industria*) raw (*o* crude) product. **2** (*petrolio greggio*) crude (oil).

grembiule *m.* apron; (*con pettorina*) pinafore; (*da bambino*) smock.

grembiulino *m.* pinafore.

grembo *m.* **1** lap. **2** (*ventre*) womb. **3** (*fig.*) bosom. □ *portare in* ~ *un bambino* to be with child.

gremire *v.t.* to fill up, to crowd (*o* pack) into. **gremirsi** *v.i.pron.* to become* crowded with. □ *uno stadio gremito di folla* a stadium packed with people.

greppia *f.* (*rastrelliera*) (hay) rack; (*mangiatoia*) manger, crib.

greto *m.* shingle, pebbly shore.

grettezza *f.* **1** meanness, stinginess, miserliness. **2** (*fig.*) pettiness, narrow-mindedness.

gretto *a.* **1** (*avaro*) mean, stingy. **2** (*fig.*) (*meschino*) narrow, narrow-minded.

greve *a.* (*pesante*) heavy.

grezzo → **greggio**.

gridare I *v.i.* to shout, to cry (out), to yell; (*strillare*) to scream. **II** *v.t.* **1** to shout, to yell, to bawl, to call out. **2** (*invocare*) to call (*o* shout) for. □ ~ *a* **squarciagola** to shout at the top of one's voice; ~ **vendetta** to cry out for vengeance; ~ *qc. ai quattro* **venti** to shout s.th. from the rooftops; ~ **vittoria** to exult.

grido *m.* **1** shout, cry, yell: *emettere un* ~ to give (*o* let out) a yell, to utter a cry; (*strillo*) scream. **2** (*fig.*) (*invocazione*) cry, lament. **3** (*rif. ad animali*) cry, call; (*strillo*) scream. □ ~ *d'***aiuto** cry for help; ~ *d'***allarme** alarm; **di** ~ (*famoso, noto*) famous, well-known; ~ *di* **dolore** cry of pain; ~ *di* **guerra** war-cry; *l'***ultimo** ~ (*della moda*) the latest thing (*o* fashion).

grifagno *a.* **1** predatory, rapacious. **2** (*fig.*) (*minaccioso*) fierce, threatening. □ *naso* ~ hawk-like nose.

grifone *m.* **1** (*Zool.*) griffon. **2** (*Mitol., Araldica*) griffin, griffon, gryphon.

grigiastro *a.* greyish, dirty grey.

grigio I *a.* **1** grey, gray. **2** (*rif. a persona: brizzolato*) grey, grey-haired, grizzled. **3** (*fig.*) (*monotono, scialbo*) dull, drab, dreary. **II** *s.m.* grey, gray.

grigiore *m.* **1** greyness, grayness. **2** (*fig.*) dullness.

grigioverde I *a.* grey-green. **II** *s.m.* **1** grey-green. **2** (*stoffa*) grey-green cloth. **3** (*estens.*) (*divisa*) uniform.

griglia *f.* **1** grating, grid, grill(e). **2** (*per sabbia e sim.*) riddle, screen, sieve. **3** (*per arrostire*) grill, grid, gridiron, (*am.*) broiler. **4** (*grata del focolare*) grate. **5** (*Rad.*) grid. □ (*Gastr.*) *alla* ~ grilled.

grilletto *m.* trigger.

grillo *m.* **1** (*Zool.*) cricket. **2** (*fig.*) (*capriccio, ghiribizzo*) whim, fancy. □ ~ *talpa* mole cricket.

grimaldello *m.* picklock.

grinfia *f.* **1** (*pop.*) claw. **2** (*fig.*) clutch.

grinta *f.* **1** sulky (*o* sullen *o* grim) expression. **2** (*fig.*) gumption; determination. □ *un tennista con molta* ~ a tennis player with plenty of guts.

grinza *f.* **1** (*ruga*) wrinkle. **2** (*rif. ad abiti*) crease, pucker. □ *non fare una* ~ (*rif. ad abito*) to fit perfectly; (*fig.*) to be perfect; (*di ragionamento*) flawless.

grinzoso *a.* **1** wrinkled. **2** (*spiegazzato*) creased, puckered, crumpled.

grippare *v.i.* **gripparsi** *v.i.pron.* (*Mecc.*) to seize.

grisou *fr.* [gri'zu] *m.* (*in miniera*) firedamp.

grissino *m.* thin (*o* crisp) breadstick.

groenlandese I *a.* Greenland. **II** *s.m./f.* Greenlander.

Groenlandia *N.pr.f.* (*Geog.*) Greenland.

gromma *f.* **1** tartar. **2** (*nei condotti d'acqua*) scale. **3** (*nelle pipe*) sediment.

gronda *f.* **1** eave, eaves *pl.* **2** (*estens.*) overhang.

grondaia *f.* gutter.

grondante *a.* dripping, oozing.

grondare I *v.i.* **1** (*colare*) to pour; (*stillare*) to drip. **2** (*essere bagnato fradicio*) to be dripping (*o* soaking) wet. **II** *v.t.* (*stillare*) to drip (with).

groppa *f.* **1** back, rump. **2** (*fam.*) (*schiena*) back, shoulders *pl.* □ *balzare in* ~ *a un cavallo* to jump on a horse's back.

groppo *m.* knot, tangle. □ *avere un* ~ *alla gola* to have a lump in one's throat.

groppone *m.* (*scherz.*) shoulders *pl.*, back.

grossa *f.* (*Comm.*) (*dodici dozzine*) gross. □ *dormire della* ~ to sleep like a log.

grossezza *f.* largeness, bigness; (*altezza*) highness; (*volume*) size; (*diametro*) width; (*spessore*) thickness; (*rif. a filo e sim.*) thickness.

grossista *m./f.* wholesaler.

grosso I *a.* **1** big; large: *una grossa città* a large (*o* big) city; *un uomo* ~ a big (*o* portly) man. **2** (*spesso*) thick: *un* ~ *muro* a thick wall; *un* ~ *bastone* a thick stick; *labbra grosse* thick lips. **3** (*importante*) big, great: *un* ~ *complesso industriale* a big industrial plant. **4** (*grossolano*) coarse: *panno* ~ coarse cloth; *sale* ~ coarse salt; *ghiaia grossa* coarse gravel. **5** (*grave*) big, serious:

un ~ *errore* a big mistake; *un* ~ *guaio* a serious matter. **6** (*rif. ad acque*) (*agitato*) rough; (*in piena*) in flood: *mare* ~ rough sea; *il fiume è* ~ the river is in flood. **II** *s.m.* (*la maggior parte*) main body; (*massa*) bulk: *il* ~ *dell'esercito* the main body of the army. ▭ (*fam.*) **dirle** *grosse* to tell tall stories; **farla** *grossa* to make a fine mess; *avere il* **fiato** ~ to be out of breath; ~ **modo** roughly; **pezzo** ~ big shot; **qualcosa** *di* ~ s.th. serious; **questa** *è grossa* that's a tall one; **sbagliarsi** *di* ~ to be quiet wrong.

grossolanità *f.* (*rif. a persone*) coarseness, rudeness; (*rif. a cose*) roughness, coarseness.

grossolano *a.* **1** rough, coarse, crude: *un lavoro* ~ rough job; (*dozzinale, scadente*) shoddy, cheap: *panno* ~ shoddy cloth. **2** (*fig.*) coarse, rude, vulgar.

grotta *f.* cave; (*spec. artificiale*) grotto.

grottesco *a.* grotesque.

groviglio *m.* **1** tangle. **2** (*fig.*) muddle, confusion.

gru *f.* (*Zool., Mecc.*) crane.

gruccia *f.* **1** crutch. **2** (*per abiti*) coat-hanger. ▭ *camminare con le grucce* to walk on crutches.

grufolare *v.i.* **1** to root, to grub. **2** (*fig.*) to gobble.

grugnire *v.i.* to grunt (*anche fig.*).

grugnito *m.* grunt (*anche fig.*).

grugno *m.* **1** (*muso del maiale*) snout. **2** (*estens., spreg.*) (ugly) face, (*fam.*) (ugly) mug. ▭ *rompere il* ~ *a qd.* to smash s.o.'s face (in).

grullo I *a.* silly, foolish. **II** *s.m.* fool, (*fam.*) silly ass, (*fam.*) dope.

gruma *f.* encrustation; (*delle botti*) tartar.

grumo *m.* **1** clot. **2** (*estens.*) lump.

grumoso *a.* lumpy; (*di sangue*) clotted.

gruppo *m.* **1** group, knot; (*di alberi*) cluster, clump. **2** (*comitiva*) group, company, party. **3** (*Econ.*) (trust) group, syndicate, trust. **4** (*Mecc.*) group unit. **5** (*Biol., Chim., Mat.*) group. ▭ **a** *gruppi* in groups; **di** ~ team-, group-: *lavoro di* ~ team (*o* group) work; ~ **elettrogeno** generating set, generator; ~ *di* **lavoro** team, working group; (*Med.*) ~ **sanguigno** blood group; ~ **sportivo** sports team.

gruviera *m./f.* (*Alim.*) Gruyère (cheese).

gruzzolo *m.* **1** (*mucchietto di monete*) hoard. **2** (*risparmi*) savings *pl.*, (*fam.*) nest-egg.

guadagnare I *v.t.* **1** to earn. **2** (*ottenere*) to earn, to win*, to gain (*anche fig.*): ~ *una medaglia* to win a medal. **3** (*trarre vantaggio*) to gain, to get*: *che cosa ci guadagno in questo affare?* what do I get out of this deal? **4** (*raggiungere*) to reach, to gain, to get* to: ~ *la porta* to reach (*o* get to) the door. **II** *v.i.* (*avere un aspetto migliore*) to look better: *con la nuova pettinatura ci guadagna* with her new hairstyle she looks (much) better. ▭ *guadagnarsi il* **pane** to make one's living; **tanto** *di guadagnato* all (*o* so much) the better; ~ **terreno** (*Mil.*) to gain ground; (*Sport*) to gain.

guadagno *m.* **1** gain, earnings *pl.*, profit (*anche Comm.*). **2** (*vantaggio*) advantage, benefit. **3** (*iron.*) reward. ▭ ~ **lordo** gross profit; **margine** *di* ~ profit margin.

guadare *v.t.* to ford.

guado *m.* ford.

guai *intz.* woe betide, Heaven help.

guaina *f.* **1** (*fodero*) sheath. **2** (*busto*) corset, girdle. **3** (*orlo in cui si passa un cordoncino*) slot (for cord ribbon). **4** (*Bot., Anat.*) sheath.

guaio *m.* **1** trouble, misfortune, problem, difficulty, (*fam.*) fix: *essere in un mare di guai* to be in trouble; to be in a fix. **2** (*danno*) damage; (*rif. a bambini*) mischief. **3** (*inconveniente*) trouble, snag: *andare in cerca di guai* to go looking for trouble. ▭ **cacciarsi** *nei guai* to get into trouble; **che** ~ *hai combinato?* what have you been up to?

guaire *v.i.* to yelp, to whine.

guaito *m.* yelp, whine.

gualdrappa *f.* caparison.

guancia *f.* cheek. ▭ ~ *a* ~ cheek to cheek.

guanciale *m.* pillow; (*cuscino*) cushion. ▭ *dormire tra due guanciali* to have no worries.

guano *m.* guano.

guanto *m.* glove. ▭ **calzare** *come un* ~ (*aderire perfettamente*) to fit like a glove; (*adattarsi perfettamente*) to suit perfectly; (*fig.*) **gettare** *il* ~ to throw down the gauntlet; (*fig.*) *ladro in guanti* **gialli** gentleman-thief; (*fig.*) **trattare** *qd. con i guanti* to treat s.o. with kid gloves.

guantone *m.* (*per il pugilato*) boxing glove; (*per la scherma*) gauntlet.

guardaboschi *m.* forester.

guardacaccia *m.* gamekeeper.

guardacoste *m.* **1** (*corpo militare, soldato*) coastguard. **2** (*nave*) coastguard cutter.

guardalinee *m.* **1** (*Ferr.*) (*operaio*) track -walker. **2** (*Sport*) linesman (*pl.* –men).

guardamacchine *m.* parking lot attendant.

guardare I *v.t.* **1** to look (*qc.* at s.th.); (*fissamente*) to gaze (*qc.* at s.th.); (*con gli occhi sbarrati*) to stare (*qc.* at s.th.): ~ *un quadro* to look at a picture; *non sprecare tempo a* ~ *fuori dalla finestra* don't waste time gazing out of the window; *incredulo ci guardò con gli occhi sbarrati* he stared at us in disbelief. **2** (*stare a vedere*) to watch: ~ *la televisione* to watch television. **3** (*di sfuggita*) to glance (*qc.* at, through s.th.); (*furtivamente*) to peep (*qc.* at s.th.): *prima di uscire guardò di sfuggita l'orologio* before going out he glanced at his watch; ~ *dal buco della serratura* to peep through the keyhole. **4** (*sorvegliare, custodire*) to look after, to take* care of, to watch over: *puoi guardarmi i bambini?* can you watch over my children? **5** (*esaminare*) to examine, to look over (*o* through): *devo* ~ *questi documenti prima di decidere* I must look through these papers before making up my mind. **II** *v.i.* **1** to look: *guarda bene* *prima di parcheggiare* look carefully before parking. **2** (*affacciarsi*) to look out: *la finestra guarda sul lago* the window looks out on the lake. **3** (*essere orientato*) to face: *la nostra camera da letto guarda a nord* our bed-room faces north. **4** (*fare attenzione*) to take* care, to mind: *guarda di non cadere* mind not to fall. **5** (*cercare*) to try: *guarda di venire presto* try to come early. **guardarsi I** *v.r.* **1** to look at o.s.: *guardarsi allo specchio* to look at o.s. in the mirror. **2** (*fare attenzione, evitare*) to mind, to beware (*da* of); to refrain: *guardati dalle cattive compagnie* beware of bad company. **II** *v.r.recipr.* to look at e.o. □ ~ *qd. dall'***alto** *in basso* to look down on s.o.; ~ *a* **bocca** *aperta* to gaze at; ~ *in* **faccia** *qd.* to look s.o. straight in the face; *guardarsi* **intorno** to look around; ~ **male** to glare at; (*fam.*) to look daggers at; ~ *di buon* **occhio** *qd.* to look favourably on s.o.; ~ *con la coda dell'***occhio** to look out of the corner of one's eye; ~ *per il* **sottile** to split hairs; **stare** *a* ~ (*lo sviluppo degli eventi*) to sit on the fence.

guardaroba *m./f.* (*armadio, insieme di abiti*) wardrobe; (*locale*) cloakroom, (*am.*) coat-room.

guardarobiera *f.* **1** (*di casa privata, albergo ecc.*) linen maid. **2** (*di locale pubblico*) cloakroom attendant.

guardarobiere *m.* (*nei locali pubblici*) cloakroom attendant.

guardata *f.* look, glance.

guardia *f.* **1** (*custodia, vigilanza*) guard, watch: *essere di* ~ to be on guard. **2** (*complesso di soldati*) guard, watch; (*complesso di custodi*) keepers *pl.*, watchmen *pl.*; (*negli ospedali*) personnel on duty. **3** (*soldato di sentinella*) sentry, guard. **4** (*guardia di pubblica sicurezza*) policeman (*pl.* –men), police officer, (*am.*) patrolman (*pl.* –men). **5** (*Sport*) guard. **6** (*di fiume*) safety high-water mark. **7** (*Legatoria*) flyleaf. **8** (*parte dell'elsa*) guard. □ *fare* **buona** ~ to keep a sharp watch (*o* look-out); *dare il* **cambio** *alla* ~ to relieve the guard; (*Stor.*) ~ **civica** municipal police; **di** ~ on duty; **fare** *la* ~ to guard, to (keep) watch over; ~ *di* **finanza** (*corpo*) Customs (Service); (*un singolo*) customs (*o* excise) officer; ~ **forestale** State forester; ~ **giurata** (sworn) patrolman (*pl.* –men); **in** ~*!* (*Sport*) on guard!; (*fig.*) look out!, be careful!; (*fig.*) *mettere qd.* **in** ~ *contro qc.* to warn s.o. about s.th.; ~ **medica** first-aid station; ~ **notturna** nightwatchman (*pl.* –men); **servizio** *di* ~ guard duty.

guardiamarina *m.* (*Mar., mil.*) midshipman (*pl.* –men); (*am.*) ensign.

guardiano *m.* **1** keeper, watchman (*pl.* –men); (*di stabilimento o villa*) caretaker; (*carceriere*) warder. **2** (*Rel.*) guardian. □ ~ *notturno* nightwatchman (*pl.* –men).

guardina *f.* lock-up. □ *essere in* ~ to be in jail.

guardingo *a.* cautious, wary, prudent.

guardiola *f.* **1** porter's lodge. **2** (*nelle fortificazioni medievali*) look-out tower.

guaribile *a.* curable, healable. □ *il ferito è* ~ *in dieci giorni* the wounded man will take ten days to recover.

guarigione *f.* **1** recovery; cure: *il dottore non può garantire la* ~ the doctor cannot guarantee a cure. **2** (*di ferita*) healing.

guarire I *v.t.* **1** to cure, to heal, to restore to health: ~ *qd. da una polmonite* to cure s.o. of pneumonia. **2** (*fig.*) to cure. **II** *v.i.* **1** (*rif. a malato*) to recover, to be cured (*o* healed); (*rif. a ferita*) to heal (up). **2** (*fig.*) to be cured of.

guaritore *m.* healer; (*con poteri soprannaturali*) faith-healer.

guarnigione *f.* garrison.

guarnire *v.t.* **1** (*ornare*) to decorate, to ornament, to (be)deck. **2** (*rif. ad abiti e sim.*) to trim, to furbish. **3** (*Gastr.*) to garnish. **4** (*Mil.*) to garrison.

guarnizione *f.* **1** trimming, decoration. **2** (*Gastr.*) garnish. **3** (*tecn.*) gasket, packing. □ ~ *di* **gomma** rubber ring; ~ *di* **rubinetto** washer.

guastafeste *m./f.* spoil-sport; (*fam.*) wet blanket.

guastare I *v.t.* **1** to spoil* (*anche fig.*); to ruin (*anche fig.*); to mar (*anche fig.*). **2** (*rif. a meccanismi*) to break*, to damage: ~ *un orologio* to break a watch. **3** (*rif. a commestibili: fare andare a male*) to spoil*, to make* (s.th.) go bad. **II** *v.i.* to do* harm, to hurt* (*anche scherz.*). **guastarsi** *v.i.pron.* **1** (*rif. a meccanismi*) to break* (down): *si è guastato il mio orologio* my watch is broken. **2** (*rif. a commestibili*) to spoil*, to go* bad. **3** (*fig.*) (*rompere il buon accordo*) to fall* out, to quarrel. **4** (*rif. al tempo*) to change for the worse. □ *guastarsi l'***appetito** to spoil one's appetite; *guastarsi la* **salute** to ruin one's health.

guastatore *m.* (*Mil.*) sapper.

guasto[1] *a.* **1** (*rif. a meccanismi*) broken (down), out of order, not working, damaged. **2** (*rif. a cibi*) bad, rotten. **3** (*rif. a denti*) decayed.

guasto[2] *m.* **1** (*Mecc.*) fault, breakdown, failure: *riparare un* ~ to repair a fault; *localizzare un* ~ to trace a fault. **2** (*danno*) damage. **3** (*Inform.*) fault; trouble. □ (*Inform.*) ~ *macchina* machine failure.

Guatemala *N.pr.f.* (*Geog.*) Guatemala.

guazza *f.* heavy dew.

guazzabuglio *m.* **1** mixture, concoction. **2** (*fig.*) jumble, hotchpotch, (*fam.*) mix-up.

guazzare *v.i.* to wallow, to splash about, to flounder.

guazzo *m.* **1** (*gran bagnato per terra*) pool, puddle. **2** (*Pitt.*) gouache.

guelfo *a./s.m.* (*Stor.*) Guelph.

Guendalina *N.pr.f.* Gwendolen, Gwendolyn.

guercio I *a.* **1** (*strabico*) squinting, cross-eyed.

2 (*cieco da un occhio*) blind in one eye. **II** *s.m.* **1** (*persona strabica*) squinter. **2** (*persona cieca da un occhio*) person who is blind in one eye.

guerra *f.* **1** war; (*il guerreggiare*) warfare: ~ *chimica* chemical warfare. **2** (*fig.*) (*ostilità*) feud, strife, discord. ▭ (*Stor.*) ~ *dei cento* **anni** Hundred Years' War; **entrare** *in* ~ to come into the war; **essere** *in* ~ to be at war; **fare** ~ to wage war; **fare** *la* ~ (*parteciparvi*) to fight in the war; ~ **fredda** cold war; ~ **mondiale** world war.

guerrafondaio *m.* warmonger.

guerreggiare *v.i.* to wage war (*con* on, against); to fight* (against).

guerresco *a.* (*di guerra*) war-; (*bellicoso*) warlike.

guerriero I *s.m.* warrior. **II** *a.* warlike, bellicose: *un popolo* ~ a warlike people.

guerriglia *f.* guer(r)illa (warfare).

guerrigliero *m.* guer(r)illa.

gufo *m.* (*Zool.*) owl.

guglia *f.* **1** (*Arch.*) spire; (*di campanile*) steeple. **2** (*Geol.*) aiguille; pinnacle.

gugliata *f.* needleful of thread.

Guglielmo *N.pr.m.* William.

guida *f.* **1** leader. **2** (*guida turistica, alpina*) guide. **3** (*fig.*) guide. **4** (*libro*) guide(-book). **5** (*comando*) leadership, direction; (*direzione*) management, direction, conduct. **6** (*il guidare veicoli*) driving, drive; (*pilota*) driver. **7** (*Aut.*) (*comandi*) controls *pl.*; (*sterzo*) steering. **8** (*tappeto*) stair-carpet, runner. **9** (*scanalatura*) runners *pl.*, side. ▭ (*Aut.*) ~ *a* **destra** right-hand drive; (*Aut.*) **esame** *di* ~ driving-test; (*Aut.*) **essere** *alla* ~ to be at the wheel, to be driving; **scuola** *di* ~ driving school; ~ **telefonica** telephone directory.

guidare I *v.t.* **1** to guide, to lead* ~ *un esercito* to lead an army. **2** (*fig.*) to guide, to lead*, to show* the way. **3** (*dirigere*) to manage, to run*, to direct. **4** (*condurre*: *rif. a veicoli*) to drive*: ~ *l'automobile* to drive a car; (*rif. a moto*) to ride*; (*rif. ad aerei*) to fly*, to pilot; (*rif. a navi*) to steer, to pilot. **II** *v.i.* (*guidare l'automobile*) to drive*.

guidatore *m.* driver.

Guido *N.pr.m.* Guy.

guidoslitta *f.* bob-sleigh, bob-sled.

guinzaglio *m.* leash, lead, walking harness. ▭ (*fig. spreg.*) *tenere* **al** ~ *qd.* to keep a tight rein on s.o.; *tenere il cane* **al** ~ to keep the dog on the lead.

guisa *f.*: *in* (o *a*) ~ *di* like, in the manner of.

guitto *m.* **1** strolling player. **2** (*spreg.*) ham.

guizzante *a.* flashing, darting.

guizzare *v.i.* **1** (*rif. a pesci*) to dart; (*rif. a serpenti*) to wriggle, to slither. **2** (*rif. a lampi*) to flash, to flicker. **3** (*rif. a fiamme*) to flicker, to quiver. **4** (*rif. a persone*) to jump, to leap*, to spring.

guizzo *m.* **1** (*rif. a pesci*) dart; (*rif. a serpenti*) wriggle, slither. **2** (*rif. a lampi*) flash, flicker. **3** (*rif. a fiamme*) flicker, quiver. **4** (*rif. a persone*) jump, leap, spring.

guscio *m.* **1** shell; (*di legumi*) pod; (*di cereali*) husk. **2** (*tecn*) shell, housing. ▭ (*fig.*) **chiudersi** *nel proprio* ~ to retire into one's shell; ~ *di* **noce** nutshell; (*fig.*) (*barchetta*) punt; ~ *d'***uovo** eggshell.

gustare *v.t.* **1** (*assaggiare*) to taste. **2** (*trovare buono*) to enjoy, to relish, to savour. **3** (*fig.*) (*godere*) to enjoy, to appreciate: ~ *la musica* to appreciate music.

gustativo *a.* taste-, gustatory, gustative: *papille gustative* taste buds.

gusto *m.* **1** taste (*anche estens.*): *piacevole al* ~ agreable to the taste; *un appartamento arredato con* ~ a flat furnished with taste. **2** (*aroma*) flavour: ~ *di lampone* raspberry flavour. **3** (*piacere*) liking, enjoyment; pleasure: *trovare* ~ *in qc.* to take pleasure in s.th. ▭ **averci** ~ to be delighted (*o* glad); (*iron.*) **bel** ~! what do you see in it?; *di* **buon** ~ in very good taste; **di** ~ (*di cuore*) heartily: *ridere di* ~ to laugh heartily; (*volentieri*) willingly, gladly; **prenderci** ~ to take (a liking) to, to acquire a taste for; **senza** ~ tastelessly, in bad taste.

gustoso *a.* **1** tasty, savoury. **2** (*fig.*) (*divertente*) amusing, delightful, charming.

gutturale *a.* guttural (*anche Fonetica*).

H

h[1], **H**[1] *f./m.* (*lettera dell'alfabeto*) h, H. ▭ (*Tel.*) ~ *come Hotel* H for Harry; (*am.*) H for How.
h[2] = *ora* hour.
H[2] = (*Chim.*) *idrogeno* hydrogen.
ha = *ettaro* hectare.
habitat *lat. m.* habitat.
habitus *lat. m.* **1** (*Biol.*) habit. **2** (*comportamento*) behaviour.
hamburger *ingl.* ['hæmbə:gə*] *m.* (*Gastr.*) hamburger.
handicap *ingl.* ['hændikæp] *m.* handicap.
handicappare *v.t.* (*Equitazione*) to handicap (*anche fig.*).
handicappato *s.m./a.* handicapped. ▭ *gli handicappati* the disabled; the handicapped.
hangar *fr.* ['angar] *m.* (*aviorimessa*) hangar.
harakiri *m.* harakiri: *fare* ~ to commit harakiri.
harem *m.* harem.
hashish [ha'ʃi:ʃ] *m.* hashish.
hawaiano *a./s.m.* Hawaiian.
Hawaii *N.pr.f.pl.* (*Geog.*) Hawaii.
He = (*Chim.*) *elio* helium.
henna, **henné** *fr. f.* henna.
herpes *lat. m.* (*Med.*) herpes.
hertz *ted.* ['hɛrts] *m.* (*Fis.*) hertz.
hertziano *a.* hertzian: *onda hertziana* hertzian wave.
Hf = (*Chim.*) *afnio* hafnium.
HF = (*Rad., TV*) *alta frequenza* high frequency.
hg = *ettogrammo* hectogram(me).
Hg = (*Chim.*) *mercurio* mercury.
hi-fi = *alta fedeltà* High Fidelity.
hinterland *ted.* ['hintəlænd] *m.* (*Pol.*) (*retroterra*) hinterland, interior.
hl = *ettolitro* hectolitre.
hm = *ettometro* hectometre.
Ho = (*Chim.*) *olmio* holmium.
hockey ['hɔki] *m.* (*Sport*) hockey.
hollywoodiano *a.* Hollywood-.
hop là *intz.* ups-a-daisy.
hostess *ingl.* ['həustis] *f.* hostess.
hotel *fr.m.* hotel.
HP., **hp.** = *cavallo vapore* Horse Power.
humus *lat. m.* **1** (*Agr.*) humus, organic soil. **2** (*fig.*) fertile ground.
hurrà, **hurrah** *intz.* hurrah.
Hz = *hertz* hertz.

I

i,[1] **I** [1] *f./m.* (*lettera dell'alfabeto*) i, I. ☐ (*Tel.*) ~ *come Imola* I for Isaac; (*am.*) I for Item.
i[2] *a.det.m.pl.* **1** the (*si usa per determinare i sostantivi*): ~ *mesi che ho passato in Inghilterra* the months I spent in England; (*per sostantivare un aggettivo*): ~ *poveri* the poor; (*davanti ai nomi geografici al pl.*): ~ *Paesi Bassi* the Netherlands. **2** (*viene omesso: con i sostantivi usati in senso generale*): ~ *gufi sono uccelli notturni* owls are nocturnal birds; (*davanti agli aggettivi poss.*): ~ *nostri commenti sono questi* these are our remarks; (*davanti ai nomi indicanti parti del corpo al pl.*): *quella ragazza ha* ~ *piedi piccolissimi* that girl has very small feet. **3** (*con i nomi indicanti parentela, parti del corpo e parti del vestiario, si traduce con l'aggettivo poss.*): ~ *nostri genitori ci dissero di toglierci le scarpe* our parents said that we had to take our shoes off. **4** (*con valore partitivo*) some, any: *va' a comperare* ~ *biscotti* go and buy some biscuits.
I[2] = (*Chim.*) *iodio* iodine.
iarda *f.* (*unità di misura*) yard → **Appendice**.
iberico *a.* Iberian: *penisola iberica* Iberian Peninsula.
ibernare *v.i.* to hibernate.
ibernazione *f.* hibernation.
ibridare *v.t.* (*Biol.*) to hybridize.
ibrido *a./s.m.* (*Biol.*) hybrid (*anche fig.*).
IC = (*Ferr.*) *Inter-city* Intercity.
ICE = *Istituto Nazionale per il Commercio Estero* Institute for the Promotion of Foreign Trade.
icona *f.* (*Arte*) icon.
iconoclasta **I** *s.m.* (*Stor.*) iconoclast. **II** *a.* (*fig.*) iconoclastic.
iconografia *f.* **1** iconography. **2** (*estens.*) pictures.
iconografico *a.* iconographic(al); (*estens.*) picture.
ictus *m.* (*in tutti i signif.*) ictus. ☐ ~ *cerebrale* apoplexy.
Iddio *N.pr.m.* God. ☐ *benedetto* ~*!* good heavens!, good Lord!
idea *f.* **1** idea: *farsi un'* ~ *di qc.* to get an idea of s.th. **2** (*opinione*) mind, opinion, view(s): *siamo tutti della tua stessa* ~ we are all of the same mind. **3** (*prospettiva*) idea, prospect, thought: *l'*~ *di rivederlo mi fece piacere* I was pleased at the thought of seeing him again. **4** (*ideale*) ideal. **5** (*Filos.*) idea. ☐ **accarezzare** *un'*~ to toy with an idea; **associazione** *d'idee* association of ideas; **avere** ~ to have an idea: *non ho idea di ciò che farò stasera* I have no idea what I shall do this evening; **cambiare** ~ to change one's mind; **dare** *l'*~ (*sembrare*) to seem, to give the impression; (*somigliare*) to seem (to be), to look like; ~ **fissa** fixation; *avere una* **mezza** ~ *di fare qc.* to have half a mind to do s.th.; *non avere la* **minima** ~ *di qc.* to have no idea of s.th.; *neanche* **per** ~ I wouldn't dream of it, no way.
ideale *a./s.m.* ideal.
idealismo *m.* idealism (*anche Filos.*).
idealista *s.m./f.* idealist (*anche Filos.*).
idealistico *a.* idealistic (*anche Filos.*).
idealizzare *v.t.* to idealize.
idealizzazione *f.* idealization.
idealmente *avv.* **1** metaphorically; in idea; in thought. **2** (*in teoria*) theoretically.
ideare *v.t.* **1** to think* out (*o* up), to conceive: ~ *uno scherzo* to think up a joke. **2** (*inventare*) to invent, to devise. **3** (*progettare*) to plan.
ideatore *m.* inventor.
identico *a.* identical, the same.
identificare *v.t.* to identify. **identificarsi** *v.r.* to identify o.s.
identificazione *f.* identification.
identità *f.* identity: *carta d'*~ identity card.
ideologia *f.* ideology.
ideologico *a.* ideological.
ideologo *m.* ideologist (*anche estens.*).
idilliaco, idillico *a.* (*Lett., fig.*) idyllic.
idillio *m.* **1** idyll. **2** (*fig.*) romance.
idioma *m.* (*lett.*) language, idiom.
idiomatico *a.* idiomatic. ☐ *espressione idiomatica* idiom.
idiosincrasia *f.* **1** (*Med.*) allergy; hypersensitivity; (*raro*) idiosyncrasy. **2** (*estens.*) dislike (of); aversion (to).
idiota **I** *s.m./f.* idiot (*anche Med.*). **II** *a.* idiotic, foolish, stupid.
idiozia *f.* **1** idiocy (*anche Med.*). **2** (*discorso stupido*) nonsense: *non dire idiozie* don't talk nonsense.

idolatra **I** *s.m./f.* idolater. **II** *a.* idolatrous.
idolatria *f* idolatry.
idolo *m.* idol.
idoneità *f.* **1** fitness; (*l'essere adatto*) suitability, fitness. **2** (*burocr.*) fitness, ability.
idoneo ' fit; (*qualificato*) qualified. **2** (*adatto* . n able, fit. □ *non* ~ *al lavoro* unfit for work.
idrante *m.* **1** hydrant. **2** (*autobotte*) fire engine.
idratante *a.* **1** (*Chim.*) hydrating. **2** (*Cosmetica*) moisturizing: *crema* ~ moisturizing cream.
idratare *v.t.* to hydrate.
idratazione *f.* hydration.
idraulico **I** *a.* hydraulic. **II** *s.m.* (*operaio*) plumber.
idrico *a.* water-, hydric. □ *impianto* ~ water supply.
idrocarburo *m.* (*Chim.*) hydrocarbon.
idroelettrico *a.* hydro-electric.
idrofilo *a.* **1** (*tecn.*) hydrophyle. **2** (*Bot.*) hydrophilous. □ *cotone* ~ cotton wool.
idrofobia *f.* **1** (*Med.*) hydrophobia. **2** (*rabbia*) rabies.
idrofobo *a.* **1** (*Med.*) hydrophobic. **2** (*affetto da rabbia*) rabid. **3** (*fig.*) (*rif. a persona: furioso*) furious, raging.
idrogeno *m.* (*Chim.*) hydrogen.
idrografico *a.* hydrographic.
idrometro *m.* hydrometer.
idropisia *f.* (*Med.*) hydrops, dropsy.
idroplano *m.* hydroplane; (*aliscafo*) hydrofoil (boat).
idrorepellente *a.* water-repellent.
idroscalo *m.* seaplane base (*o* station).
idrosolubile *a.* water-soluble.
idrossido *m.* (*Chim.*) hydroxyde.
idrostatica *f.* (*Fis.*) hydrostatics *pl.* (costr. sing.).
idrostatico *a.* hydrostatic. □ *spinta idrostatica* buoyancy.
idroterapia *f.* (*Med.*) hydrotherapy.
idrovolante *m.* (*Aer.*) seaplane.
idrovora *f.* water-scooping machine.
iella *f.* (*sfortuna*) bad luck.
iena *f.* (*Zool.*) hy(a)ena (*anche fig.*).
ieratico *a.* **1** (*lett.*) (*sacerdotale*) hieratic(al). **2** (*estens.*) solemn, stately.
ieri *avv.* yesterday. □ ~ (*o ier*) *l'***altro** the day before yesterday; **da** ~ since yesterday; **da** ~ *a oggi* in the last twenty-four hours, overnight; **di** ~ yesterday's: *il giornale di* ~ yesterday's paper; ~ **mattina** yesterday morning; ~ **notte** last night.
iettatore *m.* jinx.
iettatura *f.* **1** evil eye. **2** (*sfortuna*) bad (*o* ill) luck, jinx.
igiene *f.* hygiene. □ ~ **alimentare** food hygiene; ~ **pubblica** public health.
igienico *a.* **1** (*che riguarda l'igiene*) hygienic, sanitary, health-: *impianto* ~ sanitary facilities. **2** (*estens.*) (*sano*) healthy.
iglò, **iglù** *m.* igloo.
ignaro *a.* ignorant, unaware. □ ~ *di tutto* knowing nothing, (*fam.*) (completely) in the dark.
ignavo **I** *a.* (*lett.*) indolent, slothful. **II** *s.m.* indolent (*o* slothful) person.
ignifugo *a.* fireproof.
ignobile *a.* ignoble, base, mean.
ignominia *f.* ignominy, disgrace, shame.
ignominioso *a.* ignominious, shameful, disgraceful.
ignorante **I** *a.* (*che non sa*) ignorant (*di* of), knowing nothing (about); (*incolto*) uneducated, unlearned. **II** *s.m.* **1** ignorant person, ignoramus. **2** (*fam.*) churl.
ignoranza *f.* **1** (*mancanza di conoscenza*) ignorance, lack of knowledge. **2** (*mancanza di istruzione*) ignorance, illiteracy. □ (*scherz.*) **beata** ~*!* ignorance is bliss!; ~ **crassa** crass ignorance.
ignorare *v.t.* **1** not to know*. **2** (*trascurare, non considerare*) to ignore, to overlook.
ignoto **I** *a.* (*sconosciuto*) unknown: *autore* ~ unknown author. **II** *s.m.* **1** unknown. **2** (*persona sconosciuta*) unknown person. □ *denuncia contro ignoti* accusation against persons unknown.
igrometro *m.* (*Meteor.*) hygrometer.
iguana *f.* (*Zool.*) iguana.
ih *intz.* (*stupore*) oh, ah; (*disgusto*) ugh; (*stizza, noia*) oh.
il *art.det.m.sing.* **1** the (*si usa per determinare un sostantivo*): ~ *ragazzo che ho incontrato* the boy I met; (*per sostantivare un aggettivo*): ~ *bello* the beautiful; (*davanti ai sup.*): ~ *meglio che tu possa trovare* the best you can find; (*con i nomi di fiumi, oceani, catene di montagne, ecc.*): ~ *Tamigi* the Thames; ~ *Pacifico* the Pacific; (*davanti ad alcuni sostantivi*): ~ *Re* the King; ~ *teatro* the theatre; ~ *mondo* the world. **2** (*viene omesso: con i sostantivi usati in senso generale*): ~ *tempo è denaro* time is money; (*davanti agli inf. usati come sostantivi*): ~ *viaggiare è interessante* to travel is interesting; (*davanti agli aggettivi poss.*): ~ *mio cappello* my hat; (*davanti ai nomi geografici al sing.*): ~ *Canada* Canada; ~ *Lago Maggiore* Lake Maggiore; (*davanti ai titoli*): ~ *dott. Smith* Doctor Smith; (*davanti al nome di una lingua*): *studiamo* ~ *tedesco* we study German; (*davanti ai nomi dei mesi, delle stagioni, giorni festivi, pasti*): ~ *giorno di Natale cade in dicembre* Christmas day falls in December; (*davanti ai nomi propri*): *come dice* ~ *Manzoni...* as Manzoni states... **3** (*con i nomi indicanti parentela, parti del corpo e parti del vestiario, si traduce con l'aggettivo poss.*): ~ *babbo mi disse che dovevo togliermi* ~ *cappello* my father said that I had to take off my hat. **4** (*a volte si traduce con l'art. indef.*) a, an: *ho preso il raffreddore, dammi il fazzoletto* I have caught a cold, give me a handkerchief; *ha* ~ *naso grosso* he has a large nose. **5** (*con valore partitivo*)

some, any: *va' a comperare* ~ *pane* go and buy some bread. **6** (*con valore distributivo*): a, an: *a che prezzo? – a 10 scellini* ~ *chilo* – at what price? – ten shillings a pound. ▭ ~ **famoso** *dottor Johnson* the famous Dr. Johnson; *ho cenato con J. Gielgud. –* ~ **famoso**? I dined with J. Gielgud. – The Gielgud?; ~ *mese* **scorso** last month; *l'***ultimo** *mese che passai a Roma* the last month I spent in Rome.

ilare *a.* cheerful.

ilarità *f.* cheerfulness, mirth.

ileo *m.* (*Anat.*) **1** (*osso*) ilium. **2** (*parte dell'intestino*) ileum.

iliaco *a.* (*Anat.*) iliac.

ilio *m.* (*Anat.*) ilium.

ill. = *illustrazione, illustrato* illustration, illustrated.

illanguidire *v.t./i.* to weaken.

illazione *f.* inference, illation.

illecito I *a.* illicit, unlawful (*anche Dir.*). **II** *s.m.* (*Dir.*) offence. ▭ *relazione illecita* liaison.

illegale *a.* illegal, unlawful.

illegalità *f.* illegality.

illeggibile *a.* illegible.

illegittimità *f.* illegitimacy.

illegittimo *a.* illegitimate: *figlio* ~ illegitimate child.

illeso *a.* unhurt, uninjured.

illibatezza *f.* **1** (*integrità, purezza*) integrity, purity. **2** (*rif. a donna*) virginity, purity.

illibato *a.* **1** (*integro, puro*) pure, blameless, uncorrupted. **2** (*rif. a donna: vergine*) virgin, pure.

illimitato *a.* unlimited, boundless.

illividire *v.t.* **1** to make* livid. **2** (*farsi livido*) to become* livid; (*di contusioni*) to turn black and blue.

illogicità *f.* illogicality.

illogico *a.* illogical.

illudere *v.t.* **1** (*ingannare*) to deceive, (*fam.*) to fool. **2** (*fare sperare*) to beguile. **illudersi** *v.i.pron.* (*sperare invano*) to hope (against hope), to be under the illusion.

illuminare *v.t.* **1** to illuminate, to light* (*anche fig.*). **2** (*con riflettori*) to floodlight*, to illuminate. **3** (*rischiarare*) to light* up. **4** (*fig.*) to enlighten. **illuminarsi** *v.i.pron.* **1** to light* up, to be lit up. **2** (*diventare radioso*) to light* up, to brighten (up). ▭ *illuminarsi di* **gioia** to light up with joy; ~ *a* **giorno** to floodlight.

illuminato *a.* **1** illuminated, lit; (*rischiarato*) lit up. **2** (*fig.*) enlightened.

illuminazione *f.* **1** lighting. **2** (*luminaria*) illuminations *pl.* **3** (*fig.*) (*intuizione*) illumination. ▭ ~ **diurna** daylight; ~ **indiretta** indirect lighting; ~ *al* **neon** neon lighting; ~ **notturna** night lighting.

illuminismo *m.* (*Stor.*) Enlightenment.

illusione *f.* illusion. ▭ *farsi delle illusioni* to delude o.s.

illusionismo *m.* **1** conjuring. **2** (*Arte, Teat.*) illusionism.

illusionista *m./f.* conjurer; illusionist.

illusionistico *a.* **1** conjuring. **2** (*Arte, Teat.*) illusionistic: *effetto* ~ illusionistic effects.

illuso *m.* dreamer, fool.

illusorio *a.* illusory, illusive.

illustrare *v.t.* **1** to illustrate. **2** (*estens.*) to explain, to elucidate.

illustrativo *a.* explanatory, illustrative.

illustrato *a.* illustrated.

illustratore *m.* illustrator.

illustrazione *f.* illustration. ▭ *illustrazioni fuori testo* plates *pl.*

illustre *a.* famous, illustrious, renowned.

ilo *m.* **1** (*Anat.*) hilus. **2** (*Bot.*) hilum.

ILOR = *Imposta Locale sui Redditi* Local Tax on Income.

imbacuccare *v.t.* to wrap up. **imbacuccarsi** *v.r.* to wrap (o.s.) up, to muffle o.s. up.

imbaldanzire I *v.t.* to embolden, to make* bold. **II** *v.i.* **imbaldanzirsi** *v.i.pron.* to become* bold.

imballaggio *m.* **1** packing, wrapping; (*in balle*) baling. **2** (*involucro*) packing, package, pack. ▭ *spesa d'*~ cost of packing.

imballare[1] *v.t.* **1** to pack, to wrap up; (*in casse*) to crate. **2** (*raccogliere in balle*) to bale.

imballare[2] *v.t.*: *non* ~ *il motore* don't race the engine. **imballarsi** *v.i.pron.* (*Mot.*) to race.

imbalsamare *v.t.* **1** to embalm. **2** (*impagliare*) to stuff.

imbalsamazione *f.* **1** embalming. **2** (*l'impagliare*) taxidermy, stuffing.

imbambolato *a.* astounded, bewildered, astonished; (*rif. agli occhi*) blank, glassy: *sguardo* ~ blank look.

imbandire *v.t.* to prepare, to lay* (for a banquet), to spread*, to set*; (*rif. a cibi*) to prepare. ▭ ~ *la mensa* to lay (*o* set) the table.

imbarazzante *a.* embarrassing, awkward.

imbarazzare *v.t.* to embarrass, to make* uncomfortable (*o* ill at ease); (*confondere*) to bewilder, to puzzle, to perplex.

imbarazzato *a.* embarrassed, uncomfortable, awkward, ill at ease: *sentirsi* ~ to feel embarrassed; (*perplesso*) bewildered, puzzled.

imbarazzo *m.* **1** embarrassment, awkwardness; (*perplessità*) bewilderment, confusion. **2** (*impaccio, disturbo*) hindrance, trouble. **3** (*difficoltà*) difficulty, embarrassment, trouble. ▭ **essere** *d'*~ *a qd.* to be a nuisance (*o* hindrance) to s.o.; **mettere** *in* ~ *qd.* to put s.o. in an awkward situation; (*metterlo a disagio*) to make s.o. uncomfortable (*o* ill at ease); *non avere che l'*~ *della* **scelta** to be able to pick and choose.

imbarbarimento *m.* barbarization, decline.

imbarcadero *m.* landing-stage, jetty, wharf; (*molo*) pier.

imbarcare *v.t.* to embark, to take* on (board), to take* aboard. **imbarcarsi I** *v.r.* **1** to embark, to take* (ship), to board (a ship). **2** (*arruolarsi*) to sign on, to go* to sea. **3** (*fig.*) to embark (*in* on), to engage (in): *imbarcarsi in un'impresa* to embark on an enterprise. **II** *v.i.pron.* (*di legno*) to warp. □ ~ *acqua* (*per falla*) to leak; (*per mare grosso*) to ship water.

imbarcazione *f.* boat, craft. □ ~ *da* **competizione** racing boat; ~ *di* **salvataggio** lifeboat, dinghy.

imbarco *m.* embarkation, embarking; shipment: *porto d'*~ port of shipment. □ *spese d'*~ loading expenses.

imbastardire I *v.i.* **1** to degenerate, to deteriorate. **2** (*fig.*) to degenerate, to be corrupted. **II** *v.t.* **1** to debase, to bastardize. **2** (*fig.*) to corrupt.

imbastire *v.t.* **1** to tack, to baste. **2** (*fig.*) (*abbozzare*) to outline, to draft, to block out, to sketch.

imbastitura *f.* tacking, basting.

imbattersi *v.i.pron.* **1** to meet* (with), to fall* in (with), to run* (into), to come* (across), (*fam.*) to bump (into). **2** (*rif. a cose*) to come* (across), to run* up (against), to meet* (with).

imbattibile *a.* unbeatable, invincible.

imbavagliare *v.t.* to gag (*anche fig.*).

imbeccare *v.t.* **1** to feed*, to put* food into the beak of. **2** (*fig.*) (*suggerire*) to prompt, to tell*, to suggest to.

imbeccata *f.* **1** beakful. **2** (*fig.*) prompt(ing). □ (*fig.*) *dare l'*~ *a qd.* to prompt s.o.

imbecille I *a.* **1** stupid. **2** (*Med.*) imbecile. **II** *s.m./f.* **1** fool, idiot. **2** (*Med.*) imbecile.

imbecillità *f.* **1** stupidity. **2** (*Med.*) imbecility.

imbellettare *v.t.* to make* up, (*spreg.*) to paint. **imbellettarsi** *v.r.* to make* (o.s.) up, (*spreg.*) to paint o.s.

imbellire *v.t./i.* to beautify, to embellish. **imbellirsi** *v.i.pron.* to become* (more) beautiful, to grow* lovely.

imberbe *a.* **1** beardless. **2** (*molto giovane*) green, callow, inexperienced.

imbestialire *v.i.* to make* furious: *la tua cocciutaggine mi fa* ~ your stubbornness makes me furious. **imbestialirsi** *v.i.pron.* to fly* into a rage, to get* furious.

imbevere *v.t.* (*inzuppare*) to soak. **imbeversi** *v.i.pron.* **1** to absorb, to soak up (*di qc.* s.th.). **2** (*fig.*) to become* imbued (with), to imbibe (s.th.).

imbevuto *a.* **1** soaked, steeped (*di* in). **2** (*fig.*) imbued (with), steeped (in).

imbiancare *v.t.* **1** (*rendere bianco*) to whiten, to turn white. **2** (*rif. a muri*) to whitewash. **3** (*candeggiare*) to bleach. **imbiancarsi** *v.i./i.pron.* to whiten, to become* (*o* turn) white.

imbiancato *a.* whitened, white(d); (*rif. a pareti*) whitewashed.

imbianchino *m.* **1** painter, house-painter, whitewasher. **2** (*pittore scadente*) dauber.

imbiondire *v.t.* **1** (*rif. a capelli*) to turn (*o* dye) blond, to make* fair. **2** (*estens.*) to make* golden, to turn yellow. **imbiondirsi** *v.i./i.pron.* **1** to become* golden, to turn yellow. **2** (*rif. a capelli*) to turn fair(er), to grow* blond(er).

imbizzarrire *v.i.*, **imbizzarrirsi** *v.i.pron.* **1** (*rif. a cavallo*) to become* restive. **2** (*fig.*) (*rif. a persona*) to get* excited (*o* worked up).

imboccare *v.t.* **1** to feed*. **2** (*fig.*) (*suggerire*) to prompt. **3** (*rif. a strade, ecc.*) to enter, to turn into (*o* down); (*con veicolo*) to drive* (*o* turn) into.

imboccatura *f.* **1** (*di tubi, ecc.*) mouth, opening. **2** (*Mus.*) mouthpiece, embouchure.

imbocco *m.* entrance, mouth.

imbonimento *m.* sales-talk, (salesman's) patter, (*fam.*) spiel.

imbonire *v.t.* **1** (*rif. a imbonitore*) to persuade (to buy), to talk (into buying), to harangue. **2** (*fig.*) to puff.

imbonitore *m.* **1** barker. **2** (*fig.*) tout, puffer.

imborghesire I *v.t.* to make* (*o* turn into a) bourgeois. **II** *v.i.*, **imborghesirsi** *v.i.pron.* to become* bourgeois.

imboscare *v.t.* **1** (*nascondere, occultare*) to hide*. **2** (*sottrarre al servizio militare*) to get* s.o. off military service. **imboscarsi** *v.r.* **1** to hide* in a wood. **2** (*sottrarsi al servizio militare*) to evade military service.

imboscata *f.* ambush.

imboscato *m.* (*am. mil.*) draft dodger.

imboschire *v.t.* to afforest.

imbottigliamento *m.* **1** bottling. **2** (*Mar.*) blockade. **3** (*Mil.*) encirclement, cutting off. **4** (*rif. al traffico*) traffic jam.

imbottigliare *v.t.* **1** to bottle. **2** (*Mar.*) to blockade. **3** (*Mil.*) to encircle, to cut* off, to surround. **4** (*rif. a veicoli*) to hold* up, to block. **imbottigliarsi** *v.i.pron.* (*rif. a veicoli*) to be caught in a traffic jam, to be stuck (*o* held up) in the traffic.

imbottire *v.t.* **1** to stuff, to pad; (*trapuntare*) to quilt. **2** (*Sartoria*) to pad, to wad. **3** (*fig.*) (*riempire*) to fill, to stuff, to pack.

imbottitura *f.* **1** stuffing, padding, filling. **2** (*Sartoria*) padding, wadding.

imbracciare *v.t.* to put* (*o* sling*) on one's arm.

imbrattare *v.t.* to soil, to dirty, to smear; (*macchiare*) to stain. **imbrattarsi** *v.r.* to dirty o.s., to get* dirty.

imbrattatele *m./f.* (*spreg.*) dauber.

imbrigliare *v.t.* **1** to bridle (*anche fig.*). **2** (*tecn.*) (*rif. a terreno*) to consolidate, to make* compact. **3** (*rif. a corsi d'acqua*) to dike, to build* an embankment for.

imbroccare *v.t.* (*azzeccare, indovinare*) to guess correctly, to get* right. □ *l'hai imbroccata!* you hit the mark!

imbrogliare *v.t.* **1** (*raggirare*) to take* in, to dupe; (*frodare*) to swindle, to cheat. **2** (*arruffare*) to (en)tangle: ~ *i fili* to entangle the wires. **3** (*confondere*) to confuse, to mix up: ~ *le idee a qd.* to confuse s.o.'s ideas, to mix s.o. up. **imbrogliarsi** *v.i.pron.* **1** to get*

tangled up, to get* into a muddle. **2** (*fig.*) (*confondersi*) to get* confused.
imbroglio *m.* **1** (*groviglio*) tangle, confusion, muddle. **2** (*faccenda imbrogliata*) mess, mix -up, (*fam.*) fix. **3** (*raggiro, truffa*) cheat, swindle, trick.
imbroglione **I** *s.m.* cheat, swindler, trickster. **II** *a.* dishonest, fraudulent.
imbronciarsi *v.i.pron.* to sulk, to get* the sulks, to become* sulky.
imbronciato *a.* **1** sulky, pouting, frowning. **2** (*rif. al cielo*) overcast, cloudy.
imbrunire **I** *v.i.* to grow* (*o* get*) dark, to darken. **II** *v.i.impers.* to get* dark.
imbruttire **I** *v.t.* to make* ugly, to mar. **II** *v.i.* to become* (*o* grow*) ugly.
imbucare **I** *v.t.* (*impostare*) to post, (*am.*) to mail. **II** *v.i.* to post a letter.
imburrare *v.t.* to butter, to spread* with butter.
imbuto *m.* funnel. ▭ *a* ~ funnel-shaped.
imene *f.* (*Anat.*) hymen.
imitare *v.t.* **1** to imitate; (*scimmiottare*) to ape. **2** (*riprodurre*) to imitate, to reproduce, to copy.
imitatore *m.* imitator.
imitazione *f.* imitation.
immacolato *a.* spotless, immaculate. ▭ (*Rel.*) *l'***Immacolata** *N.pr.f.* Immaculate conception.
immagazzinare *v.t.* to store (*in tutti i signif.*).
immaginabile *a.* imaginable, conceivable.
immaginare *v.t.* **1** to imagine. **2** (*intuire, prevedere*) to guess. ▭ *immaginati* (*come affermazione*) of course, (*fam.*) rather: *sei d'accordo? – immaginati* do you agree? – of course (I do); (*come negazione*) not at all, not in the least, not a bit of it, of course not.
immaginario *a./s.m.* (*Psic.*) imaginary.
immaginativa *f.* imagination.
immaginazione *f.* imagination; fancy. ▭ *al di là di ogni* ~ unthinkable.
immagine *f.* **1** image: *l'~ di un'azienda* corporate image. **2** (*ritratto*) picture, portrait. **3** (*rif. a persona*) image: *quel ragazzo è l'~ di suo padre* that boy is the image of his father.
immaginoso *a.* **1** imaginative. **2** (*ricco di immagini*) rich in images, figurative.
immalinconire **I** *v.t.* to make* melancholy (*o* sad). **II** *v.i.*, **immalinconirsi** *v.r.* to grow* (*o* become*) melancholy.
immancabile *a.* unfailing, inevitable; (*rif. a persona*) constant, ever-present.
immane *a.* **1** (*lett.*) (*enorme*) huge, enormous. **2** (*fig.*) (*terribile*) terrible, fearful, dreadful.
immateriale *a.* **1** incorporeal; (*Filos.*) immaterial. **2** (*fig.*) (*spirituale*) spiritual, ethereal. **3** (*Dir.*) incorporeal: *beni immateriali* incorporeal property.
immatricolare *v.t.* to register (*anche Aut.*). **immatricolarsi** *v.r.* **1** to register. **2** (*Univ.*) to matriculate, to enrol.
immatricolazione *f.* **1** registration (*anche Aut.*). **2** (*Univ.*) matriculation, enrolment.
immaturità *f.* immaturity.
immaturo *a.* **1** (*rif. a persona*) immature. **2** unripe, immature. **3** (*fig.*) premature, untimely.
immedesimarsi *v.r.* to identify o.s. (*in* with).
immediatamente *avv.* immediately, at once.
immediatezza *f.* **1** immediacy (*anche Filos.*). **2** (*subitaneità*) immediateness. **3** (*spontaneità*) immediacy, spontaneity.
immediato *a.* **1** immediate. **2** (*spontaneo*) spontaneous. ▭ *pagamento* ~ outright payment.
immemorabile *a.* immemorial: *da tempo* ~ from time immemorial.
immensità *f.* **1** immensity, vastness. **2** (*grande quantità*) infinite (*o* enormous) number, mass.
immenso *a.* **1** (*smisurato*) immense, vast, boundless. **2** (*assai numeroso*) immense, enormous, huge.
immergere *v.t.* **1** to dip, to immerse, to plunge; (*lasciare immerso*) to soak. **2** (*far penetrare*) to plunge, to drive*, to sink*. **immergersi** *v.r.* **1** to plunge; (*tuffarsi*) to dive. **2** (*rif. a galleggianti*) to dive, to submerge. **3** (*fig.*) (*dedicarsi con intensità*) to be immersed (*o* absorbed), to immerse o.s. (in).
immeritato *a.* **1** (*non meritato*) undeserved. **2** (*ingiusto*) unjust.
immersione *f.* **1** immersion, dipping, plunging. **2** (*di sottomarino*) submersion; (*di palombaro*) dive, diving.
immerso *a.* **1** immersed; (*rif. a galleggianti*) submerged. **2** (*fig.*) plunged, sunk. **3** (*fig.*) (*intento*) immersed, absorbed.
immettere *v.t.* **1** to let* in, to introduce. **2** (*Dir.*) to put* in possession. **immettersi** *v.r.* to penetrate.
immigrante **I** *a.* immigrating. **II** *s.m./f.* (im)migrant.
immigrare *v.t.* to (im)migrate.
immigrato **I** *a.* (im)migrated. **II** *s.m.* (im)migrant.
immigrazione *f.* immigration.
imminente *a.* (*prossimo*) imminent, not far off. ▭ *il libro è di ~ pubblicazione* publication of the book is forthcoming.
imminenza *f.* imminence, nearness.
immischiare *v.t.* to involve, to mix up, to draw*. **immischiarsi** *v.i.pron.* to meddle (*in* with), to interfere (with, in), to get* involved (in).
immissario *m.* tributary, affluent.
immissione *f.* **1** letting in, admission. **2** (*sbocco*) inlet: *canale d'~* inlet channel. **3** (*fig.*) introduction, bringing. **4** (*Dir.*) putting (in possession). **5** (*Inform.*) entry: ~ *di dati* data entry.
immobile **I** *a.* still, motionless, immobile. **II** *s.m.* (*Dir.*) immovable property. ▭ *beni immobili* immovables *pl.*, real property (*o* estate).
immobiliare *a.* (*Dir.*) immovable, real. ▭

agente ~ real-estate agent; **società** ~ real -estate company.
immobilità *f.* stillness, motionlessness.
immobilizzare *v.t.* **1** to immobilize (*anche estens.*). **2** (*Econ.*) to tie (*o* lock) up.
immobilizzazione *f.* **1** immobilization. **2** (*Econ.*) locking (*o* tying) up, sinking.
immodestia *f.* immodesty.
immodesto *a.* immodest.
immolare *v.t.* to sacrifice (*anche fig.*). **immolarsi** *v.r.* to sacrifice o.s., to immolate o.s.
immondezza → **immondizia**.
immondezzaio *m.* **1** rubbish dump, garbage heap; (*in una abitazione*) garbage deposit. **2** (*fig.*) sink, place of filth.
immondizia *f.* **1** (*sporcizia*) dirt, filth. **2** (*spazzatura*) rubbish, garbage, (*am.*) trash. □ *bidone delle immondizie* dustbin, (*am.*) garbage (*o* trash) can.
immondo *a.* dirty, filthy, foul (*anche fig.*).
immorale *a.* immoral.
immoralità *f.* immorality.
immortalare *v.t.* to immortalize.
immortale *a.* **1** immortal. **2** (*fig.*) unfading.
immortalità *f.* immortality.
immune *a.* **1** free, immune (*da* from). **2** (*Med.*) immune.
immunità *f.* immunity: ~ *parlamentare* parliamentary immunity.
immunizzare *v.t.* to immunize. **immunizzarsi** *v.r.* to become* immune, to immunize o.s.
immunizzazione *f.* immunization.
immunodeficienza *f.* (*Biol.*) immunodeficiency.
immunologia *f.* (*Biol.*) immunology.
immusonito *a.* sulky, pouting; sullen.
immutabile *a.* immutable, unchangeable.
immutabilità *f.* immutability, unchangeableness.
immutato *a.* **1** unchanged, identical, the same (as before). **2** (*costante*) unswerving, unflagging.
impacchettare *v.t.* to package, to parcel up.
impacciare *v.t.* (*impedire*) to hinder, to impede, to hamper.
impacciato *a.* **1** hindered, hampered; (*goffo, maldestro*) awkward, clumsy. **2** (*imbarazzato*) embarrassed, awkward, ill at ease, uncomfortable.
impaccio *m.* **1** embarrassment, awkwardness; (*situazione imbarazzante*) embarrassing (*o* awkward) situation, predicament. **2** (*ostacolo, intralcio*) hindrance; (*fastidio*) trouble, bother. **3** (*cosa che impaccia*) encumbrance.
impacco *m.* (*Med.*) compress.
impadronirsi *v.i.pron.* **1** (*occupare, impossessarsi*) to take* possession, to get* hold (*di* of), to seize (s.th.). **2** (*fig.*) (*rif. a sentimenti*) to take* hold (of), to be seized (*o* carried away) (by) (*costr. pers.*), to seize: *l'angoscia si impadronì di noi* anguish got hold of us. **3** (*appropriarsi indebitamente*) to misappropriate, to embezzle (s.th.). **4** (*fig.*) (*imparare a fondo*) to master (s.th.).
impagabile *a.* **1** invaluable, priceless. **2** (*piacevole, divertente*) priceless.
impaginare *v.t.* (*Tip.*) to make* up (into pages), to page (up).
impaginato I *a.* paged. **II** *s.m.* page-proof.
impaginazione *f.* (*Tip.*) making-up, paging (up). □ *menabò di* ~ layout.
impagliare *v.t.* **1** to cover with straw. **2** (*per imballaggio*) to pack in straw. **3** (*rif. ad animali*) to stuff. □ ~ *una sedia* to bottom a chair with straw.
impagliato *a.* **1** covered with straw, straw -covered; (*rif. a sedie*) straw-bottomed. **2** (*rif. ad animali*) stuffed.
impagliatura *f.* **1** covering with straw; (*rif. a sedie*) straw bottoming; (*il rivestimento*) (straw) covering, straw-plaiting. **2** (*rif. ad animali*) stuffing.
impalato *a.* (*fig.*) stiff as a ramrod.
impalcatura *f.* **1** framework (*anche fig.*). **2** (*struttura provvisoria*) scaffolding. **3** (*di cervo*) antlers *pl.*
impallidire *v.i.* **1** to (turn) pale, to blanch. **2** (*sbiadire, offuscarsi*) to pale, to grow* dim. **3** (*fig.*) to fade (away), to die away.
impallidito *a.* pale, wan.
impallinare *v.t.* to hit* (*o* riddle) with shot.
impalpabile *a.* impalpable.
impanare *v.t.* (*Gastr.*) to cover with bread crumbs.
impantanarsi *v.i.pron.* **1** (*affondare in un pantano*) to get* stuck (*o* bogged down) in the mud, to sink* (in the mud). **2** (*fig.*) (*rif. a pratiche e sim.*) to get* bogged down, to be (*o* get*) held up.
impaperarsi *v.i.pron.* (*fam.*) to slip up, to make* a slip.
impappinarsi *v.i.pron.* to falter, to stammer.
imparare *v.t.* **1** to learn*. **2** (*a memoria*) to learn* (by heart), to memorize. □ *da chi hai imparato l'***educazione**? where did you get your manners from?; *c'è sempre* **qualcosa** *da* ~ you (*o* we) live and learn; ~ *a proprie* **spese** to learn the hard way (*o* to one's cost); ~ *a* **vivere** to learn how to live.
impareggiabile *a.* incomparable, unparalleled, unequalled.
imparentarsi *v.i.pron.* to become* related (*con* to); (*per matrimonio*) to marry (into).
impari *a.* **1** unequal, uneven. **2** (*inferiore: per qualità*) unequal, inferior (*a* to), unfit (for).
impartire *v.t.* to give*: ~ *un ordine* to give an order.
imparziale *a.* impartial, unbiased: *giudice* ~ impartial judge; (*giusto*) fair.
imparzialità *f.* impartiality, fairness.
impassibile *a.* impassive.
impassibilità *f.* impassiveness.
impastare *v.t.* **1** to knead, to work into dough: ~ *il pane* to knead bread dough; (*lavorare*) to mix. **2** (*rif. a colori*) to mix.
impastato *a.* **1** kneaded; (*mescolato*) mixed. **2** (*fig.*) (*rif. a persona: permeato*) full (*di* of), riddled (with). **3** (*incollato*) pasted.

impasto *m.* **1** mixture; (*per il pane*) dough. **2** (*fig.*) (*mescolanza*) mixture, medley, blend.
impatto *m.* impact (*in tutti i signif.*).
impaurire I *v.t.* to frighten, to scare. **II** *v.i.* **impaurirsi** *v.i. pron.* to be (*o* get*) frightened, to be scared (*per, a* by).
impaziente *a.* **1** impatient. **2** (*fortemente desideroso*) impatient, anxious, eager.
impazienza *f.* impatience.
impazzire *v.i.* **1** to go* mad (*o* crazy *o* insane), to lose* one's wits: ~ *per il dolore* to go mad with grief. **2** (*estens.*) to rack one's brains, to nearly go* mad. **3** (*Mar.*) (*rif. alla bussola*) to go* (*o* run*) wild. □ **c'è** *da* ~ it's enough to drive one mad; **fare** ~ to drive mad (*o* crazy).
impeccabile *a.* impeccable, flawless, faultless.
impedimento *m.* **1** hindrance, obstacle. **2** (*Dir.*) impediment. **3** (*menomazione*) handicap. □ *essere d'*~ to be a hindrance (*o* an obstacle).
impedire *v.t.* **1** to prevent, to keep* (*di* from), to stop. **2** (*frapporsi*) to block, to obstruct, to shut* off (*o* out), to cut* off. **3** (*impacciare*) to hinder, to hamper, to impede.
impedito *a.* **1** (*chiuso da un ostacolo*) blocked, obstructed, barred. **2** (*impacciato*) hindred, hampered, impeded. **3** (*paralizzato*) paralysed; (*menomato*) handicapped.
impegnare *v.t.* **1** to pawn, to pledge. **2** (*vincolare*) to pledge, to bind*, to give*. **3** (*prenotare*) to book, to reserve, to take*. **4** (*tenere occupato*) to keep* busy, to take* (up). **5** (*obbligare*) to oblige. **6** (*Sport*) to keep* under pressure. **impegnarsi** *v.r.* **1** to engage (o.s.), to commit (*o* pledge) o.s., to undertake*, to take* it upon o.s. **2** (*dedicarsi*) to devote (*o* engage) o.s., to give* o.s. up (*o* over). **3** (*dedicarsi con impegno*) to become* involved, to engage (o.s.) (*in* in), to get* o.s. (into), to let* o.s. in (for).
impegnativo *a.* **1** (*che obbliga*) binding (*anche Comm.*). **2** (*che richiede impegno*) demanding, exacting.
impegnato *a.* **1** pawned. **2** (*prenotato*) booked, reserved, taken. **3** (*occupato*) busy, engaged. **4** (*fig.*) (politically) committed.
impegno *m.* **1** (*obbligo*) engagement; commitment, obligation, pledge: *non posso venire, ho un* ~ *di lavoro* I can't come I have a business engagement. **2** (*zelo, assiduità*) diligence, enthusiasm, zeal. **3** (*fig.*) (*rif. a intellettuali*) commitment. **4** (*Econ.*) commitment, obligation, engagement. □ **con** ~ seriously, with care; **senza** ~ without (any) obligation.
impegolarsi, **impelagarsi** *v.r.* (*fig.*) to get* involved (*o* mixed up).
impellente *a.* driving, compelling, impelling.
impenetrabile *a.* impenetrable. □ *uomo* ~ inscrutable man.
impenitente *a.* **1** impenitent. **2** (*ostinato*) obstinate, confirmed, inveterate.
impennarsi *v.i.pron.* **1** (*rif. a cavalli e sim.*) to rear (up). **2** (*fig.*) (*risentirsi*) to bridle up. **3** (*Aer.*) to zoom.
impennata *f.* **1** (*rif. a cavalli e sim.*) rearing (up). **2** (*fig.*) flaring up, bridling. **3** (*Aer.*) zoom.
impensabile *a.* unthinkable.
impensato *a.* unthought of; (*inaspettato*) unforeseen, unexpected.
impensierire *v.t.* to worry. **impensierirsi** *v.i. pron.* (*preoccuparsi*) to be worried (*per* by), to worry, to get* worried.
imperante *a.* **1** (*dominante*) ruling. **2** (*fig.*) prevailing, ruling.
imperare *v.i.* to rule (*su qc.* s.th., over s.th.), to reign (over).
imperativo I *s.m.* imperative. **II** *a.* **1** (*Gramm.*) imperative. **2** (*di comando*) commanding, imperative.
imperatore *m.* emperor.
imperatrice *f.* empress.
impercettibile *a.* imperceptible.
imperdonabile *a.* unforgivable.
imperfetto I *a.* faulty, imperfect, defective. **II** *s.m.* (*Gramm.*) imperfect.
imperfezione *f.* **1** imperfection. **2** (*difetto*) imperfection, defect, flaw, fault.
imperiale *a.* imperial.
imperialismo *m.* (*Pol.*) imperialism.
imperialista I *a.* imperialist(ic). **II** *s.m./f.* imperialist.
imperialistico *a.* imperialist(ic).
imperioso *a.* **1** imperious, commanding. **2** (*fig.*) (*impellente*) imperious, pressing.
imperizia *f.* inexperience; lack of skill.
impermalirsi *v.i.pron.* to be (*o* get*) annoyed; to take* offence (at s.th.).
impermeabile I *a.* **1** impermeable, impervious; (*rif. a rocce*) impervious. **2** (*rif. a tessuti*) waterproof; (*impermeabile alla pioggia*) rainproof. **II** *s.m.* raincoat, mackintosh, waterproof, trench-coat; (*fam.*) mack.
impermeabilità *f.* imperviousness, impermeability.
impermeabilizzare *v.t.* to waterproof.
imperniare *v.t.* **1** to pivot, to hinge. **2** (*basare, fondare*) to base, to found.
impero I *s.m.* empire (*anche fig.*). **II** *a.* Empire-.
impersonale *a.* (*Gramm.*) impersonal.
impersonalità *f.* impersonality.
impersonare *v.t.* **1** (*simboleggiare*) to personify. **2** (*Teat.*) (*interpretare*) to play, to act (the part of). **impersonarsi** *v.i.pron.* **1** (*immedesimarsi*) to identify o.s. **2** (*incarnarsi*) to be the personification of; to take* bodily form.
imperterrito *a.* **1** undaunted, unflinching. **2** (*indifferente*) imperturbable, cool, impassive.
impertinente I *a.* impertinent, saucy. **II** *s.m./f.* impertinent person.
impertinenza *f.* impertinence.
imperturbabile *a.* imperturbable, impassive.
imperversare *v.i.* **1** (*rif. a persona*) to rage, to storm, to rail: ~ *contro qd.* to rage

against s.o., to storm at s.o. **2** (*di elementi naturali*) to rage. **3** (*fig.*) (*di mode, tendenze*) to be the rage.

impervio *a.* inaccessible; impassable, impracticable.

impeto *m.* **1** force, vehemence; (*assalto*) assault, onslaught, impact. **2** (*accesso*) outburst, fit. **3** (*slancio*) impetus, impulse, fire.

impettito *a.* stiff, erect, straight. □ (*fig.*) *camminare* ~ to strut.

impetuoso *a.* **1** impetuous, furious, raging. **2** (*fig.*) impetuous, impulsive.

impiallacciatura *f.* (*di mobili*) **1** veneering. **2** (*strato di legno*) veneer.

impiantare *v.t.* **1** (*tecn.*) to fit (together, up), to install, to set* up. **2** (*estens.*) (*fondare*) to set* up, to establish, to found, to start. □ ~ *un'azienda* to establish a concern.

impianto *m.* **1** establishment, setting up, foundation; (*installazione*) installation. **2** (*concr.*) (*complesso di attrezzature*) plant, installation, equipment, system. **3** (*Med.*) implant.

impiastrare *v.t.* (*imbrattare*) to smear, to soil, to dirty. **impiastrarsi** *v.i.pron.* to smear (o.s.), to dirty (o.s.), to soil (o.s.).

impiastricciare *v.t.* (*spreg.*) **1** (*imbrattare*) to smear, to dirty, to mess up. **2** (*imbellettare eccessivamente*) to smear, to plaster (with make-up).

impiastro *m.* **1** (*cataplasma*) poultice. **2** (*fam.*) (*persona malaticcia*) sickly person; (*persona seccante*) bore; (*fam.*) pain in the neck.

impiccagione *f.* hanging.

impiccare *v.t.* to hang*. **impiccarsi** *v.r.* to hang* o.s.: *impiccati!* go hang yourself!

impiccato **I** *a.* hanged. **II** *s.m.* hanged man.

impicciare *v.t.* **1** (*rif. a cose: ingombrare*) to clutter (up), to encumber, to be in the way. **2** (*ostacolare*) to block, to obstruct, to bar; (*rif. a persona*) to be (*o* get*) in the way, to hamper. **impicciarsi** *v.r.* to meddle (*di* with, in), to interfere (in).

impiccio *m.* **1** (*ostacolo*) hindrance, impediment. **2** (*seccatura*) trouble, bother. **3** (*situazione intricata*) trouble, (*fam.*) fix, (*fam.*) mess. □ *essere* **d'**~ to be in the way; *essere* **in** *un* ~ to be in trouble.

impiccione *m.* busybody, meddler.

impiegare *v.t.* **1** to use, to make* use of, to employ. **2** (*spendere*) to spend*; (*investire*) to invest. **3** (*rif. a tempo: metterci*) to take* (costr. pers. o impers.): *ho impiegato due ore per raggiungere la stazione* it took me two hours to reach the station. **4** (*assumere*) to employ, to engage. **impiegarsi** *v.r.* to be employed, to get* a job (*in* in).

impiegatizio *a.* clerical, white-collar. □ *la* **classe** *impiegatizia* white-collars; **lavoro** ~ white-collar job.

impiegato *m.* clerk, white-collar (worker), office worker; *pl.* staff, personnel; (*dipendente*) enployee. □ ~ *di* **banca** bank clerk; ~ **comunale** municipal employee; ~ **statale** civil servant.

impiego *m.* **1** (*uso*) use, employment. **2** (*investimento*) investment. **3** (*posto di lavoro*) employment, job, post, position: *ottenere un* ~ to get a job (*o* post). □ **domanda** *d'*~ application for a job; **offerte** *d'*~ positions offered.

impietosire *v.t.* to move (to pity). **impietosirsi** *v.i.pron.* to be moved (to pity).

impietrirsi *v.i.pron.* to petrify (*anche fig.*).

impigliare *v.t.* to entangle, to catch* (at). **impigliarsi** *v.i.pron.* to get* entangled (*o* caught up): *mi si è impigliata la gonna nella portiera della macchina* my skirt got caught in the door of the car.

impigrire **I** *v.t.* to make* lazy. **II** *v.i.*, **impigrirsi** *v.i.pron.* to grow* lazy (*o* sluggish).

impiombare *v.t.* **1** (*rivestire di piombo*) to cover (*o* coat) with lead. **2** (*riempire di piombo*) to fill (*o* stop) with lead; (*rif. a denti*) to fill. **3** (*sigillare con piombo*) to seal (with lead), to plumb. **4** (*rif. a cavi*) to splice.

impiombatura *f.* **1** covering with lead; (*il sigillare con piombo*) sealing, plumbing. **2** (*concr.*) (*rivestimento*) lead covering. **3** (*sigillo*) (lead) seal. **4** (*di denti*) filling.

implacabile *a.* implacable.

implementazione *f.* (*Inform.*) implementation.

implicare *v.t.* **1** (*coinvolgere*) to involve (*in* in). **2** (*comportare*) to involve, to imply.

implicazione *f.* implication.

implicito *a.* implicit, implied; (*tacito*) tacit.

implorante *a.* imploring.

implorare *v.t.* to entreat, to implore: ~ *qc. da qd.* to entreat s.th. of s.o.

implorazione *f.* supplication.

implume *a.* unfledged.

impolverare *v.t.* to cover with dust, to make* dusty. **impolverarsi** *v.i.pron.* to get* dusty, to become* (*o* be) covered with dust.

impolverato *a.* dusty.

impomatare *v.t.* (*scherz.*) to put* (*o* smear) brilliantine on; to pomade. **impomatarsi** *v.r.* (*scherz.*) to put* brilliantine on one's hair.

imponderabile *a./s.m.* imponderable.

imponente *a.* imposing, impressive.

imponenza *f.* imposingness, impressiveness.

imponibile **I** *a.* (*tassabile*) taxable, rateable: *reddito* ~ taxable income. **II** *s.m.* taxable income.

imponibilità *f.* (*Econ.*) taxability.

impopolare *a.* unpopular.

impopolarità *f.* unpopularity.

imporre *v.t.* **1** to impose: ~ *qc. a qd.* to impose s.th. on s.o. **2** (*costringere*) to force, to oblige, to make*. **3** (*far valere*) to enforce, to impose. **4** (*ingiungere*) to order, to lay* down: ~ *il silenzio* to order silence. **5** (*infliggere*) to impose, to inflict. **6** (*comportare*) to entail, to involve. **imporsi** *v.r./i.pron.* **1** to assert o.s. (*o* one's authority), to prevail (*a* over). **2** (*attirare l'attenzione*) to attract attention, to make* an impression, to be striking. **3** (*essere necessario*) to be necessary, to become* inevitable. ▭ *imporsi all'***attenzione** *di qd.* to come to the attention of s.o.; ~ **tasse** to impose (*o* levy) taxes.

importante I *a.* important. **II** *s.m.* important thing.

importanza *f.* importance. ▭ **acquistare** ~ to become important; **avere** ~ to be important (*o* of consequence); *non* **ha** ~ (*non importa*) it doesn't matter; **dare** ~ *a qc.* to attach importance to s.th.; *di* **nessuna** ~ of no importance.

importare I *v.i.* to matter, to care (costr. pers.): *ciò che più mi importa è la buona volontà* goodwill is what I care most about. **II** *v.i.impers.* **1** to matter, to care (costr. pers.): *non mi importa* I don't care. **2** (*essere necessario*) to be necessary, to need (costr. pers.), to have to (costr. pers.): *non importa che tu venga domani* you needn't come tomorrow; to trouble (costr. pers.). **III** *v.t.* (*introdurre dall'estero*) to import. ▭ *non importa* it doesn't matter.

importatore I *s.m.* importer. **II** *a.* importing.

importazione *f.* **1** import, importation. **2** *pl.* (*beni importati*) imports *pl.* ▭ ~ *di capitali* importation (*o* bringing in) of capital.

importo *m.* amount, total; (*prezzo*) price, charge. ▭ ~ **approssimativo** rough amount; ~ **complessivo** total amount.

importunare *v.t.* to trouble, to bother, to importune.

importuno *a.* **1** troublesome, tiresome, bothersome, annoying, irksome. **2** (*rif. a persona*) importunate.

imposizione *f.* **1** imposition. **2** (*ordine*) order, command. **3** (*tassazione*) taxation, imposition, levying.

impossessarsi *v.i.pron.* to take* possession (*di* of), to seize, to appropriate (s.th.).

impossibile *a./s.m.* impossible. ▭ *fare l'*~ to do all one can, to do one's utmost (*o* best).

impossibilità *f.* impossibility (*anche Dir.*). ▭ *essere* (o *trovarsi*) *nell'*~ *di fare qc.* to be unable to do s.th.

impossibilitato *a.* unable.

imposta[1] *f.* **1** shutter. **2** (*Arch.*) impost.

imposta[2] *f.* (*Econ.*) tax, levy, duty. ▭ ~ **addizionale** additional tax; ~ *sui* **cani** dog tax; *imposte* **comunali** rates *pl.*; ~ *di* **consumo** excise duty (*o* tax); ~ **diretta** direct tax; **esente** *da* ~ tax-free, duty-free; ~ *di* **famiglia** rates *pl.*, local tax; ~ **immobiliare** real estate tax; ~ *sul* **reddito** income tax; ~ *sul* **valore** *aggiunto* (*IVA*) value added tax (VAT).

impostare[1] *v.t.* **1** (*sistemare la base di una struttura*) to lay*, to put* (*o* set*) in position. **2** (*fig.*) (*avviare*) to begin*, to start (off), to get* under way, to set* off (*c* going): ~ *un lavoro* to get work under way. ▭ ~ *la voce* to pitch the voice.

impostare[2] *v.t.* to post, (*am.*) to mail.

impostazione[1] *f.* **1** laying, setting in position. **2** (*fig.*) setting out, planning, outlining. **3** (*Mar.*) laying down.

impostazione[2] *f.* (*Poste*) posting, (*am.*) mailing.

impostore *m.* impostor.

impotente I *a.* **1** helpless, powerless. **2** (*inefficace*) ineffectual, ineffective, impotent. **3** (*Med.*) impotent. **II** *s.m.* (*Med.*) impotent man.

impotenza *f.* **1** powerlessness, helplessness, impotence. **2** (*Med.*) impotence.

impoverimento *m.* impoverishment.

impoverire *v.t.* to impoverish (*anche fig.*). **impoverirsi** *v.i.pron.* to grow* (*o* become*) poor.

impraticabile *a.* (*di strade*) impassable; (*di territori*) inaccessible; (*di campi da gioco*) unfit for play; out of use. ▭ *il valico è* ~ *a causa della neve* the pass is blocked by snow.

impraticabilità *f.* impracticability.

impratichire *v.t.* to train, to exercise, to drill. **impratichirsi** *v.i.pron.* to practise (*in qc.* s.th.), to get* practise (*o* training) (in).

imprecare *v.i.* to curse (*contro qc., qd.* s.th., s.o.).

imprecazione *f.* curse, imprecation.

imprecisabile *a.* indeterminable, indefinite.

imprecisato *a.* undetermined.

imprecisione *f.* inaccuracy, imprecision.

impreciso *a.* **1** (*inesatto*) inaccurate. **2** (*indeterminato*) indefinite, imprecise.

impregnare *v.t.* to impregnate (*anche fig.*); (*inzuppare*) to soak, to saturate (*di* with). **impregnarsi** *v.i.pron.* to become* impregnated (*di* with).

imprenditore *m.* entrepreneur; (*appaltatore*) contractor. ▭ ~ **edile** building contractor; ~ **in** *proprio* sole trader, sole proprietor.

imprenditoriale *a.* contracting.

impreparato *a.* **1** unprepared. **2** (*rif. a lavoratori*) unskilled, untrained.

impreparazione *f.* **1** lack of preparation. **2** (*rif. a lavoratori*) lack of training.

impresa *f.* **1** (*iniziativa*) undertaking, enterprise. **2** (*azione audace*) exploit, deed, feat: ~ *eroica* heroic exploit. **3** (*azienda*) concern, business, enterprise, undertaking. ▭ ~ **commerciale** (commercial) concern, business enterprise; ~ (*di*) **costruzioni** building contractor, (*fam.*) builders *pl.*; ~ **privata** private enterprise; ~ **pubblica** public (*o* state) enterprise.

impresario *m.* (*Teat.*) impresario, (theatre) manager, (*am.*) producer.

impressionabile *a.* **1** impressionable, susceptible, sensitive; (*che si spaventa facilmente*) easily frightened. **2** (*Fot., Cin.*) sensitive.

impressionabilità *f.* **1** impressionability, susceptibility. **2** (*Fot., Cin.*) sensitivity.

impressionante *a.* impressive, striking; (*che spaventa*) frightening; (*che turba*) upsetting, shocking.

impressionare *v.t.* **1** (*fare impressione*) to make* an impression on, to strike*, to impress; (*spaventare*) to frighten, to scare; (*turbare*) to upset*, to shock. **2** (*Fot., Cin.*) to expose. **impressionarsi** *v.i.pron.* **1** (*rimanere colpito*) to be struck (*o* impressed); (*spaventarsi*) to be frightened (*o* scared); (*turbarsi*) to be upset (*o* shocked). **2** (*Fot.*) to be exposed.

impressionato *a.* **1** (deeply)shocked; (*sconvolto*) horrified; (*turbato*) upset; (*scosso*) shaken; (*impaurito*) frightened, scared: *rimasi ~ dalla violenza della mareggiata* I was frightened by the violence of the sea-storm. **2** (*Fot., Cin.*) exposed. □ *favorevolmente ~* impressed.

impressione *f.* **1** (*segno*) impression, mark. **2** (*sensazione fisica*) sensation. **3** (*fig.*) (*sensazione astratta*) impression, feeling. **4** (*turbamento*) upset, emotion. **5** (*Tip.*) (*stampa*) printing; (*modo di essere impresso*) impression. □ **dare** *l'~* to give the impression; *fare una* **buona** *~ a qd.* to impress s.o. favourably; *fare una* **cattiva** *~ a qd.* to make a bad impression on s.o.

impressionismo *m.* (*Arte, Lett., Mus.*) impressionism.

impressionista **I** *s.m./f.* impressionist. **II** *a.* impressionist(ic).

imprevedibile *a.* unforeseeable; unpredictable.

imprevidente *a.* improvident.

imprevisto **I** *a.* unforeseen, unexpected. **II** *s.m.* unforeseen event; unexpected occurrence. □ *salvo imprevisti* unless anything unexpected happens.

imprigionare *v.t.* to imprison (*anche fig.*), to put* in prison.

imprimere *v.t.* **1** to impress, to imprint, to stamp, to mark; (*a fuoco*) to brand. **2** (*fig.*) to impress, to engrave, to imprint, to stamp. **3** (*dare*) to give*, to impart, to convey. **imprimersi** *v.i.pron.* to be impressed (*anche fig.*).

improbabile *a.* unlikely, improbable.

improbabilità *f.* unlikelihood, improbability.

improduttivo *a.* unproductive. □ *denaro ~* inactive money.

impronta *f.* **1** mark, impression, (im)print, sign. **2** (*fig.*) (hall)mark, stamp: *l'~ dell'artista* the mark of the artist. □ (*fig.*) **dare** *la propria ~ a qc.* to leave one's mark (*o* put one's stamp) on s.th.; *~* **digitale** fingerprint.

improntare *v.t.* **1** to (im)press, to imprint, to mark. **2** (*fig.*) to leave* (*o* set*) one's mark on, to stamp, to mark. **improntarsi** *v.i.pron.* to be (*o* become*) marked (*a, di* with), to take* on a look (of).

improntato *a.* marked, characterized (*a* by).

improntitudine *f.* impudence.

improperio *m.* insult; *pl.* abuse.

improprietà *f.* impropriety, inappropriateness, incorrectness. □ *~ di linguaggio* incorrect usage.

improprio *a.* **1** improper, inappropriate; (*sbagliato*) incorrect, wrong. **2** (*Ling., Mat.*) improper.

improrogabile *a.* that cannot be delayed. that cannot be postponed.

improvvisamente *avv.* suddenly, all at once, all of a sudden.

improvvisare *v.t.* to improvise. **improvvisarsi** *v.r.* to play, to turn into: *ho dovuto improvvisarmi baby-sitter* I had to turn into babysitter.

improvvisata *f.* surprise; (*visita*) surprise visit. □ *fare un' ~ a qd.* to give s.o. a (pleasant) surprise; (*fargli visita*) to pay s.o. a surprise visit.

improvvisato *a.* improvised (*anche fig.*), extempore; (*di testo teatrale*) unscripted. □ *un letto ~* an improvised bed.

improvvisazione *f.* improvisation.

improvviso **I** *a.* sudden; (*inaspettato, inatteso*) unexpected. **II** *s.m.* (*Mus.*) impromptu.

imprudente *a.* **1** imprudent, incautious. **2** (*avventato*) rash; unwise. □ *guida ~* reckless guide.

imprudenza *f.* imprudence, unwariness; (*sventatezza*) rashness.

impudente *a.* impudent, (*fam.*) cheeky.

impudenza *f.* impudence, (*fam.*) cheek.

impudicizia *f.* immodesty, impropriety.

impudico *a.* immodest; (*estens.*) shameless.

impugnare[1] *v.t.* **1** (*afferrare*) to grasp, to seize, to grip. **2** (*tenere in mano*) to hold*, to grip.

impugnare[2] *v.t.* (*Dir.*) to impugn, to contest.

impugnatura *f.* **1** grip, grasp. **2** (*manico*) handle; (*rif. a spada e sim.*) hilt.

impulsività *f.* impulsiveness.

impulsivo *a.* **1** impulsive (*anche Psic.*); (*avventato*) rash. **2** (*Fis.*) impulse-, impulsive.

impulso *m.* **1** impulse (*anche estens.*). **2** (*Inform.*) pulse: *~ di comando* drive pulse.

impunità *f.* impunity.

impunito *a.* unpunished.

impuntarsi *v.i.pron.* **1** (*arrestarsi*) to dig* one's heels (*o* toes) in; to stop short (*o* dead), to refuse to budge; (*rif. a cavalli e sim.*) to jib. **2** (*fig.*) (*ostinarsi*) to cling*, to stick* obstinately (to), to make* a point.

impuntura *f.* stitching, quilting.

impunturare *v.t.* to stitch.

impurità *f.* impurity; (*atto impuro*) impure action.

impuro *a.* impure.

imputabile *a.* **1** imputable, attributable, due. **2** (*Dir.*) chargeable.

imputare *v.t.* **1** to impute, to attribute, to ascribe. **2** (*Dir.*) to charge (*di* with), to accuse (of). □ *~ qc. a colpa a qd.* to put the blame on s.o. for s.th.

imputato *m.* (*Dir.*) accused, defendant.

imputazione *f.* (*Dir.*) charge, imputation. □ *capo d'~* count of indictment.

imputridire *v.i.* to putrefy, to rot.

in *prep.* **1** (*stato in luogo*) in; at: *vivere ~*

campagna to live in the country; *siamo atterrati* ~ *un piccolo aereoporto* we landed at a small airport; (*nel corso di*) on, during: *essere* ~ *viaggio* to be on a trip; (*rif. a opere d'arte*) in: *nella Bibbia* in the Bible; (*sopra, su*) on: ~ *tavola* on the table. **2** (*moto a luogo*) to: *sono andato* ~ *Svizzera* I went to Switzerland; (*passando da un luogo all'altro*) into: *andò* ~ *cucina* she went into the kitchen; (*rif. a casa*) indoors, in: *entrare* ~ *casa* to go indoors (*o* in); (*contro*) into, (up) against (*spesso non si traduce*): *urtare* ~ *un tavolo* to run into (*o* up against) a table. **3** (*moto per luogo*) in, round, through, about: *viaggiare* ~ *Europa* to travel through (*o* about in) Europe. **4** (*trasformazione, mutamento*) into, to: *mutarsi* ~ *pietra* to turn (in)to stone. **5** (*tempo determinato*) in: *nel 1815* in 1815; (*rif. a giorni*) on: ~ *quel giorno* (on) that day. **6** (*durata nel tempo: entro*) in, within: ~ *un attimo* in a minute; (*nel corso di, durante*) during: *lo farò* ~ *settimana* I will do it during the week. **7** (*modo e maniera*) in (*spesso si traduce con un avverbio*): *vivere* ~ *pace* to live peacefully (*o* in peace); *parlare* ~ *tedesco* to speak (in) German; (*rif. al modo di vestire*) in, wearing: ~ *pantofole* wearing slippers. **8** (*circostanza, occasione*) in: *morì* ~ *un incidente automobilistico* he died in a car accident; (*seguito dall'infinito sostantivato: nel momento che*) on, upon: *nel pronunciare queste parole* upon saying these words; (*mentre*) as, while, when: *nel tornare a casa* as I was going home. **9** (*limitazione*) at, in: *debole* ~ *matematica* weak in (*o* at) mathematics; (*rif. a voti*) for: *dieci* ~ *condotta* ten for conduct; (*con specificazione di materia*) in (*talvolta si traduce con un sostantivo composto*): *dottore* ~ *legge* doctor in law. **10** (*rif. a mezzo di trasporto*) by: *viaggiare* ~ *treno* to travel by train. **11** (*materia*) of, in (*spesso si traduce con un aggettivo*): *una statua* ~ *marmo* a marble statue. **12** (*quantità*) of: *siamo* ~ *tre* there are three of us; *siete* ~ *pochi* there are few of you. □ ~ **alto** (*stato in luogo*) up (there), high, above; (*moto a luogo*) up, upwards; *non è* ~ **casa** he's not in (*o* at home); ~ **fondo** at the bottom; (*fig.*) after all; ~ **giù** (*stato in luogo*) down; (*moto a luogo*) down(wards); *più* ~ **là** further on; ~ **quanto** *a* (*per ciò che riguarda*) as for, regarding; ~ **su** up, upwards; *arrivare* ~ **tempo** (*puntualmente*) to come on time; (*in tempo utile*) to come in time; *essere* ~ **vita** to be alive. ‖ *Maria Rossi* ~ *Bianchi* Maria Bianchi née Rossi.

In = (*Chim.*) *indio* indium.

INA = *Istituto Nazionale Assicurazioni* National Insurance Service.

inabile *a.* **1** unable (to do s.th.), incapable (of); (*fisicamente*) unfit; (*per infortunio*) disabled. **2** (*Mil.*) unfit. □ ~ *al lavoro* unable to work, unfit for work.

inabilità *f.* inability, incapacity: (*fisica*) unfitness; (*per infortunio*) disability, disablement. □ ~ *al* **lavoro** inability to work, unfitness for work; (*per infortunio*) disability; ~ **permanente** *al lavoro* permanent disablement.

inabilitare *v.t.* **1** to disable (*a* from, for), to make* unfit, to incapacitate (for). **2** (*Dir.*) to disable, to incapacitate.

inabissare *v.t.* to sink*. **inabissarsi** *v.i.pron.* to sink*: *l'aereo precipitò in mare e si inabissò* the aeroplane crashed into the sea and sank.

inabitabile *a.* unfit for habitation.

inaccessibile *a.* **1** inaccessible, out of reach. **2** (*fig.*) inaccessible (*a* to); (*difficilmente accostabile*) unapproachable. **3** (*incomprensibile*) incomprehensible (*a* to). □ *prezzi inaccessibili* exorbitant (*o* unreasonable) prices.

inaccettabile *a.* unacceptable.

inacidire **I** *v.t.* **1** to (turn) sour, to make* acid. **2** (*fig.*) (*inasprire*) to embitter, to sour. **3** (*Chim.*) (*acidificare*) to acidify. **II** *v.i.*, **inacidirsi** *v.i.pron.* **1** to turn sour (*o* to acid). **2** (*fig.*) (*inasprirsi*) to become* embittered, to be soured.

inacidito *a.* **1** sour, acid: *latte* ~ sour milk. **2** (*fig.*) sour(ed), embittered.

inadatto *a.* **1** unsuitable, unfit (*a* for), unsuited (to): *parole inadatte* unsuitable words. **2** (*incapace*) unable, incapable.

inadeguatezza *f.* inadequacy, insufficiency.

inadeguato *a.* inadequate (*a* to); (*insufficiente*) insufficient.

inadempiente **I** *a.* defaulting. **II** *s.m./f.* **1** defaulter. **2** (*debitore*) debtor.

inadempienza *f.* non-fulfilment, non-performance, default. □ ~ *contrattuale* breach of contract.

inafferrabile *a.* **1** elusive. **2** (*fig.*) incomprehensible, difficult to grasp.

inalare *v.t.* to inhale (*anche Med.*).

inalatore *m.* inhaler.

inalberare *v.t.* to raise, to hoist. **inalberarsi** *v.i.pron.* **1** (*rif. a cavallo: impennarsi*) to rear (up). **2** (*fig.*) to take* offence, to lose* one's temper.

inalterabile *a.* lasting; (*rif. a colori*) fast; (*rif. a metalli*) non-tarnish.

inalterabilità *f.* **1** unalterability; (*rif. a colori*) fastness. **2** (*immutabilità*) constancy, immutability, unchangingness.

inalterato *a.* **1** unaltered, unchanged; (*rif. a cibi: fresco*) fresh, unspoilt. **2** (*invariato*) unchanged.

inamidare *v.t.* to starch.

inamidato *a.* **1** starched. **2** (*fig.*) (*rigido*) starchy.

inammissibile *a.* inadmissible.

inanimato *a.* **1** inanimate: *esseri inanimati* inanimate beings. **2** (*privo di vita*) lifeless, dead.

inappagato *a.* unsatisfied; (*insoddisfatto*) dissatisfied, unfulfilled.

inappellabile *a.* **1** (*definitivo*) final, definite, irrevocable. **2** (*Dir.*) final, unappealable.

inappetenza *f.* lack of appetite.

inarcare *v.t.* to bend*, to curve, to arch. **inarcarsi** *v.i.pron.* to bend*, to bow, to be (*o* become*) bent, to arch. □ ~ *le sopracciglia* to raise one's eyebrows.

inaridire I *v.t.* **1** to dry (up), to parch, to make* arid; (*rif. a piante*) to wither. **2** (*fig.*) to harden, to drain of feeling; (*rif. alla mente, allo spirito*) to dull. **II** *v.i.*, **inaridirsi** *v.i. pron.* **1** to dry up, to become* arid (*o* dry); (*rif. a corsi d'acqua*) to run* dry; (*rif. a piante*) to wither. **2** (*fig.*) to be drained of feeling; (*rif. alla mente, allo spirito*) to become* dull; (*rif. alla creatività*) to run* dry.

inaridito *a.* **1** dried, parched, run dry; (*rif. a piante*) withered. **2** (*fig.*) dulled, hardened.

inarrestabile *a.* inexorable, relentless.

inarticolato *a.* inarticulate.

inaspettato *a.* unexpected, unforeseen.

inasprimento *m.* **1** embitterment, exacerbation (*anche fig.*). **2** (*peggioramento*) worsening.

inasprire I *v.t.* **1** to sharpen, to exacerbate, to aggravate. **2** (*fig.*) (*esasperare*) to embitter, to sour. **II** *v.i.*, **inasprirsi** *v.i.pron.* **1** to turn bitter (*o* sour), to go* sour. **2** (*fig.*) (*esasperarsi*) to become* embittered (*o* bitter), to be soured.

inattendibile *a.* unreliable, untrustworthy.

inattendibilità *f.* unreliability.

inatteso *a.* unexpected.

inattività *f.* **1** inactivity, sluggishness; (*estens.*) idleness. **2** (*Chim.*) inactivity.

inattivo *a.* **1** idle, inactive. **2** (*Chim.*) inactive. **3** (*Mecc.*) standing.

inattuabile *a.* impracticable, unfeasible.

inaudito *a.* unheard, unheard-of.

inaugurale *a.* inaugural: *discorso* ~ inaugural speech. □ *viaggio* ~ (*di una nave*) maiden voyage.

inaugurare *v.t.* **1** to inaugurate; to open; (*rif. a monumenti e sim.*) to unveil. **2** (*fig.*) (*dare inizio*) to begin*, to start.

inaugurazione *f.* inauguration, opening (*anche Univ.*); (*rif. a monumenti e sim.*) unveiling.

inavvertenza *f.* inadvertence, carelessness.

inavvertitamente *avv.* inadvertently, unintentionally.

inavvertito *a.* unobserved, unnoticed.

incagliare *v.i.*, **incagliarsi** *v.i.pron.* **1** (*Mar.*) to ground, to strand. **2** (*fig.*) to come* to a standstill, to get* stuck.

incaglio *m.* **1** (*Mar.*) grounding, running aground. **2** (*ostacolo*) obstacle, hindrance.

incalcolabile *a.* incalculable, inestimable, countless.

incallire I *v.t.* to harden, to make* callous (*o* hard). **II** *v.i.*, **incallirsi** *v.i.pron.* **1** to harden, to become* callous (*o* hardened). **2** (*fig.*) to become* hardened, to grow* inveterate.

incallito *a.* **1** callous(ed), hard(ened), horny: *mani incallite* horny hands. **2** (*fig.*) (*inveterato*) inveterate, hardened; (*insensibile*) hard.

incalzante *a.* **1** chasing, pursuing. **2** (*imminente*) imminent, pressing.

incalzare I *v.t.* **1** to chase (*o* pursue) closely, to be hard on the heels of. **2** (*fig.*) to press, to urge. **II** *v.i.* **1** (*urgere*) to be pressing, to press; (*essere imminente*) to be imminent. **2** (*susseguirsi rapidamente*) to follow e.o. closely (*o* swiftly), to follow hard on e.o.'s heels.

incamminare *v.t.* **1** (*avviare*) to send* (*o* start) out, to put* on one's way. **2** (*fig.*) to start (up), to get* going. **3** (*fig.*) (*rif. ad arti, professioni*) to train, to teach*, to start off. **incamminarsi** *v.i.pron.* to set* out (*o* off), to make* (*verso* for); (*assol.*) to set* off, to get* going.

incanalare *v.t.* **1** to canalize. **2** (*fig.*) (*dirigere*) to direct, to guide, to channel. **incanalarsi** *v.i.pron.* **1** to flow, to be canalized. **2** (*fig.*) (*dirigersi insieme*) to converge (*verso* on), to run* (*o* stream *o* flow) together (towards).

incandescente *a.* **1** incandescent, red-hot. **2** (*fig.*) heated, burning.

incandescenza *f.* incandescence, white heat.

incantare *v.t.* **1** to enchant, to cast* a spell on, to bewitch. **2** (*fig.*) (*ammaliare*) to bewitch, to charm. **incantarsi** *v.i.pron.* **1** to be enchanted (*o* bewitched), to fall* under a spell. **2** (*rimanere intontito*) to seem spellbound, to stand* (*o* be) in a daze: *sbrigati, ti sei incantato?* hurry up, are you in a daze?; (*perdersi nei propri pensieri*) to be lost in daydreams. **3** (*arrestarsi: rif. a meccanismi*) to get* stuck, to jam.

incantato *a.* **1** enchanted, magic. **2** (*trasognato, ammirato*) entranced, spellbound, charmed; (*intontito*) in a daze, staring.

incantatore I *s.m.* enchanter, charmer. **II** *a.* bewitching, enchanting.

incantesimo *m.* **1** spell, charm, enchantment. **2** (*formula magica*) (magic) spell, charm.

incantevole *a.* enchanting, charming, bewitching.

incanto[1] *m.* **1** (*incantesimo*) spell, charm, enchantment. **2** (*fig.*) (*fascino*) spell, enchantment, magic, charm. □ *come per* ~ as if by magic.

incanto[2] *m.* (*Dir.*) auction: *vendita all'*~ auction sale.

incanutire *v.i.* to go* white, to turn grey.

incapace I *a.* **1** incapable, unable: *è* ~ *di mentire* he is incapable of lying. **2** (*inetto*) incapable, incompetent. **II** *s.m./f.* **1** incapable person. **2** (*Dir.*) incapable (person), incompetent person. □ ~ *di intendere e di volere* not in full possession of one's faculties.

incapacità *f.* **1** incapability. **2** (*Dir.*) incapacity, incompetence.

incaponirsi *v.i.pron.* to be stubborn (*o* pig-headed), to get* (s.th.) into one's head.

incappare *v.i.* to stumble (*in* into, against), to run* (into).

incappucciare *v.t.* to cover with a hood, to put* a hood.
incapricciarsi *v.i.pron.* **1** to take* a fancy (*di* to), to have a fancy (*o* whim) (for). **2** (*invaghirsi*) to become* infatuated, to fall* in love (*di* with).
incapsulare *v.t.* to encapsulate; (*rif. a denti*) to crown.
incarcerare *v.t.* to imprison, to incarcerate.
incaricare *v.t.* to charge, to (en)trust to: ~ *qd. di fare qc.* to charge s.o. to do s.th., to entrust s.th. to s.o. (*o* s.o. with s.th.). **incaricarsi** *v.r.* to take* upon o.s., to see* to: *me ne incarico io* I'll see to it myself.
incaricato I *a.* (*pred.*) in charge (*di* of), entrusted, charged (with), responsible (for): *la persona incaricata* the person in charge. **II** *s.m.* **1** deputy, appointee, delegate; (*funzionario*) officer. **2** (*nelle scuole*) teacher with a temporary appointment; (*nelle università*) associate professor.
incarico *m.* task, assignment, job, charge. □ *per* ~ *di* on behalf of; (*per ordine*) by order of.
incarnare *v.t.* to incarnate, to embody. **incarnarsi** *v.i.pron.* to be made flesh.
incarnato[1] *a.* personified, incarnate.
incarnato[2] **I** *s.m.* flesh-colour, rosiness. **II** *a.* rosy.
incarnazione *f.* embodiment, incarnation.
incarnire *v.i.*, **incarnirsi** *v.i.pron.* (*rif. a unghia*) to grow* in (*o* into the flesh).
incarnito *a.* ingrowing.
incartamento *m.* (*burocr.*) dossier, file, papers *pl.*, documents *pl.*
incartapecorire *v.i.*, **incartapecorirsi** *v.r.* to wrinkle, to shrivel.
incartare *v.t.* to wrap (up) in paper.
incasellare *v.t.* to pigeon-hole (*anche fig.*).
incassare *v.t.* **1** (*sistemare in casse*) to pack (in cases), to box; (*sistemare in gabbie da imballaggio*) to crate. **2** (*riscuotere*) to collect, to cash. **3** (*incastonare*) to set*, to mount. **4** (*Sport*) to take*, to stand* up to.
incassato *a.* **1** packed, boxed. **2** (*fig.*) (*stretto*) set, confined, enclosed.
incasso *m.* collection, cashing; (*entrata*) takings *pl.*, receipts *pl.*, proceeds *pl.*: ~ *giornaliero* daily takings.
incastellatura *f.* **1** (*armatura*) frame. **2** (*Mecc.*) casing. **3** (*Edil.*) scaffolding.
incastonare *v.t.* to set*, to mount: ~ *una gemma* to set a gem.
incastrare I *v.t.* **1** to fit, to fix, to embed, to drive*; (*a mo' di cuneo*) to wedge. **2** (*fig.*) (*imprigionare*) to catch*, to trap, to sandwich. **3** (*fam.*) (*mettere alle strette*) to catch*, to trap; (*impegolare*) to frame, to involve, to mix-up. **II** *v.i.* to fit (in). **incastrarsi** *v.i.pron.* to stick*. **III** *v.r.recipr.* to fit together.
incastro *m.* **1** (*Edil.*) fixed joint. **2** (*Falegnameria*) joint: ~ *a coda di rondine* dovetail (joint).
incatenare *v.t.* **1** to chain up; (*rif. a persone*) to put* in chains, to chain. **2** (*Edil.*) to strengthen with tie-rods, to reinforce with truss-beams. **3** (*fig.*) to tie, to rivet.
incatramare *v.t.* to tar.
incattivire I *v.t.* to make* bad. **II** *v.i.*, **incattivirsi** *v.i.pron.* to become* wicked, to turn nasty, to be embittered; (*andare in collera*) to grow* ill-tempered (*o* cross).
incauto *a.* incautious, imprudent.
incavare *v.t.* to hollow (*o* scoop) out.
incavato *a.* hollow, hollowed out; (*fig.*) (*infossato*) hollow: *guance incavate* hollow cheeks; (*rif. a occhi*) deep-set; (*per malattia, ecc.*) sunken.
incavatura *f.* **1** hollowing (*o* scooping) out. **2** (*cavità*) hollow.
incavo *m.* **1** hollow, cavity; (*scanalatura*) groove. **2** (*Mecc.*) notch. **3** (*Anat.*) socket.
incavolarsi *v.i.pron.* to fly* off the handle.
incazzarsi *v.i.pron.* (*volg.*) to get* pissed off.
incazzato *a.* (*volg.*) pissed off.
incendiare *v.t.* **1** to set* fire to, to (set* on) fire. **2** (*fig.*) to inflame, to fire. **incendiarsi** *v.i.pron.* **1** to catch* fire, to burst* into flames. **2** (*fig.*) to flare (*o* flame *o* blaze) up.
incendiario *a.* incendiary.
incendio *m.* fire. □ ~ **doloso** arson; **pericolo** *d'*~ danger of fire; **segnale** *d'*~ fire alarm.
incenerimento *m.* incineration.
incenerire *v.t.* to reduce to ashes, to incinerate. **incenerirsi** *v.i.pron.* to burn* down, to be burnt (to ashes).
incensare *v.t.* **1** to cense, to burn* incense (before): ~ *l'altare* to burn incense before the altar. **2** (*fig.*) (*adulare*) to flatter, to adulate.
incenso *m.* incense.
incensurabile *a.* irreproachable.
incensurato *a.* **1** blameless, irreproachable. **2** (*Dir.*) with (*o* having) a clean record.
incentivare *v.t.* to boost, to provide incentives for.
incentivo *m.* **1** incentive, spur, incitement: *incentivi salariali* wage incentives. **2** (*gratifica*) premium, bonus.
inceppamento *m.* **1** blocking; (*rif. ad armi*) jamming. **2** (*Mecc.*) jamming, sticking, stoppage.
inceppare *v.t.* to obstruct, to hinder, to hamper, to interfere with. **incepparsi** *v.i.pron.* (*Mecc.*) to jam, to stick*, to be blocked; (*rif. ad armi*) to jam; to misfire (*anche fig.*).
incerata *f.* **1** (*tela*) oilcloth, tarpaulin. **2** (*Mar.*) (*impermeabile*) oilskins *pl.*
incertezza *f.* **1** uncertainty, unreliability. **2** (*instabilità*) uncertainty, instability. **3** (*mancanza di decisione*) uncertainty, hesitancy.
incerto I *a.* **1** (*dubbioso: rif. a persone*) doubtful, dubious, uncertain; (*rif. a prove e sim.*) circumstantial, unproven. **2** (*indeciso*) undecided. **3** (*malsicuro*) hesitant, faltering, unsteady. **4** (*imprevedibile*) uncertain, unpredictable, unforeseeable. **II** *s.m.* **1** (what is)

uncertain. **2** (*fig.*) (*accidente imprevisto*) uncertainty, risk.

incespicare *v.t.* **1** to stumble, to trip up (*in* over, against). **2** (*fig.*) to stumble.

incessante *a.* incessant, never-ending, nonstop, ceaseless.

incesto *m.* incest.

incestuoso *a.* incestuous.

incetta *f.* buying up, cornering.

incettare *v.t.* to buy* up, to corner, to make* a corner in.

incettatore *m.* cornerer, buyer-up.

inchiesta *f.* **1** (*Dir.*) inquiry (into), investigation (of, into); (*in caso di morte sospetta*) inquest; (*per sospetta corruzione*) probe (into). **2** (*sondaggio di opinione*) poll. **3** (*Giorn.*) report. ▭ *una commissione d'*~ a committee (*o* court) of enquiry.

inchinare *v.t.* to bow, to bend* (down); (*abbassare*) to lower. **inchinarsi** *v.r.* **1** to bow (down) (*a* to), to stoop; (*rif. a donna*) to curtsey (to). **2** (*fig.*) to yield, to give* in, to submit.

inchino *m.* bow; (*rif. a donna*) curtsey.

inchiodare *v.t.* **1** to nail; (*chiudere con chiodi*) to nail up (*o* down). **2** (*fig.*) (*immobilizzare*) to nail, to immobilize, to pin (down). **3** (*frenare di colpo*) to stop dead.

inchiostro *m.* ink. ▭ ~ *di* **china** Indian ink; **sporco** *d'*~ inky.

inciampare *v.i.* **1** to stumble, to trip (up) (*in* over, against). **2** (*fig.*) (*imbattersi*) to run* (into, across), (*fam.*) to bump (into).

inciampo *m.* obstacle, hindrance (*anche fig.*).

incidentale *a.* **1** (*casuale*) incidental, casual. **2** (*accessorio*) incidental, secondary. ▭ *proposizione* ~ parenthetic clause.

incidentalmente *avv.* **1** incidentally, by the way. **2** (*per caso*) incidentally, by chance.

incidente *m.* **1** (*disgrazia*) accident; (*scontro*) crash: ~ *automobilistico* car crash (*o* accident). **2** (*contrattempo*) incident, contretemps, mishap. **3** (*disputa*) argument, dispute. **4** (*Dir.*) objection, intervention. ▭ ~ **aereo** air crash; ~ **ferroviario** railway (*o* train) accident; ~ *sul* **lavoro** labour accident; **vittima** *di un* ~ casualty.

incidenza *f.* incidence: *l'*~ *di una tassa sul bilancio* the incidence of a tax on the budget.

incidere[1] *v.t.* **1** to cut* into. **2** (*intagliare*) to cut*; to carve. **3** (*Arte*) to engrave; (*all'acquaforte*) to etch. **4** (*registrare un suono*) to record. **5** (*Chir.*) to incise, to lance. **incidersi** *v.i.pron.* (*fissarsi*) to be engraved (*o* impressed) (*in* upon), to become* fixed. ▭ ~ *un disco* to make a record(ing).

incidere[2] *v.i.* **1** (*gravare*) to weigh, to bear* (*su* on, upon). **2** (*influire*) to affect (*su qc.* s.th.), to influence (on).

incinta *a.* pregnant: *rimanere* ~ to get pregnant; to be with child.

incipiente *a.* incipient, beginning.

incipriare *v.t.*, **incipriarsi** *v.r.* to powder.

incirca *avv.*: *all'*~ more or less, about.

incisione *f.* **1** (*atto*) cutting, incision, carving; (*effetto*) cut, incision, carving. **2** (*Arte*) engraving; (*ad acquaforte*) etching. **3** (*registrazione di un suono*) recording; (*su nastro*) taping, (tape-)recording. **4** (*Chir.*) incision.

incisività *f.* incisiveness; sharpness.

incisivo I *a.* incisive, sharp (*anche fig.*): *stile* ~ incisive style. **II** *s.m.* (*dente incisivo*) incisor.

inciso *m.* (*Gramm.*) parenthetic clause. ▭ (*sia detto*) *per* ~ by the way, incidentally.

incisore *m.* engraver; (*all'acquaforte*) etcher.

incitamento *m.* **1** incitement, instigation (*anche Dir.*). **2** (*stimolo*) incitement, spur, stimulus.

incitare *v.t.* **1** (*stimolare*) to incite, to urge (on), to spur (on): ~ *qd. al bene* to urge s.o. to do good. **2** (*istigare*) to instigate, to stir up.

incivile *a.* **1** uncivilized, barbarous, barbaric. **2** (*villano*) rough, boorish, gross: *modi incivili* rough ways.

incivilire *v.t.* to civilize. **incivilirsi** *v.i.pron.* to become* civilized.

inciviltà *f.* **1** barbarism. **2** (*maleducazione*) bad manners *pl.*, rudeness, boorishness.

inclemente *a.* **1** (*crudele*) cruel, merciless. **2** (*fig.*) (*rif. a clima*) inclement.

inclinabile *a.* inclinable, tilting.

inclinare I *v.t.* to tilt, to tip, to incline. **II** *v.i.* (*propendere*) to be inclined, to tend. **inclinarsi** *v.r.* **1** to tilt, to bend* (over), to slant. **2** (*di ago magnetico*) to dip.

inclinato *a.* slanted, tilting, inclined: *piano* ~ inclined plane.

inclinazione *f.* **1** inclination, tilt; (*pendenza*) slope, slant. **2** (*fig.*) (*attitudine*) bent. **3** (*fig.*) (*simpatia*) liking, fondness. **4** (*Geom.*) (angle of) inclination.

incline *a.* inclined, disposed, prone (*a* to): ~ *a disturbi di stomaco* prone to indigestion.

includere *v.t.* **1** (*comprendere*) to include, to comprise. **2** (*accludere*) to close, to attach.

inclusione *f.* inclusion.

inclusivo *a.* inclusive.

incluso *a.* **1** (*compreso*) inclusive: *fino a martedì* ~ until Tuesday inclusive; *incluse le spese* expenses included. **2** (*accluso*) enclosed, attached.

incoerente *a.* **1** (*privo di coesione*) incoherent, loose. **2** (*fig.*) (*slegato, sconnesso*) disjointed; (*raro*) incoherent: *discorso* ~ disjointed speech. **3** (*fig.*) (*incongruente*) inconsistent: *comportamento* ~ inconsistent behaviour.

incoerenza *f.* **1** incoherence. **2** (*fig.*) inconsistency, incongruity.

incognita *f.* unknown, unknown quantity. ▭ *il suo avvenire è pieno di incognite* he hardly knows what the future has in store for him.

incognito I *a.* unknown. **II** *s.m.* incognito. ▭ *in* ~ incognito.

incollare *v.t.* **1** to stick*, to glue, to paste. **2** (*chiudere incollando*) to stick* down, to glue up. **3** (*unire con colla*) to stick* (*o* paste) together; (*attaccare con colla da falegname*) to glue together. **incollarsi** *v.i.pron.* to stick* (together).

incollatura *f.* **1** sticking; glueing; (*con colla solida*) pasting. **2** (*tecn.*) sizing.

incollerire *v.i.*, **incollerirsi** *v.i.pron.* to get* (*o* become*) angry, to lose* one's temper.

incolmabile *a.* immeasurably great.

incolonnare *v.t.* **1** (*rif. a numeri e sim.*) to draw* up in columns, to put* (*o* divide) into columns; (*con la macchina per scrivere*) to tabulate. **2** (*rif. a persone*) to line up. **3** (*Tip.*) to print in columns. **incolonnarsi** *v.i. pron.* (*disporsi in colonna*) to form columns; (*mettersi in fila*) to line up, to queue up.

incolore *a.* colourless (*anche fig.*).

incolpare *v.t.* to blame (*di* for) (*anche fig.*), to accuse (of), to charge (with).

incolto *a.* **1** (*di terreno*) uncultivated, untilled. **2** (*fig.*) (*trascurato, non curato*) untidy, unkempt. **3** (*fig.*) (*privo di cultura*) uneducated, uncultured, (*rozzo*) rough, coarse. □ *barba incolta* unkempt, beard.

incolume *a.* unhurt, unharmed.

incolumità *f.* **1** safety. **2** (*fig.*) security.

incombente *a.* imminent, impending.

incombenza *f.* **1** (*dovere*) duty, responsibility. **2** (*incarico*) task, charge, commission.

incombere *v.i.* **1** (*sovrastare*) to be imminent (*o* impending); (*minacciare*) to threaten, to loom (up). **2** (*spettare*) to be incumbent (*a* on, upon).

incominciare *v.t./i.* to begin*, to start: ~ *a fare qc.* to begin doing s.th. (*o* to do s.th.).

incomodare *v.t.* to inconvenience, to trouble, to bother. **incomodarsi** *v.r.* (*prendersi l'incomodo*) to trouble, to bother, to go* to trouble.

incomodo[1] *a.* **1** uncomfortable. **2** (*inopportuno*) inconvenient, awkward, unwelcome. □ *il* **terzo** ~ the odd man out; **fare** *il terzo* ~ to play gooseberry.

incomodo[2] *m.* inconvenience, nuisance, bother, annoyance. □ **essere** *d'~ a qd.* to be a nuisance to s.o.; **levare** *l'~* to take one's leave.

incomparabile *a.* incomparable, matchless.

incompatibile *a.* incompatible.

incompatibilità *f.* incompatibility. □ ~ *di carattere* incompatibility of character.

incompetente *a./s.m./f.* incompetent.

incompetenza *f.* incompetence.

incompiuto *a.* unfinished.

incompleto *a.* incomplete.

incomprensibile *a.* incomprehensible.

incomprensione *f.* incomprehension.

incompreso *a.* (*non compreso*) (*pred.*) not understood; (*compreso male*) misunderstood.

incomunicabile *a.* incommunicable.

incomunicabilità *f.* incommunicability.

inconcepibile *a.* **1** inconceivable, unthinkable. **2** (*straordinario, assurdo*) unthinkable, inconceivable.

inconciliabile *a.* irreconcilable.

inconcludente *a.* **1** (*sconclusionato*) inconclusive; (*sconnesso*) disconnected. **2** (*senza risultato*) unsuccessful. **3** (*rif. a persona*) ineffectual, inconclusive.

incondizionato *a.* unconditional; unconditioned. □ (*Psic.*) *riflesso* ~ unconditioned reflex.

inconfondibile *a.* unmistakable.

inconfutabile *a.* indisputable.

incongruente *a.* incongruous, inconsistent, self-contradictory.

incongruenza *f.* incongruity, incongruousness.

incongruo *a.* incongruous.

inconsapevole *a.* (*ignaro*) ignorant, (*pred.*) unaware.

inconsapevolezza *f.* ignorance, unawareness.

inconscio *a./s.* unconscious (*anche Psic.*).

inconsistente *a.* **1** insubstantial, flimsy. **2** (*fig.*) (*privo di fondamento*) groundless, insubstantial, flimsy, tenuous. **3** (*fig.*) (*privo di concetti*) empty, shallow.

inconsistenza *f.* **1** flimsiness, lack of consistency. **2** (*fig.*) (*infondatezza*) groundlessness, insubstantiality, lack of foundation. **3** (*rif. a concetti*) emptiness, shallowness.

inconsueto *a.* unusual.

inconsulto *a.* rash.

incontaminato *a.* uncontaminated, unpolluted.

incontenibile *a.* **1** unrestrainable, irresistible. **2** (*che non si può reprimere*) irrepressible, unrestrainable.

incontentabile *a.* exacting, hard (*o* difficult *o* impossible) to please.

incontestabile *a.* incontestable, indisputable.

incontinente *a.* incontinent.

incontinenza *f.* incontinence.

incontrare I *v.t.* **1** to meet* (*anche fig.*); (*incontrare per caso*) to meet* (up with): *avevamo in mente di incontrarli a Roma* we planned to meet up with them in Rome. **2** (*trovare*) to find*, to meet* with: ~ *favore* to meet with approval. **3** (*imbattersi: rif. a cose*) to meet* with, to come* up against, to run* into. **4** (*Sport*) to meet*, to play; (*rif. al pugilato*) to meet*, to fight*. **II** *v.i.* to be popular (*o* successful), to be a success (*o* well-liked): *è un uomo di spettacolo che incontra molto* he is an extremely popular showman. **incontrarsi** *v.i.pron.* **1** to meet* (*con qd.* s.o.), to meet* up (with). **2** (*recipr.*) (*trovarsi per caso*) to meet*, to come* (*o* run*) across e.o., (*fam.*) to run* (*o* bump) into e.o. **3** (*Sport*) to meet*, to play; (*rif. al pugilato*) to meet*, to fight*.

incontrario *avv.*: *all'~* the opposite, the contrary. □ *hai messo il maglione all'~* you've got your jumper on back to front.

incontrastabile *a.* **1** irresistible; (*ineluttabile*)

inevitable, unavoidable. **2** (*inoppugnabile*) incontestable, indisputable.
incontrastato *a.* uncontested, undisputed.
incontro[1] *m.* **1** meeting; (*casuale, spiacevole*) encounter. **2** (*Sport*) match; (*am.*) meet (*soprattutto di atletica*). **3** (*rif. a strade*) junction. **4** (*Mat.*) point of intersection. □ ~ *di* **calcio** football match; (*Pol.*) ~ *al* **vertice** summit meeting.
incontro[2] *avv.* toward(s). □ ~ **a** toward(s), (up) to; (*fig.*) **andare** ~ *a qc.* (*avvicinarsi*) to go to (*o* towards) s.th., to (draw *o* get) near s.th.; (*rif. a spese*) to run (into), to incur (s.th.); **andare** ~ *a qd.* to (go to) meet s.o.; (*fig.*) (*aiutarlo*) to meet s.o. halfway, to help s.o. (out); *cercherò di venire* ~ *alle vostre* **esigenze** I'll try to meet your requirements.
incontrollabile *a.* uncontrollable, incontrollable.
incontrollato *a.* uncontrolled.
incontrovertibile *a.* incontrovertible.
inconveniente *m.* **1** (*svantaggio*) disadvantage, drawback; (*guaio*) mishap. **2** (*ostacolo*) snag.
inconvertibile *a.* (*Econ.*) inconvertible.
incoraggiamento *m.* encouragement.
incoraggiante *a.* encouraging.
incoraggiare *v.t.* to encourage.
incornare *v.t.* to gore.
incorniciare *v.t.* to frame (*anche fig.*).
incorniciatura *f.* **1** framing. **2** (*cornice*) frame.
incoronare *v.t.* to crown.
incoronazione *f.* coronation.
incorporare *v.t.* to incorporate (*anche fig.*); (*annettere*) to annex, to incorporate.
incorporeo *a.* **1** incorporeal, immaterial. **2** (*estens.*) ethereal: *creatura incorporea* ethereal creature.
incorreggibile *a.* incorrigible (*anche estens.*).
incorrere *v.i.* to incur (*in qc.* s.th.), to run* (into).
incorrotto *a.* **1** incorrupt(ed). **2** (*rif. a persona: retto*) upright, honest, incorrupt.
incorruttibile *a.* incorruptible (*anche fig.*).
incorruttibilità *f.* incorruptibility.
incosciente **I** *a.* **1** (*privo di conoscenza*) unconscious. **2** (*fig.*) (*sconsiderato*) irresponsible, careless, reckless. **II** *s.m./f.* irresponsible person.
incoscienza *f.* **1** unconsciousness. **2** (*sconsideratezza*) irresponsibility, recklessness, foolhardiness.
incostante *a.* **1** (*instabile, mutevole*) changeable, unsteady, unsettled. **2** (*volubile*) inconstant, fickle.
incostanza *f.* **1** (*instabilità, mutevolezza*) changeableness, variability, mutability. **2** (*volubilità*) inconstancy, fickleness.
incostituzionale *a.* (*Dir.*) unconstitutional.
incostituzionalità *f.* unconstitutionality.
incredibile *a.* incredible, unbelievable.
incredulità *f.* incredulity, disbelief.
incredulo *a.* incredulous, disbelieving.
incrementare *v.t.* **1** (*aumentare*) to increase, to boost. **2** (*fare prosperare*) to foster, to promote.
incremento *m.* **1** (*sviluppo*) development, boost(ing), increase. **2** (*aumento numerico*) increase, increment, growth.
increscioso *a.* **1** regrettable, unfortunate. **2** (*sgradito*) unpleasant, disagreeable, annoying.
increspare *v.t.* **1** (*rif. ad acqua*) to ripple, to ruffle. **2** (*rif. a capelli*) to frizz, to frizzle. **3** (*rif. a stoffa e sim.*) to gather, to pucker. **incresparsi** *v.i.pron.* **1** (*rif. ad acqua*) to ripple. **2** (*rif. a capelli*) to grow* frizzy.
increspatura *f.* **1** (*rif. ad acqua: l'increspare*) rippling, ruffling; (*la superficie increspata*) ripples *pl.* **2** (*rif. a capelli: atto*) frizzing; (*effetto*) frizziness. **3** (*rif. a stoffa e sim.: atto*) gathering, puckering; (*effetto*) gathers *pl.*
incretinire **I** *v.t.* to make* stupid (*o* silly), to stultify, to besot. **II** *v.i.* to become* (*o* grow*) stupid, (*fam.*) to go* silly.
incriminante *a.* incriminatory.
incriminare *v.t.* to indict, to incriminate, to impeach.
incriminazione *f.* (*atto*) incrimination, indictment, impeachment; (*effetto*) indictment.
incrinare *v.t.* **1** to crack. **2** (*fig.*) (*intaccare*) to damage, to injure, to hurt*. **incrinarsi** *v.i. pron.* **1** to crack. **2** (*fig.*) (*intaccarsi*) to break* up, to deteriorate.
incrinatura *f.* **1** (*crepatura*) crack. **2** (*fig.*) rift, flaw. **3** (*Med.*) infraction.
incrociare **I** *v.t.* to cross. **II** *v.i.* (*Mar., Aer.*) to cruise. **incrociarsi** *v.r.recipr.* **1** (*intersecarsi*) to intersect, to cross (e.o.). **2** (*incontrarsi*) to cross: *le nostre lettere si sono incrociate* our letters crossed. **3** (*Geom.*) to intersect. □ ~ *le* **braccia** to fold one's arms; (*scioperare*) to down tools; ~ *le* **spade** to cross swords.
incrociatore *m.* (*Mar. mil.*) cruiser.
incrocio *m.* crossing. □ (*Strad.*) ~ **pericoloso** dangerous crossing; ~ **stradale** crossroads, (road) intersection.
incrollabile *a.* **1** firm. **2** (*fig.*) firm, unshakeable.
incrostare *v.t.* to encrust. **incrostarsi** *v.i.pron.* to become* encrusted; (*rif. a caldaie*) to scale.
incrostazione *f.* incrustation, encrustment.
incruento *a.* bloodless.
incubatrice *f.* incubator.
incubazione *f.* **1** (*Zootecnia*) incubation, hatching. **2** (*Med.*) incubation.
incubo *m.* nightmare.
incudine *f.* anvil.
inculcare *v.t.* to inculcate, to instil (*a* in).
incuneare *v.t.* to wedge (in). **incunearsi** *v.i. pron.* to wedge o.s. in (*anche fig.*).
incupire **I** *v.t.* to darken, to make* dark. **II** *v.i.*, **incupirsi** *v.i.pron.* to darken, to grow* (*o* become* *o* get*) dark.

incurabile *a./s.m.* incurable (*anche fig.*).

incurante *a.* **1** (*sprezzante*) heedless, careless, negligent (*di* of). **2** (*indifferente*) indifferent (*di* to).

incuria *f.* negligence, neglect, carelessness.

incuriosire *v.t.* to make* curious, to arouse curiosity in. **incuriosirsi** *v.i.pron.* to become* (*o* get*) curious, to grow* inquisitive.

incuriosito *a.* curious, inquisitive.

incursione *f.* raid, incursion, foray, inroad. ▭ ~ *aerea* air-raid, (*am.*) (air) strike.

incurvare *v.t.* to bend*, to curve. **incurvarsi** *v.i.pron.* to bend*, to curve. ▭ ~ *la schiena* to bow, to stoop.

incurvatura *f.* **1** bending, curving. **2** (*effetto*) bend, curve, curvature.

incustodito *a.* unguarded, unattended.

incutere *v.t.* to command, to inspire (with). ▭ ~ **rispetto** to command respect; ~ **spavento** to frighten.

indaco *m.* indigo.

indaffarato *a.* busy.

indagare *v.t.* to enquire (*su, intorno a* into), to investigate (s.th.), to conduct investigation, to make* enquiries (about).

indagatore **I** *s.m.* investigator, enquirer. **II** *a.* enquiring, investigating.

indagine *f.* **1** investigation, enquiry, inquiry. **2** (*Dir.*) investigations *pl.*, enquiries *pl.* **3** (*ricerca, studio*) research, survey.

indebitarsi *v.r.* to get* (*o* run*) into debt, to run* up debts.

indebito *a.* **1** (*non dovuto*) undue, not due. **2** (*illecito*) unlawful, illicit. **3** (*immeritato*) undeserved. **4** (*inopportuno*) undue, unsuitable.

indebolimento *m.* weakening, enfeeblement.

indebolire *v.t.* to weaken (*anche fig.*). **indebolirsi** *v.i.pron.* to weaken, to grow* weak; (*rif. alla memoria, vista e sim.*) to fail, to be impaired; (*rif. a suoni, colori*) to fade.

indecente *a.* **1** indecent, improper. **2** (*indecoroso*) untidy, shabby.

indecenza *f.* **1** indecency, immodesty. **2** (*vergogna*) disgrace, shame, outrage.

indecifrabile *a.* **1** indecipherable, illegible. **2** (*fig.*) unintelligible; (*rif. a persona*) inscrutable.

indecisione *f.* indecision, irresoluteness.

indeciso *a.* **1** undecided, irresolute, uncertain. **2** (*instabile*) unsettled. **3** (*fig.*) (*indefinito*) vague, indistinct, blurred.

indecoroso *a.* indecorous, unseemly.

indefinibile *a.* **1** indefinable. **2** (*inqualificabile*) unspeakable.

indefinito *a.* (*indeterminato*) indefinite, indeterminate; (*impreciso*) indistinct, vague.

indeformabile *a.* non-deformable; crush-proof.

indeformabilità *f.* non-deformability.

indegnità *f.* **1** unworthiness (*anche Dir.*). **2** (*atto indegno*) base action, unworthy deed.

indegno *a.* **1** unworthy: *è cosa indegna di te* it is unworthy of you. **2** (*Dir.*) unworthy, disqualified, debarred.

indelebile *a.* **1** indelible; (*rif. a colori*) fast. **2** (*fig.*) indelible, lasting.

indelicatezza *f.* tactlessness, indelicacy.

indelicato *a.* tactless, indiscreet, indelicate.

indemoniato **I** *a.* possessed (by the devil), demoniac. **II** *s.m.* demoniac.

indenne *a.* (*incolume*) unharmed, uninjured, unhurt.

indennità *f.* **1** bonus; benefit. **2** (*risarcimento di danni*) indemnity, compensation. ▭ ~ *di* **contingenza** cost-of-living bonus; ~ *di* **licenziamento** severance pay; ~ **mensa** board wages; ~ *di* **trasferta** subsistance allowance.

indennizzare *v.t.* to compensate, to indemnify.

indennizzo *m.* indemnity, compensation. ▭ **richiesta** *di* ~ claim for damages; *a* **titolo** *di* ~ in compensation; by way of compensation.

indentro *avv.* in(side), within. ▭ **all'**~ (*verso l'interno*) inwards; **più** ~ further in.

inderogabile *a.* unbreakable, intransgressible.

indescrivibile *a.* indescribable.

indesiderabile *a./s.m./f.* undesirable.

indesiderato *a.* **1** (*rif. a persone*) undesirable, unwelcome. **2** (*contrario ai desideri*) undesired.

indeterminabile *a.* indeterminable.

indeterminatezza *f.* indeterminateness, indefiniteness, vagueness.

indeterminativo *a.* (*Gramm.*) indefinite.

indeterminato *a.* **1** indefinite, indeterminate. **2** (*vago*) indeterminate, vague. **3** (*Gramm.*) indefinite.

India *N.pr.f.* (*Geog.*) India.

indiano *a./s.m.* **1** (*dell'India*) Indian. **2** (*dell'America*) Indian, American Indian, Amerindian.

indiavolato *a.* **1** (*indemoniato*) demoniac, possessed (by the devil). **2** (*molto vivace*) wild, unruly, very lively, restless. ▭ *ritmo* ~ franctic rhythm.

indicare *v.t.* **1** (*mostrare*) to show*, to indicate; (*con il dito*) to point to (*o* at). **2** (*rif. a strumenti*) to indicate, to register, to read*. **3** (*fare conoscere*) to state, to indicate. **4** (*significare*) to mean*, to signify. **5** (*denotare*) to denote, to show*.

indicativo **I** *a.* **1** indicating, showing, pointing (to). **2** (*sintomatico*) indicative, revealing. **II** *s.m.* (*Gramm.*) indicative.

indicato *a.* **1** (*adatto*) efficacious, good (*per, a, contro* for). **2** (*appropriato*) suitable, fit, right.

indicatore *m.* **1** indicator, gauge, pointer; (*lancetta*) pointer; (*quadrante*) dial. **2** (*guida, prontuario*) guide, directory. **3** (*Chim.*) indicator. ▭ **cartello** ~ signpost; ~ *di* **direzione** direction indicator; (*lampeggiatore*) blinker; ~ *di* **velocità** speedometer, tachometer.

indicazione *f.* **1** indication. **2** (*dato, notizia*) information. **3** (*istruzione per l'uso*) direction, instruction.

indice *s.m.* **1** (*Anat.*) index (finger), forefinger. **2** (*rif. a strumenti di misura*) indicator, needle, index; (*lancetta*) hand, pointer. **3** (*fig.*) sign, indication, index. **4** (*nei libri*) index, (table of) contents. **5** (*Mat., Econ.*) index; (*Statistica*) rate, ratio. □ ~ **alfabetico** alphabetical index; ~ *di* **gradimento** popularity rating; audience appreciation index; ~ *dei* **prezzi** price index.

indicibile *a.* indescribable, ineffable; (*spreg.*) unspeakable.

indicizzare *v.t.* (*Econ.*) to index.

indicizzazione *f.* (*Econ.*) index-rating; indexation.

indietreggiare *v.i.* **1** to retreat, to withdraw*, to draw* back; (*Mil.*) (*ripiegare*) to fall* back. **2** (*ritrarsi camminando all'indietro*) to step back(wards), to take* a step backwards, to back.

indietro *avv.* **1** (*stato*) behind, back: *tenersi* ~ to keep behind; (*moto*) backward(s), back: *due passi* ~ two steps backwards. **2** (*di ritorno*) back: *rimandare* ~ *qc.* to send s.th. back. **3** (*esclam.*) keep back, stand (*o* move *o* get) back. □ **all'**~ (*a ritroso*) backward(s): *andare* (o *camminare*) *all'*~ to walk (*o* go) backwards, to back; **andare** ~ (*rif. a orologi*) to be slow; **dare** ~ to give back, to return; **domandare** ~ *qc.* to ask for s.th. back; **essere** ~ (*in arretrato*) to be behind; (*rif. a orologi*) to be slow; (*fig.*) (*essere debole*) to be weak (*o* poor); *mettere l'***orologio** ~ *di due ore* to put one's watch back two hours; **rimanere** ~ to be left behind; **tirarsi** ~ to (draw) back, to withdraw; (*fig.*) to back out, to shirk; **voltarsi** ~ to turn back.

indifeso *a.* **1** undefended. **2** (*fig.*) (*inerme*) defenceless.

indifferente *a.* **1** (*insensibile*) indifferent (*a* to); uninterested (in). **2** (*che non interessa*) unimportant, of no importance. □ **fare** *l'*~ to pretend not to care (*o* to be indifferent); **non** ~ appreciable, considerable; **per** *me è* ~ it's all the same (to me) (*o* it's all one to me).

indifferentemente *avv.* without distinction, equally; both: *parla* ~ *italiano e inglese* he speaks both Italian and English.

indifferenza *f.* indifference, unconcern.

indigeno *a./s.m.* native.

indigestione *f.* indigestion.

indigesto *a.* **1** indigestible. **2** (*fig.*) (*rif. a persona*) unbearable, intolerable; (*rif. a cosa: noioso*) boring, tiresome.

indignare *v.t.* to make* indignant, to fill with indignation. **indignarsi** *v.i.pron.* to be (*o* get*) indignant, to be filled with indignation.

indignazione *f.* indignation.

indimenticabile *a.* unforgettable.

indio *m.* (*Chim.*) indium.

indipendente **I** *a.* **1** independent (*da* of). **2** (*non interdipendente*) unrelated, not connected. **II** *s.m./f.* (*Pol.*) independent. □ *persona* ~ self-sufficient person.

indipendenza *f.* independence.

indire *v.t.* to announce, to proclaim; (*rif. a elezioni*) to hold*. □ ~ *una riunione* to call a meeting.

indiretto *a.* indirect. □ *per vie indirette* indirectly.

indirizzare *v.t.* **1** to direct, to turn (*anche fig.*): ~ *i passi verso casa* to direct one's steps homewards; ~ *gli sforzi a qc.* to direct one's energies towards s.th. **2** (*avviare*) to start (off), to encourage to take up; (*far istruire, allenare*) to have taught (*o* trained in). **3** (*rif. a parola, a discorso*) to address. **4** (*rif. a lettere: spedire*) to send*, (*am.*) to mail. **indirizzarsi** *v.r.* (*rivolgersi*) to turn, to go*, to apply (*a* to).

indirizzario *m.* mailing list, address book.

indirizzatrice *f.* addressing machine.

indirizzo *m.* **1** address. **2** (*tendenza*) trend, tendency. **3** (*discorso*) address, speech.

indisciplina *f.* indiscipline, unruliness.

indisciplinato *a.* undisciplined, unruly (*anche estens.*).

indiscreto *a.* **1** (*privo di tatto*) tactless, inquisitive; indiscreet: *persona indiscreta* inquisitive person. **2** (*invadente*) intrusive; pushing.

indiscrezione *f.* **1** inquisitiveness, (*fam.*) nosiness; intrusiveness: *la sua* ~ *è ben nota* her inquisitiveness is notorius. **2** (*fuga di notizie*) leak (of information).

indiscusso *a.* unquestioned, undisputed.

indiscutibile *a.* unquestionable, indisputable.

indispensabile **I** *a.* indispensable. **II** *s.m.* bare (*o* basic) necessities *pl.*

indispettire **I** *v.t.* to irritate, to annoy, (*fam.*) to get* on the nerves of. **II** *v.i.*, **indispettirsi** *v.i.pron.* to become* irritated, to get* annoyed (*o* angry).

indispettito *a.* annoyed, irritated.

indisponente *a.* irritating, annoying, off -putting.

indisporre *v.t.* **1** to put* off, to irritate. **2** (*assol.*) to be off-putting.

indisposizione *f.* indisposition, slight illness.

indisposto *a.* indisposed; (*pred.*) unwell.

indissolubile *a.* indissoluble.

indissolubilità *f.* indissolubility.

indistinguibile *a.* indistinguishable.

indistinto *a.* **1** indistinct. **2** (*vago, indeterminato*) indistinct, vague, confused, faint, dim.

indistruttibile *a.* indestructible.

indivia *f.* (*Bot.*) endive.

individuale **I** *a.* individual. **II** *s.f.* (*Sport*) singles.

individualismo *m.* individualism.

individualista *m./f.* individualist.

individuare *v.t.* **1** to individualize, to characterize. **2** (*determinare*) to determine, to locate. **3** (*riconoscere*) to single (*o* pick) out, to recognize: ~ *una persona tra la folla* to single a person out in the crowd. **4** (*scoprire*) to discover, to find* (out).

individuazione *f.* individualization, individu-

ation; (*determinazione*) determination, location.
individuo *m.* **1** individual; (*uomo*) man (*pl.* men). **2** (*spreg.*) fellow, character, (*am.*) guy.
indivisibile *a.* indivisible.
indiziare *v.t.* to point to, to render suspect, to cast* suspicion on.
indiziato *a./s.m.* suspect.
indizio *m.* **1** (*segno*) sign, indication, mark. **2** (*Dir.*) (circumstantial) evidence.
indocile *a.* unruly.
indocilità *f.* unruliness.
indole *f.* nature, temperament, disposition, character. □ *essere d'~ buona* (o *cattiva*) to be good-natured (*o* bad-natured).
indolente *a.* (*apatico*) indolent, slothful.
indolenza *f.* indolence, sluggishness.
indolenzimento *m.* **1** ache, aching. **2** (*intorpidimento*) numbness.
indolenzire I *v.t.* **1** to make* ache. **2** (*intorpidire*) to (make*) numb. **II** *v.i.*, **indolenzirsi** *v.i.pron.* **1** to begin* to ache. **2** (*intorpidirsi*) to grow* numb.
indolenzito *a.* **1** aching, sore. **2** (*intorpidito*) numb.
indolore *a.* painless.
indomabile *a.* **1** untamable; (*rif. a cavalli*) that cannot be broken. **2** (*fig.*) indomitable, unyielding.
indomani *avv./s.m.* (on) the following day, the next day, the day after: *all'~ della sua partenza* the day after his departure.
Indonesia *N.pr.f.* (*Geog.*) Indonesia.
indonesiano *a./s.m.* Indonesian.
indorare *v.t.* **1** to gild* (*anche fig.*). □ *~ la pillola* to sugar (*o* gild) the pill.
indossare *v.t.* **1** to put* on, (*fam.*) to slip into. **2** (*avere indosso*) to wear*, to have on. **3** (*rif. a indossatrice*) to model.
indossatore *m.* male model.
indossatrice *f.* fashion model, mannequin.
indosso *avv.* (*addosso*) on.
indottrinamento *m.* indoctrination.
indottrinare *v.t.* to indoctrinate.
indovinare *v.t.* **1** to guess. **2** (*prevedere*) to (fore)tell*, to divine: *~ il futuro* to tell the future. **3** (*immaginare*) to imagine, to think*, to guess. **4** (*azzeccare, trovare*) to hit* the mark.
indovinato *a.* **1** (*ben riuscito*) successful, inspired. **2** (*ben scelto*) well chosen, just the right thing; (*rif. a vestiti e sim.*) becoming, flattering.
indovinello *m.* riddle, puzzle.
indovino *s.m.* fortune-teller, soothsayer.
indù *a./s.m./f.* Hindu.
indubbio *a.* certain, undoubted.
indugiare *v.i.* **1** to linger (over). **2** (*dilungarsi*) to dwell*, to spend* too much time (*su* on). **indugiarsi** *v.i.pron.* **1** (*soffermarsi*) to stop (for a while), to stay on (*o* behind), to linger. **2** (*attardarsi*) to linger, to dally, to loiter, to dawdle.
indugio *m.* delay: *senza indugi* without delay.
indulgente *a.* indulgent (*con, verso* to, towards).
indulgenza *f.* **1** leniency, indulgence; forbearance. **2** (*Teol.*) indulgence.
indulgere *v.i.* to indulge (*a* in).
indulto *m.* **1** (*Dir.*) pardon. **2** (*Rel.*) indult.
indumento *m.* garment; *pl.* clothes *pl.*
indurimento *m.* hardening.
indurire I *v.t.* **1** to harden, to make* hard. **2** (*fig.*) to harden. **II** *v.i.*, **indurirsi** *v.i.pron.* to harden, to grow* hard (*anche fig.*).
indurito *a.* hard, hardened (*anche fig.*).
indurre *v.t.* **1** to induce (*anche El.*), to persuade. **2** (*al male*) to lead*; (*in errore*) to mislead*.
industria *f.* industry; (*impresa*) industrial concern (*o* enterprise). □ ~ **alberghiera** hotel industry; ~ **alimentare** food industry: ~ **automobilistica** motor industry, (*am.*) automobile industry; ~ **cinematografica** film (*o* motion-picture) industry; ~ **editoriale** publishing (trade); ~ **leggera** light industry; ~ **pesante** heavy industry; ~ **petrolifera** oil industry; ~ **turistica** tourist industry.
industriale I *a.* industrial. **II** *s.m.* industrialist, manufacturer.
industrializzare *v.t.* to industrialize.
industrializzazione *f.* industrialization.
industriarsi *v.r.* to do* one's best (*o* all one can), to try (hard), to strive*.
industrioso *a.* industrious, hard-working.
induttivo *a.* (*Filos., Fis.*) inductive.
induzione *f.* (*El.*) induction.
inebetire I *v.t.* **1** (*incretinire*) to make* stupid, to dull. **2** (*stordire*) to stun, to daze. **II** *v.i.*, **inebetirsi** *v.r.* to become* stupid, to grow* dull-witted.
inebetito *a.* **1** (*intontito*) dazed, dulled. **2** (*imbambolato*) blank, dull: *sguardo ~* blank look. **3** (*rincretinito*) stupid, idiotic.
inebriante *a.* intoxicating, heady (*anche fig.*).
inebriare *v.t.* to inebriate (*anche fig.*). **inebriarsi** *v.i.pron.* **1** (*diventare ebbro*) to become* inebriated. **2** (*fig.*) (*esaltarsi*) to become* intoxicated, to rejoice, to delight.
ineccepibile *a.* unexceptionable.
inedia *f.* starvation, inanition. □ (*fig.*) *morire d'~* to be bored to death.
inedito I *a.* (*rif. a scritti*) unpublished. **II** *s.m.* unpublished work.
ineducato *a.* **1** (*non educato*) impolite, ill -mannered. **2** (*incolto*) uneducated.
ineducazione *f.* rudeness, impoliteness.
ineffabile *a.* **1** ineffable, unutterable. **2** (*fam. scherz.*) (*impareggiabile*) incomparable, peerless.
inefficace *a.* **1** ineffective, ineffectual. **2** (*fig.*) (*debole, fiacco*) ineffective, weak.
inefficacia *f.* ineffectiveness.
inefficiente *a.* inefficient.
inefficienza *f.* inefficiency.
ineguaglianza *f.* (*disparità*) inequality, disparity; (*mancanza di uniformità*) unevenness, irregularity.

ineguale *a.* **1** (*disuguale*) unequal. **2** (*non uniforme*) uneven, irregular, unequal.
ineluttabile *a.* ineluctable, unavoidable.
ineluttabilità *f.* ineluctability, unavoidability.
inequivocabile *a.* unequivocal, unmistakable.
inerente *a.* inherent (*a* in), concerning (s.th.), applicable (to).
inerme *a.* **1** (*disarmato*) unarmed. **2** (*indifeso*) defenceless, helpless.
inerte *a.* **1** inert. **2** (*inattivo*) indolent, sluggish, slothful. **3** (*Chim.*, *Fis.*) inert.
inerzia *f.* **1** inertia, inertness. **2** (*inattività*) inactivity, idleness, sluggishness. **3** (*Fis.*) inertia. □ (*fig.*) *andare avanti per forza d'~* to keep going, to go blindly on.
inesattezza *f.* **1** inexactitude, imprecision. **2** (*concr.*) inaccuracy.
inesatto *a.* **1** (*impreciso*) inexact, inaccurate. **2** (*erroneo*) incorrect.
inesauribile *a.* **1** inexhaustible. **2** (*infinito*) endless.
inesistente *a.* **1** non-existent. **2** (*immaginario*) imaginary, unreal.
inesorabile *a.* inexorable, implacable, relentless.
inesorabilità *f.* inexorability, relentlessness, implacability.
inesperienza *f.* inexperience, lack of experience.
inesperto *a.* **1** inexpert, inexperienced (*di* in). **2** (*ingenuo*) inexperienced, naive, ingenuous.
inesplicabile *a.* inexplicable, unaccountable.
inesplorato *a.* unexplored.
inespressivo *a.* inexpressive, expressionless.
inespugnabile *a.* impregnable (*anche fig.*).
inestimabile *a.* inestimable.
inestinguibile *a.* **1** inextinguishable. **2** (*fig.*) unquenchable.
inetto I *a.* **1** (*privo di capacità nel fare qc.*) unskilled (in); unsuited (for, to); inept. **2** (*che svolge male il proprio lavoro*) unskilful; (*raro*) inept. **II** *s.m.* inadequate person; a person unfit to cope with the exigencies of life; (*spreg.*) good-for-nothing.
inevaso *a.* (*burocr.*) outstanding, not dispatched; (*rif. a lettera*) unanswered.
inevitabile *a.* inevitable, unavoidable, inescapable.
inevitabilità *f.* inevitability.
inezia *f.* trifle, mere nothing.
infagottare *v.t.* **1** (*coprire per difendere dal freddo*) to muffle up, to bundle up. **2** (*rif. a vestiti*) to make* look bulky (*o* awkward). **infagottarsi** *v.r.* to muffle (o.s.) up, to bundle o.s. up (*anche fig.*).
infallibile *a.* infallible.
infallibilità *f.* infallibility (*anche Teol.*).
infamante *a.* defamatory, slanderous.
infame *a.* **1** infamous, disgraceful, disreputable. **2** (*fam.*) (*pessimo*) awful, abominable, dreadful.
infamia *f.* **1** infamy. **2** (*calunnia*) slander, calumny.
infangare *v.t.* **1** to (make*) muddy, to cover with mud. **2** (*fig.*) (*disonorare*) to throw* mud at, to cast* a blot on. **infangarsi** *v.r./i.pron.* to (become*) muddy, to get* spattered with mud.
infangato *a.* muddy, dirty with mud.
infanticida *m./f.* infanticide.
infanticidio *m.* infanticide.
infantile *a.* **1** childlike, infantile, child's, of a child (*o* baby). **2** (*dedicato all'infanzia*) children's, infants': *letteratura ~* children's books. **3** (*puerile*) childish, infantile.
infanzia *f.* **1** infancy, (early) childhood, babyhood. **2** (*collett.*) children *pl.*, infants *pl.*
infarcire *v.t.* **1** to stuff, to fill. **2** (*fig.*) to cram, to stuff.
infarinare *v.t.* to (cover with) flour; (*rivoltare nella farina*) to (dip in) flour.
infarinatura *f.* **1** flouring, coating with flour; (*il rivoltare nella farina*) dipping in flour. **2** (*fig.*) smattering.
infarto *m.* (*Med.*) infarct; infarction; (*fam.*) heart attack.
infastidire *v.t.* to annoy, to bother, to irritate, to worry. **infastidirsi** *v.i.pron.* (*irritarsi*) to become* annoyed, to get* irritated.
infaticabile *a.* tireless, untiring.
infatti *congz.* in fact, as a matter of fact, in point of fact; (*invero*) really, indeed, actually.
infatuarsi *v.i.pron.* to become* (*o* get*) infatuated (*di* with), (*fam.*) to fall* (for).
infatuato *a.* infatuated, crazy (over).
infatuazione *f.* infatuation: *aveva un'~ per quell'uomo* she felt an infatuation for that man.
infausto *a.* **1** unhappy, unlucky: *giorno ~* unhappy day; (*che annuncia disgrazia*) inauspicious, unfavourable; (*malaugurato*) ill-omened. **2** (*Med.*) unfavourable, fatal.
infecondo *a.* sterile, barren, infertile.
infedele *a.* unfaithful.
infedeltà *f.* unfaithfulness.
infelice I *a.* **1** unhappy; (*sventurato*) wretched, unlucky. **2** (*sfortunato*) unfortunate, unsuccessful. **3** (*inopportuno*) unfortunate, untimely, inappropriate. **4** (*mal riuscito*) bad, poor. **II** *s.m./f.* **1** unhappy person. **2** (*sventurato*) (poor) wretch. **3** (*menomato*) misshapen wretch.
infelicità *f.* **1** unhappiness; (*sventura, miseria*) wretchedness. **2** (*inopportunità*) inappropriateness.
inferiore I *a.* **1** lower: *~ alla media* below (*o* lower than) average; (*rif. a temperatura, misura e sim.*) lower, less(er). **2** (*rif. a numeri*) under, below. **3** (*minore di rango*) lower, inferior; (*in una gerarchia*) lower-ranking. **4** (*meno pregiato*) inferior: *merce di qualità ~* inferior merchandise. **5** (*da meno*) unequal, (*fam.*) not up (*a* to): *è ~ al proprio compito* he is not up (*o* unequal) to his task. **II** *s.m./f.* subordinate, inferior. □ *essere ~ a qd.* to be inferior to s.o., to be s.o.'s inferior.

inferiorità *f.* inferiority: *complesso d'~* inferiority complex.

inferire *v.t.* **1** (*arrecare*) to inflict. **2** (*dedurre*) to infer.

infermeria *f.* infirmary; (*su una nave*) sick -bay.

infermiera *f.* (hospital) nurse. □ *capo ~* matron.

infermiere *m.* male nurse.

infermità *f.* infirmity, illness, sickness. □ *~ mentale* insanity.

infermo **I** *a.* (*pred.*) ill, (*attr.*) invalid: *diventare ~* to become an invalid. **II** *s.m.* invalid. □ *essere ~ alle* **gambe** to be crippled; *essere ~ a* **letto** to be confined to bed.

infernale *a.* **1** infernal, (*pred.*) of hell. **2** (*terribile*) dreadful, terrible, awful. **3** (*diabolico*) diabolical, hellish, devilish. □ *baccano ~* bedlam.

inferno *m.* hell (*anche fig.*). □ **all'***~!* damn (it)!, blast (it)!; (*fam.*) **va** *all'~* go to hell.

inferocire **I** *v.t.* to make* fierce (*o* ferocious). **II** *v.i.* **1** to grow* fierce (*o* ferocious). **2** (*infierire*) to act cruelly (*su* towards), to fierce (to). **inferocirsi** *v.i.pron.* to become* fierce.

inferriata *f.* iron bars *pl.*, grating, grille.

infervorare *v.t.* to arouse enthusiasm in. **infervorarsi** *v.i.pron.* to be carried away, to get* excited (*o* worked up).

infervorato *a.* fervent, enthusiastic.

infestare *v.t.* to infest (*anche fig.*).

infettare *v.t.* (*Med.*) to infect. **infettarsi** *v.i. pron.* to become* infected, to get* an infection.

infettivo *a.* (*che infetta*) infectious; (*fam.*) catching: *malattia infettiva* infectious disease.

infetto *a.* **1** infected. **2** (*estens.*) (*inquinato*) polluted, contaminated, tainted.

infezione *f.* (*Med.*) infection (*anche estens.*).

infiacchire **I** *v.t.* to weaken, to enfeeble, to enervate. **II** *v.i.*, **infiacchirsi** *v.i.pron.* to weaken, to become* weak, to lose* one's vigour.

infiammabile *a./s.m.* inflammable.

infiammare *v.t.* **1** to kindle, to ignite, to set* on fire, to set* fire to. **2** (*fig.*) (*entusiasmare*) to inflame, to fire, to rouse, to kindle. **3** (*Med.*) to inflame. **infiammarsi** *v.i.pron.* **1** to catch* fire, to burst* into flames, to flare up. **2** (*Med.*) to become* inflamed. **3** (*fig.*) (*entusiasmarsi*) to be fired (*o* roused), to burn* with enthusiasm. **4** (*fig.*) (*arrossire*) to blush, to flush.

infiammatorio *a.* (*Med.*) inflammatory.

infiammazione *f.* (*Med.*) inflammation.

infido *a.* treacherous, untrustworthy.

infierire *v.i.* **1** to treat with ferocity (*su, contro qd.* s.o.), to act ferociously (*o* cruelly) (towards). **2** (*fig.*) to rage, to be (*o* run*) rampant.

infiggere *v.t.* to drive*, to thrust*, to plunge. **infiggersi** *v.i.pron.* **1** to penetrate, to sink* (deeply), to go* deep. **2** (*fig.*) to sink* (deep), to become* rooted.

infilare *v.t.* **1** to thread: *~ l'ago* (*o il filo nell'ago*) to thread the needle. **2** (*introdurre*) to put*, to insert, to slip. **3** (*rif. a custodie, rivestimenti e sim.*) to put* (*o* slip) on: *~ un ditale* to put a thimble on. **4** (*infilzare*) to run* (*o* drive*) through; (*in uno spiedo*) to spit*, to skewer. **5** (*indossare*) to put* (*o* slip) on. **6** (*imboccare*) to take*, to go* down, to turn (*o* come*) into: *non ne infila una* he never succeeds in anything. **infilarsi** *v.r./ i.pron.* to thread (*o* make*) one's way; (*scivolare*) to slip, to glide: *infilarsi nel letto* to slip (*o* get) into bed; (*mischiarsi, confondersi*) to mingle.

infiltrarsi *v.i.pron.* **1** to filter, to infiltrate, to penetrate. **2** (*fig.*) (*introdursi*) to insinuate o.s., to slip, to creep*. **3** (*Mil.*) to infiltrate.

infiltrato *m.* **1** (*Med.*) infiltrate. **2** (*anche Pol.*) infiltrator.

infiltrazione *f.* infiltration (*anche Med.*).

infilzare *v.t.* **1** (*infilare*) to thread, to string*. **2** (*trafiggere*) to pierce, to run* through; (*in uno spiedo*) to spit*, to skewer. **infilzarsi** *v.r.* **1** to be pierced (*o* impaled, run* through), to transfix o.s. **2** (*recipr.*) to pierce (*o* stab) e.o., to run* e.o. through.

infimo *a.* **1** lowest. **2** (*di nessun valore*) worthless, poorest, worst. **3** (*vile*) meanest.

infine *avv.* **1** (*alla fine*) in the end, at last, finally. **2** (*in conclusione*) well, in short, to sum up.

infinità *f.* **1** infinity, infinitude. **2** (*enormità*) enormous quantity, tremendous (*o* vast) number. □ *un'~ di gente* a large crowd of people.

infinitamente *avv.* **1** infinitely. **2** extremely, enormously, (*fam.*) awfully.

infinitesimale *a.* infinitesimal (*anche Mat.*).

infinitesimo *a./s.m.* (*Mat.*) infinitesimal.

infinito **I** *a.* **1** (*eterno*) infinite, endless, never -ending. **2** (*innumerevole*) countless, innumerable, infinite. **3** (*immenso*) boundless, infinite. **4** (*Gramm.*) infinitive. **II** *s.m.* **1** infinity; (*immensità*) boundlessness. **2** (*Mat.*) infinity. **3** (*Gramm.*) infinitive. □ *all'~* without end, endless(ly); (*per sempre*) forever; (*infinite volte*) countless times.

infinocchiare *v.t.* (*fam.*) to trick, (*fam.*) to take* in.

infiorescenza *f.* (*Bot.*) inflorescence.

infischiarsi *v.i.pron.* not to care (*di* for, about), (*fam.*) not to give* a rap (*di* about, for): *mi* (*o me ne*) *infischio di lui* I don't give a rap about him.

infisso **I** *a.* fixed. **II** *s.m.* fixture; (*rif. a porte, finestre*) frame.

infittire **I** *v.t.* to thicken. **II** *v.i.*, **infittirsi** *v.i. pron.* to thicken.

inflazione *f.* **1** (*Econ.*) inflation. **2** (*fig.*) (*invasione*) flood, invasion, surfeit.

inflazionismo *m.* (*Econ.*) inflationism.

inflazionistico *a* (*Econ.*) inflationary.

inflessibile *a.* inflexible, unbending; (*irremovibile*) unshakable, unyielding.
inflessibilità *f.* inflexibility; (*rigidezza*) rigidity.
inflessione *f.* **1** inflection (*anche Mat., Acustica*). **2** (*Fis.*) diffraction.
infliggere *v.t.* to inflict, to impose (*a* on).
influente *a.* influential.
influenza *f.* **1** influence: *subire l'~ di qd.* to be under s.o.'s influence. **2** (*Med.*) influenza, (*fam.*) flu.
influenzabile *a.* (easily) influenced.
influenzale *a.* influenza-, of influenza, (*fam.*) flu-: *epidemia ~* influenza (*o* flu) epidemic.
influenzare *v.t.* to influence.
influenzato *a.* suffering from influenza.
influire *v.i.* to influence, to affect (*su qc.* s.th.).
influsso *m.* influence.
infondatezza *f.* groundlessness.
infondato *a.* groundless.
infondere *v.t.* to instil, to infuse, to imbue.
inforcare *v.t.* **1** to fork, to pitch fork. **2** (*mettersi a cavalcioni*) to get* on (*o* astride). □ *~ gli occhiali* to put one's glasses on.
informale *a.* **1** (*Arte*) non-figurative. **2** (*ufficioso*) informal.
informare *v.t.* to inform, to tell*: *~ qd. di qc.* to inform s.o. of s.th. **informarsi** *v.i.pron.* to enquire, to make* enquiries, to get* information (*di* about).
informatica *f.* informatics *pl.* (costr. sing), information science, information technology.
informativo *a.* informative. □ *a titolo ~* for information (only).
informatizzare *v.t.* to computerize.
informatizzazione *f.* computerization.
informato *a.* **1** (well-)informed (*di* about). **2** (*fig.*) (*improntato*) characterized (*a* by), marked (by). □ *da fonte* **ben** *informata* from a reliable source; **mal** *~* misinformed, ill-informed.
informatore I *s.m.* **1** informant. **2** (*delatore*) informer. **II** *a.* formative, (*pred.*) informing.
informazione *f.* (piece of) information. □ **assumere** *informazioni sul conto di qd.* to make investigations (*o* enquiries) about s.o.; *informazioni* **commerciali** credit status information, (*am.*) credit (*o* business) report; **ufficio** *informazioni* enquiry office, information bureau; *per* **ulteriori** *informazioni* for further information.
informe *a.* formless, shapeless.
infornare *v.t.* **1** to put* into an oven. **2** (*cuocere al forno*) to bake.
infornata *f.* batch (*anche fig.*).
infortunarsi *v.i.pron.* to get* injured (*o* hurt).
infortunato I *a.* injured, hurt (in an accident). **II** *s.m.* injured person, casualty.
infortunio *m.* accident. □ **assicurazione** *contro gli infortuni* accident insurance; *~ sul* **lavoro** accident at work.
infortunistica *f.* industrial accident research.
infossarsi *v.i.pron.* **1** (*incavarsi*) to become* hollow (*o* sunken). **2** (*affondare nel terreno*) to sink*.
infossato *a.* (*rif. a guance*) hollow; (*rif. a occhi*) deep-set; (*per malattia, vecchiaia*) sunken, hollow.
infradiciare *v.t.* (*bagnare a fondo*) to drench, to soak. **infradiciarsi** *v.i.pron.* to get* drenched, to get* soaked.
infrangere *v.t.* **1** to break*, to shatter. **2** (*fig.*) (*trasgredire*) to break*, to go* against: *~ la legge* to break the law. **infrangersi** *v.i.pron.* **1** to break*, to smash. **2** (*rif. a navi*) to be wrecked; (*rif. a onde*) to break*, to dash. **3** (*fig.*) to be shattered.
infrangibile *a.* unbreakable; (*vetro*) shatterproof.
infrarosso *a.* (*Fis.*) infrared.
infrasettimanale *a.* midweek-, (falling) during the week.
infrastruttura *f.* infrastructure.
infrasuono *m.* (*Fis.*) infrasonic wave.
infrazione *f.* breach, violation, infraction, misdemeanour.
infreddatura *f.* cold.
infreddolire *v.i.*, **infreddolirsi** *v.i.pron.* to get* cold, to feel* chilled.
infruttescenza *f.* (*Bot.*) infructescence.
infruttifero *a.* **1** unfruitful, fruitless. **2** (*Econ.*) bearing (*o* yielding) no interest, (lying) idle.
infruttuoso *a.* **1** unfruitful, infertile. **2** (*fig.*) fruitless, vain, useless: *sforzi infruttuosi* vain efforts.
infuocare *v.t.* **1** (*arroventare*) to make* red hot. **2** (*fig.*) to kindle. **infuocarsi** *v.i.pron.* **1** (*divenire rovente*) to become* (*o* turn) red hot. **2** (*fig.*) (*infervorarsi*) to get* heated (*o* worked up).
infuocato *a.* **1** red hot. **2** (*estens.*) (*caldissimo*) burning, (red) hot. **3** (*fig.*) (*infiammato*) fiery: *discorso ~* fiery speech. **4** (*imporporato*) flushed, burning: *guance infuocate* burning cheeks.
infuori *avv.* out. □ **all'**~ outwards, out; *all'~* **di** except, with the exception of, but.
infuriare *v.i.* to rage. **infuriarsi** *v.i.pron.* (*divenire furioso*) to get* angry, to lose* one's temper, to fly* into a rage.
infuriato *a.* enraged, furious.
infusione *f.* infusion.
infuso I *a.* infused. **II** *s.m.* infusion. □ *un ~ di camomilla* camomile tea.
Ing. = *Ingegnere* Engineer (Eng.).
ingabbiare *v.t.* **1** (*mettere in gabbia*) to (put* in a) cage; (*per imballare*) to crate. **2** (*fig.*) to shut* (*o* hem) in, to cage, to coop up.
ingaggiare *v.t.* **1** to engage, to employ, to take* on, to hire; (*arruolare*) to enlist, to enrol, to recruit. **2** (*Mar., Sport*) to sign on.
ingaggio *m.* **1** engagement, hiring; (*arruolamento*) enlistment, enrolment, recruitment. **2** (*Sport*) (*l'ingaggiare*) signing on; (*premio d'ingaggio*) signing on fee, (*am.*) bonus.
ingannare *v.t.* **1** to deceive; (*rif. a cose: essere ingannevole*) to be deceptive. **2** (*imbrogliare*)

to cheat, to swindle. **3** (*tradire*) to betray, to deceive; (*rif. a coniugi*) to be unfaithful to. **4** (*eludere*) to elude, to evade, to dodge. **ingannarsi** *v.i.pron.* to be mistaken (*o* wrong). □ **l'apparenza** *inganna* appearances can be misleading (*o* deceptive); ~ *l'***attesa** to while away the time; ~ *la* **fame** to still the pangs of hunger.

ingannatore I *s.m.* deceiver; (*imbroglione*) cheat, swindler. **II** *a.* deceptive, deceitful.

ingannevole *a.* **1** deceptive, deceitful, misleading. **2** (*illusorio*) illusory, deceptive.

inganno *m.* **1** deceit, deception; (*azione insidiosa*) trick: *un vile* ~ a low trick; (*imbroglio*) swindle, cheat, fraud. **2** (*illusione*) illusion. □ *trarre in* ~ to mislead, to take in, to deceive.

ingarbugliare *v.t.* **1** (*arruffare*) to (en)tangle. **2** (*fig.*) (*confondere*) to confuse, to mix up, to muddle. **ingarbugliarsi** *v.i.pron.* **1** (*complicarsi*) to become* confused (*o* complicated), to get* involved. **2** (*imbrogliarsi*) to become* entangled.

ingarbugliato *a.* **1** tangled. **2** (*fig.*) involved; (*complicato*) complicated; (*confuso*) confused.

ingegnarsi *v.i.pron.* **1** (*industriarsi*) to do* one's best, to strive*, to try (hard). **2** (*arrabattarsi*) to contrive, to manage.

ingegnere *m.* engineer: ~ *civile* civil engineer.

ingegneria *f.* engineering: ~ *genetica* genetic engineering.

ingegno *m.* talent, genius; (*estens.*) wits *pl.*, wit, brains *pl.* □ *è un giovane d'*~ he is a gifted young man.

ingegnosità *f.* ingenuity, cleverness.

ingegnoso *a.* ingenious, clever.

ingelosire I *v.t.* to make* jealous. **II** *v.i.*, **ingelosirsi** *v.i.pron.* to become* jealous (*di* of).

ingente *a.* huge, enormous, immense.

ingentilire I *v.t.* to refine. **II** *v.i.*, **ingentilirsi** *v.i.pron.* to become* (more) refined, to acquire polish.

ingenuità *f.* **1** naïvety, naïveté; ingenuousness; artlessness. **2** (*parole, atti ingenui*) naïve (*o* ingenuous) things.

ingenuo I *a.* ingenuous, naïve, artless. **II** *s.m.* **1** naïve (*o* ingenuous) person. **2** (*Teat.*) ingénue. □ *fare l'*~ to feign innocence.

ingerenza *f.* interference, meddling.

ingerire *v.t.* to swallow, to ingest. **ingerirsi** *v.i. pron.* to interfere, to meddle.

ingessare *v.t.* (*Med.*) to put* in plaster (*o* a plaster cast); to plaster.

ingessatura *f.* (*Med.*) **1** (*l'ingessare*) putting in plaster. **2** (*concr.*) plaster (cast).

ingestione *f.* swallowing.

Inghilterra *N.pr.f.* (*Geog.*) England.

inghiottire *v.t.* to swallow (up). □ (*fig.*) ~ *un rospo* to swallow a bitter pill.

ingiallire I *v.t.* to yellow, to make* (*o* turn) yellow. **II** *v.i.*, **ingiallirsi** *v.i.pron.* to (turn) yellow.

ingiallito *a.* yellowed, turned yellow.

ingigantire I *v.t.* to enlarge, to magnify (*anche fig.*). **II** *v.i.* to become* gigantic (*o* enormous).

inginocchiarsi *v.i.pron.* to kneel* (down), to fall* on one's knees.

ingioiellare *v.t.* to bejewel. **ingioiellarsi** *v.r.* to adorn o.s. with jewels.

ingiù *avv.* down, downwards.

ingiungere *v.t.* to enjoin, to order: ~ *a qd. di tacere* to order s.o. to be silent.

ingiunzione *f.* injunction (*anche Dir.*).

ingiuria *f.* **1** insult; *pl.* abuse. **2** (*estens.*) (*torto*) wrong. **3** (*fig. lett.*) (*danno*) damage, ravages *pl.*: *le ingiurie del tempo* the ravages of time. **4** (*Dir.*) offence.

ingiuriare *v.t.* to insult, to abuse.

ingiurioso *a.* insulting, abusive, injurious.

ingiustificabile *a.* unjustifiable.

ingiustificato *a.* **1** unjustified. **2** (*non legittimo*) unwarranted, groundless.

ingiustizia *f.* injustice. □ *commettere un'*~ *contro qd.* to do s.o. an injustice.

ingiusto *a.* **1** unjust. **2** (*parziale*) unfair.

inglese I *a.* **1** English. **2** (*britannico*) British: *cittadino* ~ British subject. **II** *s.m.* **1** (*lingua*) English. **2** *m./f.* (*abitante*) Englishman (*pl.* –men; *f.* –woman, *pl.* –women); *pl.* (*popolo*) the English (costr. pl.). □ *giardino all'*~ landscape garden.

inglorioso *a.* inglorious; shameful.

ingoiare *v.t.* **1** (*inghiottire*) to gulp (down), to swallow (down). **2** (*fig.*) to swallow (up).

ingolfare *v.t.* (*Mot.*) to flood: ~ *il motore* to flood the engine. **ingolfarsi** *v.i.pron.* **1** (*Mot.*) to get* flooded. **2** (*fig.*) (*impegnarsi*) to involve o.s., to plunge (*in* into).

ingombrante *a.* cumbersome, bulky.

ingombrare *v.t.* to encumber, to clutter (up), to block, to obstruct; (*impedire*) to hinder, to impede, to hamper.

ingombro[1] *a.* cluttered (up), littered (*di* with).

ingombro[2] *m.* **1** obstacle, encumbrance, hindrance. **2** (*volume*) volume

ingordigia *f.* **1** greed (*di* for), greediness (*di* for). **2** (*fig.*) greed.

ingordo *a.* greedy (*di* for) (*anche fig.*).

ingorgarsi *v.i.pron.* to choke, to be blocked; (*rif. al traffico*) to be blocked (*o* jammed).

ingorgo *m.* **1** blockage, obstruction. **2** (*rif. al traffico*) (traffic) jam, block.

ingozzare *v.t.* **1** (*inghiottire*) to swallow, to gobble. **2** (*rimpinzare*) to cram, to stuff, to fatten (up). **ingozzarsi** *v.r.* to gobble.

ingranaggio *m.* **1** (*Mecc.*) gear. **2** *pl.* gears *pl.*, gearing. **3** (*fig.*) mechanism, works *pl.*, clockwork.

ingranare I *v.i.* **1** (*Mecc.*) to engage, to mesh, to go* into gear: *questa macchina ha la terza* (*marcia*) *che non ingrana* this car will not go into third gear. **2** (*fig. fam.*) to get* along, to get* on (well): *ha ingranato bene* he made a good start. **II** *v.t.* to engage, to interlock.

ingrandimento *m.* **1** enlargement, extension. **2** (*Fot.*) enlargement. □ *lente d'*~ magnifying glass.

ingrandire I *v.t.* **1** to enlarge; (*espandere*) to expand, to extend. **2** (*fig.*) (*esagerare*) to magnify, to exaggerate. **3** (*Fot.*) to enlarge. **II** *v.i.* (*aumentare*) to increase, to grow*. **ingrandirsi** *v.i.pron.* to become* larger, to get* bigger; (*crescere, aumentare*) to grow*, to increase; (*espandersi*) to expand.

ingrassaggio *m.* (*Mecc.*) greasing.

ingrassare I *v.t.* **1** to make* fat, to fatten. **2** (*Zootecnia*) to fatten (up). **3** (*lubrificare*) to oil, to lubricate. **4** (*concimare*) to manure, to fatten. **II** *v.i.*, **ingrassarsi** *v.i.pron.* **1** to get* fat, to put* on weight; (*rif. ad animali*) to fatten up. **2** (*arricchirsi*) to get* rich, to fatten (*con, su* on).

ingrasso *m.* **1** (*rif. ad animali*) fattening: *bestiame da* ~ cattle for fattening. **2** (*concimazione*) manuring, fertilization.

ingratitudine *f.* ingratitude, ungratefulness.

ingrato I *a.* **1** ungrateful, unthankful (*verso* to). **2** (*spiacevole*) thankless, unrewarding: *lavoro* ~ thankless task. **II** *s.m.* ungrateful person.

ingravidare I *v.t.* to make* pregnant. **II** *v.i.* to become* pregnant.

ingraziarsi *v.t.* to ingratiate o.s. with, to win* the favour of.

ingrediente *m.* ingredient.

ingresso *m.* **1** entrance, entry. **2** (*porta*) entrance, door. **3** (*locale d'ingresso*) (entrance) hall. **4** (*facoltà di entrare*) admission, admittance: *l'*~ *è libero* admission (is) free. **5** (*prezzo pagato per l'ingresso*) entrance fee, entrance-money, admission; (*biglietto d'ingresso*) ticket. **6** (*Inform.*) input: ~ *dei dati* data input.

ingrossamento *m.* **1** swelling. **2** (*accrescimento*) increase, growth.

ingrossare *v.t.* **1** (*aumentare di volume*) to swell*; to enlarge; to expand: *la pioggia ha ingrossato i torrenti di montagna* the rain swelled the creeks. **2** (*far sembrare più grosso*) to make* (s.o.) look fatter. **ingrossarsi** *v.i.pron.* **1** to swell. **2** (*di mare*) to get* rough, to rise*. **3** (*ingrassare*) to grow* fat; to put* on weight.

ingrosso, all' *loc.avv.* **1** (*Comm.*) wholesale: *comprare* ~ to buy wholesale. **2** (*all'incirca*) roughly, about.

ingrugnato *a.* (*fam.*) sulky, pouting.

inguaiare *v.t.* (*fam.*) to get* into trouble (*o* difficulties). **inguaiarsi** *v.r.* to get* (o.s.) into trouble (*o* difficulties).

inguaribile *a.* incurable.

inguinale *a.* (*Med.*) inguinal.

inguine *m.* (*Anat.*) groin.

ingurgitare *v.t.* to gulp (down), to swallow (down).

inibire *v.t.* **1** (*impedire*) to inhibit, to hinder, to restrain. **2** (*Psic.*) to inhibit. **inibirsi** *v.r./i.pron.* to restrain o.s.

inibito I *a.* (*Psic.*) inhibited. **II** *s.m.* inhibited person.

inibizione *f.* **1** prohibition, restraint. **2** (*Biol., Psic.*) inhibition.

iniettare *v.t.* to inject. □ (*di occhi*) *iniettati di sangue* bloodshot.

iniezione *f.* injection; (*fam.*) jab, shot.

inimicare *v.t.* to make* hostile, to alienate, to estrange. **inimicarsi** *v.i.pron.* to make* an enemy of.

inimicizia *f.* enmity, hostility.

inimitabile *a.* inimitable, matchless, unequalled.

ininterrotto *a.* uninterrupted; (*continuo*) unbroken, non-stop.

iniquità *f.* **1** iniquity, injustice, unfairness. **2** (*concr.*) (*azione iniqua*) iniquity, wicked action.

iniquo *a.* unjust, unfair, iniquitous.

iniziale I *a.* initial, opening, beginning, starting. **II** *s.f.* initial (letter).

iniziare I *v.t.* **1** to begin*, to start. **2** (*avviare*) to open, to start: ~ *le trattative* to open (*o* start) negotiations. **3** (*rif. a riti religiosi e sim.*) to initiate. **II** *v.i.*, **iniziarsi** *v.i.pron.* to begin*, to start.

iniziativa *f.* initiative, enterprise. □ **per** ~ *di* on the initiative of; **prendere** *l'*~ to take the initiative; *di* **propria** ~ on one's own initiative.

iniziazione *f.* initiation (*anche estens.*).

inizio *m.* **1** beginning, start, opening: *l'*~ *delle ostilità* the opening of hostilities. **2** *pl.* beginning, early days *pl.* □ **avere** ~ to start, to begin, to commence; **dare** ~ *a qc.* to begin s.th.; (*intraprendere*) to start s.th. off, to get s.th. going.

innaffiare *e deriv.* → **annaffiare** *e deriv.*

innalzamento *m.* raising, elevation (*anche fig.*).

innalzare *v.t.* **1** to raise, to lift (up) (*anche fig.*). **2** (*erigere*) to put* (*o* set*) up, to erect, to raise. **innalzarsi** *v.r./i.pron.* to rise*.

innamoramento *m.* falling in love.

innamorare *v.t.* **1** to cause to fall in love. **2** (*estens.*) (*incantare*) to delight, to enchant, to charm, to beguile, to fascinate. **innamorarsi I** *v.i.pron.* to fall* in love (*di* with) (*anche estens.*). **II** *v.r.recipr.* to fall* in love (with e.o.). □ *fare* ~ *qd.* to make s.o. fall in love.

innamorata *f.* girlfriend, sweetheart.

innamorato I *a.* **1** in love (*di* with): ~ *cotto* head over heels in love. **2** (*appassionato*) very fond (of), enthusiastic, (*fam.*) crazy (about). **II** *s.m.* sweetheart; (*amichetto*) boy friend.

innanzi I *avv.* **1** (*stato*) in front, ahead. **2** (*moto*) forward. **II** *prep.* (*prima*) before: ~ *l'alba* before dawn. **III** *a.* before, previous: *l'anno* ~ the year before, the previous year. □ ~ **a** (*rif. a luogo*) in front of; (*alla presenza di*) in the presence of, before; **farsi** ~ to come forward; ~ **tutto** first of all, in the first place.

innato *a.* innate; inborn. □ (*Filos.*) *idee innate* innate ideas.
innaturale *a.* unnatural.
innegabile *a.* undeniable.
inneggiare *v.i.* **1** to sing* hymns (*a* to), to hymn (s.o.). **2** (*fig.*) to praise, to sing* the praises (of).
innervosire *v.t.* to get* on s.o.'s nerves. **innervosirsi** *v.i.pron.* to become* (*o* get*), nervous, to get* on edge.
innescare *v.t.* (*rif. a bombe e sim.*) to prime.
innesco *m.* (*parte della spoletta*) primer.
innestare *v.t.* **1** (*Agr., Chir.*) to graft. **2** (*Mecc.*) to engage. **3** (*El.*) (*rif. a spina*) to plug. **innestarsi** *v.i.pron.* to be inserted (*in* into), to be grafted (on to).
innesto *m.* **1** (*Agr.*) grafting, graft. **2** (*Chir.*) graft. **3** (*Mecc.*) clutch, coupling. **4** (*El.*) connection.
innevato *a.* covered in snow, snow-capped.
inno *m.* hymn. □ ~ *nazionale* national anthem.
innocente I *a.* **1** innocent, guiltless; (*Dir.*) not guilty. **2** (*privo di malizia*) innocent. **II** *s.m./f.* innocent person. □ (*Dir.*) *dichiararsi* ~ to plead not guilty.
innocenza *f.* innocence.
innocuità *f.* harmlessness; innocuousness.
innocuo *a.* innocuous, harmless.
innominabile *a.* unmentionable.
innovare I *v.t.* to introduce innovations into, to make* changes (in). **II** *v.i.* to innovate.
innovatore I *s.m.* innovator. **II** *a.* innovative, innovating.
innovazione *f.* innovation, change.
innumerevole *a.* innumerable, countless, numberless.
inoculare *v.t.* (*Med.*) to inoculate (*anche fig.*).
inodore *a.* odourless.
inoffensivo *a.* inoffensive, harmless.
inoltrare *v.t.* (*avviare*) to send* (on), to forward. **inoltrarsi** *v.r./i.pron.* **1** (*addentrarsi*) to advance, to penetrate, to go* forward. **2** (*fig.*) (*avanzare*) to go* ahead, to proceed (*in* with).
inoltrato *a.* advanced, well on: *di età inoltrata* well on in years. □ *a notte inoltrata* late at night.
inoltre *congz.* **1** (*in più*) besides, also, as well. **2** (*per di più*) moreover, further(more), (*fam.*) what's more.
inoltro *m.* forwarding. □ *con preghiera di* ~ please forward.
inondare *v.t.* **1** to flood (*anche fig.*): *le merci estere inondano il mercato* foreign goods are flooding the market. **2** (*fig.*) to fill: ~ *di gioia* to fill with joy.
inondazione *f.* (*atto*) flooding; (*effetto*) flood.
inoperosità *f.* idleness, inactivity; (*inerzia*) sluggishness.
inoperoso *a.* inactive, idle, at a standstill. □ *capitale* ~ idle capital.
inopportunità *f.* inopportuneness, untimeliness.
inopportuno *a.* **1** inopportune, out of place. **2** (*intempestivo*) untimely, inappropriate.
inorgoglire I *v.t.* to make* proud. **II** *v.i.*, **inorgoglirsi** *v.i.pron.* to become* proud (*di* of), to pride o.s. (on).
inorridire I *v.t.* to horrify, to strike* (*o* fill) with horror. **II** *v.i.* to be horrified.
inospitale *a.* inhospitable; uncomfortable.
inosservanza *f.* non-observance (*di* of), non-compliance (with), failure to comply (with).
inosservato *a.* **1** unobserved, unnoticed: *passare* ~ to go unobserved, not to be noticed. **2** (*non rispettato*) not observed, not kept.
inossidabile *a.* stainless.
inquadramento *m.* **1** framing. **2** (*Mil., Pol., burocr.*) organization. □ ~ *sindacale* trade -union demarcation.
inquadrare *v.t.* **1** to frame. **2** (*estens.*) (*mettere in relazione*) to set* (*o* see*) against a background. **3** (*Mil., Pol., burocr.*) to form into cadres, to organize. **4** (*Fot.*) to frame.
inquadratura *f.* **1** (*Fot.*) shot. **2** (*Cin.*) (*ripresa*) shot, take.
inqualificabile *a.* unspeakable, disgraceful.
inquietante *a.* **1** (*preoccupante*) worrying, alarming. **2** (*che turba*) disquieting, disturbing.
inquietare *v.t.* to worry, to alarm, to disquiet. **inquietarsi** *v.i.pron.* **1** (*adirarsi*) to become* (*o* get*) angry, to lose* one's temper, to be irritated. **2** (*preoccuparsi*) to worry (*per* about, over), to be worried (by). □ *fare* ~ *qd.* to annoy s.o.
inquieto *a.* **1** (*agitato*) restless. **2** (*preoccupato*) worried (*per* about, by). **3** (*adirato*) angry, annoyed.
inquietudine *f.* **1** restlessness. **2** (*preoccupazione*) worry, apprehension.
inquilino *m.* tenant; (*pensionante*) lodger.
inquinamento *m.* pollution. □ ~ *delle* **acque** water pollution; ~ **acustico** noise pollution; ~ **atmosferico** atmospheric (*o* air) pollution; **grado** *di* ~ degree of pollution; ~ **industriale** industrial pollution; ~ *da sostanze* **radioattive** nuclear contamination.
inquinante I *a.* polluting, contaminating. **II** *s.m.* pollutant: ~ *chimico* chemical pollutant; ~ *organico* organic pollutant.
inquinare *v.t.* to pollute.
inquirente I *a.* investigating, examining, enquiring, (*pred.*) of enquiry. **II** *s.m.* enquirer. □ *commissione* ~ fact-finding commission.
inquisire *v.i.* (*Dir.*) to investigate, to enquire (into).
inquisitore I *s.m.* inquisitor. **II** *a.* (*Dir.*) investigating, enquiring.
inquisizione *f.* (*Stor.*) inquisition.
insabbiamento *m.* **1** (*tecn.*) covering with sand; (*rif. a porto e sim.*) silting (up). **2** (*fig.*) shelving.
insabbiare *v.t.* **1** to sand; (*seppellire nella sabbia*) to bury in sand. **2** (*fig.*) to shelve, to pigeon-hole. **insabbiarsi** *v.r./i.pron.* **1** to be covered with sand; (*rif. a porto e*

sim.) to silt up. **2** (*fig.*) to be shelved.
insaccare *v.t.* **1** to put* in a sack (*o* bag), to bag, to sack. **2** (*carne di maiale*) to make* into sausages. **3** (*fig.*) (*stipare*) to pack. **4** (*imbacuccare*) to bundle up. **insaccarsi** *v.r./i.pron.* **1** (*stiparsi*) to pack. **2** (*vestirsi goffamente*) to dress badly.
insaccati *m.pl.* (*carne insaccata*) sausages *pl.*
insalata *f.* **1** salad. **2** (*fig.*) (*mescolanza confusa*) muddle, hotchpotch, mixture. □ ~ **mista** mixed salad; ~ **verde** green salad.
insalatiera *f.* salad-bowl.
insalubre *a.* unhealthy.
insanabile *a.* **1** incurable. **2** (*fig.*) irremediable; (*implacabile*) implacable.
insanguinare *v.t.* to stain with blood, to cover in blood. **insanguinarsi** *v.i.pron.* to become* blood-stained.
insanguinato *a.* blood-stained.
insaponare *v.t.* to soap; (*coprire con schiuma*) to lather.
insaponata, **insaponatura** *f.* soaping; (*con schiuma*) lathering.
insapore *a.* tasteless, flavourless.
insaporire *v.t.* to make* tasty, to flavour. **insaporirsi** *v.i.pron.* to become* tasty.
insaputa *f.*: *all'~ di* unknown to, without the knowledge of; *all'~ di tutti* without anybody knowing.
insaziabile *a.* insatiable (*anche fig.*); (*rif. a sete*) unquenchable.
inscatolare *v.t.* (*Alim.*) to tin, (*am.*) to can.
inscenare *v.t.* **1** (*Teat.*) to stage, to put* on. **2** (*fig.*) (*organizzare*) to stage, to prepare, to carry out.
inscindibile *a.* indissoluble, inseparable.
inscrivere *v.t.* (*Geom.*) to inscribe.
insediamento *m.* **1** installation. **2** (*di popolazioni*) settlement.
insediare *v.t.* to install. **insediarsi** *v.i.pron.* **1** to take* (*o* enter upon) office, to take* over, to be installed, to install o.s. **2** (*di popolazioni*) to settle.
insegna *f.* **1** (*contrassegno*) sign, mark, badge. **2** (*stemma*) arms *pl.*, emblem, charge. **3** *pl.* insignia *pl.*, emblems *pl.*: *le insegne del potere* the emblems of power. **4** (*decorazione*) decoration. **5** (*di negozio*) sign: ~ *al neon* neon sign. □ **all'~** *di* under the banner of; ~ **pubblicitaria** advertising sign, advertisement.
insegnamento *m.* **1** teaching. **2** (*lezione*) lesson: *servire d'~ a qd.* to be a lesson to s.o.
insegnante **I** *s.m./f.* teacher, school teacher. **II** *a.* teaching. □ ~ **elementare** elementary school teacher; ~ *di scuola* **superiore** secondary (*o* high) school teacher; ~ **privato** private teacher, tutor.
insegnare *v.t./i.* **1** to teach* (*anche fig.*): ~ *l'inglese a qd.* to teach s.o. English; ~ *a leggere a qd.* to teach s.o. to read (*o* reading); ~ *al liceo* to teach in high school. **2** (*mostrare, indicare*) to show*.
inseguimento *m.* pursuit, chase.
inseguire *v.t.* to pursue (*anche fig.*).
inseguitore *m.* pursuer.
inselvatichire **I** *v.t.* to make* (*o* become*) wild (*anche fig.*). **II** *v.i.*, **inselvatichirsi** *v.r.* to grow* (*o* run*) wild (*anche fig.*).
inseminazione *f.* (*Biol.*) insemination: ~ *artificiale* artificial insemination.
insenatura *f.* inlet, creek, cove.
insensatezza *f.* **1** senselessness, foolishness. **2** (*azione o parola insensata*) absurdity, nonsense.
insensato **I** *a.* foolish, senseless, absurd. **II** *s.m.* fool, senseless person.
insensibile *a.* **1** insensitive, insensible (*a* to). **2** (*indifferente*) indifferent (to), unmoved (by); (*privo di sentimenti*) unfeeling. □ *mani insensibili per il freddo* hands numb with cold.
insensibilità *f.* **1** insensitiveness, insensibility: ~ *al dolore* insensitiveness to pain. **2** (*indifferenza*) indifference, insensibility.
inseparabile *a.* inseparable.
inserimento *m.* **1** insertion, introduction. **2** (*fig.*) (*inclusione*) inclusion, including. **3** (*El., Tel.*) connection.
inserire *v.t.* **1** (*introdurre*) to put*, to introduce, to insert, to fit in. **2** (*includere*) to include. **3** (*Giorn.*) to insert. **4** (*El., Tel.*) to connect. **inserirsi** *v.r./i.pron.* (*introdursi*) to become* part (*in* of), to fit in (*o* into). □ *si è inserito bene nel nuovo lavoro* he adapted himself well to the new job.
inserto *m.* **1** file, dossier. **2** (*di giornale*) insert, supplement. **3** (*Cin.*) insert, (*fam.*) cut -in.
inserviente *m./f.* servant, attendant; (*in un ufficio*) handyman (*pl.* –men), (*am.*) janitor.
inserzione *f.* **1** (*l'introdurre*) insertion, putting, fitting. **2** (*l'aggiungere*) adding, inserting. **3** (*Giorn.*) advertisement; (*fam.*) ad. **4** (*El., Tel.*) connection.
inserzionista *m./f.* advertiser.
insetticida **I** *a.* (*Chim.*) insecticide-, insecticidal, insect-: *polvere* ~ insect powder. **II** *s.m.* insecticide.
insettifugo *a./s.m.* repellent.
insetto *m.* (*Zool.*) insect, (*am.*) bug.
insicurezza *f.* **1** insecurity, instability. **2** (*incertezza*) uncertainty.
insicuro *a.* **1** insecure, unstable. **2** (*incerto*) uncertain, unsure.
insidia *f.* **1** (*inganno*) trick, deception, deceit. **2** (*tranello*) trap, snare. **3** (*estens.*) (*pericolo nascosto*) peril, (insidious) danger. **4** (*fig.*) (*allettamento*) lure, enticement.
insidiare **I** *v.t.* **1** to lay* snares (*o* traps) for, to lie* in wait for. **2** (*fig.*) to make* an attempt on. **II** *v.i.* to (make* an) attempt (*a* on); (*screditare*) to detract (from).
insidioso *a.* **1** insidious, deceitful, cunning. **2** (*capzioso*) captious, tricky, insidious: *domande insidiose* tricky questions.
insieme **I** *avv.* **1** (*unitamente*) together: *lavo-*

rare ~ to work together. **2** (*contemporaneamente*) at the same time: *sono partiti* ~ they all left at the same time. **3** (*esclam.*) all together (now). **II** *s.m.* **1** (*complesso*) whole. **2** (*Moda*) (*completo*) outfit; set. **3** (*servizio, assortimento*) set. **4** (*armonia, accordo*) harmony; (*rif. a opera d'arte*) unity, composition: *l'opera manca d'*~ the work lacks harmony. **5** (*Mat.*) set. □ ~ **a** (*contemporaneamente*) at the same time as; (*in compagnia*) (together, along) with; ~ **con** (together, along) with; **d'**~ overall, general: *sguardo d'*~ comprehensive view; *visione d'*~ overall picture; **mettersi** ~ to get together, to join up; **nell'**~ on the whole, as a whole; **stare** ~ (*rif. a persone*) to be together; (*rif. a un gruppo di persone*) to keep together; **tutto** ~ 1 (*in una volta*) in one go; 2 (*senza dividere*) as a unit; **tutti** ~: 1 all together; 2 (*contemporaneamente*) all ... at the same time, together: *parlavano tutti* ~ they were all talking at the same time.

insiemistica *f.* (*Mat.*) set theory.

insigne *a.* **1** (*illustre*) distinguished, illustrious, eminent. **2** (*estens.*) outstanding, signal: *meriti insigni* outstanding merits.

insignificante *a.* **1** (*senza significato*) meaningless. **2** (*fig.*) (*senza importanza*) insignificant; (*di nessun valore*) negligible, trifling. **3** (*rif. a persona*) plain: *una ragazza* ~ a plain girl.

insignire *v.t.* (*rif. a onorificenze*) to decorate, to confer, to award: ~ *qd. di qc.* to decorate s.o. with s.th., to award s.th. to s.o.

insindacabile *a.* not liable to criticism, unquestionable.

insinuante *a.* **1** wheedling; (*ingraziante*) ingratiating. **2** (*subdolo*) insinuating.

insinuare *v.t.* **1** (*far penetrare*) to slip, to insinuate. **2** (*fig.*) (*immettere, instillare*) to instil, to insinuate. **3** (*fig.*) (*far credere*) to insinuate, to hint at. **insinuarsi** *v.r./i.pron.* **1** (*penetrare, infiltrarsi*) to penetrate, to creep*; (*rif. a liquidi*) to seep, to trickle, to filter. **2** (*rif. a persona*) to slip, to slide*; (*furtivamente*); to sneak; to creep* (*anche fig.*): *il dubbio si insinuò nella sua mente* doubt crept into his mind. **3** (*fig.*) to insinuate o.s.

insinuazione *f.* insinuation.

insipido *a.* **1** tasteless, insipid. **2** (*fig.*) (*scialbo*) dull, insipid.

insistente *a.* incessant, unceasing, persistent.

insistenza *f.* **1** insistence, persistence. **2** (*continuità, durata ininterrotta*) persistence.

insistere *v.i.* **1** to urge, to press, to insist. **2** (*perseverare, persistere*) to persist, to persevere (*in, su* in). **3** (*soffermarsi*) to dwell* (*su* on). □ ~ **nel** *fare qc.* to insist on doing s.th.; (*seguitare a fare qc.*) to keep on doing s.th.; *ti prego di* **non** ~ please don't insist.

insito *a.* **1** (*innato*) innate, inborn (*in* in). **2** (*inerente*) inherent.

insoddisfatto *a.* dissatisfied (with).

insoddisfazione *f.* dissatisfaction; discontent.

insofferente *a.* intolerant, impatient (*di* of).

insofferenza *f.* intolerance, impatience.

insolazione *f.* **1** insolation. **2** (*colpo di sole*) sunstroke.

insolente **I** *a.* insolent, (*fam.*) cheeky, (*fam.*) saucy. **II** *s.m./f.* insolent (person), (*fam.*) cheeky fellow.

insolentire **I** *v.i.* **1** (*diventare insolente*) to become* insolent. **2** (*comportarsi insolentemente*) to be insolent, to be rude (*contro* to), to treat (s.o.) insolently. **II** *v.t.* to abuse, to insult.

insolenza *f.* **1** insolence, (*fam.*) cheek(iness). **2** (*concr.*) insolent (*o* rude) remark.

insolito *a.* unusual; (*strano*) strange, odd, peculiar.

insolubile *a.* insoluble.

insolubilità *f.* insolubility.

insoluto *a.* **1** unsolved, unsettled. **2** (*Comm.*) unpaid, outstanding.

insolvente *a.* (*Econ.*) insolvent.

insolvenza *f.* (*Econ.*) insolvency.

insomma *avv.* **1** (*in conclusione*) in conclusion. **2** (*dunque*) well, then: *è chiaro ~?* is it clear, then? **3** (*in breve*) in short, in a word. **4** (*esclam.*) well (then); (*infine*) for goodness' (*o* heaven's) sake. □ *come stai?* ~... how are you? Not so well.

insonne *a.* **1** awake, wakeful. **2** (*rif. a tempo*) sleepless: *notti insonni* sleepless nights.

insonnia *f.* **1** (*Med.*) insomnia. **2** (*stato di veglia*) sleeplessness, wakefulness.

insonnolito *a.* sleepy, drowsy, (*pred.*) half asleep.

insonorizzare *v.t.* to soundproof.

insonorizzato *a.* soundproof.

insopportabile *a.* unbearable, intolerable.

insorgere *v.i.* **1** (*ribellarsi*) to rise* (up), to rebel, to revolt. **2** (*manifestarsi improvvisamente*) to come* (*o* crop *o* turn) up, to arise*, to occur.

insormontabile *a.* insuperable, insurmountable.

insorto **I** *a.* (*ribelle*) insurgent, (*attr.*) rebel, rebellious. **II** *s.m.* insurgent, rebel.

insospettabile *a.* **1** beyond (*o* above) suspicion. **2** (*imprevedibile*) unsuspected, unexpected.

insospettire **I** *v.t.* to make* suspicious, to arouse the suspicions of, to alert. **II** *v.i.*, **insospettirsi** *v.i.pron.* to become* (*o* get*) suspicious.

insostenibile *a.* **1** untenable. **2** (*rif. a oneri e sim.*) that cannot be met. **3** (*fig.*) (*che non si può difendere*) untenable: *teoria* ~ untenable theory.

insostituibile *a.* irreplaceable.

insozzare *v.t.* **1** (*sporcare*) to dirty, to soil, to stain. **2** (*fig.*) to sully, to disgrace. **insozzarsi** *v.r./i.pron.* (*sporcarsi*) to dirty o.s., to get* dirty.

insperabile *a.* beyond expectation(s); (*insperato*) unhoped-for.

insperato *a.* unhoped-for, unexpected, unlooked-for.
inspiegabile *a.* inexplicable, unaccountable.
inspirare *v.t.* to breathe in, to inhale.
inspirazione *f.* breathing in, inhalation.
instabile *a.* **1** unstable, unsettled; (*mutevole*) variable, changeable, unstable: *tempo* ~ unsettled (*o* changeable) weather. **2** (*incostante*) unstable, inconstant, fickle.
instabilità *f.* instability, unstableness; (*mutevolezza*) variability; (*incostanza*) inconstancy, fikleness.
installare *v.t.* **1** to install. **2** (*collocare*) to set* up. **installarsi** *v.r.* to settle (in, down), to install o.s.
installazione *f.* **1** installation. **2** (*impianto*) installation, plant: ~ *termica* heating plant.
instancabile *a.* **1** tireless, indefatigable, untiring. **2** (*estens.*) (*incessante*) unremitting, incessant.
instaurare *v.t.* **1** to institute, to establish, to set* up. **2** (*fig.*) (*introdurre*) to introduce, to bring* in. **instaurarsi** *v.i.pron.* to start, to begin*.
instauratore *m.* founder.
instaurazione *f.* institution, establishment, foundation.
insù *avv.* up, upwards. ▭ **all'**~ up(wards): *guardare all'*~ to look up; *ragazzi* **da** *dieci anni* ~ boys of ten and over (*o* up).
insubordinato *a.* insubordinate.
insubordinazione *f.* insubordination.
insuccesso *m.* failure, (*fam.*) flop.
insudiciare *v.t.* (*sporcare*) to dirty, to soil; (*macchiare*) to stain. **insudiciarsi** *v.r.* to get* (o.s.) dirty, to dirty (o.s.).
insufficiente *a.* **1** insufficient, scanty. **2** (*inadeguato*) inadequate, insufficient.
insufficienza *f.* **1** (*scarsità*) insufficiency, shortage, scarcity, deficiency, scantiness. **2** (*inadeguatezza*) inadequacy, insufficiency. **3** (*Scol.*) low mark. ▭ (*Dir.*) ~ *di* **prove** lack of proof (*o* evidence); (*Med.*) ~ **respiratoria** respiratory insufficiency.
insulare *a.* insular.
insulina *f.* (*Chim., Biol.*) insulin.
insulso *a.* (*rif. a cose*) flat, dull; (*sciocco*) inane, silly; (*rif. a persone*) insipid, dull.
insultare *v.t.* to insult, to abuse, to affront.
insulto *m.* (*ingiuria*) insult, affront, abuse.
insuperabile *a.* **1** (*insormontabile*) insuperable, insurmountable. **2** (*ineguagliabile*) unequalled, insuperable.
insuperbire **I** *v.t.* to make* proud. **II** *v.i.*, **insuperbirsi** *v.i.pron.* to grow* (*o* get*) proud (*di* about, over).
insurrezione *f.* insurrection.
insussistente *a.* **1** (*inesistente*) non-existent. **2** (*infondato*) groundless, baseless.
insussistenza *f.* **1** non-existence. **2** (*infondatezza*) groundlessness, baselessness.
intaccare *v.t.* **1** (*far tacche*) to notch, to make* notches in. **2** (*corrodere, alterare*) to corrode, to eat* into (*o* away). **3** (*Med.*) to affect. ▭ ~ *il capitale* to draw on the capital.
intagliare *v.t.* to carve, to cut*; (*rif. a metallo, pietre*) to engrave.
intaglio *m.* **1** carving, cutting; (*rif. a metallo, pietra*) engraving, incision, intaglio. **2** (*tacca*) notch, nick.
intangibile *a.* **1** (*di beni*) untouchable; (*vincolato*) tied up. **2** (*di diritti*) inviolable.
intanto *avv.* **1** (in the) meantime, (in the) meanwhile. **2** (*fam.*) (*invece*) while, but, whereas; (*resta il fatto che*) the fact remains that: *dica ciò che vuole,* ~ *ho vinto io* he can say what he likes but the fact remains (that) I won. ▭ ~ *che* while.
intarsiare *v.t.* to inlay*.
intarsio *m.* **1** inlaying, marquetry. **2** (*concr.*) inlaid work, inlay, marquetry. **3** (*lavoro dentistico*) inlay.
intasamento *m.* stopping (up), stoppage, block(age), obstruction. ▭ ~ *del traffico* traffic jam.
intasare *v.t.* **1** to stop up, to block, to clog, to obstruct, to choke (up). **2** (*Strad.*) to obstruct, to jam. **intasarsi** *v.i.pron.* to become* obstructed (*o* stopped *o* clogged), to be blocked (*o* choked).
intascare *v.t.* to pocket, to put* in one's pocket.
intatto *a.* **1** untouched. **2** (*fig.*) (*intero, non manomesso*) intact, whole, entire, complete. **3** (*illeso*) intact.
intavolare *v.t.* to start, to begin*: ~ *una discussione* to begin a discussion.
integerrimo *a.* absolutely honest (*o* upright).
integrale **I** *a.* **1** total, complete, entire. **2** (*non ridotto*) unabridged: *edizione* ~ unabridged edition. **3** (*Mat.*) integral. **II** *s.m.* (*Mat.*) integral. ▭ **abbronzatura** ~ all-over tan; **pane** ~ wholemeal (*o* wholewheat) bread; **zucchero** ~ brown sugar.
integrante *a.* integral, integrating.
integrare *v.t.* **1** to integrate, to complete; (*rif. a personale e sim.*) to bring* up to strength. **2** (*Mat.*) to integrate. **integrarsi** *v.i.pron.* to integrate.
integrativo *a.* integrative, integrating.
integrato *a.*: (*Inform.*) *circuito* ~ integrated circuit.
integrazione *f.* integration: ~ *razziale* racial integration.
integrità *f.* integrity.
integro *a.* **1** (*intero*) complete, whole. **2** (*fig.*) upright, (strictly) honest.
intelaiare *v.t.* (*mettere sul telaio*) to mount (*o* stretch) on a frame, to frame; (*Tessitura*) to mount (*o* stretch) on a loom.
intelaiatura *f.* **1** mounting, framing. **2** (*telaio*) frame. **3** (*fig.*) (*struttura*) framework, structure. **4** (*Edil.*) frame (work), fabric. **5** (*in falegnameria*) framework; (*di finestra o porta a vetri*) sash, frame.
intellettivo *a.* intellectual.
intelletto *m.* intellect, mind (*anche estens.*).

intellettuale **I** *a.* **1** intellectual. **2** (*rif. a persona*) intellectual, (*fam. spreg.*) highbrow, (*fam. spreg.*) egg-headed. **II** *s.m.f.* intellectual, (*fam. spreg.*) highbrow, (*fam. spreg.*) egg-head; (*rif. a donna*) (*spreg.*) bluestocking.

intelligente *a.* intelligent, clever.

intelligenza *f.* **1** intelligence; (*capacità di comprendere*) understanding; (*vivacità d'ingegno*) cleverness. **2** (*intesa*) intelligence.

intelligibile *a.* intelligible, comprehensible, understandable; (*che si può udire*) audible.

intemperante *a.* intemperate, immoderate.

intemperanza *f.* intemperance, excess.

intemperie *f.pl.* bad (*o* inclement) weather. ▭ *resistente alle* ~ weather-proof.

intempestivo *a.* **1** untimely, unseasonable: *proposta intempestiva* untimely proposal. **2** (*inopportuno*) inappropriate, unsuitable, awkward.

intendente *m.* intendant. ▭ *Intendente di Finanza* Chief Finance Officer.

intendenza *f.* intendancy. ▭ ~ *di finanza* Finance (*o* Revenue) Office.

intendere *v.t.* **1** (*avere intenzione*) to intend, to mean*: *intendeva andare a casa subito* he intended to go home at once; *che cosa intendi dire?* what do you mean? **2** (*volere*) to wish, to want: *intendo essere ubbidito* I want to be obeyed. **3** (*significare*) to mean*. **4** (*sentire, udire*) to hear*: *hai inteso l'ultima?* have you heard the latest? **5** (*capire*) to understand*. **6** (*pensare*) to think*. **intendersi** **I** *v.r.recipr.* **1** (*accordarsi*) to reach (*o* come* to) an agreement (*o* understanding), to come* to terms, to agree; (*rif. ad accordi illeciti*) to have an understanding (*o* agreement); (*capirsi*) to understand* e.o. **2** (*andare d'accordo*) to get* on (*o* along). **II** *v.i.pron.* (*essere competente*) to be a good judge (*o* connoisseur) (*di* of), to be an expert (on). ▭ **darla** *a* ~ *a qd.* to lead s.o. to believe; **fare** ~ *qc. a qd.* to give s.o. to understand s.th.; **farsi** ~ to make o.s. understood; **s'***intende!* of course!, naturally!, certainly!; **s'***intende che* it goes without saying that. ‖ *intendiamoci!* mind you!, let this be quite clear!; *intesi!* agreed!; *intendersela con qd.* (*avere una relazione amorosa*) to have an affair with s.o.

intendimento *m.* **1** (*intenzione*) intention. **2** (*intelligenza*) intelligence, understanding.

intenditore *m.* connoisseur, good judge (*di* of), expert (on).

intenerire *v.t.* **1** to soften, to make* tender; (*rif. a carne*) to tenderize. **2** (*fig.*) (*muovere a pietà*) to move (to pity), to touch (the heart of). **intenerirsi** *v.i.pron.* (*fig.*) (*commuoversi*) to be moved, to be touched (*a* by).

intensificare *v.t.* **1** to intensify; (*aumentare*) to increase, to escalate. **2** (*rendere più frequente*) to make* more frequent. **intensificarsi** *v.i.pron.* **1** (*divenire più intenso*) to intensify, to become* more intense; (*aumentare*) to escalate. **2** (*divenire più frequente*) to become* more frequent.

intensità *f.* intensity.

intensivo *a.* intensive (*in tutti i signif.*): *terapia intensiva* intensive care.

intenso *a.* **1** intense, strong, violent: *sguardo* ~ intense (*o* searching) look. **2** (*di colori*) deep.

intentare *v.t.*: (*Dir.*) ~ *una causa a* (o *contro*) *qd.* to institute proceedings against s.o.

intentato *a.* unattempted, untried. ▭ *non lasciare nulla d'*~ to leave no stone unturned.

intento[1] *a.* intent (*a* on, upon), absorbed in; (*occupato*) busy: *era* ~ *ad ascoltare la musica* he was absorbed in listening to music; *era* ~ *a scrivere* he was busy writing.

intento[2] *m.* **1** (*scopo*) purpose, aim, object: *raggiungere il proprio* ~ to achieve one's object. **2** (*intenzione*) intent, intention: *con l'*~ *di* with the intention of.

intenzionale *a.* **1** intentional, deliberate. **2** (*Dir.*) wilful.

intenzionato *a.* intending, inclined; (*nei composti*) intentioned. ▭ *bene* ~ well-intentioned.

intenzione *f.* **1** intention: *avere l'*~ *di fare qc.* to intend to do s.th., to have the intention of doing s.th. **2** (*fine*) intention; (*finalità*) aim, purpose, end. **3** (*Dir.*) intent, purpose. ▭ **con** ~ intentionally, on purpose; *avere una* **mezza** ~ *di fare qc.* to have half a mind to do s.th.; *con tutte le* **migliori** *intenzioni* with the best of intentions; **senza** ~ unintentional(ly).

interagire *v.i.* to interact.

interazione *f.* interaction.

intercalare *m.* pet phrase (*o* word), stock phrase.

intercalare[2] *v.t.* **1** to insert, to interpolate; (*fig.*) to insert, to slip, to put* (*a* in). **2** (*Inform.*) to collate.

intercambiabile *a.* interchangeable.

intercapedine *f.* **1** space, air (*o* hollow) space, interspace. **2** (*Mar.*) cofferdam. **3** (*di sommergibile*) interspace.

intercedere *v.i.* to intercede, to plead.

intercessione *f.* intercession.

intercettare *v.t.* **1** to intercept. **2** (*Tel.*) to tap, to intercept; (*fam.*) to bug.

intercettazione *f.* **1** interception. **2** (*Tel.*) interception, tapping; (*fam.*) bugging.

intercorrere *v.i.* **1** (*rif. a tempo*) to elapse, to pass, to intervene (*tra* between). **2** (*rif. a cose*) to lie*, to be (between). **3** (*esserci*) to be, to exist.

interdentale *a.* (*Med.*) interdental: *filo* ~ dental floss.

interdetto[1] **I** *a.* **1** (*proibito*) forbidden, prohibited. **2** (*sbalordito*) dumbfounded, speechless; (*sconcertato*) disconcerted, nonplussed, put out. **3** (*Dir.*) interdicted, debarred, disqualified (*da* from). **II** *s.m.* (*Dir.*) interdict.

interdetto[2] *m.* (*Dir. canonico*) interdict.

interdipendenza *f.* interdependence.

interdire *v.t.* **1** (*proibire*) to forbid*. **2** (*Dir.*)

to disqualify s.o. from (doing s.th.), to interdict s.th. to s.o. (*o* s.o. from doing s.th.). □ ~ *qd. dai pubblici uffici* to disqualify s.o. from holding public office.

interdisciplinare *a.* (*Scol.*) interdisciplinary.

interdizione *f.* **1** (*divieto*) prohibition, interdict. **2** (*Dir.*) disqualification, restraint, interdiction.

interessamento *m.* **1** interest (*per* in). **2** (*intervento*) good offices *pl.*, intervention.

interessante *a.* interesting. □ **donna** *in stato* ~ expectant (*o* pregnant) mother; *essere in* **stato** ~ to be expecting a baby.

interessare I *v.t.* **1** to interest. **2** (*riguardare*) to affect, to concern, to involve. **3** (*stare a cuore*) to matter (*o* be of concern) to, to be concerned about (costr. pers.): *la sua sorte interessa tutti* we are all concerned about his fate. **4** (*far intervenire*) to get* interested (in), to draw* attention to. **II** *v.i.* **1** (*importare*) to interest (*a qd.* s.o.), to be of interest (to s.o.); (*riguardare*) to concern (s.o.); (*essere nell'interesse*) to be in the interest (of). **2** (*stare a cuore*) to matter (*a* to), to care about (*costr. pers.*). **interessarsi** *v.i.pron.* **1** to be interested, to take* an interest (*a* in): *si interessa di ecologia* he takes an interest in ecology. **2** (*prendersi cura*) to take* care (*di* of), to care (for), to see* (to); (*adoperarsi*) to take* up (*a qc.* s.th.), to go* (into), to interest (*o* busy) o.s. **3** (*attendere, occuparsi*) to take* an interest, to be interested (*di, a* in). **4** (*impicciarsi*) to interfere (*di* in); (*in frasi negative*) to mind: *non interessarti dei fatti miei* mind your own business.

interessato I *a.* **1** interested (*a* in), concerned (with, about). **2** (*mosso da interesse*) interested, selfish: *un movente* ~ interested motive. **II** *s.m.* (*burocr.*) interested party, party (*o* person) concerned: *tutti gli interessati* all those concerned. □ *amore* ~ cupboard love.

interesse *m.* **1** interest (*per* in). **2** (*tornaconto, guadagno*) profit, advantage, money. **3** *pl.*, (*affari*) interests *pl.*, affairs *pl.* **4** (*Comm.*) interest. □ ~ **del** *tre per cento* three per cent interest; **di** *grande* ~ very interesting, of great interest.

interezza *f.* entirety, wholeness; (*completezza*) completeness.

interfaccia *f.* (*Inform.*) interface.

interfacciare *v.t.* (*Inform.*) to interface with.

interferenza *f.* interference (*in* in, with).

interferire *v.i.* to interfere (*in* in, with).

interferone *m.* (*Biol.*) interferon.

interfono *m.* (*Tel.*) intercom.

interiezione *f.* (*Gramm.*) interjection.

interim *m.* (*tempo*) interim; (*incarico*) interim office. □ *ad* ~ interim-, ad interim.

interiora *f.pl.* **1** (*di animali*) entrails *pl.* **2** (*scherz.*) (*di persone*) bowels *pl.*, insides *pl.*, (*scherz.*) innards *pl.*

interiore *a.* **1** inner (*attr.*): *vita* ~ inner life; *lotta* ~ inner struggle. **2** (*interno*) inside (*attr.*); internal; inner (*attr.*): *cortile* ~ inner courtyard.

interlinea *f.* (*Inform.*) spacing.

interlocutore *m.* interlocutor.

interlocutorio *a.* interlocutory (*anche Dir.*).

interloquire *v.i.* (*intervenire*) to join in a conversation, to put* in a word or two; (*interrompendo*) to interrupt, (*fam*) to butt (*o* chime) in.

interludio *m.* (*Mus.*) interlude (*anche estens.*).

intermediario I *a.* intermediary. **II** *s.m.* **1** intermediary; (*fra contendenti*) mediator. **2** (*Comm.*) middleman (*pl.* –men); (*sensale*) broker.

intermedio *a.* intermediate.

intermezzo *m.* **1** (*Mus., Lett.*) intermezzo. **2** (*intervallo teatrale*) interval.

interminabile *a.* interminable, endless.

intermittente *a.* intermittent (*anche El.*).

intermittenza *f.* intermittence.

internamento *m.* internment: *campo di* ~ internment camp.

internare *v.t.* **1** (*Med.*) to commit (to a mental hospital). **2** (*Dir.*) to intern.

internato[1] **I** *a.* **1** (*Med.*) committed (to a mental hospital). **2** (*Dir.*) interned. **II** *s.m.* **1** inmate (of a mental hospital). **2** (*Dir.*) internee.

internato[2] *m.* (*Scol.*) boarding-school.

internazionale I *a.* international. **II** *s.f.* **1** (*movimento*) International (Working Men's Association). **2** (*inno*) International(e).

internista *m./f.* (*Med.*) specialist in internal medicine, internist.

interno I *a.* **1** inside, (*attr.*) inner, interior, internal. **2** (*rif. a stati*) internal, home-, domestic: *il mercato* ~ the home market; *voli interni* domestic flights. **3** (*fig.*) (*che concerne l'animo*) (*attr.*) inner, inward. **4** (*Geog.*) inland: *mare* ~ inland sea. **II** *s.m.* **1** inside, interior: *l'~ di una casa* the interior of a house. **2** (*fodera*) lining: *un ~ di pelliccia* a fur lining. **3** (*rif. ad appartamento*) flat (number), apartment (number). **4** (*Pitt.*) interior: *un pittore di interni* a painter of interiors. **5** (*Tel.*) extension (number). **6** (*Cin., TV*) interior (shot); indoor (*o* studio) shot. □ **all'**~ (on the) inside; (*dentro casa, al chiuso*) indoor(s); (*nel territorio nazionale*) (*at*) home: *all'~ e all'estero* (at) home and abroad; **all'**~ *di* on the inside of, inside; **alunno** ~ boarder; **dall'**~ from the inside; **Ministero** *degli Interni* (*generico*) Ministry of the Interior; (*GB*) Home Office; (*USA*) Department of the Interior; **più** ~ innermost.

intero I *a.* **1** whole, entire. **2** (*intatto*) intact, unbroken. **3** (*non ridotto*) full: *biglietto* ~ full fare. **4** (*Mat.*) whole: *numeri interi* whole numbers. **II** *s.m.* **1** whole. **2** (*Mat.*) integer, whole number.

interpellanza *f.* interpellation.

interpellare *v.t.* **1** (*chiedere consiglio*) to consult. **2** (*Parl.*) to interpellate.

interplanetario *a.* interplanetary.
INTERPOL = *Polizia Internazionale* International Police.
interpolare *v.t.* to interpolate.
interpolazione *f.* interpolation.
interporre *v.t.* to interpose. **interporsi** *v.r.* **1** (*porsi nel mezzo*) to come* between, to interpose o.s. **2** (*intervenire*) to intervene; (*fare da mediatore*) to mediate.
interposizione *f.* **1** interposition. **2** (*mediazione*) mediation, intervention.
interposto *a.* interposed, intervening. ▭ *per interposta persona* by means of a third party.
interpretare *v.t.* **1** to interpret. **2** (*Teat., Mus.*) to play, to interpret; (*Cin.*) to star.
interpretariato *m.* interpreting.
interpretativo *a.* interpret(at)ive, explanatory.
interpretazione *f.* **1** interpretation. **2** (*Teat., Cin.*) acting, interpretation, performance. ▭ ~ *errata* misinterpretation.
interprete *m./f.* **1** interpreter: *fare da* ~ to act as an interpreter. **2** (*Teat., Cin.*) actor, performer. **3** (*Mus.*) interpreter, performer.
interpunzione *f.* punctuation.
interramento *m.* **1** burying, interment. **2** (*rif. a seme*) sowing. **3** (*il colmare di terra*) filling in, filling up (with earth); (*il ricoprire di terra*) covering (with earth).
interrare *v.t.* **1** to bury, to inter. **2** (*rif. a seme*) to sow*, to plant. **3** (*sistemare sotto terra: rif. a cavi e sim.*) to lay* underground. **4** (*coprire di terra*) to cover with earth. **interrarsi** *v.i.pron.* (*rif. a porti e sim.*) to silt up, to get* silted up.
interrato **I** *a.* **1** (*colmato di terra*) filled in; (*rif. a bacino e sim.*) silted up; (*coperto di terra*) covered with earth. **2** (*sistemato nel terreno*) buried, interred; (*Mil.*) entrenched, dug in. **II** *s.m.* (*piano interrato*) basement.
interrogare *v.t.* **1** to question, to interrogate. **2** (*fig.*) (*esaminare*) to look into, to search, to examine. **3** (*consultare*) to consult. **4** (*Dir.*) to interrogate, to question; (*rif. a testimoni*) to examine, to cross-examine.
interrogativo **I** *a.* **1** questioning, enquiring, interrogative. **2** (*Gramm.*) interrogative. **II** *s.m.* **1** (*domanda*) question. **2** (*fig.*) (*cosa misteriosa, ignota*) mystery; (*persona incomprensibile*) enigma. **3** (*punto interrogativo*) question mark.
interrogatorio **I** *a.* interrogatory, interrogative, questioning. **II** *s. m.* **1** interrogation, (close) questioning. **2** (*Dir.*) interrogation, questioning; (*rif. a testimoni*) examination.
interrogazione *f.* **1** (*domanda*) question, query. **2** (*Scol.*) oral test; (*fam.*) oral. ▭ ~ *parlamentare* parliamentary question (*o* question in the House).
interrompere *v.t.* **1** to interrupt, to break* off (*o* up), to break*; (*rif. a elettricità, ad acqua, ecc.*) to cut* off, to disconnect. **2** (*sospendere*) to suspend, to stop, to break* (*o* leave*) off. **interrompersi** *v.i.pron.* **1** to stop, to break* off, to interrupt o.s. **2** (*rif. a cose*) to be disconnected (*o* cut* off *o* interrupted). **3** (*essere interrotto*) to be discontinued (*o* stopped), to stop; (*rif. a strada*) to be closed.
interruttore *m.* (*El.*) switch. ▭ **girare** *l'*~: 1 (*accendere*) to switch (*o* turn) on; 2 (*spegnere*) to switch (*o* turn) off; ~ **automatico** *automatic* cut-out.
interruzione *f.* **1** interruption. **2** (*sospensione*) break; (*pausa*) pause. **3** (*nel funzionamento*) breakdown; (*El.*) black-out. ▭ *senza* ~ uninterruptedly, without a break.
intersecare *v.t.* to intersect (*anche Geom.*). **intersecarsi** *v.r.* to intersect.
intersezione *f.* intersection.
interstatale *a.* interstate.
interstizio *m.* interstice, (narrow) space.
interurbana *f.* (*Tel.*) long-distance call, trunk call.
interurbano *a.* **1** interurban, between (*o* connecting) towns. **2** (*Tel.*) trunk, long-distance.
intervallare *v.t.* to space (out), to alternate.
intervallo *m.* **1** interval. **2** (*pausa*) break, pause. **3** (*a teatro*) interval, (*am.*) intermission. **4** (*spazio*) space, gap.
intervenire *v.i.* **1** (*intromettersi*) to intervene, to interfere, to meddle. **2** (*partecipare*) to take* part, to participate (*a* in); (*assistere*) to attend (s.th.), to be present (at). **3** (*rif. a polizia e sim.*) to take* action, to step in. **4** (*Pol.*) to intervene. **5** (*Chir.*) to operate.
interventismo *m.* (*Pol.*) interventionism.
intervento *m.* **1** intervention: *l'*~ *dello stato nell'economia* State intervention in the economy. **2** (*intrusione*) interference. **3** (*presenza*) presence, attendance. **4** (*Chir.*) operation.
intervenuto *a.* present, attending.
intervista *f.* interview.
intervistare *v.t.* to interview.
intervistato *m.* interviewee.
intervistatore *m.* interviewer.
intesa *f.* **1** (mutual) understanding, agreement; (*patto*) agreement, pact. **2** (*Pol.*) entente. **3** (*Sport*) team-play, team-work.
inteso *a.* **1** (*mirante a*) intended, meant, aimed. **2** (*compreso*) understood. **3** (*esclam.*) (*d'accordo*) agreed, (*fam.*) (all) right, (*fam.*) O.K. ▭ *non* **darsi** *per* ~ *di qc.* to take no notice of s.th.; **restiamo** *intesi così* let's leave it at that.
intestardirsi *v.r.* to be stubborn (*in* about), to get* (s.th.) into one's head.
intestare *v.t.* **1** to head. **2** (*Comm.*) to put* in the name of; (*rif. ad automezzi*) to register under the name of.
intestatario *m.* holder; (*Comm.*) nominee.
intestato *a.* **1** headed. **2** (*Econ.*) registered. ▭ ~ **a** *qd.* in s.o.'s name; **carta** *intestata* headed paper.
intestazione *f.* **1** registration. **2** (*dicitura, titolo*) heading; (*rif. a lettere*) letterhead. **3**

(*Giorn.*) headline; (*a caratteri grandi*) banner headline.
intestinale *a.* intestinal.
intestino[1] *a.* civil, domestic, intestine.
intestino[2] *m.* (*Anat.*) intestine. ☐ ~ **crasso** large intestine; ~ **tenue** small intestine.
intiepidire I *v.t.* **1** to make* (luke)warm (*o* tepid); (*aumentando il calore*) to warm; (*diminuendo il calore*) to cool. **2** (*fig.*) to damp(en), to cool. **II** *v.i.*, **intiepidirsi** *v.i. pron.* **1** to become* (luke)warm; (*scaldarsi*) to warm (up); (*freddarsi*) to cool (down). **2** (*fig.*) to cool (down).
intimare *v.t.* **1** to order, to command, to enjoin. **2** (*notificare*) to notify an order to; to order. ☐ ~ *la resa* to call for surrender.
intimazione *f.* **1** (*ordine*) order, injunction. **2** notice, notification.
intimidatorio *a.* threatening.
intimidazione *f.* **1** intimidation. **2** (*minaccia*) threat.
intimidire I *v.t.* **1** to make* timid (*o* shy). **2** (*intimorire*) to intimidate, to scare. **II** *v.i.*, **intimidirsi** *v.i.pron.* to become* shy (*o* timid).
intimidito *a.* shy, timid; (*impaurito*) frightened.
intimità *f.* **1** intimacy; (*familiarità*) familiarity. **2** (*rif. ad ambienti*) cosiness, intimate atmosphere, privacy. ☐ **avere** ~ *con qd.* to be intimate with s.o.; **nell'**~ among friends.
intimo I *a.* **1** (*il più interno*) innermost, inmost. **2** (*fig.*) (*profondo*) intimate, inner, inmost, deepest. **3** (*strettamente congiunto*) close, tight. **4** (*fig.*) (*rif. a legami tra persone*) close, intimate; cosy; (*di ambienti*) cosy, intimate: *una conversazione intima* a cosy chat. **5** (*rif. a parti intime del corpo*) private; (*personale*) personal: *pulizia intima* personal cleanliness. **II** *s.m.* **1** bottom, depths *pl.*, heart (of hearts). **2** (*amico stretto*) intimate, close friend; (*parente stretto*) near relation. ☐ *indumenti intimi* underwear, underclothes *pl.*
intimorire *v.t.* to frighten, to intimidate. **intimorirsi** *v.i.pron.* to become* frightened, to get* afraid.
intingere *v.t.* to dip.
intingolo *m.* **1** (*salsa*) sauce; (*a base di sugo di carne*) gravy. **2** (*stufato*) stew.
intirizzire I *v.t.* to numb, to make* stiff (with cold). **II** *v.i.*, **intirizzirsi** *v.i.pron.* **1** to grow* numb. **2** (*estens.*) (*patire il freddo*) to be frozen.
intirizzito *a.* numb, benumbed.
intitolare *v.t.* **1** to entitle, to give* a title to. **2** (*dedicare*) to call, to name (*a* after). **intitolarsi** *v.i.pron.* **1** to be entitled; (*avere per nome*) to be called. **2** (*prendere nome*) to take* (*o* get*) one's name. ☐ *come si intitola il tuo ultimo libro?* what is the title of your latest book?
intoccabile *a./s.m./f.* untouchable.
intollerabile *a.* intolerable, unbearable.
intollerante *a.* intolerant; illiberal.
intolleranza *f.* intolerance.
intonacare *v.t.* to plaster; (*dare il bianco*) to whitewash.
intonaco *m.* plaster.
intonare *v.t.* **1** to strike* up, to lead* off; to intone. **2** (*accordare*) to tune; (*rif. a più strumenti insieme*) to tune up. **intonarsi** *v.i. pron.* (*armonizzarsi*) to match, to fit (*a qc.* s.th.), to harmonize, to tone (in).
intonato *a.* **1** (*rif. a persona*) (*pred.*) able to sing in tune; (*rif. a voce*) melodious, tuneful. **2** (*accordato*) (*pred.*) in tune, tuned, (*pred.*) pitched.
intonazione *f.* **1** intonation. **2** (*Mus.*) tone.
intontimento *m.* daze, stun.
intontire *v.t.* to stun, to daze; (*rif. a bevande alcoliche*) to befuddle.
intontito *a.* dazed, stunned; (*da bevande alcoliche*) befuddled.
intoppo *m.* (*ostacolo*) obstacle, hindrance.
intorbidare I *v.t.* **1** to make* turbid, to muddy. **2** (*fig.*) (*offuscare*) to cloud, to confuse, to muddle; (*rif. alla vista*) to dim, to darken. **II** *v.i.*, **intorbidarsi** *v.i.pron.* **1** to become* turbid (*o* muddy). **2** (*fig.*) (*offuscarsi*) to be confused (*o* mudded), to cloud; (*rif. alla vista*) to (grow*) dim, to darken.
intorno I *avv.* (a)round: *guardarsi* ~ to look around. **II** *a.* (*fam.*) (*attr.*) surrounding, nearby, (*pred.*) around, (*pred.*) round (about): *il paesaggio* ~ the surrounding landscape. ☐ ~ **a** (a)round; (*argomento*) about, on, dealing with; (*approssimazione*) (round) about, around, roughly; **all'**~ (all) around, on all sides; *darsi da* **fare** ~ *a una macchina* to work away at a machine.
intorpidimento *m.* numbness, torpor.
intorpidire I *v.t.* **1** to numb, to make* torpid. **2** (*fig.*) to dull, to make* sluggish. **II** *v.i.*, **intorpidirsi** *v.i.pron.* **1** to become* torpid, to grow* numb. **2** (*fig.*) to become* sluggish.
intorpidito *a.* **1** torpid, numb, benumbed. **2** (*fig.*) dull(ed), torpid, sluggish.
intossicare *v.t.* to poison; (*raro*) to intoxicate. **intossicarsi** *v.i.pron.* to get* poisoned (*con* by).
intossicazione *f.* intoxication, poisoning.
intraducibile *a.* **1** untranslatable. **2** (*inesprimibile*) inexpressible.
intralciare *v.t.* **1** to block, to obstruct, to hold* up, to hamper: ~ *il traffico* to hold up the traffic. **2** (*fig.*) to hinder, to hold* up, to hamper.
intralcio *m.* hindrance, obstacle.
intrallazzare *v.i.* to intrigue, to manoeuvre.
intrallazzatore *m.* intriguer, schemer, swindler.
intrallazzo *m.* intrigue, manoeuvre.
intramezzare *v.t.* to alternate.
intramuscolare *f.* (*iniezione*) intramuscular injection.
intransigente *a.* uncompromising, intransigent.
intransigenza *f.* intransigence.

intransitabile *a.* impracticable; impassable.
intransitivo **I** *a.* intransitive. **II** *s.m.* intransitive (verb).
intrappolare *v.t.* to (en)trap, to (en)snare.
intraprendente *a.* enterprising; (*che ricorre a espedienti criticabili*) forward; (*ardito*) bold.
intraprendenza *f.* enterprise, initiative; (*audacia*) boldness.
intraprendere *v.t.* **1** to undertake*, to engage in, to embark on, to begin*. **2** (*dedicarsi a*) to go* in for, to take* up. □ ~ *un viaggio* to set out on a journey.
intrattabile *a.* intractable, refractory, (*fam.*) impossible.
intrattenere *v.t.* **1** to entertain, to amuse. **2** (*parlare*) to engage in conversation. **intrattenersi** *v.i.pron.* **1** (*trattenersi*) to stop, to linger. **2** (*indugiare su un argomento*) to dwell* (*su* on, upon), to linger (over).
intrauterino *a.* intrauterine: *contraccettivo* ~ intrauterine device (IUD).
intravedere *v.t.* **1** (*vedere indistintamente*) to glimpse, to catch* sight (*o* a glimpse) of, to spot. **2** (*fig.*) (*intuire*) to see*, to perceive (by intuition).
intrecciare *v.t.* **1** to intertwine, to interlace, to twist; (*rif. a capelli, a nastri*) to plait, (*am.*) to braid. **2** (*allacciare*) to weave* together, to link, to join up (*anche fig.*), to interlace; (*rif. a dita, a mani*) to clasp. **intrecciarsi** *v.r.* **1** to interlace, to intertwine, to be interwoven, to twist. **2** (*fig.*) to (inter)-mingle, to intersect.
intrecciato *a.* **1** intertwined, interlaced, twisted, (inter)woven; (*rif. a nastri, a capelli*) braided, plaited. **2** (*fig.*) (*arruffato*) confused, muddled.
intreccio *m.* **1** interlacement. **2** (*fig.*) (*trama*) plot.
intrepido *a.* intrepid, fearless; (*fam.*) plucky.
intricare *v.t.* to (en)tangle; (*rif. a capelli*) to tousle, to ruffle (up). **intricarsi** *v.i.pron.* **1** to become* (en)tangled, to get* into a tangle. **2** (*fig.*) to become* complicated, to get* involved.
intricato *a.* **1** tangled (up), entangled. **2** (*fig.*) involved; (*di trama, intreccio*) intricate, complicated.
intrico *m.* tangle, maze.
intridere *v.t.* (*imbevere*) to soak; (*rif. a farina: impastare*) to knead.
intrigante **I** *a.* meddlesome; interfering; scheming; officious. **II** *s.m./f.* meddler, schemer, intriguer.
intrigare *v.i.* to intrigue, to manoeuvre, to scheme. **intrigarsi** *v.r.* to meddle (with, in).
intrigo *m.* intrigue, plot.
intrinseco *a.* intrinsic, inherent.
intriso *a.* **1** soaked, soaking, dripping, drenched. **2** (*bagnato*) wet (*di* with), bathed, soaked (in).
intristire *v.i.* **1** (*deperire*) to languish, to droop, to pine. **2** (*rif. a piante*) to wilt, to wither.
introdotto *a.* **1** (*fig.*) well-known, with many contacts, well-connected. **2** (*esperto*) well -acquainted (*in* with), with a good knowledge (of), well up (on). □ *un prodotto ben ~ sul mercato* a product that sells well.
introdurre *v.t.* **1** to introduce; (*infilare*) to slip, to slide*, to insert: ~ *la chiave nella serratura* to insert a key in the lock. **2** (*fare entrare*) to show*, to usher, to let* in: *lo introdusse dal direttore* he showed him into the manager's office. **3** (*Inform.*) (*rif. a tastiera*) to key in; (*informazioni*) to input. **introdursi** *v.r./i.pron.* **1** (*rif. a persone: penetrare*) to enter (*in qc.* s.th.), to get* (in, into); (*entrare furtivamente*) to steal*, to creep*, to slip; (*con la forza*) to break*, to force one's way (in). **2** (*diffondersi*) to be introduced, to become* popular (in). □ ~ *di contrabbando* to smuggle in.
introduttivo *a.* introductory.
introduzione *f.* **1** introduction. **2** (*Inform.*) input, entry: ~ *dei dati* data input.
introito *m.* (*incasso*) collection, (*provento*) proceeds *pl.*, receipts *pl.*, takings *pl.*, returns *pl.*; (*entrata*) income, revenue.
intromettersi *v.r.* **1** (*immischiarsi*) to interfere, to meddle, (*fam.*) to butt in. **2** (*interporsi*) to intervene.
intromissione *f.* **1** (*intervento*) intervention; (*mediazione*) mediation. **2** (*ingerenza*) interference, intrusion, meddling.
introspettivo *a.* introspective.
introspezione *f.* introspection.
introvabile *a.* not to be found.
introverso *a.* introvert.
intrufolarsi *v.r.* **1** to slip (in), to slide*, to sneak. **2** (*fig.*) to manage to get into.
intruglio *m.* (*rif. a liquidi*) brew, slop.
intrusione *f.* intrusion (*anche Geol.*).
intruso *m.* intruder.
intuire *v.t.* to know* by intuition, to sense, to guess (at).
intuitivo *a.* intuitive.
intuito *m.* **1** intuition. **2** (*perspicacia*) insight.
intuizione *f.* **1** intuition. **2** (*presentimento*) presentiment, foreboding.
inumare *v.t.* to inhume, to bury.
inumazione *f.* inhumation, burial.
inumidire *v.t.* to dampen, to moisten. **inumidirsi** *v.i.pron.* to become* damp (*o* wet), to grow* moist.
inurbarsi *v.r.* **1** (*trasferirsi in città*) to move to the town. **2** (*fig.*) (*incivilire*) to become* refined, to acquire polish.
inutile *a.* **1** useless, (*pred.*) no use (*o* good): *è ~ che tu insista* it's no use your insisting. **2** (*superfluo*) pointless, unnecessary, superfluous. **3** (*rif. a persona: improduttivo*) useless, ineffectual.
inutilità *f.* **1** uselessness; (*l'essere vano*) futility. **2** (*l'essere superfluo*) pointlessness. **3** (*rif. a persone*) uselessness.
inutilizzabile *a.* useless, unserviceable, (*pred.*) (of) no use.

inutilizzato *a.* unused; (*di denaro*) unemployed.
invadente I *a.* intrusive, interfering, pushing. **II** *s.m./f.* intruder, (*fam.*) nosey parker, (*fam.*) busybody.
invadenza *f.* intrusiveness.
invadere *v.t.* **1** to invade (*anche fig.*). **2** (*rif. a folla, ecc.*) to rush, to burst*, to swarm into (*o* onto); (*rif. a animali o eserciti*) to overrun*. **3** (*inondare*) to flood.
invaghirsi *v.i.pron.* **1** to take* a fancy (to), to be attracted (by), to become* fond (of) (*anche fig.*). **2** (*innamorarsi*) to fall* in love with s.o.
invalicabile *a.* insurmountable, impassable.
invalidare *v.t.* **1** (*Dir.*) to invalidate. **2** (*dichiarare nullo*) to annul, to make* null and void.
invalidità *f.* **1** (*per mutilazione*) disablement, disability. **2** (*Dir.*) invalidity. ▭ ~ *al* **lavoro** inability to work; ~ **permanente** permanent disablement; ~ **totale** total disability.
invalido I *a.* **1** invalid, disabled. **2** (*Dir.*) invalid. **II** *s.m.* invalid, disabled person.
invano *avv.* in vain, vainly, to no purpose (*o* end).
invariabile *a.* **1** invariable. **2** (*costante*) steady, constant. **3** (*Gramm.*) indeclinable, uninflected.
invariato *a.* unchanged.
invasare *v.t.* (*mettere in vaso*) to pot.
invasato *m.* possessed person.
invasione *f.* **1** invasion. **2** (*l'entrare in folla*) bursting (into, upon), storming, swarming.
invaso *m.* **1** (*Giardinaggio*) potting. **2** (*capacità di un serbatoio*) storage; (*afflusso*) filling.
invasore I *s.m.* invader. **II** *a.* invading.
invecchiamento *m.* **1** ageing. **2** (*l'essere datato*) going out of date, dating.
invecchiare I *v.i.* **1** to age, to grow* old; (*sembrare vecchio*) to look older. **2** (*stagionare di vini, formaggi, ecc.*) to mature. **II** *v.t.* to age; (*far sembrar vecchio*) to make* look older.
invecchiato *a.* **1** aged, older-looking. **2** (*fig.*) (*superato*) out-of-date, old-fashioned, obsolete. **3** (*stagionato*) mature.
invece *avv.* but, instead; (*anzi*) on the contrary; (*mentre*) whereas, while. ▭ ~ *che* instead of.
inveire *v.i.* to inveigh (*contro* against), to rail (against, at).
invelenito *a.* embittered.
invenduto I *a.* unsold. **II** *s.m.* unsold goods *pl.*
inventare *v.t.* **1** to invent. **2** (*escogitare*) to invent, to think* up (*o* of), to devise. **3** (*pensare o dire cose non vere*) to make* up, to invent.
inventariare *v.t.* to inventory, to make* an inventory of.
inventario *m.* inventory; (*Comm.*) stock-taking. ▭ ~ *contabile* book inventory.
inventato *a.* **1** (*creato con la fantasia*) fictitious, invented. **2** (*falso*) made up, fabricated.
inventiva *f.* inventiveness, creativity. ⌴ *ricco d'*~ inventive, imaginative.
inventivo *a.* inventive, creative.
inventore *m.* inventor.
invenzione *f.* **1** invention. **2** (*menzogna*) lie, falsehood, story. **3** (*Dir.*) finding.
inverecondo *a.* **1** shameless, immodest. **2** (*sfacciato*) unashamed, impudent.
invernale *a.* **1** winter-: *sport invernali* winter sports. **2** (*simile all'inverno*) wintry.
inverno *m.* winter: *d'*~ in winter.
inverosimiglianza *f.* unlikelihood, improbability.
inverosimile *a.* improbable, unlikely.
inversione *f.* **1** reversal, inverting, inversion. **2** (*rif. a marcia*) reversal, reversing. **3** (*Chim., Mat.*) inversion. **4** (*Fot.*) reversal. ▭ (*Strad.*) *divieto di* ~ no U-turns.
inverso I *a.* **1** inverse, inverted, reverse; (*contrario*) opposite, contrary: *in senso* ~ in the opposite direction. **2** (*fam.*) (*di cattivo umore*) in a bad mood. **II** *s.m.* inverse, opposite, reverse, contrary.
invertebrato *a./s.m.* (*Zool.*) invertebrate.
invertire *v.t.* **1** to invert, to reverse. **2** (*fig.*) (*rovesciare*) to reverse, to upset*. **3** (*Chim., Mat.*) to invert. ▭ (*Aut.*) ~ *la* **marcia** to reverse; ~ *le* **parti** to exchange roles (*anche fig.*).
invertito I *a.* **1** reverse, inverted. **2** (*Chim.*) invert(ed). **II** *s.m.* (*omosessuale*) invert, homosexual; (*fam.*) gay.
investigare I *v.t.* to investigate, to examine, to look into. **II** *v.i.* to make* investigations (*su* as to, about), to inquire (into), to investigate (s.th.).
investigativo *a.* investigative inquiry-. ▭ *agente* ~ detective.
investigatore I *s.m.* **1** investigator, enquirer. **2** (*detective*) detective: ~ *privato* private detective. **II** *a.* investigating, investigatory.
investigazione *f.* investigation, examination, inquiry.
investimento *m.* **1** (*Econ.*) investment. **2** (*Aut.*) knocking (*o* running) down. ▭ ~ **azionario** share investment, investment in stocks; ~ *di* **capitale** (capital) investment; ~ *in valori* **mobiliari** quoted investment; ~ *a breve* **termine** current investment· ~ *a lungo* **termine** long-term investment.
investire *v.i.* **1** to invest (*di* with). **2** (*Econ.*) to invest: ~ *in azioni* to invest in shares. **3** (*rif. a veicoli: scontrarsi con persone*) to knock (*o* run*) down; (*passando sopra il corpo*) to run* over; (*scontrarsi*) to collide (with). **4** (*rif. a persone: assalire*) to attack, to assail. **investirsi** *v.r.* **1** to be fully conscious (*di* of). **2** (*immedesimarsi*) to identify o.s. (with), to live (s.th.).
investitura *f.* investiture (*anche Stor.*).
inveterato *a.* (*rif. a vizi e sim.*) inveterate, deep-rooted, ingrained.

invetriata *f.* (*finestra*) glass window; (*porta*) glass door.
invettiva *f.* invective.
inviare *v.t.* **1** (*rif. a cose*) to send* (off), to dispatch, to forward; (*inoltrare*) to forward; (*per nave*) to ship. **2** (*rif. a persone*) to send*, to dispatch. **3** (*trasmettere*) to send*, to transmit.
inviato *m.* **1** (*Giorn.*) correspondent. **2** (*Diplomazia*) envoy. ▭ (*Giorn.*) ~ *speciale* special correspondent.
invidia *f.* envy. ▭ **crepare** *d'*~ to be dying with envy; **destare** *l'*~ *di qd.* to make s.o. envious.
invidiabile *a.* enviable, to be envied: (*eccellente*) excellent, splendid.
invidiare *v.t.* to envy. ▭ *non avere nulla da* ~ *a qd.* to be in no way inferior to s.o.
invidioso *a.* envious, jealous.
INVIM = *Imposta Comunale sull'Incremento di Valore degli Immobili* Tax on Increased of Immovable Property.
invincibile *a.* **1** invincible, unbeatable. **2** (*fig.*) invincible, unswerving.
invincibilità *f.* invincibility.
invio *m.* **1** sending, dispatch(ing); (*per posta*) posting, mailing. **2** (*rif. a merci*) delivery, shipment.
inviolabile *a.* inviolable.
inviperito *a.* furious, enraged.
invischiare *v.t.* **1** to lime. **2** (*fig.*) to involve, to mix up. **invischiarsi** *v.i.pron.* **1** to be caught. **2** (*fig.*) to become* involved (in s.th.), to get* entangled (with s.th.).
invisibile *a.* invisible.
invisibilità *f.* invisibility.
invitante *a.* inviting, attractive.
invitare *v.t.* **1** to invite, to ask (*a, in* to). **2** (*fig.*) (*invogliare*) to invite, to induce, to tempt, to entice. **3** (*assol.*) (*nelle carte: chiamare*) to call (*a* for). **invitarsi** *v.r.* to invite o.s., to come* unasked.
invitato *m.* guest.
invito *m.* **1** invitation. **2** (*cartoncino d'invito*) invitation (card). **3** (*fig.*) lure, call, invitation, inducement. **4** (*nella scherma, nel pugilato*) invitation. **5** (*nel gioco delle carte: posta*) stake, stakes *pl.*
invocare *v.t.* **1** to invoke, to call upon. **2** (*chiedere*) to call (*o* ask) for, to cry (out) for. **3** (*appellarsi*) to invoke, to appeal to. to call (up)on.
invocazione *f.* **1** invocation, appeal. **2** (*grido*) cry, shout.
invogliare *v.t.* to tempt, to attract, to invite, to induce.
invogliato *a.* eager, desirous (*a* of), attracted (by).
involontario *a.* involuntary, unintentional.
involtino *m.* (*Gastr.*) roulade.
involucro *m.* **1** cover(ing), wrapper, envelope; (*custodia*) case. **2** (*tecn.*) envelope.
involutivo *a.* involutional, regressive.
involuzione *f.* **1** (*regresso*) regression. involution. **2** (*Biol., Med.*) involution.
invulnerabile *a.* invulnerable.
invulnerabilità *f.* invulnerability.
inzaccherare *v.t.* to splash (*o* spatter) with mud. **inzaccherarsi** *v.i.pron.* to get* muddy (*o* spattered with mud).
inzaccherato *a.* muddy, mud-splashed.
inzuccherare *v.t.* to sugar: ~ *il caffè* to sugar coffee; (*cospargere di zucchero*) to (sprinkle with) sugar.
inzuppare *v.t.* **1** to soak. **2** (*infradiciare*) to drench, to soak. **inzupparsi** *v.i.pron.* **1** to become* soaked. **2** (*infradiciarsi*) to be soaked, to get* wet through (*o* to the skin), to get* drenched.
inzuppato *a.* (*bagnato*) drenched, wet, soaking, soaked, dripping (with).
io I *pron.pers. m./f.sing.* (*sogg.*) **1** I: ~ *sottoscritto* I the undersigned; ~ *e la mia amica* my friend and I. **2** (*fam.*) I, me: *sono stato* ~ *a volerlo* it was me who wanted it; *chi mi chiama? – sono* ~ who's calling me? – it's me; *anch'*~ I too; (*fam.*) me too. **II** *s.m.* (*Filos., Psic.*) ego.
iodio *m.* (*Chim.*) iodine. ▭ *tintura di* ~ tincture of iodine.
ioga *m.* yoga.
iogurt *m.* yog(h)urt.
ione *m.* (*Fis.*) ion.
ionico[1] *a./s.m.* Ionic.
ionico[2] *a.* (*del mar Ionio*) Ionian.
ionio *a.* Ionian.
Ionio, Mar *N.pr.m.* (*Geog.*) Ionian Sea.
ionizzazione *f.* (*Fis.*) ionisation.
ionosfera *f.* (*Astr.*) ionosphere.
iperbole *f.* **1** (*Retorica*) hyperbole. **2** (*estens.*) (*esagerazione*) exaggeration, overstatement. **3** (*Mat.*) hyperbola.
iperbolico *a.* **1** (*figura retorica*) hyperbolic(al). **2** (*estens.*) (*esagerato*) exaggerated, overstated, excessive. **3** (*Mat.*) hyperbolic(al).
ipercritico *a.* hypercritic(al).
ipersensibile *a.* hypersensitive.
ipersensibilità *f.* hypersensitivity.
ipertensione *f.* (*Med.*) hypertension.
ipnosi *f.* hypnosis.
ipnotico *a./s.m.* hypnotic.
ipnotismo *m.* hypnotism.
ipnotizzare *v.t.* to hypnotize (*anche fig.*).
ipnotizzatore *m.* hypnotist.
ipocondria *f.* (*Med.*) hypochondria.
ipocondriaco *a.* hypochondriac.
ipocrisia *f.* hypocrisy.
ipocrita I *s.m./f.* hypocrite. **II** *a.* hypocritical.
ipodermoclisi *f.* (*Med.*) hypodermoclysis.
ipofisi *f.* (*Anat.*) hypophysis.
ipotecare *v.t.* (*Dir.*) to mortgage.
ipotecato *a.* mortgaged.
ipotensione *f.* (*Med.*) hypotension.
ipotenusa *f.* (*Geom*) hypotenuse.
ipotesi *f.* hypothesis (*anche Mat., Filos.*). ▭ *nella* **migliore** *delle* ~ at best; **nell'**~ *che* if, in the case that; *nella* **peggiore** *delle* ~ if the worst comes to the worst; *ammettiamo* **per**

~ *che* supposing that, let us assume (*o* suppose) that; **se** *per* ~ if by chance, if for example.
ipotetico *a.* hypothetical.
ippica *f.* (*Sport*) horse-racing.
ippico *a.* horse-, of (*o* relating to) horses. ☐ *concorso* ~ race meeting.
ippocastano *m.* (*Bot.*) horse chestnut (tree).
ippodromo *m.* race-course, race-track.
ippopotamo *m.* (*Zool.*) hippopotamus.
Ir = (*Chim.*) *iridio* iridium.
ira *f.* **1** wrath, anger, (*lett.*) ire. **2** (*sdegno*) wrath. **3** (*fig.*) (*rif. a venti e sim.*) fury, rage.
iracheno *a./s.m.* Iraqi.
iracondo *a.* irascible, quick-tempered.
Irak *N.pr.m.* (*Geog.*) Irak, Iraq.
Iran *N.pr.m.* (*Geog.*) Iran.
iraniano *a./s.m.* Iranian.
irascibile *a.* irascible, quick-tempered.
irascibilità *f.* irascibility, hot (*o* short) temper.
irato *a.* angry, furious.
ireos *m.* (*Bot.*) iris.
iridato *a.* rainbow-coloured. ☐ (*Sport*) *conquistare la maglia iridata* to become world (cycling) champion.
iride *f.* **1** (*arcobaleno*) rainbow. **2** (*Anat.*) iris. **3** (*Bot.*) (*giaggiolo*) iris.
iridescente *a.* iridescent.
iridescenza *f.* iridescence.
iridio *m.* (*Chim.*) iridium.
Irlanda *N.pr.f.* (*Geog.*) Ireland; (*Pol.*) Eire.
irlandese I *a.* Irish. **II** *s.* **1** *m.* (*lingua*) Irish. **2** *m./f.* (*abitante*) Irishman (*pl.* –men; *f.* –woman, *pl.* –women); *pl.* (*popolo*) the Irish (costr. pl.).
ironia *f.* irony. ☐ **con** ~ ironically; **fare** *dell'*~ to be ironical.
ironico *a.* ironic(al).
ironizzare *v.t.* to ironize.
IRPEF = *Imposta sul Reddito delle Persone Fisiche* Personal Income Tax.
IRPEG = *Imposta sul Reddito delle Persone Giuridiche* Corporate Income Tax.
irradiare I *v.t.* **1** to irradiate, to shed* (rays of) light on, to shine* upon. **2** (*estens.*) (*diffondere*) to radiate, to spread*, to give* off (*o* out). **3** (*fig.*) (*illuminare*) to light* up. **II** *v.i.* to radiate (*anche fig.*). **irradiarsi** *v.i.pron.* **1** (*divergere*) to radiate. **2** (*fig.*) (*propagarsi*) to spread*.
irradiazione *f.* **1** (ir)radiation. **2** (*diffusione*) radiation, spreading (out).
irraggiungibile *a.* **1** unreachable, beyond one's reach; (*in corsa*) uncatchable. **2** (*irrealizzabile*) unattainable, unreachable.
irragionevole *a.* **1** (*non dotato di ragione*) irrational. **2** (*rif. a persona*) unreasonable. **3** (*non conforme a ragione*) irrational, unreasonable: *discorso* ~ irrational talk. **4** (*esagerato*) unreasonable, exorbitant.
irrancidire *v.i.* to go* (*o* turn) rancid.
irrazionale *a./s.m.* irrational.
irrazionalità *f.* irrationality.
irreale *a.* unreal; (*fantastico*) imaginary, dream-, fantastic.
irrealizzabile *a.* unfeasible.
irrealtà *f.* unreality.
irrecuperabile *a.* **1** irrecoverable, irretrievable. **2** (*fig.*) irretrievable.
irrefrenabile *a.* uncontrollable, unrestrainable.
irrefutabile *a.* irrefutable, indisputable.
irregolare I *a.* **1** irregular; (*non uniforme*) uneven: *terreno* ~ uneven ground. **2** (*Dir.*) (*illecito*) illegal, unlawful, illicit: *unione* ~ unlawful union. **II** *s.m.* irregular.
irregolarità *f.* **1** irregularity. **2** (*concr.*) (*cosa, azione irregolare*) irregularity; (*reato*) offence; (*peculato*) embezzlement, misappropriation. **3** (*Dir.*) (*illiceità*) illegality, unlawfulness.
irremovibile *a.* inflexible, unshakable, unyielding.
irreparabile *a.* irreparable.
irreperibile *a.* impossibile to find, nowhere to be found.
irreprensibile *a.* irreproachable, faultless.
irrequietezza *f.* restlessness.
irrequieto *a.* restless.
irresistibile *a.* irresistible.
irrespirabile *a.* **1** (*che sa di rinchiuso*) stuffy; (*afoso*) stifling. **2** (*che soffoca*) stifling, oppressive.
irresponsabile *a.* irresponsible (*anche Dir.*).
irrestringibile *a.* unshrinkable.
irreversibile *a.* irreversible.
irreversibilità *f.* irreversibility.
irrevocabile *a.* irrevocable.
irriconoscibile *a.* unrecognizable.
irriducibile *a.* irreducible.
irrigare *v.t.* to irrigate (*anche Med.*).
irrigazione *f.* irrigation (*anche Med.*).
irrigidimento *m.* **1** stiffening. **2** (*rif. a clima*) turning colder; (*effetto*) increasing cold. **3** (*fig.*) (*ostinazione*) persistence, obstinacy.
irrigidire I *v.t.* **1** to stiffen. **2** (*rif. a clima, stagione e sim.*) to make* colder, to turn harsher. **II** *v.i.* to become* stiff, to stiffen. **irrigidirsi** *v.i.pron.* **1** to become* stiff, to stiffen. **2** (*rif. a clima, stagione e sim.*) to become* colder. **3** (*fig.*) (*ostinarsi*) to stick* obstinately (to).
irrilevante *a.* insignificant, slight.
irrimediabile *a.* irreparable, irretrievable, irremediable.
irripetibile *a.* unrepeatable.
irrisorio *a.* **1** derisive, mocking. **2** (*di scarso valore*) ridiculously low.
irritabile *a.* **1** irritable, touchy. **2** (*Med.*) irritable, abnormally sensitive.
irritabilità *f.* irritability.
irritante I *a.* **1** irritating, annoying, provoking. **2** (*Med.*) irritant. **II** *s.m.* (*Med.*) irritant.
irritare *v.t.* **1** to irritate, to provoke, to nettle. **2** (*Med.*) to irritate. **irritarsi** *v.i.pron.* **1** to become* (*o* get*) irritated, to get* angry. **2** (*Biol.*) to become* irritated.

irritato *a.* **1** irritated, impatient (*con, contro* with). **2** (*Med.*) (*infiammato*) inflamed, irritated; (*rif. alla gola*) sore.
irritazione *f.* **1** irritation, annoyance. **2** (*Med.*) (*infiammazione*) inflammation, irritation; (*rif. alla gola*) soreness.
irriverente *a.* irreverent.
irriverenza *f.* irreverence.
irrobustire *v.t.* to strengthen. **irrobustirsi** *v.i. pron.* to become* (*o* grow*) stronger, to strengthen o.s.
irrompere *v.i.* **1** to burst*, to break* (*in* in, into); (*riversarsi*) to pour, to stream. **2** (*fig.*) to break* out.
irrorare *v.t.* **1** to wet, to bathe. **2** (*spruzzare, aspergere*) to spray, to sprinkle.
irruente *a.* impetuous.
irruenza *f.* **1** (*impeto*) rush, impetus. **2** (*fig.*) (*l'essere impetuoso*) impetuosity, vehemence.
irruzione *f.* **1** irruption, bursting (*o* breaking) in, rush. **2** (*invasione*) invasion, storming.
irsuto *a.* hairy, shaggy, hirsute.
irto *a.* **1** bristly, shaggy. **2** (*fig.*) (*pieno*) fraught, bristling, filled, thick (*di* with).
Isabella *N.pr.f.* Isabel.
Isacco *N.pr.m.* Isaac.
iscritto *m.* person enrolled (*o* registered); (*rif. a circoli, partiti e sim.*) member; (*rif. a gare, concorsi e sim.*) entrant, competitor.
iscrivere *v.t.* **1** to register, to enter; (*far ammettere*) to enrol(l); (*rif. a gare, concorsi e sim.*) to enter. **2** (*registrare*) to record, to register: ~ *un'ipoteca* to register a mortgage. **3** (*Univ.*) to register; (*immatricolare*) to matriculate. **iscriversi** *v.r.* **1** to join (s.th.), to become* a member (of); (*rif. a gare, concorsi e sim.*) to enter (for). **2** (*Univ., Scol.*) to register.
iscrizione *f.* **1** enrolment, registration (*a* in), joining (of); (*di gare, concorsi e sim.*) entry. **2** (*registrazione*) registration. **3** (*epigrafe*) inscription. **4** (*Univ.*) registration; (*immatricolazione*) matriculation. □ *fare domanda d'*~ to apply for admission; (*rif. a gare, concorsi e sim.*) to apply to enter; (*rif. a circoli, partiti e sim.*) to apply for membership.
Islam *m.* Islam.
islamico *a.* Islamic.
islamismo *m.* **1** (*religione islamica*) Islamism. **2** (*civiltà islamica*) Islam.
Islanda *N.pr.f.* (*Geog.*) Iceland.
islandese I *a.* Icelandic. **II** *s.* **1** *m.* (*lingua*) Icelandic. **2** *m./f.* (*abitante*) Icelander.
isobara *f.* (*Geog.*) isobar.
isola *f.* **1** island, (*lett. poet.*) isle. **2** (*isolato*) block (of houses). **3** (*Strad.*) (*salvagente*) (safety) island, traffic island; (*pedonale*) pedestrian precinct. **4** (*Anat.*) island, islet.
isolamento *m.* **1** isolation. **2** (*solitudine*) loneliness. **3** (*Fis.*) insulation.
isolano I *a.* island-, insular. **II** *s.m.* islander.
isolante I *a.* (*Fis.*) insulating, insulation-. **II** *s.m.* **1** (*Fis.*) insulator. **2** (*Chim.*) insulating material.
isolare *v.t.* **1** to isolate, to cut* off. **2** (*Fis.*) to insulate. **isolarsi** *v.r.* to cut* o.s. off, to keep* to o.s., to withdraw*, to live apart. □ ~ *acusticamente* to sound-proof.
isolato[1] *a.* **1** (*appartato*) isolated, set apart; (*tagliato fuori*) cut off. **2** (*singolo*) isolated, unique: *caso* ~ isolated case. **3** (*Fis.*) insulated.
isolato[2] *m.* (*Urbanistica*) block.
isolazionismo *m.* (*Pol.*) isolationism.
isoscele *a.* (*Geom.*) isosceles.
isotopo *m.* (*Chim.*) isotope. □ ~ *radioattivo* radio-isotope.
ispano *a.* **1** Hispanic. **2** (*nelle parole composte*) Hispano-.
ispessire *v.t.* to thicken. **ispessirsi** *v.i.pron.* to thicken, to become* thicker.
ispettorato *m.* **1** (*carica*) inspectorship, inspectorate. **2** (*ente, sede*) inspectorate. □ ~ *del lavoro* Department of Labour.
ispettore *m.* inspector; (*burocr.*) surveyor: ~ *di polizia* police inspector.
ispezionare *v.t.* to inspect.
ispezione *f.* inspection. □ **fare** *un'*~ to hold (*o* carry out) an inspection; (*Comm.*) ~ *dei* **libri** audit, auditing.
ispido *a.* **1** bristly, shaggy. **2** (*fig.*) (*scontroso*) bristly, intractable.
ispirare *v.t.* to inspire, to arouse: ~ *fiducia a qd.* to inspire confidence in s.o. (*o* s.o. with confidence). **ispirarsi** *v.r.* to be inspired (*a* by).
ispirato *a.* inspired.
ispiratore I *s.m.* inspirer. **II** *a.* inspiring.
ispirazione *f.* **1** inspiration. **2** (*consiglio, suggerimento*) dictate, suggestion, prompting. **3** (*idea felice*) good idea, happy thought, (*fam.*) inspiration. **4** (*tendenza, indirizzo*) tendency, leaning.
Israele *N.pr.m.* (*Geog.*) Israel.
israeliano *a./s.m.* Israeli.
israelita *s.m./f.* Israelite.
israelitico *a.* (*lett.*) Israelite.
issare *v.t.* to hoist.
istamina *f.* (*Farm.*) histamine.
istantanea *f.* (*Fot.*) snapshot, (*fam.*) snap.
istantaneità *f.* instantaneousness; (*immediatezza*) immediacy.
istantaneo *a.* instantaneous.
istante *m.* **1** instant, moment. **2** (*breve spazio di tempo*) minute, moment. □ *all'*~ at the moment; (*immediatamente*) immediately, instantly, on the instant.
istanza *f.* **1** (*petizione*) petition, instance, application. **2** (*insistenza*) urgency, earnest solicitation.
isterico I *a.* (*Psic.*) hysterical. **II** *s.m.* (*Psic.*) hysteric. □ *avere un attacco* ~ to have hysterics.
isterilire *v.t.* **1** to make* barren, to sterilize. **2** (*fig.*) to dry up. **isterilirsi** *v.r.* to become* barren (*o* sterile).
isterismo *m.* (*Psic.*) hysteria; (*attacco isterico*) hysterics *pl.* (costr. sing.).

istigare *v.t.* to instigate, to incite, to stir up.
istigatore **I** *s.m.* instigator. **II** *a.* instigating, of incitement.
istigazione *f.* instigation, incitement. ☐ ~ *a delinquere* incitement to crime.
istillare *v.t.* to instil.
istintivo *a.* instinctive, spontaneous.
istinto *m.* instinct (*anche estens.*). ☐ ~ **materno** maternal instinct; **per** ~ instinctively, by instinct.
istituire *v.t.* **1** (*fondare*) to found, to set* up, to establish. **2** (*introdurre*) to introduce, to bring* in. **3** (*porre, stabilire*) to make*, to establish.
istituto *m.* **1** institute; (*ente*) institution, foundation; (*ospizio*) home, asylum: ~ *dei ciechi* home for the blind. **2** (*Scol.*) institute; (*scuola*) school. **3** (*Univ.*) institute, college. **4** (*Dir.*) institution. ☐ ~ **bancario** bank; ~ *di* **credito** credit institution; ~ **magistrale** teacher's training school; ~ *di* **pena** penitentiary; ~ **tecnico** technical (*o* vocational) school; ~ **tecnico** *commerciale* commercial (*o* business) college.
istitutore *m.* **1** founder, establisher. **2** (*nei collegi*) assistant housemaster, (*am.*) proctor.
istitutrice *f.* (*governante*) governess.
istituzionale *a.* institutional, basic.
istituzionalizzare *v.t.* to institutionalize.
istituzione *f.* **1** institution. **2** (*Dir.*) (*istituto giuridico*) legal institution. **3** *pl.* (*principi fondamentali*) institutes *pl.*
istmo *m.* (*Geog., Anat.*) isthmus.
istogramma *m.* histogram.
istologia *f.* histology.
istrice *m./f.* **1** (*Zool.*) porcupine. **2** (*fig.*) touchy (*o* cantankerous) person.
istrione *m.* (*fig. spreg.*) ham.
istrionesco, **istrionico** *a.* (*spreg.*) histrionic, theatrical, stag(e)y.
istruire *v.t.* **1** to teach*, to instruct: ~ *qd. nella grammatica* to teach s.o. (*o* instruct s.o. in) grammar. **2** (*informare*) to instruct, to give* instructions (*o* directions) to, to inform. **3** (*addestrare*) to train. **4** (*Dir.*) to prepare, to collect the evidence for. **istruirsi** *v.r.* to educate o.s., to improve one's education.
istruito *a.* cultured, educated; (*dotto*) learned.
istruttivo *a.* instructive, educational, informative.
istruttore **I** *s.m.* instructor. **II** *a.* **1** (*Dir.*) investigating, examining: *giudice* ~ examining magistrate, investigating judge. **2** (*Mil.*) instructing, drill-.
istruttoria *f.* (*Dir.*) (preliminary) investigation, inquiry, inquest, examination.
istruttorio *a.* preliminary, investigating.
istruttrice *f.* instructress.
istruzione *f.* **1** (*cultura*) education: ~ *obbligatoria* compulsory education. **2** (*addestramento*) instruction; training: ~ *professionale* vocational training. **3** *pl.* (*indicazioni*) instructions, directions: *attenersi alle istruzioni* to follow instructions. **4** (*Dir.*) preliminary investigation. **5** (*Inform.*) instruction. ☐ ~ **elementare** primary education; **libretto** *delle istruzioni* operator's handbook; **Ministero** *della Pubblica Istruzione* (*GB*) Ministry of Education, (*USA*) Department of Education.
Italia *N.pr.f.* (*Geog.*) Italy.
italianizzare *v.t.* to italianize.
italiano *a./s.m.* Italian. ☐ *all'italiana* Italian -style-, Italian.
italico *a.* Italic.
italo *a.* **1** (*poet.*) (*italico*) Italic. **2** (*nelle parole composte*) Ital(o)-: ~*-americano* Italamerican, Italo-American, Italian-American.
iter *lat. m.* (*burocr.*) passage, course.
iterativo *a.* iterative (*anche Gramm.*).
iterazione *f.* **1** (*ripetizione*) repetition, (re-) iteration. **2** (*Ling., Mat.*) iteration.
itinerario *m.* itinerary, route.
itterbio *m.* (*Chim.*) ytterbium.
itterizia *f.* (*Med.*) jaundice.
ittero *m.* (*Med.*) icterus.
ittico *a.* fish-, fishing.
ittiologia *f.* ichthyology.
ittrio *m.* (*Chim.*) yttrium.
Iugoslavia *N.pr.f.* (*Geog.*) Yugoslavia.
iugoslavo *a./s.m.* Yugoslav(ian), Jugoslav-(ian).
iuta *f.* (*Bot., tessuto*) jute.
IVA = *Imposta sul Valore Aggiunto* Value Added Tax (VAT).
ivi *avv.* (*lett.*) **1** (*lì*) there, therein. **2** (*nelle citazioni*) ibidem, ibid.

J

j, **J** *f./m.* (*lettera dell'alfabeto*) j, J. □ (*Tel.*) ~ *come Jersey* J for Jack; (*am.*) J for Jig.
jazz *ingl.* [dʒætz] *s.m./a.* (*Mus.*) jazz.
jazzista *m./f.* jazz player, jazzman (*pl.* –men); (*sl.*) cat.
jazzistico *a.* jazz-: *complesso* ~ jazz band; *concerto* ~ *improvvisato* jam session.
jeans *ingl.* [dʒi:nz] *m.* jeans: *essere in* ~ to be wearing jeans. □ *tessuto* ~ denim.
jeep *ingl.* [dʒi:p] *f.* Jeep.
jet *ingl.* [dʒet] *m.* jet (plane).
Jolanda *N.pr.f.* Jolanda.
jolly *ingl.* ['dʒɔli] *m.* (*carta da gioco*) joker.
joule *ingl.* [dʒu:l/dʒaul] *m.* (*Fis.*) joule.
jr = *junior* Junior.
judo [dʒu'do] *m.* (*Sport*) judo.
judoista *m./f.* judoka.
Jugoslavia → **Iugoslavia**.
jugoslavo → **iugoslavo**.
junior *a./s.m.* junior (*pl.* –es).

K

k, K[1] *f./m.* (*lettera dell'alfabeto*) k, K. □ (*Tel.*) ~ *come Kursaal* K for King (*anche am.*).
K[2] = (*Chim.*) *potassio* potassium.
kaki *a./s.m.* khaki.
kamikaze *m.* kamikaze.
karatè *m.* (*Sport*) karate.
kc = (*Rad.*) *chilociclo* kilocicle.
k.cal. = *chilocaloria* kilogramcalorie.
Kenia *N.pr.m.* (*Geog.*) Kenia.
Kent *N.pr.m.* (*Geog.*) Kent.
képi *fr.* [ke'pi] *m.* kepi.
kermesse *fr.* [ker'mɛs] *f.* kermess.
kerosene *m.* (*Chim.*) kerosene.
kg = *chilogrammo* kilogramm(me).
kibbutz *m.* kibbutz.
kimono *m.* kimono.
kippur *ebraico m.* Yom Kippur.
kl = *chilolitro* kilolitre.
km = *chilometro* kilometre.
km/h = *chilometri all'ora* kilometres per hour.
kmq = *chilometro quadrato* square kilometre.
k.o. = (*Sport*) *fuori combattimento* knock out.
koala *m.* (*Zool.*) koala (bear).
Kr = (*Chim.*) *cripto* kripton.
krapfen *ted.* ['krapfən] *m.* (*Gastr.*) doughnut.
kursaal *ted.* ['ku:rza:l] *m.* **1** (*casinò*) casino. **2** (*stabilimento balneare*) bathing establishment.
Kuwait *N.pr.m.* (*Geog.*) Kuwait.
KV = *chilovolt* kilovolt(s).
KW = *chilowatt* kilowatt.
KWh = *chilowattora* kilowatt-hour.

L

l[1], **L**[1] *f./m.* *(lettera dell'alfabeto)* l, L. □ (*Tel.*) ~ *come Livorno* L for Lucy; (*am.*) L for Love.
l[2] = *litro* litre.
L[2] = *lira italiana* Italian lira.
la[1] *art.* → **il.**
la[2] *pron.pers. f.* **1** (*compl. oggetto: rif a persona*) her; (*rif. a cosa o animale*) it. **2** (*con valore indeterminato*) this, that, it (*spesso non si traduce*): *me ~ pagherai* you'll pay for that (*o* it); *smettila* stop it. **3** (*compl. oggetto: forma di cortesia*) you: *non vorrei disturbarLa* I do not want to disturb you.
la[3] *m.* (*Mus.*) A.
là *avv.* **1** there: (*Mil.*) *chi va ~?* who goes there? **2** (*pleonastico: in unione con quello*) there (*talvolta non si traduce*): *dammi quello ~* give me that one (there). □ **al** *di ~* beyond; **alto** *~!* stop!, halt!; **di** *~* (*moto da luogo*) from there; (*moto a luogo, stato in luogo*) over there: *chi c'è di ~?* who's that over there?; (*là dentro*) in there, inside; ~ **dietro** back there; **eccoli** ~ there they are; **ehi** *~!* (hey,) you there!; *il* **mondo** *di ~* the other world, the hereafter; **più** *in ~* (*più tardi*) later (on); *di* **qua** *e di ~* here and there; ~ **sopra** up there; ~ **sotto** down (*o* under) there; (*fam.*) *ma* **va'** *~!* come off it!
La = (*Chim.*) *lantanio* lanthanum.
labbro *m.* **1** lip (*anche estens.*). **2** (*orlo*) rim, brim, edge, border. **3** *pl.* (*Anat.*) labia *pl.*, lips *pl.* □ *dire qc. a* **fior** *di labbra* to murmur (*o* mutter) s.th.; (*fig.*) **pendere** *dalle labbra di qd.* to hang on s.o.'s every word.
labiale (*Fonetica*) *a./s.f.* labial.
labile *a.* **1** unstable, unsteady. **2** (*fugace*) fleeting, ephemeral, transient. **3** (*rif. alla memoria: debole*) weak, poor.
labirinto *m.* **1** (*Mitol., Anat.*) labyrinth. **2** (*in un giardino*) maze. **3** (*fig.*) labyrinth, maze.
laboratorio *m.* **1** laboratory, (*fam.*) lab. **2** (*officina*) workshop. **3** (*Fot.*) dark room. □ ~ *di* **chimica** chemical (*o* chemistry) laboratory; **da** (*o di*) ~ laboratory-, (*fam.*) lab-.
laboratorista *m./f.* laboratory technician.
laboriosità *f.* industriousness, laboriousness.
laborioso *a.* **1** industrious, laborious, hard -working. **2** (*difficile*) laborious, arduous, difficult. **3** (*pieno di lavoro*) busy, heavy.
laburismo *m.* (*Pol.*) Labour (movement).
laburista **I** *s.m./f.* (*seguace*) Labour Party member. **II** *a.* Labour-: *partito ~* Labour Party.
lacca *f.* **1** lacquer. **2** (*per capelli*) hair spray; (*per unghie*) nail polish (*o* varnish).
laccare *v.t.* **1** to lacquer, to varnish. **2** (*smaltare*) to enamel. □ ~ *i capelli* to spray hair (with lacquer).
laccio *m.* **1** noose, slip knot, loop. **2** (*rif. a caccia*) snare; (*lasso*) lasso. **3** (*rif. a vestiario*) lace, tie; (*rif. a scarpe*) (shoe)lace. **4** (*fig.*) (*insidia*) trap, snare. □ (*Med.*) ~ **emostatico** tourniquet; **prendere al** ~ to trap, to snare (*anche fig.*).
lacerante *a.* (*straziante*) lacerating, piercing, shrill; (*che tormenta*) agonizing, harrowing.
lacerare *v.t.* **1** (*strappare*) to tear* (to pieces), to rip, to lacerate. **2** (*fig.*) (*straziare*) to harrow, to rend*, to tear*, to lacerate. **lacerarsi** *v.i.pron.* **1** to tear*, to rip, to come* apart. **2** (*fig.*) to be rent (*o* torn).
lacerazione *f.* laceration.
lacero *a.* **1** (*stracciato*) torn, ripped, rent. **2** (*cencioso*) ragged, tattered; (*pred.*) in rags. **3** (*Med.*) lacerated.
laconico *a.* (*conciso*) laconic, concise.
lacrima *f.* **1** tear: *scoppiare in lacrime* to burst into tears. **2** (*estens.*) (*goccia*) drop (*anche fig.*). □ (*fig.*) *lacrime di* **coccodrillo** crocodile tears; *lacrime di* **gioia** tears of joy; **in** *lacrime* in tears, tearful; *avere le lacrime agli* **occhi** to have tears in one's eyes; **piangere** *lacrime amare* to shed bitter tears; **sciogliersi** *in lacrime* to cry one's heart out; **trattenere** *le lacrime* to hold (*o* keep) back one's tears.
lacrimale *a.* (*Anat.*) lachrymal.
lacrimare *v.i.* **1** to water. **2** (*piangere*) to cry, to weep*, to shed* tears. **3** (*Bot.*) (*stillare*) to ooze.
lacrimevole *a.* **1** pitiful, pathetic, heart -rending. **2** (*piangente*) tearful: *voce ~* tearful voice. **3** (*triste*) sad, dismal.
lacrimogeno *a.* tear-: *gas ~* tear gas.
lacrimoso *a.* **1** (*pieno di lacrime*) tearful. **2** (*commovente*) pathetic, that moves one to tears.
lacuna *f.* gap, blank (*anche fig.*). □ *colmare una ~* to fill a gap.

lacunoso *a.* full of gaps (*o* blanks).
lacustre *a.* lake-.
ladresco *a.* thieving, thievish.
ladro I *s.m.* **1** thief, robber; (*scassinatore*) house-breaker; (*scassinatore notturno*) burglar; (*borsaiolo*) pick-pocket. **2** (*estens.*) thief. **II** *a.* **1** thieving, dishonest: *servo* ~ thieving servant. **2** (*scherz.*) (*rif. a occhi*) killing. ▭ **al** ~*!* stop thief!; ~ *di* **automobili** car thief.
ladrone *m.* **1** robber, thief. **2** (*brigante*) highwayman (*pl.* –men), bandit.
ladruncolo *m.* petty thief, pilferer.
laggiù *avv.* **1** down there. **2** (*di là*) over there.
laghetto *m.* (*stagno*) pool, pond.
lagna *f.* **1** (*fam.*) (*piagnisteo*) whine, whining, (*fam.*) moan(ing). **2** (*persona noiosa*) drag, bore; pain in the neck.
lagnanza *f.* complaint.
lagnarsi *v.i.pron.* **1** (*emettere lamenti*) to moan, to groan. **2** (*lamentarsi*) to complain, to grumble.
lagnoso *a.* complaining, grumbling.
lago *m.* **1** lake: ~ *alpino* alpine lake. **2** (*estens., fig.*) pool, sea: ~ *di sangue* pool of blood.
laguna *f.* lagoon.
lagunare *a.* lagoonal, lagoon-.
L'Aia *N.pr.f.* (*Geog.*) The Hague.
laicale *a.* (*attr.*) lay.
laicizzare *v.t.* to laicize, to secularize.
laico I *s.m.* layman (*pl.* –men). **II** *a.* (*attr.*) lay; (*non confessionale*) non-denominational, secular, non-confessional.
lama[1] *f.* blade: ~ *del rasoio* razor-blade.
lama[2] *m.* (*Rel.*) lama. ▭ *Dalai-* ~ Dalai -Lama.
lama[3] m. (*Zool.*) llama.
lambiccarsi *v.t.*: *lambiccarsi il cervello* to rack one's brains.
lambire *v.t.* **1** (*leccare*) to lick, to lap. **2** (*fig.*) (*rif. ad acqua*) to lap; (*rif. a fiamma*) to lick.
lamella *f.* **1** (*lamina*) thin plate (*o* sheet, layer). **2** (*membrana*) membrane, film. **3** (*Zool., Bot., Anat.*) lamella.
lamentare *v.t.* (*compiangere*) to mourn (over), to lament, to bewail. **lamentarsi** *v.i.pron.* to complain (*di* of). ▭ *lamentarsi con qd. delle proprie disgrazie* to tell s.o. all one's troubles.
lamentela *f.* complaint, complaining.
lamentevole *a.* **1** plaintive, complaining: *voce* ~ plaintive voice. **2** (*degno di compassione*) pitiful, deplorable.
lamento *m.* **1** lament, lamentation, wail; (*per dolore fisico*) moan, groan; (*il lamentarsi prolungato*) wailing; (*per dolore fisico*) moaning, groaning. **2** (*di animali*) whimper, whine, moan. **3** (*rimostranza*) complaint.
lamentoso *a.* mournful, plaintive, doleful.
lametta *f.* razor-blade.
lamiera *f.* plate, sheet. ▭ ~ *ondulata* corrugated iron.
lamina *f.* **1** (*lastra*) thin layer (*o* sheet, plate); (*foglio*) leaf, foil. **2** (*Bot., Anat., Geol.*) lamina.
laminare[1] *a.* laminar, laminate(d).
laminare[2] *v.t.* **1** to laminate. **2** (*Met.*) to roll.
laminato[1] *a./s.m.* (*tessuto*) lamé.
laminato[2] **I** *a.* **1** laminated. **2** (*Met.*) rolled. **II** *s.m.* (*Met.*) rolled section. ▭ ~ *di* **legno** laminated wood; ~ **plastico** laminated plastic.
laminatoio *m.* (*tecn.*) rolling mill, roller.
lampada *f.* lamp. ▭ **accendere** *la* ~ to turn on the light; (*rif. a lampada non elettrica*) to light the lamp; ~ **fluorescente** fluorescent lamp; ~ *al* **neon** neon lamp (*o* tube); ~ *da* **tavolo** table-lamp, reading-lamp.
lampadario *m.* chandelier.
lampadina *f.* (light) bulb. ▭ ~ **smerigliata** frosted bulb; ~ **tascabile** pocket torch.
lampante *a.* (*evidente*) clear, crystal clear.
lampeggiamento *m.* **1** (*Meteor.*) lightning, flashing. **2** (*Aut.*) blinking.
lampeggiare I *v.i.* **1** to flash, to gleam, to sparkle. **2** (*fig.*) to flash, to sparkle. **3** (*Aut.*) to blink. **II** *v.i.impers.* to lighten, to flash lightning.
lampeggiatore *m.* **1** (*Aut.*) blinker, direction indicator. **2** (*Fot.*) flash-gun.
lampione *m.* street-lamp; (*il palo*) lamp-post.
lampo *m.* **1** (*Meteor.*) lightning; (*un singolo lampo*) flash of lightning. **2** (*bagliore*) flash, beam. **3** (*fig.*) (*intuizione*) flash, gleam: *un* ~ *di genio* a brainwave. **4** (*fig.*) (*tempo brevissimo*) flash, wink, instant. ▭ **guerra** ~ blitzkrieg; **passare** *come un* ~ to flash by, (*fam.*) to whiz by; **veloce** *come un* ~ with lightning speed.
lampone *m.* (*Bot.*) raspberry.
lana *f.* **1** wool. **2** (*laniccio*) fluff. ▭ ~ *d'***acciaio** steel wool; **di** ~ wool-, wollen; ~ *di* **vetro** glass wool, fibre-glass.
lancetta *f.* **1** (*di orologio*) hand; (*di bussola*) needle. **2** (*Chir.*) lancet. **3** (*Mecc.*) pointer.
lancia[1] *f.* **1** lance; (*asta, picca*) spear. **2** (*Pesca*) lance, harpoon. ▭ (*fig.*) *spezzare una* ~ *in favore di qd.* to come to s.o.'s defence; to plead s.o.'s cause.
lancia[2] *f.* (*Mar.*) (ship's) boat, launch. ▭ ~ *di salvataggio* lifeboat.
lanciafiamme *m.* flame-thrower.
lanciamissili *m.* rocket (*o* missile) launcher.
lanciarazzi *m.* rocket launcher; (*per segnalazione*) rocket gun.
lanciare *v.t.* **1** to throw*, to fling*, to launch (*anche fig.*). **2** (*con violenza*) to hurl; (*lanciare in alto*) to toss. **3** (*far partire con impeto: rif. a cani*) to loose, to release; (*rif. a cavalli*) to set* (*o* start) off; (*rif. a veicoli*) to start up, to set* off (at full speed). **4** (*fig.*) (*diffondere*) to spread*, to launch: ~ *un prodotto* to launch a product. **5** (*Mil.*) to launch, to fire; (*sganciare*) to drop, to release: ~ *bombe* to drop bombs. **6** (*Sport*) to throw*. **lanciarsi** *v.r.* **1** to throw* o.s. (*contro, su* on, upon, at), to fling* o.s., to hurl o.s., to dash.

2 (*fig.*) to launch (out), to embark (*in* on). **3** (*con veicolo*) to race (*o* speed) off. **4** (*dall'alto*) to jump, to drop, to throw* o.s. down; (*col paracadute*) to bail (*o* bale) out.

lanciato *a.* **1** (*rif. a veicolo*) speeding (*o* racing) along, going at full speed, off. **2** (*fig.*) (*infervorato*) off, (*fam.*) rolling. **3** (*Sport*) flying.

lanciatore *m.* **1** thrower. **2** (*Sport*) thrower; (*nel baseball*) pitcher.

lanciere *m.* (*soldato*) lancer.

lancinante *a.* shooting, stabbing.

lancio *m.* **1** (*atto*) throwing, flinging, hurling, launching; (*effetto*) throw, fling. **2** (*dall'alto*) jump, drop. **3** (*pubblicitario*) launching; (*enfatizzato, gonfiato*) build up, boost. **4** (*Mil.*) launching, firing; (*sganciamento*) dropping, release; (*col paracadute*) drop, parachuting. **5** (*Aer., Astr.*) launch(ing). **6** (*Sport*) throwing, pitching; (*effetto*) throw, pitch. ☐ ~ *del* **disco** discus-throw, throwing of the discus; ~ *del* **peso** shotput(ting).

languido *a.* **1** (*fiacco*) weak, languid. **2** (*sentimentale*) languishing: *occhi languidi* languishing eyes.

languire *v.i.* **1** to languish; (*rif. a piante*) to droop, to wither. **2** (*fig.*) (*struggersi, patire*) to pine (away), to languish. **3** (*fig.*) (*rif. a luce: indebolirsi*) to fade, to die (down), to dim.

languore *m.* languor, faintness, weakness. ☐ ~ *di stomaco* pangs of hunger.

laniero *a.* wool-, woollen.

lanificio *m.* wool mill (*o* factory).

lanolina *f.* (*Chim.*) lanolin(e).

lanoso *a.* woolly (*anche estens.*).

lantanio *m.* (*Chim.*) lanthanum.

lanterna *f.* **1** lantern. **2** (*faro*) lighthouse. ☐ ~ *magica* magic lantern.

lanternino *m.* (*Strad.*) warning light. ☐ (*fig.*) *cercare qc.* (o *qd.*) *con il* ~ to look high and low for s.th. (*o* s.o.).

lanugine *f.* down.

lapalissiano *a.* (*ovvio*) obvious, self-evident.

laparatomia *f.* (*Chir.*) laparatomy.

lapidare *v.t.* to stone (to death).

lapidario *a.* lapidary.

lapide *f.* **1** (*tombale*) tombstone, headstone, gravestone. **2** (*commemorativa*) memorial stone; (*su muri e sim.*) memorial tablet (*o* slab).

lapillo *m.* (*Geol.*) lapillus.

lapis *m.* pencil.

lappone **I** *a.* Lapp-, Lappish, Lappic. **II** *s.* **1** *m.* (*lingua*) Lapp, Lappish. **2** *m./f.* (*abitante*) Lapp, Laplander.

Lapponia *N.pr.f.* (*Geog.*) Lapland.

lapsus *lat. m.* lapse, slip.

lardo *m.* bacon fat; lard.

largamente *avv.* **1** widely, broadly. **2** (*diffusamente*) fully, at length, in full detail. **3** (*in larga misura*) generously, liberally, freely, abundantly.

largheggiare *v.i.* to be generous (*o* open-handed), to give* freely, to lavish.

larghezza *f.* **1** width, breadth. **2** (*apertura mentale*) breadth of mind; liberality. **3** (*generosità*) largess(e), liberality, generosity. **4** (*abbondanza*) abundance, plenty. ☐ **misurare** *quattro metri di* ~ to be four metres wide (*o* in width *o* in breadth); ~ *di* **vedute** broad-mindedness.

largo **I** *a.* **1** wide, broad: ~ *un metro* a metre wide; *spalle larghe* broad shoulders. **2** (*rif. a vestiario*) large; (*comodo*) loose-fitting. **3** (*fig.*) (*generoso*) liberal, large. **4** (*fig.*) (*abbondante, copioso*) plentiful, big. **5** (*Fonetica*) (*aperto*) broad. **II** *avv.* (*Mus.*) largo. **III** *s.m.* **1** (*larghezza*) width, breadth. **2** (*mare aperto*) open sea. **3** (*Strad.*) (small) square. ☐ (*Mar.*) **al** ~ offshore; **alla** *larga!* (*rif. a persone*) keep (*o* get) away!, keep your distance!; (*rif. a cose*) keep (*o* take) it away!; *stare* **alla** *larga da qd.* to keep clear of s.o.; **farsi** ~ *tra la folla* to make one's way (*o* push) through the crowd; **prendere** *il* ~ to set sail; (*fig.*) to make off; *il* **vestito** *le stava largo* the dress was hanging on her.

larice *m.* (*Bot.*) larch.

laringe *f./m.* (*Anat.*) larynx.

larva *f.* **1** (*Zool.*) larva, maggot. **2** (*fig.*) shadow, (mere) semblance, apology.

larvato *a.* (*lett.*) masked, hidden, disguised (*anche fig.*).

lasciapassare *m.* pass, permit.

lasciare **I** *v.t.* **1** (*abbandonare*) to leave*, (*fam.*) to quit*; (*rinunciare a*) to give* up: *ha lasciato il suo nuovo posto di lavoro* he left his new job. **2** (*cedere vendendo, concedere*) to leave*, to let* have, to give*: *me l'ha lasciato per pochi soldi* he let me have it for next to nothing. **3** (*liberare, lasciare andare*) to release, to (set*) free, to let* go; (*lasciar cadere*) to drop. **4** (*lasciare da parte, serbare*) to keep*, to leave* (aside), to put* aside. **5** (*causativo: fare, permettere*) to let*: *lascia pure che parta* let him leave. **II** *v.i.* (*permettere*) to let*, to allow. **lasciarsi** *v.r.recipr.* to leave* e.o., to say* goodbye to e.o., to part; (*rif. a fidanzati*) to leave* e.o., to part, (*fam.*) to break* up. ☐ *lasciar* **andare** *qd.* to let s.o. go; *lascia* **andare**! never mind (all that)!, forget it!; *lasciarsi* **andare** to let o.s. go (*anche fig.*); ~ **aperto** *qc.* to leave s.th. open; ~ **detto** to leave word (*o* a message); *lascia* **fare** *a me* leave it to me; *lascialo in* **pace** let him alone (*o* go his own way); ~ **passare** (*rif. a tempo*) to let go by; (*rif. a persone*) to let in, to admit; *lasciar* **perdere** to forget about s.th., to drop s.th.; *lasciarsi* **persuadere** to let o.s. be persuaded; *lasciar* **stare** *qd.* to leave s.o. alone; *lascia* **stare** *la torta* don't touch the cake, keep your hands off the cake; ~ **uscire** to let s.o. out; *lasciar* **vivere** *qd.* (*non importunarlo*) to leave s.o. in peace, to leave s.o. be (*o* alone). ‖ *lasciarci la pelle* to lose one's life; to be killed; *ci ha lasciato la vita* it cost him his life.

lascito *m.* legacy, bequest.
lascivia *f.* lasciviousness, lust, wantonness.
lascivo *a.* lascivious, lustful.
laser *m.* laser: *raggio* ~ laser beam.
lassativo *a./s.m.* (*Farm.*) laxative.
lassismo *m.* laxism.
lasso *m*: ~ *di tempo* lapse of time.
lassù *avv.* **1** up there. **2** (*in cielo*) up above. **3** (*al nord*) up (north).
lastra *f.* **1** slab; (*metallica*) plate; (*di vetro*) pane, sheet (of glass); (*di ghiaccio*) sheet. **2** (*Fot., Tip.*) plate. **3** (*radiografia*) radiograph, X-ray.
lastricare *v.t.* to pave.
lastricato *m.* paving.
lastrico *m.* paving, pavement. ▭ *essere sul* ~ to be down and out, to be destitute.
latente *a.* latent, hidden.
laterale *a.* side-, lateral.
lateralmente *avv.* sideways (on).
Laterano *N.pr.m.* Lateran.
laterizi *m. pl.* (*Edil.*) bricks and tiles. ▭ *fabbrica di* ~ brick kiln.
latice *m.* latex.
latifondista *m./f.* large landowner.
latifondo *m.* large (landed) estate.
latinismo *m.* (*Ling.*) Latinism.
latinista *m./f.* Latinist.
latino *a./s.m.* Latin. ▭ (*Mar.*) *vela latina* lateen sail.
latitante **I** *a.* in hiding. **II** *s.m./f.* fugitive (from justice).
latitanza *f.* being in hiding. ▭ *darsi alla* ~ to go into hiding, (*fam.*) to be on the run.
latitudine *f.* latitude.
lato[1] *m.* **1** side (*anche Geom.*); (*estremità*) end. **2** (*fig.*) (*aspetto*) side, aspect. **3** (*fig.*) (*punto di vista*) point of view, viewpoint. ▭ **a** ~ *di qd.* beside s.o., at s.o.'s side; *d'***altro** ~ (*d'altronde*) on the other hand; *per un* **certo** ~ in one way, from a certain point of view; **da** *un* ~ on one side; **da un** ~ ... *dall'altro* on the one hand ... on the other (hand); (*fig.*) ~ **debole** weak spot; *in* (o *da*) **ogni** ~ on (*o* from) all sides.
lato[2] *a.*: *in senso* ~ in a broad sense.
latore *m.* bearer.
latrare *v.i.* to bark; (*ululare*) to howl.
latrato *m.* barking.
latrina *f.* lavatory: ~ *pubblica* public lavatory.
latta *f.* **1** (*lamiera*) tin, tin-plate. **2** (*recipiente*) can; (*barattolo*) tin, (*am.*) can.
lattaio *m.* milkman (*pl.* –men); dairy-man (*pl.* –men).
lattante *m.* suckling.
latte *m.* milk. ▭ ~ **acido** sour milk; **bianco** *come il* ~ milk-white; ~ **cagliato** curdled milk; ~ **condensato** condensed milk; **dente** *da* ~ milk-tooth; (*Cosmetica*) ~ **detergente** cleansing milk; ~ **intero** whole (*o* full-cream) milk; ~ *a* **lunga** *conservazione* UHT milk; ~ **magro** skim(med) milk; ~ **materno** mother's milk; ~ *in* **polvere** powdered milk; **succhiare** *il* ~ to suck milk, to feed (at the breast).
latteo *a.* **1** (*di latte*) milk-, milky. **2** (*simile al latte*) milky.
latteria *f.* dairy.
latticin(i)o *m.* dairy product.
lattiera *f.* milk-jug.
lattiginoso *a.* milky.
lattina *f.* (*barattolo*) tin, (*am.*) can.
lattoniere *m.* tinsmith, (*am.*) tinman (*pl.* –men).
lattosio *m.* (*Chim.*) lactose.
lattuga *f.* (*Bot.*) lettuce.
laurea *f.* degree. ▭ **conseguire** *la* ~ to obtain one's degree, to graduate; **prendere** *la* ~ *in medicina* to graduate in medicine.
laureando **I** *s.m.* (*Univ.*) final year student (*o* undergraduate), (*am.*) senior. **II** *a.* final year-, (*am.*) senior.
laureare *v.t.* to confer a degree on, (*am.*) to graduate. **laurearsi** *v.i.pron.* to graduate, to obtain a degree.
laureato **I** *a.* graduate: *essere* ~ *in medicina* to have a degree in medicine. **II** *s.m.* graduate: ~ *in legge* law graduate. ▭ *poeta* ~ Laureate Poet.
laurencio *m.* (*Chim.*) lawrencium.
lauro *m.* (*Bot.*) laurel.
lauto *a.* (*abbondante*) lavish, abundant, rich, generous.
lava *f.* (*Geol.*) lava.
lavabiancheria *f.* washing-machine.
lavabile *a.* washable.
lavabo *m.* wash-basin.
lavaggio *m.* **1** washing. **2** (*rif. ad auto*) car -washing. ▭ (*fig.*) ~ *del* **cervello** brain -washing; ~ *a* **secco** dry-cleaning.
lavagna *f.* **1** (*nelle scuole*) blackboard. **2** (*Min.*) slate.
lavanda[1] *f.* **1** wash(ing). **2** (*Med.*) lavage. ▭ ~ *gastrica* gastric lavage.
lavanda[2] *f.* (*Bot.*) lavender.
lavandaia *f.* **1** laundress. **2** (*fig., spreg.*) fish -wife (*pl.* –wives).
lavanderia *f.* laundry; (*a gettoni*) launderette, (*am.*) laundromat; (*in casa*) laundry.
lavandino *m.* **1** wash-basin. **2** (*lavello*) sink.
lavapiatti *s.m./f.* dishwasher.
lavare *v.t.* **1** to wash; (*rif. a stoviglie*) to wash up. **2** (*fig.*) (*purificare*) to cleanse, to purify. **lavarsi** *v.r.* to wash (o.s.), to have a wash.
lavasecco *m./f.* **1** dry cleaner('s), cleaner's. **2** (*macchina*) dry cleaning machine.
lavastoviglie → **lavapiatti**.
lavata *f.* wash(ing). ▭ (*fig.*) **dare** *una* ~ *di capo a qd.* to give s.o. a dressing down; **ricevere** *una* ~ *di capo* to be told off.
lavativo *m.* (*scansafatiche*) shirker, slacker.
lavatoio *m.* (public) wash-house; (*vasca*) wash -tub.
lavatrice *f.* (*macchina*) washing-machine.
lavello *m.* (*acquaio*) sink; (*lavandino*) wash -basin.
lavorante *m./f.* worker, workman (*pl.* –men; *f.* –woman, *pl.* –women), hand; (*per lavori faticosi*) labourer.

lavorare **I** *v.i.* **1** to work (*a* on); (*con fatica*) to labour, to toil, to drudge. **2** (*fare un certo tipo di lavoro*) to do* (*oppure si traduce col verbo appropriato*): ~ *a maglia* to knit. **3** (*rif. a macchine: funzionare*) to work, to operate, to be working (*o* running). **4** (*rif. ad aziende, negozi e sim.: avere molto lavoro*) to do* good business, to have a lot of customers (*o* clients). **II** *v.t.* **1** to work; (*rif. a materie prime*) to process; (*elaborare, perfezionare*) to polish, to finish off. **2** (*coltivare*) to till, to cultivate. **3** (*fig.*) (*circuire*) to get* round, to work on. □ ~ *a* **caldo** to hot -work; **far** ~ to employ; (*dare da fare*) to keep busy (*o* on the go); ~ *cinque* **giorni** *alla settimana* to work a five-day week; ~ **intorno** *a qc.* to work on (*o* at) s.th.; ~ *a* **mano** to do handiwork, to work by hand; ~ **presso** *una società* to work for a firm; ~ **sodo** to work hard.

lavorativo *a.* **1** working: *giornata lavorativa* working day. **2** (*rif. a terreno*) arable.

lavorato *a.* **1** worked; (*rif. a metallo*) wrought; (*rif. a pietra, a legno*) carved. **2** (*eseguito*) made, manufactured, wrought. □ ~ *a mano* handmade.

lavoratore **I** *s.m.* **1** worker; (*operaio*) workman (*pl.* –men), hand; (*chi fa un lavoro faticoso*) labourer. **2** (*chi lavora molto*) (hard) worker. **II** *a.* working: *la classe lavoratice* working class. □ ~ **a** *cottimo* task worker; ~ **autonomo** self-employed person; ~ **portuale** docker, dock hand.

lavoratrice *f.* worker: ~ *domestica* domestic worker, home help.

lavorazione *f.* **1** work(ing), manufacture; (*di materie prime*) processing. **2** (*produzione*) production, making: ~ *di un film* production of a film. **3** (*modo*) workmanship, work. **4** (*Agr.*) tilling, cultivation. □ ~ *a* **catena** line production; ~ **continua** continuous process; **metodo** *di* ~ processing.

lavorio *m.* **1** (*lavoro intenso*) intense activity. **2** (*maneggi*) intrigue.

lavoro *m.* **1** work: *andare al* ~ to go to work; (*faticoso*) labour. **2** (*impiego*) job, task, post: *cercare* ~ to look for a job; *assegnare un* ~ *a qd.* to set s.o. a task. **3** (*opera*) (piece of) work, job: *un bel* ~ a fine job (*o* piece of work). □ ~ *in* **appalto** contract work; *lavori di* **casa** housework; (*Strad.*) *lavori in* **corso** work in progress; (*segnalazione stradale*) roadworks ahead; **da** ~ work-, working; **domanda** *di* ~ application for a job; ~ *a* **domicilio** cottage industry; ~ **forzato** forced labour; ~ **intellettuale** brain-work; ~ *a* **maglia** knitting; ~ **manuale** handiwork; (*pesante*) manual labour; *lavori di* **manutenzione** works of maintenance; ~ **nero** black work; *lavori* **pubblici** public works; ~ **qualificato** skilled labour; **senza** ~ unemployed, jobless; ~ **stagionale** seasonal work; *lavori* **stradali** roadworks; **turno** *di* ~ shift.

Lazio *N.pr.m.* (*Geog.*) Latium.

lazzaretto *m.* lazaretto.

lazzarone *m.* **1** (*mascalzone*) scoundrel. **2** (*scansafatiche*) slacker, lazy-bones.

lazzo *m.* joke, jest, quip.

lb = *libbra* pound.

L/C = *Lettera di Credito* Letter of Credit.

le[1] *art.* → **i**[2].

le[2] *pron.pers.* **I** *f.sing.* (*a lei*) (to) her: ~ *ho detto di essere puntuale* I told her to be punctual. **II** *m./f.sing.* (*in formule di cortesia*) (to) you: ~ *è piaciuto il film?* did you like the film? **III** *f.pl.* (*compl. oggetto*) them *pl.*: *chiamale* call them.

leale *a.* **1** (*sincero*) sincere, true: *un amico* ~ a sincere (*o* true) friend. **2** (*fedele*) loyal, faithful. **3** (*onesto*) fair. □ **gioco** ~ fair play; **non** *è* ~*!* that's cheating!

lealtà *f.* **1** (*sincerità*) sincerity. **2** (*onestà*) fairness; (*in senso sportivo*) fair play. **3** (*fedeltà*) loyalty, faithfulness.

lebbra *f.* (*Med.*) leprosy.

lebbrosario *m.* leper hospital (*o* colony).

lebbroso *s.m.* leper.

lecca lecca *m.* (*dolce*) lollipop.

leccapiedi *m./f.* (*spreg.*) bootlicker; toady.

leccarda *f.* (*cucina*) dripping pan.

leccare *v.t.* **1** to lick. **2** (*fig., spreg.*) (*adulare*) to flatter, to butter up. **leccarsi** *v.r.* to lick o.s. □ (*fig.*) *leccarsi i baffi* (o *le dita*) to lick (*o* smack) one's lips.

leccata *f.* lick(ing).

leccio *m.* (*Bot.*) holm oak, ilex.

leccornia *f.* delicacy, dainty, titbit.

lecitina *f.* (*Chim.*) lecithin.

lecito *a.* **1** (*permesso*) right, permitted, allowed; (*Dir.*) lawful, licit. **2** (*ammissibile*) permissible, allowable.

ledere *v.t.* **1** (*danneggiare*) to damage, to injure. **2** (*offendere*) to damage, to prejudice.

lega[1] *f.* league.

lega[2] *f.* (*Met.*) alloy. □ *di* **bassa** ~ low -percentage; *di* **buona** ~ good quality-; high -percentage.

lega[3] *f.* (*unità di misura*) league.

legale **I** *a.* **1** legal, law-: *mezzo* ~ legal means; *studi legali* law studies. **2** (*conforme alla legge*) lawful. **3** (*giudiziario*) judicial, forensic: *medicina* ~ forensic medicine. **II** *s.m.* lawyer, (*am.*) attorney; (*giurisperito*) solicitor, legal adviser. □ **ora** ~ (*in Inghilterra*) daylight saving; (*nell'Europa continentale*) summertime; **spese** *legali* legal costs.

legalità *f.* legality.

legalizzare *v.t.* to legalize, to authenticate.

legalmente *avv.* legally, lawfully.

legame *m.* **1** (*vincolo*) tie, ties *pl.*, bond, bonds *pl.*: *legami di parentela* family ties. **2** (*relazione amorosa*) liaison. **3** (*fig.*) (*nesso logico*) link, connexion, connection.

legamento *m.* **1** (*il legare*) tying (up), binding. **2** (*unione*) link, connexion. **3** (*Ling.*) liaison. **4** (*Anat.*) ligament.

legare[1] **I** *v.t.* **1** to tie (up), to bind*. **2** (*fermare con funi e sim.*) to fasten, to tie. **3** (*fig.*)

(*unire*) to bind* (together), to link, to unite, to join. **4** (*fig.*) (*avvincere*) to hold*, to bind*. **5** (*Edil.*) to bind*. **6** (*Oreficeria*) to mount, to set*. **II** *v.i.* **1** (*fare lega, unirsi*) to unite. **2** (*fig.*) (*andare d'accordo*) to get* on (well), to mix; (*rif. a cose: stare bene*) to go* (well). **3** (*fig.*) (*avere connessione*) to be connected (*o* linked), to connect, to fit in. **legarsi** *v.r.* **1** to bind* (*o* tie) o.s. **2** (*fig.*) (*fare lega*) to join in, to strike* up a friendship, (*fam.*) to get* on (*con* with). **3** (*fig.*) (*impegnarsi*) to bind* o.s. □ (*fig.*) *legarsela al* **dito** to bear a grudge; **matto** *da* ~ as mad as a hatter.

legare[2] *v.t.* (*Dir.*) to bequeath, to will.

legato[1] *m.* legate.

legato[2] *m.* (*Dir.*) legacy, bequest.

legatore *m.* bookbinder.

legatoria *f.* **1** (*laboratorio*) bookbinding establishment, bookbinders (workshop), (*am.*) bookbindery. **2** (*Arte*) bookbinding.

legatura *f.* **1** (*atto*) tying, binding, fastening; (*effetto*) fastening, binding. **2** (*Legatoria*) (*atto*) bookbinding; (*modo*) binding: ~ *cartonata* hard cover binding.

legazione *f.* legation.

legge *f.* **1** law: *obbedire alla* ~ to obey the law; (*votata dal Parlamento*) act: *abrogare una* ~ to repeal an act; (*progetto di legge*) bill. **2** (*ordine, imposizione*) command, order, law. **3** (*norma, regola*) rule. □ **approvare** *una* ~ to pass a bill; **fuori** ~ illegal; (*rif. a persona*: *come aggettivo*) outlawed; (*come sostantivo*) outlaw; ~ **marziale** martial law; *in* **nome** *della* ~ in the name of the law; *a* **norma** *di* ~ by (*o* according to the) law; **osservare** *la* ~ to abide by the law; **per** ~ by law; **rispettoso** *delle leggi* law-abiding; **trasgredire** *la* ~ to break the law; ~ **vigente** law in force.

leggenda *f.* **1** legend. **2** (*fig.*) (*cosa inventata*) story, tale. **3** (*didascalia, iscrizione*) legend.

leggendario *a.* legendary, of legend.

leggere *v.t./i.* to read*. □ ~ *da* **cima** *a fondo* to read (right) through; (*rif. a libro*) to read from cover to cover; ~ *la* **mano** *a qd.* to read s.o.'s palm (*o* hand); *una persona che ha letto* **molto** a well-read person; (*fig.*) ~ *fra le* **righe** to read between the lines.

leggerezza *f.* **1** lightness. **2** (*agilità*) nimbleness, lightness, agility. **3** (*scioltezza, facilità*) ease, smoothness, lightness. **4** (*fig.*) (*volubilità*) inconstancy, fickleness. **5** (*fig.*) (*sconsideratezza*) thoughtlessness. □ *agire con* ~ to act thoughtlessly.

leggermente *avv.* **1** (*con dolcezza*) gently, lightly. **2** (*appena, poco*) slightly: *ferito* ~ slightly injured. **3** (*agilmente*) nimbly, lightly, agilely.

leggero *a.* **1** light. **2** (*agile, svelto*) nimble, light, agile. **3** (*facilmente digeribile*) light, digestible. **4** (*poco alcolico*) light; (*rif. a bevande: lungo*) weak, thin: *tè* ~ weak tea. **5** (*fig.*) (*non grave, piccolo*) slight. **6** (*fig.*) (*debole*) light, gentle. **7** (*fig.*) (*sconsiderato*) thoughtless, heedless. **8** (*fig.*) (*incostante*) inconstant, fickle; (*spreg.*) (*rif. a donna*) fast, loose. **9** (*fig.*) (*non severo*) mild, easy, light. □ **alla** *leggera* thoughtlessly, lightly; **musica** *leggera* light music; ~ *come una* **piuma** as light as a feather; **tenersi** ~ *nel mangiare* to eat lightly; *essere* **vestito** ~ to be lightly dressed.

leggiadro *a.* pretty, lovely, fair; (*rif. a movimenti*) graceful.

leggibile *a.* **1** (*rif. a scrittura*) legible, readable. **2** (*rif. a opere di lettura*) readable, worth reading.

leggio *m.* **1** reading-desk; (*per musica*) music -stand. **2** (*in chiesa*) lectern.

legiferare *v.i.* to legislate.

legionario *a./s.m.* legionary.

legione *f.* legion (*anche fig.*).

legislativo *a.* legislative, law-making.

legislatore *m.* legislator, law-maker.

legislatura *f.* **1** (*potere legislativo*) legislative power. **2** legislature.

legislazione *f.* legislation.

legittimare *v.t.* **1** (*Dir.*) to legitimate, to legitimize. **2** (*giustificare*) to justify, to excuse.

legittimità *f.* (*Dir., Pol.*) legitimacy.

legittimo *a.* **1** lawful, legal, legitimate. **2** (*fig.*) (*giusto, lecito*) proper, right, legitimate; (*fondato*) legitimate, justifiable.

legna *f.* (fire)wood. □ **far** ~ to gather firewood; **spaccar** ~ to chop wood.

legnaia *f.* woodstore.

legname *m.* timber, wood; (*am.*) lumber.

legnata *f.* blow (with a stick or cudgel). □ (*fam.*) *un fracco di legnate* a good hiding.

legno *m.* **1** wood. **2** (*pezzo di legno*) piece of wood. **3** (*bastone*) stick, cane. □ ~ **compensato** plywood; **di** ~ wooden, of wood, wood-; *lavoro* **in** ~ woodwork; (*Edil.*) timberwork; **rivestire** *di* ~ to line (*o* cover) with wood; (*rif. a muri interni*) to wainscot, to panel.

legnosità *f.* **1** woodenness. **2** (*fig.*) (*rigidezza*) stiffness.

legnoso *a.* **1** woody, wooden. **2** (*fibroso*) tough.

legume *m.* (*Bot.*) **1** (*baccello*) pod, legume. **2** *pl.* legumes *pl.*; pulses *pl.*

lei I *pron.pers. f.* **1** (*soggetto*) she: *l'ha detto* ~ *stessa* she said it herself. **2** (*la stessa*) herself: *non sembra più* ~ she doesn't seem herself any more. **3** (*compl.*) her. **II** *pron. pers. m./f.* (*forma di cortesia*) you. □ *dare del* ~ *a qd.* to use the formal mode of address.

lembo *m.* **1** (*estremità, orlo*) border, edge: *i lembi di una ferita* the edges of a wound. **2** (*piccola parte*) strip; shred: *un* ~ *di terra* a strip of land. **3** (*Chir.*) flap.

lemma *m.* headword, entry (word).

lemme lemme *avv.* (*fam.*) very slowly.

lemure *m.* (*Zool.*) lemur.

lena *f.* *(vigore)* vigour, energy, strength. ▭ *di* (*buona*) ~ hard, steadily: *lavorare di buona* (*o gran*) ~ to work with a will; (*con ritmo veloce*) quickly.

lendine *m.* (*Zool.*) nit.

lenimento *m.* soothing.

Leningrado *N.pr.f.* (*Geog.*) Leningrad.

leninismo *m.* (*Pol.*) Leninism.

lenire *v.t.* to soothe, to relieve, to soften, to alleviate.

lenitivo **I** *a.* (*Farm.*) soothing, painkilling. **II** *s.m.* pain-killer.

lenone *m.* pimp.

lente *f.* **1** lens. **2** *pl.* (*occhiali*) glasses *pl.*, spectacles *pl.* ▭ *lenti a contatto morbide* (o *rigide*) soft (*o* hard) contact lenses.

lentezza *f.* slowness. ▭ *con* ~ slowly.

lenticchia *f.* (*Bot.*) lentil.

lentiggine *f.* freckle.

lentigginoso *a.* freckled.

lento **I** *a.* **1** slow. **2** (*non teso, non fermo*) loose, slack. **3** (*non stretto*) loose(-fitting). **4** (*dolce*) gentle, gradual: *un* ~ *pendio* a gentle slope. **5** (*fig.*) (*tardo*) dull. **II** *avv.* **1** slowly. **2** (*Mus.*) lento, slowly. ▭ *a fuoco* ~ on a low flame; (*in forno*) in a slow oven.

lenza *f.* (fishing) line.

lenzuolo *m.* **1** sheet. **2** (*fig.*) (*strato*) blanket, layer. ▭ ~ *a una piazza* single sheet.

Leonardo *N.pr.m.* Leonard.

leone *m.* (*Zool.*) lion. **Leone** (*Astr.*) Leo. ▭ *la parte del* ~ the lion's share.

leonessa *f.* lioness.

leonino *a.* lion's, lion-, leonine.

leopardo *m.* (*Zool.*) leopard.

leporino *a.*: *labbro* ~ harelip; (*Med.*) cleft palate.

lepre *f.* hare; (*maschio*) buck (hare), jack (hare); (*femmina*) doe (hare): *correre come una* ~ tu run like a hare.

leprotto *m.* leveret.

lercio *a.* filthy, foul (*anche fig.*).

lerciume *m.* filth.

lesbica *a.* lesbian.

lesinare **I** *v.t.* to skimp, to be stingy with. **II** *v.i.* to skimp (*su* on).

lesionare *v.t.* to damage.

lesione *f.* **1** damaging, harming; (*danno*) damage, harm, injury. **2** (*Med.*) lesion. ▭ ~ **colposa** culpable injury; ~ **personale** bodily harm, personal injury.

lesivo *a.* offending, damaging, detrimental.

leso *a.* injured; damaged: (*Dir.*) *parte lesa* injured party. ▭ (*Dir.*) *lesa maestà* lese majesty.

lessare *v.t.* (*Gastr.*) to boil, to poach.

lessicale *a.* lexical.

lessico *m.* **1** (*parole di una lingua*) lexis. **2** (*dizionario*) lexicon.

lessicografia *f.* lexicography.

lessicografo *m.* lexicographer.

lesso **I** *a.* boiled, poached. **II** *s.m.* boiled (*o* poached) meat; (*manzo*) boiled beef. ▭ *a* ~ boiled.

lestezza *f.* **1** quickness, swiftness, speed. **2** (*prontezza*) promptness, readiness.

lesto **I** *a.* **1** (*svelto*) quick, fast, swift; (*agile*) nimble, agile. **2** (*sbrigativo*) hasty, hurried. **II** *avv.* quickly, fast. ▭ ~ *di mano* (*per rubare*) light-fingered.

lestofante *m.* swindler, cheat.

letale *a.* **1** (*mortale*) lethal, deadly. **2** (*di morte*) death-, of death, dying.

letamaio *m.* **1** (*mucchio*) manure-heap, dunghill. **2** (*estens.*) (*luogo sudicio*) pigsty.

letame *m.* **1** manure, dung. **2** (*fig.*) dirt, filth.

letargo *m.* **1** (*Zool.*) (*invernale*) hibernation; (*estivo*) (a)estivation. **2** (*Med.*) lethargy. **3** (*fig.*) (*inerzia*) lethargy, apathy.

letizia *f.* joy, gladness, delight.

letta *f.* glance (through), quick look (*o* read).

lettera *f.* **1** letter. **2** *pl.* (*letteratura*) literature, letters *pl.*; (*studi umanistici*) Arts *pl.*, humanities *pl.* ▭ ~ *d'***accompagnamento** covering letter; ~ *d'***affari** business letter; **alla** ~ literally: *tradurre alla* ~ to translate word for word (*o* verbatim); (*Poste*) ~ **assicurata** insured letter; ~ *di* **assunzione** letter of appointment; *le* **belle** *lettere* belles lettres *pl.* (costr. sing.), humanities *pl.*, Arts *pl.*; lettere **classiche** classics *pl.*, classical studies; ~ *di* **credito** letter of credit; *lettere* **cubitali** block letters: *titolo a lettere cubitali* banner headline; (*Poste*) ~ **espresso** express (letter), (*am.*) special delivery letter; (*Univ.*) **facoltà** *di lettere* Faculty of Arts; **laureato** *in lettere* Bachelor of Arts; **parola** *formata da sei lettere* six-letter word; **per** ~ by letter; (*Poste*) ~ **raccomandata** registered letter.

letterale *a.* literal.

letterario *a.* literary. ▭ *proprietà letteraria* copyright.

letterato *m.* scholar, man of letters.

letteratura *f.* literature.

lettiera *f.* **1** bedstead. **2** (*giaciglio per animali*) litter, bedding.

lettiga *f.* **1** (*portantina*) litter. **2** (*barella*) stretcher, litter.

lettino *m.* **1** (*per bambini*) cot, (*am.*) crib. **2** (*Med.*) examination couch.

letto *m.* **1** bed. **2** (*alveo*) river-bed, bed. ▭ **alzarsi** *dal* ~ to get up; **andare** *a* ~ to go to bed; **armadio** ~ box bed; ~ *da* **campo** camp (*o* field) bed; ~ *a* **castello** bunk (bed); **disfare** *il* ~ to strip the bed; **essere** *a* ~ (*coricato*) to be in bed; (*malato*) to be ill (*o* confined to bed); *essere* **inchiodato** *in un* ~ to be bedridden; ~ **matrimoniale** double bed; **mettere** *a* ~ *un bambino* to put a child to bed; ~ *a un* **posto** (o *una piazza*) single bed; **rifare** *il* ~ to make the bed.

lettone *a./s.m.* Latvian, Lettish.

Lettonia *N.pr.f.* (*Geog.*) Latvia.

lettorato *m.* (*Univ.*) lectorship, (*am.*) assistantship.

lettore *m.* **1** reader. **2** (*Univ.*) lecturer, (*am.*) assistant. ▭ (*Inform.*) ~ *ottico* optical reader.

lettura *f.* reading: *ama la* ~ he is fond of reading. ▭ ~ *delle* **bozze** proof-reading; (*di biblioteca*) *dare* **in** ~ to lend out; **libro** *di* ~ reading-book; *a una* **prima** ~ on first reading.

leucemia *f.* (*Med.*) leukaemia.

leucocita *m.* (*Biol.*) leucocyte.

leva[1] *f.* lever. ▭ (*Aut.*) ~ *del* **cambio** gearbox lever, gear(shift) lever, (*am.*) gearshift; ~ *di* **comando** control lever; (*fig.*) reins *pl.*; **far** ~ to lever, to prise; (*fig.*) **far** ~ *su qc.* to appeal to s.th.; (*sfruttarla*) to work on s.th.

leva[2] *f.* (*Mil.*) **1** call-up, conscription, levy, (*am.*) draft(ing). **2** (*contingente di uomini*) conscripts *pl.*, (*am.*) draft; (*classe di leva*) class. **3** (*fig.*) recruits *pl.*, new blood. ▭ *essere di* ~ to be due for call-up.

levante I *a.* rising. **II** *s.m.* (*oriente*) east.

levare *v.t.* **1** (*alzare, sollevare*) to raise, to lift (up). **2** (*togliere*) to take* (away); (*dal di sopra di*) to take* off; (*dal di dentro*) to take* out. **3** (*rif. a indumenti: togliere*) to take* off, to remove. **4** (*estrarre*) to take* (*o* pull) out, to extract: ~ *un dente* to take (*o* pull) out a tooth. **5** (*detrarre*) to subtract, to take* (away, off). **6** (*liberare*) to free, to get*: ~ *qd. dagli impicci* to get s.o. out of trouble. **7** (*abolire*) to abolish, to remove. **levarsi I** *v.r.* **1** (*alzarsi: in piedi*) to get* (*o* stand*) up, to rise* (to one's feet); (*dal letto*) to get* up. **2** (*innalzarsi*) to (a)rise*; (*rif. ad aeroplani*) to take* off. **3** (*fig.*) (*ribellarsi*) to rise* (up), to stand* up. **4** (*lievitare*) to rise*. **II** *v.i.pron.* **1** (*rif. a vento*) to rise*, to blow* (*o* get*) up. **2** (*Astr.*) (*sorgere*) to rise*, to come* up. ▭ ~ *l'***ancora** to weigh anchor; (*Mil.*) ~ *il* **campo** to strike camp; ~ *di* **mezzo** *qc.* (*portarla via*) to get (*o* take) s.th. out of the way, to remove s.th.; (*sbarazzarsene*) to get rid of s.th.; ~ *di* **mezzo** *qd.* (*ucciderlo*) to bump s.o. off, to do s.o. in; *levati di* **mezzo**! get out of here!, (*fam.*) scram!, (*fam.*) beat it!; *levarsi qd. dai* **piedi** to get rid of s.o.

levata *f.* **1** rising, rise. **2** (*dal letto*) getting up, (*lett.*) rising. **3** (*Poste*) collection.

levataccia *f.* very early rising.

levatoio *a.*: *ponte* ~ drawbridge.

levatrice *f.* midwife (*pl.* –wives).

levatura *f.* intelligence, mental capacity. ▭ *di bassa* ~ of a low degree of intelligence.

levigare *v.t.* **1** to smooth. **2** (*Mecc.*) (*con abrasivi*) to grind* down; (*con carta vetrata*) to sand; (*con la pomice*) to rub down.

levigatezza *f.* **1** smoothness. **2** (*fig.*) smoothness, polish.

lezione *f.* **1** lesson (*anche fig.*): *ti servirà di* ~ it will be a lesson to you; (*a scuola*) lesson, class. **2** (*Univ.*) lecture. **3** (*compito a casa*) homework. ▭ **ciclo** *di lezioni* series of lessons; **dare** *lezioni* to give lessons; (*fig.*) **dare** *a qd. una buona* ~ to teach s.o. a lesson; ~ *di* **ginnastica** gym (class); (*fig.*) **imparare** *la* ~ to learn one's lesson; **orario** *delle lezioni* school timetable, (*am.*) class schedule; **prendere** *lezioni* to take lessons; *lezioni* **private** private lessons.

lezioso *a.* **1** (*smorfioso*) simpering, mawkish. **2** (*affettato*) mincing. **3** (*fatto o detto con affettazione*) affected.

lezzo *m.* **1** (*fetore*) stink, stench. **2** (*sudiciume*) filth (*anche fig.*).

lg., **L.st** = *lira sterlina* pound sterling.

li *pron. m.pl.* (*compl. oggetto*) them.

lì *avv.* **1** there: *vorrei quello* ~ I would like that one there. **2** (*rafforzativo*) just, there (*spesso non si traduce*): *fermo* ~*!* stop!; *guarda* ~ *come s'è ridotto* just look what a state he's in. ▭ ~ **accanto** beside (*o* next to) it; **da** ~ from there; ~ **dentro** in there; **di** ~ from there; **eccola** ~ there she is; **essere** ~ *lì per* to be on the verge (*o* point) of, to be about to; **fin** ~ as far as there, up to there (*o* that point); **finire** ~ to end there; ~ **fuori** out there; **giù** *di* ~ down there; (*all'incirca*) (*pred.*) or so, (*pred.*) or thereabouts, about; ~ **per** ~ (*sul momento*) then and there, on the spur of the moment; (*dapprima*) at first; ~ **sopra** on (*o* up) there; **su** *di* ~ up there.

Li = (*Chim.*) *litio* lithium.

liana *f.* (*Bot.*) liana.

libanese *a./s.m./f.* Lebanese.

Libano *N.pr.m.* (*Geog.*) Lebanon.

libbra *f.* (*antica misura*) libra; (*nei paesi anglosassoni*) pound.

libeccio *m.* (*Meteor.*) south-west wind, libec cio.

libello *m.* libel.

libellula *f.* (*Zool.*) dragonfly.

liberale I *a.* **1** liberal: *partito* ~ Liberal Party. **2** (*generoso*) liberal, generous, open-handed. **II** *s.m./f.* **1** liberal. **2** (*Pol.*) Liberal.

liberalità *f.* **1** generosity, liberality. **2** (*concr.*) act of generosity, liberality.

liberalizzare *v.t.* (*Econ.*) to liberalize.

liberalizzazione *f.* (*Econ.*) liberalization.

liberare *v.t.* **1** to free; (*mettere in libertà*) to set* free, to release: ~ *un prigioniero* to release a prisoner. **2** (*lasciar vacante*) to leave* free (*o* vacant, empty); (*rif. ad appartamento e sim.*) to vacate. **3** (*fig.*) (*esimere*) to release, to exempt. **4** (*riscattare*) to free, to redeem. **liberarsi** *v.r./i.pron.* **1** to free o.s. (*da* from), to make* o.s. free, to get* free (of); (*sciogliersi*) to release o.s., to loose o.s.; (*con la forza*) to break* free. **2** (*disfarsi*) to get* rid, to rid*; o.s. (*di* of); (*levarsi di torno*) to get* rid (*di* of). **3** (*fig.*) (*esimersi*) to free o.s. (*da* from), to get* out (of). ▭ ~ *l'***intestino** to evacuate the bowels; ~ *qd. da un* **obbligo** to free s.o. from an obligation.

liberatore I *s.m.* liberator, deliverer. **II** *a.* of liberation, liberating.

liberazione *f.* **1** liberation, freeing, release; (*da un assedio e sim.*) relief. **2** (*rif. a persona*) freeing, release. ▭ *teologia della* ~ liberation theology.

liberismo *m.* (*Econ.*) laissez-faire.

libero *a.* **1** free: *ingresso* ~ free entry. **2** (*rif. ad animale: non legato*) (on the) loose, (running) free. **3** (*sgombro*) clear, open; (*non occupato*) free, vacant: è ~ *questo posto?* is this seat free? **4** (*non sposato*) single. **5** (*licenzioso*) free, loose. ▭ *non* **essere** ~ (*essere indaffarato*) to be busy (*o* engaged); (*rif. a posti e sim.*) to be taken; **mercato** ~ free market; *essere troppo* ~ *nel* **parlare** to be too free in one's talk; *libera* **professione** profession; ~ **professionista** professionist; ~ **scambio** free trade; **tempo** ~ free time.

libertà *f.* **1** freedom, liberty. **2** (*l'essere libero da impegni*) freedom, free time. **3** (*licenza, impudenza*) liberty; (*licenziosità*) broadness, looseness. ▭ ~ *d'***azione** freedom of action; *discorrere* **con** ~ to speak freely; ~ *di* **coscienza** freedom of conscience; *essere* **in** ~ to be free (*o* at liberty); (*essere a proprio agio*) to be comfortable (at ease); **in** *tutta* ~ freely; ~ *d'***informazione** freedom of speech and of the press; **mettere** *in* ~ to (set) free, to liberate, to release; (*licenziare*) to dismiss; ~ *di* **parola** freedom of speech; ~ *di* **pensiero** freedom of thought; **prendersi** *la* ~ *di* to take the liberty of; **prendersi** *delle* ~ *con qd.* to take liberties with s.o.

libertinaggio *m.* libertinage, libertinism.

libertino *a./s.m.* libertine.

liberty *a./s.m.*: *stile* ~ modern style; art nouveau.

Libia *N.pr.f.* (*Geog.*) Lybia.

libico *a./s.m.* Libyan.

libidine *f.* **1** lustfulness, lecherousness. **2** (*fig.*) (*brama sregolata*) lust.

libidinoso *a.* lustful, libidinous, lecherous.

libraio *m.* **1** bookseller. **2** (*bottega*) bookshop, (*am.*) bookstore.

librario *a.* book-, of books.

librarsi *v.r.* to hover. ▭ ~ *in volo* to soar.

libreria *f.* **1** (*negozio*) bookshop, bookseller's, (*am.*) bookstore. **2** (*mobile*) bookcase; (*stanza*) library. **3** (*raccolta di libri*) library. **4** (*Inform.*) library.

libretto *m.* **1** booklet, (small) book. **2** (*taccuino di appunti*) notebook. **3** (*documento di riconoscimento*) identification card. **4** (*Mus.*) libretto. ▭ ~ *degli* **assegni** cheque-book, (*am.*) checkbook; (*Aut.*) ~ *di* **circolazione** registration card; ~ *di* **lavoro** employment card; ~ *di* **risparmio** savings (account) book, (*am.*) passbook; ~ **universitario** student's record-book.

libro *m.* **1** book. **2** (*Bot.*) liber. ▭ (*fig.*) *essere un* ~ **aperto** to be an open book; *libri* **contabili** (account) books, ledgers *pl.*; ~ **giallo** detective story, thriller; ~ **nero** black-list; ~ **paga** payroll; ~ *di* **preghiere** prayer-book; ~ **scolastico** school-book; *parlare come un* ~ **stampato** to talk like a book; ~ **usato** second-hand book.

liceale **I** *a.* secondary school-, grammar school-, (*am.*) high school-. **II** *s.m./f.* (*studente*) secondary schoolboy (*f.* –girl), student attending grammar (*o* high) school.

liceità *f.* lawfulness.

licenza *f.* **1** (*permesso*) permission, leave. **2** (*libertà*) liberty. **3** (*dissolutezza*) licentiousness, licence. **4** (*patente, documento*) licence; ~ *di caccia* hunting licence. **5** (*Scol.*) (*attestato*) certificate, diploma. **6** (*Mil., burocr.*) leave, furlough: *andare in* ~ to go on leave (*o* furlough). ▭ ~ *d'***esercizio** trading licence; ~ **liceale** school-leaving certificate, (*am.*) high-school diploma; ~ *per* **malattia** sick leave; ~ **poetica** poetic licence.

licenziamento *m.* dismissal, discharge; (*fam.*) sacking, (*fam.*) firing.

licenziare *v.t.* **1** to dismiss, to discharge; (*fam.*) to sack, (*fam.*) to fire. **2** (*Mil.*) to discharge. **licenziarsi** *v.r.* **1** to give* notice, to leave*; (*rassegnare le dimissioni*) to resign, to quit. **2** (*Scol.*) to obtain one's school-leaving certificate (*o* diploma), (*am.*) to graduate (from high school).

licenzioso *a.* licentious.

liceo *m.* grammar school, (*am.*) high school.

Lidia *N.pr.f.* Lydia.

lido *m.* (*spiaggia sabbiosa*) beach, shore.

lieto *a.* **1** happy, glad; (*allegro*) cheerful, merry. **2** (*che è causa di letizia*) happy, glad, joyous, good. ▭ ~ *di* **conoscerla** pleased to meet you, how do you do?; ~ **fine** happy ending. ‖ *lietissimo* delighted; thrilled.

lieve *a.* **1** light. **2** (*agevole*) easy, gentle: *una* ~ *salita* a gentle slope. **3** (*poco importante*) slight: *una* ~ *differenza* a slight difference. **4** (*debole*) light, gentle: *una* ~ *brezza* a light breeze. **5** (*appena percettibile*) faint, soft.

lievitare **I** *v.i.* to rise* (*anche fig.*). **II** *v.t.* to leaven.

lievito *m.* (*di birra*) yeast; (*naturale*) leaven(ing).

ligio *a.* faithful, loyal: ~ *al dovere* faithful to one's duty.

ligneo *a.* wood-, wooden.

lignite *f.* lignite, brown coal.

ligure *a.* ligurian.

Ligure, Mar *N.pr.m.* (*Geog.*) Ligurian Sea.

ligustro *m.* (*Bot.*) privet.

Liliana *N.pr.f.* Lilian.

lilla **I** *s.m.* (*Bot.*) lilac. **II** *a./s.m.* (*colore*) lilac.

lillipuziano *a./s.m.* Lilliputian.

lima *f.* file. ▭ (*fig.*) *lavoro di* ~ finishing touch.

limaccioso *a.* slimy, muddy, miry; (*paludoso*) swampy.

limare *v.t.* **1** to file, to rasp. **2** (*fig.*) (*rif. a scritti*) to polish, to give* the finishing touch.

limatura *f.* **1** filing (down), shaping. **2** (*concr.*) filings *pl.*

limetta *f.* (*da unghie*) nail-file.

limitare[1] *v.t.* **1** to limit. **2** (*circoscrivere*) to surround, to bound, to mark the bounds of. **limitarsi** *v.r.* to limit o.s.

limitare[2] *m.* (*soglia*) threshold (*anche fig.*).

limitatamente *avv.* within certain limits (*o*

bounds), to a limited degree. ▭ ~ *alle mie possibilità* in so far as I can.

limitatezza *f.* narrowness, limitation.

limitativo *a.* limiting; (*restrittivo*) restrictive: *clausole limitative* restrictive clauses.

limitato *a.* **1** limited, restricted; (*circoscritto*) bounded. **2** (*ristretto, scarso*) limited, scanty, scarce: *mezzi limitati* limited means. **3** (*mediocre*) limited, mediocre.

limitazione *f.* **1** limitation; (*restrizione*) restriction. **2** (*limite*) limit.

limite *m.* **1** limit: ~ *massimo* maximum, utmost limit. **2** (*confine*) bound(ary), limit (*anche fig.*). **3** (*Sport*) boundary, bound. ▭ **caso** ~ borderline case; **entro** *certi limiti* within limits; *limiti di* **età** age limit; **senza** *limiti* without limit; ~ *di* **tempo** time limit; ~ *di* **velocità** speed limit.

limitrofo *a.* neighbouring.

limo *m.* **1** (*fango*) slime, mud, mire. **2** (*Geol.*) silt.

limonata *f.* lemonade; (*spremuta*) lemon -squash.

limone *m.* (*pianta*) lemon-tree; (*frutto*) lemon. ▭ (*color*) *giallo* ~ lemon yellow.

limpidezza *f.* clearness, limpidity (*anche fig.*).

limpido *a.* **1** limpid, clear: *acqua limpida* limpid water; *cielo* ~ clear sky. **2** (*fig.*) clear, pellucid; (*lucido*) lucid: *mente lucida* lucid mind.

lince *f.* (*Zool.*) lynx.

linciaggio *m.* lynching.

linciare *v.t.* to lynch.

lindo *a.* **1** spick and span. **2** (*accurato, ben vestito*) neat, spruce, tidy.

linea *f.* **1** line. **2** (*snellezza*) (slim) figure. ▭ *in* ~ *d'***aria** as the crow flies; ~ *di* **condotta** line of conduct; ~ *di* **confine** boundary-line, borderline; ~ **ferroviaria** railway line; (*Mil.*) ~ *di* **fuoco** firing line; (*Inform.*) **fuori** ~ offline; *a* **grandi** *linee* in (broad) outline, sketched out (*anche fig.*); (*Tel.*) *mettere* **in** ~ to put through; (*Tel.*) *restare* **in** ~ to hold the line; (*Inform.*) **in** ~ in line; **mantenere** *la* ~ to keep one's figure; *in* ~ *di* **massima** as a rule, broadly speaking; (*Industria*) ~ *di* **montaggio** assembly line; (*Tel.*) ~ **occupata** line engaged, (*am.*) busy line; ~ *del* **partito** party line; ~ **retta** straight line; (*nella parentela*) direct line; **servizio** *di* ~ regular line (*o* service).

lineamenti *m.pl.* **1** (*fattezze*) features *pl.* **2** (*fig.*) (*elementi essenziali*) main features *pl.*, outlines *pl.*

lineare *a.* **1** linear, line-: *sequenza* ~ linear sequence. **2** (*fig.*) steadfast, straightforward: *condotta* ~ steadfast conduct. **3** (*Mat.*) linear.

lineetta *f.* **1** dash. **2** (*in parole composte*) hyphen.

linfa *f.* **1** (*Anat.*) lymph. **2** (*Bot.*) sap. **3** (*fig.*) sap, nourishment, food, blood: ~ *vitale* lifeblood.

linfatico *a.* (*Med.*) lymphatic.

lingotto *m.* ingot, bar; (*di metallo prezioso*) bullion.

lingua *f.* **1** tongue (*anche fig.*). **2** (*idioma, linguaggio*) language, tongue: ~ *materna* mother tongue. ▭ ~ **corrente** everyday speech; (*fig.*) *avere la* ~ **lunga** to be a chatterbox; **mala** ~ backbiter, gossip; (*fig.*) **metter** (*la*) ~ (*interferire*) to interfere, to have one's say; **mordersi** *la* ~ to bite one's tongue (*anche fig.*); ~ **morta** dead language; ~ **parlata** spoken language; ~ **sporca** coated tongue; ~ *di* **terra** strip of land.

linguaccia *f.* (*malalingua*) (vicious) gossip; (*persona maldicente*) slanderer, backbiter.

linguacciuto **I** *a.* (*maldicente*) slanderous, backbiting; (*pettegolo*) gossipy. **II** *s.m.* slanderer, backbiter; (*persona pettegola*) gossip.

linguaggio *m.* language; (*modo di esprimersi*) talk, speech, language; (*gergo, linguaggio tecnico*) jargon, slang, (*fam.*) lingo. ▭ ~ **burocratico** bureaucratic language; ~ **corrente** everyday language (*o* speech); ~ **familiare** colloquial speech; ~ **figurato** figurative language; ~ **macchina** machine (*o* computer) language; (*Inform.*) ~ *di* **programmazione** programming (*o* program) language; ~ **tecnico** technical terminology.

linguale *a.* (*Anat., Fonetica*) lingual.

linguetta *f.* **1** (*nelle buste: chiudenda*) flap. **2** (*in scarpe e indumenti*) tongue. **3** (*Mus.*) (*ancia*) reed, tongue. **4** (*Mecc.*) tang, tongue.

linguista *m./f.* linguist.

linguistica *f.* linguistics *pl.* (costr. sing.).

linguistico *a.* linguistic, language.

linimento *m.* (*Farm.*) liniment, balm.

lino *m.* **1** flax. **2** (*tessuto*) linen. ▭ **di** ~ linen-; **olio** *di* ~ linseed oil.

linotipia *f.* linotyping.

liofilizzare *v.t.* (*Chim.*) to freeze-dry, to lyophilize.

liofilizzato *a.* freeze-dried.

Lionello *N.pr.m.* Lionel.

lipide *m.* (*Chim.*) lipid.

liquame *m.* sewage.

liquefare *v.t.* to liquefy; (*fondere*) to melt*: ~ *la cera* to melt wax. **liquefarsi** *v.i.pron.* to liquefy; (*fondersi*) to melt*; (*fig.*) to melt* away.

liquefazione *f.* liquefaction; (*fusione, scioglimento*) melting.

liquidare *v.t.* **1** to liquidate, to settle; (*rif. a persone*) to pay* off, to pay* severance pay to; (*rif. a conti*) to liquidate, to settle, to pay* up. **2** (*rif. ad aziende*) to wind* up, to liquidate. **3** (*svendere*) to sell* off, to clear. **4** (*concludere, risolvere*) to settle, to close. **5** (*fig.*) (*sbarazzarsi*) to get* rid of, to dispose of; (*uccidere*) to kill, to eliminate, (*fam.*) to knock (*o* bump) off. **6** (*assol., Comm.*) to put* into liquidation, to wind* up.

liquidatore *m.* liquidator. ▭ ~ *fallimentare* trustee in bankruptcy.

liquidazione *f.* **1** (*pagamento*) liquidation, settlement, payment; (*rif. a conti*) settlement, paying up. **2** (*rif. ad aziende*) winding-up, liquidation. **3** (*svendita*) (clearance) sale: *merci in* ~ sale goods. **4** (*rif. ad affari*) settlement. **5** (*computo*) settlement, reckoning. **6** (*Dir.*) winding-up, liquidation. **7** (*di un dipendente*) severance pay.

liquidità *f.* liquidity (*anche Econ.*).

liquido I *a.* **1** liquid; (*acquoso*) watery. **2** (*fig., poet.*) clear, pure, liquid. **3** (*Econ.*) liquid, ready, available: *denaro* ~ ready money. **II** *s.m.* **1** liquid, fluid. **2** (*Econ.*) (*denaro in contanti*) liquid (*o* ready) money, (*fam.*) cash.

liquigas *m.* liquefied gas.

liquirizia *f.* liquorice, licorice.

liquore *m.* **1** (*bevanda alcolica aromatica*) liqueur; cordial. **2** (*distillato*) liquor; spirits *pl.*

liquoroso *a.* liqueur-like.

lira[1] *f.* lira. □ ~ *sterlina* pound sterling.

lira[2] *f.* (*Mus.*) lyre.

lirica *f.* **1** lyric poetry. **2** (*componimento*) lyric (poem) (*anche Mus.*). **3** (*melodramma*) opera.

lirico I *a.* **1** lyric(al) (*anche estens.*): *poesia lirica* lyric poetry. **2** (*Mus.*) opera-: *cantante* ~ opera singer. **II** *s.m.* lyric poet.

lirismo *m.* lyricism.

Lisbona *N.pr.f.* (*Geog.*) Lisbon.

lisca *f.* fish-bone, bone.

lisciare *v.t.* **1** to smooth. **2** (*levigare*) to polish. **3** (*accarezzare*) to smooth, to stroke: *lisciarsi la barba* to stroke one's beard. **4** (*fig.*) (*limare*) to polish, to refine. **5** (*fig.*) (*adulare*) to flatter, to fawn upon. **lisciarsi** *v.r.* (*azzimarsi*) to spruce (*o* doll) o.s. up.

lisciata *f.* **1** smoothing, stroke. **2** (*fig.*) flattery.

liscio *a.* **1** smooth, glossy; (*diritto*) straight: *capelli lisci* straight hair; (*levigato*) polished. **2** (*semplice*) plain, simple. **3** (*fig.*) (*facile*) smooth, easy, simple. **4** (*rif. a bevande*) straight, neat. **5** (*rif. a pneumatici: consumato*) smooth, worn. □ (*fig.*) *passarla liscia* to get off scotfree.

liscivia *f.* lye.

liso *a.* worn (out), threadbare.

lista *f.* **1** (*striscia*) strip, band. **2** (*elenco*) list, (*am.*) schedule; (*registro, albo*) roll, register: ~ *elettorale* electoral roll (*o* register). **3** (*Pol.*) (party) list, slate. □ (*fig.*) ~ **nera** black-list; (*Inform.*) ~ *delle* **opzioni** menu; ~ *della* **spesa** shopping list; ~ *delle* **vivande** menu, bill of fare.

listare *v.t.* to stripe; (*bordare*) to edge, to border: ~ *a lutto* to edge in black.

listello *m.* **1** ledge. **2** (*Edil.*) (*cantinella*) softwood joist (*o* rod). **3** (*Arch.*) (*modanatura*) list, listel fillet; (*di colonna*) cincture.

listino *m.* list. □ ~ *di* **borsa** Stock-Exchange list; **prezzo** *di* ~ list price.

litania *f.* **1** (*Lit.*) litany. **2** (*fig.*) (*sequela*) string.

lite *f.* **1** quarrel, wrangle, argument. **2** (*Dir.*) lawsuit: *comporre una* ~ to settle a suit.

litigante I *a.* (*Dir.*) litigant. **II** *s.m./f.* **1** quarreller, wrangler. **2** (*Dir.*) litigant, contending party.

litigare *v.i.* to quarrel, to argue; to dispute: *non voglio* ~ *con lui* I don't want to quarrel with him.

litigio *m.* quarrel, wrangle, argument.

litigioso *a.* quarrelsome; (*rif. a liti giudiziarie*) litigious.

litio *m.* (*Chim.*) lithium.

litografia *f.* **1** lithography, lithographic (*o* offset) printing. **2** (*copia*) lithograph, lithographic print. **3** (*stabilimento*) lithographic press.

litografico *a.* lithographic.

litografo *m.* lithographer.

litorale I *a.* coastal, littoral, coast-. **II** *s.m.* coast(-line), littoral.

litoraneo *a.* coastal, littoral, coast-, shore-: *strada litoranea* coastroad.

litosfera *f.* lithosphere.

litro *m.* litre.

Lituania *N.pr.f.* (*Geog.*) Lithuania.

lituano *a./s.m.* Lithuanian.

liturgia *f.* liturgy.

liturgico *a.* liturgic(al).

liutaio *m.* violin-maker.

liuto *m.* (*Mus.*) lute.

livella *f.* level.

livellamento *m.* levelling (*anche fig.*). □ ~ *dei salari* equalization of wages.

livellare *v.t.* **1** to level, to make* level (*o* even). **2** (*fig.*) to level. **livellarsi** *v.i.pron.* **1** to become* level. **2** (*fig.*) (*equilibrarsi*) to even (*o* level) out, to balance (out).

livellatore I *s.m.* leveller (*anche fig.*). **II** *a.* levelling.

livello *m.* **1** level. **2** (*fig.*) level, standard: ~ *culturale* cultural level; ~ *d'istruzione* standard of education. □ *essere* **al** ~ *di qd.* to be on a level with s.o.; (*fig.*) *ad* **altissimo** ~ (at) top-level; (*al vertice*) summit-; **alto** ~ high level (*o* standard); ~ *del* **mare** sea-level: *mille metri sopra il* ~ *del mare* one thousand metres above sea-level; (*Ferr.*) **passaggio** *a* ~ level crossing; ~ **retributivo** salary level; *essere allo* **stesso** ~ *di* to be on the same level as; (*fig.*) to be equal to, to be of the same standard as; ~ *di* **vita** standard of living.

livido I *a.* livid, bluish; (*per percosse*) bruised, black and blue. **II** *s.m.* bruise. □ *essere coperto di lividi* to be all black and blue.

livrea *f.* **1** livery. **2** (*Zool.*) coat, colouring; (*di uccelli*) plumage.

lizza *f.* (*Stor.*) lists *pl.* □ (*fig.*) *entrare in* ~ to enter the lists.

lo[1] *art.* → **il**.

lo[2] *pron.pers. m.* **1** (*oggetto: maschile*) him: *l'hai visto?* did you see him?; (*esclam.*) he: *eccolo qua!* here he is!; (*neutro*) it, that: ~ *posso fare io* I can do that; *non* ~ *fare* don't do it; (*talvolta non si traduce*): *non* ~ *so* I

don't know. **2** (*con valore indeterminato: non si traduce*): *sii gentile, anche se altri non ~ sono* be nice even if others are not.
lobo *m.* lobe (*in tutti i signif.*). □ ~ *dell'orecchio* ear lobe.
locale[1] **I** *a.* local: *anestesia* ~ local anesthesia. **II** *m.pl.* (the) natives *pl.*
locale[2] *m.* **1** (*ambiente*) room; *pl.* premises *pl.* **2** (*pubblico esercizio*) restaurant; café; bar; (*sl., am.*) joint. □ ~ **notturno** night-club; ~ **sfitto** vacancy.
località *f.* locality, place, spot; (*di villeggiatura*) resort.
localizzabile *a.* **1** (*accertabile*) locatable. **2** (*che si può circoscrivere*) localizable.
localizzare *v.t.* **1** (*determinare una posizione*) to locate. **2** (*circoscrivere, limitare*) to localize.
localizzazione *f.* **1** location. **2** (*delimitazione*) localization, localizing. **3** (*Psic., Med., Fis.*) localization.
locanda *f.* inn.
locandiere *m.* innkeeper.
locandina *f.* playbill.
locare *v.t.* to let*, to rent.
locatario *m.* **1** renter; (*inquilino*) tenant. **2** (*rif. a beni produttivi*) lessee, lease-holder.
locatore *m.* (*Dir.*) lessor; (*fam.*) handlord.
locazione *f.* (*Dir.*) lease, tenancy. □ **disdetta** *di* ~ notice to quit; **prendere** *una casa in* ~ to take a house on a lease.
locomotiva *f.* (*Ferr.*) engine, locomotive.
locomotore *m.* (*Ferr.*) (electric) locomotive, (electric) engine.
locomozione *f.* locomotion. □ *mezzi di* ~ means of transport.
locusta *f.* (*Zool.*) locust.
locuzione *f.* phrase, locution; (*frase idiomatica*) idiom, idiomatic expression.
lodare *v.t.* **1** to praise, to commend. **2** (*celebrare*) to praise, to glorify, to extol, (*lett.*) to laud. **lodarsi** *v.r.* to boast, to brag.
lode *f.* **1** praise, commendation. **2** (*gloria*) praise, glory. □ *tessere le lodi di qd.* to sing s.o.'s praises.
lodevole *a.* praiseworthy, commendable.
Lodovico *N.pr.m.* Ludovic.
logaritmo *m.* (*Mat.*) logarithm.
loggia *f.* **1** (*Arch.*) loggia. **2** (*region.*) verandah. **3** (*nella massoneria*) lodge.
loggiato *m.* (*Arch.*) open gallery.
loggione *m.* (*Teat.*) gallery, (*scherz.*) gods *pl.*
logica *f.* logic (*anche estens.*).
logicità *f.* logicality.
logico *a.* logical.
logistica *f.* (*Mil.*) logistics *pl.* (costr. sing. o pl.).
logistico *a.* (*Mil.*) logistic(al).
loglio *m.* (*Bot.*) darnel.
logopedia *f.* (*Med.*) speech therapy.
logopedista *m./f.* (*Med.*) speech therapist.
logoramento *m.* **1** wear (and tear), wearing (out). **2** (*fig.*) wearing out: ~ *delle forze* wearing out of one's strength. **3** (*tecn.*) (*usura*) wear. **4** (*Mil.*) wearing down. □ ~ *dei nervi* nervous strain.
logorante *a.* wearing (*anche fig.*).
logorare *v.t.* **1** to wear* out (*o* down); (*rif. a vestiario*) to wear* out. **2** (*rif. all'animo*) to wear* down (*o* out), to tell* on; (*rif. al corpo*) to wear* out, to take* it out of; (*rif. a forza*) to waste, to use up. **logorarsi** *v.r./i.pron.* **1** to wear* out (*o* down). **2** (*fig.*) to wear* o.s. out; (*rif. ai sensi e sim.*) to ruin, to spoil*, to impair.
logorio *m.* **1** wear and tear, strain. **2** (*fig.*) strain, wearing. **3** (*tecn.*) wear, wearing out.
logoro *a.* **1** worn, worn out (*o* down); (*rif. a stoffe*) worn out, threadbare. **2** (*fig.*) worn (out), wasted (away), spoiled.
logorrea *f.* (*Med.*) logorrhea.
lombaggine *f.* (*Med.*) lumbago.
Lombardia *N.pr.f.* (*Geog.*) Lombardy.
lombare *a.* (*Anat.*) lumbar.
lombo *m.* **1** (*Anat., Macelleria*) loin; (*di manzo*) sirloin. **2** *pl.* (*fianchi*) hips *pl.* **3** (*scherz., lett.*) (*stirpe*) line, stock.
lombrico *m.* (*Zool.*) earthworm.
londinese **I** *a.* London: *metropolitana* ~ London underground. **II** *s.m./f.* Londoner.
Londra *N.pr.f.* (*Geog.*) London.
longanime *a.* forbearing.
longanimità *f.* forbearance.
longevità *f.* longevity.
longevo *a.* long-lived. □ *nella sua famiglia sono tutti longevi* in his family they all lived to a ripe old age.
longilineo *a.* lank.
longitudinale *a.* longitudinal.
longitudine *f.* (*Geog., Astr.*) longitude.
longobardo **I** *a.* Lombard-, Lombardic, Longobard(ic). **II** *s.m.* Lombard, Longobard.
lontanamente *avv.* faintly, vaguely.
lontananza *f.* **1** distance: *in* ~ in the distance. **2** (*assenza*) absence. **3** (*fig.*) (*separazione*) separation.
lontano **I** *a.* **1** (*nello spazio*) far-off (*o* away), distant: *un paese* ~ a far-off land; (*di difficile accesso*) remote; (*rif. al cammino da percorrere: in frasi affermative*) a long way (off): *il paese è molto* ~ the village is a long way off; (*in frasi negative e interrogative*) far (off, away): *non è molto* ~ *da qui* it's not very far from here; (*specificando la distanza*) (*pred.*) away, (*pred.*) off: *è* ~ *un miglio* it is a mile away. **2** (*nel tempo*) far-off, remote, distant: *in tempi lontani* in far-off times, long ago; (*rif. soltanto al passato*) early: *ricordi lontani* early memories. **3** (*assente*) absent, far-off. **4** (*rif. a parentela*) distant, removed: *un* ~ *cugino* first cousin once removed. **5** (*fig.*) (*vago*) vague, remote, slight. **II** *avv.* far (away, off), a long way (off); (*dal centro*) far out; (*specificando la distanza*) (*pred.*) away, (*pred.*) off. □ **alla** *lontana* vaguely, slightly; **andare** ~ to go far away; (*fig.*) to go far; ~ **da** (o *di*) far (away) from, a long way from; **da** (o *di*) ~ from a

distance, from far off; (*fig.*) ~ *un* **miglio** miles away; **tenere** ~ *qd. da qc.* to keep s.o. away from s.th.; **vedere** ~ to be far-sighted.
lontra *f.* (*Zool.*) otter.
lonza *f.* (*Macelleria*) loin of porke.
loquace *a.* loquacious, talkative.
loquacità *f.* loquacity, loquaciousness, talkativeness.
lordare *v.t.* to soil (*anche fig.*).
lordo *a.* **1** (*rif. a peso, guadagno e sim.*) gross: *peso* ~ gross weight. **2** (*sudicio*) dirty, filthy. □ (*Econ.*) *prodotto interno* ~ gross domestic product.
Lorenzo *N.pr.m.* Lawrence, Laurence.
loro I *pron.pers. m./f.pl.* **1** (*oggetto e con preposizione*) them; (*recipr.*) themselves: *bisticciano fra di* ~ they quarrel among themselves. **2** (*soggetto: essi, esse*) they: *l'hanno detto* ~ they said it. **3** (*pred.*) (*dopo i verbi parere, sembrare*) themselves: *non sembrano più* ~ they don't seem themselves any more; (*dopo il verbo essere*) they; (*colloquialmente*) them: *se foste in* ~ if you were them. **4** (*forma di cortesia*) you. **5** (*nelle comparazioni*) they, them: *facciamo come* ~ let's do as they do; *ammiro voi quanto* ~ I admire you as much as them. **II** *a.* **1** (*di essi, di esse*) their. **2** (*pred.*) (*proprietà, possesso*) theirs: *la penna è* ~ the pen is theirs. **3** (*nelle espressioni ellittiche*) their: *sto dalla* ~ (*parte*) I am on their side. **III** *pron.poss. m./f.pl.*, theirs; (*forma di cortesia*) yours. **IV** *s.m.* **1** (*averi, beni*) their own (property). **2** *pl.* (*familiari*) their relatives *pl.*, their family; (*seguaci*) their supporters (*o* followers) *pl.* □ **beati** ~ lucky them; *lo faranno* **da** ~ they will do it by themselves; ~ **due** the two of them, those two.
losanga *f.* lozenge; diamond.
losco *a.* **1** (*bieco*) sinister, surly, grim. **2** (*disonesto, sospetto*) shady, (*fam.*) fishy: *un affare* ~ a shady deal.
loto *m.* (*Bot.*) lotus.
lotta *f.* **1** fight, struggle (*anche fig.*): ~ *per il potere* struggle for power; (*campagna organizzata*) campaign. **2** (*battaglia*) battle, combat. **3** (*Sport*) wrestling: ~ *libera* all-in wrestling. □ ~ *di* **classe** class struggle; ~ **corpo** *a corpo* hand-to-hand combat; ~ *per l'***esistenza** struggle for survival (*o* life).
lottare *v.i.* **1** to fight* (*contro qd.* s.o., with s.o., against s.o.), to struggle, to battle (with, against). **2** (*fig.*) to fight*, to battle (*contro* against, with). **3** (*Sport*) to wrestle.
lottatore *m.* **1** fighter, struggler (*anche fig.*). **2** (*Sport*) wrestler.
lotteria *f.* lottery; (*collegata a corse di cavalli*) sweepstake: ~ *di beneficenza* charity lottery.
lottizzare *v.t.* to divide into lots.
lottizzazione *f.* lotting.
lotto *m.* **1** (*gioco*) lotto, (State) lottery. **2** (*appezzamento di terreno*) lot, allotment; (*per scopo edilizio*) lot. **3** (*Comm.*) lot, batch. □ (*Inform.*) ~ *di schede* batch.
lozione *f.* lotion: ~ *per capelli* hair lotion.
LP = (*Mus.*) *Lunga esecuzione* Long Playing.
LSD = *Dietilammide dell'Acido Lisergico* Lysergic Acid Diethylamide.
Lu = (*Chim.*) *lutezio* lutetium.
lubrificante *a./s.m.* lubricant.
lubrificare *v.t.* (*tecn.*) to lubricate.
lubrificazione *f.* lubrication, greasing.
Luca *N.pr.m.* Luke.
lucchetto *m.* padlock, lock.
luccicante *a.* sparkling, glittering.
luccicare *v.i.* to sparkle, to glitter, to twinkle; (*rif. alle stelle*) to twinkle.
luccichio *m.* glitter(ing), sparkle, twinkling.
lucciola *f.* **1** (*Zool.*) firefly; (*senza ali*) glow -worm; (*am.*) fire-bug. **2** (*Cin., Teat.*) (*maschera*) usherette.
luce *f.* **1** light (*anche Fis.*): *accendere la* ~ to turn on the light. **2** (*lucentezza, splendore*) glitter, brightness, gleam. **3** (*finestra, vetrina*) window. **4** (*Edil.*) span. □ ~ *ad* **arco** arc light; (*fig.*) *mettere in* **cattiva** ~ *qd.* to put s.o. in a bad light; (*Aut.*) *luci di* **città** town lights; **dare** *alla* ~ to give birth to; ~ **diffusa** diffused (*o* flood) lighting; **fare** ~ to light (up); (*fig.*) **fare** ~ *su qc.* to shed (*o* throw) light upon s.th.; (*risolverla*) to clear s.th. up; ~ **indiretta** indirect light(ing); *alla* ~ *della* **lampada** by lamplight; **mezza** ~ half light, shadow; *trovarsi in* **piena** ~ to be (right) in the light; (*Aut.*) *luci di* **posizione** parking lights; *alle* **prime** *luci* (*all'alba*) at daybreak; (*Cin.*) **tecnico** *delle luci* light technician.
lucente *a.* shining, bright, brilliant.
lucentezza *f.* brightness, brilliance, lustre, gloss(iness); (*rif. a cosa lucidata*) shine, polish; (*rif. a stoffe*) sheen, gloss.
lucernario *m.* (*Edil.*) skylight.
lucertola *f.* **1** (*Zool.*) lizard. **2** (*pelle*) lizard skin.
Lucia *N.pr.f.* Lucy.
lucidare *v.t.* **1** to polish; (*a cera*) to wax. **2** (*nel disegno*) to trace.
lucidatrice *f.* floor (*o* electric) polisher.
lucidatura *f.* **1** polishing; (*a cera*) waxing, wax finishing (*o* polishing). **2** (*nei disegni*) tracing.
lucidità *f.* lucidity, clearness. □ *momenti di* ~ lucid intervals.
lucido I *a.* **1** shining, bright, glossy; (*lucidato*) polished; (*rif. a pelo di animali*) glossy; (*rif. al viso*) shiny. **2** (*fig.*) (*chiaro*) lucid, clear: *mente lucida* lucid mind. **II** *s.m.* **1** (*lucentezza*) shine, brightness, lustre, gloss; (*di cosa lucidata*) polish. **2** (*per le scarpe*) polish. **3** (*disegno*) tracing.
lucignolo *m.* wick.
lucrare *v.t.* to earn, to gain.
lucro *m.* profit, gain, (*lett.*) lucre. □ *fare qc. a scopo di* ~ to do s.th. for money (*o* with a view to profit).
lucroso *a.* lucrative, profitable.
ludibrio *m.* **1** mockery, scorn. **2** (*oggetto di scherno*) laughing-stock.

lug. = *luglio* July (Jul.).
luglio *m.* July.
lugubre *a.* mournful, dismal, gloomy.
lui *pron.pers. m.* **1** (*oggetto e con prep.*) him: *dallo a ~ personalmente* give it to him personally; *cercano proprio ~* they are looking for him. **2** (*soggetto*) he: *l'ha detto ~* he said it, (*enfatico*) he said it himself; (*esclam.*) him: *è ~!* it's him! **3** (*nelle comparazioni*) he, him: *è alta più di ~* she is taller than him (*o* he is). **4** (*dopo i verbi parere, sembrare*) himself: *non sembra più ~* he doesn't seem himself any more; (*dopo il verbo essere*) he, (*fam.*) him: *se io fossi ~* if I were he (*o* him).
Luigi *N.pr.m.* Lewis, Louis.
Luisa *N.pr.f.* Louise, Louisa.
lumaca *f.* (*Zool.*) slug; (*pop.*) (*chiocciola*) snail. ▭ *a passo di ~* at a snail's pace.
lumacone *m.* **1** (*Zool.*) slug. **2** (*fig.*) (*persona lenta*) snail, slowcoach.
lume *m.* **1** light; (*lampada*) lamp. **2** (*chiarore*) light, faint (*o* pale) light: *a ~ di candela* by candlelight. **3** (*fig.*) (*luminare*) great man (*o* figure), luminary, leading light. **4** (*consiglio*) enlightenment, advice: *chiedere ~ a qd.* to ask s.o. for advice, to seek s.o.'s advice. ▭ *a ~ di* **naso** at a guess, by intuition; *perdere il ~ della* **ragione** to lose one's temper, to be beside o.s.; (*fig.*) **reggere** *il ~* to play gooseberry; **secolo** *dei lumi* Age of Enlightenment.
lumicino *m.* small light (*o* lamp). ▭ (*fig.*) *cercare qc. col ~* to hunt for s.th. high and low.
luminare *m.* luminary.
luminaria *f.* (*illuminazione per celebrazioni*) illuminations *pl.*
luminescente *a.* luminescent.
luminescenza *f.* (*Fis.*) luminescence.
lumino *m.* (small) oil-lamp.
luminosità *f.* luminosity, brightness.
luminoso *a.* **1** bright, shining, luminous. **2** (*pieno di luce*) bright, well-lit, luminous. **3** (*fig.*) (*evidente, chiaro*) clear, obvious, pellucid. **4** (*fig.*) (*insigne*) shining.
luna *f.* **1** moon. **2** (*fig.*) (*malumore*) moodiness, bad mood, bad temper: *avere la ~* (*di traverso*) to be in a bad mood, (*fam.*) to have got out of bed on the wrong side. ▭ *~* **calante** waning moon; **desiderare** *la ~* to reach (*o* cry) for the moon; (*fig.*) **essere** *nella ~* to have one's head in the clouds, to be far-away; *~ di* **miele** honeymoon; *una* **notte** *di ~* a moonlight (*o* moonlit) night; *~* **nuova** new moon; (*Zool.*) **pesce** *~* moonfish; *~* **piena** full moon.
luna-park *m.* fun-fair, (*am.*) amusement park.
lunare *a.* lunar, moon-, of the moon.
lunario *m.* almanac.
lunatico *a.* moody, changeable, temperamental.
lunedì *m.* Monday.
lunetta *f.* (*Arch.*) lunette.
lungaggine *f.* **1** slowness; (*ritardo*) delay: *lungaggini burocratiche* bureaucratic delays, (*fam.*) red tape. **2** (*prolissità*) prolixity.
lunghezza *f.* length (*anche Geom., Sport*). ▭ *che ~* **ha**? how long is it?; *~* **media** average length; *~* **totale** overall length.
lungimirante *a.* far-sighted.
lungo[1] **I** *a.* **1** long (*anche Metrica, Fonetica*): *~ tre metri* three metres long. **2** (*alto di statura*) tall, (*fam.*) long. **3** (*fam.*) (*lento*) slow; (*prolisso*) long-winded. **4** (*che arriva lontano*) long, far-reaching: *tiro ~* long shot. **5** (*diluito*) weak, watery, thin: *caffè ~* weak coffee. **II** *s.m.* length. ▭ **a** *~* (*per molto tempo*) for a long time, long; (*distesamente*) at length; **alla** *lunga* in the long run; *a ~* **andare** eventually; *avere le* **gambe** *lunghe* to be long-legged; *di* **gran** *lunga* far, by far; *in ~ e in* **largo** far and wide; **per** *le lunghe* for a long time; *andare* **per** *le lunghe* to drag on; **saperla** *lunga* to know the ropes; (*essere scaltro*) to know what's what (*o* a thing or two).
lungo[2] *prep.* **1** along, by (the side of), beside: *~ la riva* along the bank; *camminare ~ il muro* to walk beside the wall. **2** (*durante*) during; (*per l'intera durata*) throughout.
lungofiume *m.* riverside; (a *Londra*) embankment.
lungolago *m.* lakeside.
lungomare *m.* sea-front, water-front; (*passeggiata a mare*) promenade, sea-front.
lungometraggio *m.* (*Cin.*) feature (*o* full -length) film.
lunotto *m.* (*Aut.*) back (*o* rear) window.
lunula *f.* lunule.
luogo *m.* **1** place, spot, locality; (*determinato dall'azione che vi avviene*) scene, site. **2** (*punto*) place, spot; (*rif. a parti del corpo*) part, place. **3** (*edificio, parte di edificio*) place. ▭ *in* **altro** *~* somewhere else, (*lett.*) elsewhere; **aver** *~* to take place, to occur; *~* **comune** commonplace, cliché, platitude: **dar** *~* (*dar motivo*) to give rise (*a* to), to cause (s.th.); *essere* **del** *~* to be a native (*o* local); **fuori** *~* (*inopportuno*) out of place, untimely, (*inopportunamente*) inopportunely; **in** *~ di* (*invece di*) instead of; (*rif. a persona*) in the place (*o* stead) of, instead of; *~ di* **nascita** place of birth, birthplace; *in* **nessun** *~* nowhere; (*col verbo negativo o interrogativo*) anywhere; *in* **ogni** *~* everywhere; *in* **primo** *~* in the first place, firstly; (*Dir.*) *non ~ a* **procedere** non-suit; *~* **pubblico** public place; *in* **qualche** *~* somewhere; *in* **qualsiasi** *~* anywhere; (*in frasi concessive*) wherever; *in* **secondo** *~* in the second place, secondly.
luogotenente *m.* lieutenant.
lupa *f.* she-wolf.
lupara *f.* **1** (*fucile*) sawn-off shotgun. **2** (*cartuccia*) buckshot.
lupetto *m.* (*Vest.*) turtleneck. ▭ *a ~* turtlenecked.
lupino *m.* (*Bot.*) lupin(e).
lupo *m.* wolf. ▭ **al** *~!* wolf!, wolf!; *in* **bocca**

al ~*!* good luck!; **cane** ~ Alsatian, German shepherd dog; ~ *di* **mare** old salt, sea dog; (*fig.*) **tempo** *da lupi* foul weather.
luppolo *m.* (*Bot.*) hop.
lurido *a.* filthy, dirty.
luridume *m.* filth, filthiness.
lusinga *f.* **1** (*allettamento*) allurement, enticement; (*adulazione*) flattery. **2** (*illusione*) illusion, false hope, delusion.
lusingare *v.t.* **1** (*allettare*) to allure, to entice. **2** (*fare piacere*) to be gratified (*o* flattered). **3** (*adulare*) to flatter. **4** (*illudere*) to deceive, to delude.
lusinghiero *a.* (*che lusinga*) flattering; (*che soddisfa l'amor proprio*) flattering, gratifying.
lussare *v.t.* to dislocate.
lussazione *f.* dislocation.
Lussemburgo *N.pr.m.* (*Geog.*) Luxembourg.
lusso *m.* **1** sumptuousness, luxury. **2** (*fig.*) (*abbondanza*) wealth, abundance. **3** (*spesa eccessiva*) luxury, extravange.
lussuoso *a.* luxurious, grand, sumptuous.
lussureggiante *a.* luxuriant; (*di vegetazione*) lush.
lussureggiare *v.i.* to be luxuriant.
lussuria *f.* lust.
lussurioso *a.* lustful; lascivious.
lustrare *v.t.* to polish; (*a cera*) to wax.
lustrascarpe *m.* shoe-shine.
lustrino *m.* (*Vest.*) sequin, spangle.
lustro[1] **I** *a.* **1** shining, bright: ~ *come uno specchio* as bright as a mirror; (*lustrato*) polished. **2** (*rif. alla pelle*) shiny; (*rif. al pelo di animali*) glossy. **II** *s.m.* **1** (*lucentezza*) shine, polish, gloss, lustre, brilliance. **2** (*fig.*) lustre, prestige, fame.
lustro[2] *m.* (*spazio di cinque anni*) lustre, lustrum.
luteranesimo *m.* (*Rel.*) Lutheranism.
luterano *a./s.m.* Lutheran.
lutezio *m.* (*Chim.*) lutetium.
lutto *m.* **1** mourning. **2** (*perdita, morte*) bereavement, loss. **3** (*segno esteriore di cordoglio*) mourning: *essere in* ~ to be in mourning. ▭ *chiuso per* ~ closed for family mourning.
luttuoso *a.* sorrowful, mournful, doleful.
Lw = (*Chim.*) *laurencio* lawrencium.

M

m[1], **M**[1] *f./m.* (*lettera dell'alfabeto*) m, M. □ (*Tel.*) ~ *come Milano* M for Mary; (*am.*) M for Mike.
m[2] = *metro* metre.
M[2] = *Monte* Mount.
ma I *congz.* **1** but: *lo pensavo anch'io,* ~ *mi sbagliavo* I thought so too, but I was wrong. **2** (*preceduto dalla negazione*) but (*spesso si sostituisce con un verbo*): non è rosso ~ *verde* it's not red, it's green. **3** (*al contrario*) on the contrary. **4** (*rafforzativo*) really, so: *è una donna brutta* ~ *tanto brutta* she is an ugly woman, really very (*o* oh so) ugly. **5** (*avversativo*) but, (and) yet, still, though, nevertheless: *è ricchissimo,* ~ *porta sempre vestiti vecchi* he's very rich, yet he always wears old clothes. **6** (*in frasi esclamative*) why, but, for Heaven's sake. **7** (*in frasi interrogative*) but (*spesso non si traduce*): ~ *perché?* (but) why? **II** *intz.* (*chissà*) goodness (*o* who) knows, I don't know: *che sarà successo?* – ~*!* what can have happened? – goodness knows! **III** *s.m.* but: *i tuoi* ~ *e i tuoi se mi fanno innervosire* your ifs and buts get on my nerves. □ ~ **che** *hai?* what's the matter with you?; ~ **come***?* what!; ~ **insomma***!* for Heaven's (*o* goodness') sake!; ~ **no***!* no!, not at all! certainly (*o* of course) not!; (*con incredulità*) no!, really?, you don't say so!; ~ **sì***!* (yes) of course!; ~ **sì** *che lo conosci* you do know him; *non* **solo** ..., ~ *anche* not only ..., but even (*o* also); ~ **va***!* go on!
macabro *a.* macabre, gruesome.
macaco *m.* (*Zool.*) macaco, macaque.
macché *intz.* not at all, certainly not, (*fam.*) not on your life.
maccheroni *m.pl.* macaroni.
macchia[1] *f.* **1** spot, stain, blot. **2** (*sulla pelle*) blotch, blemish, patch; (*Med.*) macula, spot. **3** (*fig.*) (*disonore*) blot, stain, spot. □ **a** *macchie* spotted, mottled; ~ *d'***inchiostro** (ink) blot, ink-spot, ink-stain; ~ *di* **sangue** blood -stain; **senza** ~ stainless, spotless (*anche fig.*); (*Astr.*) *macchie* **solari** sunspots *pl.*
macchia[2] *f.* **1** (*boscaglia*) undergrowth; (*am.*) underbrush, bush, scrub, brake. **2** (*Stor., Pol.*) maquis. □ *alla* ~ (*clandestinamente*) clandestinely, underground.
macchiare *v.t.* **1** to stain, to spot, to blot; (*di fango*) to (be)spatter (*di* with); to smear. **2** (*fig.*) to sully, to blemish. **3** (*assol.*) to stain, to spot; (*rif. a liquidi*) to blot: *questa penna macchia* this pen blots. **macchiarsi** *v.r./i.pron.* **1** to spot o's., to get* stains on o.s. **2** (*fig.*) to soil (*o* sully) o.s. □ *macchiarsi di un delitto* to stain o.s. with a crime.
macchiato *a.* spotted; (*chiazzato*) dappled. □ *caffè* ~ white coffee.
macchietta *f.* **1** speck, speckle, fleck. **2** (*vignetta caricaturale*) caricature. **3** (*fig.*) (*persona buffa*) (real) character.
macchiettare *v.t.* to speckle, to dapple, to fleck.
macchina *f.* **1** (*trasformatrice di energia*) engine: ~ *a vapore* steam engine. **2** (*produttrice di lavoro*) machine: ~ *per cucire* sewing machine. **3** (*automobile*) car, motocar, (*am.*) automobile. **4** (*fig.*) (*meccanismo*) mechanism, machinery: *la* ~ *elettorale* the electoral machinery; (*struttura*) framework, structure. **5** (*fig.*) (*rif. a persona: automa*) robot, automaton. □ **a** ~ by (*o* on a) machine, machine-: *fatto a* ~ machine-made; ~ *da* **caffè** coffee machine; (*Aut.*) ~ *da* **corsa** racing car; ~ **fotografica** camera; (*Tip.*) *essere* **in** ~ to be in the press; (*Tip.*) *andare* **in** ~ to go to press; ~ *da* **presa** cine-camera, (*am.*) movie camera; **sala** *macchine* engine room; ~ *per* **scrivere** typewriter; ~ **utensile** machine tool.
macchinare *v.t.* **1** to plot, to scheme. **2** (*assol.*) to conspire, to plot, to hatch plots.
macchinario *m.* machinery, machines *pl.*
macchinazione *f.* plot, intrigue, machination.
macchinista *m.* **1** (*Ferr.*) engine-driver, (*am.*) engineer. **2** (*Mar.*) (ship's) engineer. **3** (*Teat.*) scene shifter.
macchinoso *a.* complicated, complex.
macedonia *f.* (*Gastr.*) fruit-salad.
macellaio *m.* butcher (*anche fig.*): *è andata dal* ~ she went to the butcher's.
macellare *v.t.* to slaughter, to butcher.
macellazione *f.* slaughtering, butchering.
macelleria *f.* butcher's (shop).
macello *m.* **1** (*mattatoio*) slaughterhouse abattoir. **2** (*macellazione*) butchering, slaughtering. **3** (*fig.*) (*strage*) slaughter,

butchery. **4** (*fam., scherz.*) (*fiasco*) shambles *pl.* (costr. sing.); (*confusione*) mess.

macerare *v.t.* **1** to macerate, to steep; (*rif. a tessuti*) to ret; (*pelli*) to bate. **2** (*fig.*) (*mortificare*) to mortify. **macerarsi** *v.r.* to waste away, to pine away: *macerarsi con i digiuni* to waste away by fasting.

macerie *f.pl.* ruins *pl.*, débris, rubble, wreckage.

macero *m.* **1** (*macerazione*) steeping, maceration. **2** (*Tessitura*) retting. **3** (*di carta*) maceration; (*impianto*) pulping plant. ▭ (*di carta*) *mandare al* ~ to send for pulping.

machiavellico *a.* Machiavellian (*anche fig.*).

macigno *m.* **1** sandstone. **2** (*sasso grande*) boulder, rock.

macilento *a.* emaciated, skeletal, (*fam.*) skinny.

macina *f.* **1** (*macchina*) grinder. **2** (*mola*) millstone, grindstone.

macinacaffè *m.* coffee grinder.

macinapepe *m.* pepper grinder (*o* mill).

macinare *v.t.* **1** to mill, to grind*; (*rif. a colori*) to grind*. **2** (*estens.*) (*rif. a caffè, pepe e sim.*) to grind*. **3** (*fig.*) (*sperperare*) to squander, to waste, to go* through. ▭ ~ *chilometri* to eat up a lot of road.

macinato *m.* meal, grist; (*farina*) flour.

macinazione *f.* grinding, milling; (*rif. a colori*) grinding.

macinino *m.* **1** (*per caffè*) coffee grinder (*o* mill); (*per pepe*) pepper grinder (*o* mill). **2** (*scherz.*) (*automobile vecchia*) jalopy.

maciullare *v.t.* **1** (*fibre tessili*) to brake. **2** (*estens.*) (*stritolare*) to crush, to mangle.

macrobiotica *f.* macrobiotics *pl.* (costr. sing.).

macrobiotico *a.* macrobiotic.

macrocefalo *a.* macrocephalus.

macrocosmo *m.* macrocosm.

macroscopico *a.* **1** macroscopic. **2** (*fig.*) glaring, gross.

maculato *a.* spotted, speckled.

Maddalena *N.pr.f.* Magdalen, Madeleine.

madia *f.* kneading-trough, (*am.*) dough tray.

madido *a.* (*umido*) moist, damp; (*bagnato*) wet, soaked: ~ *di sudore* soaked in perspiration.

Madonna *f.* **1** (*Rel.*) Our Lady, Madonna. **2** (*Art.*) madonna. ▭ (*fig.*) *viso da* ~ angelic face.

madornale *a.* enormous, huge, gross: *errore* ~ gross blunder, (*fam.*) howler, (*am. fam.*) blooper.

madre **I** *s.f.* **1** mother. **2** (*rif. ad animali quadrupedi*) dam, mother. **3** (*rif. a religiose*) Mother. **4** (*dell'aceto*) mother (of vinegar). **5** (*Comm.*) (*matrice*) counterfoil, stump. **II** *a.* mother-. ▭ ~ **badessa** Mother Abbess; **casa** ~ (*Comm.*) head (office); (*Rel.*) mother house; **fare** *da* ~ *a qd.* to be like a mother to s.o., to mother s.o.; ~ **natura** mother nature; *come* ~ **natura** *l'ha fatto* in his birthday-suit; *per* **parte** *di* ~ on one's mother's side; **ragazza** ~ unmarried mother.

madrelingua *f.* mother tongue. ▭ *di* ~ *inglese* native speaker of English.

madrepatria *f.* motherland, native (*o* mother) country.

madreperla **I** *s.f.* mother-of-pearl, nacre. **II** *a.* pearly, mother-of-pearl-.

madreperlaceo *a.* mother-of-pearl-, pearly.

madrepora *f.* (*Zool.*) madrepore.

Madrid *N.pr.f.* (*Geog.*) Madrid.

madrigale *m.* (*Lett., Mus.*) madrigal.

madrina *f.* **1** godmother. **2** (*estens.*) (*rif. al varo di una nave*) sponsor, lady who launches a ship. ▭ ~ *di cresima* sponsor at Confirmation.

maestà *f.* **1** majesty, loftiness, stateliness. **2** (*titolo*) Majesty: *Vostra Maestà* Your Majesty. **3** (*Art.*) majesty.

maestosità *f.* majesty, loftiness, stateliness.

maestoso *a.* majestic, lofty, stately, imposing.

maestra *f.* **1** teacher, schoolteacher, schoolmistress. **2** (*donna abile in un'attività*) expert, past-mistress. ▭ ~ *di* **cucito** sewing teacher; (*Mar.*) *albero* **di** ~ mainmast; ~ *di scuola* **materna** nursery teacher.

maestrale *m.* north-west wind, mistral.

maestranza *f.* workers *pl.*, workmen *pl.*, hands *pl.*

maestria *f.* **1** mastery, skill, dexterity. **2** (*astuzia*) shrewdness, cunning.

maestro[1] *m.* **1** (*insegnante*) teacher; (*maestro di scuola*) master, schoolteacher, schoolmaster. **2** (*fig.*) (*guida*) master, teacher. **3** (*persona abile in un'attività*) past-master, expert. **4** (*rif. a musicisti professionisti*) maestro; (*direttore d'orchestra*) conductor. **5** (*artigiano specializzato*) master. ▭ ~ *d'***armi** fencing master; (*Mus.*) ~ **concertatore** (*direttore d'orchestra*) conductor; **da** ~ skilfully, in a masterly way; ~ **elementare** primary schoolteacher; ~ *di* **musica** music-master; ~ *di* **nuoto** swimming instructor.

maestro[2] *a.* **1** (*magistrale*) masterly, skilful: *un colpo* ~ a masterly stroke, a masterstroke. **2** (*principale*) main, master-: (*Mar.*) *albero* ~ mainmast; *muro* ~ main wall.

mafioso **I** *a.* of the Mafia. **II** *s.m.* member of the Mafia.

mag. = *maggio* May.

maga *f.* sorceress, enchantress.

magagna *f.* **1** flaw, imperfection, defect, blemish (*anche fig.*). **2** (*malanno*) infirmity, ailment.

magari **I** *intz.* **1** I wish, if only: ~ *fosse vero* if only it were true. **2** (*volentieri*) of course, I should say so, (*fam.*) and how. **II** *congz.* (*fam.*) (*anche se*) even if. **III** *avv.* (*forse*) maybe, perhaps.

magazzinaggio *m.* **1** storage. **2** (*prezzo*) storage charges *pl.*

magazziniere *m.* **1** storekeeper, warehouse -keeper. **2** (*Mil.*) storekeeper.

magazzino *m.* **1** (*stanza*) store; (*edificio*) warehouse, depot; (*insieme delle merci*) stores *pl.* **2** (*negozio*) (department) store. □ **fondi** *di* ~ unsold stock; (*Industria*) ~ **frigorifero** cold store; *magazzini* **generali** public warehouse; **grandi** *magazzini* department store(s); ~ *di* **sconto** discount house.

maggio *m.* May. □ *il primo* ~ (*festa folcloristica*) May Day; (*per i lavoratori*) Labour Day.

maggiolino *m.* (*Zool.*) cockchafer, May bug.

maggiorana *f.* (*Bot.*) marjoram.

maggioranza *f.* majority, greater number (*o* part). □ ~ **assoluta** absolute majority; **in** ~ mostly, mainly: *i miei libri sono in* ~ *romanzi gialli* most of my books are thrillers; *con* **larga** ~ by a large majority; **partiti** *di* ~ majority parties; *la* ~ **silenziosa** the silent majority.

maggiorare *v.t.* to increase, to raise, to put* up.

maggiorato *a.* increased, raised, higher. □ (*scherz.*) *maggiorata fisica* sex bomb (*o* pot).

maggiorazione *f.* increase, raising; (*l'aumento*) increase, additional charge.

maggiordomo *m.* butler, house steward.

maggiore I *a.compar.* **1** greater, bigger, larger; (*di importanza*) major: *arti maggiori* major arts. **2** (*rif. all'età*) older: *è* ~ *di me di due anni* he is two years older than I (am); (*rif. a membri di una stessa famiglia*) elder. **3** (*maggiorenne*) (*pred.*) of age. **4** (*superiore in ordine gerarchico*) senior, chief. **5** (*Mil., Mus.*) major. **II** *a.sup.* **1** the greatest, the biggest, the largest: *con la* ~ *diligenza possibile* with the greatest possible care. **2** (*rif. all'età*) the oldest; (*rif. a membri di una stessa famiglia*) the eldest: *il* ~ *dei miei nipoti* my eldest grandchild; (*fra due*) elder, older: *il* ~ *dei due* the older of the two. **3** (*il più importante*) the most important, the greatest, (*am.*) major: *i maggiori poeti del trecento* the most important fourteenth -century poets. **III** *s.m./f.* **1** superior; (*d'età*) elder. **2** *pl.* (*lett.*) (*avi*) ancestors *pl.*, forefathers *pl.* **3** (*Mil.*) major; (*Aer.*) squadron leader. □ **andare** *per la* ~ (*essere in voga*) to be popular, (*fam.*) to be in; *maggior* **fortuna** better luck; *il maggior* **offerente** the highest bidder; *per la maggior* **parte** mostly, mainly.

maggiorenne I *a.* of (full) age. **II** *s.m./f.* person of age, major. □ *diventare* ~ to come of age.

maggioritario *a.* majority-.

maggiormente *avv.* **1** mainly, chiefly, mostly. **2** (*di più*) more, to a greater extent; (*tanto più*) all the more; (*a maggior ragione*) much (*o* even) more.

Magi *m.pl.*: *i re* ~ the Magi, the three Wise Men.

magia *f.* **1** magic. **2** (*fig.*) (*fascino*) magic, enchantment, charm.

magiaro *a./s.m.* Magyar.

magico *a.* **1** magic, magical: *bacchetta magica* magic (*o* fairy) wand. **2** (*fig.*) magical, enchanting, charming.

magistero *m.* **1** teaching (*anche estens.*). **2** (*fig.*) (*maestria*) mastery, skill, ability, command. **3** (*Univ.*) faculty of arts (for intending teachers).

magistrale *a.* **1** teachers', teaching: *scuola* (o *istituto*) ~ teachers' training college. **2** (*fatto con maestria*) masterly, skilful, excellent.

magistrato *m.* **1** (*Dir.*) magistrate. **2** (*persona investita di una carica pubblica*) magistrate, (public) official, authority.

magistratura *f.* magistrature, magistracy; (*insieme dei magistrati*) Bench.

maglia *f.* **1** stitch: *accavallare una* ~ to pass over a stitch. **2** (*lavoro a maglia: a rete*) mesh; (*ai ferri*) knitting, knitted work; (*all'uncinetto*) crochet (work). **3** (*tessuto*) jersey, tricot; *pl.* (*maglieria*) knitwear, knitted goods *pl.* **4** (*indumento: portato sotto la camicia*) vest, (*am.*) undershirt; (*tipo camicia*) (light) jersey. **5** (*anello di catena*) link. **6** (*di una rete*) mesh. **7** (*fig.*) net, trap, web: *cadere nelle maglie di una congiura* to fall into the web of a conspiracy. □ (*Sport*) ~ **azzurra** (*indumento*) blue jersey; (*persona*) member of the Italian national team; (*nei lavori a maglia*) **diminuire** *le maglie* to cast off; **lavorare** *a* ~ to knit, to do knitting.

magliaia *f.* knitter.

maglieria *f.* **1** (*fabbrica*) hosiery (*o* knitwear) mill. **2** (*negozio*) hosier's (*o* knitwear) shop. **3** (*tessuti o indumenti di maglia*) knitwear, woollens *pl.*

maglietta *f.* **1** (*indumento intimo*) vest, (*am.*) undershirt. **2** (*tipo camicia*) light jersey; T-shirt.

maglio *m.* **1** mallet. **2** (*Met.*) (*macchina*) (power) hammer.

maglione *m.* sweater, (thick) jumper, pullover.

magma *m.* (*Geol., Chim.*) magma.

magnaccia *m.* (*sl.*) ponce.

magnanimità *f.* magnanimity, generosity.

magnanimo *a.* magnanimous, generous, noble, lofty.

magnate *m.* magnate, tycoon.

magnesio *m.* (*Chim.*) magnesium.

magnete *m.* **1** (*Fis.*) magnet, lodestone. **2** (*Mot.*) magneto.

magnetico *a.* (*Fis.*) magnetic (*anche fig.*).

magnetismo *m.* (*Fis.*) magnetism (*anche fig.*).

magnetizzare *v.t.* (*Fis.*) to magnetize.

magnetizzazione *f.* (*Fis.*) magnetization.

magnetofono *m.* tape-recorder.

magnetometro *m.* (*Fis.*) magnetometer.

magnificenza *f.* **1** magnificence, grandeur, grandiosity, majesty; (*sontuosità*) splendour. **2** (*generosità*) generosity, munificence.

magnifico *a.* **1** magnificent, grand, grandiose, majestic; (*sontuoso*) sumptuous, splendid. **2** (*bellissimo*) marvellous, wonderful, splendid, magnificent, gorgeous. **3** (*generoso*) generous, munificent.

magniloquente *a.* (*lett.*) magniloquent, grandiloquent.

magnolia *f.* (*Bot.*) magnolia.
mago *m.* **1** magician, sorcerer, wizard. **2** (*fig.*) (*persona molto abile in una scienza*) genius, wizard: *un* ~ *della medicina* a medical genius. **3** (*illusionista*) conjurer, illusionist.
magra *f.* **1** low water. **2** (*fig.*) (*difficoltà economiche*) hard (*o* lean) times *pl.* **3** (*fam.*) (*figuraccia*) sorry (*o* poor) figure.
magrezza *f.* **1** thinness, leanness. **2** (*fig.*) (*scarsezza*) shortage, scarcity, poorness.
magro I *a.* **1** thin, lean; (*snello*) slim. **2** (*che contiene poco grasso*) lean: *carne magra* lean meat. **3** (*fig.*) (*scarso*) scant(y), meagre, poor, slender: *raccolto* ~ poor harvest; *magri guadagni* scant (*o* slender) earnings. **4** (*fig.*) (*misero*) poor, bad. **5** (*rif. a fiumi*) low. **6** (*Agr.*) infertile, poor, barren. **II** *s.m.* (*parte magra*) lean (part). ☐ ~ *come un'***acciuga** (o *un chiodo*) as thin as a rake; **di** ~ meatless: *mangiare di* ~ to abstain from eating meat.
mah *intz.* hum, huh; (*non lo so*) goodness knows.
mai *avv.* **1** (*nessuna volta*) never: *questo non accadrà* ~ this will never happen. **2** (*nelle frasi interrogative e negative o con il significato di talvolta*) ever: *hai* ~ *visto Parigi?* have you ever seen Paris?; *non succede* ~ *niente in questo villaggio* nothing ever happens in this village. **3** (*in frasi comparative*) ever: *più che* ~ more than ever. ☐ **caso** ~ *telefonasse* if he should ever phone, in case he should phone; **cosa** *dici* ~*?* what on earth are you saying?; **come** ~ *sei qui?* why ever (*o* in the world) are you here?; **dove** ~*?* wherever?; ~ **più** never again (*o* more); ~ *e* **poi** ~ absolutely not, on no account; **quanto** ~ very (*o* so) much, very; *non lo vedo* **quasi** ~ I hardly ever see him; *non si* **sa** ~ you never can tell; *non* **sia** ~ let that never be.
maiale *m.* **1** (*Zool.*) pig, swine; (*il maschio: castrato*) hog; (*la femmina*) sow. **2** (*carne*) pork. **3** (*fig.*) (*grassone, ingordo*) pig; (*sudicione*) pig, (*fam.*) slob; (*essere abietto*) swine.
maialesco *a.* piggish, swinish.
maialino *m.* **1** piglet. **2** (*fig.*) (*rif. a bambini*) dirty little thing, (*fam.*) piggy.
maiolica *f.* majolica.
maionese *f.* (*Gastr.*) mayonnaise.
mais *m.* (*Bot.*) maize, Indian corn.
maiuscola *f.* capital (letter).
maiuscolo I *a.* capital: *lettera maiuscola* capital letter. **II** *s.m.* capitals *pl.*
malaccio *avv.* (*fam.*) badly. ☐ *come stai? – non c'è* ~ how are you? – not (too) bad.
malaccorto *a.* incautious, rash, imprudent.
malachite *f.* (*Min.*) malachite.
malacreanza *f.* impoliteness, bad manners *pl.*
malafede *f.* bad faith: *in* ~ in bad faith.
malaffare *m.*: *donna di* ~ prostitute, (*fam.*) tart; *gente di* ~ crooks *pl.*
malalingua *f.* (malicious) gossip, backbiter.
malamente *avv.* badly; (*miseramente*) poorly, wretchedly.
malandato *a.* **1** (*rif. alla salute*) in poor health, run down, (*fam.*) in bad shape; (*rif. a condizioni finanziarie*) badly off, (*fam.*) hard up. **2** (*sciatto*) shabby, sloppy, (*fam.*) down and out.
malandrino I *s.m.* **1** bandit, brigand, highwayman (*pl.* –men), (highway) robber. **2** (*persona disonesta*) scoundrel, rogue, ruffian. **II** *a.* **1** (*disonesto*) dishonest; wicked, crooked. **2** (*scherz.*) bewitching, captivating.
malanimo *m.* ill-will, malice, hostility, malevolence. ☐ *di* ~ unwillingly, reluctantly.
malanno *m.* **1** misfortune, ill luck, mishap, affliction. **2** (*malattia*) ailment, illness, sickness.
malapena: *a* ~ (*a stento*) hardly, scarcely, with difficulty.
malaticcio *a.* sickly, ailing.
malato I *a.* **1** (*pred.*) ill, (*attr.*) sick; (*indisposto*) unwell; (*rif. a parte del corpo*) diseased; (*indisposto*) unwell. **2** (*fig.*) unsound, sick, unhealthy, diseased: *società malata* sick society; (*morboso*) morbid, unsound. **II** *s.m.* **1** patient, sick person. **2** *pl.* (*collett.*) the sick (costr. pl.). ☐ **cadere** ~ to fall ill, (*am.*) to get sick; **darsi** ~ to say one is sick; (*Mil.*) to report (*o* go) sick; **essere** ~ *di qc.* to suffer from s.th., to have... trouble: *sono* ~ *di fegato* I have liver trouble; ~ **immaginario** hypochondriac; ~ *di* **mente** mentally ill.
malattia *f.* **1** illness, sickness, disease; (*disturbo*) ailment, complaint. **2** (*fig.*) malady. ☐ *di* **che** ~ *è morto?* what did he die of?; (*fig. scherz.*) ~ **diplomatica** (socially) convenient indisposition; **farne** *una* ~ (*soffrirne moltissimo*) to make o.s. ill over s.th.; ~ **mentale** mental illness (*o* disorder); (*Dir.*) mental infirmity; ~ **mortale** fatal illness; ~ *degli* **occhi** eye complaint; ~ *della* **pelle** skin disease; ~ **professionale** occupational disease.
malaugurato *a.* unlucky, ill-omened, ill -starred, inauspicious.
malaugurio *m.* ill omen, bad omen.
malavita *f.* **1** gangsterism, low (*o* evil) life. **2** (*collett.*) underworld, gangsters *pl.*, (*fam.*) crooks *pl.*, (*am. fam.*) hoods *pl.*
malavoglia *f.* reluctance, unwillingness, ill will. ☐ *di* ~ unwillingly, reluctantly, against one's will.
malcapitato I *a.* unfortunate, unlucky. **II** *s.m.* victim, unlucky person.
malconcio *a.* **1** (*rif. a persone*) in bad shape (*o* condition), in a sorry state (*o* plight). **2** (*rif. a cose*) in a bad state, battered.
malcontento I *a.* dissatisfied, not satisfied (*o* content) (*di* with): *è sempre* ~ he is never satisfied. **II** *s.m.* **1** (*stato d'animo*) discontent, dissatisfaction: *ci sono segni di* ~ there are signs of discontent. **2** (*persona*) malcontent.
malcostume *m.* **1** immorality, immoral behaviour. **2** (*corruzione*) corruption.
maldestro *a.* inexpert, inexperienced; (*impacciato*) awkward, clumsy.

maldicente **I** *a.* malicious, slanderous. **II** *s.m./f.* backbiter, slanderer; (*pettegolo*) gossip.
maldicenza *f.* **1** slander, backbiting; (*il pettegolare*) gossiping. **2** (*concr.*) vicious gossip, slander.
male[1] *avv.* **1** badly: *ti sei comportato* ~ you behaved badly. **2** (*erroneamente*) badly, wrong(ly), not properly (*o* well): *hai fatto* ~ you did wrong. **3** (*non del tutto*) not, not very well, ill, badly: *una malcelata antipatia* ill-concealed dislike. **4** (*esclam.*) that's bad. ▭ **abituarsi** ~ to get into bad habits; **andar** ~ (*non riuscire*) to turn out badly; *mi è* **andata** ~ I didn't make it; **capire** ~ to misunderstand: *hai capito* ~ you've got it wrong; **pensare** ~ *di qd.* to have a poor opinion of s.o.; (*sospettarlo*) to suspect s.o.; **restarci** ~ (*offendersi*) to be hurt (*o* offended); (*essere deluso*) to be disappointed; **stare** ~ (*essere malato*) to be ill (*o* sick); (*non adattarsi*) not to fit (well), not to suit; **trovarsi** ~ to be ill at ease.
male[2] *m.* **1** evil, wrong, bad: *l'avarizia è la radice di ogni* ~ avarice is the root of all evil. **2** (*disgrazia*) misfortune, harm, ill-luck, ill. **3** (*dolore fisico*) pain, ... ache: *mal di denti* tootache; (*acciacchi*) ailments *pl.* **4** (*peccato*) sin, evil: *fuggire il* ~ to flee from sin. ▭ *andare* **a** ~ to go bad, to go sour; *aversene* **a** ~ to take s.th. badly (*o* amiss); *mal d'***amore** love sickness; *mal d'***aria** air-sickness; *mal d'***auto** car-sickness; **aver** ~ to have a pain; *mal di* **cuore** heart disease; *che* ~ **c'è**? what harm is there (in it)?; *non* **c'è** ~ it's not (too) bad; *non* **c'è** *nulla di* ~ there's no harm in it; **fare** ~ (*dolere*) to hurt, to ache; (*dispiacere*) to hurt, to upset; (*rif. alla salute*) to be bad; **fare** *del* ~ *a qd.* to hurt (*o* harm) s.o.; **farsi** ~ to hurt o.s., to get hurt; *avere mal di* **gola** to have a sore throat; *mal di* **mare** sea-sickness; *avere il mal di* **mare** to be sea-sick; **meno** ~*!* thank goodness (*o* heavens)!; *andare di* ~ *in* **peggio** to go from bad to worse; *avere mal di* **testa** to have a headache.
maledettamente *avv.* awfully; dreadfully.
maledetto *a.* **1** cursed, damned. **2** (*fam.*) (*eccessivo, fastidioso*) damned, wretched, beastly.
maledire *v.t.* **1** to curse, to damn. **2** (*imprecare*) to curse.
maledizione *f.* **1** curse, malediction. **2** (*fig.*) (*rovina*) curse, disaster. **3** (*esclam.*) damn (it), blast (it), curse (it).
maleducato **I** *a.* rude, impolite, bad mannered, ill-bred. **II** *s.m.* rude person.
maleducazione *f.* rudeness, impoliteness, bad manners *pl.*
maleficio *m.* witchcraft, sorcery.
malefico *a.* **1** baleful, evil, maleficent: *influssi malefici* baleful (*o* evil) influences. **2** (*dannoso*) harmful, bad.
maleodorante *a.* evil-smelling, malodorous, smelly.
malese *a./s.m./f.* Malaysian.
Malesia *N.pr.f.* (*Geog.*) Malaysia.
malessere *m.* **1** malaise, discomfort, indisposition. **2** (*fig.*) uneasiness, malaise.
malevolenza *f.* ill-will, malevolence, malice.
malevolo *a.* malevolent, malicious.
malfamato *a.* ill-famed, of ill repute.
malfatto **I** *a.* **1** (*rif. a persona: sgraziato*) ungainly, awkward; (*sproporzionato*) ill-proportioned. **2** (*rif. a cosa: imperfetto*) badly made (*o* done); (*di abito*) badly cut; (*riprovevole*) bad, ill, evil. **II** *s.m.* misdeed.
malfattore *m.* malefactor, evil-doer, wrong-doer.
malfermo *a.* **1** shaky, unsteady, wobbly (*anche fig.*): *voce malferma* shaky voice. **2** (*cagionevole*) poor, delicate, frail: *salute malferma* poor health.
malfido *a.* unreliable.
malformato *a.* ill-formed, misshapen.
malformazione *f.* malformation (*anche Med.*).
malgascio *a./s.m.* Malagasy.
malgoverno *m.* **1** mismanagement, maladministration. **2** (*Pol.*) bad government, misgovernment.
malgrado **I** *prep.* in spite of, despite, notwithstanding: *voleva uscire* ~ *il cattivo tempo* she wanted to go out in spite of the bad weather. **II** *congz.* (al)though: *mi salutò* ~ *avessimo litigato* he greeted me although we had had a quarrel. ▭ ~ **che** (al)though; **mio** ~ against my will.
malia *f.* **1** spell, charm, enchantment. **2** (*fig.*) (*fascino*) charm.
maliarda *f.* vamp.
maliardo *a.* bewitching.
malignare *v.i.* to slander, to malign (*su qd.* s.o.), to speak* ill.
malignità *f.* **1** malice, malignancy, ill-will. **2** spiteful stories: *dire delle* ~ *su qd.* to tell spiteful stories about s.o. **3** (*Med.*) malignancy.
maligno **I** *a.* **1** malicious, malignant, nasty: *commenti maligni* malicious comments, nasty remarks. **2** (*Med.*) malignant. **II** *s.m.* malicious person.
malinconia *f.* **1** melancholy, low spirits *pl.*, sadness, gloom, (*fam.*) the blues *pl.* **2** (*Psic.*) melancholia.
malinconico *a.* **1** (*rif. a persona*) melancholy, sad, depressed, gloomy; (*rif. a cose*) melancholy, sad, depressing. **2** (*Psic.*) melancholic.
malincuore *a.*: ~ reluctantly, unwillingly, against one's will.
malintenzionato **I** *a.* ill-intentioned. **II** *s.m.* ill-intentioned person.
malinteso **I** *a.* misunderstood; (*sbagliato*) mistaken. **II** *s.m.* misunderstanding.
malizia *f.* **1** malice, spite. **2** (*astuzia*) artfulness. ▭ **con** ~ maliciously, craftily; **senza** ~ guileless, artless.
malizioso *a.* **1** malicious. **2** (*gaio e birichino*) mischievous, roguish, naughty.
malleabile *a.* malleable.

malleabilità *f.* malleability (*anche fig.*).
malleolo *m.* (*Anat.*) malleolus.
mallevadore *m.* surety, guarantor: *essere ~ di qd.* to stand surety for s.o.
mallo *m.* (*Bot.*) hull.
malloppo *m.* **1** (*region.*) (*fagotto*) bundle. **2** (*gerg.*) (*refurtiva*) loot, (*sl.*) swag, booty.
malmenare *v.t.* to man-handle; (*picchiare*) to beat* up, to mistreat.
malmesso *a.* **1** (*rif. a persona*) shabby, badly -dressed. **2** (*rif. ad abitazione*) badly -furnished.
malo *a.* (*lett.*) bad, evil: *mala parata* evil plight; *mala sorte* bad luck. □ *di mala voglia* unwillingly.
malocchio *m.* evil eye. □ *mi ha gettato il ~* she gave me the evil eye.
malora *f.* ruin. □ **alla** *~!* to the devil!; **andare** *in ~* to go to the dogs.
malore *m.* attack, indisposition; (*svenimento*) faintness.
malsano *a.* **1** unhealthy, unwholesome: *clima ~* unhealthy climate. **2** (*malaticcio*) sickly, unhealthy. **3** (*fig.*) sick, morbid, unsound.
malsicuro *a.* **1** (*vacillante*) unsteady, uncertain, faltering, shaky: *passo ~* faltering step. **2** (*inattendibile*) unreliable, untrustworthy. **3** (*pericoloso*) dangerous, risky, unsafe.
malta *f.* mortar.
Malta *N.pr.f.* (*Geog.*) Malta.
maltempo *m.* bad weather.
maltese *a./s.m./f.* Maltese.
malto *m.* malt.
maltosio *m.* (*Chim.*) maltose.
maltrattamento *m.* mistreatment, ill-treatment.
maltrattare *v.t.* to ill-treat, to mistreat; (*rif. a cose*) to misuse.
malumore *m.* **1** bad mood; (*irritabilità*) bad temper; (*tristezza*) low spirits *pl.* **2** (*fermento di ribellione*) discontent, unrest, dissatisfaction.
malva *f.* (*Bot.*) mallow. □ *colore ~* mauve.
malvagio I *a.* **1** wicked, evil. **2** (*scherz.*) bad: *questo libro non è ~* this book isn't bad. **II** *s.m.* wicked man.
malvagità *f.* **1** wickedness, iniquity, evilness. **2** (*azione malvagia*) evil deed, wicked thing to do.
malvestito *a.* poorly (*o* badly) dressed; (*sciatto*) shabby.
malvisto *a.* disliked (*da* by), unpopular (with): *è ~ dai suoi superiori* he is unpopular with his superiors.
malvivente *m./f.* criminal, delinquent, (*fam.*) crook.
malvolentieri *avv.* unwillingly, against one's will.
malvolere[1] *v.t.* to dislike: *essere malvoluto da tutti* to be disliked by everyone. □ **farsi** *~ da qd.* to earn s.o.'s dislike; **prendere** *qd. a ~* to take a dislike to s.o.
malvolere[2] *m.* (*cattiva disposizione d'animo*) ill-will, malevolence.
mamma *f.* Mummy, (*fam.*) Mum, (*am. infant.*) Mommy, (*am. fam.*) Ma. □ *~ mia!* good gracious (*o* heavens)!, my goodness!
mammella *f.* **1** (*Anat.*) mamma (*pl.* mammae); breast. **2** (*Zool.*) udder.
mammifero *m.* (*Zool.*) **1** mammal. **2** *pl.* mammals *pl.*
mammismo *m.* momism.
mammografia *f.* (*Med.*) mammography.
mammut *m.* mammoth.
manata *f.* **1** slap. **2** (*manciata*) handful.
manca *f.* left hand. □ *a dritta e a ~* on all sides.
mancamento *m.* (*svenimento*) faint, fainting fit, swoon.
mancante *a.* **1** missing, lacking, (*pred.*) wanting: *le parti mancanti* the missing parts. **2** (*disperso*) missing. **3** (*privo*) lacking, wanting (*di* in), in need (of).
mancanza *f.* **1** lack, want: *per ~ di tempo* for lack of time; (*scarsità*) shortage, scarcity; (*interruzione*) failure, breakdown: *~ di corrente elettrica* power failure. **2** (*assenza*) absence; (*rif. a persona morta*) loss. **3** (*errore, fallo*) fault, shortcoming, failing. □ *~ di* **denaro** lack (*o* shortage) of money; *~ di* **educazione** ill-breeding; **in** *~ di* for want of, failing: *in ~ di meglio* for want of something better; *in ~ d'altro* failing all else; **sentire** *la ~ di qd.* to miss s.o.; *~ di* **tatto** tactlessness.
mancare I *v.i.* **1** (*non essere sufficiente*) to be lacking (*o* wanting *o* short), not to be sufficient; not to have, to lack: *mi manca il coraggio di farlo* I haven't (*o* lack) the courage to do it. **2** (*non esserci*) to be missing, not to be there: *manca la data* there is no date, the date is missing. **3** (*venir meno*) to fail. **4** (*essere assente*) to be absent (*o* missing); (*in frasi negative*) to miss: *ti prego di non ~ alla mia festa* please don't miss my party; (*essere lontano*) to be (*o* live) away. **5** (*sentire la mancanza*) to miss (costr. pers.): *ci manchi molto* we miss you very much. **6** (*rif. a spazio, a tempo*) to be left (to go), to be (still): *mancano dieci giorni a Natale* it's ten day to Christmas; *manca poco alla fine dello spettacolo* it's not long now to (*o* till) the end of the show; (*nelle indicazioni dell'ora*) it's... : *mancano 10 minuti alle 8* it's 10 to 8. **7** (*essere privo*) to lack, to want, not to have (*di qc.* s.th.), to be lacking (in): *manca d'intelligenza* he lacks intelligence; (*essere sprovvisto*) to need (s.th.), to be short (of): *mi manca l'olio per friggere il pesce* I am short of oil to fry the fish. **8** (*non mantenere, tradire*) to break*, to fail, to keep*: *~ alla parola* (*data*) to break one's word. **9** (*assol.*) (*commettere un fallo*) to go* (*o* do*) wrong, to make* a mistake. **10** (*trascurare, omettere*) to fail, to forget*: *salutami la tua famiglia – non mancherò* say hello to your family for me – I shan't fail to. **11** (*lett.*) (*morire*) to die, to pass away. **II** *v.t.* to miss:

~ *il colpo* to miss the mark. □ *ci mancherebbe* **altro**! that would be the limit (*o* last straw)!; *non* **farsi** ~ *nulla* to want for nothing; *mi mancò il* **fiato** I got out of breath; *mancò* **poco** *che cadessi* I nearly fell; *ci mancava* **questa**! this is all we needed!; ~ *di* **rispetto** to lack respect; *mi* **sento** ~ I feel faint.

mancato *a.* **1** missed: *appuntamento* ~ missed appointment. **2** (*fallito*) unsuccessful; would-be: *un pianista* ~ a would-be pianist. **3** (*non avvenuto*) non-: *mancata consegna* non-delivery; ~ *pagamento* non-payment. □ *colpo* ~ misfire.

manchevole *a.* **1** (*difettoso*) faulty, defective. **2** (*insufficiente*) deficient, inadequate.

manchevolezza *f.* **1** faultiness, defectiveness. **2** (*difetto*) defect, shortcoming, fault.

mancia *f.* tip, gratuity. □ **dare** *la* ~ *al cameriere* to tip the waiter; ~ **competente** reward.

manciata *f.* handful. □ *a manciate* in handfuls.

mancino I *a.* **1** left-handed. **2** (*fig.*) (*sleale*) treacherous, (*fam.*) dirty: *tiro* ~ dirty trick. **II** *s.m.* left-handed person, left-hander, (*am. fam.*) lefty.

Manciuria *N.pr.f* (*Geog.*) Manchuria.

manco *avv.* (*fam.*) (*nemmeno*) not even. □ ~ *per idea!* non in the least!

mandamento *m.* (*Dir.*) (administrative) district.

mandante *m.* (*Dir.*) principal, instigator.

mandarancio *m.* (*Bot.*) clementine.

mandare *v.t.* **1** to send*, (*lett.*) to dispatch: *fu mandato ambasciatore a Parigi* he was sent as ambassador to Paris; (*spedire*) to forward. **2** (*far andare in giro*) to send* out, to let* go around; (*mandare fuori*) to send* off: ~ *una circolare* to send out a circular letter. **3** (*emettere*: *rif. a suono*) to give*, to utter, to let* out: ~ *un grido* to give (*o* let out) a cry; (*rif. a luce, calore*) to give* off, to send* out. **4** (*dispensare*) to send*, to give*. □ ~ *all'***aria** (*fare sfumare*) to bring to nothing; (*rovinare*) to spoil, to ruin; ~ **avanti** *il ménage* to do the household chores; (*fig.*) ~ *avanti la baracca* to keep going somehow or other; ~ *a* **chiamare** *qd.* to send for s.o.; ~ *qd. al* **diavolo** to tell s.o. to go to hell; ~ *giù* to swallow; ~ *qd. all'altro* **mondo** to send s.o. to the next world; ~ *a* **monte** *qc.* to break off s.th.; ~ *a* **prendere** *qd.* (o *qc.*) to send for s.o. (*o* s.th.); ~ *in* **rovina** to let go to rack and ruin; (*fig.*) ~ *a* **spasso** *qd.* to get rid of s.o.; (*licenziarlo*) to fire (*o* sack) s.o.; ~ **via**: 1 to send away (*o* off); 2 (*cacciare*) to throw (*o* turn) out; 3 (*licenziare*) to fire, to sack.

mandarino[1] *m.* (*Stor.*) mandarin.

mandarino[2] *m.* (*Bot.*) mandarin orange, tangerine; satsuma.

mandata *f.* **1** lot, batch. **2** (*rif. a serratura*) turn (of the key). □ *chiudere a doppia* ~ to double-lock.

mandatario *m.* (*Dir.*) mandatory, agent.

mandato *m.* **1** (*ordine scritto*) (written) order, mandate. **2** (*Dir.*) warrant, writ: ~ *d'arresto* warrant of arrest. **3** (*incarico*) mandate, commission. **4** (*Pol.*) mandate. □ (*Dir.*) ~ *di* **cattura** warrant of arrest; ~ *di* **comparizione** summons (to appear); ~ *di* **pagamento** bank payment order; order of payment; ~ *di* **perquisizione** search warrant.

mandibola *f.* (*Anat.*) mandible, jaw.

mandolino *m.* (*Mus.*) mandolin.

mandorla *f.* (*Bot.*) **1** almond. **2** (*estens.*) (*seme di altri frutti*) kernel. □ *a* ~ almond-, almond-shaped: *occhi a* ~ almond-eyes.

mandorlo *m.* (*Bot.*) almond tree.

mandria *f.* **1** herd, drove: *una* ~ *di buoi* a herd of cattle. **2** (*spreg.*) (*rif. a persone*) herd, gang, crowd.

mandriano *m.* herdsman (*pl.* -men), (*am.*) cowboy.

mandrillo *m.* **1** (*Zool.*) mandrill. **2** (*fig.*) (*uomo libidinoso*) lecher.

maneggevole *a.* **1** handy, manageable, easy to handle. **2** (*fig.*) (*docile*) tractable, accommodating.

maneggiare *v.t.* **1** (*plasmare*) to mould, to work, to fashion: ~ *la creta* to mould clay. **2** (*tenere o muovere fra le mani*) to handle, to finger: *sa* ~ *il pennello* he knows how to handle a panter's brush. **3** (*adoperare*) to use, to handle, to wield. **4** (*fig.*) (*rif. a persone: guidare, governare*) to manage, to handle, to deal* with.

maneggio *m.* **1** handling, wielding, use: *il* ~ *delle armi* the use of arms. **2** (*intrigo*) intrigue, scheming. **3** (*Equitazione*) manège; (*il luogo ove si addestra il cavallo*) riding -ground.

manesco *a.* rough, free with one's fists.

manetta *f.* **1** (*Mecc.*) (hand) lever: ~ *del gas* throttle lever. **2** *pl.*, handcuffs *pl.* manacles *pl.*

manforte *f.*: *dare* (*o prestare*) ~ *a qd.* to back s.o. up, to give s.o. help (*o* support).

manganellare *v.t.* to club, to cudgel.

manganellata *f.* blow with a club.

manganello *m.* club, cudgel.

manganese *m.* (*Chim.*) manganese.

mangano *m.* mangle.

mangereccio *a.* edible.

mangiabile *a.* eatable.

mangiacassette *f.* cassette recorder.

mangianastri *m.* tape-recorder.

mangiare[1] *v.t.* **1** to eat*; (*voracemente*) to gobble (up, down), to gorge, to stuff; (*completamente*) to eat* up, to polish off, to get* through. **2** (*rif. ad animali: pungere*) to sting*, to bite*; (*rosicchiare*) to gnaw. **3** (*corrodere, consumare*) to eat* away (*o* into), to corrode. **4** (*fig.*) (*dissipare*) to squander, to waste. **5** (*rif. agli scacchi, alla dama e sim.*) to take*. **6** (*fig.*) (*guadagnare illecitamente*) to get* fat (*o* rich) on. □ ~ *con* **appetito** to tuck in; ~ *qd. di* **baci** to cover (*o* smother) s.o. with kisses; ~ *alla* **carta** to eat à la carte; **dar** *da* ~ *a qd.* to feed s.o.; (*fig.*) *mangiarsi il* **fegato** to fret and fume; (*fig.*) ~ *la* **foglia** to smell a rat; *mangiarsi le* **parole** to mumble; ~ *a* **sazietà** to eat one's fill; *mangiarsi le* **unghie** to bite one's nails.

mangiare[2] *m.* **1** eating. **2** (*cibo*) food; (*pasto*) meal; (*rif. ad animali*) food, fodder. **3** (*cucina*) cooking.

mangiata *f.* (*fam.*) hearty (*o* square) meal; (*scorpacciata*) good feed.

mangiatoia *f.* **1** manger, trough. **2** (*fig. scherz.*) (*fonte di guadagno*) gold-mine.

mangime *m.* **1** (*foraggio*) fodder, feed. **2** (*becchime*) bird-seed.

mangione *m.* (*fam.*) big (*o* heavy) eater, glutton.

mangiucchiare *v.t.* to nibble, to pick.

mango *m.* (*Bot.*) mango.

mangrovia *f.* (*Bot.*) mangrove.

mangusta *f.* (*Zool.*) mangoose.

mania *f.* **1** mania (*anche Psic.*). **2** (*fig.*) obsession, fixation, mania. □ ~ *di persecuzione* persecution complex.

maniaco I *a.* **1** (*Psic.*) maniac(al). **2** (*fig.*) (*fissato*) obsessed (*di* by), (*fam.*) crazy (about). **II** *s.m.* maniac (*anche fig.*).

manica *f.* **1** sleeve. **2** (*fig. spreg.*) (*gruppo di persone*) bunch, gang, (*fam.*) pack. □ *in maniche di* **camicia** in one's shirt-sleeves; ~ **corta** short sleeve; **essere** *nelle maniche di qd.* to be in s.o.'s good books (*o* grace); *essere di* ~ **larga** to be indulgent; *vestito con le maniche* **lunghe** long-sleeved dress; *è un altro* **paio** *di maniche* that's another kettle of fish; *vestito* **senza** *maniche* sleeveless dress; (*Aer.*) ~ *a* **vento** wind sock.

Manica *N.pr.f.* (*Geog.*) English Channel.

manicaretto *m.* delicacy, choice dish, dainty, titbit.

manichino *m.* **1** (*Sartoria*) tailor's dummy. **2** (*Arte*) manikin. □ *essere* (*o sembrare*) *un* ~ (*molto elegante*) to be (*o* look) very smart; (*rigido*) to be stiff.

manico *m.* **1** handle: ~ *dell'ombrello* umbrella handle; (*di martello, coltello e sim.*) handle, shaft; (*di frusta e sim.*) handle, stock, butt; (*di borsa e sim.*) grip. **2** (*di strumento musicale*) neck. □ ~ *di scopa* broomstick.

manicomio *m.* **1** lunatic asylum, mental hospital (*o* home). **2** (*fam. scherz.*) madhouse.

manicotto *m.* **1** (*Vest.*) muff. **2** (*Mecc.*) sleeve, coupling.

manicure *f./m.* **1** (*persona*) manicurist. **2** (*operazione*) manicure.

maniera *f.* **1** way, manner: ~ *di parlare* way of speaking; (*usanza*) manner, way, custom, usage. **2** (*modo di comportarsi, condotta*) way (of behaviour), manner. **3** *pl.* (*creanza*) manners *pl.* **4** (*Arte*) (*stile*) style; (*spreg.*) mannerism. □ **alla** ~ *di* (*nello stile di*) in the style (*o* manner) of, after the fashion of; *che* **belle** *maniere!* what manners!; *avere* **belle** *maniere* to be well-mannered; *con le* **buone** *maniere* with good manners; *con le* **cattive** *maniere* unpleasantly, roughly; (*Arte*) **di** ~ mannered; *in* **tal** ~ this way, like this, in such a way.

manierato *a.* **1** (*ricercato, affettato*) affected, artificial. **2** (*Arte*) mannered.

manierismo *m.* (*Arte*) mannerism.

manierista *m./f.* mannerist.

maniero *m.* (*Stor.*) manor-house.

manifattura *f.* **1** manufacture, manufacturing. **2** (*concr.*) manufactured article, manufacture. **3** (*stabilimento*) factory, works *pl.* (costr. sing. o pl.): ~ *tabacchi* tobacco factory.

manifatturiere *m.* factory worker (*o* hand); (*fabbricante*) manufacturer.

manifatturiero *a.* manufacturing.

manifestante *m./f.* demonstrator.

manifestare I *v.t.* **1** (*mostrare*) to show*, to display, to manifest. **2** (*esprimere*) to express, to evince: *non ha mai manifestato un interesse per l'ecologia* he never evinced any interest in ecology. **3** (*rivelare*) to reveal, to disclose. **II** *v.i.* to demonstrate, to take* part in a demonstration. **manifestarsi** *v.r.* to show* (*o* reveal) o.s.

manifestazione *f.* **1** display, show, manifestation: ~ *di gioia* display of joy. **2** (*sintomo, indizio*) sign, symptom, manifestation. **3** (*dimostrazione pubblica*) demonstration. **4** (*spettacolo pubblico*) display, show, entertainment; (*festival*) festival. □ ~ *sportiva* sports event (*o* meeting).

manifestino *m.* leaflet.

manifesto[1] *a.* (*palese*) evident, clear, (quite) apparent, manifest.

manifesto[2] *m.* **1** poster; bill, placard: *attaccare* (*i*) *manifesti* to post bills; (*avviso*) notice. **2** (*scritto ideologico*) manifesto.

maniglia *f.* **1** handle. **2** (*sostegno per passeggeri: nei veicoli*) strap, handhold.

manigoldo *m.* scoundrel, rascal, rogue.

manioca *f.* (*Bot.*) manioc(a).

manipolare *v.t.* **1** (*adulterare*) to adulterate, to doctor. **2** (*fig.*) to manipulate: *un abile politico sa come* ~ *i suoi sostenitori* a clever politician knows how to manipulate his supporters.

manipolazione *f.* **1** preparation, concoction. **2** (*adulterazione*) adulteration. **3** manipulation (*anche estens.*).

maniscalco *m.* farrier, blacksmith.

manna *f.* (*Bibl.*) manna (*anche fig.*). □ *quel denaro ci è piovuto come la* ~ *dal cielo* that money rained down on us like manna from heaven.

mannaia *f.* **1** (*grossa scure*) axe, chopper; (*del boia*) executioner's axe. **2** (*per la carne*) cleaver.

mannaro *a.*: *lupo* ~ werewolf.

mano *f.* **1** hand: *lavarsi le mani* to wash one's hands. **2** (*fig.*) (*stile, impronta*) hand, style, mark. **3** (*fig.*) (*potere*) hands *pl.*, hand, control: *avere in* ~ *la situazione* to have the situation under control. **4** (*strato: di vernice e sim.*) coat. **5** (*nei giochi di carte: giro*) hand; (*vantaggio di giocare per primo*) lead. **6** (*direzione*) side, direction, hand: *contro* ~ on the wrong side of the road. ▭ **a** ~ by hand, hand-: *cucire a* ~ to sew by hand; *mettere le mani* **addosso** *a qd.* to lay hands on s.o.; **alla** ~ (*affabile*) easy to get along with; *mani in* **alto**! hands up!; *a* ~ **armata** armed; (*fig.*) *mettere le mani* **avanti** to keep on the safe side, to safeguard o.s.; *far man* **bassa** (*rubare*) to make a clean sweep; **cadere** *nelle mani di qd.* to fall into s.o.'s hands (*o* clutches); **chiedere** *la* ~ *di una ragazza* to ask for a girl's hand; **dare** *la* ~ *a qd.* to shake hands with s.o.; (*fig.*) **dare** *una* ~ *a qd.* to lend s.o. a (helping) hand; (*in modo continuo*) to help s.o. out; ~ **destra** right hand; *la lettera* **è** *di sua* ~ the letter is in his (hand) writing; **farsi** *le mani* (*la manicure*) to do one's nails; (*fig.*) *mani di* **fata** fairy hands (*o* fingers); ~ **ferma** steady hand; (*fig.*) firm hand; (*fig.*) ~ *di* **ferro** *in guanto di velluto* iron hand in a velvet glove; *dare man* **forte** *a qd.* to support s.o., to back s.o. up; (*fig.*) *mettere la* ~ *sul* **fuoco** to stake one's life on s.th.; **fuori** (*di*) ~ out of the way, off the beaten track; **giù** *le mani!* hands off!; (*fig.*) **lavarsi** *le mani di qc.* to wash one's hands of s.th.; (*fig.*) *avere le mani* **legate** to have one's hands tied; *a* ~ **libera** free-hand-: *disegno a* ~ *libera* free -hand drawing; **man** ~ little by little, (*fam.*) bit by bit; **man** ~ *che* (*mentre*) while, as; (*come*) as; **metter** ~ *a qc.* to begin (*o* set one's hand to) s.th.; **mettere** *le mani su qc.* (o *qd.*) to get one's hands on s.th. (*o* s.o.); to lay one's hands on s.th. (*o* s.o.); **parlare** *con il cuore in* ~ to wear one's heart on one's sleeve; (*fig.*) *avere le mani in* **pasta** to have a finger in the pie; (*fig.*) *avere qc.* **per** *le mani* to have s.th. in hand; **prendere** *la* ~ (*rif. a persona: sottrarsi alla disciplina*) to get out of hand (*o* control): (*fig.*) *farsi* **prendere** *la* ~ *da qd.* to lose control over s.o.; **prendere** *per* ~ to take by the hand; *di* **prima** ~ first-hand-; *suonare a* **quattro** *mani* to play piano duets; *di* **seconda** ~ second-hand; ~ **sinistra** left hand; (*di*) **sotto** ~ underhand, secretly, on the sly; (*fig.*) **stare** *con le mani in* ~ not to lift a finger; *una* **stretta** *di* ~ a handshake; **stringere** *la* ~ *a qd.* to shake s.o.'s hand (*o* hands with s.o.); **tener** ~ *a qd.* (*essere complice*) to aid and abet s.o.; **tenere** *la* ~ (*procedere sul lato consentito*) to keep to the right side (of the road); **tenersi** *per* ~ to be holding hands; (*fig.*) **toccare** *con* ~ *qc.* to see s.th. with one's own eyes; **venire** *alle mani* to come to blows; *a mani* **vuote** empty-handed.

manodopera *f.* **1** labour, workers *pl.*, hands *pl.*, manpower. **2** (*costo del lavoro umano*) cost of labour. ▭ ~ **femminile** female labour; ~ **non** *qualificata* unskilled workers.

manometro *m.* manometer, pressure gauge.

manomettere *v.t.* **1** to tamper with, to break* (open) illegally. **2** (*fig.*) (*violare*) to violate, to infringe.

manomissione *f.* **1** tampering, illegal opening, breaking. **2** (*fig.*) (*violazione*) violation, infringement.

manopola *f.* **1** hand-grip, ball-grip; (*del manubrio*) handlebar grip. **2** (*di apparecchio radio e sim.*) knob. **3** (*tipo di guanto*) mitten.

manoscritto I *s.m.* manuscript. **II** *a.* hand -written, in manuscript.

manovalanza *f.* (manual) labourers *pl.*, unskilled workers *pl.*

manovella *f.* (*Mecc.*) crank, handle, winch. ▭ (*Cin.*) *dare il primo giro di* ~ to start shooting.

manovra *f.* **1** (*comando*) control, handling; (*guida*) steering, driving, manoeuvring. **2** (*fig.*) (*provvedimento, azione*) move, manoeuvre: *una* ~ *falsa* a false move. **3** *pl.* (*fig.*) (*intrighi*) schemes *pl.*, plots *pl.*, manoeuvres *pl.* **4** (*Aut., Mar.*) manoeuvre. **5** (*Ferr.*) shunting, marshalling, **6** *pl.* (*Mil.*) manoeuvres *pl.*: *grandi manovre* manoeuvres (*o* field pratice), drill.

manovrare I *v.t.* to handle, to control, to manage; (*guidare*) to steer, to drive*, to manoeuvre. **II** *v.i.* **1** to manoeuvre. **2** (*fig.*) to manoeuvre, to scheme, to plot.

manovratore *m.* **1** (*conducente: di tram e sim.*) driver, (*am.*) motorman (*pl.* –men); (*di macchine*) driver, operator, (*am.*) machinist. **2** (*Ferr.*) (*rif. a scambi*) signalman (*pl.* –men), shunter, switchman (*pl.* –men).

manrovescio *m.* backhander. ▭ *dare un* ~ *a qd.* to give s.o. a slap; to slap s.o.

mansarda *f.* **1** (*Edil.*) mansard, mansard-roof. **2** (*locale*) attic; (*di lusso*) penthouse, garret; (*finestra*) dormer (window), mansard window.

mansione *f.* duty, task, job, function. ▭ *mansioni* **direttive** executive duties; *mansioni* **impiegatizie** clerical duties.

mansueto *a.* **1** (*rif. ad animale*) tame, docile. **2** (*rif. a persona*) gentle, quiet, meek.

mansuetudine *f.* **1** mildness, docility, gentleness, meekness. **2** (*rif. ad animali*) tameness, docility.

mantella *f.* **1** cloak, mantle. **2** (*mantello militare o femminile*) cape.

mantellina *f.* cape.

mantello *m.* **1** cloak, mantle; (*cappotto*) coat, overcoat; (*cappotto militare*) greatcoat. **2** (*Moda*) (*soprabito femminile*) coat, manteau. **3** (*fig.*) mantle, blanket. **4** (*Zool.*) coat, fur; (*del cavallo*) coat.

mantenere *v.t.* **1** (*conservare*) to maintain, to keep*, to preserve: ~ *la disciplina* to keep discipline. **2** (*provvedere al sostentamento*) to support, to maintain. **3** (*difendere*) to hold*, to defend, to maintain: ~ *la posizione* to hold one's position. **4** (*persistere*) to maintain, to uphold*, to hold* by, to stick* to: ~ *la propria opinione* to maintain an opinion. **5** (*tener fede*) to keep*, to abide* by: ~ *la parola data* to keep one's word. **mantenersi** *v.r./i.pron.* **1** (*conservarsi*) to keep* (o.s.): *si mantiene giovane* he keeps young. **2** (*provvedere al proprio sostentamento*) to keep* o.s., to earn one's living.

mantenimento *m.* **1** maintenance, upkeep, preservation. **2** (*sostentamento*) support, maintenance. **3** (*manutenzione*) maintenance, upkeep, care. **4** (*Dir.*) (*alimenti*) maintenance, alimony.

mantenuta *f.* (*spreg.*) mistress, kept woman.

mantenuto *m.* gigolo.

mantice *m.* **1** bellows *pl.* (costr. sing.). **2** (*Aut.*) hood.

mantide *f.* (*Zool.*) mantis.

mantiglia *f.* mantilla.

manto *m.* **1** mantle, cloak (*anche fig.*). **2** (*fig.*) (*strato uniforme*) mantle, blanket: ~ *di neve* blanket of snow. **3** (*Zool.*) coat, fur; (*del cavallo*) coat. **4** (*Strad.*) surface, blanket.

Mantova *N.pr.f.* (*Geog.*) Mantua.

mantovana *f.* **1** (*Arch.*) bargeboard. **2** (*parte del tendaggio*) pelmet.

manuale[1] *a.* manual: *lavoro* ~ manual labour.

manuale[2] *m.* manual, handbook.

manualistico *a.* handbook (*attr.*).

manualità *f.* manual skill.

manubrio *m.* **1** handle. **2** (*nei veicoli*) handlebars *pl.*, handlebar: ~ *della bicicletta* (bicycle) handlebars. **3** (*Sport*) dumb-bell.

manufatto I *a.* manufactured. **II** *s.m.* manufactured article, manufacture.

manutenzione *f.* maintenance, upkeep; (*rif. a macchinari e sim.*) maintenance, servicing. ☐ (*Mecc.*) **eseguire** *la* ~ to service; *di* **facile** ~ easily maintained; **fermo** *per* ~ out of order; **lavori** *di* ~ maintenance work; (*Mecc.*) servicing; **spese** *di* ~ servicing expenses; ~ **stradale** road maintenance.

manzo *m.* **1** steer, bullock; (*giovenco*) young steer. **2** (*carne*) beef.

maoismo *m.* (*Pol.*) Maoism.

maoista *a./s.m./f.* Maoist.

Maometto *N.pr.m.* (*Stor.*) Mahomet, Mohammed.

mappa *f.* (*Geog.*) map.

mappamondo *m.* **1** (*planisfero*) map of the world, world map. **2** (*globo terrestre*) globe.

mar. = *marzo* March (Mar.).

marabù *m.* (*Zool.*) marabou.

marachella *f.* prank, trick.

maragià *m.* maharaja(h).

marameo *intz.*: *far* ~ to cock a snook.

marasca *f.* morello (cherry).

marasma *m.* **1** (*Med.*) marasmus; (*fig.*) (*decadenza*) decay, decline. **2** (*fig.*) chaos.

maratona *f.* (*Sport, fig.*) marathon.

maratoneta *m./f.* (*Sport*) marathoner.

marc' *intz.* (*Mil., Sport*) march: *avanti* ~*!* forward march!

marca *f.* **1** (*segno*) mark; (*marchio*) trademark. **2** (*ditta produttrice*) firm, company, trade-name; (*prodotto recante un marchio*) brand, make: *questa è la migliore* ~ *di tè* this is the best brand of tea. **3** (*bollo*) stamp. **4** (*scontrino, contromarca*) check, token. ☐ ~ *da* **bollo** revenue stamp; ~ **depositata** registered trade-mark; **di** ~ high (*o* good) quality, choice.

marcare *v.t.* **1** to mark, to stamp; (*a fuoco*) to brand. **2** (*segnare, registrare*) to keep* (*o* make* a) note of, to score up. **3** (*accentuare, rafforzare*) to accentuate, to emphasize. **4** (*Sport*) to mark, to cover; (*segnare*) to score (a goal). ☐ (*Mil.*) ~ *visita* to report sick.

marcatempo *m.* **1** (*addetto*) timekeeper. **2** (*Mecc.*) time stamp.

marcato *a.* (*accentuato*) marked, prominent.

marcatore *m.* **1** (*Industria*) marker. **2** (*Sport*) (*chi segna una rete*) scorer (of a goal); (*chi marca l'avversario*) marker. **3** (*Biol.*) marker.

marcatura *f.* **1** marking; branding. **2** (*Sport*) scoring.

marchesa *f.* marchioness; (*in Italia*) marchesa; (*in Francia*) marquise.

marchese *m.* marquis; (*in Italia*) marchese; (*in Francia*) marquis.

marchiare *v.t.* to mark; (*bollare: a timbro*) to stamp; (*a fuoco*) to brand (*anche fig.*).

marchiatura *f.* marking; (*a fuoco*) branding.

marchingegno *m.* (*fam.*) thingamabob, thingummy.

marchio *m.* **1** mark; (*bollo*) stamp; (*rif. ad animali*) brand. **2** (*strumento con cui s'imprime il segno*) marker; (*a fuoco*) branding-iron, brand. **3** (*fig.*) stigma, mark, brand. **4** (*Comm.*) brand, trade-mark. **5** (*su metalli preziosi*) hallmark. ☐ ~ *d'***autenticità** hallmark; ~ **depositato** registered trade-mark; ~ *di* **fabbrica** trade-mark; ~ *a* **fuoco** brand; ~ *di* **qualità** seal of quality.

marcia *f.* **1** march (*anche Mil., Mus.*). **2** (*funzionamento*) running, going, working: *mettere in* ~ *un'industria* to set an industry going. **3** (*Sport*) walking. **4** (*Mot.*) gear, speed. ☐ ~ **avanti** forward running (*o* movement); (*Mot.*) forward gear (*o* speed); **cambiamento** *di* ~ changing (*o* shifting) of gears; (*inversione*) reversing; (*Mil.*) ~ **forzata** forced march; ~ **indietro** reverse running; (*Mot.*) reverse (gear); *fare* ~ **indietro** (*Mot.*) to back up, to reverse; (*per uscire*) to back out; (*fig.*) to back out; **mettersi** *in* ~ to start off; (*a passo di marcia*) to march off; (*Mus.*) ~ **militare** military march; (*Mus.*) ~ **nuziale** wedding march; *a* **tempo** *di* ~ in march time.

marciapiede *m.* **1** pavement, (*am.*) sidewalk. **2** (*Ferr.*) platform. ☐ *battere il* ~ to walk the streets.

marciare *v.i.* **1** to march (*anche Mil.*). **2** (*fig. scherz.*) (*rigare diritto*) to behave, to toe the line. **3** (*fam.*) (*funzionare*) to run*, to work. **4** (*Sport*) to walk. ☐ (*fig.*) **far** ~ *qd.* to make

s.o. behave (*o* work); **tutto** *marcia nel verso giusto* everything takes its course.
marciatore *m.* **1** marcher. **2** (*Sport*) walker.
marcio I *a.* **1** rotten, (gone) bad, decayed: *frutta marcia* rotten (*o* bad) fruit. **2** (*fam.*) (*purulento*) festering, infected. **3** (*fig.*) (*corrotto*) corrupt, depraved. **II** *s.m.* **1** (*parte marcia*) rotten (*o* bad) part. **2** (*pus*) pus. **3** (*fig.*) (*corruzione*) corruption, depravity, rottenness. □ **avere** *torto* ~ to be absolutely wrong; **essere** *stufo* ~ *di* to be utterly fed up (with).
marcire *v.i.* **1** (*andare a male*) to go* bad (*o* off), to rot. **2** (*rif. a parti del corpo*) to fester, to suppurate. **3** (*fig.*) to waste (*o* pine) away, to rot: ~ *in prigione* to be rotting in a jail.
marciume *m.* **1** bad (*o* rotten) part; (*insieme di cose marce*) rottenness. **2** (*pus*) pus. **3** (*fig.*) corruption, rottenness, depravity.
marco *m.* (*unità monetaria*) mark.
Marco *N.pr.m.* Mark.
marconista *m.* radio (*o* wireless) operator.
mare *m.* **1** sea; (*luogo di villeggiatura*) seaside: *andare al* ~ to go to the seaside. **2** (*estens. fig.*) sea: *un* ~ *di dubbi* a sea of doubts. □ ~ **agitato** heavy (*o* rough) sea; **alto** ~ high sea; *essere in* **alto** ~ to be on the high sea(s); (*fig.*) to be all at sea; (*rif. a cosa*) to be far from completion; ~ **calmo** calm sea; ~ **corto** choppy sea; **frutti** *di* ~ seafood; (*fig.*) **gettare** *a* ~ *qc.* (*disfarsene*) to throw s.th. overboard (*o* out); ~ **grosso** very rough sea; *uomo* **in** ~*!* man overboard!; ~ **interno** inland sea; ~ **lungo** swell; **lupo** *di* ~ sea-dog; *avere il* **mal** *di* ~ to be seasick; **per** ~ by sea; **per** ~ *e per terra* by land and sea; (*fig.*) *cercare* **per** ~ *e per terra* to look everywhere (*o* high and low); **promettere** *mari e monti* to promise the earth; **uomo** *di* ~ seaman, sailor; **via** ~ by sea (*o* ship); (*Comm.*) *spedire* **via** ~ to ship.
marea *f.* **1** (*Geog.*) tide. **2** (*estens.*) (*massa liquida*) sea: ~ *di fango* sea of mud. **3** (*fig.*) (*grande quantità*) flood, sea. □ **alta** ~ high tide; **bassa** ~ low tide; ~ **crescente** flood tide; ~ **discendente** ebb tide.
mareggiata *f.* stormy sea; (*burrasca*) sea-storm.
maremoto *m.* (*Geog.*) seaquake.
maresciallo *m.* **1** (*sottufficiale*) warrant officer. **2** (*Mil.*) (*in Francia, Germania, ecc.*) marshal; (*feld-maresciallo*) field-marshal. **3** (*Stor.*) marshal.
maretta *f.* choppy (*o* short) sea. □ (*fig.*) *c'è* ~ it looks as if there's a storm brewing.
marezzare *v.t.* **1** (*Tessitura*) to water. **2** (*rif. a legno e sim.*) to vein; to marble.
margarina *f.* margarine.
margherita *f.* (*Bot.*) daisy.
Margherita *N.pr.f.* Margaret, (*vezz.*) Maggie.
marginale *a.* **1** marginal: *nota* ~ marginal note. **2** (*fig.*) (*secondario*) secondary, fringe, marginal.
marginare *v.t.* **1** to border, to edge; (*lasciare il margine*) to leave* a margin on (*o* down). **2** (*Tip.*) to (set* the) margin.
margine *m.* **1** margin, edge, border, brink: *il* ~ *del fosso* the edge of the ditch. **2** (*fig.*) (*eccedenza*) margin. **3** (*Tip., Econ.*) margin.
margotta *f.* (*Giardinaggio*) layer.
Maria *N.pr.f.* Marie, Mary.
marina *f.* **1** (*Mil.*) navy. **2** (*litorale*) shore, seashore; (*costa*) coast(-line). **3** (*Pitt.*) seascape. □ (*am.*) **Fanteria** *di* ~ Marine Corps *pl.*; ~ **mercantile** merchant navy; ~ **militare** navy.
marinaio *m.* **1** sailor, seaman (*pl.* –men) (*lett.*) mariner. **2** (*fig.*) (*esperto uomo di mare*) seaman, (*fam.*) sea-dog, (old) salt.
marinara *f.* (*Moda*) **1** (*abito*) sailor-suit. **2** (*cappello*) sailor-hat.
marinare *v.t.* (*Gastr.*) to marinate; to pickle. □ ~ *la scuola* to play truant, (*am.*) to play hooky.
marinaresco *a.* sailor-, sailor's. □ *vita marinaresca* seafaring life.
marinaro *a.* sea-, seafaring. □ (*Moda*) *alla marinara* (*di abito*) sailor-suit; (*di berretto*) sailor-hat.
marinata *f.* (*Gastr.*) marinade.
marineria *f.* navy, marine.
marino *a.* **1** sea-, marine: *mostro* ~ sea-monster; *flora marina* marine flora. **2** (*che riguarda la navigazione*) nautical, sea-, maritime: *carta marina* nautical chart.
mariolo *m.* **1** (*furfante*) rascal, rogue, scoundrel; (*ladruncolo*) petty thief, pilferer. **2** (*scherz.*) (*bambino irrequieto*) rascal, scamp.
marionetta *f.* **1** marionette, puppet. **2** (*fig.*) puppet.
maritare *v.t.* to give* in marriage, to marry. **maritarsi** *v.i.pron.* to get* married, to marry. □ *maritarsi bene* to make a good match.
maritata *f.* married woman.
marito *m.* husband. □ **avere** ~ to be married; **ragazza** *da* ~ girl of marriageable age.
marittimo I *a.* maritime, sea-, marine: *clima* ~ maritime climate. **II** *s.m.* sailor, seaman (*pl.* –men).
marmaglia *f.* mob, rabble, riff-raff.
marmellata *f.* jam; (*di agrumi*) marmalade.
marmista *m.* **1** (*artigiano*) marble-worker, marble-carver. **2** (*operaio*) marble-cutter.
marmitta *f.* **1** pot, kettle. **2** (*Mot.*) silencer, (*am.*) muffler. **3** (*Geol.*) pothole.
marmittone *m.* (*sl. mil.*) rookie.
marmo *m.* **1** marble. **2** (*Scultura*) marble (statue). **3** (*lastra*) marble slab. □ *di* ~: 1 marble-: *cava di* ~ marble quarry; 2 (*fig.*) (*duro, insensibile*) marble-, stony, hard; 3 (*freddo*) icy, frozen, cold.
marmocchio *m.* (*fam.*) kid, tot.
marmoreo *a.* marble: *una statua marmorea* a marble statue.
marmorizzare *v.t.* to marble, (*am.*) to marbleize.
marmotta *f.* **1** (*Zool.*) marmot; (*am.*) wood-

chuck, ground hog. **2** (*fig.*) (*poltrone*) lazy-bones, loafer; (*dormiglione*) sleepy-head.
marna *f.* (*Geol.*) marl.
marocchino *a./s. m.* Moroccan. □ *cuoio* ~ morocco.
Marocco *N.pr.m.* (*Geog.*) Morocco.
maroso *m.* billow, breaker.
marrone **I** *s.m.* **1** (*Bot.*) chestnut. **2** (*colore castano*) chestnut-brown. **II** *a.* brown; (*castano*) chestnut.
marsigliese *f.* (*inno francese*) Marseillaise.
marsina *f.* (*abito*) tail-coat, (*fam.*) tails *pl.*
marsupiale *a.* (*Zool.*) marsupial.
marsupio *m.* (*Zool.*) marsupium.
mart. = *martedì* Tuesday.
Marta *N.pr.f.* Martha.
Marte *N.pr.m.* (*Astr.*) Mars. □ *campo di* ~ parade ground.
martedì *m.* Tuesday. □ ~ *grasso* Shrove Tuesday.
martellamento *m.* **1** hammering, pounding, thumping (*anche fig.*). **2** (*pulsazione*) throbbing.
martellare **I** *v.t.* **1** to hammer; (*battere, colpire*) to pound, to thump, to strike*. **2** (*fig.*) (*colpire ripetutamente*) to hammer, to beat*, to hail, to shower: ~ *qd. di calci* to shower kicks on s.o. **II** *v.i.* **1** to hammer. **2** (*pulsare*) to throb: *le tempie gli martellavano* his temples were throbbing; (*rif. al cuore*) to hammer, (*fam.*) to thump.
martellata *f.* **1** hammer-blow. **2** (*fig.*) heavy blow.
martelletto *m.* **1** small (*o* light) hammer; (*di presidente d'assemblea e sim.*) gavel, mallet. **2** (*di pianoforte*) hammer. **3** (*di macchina per scrivere*) type-bar. **4** (*Med.*) percussion hammer.
martellio *m.* **1** (continuous) hammering. **2** (*estens.*) (*pulsazione dolorosa*) throbbing.
martello *m.* **1** hammer (*anche Sport*) **2** (*Anat., Chir.*) malleus, hammer. □ **colpo** *di* ~ hammer blow; ~ *di* **legno** mallet; (*Zool.*) **pesce** ~ hammer head; ~ **pneumatico** pneumatic (*o* jack) hammer; ~ *da* **roccia** piton hammer; **suonare** *a* ~ to ring the tocsin (*o* alarm-bell).
martinello, martinetto *m.* (*Mecc.*) jack. □ *alzare con il* ~ to jack up.
martingala *f.* **1** half-belt. **2** (*rif. a cavalli*) martingale.
Martino *N.pr.m.* Martin. □ *estate di San* ~ Indian summer.
martin pescatore *m.* (*Zool.*) kingfisher.
martire *m./f.* martyr (*anche fig.*).
martirio *m.* **1** martyrdom. **2** (*fig.*) agony, torture.
martirizzare *v.t.* **1** to martyr(ize). **2** (*fig.*) to torture, to torment.
martora *f.* (*Zool.*) marten.
martoriare *v.t.* (*tormentare*) to torment, to torture.
marxismo *m.* Marxism.
marxista *a./s.m./f.* Marxist.
marzapane *m.* (*Gastr.*) marzipan.
marziale *a.* martial: *legge* ~ martial law.
marziano *a./s.m.* Martian.
marzo *m.* March.
mas *m.* (*Mar. mil.*) motor torpedo-boat (M.T.B.).
mascalzonata *f.* rascally trick, nasty trick.
mascalzone *m.* scoundrel, rascal, rogue.
mascara *m.* (*Cosmetica*) mascara.
mascella *f.* (*Anat., Zool.*) jaw, jaw-bone.
mascellare **I** *a.* (*Anat.*) jaw-. **II** *s.m.* jaw-bone.
maschera *f.* **1** mask. **2** (*travestimento*) disguise; (*per andare a un ballo, ecc.*) fancy dress. **3** (*persona mascherata*) masquerader, masker. **4** (*calco funebre*) death mask. **5** (*Teat., Cin.*) (*inserviente*) usher; (*donna*) usherette. **6** (*Teat.*) mask-character. □ ~ **antigas** gas-mask; **ballo** *in* ~ masked ball; (*Cosmetica*) ~ *di* **bellezza** face-pack; (*fig.*) **gettare** *la* ~ to drop one's mask; ~ **subacquea** diving (*o* underwater) mask.
mascherare *v.t.* **1** to mask, to put* a mask on; (*per andare a un ballo, ecc.*) to dress up, to put* on a fancy dress. **2** (*coprire, nascondere*) to hide*, to conceal. **3** (*fig.*) (*dissimulare*) to disguise, to mask, to hide*. **4** (*Mil.*) to camouflage. **mascherarsi** *v.r.* to wear* (*o* put* on) a mask, to masquerade; (*a un ballo, ecc.*) to dress up, to wear* (*o* put* on) a fancy dress.
mascherata *f.* masquerade (*anche fig.*).
mascherato *a.* **1** masked: *ballo* ~ masked ball; (*a un ballo, ecc.*) in fancy dress, dressed up; **2** (*nascosto*) hidden, concealed. **3** (*Mil.*) camouflaged.
mascherina *f.* **1** (*mezza maschera*) domino, half mask. **2** (*donna mascherata*) masquerader, girl in fancy dress; (*bambino mascherato*) child in fancy dress. **3** (*di scarpe*) toe-cap. **4** (*Aut.*) grille.
mascherone *m.* **1** (*Arch.*) mask, mascaron. **2** (*estens.*) grotesque face.
maschiaccio *m.* **1** wild (*o* rough) boy. **2** (*scherz.*) (*rif. a ragazza*) tomboy, hoyden.
maschietta *f.*: *capelli alla maschietta* bobbed hair.
maschile **I** *a.* **1** male, masculine, man's. **2** (*per uomini*) men's, man's; (*per ragazzi*) boy's: *collegio* ~ boy's college. **3** (*virile*) manly, virile. **4** (*Gramm.*) masculine. **II** *s.m.* (*Gramm.*) masculine (gender).
maschio[1] **I** *s.m.* **1** (*ragazzo*) boy, male: (*uomo*) man, male; (*figlio*) son, boy. **2** (*rif. ad animali*) male. **3** (*Mecc.*) male; (*per filettare le viti*) (screw) tap. **II** *a.* **1** male, masculine. **2** (*virile*) virile, manly; (*fam.*) macho.
maschio[2] *m.* (*Medioevo*) donjon, keep.
mascolinità *f.* masculinity; (*iron.*) machismo.
mascolinizzare *v.t.* to masculinize. **mascolinizzarsi** *v.i.pron.* to become* masculine.
mascolino *a.* masculine, man's, male, man-like; (*rif. a donna*) mannish: *veste in modo*

~ she has a mannish style of dress.
mascotte *fr.* [ma'skɔt] *f.* mascot.
masnada *f.* band, gang, set.
masochismo *m.* masochism.
masochista *m./f.* masochist.
massa *f.* **1** mass: ~ *di fango* mass of mud. **2** (*grande quantità*) heap, lot, lots *pl.*, mass, load; (*rif. a persone*) mass, crowd, multitude, host. **3** (*spreg.*) (*masnada*) gang, bunch, set. **4** (*Fis.*) mass. **5** (*El.*) (*terra*) earth, (*am.*) ground. **6** (*Dir.*) (*fondi*) assets *pl.* □ (*El.*) **a** ~ earthed, (*am.*) grounded; (*Econ.*) ~ **attiva** *nel fallimento* bankruptcy assets; (*Econ.*) ~ **debitoria** contributory values; **in** ~: 1 en masse, mass-: *adunata in* ~ mass meeting; 2 (*in blocco*) in a body, all together, as a whole; 3 (*Comm.*) in (*o* by) bulk; *masse* **lavoratrici** working masses; **mezzi** *di comunicazione di* ~ mass media.
massacrante *a.* (*estenuante*) exhausting.
massacrare *v.t.* **1** to massacre, to slaughter, to butcher. **2** (*iperb.*) (*picchiare*) to beat* up, (*fam.*) to slaughter. **3** (*fig.*) (*rovinare*) to ruin, to spoil*.
massacro *m.* **1** massacre, slaughter, butchery. **2** (*fig.*) (*scempio*) havoc. **3** (*fig.*) (*rif. a cosa mal fatta*) disgrace, mess.
massaggiare *v.t.* to massage.
massaggiatore *m.* **1** masseur. **2** (*apparecchio*) massager.
massaggiatrice *f.* masseuse.
massaggio *m.* massage.
massaia *f.* housewife.
masseria *f.* farm; (*casa colonica*) farm-house.
masserizia *f.* furniture and fittings *pl.*, household goods *pl.*
massicciata *f.* **1** (*Strad.*) roadbed. **2** (*Ferr.*) ballast.
massiccio I *a.* **1** solid, massive: *oro* ~ solid gold. **2** (*tozzo, pesante*) massive, bulky. **3** (*rif. a corporatura*) massive, stout, (*fam.*) hefty. **II** *s.m.* (*Geog.*) massif.
massificare *v.t.* to standardize.
massima *f.* **1** (*sentenza*) maxim, saying. **2** (*principio*) principle, maxim; (*precetto*) precept; (*norma*) rule, norm. **3** (*Meteor.*) maximum (temperature). □ **accordo** *di* ~ informal agreement; **in** *linea di* ~ generally (speaking); (*nel complesso*) on the whole.
massimale I *a.* maximal, maximum. **II** *s.m.* **1** (*limite massimo*) maximum, limit, ceiling, top. **2** (*Assicurazioni*) maximum sum insurable.
Massimiliano *N.pr.m.* Maximilian.
massimo I *a. superl. di* **grande 1** maximum, greatest, most: *con la massima cura* with the greatest care. **2** (*il più alto*) highest, top, peak-; (*il più lungo*) longest. **II** *s.m.* **1** most, utmost, maximum, top, peak: *questo è il* ~ *che posso fare* this is the most I can do. **2** (*limite*) limit, end. **3** (*Meteor.*) maximum (*o* highest) temperature. **4** (*Mat., tecn.*) maximum. □ **al** ~ (*tutt'al più*) at (the) most; (*moltissimo*) very much; (*Sport*) **peso** ~ heavy-weight; (*Sport*) **tempo** ~ time limit.
masso *m.* boulder, rock.
massone *m.* Freemason, mason.
massoneria *f.* Freemasonry.
mastello *m.* tub, vat.
masticare *v.t.* **1** to chew, to masticate; (*facendo rumore*) to cranch, to munch. **2** (*fig.*) (*borbottare*) to mutter, to mumble. **3** (*fam.*) (*parlare stentatamente una lingua*) to speak* a smattering of.
masticazione *f.* chewing, mastication.
mastice *m.* mastic; (*per tubazioni, vetri e sim.*) putty.
mastino *m.* (*Zool.*) mastiff.
mastodonte *m.* mastodon.
mastodontico *a.* colossal, gigantic, huge.
mastoidite *f.* (*Med.*) mastoiditis.
mastro *m.* **1** master. **2** (*Comm.*) ledger; book of final entry.
masturbarsi *v.r.* to masturbate.
masturbazione *f.* masturbation.
matassa *f.* hank, skein. □ **dipanare** *una* ~ to unravel a skein; (*fig.*) to unrevel a situation; (*fig.*) **imbrogliare** *la* ~ to make things more muddled.
matematica *f.* mathematics *pl.* (costr. sing.), (*fam.*) maths *pl.* (costr. sing.): ~ *attuariale* actuarial mathematics.
matematico I *a.* mathematical (*anche estens.*). **II** *s.m.* mathematician.
materassaio *m.* mattress-maker.
materassino *m.* mattress: ~ *pneumatico* inflatable mattress, airbed.
materasso *m.* mattress. □ ~ *di* **crine** hair mattress; ~ *di* **lana** wool mattress; ~ *a* **molle** (inner-)spring mattress.
materia *f.* **1** matter. **2** (*sostanza*) substance; (*materiale*) material. **3** (*argomento*) subject matter, theme; topic. **4** (*disciplina, campo di attività*) subject, field. **5** (*fam.*) (*pus*) matter, pus. **6** (*Filos., Fis.*) matter. **7** (*occasione, motivo*) grounds *pl.*, cause, reason. □ (*Scol., Univ.*) ~ **complementare** subsidiary (*o* minor) subject; ~ *d'***esame** examination subject; (*Anat.*) ~ **grigia** grey matter (*anche fig.*); **in** ~ on (*o* in, about) the subject, on the matter; ~ *d'***insegnamento** subject; ~ **obbligatoria** compulsory subject; ~ **prima** raw material.
materiale I *a.* **1** material: *danni materiali* material damage. **2** (*reale, effettivo*: *traduzione idiomatica*): *sono nell'impossibilità* ~ *di aiutarti* I simply cannot help you. **3** (*rif. a persona, azione: rozzo, grossolano*) coarse, crude, rough, rude; (*rif. a cosa*) massive, heavy, bulky. **II** *s.m.* **1** material, stuff. **2** (*attrezzatura*) equipment, supplies *pl.*, materials *pl.*
materialismo *m.* (*Filos.*) materialism.
materialista *m./f.* materialist.
materialistico *a.* materialistic.
materializzare *v.t.*, **materializzarsi** *v.r.* to materialize (*anche fig.*).
materialmente *avv.* **1** materially. **2** (*effettiva-

mente) physically, really, simply, quite (*spesso non si traduce*).

maternità *f.* **1** motherhood, maternity. **2** (*ospedale*) maternity hospital; (*clinica*) maternity home; (*reparto*) maternity ward. □ *congedo per* ~ maternity leave.

materno *a.* maternal, mother's, mother-, motherly; *sentimenti materni* maternal feelings. □ *scuola* ~ nursery school.

matita *f.* pencil; (*a pastello*) crayon, pastel. □ ~ **copiativa** indelible pencil; **disegnare** *a* ~ to draw in pencil.

matriarcale *a.* matriarchal.

matriarcato *m.* matriarchy.

matrice *f.* **1** (*Tip.*) matrix, mould. **2** (*modulo, madre*) counterfoil, stub. **3** (*Mat.*) matrix.

matricida *m./f.* matricide.

matricidio *m.* matricide.

matricola *f.* **1** (*registro*) register, roll, list (of members). **2** (*numero*) registration (*o* serial) number. **3** (*Univ., am.*) freshman (*pl.* –men); fresher.

matricolato *a.* (*scherz. spreg.*) out-and-out, downright, arrant; (*riconosciuto da tutti*) notorious.

matrigna *f.* stepmother.

matrimoniale *a.* matrimonial, marriage-, marital. □ *camera* ~ double room.

matrimonio *m.* **1** marriage, matrimony. **2** (*durata*) marriage, married life. **3** (*rito nuziale*) wedding: ~ *civile* civil (*o* registry office) wedding. □ ~ *d'***amore** love match; ~ **religioso** church wedding; **unire** *in* ~ to join in wedlock, to marry; **unirsi** *in* ~ to get married.

matrona *f.* **1** matron. **2** (*fig. scherz.*) matronly woman.

matronale *a.* matronly, matron-like.

matroneo *m.* (*Arch.*) women's gallery.

matta *f.* (*nelle carte*) joker.

mattacchione *m.* wag, joker, jester, (*fam.*) card.

mattana *f.* **1** (*fam.*) fit of temper, bad mood (*o* temper). **2** (*capriccio*) whim, caprice.

mattatoio *m.* slaughter-house, abattoir.

mattatore *m.* (*Teat.*) showman (*pl.* –men) (*anche estens.*).

Matteo *N.pr.m.* Matthew.

matterello *m.* rolling-pin.

mattina *f.* morning. □ *l'***altra** ~ the other morning; **dalla** ~ *alla sera* from morning till night; **di** ~ in the morning; **domani** ~ tomorrow morning; **ieri** ~ yesterday morning; *la* (o *di*) ~ **presto** early in the morning.

mattinata *f.* **1** morning. **2** (*spettacolo di pomeriggio*) matinée, afternoon performance.

mattiniero *a.* early-rising, (*pred.*) up early.

mattino *m.* morning (*anche estens.*).

matto[1] **I** *a.* **1** (*pazzo*) mad, crazy, insane. **2** (*estens.*) (*bizzarro*) eccentric, odd, mad, (*fam.*) crazy, bananas. **3** (*fig.*) (*rif. a persona: eccitato*) mad, wild, beside o.s., (*fam.*) crazy. **4** (*fam.*) (*grande, enorme*) great, extreme, enormous (*traduzione spesso idiomatica*): *volere un bene* ~ *a qd.* to be crazy about s.o. **5** (*falso*) false, imitation, costume, artificial: *gioielli matti* costume jewelry. **6** (*tecn.*) (*opaco*) mat(t), dull, dead: *oro* ~ dead (*o* dull) gold. **II** *s.m.* **1** madman (*pl.* –men), lunatic, insane person. **2** (*estens.*) (*persona bizzarra*) eccentric, wild person, (*am. fam.*) oddball. □ (*fig.*) **andar** ~ *per qc.* (o *qd.*) (*fam.*) to be mad (*o* crazy *o* wild) about s.th. (*o* s.o.); *c'è da* **diventare** *matti* it is enough to drive one crazy; *far* **diventare** ~ *qd.* to drive s.o. mad (*o* out of his wits); **fossi** ~*!* do you think I'm crazy!; *essere* ~ *da* **legare** to be raving mad; *è* **roba** *da matti* it's sheer madness.

matto[2] *a.*: *scacco* ~ check mate. □ *dare scacco* ~ *a qd.* to checkmate s.o.; (*fig.*) to defeat s.o.

mattone *m.* **1** brick. **2** (*fig.*) (*rif. a persona*) bore; (*rif. a cosa*) bore, drag. □ ~ *forato* airbrick.

mattonella *f.* **1** (*Edil.*) (paving) tile. **2** (*Strad.*) block. **3** (*di polvere di carbone*) briquette.

mattutino **I** *a.* morning-: *visita mattutina* morning visit. **II** *s.m.* (*Lit.*) matins *pl.* (costr. sing. o pl.).

maturare **I** *v.i.* **1** to ripen, to grow* ripe, to mature. **2** (*Med.*) to maturate, to come* to a head. **3** (*Econ.*) to mature, to accrue. **II** *v.t.* **1** to ripen, to mature. **2** (*fig.*) to mature. **maturarsi** *v.i.pron.* to ripen, to become* ripe, to mature, to come* to maturity.

maturazione *f.* **1** ripening, maturing. **2** (*Med.*) maturation.

maturità *f.* **1** maturity, ripeness. **2** (*fig.*) maturity. **3** (*Scol.*) (*esame di maturità*) (*GB*) examination for Advanced-level General Certificate of Education (A-level GCE); (*USA*) graduation.

maturo *a.* **1** ripe, mellow, mature: *uva matura* ripe grapes. **2** (*stagionato*) seasoned, matured. **3** (*adulto*) mature; (*di mezza età*) middle-aged. **4** (*fig.*) mature. **5** (*Scol.*) (*GB*) who passed one's A-levels; (*USA*) graduated. **6** (*Econ.*) mature, accrued.

matusa *m.* (*gerg.*) (*vecchio*) old fogey.

Maurizio *N.pr.m.* Maurice.

mausoleo *m.* mausoleum.

max = *massimo* maximum.

mazza *f.* **1** cudgel, bludgeon, club. **2** (*bastone di comando*) mace, baton. **3** (*nel golf*) club; (*nel baseball, cricket*) bat; (*nell'hockey*) stick. **4** (*Mecc.*) (*pesante martello*) maul, sledgehammer; (*di legno*) mallet. **5** (*da passeggio*) walking-stick.

mazzata *f.* **1** sledge-hammer blow. **2** (*fig.*) (heavy) blow, (dreadful) shock.

mazzetta *f.* **1** (*di banconote, fogli*) wad, bundle. **2** (*bustarella*) bribe.

mazzo *m.* **1** bunch, bundle: *un* ~ *di chiavi* a bunch of keys; (*di fiori*) bunch. **2** (*di carte da gioco*) pack.

mazzolino *m.* (*di fiori*) nosegay, posy.

mazzuolo *m.* **1** mallet; (*da scalpellino*) stonemason's hammer; (*da falegname*) wooden (*o* carpenter's) mallet. **2** (*per la grancassa*) drumstick.

mc = *metro cubo* cubic metre.

Md = (*Chim.*) *mendelevio* mendelevium.

me *pron.pers.* **1** (*compl. oggetto e indiretto*) me: *chiami ~?* are you calling me?; *~ lo hai già detto* you have already told me; *si è scordato di ~* he has forgotten about me. **2** (*soggetto: in espressioni esclamative*) me: *misero ~!* poor me!; (*in forme comparative*) I, (*fam.*) me: *sei bravo quanto ~* you are as good as I (am). ▭ **da ~** (*da solo*) (by) myself, (all) alone; **fra ~ e ~** to myself; **quanto a ~** as for me, as far as I am concerned.

meandro *m.* **1** (*Geog.*) meander. **2** *pl.* (*fig.*) meander, meandering.

MEC = *Mercato Comune Europeo* European Common Market.

meccanica *f.* **1** (*Fis.*) mechanics *pl.* (costr. sing. o pl.). **2** (*meccanismo*) mechanism.

meccanicità *f.* mechanicalness.

meccanico I *a.* mechanical (*anche fig.*): *gesto ~* mechanical gesture. **II** *s.m.* mechanic, mechanician; (*montatore*) fitter.

meccanismo *m.* **1** mechanism, works *pl.*; (*congegno*) mechanism, machinery, gear; (*funzionamento*) working, mechanics *pl.* (costr. sing. *o* pl.). **2** (*fig.*) mechanism, mechanics *pl.* (costr. sing. *o* pl.).

meccanizzare *v.t.* to mechanize. **meccanizzarsi** *v.i.pron.* to become* mechanized.

meccanizzato *a.* **1** mechanized. **2** (*motorizzato*) motorized.

meccanizzazione *f.* mechanization.

meccano *m.* (*giocattolo*) meccano.

meccanografia *f.* machine accounting.

meccanografico *a.* data processing-: *centro ~* data processing centre.

mecenate *m.* (*fig.*) patron.

mecenatismo *m.* patronage.

medaglia *f.* **1** medal. **2** (*rif. a persona: decorato*) medallist. **3** (*distintivo*) badge, token.

medagliere *m.* collection of medals; (*mobile*) medal show-case.

medaglietta *f.* small medal, medal(l)et.

medaglione *m.* **1** medallion (*anche Arch., Numismatica*). **2** (*Oreficeria*) locket.

medesimo I *a.* **1** (*stesso*) same, identical: *abitiamo al ~ piano* we live on the same floor. **2** (*uguale*) same, (*attr.*) like; *sono della medesima statura* they are the same height. **3** (*con pronomi personali*) -self: *verrò io ~* I shall come myself. **4** (*in persona*) itself, personified. **II** *pron.* same (person): *è il ~ che ho incontrato ieri* he is the same person I met yesterday.

media *f.* **1** (*valore medio*) average. **2** (*Mat.*) mean: *~ aritmetica* arithmetic mean. **3** (*Scol.*) (*voto medio*) (end-of-term) average. **4** (*Scol.*) (*scuola media*) secondary school, (*am.*) high school. ▭ **fare** *una ~ di qc.* to average s.th: *abbiamo fatto una ~ di cento chilometri all'ora* we averaged a hundred kilometres an hour; **in ~** on an average; **~ oraria** average per hour, hourly average.

mediana *f.* **1** (*Geom.*) median (line). **2** (*Statistica*) median. **3** (*Sport*) halfway line, centre line.

mediano I *a.* median, medial, middle. **II** *s.m.* (*Sport*) half-back; (*nel rugby*) back. ▭ (*Mar.*) **albero ~** main mast; (*Sport*) **centro ~** centre-half; **~ destro** light-half.

mediante *prep.* (*per mezzo di: rif. a cosa*) through, by (means of); (*rif. a persona*) through; (*con l'aiuto di*) with the help of.

mediare *v.i.* (*fare da mediatore*) to act as mediator.

mediatore I *s.m.* **1** mediator, intermediary. **2** (*sensale*) middleman (*pl.* –men), (*fam.*) go-between. **3** (*Comm.*) broker. **II** *a.* mediating.

mediazione *f.* **1** mediation. **2** (*Comm.*) brokerage. **3** (*compenso*) brokerage, (broker's) commission.

medicamento *m.* medicament, medicine.

medicamentoso *a.* medicinal.

medicare *v.t.* to treat, to medicate, (*fam.*) to doctor; (*rif. a ferita*) to dress. **medicarsi** *v.r.* to medicate o.s., to doctor o.s.

medicazione *f.* (*rif. a ferite*) dressing.

medicina *f.* **1** medicine. **2** (*professione di medico*) medicine, medical profession. **3** (*preparato*) (patent) medicine, (*am.*) drug. **4** (*fig.*) (*rimedio*) remedy, cure, medicine. ▭ **dottore** *in ~* doctor of medicine; *~ del* **lavoro** industrial medicine; **~ legale** forensic medicine; **~ preventiva** preventive medicine.

medicinale I *a.* medicinal, curative. **II** *s.m.* medicine, (*am.*) drug.

medico I *s.m.* doctor (of medicine), physician. **II** *a.* medical: *visita medica* medical examination. ▭ *~ di* **base** panel doctor; **~ chirurgo** surgeon; **~ condotto** (local) medical officer; **~ curante** doctor in charge (of a case); **~ fiscale** company doctor; **~ generico** general practitioner; **~ legale** police doctor, (*am.*) medical examiner.

medievale *a.* medi(a)eval, of the Middle Ages.

medio I *a.* **1** middle-, medium: *statura media* medium height. **2** (*estens.*) middling, average: *di media intelligenza* of average intelligence; *temperatura media* average temperature. **3** (*Mat.*) mean. **4** (*Scol.*) secondary, (*am.*) high-; (*medio inferiore*) intermediate, middle-, (*am.*) junior high-. **II** *s.m.* **1** (*dito medio*) middle finger. **2** *pl.* (*Mat.*) mean (term).

mediocre I *a.* mediocre, middling, poor, average. **II** *s.m./f.* mediocre person, mediocrity.

mediocrità *f.* mediocrity.

medioevo *m.* Middle Ages *pl.*

medioleggero I *a.* (*Sport*) welter-: *peso ~* welter-weight. **II** *s.m.* welter-weight.

mediomassimo I *a.* (*Sport*) light heavy-. **II** *s.m.* light heavy-weight.

mediorientale *a.* Middle Eastern.

meditabondo *a.* meditative; pensive.
meditare I *v.t.* **1** to ponder (upon), to meditate (on). **2** (*progettare*) to plan, to think* out: ~ *la fuga* to plan an escape. **3** (*avere in mente*) to intend, to think* of, to meditate. **II** *v.i.* to meditate (*su, intorno* on), to ponder (upon), to muse.
meditativo *a.* meditative.
meditato *a.* meditated, thought out (*o* over).
meditazione *f.* **1** meditation. **2** (*riflessione*) reflection, consideration.
mediterraneo *a.* Mediterranean.
Mediterraneo, Mar *N.pr.m.* (*Geog.*) Mediterranean Sea.
medusa *f.* (*Zool.*) jellyfish.
mefistofelico *a.* mephistophelean (*anche fig.*).
mefitico *a.* pestilential, mephitic(al).
megafono *m.* megaphone.
megalite *m.* megalith.
megalitico *a.* megalithic.
megalomane I *a.* megalomaniac(al). **II** *s.m./f.* megalomaniac.
megalomania *f.* megalomania.
megera *f.* (*fig.*) vixen, shrew, hag. □ *è una vecchia megera* she is a real old trout.
meglio I *avv. comp. di* **bene** **1** better: *questa macchina va* ~ this car is running (*o* working) better. **2** (*di più*) better, more: *è pagato* ~ *di me* he is better paid (*o* paid more) than I am. **3** (*piuttosto*) rather, better, (*fam.*) sooner: ~ *la morte che la schiavitù* better death than slavery, death rather than slavery. **4** (*con senso superlativo*) best: *è quello che lavora* ~ he is the one who works best; (*si traduce spesso con il sup. dell'agg. che segue*): *i ragazzi* ~ *educati* the politest (*o* most polite) boys. **II** *avv. sup. di* **bene** best. **III** *a.* **1** (*migliore*) better: *il mio lavoro è* ~ *del tuo* my work is better than yours. **2** (*preferibile*) better, preferable. **IV** *s.m./f.* best (thing); (*la parte migliore*) the best part; (*il massimo*) the very best: *il* ~ *che possiate trovare in questo negozio* the very best you can find in this shop. □ **alla** ~ (*in qualche modo*) somehow or other; **andare** ~ (*procedere meglio*) to go (*o* get) better, to be (doing) better; (*rif. alla salute*) to feel (*o* be) better; **avere** *la* ~ to have (*o* get) the better, to come off better; *alla* **bell***'e* ~ somehow or other; **cambiare** *in* ~ to change for the better; *vorrei qc.* **di** ~ I should like s.th. better; *non chiedo* **di** ~ I couldn't ask for (anything) better; **fare** *del* (*o il*) *proprio* ~ to do one's best (*o* utmost); **faresti** ~ *ad andartene* you had better leave; **per** *il* ~ (*nel modo migliore*) for the best; *il* ~ **possibile** the (*o* as) best one can, to the best of one's ability; **tanto** ~ so much the better.
mela *f.* (*Bot.*) apple: *mele cotte* stewed apples. □ **crostata** *di mele all'inglese* apple pie; ~ **renetta** rennet; ~ **ruggine** russet.
melagrana *f.* (*Bot.*) pomegranate.
melanina *f.* (*Biol.*) melanin.
melanzana *f.* (*Bot.*) egg-plant, aubergine.
melassa *f.* treacle, molasses *pl.* (costr. sing.).
melensaggine *f.* **1** dullness, doltishness. **2** (*concr.*) nonsense.
melenso I *a.* dull, doltish, (*fam.*) dopey; (*stolido*) stolid. **II** *s.m.* simpleton.
mellifluo *a.* mawkish, saccharine; (*fam.*) sugary.
melma *f.* **1** slime; (*fango*) mud. **2** (*fig.*) dirt, filth, smut.
melmoso *a.* slimy; (*fangoso*) muddy, miry.
melo *m.* (*Bot.*) apple tree.
melodia *f.* **1** (*Mus.*) melody, melodiousness. **2** (*aria*) melody, tune, air.
melodico *a.* melodious, melodic.
melodioso *a.* melodious (*anche fig.*).
melodramma *m.* **1** opera. **2** (*fig. spreg.*) melodrama.
melodrammatico *a.* **1** operatic. **2** (*fig. spreg.*) melodramatic(al).
melone *m.* (*Bot.*) melon.
membrana *f.* **1** (*Anat., Biol.*) membrane. **2** (*Mecc.*) diaphragm; (*lamina sottile*) membrane, film. □ ~ *cellulare* cell wall.
membranoso *a.* membranous.
membratura *f.* **1** (*Anat.*) frame. **2** (*Arch.*) frame, framework.
membro *m.* **1** (*Anat.*) limb. **2** (*fig.*) (*persona*) member. **3** (*Gramm., Mat., Arch.*) member. □ ~ *a* **vita** life-member; ~ **virile** penis.
memorabile *a.* memorable, unforgettable.
memorandum *m.* **1** memorandum; (*fam.*) memo. **2** (*libretto di appunti*) memorandum (*o* note) book.
memore *a.* (*lett.*) **1** mindful (*di* of). **2** (*grato*) grateful (*di* for).
memoria *f.* **1** memory. **2** (*cimelio*) relic; (*oggetto ricordo*) souvenir, keepsake, memento. **3** *pl.* (*Lett.*) memoirs *pl.* **4** (*Inform.*) memory store, storage. □ **a** ~ by heart: *imparare a* ~ to learn by heart; **alla** ~ *di* in memory of; **avere** ~ to have memory; **degno** *di* ~ memorable; ~ *di* **ferro** excellent (*o* tenacious) memory; **in** ~ *di* in memory of; *a* ~ *d'***uomo** within living memory.
memoriale *m.* **1** (*libro di memorie*) memoir. **2** (*raccolta di documenti storici*) record.
memorialista *m.* memorialist.
memorizzare *v.t.* (*Inform.*) to store, to save. **2** to memorize.
memorizzazione *f.* (*Inform.*) storage.
mena *f.* intrigue, plot, scheming.
menabò *m.* (*Tip.*) dummy.
menadito: *a* ~ perfectly, at one's fingertips.
menare *v.t.* **1** (*portare*) to lead*, to take*, to bring*; (*guidare*) to lead*, to guide; (*rif. a strade: condurre*) to lead*, to go*: ~ *al pascolo* to lead to pasture. **2** (*rif. a modo di vivere*) to lead*, to live. **3** (*agitare*) to shake*, to wave; (*rif. alla coda del cane*) to wag. **4** (*dial.*) (*picchiare*) to beat*, to strike*, to deal*. □ ~ *il* **can** *per l'aia* to beat about the bush; *menar le* **mani** to be free with one's fists; (*fig.*) ~ *qd. per il* **naso** to lead s.o. by the nose.
mendelevio *m.* (*Chim.*) mendelevium.

mendicante I *s.m./f.* beggar. **II** *a.* **1** begging, mendicant. **2** (*Rel.*) mendicant.

mendicare I *v.t.* **1** to beg (for) (*anche fig.*): ~ *un po' di pane* to beg a crust of bread. **2** (*rif. a lodi e sim.*) to be after, (*fam.*) to fish for. **II** *v.i.* to beg.

mendicità *f.* beggary, mendicancy, mendicity.

menefreghismo *m.* couldn't-care-less attitude.

menefreghista *m./f.* couldn't care-less type.

menestrello *m.* minstrel.

meninge *f.* **1** (*Anat.*) meninx. **2** *pl.* (*fam. scherz.*) brains *pl.*: *spremersi le meningi* to rack one's brains.

meningite *f.* (*Med.*) meningitis.

menisco *m.* (*Anat., Geom., Fis.*) meniscus.

meno I *avv.* **1** less: *dovresti mangiare* ~ you should eat less. **2** (*in frasi comparative*) not as, not so (much), less: *tu sei* ~ *alto di me* you are not as (*o* so) tall as I am. **3** (*in frasi superlative*) least: *la soluzione* ~ *pericolosa* the least dangerous solution; (*fra due cose*) less. **4** (*Mat.*) minus: *10* ~ *3 è uguale a 7* 10 minus 3 is 7. **5** (*rif. a temperatura: sotto zero*) minus, below (zero): ~ *cinque* five below zero, minus five degrees. **6** (*rif. all'ora*) to: *sono le sei* ~ *dieci* it is ten to six. **II** *a.comp.inv.* **1** (*minore*) less, not so (much); (*in frasi comparative*) not as (*o* so), less: *ha* ~ *forza di me* he is not so strong as I am. **2** (*in minor numero*) fewer, not as many, (*fam.*) less: *ha fatto* ~ *errori di te* he made fewer errors than you did. **III** *prep.* (*tranne*) except (for), but (for), apart from: *sono tutti d'accordo* ~ *lui* they all agree except him. **IV** *s.m.* **1** least: *è il* ~ *che gli possa capitare* it's the least that can happen to him. **2** *pl.* (*minoranza*) minority, fewest *pl.* **3** (*Mat.*) minus (sign). □ **a** ~ *che* unless: *verrò a* ~ *che non piova* I shall come unless it's raining; *essere* **da** ~ *di qd.* to be less than s.o.; (*inferiore*) to be inferior to s.o.; **di** ~ less, not so much: *parla* (*di*) ~ talk less; (*rif. a numero*) fewer, (*fam.*) less: *due di* ~ two fewer (*o* less); *non* ~ **di** no less (*o* fewer) than, at least; **fare** *a* ~ *di qc.*: 1 (*privarsene*) to do (*o* go) without s.th.; 2 (*rinunciarvi*) to give s.th. up; 3 (*astenersene*) to refrain from s.th., to stop (doing) s.th.; *potevi* **fare** *a* ~ *di dirglielo* you needn't have told him; *non poter* **fare** *a* ~ *di qc.* not to be able to manage (*o* do) without s.th.; *non posso* **fare** *a* ~ *di ridere* I can't help laughing; **in** ~ (*rif. a tempo*) in less (time); (*in minor numero*) less: *ho avuto mille lire in* ~ I got one thousand lire less; **in** *men che non si dica* in the twinkling of an eye; ~ *che* **mai** even less; **niente** ~ *che* no less than; **per** *lo* ~ (*perlomeno*) at least; **più** *o* ~ (*all'incirca*) more or less, about, roughly; **più** ... ~ the more ... the less; *né* **più** *né* ~ neither more nor less; (*proprio così*) exactly, just; *discorrere del* **più** *e del* ~ to talk about this and that; **poco** ~ a little less, just under; (*quasi*) nearly; *il* ~ **possibile** the least (*o* as little as) possible; **quanto** ~ at least; **sempre** ~ less and less; **tanto** ~ least of all; **venir** ~ (*mancare*) to fail; (*svenire*) to faint; **venir** ~ *a* to fail to observe (*o* keep), not to fulfil; (*violare*) to break.

menomare *v.t.* (*danneggiare: rif. al corpo*) to maim, to disable.

menomato I *a.* (*minorato*) maimed, disabled. **II** *s.m.* disabled person.

menomazione *f.* (*danno: rif. al corpo*) disablement.

menopausa *f.* (*Fisiologia*) menopause.

mensa *f.* **1** (*tavola imbandita*) table: *essere a* ~ to be at table. **2** (*per le collettività*) refectory; (*nelle università*) (students') restaurant, cafeteria; (*nelle fabbriche*) canteen, cafeteria; (*sulle navi, nelle caserme*) mess.

mensile I *a.* monthly. **II** *s.m.* **1** (*stipendio mensile*) monthly pay (*o* salary). **2** (*Giorn.*) monthly (magazine).

mensilità *f.* **1** (*periodicità mensile*) monthly character (*o* nature). **2** monthly payment. **3** (*rata mensile*) monthly instalment. □ *tredicesima* ~ Christmas bonus.

mensilmente *avv.* monthly; (*una volta al mese*) once a month.

mensola *f.* **1** (*Arch.*) corbel. **2** (*mobile*) bracket; (*ripiano*) shelf.

menta *f.* (*Bot.*) mint: ~ *peperita* peppermint.

mentale *a.* mental: *malattia* ~ mental illness.

mentalità *f.* mentality, outlook, frame of mind. □ *avere una* ~ *ristretta* to be narrow -minded.

mente *f.* **1** mind: *avere la* ~ *altrove* to have one's mind on s.th. else. **2** (*memoria*) mind, memory: *richiamare alla* ~ *qc.* to call s.th. to mind, to recollect s.th. **3** (*persona*) mind, intellect, brain. □ **a** ~ by heart; (*mentalmente*) mentally, in one's head; **dire** *quel che si ha in* ~ to speak one's mind; *a* ~ **fredda** with cold determination; *a* ~ **fresca** with a fresh mind; *avere* **in** ~ *qc.* to have s.th. in mind; **levarsi** *qc. dalla* ~ to get s.th. off one's mind: *levatelo dalla* ~ (*non ci sperare*) you can forget it; *far* ~ **locale** to concentrate; *a* ~ **lucida** with a clear mind; **passare** *di* ~ to slip one's mind; **tenere** *a* ~ *qc.* to keep (*o* bear) s.th. in mind; **venire** *in* ~ *a qd.* to cross s.o.'s mind; *come gli è* **venuto** *in* ~*?* how did it occur to him?; *che cosa ti è* **venuto** (o *saltato*) *in* ~*?* what came over you?

mentecatto I *s.m.* **1** (*pazzo*) madman (*pl.* –men), lunatic. **2** (*persona stupida*) fool, idiot, half-wit. **II** *a.* **1** (*pazzo*) mad, insane. **2** (*stupido*) stupid, foolish.

mentire *v.i.* **1** to lie: ~ *a qd.* to lie to s.o., to tell* s.o. a lie. **2** (*fig.*) (*ingannare*) to be deceitful.

mentitore I *s.m.* liar. **II** *a.* lying, false.

mento *m.* chin. □ **doppio** ~ double chin; (*scherz.*) *l'***onor** *del* ~ (*barba*) the beard.

mentre *congz.* **1** while, as, whilst, when: *l'ho*

incontrato ~ *uscivo* I met him as I was going out. **2** (*avversativa*) whereas, while, whilst: *io devo lavorare* ~ *lui è in vacanza* I must work while he is on vacation. ▭ *in quel* ~ at that (very) moment, just then.

menu *m.* menu, bill of fare.

menzionare *v.t.* to mention, to name.

menzionato *a.* mentioned, referred to.

menzione *f.* mention. ▭ *degno di* ~ worth mentioning, noteworthy.

menzogna *f.* lie, falsehood.

menzognero *a.* **1** (*rif. a persona*) lying, untruthful, (*lett.*) mendacious. **2** (*rif. a cosa*) untrue, false; (*ingannevole, fallace*) false, deceptive.

mer. = *mercoledì* Wednesday.

meraviglia *f.* **1** wonder, wonderment; (*unita a un senso di timore*) awe; (*stupore*) amazement, astonishment. **2** (*cosa o persona meravigliosa*) wonder, marvel (*di solito si traduce con l'aggettivo appropriato*): *una* ~ *di ragazza* a wonderful girl; *le meraviglie del creato* the wonders of creation. ▭ **a** ~ (*ottimamente*) wonderfully (well); **che** ~ *di orologio* what a wonderful watch; **con** ~ in amazement, in astonishment; **destare** ~ to cause surprise (*o* amazement); **dire** *meraviglie di qd.* to praise s.o. to the skies; **nessuna** ~ *che* it's no wonder (that); *il* **paese** *delle meraviglie* wonderland.

meravigliare *v.t.* to surprise (greatly), to amaze, to astonish, to astound. **meravigliarsi** *v.i.pron.* to be surprised (*o* amazed) (*di* at, by), to wonder, to marvel (at).

meravigliato *a.* surprised, astonished, amazed.

meraviglioso *a.* **1** wonderful, marvellous. **2** (*sorprendente*) surprising, amazing, astonishing.

mercante *m.* **1** merchant, trader, dealer. **2** (*bottegaio*) shopkeeper, tradesman (*pl.* –men), trader. ▭ *all'ingrosso* wholesale dealer.

mercanteggiare I *v.i.* **1** (*contrattare*) to bargain, to haggle (*su* over). **2** (*speculare*) to speculate (*anche fig.*). **II** *v.t.* to traffic in, to deal* in.

mercantile I *a.* mercantile, merchant-, commercial: *diritto* ~ mercantile law. **II** *s.m.* (*Mar.*) merchant ship, cargo ship.

mercantilismo *m.* (*Econ.*) mercantilism.

mercanzia *f.* **1** merchandise, goods *pl.*, wares *pl.*, commodities *pl.* **2** (*fam. spreg.*) (*roba*) stuff, trash.

mercato *m.* **1** market; (*il luogo*) market-place. **2** (*Econ.*) market; (*trattazione, affare*) bargain, (*fam.*) deal. ▭ ~ *all'***aperto** open-air (*o* outdoor) market; ~ **azionario** stock-market; *a* **buon** ~ (*avv.*) cheaply; (*agg.*) cheap, inexpensive; (*fig.*) *cavarsela a buon* ~ to get off lightly; *Mercato* **Comune** *Europeo* European Common Market; ~ **coperto** indoor (*o* covered) market; ~ **fiacco** flat market; ~ **interno** home market; ~ **nero** black market; ~ *del* **pesce** fish market; ~ *al* **rialzo** bullish (*o* sellers') market; ~ *al* **ribasso** bearish (*o* buyers') market; **ricerche** *di* ~ market research; **studio** *di* ~ marketing.

merce *f.* goods *pl.*, merchandise, commodities *pl.*, wares *pl.* ▭ ~ *di* **contrabbando** smuggled goods; ~ **deperibile** perishable goods; ~ *d'***esportazione** export goods, exports *pl.*; **treno** *merci* goods train, freight train.

mercé *f.* **1** (*pietà*) mercy, pity. **2** (*arbitrio*) discretion.

mercede *f.* (*lett.*) **1** (*paga*) pay. **2** (*ricompensa*) reward, recompense, requital.

mercenario I *a.* mercenary (*anche fig.*). **II** *s.m.* **1** (*Stor.*) mercenary (soldier). **2** (*fig. spreg.*) venal (*o* mercenary) person.

merceria *f.* **1** (*negozio*) haberdashery, haberdasher's shop. **2** *pl.* (*articoli per cucire*) haberdashery.

merciaio *m.* (*ingl.*) haberdasher.

mercoledì *m.* Wednesday. ▭ ~ *delle Ceneri* Ash Wednesday.

mercurio *m.* (*Chim.*) mercury; quicksilver.

merda *f.* (*volg.*) **1** shit. **2** (*fig.*) (*cosa disgustosa*) filth, muck.

merdoso *a.* (*volg.*) **1** shitty. **2** (*fig. spreg.*) filthy, disgusting.

merenda *f.* (afternoon) snack; afternoon tea.

meretrice *f.* prostitute, whore.

meridiana *f.* sundial.

meridiano I *a.* **1** (*di mezzogiorno*) midday-, noon-, noonday-, meridian. **2** (*Geom., Geog.*) meridian. **II** *s.m.* (*Geog., Astr.*) meridian.

meridionale I *a.* southern, south-, southerly. **II** *s.m./f.* southerner.

meridione *m.* **1** south. **2** (*Italia meridionale*) Southern Italy.

meringa *f.* (*Gastr.*) meringue.

meritare I *v.t.* deserve, to merit: ~ (*o meritarsi*) *la fiducia di qd.* to deserve s.o.'s trust; (*essere degno*) to be worthy of. **II** *v.i.impers.* (*valere la pena*) to be worth (while), to be useful (*o* of use). ▭ *se l'è meritato* (*gli sta bene*) it serves him right.

meritevole *a.* **1** deserving (*di qc.* s.th., of s.th.), worthy (of): ~ *di lode* praiseworthy. **2** (*degno di lode*) meritorious, praiseworthy.

merito *m.* **1** merit (*Dir.*); (*diritto alle lodi*) credit: *dare* (o *rendere*) *a qd.* ~ *di qc.* to give s.o. credit for s.th. **2** merits *pl.* ▭ **in** ~ *a* as to, as regards, regarding, with regard (*o* respect) to; *a* **pari** ~ equal; (*in concorsi e sim.*) tied; *di* **pari** ~ of equal worth (*o* merit); **per** ~ *di qd.* through s.o., thanks to s.o.; *Dio vi* **renda** ~ may God reward you; **secondo** *il* ~ according to merit.

meritorio *a.* meritorious, well-deserving, worthy.

merlano *m.* (*Zool.*) whiting.

merlato *a.* embattled, battlemented, crenel(l)ated.

merlatura *f.* battlement, crenel(l)ation.

merlettare *v.t.* to trim (*o* adorn) with lace, to lace.

merletto *m.* lace; tatting.

merlo[1] *m.* **1** (*Zool.*) blackbird. **2** (*fig.*) fool, simpleton, ass.
merlo[2] *m.* (*Arch.*) merlon.
merluzzo *m.* (*Zool.*) cod.
mescere *v.t.* to pour (out).
meschinità *f.* **1** scantiness, shabbiness, poorness. **2** (*grettezza*) meanness; (*limitatezza*) narrow-mindedness, pettiness. **3** (*azione meschina*) mean action.
meschino I *a.* **1** (*scarso*) scanty; (*povero*), poor. **2** (*gretto*) mean; (*limitato*) narrow-minded, petty. **II** *s.m.* **1** mean (*o* petty) person, small-minded person. **2** (*persona misera*) (poor) wretch.
mescita *f.* (*osteria*) tavern, public-house; wine shop.
mescolanza *f.* **1** mixture, blend, mix. **2** (*fig.*) mixture, blend, medley.
mescolare *v.t.* **1** to mix, to blend, to mingle. **2** (*rimestare*) to stir, to mix. **3** (*fig.*) to mix, to mingle. **mescolarsi** *v.r./i.pron.* **1** to mix, to blend. **2** (*unirsi, confondersi*) to mix, to mix up, to mingle (*a, fra* with). **3** (*fig.*) (*impicciarsi*) to meddle, to interfere. □ ~ *le carte* to shuffle.
mescolata *f.* **1** mix, mixing; (*rif. a carte da gioco*) shuffle, shuffling. **2** (*il rimestare*) stir(ring). □ *dare una* ~ *al minestrone* to stir the vegetable soup.
mescolatore *m.* mixer.
mese *m.* **1** month. **2** (*paga*) month's pay (*o* wages); (*stipendio*) month's salary. **3** (*canone d'affitto*) month's rent. □ **al** ~ a (*o* per) month; *del* ~ **corrente** of this month; (*Comm.*) instant; **di** ~ *in* ~ from month to month, month by (*o* after) month; *il* ~ **entrante** next month, the coming month; **per** *mesi e mesi* for months and months; *ai* **primi** *del* ~ early in the month; *agli* **ultimi** *del* ~ at the end of (*o* late in) the month.
messa[1] *f.* (*Lit.*) Mass. □ **assistere** *alla* ~ to hear Mass; **dire** *la* ~ to say Mass; ~ *di* (*o* da) **requiem** Requiem Mass.
messa[2] *f.* putting, placing, setting, laying. □ ~ *a* **fuoco** focusing; ~ *in* **moto** starting; ~ *in* **opera** installation; ~ *in* **piega** (hair) set; ~ *a* **punto**: 1 (*Mecc.*) setting up; 2 (*Mot.*) tuning, tune-up; (*di trasmissione e sim.*) tuning; 3 (*fig.*) definition, clarification; 4 (*Inform.*) checkout; (*di programma*) debugging; (*El.*) ~ *a* **terra** earthing; (*am.*) grounding.
messaggero *m.* **1** messenger; (*latore*) bearer; (*corriere*) carrier. **2** (*fig.*) herald, forerunner, harbinger.
messaggio *m.* message (*anche fig.*).
messale *m.* missal, Mass-book.
messe *f.* **1** (*mietitura*) reaping, harvesting. **2** (*raccolto*) crop, harvest (*anche fig.*).
messia *m.* Messiah (*anche fig.*); saviour, messiah.
messianico *a.* Messianic.
messicano *a./s.m.* Mexican.
Messico *N.pr.m.* (*Geog.*) Mexico.
messinscena *f.* **1** (*Teat.*) staging, mise-en-scène. **2** (*fig.*) pretence, sham, (*fam.*) act.
messo *m.* **1** messenger. **2** (*nei pubblici uffici*) usher.
mestierante I *s.m./f.* (*spreg.*) money-grubber; (*rif. a scrittore*) hack. **II** *a.* (*fam.*) money grubbing; (*rif. a scrittore*) hack-, potboiling.
mestiere *m.* **1** trade; (*arte manuale*) craft. **2** (*attività*) job, occupation; (*professione*) profession; (*lavoro*) work, (*fam.*) job. **3** (*spreg.*) business, mere job. **4** (*pratica*) experience, skill, craft. □ **arti** *e mestieri* arts and crafts; **cambiare** ~ to change one's trade (*o* job); **di** ~ by trade (*o* profession); (*scherz.*) *non* **è** *il mio* ~ it's not my line; (*fam.*) **essere** *del* ~ to know one's job (*o* what one is about); *che* ~ **fa**? what does he do (for a living)?; *i* **ferri** *del* ~ the tools of the trade (*anche fig.*).
mestizia *f.* sadness, dismalness.
mesto *a.* sad, dismal.
mestolo *m.* ladle.
mestruale *a.* menstrual.
mestruazione *f.*, **mestruo** *m.* menstruation; (*fam.*) menses.
meta *f.* **1** destination. **2** (*fig.*) aim, goal, end. **3** (*Sport*) (*traguardo*) goal; (*nel rugby*) try. □ *senza* ~ aimless(ly).
metà *f.* **1** half: *ha mangiato la* ~ *della bistecca* he ate half the steak; *vendere a* ~ *prezzo* to sell at half price. **2** (*parte mediana*) middle, centre, mid: *verso la* ~ *del mese* towards the middle of the month. **3** (*fig. scherz.*) (*consorte*) other (*o* better) half. □ **a** ~ half, by half; **a** ~ (*della*) *strada* halfway, midway; **a** ~ *pagina* halfway down the page; *una* **buona** ~ a good half; **dire** *le cose a* ~ to leave some things unsaid; *la sua casa* **è** *la* ~ *della mia* his house is only half the size of mine; **fare** *a* ~ (*spartire ugualmente*) to share equally, (*fam.*) to go halves (*o* fifty-fifty); (*dividere*) to halve; **fare** *le cose a* ~ to do things by halves; **lasciare** *qc. a* ~ to leave s.th. half done; **per** ~ half-: *è finito per* ~ it is half-finished; (*nel mezzo*) in (*o* down) the middle; (*in due parti uguali*) in half.
metabolico *a.* (*Biol.*) metabolic.
metabolismo *m.* (*Biol.*) metabolism. □ (*Med.*) ~ *basale* basal metabolic rate.
metacarpo *m.* (*Anat.*) metacarpus.
metadone *m.* (*Farm.*) methadon(e).
metafisica *f.* metaphysics *pl.* (costr. sing.).
metafisico I *a.* metaphysical. **II** *s.m.* metaphysician.
metafora *f.* (*Retorica*) metaphor.
metaforico *a.* metaphoric(al).
metallico *a.* metallic, metal-: *recipiente* ~ metal recipient; *voce metallica* metallic voice.
metallifero *a.* metalliferous.
metallizzare *v.t.* to metalize.
metallizzato *a.* metalized.
metallo *m.* metal.
metalloide *m.* metalloid.
metallurgia *f.* metallurgy.

metallurgico **I** *a.* metallurgic(al). **II** *s.m.* metal-worker.
metalmeccanico **I** *a.* metal-. **II** *s.m.* metal worker.
metamorfico *a.* metamorphic.
metamorfosi *f.* metamorphosis.
metano *m.* (*Chim.*) methane.
metanodotto *m.* methane pipeline.
metastasi *f.* (*Med.*) metastasis.
metatarso *m.* (*Anat.*) metatarsus.
metempsicosi *f.* metempsychosis.
meteora *f.* meteor (*anche fig.*).
meteorico *a.* meteoric.
meteorismo *m.* (*Med.*) meteorism.
meteorite *m./f.* (*Astr.*) meteorite.
meteorologia *f.* meteorology.
meteorologico *a.* meteorologic(al), weather-: *previsioni meteorologiche* weather-forecast.
meteorologo *m.* meteorologist.
meticcio **I** *a.* **1** mestizo (*attr.*). **2** (*Zootecnia*) crossbred. **II** *s.m.* **1** mestizo. **2** (*Zootecnia*) crossbreed.
meticolosità *f.* meticulousness; (*pignoleria*) fastidiousness, fussiness.
meticoloso *a.* meticulous; (*pignolo*) particular, fastidious, fussy.
metilico *a.*: *alcool* ~ methyl alcohol.
metodicità *f.* methodicalness; (*regolarità*) regularity.
metodico *a.* methodical, systematic: *studio* ~ systematic study.
metodismo *m.* (*Rel.*) Methodism.
metodista *m./f.* (*Rel.*) Methodist.
metodo *m.* **1** method, system. **2** (*manuale*) manual, handbook, primer, method. **3** (*Pedagogia*) method, system (of teaching).
metodologia *f.* methodology.
metraggio *m.* **1** (*estensione*) length (in metres). **2** (*Cin.*) footage, film length. ▭ *film a* **corto** ~ short (film); *film a* **lungo** ~ feature (*o* full-length) film.
metratura *f.* **1** (*misurazione*) measurement (in metres). **2** (*estensione*) length (in metres).
metrica *f.* metrics *pl.* (costr. sing. *o* pl.).
metrico *a.* metrical.
metro *m.* **1** metre; (*am.*) meter. **2** (*concr.*) (*a nastro*) tape-measure; (*ad asta*) rule(r). **3** (*fig.*) (*criterio*) yardstick, standard, criterion. **4** (*Metrica*) metre. ▭ **a** *metri* by the metre; (*Fis.*) ~ **campione** standard metre; ~ **cubo** cubic metre; ~ **quadrato** square metre.
metrò *m.* underground (railway); (*fam.*) tube, (*am.*) subway.
metronomo *m.* (*Mus.*) metronome.
metronotte *m.* nightwatchman (*pl.* –men).
metropoli *f.* metropolis.
metropolitana *f.* underground (railway); (*fam.*) tube, (*am.*) subway.
metropolitano **I** *a.* metropolitan. **II** *s.m.* (*vigile urbano*) (city) policeman (*pl.* –men).
mettere **I** *v.t.* **1** (*collocare*) to put*, to place, to set*; (*in posizione verticale*) to put*; to stand*: *ho messo il fiasco sul tavolo* I put the wine bottle on the table; (*in posizione orizzontale*) to lay* (down), to put*; (*seduto*) to sit*, to put*: *metti il bambino sulla seggiola* sit the child on the chair. **2** (*versare*) to pour (out). **3** (*indossare*) to put* (*o* slip) on. **4** (*applicare: incollando*) to stick* (on), to put* (on); (*cucendo*) to sew*, to put*. **5** (*rif. a tempo*) to take*: *quanto metterai a fare questo lavoro?* how long will this job take? **6** (*appendere*) to hang* (up), to put*. **7** (*fig.*) (*causare*) to cause, to make*: ~ *allegria a qd.* to make s.o. merry. **8** (*rif. a persone: mandare*) to send*, to put*: ~ *i figli in collegio* to send one's children to boarding-school. **9** (*rif. a denaro: depositare*) to put*, to deposit. **10** (*puntare*) to bet*, to stake, to put*. **11** (*far pagare*) to charge. **12** (*imporre tasse e sim.*) to impose, to levy. **13** (*supporre*) to suppose, to assume: *mettiamo che sia vero* (let us) suppose that it is true. **14** (*paragonare*) to compare: *non vorrai* ~ *la tua pelliccia con la mia. La tua è molto più calda* how can you compare your fur coat with mine. Yours is much warmer. **15** (*rif. a denti*) to cut*; (*rif. a piante: germogliare*) to put* forth (*o* out). **16** (*fam.*) (*installare*) to put* in, to install; to lay*. **II** *v.i.* **1** (*rif. a finestre e sim.: dare, guardare*) to give*, to look (*su, in* onto). **2** (*sboccare*) to lead*; (*sfociare*) to flow. **mettersi** *v.i.* **1** (*collocarsi*) to put* (*o* place *o* set*) o.s.; (*sedersi*) to sit* down, to seat o.s.; (*sdraiarsi*) to lie* down. **2** (*assumere un andamento*) to (take* a) turn: *le cose si mettono bene* things are taking a turn for the good. **3** (*vestirsi*) to put* on; (*infilarsi*) to slip on. **4** (*avviarsi*) to take*. **5** (*iniziare*) to begin*, to start, to set* to (*o* about). ▭ *mettersi a proprio* **agio** to make o.s. comfortable (*o* at home); *essere* **ben** *messo* (*ben vestito*) to be well-dressed; (*d'aspetto florido*) to look well; *mettersi al* **brutto** to turn nasty; *mettersi* **con** *qd.*: 1 (*associarsi*) to join forces with s.o.; 2 (*rif. a rapporti amorosi*) to go (out) with s.o.; 3 (*vivere coniugalmente*) to live with s.o.; *mettersi* **contro** *qd.* to go against s.o.; ~ *qd. al* **corrente** *di qc.* to inform s.o. of s.th.; ~ **dentro** to put in; ~ *in* **evidenza** to point out; *mettersi in* **evidenza** to make o.s. conspicuous; *mettersi a* **fare** *qc.* (*cominciare*) to start doing s.th.; (*rif. a professioni, mestieri*) to start doing s.th., to take up s.th.; ~ **giù** (*deporre*) to put (*o* lay) down; ~ **insieme**: 1 to put together; 2 (*montare*) to assemble; 3 (*fig.*) (*accumulare*) to pile up; 4 (*organizzare, allestire*) to organize, (*fam.*) to set up; (*fig.*) ~ *qd. in* **mezzo** (*comprometterlo*) to get s.o. mixed up in s.th.; ~ *in* **moto** to set in motion; ~ *qc. a* **posto** to put s.th. in the proper place; (*aggiustarla*) to repair s.th.; (*fig.*) ~ *le cose a* **posto** to set things right; ~ *qd. a* **posto** (*trovargli lavoro*) to find a job for s.o.; (*rimproverarlo*) to put s.o. in his place; ~ *giù due* **righe** to drop a line; *mettersi a* **sedere** to sit down; ~ **sotto** to put

underneath; (*fig.*) (*sopraffare*) to get the better (*o* upper hand) of; *mettersi* **sotto** (*sgobbare*) to get down to it; ~ **su**: 1 (*fondare*) to set up, to establish: ~ *su casa* to set up house; 2 (*organizzare*) to organize, (*fam.*) to get up; 3 (*fam.*) (*mettere a cuocere*) to put on; (*fig.*) *mettercela* **tutta** to do one's best. ‖ *metterci* (*impiegare, dedicare*) to devote, to take, to give: *ci mise molta cura* he took (*o* gave it) a lot of care; (*fig.*) *mettercisi* (*mettersi d'impegno*) to get down to it.

mezza *f.* **1** half-hour. **2** (*mezzogiorno e mezzo*) half-past twelve.

mezzadria *f.* (*Dir.*) (*am.*) share-cropping, métayage.

mezzadro *m.* share-cropper, métayer.

mezzala *f.* (*Sport*) inside forward. □ ~ **destra** inside right; ~ **sinistra** inside left.

mezzaluna *f.* **1** half-moon, crescent (moon). **2** (*arnese da cucina*) chopping (*o* mincing) knife.

mezzana *f.* **1** (*Mar.*) (*albero*) miz(z)en-mast; (*vela*) miz(z)en sail, crossjack. **2** (*ruffiana*) procuress, (*ant.*) bawd.

mezzanino *m.* mezzanine (floor), entresol.

mezzano *s.m.* **1** (*mediatore*) mediator, intermediary, go-between. **2** (*ruffiano*) pimp, procurer.

mezzanotte *f.* midnight: *a* ~ at midnight.

mezzeria *f.* (*Strad., Edil.*) dividing line.

mezzo[1] **I** *a.* **1** half (*a*): ~ *panino* half a roll; ~ *metro* half a metre. **2** (*medio*) middle, (*attr.*) medium, middling: *di mezza età* middle-aged. **3** (*fam.*) (*vago*) vague, (*fam.*) kind of; (*lontanamente*) distant: *siamo mezzi parenti* we are distant relatives; (*debole*) faint, slight: *una mezza speranza* a faint hope. **II** *avv.* half, semi-, almost: *è* ~ *vuoto* it is half empty. **III** *s.m.* **1** half. **2** (*parte centrale*) middle, centre. **3** (*dopo un numerale*) half: *un chilo e* ~ a kilo and a half. **4** (*nell'indicare l'ora*) (*attr.*) half past, (*pred.*) -thirty: *sono le nove e* ~ (o *mezza*) it's half past nine, it's nine-thirty. □ **a** *mezza via* halfway (there); **andarci** *di* ~ (*subire un danno*) to lose by it; (*essere responsabile*) to be held responsible; *nel* **bel** ~ right in the middle; **di** ~ middle, in the middle; **esserci** *di* ~ to be involved; *il* **giusto** ~ the golden mean, the happy medium; **in** ~ (*stato*) in the middle; (*moto*) into the middle; *in* ~ *a*: 1 (*stato*) in the middle of; 2 (*moto*) into the middle of; 3 (*fra: stato*) in the middle (*o* midst) of, among, amid(st); (*fra due cose o persone*) between; 4 (*fra: moto*) into the middle (*o* midst) of; (*fra più cose o persone*) among, amid(st); **mettersi** *di* ~ (*interporsi*) to intervene; (*fra due cose o persone*) to come between; (*intromettersi*) to interfere; *mezze* **misure** half-measures; (*fig.*) ~ **mondo** everyone; **togliere** *di* ~ to get rid of; (*fam.*) (*uccidere*) to kill, (*fam.*) to bump off; **togliersi** *di* ~ (*andarsene*) (*fam.*) to clear off; **togliti** *di* ~ get out of the way, (*am. fam.*) beat it.

mezzo[2] *m.* **1** means *pl.* (costr. sing. o pl.); (*modo*) way. **2** *pl.* (*disponibilità finanziarie*) means *pl.*, money, funds *pl.* **3** (*punto di mezzo*) middle: *nel bel* ~ in the very middle. □ **a** ~ (*di*) by, by means of, through; (*rif. a spedizioni e sim.*) by, through: *a* ~ *posta* by post; *mezzi di* **comunicazione** *di massa* mass media; *mezzi di* **fortuna** makeshift transport; **per** ~ *di* (*rif. a persona*) by; (*attraverso*) through; (*rif. a cosa*) by, by means of, through; *mezzi* **pubblici** public transport; **sprovvisto** *di mezzi* destitute, penniless, (*fam.*) broke; *mezzi di* **sussistenza** livelihood; ~ *di* **trasporto** means of transport.

mezzobusto *m.* (*neol. spreg.*) (*am.*) news caster.

mezzofondista *m./f.* (*Sport*) middle-distance runner (*o* racer).

mezzogiorno *m.* **1** noon, midday. **2** (*ore dodici*) twelve o'clock. **3** (*sud*) south. □ **a** ~ south-, in the south; (*verso sud*) to the south; (*alle dodici circa*) at noon, at midday, at twelve (o'clock); ~ *in* **punto** twelve o'clock sharp.

mezzora *f.* half an hour, half-hour.

mezzosangue *m./f.* (*Zootecnia*) half-breed.

mezzosoprano *m.* (*Mus.*) mezzo-soprano.

mezzuccio *m.* (*spreg.*) petty subterfuge, low trick.

MF = (*Rad.*) **1** *Media Frequenza* medium frequency. **2** *Modulazione di Frequenza* frequency modulation.

mg = *milligrammo* milligram(me).

Mg = (*Chim.*) *magnesio* magnesium.

mi[1] *pron.pers.* **1** (*compl. oggetto*) me: ~ *vedi?* do you see me? **2** (*compl. di termine*) (to) me: *dimmi la verità* tell me the truth. **3** (*riflessivo*) myself: ~ *lavo* I wash myself. **4** (*con valore di dativo etico*) me, myself (*generalmente non si traduce*): *stammi bene!* keep well!; ~ *sono comprata una pelliccia* I bought myself a fur coat.

mi[2] *m.* (*Mus.*) E, mi.

miagolare *v.i.* to miaow, to mew.

miagolio *m.* miaowing, mewing.

miao *onom.* miaow, mew.

miasma *m.* **1** miasma. **2** (*estens.*) (*fetore*) stench, stink.

mica *avv.* (*fam.*) **1** (*con la negazione*) at all, certainly: *non sono stato* ~ *io* it certainly wasn't me. **2** (*senza negazione*) not; *sono cose vere,* ~ *storie* this is fact, not fiction.

miccia *f.* fuse; (*a combustione rapida*) quick match. □ (*fig.*) **dar** *fuoco alla* ~ to spark off; ~ **detonante** detonating fuse.

Michele *N.pr.m.* Michael.

micidiale *a.* deadly (*anche fig.*).

micologia *f.* mycology.

microbiologia *f.* microbiology.

microbo *m.* (*Biol.*) microbe.

microcefalo *a.* microcephalic, microcephalous.

microcosmo *m.* microcosm.

microfilm *m.* (*Fot., Cin.*) microfilm.

microfono *m.* microphone, (*fam.*) mike; *parlare al* ~ to speak over the microphone.
micromotore *m.* **1** small motor. **2** (*ciclomotore*) moped.
microonda *f.* (*Fis.*) microwave.
microorganismo *m.* (*Biol.*) micro-organism.
microprocessore *m.* microprocessor.
microscopia *m.* microscopy.
microscopico *a.* microscopic(al).
microscopio *m.* microscope.
microsolco *m.* **1** microgroove. **2** (*anche disco microsolco*) long-playing record, (*fam.*) L.P.
midollo *m.* **1** (*Anat.*) medulla, marrow. **2** (*Bot.*) medulla, pith. **3** *pl.* (*fig.*) (*parte interna*) pith (and marrow), core, kernel. □ (*fig.*) **fino** *al* ~ to the bone (*o* skin *o* marrow); ~ **osseo** bone marrow.
miele *m.* honey. □ **color** ~ honey (yellow); (*fig.*) **di** ~ honeyed, sweet; **luna** *di* ~ honeymoon.
mietere *v.t.* to reap, to mow, to harvest (*anche fig.*). □ *la carestia ha mietuto molte vittime* the famine took a heavy toll of lives.
mietitore *m.* reaper, harvester.
mietitrice *f.* reaping machine, reaper, harvester.
mietitura *f.* **1** reaping, mowing, harvesting. **2** (*periodo*) harvest-time.
migliaio *m.* **1** thousand. **2** (*circa mille*) about a thousand, some thousand. □ *a migliaia* by the thousand, in thousands.
miglio[1] *m.* mile: *lontano un* ~ a mile away. □ *miglia* **e** *miglia* miles and miles; ~ **marino** (*o nautico*) nautical (*o* sea) mile.
miglio[2] *m.* (*Bot.*) millet.
miglioramento *m.* **1** improvement. **2** (*aumento*) increase.
migliorare **I** *v.t.* **1** to improve, to better. **2** (*aumentare*) to increase, to raise. **II** *v.i.* to improve, to get* better.
migliore **I** *a.compar.* better: *oggi hai un aspetto* ~ you look better today. **II** *a.sup.* best: *i migliori auguri* best wishes. **III** *s.m.* **1** best (thing). **2** *m./f.* best (person): *vinca il* ~ may the best man win.
miglioria *f.* improvement, betterment.
mignolo *m.* **1** (*della mano*) little finger. **2** (*del piede*) little toe.
migrare *v.i.* to migrate.
migratore *a./s.m.* migrant.
migratorio *a.* migrant, migratory.
migrazione *f.* migration.
Milano *N.pr.f.* (*Geog.*) Milan.
miliardario *a./s.m.* multi-millionaire, (*am.*) billionaire.
miliardo *m.* milliard, thousand millions; (*am.*) billion.
miliare *a.* mile-: *pietra* ~ milestone.
milionario *a./s.m.* millionaire.
milione *m.* million: *un* ~ *di copie* a million copies; *una città con milioni di abitanti* a city with millions of inhabitants; *Milano ha quasi due milioni di abitanti* Milan has almost two million inhabitants. □ *un* ~ *di volte* umpteen (*o* countless) times.
milionesimo *a./s.m.* millionth.
militante *a./s.m./f.* militant.
militare[1] **I** *a.* military: *carriera* ~ military career. **II** *s.m.* **1** soldier, military man. **2** *pl.* (*collett.*) armed forces *pl.*, soldiers *pl.*
militare[2] *v.i.* **1** (*fare il soldato*) to be a soldier, to serve (in the army). **2** (*fig*) to militate.
militaresco *a.* soldierly, soldier-like.
militarismo *m.* militarism.
militarista **I** *a.* militarist(ic). **II** *s.m./f.* militarist.
militarizzare *v.t.* to militarize.
militarizzazione *f.* militarization.
milite *m.* soldier, militiaman. □ *Milite Ignoto* Unknown Soldier.
militesente *a.* (*burocr.*) exempt from military service.
milizia *f.* **1** military life (*o* profession), soldiering. **2** (*speciale corpo armato*) militia; (*esercito*) army. **3** *pl.* forces *pl.*, troops *pl.*
millantare *v.t.* to brag of, to boast of.
millantatore **I** *s.m.* boaster, braggart. **II** *a.* boastful, bragging.
mille **I** *a.num.* **1** a (*o* one) thousand: ~ *luci* a thousand lights. **2** (*circa mille*) (about) a thousand. **II** *s.m.* one (*o* a) thousand. □ **a** ~ *a* ~ in thousands, by the thousand; *mi sembrano* ~ **anni** it seems ages; **biglietto** *da* ~ (*lire*) a thousand lire note; ~ **grazie** thank you very much.
millenario **I** *a.* **1** (*che dura mille anni*) millennial, millenary, millenarian. **2** (*che ricorre ogni mille anni*) millenary. **II** *s.m.* millennium.
millennio *m.* millennium.
millepiedi *m.* (*Zool.*) millipede.
millesimo **I** *a.* thousandth. **II** *s.m.* **1** thousandth. **2** (*millesima parte*) thousandth (part).
milligrammo *m.* milligram(me).
millilitro *m.* millilitre.
millimetrato *a.*: *carta millimetrata* graph paper.
millimetro *m.* millimetre.
milza *f.* (*Anat.*) spleen.
mimare *v.t.* to mime.
mimetico *a.* **1** (*imitativo*) mimetic, imitative: *facoltà mimetica* imitative faculty. **2** (*Zool.*, *Min.*) mimetic. **3** (*Mil.*) (*mimetizzato*) camouflaged.
mimetismo *m.* **1** (*Zool.*) mimetism, mimicry. **2** (*mimetizzazione*) camouflage.
mimetizzare *v.t.* (*Mil.*) to camouflage. **mimetizzarsi** *v.r.* **1** (*Mil.*) to camouflage o.s. **2** (*Zool.*) to mimic. **3** (*fig.*) to be a timeserver (*o* an opportunist).
mimetizzazione *f.* **1** (*Mil.*) camouflage. **2** (*Zool.*) mimicry.
mimica *f.* **1** (*Teat.*) mime. **2** (*estens.*) (*gesticolazione*) gesticulation; mimicry.
mimico *a.* **1** mimic, of mime. **2** (*ricco di mimica*) mimetic.
mimo *m.* **1** (*attore*) mime. **2** (*Zool.*) mocking bird.

mimosa *f.* (*Bot.*) mimosa; (*rosa*) silk tree.
mina *f.* **1** mine. **2** (*della matita*) lead. □ *far* **brillare** *una* ~ to explode a mine; ~ **vagante** drifting mine.
minaccia *f.* threat, menace (*anche fig.*).
minacciare *v.t.* **1** to threaten, to menace (*anche fig.*): ~ *qd. di morte* to threaten s.o. with death. **2** (*fig.*) (*far presentire*) to threaten, to look like.
minaccioso *a.* threatening, menacing.
minare *v.t.* **1** to mine: ~ *un campo* to mine a field. **2** (*fig.*) (*insidiare*) to undermine.
minareto *m.* minaret.
minatore *m.* miner.
minatorio *a.* threatening, menacing, minatory.
minchione *m.* (*volg.*) fool, idiot; (*fam.*) dope, nitwit. □ *fare il* ~ to play dumb.
minchioneria *f.* (*volg.*) **1** foolishness, idiocy. **2** *pl.* (*idee balorde*) foolishness, nonsense.
minerale **I** *a.* mineral. **II** *s.m.* **1** mineral. **2** (*Min.*) ore, mineral: ~ *di piombo* lead ore. **III** *s.f.* bottle of mineral water.
mineralogia *f.* mineralogy.
minerario *a.* **1** (*che riguarda le miniere*) mining. **2** (*che riguarda i minerali*) ore-.
minestra *f.* soup. □ ~ *in* **brodo** (*di pastina*) noodle soup; (*fig.*) ~ **riscaldata** old hat; (*fig.*) **trovare** *la* ~ *bell'e scodellata* to find one's work already done for one.
minestrone *m.* **1** minestrone. **2** (*fig.*) (*miscuglio*) mixture, jumble, (*am.*) hodge-podge.
mingherlino *a.* thin, slim, lean, skinny.
miniare *v.t.* to illuminate, to miniate.
miniatore *m.* miniaturist; (*di manoscritti*) illuminator, miniator.
miniatura *f.* **1** (*arte*) miniature (painting). **2** (*l'arte dell'illustrazione miniata*) illumination, miniating; (*concr.*) illumination, miniature. □ *in* ~ in miniature, miniature-; (*rif. a persone*) small, on a small scale.
minidisco *m.* (*Inform.*) diskette.
miniera *f.* mine (*anche fig.*).
minigonna *f.* mini-skirt.
minimizzare *v.t.* to minimize, to play down.
minimo **I** *a.* **1** minimum, least, slightest: *tariffa minima* minimum (*o* lowest) charge; *non ho il* ~ *dubbio* I haven't the slightest (*o* least) doubt. **2** (*piccolissimo*) very small (*o* slight): *una differenza minima* a slight difference. **3** (*il più basso*) lowest, minimum, bottom-: *temperatura minima* lowest temperature. **II** *s.m.* **1** least, minimum. **2** (*Mot.*) idling speed. □ **al** ~ at (the) least; (*Mot.*) *tenere il motore* **al** ~ to idle the motor; *ridotto ai minimi* **termini** reduced to the simplest terms; ~ *di* **velocità** minimum (*o* lowest *o* bottom) speed.
ministeriale *a.* **1** ministerial: *decreto* ~ ministerial decree. **2** (*governativo*) ministerial, governmental, cabinet-: *crisi* ~ cabinet crisis.
ministero *m.* (*dicastero*) ministry, office, board, (*USA*) department; (*carica di ministro*) ministry; (*edificio*) ministry. □ ~ *dell'***agricoltura** *e foreste* Ministry of Agriculture and Forestry, (*USA*) Department of Agriculture; ~ *del* **commercio** Ministry of Commerce, (*GB*) Board of Trade, (*USA*) Department of Commerce; ~ *della* **difesa** Ministry of Defence, (*USA*) Department of Defense; ~ *degli* (*affari*) **esteri** Ministry of Foreign Affairs, (*GB*) Foreign Office, (*USA*) Department of State; ~ *delle* **finanze** Ministry of Finance, (*GB*) Exchequer, (*USA*) (Department of the) Treasury; ~ *di* **grazia** *e giustizia* Ministry of Justice, (*GB*) Lord Chancellor's Department, (*USA*) Department of Justice; ~ *della* **guerra** Ministry of War, (*GB*) War Office; ~ *dell'***industria** *e commercio* Ministry of Industry and Commerce, (*GB*) Board of Trade, (*USA*) Department of Commerce; ~ *dell'***interno** (o *degli interni*) Ministry of the Interior, (*GB*) Home Office, (*USA*) Department of the Interior; ~ *della pubblica* **istruzione** Ministry of Public Education, (*GB*) Ministry of Education, (*USA*) Department of Health, Education, and Welfare; ~ *dei* **lavori** *pubblici* Ministry of Public Works; ~ *del* **lavoro** *e della previdenza sociale* Ministry of Labour and Social Security, (*GB*) Ministry of Labour, (*USA*) Department of Labor; ~ *della* **marina** Navy Ministry, (*GB*) Admiralty, (*USA*) Department of the Navy; ~ *delle* **poste** *e delle telecomunicazioni* Ministry of the Postal and Telecommunication Services, (*GB*) Post Office, (*USA*) Post Office Department; (*Dir.*) **pubblico** ~ Public Prosecutor, (*USA*) Prosecuting Attorney; ~ *della* **sanità** Ministry of Health, (*USA*) Department of Health, Education and Welfare; ~ *del* **tesoro** Ministry of the Treasury, (*GB*) Treasury, (*USA*) (Department of the) Treasury; ~ *dei* **trasporti** *e dell'aviazione civile* Ministry of Public Transport and Civil Aviation.
ministro *m.* **1** minister, secretary. **2** (*capo di comunità religiosa*) minister; (*anglicano*) rector, vicar, (*cattolico*) priest. □ **Consiglio** *dei ministri* Cabinet; ~ *degli* (*affari*) **esteri** Minister of Foreign Affairs, (*GB*) Foreign Secretary, (*USA*) Secretary of State; ~ *delle* **finanze** (*GB*) Chancellor of the Exchequer, (*USA*) Secretary of the Treasury; ~ *dell'***interno** (o *degli interni*) Minister of the Interior, (*GB*) Home Secretary of the Interior; **primo** ~ Prime Minister, Premier.
minoranza *f.* minority.
minorato **I** *a.* disabled, handicapped. **II** *s.m.* **1** disabled person. □ ~ *psichico* mental deficient.
minorazione *f.* **1** (*diminuzione*) diminution, lessening. **2** (*l'essere minorato*) disablement. **3** (*concr.*) disablement, disability, handicap.
minore **I** *a.compar.* **1** less, (*attr.*) lesser, smaller, fewer: *le sue difficoltà sono minori delle nostre* he has less (*o* fewer) problems than we have; (*più piccolo*) smaller; (*più breve*) shorter, less: *in un tempo* ~ in less (*o* a

shorter) time. **2** (*più giovane*) younger: *è ~ di te di un anno* he is a year younger than you. **3** (*rif. a numeri*) smaller, lower. **4** (*minorenne*) under age, minor. **5** (*inferiore*) lower, (*attr.*) lesser, inferior: *grado ~* lower rank. **6** (*meno importante*) minor, (*attr.*) lesser: *i poeti minori* the minor poets. **7** (*Mus.*) minor. **II** *a.sup.* **1** (*fra due*) lesser: *il ~ fra due mali* the lesser of two evils; (*fra più di due*) least; (*il più piccolo: fra due*) smaller; (*fra più di due*) smallest; (*il più breve: fra due*) shorter; (*fra più di due*) shortest. **2** (*il più giovane: fra due*) younger, junior; (*fra più di due*) youngest. **III** *s.m./f.* **1** (*fra due*) younger brother (*f.* sister); (*fra più di due*) youngest brother (*f.* sister). **2** (*minorenne*) minor, person under age.

minorenne I *a.* (*pred.*) under age, minor (*anche Dir*). **II** *s.m./f.* minor, juvenile, person who is under age (*anche Dir.*).

minorile *a.* (*Dir.*) juvenile.

minorità *f.* minority (*anche Dir.*).

minoritario *a.* minority.

minuetto *m.* (*Mus.*) minuet.

minuscola *f.* small (*o* lower-case) letter.

minuscolo I *a.* **1** small: *lettera minuscola* small letter. **2** (*Tip.*) lower-case. **3** (*estens.*) (*piccolissimo*) tiny, minute. **II** *s.m.* (*Tip.*) lower-case (letter), minuscule (letter).

minuta *f.* rough copy (*o* draft).

minuto[1] *m.* **1** minute (*anche Geom.*): *mancano dieci minuti alle otto* it is ten (minutes) to eight. **2** (*momento*) minute, moment, instant. □ (*fig.*) **contare** *i minuti* to look forward; *ho i minuti* **contati** I have very little time; *tra* **pochi** *minuti* in a few minutes (time); ~ **primo** minute; ~ **secondo** second.

minuto[2] *a.* **1** minute, small, tiny: *pezzi minuti* small (*o* minute) pieces. **2** (*sottile*) fine, thin. **3** (*delicato*) delicate, fine: *lineamenti minuti* delicate features; (*gracile*) slight, slender, frail. □ *al ~* retail-.

minuzia *f.* trifle, minor (*o* petty) detail.

minuziosità *f.* meticulousness, fastidiousness, minuteness.

minuzioso *a.* **1** (*rif. a persona: scrupoloso*) meticulous, fastidious, scrupulous, precise. **2** (*rif. a cose*) minute, meticulous, (extremely) detailed.

minzione *f.* (*Fisiologia*) miction.

mio I *a.poss.* **1** my: *molti miei amici* many of my friends, many friends of mine; (*mio proprio*) my own: *l'ho visto con i miei occhi* I saw it with my own eyes. **2** (*pred.*) mine: *questa penna è mia* this pen is mine. **3** (*nelle espressioni ellittiche*) my (*seguito dal sostantivo appropriato*): *voglio dire anch'io la mia* (*opinione*) I want to have my say too. **II** *pron.poss.* mine: *questa casa è più grande della mia* this house is bigger than mine. **III** *s.m.* **1** (*averi*) means *pl.* property (of my own), my resources *pl.*, what I have; (*ciò che mi spetta di diritto*) what is mine (*o* due to me). **2** *pl.* (*parenti*) the (*o* my) family, my relatives *pl.*; (*genitori*) my parents *pl.*, (*fam.*) my folks *pl.* □ *John è un ~ amico* John is a friend of mine.

miope (*Med.*) **I** *a.* myopic, short-sighted (*anche fig.*). **II** *s.m./f.* myope, short-sighted person (*anche fig.*).

miopia *f.* (*Med.*) myopia, short-sightedness.

mira *f.* **1** aim. **2** (*bersaglio*) target. **3** (*fig.*) (*fine, scopo*) aim, goal, purpose. **4** (*congegno di mira*) sight. □ **avere** *delle mire su qd.* to have designs on s.o.; *avere una* **buona** ~ to be a good shot; **prendere** *la ~* to take aim; (*fig.*) **prendere** *di ~ qd.* to attack s.o.

mirabile *a.* admirable, wonderful.

mirabilia *f.pl.* wonders *pl.*

miracolato I *a.* miraculously-healed. **II** *s.m.* miraculously-healed person.

miracolo *m.* **1** miracle (*anche fig.*). **2** (*Teat.*) (*rappresentazione sacra*) miracle play. □ ~ **economico** economic miracle; **fare** *miracoli* to work (*o* perform) miracles; (*fig.*) to work wonders.

miracoloso *a.* miraculous (*anche fig.*).

miraggio *m.* mirage (*anche fig.*).

mirare I *v.i.* **1** to aim (*a* at), to sight (s.th.); (*assol.*) to take* aim. **2** (*fig.*) (*tendere*) to aim (*a* at), to tend (towards). **II** *v.t.* (*lett.*) to gaze (*o* look *o* stare) at. **mirarsi** *v.r.* to look at o.s.

miriade *f.* myriad. □ *a miriadi* by the thousand.

mirino *m.* **1** sight. **2** (*Fot.*) view-finder, viewer.

mirra *f.* mirrh.

mirtillo *m.* (*Bot.*) whortleberry, bilberry; (*am.*) blueberry.

misantropia *f.* misanthropy.

misantropo I *s.m.* misanthrope, misanthropist. **II** *a.* misanthropic(al).

miscela *f.* **1** mixture, mix. **2** (*rif. al caffè*) blend. **3** (*Met., Mot.*) mixture; (*di olio e benzina*) petroil.

miscelare *v.t.* to mix, to blend.

miscelatura, **miscelazione** *f.* mixing.

miscellanea *f.* (*lett.*) **1** (*mescolanza*) medley, miscellany. **2** (*titolo di libri*) miscellany; (*gli scritti raccolti*) anthology, miscellanies *pl.*

mischia *f.* **1** fray, scuffle, tussle; (*rissa*) brawl, fight. **2** (*Sport*) scrum, scrummage.

mischiare *v.t.* to mix, to blend, to mingle. **mischiarsi** *v.i.pron.* **1** to mix, to blend, to (inter)mingle. **2** (*fig.*) (*impicciarsi*) to interfere, to meddle, to get* mixed up (*in* in).

miscredente I *a.* **1** (*incredulo*) unbelieving. **2** (*estens.*) (*non religioso*) non-religious. **II** *s.m./f.* unbeliever; (*chi ha una falsa credenza*) misbeliever, miscreant.

miscredenza *f.* **1** (*incredulità*) unbelief, disbelief, lack of belief (*o* faith); (*falsa credenza*) misbelief. **2** (*estens.*) (*mancanza di fede*) lack of faith, irreligion.

miscuglio *m.* **1** mixture, jumble, medley, hodge-podge (*anche fig.*). **2** (*Chim.*) mixture, mix.

miserabile I *a.* **1** miserable, wretched. **2** (*che suscita pietà*) wretched, pitiful, unhappy, miserable. **3** (*di scarso valore*) miserable, worthless, (*spreg.*) paltry. **4** (*spreg.*) (*rif. a persona*) despicable, vile, wretched, (*fam.*) no-good; (*rif. a cosa*) miserable, shabby, low, shameful. **II** *s.m./f.* **1** (poor) wretch, miserable (*o* wretched) person. **2** (*spreg.*) wretch, scoundrel.

miseria *f.* **1** (*povertà estrema*) poverty, indigence; (*squallore*) misery, wretchedness. **2** *pl.* (*situazioni tristi*) misfortunes *pl.*, troubles *pl.*, miseries *pl.* **3** (*inezia*) pittance, trifle, (mere) nothing. **4** (*penuria*) shortage, scarcity. □ **costare** *una* ~ to be very cheap; ~ **nera** dire poverty (*o* want); (*fam.*) **per** *la* ~*!* (*sorpresa*) good heavens!; (*indignazione*) for heaven's sake!; *comprare* (o *vendere*) *qc.* **per** *una* ~ to buy (*o* sell) s.th. for a song; (*fam.*) **piangere** ~ to plead poverty; (*pop.*) **porca** ~*!* blow (it)!, blast (it)!

misericordia *f.* **1** mercy, mercifulness. **2** (*compassione*) pity, compassion. □ **avere** ~ *di qd.* to have mercy on (*o* upon) s.o.; **opera** *di* ~ (*Teol.*) work of mercy (*o* charity); (*scherz.*) (*cosa gradita*) favour, blessing, good deed; **senza** ~ merciless, pitiless; (*spietato*) ruthless, relentless.

misericordioso *a.* merciful.

misero *a.* **1** (*povero: rif. a persone*) poor, poverty-stricken, wretched; (*rif. a cose*) poor, wretched, shabby. **2** (*infelice*) miserable, sad, unfortunate: *una misera sorte* a sad fate. **3** (*insufficiente*) miserable, paltry, sorry, poor, scanty: *un* ~ *pranzo* a poor meal. **4** (*meschino*) miserable, poor, sorry, mean, pitiful. **5** (*rif. ad abiti: stretto*) tight, skimpy.

misfatto *m.* misdeed; (*delitto*) crime.

misoginia *f.* misogyny.

misogino *s.m.* misogynist.

missile *m.* missile. □ ~ **balistico** ballistic missile; ~ **comandato** guided missile; ~ **monostadio** single-stage missile.

missilistica *f.* rocketry, missil(e)ry.

missilistico *a.* missile: *base missilistica* missile base.

missionario *a./s.m.* (*Rel.*) missionary.

missione *f.* mission (*anche estens.*).

missiva *f.* missive, letter, message.

misterioso *a.* mysterious.

mistero *m.* **1** mystery (*anche Teol.*). **2** *pl.* (*Rel.*) mysteries *pl.* **3** (*Teat.*) (*rappresentazione sacra*) mystery play. □ **circondarsi** *di* ~ to act mysteriously; **far** *misteri* to be mysterious; **far** ~ *di qc.* to make a mystery of s.th.; (*fam.*) **quanti** *misteri!* how secretive you are!

misticismo *m.* mysticism.

mistico I *a.* mystic(al). **II** *s.m.* mystic.

mistificare *v.t.* to mystify, to hoax.

mistificazione *f.* **1** mystification. **2** (*imbroglio*) hoax.

misto I *a.* **1** mixed, blended, mingled: *matrimonio* ~ mixed marriage. **2** (*Scol.*) (*rif. a classi*) mixed, for (*o* of) boys and girls; (*rif. a scuole*) co-educational, (*fam.*) co-ed. **II** *s.m.* mixture.

mistura *f.* mixture.

misura *f.* **1** measure. **2** (*dimensione*) measurements *pl.*, dimensions *pl.* **3** (*taglia*) size. **4** (*misurazione*) measurement, measuring. **5** (*fig.*) (*moderazione*) moderation, restraint. **6** (*fig.*) (*limite*) limit, bounds *pl.* **7** (*fig.*) (*provvedimento*) step, measure. **8** (*fig.*) (*proporzione*) measure, extent, degree. **9** (*Sport*) measure, (limit of) distance. □ ~ *di* **altezza** (measurement of) height; ~ *di* **capacità** (measure of) capacity; (*Dir.*) *misure* **cautelari** precautionary measures; (*fig.*) **colmare** *la* ~ to go too far; (*fig.*) **con** ~ (*con moderazione*) within measure (*o* limits); **confezionato** *su* ~ custom made; **della** ~ *di* measuring; **oltre** (*ogni*) ~ beyond measure; **prendere** *le misure di qc.* to measure s.th.; ~ **preventiva** preventive measure; **su** ~ made to measure, custom-made; ~ *di* **superficie** square measure; (*Sport*) **vincere** *di* ~ to win by a narrow margin.

misurabile *a.* measurable.

misurare I *v.t.* **1** to measure; (*rif. a terreno e sim.*) to survey; (*tecn.*) (*con strumenti di precisione*) to gauge. **2** (*pesare*) to weigh. **3** (*fig.*) (*valutare*) to estimate, to measure, to weigh up. **4** (*fig.*) (*contenere*) to limit, to keep* down, to keep* within limits (*o* bounds). **5** (*percorrere*) to pace. **6** (*provare: indossando*) to try on; (*facendo indossare*) to fit for. **II** *v.i.* to measure. **misurarsi** *v.r.* **1** (*di indumenti: provare*) to try on. **2** (*competere*) to measure o.s., to try one's strength (*con* against), to compete, to contend (with).

misurato *a.* **1** (*moderato*) moderate; (*prudente*) cautious. **2** (*ponderato*) measured, considered.

misuratore *m.* **1** (*persona*) measurer; (*rif. a terreni*) surveyor; (*tecn.*) gauger. **2** (*strumento*) meter, gauge.

misurazione *f.* measuring, measurement; (*rif. a terreni*) surveying; (*tecn.*) gauging.

misurino *m.* measure, measuring jug.

mite *a.* **1** mild, gentle, meek. **2** (*dettato da mitezza*) mild, light, lenient: *sentenza* ~ light sentence. **3** (*temperato*) mild, temperate. **4** (*moderato*) moderate, reasonable: *prezzo* ~ moderate price.

mitezza *f.* **1** (*rif. a persone*) mildness, gentleness, meekness. **2** (*rif. a cose*) mildness, leniency, lightness; (*rif. al tempo*) mildness, temperateness.

mitico *a.* mythical.

mitigare *v.t.* **1** to mitigate, to lessen. **2** (*lenire*) to relieve, to alleviate. **mitigarsi** *v.i.pron.* **1** (*moderarsi*) to abate, to subside, to lessen. **2** (*calmarsi*) to calm down; (*rif. al tempo*) to become* milder.

mitilo *m.* (*Zool.*) mussel.

mito *m.* myth (*anche estens.*).

mitologia *f.* mythology (*anche estens.*).

mitologico *a.* mythologic, mythological.
mitra[1] *f.* (*Lit., Stor. greca*) mitre.
mitra[2] *m.* sub-machine-gun, (*fam.*) tommy -gun.
mitraglia *f.* (*fuoco di mitragliatrice*) machine -gun fire.
mitragliamento *m.* machine-gun fire.
mitragliare *v.t.* **1** to machine-gun. **2** (*fig.*) to hammer, to bombard, to pound.
mitragliata *f.* machine-gunning, machine-gun fire.
mitragliatore I *a.* sub-machine-, light machine-. **II** *s.m.* light machine-gun.
mitragliatrice, **mitragliera** *f.* machine-gun.
mitragliere *m.* machine-gunner.
mitrale *a.* (*Anat*) mitral. □ *valvola* ~ mitral valve.
mitt. = *mittente* sender.
mittente *m./f.* (*Poste*) sender; (*indicazione sulla corrispondenza*) from.
ml = *millilitro* millilitre.
mm = *millimetro* millimetre.
Mm = (*Chim.*) *manganese* manganese.
mnemonico *a.* **1** mnemonic(al). **2** (*spreg.*) (*meccanico*) mechanical, rote.
mo' *m.*: *a* ~ *di* by way of, as, like: *a* ~ *d'esempio* by way of example.
Mo = (*Chim.*) *molibdeno* molybdenum.
mobile[1] **I** *a.* **1** mobile, moving: *scala* ~ moving staircase, escalator; (*Econ.*) sliding scale. **2** (*che si può muovere*) movable, mobile. **3** (*Dir.*) movable. **II** *s.m.* (*Dir.*) (*bene mobile*) personal property, movable. **III** *s.f.* (*squadra mobile*) flying squad. □ (*Med.*) *rene* ~ floating kidney.
mobile[2] *m.* **1** piece of furniture; *pl.* furniture. **2** (*Fis.*) mobile. □ *mobili* **componibili** unit (*o* sectional) furniture; *mobili* **intarsiati** inlaid furniture.
mobilia *f.* (*mobili*) furniture.
mobiliare[1] *a.* (*Dir., Econ.*) movable, personal.
mobiliare[2] *v.t.* to furnish.
mobiliere *m.* **1** (*fabbricante*) furniture manufacturer. **2** (*venditore*) furniture seller.
mobilificio *m.* furniture factory.
mobilità *f.* **1** mobility, movability. **2** (*fig.*) (*volubilità*) fickleness, inconstancy.
mobilitare *v.t.* (*Mil., Econ.*) to mobilize.
mobilitazione *f.* mobilization.
moca *m.* mocha (coffee).
mocassino *m.* mocassin.
moccio *m.* mucus (of the nose), (*volg.*) snot.
moccioso I *a.* (*rif. al naso*) snotty; (*rif. a persona*) snotty-nosed. **II** *s.m.* (*fig. spreg.*) young whipper-snapper.
moccolo *m.* **1** candle end; (*spreg.*) (*candela*) candle, taper. **2** (*scolatura di cera*) candle drippings *pl.* **3** (*moccio*) (*volg.*) snot. **4** (*fam.*) (*bestemmia*) oath, swear-word. □ (*fig.*) *reggere il* ~ to play gooseberry.
moda *f.* **1** fashion, style. **2** (*costume*) custom, usage. **3** (*rif. ad abbigliamento*) fashion, (*collett.*) fashions *pl.* □ **alla** ~ fashionable, in fashion (*o* style): *un cappello all'ultima* ~ a hat in the latest fashion; **alta** ~ haute couture, high fashion; **andare** *di* ~ to be the fashion (*o* fashionable); **di** ~ fashionable, (*fam.*) the rage (*o* thing), (*pred.*) (*fam.*) in; trendy: *è abbastanza di* ~ *avere mobilia di legno di pino* it's quite trendy to have pine furniture; **fuori** (*di*) ~ out of fashion, (*pred.*) (*fam.*) out.
modale *a.* modal (*in tutti i signif.*).
modalità *f.* **1** way, manner, form. **2** (*Dir., burocr.*) formality, procedure.
modella *f.* **1** model. **2** (*indossatrice*) (fashion) model; top model.
modellare *v.t.* to model, to shape, to mould. **modellarsi** *v.r.* to model o.s. (*su* on), to take* as a model (s.o.).
modellino *m.* model: ~ *in scala* scale model.
modellismo *m.* model-making; (*aeromodellismo*) model aircraft construction.
modellistica *f.* design and construction of models.
modello I *s.m.* **1** model, pattern. **2** (*Sartoria*) (*cartamodello*) (paper) pattern; (*figurino*) fashion sketch; (*vestito*) model, original (creation). **3** (*fig.*) (*esempio*) model, example, pattern. **4** (*riproduzione in scala ridotta*) (scale) model. **5** (*tipo*) model, type, version: *un'automobile ultimo* ~ a new model car. **6** (*Scient.*) model, framework. **II** *a.* model: *scuola* ~ model school. □ ~ *in* **cera** wax model; (*Moda*) ~ **esclusivo** exclusive model; ~ *in* **gesso** plaster cast; ~ *di* **nave** model of a ship; (*modellino*) model ship.
modem *m.* (*Inform.*) modem.
moderare *v.t.* **1** (*dominare*) to control, to restrain. **2** (*estens.*) (*attenuare*) to moderate, to mitigate, to temper; (*diminuire*) to reduce, to lessen, to moderate. **moderarsi** *v.r.* to control (o.s.), to limit (o.s.).
moderatezza *f.* moderation, temperance.
moderato I *a.* moderate, temperate. **II** *s.m.* (*Pol.*) moderate.
moderatore I *s.m.* **1** moderator (*anche Chim., Fis.*). **2** (*di un dibattito*) chairman (*pl.* –men); (*TV*) anchorman (*pl.* –men). **II** *a.* **1** moderating. **2** (*tecn.*) moderator-.
moderazione *f.* moderation, temperance.
modernismo *m.* modernism.
modernità *f.* modernity.
modernizzare *v.t.* to modernize, to update. **modernizzarsi** *v.r.* to bring* o.s. up-to-date.
moderno I *a.* modern; (*estens.*) up-to-date. **II** *s.m.* modern.
modestia *f.* **1** modesty; (*mancanza di pretese*) unpretentiousness. **2** (*pudore*) modesty, bashfulness. **3** (*mediocrità*) poorness, mediocrity.
modesto *a.* **1** modest, unassuming, unpretentious: *una casa modesta* an unpretentious house. **2** (*pudico*) modest, bashful. **3** (*non agiato*) poor, humble, modest. **4** (*scarso*) scant(y), poor, small: *un* ~ *compenso* a small reward, □ *secondo il mio* ~ *parere* in my humble opinion.

modicità *f.* moderateness, reasonableness.
modico *a.* moderate, reasonable.
modifica *f.* alteration, modification, change.
modificabile *a.* alterable, modifiable.
modificare *v.t.* to alter, to change, to modify; (*emendare*) to amend. **modificarsi** *v.i.pron.* to change, to alter.
modista *f.* milliner.
modisteria *f.* **1** (*arte*) millinery. **2** (*negozio*) milliner's shop.
modo *m.* **1** way, manner: ~ *di vivere* way of life. **2** (*occasione*) opportunity, chance: *non ho avuto* ~ *di parlargli* I did not have a chance to speak to him. **3** (*comportamento*) manners *pl.*: *modi cortesi* good manners. **4** (*abitudine, usanza*) way, manner, custom; (*foggia, guisa*) style, fashion, way. **5** (*mezzo*) means; (*metodo*) method, way. **6** (*misura*) measure, limit. **7** (*Gramm.*) mood. ▭ **a** ~ (*rif. a persone*) nice, polite, well-bred; (*con garbo*) well, properly, nicely; **a** ~ *suo* (*come preferisce*) as he wishes, (in) his own way; ~ *d'***agire** behaviour; *in* **certo** (*qual*) ~ in a way (*o* sense); ~ **congiuntivo** subjunctive (mood); **di** ~ *che (affinché)* so that; (*e così*) (and) so; *per* ~ *di* **dire** so to speak; **esserci** ~ to be a way: *non c'è* ~ *di cavarsela* there's no way of getting out of it; ~ *di* **fare** manner, behaviour; **fare** *in* ~ *che* to see that; **in** *che* ~? (*come*) how?; in what way?; **in** *un* ~ *o nell'altro* whatever happens; *in* **nessun** ~ (*con nessun mezzo*) by no means; (*a nessun patto*) on no account; *in* **ogni** ~ (*comunque*) anyway, anyhow; **oltre** ~ excessively, over-: *oltre* ~ *prudente* over-cautious; *in* **qualche** ~ somehow (or other); *in* **questo** ~ (*così*) in this way, thus; *in* **tal** ~ *che* so... that; *in* **tutti** *i modi*: 1 in every way; 2 (*comunque sia*) anyway, anyhow, at any rate; 3 (*in ogni caso*) in any case (*o* event), at all events.
modulare[1] *v.t.* to modulate.
modulare[2] *a.* modular.
modulatore **I** *s.m.* (*Fis., Rad.*) modulator. **II** *a.* modulating, modulation-.
modulazione *f.* (*Arch., Fis., Rad.*) modulation.
modulo *m.* **1** form, (*am.*) blank: *riempire un* ~ to fill up (*o* in) a form. **2** (*Arch., Arte, Astronautica*) module. **3** (*Mat., tecn.*) modulus. ▭ ~ *in* **bianco** blank form; ~ *di* **domanda** application form; ~ *d'***iscrizione** registration (*o* enrolment) form; (*Astronautica*) ~ **lunare** lunar module.
moffetta *f.* (*Zool.*) skunk.
mogano *m.* mahogany.
mogio *a.* downcast, downhearted.
moglie *f.* wife.
moina *f.* **1** wheedling, cajolery, coaxing. **2** *pl.* (*smancerie*) simpering, affectation, affected (*o* mincing) ways *pl.* ▭ *fare mille moine a qd.* to coax s.o.
mola *f.* **1** (*macina del mulino*) millstone. **2** (*Mecc.*) (grinding) wheel; (*macchina*) grindstone.
molare[1] *v.t.* (*tecn.*) to grind*; (*affilare*) to sharpen.
molare[2] **I** *a.* (*della mola*) mill-: *pietra* ~ millstone. **II** *s.m.* (*dente molare*) molar (tooth).
mole *f.* **1** massive structure. **2** (*Stor. romana*) mole: *la Mole Adriana* the Mole of Hadrian. **3** (*massa*) mass, bulk; (*scherz.*) (*rif. al corpo umano*) bulk, weight, size. **4** (*fig.*) (*quantità*) amount, volume, entity, extent.
molecola *f.* **1** (*Chim.*) molecule. **2** (*estens.*) (*particella*) particle.
molecolare *a.* (*Chim.*) molecular.
molestare *v.t.* **1** to molest, to annoy, to bother. **2** (*tormentare, irritare*) to tease, to pester.
molestia *f.* **1** (*fastidio*) annoyance, worry, trouble, bother. **2** (*azione molesta*) nuisance.
molesto *a.* troublesome, annoying, bothersome, vexatious, irritating: *rumore* ~ irritating noise.
molibdeno *m.* (*Chim.*) molybdenum.
molla *f.* **1** spring. **2** (*fig.*) (*impulso, spinta*) mainspring, incentive, springs *pl.* **3** *pl.* (*per zucchero, pane e sim.*) tongs *pl.*; (*per la brace*) firetongs *pl.* ▭ **a** ~ spring-: *bilancia a* ~ spring balance; **materasso** *a molle* spring mattress.
mollare **I** *v.t.* **1** (*lasciar andare*) to let* go; (*liberare*) to release, to free. **2** (*Mar.*) to let* go, to cast* off. **3** (*fam.*) (*assestare*) to give*, (*fam.*) to land: ~ *uno schiaffo a qd.* to give s.o. a slap. **II** *v.i.* (*cedere*) to give* in (*o* up).
molle **I** *a.* **1** soft, tender, yielding: *parti molli* tender parts; (*floscio*) flabby, slack; (*flaccido*) limp, flaccid. **2** (*bagnato*) (soaking) wet. **3** (*fig.*) (*fiacco, debole*) weak, feeble: *carattere* ~ weak character. **II** *s.m.* soft part; (*del corpo*) fleshy part.
molleggiare **I** *v.i.* to be springy (*o* elastic). **II** *v.t.* to spring*, to fit with springs: ~ *una vettura* to fit a car with springs. **molleggiarsi** *v.i.pron.* to move with a springy step; (*sulle anche*) to sway, (*fam. scherz.*) to wiggle (one's hips); (*in esercizi ginnici, nello sci*) to bend*.
molleggiato *a.* **1** sprung. **2** (*fig.*) (*sciolto, elastico*) springy, elastic.
molleggio *m.* **1** (*nell'arredamento*) springs *pl.*, springing. **2** (*Aut.*) suspension, springs *pl.* **3** (*elasticità*) springiness.
molletta *f.* **1** (*per la biancheria*) clothes peg, (*am.*) clothes pin; (*per i capelli*) hair pin, (*am.*) bobby pin. **2** *pl.* (*per zucchero e sim.*) tongs *pl.*
mollezza *f.* **1** (*debolezza*) weakness, feebleness, softness. **2** (*fig.*) (*rilassatezza*) laxness, laxity, looseness. **3** *pl.* (*piaceri*) luxury, pleasure.
mollica *f.* **1** soft part (of bread), crumb. **2** *pl.* (*briciole*) crumbs *pl.*
mollo *a.* (*fam. pop.*) soaked, drenched, dripping. ▭ **mettere** *a* ~ to soak, to steep, to put in (*o* to) soak; *tenere a* ~ to keep soaking.

mollusco *m.* (*Zool.*) mollusc, mollusk, (*fam.*) shellfish.
molo *m.* pier, jetty; (*banchina*) wharf, quay.
molteplice *a.* **1** manifold, many, numerous multifarious. **2** (*fig.*) many-sided, manifold.
molteplicità *f.* **1** multiplicity. **2** (*varietà*) variety.
moltiplica *f.* **1** (*Mecc.*) gear ratio. **2** (*rif. a biciclette*) pedal wheel.
moltiplicare *v.t.* **1** to increase, to multiply: ~ *le entrate* to increase income. **2** (*Mat., Mecc.*) to multiply. **moltiplicarsi** *v.i.pron.* **1** (*riprodursi*) to multiply, to breed*, to reproduce. **2** (*aumentare*) to increase.
moltiplicatore **I** *s.m.* multiplier (*anche Mat., Mecc.*). **II** *a.* (*Mecc.*) multiplying.
moltiplicatrice *f.* calculating machine.
moltiplicazione *f.* multiplication.
moltissimo (sup. di **molto**) **I** *avv.* **1** (*retto da verbo*) very much, (*fam.*) quite a lot: *mi piace* ~ I like it very much. **2** (*a lungo: in frasi affermative*) a very long time: *ho aspettato* ~ I waited a very long time; (*in frasi negative e interrogative*) very long. **3** (*molto spesso*) very often. **II** *a.indef.sup.assol.* **1** (*in frasi affermative*) a good (*o* great) deal of; (*fam.*) quite a lot of; (*in frasi negative*) very much. **2** (*in grandissimo numero: in frasi affermative*) a great many; (*in frasi affermative, quando è attributo del sogg.*) very many; (*in frasi negative*) very many. **3** (*rif. a tempo: in frasi affermative*) a very long time; (*in frasi negative e interrogative*) very long. **III** *pron.indef.* **1** (*in frasi affermative*) a good (*o* great) deal; (*fam.*) quite a lot, (*in frasi negative e interrogative*) very much. **2** (*rif. a tempo*) (*in frasi affermative*) a very long time; (*in frasi negative e interrogative*) very long. **3** (*pl.*) (*in frasi affermative*) a great many; (*fam.*) quite a lot; (*in frasi negative e interrogative)* very many.
moltitudine *f.* **1** (*gran numero*) multitude, host, great number. **2** (*folla*) (great) crowd, multitude.
molto **I** *avv.* **1** (*retto da verbo*) (very) much, a great (*o* good) deal, (*fam.*) a lot; *mi piace* ~ I like it very much. **2** (*seguito da aggettivi e avv. di grado positivo, da p.pr. e talvolta da p.p. se usati come aggettivi*) very: *è* ~ *buono* he is very good; *scrive* ~ *bene* he writes very well; *è* ~ *avvincente* it is very fascinating. **3** (*seguito da aggettivi e avv. di grado compar.*) much, (by) far, a great (*o* good) deal: *tuo fratello è* ~ *migliore di te* your brother is much (*o* far) better than you. **4** (*seguito da p.p.*) (very) much, greatly, (very) well, widely: *è* ~ *apprezzato* he is much (*o* greatly) appreciated. **5** (*a lungo: in frasi affermative*) a long time: *ho aspettato* ~ I waited a long time; (*in frasi negative e interrogative*) long. **6** (*spesso*) often, a great (*o* good) deal: *esce* ~ he goes out often. **II** *a.indef.* **1** (*in frasi affermative*) a lot of, (*fam.*) lots of, a great (*o* good) deal of, a great (*o* large) quantity of: *è caduta molta pioggia* there has been a lot of rain; (*in frasi affermative quando è attributo del sogg.*) much; (*in frasi negative e interrogative*) much, a lot of: *non c'è* ~ *latte* there isn't much milk. **2** (*in gran numero: in frasi affermative*) a lot of, (*fam.*) lots of, a large number of, plenty of, a food (*o* great) many: *ha letto molti libri* he has read lots of books; (*in frasi affermative quando è attributo del sogg.*) many: *molti ragazzi giocano a tennis* many boys play tennis; (*in frasi negative e interrogative*) many, a lot of. **3** (*intenso, forte*) great, intense: *la tua visita mi ha fatto* ~ *piacere* your visit has given me great pleasure; (*davanti a un aggettivo si traduce con un avv.*) very: *c'era* ~ *freddo* it was very cold. **4** (*lungo: rif. a tempo; in frasi affermative*) a long time: *starò via per* ~ *tempo* I shall be gone (for) a long time; (*in frasi negative e interrogative*) long: *ci vuole* ~ (*tempo*)? will it take long?; (*rif. a distanza: in frasi affermative*) a long way; (*in frasi negative e interrogative*) far; *c'è* ~ *da qui al mare?* is it far to the sea? **5** (*troppo*) (quite) a lot. **III** *pron.indef.* **1** (*in frasi affermative*) a lot, (*fam.*) lots, a great (*o* good) deal, plenty; (*quando è sogg.*) much: ~ *di quanto dici è sbagliato* much of what you say is wrong; (*in frasi negative e interrogative*) much, (*fam.*) a lot: *non ho* ~ *da fare* I haven't much to do. **2** *pl.* (*in frasi affermative*) a great (*o* good) many *pl.*, many *pl.*, (*fam.*) a lot (costr. pl.), (*fam.*) lots *pl.*: *molti di noi* many of us; (*in frasi negative e interrogative*) many *pl.*, a lot (costr. pl.); (*molta gente*) many (*o* a lot of) people *pl.* **IV** *s.m.* much, a great (*o* good) deal, a lot. □ *molti* **altri** many others; ~ **avanti** far (*o* a long way) ahead; (*fig.*) *ci* **corre** ~ there's a great difference; **da** ~: 1 (*rif. a tempo*) for a long time: *non lo vedo da* ~ I haven't seen him for a long time; 2 (*in frasi interrogative*) long: *sei qui da* ~? have you been here long?; ~ **dopo** much later; **è** ~ (*tempo*) it is a long time; **per** ~ (*tempo*) for a long time; ~ **prima** a long time before, long before.
momentaneamente *avv.* at the moment.
momentaneo *a.* (*passeggero*) momentary, passing, temporary.
momento *m.* **1** moment: *ha avuto un* ~ *di esitazione* he hesitated for a moment; (*attimo*) instant, moment, minute, second. **2** (*periodo*) time, moment. **3** (*occasione*) opportunity, chance, moment: *cogliere il* ~ *favorevole* to seize a favourable opportunity. **4** (*Filos., Fis.*) moment. □ **a** *momenti*: 1 (*tra poco tempo*) in a moment, in a few minutes; 2 (*quasi, per poco*) nearly, almost; 3 (*a periodi*) at times; **al** ~ *di* just as, on the point of; *il* ~ **culminante** the climax; **da** *un* ~ *all'altro* at any moment, (*fam.*) any minute now; (*all'improvviso*) suddenly, (*fam.*) all of a sudden; **dal** ~ *che* (ever)

since, from the moment (that); (*poiché*) since; **del** ~: 1 (*attuale*) current, present; 2 (*momentaneo*) momentary, passing; 3 (*di moda*) fashionable, in fashion; 4 (*di successo*) of the moment, popular; *un* ~ **dopo** the next moment; **è** *il* ~ *di agire* now is the time to act; **fino** *a quel* ~ until then, until that moment (*o* time); **fino** *a questo* ~ (*finora*) until (*o* up to) now, so far; **in** *un* ~ in a moment, (*fam.*) in no time, (*fam.*) in a flash; **in** *questo* ~ at the moment, just (*o* right) now; **in** *qualsiasi* ~ at any time; **ogni** ~ (*continuamente*) continually, always; **per** *il* ~ for the time being; *al* (*o sul*) **primo** ~ at first; *nello* **stesso** ~ at the same time; *in quello* **stesso** ~ at that very moment; **sul** ~ (*immediatamente*) immediately, right away; (*lì per lì*) at first; *all'***ultimo** ~ at the last moment (*o* minute); **un** ~*!* just a moment (*o* minute)!

monaca *f.* nun: *farsi* ~ to become a nun.

monacale *a.* monastic; (*da monaco*) monk's; (*da monaca*) nun's: *velo* ~ nun's veil.

monaco *m.* monk.

Monaco[1] *N.pr.m.* (*Geog.*) (*di Baviera*) Munich.

Monaco[2] *N.pr.m.* (*Geog.*) (*Principato*) Monaco.

monarca *m.* monarch.

monarchia *f.* monarchy.

monarchico I *a.* monarchic(al). **II** *s.m.* monarchist, royalist.

monastero *m.* monastery; (*per monache*) convent, nunnery.

monastico *a.* monastic: *vita monastica* monastic life.

moncherino *m.* stump.

monco I *a.* **1** (*privo di un braccio*) with only one arm, one-armed; (*senza braccia*) armless. **2** (*fig.*) (*incompleto*) incomplete, defective. **II** *s.m.* maimed (*o* mutilated) person.

moncone *m.* stump.

mondanità *f.* **1** worldliness. **2** (*vita mondana*) society life.

mondano *a.* **1** (*terreno*) worldly, earthly. **2** (*della società elegante*) worldly, society-, fashionable: *vita mondana* society life. **3** (*rif. a persona*) worldly.

mondare *v.t.* **1** (*sbucciare*) to peel; (*togliere il guscio*) to shell, to husk; (*togliere le foglie e il picciolo*) to hull; (*togliere il filo*) to string*. **2** (*ripulire*) to clean; (*da erbacce*) to weed. **3** (*fig.*) (*purificare*) to cleanse, to purify. **mondarsi** *v.r.* (*purificarsi*) to purify o.s.

mondariso *m./f.* rice-weeder.

mondatura *f.* **1** (*lo sbucciare*) peeling, husking, hulling. **2** (*pulitura*) clean(s)ing; (*da erbacce*) weeding. **3** (*concr.*) (*buccia*) husks *pl.*, peel.

mondezzaio *m.* **1** (*mucchio*) rubbish heap (*o* dump), (*am.*) garbage dump; (*fossa*) rubbish pit; (*letamaio*) dunghill, manure-heap. **2** (*fig.*) (*ambiente sudicio*) pigsty, dump; (*moralmente*) sink.

mondiale *a.* world-; (*diffuso in tutto il mondo*) world-wide.

mondina *f.* (*mondariso*) rice-weeder.

mondo[1] *m.* **1** world (*anche estens.*): *ha girato tutto il* ~ he has travelled all over the world; *vivere nel* ~ *degli artisti* to live in the artist's world. **2** (*fam.*) (*grande quantità*) world, great deal (*o* many), (*fam.*) lots *pl.*: *ha un* ~ *di preoccupazioni* ha has a great many worries. □ **al** ~ in the world; *l'***altro** ~ the next world, the hereafter; *andare all'***altro** ~ to pass away; *mandare all'***altro** ~ *qd.* to send s.o. to kingdom-come; (*sono*) *cose dell'***altro** ~ it's incredible; *in* **capo** *al* ~ at (*o* to) the ends of the earth; *il* ~ **civile** the civilized world; (*fam.*) **dacché** ~ *è* ~ from time immemorial; (*fino a prova contraria*) unless proved to the contrary; *uomo* **di** ~ man of the world; *donna* **di** ~ society (*o* fashionable) woman; **gran** ~ high society; ~ **interiore** inner world; **mettere** *al* ~ *un figlio* to give birth to a child; **mezzo** ~ half the world, (almost) everybody: *lo sa mezzo* ~ everybody knows it; *per* **nulla** *al* ~ on no account; **nuovo** ~ (*America*) New World; *il* ~ *è* **piccolo** it's a small world; (*volg.*) **porco** ~*!* bloody hell!; **tutto** *il* ~ the whole world, all the world; (*tutti*) everybody; (*fam.*) **un** ~ a lot, immensely, enormously; *così* **va** *il* ~ that's (*o* such is) life.

mondo[2] *a.* **1** (*pulito*) clean(ed). **2** (*fig. lett.*) (*puro*) pure; (*esente*) free (*da* from).

mondovisione *f.* (*TV*) world vision.

monegasco *a./s.m.* Monegasque.

monelleria *f.* **1** mischievousness. **2** (*azione*) prank, (piece of) mischief, mischievous trick.

monello *m.* **1** urchin. **2** (*vezz.*) imp, scamp.

moneta *f.* **1** coin, piece: ~ *d'argento* silver coin. **2** (*valuta*) currency; (*denaro*) money. **3** (*region.*) (*spiccioli*) (small) change. □ **carta** ~ paper money; ~ **circolante** currency; ~ **debole** soft currency; ~ **falsa** counterfeit coin; ~ (*a corso*) **legale** legal tender (*o* currency); ~ **metallica** metal coin; ~ *d'***oro** gold coin; (*fig.*) **pagare** *qd. della stessa* ~ to pay s.o. back in his own coin; ~ **sonante** hard cash; ~ **spicciola** small change (*o* money).

monetario *a.* monetary.

monetazione *f.* (*Econ.*) monetization.

monetizzare *v.t.* to monetize.

mongolfiera *f.* (*Aer.*) montgolfier.

mongolo *a./s.m.* Mongol(ian).

mongoloide *a./s.m./f.* mongoloid (*anche Med.*).

monile *m.* **1** (*collana*) necklace. **2** (*gioiello*) jewel.

monito *m.* warning.

monitorizzare *v.t.* to monitor.

monoblocco I *a.* monobloc. **II** *s.* **1** (*Mecc.*) cylinder block. **2** (*di cucina*) kitchen units.

monocolo I *a.* one-eyed. **II** *s.m.* **1** one-eyed person. **2** (*lente*) monocle.

monocolore *a.* (*Pol.*): *governo* ~ one-party gabinet.

monofase *a.* (*El., Fis.*) single-phase, one-phase-.

monogamia *f.* monogamy.

monogamo I *a.* monogamous. **II** *s.m.* monogamist.
monografia *f.* (*Lett.*) monograph.
monografico *a.* monographic.
monogramma *m.* monogram.
monolitico *a.* monolithic.
monolito *m.* monolith.
monolocale *m.* bedsitter, bedsitting room. □ ~ *con servizi* studio flat (*o* apartment).
monologo *m.* monologue (*anche Teat.*).
monomio *mn.* (*Mat.*) monomial.
monopattino *m.* scooter.
monopoli *m.* (*gioco*) monopoly.
monopolio *m.* (*Econ.*) monopoly (*anche fig.*). □ **esercitare** *un* ~ to have (*o* hold) a monopoly; **generi** *di* ~ goods subject to monopoly.
monopolistico *a.* monopolistic.
monopolizzare *v.t.* to monopolize (*anche fig.*).
monopolizzatore I *s.m.* monopolizer. **II** *a.* monopolizing.
monoprogrammazione *f.* (*Inform.*) uniprogramming.
monorotaia *f.* monorail.
monosillabico *a.* monosyllabic.
monosillabo *m.* monosyllable: *rispondere a monosillabi* to answer in monosyllables.
monoteismo *m.* (*Rel.*) monotheism.
monoteista I *a.* monotheist, monotheistic(al). **II** *s.m./f.* monotheist.
monoteistico *a.* monotheistic(al).
monotonia *f.* monotony.
monotono *a.* monotonous, dull.
monovalente *a.* (*Chim.*) monovalent.
monsignore *m.* (*Rel. cattolica*) Monsignor.
monsone *m.* (*Meteor.*) monsoon.
monsonico *a.* monsoon-.
monta *f.* (*Zootecnia*) mounting, covering; (*luogo*) stud, farm.
montacarichi *m.* goods lift (*o* hoist), (*am.*) freight (*o* service) elevator.
montaggio *m.* **1** assembly, assembling: *catena* (o *linea*) *di* ~ assembly line. **2** (*Cin.*) (cutting and) editing, montage.
montagna *f.* **1** mountain; (*collett.*) mountains *pl.*: *andare in* ~ to go to the mountains. **2** (*fig.*) (*grande quantità*) mountain, heap, pile; (*fam.*) lots *pl.* □ **alta** ~ high mountains; (*Geog.*) *Montagne* **rocciose** Rocky Mountains; *montagne* **russe** roller coaster.
montagnoso *a.* mountainous, mountain-.
montanaro I *a.* mountain-. **II** *s.m.* mountain dweller, mountaineer.
montano *a.* mountain-: *paesaggio* ~ mountain landscape.
montante I *a.* mounting, rising. **II** *s.m.* **1** upright, post. **2** (*Mecc.*) (*colonna*) column, pillar. **3** (*Aer.*) strut. **4** (*Sport*) (*nella boxe*) upper-cut. **5** (*Comm.*) (total) amount.
montare I *v.i.* **1** to climb (*su* onto), to get* up (on, onto), to mount (s.th.): ~ *sulla sedia* to get (up) on the chair. **2** (*prendere posto: su un veicolo scoperto*) to get* (*in* on); to mount: ~ *in bicicletta* to get on (*o* mount) a bicycle; (*su un veicolo coperto*) to get* (in, into): ~ *in auto* to get into a car; ~ *sul treno* to get on the train. **3** (*cavalcare*) to ride*. **4** (*crescere di livello*) to rise*, to mount. **5** (*Gastr.*) to rise*. **6** (*prendere servizio*) to go* on duty. **II** *v.t.* **1** (*salire*) to go* up, to climb (up), to ascend. **2** (*sulla cavalcatura*) to mount, to get* on (to); (*cavalcare*) to ride*. **3** (*incorniciare*) to mount, to frame; (*incastonare*) to set*, to mount. **4** (*mettere insieme*) to assemble, to set* up: ~ *una macchina* to assemble a machine. **5** (*fig.*) (*esagerare*) to exaggerate, to blow* up: *l'importanza di questo avvenimento è stata montata dalla stampa* the importance of this event has been exaggerated by the press. **6** (*Gastr.*) to whip. **7** (*Cin.*) to edit, to cut*. **8** (*Zootecnica*) (*coprire*) to mount. **montarsi** *v.i.pron.* (*insuperbirsi*) to become* swollen-headed. □ (*fig.*) ~ *in* **cattedra** to mount the pulpit; ~ *la* **guardia** to mount guard; (*Gastr.*) ~ *a* **neve** to whip; *montarsi la* **testa** to be puffed up.
montato *a.* **1** (*rif. a uova, panna e sim.*) whipped. **2** (*fig.*) (*pieno di boria*) swollen-headed, full of o.s., puffed up.
montatore *s.m.* **1** (*Mecc.*) assembler; (*installatore*) fitter. **2** (*Cin.*) (film) editor; (*am.*) cutter.
montatura *f.* **1** (*montaggio*) assembly, assembling, fitting, setting up. **2** (*incorniciatura*) mounting, framing; (*cornice, telaio*) mount, frame; (*per occhiali*) frames *pl.* **3** (*incastonatura*) mounting, setting (*anche concr.*). **4** (*fig.*) (*esagerazione*) exaggeration, blow-up, ballyhoo. □ ~ *pubblicitaria* (publicity) stunt.
montavivande *m.* service lift; (*am.*) dumb -waiter.
monte *m.* **1** mountain; (*davanti a nome*) Mount, Mt.: *Monte Rosa* Mount (*o* Mt.) Rosa. **2** (*fig.*) (*grande quantità*) mountain, heap, pile. **3** (*nel gioco delle carte*) discards *pl.*, discarded cards *pl.* □ **a** ~ upriver, upstream; (*fig.*) **andare** *a* ~ to fail, to come to nothing; (*fig.*) **mandare** *a* ~ to cause to fail; (*disdire*) to cancel; ~ *dei* **pegni** (o *di pietà*) pawnshop, pawnbroker's; ~ **premi** prize money, jackpot.
montone *m.* **1** (*Zool.*) (*ariete*) ram, tup. **2** (*carne*) mutton. **3** (*pelle*) sheepskin.
montuosità *f.* **1** mountain, hill. **2** (*l'essere ricco di monti*) hilliness, mountains *pl.*, hills *pl.*
montuoso *a.* mountainous, hilly.
monumentale *a.* monumental (*anche estens.*).
monumento *m.* monument. □ *visitare i monumenti di una città* to go sightseeing.
moquette *fr.* [mɔ'kɛt] *f.* moquette, (*am.*) wall -to-wall carpet.
mora[1] *f.* (*Bot.*) (*del gelso*) mulberry; (*del rovo*) blackberry. □ *andare a raccogliere le more* to go blackberring.

mora[2] *f.* **1** (*Dir.*) default, (negligent) delay. **2** (*entità dell'onere*) arrears *pl.*

morale I *a.* moral (*anche Filos.*). **II** *s.f.* **1** morality, morals *pl.* **2** (*etica*) morals *pl.*, ethics *pl.* **3** (*insegnamento*) moral, lesson, message. **III** *s.m.* morale. ☐ *la* ~ *della* **favola** the moral of the story; *essere* **giù** *di* ~ to be in low spirits.

moralismo *m.* moralism.

moralista I *s.m./f.* moralist. **II** *a.* moralistic, moralist-.

moralistico *a.* moralistic.

moralità *f.* **1** morality. **2** (*morale*) morals *pl.*, ethics *pl.* **3** (*Teat.*) morality play.

moralizzare *v.t.* to moralize.

moralizzatore I *s.m.* moralizer. **II** *a.* moralizing.

moralizzazione *f.* moralization.

moratoria *f.* (*Dir.*) moratorium.

morbidezza *f.* softness; (*di colori*) softness.

morbido I *a.* **1** soft: *letto* ~ soft bed. **2** (*fig.*) (*delicato*) soft, delicate, gentle: *mani morbide* soft hands. **3** (*rif. ad abiti e sim.*) loose -fitting, flowing. **4** (*di colori*) mellow, soft. **5** (*di carattere*) docile, meek, submissive. **II** *s.m.* soft place.

morbillo *m.* (*Med.*) measles *pl.*

morbo *m.* (*Med.*) infectious disease. ☐ ~ *di Parkinson* Parkinson's disease.

morbosità *f.* morbidness, morbidity.

morboso *a.* morbid (*anche fig.*).

morchia *f.* **1** dregs (of olives). **2** (*estens.*) (*residuo grasso*) oily (*o* greasy) deposit, dregs *pl.* **3** (*Mecc.*) dirt.

mordace *a.* biting, cutting, sharp, mordant.

mordacità *f.* mordancy, sharpness.

mordente I *a.* **1** biting, piercing: *freddo* ~ biting cold. **2** (*fig.*) (*mordace*) biting, cutting, sharp, pungent. **II** *s.m.* **1** mordant. **2** (*fig.*) bite; (*spirito aggressivo*) drive, push. ☐ (*fig.*) *privo di* ~ weak.

mordere *v.t.* **1** to bite*. **2** (*addentare*) to bite* into (*o* at). **3** (*fam.*) (*rif. a insetti, pungere*) to bite*, to sting*. ☐ (*fig.*) *mordersi le* **dita** to tear one's hair; (*fig.*) ~ *il* **freno** to champ at the bit; *mordersi la* **lingua** to hold one's tongue.

mordicchiare *v.t.* to nibble (at), to gnaw (at).

morello I *a.* blackish. **II** *s.m.* black (*o* dark) horse.

morena *f.* (*Geol.*) moraine.

morenico *a.* (*Geol.*) morainic, morainal.

morente I *a.* **1** dying, moribund. **2** (*fig.*) dying, fading. **II** *s.m./f.* dying man (*f.* woman).

moresco *a.* Moorish, Moresque.

morfina *f.* (*Farm.*) morphine.

morfinomane *m./f.* morphinomaniac.

morfologia *f.* morphology.

morfologico *a.* morphologic(al).

morganatico *a.* morganatic.

moria *f.* **1** (*pestilenza*) plague. **2** (*di bestiame*) murrain; (*di pollame*) fowl pest (*o* plague).

moribondo I *a.* dying, at death's door, moribund. **II** *s.m.* dying man, moribund.

morigeratezza *f.* moderation, temperance.

morigerato *a.* moderate, temperate.

morire *v.i.* **1** (*rif. a persone*) to die, to pass away; (*in guerra*) to fall*. **2** (*avere fine, finire*) to (come* to an) end; (*rif. a tempo*) to draw* to a close, to come* to an end. **3** (*terminare*) to end. **4** (*affievolirsi: luce, suoni*) to die away, to fade. **5** (*estens.*) to be half (*o* nearly) dead, almost to die: ~ *dal caldo* to be nearly dead from the heat. ☐ ~ **ammazzato** to be killed; ~ *in* **bellezza** to make a good end; ~ *come un* **cane** to die like a dog; **da** ~ terribly, dreadfully; *ho una sete* **da** ~ I'm dying for a drink; *preoccupato* **da** ~ worried to death; *stanco* **da** ~ dead (*o* dog) tired; (*fig.*) *mi* **fai** ~*!* you'll be the death of me!; **far** ~ *qd.* (*ucciderlo*) to kill s.o.; *non mi farai vedere* **neanche** *morto in un posto simile* I wouldn't be seen dead in a place like that; ~ *dal* **ridere** to laugh o.s. sick; (*fig.*) *si* **sentì** ~ his heart sank; ~ *di* **sete** to die of thirst; ~ *di* **vecchiaia** to die of old age.

morituro *a.* (*lett.*) (*che sta per morire*) about to die; (*destinato a morire*) doomed (to die).

mormone *m./f.* (*Rel.*) Mormon.

mormorare I *v.i.* **1** (*rif. ad acqua*) to murmur, to babble; (*rif. a vento, foglie e sim.*) to murmur, to whisper. **2** (*rif. a persone*) to murmur, to mutter, to mumble, to grumble. **3** (*dire maldicenza*) to backbite*, to gossip, to speak* ill. **II** *v.t.* to murmur, to mutter, to mumble; (*bisbigliare*) to murmur, to whisper. ☐ *si mormora molto sul tuo conto* there is a lot of talk about you.

mormorio *m.* **1** (*rif. ad acqua*) murmur, babbling; (*rif. a vento, foglie e sim.*) murmuring, whispering. **2** (*rif. a persone*) murmuring, murmurs *pl.*; (*brontolio*) grumbling, muttering.

moro[1] **I** *a.* **1** (*negro, nero*) black, Negro, coloured. **2** (*di capelli scuri*) dark(-haired); (*di carnagione scura*) dark(-complexioned). **3** (*Stor.*) Moorish. **II** *s.m.* **1** (*Stor.*) Moor. **2** (*negro*) Negro, black (*o* coloured) person. **3** (*persona di capelli scuri*) dark(-haired) person; (*persona di carnagione scura*) dark (-complexioned) person.

moro[2] *m.* (*Bot.*) mulberry (tree).

morosità *f.* arrearage.

moroso[1] **I** *a.* defaulting, (*pred.*) in arrears. **II** *s.m.* defaulter, person in arrears.

moroso[2] *m.* (*pop.*) (*innamorato*) sweetheart.

morsa *f.* **1** (*Mecc.*) vise. **2** (*fig.*) vise-like grip.

morsetto *m.* **1** (*Mecc.*) (*sul banco*) vise; (*per tenere insieme*) clamp, holdfast. **2** (*El.*) terminal. **3** (*Sport*) nose-peg; (*am.*) nose plug.

morsicare *v.t.* **1** to nibble (at), to gnaw (at); (*mordere*) to bite*. **2** (*rif. a insetti*) to bite*.

morsicatura *f.* (*atto*) nibbling, gnawing; (*il mordere*) biting; (*effetto*) bite.

morso *m.* **1** bite. **2** (*rif. a insetti*) bite, sting. **3** (*concr.*) (*boccone*) morsel, bit, bite. **4** (*fig.*)

pangs *pl.*, pang, sting. **5** (*parte della briglia*) bit. □ *i morsi della* **fame** the gnowing pains of hunger; **mangiare** *a morsi* to eat greedily, to gulp down.

mortaio *m.* mortar (*anche Mil.*).

mortale I *a.* **1** mortal, deadly: *ferita* ~ mortal (*o* fatal) wound. **2** (*caduco*) transient, fleeting, passing. **3** (*fig.*) (*rif. a odio, offese*) mortal, deadly. **4** (*simile alla morte*) death-like, deadly, mortal. **II** *s.m./f.* mortal.

mortalità *f.* **1** mortality. **2** (*Statistica*) mortality (-rate), death-rate.

mortaretto *m.* (fire-)cracker, squib.

morte *f.* **1** death (*anche fig.*). **2** (*Dir.*) decease. □ **a** ~: 1 mortally, to death: *ferire a* ~ to wound mortally; 2 (*fig.*) intensely, fiercely: *odiare a* ~ to hate intensely; 3 (*fig.*) (*gravemente*) to death, terribly; 4 (*esclam.*) death to; (*Med.*) ~ **apparente** apparent death; **certificato** *di* ~ death certificate; (*Dir.*) ~ **presunta** presumed death; **sino** *alla* ~ until one dies.

mortella *f.* (*Bot.*) myrthe.

mortificare *v.t.* to mortify, to humiliate. **mortificarsi** *v.r.* **1** to be mortified. **2** (*Rel.*) to mortify o.s.

mortificato *a.* mortified, humiliated; (*dispiaciuto*) very sorry.

mortificazione *f.* mortification, humiliation.

morto I *a.* **1** dead (*anche fig.*): *corpo* ~ dead weight. **2** (*fig.*) (*senza attività*) dead, lifeless: *la stagione morta* the dead (*o* off *o* slack) season. **3** (*estens.*) dead, very: *sono stanco* ~ I'm dead tired. **II** *s.m.* **1** dead person; *pl.* dead (costr. pl.). **2** (*Dir.*) deceased. **3** (*cadavere*) corpse, dead body. **4** (*nei giochi di carte*) dummy. □ **cadere** ~ to drop dead; ~ *di* **fame** to starve to death; (*fig.*) down-and-out; **fare** *il* ~ (*galleggiare sul pelo dell'acqua*) to do the dead-man's float; *la* **festa** *dei morti* All Souls' Day; *essere* ~ *di* **sonno** to be dead tired; (*spreg.*) *un* ~ *di* **sonno** a deadhead; (*fig.*) *essere un* **uomo** ~ to be done for.

Morto, Mar *N.pr.m.* (*Geog.*) Dead Sea.

mortorio *m.* funeral, burial: *quel ricevimento è stato un* ~ that party was a boring occasion.

mortuario *a.*: *camera mortuaria* mortuary.

mosaicista *m./f.* mosaic worker, mosaicist.

mosaico[1] *a.* (*Rel. ebraica*) Mosaic.

mosaico[2] *m.* **1** mosaic. **2** (*fig.*) mosaic, patchwork.

mosca *f.* **1** (*Zool.*) fly. **2** (*neo finto*) beauty-spot, patch. **3** (*pizzetto*) goatee, imperial. **4** (*Pesca, Sport*) fly. □ (*fig.*) *una* ~ **bianca** a rare bird; *non farebbe* **male** *a una* ~ he wouldn't hurt a fly; (*fam.*) *far venire a qd. la* ~ *al* **naso** to make s.o. lose one's temper; *non si sentiva* **volare** *una* ~ you could hear a pin drop.

Mosca *N.pr.f.* (*Geog.*) Moscow.

moscacieca *f.* blind-man's buff.

moscato I *a.* **1** (*rif. a frutti*) musk-: *pere moscate* musk-pears. **2** (*Enologia*) muscatel-, muscat-. **II** *s.m.* (*Enologia*) muscatel, muscat (wine). □ *noce moscata* nutmeg.

moscerino *m.* **1** (*Zool.*) midge, gnat. **2** (*fig. scherz.*) (*persona piccola*) midget, (*fam.*) shortie.

moschea *f.* mosque.

moschettiera: *alla* ~ mousquetaire.

moschettiere *m.* (*Mil., ant.*) musketeer.

moschetto *m.* musket.

moschettone *m.* **1** spring catch (*o* clip). **2** (*Alpinismo*) snaplink.

moschicida I *a.* fly-killing. **II** *s.m.* fly-paper.

moscio *a.* **1** (*floscio*) flabby, flaccid. **2** (*fig.*) (*fiacco*) lifeless, slack, sluggish.

moscone *m.* **1** (*Zool.*) bluebottle, blow-fly. (*am.*) gold bug. **2** (*fig.*) (*corteggiatore*) suitor.

Mosé *N.pr.m.* Moses.

mossa *f.* **1** movement: *una* ~ *brusca* a brusque movement. **2** (*gesto*) gesture. **3** (*nel gioco della dama, degli scacchi e sim.*) move. **4** (*Mil.*) movement, move, manoeuvre. **5** (*fig.*) (*azione*) move.

mosso *a.* **1** rough, troubled: *mare* ~ rough sea. **2** (*rivoltato: rif. a terreno*) ploughed (up). **3** (*rif. a capelli*) wavy. **4** (*Fot.*) blurred.

mostarda *f.* (*Gastr.*) (*senape*) mustard.

mosto *m.* must.

mostra *f.* **1** show, display (*anche fig.*). **2** (*esposizione*) exhibition, display, show. **3** (*Comm.*) (*campione*) sample. □ ~ *d'***arte** art exhibition; **fare** ~ *di qc.* (*fingere*) to pretend s.th.; **mettersi** *in* ~ to show off.

mostrare *v.t.* **1** to show*, to display: ~ *i documenti* to show one's papers. **2** (*indicare*) to show*, to point out: ~ *la strada a qd.* to show s.o. the way. **3** (*spiegare*) to show*, to explain. **4** (*dimostrare*) to show*, to demonstrate, to prove. **5** (*fingere*) to pretend. **mostrarsi** *v.r.* **1** (*dimostrarsi*) to show* o.s. (to be), to prove o.s. (to be): *mostrarsi degno* to prove o.s. worthy. **2** (*apparire*) to appear, to show* o.s.

mostrina *f.* (*Mil.*) (collar) badge; tab.

mostro *m.* **1** monster (*anche fig.*). **2** (*scherz.*) (*fenomeno*) prodigy, phenomenon.

mostruosità *f.* monstrosity (*anche Biol.*).

mostruoso *a.* **1** monstrous. **2** (*fig.*) monstrous, horrible, hideous. **3** (*enorme*) huge, enormous. **4** (*fig.*) (*straordinario*) prodigious, extraordinary.

motivare *v.t.* **1** (*causare*) to cause, to motivate. **2** (*precisare il motivo*) to adduce (*o* state) reasons for, to justify.

motivato *a.* motivated.

motivazionale *a.*: (*Psic.*) *ricerca* ~ motivation research.

motivazione *f.* **1** justification, (statement of) reasons *pl.*; (*motivo*) motivation. **2** (*Dir.*) grounds *pl.*

motivo *m.* **1** (*causa*) reason, cause, grounds *pl.*: *per motivi di famiglia* for family reasons; (*movente*) motive. **2** (*tema*) motif, motive, (central) theme (*anche Mus.*). **3**

(*Arte*) motif, pattern. ▭ **a** ~ *di* (*a causa di*) owing to, because of, on account of; ~ **conduttore** leitmotiv (*anche fig.*); *per* **nessun** ~ for no reason, on no account; ~ **ornamentale** ornamental motif; **per** *quale* ~? why?, what... for?; **per** *questo* ~ for this reason, because of this; **senza** (*alcun*) ~ without reason (*o* cause), for no reason; (*Mus.*) ~ *di* **successo** popular tune (*o* song), (*fam.*) hit.

moto[1] *m.* **1** motion (*anche Fis., Mus.*). **2** (*esercizio fisico*) exercise: *fare un po' di* ~ to take some exercise. **3** (*gesto, atto*) movement, gesture. **4** (*tumulto, agitazione*) rising, rebellion, revolt. **5** (*fig.*) (*sentimento*) emotion, impulse, feeling. ▭ *essere* **in** ~: 1 (*rif. a macchine*) to be running, to be in operation, to work; 2 (*rif. a veicolo*) to be moving (*o* in motion); 3 (*rif. a persone*) to be moving (o on the move); **mettere** *in* ~: 1 to set in motion: 2 (*Mot.*) to start (up); 3 (*fig.*) to set off (*o* to work); **mettersi** *in* ~ to get busy; (*incamminarsi*) to set out, (*fam.*) to get moving; (*Mar.*) ~ **ondoso** swell; ~ **perpetuo** perpetual motion; (*Gramm.*) **verbo** *di* ~ verb of motion.

moto[2] *f.* motorbike.

motocarro *m.* three-wheeler.

motocarrozzetta *f.* sidecar.

motocicletta *f.* motorcycle, (*fam.*) motorbike.

motociclismo *m.* (*Sport*) motorcycle racing, motorcycling.

motociclista *m./f.* motorcyclist.

motociclistico *a.* motorcycling, motorcycle-.

motociclo *m.* motorcycle, (*fam.*) motorbike.

motocross *m.* (*Sport*) cross-country race.

motoleggera *f.* lightweight motorcycle.

motonautica *f.* motorboating (*Sport*) speedboating.

motonautico *a.* motorboat-, speedboat-.

motonave *f.* motor ship.

motopeschereccio *m.* motor-trawler, power -trawler.

motore **I** *a.* **1** motor, motive, driving: *forza motrice* motive power. **2** (*tecn.*) driving, power-. **II** *s.m.* **1** motor, engine. **2** (*veicolo a motore*) motor (vehicle). **3** (*fig.*) (*principio*) mover. ▭ **a** ~ motor-, power-, engine -driven; (*Mecc.*) **albero** ~ crankshaft. ~ *ad* **aria** *compressa* compressed-air motor; ~ *d'***avviamento** starter; ~ *a* **benzina** petrol engine, (*am.*) gasoline motor; ~ **Diesel** Diesel engine; ~ *a* **scoppio** internal-combustion engine.

motoretta *f.* motor-scooter.

motorino *m.* moped. ▭ ~ *d'avviamento* self-starter.

motorio *a.* motor-, motory (*anche Fisiologia*).

motorismo *m.* (*Sport*) motor sports *pl.*

motorista *m.* engineer.

motoristico *a.* motor-.

motorizzare *v.t.* to motorize. **motorizzarsi** *v.i. pron.* (*fam.*) (*rif. a macchina*) to get* a car; (*rif. a motocicletta*) to get* a motorcycle.

motorizzato *a.* motorized: *truppe motorizzate* motorized troops. ▭ (*fam.*) *essere* ~ to have a car.

motorizzazione *f.* **1** motorization. **2** (*ispettorato della motorizzazione*) traffic control authority.

motoscafo *m.* motorboat, powerboat. ▭ ~ *da* **competizione** speedboat; ~ *da* **crociera** cruiser.

motovedetta *f.* (*Mar.*) (motor) patrol boat.

motrice *f.* (*Ferr.*) engine, locomotive.

motteggiare **I** *v.i.* to joke, to jest, to crack jokes, to make* quips (*o* witty remarks). **II** *v.t.* to mock, to make* fun of, to rally, to banter, to tease.

motto *m.* **1** (*sentenza*) motto, maxim. **2** (*facezia*) witticism, witty remark, pleasantry. **3** (*parola*) word. ▭ ~ *pubblicitario* slogan.

movente *m.* **1** motive, reason, cause. **2** (*Dir.*) motive.

movenza *f.* carriage, movement, movements *pl.*: *cammina con movenze aggraziate* she has a graceful carriage.

movimentare *v.t.* to enliven, to animate.

movimentato *a.* lively, animated; (*agitato*) agitated, eventful; (*pieno di movimento*) busy.

movimento *m.* **1** movement, motion: *essere in* ~ to be in motion (*o* moving). **2** (*spostamento*) movement; **3** (*mossa*) movement, move. **4** (*fig.*) (*animazione*) activity, animation, (hustle and) bustle; (*traffico*) traffic, movement. **5** (*corrente*) movement (*anche Arte*). **6** (*Mus.*) tempo, movement. ▭ ~ *degli* **affari** turnover; ~ *di* **capitali** movement of capital; **mettere** *in* ~ to set in motion, to start (up); (*fig.*) to set off; **mettersi** *in* ~ (*incamminarsi*) to start, to set out, (*fam.*) to get moving; ~ **operaio** worker's movement.

moviola *f.* (*Cin., TV*) film viewer.

mozione *f.* (*Parl.*) motion.

mozzare *v.t.* **1** to cut*, to cut* off; (*tagliare la coda*) to dock. **2** (*fig.*) to cut* short, to break* off. ▭ ~ *il fiato* to take one's breath away.

mozzicone *m.* stump, stub, butt, end: ~ *di sigaretta* cigarette end (*o* butt), (*fam.*) fag -end.

mozzo[1] *a.* cut (off); (*rif. alla coda*) docked. ▭ *con il fiato* ~ panting (*o* puffing).

mozzo[2] *m.* (*Mar.*) ship-boy, cabin-boy. ▭ ~ *di stalla* stableboy, groom.

mozzo[3] *m.* (*Mecc.*) hub.

mq = *metro quadrato* square metre.

m/sec. = *metri al secondo* metres per second.

mucca *f.* (*Zool.*) cow.

mucchio *m.* **1** heap, pile, mass. **2** (*fig.*) mass, lot, heap; (*rif. a cose astratte*) pack, heap, load. ▭ *a mucchi* in plenty, galore.

mucillagine *f.* mucilage.

muco *m.* (*Med.*) mucus.

mucosa *f.* mucous membrane.

mucoso *a.* mucous.

muffa *f.* mould, mildew. ▭ *fare la* ~ (*anche fig.*) to go mouldy.

muffire *v.i.* **1** to go* mouldy (*o* musty). **2** (*fig.*) to go* (*o* run*) to seed; (*rif. a cose*) to lie* idle.
muffito *a.* mouldy, musty.
muffola *f.* (*guanto*) mitten.
muffoso *a.* mouldy, musty.
muflone *m.* (*Zool.*) mou(f)flon.
muggire *v.i.* **1** to moo, to low, to bellow. **2** (*fig.*) (*rif. a mare, vento e sim.*) to roar, to howl.
muggito *m.* **1** moo, low. **2** (*fig.*) (*rif. a mare, vento e sim.*) roar, howl.
mughetto *m.* (*Bot.*) lily of the valley.
mugnaio *m.* miller.
mugolare *v.i.* **1** to whimper, to whine, to yelp. **2** (*estens.*) (*rif. a persona*) to moan, to groan, (*fam.*) to grizzle.
mugolio *m.* **1** whimpering, whining. **2** (*rif. a persona*) muttering, mumbling.
mulattiera *f.* mule-track.
mulatto *a./s.m.* mulatto.
muliebre *a.* woman's, feminine, womanly.
mulinare **I** *v.t.* to twirl, to whirl, to swirl; (*rif. a vento*) to whirl, to blow*, to spin*. **II** *v.i.* **1** to whirl, to spin* (round and round). **2** (*fig.*) (*rif. a pensieri*) to seethe, to revolve.
mulinello *m.* **1** eddy, whirl, whirlwind; (*gorgo*) whirlpool. **2** (*Pesca*) fishing reel.
mulino *m.* mill. ▭ ~ *ad* **acqua** watermill; ~ *a* **vento** windmill; (*fig.*) *combattere contro i mulini a* **vento** to tilt at windmills.
mulo *m.* (*Zool.*) mule (*anche fig.*).
multa *f.* fine, ticket: *pagare una* ~ to pay a fine.
multare *v.t.* to fine: ~ *qd. di mille lire* to fine s.o. a thousand lire.
multicolore *a.* multicolour(ed), many-coloured.
multiforme *a.* (*lett.*) **1** multiform, variform. **2** (*versatile*) versatile.
multilaterale *a.* multilateral.
multimilionario *a./s.m.* multimillionaire.
multinazionale *a./s.* multinational.
multiplo **I** *a.* multiple, manifold. **II** *s.m.* (*Mat.*) multiple: *minimo comune* ~ least common multiple.
multiproprietà *f.* timesharing.
mummia *f.* mummy (*anche fig.*).
mummificare *v.t.* to mummify. **mummificarsi** *v.i.pron.* to mummify, to become* mummified.
mummificazione *f.* mummification.
mungere *v.t.* **1** to milk. **2** (*fig.*) (*spillare*) to squeeze, to milk.
mungitura *f.* milking.
municipale *a.* town-, municipal, city-. ▭ *consiglio* ~ town council.
municipalità *f.* municipality; municipal corporation.
municipalizzare *v.t.* to municipalize.
municipio *m.* **1** municipality. **2** (*edificio*) town hall. ▭ *sposarsi in* ~ to get (*o* be) married in a registry office, (*am.*) to get married at a city hall.
munificenza *f.* munificence; (*liberalità*) liberality, bounty; (*generosità*) generosity.
munifico *a.* (*lett.*) munificent, liberal, bountiful.
munire *v.t.* **1** (*dotare*) to provide, to fit out (*o* up), to equip (*di* with): ~ *un'automobile della ruota di scorta* to equip a car with a spare wheel. **2** (*fortificare*) to fortify, to strengthen. **munirsi** *v.i.pron.* to provide (*o* supply *o* furnish) o.s., to stock up.
munito *a.* provided, supplied, furnished (*di* with), fitted, equipped (with).
munizioni *f.pl.* munitions *pl.*, ammunition.
munto *a.* milked.
muovere **I** *v.t.* **1** to move: ~ *le braccia* to move one's arms; (*agitare*) to stir. **2** (*far muovere*) to move, to drive*: *il vapore muove la locomotiva* the steam drives the engine. **3** (*sollevare: rif. a dubbi, questioni e sim.*) to raise, to bring* up, to make*; (*rif. ad accuse*) to make*, to bring* forward. **4** (*suscitare*) to rouse, to arouse, to stir up, to move, to cause: ~ *il riso* to cause laughter; ~ *il pianto in qd.* to move s.o. to tears. **II** *v.i.* **1** to move, to go*, to advance. **2** (*fig.*) (*prendere le mosse*) to start, to move off. **muoversi** *v.r.* **1** to move about, to stir. **2** (*mettersi in moto*) to move off, to start, to get* going; (*mettersi in cammino*) to set* out, to leave*. **3** (*fig.*) to make* a move, to take* action: *nessuno si mosse in suo aiuto* nobody made a move to help him. **4** (*fam.*) (*sbrigarsi*) to hurry up, (*fam.*) to get* a move on: *muoviti!* hurry up!
muraglia *f.* **1** wall. **2** (*fig.*) (*barriera*) barrier. ▭ *la grande* ~ the Great Wall of China.
muraglione *m.* retaining wall.
murale *a.* wall-, mural: *manifesto* ~ wall poster.
murare *v.t.* **1** (*chiudere con un muro*) to wall (*o* brick) up: ~ *una porta* to wall up a door. **2** (*fissare nel muro*) to build* into a wall, to embed (*o* immure) in a wall. **murarsi** *v.r.* (*fig.*) to shut* o.s. up, to confine o.s.
murario *a.* building: *opera muraria* building works.
murata *f.* (*Mar.*) ship's side, bulwarks *pl.*
muratore *m.* mason, bricklayer.
muratura *f.* **1** walling. **2** (*lavoro murario*) masonry, brickwork.
murena *f.* (*Zool.*) moray.
muro *m.* **1** wall. **2** (*fig.*) (*barriera*) barrier. **3** *pl.* (*complesso di opere murarie*) walls *pl.* ▭ **a** ~ wall-; *armadio* **a** ~ built-in wardrobe; ~ *di* **cinta** boundary (*o* enclosure) wall; ~ **divisorio** partition (wall); **fuori** *le mura* outside the walls; ~ **maestro** main wall; ~ *di* **mattoni** brick wall; **mettere** *al* ~ (*fucilare*) to shoot; **mettere** *qd. con le spalle al* ~ to drive (*o* push) s.o. to the wall; ~ **perimetrale** outside main wall; ~ *del* **pianto** (*a Gerusalemme*) Wailing Wall; ~ *del* **suono** sound -barrier.
musa *f.* **1** (*Mitol.*) Muse. **2** (*ispirazione poeti-*

ca) muse, inspiration, poetical genius; (*poesia*) poetry.
muschiato *a.* musky.
muschio[1] *m.* (*Biol., Farm.*) musk.
muschio[2] (*Bot.*) moss.
musco *m.* (*Bot.*) moss.
muscolare *a.* muscular, muscle-.
muscolatura *f.* musculature.
muscolo *m.* **1** (*Anat.*) muscle. **2** (*Macelleria*) lean meat. **3** (*Zool.*) mussel.
muscolosità *f.* muscularity.
muscoloso *a.* **1** muscular: *braccia muscolose* muscular arms. **2** (*rif. a persona*) muscular, sinewy.
muscoso *a.* mossy.
museo *m.* museum. □ ~ *d'***arte** museum of art; ~ *delle* **cere** waxworks.
museruola *f.* muzzle. □ *mettere la* ~ *a qd.* to muzzle s.o. (*anche fig.*).
musetta *f.* nosebag.
musica *f.* music (*anche fig.*). □ ~ *da* **ballo** dance (*o* ballroom) music; (*Cin.*) ~ *di* **fondo** background music; **in** ~ (set) to music; ~ **leggera** pop music; ~ **popolare** folk (*o* pop) music; ~ **sacra** church (*o* sacred) music.
musicabile *a.* that can be set to music.
musicale *a.* **1** musical, music-: *strumenti musicali* musical instruments. **2** (*estens.*) musical.
musicalità *f.* musicality.
musicante *m./f.* **1** bandsman (*pl.* –men), player, musician. **2** (*fam. spreg.*) second-rate musician.
musicare *v.t.* to set* to music.
musicassetta *f.* musicassette.
musicista *m./f.* musician.
musicologo *m.* musicologist.
musivo *a.*: *arte musiva* mosaics *pl.*
muso *m.* **1** muzzle, snout, nose. **2** (*fam. spreg.*) (*faccia*) (ugly) face, (*volg.*) (ugly) mug. **3** (*broncio*) pout, sulky (*o* long) face. **4** (*Aut.*) nose. □ (*fam.*) **brutto** ~ (*rif. a faccia*) ugly face (*o* mug); (*rif. a persona*) nasty customer; **fare** *il* ~ to sulk (*o* pout), to pull a face; **tenere** *il* ~ *a qd.* to be cross (*o* sulky) with s.o.
musone *m.* sulky (*o* surly) person.
musoneria *f.* sulkiness, surliness.
mussola *f.* muslin.
musulmano *a./s.m.* Muslim, Moslem.
muta *f.* **1** (*ant.*) (*cambio di sentinella*) relief. **2** (*Zool.*) (*muda*) moult(ing); (*di serpenti*) sloughing, shedding. **3** (*di cavalli*) team. **4** (*di cani*) pack. **5** (*travasatura*) decantation. **6** (*per immersioni subacquee*) wet suit.
mutabile *a.* changeable, mutable (*anche fig.*).
mutabilità *f.* **1** changeableness, mutability (*anche fig.*). **2** (*Biol.*) mutability.
mutamento *m.* change, alteration, mutation.
mutande *f.pl.* (*da uomo*) (under)pants *pl.*, (*am.*) shorts; (*da donna*) panties *pl.*
mutandine *f.pl.* (*da donna e da bambino*) panties *pl.*; pants *pl.*; (*da donna*) briefs *pl.* □ ~ *da bagno* swimming trunks (*o* shorts).
mutare I *v.t.* to change, to transform, to alter: ~ *parere* to change one's mind. **II** *v.i.* to change, to alter. **mutarsi** *v.i.pron.* to change. □ ~ *d'***abito** to change (one's clothes); ~ *in* **meglio** to change for the better: ~ *in* **peggio** to change for the worse.
mutazione *f.* (*Biol., Geol., Mus.*) mutation.
mutevole *a.* changeable, mutable, variable; (*volubile*) inconstant, fickle.
mutevolezza *f.* (*volubilità*) inconstancy, fickleness.
mutilare *v.t.* **1** to mutilate, to maim, to cripple. **2** (*fig.*) to mutilate.
mutilato I *s.m.* cripple, disabled (*o* handicapped) person; (*di guerra*) disabled ex-serviceman (*pl.* –men); (*del lavoro*) disabled worker. **II** *a.* **1** mutilated, maimed, crippled, disabled, handicapped. **2** (*fig.*) mutilated.
mutilazione *f.* mutilation, maiming, crippling.
mutismo *m.* **1** (stubborn) silence, muteness. **2** (*Med.*) mutism, dumbness.
muto I *a.* **1** dumb, mute: ~ *dalla nascita* dumb from birth. **2** (*senza parole*) speechless, dumb. **3** (*rif. a cose*) silent, soundless: *film* ~ silent film. **4** (*Ling.*) mute, silent. **II** *s.m.* **1** mute, dumb person. **2** (*Cin.*) silent cinema, (*am.*) silent movies *pl.* □ *essere* ~ *come un pesce* to be close-mouthed.
mutua *f.* (*anche cassa mutua*) health (*o* sickness) insurance scheme, health insurance fund, (*am.*) medical insurance plan. □ *medico della* ~ panel doctor.
mutualistico *a.* mutual (*anche Biol.*). □ *sistema* ~ health insurance scheme.
mutualità *f.* **1** mutual aid (*o* assistance). **2** (*Pol., Econ.*) mutuality.
mutuare *v.t.* **1** (*prendere in prestito*) to borrow. **2** (*dare in prestito*) to lend*.
mutuato I *a.* borrowed (*anche estens.*). **II** *s.m.* insured person (under a sickness insurance scheme).
mutuo[1] *a.* mutual, reciprocal.
mutuo[2] *m.* (*Econ., Dir.*) loan. □ ~ *edilizio* home loan.

N

n[1], **N**[1] *f./m.* (*lettera dell'alfabeto*) n, N. ▭ (*Tel.*) ~ *come Napoli* N for Nellie, (*am.*) N for Nan.
n[2] = *nato* born.
N[2] = **1** (*Chim.*) *azoto* nitrogen. **2** *Nord* North.
Na = (*Chim.*) *sodio* sodium.
nababbo *m.* (*Stor.*) nabob (*anche fig.*). ▭ *vivere come un* ~ to live in (the lap of) luxury.
nacchera *f.* castanet.
nafta *f.* (*Chim.*) naphtha; (*per motori Diesel*) Diesel oil; (*per riscaldamento*) fuel oil.
naftalina *f.* naphthalene; (*in palline*) mothballs *pl.*
naia *f.* (*sl. mil.*) military service. ▭ *fare la* ~ to do one's bit for king and country.
naiade *f.* (*Mitol.*) naiad (*pl.* –s/–es).
nailon *m.* nylon.
nanismo *m.* (*Med.*) dwarfism, nanism.
nanna *f.* (*infant.*) bye-byes *pl.* ▭ *andare a* ~ to go bye-byes; *fare la* ~ to sleep.
nano I *a.* dwarf-, dwarfish. **II** *s.m.* dwarf.
Napoleone *N.pr.m.* (*Stor.*) Napoleon.
Napoli *N.pr.f.* (*Geog.*) Naples.
nappa *f.* **1** tassel. **2** (*pellame*) soft leather.
narcisismo *m.* narcissism.
narcisista *m./f.* narcissist.
narciso *m.* (*Bot.*) narcissus, daffodil.
narcosi *f.* narcosis.
narcotico *a./s.m.* narcotic.
narcotizzare *v.t.* to narcotize.
narice *f.* nostril.
narrare I *v.t.* to tell*, to narrate, to relate. **II** *v.i.* to tell* (*di* about), to tell* the story (of).
narrativa *f.* **1** (*Lett.*) fiction, narrative literature. **2** (*Dir.*) narrative.
narrativo *a.* narrative: *talento* ~ narrative skill.
narratore *m.* **1** (story-)teller. **2** (*scrittore*) writer, author.
narrazione *f.* **1** narration, telling. **2** (*racconto*) story, tale.
nasale *a./s.f.* nasal.
nascente *a.* dawning, rising (*anche fig.*).
nascere *v.t.* **1** to be born. **2** (*rif. a ovipari*) to be hatched. **3** (*rif. a piante*) to come* (*o* spring*) up. **4** (*spuntare, crescere*) (to begin*) to grow*; **5** (*rif. a corsi d'acqua*) to rise*, to have its source. **6** (*rif. ad astri: sorgere*) to rise*; (*rif. al giorno*) to break*, to dawn. **7** (*fig.*) to start, to spring* up, to begin*: *nacque subito una lite* a fight started immediately. **8** (*fig.*) (*derivare*) to arise* (*da* from, out of), to be due (to), to spring* (from): *tutto è nato da un malinteso* the whole thing was due to a misunderstanding. **9** (*fig.*) (*venire alla mente*) to cross one's mind. ▭ ~ *come* **funghi** to sprout up like mushrooms; (*scherz.*) *non sono nato* **ieri** *I* wasn't born yesterday; *non è nato per quel* **mestiere** he's not cut out for that job.
nascita *f.* **1** birth. **2** (*rif. a piante*) coming up. **3** (*rif. ad astri*) rising, rise; (*rif. al giorno*) dawn, daybreak. **4** (*fig.*) (*inizio*) beginning, outset, start. ▭ **di** ~ (*di origine*) of (*o* by) birth; (*sin dalla nascita*) from birth; *la* ~ *del* **sole** sunrise, (*am.*) sun-up.
nascituro I *a.* (yet) unborn. **II** *s.m.* (future) baby.
nascondere *v.t.* **1** to hide*, to conceal. **2** (*fig.*) (*dissimulare*) to hide*, to hush up; (*non rivelare*) to keep* (s.th. from s.o.): ~ *la verità a qd* to keep the truth form s.o. **3** (*impedire alla vista*) to hide* (from view). **nascondersi** *v.r.* to hide* (o.s.), to be hidden. ▭ *giocare a nascondersi* to play hide-and -seek
nascondiglio *m.* hiding place; (*rif. a briganti, ecc.*) hideout.
nascosto *a.* hidden, concealed. ▭ *di* ~ secretly.
nasello *m.* (*Zool.*) hake.
naso *m.* nose (*anche fig.*) ▭ ~ **aquilino** hook -nose, aquiline nose; (*fig.*) **avere** (*buon*) ~ *per qc.* to have a good nose for s.th.; *avere il* ~ **chiuso** to have a stuffy (*o* stopped-up) nose; (*fig.*) **ficcare** *il* ~ *nei fatti altrui* to poke (*o* stick) one's nose into other people's business; ~ *all'***insù** snub (*o* turned-up) nose; **restare** *con tanto* (o *un palmo*) *di* ~ to be very disappointed.
nassa *f.* (*Pesca*) fish trap; (*per aragoste*) bownet.
nastro *m.* **1** ribbon (*anche decorazione*); (*del cappello*) band. **2** (*tecn.*) tape, band, strap. ▭ ~ **adesivo** adhesive tape; (*El.*) ~ **isolante** insulating tape; ~ *per* **macchina** *da scrivere* typewriter ribbon; ~ **magnetico** magnetic

tape; ~ **trasportatore** conveyor belt.

nasturzio *m.* (*Bot.*) nasturtium.

nasuto *a.* (*dal naso grosso*) with a big nose, large-nosed; (*dal naso lungo*) long-nosed.

natale I *a.* native: *paese* ~ native land. **II** *s.m.* **1** (*giorno natalizio*) birthday, day of birth. **2** *pl.* (*nascita*) birth: *essere di umili natali* to be of humble birth. **Natale** *m.* (*Rel.*) Christmas, (*fam.*) Xmas. ☐ **babbo** *Natale* Santa Claus; **buon** *Natale!* Merry Christmas!

natalità *f.* birth-rate.

natalizio *a.* **1** birth-, of birth, natal. **2** (*di Natale*) Christmas-.

natante I *s.m.* (*Mar.*) craft (*invar.*), boat. **II** *a.* floating.

natatorio *a.* natatorial.

natica *f.* (*Anat.*) buttock.

natio *a.* (*lett.*) native.

natività *f.* (*Lit., Arte*) Nativity.

nativo *a./s.m.* native. ☐ *essere ~ di Roma* to have been born in Rome.

nato I *a.* born: *un bambino appena* ~ a newborn baby; (*rif. a donna sposata*) née: *Maria Bianchi nata Neri* Maria Bianchi née Neri. **II** *s.m.* (*burocr.*) person born (in a certain year). ☐ ~ *con la* **camicia** born with a silver spoon in one's mouth; ~ **morto** still-born, born dead; *è* ~ **per** *la musica* he is a born musician; *il* **primo** ~ the first born; *è suo padre ~ e* **sputato** he is the dead spit of his father.

NATO = *Organizzazione del Trattato dell'Atlantico del Nord* North Atlantic Treaty Organization.

natura *f.* **1** nature. **2** (*indole*) nature, character, disposition. **3** (*genere*) nature, type, kind: *questo è di tutt'altra* ~ this is quite a different kind. ☐ (*Pitt.*) ~ **morta** still-life; **pagare** *in* ~ to pay in kind; **per** ~ naturally, by one's very nature; **secondo** ~ in a natural way, naturally.

naturale *a.* **1** natural. **2** (*non finto*) real: *fiori naturali* real flowers. **3** (*Dir.*) (*illegittimo*) natural, illegitimate. ☐ (*Art.*) *al* ~ (*a grandezza naturale*) life-size, actual size-.

naturalezza *f.* naturalness.

naturalismo *m.* naturalism.

naturalista *m./f.* naturalist.

naturalistico *a.* naturalistic.

naturalizzare *v.t.* to naturalize. **naturalizzarsi** *v.r.* to naturalize, to become* naturalized.

naturalmente *avv.* **1** naturally, by nature. **2** (*certamente*) naturally, of course.

naufragare *v.t.* **1** (*rif. a nave*) to be wrecked; (*rif. a persone*) to be shipwrecked. **2** (*fig.*) (*fallire*) to fail; to fall* through; to be wrecked.

naufragio *m.* **1** (*Mar.*) shipwreck. **2** (*fig.*) (*rovina*) wreck, failure.

naufrago *m.* shipwrecked person, (*superstite*) survivor (of a shipwreck).

nausea *f.* **1** nausea, sickness. **2** (*fig.*) disgust, loathing. ☐ **dare** (o *far venire*) *la ~ a qd.* to make s.o. (feel) sick, to nauseate (*o* disgust, sicken) s.o. (*anche fig.*); **fino** *alla* ~ ad nauseam, to a disgusting degree; **ha** *la* ~ he feels sick (*anche fig.*); **senso** *di* ~ sick feeling, queasiness.

nauseabondo, **nauseante** *a.* nauseating, nauseous, sickening.

nauseare *v.t.* to nauseate, to sicken (*anche fig.*).

nautica *f.* (art of) navigation, nautical science.

nautico *a.* nautical.

nautilo *m.* (*Zool.*) nautilus (*pl.* –luses/li).

navale *a.* naval, sea-. ☐ *cantiere* ~ shipyard

navata *f.* (*Arch.*) (*centrale*) nave; (*laterale*) aisle.

nave *f.* ship, vessel; craft (*invar.*). ☐ ~ **ammiraglia** flagship; ~ *di piccolo* **cabotaggio** small coaster; ~ *da* **carico** freighter, cargo ship; ~ **cisterna** tanker; ~ **corsara** corsair; ~ *di* **linea** liner; ~ **mercantile** merchant ship, merchantman; ~ **passeggeri** passenger ship; ~ **spaziale** spaceship, spacecraft.

navetta *f.* **1** (*Oreficeria*) navette. **2** (*Mecc.*) shuttle. ☐ ~ *spaziale* space shuttle.

navicella *f.* **1** (*Lit.*) incense-boat. **2** (*Aer.*) (*di dirigibile*) gondola.

navigabile *a.* navigable.

navigabilità *f.* navigability.

navigante *m.* sailor, seaman (*pl.* –men).

navigare I *v.i.* to sail, to navigate. **II** *v.t.* to sail. ☐ (*fig.*) ~ *in cattive acque* to be in hard straits, (*fam.*) to be hard up.

navigato *a.* experienced, wordly-wise.

navigatore I *s.m.* **1** navigator, seafarer. **2** (*Sport*) rally co-pilot. **II** *a.* seafaring.

navigazione *f.* **1** navigation. **2** (*viaggio per mare*) voyage; (*traversata*) crossing. ☐ ~ **aerea** air navigation; ~ *da* **diporto** yachting; ~ **interna** inland navigation; ~ **spaziale** space navigation; ~ *a* **vapore** steam navigation; ~ *a* **vela** sailing.

naviglio *m.* **1** shipping, ships *pl.*, fleet, craft (costr. pl.). **2** (*region.*) (*canale navigabile*) canal, cut.

nazareno *a.* Nazarene-. ☐ *Gesù* ~ Jesus of Nazareth, Jesus the Nazarene.

nazionale I *a.* **1** national: *lingua* ~ national language. **2** (*Pol., Econ.*) (*interno*) domestic, home-: *voli nazionali* domestic flights. **II** *s.f.* (*Sport*) national team.

nazionalismo *m.* nationalism.

nazionalista *m./f.* nationalist.

nazionalistico *a.* nationalist(ic).

nazionalità *f.* nationality.

nazionalizzare *v.t.* to nationalize.

nazionalizzazione *f.* nationalization.

nazione *f.* nation.

nazismo *m.* Nazi(i)sm.

nazista I *s.m./f.* Nazi. **II** *a.* Nazi-.

n.b., N.B. = *nota bene* nota bene, note well.

Nb = (*Chim.*) *niobio* niobium.

Nd = (*Chim.*) *neodimio* neodymium.

ND = *Nobil Donna* noble woman.

N.d.A. = *Nota dell'Autore* author's note.

N.d.E. = *Nota dell'Editore* publisher's note.
N.d.R. = *Nota della Redazione* editor's note.
N.d.T. = *Nota del Traduttore* translator's note.
ne I *particella pron.* **1** (*di lui, di lei, di loro, di questo, di quello, di quelli*) of (*o* about *o* by *o* with) him, her, it, them (*spesso non si traduce o viene reso con l'aggettivo poss.*): *non ~ sei degno* you aren't worthy of him; *ho una nuova macchina, ma non ~ sono contento* I have a new car, but I am not happy with it; *te ~ mostro la foto* I'll show you her photo. **2** (*con ciò*) with it: *eccoti il denaro: fanne ciò che vuoi* here is the money: do as you like with it. **3** (*da ciò*) from it (*spesso non si traduce*): *non saprei trarne altra conclusione* I don't know what other conclusion I could draw (from it); *~ consegue che...* (from that) it follows that... **4** (*con valore partitivo: in frasi positive e in frasi interrogative di offerta*) some (*spesso non si traduce*): hai dei libri? – *sì, ~ ho* have you any books? – yes, I have (some); (*in frasi negative e interrogative dubitative*) any (*spesso non si traduce*): *hai del pane? – no, non ~ ho* have you any bread? – no, I haven't (any); (*col verbo affermativo*) none: *non ~ ho* I have none; (*con un numero: non si traduce*) *hai figli? – sì, ~ ho tre* have you any children? – yes, I have three; (*seguito da agg. qualificativo*) one: *vuole una bambola? ~ ho di molto belle* do you want a doll? I have some very pretty ones. **5** (*pleonastico: non si traduce*): *di giornali simili non ~ leggo più* I don't read papers like that any more. **II** *avv.* **1** (*moto da luogo: da qui, di lì*) from here, from there (*spesso non si traduce*): *me ~ vado* I go away (from here). **2** (*pleonastico: non si traduce*): *me ~ stavo tutto solo* I was all alone. ▭ *~ ho* **bisogno** I need it; **non** *ce ~ sono più* there are no more, there aren't any more.
né *congz.* **1** (*dopo il verbo affermativo: negando due termini*) neither... nor: *non parla ~ l'italiano ~ l'inglese* he speaks neither Italian nor English; *non è venuto ~ Marco ~ Giovanni* neither Mark nor John has come; (*negando più di due termini*) *~ beve, ~ fuma, ~ mangia pesce* she neither drinks, nor smokes, nor eats fish; (*dopo il verbo negativo*) either... or; either... or... or. **2** (*e non*) neither, nor (*richiede l'inversione del soggetto e del verbo*), and not: *non lo giudico ~ lo condanno* I do not judge him, neither (*o* nor) do I condemn him. ▭ *~* **più** *~ meno* neither more nor less; **senza** ... ~ ... without ... or...: *è partito senza mangiare ~ bere* he went off without eating or drinking; *~ l'***uno** *~ l'altro* neither, not ... either: *~ l'uno ~ l'altro caso era giusto* neither case was right; *non mi piace ~ l'uno ~ l'altro* I like neither (I do not like either).
Ne = (*Chim.*) *neo* neon.
neanche → **nemmeno**.
nebbia *f.* **1** fog; (*foschia*) mist; (*leggera*) haze; (*mista a fumo*) smog. **2** (*fig.*) (*offuscamento*) haze, fog, mist. ▭ *~* **alta** high fog; **banco** *di ~* fogbank.
nebbiogeno I *a.* (*tecn.*) smoke-producing. **II** *s.m.* (*Mil.*) (*sostanza*) smoke-producing substance; (*apparecchio*) smoke-making apparatus.
nebbione *m.* thick, fog, (*fam.*) pea-soup fog.
nebbioso *a.* **1** foggy, misty, hazy. **2** (*fig.*) (*confuso*) hazy, vague.
nebulizzare *v.t.* to atomize.
nebulizzatore *m.* atomizer.
nebulizzazione *f.* atomization.
nebulosa *f.* (*Astr.*) nebula (*pl.* nebulae).
nebulosità *f.* **1** cloudiness. **2** (*fig.*) haziness; vagueness.
nebuloso *a.* **1** foggy, misty. **2** (*fig.*) hazy, vague, nebulous.
nécessaire *fr.* [nese'sɛ:r] *m.* (*da toilette*) toilet bag. ▭ *~ da* **lavoro** work kit; *~ da* **viaggio** spongebag.
necessario I *a.* necessary (*a* to), required (by, for), needed (for). **II** *s.m.* what is necessary, necessity (*spec. pl.*). ▭ *il ~ per* **scrivere** writing materials *pl.*; *lo* **stretto** *~* the bare minimum, bare necessities *pl.* ‖ *non è ~ che tu venga* you needn't come.
necessità *f.* **1** necessity; (*bisogno*) need. **2** (*indigenza*) need, poverty. **3** (*forza superiore*) necessity (*anche Filos.*). ▭ **avere** *~ di qc.* to need s.th.; *in* **caso** *di ~* in case of need, if necessary; *~* **corporali** physical needs; **per** *~* of necessity: *la relazione è, per ~, molto concisa* the report is, of necessity, extremely brief; *articoli di* **prima** *~* the necessities of life; *non ne* **vedo** *la ~* I see no need for (*o* to do) it.
necessitare I *v.t.* to necessitate, to require. **II** *v.i.* to need (*di qc.* s.th.), to be in need (of). **III** *v.i.impers.* to be necessary.
necrologia *f.* **1** obituary (notice). **2** (*discorso funebre*) funeral oration.
necrologio *m.* **1** obituary (notice). **2** (*registro dei decessi*) necrology, register of deaths.
necropoli *f.* necropolis.
necroscopico *a.* post-mortem-: *perizia necroscopica* post-mortem examination.
necrotico *a.* (*Med.*) necrotic.
necrotizzare *v.t.*, **necrotizzarsi** *v.i.pron.* (*Med.*) to necrotize.
nefandezza *f.* **1** wickedness, iniquity. **2** (*azione*) foul (*o* evil) deed.
nefando *a.* wicked, nefarious.
nefasto *a.* ill-omened, ill-fated, inauspicious.
nefrite *f.* (*Med.*) nephritis (*pl.* –tes/–tides).
nefropatia *f.* (*Med.*) nephropaty.
negare *v.t.* **1** to deny. **2** (*contestare, rifiutare*) to deny, to refuse.
negativa *f.* negative (*anche Fot.*).
negativo *a.* **1** negative (*anche Gramm., Mat., Fis.*). **2** (*sfavorevole*) unfavourable, negative: *critica ~* unfavourable criticism; *esito ~* negative result.
negato *a.* bad, hopeless, no good.

negazione *f.* **1** denial, negation. **2** (*il contrario*) negation, contrary, opposite. **3** (*Gramm.*) negative; (*particella negativa*) negative particle.
neghittoso *a.* (*lett.*) lazy, slothful.
negletto *a.* (*lett.*) **1** (*derelitto*) forsaken. **2** (*trascurato*) neglected, uncared for; (*sciatto*) slovenly.
negligente *a.* negligent, careless, inattentive.
negligenza *f.* **1** negligence, carelessness, lack of attention. **2** (*azione*) careless action, oversight.
negoziabile *a.* negotiable.
negoziante *m./f.* (*esercente*) shopkeeper.
negoziare **I** *v.t.* to negotiate. **II** *v.i.* to deal*, to trade (*in* in).
negoziato *m.* negotiation.
negoziatore *m.* negotiator.
negozio *m.* **1** shop, (*am.*) store. **2** (*affare*) deal, (piece of) business. □ **catena** *di negozi* chain-stores; (*Dir.*) ~ **giuridico** legal transaction.
negra *f.* Negress (*spesso spreg.*); black (*o* coloured) woman.
negretto *m.* Negro boy, (*spreg.*) nigger-boy.
negriere *m.* **1** slave-trader, slave-dealer. **2** (*fig.*) slave-driver.
negriero *a.* slave-: *nave negriera* slave-ship.
negro **I** *a.* Negro (*spesso spreg.*); black, coloured: *razza negra* Negro race. **II** *s.m.* Negro, black (*o* coloured) man; (*spreg.*) nigger.
negroide *a./s.m./f.* Negroid.
negromante *s.m./f.* necromancer.
negromanzia *f.* necromancy.
nembo *m.* **1** (*Meteor.*) nimbus. **2** (*fig., lett.*) cloud.
nemesi *f.*: ~ *storica* nemesis.
nemico **I** *s.m.* enemy; (*avversario*) foe, adversary. **II** *a.* **1** enemy-, hostile. **2** (*fig.*) (*avverso*) hostile, adverse. **3** (*fig.*) (*dannoso*) harmful, bad. □ ~ **mortale** mortal enemy (*o* foe); **passare** *al* ~ to go over to the enemy; ~ **pubblico** *numero uno* public enemy number one.
nemmeno **I** *avv.* not even: *non l'ho* ~ *visto* I did not even see him. **II** *congz.* not... either, nor: ~ *io uscirò con questo tempo* I won't go out in this weather either; *tu non lo vuoi?* ~ *io* you don't want it? nor do I (*o* I don't either). □ ~ *per sogno* I wouldn't dream of it, (*fam.*) not on your life.
nenia *f.* **1** (*canto funebre*) dirge. **2** (*cantilena*) singsong.
neo[1] *m.* **1** (*Anat.*) mole. **2** (*posticcio*) beauty spot, patch. **3** (*fig.*) (*piccolo difetto*) (slight) flaw, small defect.
neo[2] → **neon.**
neoclassicismo *m.* (*Arte*) neoclassicism.
neoclassico *a.* neoclassic.
neodimio *m.* (*Chim.*) neodymium.
neofita, neofito *m.* neophyte.
neolitico *m.* (*Geol.*) Neolithic.
neologismo *m.* neologism.
neon *m.* (*Chim.*) neon: *luce al* ~ neon light.
neonato **I** *a.* newborn. **II** *s.m.* newborn baby (*o* child).
neonazismo *m.* neo-Nazism.
neoplasma *m.* (*Med.*) neoplasm.
neoplastico *a.* (*Med.*) neoblastic, neoplastic.
neorealismo *m.* (*Filos., Lett., Cin.*) neorealism.
neozelandese **I** *a.* New Zealand-, of New Zealand. **II** *s.m./f.* New Zealander.
nepotismo *m.* nepotism (*anche estens.*).
nepotista *m./f.* nepotist.
neppure → **nemmeno.**
nerastro *a.* blackish.
nerbata *f.* lash.
nerbo *m.* **1** scourge. **2** (*fig.*) (*parte più forte*) core, backbone, heart. **3** (*fig*) (*forza*) strength, vigour.
nerboruto *a.* (*muscoloso*) muscular, sinewy; (*robusto*) robust, strong.
nereide *f.* (*Mitol.*) nereid.
neretto *m.* (*Tip.*) bold-face, bold(-faced) type.
nero **I** *a.* **1** black (*anche fig.*). **2** (*scuro*) dark, black: *occhiali neri* dark (*o* sun-)glasses; *capelli neri* dark (*o* black) hair. **3** (*rif. a vino*) red; (*rif. a birra*) dark; (*rif. a pane*) brown. **4** (*triste*) black, gloomy: *una giornata nera* a gloomy day. **5** (*scellerato*) wicked, black. **II** *s.m.* black. □ **caffè** ~ (*senza latte*) black coffee; ~ *come il* **carbone** as black as soot (*o* ink), pitch-black; (*Econ.*) **fondi** *neri* black funds; **lavoro** ~ moonlighting; **mettere** ~ *su bianco* to put it down in black and white.
nerofumo *m.* lampblack.
nerognolo *a.* blackish.
nervatura *f.* **1** vein. **2** (*Bot.*) rib, venation. **3** (*Arch.*) rib, nervure. **4** (*Legatoria*) raised band. **5** (*Sartoria*) pin-tucks *pl.*
nervo *m.* **1** (*Anat.*) nerve. **2** (*fam.*) (*tendine*) tendon, sinew. **3** (*Bot.*) vein, nerve, rib. □ (*fig.*) **avere** *i nervi* to be on edge; (*fig.*) **dare** *ai* (o *sui*) *nervi a qd.* to get on s.o.'s nerves; *avere i nervi a fior di* **pelle** to be a bundle of nerves; *avere i nervi a* **pezzi** to be a nervous wreck; *avere i nervi* **saldi** to have sound nerves.
nervosismo *m.* edginess, nervousness.
nervoso **I** *a.* **1** (*Anat.*) nervous, nerve-: *esaurimento* ~ nervous breakdown. **2** (*irritabile*) irritable, short-tempered, (*fam.*) nervy. **II** *s.m.* (*fam.*) irritability, bad temper. □ *farsi prendere dal* ~ to get cross (*o* upset).
nespola *f.* (*Bot.*) medlar.
nespolo *m.* (*Bot.*) medlar tree.
nesso *m.* connection, link; (*relazione*) relation(ship). □ *senza* ~ unconnected, unrelated.
nessuno **I** *a.indef.* **1** no: *nessun uomo potrebbe farlo* no man could do it. **2** (*in frasi interrogative o in presenza di altra negazione*) any: *hai nessuna osservazione da fare?* do you have any comments?; *non ho avuto nessuna soddisfazione* I didn't get any satisfaction. **3** (*dopo la negazione "senza"*) any:

senza ~ *dubbio* without any doubt. **II** *pron.indef.* **1** (*rif. a persone*) no one, nobody: ~ *vi ha creduto* no one believed you; (*in frasi interrogative o in presenza di altra negazione*) anyone, anybody: *non ho visto* ~ I didn't see anyone; (*con i partitivi*) none,not one: ~ *di loro* none of them. **2** (*rif. a cose*) none, not... any: *"hai qualche domanda?" "No, non ne ho nessuna"* "have you any questions?" "No, none". **3** (*qualcuno*) someone; (*in frasi interrogative o dopo la negazione "senza"*) anyone, anybody: *senza che* ~ *se ne accorgesse* without anyone noticing. **III** *s.m.* (*persona di poco valore*) nobody, nonentity: *non è* ~ he is a nobody. □ *nessun* **altro** (*rif. a persona*) no one else, nobody else; (*rif. a cosa*) nothing else; *in* ~ **luogo** nowhere, not... anywhere.

nettare[1] *m.* nectar (*anche estens.*).

nettare[2] *v.t.* to clean.

nettezza *f.* cleanliness. □ ~ *urbana* street cleaning (service); (*raccolta delle immondizie*) garbage collection.

netto I *a.* **1** clean. **2** (*nitido, chiaro*) sharp, clear-cut, clean-cut (*anche fig.*): *il profilo* ~ *dei monti* the sharp outline of the mountains; *una netta distinzione* a clear-cut distinction. **3** (*deciso*) definite, downright: *rifiuto* ~ downright refusal. **4** (*Comm.*) net: *stipendio* ~ net salary; *peso* ~ net weight. **II** *avv.* (*chiaramente*) clearly, distinctly, plainly. **III** *s.m.* (*Comm.*) net (amount). □ *al* ~ net.

nettunio *m.* (*Chim.*) neptunium.

netturbino *m.* garbage (*o* trash) collector; (*spazzino*) street-sweeper.

neurochirurgia *m.* neurosurgery.

neurologia *f.* (*Med.*) neurology.

neurologico *a.* neurologic(al).

neurologo *m.* neurologist.

neurosi → **nevrosi**.

neurovegetativo *a.*: *sistema* ~ vegetative (*o* involuntary) nervous system.

neutrale *a./s.m./f.* neutral (*anche Pol.*).

neutralismo *m.* neutralism.

neutralità *f.* neutrality (*anche Pol., Chim.*).

neutralizzare *v.t.* to neutralize.

neutralizzazione *f.* neutralization.

neutrino *m.* (*Fis.*) neutrino.

neutro I *a.* **1** neutral. **2** (*Gramm.*) neuter. **II** *s.m.* (*Gramm.*) neuter.

neutrone *m.* (*Fis.*) neutron.

nevaio *m.* snow-field.

neve *f.* snow. □ (*Gastr.*) *montare le chiare* **a** ~ to whip the egg whites until stiff; **di** ~ snow-: *pupazzo di* ~ snowman; (*fig.*) (*bianco*) snowy, snow-white; ~ **farinosa** powdery snow.

nevicare *v.i.imp.* to snow: *nevica* it's snowing.

nevicata *f.* snowfall.

nevischio *m.* sleet.

nevoso *a.* **1** snow-; *precipitazione nevosa* snowfall. **2** (*coperto di neve*) snow-covered, snowy; (*rif. a vette*) snow-capped.

nevralgia *f.* (*Med.*) neuralgia.

nevralgico *a.* neuralgic.

nevrastenia *f.* (*Med.*) neurasthenia.

nevrastenico I *a.* **1** neurasthenic. **2** (*fig., fam.*) (*nervoso*) irritable, edgy, nervy. **II** *s.m.* **1** neurasthenic. **2** (*fig.*) irritable person.

nevrite *f.* (*Med.*) neuritis.

nevrosi *f.* neurosis (*pl.* neuroses).

nevrotico *a./s.m.* neurotic.

nevvero *avv.* (*region.*) (*traduzione idiomatica*): *ti sei trovato bene,* ~? you liked it, didn't you?

N.H. = *Nobil Uomo* noble man.

Ni = (*Chim.*) *nichel* nickel.

nibbio *m.* (*Zool.*) kite.

nicchia *f.* niche.

nicchiare *v.i.* to hesitate, (*fam.*) to shilly -shally.

nichel *m.* (*Chim.*) nickel.

nichilismo *m.* (*Fil.*) nihilism.

nichilista *s.m./f.* (*Fil.*) nihilist.

Nicola *N.pr.m.* Nicholas.

nicotina *f.* nicotine. □ *senza* ~ nicotine-free.

nidiata *f.* **1** (*di ovipari*) brood; (*di altri animali*) litter. **2** (*fig., scherz.*) (*rif. a bambini*) brood.

nidificare *v.i.* to nest.

nido *m.* **1** nest; (*rif. a uccelli rapaci*) eyrie. **2** (*fig.*) (*casa*) home, nest. **3** (*fig., spreg.*) (*covo*) den. □ ~ *d'infanzia* crèche, (day) nursery, (*am.*) toddler's house.

niente I *pron.indef.* **1** nothing; (*in presenza di altra negazione*) anything: *non ho comperato* ~ I didn't buy anything. **2** (*un'inezia*) a mere nothing, (next to) nothing, trifle, nothing much: *è ammalato, ma pare che non sia* ~ he is ill, but it doesn't seem to be anything much. **3** (*in frasi interrogative: qualcosa*) anything. **II** *s.m.inv.* **1** nothing: *la cosa finì in* ~ it all came to nothing; (*con verbo negativo*) anything. **2** (*poca cosa*) (mere) nothing, smallest (*o* slightest) thing, trifle. **3** (*un poco*) very little, almost (*o* next to) nothing. **III** *a.indef.inv.* (*fam.*) no, not any: ~ *lettere?* no letters?, any letters? **IV** *avv.* **1** nothing, anything: *non mi importa* ~ *dei tuoi consigli* I care nothing for your advice. **2** (*rafforzativo di non: affatto*) at all, in the least (*o* slightest): *non è* ~ *vero* it's not true at all. □ *nient'***affatto** certainly not, not in the least; *nient'***altro** *che* nothing but, only, just, merely; **come** ~ with the greatest ease; **come** ~ (*fosse*) as if nothing had happened; **da** ~ trivial, slight: *incidente da* ~ slight accident; *son cose* **da** ~ it's nothing; ~ **di** ~ nothing whatsoever (*o* at all), absolutely nothing; *non* **fa** ~ (*non importa*) never mind, it doesn't matter; it's nothing; **finire** *in* (o *nel*) ~ to come to nothing; **grazie***!* – *di* ~ thank you! – don't mention it; ~ **meno** *che* nothing less than; (*rif. a persona*) no less than; **per** ~: 1 (*affatto*) at all: *oggi non s'è visto per* ~ today he hasn't shown up at all; 2 (*gratuitamente, invano*) for nothing: *sei* *venuto qui per* ~ you came for nothing; *non* serve *a* ~ it's no use.

nientedimeno, **nientemeno** *avv.* **1** (*addirittura*) actually, even. **2** (*esclam.*) I say, you don't say so. ▭ ~ *che* (*rif. a persona*) no less than, (*rif. a cosa*) nothing less than.

Nigeria *N.pr.f.* (*Geog.*) Nigeria.

nigeriano *a./s.m.* Nigerian.

Nilo *N.pr.m.* (*Geog.*) Nile.

ninfa *f.* nymph.

ninfea *f.* (*Bot.*) water lily.

ninfomane *a./s.f.* nynphomaniac.

ninfomania *f.* nynphomania.

ninnananna *f.* (*Mus.*) lullaby, cradle-song.

ninnare *v.t.* **1** to sing* a lullaby to, to lull to sleep. **2** (*cullare*) to rock to sleep.

ninnolo *m.* **1** (*balocco*) toy, plaything. **2** (*gingillo*) knick-knack, trinket.

niobio *m.* (*Chim.*) niobium.

nipote *m./f.* **1** (*di zio*) nephew (*f.* niece). **2** (*di nonno*) grandchild, grandson (*f.* –daughter). **3** *pl.* (*fig.*) (*discendenti*) descendants *pl.*, progeny (*sing.*); posterity (*sing.*).

nipponico *a.* (*lett.*) Nipponese.

nitidezza *f.* clearness, neatness (*anche fig.*).

nitido *a.* **1** clear. **2** (*fig.*) clear, lucid.

nitrato *m.* nitrate. ▭ ~ *d'argento* silver nitrate.

nitrico *a.* (*Chim.*): *acido* ~ nitric acid.

nitrire *v.i.* to neigh, to whinny.

nitrito *m.* neigh, whinny; (*il nitrire*) neighing.

nitroglicerina *f.* (*Chim.*) nitroglycerin(e).

no I *avv.* **1** no: *ti è piaciuto lo spettacolo?* – ~ did you like the show? – no, I didn't. **2** (*nelle proposizioni disgiuntive*) not: *hai finito il tuo lavoro o* ~*?* have you finished your work or not? **II** *s.m.* **1** refusal: *un bel* ~ a flat refusal. **2** (*voto contrario*) no, nay; (*se preceduto da un numerale*) against: *la proposta è stata accettata con dieci sì contro due* ~ the proposal was adopted with ten for and two against. ▭ (*scherz.*) **anzi** *che* ~ (*piuttosto*) rather, somewhat; ~ *di* **certo** certainly not; **come** ~ of course, by all means; **credo** *di* ~ I don't think so; ~ **davvero** no indeed; *non* **dico** *di* ~ (*lo ammetto*) I must admit, I don't deny it; **ma** ~ no, really; **ora** ~ not now; *perché non vieni?* – **perché** ~ why aren't you coming? – because I'am not; ~ *e* **poi** ~ no, no, definitely not; **rispondere** *di* ~ to answer (*o* say) no; **se** ~ otherwise, (or) else: **sì** *e* ~ (*forse*) yes and no, perhaps, maybe; (*a malapena*) barely; *vieni* **sì** *o* ~*?* are you coming or not (*o* aren't you)?; **speriamo** *di* ~ let's hope not; **stare** *fra il sì e il* ~ to be undecided; **uno** *sì e uno* ~ every second one, every other one. ‖ *un giorno sì e uno* ~ on alternate days; *è lui,* ~*?* it's him, isn't it?

No = **1** (*Chim.*) *nobelio* nobelium. **2** *numero* number.

nobelio *m.* (*Chim.*) nobelium.

nobildonna *f.* noblewoman (*pl.* –women).

nobile I *a.* noble (*anche fig.*): *famiglia* ~ noble family. **II** *s.m./f.* noble, nobleman (*pl.* –men; *f.* –woman, *pl.* –women).

nobiliare *a.* noble, of nobility.

nobilitare *v.t.* **1** (*rendere nobile*) to ennoble, to raise to the nobility. **2** (*fig.*) to ennoble, to dignify.

nobiltà *f.* **1** nobility. **2** (*i nobili*) nobility, nobles *pl.*; (*GB*) peerage. **3** (*fig.*) nobility, loftiness. ▭ ~ *d'***animo** noble-mindedness, high-mindedness; ~ **terriera** landed gentry.

nobiluomo *m.* nobleman (*pl.* –men).

nocca *f.* knuckle.

nocchiere, **nocchiero** *m.* (*lett.*) helmsman (*pl.* –men), steersman (*pl.* –men).

nocciola I *s.f.* (*Bot.*) hazel-nut. **II** *s.m./a.* (*colore*) light brown, hazel.

nocciolato *m.* nut chocolate.

nocciolina *f.* (*Bot.*) (*anche nocciolina americana*) peanut.

nocciolo[1] *m.* **1** (*Bot.*) stone, kernel. **2** (*fig.*) (*punto principale*) heart, kernel, core: *il* ~ *della questione* the heart of the matter.

nocciolo[2] *m.* (*Bot.*) hazel (tree).

noce I *s.m.* (*Bot.*) **1** walnut(-tree). **2** (*legno*) walnut. **II** *s.f.* (*Bot.*) (*frutto del noce*) walnut. ▭ *una* ~ *di* **burro** a knob (*o* pat) of butter; ~ *di* **cocco** coconut; ~ **moscata** nutmeg (tree).

nocivo *a.* harmful, noxious, hurtful. ▭ **essere** ~ *a qd.* to harm s.o.; **insetti** *nocivi* pests *pl;* ~ *alla* **salute** injurious to health.

nodo *m.* **1** knot; (*a cappio*) noose. **2** (*fig.*) (*legame*) bond, tie, knot. **3** (*fig.*) (*groppo*) lump: ~ *alla gola* lump in one's throat. **4** (*fig.*) (*nocciolo*) heart, point. **5** (*fig.*) (*punto d'incrocio*) junction: ~ *ferroviario* railway junction. **6** (*Mar.*) knot. **7** (*Astr., Biol., Fis.*) node. **8** (*Bot.*) node; (*difetto del legname*) knot, knurl. **9** (*Med.*) (*nodosità*) node. ▭ ~ *della* **cravatta** knot of a tie; *farsi un* ~ *al* **fazzoletto** to tie a knot in one's handkerchief; ~ **scorsoio** slip-knot, running knot.

nodosità *f.* knottiness.

nodoso *a.* knotty.

nodulo *m.* (*Med.*) nodule

Noè *N.pr.m.* Noah.

noi *pron.pers.m./f.pl.* **1** (*soggetto*) we. **2** (*oggetto*) us. **3** (*preceduto da preposizione*) us. **4** (*con valore impersonale*) one, you. ▭ **da** ~: (*nel nostro paese*) in our country (*o* town), where we live (*o* come from); ~ **medesimi** (*o stessi*) ourselves.

noia *f.* **1** boredom, tediousness. **2** (*fastidio, seccatura*) nuisance, bother, trouble. **3** (*persona, cosa noiosa*) bore. ▭ **avere** *a* ~ *qd.* not to like s.o.; **avere** *delle noie con qd.* to have a trouble with s.o.; **dare** ~ *a qd.* to trouble (*o* bother) s.o.; (*fam.*) **morire** *di* ~ to be bored stiff (*o* to death); **ripetere** *qc. fino alla* ~ to repeat s.th. ad nauseam (*o* until one is sick of it); *mi è* **venuto** *a* ~ I am tired of (*o* fed up with) it.

noialtri *pron.pers.m.pl.* we.

noioso I *a.* **1** boring, tedious, tiresome. **2**

(*fastidioso*) troublesome, annoying, bothersome. **II** *s.m.* bore.

noleggiare *v.t.* **1** to hire, to rent; (*rif. a navi, ad aerei*) to charter. **2** (*Cin.*) to distribute.

noleggiatore *m.* **1** hirer; (*di navi, aerei*) charterer. **2** (*Cin.*) distributor.

noleggio *m.* **1** hire; (*di navi, aerei*) charter(ing). **2** (*prezzo*) hire, rental; (*di navi, aerei*) charterage, charter fee, freightage. **3** (*Cin.*) distribution.

nolente *a.* (*lett.*) unwilling. □ *volente o* ~ willy-nilly.

nolo *m.* **1** (*prezzo del trasporto*) freight. **2** (*prezzo del noleggio*) hire, rental; (*di navi, aerei*) charterage, charter fee.

nomade **I** *a.* nomad(ic) (*anche fig.*). **II** *s.m./f.* **1** nomad. **2** (*fig.*) wanderer, drifter.

nome *m.* **1** name. **2** (*nome e cognome*) (full) name; (*nome di battesimo*) Christian (*o* first) name; (*cognome*) surname, family name. **3** (*fig.*) (*celebrità*) name, celebrity; (*fig.*) (*fama, reputazione*) name, reputation. **4** (*Gramm.*) noun, substantive. □ **a** ~ *di qd.* in s.o.'s name; (*da parte di*) on s.o.'s behalf; ~ *d'***arte** stage-name; **avere per** ~ (o *il nome di*) to be called; ~ *di* **battaglia** pseudonym, nom-de-guerre; **che** ~ *ha?* what's his name?; *in* ~ *del* **cielo** for Heaven's sake; **di** ~ named, called; *conoscere qd.* **di** ~ to know s.o. by name; *in* ~ *di* **Dio** (*esclam.*) for God's sake!; **fare** *il* ~ *di qd.* (*nominarlo*) to mention s.o.'s name; (*proporlo*) to nominate (*o* propose) s.o.; **farsi** *un* ~ to make a name for o.s.; **in** ~ *di* in the name of; **prendere** ~ *da qd.* to be named after s.o.; (*Gramm.*) ~ **proprio** proper noun; *chiamare le cose col* **proprio** ~ to call a spade a spade; ~ *da* **ragazza** maiden name; **senza** ~ nameless.

nomea *f.* notoriety, reputation.

nomenclatura *f.* nomenclature.

nomignolo *m.* nickname; (*affettuoso*) pet name.

nomina *f.* appointment; (*elezione*) election: ~ *a sindaco* election as mayor.

nominale *a.* **1** nominal. **2** (*Gramm.*) nominal noun-. □ *appello* ~ roll call.

nominare *v.t.* **1** (*menzionare*) to mention. **2** (*designare*) to appoint, to nominate, to designate. □ *mai sentito* ~ never heard of him (*o* of it).

nominatività *f.* (*Econ.*) registration: ~ *dei titoli* registration of securities.

nominativo **I** *a.* **1** (*Econ.*) registered. **2** (*Gramm.*) nominative. **II** *s.m.* **1** (*Gramm.*) nominative (case). **2** (*burocr.*) name.

non *avv.* **1** (*seguito da un verbo*) not: ~ *posso venire* I cannot (*o* can't) come. **2** (*seguito da sost., pron. e avv.*) not: ~ *mio padre, ma mia madre andò a Londra* not my father, but my mother went to London; ~ *questo ma quello* not this one, but that one; ~ *qui, ma là* not here, but there. **3** (*negazione assoluta*) no: ~ *bevo vino, sono astemio* I drink no wine, I am teetotal. **4** (*seguito da altra negazione: non si traduce*) ~ *ci sono mai stato* I have never been there; (*seguito da un agg.*) not: ~ *dolce* not sweet; (*spesso si sostituisce con un prefisso negativo*): *oggetti* ~ *visibili* invisible objects; (*pleonastico: non si traduce*): *poco mancò che* ~ *cadessi* I nearly fell (*con valore di prefisso*) non-; (*oppure si traduce con un prefisso negativo*): ~ *credente* non-believer, unbeliever. □ ~ ... **affatto** not... at all; ~ **ancora** not yet; ~ **appena** as soon as; ~ *c'è di* **che** don't mention it, not at all; ~ ... **mai** never...; ~ **meno** *di* no less than; ~ **più** (*rif. a tempo*) no longer; (*rif. a quantità*) no more; **se** ~ except, but; (*a meno che*) unless.

nonagenario *a./s.m.* nonagenarian.

nonché *congz.* as well as, and also.

nonconformista *a./s.m./f.* nonconformist.

noncurante *a.* careless, heedless, regardless (*di* of).

noncuranza *f.* **1** carelessness, heedlessness. **2** (*ostentazione di disinvoltura*) nonchalance, indifference.

nondimeno *congz.* (*ciò nonostante*) nevertheless, all the same, still; (*tuttavia*) however.

nonna *f.* grandmother, (*fam.*) gran(ny), (*fam.*) grandma.

nonno *m.* **1** grandfather, (*fam.*) gran(d-)dad, (*fam.*) grandpa. **2** *pl.* (*nonno e nonna*) grandparents *pl.*; (*antenati*) forefathers *pl.*, ancestors *pl.* □ ~ **materno** maternal grandfather; ~ **paterno** paternal grandfather.

nonnulla *m.* trifle, mere nothing, slightest thing.

nono **I** *a.* ninth; (*rif. a papi, a regnanti*) the Ninth. **II** *s.m.* ninth.

nonostante **I** *prep.* in spite of, despite, notwithstanding. **II** *congz.* (al)though, even though.

non plus ultra *m.* the last word (in s.th.), the ultimate.

nonsenso *m.* nonsense, absurdity.

nontiscordardimé *m.* (*Bot.*) myosotis, forget-me-not.

nord *s.m.* north: *il* ~ *della Gran Bretagna* the north of Great Britain; *il polo* ~ the North Pole. □ **a** ~ *di* north of; **del** ~ northern, north: *Francia del* ~ Northern France; *America del Nord* North America.

nordamericano *a./s.m.* North American.

nordico **I** *a.* **1** northern: *clima* ~ northern climate. **2** (*di razza nordica*) Nordic. **II** *s.m.* **1** northerner. **2** (*di razza nordica*) Nordic.

nordista *a./s.m./f.* (*Stor. am.*) Federal.

norma *f.* **1** (*regola*) rule, regulation (*anche Dir.*): *trasgredire le norme* to break the rules. **2** (*istruzione*) instruction, direction. **3** (*criterio*) norm, standard; (*principio*) principle. **4** (*uso, consuetudine*) practice, custom, usage. □ **a** ~ *di* according to, in conformity (*o* accordance) with: *a* ~ *di legge* according to law; **a** ~ *dell'articolo 10* as laid down in Article 10; **come** *di* ~ as usual; **di** ~ usually, as a rule; *per tua* ~ *e* **regola** for your information; *norme di* **sicurezza** safety regulations; *norme per l'***uso** instructions (*o* directions) for use.

normale *a.* **I 1** normal, usual. **2** (*conforme alla norma*) standard. **3** (*Geom.*) normal, perpendicular. **II** *s.m.* normal: *al di sopra* (*al di sotto*) *del* ~ above (below) normal; *s.f.* (*Geom.*) normal.

normalità *f.* normality.

normalizzare *v.t.* to make* (*o* bring* back to) normal, to normalize.

normalizzazione *f.* normalization.

normalmente *avv.* normally, as a rule.

Normandia *N.pr.f.* (*Geog.*) Normandy.

normanno *a./s.m.* Norman (*anche Stor.*).

normativa *f.* body of legislation, set of rules.

normativo *a.* **1** (*che dà norme*) normative. **2** (*che ha valore di legge*) regulative.

norvegese *a./s.m./f.* Norwegian.

Norvegia *N.pr.f.* (*Geog.*) Norway.

nosocomio *m.* hospital.

nossignore *avv.* no, Sir.

nostalgia *f.* **1** nostalgia; (*della patria, casa*) homesickness. **2** (*estens.*) (*rimpianto*) longing, yearning. □ *avere* ~ *di qd.* to miss s.o., to long for s.o.

nostalgico *a.* nostalgic; (*della patria, casa*) homesick.

nostrano *a.* home-, national, local; (*prodotto nel nostro paese*) home-grown, home-made.

nostro I *a.poss.* **1** our: *alcuni nostri compagni* some of our companions; (*enfatica*) (*nostro proprio*) our own: *ci hanno offeso in casa nostra* they have offended us in our house; *l'abbiamo visto con i nostri occhi* we saw it with our own eyes. **2** (*pred.*) ours: *questa penna è nostra* this pen is ours. **3** (*nelle espressioni ellittiche*) our (*seguito dal sostantivo appropriato*): *il babbo sta sempre dalla nostra* (*parte*) Daddy is always on our side. **II** *pron.poss.* ours: *voi avete le vostre preoccupazioni, noi le nostre* you have your worries, we have ours. **III** *s.m.* **1** (*averi*) (what is) ours, our own; (*denaro*) our money; (*reddito*) our (own) income. **2** *pl.* (*soldati*) our men *pl.*, our soldiers *pl.*: *arrivano i nostri!* here come our men! □ **una** *nostra amica* a friend of ours; **vuoi** *essere dei nostri?* will you join us? ‖ *il Nostro* the Author.

nostromo *m.* (*Mar.*) boatswain, coxswain.

nota *f.* **1** mark. **2** (*Mus.*) note. **3** (*appunto*) note. **4** (*osservazioni*) remark, note. **5** (*lista*) list; (*conto*) bill. **6** (*fig.*) (*tono*) note, tone: *dare una* ~ *di allegria* to give a note of gaiety. □ (*Tip.*) ~ *in* **calce** footnote; ~ **caratteristica** distinguishing mark (*o* feature); (*fig.*) *a* **chiare** *note* bluntly, straight out; **degno** *di* ~ noteworthy; (*scherz.*) *ora incominciano le* **dolenti** *note* now comes the worst part; **mettersi** *in* ~ to put o.s. down; ~ *del* **redattore** editor's note; ~ *del* **traduttore** translator's note.

notabene *m.* nota bene, N.B.

notabile I *a.* (*lett.*) notable, important, remarkable. **II** *s.m.pl.* notables *pl.*

notaio *m.* notary (public).

notare *v.t.* **1** (*annotare*) to note, to make* a note of, to write* down. **2** (*distinguere con un segno*) to mark. **3** (*fig.*) (*accorgersi*) to notice. **4** (*fig.*) (*osservare*) to note, to notice, to remark, to take* notice of: *va notato che* it is worth noting that. □ **far** ~ *a qd.* to point out to s.o., to draw to s.o.'s attention; **farsi** ~ to distinguish o.s.; (*dare nell'occhio*) to make o.s. conspicuous, to draw attention to o.s.

notarile *a.* notary's, notarial. □ **atto** ~ notary deed; **procura** ~ power of attorney.

notazione *f.* **1** marking; (*mediante numeri*) numbering. **2** (*annotazione*) annotation. **3** (*osservazione*) observation.

notes *m.* notebook.

notevole *a.* **1** (*degno di nota*) notable, noteworthy, remarkable. **2** (*rilevante*) considerable, remarkable.

notificare *v.t.* **1** (*rendere noto*) to notify, to give* notice of. **2** (*dichiarare*) to declare, to report.

notificazione *f.* notification (*anche Dir.*).

notizia *f.* **1** news *pl.* (costr. sing.): *è una buona* ~ that's good news. **2** (*Giorn.*) news item. **3** (*informazione*) information, data *pl.*: *notizie particoloreggiate* detailed information; *notizie biografiche* biographical data. □ *fammi* **avere** *tue notizie* let me hear from you; **dare** ~ *di sé* to give news about o.s.; **fare** ~ to be news; **giunge** (o *si ha*) ~ *che* there is a rumour (*o* report) that; (*Giorn., Rad.*) *notizie* **sportive** sports news; ~ **ufficiale** official announcement; *notizie dell'***ultima** *ora* stop press; **ultime** *notizie* latest news.

notiziario *m.* **1** (*bollettino*) bulletin. **2** (*Giorn., Rad.*) news *pl.* (costr. sing.), news bulletin. **3** (*Cin.*) news-reel.

noto I *a.* known, well-known. **II** *s.m.* known. □ **com'è** ~ as everybody knows; **rendere** ~ to make known.

notorietà *f.* (*fama*) fame, renown.

notorio *a.* well-known, (*spreg.*) notorious.

nottambulo *m.* night-bird.

nottata *f.* night.

notte *f.* night. □ ~ **bianca** (o *in bianco*) sleepless night; **buona** ~*!* good night!; *augurare la* **buona** ~ to say good night; *sul* **calar** *della* ~ at nightfall; *nel* **cuore** *della* ~ at dead of night; **di** ~: 1 at (*o* by) night, at night-time; 2 (*della notte*) night-: *turno di* ~ nightshift; *si* **fa** ~ night is coming on; **far** ~ (*fare tardi*) to get late; **fare** *di* ~ *giorno* to turn night into day; *a* ~ **fatta** after dark (*o* nightfall); *era* ~ **fonda** it was pitch-black (*o* dark); **giorno** *e* ~ night and day; **ieri** ~ last night; ~ *d'***inferno** dreadful night; *la* ~ *di* **Natale** Christmas Eve; **questa** ~ tonight; *la* ~ **scorsa** last night; *a* **tarda** ~ late at night; *nella* ~ *dei* **tempi** at the beginning of time;

(*per*) **tutta** *la* ~ all night long, all night.
nottetempo *avv.* at (*o* by) night, during the night.
nottola *f.* (*Zool.*) noctule.
nottolino *m.* **1** (*saliscendi*) latch. **2** (*Mecc.*) pallet, pawl.
notturno *a.* **I** nocturnal, night-, of (the) night: *guardiano* ~ watchman; *locale* ~ night club. **II** *s.m.* (*Mus., Arte*) nocturne.
nov. = *novembre* November (Nov.).
novanta *a./s.m.* ninety.
novantenne **I** *a.* (*attr.*) ninety-year-old; (*pred.*) ninety years old. **II** *s.m./f.* ninety -year-old person.
novantesimo *a.* ninetieth.
novantina *f.* about (*o* some) ninety.
nove **I** *a.* nine. **II** *s.m.* **1** (*numero*) nine. **2** (*nelle date*) ninth.
novecentesco *a.* twentieth-century-.
novecento *a./s.m.* nine hundred. **Novecento** *m.* twentieth century; (*rif. all'arte e alla letteratura italiana*) Novecento.
novella *f.* (*Lett.*) (short) story. ▭ *la buona* ~ (*il vangelo*) the Gospel.
novellino **I** *a.* (*inesperto*) inexperienced, (*fam.*) green. **II** *s.m.* novice, beginner, (*fam.*) greenhorn.
novellistica *f.* short story writing; (*insieme di novelle*) short stories *pl.*
novello *a.* **1** (*rif. ad animali*) young: *pollo* ~ young (*o* spring) chicken. **2** (*rif. a piante*) early, spring-, new: *patate novelle* new potatoes. **3** (*rif. a persone*) new, young, newly-: *sposi novelli* newly-weds, newly-married couple. ▭ *vino* ~ new wine.
novembre *m.* November.
novemila *a./s.m.* nine thousand.
novena *f.* (*Lit.*) novena (*pl.* novenae).
novennale *a.* **1** (*che dura nove anni*) nine -year-, lasting nine years. **2** (*che ricorre ogni nove anni*) coming every nine years.
novero *m.* (*lett.*) number.
novilunio *m.* (*Astr.*) new moon.
novità *f.* **1** newness, novelty. **2** (*innovazione*) innovation, change. **3** *pl.* (*notizie*) news *pl.* (*costr. sing.*): *ci sono* ~*?* is there any news? ▭ ~ **letterarie** the new books; *le* ~ *della* **moda** the latest fashion.
noviziato *m.* **1** (*Rel.*) novitiate. **2** (*estens.*) (*tirocinio*) apprenticeship, novitiate.
novizio *m.* (*Rel.*) novice (*anche estens.*).
nozione *f.* **1** (*cognizione*) basic (*o* elementary) knowledge; (*concetto*) notion, concept: *nozioni elementari* basic concepts; *nozioni scolastiche* school knowledge. **2** *pl.* (*elementi fondamentali*) first elements *pl.*, rudiments *pl.*; fundamentals *pl.*
nozionistico *a.* (*spreg.*) based on merely factual knowledge.
nozze *f.pl.* wedding, marriage, (*lett.*) nuptials *pl.* ▭ (*fig.*) **andare** *a* ~ to do s.th. willingly; **convolare** *a giuste* ~ to get married; ~ *d'oro* golden wedding; **regalo** *di* ~ wedding present.
Np = (*Chim.*) *nettunio* neptunium.
ns. = *nostro* our, ours.
NT = **1** *Nuovo Testamento* New Testament. **2** (*Comm.*) *Non Trasferibile* account payee only.
nube *f.* cloud (*anche estens.*).
nubifragio *m.* (*Meteor.*) cloudburst, downpour.
nubile **I** *a.* unmarried, single. **II** *s.f.* single woman.
nuca *f.* (*Anat.*) nape (of the neck).
nucleare *a.* (*Fis.*) nuclear.
nucleo *m.* **1** (*parte centrale*) nucleus (*pl.* nuclei), core. **2** (*fig.*) (*piccolo gruppo di persone*) unit, group, team; (*rif. a militari*) squad. **3** (*Biol., Fis., Astr.*) nucleus. **4** (*tecn.*) core. ▭ ~ *familiare* family.
nudismo *m.* nudism.
nudista *a./s.m./f.* nudist.
nudità *f.* **1** nakedness, nudity. **2** (*fig.*) (*l'essere brullo*) bareness. **3** *pl.* (*parti nude del corpo*) nakedness.
nudo **I** *a.* **1** naked, nude, bare. **2** (*estens.*) (*spoglio*) bare, naked: *parete nuda* bare wall. **3** (*fig.*) (*semplice, schietto*) plain, bare, straightforward: *una nuda cronaca dei fatti* a straightforward account of the facts. **II** *s.m.* (*Arte*) nude. ▭ ~ *da* **capo** *a piedi* stark naked; *la verità nuda e* **cruda** the naked truth; ~ *e* **crudo** plain, blunt; (*fig.*) **mettere** *a* ~ to lay bare, to reveal; *a* **piedi** *nudi* barefoot(ed).
nugolo *m.* cloud, swarm; (*gruppo*) mass, crowd.
nulla → **niente**. ▭ (*Fil.*) (*il*) ~ nothingness.
nullaosta *m.* authorization, permit; licence.
nullatenente **I** *a.* owing nothing. **II** *s.m./f.* person with no property (*anche Dir.*). ▭ *essere* ~ to own nothing.
nullità *f.* **1** nonentity, nullity. **2** (*rif. a persona*) nonentity. **3** (*Dir.*) nullity, invalidity.
nullo *a.* **1** null, empty, insignificant; (*senza valore*) worthless. **2** (*Dir.*) null, (null and) void, invalid. ▭ (*Sport*) *incontro* ~ draw.
nume *m.* (*lett.*) **1** numen. **2** (*fig., enfatico*) (*persona da venerare*) idol.
numerabile *a.* numerable, countable.
numerale *a./s.m.* numeral.
numerare *v.t.* to number.
numeratore *m.* (*Mat.*) numerator.
numerazione *f.* **1** numbering, numeration. **2** (*Mat.*) numeration, notation. **3** (*Inform.*) notation. ▭ (*Inform.*) ~ **binaria** bynary system; ~ *delle* **pagine** paging.
numerico *a.* numerical.
numero *m.* **1** number (*anche Mat.*); (*cifra*) figure, digit, numeral: *numeri romani* Roman numerals. **2** (*numerosità*) numbers *pl.*: *confidare nel* ~ *degli alleati* to trust in the numbers of one's allies. **3** (*rif. a giornali e sim.*) number, issue. **4** (*puntata*) instalment. **5** (*esibizione*) number, item, turn. **6** (*fig., pop.*) (*scenetta strana o ridicola*) scene, sight; (*persona strana o ridicola*) funny per-

son, character. **7** (*misura, taglia*) size. **8** *pl.* (*qualità, requisito*) requisite, (necessary) quality. **9** (*Gramm.*) number. ☐ *numeri* **arabi** Arabic numerals; (*Inform.*) ~ **binario** binary number; ~ **cardinale** cardinal number; ~ *di* **casa** street number; ~ **chiuso** maximum number; ~ *di quattro* **cifre** four-figure number; (*Poste*) ~ *di* **codice** post code, (*am.*) zip code; **dare** *i numeri* (*nel lotto*) to foretell the winning numbers (in the lottery); (*fig.*) (*parlare in modo strampalato*) to talk nonsense; **entrare** *nel* ~ to form part (*o* join the ranks); **fare** ~ to swell the crowd; *un* **gran** ~ a large number, a great many, a lot; *in* **gran** ~ in great numbers; ~ **intero** (*Mat.*) whole number; (*Inform.*) integer; (*Dir.*) ~ **legale** quorum; *il* **maggiore** ~ the majority; *il* **maggior** ~ *possibile* the most (*o* as many as) possible; ~ *di* **matricola** serial number; ~ **periodico** period; (*scherz.*) *essere nel* ~ *dei* **più** to have passed on; (*Tel.*) **sbagliare** *il* ~ to dial the wrong number; ~ *di* **serie** serial number; **stare** *al* ~ *dieci* (*numero civico*) to live at number ten; (*rif. a camera d'albergo*) to be in room ten; (*Giorn.*) ~ **straordinario** (o *speciale*) special issue; ~ *di* **targa** (registration) number, (*am.*) license plate number; ~ *di* **telefono** telephone number; ~ *di* **varietà** variety act.

numeroso *a.* numerous, many; in great numbers.

numismatica *f.* numismatics *pl.* (costr. sing.).

numismatico I *a.* numismatical. **II** *s.m.* numismatist.

nuocere *v.i.* to harm (*a qd.* s.o.), to do* harm (to), to injure (s.o.), to damage (s.o.).

nuora *f.* daughter-in-law (*pl.* daughters-in-law).

nuotare *v.i.* **1** to swim*. **2** (*galleggiare*) to float. **3** (*fig.*) to swim*, to wallow, to roll. ☐ ~ **bene** to be a good swimmer; (*fam.*) *ci nuoto* **dentro** (*mi va largo*) it hangs on me; ~ *sul* **dorso** to swim on one's back; (*fig.*) ~ *nell'***oro** to be rolling in money.

nuotata *f.* swim.

nuotatore *m.* swimmer.

nuoto *m.* swimming. ☐ **a** ~ (*nuotando*) swimming; *salvarsi* **a** ~ to swim to safety; **di** ~ swimming-: *campione di* ~ swimming champion; *gara di* ~ swimming race.

nuova *f.* (*Lett.*) news *pl.* (costr. sing.). ☐ *nessuna* ~ *buona* ~ no news is good news.

Nuova York *N.pr.f.* (*Geog.*) New York.

Nuova Zelanda *N.pr.f.* (*Geog.*) New Zealand.

nuovo I *a.* **1** new. **2** (*altro*) other, further, fresh, new: *un* ~ *foglio* a fresh sheet. **3** (*rinnovato*) new, renewed, fresh: *con nuove energie* with renewed energy. **4** (*che è da poco in una determinata condizione*) new: *i nuovi arrivi* the new arrivals. **5** (*inesperto*) inexperienced, new, (*fam.*) green. **6** (*novello, secondo*) second, other: *è un* ~ *Einstein* he's another Einstein. **II** *s.m.* new, novelty. ☐ *rimettere* **a** ~ (*rinnovare*) to renew, to renovate; **di** ~ (*nuovamente*) again; ~ **fiammante** brand-new; *il suo* **nome** *mi è* ~ I've never heard of him; **praticamente** ~ almost new; ~ **ricco** nouveau riche. ‖ *questa sì che è nuova!* this is new to me!; *questa mi giunge nuova* this is the first I've heard of it.

nutrice *f.* **1** wet-nurse. **2** (*fig., lett.*) foster-mother.

nutriente *a.* nourishing, nutritious.

nutrimento *m.* food, nourishment (*anche fig.*).

nutrire *v.t.* **1** to nourish, to feed* (*anche fig.*). **2** (*fig.*) (*coltivare*) to cherish, to nourish, to nurse: ~ *speranza* to cherish a hope; (*rif. a odio e sim.*) to harbour. **3** (*assol.*) (*dare nutrimento*) to be nourishing (*o* nutritious): *il latte nutre* milk is nutritious. **nutrirsi** *v.r.* to feed*, to live (*di* on) (*anche fig.*). ☐ ~ **fiducia** to be confident; ~ **stima** *per qd.* to hold s.o. in great esteem.

nutritivo *a.* nutritive: *valore* ~ nutritive value; (*nutriente*) nourishing, nutritious.

nutrizione *f.* **1** nourishing, feeding. **2** (*Biol.*) nutrition.

nuvola *f.* cloud (*anche estens.*). ☐ (*fig.*) *cadere dalle nuvole* to be astonished.

nuvolaglia *f.* bank (*o* mass) of clouds.

nuvolo *s.m.* cloudy weather.

nuvolosità *f.* cloudiness.

nuvoloso *a.* cloudy, overcast.

nuziale *a.* wedding-, bridal, (*lett.*) nuptial: *marcia* ~ wedding-march. ☐ *cerimonia* ~ wedding.

nuzialità *f.* (*Statistica*) marriage rate.

O

o[1], **O**[1] *f./m.* (*lettera dell'alfabeto*) o, O. □ (*Tel.*) ~ *come Otranto* O for Oliver; (*am.*) O for Oboe.

o[2] *congz.* **1** or: *hai capito o no?* did you understand or not?; (*altrimenti*) or else, otherwise: *spicciati,* ~ *farai tardi* hurry up or else you'll be late. **2** (*ossia, vale a dire*) or, that is. □ ~ **questo** ~ *quello* (either) this or that; ~ *l'***uno** ~ *l'altro* either (of them).

o[3] *intz.* **1** oh, o: ~ *santo cielo* oh heavens, oh Lord. **2** (*fam.*) hey, hey you there; (*per richiamare l'attenzione*) I say.

O[2] = **1** (*Chim.*) *ossigeno* oxygen. **2** *ovest* west.

oasi *f.* oasis. (*pl.* oases) (*anche fig.*).

obbedire *e deriv.* → **ubbidire** *e deriv.*

obbligare *v.t.* to oblige, to force, to compel. **obbligarsi** *v.r.* to bind* o.s., to undertake*.

obbligato *a.* **1** (*costretto*) obliged, forced, compelled. **2** (*grato*) obliged, indebted (*a, verso* to). **3** (*che non si può cambiare*) set, fixed: *percorso* ~ set (*o* fixed) course.

obbligatorietà *f.* compulsoriness.

obbligatorio *a.* compulsory, obligatory.

obbligazione *f.* **1** obligation (*anche Dir.*). **2** (*Econ.*) bond, debenture. □ ~ **fissa** fixed -sum debenture; ~ **indicizzata** indexed bond; ~ **ipotecaria** mortgage bond; ~ **ordinaria** straight bond; ~ **scaduta** matured liability.

obbligazionista *m./f.* debenture holder, bondholder.

obbligo *m.* **1** obligation; (*dovere*) duty. **2** (*legame di riconoscenza*) debt. □ **assumersi** *un* ~ to take on an obligation; **avere** *l'~ di fare qc.* to be obliged (*o* under an obligation) to do s.th.; **d'**~ compulsory, obligatory; ~ *di* **leva** compulsory military service, (*am.*) draft; ~ **scolastico** compulsory education.

obbrobrio *m.* disgrace, shame.

obbrobrioso *a.* **1** disgraceful, shameful. **2** (*orribile*) dreadful, terrible.

obelisco *m.* obelisk.

oberato *a.* **1** (*rif. a debiti*) burdened (*o* weighed down) with debts. **2** (*fig.*) overloaded, overwhelmed (*di* with). □ ~ *di lavoro* overworked.

obesità *f.* obesity.

obeso I *a.* obese. **II** *s.m.* obese person.

obice *m.* howitzer.

obiettare *v.t.* **1** to object, to protest. **2** (*assol.*) to raise an objection, to take* exception.

obiettività *f.* objectivity. □ *giudicare con* ~ to be an impartial judge.

obiettivo I *a.* objective: *giudizio* ~ objective opinion; (*imparziale*) fair, impartial, unbiased. **II** *s.m.* **1** (*Fis.*) objective, lens. **2** (*Mil.*) objective. **3** (*estens.*) (*scopo*) goal, aim, target, object, end.

obiettore *m.* objector. □ ~ *di coscienza* conscientious objector.

obiezione *f.* objection.

obitorio *m.* **1** morgue. **2** (*camera mortuaria*) mortuary.

oblazione *f.* offering.

oblio *m.* (*lett.*) oblivion, obliviousness.

obliquità *f.* obliqueness, obliquity (*anche fig.*).

obliquo *a.* **1** oblique. **2** (*trasversale*) sideways; (*di traverso*) sidelong. **3** (*inclinato*) slanting. **4** (*fig.*) (*sleale*) devious, underhand.

obliterare *v.t.* to obliterate.

obliteratrice *a.*: *macchina* ~ obliterating machine.

obliterazione *m.* obliteration.

oblò *m.* (*Mar.*) porthole.

oblungo *a.* oblong.

oboe *m.* (*Mus.*) oboe.

obolo *m.* (small) offering.

oca *f.* **1** (*Zool.*) goose (*pl.* geese); (*il maschio*) gander; (*il piccolo*) gosling. **2** (*fig.*) goose, simpleton. □ *mi fa venire la pelle d'~* it gives me goose-flesh (*am.* goose-bumps).

ocaggine *f.* (*fam.*) stupidity, silliness.

ocarina *f.* (*Mus.*) ocarina.

occasionale *a.* **1** occasional. **2** (*fortuito*) chance-, casual: *incontro* ~ chance meeting.

occasionare *v.t.* to give* rise to, to occasion.

occasione *f.* **1** chance, occasion, opportunity. **2** (*causa, pretesto*) occasion, cause, motive. **3** (*circostanza*) circumstance, situation. **4** (*Comm.*) bargain, good deal. □ **all'**~ (*all'occorrenza*) when necessary; **alla** *prima* ~ at the earliest opportunity; **aspettare** *l'~* to await one's chance; **cogliere** (o *afferrare*) *l'~ per fare qc.* to take (*o* to seize) the opportunity to do s.th.; **d'**~: 1 (*usato*) second -hand; (*in liquidazione*) sale-, bargain-: *acquisto d'~* bargain; 2 (*rif. a scritti e sim: per determinate circostanze*) occasional; **in** ~ *di* on the occasion of, on; **per** *l'~* for the occasion.

occhiaia *f.* **1** (*orbita*) eye socket. **2** *pl.* rings *pl.* round the eyes.

occhiali *m.pl.* glasses *pl.*, spectacles *pl.*, (*fam.*) specs *pl.*; (*per motociclisti, ecc.*) goggles. ▭ **portare** *gli* ~ to wear glasses; ~ *da* **sole** sunglasses, dark glasses; ~ **subacquei** underwater goggles.

occhialino *m.* lorgnette.

occhialuto *a.* bespectacled.

occhiata *f.* (quick) look, glimpse. ▭ *dare un'~ a qc.*: 1 to glance at s.th., to cast an eye on s.th.; 2 (*dare una scorsa*) to have (*o* take) a look at s.th.; 3 (*badare*) to keep an eye on s.th.

occhieggiare I *v.t.* to eye, to ogle, (*fam.*) to make* eyes at. **II** *v.i.* to appear here and there (*tra* in, among), to peep (through).

occhiello *m.* **1** buttonhole. **2** (*asola*) eyelet.

occhio *m.* **1** eye. **2** (*fig.*) (*vista*) eye, sight. **3** (*fig.*) (*accortezza*) (good) eye, skill. **4** (*esclam.*) (*attenzione*) look (*o* watch) out, careful. **5** (*Bot.*) (*gemma*) bud, eye. ▭ **a** ~ roughly; *mettere gli occhi* **addosso** *a qd.* to have one's eye (*o* set eyes) on s.o.; *piantare gli occhi* **addosso** *a qd.* to stare (*o* gaze) at s.o.; *in un* **batter** *d'~* in the twinkling of an eye; *vedere qd. di* **buon** ~ to approve of s.o., to look well (*o* favourably) on s.o.; (*fig.*) **cavare** *gli occhi a qd.* to scratch s.o.'s eyes out; (*fig.*) *non poter* **chiudere** ~ not to sleep a wink; (*o* not get a wink of sleep); *a occhi* **chiusi** blindly; ~ **clinico** skill in diagnosis; (*fig.*) expert (*o* practised) eye; **colpo** *d'~* glance, look: *a colpo d'~* at a glance; (*fig.*) **costare** *un* ~ (*della testa*) to cost an arm and a leg; *a ~ e* **croce** roughly speaking, at a rough guess; *che* **dà** *nell'~* striking; (*fig.*) **dare** *nell'~ a qd.* to attract s.o.'s attention; **fare** *l'~ a qc.* to get used to (looking at) s.th.; **fino** *agli occhi* up to the eyes; (*fig.*) *ha gli occhi* **fuori** *dell'orbita* (o *della testa*) his eyes are popping out of his head; **gettare** *l'~ su qc.* (o *qd.*) to cast an eye on s.th. (*o* s.o.); (*fig.*) ~ *di* **lince** sharp (*o* eagle-) eye; *occhi a* **mandorla** almond-shaped eyes; (*fig.*) **mangiare** *qd. con gli occhi* to eye s.o. up; *a* ~ **nudo** to (*o* with) the naked eye; *non* **perdere** *d'~ qd.* not to let s.o. out of one's sight, not to lose sight of s.o.; (*fig.*) *non aver più occhi per* **piangere** to have cried one's eyes out; *è la* **pupilla** *dei miei occhi* she is the apple of my eye; (*fig.*) *a* **quattr'***occhi* privately, in private; **sognare** *a occhi aperti* to daydream; *avere qc.* **sott'**~ to have one's eye on s.th.; (*scherz.*) to have s.th. under one's nose; *mi è capitata* **sott'**~ *la tua lettera* I came across your letter; ~ **spento** dull eye; ~ **strabico** squint-eye; **tenere** *d'~ qd.* to keep an eye on s.o.; *a* **vista** *d'~* visibly.

occhiolino: *fare l'~ a qd.* to wink at s.o.

occidentale I *a.* (*Geog., Pol.*) western, West, westerly. **II** *s.m./f.* Westerner, Occidental.

occidentalizzare *v.t.* to occidentalize.

occidente *m.* (*Geog., Pol.*) West, west; (*regioni occidentali*) West, Western part. ▭ *a ~ di* (to the) west of.

occipitale *a.* (*Anat.*) occipital.

occludere *v.t.* to block, to occlude.

occlusione *f.* occlusion (*anche Med.*).

occlusivo *a.* occlusive.

occorrente I *a.* necessary, needed, required. **II** *s.m.* **1** necessaries *pl.*, requisites *pl.*; (*i mezzi economici*) wherewithal. **2** (*attrezzi, ecc.*) necessary materials *pl.*, equipment needed. ▭ *ho con me tutto l'~* I have everything we need.

occorrenza *f.* **1** eventuality. **2** (*bisogno*) need. ▭ *all'~* if necessary, in case of need.

occorrere I *v.i.* to need (costr. pers.), to require (costr. pers.); (*rif. a tempo*) to take* (costr. impers.): *se ti occorre il mio aiuto, fammelo sapere* if you need my help, let me know; *occorrono due ore per andare a Milano* it takes two hours to go to Milan. **II** *v.i.impers.* (*con il significato di dovere, ma meno categorico*) to have to (costr. pers.), to be necessary (costr. impers.); (*in frasi negative*) to need (costr. pers. o impers.), to be necessary (costr. impers.), to have to (costr. pers.): *non occorre che tu sia presente alla riunione* it is not necessary for you to attend (*o* you needn't attend) the meeting.

occultamento *m.* hiding; (*il tenere nascosto*) concealment. ▭ (*Dir.*) ~ *di cadavere* concealment of a corpse.

occultare *v.t.* **1** to conceal, to hide*. **2** (*celare, tacere*) to keep* secret, to conceal. **occultarsi** *v.r.* to hide* (o.s.), to conceal o.s.

occultismo *m.* occult (sciences).

occulto *a.* occult.

occupante I *a.* occupying (*anche Mil.*). **II** *s.m./f.* occupier.

occupare *v.t.* **1** (*prendere possesso*) to occupy, to take* possession of. **2** (*rif. a spazio*) to take* (up), to occupy, to cover; (*occupare uno spazio*) to fill (up). **3** (*rif. a tempo*) to spend*, to pass. **4** (*Mil.*) (*conquistare*) to occupy; (*presidiare*) to hold*. **5** (*dare lavoro*) to employ, to take* on; (*tenere impegnato*) to give* work (*o* a job) to, to (keep*) busy. **6** (*rif. a cariche e sim.*) to hold*. **7** (*fig.*) to absorb. **occuparsi** *v.i.pron.* **1** (*dedicarsi*) to be concerned (*o* occupied), to deal*, to occupy o.s. (*di* with), to engage (in). **2** (*Comm.*) to deal* (*di* in). **3** (*interessarsi*) to take* an interest (*di* in), to be concerned (with). **4** (*prendersi cura*) to see* (*di qd.* to s.o.), to look after, to mind (s.o.), to take* care (of). **5** (*immischiarsi*) to get* involved, to get* mixed up (*di* in). ▭ *occupati dei fatti tuoi* mind your own business.

occupato *a.* **1** (*rif. a luoghi, posti e sim.*) taken, engaged. **2** (*affaccendato*) busy, occupied, engaged: *essere ~ a fare qc.* to be busy doing (*o* with) s.th. **3** (*Tel.*) engaged, busy.

occupazionale *a.* occupational: *mobilità ~*

occupational mobility; (*Psic.*) *terapia* ~ occupational therapy.
occupazione *f.* **1** occupation (*anche Mil.*). **2** (*attività*) occupation, activity. **3** (*lavoro retribuito*) employment, work, job. **4** (*Econ.*) employment.
Oceania *N.pr.f.* (*Geog.*) Oceania.
oceanico *a.* **1** oceanic, ocean-. **2** (*fig.*) (*immenso*) vast, huge.
oceano *m.* ocean.
oceanografia *f.* oceanography.
ocra I *s.f.* ochre, (*am.*) ocher. **II** *a.* ochre-.
oculare I *a.* ocular, eye-: *testimone* ~ eye-witness. **II** *s.m.* (*Ott.*) eyepiece.
oculatezza *f.* caution, prudence; (*accortezza*) shrewdness.
oculato *a.* cautious, prudent; (*accorto*) shrewd.
oculista *m./f.* oculist.
oculistica *f.* oculistics *pl.* (*costr. sing.*).
oculistico *a.* oculistic.
odalisca *f.* odalisque, odalisk.
ode *f.* (*Lett.*) ode.
OdG = (*Comm.*) *ordine del giorno* agenda, order of the day.
odiare *v.t.* to hate (*anche estens.*). **odiarsi** *v.r. recipr.* to hate e.o. □ ~ *a morte* to loathe.
odierno *a.* **1** (*di oggi*) today's. **2** (*dell'epoca attuale*) today's, of today; (*attuale*) present (day).
odio *m.* **1** hate, hatred: *nutrire* ~ *verso qd.* to hate s.o. **2** (*ripugnanza*) loathing, disgust, repugnance. □ **avere** *in* ~ *qd.* to hate s.o.; ~ *di* **classe** class hatred.
odiosità *f.* hatefulness, loathsomeness.
odioso *a.* **1** hateful, odious, loathsome. **2** (*antipatico*) unpleasant, obnoxious.
odissea *f.* (*fig.*) odyssey.
odontoiatra *m./f.* dentist, dental surgeon.
odontoiatria *f.* dentistry, odontology.
odontotecnico *m.* dental mechanic.
odorare I *v.t.* **1** to smell*. **2** (*fig.*) (*intuire*) to sense, to smell*, to scent. **II** *v.i.* to smell* (*di* of); (*emanare un buon profumo*) to have a good smell, to smell* sweet (*o* nice).
odorato *m.* (sense of) smell; (*fam.*) nose.
odore *m.* **1** smell, odour. **2** (*fam.*) (*profumo*) good (*o* sweet) smell, scent, perfume. **3** *pl.* (*erbe aromatiche*) (aromatic) herbs *pl.*
odorifero *a.* odorous.
odoroso *a.* sweet-smelling, odorous. □ (*Gastr.*) mazzetto ~ bouquet garni.
Ofelia *N.pr.f.* Ophelia.
offendere *v.t.* **1** to offend; to insult. **2** (*urtare la sensibilità*) to offend, to hurt* s.o., to hurt* (s.o.'s feelings). **3** (*violare*) to offend against (*o* to break*) the law. **4** (*danneggiare*) to damage; to hurt*; to offend. **offendersi** *v.i. pron.* to be offended (at s.th.); to take* offence (at s.th.).
offensiva *f.* **1** (*Mil.*) offensive. **2** (*estens.*) (*azione energica*) campaign, drive.
offensivo *a.* **1** offensive, insulting: *parole offensive* insulting language. **2** (*Mil.*) (of) offensive.
offensore *m.* **1** offender. **2** (*Mil.*) aggressor.
offerente *m./f.* offerer; (*nelle aste*) bidder: *il miglior* ~ the highest bidder.
offerta *f.* **1** offer: *fare un'*~ to make an offer. **2** (*concr.*) offering, donation. **3** (*proposta*) offer, proposal. **4** (*Rel.*) offering, oblation. **5** (*Econ.*) supply. **6** (*Comm.*) (*prezzo*) offer; (*nelle aste*) bid; (*per un appalto*) tender. □ **domanda** *e* ~ demand and supply; ~ *d'***impiego** offer of a job, job offer; (*inserzione*) situation vacant.
offesa *f.* **1** offence, insult. **2** (*fig.*) (*violazione*) offence (against), violation (of). **3** (*Mil.*) attack. □ (*Dir.*) ~ *al* **pudore** indecent behaviour; **senza** ~ no offence meant.
offeso I *a.* **1** offended, insulted. **2** (*ferito, lesionato*) wounded, injured. **II** *s.m.* offended party. □ **fare** *l'*~ to act insulted; **sentirsi** ~ to feel hurt.
officiante I *a.* (*Lit.*) officiating. **II** *s.m.* officiant.
officiare *v.i.* (*Lit.*) to officiate.
officina *f.* (work)shop. □ **capo** ~ foreman; ~ **meccanica** machine shop; ~ *di* **riparazioni** repair shop.
offrire *v.t.* **1** to offer. **2** (*pagando*) to buy*, to pay*: *ti offro un caffè* I'll buy you a cup of coffee; (*rif. a feste e sim.*) to have, to give*, to hold*. **3** (*presentare*) to present, to afford, to offer: *la vetta offre un bel panorama* the peak affords a beautiful view. **4** (*dedicare, consacrare*) to offer up, to dedicate, to consecrate. **5** (*Comm.*) (*proporre per l'acquisto*) to offer, to put* on sale. **6** (*Rel.*) to offer up. **offrirsi** *v.r.* **1** (*mettersi a disposizione*) to offer (o.s.). **2** (*apparire*) to appear (*a* to, before), to meet* (s.th.). **3** (*presentarsi*) to present o.s. (*a* to), to come* up (*o* along).
offuscamento *m.* darkening, dimming, obscuring.
offuscare *v.t.* **1** to darken, to dim. **2** (*intorbidire*) to cloud (over), to blur. **3** (*fig.*) (*rif. a fama e sim.*) to dim, to obscure, to overshadow. **offuscarsi** *v.i.pron.* **1** to grow* dark, to darken. **2** (*intorbidirsi*) to cloud over, to become* blurred (*o* confused), to (grow*) dim. **3** (*fig.*) to be obscured (*o* dimmed).
oftalmia *f.* (*Med.*) ophtalmia.
oftalmico *a.* ophtalmic.
oftalmologia *f.* ophtalmology.
oggettivare *v.t.* to objectify, to make* objective. **oggettivarsi** *v.i.pron.* to become* concrete, to take* concrete form.
oggettività *f.* objectivity.
oggettivo *a.* objective (*anche Filos.*).
oggetto *m.* **1** object; (*cosa*) thing, article, item. **2** (*cosa o persona cui è diretta un'azione*) object, centre. **3** (*fine, scopo*) object, purpose. **4** (*argomento*) subject(-matter). **5** (*Gramm., Filos., Psic.*) object. **6** (*burocr.*) subject; (*all'inizio di una lettera*) Re; (*nel contesto*) reference.
oggi I *avv.* **1** today. **2** (*nell'epoca attuale*)

today, nowadays. **II** *s.m.* today, the present. □ ~ **a** *un mese* a month from today; ~ **come** ~ right now, today, at present; **da** ~ *in poi* from now on; **dall'~** *al domani* from one day to the next; **di** ~ today's, of today; **quest'~** today; ~ **stesso** this very day, today; *a* **tutt'~** up till now.
oggidì, **oggigiorno** *avv.* nowadays, today.
ogiva *f.* (*Arch., Mil.*) ogive.
ogivale *a.* (*Arch.*) ogival; (*gotico*) Gothic. □ *arco* ~ ogive.
ogni *a.* **1** every, each; (*tutti*) all (*costr. pl.*): ~ *uomo è mortale* all men are mortal. **2** (*qualsiasi*) any: *in* ~ *caso* in any case. **3** (*in espressioni distributive*) every: *il tram passa* ~ *dieci minuti* the tram goes by every ten minutes. **4** (*massimo*) every, all: *con* ~ *cura* with every possible attention. □ *uno* ~ **cento** one in (*o* out of) a hundred; ~ **cosa** (*tutto*) everything; *in* ~ **luogo** everywhere; *a* ~ **modo** anyhow, anyway; ~ **tanto** now and then; now and again; *la* **vita** *di* ~ *giorno* everyday life; ~ **volta** whenever, every time.
Ognissanti *m.* All Saints' Day.
ognuno *pron.indef.* everyone, everybody; (*tutti*) all (of us).
oh *intz.* oh.
ohe, **ohé** *intz.* hey (there).
ohi *intz.* oh, ah, ow.
ohibò *intz.* shame, tut-tut.
ohimè *intz.* oh dear, (*lett.*) alas.
olà *intz.* hey, ho, hallo (there).
Olanda *N.pr.f.* (*Geog.*) Holland, the Netherlands *pl.*
olandese I *a.* Dutch. **II** *s.* **1** *m.* (*lingua*) Dutch. **2** *m./f.* (*abitante*) Dutchman (*pl.* –men; *f.* –woman, *pl.* –women); *pl.* (*collett.*) the Dutch (*costr. pl.*).
oleandro *m.* (*Bot.*) oleander.
oleario *a.* oil-, of oil.
oleato *a.* oiled. □ *carta oleata* grease-proof paper.
oleodotto *m.* (oil, petroleum) pipeline.
oleografia *f.* oleography.
oleoso *a.* **1** oily; (*untuoso*) greasy. **2** (*oleifero*) oleiferous, oil-yielding.
olfatto *m.* smell.
oliare *v.t.* to oil.
oliatore *m.* (*recipiente*) oil-can, oiler.
oliera *f.* oil cruet.
oligominerale *a.* low in mineral content.
Olimpia *N.pr.f.* (*Geog.*) Olympia.
olimpiade *f. pl.* (*Sport*) Olympic games *pl.*, Olympics *pl.*
olimpico *a.* Olympic, Olympian (*anche fig.*): *giochi olimpici* Olympic games, Olympics *pl.*
olimpionico I *a.* Olympic. **II** *s.m.* (*campione*) Olympic champion; (*atleta*) competitor in the Olympics.
olio *m.* oil; (*da cucina*) cooking oil. □ **colore** *a* ~ oil (paint); (*fig.*) *con* ~ *di* **gomito** with elbow-grease; **liscio** *come l'~* smoothly; ~ *di* **oliva** olive oil; (*Farm.*) ~ *di* **ricino** castor-oil; ~ *di* **semi** seed oil; (*Gastr.*) **sott'~** in oil.
oliva I *s.f.* olive. **II** *a.* olive(-green).
olivastro *a.* olive-(coloured).
oliveto *m.* olive-grove.
olivo *m.* (*Bot.*) olive (tree).
olmio *m.* (*Chim.*) holmium.
olmo *m.* (*Bot.*) elm.
olocausto *m.* holocaust (*anche fig.*).
olografo *a.* holograph.
ologramma *m.* (*Ott.*) hologram.
OLP = *Organizzazione per la Liberazione della Palestina* Palestine Liberation Organization.
oltraggiare *v.t.* to outrage; (*offendere*) to offend, to insult.
oltraggio *m.* outrage (*anche Dir.*); (*affronto*) affront: *subire un* ~ to suffer an affront; (*offesa, ingiuria*) offence, insult.
oltraggioso *a.* outrageous; offensive, insulting.
oltralpe *avv.* beyond the Alps.
oltranza: *a* ~ to the last, to the death, to the bitter end; *sciopero a* ~ strike to the last.
oltranzismo *m.* (*Pol.*) extremism.
oltranzista *m./f.* extremist.
oltre I *prep.* **1** (*al di là di: stato*) beyond, on the other side of, over, across; (*moto*) to the other side of. **2** (*più di*) more than, over, above. **3** (*in aggiunta a*) in addition to, besides, as well as: ~ *ad essere carina, è anche intelligente* besides being pretty, she's also clever; (*all'infuori di*) except, apart from. **II** *avv.* **1** farther, further; (*rif. a luogo*) past, beyond, farther on: *passare* ~ to go past; *è andato troppo* ~ (*anche fig.*) he has gone too far. **2** (*più a lungo*) longer, more. □ **andare** ~ *qc.* to go beyond s.th.; ~ *a* **ciò** besides (*o* as well as) this; ~ *ogni* **dire** beyond description; **e** ~ or more, or longer; ~ *ogni* **limite** beyond measure.
oltrecortina: *paesi d'~* Iron Curtain countries.
oltremare *avv.* overseas, beyond (*o* over) the sea. □ *d'~* overseas.
oltremodo *avv.* (*lett.*) extremely, exceedingly.
oltrepassare *v.t.* **1** to go* beyond, to cross. **2** (*superare*) to pass, to outstrip, to overtake*. **3** (*fig.*) to exceed, to go* beyond, to overstep, to pass.
oltretomba *m.* (*lett.*) hereafter, afterlife, beyond. □ *con una voce d'~* in a hollow voice.
omaggio *m.* **1** *pl.* respects; compliments, regards: *porga i miei omaggi a sua moglie* pay my respects to your wife. **2** (*riconoscimento*) homage, tribute. **3** (*regalo*) gift, present. □ ~ *dell'***autore** with the author's compliments; *copia* **in** ~ complimentary copy; **offrire** *qc. in* ~ *a qd.* to make s.o. a present of s.th.
ombelicale *a.* (*Anat.*) umbilical: *cordone* ~ umbilical cord.
ombelico *m.* (*Anat.*) navel.
ombra *f.* **1** shade: *all'~ di un albero* in the shade of a tree. **2** (*sagoma scura proiettata dai corpi*) shadow (*anche fig.*). **3** (*oscurità,*

tenebra) dark, shadows *pl.*, obscurity. **4** (*spettro*) shade, ghost. **5** (*fig.*) (*quantità minima*) touch, hint. ▭ *senza* ~ *di* **dubbio** without a shadow of doubt; (*fig.*) **essere** *l'~ di qd.* to be s.o.'s shadow; (*Arte*) **luci** *e ombre* light and shade; (*fig.*) **mettere** *in* ~ *qd.* to overshadow s.o.; (*fig.*) *rimanere* (o *restare*) **nell'~** to stay in the background; *essere l'~ di* **se** *stesso* to be the shadow of one's former self.

ombreggiare *v.t.* to shade (*anche nel disegno*).

ombreggiatura *f.* shading.

ombrellaio *m.* **1** (*fabbricante*) umbrella maker. **2** (*venditore*) umbrella seller.

ombrellino *m.* parasol, sunshade.

ombrello *m.* umbrella, (*fam.*) brolly. ▭ ~ **automatico** self-folding umbrella; (*Assicurazioni*) **copertura** *a* ~ umbrella coverage; ~ **pieghevole** folding umbrella.

ombrellone *m.* beach umbrella.

ombretto *m.* (*Cosmetica*) eyeshadow.

ombrosità *f.* (*fig.*) touchiness; (*rif. a cavalli*) skittishness.

ombroso *a.* **1** shady, shadowy: *viale* ~ shady walk. **2** (*rif. a cavalli*) skittish. **3** (*fig.*) (*permaloso*) touchy.

omega *m.* omega.

omelette *f.* (*Gastr.*) omelette.

omelia *f.* (*Rel.*) homily.

omeopatia *f.* (*Med.*) hom(o)eopathy.

omeopatico **I** *a.* hom(o)eopathic. **II** *s.m.* hom(o)eopath.

omerico *a.* Homeric (*anche fig.*).

omero *m.* **1** (*Anat.*) humerus (*pl.* humeri). **2** (*lett.*) (*spalla*) shoulder.

Omero *N.pr.m.* Homer.

omertà *f.* conspiracy of silence.

omettere *v.t.* **1** (*tralasciare*) to omit, to leave* out. **2** (*non fare*) to omit, to neglect.

omicida **I** *s.m./f.* murderer, homicide. **II** *a.* murderous, homicidal.

omicidio *m.* homicide, murder. ▭ ~ **colposo** manslaughter; ~ **premeditato** murder in the first degree, wilful murder; **tentato** ~ attempted murder; ~ **volontario** murder in the second degree.

ominide *m.* hominid.

omissione *f.* **1** omission. **2** (*Dir.*) failure, default, neglect. ▭ (*Comm.*) **salvo** *errori ed omissioni* errors and omissions excepted; ~ *di* **soccorso** failure to offer assistance.

omogeneità *f.* homogeneity.

omogeneizzare *v.t.* to homogenize.

omogeneizzato *m.* (homogenized) baby food.

omogeneo *a.* homogeneous.

omologare *v.t.* **1** (*approvare*) to approve, to allow. **2** (*estens.*) (*convalidare*) to ratify, to confirm.

omologazione *f.* **1** homologation, recognition. **2** (*approvazione*) approval, approbation. **3** (*convalida*) ratification.

omonimia *f.* (*Ling.*) homonymy. ▭ *non è la persona che stai cercando: è un caso di* ~ he is not the person you are looking for: they just happen to have the same name.

omonimo **I** *a.* homonymous. **II** *s.m.* **1** namesake. **2** (*Ling.*) homonym.

omosessuale *a./s.m./f.* homosexual.

omosessualità *f.* homosexuality.

on., **On.** = *onorevole* Member of Parliament (MP).

oncia *f.* **1** (*unità di peso*) ounce → **Appendice**. **2** (*fig.*) (*quantità minima*) ounce, scrap, jot, bit.

oncogeno *a.* (*Med.*) oncogenic.

oncologia *f.* (*Med.*) oncology.

oncologo *m.* (*Med.*) oncologist.

onda *f.* wave (*anche fig.*). ▭ **a** *onde* wavy, waving; *onde* **acustiche** sound-waves; (*Rad.*) ~ **cortissima** ultra-short wave; (*Rad., TV*) *andare* **in** ~ to go (*o* to come) on the air; *mandare* (o *mettere*) **in** ~ to broadcast; (*Rad.*) ~ **lunga** long wave; (*Rad.*) ~ **media** medium wave; ~ *d'***urto** shock wave.

ondata *f.* **1** wave, billow, breaker. **2** (*fig.*) wave, surge, tide. ▭ *a ondate* in waves.

onde **I** *avv.* (*lett.*) (*da cui: rif. a luogo*) whence. **II** *congz.* (*affinché: con il cong.*) so that, in order that; (*con l'inf.*) (in order) to.

ondeggiamento *m.* waving, rippling, swaying; (*rif. a imbarcazione*) rocking; (*rif. a bandiere e sim.*) fluttering; (*rif. a fiamma*) flickering.

ondeggiare *v.i.* **1** to wave, to sway. **2** (*muoversi sulle onde*) to rock, to roll, to sway. **3** (*fig.*) (*essere incerto*) to waver, to hesitate.

ondina *f.* **1** (*Mitol.*) undine, ondine. **2** (*fig.*) expert swimmer.

ondoso *a.* **1** wave-. **2** (*agitato dalle onde*) surging, billowy.

ondulare **I** *v.t.* to wave. **II** *v.i.* to ripple, to wave, to undulate.

ondulato *a.* wavy: *capelli ondulati* wavy hair; (*rif. a terreno*) rolling; (*rif. a lamiera, cartone e sim.*) corrugated.

ondulatorio *a.* swaying.

ondulazione *f.* **1** waving, undulation. **2** (*rif. a capelli: atto*) waving; (*effetto*) waviness. **3** (*Fis.*) wave, undulation; (*di corrente*) ripple.

onerare *v.t.* to burden, to weigh down.

onere *m.* **1** (*lett.*) onus, burden, charge. **2** (*Dir.*) onus, burden. ▭ ~ **fiscale** taxes *pl.*, tax burden; *oneri* **sociali** social charges.

oneroso *a.* onerous, burdensome; (*faticoso*) hard, heavy.

onestà *f.* integrity, uprightness; honesty.

onestamente *avv.* honestly, uprightly, fairly.

onesto **I** *a.* **1** honest; (*retto*) upright: *condurre una vita onesta* to lead an honest life; *è un'uomo* ~ he is an upright man. **2** (*giusto*) fair: *prezzi onesti* fair prices.

onice *m.* (*Min.*) onyx.

onirico *a.* oneiric.

onnipotente **I** *a.* omnipotent, almighty. **II** *s.m.* (*Dio*) Almighty (God).

onnipotenza *f.* omnipotence, almightiness.

onnipresente *a.* omnipresent.

onnipresenza *f.* omnipresence; ubiquity.

onomastico I *a.* onomastic. **II** *s.m.* name -day.

onomatopea *f.* (*Ling.*) onomatopoeia.

onomatopeico *a.* onomatopoeic(al), onomatopoetic.

onorabile *a.* honourable.

onorabilità *f.* (*buona reputazione*) honour, reputation, good name.

onoranza *f.* honours *pl.*, (public) tribute: *onoranze funebri* funeral honours.

onorare *v.t.* **1** to honour: *onora il padre e la madre* honour thy father and thy mother. **2** (*adempiere, soddisfare*) to fulfil. **onorarsi** *v.r.* to be (*o* feel*) highly honoured, to be proud.

onorario[1] *a.* honorary.

onorario[2] *m.* (*compenso*) fee; honorarium.

onorato *a.* **1** honoured, esteemed. **2** (*onesto*) honest, honoured; (*rispettabile*) respected.

onore *m.* **1** honour; (*senso dell'onore*) sense of honour. **2** (*buona reputazione*) honour, reputation, good name. **3** (*atto d'omaggio*) honour, ceremony. **4** (*privilegio*) honour, privilege. **5** (*vanto*) honour, glory. **6** *pl.* (*onorificenze*) honours *pl.* □ **avere** *l'~ di* (*fare qc.*) to have the honour to (do s.th.); *fare gli onori di* **casa** to do the honours (of the house), to play host(ess); *parola* **d'~** word of honour; *uomo* **d'~** honourable man, man of honour; **far** ~ *a:* 1 to honour, to pay homage to; 2 (*rendere degno di stima*) to be a credit (*o* an honour) to, to do honour to; 3 (*gradire molto*) to do justice to; **farsi** ~ to distinguish o.s.; **in** ~ *di qd.* in s.o.'s honour; **sul** *mio* ~ on my honour; *a onor del* **vero** to tell the truth; **Vostro** *Onore* Your Honour.

onorevole I *a.* honourable (*anche appellativo dei parlamentari*). **II** *s.m./f.* Member of Parliament (MP). □ **onorevoli** *deputati* (*nelle allocuzioni*) Honourable Members; *l'~ Mario* **Rossi** Mario Rossi MP.

onorificenza *f.* **1** honour. **2** (*decorazione*) decoration.

onorifico *a.* honorary, honorific. □ *titolo* ~ courtesy title.

onta *f.* **1** shame; (*disonore*) disgrace, dishonour. **2** (*offesa*) insult, outrage. □ *a* ~ *di* despite, in spite of.

ontano *m.* (*Bot.*) alder.

ONU = *Organizzazione delle Nazioni Unite* United Nations Organization.

op. = (*Mus.*) *opera* work.

opacità *f.* **1** opacity, opaqueness. **2** (*fig.*) opacity, dullness.

opaco *a.* **1** opaque; (*senza lucentezza*) mat(t). **2** (*fig.*) obscure, dull.

opale *m./f.* (*Min.*) opal.

opalescente *a.* opalescent, opalesque.

OPEC = *Organizzazione dei Paesi Esportatori di Petrolio* Organization of Petroleum Exporting Countries.

opera *f.* **1** work: *il progresso è ~ dell'uomo* progress is the work of man. **2** (*lavoro*) work, task. **3** (*creazione artistica*) work. **4** (*azione*) action, deed, work: *vorrei vederlo all'~* I'd like to see him in action (*o* at it). **5** (*Mus.*) work; (*nei titoli*) opus. **6** (*teatro dell'opera*) opera-(house). **7** (*nome di istituti*) organization, association, institute. □ **all'~***!* to work!; *essere* **all'** ~ (*lavorare*) to be at work, (*fam.*) to be on the job; *opere* **buone** good works; ~ *di* **carità** act of charity, charitable action; ~ **inedita** unpublished work; (*Mus.*) ~ **lirica** opera; **messa** *in* ~ installation; **mettersi** *all'~* to get down to work; *fare* ~ *di* **pace** to act as peacemaker; **per** ~ *di* through, with the help of, thanks to, by means of.

operaio I *s.m.* worker, workman (*pl.* –men); hand, (*am.*) laborer; (*addetto a una macchina*) operator, operative. **II** *a.* working, worker-.

operante *a.* (*attivo*) acting, operating, working.

operare I *v.i.* **1** to act, to operate, to work. **2** (*Chir., Mil., Mat.*) to operate. **II** *v.t.* **1** (*compiere*) to do*, to work, to perform, to operate. **2** (*Chir.*) to operate (on): ~ *qd. di appendicite* to operate on s.o. for appendicitis.

operativo *a.* operative, operating.

operato I *a.* (*Tessitura*) diapered. **II** *s.m.* **1** actions *pl.*, action, deeds *pl.* **2** (*Med.*) surgical patient.

operatore *m.* **1** operator. **2** (*Econ.*) agent, broker, operator. **3** (*Cin., TV*) cameraman (*pl.* –men). □ ~ *di* **borsa** stockbroker; ~ **economico** transactor, businessman.

operatorio *a.* (*Chir.*) operating, surgical: *sala operatoria* operating theatre.

operazione *f.* **1** operation (*anche Mil., Mat.*): ~ *di polizia* police operation. **2** (*Chir.*) operation, surgery. **3** (*Econ.*) transaction, operation, dealing.

operetta *f.* (*Mus.*) operetta.

operistico *a.* (*Mus.*) opera-.

operosità *f.* industry, industriousness.

operoso *a.* busy, hard-working.

opificio *m.* factory, mill.

opinabile *a.* (*lett.*) debatable.

opinare *v.i.* (*lett.*) to think*, to hold*, to consider.

opinione *f.* **1** (*convinzione*) opinion, view, conviction. **2** (*considerazione*) opinion: *avere un'alta* ~ *di sé* to have a high opinion of o.s. □ **avere** *una buona* ~ *di qd.* to think highly of s.o.; **cambiare** ~ to change one's mind; *avere il* **coraggio** *delle proprie opinioni* to have the courage of one's convictions; ~ **corrente** current opinion; **essere** *dell'~ che* to be of the opinion (*o* mind) that; ~ **pubblica** public opinion; **secondo** *la mia* ~ in my opinion.

op là *intz.* jump, up (*o* over) you go.

opossum *m.* (*Zool.*) opossum.

oppio *m.* opium.

oppiomane *m./f.* opium addict.

opponente I *a.* opposing. **II** *s.m.* (*raro*) opponent.

opporre *v.t.* **1** to oppose. **2** (*fig.*) (*controbattere*) to counter, to refute, to object to. **opporsi** *v.i.pron.* **1** to oppose (*a qc.* s.th.), to withstand*, to be opposed (to): *opporsi a una decisione* to be opposed to (*o* against) a decision. **2** (*Dir.*) to object (*a* to): *mi oppongo!* I object! ▭ ~ **ostacoli** to set obstacles in the way; ~ **resistenza** to offer resistance; ~ *un* **rifiuto** to refuse.

opportunismo *m.* opportunism, time-serving.

opportunista **I** *s.m./f.* opportunist, time-server. **II** *a.* opportunist(ic).

opportunistico *a.* opportunist(ic) (*anche Scient.*).

opportunità *f.* **1** timeliness. **2** (*occasione favorevole*) opportunity, chance.

opportuno *a.* **1** opportune, well-timed, timely. **2** (*adatto*) suitable, fit(ting); (*conveniente*) convenient, proper; (*consigliabile*) advisable.

oppositore *m.* opponent.

opposizione *f.* **1** opposition, resistance. **2** (*contrasto, contraddizione*) contradiction, clash, conflict. **3** (*Astr., Filos., Pol.*) opposition. **4** (*Dir.*) objection, exception, protest. ▭ *essere* **all'**~ to be in the opposition; **di** ~ of the opposition, opposition-: *partito di* ~ opposition (party).

opposto **I** *a.* **1** (*posto di fronte*) opposite, facing. **2** (*fig.*) (*contrario*) opposite, contrary. **II** *s.m.* opposite, contrary. ▭ **all'**~ the opposite (way), opposite, contrary; **tutto** *l'*~ quite the contrary.

oppressione *f.* oppression.

oppressivo *a.* oppressive.

oppressore *m.* oppressor.

opprimente *a.* **1** oppressive, overwhelming: *caldo* ~ oppressive heat. **2** (*rif. a persona: noioso*) tiresome.

opprimere *v.t.* **1** to oppress, to weigh down, to press down. **2** (*gravare*) to burden, to overwhelm, to crush, to load (down).

oppugnare *v.t.* (*confutare*) to confute, to refute.

oppure *congz.* **1** or. **2** (*altrimenti*) otherwise, or else.

optare *v.i.* to choose*, to select, to make* a choice.

opulento *a.* (*lett.*) opulent.

opulenza *f.* (*lett.*) opulence.

opuscolo *m.* **1** booklet, (*politico*) pamphlet. **2** (*pubblicitario*) brochure.

opzione *f.* choice, option. ▭ (*Econ.*) *diritto di* ~ pre-emptive right, subscription right: *diritto di* ~ *su azioni* stock right.

ora[1] *f.* **1** hour. **2** (*nelle indicazioni temporali*) time: *che ore sono?* what time is it? **3** (*momento*) time: *è proprio* ~ *di andare* it's really time to go. **4** (*spazio di tempo*) time, hour: *abbiamo passato insieme ore felici* we have had some goods times together. **5** (*ora lavorativa*) man-hour, working-hour. ▭ **a** *ore* by the hour: *pagare a ore* to pay by the hour; **all'**~ per hour, an hour; *di* **buon'** ~ early; *un'*~ *di* **cammino** an hour's walk; ~ *di* **cena** dinner time, supper time; **che** ~ *fai?* what time is it by your watch?; ~ *di* **chiusura** closing-time; *ha le ore* **contate** (*è vicino a morire*) his days are numbered; **di** ~ *in* ~ as the hours passed, hour by hour; *ore* **diurne** day-time, daylight hours; **è** *l'*~ it's time, time is up; ~ **esatta** exact (*o* right) time; *sarà qui* **fra** *due ore* he'll be here in two hours' time; (*Astr.*) ~ *del* **fuso** *orario* standard time (in a time zone); *all'*~ **giusta** at the right time; ~ *di* **Greenwich** Greenwich (mean) time; ~ **legale** summer time, (*am.*) daylight time; ~ **locale** local time; *un'*~ *di* **macchina** an hour's drive; *fra* **mezz'**~ in half an hour; *fino alle ore* **piccole** until (*o* into) the small hours; ~ *di* **punta** rush hour; *a* **quest'**~ at this time (*o* hour); (*rif. ad azione cominciata nel passato*) by now, by this time: *a quest'*~ *saranno già arrivati* they will (*o* must) have arrived by now; (*Astr.*) ~ **solare** solar time; *a* ~ **tarda** late; *a* **tutte** *le ore* at all hours, day and night; **ultima** ~ (*ora della morte*) hour of death; (*Giorn.*) latest edition; *non* **vedere** *l'*~ (*di fare qc.*) to look forward (to doing s.th.).

ora[2] **I** *avv.* **1** (just) now, at present. **2** (*da poco*) just (now): *se n'è andato* ~ he has just left. **3** (*fra poco*) in a moment (*o* minute), (right) now, just: *stai tranquillo,* ~ *arriva* don't worry, he'll be here in a moment. **4** (*nelle correlazioni*) now ... now ..., now ... then ..., sometimes ... sometimes ... **II** *congz.* **1** now: ~ *accadde che* now it happened that. **2** (*avversativo*) now (then), well: *tu affermi di aver ragione,* ~ *ti dico che hai torto* you say you're right, well I'm telling you that you're wrong. ▭ *d'*~ *in* **avanti** from now (on); ~ **come** ~ right (*o* just) now, at present; **or** ~ just now, a moment ago; **per** ~ for now, for the moment (*o* for the time being); ~ **sì** *che* now, at last, finally.

oracolo *m.* oracle.

orafo *s.m.* goldsmith.

orale **I** *a.* oral. **II** *s.m.* (*Scol.*) (*esame orale*) oral (examination). ▭ *per via* ~ by mouth.

oramai *avv.* **1** (by) now, by this time, at this point; (*rif. al passato*) by then, by that time. **2** (*già, quasi*) already, nearly: ~ *è giorno* it's already day.

orango *m.* (*Zool.*) orang-(o)utang.

orario **I** *a.* **1** hourly, hour-; (*rif. a velocità*) per hour: *velocità oraria* speed per hour. **2** (*del tempo*) time-: (*Rad.*) *segnale* ~ time-signal. **II** *s.m.* **1** hours *pl.*, time, times *pl.*: ~ *di ufficio* office (*o* working) hours. **2** (*prospetto fascicolo*) timetable; (*tabella di marcia*) schedule. ▭ *essere in* **anticipo** *sull'*~ to be early, to be ahead of schedule; ~ *degli* **arrivi** arrival schedule; ~ *d'***arrivo** time of arrival; ~ **estivo** summer schedule (*o* times); ~ **ferroviario** (train) timetable; **fuso** ~ time zone; **in** ~ on time, punctual, (*fam.*) on the dot; ~ *delle* **lezioni** (*Scol.*) (school) timetable; (*Univ.*) schedule of courses, class timetable;

in **senso** ~ clockwise; ~ *delle* **visite** visiting hours; ~ *dei* **voli** flight schedule.
oratore *m.* orator, (public) speaker.
oratoria *f.* oratory; eloquence.
oratorio *m.* **1** prayerhouse. **2** (*per l'insegnamento della dottrina*) Sunday school. **3** (*Mus.*) oratorio.
orazione *f.* prayer.
orbettino *m.* (*Zool.*) slow-worm.
orbita *f.* **1** (*Astr., Fis.*) orbit. **2** (*fig.*) (*ambito*) sphere, range. **3** (*Anat.*) eye socket, orbit. □ *ha gli occhi fuori dalle orbite* his eyes are bulging.
orbitale *a.* (*Astr., Fis.*) orbital.
orbitare *v.i.* (*Astr.*) to orbit (*attorno a qc.* around s.th.).
orbo I *a.* (*cieco*) blind. **II** *s.m.* blind person. □ (*fam.*) *botte da orbi* hail of blows.
orchestra *f.* **1** orchestra. **2** (*di musica non classica*) band. □ ~ *d'***archi** string orchestra; **direttore** *d'*~ conductor.
orchestrale I *a.* orchestral, of (*o* for) an orchestra. **II** *s.m./f.* player (in an orchestra); (*rif. a orchestra di musica leggera*) bandsman (*pl.* –men).
orchestrare *v.t.* (*Mus.*) to orchestrate.
orchestrazione *f.* orchestration (*anche fig.*).
orchidea *f.* (*Bot.*) orchid.
orcio *m.* jar.
orco *m.* ogre (*anche fig.*).
orda *f.* horde (*anche fig.*).
ordigno *m.* contrivance, device.
ordinale *a./s.m.* ordinal.
ordinamento *m.* **1** (*disposizione*) order, disposition. **2** (*regolamento*) regulations *pl.*, rules *pl.* **3** (*Inform.*) sorting. □ ~ **civile** civil regulations; ~ **giuridico** legal system; ~ **scolastico** educational system; ~ **sindacale** union rules (*o* regulations); ~ **sociale** social order.
ordinanza *f* **1** (*Dir.*) ordinance, order; (*mandato*) warrant, writ. **2** (*Mil.*) (*ordinamento*) arrangement, organization.
ordinare *v.t.* **1** (*disporre*) to arrange. **2** (*mettere in ordine*) to tidy (up), to put* in order. **3** (*comandare*) to order, to command; (*decretare*) to decree, to ordain. **4** (*prescrivere*) to prescribe, to order. **5** (*fare un'ordinazione*) to order. **6** (*Rel.*) to ordain, to confer orders on. **7** (*Inform.*) to sort. **ordinarsi** *v.r. /i.pron.* (*disporsi*) to draw* up, to arrange o.s., to get* (*o* fall*) into line.
ordinario I *a.* **1** (*consueto*) ordinary; usual; routine (*attr.*): *tariffa ordinaria* ordinary rate. **2** (*di qualità scadente*) poor. **3** (*grossolano*) rough; (*volgare*) vulgar; common: *gente ordinaria* common people. **II** *s.m.* **1** ordinary: *fuori dall'*~ out of the ordinary; unusual; exceptional. **2** (*Rel.*) ordinary. **3** (*docente*) (full) professor. □ *cosa di ordinaria* **amministrazione** routine matter; **socio** ~ regular member.
ordinata[1] *f.* (*fam.*) putting in order, tidying up.
ordinata[2] *f.* **1** (*Mat.*) ordinate. **2** (*Mar., Aer.*) frame.
ordinativo I *a.* regulative, regulating. **II** *s.m.* (*Comm.*) order.
ordinato *a.* **1** tidy, neat, in (good) order. **2** (*disciplinato*) (well-) disciplined, orderly; (*metodico*) methodical. **3** (*commissionato*) ordered. **4** (*Rel.*) ordained.
ordinatore I *s.m.* organizer. **II** *a.* regulative, regulating, organizing.
ordinazione *f.* **1** (*Comm.*) order. **2** (*Rel.*) ordination. □ *su* ~ (according) to order.
ordine *m.* **1** order: *l'*~ *della natura* the order of nature. **2** (*successione*) order, succession: ~ *cronologico* chronological order. **3** (*funzionamento regolare*) order, orderliness. **4** (*quiete pubblica*) (public) order, peace. **5** (*categoria*) class, category: *di prim'*~ first class. **6** (*carattere*) nature, kind: *problemi di* ~. *tecnico* problems of a technical nature. **7** (*associazione*) association, society: ~ *dei medici* Medical Association. **8** (*Rel.*) order: *ordini sacri* Holy Orders. **9** (*comando*) order, command; (*mandato*) warrant, writ. **10** (*fila a teatro: rif. a poltrone*) row; (*rif. a palchi*) tier, circle. **11** (*Mil.*) order, formation, array; ~ *di battaglia* battle order (*o* array). **12** (*Comm.*) order. **13** (*Arch., Zool., Bot.*) order. □ (*Mil.*) **agli** *ordini!* yes, sir; ~ *d'* **comparizione** summons (costr. sing.); **con** ~ *in order, in an orderly manner;* **eseguire** *un* ~ to carry out an order; **fuori** ~ out of order; ~ *del* **giorno** (*rif. ad assemblea*) agenda, order of the day; *mettere all'*~ *del* **giorno** to put on the agenda; ~ *di* **grandezza** order of magnitude; *entrare nell'*~ *di* **idee** (*di fare qc.*) to take it into one's head (to do s.th.); **in** ~ in order: *essere in* ~ to be in order; (*pulito, ordinato*) orderly, tidy, neat; **in** ~ *di* in order of, in ... order, according to: *in* ~ *d'età* according to age; *in* ~ *di tempo* ~ in chronogical order; **mettere** ~ to tidy up; **mettersi** *in* ~ to tidy o.s. up; **numero** *d'*~ serial number; *fino a* **nuovo** ~ until further notice; **per** ~ *di:* 1 by order of, at (*o* by) the command of; 2 (*Comm.*) by order of; **prendere** *ordini da qd.* to take orders from s.o.; **secondo** *gli ordini* according to instructions (*o* orders); *per* ~ **superiore** according to orders from above.
ordire *v.t.* **1** (*tessere*) to warp. **2** (*fig.*) (*tramare*) to plot, to plan, to scheme, to hatch: ~ *una congiura* to hatch a plot.
ordito *m.* (*Tessitura*) warp, web (*anche fig.*).
orditura *f.* **1** (*Tessitura*) warping; (*l'ordito*) warp. **2** (*fig.*) (*macchinazione*) plot, intrigue.
orecchia *f.* **1** (*region.*) (*orecchio*) ear. **2** (*piega all'angolo di una pagina*) dog-ear.
orecchiabile *a.* catchy: *motivo* ~ catchy tune.
orecchiante *m./f.* (*Mus.*) person who has a good ear for music; (*chi suona a orecchio*) person who plays by ear.
orecchietta *f.* (*Anat.*) auricle.
orecchino *m.* earring: ~ *da infilarsi nel lobo*

pierced earring; ~ *a clip* clip-on earring.

orecchio *m.* **1** (*Anat.*) ear; (*udito*) hearing. **2** (*fig.*) ear (for music). □ *cantare* **a** ~ to sing by ear; *essere* **duro** *d'orecchi* to be hard of hearing; *per un* ~ **entra** *e per l'altro esce* it goes in at one ear and out at the other; (*fig.*) *mi sento* **fischiare** *le orecchie* my ears are burning; *avere* **mal** *d'orecchi* to have an earache; *fare orecchi da* **mercante** to turn a deaf ear; **mettere** *la mano all'*~ to cup one's ear; **parlare** *all'* ~ *di qd.* to speak (*o* whisper) in s.o.'s ear; (*fig.*) *da quest'*~ *non ci* **sente** it is a subject he is not willing to discuss; *orecchi a* **sventola** sticking out ears; **tirare** *gli orecchi a qd.* to pull (*o* tweak) s.o.'s ears; (*fig.*) to give s.o. a telling-off; *essere* **tutt'***orecchi* to be all ears.

orecchioni *m.pl.* (*Med., fam.*) mumps *pl.* (costr. sing.).

orefice *m.* jeweller, goldsmith.

oreficeria *f.* **1** goldsmith's art. **2** (*negozio*) jeweller's (shop).

orfano I *a.* (*di madre*) motherless; (*di padre*) fatherless; (*privo di entrambi i genitori*) orphan-, parentless. **II** *s.m.* orphan.

orfanotrofio *m.* orphanage.

organdi *m.* (*tessuto*) organdie.

organetto *m.* (*Mus.*) (*a manovella*) barrel -organ.

organicità *f.* organic unity.

organico I *a.* **1** (*Biol., Chim., Med.*) organic: *vita organica* organic life. **2** (*fig.*) organic, organized. **II** *s.m.* (*personale*) personnel, staff.

organismo *m.* organism (*anche fig.*).

organista *m./f.* organist.

organistico *a.* organ-.

organizzare *v.t.* to organize. **organizzarsi** *v.r.* to organize, to get* organized.

organizzativo *a.* organizational, of organization, organizing: *fase organizzativa* organizing phase.

organizzatore I *s.m.* organizer. **II** *a.* organizing.

organizzazione *f.* organization. □ ~ **aziendale** corporate structure; (*concr.*) business organization; ~ **sindacale** labour organization, (trade-)union.

organo *m.* **1** (*Anat., Biol.*) organ: *trapianto d'organi* organ transplant. **2** (*estens.*) (*parte di congegno*) part, member. **3** (*fig.*) (*persona, ente con incarichi particolari*) body, organ. **4** (*Giorn., Mus.*) organ. □ ~ **direttivo** governing (*o* policy-making) body; ~ *del* **governo** organ of the government, government body; ~ *d'***informazione** newspaper; (*Giorn.*) ~ **ufficiale** official organ.

organza *f.* organza.

orgasmo *m.* **1** (*Fisiologia*) orgasm. **2** (*fig.*) excitement, agitation.

orgia *f.* **1** orgy. **2** (*fig.*) (*abbondanza*) feast; (*rif. a luce*) blaze; (*rif. a colori*) riot.

orgiastico *a.* orgiastic.

orgoglio *m.* pride (*anche estens.*).

orgoglioso *a.* proud; (*altezzoso*) haughty.

orientale I *a.* **1** (*Geog.*) east, eastern. **2** (*rif. a civiltà, lingue, razze*) Eastern, Oriental. **II** *s.m./f.* Oriental.

orientalista *m./f.* orientalist.

orientamento *m.* **1** orientation (*anche fig.*). **2** (*senso di orientamento*) sense of direction. □ **perdere** *l'*~ to lose one's bearings (*anche fig.*); ~ **professionale** vocational guidance.

orientare *v.t.* **1** to orient(ate). **2** (*fig.*) (*indirizzare*) to orient(ate), to steer. **3** (*Mar.*) to steer; (*rif. a vele*) to trim. **orientarsi** *v.r.* **1** to take* (*o* get*) one's bearings, to orientate o.s. **2** (*fig.*) (*raccapezzarsi*) to see* one's way. **3** (*fig.*) (*rif. a idee*) to tend.

orientativo *a.* indicative, guiding.

oriente *m.* **1** east, (*lett.*) orient. **2** (*regioni orientali*) East; (*seguito da nome proprio*) Eastern; (*paesi asiatici*) East, Orient. □ **a** ~ (*stato*) in the east; (*moto*) eastwards; *a* ~ **di** east of; **Estremo** *Oriente* Far East; **Medio** *Oriente* Middle East.

orificio, **orifizio** *m.* opening, orifice.

origano *m.* (*Bot.*) oregano.

originale I *a.* **1** original. **2** (*strano, bizzarro*) eccentric, odd, strange. **II** *s.m.* **1** original. **2** (*persona stravagante*) eccentric, (*fam.*) oddball.

originalità *f.* **1** originality. **2** (*bizzarria, stravaganza*) eccentricity, oddness.

originare I *v.t.* to originate, to bring* about. **II** *v.i.* to arise*, to originate, to spring*, to take* (*o* have) origin.

originario *a.* **1** indigenous. **2** (*che ha dato origine*) of origin, original. **3** (*primitivo*) original, former. □ *essere* ~ *di* to come from.

origine *f.* **1** origin, beginning. **2** (*causa*) cause, origin. **3** (*provenienza, nascita*) origin. **4** (*punto d'inizio*) starting-point; (*sorgente*) source. □ **all'**~ originally; **alle** *origini* at (*o* in) the beginning; **d'** ~: 1 (*di provenienza*) of origin: *paese d'*~ country of origin; 2 (*nativo*) native: *d'*~ *francese* of French origin (*o* extraction); **risalire** *alle origini* to trace s.th. back (to its origins).

origliare *v.i.* to eavesdrop.

orina *f.* urine.

orinare *v.t./i.* to urinate.

oriundo *a.* of ... extraction (*o* stock *o* origin): *è* ~ *svizzero* he is of Swiss origin.

orizzontale *a.* horizontal.

orizzontare *v.t.* to orient(ate). **orizzontarsi** *v.r.* **1** to orientate o.s., to take* bearings. **2** (*fig.*) (*raccapezzarsi*) to get* one's bearings.

orizzonte *m.* **1** horizon. **2** (*fig.*) (*campo d'azione*) horizon, field. **3** (*fig.*) (*prospettiva futura*) horizon, prospect, vista. □ *avere un* ~ *ristretto* to be narrow-minded.

Orlando *N.pr.m.* Roland.

orlare *v.t.* **1** (*fare l'orlo a*) to edge; (*cucendo*) to hem; (*con cordoncini e sim.*) to trim, to edge, to braid. **2** (*fig.*) (*bordare*) to border, to edge.

orlo *m.* **1** edge, border; (*rif. a recipiente*) rim, brim. **2** (*fig.*) brink, verge: *essere sull'~ del fallimento* to be on the verge of bankruptcy. **3** (*spigolo*) edge, corner. **4** (*Sartoria*) hem. ▭ ~ *a giorno* hemstitch.

orma *f.* **1** (*di persone*) footprint, footmark; (*di animali*) spoor, track. **2** (*fig.*) (*impronta*) mark, trace. **3** *pl.* (*fig.*) (*esempio*) example, footsteps *pl.*: *seguire* (o *calcare*) *le orme di qd.* to follow in s.o.'s footsteps.

ormeggiare *v.t.*, **ormeggiarsi** *v.i.pron.* to moor.

ormeggio *m.* **1** mooring. **2** (*luogo di ormeggio*) berth, moorings *pl.* **3** *pl.* (*concr.*) moorings *pl.* : *mollare gli ormeggi* to cast off the moorings.

ormone *m.* (*Fisiologia*) hormone.

ornamentale *a.* ornamental, decorative.

ornamento *in.* ornament, decoration.

ornare *v.t.* **1** to decorate, to adorn; (*rif. ad abiti*) to trim. **2** (*fig.*) (*rif. a stile e sim.*) to embellish. **3** (*Arch.*) to decorate.

ornato *a.* **1** decorated, adorned, trimmed (with). **2** (*di stile*) (*forbito*) ornate, refined; (*immaginoso*) flowery: *stile* ~ flowery style.

ornitologia *f.* ornithology.

ornitologo *m.* ornithologist.

ornitorinco *m.* (*Zool.*) (duck-billed) platypus.

oro *m.* **1** gold. **2** (*fig.*) (*denaro*) money, gold. **3** *pl.* (*gioielli d'oro*) (gold) jewellery. **4** (*colore*) gold. **5** *pl.* (*nelle carte da gioco*) money. ▭ *prendere per* ~ **colato** to take as gospel; **corsa** *all'~* gold-rush; **d'~**: 1 gold: *bracciale d'~* gold bracelet; 2 (*fig.*) (*prezioso*) golden, precious: *parole d'~* precious words; 3 (*fig.*) (*molto vantaggioso*) golden, wonderful: *un'affare d'~* a wonderful bargain; **febbre** *dell'~* gold-fever; ~ **fino** refined gold; ~ **massiccio** solid gold; (*fig.*) ~ **nero** black gold; *per* **tutto** *l'~ del mondo* for all the money in the world; ~ **zecchino** first-quality gold.

orologeria *f.* (*negozio*) watchmaker's (shop). ▭ **a** ~ time-clockwork-: *bomba a* ~ time -bomb.

orologiaio *m.* **1** (*fabbricante riparatore*) watchmaker. **2** (*venditore*) watch-seller.

orologio *m.* clock; (*da polso o da taschino*) watch. ▭ **andare** *come un* ~ (*rif. a meccanismo*) to run like clockwork; *l'~ va* **avanti** the clock is fast; **caricare** *l'~* to wind (up) the clock; ~ **digitale** digital clock (*o* watch); *l'~ è* **fermo** the clock has stopped; *questo ~ non* **funziona** this clock doesn't go (*o* work); *l'~ va* **indietro** the clock is slow; ~ *a* **meridiana** sundial; ~ *a* **pendolo** grand father clock; **egolare** *un* ~ to put a watch right; *l'~ è* **scarico** the clock has run down; ~ **subacqueo** waterproof watch.

oroscopo *m.* horoscope.

orpello *m.* **1** (*Met.*) pinchbeck. **2** (*fig.*) tinsel.

orrendo *a.* horrible, dreadful; (*ripugnante*) hideous, ghastly.

orribile *a.* **1** (*spaventoso*) horrible, dreadful, awful: ~ *delitto* dreadful crime. **2** (*ripugnante*) disgusting, revolting, ghastly.

orrido **I** *a.* **1** horrid, horrifying, hideous. **2** (*spaventoso*) dreadful, horrible, awful. **II** *s.m.* **1** horridness, hideousness. **2** (*precipizio*) ravine; (*gola*) gorge.

orripilante *a.* horrifying.

orrore *m.* **1** horror. **2** (*ribrezzo*) disgust, repugnance, abhorrence. **3** (*terrore*) terror, dread. **4** (*cosa orribile*) horror, atrocity. ▭ **avere** ~ *per qc.* to loathe s.th.; **fare** ~ *a qd.* to horrify s.o.; **film** *dell'~* horror film.

orsa *f.* (*Zool.*) she-bear. ▭ (*Astr.*) *Orsa* **maggiore** Great Bear; *Orsa* **minore** Little Bear.

orsacchiotto *m.* **1** (bear) cub. **2** (*giocattolo*) teddy-bear.

orso *m.* (*Zool.*) bear (*anche fig.*). ▭ ~ **bianco** polar (*o* white) bear; ~ **grigio** grizzly (bear).

Orsola *N.pr.f.* Ursula.

orsù *intz.* (*lett.*) come on, come now.

ortaggio *m.* vegetable.

ortensia *f.* (*Bot.*) hydrangea.

ortica *f.* (*Bot.*) nettle.

orticaria *f.* (*Med.*) nettle-rash.

orticolo *a.* horticultural, garden-.

orticoltore *m.* horticulturist.

orticoltura *f.* horticulture.

orto *m.* vegetable (*o* kitchen) garden. ▭ ~ *botanico* botanical garden.

ortodonzia *f.* (*Med.*) orthodontics (costr. sing.).

ortodossia *f.* (*Rel.*) orthodoxy (*anche estens.*).

ortodosso *a./s.m.* (*Rel.*) orthodox.

ortofrutticolo *a.* fruit and vegetable-.

ortografia *f.* (*Gramm.*) spelling, orthography.

ortolano *m.* **1** market-gardener; (*am.*) truck farmer. **2** (*venditore*) greengrocer.

ortopedia *f.* orthop(a)edics *pl.* (costr. sing. o pl.), orthop(a)edy.

ortopedico **I** *a.* orthop(a)edic. **II** *s.m.* orthop(a)edist, orthop(a)edic surgeon.

ortottica *f.* (*Med.*) orthoptics (costr. sing.).

orzaiolo *m.* (*Med.*) sty(e).

orzo *m.* (*Bot.*) barley.

Os = (*Chim.*) *osmio* osmium.

osanna *intz./s.m.* (*Lit.*) hosanna.

osannare *v.i.* **1** (*Rel.*) to sing* hosanna. **2** (*estens*) to acclaim, to applaud (*a qd.* s.o.).

osare *v.t.* **1** to dare*, to venture. **2** (*tentare*) to attempt, to dare*. ▭ **come** *osi?* how dare you?; *oso* **dire** I daresay (*o* dare say).

oscenità *f.* obscenity.

osceno *a.* **1** obscene, indecent. **2** (*fam.*) (*molto brutto*) ghastly, awful.

oscillante *a.* **1** oscillating, swinging. **2** (*estens.*) variable, fluctuating, unsteady: *prezzi oscillanti* fluctuating prices. **3** (*fig.*) (*tentennante*) wavering.

oscillare *v.t.* **1** to oscillate, to swing*. **2** (*estens.*) to vary, to fluctuate. **3** (*fig.*) (*tentennare*) to waver.

oscillatorio *a.* oscillating.

oscillazione *f.* **1** oscillation, swinging. **2** (*estens.*) variation, fluctuation.

oscillografo *m.* (*El.*) oscillograph.
oscuramento *m.* **1** darkening, obscuring, dimming, clouding (over). **2** (*fig.*) clouding; (*rif. alla vista*) dimming. **3** (*Mil.*) black-out.
oscurare *v.t.* **1** to darken, to obscure, to dim; (*fig.*) to overshadow. **2** (*per protezione antiaerea*) to black out. **oscurarsi** *v.i.pron.* **1** to darken, to cloud over. **2** (*fig.*) to darken, to cloud; (*rif. alla vista*) to grow* dim; (*rif. alla mente*) to cloud.
oscurità *f.* **1** darkness, dimness. **2** (*fig.*) obscurity.
oscuro I *a.* **1** dark, dim, gloomy, sombre, obscure. **2** (*incomprensibile*) obscure. **3** (*umile*) obscure, humble: *di oscure origini* of humble origins. **II** *s.m.* dark(ness). □ *essere all'~ di qc.* to be in the dark about s.th.
Oslo *N.pr.f.* (*Geog.*) Oslo.
osmio *m.* (*Chim.*) osmium.
osmosi *f.* osmosis.
ospedale *m.* hospital. □ *~ da* **campo** field hospital; **entrare** *all'~* to be hospitalized.
ospedaliero *a.* hospital-: *cure ospedaliere* hospital treatment.
ospedalizzare *v.t.* to hospitalize.
ospitale *a.* hospitable, friendly (*anche fig.*).
ospitalità *f.* **1** hospitality. **2** (*accoglienza*) welcome (*anche fig.*).
ospitare *v.t.* **1** to give* hospitality to. **2** (*alloggiare*) to lodge; (*rif. ad albergo e sim.*) to accommodate. **3** (*fig.*) (*accogliere*) to accept, to take*.
ospite *s.m./f.* **1** (*chi ospita*) host. **2** (*persona ospitata*) guest.
ospizio *m.* **1** (*per vecchi*) old folks' home, home for the old; (*per poveri*) almshouse; (*nella tradizione letteraria*) poorhouse. **2** (*rifugio per viandanti*) hospice.
ossario *m.* charnel-house; ossuary.
ossatura *f.* **1** bone structure, frame; (*scheletro*) skeleton. **2** (*tecn.*) (*struttura portante*) frame(work), structure. **3** (*fig.*) framework, outlines *pl.*
osseo *a.* bony, osseous.
ossequiare *v.t.* to pay* one's respects to.
ossequio *m.* **1** respects *pl.*, homage. **2** *pl.* (*saluti deferenti*) respects *pl.*, (kind) regards *pl.*: *i miei ossequi* my respects. □ *in* **atto** *di ~* out of respect; (*epist.*) **con** *ossequi* with kindest regards.
ossequioso *a.* obsequious.
osservante I *a.* **1** punctilious; observant. **2** (*Rel.*) practising. **II** *s.m./f.* **1** (*cristiano*) church-goer; (*fedele di altre religioni*): *ebreo* (*buddista, ecc.*) *~* a practising Jew (Buddhist etc.). □ *cittadino ~ delle leggi* law-abiding citizen.
osservanza *f.* **1** compliance, conformity, observance. **2** (*Rel.*) observance. □ **con** *~ delle leggi* in conformity with the law; *di* **stretta** *~* strict.
osservare *v.i.* **1** (*esaminare*) to observe, to watch. **2** (*guardare con attenzione*) to watch: *ti osservano* you are being watched. **3** (*rilevare, notare*) to notice. **4** (*fare un'obiezione*) to object to. **5** (*rispettare, seguire*) to respect, to follow, to observe: *~ una norma* to follow a rule.
osservatore *m.* observer.
osservatorio *m.* **1** observatory. **2** (*Mil.*) observation post, look-out.
osservazione *f.* **1** (*esame*) examination, study. **2** (*il guardare*) observation. **3** (*considerazione*) remark, observation, comment; (*obiezione*) objection. **4** (*rimprovero*) reproach. □ *spirito d'~* powers of observation.
ossessionante *a.* haunting, obsessing.
ossessionare *v.t.* to obsess, to haunt.
ossessione *f.* **1** obsession (*anche Psic.*). **2** (*fam.*) (*ciò che provoca angoscia*) nightmare.
ossessivo *a.* obsessive, obsessional.
ossesso I *a.* possessed. **II** *s.m.* possessed person.
ossia *congz.* **1** that is, i.e., namely, in other words, viz. **2** (*per meglio dire*) or rather.
ossidare *v.t.* to oxidize. **ossidarsi** *v.i.pron.* to become* oxidized, to oxidize.
ossidazione *f.* oxid(iz)ation.
ossido *m.* (*Chim.*) oxide. □ *~ di carbonio* carbon monoxide.
ossidrico *a.* oxyhydrogen: *fiamma ossidrica* oxyhydrogen flame.
ossificare *v.t.*, **ossificarsi** *v.i.pron.* to ossify.
ossificazione *f.* ossification.
ossigenare *v.t.* **1** to oxygenate. **2** (*rif. a capelli*) to bleach, to peroxide.
ossigenazione *f.* oxygenation.
ossigeno *m.* (*Chim.*) oxygen.
osso *m.* **1** bone. **2** *pl.* (*membra*) bones *pl.* □ *in* **carne** *ed ossa* in the flesh; (*fam.*) *rompersi l'~ del* **collo** to break one's neck; (*fig.*) *un ~* **duro** (*rif. a problema e sim.*) a tough nut to crack; (*rif. a persona*) a tough customer; **farsi** *le ossa a qc.* to gain experience at s.th.; **fino** *alle ossa* to the bone; *bagnato* **fino** *alle ossa* wet through, soaked to the skin; *~* **sacro** sacrum; *~ di* **seppia** cuttlebone.
ossuto *a.* bony.
ostacolare *v.t.* **1** to obstruct, to impede: *~ il traffico* to obstruct (the) traffic. **2** (*estens.*) to block, to obstruct. **3** (*fig.*) (*rendere difficile*) to hinder, to hamper, to handicap.
ostacolo *m.* **1** obstacle, stumbling-block. **2** (*fig.*) (*impedimento*) obstacle, impediment, hindrance, drawback: *rimuovere un ~* to remove an obstacle. **3** (*Sport*) hurdle. **4** (*Equitazione*) barrier. □ (*Sport*) **corsa** *a ostacoli*: 1 (*nell'atletica*) hurdle (*o* obstacle) race; 2 (*nell'ippica*) steeplechase; (*fig.*) **essere** *di ~ a qd.* to stand in s.o.'s way; **superare** *un ~* to get over an obstacle; (*fig.*) to overcome a difficulty.
ostaggio *m.* hostage.
oste *m.* innkeeper, host.
osteggiare *v.t.* to oppose.
ostello *m.* (youth) hostel.
ostentare *v.t.* **1** to flaunt, (*fam.*) to show*

off. **2** (*affettare*) to feign, to pretend.
ostentazione *f.* **1** ostentation, display, show, (*fam.*) showing off. **2** (*affettazione, simulazione*) pretence, sham.
osteologia *f.* osteology.
osteologo *m.* osteopath.
osteopatia *f.* (*Med.*) osteopathy.
osteoporosi *f.* (*Med.*) osteoporosis.
osteria *f.* tavern.
ostessa *f.* **1** innkeeper, hostess. **2** (*moglie dell'oste*) landlord's (*o* innkeeper's) wife.
ostetrica *f.* midwife.
ostetricia *f.* (*Med.*) obstetrics; midwifery.
ostetrico I *a.* obstetric(al). **II** *s.m.* obstetrician.
ostia *f.* **1** (*Rel.*) Host. **2** (*cialda*) wafer.
ostico *a.* irksome, tiresome.
ostile *a.* hostile, adverse.
ostilità *f.* **1** hostility, enmity; (*avversione*) antagonism. **2** *pl.* (*Mil.*) hostilities *pl.*
ostinarsi *v.i.pron.* **1** to persist: ~ *a fare qc.* to persist in doing s.th. **2** (*impuntarsi*) to be obstinate (*o* stubborn).
ostinato I *a.* **1** (*rif. a persona*) obstinate, stubborn, (*fam.*) pigheaded. **2** (*rif. a cosa*) persistent. **II** *s.m.* obstinate (*o* stubborn) person.
ostinazione *f.* **1** persistence. **2** (*caparbietà*) obstinacy, stubbornness, (*fam.*) pigheadedness.
ostracismo *m.* ostracism (*anche fig.*). □ (*fig.*) *dare l'~ a qd.* to ostracize s.o.
ostrica *f.* (*Zool.*) oyster.
ostrogoto I *a.* (*Stor.*) Ostrogothic, Ostrogothian. **II** *s.m.* **1** Ostrogoth. **2** (*scherz.*) (*lingua incomprensibile*) double Dutch.
ostruire *v.t.* to obstruct, to clog (up), to stop (up); (*sbarrare*) to block, to close (up). **ostruirsi** *v.i.pron.* to become* (*o* get*) obstructed.
ostruzione *f.* obstruction (*anche Med.*).
ostruzionismo *m.* (*Parl.*) obstructionism.
ostruzionista I *s.m./f.* obstructionist. **II** *a.* obstructionist(ic).
otaria *f.* (*Zool.*) otary, sea lion.
otite *f.* (*Med.*) otitis.
otorinolaringoiatra *m./f.* ear, nose and throat specialist, otolaryngologist.
otorinolaringoiatria *f.* otolaryngology.
otre *m.* leather bag (*o* bottle), goat-skin. □ (*fig.*) *pieno come un ~* bloated.
ott. = *ottobre* October (Oct.).
ottagonale *a.* (*Geom.*) octagonal.
ottagono *m.* (*Geom.*) octagon.
ottano *m.* (*Chim.*) octane: *numero di ottani* octane rating (*o* number).
ottanta *a./s.m.* eighty.
ottantenne I *a.* (*attr.*) eighty-year-old; (*pred.*) eighty years old. **II** *s.m./f.* eighty-year-old person.
ottantesimo *a./s.m.* eightieth.
ottantina *f.* about (*o* some) eighty.
ottativo *a.* (*Gramm.*) optative.
ottava *f.* (*Lit., Metrica, Mus.*) octave.
ottavino *m.* (*Mus.*) piccolo.
ottavo *a./avv./s.m.* eighth.
Ottawa *N.pr.f.* (*Geog.*) Ottawa.
ottemperanza *f.* (*burocr.*) compliance, obedience. □ *in ~ a* in compliance with.
ottemperare *v.i.* to comply (*a* with).
ottenebramento *m.* darkening, dimming; (*rif. alla mente*) clouding.
ottenebrare *v.t.* **1** to darken. **2** (*fig.*) to cloud, to overshadow. **ottenebrarsi** *v.i.pron.* **1** to darken, to grow* dark (*o* dim). **2** (*offuscarsi*) (*rif. alla vista*) to grow* dim, to fade; (*rif. alla mente*) to cloud.
ottenere *v.t.* **1** to obtain, to get*, to achieve. **2** (*ricevere*) to receive, to get*, to have.
ottica *f.* optics *pl.* (*costr. sing.*).
ottico I *a.* **1** optical: *strumento ~* optical instrument. **2** (*della vista*) optic(al): *nervo ~* optic nerve. **II** *s.m.* optician.
ottimale *a.* optimum.
ottimismo *m.* optimism (*anche Filos.*).
ottimista *m./f.* optimist.
ottimistico *a.* optimistic (*anche Filos.*).
ottimo I *a.* **1** very (*o* extremely) good, first-rate, top-. **2** (*burocr., Scol.*) excellent. **II** *s.m.* (the) best.
otto *a./s.m.* eight. □ *dare gli ~* **giorni** *a qd.* to give s.o. a week's notice; **oggi** *a ~* today week, a week from today; *~* **volante** switchback; (*am.*) roller-coaster.
ottobre *m.* October.
ottocentesco *a.* nineteenth-century-.
ottocentesimo *a./s.m.* eight hundredth.
ottocento *a./s.m.* eight hundred. **Ottocento** *m.* nineteenth century; (*rif. all'arte e alla letteratura italiana*) Ottocento.
ottomana *f.* ottoman, divan.
ottomila *a./s.m.* eight thousand.
ottone *m.* **1** (*Met.*) brass. **2** *pl.* (*Mus.*) brass.
otturare *v.t.* **1** to stop (up), to plug. **2** (*ostruire*) to block, to clog. **3** (*rif. a denti*) to fill, to stop. **otturarsi** *v.i.pron.* to become* choked, to clog, to become* stopped (up).
otturatore *m.* **1** (*Fot.*) shutter. **2** (*nelle armi*) lock.
otturazione *f.* **1** stopping, plugging. **2** (*rif. a denti*) filling, stopping.
ottusità *f.* obtuseness, dullness.
ottuso *a.* **1** blunt, dull. **2** (*fig.*) dull, obtuse. **3** (*Geom.*) obtuse.
ovaia *f.* (*Anat.*) ovary.
ovale *a./s.m.* oval.
ovario *m.* (*Anat., Bot.*) ovary.
ovatta *f.* **1** cotton-wool. **2** (*feltro*) wadding.
ovattare *v.t.* **1** to pad, to wad. **2** (*fig.*) (*rif. a suoni*) to muffle.
ovazione *f.* ovation.
ove I *avv.* (*lett.*) **1** where. **2** (*in cui: stato*) where, in which. **II** *congz.* (*nel caso*) if, in case.
ovest *m.* **1** west. **2** (*estens.*) (*regione occidentale*) west; (*paesi occidentali*) West. □ *a ~ di* (to the) west of.

ovile *m.* (sheep)fold, pen.
ovino **I** *a.* sheep-. **II** *s.m.pl.* (*Zool.*) sheep *pl.*
oviparo *a.* oviparous.
ovoidale *a.* ovoid; egg-shaped.
ovolo *m.* (*Bot.*) royal (*o* Caesar's) agaric.
ovulazione *f.* (*Biol.*) ovulation.
ovulo *m.* **1** (*Farm.*) globulus. **2** (*Bot.*) ovule. **3** (*Biol.*) ovum, egg-cell.
ovunque *avv.* (*lett.*) **1** (*dovunque*) wherever, anywhere: ~ *tu vada* wherever you go. **2** (*dappertutto*) everywhere, (*fam.*) all over the place.
ovvero → **oppure**.
ovviare *v.i.* (*prevenire*) to obviate; (*rimediare*) to get* round (*a qc.* s.th.).
ovvio *a.* **1** (*naturale*) obvious, natural. **2** (*evidente*) clear, plain, (self-)evident.
ozelot *m.* (*Zool.*) ocelot.
oziare *v.i.* to idle (about), to laze (about).
ozio *m.* **1** idleness, laziness, sloth. **2** (*riposo*) leisure.
oziosità *f.* **1** idleness, laziness, sloth. **2** (*fig.*) (*inutilità*) idleness, futilily.
ozioso **I** *a.* **1** idle. **2** (*fig.*) (*vano, inutile*) vain, futile, pointless: *domanda oziosa* futile (*o* pointless) question. **II** *s.m.* idler, loafer.
ozono *m.* ozone. □ *strato di* ~ ozone layer.

P

p[1], **P**[1] *m./f.* (*lettera dell'alfabeto*) p, P, the letter *P.* ▭ (*Tel.*) ~ *come Padova* ~ for Peter (*anche am.*).
p[2] = **1** *pagina* page. **2** (*Mus.*) *piano* piano.
P[2] = **1** (*Chim.*) *fosforo* phosphorus. **2** *Posteggio* Parking.
Pa = (*Chim.*) *protoattinio* protoactinium.
pacatezza *f.* calm, quietness.
pacato *a.* calm, quiet. ▭ *voce pacata* subdued voice.
pacca *f.* slap, smack, (*fam.*) whack. ▭ *dare una* ~ *sulle spalle a qd.* to slap s.o. on the shoulder.
pacchetto *m.* **1** packet, small parcel. **2** (*complesso di soluzioni*) package (deal). ▭ ~ *azionario* parcel of shares.
pacchia *f.* (*fam.*) godsend.
pacchiano *a.* showy, garish, gaudy. ▭ *una cravatta pacchiana* a garish tie.
pacco *m.* package, parcel; (*involto*) bundle, pack. ▭ ~ **postale** parcel; ~ **viveri** food parcel.
paccottiglia *f.* shoddy goods *pl.*; (*cosa di poco valore*) junk, trash.
pace *f.* **1** peace. **2** (*accordo, armonia*) peace; harmony. **3** (*quiete*) peace (and quiet), tranquillity. ▭ ~ *all'***anima** *sua* may he (*o* his soul) rest in peace; **chiedere** *la* ~ to seek peace; *non* **darsi** ~ to give o.s. no rest; **essere** *in* ~ to be at peace; *la* ~ **eterna** eternal peace (*o* rest); **lasciare** *in* ~ to leave alone (*o* in peace); **mettere** ~ to make peace; **mettersi** *il cuore in* ~ to set one's heart at rest; **santa** ~*!* good heavens!; **senza** ~ restless, troubled.
pachiderma *m.* (*Zool.*) pachyderm (*anche fig.*).
pachistano *a./s.m.* Pakistani.
paciere *m.* peacemaker.
pacificare *v.t.* **1** to pacify. **2** (*riconciliare*) to reconcile, to make* peace between. **pacificarsi** *v.i.pron.* to become* reconciled (*con* to), to make* peace.
pacificatore *m.* peacemaker; conciliator.
pacificazione *f.* **1** pacification. **2** (*riconciliazione*) reconciliation.
pacifico I *a.* **1** peaceful, nonviolent, peace-loving: *essere di indole pacifica* to be a peaceful sort. **2** (*incontestabile*) indisputable, unquestionable; (*ovvio*) obvious, clear. **II** *s.m.* lover of peace, peaceable person.
Pacifico *N.pr.m.* (*Geog.*) Pacific (Ocean).
pacifismo *m.* pacifism.
pacifista I *s.m./f.* pacifist. **II** *a.* pacifist(ic).
pacioccone I *s.m.* (*fam.*) fat easy-going person. **II** *a.* (*bonaccione*) easy-going, good-natured.
padano *a.* Po-, Po River-.
padella *f.* **1** (frying-)pan. **2** (*recipiente per malati*) bed-pan. **3** (*region.*) (*macchia d'unto*) oil (*o* grease) spot. ▭ (*fig.*) *cadere dalla* ~ *nella brace* to jump out of the frying-pan into the fire.
padiglione *m.* pavilion. ▭ (*Anat.*) ~ *auricolare* auricle.
padre *m.* **1** father (*anche fig.*): *è considerato il* ~ *della scienza moderna* he is considered the father of modern science. **2** *pl.* (*antenati*) forefathers *pl.*, ancestors *pl.* **3** (*Rel.*) father. ▭ ~ **adottivo** foster father; *per* **parte** *di* ~ on one's father's side, paternal; **rendere** ~ *qd.* to bear s.o. a child; **Santo** *Padre* (*il Papa*) Holy Father.
padrenostro *m.* (*Rel.*) Lord's Prayer, Our Father.
padreterno *m.* **1** Eternal Father. **2** (*fig.*) (*persona presuntuosa*) God Almighty.
padrigno →**patrigno**.
padrino *m.* **1** (*di battesimo*) godfather; (*di cresima*) sponsor (at confirmation). **2** (*nei duelli*) second.
padrona *f.* **1** mistress; (*quando riceve*) hostess. **2** (*proprietaria*) owner, proprietress. **3** (*di albergo, ecc.*) landlady. ▭ ~ *di casa* lady of the house.
padronale *a.* **1** master's, owner's. **2** (*imprenditoriale*) employers', managerial.
padronanza *f.* **1** mastery, command, control (*anche fig.*). **2** (*conoscenza perfetta*) command, thorough knowledge. ▭ ~ *di sé* self-control.
padronato *m.* employers *pl.*
padrone *m.* **1** master, (*fam.*) boss. **2** (*proprietario*) owner. **3** (*datore di lavoro*) employer, (*fam.*) boss. **4** (*esclam.*) all right then, as you like: *vuoi andartene? –* ~*!* do you want to leave? – you're quite free to. ▭ ~ *di* **casa** master (of the house), householder; (*per*

l'inquilino) landlord; (*per l'ospite*) host; (*fig.*) **essere** ~ *di* (*avere libertà di scelta*) to be free to; **farla** *da* ~ to lord it, to play the lord and master; *essere* ~ *di* **sé** to have self -control.

padroneggiare *v.t.* **1** (*dominare*) to rule, to sway, to command. **2** (*fig.*) (*controllare*) to master, to control. **3** (*fig.*) (*conoscere perfettamente*) to master, to know* thoroughly.

paesaggio *m.* **1** landscape, scenery. **2** (*veduta*) view, panorama. **3** (*Pitt.*) landscape.

paesano I *a.* country, rural. **II** *s.m.* **1** (*abitante di villaggio*) villager. **2** (*region.*) (*compaesano*) fellow townsman (*pl.* –men), fellow villager. □ *alla paesana* country-style, after the country fashion.

paese *m.* **1** country, land. **2** (*patria*) country. **3** (*centro abitato*) (small) town, (rural) centre; (*villaggio*) village: ~ *di montagna* mountain village. □ (*Pol.*) *paesi non* **allineati** non-aligned countries; *di* **che** ~ *è?* what country (*o* town) is he from?, where does he come from?; (*pop.*) **mandare** *qd. a quel* ~ to tell s.o. to go to hell; *il* ~ **nativo** one's native place, one's native village; ~ *d'***oltremare** overseas country; ~ **sottosviluppato** underdeveloped country; ~ *in via di* **sviluppo** developing (*o* emerging) nation.

paesello *m.* small village, hamlet.

Paesi Bassi *N.pr.m.pl.* (*Geog.*) Netherlands.

paesista *m./f.* (*Pitt.*) landscape painter, landscapist.

paesistico *a.* (*Arte*) landscape-.

paffuto *a.* chubby, plump.

pag. = *pagina* page.

paga *f.* **1** pay, wages *pl.*, wage. **2** (*fig.*) (*ricompensa*) reward. □ **busta** ~ pay-packet, (*am.*) pay envelope; ~ **settimanale** weekly wage.

pagabile *a.* payable. □ ~ *in* **contanti** payable in cash, for cash payment; ~ *a* **vista** payable at sight.

pagaia *f.* paddle.

pagamento *m.* payment. □ **avviso** *di* ~ notice of payment; ~ *in* **contanti** cash payment, payment cash down; **dietro** ~ for payment; **facilitazioni** *di* ~ easy terms; **mancato** ~ non-payment, failure to pay; **mandato** *di*~ bank payment order; ~ **rateale** payment by instalments; hire-purchase.

paganesimo *m.* paganism, heathenism.

pagano *a./s.m.* pagan, heathen.

pagare *v.t.* **1** to pay*: *lui pagherà la consumazione* he'll pay for the drinks; (*fig.*) *me la pagherai* you'll pay for it. **2** (*offrire*) to stand*, to treat (*qc.* to s.th.): ~ *una cena a qd.* to stand s.o. a dinner. **3** (*contraccambiare*) to (re)pay*, to pay* back: ~ *di egual moneta* to repay in like coin. **4** (*fig.*) (*dare: in frasi esclamative*) to give*: *cosa pagherebbe per essere promosso!* what wouldn't he give (*o* he'd give anything) to pass! □ (*fig.*) *gliela farò* ~ **cara** I'll make him pay dearly for it; **far** ~ to charge: *quanto ti hanno fatto* ~ *questa borsa?* how much did they charge for this bag?; ~ *un* **occhio** *della testa* to pay through the nose; (*fig.*) ~ *di* **persona** to meet one's responsibilities squarely; ~ *qc. a* **peso** *d'oro* to pay its weight in gold for s.th.; ~ *a* **rate** to pay by instalments.

pagatore *m.* payer.

pagella *f.* (school) report, report card.

paggio *m.* page.

pagina *f.* **1** page (*anche fig.*). **2** (*Bot.*) blade. □ (*Tip.*) ~ **bianca** blank page; (*Giorn.*) **prima** ~ front page; **terza** ~ literary page; **voltar** ~ to turn over the page; (*fig.*) to turn over a new leaf.

paglia *f.* straw; (*foraggio*) chaff. □ (*fig.*) *mettere la* ~ *vicino al* **fuoco** to expose to temptation; **uomo** *di* ~ man of straw.

pagliaccetto *m.* (*da bambino*) rompers *pl.*

pagliacciata *f.* (*spreg.*) buffoonery.

pagliaccio *m.* buffoon, clown (*anche fig.*).

pagliaio *m.* straw stack (*o* rick).

paglericcio *m.* pallet, straw mattress; palliasse.

paglierino *a.* straw(-yellow), straw(-coloured).

paglietta *f.* **1** (*cappello*) straw hat. **2** (*per pulire pentole*) steel wool.

pagliuzza *f.* **1** (blade of) straw. **2** (*quantità minima*) speck, mote.

pagnotta *f.* **1** loaf: *una* ~ *di pane* a loaf (of bread). **2** (*fig. pop.*) (*guadagno*) living; (*fam.*) bread and butter.

pagoda *f.* pagoda.

paguro *m.* (*Zool.*) hermit crab.

paio *m.* **1** pair: *due paia di calze* two pairs of stockings; *un* ~ *di forbici* a pair of scissors. **2** (*circa due*) couple: *tra un* ~ *d'anni* in a couple of years. □ **a** *paia* in pairs, by twos; **fare** *il* ~ to be well-matched; *è un altro* ~ *di* **maniche** that's quite a different matter.

paiolo *m.* (copper) pot, cauldron.

Pakistan *N.pr.m.* (*Geog.*) Pakistan.

pala *f.* **1** shovel. **2** (*rif. a mulino*) vane. **3** (*dell'elica, della turbina, del remo*) blade. □ **a** *pale* paddle-: *ruota a pale* paddle-wheel; ~ *d'***altare** altar-piece.

paladino *m.* champion.

palafitta *f.* **1** lake (*o* pile-)dwelling. **2** (*Edil.*) pile(-work), piles *pl.*

palanchino *m.* **1** (*portantina*) palanquin, palankeen. **2** (*leva*) crowbar.

palandrana *f.* (*scherz.*) long loose garment.

palata *f.* (*quantità*) shovelful. □ (*fig.*) **a** *palate* heaps, lots, in plenty; *avere* **soldi** *a palate* to have a mint of money.

palatale *a./s.f.* (*Fonetica*) palatal.

palato *m.* **1** (*Anat.*) palate. **2** (*fig.*) (*gusto*) (sense of) taste, palate. □ *gradevole al* ~ palatable.

palazzina *f.* (*abitazione signorile*) mansion.

palazzo *m.* **1** (*palazzo nobiliare*) palace, mansion. **2** (*sede di uffici pubblici*) hall, building: ~ *municipale* town- (*o* city) hall. **3** (*casamento*) block of flats, mansions *pl.*, (*am.*) apartment building. □ ~ *di* **giustizia** law court(s), court-house; ~ **reale** (royal) palace;

~ *per* **uffici** office block (*o* building).

palco *m.* **1** floor(ing); (*impalcatura*) scaffolding. **2** (*tribuna*) (grand)stand; (*per la banda*) bandstand. **3** (*patibolo*) scaffold. **4** (*Teat.*) box. **5** (*di cervidi*) tine. ▭ (*Teat.*) ~ *di prim'***ordine** first-tier box; ~ *di* **proscenio** stage box.

palcoscenico *m.* stage (*anche fig.*); boards *pl.*

paleografia *f.* pal(a)eography.

paleolitico *a./s.m.* paleolithic.

paleontologia *f.* pal(a)eontology.

palesare *v.t.* **1** (*manifestare*) to express. **2** (*svelare*) to disclose, to reveal. **palesarsi I** *v.r.* to reveal (*o* show*) o.s. **II** *v.i.pron.* to look, to seem.

palese *a.* clear, obvious, manifest.

Palestina *N.pr.f.* (*Geog.*) Palestine.

palestinese *a./s.m./f.* Palestinian.

palestra *f.* **1** gymnasium, (*fam.*) gym. **2** (*esercizio ginnico*) gymnastics *pl.* (costr. sing.).

paletta *f.* **1** (*giocattolo*) spade. **2** (*per muovere la brace*) fire-shovel. **3** (*Ferr.*) (signal) stick. ▭ ~ *per la spazzatura* dustpan.

paletto *m.* **1** stake, picket, post. **2** (*spranga*) bolt, bar. **3** (*picchetto da tenda*) peg.

palio *m.* **1** (*drappo*) banner. **2** (*gara*) contest, competition; (*gara equestre*) horse-race. ▭ **essere** *in* ~ to be at stake; **mettere** *in* ~ to offer as a prize.

palissandro *m.* (*Bot.*) rosewood.

palizzata *f.* palisade, paling, (stake-)fence.

palla *f.* **1** ball: *giocare a* ~ to play ball. **2** (*proiettile*) bullet, ball. **3** (*per votazione*) ballot. ▭ (*fig.*) *prendere la* ~ *al* **balzo** to seize one's opportunity; (*Sport*) **battere** *la* ~ to start play; (*nel calcio*) to kick off; ~ *da* **cannone** shell; ~ *da* **golf** golf-ball; *fare a palle di* **neve** to have a snowball fight; *mandare la* ~ *in* **rete** to score.

pallacanestro *f.* (*Sport*) basket-ball.

palladio *m.* (*Chim.*) palladium.

pallamano *f.* (*Sport*) handball.

pallanuoto *f.* (*Sport*) water-polo.

pallavolo *f.* (*Sport*) volley-ball.

palleggiare I *v.i.* **1** to throw* (*o* pass) the ball backwards and forwards. **2** (*nel calcio*) to dribble. **3** (*nel tennis*) to knock up. **II** *v.t.* to toss. **palleggiarsi** *v.r. recipr.* to shift back and forth (*qc.* s.th.), to saddle one another (with).

palleggio *m.* **1** (*nel calcio*) dribbling; (*tra due giocatori*) passing. **2** (*nel tennis*) knock-up.

palliativo *m.* (*Farm.*) palliative (*anche fig.*).

pallido *a.* **1** pale, pallid, wan. **2** (*rif. a colore: tenue*) pale, light. **3** (*fig.*) (*debole, vago*) faint, feeble, dim: *non ne ho la più pallida idea* I haven't the faintest idea.

pallina *f.* **1** ball. **2** (*di vetro*) (glass) marble.

pallino *m.* **1** (*nel biliardo*) cue ball; (*nel gioco delle bocce*) jack. **2** *pl.* (*per fucile da caccia*) pellets *pl.* **3** *pl.* (*tessuti*) (polka) dots *pl.*, spots *pl.* **4** (*idea fissa*) mania, craze; (*hobby*) hobby.

pallonata *f.* (blow with a) ball.

palloncino *m.* **1** (*per bambini*) (toy) balloon. **2** (*lampioncino*) Chinese lantern.

pallone *m.* **1** ball; (*palla di cuoio*) football, soccer-ball. **2** (*palloncino per bambini*) (toy) balloon. **3** (*Aer.*) balloon. **4** (*Chim.*) flask. ▭ (*Aer.*) ~ **frenato** captive balloon; (*Sport*) **gioco** *del* ~ football, (*fam.*) soccer; (*fig.*) ~ **gonfiato** bighead.

pallonetto *m.* (*Sport*) lob.

pallore *m.* pallor, paleness.

pallottola *f.* **1** (small) ball, pellet. **2** (*proiettile*) bullet.

pallottoliere *m.* abacus (*pl.* –cuses/–ci).

palma[1] *f.* **1** (*Bot.*) palm. **2** (*fig.*) (*vittoria*) palm, victory. ▭ (*Rel.*) *Domenica delle Palme* Palm Sunday.

palma[2] *f.* (*Anat.*) palm. ▭ (*fig.*) *portare qd. in* ~ *di mano* to hold s.o. highly.

palmato *a.* (*Zool.*) palmate(d), webbed.

palmento *m.*: (*fig.*) *mangiare a quattro palmenti* to wolf one's food.

palmipede *m.* (*Zool.*) palmiped, web-footed bird.

palmo *m.* **1** (*unità di misura*) span. **2** (*region.*) (*palma della mano*) palm. ▭ (*a*) ~ **a** ~ (*poco per volta*) inch by inch; (*fig.*) **alto** *un* ~ tiny, very short; *non* **cedere** *di un* ~ not to yield an iota; *restare con un* ~ *di* **naso** to be badly disappointed.

palo *m.* **1** pole, post; (*paletto*) stake; (*per fondamenta*) pile. **2** (*nel calcio*) goal-post. ▭ (*gerg.*) **fare** *il* (o *da*) ~ to act as look-out; (*fig.*) *saltare di* ~ *in* **frasca** to jump from one topic to another; ~ *della* **luce** lamp -post; ~ **telegrafico** telegraph pole; ~ *a* **traliccio** pylon.

palombaro *m.* diver.

palombo *m.* (*Zool.*) dogfish.

palpabile *a.* palpable, tangible (*anche fig.*).

palpare *v.t.* **1** to touch, to feel*. **2** (*Med.*) to palpate.

palpazione *f.* palpation.

palpebra *f.* (*Anat.*) eyelid.

palpeggiare *v.t.* to touch, to feel*; to finger.

palpitante *a.* palpitant, palpitating; (*che batte*) throbbing, beating, pulsating.

palpitare *v.i.* to palpitate; (*battere*) to beat* (fast), to throb, to pulsate. ▭ ~ *per qd.* to be anxious for s.o.

palpitazione *f.* (*Med.*) palpitation.

palpito *m.* throb (*anche fig.*), beat.

paltò *m.* (*Vest.*) (over)coat, winter coat.

palude *f.* **1** marsh, swamp, bog. **2** *pl.* (*regione paludosa*) marshes *pl.*, swamps *pl.*, marshland. ▭ *bonificare una* ~ to reclaim a marsh.

paludoso *a.* marshy, swampy, boggy.

palustre *a.* (*di palude*) swamp-, marsh-, marshy.

pampa *f.* (*Geog.*) pampas *pl.*

pampino *m.* vine leaf.

Panama *N.pr.m.* (*Geog.*) Panama.

panamense *a./s.m./f.* Panamanian.

panare *v.t.* (*Gastr.*) to bread.

panca *f.* bench; (*senza schienale*) form. □ ~ *di chiesa* pew.
pancarré *m.* sandwich loaf (of bread).
pancetta *f.* **1** (*scherz.*) paunch, (pot-)belly. **2** (*Gastr.*) bacon.
panchetto *m.* (*sgabello*) footstool.
panchina *f.* bench, seat; (*nei giardini pubblici*) (park-)bench, (garden-)seat.
pancia *f.* **1** (*ventre*) stomach, belly, (*fam*) tummy. **2** (*ventre grosso*) paunch, (*fam.*) pot-belly: *mettere su* ~ to get paunchy. **3** (*fig.*) (*sporgenza*) belly, bulge; (*rif. a vasi, fiaschi, vele*) belly. □ *starsene a* ~ *all'***aria** to lie on one's back; (*fig.*) to take it easy; *mangiare a* **crepa** ~ to eat fit to burst; *avere* **dolori** *di* ~ to have a stomach ache, (*fam.*) to have a tummy-ache; **tenersi** *la* ~ *per le risa* to hold one's sides with laughter.
panciata *f.* **1** (*scorpacciata*) bellyful. **2** (*nei tuffi*) belly flop.
panciera *f.* body-belt.
panciolle *avv.*: *starsene in* ~ to sit (*o* idle) about, to lounge (*o* laze) around.
pancione *m.* (*fam.*) **1** paunch, pot-belly. **2** (*persona dalla pancia grossa*) paunchy (*o* pot-bellied) person.
panciotto *m.* (*Vest.*) waistcoat, (*am.*) vest.
panciuto *a.* **1** (*rif. a persona*) paunchy, pot-bellied. **2** (*rif. a cosa*) bellied, bulging.
pancone *m.* **1** (heavy) plank, large board. **2** (*banco di lavoro*) (work-)bench.
pancreas *m.* (*Anat.*) pancreas.
pancreatico *a.* pancreatic.
pancromatico *a* (*Fot.*) panchromatic.
pandemonio *m.* pandemonium. □ *si scatenò un* ~ pandemonium broke loose.
pane[1] *m.* **1** bread; (*forma*) loaf. **2** (*fig.*) (*sostentamento*) bread, living, livelihood: *guadagnarsi il* ~ *con il lavoro* to earn one's bread by working, to work for a living. **3** (*oggetto di forma rettangolare*) cake loaf, package, slab: *un* ~ *di burro* a package (*o* slab) of butter. □ ~ **azzimo** unleavened bread; (*Rel. ebraica*) matzo(h); ~ **biscottato** toasted bread; (*fig.*) *non è* ~ *per i suoi* **denti** it's not his cup of tea; *pan* **grattato** bread crumbs *pl.*; ~ **integrale** wholewheat bread; **levarsi** *il* ~ *di bocca* (*per qd.*) to give (s.o.) the shirt off one's back; (*fig.*) *per un* **pezzo** *di* ~ for next to nothing, (*fam.*) for a song; ~ **raffermo** stale bread; ~ *di* **segala** (o *segale*) rye-bread; (*Gastr.*) *pan di* **Spagna** spongecake; (*fig.*) **togliere** *il* ~ *a qd.* to take the bread out of s.o.'s mouth; ~ **tostato** toast, toasted bread.
pane[2] *m.* (*di una vite*) (screw-)thread.
panegirico *m.* panegyric, eulogy.
panetteria *f.* **1** (*forno*) bakery. **2** (*bottega*) baker's (shop), bakery.
panettiere *m.* baker.
panfilo *m.* (*Mar.*) yacht. □ ~ *da* **crociera** cruising yacht, cruiser; ~ *a* **vela** (sailing) yacht.
pania *f.* (*Caccia*) (bird-)lime.
panico **I** *a.* panic: *timor* ~ panic fear. **II** *s.m.* panic: *essere colto dal* ~ to be panic-stricken, to panic.
paniere *m.* basket. □ (*Econ.*) ~ *valutario* currency basket (*o* cocktail).
panierino *m.* small basket; (*per la colazione*) lunch-box.
panificare **I** *v.i.* to make* bread. **II** *v.t.* to make* into bread.
panificatore *m.* baker.
panificazione *f.* bread-making, baking.
panificio *m.* **1** bakery. **2** (*negozio*) baker's (shop), bakery.
panino *m.* (bread) roll. □ ~ **imbottito** sandwich; ~ *all'***olio** soft roll.
panna[1] *f.* **1** (*crema*) cream. **2** (*panna montata*) whipped cream.
panna[2] *f.* **1** (*Mar.*) (*disposizione delle vele*) hove-to position. **2** (*Aut.*) breakdown, engine trouble.
panneggio *m.* drapery.
pannello *m.* **1** panel, board. **2** (*panno*) light cloth. **3** (*di abito*) draping. □ ~ **isolante** insulating board (*o* panel); **riscaldamento** *a pannelli* panel heating; **rivestire** *con pannelli* to panel.
panno *m.* **1** cloth. **2** (*pezzo di stoffa*) cloth, rag. **3** *pl.* (*bucato*) washing, laundry. **4** *pl.* (*vestiti*) clothes *pl.*, clothing. □ **bianco** *come un* ~ *lavato* as white as a sheet; **essere** *nei panni di qd.* to be in s.o.'s shoes; **mettersi** *nei panni di qd.* to put o.s. in s.o.'s place (*o* shoes); **tagliare** *i panni addosso a qd.* to tear s.o. to bits.
pannocchia *f.* (*Bot.*) **1** panicle. **2** (*spiga di granturco*) corn-cob.
pannolino *m.* **1** (*assorbente igienico*) sanitary towel (*o* napkin). **2** (*per neonati*) napkin, diaper, (*fam.*) nappy.
panorama *m.* **1** panorama, view. **2** (*fig.*) (*rassegna complessiva*) panorama, outline, survey.
panoramica *f.* **1** panorama, general view (*o* picture). **2** (*Cin.*) panning, pan (shot). □ *strada* ~ panoramic drive.
panoramico *a.* **1** panoramic: *veduta panoramica* panoramic view, panorama. **2** (*fig.*) comprehensive, general.
panpepato *m.* (*Gastr.*) gingerbread.
pantalonaia *f.* trouser-maker.
pantaloni *m.pl.* trousers *pl.*, (*am.*) pants *pl.* □ ~ **corti** shorts; ~ *da* **donna** slacks; (*fig.*) **portare** *i* ~ to wear the breeches.
pantano *m.* **1** muddy land. **2** (*estens.*) (*palude*) swamp, bog, marsh. **3** (*fig.*) quagmire, mess, (*fam.*) fix: *cacciarsi in un* ~ to get into a fine mess.
pantanoso *a.* marshy, boggy; (*fangoso*) muddy, slushy.
panteismo *m.* (*Filos., Rel.*) pantheism.
panteista *m./f.* pantheist.
pantera *f.* **1** (*Zool.*) panther. **2** (*gerg.*) (*automobile della polizia*) police (patrol) car, (*am.*) prowl car.

pantofola *f.* slipper: *mettersi in pantofole* to put on one's slippers.
pantografo *m.* pantograph (*anche El.*).
pantomima *f.* (*Teat.*) pantomime.
panzana *f.* tall story, fib.
Paola *N.pr.f.* Paula.
Paolina *N.pr.f.* Pauline.
Paolo *N.pr.m.* Paul.
paonazzo *a.* purple.
papa *m.* (*Rel.*) Pope. ◻ (*fam.*) *a ogni morte di* ~ once in a blue moon.
papà *m.* (*fam.*) daddy, dad, pa(pa), (*am.*) pop.
papabile I *a.* **1** (*Rel.*) likely to be elected Pope. **2** (*scherz.*) (*rif. a un candidato favorito*) likely. **II** *s.m.* likely candidate.
papaia *f.* (*Bot.*) papaw.
papale *a.* papal, of the Pope.
papalina *f.* skullcap.
papato *m.* papacy, pontificate.
papavero *m.* (*Bot.*) poppy. ◻ (*scherz.*) *grosso* ~ (*fam.*) big shot, (*fam.*) bigwig.
papera *f.* **1** (*Zool.*) gosling, young goose (*pl.* geese). **2** (*fig.*) blunder, slip of the tongue: *prendere una* ~ to make a blunder, to slip up; (*recitando*) to fluff.
papero *m.* (*Zool.*) (*oca giovane*) gosling, young goose (*pl.* geese); (*oca maschio*) young gander.
papilla *f.* (*Anat., Bot.*) papilla (*pl.* papillae).
papillon *fr.* [papi'jon] *m.* bow-tie.
papiro *m.* **1** (*Bot.*) papyrus (*pl.* papyri), paper reed (*o* rush). **2** (*testo scritto su papiro*) papyrus.
papismo *m.* (*Rel.*) papism, popery.
papista *m./f.* papist.
pappa *f.* **1** (*per bambini*) pap; (*pancotto*) bread soup. **2** (*estens.*) (*poltiglia*) mush, goo. ◻ ~ **reale** royal jelly; (*fig.*) **scodellare** *la* ~ *a qd.* to spoon-feed s.o.
pappafico *m.* (*Mar.*) (*vela*) fore-topgallant sail.
pappagallesco *a.* parrot-like, parroty.
pappagallismo *m.* (*fam.*) making passes; (*am.*) mashing.
pappagallo *m.* **1** (*Zool.*) parrot (*anche fig.*). **2** (*pop.*) (*chi molesta le donne*) wolf, (*am.*) masher. **3** (*orinale*) urinal.
pappagorgia *f.* double chin.
pappardella *f.* **1** (*scherz.*) rambling talk, rigmarole. **2** *pl.* (*Gastr.*) broad noodles *pl.*
pappare *v.t.* (*fam.*) **1** to wolf, to gobble (down). **2** (*fig.*) (*guadagnare illecitamente*) to pocket.
pappatoria *f.* **1** feeding, eating well; (*lauto pranzo*) good tuck-in. **2** (*fig.*) (*profitti illeciti*) rake-off, loot.
paprica *f.* (*Gastr.*) paprika.
par. = *paragrafo* paragraph.
para *f.* Parà (rubber).
parabola[1] *f.* **1** (*Mat., Fis.*) parabola. **2** (*fig.*) course, rise and fall.
parabola[2] *f.* (*Lett., Bibl.*) parable.
parabolico *a.* (*Mat.*) parabolic.
parabordo *m.* (*Mar.*) fender.
parabrezza *m.* (*Aut.*) windscreen, (*am.*) windshield.
paracadutare *v.t.* to parachute. **paracadutarsi** *v.r.* to parachute; (*in casi di emergenza*) to bale out.
paracadute *m.* parachute.
paracadutista I *s.m./f.* **1** parachutist. **2** (*Mil.*) paratrooper. **II** *a.* parachute-, para-: *reparti paracadutisti* paratroops.
paracarro *m.* (*Strad.*) stone post, kerbstone.
paracolpi *m.* doorstop, bumper.
paradigma *m.* paradigm (*anche fig.*).
paradisiaco *a.* heavenly, celestial, paradisiac(al).
paradiso *m.* paradise, heaven (*anche fig.*): *un* ~ *per gli amanti della natura* a nature lover's paradise. ◻ ~ **fiscale** tax heaven; *il* ~ **terrestre** the Earthly Paradise; (*Zool.*) **uccello** *del* ~ bird of paradise.
paradossale *a.* paradoxical.
paradosso *m.* paradox.
parafango *m.* (*Aut.*) mudguard, (*am.*) fender.
paraffina *f.* (*Chim.*) paraffin wax; (*am.*) paraffin.
parafrasi *f.* paraphrase.
parafulmine *m.* **1** lightning rod (*o* conductor). **2** (*fig.*) (*riparo*) shield.
paraggi *m.pl.* **1** (coastal) waters *pl.* **2** (*estens.*) (*vicinanze*) neighbourhood, environs *pl.*: *c'è una farmacia nei* ~*?* is there a chemist's (shop) in the neighbourhood?
paragonabile *a.* comparable.
paragonare *v.t.* to compare. **paragonarsi** *v.r.* to compare o.s. (with, to s.o., s.th.).
paragone *m.* **1** comparison. **2** (*similitudine*) analogy, parallel: *portare un* ~ to draw a parallel. ◻ **a** ~ *di* in comparison with, compared with; (*anche fig.*) **pietra** *di* ~ touchstone; **reggere** *al* ~ to bear (*o* stand) comparison; *il* ~ *non* **regge** the comparison won't stand; **senza** ~ beyond compare, unequalled.
paragrafo *m.* **1** paragraph. **2** (*Tip.*) section (mark).
paraguaiano *a./s.m.* Paraguayan.
Paraguay *N.pr.m.* (*Geog.*) Paraguay.
paralisi *f.* (*Med.*) paralysis (*anche fig.*); palsy: *colpito da* ~ stricken with paralysis (*o* palsy-striken).
paralitico *a./s.m.* paralytic.
paralizzare *v.t.* to paralyse (*anche fig.*).
parallela *f.* **1** (*Geom.*) parallel. **2** *pl.* (*Ginn.*) parallel bars *pl.*
parallelepipedo *m.* (*Geom.*) parallelepiped(on).
parallelismo *m.* (*Geom.*) parallelism.
parallelo I *a.* (*Geom.*) parallel (*anche fig.*). **II** *s.m.* **1** (*Geog.*) parallel (of latitude). **2** (*fig.*) (*paragone*) parallel, comparison.
parallelogrammo *m.* (*Geom.*) parallelogram.
paralume *m.* lampshade.
paramedico I *a.* paramedical. **II** *s.m.* paramedic.
paramento *m.* **1** *pl.* (*Lit.*) vestments *pl.*,

paraments *pl.* **2** (*Edil.*) face, surface. **3** *pl.* (*drappi*) hangings *pl.*
parametro *m.* (*Mat., Fis.*) parameter (*anche fig.*).
paramilitare *a.* paramilitary.
paranco *m.* (*Mecc., Mar.*) tackle, hoist.
paranoia *f.* (*Med.*) paranoia.
paranoico *a./s.m.* paranoiac, paranoid.
paranormale *a.* paranormal.
paranza *f.* **1** (*Mar.*) (lateen-rigged) fishing boat. **2** (*rete*) trawl net.
paraocchi *m.* blinkers *pl.*, (*am.*) blinders *pl.*
parapetto *m.* **1** parapet. **2** (*Mar.*) rail. **3** (*Mil.*) parapet, breastwork.
parapiglia *m.* turmoil, hubbub.
parapioggia *m.* umbrella.
parapsicologia *f.* parapsychology.
parare *v.t.* **1** (*coprire di parati e sim.*) to adorn, to deck, to decorate. **2** (*difendere, riparare*) to protect, to shield. **3** (*scansare*) to ward off, to parry: ~ *un colpo* to ward off a blow. **4** (*Sport*) to save. **pararsi** *v.r.* **1** (*ripararsi*) to shield (*o* protect) o.s., to shelter. **2** (*Lit.*) to vest o.s. □ **andare** *a* ~ (*tendere*) to drive (*o* get) at; *pararsi* **davanti** (*piantarsi davanti*) to appear (*o* come) before; (*apparire*) to appear, to be found; ~ *a* **festa** to adorn, to deck out; ~ *a* **lutto** to drape in black.
parasole *m.* parasol, sunshade.
parassita **I** *s.m./f.* **1** (*Biol.*) parasite. **2** (*fig.*) (*scroccone*) parasite, sponger: ~ *della società* parasite on society. **II** *a.* (*Biol., El.*) parasitic(al) (*anche fig.*).
parassitario *a.* (*Biol.*) parasitic(al) (*anche fig.*).
parassitismo *m.* **1** (*Biol.*) parasiticism. **2** (*fig.*) parasiticism, sponging.
parastatale **I** *a.* government controlled, state controlled. **II** *s.m./f.* employee of a state controlled body.
parata[1] *f.* **1** (*rivista militare*) parade. **2** (*esibizione*) parade, display, show. □ *vedere la mala* ~ to see that things are taking a bad turn.
parata[2] *f.* (*nella scherma, nel pugilato*) parry; (*nel calcio*) save.
paratia *f.* (*Mar., tecn.*) bulkhead.
paratifo *m.* (*Med.*) paratyphoid.
parato *m.* (*drappo*) hanging, drape; (*tappezzeria*) tapestry. □ *carta da parati* wallpaper.
paraurti *m.* (*Aut., Ferr.*) bumper.
paravento *m.* screen.
parcella *f.* bill (of costs); fee.
parcellizzare *v.t.* to parcel out.
parcheggiare *v.t./i.* to park.
parcheggio *m.* **1** (*sosta*) parking. **2** (*spazio*) parking area (*o* place, lot). □ ~ **custodito** guarded car park; **divieto** *di* ~ no parking.
parchimetro *m.* (*Aut.*) parking-meter.
parco[1] *m.* **1** park. **2** (*deposito*) depot, yard. **3** (*insieme di attrezzi*) stores *pl.*; (*raccolta di veicoli*) fleet. □ ~ *dei* **divertimenti** amusement park, fun-fair; ~ **municipale** town (*o* city) park.
parco[2] *a.* **1** (*moderato*) moderate, temperate. **2** (*frugale*) frugal. **3** (*scarso*) sparing, parsimonious.
parecchio **I** *a.indef.* **1** (*rif. a quantità*) a lot of, lots of, a good deal of: *ha* ~ *denaro* he has a lot of money. **2** (*rif. a tempo*) a long time, quite a while: *ci vorrà* ~ *tempo* it will take a long time; (*in frasi interr.*) long: *hai aspettato* ~? have you waited long? **3** (*rif. a distanza*) quite a (long) way, some way; (*in frasi interr.*) far. **4** *pl.* several, (quite) a lot of, quite a few, a number of, many: *ho parecchie cose da fare* I have quite a few things to do. **II** *pron.indef.* **1** a lot, (*fam.*) plenty: *ho speso* ~ I've spent a lot. **2** (*rif. a tempo*) quite a while, a long time. **3** (*rif. a distanza*) a long way: *manca* ~ *alla città* it's a long way to the town; (*in frasi interr.*) far, a long way. **4** *pl.* several, a lot, lots, quite a few, many: *parecchi erano fatti di piombo* quite a few were made of lead; (*rif. a persone*) several (people), many (people), quite a lot (of people). **III** *avv.* (*rif. a verbi*) rather (a lot), quite (a lot): *ho mangiato* ~ *ieri* I ate quite a lot yesterday; (*rif. a aggettivi*) quite, really, rather: *sono stato* ~ *preoccupato* I was really worried.
pareggiare **I** *v.t.* **1** (*spianare*) to (make*) level, to make* even. **2** (*tagliare in modo uguale*) to trim. **3** (*fig.*) (*livellare*) to level (out), to make* uniform; (*rif. a conti e sim.*) to balance. **4** (*fig.*) (*uguagliare*) to match, to equal. **II** *v.i.* (*Sport*) to draw*, to tie.
pareggio *m.* **1** (*Econ.*) balance. **2** (*Sport*) tie, draw.
parentado *m.* **1** (*parenti*) relatives *pl.*, relations *pl.* **2** (*vincolo di parentela*) relationship, kinship.
parente *m./f.* relative, relation. □ ~ **acquisito** relative by marriage, in-law; *parenti* **lontani** distant relatives; ~ **prossimo** (o *stretto*) close relative.
parentela *f.* **1** relationship, kinship. **2** (*parenti*) relatives *pl.*, relations *pl.* **3** (*fig.*) (close) relationship.
parentesi *f.* **1** parenthesis (*pl.* parentheses); (*digressione*) digression. **2** (*segno grafico*) parenthesis, bracket (*anche Mat.*): *mettere tra* ~ to put in parenthesis (*o* brackets), to bracket. **3** (*fig.*) (*intervallo di tempo*) period, interlude. □ **aprire** *una* ~ to open a parenthesis (*o* the brackets); (*fig.*) to make a digression; (*fig.*) *sia detto* **tra** ~ by the way, incidentally.
parentetico *a.* parenthetical.
parere[1] *v.i.* **1** (*rif. a cose udite*) to sound (like); (*rif. a cose viste*) to look: *pare una persona onesta* he looks like an honest person; *quelle rose paiono molto belle* those roses look lovely. **2** (*ritenere, credere*) to think*: *che te ne pare?* what do you think of it? **3** (*avere l'impressione*) to think*, to seem, to look: *ci pareva di sognare* we thought we were dreaming. **4** (*volere*) to

like, to want, to think* fit: *faccio quello che mi pare* I do whatever I like. □ *pare di* **no** it doesn't seem so; *a* **quanto** *pare* apparently; *non mi par* **vero** I can't believe it. ‖ *ma le pare?* don't mention it, not at all.

parere[2] *m.* **1** opinion, view. **2** (*consiglio*) advice. □ **a** *mio* ~ in my opinion; **mutare** ~ to change one's mind; *essere dello* **stesso** ~ *di qd.* to share s.o.'s views.

paresi *f.* (*Med.*) paresis.

parete *f.* **1** wall. **2** (*Anat., Biol.*) wall, paries (*pl.* parietes). **3** (*di montagna*) face.

pargolo *m.* (*lett.*) (*fanciullo*) child; (*infante*) baby.

pari[1] **I** *a.* **1** (*uguale*) equal, same: *i due alberi sono di* ~ *altezza* the two trees are the same height; (*simile*) like, similar. **2** (*quantitativamente uguale*) equal, same, equivalent: *a* ~ *prezzo* at the same price. **3** (*senza dislivello*) level, even. **4** (*adeguato, idoneo*) equal, (*fam.*) up (*a* to). **5** (*Mat.*) even: *numeri* ~ *e dispari* odd and even numbers. **6** (*nei giochi e nello sport*) tied, drawn, equal. **II** *avv.* **1** equally. **2** (*allo stesso livello*) on the same level. **III** *s.m./f.* equal, peer: *è un mio* ~ he is my equal. □ **al** ~ *di* (*nello stesso modo*) (just) like; (*nella stessa misura*) as much as; **alla** ~ (*allo stesso grado o livello*) on a (*o* the same) level; (*come eguale*) as an equal; (*rif. a ospitalità*) au pair; **da** ~ *a* ~ as an equal; **da** *par suo* as befits him; *fare a* ~ *e* **dispari** to play odds and evens; **mettersi** *in* ~ *con gli altri* to catch up with the others; **mettersi** *in* ~ *col pagamento* to pay (up) one's arrears, to square accounts; ~ **pari** word for word; (*tennis*) **quaranta** ~ deuce; **senza** ~ peerless, matchless, incomparable; **stare** *alla* ~ *con qd.* to be s.o.'s equal, to be on the same level as s.o.

pari[2] *m.* (*GB*) peer. □ (*GB*) *camera dei* ~ House of Lords.

paria *m./f.* pariah (*anche fig.*).

parietale *a.* (*Anat.*) parietal.

parificare *v.t.* **1** to make* equal. **2** (*rif. a scuola*) to recognize officially.

parificato *a.* (*rif. a scuola*) officially recognized.

parificazione *f.* equalization.

Parigi *N.pr.f.* (*Geog.*) Paris.

parigino *a.* Parisian.

pariglia *f.* pair, couple, brace; (*rif. a cavalli*) pair. □ *rendere la* ~ to give tit for tat.

parisillabo *a./s.m.* (*Gramm., Metrica*) parisyllabic.

parità *f.* **1** (*uguaglianza*) equality, parity. **2** (*Sport*) draw, tie; (*rif. a gare di corsa*) dead heat. □ (*Sport*) **chiudere** *in* ~ (*rif. ai giocatori*) to draw, to tie; **chiudersi** *in* ~ (*rif. alla partita*) to end in a draw; *a* ~ *di* **condizioni** on the same terms; ~ *di* **diritti** equal rights; ~ **salariale** equal pay.

paritetico *a.* joint.

parlamentare[1] **I** *a.* parliamentary, of Parliament. **II** *s.m./f.* member of parliament.

parlamentare[2] *v.t.* to (hold* a) parley.

parlamento *m.* parliament; (*edificio*) parliament building (*o* house). □ *Parlamento* **Europeo** European Parliament; **sedere** *in* ~ to be a member of parliament.

parlante **I** *a.* **1** talking. **2** (*fig.*) lifelike; (*espressivo*) expressive; (*eloquente*) eloquent: *ritratto* ~ lifelike portrait. **II** *s.m.* (*Ling.*) speaker.

parlantina *f.* (*fam.*) talkativeness, glibness. □ *avere una buona* ~ to have the gift of (the) gab.

parlare[1] **I** *v.i.* **1** to speak*, to talk: *di che cosa state parlando?* what are you talking about? **2** (*tenere un discorso*) to speak*; (*rivolgersi a*) to address (s.o.): *il Presidente del Consiglio parlerà alle due Camere* the Prime Minister will address both Houses. **3** (*trattare parlando*) to speak*; (*trattare per iscritto*) to write*. **4** (*discutere*) to talk, to discuss. **5** (*confidare cose segrete*) to talk, (*gerg.*) to sing*: *qualcuno ha parlato* someone talked. **6** (*fare oggetto di chiacchiere*) to talk, to gossip. **7** (*fig.*) (*provare, manifestare*) to speak*, to testify: *tutto parla a tuo favore* everything speaks in your favour. **8** (*fig.*) (*ricordare*) to speak*, to remind: *queste mura mi parlano della mia infanzia* these walls remind me of my childhood. **II** *v.t.* to speak*: *parla bene il tedesco* he speaks German well. **parlarsi** *v.r. recipr.* **1** to speak* to e.o. **2** (*pop.*) (*amoreggiare*) to walk out. **3** (*avere rapporti amichevoli*) to be on speaking terms. □ *parliamo d'***altro** let's change the subject; ~ *d'***affari** to talk business; (*fig.*) ~ **arabo** to speak double Dutch; ~ *fra i* **denti** to mutter (under one's breath); **far** ~ *qd.* (*lasciar parlare*) to let s.o. (*o* allow s.o. to) speak; (*dare la parola*) to call upon s.o. to speak; (*indurre a parlare*) to make s.o. talk; *far* ~ *di sé* to get o.s. talked about; (*fam.*) *non* **farmi** *~!* don't ask me to say any more!; ~ *in* **gergo** to talk slang; ~ *a* **gesti** to use sign-language; (*fam.*) *parli perché hai la* **lingua** (*in bocca*) you talk just for the sake of talking; (*fig.*) ~ *al* **muro** to waste one's breath; *è come* ~ *al* **muro** it's like talking to a brick wall; ~ *tra* **sé** (*e sé*) to say to o.s.; (*fam.*) ~ *a* **ruota** *libera* to speak off the cuff; ~ *da* **solo** to talk to o.s.; ~ **turco** = ~ **arabo.** ‖ *per non* ~ *di* not to mention, let alone.

parlare[2] *m.* **1** talking, speaking, speech. **2** (*modo di parlare*) way of speaking, speech. **3** (*parlata*) language; (*dialetto*) dialect.

parlata *f.* **1** speech, way of speaking. **2** (*dialetto*) dialect; (*accento*) accent.

parlatore *m.* speaker, talker.

parlatorio *m.* parlour, parlatory.

parlottare *v.i.* **1** to talk in a low voice. **2** (*fig.*) (*mormorare*) to murmur.

parmigiano *m.* Parmesan (cheese).

parodia *f.* (*Lett., Mus.*) parody (*anche fig.*); (*presa in giro*) travesty.

parodiare *v.t.* to parody; (*prendere in giro*) to travesty.
parodista *m./f.* parodist.
parodistico *a.* parodistic.
parola *f.* **1** word. **2** (*facoltà di parlare*) speech. **3** (*permesso di parlare*) leave (*o* permission) to speak. **4** (*menzione*) mention, word: *non fare ~ di qc.* not to mention s.th. **5** (*impegno*) word, promise: *essere* (*un uomo*) *di ~* to be a man of one's word. **6** *pl.* (*spreg.*) (*chiacchiere*) talk, words *pl.* □ (*Inform.*) ~ **chiave** keyword; **chiedere** *la ~* to ask leave to speak; (*Ling.*) ~ **composta** compound word; **dare** *la ~* to call upon (to speak); (*Pol.*) to give the floor; (*promettere*) to give one's word; **due** *parole* a few words; **essere** *di ~* to be as good as one's word, to be a man (*o* woman) of one's word; *parole di* **fuoco** impassioned (*o* fiery) words; **gioco** *di parole* pun; *corsero parole* **grosse** *tra loro* they had words; (*Inform.*) *~ di* **identificazione** callword; *parole* **incrociate** crossword puzzle; **libertà** *di ~* freedom of speech; **mancare** *alla ~* (*data*) to break one's word; *non dire* **mezza** *~* not to open one's mouth; *~ d'***onore** word of honour; (*esclam.*) on my word of honour!, I give you my word; *~ d'***ordine** (*Mil., Inform.*) password; (*fig.*) watchword; ~ **per** ~ (*testualmente*) word for word, verbatim; *in parole* **povere** in short; **prendere** *la ~* to start to speak, (*Pol.*) to take the floor; **prendere** *qd. in ~* to take s.o. at his word; **rimangiarsi** *la ~* (*data*) to go back on one s word; **rivolgere** *la ~ a qd.* to speak to s.o., to address s.o.; *restare* **senza** *parole* to be dumbfounded (*o* left speechless); **sulla** ~ at one's word; **togliere** *la ~ di bocca a qd.* to take the words out of s.o.'s mouth; **togliere** *la ~ a qd.* to cut s.o. short. ‖ *è una ~!* it is easier said than done; *non ho parole!* I can't thank you enough.
parolaccia *f.* dirty word, four-letter word.
parolaio *m.* windbag, chatterbox.
paroliere *m.* (*di canzoni*) lyricist.
parossismo *m.* paroxysm (*anche fig.*).
parossistico *a.* **1** (*Med.*) paroxysmal, paroxysmic. **2** (*fig.*) violent, furious.
parotite *f.* (*Med.*) parotitis; (*fam.*) mumps.
parquet *fr.* [par'kɛ] *m.* parquet (flooring).
parricida **I** *s.m./f.* parricide. **II** *a.* parricidal.
parricidio *m.* parricide.
parrocchia *f.* **1** parish. **2** (*chiesa*) parish church. **3** (*i parrocchiani*) parishioners *pl.*
parrocchiale *a.* parish-, parochial.
parrocchiano *m.* parishioner.
parroco *m.* parish priest.
parrucca *f.* **1** wig. **2** (*scherz.*) (*zazzera*) long hair, mane.
parrucchiere *m.* (*per signora*) (ladies') hairdresser; hair-stylist; (*per uomo*) barber, (gentlemen's) hair-dresser.
parsimonia *f.* thrift(iness), frugality. □ *con ~* sparingly.
parsimonioso *a.* thrifty, frugal.
partaccia *f.* (*colpo mancino*) dirty trick. □ *fare una ~* (*a qd.*) to act the villain (to s.o.); (*far fare una brutta figura*) to let s.o. down.
parte *f.* **1** part, portion: *abbiamo trascorso una ~ delle nostre vacanze in Irlanda* we spent (a) part of our holiday in Ireland. **2** (*quota spettante a ciascuno*) share, part. **3** (*luogo*) place; (*regione*) region, part: *da queste parti* in (*o* around) these parts. **4** (*lato*) side, part. **5** (*direzione*) way, direction: *da questa ~, prego* this way, please. **6** (*fazione*) faction, side; (*partito*) party. **7** (*Dir.*) party. **8** (*Teat., Cin.*) part, role. **9** (*fig.*) role: *fare una ~ meschina* to play a miserable role. **10** (*Mus.*) part. □ **a** ~ (*separatamente*) separately; (*Comm.*) (*in busta a parte*) under separate cover; **a** ~ *questo fatto* apart from this; *scherzi* **a** ~ joking aside; *modestia* **a** ~ though I say it myself; *essere* **a** *~ di qc.* to be informed of s.th.; ~ **alta** top, upper part; *d'***altra** ~ on the other hand; *da una ~ e dall'***altra** on both sides; ~ **anteriore** front; (*Dir.*) ~ *in* **causa** party to the case; (*fig.*) (*interessato*) person concerned (*o* in question); (*Dir.*) ~ **civile** plaintiff (for damages); **da** ~ to (*o* on) one side, aside; (*in serbo*) aside, (set) by: *mettere da ~* to set aside (*o* by); **da** *~ di* from; (*rif. a parentela*) on the side of; (*per incarico di*) on behalf of, from; **da** *~ mia* (*per ciò che dipende da me*) for my part, as far as I'm concerned, as for me; **da** *che ~* (*da dove*) from where; (*dove*) where, whereabouts; (*verso dove*) where, which way; **da** *~ a ~* right through; (*Teat., Cin.*) **distribuzione** *delle parti* casting; **essere** *dalla ~ di qd.* to be on s.o.'s side; ~ **esterna** outside, exterior; **farsi** *da ~* to step aside, to get out of the way; *è molto* **gentile** *da ~ tua* it is very kind of you; **gran** *~ di* a lot of, a great deal of, many; *in* **gran** ~ largely, to a great extent, to a considerable degree; **in** ~ partly, in part; ~ **integrante** integral part; **lasciare** *da ~* to neglect; *fare la ~ del* **leone** to take the lion's share; *la* **maggior** ~ most, the majority; *per la* **maggior** ~ for the most part, mostly; ~ **posteriore** back, rear; (*rif. a veicoli*) rear; *fare la* **propria** ~ to do one's part; *da* **qualche** ~ somewhere; *da* **questa** ~ (*in questa direzione*) this way, in this direction; *da un anno a* **questa** ~ for the past year; *~ di* **ricambio** spare part; *essere dalla ~ del* **torto** to be in the wrong; *da* **tutte** *le parti* (*provenienza*) from every direction; (*dappertutto*) everywhere.
partecipante *m./f.* **1** (*chi prende parte*) participant, partaker. **2** (*chi è presente*) person present at: *i partecipanti alla cerimonia* those present at (*o* attending) the ceremony.
partecipare **I** *v.i.* **1** to take* part, to participate (*a* in). **2** (*essere presente*) to be present (at), to attend (s.th.): *non posso ~ alla riunione di domani* I can't attend tomorrow's meeting. **3** (*condividere*) to share (in). **4** (*contribuire*) to have a share (in), to share

(s.th., in s.th.) (*anche Comm.*): ~ *alle spese* to share the expenses. **II** *v.t.* (*comunicare*) to make* known; (*annunziare*) to announce.

partecipazione *f.* **1** participation, taking part, participating (*a* in). **2** (*presenza*) presence, attendance (at). **3** (*comunicazione*) communication; (*annuncio*) announcement. **4** (*Econ.*) partnership, association, sharing; (*quota*) share. ▭ ~ **azionaria** shareholding; ~ *di* **nascita** birth announcement; ~ *di* **nozze** announcement of marriage; (*biglietto*) wedding-card; (*con invito*) wedding invitation; *partecipazioni* **statali** state sharing; ~ *agli* **utili** profit-sharing.

partecipe *a.* **1** participating, participant, taking part, sharing (*di* in). **2** (*rif. a sentimenti altrui*) sharing (in), sympathizing (with).

parteggiare *v.t.* to take* sides (*per* for), to side (with); (*schierarsi dalla parte*) to be on the side (of).

partenogenesi *f.* (*Biol.*) parthenogenesis.

partenza *f.* **1** departure, leaving. **2** (*rif. a veicoli*) departure; (*rif. a navi*) sailing; (*decollo*) take off. **3** (*Sport*) start; (*punto di partenza*) starting-point; (*linea*) starting-line. **4** (*in missilistica*) blast-off, lift-off. ▭ *essere di* (*o in*) ~ to be about to leave.

particella *f.* particle (*in tutti i signif.*).

participio *m.* (*Gramm.*) participle. ▭ ~ **passato** past participle; ~ **presente** present participle.

particolare I *a.* **1** particular, special: *un caso* ~ a special (*o* particular) case. **2** (*strano*) peculiar, odd, of one's own: *un tipo* ~ a peculiar guy. **3** (*eccezionale*) exceptional, special: *una* ~ *disposizione per la musica* an exceptional flair for music. **II** *s.m.* (*dettaglio*) detail, particular. ▭ **in** ~ in particular; (*in modo speciale*) especially; (*nei documenti*) **segni** *particolari* special identification marks; **segretario** ~ private secretary.

particolareggiare *v.t.* to (describe in) detail.

particolareggiato *a.* detailed, circumstantial.

particolarità *f.* **1** particularity; (*proprietà*) peculiarity, characteristic. **2** (*dettaglio*) detail, particular.

partigianeria *f.* partisanship.

partigiano I *s.m.* **1** (*fautore*) partisan, supporter. **2** (*Stor.*) (*combattente della resistenza*) partisan. **II** *a.* **1** (*dei partigiani*) partisan. **2** (*fazioso*) partisan, factious.

partire *v.i.* **1** to leave*; (*negli orari dei treni, ecc.*) to depart; (*rif. ad aerei: decollare*) to take* off; (*rif. a navi: salpare*) to sail; (*rif. a corrispondenza*) to go*. **2** (*rif. a colpi e sim.*) to go* off. **3** (*incamminarsi*) to set* out (*o* off), to start (off). **4** (*fig.*) (*provenire*) to come*, to arise* (*da* from): *la proposta partì da te* the suggestion came from you. **5** (*prendere le mosse, iniziare*) to start (*anche fig.*): ~ *da un principio sbagliato* to start from a wrong principle. **6** (*Sport*) to start. ▭ **a** ~ *da* beginning from, starting from, with effect from: a ~ *da oggi* starting from today; **a** ~ *dal mese prossimo la circolazione sarà vietata in centro* as from next month traffic will be forbidden downtown; **essere** *partito*: 1 (*innamorato*) to be head over heels in love; 2 (*brillo*) to be high; 3 (*sragionare*) to be out of one's mind; 4 (*guastarsi*) to break down.

partita *f.* **1** (*Comm.*) lot, parcel: *una* ~ *di merce* a lot of goods. **2** (*gioco*) game: *fare una* ~ *a carte* to play a game of cards. **3** (*Sport*) game, match. **4** (*Comm., Econ.*) entry, item: ~ *semplice* single entry; ~ *doppia* double entry. ▭ ~ *di* **caccia** hunting party; *dare* ~ **vinta** *a qd.* to give in to s.o.

partitico *a.* party-: *interessi partitici* party interests.

partitivo *a./s.m.* (*Gramm.*) partitive.

partito *m.* **1** (*Pol.*) party. **2** (*soluzione*) solution, decision, choice: *scegliere il miglior* ~ to make the best choice. **3** (*occasione matrimoniale*) match. ▭ (*fig.*) *mettere il* **cervello** *a* ~ to get sense; ~ *di* **destra** right-wing party, party of the Right; ~ *di* **maggioranza** majority party; *a* **mal** ~ in a sorry plight; **prendere** ~ *per qd.* to take s.o's side; *per* ~ **preso** deliberately, on purpose; **trarre** ~ *da* to take advantage of.

partitura *f.* (*Mus.*) score.

partizione *f.* division, partition.

parto *m.* childbirth, birth, delivery. ▭ (*fig.*) ~ *della* **fantasia** figment of the imagination; ~ **indolore** painless delivery; **morire** *di* ~ to die in childbirth; ~ **prematuro** premature birth.

partoriente *f.* woman in labour.

partorire 1 to give* birth to, to bear*, to be delivered of. **2** (*rif. ad animali*) to give* birth to; to bring* forth.

parvenza *f.* **1** (*lett.*) (*aspetto*) appearance, aspect. **2** (*fig.*) (*apparenza*) shadow, semblance.

parziale *a.* **1** partial. **2** (*non obiettivo*) partial, biased, unfair. ▭ **eclissi** ~ partial eclipse; *una* **guarigione** ~ a partial recovery.

parzialità *f.* partiality, bias, unfairness.

pascere *v.t.* **1** to graze, to pasture. **2** (*fig.*) to feed*, to nourish. **pascersi** *v.r.* **1** (*cibarsi*) to feed* (*di* on). **2** (*fig.*) (*appagarsi*) to cherish, to nurse.

pascià *m.* pasha.

pascolare *v.t./i.* to graze, to pasture.

pascolo *m.* **1** pasture(land), pasturage. **2** (*il pascolare*) grazing, pasturing, pasture: *essere al* ~ to be grazing.

Pasqua *N.pr.f.* **1** Easter. **2** (*Rel. ebraica*) Passover, Pesach. ▭ **buona** ~*!* happy Easter!; *essere* **contento** *come una pasqua* to be as happy as a king (*o* sandboy).

pasquale *a.* Easter; paschal. ▭ *agnello* ~ paschal lamb.

passabile *a.* (*discreto*) passable, fair, quite (*o* fairly) good, (*fam.*) not bad.

passaggio *m.* **1** (*il passare*) passing (by),

passage. **2** (*il passare attraverso o oltre*) crossing: *il* ~ *delle Alpi* the crossing of the Alps. **3** (*movimento, traffico*) movement, traffic. **4** (*concr.*) pass(age), way. **5** (*in mare*) passage. **6** (*estens.*) (*breve tragitto su veicolo altrui*) lift: *chiedere un* ~ to ask for a lift. **7** (*Mus., Lett.*) passage. **8** (*Sport*) pass. ▭ **aprirsi** *un* ~ *tra la folla* to make (*o* push) one's way through the crowd; **di** ~ (just) passing through; (*Ferr.*) ~ *a* **livello** level crossing, (*am.*) grade crossing; ~ **obbligato** obligatory way (*o* road); (*fig.*) necessary step; (*Strad.*) ~ **pedonale** (pedestrian) crossing; ~ *di* **poteri** transfer of power (*o* authority); (*Dir.*) ~ **di proprietà** conveyance of property; transfer of title; **servitù** *di* ~ right of way; **vietato** *il* ~ no transit, no thoroughfare, no through way.

passamaneria *f.* braid(ing), trimming(s).

passamano *m.* (*nastro*) braid, trimming.

passamontagna *m.* balaclava (helmet).

passanastro *m.* embroidered (*o* lace) insertion with eyelets.

passante I *s.m.* (*di cintura e sim.*) loop. **II** *s.m./f.* passer-by.

passaporto *m.* passport: ~ *collettivo* group passport; ~ *falso* forged passport.

passare I *v.i.* **1** to pass (*o* go*) by: *ho visto* ~ *tuo figlio* I saw your son go by. **2** (*attraversare*) to pass, to go* (*per* through), to cross, to go* across (s.th.); (*nel senso della lunghezza: rif. a strade*) to go* (along): ~ *per una strada* to go along a street. **3** (*trattenersi brevemente*) to pass (*a, in, da* by), to call (in), (*fam.*) to call on (s.o.): *passa da me quando ritorni* call on me on your way back. **4** (*penetrare*) to get* (in), to come* (in), to go* (in), to enter (*per, da* through): *il gatto è passato dalla finestra* the cat got in through the window. **5** (*tramandarsi: rif. a cose concrete*) to pass: *tutti i suoi beni passarono ai nipoti* all his property passed to his grandchildren. **6** (*fig.*) (*cambiare stato*) to go*, to change, to pass: ~ *dalla tristezza alla gioia* to go from sadness to joy. **7** (*cambiare argomento*) to go* (*o* move) on, to pass on. **8** (*scol.*) to move (*o* go*) up; (*am.*) to be promoted; (*superare*) to pass. **9** (*avanzare di grado*) to be promoted, to move up: ~ *capitano* to be promoted captain. **10** (*ottenere l'approvazione*) to pass, to be approved (*o* passed): *la legge è passata* the law passed. **11** (*essere ritenuto passabile*) to pass, (*fam.*) to do*: *non è l'ideale, ma può* ~ it's not exactly what I wanted but it will do. **12** (*rif. a tempo: trascorrere*) to pass, to go* by. **13** (*fig.*) (*cessare*) to pass (over, off), to be over, to end. **14** (*fig.*) (*intercorrere*) to be: *tra i due fratelli passa una grande differenza* there is a big difference between the two brothers. **15** (*Sport*) (*effettuare un passaggio*) to (make* a) pass. **II** *v.t.* **1** (*attraversare*) to pass, to cross: ~ *il confine* to cross the border; (*oltrepassare*) to pass. **2** (*far passare*) to pass, to pass across (*o* through), to run*: *passarsi una mano sulla fronte* to pass a hand across one's brow. **3** (*cedere*) to pass (*o* hand) on, to give*; (*fornire*) to supply: *passò i vestiti smessi al fratello* he gave his cast-off clothes to his brother; *il collegio non passa le divise* the school does not supply uniforms. **4** (*trafiggere*) to pierce, to go* (right) through: *il proiettile gli passò il cuore* the bullet pierced his heart. **5** (*pagare*) to pay*: ~ *gli alimenti alla moglie* to pay one's wife alimony. **6** (*porgere*) to pass, to hand. **7** (*fig.*) (*oltrepassare*) to be over (*o* more than), to pass. **8** (*fig.*) (*patire, soffrire*) to suffer, to endure, to go* through. **9** (*trasmettere*) to pass (*o* hand) on: ~ *un ordine* to pass on an order. **10** (*Scol.*) (*promuovere*) to let* pass (*o* go* up), (*am.*) to promote. **11** (*avanzare di grado*) to promote, to move up. **12** (*approvare*) to pass, to approve: ~ *una legge* to pass a law. **13** (*trascorrere*) to spend*, to pass; (*sopravvivere*) to live through (*o* out), to last: *il malato non passerà la notte* the patient won't live through the night. **14** (*Gastr.*) (*al setaccio*) to strain; (*per il purè*) to purée: ~ *la verdura* to strain the vegetables. **15** (*Tel.*) to give*: *mi passi Milano* give me Milan. ▭ ~ **accanto** *a qd.* to pass by s.o.; ~ *per le* **armi** to shoot, to execute; (*fam.*) *passarne di tutti i* **colori** to go through thick and thin; ~ *di* **corsa** to rush by; ~ *di* **cottura** to be overdone (*o* overcooked); ~ *la* **dogana** to pass (*o* go) through customs; (*fam.*) **e** *passa* and more, more than, over: *avrà cinquant'anni e passa* she must be over fifty; *tre chili e passa* three kilos and over; **far** ~ (*far accomodare*) to show (*o* usher) in; *mi* **farai** ~ *un guaio* you'll get me into trouble; ~ *di* **grado** to be promoted; ~ *il* **limite** to overstep the limit; ~ *per la* **mente** to cross one's mind; ~ *di* **moda** to go out of fashion; ~ *al* **nemico** to go over to the enemy; ~ **per** (*essere considerato*) to pass for, to be considered; ~ **per** *stupido* to be thought a fool; ~ *a* **prendere** *qd.* to call for s.o.; ~ *qc. sotto* **silenzio** to pass s.th. over in silence; ~ **sopra** *a qc.* (*tralasciarla*) to overlook s.th.; *passiamoci* **sopra** let's forget (*o* skip) it; ~ *alla* **storia** to go down in history; ~ *a* **vie** *di fatto* to come to blows. ‖ *passarsela* to get on (*o* along): *come te la passi?* how are you getting on?; *passarsela male* to be badly off; *gli passerà!* he'll get over it!; (*Tel.*) *passo* over: *passo e chiudo* over and out; (*nei giochi di carte*) pass.

passata *f.* **1** (*strofinata*) (quick) rub, wiping, wipe-over. **2** (*di vernice*) coat. **3** (*occhiata*) glance, look. ▭ *dare una* ~ *a qc. con qc.* to pass s.th. quickly over s.th.

passatempo *m.* pastime, recreation. ▭ ~ *preferito* hobby.

passato I *a.* **1** past, bygone: *nei tempi passati* in past times. **2** (*scorso*) last, past: *l'inverno*

~ last winter. **3** (*fam.*) (*sfiorito*) faded, passé. **II** *s.m.* **1** past: *in* (o *nel*) ~ in the past. **2** (*Gastr.*) purée; (*minestra*) soup. **3** (*Gramm.*) past (tense): ~ *remoto* past (tense); ~ *prossimo* present perfect. □ *come per il* ~ as in the past, as formerly.

passaverdura, **passaverdure** *m.* vegetable mill; (*setaccio*) vegetable sieve.

passavivande *m.* (service) hatch.

passeggero I *a.* passing, temporary, transitory. **II** *s.m.* passenger.

passeggiare *v.i.* **1** to (go* for a) walk, to ramble; (*su e giù*) to promenade, to stroll (*o* walk) up and down. **2** (*andare avanti e indietro*) to pace (back and forth), to walk up and down: *passeggiava nervosamente per la stanza* he paced nervously up and down the room.

passeggiata *f.* **1** walk, stroll; (*lungo il mare*) promenade. **2** (*strada*) promenade, (public) walk: ~ *a mare* seaside promenade, (*fam.*) prom.

passeggiatrice *f.* (*prostituta*) street-walker.

passeggino *m.* push-chair, (*am.*) stroller.

passeggio *m.* **1** walk, stroll, promenade. **2** (*luogo di passeggio*) (public) walk, promenade. **3** (*gente che passeggia*) promenaders *pl.* □ **andare** *a* ~ to go (out) for a walk; **da** ~ walking: *bastone da* ~ walking stick.

passe-partout *fr.* [paspar'tu:] *m.* **1** (*chiave*) master-key. **2** (*di cornice*) passe-partout.

passerella *f.* **1** foot-bridge. **2** (*Mar.*) gangway, gangplank. **3** (*Teat., Moda*) catwalk.

passero *m.* (*Zool.*) sparrow.

passerotto *m.* (*Zool.*) fledgeling (*o* baby) sparrow.

passibile *a.* liable, subject (to). □ ~ *di pena* indictable.

passiflora *f.* (*Bot.*) passion flower. □ *frutto della* ~ passion fruit.

passino *m.* strainer.

passionale *a.* **1** passional, of passion. **2** (*appassionato*) passionate.

passionalità *f.* passionate nature.

passione *f.* **1** passion (*anche estens.*). **2** (*sofferenza spirituale*) (spiritual) suffering, distress; (*tormento*) anguish.

passività *f.* **1** passivity, passiveness. **2** (*Econ.*) loss, indebtedness: *chiudere in* ~ to close at a loss. **3** *pl.* (*Comm.*) (*debiti*) liabilities *pl.*

passivo I *a.* **1** passive (*anche Gramm.*). **2** (*Econ.*) debit-, loss-: *bilancio* ~ debit balance; (*rif. a ditte e sim.*) running at a loss. **II** *s.m.* **1** (*Gramm.*) passive (voice). **2** (*Econ.*) loss, debit; (*complesso dei debiti*) debts *pl.*, liabilities *pl.* □ (*fam.*) *essere* **in** ~ to be in the red; (*Comm.*) **interesse** ~ interest allowed, interest paid.

passo[1] *m.* **1** step. **2** (*orma*) footstep, footprint, footmark; (*rif. ad animali*) track; (*rumore di un passo*) (foot)step. **3** (*andatura: rif. alla velocità*) pace. **4** (*fig.*) (*brano*) passage. **5** (*fig.*) (*azione*) step, move: *un* ~ *pericoloso* a dangerous move. □ (*Strad.*) *veicoli* **al** ~ (drive) dead slow; *a* **grandi** *passi* with very long strides; (*fig.*) quickly; **mantenere** *il* ~ to keep up the pace; ~ *di* **marcia** march step; (*fig.*) *a* **ogni** ~ every few feet, at every corner; (*fig.*) *di* **pari** ~ at the same rate; (*fig.*) *andare di* **pari** ~ *con qd.* to keep up (*o* pace) with s.o.; (*a*) ~ (*a*) **passo** step by step, one step at a time; *di* **questo** ~ at this rate; (*Cin.*) ~ **ridotto** reduced gauge; *pellicola a* ~ **ridotto** sub-standard (*o* 16 mm) film; **segnare** *il* ~ (*anche fig.*) to mark time; **tornare** *sui propri passi* to retrace one's steps; *a* ~ *d'***uomo** at a walking pace; *e* **via** *di questo* ~ and so on, and so forth.

passo[2] *m.* **1** passage, way: *sbarrare il* ~ *a qd.* to bar s.o.'s way. **2** (*rif. a uccelli*) passage. **3** (*Geog.*) pass: ~ *di montagna* mountain pass. □ ~ *carrabile* drive way.

pasta *f.* **1** (*Alim.*) dough, paste. **2** (*per minestre, ecc.*) pasta; (*all'uovo*) noodles *pl.* **3** (*per dolci*) pastry. **4** (*pasticcino*) cake, pastry. **5** (*Farm.*) paste: ~ *dentifricia* toothpaste. **6** (*industria cartaria*) pulp, stuff. □ ~ **abrasiva** polishing paste; ~ **frolla** short pastry; (*fig.*) spineless (*o* weak) person; ~ **sfoglia** puff pastry; *una* ~ *d'***uomo** a good-natured man.

pasteggiare *v.i.* (*mangiare*) to have (*o* to eat*) for one's meal; (*bere*) to drink* with one's meal. □ *questa sera pasteggeremo a ostriche* tonight oysters will be our staple food.

pastella *f.* (*Gastr.*) batter.

pastello I *s.m.* **1** (*matita*) pastel (crayon). **2** (*dipinto*) pastel (drawing). **II** *a.* pastel.

pasticca *f.* (*Farm.*) lozenge, pastille: ~ *per la tosse* cough lozenge.

pasticceria *f.* **1** (*negozio*) confectioner's (shop). **2** (*pasticcini*) fancy (*o* tea) cakes *pl.*, pastries *pl.*

pasticciare I *v.t.* to bungle, to mess up. **II** *v.i.* to make* a mess.

pasticciere *m.* confectioner.

pasticcino *m.* (*Gastr.*) (fancy) cake, pastry; (*am.*) cookie.

pasticcio *m.* **1** (*Gastr.*) pie, past(r)y: ~ *di fegato* liver pie. **2** (*fig.*) (*lavoro mal fatto*) botch, bungle, mess. **3** (*fig.*) (*situazione imbrogliata*) fix, tight spot, scrape. □ **essere** *nei pasticci* to be in a fix; **mettersi** *nei pasticci* to get o.s. into a fix.

pasticcione *m.* (*arruffone*) bungler, muddler.

pastificio *m.* pasta factory.

pastiglia *f.* (*Farm.*) tablet, lozenge.

pastinaca *f.* **1** (*Bot.*) parsnip. **2** (*Zool.*) sting -ray.

pasto *m.* meal. □ **da** ~ table-: *vino da* ~ table wine; **dare** *in* ~ *al pubblico* to spread the news around; **fuori** *dei pasti* between meals; **saltare** *un* ~ to skip a meal.

pastone *m.* **1** mash. **2** (*estens.*) (*vivanda scotta*) mush.

pastorale[1] *a.* pastoral: *poesia* ~ pastoral poetry.

pastorale[2] *f.* (*Rel.*) (*lettera pastorale*) pastoral (letter).
pastorale[3] *m.* (*Rel.*) (*bastone*) pastoral (staff), crosier.
pastore *m.* **1** shepherd. **2** (*fig.*) (*sacerdote*) pastor, shepherd. **3** (*protestante*) pastor, minister; (*nella chiesa anglicana*) clergyman (*pl.* –men). **4** (*cane pastore*) sheepdog.
pastorizia *f.* sheep-rearing, sheep-farming.
pastorizzare *v.t.* to pasteurize.
pastorizzazione *f.* pasteurization.
pastosità *f.* **1** doughiness; (*morbidezza*) softness. **2** (*rif. a colori, suoni, vino*) mellowness.
pastoso *a.* **1** doughy; (*morbidezza*) soft. **2** (*rif. a colori, suoni, vino*) mellow.
pastrano *m.* overcoat, greatcoat.
patacca *f.* **1** (*moneta di scarso valore*) farthing, (*am.*) cent. **2** (*oggetto falso*) fake (antique). **3** (*medaglia*) medal, decoration. **4** (*fam.*) (*macchia d'unto*) grease spot (*o* stain).
patata *f.* **1** (*Bot.*) potato. **2** (*persona stupida*) lump, booby. □ ~ **dolce** sweet-potato, batata, (*am.*) yam; *patate* **fritte** chips; **purè** *di patate* mashed potatoes.
patatine *f.pl.* (*Gastr.*) crisps *pl.*, (*am.*) potato chips *pl.*
patatrac I *intz.* (*onom.*) crash, bang, crack. **II** *s.m.* **1** crash, bang, crack. **2** (*fig.*) (*rovina*) crash.
patella *f.* (*Zool.*) limpet.
patema *m.* anxiety, worry. □ ~ *d'animo* anxiety, anguish.
patentato *a.* **1** (*abilitato*) licensed, certified. **2** (*fig. scherz.*) out-and-out, thorough: *un cretino* ~ an out-and-out idiot.
patente *f.* licence, permit. □ (*fig. scherz.*) **dare** *a qd. la* ~ *di bugiardo* to brand (*o* label) s.o. as a liar; (*Aut.*) ~ *di* **guida** driving licence.
patentino *m.* temporary licence, (*am.*) learner's permit.
patereccio *m.* (*Med.*) whitlow.
paternale *f.* (*fam.*) lecture, telling-off: *fare la* ~ *a qd.* to give s.o. a telling-off.
paternalismo *m.* (*Pol.*) paternalism.
paternalistico *a.* paternalistic.
paternità *f.* **1** paternity, fatherhood. **2** (*burocr.*) (*nome del padre*) father's name.
paterno *a.* **1** paternal, father's: *l'amore* ~ a father's love; *casa paterna* paternal home. **2** (*benevolo*) fatherly, paternal.
paternostro *m.* (*Rel.*) Lord's Prayer, Pater noster.
patetico *a.* **1** pathetic, moving, heart-rending. **2** (*svenevole*) mawkish, sentimental. **3** (*che dà imbarazzo*) miserable.
patibolare *a.* sinister, (*fam.*) gallows bird-: *faccia* ~ sinister face (*o* looks).
patibolo *m.* (*palco*) scaffold, gallows (costr. sing.).
patimento *m.* suffering, pain, affliction.
patina *f.* **1** (*velatura su rame e sim.*) patina. **2** (*Industria cartiera*) coat(ing), glaze. **3** (*della lingua*) fur, coating. **4** (*rif. a porcellane, terracotte e sim.*) glaze. **5** (*strato di vernice*) coat of varnish.
patinare *v.t.* **1** (*verniciare*) to varnish. **2** (*porcellana, terracotta*) to glaze. **3** (*di carta*) to coat, to glaze.
patinato *a.* (*di carta*) coated: *carta patinata* coated (*o* art, glossy) paper. □ *lingua patinata* furred tongue.
patire I *v.t.* **1** (*subire*) to suffer: ~ *il caldo, il freddo* to suffer from the heat, from the cold. **2** (*tollerare*) to bear*, to put* up with, to stand*. **II** *v.i.* to suffer (*di* from). □ ~ *la fame* to starve.
patito I *a.* sickly, suffering. **II** *s.m.* (*fanatico*) fan.
patogeno *a.* pathogenic.
patologia *f.* pathology.
patologico *a.* pathological; morbid (*anche estens.*). □ *anatomia patologica* morbid (*o* pathological) anatomy.
patologo *m.* pathologist.
patria *f.* **1** country home(land), fatherland, motherland. **2** (*fig.*) home, birthplace, land. □ **amor** *di* ~ love of one's native land; ~ *d'***elezione** adoptive country.
patriarca *m.* patriarch (*anche fig.*).
patriarcale *a.* patriarchal.
patriarcato *m.* **1** patriarchy. **2** (*Rel.*) patriarchate.
patrigno *m.* stepfather.
patrimoniale *a.* property-, estate-: *imposta* ~ property tax.
patrimonio *m.* **1** estate, property, possessions *pl.* **2** (*fig.*) heritage; wealth, richness. □ **costare** *un* ~ to cost a fortune (*o* mint); ~ **culturale** cultural heritage; ~ **familiare** family estate; ~ **forestale** forests *pl.*; ~ **zootecnico** livestock resources *pl.*
patrio *a.* **1** native. **2** (*paterno*) paternal. □ *patria potestà* parental authority.
patriota *m./f.* patriot.
patriottico *a.* patriotic.
patriottismo *m.* patriotism.
Patrizia *N.pr.f.* Patricia.
patrizio *a./s.m.* patrician.
Patrizio *N.pr.m.* Patrick.
patrocinare *v.t.* **1** (*Dir.*) to plead, to defend: ~ *una causa* to plead a case. **2** (*estens.*) (*sostenere*) to support; (*promuovere*) to sponsor.
patrocinatore *m.* **1** (*Dir.*) defence (counsel). **2** (*fig.*) supporter; (*difensore*) defender.
patrocinio *m.* **1** (*Dir.*) (legal) defence. **2** (*estens.*) support, sponsorship. □ ~ *gratuito* legal aid.
patronato *m.* **1** (*Dir. canonico*) patronage. **2** (*protezione*) protection, favour, patronage. **3** (*istituzione benefica*) charitable institution (*o* society).
patronessa *f.* patroness.
patrono *m.* **1** (*santo patrono*) patron (saint). **2** patron, sponsor. **3** (*Dir.*) counsel.
patta *f.* (*Sartoria*) flap. □ ~ *dei* **calzoni** trouser fly; ~ *della* **tasca** pocker flap.

patta[2] *f.* (*risultato pari*) draw, tie. □ *essere* (*pari e*) ~ (*nel gioco*) to tie, to (have a) draw; (*fig.*) to be quits (with s.o.).
patteggiamento *m.* negotiation, bargaining.
patteggiare *v.t./i.* to negotiate.
pattinaggio *m.* (*su ghiaccio*) ice-skating; (*a rotelle*) roller-skating. □ ~ **artistico** *su ghiaccio* figure-skating; **pista** *di* ~ skating rink.
pattinare *v.t.* to skate.
pattinatore *m.* skater.
pattino *m.* **1** (*da ghiaccio*) (ice-)skate; (*a rotelle*) (roller-)skate. **2** (*di slitta e sim.*) runner. **3** (*Aer.*) skid. **4** (*tecn.*) sliding (*o* link) block.
patto *m.* **1** pact, treaty, agreement. **2** (*condizione*) condition, term. □ **a** ~ *che* on condition that; ~ *d'***alleanza** alliance; *Patto* **Atlantico** Atlantic Treaty; **venire** *a patti con qd.* to come to terms with s.o.; (*arrendersi*) to accept s.o.'s conditions.
pattuglia *f.* (*Mil.*) patrol.
pattugliamento *m.* patrol.
pattugliare **I** *v.i.* to (carry out a) patrol, to go* on patrol. **II** *v.t.* to patrol.
pattuire *v.t.* to stipulate; (*accordarsi*) to agree on, to settle.
pattuito *a.* agreed (upon), stipulated.
pattumiera *f.* dustbin.
paturn(i)e *f.pl.* (*pop.*) **1** (*malumore*) (bad) temper, bad mood. **2** (*fam.*) dumps *pl.*: *avere le* ~ to be in the dumps.
paura *f.* **1** fear, dread; (*mista a riverenza*) awe; (*spavento*) fright, scare. **2** (*timore, preoccupazione*) fear, worry. □ **aver** ~ *che* to be afraid that, to fear that; **aver** ~ *di qc.* to be frightened (*o* afraid) of s.th., to fear (*o* dread) s.th.; **far** ~ *a qd.* to frighten (*o* scare) s.o.; *da* **far** ~ (*a.*) dreadful, terrible; (*avv.*) dreadfully, terribly; *brutto da* **far** ~ as ugly as sin; **ho** ~ *di no* I'm afraid not; **morire** *di* ~ to be frightened to death; **per** ~ *di* for fear of, lest.
pauroso *a.* **1** fearful; (*timido*) timid. **2** (*che mette paura*) fearful, frightful, dreadful.
pausa *f.* **1** pause, stop, break: *fare una* ~ to take a break. **2** (*Mus.*) pause, rest. □ *facciamo una* ~ *per il caffè!* let's have a coffee break!
pavesare *v.t.* **1** to decorate. **2** (*Mar.*) (*ornare con il pavese*) to dress (with flags).
pavese *m.* (*Mar.*) (gala) flags *pl.*, flag dressing. □ *alzare il gran* ~ to dress a ship overall.
pavido *a.* (*lett.*) pavid, fearful.
pavimentare *v.t.* **1** to floor. **2** (*lastricare*) to pave.
pavimentazione *f.* **1** flooring. **2** (*Strad.*) paving, pavement.
pavimento *m.* floor: ~ *di marmo* marble floor.
pavoncella *f.* (*Zool.*) lapwing, pewit.
pavone *m.* (*Zool.*) peacock (*anche fig.*).
pavoneggiarsi *v.i.pron.* to strut (and pose), to show* off.
pazientare *v.i.* to be patient.
paziente **I** *a.* **1** patient. **2** (*fatto con pazienza*) painstaking. **II** *s.m./f.* patient.
pazienza *f.* patience. □ **abbia** ~*!* (*scusi*) I'm sorry!, excuse me!; **avere** ~ to be patient; (*fig.*) ~ *da* **certosino** great patience; **gioco** *di* ~ puzzle; *mi fai* **scappare** *la* ~ you make me lose my patience (*o* temper). ‖ ~*!* never mind!
pazzerello *m.* mad (*o* giddy) fellow, madcap.
pazzesco *a.* **1** mad, foolish, crazy. **2** (*fig.*) (*insensato*) foolish, senseless, mad. **3** (*incredibile*) incredible; astonishing.
pazzia *f.* **1** madness, insanity, lunacy. **2** (*azione, discorso*) madness, folly.
pazzo **I** *a* **1** mad, insane, lunatic, crazy. **2** (*fig.*) (*stravagante*) eccentric, odd, strange; (*fam.*) moonstruck. **3** (*fig.*) (*insensato*) senseless, foolish, mad. **II** *s.m.* madman (*pl.* –men), lunatic. □ (*fig.*) **andare** (o *essere*) ~ *per qc.* (o *qd.*) to be mad (*o* crazy) about s.th. (*o* s.o.); ~ *da* **legare** stark (*o* raving) mad.
pazzoide **I** *a.* crazy, half-mad. **II** *s.m./f.* madcap, nut.
Pb = (*Chim.*) *piombo* lead.
p.c. = *per conoscenza* copy to (cc.).
P.C. = *polizza di carico* bill of lading.
p.c.c. = *per copia conforme* certified true copy (cert.).
Pd = (*Chim.*) *palladio* palladium.
p.e. = *per esempio* for instance, for example (e.g.).
pecari *m.* (*Zool.*) peccary.
pecca *f.* defect, flaw, fault, blemish. □ *privo di pecche* faultless, without blemish.
peccaminoso *a.* sinful, wicked.
peccare *v.i.* **1** to sin (*contro* against). **2** (*essere colpevole*) to be guilty (*di* of): ~ *d'ingratitudine* to be guilty of ingratitude. **3** (*difettare*) to lack (s.th.): *il romanzo pecca nell'intreccio* the novel lacks a good plot. **4** (*assol.*) to (commit a) sin.
peccato *m.* sin. □ *che* ~*!* what a pity (*o* shame)!
peccatore *m.* sinner.
pece *f.* pitch.
Pechino *N.pr.f.* (*Geog.*) Peking, Beijing.
pecora *f.* **1** (*Zool.*) sheep; (*maschio*) ram; (*femmina*) ewe. **2** (*carne*) mutton. □ (*fig.*) ~ *nera* black sheep.
pecoraio *m.* shepherd.
pecorella *f.* **1** (*Zool.*) sheep, lamb (*anche fig.*): ~ *smarrita* lost sheep. **2** (*fig.*) (*nuvoletta bianca*) (small) fleecy cloud. □ *cielo a pecorelle* fleecy (*o* mackerel) sky.
pecorino *s.m.* (*formaggio*) Pecorino (ewe's milk cheese).
pectina *f.* (*Chim.*) pectin.
peculato *m.* (*Dir.*) embezzlement (of public funds), peculation.
peculiare *a.* peculiar (to), characteristic (of).
peculiarità *f.* peculiarity.
pecuniario *a.* pecuniary, money-.

pedaggio *m.* (*Strad.*) toll. □ *autostrada a* ~ (*am.*) tollway.
pedagogia *f.* p(a)edagogy, pedagogics *pl.* (costr. sing.).
pedagogico *a.* pedagogic(al), paedagogic.
pedalare *v.t.* to pedal, to cycle.
pedalata *f.* **1** push on a pedal. **2** (*modo di pedalare*) way of pedalling.
pedale *m.* **1** pedal. **2** (*tecn.*) pedal, foot-lever, treadle. **3** (*Mus.*) pedal. **4** (*di calzolaio*) (cobbler's) strap. □ **a** ~ pedal-, treadle-; (*Aut.*) ~ *del* **freno** brake pedal.
pedaliera *f.* **1** (*Mus.*) pedal keyboard. **2** (*Aer.*) rudder bar.
pedana *f.* **1** footboard. **2** (*di cattedra, ecc.*) platform, dais. **3** (*Sport*) (*nel salto*) spring-board; (*nella scherma*) strip.
pedante I *a.* pedantic. **II** *s.m./f.* pedant.
pedanteria *f.* pedantry.
pedantesco *a.* pedantic.
pedata *f.* **1** kick. **2** (*orma*) footprint, foot-mark, footstep. □ *prendere qd. a pedate* to kick s.o.
pederasta *m.* p(a)ederast.
pedestre *a.* unimaginative, pedestrian.
pediatra *m./f.* p(a)ediatrician, p(a)ediatrist.
pediatria *f.* p(a)ediatrics *pl.* (costr. sing.).
pediatrico *a.* paediatric. □ *ospedale* ~ children's hospital.
pedicure *m./f.* **1** chiropodist, podiatrist. **2** (*cura dei piedi*) pedicure.
pediluvio *m.* foot-bath.
pedina *f.* **1** piece, (draughts)man (*pl.* –men). **2** (*fig.*) pawn: *essere una* ~ *nelle mani di qd.* to be a pawn in s.o.'s hands. □ (*fig.*) *muovere una* ~ to pull strings.
pedinamento *m.* tailing, shadowing.
pedinare *v.t.* to tail, to shadow.
pedonale *a.* pedestrian, pedestrian's. □ *passaggio* ~ pedestrian (*o* zebra) crossing.
pedone *m.* **1** pedestrian. **2** (*negli scacchi*) pawn.
pedule *f.pl.* (*scarpe*) climbing boots *pl.*; walking boots *pl.*
peduncolo *m.* (*Bot.*) peduncle.
peggio I *avv.comp. di* **male** worse. **II** *avv.sup. di* **male** worst: *la donna* ~ *vestita del mondo* the worst dressed woman in the world; (*spesso si traduce con il sup. dell'aggettivo che segue*) *i ragazzi* ~ *educati* the most unpolite boys. **III** *a.* worse. **IV** *s.m./f.* worst. □ **al** ~ at the worst; **alla** ~ if the worst comes to the worst, at the worst; *fatto* **alla** ~ done in a slipshod way; **alla** *meno* ~ as well as possible, as best one may; **andar** ~ to worsen; *non si potrebbe* **andare** ~ *di così* it couldn't go (*o* be) worse than this; **avere** *la* ~ to get the worst of it; *c'è* **di** ~ there is worse to come; *di* **male** *in* ~ from bad to worse; **stare** ~ to be worse (off); **tanto** ~ so much the worse.
peggioramento *m.* worsening.
peggiorare I *v.t.* to worsen. **II** *v.i.* to worsen, to become* (*o* get*) worse.
peggiorativo *a./s.m.* (*Gramm.*) pejorative (word).
peggiore I *a. compar. di* **cattivo 1** worse. **2** (*più scadente*) worse, inferior, poorer (quality): *merce* ~ poorer quality goods. **II** *a. sup. di* **cattivo** worst. **III** *s.m./f.* worst. □ *nel* ~ *dei casi* if the worst comes to the worst.
pegno *m.* **1** pledge, security; pawn. **2** (*fig.*) pledge, token, sign. **3** (*nei giochi*) forfeit. □ **casa** *di* ~ pawnbroker's; **dare** *in* ~ to pawn.
pelame *m.* fur, hair, coat.
pelare *v.t.* **1** to remove the hair from. **2** (*spennare*) to pluck. **3** (*sbucciare*) to peel. **4** (*fig.*) (*privare dei quattrini*) to clean out, (*fam.*) to skin; (*fam.*) (*far pagare prezzi eccessivi*) to make* pay through the nose. **pelarsi** *v.i.pron.* (*fam.*) to become* (*o* go*) bald.
pelata[1] *f.* **1** plucking. **2** (*fig.*) skinning.
pelata[2] *f.* (*scherz.*) **1** (*testa calva*) bald head. **2** (*zona calva del cranio*) bald spot.
pelato I *a.* **1** (*calvo*) bald, hairless. **2** (*brullo*) barren, bare. **3** (*sbucciato*) peeled. **II** *s.m.pl.* (*pomodori in scatola*) tomatoes *pl.*
pellagra *f.* (*Med.*) pellagra.
pellame *m.* hides *pl.*, skins *pl.*
pelle *f.* **1** skin. **2** (*di animali*) hide, skin; (*coperta di peli*) pelt, skin, fur. **3** (*cuoio*) leather: *una cintura di* ~ a leather belt. **4** (*buccia*) skin, rind, peel. □ ~ *di* **daino** deer-skin, buckskin; (*fig.*) *avere la* ~ **dura** (*essere resistente*) to be tough (*o* a tough one); (*essere poco sensibile*) to be thick-skinned; *a* **fior** *di* ~ skin-deep, superficial; (*Legatoria*) ~ **intera** whole-leather (binding); **lasciarci** *la* ~ to lose one's life; *avere la* ~ *d'***oca** to have goose-flesh; **per** *la* ~ for life, lifelong; *amici* **per** *la* ~ bosom (*o* close) friends; ~ **scamosciata** suede; (*fig.*) *non* **stare** *più nella* ~ *per la gioia* to be beside o.s. (with joy).
pellegrinaggio *m.* pilgrimage.
pellegrino *m.* **1** pilgrim. **2** (*viandante*) wanderer.
pellerossa *m./f.* redskin.
pelletteria *f.* **1** (*oggetti di pelle*) leather goods *pl.* **2** (*negozio*) leather goods shop.
pellicano *m.* (*Zool.*) pelican.
pellicceria *f.* **1** furs *pl.* **2** (*negozio*) furrier's (shop).
pelliccia *f.* **1** (*Zool.*) coat, fur: ~ *invernale* winter coat. **2** (*pelle conciata*) fur; (*cappotto*) fur coat. □ ~ *di visone* mink coat.
pellicciaio *m.* furrier.
pellicola *f.* **1** film, pellicle. **2** (*Fot., Cin.*) film.
pelo *m.* **1** hair: *strappare un* ~ to pull out a hair. **2** (*setola*) bristle. **3** (*pelame*) coat, fur. **4** (*pelliccia*) fur. □ *il* ~ *dell'***acqua** the surface of the water; **contro** ~ the wrong way; *non avere peli sulla* **lingua** not to mince words; **per** *un* ~ *non affogava* he escaped drowning by the skin of his teeth; *cercare il* ~ *nell'***uovo** to split hair.
pelosità *f.* hairiness.

peloso *a.* hairy; (*rif. ad animali*) shaggy.
peltro *m.* (*Met.*) pewter.
peluria *f.* down. □ *coperto di* ~ downy.
pelvi *f.* (*Anat.*) pelvis.
pelvico *a.* pelvic.
pena *f.* **1** punishment, penalty. **2** (*Dir.*) sentence: ~ *di morte* death sentence. **3** (*afflizione*) grief, sorrow. **4** (*compassione*) pity. **5** (*preoccupazione, ansia*) worry. **6** (*fatica*) trouble, bother: *non darti ~ per noi: ti raggiungeremo dopo* don't bother about us: we'll join you later. □ **casa** *di* ~ penitentiary; *mi* **fai** ~ I'm sorry for you; *a* **mala** ~ hardly, barely; ~ *la* **morte** on (*o* under) pain of death; ~ **pecuniaria** fine; **stare** *in ~ per qd.* to be worried about s.o.
penale **I** *a.* criminal, penal. **II** *s.f.* penalty. □ **codice** ~ penal code; **processo** ~ criminal trial.
penalista *m./f.* (*Dir.*) criminal lawyer.
penalità *f.* penalty.
penalizzare *v.t.* to penalize (*anche Sport*).
penalizzazione *f.* penalization.
penare *v.i.* **1** to suffer. **2** (*faticare*) to find* it difficult; to be hardly able.
pendaglio *m.* (*ciondolo*) pendant.
pendente *m.* **1** (*ciondolo*) pendant. **2** *pl.* (*orecchini*) drop-earrings *pl.*
pendenza *f.* **1** (*dislivello*) slope, slant, incline. **2** (*grado d'inclinazione*) gradient. **3** (*Dir.*) pendency. **4** (*Comm.*) (*credito*) (outstanding) debt; (*conto*) outstanding account. **5** (*faccenda non risolta*) outstanding matter.
pendere *v.i.* **1** to hang* (down). **2** (*essere inclinato*) to lean*. **3** (*fig.*) (*incombere*) to hang* (*su* over). **4** (*fig.*) (*propendere*) to lean*, to be inclined. **5** (*fig.*) (*rimanere sospeso*) to be pending (*anche Dir.*). □ (*fig.*) ~ *dalle labbra di qd.* to hang on s.o.'s words.
pendici *f.pl.* slopes: *una casetta annidata sulle ~ del monte* a tiny cottage high upon the slopes of the mountain.
pendio *m.* **1** (*pendenza*) slope, slant, inclination. **2** (*declivio*) slope, declivity.
pendola *f.* pendulum clock.
pendolare **I** *a.* pendular: *moto* ~ pendular movement. **II** *s.m./f.* commuter. □ *fare il* ~ to commute.
pendolo *m.* **1** (*Fis.*) pendulum. **2** (*Edil.*) plumb-line. □ *orologio a* ~ pendulum clock.
pene *m.* (*Anat.*) penis.
penetrante *a.* penetrating, piercing (*anche fig.*).
penetrare **I** *v.i.* **1** (*entrare*) to penetrate (s.th.), to go* (into); (*infiltrarsi*) to steal* (into), to slip (into). **2** (*fig.*) to penetrate, to sink*. **II** *v.t.* **1** to penetrate (into, through), to pierce, to seep into. **2** (*fig.*) (*approfondire*) to penetrate.
penetrazione *f.* penetration.
penicillina *f.* (*Farm.*) penicillin.
peninsulare *a.* (*Geog.*) peninsular. □ *l'Italia* ~ mainland Italy.
penisola *f.* (*Geog.*) peninsula.
penitente *a./s.m.* penitent.
penitenza *f.* **1** penance (*anche Rel.*). **2** (*nei giochi*) forfeit: *fare la* ~ to pay the forfeit. **3** (*castigo*) punishment.
penitenziario **I** *s.m.* (*carcere*) prison, gaol, jail, (*am.*) penitentiary. **II** *a.* penitentiary.
penna *f.* **1** (*Zool.*) feather, plume, (*della coda e delle ali*) quill. **2** *pl.* (*collett.*) plumage. **3** (*strumento per scrivere*) pen; (*penna d'oca*) quill(-pen). **4** (*fig.*) (*scrittore*) writer; (*lo scrivere*) writing, pen: *si guadagna da vivere con la sua* ~ he lives by his pen. **5** (*parte della freccia*) feather. **6** (*tecn.*) (*parte del martello*) peen. □ **a** ~ in (pen and) ink: *disegno a* ~ pen-and-ink drawing; (*fig.*) **lasciarci** *le penne* to lose one's life; **lasciare** *nella* ~ (*tralasciare*) to omit; **mettere** *le penne* to fledge; ~ *d'***oca** goose quill; (*Inform.*) ~ **ottica** light pen; ~ *a* **sfera** ballpoint pen; ~ **stilografica** fountain-pen.
pennacchio *m.* plume: *un ~ di fumo* a plume of smoke.
pennarello *m.* felt tip (pen).
pennellare *v.i.* to brush.
pennellata *f.* stroke (*o* touch) of the brush.
pennellatura *f.* **1** brush work. **2** (*Med.*) painting.
pennellessa *f.* flat brush.
pennello *m.* **1** brush. **2** (*argine*) groin. **3** (*Fis.*) pencil. □ **a** ~ perfectly: *andare a* ~ to fit perfectly; ~ *da* **barba** shaving-brush.
pennino *m.* (pen-)nib.
pennone *m.* **1** flagpole, flagstaff. **2** (*Mar.*) yard, spar. **3** (*stendardo*) standard, banner.
pennuto **I** *a.* feathered. **II** *s.m.* fowl.
penombra *f.* half-light, semi-darkness, dim (*o* faint) light; (*della sera*) twilight, dusk.
penoso *a.* **1** (*doloroso*) painful. **2** (*imbarazzante*) painful, awkward. **3** (*faticoso*) tiring, laborious.
pensamento *m.* thinking; (*pensiero*) thought.
pensare **I** *v.i.* **1** to think*. **2** (*volgere la mente*) to think* (*a* of): *pensa a me* think of me. **3** (*progettare*) to think* (of, about), to plan (s.th.). **4** (*provvedere, badare*) to see* (to), to take* care (of), to look (after). **II** *v.t.* **1** (*credere, supporre*) to think*, to believe. **2** (*immaginare*) to think*, to imagine, to guess. **3** (*avere l'intenzione*) to intend, to think*, to mean*. **4** (*riflettere*) to consider, to think* over; (*a fondo*) to think* out: *pensa bene la risposta* think your reply over well. **5** (*giudicare*) to think*: *che cosa ne pensi?* what do you think (of it)? □ ~ **bene** *di qd.* to have a good opinion of s.o.; **dar** *da* ~ to worry; ~ *ai* **fatti** *propri* to mind one's own business; *penso di* **no** I don't think so; *pensa e* **ripensa** after long thought; *penso di* **sì** I think so. ‖ *non pensarci* forget about it; *ci penso io* I'll see to it; *e ~ che* and to think that.
pensata *f.* brilliant idea.
pensatoio *m.* (*neol.*) think tank.
pensatore *m.* thinker. □ *libero* ~ free -thinker.

pensierino *m.* **1** (*affettuosa attenzione*) (act of) kindness, attention; (*regalino*) little gift. **2** (*scol.*) child's brief composition.

pensiero *m.* **1** thought, thinking. **2** (*mente*) mind, thought: *riandare con il* ~ *a qc.* to cast one's mind back to s.th. **3** (*dottrina*) (school of) thought. **4** (*attenzione*) thought. **5** (*preoccupazione*) worry, care, trouble. ▭ *ho* **altri** *pensieri per la testa* I have other things to think about (*o* on my mind); **mettere** *qd. in* ~ to worry s.o.; **senza** *pensieri* carefree; *essere* **sopra** ~ (*distratto*) to be lost in thought; **stare** *in* ~ *per qd.* to worry (*o* to be anxious) about s.o.

pensieroso *a.* **1** thoughtful, pensive. **2** (*preoccupato*) worried.

pensile *a.* hanging, suspended. ▭ **armadietto** ~ wall unit, wall cabinet; **giardino** ~ roof garden.

pensilina *f.* **1** cantilever roof. **2** (*Ferr.*) platform roofing; (*alla fermata di autobus, ecc.*) bus-shelter.

pensionamento *m.* retirement: ~ *anticipato* early retirement.

pensionante *m./f.* boarder, lodger.

pensionare *v.t.* (*burocr.*) to pension (off), (*per raggiunti limiti d'età*) to superannuate.

pensionato I *a.* on pension; retired; (*per raggiunti limiti d'età*) superannuated. **II** *s.m.* **1** pensioner. **2** (*istituto*) hostel, home; (*con scuola*) boarding-school.

pensione *f.* **1** pension. **2** (*prestazione di alloggio e vitto*) board and lodging; (*retta*) charge (for board and lodging). **3** (*albergo familiare*) boarding-house, pension(e). ▭ **andare** *in* ~ to retire; ~ **completa** full board; **essere** *a* ~ *presso qd.* to board (*o* lodge) with s.o.; ~ **integrativa** supplementary pension; ~ *d'***invalidità** *e vecchiaia* disability and old age pension; ~ **reversibile** (o *di reversibilità*) reversible pension for surviving dependents; ~ **sociale** non contributory pension.

pensoso *a.* thoughtful, pensive, lost (*o* wrapped) in thought.

pentagono *m.* (*Geom.*) pentagon. **Il Pentagono** (*USA*) the Pentagon.

pentagramma *m.* (*Mus.*) stave, (*am.*) staff.

Pentecoste *N.pr.f.* (*Rel.*) Whitsun; (*ebraica*) Pentecost. ▭ *domenica di* ~ Whit Sunday, (*GB*) Pentecost.

pentimento *m.* **1** repentance, contrition. **2** (*cambiamento d'idea*) change of mind.

pentirsi *v.i.pron.* **1** to repent (*di* of); (*rammaricarsi*) to regret (s.th.): *te ne pentirai* you will regret it. **2** (*mutare proposito*) to change one's mind.

pentito I *a.* regretful, sorry. **II** *s.m.* reformed terrorist.

pentola *f.* **1** pot. **2** (*contenuto*) pot(ful). ▭ ~ *a* **pressione** pressure-cooker; (*fig.*) **qualcosa** *bolle in* ~ something's brewing (*o* cooking).

pentolino *m.* **1** (sauce)pan. **2** (*quantità*) (sauce) panful.

penultimo *a./s.m.* last but one.

penuria *f.* (*scarsità*) shortage, scarcity, lack.

penzolare *v.i.* to dangle, to hang* (down).

penzoloni *avv.* dangling, hanging down.

pepaiola *f.* **1** pepper-pot, pepper-box. **2** (*macinino per il pepe*) pepper-mill.

pepare *v.t.* to pepper.

pepato *a.* **1** peppery, peppered, hot. **2** (*fig.*) sharp, biting.

pepe *m.* pepper. ▭ **capelli** *sale e* ~ grizzled hair; ~ *in* **grani** whole pepper; (*fig.*) *essere* **tutto** ~ to be full of pep.

peperoncino *m.* (*Gastr.*) chili (pepper).

peperone *m.* **1** (*Bot.*) capsicum. **2** (*frutto*) pepper, chili (pepper). ▭ *rosso come un* ~ as red as a beetroot (*o* cherry).

pepita *f.* (*Min.*) nugget.

pepsina *f.* (*Biol.*) pepsin.

peptico *a.* peptic.

per I *prep.* **1** (*moto per luogo: attraverso*) through: *passare* ~ *la città* to go through the city; (*lungo*) along, down, up: *il corteo passerà* ~ *questa strada* the procession will come along this road; (*senza direzione fissa*) about, around: *camminare* ~ *la stanza* to walk about the room. **2** (*moto a luogo: verso*) for. **3** (*stato in luogo*) in, on: *sedere* ~ *terra* to sit on the ground. **4** (*durante*) for, during, (*spesso non si traduce*); (*per un intero periodo di tempo*) through(out): ~ *tutta l'estate* (for) the whole summer, throughout the summer. **5** (*rif. a tempo determinato*) for: *sarò a casa* ~ *Natale* I shall be home for Christmas; (*entro*) by. **6** (*a vantaggio o svantaggio di*) for: *fallo* ~ *me* do it for me (*o* my sake). **7** (*scopo, fine*) for: *la lotta* ~ *l'esistenza* the struggle for life. **8** (*per mezzo di: rif. a cose*) by, via: ~ *aereo* by air. **9** (*a causa di*) because of, owing to, on account of, out of: *uccidere* ~ *gelosia* to kill out of jealousy; (*rif. a colpa*) for: *fu condannato* ~ *furto* he was sentenced for theft. **10** (*modo*) in: ~ *iscritto* in writing. **11** (*al prezzo di*) for. **12** (*in relazione a*) for: *è grande* ~ *la sua età* he is big for his age. **13** (*successione*) by, after: *giorno* ~ *giorno* day by day. **14** (*distributivo*) in, per: *dieci litri* ~ *cento chilometri* ten litres in (*o* per) a hundred kilometres. **15** (*misura, estensione*) for: *la strada costeggia il lago* ~ *due chilometri* the road runs along the lake for two kilometres. **16** (*in esclamazioni, giuramenti e sim.*) for, by: ~ *amor di Dio* for God's sake. **17** (*nei compl. predicativi: come*) as: *tenere* ~ *certo qc.* to regard s.th. as a certainty. **18** (*Mat.*) by: *tre* ~ *tre* three (multiplied) by three. **19** (*limitativo*) for: *questa casa è troppo piccola* ~ *me* this house is too small for me; (*nei riguardi di*) to: *è un fratello* ~ *me* he is a brother to me. **II** *congz.* **1** (*concessivo*) however, no matter how, (*talvolta non si traduce*): ~ *quanto grande, è ancora un bambino* big as he is (*o* may be) he is still a child. **2**

(*finale*) (in order) to, so as: *vado a casa ~ studiare* I'm going home to study. **3** (*causale*) for, (*spesso non si traduce*): *è stato punito ~ aver detto una bugia* he was punished for telling a lie. **4** (*consecutivo*) (*non si traduce*): *è troppo bello ~ essere vero* it is too good to be true. □ *~ il* **fatto** *che* because: *~* **incarico** *di* on behalf of; *~* **modo** *di dire* so to speak (*o* say); *~* **ora** (o *il momento*) for the moment (*o* present), (*fam.*) right now; **prendere** *~ il braccio* to take by the arm; *~* **quanto** *mi riguarda* as for me, as far as I am concerned; *~* **scherzo** as a joke; **stare** *~* to be just about (*o* going) to: *sta ~ parlare* he is going to speak; **su** *~ le scale* up the stairs; *~* **traverso** crosswise; (*fig.*) *andare ~ traverso* to go wrong; *uno ~* **volta** one at a time.

pera *f.* **1** pear. **2** (*scherz.*) (*testa*) pate. □ (*fig.*) *cadere come una ~ cotta* to fall sound asleep; (*innamorarsi*) to fall head over heels in love.

peraltro *avv.* moreover, what is more, besides.

perbene I *a.* respectable, decent, nice: *dei giovani che appartengono a famiglie ~* young people from respectable homes. **II** *avv.* properly, well, nicely.

perbenismo *m.* respectability.

percentuale I *a.* per cent: *aumento ~* increase per cent. **II** *s.f.* **1** percentage. **2** (*rapporto percentuale*) ratio.

percepire *v.t.* **1** to perceive, to become* aware, to feel*. **2** (*burocr.*) (*riscuotere*) to receive, to collect.

percettibile *a.* perceptible; (*rif. a suoni*) audible.

percettivo *a.* perceptive.

percezione *f.* perception.

perché I *avv.* why: *~ non sei venuto ieri?* why didn't you come yesterday? **II** *congz.* **1** (*causale*) because, as, since, for: *leggo ~ non ho nulla da fare* I'm reading because I have nothing to do. **2** (*finale*) so (that), in order that, so as. **3** (*correlativo a troppo*) (*richiede una traduzione idiomatica*): *la scatola è troppo pesante ~ io possa sollevarla* the box is too heavy for me to lift. **III** *s.m.* (*causa, motivo*) reason, why: *senza un ~* without any reason. **IV** *pron.rel.* (*per cui*) why. □ *~* **mai** why on earth, why ever; *il ~ e il* **percome** the why(s) and wherefore(s).

perciò *congz.* so, therefore.

percorrenza *f.* distance covered.

percorrere *v.t.* **1** (*attraversare*) to go* through (*o* across), to run* across; (*con un veicolo*) to drive* through (*o* across). **2** (*compiere un tragitto*) to travel, to cover: *~ una distanza* to cover a distance. □ *~ in lungo e in largo* to travel throughout.

percorso *m.* **1** run, way: *durante il ~* on the way. **2** (*tratto*) route, course, way: *il ~ del fiume* the course of the river.

percossa *f.* blow, stroke.

percuotere *v.t.* to strike*, to hit*, to beat*. **percuotersi** *v.r.* (*recipr.*) to strike* (*o* hit*) e.o.

percussione *f.* percussion (*anche Mus., Med.*).

percussore *m.* (*Mil.*) firing-pin.

perdente I *a.* losing (*anche Sport*). **II** *s.m./f.* loser (*anche Sport*).

perdere I *v.t.* **1** to lose*: *~ la clientela* to lose customers. **2** (*lasciar sfuggire liquidi*) to leak. **3** (*lasciarsi sfuggire*) to miss: *non voglio ~ il concerto* I don't want to miss the concert. **4** (*sprecare*) to waste: *~ tempo* to waste time. **II** *v.i.* **1** (*colare*) to leak. **2** (*rimetterci*) to lose*: *~ di prestigio* to lose face. **perdersi** *v.i.pron.* **1** (*smarrirsi*) to get* lost, to go* astray. **2** (*sparire dalla vista*) to disappear, to vanish. **3** (*fig.*) (*rovinarsi*) to be ruined, to ruin oneself. **4** (*svanire: rif. a suoni*) to fade (away), to die (away). □ *~ un'***abitudine** to get out of a habit; *perdersi in* **chiacchiere** to waste one's time in talk; *perdersi di* **coraggio** to lose heart; *perdersi in* **dettagli** to get lost in detail; **far** *~ la voglia di fare qc. a qd.* to cure s.o. of doing s.th.; **lasciar** *~* to forget about s.th.; *lascia ~!* forget it!, never mind!; *~ un'***occasione** to miss an opportunity; (*Sport*) *~ ai* **punti** to lose on points; *~* **sangue** to lose blood, to bleed; **saper** *~* to be a good loser.

perdifiato: *a ~* (*rif. alla corsa*) at breakneck speed; (*rif. alla voce*) at the top of one's voice.

perdigiorno *m./f.* idler, loafer.

perdita *f.* **1** loss. **2** (*di fluidi o gas*) leak(age). **3** (*Med.*) discharge, flow. □ (*Comm.*) **conto** *profitti e perdite* profit and loss account; (*Comm.*) **lavorare** *in ~* to work at a loss; *a ~ d'***occhio** as far as the eye can see.

perditempo I *s.m.* waste of time. **II** *s.m./f.* time-waster.

perdizione *f.* **1** (*rovina*) ruin. **2** (*fig*) damnation, perdition. □ *luogo di ~* place of ill fame.

perdonare I *v.t.* **1** to forgive*, to pardon. **2** (*scusare*) to excuse, to pardon. **3** (*risparmiare*) to spare: *la morte non perdona nessuno* death spares nobody. **II** *v.i.* to forgive*, to pardon. □ *che non perdona* unforgiving, pitiless; (*rif. a malattia*) incurable.

perdono *m.* **1** forgiveness, pardon. **2** (*Rel.*) (*indulgenza*) indulgence. **3** (*scusa*) pardon.

perdurare *v.i.* **1** to continue, to last, to go* on. **2** (*perseverare*) to persist, to persevere.

perdutamente *avv.* hopelessly, desperately.

perduto *a.* **1** (*smarrito*) lost. **2** (*fig.*) (*dissoluto*) fallen, lost. **3** (*estinto, non più esistente*) extinct, lost. □ **andare** *~* to get lost; (*fig.*) **essere** (o **sentirsi**) *~* to give up hope.

peregrinare *v.i.* (*lett.*) to wander, to roam.

peregrinazione *f.* (*lett.*) peregrination; wanderings, roamings.

perenne *a.* **1** perpetual, everlasting, eternal, perennial: *nevi perenni* perpetual snows. **2** (*continuo*) continuous, endless. **3** (*Bot.*) perennial.

perentorio *a.* peremptory; sharp: *un tono di voce* ~ a peremptory tone of voice.
perequazione *f.* equalization; equality: ~ *dei salari* equalization of wages; ~ *fiscale* equality of taxation.
peretta *f.* **1** (*per clisteri*) rubber syringe. **2** (*clistere*) enema.
perfettamente *avv.* **1** perfectly. **2** (*assolutamente*) quite, completely, perfectly.
perfetto **I** *a.* perfect; (*assoluto*) thorough, downright. **II** *s.m.* (*Gramm.*) perfect (tense).
perfezionamento *m.* **1** perfection, perfecting. **2** (*miglioramento*) improvement. **3** (*specializzazione*) specialization.
perfezionare *v.t.* **1** to (make*) perfect. **2** (*migliorare*) to improve: ~ *un metodo* to improve a method. **perfezionarsi** *v.i.pron.* **1** to improve. **2** (*rif. all'istruzione*) to specialize (*in* in).
perfezione *f.* perfection. ▭ *a* (o *alla*) ~ perfectly, to perfection.
perfezionismo *m.* perfectionism.
perfezionista *m./f.* perfectionist.
perfidia *f.* (*lett.*) perfidy, malice, wickedness.
perfido *a.* **1** (*lett.*) perfidious; malicious, wicked. **2** (*fam.*) (*pessimo*) horrible, ghastly.
perfino *avv.* even.
perforare *v.t.* **1** to pierce, to perforate; (*trivellare*) to bore, to drill; (*punzonare*) to punch. **2** (*rif. a proiettile*) to pierce.
perforatrice *f.* (*Mecc.*) drill; (*per carta e sim.*) card punch.
perforazione *f.* **1** perforation (*anche Med.*). **2** (*trivellazione*) drilling, boring. **3** (*rif. a schede e sim.: atto*) punching, perforation.
pergamena *f.* parchment. ▭ *carta* ~ parchement paper.
pergola *f.*, **pergolato** *m.* pergola, arbour, bower.
pericardio *m.* (*Med.*) pericardium.
pericolante *a.* **1** unsafe, likely to fall: *trave* ~ unsafe beam. **2** (*fig.*) precarious, shaky.
pericolo *m.* **1** danger, risk, hazard, peril: *esporsi al* ~ to brave danger. **2** (*fam.*) (*probabilità*) fear, danger: *non c'è* ~ there's no fear (of that). ▭ **col** ~ *di* at the risk (*o* hazard) of; **correre** ~ to run a risk; **mettere** *qd. in* ~ to endanger s.o.; ~ **pubblico** public enemy; ~ *di* **vita** danger of death.
pericolosità *f.* danger, dangerousness.
pericoloso *a.* dangerous, risky, unsafe.
periferia *f.* suburbs *pl.*, outskirts *pl.*
periferico *a.* **1** suburban, on the outskirts: *zona periferica* suburban area. **2** (*ai margini*) peripheral, peripheric.
perifrasi *f.* periphrasis, circumlocution.
perimetrale *a.* extern, outer: *mura perimetrali* external walls.
perimetro *m.* **1** (*Geom., Med.*) perimeter. **2** boundary, circumference.
periodare *v.i.* to make* (*o* form) sentences.
periodicità *f.* periodic incidence, recurrence.
periodico **I** *a.* periodic(al), recurrent, recurring. **II** *s.m.* (*Giorn.*) periodical, magazine.
periodo *m.* **1** period. **2** (*estens.*) age; time. **3** (*Gramm.*) period, sentence.
peripezia *f.* vicissitudes *pl.*, ups and downs *pl.*
periplo *m.* circumnavigation, periplus.
perire *v.i.* to die, to perish (*anche fig.*).
periscopio *m.* (*Ott.*) periscope.
perito **I** *a.* (*lett.*) expert, skilled, skilful. **II** *s.m.* expert.
peritoneo *m.* (*Anat.*) peritoneum.
peritonite *f.* (*Med.*) peritonitis.
perizia *f.* **1** skill, skilfulness, ability. **2** (*stima*) survey; expertise; (*parere*) expert opinion (*o* judgement); (*relazione scritta*) (expert's) report. ▭ ~ *dei* **danni** damage appraisal (*o* survey); ~ **giudiziale** expert evidence.
perizoma *m.* loin cloth.
perla *f.* pearl. ▭ *perle* **coltivate** culture(d) pearls; *perle* **false** imitation pearls; **filo** *di perle* string of pearls; **pescatore** *di perle* pearl diver.
perlaceo *a.* pearly, pearl-coloured.
perlina *f.* **1** seed-pearl. **2** *pl.* glass beads *pl.*
perlomeno *avv.* at least.
perlustrare *v.t.* (*Mil.*) to patrol, to reconnoitre.
perlustrazione *f.* patrol(ling); *mandare qd. in* ~ to send s.o. on patrol; (*Mil.*) to go on a reconnaissance.
permalosità *f.* touchiness.
permaloso *a.* touchy, (*fam.*) huffy.
permanente **I** *a.* permanent, standing: *esercito* ~ standing army. **II** *s.f.* permanent (wave), (*fam.*) perm: *farsi la* ~ to have a perm (*o* one's hair permed).
permanenza *f.* **1** permanence, permanency. **2** (*soggiorno*) stay, sojourn.
permanere *v.i.* to persist; (*continuare*) to remain.
permeabile *a.* permeable.
permeabilità *f.* permeability.
permeare *v.t.* to permeate.
permesso *m.* **1** permission, leave; (*concr.*) permit, licence: *rilasciare un* ~ to grant a permit. **2** (*Mil., burocr.*) (*licenza, congedo*) leave (of absence); (*foglio*) pass. ▭ *essere* **in** ~ to be on leave; ~ *di* **soggiorno** residence permit. ‖ ~ (*posso entrare?*) may I come in?; (*passando avanti*) excuse me (please).
permettere *v.t.* **1** to allow, to let*, to permit: ~ *a qd. di fare qc.* to let s.o. do s.th., to allow (*o* permit) s.o. to do s.th. **2** (*dare la possibilità*) to enable, to make* possible, to allow. **permettersi** *v.r. apparente* **1** to allow o.s.; (*rif. a spese e sim.*) to afford: *non posso permettermi l'automobile* I can't afford a car. **2** (*prendersi la libertà*) to dare*: *come si permette!* how dare you! ▭ *permette una parola?* may I put in a word?; *è permesso?* may I come in?
permissivismo *m.* (*neol.*) permissiveness.
permissivo *a.* permissive: *la società permissiva* the permissive society.

permutare *v.t.* **1** to barter, to exchange. **2** (*Mat.*) to permute.
permutazione *f.* **1** exchange, barter(ing). **2** (*Mat.*) permutation.
pernacchia *f.* (*volg.*) raspberry.
pernice *f.* (*Zool.*) (common grey) partridge. □ *occhio di* ~ (*callosità*) soft corn.
pernicioso *a.* pernicious (*anche Med.*).
perno *m.* **1** pivot. **2** (*fig.*) pivot, hinge.
pernottamento *m.* overnight stay.
pernottare *v.i.* to stay overnight, to spend* the night.
pero *m.* (*Bot.*) pear(-tree); (*legno*) pear wood.
però *congz.* but; (*tuttavia*) however, nevertheless, yet.
perone *m.* (*Anat.*) fibula.
peronospera *f.* mildew.
perorare **I** *v.t.* (*lett.*) to plead. **II** *v.i.* to speak*: ~ *in difesa di qd.* to speak in s.o.'s defence.
perorazione *f.* **1** pleading, defence. **2** (*Retorica*) peroration.
perpendicolare *a./s.f.* (*Geom.*) perpendicular.
perpendicolo *m.* perpendicular. □ *a* ~ perpendicularly.
perpetrare *v.t.* (*lett.*) to perpetrate, to commit.
perpetua *f.* priest's housekeeper.
perpetuare *v.t.* to perpetuate. **perpetuarsi** *v.i. pron.* to be(come*) eternal, to be perpetuated.
perpetuità *f.* perpetuity.
perpetuo *a.* **1** perpetual, everlasting. **2** (*che dura tutta la vita*) life-, permanent, perpetual: *carcere* ~ life inprisonment. **3** (*Fis.*) perpetual, endless: *moto* ~ perpetual motion.
perplessità *f.* perplexity, puzzlement.
perplesso *a.* perplexed, puzzled. □ *lasciare* ~ to puzzle, to perplex.
perquisire *v.t.* to search.
perquisizione *f.* search (by warrant).
persecutore *s.m.* persecutor.
persecuzione *f.* persecution (*anche fig.*).
perseguibile *a.* (*Dir.*) prosecutable; indictable.
perseguire *v.t.* **1** to pursue, to follow: ~ *uno scopo* to pursue an aim. **2** (*Dir.*) to prosecute.
perseguitare *v.t.* to persecute (*anche fig.*).
perseguitato *m.* victim of persecution.
perseverante *a.* persevering.
perseveranza *f.* perseverance.
perseverare *v.i.* to persevere, to persist.
persiana *f.* shutter, blind: ~ *avvolgibile* Venetian blind; ~ *scorrevole* sliding shutter.
persiano *a./s.m.* Persian. □ (**agnellino**) ~ Persian lamb; (**gatto**) ~ Persian (cat); **tappeto** ~ Persian carpet (*o* rug).
persico *m.* (*Zool.*): *pesce* ~ perch.
persino → **perfino**.
persistente *a.* persistent (*anche Bot.*).
persistenza *f.* persistence.
persistere *v.i.* to persist.
perso *a.* lost; (*sprecato*) wasted. □ *è* **tempo** ~ it's a waste of time; *a* **tempo** ~ in one's leisure (*o* spare) time.
persona *f.* **1** person (*pl.* people, persons). **2** (*corpo*) body, person; (*figura*) figure; (*aspetto*) appearance. **3** (*qualcuno: in frasi affermative*) someone, somebody: *c'è una* ~ *che ti cerca* somebody wants you. **4** (*in frasi negative e interrogative*) anyone; (*in frasi negative con il verbo in forma affermativa*) no one, nobody. **5** (*Gramm., Filos., Dir*) person. □ ~ *a* **carico** dependent: **di** ~ in person, personally: *è venuto di* ~ he came in person; (*Dir.*) ~ **fisica** legal person; legal entity; **in** ~ (*personalmente*) in person, personally; (*personificato*) personified, itself: *essere la saggezza in* ~ to be wisdom personified (*o* itself); *è lui* **in** ~*!* it's him!, it's the very man!; *due* **per** ~ two a head, two each (*o* apiece).
personaggio *m.* **1** personage, (*fam.*) bigwig, (*fam.*) V.I.P. **2** (*Lett.*) character.
personal *m.* (*fam.*) personal computer.
personale **I** *a.* personal. **II** *s.m.* **1** (*figura*) figure: *ha un* ~ *fantastico* she's got a fabulous figure. **2** (*dipendenti*) staff, personnel (costr. pl.); (*maestranze*) workers *pl.*, hands *pl.*: ~ *qualificato* skilled workers. **III** *s.f.* (*mostra personale*) one-man show. □ ~ **direttivo** executive personnel; ~ *di* **servizio** domestic servants *pl.*; (*Ferr.*) **viaggiante** train staff.
personalità *f.* **1** personality. **2** (*estens.*) (*personaggio*) personality, (*fam.*) bigwig, (*fam.*) V.I.P. □ (*Dir.*) ~ *giuridica* legal personality.
personalizzare *v.t.* to personalize.
personalmente *avv.* personally.
personificare *v.t.* **1** to personify. **2** (*simboleggiare*) to embody, to represent.
personificazione *f.* personification: embodiment.
perspicace *a.* **1** (*pronto*) keen, sharp, perspicacious. **2** (*rif. ad azione: accorto*) clever, shrewd, sagacious.
perspicacia *f.* keenness, sharpness, perspicacity.
persuadere *v.t.* **1** (*convincere*) to convince, to persuade. **2** (*indurre*) to induce, to make*. **persuadersi** *v.r.* to convince (*o* persuade) o.s., to become* convinced.
persuasione *f.* persuasion; (*convinzione*) conviction.
persuasivo *a.* persuasive, convincing.
persuasore *m.* persuader. □ *i persuasori occulti* the hidden persuaders.
pertanto *congz.* therefore.
pertica *f.* **1** pole, rod, perch. **2** (*fam.*) (*persona alta e magra*) bean-pole. **3** (*Ginn.*) (climbing) pole.
pertinacia *f.* tenaciousness.
pertinente *a.* pertinent, pertaining, relevant (to). □ **domanda** ~ relevant question; **non** ~ irrelevant.
pertinenza *f.* **1** (*attinenza*) pertinence, rel-

evance. **2** (*spettanza*) competency. □ (*burocr.*) *essere di* ~ *di qd.* to fall within s.o.'s competence.
pertosse *f.* (*Med.*) whooping-cough.
perturbare *v.t.* to upset*, to disturb, to perturb. **perturbarsi** *v.i.pron.* **1** to become* (*o* get*) upset. **2** (*rif. al tempo*) to grow* stormy, to get* unsettled.
perturbatore *s.m.* upsetter, disturber.
perturbazione *f.* (*Meteor.*) disturbance.
Perù *N.pr.m.* (*Geog.*) Peru.
peruviano *a./s.m.* Peruvian.
pervadere *v.t.* (*lett.*) to pervade (*anche fig.*).
pervenire *v.i.* to arrive (*a* at), to reach (s.th.), to come* (to). □ *fare* ~ *qc.* to have s.th. sent (o delivered).
perversione *f.* perversion.
perversità *f.* wickedness; perversity.
perverso *a.* **1** (*malvagio*) wicked. **2** (*depravato*) perverse.
pervertimento *m.* (*perversione*) perversion.
pervertire *v.t.* to pervert.
pervertito I *a.* perverted. **II** *s.m.* pervert.
pervinca *f.* (*Bot.*) periwinkle.
pesa *f.* **1** (*pesatura*) weighing. **2** (*basculla*) weigh-bridge, weighing-machine.
pesante *a.* **1** heavy, weighty. **2** (*goffo*) heavy, clumsy: *passo* ~ clumsy gait. **3** (*faticoso*) tiring, wearing. **4** (*noioso*) dull, boring, bore: *la tua amica è proprio* ~ your friend is just a bore. **5** (*duro, forte*) rough, hard: *gioco* ~ rough game; *droga* ~ hard drug (*o* stuff). **6** (*rif. a scherzi e sim.: volgare*) coarse, vulgar. **7** (*rif. a indumenti*) warm, thick.
pesantezza *f.* heaviness; weight.
pesare I *v.t.* to weigh. **II** *v.i* **1** to weigh; (*essere pesante*) to be heavy. **2** (*fig.*) (*avere importanza*) to count, to be of weight, to matter. **3** (*fig.*) (*opprimere*) to be a burden, to lie* heavy. **4** (*fig.*) (*riuscire molesto*) to find* it hard (costr. pers.): *mi pesa far da mangiare tutti i giorni* I find it very hard to cook everyday. **pesarsi** *v.r.* to weigh o.s.
pesata *f.* **1** weighing. **2** (*quantità*) weight.
pesca[1] *f.* (*Bot.*) peach.
pesca[2] *f.* **1** fishing, fishery. **2** (*quantità pescata*) catch, haul. **3** (*fig.*) (*lotteria*) draw; (*estraendo oggetti*) lucky dip. □ **andare** *a* ~ *di* to go fishing for; ~ *di* **beneficenza** charity draw; ~ *con la* **canna** angling; **da** ~ fishing-: *barca da* ~ fishing-boat; **divieto** *di* ~ No Fishing; ~ **subacquea** underwater fishing.
pescaggio *m.* (*Mar.*) draught, draft.
pescanoce *f.* (*Bot.*) nectarine.
pescare I *v.t.* **1** to fish for: ~ *trote* to fish for trout; (*con l'amo*) to angle for. **2** (*recuperare dall'acqua*) to fish out, to draw* out. **3** (*prendere su a caso*) to pick out (*o* on). **4** (*fam.*) (*trovare*) to find*, to get* (hold of). **II** *v.i.* (*Mar.*) to draw*.
pescatore *m.* fisherman (*pl.* –men), fisher; (*con l'amo*) angler.
pesce *m.* (*Zool.*) fish. □ (*fig.*) *essere come un* ~ *fuor d'***acqua** to be like a fish out of water; ~ **affumicato** smoked fish; ~ *d'acqua* **dolce** freshwater fish; ~ **gatto** catfish; ~ *di* **mare** saltwater fish; ~ **rosso** goldfish; **sano** *come un* ~ as fit as a fiddle; *non* **sapere** *che pesci prendere* not to know which way to turn; ~ **spada** sword fish.
pescecane *m.* (*Zool.*) shark (*anche fig.*).
peschereccio *m.* (*Mar.*) fishing-boat, (fishing-)smack.
pescheria *f.* fishmonger's (shop), fish-shop; (*mercato*) fish-market.
Pesci *m.pl.* (*Astr.*) Pisces *pl.* (costr. sing.).
pesciaiola *f.* fish-kettle.
pescivendolo *m.* fishmonger.
pesco *m.* (*Bot.*) peach(-tree).
pescoso *a.* abounding in fish.
pesista *m.* (*Sport*) weight-lifter.
peso *m.* **1** weight (*anche Fis.*). **2** (*concr.*) weight, load; (*oggetto di metallo per pesare*) weight. **3** (*fig.*) (*onere, carico*) weight, burden, load: *essere di* ~ *a qd.* to be a burden to s.o. **4** (*fig.*) (*importanza*) importance, consequence. □ **a** ~ by weight: *comperare a* ~ to buy by weight; **assenza** *di* ~ weightlessness; (*fig.*) **aver** ~ to carry weight, to be important; **del** ~ *di* weighing; *alzare qd.* **di** ~ to lift s.o. up bodily; (*Sport*) **lancio** *del* ~ putting the shot; ~ **lordo** gross weight; (*Sport*) ~ **massimo** heavy-weight; (*Sport*) ~ **mediomassimo** light heavy-weight; ~ **morto** dead-weight (*anche fig.*); (*Sport*) ~ **mosca** flyweight; ~ **netto** net weight; (*fig.*) *a* ~ *d'***oro** at a very high price; **passare** *il* ~ to be overweight; (*Sport*) ~ **piuma** feather-weight; **rubare** *sul* ~ to give short weight, to cheat on weight.
pessimismo *m.* pessimism.
pessimista *m./f.* pessimist.
pessimistico *a.* pessimistic.
pessimo *a. sup. di* **cattivo** very bad (*o* evil, wicked). □ *è un* ~ *pianista* he's a hopeless pianist.
pesta *f.* (general. al pl.) **1** (*orma*) footprint, footstep. **2** *pl.* (*rif. ad animali*) tracks *pl.*, traces *pl.* □ (*fig.*) **essere** *nelle peste* to be up the creek; **lasciare** *qd. nelle peste* to leave s.o. in the lurch.
pestaggio *m.* beating (up).
pestare *v.t.* **1** to pound, to crush: ~ *l'aglio* to crush garlic. **2** (*calpestare*) to tread* on. **3** (*fam.*) (*picchiare*) to give* a hiding to, to beat* (up). □ (*fig.*) ~ *i piedi a qd.* to step on s.o.'s toes.
peste *f.* **1** (*Med.*) plague, pestilence. **2** (*fig.*) (*cosa dannosa*) curse; (*persona noiosa*) pest. □ *dire* ~ *e corna di qd.* to tear s.o. to shreds.
pestello *m.* pestle.
pesticida *m.* pesticide.
pestifero *a.* pestiferous, pestilential (*anche fig.*).
pestilenza *f.* plague, pestilence.
pestilenziale *a.* **1** pestilential. **2** (*fig.*) (*fetido*) stinking.

pesto **I** *a.* (*pestato*) crushed, pounded. **II** *s.m.* (*poltiglia*) pulp. ☐ **buio** ~ pitch-darkness; **occhio** ~ black eye.
petalo *m.* (*Bot.*) petal.
petardo *m.* firecracker.
petizione *f.* petition.
peto *m.* (*volg.*) fart.
petrodollari *m.pl.* petrodollars *pl.*
petrolchimica *f.* petrochemistry.
petrolchimico *a.* petrochemical.
petroliera *f.* (*Mar.*) (oil-)tanker.
petrolifero *a.* oil-: *giacimento* ~ oilfield.
petrolio *m.* **1** petroleum, oil. **2** (*per illuminazione*) (*GB*) paraffin; (*USA*) kerosene. ☐ **a** ~ oil-, paraffin-, kerosene-: *fornello a* ~ oil stove; ~ **greggio** (crude) oil, petroleum; **trovare** *il* ~ to strike oil.
pettegolare *v.i.* to gossip, to (tittle-)tattle.
pettegolezzo *m.* gossip, (small) talk, tittle -tattle.
pettegolo **I** *a.* gossipy, given to gossip. **II** *s.m.* gossip.
pettinare *v.t.* **1** to comb. **2** (*acconciare i capelli*) to do* (*o* arrange, dress) the hair of. **3** (*rif. a lana*) to comb, to tease; (*rif. a canapa o lino*) to hackle. **pettinarsi** *v.r.* **1** to comb one's hair. **2** (*acconciarsi i capelli*) to do* (*o* arrange) one's hair, to get* a hairstyle.
pettinata *f.* combing, comb.
pettinato *m.* (*rif. a tessuto*) worsted.
pettinatrice *f.* (*parrucchiera*) hairdresser.
pettinatura *f.* **1** combing. **2** (*acconciatura*) hairstyle, (*fam.*) hair-do. **3** (*rif. a lana*) combing, teasing; (*rif. a canapa o lino*) hackling.
pettine *m.* **1** comb. **2** (*Zool.*) scallop.
pettirosso *m.* (*Zool.*) robin.
petto *m.* **1** chest, (*poet.*) breast; (*seno*) breast, bosom. **2** (*fig.*) (*animo*) breast, heart, bosom. **3** (*Gastr.*) breast; (*rif. a carne bovina*) brisket. ☐ *fino* **al** ~ chest-high (*o* breast-high); *voce* **di** ~ chest voice; (*Sartoria*) *a* **doppio** ~ double-breasted; **malato** *di* ~ consumptive; *a* ~ **nudo** barebreast(ed); **prendere** *di* ~ *qc.* (o *qd.*) to meet (*o* tackle) head-on s.th. (*o* s.o.).
pettorale **I** *a.* pectoral. **II** *s.m.* (*finimento*) breast-strap. ☐ *croce* ~ pectoral (cross).
pettorina *f.* (*Sartoria*) bib.
pettoruto *a.* **1** broad-chested. **2** (*fig.*) (*tronfio*) puffed up, strutting.
petulante *a.* **1** impertinent, brash, (*fam.*) cheeky. **2** (*irritante*) tiresome, irritating.
petulanza *f.* impertinence, (*fam.*) cheek.
petunia *f.* (*Bot.*) petunia.
pezza *f.* **1** rag, cloth: *bambola di* ~ rag-doll. **2** (*toppa*) patch. **3** (*striscia di tessuto*) piece (*o* roll) of cloth, bolt. ☐ (*burocr.*) ~ *d'***appoggio** voucher; **mettere** *una* ~ *a qc.* to patch s.th. up; (*fig.*) **trattare** *qd. come una* ~ *da piedi* to treat s.o. like a doormat.
pezzato *a.* spotted, dappled: *un cavallo* ~ a dappled horse.
pezzatura *f.* patches *pl.*, dappling.
pezzente *m./f.* beggar, ragamuffin.
pezzo *m.* **1** piece, bit. **2** (*componente, elemento*) piece, part, unit. **3** (*oggetto*) piece: *un* ~ *raro* a rare piece. **4** (*fig.*) (*brano*) passage; (*Mus.*) piece. **5** (*Mil.*) piece, gun. **6** (*Giorn.*) article. **7** (*fig.*) (*periodo di tempo*) (quite a) while, some time. ☐ **a** (o *in*) *pezzi* in (*o* to) pieces, to bits: *cascare a pezzi* to fall to pieces; ~ *d'***antiquariato** antique; ~ *d'***asino***!* jackass!; **due** *pezzi* (*vestito*) two -piece (suit); (*costume da bagno*) two-piece swimming costume; **fare** *in* (o *a*) *pezzi* to break (*o* pull, tear) to pieces; (*fig.*) ~ **forte** (*cavallo di battaglia*) pièce de résistance, show-piece; (*fig.*) ~ **grosso** bigwig, big-shot; ~ *di* **ricambio** spare part; (*fig.*) **tutto** *d'un* ~ (*onesto*) upright, of (sterling) character; *un* ~ *d'***uomo** a fine figure of a man.
piacente *a.* attractive, charming.
piacere[1] *v.i.* to like (s.o., s.th.) (costr. pers.), (*essere appassionato*) to be fond of (s.o., s.th.) (costr. pers); to care for (s.o., s.th.), to please: *ti piace viaggiare?* do you like travelling?; *mi piace molto la musica* I am fond of music; *non mi piacciono i frutti di mare* I don't care for seafood; *era ansiosa di* ~ she was anxious to please; *il suo nuovo romanzo è piaciuto molto alla critica* the critics liked his new novel very much (*o* his new novel was very well received by the critics); *faccio come mi pare e piace* I do as I please. ☐ *una ragazza* **che** *piace molto*: 1 (*se gradevole*) a very likeable girl; 2 (*se bella*) a very attractive girl; **così** *mi piace* (*sono soddisfatto*) that's how I like it, that's is; *mi piace di* **più** I like (it) better, I prefer: *quale di questi due libri ti piace di più?* which one between these two books do you like better? ‖ *piaccia o non piaccia* whether one likes it or not: *devi lavorare di più ti piaccia o non ti piaccia* you must work harder whether you like it or not.
piacere[2] *m.* **1** pleasure: *dedito al* ~ pleasure -loving. **2** (*divertimento*) pleasure, treat. **3** (*favore*) favour, kindness: *fare un* ~ *a qd.* to do s.o. a favour. **4** (*nelle presentazioni*) how do you do?, pleased to meet you: ~ *di fare la sua conoscenza* pleased to meet you. ☐ **a** ~ as much as one likes, at will: *pane a* ~ as much bread as you like; *fare qc.* **con** ~ to like doing s.th.; (*volentieri*) to be glad (*o* happy) to do s.th.; **di** ~ pleasure-: *viaggio di* ~ pleasure trip; *se ti* **fa** ~ if you like; *ma* **fammi** *il* ~*!* come off it!; **fare** ~ *a qd.* to be pleased (costr. pers.); *mi* **farebbe** ~ I'd be pleased; **per** ~ please; *te lo chiedo* **per** ~ I am asking you as a favour; *fammi il* **santo** ~ *di smetterla* (just) do me the favour of stopping that; **tanto** ~*!* (I'm) very pleased to meet you. ‖ *mangia che è un* ~ it's a treat to watch him eating; *il* ~ *è* (*tutto*) *mio* the pleasure is (all) mine.
piacevole *a.* pleasant, agreeable, nice.
piacevolezza *f.* **1** pleasantness, charm, agree-

ableness. **2** (*spiritosaggine*) pleasantry, joke.
piacimento *m.* liking, pleasure. □ *a* ~ at will, as (much as) one pleases.
piaga *f.* **1** (*Med.*) sore. **2** (*fig.*) (*flagello*) scourge, plague, curse; evil: *la* ~ *della droga* the scourge (*o* evil) of drugs. **3** (*scherz.*) (*persona lagnosa*) nuisance, (*fam.*) pain in the neck.
piagare *v.t.* to produce a sore in (*o* on).
piagnisteo *m.* wailing, whining; (*rif. a bambini*) whimpering.
piagnone *m.* (*fam.*) whiner, moaner; (*rif. a bambini*) whiner, cry-baby.
piagnucolare *v.i.* to whimper, to whine.
piagnucolio *m.* whimper(ing).
piagnucolone *m.* (*fam.*) whimperer, whiner, moaner; (*rif. a bambini*) whiner, cry-baby.
piagnucoloso *a.* whimpering, whiny; (*rif. a bambini*) whiny, cry-baby.
pialla *f.* plane.
piallare *v.t.* to plane.
piallatrice *f.* planer, planing-machine.
piana *f.* plain.
pianale *m.* **1** loading platform. **2** (*Ferr.*) (*vagone*) flat wagon, (*am.*) flatcar.
pianeggiante *a.* flat, level: *terreno* ~ level ground.
pianella *f.* (*pantofola*) (heelless) slipper, mule.
pianerottolo *m.* landing.
pianeta[1] *m.* (*Astr.*) planet.
pianeta[2] *f.* (*Lit.*) chasuble.
piangente *a.* weeping. □ (*Bot.*) *salice* ~ weeping willow.
piangere **I** *v.i.* **1** to cry, to weep*: ~ *di gioia* to weep for joy; ~ *di rabbia* to cry with rage. **2** (*lacrimare*) to water. **3** (*fig.*) (*gocciolare*) to drip, to bleed*. **II** *v.t.* **1** to cry, to weep*; to shed*: ~ *lacrime amare* to shed bitter tears. **2** (*dolersi*) to mourn, to lament to bewail. □ *mi piange il* **cuore** it hurts me; ~ **miseria** to cry poverty; (*pop.*) *far* ~ *i* **sassi** to melt a heart of stone; *mi* **viene** *da* ~ it makes me want to cry; (*fig.*) ~ *come un* **vitello** to blubber.
pianificare *v.t.* to plan (*anche Econ.*).
pianificazione *f.* planning (*anche Econ.*). □ ~ *familiare* family planning.
pianista *m./f.* pianist, piano-player.
pianistico *a.* piano-: *concerto* ~ piano concert.
piano[1] **I** *a.* **1** flat, level, even. **2** (*fig.*) (*chiaro*) plain, clear: *in parole piane* in plain words. **3** (*Geom.*) plane. **4** (*Ling.*) paroxytone. **II** *avv.* **1** (*adagio*) slow(ly); (*con cautela*) gently, carefully: *fate* ~ go carefully. **2** (*a voce bassa*) softly. **3** (*Mus.*) piano. □ *pian* ~ very slowly (*o* gently); (*a poco a poco*) little by little.
piano[2] *m.* **1** (*superficie*) plane, level. **2** (*pianura*) plain, flat (*o* level) land. **3** (*fig.*) (*livello*) plane, level. **4** (*Edil.*) floor, stor(e)y. **5** (*Geom.*) plane. □ **autobus** *a due piani* double-decker; **primo** ~ (*nella prospettiva*) foreground; (*Fot.*) close-up; (*Edil.*) first floor, (*am.*) second floor; (*fig.*) *persona di* **primo** ~ prominent (*o* front-ranking) person; (*fig.*) *mettere in* **primo** ~ to emphasize, to give prominence; (*Edil.*) ~ **rialzato** mezzanine, entresol; **secondo** ~ (*Edil.*) second floor, (*am.*) third floor; (*nella prospettiva*) background; ~ **stradale** roadway; ~ *del* **tavolo** table top; (*Edil.*) **ultimo** ~ top floor (*o* storey).
piano[3] *m.* **1** (*progetto*) plan, project, scheme; (*disegno*) plan, design. **2** (*programma*) plan, programme, (*am.*) schedule. □ ~ *di* **battaglia** plan of battle (*o* campaign); (*fig.*) plan of action, strategy; ~ *di* **investimenti** capital budget; ~ *di* **lavoro** operation plan; ~ **regolatore** town (development) plan, town planning scheme; ~ *di* **studi** (*in una università*) syllabus.
piano[4] → **pianoforte**.
pianoforte *m.* (*Mus.*) piano, pianoforte. □ ~ *a* **coda** grand (piano); ~ *a* **mezza** *coda* baby grand piano; ~ **verticale** upright piano.
pianola *f.* (*Mus.*) pianola.
pianoro *m.* upland plain, plateau.
pianoterra *m.* (*Edil.*) ground floor, (*am.*) first floor.
pianta *f.* **1** plant. **2** (*albero*) tree; (*arbusto*) shrub, bush. **3** (*disegno*) plan, design. **4** (*Topografia*) map. □ ~ *d'***appartamento** house plant; ~ *di una* **costruzione** construction plan (*o* drawing); ~ **grassa** succulent (plant); ~ *del* **piede** sole (of the foot); ~ **rampicante** climber, creeper; *di* **sana** ~ (*completamente*) completely, entirely: *inventare una storia di sana* ~ to make up a story; (*burocr.*) *essere in* ~ **stabile** to be on the permanent staff; (*fam.*) to dig o.s. in.
piantagione *f.* (*coltura*) plantation.
piantagrane *m./f.* (*pop.*) troublemaker.
piantana *f.*: *lampada a* ~ standard lamp; (*am.*) floor lamp.
piantare *v.t.* **1** to plant. **2** (*estens.*) (*conficcare*) to drive*, to knock; (*con il martello*) to hammer. **3** (*estens.*) (*collocare*) to plant, to put*, to set*; (*rif. a tende e sim.*) to pitch, to put* up. **4** (*fam.*) (*abbandonare: rif. a persone*) to leave*, to desert. **piantarsi** **I** *v.r.* (*fam.*) to plant o.s., to place o.s.: *si piantò davanti alla finestra* he placed himself in front of the window. **II** *v.r.recipr.* to leave* e.o., to split* up. **III** *v.i.pron.* (*conficcarsi*) to stick*. □ ~ *in* **asso** *qd.* to leave s.o. in the lurch; ~ **baracca** *e burattini* to give up everything; (*fam.*) ~ *una* **grana** to make trouble; (*fig.*) ~ *gli* **occhi** *addosso a qd.* to fix (*o* glue) one s eyes on s.o.; (*fig.*) ~ *le* **tende** to pitch one's tent, to settle down. ‖ (*fam.*) *piantala!* stop it!, (*fam.*) cut it out!
piantato *a.* **1** (*coltivato*) planted: *un terreno* ~ *a banane* a land planted with bananas. **2** (*rif. a persona*) sturdy, well-built: *un giovane ben* ~ a well-built (*o* well-set) young man.
piantatore *m.* planter.

pianterreno *m.* (*Edil.*) ground floor, (*am.*) first floor.

piantina *f.* **1** (*Bot.*) seedling, growing plant. **2** (*Topografia*) small map.

pianto *m.* **1** tears *pl.*; weeping, crying. **2** (*fig.*) (*lacrime*) tears *pl.*: *scoppiare in* ~ to burst into tears.

piantonare *v.t.* to guard, to keep* watch over (*o* on).

piantone *m.* (*Mil.*) sentry, sentinel, guard.

pianura *f.* plain, flat (*o* level) land: (*Geog.*) *la* ~ *padana* the plain of the Po.

piastra *f.* plate, slab. □ (*Gastr.*) *alla* ~ grilled.

piastrella *f.* tile. □ *pavimento a piastrelle* tiled floor.

piastrellare *v.t.* to tile.

piastrina *f.* **1** plate, plaque. **2** (*Mil.*) identification disk (*o* tag). **3** (*Anat.*) blood platelet.

piattaforma *f.* platform (*anche fig.*). □ (*Geol.*) ~ **continentale** continental shelf; ~ *di* **lancio** (*Aer.*) launching platform; (*rif. a missili*) launching pad.

piattello *m.* (*Sport*) clay-pigeon: *tiro al* ~ clay-pigeon shooting.

piattina *f.* **1** (*profilato metallico*) metal strap. **2** (*El.*) flat (eletric) wire.

piattino *m.* (*sottocoppa*) saucer.

piatto[1] *a.* **1** flat. **2** (*fig.*) (*scialbo*) dull, dreary, flat.

piatto[2] *m.* **1** (*recipiente per vivande*) dish. **2** (*quantità*) plate(ful). **3** (*portata*) course: *secondo* ~ second course. **4** (*vivanda*) dish. **5** (*oggetto a forma di piatto*) plate, plaque. **6** (*superficie piatta*) flat: *il* ~ *di una lama* the flat of a blade. **7** (*nei giochi: posta*) stakes *pl.* **8** *pl.* (*Mus.*) cymbals *pl.* □ ~ *della* **bilancia** scale-pan; ~ **fondo** soup-plate; ~ **forte** main course; ~ **freddo** cold dish; ~ *del* **giorno** plat du jour, (*fam.*) special; **lavare** *i piatti* to wash up; ~ **portadischi** (record-player) turntable; ~ *da* **portata** serving dish; ~ **unico** single dish, hotpot.

piazza *f.* **1** square, place; (*piazza rotonda*) circus. **2** (*fig.*) (*plebe*) mob, rabble. **3** (*Comm.*) market. **4** (*Mil.*) stronghold. □ *letto* **a** *due piazze* double bed; (*scherz.*) **andare** *in* ~ (*perdere i capelli*) to go bald; (*Mil.*) ~ *d'***armi** drill-ground, parade ground; ~ **commerciale** market; (*fig.*) **mettere** *qc. in* ~ to make s.th. public; (*fig.*) *far* ~ **pulita** to make a clean sweep.

piazzaforte *f.* (*Mil.*) fortress, stronghold.

piazzale *m.* (large) square.

piazzamento *m.* placing; (*Ippica*) place.

piazzare *v.t.* **1** to place (*anche Econ., Sport*). **2** (*Comm.*) to market, to sell*. **piazzarsi** *v.r.* **1** (*fam.*) (*sistemarsi*) to settle (down). **2** (*Sport*) to be placed.

piazzata *f.* din, scene, row.

piazzato *a.* **1** placed. **2** (*fam.*) (*ben sistemato*) nicely settled, (*fam.*) well-off. □ *ben* ~ (*corpulento*) well-built; (*fig.*) (*con solida posizione*) doing nicely.

piazzista *m./f.* (*Comm.*) commercial traveller, (travelling) salesman (*pl.* –men).

piazzola *f.* **1** (*Strad.*) layby. **2** (*Mil.*) emplacement, platform. □ (*Strad.*) ~ *d'emergenza* hard shoulder.

picaresco *a.* (*Lett.*) picaresque.

picca[1] *f.* **1** (*Mil.*) (*arma*) pike; (*soldato*) pikeman (*pl.* –men). **2** *pl.* (*seme di carte*) spades *pl.* □ (*fig.*) **contare** *quanto il fante di picche* to count for little or nothing; **rispondere** *picche a qd.* to turn s.o. down flatly.

picca[2] *f.* (*puntiglio*) pique, spite: *per* ~ out of spite.

piccante *a.* **1** spicy, hot, piquant: *salsa* ~ piquant sauce. **2** (*fig.*) (*licenzioso*) spicy, risqué.

picchè *m.* (*tessuto*) piqué.

picchettamento *m.* picketing.

picchettare *v.t.* **1** to stake out (*o* off), to picket. **2** (*sorvegliare*) to picket.

picchetto *m.* **1** (*paletto*) stake, peg, picket. **2** (*Mil.*) picket. **3** (*gruppo di scioperanti*) picket. □ (*Mil.*) **di** ~ on picket duty; ~ *d'***onore** guard of honour.

picchiare **I** *v.t.* **1** (*battere*) to hit*, to strike*; (*battere forte*) to bang, to thump. **2** (*bastonare*) to thrash, to beat* (up), to give* a thrashing to. **3** (*bussare*) to knock on (*o* at), to give* a knock on. **II** *v.i.* **1** (*bussare*) to knock; (*battere leggermente*) to tap. **2** (*colpire*) to beat*, to hit*, to strike*: *la pioggia picchia sulle finestre* the rain is beating on the windows. **picchiarsi** *v.r.recipr.* to hit* e.o., to fight*. □ (*Mot.*) ~ *in testa* to pink.

picchiata *f.* **1** knock(ing), blow. **2** (*busse*) beating, thrashing. **3** (*Aer.*) nose-dive.

picchiatello **I** *a.* (*stravagante*) pixilated, hutty, screwy. **II** *s.m.* crackpot, loony.

picchiatore *m.* **1** beater. **2** (*nel pugilato*) hard hitter; (*nel cricket*) slogger.

picchiettare *v.t.* **1** to pat, to tap, to drum. **2** (*punteggiare*) to fleck, to spot, to dot.

picchiettio *m.* pattering, tapping, drumming.

picchio *m.* (*Zool.*) woodpecker.

piccineria *f.* **1** pettiness, small-mindedness, meanness. **2** (*azione*) petty action.

piccino **I** *a.* **1** (*vezz.*) (*piccolo*) little, (very) small, teeny-weeny. **2** (*rif. a statura*) tiny, (very) little. **3** (*fig., spreg.*) (*gretto*) petty, small-minded, mean. **II** *s.m.* little boy, (small) child (*pl.* children); (*fam.*) kid(dy). □ (*fig.*) *farsi* ~ to cower.

picciolo *m.* (*Bot.*) petiole; stalk. □ ~ *della foglia* leafstalk.

piccionaia *f.* **1** dovecot. **2** (*soffitta*) loft. **3** (*Teat., scherz.*) (*loggione*) gallery, (*fam.*) gods *pl.*

piccione *m.* (*Zool.*) **1** pigeon; dove. **2** (*colombo domestico*) domestic pigeon. □ (*fig.*) **prendere** *due piccioni con una fava* to kill two birds with one stone; **tiro** *al* ~ trapshooting; ~ **viaggiatore** carrier pigeon.

picco *m.* peak, pinnacle, summit. □ **a** ~ sheer, straight up (*o* down): *a* ~ *sul mare* sheer above the sea; (*Mar.*) **colare** *a* ~ to sink.

piccolezza *f.* **1** smallness, littleness. **2** (*inezia*) trifle, mere nothing. **3** (*spreg.*) (*piccineria*) pettiness, meanness.

piccolo I *a.* **1** small, little. **2** (*basso*) low. **3** (*giovane*) young, small: *figli piccoli* young children. **4** (*breve*) short: *una piccola pausa* a short break. **5** (*debole*) faint, slight: *un* ~ *rumore* a slight noise. **6** (*poco importante*) trifling, minor, slight; (*modesto*) small, small-scale. **II** *s.m.* **1** child (*pl.* children). **2** (*rif. ad animali*) offspring; (*collett.*) the young. □ **da** ~ as a child; **fin** *da* ~ since childhood; **nel** *mio* ~ in my own small way.

piccone *m.* (pick)axe; mattock.

piccozza *f.* (pick)axe.

pidocchio *m.* **1** (*Zool.*) common louse (*pl.* lice). **2** (*spilorcio*) niggard.

pidocchioso *a.* **1** lousy. **2** (*fig.*) niggardly; stingy.

piè *m.* (*poet.*) foot (*pl.* feet). □ **nota** *a* ~ *di pagina* footnote; **saltare** *a* ~ *pari* to take a standing jump; (*fig.*) to skip; *ad ogni* ~ **sospinto** at every step.

piede *m.* **1** foot (*pl.* feet) (*anche Metrica*). **2** (*unità di misura*) foot → **Appendice**. □ **a** *piedi* on foot; *andare* **a** *piedi* to walk; **ai** *piedi del colle* at the foot of the hill; **cadere** *in piedi* to fall on one's feet (*anche fig.*); *da* **capo** *a piedi* from head to foot (*o* toe); (*fig.*) *fare qc.* **con** *i piedi* to do s.th. in a slipshod way; *lavoro fatto* **con** *i piedi* slipshod work, botch; *su* **due** *piedi* at once, immediately; *mettere un* ~ *in* **fallo** to take a false step; *essere sempre* **fra** *i piedi di qd.* to be always in s.o's way; *essere sul* ~ *di* **guerra** to be on a war footing; *essere* (o *stare*) **in** *piedi* to stand, to be standing (*o* on one's feet); (*essere alzato*) to be up; (*Dir.*) *a* ~ **libero** on bail; **metter** ~ *in* to set foot in; *a piedi* **nudi** bare-foot; *piedi* **piatti** (*Med.*) flat feet; (*gerg.*) (*poliziotto*) flatfoot; (*fig.*) *andare con i piedi di* **piombo** to watch one's step; ~ *di* **porco** crowbar, jemmy; **prender** ~ to take root; *in* **punta** *di piedi* on tiptoe; *non* **reggersi** (o *stare*) *in piedi* to be unable to stay on one's feet; (*fig.*) to be unconvincing, not to stand up; (*fam.*) **togliti** *dai piedi!* get out of the way.

piedistallo *m.* pedestal (*anche fig.*).

piega *f.* **1** fold, pleat. **2** (*ruga, grinza*) wrinkle, crease. **3** (*fig.*) (*andamento*) turn, course: *prendere una brutta* ~ to take a turn for the worse. **4** (*Geol.*) fold. □ *non* **fare** *una* ~ to fit perfectly; **gonna** *a pieghe* pleated skirt; **messa** *in* ~ (hair-)set; ~ *dei* **pantaloni** trouser crease.

piegamento *m.* **1** fold(ing). **2** (*Ginn.*) bend(ing).

piegare I *v.t.* **1** to fold (up). **2** (*curvare*) to bend*, to bow: ~ *il capo* to bow the head. **3** (*fig.*) (*sottomettere*) to subdue, to bend*. **II** *v.i.* (*voltare*) to turn, to bend*. **piegarsi** *v.r./i.pron.* **1** to bend*: *piegarsi sulle ginocchia* to bend on one's knees. **2** (*imbarcarsi*) to warp. **3** (*fig.*) (*cedere*) to yield, to submit, to give* in. □ ~ *in due* to fold (*o* bend) in two.

piegatura *f.* **1** folding. **2** (*piega*) fold.

pieghettare *v.t.* to pleat.

pieghettatura *f.* (*Sartoria*) pleating.

pieghevole I *a.* pliant, pliable, flexible; (*rif. a mobili e sim.*) folding: *ombrello* ~ folding umbrella. **II** *s.m.* folder.

piena *f.* **1** flood, spate: *essere in* ~ to be in flood. **2** (*fig.*) (*affollamento*) crowd, throng.

pienezza *f.* **1** fullness. **2** (*fig*) height, peak, fullness.

pieno I *a.* **1** full (*di* of), filled (with): *sono* ~ *di ammirazione per il tuo coraggio* I am filled with admiration for your bravery. **2** (*fam.*) (*sazio, rimpinzato*) full (up). **3** (*massiccio, solido*) solid: *mattone* ~ solid brick. **4** (*paffuto*) full, chubby, plump, rounded. **5** (*massimo*) complete, total, full: ~ *accordo* full agreement; *pieni poteri* full powers. **II** *s.m.* **1** fullness. **2** (*colmo*) height, peak: *nel* ~ *dell'estate* in the height of summer. **3** (*carico completo*) full load (*o* amount). □ (*fig.*) **cogliere** *in* ~ to hit the mark; **fare** *il* ~ *di benzina* to fill up with petrol; *in* ~ **giorno** in broad daylight; *nel* ~ *dell'***inverno** in the depths (*o* middle) of winter; *a piene* **mani** abundantly; *in piena* **notte** at dead (*o* thick) of night; ~ **raso** full to the brim; *in piena* **regola** in perfect order; ~ **zeppo** full to overflowing.

pienone *m.* **1** large crowd, throng. **2** (*Teat.*) full house.

pienotto *a.* (*grassoccio*) plump, rather full.

pietà *f.* **1** pity, compassion; (*misericordia*) mercy. **2** (*devozione*) piety, devotion. **3** (*Arte*) Pietà. □ **avere** ~ *di qd.* (*compatirlo*) to pity (*o* be sorry for) s.o.; (*averne misericordia*) to have mercy on s.o.; **per** ~*!* for pity's sake!; **pratiche** *di* ~ devotions; **senza** ~ pitiless(ly), merciless(ly).

pietanza *f.* dish, (main) course.

pietoso *a.* **1** (*che sente pietà*) compassionate, pitiful; (*misericordioso*) merciful. **2** (*che desta pietà*) pitiful, pitiable, piteous. **3** (*fam.*) awful, dreadful.

pietra *f.* **1** stone. **2** (*pietra preziosa*) (precious) stone. □ ~ **calcarea** limestone; ~ **dura** semiprecious stone; ~ **filosofale** philosoper's stone; *posare la* **prima** ~ to lay the foundation stone; ~ **refrattaria** firestone; (*fig.*) ~ *dello* **scandalo** cause of scandal; ~ **sepolcrale** tombstone, gravestone; (*fig.*) *metterci una* ~ **sopra** to let bygones be bygones.

pietraia *f.* **1** (*terreno pietroso*) stony ground. **2** (*cava di pietre*) stone quarry.

pietrame *m.* stones *pl.*

pietrificare *v.t.* to petrify (*anche fig.*). **pietrificarsi** *v.i.pron.* to become* petrified.

pietrina *f.* (*pietrina focaia*) (lighter-)flint.

pietrisco *m.* crushed stone, road metal.

Pietro *N.pr.m.* Peter. ▭ *la basilica di San* ~ St. Peter's (Cathedral).
pietroso *a.* stony.
pieve *f.* **1** parish. **2** (*edificio*) parish.
piezoelettrico *a.* piezoelectric: *accendino* ~ piezoelectric lighter.
pifferaio *m.* piper, fifer.
piffero *m.* **1** pipe, fife. **2** (*suonatore*) piper, fifer.
pigia pigia *m.inv.* (*calca*) crowd, press (of crowd); throng.
pigiama *m.* pyjamas *pl.*, (*am.*) pajamas *pl.*
pigiare *v.t.* to press, to crush, to squeeze: ~ *l'uva* to press grapes; (*spingere*) to push. **pigiarsi** *v.i.pron.* (*affollarsi*) to crowd, to throng. ▭ ~ *il tabacco nella pipa* to pack (*o* tamp) tobacco in one's pipe.
pigiatura *f.* (*rif. all'uva*) (grape-)pressing; (*con i piedi*) (grape-)treading.
pigione *f.* rent. ▭ **dare** *a* ~ to let; **prendere** *a* ~ to rent; **stare** *a* ~ to be a tenant.
pigliare → **prendere**.
piglio[1] *m.*: *dar di* ~ *a qc.* to take hold of s.th.
piglio[2] *m.* countenance, look.
pigmentazione *f.* pigmentation
pigmento *m.* pigment.
pigmeo *a./s.m.* pygmy, pigmy.
pigna *f.* (*Bot.*) (pine-)cone.
pignatta *f.* (cooking-)pot.
pignoleria *f.* (*fam.*) **1** fussiness. **2** (*azione*) fuss.
pignolo I *a.* fussy, pedantic, fastidious. **II** *s.m.* fussy (*o* pedantic) person, (*fam.*) fuss-pot.
pignone *m.* **1** (*argine*) embankment. **2** (*Mecc.*) pinion.
pignoramento *m.* distraint, attachment.
pignorare *v.t.* to distrain, to attach.
pigolare *v.i.* to cheep, to peep.
pigolio *m.* cheeping, peeping.
pigrizia *f.* laziness; (*mentale*) sluggishness.
pigro I *a.* **1** lazy, sluggish. **2** (*fig.*) (*ottuso*) slow, dull. **II** *s.m.* lazy man, (*fam.*) lazy -bones.
pila[1] *f.* **1** pile, heap, stack: *una* ~ *di piatti* a stack of dishes. **2** (*Edil.*) (*pilastro di ponte*) pier. **3** (*El.*) cell, pile; (*batteria*) battery. ▭ ~ **atomica** atomic pile; ~ **tascabile** torch.
pila[2] *f.* (*acquasantiera*) holy water stoup.
pilastro *m.* **1** (*Arch.*) pillar, pilaster. **2** (*fig.*) (*sostegno*) pillar, mainstay, prop.
pillola *f.* (*Fam.*) pill. ▭ ~ **anticoncezionale** contraceptive pill; (*fig.*) **indorare** *la* ~ to gild the pill; (*fig.*) **ingoiare** *la* ~ to swallow a bitter pill.
pilone *m.* **1** (*Edil.*) pillar; (*di ponte*) pier. **2** (*di linee elettriche*) pylon, tower. **3** (*nel rugby*) prop forward.
piloro *m.* (*Anat.*) pylorus.
pilota I *s.m.* **1** (*Aer., Mar.*) pilot. **2** (*Aut.*) racing-car driver. **II** *a.* pilot: *impianto* ~ pilot plant. ▭ (*Aer., Mar.*) ~ *automatico* auto(matic) pilot, gyropilot.
pilotaggio *m.* pilotage, piloting. ▭ *scuola di* ~ flying-school.
pilotare *v.t.* **1** (*Aer., Mar.*) to pilot. **2** (*Aut*) to drive*.
piluccare *v.t.* **1** to pick (off), to pluck (one at a time). **2** (*estens.*) (*mangiucchiare*) to nibble (at).
pimento *m.* (*Gastr.*) pimento.
pimpante *a.* (*fam.*) elated; cocky.
pinacoteca *f.* picture (*o* art) gallery.
pineta *f.*, **pineto** *m.* pine forest, pine-wood.
ping-pong *m.* ping-pong, table-tennis.
pingue *a.* **1** (*grasso*) fat, corpulent, fleshy. **2** (*fertile*) fertile, rich, fruitful. **3** (*fig.*) (*abbondante*) rich, large.
pinguedine *f.* fatness, corpulence.
pinguino *m.* (*Zool.*) penguin.
pinna *f.* **1** (*di pesce*) fin; (*di pinguino, foca*) flipper. **2** (*Sport*) flipper.
pinnacolo *m.* **1** (*Arch.*) spire, pinnacle. **2** (*Geog.*) pinnacle, aiguille.
pino *m.* **1** (*Bot.*) pine-tree. **2** (*legno*) pine. ▭ ~ *marittimo* cluster pine, pinaster.
pinolo *m.* (*Bot.*) pine-seed.
pinta *f.* (*unità di misura*) pint → **Appendice**.
pinza *f.* **1** pliers *pl.*, pincers *pl.* **2** (*Med.*) forceps *pl.* **3** (*Zool.*) (*chela*) pincer, chela (*pl.* chelae).
pinzetta *f.* tweezers *pl.*
pio *a.* **1** (*devoto*) pious, devout, godly. **2** (*rif. a istituti di carità e sim.*) charitable, charity-: ~ *istituto* charitable home. **3** (*pietoso*) pitiful, merciful, compassionate. **4** (*scherz.*) vain: *un* ~ *desiderio* a vain hope, wishfull thinking.
pioggerella, **pioggerellina** *f.* drizzle.
pioggia *f.* **1** rain. **2** (*fig.*) shower, hail, flood; *una* ~ *di fiori* a shower of flowers. ▭ **a** ~ sprinkling, like rain; ~ **dirotta** downpour, heavy rainfall; ~ **fitta** pelting (*o* driving) rain; ~ *mista a* **neve** sleet; ~ **radioattiva** (radioactive) fallout; **stagione** *delle piogge* rainy season (*o* rains).
piolo *m.* **1** peg. **2** (*rif. a scale*) rung. ▭ *scala a pioli* ladder.
piombare[1] *v.i.* **1** (*cadere dall'alto*) to fall*. **2** (*fig.*) (*avventarsi*) to pounce, to throw* o.s., to fall* (*su* upon); (*rif. a veicoli*) to bear* down (upon). **3** (*fig.*) (*rif. a disgrazie e sim.*) to befall*, to strike*. **4** (*fam.*) (*precipitarsi*) to rush; (*giungere all'improvviso*) to arrive (*o* turn up) unexpectedly. ▭ ~ *nella disperazione* to plunge into despair.
piombare[2] *v.t.* **1** (*chiudere con sigilli di piombo*) to plumb, to seal (with lead). **2** (*di dente*) to fill, to stop. **3** (*saldare con piombo*) to solder.
piombatura *f.* **1** sealing, plumbing; (*sigillo*) (lead) seal. **2** (*di denti*) filling, stopping.
piombino *m.* **1** (*sigillo*) (lead) seal. **2** (*del filo a piombo*) plumb-bob, plummet. **3** (*Pesca*) sinker, plumb.
piombo *m.* **1** (*Chim.*) lead. **2** (*Tip.*) lead, hot metal. ▭ **a** ~ plumb, straight down: *cadere a* ~ to fall plumb; **di** ~ lead, leaden: *un cielo di* ~ a leaden sky.

pioniere *m.* pioneer (*anche fig.*).
pionierismo *m.* pioneering.
pionieristico *a.* pioneer-, pioneering: *spirito* ~ pioneering spirit.
pio pio *intz.* (*onom.*) cheep cheep, peep peep.
pioppo *m.* (*Bot.*) poplar.
piorrea *f.* (*Med.*) pyorrhoea.
piovano *a.* rain-: *acqua piovana* rain water.
piovasco *m.* squall.
piovere I *v.i.impers.* to rain. **II** *v.i.* **1** to rain, to fall*. **2** (*fig.*) (*fioccare*) to rain (down), to pour (in). **3** (*fam.*) (*capitare*) to arrive unexpectedly, to turn up without warning: *ci è piovuto addosso un parente inaspettato* a relative of ours turned up without warning. ▭ ~ *a* **catinelle** to rain cats and dogs; ~ *a* **dirotto** to pour; **sembra** *che voglia* ~ it looks like rain.
piovigginare *v.i.impers.* to drizzle.
piovigginoso *a.* drizzly.
piovoso *a.* rainy, wet.
piovra *f.* **1** (*Zool.*) giant squid, octopus. **2** (*fig.*) (*sfruttatore*) leech.
pipa *f.* **1** pipe. **2** (*quantità di tabacco*) pipe(ful). ▭ **caricare** *la* ~ to fill one's pipe; ~ *di* **schiuma** meerschaum (pipe).
pipare *v.i.* to smoke a pipe.
pipata *f.* pipe(ful).
pipetta *f.* (*Chim.*) pipette.
pipì *f.* (*infant.*) (*orina*) wee-wee, pee-pee. ▭ **fare** (*la*) ~ to pee; *mi* **scappa** *la* ~ I have to pee.
pipistrello *m.* (*Zool.*) bat.
pipita *f.* (*pellicola intorno alle unghie*) hangnail.
piramidale *a.* **1** pyramidal. **2** (*fig.*) (*colossale*) enormous, huge, monstrous.
piramide *f.* pyramid (*anche Geol.*).
piramidone *m.* (*Fam.*) pyramidon.
pirata I *s.m.* **1** pirate. **2** (*fig.*) shark. **II** *a.* pirate-: *nave* ~ pirate(-ship). ▭ ~ *dell'***aria** (aeroplane) hijacker, skyjacker; **edizione** ~ pirated edition; ~ *della* **strada** hit-and-run driver.
pirateria *f.* piracy (*anche fig.*). ▭ ~ *aerea* aeroplane hijacking, skyjacking.
piratesco *a.* piratical, pirate-like.
pirico *a.*: *polvere pirica* gunpowder.
pirite *f.* (*Min.*) pyrite.
piroetta *f.* **1** pirouette, spin, whirl. **2** (*Danza, Equitazione*) pirouette.
piroettare *v.i.* to pirouette.
pirofila *f.* ovenproof vessel (*o* dish).
piroga *f.* pirogue, piragua.
pirografia *f.* pyrography.
piromane *m./f.* pyromaniac.
piroscafo *m.* steamship, steamboat, steamer.
pirotecnica *f.* pyrotechnics *pl.* (costr. sing. *o* pl.), pyrotechny.
pirotecnico I *a.* pyrotechnic(al), firework-: *spettacolo* ~ firework display. **II** *s.m.* pyrotechnist, firework-maker.
piscia *f.* (*volg.*) piss. ▭ *fare la* ~ to piss.
pisciare I *v.i.* (*volg.*) to piss. **II** *v.t.* to pass, (*volg.*) to piss. ▭ *pisciarsi* **addosso** to wet o.s.; ~ *a* **letto** to wet the bed; ~ **sangue** to pass blood.
pisciata *f.* (*volg.*) **1** piss(ing). **2** (*concr.*) piss.
pisciatoio *m.* (*volg.*) (public) urinal.
piscicoltore *m.* pisciculturist, fish breeder (*o* farmer).
piscicoltura *f.* pisciculture, fish culture (*o* breeding).
piscina *f.* **1** swimming-pool, (*fam.*) pool. **2** (*peschiera*) fishpond. ▭ ~ *coperta* indoor swimming-pool.
pisello *m.* (*Bot.*) pea. ▭ ~ *odoroso* sweet-pea.
pisolino *m.* (*fam.*) nap, doze: *schiacciare un* ~ to (take a) nap, to doze.
pisside *f.* (*Lit.*) pyx.
pista *f.* **1** (*traccia*) track; (*rif. ad animali*) scent, trail. **2** (*sentiero*) path, track. **3** (*nei circhi*) ring. **4** (*Sport*) (*circuito*) track, course. **5** (*Aer.*) runway. **6** (*rif. a registratori*) (sound-)track. ▭ ~ *da* **ballo** dance-floor; ~ *per* **bob** bob-sled course; ~ *per* **corse** *automobilistiche* (car-)racing track; (*Sport*) ~ *di* **pattinaggio** roller(-skating) rink; (*su ghiaccio*) ice(-skating) rink; ~ *da* **sci** ski slope.
pistacchio *m.* (*Bot.*) **1** (*pianta*) pistachio (-tree). **2** (*seme*) pistachio nut.
pistillo *m.* (*Bot.*) pistil.
pistola *f.* pistol. ▭ ~ *a* **spruzzo** spray pistol, spray-gun; ~ *a* **tamburo** revolver.
pistolero *m.* gunman (*pl.* –men).
pistolettata *f.* pistol-shot.
pistone *m.* (*Mecc., Mus.*) piston.
pitagorico *a./s.m.* Pythagorean. ▭ *tavola pitagorica* multiplication table.
pitale *m.* (chamber) pot.
pitoccheria *f.* (*spreg.*) **1** beggary. **2** (*tirchieria*) stinginess, meanness. **3** (*azione da pitocco*) mean action.
pitocco *m.* (*spreg.*) **1** (*accattone*) beggar. **2** (*persona avara*) miser, skinflint.
pitone *m.* (*Zool.*) python.
pittima *f.* (*fam.*) pain in the neck.
pittore *m.* **1** painter. **2** (*imbianchino*) (house-) painter. ▭ ~ *di* **nature** *morte* still-life painter; ~ *di* **paesaggi** landscape-painter, landscapist; ~ *di* **ritratti** portrait-painter, portraitist.
pittoresco *a.* picturesque, colourful.
pittorico *a.* pictorial, of painting.
pittura *f.* **1** painting. **2** (*dipinto*) painting, picture. ▭ ~ *ad* **acqua** water-paint; ~ **astratta** abstract (painting); ~ *a* **olio** (*tecnica*) oil (-painting); (*colore*) oils *pl.*, oil-paint; ~ *su* **tela** (painting on) canvas.
pitturare *v.t.* to paint. **pitturarsi** *v.r.* (*pop.*) (*imbellettarsi*) to make* up.
più I *avv.* **1** more: ~ *del necessario* more than necessary. **2** (*nel comparativo di maggioranza*) more; ...-er: ~ *fortunato* more fortunate, luckier. **3** (*nel superlativo relativo: tra più di due*) the most; the ...-est: *il* ~ *importante* the most important; *il* ~ *fortunato* the luckiest; (*tra due*) the more; the ...-er: *la* ~

bella delle due sorelle the prettier (*o* more beautiful) of the two sisters. **4** (*in frasi negative: rif. a tempo, a quantità*) no more: *non c'è ~ pane* there is no more bread; (*col verbo negativo*) any more; (*non più oltre*) no longer, no more; (*col verbo negativo*) any longer, any more: *non lo voglio vedere ~* I don't want to see him any longer. **5** (*rif. a temperatura*) above zero: *la temperatura è ~ venti* temperature is twenty above zero. **6** (*Mat.*) plus, and: *otto ~ due è uguale a dieci* eight plus two equals ten, eight and two are ten. **7** (*Scol.*) plus: *sette ~* seven plus. **8** (*enfatico*) more than, extremely, very, quite: *sono ~ che contento di te* I am extremely (*o* more than) pleased with you. **II** *a.* **1** (*con valore di comparativo*) more: *tu hai ~ denaro di me* you have more money than I have. **2** (*con valore di superlativo*) most: *tu hai ~ danaro di tutti* you have (the) most money of all. **3** (*parecchi*) several. **III** *prep.* (*inoltre*) plus, in addition to, besides: *siamo in cinque ~ la zia* there are five of us besides Auntie. **IV** *s.m.* **1** (*la parte maggiore*) most, biggest part: *il ~ è fatto* most of it is done. **2** (*la cosa più importante*) the most important thing. **3** *pl.* (*maggioranza*) majority, most (people) (costr. pl.). **4** (*segno del più*) plus sign. ▭ **ancor** ~ even (*o* still) more; ~ *di* **così** more (*o* better) than that; **di** ~ (*maggiormente*) more: *bisogna lavorare di ~* we must work more (*o* harder); (*inoltre*) moreover, besides, else; *il* **di** ~ the surplus; *mi hai dato cento lire* **in** ~ you gave me a hundred lire too much; **mai** ~ never again; ~ *che* **mai** more than ever; *parlare del ~ e del* **meno** to talk of this and that; **niente** (*di*) ~ no more; **per** *di* ~ (*inoltre*) moreover, what's more; **per** *lo* ~ mostly, for the most part, usually; *il* ~ **possibile** as much as possible; (*fam.*) *a ~ non* **posso** as hard (*o* much) as one can; *al* ~ **presto** as soon as possible; *compra ~ libri che* **puoi** buy as many books as you can; **sempre** ~ *difficile* harder and harder, more and more difficult; **tanto** ~ *che* all the more so because (*o* in that); *al* ~ **tardi** at the latest; **tutt'***al* ~ (at) the most; ~ **volte** many times, several times; *il ~ delle* **volte** most times, mostly. ‖ ~ *...più* the more ...the more (*oppure si traduce con due comparativi preceduti da* the): ~ *lo guardo e ~ mi piace* the more I look at him the more I like him.

piuma *f.* **1** feather; (*penna*) plume. **2** (*per cuscini e sim.*) down, feather. **3** *pl.* (*piumaggio*) plumage, feathers *pl.* ▭ (*Sport*) *peso ~* feather weight.

piumaggio *m.* plumage, feathers *pl.*

piumino *m.* **1** (*di oche, cigni, ecc.*) down. **2** (*copertura del letto*) eiderdown. **3** (*per la cipria*) powder puff. **4** (*per spolverare*) feather-duster. **5** (*giubbotto imbottito*) quilted jacket.

piumone *m.* **1** (*giacca imbottita*) quilted jacket. **2** (*coperta*) eiderdown, duvet.

piumoso *a.* feathery, downy (*anche fig.*).

piuttosto *avv.* **1** (*più volentieri*) rather, sooner. **2** (*alquanto*) rather, somewhat, fairly, (*fam.*) pretty: *è ~ divertente* it's rather (*o* pretty) amusing. **3** (*invece*) instead.

piva *f.* (*cornamusa*) bagpipe. ▭ (*fig.*) *tornare con le pive nel sacco* to return empty -handed.

pivello *m.* (*fam.*) greenhorn.

piviale *m.* (*Lit.*) cope.

piviere *m.* (*Zool.*) plover.

pizza *f.* **1** (*Gastr.*) pizza(-pie) **2** (*Cin.*) reel (-box). **3** (*region.*) (*cosa, persona noiosa*) bore, nuisance.

pizzaiolo *m.* **1** pizza-maker. **2** (*gestore di pizzeria*) pizza-seller.

pizzeria *f.* pizzeria, pizza-shop.

pizzicagnolo *m.* (*salumiere*) grocer.

pizzicare **I** *v.t.* **1** to pinch, to nip. **2** (*rif. a insetti e sim.: pungere*) to sting*, to bite*. **3** (*rif. a sostanze acri*) to burn*. **4** (*fam.*) (*acciuffare*) to catch*, to nab. **5** (*Mus.*) to pluck. **II** *v.i.* **1** (*prudere*) to itch, to be itchy. **2** (*Gastr.*) (*essere piccante*) to be hot (*o* spicy, strong).

pizzicheria *f.* (*salumeria*) grocer's (shop).

pizzico *m.* **1** (*pizzicotto*) pinch, nip. **2** (*piccola quantità*) pinch, dash: *un ~ di sale* a pinch of salt. **3** (*fig.*) (*un poco*) touch, little, bit. **4** (*puntura*) sting, bite.

pizzicore *m.* itch (*anche fig.*).

pizzicotto *m.* pinch, nip.

pizzo *m.* **1** (*barba appuntita*) goatee, imperial beard. **2** (*trina*) lace. **3** (*vetta di monte*) peak.

placare *v.t.* **1** (*tranquillizzare*) to calm (down), to quiet(en). **2** (*mitigare*) to placate, to soothe. **placarsi** *v.i.pron.* (*rif. a sentimenti e sim.*) to subside, to abate; (*rif. a elementi naturali*) to subside, to down, to grow* calm. ▭ ~ *la sete di qd.* to quench s.o.'s thirst.

placca *f.* **1** (*piastra*) plate. **2** (*targhetta*) plate, badge. **3** (*Med.*) plaque.

placcare *v.t.* to plate.

placenta *f.* (*Anat.*) placenta; (*nel parto*) afterbirth.

placidità *f.* placidity, calm(ness).

placido *a.* placid, calm.

plafoniera *f.* ceiling light.

plagiare *v.t.* **1** to plagiarize. **2** (*Dir.*) to subjugate morally.

plagiario *m.* plagiarist.

plagio *m.* **1** plagiarism. **2** (*Dir.*) moral subjugation.

planare *v.i.* to glide.

planata *f.* glide.

plancia *f.* (*Mar.*) bridge; (*passerella di legno*) gangplank, gangway.

plancton *m.* (*Biol.*) plankton.

planetario **I** *a.* planetary. **II** *s.m.* planetarium (*pl.* –s/–ria).

planimetria *f.* **1** planimetry. **2** (*pianta*) plan.

planimetrico *a.* planimetric(al).
plasma *m.* (*Biol., Fis.*) plasma.
plasmabile *a.* malleable (*anche fig.*).
plasmare *v.t.* to mould, to shape (*anche fig.*).
plastica *f.* **1** (*Arte*) plastic art(s), plastics *pl.* (costr. sing. *o* pl.). **2** (*materiale sintetico*) plastic. **3** (*Chir.*) plastic surgery. □ *di* ~ plastic: *sacchetto di* ~ plastic bag.
plasticità *f.* plasticity.
plastico I *a.* plastic. **II** *s.m.* relief model. □ **bomba** *al* ~ plastic bomb; **chirurgia** *plastica* plastic surgery; **materie** *plastiche* plastics *pl.* (costr. sing.).
plastificare *v.t.* to plasticize.
plastilina *f.* plasticine.
platano *m.* (*Bot.*) plane(-tree).
platea *f.* **1** (*Teat., Cin.*) stalls *pl.*, pit. **2** (*pubblico della platea*) pit.
plateale *a.* **1** (*molto evidente*) glaring; (*ostentato*) showy. **2** vulgar, plebeian.
platino *m.* (*Chim.*) platinum. □ *bionda al* ~ platinum blonde.
platonico *a.* Platonic; (*fig.*) platonic.
plaudire *v.i.* (*lett.*) to applaud.
plausibile *a.* plausible.
plausibilità *f.* plausibility.
plauso *m.* (*lett.*) (*applauso*) applause; (*approvazione*) approval.
plebaglia *f.* (*spreg.*) rabble, mob.
plebe *f.* populace.
plebeo *a./s.m.* plebeian.
plebiscito *m.* **1** plebiscite. **2** (*fig.*) general agreement.
plenario *a.* plenary, fully attended: *assemblea plenaria* plenary meeting.
plenilunio *m.* (*Astr.*) (time of) full moon.
plenipotenziario *a./s.m.* plenipotentiary.
pleonasmo *m.* (*Gramm.*) pleonasm.
pleonastico *a.* pleonastic.
plesso *m.* (*Anat.*) plexus: ~ *solare* solar plexus.
pletora *f.* (*Med.*) plethora.
pletorico *a.* **1** (*Med.*) plethoric. **2** (*fig.*) (*di stile*) inflated.
plettro *m.* (*Mus.*) plectrum.
pleura *f.* (*Anat.*) pleura.
pleurite *f.* (*Med.*) pleurisy.
plico *m.* **1** packet, bundle. **2** (*Poste*) parcel, package. □ (*burocr.*) *in* ~ *separato* (o *a parte*) under separate cover.
plissettato *a.* pleated.
plotone *m.* (*Mil.*) platoon. □ ~ *d'esecuzione* firing squad.
plumbeo *a.* **1** leaden: *cielo* ~ leaden sky. **2** (*fig.*) (*opprimente*) oppressive, heavy.
plurale *m.* plural.
pluralismo *m.* pluralism.
pluralistico *a.* pluralistic.
pluralità *f.* plurality.
pluriaggravato *a.* (*Dir.*) having more than one aggravating circumstance.
pluridecorato I *a.* much-decorated. **II** *s.m.* much-decorated person.
pluriennale *a.* lasting many years.
plurimo *a.* multiple; (*di voti*) plural.
plurisillabo *a.* (*Gramm.*) polysyllabic.
plusvalore *m.* (*Econ.*) surplus value.
plutocrate *m.* plutocrat.
plutocrazia *f.* plutocracy.
plutonio *m.* (*Chim.*) plutonium.
pluviale *a.* rain-: *foresta* ~ rainforest.
pluviometro *m.* rain-gauge.
p.m. = *pomeridiano* afternoon.
Pm = (*Chim.*) *promezio* promethium.
pneumatico I *a.* **1** (*gonfiabile*) pneumatic, inflatable: *battello* ~ inflatable boat. **2** (*Mecc.*) (*che funziona ad aria compressa*) pneumatic, air-, compressed-air: *martello* ~ pneumatic hammer. **II** *s.m.* tyre, pneumatic (tyre), (*am.*) tire. □ ~ *senza* **camera** *d'aria* tubeless tyre; ~ **cinturato** radial ply tyre; **montare** *i pneumatici* to tyre, (*am.*) to tire; ~ *di* **riserva** (o *scorta*) spare tyre; ~ *a* **terra** flat tyre, (*fam.*) flat.
pneumotorace *m.* (*Med.*) pneumothorax.
po' → **poco**.
Po = (*Chim.*) *polonio* polonium.
pochezza *f.* **1** slightness, insufficiency. **2** (*fig.*) (*meschinità*) meanness, smallness.
poco I *a.indef.* **1** little, not much. **2** (*rif. a tempo, spazio: breve, corto*) short, not long, little: *rimango qui solo* ~ *tempo* I'm staying here only a short time. **3** *pl.* few (costr. pl.), not many (costr. pl.): *riceviamo poche lettere* we get few letters. **II** *avv.* **1** (*con verbi*) little, not much: *ho dormito* ~ I did not sleep much. **2** (*con aggettivi e avverbi al positivo: con valore attenuativo*) not very: ~ *utile* not very useful, of little use; (*con valore negativo*: *si traduce spesso col corrispondente inglese preceduto da* dis-, un-, non-, *o seguito da* -less): ~ *onesto* dishonest; ~ *apprezzato* unappreciated; ~ *probabile* not very likely, unlikely; ~ *spiritoso* humourless. **3** (*con aggettivi e avverbi al comparativo*) not much, little: *sei* ~ *più alto di me* you aren't much taller than I am. **4** (*rif. a tempo*) little (while), short time, nearly, almost: *manca* ~ *all'una* it's a little before one. **5** (*preceduto dall'art. indeterminativo: un po'*) a little, a bit: *spostati un po' a destra* move a bit to the right; (*rif. a tempo*) little (while), short time, bit: *resta ancora un po'* stay another little while, stay a bit longer. **III** *pron.indef.* **1** little, not much: *ci vorrebbe molta costanza e io ne ho poca* it would take a lot of perseverance and I do not have much. **2** *pl.* few, not many (costr. pl.): *pochi ma buoni* few but good. **IV** *s.m.* **1** little: *il* ~ *è meglio di niente* (a) little is better than nothing. **2** (*seguito da un partitivo*) a little, a bit, some (*o* any): *un po' di pane* a little bread, some bread; *avete un po' di carta?* have you got any (*o* a bit of) paper? **3** (*enfatico*) (*quantità notevole; spesso ripetuto*): *con quel po'* (*po'*) *di soldi che ha* with all the money he has; *che po' po' di roba* what a load of stuff. □ **a** ~ *a* ~ little by little, bit by bit; *un* **bel** *po'*

quite a bit (*o* lot), a good bit (*o* amount); *è un* ~ *di* **buono** he is a good-for-nothing (*o* he is no good); *a* **dir** ~ (*almeno*) to say the least; ~ **dopo** shortly (*o* not long) after, a little after; **esserci** ~ *da* to be little (*o* nothing, not much) to: *c'è* ~ *da ridere* there is nothing to laugh at; **è** ~ *che è arrivato* he has just come, he came just a short time ago; ~ **fa** a short time (*o* while) ago, not long ago; **fra** ~ soon, in a short time (*o* little while); *a* **fra** ~*!* see you soon!; ~ **lontano** not far away, nearby; ~ **male** never mind, it doesn't matter; ~ **meno** little less (*o* under); **per** ~ (*a buon mercato*) cheap, for (very) little; (*quasi*) nearly, almost, about, on the point of; *un po'* **per** ... *un po' per* ... what with ... (and) what with: *mi sento stordito un po' per il caldo, un po' per la stanchezza* what with the heat and (what with) being tired I feel knocked out; ~ **prima** shortly (*o* little) before; *un po' per* **uno** a bit each; **vediamo** *un po'* (now) let's see. ‖ *spostati un pochino a destra* move a little bit to the right.

podere *m.* estate, farm.

poderoso *a.* powerful, mighty (*anche fig.*).

podio *m.* dais, platform; (*per il direttore d'orchestra*) podium (*pl.* podia).

podismo *m.* (*Sport*) (*marcia*) walking; (*corsa*) running.

podista *m./f.* (*chi marcia*) walker; (*chi corre*) runner.

podistico *a.* (*di marcia*) walking, foot-; (*di corsa*) running.

poema *m.* **1** poem. **2** (*fig. scherz.*) riot: *il cappellino che indossava era un* ~ the small hat she was wearing was a riot. □ ~ *epico* epic (poem).

poesia *f.* **1** (*arte*) poetry. **2** (*componimento poetico*) poem: *raccolta di poesie* collection of poems. **3** (*suggestione estetica e fantastica*) poetry. □ **in** ~ in verse, verse-; ~ **popolare** folk poetry.

poeta *m.* poet (*anche estens.*).

poetare *v.i.* to write* verse.

poetessa *f.* poet(ess).

poetica *f.* poetics *pl.* (costr. sing.).

poetico *a.* **1** poetic(al): *ispirazione poetica* poetic inspiration. **2** (*in versi*) verse, in verse: *opera poetica* work in verse. □ *licenza poetica* poetic licence.

poggiapiedi *m.* foot-rest; footstool.

poggiare I *v.t.* (*lett.*) **1** (*appoggiare*) to lean*, to rest. **2** (*posare*) to put*, to lay*. **II** *v.i.* **1** to rest, to stand* (*su* on, upon): *la statua poggia su un basamento marmoreo* the statue rests on a marble base. **2** (*fig.*) (*basarsi*) to be based, to rest (on, upon).

poggiatesta *m.* headrest.

poggio *m.* hillock, knoll.

poi I *avv.* **1** (*dopo*) after(wards), then: *ora studia,* ~ *uscirai* now do your homework, then you can go out. **2** (*più tardi*) later (on): *ci vedremo* ~ we'll see later. **3** (*inoltre*) (and) then, besides, moreover: *e* ~ *non vedi che è stanco?* and besides don't you see he's tired? **4** (*con valore avversativo*) but: *io me ne vado, tu* ~ *sei padronissimo di restare* I'm leaving, but you can stay if you wish. **5** (*enfatico*) (and) then, what then: *e* ~ *ti lamenti!* and then you complain! **II** *s.m.* (*l'avvenire*) future. □ **in** ~ on(wards), starting, beginning: *da lunedì in* ~ from Monday on, as from Monday; *d'***ora** *in* ~ from now on; **prima** *o* ~ sooner or later; **questo** ~ *no* this is too much.

poiché *congz.* since, as: ~ *ho un impegno, non posso accettare il tuo invito* as I am already engaged, I can't accept your invitation.

poinsezia *f.* (*Bot.*) poinsetia.

pois *fr.* [pwa] *m.* (polka) dot.

polacco I *a.* Polish. **II** *s.m.* **1** (*lingua*) Polish. **2** (*abitante*) Pole.

polare *a.* polar. □ *stella* ~ pole star.

polarità *f.* polarity.

polarizzare *v.t.* to polarize (*anche fig.*). **polarizzarsi** *v.i.pron.* to be polarized (*anche fig.*).

polarizzazione *f.* polarization (*anche fig.*).

polemica *f.* **1** polemics *pl.* (costr. sing.), polemic. **2** (*controversia*) polemic, controversy: *entrare in* ~ *con qd.* to engage in controversy with s.o.

polemico *a.* polemic(al), controversial.

polemista *m./f.* polemicist.

polemizzare *v.i.* to engage polemic; to argue.

polenta *f.* **1** (*Gastr.*) polenta, corn-meal mush. **2** (*fig. fam.*) (*persona lenta*) slowcoach.

polentone *m.* (*fam.*) slowcoach.

poliambulatorio *m.* general outpatient's clinic.

poliandria *f.* poliandry.

policlinico *m.* general hospital; (*raro*) polyclinic.

policromo *a.* many colored.

poliedrico *a.* **1** (*Geom.*) polyhedric(al). **2** (*fig.*) versatile.

poliedro *m.* (*Geom.*) polyhedron (*pl.* –s/–dra).

poliestere *a./s.* (*Chim.*) polyester.

polietilene *m.* (*Chim.*) polyethylene.

polifonia *f.* (*Mus.*) polyphony.

polifonico *a.* polyphonic.

poligamia *f.* polygamy.

poligamo I *a.* polygamous. **II** *s.m.* polygamist.

poliglotta *a./s.m.* polyglot.

poligonale *a.* (*Geom.*) polygonal.

poligono *m.* **1** (*Geom., Mil.*) polygon. **2** (*campo per esercitazioni di tiro*) rifle-range.

poligrafico I *a.* (*rif. alla stampa in genere*) printing: *stabilimento* ~ printing plant. **II** *s.m.* (*operaio*) printer.

polimero *m.* (*Chim., Biol.*) polymer.

polimorfo *a.* (*Min., Biol.*) polymorphous.

Polinesia *N.pr.f.* (*Geog.*) Polynesia.

polinsaturo *a.* (*Chim.*) polyunsaturated.

poliomielite *f.* (*Med.*) poliomyelitis, (*fam.*) polio.

poliomielitico I *a.* poliomyelitic. **II** *s.m.*

poliomyelitic sufferer; (*fam.*) polio victim.
polipo *m.* (*Zool., Med.*) polyp.
polisillabo I *a.* polysyllabic. **II** *s.m.* polysyllable.
polistirolo *m.* (*Chim.*) polystyrene.
politecnico I *a.* polytechnic(al). **II** *s.m.* polytechnic (Institute).
politeismo *m.* (*Rel.*) polytheism.
politeista *m./f.* polytheist.
politene *m.* (*Chim.*) polythene.
politica *f.* **1** (*scienza*) politics *pl.* **2** (*linea di condotta*) policy: *una ~ lungimirante* a far-sighted policy. **3** (*fig.*) (*condotta astuta*) diplomacy, tact. □ ~ **estera** foreign policy; ~ **interna** home (*o* domestic) politics *pl.*
politicante *m./f.* (*spreg.*) (petty) politician.
politicastro *m.* (*spreg.*) (petty) politician.
politicizzare *v.t.* to politicize.
politico I *a.* political. **II** *s.m.* politician.
polivalente *a.* **1** (*Chim.*) polyvalent. **2** (*fig.*) many-sided.
polivalenza *f.* (*Chim.*) polyvalence.
polizia *f.* **1** police (general. costr. pl.), police force. **2** (*commissariato*) police station. □ **agente** *di ~* policeman; ~ **giudiziaria** (*GB*) Criminal Investigation Department (C.I.D.); (*USA*) Federal Bureau of Investigation (F.B.I.); ~ **scientifica** criminal laboratory department; ~ **stradale** highway police.
poliziesco *a.* **1** police-. **2** (*Lett., Cin.*) detective: *film ~* detective film, (*fam.*) thriller.
poliziotto *m.* policeman (*pl.* –men), (police) constable, (*fam.*) bobby, (*am. fam.*) cop. □ **cane** ~ police dog; ~ **privato** private detective, (*fam.*) private eye.
polizza *f.* policy: *~ d'assicurazione* insurance policy. □ *~ di* **carico** bill of lading; **fare** *una ~* to take out a policy; *~ di* **pegno** pawn-ticket.
polla *f.* spring.
pollaio *m.* **1** hen-house; (*recinto*) fowl-run, chicken-run. **2** (*fam.*) (*luogo chiassoso*) mad house, bedlam.
pollame *m.* poultry.
pollastra *f.* **1** pullet. **2** (*fig. scherz.*) chicken, (*scozz.*) lassie.
pollastro *m.* **1** (*galletto*) cockerel. **2** (*fig. scherz.*) (*persona ingenua*) simpleton, fool.
pollice *m.* **1** thumb. **2** (*unità di misura*) inch → **Appendice.** □ ~ *verso* thumbs-down.
pollicoltore *m.* poultry-farmer.
pollicoltura *f.* poultry-farming, poultry-breeding.
polline *m.* (*Bot.*) pollen.
pollivendolo *m.* poulterer.
pollo *m.* **1** (*Zool.*) chicken. **2** (*fig. scherz.*) (*semplicione*) sucker. □ (*fig.*) **conoscere** *i propri polli* to know whom one has to deal with; (*fig.*) *far* **ridere** *i polli* to make a fool of o.s.
pollone *m.* (*Bot.*) (side-)shoot, sucker.
polmonare *a.* pulmonary, lung-.
polmone *m.* (*Anat.*) lung (*anche fig.*). □ (*Med.*) ~ *d'***acciaio** iron lung; (*fig.*) **respirare** *a pieni polmoni* to breathe (in) deeply.
polmonite *f.* (*Med.*) pneumonia.
polo *m.* pole (*anche fig.*): *essere ai poli opposti* to be poles apart (*o* asunder). □ (*Fis.*) *a* **due** *poli* bipolar; (*El.*) ~ **negativo** negative pole; ~ **nord** North Pole; (*El.*) ~ **positivo** positive pole; ~ **sud** South Pole.
polpa *f.* **1** (*di frutti*) pulp, flesh: *~ di albicocca* apricot pulp. **2** (*di carne*) lean beef meat. **3** (*fig.*) (*parte sostanziale*) pith, substance. □ ~ *dentaria* (dental) pulp.
polpaccio *m.* (*Anat.*) calf.
polpastrello *m.* (*Anat.*) fingertip.
polpetta *f.* (*Gastr.*) meat-ball, rissole.
polpettone *m.* **1** (*Gastr.*) meat-loaf. **2** (*fig.*) (*opera farraginosa*) jumble, muddle.
polpo *m.* (*Zool.*) octopus.
polposo *a.* fleshy, pulpy.
polsino *m.* (*Sartoria*) cuff.
polso *m.* **1** (*Anat.*) wrist. **2** (*Med.*) pulse: *tastare il ~ a qd.* to feel s.o.'s pulse (*anche fig.*). **3** (*fig.*) (*energia*) vigour, energy: *uomo di ~* vigorous man, man of energy.
poltiglia *f.* **1** mush, pulp. **2** (*fanghiglia*) mire, mud; (*di neve*) slush.
poltrire *v.i.* **1** (*indugiare nel letto*) to lie* lazily in bed. **2** (*starsene ozioso*) to idle, to laze, to loaf.
poltrona *f.* **1** armchair, (easy-)chair. **2** (*Teat.*) stall; (*am.*) orchestra seat. □ ~ **letto** chair-bed; ~ *a* **sdraio** deck chair.
poltroncina *f.* (*Teat.*) pit-stall.
poltrone *m.* idler, loafer, (*fam.*) lazy-bones.
poltroneria *f.* laziness, indolence.
poltronissima *f.* (*Teat.*) front stall, (*am.*) front seat.
polvere *f.* **1** dust: *una nuvola di ~* a cloud of dust. **2** (*sostanza polverizzata*) powder, dust: *~ d'oro* gold-dust. **3** (*polvere da sparo*) (gun) powder. □ **in** ~ powdered, in powder: *latte in ~* powdered milk; *caffè* **in** ~ instant coffee; (*fig.*) **mordere** *la ~* to bite the dust; (*fig.*) *gettare la ~ negli* **occhi** *a qd.* to throw dust in s.o.'s eyes; ~ **radioattiva** radioactive dust; **ridurre** *in ~* to polverize; **sapone** *in ~* soap powder.
polveriera *f.* **1** (*Mil.*) powder-magazine. **2** (*fig.*) powder-keg, tinder-box.
polverina *f.* (*Farm.*) powder.
polverizzare *v.t.* **1** to pulverize (*anche fig.*). **2** (*nebulizzare*) to nebulize, to atomize. **polverizzarsi** *v.i.pron.* **1** to turn to powder (*o* dust). **2** (*fig.*) to melt away.
polverizzatore *m.* (*apparecchio*) sprayer; (*nebulizzatore*) atomizer, nozzle.
polverizzazione *f.* (*di solidi*) pulverization; (*di liquidi*) atomizing.
polverone *m.* thick cloud of dust. □ (*fig.*) *sollevare un ~* to raise hell.
polveroso *a.* dusty.
pomata *f.* **1** (*Farm.*) ointment, salve. **2** (*Cosmetica*) (*per i capelli*) pomade.
pomello *m.* **1** (*di maniglia*) knob, ball-grip. **2** (*scherz.*) (*guancia*) cheek.

pomeridiano *a.* **1** afternoon-: *lezioni pomeridiane* afternoon classes. **2** (*con l'indicazione di ore*) p.m., in the afternoon. ▭ *nelle ore pomeridiane* in the afternoon.
pomeriggio *m.* afternoon.
pomice *f.* (*Min.*) pumice.
pomiciare *v.i.* (*pop.*) to neck, to pet.
pomo *m.* **1** (*Bot.*) (*lett. pop.*) apple; (*albero*) apple(-tree). **2** (*pomello*) pommel, knob. ▭ (*Anat.*) ~ *d'Adamo* Adam's apple.
pomodoro *m.* (*Bot.*) tomato. ▭ **conserva** *di* ~ tomato paste (*o* purée); *pomodori* **pelati** tinned tomatoes.
pompa[1] *f.* **1** pump. **2** (*distributore di benzina*) petrol (*o* service) station. ▭ ~ **antincendio** fire-engine; ~ **aspirante** suction (*o* sucking) pump.
pompa[2] *f.* pomp, display. ▭ *pompe* **funebri** undertaker's (establishment); (*scherz.*) **mettersi** *in* ~ *magna* to put on one's best.
pompaggio *m.* pumping.
pompare *v.t.* **1** to pump. **2** (*fig. fam.*) to blow* up.
pompelmo *m.* (*Bot.*) grapefruit.
pompiere *m.* **1** fireman (*pl.* –men). **2** *pl.* (*collett.*) fire-brigade.
pomposità *f.* pomposity.
pomposo *a.* pompous; (*ostentato*) pompous, showy.
ponce *m.* (*bevanda*) punch.
ponderare *v.t.* to ponder, to consider, to weigh up.
ponderato *a.* **1** (*meditato*) (well-)considered, well-pondered. **2** (*assennato*) careful, circumspect.
ponderazione *f.* careful consideration.
ponente *m.* **1** west. **2** (*Meteor.*) (*vento*) west (*o* westerly) wind, wester(ly). ▭ *verso* ~ westwards.
ponte *m.* **1** bridge (*anche in Odontoiatria*). **2** (*Edil.*) (*impalcatura*) scaffold(ing). **3** (*Mar.*) deck; (*ponte di comando*) bridge, fore bridge. ▭ ~ **aereo** airlift; (*Mil.*) ~ *di* **barche** pontoon bridge; (*fig.*) **fare** *il* ~ (*rif. a giorni festivi*) to take (*o* have) a long weekend; ~ **girevole** swing bridge; ~ **levatoio** drawbridge; ~ **radio** radio link; ~ **sospeso** suspension bridge; **tagliare** *i ponti con qd.* to break off with s.o.
pontefice *m.* (*Rel.*) pontiff: *sommo* ~ Sovereign (*o* Supreme) Pontiff.
ponteggio *m.* scaffolding.
pontificale *a./s.m.* pontifical.
pontificare *v.i.* to pontificate (*anche fig.*).
pontificato *m.* pontificate.
pontificio *a.* pontifical, of the Pope.
pontile *m.* (*Mar.*) pier, wharf; (*da sbarco*) landing-stage.
pontone *m.* pontoon.
pop. = *popolazione* population.
pope *m.* (*Rel.*) pope, papa.
popolamento *m.* populating.
popolana *f.* woman (*pl.* women) of the people.
popolano **I** *a.* of the (common) people, popular. **II** *s.m.* man (*pl.* –men) of the people.
popolare[1] *v.t.* to people, to populate. **popolarsi** *v.i.pron.* to become* populous, to fill with people.
popolare[2] *a.* **1** (*del popolo*) popular, of the (common) people. **2** (*per il popolo*) working class-: *quartiere* ~ working-class area. **3** (*di tradizioni, ecc.*) popular, folk-: *musica* ~ folk music. **4** (*noto, diffuso*) popular: *un attore* ~ a popular actor. ▭ **giudice** ~ juryman; **repubblica** ~ people's republic; **sovranità** ~ sovereignty of the people.
popolaresco *a.* of the (common) people, folk-.
popolarità *f.* popularity.
popolarizzare *v.t.* to popularize, to make* popular.
popolato *a.* peopled, populated.
popolazione *f.* population.
popolino *m.* (*spreg.*) common people.
popolo *m.* **1** people: *il* ~ *italiano* the Italian people. **2** (*abitanti di una città*) inhabitants *pl.*, people (costr. pl.). **3** (*insieme delle classi sociali più modeste*) (common) people (costr. pl.), lower (*o* working) classes *pl.* **4** (*estens.*) (*moltitudine, folla*) people (costr. pl.), crowd. ▭ *a furor di* ~ by popular acclaim.
popoloso *a.* populous.
popone *m.* (*region.*) watermelon.
poppa[1] *f.* (*Mar.*) stern. ▭ **a** ~ aft, astern; **da** ~ *a prua* fore and aft; *avere il* **vento** *in* ~ to sail before the wind.
poppa[2] *f.* (*mammella*) breast.
poppante **I** *a.* sucking. **II** *s.m./f.* **1** suckling. **2** (*iron.*) (*ragazzo inesperto*) callow youth.
poppare *v.t.* to suck.
poppata *f.* feed, suck.
poppatoio *m.* feeding (*o* baby) bottle.
populismo *m.* populism.
porca *f.* (*Agr.*) ridge.
porcaio[1] *m.* (*luogo sudicio*) pigsty, filthy place.
porcaio[2] *m.* (*guardiano*) swineherd.
porcellana *f.* **1** (*materiale*) porcelain, china. **2** (*oggetto*) porcelain (object), piece of china: *una collezione di antiche porcellane* a collection of antique porcelain.
porcellanato *a.* porcelainized, glazed.
porcellino *m.* **1** piglet. **2** (*scherz.*) (*rif. a bambino*) piggy, dirty little thing. ▭ (*Zool.*) ~ *d'***India** guinea-pig; ~ *da* **latte** suck(l)ing-pig.
porcello *m.* (*Zool.*) pig.
porcheria *f.* **1** (*sporcizia*) filth, dirt. **2** (*pop.*) (*cibo o bevanda disgustosa*) muck. **3** (*fig.*) (*oscenità: atto*) filthy act; (*detto*) filthy word. **4** (*fam.*) (*azione sleale*) dirty (*o* nasty) trick. **5** (*fam.*) (*lavoro mal fatto*) botch; (*opera brutta*) rubbish, trash.
porcile *m.* pigsty (*anche fig.*).
porcino **I** *a.* (*simile al porco*) piggish, piggy: *occhi porcini* piggy eyes. **II** *s.m.* (*Bot.*) (edible) boletus.
porco **I** *s.m.* **1** (*Zool.*) pig, swine (*anche fig.*).

2 (*Macelleria*) pork. **II** *a.* (*volg.*) bloody. ▭ (*volg.*) **brutto** ~*!* filthy swine!; (*volg.*) *porca* **miseria***!* damn it!

porcospino *m.* **1** (*Zool.*) porcupine. **2** (*fig.*) (*persona scontrosa*) touchy (*o* cantankerous) person.

porfido *m.* (*Min.*) porphyry.

porgere *v.t.* to hand, to give*: ~ *un libro a qd.* to hand s.o. a book; (*passare*) to pass. ▭ ~ *orecchio* to lend an ear.

pornografia *f.* pornography.

pornografico *a.* pornographic.

poro *m.* (*Anat.*) pore.

porosità *f.* porosity.

poroso *a.* porous.

porpora *a./s.f.* purple. ▭ *diventare di* ~ to blush, to flush.

porporato *m.* (*cardinale*) cardinal.

porporino *a.* purple.

porre *v.t.* **1** to put* (down), to place, to set* (down): ~ *un vaso sul davanzale* to put a flowerpot on the windowsill. **2** (*stabilire*) to set*, to fix, to settle: ~ *un termine* to set a limit. **3** (*rivolgere*) to put*: ~ *un quesito a qd.* to put s.o. a question. **4** (*assol.*) (*rif. a monumenti e sim.: dedicare*) to set* up, to erect. **5** (*supporre*) to suppose: *poniamo il caso che non possa venire* (let us) suppose he cannot come. **porsi** *v.r.* **1** to put* o.s.; to place o.s. **2** (*accingersi*) to set* to (*o* about). ▭ ~ *in* **atto** to carry out; ~ **freno** *a qc.* to curb s.th.; ~ **mano** *a qc.* to set about s.th.; to begin s.th.; ~ **mente** *a qc.* to turn one's mind to s.th.; ~ **rimedio** to find a remedy; *porsi in* **salvo** to reach safety; *porsi a* **sedere** to sit down, to seat o.s.; *senza por* **tempo** *in mezzo* without delay (*o* losing time).

porro *m.* **1** (*Bot.*) leek. **2** (*Med.*) (*verruca*) wart.

porta *f.* **1** door. **2** (*porta della città*) gate. **3** (*Sport*) goal: *tirare in* ~ to shoot at goal. ▭ *abitare* ~ **a** ~ *con qd.* to live next door to s.o.; *venditore* ~ **a** ~ door-to-door salesman; ~ **blindata** armoured door; **bussare** *alla* ~ to knock on (*o* at) the door; (*fig.*) to seek help; **chiudere** *la* ~ *in faccia a qd.* to slam the door in s.o.'s face; (*Dir.*) *a porte* **chiuse** in camera: *il processo si terrà a porte chiuse* the trial will be held in camera; *andare* **di** ~ *in* ~ to go (*o* beg) from door to door; **essere** *alle porte* to be at the gates; (*fig.*) to be at the door; ~ **esterna** outer door; **fuori** ~ outside the town; (*fig.*) **mettere** *qd. alla* ~ to throw (*o* turn) s.o. out; ~ **principale** main (*o* front) door; ~ *di* **servizio** back door; **sfondare** *una* ~ *aperta* to flog a dead horse.

portabagagli *m.* **1** (*facchino*) porter. **2** (*reticella*) luggage-rack, (*am.*) baggage-rack. **3** (*Aut.*) (*vano*) (luggage) boot, (*am.*) trunk.

portabandiera *m.* (*Mil.*) standard-bearer (*anche fig.*).

portacarte *m.* paper-holder.

portacenere *m.* ashtray.

portachiavi *m.* key-ring.

portacipria *m.* (powder-)compact.

portadischi *m.* (*mobiletto*) record-rack, record-stand.

portaerei *f.* aircraft-carrier.

portafinestra *f.* (*Edil.*) french window.

portafiori *m.* flower-stand.

portafoglio *m.* **1** wallet, pocket-book; (*am.*) billfold. **2** (*borsa per documenti*) brief-case. **3** (*carica e funzione di ministro*) portfolio. **4** (*Econ.*) portfolio. ▭ (*fig.*) **avere** *il* ~ *gonfio* to have a fat purse; ~ **estero** foreign bill; (*fig.*) **metter** *mano al* ~ to loosen one's purse-strings; (*Econ.*) ~ **titoli** securities portfolio.

portafortuna **I** *s.m.* **1** good-luck piece, talisman; (*amuleto*) amulet. **2** (*mascotte*) mascot. **II** *a.* lucky, good-luck-: *ciondolo* ~ lucky charm.

portafrutta *m.* fruit dish (*o* bowl).

portagioie *m.* jewel-case.

portalampada *m.* lamp-holder, bulb socket.

portale *m.* (*Arch.*) portal.

portalettere *s.m./f.* postman (*pl.* –men; *f.* –woman, *pl.* –women).

portamento *m.* bearing, carriage; (*andatura*) gait: ~ *eretto* upright carriage.

portamonete *m.* purse.

portante *a.* load-bearing, supporting. ▭ **ben** ~ well-preserved; **fune** ~ track cable; **muro** ~ main cable.

portantina *f.* **1** (*Stor.*) sedan (chair). **2** (*barella*) stretcher.

portaombrelli *m.* umbrella-stand.

portapacchi *m.* **1** (*fattorino*) parcel-deliverer, messenger. **2** (*della bicicletta*) parcel rack (*o* grid); (*di un auto*) roof-rack.

portapenne *m.* pen-holder.

portare *v.t.* **1** (*avvicinandosi verso chi parla*) to bring*; (*allontanandosi da chi parla*) to take*: *portami un bicchiere d'acqua* bring me a glass of water; *porta questo bicchiere d'acqua a tuo padre* take this glass of water (up) to your father. **2** (*portare di peso, trasportare*) to carry. **3** (*rif. a vestiti: indossare*) to wear*, to have on; (*rif. a capelli e sim.*) to wear*. **4** (*portare con sé*) to take*, to bring*, to carry, to have. **5** (*andare a prendere*) to fetch: *portami quella rivista che ho dimenticato* fetch me that magazine I left behind. **6** (*condurre*) to take*; to lead*; (*accompagnare*) to take*; (*accompagnare in macchina*) to take* (by car), to drive*. **7** (*reggere, sostenere*) to support, to hold* (up), to take*: *mi faresti il piacere di portarmi per un po' il bambino?* would you mind taking (*o* holding) the baby for a moment? **8** (*rif. a sentimenti: provare, nutrire*) to bear*, to nourish; (*spesso si traduce con* to be *e un aggettivo oppure col verbo corrispondente*): ~ *rispetto verso qd.* to be respectful to s.o., to respect s.o. **9** (*produrre, causare*) to bring*: *la guerra porta dolore* war brings suffering. **10** (*addurre*) to bring* (*o* put*) forward, to produce: ~ *delle prove* to produce evidence. **11** (*avere*) to have, to bear*: *porta il nome della madre* she has her mother's name. **12** (*essere in grado di trasportare*) to carry, to bear*, to hold*: *la mia auto porta solo quattro persone* my car only holds four people. **portarsi** *v.i.pron.* **1** (*recarsi*) to go*; (*rif. a veicolo: spostarsi*) to move. **2** (*comportarsi*) to behave, to act. □ ~ *in* **alto** to lift up (high); ~ *male i propri* **anni** to look older than one's age; ~ *bene i propri* **anni** not to look one's age; (*fig.*) ~ **avanti** *qc.* to get ahead with s.th.; ~ **fortuna** to bring good luck; ~ *in* **regalo** to take (as a present); ~ *qd. alle* **stelle** to praise s.o. to the skies; ~ *in* **tavola** to serve dinner; ~ *la* **testa** *alta* to hold one's head high; ~ **via** to take (*o* carry) away; (*rubare*) to steal.

portaritratti *m.* picture-frame, photograph -holder.

portariviste *m.* magazine-rack.

portasapone *m.* soap-dish; (*da viaggio*) soap -box.

portasci *m.* ski-rack.

portasigarette *m.* cigarette-case.

portasigari *m.* cigar-case, cigar-box.

portaspilli *m.* pincushion.

portata *f.* **1** (*in un pranzo*) course: *pranzo di due portate* two-course lunch. **2** (*capacità di carico: rif. a treni, auto, ecc.*) carrying (*o* loading) capacity; (*rif. a navi*) burden. **3** (*Edil.*) capacity load. **4** (*Mil., Ott.*) range: ~ *di un cannone* range of a cannon. **5** (*fig.*) (*possibilità di arrivare a qc.*) reach, grasp: *prezzi alla* ~ *di tutti* prices within everybody's reach. **6** (*fig.*) (*importanza*) significance, importance, moment. **7** (*di un fiume*) flow. □ (*Mar.*) ~ **lorda** dead-weight capacity; *a* ~ *di* **mano** within reach, handy, at (*o* to) hand; *di* ~ **mondiale** of world-wide importance; *a* ~ *di* **tiro** within firing range; *a* ~ *di* **voce** within call.

portatile *a.* portable: *un piccolo televisore* ~ a little portable TV.

portato *a.* **1** (*incline*) inclined, prone, given (*a* to): *essere* ~ *all'ira* to be prone to anger. **2** (*che ha inclinazione per qc.*) having a bent (for), to be gifted (for). **3** (*usato*) worn, used.

portatore *m.* **1** bearer (*anche fig.*). **2** (*portabagagli*) porter. **3** (*Med.*) carrier: ~ *sano* healthy carrier. **4** (*Econ.*) bearer: *pagabile al* ~ payable to bearer; (*possessore*) holder: ~ *di un'obbligazione* bondholder.

portatovagliolo *m.* (*anello*) serviette-ring; (*busta*) serviette-holder.

portauovo *m.* egg-cup.

portavasi *m.* **1** (*sostegno*) flower-stand. **2** (*vaso*) cachepot.

portavivande *m.* **1** insulated food-hamper. **2** (*carrello*) trolley, dumb-waiter.

portavoce *m.* spokesman (*pl.* –men); mouthpiece.

portello *m.* **1** wicket. **2** (*Mar., Aer.*) port.

portento *m.* **1** (*miracolo*) miracle, wonder, portent. **2** (*persona eccezionale*) prodigy, genius, portent.

portentoso *a.* **1** portentous. **2** (*straordinario*) prodigious, wonderful, marvellous.

porticato *m.* colonnade, arcade.

portico *m.* **1** (*Arch.*) portico, porch. **2** (*nelle fattorie*) lean-to, shed. **3** (*galleria con negozi*) arcade.

portiera[1] *f.* **1** (*Aut.*) (car-)door. **2** (*tenda pesante*) quilted curtain.

portiera[2] *f.* (female) door-keeper, (female) porter.

portiere *m.* **1** porter; (*di edificio pubblico*) door-keeper, doorman (*pl.* –men); (*am.*) janitor. **2** (*Sport*) goalkeeper.

portinaio *m.* porter, door-keeper; (*am.*) janitor.

portineria *f.* porter's lodge.

porto[1] *m.* **1** port, harbour: *entrare in* ~ to enter port. **2** (*fig.*) (*meta*) goal: *giungere in* ~ to reach one's goal; (*rifugio*) haven, shelter. □ **capitaneria** *di* ~ harbour office; (*fig.*) **condurre** *qc. in* ~ to bring s.th. to a successful conclusion; ~ **franco** freeport; ~ *d'***imbarco** port of shipement; (*fig.*) ~ *di* **mare** open house; ~ **militare** naval port (*o* base); ~ *di* **transito** port of call.

porto[2] *m.* (*prezzo del trasporto*) carriage, (*am.*) freight(age). □ ~ *d'***armi** gun licence; ~ **assegnato** carriage forward, carriage unpaid; **franco** *di* ~ carriage free, carriage paid; (*Poste*) postage prepaid.

Portogallo *N.pr.m.* (*Geog.*) Portugal.

portoghese *a./s.m./f.* Portuguese.

portone *m.* main entrance, main (*o* front) door.

portoricano *a./s.m.* Puerto Rican.

Portorico *N.pr.m.* (*Geog.*) Puerto Rico.

portuale **I** *a.* (*Mar.*) harbour-, port-: *diritti portuali* harbour dues. **II** *s.m.* docker.

porzione *f.* **1** share, portion, part. **2** (*rif. a cibi*) portion, helping.

posa *f.* **1** laying, setting: *la* ~ *della prima pietra* the laying of the foundation stone. **2** (*atteggiamento*) position, attitude. **3** (*contegno affettato*) pose, affectation. **4** (*Arte*) posing; (*l'atteggiamento*) pose; (*seduta*) sitting. **5** (*Fot.*) (*esposizione*) exposure: *tempo di* ~ time exposure. □ **lavorare** *senza* ~ to work without respite; **mettersi** *in* ~ to assume a pose.

posacenere *m.* ashtray.

posapiano *m./f.* (*scherz.*) slowcoach, (*am.*) slowpoke.

posare **I** *v.t.* to put*, to lay*: ~ *un piatto sul tavolo* to lay a plate on the table. **II** *v.i.* **1** (*poggiare*) to stand*, to rest. **2** (*fig.*) (*fondarsi*) to be based (*o* founded), to rest. **3** (*fare da modello*) to pose, to sit*. **4** (*fig.*) (*atteggiarsi*) to pose; (*darsi arie*) to put* on (*o* give* o.s.) airs. **posarsi** *v.i.pron.* **1** to settle. **2** (*soffermarsi*) to stay, to rest. **3** (*di aerei o volatili*) to land, to alight.

posata *f.* cutlery. □ *posate d'***argento** silver-

ware; **servizio** *di posate* set of flatware.
posateria *f.* cutlery, cutlery set.
posato *a.* (*equilibrato: rif. a persona*) sensible, steady, sane; (*rif. a cosa*) moderate, measured.
posatoio *m.* perch, roost.
poscritto *m.* postscript, (*fam.*) P.S.
positiva *f.* (*Fot.*) positive.
positivismo *m.* (*Filos.*) positivism.
positivista *a./s.m.* positivist.
positivo *a.* **1** positive (*anche Fis., Gramm.*). **2** (*favorevole*) favourable: *esprimere un giudizio* ~ to give a favourable opinion. **3** (*dotato di senso pratico*) practical, matter of fact: *è un uomo* ~ he's a practical man. **4** (*affermativo*) affirmative, positive. **5** (*vantaggioso*) good, favourable; promising: *esito* ~ favourable outcome. □ *è* ~ *che* ... it's positive that ..., it goes without saying that ...
posizione *f.* **1** position. **2** (*atteggiamento*) position, attitude (*anche fig.*): *cambiare* ~ to change position. **3** (*stato, condizione*) position, status: *avere una buona* ~ to have a good position; (*grado sociale*) (social) standing, status. □ ~ *d'***attenti** (*Mil.*) (position of) attention; (*Ginn.*) basic position; ~ **chiave** key position; (*fig.*) **farsi** *una* ~ to acquire a position; ~ *di* **forza** strong position; (*Aut.*) **luci** *di* ~ sidelights, parking lights; **prendere** ~ *contro qc.* to take a position (*o* stand) against s.th.
posologia *f.* (*Farm.*) posology.
posporre *v.t.* **1** to place (*o* put*) after. **2** (*fig.*) to put* after, to subordinate: ~ *l'amicizia all'interesse* to subordinate friendship to interest. **3** (*differire*) to postpone, to put* off.
posposizione *f.* (*Gramm.*) postposition.
possedere *v.t.* **1** to possess, to own, to have. **2** (*fig.*) (*conoscere alla perfezione*) to be master of.
possedimento *m.* **1** estate; property. **2** (*Pol.*) possession: *possedimenti coloniali* colonial possessions.
possente *a.* (*lett.*) powerful, mighty.
possessivo *a.* (*Gramm.*) possessive (*anche fig.*).
possesso *m.* **1** possession, ownership. **2** (*fig.*) (*piena cognizione*) mastery. □ **avere** *il pieno* ~ *delle proprie facoltà mentali* to be in full possession of one's mental faculties; **entrare** *in* ~ *di qc.* to come into possession of s.th.
possessore *m.* possessor, owner, holder.
possibile **I** *a.* **1** possible; (*probabile*) likely (*spesso si traduce col verbo* may): *è* ~ *che domani sia bel tempo* it may be fine tomorrow; *farò tutto il* ~ *per aiutarti* I'll do everything possible to assist you. **2** (*in frasi interrogative retoriche*) really?, incredible! **II** *s.m.* possible: *i limiti del* ~ the limits of the possible. □ **essere** ~ to be possible; **è** ~ *che abbia detto una cosa simile?* can he possibly (*o* ever) have said such a thing?; *nei* **limiti** *del* ~ as far as possible; **tutto** *il* ~ everything possible.
possibilità *f.* **1** possibility. **2** *pl.* (*mezzi*) means *pl.* □ *dare a qd. la* ~ *di fare qc.* to enable s.o. to do s.th.
possibilmente *avv.* if possible.
possidente *m./f.* **1** landowner, man (*f.* woman) of property. **2** (*chi possiede case*) landlord (*f.* –lady).
posta *f.* **1** (*servizio*) post, mail; (*organizzazione*) Post Office: *impiegato delle poste* Post Office clerk; (*ufficio postale*) post office. **2** (*corrispondenza*) post, letters *pl.*, mail: *distribuire la* ~ to deliver the mail. **3** (*nei giochi*) stake, stakes *pl.* (*anche fig.*). **4** (*Caccia*) stand. **5** (*Stor.*) (*stazione di corriera*) stage. □ ~ **aerea** airmail; ~ *in* **arrivo** incoming mail; *a* **bella** ~ on purpose; (*fig.*) **fare** *la* ~ to lie in wait; (*Poste*) **fermo** (*in*) ~ poste restante; *a* (*stretto*) **giro** *di* ~ by return of post, (*am.*) by return mail; ~ *in* **partenza** outgoing mail.
postagiro *m.* postal transfer (*o* giro).
postale **I** *a.* postal, post-, mail-: *timbro* ~ postmark. **II** *s.m.* (*treno*) mail train; (*nave*) mail boat. □ **cartolina** ~ postcard; **casella** ~ post-office box; **cassetta** ~ letter-box, (*am.*) mail-box; (*a colonna*) pillar-box.
postazione *f.* emplacemet.
postbellico *a.* post-war.
postdatare *v.t.* to postdate.
posteggiare *v.t./i.* to park.
posteggiatore *m.* car-park attendant.
posteggio *m.* **1** parking (area); (*per automobili*) car-park. **2** (*in un mercato*) stand. □ ~ *per* **auto** *pubbliche* taxi-rank, cab stand; **divieto** *di* ~ no parking; ~ *a* **pagamento** paying car-park.
postelegrafonico **I** *a.* post telegraph and telephone-. **II** *s.m.* post telegraph and telephone employee.
posteri *m.pl.* descendants *pl.*, posterity.
posteriore **I** *a.* **1** rear, back, hind: *le zampe posteriori di un cane* the hind legs of a dog. **2** (*rif. a tempo*) later, following: *gli avvenimenti posteriori* later events. **II** *s.m.* (*scherz.*) (*deretano*) behind.
posterità *f.* posterity.
posticcio **I** *a.* false, artificial. **II** *s.m.* (*rif. a capelli*) hairpiece.
posticipare *v.t.* to postpone, to defer, to put* off.
posticipazione *f.* postponement, deferment.
postiglione *m.* postil(l)on.
postilla *f.* **1** marginal note; (*chiosa*) gloss. **2** (*Dir.*) rider.
postillare *v.t.* to annotate, to write* (marginal) notes on; (*chiosare*) to gloss.
postindustriale *a.* postindustrial.
postino *m.* postman (*pl.* –men).
postmoderno *a.* (*Arte*) postmodern.
posto *m.* **1** (*luogo assegnato*) place: *questo è il mio* ~ this is my place. **2** (*spazio*) room, space: *far* ~ *a qd.* to make room for s.o. **3** (*posto a sedere*) seat. **4** (*posizione in graduatoria*) place, position (*spesso non si traduce*):

occupa il secondo ~ in classifica he is in second place (*o* second). **5** (*impiego*) position, job, post. **6** (*luogo in genere*) place, spot: *conosco un ~ dove si mangia bene* I know a place where the food is excellent. **7** (*Mil.*) post, station: *~ di combattimento* combat station. □ **a** *quattro posti* four-seater; **al** *~ di* (*invece di*) instead of: *ci vado io al ~ tuo* I'll go instead of you; *~ di* **blocco** (*Ferr.*) blockpost; (*Strad.*) roadblock; *~ di* **controllo** checkpoint; **essere** *a ~ (in ordine*) to be tidy; *posti* **letto** beds; **mettere** *a ~ qc.* to tidy s.th. up; (*ripararla*) to repair s.th.; **occupare** *un ~* to take (up) a place; *~ d'***onore** place of honour; *~ in* **piedi** standing room; (*Teat.*) *~ di* **platea** stall; *~ di* **polizia** police station; (*fig.*) *stare al* **proprio** *~* to keep one's place; *~ di* **responsabilità** responsible position; *~ a* **tavola** place at table; **tenere** *un ~ per qd.* to keep (*o* save) a seat for s.o.; **tenere** *le mani a ~* to keep one's hands to o.s.; *mettere la* **testa** *a ~* to settle down; *al* **tuo** *~* if I were you. ‖ (*iron.*) *siamo a ~!* we are done for!

postribolo *m.* brothel.

postulante *m./f.* petitioner.

postulare *v.t.* **1** (*chiedere insistentemente*) to solicit, to petition. **2** (*presupporre*) to postulate.

postulato *m.* postulate.

postumo **I** *a.* **1** posthumous. **2** (*tardivo*) belated. **II** *s.m.pl.* **1** (*Med.*) after-effect (*anche fig.*). **2** (*di una sbornia*) hangover.

potabile *a.* drinking, drinkable: *acqua ~* drinking-water.

potare *v.t.* to prune, to trim; (*rif. a siepi*) to lop.

potassa *f.* (*Chim.*) potash.

potassio *m.* (*Chim.*) potassium.

potatura *f.* pruning, lopping, trimming.

potente **I** *a.* **1** powerful, mighty. **2** (*di grande efficacia*) potent, strong: *veleno ~* potent poison. **II** *s.m.* powerful person; *pl.* the powerful (costr. pl.).

potenza *f.* **1** power, might. **2** (*forza, energia*) strength, force. **3** (*Pol.*) power: *le maggiori potenze europee* the major European powers. □ (*Mat.*) *due* **alla** *terza ~* two to the third power; *all'***ennesima** *~* (*Mat.*) to the nth power; (*fig.*) to the highest degree; (*fam.*) **essere** *una ~* to be a big shot; (*Aut.*) *~* **fiscale** nominal horse-power; **in** *~* (*aggettivo*) potential: *un pericolo in ~* a potential danger; (*avverbio*) potentially; *~ del* **motore** engine power (*o* rating).

potenziale **I** *a.* potential. **II** *s.m.* **1** (*Fis.*) potential. **2** (*estens.*) (*complesso di mezzi*) strength, power. □ *~* **bellico** military strength; *~* **economico** economic strength; *~ di* **mercato** market potential.

potenzialità *f.* potentiality, capacity.

potenziamento *m.* (*rafforzamento*) strengthening; (*incremento*) expansion, development.

potenziare *v.t.* (*rafforzare*) to strengthen; (*incrementare*) to expand, to develop.

potere[1] *v.i.* **1** (*essere in grado; capacità dipendente dal soggetto*) can (*dif.: pr. ind. e cong.; neg.* cannot), could (*dif.: pass. remoto, imperfetto ind., condiz. pr., cong. pass.*); (*per i tempi e i modi mancanti del verbo difettivo si fa ricorso a* to be able to + inf.): *possiamo aiutarti* we can help you; *non potemmo venire* we could not come (*o* we were not able to come *o* we were unable to come). **2** (*avere la possibilità, il permesso; potere non dipendente dal soggetto*) may (*dif.: pr. ind. e cong.*), might (*dif.: pass. remoto, imperfetto ind., condiz. pr., cong. pass.*); (*fam.*) can, could; (*per i tempi e i modi mancanti del verbo difettivo si fa ricorso a* to be allowed to + inf., to be permitted to + inf.): *posso alzarmi?* may I stand up?; *potrebbero venire domani* they might come tomorrow. **3** (*essere probabile: nelle supposizioni*) may (*dif.: pres.*), might (*dif.: pass.*), to be likely: *potete avere ragione* you may be right; *quando potrai venire?* when are you likely to come? **4** (*per esprimere augurio*) may (*dif.*): *possiate essere felici* may you be happy; (*esortazione*) might (*dif.*): *potresti almeno rispondere!* you might at least answer. **5** (*assol., avere influenza*) to be influential (*o* powerful), to have influence: *il segretario può molto presso il presidente* the secretary has a lot of influence with the president; (*avere possibilità economiche*) to be well-off (*o* well-to-do): *è una famiglia che può molto* it is a well-to -do family. □ **avrebbe** *potuto scrivere* he could (*o* might) have written; *può* **darsi** may be, it's possible, could be; *non posso* **fare** *a meno di ridere* I can't help laughing; *non posso* **farci** *nulla* I can't help it; *non poterne* **più** (*essere esausto*) to be exhausted; (*essere al limite della sopportazione*) to be unable to stand it any longer, to have had enough; *a* **più** *non posso* with all one's strength (*o* might); *per* **quanto** *posso* as far as I can.

potere[2] *m.* **1** power. **2** (*influenza, potestà*) influence, sway: *non ho alcun ~ su di lui* I have no influence over him. **3** (*autorità*) power, authority: *esercitare un ~* to exercise a power. □ *~ d'***acquisto** purchasing power; **conferire** *a qd. il ~ di fare qc.* to empower s.o. to do s.th.; **essere** *al ~* to be in power; **essere** *in ~ di qd.* to be in s.o.'s power (*o* hands); (*essere di competenza di qd.*) to be within s.o.'s province; *~* **nutritivo** nutritive value; **pieni** *poteri* full powers; (*fig.*) **quarto** *~* (*la stampa*) fourth estate; **quinto** *~* mass media; *~* **verde** green power.

potestà *f.* (*potere*) power. □ (*Dir.*) *patria ~* parental authority.

povero **I** *a.* **1** (*indigente*) poor, needy. **2** (*misero*) poor, wretched, miserable; (*disadorno*) plain, bare. **3** (*privo, scarso*) lacking, wanting, poor (*di* in), having little (*pl.* few): *un paese ~ di materie prime* a country lacking in raw materials. **4** (*sterile*) poor, barren:

terreni poveri barren lands. **5** (*defunto*) late: *la mia povera nonna* my late grandmother. **6** (*che desta compassione*) poor. **II** *s.m.* **1** poor person, pauper; *pl.* the poor (costr. pl.): *i poveri della città* the city poor. **2** (*mendicante*) beggar. □ ~ **me**! poor me!, oh dear!; (*eufem.*) ~ *di* **spirito** (*idiota*) dull -witted, simple-minded.

povertà *f.* **1** (*miseria*) poverty. **2** (*scarsità*) shortage, scarcity, want.

poveruomo *m.* **1** poor fellow, poor thing. **2** (*spreg.*) poor wretch.

pozione *f.* potion.

pozza *f.* puddle, pool.

pozzanghera *f.* puddle.

pozzo *m.* **1** well. **2** (*di miniere*) shaft, pit. **3** (*fig.*) well, mine: *un ~ di scienza* a mine of learning. □ ~ **nero** cesspool, cesspit; ~ **petrolifero** oil-well; ~ *di* **ventilazione** airshaft.

p.p. = **1** *pacco postale* parcel post. **2** *per procura* by proxy.

P.P. = **1** *porto pagato* carriage paid. **2** (*Poste*) *posa piano* handle with care.

Pr = (*Chim.*) *praseodimio* praseodymium.

PR = *pubbliche relazioni* public relations.

Praga *N.pr.f.* (*Geog.*) Prague.

pragmatismo *m.* pragmatism.

prammatica *f.* custom, usage. □ *di* ~ customary.

prammatico *a.* pragmatic.

pranzare *v.i.* **1** to have dinner, to dine. **2** (*solo a mezzogiorno*) to (have) lunch.

pranzo *m.* **1** (*pasto di mezzogiorno*) lunch, dinner. **2** (*pasto della sera*) dinner; (*più leggero*) supper. **3** (*lauto pasto: di mezzogiorno*) luncheon, dinner; (*di sera*) dinner, dinner -party. □ **da** ~ lunch-, dinner-; *sala* **da** ~ dining-room; **dopo** ~ after lunch (*o* dinner); (*nel pomeriggio*) in the afternoon; ~ *di* **gala** banquet; **ora** *di* ~ lunch-time, dinner-time.

praseodimio *m.* (*Chim.*) praseodymium.

prassi *f.* routine (*o* usual) procedure.

prateria *f.* grassland.

pratica *f.* **1** practice: *imparare con la* ~ to learn by practice. **2** (*conoscenza, esperienza*) experience (*di* of, in), skill (in). **3** (*tirocinio*) practice, training. **4** (*usanza*) practice, custom, usage. **5** (general. pl.) (*passo, atto*) steps *pl.*, procedure. **6** (*incartamento*) file, dossier; (*affare*) case, business: *insabbiare una* ~ to shelve a case. □ **fare** ~ to train (*di qc.* in s.th.); **fare** ~ *con qd.* to do one's training with s.o.; **in** ~ in practice; **prendere** ~ to learn by experience; *pratiche d'***ufficio** office business; (*documenti*) office papers.

praticabile *a.* **1** (*esercitabile*) practicable, exercisable. **2** (*che si può percorrere*) practicable, passable.

praticabilità *f.* practicability.

praticante *m./f.* **1** professional trainee (*o* assistant); (*apprendista*) apprentice. **2** (*chi osserva pratiche religiose*) church-goer. □ *un cattolico* ~ a practising Catholic.

praticare *v.t.* **1** (*fare, eseguire*) to perform, to make*, to give*: ~ *uno sconto* to make a reduction. **2** (*esercitare una professione*) to practise, to do*: *pratica la medicina omeopatica* he practises homeopathic medicine. **3** (*frequentare: rif. a persone*) to associate (*o* have dealings) with, to mix (*o* have to do) with; (*rif. a luoghi*) to frequent.

praticità *f.* practicality, practicalness.

pratico *a.* **1** practical. **2** (*esperto*) experienced, skilled (*di* in). **3** (*funzionale*) practical, convenient, handy. **4** (*reale*) real, actual, practical: *nella vita pratica* in real life. □ *all'***atto** ~ in practice; **essere** ~ *di qc.* to be familiar with s.th.; *non* **sono** ~ *di qui* I'm a stranger here myself.

praticone *m.* (*fam.*) old hand.

prato *m.* **1** meadow, grassland. **2** (*rasato*) grass, lawn.

pratolina *f.* (*Bot.*) (English) daisy.

preallarme *m.* warning signal (*anche fig.*).

preambolo *m.* preamble. □ **lasciamo** *stare i preamboli* let's get to the point straight away; *dire qc.* **senza** *tanti preamboli* to come straight out with s.th.

preannunciare *v.t.* **1** to state (*o* announce) previously. **2** (*fig.*) (*essere indizio di*) to fore -shadow, to herald.

preannuncio *m.* **1** previous announcement, forecasting. **2** (*indizio*) (fore)warning, fore -shadowing.

preavvisare *v.t.* **1** to inform in advance, to give* advance notice to. **2** (*ammonire preventivamente*) to (fore)warn.

preavviso *m.* **1** (advance) notice: *con ~ di un mese* at a month's notice. **2** (*fig.*) (*segno premonitore*) (fore)warning, warning sign. □ **dietro** ~ upon notice; **senza** ~ without notice (*o* warning).

prebellico *a.* pre-war.

prebenda *f.* (*Rel.*) prebend.

preborsa *f.* (*Econ.*) premarket dealings *pl.*

precarietà *f.* precariousness.

precario **I** *a.* precarious, uncertain. **II** *s.m.* (*docente*) theacher with a temporary job. □ *salute precaria* poor health.

precauzionale *a.* precautionary.

precauzione *f.* **1** (*cautela*) caution, care. **2** *pl.* (*provvedimenti*) precautions *pl.*

precedente **I** *a.* previous, preceding, former, before: *la volta* ~ the time before. **II** *s.m.* **1** precedent: *creare un* ~ to set a precedent. **2** (*burocr.*) (past) record. □ *precedenti* **penali** criminal record; **senza** *precedenti* unprecedented.

precedenza *f.* **1** precedence, priority. **2** (*Strad.*) right-of-way: *dare la ~ a un veicolo* to give a vehicle the right-of-way. □ *in* ~ previously, formerly.

precedere **I** *v.t.* **1** to precede, to go* (*o* come*) before. **2** (*rif. a dignità o rango*) to have precedence over, to come* (*o* go*) before, to precede. **II** *v.i.* to precede, to go* (*o* come*) first.

precettare *v.t.* **1** (*Mil.*) to call up, (*am.*) to draft. **2** (*estens.*) to recall to duty.

precetto *m.* precept (*anche Rel.*); (*regola*) rule. □ (*Mil.*) **cartolina** ~ call-up papers; (*Rel.*) **festa** *di* ~ holy-day of obligation; (*Rel.*) ~ **pasquale** Easter duty.

precettore *m.* tutor, preceptor.

precipitare **I** *v.t.* **1** (*far cadere con impeto*) to throw*, (*o* hurl *o* fling*) down, to cast* headlong, to send* flying down. **2** (*fig.*) (*affrettare eccessivamente*) to precipitate, to hasten, to speed* up. **3** (*Chim.*) to precipitate. **II** *v.i.* **1** (*cadere*) to fall* (headlong), to plunge (*o* hurtle) down. **2** (*fig.*) (*piombare, sprofondare*) to fall*, to plunge. **3** (*fig.*) (*giungere a conclusione*) to come* to a head: *gli eventi precipitano* events are coming to a head. **4** (*Chim.*) to precipitate. **precipitarsi** **I** *v.r.* (*gettarsi*) to throw* (*o* hurl *o* fling*) o.s. **II** *v.i.pron* (*affrettarsi*) to rush, to hasten, (*fam.*) to dash.

precipitazione *f.* **1** (*Meteor., Chim.*) precipitation. **2** (*fig.*) hastiness, haste, rush; (*avventatezza*) recklessness, rashness.

precipitoso *a.* **1** (*impetuoso*) headlong. **2** (*fig.*) (*avventato*) rash, reckless, precipitate; (*affrettato*) hasty, hurried, rushed.

precipizio *m.* precipice; (*burrone*) ravine. □ **a** ~ steeply, precipitously; (*fig.*) headlong: *correre a* ~ to run headlong; (*fig.*) **essere** *sull'orlo di un* ~ to be on the brink of ruin.

precipuo *a.* principal, main, chief.

precisamente *avv.* precisely.

precisare *v.t.* **1** to specify, to state (precisely), to tell* (exactly). **2** (*estens.*) (*esporre con precisione*) to explain (in detail), to give* full details of.

precisazione *f.* specification, clarification.

precisione *f.* **1** (*esattezza*) precision, accuracy, exactness. **2** (*chiarezza*) clarity. □ *di* ~ precision-: *strumenti di* ~ precision instruments.

preciso *a.* **1** (*esatto*) precise, exact. **2** (*accurato*) accurate, careful. **3** (*puntuale*) punctual, on time; (*con l'indicazione dell'ora*) sharp: *sii* ~ be punctual; *alle sette precise* at seven o'clock sharp. **4** (*rif. a strumenti*) accurate, precise. **5** (*definito*) definite; (*chiaro*) clear. **6** (*uguale*) identical (*a* to).

precludere *v.t.* to preclude, to prevent. □ *l'età le ha precluso di partecipare al concorso* she was barred from the competition because of her age.

preclusione *f.* preclusion, prevention; (*Dir.*) estoppel.

precoce *a.* precocious; (*prematuro*) early, premature; (*rif. a morte*) untimely: *un'estate* ~ an early summer.

precocità *f.* precocity; (*prematurità*) untimeliness, earliness.

preconcetto **I** *s.m.* prejudice, preconceived idea. **II** *a.* preconceived.

precorrere *v.t.* (*prevenire*) to anticipate; (*precedere*) to forestall. □ ~ *gli* **eventi** to anticipate events; ~ *i* **tempi** to be ahead of one's times.

precotto *a.* pre-cooked: *riso* ~ pre-cooked rice.

precursore *m.* forerunner, precursor.

preda *f.* **1** prey, quarry. **2** (*bottino*) booty, spoils *pl.*, plunder: ~ *di guerra* spoils of war. **3** (*fig.*) prey: *cadere in* ~ *alla disperazione* to fall prey to despair. □ *uccello* **da** ~ bird of prey; **essere** *in* ~ *al terrore* to be terror-struck.

predare *v.t.* to plunder, to pillage, to sack.

predatore *m.* **1** plunderer, pillager. **2** (*rif. ad animali*) predator.

predecessore *m.* **1** predecessor. **2** *pl.* (*antenati*) forefathers *pl.*

predella *f.* **1** platform. **2** (*di altare*) predella, altar-step.

predellino *m.* footboard.

predestinare *v.t.* to (pre)destine, to preordain.

predestinazione *f.* predestination.

predica *f.* **1** (*Rel.*) sermon. **2** (*fam.*) (*discorso moraleggiante*) lecture; (*ramanzina*) talking -to, telling-off.

predicare **I** *v.t.* to preach: ~ *il Vangelo* to preach the Gospel. **II** *v.i.* to preach, to sermonize. □ (*fig.*) ~ *al vento* to preach (*o* talk) to the winds.

predicativo *a.* predicative.

predicato *m.* predicate. □ *essere in* ~ *per un incarico* to be a candidate for an office.

predicatore *m.* preacher.

predicazione *f.* preaching.

prediletto **I** *a.* **1** favourite: *autore* ~ favourite author. **2** (*il più caro*) dearest: *il compagno* ~ one's dearest friend. **II** *s.m.* favourite, pet, darling.

predilezione *f.* fondness, predilection.

prediligere *v.t.* to prefer, to be particularly fond of.

predire *v.t.* to foretell*, to predict: ~ *il futuro* to foretell the future.

predisporre *v.t.* **1** (*preparare*) to arrange (beforehand), to plan. **2** (*usato spec. al passivo*) to predispose: *essere favorevolmente predisposto nei confronti di qd.* to be predisposed in s.o.'s favour. **predisporsi** *v.r.* to prepare o.s.

predisposizione *f.* **1** tendency, natural bent, turn: *ha* ~ *per la musica* he has a bent for music. **2** (*Med.*) predisposition.

predizione *f.* prediction, prophecy.

predominante *a.* predominant, prevailing.

predominare *v.i.* **1** to predominate. **2** (*essere più numeroso*) to be predominant.

predominio *m.* (*supremazia*) predominance (*anche fig.*).

predone *m.* marauder, plunderer, raider.

preesistente *a.* pre-existent.

preesistenza *f.* pre-existence.

preesistere *v.i.* to pre-exist.

prefabbricato *a.* prefabricated: *casa prefabbricata* prefabricated house, (*fam.*) prefab.

prefazione *f.* preface, foreword.

preferenza *f.* preference, partiality. ▭ **a** ~ *di* rather than, in preference to; **avere** ~ *per qd.* to prefer (*o* have a preference for) s.o.; **dare** *la* ~ *a qc.* to prefer (*o* choose) s.th.
preferenziale *a.* preferential: *tariffe preferenziali* preferential tariffs.
preferibile *a.* preferable.
preferire *v.t.* to prefer, to like better (*o* best).
preferito I *a.* favourite. **II** *s.m.* favourite; (*beniamino*) pet, darling.
prefetto *m.* prefect.
prefiggere *v.t.* to fix beforehand, to settle (in advance). ▭ *prefiggersi uno scopo* to set o.s. a goal.
prefigurare *v.t.* to prefigure.
prefisso *m.* **1** (*Ling.*) prefix. **2** (*Tel.*) area code.
pregare *v.t.* **1** to pray. **2** (*assol.*) (*recitare preghiere*) to pray, to say* prayers. **3** (*chiedere*) to beg, to ask. ▭ *non si* **farà** ~ he won't take much persuading; **farsi** ~ to wait to be asked twice, to have to be persuaded; **prego**, *desidera?* can I help you?
pregevole *a.* valuable.
preghiera *f.* **1** prayer. **2** (*richiesta*) request, entreaty. ▭ **rivolgere** *una* ~ *a qd.* to make a request to s.o.; **su** ~ *di qd.* at (*o* by) s.o.'s request.
pregiato *a.* **1** (*di valore*) valuable. **2** (*nelle lettere: normalmente non si traduce*): *in risposta alla Vostra pregiata lettera* in replay to your letter. ▭ *pregiatissimo Sig. Carlo Rossi* Dear Mr. Carlo Rossi.
pregio *m.* **1** (*considerazione*) esteem, regard: *avere in* (*gran*) ~ *qd.* to hold s.o. in (high) esteem. **2** (*dote, merito*) good quality (*o* point), merit. ▭ **di** ~ valuable, precious; *di* **nessun** ~ worthless, valueless.
pregiudicare *v.t.* **1** to prejudice, to compromise. **2** (*danneggiare*) to damage, to impair.
pregiudicato I *a.* (*compromesso*) bound to fail, doomed. **II** *s.m.* (*Dir.*) previous offender.
pregiudiziale *a.* (*Dir.*) preliminary.
pregiudizievole *a.* prejudicial, detrimental.
pregiudizio *m.* **1** prejudice. **2** (*credenza superstiziosa*) superstition. **3** (*danno*) detriment, damage, prejudice. ▭ *avere pregiudizi contro qd.* to be prejudiced against s.o.
pregnante *a.* (*denso di significato*) pregnant, meaningful.
pregno *a.* **1** (*impregnato*) impregnated, soaked. **2** (*gravido*) pregnant.
prego *intz.* (*in formule di cortesia*) please; (*in risposta a ringraziamento*) don't mention it, not at all, (*am.*) you're welcome; (*cedendo il passo a qd.*) after you.
pregustare *v.t.* to look forward to, to foretaste.
preistoria *f.* prehistory.
preistorico *a.* prehistoric.
prelato *m.* (*Rel.*) prelate.
prelavaggio *m.* pre-wash.
prelazione *f.* (*Dir.*) pre-emption.
prelevamento *m.* **1** taking. **2** (*Econ.*) withdrawal, drawing; (*somma prelevata*) sum withdrawn.
prelevare *v.t.* **1** to take*: ~ *un campione* to take a sample. **2** (*Econ.*) to withdraw*, to draw*.
prelibato *a.* delicious, excellent.
prelievo *m.* **1** taking, collecting: ~ *del sangue* taking of a blood sample. **2** (*Econ.*) withdrawal, drawing.
preliminare I *a.* preliminary, introductory. **II** *s.m.* preliminary.
preludere *v.i.* **1** (*preannunciare*) to prelude, to foreshadow, to forebode (s.th.). **2** (*introdurre, fare una premessa*) to introduce, to prelude (s.th.).
preludio *m.* prelude.
prematrimoniale *a.* premarital: *rapporti prematrimoniali* premarital sex.
prematuro *a.* **1** premature, precocious; early; (*rif. a morte*) untimely. **2** (*Med.*) premature: *parto* ~ premature delivery.
premeditare *v.t.* to premeditate.
premeditato *a.*: (*Dir.*) *omicidio* ~ (*GB*) murder; (*USA*) first-degree murder.
premeditazione *f.* premeditation.
premere I *v.t.* **1** to press: ~ *un pulsante* to press a button. **2** (*spingere*) to press (upon, against). **II** *v.i.* **1** to press. **2** (*fig.*) (*far pressione*) to put* (*o* exert) pressure, to press (s.o.): ~ *sugli alunni perché studino di più* to put pressure on the pupils to study harder. **3** (*fig.*) (*stare a cuore*) to matter, to care (*o* worry) about (costr. pers.): *mi preme molto il suo futuro* I do care about his future.
premessa *f.* **1** introduction. **2** (*Filos.*) premise. ▭ *fare una* ~ to make a preliminary (*o* an introductory) statement.
premettere *v.t.* **1** to state first, to start by saying. **2** (*far precedere*) to put* before: ~ *il nome al cognome* to put one's first name before one's surname. ▭ *premesso* **che** considering that; **ciò** *premesso* that being said (*o* stated).
premiare *v.t.* **1** to give* (*o* award) a prize to. **2** (*ricompensare*) to reward, to repay*.
premiato *m.* prize-winner.
premiazione *f.* **1** giving (*o* awarding) of prizes. **2** (*cerimonia*) prize-giving.
preminente *a.* pre-eminent.
preminenza *f.* pre-eminence.
premio *m.* **1** prize, award: *assegnare un* ~ *a qd.* to award a prize to s.o. **2** (*ricompensa*) reward. **3** (*di assicurazioni*) premium. **4** (*gratifica*) bonus. ▭ ~ *di* **consolazione** consolation prize; ~ *in* **denaro** cash prize; **in** ~ *di* as a reward for; ~ **letterario** literary award; ~ **Nobel** (*istituzione*) Nobel Prize; (*vincitore*) Nobel prize-winner.
premonitore *a.* premonitory.
premonizione *f.* premonition.
premunire *v.t.* **1** to fortify (beforehand). **2** (*fig.*) to forewarn, to forearm. **premunirsi** *v.r.*

to forearm, to take* protective measures.

premura *f.* **1** (*fretta, urgenza*) haste, hurry: *ho ~ di partire* I am in a hurry to leave. **2** (*sollecitudine*) care, solicitude, attention. **3** (*gentilezza*) kindness. ☐ **darsi** ~ to take care; **far** ~ *a qd.* to hurry s.o. up.

premuroso *a.* **1** (*sollecito*) careful, solicitous. **2** (*pieno di riguardi*) thoughtful.

prenatale *a.* prenatal.

prendere I *v.t.* **1** to take*; (*afferrare*) to seize, to catch* (hold of): *la prese per il braccio e la trascinò in salotto* he seized her arm and dragged her into the living room. **2** (*andare a prendere*) to collect, to fetch, to pick up: *~ le valigie alla stazione* to collect the suitcases at the station. **3** (*catturare*) to catch*, to take*. **4** (*trattare*) to treat, to deal* with, to handle: *~ qd. con le buone* to treat s.o. tactfully. **5** (*guadagnare*) to earn, to get*, to make*: *quanto prendi all'ora?* how much do you make an hour?; (*rif. a professionista*) to charge; (*chiedere*) to ask. **6** (*ottenere con studio, con fatica*) to get*, to earn, to take*: *~ la laurea* to get a degree. **7** (*incamminarsi*) to take*, to set* off: *prendi la seconda strada a destra* take the second turn to the right. **8** (*buscarsi*) to get*, to catch*: *~ un raffreddore* to catch a cold. **9** (*conquistare*) to conquer, to take*. **10** (*Fot.*) to take*, to photograph, (*fam.*) to snap. **II** *v.i.* **1** (*dirigersi*) to turn: *~ a sinistra* to turn left. **2** (*attecchire*) to take* root. **prendersi** *v.r.recipr.* (*afferrarsi*) to catch* (*o* seize) e.o. ☐ ~ *l'***abito** (*farsi prete*) to become a priest; ~ *un'***abitudine** to get into a habit; ~ *l'***abitudine** *di bere* to turn to drink; ~ *qd. con le* **cattive** to be rude (*o* unpleasant) to s.o.; *prendersela* **comoda** to take things easy; *prendersela* **con** *qd.* to get angry with s.o.; ~ *il* **largo** to make o.s. scarce; ~ *o* **lasciare** take it or leave it; ~ *alla* **lettera** to take literally; **mandare** *a* ~ to send for; (*fig.*) ~ *la* **mano** to get out of hand; ~ *in* **mano** *qc.* to take s.th. in one's hand; (*fig.*) to take charge of s.th; ~ *qd. per* **mano** to take s.o. by the hand; (*fam.*) ~ *qd. con le* **molle** to handle s.o. with kid gloves; ~ **per** (*stimare*) to think, to consider: *mi hai preso per un cretino?* do you think I am an idiot?; (*scambiare*) to take, to mistake; ~ **piede** to take root; (*fig.*) ~ **sopra** *di sé* to take on (*o* over), to undertake; ~ **su** (*raccogliere*) to pick up. ‖ (*fam.*) *che ti prende?* what's the matter with you?, (*fam.*) what's up (with you)?; *prendersela* to be annoyed (*o* upset): *non te la ~!* don't worry!; (*fam.*) *prenderle* (o *prenderne*) to get a hiding; (*rif. a bambini*) to get a spanking.

prendisole *m.* sun-suit; (*abito intero*) sundress.

prenotare *v.t.* to book, to reserve. **prenotarsi** *v.r.* to book, to make* a booking (*o* reservation).

prenotazione *f.* booking, reservation.

prensile *a.* (*Zool.*) prehensile.

preoccupare *v.t.* to worry, to make* anxious, to trouble. **preoccuparsi** *v.i.pron.* to be worried, to be anxious (*di, per* about): *non preoccuparti, troveremo una soluzione* don't worry, we will find a way out.

preoccupazione *f.* worry, care, trouble.

preordinare *v.t.* to preordain, to prearrange.

preparare *v.t.* **1** (*approntare*) to get* ready, to prepare: *~ la cena* to get dinner ready. **2** (*predisporre*) to prepare. **3** (*rif. a studenti*) to prepare, to coach. **prepararsi** *v.r.* **1** to get* ready, to prepare (o.s.). **2** (*accingersi*) to be about to.

preparativi *m.pl.* preparations *pl.*

preparato I *a.* **1** (*pronto*) ready. **2** (*dotato di preparazione*) well-trained, well-prepared. **II** *s.m.* (*Farm.*) preparation.

preparatorio *a.* preparatory, preliminary.

preparazione *f.* **1** preparation. **2** (*Sport*) training. ☐ ~ **professionale** vocational training; **senza** ~ unprepared.

prepensionamento *m.* early retirement.

preponderante *a.* preponderant, predominant, prevailing.

preponderanza *f.* preponderance, predominance; (*superiorità*) superiority.

preporre *v.t.* **1** (*porre innanzi*) to place (*o* put*) before. **2** (*fig.*) (*preferire*) to prefer, to put* before. **3** (*mettere a capo*) to appoint (*o* put* at the) head, to put* in charge: *fu preposto all'amministrazione* he was put in charge of the administration.

preposizione *f.* (*Gramm.*) preposition.

prepotente I *a.* overbearing, domineering, high-handed, (*fam.*) bossy: *è una ragazza capricciosa e ~* she's a whimsical and overbearing girl. **II** *s.m./f.* arrogant person, bully. ☐ *fare il ~* to bully.

prepotenza *f.* **1** (*qualità*) arrogance, high -handedness. **2** (*azione*) overbearing (*o* arrogant) behaviour. ☐ *smettila con le prepotenze* stop bullying.

prepuzio *m.* (*Anat.*) prepuce, foreskin.

prerogativa *f.* **1** (*privilegio*) prerogative. **2** (*qualità particolare*) (special) quality, property; (*rif. a persona*) gift, (special) quality.

presa *f.* **1** catch, hold, grip, grasp. **2** (*conquista*) taking, seizure. **3** (*pizzico*) pinch: *una ~ di sale* a pinch of salt. **4** (*per afferrare le pentole*) pot-holder. **5** (*fig.*) (*forza, impressione*) hold, impression: *le tue parole fanno sempre una gra. ~ su di lui* your words always make a great impression on him. **6** (*rif. a colla e cemento*) set(ting). **7** (*tecn.*) (*di acqua, aria*) outlet. **8** (*El.*) electric outlet, socket. **9** (*Sport*) (*nella lotta*) catch, grip, hold. **10** (*nei giochi di carte*) trick. ☐ **abbandonare** *la* ~ to let go one's hold; ~ *d'***acqua** water plug; **cane** *da* ~ retriever; ~ *in* **consegna** taking delivery; (*fig.*) ~ *di* **contatto** contact; **essere** *alle prese con un problema* to be struggling with a problem; **far** ~ (*attaccarsi*) to catch (on), to hold; (*indurirsi*) to set; ~ *in* **giro** leg-pull, hoax; (*Cin.*) **macchina**

da ~ cine-camera; ~ *di* **possesso** taking possession; ~ *di* **potere** seizing of power; ~ **telefonica** phone jack; (*El.*) ~ *di* **terra** earth plate; (*fig.*) **venire** *alle prese con qd.* to come to grips with s.o.

presagio *m.* **1** prediction. **2** (*indizio di eventi futuri*) omen, presage: *essere di buon* ~ to be of good omen. **3** (*presentimento*) foreboding.

presagire *v.t.* **1** (*predire*) to foretell*, to predict. **2** (*presentire*) to presage, to forebode.

presalario *m.* (*Univ.*) student's grant.

presbiopia *f.* (*Med.*) presbyopia.

presbite **I** *a.* long-sighted. **II** *s.m./f.* presbyope; long-sighted person.

presbiterianesimo *m.* (*Rel.*) Presbyterianism.

presbiteriano *a./s.m.* Presbyterian.

prescindere *v.i.* to leave* out of consideration. ▭ *a* ~ *da* apart from this.

prescolare *a.* preschool.

prescritto *a.* **1** (*imposto*) prescribed, laid down. **3** (*Med.*) prescribed.

prescrivere *v.t.* to prescribe.

prescrizione *f.* **1** ordinance, regulation, rule. **2** (*Med., Dir.*) prescription. ▭ *cadere in* ~ to become (statute-)barred.

presentabile *a.* presentable.

presentare *v.t.* **1** (*esibire*) to show*, to produce; (*mostrare, esporre*) to show*, to present: *la luna presenta sempre la stessa faccia* the moon always shows the same face. **2** (*porgere offrendo*) to offer, to hand. **3** (*proporre*) to propose, to introduce: ~ *la candidatura di qd.* to propose s.o.'s candidature. **4** (*far conoscere*) to introduce. **5** (*in formule di cortesia*) to present: ~ *i propri ossequi* to present one's respects. **6** (*burocr.*) (*inoltrare*) to put* (*o* send*) in, to make*, to submit: ~ *una domanda* to submit (*o* make) an application. **presentarsi** *v.r.* **1** to present o.s., (*fam.*) to turn (*o* show*) up; (*per ragioni di servizio*) to report. **2** (*farsi conoscere*) to introduce o.s.: *permette che mi presenti?* may I introduce myself? **3** (*fig.*) (*offrirsi*) to arise*, to occur: *mi si è presentata una buona occasione* a good opportunity has arisen for me. **4** (*essere, apparire*) to look, to appear: *la superficie si presenta levigata* the surface looks smooth. ▭ (*Mil.*) ~ *le* **armi** to present arms; *presentarsi* **bene** (*rif. a cose*) to look promising; (*rif. a persone*) to have a good appearance; *presentarsi a un* **esame** to sit for an exam; *presentarsi alla* **mente** to come to the mind; ~ *le proprie* **scuse** to make one's apologies.

presentatore *m.* (*Teat., TV*) compère, presenter; (*am.*) talk-showman (*pl.* –men); (*di programmi a quiz*) quiz-master, question -master.

presentazione *f.* **1** presentation. **2** (*discorso o scritto introduttivo*) introduction. **3** (*di una persona a un'altra*) introduction. **4** (*di un titolo di credito*) presentment: ~ *per il pagamento* presentment for payment.

presente[1] **I** *a.* **1** present; (*questo*) this: *la* ~ *opera* this work. **2** (*attuale*) present: *l'epoca* ~ the present time. **3** (*esclam.*) (*negli appelli*) present, here. **II** *s.m.* **1** (*tempo attuale*) present (time). **2** (*Gramm.*) present (tense). **III** *s.pl.* those present. **IV** *s.f.* (*epist.*) this (letter): *con la* ~ *vi comunico che* this is to inform you that. ▭ **al** ~ at the moment, at present; **avere** ~ (*ricordare*) to remember, to recollect; **far** ~ *qc. a qd.* to draw s.th. to s.o.'s attention; **tenere** ~ to bear (*o* keep) in mind.

presente[2] *m.* (*regalo*) present, gift.

presentimento *m.* presentiment, foreboding.

presentire *v.t.* to have a presentiment of, to have a foreboding of.

presenza *f.* **1** presence; (*a scuola*) attendance. **2** (*aspetto fisico*) smart appearance: *cercasi commessa bella* ~ wanted: shop assistant, smart appearance. ▭ **alla** ~ *di qd.* in s.o.'s presence; *fare* **atto** *di* ~ to put in an appearance; **in** ~ *del pericolo* in moments of danger; ~ *di* **spirito** presence of mind.

presenziare *v.t./i.* to be present at, to attend.

presepio *m.* crib, (*am.*) crèche.

preservare *v.t.* to protect, to preserve.

preservativo *m.* condom, (*fam.*) rubber.

preservazione *f.* preservation.

preside *m./f.* **1** (*Scol.*) headmaster (*f.* –mistress), (*am.*) principal. **2** (*Univ.*) dean, head: ~ *di facoltà* dean, head of a department.

presidente *m.* **1** president (*anche Pol.*). **2** (*Comm.*) (*rif. a società*) chairman (*pl.* –men). **3** (*delle Camere e del Senato*) Speaker. ▭ ~ *del consiglio di* **amministrazione** board chairman; ~ *del* **consiglio** (*dei ministri*) Prime Minister, Premier; (*Dir.*) ~ *della* **corte** presiding judge.

presidenza *f.* **1** presidency (*anche Pol.*). **2** (*Comm.*) (*rif. a società*) chairmanship. **3** (*Scol.*) (*carica*) headmastership; (*sede*) headmaster's office. **4** (*collett.*) management, board of directors. ▭ *assumere la* ~ to take the chair.

presidenziale *a.* presidential.

presidiare *v.t.* to garrison.

presidio *m.* **1** (*Mil.*) (*guarnigione*) garrison. **2** (*circoscrizione*) military sector. **3** (*fig.*) (*difesa*) protection, defence.

presiedere **I** *v.t.* to preside over, to act as chairman at, to chair. **II** *v.i.* to preside (*a* over), to be in charge (of).

pressa *f.* (*tecn.*) press.

pressante *a.* urgent, pressing.

pressappoco *avv.* approximately, about, roughly.

pressare *v.t.* to press.

pressione *f.* pressure (*anche fig.*). ▭ **far** ~ *su qd.* to put pressure on s.o., to press s.o.; (*Mecc.*) **mettere** *sotto* ~ to raise steam; **pentola** *a* ~ pressure-cooker; ~ **sanguigna** blood pressure.

presso **I** *prep.* **1** near: *è andato in un paese* ~

Firenze he has gone to a village near Florence. **2** (*in casa di*) with, at (the house of): *vive* ~ *parenti* he lives with relatives. **3** (*fig.*) to: *ambasciatore* ~ *la Santa Sede* Ambassador to the Holy See. **4** (*alle dipendenze di*) for, with: *lavora* ~ *un avvocato* he works for a solicitor. **5** (*epist.*) care of (*di solito in forma abbreviata* c/o): *al Signor Rossi,* ~ *Bianchi* Mr. Rossi c/o Bianchi. **II** *avv.* near (at hand), nearby, close at hand. **III** *s.m.pl.* neighbourhood. □ *nei pressi di* near, nearby: *abita nei pressi della stazione* he lives near the station; *c'è nei pressi un posteggio dei taxi?* is there nearby a taxi stand?

pressoché *avv.* nearly, almost.

pressurizzare *v.t.* to pressurize.

prestabilire *v.t.* to pre-arrange, to fix beforehand (*o* in advance).

prestanome *m./f.* dummy, man (*pl.* men; *f.* woman, *pl.* women) of straw.

prestante *a.* good looking.

prestanza *f.* fine appearance.

prestare *v.t.* **1** to lend*: *puoi prestarmi la tua macchina da scrivere?* can you lend me your typewriter? **2** (*estens.*) (*dare, concedere*) to lend*, to give* (*talvolta si traduce con frasi idiomatiche*): ~ *aiuto a qd.* to lend a helping hand to s.o.; ~ *la propria opera* to give (*o* lend) one's services; ~ *giuramento* to take an oath; ~ *ascolto* to lend an ear (*o* to listen). **prestarsi I** *v.r.* (*dare il proprio aiuto*) to lend* o.s., to help (s.o.): *problemi che non si prestano a facili soluzioni* problems which do not lend themselves to simple solutions; *un romanzo che si presta bene ad una riduzione televisiva* a novel which lends itself well to dramatisation for television; *si presta sempre per gli amici* he always helps his friends. **II** *v.i.pron.* (*essere adatto*) to be fit (for s.th., for doing s.th.); to be suitable: *questa lana si presta per fare maglioni* this wool is fit for knitting sweaters. □ ~ **attenzione** to pay attention; ~ **servizio** to work, to be employed.

prestazione *f.* **1** *pl.* (*servizi*) services *pl.*: *prestazioni professionali* professional services. **2** (*rendimento*) performance. □ (*Dir.*) ~ *d'opera* work done.

prestigiatore *m.* conjurer.

prestigio *m.* prestige: *perdere* ~ to suffer a loss of prestige. □ **giochi** *di* ~ conjuring tricks; **godere** *di grande* ~ to enjoy great prestige.

prestigioso *a.* prestigious.

prestito *m.* loan. □ **contrarre** *un* ~ to incur (*o* take out) a loan; **dare** *a* (o *in*) ~ to lend; ~ *in* **denaro** cash loan; **emettere** *un* ~ to issue (*o* float) a loan; **prendere** *in* ~ *qc.* to borrow s.th.; **ricevere** *qc. in* ~ to receive (*o* get) s.th. on loan.

presto *avv.* **1** soon, before long, in a short time, shortly: *si è stancato presto* ~ he soon got tired. **2** (*esclam.*) (*in fretta*) hurry up: ~, *muoviti* come on, hurry up. **3** (*di buon'ora*) early. □ **a** ~ see you soon; **ben** ~ very soon; *è* ~ **detto** it's easily said; *si* **fa** *presto a dire* it's easy to talk; *al più* ~ **possibile** as soon as possible; ~ *o* **tardi** sooner or later.

presumere I *v.t.* to imagine, to presume, to think*: *presumo che abbia ragione* I presume he is right. **II** *v.i.* to rely too much on; to think* too highly of: *presume troppo delle sue forze* he relies too much on his strenght; *presume troppo di sé* he thinks too highly of himself.

presumibile *a.* probable, likely.

presunto *a.* **1** presumed. **2** (*rif. a criminali*) alleged.

presuntuosità *f.* (self-)conceit, over-confidence.

presuntuoso *a.* presumptuous, (self-)conceited.

presunzione *f.* presumption (*anche Dir.*); conceit; over-confidence.

presupporre *v.t.* **1** (*supporre*) to suppose, to assume. **2** to presuppose.

presupposizione *f.* supposition, assumption.

presupposto *m.* **1** assumption, supposition. **2** (*condizione necessaria*) presupposition.

prete *m.* priest. □ ~ *operaio* worker priest.

pretendente *m./f.* **1** claimant; (*al trono*) pretender. **2** (*corteggiatore*) suitor.

pretendere I *v.t.* **1** (*sostenere*) to claim, to maintain, to profess: *pretende di avere ragione* he claims to be right. **2** (*esigere*) to demand, to want, to require: ~ *il pagamento* to require payment. **3** (*presumere*) to expect, to presume, to think*. **II** *v.i.* (*aspirare*) to pretend.

pretensione *f.* (*pretesa*) claim.

pretenzioso *a.* pretentious: *un romanzo* ~ a pretentious novel.

preterintenzionale *a.* (*Dir.*) unintentional. □ (*Dir.*) *omicidio* ~ (*GB*) manslaughter; (*USA*) second-degree murder.

pretesa *f.* **1** pretension, pretence: *avere la* ~ *d'essere elegante* to have pretensions to elegance. **2** (*richiesta*) claim, demand. □ **con** *la* ~ *di* under (*o* upon, on) the pretext of; *avere* **molte** *pretese* to expect a lot; *è un uomo di* **poche** *pretese* he's an easy man to please; **senza** *pretese* unpretentious.

pretesto *m.* **1** pretext, excuse, pretence. **2** (*occasione, appiglio*) opportunity, occasion. □ *con il* ~ *di* on (*o* under) the pretext of.

pretore *m.* magistrate; judge.

prettamente *a.* tipically, truly.

pretura *f.* magistrate's court.

prevalente *a.* prevailing, prevalent.

prevalenza *f.* supremacy, superiority.

prevalere *v.i.* to prevail; (*am.*) to outmuscle: *la virtù prevarrà sul male* virtue will prevail against evil.

prevaricare *v.i.* to abuse one's office.

prevaricatore *m.* prevaricator.

prevaricazione *f.* **1** abuse of power. **2** (*Dir.*) malfeasance (in office).

prevedere *v.t.* **1** to foresee*. **2** (*contemplare*) to provide for: *la legge non prevede questo caso* the law does not provide for this case.
prevedibile *a.* foreseeable.
preveggenza *f.* prescience.
prevenire *v.t.* **1** to forestall, to anticipate: ~ *una domanda* to anticipate a question. **2** (*evitare*) to avoid, to avert: ~ *un conflitto* to avert a conflict. **3** (*avvertire in precedenza*) to (fore)warn, to inform (beforehand).
preventivare *v.t.* (*burocr.*) to estimate.
preventivo **I** *a.* preventive: *medicina preventiva* preventive medicine. **II** *s.m.* (*Econ.*) estimate. ▭ (*Econ.*) **bilancio** ~ budget; **carcere** ~ preventive detention; **misure** *preventive* preventive (*o* precautionary) measures.
prevenuto *a.* (*maldisposto*) prejudiced, biased.
prevenzione *f.* **1** (*il prevenire*) prevention (*anche Med.*). **2** (*preconcetto*) prejudice, bias.
previdente *a.* provident, far-seeing, far -sighted.
previdenza *f.* foresight. ▭ **cassa** *di* ~ provident society; ~ **sociale** social security (system).
previdenziale *a.* social security-.
previo *a.* (*burocr.*) subject to, upon: ~ *avviso* subject to notice.
previsione *f.* **1** forecast, prevision, foretelling. **2** (*supposizione*) expectation, forecast. **3** (*Comm.*) forecast, forecasting; estimate: ~ *di spesa* estimate of expenditure. ▭ **in** ~ *di* in expectation (*o* anticipation) of; *previsioni* **meteorologiche** weather forecast *sing.*; **secondo** *le previsioni* according to expectations.
previsto *a.* foreseen, expected: *l'esito* ~ the expected result. ▭ **come** ~ as expected; **più** *a lungo del* ~ longer than expected; **prima** *del* ~ sooner (*o* earlier) than expected.
preziosità *f.* **1** preciousness. **2** (*fig.*) (*ricercatezza*) affectation, preciosity.
prezioso **I** *a.* **1** precious, valuable (*anche fig.*). **2** (*fig.*) (*ricercato, affettato*) affected, precious. **II** *s.m.* (*gioiello*) jewel. ▭ *fare il* ~ to put on airs.
prezzemolo *m.* (*Bot.*) parsley. ▭ (*scherz.*) *essere come il* ~ to turn up everywhere.
prezzo *m.* **1** price; (*costo*) cost: *il* ~ *di un biglietto d'entrata* the cost of an admission ticket. **2** (*tariffa*) rate; (*rif. a trasporti pubblici*) fare. **3** (*concr.*) (*cartellino col prezzo*) price card (*o* tag, label). **4** (*fig. raro*) (*pregio, valore*) price, value: *oggetto di poco* (o *grande*) ~ object of little (*o* great) value. ▭ **a** ~ *di* at the cost of; **al** ~ *di* for, at the price of; *far* **alzare** *i prezzi* to raise (*o* increase) prices; *a* **buon** ~ cheaply, at a good price; *a* **caro** ~ dearly, at a high price; ~ *di* **favore** special price; ~ *all'***ingrosso** wholesale price; ~ *di* **liquidazione** sale (*o* bargain) price; ~ *di* **listino** list price; ~ *al* **minuto** retail price; ~ **ribassato** reduced price; **tirare** *sul* ~ to haggle over the price; **ultimo** ~ (rock-) bottom price.
prezzolare *v.t.* to hire, to pay*; (*corrompere*) to bribe.
prigione *f.* **1** prison, gaol, jail. **2** (*pena*) imprisonment, prison. **3** (*fig.*) (*luogo angusto e buio*) dungeon.
prigionia *f.* imprisonment, captivity.
prigioniero **I** *a.* **1** captured, captive. **2** (*imprigionato*) imprisoned. **II** *s.m.* prisoner, captive: *di guerra* prisoner of war (POW). ▭ *essere fatto* ~ to be taken prisoner.
prima[1] *avv.* **1** before: *avresti dovuto dirmelo* ~ you should have told me so before. **2** (*in anticipo*) beforehand, in advance: *un'altra volta dimmelo* ~ the next time tell me in advance. **3** (*più presto*) earlier, sooner: *devi alzarti* ~ *al mattino* you must get up earlier in the morning. **4** (*una volta*) once, formerly, at one time: ~ *si faceva così, ora no* once we used to do it that way, now we don't. **5** (*in primo luogo, per prima cosa*) first. **6** (*più sopra*) above, before: *i versi citati* ~ the lines quoted above. ▭ ~ **che** before; **come** ~ (just) as before; **di** ~ (*di una volta*) former, once; ~ **di** (*rif. a tempo*) before: ~ *del pranzo* before dinner; (*piuttosto*) rather than, sooner than: *si farebbe uccidere* ~ *di parlare* he'd let himself be killed rather than talk; **molto** ~ long before; *tre* **pagine** ~ three pages back; ~ *o* **poi** sooner or later; **quanto** ~ as soon as possible; **subito** ~ just before.
prima[2] *f.* **1** (*Teat., Cin.*) première, first nigh· **2** (*Aut.*) first (gear). **3** (*Ferr.*) first class.
primario **I** *a.* primary, (*am.*) major: *svolgere un ruolo* ~ to play a major part; *scuola primaria* primary school. **II** *s.m.* (*Med.*) chief (*o* head) physician.
primate *m.* primate.
primati *m.pl.* (*Zool.*) primates *pl.*
primatista *m./f.* (*Sport*) record-holder.
primato *m.* **1** supremacy, pre-eminence, primacy. **2** (*Sport*) record: *battere un* ~ to break (*o* to beat) a record.
primavera *f.* spring(time) (*anche fig.*). ▭ (*fig.*) *avere molte primavere sulle spalle* to be advanced in years.
primaverile *a.* spring-, of spring; springlike.
primeggiare *v.i.* **1** to be one of the best, to excel. **2** (*spiccare*) to stand* out, to be outstanding.
primitivo **I** *a.* **1** former, earlier, previous. **2** (*primordiale*) primitive, prim(a)eval, primordial. **3** (*fig.*) (*rozzo*) primitive, crude. **II** *s.m.* **1** primitive man. **2** (*fig.*) uncouth person.
primizia *f.* **1** early (*o* first) fruit; (*di verdure*) early vegetables *pl.* **2** (*estens.*) (*notizia fresca*) very latest news *pl.*
primo **I** *a.* **1** first; (*primo dei due*) former; (*più anziano: tra più di due*) eldest, first; (*tra due*) elder. **2** (*iniziale*) early, first: *le prime luci dell'alba* the first (*o* early) lights of dawn. **3** (*prossimo*) next, first: *partirò con il* ~ *treno* I'm leaving on the next train. **4** (*principale, fondamentale*) leading, principal,

chief; (*migliore*) best. **5** (*fig.*) (*elementare*) basic, elementary, first: *prime nozioni* basic knowledge. **II** *avv.* (*in primo luogo*) first. **III** *s.m.* **1** first, top: *il* ~ *in graduatoria* the first on the list. **2** (*minuto primo*) minute. ☐ **ai** *primi del Novecento* at the beginning of the twentieth century; (*fig.*) *il* ~ *dell'***Anno** New Year's Day; (*fig.*) *il* ~ **arrivato** just anybody, a nobody; **essere** *tra i primi* to be near the top; *in* ~ **luogo** in the first place, first of all; **materia** *prima* raw material; **per** ~ first; *di* ~ **pomeriggio** early in the afternoon; **sulle** *prime* at first; *in un* ~ **tempo** at first; *dal* ~ *all'***ultimo** from (the) first to (the) last.

primogenito *a./s.m.* firstborn.

primogenitura *f.* primogeniture.

primordiale *a.* primordial, prim(a)eval.

primordio *m.* beginning, origin. ☐ *i primordi della civiltà* the dawn of civilization.

primula *f.* (*Bot.*) primrose.

principale I *a.* main, chief, principal: *parte* ~ main part. **II** *s.m.* (*padrone*) master; (*capo*) head; (*fam.*) boss.

principato *m.* principality.

principe *m.* prince (*anche fig.*). ☐ (*scherz.*) *il* ~ **azzurro** prince charming; ~ **consorte** Prince Consort; ~ **ereditario** crown prince, prince royal.

principesco *a.* princely, prince's, of a prince.

principessa *f.* princess.

principiante I *s.m./f.* beginner. **II** *a.* inexpert, inexperienced.

principiare *v.t./i.* (*lett.*) to begin*, to start.

principio *m.* **1** (*inizio*) beginning, start. **2** (*origine, causa*) beginning, origin, cause. **3** (*concetto, idea*) principle, concept: *partendo dal* ~ *che* starting from the principle that. **4** *pl.* (*elementi, fondamenti*) elements *pl.*, principles *pl.* **5** (*norma*) principle, rule. ☐ **da** ~ in the beginning, at first; *in* **linea** *di* ~ in principle; **per** ~ on principle; **questione** *di* ~ matter of principle.

priora *f.* (*Rel.*) prioress.

priore *m.* (*Rel.*) prior.

priorità *f.* priority: ~ *assoluta* top (*o* first) priority.

prisma *m.* (*in tutti i signif.*) prism.

prismatico *a.* prismatic.

privare *v.t.* to deprive, to take* away: *fu privato dei diritti civili* he was deprived of his civil rights. **privarsi** *v.r.* (*fare a meno*) to do* (*o* go*) without; to give* up (s.th.): *perché dovrei privarmi del necessario?* why should I do without the necessities of life?

privatista *m./f.* (*Scol.*) private-school pupil; (*agli esami*) external candidate.

privatizzare *v.t.* to privatize.

privatizzazione *f.* privatization.

privato I *a.* **1** private: *azienda privata* private concern; *iniziativa privata* private enterprise. **2** (*personale*) private, personal, confidential: *segretaria privata* private (*o* confidential) secretary. **II** *s.m.* private citizen (*o* person). ☐ **in** ~ in private, privately; *non si* **vende** *ai privati* no retails sales.

privazione *f.* **1** (de)privation, hardship. **2** (*l'essere privato*) loss, privation. ☐ *una vita di privazioni* a life of privation.

privilegiare *v.t.* to grant a privilege to.

privilegiato *a.* **1** privileged. **2** (*Econ.*) preference: *azioni privilegiate* preference stock.

privilegio *m.* **1** privilege. **2** (*Dir.*) lien.

privo *a.* devoid (*di qc.* of s.th.), lacking, wanting (in). ☐ ~ *di* **sensi** senseless, unconscious; ~ *di* **significato** meaningless; ~ *di* **vita** lifeless.

pro[1] *lat. prep.* for, pro. ☐ ~ **forma** as a matter of form; (*Comm.*) *fattura* ~ **forma** pro-forma invoice.

pro[2] *m.* (*giovamento, vantaggio*) advantage, benefit, good. ☐ **buon** ~ (*ti faccia*)! much good may it do you!; *a* **che** ~? what's the use?, (*fam.*) what for?; *una* **valutazione** *dei* ~ *e dei contro* a weighing up of the pros and cons.

probabile *a.* probable, likely. ☐ *poco* ~ unlikely, improbable.

probabilità *f.* **1** probability, likelihood. **2** (*possibilità*) chance: *le probabilità che la situazione migliori sono scarse* there is little chance that the situation will improve. **3** (*Filos.*) probability. ☐ (*Mat.*) **calcolo** *delle* ~ calculus of probability; *con* **molta** ~ in all probability.

probante *a.* convincing.

probità *f.* probity.

problema *m.* problem (*anche estens.*).

problematica *f.* (fundamental) problems *pl.*

problematicità *f.* dubiousness, uncertainty.

problematico *a.* problematic(al).

probo *a.* (*lett.*) honest, upright, righteous.

proboscide *f.* (*Zool.*) proboscis (*pl.* proboscises), (*pop.*) trunk.

procacciare *v.t.* to get*, to provide. **procacciarsi** *v.r.apparente* to get*. ☐ *vorrei sapere come si procaccia da vivere* I wish I knew how he earns his living.

procace *a.* (*di atteggiamenti*) provocative; (*di donna*) pert; cheeky.

procedere *v.i.* **1** to proceed, to advance (*anche fig.*). **2** (*seguire il proprio corso*) to proceed, to come* along, to get* on. **3** (*agire, comportarsi*) to act, to behave. **4** (*dare inizio*) to proceed, to start: ~ *alla votazione* to proceed to the voting. **5** (*Dir.*) to proceed, to start (*o* take*) proceedings. ☐ (*Dir.*) **non** *luogo a* ~ non-suit, no case; ~ *di pari* **passo** to proceed at the same rate (*o* pace).

procedimento *m.* **1** (*svolgimento*) course. **2** process, procedure: ~ *chimico* chemical process. **3** (*Dir.*) proceedings *pl.*

procedura *f.* procedure (*anche Inform.*).

procedurale *a.* (*Dir.*) procedural.

processare *v.t.* to try, to bring* to trial.

processione *f.* (*Lit.*) procession (*anche fig.*).

processo *m.* **1** (*successione di fatti*) course, process: *il* ~ *storico* the course of history. **2**

(*procedimento*) procedure, process: ~ *di fabbricazione* manufacturing process. **3** (*Dir.*) (law) suit, action (at law), proceedings *pl.*, trial. **4** (*Med., Anat.*) process. □ (*Dir.*) ~ **civile** civil proceedings; (*Dir.*) ~ **penale** criminal trial; (*Dir.*) *essere* **sotto** ~ to be awaiting trail.

processuale *a.* (*Dir.*) trial, of a trial.

procinto *m.*: *in* ~ *di* about to, on the point of.

procione *m.* (*Zool.*) rac(c)oon.

proclama *m.* proclamation.

proclamare *v.t.* to proclaim.

proclamazione *f.* proclamation, declaration.

proclive *a.* (*lett.*) inclined, prone.

procrastinare *v.t.* to procrastinate.

procreare *v.t.* to procreate, to generate.

procreazione *f.* procreation; generation.

procura *f.* **1** (*Dir.*) power of attorney, proxy: *dare la* ~ *a qd.* to accord power of attorney to s.o. **2** (*ufficio del procuratore*) attorney's office. □ *per* ~ by proxy.

procurare *v.t.* **1** to obtain, to get*, to procure: *puoi procurarmi la prima edizione di questo libro?* can you procure me the first edition of this book? **2** to cause, to bring* about: ~ *dolore* to cause pain. **3** (*fare in modo*) to make* sure, to see* to: *procurate che nessuno manchi* make sure that no one is missing.

procuratore *m.* (*Dir.*) proxy, attorney. □ ~ **generale** Attorney General; ~ **legale** attorney-at-law, solicitor.

prode *a.* (*lett.*) brave, valiant.

prodezza *f.* **1** (*coraggio*) bravery. **2** feat, exploit; (*iron.*) (*bravata*) bravado.

prodigalità *f.* extravagance, lavishness, wastefulness: *a causa della sua* ~ *è sempre nei debiti* his extravagance explains why he is always in debt.

prodigare *v.t.* **1** to spend* freely (*o* extravagantly). **2** (*fig.*) (*dispensare largamente*) to lavish, to be lavish with. **prodigarsi** *v.r.* (*dedicarsi*) to do* everything possible, to do* all one can.

prodigio *m.* **1** prodigy, wonder, marvel. **2** (*fig.*) prodigy, genius.

prodigioso *a.* wonderful, marvellous, prodigious.

prodigo *a.* lavish, prodigal (*anche fig.*); extravagant.

prodotto *m.* **1** product: *prodotti di bellezza* beauty products. **2** (*fig.*) (*risultato*) result, fruit, product. **3** (*Mat.*) product. □ *prodotti* **agricoli** produce, farm products; *prodotti* **chimici** chemicals, chemical products; ~ **finito** final (*o* end) product; ~ **grezzo** raw produce; *prodotti* **lavorati** finished goods; (*Econ.*) ~ *nazionale* **lordo** gross national product; *prodotti* **semilavorati** semi-manufactured products.

prodromo *m.* **1** (*indizio*) warning sign. **2** (*Med.*) premonitory symptom.

produrre *v.t.* **1** (*generare, creare*) to produce, to yield, to bear* (*anche fig.*). **2** (*fabbricare*) to produce, to manufacture, to make*. **3** (*secernere*) to produce, to secrete. **4** (*causare*) to cause, to give* rise to. **5** (*presentare*) to produce, to show*: ~ *prove* to show evidence. **prodursi** *v.r.* (*esibirsi*) to play, to act, to perform. □ ~ *in serie* to mass-produce.

produttività *f.* productivity.

produttivo *a.* **1** productive, fruitful, fertile. **2** (*Econ.*) productive, yielding, bearing. □ *ciclo* ~ production cicle.

produttore **I** *s.m.* producer; (*fabbricante*) manufacturer, maker. **II** *a.* **1** producing, producer-: *paese* ~ producer country. **2** (*che fabbrica*) manufacturing. □ ~ *cinematografico* film producer.

produzione *f.* **1** production (*anche Econ., Cin.*); (*fabbricazione*) manufacture. **2** (*presentazione*) exhibition, production: ~ *di documenti* exhibition of documents. □ (*Cin.*) **casa** *di* ~ film company; ~ *a* **catena** belt (*o* line) production; ~ **nazionale** home (*o* domestic) production; ~ **propria** home production; ~ *in* **serie** mass-production.

proemio *m.* (*lett.*) introduction, preface.

prof. = *professore, professoressa* professor.

profanare *v.t.* to desecrate, to profane.

profanatore *m.* desecrater, profaner.

profanazione *f.* desecration, profanation.

profano **I** *a.* **1** profane. **2** (*non competente*) ignorant: *essere* ~ *in un'arte* to be ignorant of an art; (*inesperto*) unskilled. **II** *s.m.* **1** the profane. **2** (*incompetente*) layman (*pl.* –men).

proferire *v.t.* (*lett.*) to utter.

professare *v.t.* **1** to profess. **2** (*esercitare*) to practise. **professarsi** *v.r.* (*dichiararsi*) to declare (*o* profess) o.s., to claim.

professionale *a.* (*rif. alla professione*) professional; (*che prepara a una professione*) vocational: *scuola* ~ vocational school; (*connesso a una professione*) occupational: *malattie professionali* occupational diseases.

professione *f.* **1** profession, occupation: *esercitare una* ~ to practise a profession. **2** (*dichiarazione*) profession: ~ *di fede* profession of faith. □ **di** ~ by profession, by trade; **esercitare** *la* ~ *di medico* to practise medicine; **libera** ~ profession.

professionismo *m.* professionalism.

professionista *m./f.* professional (*anche Sport*). □ *libero* ~ professional man.

professionistico *a.* professional.

professorale *a.* **1** professorial. **2** (*spreg.*) pedantic.

professore *m.* **1** (*docente universitario incaricato*) lecturer; (*am.*) assistant professor. **2** (*cattedrattico o capo dipartimento*) professor. **3** (*di scuola media*) teacher, (school)master. □ ~ *d'orchestra* member of an orchestra.

profeta *m.* prophet (*anche estens.*).

profetessa *f.* prophetess.

profetico *a.* prophetic.

profetizzare *v.t.* to prophesy.

profezia *f.* prophecy (*anche estens.*).
proficuo *a.* useful, profitable.
profilare *v.t.* **1** (*guarnire con un bordo*) to border, to trim. **2** (*Mecc.*) to profile. **profilarsi** *v.i.pron.* **1** to be outlined; to loom up. **2** (*fig*) (*essere imminente*) to be imminent.
profilassi *f.* (*Med.*) prophylaxis.
profilato *m.* (*tecn.*) section (iron), structural shape.
profilattico I *a.* (*Med.*) prophylactic, preventive. **II** *s.m.* (*preservativo*) condom, prophylactic.
profilo *m.* **1** outline, profile; (*contorno*) contour. **2** (*linea del volto*) profile. **3** (*fig.*) (*descrizione sommaria*) sketch, outline, profile. □ *di* ~ in profile.
profittare *v.i.* **1** (*progredire*) to (make*) progress (*in* in). **2** (*trarre profitto*) to profit (*di* by), to benefit (by, from).
profittatore *m.* exploiter, profiteer.
profitto *m.* **1** (*giovamento*) advantage, profit, benefit: *trarre* ~ *da qc.* to take advantage of s.th. **2** (*Econ.*) profit, profits *pl.* **3** (*avanzamento, progresso*) achievement. □ **mettere** *qc. a* ~ to turn s.th. to profit; **senza** ~ to no advantage (*o* avail).
profluvio *m.* (*fig.*) flood, stream.
profondere *v.t.* (*spendere liberamente*) to squander; (*fig.*) (*prodigare*) to lavish. **profondersi** *v.i.pron.* to be profuse (*o* lavish): *profondersi in scuse* to be profuse in one's apologies.
profondità *f.* depth (*anche fig.*); profondity (*general. fig.*).
profondo I *a.* **1** deep: *una voragine profonda venti metri* a chasm twenty metres deep. **2** (*fig.*) deep, profound. **3** (*fig.*) (*ben radicato*) deep-rooted: *un'antipatia profonda* a deep -rooted dislike. **II** *s.m.* **1** depth, depths *pl.*, bottom. **2** (*fig.*) depth, innermost part. **3** (*Psic.*) the unconscious.
profugo *a./s.m.* refugee.
profumare I *v.t.* to perfume, to scent. **II** *v.i.* to perfume, to be fragrant. **profumarsi** *v.r.* to put* perfume on, to use scent.
profumatamente *avv.* (*fam.*) (*lautamente*) dearly, at a high price.
profumato *a.* **1** (*odoroso*) fragrant, sweet -scented. **2** (*odorante di profumo*) perfumed, scented.
profumeria *f.* perfumery.
profumiere *m.* perfumer.
profumo *m.* **1** (*esalazione odorosa*) fragrance, scent, perfume. **2** (*essenza odorosa*) perfume, scent.
profusione *f.* profusion, over-abundance. □ *a* ~ in profusion, in abundance.
progenie *f.* (*lett.*) (*stirpe*) progeny, stock.
progenitore *m.* progenitor, forefather.
progettare *v.t.* **1** to plan. **2** (*tecn.*) to plan, to project, to design.
progettazione *f.* **1** planning. **2** (*tecn.*) designing, planning, projecting.
progettista *m./f.* designer, planner.
progettistica *f.* planning technique.
progetto *m.* **1** plan, project. **2** (*tecn.*) design, layout, plan: *il* ~ *di una casa* the plan of a house. □ ~ **edilizio** housing development, (*am.*) housing project; ~ *di* **legge** bill.
prognosi *f.* (*Med.*) prognosis: ~ *riservata* uncertain prognosis.
programma *m.* **1** program(me), plan: *stabilire un* ~ to make a programme; *fare programmi per il futuro* to make plans for the future. **2** (*opuscolo*) program(me). **3** (*Scol.*) syllabus. **4** (*Pol.*) platform, program(me). **5** (*Inform.*) program(me), routine. □ **fuori** ~ additional, extra; (*Cin.*) shorts and advertisements; *essere* **in** ~ to be on the programme; (*estens*) (*essere progettato*) to be planned; (*Inform.*) ~ *ad alta* **priorità** foreground programme; (*Inform.*) ~ *di* **riserva** background programme.
programmare *v.t.* **1** to program(me), (*am.*) to schedule. **2** (*Cin.*) (*proiettare*) to play, to show*, to put* on. **3** (*Econ.*) to plan, to program(me). **4** (*Inform.*) to program(me), to preset.
programmatico *a.* of a program(me).
programmatore *m.* **1** (*Econ.*) planner. **2** (*Inform.*) programmer.
programmazione *f.* **1** programming, scheduling. **2** (*Econ.*) planning, programming: ~ *aziendale* corporate planning. **3** (*Cin.*) (*proiezione*) showing, screening. **4** (*Inform.*) programming. □ (*Inform.*) ~ *in linguaggio* **macchina** absolute programming; .(*Cin.*) *di* **prossima** ~ coming soon (*o* shortly).
progredire *v.i.* **1** (*andare avanti*) to progress, to proceed: *il lavoro progredisce a rilento* work is proceeding slowly. **2** (*fig.*) (*migliorare*) to improve, to make* progress.
progredito *a.* advanced: *uno dei paesi tecnologicamente più progrediti* one of the most advanced country tecnologically.
progressione *f.* (*Mat.*) progression.
progressista *m./f.* progressive.
progressivo *a.* progressive.
progresso *m.* progress, advance, advancement; (*in condizioni difficili*) headway: ~ *tecnologico* technological advance; *ci sono piccoli progressi nel corso dei negoziati* we are making little headway with the negotiations; *il* ~ *della cultura* the advancement of learning.
proibire *v.t.* to forbid*, to prohibit.
proibitivo *a.* prohibitive.
proibizione *f.* prohibition.
proibizionismo *m.* (*Stor.*) Prohibition.
proibizionista *a./s.m./f.* prohibitionist.
proiettare *v.t.* **1** (*gettare fuori*) to eject, to throw* out. **2** (*emettere*) to cast*, to throw*, to project: ~ *una luce* to project a light. **3** (*Cin.*) to screen, to show*. **4** (*Geom., Psic.*) to project.
proiettile *m.* (*Mil.*) projectile, shell; (*pallottola*) bullet, shot.
proiettore *m.* **1** (*Fot., Cin.*) projector. **2** (*ri-*

flettore) searchlight, projector, floodlight. **3** (*Aut.*) headlamp, headlight. □ ~ **cinematografico** motion-picture projector, (*am.*) movie projector; (*Fot.*) ~ *per* **diapositive** slide projector.
proiezione *f.* **1** casting, throwing, projecting. **2** (*Cin., Fot.*) projection. **3** (*Cin.*) (*visione*) showing, screening. **4** (*Geom., Psic.*) projection.
prolasso *m.* (*Med.*) prolapse.
prole *f.* children *pl.*, offspring, issue: *è sposato con* ~ he is married and has children.
proletariato *m* proletariat.
proletario *a./s.* proletarian.
proliferare *v.i.* to proliferate (*anche fig.*).
proliferazione *f.* proliferation (*anche fig.*).
prolificare *v.t.* **1** to beget*, to procreate. **2** (*fig.*) to proliferate.
prolifico *a.* fertile, prolific (*anche fig.*).
prolissità *f.* prolixity.
prolisso *a.* prolix.
prologo *m.* prologue.
prolunga *f.* extension (*anche El.*).
prolungabile *a.* extensible.
prolungamento *m.* prolongation, extension.
prolungare *v.t.* to lengthen, to prolong, to extend. **prolungarsi** *v.i.pron.* **1** to extend. **2** (*dilungarsi*) to dwell* (at length).
prolusione *f.* **1** introductory lecture. **2** (*Univ.*) inaugural lecture.
promemoria *m.* memorandum, (*fam.*) memo.
promessa *f.* **1** promise. **2** (*fig.*) promise, hope: *una* ~ *del teatro* an actor of promise. □ **mancare** *a una* ~ to break a promise; ~ **mancata** breach of promise; **mantenere** *una* ~ to keep a promise.
promettente *a.* promising. □ *poco* ~ not very promising, unpromising.
promettere *v.t.* **1** to promise. **2** (*fig.*) (*lasciar intravedere*) to look (*o* seem) like, to promise. **promettersi** *v.r.* (*fidanzarsi*) to become* (*o* get*) engaged. □ ~ *mari e monti* to promise the earth (*o* the moon).
promezio *m.* (*Chim.*) promethium.
prominente *a.* prominent; jutting.
prominenza *f.* prominence.
promiscuità *f.* promiscuity.
promiscuo *a.* **1** heterogeneous (*spec. sessualmente*), promiscuous. **2** (*Gramm.*) common gender.
promontorio *m.* promontory, headland.
promotore **I** *s.m.* promoter, organizer, sponsor. **II** *a.* promoting, organizing.
promozionale *a.* (*Comm.*) promotional.
promozione *f.* **1** (*burocr.*) promotion. **2** (*Scol.*) passing up, (*am.*) promotion; (*superamento di un esame*) passing. **3** (*Comm.*) promotion: ~ *delle vendite* sales promotion.
promulgare *v.t.* **1** to promulgate. **2** (*estens.*) (*diffondere*) to proclaim, to spread: ~ *una teoria* to spread a theory.
promulgazione *f.* promulgation, official publication.
promuovere *v.t.* **1** (*dare impulso*) to foster, to further, to promote. **2** (*burocr.*) to promote, to advance. **3** (*Scol.*) to pass, (*am.*) to promote; (*in un esame*) to pass. □ (*Dir.*) ~ *un'***azione** to start proceedings; ~ *una* **rivolta** to stir up a revolt.
pronipote *m./f.* (*rif. a nonno*) great-grandchild (*pl.* great-grandchildren), great-grandson (*f.* great-granddaughter); (*rif. a zio*) grandnephew (*f.* grand-niece).
pronome *m.* (*Gramm.*) pronoun.
pronominale *a.* pronominal.
pronosticare *v.t.* **1** to foretell*, to predict, to prognosticate. **2** (*far prevedere*) to presage, to forebode, to prognosticate.
pronostico *m.* forecast, prediction.
prontezza *f.* quickness, promptness: ~ *di riflessi* quickness of reflex.
pronto *a.* **1** ready. **2** (*disposto*) ready, quick: *essere* ~ *a tutto* to be ready for anything. **3** (*rapido*) fast, quick, prompt. **4** (*incline*) inclined, disposed. **5** (*Tel.*) hello. □ *pronta* **cassa** prompt cash, cash down; ~ **soccorso** first aid; ~ *per l'***uso** ready to use, ready for use; *pronti* **via***!* ready, get set, go!
prontuario *m.* handbook.
pronuncia *f.* pronunciation.
pronunciare *v.t.* **1** to pronounce. **2** (*proferire*) to utter, to say*; (*dire pubblicamente*) to pronounce, to deliver: ~ *una sentenza* to pronounce a sentence. **pronunciarsi** *v.i.pron.* to pronounce. □ ~ *un giuramento* to take an oath.
pronunciato *a.* **1** (*prominente*) prominent, protruding: *zigomi pronunciati* prominent cheek-bones. **2** (*fig.*) (*accentuato*) marked, strong, pronounced: *parla con un* ~ *accento scozzese* he speaks with a pronounced Scottish accent.
pronunzia *e deriv.* → **pronuncia** *e deriv.*
propaganda *f.* propaganda; (*pubblicità*) advertising. □ ~ **elettorale** electioneering; **fare** ~ *per qc.* to propagandize s.th.
propagandare *v.t.* **1** (*diffondere*) to propagandize. **2** (*Comm.*) to advertise, to publicize.
propagandista *m./f.* **1** propagandist. **2** (*Comm.*) salesman (*pl.* –men).
propagandistico *a.* **1** propaganda-, propagandist: *manifesti propagandistici* propaganda posters. **2** (*Comm.*) advertising-. □ *a scopo* ~ for publicity.
propagare *v.t.* **1** (*diffondere*) to propagate, to spread*. **2** (*Biol.*) (*riprodurre*) to propagate. **propagarsi** *v.i.pron.* **1** (*diffondersi*) to spread*, to become* widespread. **2** (*Biol.*) (*riprodursi*) to propagate.
propagazione *f.* propagation, spreading.
propaggine *f.* **1** (*Agr.*) (*ramo*) layer. **2** (*diramazione*) branch, offshoot, spur.
propano *m.* (*Chim.*) propane.
propellente *a./s.m.* propellant, propellent.
propendere *v.i.* to incline (*per* to), to be inclined, to lean* (towards): ~ *per il sì* to be inclined to think so.

propensione *f.* **1** (*simpatia*) liking. **2** (*inclinazione*) inclination, leaning, propensity.
propenso *a.* inclined.
propinare *v.t.* to administer.
propiziare *v.t.* to propitiate.
propiziatorio *a.* propitiatory.
propizio *a.* propitious, favourable: *non è il momento ~ per una nuova iniziativa di lavoro* it is not a propitious time to start a new business.
proponente *m./f.* proposer, proponent.
proponimento *m.* resolution; resolve: *è ritornata piena di saggi proponimenti* she came back full of wise resolutions.
proporre *v.t.* (*presentare*) to propose; (*suggerire*) to suggest. **proporsi** *v.r. apparente* (*prefiggersi*) to intend, to make* a resolution, to set* o.s., to propose (to o.s.): *proporsi una meta* to set o.s. a goal.
proporzionale I *a.* proportional. **II** *s.f.* (*Pol.*) proportional representation.
proporzionalità *f.* proportionality.
proporzionare *v.t.* to proportion, to adjust.
proporzionato *a* proportionate.
proporzione *f.* **1** proportion; (*rapporto*) ratio (*anche Mat.*): *in ~ diretta* in direct ratio. **2** (*distribuzione armonica*) proportion, balance. **3** *pl.* (*dimensioni*) size, proportions *pl.* □ *in ~* in proportion; (*in confronto*) compared (*a* with, to).
proposito *m.* **1** purpose, resolution, intention. **2** (*argomento*) subject, matter: *hai nulla da dire a questo ~?* have you anything to say about the matter? □ **a ~** (*opportunamente*) in the nick of time, at the right time (*o* moment); **a ~**, *quando parti?* by the way, when are you leaving?; **a ~** *di* (*riguardo a*) with regard to, talking about; **col ~** *di* with the purpose (*o* intention) of; **di ~** (*intenzionalmente*) on purpose, deliberately; **poco** *a ~* (*inopportunamente*) at the wrong time (*o* moment); (*inopportuno*) unsuitable; *a* **questo** ~ concerning this.
proposizione *f.* **1** (*Gramm.*) (*frase*) clause; (*periodo*) sentence. **2** (*Filos., Mat.*) proposition. □ ~ **principale** principal clause; ~ **secondaria** subordinate clause.
proposta *f.* **1** proposal, suggestion. **2** (*offerta*) proposal, offer: *~ di matrimonio* proposal of marriage. □ (*Parl.*) *~ di legge* bill.
propriamente *avv.* **1** (*realmente*) really, actually. **2** (*con proprietà*) properly, with propriety. □ *~ detto* in the strict sense of the word.
proprietà *f.* **1** (*Dir.*) (*possesso*) ownership, property. **2** (*qualità peculiare*) property: *le ~ delle acque minerali* the properties of mineral waters. **3** (*correttezza*) propriety, correctness: *vestire con ~* to dress with property. **4** (*cosa posseduta*) property, estate, possessions *pl.*; (*chi detiene la proprietà*) ownership, owners: *le decisioni della ~* the decision of the owners. □ *essere* **di** *~ di qd.* to belong to s.o.; ~ **immobiliare** real estate, realty; ~ **letteraria** copyright; ~ **mobiliare** personal estate, personality; ~ **privata** private property; **trapasso** *di ~* transfer of title.
proprietario *m.* **1** owner, proprietor. **2** (*chi dà in affitto*) landlord (*f.* –lady); (*chi possiede la propria casa*) householder. □ **piccolo** ~ small holder; ~ **terriero** landowner.
proprio I *a.poss.* **1** one's: *fare del ~ meglio* to do one's best; (*rafforzativo*) own: *l'ho visto con i miei propri occhi* I saw it with my own eyes; (*caratteristico*) peculiar, proper (*di* to) characteristic, typical (of): *rispose con la schiettezza che è propria dei giovani* he answered with the bluntness which is characteristic of the young; *queste volute sono una caratteristica propria del Barocco* these volutes are a typical feature of the baroque period. **2** (*esatto*) proper, exact, correct; literal: *il significato ~ di un termine* the literal meaning of a word. **3** (*Mat., Gramm.*) proper. **II** *avv.* **1** (*esattamente*) just, exactly, precisely: *~ adesso* just now. **2** (*veramente*) really: *è ~ impossibile* it's really impossible. **3** (*nelle risposte affermative*) (yes) that's right. **4** (*rafforzativo: nelle negazioni*) really, at all: *non ho ~ fame* I'm not at all hungry. **III** *s.m.* one's own, what belongs to one: *vivere del ~* to live off one's own; *rimetterci del ~* to lose one's own money. □ *per* **conto** ~ by oneself, for oneself; ~ **così** just like that; *lavorare* **in** ~ to work on one's own; **non** ~ not exactly.
propugnare *v.t.* to fight* for, to support.
propugnatore *m.* champion, advocate, defender.
propulsione *f.* propulsion. □ *con ~ a razzo* rocket-propelled.
propulsore *m.* propeller.
prora → **prua.**
proroga *f.* **1** respite: *concedere una ~ a qd.* to grant s.o. a respite. **2** (*Dir.*) deferment: *ulteriori proroghe non verranno concesse* further deferments will not be allowed.
prorogabile *a.* delayable, liable to deferment.
prorogare *v.t.* (*differire*) to defer, to put* off.
prorompente *a.* **1** (*incontenibile*) bursting forth; (*rif. ad acque*) gushing. **2** (*fig.*) irrepressible. □ *una bellezza ~* a glamorous beauty.
prorompere *v.i.* to burst* (out, forth).
prosa *f.* **1** prose. **2** (*fig.*) (*prosaicità*) ordinariness, matter-of-factness, prose. □ **compagnia** *di ~* theatrical company; **opera** *in ~* prose work.
prosaico *a.* prosaic; dull.
prosatore *m.* prose writer.
proscenio *m.* (*Teat.*) proscenium; (*palcoscenico*) stage. □ **palco** *di ~* stage boy; **presentarsi** *al ~* to take a curtain call.
prosciogliere *v.t.* **1** to release, to absolve: *~ qd. da un voto* to release s.o. from a vow. **2** (*Dir.*) (*assolvere*) to acquit, to absolve.
proscioglimento *m.* (*Dir.*) acquittal.
prosciugamento *m.* drying up, draining.

prosciugare *v.t.* **1** (*bonificare*) to drain. **2** (*disseccare*) to dry up (*o* out). **prosciugarsi** *v.i.pron.* to dry (up).
prosciutto *m.* (*Gastr.*) ham: ~ *affumicato* smoked ham.
proscritto I *a.* proscribed, exiled, banished. **II** *s.m.* exile.
proscrivere *v.t.* to proscribe; (*esiliare*) to exile, to banish.
proscrizione *f.* banishment, proscription.
prosecuzione *f.* carrying on, continuation, prosecution.
proseguimento *m.* continuation, carrying on. ▭ *buon ~!* all the best!; (*a chi viaggia*) have a good trip!
proseguire I *v.t.* to continue, to go* (*o* carry) on with, to pursue. **II** *v.i.* to go* on.
proselitismo *m.* proselytism.
proselito *m.* proselyte, convert.
prosodia *f.* prosody.
prosopopea *f.* (*sussiego*) pomposity, pretentiousness; (*altezzosità*) haughtiness.
prosperare *v.i.* to thrive*, to flourish, to prosper (*anche fig.*).
prosperità *f.* prosperity; (*benessere*) welfare.
prospero *a.* prosperous, flourishing, thriving.
prosperoso *a.* **1** (*fiorente*) flourishing, thriving, prosperous. **2** (*pieno di salute*) thriving, hale and hearty; (*di donna*) buxom.
prospettare *v.t.* to present, to point out, to show*. **prospettarsi** *v.i.pron.* **1** (*presentarsi*) to appear, to seem: *la situazione si prospetta complessa* the situation appears to be complex. **2** (*delinearsi*) to anticipate, to expect, to be in view.
prospettico *a.* **1** perspective. **2** (*disegnato in prospettiva*) in perspective.
prospettiva *f.* **1** perspective. **2** (*vista panoramica*) view, prospect. **3** (*fig.*) (*previsione*) prospect, outlook: *essere senza prospettive* to have no prospects.
prospetto *m.* **1** (*tabella*) chart, diagram, graph, table: *come risulta dal ~* as shown in the enclosed chart. **2** (*pieghevole*) brochure, fold; (*di università, corsi, ecc.*) prospectus. **3** (*nel disegno*) elevation. **4** (*facciata*) facade, front. ▭ *palco di ~* front box.
prospezione *f.* (*Geol.*) prospecting.
prospiciente *a.* facing, overlooking.
prossimamente I *avv.* soon, in a short time, shortly: *arriverà ~* he'll be coming soon. **II** *s.m.* (*Cin.*) trailer. ▭ *~ su questo schermo* coming shortly.
prossimità *f.* nearness, closeness, proximity. ▭ **in** ~ *di* near (*o* close) to; *siamo in ~ del* **Natale** Christmas is coming (*o* drawing near).
prossimo I *a.* **1** near (*a qc.* to s.th., s.th.), close (to s.th.).: *in un ~ futuro* in the near future. **2** (*il più vicino nel tempo e nello spazio*) next: *la prossima fermata* the next stop; *sabato ~* next Saturday. **II** *s.m.* fellow(-man) (*pl.* –men). ▭ **essere** ~ *ai cinquant'anni* to be almost (*o* nearly) fifty; **essere** ~ *a fare qc.* to be about to do s.th., to be on the point of doing s.th; **parenti** ~ close relatives; (*Gramm.*) **passato** ~ present perfect; ~ **venturo** next, following.
prostata *f.* (*Anat.*) prostate.
prostituire *v.t.* to prostitute (*anche fig.*). **prostituirsi** *v.r.* to prostitute o.s. (*anche fig.*).
prostituta *f.* prostitute, whore.
prostituzione *f.* prostitution.
prostrare *v.t.* **1** (*lett.*) (*abbattere*) to knock down, to prostrate. **2** (*fig.*) (*indebolire*) to prostrate. **prostrarsi** *v.r.* **1** (*prosternarsi*) to prostrate o.s. **2** (*fig.*) (*umiliarsi*) to humble o.s.
prostrato *a.* prostrate.
prostrazione *f.* prostration.
protagonismo *m.* (*neol.*) protagonism.
protagonista *m./f.* protagonist (*anche fig.*); hero (*f.* heroine), chief character.
proteggere *v.t.* **1** to protect. **2** (*riparare*) to protect, to shelter, to shield. **3** (*promuovere*) to promote, to patronize, to foster: *~ le arti* to promote the arts. **4** (*Mil.*) to cover.
proteico *a.* (*Chim.*) protein-: *carenza proteica* protein deficiency.
proteina *f.* (*Biol.*) protein.
protendere *v.t.* to hold* (*o* stretch) out. **protendersi** *v.r.* to lean*, to stretch forward.
protesi *f.* (*Med.*) prosthesis (*pl.* –es).
protesta *f.* **1** protest: *per ~* in protest. **2** (*dichiarazione*) protestation, avowal.
protestante *a./s.m./f.* (*Rel.*) Protestant.
protestantesimo *m.* Protestantism.
protestare I *v.i.* to protest, to make* (*o* lodge) a protest. **II** *v.t.* **1** (*dichiarare*) to declare, to protest. **2** (*Econ.*) to protest: *~ una cambiale* to protest a bill. **protestarsi** *v.r.* to protest (o.s.): *protestarsi innocente* to protest one's innocence.
protesto *m.* (*Econ.*) protest: *~ cambiario* protest of a bill; (*preliminare*) noting. ▭ *andare in ~* to be protested.
protettivo *a.* protective.
protetto I *a.* protected, shielded, sheltered. **II** *s.m.* protégé, favourite.
protettorato *m.* (*Pol.*) protectorate.
protettore I *s.m.* **1** protector, defender. **2** (*patrono*) patron. **3** (*gerg.*) (*sfruttatore di prostitute*) pimp, (*fam.*) ponce. **II** *a.* patron-, guardian-: *santo ~* patron saint.
protezione *f.* **1** protection: *~ dal freddo* protection from the cold; (*azione protettiva*) defence, conservation, preservation: *~ del paesaggio naturale* preservation (*o* conservation) of nature. **2** (*mecenatismo*) patronage. **3** (*spreg.*) (*favoreggiamento*) favour, protection. ▭ ~ **antiaerea** air-raid precautions *pl.*; (*Inform.*) *~ dei* **dati** data security.
protezionismo *m.* (*Econ.*) protectionism.
protezionista *m./f.* protectionist.
protezionistico *a.* protectionist.
proto *m.* (*Tip.*) foreman (*pl.* –men), overseer (in a printing plant).

protoattinio *m.* (*Chim.*) protoactinium.
protocollare[1] *v.t.* (*burocr.*) to record, to file.
protocollare[2] *a.* of protocol.
protocollo *m.* **1** (*Diplomazia*) protocol. **2** (*burocr.*) (*libro protocollo*) register of documents, record, file: *numero di* ~ file number. **3** (*cerimoniale*) protocol, ceremonial. ▭ *formato* ~ foolscap.
protone *m.* (*Fis.*) proton.
prototipo *m.* prototype. ▭ *è il* ~ *dell'inglese bene* he is an English toff.
protozoi *m.pl.* (*Zool.*) protozoa *pl.*
protrarre *v.t.* **1** (*prolungare*) to protract, to prolong. **2** (*prorogare*) to put* off, to delay. **protrarsi** *v.i.pron.* to last, to go* on, to continue.
protrazione *f.* **1** protraction. **2** (*proroga*) putting off.
protuberante *a.* protuberant, bulging.
protuberanza *f.* protuberance (*anche Anat.*), bulge.
prova *f.* **1** test, trial, proof. **2** (*tentativo*) attempt, try. **3** (*cimento*) test, trial: *mettere alla* ~ to put to the test. **4** (*dimostrazione*) demonstration, proof: *dar* ~ *di coraggio* to give a demonstration of courage. **5** (*Mat.*) proof. **6** (*Sport*) trial, competition. **7** (*Teat.*) rehearsal. **8** (*Scol.*) (*esame*) exam(ination); (*informale*) test. **9** (*rif. a vestiti*) fitting. **10** (*tecn., Med.*) test, check-up. **11** (*Dir.*) evidence *sing.*: ~ *a carico* evidence for the prosecution; ~ *a discarico* evidence for the defence. ▭ **a** ~ *di* (*resistente a*) -proof: *a* ~ *di fuoco* fireproof; *a* ~ *di bomba* bombproof; (*fig.*) tried, unflagging, trusty; (*in testimonianza di*) as proof of; *vorrei vederlo* **alla** ~ I'd like to see him at it; (*fig.*) *dar* **buona** ~ *di sé* to stand the test; (*fig.*) *dar* **cattiva** ~ *di sé* to put up a poor show; *sino a* ~ **contraria** until proved to the contrary; **dar** ~ *di* to display, to give proof of; **di** ~ trial, test: *volo di* ~ test (*o* trial) flight; **fornire** *la* ~ to furnish proof, to prove; ~ *di* **forza** trial of strength; (*fig.*) ~ *del* **fuoco** crucial test; (*Teat.*) ~ **generale** dress rehearsal; (*Comm.*) **in** ~ on approval; *assumere qd.* **in** ~ to hire s.o. on trial; ~ *di* **laboratorio** laboratory test; (*Tip.*) ~ *di* **stampa** printing proof; (*Aut.*) ~ *su* **strada** road test; *a* **tutta** ~ reliable, trusty, true.
provabile *a.* demonstrable.
provare *v.t.* **1** (*sperimentare*) to try; (*rif. a vestiti e sim.*) to try on. **2** (*assaggiare*) to taste, to try. **3** (*sentire*) to feel*, to experience: ~ *dolore* to feel pain. **4** (*dimostrare*) to prove: ~ *l'innocenza di qd.* to prove s.o.'s innocence. **5** (*rif. a spettacoli e sim.*) to rehearse. **6** (*mettere alla prova*) to (put* to the) test, to try. **7** (*indebolire, logorare*) to debilitate. **provarsi** *v.i.pron.* (*cimentarsi*) to try. ▭ ~ *per* **credere** the proof of the pudding is in the eating; *prova a* **farlo**! just try!
provato *a.* **1** (*sottoposto a prova*) tried, tested. **2** (*affaticato*) exhausted, worn-out. **3** (*fedele, sincero*) true, tried, proven.
provenienza *f.* **1** place of origin, provenance: *mobili antichi di dubbia* ~ antique furniture of doubtful provenance. **2** (*fig.*) source.
provenire *v.i.* **1** to come* (*da* from). **2** (*fig.*) (*derivare*) to come*, to originate.
provento *m.* profit, proceeds *pl.*
proverbiale *a.* proverbial (*anche fig.*).
proverbio *m.* proverb.
provetta *f.* (*Chim.*) test-tube. ▭ *bambino in* ~ test-tube baby.
provetto *a.* experienced, expert, skilful, skilled.
provincia *f.* province. ▭ **di** ~ provincial, country-; **città** *di* ~ country town; **vivere** *in* ~ to live in the provinces.
provinciale *a./s.m./f.* provincial, parochial.
provincialismo *m.* (*spreg.*) provincialism, parochialism.
provino *m.* **1** (*Cin.*) screen test. **2** (*campione di materiale*) test-piece, specimen, sample.
provocante *a.* provoking, provocative: *un vestito con uno spacco* ~ a dress with a provocative slit.
provocare *v.t.* **1** (*causare*) to provoke, to cause; (*rif. a sentimenti*) to arouse, to stir up, to provoke: ~ *risate* to provoke laughter. **2** (*istigare*) to incite, to provoke: *non provocarmi!* don't provoke me!
provocatore *m.* provoker, trouble-maker.
provocatorio *a.* provocative, provoking.
provocazione *f.* provocation.
provvedere **I** *v.i.* **1** to provide (*a* for), to see* (to). **2** (*prendere un provvedimento*) to take* steps, to act. **II** *v.t.* to furnish, to provide, to supply: ~ *il necessario alla propria famiglia* to provide the necessities for one's family. **provvedersi** *v.r.* to supply (*o* provide) o.s.
provvedimento *m.* measure, action, steps *pl.*: *provvedimenti disciplinari* disciplinary measures (*o* action); *provvedimenti sanitari* sanitary precautions.
provveditorato *m.* **1** (superintendent's) office. **2** (*provveditorato agli studi*) provincial education office.
provveditore *m.* head of a civil service office. ▭ ~ *agli studi* provincial director of education.
provvidenza *f.* **1** (Divine) Providence. **2** (*fig.*) (good) luck, godsend.
provvidenziale *a.* providential (*anche estens.*).
provvigione *f.* (*Comm.*) commission. ▭ ~ *sulle vendite* sales commission.
provvisorio *a.* provisional, temporary. ▭ *governo* ~ provisional government.
provvista *f.* stock, store, supply, provisions *pl.*: ~ *di vino* wine stock. ▭ *far* ~ *di qc.* to stock up on s.th.
provvisto *a.* furnished, equipped.
prozia *f.* great-aunt.
prozio *m.* great-uncle.

prua *f.* (*Mar.*) bow, stem, prow. ▭ *da poppa a* ~ fore and aft.

prudente *a.* **1** careful, prudent. **2** (*ispirato alla prudenza*) wise, prudent: *parole prudenti* prudent words.

prudenza *f.* prudence, care; (*esclam.*) be careful, take care. ▭ *con* ~ carefully.

prudenziale *a.* prudential.

prudere *v.i.* to itch, to be itchy. ▭ (*fig.*) *mi sento* ~ *le mani* I'm itching to get at (*o* my hands on) you.

prugna *f.* (*Bot.*) plum; (*secca*) prune.

prugno *m.* (*Bot.*) plum tree.

pruneto *m.* (blackthorn) thicket, thorn-scrub.

pruno *m.* **1** (*Bot.*) (*arbusto spinoso*) thorn -bush, bramble(-bush). **2** (*spina*) thorn.

prurigine *f.* (*Med.*) prurigo.

prurito *m.* itch (*anche fig.*).

P.S. = *post scriptum* postscript.

pseudonimo **I** *s.m.* pseudonym; (*nome d'arte*) pen-name. **II** *a.* (*raro*) pseudonymous.

psicanalisi *f.* psychoanalysis.

psicanalista *m./f.* psychoanalyst.

psicanalitico *a.* psychoanalytic.

psicanalizzare *v.t.* to psychoanalyse.

psiche[1] *f.* psyche.

psiche[2] *f.* (*specchio mobile*) cheval-glass.

psichedelico *a.* psychedelic.

psichiatra *m./f.* psychiatrist.

psichiatria *f.* psychiatry.

psichiatrico *a.* psychiatric.

psichico *a.* psychic(al).

psicofarmaco *m.* psychotropic drug.

psicologia *f.* psychology.

psicologico *a.* psychologic(al).

psicologo *m.* psychologist.

psicopatico *m.* (*Med.*) psychopath.

psicosi *f.* psychosis.

psicosomatico *a.* psychosomatic.

psicoterapia *f.* (*Med.*) psychotherapy.

psicotico *a./s.m.* (*Med.*) psychotic.

Pt = (*Chim.*) *platino* platinum.

PT = *Posta e Telegrafo* Post and Telegraph Office.

Pu = (*Chim.*) *plutonio* plutonium.

pubblicare *v.t.* **1** to publish: ~ *un libro* to publish a book. **2** (*riferito a decreti*) to issue. **3** (*estens.*) (*divulgare*) to make* public, to publish, to circulate.

pubblicazione *f.* **1** publication, issue. **2** (*opera pubblicata*) publication. **3** *pl.* (*pubblicazioni di matrimonio*) (marriage) banns *pl.*: *fare le pubblicazioni* to publish (*o* put up) the banns. ▭ ~ **mensile** monthly; ~ **settimanale** weekly.

pubbliche relazioni *f.pl.* public relations *pl.* ▭ *esperto di* ~ public relations officer.

pubblicista *m./f.* free lancer, free-lance journalist, contributor.

pubblicità *f.* **1** publicity. **2** (*reclame, propaganda*) advertising, publicity. **3** (*Giorn.*) advertising section, advertisements *pl.*, (*fam.*) ads *pl.* ▭ **agenzia** *di* ~ advertising agency, (*fam.*) ad agency; ~ **cinematografica** film advertising (*o* publicity); **dare** ~ *a qc.* to publicize (*o* give publicity to) s.th.; (*Giorn.*) **piccola** ~ classified advertisements *pl.*; ~ **televisiva** television advertising, TV commercials *pl.*

pubblicitario **I** *a.* advertising-, publicity-: *campagna pubblicitara* advertising campaign. **II** *s.m.* advertising expert (*o* agent), (*fam.*) adman (*pl.* –men); (*neol.*) media man. ▭ *annuncio* ~ advertisement, (*fam.*) ad.

pubblico **I** *a.* **1** public. **2** (*comune, generale*) public, common: *l'opinione pubblica* public opinion. **3** (*dello stato*) public, government-, state-: *scuole pubbliche* state schools; (*am.*) public schools *pl.* **II** *s.m.* **1** public. **2** (*spettatori*) audience; (*lettori*) readers *pl.*; readership. ▭ (*Dir.*) **atto** ~ deed under seal; **debito** ~ public (*o* national) debt; *di* **dominio** ~ of common knowledge; **in** ~ in public; ~ **ufficiale** pubblic official.

pube *m.* (*Anat.*) pubis.

pubertà *f.* puberty.

pubico *a.* pubic.

pudibondo *a.* prudish.

pudicizia *f.* modesty.

pudico *a.* modest.

pudore *m.* **1** (*pudicizia*) modesty. **2** (*riservatezza*) discretion, reserve. ▭ (*Dir.*) **oltraggio** *al* ~ indecent exposure; **pubblico** ~ public decency (*o* morality); **senza** ~ shameless.

puericultrice *f.* baby nurse.

puericultura *f.* puericulture.

puerile *a.* puerile, childish.

puerilità *f.* (*spreg.*) childishness, puerility.

puerperale *a.* puerperal.

puf *m.* pouf(fe).

pugilato *m.* (*Sport*) boxing.

pugile *m.* boxer, (*lett.*) pugilist.

pugilistico *a.* boxing-.

pugnace *a.* (*lett.*) pugnacious.

pugnalare *v.t.* to stab: (*fig.*) ~ *alle spalle* to stab s.o. in the back.

pugnalata *f.* **1** stab; (*ferita*) stab wound. **2** (*fig.*) (great) blow, shock.

pugnale *m.* dagger.

pugno *m.* **1** fist. **2** (*colpo dato col pugno*) punch, blow. **3** (*quantità che si può tenere in pugno*) fistful. **4** (*fig. lett.*) (*drappello*) handful, band, group. ▭ **fare** *a pugni* to fight; (*fig.*) to clash; (*fig.*) *restare con un* ~ *di* **mosche** to be left empty-handed; (*fig.*) *essere un* ~ *in un* **occhio** to be an eyesore; **prendere** *qd. a pugni* to punch s.o.; *di* **proprio** ~ in one's own hand (*o* writing); (*fig.*) **tenere** *in* ~ to have in the palm of one's hand.

pula *f.* (*Agr.*) chaff.

pulce *f.* (*Zool.*) flea. ▭ (*fig.*) *mettere una* ~ *nell'orecchio a qd.* to sow doubts in s.o.'s ear.

Pulcinella *N.pr.m.* (*Teat.*) Punch. ▭ **fare** *il* ~ to be a weathercock; **segreto** *di* ~ open secret.

pulcino *m.* (*Zool.*) chick. ▭ **bagnato** *come un*

~ soaked to the skin; **essere** *un* ~ *bagnato* to be timid (*o* ill at ease); **sembrare** *un* ~ *nella stoppa* not to know which way to turn.

puledra *f.* (*Zool.*) filly.

puledro *m.* (*Zool.*) colt.

puleggia *f.* (*Mecc.*) pulley.

pulire *v.t.* **1** to clean; (*lavando*) to wash; (*strofinando*) to wipe; (*spazzolando*) to brush; (*a secco*) to dry clean. **2** (*sbucciare*) to peel. **3** (*togliere le erbacce*) to weed.

pulita *f.* quick wash (*o* clean), quick wipe.

pulito I *a.* **1** clean. **2** (*fig.*) (*onesto*) clean, clear: *una coscienza pulita* a clear conscience. **II** *avv.* elegantly; neatly: *scrivere* ~ to write elegantly. ▭ *una* **faccenda** *poco pulita* a dishonest (*o* shady) business; (*fig.*) *far* **piazza** *pulita* to make a clean sweep.

pulitura *f.* **1** cleaning. **2** (*tecn.*) (*lucidatura*) buffing, polishing.

pulizia *f.* **1** cleanness, cleanliness. **2** (*il pulire*) cleaning. ▭ **donna** *delle pulizie* charwoman, (*fam.*) char, cleaning woman; **fare** *le pulizie* to do the cleaning, to clean.

pullman *m.* **1** (*Aut.*) coach. **2** (*Ferr.*) pullman.

pullulare *v.i.* **1** to swarm (*di* with), to teem (*di* with): *la spiaggia pullulava di bagnanti* the beach was swarming with bathers. **2** (*fig.*) to be rife.

pulmino *m.* minibus, minicoach.

pulpito *m.* pulpit.

pulsante *m.* (push-)button. ▭ ~ *del campanello* bell-push.

pulsare *v.i.* to beat*, to pulsate, to pulse.

pulsazione *f.* beating, pulsation, throbbing.

pulviscolo *m.* fine dust.

pungente *a.* **1** (*ispido*) prickly. **2** (*penetrante*) pungent, intense. **3** (*fig.*) (*mordace*) pungent, cutting, biting: *risposta* ~ cutting reply.

pungere *v.t.* **1** to prick; (*rif. a insetti*) to sting*, to bite*; (*rif. a barba e sim.*) to prickle. **2** (*irritare*) to irritate, to sting*. **3** (*fig.*) (*colpire, ferire*) to sting*, to cut*. **4** (*assol.*) (*rif. al vento, freddo e sim.*) to be biting (*o* piercing). ▭ ~ *qd. sul vivo* to cut s.o. to the quick.

pungiglione *m.* (*Zool.*) sting.

pungitopo *m.* (*Bot.*) butcher's broom.

pungolare *v.t.* **1** to goad. **2** (*fig.*) (*stimolare*) to goad on, to urge on.

pungolo *m.* goad (*anche fig.*).

punibile *a.* punishable (*anche Dir.*).

punire *v.t.* to punish.

punitivo *a.* punitive: *spedizione punitiva* punitive expedition.

punizione *f.* **1** punishment: *infliggere una* ~ *a qd.* to inflict a punishment on s.o., to punish s.o. **2** (*Sport*) penalty. ▭ *calcio di* ~ free kick.

punta *f.* **1** point, tip; (*della forchetta*) prong; (*del trapano*) drill bit. **2** (*massima frequenza o intensità*) peak, maximum, height: *la* ~ *degli arrivi si è verificata ieri* arrivals reached a maximum yesterday. **3** (*quantità minima*) pinch, touch, trace: *una* ~ *d'invidia* a trace of envy. **4** (*parte più avanzata*) front rank, spearhead. **5** (*Geog.*) point; peak. ▭ **a** ~ pointed, in (*o* to, at) a point; (*fig.*) *fino alla* ~ *dei* **capelli** up to one's eyes (*o* ears, neck); (*fig.*) *avere qc. sulla* ~ *delle* **dita** to have s.th. at one's fingertips; **fare** *la* ~ *a qc.* to sharpen s.th.; (*fig.*) *parlare in* ~ *di* **forchetta** to speak affectedly (*o* mincingly); (*fig.*) *avere qc. sulla* ~ *della* **lingua** to have s.th. on the tip of one's tongue; **ore** *di* ~ rush hours; *in* ~ *di* **piedi** on tiptoe; (*fig.*) **prendere** *qd. di* ~ to stand up squarely to s.o.; **sulle** *punte* on point; **uomo** *di* ~ leading (*o* front-rank) man.

puntale *m.* cap, ferrule.

puntare[1] **I** *v.t.* **1** to plant, to push: ~ *i gomiti sul tavolo* to plant one's elbows on the table. **2** (*dirigere, rivolgere*) to point, to direct: ~ *il dito verso qd.* to point one's finger at s.o. **3** (*rif. ad armi da fuoco*) to point, to level, to aim. **4** (*scommettere*) to bet*. **II** *v.i.* **1** (*dirigersi*) to head, to make* (*su* for). **2** (*fig.*) (*tendere*) to aim (*a* at): ~ *al successo* to aim at success. **3** (*fig.*) (*contare*) to count, to rely. **4** (*scommettere*) to bet*. ▭ ~ *i piedi* to dig in one's heels.

puntare[2] *v.t.* (*Caccia*) to point.

puntaspilli *m.* pincushion.

puntata[1] *f.* **1** (*breve escursione*) short trip; (*breve visita*) short visit. **2** (*Mil.*) (*incursione*) raid. **3** (*il puntare al gioco*) betting; (*denaro puntato*) bet, stake.

puntata[2] *f.* instalment. ▭ *a puntate* serial-, in serial form: *sceneggiato a puntate* television serial.

puntatore *m.* (*Inform.*) pointer.

punteggiare *v.t.* **1** to dot (*anche fig.*). **2** (*forare*) to perforate, to make* holes in. **3** (*fornire di segni d'interpunzione*) to punctuate.

punteggiatura *f.* **1** dotting. **2** (*Gramm.*) punctuation.

punteggio *m.* score.

puntellare *v.t.* **1** to prop (up), to shore (up), to support. **2** (*fig.*) (*sostenere*) to support, to back up.

puntello *m.* prop, shore, support.

punteruolo *m.* awl, punch.

puntiglio *m.* obstinacy, stubbornness. ▭ *fare qc. per* ~ to do s.th. out of (sheer) obstinacy.

puntiglioso *a.* stubborn, obstinate, (*fam.*) pig -headed.

puntina *f.* **1** (*da disegno*) drawing-pin, (*am.*) thumb-tack. **2** (*dello stereo*) needle. **3** (*Mecc.*) point.

puntino *m.* dot. ▭ **fare** *le cose a* ~ to do things properly; (*fig.*) **mettere** *i puntini sulle i* to dot one's i's and cross one's t's; (*Tip.*) *puntini di* **sospensione** dots.

punto I *s.m.* **1** point; (*segno piccolissimo*) dot: *sembrare un* ~ *all'orizzonte* to be a dot on the horizon. **2** (*luogo determinato*) point, spot. **3** (*passo di uno scritto*) passage. **4** (*argomento*) point. **5** (*momento, istante*) point, moment, instant: *a un certo* ~ at a certain point. **6** (*grado, livello*) point, extent, degree, stage: ~ *d'ebollizione* boiling point; *a tal* ~ to such an extent. **7** (*nel gioco o nello sport*) point. **8** (*Scol.*) mark: *riportare il massimo dei punti* to get top marks. **9** (*Lavori femminili*) stitch: ~ *croce* cross stich; ~ *a giorno* hemstich; ~ *erba* stem stich; ~ *pieno* satin stich; (*a maglia*) *lasciar cadere un* ~ to drop a stich; *mettere su, tirare giù i punti* to cast on, to cast off stiches. **10** (*Gramm.*) full stop, (*am.*) period. **11** (*Chir.*) stitch, suture. **12** (*per cucitrici*) staple. **13** (*Tip.*) point. □ **al** ~ *di* (o *che*) so, to the point of, to the extent that; **arrivare** *al* ~ *di fare qc.* to go so far as to do s.th.; *di* ~ *in* **bianco** point -blank, (*fam.*) out of the blue; *il lavoro è a* **buon** ~ the work is at a satisfactory stage; ~ (*e*) *a* **capo** (*scol.*) new paragraph; (*fig.*) and that's that; (*Astr.*) ~ **cardinale** cardinal point; *a* **che** ~ *siamo?* where have we got up to?; ~ **critico** critical point; (*fig.*) crucial point; **dare** *dei punti a qd.* to knock the spots off s.o.; (*Gramm.*) **due** *punti* colon; **fare** *il* ~ *della situazione* to see what the situation is; **in** ~ exactly, sharp, (*fam.*) on the dot; **mettere** *a* ~ to put (*o* set) right, (*am.*) to fix; (*rif. a macchine*) to set up; (*Mot.*) to tune (up); *essere in* ~ *di* **morte** to be at (*o* on) the point of death; (*Mecc.*) ~ **morto** dead-centre, dead-point; ~ **nero** (*comedone*) blackhead; (*fig.*) blot on one's reputation; ~ *di* **partenza** starting-point (*anche fig.*); *né* ~ *né* **poco** not at all, not in the least; *siamo al* ~ *di* **prima** we are back where we started; ~ *per* **punto** (*con ordine*) point by point; (*particolareggiatamente*) in detail; ~ *di* **riferimento** point of reference; (*Sport*) **segnare** *un* ~ to score a point; *qui* **sta** *il* ~ that's the point (*o* problem); *essere* **sul** ~ *di* to be on the point (*o* verge) of, to be about to; *di* **tutto** ~ completely, thoroughly: *vestito di tutto* ~ fully dressed; (*Comm.*) ~ *di* **vendita** point of sale; (*Sport*) **vincere** *ai punti* to win on points; (*Gramm.*) ~ *e* **virgola** semicolon.

puntuale *a.* **1** punctual, (*pred.*) on time: *è sempre* ~ he always arrives on time. **2** (*preciso*) precise, exact.

puntualità *f.* **1** punctuality. **2** (*precisione*) precision, exactness.

puntualizzare *v.t.* to define precisely; to pin -point.

puntualizzazione *f.* precise definition.

puntura *f.* **1** (*iniezione*) injection, shot. **2** (*dolore acuto*) pain (*anche fig.*). □ ~ *di* **insetto** sting; ~ *di* **spillo** prick; ~ *di* **zanzara** bite.

punzecchiamento *m.* **1** prick(ing). **2** (*fig.*) teasing.

punzecchiare *v.t.* **1** to prick; (*rif. a insetti*) to sting*, to bite*. **2** (*fig.*) to tease. **punzecchiarsi** *v.r.recipr.* to tease (e.o., one another).

punzonare *v.t.* to punch, to stamp.

punzonatura *f.* stamping, punching.

punzone *m.* punch; (*per schede*) perforator.

pupa[1] *f.* (*Zool.*) pupa.

pupa[2] *f.* **1** (*bambina*) baby-girl. **2** (*fam.*) (*ragazza*) doll.

pupazzo *m.* puppet (*anche fig.*). □ ~ *di neve* snowman.

pupilla *f.* (*Anat.*) pupil. □ *essere la* ~ *degli occhi di qd.* to be the apple of s.o.'s eye.

pupillo *m.* **1** (*Dir.*) ward, pupil. **2** (*estens.*) (*figlio prediletto*) favourite child; (*allievo prediletto*) teacher's pet.

pupo *m.* **1** (*burattino*) puppet. **2** (*fam.*) (*bambino*) kiddie.

purché *congz.* **1** provided that, on condition that, as (*o* so) long as: *puoi uscire,* ~ *tu non faccia tardi* you can go out on condition that you don't come back late. **2** (*ottativo*) if only.

pure **I** *avv.* **1** (*anche*) too, also, as well. **2** (*pleonastico*): *faccia* ~ *come fosse a casa sua* make yourself at home. **3** (*concessivo*) if you like, if you want: *ammettiamo* ~ *che i fatti si siano svolti così* let's admit, if you like, that this is what happened. **4** (*in frasi esortative*) please, if you like: *si sieda* ~ please (*o* do) sit down. **II** *congz.* **1** (*sebbene*) even though (*o* if), although. **2** (*tuttavia, nondimeno*) nevertheless, however, still, yet, but.

purè *m.* (*Gastr.*) purée. □ ~ *di patate* mashed potatoes *pl.*

purezza *f.* purity, pureness (*anche fig.*).

purga *f.* **1** (*purgante*) purgative, purge. **2** (*fig.*) (*epurazione*) purge.

purgante *a./s.m.* purgative.

purgare *v.t.* **1** (*dare un purgante*) to give* a purgative to. **2** (*liberare da impurità*) to purge, to purify, to clear. **3** (*fig.*) (*espiare*) to purge, to expiate. **4** (*fig.*) (*epurare*) to purge. **5** (*fig.*) (*un testo*) to expurgate, to censor. **purgarsi** *v.r.* **1** to take* a purge. **2** (*fig.*) (*purificarsi*) to purge (*o* cleanse) o.s., to purify o.s.

purgativo *a.* laxative, purgative.

purgatorio *m.* (*Teol.*) purgatory.

purificare *v.t.* to purify (*di* of), to cleanse (of, from) (*anche fig.*). **purificarsi** *v.r.* to purify o.s., to be purified.

purificatore **I** *s.m.* purifier, cleanser. **II** *a.* purifying, of purification.

purificazione *f.* purification, purifying.

purismo *m.* purism.

purista *m./f.* purist.

puritanesimo *m.* puritanism.

puritano *a./s.m.* (*Rel.*) puritan.

puro *a.* **1** pure. **2** (*limpido*) clear, pure, limpid: *acqua pura* clear water. **3** (*fig.*) (*casto*) pure, chaste, innocent. **4** (*solo, soltanto*) mere, sheer: *queste sono pure fantasie* this is mere imagination. □ ~ *e* **semplice** pure and simple; *è la pura* **verità** it's the plain truth.

purosangue *m.* thoroughbred.

purpureo *a.* (*lett.*) purple, deep red.

purtroppo *avv.* unfortunately.

pus *m.* pus.

pusillanime **I** *a.* pusillanimous, cowardly. **II** *s.m./f.* coward.
pusillanimità *f.* cowardice, pusillanimity.
pustola *f.* (*Med.*) pustule.
putacaso *avv.* (*scherz.*) (*per ipotesi*) (just) suppose, supposing .
putativo *a.* putative.
putiferio *m.* **1** (*schiamazzo*) uproar, (*fam.*) rumpus. **2** (*fig.*) (*confusione*) confusion, mess.
putredine *f.* putrefaction.
putrefare *v.i.* to putrefy. **putrefarsi** *v.i.pron.* to putrefy.
putrefazione *f.* putrefaction.
putrido *a.* **1** putrid. **2** (*fig.*) (*corrotto*) corrupt, depraved.
putridume *m.* **1** putrified (*o* decayed) matter. **2** (*fig.*) (*corruzione*) corruption, rottenness.
puttana *f.* (*volg.*) whore, tart; (*lett.*) harlot.
putto *m.* (*Arte*) putto.
puzzare *v.i.* **1** to smell*, to stink*, to reek: ~ *di rancido* to smell rancid. **2** (*fig.*) to smell*, (*fam.*) to be fishy: ~ *di eresia* to smack of heresy. □ *gli puzza il fiato* he has bad breath.
puzzo *m.* (bad) smell, stink, reek, stench.
puzzola *f.* (*Zool.*) polecat, fitchew.
puzzolente *a.* foul, stinking, (*fam.*) smelly.
p.v. = *prossimo venturo* prox., next (month).
PVC = *polivinilcloruro* polyvinyl chloride.
P.za = *piazza* square (sq.).

Q

q[1], **Q** *f./m.* (*lettera dell'alfabeto*) q, Q. □ (*Tel.*) ~ *come Quarto* Q for Queenie; (*am.*) Q for Queen.
q[2] = *quintale* quintal.
q. = *quadrato* square.
q.b. = (*nelle ricette*) *quanto basta* a sufficient quantity.
QI = *quoziente d'intelligenza* Intelligence Quotient.
qua *avv.* **1** here: *eccomi* ~ here I am. **2** (*con un imperativo*) here, just (*spesso non si traduce*): *guarda* ~ *che cosa mi hai combinato* just look what a mess you've got me into; (*con un'imperativo sottinteso*) here (*spesso non si traduce*): ~ *i soldi* (put) the money here. □ ~ **dentro** in here; (*fig.*) *essere più di là che* **di** ~ to be more dead than alive; **di** ~ *da, al* **di** ~ *di* (on) this side of: *al di* ~ *del fiume* on this side of the river; ~ **dietro** behind here; **in** ~ (*verso questa parte*) over here; *da un anno* **in** ~ for a year now; *da qualche tempo* **in** ~ for some time now; *da quando* **in** ~*?* since when?; ~ *la* **mano** (*concludendo un affare*) let's shake on it; **per** *di* ~ this way; ~ **sopra** up here; ~ **sotto** under (*o* down) here.
quacchero *a./s.m.* (*Rel.*) Quaker.
quaderno *m.* exercise-book, copy-book.
quadrangolare *a.* quadrangular.
quadrangolo I *a.* quadrangular. **II** *s.m.* (*Geom.*) quadrangle.
quadrante *m.* **1** (*di orologio*) dial(-plate), face. **2** (*nella bussola*) quadrant. **3** (*Astr., Mat.*) quadrant. □ ~ *solare* sundial.
quadrare I *v.t.* **1** to (make*) square. **2** (*Mat.*) (*elevare al quadrato*) to square. **II** *v.i.* **1** (*corrispondere*) to fit, to suit (*con qc.* s.th.), to be in keeping (with): *questo titolo non quadra con l'argomento* this title is not in keeping with the subject matter. **2** (*essere giusto*) to tally, to balance: *i conti non quadrano* the accounts don't tally. **3** (*fam.*) (*andare a genio*) to suit, to please, to like (costr. pers.): *quel tipo non mi quadra* I don't like that guy. □ *far* ~ *un bilancio* to square (*o* balance) an account.
quadrato[1] *a.* **1** square: *centimetro* ~ square centimetre. **2** (*fig.*) (*robusto*) square, stocky: *spalle quadrate* square shoulders. **3** (*fig.*) (*assennato, giudizioso*) sensible, level-headed, well-balanced.
quadrato[2] *m.* **1** (*Geom., Mat.*) square: *nove è il* ~ *di tre* nine is the square of three. **2** (*nel pugilato*) ring. □ (*Mat.*) *elevare un numero al* ~ to square a number.
quadratura *f.* **1** squaring. **2** (*Geom., Astr.*) quadrature. □ (*fig.*) ~ *del cerchio* insoluble problem, squaring of the circle.
quadrello *m.* (*mattonella quadrata*) square tile.
quadrettare *v.t.* **1** to divide into squares. **2** (*Tessitura*) to chequer, to checker.
quadrettato *a.* squared; (*di tessuti*) chequered, checkered; (*attr.*) check.
quadrettatura *f.* **1** division into squares, chequering. **2** (*reticolato di quadretti*) checks *pl.*, squares *pl.*, chequerwork.
quadretto *m.* **1** (*piccolo quadro*) small painting. **2** (*fig.*) (*scenetta*) (charming) scene, picture. □ *a quadretti* (*di carta*) square(d); (*di tessuti*) check(ed), chequered.
quadriennale *a.* **1** (*che dura quattro anni*) four-year-. **2** (*che avviene ogni quattro anni*) four-yearly, quadr(i)ennial.
quadriennio *m.* (period of) four years *pl.*, quadr(i)ennium (*pl.* -s/-quadriennia).
quadrifoglio *m.* **1** (*Bot.*) four-leaved clover. **2** (*Strad.*) cloverleaf.
quadrigemino *a.*: *parto* ~ birth of quadruplets.
quadriglia *f.* (*danza*) quadrille.
quadrilatero *a./s.m.* quadrilateral.
quadrimestrale *a.* **1** (*che dura un quadrimestre*) four-month-, of four months. **2** (*che avviene ogni quadrimestre*) four-monthly.
quadrimestre *m.* four months *pl.*
quadrimotore I *a.* four-engined. **II** *s.m.* four -engined aircraft.
quadripartito I *a.* quadripartite. **II** *s.m.* four -party government.
quadrisillabo *m.* (*Metrica*) quadrisyllable.
quadro[1] *a.* (*quadrato*) square.
quadro[2] *m.* **1** (*dipinto*) painting, picture. **2** (*fig.*) (*spettacolo*) sight, picture; (*descrizione*) picture, description, outline. **3** (*fig.*) (*ambito*) framework, scope, range: *nel* ~ *dei nuovi accordi* within the framework of the new agreements. **4** (*pannello con comandi*)

board, panel. **5** (*tabella*) table, chart: ~ *riassuntivo* summary chart. **6** (*Teat.*) scene. **7** (*Cin., TV*) (*inquadratura*) frame. **8** *pl.* (*nelle carte da gioco*) diamonds. **9** *pl.* (*Mil., Pol.*) cadres. **10** *pl.* (*personale direttivo di azienda*) management staff, management. ◻ **a** *quadri* check(ed), checkered, chequered, squared; *quadri* **amministrativi** administrative cadres; (*El.*) ~ *di* **comando** control board; ~ **luminoso** illuminated diagram; (*Pitt.*) ~ *a* **olio** oil-painting.

quadrumane *a./s.m.* (*Zool.*) quadrumane.

quadrupede *a./s.m.* (*Zool.*) quadruped.

quadruplicare *v.t.* to quadruple, to quadruplicate, to multiply by four. **quadruplicarsi** *v.i.pron.* to quadruple.

quadruplice *a.* four(fold).

quadruplo *a./s.m.* quadruple, four times as much.

quaggiù *avv.* **1** down here. **2** (*sulla terra*) of (*o* in) this world.

quaglia *f.* (*Zool.*) quail.

qualche *a.indef.* **1** (*partitivo: in frasi positive*) some: *aspetto già da* ~ *ora* I've been waiting some hours now; (*alcuni*) a few (costr. pl.): *partirò tra* ~ *giorno* I'll be leaving in a few days. **2** (*in frasi dubitative*) any: *hai* ~ *sigaretta?* have you any cigarettes?; (*nelle offerte*) some: *vuoi* ~ *caramella?* do you want some sweets? **3** (*un po'*) some, a little. **4** (*uno*) a: *c'è* ~ *medico?* is there a doctor? **5** (*uno qualsiasi*) some (or other): *dobbiamo venire a* ~ *decisione* we must come to some decision. **6** (*un certo*) some, a certain (amount of): *gode di una* ~ *considerazione* he is held in some esteem. ◻ *in* ~ **luogo** somewhere; (*in frasi interrogative*) anywhere; *in* ~ **modo** (*in un modo o nell'altro*) somehow, in some way (or other); (*alla bell'e meglio*) as best one can, as well as possible.

qualcheduno → **qualcuno**.

qualcosa *pron.indef.* **1** (*in frasi positive*) something. **2** (*in frasi dubitative*) anything: *dimmi se c'è* ~ *di sbagliato in questo* tell me if there is anything wrong with this; (*nelle offerte*) something. ◻ *qualcos'***altro** something else; *è* **già** ~ that's somethimg (anyway); **hai** ~? is anything wrong?

qualcuno *pron.indef.* **1** (*in frasi positive*) somebody, someone; (*in frasi dubitative*) anybody, anyone: *c'è* ~ *che ha un dizionario?* has anyone got a dictionary? **2** (*alcuni: in frasi positive*) some (costr. pl.): ~ *è favorevole a noi* some are on our side; (*in frasi dubitative*) any: *c'è* ~ *di voi disposto ad aiutarmi?* are any of you willing to help me? **3** (*fam.*) (*persona importante*) someone, somebody: *si crede* ~ he thinks he's somebody.

quale I *a.interr.* **1** (*scegliendo fra un numero limitato di persone o di cose*) which: ~ *strada dobbiamo prendere, questa o quella?* which road must we take, this one or that one? **2** (*scegliendo fra un numero illimitato di persone o cose*) what: ~ *dizionario adoperi?* what dictionary do you use?; *quali libri hai letto su questo argomento?* what books have you read on this subject? **3** (*correlativo di tale, che spesso si sottintende*) as: *la stanza è* (*tale*) ~ *l'abbiamo lasciata* the room is (just *o* exactly) as we left it. **4** (*nelle esclamazioni: al sing.*) what a; (*al pl.*) what: *quali idee sciocche!* what silly ideas! **5** (*indefinito: qualunque*) whatever: *quali che siano i suoi pensieri* ... whatever his thoughts may be ... **6** (*pleonastico*) *aveva una certa qual conoscenza dell'inglese* he had a certain knowledge of English. **II** *pron.interr.* **1** (*scegliendo fra un numero limitato di persone o cose*) which (one): ~ *di questi libri preferisci?* which of these books do you prefer? **2** (*scegliendo fra un numero illimitato di persone o cose*) what: *qual è il prezzo di questo vestito?* what's the price of this suit? **III** *pron.rel.* **1** (*soggetto: rif. a persone*) who, that: *non conosco l'uomo il* ~ *parla* I don't know the man who (*o* that) is speaking; (*rif. a cose o animali*) which, that: *ha una casa la* ~ *dà sul mare* he has a house which (*o* that) overlooks the sea. **2** (*complemento indiretto: rif. a persone*) that, who(m) (*spesso non si traduce*): *il ragazzo al* ~ *hai regalato il libro* the boy (that, whom) you gave the book to; (*rif. a cose o animali*) that, which (*spesso non si traduce*): *la casa nella* ~ *abiti* the house you live in (*o* in which you live). **3** (*possessivo: rif. a persone*) whose: *la signora della* ~ *ammiriamo la gentilezza* the lady whose kindness we admire; (*rif. a cose o animali*) of which; whose. **4** (*nelle esemplificazioni*) such as, like; *molti uccelli, quali il merlo...* many birds, such as the blackbird... **IV** *avv.* (*in qualità di, come*) as. ◻ *in* **certo** *qual modo* in a way (*o* sense); **per** *la* ~ (very) good: *le tue parole non sono tanto per la* ~ your words are not very good; **tale** (*e*) ~ (*identico*) just like, identical (to), exactly the same (as).

qualifica *f.* **1** (*titolo*) title: ~ *di dottore* title of doctor. **2** (*complesso di doti professionali*) qualification.

qualificabile *a.* qualifiable.

qualificare *v.t.* to describe as, to call, to qualify. **qualificarsi** *v.r.* **1** to describe o.s. as. **2** (*ottenere una qualifica*) to qualify as: *qualificarsi idoneo* to qualify as suitable. **3** (*Sport*) to qualify.

qualificativo *a.* qualifying.

qualificato *a.* qualified, skilled: *operaio* ~ skilled worker.

qualificazione *f.* qualification. ◻ (*Sport*) **gare** *di* ~ qualifying games; ~ **professionale** professional qualification.

qualità *f.* **1** quality. **2** (*dote, pregio*) (good) quality, merit, virtue. **3** (*specie*) sort, type, kind: *persone di ogni* ~ all kinds of people. **4** (*Comm.*) quality, grade. ◻ *di* **cattiva** ~ low grade-, poor quality-; **controllo** *della* ~ quality control; **in** ~ *di* as, in one's capacity as; *di* ~ **inferiore** inferior; *di* **infima** ~ worthless; *di* **prima** ~ top (*o* first) grade-, prime; *di* **tutte** *le* ~ of all kinds.

qualitativo *a.* qualitative.

qualora *congz.* if, in case.

qualsiasi, **qualunque** *a.indef.* **1** any: *un giorno* ~ any day. **2** (*ogni*) any, all, every: *a* ~ *prezzo* at any price. **3** (*posposto*) common; ordinary: *una ragazza* ~ just an ordinary girl. **4** (*in frasi concessive*) whatever: *sono con te,* ~ *decisione tu prenda* whatever decision you may take, I am with you; (*rif. a un numero limitato di persone o cose*) whichever. ▭ ~ **altro** (*rif. a persona*) anyone else; (*rif. a cosa*) any other; ~ **cosa** anything; *in* ~ **luogo** anywhere; ~ **persona** anyone, anybody; **uno** ~ (*rif. a persona*) (just) anyone, anybody; (*rif. a cosa*) just any one, anything; *l'***uomo** *qualunque* (*l'uomo comune*) the man in the street; ~ **volta** every time.

qualunquismo *m.* indifferentism; non-committalism.

qualunquista *m./f.* indifferent; non-committed person.

qualunquistico *a.* indifferent; non-committal.

quando **I** *avv.* (*interrogativo*) when: ~ *parti?* when will you leave? **II** *congz.* **1** when. **2** (*tutte le volte che*) when(ever), every time (that). **3** (*avversativo*) when, whereas, while: *sembrava triste* ~ *invece era contento* he seemed sad whereas (*o* when in fact) he was happy. **4** (*causale: giacché*) when, since, as: *è sciocco insistere* ~ *sai che è inutile* it's silly to keep on when you know it's no use. **5** (*condizionale*) if, in case. **6** (*in frasi ellittiche: se*) if: *quand'è così* if that's so. **III** *s.m.* when: *il come e il* ~ the how and the when. ▭ *quand'***anche** even if (*o* though); **come** ~ as ... when: *la città è rimasta come* ~ *io ero piccola* the town has remained as it was when I was small; **da** ~ (*dacché*) (ever) since; (*interrogativo*) since when?; **di** ~ (*del tempo in cui*) of (the time) when; (*interrogativo*) what date?, when?: *di* ~ *è questa mobilia?* what date (*o* period) is this furniture?; **di** ~ *in* ~ from time to time, at times; *quand'***ecco** (*che*) when suddenly; **fino** *a* ~ until, till; (*interrogativo*) till when?; (*per quanto tempo*) how long?; ~ **mai** since when, (*fam.*) when on earth: ~ *mai si tratta così la gente?* since when are people treated like this?; **per** ~ for when; (*interrogativo*) when?: *per* ~ *sarà pronto?* when will it be ready?

quantificare *v.t.* to quantify.

quantistico *a.* quantum-: (*Fis.*) *teoria quantistica* quantum theory.

quantità *f.* quantity; (*gran numero, moltitudine*) great (*o* good) deal, lot, great many *pl.* ▭ *in gran* ~ in large quantities; plenty (*o* a lot) of, (*fam.*) lots (*o* loads) of.

quantitativo **I** *a.* quantitative. **II** *s.m.* quantity, amount.

quanto[1] **I** *a.* **1** (*interrogativo*) how much (*pl.* how many): ~ *denaro hai?* how much money have you? **2** (*esclamativo*) what a lot of, what, how much (*pl.* how many): ~ *fracasso!* what a lot of noise; (*rif. a tempo*) what a long: ~ *tempo è passato!* what a long time has gone by! **3** (*in correlazione con tanto*) as: *ho tanti amici quanti ne ha lui* I have as many friends as he has. **4** (*nella misura o quantità che*) as much as (*pl.* as many as), all the: *puoi mangiare* ~ *pane vuoi* you can eat as much bread as you like; (*rif. a tempo*) as long as. **II** *pron.* **1** (*interrogativo*) how much (*pl.* how many): *quanti partiranno con voi?* how many will leave with you?; (*rif. a tempo*) how long. **2** (*relativo: ciò che*) what, all (that): *non credere a* ~ *ti ha detto* don't believe what (*o* all) he told you. **3** *pl.* (*relativo: tutti quelli che*) (all) those *pl.*; who. **4** (*seguito dal partitivo: non si traduce*): *è* ~ *di meglio io abbia* it is the best I have. **5** (*in correlazione con tanto*) as: *siamo tanti quanti eravamo agli inizi* we are as many as we were at the beginning. **6** *pl.* (*rif. a data*) what date: *quanti ne abbiamo?* what is the date? **III** *avv.* **1** (*interrogativo: seguito da un verbo*) how much (*pl.* how many): *non sa* ~ *vale* he doesn't know how much it is worth; (*con aggettivi o avverbi*) how; (*rif. a tempo*) how long; (*rif. a distanza*) how far. **2** (*esclamativo: quantità*) what a lot, how much; (*rif. ad aggettivi e avverbi*) how: ~ *è bella!* how beautiful she is! **3** (*nella misura o quantità in cui*) as much as, all (that): *ho visto* ~ *era possibile vedere* I saw as much as it was possible to see. **4** (*come: in frasi positive*) as ... as: *forte* ~ *un lottatore* as strong as a wrestler; (*in frasi negative*) so (*o* as) ... as. **5** (*in correlazione con tanto: in frasi positive*) as ... as; (*quantità*) as much as: *tu lavori tanto* ~ *lui* you work as much (o hard) as he does; (*in frasi negative*) so (*o* as) much as. **6** (*come pure*) both ... and, as well as: *venderò tanto la casa al mare,* ~ *quella in città* I shall sell both the seaside house and the town one. ▭ ~ **a** as for, as far as ... concerned; **a** ~ *si dice* reportedly; *a conferma* **di** ~ *sopra* in confirmation of the above; ~ **fa**? (*quanto costa?*) how much is it (*o* does it cost)?; **in** ~ (*in qualità di*) as; (*nella misura in cui*) as much (*o* far) as: *ti aiuterò in* ~ *posso* I will help you as much as I can; ~ **meno** (*almeno*) at least; **per** ~ (*con aggettivi e avverbi*) however: *per* ~ *brava, fa degli errori* however good she may be she makes mistakes; (*con verbi*) however much: *per* ~ *cerchi, non riuscirai a trovarmi* however much (*o* hard) you look for me, you won't succeed in finding me; (*con valore limitativo*) as far as; *per* ~ *sta in me* as far as I'm concerned; ~ **più** *velocemente possibile* as fast as possible; ~ **prima** as soon as possible; (*Comm.*) at your earliest convenience; ~ **prima** *tanto* *meglio* the sooner the better; ~ **tempo**? how long?; *quant'è* **vero** *Dio* as sure as there's a God.

quanto[2] *m.* (*Fis.*) quantum (*pl.* quanta).

quantunque *congz.* although, though, even if.

quaranta *a./s.m.* forty.

quarantena *f.* quarantine.

quarantenne I *a.* (*attr.*) forty-year-old; (*pred.*) forty years old. **II** *s.m/f.* forty-year-old person.

quarantennio *m.* forty years *pl.*

quarantesimo *a./s.m.* fortieth.

quarantina *f.* about (*o* some) forty.

quarantotto I *a.* forty-eight. **II** *s.m.* **1** forty-eight. **2** (*fam.*) (*confusione*) turmoil, bedlam. □ *fare un* ~ to raise hell.

quaresima *f.* (*Lit.*) Lent. □ *mezza* ~ Mid-Lent.

quaresimale *a.* Lenten.

quarta *f.* **1** (*Scol.*) (*quarta classe*) fourth class (*o* form), (*am.*) fourth grade. **2** (*Aut.*) fourth (gear): *innestare la* ~ to change into fourth. **3** (*Mus.*) fourth. **4** (*Geog.*) quadrant. **5** (*Mar.*) rhumb. □ (*fig.*) *partire in* ~ to make a flying start.

quartana *f.* (*Med.*) quartan (fever).

quartetto *m.* **1** (*Mus.*) quartet(te). **2** (*fig.*) foursome, quartet(te). □ ~ *d'archi* string quartet.

quartiere *m.* **1** quarter, district. **2** (*Mil.*) quarters *pl.*, barracks *pl.* **3** (*region.*) (*appartamento*) flat, (*am.*) apartment. □ *quartieri* **alti** exclusive neighbourhood *sing.*; *quartieri* **bassi** slums; *Quartier* **generale** headquarters *pl.* (*costr. sing. o pl.*); ~ **residenziale** residential district (*o* area); (*fig.*) *lotta* **senza** ~ fight without quarter.

quartina *f.* **1** (*Metrica*) quatrain. **2** (*Mus.*) quadruplet. **3** (*Filatelia*) block of four.

quartino *m.* **1** (*quarto di litro*) quarter (of a) litre. **2** (*Tip.*) four-page folder. **3** (*Mus.*) small clarinet.

quarto I *a.* fourth. **II** *s.m.* **1** fourth: *è il* ~ *della lista* he is the fourth on the list. **2** (*quarta parte*) quarter: *un* ~ *di pollo* a quarter of a chicken. **3** (*nelle indicazioni dell'ora*) quarter: *le due e un* ~ a quarter past two, two-fifteen. **4** (*Tip.*) quarto. **5** (*Araldica*) quarter. □ **fare** *il* ~ (*a carte, tennis, ecc.*) to make a fourth; (*Sport*) *quarti di* **finale** quarter-finals.

quartogenito *a./s.m.* fourth-born.

quartultimo *a.* fourth to last, last but three.

quarzo *m.* (*Min.*) quartz.

quasi I *avv.* **1** almost, nearly; (*con valore negativo*) hardly: *non ti vedo* ~ *mai* I hardly ever see you. **2** (*attenuativo*) almost: *oserei* ~ *affermare che non ha tutti i torti* I'd almost dare say that he isn't completely wrong. **3** (*a metà*) half: ~ *deciso* half decided. **4** (*in alcuni composti*) (*semi-*) quasi-: *una posizione* ~ *ufficiale* a quasi-official position. **II** *congz.* (*come se*) as if: *protestava,* ~ *avesse ragione lui* he protested as if he were right. □ ~ *quasi me ne andrei a casa* I've half a mind to go home.

quassù *avv.* up here. □ *di* ~ from up here.

quaterna *f.* set of four numbers.

quaternario I *a.* **1** quaternary (*anche Chim.*). **2** (*Geol.*) Quaternary. **II** *s.m.* **1** (*Metrica*) quadri-syllabic (*o* four-syllabled) line. **2** (*Geol.*) quaternary (period).

quatto *a.* crouched, squatting. □ ~ *quatto* (*in silenzio*) very quietly, as quiet as a mouse; (*di nascosto*) stealthily.

quattordicenne I *a.* (*attr.*) fourteen-year-old; (*pred.*) fourteen years old. **II** *s.m./f* fourteen-year-old boy (*f.* girl).

quattordicesimo *a./s.m.* fourteenth.

quattordici *a./s.m.* fourteen. □ *sono le* ~ it is two p.m..

quattrino *m.* **1** (*moneta di poco valore*) farthing, penny, (*am.*) cent. **2** *pl.* (*denaro*) money: *far quattrini* to make money. □ *restare senza il* **becco** *d'un* ~ to be left without a penny, (*fam.*) to be (stony-) broke; *quattrini a* **palate** a lot (*o* mint) of money, (*fam.*) loads of money; **senza** *quattrini* penniless, (*fam.*) broke; *non* **valere** (*il becco di*) *un* ~ to be worthless.

quattro *a./s.m.* four; (*nelle date*) fourth: *il* ~ *agosto* the fourth of August. □ **dirne** ~ *a qd.* to tell s.o. a thing or two; **farsi** *in* ~ to do one's utmost (*o* very best); *in* ~ *e quattr'***otto** in the twinkling of an eye; *fare* ~ **passi** to take a stroll; (*fam.*) *per* ~ **soldi** for a song.

quattrocchi *m.*: *a* ~ privately, in private.

quattrocentesco *a.* fifteenth-century-; (*rif. all'arte e letteratura italiana*) Quattrocento-.

quattrocentesimo *a./s.m.* four-hundredth.

quattrocento *a./s.m.* four hundred. **Quattrocento** *m.* fifteenth century; (*rif. all'arte e alla letteratura italiana*) Quattrocento.

quattromila *a./s.m.* four thousand.

quegli *pron.dimostr.m.sing.* that person (*o* man), he; (*il primo di due*) the former.

quello I *a.dimostr.* **1** that (*pl.* those): *dammi quel giornale, per favore* give me that newspaper please. **2** (*potente, forte*) such: *ho avuto una di quelle paure* I had such a fright. **3** (*con valore rafforzativo seguito da un'apposizione*) that: *quel somaro di Carletto* that ass Charlie; (*con valore di articolo determinativo*) the: *ti racconto* ~ *poco che ricordo* I'm telling you the little I remember. **II** *pron.dimostr.* **1** that (one) (*pl.* those): *quella è mia moglie* that is my wife. **2** (*ciò*) that: *ti assicuro che* ~ *non è vero* I assure you (that) that is not true. **3** (*quella persona*) the man (*f.* woman), that man. **4** (*lo stesso, il medesimo*) the same: *è sempre* ~ (*lo stesso*) he is still the same. **5** (*seguito da aggettivo o pronome relativo*) the one (*pl.* the ones): *mi piace* ~ *giallo* I like the yellow one. **6** (*con valore di pronome personale di terza persona*) he, she, they: *e* ~ *disse* and he said. **7** (*correlativo di questo*) one ... one (*o* the other); *pl.* some ... some (*o* the others); (*il primo e il secondo di due già menzionati*) *questo* ... ~ the former ... the latter. ▭ (*fam.*) *mezzo litro di* ~ **buono** (*di vino buono*) half a litre of the best; ~ **che** (*colui che*) the one (*o* man) who (*pl.* those who); (*ciò che*) what: *una ragazza bruttina e, quel che è peggio, antipatica* an unattractive girl, and, what is worse, unpleasant too; **di** ~ *che* (*di quanto*) than: *è più bello di* ~ *che mi aspettassi* it is more beautiful than I expected; ~ **là** (*rif. a cosa*) that one there; (*rif. a persona*) that man (*o* fellow) there; **per** *quel che ne so io* as far as I know; ~ **sì** *che è vino!* that really is wine!; (*eufem.*) **una** *di quelle* (*una prostituta*) a street-walker.

quercia *f.* (*Bot.*) oak.

querela *f.* (*Dir.*) action, suit: *sporgere* ~ *contro qd.* to bring an action against s.o.

querelante *m./f.* (*Dir.*) plaintiff.

querelare *v.t.* to sue, to take* action (*o* legal proceedings) against.

querelato *m.* (*Dir.*) defendant.

querulo *a.* (*lett.*) querulous, complaining.

quesito *m.* (*problema*) problem; (*domanda*) question, query.

questionare *v.i.* **1** (*litigare*) to quarrel (*di* about, *su* over). **2** (*discutere*) to argue; to dispute (*di* on, about).

questionario *m.* questionnaire.

questione *f.* **1** (*affare*) matter, question; *definire una* ~ to settle a matter. **2** (*problema*) problem, question. **3** (*discussione*) issue, argument, (*fam.*) fuss. **4** (*lite*) quarrel. ▭ *questioni* **amministrative** administrative matters; **fuor** *di* ~ it is out of the question; ~ **giuridica** legal point (*o* issue); **in** ~ in question; ~ *d'***onore** affair (*o* question) of honour; ~ *in* **sospeso** pending question; *è* ~ *di* **tempo** it is a question (*o* matter) of time.

questo I *a.dimostr.* **1** this (*pl.* these): *prendi questa penna* take this pen. **2** (*rif. a parti del corpo: proprio*) one's own, this very: *l'ho visto con questi occhi* I saw him with my own (*o* these very) eyes. **3** (*passato*) last (*pl.* last few); (*molto prossimo*) this, next: *verrò uno di questi giorni* I'll come one of these days. **II** *pron.dimostr.* **1** this (one) (*pl.* these): ~ *è tuo* this (one) is yours. **2** (*ciò*) this, that: ~ *mi dispiace* I'm sorry about that (*o* this). **3** (*con valore di pron. pers. di terza persona*) he (*f.* she, *pl.* they): *aiutai la signora, ma questa non mi ringraziò* I helped the lady, but she didn't thank me. **4** (*correlativo di quello*) one... one (*o* the other); *pl.* some... some (*o* the others); (*il primo e il secondo di due già menzionati*) ~ ... *quello* the former... the latter. **5** (*al femminile col sostantivo sottinteso*) this, that: *senti questa* just listen to this; *ci mancherebbe anche questa* this is (*o* that's) all we need; *questa poi è bella!* that's a good one! ▭ *e* **con** ~? and so?, (*fam.*) so what?; **in** ~ *ti sbagli* you're wrong here (*o* about that); ~ **mai***!* never!; ~ **no***!* no, not that!; **per** ~ (*perciò*) that's why, for this reason; (*a questo fine*) for this purpose, to this end.

questore *m.* questor.

questua *f.* begging (*o* collecting) of alms.

questuante I *a.* mendicant, begging. **II** *s.m* mendicant; beggar.

questuare I *v.t.* to beg (*anche fig.*): ~ *benefici* to beg favours. **II** *v.i.* to beg, to collect alms.

questura *f.* police headquarters *pl.* (costr. sing.).

questurino *m.* (*pop.*) policeman (*pl.* –men).

qui *avv.* **1** here: *vieni* ~ come here. **2** (*fig.*) (*a questo punto*) here, at this point. ▭ (*Comm.*) ~ **accluso** herewith enclosed; *da* ~ *è nato l'equivoco* the misunderstanding arose from this; ~ **dentro** (in) here; **di** ~ (*originario di questo paese*) from here, from these parts; (*causale*) from this; **di** ~ *a* (*rif. a spazio*) from here to; (*rif. a tempo*) from now: *ci si rivedrà di* ~ *a un mese* we'll meet again a month from now; **eccoti** ~ here you are; **fin** ~ (*rif. a spazio*) as far as here, up to here; (*rif. a tempo*) so far; ~ *a due* **passi** a stone's throw from here; **per** *di* ~ this way, by here; ~ **sopra** up here; ~ **vicino** near (*o* not far from) here, close by.

quiescente *a.* quiescent.

quiescenza *f.* (*Dir., burocr.*) quiescence.

quietanza *f.* (*Comm.*) receipt. ▭ **per** ~ paid, received; ~ *a* **saldo** receipt in full, acquittal.

quietanzare *v.t.* to receipt, to acknowledge receipt of.

quietare *v.t.* to calm, to appease, to soothe: ~ *l'ira* to appease anger. **quietarsi** *v.r.* to calm down, to quiet(en) down.

quiete *f.* **1** (*assenza di moto*) stillness, calm(ness): *la* ~ *dell'aria* the stillness of the air. **2** (*silenzio*) quiet, silence; (*tranquillità, pace*) peace(fulness), tranquillity. ▭ ~ *pubblica* (Queen's *o* King's) peace.

quieto *a.* **1** still, calm. **2** (*silenzioso, tranquillo*) quiet, calm. **3** (*pacifico*) peaceable, peace-loving.

quindi I *congz.* (*dunque*) therefore, so, (*lett.*) hence. **II** *avv.* (*poi*) then.

quindicennale *a.* **1** (*che dura quindici anni*) fifteen-year-, fifteen years long. **2** (*che ricorre ogni quindici anni*) (recurring) every fifteen years.

quindicenne I *a.* (*attr.*) fifteen-years-old; (*pred.*) fifteen years old. **II** *s.m./f.* fifteen-year-old boy (*f.* girl).

quindicennio *m.* fifteen-year period.

quindicesimo *a./s.m.* fifteenth.

quindici *a./s.m.* fifteen. ▭ ~ *dicembre* the fifteenth of December; *sono le* ~ it is three p.m.; *fra* (o *in*) ~ *giorni* in a fortnight, in two week's time.

quindicina *f.* **1** (*circa quindici*) about (*o* some) fifteen. **2** (*paga di quindici giorni*) fortnight's pay.

quindicinale *a./s.m.* fortnightly.

quinquennale *a.* five-year-, quinquennial:

(*Econ.*) *piano* ~ Five-Year Plan.
quinquennio *m.* five years *pl.*, quinquennium (*pl.* –s./quinquennia).
quinta *f.* **1** (*Scol.*) fifth form (*o* class), (*am.*) fifth grade. **2** (*Teat.*) wing. **3** (*Mus.*) fifth, quint. □ (*fig.*) *stare* (o *restare*) *dietro le quinte* to be (*o* keep) behind the scenes, to stay in the background.
quintale *m.* quintal; hundred kilograms.
quinterno *m.* (*di foglio*) the fifth part of a quire.
quintessenza *f.* (*Filos.*) quintessence (*anche estens.*).
quintetto *m.* (*Mus.*) quintet, quintette.
quinto *a./s.m.* fifth. □ (*Stor.*) *Carlo* ~ Charles the Fifth.
quintuplicare *v.t.* to quintuple, to multiply by five. **quintuplicarsi** *v.r.* to quintuple.
quintuplo I *a.* quintuple, fivefold, five times as much. **II** *s.m.* quintuple.
qui pro quo *lat. m.* (*equivoco*) misunderstanding.
quisquilia *f.* trifle.
quota *f.* **1** (*contributo*) contribution, dues *pl.*: *pagare la propria* ~ *d'iscrizione* to pay one's subscription fee. **2** (*parte spettante*) share, quota. **3** (*altitudine*) height (above sea-level). **4** (*Aer.*) altitude, height: *perdere* ~ to lose altitude. **5** (*fig.*) (*livello*) level. □ (*Aer.*) **prendere** ~ to gain altitude, to climb; ~ **sociale** membership fee; **volare** *ad alta* ~ to fly high (*o* at a high altitude); (*Topografia*) ~ **zero** sea-level; *essere a* ~ **zero** (*essere al punto di partenza*) to be back where one started.
quotare *v.t.* **1** (*Econ.*) (*determinare il corso*) to quote (at): *fu quotato un milione* it was quoted at a million. **2** (*fig.*) (*stimare*) to esteem, to value. **3** (*tecn.*) to dimension. **quotarsi** *v.r.* to subscribe (for).
quotato *a.* **1** (*Comm.*) quoted; estimated. **2** (*fig.*) highly valued, highly esteemed. **3** (*di disegno tecnico*) dimensioned. □ *titoli quotati* (*in Borsa*) listed securities.
quotazione *f.* (*Econ.*) price, quotation. □ (*fig.*) *le quotazioni di quell'artista sono* **basse** that artist is not very highly thought of; ~ *di* **Borsa** exchange quotation.
quotidiano I *a.* **1** daily. **2** (*estens.*) (*solito, ordinario*) everyday. **II** *s.m.* daily (newspaper).
quoziente *m.* **1** (*Mat.*) quotient. **2** (*Statistica*) quotient, rate. □ (*Psic.*) ~ *d'***intelligenza** intelligence quotient; (*Statistica*) ~ *di* **mortalità** death-rate.

R

r[1], **R**[1] *f./m.* (*lettera dell'alfabeto*) r, R. ▭ (*Tel.*) ~ *come Roma* R for Robert; (*am.*) R for Roger.
r[2] = (*Geom.*) *raggio* radius.
R[2] = *raccomandata* registered letter.
Ra = (*Chim.*) *radio* radium.
rabarbaro *m.* (*Bot.*) rhubarb.
rabberciare *v.t.* to patch (up), to botch.
rabbia *f.* **1** (*ira*) anger, rage. **2** (*accanimento*) fury, frenzy: *lavorare con* ~ to work like a fury. **3** (*Veterinaria, Med.*) rabies. ▭ **fare** ~ *a qd.* to make s.o. angry; *essere* **fuori** *di sé dalla* ~ to be beside o.s. with rage.
rabbino *m.* rabbi, Rabbi.
rabbioso *a.* **1** angry, furious. **2** (*accanito*) relentless. **3** (*fig.*) (*rif. agli elementi*) raging, furious. **4** (*Veterinaria, Med.*) rabid.
rabbonire *v.t.*, **rabbonirsi** *v.i.pron.* to calm down, to cool down.
rabbrividire *v.i.* **1** to shiver. **2** (*fig.*) to shudder, to shiver.
rabbuffo *m.* (*rimprovero*) scolding, rebuke.
rabbuiarsi *v.i.pron.* to darken (*anche fig.*), to grow* dark.
rabdomante *m./f.* diviner. ▭ *bacchetta da* ~ divining rod.
rabdomanzia *f.* divining.
racc. = *raccomandata* registered letter.
raccapezzare *v.t.* **1** to scrape (*o* get*) together. **2** (*capire*) to understand*, to grasp. **raccapezzarsi** *v.i.pron.* to make* s.th. out.
raccapricciante *a.* horrifying, terrifying, bloodcurdling.
raccapricciare *v.i.* to be horrified, to feel* one's hair stand on end (*o* flesh creep).
raccapriccio *m.* horror, dread.
raccattapalle *m.* (*Sport*) ball-boy.
raccattare *v.t.* **1** to pick up. **2** (*racimolare*) to scrape (*o* get*) together.
racchetta *f.* **1** (*nel tennis*) racket; (*nel ping -pong*) bat; (*am.*) paddle. **2** (*bastone da sci*) ski-pole, ski-stick. ▭ ~ *da neve* snow-shoe.
racchiudere *v.t.* to enclose, to hold*, to contain.
raccogliere *v.t.* **1** (*raccattare*) to pick up; (*rif. a persone e oggetti sparsi*) to gather, to pick up: ~ *i feriti* to gather the wounded. **2** (*rif. a frutti, fiori e sim.*) to pick, to pluck. **3** (*fare il raccolto*) to harvest, to gather. **4** (*mettere insieme*) to collect, to gather, to get* together: ~ *notizie* to gather news. **5** (*collezionare*) to collect. **6** (*fig.*) (*ricavare*) to reap, to harvest; (*ottenere*) to meet* with, to obtain: ~ *successi* to meet with success. **raccogliersi I** *v.i.pron.* to gather (together), to assemble. **II** *v.r.* (*fig.*) (*volgere la mente*) to concentrate (*su, in* on), to be immersed (in); (*concentrarsi*) to concentrate, to collect one's thoughts.
raccoglimento *m.* concentration, attention. ▭ *un minuto di* ~ a moment's silence.
raccogliticcio *a.* picked up here and there.
raccoglitore *m.* **1** collector, gatherer. **2** (*cartella*) file-holder, loose-leaf binder (*o* book).
raccolta *f.* **1** collecting, gathering. **2** (*collezione*) collection. **3** (*Agr.*) harvesting, picking: ~ *dell'uva* grape harvesting. **4** (*riunione*) gathering. ▭ **chiamare** *a* ~ to call (*o* gather) together; (*Mil.*) to muster; **fare** *la* ~ *di qc.* to collect s.th.
raccolto[1] *m.* (*Agr.*) harvest, crop.
raccolto[2] *a.* **1** (*rannicchiato*) crouching, huddled, curled (*o* roll) up. **2** (*riunito*) collected, gathered (together). **3** (*concentrato nei propri pensieri, assorto*) absorbed, engrossed. **4** (*appartato*) secluded, quiet.
raccomandabile *a.* recommendable; (*rif. a persone*) reliable, trustworthy.
raccomandare *v.t.* **1** to recommend, to commend; (*affidare*) to entrust, to commit. **2** (*appoggiare*) to recommend. **3** (*consigliare*) to recommend, to advise. **4** (*esortare*) to urge, to exhort: *gli raccomandai di farlo bene* I urged him to do it well. **5** (*Poste*) to register: ~ *un pacco* to register a parcel. **raccomandarsi** *v.r.* **1** (*affidarsi*) to commend o.s., to commit o.s. **2** (*implorare*) to implore, to beg, to entreat (*a qd.* s.o.). ▭ *mi raccomando!* don't forget!
raccomandata *f.* (*Poste*) registered letter; (*servizio di spedizione*) registered mail: *spedire per* ~ to send by registered mail. ▭ **fare** *una* ~ to register a letter; ~ *con* **ricevuta** *di ritorno* registered letter with advice of receipt.
raccomandato I *a.* **1** recommended. **2** (*Poste*) registered. **II** *s.m.* person recommended.

raccomandazione *f.* **1** (*consiglio*) advice, recommendation; (*esortazione*) exhortation. **2** (*intercessione*) a good word, influence.
raccontare *v.t.* to tell*, to recount, to relate. □ (*fam.*) *raccontala ad un* **altro** tell that to the marines; *raccontarne di tutti i* **colori** to tell tall stories.
racconto *m.* **1** narration, narrative. **2** (*Lett.*) (*fatto raccontato*) story, tale. **3** (*relazione*) account, report.
raccorciare *v.t.* to shorten, to make* shorter. **raccorciarsi** *v.i.pron.* to shorten, to become* shorter.
raccordare *v.t.* to join, to link (up); (*rif. a tubi, ecc.*) to connect.
raccordo *m.* connection, link, joint; (*punto di raccordo*) junction. □ (*Strad.*) ~ **anulare** ring-road; ~ **ferroviario** connecting track, junction line.
Rachele *N.pr.f.* Rachel.
rachitico **I** *a.* **1** (*Med.*) rachitic, suffering from rickets. **2** (*fig.*) stunted, ill-grown. **II** *s.m.* sufferer from rickets.
rachitismo *m.* (*Med.*) rickets *pl.* (costr. sing.), rachitis.
racimolare *v.t.* (*fig.*) to scrape (*o* get*) together, to glean.
rada *f.* (*Mar.*) anchorage.
radar *m.* (*Fis.*) radar.
radarista *m.* radar operator, (*am.*) radarman (*pl.* –men).
raddolcire *v.t.* **1** (*addolcire*) to sweeten. **2** (*fig.*) (*rif. a suoni, colori*) to soften, to tone down. **3** (*fig.*) (*mitigare*) to soothe, to relieve, to soften. **raddolcirsi** *v.i.pron.* (*rif. a carattere, espressione*) to mellow, to soften, to grow* gentler; (*rif. al tempo*) to grow* (*o* get*) milder.
raddoppiamento *m.* doubling, redoubling.
raddoppiare *v.t.* **1** to double. **2** (*fig.*) (*aumentare*) to (re)double, to increase. **3** (*Ling.*) to reduplicate.
raddoppiato *a.* (re)doubled, increased.
raddoppio *m.* **1** doubling. **2** (*nel biliardo*) double.
raddrizzamento *m.* straightening.
raddrizzare *v.t.* **1** to straighten, to make* straight. **2** (*rimettere in piedi*) to set* upright (*o* on one's feet) again. **3** (*fig.*) (*correggere*) to correct, to straighten out. **4** (*El.*) to rectify. **raddrizzarsi** *v.i.pron.* **1** to straighten, to become* straight. **2** (*rimettersi in piedi*) to stand* up again; (*raddrizzarsi la schiena*) to straighten (up). **3** (*fig.*) to correct o.s., to straighten o.s. out.
radente *a.* grazing.
radere *v.t.* **1** to shave (off). **2** (*fig.*) (*sfiorare*) to graze, to skim. **radersi** *v.r.* to shave (o.s.). □ ~ *al suolo* to raze to the ground.
radiale *a.* (*Anat., Geom.*) radial.
radiante *a.* radiant, radiating.
radiare *v.t.* (*burocr.*) (*espellere*) to expel, to strike* off.
radiatore *m.* (*tecn.*) radiator.
radiazione[1] *f.* (*Fis.*) radiation.
radiazione[2] *f.* (*espulsione*) striking off; expulsion.
radica *f.* (*Bot.*) briar, briarwood.
radicale **I** *a.* **1** radical, drastic. **2** (*Pol.*) Radical: *partito* ~ Radical party. **3** (*Ling.*) radical, root-. **II** *s.m.* **1** (*Ling., Mat., Pol.*) root, radical. **2** (*Chim.*) radical.
radicalismo *m.* radicalism.
radicare *v.i.*, **radicarsi** *v.i.pron.* **1** (*Bot.*) to take* root, to root, to put* out roots. **2** (*estens.*) to take* root.
radice *f.* **1** root. **2** (*fig.*) (*principio, origine*) root, origin, source. □ (*Mat.*) ~ **cubica** cube root; (*Mat.*) **estrarre** *la* ~ to extract the root; **mettere** *radici* to take root; (*Mat.*) ~ **quadrata** square root.
radio[1] *f.* **1** (*radiofonia*) radio, wireless. **2** (*stazione trasmittente*) broadcasting (*o* transmitting) station. **3** (*apparecchio*) radio (set), wireless (set). □ **ascoltare** *la* ~ to listen to the radio; **comunicare** *per* ~ to communicate by radio; **giornale** ~ (radio) news *pl.*, newscast.
radio[2] *m.* (*Chim.*) radium.
radio[3] *m.* (*Anat.*) radius (*pl.* radii).
radioattività *f.* radioactivity.
radioattivo *a.* radioactive. □ (*Fis.*) *pioggia radioattiva* fallout.
radiocronista *m.* (*Giorn.*) radio commentator.
radiografia *f.* **1** radiography. **2** (*lastra*) radiograph.
radioisotopo *m.* radioisotope.
radiologia *f.* radiology.
radiologo *m.* radiographer, radiologist.
radiotelefono *m.* radiotelephone.
radiotelegrafo *m.* radiotelegraph.
radioterapia *f.* radiotherapy.
radioterapista *m.* radiotherapist.
radiotrasmettere *v.t.* to radio.
radon *m.* (*Chim.*) radon.
radunare *v.t.* to get* together, to gather, to collect, to assemble. **radunarsi** *v.i.pron.* to assemble, to gather (*o* get*) together, to congregate.
raduno *m.* **1** assembly, gathering, meeting. **2** (*Sport*) meeting; (*rif. ad automobili*) rally.
radura *f.* clearing, glade.
Raffaele *N.pr.m.* Raphael.
raffazzonare *v.t.* to patch (up), to botch.
raffazzonatura *f.* **1** (*atto*) botching, patching up. **2** (*cosa raffazzonata*) botch(-up), patched -up job.
raffermare *v.t.* **1** to reconfirm. **2** (*Mil.*) to re-enlist. **raffermarsi** *v.i.pron.* **1** (*indurirsi*) to become* stale. **2** (*Mil.*) to re-enlist.
raffermo *a.* stale.
raffica *f.* **1** (*folata*) gust, squall. **2** (*scarica di proiettili*) burst, volley. **3** (*fig.*) hail, storm, shower, volley.
raffigurare *v.t.* **1** (*rappresentare*) to represent, lo portray, to show*. **2** (*simboleggiare*) to symbolize, to stand* for, to represent.

raffinamento *m.* (*fig.*) (*perfezionamento*) refinement.
raffinare *v.t.* **1** to refine, to purify. **2** (*fig.*) (*perfezionare*) to refine, to polish. **raffinarsi** *v.i.pron.* to become* (more) refined.
raffinatezza *f.* refinement.
raffinato **I** *a.* refined. **II** *s.m.* refined person.
raffineria *f.* refinery.
rafforzamento *m.* strengthening, reinforcement.
rafforzare *v.t.* to strengthen, to fortify, to reinforce. **rafforzarsi** *v.i.pron.* to strengthen, to become* (*o* get*) stronger.
rafforzativo *a.* **1** reinforcing, strengthening. **2** (*Gramm.*) intensifying.
raffreddamento *m.* cooling (*anche fig.*). □ ~ *ad* **acqua** water-cooling; ~ *ad* **aria** air -cooling.
raffreddare *v.t.* **1** to cool. **2** (*fig.*) to cool (off, down), to damp(en). **raffreddarsi** *v.i.pron.* **1** to cool (down, off), to grow* cool, to get* cold. **2** (*fig.*) to cool (down). **3** (*fam.*) (*prendere un raffreddore*) to catch* (a) cold.
raffreddato *a.* **1** cooled (off). **2** (*fam.*) (*affetto da raffreddore*) with a cold. □ *sono un po'* ~ I have a slight cold.
raffreddore *m.* (*Med.*) cold.
raffrontare *v.t.* (*confrontare*) to compare; (*collazionare*) to collate.
raffronto *m.* comparison.
rafia *f.* (*tessuto*) raffia.
rag. = *ragioniere* certified accountant.
raganella *f.* (*Zool.*) tree frog.
ragazza *f.* **1** girl. **2** (*fam.*) (*fidanzata*) girl, girl-friend, sweetheart. □ *nome da* ~ maiden name.
ragazzaglia *f.* (*spreg.*) gang, mob, band.
ragazzata *f.* boyish prank.
ragazzo *m.* **1** boy, youngster. **2** (*fam.*) (*rif. a persona adulta*) fellow, (*fam.*) chap. **3** *pl.* (*maschi e femmine*) kids. **4** (*fam.*) (*fidanzato*) boy-friend, sweetheart. **5** (*garzone*) boy, shop-boy. **6** *pl.* (*Sport*) junior. □ **da** ~ when a boy, as a child; (*spreg.*) like a child, childishly; **gioco** *da ragazzi* child's play.
raggiante *a.* radiant, shining, beaming (*anche fig.*): *essere* ~ *di gioia* to be radiant with joy.
raggiare **I** *v.i.* **1** to radiate, to shine*. **2** (*fig.*) (*rif. a persona*) to be radiant, to beam, to glow. **II** *v.t.* to radiate, to emit, to give* off.
raggiera *f.* halo, rays *pl.*
raggio *m.* **1** ray, beam. **2** (*fig.*) ray, gleam, glimmer. **3** (*zona*) radius: *per* (o *entro*) *un* ~ *di cinque chilometri* within a five-kilometre radius. **4** (*fig.*) (*ambito*) range, scope. **5** (*elemento di una ruota*) spoke. **6** (*Geom.*) radius. □ (*Fis.*) *raggi* **alfa** alpha rays; *raggi* **catodici** cathode rays; *a* **largo** ~ (*di vasta portata*) with a wide range, wide-ranging; ~ **luminoso** light ray, ray of light; ~ **di sole** sunbeam; *raggi* **ultravioletti** ultra-violet rays; *raggi* **X** X–rays.
raggirare *v.t.* to cheat, to trick, to swindle.
raggiro *m.* cheat, trick, swindle.
raggiungere *v.t.* **1** (*arrivare in un luogo*) to reach, to come* to, to arrive at, to get* to. **2** (*riunirsi a qd. che precede*) to catch* up (with), to come* up to, to reach. **3** (*fig.*) (*conseguire, conquistare*) to attain, to achieve, to reach, to win*. □ ~ *un* **accordo** to come to an agreement; ~ *la* **maggiore** *età* to come of age.
raggiungibile *a.* **1** reachable. **2** (*fig.*) attainable.
raggiungimento *m.* attainment, achievement.
raggomitolare *v.t.* to wind* (into a ball), to coil, to roll up. **raggomitolarsi** *v.r.* (*rannicchiarsi*) to curl up, to huddle.
raggranellare *v.t.* to scrape together (*o* up).
raggrinzare → **raggrinzire.**
raggrinzire **I** *v.t.* to wrinkle, to crease, to pucker. **II** *v.i.pron.* to become* wrinkled, to wrinkle, to crease.
raggrumare *v.t.*, **raggrumarsi** *v.i.pron.* to coagulate, to clot.
raggruppamento *m.* **1** (*il raggruppare*) grouping. **2** (*gruppo*) group.
raggruppare *v.t.* to group (together). **raggrupparsi** *v.i.pron.* to gather (in a group), to assemble.
ragguagliare *v.t.* **1** (*paragonare*) to compare. **2** (*informare*) to inform, to notify, to acquaint. **3** (*Comm.*) to balance.
ragguaglio *m.* **1** (*paragone*) comparison. **2** (*informazione*) information, details *pl.*; (*relazione*) report.
ragguardevole *a.* **1** (*rif. a persona*) notable, distinguished. **2** (*notevole*) considerable.
ragionamento *m.* reasoning; (*argomentazione*) argument.
ragionare *v.i.* **1** to reason, to think* (rationally). **2** (*argomentare*) to reason, to argue; (*discutere*) to discuss (s.th.). □ (*scherz.*) ~ *con i piedi* to talk through one's hat.
ragionato *a.* logical, rational, reasoned.
ragione *f.* **1** reason; (*intelletto*) mind, reason: *perdere la* ~ to go out of one's mind. **2** (*prova, dimostrazione*) argument, reason. **3** (*causa, motivo*) reason, cause, motive: *per ragioni di salute* for reasons of health. **4** (*diritto*) right. **5** *pl.* (*esigenze*) reasons *pl.*: *per ragioni di spazio* for reasons of space. **6** (*proporzione, rapporto*) rate: *in* ~ *del sei per cento* at a rate of six per cent. □ **a** ~ justly, rightly; **aver** ~ to be right; **aver** ~ *di qd.* (*vincerlo*) to gain the upper hand over s.o.; *non è una* **buona** ~ that's no reason; (*burocr.*) *a* **chi** *di* ~ to whom it may concern; **chiedere** ~ *di qc.* to ask for an explanation of s.th.; **dare** ~ *a qd.* to admit that s.o. is right; **dire** *le proprie ragioni* to have one's say; ~ *d'***essere** reason for existence, raison d'être; **in** ~ *di* (*dell'ammontare di*) to the amount of; (*secondo*) according to: *in* ~ *dell'età* according to age; *a* **maggior** ~ even more (so), all the more reason; **per** *nessuna* ~ for no reason, on no account; (*fam.*) *di*

santa ~ thoroughly, very much; *non* **sentire** *ragioni* to refuse to listen to reason; **senza** ~ without any reason; (*Comm.*) ~ **sociale** style (of a firm), (*am.*) corporate name; *ragion di* **Stato** reason of State; *a ragion* **veduta** after due consideration.

ragioneria *f.* **1** (*disciplina*) accountancy; (*contabilità*) book-keeping. **2** (*ufficio*) accounting department.

ragionevole *a.* **1** reasoning, reasonable. **2** (*sensato*) reasonable, sensible. **3** (*giusto, conveniente*) reasonable, fair.

ragionevolezza *f.* reasonableness.

ragioniere *m.* accountant. ▭ ~ *capo dello Stato* Paymaster General.

ragliare *v.i.* to bray (*anche fig.*).

raglio *m.* bray; braying (*anche fig.*).

ragnatela *f.* **1** cobweb, (spider's) web. **2** (*fig.*) (*tessuto sottile e logoro*) threadbare cloth.

ragno *m.* (*Zool.*) spider. ▭ (*fig.*) *non cavare un ~ dal buco* to get nowhere.

ragù *m.* (*Gastr.*) ragout.

Raimondo *N.pr.m.* Raymond.

raion *m.* (*tessuto*) rayon.

RAI-TV = *Radiotelevisione Italiana* Italian Broadcasting Corporation.

rallegramento *m.* **1** rejoicing. **2** *pl.* congratulations *pl.*

rallegrare *v.t.* **1** (*rendere allegro*) to cheer up, to raise the spirits of. **2** (*far piacere*) to make* glad (*o* happy), to delight. **rallegrarsi** *v.i.pron.* **1** to be glad (*o* happy), to rejoice, to cheer up. **2** (*congratularsi*) to congratulate: ~ *con qd. per qc.* to congratulate s.o. on s.th.

rallentamento *m.* **1** slowing (down), slackening. **2** (*fig.*) slackening (off).

rallentare I *v.t.* to slacken (*anche fig.*). **II** *v.i.* to slow down.

rallentatore *m.* (*Cin.*) slow-motion camera. ▭ (*Cin.*) *al* ~ in slow motion, slow-motion.

ramaiolo *m.* ladle.

ramanzina *f.* (*fam.*) telling-off.

ramare *v.t.* (*Met.*) to copper, to coat with copper.

ramarro *m.* (*Zool.*) green lizard.

ramato *a.* **1** coppered, copper-coated; **2** (*rif. a capelli*) auburn.

ramatura *f.* **1** (*Met.*) coppering. **2** (*Agr.*) spraying with copper sulphate.

ramazza *f.* broom, besom.

ramazzare *v.t.* to sweep*.

rame *m.* (*Chim.*) copper. ▭ *di* ~ copper, of copper.

ramengo: (*dial.*) *andare a* ~ to go to rack and ruin.

ramificare *v.i.*, **ramificarsi** *v.i.pron.* to branch, to ramify.

ramificazione *f.* branching, ramification.

ramingo *a.* (*lett.*) wandering, roaming.

ramino *m.* (*gioco di carte*) rummy.

rammaricare *v.t.* to afflict, to distress. **rammaricarsi** *v.i.pron.* (*affliggersi*) to regret, to feel* (very) sorry; (*lamentarsi*) to complain.

rammarico *m.* (*rincrescimento*) regret; (*lamento*) complaint.

rammendare *v.t.* to mend, to darn.

rammendatrice *f.* mender, darner.

rammendo *m.* **1** mending, darning. **2** (*parte rammendata*) mend, darn.

rammentare *v.t.* **1** (*ricordare*) to remember, to recall. **2** (*richiamare alla memoria*) to remind, to call to mind. **rammentarsi** *v.i. pron.* to remember, to recall, to recollect.

rammollimento *m.* softening. ▭ (*Med.*) ~ *cerebrale* softening of the brain.

rammollire I *v.t.* to soften, to make* soft(er). **II** *v.i.* **rammollirsi** *v.i.pron.* to soften, to become* (*o* get*) soft.

rammollito I *a.* soft; (*fig.*) soft, spineless. **II** *s.m.* weakling.

rammorbidire *v.t.* to soften.

ramo *m.* **1** (*Bot.*) branch. **2** (*in genealogia: linea di parentela*) branch; (*discendenza*) descent, lineage. **3** (*fig.*) (*branca*) branch: ~ *dello scibile* branch of knowledge; (*campo*) field, line.

ramoscello *m.* twig, sprig.

rampa *f.* **1** (*di scale*) flight (of stairs). **2** (*Strad.*) ramp. **3** (*in missilistica*) pad, ramp: ~ *di lancio* launching ramp.

rampante *a.* (*Araldica*) rampant. ▭ *un giovane* ~ a yuppie.

rampicante I *a.* (*Bot.*) climbing, creeping. **II** *s.m.* (*pianta rampicante*) trailer, creeper.

rampino *m.* hook.

rampogna *f.* (*lett.*) rebuke, reprimand.

rampollare *v.i.* (*lett.*) **1** (*rif. ad acqua*) to spring*, to gush. **2** (*rif. a piante*) to bud, to sprout, to shoot*.

rampollo *m.* **1** (*lett.*) (*germoglio*) bud, sprout, shoot. **2** (*fig.*) (*discendente*) scion; (*scherz.*) (*figlio*) offspring.

rampone *m.* **1** (*Pesca*) harpoon. **2** (*Alpinismo*) crampon.

rana *f.* **1** (*Zool.*) frog. **2** (*Sport*) (*nuoto a rana*) breast-stroke. ▭ (*Mil.*) *uomo* ~ frogman.

rancido I *a.* **1** rancid, rank. **2** (*fig.*), out-of -date, musty. **II** *s.m.* (*di sapore*) rancid taste; (*di odore*) rancid smell, rank odour.

rancio *m.* rations *pl.*; (*fam.*) chow.

rancore *m.* rancour, grudge: *nutrire ~ contro qd.* to nurse a grudge against s.o.

randa *f.* (*Mar.*) spanker.

randagio *a.* stray.

randellata *f.* blow with a club (*o* cudgel).

randello *m.* club, cudgel.

rango *m.* **1** (*ceto sociale*) class, standing, rank: *d'alto* ~ of high rank. **2** (*Mil.*) (*riga*) rank. ▭ (*Mil.*) *restare nei ranghi* to keep rank; (*fig.*) (*rimanere al proprio posto*) to stay in line.

rannicchiarsi *v.r.* to crouch, to squat, to huddle.

rannuvolamento *m.* **1** clouding over. **2** (*fig.*) darkening.

rannuvolarsi *v.i.pron.* **1** to cloud over, to be-

come* (*o* get*) cloudy, to grow* overcast. **2** (*fig.*) to darken.
rannuvolato *a.* **1** cloudy, overcast, clouded over. **2** (*fig.*) (*scuro: rif. al volto*) gloomy.
rantolare *v.i.* **1** to gasp, to wheeze. **2** (*agonizzare*) to have the death-rattle.
rantolio *m.* gasping, wheezing.
rantolo *m.* death-rattle.
ranuncolo *m.* (*Bot.*) buttercup.
rapa *f.* **1** (*Bot.*) turnip. **2** (*fig.*) (*persona stupida*) blockhead, (*fam.*) fat-head.
rapace **I** *a.* **1** predatory, rapacious; (*rif. a uccelli*) of prey. **2** (*fig.*) (*avido*) rapacious, greedy. **II** *s.m.* (*Zool.*) bird of prey.
rapacità *f.* rapacity.
rapare *v.t.* to crop, to shave (a head). **raparsi** *v.r.* to have one's hair cropped.
rapata *f.* cropping (of hair), crop.
rapato *a.* cropped.
rapida *f.* rapids *pl.*
rapidità *f.* quickness, swiftness, rapidity.
rapido **I** *a.* **1** fast, quick, rapid, swift, speedy. **2** (*che si compie in breve tempo*) short, quick, brief: *una visita rapida* a short visit. **II** *s.m.* (*Ferr.*) express (train). ▭ *a presa rapida* quick-setting.
rapimento *m.* **1** (*Dir.*) (*di bambini*) kidnapping; abduction. **2** (*estasi*) rapture.
rapina *f.* robbery: ~ *a mano armata* armed robbery.
rapinare *v.t.* to rob.
rapinatore *m.* robber.
rapire *v.t.* **1** (*rif. a bambini*) to kidnap; to abduct. **2** (*fig.*) (*estasiare*) to enrapture, to entrance, to (en)ravish.
rapito *a.* **1** kidnapped; abducted. **2** (*fig.*) (*estasiato*) enraptured, entranced.
rapitore *m.* kidnapper; abductor.
rappacificare *v.t.* **1** to reconcile. **2** (*calmare*) to appease, to pacif . **rappacificarsi** *v.r.recipr.* to become* reconciled.
rappacificazione *f.* reconciliation.
rappezzare *v.t.* **1** to patch (up), to mend. **2** (*fig.*) (*comporre alla meglio*) to botch.
rappezzatura *f.* patching (up); (*parte rappezzata*) patch.
rappezzo *m.* patch. ▭ *fare un* ~ to patch.
rapportare *v.t.* **1** (*confrontare*) to compare. **2** (*riprodurre*) to reproduce (on a different scale).
rapporto *m.* **1** report, account. **2** (*relazione*) relations *pl.*, terms *pl.*: *essere in buoni rapporti con qd.* to be on good terms with s.o. **3** (*legame, nesso*) connection, relation(ship). **4** (*Mat.*) ratio: *un* ~ *di dieci a cinque* a ratio of ten to five. ▭ ~ *d'***affari** business relation(ship); (*Mil.*) **chiamare** *a* ~ to call for report, to summon; *rapporti* **commerciali** trade relations; *rapporti* **epistolari** correspondence; **fare** ~ *di qc.* to report s.th.; (*burocr.*) **fare** ~ *a qd.* to report (*o* make a report on) s.o.; **in** ~ *a* (*in confronto*) compared with; (*riguardo a*) with reference to, as regards; *rapporti* **intimi** sexual relations; **mettere** *in* ~ to connect (*o* link up); ~ *di* **parentela** kinship.
rapprendere *v.t.* (*far coagulare*) to coagulate, to congeal; (*rif. al latte*) to curdle. **rapprendersi** *v.i.pron.* (*coagularsi*) to coagulate, to congeal; (*rif. al sangue*) to clot, to coagulate; (*rif. al latte*) to curdle; (*rif. a sostanze colloidali*) to gel.
rappresaglia *f.* retaliation, reprisal.
rappresentabile *a.* performable.
rappresentante *m./f.* **1** representative (*anche fig.*). **2** (*Comm.*) agent.
rappresentanza *f.* **1** delegation, deputation. **2** (*Comm.*) agency. ▭ ~ **diplomatica** diplomatic mission; ~ **esclusiva** sole (*o* exclusive) agency; **in** ~ *di* as the representative of· **spese** *di* ~ entertainment expenses.
rappresentare *v.t.* **1** (*raffigurare*) to depict to portray, to represent; (*descrivere*) to describe, to represent. **2** (*simboleggiare*) to symbolize, to be a symbol of. **3** (*fare le veci*) to represent, to act for. **4** (*Teat.*) (*portare in scena*) to (produce on) stage, to perform, to present. **5** (*costituire*) to be, to represent, to mean*.
rappresentativa *f.* (*Sport*) selected team.
rappresentativo *a.* representative.
rappresentazione *f.* **1** representation; (*descrizione*) description. **2** (*Teat.*) performance show. ▭ ~ **diurna** matinée; ~ *di* **gala** gala performance; **prima** ~ première; first (*o* opening) night.
rappreso *a.* clotted, coagulated.
rapsodia *f.* (*Lett., Mus.*) rhapsody.
rarefare *v.t.* **1** to rarefy. **2** (*diradare*) to make* less frequent. **rarefarsi** *v.i.pron.* **1** to rarefy, to become* less dense. **2** (*estens.*) (*diradarsi: rif. a visite*) to become* less frequent; (*rif. a traffico*) to thin out.
rarefatto *a.* rarefied.
rarefazione *f.* rarefaction.
rarità *f.* **1** rareness, infrequency. **2** (*cosa rara*) rarity, curiosity.
raro *a.* **1** rare, unusual. **2** exceptional, outstanding: *un uomo di rara intelligenza* a man of outstanding intelligence.
rasare *v.t.* **1** (*radere*) to shave. **2** (*rif. a erba e sim: tagliare*) to cut*, to trim, to mow*. **rasarsi** *v.r.* to shave (o.s.).
rasato *a.* **1** shaved: *mal* ~ badly shaved. **2** (*liscio*) smooth.
rasatura *f.* **1** (*atto*) shaving; (*effetto*) shave. **2** (*rif. a erba e sim.*) cutting, trimming, mowing.
raschiamento *m.* **1** scraping, rasping. **2** (*Med.*) curettage.
raschiare *v.t.* **1** to scrape, to rasp; (*asportare raschiando*) to scrape off. **2** (*assol.*) (*far rumore con la gola*) to clear one's throat.
raschiatura *f.* **1** scraping, rasping. **2** (*segno*) scratch, scrape-mark. **3** (*ciò che si asporta raschiando*) scrapings *pl.*
raschietto, **raschino** *m.* **1** scraper. **2** (*per cancellare*) erasing-knife.

raschio *m.* (*irritazione*) throat irritation.

rasentare *v.t.* **1** (*sfiorare: passando accanto*) to graze, to shave; (*passando sopra*) to skim (over, along). **2** (*fig.*) (*avvicinarsi*) to border on.

rasente *avv.* close to, very near, grazing: ~ *al muro* very near the wall; (*sopra una superficie*) skimming.

raso[1] *a.* **1** (*rasato: rif. a capelli*) clipped, cropped, (*scherz.*) shorn; (*rif. a barba*) shaved. **2** (*liscio*) smooth: *tessuto* ~ smooth cloth. **3** (*pieno fino all'orlo: rif. a liquidi*) full to the brim; (*rif. a solidi*) level.

raso[2] *m.* (*tessuto*) satin. ☐ *di* ~ satin-.

rasoio *m.* razor. ☐ ~ **elettrico** electric razor; *sul* **filo** *del* ~ on the razor's edge; ~ *di* **sicurezza** safety-razor.

rasoterra *avv.* **1** close to the ground, grazing the ground. **2** (*Sport*) ground-, level.

raspa *f.* rasp.

raspare I *v.t.* **1** to rasp, to scrape. **2** (*rif. ad animali*) to scratch. **II** *v.i.* **1** to scratch, to be scratchy, to rasp. **2** (*rovistare*) to rummage.

rassegna *f.* **1** (*Mil.*) review, inspection, muster. **2** (*esame minuzioso*) survey, inspection. **3** (*resoconto*) review, survey: ~ *della stampa* press survey. **4** (*mostra, esposizione*) exhibition, show, (*am.*) exposition. **5** (*periodico*) digest, review, magazine. ☐ *passare in* ~ (*Mil.*) to review, to inspect, to muster; (*fig.*) (*esaminare*) to survey, to review, to examine.

rassegnare *v.t.* (*burocr.*) to resign, to hand (*o* send*) in, to give* in: ~ *un mandato* to hand back one's mandate. **rassegnarsi** *v.i. pron.* to resign (*o* reconcile) o.s., to submit (*a* to).

rassegnazione *f.* resignation, submission.

rasserenare *v.t.* **1** to clear up, to brighten. **2** (*fig.*) to cheer up, to brighten. **rasserenarsi** *v.i.pron.* **1** to clear up, to become* bright (*o* serene). **2** (*fig.*) to cheer up, to brighten (up).

rasserenato *a.* (*rif. al volto e sim.*) more cheerful, cheered; (*rif. alla persona*) in better spirits.

rassettare *v.t.* **1** to (put* in) order, to tidy up, to arrange. **2** (*accomodare*) to repair, to mend, (*fam.*) to fix. **3** (*fig.*) to settle.

rassicurante *a.* reassuring.

rassicurare *v.t.* to reassure. **rassicurarsi** *v.i. pron.* to be (*o* feel*) reassured, to become* (*o* feel*) more confident.

rassicurazione *f.* reassurance, assurance.

rassodamento *m.* **1** hardening, stiffening. **2** (*rafforzamento*) strengthening, consolidation.

rassodare I *v.t.* **1** to harden. **2** (*fig.*) (*rafforzare*) to strengthen, to consolidate. **II** *v.i.*, **rassodarsi** *v.i.pron.* **1** to harden. **2** (*fig.*) (*rafforzarsi*) to be strengthened, to be consolidated.

rassomigliare *e deriv.* → **somigliare** *e deriv.*

rastrellamento *m.* **1** raking. **2** (*rif. alla polizia*) search, round-up.

rastrellare *v.t.* **1** to rake. **2** (*rif. alla polizia*) to round up, to comb out.

rastrellata *f.* raking.

rastrelliera *f.* **1** (*portafieno*) crib, hay-rack. **2** (*scolapiatti*) dish-rack, dish-drainer.

rastrello *m.* **1** rake. **2** (*Agr.*) dump-rake.

rastremare *v.t.*, **rastremarsi** *v.i.pron.* (*Arch.*) to taper.

rastremazione *f.* (*Arch.*) taper, tapering.

rata *f.* instalment. ☐ *a rate* on hire-purchase, by (*o* in) instalments, (*fam.*) on H.P.

rateale *a.* hire-purchase-, instalment-, in (*o* by) instalments.

rateare *e deriv.* → **rateizzare** *e deriv.*

rateizzare *v.t.* to divide into instalments.

rateizzazione *f.* division into instalments.

ratifica *f.* (*Dir.*) ratification, confirmation.

ratificare *v.t.* to ratify, to confirm.

ratto[1] *m.* (*Zool.*) rat.

ratto[2] *m.* (*lett.*) (*rapimento*) (*di bambini*) kidnapping, abduction. ☐ *il* ~ *delle Sabine* the rape of the Sabines.

rattoppare *v.t.* **1** to patch, to put* a patch on. **2** (*fig.*) (*riparare*) to patch up.

rattoppo *m.* **1** patching. **2** (*toppa*) patch.

rattrappimento *m.* benumbing.

rattrappire *v.t.* to benumb, to make* numb (*o* stiff). **rattrappirsi** *v.i.pron.* to be benumbed.

rattrappito *a.* benumbed, numb, stiff.

rattristare *v.t.* to sadden, to make* sad. **rattristarsi** *v.i.pron.* to become* sad.

rattristato *a.* saddened, sad.

raucedine *f.* (*Med.*) hoarseness.

rauco *a.* hoarse, raucous.

ravanello *m.* (*Bot.*) radish.

ravizzone *m.* (*Bot.*) rape.

ravvedersi *v.i.pron.* (*correggersi*) to mend one's ways, to reform; (*rinsavire*) to come* to one's senses.

ravvedimento *m.* repentance; reformation.

ravviare *v.t.* to arrange, to tidy up, (*fam.*) to fix: ~ *i capelli* to arrange one's hair. **ravviarsi** *v.r.* to tidy up.

ravviata *f.* quick tidying up, straightening out.

ravvicinamento *m.* **1** approach(ing). **2** (*fig.*) (*riconciliazione*) reconciliation.

ravvicinare *v.t.* **1** to bring* (near), to draw* up. **2** (*fig.*) (*riconciliare*) to reconcile, to bring* together. **ravvicinarsi** *v.r./v.r.recipr.* **1** to approach, to (draw*) near. **2** (*fig.*) (*riconciliarsi*) to become* reconciled.

ravvicinato *a.* close, near. ☐ *a distanza ravvicinata* from close-up.

ravvisare *v.t.* to recognize.

ravvivare *v.t.* to revive: (*rif. a fuoco*) to stir; (*rif. a colori*) to brighten up. **ravvivarsi** *v.i. pron.* to revive.

ravvoltolare *v.t.* to wrap up. **ravvoltolarsi** *v.r.* to wrap o.s. (up).

raziocinante *a.* reasoning.

raziocinio *m.* **1** ratiocination; reason. **2** (*buon senso*) common sense.

razionale *a./s.m.* rational (*in tutti i signif.*).
razionalismo *m.* rationalism.
razionalista *m./f.* rationalist.
razionalistico *a.* rationalistic.
razionalità *f.* rationality.
razionalizzare *v.t.* to rationalize.
razionamento *m.* rationing.
razionare *v.t.* to ration (out).
razione *f.* **1** (*parte spettante*) ration, allowance. **2** (*porzione*) portion, share.
razza[1] *f.* **1** breed; (*rif. a uomini*) race: ~ *bianca* white race; (*estens.*) (*stirpe*) stock, descent. **2** (*sorta, specie*) sort, kind, type (*anche spreg.*): *d'ogni* ~ of all kind. □ ~ **bovina** breed of cattle, cattle breed; **da** ~ breeding, breeder-, stud-; **di** ~ (*rif. ad animali*) pedigree, breed-, thoroughbred; (*rif. a persone: distinto*) noble; ~ **pura** thoroughbred.
razza[2] *f.* (*Zool.*) ray, skate.
razzia *f.* raid, foray.
razziale *a.* racial: *discriminazioni razziali* racial discrimination *sing.*
razziare *v.t.* **1** to raid, to make* a raid (*o* foray) on: ~ *il bestiame* to raid livestock. **2** (*saccheggiare*) to plunder, to sack.
razziatore *m.* raider.
razzismo *m.* racism, racialism.
razzista *m./f.* racist, racialist.
razzo *m.* **1** rocket. **2** (*propulsore a getto*) rocket; (*missile*) missile. □ **a** ~ rocket-propelled, rocket-; (*fig.*) **partire** *a* ~ to be off like greased lightning; ~ *da* **segnalazione** signal rocket.
razzolare *v.i.* to scratch about (*o* around).
Rb = (*Chim.*) *rubidio* rubidium.
R.D. = (*Leg.*) *Regio Decreto* Royal Decree.
re[1] *m.* **1** king. **2** (*estens.*) king, tycoon, magnate: *il* ~ *dell'acciaio* the steel king. □ (*Bibbia*) *i Re Magi* the Magi (*o* the Wise Men from the East).
re[2] *m.* (*Mus.*) D, re.
Re = (*Chim.*) *renio* rhenium.
reagente *m.* (*Chim.*) reagent.
reagire *v.i.* to react (*anche Chim.*).
reale[1] **I** *a.* **1** real, actual, true: *fatti reali* actual facts. **2** (*Mat., Dir.*) real. **II** *s.m.* real, reality.
reale[2] **I** *a.* (*regale*) royal. **II** *s.pl.* (*coppia reale*) King and Queen; (*famiglia reale*) Royal Family.
realismo *m.* realism.
realista[1] *m./f.* (*Filos., Arte*) realist.
realista[2] *a./s.m./f.* (*Pol.*) royalist.
realistico *a.* realistic.
realizzabile *a.* realizable; (*fattibile*) feasible, workable.
realizzare *v.t.* **1** (*tradurre in realtà*) to realize, to achieve, to carry out: ~ *un piano* to carry out a plan. **2** (*ricavare*) to realize, to make*. **3** (*Sport*) (*realizzare un punto*) to score. **realizzarsi I** *v.i.pron.* to come* true (*o* about), to be fulfilled (*o* realized). **II** *v.r.* to realize o.s.; to realize one's potentials.
realizzazione *f.* realization, achievement, carrying out.
realizzo *m.* (*Comm.*) realization. □ *a prezzi di* ~ at cost (price).
realmente *avv.* **1** really, actually. **2** (*veramente, davvero*) really, truly, indeed.
realtà *f.* reality. □ *in* ~ really, actually.
reame *m.* kingdom.
reato *m.* (*Dir.*) crime, offence; misdemeanour: *commettere un* ~ to commit a crime. □ **corpo** *del* ~ corpus delicti; **violazione** *che non costituisce* ~ non indictable offence.
reattività *f.* reactivity.
reattivo I *a.* reactive. **II** *s.m.* **1** (*Chim.*) reagent. **2** (*Psic.*) test.
reattore *m.* **1** (*Aer.*) (*aereo*) jet (aeroplane); (*motore*) jet engine. **2** (*Fis. nucleare*) reactor.
reazionario *a./s.m.* (*Pol.*) reactionary.
reazione *f.* reaction. □ (*Mecc.*) **a** ~ jet-: *motore a* ~ jet engine; (*Chim., Fis.*) ~ *a* **catena** chain reaction (*anche fig.*).
rebbio *m.* prong.
rebus *m.* **1** rebus. **2** (*fig.*) puzzle, riddle; (*persona difficile da capire*) enigma.
recapitare *v.t.* to deliver.
recapito *m.* **1** (*indirizzo*) address. **2** (*il recapitare*) delivery. □ *mancato* ~ non-delivery: *in caso di mancato* ~ *rispedire al mittente* if undelivered please return to sender.
recare *v.t.* **1** to bring*, to bear*. **2** (*avere su di sé*) to bear*, to carry. **3** (*arrecare, cagionare*) to cause, to bring*; (*a volte si traduce col verbo corrispondente al compl. diretto*): *spero di non recarvi disturbo* I hope I'm not causing you any trouble; ~ *dolore* to bring sorrow, to grieve. **recarsi** *v.i.pron.* to go*.
recedere *v.i.* to withdraw*, to recede (*da* from).
recensione *f.* review. □ *fare la* ~ *di un libro* to review a book.
recensire *v.t.* to review, to write* a review of.
recensore *m.* reviewer.
recente *a.* recent. □ *di* ~ recently not long ago.
recentissime *f.pl.* (*Giorn.*) latest news *pl.*
recepire *v.t.* to receive. □ ~ *il messaggio* to get the message.
receptionist *m./f.* receptionist.
recessione *f.* recession (*anche Econ.*).
recessivo *a.* recessive.
recesso *m.* **1** (*lett.*) (*luogo nascosto*) recess. **2** (*Dir.*) withdrawal. **3** (*Med.*) decrease, fall.
recidere *v.t.* to cut* (*o* chop) off.
recidiva *f.* **1** (*Dir.*) recidivism. **2** (*Med.*) relapse.
recidivo I *a.* **1** (*Dir.*) recidivous. **2** (*Med.*) relapsing. **II** *s.m.* **1** (*Dir.*) recidivist. **2** (*Med.*) relapser.
recingere *v.t.* to enclose, to surround.
recintare *v.t.* to fence in, to enclose.
recinto *m.* **1** (*spazio recintato*) enclosure. **2** (*ciò che recinge*) fence. **3** (*per bambini*) playpen. □ ~ *per* **animali** pen; ~ *per* **cavalli**

(*al galoppatoio*) paddock; ~ *dei* **giochi** playground.

recinzione *f.* **1** fencing, enclosure. **2** (*ciò che recinge*) fencing, fence.

recipiente *m.* container, vessel; (*di latta*) tin, can.

reciprocità *f.* reciprocity.

reciproco *a.* **1** reciprocal, mutual. **2** (*Mat., Gramm.*) reciprocal.

reciso *a.* **1** cut (*o* chopped) off. **2** (*fig.*) (*risoluto*) firm, resolute, definite.

recita *f.* performance.

recitare I *v.t.* **1** (*rif. a versi e sim.*) to recite, to declaim. **2** (*Teat.*) to act, to perform, to play. **II** *v.i.* **1** to be an actor. **2** (*fig.*) to act, to overdue. □ (*iron.*) ~ *la* **lezione** to parrot; ~ *una* **preghiera** to say a prayer.

recitativo *a./s.m.* (*Mus.*) recitative.

recitazione *f.* **1** recitation, reciting. **2** (*Teat.*) acting. □ *scuola di* ~ drama school.

reclamare I *v.i.* to complain (*contro* of), to protest (against). **II** *v.t.* (*richiedere*) to claim.

réclame *fr.* [re'klam] *f.* **1** advertising. **2** (*annuncio*) ad(vertisement). **3** (*cartellone*) poster, billboard; (*opuscolo*) brochure. □ ~ *luminosa* (luminous) sign.

reclamistico *a.* advertising-.

reclamizzare *v.t.* to advertise.

reclamo *m.* complaint. □ *presentare un* ~ to make a complaint.

reclusione *f.* **1** confinement, reclusion. **2** (*carcerazione*) imprisonment.

recluso I *a.* (*rinchiuso*) confined; (*imprigionato*) imprisoned. **II** *s.m.* prisoner, convict.

recluta *f.* (*Mil.*) recruit (*anche fig.*), conscript.

reclutamento *m.* **1** (*Mil.*) recruitment, enlistment, conscription. **2** (*estens.*) (*assunzione*) employment, hiring.

reclutare *v.t.* **1** (*Mil.*) to recruit, to enlist, to conscript; (*am.*) to draft. **2** (*estens.*) (*assumere*) to employ, to hire.

recondito *a.* **1** (*lett.*) secluded, hidden, concealed. **2** (*fig.*) (*segreto*) secret, innermost.

record *m.* (*Sport*) record.

recriminare *v.i.* **1** to recriminate. **2** (*lamentarsi*) to complain.

recriminatorio *a.* recriminatory.

recriminazione *f.* recrimination.

recrudescenza *f.* recrudescence.

recuperare → **ricuperare**.

redarguire *v.t.* to rebuke, to reproach, to scold.

redattore *m.* **1** writer, compiler. **2** (*Giorn., Rad., TV*) editor; (*Edit.*) member of the editorial staff. □ (*Giorn.*) ~ **capo** editor-in-chief; ~ *di testi* **pubblicitari** copywriter.

redazionale *a.* editorial.

redazione *f.* **1** (*compilazione*) writing, compiling, drawing up. **2** (*opera del redattore*) editing. **3** (*insieme dei redattori*) editorial staff; (*ufficio*) editorial office.

redditizio *a.* profitable.

reddito *m.* (*Econ.*) income; (*entrata*) revenue: ~ *complessivo* aggregate income. □ ~ *da* **capitale** return on capital; **denuncia** *dei redditi* income tax return; ~ *nazionale* **lordo** gross national product (GNP); ~ *nazionale* **netto** net national income.

redentore I *s.m.* redeemer. **II** *a.* redeeming.

redenzione *f.* redemption.

redigere *v.t.* **1** (*compilare*) to draw* up, to draft. **2** (*Giorn.*) (*scrivere*) to write*; (*curare*) to edit. □ ~ *un verbale* to write the minutes.

redimere *v.t.* **1** to redeem, to deliver. **2** (*Econ.*) (*estinguere*) to redeem, to discharge. **redimersi** *v.r.* to redeem o.s.

redimibile *a.* redeemable.

redini *f.pl.* reins *pl.* (*anche fig.*): *tenere le* ~ to hold the reins.

redivivo *a.* **1** returned to life. **2** (*fig.*) (*secondo*) another, new.

reduce I *a.* returning, back, returned. **II** *s.m.* (*Mil.*) survivor, (*am.*) veteran. □ *essere* ~ *da una malattia* to be just over an illness.

refe *m.* string, yarn, thread.

referendum *m.* referendum.

referenza *f.* reference.

referto *m.* report: ~ *medico* medical report.

refettorio *m.* refectory.

refezione *f.* meal: ~ *scolastica* school-meal.

refrattario *a.* refractory (*anche fig.*): *mattoni refrattari* refractory bricks (*o* fire bricks). □ *essere* ~ *a qc.: 1 (poco incline*) to be unwilling to; 2 (*non avere inclinazione*) to have no aptitude for; to have no inclination for; 3 (*essere poco ricettivo*) to be insensitive to.

refrigerante I *a.* **1** cooling, refreshing. **2** (*tecn.*) cooling, refrigerating: *cella* ~ refrigerating cell. **II** *s.m.* **1** (*apparecchio*) cooler, refrigerator. **2** (*sostanza refrigerante*) coolant, refrigerant.

refrigerare *v.t.* to cool, to refrigerate.

refrigerazione *f.* refrigeration, cooling.

refrigerio *m.* **1** (*ristoro*) refreshment, relief. **2** (*fig.*) (*sollievo*) relief; (*conforto*) solace, comfort.

refurtiva *f.* stolen goods *pl.*, (*fam.*) loot.

refuso *m.* misprint.

regalare *v.t.* **1** to make* a present of. **2** (*iperb.*) (*vendere a buon prezzo*) to give* away, to sell* for a song.

regale *a.* **1** (*reale*) royal: *corona* ~ royal crown. **2** (*da re*) regal, kingly.

regalia *f.* (*mancia*) gratuity, tip.

regalità *f.* royalty, regality.

regalo *m.* **1** gift, present. **2** (*fig.*) (*piacere*) pleasure, treat. □ *dare qc. in* ~ *a qd.* to make s.o. a present of s.th.

regata *f.* regatta, boat-race.

reggente I *a.* **1** regent. **2** (*Gramm.*) followed by. **II** *s.m./f.* regent. **III** *s.m.* (*Gramm.*) (*proposizione reggente*) main clause.

reggenza *f.* regency.

reggere I *v.t.* **1** (*sorreggere*) to hold* up, to support; (*portare*) to carry: ~ *qc. sulle spalle* to carry s.th. on one's shoulder. **2** (*sostenere*) to support, to bear*, to hold* (up). **3**

(*resistere*) to stand* up, to bear*, to withstand*. **4** (*governare*) to govern, to rule: ~ *uno Stato* to rule a country. **5** (*Gramm.*) to be followed by. **II** *v.i.* **1** (*resistere*) to hold* out, to last out, to stand* up, to withstand* (s.th.). **2** (*fig.*) to stand* (up), to bear*, to hold* water: *le tue osservazioni alla prova dei fatti non reggono* in the light of the facts your comments don't hold water. **3** (*durare*) to keep*; to last: *speriamo che questo bel tempo regga* let's hope this fine weather lasts. **reggersi** *v.r./i.pron.* (*stare in piedi*) to remain standing, to stand*; (*aggrapparsi*) to support o.s., to keep* o.s. up. □ *non mi regge il* **cuore** I haven't the heart; *reggiti* **forte** hold on tight; *reggersi sulle* **gambe** to keep on one's feet; (*Mar.*) ~ *il* **mare** to be seaworthy; *reggersi* **ritto** to stand upright; ~ *il* **vino** to (be able to) hold one's drink.

reggia *f.* **1** royal palace. **2** (*iperb.*) palace.

reggicalze *m.* suspender belt, (*am.*) garter belt.

reggimentale *a.* (*Mil.*) regimental.

reggimento *m.* **1** (*Mil.*) regiment. **2** (*fig.*) crowd, horde.

reggipetto, **reggiseno** *m.* brassière, (*fam.*) bra.

regia *f.* **1** (*Cin.*) direction; (*Teat.*) production. **2** (*Econ.*) (government) monopoly. □ *regia di...* (*Cin.*) directed by..., (*Teat.*) produced by...

regicida *m./f.* regicide.

regicidio *m.* regicide.

regime *m.* **1** (*Pol.*) regime, régime. **2** (*dieta*) diet, regimen: *mettersi a* ~ to go on a diet. **3** (*Mecc.*) speed, rate. **4** (*Econ.*) system: ~ *fiscale* fiscal system. □ *a* **basso** ~ slow running; **andare** *a pieno* ~ to be operating fully; (*Geog.*) ~ *d'un* **fiume** regimen of a river; ~ *di* **vita** tenor of life.

regina *f.* queen (*anche fig.*). □ **ape** ~ queen bee; ~ **madre** queen mother.

reginetta *f.* (*nei concorsi di bellezza*) beauty queen.

regio *a.* royal.

regionale *a.* regional, district-.

regionalismo *m.* regionalism (*anche Ling.*).

regionalista *m./f.* regionalist.

regione *f.* **1** (*territorio*) region, district, area. **2** (*suddivisione amministrativa*) region.

regista *m./f.* (*Teat., TV, Cin.*) director.

registrare *v.t.* **1** (*burocr.*) to register. **2** (*prendere nota*) to register, to record. **3** (*riportare*) to give*, to include, to contain: *questo dizionario registra solo termini scientifici* this dictionary gives only scientific terms. **4** (*tecn.*) (*rif. a strumenti di misura*) to register, to record. **5** (*incidere*) to record; (*con il magnetofono*) to tape. **6** (*Mecc.*) (*mettere a punto*) to adjust, to set*, to regulate. **7** (*Comm.*) to enter, to book.

registratore *m.* **1** recorder. **2** (*strumento di misura*) recorder, register. **3** (*magnetofono*) recorder; (*a nastro*) tape-recorder. □ (*Comm.*) ~ *di cassa* cash register.

registrazione *f.* **1** registration. **2** (*Comm.*) entry, record. **3** (*incisione discografica*) recording.

registro *m.* **1** register, book. **2** (*Scol.*) class (*o* form) register. **3** (*Comm.*) register, record, book. **4** (*Dir.*) Registry (Office). **5** (*Mus.*) (*rif. a voce*) range, register; (*rif. a organo*) stop, register. **6** (*Ling.*) (*stile*) register. **7** (*Mecc.*) regulator, control. □ ~ *di* **cassa** cash-book; ~ **contabile** account(ing) book; (*Inform.*) ~ *di* **lavoro** working register; (*fig.*) **mutare** ~ to change one's tune; (*Inform.*) ~ *a* **scorrimento** shift register.

regnante **I** *a.* **1** reigning: *casa* ~ reigning house. **2** (*fig.*) (*prevalente*) prevalent, prevailing. **II** *s.m./f.* sovereign.

regnare *v.i.* to reign (*anche fig.*).

regno *m.* **1** kingdom. **2** (*periodo*) reign. **3** (*fig.*) kingdom, realm: *il* ~ *della fantasia* the realm of imagination. □ *il* ~ *animale, minerale, vegetale* animal, mineral, vegetable kingdom.

regola *f.* **1** rule: *le regole della grammatica* the rules of grammar. **2** (*moderazione, misura*) moderation, measure. **3** (*Rel.*) rule; (*ordine religioso*) order. **4** *pl.* (*pop.*) (*mestruazioni*) period, menses *pl.* □ *a* ~ *d'***arte** workmanlike, professional; **di** ~ as a rule, usually: *essere* **in** ~ *con i pagamenti* to be up-to-date with one's payments; *mettersi* **in** ~ *con qc.* to settle s.th.; *in* **piena** ~ correct, in good order; (*fig.*) **stare** *alle regole del gioco* to stick to the rules.

regolabile *a.* (*tecn.*) adjustable.

regolamentare[1] *a.* regulation-, prescribed.

regolamentare[2] *v.t.* (*burocr.*) to control by regulations.

regolamentazione *f.* (*burocr.*) regulation.

regolamento *m.* **1** regulation, control, adjustment. **2** (*complesso di norme*) regulations *pl.*, rules *pl.*: ~ *di polizia* police regulations. **3** (*Comm.*) (*pagamento*) settlement. □ ~ **aziendale** company regulations (*o* rules) *pl.*; ~ *d(e)i* **conti** settlement of accounts (*anche fig.*); **infrangere** *il* ~ to break the rules; **secondo** *il* ~ according to regulations.

regolare[1] *v.t.* **1** to regulate, to control. **2** (*sistemare*) to settle: ~ *una questione* to settle a matter. **3** (*pagare*) to settle, to pay*. **4** (*tecn.*) (*mettere a punto*) to adjust, to regulate, to set*. **regolarsi** *v.r.* **1** to behave. **2** (*limitarsi*) to control (o.s.), to limit (o.s.).

regolare[2] *a.* **1** regular. **2** (*uniforme*) regular, uniform, even. **3** (*puntuale*) punctual.

regolarità *f.* regularity.

regolarizzare *v.t.* to regularize.

regolarizzazione *f.* regularization.

regolatezza *f.* (*moderatezza*) moderation.

regolato *a.* **1** regulated. **2** (*moderato*) moderate, temperate.

regolatore **I** *s.m.* (*Mecc.*) governor, regulator. **II** *a.* regulating. □ (*TV*) ~ *di* **contrasto** contrast control; **piano** ~ town-planning scheme; (*Rad., TV*) ~ *del* **volume** volume control.

regolazione *f.* **1** regulation. **2** (*tecn.*) (*messa a punto*) adjustment, governing, regulation.

regolo *m.* **1** (*righello*) ruler. **2** (*regolo calcolatore*) slide-rule. **3** (*Edil.*) straight-edge.

regredire *v.i.* to regress.

regressione *f.* regression.

regressivo *a.* regressive.

regresso *m.* regression.

reietto I *a.* rejected, cast out. **II** *s.m.* outcast.

reincarnare *v.t.* to reincarnate.

reincarnazione *f.* reincarnation.

reinserire *v.t.* **1** (*rif. a persone*) to reinstate. **2** (*rif. a cose*) to reinsert.

reintegrare *v.t.* **1** to restore, to reinstate. **2** (*riportare nella pienezza di un diritto*) to reinstate.

reintegrazione *f.* **1** restoration. **2** (*restituzione di un diritto*) reinstatement.

reità *f.* (*Dir.*) guilt, guiltiness.

relativamente *avv.* **1** comparatively, relatively. **2** (*abbastanza*) quite, fairly. ▭ ~ *a* (*riguardo*) as regards, with reference to.

relatività *f.* relativity (*anche Fis.*).

relativo *a.* **1** (*Gramm., Fis.*) relative. **2** (*corrispondente*) relating, relative, relevant, concerning, for (s.th.). **3** (*rispettivo*) respective: *sono venuti con le relative mogli* they came with the respective wives. **4** (*limitato*) relative, comparative: *vivere con relativa tranquillità* to live in comparative peace.

relatore *m.* reporter; (*portavoce*) spokesman (*pl.* –men).

relazionare *v.t.* to report (*su qc.* on s.th.).

relazione *f.* **1** relation. **2** (*nesso*) liaison; connection. **3** (*pl.*) (*conoscenze*) connections *pl.*, contacts *pl.*, acquaintances *pl.* **4** (*rapporto tra persone*) relations *pl.* **5** (*rapporto amoroso*) affair. **6** (*resoconto*) report, account. ▭ **avere** *una* ~ (*sentimentale*) to have an affair; *relazioni* **diplomatiche** diplomatic relations; **essere** *in* ~ *con* (*rif. a cose*) to be related to, to be connected with; (*rif. a persone*) to be on good terms with; **in** ~ *a* (*con riferimento a*) with reference to, concerning, as regards; *relazioni* **pubbliche** public relations.

relè *m.* (*El.*) relay.

relegare *v.t.* to relegate, to confine.

relegazione *f.* relegation.

religione *f.* **1** religion. **2** (*fig.*) (*sentimento di riverenza*) reverence, veneration, devotion. ▭ ~ **cattolica** Catholic religion; **senza** ~ irreligious, unbelieving; ~ *di* **stato** state religion.

religiosa *f.* (*monaca*) nun.

religiosità *f.* **1** religiousness, religiosity. **2** (*fig.*) (*cura scrupolosa*) conscientiousness.

religioso I *a.* **1** religious. **2** (*fig.*) (*devoto, dedito*) devoted. **3** (*fig.*) (*scrupoloso*) religious, scrupulous. **II** *s.m.* (*monaco*) monk; (*frate*) friar.

reliquia *f.* **1** (*Rel.*) relic. **2** (*estens.*) memento, keepsake; relic. **3** *pl.* (*lett.*) (*resti*) remains *pl.*

reliquiario *m.* reliquary.

relitto *m.* **1** (*Mar.*) wreck; wreckage; (*resti di naufragio*) flotsam and jetsam. **2** (*fig.*) outcast.

remare *v.i.* to row, to oar.

remata *f.* **1** row. **2** (*colpo dato con il remo*) stroke.

rematore *m.* rower, oar, oarsman (*pl.* –men).

reminiscenza *f.* reminiscence.

remissione *f.* **1** remission, release. **2** (*remissività*) submissiveness, compliance. **3** (*Teol.*) remission, forgiveness; ~ *dei peccati* remission of sins.

remissività *f.* submissiveness, compliancy.

remissivo *a.* submissive, compliant.

remo *m.* (*Mar.*) oar; (*a pala larga*) paddle. ▭ **a** *remi* rowing, row-: *barca a remi* rowing-boat, row-boat; (*fig.*) **tirare** *i remi in barca* to withdraw, to back out of s.th.

remora *f.* **1** (*indugio*) delay. **2** (*ostacolo*) hindrance.

remoto *a.* **1** remote: *causa remota* remote cause. **2** (*solitario*) secluded, remote.

remunerare *e deriv.* → **rimunerare** *e deriv.*

rena *f.* sand.

renale *a.* (*Anat.*) renal, kidney-.

rendere *v.t.* **1** (*restituire*) to give* back, to return, to hand back. **2** (*contraccambiare*) to repay*, to pay* back, to return. **3** (*fruttare*) to bring* in, to yield, to produce. **4** (*dare*) to give*, to render, to pay*; (*spesso si traduce con il verbo corrispondente al compl. diretto*): ~ *omaggio a qd.* to pay homage to s.o.; ~ *grazie* to thank. **5** (*far diventare*) to make*, to render: ~ *immortale* to make immortal. **6** (*raffigurare*) to portray, to depict, to represent. **7** (*tradurre*) to translate, to render (*in* into). **rendersi** *v.i. pron.* to make*; (*o* render) o.s.: *rendersi antipatico* to make o.s. disliked. ▭ *un* **affare** *che rende* a profitable deal; ~ *l'***anima** *a Dio* to give up the ghost; *rendersi* **conto** *di qc.* to realize s.th.; ~ **giustizia** *a qd.* to do s.o. justice; (*fam.*) *non so se rendo l'***idea** do you see what I mean?; ~ **male** *per bene* to render evil for good; ~ **merito** *a qd. di qc.* to grant s.o. his due; *rendersi* **necessario** to be necessary (*o* needed); ~ *gli estremi* **onori** *a qd.* to pay the last respects to s.o.; ~ **ragione** to account for.

rendiconto *m.* **1** (*Comm.*) statement (of accounts). **2** report, account.

rendimento *m.* **1** (*utile*) yield, profit; (*rif. a prodotto*) productivity; output. **2** (*Mecc.*) efficiency, performance. ▭ ~ **massimo** peak efficiency; ~ **scolastico** progress in school.

rendita *f.* **1** private income: *vivere di* ~ to live on a private income. **2** (*Econ.*) (*profitto, utile*) revenue; (*reddito di capitale*) yield, income. ▭ ~ **annua** annuity; ~ **vitalizia** life annuity.

rene *m.* (*Anat.*) kidney. ▭ (*fam.*) *mal di reni* backache.

renetta *f.*: *mela* ~ russet apple.
renio *m.* (*Chim.*) rhenium.
renitente *a.* recalcitrant, reluctant. ▭ (*Mil.*) *essere* ~ *alla leva* to fail to report for military service.
renitenza *f.* **1** unwillingness; reluctance. **2** (*Mil.*) (*renitenza alla leva*) failure to register for military service.
renna *f.* **1** (*Zool.*) reindeer (*pl. inv.*). **2** (*pelle*) buckskin.
reo I *a.* guilty. **II** *s.m.* (*colpevole*) guilty person; (*autore di un reato*) offender, culprit. ▭ (*Dir.*) ~ **confesso** criminal pleading guilty; ~ **presunto** alleged criminal.
reostato *m.* (*El.*) rheostat.
Rep. = *repubblica* republic.
reparto *m.* **1** department, division, section. **2** (*negli ospedali*) ward, department; (*nei negozi*) department. **3** (*Mil.*) (*distaccamento*) detachment. ▭ ~ **acquisti** buying department; **medico** *di* ~ ward physician; ~ **vendite** sales division.
repellente *a.* repellent.
repentaglio: *mettere a* ~ to put in danger, to endanger, to jeopardize.
repentino *a.* sudden, unexpected.
reperibile *a.* traceable; available, to be found.
reperimento *m.* finding, discovery.
reperibilità *f.* traceability; availability, possibility to be found.
reperire *v.t.* to find*, to trace, to track down.
reperto *m.* **1** (*Archeologia*) find. **2** (*Med.*) report. **3** (*Dir.*) evidence, exhibit.
repertorio *m.* **1** (*Teat.*) repertoire, repertory. **2** (*elenco*) list, repertory.
replica *f.* **1** (*risposta*) reply, answer; (*obiezione*) objection. **2** (*ripetizione*) repetition, repeating. **3** (*Teat., Cin.*) performance; run; repeat performance; (*TV*) (recorded) repeat.
replicare *v.t.* **1** (*rispondere*) to reply, to answer. **2** (*obiettare*) to object. **3** (*Teat., Cin.*) to repeat; to run*. ▭ (*Teat.*) *stasera si replica* (there is a) performance tonight.
reportage *m.* reportage.
reporter *m.* reporter.
repressione *f.* repression.
represso *a.* repressed.
reprimere *v.t.* **1** (*trattenere*) to hold* back, to repress, to restrain: ~ *le lacrime* to hold back one's tears. **2** (*domare*) to put* down, to repress, to keep* down.
reprobo *a./s.m.* reprobate.
repubblica *f.* (*Pol.*) republic. ▭ ~ **federale** federal republic; ~ **popolare** people's republic.
repubblicano *a./s.* republican.
repulisti *m.*: (*fam.*) *far* ~ to make* a clean sweep of s.th.
repulsione *f.* repulsion.
reputare *v.r.* to think*, to regard. **reputarsi** *v.r.* to consider (o.s.).
reputazione *f.* reputation, repute.
requie *f.* (*lett.*) rest, peace. ▭ *non* **dar** ~ to give no peace; *non* **trovar** ~ to find no rest.
requiem *m.* (*Rel.*) prayer for the dead.
requisire *v.t.* to requisition, to commandeer.
requisito *m.* requisite, requirement.
requisitoria *f.* (*Dir.*) public prosecutor's final speech.
requisizione *f.* requisition, commandeering.
resa *f.* **1** surrender: *intimare la* ~ *al nemico* to call on the enemy to surrender. **2** (*restituzione*) return, restitution. ▭ ~ *dei conti* rendering of accounts; (*fig.*) day of reckoning.
rescindere *v.t.* (*Dir.*) to rescind, to cancel, to annul.
rescissione *f.* (*Dir.*) rescission, annulment.
residence *m.* apartment house; (*am.*) rooming house.
residente I *a.* resident, residing, dwelling: *italiano* ~ *all'estero* Italian resident abroad. **II** *s.m./f.* resident.
residenza *f.* **1** residence, dwelling, abode; (*edificio in cui si abita*) (place of) residence, building, dwelling-place. **2** (*sede fissa*) residence, seat.
residenziale *a.* residential: *quartiere* ~ residential district (*o* area).
residuato I *a.* (*residuo*) remaining, residual. **II** *s.m.* surplus: *residuati bellici* war surplus.
residuo I *a.* residual, residuary. **II** *s.m.* **1** residue; (*rif. a denaro*) remainder, balance. **2** (*Chim.*) residue.
resina *f.* resin.
resinoso *a.* resinous.
resistente *a.* **1** resistant (*a* to), resisting, -proof: ~ *agli acidi* acid-proof, acid -resisting. **2** (*forte*) strong. **3** (*che non si deteriora con l'uso*) durable, lasting; (*rif. a colori*) fast; (*rif. a stoffe e sim.*) durable, strong, hard-wearing. ▭ ~ *al* **calore** heat-resistant, heatproof; ~ *alla* **fatica** tough; ~ *al* **freddo** cold-resistant; ~ *al* **fuoco** fireproof, fire-resistant.
resistenza *f.* **1** resistance; (*opposizione*) opposition, resistance. **2** (*rif. a persona: capacità di resistere*) resistance, endurance: ~ *alla fatica* resistance to fatigue; (*rif. a cose: capacità di resistere al logorio*) durability, wearability. **3** (*Stor.*) Resistance. ▭ ~ *al* **calore** heat resistance; ~ **elettrica** electrical resistance; **opporre** *scarsa* ~ to make little resistance; (*Sport*) **prova** *di* ~ endurance test (*o* trial); **senza** *opporre* ~ without offering any resistance; ~ *all'***urto** shock resistance.
resistere *v.i.* **1** to resist, to withstand* (*a qc.* s.th.) (*anche fig.*); (*tenere duro*) to hold* out (against). **2** (*tollerare, sopportare*) to endure, to bear* (*o* stand*) up (to): ~ *agli strapazzi* to endure fatigue. **3** (*rif. a cose*) to be resistant (to). ▭ *non resistevo più!* I couldn't stand it anymore.
resoconto *m.* **1** (*relazione*) report, account. **2** (*rendiconto*) statement (of accounts).
respingente *m.* (*Ferr.*) buffer.
respingere *v.t.* **1** to drive* (*o* push) back, to repel, to repulse. **2** (*rifiutare, non accogliere*) to refuse, to reject, to dismiss: ~ *un'accusa*

to reject an accusation; (*burocr.*) to reject, to turn down. **3** (*scol.*) (*bocciare*) to fail: *sono passato in matematica, ma sono stato respinto in francese* I passed in maths but failed in French. **4** (*Poste*) to return, to send* back.

respinto *a.* **1** (*rifiutato*) rejected, refused, turned down. **2** (*scol.*) failed. □ (*Poste*) ~ *al mittente* returned to sender.

respirabile *a.* breathable.

respirare I *v.i.* **1** to breathe, to respire. **2** (*fig.*) (*sentire sollievo*) to breathe (again), to be relieved (*o* at ease); (*prendere fiato*) to get* one's breath back. **II** *v.t.* to breathe (in), to inhale. □ ~ *a* **fatica** to breathe with difficulty; ~ *a pieni* **polmoni** to take a deep breath.

respiratore *m.* **1** (*Sport*) aqualung. **2** (*Aer.*) oxygen mask. **3** (*Med.*) respirator.

respiratorio *a.* respiratory, breathing-: *apparato* ~ respiratory system.

respirazione *f.* breathing, respiration. □ ~ **artificiale** artificial respiration; ~ **bocca**-*a-bocca* mouth-to-mouth resuscitation.

respiro *m.* **1** breathing, breath. **2** (*fig.*) (*sollievo, riposo*) respite, pause, relief. □ (*fig.*) *non avere un* **minuto** *di* ~ not to have a moment's peace; *un* ~ *di* **sollievo** a sigh of relief; (*fig.*) **togliere** *il* ~ *a qd.* to take s.o.'s breath away; (*fig.*) *di* **vasto** ~ wide-ranging, far-reaching.

responsabile I *a.* responsible, answerable, accountable (*di* for), (*pred.*) in charge: *è* ~ *di tre bambini* she is in charge of three children. **II** *s.m./f.* (*capo, sovrintendente*) person in charge; superintendent. □ (*Giorn.*) *direttore* ~ managing editor.

responsabilità *f.* responsibility. □ ~ **civile** civil liability; *un posto* **di** ~ a responsible post; ~ **legale** legal liability; **senso** *di* ~ sense of responsibility; **sotto** *la mia* ~ on my own responsibility.

responso *m.* response; (solemn) opinion: *il* ~ *dei medici* the opinion of the doctors.

responsorio *m.* (*Lit.*) response.

ressa *f.* crowd, throng. □ *fare* ~ to throng, to crowd.

restante I *a.* remaining, left over: *il denaro* ~ the money left over. **II** *s.m.* rest.

restare *v.i.* **1** (*trattenersi, rimanere*) to stay, to remain. **2** (*permanere*) to be, to remain, to continue to be: *siamo restati amici* we continued to be (*o* remained) friends. **3** (*diventare*) to become*: ~ *orfano* to become (*o* be left) an orphan. **4** (*avanzare*) to be left (over), to remain. **5** (*rimanere da fare*) to (still) have (to do), to be left (to do), to remain. **6** (*nella sottrazione*) to leave*, to be left. □ ~ *a* **bocca** *aperta* to gape; (*fig.*) to be dumbfounded (*o* astonished); ~ *in* **dubbio** to be doubtful; (*fig.*) ~ *senza* **fiato** to be flabbergasted; ~ *a* **galla** to float, to stay afloat; ~ **indietro** to be (left) behind, to be outstripped (*anche fig.*); *restarci* **male** to be hurt; ~ *a* **piedi** to have to walk; ~ *di* **stucco** to be dumbstruck. ‖ *non mi resta altro da dire* there is nothing more for me to say.

restaurare *v.t.* **1** to restore. **2** (*fig.*) (*ristabilire*) to restore, to reinstate, to re-establish.

restauratore *m.* restorer (*anche fig.*).

restaurazione *f.* **1** (*Pol.*) restoration. **2** (*estens.*) re-establishment.

restauro *m.* restoration.

restio *a.* **1** (*rif. ad animali*) balky, jibbing. **2** (*rif. a persone: riluttante*) restive, reluctant, unwilling.

restituire *v.t.* **1** to return, to give* back. **2** (*contraccambiare*) to return, to pay* back.

restituzione *f.* **1** restitution, return, giving back; (*rimborso*) repayment. **2** (*il contraccambiare*) return(ing), repaying.

resto *m.* **1** rest, remainder. **2** (*spiccioli*) change. **3** (*Comm.*) (*differenza a saldo*) balance. **4** (*Mat.*) remainder. **5** (*rif. a cibo*) leftovers *pl.* **6** *pl.* (*ruderi*) remains, ruins. □ *del* ~ however.

restringere *v.t.* **1** to reduce, to make* smaller; (*rif. a vestiti*) to take* in. **2** (*fig.*) (*limitare*) to limit, to restrict, to cut* down on. **restringersi** *v.i.pron.* **1** (*diventare più stretto*) to narrow, to grow* (*o* get*) narrower; (*rif. a stoffe*) to shrink*. **2** (*raccogliersi per occupare meno posto*) to squeeze. **3** (*contrarsi*) to contract, to shrink*.

restringimento *m.* **1** reduction, restriction. **2** (*il diventare più stretto*) narrowing.

restrittivo *a.* restrictive.

restrizione *f.* restriction, limitation. □ *restrizioni* **creditizie** credit squeezes; **senza** *restrizioni* unreservedly, unrestrictedly; *restrizioni* **valutarie** exchange restrictions.

resurrezione *f.* (*Rel.*) Resurrection.

retaggio *m.* (*lett.*) heritage.

retata *f.* **1** (*lancio della rete*) cast; (*quantità di pesce preso*) catch, haul, netful. **2** (*fig.*) (*cattura*) round-up, (*fam.*) drag-net.

rete *f.* **1** net; (*del letto*) bedspring. **2** (*fig.*) (*tranello*) trap, snare: *cadere nella* ~ to fall into the trap. **3** (*recinzione*) wire fencing. **4** (*struttura a rete*) network: ~ *di spionaggio* spy network. **5** (*Sport*) net; (*nel tennis: punto di servizio*) net ball; (*nel calcio: porta*) goal: *segnare due reti* to score two goals. **6** (*Inform.*) network. □ ~ **ferroviaria** railway network (*o* system); **gettare** *le reti* to cast the nets; ~ *da* **pesca** fishing-net; ~ **portabagagli** luggage rack; ~ **stradale** road system (*o* network).

reticella *f.* (*per capelli*) hairnet.

reticente *a.* reticent.

reticenza *f.* reticence. □ *senza reticenze* unreservedly, without reserve.

reticolato *s.m.* **1** grille, grating, grid. **2** (*Mil.*) barbed wire entanglement.

reticolo *m.* **1** (*struttura a rete*) network, grid. **2** (*Ott.*) reticule. **3** (*Zool.*) reticulum (*pl.* reticula).

retina[1] *f.* (*per capelli*) hairnet.

retina[2] *f.* (*Anat.*) retina (*pl.* retinas/retinae).
retino *m.* **1** (*da pesca*) landing-net. **2** (*Tip.*) screen.
retorica *f.* rhetoric.
retorico *a.* rhetorical. ▭ *figura retorica* figure of speech.
retrattile *a.* retractile, retractable.
retribuire *v.t.* to reward, to pay*.
retributivo *a.* retributive.
retribuzione *f.* **1** (*paga*) pay(ment), remuneration; (*stipendio*) salary; (*salario*) wages. **2** (*ricompensa*) reward.
retrivo I *a.* backward. **II** *s.m.* reactionary.
retro *m.* **1** (*parte posteriore*) back. **2** (*verso: di moneta*) reverse; (*di pagina*) verso. ▭ *vedi* ~ please turn over (p.t.o.).
retroattivo *a.* retroactive.
retroazione *f.* feedback (*anche Inform.*).
retrobottega *m.* back (of a shop).
retrocedere I *v.i.* **1** to recede, to go* back; (*in veicolo*) to reverse, to back up. **2** (*Sport*) to move down, to relegate. **II** *v.t.* (*burocr.*) to demote, to degrade (*anche Mil.*).
retrocessione *f.* **1** receding, going (*o* moving) back. **2** (*Sport*) relegation.
retrodatare *v.t.* **1** (*burocr.*) to backdate. **2** (*attribuire una data anteriore*) to antedate.
retrogrado I *a.* **1** retrograde. **2** (*fig.*) (*retrivo*) backward, behind the times. **II** *s.m.* reactionary.
retroguardia *f.* (*Mil.*) rearguard.
retromarcia *f.* (*Aut.*) **1** reverse (motion), reversing. **2** (*dispositivo*) reverse (gear). ▭ *innestare la* ~ to go into reverse.
retrorazzo *m.* retrorocket.
retroscena *m.* **1** backstage activity. **2** (*fig., spreg.*) underhand dealings *pl.*
retrospettivo *a.* retrospective.
retrostante *a.* at (*o* in) the back, (lying) behind, back.
retroterra *m.* (*Geog., Econ.*) hinterland.
retroversione *f.* **1** retroversion. **2** (*ritraduzione*) back version.
retrovie *f.pl.* (*Mil.*) zone behind the front.
retrovisore *m.* (*Aut.*) rearview mirror.
retta[1] *f.* (*Geom.*) (straight) line.
retta[2] *f.* room and board fee.
retta[3]: *dare* ~ *a qd.* to listen to s.o., to pay* attention to s.o.
rettale *a.* (*Anat.*) rectal.
rettangolare *a.* rectangular.
rettangolo I *s.m.* rectangle. **II** *a.* right-angle(d), rectangular.
rettifica *f.* **1** rectification, correction. **2** (*Mecc.*) grinding.
rettificare *v.t.* **1** to rectify, to correct. **2** (*Mecc.*) to grind*.
rettificazione *f.* rectification, correction.
rettifilo *m.* (*Strad.*) straight stretch.
rettile *m.* (*Zool.*) reptile (*anche fig.*).
rettilineo I *a.* **1** straight, rectilinear. **2** (*fig.*) (*coerente*) straightforward. **II** *s.m.* straight stretch. ▭ (*Sport*) ~ *d'arrivo* home stretch.
rettitudine *f.* rectitude, uprightness.
retto[1] **I** *a.* **1** (*diritto*) straight. **2** (*fig.*) (*onesto*) upright, straight (forward). **3** (*corretto, esatto*) correct, right(ful), proper. **II** *s.m.* (*persona onesta*) the right. ▭ **angolo** ~ right angle; (*fig.*) **seguire** *la retta via* to follow (*o* stick to) the straight and narrow path.
retto[2] *m.* (*Anat.*) rectum (*pl.* rectums/recta).
rettore *m.* **1** (*Rel.*) rector. **2** (*Univ.*) Principal; (*USA*) President; College Head. ▭ (*Univ.*) *magnifico* ~ Chancellor.
reumatico *a.* rheumatic.
reumatismo *m.* (*Med.*) rheumatism; (*fam.*) rheumatics *pl.*
Rev. = (*Rel.*) *Reverendo* Reverend.
reverendo *a./s.m.* (*Rel.*) Reverend.
reverenziale *a.* reverential.
reversibile *a.* reversible.
revisionare *v.t.* **1** (*tecn.*) to overhaul, to recondition, to service. **2** (*burocr.*) to review, to revise; (*nella contabilità*) to audit.
revisione *f.* **1** (*tecn.*) overhaul. **2** review, revision. **3** (*correzione*) revision. **4** (*Dir.*) rehearing. **5** (*contabilità*) audit, auditing.
revisore *m.* reviser. ▭ ~ *delle* **bozze** proof-reader; ~ *dei* **conti** auditor.
revoca *f.* (*Dir.*) revocation; (*rif. a leggi e sim.*) repeal.
revocabile *a.* revocable.
revocare *v.t.* (*Dir.*) to revoke, to annul, to cancel: (*rif. a leggi*) to repeal. ▭ ~ *uno sciopero* to call off a strike.
revocazione *f.* revocation, annulment.
revolver *m.* (*rivoltella*) revolver.
Reykjavik *N.pr.f.* (*Geog.*) Reykjavick.
Rh = (*Chim.*) *rodio* rhodium.
RI = *Repubblica Italiana* Italian Republic.
riabbassare *v.t.* to lower again.
riabbonare *v.t.* to renew a subscription for. **riabbonarsi** *v.r.* to renew one's subscription.
riabbracciare *v.t.* **1** to embrace (*o* hug) again (*anche fig.*). **2** (*rivedere*) to see* (*o* meet*) again. **riabbracciarsi** *v.r.recipr.* **1** to embrace (*o* hug) e.o. again. **2** (*rivedersi*) to meet* again.
riabilitare *v.t.* **1** (*Dir.*) to rehabilitate, to reinstate. **2** (*Med.*) to rehabilitate. **3** (*fig.*) (*rendere la stima*) to rehabilitate; (*redimere*) to redeem. **riabilitarsi** *v.i.pron.* to be rehabilitated, to restore one's good name.
riabilitazione *f.* rehabilitation (*anche Dir.*).
riabituare *v.t.* to reaccustom. **riabituarsi** *v.i.pron.* to accustom o.s. again (*a* to).
riaccendere *v.t.* **1** to relight*, to rekindle; (*girando l'interruttore*) to switch (*o* turn) on again. **2** (*fig.*) to rekindle: ~ *l'odio* to rekindle hatred. **3** (*Comm.*) to open again. **riaccendersi** *v.i.pron.* **1** to light* up again, to catch* fire again. **2** (*fig.*) (*rinfocolarsi*) to be rekindled, to flare (up).
riacchiappare, **riacciuffare** *v.t.* to catch* again.
riaccomodare *v.t.* to repair (*o* mend) again.
riaccompagnare *v.t.* to take* back.
riaccostare *v.t.* to put* close again; (*rif. a*

porte, finestre) to set* ajar. **riaccostarsi** *v.i. pron.* to reapproach (*anche fig.*).

riacquistare *v.t.* **1** to repurchase, to buy* back. **2** (*recuperare q.c. di perduto*) to regain, to win* (*o* get*) back: ~ *le forze* to regain one's strength.

riacutizzare *v.t.* to make* acute again. **riacutizzarsi** *v.i.pron.* to become* acute again.

riadattare *v.t.*, **riadattarsi** *v.i.pron.* to readapt, to readjust.

riaddormentarsi *v.i.pron.* to fall* asleep again.

riaffacciare *v.t.* **1** to show* (*o* present) again. **2** (*fig.*) to advance once more. **riaffacciarsi** *v.r./i.pron.* **1** to show* o.s. again (*a* at), to come* again (to). **2** (*fig.*) to return, to come* (back), to reoccur.

riaffermare *v.t.* to reassert, to reaffirm. **riaffermarsi** *v.r.* to reassert o.s.

riafferrare *v.t.* to seize (*o* clutch) again.

riagganciare *v.t.* **1** to fasten (*o* hook up) again. **2** (*Tel.*) to hang* up.

riaggiustare *v.t.* to mend (*o* repair) again.

riallacciare *v.t.* **1** to tie (*o* fasten) again; (*con lacci*) to lace up again. **2** (*fig.*) to renew, to resume. **riallacciarsi** *v.r.* to be connected (*a* with).

rialzamento *m.* (*raro*) **1** raising. **2** (*parte rialzata*) rise, elevation.

rialzare **I** *v.t.* **1** (*sollevare*) to raise, to lift; (*raccogliere*) to pick up. **2** (*rendere più alto*) to make* higher, to raise. **3** (*fig.*) (*aumentare*) to increase, to raise, to put* up. **II** *v.i.* to rise*, to increase, to go* up. **rialzarsi** *v.r.* to get* up, to rise*.

rialzista *m./f.* (*Econ.*) (*am.*) long of stock; (*fam.*) bull.

rialzo *m.* **1** (*rif. a prezzi*) increase, rise; (*in borsa*) bull run, bullish trend: *giocare al* ~ to bull. **2** (*parte rialzata*) rise, elevation. □ **essere** *in* ~ to be on the rise (*o* up), to be booming; (*fig.*) (*acquistare stima*) to rise, to be on the up; **mercato** *al* ~ bull market; ~ *dei* **prezzi** rise in prices, price increase.

riamare *v.t.* **1** (*ricambiare l'amore*) to love in return. **2** to love again (*o* once more).

riammalarsi *v.r.* to fall* ill again.

riammettere *v.t.* to readmit.

riammissione *f.* readmittance, readmission.

riammogliarsi *v.i.pron.* to remarry.

riandare **I** *v.i.* to go* again. **II** *v.t.* (*ripercorrere con la memoria*) to go* over, to think* back to (*o* over).

rianimare *v.t.* **1** to reanimate, to revive. **2** (*fig.*) to cheer, to hearten. **rianimarsi** *v.i. pron.* **1** (*riprendere i sensi*) to recover consciousness. **2** (*fig.*) to come* (*o* spring*) to life again. **3** (*fig.*) (*riprendere animo*) to take* heart again.

rianimazione *f.* **1** reanimation (*anche Med.*). **2** (*fig.*) cheering up, heartening. □ (*Med.*) *reparto di* ~ intensive care unit.

riannodare *v.t.* to knot (*o* tie) again.

riapertura *f.* reopening.

riapparire *v.i.* to reappear.

riapparizione *f.* reappearance, reappearing.

riaprire *v.t.*, **riaprirsi** *v.i.pron.* to reopen.

riardere **I** *v.t.* (*disseccare*) to parch (*o* scorch), to dry up. **II** *v.i.* **1** (*riaccendersi*) to burn* (*o* blaze) again. **2** (*fig.*) to burn*, to blaze (*di* with).

riarmare **I** *v.t.* **1** to rearm, to arm again. **2** (*Mar.*) to recommission, to equip (*o* fit out) again. **II** *v.i.*, **riarmarsi** *v.r.* to rearm.

riarmo *m.* rearmament.

riarso *a.* parched, dry.

riassestamento *m.* rearrangement, resettlement.

riassestare *v.t.* to rearrange, to set* in order again.

riassettare *v.t.* to put* in order, to tidy up.

riassetto *m.* **1** tidying up, putting in order. **2** (*fig.*) resettling, adjustment, straightening out: ~ *del bilancio* adjustment of the budget.

riassicurare *v.t.* (*Assicurazione, Dir.*) to reinsure.

riassicurazione *f.* reinsurance; renewed insurance.

riassopirsi *v.i.pron.* to drop (*o* nod) off again.

riassorbimento *m.* reabsorption (*anche fig.*).

riassorbire *v.t.* to reabsorb.

riassumere *v.t.* **1** to reassume, to take* on again: ~ *una carica* to take on a position again. **2** (*impiegare di nuovo*) to re-employ, to take* on again. **3** (*compendiare*) to summarize, to sum up.

riassuntivo *a.* recapitulatory, summarizing.

riassunto *m.* summary; précis.

riassunzione *f.* re-engagement, re-employment.

riattaccare *v.t.* **1** (*ricucire*) to sew* (up), to stitch (again): ~ *un bottone* to sew a button; (*riappendere*) to hang* (up) again; (*incollare*) to stick* on (*o* together) again. **2** (*fam.*) (*ricominciare*) to begin* (*o* start) again, to resume. **3** (*Tel.*) to hang* up.

riattivare *v.t.* **1** to reopen, to get* working again, to put* into operation again. **2** (*Med.*) to stimulate. □ ~ *al traffico* to reopen to traffic.

riattivazione *f.* **1** reopening, reactivation. **2** (*Med.*) stimulation.

riavere *v.t.* **1** to have again (*o* another time). **2** (*avere in restituzione*) to have (*o* get*) back: ~ *i soldi* to get one's money back; (*ricuperare*) to recover. **riaversi** *v.i.pron.* **1** to recover (*da* from). **2** (*riprendere i sensi*) to come* round, to recover consciousness.

riavvicinamento *m.* **1** reapproaching, drawing near again (*a qd.* to s.o.). **2** (*riconciliazione*) reconciliation (with).

riavvicinare *v.t.* **1** to approach again. **2** (*fig.*) to reconcile. **riavvicinarsi** *v.r.* **1** to approach again. **2** (*fig.*) to become* reconciled (with).

ribadire *v.t.* **1** to rivet, to clinch. **2** (*fig.*) (*confermare*) to confirm, to nail (down).

ribalderia *f.* roguery.

ribaldo *m.* scoundrel, rogue, rascal.

ribalta *f.* **1** (*Teat.*) (*proscenio*) forestage; (*apparecchio per l'illuminazione*) footlights *pl.* **2** (*fig.*) limelight. **3** (*piano ribaltabile*) flap. ▭ *le* **luci** *della* ~ the footlights; **presentarsi** *alla* ~ to appear before the curtain.

ribaltabile *a.* **1** folding; (*rif. a sedili*) tip-up; (*rif. a tavoli*) drop-leaf-, folding; (*rif. a scrivania e sim.*) drop-front, fall-front. **2** (*Aut.*) dump-, dumping: *autocarro* ~ dump track (*o* dumper).

ribaltamento *m.* turning over, upsetting; (*rovesciamento*) capsizing.

ribaltare **I** *v.t.* to turn over, to upset*, (*di barca*) to capsize. **II** *v.i.*, **ribaltarsi** *v.i.pron.* to turn over, (*di barca*) to capsize.

ribassare **I** *v.t.* to reduce, to lower, to decrease. **II** *v.i.* to drop, to go* down, to decrease.

ribassista *m./f.* (*Econ.*) short(-seller), bear.

ribasso *m.* **1** (*rif. a prezzi e sim.*) reduction, decrease: *il* ~ *dei prezzi* the fall in prices. **2** (*sconto*) discount, reduction. **3** (*Econ.*) (*rif. a titoli*) drop, fall, decline. ▭ *essere in* ~ to be falling; (*fig.*) to be on the decline.

ribattere **I** *v.t.* **1** to strike* (*o* hammer *o* beat* *o* hit*) again. **2** (*battere di rimando*) to hit* back, to return. **3** (*ribadire*) to clinch, to rivet. **4** (*fig.*) (*confutare*) to confute, to refute, to disprove. **II** *v.i.* **1** (*fig.*) (*insistere*) to insist, to harp (*su* on), to hammer (s.th.): ~ *sullo stesso argomento* to harp on a matter. **2** (*fig.*) (*replicare*) to retort, to answer back.

ribattezzare *v.t.* **1** (*Rel.*) to rebaptize. **2** (*fig.*) (*chiamare con un nome diverso*) to rename.

ribattuta *f.* **1** beating (*o* striking) again; (*di chiodi*) riveting. **2** (*Sport*) return.

ribellarsi *v.i.pron.* to rebel, to revolt, to rise* up (*a* against).

ribelle **I** *a.* **1** (*insorto*) rebellious, rebel. **2** (*indocile*) rebellious, unruly, intractable. **II** *s.m./f.* rebel.

ribellione *f.* rebellion, revolt (*a, contro* against).

ribes *m.* (*Bot.*) red currant. ▭ ~ *nero* black currant.

ribollimento *m.* **1** (*fermentazione*) fermentation. **2** (*fig.*) (*fermento*) turmoil, ferment.

ribollio *m.* (continuous) boiling, seething.

ribollire *v.i.* **1** (*fermentare*) to ferment. **2** (*fare bolle, agitarsi in superficie*) to bubble, to boil. **3** (*fig.*) to boil, to seethe: ~ *d'ira* to seethe with anger.

ribrezzo *m.* disgust, loathing. ▭ **avere** (*o provare*) ~ *di qc.* to have a loathing for s.th.; **fare** ~ *a qd.* to disgust s.o.

ributtante *a.* disgusting, revolting.

ributtare *v.t.* **1** to throw* (*o* fling*) again. **2** (*vomitare*) to throw* up.

ric. = *ricevuta* receipt.

ricacciare *v.t.* **1** (*fig.*) (*respingere*) to drive* (*o* push) back, to repel, to repulse. **2** (*rimettere*) to put* (*o* thrust*) back; (*fam.*) to shove (*o* stick*) back: *ricacciò i documenti nella borsa* he shoved the papers back in his briefcase. ▭ (*fig.*) ~ *in gola* (*rif. a grida e sim.*) to smother, to stifle.

ricadere *v.i.* **1** to fall* again, to fall* down once more. **2** (*fig.*) to relapse: ~ *nel vizio* to relapse into evil ways. **3** (*riversarsi*) to fall*, to rest.

ricaduta *f.* **1** (*atto*) falling again. **2** (*fig.*) relapse (*anche Med.*). ▭ ~ *radioattiva* fallout.

ricalcabile *a.* traceable.

ricalcare *v.t.* **1** to press again. **2** (*ricopiare*) to trace: ~ *un disegno* to trace a drawing. **3** (*fig.*) (*imitare*) to follow faithfully.

ricalcitrante *a.* **1** kicking. **2** (*fig.*) (*contrario*) resistant, recalcitrant.

ricalcitrare *v.i.* **1** to kick back (*o* out), to recalcitrate. **2** (*fig.*) (*opporsi ostinatamente*) to resist (*a, contro* s.th.), to kick out (against).

ricalco *m.* tracing. ▭ *a* ~ tracing-: *carta da* ~ tracing paper.

ricamare *v.t.* to embroider. ▭ *ricamato a mano* hand embroideried.

ricamatrice *f.* embroideress.

ricambiare *v.t.* **1** (*cambiare di nuovo*) to change again. **2** (*contraccambiare*) to return, to repay*. **ricambiarsi** *v.r.recipr.* to exchange, to reciprocate.

ricambio *m.* **1** (*contraccambio*) return, repayment, exchange. **2** (*riserva*) replacement, spare (part); (*ricarica*) refill. **3** (*Med., Biol.*) metabolism. ▭ ~ *d'***aria** change of air; **ruota** *di* ~ spare tyre.

ricamo *m.* **1** embroidering. **2** (*lavoro ricamato*) embroidery. **3** *pl.* (*fig.*) frills *pl.*, embroidery.

ricapitolare *v.t.* to recapitulate, to summarize, to sum up.

ricapitolazione *f.* recapitulation, summary.

ricaricare *v.t.* **1** (*rif. ad armi*) to reload. **2** (*riempire*) to refill. **3** (*orologeria*) to rewind*. **4** (*El.*) to recharge.

ricascare → **ricadere.**

ricattare *v.t.* to blackmail.

ricattatore *m.* blackmailer.

ricatto *m.* blackmail: *cedere ai ricatti* to give in to blackmail.

ricavare *v.t.* **1** (*estrarre*) to extract; (*fig.*) (*ottenere*) to draw*, to get*, to take*: *film ricavato da un romanzo* film taken from a novel. **2** (*dedurre*) to deduce. **3** (*avere un profitto*) to gain, to get*; (*da una vendita*) to make*, to get*.

ricavato *m.* **1** proceeds *pl.*, takings *pl.* **2** (*fig.*) fruit.

ricavo *m.* proceeds *pl.*, takings *pl.*; (*in contabilità*) revenue.

Riccardo *N.pr.m.* Richard.

ricchezza *f.* **1** richness, wealth. **2** *pl.* (*concr.*) (*beni*) wealth, riches *pl.* **3** (*fig.*) (*abbondanza*) plenty, wealth, abundance: ~ *d'acqua* abundance of water. ▭ (*Dir.*) ~ *mobile* personal property.

riccio[1] **I** *a.* curly, curled (*anche estens.*). **II** *s.m.* (*ciocca di capelli*) curl, lock. ▭ ~ *di*

burro butter curl; ~ *di* **legno** wood shaving.

riccio[2] *m.* **1** (*Zool.*) hedgehog; (*riccio di mare*) sea-urchin. **2** (*Bot.*) chestnut husk.

ricciolo *m.* curl, lock.

ricciuto *a.* curly.

ricco I *a.* **1** rich, wealthy. **2** (*fig.*) (*che ha abbondanza*) rich, abounding (*di* in): *paese ~ di materie prime* country rich in raw materials. **3** (*abbondante*) rich, abundant, plentiful: *un ~ raccolto* a plentiful harvest. **II** *s.m.* rich (*o* wealthy) person; *pl.* the rich (*costr. pl.*). □ **nuovo** ~ nouveau-riche, parvenu; ~ **sfondato** as rich as Croesus.

riccone *m.* (*fam.*) millionaire. □ *essere un ~* to be rolling in money.

ricerca *f.* **1** search; (*indagine*) inquiry, investigation. **2** (*ricerca scientifica*) research. □ **andare** (o *correre*) *alla ~ di qc.* (o *qd.*) to go (*o* to run) to find s.th. (*o* s.o.); **fare** *ricerche* to make inquiries, to investigate; (*Inform.*) ~ *di* **guasto** trouble shooting; *ricerche di* **mercato** market research.

ricercare *v.t.* **1** to look (*o* search) for again, to seek* again. **2** (*cercare con impegno*) to look (*o* hunt *o* search) for. **3** (*indagare*) to investigate, to inquire (*o* go*) into. **4** (*assol.*) (*compiere una ricerca scientifica*) to do* (*o* carry out) research.

ricercatezza *f.* retinement, preciosity.

ricercato I *a.* **1** wanted. **2** (*richiesto, apprezzato*) (much-)sought-after, in (great) demand, (much-)prized. **3** (*raffinato*) refined. **4** (*affettato*) affected. **II** *s.m.* wanted person.

ricercatore *m.* researcher.

ricetrasmettitore *m.*, **ricetrasmittente** *m./f.* (*Rad., Tel.*) transmitter-receiver; two-way transmitter (*o* radio).

ricetta *f.* **1** (*Med.*) prescription. **2** (*Gastr.*) recipe. **3** (*rimedio*) cure, remedy.

ricettacolo *m.* receptacle.

ricettare *v.t.* **1** (*Dir.*) to receive (stolen goods); (*fam.*) to fence. **2** (*Med.*) to prescribe.

ricettario *m.* **1** (*blocchetto*) prescription pad. **2** (*Gastr.*) (*raccolta di ricette*) recipe-book.

ricettatore *m.* receiver (of stolen goods).

ricettazione *f.* receiving (of stolen goods).

ricettivo *a.* receptive.

ricevente I *a.* receiving. **II** *s.m./f.* receiver.

ricevere *v.t.* **1** to receive. **2** (*accogliere*) to welcome, to receive, to greet: *ricevettero l'ospite con grandi onori* they welcomed the guest with full honours. **3** (*prendere, derivare*) to receive, to take*, to get*: *la stanza riceve luce da una vetrata* the room takes (*o* gets) its light from a window. **4** (*trarre*) to draw*, to get*: ~ *conforto* to draw comfort. **5** (*assol.*) to be at home, to receive; (*rif. a medici*) to receive patients. **6** (*riscuotere*) to get*. **7** (*Tel., Rad.*) to receive; (*captare*) to pick up. □ ~ *qd. a* **braccia** *aperte* to welcome s.o. with open arms; ~ *qc. in* **cambio** to receive s.th. in exchange; ~ *un* **insulto** to be insulted; ~ **istruzioni** to receive (*o* have) instructions; ~ *un* **ordine** to receive an order; ~ *in* **premio** *qc.* to be awarded s.th., to get s.th. as a prize; ~ *in* **regalo** *qc.* to be presented with s.th.

ricevimento *m.* **1** receipt, receiving, reception: *pagheremo al ~ della merce* we'll pay on receipt of the goods. **2** (*trattenimento*) reception; (*meno formale*) party: *dare un ~* to give a party. **3** (*accoglienza*) reception, welcome.

ricevitore *m.* **1** (*Tel.*) receiver: *alzare il ~* to lift the receiver. **2** (*Rad., TV*) receiver, receiving set. □ (*Tel.*) *staccare il ~* to take the receiver off the hook.

ricevitoria *f.* (receiving) office.

ricevuta *f.* receipt. □ (*Comm.*) **accusare** ~ to acknowledge receipt; (*Poste*) ~ *di* **ritorno** return receipt.

ricezione *f.* (*Rad., Tel.*) reception.

richiamare *v.t.* **1** (*chiamare di nuovo*) to call again; (*al telefono*) to call back. **2** (*chiamare indietro*) to call back; (*far tornare*) to recall: ~ *un ambasciatore* to recall an ambassador. **3** (*Mil.*) to recall, (*am.*) to redraft. **4** (*attirare*) to attract, to draw*: *è un film che richiama molto pubblico* it's a film that draws big audiences. **5** (*fig.*) (*rimproverare*) to rebuke, to reprimand. **richiamarsi** *v.i.pron.* (*riferirsi*) to refer. □ ~ *l'***attenzione** *di qd. su qc.* to draw s.o.'s attention to s.th.; ~ *qd. al* **dovere** to remind s.o. of his duty; ~ *qc. alla* **mente** to recall s.th.; to call s.th. to mind; ~ *all'***ordine** to call to order.

richiamato *m.* (*Mil.*) recalled serviceman (*pl.* –men).

richiamo *m.* **1** call, cry. **2** (*ordine di far ritorno*) recall. **3** (*attrazione*) appeal, attraction: *di grande ~ turistico* of great tourist attraction. **4** (*segno di rinvio*) (cross-)reference mark. **5** (*Mil.*) recall. **6** (*Caccia*) decoy.

richiedente *m./f.* (*burocr.*) applicant, petitioner.

richiedere *v.t.* **1** (*chiedere di nuovo*) to ask (for) again. **2** (*esigere*) to demand, to request. **3** (*chiedere in restituzione*) to ask for (s.th.) back. **4** (*chiedere per sapere*) to ask; (*chiedere per avere*) to ask for, to seek*. **5** (*burocr.*) (*fare una richiesta*) to apply for, to request. **6** (*aver bisogno*) to need, to require, to call for. **7** (*ricercare*) to look (*o* ask) for, to be after: *molti clienti richiedono questa merce* many customers ask for these goods.

richiesta *f.* **1** (*domanda*) request: ~ *di asilo* request for asylum. **2** (*esigenza, pretesa*) demand. **3** (*domanda di matrimonio*) proposal. **4** (*burocr.*) (*istanza*) application. request. **5** (*Comm.*) (*domanda*) demand. □ **a** ~ by (*o* on) request; (*secondo il bisogno*) request-, optional, on request; **dietro** ~ on application; *a ~* **generale** by public demand.

richiesto *a.* **1** (*ricercato*) in demand: *questa merce è molto richiesta* these goods are very much in demand. **2** (*necessario*) necessary, required.

richiudere *v.t.* to close (*o* shut*) again. **richiudersi** *v.i.pron.* **1** to close (*o* shut*) again. **2** (*rimarginarsi*) to heal (up).
riciclabile *a.* recyclable.
riciclaggio *m.* **1** recycling. **2** (*di denaro sporco*) laundering.
riciclare *v.t.* **1** to recycle. **2** (*denaro sporco*) to launder.
ricino *m.* (*Bot.*) castor oil plant. ▭ *olio di* ~ castor oil.
ricognitore *m.* **1** reconnoit(e)rer. **2** (*Aer.mil.*) reconnaissance aircraft, spotter (plane). **3** (*Mar.mil.*) scout (ship).
ricognizione *f.* (*Mil.*) reconnaissance.
ricollegare *v.t.* **1** to reconnect, to link (*o* join) up again. **2** (*fig.*) (*mettere in relazione*) to connect, to associate. **ricollegarsi** *v.r.* to be connected, to be linked together.
ricollocare *v.t.* **1** to place again. **2** (*rimettere a posto*) to put* back, to replace.
ricolmare *v.t.* **1** (*colmare di nuovo*) to refill. **2** (*colmare fino all'orlo*) to fill up, to fill to the brim. **3** (*fig.*) to overwhelm, to load, to shower (*di* with).
ricolmo *a.* **1** (*fino all'orlo*) full (*o* filled) to the brim (with). **2** (*fig.*) overflowing (with), full (of).
ricominciare *v.t./i.* to begin* (*o* start) again.
ricomparire *v.i.* **1** to reappear, to come* back. **2** (*rif. al sole, alla luna*) to come* out again.
ricomparsa *f.* reappearance.
ricompensa *f.* recompense; (*premio*) reward. ▭ *in* (o *per*) ~ as a reward.
ricompensare *v.t.* (*premiare*) to reward, to recompense.
ricomporre *v.t.* **1** (*rimettere insieme*) to reassemble. **2** (*ricostruire*) to reconstruct. **3** (*riordinare*) to straighten out, to rearrange. **4** (*Tip.*) to reset*. **ricomporsi** *v.i.pron.* to recompose o.s., to regain one's composure.
ricomprare *v.t.* (*comprare di nuovo: la stessa cosa*) to buy* back; (*una cosa simile*) to buy* again.
riconciliabile *a.* reconcilable.
riconciliare *v.t.* to reconcile. **riconciliarsi** *v.r. recipr.* to be reconciled, to make* peace.
riconciliazione *f.* reconciliation.
ricondurre *v.t.* **1** to lead* again, to take* again. **2** (*riportare al luogo di partenza*) to bring* (*o* take*) back.
riconferma *f.* (re)confirmation.
riconfermare *v.t.* to (re)confirm.
riconfortare *v.t.* to comfort, to cheer up.
ricongiungere *v.t.*, **ricongiungersi** *v.r.* to join again, to rejoin.
riconoscente *a.* grateful, thankful.
riconoscenza *f.* gratitude, thankfulness.
riconoscere *v.t.* **1** to recognize: ~ *qd. al* (o *dal*) *passo* to recognize s.o. by his walk. **2** (*ammettere*) to admit (to), to acknowledge. **3** (*apprezzare*) to appreciate: ~ *il merito* to appreciate worth. **riconoscersi** *v.r.* (*recipr.*) to recognize e.o.
riconoscibile *a.* recognizable.
riconoscimento *m.* **1** recognition; (*identificazione*) identification: *segno di* ~ identification mark. **2** (*ammissione*) acknowledgement, admission. **3** (*apprezzamento*) appreciation, recognition. **4** (*compenso*) reward; (*gratifica*) gratuity.
riconosciuto *a.* **1** recognized. **2** (*ammesso, accettato*) acknowledged.
riconquista *f.* reconquest.
riconquistare *v.t.* **1** (*Mil.*) to reconquer. **2** (*fig.*) to win* back.
riconsegna *f.* (*restituzione*) restitution, return.
riconsegnare *v.t.* **1** to reconsign, to deliver again. **2** (*restituire*) to return, to give* back.
riconsiderare *v.t.* to reconsider.
riconversione *f.* (*Econ.*) reconversion.
ricoperto *a.* **1** (*coperto*) covered (*di* with). **2** (*rivestito*) coated; (*placcato*) plated. ▭ ~ *d'argento* silverplated.
ricopertura *f.* **1** covering; (*rivestitura*) coating. **2** (*estens.*) (*copertura*) cover(ing).
ricopiare *v.t.* **1** to recopy. **2** (*trascrivere in bella copia*) to make* a fair copy of. ▭ ~ *a* **macchina** to type; ~ *a* **mano** to copy by hand.
ricoprire *v.t.* **1** to cover; (*coprire di nuovo*) to cover again, to re-cover. **2** (*rivestire*) to coat; (*placcare*) to plate. **3** (*fig.*) (*colmare*) to smother, to overwhelm, to load, to lavish: ~ *qd. di elogi* to lavish praise on s.o. **4** (*rif. a impieghi e sim.*) to hold*. **5** (*rif. a denti*) to crown. **ricoprirsi** *v.r.* to cover o.s.
ricordare *v.t.* **1** to remember, to recall, to recollect: *non ricordo il tuo indirizzo* I don't recall your address. **2** (*richiamare alla memoria altrui*) to remind: ~ *a qd. una promessa* to remind s.o. of a promise. **3** (*tener presente*) to remember, to keep* (*o* bear*) in mind: ~ *qd. nel testamento* to remember s.o. in one's will. **4** (*menzionare*) to recall, to mention. **ricordarsi** *v.i.pron.* **1** to remember, to recollect (*di qd.* s.o.). **2** (*tener presente*) to remember, to bear* (*o* keep*) in mind. ▭ (*fam.*) **fammi** ~ let me think; **se** *ben ricordo* if my memory serves me right.
ricordino *m.* small gift.
ricordo *m.* **1** memory, remembrance, (*lett.*) recollection. **2** (*oggetto*) souvenir; (*di persona defunta*) memento; (*di persona assente*) keepsake; (*dono*) small gift, token. **3** (*resto, vestigia*) record, remain. **4** *pl.* (*memorie*) memoirs *pl.*, reminiscences *pl.* ▭ *un* ~ *di* **famiglia** an heirloom; **per** ~ in remembrance (*o* memory); ~ *di* **viaggio** souvenir.
ricorrente **I** *a.* recurrent, recurring. **II** *s.m./f.* (*Dir.*) petitioner, claimant.
ricorrenza *f.* **1** recurrence. **2** (*festività ricorrente*) feast, festivity: ~ *del Natale* (feast of) Christmas; (*anniversario*) anniversary; (*giorno particolare*) day.
ricorrere *v.i.* **1** (*riandare con la mente, con la memoria*) to look back, to remember. **2** (*ri-

volgersi) to have recourse, to go* (*a* to): ~ *al medico* to go to the doctor; (*per consigli, aiuto e sim.*) to turn, to appeal, to apply. **3** (*fare uso, servirsi*) to resort, to have recourse. **4** (*Dir.*) (*fare appello*) to appeal. **5** (*rif. ad anniversari e sim.*) to be; (*cadere*) to fall*. **6** (*ripetersi: di avvenimenti e sim.*) to recur, to occur (*o* happen) again; (*rif. a frasi, discorsi e sim.*) to be found (*o* met with).

ricorso *m.* **1** recourse, resort. **2** (*il ripetersi, ritorno*) recurrence. **3** (*Dir.*) petition, appeal: *presentare un* ~ to file (*o* lodge) a petition. □ ~ *in* **appello** appeal; ~ *in* **cassazione** appeal to the Supreme Court; **fare** ~ *a* (*per aiuto, consigli e sim.*) to appeal (*o* turn) to; (*servirsi, avvalersi*) to resort to; to have recourse to; (*appellarsi*) to appeal to (*anche Dir.*).

ricostituente I *a.* (*Med.*) tonic-: *cura* ~ tonic treatment. **II** *s.m.* tonic; (*fam.*) pick-me-up.

ricostituire *v.t.* **1** to reconstitute, to re-establish, to re-form. **2** (*fig.*) (*rinvigorire*) to restore. **ricostituirsi** *v.i.pron.* to be reconstituted.

ricostituzione *f.* reconstitution.

ricostruire *v.t.* to rebuild*, to reconstruct.

ricostruzione *f.* rebuilding, reconstruction (*anche fig.*).

ricotta *f.* (*Gastr.*) kind of cottage cheese. □ (*fam.*) *avere le mani di* ~ to be butter-fingered.

ricoverare *v.t.* **1** (*in ospedale*) to admit into hospital; (*USA*) to hospitalize; (*in un istituto assistenziale*) to institutionalize. **2** (*dare asilo*) to shelter, to give* shelter to. **ricoverarsi** *v.i.pron.* to take* shelter.

ricoverato *m.* (*in un istituto assistenziale o in una prigione*) inmate; (*in un ospedale*) patient.

ricovero *m.* **1** admission (to hospital), hospitalization. **2** (*rifugio, riparo*) shelter, refuge. **3** (*ospizio*) home, asylum.

ricreare *v.t.* **1** (*creare di nuovo*) to re-create. **2** (*fig.*) (*ristorare*) to restore; (*rasserenare*) to amuse, to entertain. **ricrearsi** *v.r.* to amuse (*o* enjoy) o.s., to take* (*o* find*) recreation.

ricreativo *a.* recreational; (*piacevole*) pleasant.

ricreazione *f.* (*pausa nel lavoro*) break; (*a scuola*) recreation, playtime.

ricredersi *v.i.pron.* to change one's mind: ~ *sul conto di qd.* to change one's mind about s.o.

ricrescere *v.i.* to grow* again.

ricrescita *f.* regrowth, new growth.

ricucire *v.t.* **1** to stitch (*o* sew*) again. **2** (*Chir.*) to stitch.

ricuocere *v.t.* (*Gastr.*) to cook again.

ricuperabile *a.* retrievable; recoverable.

ricuperare *v.t.* **1** to recover, to retrieve: ~ *la refurtiva* to recover the stolen goods. **2** (*fig.*) (*riacquistare*) to recover, to regain: ~ *la libertà* to regain one's liberty. **3** (*fig.*) (*riabilitare*) to rehabilitate. **4** (*riguadagnare*) to make* up for, to recover: ~ *il tempo perduto* to make up for lost time. **5** (*rendere utilizzabile*) to reclaim. **6** (*Mar.*) (*riportare in superficie*) to bring* up. □ ~ *le forze* to recover one's strength.

ricupero *m.* **1** recovery, retrieval; (*rif. a crediti e sim.*) collection. **2** (*il riacquistare*) recovery, regaining. **3** (*rieducazione*) rehabilitation. **4** (*nell'industria: riutilizzo*) reclamation. **5** (*Mar.*) salvage, rescue; (*il riportare alla superficie*) bringing up. □ *materiale di* ~ salvage.

ricurvo *a.* bent, curved, round.

ricusabile *a.* refusable.

ricusare *v.t.* **1** to decline, to refuse: ~ *un onore* to decline an honour. **2** (*Dir.*) to object to: ~ *un giudice* to object to a judge.

ridacchiare *v.i.* to titter, to giggle.

ridare *v.t.* **1** to give* again. **2** (*restituire*) to give* back, to return.

ridda *f.* turmoil, jumble.

ridente *a.* **1** smiling, bright. **2** (*fig.*) (*ameno*) pleasant, charming.

ridere[1] *v.i.* **1** to laugh: *è così buffo che mi fa sempre* ~ he is so funny: he always makes me laugh. **2** (*canzonare, deridere*) to laugh (at), to make* fun (of): *tutti ridono di lui* everyone is making fun of him. □ ~ *a* **crepapelle** to roar (*o* split one's sides) with laughter; ~ *di* **cuore** to laugh heartily; **da** ~ funny, comic(al): *un film da* ~ a comic film; ~ **dietro** *a qd.* to laugh at s.o.; ~ *in* **faccia** *a qd.* to laugh in s.o.'s face; **far** ~ to be funny; (*essere ridicolo*) to be ridiculous (*o* absurd); *ma non* **farmi** ~*!* don't make me laugh!; *si* **faceva** *per* ~ it was only for a laugh (*o* laughs); *c'è* **poco** *da* ~ it's no laughing matter; *mi* **viene** *da* ~ I can't help laughing.

ridere[2] *m.* laughter, laughing. □ (*pop.*) *c'è da crepare dal* ~ it's howlingly funny.

ridestare *v.t.*, **ridestarsi** *v.i.pron.* to wake* up again.

ridicolaggine *f.* **1** ridiculousness. **2** (*cosa, detto*) absurdity, nonsense.

ridicolizzare *v.t.* to ridicule.

ridicolo I *a.* **1** ridiculous, absurd: *rendersi* ~ to make o.s. ridiculous, to make a fool of o.s. **2** (*meschino, insignificante*) paltry, meagre: *compenso* ~ meagre pay. **II** *s.m.* ridicule. □ **cadere** *nel* ~ to become ridiculous; **gettare** *il* ~ *su qd.* to ridicule s.o.

ridimensionamento *m.* **1** reorganization. **2** (*riduzione*) reduction, retrenchment: ~ *del personale* staff retrenchment. □ ~ *delle spese* curtailment of expenses.

ridimensionare *v.t.* **1** (*riorganizzare*) to reorganize. **2** (*ridurre*) to reduce, to retrench; (*rif. a spese*) to curtail.

ridire *v.t.* **1** to repeat, to tell* (*o* say*) again. **2** (*riferire*) to tell*, to repeat. **3** (*criticare*) to object to, to find* fault with: *trova sempre qualcosa da* ~ he always finds fault.

ridiscendere *v.t./i.* to go* (*o* come*) down again.

ridistribuire *v.t.* to redistribute.
ridistribuzione *f.* redistribution.
ridondante *a.* redundant.
ridondanza *f.* redundance, redundancy.
ridosso *m.*: *a ~ di* (*riparato da*) sheltered (*o* protected) by, in the lee (*o* shelter) of; (*vicino a*) close to (*o* by).
ridotta *f.* (*Mil.*) redoubt.
ridotto I *a.* reduced, small(er): *su scala ridotta* on a smaller scale. **II** *s.m.* (*Teat.*) foyer. □ (*iron.*) *siamo ridotti proprio* **bene***!* we're in a bit of a fix (*o* nice mess)!; **edizione** *ridotta* abridged edition; **guarda** *come sei ~!* just look at the state you're in!; **mal** *~* (*rif. a persone*) in a bad way, in a sorry plight; (*rif. a cose*) in a bad state.
ridurre *v.t.* **1** to reduce, to cut* down (*qc.* on s.th.), to curtail: *~ del dieci per cento* to reduce by ten per cent; *~ le spese* to cut down on expenses. **2** (*far diventare più corto*) to shorten; (*rif. a opere letterarie*) to abridge. **3** (*adattare*) to adapt: *~ una commedia per la televisione* to adapt a play for television. **4** (*convertire*) to transform, to turn into: *~ un convento in un ospedale* to convert a convent into a hospital. **5** (*mettere in condizioni peggiori*) to reduce, to bring*: *~ un popolo in schiavitù* to reduce a people to slavery. **6** (*Mat., Chim., Chir.*) to reduce. **ridursi** *v.i.pron.* **1** (*diventare*) to be reduced: *ridursi pelle e ossa* to be reduced to skin and bone. **2** (*fig.*) (*abbassarsi*) to lower o.s., to reduce o.s. **3** (*diminuire*) to be reduced, to shrink*, to dwindle. **4** (*limitarsi*) to be confined (*o* limited), to consist merely (of). □ *ridursi sul* **lastrico** to be reduced to poverty; *~ a mal* **partito** to reduce to a sorry plight (*o* state); *ridursi a mal* **partito** to be in a bad way; *~ in* **polvere** to reduce to dust, to pulverize; *~ alla* **rovina** to bring to ruin; *~ qd. al* **silenzio** to reduce s.o. to silence, to silence s.o.
riduttore *m.* **1** reducer; (*di romanzi e sim.*) adapter. **2** (*Mecc.*) reducer.
riduzione *f.* **1** reduction, cutting (down). **2** (*raccorciamento*) shortening: *~ dell'orario di lavoro* shortening of working hours; (*rif. a opera letteraria*) abridgement. **3** (*sconto*) reduction, discount: *concedere una ~ del dieci per cento* to give a ten percent discount. **4** (*adattamento, opera adattata*) adaptation. **5** (*tecn., Med.*) reduction.
riecco *avv.* (*ecco di nuovo*): *rieccoci* here we are again.
riecheggiare *v.t./i.* to re-echo, to resound.
riedificare *v.t.* to rebuild*, to reconstruct, to build* again.
riedificazione *f.* rebuilding, reconstruction.
riedizione *f.* new edition.
rieducare *v.t.* to re-educate.
rieducazione *f.* re-education. □ *casa di ~* reformatory.
rieleggere *v.t.* to re-elect.
riempimento *m.* filling.
riempire *v.t.* **1** to fill (up) (*anche fig.*): *~ una valigia* to fill a suitcase. **2** (*compilare*) to fill in: *~ un formulario* to fill in a form. **3** (*imbottire*) to stuff, to cram. **riempirsi** *v.r.* (*fam.*) to stuff (*o* cram) o.s. (with). □ *riempirsi lo stomaco* to eat one's fill.
riempitivo I *a.* filling. **II** *s.m.* **1** filler, filling. **2** (*fig.*) filler, stopgap, make-weight.
rientrante *a.* receding; (*incavato*) hollow.
rientranza *f.* indentation; recess.
rientrare *v.i.* **1** to reenter, to enter again, to go* back in; (*tornare*) to come* (*o* go*) back. **2** (*assol.*) (*rincasare*) to come* (*o* go*) home. **3** (*presentare concavità*) to recede, to be indented. **4** (*essere compreso*) to form (*o* be) part (*in* of), to be included (among), to fall* (within): *il caso non rientra nelle mie competenze* the case does not fall within my province.
rientro *m.* (*ritorno*) return; (*ritorno a casa, in patria*) coming (*o* going) home, homecoming.
riepilogare *v.t.* to summarize, to recapitulate (*fam.*) to recap.
riepilogo *m.* summary, recapitulation, (*fam.*) recap.
riesame *m.* re-examination.
riesaminare *v.t.* to re-examine; (*rivedere*) to reconsider.
riessere *v.i.*: *ci risiamo!* here we go again!
riesumare *v.t.* **1** to disinter, to exhume. **2** (*fig.*) (*riportare alla luce*) to unearth, to bring* to light, to revive.
rievocare *v.t.* **1** (*richiamare alla memoria*) to recall, to remember, to call to mind. **2** (*commemorare*) to commemorate.
rievocazione *f.* **1** recalling. **2** (*commemorazione*) commemoration.
rifacimento *m.* **1** remaking. **2** (*ricostruzione*) rebuilding, reconstruction. **3** (*rif. a opera letteraria*) rewrite, rewriting; (*Cin.*) remake.
rifare *v.t.* **1** to remake*, to make* (*o* do*) again, to do* over. **2** (*ricostruire*) to rebuild*, to reconstruct. **3** (*ripetere*) to repeat, to make* (*o* do*) again; (*ripercorrere*) to retrace. **4** (*imitare*) to imitate; (*contraffare*) to forge: *~ la firma di qd.* to forge s.o.'s signature. **rifarsi** *v.i.pron.* **1** (*diventare di nuovo*) to become* (*o* grow* *o* get*) again. **2** (*rimettersi in salute*) to recuperate, to recover. **3** (*prendersi la rivincita*) to make* up for: *rifarsi di una perdita* to make up for a loss; (*vendicarsi*) to revenge o.s., to get* even. **4** (*fig.*) (*riacquistare*) to regain: *rifarsi un buon nome* to regain a good name; (*riguadagnare*) to make* up. **5** (*risalire*) to go* back. □ *~ qc. da* **capo** *a fondo* to do s.th. over again from top to bottom; *rifarsi una* **famiglia** to set up a household again; *~ il* **letto** to make the bed; *~ (la)* **pace** *con qd.* to make it up with s.o.
rifatto *a.* remade, redone. □ *villano ~* upstart.
riferibile *a.* repeatable, fit to be told.

riferimento *m.* **1** reference (*a* to): *in ~ alla Vostra lettera* with reference to your letter. **2** (*fig.*) (*punto di riferimento*) point of reference.

riferire **I** *v.t.* **1** (*comunicare*) to report, to recount, to tell*. **2** (*mettere in relazione*) to relate; to ascribe: *~ un effetto a una causa* to relate cause and effect. **II** *v.i.* (*fare una relazione*) to report, to make* a report. **riferirsi** *v.i.pron.* **1** to refer (*a* to): *mi riferisco alla tua lettera* I'm referring to your letter. **2** (*concernere*) to concern, to be related, to apply (*a* to).

rifilare *v.t.* **1** (*tagliare a filo*) to trim, to edge. **2** (*fam.*) (*affibbiare*) to palm off: *mi hanno rifilato un biglietto da mille lire falso* they palmed off a counterfeit thousand-lire note on me. **3** (*fam.*) (*dare, allungare*) to deal*, to give*, to deliver: *~ un calcio a qd.* to give s.o. a kick.

rifinire *v.t.* to finish (off), to put* the finishing (*o* last) touch to.

rifinito *a.* finished (off), polished.

rifinitura *f.* **1** finishing-off. **2** *pl.* finishings *pl.*

rifiorire *v.i.* **1** to flower (*o* bloom) again; (*rif. ad alberi da frutto*) to blossom again. **2** (*fig.*) to flourish (*o* thrive*) again, to reflourish.

rifioritura *f.* second flowering (*o* blooming).

rifiutare *v.t.* **1** (*non accettare*) to refuse, to decline, to reject, to turn down. **2** (*non voler concedere*) to refuse, to deny, to withold*. **rifiutarsi** *v.i.pron.* to refuse.

rifiuto *m.* **1** refusal. **2** (*scarto*) waste, refuse. **3** *pl.* (*immondizie*) rubbish, garbage. □ **di** ~ (*di scarto*) waste-, reject(ed); (*fig.*) *rifiuti della* **società** dregs of society.

riflessione *f.* **1** reflection (*anche Fis.*). **2** (*fig.*) reflection, meditation, thought. **3** (*osservazione*) comment.

riflessivo *a.* **1** reflective, thoughtful, pensive. **2** (*Gramm.*) reflexive.

riflesso[1] *m.* **1** reflection. **2** (*Fisiologia*) reflex. □ *di* (o *per*) ~ indirectly.

riflesso[2] *a.* reflected.

riflettere **I** *v.t.* **1** (*rif. a luce, suoni e sim.*) to reflect, to mirror. **2** (*fig.*) (*manifestare esteriormente*) to reflect, to depict, to portray. **II** *v.i.* to reflect (*su* on), to think* (over, about): *ci hai riflettuto bene?* have you really thought about it? **riflettersi** *v.r.* **1** (*rispecchiarsi*) to be reflected. **2** (*fig.*) (*ripercuotersi*) to be reflected (*su* in), to affect (s.th.). **3** (*fig.*) (*manifestarsi esteriormente*) to show*, to shine*. □ *riflettendoci* **su** on reflection; **dopo** *avere ben riflettuto* after careful consideration; **senza** ~ without thinking.

riflettore *s.m.* **1** reflector. **2** (*proiettore*) floodlight, searchlight. □ *essere illuminato dai riflettori* to be floodlit.

rifluire *v.i.* **1** to flow again. **2** (*scorrere indietro*) to flow back, to reflow.

riflusso *m.* **1** reflux, flowing back. **2** (*Geog.*) (*bassa marea*) ebb tide, low tide. **3** (*fig* flow; return. □ (*fig.*) *il flusso e il ~ delle mode* the ebb and flow of fashions.

rifocillare *v.t.* to refresh, to feed*. **rifocillarsi** *v.r.* to refresh o.s., to take* some refreshment.

rifondere *v.t.* **1** to recast*. **2** (*fig.*) (*rimborsare, risarcire*) to refund, to reimburse.

riforma *f.* **1** reform, reformation. **2** (*Mil.*) exoneration from military service. **Riforma** *f.* (*Stor.*) Reformation. □ *~ agraria* land reform.

riformare *v.t.* **1** (*sottoporre a riforma*) to reform; (*migliorare*) to amend. **2** (*Mil.*) to reject (for military service). **riformarsi** *v.i.pron.* to form again, to re-form.

riformato **I** *a.* **1** reformed. **2** (*Mil.*) rejected. **II** *s.m.* **1** (*Mil.*) reject. **2** (*Rel.*) Protestant.

riformatore **I** *s.m.* reformer. **II** *a.* reforming.

riformatorio *m.* reformatory; approved school; Borstal.

rifornimento *m.* **1** (*il rifornire*) provisioning, supplying; (*il rifornirsi*) stocking up. **2** *pl.* (*provviste*) supplies *pl.*, provisions *pl.*, stocks *pl.* (*anche Mil.*). □ ~ *d'***acqua** water-supply; ~ *di* **carbone** coal supply: *fare ~ di carbone* to coal; (*Aut.*) ~ *di* **combustibile** fuelling; (*Aut.*) **stazione** *di* ~ petrol station, filling station; ~ *di* **viveri** food supplies (*o* provisions) *pl.*

rifornire *v.t.* (*provvedere*) to supply, to provide, to furnish. **rifornirsi** *v.r.* to provide o.s. (*di* with), to get* supplies (of), to stock up (*di* on, with).

rifornitore *m.* **1** provider, supplier. **2** (*Aer.*) air tanker.

rifrangere *v.t.* to refract. **rifrangersi** *v.i.pron.* to be refracted.

rifrazione *f.* (*Fis.*) refraction.

rifriggere **I** *v.t.* **1** to fry (up) again. **2** (*fig.*) to repeat (over and over), to harp on. **II** *v.i.* (*friggere a lungo*) to overfry.

rifritto *a.* **1** fried (up) again, refried. **2** (*fig.*) (*risaputo*) repeated over and over again. □ (*fig.*) *cose fritte e rifritte* the same old stuff.

rifuggire *v.i.* (*fig.*) (*respingere*) to shrink* (away) (*da* from), to shun (s.th.): *~ da ogni compromesso* to shun all half-measures.

rifugiarsi *v.i.pron.* **1** to take* shelter, to seek* (*o* take*) refuge. **2** (*fig.*) (*cercare conforto*) to take* refuge, to seek* consolation (*in* in), to turn (to).

rifugiato *m.* refugee: *~ politico* political refugee.

rifugio *m.* **1** (*riparo, difesa*) refuge, shelter (*anche fig.*): *dare ~ a qd.* to give s.o. shelter, to shelter s.o. **2** (*luogo*) (place of) refuge, retreat, shelter; (*nascondiglio*) hideout. □ ~ **alpino** mountain (*o* alpine) hut; (*Mil.*) ~ **antiaereo** air-raid shelter.

rifulgere *v.i.* to shine*, to glow (*di* with) (*anche fig.*).

rifusione *f.* **1** recasting. **2** (*fig.*) (*rimborso*) reimbursement, repayment.

riga *f.* **1** line: *tracciare una ~* to draw a line. **2** (*linea di scrittura*) line. **3** (*serie, fila*) line, row. **4** (*righello*) ruler. **5** (*scriminatura*) part(ing). **6** (*striscia*) stripe. **7** (*Mil.*) rank, line: *rompere le* ~ to break lines. □ **a** *righe* (*a strisce*) striped, with stripes; **mettersi** *in* ~ to line up, to get into line.

rigaglie *f.pl.* (*macelleria*) giblets.

rigagnolo *m.* (*ruscelletto*) rivulet, brooklet; (*nelle strade*) gutter.

rigare *v.t.* **1** (*scalfire*) to score, to scratch, to furrow. **2** (*tracciare linee*) to rule. **3** (*fig.*) (*solcare con rivoli*) to stream down, to flow. □ ~ *diritto* to toe the line.

rigato *a.* **1** (*a linee*) lined, ruled: *carta rigata* ruled paper; (*a strisce*) striped. **2** (*scalfito*) scratched, scored.

rigattiere *m.* junk (*o* second-hand) dealer.

rigatura *f.* ruling, lining; (*linee*) lines *pl.*

rigenerare *v.t.* **1** (*Biol.*) to regenerate (*anche fig.*). **2** (*Industria*) to regenerate; (*rif. alla gomma*) to reclaim; (*rif. a pneumatici*) to retread, to recap; (*rif. a metalli*) to restore. **rigenerarsi** *v.i.pron.* **1** (*Biol.*) to regenerate. **2** (*fig.*) to be reborn, to be regenerated.

rigenerato *a.* **1** (*Biol.*) regenerated. **2** (*fig.*) regenerate(d), reborn. **3** (*Industria*) regenerate; (*rif. alla gomma*) reclaimed; (*rif. a pneumatici*) retreaded; (*rif. a metalli*) restored.

rigenerazione *f.* **1** regeneration. **2** (*fig.*) (*rinascita*) regeneration, rebirth. **3** (*Industria*) regeneration.

rigettare *v.t.* **1** (*gettare di nuovo*) to throw* (*o* fling*) again; (*gettare indietro*) to throw* (*o* hurl) back. **2** (*rif. all'acqua: gettare sulla riva*) to wash (*o* cast*) up. **3** (*fig.*) (*respingere*) to reject, to turn down. **4** (*fam.*) (*vomitare*) to vomit, to bring* (*o* throw*) up. **5** (*Biol., Med.*) to reject. **rigettarsi** *v.r.* to throw* (*o* fling*) o.s. again.

rigetto *m.* **1** (*non accettazione*) rejection, turning down. **2** (*Biol., Med.*) rejection.

righello *m.* rule, ruler.

rigidezza, **rigidità** *f.* **1** rigidity, stiffness. **2** (*fig.*) (*rif. al clima*) rigours *pl.* **3** (*fig.*) (*severità*) strictness.

rigido *a.* **1** rigid, stiff. **2** (*rif. a condizioni atmosferiche*) harsh, severe. **3** (*fig.*) (*severo*) rigorous, strict.

rigirare I *v.t.* **1** to turn (round) again, to give* another turn to. **2** (*fig.*) (*raggirare*) to get* round. **3** (*fig.*) (*volgere a proprio vantaggio*) to twist. **4** (*circondare*) to surround. **II** *v.i.* (*andare in giro*) to walk about. **rigirarsi** *v.r.* (*girare su se stesso*) to turn over; (*di continuo*) to toss and turn; (*completamente*) to turn around. □ (*fig.*) **gira** *e rigira* whichever way one looks at it; ~ *qd. come si* **vuole** to twist s.o. round one's little finger.

rigiro *m.* **1** turn(ing). **2** *pl.* (*fig.*) (*discorso tortuoso*) circumlocutions.

rigo *m.* line. □ ~ *musicale* stave.

rigoglioso *a.* **1** luxuriant. **2** (*fig.*) blooming, exuberant.

rigonfiamento *m.* **1** blowing up; (*il rigonfiarsi*) swelling. **2** (*parte rigonfia*) bulge, swelling.

rigonfiare I *v.t.* to reinflate, to blow* up again. **II** *v.i.*. **rigonfiarsi** *v.i.pron.* to swell* (up) again.

rigonfio *a.* **1** swollen, inflated. **2** (*fig.*) swollen (*o* puffed) up, bursting, filled (*di* with).

rigore *m.* **1** rigours *pl.*: *il* ~ *dell'inverno artico* the rigours of Arctic winter. **2** (*fig.*) (*severità*) rigour, severity, strictness. **3** (*Sport*) penalty (kick). □ **a** (*stretto*) ~ strictly speaking; **di** ~ de rigueur, compulsory; *a rigor di* **logica** strictly speaking; *a rigor di* **termini** in the strict sense of the term.

rigorosità *f.* **1** (*severità*) rigorousness, rigour, strictness. **2** (*precisione*) accuracy.

rigoroso *a.* rigorous, severe, strict.

rigovernare *v.t.* **1** to wash (up). **2** (*rif. ad animali*) to groom, to take* care of, to look after.

rigovernatura *f.* **1** washing-up. **2** (*rif. ad acqua*) dishwater.

riguadagnare *v.t.* to recover, to win* (*o* get*) back, to regain.

riguardante *a.* regarding, concerning.

riguardare *v.t.* **1** to look at again. **2** (*controllare*) to look over, to check. **3** (*concernere*) to concern, to regard, to be related to. **riguardarsi** *v.r.* (*avere cura di sé*) to take* care of o.s., to look after o.s. □ *per quel che mi riguarda* as far as I'm concerned, as for me.

riguardo *m.* **1** regard; (*cura*) care: *avere* ~ *di sé* to take care of o.s. **2** (*considerazione*) consideration, respect, regard: *mancanza di* ~ lack of respect. **3** (*relazione, rapporto*) connection, relation, regard. □ **a** *questo* (o *tale*) ~ on this matter; ~ **alla** *Vostra proposta* with regard to your offer; **di** ~ distinguished; *con il* **dovuto** ~ with due respect; **nei** *riguardi di (nei confronti di*) as regards, with regard to, towards; (*contro*) against: *prendere provvedimenti nei riguardi di qd.* to take steps against s.o.; **per** ~ *a qd.* out of consideration for s.o.; **pieno** *di* ~ considerate; **senza** ~ (*irriguardoso*) inconsiderate, regardless; (*non rispettoso*) disrespectful, rude; **senza** *riguardi* (*senza far complimenti*) without standing on ceremony; (*con franchezza*) blunty.

riguardoso *a.* (*rispettoso*) respectful (to).

rigurgitare I *v.i.* **1** to pour (*o* gush *o* flow) out. **2** (*fig.*) (*traboccare*) to overflow, to swarm (*di* with). **II** *v.t.* to regurgitate.

rilanciare *v.t.* **1** (*lanciare di nuovo*) to throw* (*o* hurl) again. **2** (*lanciare di ritorno*) to throw* (*o* hurl) back: ~ *la palla* to throw the ball back. **3** (*fig.*) to relaunch. **4** (*nelle aste, nel poker*) to raise.

rilancio *m.* **1** throwing (*o* hurling) again; (*il lanciare di ritorno*) throwing back. **2** (*fig.*) relaunching.

rilasciare *v.t.* **1** (*lasciare di nuovo*) to leave* again. **2** (*rimettere in libertà*) to release, to set* free (*o* at liberty). **3** (*burocr.*) to issue, to give*: ~ *una ricevuta* to issue a receipt;

~ *un permesso a qd.* to give s.o. a permit. **4** (*fig.*) (*allentare*) to relax, to loosen, to slacken. **rilasciarsi** *v.i.pron.* (*rilassarsi*) to relax.

rilascio *m.* **1** (*liberazione, scarcerazione*) release. **2** (*burocr.*) (*consegna*) issue; (*concessione*) grant(ing).

rilassamento *m.* **1** relaxing. **2** (*Med.*) relaxation.

rilassare *v.t.* to relax: ~ *i muscoli* to relax one's muscles. **rilassarsi** *v.r.* **1** (*distendersi*) to relax. **2** (*fig.*) (*infiacchirsi*) to become* loose (*o* slack *o* relaxed).

rilassatezza *f.* laxity, looseness.

rilegare *v.t.* (*Legatoria*) to bind*.

rilegato *a.* (*Legatoria*) bound.

rilegatore *m.* (book)binder.

rilegatura *f.* **1** (*il rilegare*) (book)binding. **2** (*concr.*) binding. □ ~ *in pelle* leather binding.

rileggere *v.t.* to read* again.

rilento: *a* ~ slowly.

rilevamento *m.* **1** (*Topografia, Statistica*) survey. **2** (*assunzione di una gestione*) taking over.

rilevante *a.* **1** (*notevole*) considerable, remarkable; (*sorprendente*) striking. **2** (*importante*) important, of consequence.

rilevare I *v.t.* **1** (*mettere in evidenza*) to point out: *far* ~ *qc. a qd.* to point s.th. out to s.o.; (*notare*) to notice. **2** (*raccogliere dati*) to gather, to collect. **3** (*Comm.*) (*subentrare in un contratto*) to take* over: ~ *un negozio* to take over a shop. **4** (*dare il cambio*) to relieve: ~ *una sentinella* to relieve a guard. **5** (*Topografia*) to survey. **II** *v.i.* (*prendere rilievo*) to stand* out.

rilevato *a.* **1** (*sporgente*) prominent, projecting. **2** (*che si staglia*) in relief.

rilievo *m.* **1** relief; (*ciò che è in rilievo*) rise, height. **2** (*fig.*) (*risalto*) importance, emphasis. **3** (*Topografia*) survey. **4** (*osservazione*) remark. **5** (*Geog.*) elevation. □ **alto** ~ high relief; **basso** ~ bas-relief, low relief; **dar** ~ *a qc.* (*fig.*) to give importance to s.th.; (*fig.*) **di** ~ important; (*rif. a persona*) prominent, outstanding; **in** ~ raised; (*fig.*) **mettere** *in* ~ to stress, to emphasize.

rilucente *a.* glittering, twinkling, shining.

riluttante *a.* reluctant.

riluttanza *f.* reluctance.

rima *f.* **1** (*Metrica*) rhyme. **2** *pl.* (*estens.*) (*versi*) rhymes *pl.* rhymed verses *pl.* (*o* poetry). □ ~ **baciata** rhymed couplets; **far** ~ *con qc.* to rhyme with s.th.; (*fig.*) **rispondere** *per le rime a qd.* to give s.o. tit for tat.

rimandare *v.t.* **1** to send* again. **2** (*mandare indietro*) to send* back, to return. **3** (*differire*) to postpone, to put* off, to defer; (*rif. a sedute e sim.*) to adjourn. **4** (*fare riferimento*) to refer. □ (*Scol.*) *essere rimandato* to have to repeat the exams.

rimando *m.* **1** return. **2** (*raro*) (*dilazione*) deferment, postponement. **3** (*riferimento*) reference. **4** (*concr.*) (*segno*) cross-reference; (*numero*) reference number. □ *di* ~ in retort: *e lui di* ~ and he retorted.

rimaneggiamento *m.* **1** (*rielaborazione*) recast(ing). **2** (*riordinamento*) rearrangement, reshuffle.

rimaneggiare *v.t.* **1** to work (*o* go*) over, to rehash. **2** (*rimpastare*) to reshuffle, to rearrange.

rimanente I *a.* remaining. **II** *s.m.* **1** rest, remainder, residue. **2** *pl.*, (*rif. a persone*) (all) the others.

rimanenza *f.* **1** rest, remainder, leftover, remnant. **2** *pl.* (*Comm.*) (*giacenze*) unsold (*o* leftover) stock.

rimanere *v.i.* **1** (*restare*) to stay*, to remain: ~ *a letto* to stay in bed. **2** (*permanere in uno stato*) to remain, to keep*, to be: *questo cinema rimarrà chiuso nel periodo estivo* this cinema will be closed during the summer. **3** (*avanzare*) to have left (costr. pers.), to be left (over), to remain; (*rif. a tempo*) to be more (*o* longer) (costr. impers.): *mi rimangono solo poche copie del mio libro* I have only a few copies left of my book; *rimangono pochi giorni a Pasqua* it's only a few more days to Easter. **4** (*rif. a letture, lezioni e sim.*) to leave* off: *riprendiamo la lettura da dove siamo rimasti l'ultima volta* we'll begin reading from where we left off last time. **5** (*restare meravigliato*) to be (left) astounded, to be amazed (*o* surprised): *posso immaginare come ci è rimasto* I can imagine how surprised he was. □ ~ *d'***accordo** to agree; ~ *in* **carica** to stay in office; ~ *in* **dubbio** to continue to doubt; ~ **ferito** to be wounded; ~ **indietro** to be left behind; ~ (o *rimanerci*) **male** to be disappointed; *non mi rimane altra* **scelta** I have no other choice; ~ **solo** to be left alone; ~ **sorpreso** to be very surprised; (*fig.*) ~ *al* **verde** to be broke.

rimangiare *v.t.* to eat* again. **rimangiarsi** *v.r.* (*pop.*) (*non mantenere*) to take* back, to go* back on: *rimangiarsi la parola data* to take back one's word.

rimarcare *v.t.* (*notare*) to remark, to observe; (*mettere in evidenza*) to point out.

rimarchevole *a.* remarkable.

rimare *v.t./i.* to rhyme.

rimarginare I *v.t.* to heal. **II** *v.i.*, **rimarginarsi** *v.i.pron.* to heal (up).

rimasuglio *m.* **1** remainder, residue. **2** *pl.* (*rif. a cibo*) remains *pl.*, leftovers *pl.*

rimbalzare *v.i.* **1** to rebound, to bounce (off); (*rif. a proiettili*) to ricochet. **2** (*fig.*) to spread*, to be passed on.

rimbalzo *m.* rebound(ing), bounce. □ *di* ~ on the rebound; (*fig.*) (*indirettamente*) indirectly.

rimbambimento *m.* senility.

rimbambire *v.i.*, **rimbambirsi** *v.i.pron.* to grow* senile.

rimbambito I *a.* **1** senile; in one's dotage. **2**

(*fig.*) groggy. **II** *s.m.* senile person.

rimbeccare *v.t.* (*ribattere*) to answer back sharply.

rimbecillire I *v.t.* **1** to make* stupid (*o* imbecile). **2** (*estens.*) (*stordire*) to stun. **II** *v.i.*, **rimbecillirsi** *v.i.pron.* to become* (*o* grow*) stupid.

rimbecillito *a.* stupid, imbecile.

rimboccare *v.t.* (*rif. a coperte e sim.*) to tuck in; (*rif. a maniche, a pantaloni*) to roll (*o* turn) up. □ (*fig.*) *rimboccarsi le maniche* to roll up one's sleeves.

rimbombante *a.* **1** resounding, thundering, booming. **2** (*fig.*) bombastic.

rimbombare *v.i.* to resound, to thunder; (*rif. ad acqua e sim.*) to roar, to thunder.

rimbombo *m.* thunder(ing), boom(ing), roar.

rimborsabile *a.* repayable, refundable.

rimborsare *v.t.* to reimburse, to refund, to repay*, to pay* back.

rimborso *m.* refund, reimbursement, repayment.

rimboschimento *m.* re(af)forestation.

rimbrotto *m.* (harsh) rebuke.

rimediabile *a.* remediable.

rimediare I *v.i.* to remedy, to find* a remedy (for), to make* up (for). **II** *v.t.* (*fam.*) (*procurarsi, mettere insieme*) to scrape (*o* get*) together. □ ~ *un raffreddore* to catch a cold.

rimedio *m.* **1** (*farmaco*) remedy. **2** (*estens.*) (*ripiego*) remedy, way out, cure. □ ~ **empirico** empirical remedy; **senza** ~ (*agg.*) irremediable, incurable; (*avv.*) irremediably, incurably.

rimembranza *f.* (*lett.*) remembrance. □ *parco delle rimembranze* memorial park.

rimescolamento *m.* **1** (*il mescolare di nuovo*) mixing (up) again. **2** (*il mescolare bene*) mixing up; (*rif. a carte*) shuffling. **3** (*fig.*) (*turbamento*) confusion, bewilderment.

rimescolare *v.t.* **1** (*mescolare di nuovo*) to mix (*o* blend) again. **2** (*mescolare più volte*) to mix (*o* blend) well; (*rimestare*) to stir well; (*rif. a carte da gioco*) to shuffle. **3** (*assol.*) to seethe: *mi sento ~ dallo sdegno* I'm seething with outrage. **4** (*fig.*) (*rivangare*) to rake up, to revive. **rimescolarsi** *v.i. pron.* (*turbarsi*) to be upset (*o* shocked). □ *sentirsi ~ il sangue* (*per paura*) to feel one's blood run cold (*o* curdle); (*per sdegno*) to feel one's blood boil.

rimescolata *f.* (quick) stir, mix; (*rif. a carte da gioco*) shuffle.

rimescolio *m.* **1** stir(ring), mixing. **2** (*fig.*) (*turbamento*) confusion.

rimessa *f.* **1** (*per tram e sim.*) depot, garage; (*per carrozze*) coach-house, carriage-house; (*per automobili*) garage; (*per aeroplani*) hangar. **2** (*Comm.*) (*invio: rif. a merce*) consignment, shipment; (*rif. a denaro*) remittance. **3** (*Sport*) return; (*nel calcio: rimessa in gioco*) throw-in.

rimesso *a.* **1** replaced. **2** (*condonato*) remitted, forgiven: *peccato* ~ remitted sin.

rimestare *v.t.* **1** to stir again. **2** (*fig.*) (*frugare*) to rake (*o* stir) up. **3** (*assol.*) to search, to stir up.

rimestio *m.* continuous stirring.

rimettere *v.t.* **1** to replace, to put* back. **2** (*indossare di nuovo*) to put* on again (*o* back on). **3** (*affidare*) to refer, to remit, to submit: ~ *una decisione a qd.* to refer a decision to s.o. **4** (*condonare*) to remit, to forgive*, to pardon. **5** (*Comm.*) (*spedire: rif. a merci*) to ship, to send*, to dispatch; (*rif. a denaro*) to remit. **6** (*vomitare*) to vomit, to bring* up, to throw* up. **7** (*Sport*) to throw* in. **rimettersi** *v.i.pron.* **1** to set* to again, to start again: *rimettersi al lavoro* to set to work again. **2** (*riaversi*) to recover (*da* from), to get* over. **3** (*assol.*) (*rif. alla salute*) to recover. **4** (*rif. al tempo*) to clear up. **5** (*affidarsi*) to trust (*a* in), to put* o.s. in the hands (of). □ *rimettersi al* **bello** to clear up; ~ *in* **discussione** to bring up again; *rimettersi in* **forze** to get back one's strength; (*fig.*) *rimetterci la* **pelle** to lose one's life; ~ *a* **posto** to put back in its place. ‖ (*fam.*) *rimetterci* to lose (by s.th.).

rimirare *v.t.* to gaze (*o* look *o* stare) at, to contemplate. **rimirarsi** *v.r.* to gaze (*o* look *o* stare) at o.s.; (*ammirarsi*) to admire o.s.

rimodernamento *m.* modernizing, modernization.

rimodernare *v.t.* to modernize, to renovate; (*rif. a vestiti*) to remodel. **rimodernarsi** *v.i. pron.* to become* modernized.

rimodernatura *f.* modernization; (*rif. a vestiti*) remodelling.

rimontare I *v.t.* **1** (*rimettere insieme*) to reassemble. **2** (*risalire il corso di un fiume*) to sail up. **3** (*Sport*) (*annullare uno svantaggio*) to recover; (*rif. a concorrenti*) to catch* up with. **II** *v.i.* (*risalire*) to climb up again, to remount (s.th.); (*in un veicolo chiuso*) to get* in again (*in qc.* s.th.). □ ~ *la corrente* to go upstream.

rimorchiare *v.t.* **1** to tow. **2** (*fam.*) to pick up. □ (*fig.*) *farsi* ~ to let o.s. be led.

rimorchiatore *m.* (*Mar.*) tug(boat), towboat.

rimorchio *m.* **1** tow, towing. **2** (*concr.*) trailer. □ ~ *per* **autocarro** truck trailer; **cavo** *da* ~ tow-rope; **prendere** *a* ~ to take in tow.

rimordere *v.t.* **1** to bite* again. **2** (*fig.*) to prick: *gli rimorde la coscienza* his conscience pricks him.

rimorso *m.* remorse. □ ~ *di* **coscienza** pangs *pl.* of conscience; *essere* **preso** *dai rimorsi* to be conscience-stricken.

rimostranza *f.* remonstrance, expostulation, protest, complaint. □ *fare le proprie rimostranze a qd.* to expostulate with s.o., to remonstrate with s.o.

rimostrare *v.t.* **1** to show* again. **2** (*assol.*) to remonstrate, to expostulate, to protest, to complain.

rimozione *f.* **1** removal. **2** (*destituzione*) dismissal, removal. **3** (*Psic.*) repression.

rimpastare *v.t.* **1** to knead again. **2** (*fig.*) (*rimaneggiare*) to reshuffle: ~ *il governo* to reshuffle the Cabinet.

rimpasto *m.* **1** (*cosa impastata*) mixture. **2** (*fig.*) (*rimaneggiamento*) rearrangement, reshuffle.

rimpatriare I *v.i.* to return to one's homeland. **II** *v.t.* to send* back home, to repatriate.

rimpatriato *m.* repatriate; (*rif. a emigranti*) returning emigrant.

rimpatrio *m.* repatriation.

rimpiangere *v.t.* to regret.

rimpianto *m.* regret.

rimpiattino *m.* hide-and-seek: *giocare a* ~ to play hide-and-seek.

rimpiazzare *v.t.* **1** to replace, to substitute. **2** (*fare le veci*) to take* the place of, to replace.

rimpiazzo *m.* **1** replacement, substitution. **2** (*sostituto*) substitute.

rimpiccolimento *m.* decrease, diminishing.

rimpiccolire I *v.t.* **1** to make* smaller. **2** (*fig.*) to belittle. **II** *v.i.* to become* (*o* get*) smaller.

rimpinguare *v.t.* to fatten (up).

rimpinzare *v.t.* to stuff, to cram, to fill (up). **rimpinzarsi** *v.r.* to stuff (*o* cram) o.s., to fill o.s. (up), to gorge (*anche fig.*).

rimpolpare *v.t.* **1** to fatten (up). **2** (*fig.*) (*ampliare*) to pad out, to lenghten. **rimpolparsi** *v.i.pron.* to get* plumper, to put* on weight.

rimproverare *v.t.* to reproach, to scold, to rebuke. **rimproverarsi** *v.r.* to reproach o.s. with: *non ho nulla da rimproverarmi* I have nothing to reproach myself with.

rimprovero *m.* reproach, scolding, rebuke, reprimand.

rimuginare I *v.t.* to brood (about, over), to ruminate (over), to ponder. **II** *v.i.* to ponder (on, upon), to ruminate (*su* over).

rimunerare *v.t.* to reward, to recompense, to remunerate.

rimunerativo *a.* well-paid, remunerative.

rimunerazione *f.* reward, recompense, remuneration.

rimuovere *v.t.* **1** (*sgomberare*) to remove, to clear (away). **2** (*allontanare: rif. a persone*) to send* (*o* take*) away, to remove. **3** (*destituire*) to dismiss, to remove (from office).

rinascere *v.i.* **1** to be reborn, to come* back to life. **2** (*fam.*) (*sentirsi sollevato*) to feel* relieved, to feel* like a new man.

rinascimentale *a.* Renaissance, of the Renaissance.

Rinascimento *m.* (*Stor.*) Renaissance.

rinascita *f.* **1** rebirth; (*ricrescita*) regrowth. **2** (*fig.*) revival.

rincagnato *a.* pug-, snub: *naso* ~ pug-nose.

rincalzare *v.t.* **1** (*sorreggere, sostenere*) to prop up, to support. **2** (*Agr.*) to earth up. □ ~ *le coperte* to tuck in the blankets.

rincalzo *m.* **1** (*appoggio*) support, prop; (*rinforzo*) reinforcement. **2** (*fig.*) (*sostegno*) support, backing. **3** (*Agr.*) earthing up.

rincantucciarsi *v.r.* to hide* (in a corner).

rincarare I *v.t.* to raise (*o* increase) the price of, to put* up. **II** *v.i.* to become* more expensive, to go* up, to rise*. □ (*fig.*) ~ *la dose* to make things worse.

rincaro *m.* increasing, rising; (*aumento di prezzo*) increase, rise.

rincasare *v.i.* to return home, to go* (*o* come*) back home.

rinchiudere *v.t.* **1** to shut* (*o* lock) up. **2** (*segregare*) to put* away, to confine. **rinchiudersi** *v.r.* to withdraw* (*in* into), to lock (*o* shut*) o.s. (in).

rinchiuso I *a.* (*chiuso dentro*) shut up, closed; (*a chiave*) locked (up). **II** *s.m.* enclosure.

rincitrullire I *v.t.* to make* stupid. **II** *v.i.*, **rincitrullirsi** *v.i.pron.* to become* silly.

rincitrullito *a.* silly, daft.

rincivilire I *v.t.* to civilize. **II** *v.i.*, **rincivilirsi** *v.r.* to become* refined.

rincoglionito *a.* (*volg.*) dumb-ass.

rincorare → **rincuorare**.

rincorrere *v.t.* to run* after, to pursue. **rincorrersi** *v.r.* (*recipr.*) to run* after e.o., to chase e.o. □ *giocare a rincorrersi* to play tag.

rincorsa *f.* run-up, run: *prendere la* ~ to take a run.

rincrescere I *v.i.impers.* to be sorry (costr. pers.), to regret (costr. pers.): *mi rincresce di non poterti aiutare* I'm sorry I can't help you; (*in formule di cortesia*) to mind (costr. pers.): *ti rincresce se leggo il giornale?* do you mind if I read the paper? **II** *v.i.* to displease, to dislike: *cose che rincrescono a tutti* things that displease everybody.

rincrescimento *m.* regret.

rincretinire *v.i.* to become* (*o* grow*) stupid.

rincretinito *a.* stupid, silly, (*am. fam.*) dumb.

rinculare *v.i.* (*di arma da fuoco*) to recoil, to kick (back).

rinculata *f.* drawing back, withdrawal, recoiling.

rinculo *m.* **1** (*di arma da fuoco*) recoil. **2** (*Equitazione*) backing.

rincuorare *v.t.* to encourage. **rincuorarsi** *v.i.pron.* to take* heart, to feel* (*o* be) encouraged.

rinfacciare *v.t.* to throw* (*o* cast* *o* fling*) in s.o.'s teeth.

rinfocolare *v.t.* to rekindle.

rinfoderare *v.t.* to sheathe.

rinforzamento *m.* strengthening, reinforcement.

rinforzare *v.t.* **1** to strengthen, to make* stronger. **2** (*rif. a costruzioni e sim.*) to strengthen, to brace, to reinforce; (*puntellare*) to prop (up). **3** (*fig.*) (*rafforzare*) to strengthen, to support. **4** (*Mil.*) to reinforce. **rinforzarsi** *v.i.pron.* **1** to become* (*o* grow*) stronger. **2** (*rimettersi in forze*) to build* o.s. up, to strengthen o.s., to regain one's strength.

rinforzato *a.* strengthened, reinforced.

rinforzo *m.* **1** reinforcement (*anche Sartoria*); (*appoggio*) support, brace. **2** (*fig.*) support, backing. **3** *pl.* (*Mil.*) reinforcements *pl.*
rinfrancare *v.t.* to hearten, to encourage, to reassure. **rinfrancarsi** *v.i.pron.* to take* heart, to feel* encouraged, to be reassured.
rinfrescante *a.* refreshing.
rinfrescare *v.t.* **1** to cool, to refresh, to freshen. **2** (*fig.*) to refresh, (*fam.*) to brush up: *dovresti ~ il tuo inglese* you should brush up your English. **3** (*rinnovare, pulire*) to freshen up, to restore, to renovate: *~ un abito* to freshen up a suit. **rinfrescarsi I** *v.i. pron.* (*perdere calore*) to cool down, to get* cooler. **II** *v.r.* (*mettersi in ordine*) to freshen up. □ *~ la memoria* to refresh one's memory.
rinfrescata *f.* **1** cooling, cooler weather. **2** (*il rinfrescarsi*) freshening up. **3** (*fig.*) freshening up, renovation. □ *darsi una ~* to freshen up.
rinfresco *m.* **1** (*ricevimento*) reception; (*meno formale*) party. **2** *pl.* (*cibi e bevande*) refreshments *pl.*
rinfusa: *alla ~* helter-skelter, pell-mell.
ringalluzzire I *v.t.* to make* cocky. **II** *v.i.*, **ringalluzzirsi** *v.i.pron.* to get* cocky, to grow* jaunty.
ringalluzzito *a.* cocky, jaunty.
ringhiare *v.i.* to growl, to snarl.
ringhiera *f.* (*Edil.*) railing; (*delle scale*) banister, handrail: *sporgersi dalla ~* to lean over the railings.
ringhio *m.* growl, snarl.
ringhioso *a.* **1** growling, snarling. **2** (*fig.*) snarling, snappish.
ringiovanimento *m.* rejuvenation.
ringiovanire I *v.t.* to rejuvenate, to make* look (*o* feel) younger. **II** *v.i.*, to look younger.
ringraziamento *m.* **1** thanks *pl.* **2** (*Lit.*) thanksgiving. □ **di** ~ of thanks, thank-you-: *lettera di ~* thank-you letter; **parole** *di ~* (words of) thanks.
ringraziare *v.t.* to thank: *~ qd. di qc.* to thank s.o. for s.th. □ *ringraziando* (o *sia ringraziato*) *Dio!* thank heavens!, thank God!
rinnegare *v.t.* to repudiate, to cast* off.
rinnegato *a./s.m.* renegade.
rinnovabile *a.* renewable.
rinnovamento *m.* **1** renewal. **2** (*fig.*) revival, renewal.
rinnovare *v.t.* **1** (*fare di nuovo*) to renew, to repeat. **2** (*rendere nuovo*) to renew, to restore (*anche fig.*): *~ il dolore* to renew the anguish. **3** (*sostituire il vecchio col nuovo*) to change, (*fam.*) to redo*. **rinnovarsi** *v.i. pron.* **1** to be renewed (*o* made new again *o* restored). **2** (*ripetersi*) to happen again, to reoccur. □ (*epist.*) *Le rinnovo i miei ringraziamenti* my sincere thanks once again.
rinnovatore I *a.* renewing. **II** *s.m.* renovator.
rinnovo *m.* **1** renewal, renewing. **2** (*rimodernamento*) renovation.
rinoceronte *m.* (*Zool.*) rhinoceros (*pl.* rhinoceroses); (*fam.*) rhino.
rinomato *a.* renowned, famous.
rinsaldamento *m.* strengthening, consolidation.
rinsaldare *v.t.* to strengthen, to consolidate. **rinsaldarsi** *v.i.pron.* to become* (*o* grow* *o* get*) stronger, to be strengthened; (*confermarsi*) to be confirmed.
rinsanguare *v.t.* **1** to give* new blood to, to transfuse new blood to. **2** (*estens.*) (*rinvigorire*) to reinvigorate. **rinsanguarsi** *v.i.pron.* (*riprendere vigore*) to recover one's strength, to become* stronger.
rinsanire *v.i.* to recover one's wits (*o* mental health).
rinsavire *v.i.* **1** (*ricuperare il senno*) to recover one's wits. **2** (*mettere giudizio*) to come* to one's senses.
rinsecchire *v.i.* to dry up, to go* (*o* get*) dry.
rinserrare *v.t.* (*serrare di nuovo*) to shut* up again; (*a chiave*) to lock up again.
rintanarsi *v.i.pron.* **1** (*rientrare nella tana*) to go* to earth again. **2** (*fig.*) (*nascondersi*) to hide* in one's den (*o* hole *o* burrow), to go* to earth.
rintoccare *v.i.* to toll; (*di orologio*) to strike*.
rintocco *m.* toll; (*di orologio*) stroke.
rintontire I *v.t.* (*stordire*) to stun, to daze; (*incretinire*) to make* stupid. **II** *v.i.*, **rintontirsi** *v.i.pron.* to become* stupid.
rintracciabile *a.* traceable, findable.
rintracciare *v.t.* (*ritrovare cercando*) to find*, to track down, to trace, to ferret out.
rintronare I *v.i.* to thunder, to boom, to roar. **II** *v.t.* (*stordire*) to stun.
rintuzzare *v.t.* **1** (*fig.*) (*reprimere, frenare*) to check, to hold* back, to repress. **2** (*fig.*) (*ribattere*) to throw* back, to retort.
rinuncia *f.* **1** giving up; (*rif. a diritti*) renunciation. **2** (*documento di rinuncia*) renunciation; waiver: *clausola di ~* waiver clause. **3** *pl.* (*privazioni, sacrifici*) hardships *pl.*, sacrifice. □ *~ formale* disclaimer.
rinunciare *v.i.* **1** to renounce, to resign (*a qc.* s.th.); (*rif. a diritti*) to renounce. **2** (*desistere, astenersi*) to refrain, to abstain, to hold* back (*o* from). **3** (*fare a meno*) to do* (*o* go*) without, to give* up. □ *ci rinuncio* I give up.
rinunciatario I *a.* yielding. **II** *s.m.* renouncer.
rinvenimento *m.* **1** finding, recovery. **2** (*il riprendere i sensi*) recovery.
rinvenire[1] *v.t.* to find*, to recover.
rinvenire[2] *v.i.* **1** (*riprendere i sensi*) to recover consciousness. **2** (*recuperare freschezza*) to revive, to become* fresh again.
rinverdire I *v.t.* **1** to make* green again. **2** (*fig. lett.*) to renew, to revive. **II** *v.i.* **1** to turn (*o* become*) green again. **2** (*fig.*) to revive, to be renewed.
rinviare *v.t.* **1** (*mandare indietro*) to send*

back, to return. **2** (*differire*) to postpone, to put* off, to defer; (*rif. a sedute e sim.*) to adjourn. **3** (*fare un rimando*) to refer. **4** (*Sport*) to return.

rinvigorimento *m.* strengthening.

rinvigorire I *v.t.* to make* strong(er), to strengthen. **II** *v.i.*, **rinvigorirsi** *v.i.pron.* **1** to regain strength, to be strengthened (*o* invigorated) again. **2** (*fig.*) to revive, to be strengthened.

rinvio *m.* **1** return, sending back. **2** (*differimento*) postponement, deferment; (*rif. a sedute e sim.*) adjournment. **3** (*rimando*) (cross-)reference. **4** (*Sport*) return.

rioccupare *v.t.* to reoccupy.

rionale *a.* local, neighbourhood-, district-: *mercato* ~ local market.

rione *m.* quarter, district, ward.

riordinamento *m.* reorganization, rearrangement.

riordinare *v.t.* **1** to put* in order; (*rif. a stanze e sim.*) to tidy up. **2** (*dare un nuovo assetto*) to reorganize, to rearrange. **3** (*Comm.*) to reorder, to order again.

riorganizzare *v.t.* to reorganize.

riorganizzazione *f.* reorganization.

riottoso *a.* **1** unruly, turbulent. **2** (*litigioso*) quarrelsome.

ripagare *v.t.* **1** to pay* again, to repay*. **2** (*ricompensare*) to pay* back, to repay*. □ (*fig.*) ~ *qd. con la stessa moneta* to pay s.o. back in his own coin.

riparabile *a.* **1** repairable. **2** (*fig.*) (*rif. a errori e sim.*) reparable.

riparare[1] **I** *v.t.* **1** (*proteggere*) to protect, to shelter; (*fare da schermo*) to shield, to screen. **2** (*aggiustare*) to repair, to mend, (*fam.*) to fix. **3** (*porre rimedio a, risarcire*) to make* up for, to redress, to rectify, to repair: ~ *un torto* to make up for a wrong. **4** (*Scol.*) to repeat, to make* up. **II** *v.i.* (*rimediare*) to remedy, to rectify, to set* (*o* put*) right (*a qc.* s.th.): ~ *a un inconveniente* to remedy a difficulty. **ripararsi** *v.r.* to protect (*o* shelter, shield) o.s., to take* shelter. □ *portare qc. a* ~ to take s.th. in to be repaired.

riparare[2] *v.i.* (*rifugiarsi*) to take* refuge (*o* shelter).

riparatore *m.* repairer, mender.

riparazione *f.* **1** reparation, amends *pl.*, redress, remedy; (*risarcimento*) compensation. **2** (*accomodatura*) repair(ing), mending, (*fam.*) fixing. □ **spese** *di* ~ repair charges, cost of repair; *riparazioni* **stradali** road repairs.

riparlare *v.i.* to speak* (*o* talk) again. **riparlarsi** *v.r.* (*recipr.*) to talk (*o* speak*) to e.o. again, to be on speaking terms again. □ *ne riparleremo* we'll go into it later (*o* another time); (*con tono minaccioso*) I'll deal with you later.

riparo *m.* **1** shelter, protection, cover. **2** (*rimedio*) remedy, cure. □ **correre** *ai ripari* to take measures; **mettersi** *al* ~ to take shelter.

ripartire[1] *v.i.* **1** to leave* (*o* depart) again, to start (*o* set* out) again. **2** (*rif. a motori e sim.*) to start (up) again.

ripartire[2] *v.t.* **1** (*dividere*) to divide (up), to share (out): ~ *le spese* to share expenses. **2** (*ordinare in gruppi*) to arrange, to distribute, to divide. **ripartirsi** *v.r.apparente* to divide (up), to split* (up).

ripartizione *f.* **1** division, splitting up. **2** (*distribuzione*) distribution, sharing out. **3** (*reparto*) department, division, section.

ripassare I *v.t.* **1** (*riattraversare*) to cross (*o* go* over) again. **2** (*porgere di nuovo*) to pass (*o* hand) again. **3** (*ripetere*) to read* (*o* go* *o* look) over again, to revise: ~ *la lezione* to go over the lesson again. **4** (*Mecc.*) to overhaul. **II** *v.i.* **1** to pass again. **2** (*ritornare*) to come* back, to call again.

ripassata *f.* **1** (*letta*) another look, revision. **2** (*Mot.*) (*revisione*) overhaul. □ *dare una* ~ *alla lezione* to go over the lesson again quickly.

ripasso *m.* revision.

ripensamento *m.* **1** reflection. **2** (*cambiamento d'opinione*) change of mind, second thoughts *pl.*

ripensare *v.i.* **1** to think* (over), to reflect (upon). **2** (*mutare pensiero*) to change one's mind. **3** (*ritornare col pensiero*) to think* (of), to remember, to recall, to recollect (s.th.).

ripercorrere *v.t.* **1** to run* through again. **2** (*fig.*) to go* over (*o* run* through) again.

ripercuotersi *v.i.pron.* **1** (*riflettersi: rif. alla luce*) to be reflected; (*rif. a suoni*) to reverberate. **2** (*fig.*) to influence, to affect (*su qc.* s.th.).

ripercussione *f.* **1** (*rif. alla luce*) reflection; (*rif. a suoni*) reverberation. **2** (*fig.*) (*effetto indiretto*) repercussions *pl.*, consequence.

ripescare *v.t.* **1** to catch* again. **2** (*fam.*) (*ritrovare*) to find* (again), to fish out.

ripetente *m./f.* pupil not admitted to the following class.

ripetere *v.t.* **1** to repeat. **2** (*dire di nuovo*) to repeat, to say* again (*o* over), to tell* again; (*recitare a memoria*) to recite, to say* by heart. **ripetersi** *v.i.pron.* **1** to repeat o.s. **2** (*accadere più volte*) to be repeated, to happen again (*o* over), to reoccur. □ (*Scol.*) ~ *l'***anno** to repeat a year; ~ *un* **esame** to take an exam (ination) again; ~ *la* **lezione** to go over the lesson.

ripetitore *m.* **1** repeater. **2** (*ant., Scol.*) coach, tutor. □ ~ *per televisione* television relay station.

ripetizione *f.* **1** repetition. **2** (*Scol.*) (*ripasso*) revision. **3** (*Scol.*) (*lezione privata*) private lesson, tutoring, coaching. □ *a* ~ repeating: *fucile a* ~ repeating rifle.

ripetuto *a.* repeated.

ripiano *m.* **1** terrace. **2** (*scomparto*) shelf.

ripicca *f.* spite. □ *per* ~ out of spite.

ripido *a.* steep: *sentiero* ~ steep path.

ripiegamento *m.* **1** (*cedimento*) giving in, yielding. **2** (*Mil.*) (*ritirata*) retreat, withdrawal, falling back.

ripiegare I *v.t.* (*piegare*) to fold. **II** *v.i.* **1** (*ritirarsi*) to retreat, to withdraw*, to fall* back. **2** (*fig.*) (*trovare un ripiego*) to fall* back on, to resort to, to have to make do with. **ripiegarsi** *v.r.* to fold, to bend*. □ (*fig.*) *ripiegarsi su se stesso* to retire into oneself.

ripiego *m.* makeshift, expedient. □ *di* ~ makeshift-: *soluzione di* ~ makeshift solution.

ripieno I *a.* **1** full (*di* of), filled (with). **2** (*Gastr.*) filled (with); (*farcito*) stuffed (with). **II** *s.m.* (*Gastr.*) stuffing.

ripopolamento *m.* repopulation, repeopling.

ripopolare *v.t.* to repopulate, to repeople.

riporre *v.t.* **1** to put* back, to replace. **2** (*mettere via*) to put* (away); (*nascondere*) to hide*, to conceal. **3** (*fig.*) to put*, to place, to set*: ~ *tutte le speranze in qd.* to place all one's hopes in s.o.

riportare *v.t.* **1** (*portare indietro*) to bring* (*o* take*) back. **2** (*ricondurre*) to take* again. **3** (*riferire*) to tell*, to relate; (*Giorn.*) to carry, to cover; (*citare*) to quote: *l'avvenimento è riportato in prima pagina* the event is carried on the front page. **4** (*fig.*) (*ricevere*) to receive, to get*, to have; to carry off: *riportò il secondo premio* he carried off the second prize. **5** (*fig.*) (*subire*) to suffer, to receive: ~ *un danno* to suffer damage. **6** (*Mat.*) to carry: *scrivo 3 e riporto 1* I write 3 and carry 1. **riportarsi** *v.r.* to think* (*o* look *o* go*) back.

riporto *m.* **1** (*materiale di riporto*) backfill, filling material. **2** (*Mat.*) number (*o* amount) carried.

riposante *a.* relaxing, restful.

riposare I *v.i.* **1** to rest. **2** (*dormire*) to sleep*. **3** (*rif. a defunti*) to rest, to lie*: *riposa in pace* rest in peace. **4** (*Agr.*) to lie* fallow, to rest. **II** *v.t.* to rest, to let* rest: ~ *le gambe* to rest one's legs. **riposarsi** *v.i.pron.* **1** to rest, to take* (*o* have) a rest. **2** (*distendersi*) to relax.

riposato *a.* rested, refreshed, fresh.

riposo I *s.m.* **1** rest, repose. **2** (*sonno*) sleep, rest: *buon* ~*!* sleep well! **3** (*Ginn., Mil.*) ease. **II** *intz.* (*Ginn., Mil.*) (stand) at ease. □ (*burocr.*) **a** ~ retired, into retirement; *collocare* (o *mettere*) **a** ~ to pension off, to superannuate; **casa** *di* ~ rest-home, (*am.*) nursing home; *l'***eterno** ~ eternal repose; ~ **festivo** holiday; ~ **notturno** sleep; (*Teat.*) **oggi** ~ no performance today; ~ **settimanale** weekly day off.

ripostiglio *m.* **1** store-room, lumber-room. **2** (*armadio*) closet.

riposto *a.* **1** secluded, remote. **2** (*fig.*) (*recondito*) innermost, secret.

riprendere I *v.t.* **1** to take* up (again), to pick up (again). **2** (*prendere indietro*) to take* back. **3** (*andare a prendere*) to collect, to pick up, to fetch. **4** (*raggiungere di nuovo*) to catch* up (with), to reach: *il corridore è riuscito a* ~ *il gruppo* the racer was able to catch the group up. **5** (*riconquistare*) to reconquer, to retake*. **6** (*fig.*) (*riacquistare*) to regain, to recover: ~ *vigore* to recover one's strength. **7** (*ricominciare*) to begin* (*o* start) again, to resume. **8** (*rimproverare*) to reprove, to reprimand. **9** (*Cin.*) to shoot*, to film, to take*. **II** *v.i.* (*ricominciare*) to begin* (*o* start) again, to resume; (*ricominciare a parlare*) to resume (speaking), to begin* (to speak) again. **riprendersi** *v.i.pron.* (*riaversi*) to recover (*da* from), to get* over (s.th.), to rally: *riprendersi da una crisi* to recover from a crisis. □ ~ *le* **armi** to take up arms again; ~ *il* **cammino** to set out again; ~ **coscienza** to regain consciousness; ~ *in* **esame** to re-examine; ~ **fiato** to catch one's breath; (*fig.*) ~ *in* **mano** to begin (*o* start) again.

ripresa *f.* **1** resumption, renewal, restarting. **2** (*Teat.*) (*ripetizione*) revival. **3** (*Mot.*) pick-up, acceleration. **4** (*Sport*) (*tempo di gara*) second half; (*nel pugilato*) round. **5** (*Cin.*) (*atto*) shooting; (*effetto*) shot, take. □ (*Rad., TV*) ~ **diretta** live broadcast; *in* ~ **diretta** live; ~ **economica** economic recovery; (*fig.*) *essere* **in** ~ to be on the rise; *a* **più** *riprese* in (successive) stages; (*ripetutamente*) several (*o* many) times, over and over.

ripresentare *v.t.* to present again, to re-present. **ripresentarsi** *v.r.* to re-present o.s., to present o.s. again.

ripristinare *v.t.* **1** to put* back in operation. **2** (*fig.*) (*rimettere in uso*) to revive, to restore, to reinstate.

ripristino *m.* **1** putting back in operation. **2** (*fig.*) (*il rimettere in uso*) revival, restoration, reinstatement.

riprodurre *v.t.* **1** to reproduce. **2** (*eseguire la copia*) to reproduce, to make* a copy (*o* reproduction) of. **3** (*ristampare*) to reprint. **4** (*rappresentare, ritrarre*) to portray, to reproduce, to represent. **riprodursi** *v.i.pron.* **1** (*Biol.*) to reproduce. **2** (*formarsi di nuovo*) to form (*o* make*) again.

riproduttivo *a.* (*Biol.*) reproductive.

riproduttore I *s.m.* (*Zootecnia*) breeder; (*rif. a cavalli*) stud. **II** *a.* (*Biol.*) reproductive.

riproduzione *f.* **1** (*il ritrarre*) portrayal, depiction, representation. **2** (*copia*) copy, reproduction. **3** (*il ristampare*) reprinting; (*ristampa*) reprint. **4** (*Biol.*) reproduction. □ ~ **fotografica** photoreproduction; ~ **vietata** all rights reserved.

ripromettersi *v.r.apparente* **1** (*proporsi*) to intend, to propose. **2** (*aspettarsi*) to expect, to hope (*da* of, from).

riproporre *v.t.* to propose again. **riproporsi** *v.r.* to come* up again, to arise* again.

riprova *f.* **1** double-check, control (*o* check)

test; (*prova nuova e diversa*) new test (*o* check). **2** (*Mat.*) proof. **3** (*conferma*) confirmation.

riprovare[1] *v.t.* **1** to try (*o* attempt) again; (*rif. a sentimenti*) to feel* again. **2** (*di abiti, ecc.*) to try on again. **3** (*tecn.*) to test again. **riprovarsi** *v.i.pron.* to try again.

riprovare[2] *v.t.* (*disapprovare*) to condemn, to censure, to disapprove of.

riprovazione *f.* (*disapprovazione*) censure, disapproval, reproof.

riprovevole *a.* reprehensible; blameworthy.

ripubblicare *v.t.* to publish again.

ripudiare *v.t.* to repudiate, to disown.

ripudio *m.* repudiation, disavowal.

ripugnante *a.* repugnant, disgusting, revolting.

ripugnanza *f.* **1** (*disgusto*) repugnance, disgust, repulsion. **2** (*avversione*) repugnance (*per* for), aversion (to), strong dislike (of).

ripugnare *v.i.* **1** to disgust, to revolt (*a qd.* s.o.). **2** (*suscitare avversione*) to be repugnant (to).

ripulire *v.t.* **1** (*pulire bene*) to clean (up), to make* clean; (*pulire di nuovo*) to clean again. **2** (*fig. scherz.*) (*portare via tutto*) to clean out; (*mangiare tutto*) to eat* up. **ripulirsi** *v.r.* **1** to clean (o.s.) up, to make* o.s. tidy. **2** (*fig.*) to polish up one's manners.

ripulisti: *far* ~ to clean out (*o* up).

ripulita *f.* **1** clean(ing) up, tidying up. **2** (*fig.*) clean sweep. ☐ (*fam.*) *darsi una* ~ to tidy (o.s.) up.

ripulsione *f.* repulsion, repugnance.

riquadro *m.* **1** (*quadrato*) square. **2** (*pannello*) panel; (*cornice*) frame.

risacca *f.* (*Mar.*) undertow.

risaia *f.* (*Agr.*) (rice-)paddy, rice-field.

risalire **I** *v.t.* to go* up (*o* climb) again. **II** *v.i.* **1** to go* (*o* climb) up again. **2** (*salire*) to go* (*o* climb) up. **3** (*essere avvenuto in un tempo precedente*) to date (*o* go*) back (*a* to). ☐ ~ *il corso di un fiume* to go upstream.

risalita *f.* going up again.

risaltare *v.i.* **1** (*sporgere*) to project, to jut (*o* stick*) out, to protrude. **2** (*fare spicco*) to stand* out (*su* against), to show* up (against, on). ☐ *far* ~ (*mettere in evidenza*) to show up.

risalto *m.* **1** (*spicco*) relief, prominence, stress. **2** (*sporgenza*) projection. ☐ *dare* ~ *a qc.* to make s.th. stand out, to stress s.th.

risanabile *a.* **1** curable. **2** (*rif. a luoghi malsani*) reclaimable.

risanamento *m.* **1** (*guarigione*) recovery. **2** (*bonifica*) reclamation. **3** (*Edil.*) slum clearance.

risanare **I** *v.t.* **1** to cure, to heal, to restore to health. **2** (*bonificare*) to reclaim. **II** *v.i.* to recover.

risaputo *a.* well-known.

risarcibile *a.* indemnifiable.

risarcimento *m.* (*indennizzo*) indemnification, indemnity, compensation.

risarcire *v.t.* to compensate, to indemnify: ~ *qd. di qc.* to indemnify s.o. for s.th.

risata *f.* laugh, laughing, burst of laughter. ☐ **farsi** *una* ~ to laugh, to have (*o* give) a laugh; ~ **grassa** hearty laugh.

risatina *f.* snicker, snigger.

riscaldamento *m.* **1** heating; warming. **2** (*impianto*) heating plant (*o* system). **3** (*aumento di temperatura*) rise in temperature. ☐ ~ *a* **carbone** coal heating; ~ **centrale** central heating; ~ *a* **pannelli** *radianti* panel (*o* radiant) heating; **spese** *di* ~ fuel expenses.

riscaldare *v.t.* **1** (*scaldare*) to warm (up), to heat: ~ *una casa* to heat a house. **2** (*scaldare di nuovo*) to warm (*o* heat) again; (*rif. a cibi*) to warm up. **3** (*fig.*) (*eccitare, infiammare*) to fire, to heat, to stir up. **riscaldarsi** *v.i.pron.* **1** (*divenire caldo*) to become* (*o* get*) hot, to get* warm. **2** (*fig.*) (*accalorarsi*) to get* excited, to become* heated. **3** (*Mot.*) to become* warm; (*eccessivamente*) to get* overheated.

riscaldato *a.* **1** warmed, heated; (*rif. a cibi*) warmed. **2** (*rif. a persone*) hot, heated. **3** (*fig.*) (*infervorato*) heated, excited.

riscattabile *a.* redeemable.

riscattare *v.t.* **1** to ransom. **2** (*fig.*) (*liberare*) to (set*) free, to deliver. **3** (*Econ.*) to redeem, to discharge. **riscattarsi** *v.r.* **1** to vindicate o.s. (*da* from), to make* up (for). **2** (*fig.*) (*liberarsi*) to free o.s. (*da* from); (*redimersi*) to redeem o.s.

riscatto *m.* **1** (*di prigioniero*) ransom. **2** (*prezzo*) ransom: *pagare il* ~ to pay the ransom. **3** (*fig.*) (*liberazione*) deliverance, liberation; (*redenzione*) redemption. **4** (*Econ.*) redemption. ☐ *a* ~ with right of redemption, on mortgage.

rischiaramento *m.* lighting, illumination.

rischiarare *v.t.* **1** to light* up, to illuminate. **2** (*rendere meno cupo*) to lighten; (*rif. a colori*) to make* lighter (*o* paler). **rischiararsi** *v.i.pron.* **1** (*rif. al cielo*) to brighten; (*rif. al tempo*) to clear (*o* brighten) up. **2** (*fig.*) (*assumere un'espressione più lieta*) to light* up, to brighten (up). ☐ *rischiararsi la voce* to clear one's throat.

rischiare **I** *v.t.* **1** to risk, to venture, to hazard. **2** (*assol.*) to risk, to run* (*o* take*) the risk. **II** *v.i.impers.* to threaten: *rischia di nevicare* it is threatening to snow.

rischio *m.* risk. ☐ **a** ~ *di* at the risk of (*anche fig.*); *a* **proprio** ~ *e pericolo* at one's own risk.

rischioso *a.* risky, dangerous.

risciacquare *v.t.* to rinse (out).

risciacquata *f.* rinse, rinsing.

risciacquatura *f.* **1** rinse, rinsing. **2** (*rif. ad acqua*) dishwater, rinsewater. **3** (*spreg.*) (*bevanda allungata*) dishwater.

risciacquo *m.* **1** (*sciacquo*) rinsing, rinse. **2** (*Med.*) mouthwash.

risciò *m.* rickshaw.

riscontrabile *a.* checkable, verifiable.

riscontrare **I** *v.t.* **1** (*confrontare*) to compare, to set* off. **2** (*esaminare attentamente*) to check, to verify. **3** (*rilevare*) to find*, to notice: ~ *qc. di anormale* to find s.th. wrong. **II** *v.i.* (*corrispondere*) to agree, to tally, to correspond.

riscontro *m.* **1** (*confronto*) comparison. **2** (*verifica, controllo*) check, control, inspection. **3** (*oggetto corrispondente*) counterpart, match, pendant. **4** (*Comm.*) reply: *in attesa di un cortese* ~ looking forward to your reply. **5** (*corrente d'aria*) draught. □ (*fig.*) **avere** ~ to correspond, to tally; **non** *avere* ~ to be unmatched, to stand alone.

riscossa *f.* reconquest, recovery. □ *andare alla* ~ to counterattack.

riscossione *f.* collection; (*ricupero*) recovery. □ (*Comm.*) ~ *dei crediti* collection of debts.

riscrivere **I** *v.t.* to write* again, to rewrite*. **II** *v.i.* (*rispondere per iscritto*) to write* back.

riscuotere *v.t.* **1** to collect, to draw*: ~ *lo stipendio* to draw one's salary. **2** (*fig.*) to win*, to earn, to gain, to have: ~ *un enorme successo* to have great success. **riscuotersi** *v.i.pron.* **1** (*trasalire*) to shake* o.s. (*da* out of, from), to rouse o.s. (from). **2** (*fig.*) to shake* off (s.th.), to rouse (*o* stir) o.s. (from), to pull o.s. together.

risentimento *m.* resentment, grudge.

risentire **I** *v.t.* **1** (*udire di nuovo*) to hear* again. **2** (*rif. a sentimenti*) to feel* again. **II** *v.i.* **1** (*soffrire*) to feel* the effects (*di* of), to suffer (from). **2** (*sentire l'influenza*) to show* traces (of), to be influenced (by). **risentirsi** **I** *v.r.recipr.* to talk to e.o. again: *ci risentiamo domani alla stessa ora* we'll talk again at the same time tomorrow. **II** *v.i.pron.* (*offendersi*) to take* offence (*o* umbrage) (*per* at), to resent (s.th.). □ *a risentirci!* good-bye for now!, until next time!

risentito *a.* resentful.

riserbo *m.* reserve, restraint: *uscire dal* ~ to drop one's reserve.

riserva *f.* **1** (*provvista*) stock, provision; (*scorta*) reserve. **2** (*Etnografia*) reserve, reservation. **3** (*di pesca, di caccia*) preserve, reserve. **4** (*condizione*) reservation, reserve. **5** (*Mil.*) reserves *pl.*, reserve: *ufficiale della* ~ reserve officer. **6** (*Sport*) reserve. □ ~ **aurea** gold reserve(s), gold stock; **di** ~ reserve-, extra, spare-; **fare** *delle riserve su qc.* to have doubts as to s.th.; (*Comm.*) **fondo** *di* ~ reserve fund; ~ **mentale** mental reservation; **senza** *riserve* without reservation(s), without reserve.

riservare *v.t.* **1** to reserve: *mi aveva riservato il posto migliore* he had riserved the best seat for me. **2** (*prenotare*) to book, to reserve. **riservarsi** *v.r.* **1** to reserve. **2** (*ripromettersi*) to intend, to propose; to reserve (one's) judgement. □ ~ *a qd. un trattamento di favore* to give s.o. special treatment.

riservatezza *f.* **1** (*segretezza*) confidentiality. **2** (*carattere riservato*) reserve; (*discrezione*) discretion.

riservato *a.* **1** (*rif. a persona*) reserved. **2** (*prenotato*) booked, reserved.

risicolo *a.* (*Agr.*) rice-growing-, rice-.

risiedere *v.i.* to reside, to dwell*, to live.

risma *f.* **1** (*di carta*) ream. **2** (*fig. spreg.*) (*razza*) kind, sort.

riso[1] *m.* (*Bot.*) rice. □ (*Gastr.*) ~ *in* **bianco** rice with butter; **budino** *di* ~ rice-pudding; **minestra** *di* ~ rice-soup.

riso[2] *m.* **1** laughter, laughing, laugh: *un* ~ *soffocato* a stifled laugh. **2** (*fig.*) (*allegria, gioia*) mirth, glee, laughter. □ ~ **beffardo** sneer; *non poter* **frenare** *il* ~ to be unable to hold back one's laughter; **morire** *dalle risa* to split one's sides (with laughter); **volgere** *tutto in* ~ to turn everything into ridicule.

risolare *v.t.* (*rif. a scarpe*) to resole, to put* new soles on.

risolatura *f.* (*di scarpe*) resoling.

risolino *m.* mocking (*o* ironic) laughter.

risollevare *v.t.* **1** to raise (*o* lift up) again. **2** (*fig.*) (*rialzare*) to lift (*o* pull) up. **3** (*riproporre*) to raise again; to bring* up again: ~ *una questione* to raise a question again. **4** (*rallegrare*) to cheer up. **risollevarsi** *v.r.* **1** to lift o.s. up again, to raise o.s. again. **2** (*fig.*) to recover, to pick up again.

risolutivo *a.* **1** resolutive. **2** (*determinante*) decisive. **3** (*Dir.*) resolutory, resolutive.

risoluto *a.* resolved, determined, resolute.

risolutore *m.* (re)solver.

risoluzione *f.* **1** (re)solution, solving (*anche fig.*). **2** (*decisione*) decision, resolution. **3** (*delibera*) resolution. **4** (*Chim., Dir., Mus., Mat.*) resolution. **5** (*Dir.*) cancellation; termination: ~ *di un rapporto di lavoro* termination of employment. □ (*Inform.*) *ad alta* ~ high resolution.

risolvere *v.t.* **1** to (re)solve, to work out (*anche Mat.*). **2** (*decidere*) to resolve, to decide. **3** (*scomporre*) to resolve, to break* down (*o* up). **4** (*Dir.*) to cancel, to annul; to terminate. **risolversi** *v.i.pron.* **1** (*raro*) (*trasformarsi*) to dissolve, to change (*in* into). **2** (*fig.*) (*concludersi*) to end (up), to turn out. **3** (*decidersi*) to decide, to resolve, to make* up one's mind. **4** (*rif. a malattia*) to clear up, to resolve.

risolvibile *a.* (re)solvable.

risonante *a.* resonant.

risonanza *f.* **1** (*Fis.*) resonance. **2** (*fig.*) (*eco, interesse*) interest, comment.

risonare → **risuonare**.

risorgere *v.i.* **1** to rise* again. **2** (*Rel.*) (*risuscitare*) to rise* again (*o* from the dead), to resurrect. **3** (*fig.*) (*rifiorire*) to flourish (*o* arise*) again, to revive.

risorgimentale *a.* (*Stor.*) of the Risorgimento.

risorgimento *m.* revival, renewal. **Risorgimento** *m.* (*Stor.*) Risorgimento.

risorsa *f.* **1** resource. **2** *pl.* (*ricchezze*) resources *pl.*, reserves *pl.* □ *persona piena di risorse* resourceful person.

risparmiare *v.t.* **1** to save (*anche fig.*); (*amministrare con parsimonia*) to economize (*o* save), to be thrifty (*o* careful) with: ~ *fiato* to save one's breath. **2** (*mettere da parte*) to save, to put* aside. **3** (*astenersi da, evitare*) to spare. **4** (*aver riguardo, salvare*) to spare: *la morte non risparmia nessuno* death spares no one. **risparmiarsi** *v.r.* to spare o.s., to save o.s., to take* care of o.s.

risparmiatore *m.* **1** saver, thrifty person. **2** (*Econ.*) depositor, saver: *piccolo* ~ small depositor.

risparmio *m.* **1** saving (*di* of), economizing (on). **2** (*denaro risparmiato*) savings *pl.*, money saved up. □ **cassa** *di* ~ savings -bank; (*fig.*) **senza** ~ lavishly, profusely; *prodigarsi* **senza** ~ to spare no pains.

rispecchiare *v.t.* to reflect, to mirror (*anche fig.*). **rispecchiarsi** *v.r. apparente* (*venire riflesso*) to be reflected (*o* mirrored).

rispedire *v.t.* **1** to send* (*o* ship *o* forward *o* dispatch) again. **2** (*spedire indietro*) to send* (*o* ship) back, to return.

rispettabile *a.* **1** respectable. **2** (*considerevole*) considerable, notable.

rispettabilità *f.* respectability.

rispettare *v.t.* **1** to respect. **2** (*osservare*) to respect, to observe, to comply with: ~ *le leggi* to respect the laws. **rispettarsi** *v.r.* to have self-respect, to respect o.s. □ (*pop.*) *una* **cena** *che si rispetta* a good (*o* square) dinner; **farsi** ~ to command respect.

rispettivo *a.* respective.

rispetto *m.* **1** respect: *incutere* ~ to command respect. **2** (*osservanza scrupolosa*) observance (*di* of), respect (for), compliance (with). **3** *pl.* (*saluti*) regards *pl.*, (*lett.*) respects *pl.* □ ~ **a** (*in relazione a*) with respect (*o* regard) to, as regards, as to; (*in confronto*) in comparison with, compared to. □ **avere** ~ *per qd.* to respect s.o.; ~ *a* **ciò** in this regard (*o* respect); *con il* **dovuto** ~ with due respect; **mancare** *di* ~ *a qd.* to be disrespectful to s.o.; *con* ~ **parlando** if you'll excuse my saying so; **pieno** *di* ~ respectful; **senza** ~ disrespectful; **sotto** *ogni* ~ in all respects.

rispettoso *a.* respectful.

risplendente *a.* shining, sparkling.

risplendere *v.i.* **1** to shine*, to glow. **2** (*fig.*) to shine*, to sparkle, to be glowing (*o* glow) (*di* with).

rispolverare *v.t.* **1** to dust again. **2** (*fig.*) to brush up.

rispondente *a.* in conformity, in keeping, in accordance (with), answering (s.th.).

rispondenza *f.* correspondence, agreement, harmony.

rispondere **I** *v.i.* **1** to answer (*a qd.* s.o.), to reply (to), to respond (to): ~ *a una lettera* to reply to a letter. **2** (*ribattere*) to retort (s.th.); (*con arroganza*) to answer back (to s.o.). **3** (*essere responsabile*) to answer, to be responsible (*di* for). **4** (*reagire a uno stimolo*) to respond (to). **5** (*essere corrispondente*) to answer (s.th.), to meet*, to come* up (to): *non* ~ *ai requisiti* not to meet requirements; (*essere adatto*) to be suitable (for). **II** *v.t.* to answer, to reply; (*scrivere*) to write* in reply. □ ~ *di un* **danno** to be liable for damage; (*Mil.*) ~ *al* **fuoco** to reply to the enemy's fire; ~ *per* **iscritto** to answer in writing; ~ **male** (*sbagliando*) to give a wrong answer; (*sgarbatamente*) to answer rudely; ~ *di* **no** to say no; (*fig.*) ~ **picche** to refuse flatly; ~ *al* **saluto** *di qd.* to return (*o* answer) s.o.'s greeting; ~ *di* **sì** to say yes; ~ *al* **telefono** to answer the telephone.

risposta *f.* **1** answer, reply, response. **2** (*reazione*) response, reaction. □ **botta** *e* ~ quick repartee; **in** ~ *a qc.* in answer (*o* reply) to s.th.: *in* ~ *alla Vostra lettera* in reply to your letter; *avere sempre la* ~ **pronta** to have an answer always ready; **senza** ~ unanswered, without an answer (*o* a reply); *per* **tutta** ~ as an answer.

rispuntare *v.i.* **1** to rise* again, to come* up (*o* out) again, to reappear. **2** (*rif. a persona: ricomparire*) to turn (*o* show*) up again.

rissa *f.* brawl, fight; (*fam.*) punch-up.

rissoso *a.* quarrelsome.

ristabilimento *m.* **1** restoration, re-establishment. **2** (*il ristabilirsi in salute*) recovery.

ristabilire *v.t.* **1** to re-establish. **2** (*rif. alla salute*) to restore. **ristabilirsi** *v.i.pron.* to recover.

ristagnare *v.i.* **1** to stagnate. **2** (*fig.*) to stagnate, to become* stagnant (*o* slack *o* sluggish). **3** (*Econ.*) to stagnate, to be slack. **ristagnarsi** *v.i.pron.* to stagnate.

ristagno *m.* stagnation (*anche fig.*).

ristampa *f.* **1** reprint(ing); new impression. **2** (*opera ristampata*) reprint, (new) impression. □ *essere in* ~ to be reprinting.

ristampare *v.t.* to reprint.

ristorante *m.* restaurant. □ (*Ferr.*) *vagone* ~ dining-car.

ristorare *v.t.* to restore, to refresh. **ristorarsi** *v.r.* to refresh o.s.

ristorazione *f.* (*collett.*) catering.

ristoro *m.* **1** refreshment, relief. **2** (*rifocillamento*) refreshment. □ *posto di* ~ refreshment room.

ristrettezza *f.* **1** (*strettezza*) narrowness. **2** (*fig.*) (*scarsità*) scarcity, lack. **3** (*fig.*) (*meschinità*) meanness. **4** *pl.* (*condizioni economiche disagiate*) straitened circumstances *pl.*, (financial) straits *pl.* □ ~ *di* **idee** narrow-mindedness; **vivere** *in ristrettezze* to live in poverty; to live in straitened circumstances.

ristretto *a.* **1** (*racchiuso*) shut (*o* hemmed) in, enclosed. **2** (*angusto*) narrow, tight. **3** (*limitato*) restricted, confined, limited. **4** (*fig.*) (*meschino*) mean, petty, narrow-minded. **5** (*concentrato*) concentrated, condensed, thick: *un sugo* ~ a thick sauce.

risucchiare *v.t.* to swallow up.

risultante **I** *a.* resulting, resultant. **II** *s.f./m.* (*Fis., Mat.*) resultant.
risultare *v.i.* **1** (*derivare come conseguenza*) to (be the) result, to be the outcome, to ensue, to follow. **2** (*essere noto*) to be known, to appear: *sul suo conto non risulta nulla di male* nothing is known against him; (*nelle frasi impers.*) to understand* (costr. pers.), to hear* (costr. pers.): *mi risulta che vi siete visti ieri* I understand you saw e.o. yesterday. **3** (*essere accertato*) to be clear, to emerge. **4** (*dimostrarsi, rivelarsi*) to be, to prove (to be), to turn out (to be): ~ *falso* to turn out to be false. **5** (*riuscire*) to be, to come* out: *è risultato vincitore* he was the winner.
risultato *m.* **1** result. **2** (*Sport*) (*punteggio*) score. ☐ *risultati* **elettorali** election returns (*o* results); ~ **finale** final result; (*Sport*) final score; **senza** ~ without any result; (*senza successo*) (*agg.*) unsuccessful, fruitless.
risuonare **I** *v.i.* **1** (*suonare di nuovo: rif. a strumenti musicali*) to play again; (*rif. a campanelli e sim.*) to ring* again. **2** (*riecheggiare*) to re-echo, to resound, to reverberate. **3** (*Fis.*) to resonate. **II** *v.t.* (*rif. a campanelli e sim.*) to ring* again.
risurrezione *f.* resurrection; (*rif. a Gesù Cristo*) Resurrection (of Christ).
risuscitare **I** *v.t.* **1** to raise, to resurrect, to resuscitate. **2** (*fig.*) to revive, to put* new life (*o* fresh heart) into: ~ *antichi odi* to revive old hatreds. **II** *v.i.* (*Rel.*) to be resurrected, to be raised from the dead, to resuscitate.
risvegliare *v.t.* **1** to wake* (up) again. **2** (*svegliare*) to wake* (up), to awake*. **3** (*fig.*) (*scuotere dal torpore*) to awaken, to (a)rouse. **4** (*fig.*) (*stimolare, suscitare*) to arouse (*o* stir up), to whet: ~ *l'appetito* to whet the appetite; (*rif. a sentimenti e sim.*) to rekindle, to revive. **risvegliarsi** *v.i.pron.* **1** to wake* up again. **2** (*svegliarsi*) to wake* up, to awake*. **3** (*fig.*) to be rekindled, to be aroused again.
risveglio *m.* **1** waking up, awak(en)ing. **2** (*fig.*) (*rifioritura*) revival, renewal.
risvolto *m.* **1** (*Sartoria*) lapel: *i risvolti della giacca* jacket lapels; (*di manica*) cuff; (*dei pantaloni*) turn-up, (*am.*) cuff; (*di una tasca*) flap. **2** (*fig.*) (*aspetto secondario*) implication. **3** (*della sopraccoperta di un libro*) jacket -flap.
ritagliare *v.t.* to cut* out, to clip.
ritaglio *m.* **1** cutting, clipping: ~ *di giornale* newspaper cutting. **2** *pl.* (*avanzi*) scraps *pl.*; (*rif. a stoffe*) remnants *pl.* ☐ ~ *di tempo* spare time.
ritardare **I** *v.i.* **1** (*tardare*) to take* a long time, to be late: ~ *a rispondere* to be late in answering. **2** (*di orologio*) to be slow. **II** *v.t.* **1** to delay, to retard, to hold* up; (*rallentare*) to slow (down), to slacken. **2** (*differire*) to postpone, to delay, to put* off.
ritardatario *m.* **1** (*chi arriva in ritardo*) latecomer. **2** (*chi indugia*) defaulter.
ritardato **I** *a.* **1** delayed; (*rallentato*) slowed (down). **2** (*Psic., Med.*) retarded. **II** *s.m.* (*Psic.*) retarded (*o* backward) person.
ritardo *m.* delay. ☐ **arrivare** *in* ~ to come late; **essere** *in* ~ to be late; ~ *nel* **pagamento** delay in payment; **scusami** *il* ~ sorry I'm late.
ritegno *m.* (*freno*) restraint; (*moderazione*) moderation. ☐ *senza* ~ (*agg.*) without restraint, unrestrained; (*avv.*) unrestrainedly.
ritemprare *v.t.* (*fig.*) (*rinforzare, rinfrancare*) to strengthen, to fortify, to restore. **ritemprarsi** *v.r.* to fortify o.s., to gain new strength.
ritenere *v.t.* **1** (*fig.*) (*giudicare, stimare*) to think*, to consider, to believe, to feel*. **2** (*ricordare*) to remember, to retain, to keep* in mind. **ritenersi** *v.r.* to think* o.s., to consider o.s.
ritentare *v.t.* to try again.
ritenuta *f.* deduction. ☐ (*Econ.*) ~ *d'***acconto** advance withholding tax; ~ *alla* **fonte** source withheld tax.
ritenzione *f.* retention.
ritirare *v.t.* **1** to withdraw* (*anche fig.*). **2** (*farsi consegnare*) to collect, (*fam.*) to pick up. **3** (*togliere*) to take* away, to confiscate, to revoke: ~ *la patente a qd.* to confiscate s.o.'s driving-licence. **4** (*fig.*) (*ritrattare*) to withdraw*, to retract. **ritirarsi** *v.r.* **1** (*tirarsi indietro*) to withdraw*, to retreat, to draw* back: *l'esercito si ritirò* the army withdrew. **2** (*appartarsi*) to retire, to withdraw*. **3** (*interrompere un'attività*) to retire (*da* from), to give* up (s.th.). **ritirarsi** *v.i.pron.* **1** (*accorciarsi, restringersi*) to shrink*. **2** (*defluire*) to recede; (*di marea*) to ebb: *la marea si sta ritirando lentamente* the tide is ebbing slowly. ☐ ~ *la parola data* to go back on one's word.
ritirata *f.* **1** retreat, withdrawal (*anche Mil.*). **2** (*Mil.*) (*rientro in caserma: segnale*) tattoo: *suonare la* ~ to sound (*o* beat) the tattoo. **3** (*latrina*) lavatory, toilet. ☐ *battere in* ~ (*Mil.*) to retreat; (*fig. fam.*) (*scappare*) to beat a retreat.
ritirato *a.* retired, secluded.
ritiro *m.* **1** (*il ritirare*) withdrawal; (*il ritirarsi*) retreat, withdrawal. **2** (*revoca*) taking away, revocation, confiscation: ~ *del passaporto* taking away of a passport. **3** (*il prendere, il farsi consegnare*) collection, collecting. **4** (*luogo appartato*) retreat, secluded spot.
ritmare *v.t.* to beat* out.
ritmica *f.* rhytmics.
ritmico *a.* rhythmic(al).
ritmo *m.* rhythm. ☐ *ritmi* **biologici** biological rhythms; ~ *di* **lavoro** work tempo (*o* pace); **muoversi** *a* ~ *di danza* to move in dance rhythm.
rito *m.* **1** rite, ceremony: *con* ~ *civile* by civil ceremony. **2** (*fig.*) (*usanza*) custom, usage,

rite. ▭ *di* ~ usual, customary.

ritoccare *v.t.* **1** to touch up, to retouch, to revise. **2** (*Fot.*) to touch up, to retouch. ▭ ~ *i prezzi* to revise prices.

ritocco *m.* **1** touch-up, finishing touch, retouch. **2** (*Fot.*) retouching.

ritogliere *v.t.* **1** to take* away again; (*rif. a vestiti e sim.*) to take* off again. **2** (*riprendere ciò che si era dato*) to take* back.

ritorcere *v.t.* **1** to twist (*o* wring*) again, to retwist; (*rif. a panni lavati*) to wring* out again. **2** (*fig.*) (*rivolgere contro*) to turn against, to throw* back. **ritorcersi** *v.i.pron.* to retort, to be turned: *tutte le tue accuse si ritorcono contro di te* all your accusations are turned against you.

ritornare I *v.i.* **1** (*tornare*) to return, to go* (*o* come*) back: ~ *a casa* to return (*o* go*) home. **2** (*ripresentarsi*) to recur, to be repeated. **3** (*ridiventare*) to become* (*o* be) again, to return. **II** *v.t.* (*restituire*) to give* back, to return. ▭ ~ *in* **mente** to come to mind again; ~ *di* **moda** to come back into fashion; ~ *in* **sé**: 1 (*riprendersi*) to come round; 2 (*rinsavire*) to come to one's senses.

ritornello *m.* **1** (*Mus.*) refrain. **2** (*fig.*) story, song.

ritorno *m.* **1** return; (*spec. am.*) comeback: ~ *in città* return to town. **2** (*viaggio di ritorno*) return trip (*o* journey), trip (*o* way) back: *al* ~ on the return trip. ▭ **al** *mio* ~ on my return; **biglietto** *di andata e* ~ return ticket; *essere* **di** ~ (*stare tornando*) to be on the way back; (*essere ritornato*) to be back; **fare** ~ to return, to come (*o* go) back; (*Mot.*) ~ *di* **fiamma** back-fire; (*fig.*) revival of an old love affair; (*Comm.*) **merci** *di* ~ returns; (*Sport*) **partita** *di* ~ return match; *sulla* **via** *del* ~ on the way back; **viaggio** *di andata e* ~ round trip; **vuoti** *di* ~ empties.

ritorsione *f.* retaliation.

ritrarre *v.t.* **1** (*tirare indietro*) to retract, to withdraw*, to draw* back. **2** (*rappresentare*) to portray, to depict, to represent. **ritrarsi** *v.r.* **1** (*farsi indietro*) to step (*o* move *o* draw*) back. **2** (*fig.*) (*ritirarsi*) to withdraw* (*da* from). ▭ *farsi* ~ to have one's portrait painted.

ritrattare *v.t.* **1** (*ritirare*) to retract, to take* back, to withdraw*. **2** (*abiurare*) to recant.

ritrattazione *f.* **1** retractation, withdrawal. **2** (*abiura*) recantation.

ritrattista *m./f.* (*Pitt.*) portrait-painter.

ritratto I *s.m.* **1** portrait; picture: *fare il* ~ *di qd.* to paint s.o.'s portrait. **2** (*fig.*) image, picture, portrait. **II** *a.* (*rappresentato, raffigurato*) portrayed, depicted, pictured. ▭ (*Fot.*) ~ *a* **colori** colour portrait; ~ *di* **famiglia** family portrait; ~ *al* **naturale** life-size portrait.

ritrazione *f.* retraction.

ritrosaggine, **ritrosia** *f.* reluctance, unwillingness; (*timidezza*) shyness, bashfulness.

ritroso *a.* **1** (*restio*) reluctant, unwilling. **2** (*timido*) shy, bashful. ▭ *a* ~ backwards; (*fig.*) (*controcorrente*) against the tide (*o* stream).

ritrovamento *m.* **1** finding. **2** (*scoperta*) discovery, find.

ritrovare *v.t.* **1** to find*. **2** (*fig.*) (*riacquistare, ricuperare*) to find* again, to recover, to find*: ~ *la serenità* to find serenity again. **3** (*incontrare di nuovo*) to meet* (*o* find*) again, (*fam.*) to run* into. **ritrovarsi I** *v.r.recipr.* **1** (*incontrarsi di nuovo*) to meet* again (*con qd.* s.o.). **2** (*riunirsi*) to meet*. **II** *v.r.* **1** (*orientarsi, raccapezzarsi*) to make* out, to see* (*o* find*) one's way around, to get* one's bearings. **2** (*essere, capitare*) to be, to find* o.s.: ~ *nei guai* to be in trouble.

ritrovo *m.* meeting-place; (*circolo*) club: ~ *notturno* night-club. ▭ *un* ~ *di ladri* a den of thieves.

ritto I *a.* **1** (*dritto in piedi*) upright, erect, on one's feet. **2** (*levato in alto, alzato*) raised, erect, straight up: *il gatto passò con la coda ritta* the cat walked by with its tail erect. **3** (*posto verticalmente*) upright, (standing) up, vertical. **II** *s.m.* right side, face. ▭ *avere i* **capelli** *ritti* (*per lo spavento*) to have one's hair standing on end; **stare** *su* ~ to stand up straight.

rituale I *a.* **1** ritual: *preghiere rituali* ritual prayers. **2** (*estens.*) (*abituale*) customary, usual, ritual. **II** *s.m.* ritual.

riunione *f.* **1** meeting, gathering, reunion, assembly; (*di carattere informale*) get-together. **2** (*riconciliazione*) reconciliation, reunion. **3** (*Sport*) meet(ing). ▭ ~ *del consiglio dei ministri* Cabinet meeting.

riunire *v.t.* **1** (*ricongiungere*) to reunite, to put* together. **2** (*mettere insieme*) to gather (together), to collect (up). **3** (*rif. a persone: radunare*) to assemble, to get* together, to gather. **4** (*fig.*) (*riconciliare*) to reconcile, to bring* together again. **riunirsi I** *v.r.* (*radunarsi*) to meet*, to gather, to assemble, to come* (*o* get*) together. **II** *v.r.recipr.* (*tornare a unirsi*) to be reunited, to come* together again.

riunito *a.* **1** reunited. **2** (*radunato*) assembled, gathered (together).

riuscire *v.i.* **1** to succeed, to manage, to be able: ~ *a fare qc.* to succeed in doing s.th. **2** (*avere esito positivo*) to be successful, to come* (*o* turn) out well, to succeed. **3** (*avere attitudine*) to be good (*o* clever) (*in* at). **4** (*apparire, risultare*) to be, to prove: *ciò che mi racconti mi riesce nuovo* what you say is new to me. **5** (*uscire di nuovo*) to go* out again. ▭ *mi riesce* **antipatico** I don't like him; ~ **bene** to come (*o* turn) out well, to be a success; ~ *nell'***intento** to achieve one's goal; ~ **male** to turn (*o* come) out badly, to be unsuccessful, (*fam.*) to be a flop.

riuscita *f.* result, outcome; (*buon esito*) success. ▭ **avere** (o *fare*) *una buona* ~ to be a success, to be successful, to turn (*o* come) out well; (*rif. a prodotti commerciali*) to be (*o* prove) good; **cattiva** ~ failure.

riuscito *a.* **1** well-done. **2** (*che ha avuto buon esito*) successful.

riva *f.* (*rif. al mare*) shore, coast; (*rif. a fiume*) bank; (*rif. a lago*) shore. □ *in* ~ *al mare* by the sea, on the sea-shore.

rivale I *a.* rival. **II** *s.m./f.* rival (*anche estens.*). □ (*fig.*) *non* **avere** *rivali* to be unrivalled (*o* matchless); **squadra** ~ competing team.

rivaleggiare *v.i.* to vie, to be a rival, to compete (*anche estens.*).

rivalersi *v.i.pron.* **1** (*servirsi di nuovo*) to avail o.s, again, to make* use again (*di* of): *devo rivalermi del suo aiuto* I must avail myself of his help again. **2** (*rifarsi*) to make* up for, to make* good one's losses.

rivalità *f.* rivalry.

rivalsa *f.* (*rivincita*) revenge; (*risarcimento*) compensation.

rivalutare *v.t.* (*Econ.*) to revalue, to re-evaluate.

rivalutazione *f.* revaluation, re-evaluation

rivangare *v.t.* to dig* up again (*anche fig.*). □ (*fig.*) *non rivanghiamo il passato* let bygones be bygones.

rivedere *v.t.* **1** to see* again; (*incontrare di nuovo*) to meet* again. **2** (*rileggere*) to read* again (*o* over); (*ripassare*) to review, to look (*o* go*) over. **3** (*revisionare*) to examine, to look over (*o* through): ~ *una relazione* to look over a report; (*correggere*) to correct, to revise; (*rif. a bozze*) to proof-read*. **4** (*Mecc.*) (*revisionare*) to overhaul. **rivedersi** *v.r.recipr. (vedersi di nuovo*) to see* e.o. again; (*incontrarsi di nuovo*) to meet* e.o. again.

rivedibile *a.* **1** that can be seen again, worth seeing again. **2** (*Mil.*) temporarily unfit.

riveduto *a.* revised, looked over: ~ *e corretto* revised and corrected.

rivelare *v.t.* to reveal, to disclose, to divulge. **rivelarsi** *v.r.* to reveal o.s., to turn out, to prove.

rivelatore I *m.* **1** (*tecn.*) detector. **2** (*Fot.*) developer. **II** *a.* revealing.

rivelazione *f.* **1** revelation (*anche Rel.*). **2** (*Fis.*) detection.

rivendere *v.t.* **1** (*vendere di nuovo*) to sell* again, to resell*. **2** (*vendere al dettaglio*) to retail.

rivendicare *v.t.* (*esigere*) to demand, to claim. □ ~ *un attentato* to claim responsibility for an assault.

rivendicatore *m.* vindicator, claimant.

rivendicazione *f.* **1** claim, demand. **2** (*Dir.*) claim. □ *rivendicazioni* **salariali** wage demands; *rivendicazioni* **sindacali** union demands.

rivendita *f.* **1** resale, reselling. **2** (*bottega*) (retail) shop, (*am.*) store: ~ *di generi alimentari* food shop, grocery store.

rivenditore *m.* **1** reseller. **2** (*venditore al minuto*) retailer; (*venditore ambulante*) hawker.

riverberare *v.t.* to reflect, to reverberate. **riverberarsi** *v.i.pron.* to be(come*) reflected, to reverberate.

riverbero *m.* reflection, reverberation.

riverente *a.* reverent, respectful.

riverenza *f.* **1** reverence, respect: *ispirare* ~ to inspire respect (*o* reverence). **2** (*inchino*) bow, (*rif. a donne*) curts(e)y. □ *con* ~ reverently, respectfully.

riverire *v.t.* **1** to revere, to respect. **2** (*salutare con deferenza*) to pay* one's respects to.

riverito *a.* revered, respected.

riversare *v.t.* **1** to pour again. **2** (*versare, rovesciare*) to pour, to flow. **3** (*fig.*) (*rif. ad affetti*) to lavish, to shower. **4** (*fig.*) (*attribuire*) to lay*, to put*, to throw*: ~ *la colpa addosso a qd.* to put the blame on s.o. **riversarsi** *v.i.pron.* **1** (*rif. a fiumi*) to flow. **2** (*fig.*) (*spargersi in massa*) to pour, to stream, to swarm.

riverso *a.* (*supino*) on one's back, supine.

rivestimento *m.* **1** covering, coating: ~ *di ceramica* ceramic coating. **2** (*interno*) lining.

rivestire *v.t.* **1** (*vestire di nuovo*) to dress again. **2** (*ricoprire*) to cover, to coat; (*foderare*) to line. **3** (*fig.*) (*assumere*) to hold*: *riveste la carica di sindaco* he holds the office of mayor. **rivestirsi** *v.r.* **1** to dress (o.s.) again, to get* dressed (again), to put* one's clothes on again; (*cambiarsi d'abito*) to put* on fresh clothes. **2** (*ricoprirsi*) to be covered (*o* bedecked) (*di* with), to clothe o.s. (in with). □ ~ *in* **legno** to panel, to wainscot· ~ *con* **mattoni** to line (*o* cover) with bricks; ~ *qd. da capo a* **piedi** to fit s.o. from head to toe.

rivestito *a.* (*ricoperto*) covered (*di* with, in), (*foderato internamente*) lined (with); (*ricoperto di vegetazione*) covered, clad.

riviera *f.* coast, coastal region.

rivierasco I *a.* coastal, coast-, of (*o* on) the coast. **II** *s.m.* coast-dweller.

rivincere *v.t.* (*ricuperare qc. di perduto*) to win* back.

rivincita *f.* **1** return match (*o* game) (*anche Sport*). **2** (*fig.*) (*rivalsa*) revenge: *prendersi la* ~ to take (*o* get) one's revenge.

rivista *f.* **1** (*periodico*) magazine, review; (*spec. scientifica*) journal: *una* ~ *di moda* a fashion magazine. **2** (*Teat.*) revue, variety show. **3** (*Mil.*) review, inspection. □ *passare in* ~ (*Mil.*) to review (*o* inspect) the troops; (*fig.*) to review, to examine.

rivivere I *v.i.* **1** (*tornare in vita*) to come* to life again. **2** (*fig.*) (*perpetuarsi*) to live on: *nella figlia rivive la bellezza della madre* the mother's beauty lives on in her daughter. **3** (*fig.*) (*rifiorire*) to flourish (*o* live) again, to revive. **II** *v.t.* to live over again. □ *far* ~ to bring to life again.

rivolere *v.t.* **1** to want again. **2** (*volère la restituzione*) to want back.

rivolgere *v.t.* **1** (*volgere, indirizzare*) to direct, to turn, to head: ~ *il passo verso casa* to direct one's steps homewards. **2** (*indirizzare la parola*) to address. **3** (*fig.*) (*rif. a sentimenti e sim.*) to turn, to direct: ~ *la propria attenzione a qc.* to turn one's attention to s.th. **rivolgersi** *v.r.* **1** to turn. **2** (*indirizzare la parola*) to address (*a qd.* s.o.), to speak*, to talk (to). **3** (*fig.*) (*ricorrere*) to apply, to turn (*a* to): *mi rivolsi a lui per un prestito* I turned to him for a loan.

rivolgimento *m.* (*mutamento di un ordine*) upheaval (*anche fig.*).

rivolo *m.* stream(let), rivulet.

rivolta *f.* **1** (*ribellione*) revolt, rebellion, uprising. **2** (*Mil.*) mutiny. ▭ **aperta** ~ open revolt; **in** ~ in revolt, revolting, insurgent.

rivoltante *a.* revolting, disgusting.

rivoltare *v.t.* **1** (*voltare di nuovo*) to turn (over) again. **2** (*rif. a cose piatte*) to turn (over). **3** (*rif. a vestiti*) to turn (inside out). **4** (*ripugnare*) to disgust, to revolt (*anche fig.*): *la sua disgustosa abitudine di sputare mi rivoltava* I was revolted by his dirty habit of spitting. **rivoltarsi** **I** *v.r.* to turn over, to roll about. **II** *v.i.pron.* (*ribellarsi*) to revolt, to rebel, to rise*.

rivoltella *f.* revolver.

rivoltellata *f.* revolver shot.

rivolto *a.* turned.

rivoltolare *v.t.* to turn over, to roll about. **rivoltolarsi** *v.r.* to turn over; (*nella polvere, nel fango e sim.*) to wallow (*anche fig.*).

rivoltoso **I** *a.* rebellious, insurgent. **II** *s.m.* rebel.

rivoluzionare *v.t.* to revolutionize.

rivoluzionario *a./s.m.* revolutionary.

rivoluzione *f.* **1** revolution. **2** (*fig.*) (*mutamento profondo*) revolution, radical change. **3** (*Mot., Fis., Astr.*) revolution. **4** (*fig.*) (*confusione*) mess. ▭ (*Stor.*) *Rivoluzione francese* French Revolution.

rizoma *m.* (*Bot.*) rhizome.

rizzare *v.t.* **1** (*montare*) to set* up, to erect: ~ *una tenda* to set up a tent. **2** (*costruire*) to build*, to set* up, to erect, to raise: ~ *un muro* to erect a wall. **rizzarsi** *v.r.* (*rif. a persone: in piedi*) to stand* up, to rise* (to one's feet); (*a sedere*) to sit* up; (*rif. ad animali*) to rise* on one's hind legs. ▭ (*fig.*) *mi si rizzano i* **capelli** *dallo spavento* my hair is standing on end with fear; (*fig.*) **da** *far* ~ *i capelli* hair-raising; (*fig.*) ~ *le* **orecchie** to prick up one's ears; *rizzarsi sulla* **punta** *dei piedi* to stand on tiptoe.

Rn = (*Chim.*) *radon* radon.

roano *a./s.m.* (*rif. a cavalli*) roan.

roba *f.* **1** stuff, things *pl.* **2** (*ciò che si possiede*) things *pl.*, belongings *pl.*; (*beni*) goods *pl.*, possessions *pl.* **3** (*collett.*) (*indumenti*) clothes *pl.*, things *pl.* **4** (*fig., spreg.*) (*faccenda*) business, matter, affair, things *pl.*; (*a volte non si traduce*): *non è ~ per me* it's not my cup of tea; *che ~ è questa?* what's this? **5** (*merce*) goods, merchandise: ~ *rubata* stolen goods. **6** (*sl.*) (*droga*) junk. ▭ (*iron.*) **bella** ~*!* a fine thing indeed!; **che** ~*!* my goodness!; ~ *da* **mangiare** things *pl.* to eat; (*pop*) ~ *da* **matti***!* it's sheer madness!, it's crazy!; **molta** ~ a lot (of things); **poca** ~ not much (stuff); è ~ *da* **poco** it's nothing; ~ **vecchia** old things *pl.*, (*fam.*) junk.

robaccia *f.* rubbish, trash, (*fam.*) junk.

Roberto *N.pr.m.* Robert, (*vezz.*) Bob, Robin.

robivecchi *m.* junk-man (*pl.* –men), rag-and -bone man.

roboante *a.* **1** (*rimbombante*) resounding. **2** (*fig., spreg.*) bombastic, high-sounding.

robot *m.* robot.

robotica *f.* robotics *pl.* (costr. sing.).

robotico *a.* robotic.

robustezza *f.* sturdiness, hardiness.

robusto *a.* **1** robust, sturdy, hardy: *un ragazzo* ~ a sturdy boy. **2** (*solido*) sound, solid, strong.

rocambolesco *a.* **1** (*coraggioso*) daring, bold. **2** (*sbalorditivo*) amazing, astonishing.

rocca *f.* fort(ress), stronghold. ▭ **cristallo** *di* ~ rock crystal; (*fig.*) **saldo** *come una* ~ as firm as a rock.

rocca[2] *f.* distaff: *il fuso e la* ~ the spindle and the distaff.

roccaforte *f.* **1** fort(ress), stronghold. **2** (*fig.*) stronghold.

rocchetto *m.* **1** (*di filo*) spool; reel. **2** (*Cin.*) take-off and take-up spool. **3** (*Mecc.*) reel. **4** (*El.*) coil.

roccia *f.* (*Geol.*) rock.

rocciatore *m.* (*alpinismo.*) rock-climber.

roccioso *a.* rocky. ▭ (*Geog.*) *le Montagne Rocciose* the Rocky Mountains; (*fam.*) the Rockies.

roccocò, **rococò** *a./s.m.* (*Arte*) rococo.

roco *a.* hoarse.

rodaggio *m.* **1** (*Mot.*) running-in, (*am.*) break (ing)-in. **2** (*fig.*) (*periodo d'adattamento*) period of adjustment. ▭ (*Aut.*) *in* ~ running-in, (*am.*) break(ing)-in.

rodare *v.t.* **1** (*Mot.*) to run* in, (*am.*) to break* in. **2** (*fig.*) (*adattare*) to adjust, to adapt.

rodeo *s.* rodeo.

rodere *v.t.* **1** (*rosicchiare*) to gnaw (at), to nibble (at). **2** (*corrodere*) to erode, to eat* away (*o* into), to wear* away; (*rif. ad acidi e sim.*) to corrode. **3** (*fig.*) to eat* up, to gnaw (away) (*qd.* at s.o). **rodersi** *v.r.* (*consumarsi*) to be eaten up, to be consumed (*di* with).

Rodi *N.pr.f.* (*Geog.*) Rhodes.

rodimento *m.* **1** gnawing, nibbling. **2** (*fig.*) torment, anxiety, worry.

rodio *m.* (*Chim.*) rhodium.

roditore *s.m.* rodent.

rododendro *m.* (*Bot.*) rhododendron.

Rodolfo *N.pr.m.* Randolph.

rogito *m.* (*Dir.*) notarial instrument (*o* deed).

rogna *f.* **1** (*Med.*) scabies. **2** (*Veterinaria*) mange, scabies. **3** (*fam.*) (*fastidio*) bore. ▭ (*pop.*) *cercare* ~ to be looking for trouble.

rognone *m.* (*Gastr.*) kidney.
rognoso *a.* **1** scabby. **2** (*fig. fam.*) (*noioso*) boring, bothersome.
rogo *m.* **1** stake. **2** (*pira funebre*) (funeral) pyre. **3** (*fig.*) (*incendio*) fire.
rollare *e deriv.* → **rullare** *e deriv.*
rollino → **rullino.**
rollio *m.* rolling.
romanesco *m.* dialect spoken in (modern) Rome.
Romania *N.pr.f.* (*Geog.*) Rumania.
romanico *a.* (*Arte*) Romanesque.
romanità *f.* **1** Roman spirit. **2** (*Stor.*) Roman world.
romano I *a.* **1** Roman. **2** (*Tip.*) roman (type). **II** *s.m.* Roman, native (*o* inhabitant) of Rome. □ **alla** *romana* Roman style, in the Roman way; (*fam.*) **fare** *alla romana* to go Dutch.
romanticheria *f.* mawkishness, sentimentality.
romanticismo *m.* **1** (*Lett.*) Romanticism, Romantic Movement. **2** (*estens.*) romanticism.
romantico I *a.* **1** (*Lett.*) Romantic. **2** (*estens.*) romantic. **II** *s.m.* **1** Romantic. **2** romantic, sentimentalist.
romanza *f.* (*Mus., Lett.*) romance; (*di opera*) aria.
romanzare *v.t.* to romance.
romanzato *a.* romanticized, fictionalized.
romanzesco *a.* **1** of a novel, novel-: *letteratura romanzesca* novels, novel writing. **2** (*estens.*) (*non storico*) fictional, fictitious. **3** (*fig.*) (*straordinario*) fantastic, fabulous: *impresa romanzesca* fantastic feat. **4** (*Lett.*) (*cavalleresco*) romance.
romanziere *m.* novelist.
romanzo[1] *a.* (*Ling.*) Romance: *lingue romanze* Romance languages.
romanzo[2] *m.* **1** (*Lett.*) novel; (*cortese*) romance. **2** (*genere narrativo*) fiction. **3** (*estens.*) adventurous life; life full of romance. □ ~ *d'***appendice** serial; ~ **fiume** saga, roman-fleuve; ~ **giallo** detective story, thriller; ~ **rosa** love story; ~ **sceneggiato** TV serial; ~ *di cappa e* **spada** cloak and dagger novel.
rombare *v.i.* (*rif. a tuono*) to rumble, to roll, to thunder; (*rif. a motore*) to roar.
rombo[1] *m.* roar, rumble; (*del cannone*) roar, thunder; (*del motore*) roar; (*del tuono*) roll.
rombo[2] *m.* (*Geom.*) rhomb(us).
rombo[3] *m.* (*Zool.*) turbot.
romboidale *a.* (*Geom.*) rhomboid(al).
romboide *a./s.* (*Geom.*) rhomboid.
romeno *a./s.m.* Rumanian, Romanian.
romitaggio *m.* hermitage.
romito *a.* (*lett.*) lonely, solitary.
rompere I *v.t.* **1** to break*; (*spaccare*) to break* (in pieces), to shatter, to smash: ~ *un bicchiere* to smash a glass. **2** (*lacerare, stracciare*) to tear*, to rip, to break*. **3** (*fig.*) (*interrompere*) to break* (up), to interrupt; (*sospendere*) to break* off, to stop. **4** (*fig.*) (*violare*) to break*, to violate, to fail to keep. **II** *v.i.* to break* off, to break* up. **rompersi** *v.i.pron.* **1** to break*; (*andare in pezzi*) to break* (into pieces), to shatter. **2** (*scoppiare: di vescica, ecc.*) to burst*. □ (*fam.*) ~ *l'***anima** *a qd.* to pester s.o.; (*fig.*) *rompersi il* **capo** to rack (*o* cudgel) one's brains; (*Mil., Ginn.*) *rompete le* **file***!* break ranks!; *rompersi una* **gamba** to break one's leg.
rompicapo *m.* **1** riddle, puzzle; (*in enigmistica*) brain-teaser. **2** (*preoccupazione*) worry, trouble.
rompicoglioni *a./s.m./f.* (*volg.*) pain in the ass.
rompicollo *m.* daredevil, madcap. □ *a* ~ at breakneck speed.
rompighiaccio *m.* (*Mar.*) ice-breaker.
rompipalle *a./s.m./f.* pain in the neck.
rompiscatole *m./f.* (*fam.*) pest, pain in the neck.
roncola *f.* (*Agr.*) bill-hook.
ronda *f.* (*Mil.*) **1** rounds *pl.*, watch: *essere di* ~ to be on watch. **2** (*pattuglia*) patrol, round, watch: *passa la* ~ the patrol is going the rounds.
rondella *f.* (*Mecc.*) washer.
rondine *f.* (*Zool.*) swallow. □ *a coda di* ~ swallow tailed; (*tecn.*) dovetail.
rondò[1] *m.* (*Mus.*) rondo, rondeau.
rondò[2] *m.* (*Strad.*) roundabout.
ronfare *v.i.* (*fam.*) (*russare*) to snore.
ronzare *v.i.* **1** (*rif. a insetti*) to buzz, to hum, to drone. **2** (*estens.*) to hum, to drone. **3** (*fig.*) (*girare intorno*) to go* about (*o* around); (*fare la corte*) to swarm (*intorno a* around). □ *mi ronzano gli orecchi* my ears are ringing.
ronzino *m.* nag, hack.
ronzio *m.* **1** (*rif. a insetti*) buzz(ing), hum (ming), drone. **2** (*estens.*) hum, drone, buzz.
rosa I *s.f.* **1** (*Bot.*) rose: *un mazzo di rose* a bouquet of roses. **2** (*fig.*) (*gruppo*) group, list: *la* ~ *dei candidati* the list of candidates. **II** *s.m.* (*il colore*) pink, rose. **III** *a.* **1** pink, rose: *vestito* ~ pink dress. **2** (*Lett., Cin.*) romantic, love-: *un film* ~ a love film. □ **acqua** *di* ~ rosewater; ~ **canina** dog-rose; **fresco** *come una* ~ as fresh as a daisy; ~ **rampicante** rambler, rambling rose; (*fig.*) **veder** *tutto* ~ to see things through rose -coloured spectales: ~ *dei* **venti** compass card.
Rosa *N.pr.f.* Rose.
rosario *m.* **1** (*Rel.*) rosary: *recitare il* ~ to say the rosary. **2** (*fig.*) string, volley.
rosato *a.* rosy, pink, rose-coloured.
roseo *a.* **1** rosy, rose-coloured, pink. **2** (*fig.*) rosy, bright.
roseto *m.* **1** (*Bot.*) (*aiuola*) rose-bed; (*giardino*) rose garden. **2** (*pianta*) rose-bush.
rosetta *f.* **1** (*Oreficeria*) (*taglio*) rose (cut); (*pietra*) rose (cut) diamond. **2** (*coccarda*) rosette. **3** (*Mecc.*) washer.
rosicchiare *v.t.* to nibble; (*rodere*) to gnaw (at).

rosmarino *m.* (*Bot.*) rosemary.

rosolare *v.t.* (*Gastr.*) to brown. **rosolarsi I** *v.r.* (*al sole*) to bask (in the sun). **II** *v.i.pron.* (*Gastr.*) to get* brown.

rosolia *f.* (*Med.*) rubella; (*fam.*) German measles.

rosone *m.* (*Arch.*) rosette; (*finestra circolare*) rose-window, wheel-window.

rospo *m.* **1** (*Zool.*) toad. **2** (*fig. spreg.*) hideous (*o* loathsome) person. ☐ (*fig.*) *ingoiare il* (o *un*) ~ to swallow a bitter pill.

Rossana *N.pr.f.* Roxana.

rossastro *a.* reddish, ruddy.

rossetto *m.* (*Cosmetica*) lipstick; (*belletto*) rouge.

rossiccio I *a.* reddish. **II** *s.m.* reddish colour.

rosso I *a.* red. **II** *s.m.* **1** (*il colore*) red; (*l'essere rosso*) redness: *il* ~ *delle labbra* the redness of the lips. **2** (*persona dai capelli rossi*) red-head, red-haired person. **3** (*Pol.*) (*comunista*) Red. **4** (*Gastr.*) (*tuorlo d'uovo*) (egg) yolk. **5** (*Comm.*) red. ☐ ~ **acceso** bright red; ~ *come la* **brace** fiery (*o* glowing) red; *vestire* **di** ~ to dress in red; **diventare** ~ *per la vergogna* to blush, to flush; (*Comm.*) **essere** *in* ~ to be in the red; ~ **fiammante** flaming red; ~ **mattone** brick red; *di* **pelo** ~ red-haired; ~ *come un* **peperone** as red as a beetroot.

rossore *m.* red, colour; (*per pudore, vergogna*) blush, flush.

rosticceria *f.* delicatessen (shop); (*fam.*) take-away food shop.

rotabile I *a.* (*rif. a strade*) carriage-. **II** *s.f.* (*Strad.*) roadway, carriageway. ☐ (*Ferr.*) *materiale* ~ rolling stock.

rotaia *f.* **1** rail. **2** (*solco delle ruote*) rut; track. ☐ *uscire dalle rotaie* to go off the rails (*anche fig.*).

rotante *a.* rotating, revolving.

rotare I *v.i.* to rotate, to revolve, to turn round. **II** *v.t.* to rotate, to roll, to revolve.

rotativa *f.* (*Tip.*) rotary press.

rotativo *a.* rotating, rotatory.

rotatoria *f.* (*Strad.*) traffic-circle.

rotatorio *a.* rotatory, rotary.

rotazione *f.* **1** (*avvicendamento*) rotation, alternation. **2** (*Astr.*) rotation. ☐ ~ *agraria* crop rotation.

roteare I *v.t.* to whirl, [illegible], to rotate: ~ *gli occhi* to roll one's eyes. **II** *v.i.* to whirl.

rotella *f.* **1** (*piccola ruota*) small wheel; (*dei pattini*) roller; (*di mobili e sim.*) castor. **2** (*Mecc.*) roller. **3** (*Anat.*) (*rotula*) knee-cap. ☐ (*fam.*) *gli* **manca** *una* ~ he has a screw loose; **pattino** *a rotelle* roller-skate; **sedia** *a rotelle* wheelchair.

rotocalco I *s.m.* **1** (*Tip.*) rotogravure. **2** (*Giorn.*) (illustrated *o* picture) magazine. **II** *a.* (*Tip.*) rotogravure-.

rotolare *v.t./i.* to roll. **rotolarsi** *v.r.* to roll about.

rotolo *m.* roll. ☐ (*fig.*) **andare** *a rotoli* to go to rack and ruin; **mandare** *a rotoli* to ruin.

rotoloni *avv.* rolling (over and over): *cadere* ~ to fall down rolling over and over.

rotonda *f.* (*Arch.*) rotunda.

rotondeggiante *a.* roundish.

rotondità *f.* **1** roundness. **2** *pl.* (*scherz.*) (*rif. al corpo*) curves *pl.*

rotondo *a.* **1** round. **2** (*rotondeggiante*) round, plump, roundish.

rotta[1] *f.* (*Mar., Aer.*) course, route. ☐ **cambiare** ~ to change course (*o* route); (*Mar.*) **fare** ~ *per* to head for, to sail (*o* steer) to; **ufficiale** *di* ~ navigating officer.

rotta[2] *f.* (*disfatta*) rout, defeat. ☐ *correre a* ~ *di collo* to run at breakneck speed.

rottame *m.* **1** scrap, broken bit. **2** *pl.* (*Met.*) scrap: *rottami d'acciaio* steel scrap. **3** (*fig.*) (*rif. a persone*) wreck. **4** (*Mar.*) (*relitto*) wreck, wreckage.

rotto *a.* **1** broken: *un piatto* ~ a broken dish. **2** (*guasto*) out of order. **3** (*fratturato*) broken, fractured. **4** (*fig.*) (*rif. a persona: assuefatto*) inured, hardened, accustomed. ☐ *questo oggetto* **costa** *diecimila lire e rotti* this object costs ten thousand odd lire; **sentirsi** *tutto* ~ to ache all over.

rottura *f.* **1** break, breakage. **2** (*fig.*) breach, breakdown, breaking off. **3** (*Chir.*) (*frattura*) fracture, break. **4** (*fam.*) (*seccatura*) bore, drag. ☐ ~ *delle* **relazioni** *diplomatiche* severance of diplomatic relations; (*fam.*) ~ *di* **scatole** pain in the ass.

rotula *f.* (*Anat.*) knee-cap.

roulette *fr.* [ru'lɛt] *f.* (*gioco*) roulette.

roulotte *fr.* [ru'lɔt] *f.* (*Aut.*) (*ingl.*) caravan, (*am.*) trailer, mobile home.

routine *fr.* [ru'tin] *f.* routine.

rovente *a.* red-hot; burning (*anche fig.*).

rovescia *f.*: *alla* ~ (*capovolto*) upside-down; (*con l'interno all'esterno*) inside out; (*con il davanti dietro*) back to front; (*fig.*) (*al contrario*) wrong, the opposite. ☐ (*Missilistica*) *conto alla* ~ countdown.

rovesciamento *m.* **1** overturning, upsetting; (*rif. a natanti*) capsizing. **2** (*fig.*) (*caduta*) overthrow, (down)fall.

rovesciare *v.t.* **1** (*capovolgere*) to turn upside -down, to overturn; (*rif. a cose piatte*) to turn over; (*rif. a natanti*) to capsize. **2** (*rivoltare*) to turn inside out. **3** (*far cadere*) to knock (over *o* down). **4** (*fig.*) (*abbattere*) to overthrow*, to topple: ~ *il governo* to overthrow the government. **5** (*rif. a liquidi: versare*) to spill*: ~ *l'inchiostro* to spill the ink; (*versare intenzionalmente*) to pour. **rovesciarsi** *v.i.pron.* **1** (*capovolgersi*) to upset*, to overturn, to turn over; (*rif. a natanti*) to capsize. **2** (*cadere giù: rif. a pioggia e sim.*) to pour (down), to beat* down. **3** (*rif. a liquidi*) to spill*, to upset*.

rovesciata *f.* (*Sport*) overhead kick.

rovesciato *a.* (*capovolto*) upside-down, overturned; (*rivoltato*) inside out; (*rif. a natanti*) capsized.

rovescio I *a.* (*nei lavori a maglia*) purl: *ma-*

glia rovescia purl stitch. **II** *s.m.* **1** wrong (*o* other) side, back(side), reverse (side). **2** (*dorso, retro*) back, reverse: *il ~ di una moneta* the reverse of a coin. **3** (*scroscio violento di pioggia*) heavy shower, downpour, cloud -burst. **4** (*fig.*) (*danno*) setback, reverse: *subire un ~* to meet with a setback. **5** (*nel tennis*) backhand (stroke).

roveto *m.* brier, bramble-bush, thorn-bush.

rovina *f.* **1** ruin. **2** *pl.* (*macerie*) ruins *pl.*, rubble. **3** *pl.* (*ruderi*) ruins *pl.*, remains *pl.* ▭ **andare** *in ~* (*decadere*) to go to rack and ruin; **mandare** *qd. in ~* to ruin s.o.

rovinare I *v.t.* to ruin, to spoil* (*anche fig.*). **II** *v.i.* (*crollare*) to collapse, to fall* down, to crash. **rovinarsi** *v.r.* to be ruined, to ruin o.s.

rovinato *a.* **1** (*diroccato*) ruined, in ruins. **2** (*danneggiato*) ruined, spoilt, damaged: *un paio di scarpe rovinate dalla pioggia* a pair of shoes ruined by the rain. **3** (*fig.*) (*spacciato*) ruined; (*fam.*) done for.

rovinoso *a.* **1** ruinous. **2** (*furioso, impetuoso*) violent, heavy.

rovistare *v.t.* to ransack, to rummage, to search thoroughly.

rovo *m.* (*Bot.*) bramble.

rozzezza *f.* **1** roughness, coarseness. **2** (*fig.*) roughness, rudeness.

rozzo *a.* **1** rough, coarse. **2** (*fig.*) rough, rude, uncouth, unrefined.

RR = (*Poste*) *ricevuta di ritorno* return receipt.

R.S.V.P. = *si prega rispondere* (*dal francese*) please reply.

Ru = (*Chim.*) *rutenio* ruthenium.

R.U. = *Regno Unito* United Kingdom.

ruba *f.*: (*fig.*) *andare a ~* to sell* (*o* go*) like hot cakes.

rubacchiare *v.t.* to pilfer, to filch, to lift.

rubacuori I *s.m.* lady-killer. **II** *a.* bewitching, captivating.

rubare *v.t.* **1** to steal*: *~ qc. a qd.* to steal s.th. from s.o. **2** (*fig.*) to steal*, to rob: *~ a qd. l'affetto di una persona* to rob s.o. of a person's affection. **3** (*assol.*) to steal*, to be a thief. **rubarsi** *v.r.* (*contendersi*) to compete (*qd.* for s.o.), to argue (over), to fight*. ▭ *~ a* **man** *salva* to plunder; *~ il* **mestiere** *a qd.* to put s.o. out of business; *~* **tempo** *a qd.* to take up s.o.'s time.

ruberia *f.* theft, stealing.

rubicondo *a.* red, ruddy.

rubidio *m.* (*Chim.*) rubidium.

rubinetteria *f.* taps and fittings *pl.*

rubinetto *m.* tap, cock, (*am.*) faucet.

rubino *m.* (*Min.*) ruby.

rubizzo *a.* sprightly, hale (and hearty).

rublo *m.* rouble, ruble.

rubrica *f.* **1** (*quaderno con indice alfabetico*) index book; (*per indirizzi*) address book; (*per numeri telefonici*) telephone book. **2** (*Giorn.*) column, page: *~ letteraria* book column; (*nei titoli*) books.

rubricare *v.t.* to enter (in a book), to index.

rude *a.* **1** (*rozzo*) rough, coarse; (*severo*) harsh. **2** (*duro e risoluto*) hard, tough.

rudere *m.* **1** ruin, remains *pl.* **2** (*fig.*) wreck: *un ~ d'uomo* a human wreck.

rudezza *f.* roughness, coarseness.

rudimentale *a.* **1** (*elementare*) rudimentary, elementary. **2** (*Biol.*) (*non sviluppato*) rudimentary, primitive.

rudimento *m.* **1** rudiment, first principle (*o* element). **2** (*Biol.*) rudiment.

ruffiana *f.* procuress.

ruffiano *m.* (*spreg.*) **1** pimp, pander, procurer; (*intrallazzatore*) go-between. **2** (*leccapiedi*) toady.

ruga *f.* wrinkle.

Ruggero *N.pr.m.* Roger.

ruggine I *s.f.* **1** rust. **2** (*fig.*) (*astio, rancore*) grudge, ill-feeling, bad blood. **3** (*Agr.*) rust (disease). **II** *a.* rusty, russet.

rugginoso *a.* rusty.

ruggire *v.i.* to roar.

ruggito *m.* roar(ing) (*anche estens.*).

rugiada *f.* dew. ▭ *goccia di ~* dewdrop.

rugosità *f.* **1** wrinkledness. **2** (*scabrosità*) roughness.

rugoso *a.* **1** wrinkled, wrinkly: *volto ~* wrinkled face. **2** (*scabro*) rough.

rullaggio *m.* (*Aer.*) taxiing, taxying. ▭ *pista di ~* taxiway, taxi strip.

rullare I *v.i.* **1** to roll. **2** (*Aer.*) to taxi. **II** *v.t.* to roll.

rullata → **rullaggio**.

rullino *m.* (*Fot.*) roll, film.

rullio *m.* roll(ing).

rullo *m.* **1** roll: *il ~ dei tamburi* the roll of the drums. **2** (*arnese di forma cilindrica*) roll(er). **3** (*della macchina per scrivere*) platen; (*della macchina per stampare*) roller. **4** (*Cin.*) reel, roll. ▭ *~ compressore* steam -roller.

rum *m.* rum.

rumeno → **romeno**.

ruminante *m.* (*Zool.*) ruminant.

ruminare *v.t.* **1** to ruminate. **2** (*fig.*) (*meditare a lungo*) to ponder, to ruminate.

rumore *m.* **1** (*suono*) sound, noise. **2** (*chiasso*) noise, din, uproar. **3** (*fig.*) sensation, stir: *la notizia fece ~* the news caused some stir. ▭ (*Rad.*) *~ di* **fondo** background noise; *~* **metallico** clang.

rumoreggiare *v.i.* **1** to rumble, to make* a noise. **2** (*manifestare disapprovazione*) to be in an uproar, to clamour.

rumorio *m.* (faint) noise, (dull) sound, (low) rumbling.

rumorosità *f.* noisiness, noise.

rumoroso *a.* **1** noisy, full of noise. **2** (*che fa molto rumore*) loud, noisy.

ruolino *m.*: *~ di marcia* (*Mil.*) marching order (*o* list); (*Sport*) time schedule.

ruolo *m.* **1** (*elenco, registro*) roll, list, register. **2** (*Teat.*) role, part (*anche estens.*). ▭ **di** *~* permanent, on the permanent staff; **entrare** *in ~* to be put on the permanent staff; *personale* **fuori** *~* temporary staff; (*fig.*) *ave-*

re un ~ *di* **primo** *piano* to play a leading role.
ruota *f.* **1** wheel. **2** (*nel lotto*) drum. □ *mantello* **a** ~ (circular) cape; *piroscafo* **a** ~ paddle steamer; *veicolo* **a** *due ruote* two -wheeler; ~ **anteriore** front wheel; (*fig.*) *essere l'ultima* ~ *del* **carro** to be the smallest cog in the wheel; *andare a* ~ **libera** to freewheel; ~ **motrice** driving wheel; ~ **posteriore** back (*o* rear) wheel; ~ *a* **raggi** spoked wheel; ~ *di* **scorta** spare tyre (*o* wheel).
ruotare → **rotare**.
rupe *f.* cliff, rock, crag.
rupestre *a.* rocky, craggy.
rupia *f.* (*moneta*) rupee.
rurale *a.* rural, rustic, country.
ruscelletto *m.* brooklet, streamlet.
ruscello *m.* brook, stream.
ruspa *f.* scraper.
ruspante *a.*: *pollo* ~ free-range (*o* farmyard) chicken.
ruspare I *v.i.* (*rif. a polli*) to scratch about. **II** *v.t.* (*lavorare con la ruspa*) to scrape.
russare *v.i.* to snore.
Russia *N.pr.f.* (*Geog.*) Russia.
russo *a./s.m.* Russian.
rusticano *a.* country, rural, rustic.
rustichezza, **rusticità** *f.* rusticity.
rustico I *a.* **1** (*di campagna*) country, rustic, rural. **2** (*fig.*) (*rozzo*) rough, coarse. **II** *s.m.* **1** lodge, servants' quarters *pl.* **2** (*estens.*) (*villino*) cottage.
ruta *f.* (*Bot.*) rue.
rutenio *m.* (*Chim.*) ruthenium.
rutilante *a.* glowing.
ruttare *v.i.* (*volg.*) to belch.
rutto *m.* (*volg.*) belch.
ruvidezza *f.* **1** roughness, coarseness. **2** (*fig.*) roughness, rudeness, brusqueness.
ruvido *a.* **1** rough, coarse. **2** (*fig.*) rough, rude, brusque.
ruzzolare *v.i.* to tumble, to roll.
ruzzolone *m.* **1** tumble, heavy fall. **2** (*fig.*) fall. □ *fare un* ~ to fall; (*fam*) to come a cropper.
ruzzoloni *avv.* tumbling, rolling.

S

s,[1] **S**[1] *f./m.* (*lettera dell'alfabeto*) s, S. □ (*Tel.*) *S come Salerno* S for Sugar (*anche am.*).
s[2] = *secondo* second.
S[2] = (*Chim.*) *zolfo* sulphur.
S. = **1** *Santo* Saint. **2** *Sud* South.
S.A. = *Società Anonima* (joint stock) Company.
sab. = *sabato* Saturday (sat.).
sabato *m.* **1** Saturday. **2** (*Rel. ebraica*) Sabbath (Day). □ (*Rel.*) ~ *santo* Holy Saturday.
sabbia *f.* sand. □ **color** ~ sand (colour); (*Geol.*) *sabbie* **mobili** quicksand *sing.*; (*fig.*) **scrivere** *sulla* ~ to write in (*o* on) water; (*Meteor.*) **tempesta** *di* ~ sandstorm.
sabbiare *v.t.* (*Mecc.*) to sand-blast.
sabbiatura *f.* **1** (*Med.*) sand bath. **2** (*Mecc.*) sand-blasting.
sabbioso *a.* sandy: *riva sabbiosa* sandy shore.
sabotaggio *m.* sabotage.
sabotare *v.t.* to sabotage.
sabotatore *m.* saboteur.
sacca *f.* **1** bag: ~ *da viaggio* travelling bag; (*bisaccia*) haversack. **2** (*Mil.*) pocket: ~ *di resistenza* pocket of resistance. **3** (*Geog.*) inlet, small bay. **4** (*Med., Anat.*) sac, pocket.
saccarina *f.* (*Chim.*) saccharin(e).
saccarosio *m.* (*Chim.*) saccharose.
saccente **I** *a.* presumptuous; (*fam.*) smart alec. **II** *s.m.* presumptuous person, (*fam.*) know-all, (*fam.*) smart alec: *fare il* ~ to be a know-all.
saccenteria *f.* presumptuousness.
saccheggiare *v.t.* **1** to sack, to plunder, to loot, to pillage. **2** (*estens.*) (*derubare*) to rob, to loot. **3** (*fig.*) (*plagiare*) to plunder, to plagiarize.
saccheggiatore *m.* **1** plunderer, looter. **2** (*ladro*) looter, thief, robber. **3** (*fig.*) (*plagiatore*) plunderer.
saccheggio *m.* **1** sack(ing), plundering, looting, pillage. **2** (*fig.*) (*plagio*) plunder(ing), plagiarism.
sacchetto *m.* (small) sack, (small) bag; (*di carta*) paper bag.
sacco *m.* **1** sack, bag. **2** (*quantità*) sack(ful), bag(ful). **3** (*fam.*) (*gran quantità*) great deal, lot, pack, (*fam.*) heap. **4** (*tela grossolana*) sackcloth, sacking. **5** (*saccheggio*) sack(ing), plunder, pillage. **6** (*Biol., Anat.*) sac. □ *pranzo* **al** ~ packed lunch; **corsa** *nei sacchi* sack race; (*scherz.*) **fare** *il* ~ *a qd.* to make s.o. an apple-pie bed; (*fig.*) *cogliere qd. con le* **mani** *nel* ~ to catch s.o. red-handed; **mettere** *a* ~ (*saccheggiare*) to sack, to loot; (*fig.*) **mettere** *qd. nel* ~ to cheat s.o., to swindle s.o.; ~ *da* **montagna** rucksack; ~ *a* **pelo** sleeping-bag; ~ **postale** mailbag; (*fam.*) *un* ~ *e una* **sporta** a great deal, (*fam.*) loads; *fare qc. con la* **testa** *nel* ~ to do s.th. thoughtlessly; **vuotare** *il* ~ to speak out.
sacerdotale *a.* priestly, priest's, sacerdotal.
sacerdote *m.* priest.
sacerdotessa *f.* priestess.
sacerdozio *m.* priesthood, ministry.
sacrale[1] *a.* holy, sacred.
sacrale[2] *a.* (*Anat.*) sacral.
sacralità *f.* holiness, sacredness.
sacramentale *a.* sacramental.
sacramentare *v.t.* **1** (*pop.*) (*bestemmiare*) to swear*, to curse. **2** (*amministrare i sacramenti*) to administer the sacraments.
sacramento *m.* (*Rel.*) sacrament. □ **accostarsi** *ai sacramenti* to confess and communicate; (*fam.*) **con** *tutti i sacramenti* scrupulously, conscientiously.
sacrario *m.* **1** memorial chapel. **2** (*fig.*) sanctuary.
sacrestano, **sacrestia** → **sagrestano, sagrestia.**
sacrificale *a.* sacrificial.
sacrificare **I** *v.t.* **1** to sacrifice: ~ *la vita* to sacrifice one's life. **2** (*rinunciare*) to give* up, to sacrifice, to forgo*. **3** (*non valorizzare*) to waste, to spoil*: ~ *un quadro in un angolo buio* to waste a painting by putting it in a dark corner. **II** *v.i.* to sacrifice. **sacrificarsi** *v.r.* **1** (*immolarsi*) to sacrifice o.s., to offer o.s. up. **2** (*fare sacrifici, rinunce*) to make* sacrifices, to sacrifice o.s.
sacrificato *a.* **1** (*offerto in sacrificio*) sacrificed. **2** (*pieno di sacrifici*) of sacrifice(s), of privation(s): *vita sacrificata* life of sacrifice. **3** (*non valorizzato*) wasted.
sacrificio *m.* sacrifice. □ **fare** *un* ~ to make a sacrifice (*anche fig.*); **offrire** *qc. in* ~ *a qd.* to sacrifice s.th. to s.o.; ~ *di* **sé** self-sacrifice; **spirito** *di* ~ spirit of (self-)sacrifice.

sacrilegio *m.* **1** sacrilege. **2** (*fig.*) crime, outrage, sin.
sacrilego *a.* sacrilegious, impious.
sacrista *m.* (*Rel.*) sacristan, sexton.
sacro[1] **I** *a.* **1** holy, sacred: *arte sacra* sacred art. **2** (*di chiesa*) church-, sacred: *musica sacra* church music. **3** (*fig.*) sacred, consecrated. **II** *s.m.* sacred.
sacro[2] *m.* (*Anat.*) (*osso sacro*) sacrum.
sacrosanto *a.* **1** sacrosanct. **2** (*meritato*) well -deserved.
sadico I *a.* (*Psic.*) sadistic (*anche estens.*). **II** *s.m.* sadist.
sadismo *m.* (*Psic.*) sadism (*anche estens.*).
saetta *f.* **1** (*fulmine*) thunderbolt, flash of lightning: *veloce come una* ~ as fast as lightning. **2** (*lett.*) (*freccia*) arrow.
saettare *v.t.* **1** (*lett.*) (*colpire con frecce*) to shoot* with arrows; (*colpire con fulmini*) to strike* with thunderbolts. **2** (*fig.*) to dart, to shoot*, to fling*.
safari *m.* safari.
saga *f.* saga.
sagace *a.* sagacious, shrewd.
sagacia *f.* sagacity, shrewdness.
saggezza *f.* wisdom.
saggiare *v.t.* **1** to test; (*rif. a metalli preziosi*) to assay. **2** (*fig.*) (*mettere alla prova*) to test, to try, to prove.
saggina *f.* (*Bot.*) sorghum, (*am.*) broom corn.
saggio[1] **I** *a.* wise, sensible. **II** *s.m.* wise person, sage; (*sapiente*) learned person.
saggio[2] *m.* **1** test; (*rif. a metalli preziosi*) assay. **2** (*prova*) proof. **3** (*campione*) sample, specimen: ~ *gratuito* free sample. **4** (*pubblica dimostrazione*) display, exhibition. **5** (*Scol.*) (written) test. **6** (*Lett.*) essay. **7** (*Econ.*) (*tasso*) rate.
saggista *m./f.* (*Lett.*) essayist.
saggistica *f.* **1** (*arte*) essay-writing. **2** (*produzione, saggi*) essays *pl.*
Sagittario *N.pr.m.* (*Astr.*) Sagittarius.
sagoma *f.* **1** (*profilo, linea*) line, outline, contour, silhouette. **2** (*forma di legno, cartone e sim.*) template, pattern, model, outline. **3** (*nel tiro a segno: bersaglio*) target. **4** (*fam.scherz.*) (*persona stravagante e divertente*) character, card: *sei proprio una* ~! you're really a character!
sagomare *v.t.* to mould, to shape.
sagra *f.* festival, feast.
sagrato *m.* parvis, church courtyard.
sagrestano *m.* sacristan, sexton.
sagrestia *f.* sacristy, vestry.
sahariano *a.* Sahara-, Sahar(i)an.
saio *m.* (*di frati*) frock; (*cappuccio*) cowl.
sala *f.* room, hall: ~ *da pranzo* dining-room. □ ~ *d'***aspetto** waiting-room; ~ *da* **ballo** (*pubblica*) dance-hall; (*privata*) ballroom; ~ *da* **biliardo** billiard room (*o* hall), (*am.*) poolroom; ~ **cinematografica** cinema, (*am.*) movies, movie house; ~ *dei* **concerti** concert-hall; ~ *per* **conferenze** conference -room; (*Univ.*) lecture-hall, lecture-room; ~ **giochi** amusement arcade; ~ *di* **lettura** reading room; ~ **operatoria** operating theatre; (*Giorn.*) ~ **stampa** news room; ~ *da* **té** tea-room.
salace *a.* **1** (*lascivo*) salacious. **2** (*mordace, pungente*) biting.
salamandra *f.* (*Zool.*) salamander.
salame *m.* **1** salami. **2** (*fig.*) (*persona sciocca*) dolt, blockhead.
salamelecco *m.* (*pop.*) bowing and scraping, salaam. □ **fare** *salamelecchi* to bow and scrape; *senza* **tanti** *salamelecchi* without ceremony.
salamoia *f.* **1** pickle, brine. **2** (*nei frigoriferi*) brine. □ *fare* (o *mettere*) *in* ~ to pickle.
salare *v.t.* **1** to salt, to put* salt in, to add salt to. **2** (*mettere sotto sale*) to salt (down); (*in salamoia*) to pickle, to brine.
salariale *a.* wage-, pay-, of wages: *indicizzazione* ~ wage-indexation.
salariato I *a.* wage-earning, hired. **II** *s.m.* wage-earner.
salario *m.* wage, wages *pl.*: *ha un misero* ~ *settimanale* he earns a meagre wage a week. □ *un* ~ *da* **fame** a living wage; ~ **lordo** gross wage· ~ **netto** net salary, take-home pay.
salassare *v.t.* (*Med.*) to bleed* (*anche fig.*).
salasso *m.* **1** (*Med.*) bleeding, blood-letting. **2** (*fig.*) drain, soaking.
salatino *m.* savoury biscuit.
salato I *a.* **1** (*salino*) salt-, saline, salty: *acqua salata* salt-water. **2** (*insaporito col sale*) salty, salt. **3** (*conservato sotto sale*) salted, salt. **4** (*fig.*) (*caro, costoso*) expensive, dear, costly. **5** (*fig.*) (*pungente*) sharp, pungent, biting, salty: *una risposta salata* a sharp answer. **II** *avv.* (*fig.*) dearly, (*fam.*) through the nose.
saldamente *avv.* **1** firm(ly), solidly, steadily. **2** (*profondamente*) firmly, deeply: *principi* ~ *radicati* deeply rooted principles.
saldare *v.t.* **1** (*congiungere*) to join, to bind*, to unite. **2** (*Met.*) to solder, to weld. **3** (*Comm.*) (*pagare*) to pay* (up), to settle, to square; (*rif. a debiti*) to pay* (off), to settle up. **4** (*Econ.*) (*chiudere i conti*) to balance, to close (out). **saldarsi** *v.i.pron.* (*cicatrizzarsi*) to heal (up). □ ~ *una partita* to settle an account.
saldatore *m.* **1** (*operaio*) welder. **2** (*utensile*) soldering-iron.
saldatrice *f.* welding-machine.
saldatura *f.* **1** (*Mecc.*) welding, soldering; (*punto di saldatura*) weld, welded joint, soldering. **2** (*fig.*) welding together, linking up. **3** (*Med.*) (*rif. a fratture*) setting.
saldezza *f.* firmness, strength (*anche fig.*).
saldo[1] *a.* **1** solid, firm, strong. **2** (*stabile*) steady, firm, stable. **3** (*fig.*) (*irremovibile*) firm, staunch, steadfast: *un* ~ *proposito* a firm intention.
saldo[2] *m.* **1** (*Econ.*) settlement. **2** (*somma residua da pagare*) balance. **3** (*Comm.*)

(clearance) sale: *saldi di fine stagione* end -of-season sales. □ **a** ~ in full, in settlement; *merce* **di** ~ sale goods *pl.*, merchandise on sale.

sale *m.* **1** salt. **2** *pl.* (*da bagno*) bath salts *pl.* **3** *pl.* (*Farm.*) smelling-salts *pl.* **4** (*fig.*) (*arguzia*) salt, wit. □ ~ *da* **cucina** kitchen salt, common salt; ~ **fino** fine salt; (*fig.*) *con un* **grano** *di* ~ with a grain (*o* pinch) of salt; ~ **grosso** coarse salt; ~ **inglese** Epsom salts *pl.*; *mettere* **sotto** ~ to salt (down); (*rivendita di*) *sali e* **tabacchi** salt and tobacco shop; (*pop.*) *non avere* ~ *in* **zucca** to be a blockhead.

salgemma *m.* (*Min.*) rock-salt.

salice *m.* (*Bot.*) willow: ~ *piangente* weeping willow.

saliente **I** *a.* **1** (*lett., Scient.*) (*che sale*) rising, mounting. **2** (*fig.*) (*notevole*) main, conspicuous, salient: *i punti salienti di un discorso* the salient points of a speech. **3** (*sporgente*) projecting, salient, prominent. **II** *s.m.* **1** (*sporgenza*) protuberance, prominence. **2** (*Arch., Mil.*) salient.

saliera *f.* salt-cellar, (*am.*) salt shaker.

salina *f.* **1** salt-works *pl.* (costr. sing. *o* pl.), saltpan. **2** (*deposito naturale*) saline. **3** (*miniera di salgemma*) (rock-)salt-mine.

salinità *f.* salinity.

salino *a.* salt-, saline: *soluzione salina* saline solution.

salire **I** *v.i.* **1** (*andare verso l'alto*) to climb (*su, in qc.* s.th.), to go* (up), to come* (up): ~ *su un albero* to climb a tree; ~ *in ascensore* to go up in the lift: *perché non sali un momento?* why don't you come up for a minute? **2** (*montare*) to get* up (on), to climb (onto), to mount (s.th.): ~ *a cavallo* to mount a horse; ~ *sulla sedia* to get up on the chair; (*rif. a mezzi di trasporto*) to get* (on, into), to board (s.th.): ~ *sull'aereo* to board the plane; ~ *in macchina* to get into the car. **3** (*scalare*) to climb (up), to go* up (*su qc.* s.th.), to ascend. **4** (*alzarsi, levarsi*) to rise*, to go* (*o* come*) up: *il sole sale sull'orizzonte* the sun is rising on the horizon; (*rif. ad aerei e sim.*) to climb. **5** (*essere in salita*) to go* up(hill), to climb. **6** (*rif. ad apparecchi di misura*) to rise*: *il termometro continua a* ~ the thermometer keeps rising. **7** (*fig.*) to rise*, to go* up: ~ *nella considerazione di qd.* to rise in s.o.'s estimation; ~ *di grado* to rise in rank. **8** (*aumentare*) to rise*, to increase, to go* up: *il livello del fiume sta salendo* the river is rising. **II** *v.t.* to climb, to go* (*o* come*) up, to ascend: ~ *le scale* to go up the stairs. □ ~ *a* **bordo** to come aboard; ~ *al* **potere** to rise (*o* come) to power; *fare* ~ *i* **prezzi** to make prices rise (*o* go up), to send prices up; (*fig.*) ~ *alle* **stelle** (*rif. a prezzi*) to soar, to rocket.

saliscendi *m.* **1** latch. **2** (*sequela di salite e discese*) ups and downs *pl.*: *questa strada è un continuo* ~ this road is full of ups and downs.

salita *f.* **1** climb(ing), going (*o* coming) up, ascent. **2** (*strada in salita*) hill, slope. □ *in* ~ (*che sale*) uphill: *camminare in* ~ to walk uphill.

saliva *f.* saliva, spittle.

salivale *a.* salivary.

salivare[1] *v.t.* to salivate.

salivare[2] *a.* → **salivale**.

salivazione *f.* salivation.

salma *f.* corpse.

salmastro **I** *a.* **1** (*che contiene sale*) brackish. **2** (*che sa di sale*) salty. **II** *s.m.* (*sapore*) salt(y) taste; (*odore*) salt(y) smell.

salmista *m.* psalmist.

salmistrare *v.t.* (*Gastr.*) to brine: *lingua salmistrata* brined tongue.

salmo *m.* (*Bibl., Mus.*) psalm.

salmone *m.* (*Zool.*) salmon. □ (*Gastr.*) ~ *affumicato* smoked salmon.

salmonella *f.* (*Biol.*) salmonella.

salmonellosi *f.* (*Med.*) salmonellosis.

salnitro *m.* (*Chim.*) saltpeter.

salone *s.m.* **1** (*sala di soggiorno*) living-room, sitting-room; (*sala da ricevimento*) reception room; (*nei grandi piroscafi*) saloon, lounge. **2** (*mostra, esposizione*) exhibition, show: ~ *dell'automobile* Motor Show. **3** (*negozio di barbiere*) barber's shop; (*di parrucchiere*) hairdresser's salon. □ ~ *di* **bellezza** beauty salon (*o* shop *o* parlour); ~ *d'***esposizione** show room.

salottiero *a.* drawing-room-.

salotto *m.* **1** drawing-room, living-room, lounge, parlour. **2** (*mobilio*) drawing-room suite, living-room furniture. □ *chiacchiere da* ~ drawing-room gossip, society talk.

salpare **I** *v.t.* (*Mar.*) (*rif. all'ancora*) to weigh. **II** *v.i.* **1** (*Mar.*) (*levare le ancore*) to weigh anchor. **2** (*Mar.*) (*partire*) to set* sail, to leave*. **3** (*scherz.*) (*prendere il largo*) to make* off.

salsa *f.* (*Gastr.*) **1** sauce: ~ *di pomodoro* tomato sauce (*o* puree). **2** (*intingolo di sugo di carne*) gravy. □ (*fig.*) *in tutte le salse* in all kinds of ways.

salsedine *f.* salt(i)ness; (*incrostazione salina*) salt (deposit).

salsiccia *f.* (*Gastr.*) sausage.

salsiera *f.* sauce-boat, gravy-boat.

salso **I** *a.* salty. **II** *s.m.* saltiness.

saltare **I** *v.i.* **1** to jump, to spring*, to leap*: ~ *nell'acqua* to jump into the water; (*col paracadute*) to jump, to bale out. **2** (*venir via*) to come* (*o* pop) off: *mi è saltato un bottone* one of my buttons has popped off; (*rompersi*) to break*. **3** (*esplodere*) to blow*, to explode. **4** (*fig.*) (*passare ad altro*) to go* on: *saltiamo a pagina dieci* let's go on to page ten. **5** (*El.*) (*rif. a valvole e sim.*) to blow*, to go*. **II** *v.t.* **1** to jump (over), to leap* (over), to clear. **2** (*fig.*) (*omettere, tralasciare*) to leave* out (*o* off), to omit, to skip: ~ *un capitolo noioso* to skip a dull chapter. **3** (*Scol.*) to jump, to skip: ~ *una classe* to skip a year. ☐ ~ **addosso** *a qd.* to jump (*o* fall, leap) on s.o.; (*rif. a cani: far festa*) to jump up at s.o., to leap on s.o.; ~ *in* **aria** (*esplodere*) to blow up, to explode; *far* ~ *il* **banco** to break the bank; ~ *al* **collo** *di qd.* (*per abbracciarlo*) to fall on (*o* throw one's arms round) s.o.'s neck; **far** ~: 1 (*obbligare all'attività*) to get moving, to make jump to it; 2 (*distruggere con un'esplosione*) to blow up; 3 (*forzare*) to break (open); (*con un colpo d'arma da fuoco*) to shoot off; 4 (*cacciare da un posto*) to have (*o* get) fired; **far** ~ *una palla* to bounce a ball; ~ **fuori** to jump out; (*sbucare d'un tratto*) to jump (*o* pop) out, to spring; ~ **giù** to jump down; ~ **giù** *dal letto* to jump out of bed; ~ *in* **mente** to come to mind, to get (*o* pop) into one's head; (*fig.*) ~ *agli* **occhi** to be obvious (*o* glaring); ~ *in* **piedi** to jump to one's feet.

saltato *a.* (*omesso*) skipped, left out, omitted.

saltatore *m.* jumper (*anche Sport*).

saltellare *v.i.* to skip, to hop.

saltelloni *avv.* by jumps (*o* bounds).

salterellare *v.i.* to hop, to jump (about), to skip.

saltimbanco *m.* **1** acrobat. **2** (*fig. spreg.*) (*ciarlatano*) quack, charlatan.

salto *m.* **1** jump, leap; (*balzo*) bound, jump. **2** (*brusco dislivello*) drop, fall. **3** (*fig.*) (*rapido e improvviso mutamento*) jump, leap, sudden change: *un* ~ *di temperatura* a sudden change in temperature. **4** (*fig.*) (*omissione, lacuna*) gap. **5** (*Sport*) jump. ☐ **a** *salti* (*in modo saltuario*) by fits and starts; (*Gastr.*) **al** ~ sauté; (*Sport*) ~ *in* **alto** high jump; (*Sport*) ~ *con l'***asta** pole-vault; (*fig.*) ~ *nel* **buio** leap in the dark; **fare** *un* ~ to (make a) jump, to (take a) leap; (*fam.*) **fare** *quattro salti* to dance; (*fam.*) **farò** *un* ~ *in centro* I'll dash downtown; (*Sport*) ~ *in* **lungo** long jump, (*am.*) broad-jump; (*Sport*) ~ **mortale** somersault; (*fig.*) ~ *di* **qualità** quality jump.

saltuariamente *avv.* at intervals, on and off.

saltuario *a.* occasional. ☐ *lavoro* ~ casual work.

salubre *a.* healthy, wholesome, (*lett.*) salubrious.

salumaio → **salumiere**.

salumeria *f.* delicatessen (shop).

salumi *m.pl.* (*Gastr.*) cold meats (*o* cuts) *pl.*

salumiere *m.* grocer, delicatessen seller.

salumificio *m.* sausage (*o* salami) factory.

salutare[1] *v.t.* **1** (*nell'incontrare*) to greet, to say* hello to; (*nell'accomiatarsi*) to say* good-bye to. **2** (*mandare i saluti*) to send* (*o* give*) one's regards to, to remember s.o. to s.o.: *salutami tua sorella* remember me to your sister. **3** (*estens.*) (*accogliere*) to greet, to welcome. **4** (*lett.*) (*proclamare, acclamare*) to hail, to proclaim. **5** (*Mil.*) to salute. **salutarsi** *v.r.recipr.* (*incontrandosi*) to greet e.o., to say* hello; (*accomiatandosi*) to say* goodbye. ☐ **andare** *a* ~ *qd.* to call (*o* drop in) on s.o.; (*Comm.*) **distintamente** *Vi salutiamo* Yours faithfully, Yours truly; ~ *con la* **mano** to wave to; (*nel separarsi*) to wave good-bye to; ~ *qd. da* **parte** *di qd.* to remember s.o. to s.o.; **ti** *saluto* (*ciao*) good-bye, (*fam.*) bye-bye, (*fam.*) so long, (*fam.*) cheerio; (*fig.*) (*rif. a cose perdute e sim.*) you can say good-bye to that.

salutare[2] *a.* **1** healthy, wholesome. **2** (*fig.*) timely, beneficial.

salute *f.* **1** health. **2** (*esclam.*) (*a chi starnutisce*) (God) bless you; (*nei brindisi*) your health, cheers. ☐ **alla** ~*!* cheers!, good health!, (*fam.*) bottoms up!; **alla** *tua* ~*!* (here's) to your health!; **fare** *bene* (o *male*) *alla* ~ to be good (*o* bad) for one's (*o* the) health; *avere* **poca** ~ to be in poor health; ~ **pubblica** public health; *è il* **ritratto** *della* ~ he's the picture of health; **stato** *di* ~ state of health.

saluto *m.* **1** greeting, salutation (*anche estens.*); (*con un gesto della mano*) wave; (*con un cenno del capo*) nod; (*addio*) goodbye, (*lett.*) farewell. **2** (*ossequio, accoglienza*) welcome. **3** *pl.* (*nelle formule di cortesia*) regards *pl.* **4** *pl.* (*nelle lettere*) regards *pl.*, good wishes *pl.*: *i nostri migliori saluti* kindest regards; (*Comm.*) Yours faithfully, Yours truly. **5** (*Mil., Sport*) salute.

salva *f.* **1** salvo, volley. **2** (*fig.*) outburst, volley; (*rif. ad applausi*) salvo, burst, round. ☐ **caricare** *a salve* to load blanks; **sparare** *a salve* to fire a salvo.

salvabile *a./s.m.* savable. ☐ *salvare il* ~ to save whatever is possible.

salvacondotto *m.* safe-conduct, pass.

salvadanaio, **salvadanaro** *m.* moneybox.

salvagente *m.* **1** life-preserver; (*ciambella*) lifebuoy; (*giubbotto di salvataggio*) life -jacket; (*am.*) Mae West. **2** (*Strad.*) traffic island, (*am.*) safety island.

salvaguardare *v.t.* to safeguard.

salvaguardia *f.* safeguard. ☐ *a* ~ *di qc.* to safeguard s.th.

salvare *v.t.* **1** to save (*anche fig.*); (*trarre in salvo*) to rescue: ~ *la vita di una persona* to save a person's life; *il suo intervento salvò la situazione* his intervention saved the situation. **2** (*salvaguardare*) to safeguard, to protect: ~ *la reputazione* to protect one's reputation. **salvarsi** *v.r.* **1** to save o.s. **2** (*sfuggire*) to escape: *nessuno si salva dalle sue calunnie* nobody escapes his slanders. **3** (*Rel.*) to be saved. ☐ ~ *le* **apparenze** to keep up appearances; ~ *la* **faccia** to save one's face; *si salvi chi* **può***!* every man for himself!

salvataggio *m.* **1** rescue (*anche fig.*). **2** (*Inform.*) saving.

salvatore *m.* rescuer, saviour. **Il Salvatore** *N.pr.m.* (*Rel.*) The Saviour.

salve[1] *intz.* **1** (*fam.*) hello, hi. **2** (*poet.*) hail. **3** (*fam.*) (*a chi starnutisce*) (God) bless you.

salve[2] *f.* → **salva.**
salvezza *f.* salvation; safety. ▭ *Esercito della Salvezza* Salvation Army.
salvia *f.* (*Bot.*) sage.
salvietta *f.* (*region.*). **1** (*tovagliolo*) (table) napkin. **2** (*asciugamano*) (hand-)towel.
salvo I *a.* **1** (*rif. a persone*) safe, unhurt, unscathed; (*rif. a cose*) safe, unharmed. **2** (*fuori pericolo*) safe, out of danger. **II** *prep.* except (for), apart from, but (for). ▭ ~ **che**: 1 (*a meno che*) unless, provided (that)... not, providing (that) ... no; 2 (*eccetto che*) except (that), excepting (that); (*Comm., burocr.*) ~ **errori** *ed omissioni* errors and omissions excepted; ~ **imprevisti** barring accidents; **in** ~ safe, secure: *siamo in* ~ we are safe; **mettere** *in* ~ to save, to rescue; **sano** *e* ~ safe and sound.
samario *m.* (*Chim.*) samarium.
samaritano *a./s.m.* Samaritan.
sambuco *m.* (*Bot.*) elder.
Samuele *N.pr.m.* Samuel.
samurai *m.* samurai.
sanabile *a.* **1** curable, healable. **2** (*estens.*) reparable, remediable.
sanare *v.t.* **1** to heal, to cure (*anche fig.*). **2** (*fig.*) (*porre rimedio*) to remedy, to rectify, to set* (*o* put*) right, to repair. **3** (*Econ.*) (*risanare*) to restore; (*rif. ad aziende e sim.*) to set* on its feet again. **4** (*bonificare*) to reclaim.
sanatoria *f.* (*Dir.*) deed of indennity.
sanatorio I *s.m.* sanatorium. **II** *a.* (*Dir.*) amending, indemnifying.
sanbernardo *m.* (*Zool.*) St. Bernard (dog).
sancire *v.t.* to confirm, to sanction; (*ratificare*) to ratify.
sancito *a.* sanctioned, decreed, confirmed.
sandalo[1] *m.* (*calzatura*) sandal.
sandalo[2] *m.* (*Bot.*) sandalwood.
sangallo *m.* broderie anglaise.
sangue *m.* (*Anat.*) blood. ▭ **a** ~ black and blue: *picchiare qd. a* ~ to beat s.o. black and blue; (*Gastr.*) **al** ~ rare, underdone; (*scherz. fig.*) ~ **blu** blue blood; (*fig.*) *avere il* ~ **caldo** to be hot-blooded; *animali a* ~ **caldo** (o *freddo*) warm (*o* cold) blooded animals; (*fig.*) *farsi* **cattivo** ~ to fret, to be vexed; (*scherz.*) **cavare** ~ *da una rapa* to get blood out of a stone; **donatore** *di* ~ blood donor; **esame** *del* ~ blood test; (*fig.*) ~ **freddo** sangfroid, self-control, composure, (*fam.*) cool; *a* ~ **freddo** in cold blood; *calma e* ~ **freddo**! keep calm!; (*fig.*) *sentirsi* **gelare** *il* ~ (*nelle vene*) to feel one's blood run cold; *occhi* **iniettati** *di* ~ bloodshot eyes; *ce l'ha* **nel** ~ it's (*o* runs) in his blood; **pressione** *del* ~ blood pressure; ~ *del* **proprio** ~ one's own flesh and blood; **rosso** (*come il*) ~ blood-red; (*fig.*) *me lo* **sento** *nel* ~ I feel it in my bones (*o* blood); (*fig.*) *il* ~ *gli montò* (o *andò*) *alla* **testa** his blood rose (*o* was up); *all'***ultimo** ~ to the death.
sanguemisto *m.* half-breed.
sanguigno *a.* **1** (*Anat.*) of the blood, blood: *gruppo* ~ blood group; *vaso* ~ blood vessel. **2** (*rif. a temperamento*) full-blooded, hot-tempered; (*lett.*) sanguine. **3** (*rif. a colore*) blood-red, blood.
sanguinaccio *m.* (*Alim.*) blood-sausage, blood-pudding, black pudding.
sanguinante *a.* bleeding.
sanguinare *v.i.* to bleed* (*anche fig.*).
sanguinario I *a.* sanguinary, bloodthirsty. **II** *s.m.* blood-thirsty person.
sanguinolento *a.* (*sanguinante*) bleeding.
sanguinoso *a.* bloody.
sanguisuga *f.* **1** (*Zool.*) leech. **2** (*fig.*) blood-sucker, leech.
sanità *f.* **1** (*salubrità*) healthiness. **2** (*ente*) Public Health; Health Service. **3** (*Mil.*) Medical Corps. **4** (*raro*) (*mentale*) sanity. ▭ *Ministero della Sanità* Ministry of Health.
sanitario I *a.* sanitary, medical, health-: *controllo* ~ sanitary inspection. **II** *s.m.* (*burocr.*) doctor. ▭ **ufficiale** ~ health officer; **unità** *sanitaria locale* Local Health Unity.
sano *a.* **1** (*in buona salute fisica*) healthy, sound: *mantenersi* ~ to keep healthy; (*di mente*) sane. **2** (*salubre, salutare*) healthy, wholesome: *cibo* ~ wholesome food. **3** (*non viziato, non guasto*) sound (*anche fig.*): *denti sani* sound teeth; *sani principi* sound principles. **4** (*intatto*) whole, sound. ▭ ~ *come un* **pesce** as fit as a fiddle; ~ *e* **salvo** safe and sound.
santabarbara *f.* (*Mar.*) (powder) magazine.
santerellina *f.* (*iron.*) goody-goody.
santificare *v.t.* **1** to sanctify. **2** (*canonizzare*) to canonize. **3** (*onorare, venerare*) to hallow (*usato nella forma passiva*). **santificarsi** *v.r.* to become* saintly (*o* holy). ▭ ~ *le feste* to observe holy days.
santificazione *f.* **1** sanctification. **2** (*canonizzazione*) canonization.
santino *m.* (*immaginetta*) holy picture.
santissimo *a.* **1** (*Rel.*) Most Holy (*o* Sacred). **2** (*esclam. fam.*) blessed, great. **Santissimo** *N.pr.m.* (*Rel.*) Most Holy Sacrament.
santità *f.* holiness, sanctity (*anche fig.*). ▭ *Sua Santità* His Holiness.
santo I *a.* **1** holy. **2** (*seguito dal nome proprio*) Saint (*abbr.* St.): *San Giuseppe* St. Joseph. **3** (*fig.*) (*pio*) holy, pious. **4** (*rafforzativo*) blessed (*a volte non si traduce*): *ho lavorato tutto il* ~ *giorno* I've worked all (the blessed) day. **5** (*esclam.*) good, holy: ~ *cielo!* good heavens! **II** *s.m.* **1** (*Rel.*) saint (*anche fig.*). **2** (*fam.*) (*onomastico*) name day, saint's day. **3** *pl.* (*festa d'Ognissanti*) All Saints' Day. ▭ *non sapere a che* ~ *votarsi* not to know which way to turn.
santone *m.* santon.
santuario *m.* (*Rel.*) sanctuary (*anche fig.*).
sanzionare *v.t.* to sanction (*anche fig.*).
sanzione *f.* **1** sanction (*anche fig.*). **2** (*Dir.*) (*minaccia di pena*) sanction; (*pena*) penalty.
sapere[1] **I** *v.t.* **1** to know*: *sai il mio indiriz-*

zo? do you know my address?; *sapevo che saresti venuto* I knew you would come; *lo so* (yes) I know. **2** (*essere in grado, essere capace*) can, to be able, to know* how: *sai nuotare?* can you swim? **3** (*venire a conoscenza, apprendere*) to learn*, to hear*, to get* to know. **II** *v.i.* **1** (*avere sapore*) to taste, to have a taste. **2** (*avere odore*) to smell*; (*fig.*) to smell*, to smack: *la sua richiesta sapeva di ricatto* his demand smacked of blackmail. **3** (*parere, sembrare*) to think*, to bet*: *mi sa che stavolta ce la farai* I think you're going to make it this time. ☐ **a** *saperlo!* (o *ad averlo saputo!*) if only I had known!; **buono** *a sapersi* that's worth knowing; *un* **certo** *non so che* a certain something; **che** *ne so io?* how should I know?; **che** *io sappia* as far as I know; **chi** *sa*: 1 (*interrogativo*) who knows?, who can tell?; 2 (*dubitativo*) I wonder: *chi sa come andrà a finire tutto ciò* I wonder how it will all end up; *non so* **come** I don't know how; **fare** ~ *qc. a qd.* to let s.o. know s.th.; *saperci* **fare** to be good (*o* clever *o* skilful) at s.th., to know how to do s.th.; ~ *il* **fatto** *proprio* to know one's job; *non* ~ *di* **niente**: 1 (*non avere sapore*) to have no taste, to be tasteless; 2 (*non odorare*) to have no smell; 3 (*fig.*) to be insipid (*o* dull *o* flat *o* colourless); *sapere* **qualcosa** to know something about s.th.; *ne so* **quanto** *te* I'm as wise as you are; *ne so* **quanto** *prima* I'm as wise as before; **se** *tu sapessi!* if you only knew!; **si** *sa* (*as*) one knows, it is well-known, as everybody knows; *non* **volerne** ~ *di qd.* not to want to have anything to do with s.o. ‖ *sappi* I want you to know, take note.

sapere[2] *m.* **1** knowledge. **2** (*dottrina*) learning.

sapiente I *a.* **1** (*dotto*) learned: *un uomo* ~ a learned man. **2** (*saggio*) wise. **3** (*ammaestrato: rif. ad animale*) trained. **4** (*che rivela abilità*) expert, sure, masterly: *con mano* ~ with a sure touch. **II** *s.m.* **1** (*dotto*) scholar, learned man. **2** (*saggio*) wise man, sage.

sapientone *a./s.m.* (*spreg. iron.*) know-it-all, know-all.

sapienza *f.* **1** (*saggezza*) wisdom. **2** (*dottrina*) learning, knowledge.

sapone *m.* soap. ☐ ~ *da* **barba** shaving soap; ~ *da* **bucato** laundry soap; ~ **liquido** liquid soap; ~ *per* **neonati** baby soap; ~ **neutro** mild soap; ~ *in* **polvere** soap-powder; ~ *in* **scaglie** soap flakes.

saponetta *f.* bar (*o* cake) of soap.

saponificare *v.t.* to saponify.

saponificazione *f.* saponification.

saponoso *a.* soapy (*anche Min.*).

sapore *m.* **1** taste, flavour; (*caratteristico o piccante*) tang; (*retrogusto*) after-taste. **2** (*fig.*) (*tono*) ring, note: *c'era un* ~ *amaro nelle sue parole* there was a bitter ring in his words. **3** (*fig.*) (*vivacità, colorito*) spice, zest. **4** *pl.* (*region.*) (*odori*) (aromatic) herbs *pl.* ☐ **aver** ~ *di qc.* to taste of s.th.; **che** ~ *ha?* what does it taste like?; **senza** ~ (*insipido*) tasteless; (*fig.*) flat, dull, insipid.

saporitamente *avv.* with relish, with gusto, with zest. ☐ *dormire* ~ to sleep soundly.

saporito *a.* **1** tasty, seasoned. **2** (*fig.*) (*fatto con gusto*) hearty; (*rif. al sonno*) sound. **3** (*fig.*) (*vivace, arguto*) witty, piquant.

saputello I *a.* know-it-all. **II** *s.m.* little know-it-all, little prig.

saputo *a./s.m.* (*spreg.*) know-it-all. ☐ ~ *e risaputo* hackneyed, trite.

Sara *N.pr.f.* Sarah.

sarabanda *f.* **1** (*Mus.*) saraband. **2** (*fig.*) (*confusione, chiasso*) bedlam.

saracco *m.* rip-saw, split-saw.

saraceno *a./s.m.* (*Stor.*) Saracen. ☐ (*Bot.*) *grano* ~ buckwheat.

saracinesca *f.* **1** (rolling) shutter. **2** (*Idraulica*) sluice-gate.

sarcasmo *m.* sarcasm. ☐ *fare del* ~ to be sarcastic.

sarcastico *a.* sarcastic.

sarchiare *v.t.* (*Agr.*) to hoe; (*per estirpare le erbacce*) to weed.

sarcofago *m.* sarcophagus.

sarcoma *m.* (*Med.*) sarcoma.

sarda, **sardella** *f.* (*Zool.*) sardine; (*grossa sardina*) pilchard.

Sardegna *N.pr.f.* (*Geog.*) Sardinia.

sardina → **sarda**.

sardo *a./s.m.* Sardinian.

sardonico *a.* sardonic.

sargasso *m.* (*Bot.*) sargasso, gulf weed. ☐ (*Geog.*) *Mar dei Sargassi* Sargasso Sea.

sarmento *m.* **1** (*tralcio di vite*) vine runner. **2** (*ramo*) runner.

sarta *f.* dressmaker.

sartia *f.* (*Mar.*) stay.

sartiame *m.* (*Mar.*) stays *pl.*, rigging.

sartina *f.* seamstress.

sarto *m.* tailor: ~ *da donna* ladies' tailor.

sartoria *f.* **1** (*laboratorio: di sarto*) tailor's (workshop); (*di sarta*) dressmaker's (workshop). **2** (*arte, tecnica: per uomo*) tailoring; (*per donna*) dressmaking, tailoring.

sassaiola *f.* volley of stones; (*battaglia*) fight with stones.

sassata *f.* blow with a stone. ☐ *prendere a sassate* to stone.

sasso *m.* stone; (*ciottolo*) pebble; (*roccia*) rock. ☐ **di** ~ stone-, of stone; **duro** *come un* ~ as hard as stone; (*fig.*) **essere** *di* ~ (*insensibile*) to be made of stone (*o* flint); (*fig.*) **restare** *di* ~ to be astounded (*o* dumbfounded).

sassofonista *m./f.* saxophonist.

sassofono *m.* (*Mus.*) saxophone. (*fam.*) sax.

sassolino *m.* pebble.

sassone *a./s.m.* Saxon.

sassoso *a.* stony: *strada sassosa* stony road.

Satana *N.pr.m.* (*Bibl.*) Satan.

satanico *a.* **1** satanic. **2** (*estens.*) (*perfido, diabolico*) satanic, diabolic(al), devilish.

satellite *m.* satellite (*anche fig.*). ▭ ~ **artificiale** artificial satellite; **lanciare** *un* ~ to launch a satellite; ~ **meteorologico** meteorological satellite; ~ *di* **ricerca** research satellite; ~ **spia** spy satellite; **stato** ~ satellite country (*o* state); ~ *per* **telecomunicazioni** telecommunications satellite; (*Rad., TV*) *collegamento* **via** ~ link-up via satellite.
satin *fr.* [sa'tɛ̃] *m.* (*tessuto*) satin.
satinare *v.t.* to glaze.
satira *f.* (*Lett.*) satire.
satireggiare I *v.t.* to satirize; (*su un argomento specifico*) to lampoon. **II** *v.i.* (*fare della satira*) to be satirical.
satirico I *a.* (*Lett.*) satiric, satirical (*anche estens.*): *tono* ~ satirical tone. **II** *s.m.* satirist.
satiro *m.* satyr (*anche fig.*).
satollo *a.* satiated; (*pred.*) full (up).
saturare *v.t.* **1** (*Fis., Chim.*) to saturate. **2** (*fig.*) to saturate, to fill. **saturarsi** *v.i.pron.* **1** (*Fis., Chim.*) to be saturated. **2** (*fig.*) to be filled (*o* saturated).
saturazione *f.* saturation (*in tutti i signif.*). ▭ (*fig.*) *essere giunto a* ~ to have reached the point of saturation.
saturnismo *m.* (*Med.*) lead poisoning.
saturo *a.* **1** (*Fis., Chim.*) saturated: *una soluzione satura* a saturated solution. **2** (*fig.*) full (*di* of), saturated.
saudita *a./s.m./f.* Saudi. ▭ (*Geog.*) *Arabia Saudita* Saudi Arabia.
sauna *f.* sauna (bath).
sauro *a./s.m.* sorrel.
savana *f.* (*Geog.*) savannah.
savio I *a.* wise, sensible. **II** *s.m.* wise man, sage.
Savoia *N.pr.f.* (*Geog.*) Savoy.
savoiardo I *a.* of Savoy, Savoyard. **II** *s.m.* **1** (*dialetto, abitante*) Savoyard. **2** (*biscotto*) lady finger, boudoir biscuit.
saxofono → **sassofono**.
saziare I *v.t.* **1** to satisfy, to satiate, to sate (*anche fig.*). **2** (*soddisfare fino alla nausea*) to satiate, to surfeit, to glut, to cloy. **II** *v.i.* **1** to satisfy; (*riempire presto*) to be filling, to fill up. **2** (*fig.*) (*annoiare*) to be boring (*o* wearisome), to cloy. **saziarsi** *v.r.* **1** to fill (o.s.) up, to have (*o* eat*) one's fill; (*essere sazio*) to be satiated. **2** (*fig.*) to have one's fill, to be satisfied; (*stancarsi*) to be (*o* grow*) tired.
sazietà *f.* satiety, enough, one's fill (*anche fig.*). ▭ *a* ~ all one wants, to overflowing.
sazio *a.* **1** (*fam.*) full up; satiated, sated. **2** (*fig.*) sated, satiated; (*stufo*) fed up, (*fam.*) sick.
Sb = (*Chim.*) *antimonio* antimony.
sbaciucchiamento *m.* (*fam.*) smooching, necking.
sbaciucchiare *v.t.* (*fam.*) to kiss repeatedly, to neck. **sbaciucchiarsi** *v.r.recipr.* (*fam.*) to smooch, (*fam.*) to neck.
sbadataggine *f.* **1** carelessness, heedlessness, thoughtlessness. **2** (*concr.*) carelessness, inadvertent blunder.
sbadato I *a.* careless, heedless, thoughtless. **II** *s.m.* careless (*o* thoughtless) person, scatter -brain.
sbadigliare *v.i.* to yawn.
sbadiglio *m.* yawn.
sbafare *v.t.* (*fam.*) **1** (*mangiare avidamente*) to gobble up, to gulp down, to wolf. **2** (*mangiare a spese d'altri*) to sponge, to cadge, (*pop.*) to scrounge.
sbafata *f.* **1** (*fam.*) bellyful. **2** (*mangiata a spese altrui*) free meal.
sbafo *m.*: *mangiare a* ~ to have a free feed; *vivere a* ~ to scrounge a living, to live by scrounging.
sbagliare I *v.i.* to make* a mistake (*o* mistakes), to commit an error, to be wrong (*o* mistaken): *potrei* ~ I may be wrong. **II** *v.t.* **1** (*mancare, fallire*) to miss, to do* (*o* make*)... wrong: ~ *la mira* to miss one's aim. **2** (*fare un errore*) to make* a mistake (*o* mistakes), to mistake*, to miss (*spesso si traduce con un verbo specifico seguito da* wrong(ly) *o* incorrectly): ~ *l'ortografia* to spell a word incorrectly; ~ *numero* to get the wrong number. **3** (*scambiare*) to mistake*, to get* wrong. **4** (*non scegliere bene*) to choose*... wrong: ~ *mestiere* to choose the wrong job. **sbagliarsi** *v.i.pron.* to be mistaken (*o* wrong): *se non mi sbaglio, ci siamo già incontrati* if I'm not mistaken, we have met before. ▭ ~ *strada* to take the wrong way.
sbagliato *a.* **1** (*erroneo*) wrong. **2** (*pieno di errori*) full of mistakes.
sbaglio *m.* **1** mistake, error: *commettere uno* ~ to make a mistake, to commit an error; *per* ~ by mistake; (*sbaglio grossolano*) blunder. **2** (*colpa morale*) error; (*passo falso*) wrong step.
sbalestrare *v.t.* **1** (*turbare*) to upset*, to unsettle. **2** (*scagliare*) to hurl, to fling*.
sbalestrato *a.* **1** (*non equilibrato*) unsettled, unbalanced. **2** (*fig.*) (*spaesato*) bewildered, ill at ease.
sballare I *v.t.* **1** to unpack, to unbale. **2** (*fam.*) (*dire cose incredibili*) to tell* stories (*o* fibs). **II** *v.i.* (*nei giochi*) to go* over, (*fam.*) to bust. ▭ (*fam.*) *sballarle grosse* to talk big, to shoot a line.
sballato *a.* **1** unpacked. **2** (*fig.*) (*avventato, campato in aria*) wild, unfounded, groundless.
sballo *m.*: (*fam.*) *da* ~ snazzy.
sballottare *v.t.* to toss (about, up and down), to jerk, to jolt.
sbalordimento *m.* astonishment, wonder, amazement.
sbalordire *v.t.* **1** (*impressionare*) to shock, to stagger, to startle. **2** (*meravigliare*) to astonish, to amaze, to astound.
sbalorditivo *a.* **1** amazing, astonishing, astounding, (*fam.*) stunning. **2** (*incredibile,*

esagerato) staggering, incredible: *un prezzo* ~ a staggering price.

sbalordito *a.* **1** (*sbigottito*) staggered, dismayed. **2** (*stupefatto*) astonished, amazed, dumbfounded.

sbalzare[1] *v.t.* to throw*, to fling*, to hurl: *il cavallo lo sbalzò di sella* the horse threw him out of the saddle.

sbalzare[2] *v.t.* (*lavorare a sbalzo*) to emboss.

sbalzo *m.* **1** jerk, jolt, bounce. **2** (*fig.*) (*cambiamento improvviso*) sudden change, jump. □ *a sbalzi* jerkily; (*fig.*) (*senza continuità*) by (*o* in) fits and starts.

sbalzo[2] *m.* **1** (*Met.*) embossment. **2** (*Edil.*) overhang, cantilever. □ *lavoro a* ~ embossed work.

sbancare *v.t.* **1** (*rif. a casinò e sim.*) to break* the bank at (*o* of). **2** (*fig.*) (*mandare in rovina*) to bankrupt, to ruin.

sbandamento *m.* **1** (*rif. a veicoli*) skid, skidding. **2** (*Mil.*) disbandment, scattering, dispersal. **3** (*fig.*) (*dispersione*) breaking up, dispersal. **4** (*Mar.*) careening. **5** (*Aer.*) banking.

sbandare *v.i.* **1** (*rif. a veicoli*) to skid. **2** (*fig.*) (*deviare*) to lean*, to tend. **3** (*Mar.*) to list, to careen. **4** (*Aer.*) to bank. **sbandarsi** *v.i. pron.* **1** (*disperdersi*) to scatter, to disband, to disperse. **2** (*fig.*) (*dividersi, disgregarsi*) to break* up, to fall* apart.

sbandata *f.* **1** skid. **2** (*fig.*) crush. **3** (*Mar.*) list, heel. **4** (*Aer.*) banking. □ (*scherz.*) *prendere una* ~ *per qd.* to have a crush on s.o.

sbandato **I** *a.* **1** (*disperso*) scattered, disbanded: *soldati sbandati* scattered soldiers. **2** (*fig.*) (*disorientato*) confused, bewildered. **II** *s.m.* straggler.

sbandieramento *m.* **1** flag-waving, waving (of flags). **2** (*fig.*) (*ostentazione*) display, show.

sbandierare *v.t.* **1** to wave. **2** (*fig.*) (*ostentare*) to display, to flaunt, (*fam.*) to show* off. **3** (*assol.*) to wave flags.

sbaraccare *v.t.* **1** (*fam.*) to sweep* away, to get* rid of. **2** (*assol.*) to pack up (and leave*), (*fam.*) to clear (*o* get*) out.

sbaragliamento *m.* rout.

sbaragliare *v.t.* **1** (*Mil.*) to (put* to) rout. **2** (*disperdere*) to disperse, to scatter. **3** (*infliggere una sconfitta*) to beat*, to overcome*.

sbaraglio *m.* rout, defeat. □ **andare** (o *gettarsi*) *allo* ~ to risk everything; **mandare** *qd. allo* ~ to send s.o. out on a limb; **mettere** (o *porre*) *allo* ~ to jeopardize, to imperil.

sbarazzare *v.t.* **1** (*sgombrare*) to free, to clear, to rid*. **2** (*fig.*) (*liberare*) to rid*, to free, to clear. **sbarazzarsi** *v.r.* to get* rid (*di* of), to rid* o.s. (of).

sbarazzino **I** *a.* free-and-easy, cheeky. **II** *s.m.* scamp, little rascal, little monkey.

sbarbare *v.t.* **1** (*radere*) to shave. **2** (*sradicare*) to uproot. **sbarbarsi** *v.r.* to (have a) shave.

sbarbatello *m.* (*scherz., spreg.*) novice, raw youth, greenhorn.

sbarcare **I** *v.t.* **1** (*scaricare*) to unload, to unship. **2** (*far scendere a terra: da una nave*) to land, to put* ashore, to disembark; (*da un aereo*) to land. **3** (*scherz.*) (*far scendere da un mezzo di trasporto*) to leave*, to put* off. **II** *v.i.* **1** to land, to disembark. **2** (*estens.*) (*scendere da un mezzo di trasporto*) to get* off. □ (*fam.*) ~ *il lunario* to make (both) ends meet.

sbarco *m.* **1** (*rif. a merci*) unloading, discharge. **2** (*lo scendere a terra*) landing (*anche Mil.*). □ *di* (o *da*) ~ landing-, assault-: *truppe da* ~ landing parties.

sbarra *f.* **1** bar, barrier; (*nei passaggi a livello*) barrier. **2** (*bastone, spranga*) bar. **3** (*nei tribunali*) bar (*anche estens.*). **4** (*Tip.*) stroke. □ *presentarsi* **alla** ~ to appear before the court; (*fig.*) **dietro** *le sbarre* behind bars.

sbarramento *m.* **1** blocking, barring. **2** (*effetto*) barrier, blockage, barrage.

sbarrare *v.t.* **1** to bar, to bolt: ~ *la porta* to bolt the door; (*chiudere*) to block, to bar; (*barricare*) to barricade. **2** (*impedire, bloccare*) to block, to bar: *un uomo armato gli sbarrò il passo* an armed man blocked his way. **3** (*segnare con sbarre*) to cross: ~ *un assegno* to cross a cheque. **4** (*rif. agli occhi: spalancare*) to open wide.

sbarrato *a.* **1** barred, bolted: *finestra sbarrata* barred window. **2** (*bloccato*) blocked. **3** (*segnato con sbarre*) crossed. **4** (*rif. agli occhi: spalancato*) wide-open, staring.

sbatacchiare **I** *v.t.* (*agitare, sbattere*) to flap, to beat*. **II** *v.i.* to bang, to slam.

sbattere **I** *v.t.* **1** (*battere*) to beat*: ~ *i tappeti* to beat the carpets. **2** (*scaraventare*) to hurl, to fling*, to dash, to throw*. **3** (*chiudere violentemente*) to slam, to bang. **4** (*Gastr.*) to beat*; (*far montare*) to whip, to whisk. **5** (*fam.*) (*rendere smorto*) to make* s.o. look wan (*o* pale): *questa tinta ti sbatte* this shade makes you look pale. **II** *v.i.* **1** to bang, to slam. **2** (*andare a urtare*) to bang (*contro* into, against), to hit* (s.th.). □ ~ *le* **ali** to flap one's wings; (*pop.*) ~ **dentro** to put in the clink; (*pop.*) ~ **fuori** to chuck out; ~ *le* **palpebre** to blink one's eyelids; ~ *la* **porta** *in faccia a qd.* to shut the door in s.o.'s face. ‖ (*volg.*) *sbattersene* (*infischiarsene*) not to give a damn.

sbattimento *m.* **1** (*lo sbattere*) beating. **2** (*il chiudere violentemente*) slamming, banging. **3** (*Gastr.*) beating, whipping. **4** (*l'essere chiuso violentemente*) slam, bang. **5** (*Aer.*) flutter.

sbattuto *a.* **1** (*Gastr.*) whipped, whisked, beaten up. **2** (*fig.*) (*stanco*) tired (out), worn(-out), (*fam.*) (dead-)beat.

sbavare **I** *v.i.* **1** to dribble, to drool, to slobber. **2** (*Pittura*) to blur, to smear. **3** (*Tip.*) to smudge, to blur. **II** *v.t.* **1** to dribble (*o* slaver), to drool over. **2** (*Met.*) to clean, to trim, to snag. **sbavarsi** *v.r.* to dribble (*o* slaver *o* drool) over o.s.

sbavatura *f.* **1** dribbling, drooling, slobbering, slavering. **2** (*bava*) dribble; (*delle lumache e sim.*) slime. **3** (*fig.*) (*divagazione*) padding.

sbeccare *v.t.* to chip. **sbeccarsi** *v.i.pron.* to chip.

sbellicarsi *v.i.pron.*: ~ *dalle risa* to split* one's sides.

sberla *f.* slap.

sberleffo *m.* (*smorfia, boccaccia*) sneer; (*gesto di scherno*) scornful gesture.

sbevacchiare, **sbevazzare** *v.i.* (*spreg.*) to tipple, (*fam.*) to booze.

s.b.f. = (*Comm.*) *salvo buon fine* under usual reserve.

sbiadire I *v.i.*, **sbiadirsi** *v.i.pron.* **1** (*scolorire*) to fade, to lose* one's colour. **2** (*fig.*) (*affievolirsi*) to fade, to grow* faint. **II** *v.t.* to fade, to take* the colour out of.

sbiadito *a.* **1** faded, washed-out. **2** (*fig.*) (*scialbo*) dull, colourless.

sbiancante I *a.* bleaching. **II** *s.m.* (*Chim.*) bleach.

sbiancare I *v.t.* to whiten, to bleach. **II** *v.i.*, **sbiancarsi** *v.i.pron.* **1** to go* (*o* turn) white. **2** (*fig.*) (*impallidire*) to blanch, to go* white, to (turn) pale.

sbieco I *a.* (*storto*) slanting, (*pred.*) aslant. **II** *s.m.* (*Sartoria*) cross(cutting), bias. □ *di* ~ sidelong, askance: *guardare qd. di* ~ to look askance at s.o.

sbigottimento *m.* dismay, consternation.

sbigottire I *v.t.* **1** (*turbare*) to dismay, to appal. **2** (*stupire*) to dumbfound, to stun, to amaze, to astonish. **II** *v.i.*, **sbigottirsi** *v.i.pron.* **1** to be dismayed (*o* appalled); (*per stupore*) to be astounded (*o* dumbfounded). **2** (*perdersi d'animo*) to lose* heart, to be discouraged.

sbigottito *a.* dismayed, appalled, dumbfounded.

sbilanciare I *v.t.* to unbalance (*anche fig.*). **II** *v.i.* (*non essere bene in equilibrio*) to be unbalanced (*o* off balance). **sbilanciarsi** *v.i.pron.* **1** to be off balance. **2** (*fig.*) to go* too far.

sbilanciato *a.* **1** off balance. **2** (*fig.*) unbalanced, out of balance.

sbilancio *m.* (*Econ.*) **1** (*squilibrio*) unbalance. **2** (*sproporzione*) imbalance. **3** (*Econ.*) deficit.

sbilenco *a.* **1** (*rif. a persone*) crooked, twisted, misshapen. **2** (*rif. a cose*) crooked. **3** (*fig.*) twisted.

sbirciare *v.t.* **1** (*guardare di sfuggita*) to eye, to throw* sidelong glances at. **2** (*squadrare*) to look closely at, to take* a good look at.

sbirciata *f.* (sidelong) glance, squint. □ *dare una* ~ *a qd.* to glance (*o* have a squint) at s.o.

sbirro *m.* (*spreg.*) cop, fuzz.

sbizzarrirsi *v.i.pron.* to indulge one's whims (*o* caprices), to have one's own way.

sbloccare *v.t.* **1** to unblock, to open up; (*liberare*) to free. **2** (*allentare*) to release, to let* go, to slacken, to loosen: ~ *il freno* to release the brake. **3** (*fig.*) to free, to decontrol: ~ *i prezzi* to decontrol prices. **4** (*Mil.*) to lift the blockade of.

sblocco *m.* **1** release, unblocking, freeing. **2** (*allentamento*) release, loosening, slackening. **3** (*fig.*) unfreezing, decontrolling: ~ *dei fitti* decontrolling of rents. **4** (*Mil.*) lifting of a blockade.

sbobba *f.* (*fam.*) (*brodaglia*) slop, dishwater.

sboccare *v.i.* **1** (*rif. a fiumi*) to flow, to open (*in* into). **2** (*rif. a strade e sim.*) to open, to lead* (into), to come* out. **3** (*fig.*) (*andare a finire*) to end (up): *la discussione sboccò in una lite* the discussion ended in a quarrel.

sboccato *a.* (*scurrile*) coarse, vulgar, foul -mouthed.

sbocciare *v.i.* **1** to bloom, to flower, to bud; (*rif. a fiori di alberi da frutto*) to blossom. **2** (*fig.*) to blossom, to flower.

sbocco *m.* **1** flowing into, outlet. **2** (*luogo di sbocco*) outlet, exit, mouth: *allo* ~ *del tunnel c'è una piazzola di sosta* there's a lay-by at the exit to the tunnel; (*rif. a fiumi*) mouth. **3** (*apertura*) access, opening. **4** (*fig.*) (*via d'uscita*) way out, opening: *il suo tipo di studi ha molti sbocchi* his kind of studies has a lot of openings. **5** (*Econ.*) outlet, channel; (*mercato*) market.

sbocconcellare *v.t.* to nibble (at).

sbollentare *v.t.* (*Gastr.*) to parboil.

sbolognare *v.t.* (*fam.*) (*liberarsi da*) to palm off, to get* rid of, to foist off.

sbornia *f.* (*pop.*) drunkenness. □ **postumi** *da* ~ hangover; **prendere** *una* ~ to get drunk.

sborniarsi *v.i.pron.* to get* drunk, (*fam.*) to get* plastered.

sborsare *v.t.* to disburse, to pay* (out), (*fam.*) to fork (*o* shell) out.

sbottare *v.i.* **1** to burst* (out). **2** (*assol.*) (*non riuscire a contenersi*) to burst* (out), to explode.

sbotto *m.* outburst.

sbottonare *v.t.* to unbutton, to undo* one's buttons: *sbottonarsi il cappotto* to unbutton one's coat. **sbottonarsi** *v.r.* (*fam.*) (*confidarsi*) to open up, to disclose one's feelings.

sbozzare *v.t.* **1** (*digrossare*) to rough-hew*. **2** (*disegni*) to sketch in, to outline. **3** (*fig.*) (*abbozzare, delineare*) to outline, to sketch out.

sbracarsi *v.r.* (*fam.*) **1** to take* one's trousers off. **2** (*estens.*) (*mettersi in libertà*) to loosen one's clothing.

sbracato *a.* (*fam.*) **1** (*senza calzoni*) trouserless. **2** (*coi vestiti slacciati*) with one's clothing loosened; (*sbottonato*) unbuttoned. **3** (*sciatto*) sloppy, slovenly.

sbracciarsi *v.r./i.pron.* **1** (*indossare abiti senza maniche*) to wear* sleeveless clothing; (*tirare su le maniche*) to roll up one's sleeves. **2** (*agitare le braccia*) to wave one's arms about, to gesticulate frantically. **3** (*fig.*) (*ado-

perarsi) to do* one's utmost, to spare no effort.

sbracciato *a.* **1** (*senza maniche*) sleeveless. **2** (*con le braccia scoperte*) bare-armed, with bare arms.

sbraitare *v.t.* to shout, to yell, (*am.*) to holler.

sbranare *v.t.* to tear* to pieces (*anche fig.*).

sbriciolamento *m.* crumbling.

sbriciolare *v.t.* **1** to crumble. **2** (*estens.*) (*annientare*) to destroy, to finish off, to wipe out. **sbriciolarsi** *v.i.pron.* to crumble.

sbriciolatura *f.* crumbling.

sbrigare *v.t.* **1** (*fare sollecitamente*) to get* through (*qc.* with s.th.), to get* done (*o* over), to finish off. **2** (*risolvere*) to settle, to arrange: ~ *un affare* to settle a matter. **3** (*rif. a persone*) to see* to, to handle, to finish with, to get* through (*o* rid of): *sbrigherò quel cliente in un attimo* I'll handle that customer quickly. **sbrigarsi** *v.i.pron.* (*fare presto*) to hurry (up), to be quick. ‖ *sbrigarsela* (*disimpegnarsi*) to see (*con* to), to get rid (of), to do, to get through (s.th.); *me la sbrigo subito* I'll be through in a minute; *sbrigati!* (be) quick!, hurry up!

sbrigativo *a.* **1** (*che si può sbrigare in fretta*) quick, quickly (*o* rapidly) done, brief. **2** (*energico, brusco*) brusque, rough, forceful. **3** (*superficiale*) hurried, hasty.

sbrigliare *v.t.* **1** to unbridle. **2** (*fig.*) to unbridle, to give* free rein (*o* play) to. **sbrigliarsi** *v.i.pron.* to be unbridled, to run* free (*o* wild), to let* o.s. go.

sbrinamento *m.* defrosting.

sbrinare *v.t.* to defrost.

sbrindellare *v.t.* to tear* (*o* rip) to shreds.

sbrindellato *a.* tattered, ragged, shabby.

sbrodolamento *m.* (*lo sbrodolare*) staining with soup (*o* sauce *o* food); (*lo sbrodolarsi*) dirtying (*o* staining) o.s. with soup (*o* sauce *o* food).

sbrodolare *v.t.* **1** to stain with soup (*o* sauce *o* food). **2** (*fig.*) (*tirare in lungo: rif. a discorsi e sim.*) to spin* (*o* draw* *o* pad) out. **sbrodolarsi** *v.r.* to dirty (*o* stain) o.s. (with soup *o* sauce *o* food).

sbrodolato *a.* **1** soup-stained. **2** (*fig.*) (*prolisso*) wordy, long-drawn-out.

sbrodolone *m.* messy eater.

sbrogliare *v.t.* **1** to unravel, to disentangle: ~ *una matassa* to unravel a skein. **2** (*fig.*) to sort out, to disentangle, to unravel: ~ *un affare noioso* to sort out a boring matter. **sbrogliarsi** *v.r.* to extricate o.s. (*da* from), to get* (o.s.) out, to wriggle out (of): *sbrogliarsela* to get out of s.th.

sbronza *f.* (*scherz.*) booze, binge: *suo marito si è preso di nuovo una bella* ~ her husband's been on the booze again.

sbronzarsi *v.r.* (*fam.scherz.*) to get* high (*o* plastered), to booze.

sbronzo *a.* (*fam.scherz.*) drunk, plastered, tight.

sbruffare *v.t.* **1** to spurt, to squirt. **2** (*fig. region.*) (*raccontare spacconate*) to brag.

sbruffo *m.* (*spruzzo*) spurt, gush, squirt.

sbruffone *m.* (*spaccone*) boaster, braggart, swaggerer.

sbucare *v.i.* **1** (*uscire fuori*) to come* out (*da* of), to emerge (from). **2** (*estens.*) (*apparire d'un tratto*) to spring* (up), to pop up. **3** (*sboccare*) to lead*, to come* out: *questo vicolo sbuca nella piazza* this alley comes in the square.

sbucciare *v.t.* **1** to peel, to pare, to scrape. **2** (*provocare un'escoriazione*) to scrape. **sbucciarsi** *v.i.pron.* (*escoriarsi*) to scrape, to skin, to graze.

sbudellare *v.t.* **1** to gut, to disembowel. **2** (*estens.*) (*uccidere*) to stab to death; (*massacrare*) to butcher.

sbuffare *v.i.* **1** to snort, to fume; (*in seguito a uno sforzo fisico*) to puff, to pant. **2** (*emettere fumo a tratti*) to puff.

sbuffo *m.* **1** puffing. **2** (*aria, fumo, vapore emesso*) puff. **3** (*estens.*) (*folata*) puff, gust. □ *maniche a* ~ puffed sleeves.

sbullonare *v.t.* to unbolt.

Sc = (*Chim.*) *scandio* scandium

scabbia *f.* (*Med.*) scab.

scabro *a.* rough, harsh.

scabrosità *f.* **1** (*ruvidezza*) roughness, ruggedness, harshness. **2** (*sporgenza*) lump, bump snag. **3** (*fig.*) (*difficoltà*) thorniness.

scabroso *a.* **1** (*ruvido*) rough, rugged, harsh; (*rif. a strade e sim.*) rough, uneven, bumpy. **2** (*fig.*) (*difficile*) knotty, difficult, thorny, troublesome; (*delicato a trattarsi*) scabrous risqué.

scacchiera *f.* (*per gli scacchi*) chessboard; (*per la dama*) draught-board, (*am.*) checkerboard.

scacchiere *m.* **1** (*Mil.*) sector, zone. **2** (*GB*) (*erario*) Exchequer: *Cancelliere dello* ~ Chancellor of the Exchequer.

scacchista *m./f.* chess player.

scacciacani *m./f.* (*anche pistola scacciacani*) blank pistol.

scacciamosche *m.* fly-whisk.

scacciapensieri *m.* **1** (*Mus.*) Jew's harp. **2** (*raro*) (*svago*) pastime, distraction.

scacciare *v.t.* **1** to drive* out (*o* away *o* off), to expel, to chase off. **2** (*disperdere: rif. a nubi e sim.*) to drive* (*o* blow*) away, to dispel. **3** (*rif. a spiriti maligni, capricci e sim.*) to drive* out. **4** (*fig.*) (*far passare*) to drive* away, lo dispel, to banish: ~ *la tristezza* to banish sadness. □ ~ *qd. da casa* to turn s.o. out of the house.

scacco *m.* **1** *pl.* (*gioco*) chess. **2** (*quadretto della scacchiera*) square; (*figurina*) chessman (*pl.* –men), chesspiece. **3** (*piccolo riquadro*) check, square. **4** (*fig.*) (*sconfitta*) checkmate, defeat. □ *stoffa* **a** *scacchi* checked material; **dare** ~ to check: *dare* ~ *al re* to check the king; (*fig.*) **tenere** *qd. in* ~ to hold s.o. in check; (*fig.*) **vedere** *il sole a scacchi* to see the sun from behind bars.

scaccomatto *m.* checkmate (*anche fig.*). ▭ *dare ~ a qd.* to (check)mate s.o.

scadente *a.* (*di cattiva qualità*) poor (*o* low) quality-, below standard-, inferior: *merce ~* poor quality goods. ▭ (*Scol.*) *essere ~ in una materia* to be poor at a subject.

scadenza *f.* **1** expiry, expiration, term; (*rif. a effetti e sim.*) maturity: *~ di una cambiale* maturity of a bill of exhcange. **2** (*giorno*) date of expiry, deadline. ▭ **alla** ~ on expiry, when due; (*rif. a effetti*) on maturity, when due; *a* **breve** ~ short-term, short (-dated); (*fig.*) before long, in the near future; *a* **lunga** ~ long-term: *progetto a lunga ~* long-term plan; ~ *di* **pagamento** date of payment; **ultima** ~ final expiry date.

scadere *v.i.* **1** (*giungere a scadenza*) to expire, to run* out. **2** (*perdere valore, decadere*) to decline, to fall* off, to go* down, to be on the wane. **3** (*Comm., Econ.*) (*rif. a effetti e sim.*) to mature. ▭ *~ nella stima di qd.* to lower o.s. in s.o.'s estimation.

scaduto *a.* **1** expired. **2** (*decaduto*) declined **3** (*rif. a effetti e sim.*) due. ▭ *il tempo è ~* time is over.

scafandro *m.* **1** (*Mar.*) diving-suit. **2** (*Aer.*) spacesuit.

scaffalare *v.t.* to furnish (*o* fit up) with shelves, to shelve.

scaffalatura *f.* shelving, shelves *pl.*

scaffale *m.* shelf; (*a rastrelliera*) rack; (*mobile*) set of shelves.

scafo *m.* hull.

scagionare *v.t.* to exonerate, to exculpate. **scagionarsi** *v.r.* to free o.s. from blame.

scaglia *f.* **1** (*Zool.*) scale. **2** (*estens.*) (*scheggia*) splinter, chip, scale, flake: *~ di sapone* soap flake. **3** (*lamina di metallo*) hammer scale.

scagliare *v.t.* **1** to throw*, to fling*, to hurl, to cast*. **2** (*fig.*) to hurl, to fling*. **scagliarsi** *v.r.* **1** to hurl (*o* fling* *o* throw*) o.s. (*contro* on, at). **2** (*fig.*) (*inveire*) to let* fly, to rail (*su, contro* at).

scagliarsi *v.i.pron.* (*rompersi in scaglie*) to splinter, to flake.

scaglionamento *m.* **1** spacing (*o* spreading) out. **2** (*Mil.*) arrangement in echelons.

scaglionare *v.t.* **1** to space (out), to spread* out. **2** (*Mil.*) to echelon.

scaglione *m.* **1** (*gruppo*) group. **2** (*ripiano, balza*) terrace. **3** (*Mil.*) echelon. **4** (*Econ.*) bracket: *~ d'imposta* tax bracket.

scagnozzo *m.* (*spreg.*) henchman (*pl.* –men); lackey.

scala *f.* **1** stairs *pl.*, stairway: *una rampa di scale* a flight of stairs. **2** (*a pioli*) (rung) -ladder. **3** (*fig.*) (*piano, livello*) scale, level: *su vasta ~* on a large scale. **4** (*tecn.*) scale: *~ di uno a cinquemila* scale of one to five thousand. **5** (*nei giochi di carte*) run, straight. **6** (*Mus.*) scale. **7** (*successione*) order, sequence. ▭ ~ **allungabile** extension ladder; (*Fis.*) ~ **centigrada** centigrade scale; ~ *a* **chiocciola** winding staircase; ~ *di* **corda** rope ladder; ~ **decimale** decimal scale; ~ *d'***emergenza** emergency stairs *pl.*; (*per incendio*) fire-escape; **fare** *le scale* to climb (*o* go up) the stairs; (*Mus.*) to practise one's scales; ~ **mobile** escalator; (*Econ.*) sliding scale; ~ **principale** main staircase; ~ **reale** (*nel poker*) straight (*o* running) flush; (*all'asso*) royal flush; **ridurre** *in ~* to scale down; **salire** (o *scendere*) *le scale* to go upstairs (*o* downstairs); ~ *di* **servizio** backstairs *pl.*, service stairs *pl.*

scalare[1] **I** *a.* **1** (*graduato*) graduated, stepped, graded. **2** (*Fis., Mat.*) scalar. **II** *s.m.* (*Mat.*) scalar.

scalare[2] *v.t.* **1** to scale, to climb. **2** (*togliere, detrarre*) to take* off (*o* away), to deduct. **3** (*disporre in ordine decrescente*) to arrange in diminishing order. **4** (*Alpinismo*) to climb, to ascend.

scalata *f.* **1** scaling, climb. **2** (*Alpinismo*) climb, ascent. ▭ (*fig.*) *dare la ~ al potere* to make a bid for power.

scalatore *m.* climber, mountaineer.

scalcagnato *a.* down-at-heel (*anche fig.*).

scalciare *v.i.* to kick.

scalcinato *a.* (*fig.*) (*rif. a cose*) shabby, worn.

scaldabagno *m.* (water-)heater, geyser: *~ elettrico* electric (water-)heater; *~ a gas* gas heater (*o* geyser).

scaldaletto *m.* warming-pan, bed-warmer.

scaldare **I** *v.t.* **1** (*rendere caldo*) to warm (up); (*portare a una temperatura più elevata*) to heat (up): *sta scaldando il pollo nel forno* she is heating up the chicken in the oven. **2** (*fig.*) (*infiammare, eccitare*) to excite, to inflame. **II** *v.i.* (*dare calore*) to give* out heat, to be warm: *il sole comincia a ~* the sun is beginning to be warm. **scaldarsi** **I** *v.r.* to warm o.s. **II** *v.i.pron.* **1** (*intiepidirsi*) to warm up, to get* warm(er); (*diventare caldo*) to heat up, to get* hot. **2** (*fig.*) (*appassionarsi*) to get* excited (*o* heated); (*irritarsi*) to get* angry. ▭ *scaldarsi le* **mani** to warm one's hands; ~ *il* **motore** to warm up the engine; *scaldarsi i* **muscoli** to warm up; (*fig.*) ~ *le* **panche** to be a lazy-bones.

scaldata *f.* (quick) warm, warming-up.

scaldavivande *m.* chafing dish.

scaldino *m.* (hand-)warmer.

scaleno *a.* (*Geom.*) scalene.

scaletta *f.* **1** short flight of steps. **2** (*scala portatile*) (small) step-ladder. **3** (*Cin.*) treatment. **4** (*schema, sommario*) outline. ▭ (*Aer.*) *~ d'imbarco* ramp.

scalfire *v.t.* **1** to scratch. **2** (*ferire superficialmente*) to scratch, to graze. **3** (*fig.*) to touch, to affect.

scalfittura *f.* **1** (*leggera incisione*) scratch. **2** (*ferita superficiale*) scratch, graze.

scalfo *m.* (*Sartoria*) sleeve hole.

scalinata *f.* (*Arch.*) stairway, flight of steps, stairs *pl.*

scalino *m.* step; (*di scala a pioli*) rung.

scalmana *f.* (*pop.*) **1** chill, cold. **2** (*vampa di calore al viso*) hot flush. **3** (*fig.*) (*eccessivo entusiasmo*) craze, fad, fancy.

scalmanarsi *v.i.pron.* **1** (*affaticarsi*) to get* worked up (about s.th.) **2** (*fig.*) (*darsi un gran da fare*) to bustle about.

scalmanato **I** *a.* **1** sweating, in a sweat. **2** (*fig.*) hot-headed. **II** *s.m.* hot-head.

scalmo *m.* (*Mar.*) (*scalmiera*) rowlock, oarlock.

scalo *m.* **1** (*Mar.*) (*porto d'approdo*) port (of call); (*luogo d'approdo*) landing-place, landing-stage. **2** (*Mar.*) (*opera in muratura*) slipway. **3** (*Ferr.*) goods yard, (*am.*) yard, (*am.*) depot. **4** (*Aer.*) stop-over, intermediate landing (*o* call, stop). □ **fare** ~ (*Mar.*) to call, to put in; (*Aer.*) to land, to make a stop; ~ **intermedio** (*Mar.*) intermediate port of call; (*Aer.*) stop-over, intermediate stop (*o* landing); (*Ferr.*) ~ **merci** goods yard, freight yard (*o* depot); *volo* **senza** ~ non-stop flight.

scalogna *f.* (*fam.*) (*sfortuna*) bad luck, hard luck. □ *portare* ~ to bring bad luck.

scalognato *a.* (*fam.*) unlucky.

scalogno *m.* (*Bot.*) shallot.

scaloppina *f.* (*Gastr.*) escalope.

scalpellare *v.t.* **1** to chisel. **2** (*Chir.*) to use a bone-chisel on.

scalpellino *m.* stone-dresser, stone-cutter.

scalpello *m.* **1** chisel: ~ *da muratore* stone chisel. **2** (*Med.*) scalpel, cleaver.

scalpiccio *m.* shuffling.

scalpitante *a.* stamping, pounding; (*con la punta degli zoccoli*) pawing (the ground).

scalpitare *v.i.* to stamp, to pound; (*con gli zoccoli*) to paw (the ground).

scalpitio *m.* stamping; (*con gli zoccoli*) pawing.

scalpo *m.* scalp.

scalpore *m.* **1** (*risonanza*) sensation, stir. **2** (*risentimento, indignazione*) fuss, outburst, stir.

scaltrezza *f.* shrewdness.

scaltrire *v.t.* **1** to make* cleverer, to sharpen the wits of. **2** (*rendere più esperto*) to make* more skilled. **scaltrirsi** *v.i.pron.* to sharpen up, to get* cleverer.

scaltrito *a.* **1** clever, cunning; (*esperto*) expert, skilled, skilful. **2** (*avveduto*) shrewd, aware, discerning.

scaltro *a.* cunning, crafty, wily, shrewd.

scalzacane *m./f.* (*spreg.*) (*persona incompetente*) botcher, bungler.

scalzare *v.t.* **1** to remove the shoes and stockings (*o* socks) of. **2** (*rif. ad alberi*) to bare the roots of; (*rif. a muri e sim.*) to undermine, to sap. **3** (*fig.*) (*indebolire*) to undermine, to sap. **4** (*fig.*) (*far perdere posti, uffici, gradi e sim.*) to oust (by intrigue).

scalzo *a.* barefoot(ed): *a piedi scalzi* barefoot(ed).

scambiare *v.t.* **1** (*dare in cambio, fare uno scambio*) to exchange, (*fam.*) to swap. **2** (*prendere una cosa per l'altra*) to take* by mistake, to take* ... instead of, to take* the wrong ...: *mi hanno scambiato l'ombrello al ristorante* someone in the restaurant took my umbrella by mistake. **3** (*confondere*) to mistake*, to take*: *l'ho scambiato per suo padre* I mistook him for his father. **scambiarsi** *v.r.recipr.* to exchange.

scambievole *a.* mutual, reciprocal.

scambio *m.* **1** exchange: ~ *di lettere* exchange of letters. **2** (*errore, equivoco*) mistake, mix-up. **3** (*baratto, cambio*) barter; (*fam.*) swap. **4** (*Ferr.*) points *pl.*, (*am.*) switches *pl.* **5** (*Econ.*) trade, exchange. □ *scambi* **commerciali** trade *sing.*; *scambi* **culturali** cultural exchange *sing.*; *scambi con l'***estero** foreign trade; ~ *di* **opinioni** exchange of views; ~ *di* **persona** case of mistaken identity; ~ *di* **prigionieri** exchange of prisoners.

scambista *m.* **1** (*Ferr.*) pointsman (*pl.* –men), switchman (*pl.* –men). **2** (*Econ.*) trader.

scamiciato **I** *a.* in one's shirt sleeves. **II** *s.m.* (*indumento*) pinafore dress, (*am.*) jumper.

scamosciare *v.t.* to chamois.

scamosciato *a.* **1** chamois-. **2** (*di camoscio*) suede-: *scarpe scamosciate* suede-shoes.

scampagnata *f.* trip (*o* outing) in the country. □ *fare una* ~ to go for a trip (*o* outing) in the country; (*fare merenda*) to have a picnic.

scampanare *v.i.* to peal.

scampanato *a.* (*di gonne*) bell-shaped, flared.

scampanellare *v.i.* to ring* loudly (*o* vigorously).

scampanellata *f.* loud ringing.

scampanellio *m.* ringing.

scampanio *m.* (prolonged) pealing.

scampare **I** *v.i.* to survive, to escape (*a qc.* s.th.), to live (through). **II** *v.t.* **1** to save, to rescue. **2** (*sfuggire, evitare*) to escape, to avoid: ~ *la morte* to escape death. □ *l'ha scampata* **bella** he had a narrow escape; **Dio** *ce ne scampi!* God save us!

scampato **I** *a.* **1** (*evitato*) escaped, avoided. **2** (*salvato*) saved, rescued. **II** *s.m.* survivor.

scampo[1] *m.* (*via d'uscita*) escape; (*salvezza*) safety. □ *non c'*è (*via di*) ~ there is no way out (*o* help for it); **senza** ~ hopeless, with no way out.

scampo[2] *m.* (*Zool.*) shrimp.

scampolo *m.* remnant, oddment: *una svendita di scampoli* a remnant sale.

scanalare *v.t.* **1** to flute, to channel. **2** (*Mecc.*) to groove, to slot.

scanalatura *f.* **1** grooving, channelling. **2** (*incavo*) groove, channel. **3** (*Arch.*) flute, fluting. **4** (*Mecc.*) groove, spline.

scandagliare *v.t.* (*Mar.*) to sound, to plumb, to fathom (*anche fig.*).

scandaglio *m.* **1** (*Mar.*) (*strumento*) sounding-line, sounding-lead; (*lo scandagliare*) sounding, fathoming. **2** (*fig.*) (*indagine*) probe, test, sounding.

scandalistico *a.* scandal-mongering.

scandalizzare *v.t.* to scandalize; (*suscitare l'indignazione*) to offend, to shock, to outrage. **scandalizzarsi** *v.i.pron.* to be scandalized (*o* outraged), to be shocked (*di, per* by).

scandalo *m.* scandal: *lo ~ del Watergate* the Watergate scandal. □ **dare** ~ to scandalize; **fare** *uno ~* to create (*o* stir up) scandal; (*fig.*) **gridare** *allo ~* to cry shame.

scandaloso *a.* scandalous, outrageous, shocking.

Scandinavia *N.pr.f.* (*Geog.*) Scandinavia.

scandinavo *a./s.m.* Scandinavian.

scandio *m.* (*Chim.*) scandium.

scandire *v.t.* **1** to scan. **2** (*pronunciare distintamente*) to articulate, to enunciate. □ ~ *il tempo* to beat time.

scannare *v.t.* **1** (*rif. ad animali*) to butcher, to slaughter; (*rif. a persone: tagliare la gola*) to cut* the throat of. **2** (*estens.*) (*trucidare selvaggiamente*) to butcher, to slaughter, to massacre. **3** (*fig.*) (*far pagare molto*) to fleece, (*fam.*) to skin.

scanno *m.* (*sedile*) seat; (*stallo*) stall.

scansafatiche *m./f.* loafer, idler.

scansare *v.t.* **1** to move (aside), to shift. **2** (*schivare*) to dodge; (*abbassandosi*) to duck. **3** (*sottrarsi*) to shirk, to dodge: ~ *una responsabilità* to shirk a responsibility. **4** (*rif. a persone: evitare*) to shun, to avoid, to steer clear of. **scansarsi** *v.r.* to step (*o* draw*) aside, to get* out of the way.

scansia *f.* shelves *pl.*; (*per libri*) book-case.

scansione *f.* **1** (*Metrica*) scansion. **2** (*TV*) scanning.

scanso *m.*: *a ~ di* (*per evitare*) to avoid, as a precaution against: *a ~ di equivoci* to avoid (all) misunderstanding.

scantinato *m.* basement, cellar.

scantonare *v.i.* **1** to turn (*o* slip round) a corner. **2** (*svignarsela*) to slip off, to slink* away.

scanzonato *a.* free-and-easy, light-hearted, easy-going.

scapaccione *m.* clout (on the head), slap.

scapestrato **I** *a.* loose(-living), dissolute, profligate; (*sfrenato*) reckless, madcap. **II** *s.m.* loose-liver, rake; (*scavezzacollo*) daredevil.

scapicollarsi *v.i.pron.* **1** to rush headlong down, to dash down. **2** (*fig.*) (*affannarsi*) to do* one's utmost, to struggle, to strive*.

scapigliato *a.* **1** (*spettinato*) tousled, ruffled, dishevelled. **2** (*fig.*) loose-living.

scapito *m.* loss, damage. □ *a ~ di* (*con grave pregiudizio*) to the detriment of.

scapola *f.* (*Anat.*) scapula (*pl.* scapulae), shoulder-blade.

scapolo *m.* single; bachelor: ~ *impenitente* confirmed bachelor.

scapolone *m.* (*scherz.*) confirmed bachelor.

scappamento *m.* **1** (*Mot.*) exhaust; (*tubo*) exhaust-pipe. **2** (*di orologio*) escapement. **3** (*Ferr.*) blast-pipe.

scappare *v.i.* **1** to run* away (*o* off), to flee*. **2** (*da luogo chiuso*) to escape (*di* from), to break* (*o* get*) out (of, from), to run* away (from): ~ *di prigione* to escape from prison; (*rif. a uccelli*) to fly* away; (*svignarsela*) to slip off, to sneak (*o* steal*) away. **3** (*correre, affrettarsi*) to rush (off), to dash (off): *devo ~ a casa* I have to rush home. **4** (*fig.*) (*sfuggire*) to miss, to let* slip, to slip (*o* go* *o* pass) by: *lasciarsi ~ un'occasione* to let a chance slip by; (*rif. a parole e sim.*) to slip out, to blurt out: *mi è scappato di bocca* it just slipped out. **5** (*uscire, sbucare*) to come* out, to straggle, to slip (*o* hang* *o* fall*) out: *i capelli gli scappavano di sotto il berretto* his hair was straggling from under his cap. □ *mi scappò* **da** *ridere* I couldn't help laughing (*o* keep myself from laughing); ~ *di* **mente** to slip one's mind; (*pop.*) *per poco non ci scappava il* **morto** somebody was nearly killed; *far ~ la* **pazienza** to make s.o. lose his patience; *di* **qui** *non si scappa* there's no getting out of it; ~ **via** to run off (*o* away), to take to one's heels. ‖ *scappa scappa!* run for it!; run for your lives!

scappata *f.* **1** (*breve visita*) call, short visit: *ho fatto una ~ da Jack* I went to pay a call to Jack. **2** (*corsa*) dash: *devo fare una ~ in ufficio* I must make a dash to the office. **3** (*avventura amorosa*) escapade; flirtation.

scappatella *f.* escapade.

scappatoia *f.* (*espediente*) way out, loophole.

scappellotto *m.* cuff, slap (*o* clap) on the head.

scarabeo[1] *m.* (*Zool.*) scarab, scarab beetle.

scarabeo[2] *m.* (*gioco*) Scrabble.

scarabocchiare *v.t.* **1** (*fare scarabocchi*) to scribble (*o* scrawl *o* doodle) on. **2** (*fig.*) (*scrivere disordinatamente*) to scribble (off), to scrawl.

scarabocchiato *a.* **1** full of scrawls, scribbled all over. **2** (*fig.*) (*scritto male*) scrawled, scribbled.

scarabocchio *m.* **1** (*macchia*) blot. **2** (*sgorbio*) scribble, scrawl. **3** (*disegno mal fatto*) daub, doodle. **4** (*fig.*) (*persona piccola e mal fatta*) runt, shrimp.

scarafaggio *m.* (*Zool.*) cockroach, (*am.*) roach.

scaramanzia *f.* counter-spell, charm. □ *per ~* for (good) luck, against bad luck.

scaramuccia *f.* skirmish, clash (*anche fig.*).

scaraventare *v.t.* **1** to fling*, to hurl, to throw*. **2** (*fig.*) (*trasferire, mandare*) to shift, to shunt, to transfer. **scaraventarsi** *v.r.* **1** to hurl (*o* fling*) o.s. **2** (*precipitarsi*) to dash, to tear*, to hurl (*o* fling*) o.s., to rush: *mi scaraventai giù per le scale* I dashed down the stairs.

scarcassato *a.* (*fam.*) ramshackle.

scarcerare *v.t.* to release (*o* free) from prison.

scarcerazione *f.* release from prison.

scardinare *v.t.* to unhinge, to take* off its hinges.

scarica *f.* **1** (*raffica*) salvo, volley, fusillade, burst. **2** (*fig.*) (*gran quantità*) hail, volley, shower, flood, storm: *una ~ di pugni* a hail of blows. **3** (*intestinale*) (faecal) discharge. **4** (*El., Fis.*) discharge.

scaricabarili *m.*: (*fam.*) *fare a ~* to pass the buck.

scaricare *v.t.* **1** to unload, to discharge. **2** (*far scendere le persone: da veicoli*) to set* down, to put* (*o* let*) off; (*da navi*) to land, to disembark. **3** (*un'arma*) to fire, to discharge; (*togliere la carica*) to unload. **4** (*riversare*) to pour, to empty, to discharge: *il Po scarica le sue acque nell'Adriatico* the Po empties its waters into the Adriatic. **5** (*fig.*) (*liberare, alleggerire*) to unburden, to relieve *o* to clear: *~ la coscienza dai rimorsi* to clear one's conscience of remorse. **6** (*gerg.*) (*liberarsi di una persona fastidiosa*) to free (*o* rid*) o.s. of, to get* rid of. **7** (*El.*) to discharge; (*rif. a batterie*) to run* down. **scaricarsi I** *v.r.* (*liberarsi*) to unburden (*o* relieve *o* rid*) o.s. (*di* of), to free o.s. (from) (*anche fig.*). **II** *v.i.pron.* **1** (*fig.*) (*sfogarsi*) to vent (*o* give* vent) to one's feelings, to pour out (one's heart). **2** (*riversarsi*) to empty, to flow; (*scorrere*) to flow, to run*. **3** (*rif. a meccanismi a molla*) to run* (*o* wind*) down. **4** (*rif. ad accumulatori e sim.*) to run* down, to go* dead (*o* flat). □ *~ la* **colpa** *addosso a qd.* to shift the blame onto s.o.; *~ l'***intestino** to evacuate the bowels; *~ le* **spese** to deduct expenses (from taxes).

scaricatore *m.* unloader; (*nei porti*) docker, stevedore, (*am.*) longshoreman (*pl.* –men).

scarico I *a.* **1** unloaded. **2** (*privo di carica: rif. ad armi*) unloaded, empty; (*rif. a molle*) run-down. **3** (*El.*) discharged, flat, dead. **II** *s.m.* **1** unloading, discharging; (*da navi*) discharging, unloading, disembarking. **2** (*rif. a rifiuti*) dumping; (*materiale di rifiuto*) refuse, rubbish, waste; (*luogo*) (rubbish) dump, (refuse-)tip. **3** (*di liquidi*) draining, drainage; (*condotto*) drain: *~ dell'acqua* water drain; (*fogna*) sewer. **4** (*Mot.*) exhaust. **5** (*Comm.*) (*uscita di merce*) release of stock. □ **a** *~* in defence: *testimoni a ~* witnesses for the defence; **a** *~ di ogni responsabilità* to avoid all responsibility; **di** *~* exhaust-, waste, drain-; *scarichi* **industriali** industrial waste; **tubo** *di ~* exhaust pipe; **vietato** *lo ~* tipping (*o* dumping) prohibited, no tipping (*o* dumping).

scarificare *v.t.* (*Chir.*) to scarify.

scarlattina *f.* (*Med.*) scarlet fever.

scarlatto *a./s.m.* scarlet.

scarmigliare *v.t.* to tousle, to ruffle. **scarmigliarsi** *v.r./i.pron.* to become* tousled, to get* ruffled.

scarmigliato *a.* (*rif. a capelli*) tousled, ruffled, dishevelled; (*rif. a persone*) dishevelled, unkempt, untidy.

scarnificare *v.t.* to strip (*o* rip) the flesh from.

scarnire *v.t.* to strip the flesh from.

scarnito *a.* (*magro, secco*) lean, thin, skinny.

scarno *a.* **1** lean, thin, skinny: *viso ~* lean face. **2** (*fig.*) (*povero*) meagre, scanty, inadequate. **3** (*fig.*) (*sobrio, essenziale*) bare, terse: *stile ~* terse style.

scarpa *f.* shoe: *un paio di scarpe* a pair of shoes. □ *scarpe da* **ballo** dancing-shoes; *~ da* **calciatore** football-boot; *~* **chiodata** hobnail shoe (*o* boot); (*fam.*) **fare** *le scarpe a qd.* to double-cross s.o.; *scarpe da* **ginnastica** gym-shoes; *scarpe da* **montagna** climbing boots; *~* **ortopedica** orthopaedic shoe; (*Moda*) wedge-heeled shoe, (*fam.*) wedgie; *scarpe* **scollate** court shoes, pumps; *scarpe* **sportive** sports shoes; *ho le scarpe* **strette** my shoes pinch; *scarpe con* **tacco** *alto* high-heeled shoes, (*fam.*) high-heels; *scarpe senza* **tacco** flat shoes, (*fam.*) flats; *scarpe da* **tennis** tennis shoes; *scarpe di* **vernice** patent-leather shoes.

scarpata *f.* (e)scarp, escarpment; (*pendio*) (steep) slope.

scarpiera *f.* **1** (*armadietto*) shoe-rack. **2** (*borsa da viaggio*) shoe-bag.

scarpinare *v.i.* (*fam.*) to tramp, to trek, to hoof it.

scarpinata *f.* (*fam.*) long walk, tramp.

scarponcino *m.* **1** (*per bambini*) child's boot. **2** (*scarpa alta*) boot.

scarpone *m.* boot: *~ da sci* ski-boot.

scarrozzare *v.t./i.* (*portare in giro: in carrozza*) to drive* (*o* take*) around in a carriage; (*con altro veicolo*) to drive* (*o* take*) around.

scarrozzata *f.* (*gita: in carrozza*) carriage ride, drive in a carriage; (*con altro veicolo*) drive, trip (in a car).

scarseggiare *v.i.* **1** (*essere scarso*) to run* short, to be running out, to get* scarce. **2** (*avere in quantità limitata*) to be short (*di* of), to be down (*o* low) (on): *~ di denaro* to be short of money. **3** (*fig.*) to lack (*di qc.* s.th.), to be lacking (in), (*fam.*) to be short (on): *scarseggia di intelligenza* he lacks intelligence.

scarsezza, **scarsità** *f.* **1** shortage, scarcity. **2** (*mancanza*) lack.

scarso *a.* **1** scarce, scanty, poor, meagre: *raccolto ~* poor harvest. **2** (*manchevole, povero*) lacking, poor (*di* in), short (of, on): *~ d'intelligenza* lacking in intelligence. **3** (*debole*) feeble, weak, poor: *luce scarsa* feeble light. **4** (*che non raggiunge la misura precisa*) just under, short. □ *tre chilometri scarsi* a bare three kilometres.

scartabellare *v.t.* to leaf (*o* skim *o* flip) through.

scartafaccio *m.* **1** scribbling block (*o* pad), notebook. **2** (*libro mal ridotto*) tattered book.

scartamento *m.* (*Ferr., Mecc.*) gauge. □ (*Ferr.*) *~ ridotto* narrow gauge.

scartare[1] *v.t.* to unwrap: *~ un pacco* to unwrap a package.

scartare[2] *v.t.* **1** (*respingere, rifiutare*) to discard, to reject, to turn down, to discount: ~ *una teoria* to discard a theory. **2** (*eliminare*) to discard, to reject, to throw* out. **3** (*nei giochi di carte*) to discard, to throw* away. **4** (*Mil.*) (*riformare*) to reject.

scartare[3] *v.i.* **1** (*rif. ad animali*) to shy, to swerve, to side-step. **2** (*rif. a veicoli*) to swerve, to skid. **3** (*Sport*) to swerve, to side-step, to dodge.

scarto[1] *m.* **1** (*lo scartare*) discarding, rejection. **2** (*cosa scartata*) discard, reject. **3** (*fig.*) (*cose di scarso valore*) waste, scrap, rubbish; (*rif. a persone*) reject. **4** (*nei giochi di carte*) discard. □ *merce di* ~ rejects.

scarto[2] *m.* **1** (*rif. ad animali*) shy, swerve, side-step. **2** (*rif. a veicoli*) swerve, skid. **3** (*estens.*) (*differenza, distacco*) difference, gap, interval. □ *vincere con uno* ~ *di pochi punti* to win with a few points in hand.

scartocciare *v.t.* **1** (*levare dal cartoccio*) to unwrap. **2** (*rif. a pannocchie di granoturco*) to strip, to husk, (*am.*) to shuck.

scartoffie *f.pl.* (*spreg.*) papers *pl.*, heaps *pl.* of paper.

scassare *v.t.* (*fam.*) (*rompere*) to break*, to wreck, to smash, (*fam.*) to bust.

scassinare *v.t.* to force, to break*; (*con un grimaldello*) to crack: ~ *una cassaforte* to crack a safe. □ ~ *una serratura* to pick a lock.

scassinatore *m.* housebreaker; (*con effrazione*) burglar. □ ~ *di* **banche** bank-robber; ~ *di* **casseforti** safebreaker, (*am.*) safe-cracker.

scasso *m.* **1** forcing open, breaking open (*o* down). **2** (*Agr.*) breaking up. □ *furto con* ~ housebreaking; (*con effrazione*) burglary.

scatenare *v.t.* **1** (*eccitare, aizzare*) to unleash, to give* free rein to, to unbridle: ~ *l'odio della folla* to unleash the anger of the crowd. **2** (*fig.*) (*causare, provocare*) to set* off, to cause: ~ *una guerra* to cause a war. **scatenarsi** *v.i.pron.* **1** (*sfrenarsi*) to break* out, to go* wild. **2** (*rif. a intemperie*) to rise*.

scatenato *a.* unbridled, wild, unrestrained. □ *furia scatenata* unrestrained fury.

scatola *f.* **1** box. **2** (*barattolo di latta*) tin, (*am.*) can. □ (*fig.*) *a* ~ **chiusa** (*senza controllare*) blindly, sight unseen; *comprare a* ~ **chiusa** to buy a pig in a poke; ~ *di* **colori** paint-box; (*Anat.*) ~ **cranica** brain case; **in** ~ tinned, (*am.*) canned: *carne in* ~ tinned meat; (*Aer.*) ~ **nera** flight-recorder, black box; (*volg.*) *averne* **piene** *le scatole* to be fed up to one's back teeth.

scatolame *m.* (*collett.*) **1** boxes *pl.* **2** (*Alim.*) tins *pl.*, (*am.*) cans *pl.*; (*cibi conservati in scatola*) tinned (*o* canned) food.

scattante *a.* (*svelto, agile*) agile, nimble.

scattare **I** *v.i.* **1** to go* (*o* fly*) off, to be released; (*rif. a molle e sim.*) to spring* up, to go* off, to fly* off (*o* up). **2** (*chiudersi di scatto*) to snap shut; (*aprirsi di scatto*) to spring* (*o* fly*) open. **3** (*estens.*) (*assumere di scatto una posizione*) to spring*, to leap*, to jump; (*slanciarsi*) to spring*, to fling* o.s., to shoot* (*o* rush) off: ~ *in piedi* to spring to one's feet. **4** (*fig.*) (*adirarsi*) to fly* into a rage, (*fam.*) to fly* off the handle. **5** (*rif. a misure: passare a un livello superiore*) to jump, to leap*: *la contingenza è scattata di tre punti* the cost of living index jumped three points. **6** (*Sport*) to spring*, to spurt, to make* a burst. **II** *v.t.* to take*, to snap, to shoot*: ~ *una fotografia* to snap (a photo).

scattista *m./f.* (*Sport*) sprinter.

scatto *m.* **1** release, flying off. **2** (*rumore*) click, snap: *udire uno* ~ to hear a click. **3** (*movimento brusco*) jump, leap, start. **4** (*fig.*) (*risposta, atto concitato*) burst, outburst, fit. **5** (*fig.*) (*avanzamento*) automatic promotion; (*rif. a retribuzioni*) automatic rise (*o* raise). **6** (*nelle armi da fuoco*) trigger mechanism. **7** (*Sport*) sprint, spurt. **8** (*Fot.*) release. **9** (*Tel.*) unit. □ **a** *scatti* by fits and starts, in jerks; **a** ~ spring-, snap-: *serratura a* ~ spring lock; ~ **automatico** (*Fot.*) self-timer; (*Mecc., Cin.*) automatic release; **di** ~ suddenly, all of a sudden; *alzarsi* **di** ~ to jump to one's feet; (*Sport*) ~ **finale** final sprint (*o* spurt).

scaturire *v.i.* **1** to gush, to spring*. **2** (*fig.*) (*avere origine*) to come*, to arise*, to ensue.

scavalcare *v.t.* **1** to climb over; (*con un salto*) to jump (over), to leap* (over), to hurdle. **2** (*sbalzare di sella*) to unhorse, to unseat. **3** (*fig.*) (*oltrepassare, superare in graduatoria*) to get* ahead of, to overtake*. **4** (*non rispettare la linea gerarchica*) to go* over s.o.'s head.

scavare *v.t.* **1** to dig*, to excavate. **2** (*fare un incavo*) to hollow (out). **3** (*trovare dissotterrando*) to dig* up, to unearth, to uncover: ~ *un tesoro* to dig up a treasure.

scavatore *m.* excavator, digger.

scavatrice *f.* digger, excavator, shovel.

scavezzacollo *m.* daredevil, reckless fellow.

scavo *m.* **1** excavation, digging. **2** (*Edil.*) excavation. **3** (*Archeologia*) excavation, dig; (*luogo*) excavation site. **4** (*Sartoria*) hole. □ ~ **archeologico** archaeological excavation; **lavori** *di* ~ mining.

scazzottarsi *v.r.recipr.* (*pop.*) to punch (*o* thump) e.o.

scazzottata, **scazzottatura** *f.* (*fam.*) punch-up.

scegliere **I** *v.t.* **1** to choose*, to pick. **2** (*separare, vagliare*) to sort out: ~ *la frutta* to sort out the fruit. **3** (*preferire*) to choose*, to prefer: *fra i due mali scelgo il minore* I prefer the lesser of the two evils. **II** *v.i.* to choose*, to take* one's pick: *hai da* ~ you can take your pick. □ *c'è* **da** ~ there's plenty to choose from (*o* of choice); ~ **meticolosamente** to pick and choose; *c'è* **poco** *da* ~ there's not much choice.

sceicco *m.* sheik(h).

scelleratezza *f.* **1** wickedness, infamy, ini-

quity, villainy. **2** (*azione*) wicked deed, infamy, iniquity.
scellerato **I** *a.* **1** (*rif. a persona: malvagio, infido*) wicked, evil, villainous. **2** (*rif. ad azioni*) wicked, iniquitous, infamous, foul. **II** *s.m.* wicked (*o* evil) person.
scellino *m.* **1** (*ingl.*) shilling. **2** (*in Austria*) schilling.
scelta *f.* **1** choice, selection, picking (out). **2** (*ciò che è stato scelto*) choice, selection. **3** (*qualità*) quality, grade: *di seconda* ~ second grade, lower quality; *merce di prima* ~ top quality goods, top grade goods. ▭ **a** ~ as preferred, according to choice, to taste; *non ho* **altra** ~ I have no choice.
scelto *a.* **1** chosen, picked, selected; (*prescelto*) select, selected: *passi scelti* selected passages. **2** (*eccellente, pregevole*) choice, first -rate: *merce scelta* choice goods. **3** (*Mil.*) crack-, picked, highly-skilled, specially trained: *truppe scelte* crack troops.
scemare *v.i.* to lessen, to abate, to go* (*o* die) down; (*rif. a dolore*) to decrease, to lessen, to abate; (*rif. a forze*) to wane, to decline.
scemata *f.* (*fam.*) stupid act; (*parole*) nonsense.
scemenza *f.* **1** stupidity, foolishness. **2** (*azione*) stupid act, idiocy; (*frasi, parole*) rubbish, nonsense.
scemo **I** *a.* stupid, silly, (*fam.*) dumb. **II** *s.m.* fool, idiot.
scempiaggine *f.* **1** stupidity; (*stoltezza*) foolishness. **2** (*detto, parole*) rubbish, nonsense; (*azione stolta*) foolish (*o* stupid) act, idiocy.
scempio[1] *a.* (*semplice*) single.
scempio[2] *m.* (*lett.*) **1** (*strage*) slaughter, massacre. **2** (*fig.*) (*deturpazione*) havoc, destruction, ruin(ing). ▭ *fare* ~ *di* (*infierire su*) to slaughter, to massacre, to tear to pieces; (*fig.*) (*rovinare*) to play (*o* wreak) havoc with, to ruin.
scena *f.* **1** (*palcoscenico*) stage; *pl.* (*teatro*) stage, theatre. **2** (*scenario*) scene, set: *la* ~ *rappresenta una sala del castello* the scene shows a hall of the castle. **3** (*parte dell'atto*) scene. **4** (*fig.*) (*vista, spettacolo*) scene. **5** (*fig.*) (*manifestazione esagerata*) act(ing), put-on. **6** (*fig.*) (*scenata*) scene, quarrel, row. ▭ **andare** *in* ~ to be staged (*o* put on, performed); **colpo** *di* ~ coup de théâtre; (*fig.*) unexpected event; **essere** *di* ~ to be due on stage; (*fig.*) **fare** ~ to make an impression (*o* a sensation); (*Cin.*) **girare** *una* ~ to shoot a scene; ~ **madre** principal scene, main action; (*fig.*) violent (*o* hysterical) scene; ~ *di* **massa** crowd scene; **messa** *in* ~ mise en scène (*o* staging); (*fig.*) showing off; **mettere** *in* ~ to stage, to put on; ~ **muta** dumb show; (*fig.*) *fare* ~ **muta** to be tongue -tied; **uscire** *di* ~ to (make one's) exit; (*fig.*) to disappear from the scene.
scenario *m.* **1** (*Teat.*) scenery, set, décor; (*scena dipinta*) back-drop. **2** (*fig.*) (*sfondo, paesaggio*) setting, scenery, back-drop. **3** (*Cin.*) screenplay, scenario.
scenata *f.* scene; (*fam.*) row: *fare una* ~ to make a scene.
scendere **I** *v.i.* **1** (*andare verso il basso*) to come*; (*o* go*) down, to descend. **2** (*smontare*) to get* off (s.th.), to climb down: ~ *da una scala* to get off a ladder; (*rif. a mezzi di trasporto*) to get* out (of), to get* off (s.th.): ~ *dal treno* to get off a train; ~ *dalla macchina* to get out of the car; (*rif. a navi: sbarcare*) to go* ashore, to disembark, to land. **3** (*essere in pendenza*) to slope (down), to descend: *il sentiero scende verso la valle* the path slopes down toward the valley. **4** (*scorrere verso il basso*) to flow (*o* run* *o* go*) down, to descend; (*diminuire, decrescere*) to go* (*o* come*) down, to decrease, to drop, to fall*: *la temperatura è scesa sotto lo zero* the temperature dropped (*o* fell) below zero. **5** (*ricadere*) to fall* (*o* come*) down. **6** (*calare*) to sink*, to go* down: *il sole scendeva all'orizzonte* the sun was sinking below the horizon. **7** (*perdere quota*) to descend. **II** *v.t.* to come* (*o* go*) down, to descend. ▭ ~ *in* **basso** to come (*o* go) down; (*fig.*) to stoop, to sink, to lower (*o* demean) o.s.; ~ *in* **campo** to enter the field; ~ **giù** to come (*o* go) down; ~ *dal* **letto** to get up, to get out of bed; ~ *a* **patti** *con qd.* to come to terms with s.o.; (*fig.*) ~ *in* **piazza** to take part in a demonstration; ~ *a* **valle** to go downhill; (*navigando*) to go downstream; (*rif. a fiumi*) to flow down.
scendiletto *m.* bedside-rug.
sceneggiare *v.t.* **1** (*Teat.*) to adapt for the stage. **2** (*Rad., TV*) to dramatize for radio (*o* television); (*rif. a soggetti originali*) to write* for radio (*o* television). **3** (*Cin.*) to write* a film version of; (*rif. a soggetti originali*) to write* the script of.
sceneggiatore *m.* **1** (*Teat.*) dramatist, playwright. **2** (*Rad., TV, Cin.*) scriptwriter.
sceneggiatura *f.* **1** (*Teat., TV*) play, script. **2** (*Cin.*) (film-)script, screenplay, scenario.
scenico *a.* stage-, scenic: *effetti scenici* stage effects.
scenografia *f.* **1** stage-designing, set-designing; scene painting. **2** (*scenario*) scenery, set, scene; (*complesso delle costruzioni*) set, décor. **3** (*Cin.*) set-designing, setting.
scenografico *a.* **1** stage-, scene-, set-, scenery-, scenic. **2** (*fig. spreg.*) showy, stagy.
scenografo *m.* **1** (*Teat.*) scene-painter. **2** (*Cin., TV*) art-director, set-designer.
sceriffo *m.* sheriff.
scervellarsi *v.i.pron.* to rack one's brain (*su* over).
scervellato **I** *a.* brainless, empty-headed, hare-brained. **II** *s.m.* hare-brained person, mad-cap.
scetticismo *m.* scepticism; (*am.*) skepticism (*anche Filos.*).
scettico **I** *a.* sceptical; (*am.*) skeptical (*su*

about). **II** *s.m.* sceptic; (*am.*) skeptic.
scettro *m.* sceptre, (*am.*) scepter.
scheda *f.* card; (*di schedario*) (index-)card. □ ~ **bianca** blank ballot; ~ **elettorale** ballot, ballot-paper, voting-paper; ~ **magnetica** magnetic card; ~ **nulla** void ballot (*o* vote); ~ **perforata** punched (*o* punch) card; ~ **segnaletica** fingerprint card; ~ **telefonica** phone card; (*Scol.*) ~ *di* **valutazione** report card.
schedare *v.t.* **1** to catalogue. **2** (*registrare*) to put* on one's files (*o* records), to make* a file on. **3** (*negli schedari della polizia*) to put* down in the (police) records; (*per motivi politici*) to keep* a dossier on.
schedario *m.* **1** card-index, files *pl.*, card file. **2** (*mobile*) filing-cabinet, file.
schedatura *f.* filing; (*il catalogare*) cataloguing, (card-)indexing.
schedina *f.* **1** slip. **2** (*di scommesse*) coupon: ~ *del totocalcio* (football) pools coupon.
scheggia *f.* splinter, sliver.
scheggiare *v.t.* (*staccare*) to break* splinters off, to chip; (*ridurre in schegge*) to splinter, to sliver. **scheggiarsi** *v.i.pron.* to splinter, to sliver, to chip.
scheletrico *a.* skeletal (*anche fig.*).
scheletrito *a.* (*magrissimo*) all skin and bones. □ *alberi scheletriti* bare trees.
scheletro *m.* **1** skeleton. **2** (*fig.*) (*intelaiatura*) (skeleton) outline, skeleton, frame (work). □ (*fig.*) ~ *nell'***armadio** skeleton in the cupboard; **magro** *come uno* ~ as thin as a rake; **sembrare** *uno* ~ to look like a skeleton, (*fam.*) to be all skin and bones.
schema *m.* **1** sketch, plan, scheme. **2** (*abbozzo*) outline, draft, scheme. **3** (*Filos.*) schema (*pl.* schemata). **4** (*Inform.*) diagram.
schematicità *f.* schematism.
schematico *a.* schematic (*anche fig.*).
schematizzare *v.t.* to schematize.
scherma *f.* fencing. □ *tirare di* ~ to fence.
schermaggio *m.* **1** screening, shielding. **2** (*schermo protettivo*) shield, screen.
schermaglia *f.* skirmish.
schermare *v.t.* to screen, to shield.
schermire *v.t.* to shield, to protect, to defend. **schermirsi** *v.r.* **1** (*ripararsi*) to shield (*o* defend) o.s. (*da* from), to protect o.s. (against, from): ~ *il viso dal sole* to protect one's face against the sun. **2** (*estens.*) (*sottrarsi, eludere*) to avoid, to ward off.
schermistico *a.* fencing-, of fencing, sword-.
schermitore *m.* fencer, swordsman (*pl.* –men).
schermo *m.* **1** (*riparo*) shelter; (*protezione*) screen, protection; (*difesa*) shield. **2** (*fig.*) screen, veil. **3** (*Fis.*) shield, screen. **4** (*Cin., TV, Rad.*) screen. **5** (*Fot.*) (*diaframma*) diaphragm; (*filtro*) filter. **6** (*Inform.*) screen. □ *il piccolo* ~ the television screen.
schermografia *f.* (*Med.*) photofluorography.
schernire *v.t.* to scorn, to sneer (*o* scoff *o* jeer) at, to mock, to deride.
schernitore *a.* scornful, mocking, derisory.
scherno *m.* **1** scorn(ing), sneering, mockery, derision. **2** (*oggetto di scherno*) laughing -stock, butt, mock: *essere lo* ~ *di tutti* to be a general laughing-stock. □ *di* ~ of scorn, scornful, sneering, mocking: *parole di* ~ mocking words.
scherzare *v.i.* **1** (*trastullarsi*) to play, to lark (about). **2** (*agire, parlare alla leggera*) to joke, to jest, to make* light (*o* fun) of, (*fam.*) to kid: *scherza sempre* he's always joking; (*agire in modo imprudente*) to play, to trifle. □ *c'è poco* **da** ~ it's no joke (*o* laughing matter); ~ *col* **fuoco** to play with fire.
scherzo *m.* **1** (*lo scherzare*) joking, jesting, joke, jest. **2** (*burla*) (practical) joke, prank, trick, hoax. **3** (*fig.*) (*impresa facile*) child's play. **4** (*Mus.*) scherzo. □ **bando** *agli scherzi* joking apart; **brutto** ~ nasty joke; (*colpo mancino*) dirty trick; (*cosa sgradita*) nasty surprise, let-down; *non* **fare** *scherzi* let's have no fooling (*o* messing) around; ~ *di* **natura** freak; **per** ~ as (*o* for) a joke, in sport (*o* a laugh), in fun; *neppure* **per** ~ by no means, absolutely not; (*fam.*) ~ *da* **prete** dirty trick; **senza** *scherzi* (*sul serio*) really, seriously, (*fam.*) no joke; **stare** *allo* ~ to take a joke.
scherzoso *a.* **1** (*che scherza volentieri*) playful. **2** (*detto, fatto per scherzo*) joking, jesting, playful: *frase scherzosa* joking words; (*di scherzo*) joking, laughing, jesting.
schettinare *v.i.* to roller-skate.
schettino *m.* roller-skate.
schiacciamento *m.* **1** crushing, squashing. **2** (*pressione*) pressing. **3** (*appiattimento*) flattening: (*Geog.*) ~ *polare* polar flattening. **4** (*Mecc.*) squashing, crushing; (*rif. a pneumatici*) deflection.
schiaccianoci *m.* nutcracker, nutcrackers *pl.*
schiacciante *a.* **1** crushing, squashing. **2** (*fig.*) (*irrefutabile*) crushing, overwhelming: *prove schiaccianti* crushing proof.
schiacciapatate *m.* potato-masher.
schiacciare *v.t.* **1** to crush, to squash, to squeeze. **2** (*calpestare*) to crush (underfoot), to squash, to tread* on, to flatten. **3** (*rompere*) to crack: ~ *le mandorle* to crack almonds. **4** (*premere*) to press, to push (down): ~ *il bottone* to press the button. **5** (*fig.*) (*superare, vincere*) to crush, to overwhelm, (*fam.*) to smash. **schiacciarsi** *v.i. pron.* **1** (*spiaccicarsi*) to get* squashed (*o* crushed): *le paste si sono schiacciate* the pastries got crushed. **2** to crush: *mi sono schiacciato un dito nella porta* I crushed my finger in the door. □ (*pop.*) ~ *un sonnellino* to take (*o* have) a nap.
schiacciasassi *m.* (*Strad.*) steam-roller.
schiacciata *f.* **1** squeeze, crush(ing), squash(ing). **2** (*Sport*) smash.
schiacciato *a.* **1** (*deformato*) dented, battered; (*compresso, spiaccicato*) crushed,

squashed. **2** (*appiattito*) flattened, squashed.

schiaffare *v.t.* (*fam.*) to fling*, to chuck, to sling*. **schiaffarsi** *v.i.pron.* to throw* (*o* fling*) o.s.

schiaffeggiare *v.t.* to slap, to smack, to cuff.

schiaffo *m.* slap, smack, cuff. □ (*fig.*) ~ **morale** insult, humiliation; **prendere** *a schiaffi qd.* to slap s.o. (*o* s.o.'s face).

schiamazzare *v.i.* **1** (*rif. a oche e sim.*) to cackle, to gaggle, to squawk; (*rif. a galline*) to cackle. **2** (*estens.*) (*gridare*) to shout, to make* a noise (*o* din *o* racket).

schiamazzo *m.* **1** (*rif. a oche e sim.*) cackling, gaggling, squawking; (*rif. a galline*) cackle, cackling. **2** (*estens.*) (*chiasso*) din, uproar, racket, (*fam.*) row.

schiantare *v.t.* to break*, to smash; (*abbattendo*) to break* (*o* snap) off, to tear* (off): *il temporale ha schiantato molti alberi* the storm broke many trees. **schiantarsi** *v.i.pron.* to break* (up), to break* (*o* smash) into pieces, to shatter, to be smashed up.

schianto *m.* **1** breaking, tearing, snapping, splitting; (*lo scoppiare*) burst(ing). **2** (*rumore*) crash, crack, snap, tearing sound: *lo ~ del tuono* the crash of the thunder. **3** (*fig.*) (*pena, dolore acuto*) great blow, pain, pang, wrench. □ **di** ~ abruptly, suddenly; (*fam.*) *uno ~ di* **ragazza** a smashing girl.

schiappa *f.* (*pop.*) (*persona incapace*) bungler, duffer, dud.

schiarimento *m.* **1** (*lo schiarire*) lightening. **2** (*lo schiarirsi*) growing lighter, brightening up. **3** (*fig.*) (*chiarimento*) explanation, clarification.

schiarire **I** *v.t.* **1** to lighten, to make* lighter. **2** (*sbiadire*) to fade. **II** *v.i.*, **schiarirsi** *v.i.-pron.* **1** (*diventare chiaro*) to become* lighter, to lighten; (*sbiadire*) to fade. **2** (*farsi chiaro, rasserenarsi*) to brighten (up), to clear (up). □ *schiarirsi i* **capelli** to lighten one's hair, to dye one's hair a lighter shade; *schiarirsi le* **idee** to see one's way clear; *schiarirsi la* **voce** to clear one's throat.

schiarita *f.* **1** clearing up. **2** (*fig.*) (*miglioramento*) improvement.

schiattare *v.i.* to burst* (*anche fig.*): *~ d'invidia* to burst with envy.

schiavismo *m.* slavery.

schiavista **I** *s.m./f.* **1** slave-merchant, slave -trader. **2** (*fautore dello schiavismo*) advocate (*o* supporter) of slavery. **3** (*Stor.*) anti-abolitionist. **II** *a.* slave-.

schiavistico *a.* **1** (*dello schiavismo*) of slavery, slave-. **2** (*da schiavista*) of a supporter of slavery. **3** (*Stor.*) anti-abolitionist-.

schiavitù *f.* slavery (*anche fig.*).

schiavo **I** *s.m.* slave (*anche fig.*): *esser ~ delle passioni* to be slave to passion. **II** *a.* enslaved, captive; (*asservito*) subject.

schiena *f.* **1** back. **2** (*Geog.*) (*dorsale*) ridge, crest. □ *strada a ~ d'***asino** cambered road; **colpire** *qd. alla ~* to stab s.o. in the back (*anche fig.*); **di** ~ from the back, from behind; **mal** *di ~* backache; **voltare** *la ~ a qd.* to turn one's back on s.o.

schienale *m.* back.

schiera *f.* **1** formation, array, rank. **2** (*folla, massa*) crowd, mass, swarm, host. □ *a schiere* in hosts, in swarms.

schieramento *m.* **1** marshalling, drawing (*o* lining) up; (*disposizione delle truppe*) array, formation. **2** (*fig.*) body, front, line-up: *~ politico* political line-up. **3** (*Sport*) formation, line-up.

schierare *v.t.* to array, to line up, to draw* up (in line), to marshal. **schierarsi** *v.r.* **1** to draw* (*o* line) up. **2** (*fig.*) to side, to take* sides (*con, dalla parte di* with): *schierarsi dalla parte del più forte* to side with the strongest.

schiettezza *f.* **1** (*purezza*) purity; (*autenticità*) genuineness. **2** (*fig.*) (*sincerità, lealtà*) sincerity; (*franchezza*) frankness, straightforwardness.

schietto **I** *a.* **1** (*puro*) pure; (*rif. a vino e sim.*) pure, undiluted; (*genuino, autentico*) pure, genuine. **2** (*fig.*) (*franco*) frank, straightforward; (*sincero*) sincere, true. **II** *avv.* frankly, sincerely.

schifare *v.t.* **1** (*disdegnare*) to spurn, to look down on, to disdain: *~ il cibo* to spurn food. **2** (*disgustare*) to disgust. **schifarsi** *v.i. pron.* (*fam.*) to be disgusted (*di* by), to feel* repugnance (for).

schifato *a.* disgusted, nauseated, sickened (*di* by).

schifezza *f.* **1** nastiness, filthiness, foulness. **2** (*cosa schifosa*) disgusting (*o* repulsive) thing; (*azione schifosa*) disgusting action, (*fam.*) lousy (*o* rotten) thing to do. **3** (*cosa mal riuscita*) mess: *questo libro è una vera ~* this book is a real mess; (*rif. a cibi*) muck; (*rif. a bevande*) slop.

schifiltoso *a.* fastidious, fussy, squeamish.

schifo *m.* **1** (*ripugnanza*) disgust, repugnance. **2** (*cosa schifosa*) disgusting (*o* repulsive) thing; (*azione schifosa*) disgusting action, (*fam.*) lousy (*o* rotten) thing to do. **3** (*fam.*) (*rif. a cibi*) muck; (*rif. a bevande*) slop. **4** (*fam.*) (*rif. a stanze e sim.*) pigsty. □ **che** *~!* how disgusting!, ugh!; **fare** ~ to (fill with) disgust: *le lumache mi fanno ~* snails disgust me; (*fam.*) (*essere malriuscito*) to be awful.

schifosaggine *f.* **1** (*l'essere schifoso*) nastiness, foulness. **2** (*cosa schifosa*) disgusting (*o* repulsive) thing; (*atto schifoso*) disgusting action.

schifoso *a.* **1** disgusting, repulsive, repellent; (*nauseante*) nauseating, sickening. **2** (*fig.*) dirty, foul, disgusting.

schioccare *v.t./i.* to crack, to smack; (*con le dita*) to snap; (*con la lingua*) to click. □ *~ un* **bacio** *a qd.* to give s.o. a smacker; *~ la* **frusta** to crack the whip; *~ le* **labbra** to smack one's lips.

schiocco *m.* crack, smack; (*con le dita*) snap; (*con la lingua*) click.

schioppettata *f.* gunshot, rifle-shot.
schioppo *m.* **1** (*Stor.*) flintlock, musket. **2** (*fucile*) rifle, gun. **3** (*arma da caccia*) shotgun. ▭ *essere a un tiro di* ~ *da* to be at a stone's throw from.
schiudere *v.t.* to open (*anche fig.*); (*parzialmente*) to half-open, to open (partially). **schiudersi** *v.i.pron.* **1** (*aprirsi*) to open. **2** (*rif. a uovo fecondato*) to hatch. ▭ ~ *le labbra* to part one's lips.
schiuma *f.* **1** froth, foam. **2** (*rif. al mare agitato*) foam. **3** (*fig.*) (*feccia*) dregs *pl.*, scum. **4** (*Gastr.*) mousse. ▭ *fare* ~ (*rif. al sapone*) to lather.
schiumare *v.t.* to skim. ▭ (*fig.*) ~ *dalla* (o *di*) *rabbia* to seethe with anger.
schiumarola *f.* skimmer.
schiumogeno **I** *a.* foaming, foam-. **II** *s.m.* foam fire extinguisher.
schiumoso *a.* foamy, frothy; (*rif. al sapone*) lathery.
schiuso *a.* (*lett.*) (half-)open; (*rif. a porte*) ajar.
schivare *v.t.* to dodge, to avoid.
schivo *a.* (*lett.*) **1** lo(a)th, averse, unwilling, reluctant: *essere* ~ *di lodi* to be averse to praise. **2** (*ritroso: per timidezza*) bashful, shy.
schizofrenia *f.* (*Med.*) schizophrenia.
schizofrenico *a.* (*Med.*) schizophrenic.
schizzare **I** *v.t.* **1** to squirt, to spurt. **2** (*sporcare*) to splash, to (be)spatter, to stain: ~ *d'inchiostro* to stain with ink. **3** (*abbozzare*) to sketch. **II** *v.i.* **1** (*zampillare*) to squirt, to spurt, to gush. **2** (*saltare, balzare via*) to shoot*, to jump, to dart, to spring*: ~ *fuori dal letto* to jump out of the bed. ▭ *gli occhi gli schizzavano dalle orbite* his eyes were popping out of his head.
schizzinoso *a.* fussy, fastidious, squeamish.
schizzo *m.* **1** spurt, splash. **2** (*macchia*) splash, stain, spot. **3** (*abbozzo*) sketch.
sci *m.* **1** ski: *un paio di* ~ a pair of skis. **2** (*attività*) skiing. ▭ ~ *d'***acqua** water-ski; (*attività*) water skiing; ~ *di* **fondo** cross-country ski; **gara** *di* ~ skiing competition (*o* contest).
scia *f.* **1** wake. **2** (*traccia*) trail, wake. **3** (*fig.*) wake, track, (foot)steps *pl.*, trail: *lasciare una* ~ *di profumo* to let a trail of perfume behind o.s. ▭ (*fig.*) *sulla* ~ *di* in the wake of.
scià *m.* shah.
sciabola *f.* sabre.
sciabolare *v.t.* to (strike* with a) sabre, to slash.
sciabolata *f.* (*colpo*) sabre-cut, slash.
sciabordare *v.i.* to swash; (*rif. a onde e sim.*) to lap.
sciabordio *m.* **1** swash(ing), stir(ring); (*rif. a onde e sim.*) lapping. **2** (*rumore*) swash, splash(ing).
sciacallo *m.* **1** (*Zool.*) jackal. **2** (*fig.*) shark, profiteer, vulture.
sciacquare *v.t.* to rinse (out).
sciacquata *f.* rinse, rinsing: *dare una* ~ *a qc.* to give s.th. a rinse.
sciacquatura *f.* **1** rinsing. **2** (*concr.*) (*acqua*) rinse-water; (*dei piatti*) dishwater.
sciacquo *m.* **1** (mouth-)rinsing, gargling. **2** (*liquido*) (mouth-)wash, gargle.
sciacquone *m.* (toilet) flushing system. ▭ *tirare lo* ~ to flush (the toilet).
sciagura *f.* **1** disaster, calamity; (*incidente*) (terrible) accident, crash. **2** (*sfortuna*) misfortune.
sciagurato **I** *a.* **1** (*colpito da sciagura*) wretched, unfortunate, unlucky. **2** (*che è causa di sciagura*) disastrous, unlucky, calamitous. **3** (*malvagio, scellerato*) wicked. **II** *s.m.* **1** (*persona sventurata*) wretch, unlucky person. **2** (*persona malvagia*) wicked person.
scialacquare *v.t.* **1** to squander, to dissipate. **2** (*assol.*) to squander one's money.
scialacquatore *m.* squanderer, spendthrift.
scialacquio *m.* continuous squandering, dissipation.
scialare *v.t.* to squander, to dissipate: ~ *una fortuna* to dissipate a fortune.
scialbo *a.* **1** (*pallido, smorto*) pale, wan, dull: *colore* ~ pale colour; (*sbiadito*) faded. **2** (*fig.*) colourless, flat, dull; (*privo di personalità*) insignificant, expressionless.
scialle *m.* shawl.
scialo *m.* (*spreco*) waste, squandering.
scialuppa *f.* **1** (*Mar.*) dinghy. **2** (*imbarcazione di salvataggio*) lifeboat.
sciamare *v.i.* to swarm (*anche fig.*).
sciame *m.* swarm (*anche fig.*).
sciampo *m.* shampoo. ▭ *farsi lo* ~ to shampoo one's hair.
sciancato **I** *a.* crippled, lame, limping. **II** *s.m.* cripple.
sciangai *m.* (*gioco*) pick-up-sticks.
sciarada *f.* **1** (*gioco*) charades. **2** (*fig.*) puzzle.
sciare *v.i.* to ski.
sciarpa *f.* **1** scarf. **2** (*distintivo di carica*) sash.
sciatica *f.* (*Med.*) sciatica.
sciatico *a.* sciatic.
sciatore *m.* skier.
sciatteria, **sciattezza** *f.* slovenliness, untidiness, (*fam.*) sloppiness.
sciatto *a.* **1** (*rif. a persona: trascurato, negligente*) slovenly, untidy, (*fam.*) sloppy. **2** (*rif. a cosa: fatto senza cura*) careless, slipshod, (*fam.*) sloppy.
sciattone *m.* (*spreg.*) slovenly person, (*am. fam.*) slob.
scibile *m.* knowledge.
sciccheria *f.* (*pop.*) (*eleganza*) elegance, smartness, chic.
scientifica *f.* (*polizia scientifica*) criminal laboratory department.
scientifico *a.* scientific, science-.
scienza *f.* **1** science. **2** *pl.* (*scienze naturali*) natural science(s), science. **3** (*dottrina, insieme di cognizioni*) knowledge, learning. ▭ ~ **applicata** applied science; (*fig.*) *un'***arca** *di* ~

a mine of information; *scienze* **commerciali** (science of) business management; *scienze* **economiche** economics *pl.* (costr. sing.); ~ *dell'***informazione** information science; *scienze* **naturali** natural science(s); *scienze* **occulte** occult sciences; *scienze* **politiche** political science; *scienze* **umane** behavioural science; *scienze* **umanistiche** humanities.

scienziato *m.* **1** scientist, man of science. **2** (*persona dotta*) scholar, man of learning.

sciistico *a.* ski-, skiing.

scilinguagnolo *m.* (*parlantina*) loquacity, talkativeness. ◻ (*fig.*) *avere lo ~ sciolto* to have the gift of the gab.

Scilla *N.pr.f.*: (*fig.*) *essere tra ~ e Cariddi* to be between the devil and the deep blue sea.

scimitarra *f.* scimitar.

scimmia *f.* (*Zool.*) monkey; (*antropomorfa*) ape.

scimmiesco *a.* monkey-like, monkeyish; ape-like, apish.

scimmiottare *v.t.* (*spreg.*) to ape, to mimic.

scimmiotto *m.* **1** (*giovane scimmia*) young monkey. **2** (*scherz.*) (*rif. a bambino*) little monkey. **3** (*spreg.*) (*persona piccola e brutta*) little ape.

scimpanzè *m.* (*Zool.*) chimpanzee.

scindere *v.t.* (*lett.*) (*dividere*) to split* (up), to break* up, to divide (*anche fig.*). **scindersi** *v.i.pron.* to split* (up), to break* up.

scintigrafia *f.* (*Med.*) scintigraphy.

scintilla *f.* spark (*anche fig.*).

scintillante *a.* **1** (*risplendente*) sparkling, shining: *occhi scintillanti* sparkling eyes; (*lampeggiante*) flashing. **2** (*Fis.*) scintillating.

scintillare *v.i.* **1** (*mandare scintille*) to emit (*o* give* out) sparks. **2** (*fig.*) to sparkle, to gleam. **3** (*lampeggiare*) to flash.

scintillio *m.* sparkling, glittering, flashing.

scintoismo *m.* (*Rel.*) shintoism.

scioccante *a.* shocking.

scioccare *v.t.* to shock.

sciocchezza *f.* **1** silliness, foolishness. **2** (*azione da sciocco*) foolish action, silly thing (to do); (*parole da sciocco*) silly (*o* foolish) talk, nonsense, rubbish: *dire sciocchezze* to talk nonsense. **3** (*fig.*) (*cosa di poco valore*) trifle, mere nothing; (*prezzo basso*) trifle; (*impresa facile*) child's play.

sciocco **I** *a.* silly, foolish; (*insulso, stolto*) inane, fatuous. **II** *s.m.* fool, silly (*o* foolish) person, simpleton, dolt.

sciogliere *v.t.* **1** (*disfare un legame*) to undo*, to untie, to loose(n), to unfasten: ~ *un nodo* to untie a knot. **2** (*liberare*) to (set*) free, to release: ~ *un prigioniero dalle catene* to free a prisoner of his chains. **3** (*fig.*) (*liberare da un obbligo*) to release, to free, to absolve. **4** (*fig.*) (*adempiere, soddisfare*) to keep*, to fulfil: ~ *una promessa* to fulfil a promise. **5** (*Dir.*) (*rescindere*) to cancel, to annul, to break* off, to dissolve: ~ *un matrimonio* to dissolve a marriage. **6** (*rif. a riunioni*) to break* up, to bring* to an end: ~ *la seduta* to break up the meeting; (*rif. ad associazioni e sim.*) to wind* up, to dissolve, to liquidate. **7** (*fig.*) (*risolvere*) to solve: ~ *un enigma* to solve a puzzle. **8** (*fondere, liquefare*) to melt*; (*rif. alla neve*) to melt*, to thaw. **9** (*dissolvere*) to dissolve (*anche Chim.*). **sciogliersi** **I** *v.r.* (*slegarsi*) to undo*, to untie. **II** *v.i.pron.* **1** (*rif. a nodi e sim.*) to come* (*o* get*) undone, to come* loose. **2** (*liberarsi*) to free o.s. (*da* from), to throw* off (s.th.) (*anche fig.*). **3** (*fig.*) (*diventare più disinvolto*) to relax, (*fam.*) to unwind*. **4** (*fondersi, liquefarsi*) to melt*; (*rif. alla neve*) to melt*, to thaw. ◻ (*Parl.*) ~ *le* **camere** to dissolve the Houses; ~ *la* **lingua** to loosen one's tongue; ~ *una* **società** *per azioni* to wind up a corporation.

scioglilingua *m.* tongue-twister.

scioglimento *m.* **1** undoing, loosening, unfastening. **2** (*il fondersi*) melting; (*rif. alla neve*) melting, thawing. **3** (*Dir.*) (*rescissione*) cancellation, annulment; (*rif. a matrimoni*) dissolution. **4** (*fig.*) (*rif. a riunioni*) breaking up; (*rif. ad associazioni e sim.*) winding up, dissolution, liquidation. **5** (*conclusione, epilogo*) dénouement, unravelling. ◻ ~ *delle camere* dissolution of the Houses.

sciolina *f.* ski wax.

scioltezza *f.* **1** (*agilità*) agility, nimbleness; (*rif. alle membra*) suppleness, flexibility. **2** (*destrezza*) readiness, fluency, smoothness: ~ *di lingua* fluency of speech, glibness. **3** (*fig.*) (*facilità*) ease, smoothness: *scrivere con* ~ to write with ease.

sciolto *a.* **1** (*non legato*) loose, untied, unfastened. **2** (*libero*) (set) loose, (set) free. **3** (*fig.*) (*agile*) agile, nimble: *movimenti sciolti* nimble movements. **4** (*fig.*) (*pronto, spedito*) ready, easy: *parola sciolta* ready tongue; (*disinvolto*) free-and-easy, smooth: *stile* ~ smooth style. **5** (*disciolto*) dissolved. **6** (*fuso, liquefatto*) melted; (*rif. alla neve*) thawed, melted. **7** (*Comm.*) (*sfuso*) loose, bulk.

scioperante **I** *s.m./f.* striker. **II** *a.* striking, on strike.

scioperare *v.i.* to strike*; (*entrare in sciopero*) to (go* on) strike*.

scioperato **I** *a.* **1** idle, lazy, slothful. **2** (*dissoluto*) loose, dissolute. **II** *s.m.* **1** idler, loafer, (*fam.*) lazy-bones. **2** (*dissoluto*) dissolute person, loose liver.

sciopero *m.* strike; walk-out. ◻ ~ **bianco** working to rule; **dichiarare** *lo* ~ to call a strike; **essere** *in* ~ to be on strike; ~ *della* **fame** hunger strike; **fare** (o *entrare in*) ~ to (go on) strike; ~ **generale** general strike; ~ *di* **protesta** protest strike; **revocare** *uno* ~ to call off a strike; ~ **selvaggio** wildcat strike; ~ a **singhiozzo** crippling strike; ~ *di* **solidarietà** sympathy strike.

sciorinare *v.t.* **1** (*stendere: ad asciugare*) to hang* out (to dry); (*a prendere aria*) to air. **2** (*fig.*) (*dire con disinvoltura*) to throw* (*o* pour) out, to rattle off. **3** (*ostentare*) to show* off, to make* a display of.

sciovia *f.* ski-lift.

sciovinismo *m.* chauvinism.

sciovinista *m./f.* chauvinist.

scipito *a.* **1** tasteless, insipid. **2** (*fig.*) (*insulso*) dull, flat, insipid.

scippare *v.t.* to (bag-)snatch.

scippatore *m.* handbag-snatcher.

scippo *m.* bag-snatching.

scirocco *m.* (*Meteor.*) sirocco.

sciroppare *v.t.* to syrup. **sciropparsi** *v.r. apparente* (*fam.*) (*sorbirsi*) to put* up with, to bear*, (*fam.*) to stick*.

sciroppato *a.* syruped, in syrup.

sciroppo *m.* syrup (*anche Farm.*).

sciropposo *a.* **1** syrupy. **2** (*fig.*) (*stucchevole*) (over-)sentimental, syrupy, (*fam.*) sloppy.

scisma *m.* (*Rel., Pol.*) schism.

scismatico *a./s.m.* schismatic.

scissione *f.* **1** splitting (*o* breaking) up, split, division. **2** (*Biol., Fis.*) fission.

scissionismo *m.* (*Pol.*) secessionism.

scissura *f.* **1** (*divisione*) division, split. **2** (*Anat.*) scissure.

scisto *m.* (*Geol.*) schist.

sciupare *v.t.* **1** to spoil*, to ruin; (*danneggiare*) to damage, to harm. **2** (*sprecare*) to lose*, to waste, to miss: ~ *il fiato* to waste one's breath. **sciuparsi I** *v.i.pron.* **1** (*deteriorarsi*) to be ruined, to get* spoilt; (*danneggiarsi*) to be (*o* get*) damaged. **2** (*sgualcirsi*) to crease (up), to get* creased (*o* wrinkled). **II** *v.r.* (*rovinarsi la salute*) to ruin (*o* impair) one's health, to wear* o.s. out. □ (*fam. iron.*) *non ti sei certo sciupato!* you have not overworked yourself!

sciupato *a.* **1** (*ridotto in cattivo stato*) spoilt, damaged, ruined; (*sgualcito*) creased, wrinkled. **2** (*affaticato*) worn-out, run-down.

sciupio *m.* waste.

sciupone *m.* (*fam.*) waster; (*chi spreca denaro*) spendthrift, squanderer.

scivolare *v.i.* **1** to slide*, to glide (*anche fig.*). **2** (*sdrucciolare*) to slip: ~ *sul ghiaccio* to slip on the ice. **3** (*cadere lentamente*) to slip, to fall*; (*sfuggire alla presa*) to slip, to drop: *mi è scivolata la tazza dalle mani* the cup slipped off my hands. **4** (*fig.*) (*allontanarsi alla chetichella*) to slip off (*o* away, out); (*introdursi inosservato*) to slide*, to slip.

scivolata *f.* **1** slide, sliding, slip(ping). **2** (*scivolone*) slip. **3** (*Sport*) glide, gliding.

scivolo *m.* **1** (*piano inclinato*) chute. **2** (*per bambini*) slide, sliding-board. **3** (*Mar., Aer.*) slipway.

scivolone *m.* tumble, bad fall.

scivoloso *a.* **1** slippery. **2** (*fig.*) (*untuoso, affettato*) oily, unctuous, slippery: *persona scivolosa* slippery person.

sclerosi *f.* (*Med.*) sclerosis.

sclerotico *a.* (*Med.*) sclerotic.

scoccare I *v.t.* **1** to shoot*. **2** (*fig.*) to shoot*, to dart, to cast*: ~ *un'occhiata minacciosa* to cast a threatening look. **3** (*battere le ore*) to strike*. **II** *v.i.* **1** (*scattare: rif. a congegni a molla e sim.*) to be released, to spring* up. **2** (*guizzare, balenare*) to dart, to shoot* (out); (*rif. a scintilla*) to flash, to shoot* (out). **3** (*battere: rif. alle ore*) to strike*.

scocciante *a.* bothersome, annoying.

scocciare *v.t.* (*fam.*) (*seccare, importunare*) to bother, to annoy. **scocciarsi** *v.i.pron.* (*fam.*) (*seccarsi*) to be bothered (*o* annoyed).

scocciato *a.* (*fam.*) (*seccato*) annoyed, bothered, (*fam.*) fed up; (*annoiato*) bored.

scocciatore *m.* (*fam.*) nuisance, bore, pain in the neck.

scocciatura *f.* (*fam.*) nuisance, bore, bother.

scodella *f.* **1** (*piatto fondo*) soup-plate; (*ciotola*) bowl. **2** (*quantità di cibo contenuta*) (soup-)plateful; (*ciotolata*) bowlful.

scodellare *v.t.* **1** (*versare nei piatti*) to dish up. **2** (*fam.*) (*presentare*) to think* up, to dish up, to drag up: ~ *storielle* to think up stories.

scodinzolare *v.i.* to wag one's tail.

scodinzolio *m.* wagging (of the tail).

scogliera *f.* rocks *pl.*, reef (of rocks); (*a picco sul mare*) cliff.

scoglio *m.* **1** cliff, crag. **2** (*roccia*) rock. **3** (*fig.*) (*grave ostacolo*) obstacle, difficulty, stumbling-block.

scoglioso *a.* rocky, craggy.

scoiare → scuoiare.

scoiattolo *m* (*Zool.*) squirrel. □ *agile come uno* ~ as agile as a monkey.

scolapiatti *m.* draining-board, (*am.*) drainboard; (*rastrelliera*) plate-rack.

scolara *f.* school-girl, pupil.

scolare[1] **I** *v.t.* **1** to drain: ~ *la pasta* to drain the pasta. **2** (*scherz.*) (*bere*) to drain, to down. **II** *v.i.* **1** (*defluire*) to drip, to trickle. **2** (*sgocciolare*) to drain (off), to drip.

scolare[2] *a.* school-: *età* ~ school age.

scolaresca *f.* schoolchildren *pl.*, pupils *pl.*

scolaro *m.* **1** schoolboy, pupil. **2** (*discepolo*) disciple.

scolastica *f.* (*Filos.*) Scholasticism.

scolastico *a.* **1** school-, scholastic: *libri scolastici* school books. **2** (*spreg.*) scholastic, formal. **3** (*Filos.*) scholastic.

scolatura *f.* (*lo scolare*) draining; (*lo sgocciolare*) dripping.

scoliosi *f.* (*Med.*) scoliosis.

scollacciato *a.* **1** (*rif. ad abiti*) low-necked; (*rif. a persone*) wearing a (very) low-necked dress. **2** (*fig.*) (*licenzioso, spinto*) risqué, licentious, lewd, (*fam.*) dirty.

scollare *v.t.* (*Sartoria*) to cut* low in the neck.

scollare[2] *v.t.* to unstick*, to unglue. **scollarsi** *v.i.pron.* to come* (*o* get*) unstuck, to come* off.

scollato[1] *a.* (*rif. ad abiti*) low-necked; (*rif. a persone*) wearing a low neckline.

scollato[2] *a.* unglued, unstuck.

scollatura[1] *f.* (*Sartoria*) neckline, neck.
scollatura[2] *f.* (*lo scollare*) ungluing, unpasting.
scollo → **scollatura**[1].
scolo *m.* **1** draining, drainage; (*sbocco*) drain, outlet, outflow. **2** (*liquido*) waste water. **3** (*condotto*) drain (pipe). **4** (*volg.*) (*blenorragia*) (the) clap.
scolopendra *f.* (*Zool.*) scolopendra.
scolorimento *m.* discolouring, discoloration.
scolorina *f.* ink-remover.
scolorire **I** *v.t.* **1** to discolour, to (cause to) fade. **2** (*fig.*) to (cause to) fade, to dim. **II** *v.i.*, **scolorirsi** *v.i.pron.* **1** to fade, to lose* colour. **2** (*impallidire*) to grow* (*o* turn) pale, to lose* one's colour. **3** (*fig.*) to fade, to grow* faint (*o* dim).
scolorito *a.* **1** (*sbiadito*) discoloured, faded. **2** (*pallido, esangue*) pale, wan, colourless. **3** (*tenue, non vivace*) faint, faded, dim.
scolpare *v.t.* to free from blame, to exculpate. **scolparsi** *v.r.* to free o.s. from blame.
scolpire *v.t.* **1** (*lavorare pietra, legno e sim.*) to sculpture, to sculpt, to carve: ~ *una statua* to sculpt a statue. **2** (*incidere*) to carve. **3** (*fig.*) (*imprimere, fissare*) to engrave, to impress, to stamp.
scolpito *a.* **1** sculptured, carved, engraved. **2** (*inciso*) engraved, carved, cut. **3** (*fig.*) (*impresso*) engraved, impressed, stamped (*in* upon), fixed (in): *principi scolpiti nella memoria* principles stamped in one's memory.
scombinare *v.t.* **1** (*mettere in disordine*) to disarrange, to upset*. **2** (*mandare a monte*) to upset*, to spoil*, (*fam.*) to mess up.
scombinato **I** *a.* **1** badly arranged. **2** (*disordinato*) muddled. **II** *s.m.* muddle-headed person, scatter-brain.
scombro *m.* (*Zool.*) mackerel.
scombussolamento *m.* **1** (*lo scombussolare*) upsetting, derangement, muddling; (*l'essere scombussolato*) topsy-turvy state. **2** (*confusione*) muddle, jumble.
scombussolare *v.t.* **1** (*mettere in disordine*) to throw* into disorder, to turn upside -down (*o* topsy-turvy). **2** (*sconvolgere*) to upset*, to muddle: ~ *i piani di qd.* to upset s.o.'s plans; ~ *le idee a qd.* to muddle s.o.
scombussolato *a.* **1** (*stordito*) confused, stunned. **2** (*disordinato*) confused, untidy.
scommessa *f.* **1** bet: *vincere una* ~ to win a bet. **2** (*somma puntata*) bet, stake, stakes *pl.* □ *fare una* ~ to (make a) bet.
scommettere **I** *v.t.* **1** to bet*. **2** (*puntare*) to bet*, to place a bet of, to stake. **II** *v.i.* to (make* a) bet*; (*rif. all'oggetto della scommessa*) to bet* (*su* on), to back (s.th.): ~ *su un cavallo* to back a horse.
scommettitore *m.* better, punter.
scomodare **I** *v.t.* **1** to disturb, to bother: *non ti ~!* don't bother! **2** (*servirsi di citazioni autorevoli senza necessità*) to drag in. **II** *v.i.* to be inconvenient (*o* awkward). **scomodarsi** *v.r.* (*prendersi il disturbo*) to bother (o.s.), to put* o.s. out, to go* to (the) trouble: *scomodarsi a fare qc.* to go to the trouble of doing s.th.
scomodità *f.* **1** discomfort, uncomfortableness. **2** (*disagio, situazione o posizione scomoda*) inconvenience, bother.
scomodo **I** *a.* **1** uncomfortable. **2** (*non gradito*) inconvenient, awkward: *un'ora scomoda per le visite* an awkward time for visits. **3** (*fastidioso: rif. a persona*) tedious. **II** *s.m.* (*disturbo*) trouble, bother.
scompaginare *v.t.* **1** to upset*, to disarrange. **2** (*fig.*) to upset*, to break* up: ~ *i piani di qd.* to upset s.o.'s plans. **3** (*Tip.*) to break* up. **scompaginarsi** *v.i.pron.* to be upset, to be broken up.
scompagnare *v.t.* (*spaiare, dividere*) to break* up, to split*.
scompagnato *a.* odd, broken up, unmatching.
scomparire *v.i.* **1** (*sparire*) to disappear, to vanish. **2** (*fig.*) (*fare una brutta figura: rif. a persone*) to cut* a poor figure, to look bad, to be insignificant; (*rif. a cose*) to seem (*o* be) nothing.
scomparsa *f.* **1** disappearance, vanishing. **2** (*morte*) death.
scomparso **I** *a.* **1** lost. **2** (*morto*) dead, deceased. **II** *s.m.* (*defunto*) dead person, deceased.
scompartimento *m.* **1** division, compartment, section. **2** (*Ferr.*) compartment: ~ *per fumatori* smoking compartment; (*fam.*) smoker.
scomparto *m.* division, compartment, section.
scompenso *m.* **1** lack of balance. **2** (*Med.*) decompensation: ~ *cardiaco* (cardiac) decompensation.
scompigliare *v.t.* **1** to disarrange, to throw* into disorder, to mess (up). **2** (*rif. a capelli*) to ruffle, to dishevel, to rumple. **3** (*fig.*) (*sconvolgere*) to upset*.
scompigliato *a.* **1** disarranged, messy, topsy -turvy. **2** (*rif. a capelli*) ruffled, dishevelled. **3** (*fig.*) confused.
scompiglio *m.* **1** upsetting, throwing into disorder. **2** (*confusione*) disorder, confusion, chaos. □ *portare lo* ~ to cause confusion.
scomponibile *a.* **1** decomposable. **2** (*Mat.*) reducible. □ *mobili scomponibili* unit furniture.
scomporre *v.t.* **1** to take* apart, to break* up; (*separare le parti di un tutto*) to break* down, to decompose. **2** (*scompigliare*) to disarrange, to dishevel. **3** (*Chim.*) to decompose. **4** (*Mat.*) to factorize, to break* up into factors. **scomporsi** *v.i.pron.* (*turbarsi*) to get* upset, to lose* one's composure.
scomposizione *f.* **1** taking apart, breaking up; (*rif. alle parti di un tutto*) breakdown. **2** (*separazione, smembramento*) decomposition, breaking down. **3** (*Chim.*) decomposition. **4** (*Mat.*) factorization. □ (*TV*) ~ *dell'immagine* image scanning.

scompostezza *f.* unseemliness.
scomposto *a.* **1** in (*o* taken to) pieces, broken up (*o* down). **2** (*in disordine*) untidy, dishevelled; (*rif. a capelli*) ruffled, dishevelled. **3** (*sguaiato, privo di compostezza*) unseemly. **4** (*Mat.*) factorized. ▭ *non stare* ~ sit properly.
scomunica *f.* (*Rel.*) excommunication. ▭ *dare* (o *lanciare*) *la* ~ to excommunicate s.o.
scomunicare *v.t.* **1** (*Rel.*) to excommunicate. **2** (*estens.*) (*mettere al bando*) to disown, to outlaw.
scomunicato I *a.* excommunicated. **II** *s.m.* excommunicate.
sconcertante *a.* disconcerting.
sconcertare *v.t.* **1** to upset*: ~ *un piano* to upset a plan. **2** (*fig.*) (*turbare*) to disconcert, to bewilder, to baffle. **sconcertarsi** *v.i.pron.* (*turbarsi*) to be disconcerted (*o* bewildered).
sconcertato *a.* disconcerted, bewildered.
sconcezza *f.* **1** indecency, obscenity. **2** (*espressione sconcia*) foul language, dirty talk, smut.
sconcio I *a.* indecent, obscene, lewd, smutty, bawdy, dirty. **II** *s.m.* disgrace.
sconclusionato *a.* **1** inconclusive, rambling; (*incoerente*) incoherent, disconnected. **2** (*rif. a persone*) inconsequent, ineffective, ineffectual.
sconcordanza *f.* **1** disagreement, discordance. **2** (*di suoni*) discordance, jarring; (*di colori*) clash.
scondito *a.* (*Gastr.*) unseasoned, without seasoning; (*rif. all'insalata*) without dressing.
sconfessare *v.t.* **1** (*ritrattare*) to renounce, to retract, to disavow. **2** (*disconoscere*) to repudiate, to disclaim (responsibility for).
sconficcare *v.t.* to remove, to extract, to pull (*o* draw*) out.
sconfiggere *v.t.* to defeat, to beat*, to overcome*, (*lett.*) to vanquish (*anche fig.*): ~ *il nemico* to defeat the enemy.
sconfinamento *m.* **1** border violation, crossing a frontier. **2** (*rif. a proprietà privata*) trespass(ing). **3** (*Inform.*) overflow.
sconfinare *v.i.* **1** to cross the frontier (*o* border). **2** (*rif. a proprietà privata*) to trespass. **3** (*fig.*) to stray, to digress (*da* from), to exceed (*o* go* beyond) the limits (of): ~ *dall'argomento* to stray from the matter.
sconfinato *a.* **1** boundless, unlimited. **2** (*fig.*) (*immenso*) immense, tremendous.
sconfitta *f.* defeat (*anche fig.*).
sconfitto I *a.* (*vinto*) defeated, beaten. **II** *s.m.* defeated person; *pl.* the defeated (costr. pl.). ▭ *dichiararsi* ~ to admit defeat.
sconfortante *a.* disheartening, discouraging.
sconfortare *v.t.* to dishearten, to discourage. **sconfortarsi** *v.i.pron.* (*avvilirsi*) to lose* heart, to become* (*o* get*) disheartened.
sconforto *m.* dejection, discouragement, distress: *in preda allo* ~ overcome by distress.
scongelare *v.i./t.* to defrost.
scongiurare *v.t.* **1** (*supplicare*) to beg, to implore, to entreat, to beseech*. **2** (*evitare, scansare*) to avert, to avoid, to ward off: ~ *una disgrazia* to avert an accident.
scongiuro *m.* **1** exorcism. **2** *pl.* (*formula magica*) exorcism, charm, spell. ▭ (*fam.*) *fare gli scongiuri* to touch (*o* knock on) wood.
sconnessione *f.* incoherence, disjointedness.
sconnesso *a.* **1** disconnected, unconnected. **2** (*fig.*) (*incoerente*) incoherent, rambling: *ragionamento* ~ incoherent reasoning.
sconnettere I *v.t.* to disconnect, to separate. **II** *v.i.* (*sragionare*) to wander, to talk nonsense (*o* wildly).
sconosciuto I *a.* **1** unknown, unfamiliar; (*inesplorato*) unexplored; (*rif. a persona: privo di fama*) unknown, obscure, little known. **2** (*mai provato prima*) unknown, new: *una sensazione sconosciuta* a new sensation. **3** (*non identificato*) unknown, unidentified: *l'assassino è ancora* ~ the murderer is still unknown. **II** *s.m.* unknown person, stranger.
sconquassare *v.t.* **1** (*sfasciare*) to shatter, to break* up (*o* down). **2** (*fig.*) (*scombussolare*) to upset*, to shake* up. **sconquassarsi** *v.i.pron.* to break*, to be ruined.
sconquassato *a.* **1** (*sfasciato*) broken (-down), ramshackle, smashed, shattered. **2** (*fig.*) (*scombussolato*) upset, shaken (up).
sconquasso *m.* **1** (*sfasciamento*) shattering, smashing, breaking (up). **2** (*fragore*) crash(ing), smash; (*danno*) damage. **3** (*fig.*) (*confusione*) confusion; (*disordine*) disorder, mess.
sconsacrare *v.t.* (*Rel.*) to deconsecrate.
sconsacrazione *f.* deconsecration.
sconsideratezza *f.* thoughtlessness, heedlessness; (*imprudenza*) rashness, imprudence.
sconsiderato *a.* thoughtless, rash, imprudent.
sconsigliare *v.t.* not to recommend, to advise against; (*scoraggiare*) to discourage.
sconsolante *a.* discouraging, disheartening.
sconsolato *a.* disconsolate, dejected, downcast.
scontare *v.t.* **1** (*detrarre da un conto*) to deduct; (*pagare, estinguere*) to pay* off: ~ *un debito* to pay off a debt. **2** (*espiare*) to pay* (the penalty) for, to expiate. **3** (*rif. a pene*) to serve: ~ *due anni di carcere* to serve a two-year prison sentence. **4** (*subire le conseguenze di uno sbaglio*) to pay* (*o* suffer) for. **5** (*Econ.*) to discount: ~ *una cambiale* to discount a bill.
scontato *a.* **1** deducted. **2** (*pagato*) paid (off, up), settled. **3** (*espiato*) paid for, expiated, atoned for; (*rif. a pena*) served. **4** (*previsto*) foreseen, taken for granted. **5** (*Econ.*) discounted. ▭ *dare per* ~ to take for granted.
scontentare *v.t.* **1** (*rendere scontento*) to displease, to dissatisfy, to discontent. **2** (*lasciare scontento*) to leave* dissatisfied (*o* discontented), to disappoint.
scontentezza *f.* discontent, dissatisfaction.
scontento I *a.* **1** discontented, dissatisfied, displeased: *essere* ~ *di qc.* to be dissatisfied

with s.th. **2** (*difficile a contentarsi*) difficult, hard to please. **II** *s.m.* **1** discontented person. **2** (*insoddisfazione*) discontent, dissatisfaction.

sconto *m.* reduction, discount: *uno ~ del dieci per cento* a ten per cent discount. □ ~ **bancario** bank discount; ~ **commerciale** trade discount; (*Econ.*) **tasso** *di* ~ discount rate.

scontrarsi *v.i.pron.* **1** to meet* in battle, to engage. **2** (*rif. a veicoli*) to collide (*con* with), to crash, to run* (into).

scontrino *m.* ticket, coupon, (*am.*) check. □ ~ *di cassa* cash slip.

scontro *m.* **1** (*rif. a veicoli*) crash, collision: ~ *ferroviario* rail crash. **2** (*combattimento*) battle, encounter, engagement, action. **3** (*fig.*) (*contrasto*) clash, dispute, argument, quarrel. □ ~ *a fuoco* gunfight, shooting, (*fam.*) shoot-out.

scontrosità *f.* surliness, sullenness, peevishness, cantankerousness.

scontroso *a.* surly, sullen, peevish, cantankerous; (*poco socievole*) unsociable; (*permaloso*) touchy.

sconveniente *a.* **1** improper, unseemly, unbecoming: *linguaggio* ~ improper language. **2** (*che non conviene*) disadvantageous, unfavourable.

sconvenienza *f.* **1** (*mancanza di buone maniere*) impropriety, unseemliness. **2** (*atto*) improper (*o* unseemly) behaviour.

sconvolgente *a.* upsetting, perturbing; (*trascinante*) overwhelming.

sconvolgere *v.t.* **1** to upset*, to throw* into confusion: *la guerra ha sconvolto il paese* the war threw the country into confusion. **2** (*mettere in disordine*) to upset*, to mix (*o* mess) up. **3** (*fig.*) (*turbare gravemente*) to upset*, to perturb, to disturb, to unsettle: *la notizia mi ha sconvolto* the news upset me.

sconvolgimento *m.* **1** upset(ting). **2** (*disordine*) disorder, confusion, muddle. **3** (*fig.*) (*grave perturbazione*) upset, perturbation. □ ~ *di stomaco* stomach upset.

sconvolto *a.* **1** ravaged, devastated. **2** (*fig.*) (*turbato*) upset, perturbed, deranged; (*fuori di sé*) beside oneself.

scooter *ingl.* ['sku:tər] *m.* (motor)scooter.

scopa *f.* broom, brush; (*ramazza*) besom. □ *magro come una* ~ as thin as a rake.

scopare *v.t.* **1** to sweep* (out). **2** (*volg.*) to fuck.

scopata *f.* **1** sweep(ing). **2** (*colpo di scopa*) blow with a broom. **3** (*volg.*) fuck.

scoperchiare *v.t.* **1** to take* the lid off. **2** (*togliere la copertura*) to uncover, to remove the cover from; (*rif. a tetto*) to take* (*o* blow*) the roof off.

scoperta *f.* **1** discovery. **2** (*Mil.*) reconnaissance, reconnoitring. □ *bella ~!* what a discovery!

scoperto I *a.* **1** (*senza coperchio*) uncovered. **2** (*senza copertura*) open, uncovered. **3** (*non riparato da indumenti*) bare: *andare a capo* ~ to go bare-headed. **4** (*privo di riparo, indifeso*) exposed. **5** (*Econ.*) (*senza copertura*) uncovered: *un assegno* ~ an uncovered cheque; (*non saldato*) unpaid, outstanding. **6** (*Mil.*) (*privo di difesa*) undefended; (*esposto*) without cover, exposed. **II** *avv.* (*lett.*) openly. **III** *s.m.* **1** open (place), open air, outdoors *pl.* (costr.sing.). **2** (*Econ.*) overdraft; (*saldo passivo*) deficit, debit balance. □ **allo** ~: 1 in the open air, outdoors: *dormire allo* ~ to sleep outdoors; 2 (*Econ.*) uncovered; (*rif. a conti*) overdrawn; *avere un* **conto** ~ (*Comm.*) to be overdrawn, (*fam.*) to be in the red; **macchina** *scoperta* convertible; (*fig.*) **uscire** *allo* ~ to come out in the open.

scopiazzare *v.t.* (*spreg.*) to copy (badly).

scopo *m.* purpose, aim, intent; object; goal; end: *prefiggersi lo ~ di fare qc.* to have the aim of doing s.th.; *raggiungere il proprio* ~ to achieve one's goal. □ **a** *che* (o *quale*) *~?* for what purpose?, what for?; *a* ~ **di** in order to, for the sake of; *a ~ di* **lucro** for (the sake of) money; *a* **questo** ~ to this end, for this purpose; **senza** ~ (*aggettivo*) aimless, purposeless; (*avv.*) aimlessly, purposelessly.

scoppiare *v.i.* **1** to burst* (*anche fig.*): ~ *in lacrime* to burst into tears; ~ *a ridere* to burst out laughing. **2** (*esplodere*) to explode, to blow* up; (*detonare*) to detonate. **3** (*rif. ad ascesso*) to burst*, to split*. **4** (*fig.*) (*manifestarsi, insorgere*) to break* out. **5** (*rif. a temporali*) to break*. □ ~ *dalle* **risa** to split one's sides with laughter; ~ *di* **salute** to burst with health.

scoppiettante *a.* **1** crackling. **2** (*fig.*) ringing, echoing.

scoppiettare *v.i.* to crackle.

scoppiettio *m.* crackling.

scoppio *m.* **1** burst(ing). **2** (*esplosione*) explosion; (*detonazione*) detonation. **3** (*rumore*) crash, bang. **4** (*fig.*) (*accesso*) fit, (out)-burst: ~ *d'ira* fit of anger. **5** (*fig.*) (*l'insorgere improvviso*) outbreak: *lo ~ della guerra* the outbreak of war. □ **motore** *a* ~ internal-combustion engine; *a* ~ **ritardato** delayed action- (*anche fig.*): *bomba a ~ ritardato* delayed-action bomb.

scoprire *v.t.* **1** (*togliere la coperta*) to uncover; (*scoperchiare: rif. a pentole e sim.*) to take* the lid off; (*rif. a tetti*) to take* (*o* blow*) the roof off. **2** (*trovare, acquisire alla conoscenza*) to discover. **3** (*identificare, trovare*) to discover, to find* (out): *hanno scoperto il ladro* they have discovered the thief. **4** (*rif. a lapidi, monumenti, ecc.*) to unveil, to uncover. **5** (*Mil., Sport*) (*lasciare indifeso*) to expose, to leave* unprotected (*o* without cover). **6** (*fig.*) to reveal, to disclose, to show*: ~ *i propri sentimenti* to show one's feelings. **scoprirsi** *v.r.* **1** to bare (o.s.), to uncover (o.s.); (*nel letto*) to throw* off the bed-clothes; (*vestirsi leggero*) to put* on light(er) clothes. **2** (*manifestare il proprio* *pensiero*) to give* o.s. away; (*rivelarsi*) to show* o.s. (to be). **3** (*nel pugilato*) to drop one's guard. □ (*fig.*) ~ *gli* **altarini** to discover s.o.'s secrets; (*fig.*) ~ *le* **carte** to lay one's cards on the table.

scopritore *m.* discoverer.

scoraggiamento *m.* discouragement, disheartenment.

scoraggiante *a.* discouraging, disheartening.

scoraggiare *v.t.* to discourage, to dishearten. **scoraggiarsi** *v.i.pron.* to be (*o* get*) discouraged, to get* disheartened, to lose* heart.

scoraggiato *a.* discouraged, disheartened.

scoramento *m.* (*lett.*) disheartenment.

scorbutico *a.* **1** (*Med.*) scorbutic, suffering from scurvy. **2** (*fig.*) cantankerous, peevish.

scorbuto *m.* (*Med.*) scurvy.

scorciare → **accorciare**.

scorciatoia *f.* short cut (*anche fig.*).

scorcio *m.* **1** (*Pitt.*) foreshortening. **2** (*figura, cosa rappresentata di scorcio*) foreshortened figure (*o* image). **3** (*breve spazio di tempo*) brief period, short space (of time); (*anni terminali*) end, close: ~ *di secolo* end of the century.

scordare[1] *v.i.* (*dimenticare*) to forget*. **scordarsi** *v.i.pron.* to forget* (*di qc.* s.th., about s.th.).

scordare[2] *v.t.* (*Mus.*) to untune, to put* out of tune. **scordarsi** *v.i.pron.* to go* (*o* get*) out of tune.

scordatura *f.* (*il perdere l'accordatura*) getting out of tune.

scorfano *m.* **1** (*Zool.*) scorpion fish; red fish. **2** (*fig.*) fright.

scorgere *v.t.* **1** to distinguish, to make* out, to perceive, to sight. **2** (*fig.*) (*discernere*) to discern, to perceive, to see*: ~ *un pericolo* to see a danger.

scorie *f.pl.* **1** (*Met.*) slag *sing.*, dross *sing.*, cinder *sing.* **2** (*fig.*) dross *sing.* □ ~ *radioattive* radioactive wastes.

scornare *v.t.* **1** to break* the horns of, to dishorn. **2** (*fig.*) (*mettere in ridicolo*) to ridicule, to mock. **scornarsi** *v.i.pron.* **1** to break* one's horns. **2** (*fig.*) to make* a fool of o.s.

scornato *a.* **1** (*con le corna rotte*) with broken horns. **2** (*fig.*) (*svergognato*) humiliated, crestfallen.

scorno *m.* humiliation.

scorpacciata *f.* **1** feed, bellyful. **2** (*fig.*) surfeit. □ *farsi una* ~ *di qc.* to stuff o.s. with s.th., to have a big feed of s.th.

scorpione *m.* (*Zool.*) scorpion. **Scorpione** (*Astr.*) Scorpio(n).

scorporare *v.t.* (*Dir.*) to separate from capital.

scorrazzare **I** *v.i.* **1** (*correre*) to run* about. **2** (*vagare*) to roam, to rove. **II** *v.t.* (*raro*) to rove, to travel all over, to cover.

scorrazzata *f.* **1** running about. **2** (*breve gita*) trip, outing.

scorrere **I** *v.i.* **1** (*scivolare*) to slide*, to glide: *la barca scorreva sull'acqua* the boat glided over the water. **2** (*fluire*) to flow, to run*. **3** (*colare*) to run*, to flow, to stream. **4** (*fig.*) (*procedere, filare*) to run* on, to flow; (*quadrare*) to make* sense, to hang* together: *il tuo ragionamento scorre bene* your argument makes sense. **5** (*rif. a scritti*) to read* well. **6** (*rif. a tempo*) to pass (by), to roll (*o* go*) by, to elapse. **II** *v.t.* (*leggere in fretta*) to run* (*o* skim) through, to glance (*o* look) over, to have a quick look at: ~ *un articolo* to skim through an article.

scorreria *f.* raid, foray, incursion.

scorrettezza *f.* **1** incorrectness, inaccuracy. **2** (*concr.*) (*errore, inesattezza*) mistake, error. **3** (*l'essere poco educato*) impoliteness, rudeness, incivility; (*l'essere sconveniente*) impropriety. **4** (*azione scorretta*) rude (*o* impolite) act; impropriety.

scorretto *a.* **1** incorrect, wrong, not correct; (*pieno di errori*) inaccurate. **2** (*sgarbato*) impolite, rude, uncivil; (*sleale*) unfair. **3** (*sconveniente*) indecorous, improper. □ *comportamento* ~ incorrect behaviour.

scorrevole *a.* **1** sliding, smooth-running: *porta* ~ sliding door. **2** (*fluido*) smooth-flowing, fluid. **3** (*fig.*) flowing, smooth, fluent, easy: *stile* ~ flowing style.

scorrevolezza *f.* **1** flow, fluidity, smoothness. **2** (*tecn.*) flowability. **3** (*fig.*) fluency, flowingness, smoothness.

scorribanda *f.* **1** (*Mil.*) raid, foray, incursion. **2** (*fig.*) excursion, trip.

scorrimento *m.* **1** (*lo scivolare*) sliding, gliding. **2** (*lo scorrere*) flowing, running. **3** (*El.*) slip. **4** (*Inform.*) scrolling. □ *strada di* ~ through way, (*am.*) express way.

scorsa *f.* glance, quick look, (*fam.*) once-over.

scorso *a.* last, past.

scorsoio *a.* running. □ *nodo* ~ slip-knot.

scorta *f.* **1** escort: *sotto* ~ *di due poliziotti* with an escort of two policemen. **2** (*provvista*) supply, provision; (*Econ.*) reserve, stock: *analisi delle scorte* stock analyses. □ **di** ~ spare: *pneumatico* (o *ruota*) *di* ~ spare (tyre); **fare** *una* ~ *di qc.* to stock up on s.th.

scortare *v.t.* **1** to escort. **2** (*Mil.*) to escort, to convoy.

scortecciare *v.t.* **1** to bark, to peel (the bark off). **2** (*rif. a intonaco, vernice e sim.*) to strip, to scrape. **scortecciarsi** *v.i.pron.* **1** to lose* bark. **2** (*scrostarsi*) to peel, to chip.

scortese *a.* rude, impolite.

scortesia *f.* **1** (*qualità*) rudeness, impoliteness. **2** (*azione*) discourtesy, rude behaviour.

scorticare *v.t.* **1** to skin, to flay. **2** (*produrre un'escoriazione*) to graze, to skin, to scratch. **3** (*fig.*) (*estorcere denaro*) to fleece. **scorticarsi** *v.i.pron.* to graze, to skin, to scratch.

scorticato *a.* **1** skinned, flayed. **2** (*escoriato*) grazed, scratched, skinned.

scorticatura *f.* **1** skinning, flaying. **2** (*escoriazione*) graze.

scorza *f.* **1** (*corteccia*) bark. **2** (*buccia*) skin, rind, peel: ~ *d'arancio* orange peel. **3** (*fig.*)

(*aspetto esteriore*) (outer) appearance, surface, outside. □ (*fig.*) *avere la ~ dura* to have a thick skin.

scosceso *a.* **1** (*ripido*) steep. **2** (*dirupato*) precipitous, rugged.

scossa *f.* **1** jolt, jerk, shake, bump. **2** (*scossa elettrica*) shock (*anche fig.*). **3** (*fig.*) (*danno finanziario*) blow. **4** (*Geol.*) shock. □ **a** *scosse* jerkily, in jerks; **dare** *una ~ a qc.* to jolt (*o* shake) s.th.; **senza** *scosse* smoothly, without jerks; ~ **sismica** (earthquake) shock.

scosso *a.* **1** shaken. **2** (*fig.*) (*turbato*) shaken, upset.

scossone *m.* jerk, jolt.

scostante *a.* unpleasant, disagreeable, (*fam.*) off-putting.

scostare *v.t.* to move away, to shift, to remove. **scostarsi** *v.i.pron.* **1** (*allontanarsi*) to move (away). **2** (*farsi più in là*) to move (*o* step *o* stand*) aside, to move (*o* get*) out of the way. **3** (*fig.*) (*deviare*) to stray (*da* from), to leave* (s.th.): *scostarsi dal tema* to stray from the subject.

scostumato **I** *a.* immoral, dissolute, licentious. **II** *s.m.* dissolute (*o* immoral) person; (*rif. a donne*) shameless (*o* brazen) hussy.

scotennare *v.t.* **1** (*levare la cotenna*) to skin, to flay. **2** (*rif. al cuoio capelluto*) to scalp.

scotta *f.* (*Mar.*) sheet.

scottante *a.* **1** burning, scorching; (*rif. a liquido bollente*) scalding. **2** (*fig.*) galling, stinging: *offesa ~* galling insult. □ *problema ~* burning issue.

scottare **I** *v.t.* **1** to burn*, to scorch; (*con liquido bollente*) to scald. **2** (*far cuocere brevemente*) to half-cook; (*in acqua calda*) to parboil. **3** (*fig.*) (*offendere*) to sting*, to gall, to nettle, to hurt*. **II** *v.i.* **1** to be hot, to be burning (*o* scorching). **2** (*fig.*) (*causare profondo interesse*) to be burning (*o* pressing): *un problema che scotta* a burning problem. **3** (*rif. a refurtiva, ecc.*) to be dangerous (*o* hot). **scottarsi** *v.r./i.pron.* **1** to burn* (o.s.); (*con un liquido bollente*) to scald (o.s.). **2** (*fig.*) (*fare un'esperienza spiacevole*) to get* one's fingers burnt. □ (*fig.*) *gli scotta la terra sotto i piedi* he is itching to leave.

scottata *f.* (*Gastr.*) half-cooking, light cooking; (*con liquido bollente*) parboiling.

scottato *a.* **1** burnt, scorched; (*con un liquido bollente*) scalded. **2** (*fig.*) (*deluso, amareggiato*) hurt, bitter. **3** (*fig.*) (*danneggiato*) harmed. **4** (*Gastr.*) half-cooked, lightly cooked; (*con liquido bollente*) parboiled.

scottatura *f.* **1** (*ustione*) burn; (*provocata da un liquido bollente*) scald. **2** (*fig.*) (*delusione*) disappointment; (*esperienza spiacevole*) unpleasant experience.

scotto[1] *a.* (*Gastr.*) overdone, overcooked.

scotto[2] *m.*: (*fig.*) *pagare lo ~ di qc.* to pay* for s.th.

scovare *v.t.* **1** (*stanare*) to start, to rouse, to flush: *~ la selvaggina* to start game. **2** (*fig.*) (*rintracciare, trovare*) to find*, to track down, to flush.

Scozia *N.pr.f.* (*Geog.*) Scotland.

scozzese **I** *a.* Scottish, Scots, Scotch. **II** *s.m.* (*lingua*) Scottish, Scotch. **III** *s.m./f.* (*abitante*) Scot, Scotsman (*pl.* –men; *f.* –woman, *pl.* –women); *pl.* the Scottish (costr.pl.), the Scots *pl.* □ *tessuto* (*di lana*) ~ tartan (cloth).

scranno *m.* (*scanno*) seat.

screanzato **I** *a.* rude, impolite, unmannerly. **II** *s.m.* rude (*o* unmannerly) person, boor.

screditare *v.t.* to discredit, to throw* discredit on. **screditarsi** *v.i.pron.* to bring* discredit on o.s., to lose* one's reputation.

screditato *a.* discredited.

scremare *v.t.* to skim.

screpolare *v.t.*, **screpolarsi** *v.i.pron.* to crack; (*rif. alla pelle*) to chap.

screpolato *a.* cracked; (*rif. alla pelle*) chapped.

screpolatura *f.* crack; (*rif. alla pelle*) chap.

screziato *a.* **1** variegated: *azzurro ~ di verde* blue variegated with green. **2** (*che presenta macchie, chiazze*) speckled, flecked; (*striato*) streaked.

screzio *m.* disagreement, friction.

scriba *m.* (*Stor.*) scribe.

scribacchiare *v.t.* to scribble.

scribacchino *m.* (*spreg.*) scribbler.

scricchiolare *v.i.* **1** to crunch. **2** (*cigolare*) to creak, to squeak. **3** (*fig.*) to be on the rocks: *il loro matrimonio scricchiola* their marriage is on the rocks.

scricchiolio *m.* **1** crunching. **2** (*cigolio*) creaking, squeaking.

scricciolo *m.* (*Zool.*) wren.

scrigno *m.* casket, case.

scriminatura *f.* part(ing).

scriteriato **I** *a.* scatter-brained, senseless. **II** *s.m.* scatter-brain.

scritta *f.* **1** writing; (*su cartelli*) notice, sign; (*pubblicitaria*) headline. **2** (*iscrizione*) inscription.

scritto **I** *a.* **1** written (*anche fig.*). **2** (*destinato*) bound, doomed, fated: *era ~ che dovesse finire così* it was bound to end up like that. **II** *s.m.* **1** writing. **2** (*opera*) writing, work. **3** (*lettera*) letter. **4** (*Scol.*) (*esame scritto*) written exam(ination). □ *per ~* in writing: *mettere qc. per ~* to put s.th. in writing, to write s.th. down.

scrittoio *m.* writing-desk.

scrittore *m.* writer, author.

scrittrice *f.* woman writer, author(ess).

scrittura *f.* **1** writing. **2** (*atto, documento*) deed, document; (*contratto*) contract. **3** (*Teat., Cin.*) (*contratto di lavoro*) contract. □ **bella** ~ good handwriting (*o* penmanship); ~ *a* **macchina** typing, typewriting; ~ *a* **mano** handwriting; (*Dir.*) ~ **privata** simple contract; (*Dir.*) ~ **pubblica** contract under seal; **Sacra** *Scrittura* Holy Scripture.

scritturare *v.t.* **1** (*Teat., Cin.*) to engage, to

sign up (*o* on). **2** (*Comm.*) to enter.
scrivania *f.* (writing-)desk, (writing-)bureau.
scrivano *m.* **1** scribe; (*copista*) copyist. **2** (*Dir., burocr.*) clerk, scribe.
scrivente *m./f.* **1** writer. **2** (*burocr.*) undersigned.
scrivere I *v.t.* **1** to write*. **2** (*redigere*) to draft, to draw* up. **3** (*scrivere compitando*) to spell*: *come si scrive questa parola?* how do you spell this word? **4** (*Comm.*) (*registrare*) to enter, to record. **II** *v.i.* **1** to write*. **2** (*fare lo scrittore, il giornalista*) to write*, to be a writer. **3** (*affermare, sostenere per iscritto*) to write*, to say*. **III** *v.r.recipr.* to write* (to e.o. *o* one another). □ ~ *qc. in* **bella** (*copia*) to write the fair copy of s.th.; ~ **bene** to have good (hand)writing; (*rif. allo stile*) to write well, to be a good writer; (*rif. all'ortografia*) to spell correctly; ~ *in* **brutta** (*copia*) to write out roughly, to draft; *carta* **da** ~ writing-paper; ~ *sotto* **dettatura** to write (*o* take) down under dictation; ~ *per* **esteso** to write out in full; ~ *a* **macchina** to type; ~ *a* **mano** to write by hand (*o* in long-hand); ~ *qc. di proprio* **pugno** to write s.th. o.s. (*o* in one's own hand); ~ *in* **stampatello** to write in block letters, to print.
scroccare *v.t.* (*fam.*) to scrounge, to mooch, to cadge.
scrocco[1] *m.* (*lo scroccare*) scrounging, cadging, sponging. □ *vivere a* ~ to scrounge a living.
scrocco[2] *m.* (*scatto*) click.
scroccone *m.* scrounger, cadger, sponger.
scrofa *f.* (*Zool.*) sow.
scrollare *v.t.* to shake*. **scrollarsi** *v.i.pron.* (*scuotersi*) to shake* o.s. □ ~ *il* **capo** to shake one's head; *scrollarsi di* **dosso** *qc.* to shake s.th. off; ~ *le* **spalle** to shrug one's shoulders.
scrollata *f.* (*atto*) shaking; (*effetto*) shake.
scrosciante *a.* **1** (*rif. a pioggia*) pelting, pouring; (*rif. a torrenti e sim.*) roaring, thunderous, crashing. **2** (*fig.*) (*fragoroso*) thunderous: *applauso* ~ thunderous applause. **3** (*rif. a risa*) roaring.
scrosciare *v.i.* **1** (*rif. a pioggia*) to pelt, to beat* (*o* pour) down; (*rif. a torrenti e sim.*) to roar, to thunder. **2** (*produrre un fragore*) to roar, to thunder.
scroscio *m.* **1** pelting, downpour. **2** (*rumore*) roar(ing), crash(ing), thunder(ing). **3** (*fig.*) burst, thunder, roar: *uno* ~ *di risa* a roar of laughter. □ *piove a* ~ it's pouring with rain.
scrostamento *m.* **1** (*lo scrostare*) removal of the scab; (*rif. a muri e sim.*) chipping. **2** (*lo scrostarsi*) falling off of the scab; (*rif. a muri e sim.*) peeling.
scrostare *v.t.* **1** to remove the scab from. **2** (*asportare lo strato superficiale*) to chip, to scratch; (*grattare via*) to scrape (off), to strip. **scrostarsi** *v.i.pron.* **1** to lose* the scab. **2** (*perdere lo strato superficiale*) to peel (*o* chip) off, to flake off.
scrostatura *f.* **1** chipping, scraping off. **2** (*parte scrostata*) chipped place, peeling patch.
scroto *m.* (*Anat.*) scrotum.
scrupolo *m.* **1** scruple. **2** (*cura, diligenza*) care, conscientiousness. □ *non* **avere** ~ *a fare qc.* to have no scruples about doing s.th.; **con** ~ conscientiously; **farsi** ~ *di qc.* to hesitate to do s.th.; **pieno** *di scrupoli* very scrupulous; **senza** *scrupoli* unscrupulous.
scrupolosità *f.* scrupulousness.
scrupoloso *a.* conscientious, scrupulous; (*preciso, diligente*) meticulous, painstaking, thorough.
scrutare *v.t.* **1** (*osservare*) to scrutinize, to scan. **2** (*indagare*) to investigate, to delve (*o* look) into: ~ *i misteri della natura* to delve into the mysteries of nature.
scrutatore I *s.m.* scrutineer. **II** *a.* searching, inquiring.
scrutinare *v.t.* **1** (*fare lo scrutinio dei voti*) to count the ballots, to hold* a ballott. **2** (*Scol.*) to assign marks; to give* qualifications (to students) at the end of a term.
scrutinio *m.* **1** (*spoglio dei voti*) counting the ballots. **2** (*Scol.*) assignment of marks (at the end of a term); qualifications; (*am.*) grades.
scucire *v.t.* **1** to unpick, to undo*, to unstitch. **2** (*fam.*) (*tirare fuori soldi*) to fork (*o* shell) out. **scucirsi** *v.i.pron.* to come* undone (*o* loose *o* unstitched).
scucito *a.* **1** unstitched, undone. **2** (*fig.*) (*incoerente*) incoherent, disjointed, rambling.
scucitura *f.* **1** unstitching. **2** (*tratto scucito*) rip (along the seam).
scuderia *f.* **1** (*stalla*) stable. **2** (*allevamento di cavalli*) stud-farm. **3** (*di macchine da corsa*) stable.
scudetto *m.* (*Sport*) shield, championship.
scudiero *m.* **1** (*Stor.*) (e)squire; (*accompagnatore di cavaliere*) groom. **2** (*dignitario di corte*) equerry.
scudisciata *f.* lash.
scudiscio *m.* (riding-)whip, crop.
scudo *m.* **1** shield, buckler. **2** (*stemma*) escutcheon, shield. **3** (*Bot., Geol., Zool.*) shield. □ *fare* (o *farsi*) ~ *di* (o *con*) *qc.* to shield o.s. with s.th.
scugnizzo *m.* (*dial.*) Neapolitan street urchin.
sculacciare *v.t.* to spank.
sculacciata *f.* spank, smack.
sculaccione → **sculacciata**.
sculettare *v.i.* to sway (one's hips), (*fam.*) to wiggle (one's hips).
scultore *m.* sculptor; (*in legno*) (wood)-carver.
scultoreo, **scultorio** *a.* **1** sculptural. **2** (*fig.*) (*incisivo*) incisive, clear-cut: *stile* ~ incisive style.
scultura *f.* sculpture; (*in legno*) (wood)-carving.
scuocere *v.i.* to overcook. **scuocersi** *v.i.pron.* to become* overcooked.

scuoiare *v.t.* to skin, to flay.

scuola *f.* school. □ (*fig.*) **andare** *a* ~ *da qd.* to learn from s.o.; *l'***apertura** *delle scuole* the beginning of school; ~ *di* **ballo** dancing school; *quando* **chiudono** *le scuole?* when does school end?; **compagno** *di* ~ schoolmate, schoolfellow; ~ **comunale** municipal school; ~ **elementare** primary (*o* elementary) school, (*am.*) grammar school; **fare** ~ (*insegnare*) to teach; (*trovare seguaci*) to found a school; **frequentare** *la* ~ to attend (*o* go to) school: *quale* ~ *hai frequentato?* which school did you go to?; ~ **guida** driving school; ~ **materna** nursery school; ~ **media** secondary school, (*am.*) high school; ~ **media** *inferiore* secondary school, intermediate (*o* middle) school, (*am.*) junior high school; ~ **mista** coed; ~ *dell'***obbligo** compulsory education (*o* schooling); ~ **parificata** officially-recognized school; ~ **privata** private school; ~ **professionale** vocational school; ~ **pubblica** state school, (*am.*) public school; ~ *di* **recitazione** drama school; ~ **serale** evening school (*o* classes *pl.*); ~ **statale** state school, (*am.*) public school; ~ **tecnica** *commerciale* school of commerce; (*am.*) commercial high school; ~ **tecnica** *industriale* industrial (*o* trade) school; (*am.*) vocational (training) school; ~ *a* **tempo** *pieno* full-time school.

scuotere *v.t.* **1** to shake*; (*agitare*) to shake* (up): ~ *il liquido in una bottiglia* to shake up the liquid in a bottle. **2** (*far cadere scrollando*) to shake* (down); (*rimuovere scrollando*) to shake* (out): ~ *la polvere* to shake the dust. **3** (*fig.*) (*sollecitare all'azione*) to shake* (up), to rouse, to stir. **4** (*fig.*) (*commuovere fortemente*) to shake*, to upset*; (*far perdere la calma*) to shake* (up). **scuotersi** *v.i.pron.* **1** to jump, to be startled. **2** (*uscire dallo stato d'inerzia*) to rouse o.s., to stir o.s. **3** (*commuoversi*) to be shaken (*o* upset *o* moved); (*perdere la calma*) to be shaken.

scure *f.* axe; (*am.*) ax.

scurire **I** *v.t.* to darken, to make* darker. **II** *v.i.*, **scurirsi** *v.i.pron.* **1** to become* dark. **2** (*imbrunire*) to grow* (*o* get*) dark.

scuro[1] **I** *a.* **1** dark: *occhi scuri* dark eyes. **2** (*fig.*) (*fosco*) sullen, grim, dark: *essere* ~ *in volto* to have a grim expression. **II** *s.m.* **1** dark(ness), obscurity. **2** (*colore scuro*) dark colour. □ *essere allo* ~ *di qc.* to be in the dark about s.th.

scuro[2] *m.* inside (window-)shutter.

scurrile *a.* scurrilous; (*rif. a linguaggio*) gross.

scurrilità *f.* scurrility; (*di linguaggio*) grossness.

scusa *f.* **1** apology. **2** (*perdono*) pardon, forgiveness: *chiedere* ~ *a qd.* to beg (*o* ask) s.o.'s pardon. **3** (*pretesto*) excuse. □ **bella** ~*!* what an excuse!; **chiedo** ~ (*disturbando o interrompendo*) excuse me, I beg your pardon; (*chiedendo perdono di una mancanza*) (I am) sorry, I apologize; **non** *ci sono scuse che tengano* there can be no excuse for this.

scusabile *a.* excusable, pardonable, forgivable.

scusante *f.* excuse, justification.

scusare *v.t.* **1** to excuse. **2** (*in forme di cortesia: perdonare*) to forgive*, to pardon, to excuse; (*disturbando o interrompendo*) to excuse: *mi scusi, sa dirmi dov'è la stazione?* excuse me please, can you tell me the way to the station? **scusarsi** *v.r.* **1** (*scagionarsi*) to excuse o.s., to make* excuses. **2** (*in formule di cortesia*) to apologize, to be sorry, to beg pardon: *mi scuso per il ritardo* I apologize for being late; I am sorry I am late.

S.C.V. = *Stato della Città del Vaticano* Vatican City.

sdebitare *v.t.* to free (*o* clear) from debt. **sdebitarsi** *v.r.* **1** to pay* (off) one's debts, to get* out of debt; (*rif. a obblighi*) to discharge, to fulfil. **2** (*fig.*) (*disobbligarsi*) to return a favour, to repay* a kindness.

sdegnare *v.t.* **1** to disdain, to scorn: ~ *l'adulazione* to scorn flattery. **2** (*irritare*) to provoke, to irritate, to anger. **sdegnarsi** *v.i.pron.* to get* angry, to be annoyed (*o* irritated); (*indignarsi*) to be (*o* get*) indignant.

sdegnato *a.* irritated, annoyed; (*indignato*) indignant.

sdegno *m.* **1** indignation, resentment; (*collera*) anger, wrath. **2** (*lett.*) (*disprezzo*) scorn, contempt.

sdegnosità *f.* **1** disdainfulness, scornfulness. **2** (*alterigia*) haughtiness, superciliousness.

sdegnoso *a.* **1** contemptuous, scornful, disdainful. **2** (*altero*) haughty, supercilious.

sdentato *a.* toothless; (*privo di qualche dente*) with teeth missing.

sdilinquirsi *v.r.* **1** (*svenire*) to faint, to pass out. **2** (*fig.*) (*perdersi in smancerie*) to be over-sentimental, to be mawkish.

sdoganamento *m.* clearance (through customs).

sdoganare *v.t.* to clear customs.

sdoganato *a.* cleared (through customs); (*che ha pagato la dogana*) duty paid.

sdolcinatezza *f.* mawkishness; (*smanceria*) mawkish behaviour.

sdolcinato *a.* mawkish, sugary, (*fam.*) s(l)oppy. □ *fare lo* ~ to be maudlin.

sdolcinatura *f.* mawkish (*o* sentimental) behaviour.

sdoppiamento *m.* **1** splitting (*o* dividing) in two. **2** (*Cin.*) doubling of an image. □ ~ *della personalità* split personality.

sdoppiare[1] *v.t.* (*rendere semplice*) to (make*) single, to undouble.

sdoppiare[2] *v.t.*, **sdoppiarsi** *v.i.pron.* (*dividere, dividersi in due*) to split* (*o* divide) in two.

sdraiare *v.t.* to lay* (*o* put* *o* set*) down. **sdraiarsi** *v.r.* to lie* down; (*stendersi*) to stretch (out): *sdraiati per un poco* go and lie down for a while.

sdraiato *a.* lying (down), stretched out. □

starsene ~ al sole to lie in the sun.
sdraio *m.*: *sedia* (o *poltrona*) *a ~* deck-chair.
sdrammatizzare *v.t.* to play down, to make* less dramatic.
sdrucciolare *v.i.* to slip, to slide*, to skid.
sdrucciolevole *a.* slippery.
sdrucciolo *a.* (*Gramm.*) proparoxytone.
sdrucciolone *m.* slip(ping), slide.
sdrucire *v.t.* **1** (*scucire*) to undo*, to unstitch, to unsew*. **2** (*strappare*) to rip, to tear*.
sdrucito *a.* ripped, torn: *vestito ~* torn dress; (*lacero*) ragged, threadbare.
sdrucitura *f.* (*strappo*) tear, rip, rent.
se[1] **I** *congz.* **1** (*condizionale*) if: *~ avrò tempo verrò volentieri* if I have time, I shall be glad to come; *oggi, ~ non sbaglio, è martedì* today is Tuesday, if I'm not mistaken; *perché dovrei uscire ~ non ho voglia?* why should I go out if I don't feel like it? **2** (*interrogativo, dubitativo*) whether, if: *non so ~ devo crederti* I don't know whether to believe you (*o* if I should believe you). **3** (*esclam.*) (*desiderativo*) if only: *~ potesse essere vero* if only it were true. **4** (*pop. enfat.*) certainly, (*fam.*) and how, (*fam.*) rather, (*am. fam.*) sure: *~ lo conosco!* certainly I know him!, do I know him! **II** *s.m.* if: *la proposta è piena di ma e ~* this proposal is full of "ifs" and "buts". ▭ *~* **almeno** if only; **anche** *~* even if; **come** *~* as if, as though; *~* **Dio** *vuole*: 1 God willing; 2 (*finalmente*) at last, finally; **e** *~* what if, suppose: *e ~ viene a saperlo?* and what if she hears of it?; *~* **mai** if, if ... ever; (*eventualmente*) if necessary, in (that) case; (*nella peggiore delle ipotesi*) if the worst comes to the worst, at worst; *~* **no** otherwise, if not; *~* **non** but, except; *~* **non** *altro* at least, if nothing else; *~* **poi** if.
se[2] → **si**[2].
sé *pron.rifl.* **1** (*rif. a persone: se stesso*) himself; (*se stessa*) herself; (*pl.*) themselves; (*indefinito*) oneself. **2** (*rif. a soggetto neutro*) itself: *il problema si risolverà da ~* the problem will take care of itself. ▭ **a** *~*: 1 (*separato*) separate, independent: *formano un gruppo a ~* they make up a separate group; 2 (*singolare*) special, singular: *un caso a ~* a special case; **a** *~ stante* separate, special; **da** *~* (*senza aiuto*) by oneself, alone, without help; *va* **da** *~ che* it's natural (*o* obvious) that; *questo va* **da** *~* this goes without saying; **dentro** *di ~* inside (*o* within) oneself; **di** *per ~* in itself; *essere* **fuori** *di ~* to be beside oneself; **fra** *~* (*e sé*) to oneself; **in** *~* in itself; **tenere** *qc. per ~* to keep s.th. for oneself.
Se = (*Chim.*) *selenio* selenium.
SE = *Sua Eccellenza* His Excellency.
sebaceo *a.* sebaceous.
Sebastiano *N.pr.m.* Sebastian.
sebbene *congz.* (al)though, even though.
sebo *m.* sebum.
sec. = *secolo* century (cent.).
secante *a./s.f.* (*Geom., Mat.*) secant.
secca *f.* shallow, shoal, bank. ▭ (*Mar.*) *restare in ~* to run aground; (*fig.*) to be broke.
seccamente *avv.* brusquely, curtly, sharply.
seccante *a.* tiresome, bothersome, annoying, tedious; (*spiacevole*) unpleasant, disagreeable.
seccare I *v.t.* **1** to dry (up): *il sole ha seccato i campi* the sun has dried up the fields. **2** (*essiccare*) to dry, to desiccate. **3** (*prosciugare*) to drain, to dry up. **4** (*fam.*) (*importunare*) to bother. **II** *v.i.* to dry, to dry up. **seccarsi** *v.i.pron.* **1** to (become*) dry, to dry up; (*rif. a fonti e sim.*) to run* (*o* go*) dry. **2** (*essiccarsi*) to dry up (*o* out), to be desiccated. **3** (*fig.*) (*infastidirsi*) to be annoyed (*o* irritated).
seccato *a.* **1** (*secco*) dry, dried (up, out). **2** (*fam.*) (*infastidito*) annoyed (*di* at, by), irritated, bothered, put out (by); (*stufo*) fed up.
seccatore *m.* nuisance, bother, (*fam.*) bore.
seccatura *f.* (*fam.*) nuisance, bother, (*fam.*) bore, (*fam.*) pain in the neck.
secchezza *f.* **1** dryness. **2** (*magrezza*) thinness, gauntness. **3** (*fig.*) (*rif. a modi*) brusqueness, curtness, sharpness. **4** (*fig.*) (*rif. a stile*) spareness, plainness.
secchia *f.* **1** → **secchio.** **2** (*scol.*) swot; (*am.*) grind.
secchiello *m.* **1** (*dei bambini*) pail, bucket. **2** (*per il ghiaccio*) ice-bucket. ▭ *borsa a ~* bucket bag.
secchio *m.* **1** bucket, pail. **2** (*quantità*) bucket (ful). ▭ *~ della spazzatura* dustbin, (*am.*) garbage can.
secchione *m.* (*scol.*) swot; (*am.*) grind.
secco I *a.* **1** (*asciutto*) dry. **2** (*arido*) arid, dry, parched. **3** (*non fresco*) stale: *pane ~* stale bread. **4** (*essiccato*) dried, desiccated: *pesce ~* dried fish. **5** (*disseccato*) dry, dried up. **6** (*magro*) thin, skinny. **7** (*di vino*) dry. **8** (*fig.*) (*brusco, reciso*) brusque, curt, sharp: *una risposta secca* a sharp (*o* curt) answer. **9** (*fig.*) (*disadorno*) dry, spare, bare. **10** (*fig.*) (*netto*) clean, sharp, single: *colpo ~* clean blow. **II** *s.m.* dryness; (*mancanza d'acqua*) drought; (*siccità, aridità*) dryness, aridity. ▭ (*fig.*) *essere* **a** *~* (*di quattrini*) to be broke; **lavaggio** *a ~* dry-cleaning; (*fam.*) **restarci** *~* to die instantly.
secentesco *a.* seventeenth-century-, of the seventeenth century; (*rif. all'arte e alla letteratura italiana*) of the Seicento, Seicento-.
secernere *v.t.* (*Biol.*) to secrete.
secessione *f.* (*Pol., Arte*) secession. ▭ (*Stor. am.*) *la guerra di ~* civil war.
secessionismo *m.* secessionism.
secessionista *m./f.* secessionist.
seco *pron.* (*ant., lett.*) (*con lui*) with him(self); (*con lei*) with her(self); (*con esso*) with it-(self); (*con loro*) with them(selves).
secolare I *a.* **1** (*che ha più secoli di vita*) centuries-old, age-old, hundreds of years old; (*che ha un secolo di vita*) century-old. **2**

(*che dura da un secolo*) century-old, centennial; (*che dura secoli*) age-long, centuried. **3** (*che si ripete ogni secolo*) secular, centennial. **4** (*laico*) secular, lay; (*rif. al clero*) secular. **II** *s.m.* **1** (*laico*) layman (*pl.* –men); *pl.* the laity (costr.pl.). **2** (*Rel.*) secular (priest).

secolarizzare *v.t.* (*Rel.*) to secularize.

secolarizzazione *f.* (*Rel.*) secularization.

secolo *m.* **1** century. **2** (*periodo*) age, century, epoch. **3** (*fam.*) (*periodo di tempo indeterminato*) ages *pl.*, age: *è un* ~ *che non ricevo tue notizie* I haven't heard from you for ages. ▭ **al** ~ (*rif. a religiosi*) in the world; (*rif. ad artisti*) real name; **nei** *secoli dei secoli* for ever and ever; *perdersi nella* **notte** *dei secoli* to go back to the beginning of time; **per** *tutti i secoli* forever (and ever), time without end.

seconda *f.* **1** (*Aut.*) second (gear). **2** (*Scol.*) (*seconda classe*) second year (*o* form), (*am.*) second grade. **3** (*Mat.*) second power (*o* degree): *elevare alla seconda* to raise to the second power. **4** (*Ferr.*) (*seconda classe*) second class. ▭ *a* ~ *di* according to, depending on, in accordance with.

secondare → **assecondare**.

secondario *a.* **1** (*secondo in una successione*) secondary, second. **2** (*di minore importanza*) secondary, minor. ▭ (*Econ.*) *settore* ~ industrial sector.

secondino *m.* warder, prison guard, gaoler.

secondo[1] **I** *a.* **1** second; (*rif. a grandezza*) second largest; (*rif. a qualità*) second best; (*rif. a importanza*) second most important. **2** (*estens.*) (*nuovo, differente rispetto al primo*) second, other, new: *è stato per noi un* ~ *padre* he was a second father to us. **3** (*fig.*) (*minore, inferiore*) second, inferior (*a* to). **4** (*superiore*) second, higher, upper: *diploma di* ~ *grado* upper-class diploma. **II** *avv.* (*in secondo luogo*) secondly, in the second place. **III** *s.m.* **1** second. **2** (*seconda portata*) main dish (*o* course). **3** (*nei duelli*) second; (*nel pugilato*) second. **4** (*Mar.*) second mate. ▭ **in** *un* ~ in a second, (*fam.*) in a sec (*o* jiffy); *il* ~ **ottocento** the second half of the nineteenth century.

secondo[2] *prep.* **1** according to, in accordance (*o* conformity) with: *vivere* ~ *natura* to live according to nature; ~ *me* in my opinion; ~ *lui* according to him. **2** (*a seconda di, in base a*) according to, depending on: ~ *le circostanze* depending on the circumstances. **3** (*assol.*) (*dipende*) it depends: *verrai? –* ~ will you come? – it depends. ▭ ~ *il* **caso** according to (the) circumstances; ~ (*ciò*) **che** according to what, depending on what.

secondogenito I *a.* second, second-born. **II** *s.m.* second-born.

secrétaire *fr.* [sekre'tɛ:r] *m.* (*mobile*) secretaire, (writing-)desk.

secreto I *s.m.* (*Biol.*) secretion. **II** *a.* (*Biol.*) secreted.

secrezione *f.* secretion.

sedano *m.* (*Bot.*) celery. ▭ ~ *rapa* celeriac.

sedare *v.t.* **1** (*calmare*) to calm, to soothe, to assuage (*anche fig.*). **2** (*reprimere*) to put* down, to suppress, to repress.

sedativo *a./s.m.* (*Farm.*) sedative.

sede *f.* **1** (*dimora stabile*) residence, abode. **2** (*Rel.*) see. **3** (*edificio*) seat, building. **4** (*fig.*) seat, centre. **5** (*Comm.*) office; (*sede centrale*) head (*o* main) office, headquarters *pl.* (costr. sing. o pl.); (*filiale*) branch (office). ▭ *in* **altra** ~ (*in altro luogo*) elsewhere, in another place; (*in un altro momento*) some other time, on another occasion; ~ **centrale** headquarters *pl.*, head office; ~ **elettorale** polling station (*o* place), poll; **in** ~ *di* (*in occasione di*) during: *in* ~ *d'esami* during the examination; ~ **legale** registered office; *in* **questa** ~ (*rif. a tempo*) at this time; (*rif. a luogo*) here, in this place; (*Rel.*) **Santa** *Sede* Holy See; *in* **separata** ~ in a separate session (*o* meeting); (*fig.*) (*privatamente*) privately, in private; ~ **stradale** roadbed; ~ **vacante** vacancy.

sedentarietà *f.* sedentariness.

sedentario *a.* sedentary: *condurre una vita sedentaria* to lead a sedentary life.

sedere[1] *v.i.* **1** to sit* (*su, in* in, on): ~ *in una poltrona* to sit in an armchair; ~ *in terra* to sit on the ground. **2** (*mettersi a sedere*) to sit* down; (*in formule di cortesia*) to take* a seat, to sit* down. **3** (*fig.*) (*aver seggio, fare parte di*) to sit*, to have a seat (*in* in), to be a member (of): ~ *in Parlamento* to sit in Parliament. **sedersi** *v.i.pron.* to sit* down, to take* a seat. ▭ ~ *in* **alto** *loco* (*coprire un'alta carica*) to hold a high office; (*fig.*) ~ *in* **cattedra** to pontificate; **mettersi** *a* ~ to sit down; **stare** *a* ~ to be sitting, to sit; ~ *a* **tavola** to sit at table.

sedere[2] *m.* (*deretano*) bottom, seat, (*fam.*) behind.

sederino *m.* (*fam.*) fanny.

sedia *f.* chair. ▭ ~ *a* **braccioli** armchair, easy chair; ~ *a* **dondolo** rocking chair; ~ **elettrica** electric chair; ~ **girevole** swivel chair; ~ *a* **rotelle** wheel-chair; ~ *a* **sdraio** deck-chair.

sedicenne I *a.* (*attr.*) sixteen-years-old; (*pred.*) sixteen years old. **II** *s.m./f.* sixteen-year-old person.

sedicente *a.* self-styled, would-be.

sedicesimo *a./s.m.* sixteenth.

sedici I *a.* sixteen. **II** *s.m.* **1** (*numero*) sixteen. **2** (*nelle date*) sixteenth.

sedile *m.* seat; (*panchina*) bench; (*negli automezzi*) seat. ▭ (*Aut.*) ~ **anteriore** front seat; ~ **inclinabile** reclining seat; (*Aut.*) ~ **posteriore** rear (*o* back) seat; (*nelle motociclette*) pillion; ~ **ribaltabile** folding seat.

sedimentare *v.i.* to sediment.

sedimentario *a.* sedimentary.

sedimentazione *f.* sedimentation.

sedimento *m.* sediment; deposit.

sedizione *f.* sedition; (*ribellione*) revolt, rebellion, insurrection.

sedizioso **I** *a.* **1** seditious, insurrectionary. **2** (*estens.*) (*rissoso*) turbulent, riotous. **II** *s.m.* seditionary, insurrectionist, insurgent.
seducente *a.* **1** seductive, seducing. **2** (*fig.*) (*allettante*) enticing, alluring, tempting.
sedurre *v.t.* **1** to seduce. **2** (*fig.*) (*allettare, attrarre*) to entice, to allure, to tempt.
seduta *f.* **1** session, sitting; (*riunione*) meeting. **2** (*posa come modello*) sitting. □ ~ *d'***apertura** opening session; **essere** *in* ~ to be sitting (*o* in session); ~ **spiritica** séance; ~ **stante** (*immediatamente*) directly, immediately; **togliere** *la* ~ to close the session.
seduto *a.* sitting, seated.
seduttore **I** *s.m.* seducer. **II** *a.* **1** seductive, seducing. **2** (*fig.*) enticing, alluring, seductive.
seduzione *f.* **1** seduction. **2** (*fig.*) seductiveness, charm, allure, appeal.
S.E. & O.= (*Comm.*) *salvo errori e omissioni* errors and omissions excepted.
seg. = *seguente* following.
sega *f.* saw. □ **a** ~ saw(-edged), saw-toothed; ~ **circolare** circular saw.
segale *f.* (*Bot.*) rye.
segaligno *a.* (*magro*) lean, wiry.
segare *v.t.* to saw*; (*da parte a parte*) to saw* through; (*in più parti*) to saw* up; (*staccare segando*) to saw* off.
segatura *f.* sawdust.
seggio *m.* **1** chair; (*stallo*) stall. **2** (*Parl.*) seat. **3** (*seggio elettorale*) polls *pl.*, polling place (*o* station).
seggiola *f.* chair.
seggiolino *m.* **1** (*per bambini*) child's chair. **2** (*Aut., Ferr., Aer.*) seat. □ ~ *pieghevole* folding chair.
seggiolone *m.* (*per bambini*) highchair.
seggiovia *f.* chair-lift.
segheria *f.* saw-mill, timber-mill.
seghetta *f.* (*per le fiale*) file (for phials).
seghettare *v.t.* to serrate.
seghettato *a.* **1** with a serrated edge, saw (-edged), saw-toothed. **2** (*Bot.*) serrate(d).
segmentare *v.t.* **1** to segment, to divide into segments. **2** (*frazionare*) to (sub)divide, to split* up.
segmentazione *f.* segmentation.
segmento *m.* **1** (*Geom., Biol., Anat.*) segment. **2** (*Mecc.*) piston-ring.
segnalare *v.t.* **1** to signal: ~ *la posizione di una nave* to signal the position of a ship. **2** (*annunciare rendere noto*) to announce, to report, to make* known. **3** (*far presente*) to point (*o* single *o* mark) out, to inform, to make* known. **4** (*contraddistinguere*) to mark, to distinguish. **5** (*fig.*) (*raccomandare*) to recommend, to bring* to the attention of. **6** (*notificare*) to notify: ~ *alle autorità* to notify the authorities. **segnalarsi** *v.r.* (*distinguersi*) to distinguish o.s., to stand* out, to draw* attention to o.s.
segnalatore **I** *s.m.* **1** signaller, signalman (*pl.* –men). **2** (*strumento*) signaller, signalling apparatus. **3** (*Mar. mil.*) (*con bandiere*) flagman (*pl.* –men). **4** (*El.*) alarm device. **II** *a.* signalling.
segnalazione *f.* **1** signalling. **2** (*concr.*) (*segnale*) signal; (*complesso di segnali*) signals *pl.*, signalling. **3** (*comunicazione, trasmissione di notizie*) communication; (*annuncio*) announcement, report. **4** (*fig.*) (*il mettere in evidenza*) pointing (*o* singling, marking) out. **5** (*raccomandazione*) recommendation. □ (*Strad.*) **divieto** *di segnalazioni acustiche* no horns; ~ **luminosa** light beacon, signal light.
segnale *m.* **1** signal, sign: *ricevere un* ~ to receive a signal. **2** (*concr.*) signal; (*cartello*) sign. □ ~ **acustico** audible (*o* acoustic, sound) signal; (*clacson e sim.*) (signal) horn; ~ *d'***allarme** alarm (signal), warning signal; (*Ferr.*) emergency brake; *segnali di* **fumo** smoke signals; ~ **luminoso** signal light, light beacon (*o* signal); (*Tel.*) ~ *di* **occupato** busy signal (*o* tone); ~ **orario** time signal; ~ *di* **partenza** starting (*o* departure) signal; ~ *di* **pericolo**: 1 danger sign(al), warning sign(al); 2 (*Strad.*) warning sign; 3 (*SOS*) distress signal, S.O.S.; ~ **radio** radio signal.
segnaletica *f.* **1** system of sign(al)s; (*complesso di segnali*) signals *pl.* **2** (*Strad.*) (road) signs *pl.*, traffic signs *pl.* □ (*Strad.*) ~ **orizzontale** traffic signs *pl.* painted on the road surface; ~ *in* **rifacimento** signs *pl.* being repainted.
segnaletico *a.* characteristic, identification: *dati segnaletici* identification marks.
segnalibro *m.* bookmark(er).
segnalinee *m.* (*Sport*) linesman (*pl.* –men).
segnaprezzo *m.* price-tag, price-card.
segnapunti *m.* (*Sport*) **1** (*persona*) scorekeeper. **2** (*tabellone*) scoreboard; (*cartoncino*) scorecard.
segnare *v.t.* **1** to mark. **2** (*sottolineare*) to underline. **3** (*prendere nota*) to note (*o* write*) down, to make* a note of. **4** (*incidere, rigare*) to mark, to score, to cut* into; (*graffiare*) to scratch. **5** (*rif. a punteggi e sim.*) to mark, to keep*, to write* (down, up), to score (up). **6** (*indicare*) to indicate, to mark, to show*: *l'orologio segna le tre* the clock says three; (*con il dito*) to point to (*o* at); (*rif. a strumenti*) to show*, to indicate, to register, to read*, to say*. **7** (*fig.*) (*rappresentare, costituire*) to mark, to constitute: *questa battaglia segnò la fine della guerra* this battle marked the end of the war. **8** (*Sport*) to score (*anche assol.*). **segnarsi** *v.r.* to cross o.s., to make* the sign of the cross.
segnatasse *s.m.inv.* unpaid-postage stamp.
segnato *a.* **1** marked, lined. **2** (*fig.*) (*deciso, stabilito*) decided, settled; (*rif. a destino e sim.*) sealed.
segnatura *f.* **1** (*numero di collocazione di libri*) pressmark, (*am.*) call number. **2** (*Tip.*) signature. **3** (*Sport*) score.
segno *m.* **1** mark, sign. **2** (*impronta*) mark;

(*orma*) footprint, footstep. **3** (*traccia*) trace. **4** (*indizio, sintomo*) sign: *l'aumento della criminalità è un* ~ *dei tempi* the rising level of crime is sign of the times. **5** (*cenno, gesto*) sign, gesture; (*cenno fatto con la mano*) wave, gesture, sign. **6** (*bersaglio*) mark, target (*anche fig.*): *colpire nel* ~ to hit the mark. **7** (*limite*) bounds *pl.*, limit, mark: *la sua sfrontatezza ha passato il* ~ his impudence has gone beyond all bounds. **8** (*Astr.*) sign. **9** (*simbolo*) emblem, symbol. ▭ **andare** *a* ~ to hit the target (*o* mark *o* bull's-eye); *segni* **caratteristici** distinguishing marks *pl.*; (*Rel.*) ~ *della* **croce** sign of the cross; **dare** *segni* to give (*o* show) signs; ~ **distintivo**: 1 distinguishing mark; 2 (*Comm.*) brand, trade-mark; **è** ~ *che è stanco* it means he is tired; **fare** (*un*) ~ *con la mano* to signal, to make a sign (*o* gesture), to wave; **fare** ~ *di sì* to nod (assent); *essere* **fatto** ~ *di* (o *a*) (*essere oggetto di*) to be the object of; **in** ~ *di* as a sign of, in sign of, in token of; ~ *d'***interpunzione** punctuation mark; **lasciare** *il* ~ (*anche fig.*) to leave a mark; ~ **premonitore** (warning) sign; *nato* **sotto** *il* ~ *del Toro* born under the sign of Taurus; *non dare segni di* **vita** to show no sign of life.

sego *m.* tallow.

segregare *v.t.* to segregate, to isolate, to set* apart. **segregarsi** *v.i.pron.* to isolate (*o* seclude) o.s., to withdraw*.

segregazione *f.* segregation, isolation, seclusion: ~ *razziale* (racial) segregation.

segregazionismo *m.* segregation.

segregazionista *m./f.* segregationist.

segreta *f.* (*cella*) dungeon.

segretaria *f.* secretary. ▭ ~ *d'***azienda** (commercial) secretary; ~ *di* **direzione** executive secretary; (*Cin.*) ~ *di* **edizione** script girl.

segretariale *a.* secretarial.

segretariato *m.* secretariat(e). ▭ *corso di* ~ secretarial course.

segretario *m.* **1** secretary. **2** (*chi redige verbali, resoconti e sim.*) clerk. ▭ ~ *d'***ambasciata** Embassy Secretary; ~ **apostolico** Apostolic Secretary; ~ **comunale** town clerk; ~ **particolare** (o *privato*) private secretary; ~ *del* **partito** party secretary; ~ *di* **stato** Secretary of State.

segreteria *f.* **1** (*ufficio*) secretary's office; (*negli enti pubblici e sim.*) secretariat(e); registrar's office. **2** (*collett.*) (*personale*) secretarial staff. **3** (*carica*) secretaryship. ▭ ~ **generale** secretariat general; ~ **politica** party's political secretariat; ~ *di* **stato** secretariat of state.

segreteria telefonica *f.* answerphone.

segretezza *f.* secrecy, secretiveness; (*riservatezza*) reserve. ▭ *in tutta* ~ in all secrecy.

segreto[1] *a.* **1** (*conosciuto da pochi*) secret: *convegno* ~ secret meeting. **2** (*riservato*) confidential, secret. **3** (*nascosto*) secret, hidden: *passaggio* ~ secret passage. ▭ *agente* ~ undercover (*o* secret) agent.

segreto[2] *m.* **1** secret. **2** (*mezzo, sistema particolare*) secret, key: *il* ~ *del successo* the key to success. ▭ ~ **bancario** bank secret; ~ **confessionale** seal (*o* secret) of the confessional, seal of confession; **in** ~ in secret; (*riservatamente*) confidentially, in confidence; ~ **professionale** professional secrecy; ~ *di* **Pulcinella** open secret; *violazione del* ~ *d'***ufficio** revelation (*o* disclosure) of a professional secrecy (*o* business secret).

seguace *m./f.* (*discepolo*) follower, disciple.

seguente *a.* following, next: *il capitolo* ~ the next chapter; *l'anno* ~ the following (*o* next) year. ▭ *nel modo* ~ this way, as follows.

segugio *m.* **1** (*Zool.*) hound, hunting dog. **2** (*fig.*) (*investigatore*) sleuth, (*fam.*) private eye.

seguire **I** *v.t.* **1** to follow (*anche fig.*): ~ *le prescrizioni del medico* to follow the doctor's orders. **2** (*farsi seguace*) to follow, to accept: *molti studiosi seguono questa teoria* many scholars accept this theory; (*adottare*) to adopt: ~ *una determinata linea di condotta* to adopt a certain policy. **3** (*sorvegliare, sovrintendere*) to supervise, to oversee*: *ho seguito personalmente i lavori* I supervised the work personally; (*aiutare, istruire*) to help, to assist. **4** (*fig.*) (*frequentare*) to attend. **II** *v.i.* **1** (*rif. a persone*) to follow, to succeed (*a qd.* s.o.), to come* (after); (*rif. a cose*) to follow (s.th.), to come* (after). **2** (*accadere dopo*) to follow, to ensue. **3** (*derivare come effetto*) to result, to ensue. **4** (*conseguire*) to follow: *ne segue che* it follows that. **5** (*continuare*) to continue, to follow (on): *segue a pagina venticinque* continued on page twenty-five. ▭ **come** *segue* as follows; ~ *un* **consiglio** to take (*o* listen to) advice; ~ *qd. come un'***ombra** to follow (*o* stick to) s.o. like shadow; ~ *qd.* **passo** *per passo* to dog s.o.'s footsteps; **quanto** *segue* what follows; *con* **quel** *che segue* and so on; *segue a* **tergo** please turn over. ‖ *non ti seguo* I don't understand you.

seguitare **I** *v.t.* to continue, to pursue, to carry (*o* go* *o* keep*) on with. **II** *v.i.* to continue, to go* on, to keep* on (*o* up).

seguito *m.* **1** retinue, suite, train: *il re e il suo* ~ the king and his retinue. **2** (*complesso di seguaci, di sostenitori*) followers *pl.* **3** (*fig.*) (*consenso, favore*) favour, support. **4** (*continuazione*) continuation, rest. **5** (*fig.*) (*conseguenza*) consequence, sequel, result. ▭ (*burocr.*) **a** ~ *di* (*con riferimento a*) further to, in (*o* with) reference to; **di** ~ (*senza interruzione*) nonstop, on end: *ho studiato sei ore di* ~ I have studied for six hours on end; **fare** ~ *a qc.* to follow up (*o* on) s.th.; (*burocr.*) (*riferirsi*) to refer to (*o* follow) s.th.; **in** ~ later on, afterwards; **in** ~ *a* as a result of, following on; *il* ~ *al prossimo* **numero** to be continued in the next issue.

sei **I** *a.* six. **II** *s.m.* **1** (*numero*) six. **2** (*nelle date*) sixth.

seicento *a./s.m.* six hundred. **Seicento** *m.* seventeenth century; (*rif. all'arte e alla letteratura italiana*) Seicento.

selce *f.* **1** (*Min.*) flint, flintstone. **2** (*Strad.*) paving-stone.

selciare *v.t.* (*Strad.*) to pave.

selciato I *a.* (*lastricato*) paved. **II** *s.m.* (stone) paving, pavement.

selenio *m.* (*Chim.*) selenium.

selettivo *a.* selective (*in tutti i signif.*).

selettore *m.* (*Tel.*) selector.

selezionamento *m.* selection, selecting.

selezionare *v.t.* to select.

selezionatore I *s.m.* selector. **II** *a.* selective.

selezionatrice *f.* (*Inform.*) card sorter.

selezione *f.* selection, choice. □ (*Tel*) ~ **automatica** automatic dialling; (*Biol.*) ~ **naturale** natural selection; **ricerca** *e* ~ *del personale* search and selection of personnel.

sella *f.* **1** saddle (*anche Geog.*). **2** (*tecn.*) (*sostegno, supporto*) bearing, seating, support (saddle). □ **a** ~ saddle-shaped, saddle-; **da** ~ saddle-: *cavallo da* ~ saddle (*o* riding) horse; **rimettersi** *in* ~ to get back into the saddle; *cavalcare* **senza** ~ to ride bareback; **stare** *in* ~ to be in the saddle (*o* on horseback).

sellaio *m.* saddler.

sellare *v.t.* **1** to saddle, to put* a saddle on. **2** (*assol.*) to saddle (a horse).

sellatura *f.* saddling.

selleria *f.* saddlery.

sellino *m.* (*nelle biciclette e motociclette*) saddle.

selva *f.* **1** wood; (*foresta*) forest. **2** (*fig.*) (*moltitudine*) mass, crowd, host. □ (*Geog.*) *Selva Nera* Black Forest.

selvaggina *f.* game.

selvaggio I *a.* **1** wild. **2** (*fig.*) (*rozzo*) rough; (*scontroso*) surly. **3** (*primitivo, incivile*) savage, primitive, uncivilized: *tribù selvaggia* primitive tribe. **4** (*fig.*) (*crudele, violento*) savage, fierce. **II** *s.m.* **1** savage. **2** (*fig.*) (*persona sfrenata, ribelle*) wild (*o* unruly, rebellious) person. **3** (*fig.*) (*persona scontrosa*) surly (*o* unsociable) person.

selvatichezza *f.* **1** wildness. **2** (*fig.*) (*scontrosità*) unsociableness; (*rustichezza*) roughness, rudeness.

selvatico *a.* **1** wild. **2** (*fig.*) (*rif. a persone. scontroso*) unsociable. □ *sapere di* ~ to taste wild (*o* gamy).

selz *m.* (*anche acqua di selz*) soda, soda-water: *al* ~ and soda.

semaforo *m.* **1** traffic-lights *pl.*, (*am.*) traffic-signal: *il* ~ *è verde* the light is green. **2** (*Ferr.*) semaphore, (railway) signal. **3** (*Mar.*) signal-station. □ *passare con il rosso* (*rif. a persone*) to cross when the light is red; (*rif. a veicoli*) to drive through a red light.

semantica *f.* (*Ling.*) semantics *pl.* (costr. sing.).

semantico *a.* semantic.

sembianza *f.* (*lett.*) **1** (*aspetto*) look, appearance, semblance. **2** *pl.* (*lineamenti, fattezze*) features *pl.*, looks *pl.*

sembrare *v.i.* **1** to look (like), to seem (like), to appear: *sembra un vecchio* he looks like an old man; *sembri molto abbattuto* you look very depressed; (*rif. a cose udite*) to sound (like): *ciò che racconti ci sembra incredibile* what you say sounds incredible to us; (*rif. al gusto*) to taste like; (*rif. al tatto*) to feel* (like); (*rif. all'olfatto*) to smell* like. **2** (*ritenere, credere*) to think* (costr. pers.): *che ve ne sembra?* what do you think of it? **3** (*avere l'impressione*) to think* (costr. pers.), to seem (costr. impers.), to look (like): *sembrava che tutto andasse bene* it looked like everything was going well; *non mi sembra che tu stia bene* I don't think you are well. □ *sembra di* **no** it seems not, apparently not; *sembra di* **sì** so it seems; *non mi sembra* **vero** I can't believe it.

seme *m.* **1** seed, (*di mele, pere e sim.*) pip. **2** (*semente*) seed. **3** (*nocciolo*) stone, pit. **4** (*fig.*) seed. **5** (*lett.*) (*stirpe*) descendants *pl.*, offspring, progeny. **6** (*nelle carte da gioco*) suit. **7** (*sperma*) sperma, semen. □ **senza** *semi* seedless; **togliere** *i semi a qc.* to seed s.th.

semente, **semenza** *f.* seed.

semenzaio *m.* seedbed.

semestrale *a.* **1** (*che dura un semestre*) six-month-. **2** (*che avviene ogni semestre*) biannual, six-monthly.

semestre *m.* **1** half-year, (period of) six months. **2** (*rata*) six-monthly instalment (*o* payment). **3** (*Scol., Univ.*) term; (*am.*) semester.

semiaperto *a.* half-open· (*rif. a porte*) ajar.

semiasse *m.* **1** (*Aut.*) axle-shaft. **2** (*Geom*) semi-axis.

semiautomatico *a.* semi-automatic.

semicerchio *m.* semicircle, half-circle.

semichiuso *a.* (*mezzo chiuso*) half-closed.

semicircolare *a.* semicircular.

semiconduttore *m.* (*El.*) semiconductor.

semicoperto *a.* **1** (*coperto per metà*) half-covered. **2** (*coperto in parte*) partially covered. **3** (*rif. al cielo*) cloudy, rather overcast.

semicroma *f.* (*Mus.*) semiquaver.

semicupio *m.* hip-bath, sitz-bath.

semidio *m.* (*Mitol.*) demigod (*anche fig.*).

semidistrutto *a.* half-destroyed, partly destroyed.

semifinale *f.* (*Sport*) semifinal.

semifinalista *a.* (*Sport*) semifinalist.

semifreddo *m.* (*Gastr.*) ice-cream cake.

semilavorato I *a.* semifinished, semimanufactured. **II** *s.m.* (*prodotto semilavorato*) semimanufactured product.

semina *f.* **1** sowing, seeding. **2** (*periodo*) seed-time, sowing-season.

seminale *a.* **1** (*Bot.*) seminal, seed-. **2** (*Fisiologia*) seminal, sperm-.

seminare *v.t.* **1** to sow*, to seed. **2** (*fig.*) (*spargere qua e là*) to scatter, to strew*, to spread*. **3** (*fig.*) (*provocare, suscitare*) to sow*, to spread*. **4** (*fam.*) (*lasciare indietro*) to shake* (off).

seminario *m.* **1** (*Rel.*) seminary. **2** (*esercitazione, corso*) seminar.

seminarista *m.* (*Rel.*) seminarist.

seminativo *a.* (*Agr.*) fit to be sown.

seminato I *a.* **1** sown, seeded. **2** (*fig.*) (*cosparso*) strewn, scattered, spread. **II** *s.m.* sown ground (*o* land). □ (*fig.*) *uscire dal* ~ to wander from the point.

seminatore *m.* sower (*anche fig.*).

seminatrice *f.* (*Mecc.*) drill.

seminfermità *f.* partial infirmity.

seminfermo I *a.* partially infirm. **II** *s.m.* partially infirm person.

seminterrato *m.* (*Edil.*) basement.

seminudo *a.* half-naked.

semiotica *f.* semiotics (costr. sing).

semiprezioso *a.* semiprecious.

semiretta *f.* (*Geom.*) half-line.

semiserio *a.* half-serious, serio-comic.

semispento *a.* **1** almost out, dying, half -extinguished. **2** (*fig.*) half-extinguished, almost stifled; (*rif. alla voce*) very low, half audible, faint.

semita I *s.m./f.* Semite. **II** *a.* Semitic.

semitico *a.* Semitic.

semitono *m.* (*Mus.*) semitone.

semivocale *f.* semivowel.

semola *f.* **1** (*crusca*) bran. **2** (*farina di grano duro*) semolina.

semolino *m.* semolina.

semovente I *a.* self-moving, self-propelled. **II** *s.m.* (*arma*) self-propelled gun.

semovenza *f.* self-motion, self-propulsion.

semplice *a.* **1** simple, single: *filo* ~ single thread. **2** (*schietto*) pure, plain: *oro* ~ pure gold. **3** (*non complicato*) simple. **4** (*privo di ornamenti eccessivi*) simple, plain: *un abitino* ~ a plain dress. **5** (*privo di ricercatezza*) natural, simple, unaffected. **6** (*rif. a persone: alla buona*) simple(-hearted), plain: *è gente* ~ they're simple folk. **7** (*solo*) mere, simply, just, only: *era una* ~ *idea* it was a mere idea, it was just (*o* simply) an idea. **8** (*preposto a un sostantivo: nient'altro che, solamente*) simple, common, plain, mere(ly): *non è che un* ~ *manovale* he's only a simple labourer. **9** (*rif. a gradi, gerarchie*) ordinary, common: *marinaio* ~ ordinary seaman. **10** (*Ling., Gramm., Mus.*) simple. □ **puro** *e* ~ (pure and) simple, mere, plain: *voglio la pura e* ~ *verità* I want the plain truth; **soldato** ~ private.

semplicemente *avv.* **1** simply. **2** (*alla buona*) simply, without fuss. **3** (*modestamente*) plainly, modestly. **4** (*solamente*) simply, merely, only, just.

semplicione, sempliciotto *m.* simpleton, (*fam.*) sucker.

semplicista *m./f.* superficial person.

semplicistico *a.* **1** (*da, di semplicista*) simplistic. **2** (*fatto con semplicismo*) oversimplified.

semplicità *f.* simplicity; plainness.

semplificare *v.t.* **1** to simplify. **2** (*facilitare*) to facilitate, to make* easier. **3** (*Mat.*) to reduce (to its lowest terms). **semplificarsi** *v.i.pron.* to become* simpler.

semplificazione *f.* simplification, simplifying.

sempre *avv.* **1** always: *ha cercato* ~ *di aiutarlo* he has always tried to help him. **2** (*ancora*) still: *abiti* ~ *a Roma?* do you still live in Rome? **3** (*concessivo*) still, nevertheless, nonetheless, just the same: *è un poco di buono, ma è* (*pur*) ~ *tuo figlio* he is a good-for-nothing, but he's still your son. **4** (*con comparativi*) increasingly, ever (*di solito si traduce ripetendo il comparativo*): *le giornate si fanno* ~ *più corte* the days are becoming shorter and shorter. □ ~ **che** (*purché, ammesso che*) provided that, as long as; supposing (*o* granted) that: ~ *che la notizia sia vera* granted that the news is true; (*con verbo negativo*) unless; **da** ~ always, from time immemorial; **di** ~ usual, same (old); ~ **meno** (*sing.*) less and less; (*pl.*) fewer and fewer; **per** ~ forever, for good; *una volta* **per** ~ once and for all; ~ **più** more and more; **quasi** ~ nearly always.

sempreverde *a./s.m./f.* (*Bot.*) evergreen.

semprevivo *m.* (*Bot.*) houseleek.

sen. = *senatore* senator.

senape I *s.f.* (*Bot., Gastr.*) mustard. **II** *a.* mustard-coloured.

senato *m.* **1** senate. **2** (*sede, palazzo*) senate, senate-house.

senatore *m.* senator: ~ *a vita* senator for life.

senatoriale *a.* senatorial.

senegalese *a./s.m./f.* Senegalese.

senile *a.* senile, old: *malattia* ~ senile disease; *età* ~ old age. □ *avere un aspetto* ~ to look old.

senilità *f.* senility.

senior *lat. a.* senior, elder.

senno *m.* **1** judgement, sense, mind, wits *pl.* **2** (*sensatezza*) (common *o* good) sense. □ **con** ~ sensibly; *uomo* **di** ~ sensible man, man of sense (*o* good judgement); **fuori** *di* ~ out of one's wits; *il* ~ *di* **poi** hindsight; **senza** ~ scatterbrained.

seno[1] *m.* **1** bosom, breast: *stringere qd. al* ~ to press (*o* hug) s.o. to one's bosom. **2** (*grembo*) womb. **3** (*Geog.*) inlet, bay. **4** (*Anat., Zool.*) sinus. □ **allattare** *al* ~ to breastfeed; **in** ~ *a*: 1 (*tra le braccia: stato*) in the arms of; (*moto*) into the arms of; 2 (*nell'ambito di*) in the bosom of, within.

seno[2] *m.* (*Mat.*) sine.

sensale *m.* broker, middleman (*pl.* –men), agent; (*intermediario*) go-between.

sensatezza *f.* common (*o* good) sense, judgement.

sensato *a.* sensible, judicious.

sensazionale *a.* sensational: *una notizia* ~ a sensational piece of news. □ *un'offerta* ~ a terrific offer.

sensazione *f.* **1** sensation. **2** (*causa di sensazione*) sensation, thrill: *essere in cerca di nuove sensazioni* to be looking for new thrills. **3** (*impressione*) feeling, impression, sensation: *ho una strana* ~ I have a strange feeling (*o* sensation). **4** (*scalpore*) sensation, stir. ▭ **a** ~ sensational, thrilling: *romanzo a* ~ sensational novel; ~ *di* **freddo** feeling of cold; *che* ~ **provi**? what do you feel?

senseria *f.* **1** (*attività*) brokerage. **2** (*compenso*) brokerage, broker's commission.

sensibile *a.* **1** (*che si può percepire*) sensible; perceptible: *fenomeni sensibili* sensible (*o* perceptible) phenomena; *mondo* ~ sensible world. **2** (*rilevante*) notable, considerable, appreciable; sensible: *un importo* ~ an appreciable amount. **3** (*che risponde a uno stimolo*) sensitive: ~ *al caldo* sensitive to heat; ~ *alla luce* sensitive to light. **4** (*fig.*) sensitive; responsive; sympathetic: *una ragazza* ~ a sensitive girl; ~ *alle critiche* sensitive to criticism; ~ *alla gentilezza* responsive to kindness; *si dimostrò molto* ~ *nei miei riguardi* he was very sympathetic with me.

sensibilità *f.* sensitivity.

sensibilizzare *v.t.* **1** (*Med., Fot.*) to sensitize, to make* sensitive. **2** (*fig.*) to awake(n), to make* sensitive (*o* aware), to sensitize.

sensibilmente *avv.* **1** (*per mezzo dei sensi*) with (*o* by means of) one's senses. **2** (*notevolmente*) notably, appreciably, considerably, sensibly.

sensitività *f.* sensitivity, sensitiveness.

sensitivo I *a.* **1** (*Scient.*) sensory: *nervo* ~ sensory nerve; *funzione sensitiva* sensory function; *facoltà sensitiva* sensory faculty. **2** (*sensibile, emotivo*) sensitive: *una giovane sensitiva* a sensitive girl. **II** *s.m.* medium.

senso *m.* **1** sense. **2** *pl.* (*attività degli organi di senso*) consciousness, senses *pl.*: *perdere i sensi* to lose one's senses. **3** *pl.* (*sensualità*) senses *pl.* **4** (*percezione*) sense, sensation, feeling: *un* ~ *di gratitudine* a feeling of gratitude. **5** (*capacità di discernere*) sense. **6** (*significato*) meaning: *doppio* ~ double meaning. **7** (*direzione*) direction, way. **8** (*modo*) way, manner. ▭ *ripetere* **a** ~ *qc.* to repeat s.th. in one's own words; **ai** *sensi di* (*conformemente*) in conformity (*o* accordance) with, according to; *non* **aver** ~ not to have (*o* make) sense; (*essere inutile*) to be useless (*o* pointless), to be no point (costr. impers.): *muoversi a questo punto non avrebbe* ~ there would be no point in doing anything now; **buon** ~ common sense; ~ **comune** usual meaning, common sense; (*buonsenso*) common sense, (good) sense; *discorsi privi di* ~ **comune** nonsensical talk; (*Strad.*) *a* **doppio** ~ (*di circolazione*) two-way; ~ *del* **dovere** sense of duty; **fare** ~ *a* (*ripugnare*) to disgust, to repel; **in** *un certo* ~ in a (*o* one) sense, in one way; **in** ~ *affermativo* in the affirmative, affirmatively; ~ **letterale** literal sense; *in* ~ **metaforico** metaphorically; **nel** ~ *della larghezza* breadthwise, widthways (on); **nel** ~ *della lunghezza* lengthwise, lengthways (on); *in* ~ **orario** clockwise, in a clockwise direction; ~ *dell'***orientamento** sense of direction; *perdere il* ~ dell'**orientamento** to lose one's bearings; ~ **pratico** practical sense; *persona piena di* ~ **pratico** practical person, down-to-earth person; **privo** *di* ~ senseless, without sense; **privo** *di sensi* unconscious, senseless; **sesto** ~ sixth sense; (*Strad.*) *a* ~ **unico** one-way; *nel* **vero** ~ *della parola* in the true sense of the word; (*Strad.*) ~ **vietato** no entry, no thoroughfare.

sensore *m.* (*tecn.*) sensor.

sensoriale *a.* (*dei sensi*) sensory, sensorial, sense-: *facoltà sensoriali* sense faculties.

sensorio I *a.* sensory, sense-, sensorial. **II** *s.m.* (*Med.*) sense organ, organ of sense.

sensuale *a.* **1** sensual. **2** (*che rivela voluttà*) sensuous: *voce* ~ sensuous voice.

sensualità *f.* sensuality, sensuousness.

sentenza *f.* **1** (*Dir.*) sentence: *leggere la* ~ to read the sentence. **2** (*raro*) (*massima*) saying. **3** (*parere*) opinion. ▭ ~ **assolutoria** acquittal, absolutory sentence; ~ *di* **condanna** verdict of guilty; ~ *di* **morte** death sentence; **sputare** *sentenze* to play the wiseacre.

sentenziare *v.i.* **1** (*Dir.*) to judge, to deliver a judgement, to pass sentence (*o* judgement). **2** (*dare giudizi categorici*) to be sententious, to speak* sententiously.

sentenzioso *a.* sententious.

sentiero *m.* **1** (foot)path, track. **2** (*fig.*) path.

sentimentale I *a.* **1** sentimental. **2** (*spreg.*) mawkish, (*fam.*) sloppy. **3** (*che riguarda i sentimenti amorosi*) love-, romantic: *vita* ~ love-life. **II** *s.m./f.* **1** sentimental person. **2** (*spreg.*) sentimentalist.

sentimentalismo *m.* sentimentalism.

sentimentalità *f.* sentimentalism, sentimentality.

sentimentalmente *avv.*: *essere* ~ *legato a qd.* to be having an affair with s.o.

sentimento *m.* **1** (*stato d'animo*) feeling, emotion: *un* ~ *di gioia* a feeling of joy. **2** (*modo di pensare, di sentire*) sentiments *pl.*: *una persona di nobili sentimenti* a person of noble sentiments. **3** (*sfera affettiva, contrapposto a ragione*) feeling, emotion, sentiment: *fare appello ai sentimenti* to appeal to emotions; (*sensibilità*) feeling, sentiment, sensitivity, sensibility. ▭ **fare** *qc. con tutti i sentimenti* to do s.th. with loving care; **perdere** *i sentimenti* to lose consciousness.

sentinella *f.* **1** (*Mil.*) sentry, sentinel. **2** (*servizio*) sentry-duty, sentry-go. **3** (*fig.*) guard, watch. ▭ *essere di* (o *fare la*) ~ to be on sentry-duty.

sentire I *v.t.* **1** to feel*: ~ *freddo* to feel cold; ~ *pietà per qd.* to feel pity for s.o. **2** (*percepire con l'olfatto*) to smell*; (*con il gusto*) to taste; (*con il tatto*) to feel*. **3** (*udire*) to hear*; (*ascoltare*) to listen to: ~ *un concerto* to listen to a concert. **4** (*conoscere*) to hear*, to know*: *vorrei* ~ *il tuo parere* I'd like to know what you think about it; (*venire a sapere*) to hear*: *hai sentito l'ultima* (*notizia*)? have you heard the latest? **5** (*interpellare*) to consult. **6** (*essere in grado di apprezzare*) to feel*, to appreciate: *non senti la bellezza di questo quadro?* don't you feel the beauty of this painting? **7** (*intuire, avvertire*) to feel*, to sense: ~ *il pericolo* to sense danger. **8** (*aver coscienza*) to feel*, to be aware of. **II** *v.i.* **1** (*avere sensazioni*) to feel*. **2** (*avere odore*) to smell*. **3** (*avere sapore*) to taste. **sentirsi** *v.r.* **1** (*provare una sensazione fisica o psichica*) to feel*: *come ti senti oggi?* how do you feel today?; *sentirsi a proprio agio* to feel at ease. **2** (*essere disposto*) to feel* like (*o* up to). □ **a** *sentir lui* from what he says; *sentirsi un* **altro** to feel like a new man; *sentirsi* **bene** (o *male*) to feel well (*o* ill); *sentir* **dire** *qc.* to hear s.th.; **farsi** ~: 1 to make itself (be) felt: *il caldo comincia a farsi* ~ the heat is beginning to make itself felt; 2 (*farsi valere, alzare la voce*) to assert o.s., to get what one wants, to speak up; ~ *la* **mancanza** *di qd.* to miss s.o.; *sentirsi* **perduto** to feel at a loss; **stare** *a* ~ *qd.* to listen to s.o.; **stammi** *a* ~ just listen to me. ‖ *si sente che è francese* you can tell that he is French; (*fam.*) *sentirsela* to feel like.

sentito *a.* **1** (*udito*) heard. **2** (*sincero*) sincere, hearty, warm. □ *per* ~ *dire* from hearsay.

sentore *m.* (*sentimento indistinto*) inkling, feeling. □ *aver* ~ *di* to get wind of.

senza I *prep.* **1** without. **2** (*privo di*) without, -less, -lessly: ~ *speranza* without hope, hopeless; *un bambino* ~ *madre* a motherless child; *esser* ~ *fiato* to be breathless. **II** *congz.* without (*seguito da ger.*): *parlare* ~ *riflettere* to speak without thinking. □ *senz'***altro** certainly, definitely, without doubt (*o* fail); ~ **che** without (*seguito da gerundio*): *è uscito* ~ *che me ne accorgessi* he went out without my noticing it; ~ **contare** (quite) apart from, without considering (*o* counting); ~ **di** *che* without which; ~ **dire** not to mention, apart from; **fare** ~ (*di*) *qc.* to manage without s.th., to (make) do without s.th.; ~ **fine** endless: *un'attesa senza* ~ a endless wait; **rimanere** ~ *qc.* to run out of s.th.

senzatetto *m./f.* homeless person; *pl.* the homeless.

sepalo *m.* (*Bot.*) sepal.

separabile *a.* separable; (*staccabile*) detachable.

separare *v.t.* **1** (*dividere*) to separate, to divide. **2** (*tenere distante, distinguere*) to keep* separate, to separate, to sort out: ~ *il buono dal cattivo* to separate the good from the bad. **3** (*nel pugilato*) to break*. **separarsi** *v.r.* **1** (*allontanarsi*) to leave*, to go* away, to part: *non posso separarmi dai miei bambini* I cannot leave my children. **2** (*dividersi*) to separate (from), to break* up (with); (*rif. a coniugi*) to separate, to split* up. □ (*Dir.*) *separarsi legalmente* to obtain a legal separation.

separatamente *avv.* separately; (*uno alla volta*) one by one, one at a time, severally.

separatismo *m.* (*Pol.*) separatism.

separatista *m./f.* (*Pol.*) separatist.

separatistico *a.* separatist.

separato *a.* **1** separate. **2** (*rif. a coniugi*) separated.

separazione *f.* **1** separation; (*stacco*) severance. **2** (*Dir.*) separation.

sepolcrale *a.* **1** sepulchral. **2** (*fig.*) (*cupo*) sepulchral, dismal, gloomy. □ *poesia* ~ graveyard poetry.

sepolcro *m.* sepulchre.

sepolto *a.* buried (*anche fig.*): *essere* ~ *vivo* to be buried alive.

sepoltura *f.* **1** burial. **2** (*luogo*) burial-place; (*tomba*) sepulchre, grave.

seppellimento *m.* burial. □ ~ *in terra* interment.

seppellire *v.t.* to bury (*anche fig.*). **seppellirsi** *v.r.* **1** (*isolarsi*) to bury (*o* isolate) o.s., to shut* o.s. up, to cut* o.s. off. **2** (*sprofondarsi, immergersi*) to bury o.s. □ ~ *il* **passato** to forget the past; ~ *i vecchi* **rancori** to bury the hatchet.

seppia I *s.f.* (*Zool.*) cuttlefish. **II** *s.m./a.* (*colore*) sepia.

seppure *congz.* even if, even though.

sepsi *f.* (*Med.*) sepsis.

sequela *f.* series, succession, sequence.

sequenza *f.* **1** (*serie*) series, succession, sequence. **2** (*Lit., Mus., TV*) sequence. **3** (*nei giochi di carte*) sequence, run. **4** (*Inform.*) string: ~ *di bit* bit string.

sequestrare *v.t.* **1** (*Dir.*) to distrain (upon), to seize, to sequester, to sequestrate: ~ *la merce* to seize goods. **2** (*estens.*) (*togliere dalla circolazione*) to seize, to confiscate, to sequester, to sequestrate. **3** (*rapire*) to kidnap.

sequestrato I *a.* (*Dir.*) distrained, sequestered. **II** *s.m.* **1** distrainee. **2** (*rapito*) kidnapped person.

sequestro *m.* **1** (*Dir.*) attachment, distraint, seizure, sequestration. **2** (*rapimento*) kidnapping. □ ~ *di* **persona** (unlawful) restraint, illegal confinement; (*rapimento*) kidnapping; *mettere* (o *porre*) **sotto** ~ to place under distraint, to sequester.

sequoia *f.* (*Bot.*) sequoia.

sera *f.* **1** evening. **2** (*notte*) night. □ **buona** ~! (*arrivando: di sera*) good evening!; (*di pomeriggio*) good afternoon!; (*congedandosi*) good-bye!; **da** ~ evening-: *abito da* ~ evening dress; **di** ~ in the evening; **domani** ~ tomorrow evening; *la* ~ **dopo** the evening after, the following evening; **far** ~ to become (*o* get) dark; *sul* **far** *della* ~ at nightfall, at dusk; **ieri** ~ yesterday evening, last night; *dalla* **mattina** *alla* ~ from morning till night; (*in breve tempo*) overnight; **lunedì** ~ (on) Monday evening; (*la sera di tutti i lunedì*) (on) Monday evenings; *la* (o *di*) ~ **tardi** late in the evening; (*molto tardi*) late at night; **tutta** *la* ~ all (the) evening; **tutte** *le sere* every evening; **verso** ~ towards evening.

serafico *a.* **1** seraphic. **2** (*fig.*) (*pacifico, tranquillo*) calm, peaceful, serene, tranquil.

serafino *m.* (*Teol.*) seraph.

serale *a.* evening-, night-: *scuola* ~ night school.

serata *f.* **1** evening, night. **2** (*rappresentazione serale*) performance. **3** (*ricevimento serale*) soirée, evening party, evening. ▭ ~ *di* **beneficenza** charity performance; ~ **danzante** dance, ball; ~ *di* **gala** gala performance.

serbare *v.t.* **1** (*mettere da parte*) to put* (*o* lay*) aside, to save, to keep*. **2** (*riservare*) to reserve, to keep*: ~ *le proprie attenzioni per qd.* to reserve one's attentions for s.o. **3** (*mantenere, conservare*) to keep*, to stick* to: ~ *fede ai propri ideali* to stick to one's ideals; (*rif. a sentimenti*) to bear*, to cherish, to harbour: ~ *rancore* to bear a grudge, to harbour resentment. **serbarsi** *v.r.* (*conservarsi*) to keep* (o.s.), to remain, to stay. ▭ ~ **odio** *verso qd.* to (continue to) hate s.o.; ~ *un* **ricordo** *di qc.* to remember s.th.

serbatoio *m.* **1** tank, reservoir. **2** (*di artiglieria*) magazine. **3** (*Aut.*) (petrol) tank. **4** (*idrico*) reservoir; (*cisterna*) cistern. ▭ ~ *della* **benzina** petrol tank, (*am.*) gas(oline) tank; ~ *del* **carburante** fuel tank.

Serbia *N.pr.f.* (*Geog.*) Serbia.

serbo[1] *m.*: *avere* (o *tenere*) *in* ~ to keep* aside (*o* by), to keep* in store (*o* reserve).

serbo[2] *a./s.m.* Serbian.

serbocroato *a./s.m.* Serbo-Croat(ian).

serenata *f.* serenade: *fare la* ~ *a qd.* to sing s.o. a serenade, to serenade s.o.

serenità *f.* **1** serenity, clearness. **2** (*fig.*) (*tranquillità*) serenity, calm, peace(fulness), tranquillity.

sereno I *a.* **1** serene, clear. **2** (*fig.*) (*tranquillo*) calm, serene, peaceful, quiet: *un volto* ~ a calm expression. **3** (*fig.*) (*libero da preoccupazioni*) happy, carefree, quiet: *vita serena* happy life. **4** (*fig.*) (*obiettivo, imparziale*) objective, unbiased, impartial: *giudizio* ~ objective judgement. **II** *s.m.* clear skies *pl.*, fair weather. ▭ *è tornato il* ~ it has cleared up again; (*fig.*) things have calmed down again.

sergente *m.* **1** (*Mil.*) sergeant. **2** (*Mar.*) quartermaster.

seriale *a.* serial.

serico *a.* **1** (*lett.*) (*di seta*) silk-, (made) of silk, silken, silky. **2** (*della seta*) silk-. **3** (*simile a seta*) silky, silk-like: *capelli serici* silky hair.

sericoltore *m.* sericulturist.

sericoltura *f.* sericulture.

serie *f.* **1** series, succession, sequence. **2** (*fila, riga*) line, row, rank. **3** (*assortimento*) set: *una* ~ *di attrezzi* a set of tools. **4** (*rif. a biglietti, titoli e sim.*) series. **5** (*Edit., tecn., Mat.*) series. **6** (*Sport*) division, league. ▭ **di** ~ mass-produced: *vettura di* ~ mass-produced car; **fuori** ~ custom-built, special; **in** ~ mass-, mass-produced: *produzione in* ~ mass-production; (*El.*) in series; ~ **televisiva** serial.

serietà *f.* **1** seriousness, earnestness. **2** (*gravità*) seriousness, gravity. ▭ *con* ~ seriously, in a serious manner, gravely; (*in modo degno di fiducia*) reliably.

serigrafia *f.* **1** (*tecnica*) silk-screen process. **2** (*stampa*) serigraph.

serio I *a.* **1** serious, earnest. **2** (*retto, onesto*) honest, respectable, upright; (*rif. alla moralità*) good, respectable, reputable: *ragazza seria* good girl. **3** (*di cui ci si può fidare*) reliable, trustworthy, reputable: *ditta seria* reputable company. **4** (*arduo, grave*) serious, grave; (*rif. a malattie*) serious, grave. **5** (*severo, accigliato*) strict, severe, stern. **II** *s.m.* seriousness. ▭ *sul* ~ (*davvero, veramente*) really, truly; (*seriamente*) seriously, in earnest: *dici sul* ~ really?, are you serious?, do you really mean it?

sermone *m.* **1** (*predica*) sermon. **2** (*scherz.*) lecture, (*fam.*) telling-off.

serpe *f./m.* **1** (*Zool.*) snake, serpent. **2** (*fig.*) (*persona infida*) snake (in the grass), serpent. ▭ (*fig.*) *scaldarsi una* ~ *in seno* to cherish a snake in one's bosom.

serpeggiamento *m.* winding, zigzagging (*anche fig.*).

serpeggiante *a.* winding, (*di acque*) meandering.

serpeggiare *v.i.* **1** to wind*, (*di acque*) to meander, to snake. **2** (*fig.*) (*diffondersi*) to spread*, to be rife: *il malcontento serpeggiava tra il popolo* discontent was rife among the people.

serpente *m.* (*Zool.*) snake, serpent. ▭ **di** ~ snakeskin-: *una cintura di* ~ a snakeskin belt; **incantatore** *di serpenti* snake charmer; **morso** *di* ~ snakebite; ~ *a* **sonagli** rattlesnake.

serpentina *f.* **1** (*linea serpeggiante*) winding line. **2** (*strada*) winding road. **3** (*tubo a spirale*) (pipe) coil.

serra[1] *f.* **1** greenhouse, glasshouse; conservatory. **2** (*briglia*) dike. ▭ ~ **calda** hothouse; **effetto** ~ greenhouse effect; **fiore** *di* ~ hothouse flower; (*fig.*) hot-house plant.

serra[2] *f.* (*Geog.*) (*catena montuosa*) sierra.

serraglio[1] *m.* menagerie.

serraglio[2] *m.* (*residenza dei sultani e harem*) seraglio.

serramanico *m.*: *coltello a* ~ jackknife, flick-knife, (*am.*) switchblade.

serramento *m.* (*di porte*) door-frame; (*di finestre*) window-frame.

serranda *f.* **1** (*saracinesca*) (rolling) shutter. **2** (*del forno*) oven-door.

serrare I *v.t.* **1** (*chiudere*) to close, to shut*;

(*a chiave*) to lock; (*con il chiavistello*) to bolt. **2** (*stringendo*) to shut* (*o* close) tightly, to clench. **3** (*sbarrare, ostruire*) to block (up), to obstruct, to close (*o* shut*) off. **4** (*intensificare, accelerare*) to speed* up, to quicken, to accelerate: ~ *il ritmo* to speed up the pace. **5** (*premere, incalzare*) to close in on, to press, to follow (*o* chase *o* pursue) closely: ~ *il nemico* to close on the enemy. **6** (*Mecc.*) (*stringere*) to tighten. **7** (*Mar.*) to furl, to take* in. **II** *v.i.* (*region.*) (*combaciare*) to close, to shut*: *questa porta non serra* (*bene*) this door doesn't close properly. □ ~ *i* **denti** to clench one's teeth; (*Mil., Sport*) ~ *le* **file** to close the ranks; (*fig.*) to unite, to join forces.

serrata *f.* (*Econ.*) lock-out.

serrato *a.* **1** (*chiuso*) closed, shut. **2** (*compatto, fitto*) compact, tight, firm. **3** (*rapido, concitato*) quick, fast. **4** (*fig.*) (*stringato*) consistent, logical, coherent.

serratura *f.* lock. □ **buco** *della* ~ keyhole; ~ *a doppia* **mandata** double lock; *far* **saltare** *la* ~ to break the lock; ~ *di* **sicurezza** safety lock.

serva *f.* **1** (woman-)servant. **2** (*fig., spreg.*) (*persona volgare*) washer-woman. □ **da** ~ vulgar, common, coarse, petty; ~ **padrona** bossy maid.

servile *a.* **1** servile, slave. **2** (*fig., spreg.*) servile; (*privo di originalità*) slavish. **3** (*Gramm.*) auxiliary.

servilismo *m.* **servilità** *f.* servility.

servire **I** *v.t.* **1** (*essere servo*) to serve. **2** (*essere al servizio*) to serve, to be in the service of: ~ *come maggiordomo* to serve as butler. **3** (*nei negozi*) to serve, to attend, to help: *posso servirLa?* may I help you? **4** (*presentare vivande in tavola*) to serve: ~ *il caffè* to serve the coffee. **5** (*espletare servizi pubblici*) to serve; to cover: *questo autobus serve parecchi quartieri di periferia* this bus serves several suburban districts. **6** (*Sport*) to serve. **II** *v.i.* **1** (*essere utile, giovare*) to serve, to be of use, to be for: *a che serve questo arnese?* what use is this tool?, what's this tool for?; (*fungere da*) to serve for, to be used as. **2** (*fam.*) (*occorrere*) to need: *mi serve una penna rossa* I need a red pen. **3** (*nel tennis*) to serve. **4** (*nei giochi di carte*) to deal*. **servirsi** *v.i.pron.* **1** (*prendere da sé*) to help o.s. (to): *serviti pure* help yourself. **2** (*essere cliente*) to be a customer: *mi servo da molti anni in quel negozio* I have been a customer at that shop for years. **3** (*adoperare*) to use (*di qc.* s.th.), to make* use (of): *servirsi di un esempio* to use an example. □ ~ *a* **dovere** *qd.* to give s.o. what he (*o* she) deserves; **in** *che cosa posso servirLa?* what can I do for you?; **per** *servirLa* at your service; ~ *a* **tavola** to wait at table, (*am.*) to wait on table.

servitore *m.* **1** servant, manservant. **2** (*spreg.*) slave, servant.

servitù *f.* **1** (*schiavitù*) slavery, bondage, servitude. **2** (*concr. collett.*) servants *pl.*, domestic staff. **3** (*Dir.*) easement, charge. □ (*Stor.*) ~ *della* **gleba** serfdom; (*Dir.*) ~ *di* **passaggio** right of way.

servizievole *a.* obliging, helpful: *un tipo* ~ an obliging fellow.

servizio *m.* **1** service: ~ *pubblico* public service. **2** (*Mil.*) service, duty. **3** *pl.* (*bagno*) bathroom; (*cucina e bagno*) kitchen and bathroom. **4** (*Giorn., Rad., TV*) report: ~ *speciale* special report. **5** (*nel tennis*) serve, service. **6** (*insieme di oggetti destinati a un uso determinato*) set, service: ~ *di bicchieri* set of glasses. **7** (*Comm.*) (*assistenza*) service. **8** *pl.* (*faccende domestiche*) house-work, (household) chores *pl.* □ *essere* **al** ~ *di qd.* to be in s.o.'s service (*o* employ); ~ *all'***americana** place mats *pl.*; *avere molti* **anni** *di* ~ to have worked for (*o* been with) a firm for many years; (*Strad.*) **area** *di* ~ service (*o* servicing) area; **di** ~ (*di turno*) on duty; (*proprio del personale di servizio*) service, servants': *scala di* ~ service stairs *pl.*; *persone* **di** ~ servants *pl.*, domestic staff *sing.*; ~ **compreso** service included, including service; ~ *a* **domicilio** home delivery; **entrare** *in* ~ to start work; **essere** *di* ~: 1 to be in service, to work, to cover, to serve; 2 (*essere di turno*) to be on duty; **fare** ~ (*rif. a mezzi di trasporto*) to run, to operate; **fuori** ~ (*non di turno*) off duty, (*fam.*) off; (*non funzionante*) out of order, (*fam.*) on the blink; **in** ~ in service; (*funzionante*) working, operating; (*Mil.*) ~ **informazioni** secret service, intelligence; **lasciare** *il* ~: 1 (*sospendere il lavoro*) to come off duty, to stop work; 2 (*dimettersi*) to resign (from one's post); 3 (*andare in pensione*) to retire; 4 (*Mil.*) to leave the service; (*Mar., Aer.*) ~ *di* **leva** military service; ~ *di* **linea** regular service, regular line; ~ **meteorologico** weather service; **mezzo** ~ part-time; ~ **militare** military service; **porta** (o *scala*) *di* ~ back door (*o* stairs); *servizi* **pubblici** utilities *pl.*; ~ **segreto** secret service.

servo *m.* **1** (*domestico*) servant. **2** (*persona asservita*) slave, servant. □ (*Stor.*) ~ *della gleba* serf.

servofreno *m.* (*Aut.*) servobrake.

servomotore *m.* (*Aut.*) servomotor.

sesamo *m.* (*Bot.*) sesame.

sessanta *a./s.m.* sixty.

sessantenne **I** *a.* (*attr.*) sixty-year-old; (*pred.*) sixty years old. **II** *s.m./f.* sixty-year-old person.

sessantesimo *a./s.m.* sixtieth.

sessantina *f.* about (*o* some) sixty.

sessantottino *m.* (*neol.*) member of the 1968 protest movement.

sessione *f.* **1** (*seduta*) session, meeting, sitting. **2** (*Scol.*) examination session, exams *pl.*: ~ *autunnale d'esami* autumn exams.

sessismo *m.* sexism.

sessista *m./f.* sexist.

sesso *m.* sex: ~ *debole* weak(er) sex; ~ *forte* strong(er) sex; *gentil* ~ fair sex.
sessuale *a.* sexual, sex-: *organo* ~ sex organ.
sessualità *f.* sexuality.
sessuologia *f.* sexology.
sessuologo *m.* sexologist.
sestante *m.* (*Astr.*) sextant.
sestetto *m.* (*Mus.*) sextet(te).
sestina *f.* **1** (*Metrica*) (*strofa di sei versi*) six-line stanza; (*forma della canzone*) sestina. **2** (*Mus.*) sextuplet.
sesto[1] *a./s.m./avv.* sixth.
sesto[2] *m.* **1** (*ordine, assetto*) order. **2** (*Arch.*) curve (of an arch). **3** (*Tip.*) size, format. □ (*Ach.*) *arco a* ~ **acuto** pointed (*o* ogival) arch; (*fig.*) **rimettersi** *in* ~ to recover financially; (*fam.*) to get back on one's feet again; (*Arch.*) *arco a* **tutto** ~ round arch.
seta *f.* silk (*anche fig.*). □ ~ **artificiale** artificial silk; **di** ~ silk-, (made) of silk, (*lett.*) silken; ~ **greggia** raw silk; ~ **pura** pure silk.
setacciare *v.t.* **1** to sift, to sieve (*anche fig.*). **2** (*perlustrare*) to search, to comb.
setaccio *m.* **1** sifter, sieve. **2** (*tecn.*) (*crivello*) sieve, screen.
sete *f.* thirst (*anche fig.*): ~ *di vendetta* thirst for vengeance. □ **avere** ~ to be thirsty; (*fig.*) *avere* ~ **di** *qc.* to thirst (*o* long) for s.th.; **mettere** (o *far venir*) ~ *a qd.* to make s.o. thirsty; **morire** *di* ~ to die of thirst.
seteria *f.* **1** silk-factory, silk-mill. **2** *pl.* (*filati, tessuti di seta*) silk goods *pl.*, silks *pl.*
setola *f.* bristle.
setoloso *a.* bristly (*anche estens.*).
sett. = *settembre* September (Sept.).
setta *f.* **1** sect; cult. **2** (*società segreta*) secret society.
settanta *a./s.m.* seventy.
settantenne **I** *a.* (*attr.*) seventy-year-old; (*pred.*) seventy years old. **II** *s.m./f.* seventy-year-old person.
settantina *f.* about (*o* some) seventy.
settario *a./s.m.* sectarian.
settarismo *m.* sectarianism.
sette **I** *a.* seven. **II** *s.m.* **1** (*numero*) seven. **2** (*nelle date*) seventh. **3** (*fam.*) (*strappo*) tear, rip.
settecentesco *a.* eighteenth-century-, of the eighteenth century.
settecento *a./s.m.* seven hundred. **Settecento** *m.* eighteenth century; (*rif. all'arte e alla letteratura italiana*) Settecento.
settembre *m.* September.
settembrino *a.* September-, of September.
settenario *m.* (*Metrica*) septenary.
settennale *a.* **1** (*che dura sette anni*) seven-year(-long), lasting seven years. **2** (*che avviene ogni sette anni*) septennial, that occurs every seven years.
settentrionale **I** *a.* **1** northern, north: *Inghilterra* ~ Northern England. **2** (*dell'Italia del nord*) North Italian, of (*o* from) North Italy. **II** *s.m./f.* **1** northerner. **2** (*italiano settentrionale*) North(ern) Italian.
settentrione *m.* **1** north: *nel* ~ *dell'Europa* in the north of Europe, in northern Europe. **2** (*rif. all'Italia*) North(ern) Italy.
setter *m.* (*Zool.*) setter.
setticemia *f.* (*Med.*) septicemia; blood poisoning.
settico *a.* (*Med.*) septic.
settimana *f.* **1** week. **2** (*salario*) week's pay (*o* wages *pl.*). □ ~ **bianca** week on the snow-fields; ~ **corta** five-day week; **fine** ~ week-end; ~ **lavorativa** working week, work-week; *a* **metà** ~ halfway through the week, at midweek; *un* **paio** *di settimane* a fortnight; ~ **santa** Holy Week.
settimanale **I** *a.* weekly (*anche Giorn.*). **II** *s.m.* (*Giorn.*) weekly (magazine).
settimino **I** *a.* seven-month. **II** *s.m.* seven-month baby, seven months' child.
settimo *a./s.m./avv.* seventh. □ *essere al* ~ **cielo** to be in one's (*o* the) seventh heaven; **crisi** *del* ~ *anno* seven-year itch.
setto *m.* (*Anat.*) septum: ~ *nasale* nasal (*o* nose) septum.
settore *m.* **1** (*zona*) area, zone, sector (*anche Mil.*). **2** (*fig.*) (*ambito, campo d'azione*) sector, field. **3** (*Geom.*) sector. □ ~ **industriale** industrial sector, branch of industry; ~ **produttivo** production sector, sphere of production; ~ **terziario** tertiary sector.
settoriale *a.* sectorial; (*Econ.*) by-sectors: *spese settoriali* by-sectors expenditure.
settuagenario **I** *a.* (*lett.*) septuagenary, seventy-year-old, of seventy. **II** *s.m.* septuagenarian.
severità *f.* **1** (*rif. a persone*) severity, strictness; (*rif. a cose*) severity, sternness. **2** (*fig.*) (*austerità*) severity, austerity.
severo *a.* **1** severe, strict: *insegnante* ~ strict teacher. **2** (*estens.*) strict; rigid: *un regolamento* ~ a strict rule. **3** (*sobrio, disadorno*) severe: *un palazzo* ~ a severe building. **4** (*grave, rilevante*) severe, serious: *una severa sconfitta* a serious defeat.
sevizia *f.* **1** *pl.* torture. **2** (*violenza carnale*) carnal violence, rape.
seviziare *v.t.* **1** to torture. **2** (*violentare*) to rape.
seviziatore *m.* **1** torturer. **2** (*fig.*) tormentor, abuser.
sez. = *sezione* section (sect.).
sezionamento *m.* **1** division, separation (*anche fig.*). **2** (*Med.*) dissection.
sezionare *v.t.* **1** to divide (*o* cut*) up, to separate, to dissect. **2** (*fig.*) (*spartire, dividere in classi*) to divide (up), to separate (into sections), to section. **3** (*Med.*) to dissect.
sezione *f.* **1** (*Geom.*) section. **2** (*spaccato*) (cross-)section. **3** (*suddivisione*) section, subdivision. **4** (*nei partiti*) section, local branch; (*sede*) local party branch office. **5** (*Med.*) section; (*sezionamento*) dissection. □ ~ **elettorale** electoral division; ~ *di* **polizia** police station.
sfaccendare *v.i.* to be busy, to bustle about.

sfaccendato I *a.* **1** idle. **2** (*ozioso*) lazy. **II** *s.m.* (*fannullone*) idler, loafer; (*fam.*) lazy-bones.
sfaccettare *v.t.* (*rif. a pietre preziose*) to facet.
sfaccettatura *f.* (*atto*) faceting; (*effetto*) facets *pl.*
sfacchinare *v.i.* (*fam.*) to toil, to drudge.
sfacchinata *f.* (*fam.*) drudgery, toil.
sfacciataggine *f.* impudence, insolence, cheek.
sfacciato I *a.* **1** (*impudente*) impudent, insolent, cheeky; (*fam.*) saucy. **2** (*fig.*) (*vivace, vistoso*) gaudy, showy. **II** *s.m.* impudent fellow.
sfacelo *m.* **1** (*decomposizione*) decomposition. **2** (*fig.*) (*decadimento*) decay, decline. **3** (*rovina, disastro*) ruin, disaster. □ *in* ~ breaking up.
sfaldamento *m.* **1** flaking, scaling. **2** (*disgregamento*) disintegration, crumbling (*anche fig.*).
sfaldare *v.t.* **1** (*dividere in falde*) to flake, to scale. **2** (*disgregare*) to disintegrate, to crumble. **sfaldarsi** *v.i.pron.* **1** to flake, to scale. **2** (*Min.*) to cleave*, to undergo* cleavage. **3** (*disgregarsi*) to disintegrate, to crumble.
sfaldatura *f.* **1** flaking, scaling. **2** (*Min.*) cleavage. **3** (*disgregamento*) disintegration, crumbling.
sfalsare *v.t.* **1** to stagger. **2** (*nella scherma*) to parry. **3** (*deviare*) to deflect, to turn aside.
sfamare *v.t.* to appease (*o* satisfy) the hunger of; (*nutrire*) to feed*. **sfamarsi** *v.r.* to appease (*o* satisfy) one's hunger, to have one's fill.
sfare *v.t.* (*disfare*) to undo*. **sfarsi** *v.i.pron.* **1** to dissolve; (*sciogliersi*) to thaw, to melt*. **2** (*perdere la compattezza*) to get* (*o* go*) soft.
sfarfallare *v.i.* **1** (*uscire dalla crisalide*) to emerge from the cocoon. **2** (*fig.*) to flutter, to flit, to be fickle. **3** (*tecn.*) (*tremolare*) to flicker.
sfarfallio *m.* **1** flutter(ing). **2** (*tecn.*) flickering.
sfarinare I *v.t.* (*polverizzare*) to pulverize. **II** *v.i.*, **sfarinarsi** *v.i.pron.* to pulverize.
sfarzo *m.* magnificence, pomp.
sfarzosità *f.* **1** magnificence, splendour, sumptuousness. **2** (*ostentazione di sfarzo*) lavish display, ostentation.
sfarzoso *a.* magnificent, splendid, sumptuous.
sfasamento *m.* **1** bewilderment, confusion. **2** (*tecn.*) phase displacement (*o* difference).
sfasare *v.t.* **1** to confuse, to bewilder. **2** (*tecn.*) to dephase, to displace the phase of.
sfasato *a.* **1** confused, bewildered. **2** (*tecn.*) out of phase.
sfasciare[1] *v.t.* **1** (*disfare la fasciatura*) to unbandage, to remove the bandage(s) from. **2** (*rif. a neonati*) to unswaddle, to unswathe.
sfasciare[2] *v.t.* (*rompere*) to break*, to smash. **sfasciarsi** *v.i.pron.* **1** (*fracassarsi*) to break* up (*o* in pieces), to be wrecked; (*rif. a veicoli*) to crash; (*rompersi*) to break*, to shatter. **2** (*fig.*) (*andare in rovina*) to collapse, to break* up, to crumble (away), to fall* down (*o* into ruin). **3** (*fam.*) (*perdere la snellezza*) to go* to pot.
sfatare *v.t.* to disprove, to refute, to explode: ~ *una leggenda* to explode a myth.
sfaticato I *a.* (*region.*) idle, lazy. **II** *s.m.* idler, loafer; (*fam.*) lazy-bones.
sfatto *a.* **1** undone. **2** (*sciolto*) dissolved; (*fuso*) melted. **3** (*fig.*) (*rif. a persone: sfiorito*) faded, drooping, withered, sagging. □ *letto* ~ unmade bed.
sfavillante *a.* sparkling, glittering, shining (*anche fig.*).
sfavillare *v.i.* **1** (*sprigionare faville*) to sparkle, to give* off sparks, to spark. **2** (*risplendere*) to sparkle, to glitter, to shine* (*di* with) (*anche fig.*).
sfavillio *m.* sparkling, glittering, shining.
sfavore *m.* disfavour, disapproval; (*svantaggio*) disadvantage.
sfavorevole *a.* **1** unfavourable; (*inopportuno*) unfavourable, bad. **2** (*contrario*) against (*a qc.* s.th.), adverse (to): *essere* ~ *a un progetto* to be against a plan.
sfegatarsi *v.r.* (*fam.*) to wear* o.s. out, to break* one's back.
sfegatato I *a.* passionate, ardent, keen. **II** *s.m.* daredevil.
sfera *f.* **1** sphere. **2** (*oggetto sferico, palla*) sphere, ball (*anche fig.*). □ **a** ~ ball-: *cuscinetto a* ~ ball-bearing; *penna a* ~ ball(point) pen, ballpoint; (*fig.*) **alte** *sfere* high places; ~ *d'***influenza** sphere of influence; ~ **intima** (o *privata*) privacy.
sfericità *f.* sphericity.
sferico *a.* spherical.
sferoide *m.* (*Astr., Geom.*) spheroid.
sferragliamento *m.* rattle, clatter(ing), clang-(ing).
sferragliare *v.i.* to rattle, to clatter; (*rif. a treni e sim.*) to clang.
sferrare *v.t.* **1** to unshoe. **2** (*fig.*) (*dare, tirare con forza*) to deal*, to throw*; (*fam.*) to land: ~ *un pugno* to land a punch. □ ~ *un attacco* to launch an attack.
sferruzzare *v.i.* to knit* (away).
sferza *f.* whip, lash (*anche fig.*).
sferzare *v.t.* **1** to whip, to lash, to flog. **2** (*fig.*) (*biasimare aspramente*) to lash out at, to scourge. **3** (*fig.*) (*incitare*) to spur on, to drive* (on).
sferzata *f.* **1** cut (*o* blow) with a whip, lash. **2** (*fig.*) (*critica*) lashing.
sfiancare *v.t.* **1** to break* (through) the sides of, to burst* (open). **2** (*spossare*) to wear* out, to exhaust; (*fam.*) to do* in. **3** (*rif. a cavalli*) to wear* out, to exhaust. **sfiancarsi** *v.i.pron.* **1** to break* open, to burst*. **2** (*spossarsi*) to be exhausted (*o* worn-out), (*fam.*) to be done in.
sfiatamento *m.* leaking, leakage, escape.
sfiatare *v.i.* **1** (*emettere vapore e sim.*) to let*

off gas, to give* off steam, to leak; (*con forza*) to blow*. **2** (*rif. a gas e sim.*) (*uscire*) to leak, to escape. **sfiatarsi** *v.i.pron.* (*fam.*) (*sgolarsi*) to go* (*o* talk o.s.) hoarse; (*sprecare il fiato*) to waste one's breath.

sfiatato *a.* (*senza più voce*) hoarse; (*senza più fiato*) breathless.

sfiatatoio *m.* **1** breather (pipe). **2** (*Zool.*) blow-hole, spout(-hole).

sfibrante *a.* weakening, enervating, exhausting.

sfibrare *v.t.* **1** to defiber. **2** (*fig.*) (*logorare*) to weaken, to enfeeble, to enervate.

sfibrato *a.* **1** defiberized. **2** (*fig.*) weakened, enfeebled, enervated.

sfida *f.* challenge (*anche fig.*). ▭ *con* **aria** *di* ~ defiantly, challengingly; **lanciare** *una* ~ *a qd.* to challenge s.o.; **raccogliere** *una* ~ to accept a challenge.

sfidante I *a.* challenging. **II** *s.m./f.* challenger.

sfidare *v.t.* **1** to challenge. **2** (*estens.*) to challenge, to defy: *ti sfido a dimostrarmi il contrario* I defy you to prove the contrary. **3** (*fig.*) (*affrontare*) to dare, to brave. **sfidarsi** *v.r. recipr.* to challenge e.o. ▭ *sfido* (*io*)! of course!, I should say so!

sfiducia *f.* distrust, mistrust, lack of confidence.

sfiduciare *v.t.* to discourage, to dishearten. **sfiduciarsi** *v.i.pron.* to become* discouraged, to lose* heart.

sfiduciato *a.* discouraged, disheartened.

sfigurare I *v.t.* **1** to mar, to ruin, to spoil*; (*rif. al viso*) to disfigure. **2** (*fig.*) to disfigure, to distort: *la rabbia gli sfigurava il volto* anger distorted his features. **II** *v.i.* **1** (*rif. a persone*) to cut* a poor figure, to make* a bad impression. **2** (*rif. a cose*) not to look well (*o* good), to look wrong (*o* out of place).

sfigurato *a.* **1** marred; (*deformato, deturpato*) disfigured. **2** (*fig.*) (*stravolto*) disfigured, distorted.

sfilacciare I *v.t.* to unravel. **II** *v.i.*, **sfilacciarsi** *v.i.pron.* (*rif. a tessuti e sim.*) to fray.

sfilacciatura *f.* fraying, unravelling.

sfilare[1] *v.t.* **1** to unthread: ~ *l'ago* to unthread a needle. **2** (*togliere i fili*) to draw* threads from, to pull threads out of. **3** (*togliere di dosso*) to take* (*o* pull *o* slip) off, to remove. **sfilarsi** *v.i.pron.* **1** to become* unthreaded; (*rif. a perle e sim.*) to become* unstrung. **2** (*rif. a calze: smagliarsi*) to ladder; (*am.*) to run*. **3** (*sfilacciarsi*) to fray. **4** (*togliersi di dosso*) to take* (*o* slip *o* pull) off.

sfilare[2] *v.i.* **1** to pass, to parade; (*rif. a vetture*) to drive*, to pass. **2** (*Mil., Sport*) to march (in parade) (*davanti a* past), to parade (before).

sfilata *f.* **1** parade, march-past. **2** (*serie, fila*) line, string: *una* ~ *di nomi* a string of names. **3** (*Mil.*) (*rivista*) review, parade. **4** (*sfilata di moda*) fashion show.

sfilatura *f.* **1** unthreading; (*rif. a perle e sim.*) unstringing, unthreading. **2** (*smagliatura*) ladder; (*am.*) run.

sfilza *f.* string, series, long train (*anche fig.*).

sfinge *f.* sphinx (*anche fig.*).

sfinimento *m.* exhaustion, weakness.

sfinire *v.t.* to exhaust, to wear* out. **sfinirsi** *v.i.pron.* to wear* o.s. out, to lose* one's strength.

sfinitezza *f.* exhaustion.

sfinito *a.* worn-out, tired out, exhausted.

sfintere *m.* (*Anat.*) sphincter.

sfioramento *m.* touching, brushing, grazing.

sfiorare *v.t.* **1** to touch (lightly), to brush (against, past), to skim (along, over), to graze; (*mancare di poco*) to (just) miss: *l'automobile sfiorò il pedone* the car just missed the pedestrian. **2** (*fig.*) to be very close (*o* near) to, to be on the verge of. **3** (*fig.*) (*accennare*) to (barely) touch on, to skim over: ~ *un argomento* to skim over a subject.

sfiorire *v.i.* to wither, to fade (*anche fig.*).

sfiorito *a.* faded, withered (*anche fig.*).

sfioritura *f.* fading, withering.

sfitto *a.* vacant.

sfizio *m.* (*region.*) whim, fancy: *togliersi uno* ~ to satisfy a whim.

sfocato *a.* **1** (*Fot.*) blurred, fuzzy. **2** (*fig.*) hazy, indefinite.

sfociare *v.i.* **1** to flow, to debouch. **2** (*fig.*) to result (*in* in), to lead* (to).

sfoderare[1] *v.t.* **1** to unsheathe, to draw*. **2** (*fig.*) to turn out to have; (*fam.*) to come* out with. **3** (*fig.*) (*ostentare*) to display, to show* off: ~ *tutta la propria cultura* to display all one's learning.

sfoderare[2] *v.t.* (*togliere la fodera*) to take* the cover(s) off; (*rif. a vestiti*) to take* out the lining of.

sfogare I *v.t.* to vent, to give* vent to, to let* (*o* take* *o* pour) out. **II** *v.i.* **1** (*uscire fuori: rif. a gas, vapori e sim.*) to come* (*o* go*) out, to escape; (*rif. a liquidi*) to flow out, to come* (*o* go*) out. **2** (*fig.*) (*prorompere*) to find* relief (*o* an outlet): *il suo dolore sfogò in pianto* his sorrow found relief in tears. **sfogarsi** *v.i.pron.* **1** (*confidarsi*) to unburden o.s., to open one's heart, (*fam.*) to get* s.th. off one's chest. **2** (*sfogare la propria rabbia*) to give* vent to one's feelings (*o* anger). **3** (*rif. a passioni, sentimenti*) to let* o.s. go.

sfoggiare I *v.t.* to show* off, to display, to flaunt, to parade: ~ *la propria cultura* to flaunt one's learning. **II** *v.i.* to show* off.

sfoggio *m.* **1** (*sfarzo*) show, pomp. **2** (*fig.*) display, show, showing off. ▭ *fare* ~ *di qc.* to show s.th. off, to make a display of s.th.

sfoglia *f.* **1** foil. **2** (*Gastr.*) sheet of dough; (*pasta sfoglia*) puff-pastry: *tirare la* ~ to roll the dough.

sfogliare[1] *v.t.* **1** to strip (*o* pull) the leaves off. **2** (*togliere i petali*) to pluck the petals off. **sfogliarsi** *v.i.pron.* **1** to shed* (*o* lose*)

leaves. **2** (*perdere i petali*) to shed* petals.
sfogliare[2] *v.t.* to glance (*o* skim) through, to have a quick look through: ~ *un libro* to glance through a book.
sfogliata *f.* (*scorsa*) glance.
sfogo *m.* **1** vent, outlet. **2** (*fig.*) vent, outburst. **3** (*sbocco*) access, outlet: *un paese senza sfogo sul mare* a country with no access to the sea; (*sbocco economico*) outlet, channel; (*mercato*) market. **4** (*fam.*) (*eruzione cutanea*) eruption, rash. ▭ ~ *d'aria* venthole.
sfolgorante *a.* **1** blazing, shining, radiant. **2** (*fig.*) radiant, shining: ~ *di gioia* radiant with joy.
sfolgorare *v.i.* **1** to blaze, to shine* (brightly). **2** (*fig.*) to shine* (*di* with).
sfolgorio *m.* blaze, shining.
sfollagente *m.* truncheon, baton; (*am.*) nightstick.
sfollamento *m.* **1** dispersal, dispersion. **2** (*per emergenza bellica*) evacuation.
sfollare I *v.t.* **1** to disperse from; (*vuotare*) to empty; (*abbandonare*) to leave*: *il pubblico cominciò a ~ il teatro* the audience began to leave the theatre. **2** (*far sgomberare*) to clear; (*come misura di sicurezza*) to evacuate. **II** *v.i.* **1** to disperse, to thin out, to go* out (*o* away). **2** (*allontanarsi da luoghi abitati*) to evacuate, to be evacuated.
sfollato I *a.* evacuated. **II** *s.m.* evacuee.
sfoltire *v.t.* to thin (out). **sfoltirsi** *v.i.pron.* to thin.
sfondamento *m.* **1** breaking. **2** (*Mil.*) break through.
sfondare I *v.t.* **1** (*rompere il fondo*) to break* the bottom of, to knock the bottom out of. **2** (*schiantare, aprirsi un passaggio*) to break* (*o* smash *o* crash) through: *l'automobile ha sfondato il parapetto* the car crashed through the parapet; to break* open, to burst* open (*o* in): ~ *una porta* to break open a door. **3** (*logorare consumando: rif. a scarpe, tasche e sim.*) to wear* out (*o* down *o* through), to make* (*o* wear*) holes in; (*rif. a sedie*) to wear* the bottom out of. **4** (*Mil.*) to break* through. **II** *v.i.* to be successful; (*fam.*) to make* it. **sfondarsi** *v.i.pron.* **1** (*perdere il fondo*) to burst* (*o* break*) at the bottom; (*sfasciarsi*) to burst* (*o* break*) open. **2** (*rif. a scarpe e sim.*) to wear* out, to be worn through, to get* holes in the soles.
sfondato *a.* **1** (*senza fondo*) bottomless, with no bottom; (*rotto*) broken. **2** (*logoro*) worn down (*o* through), worn-out. ▭ *ricco* ~ rolling in money.
sfondo *m.* background, setting (*anche fig.*).
sforbiciare I *v.t.* to snip. **II** *v.i.* to cut*, to snip.
sforbiciata *f.* **1** (*taglio*) snip; (*colpo*) jab with a pair of scissors. **2** (*Sport*) scissors *pl.* (costr. sing.); (*nel nuoto*) scissors kick.
sformare *v.t.* **1** (*deformare*) to put* (*o* pull *o* knock) out of shape, to deform. **2** (*estrarre dalla forma*) to turn out, to remove from the mould. **sformarsi** *v.i.pron.* to lose* one's shape, to go* (*o* get*) out of shape.
sformato I *a.* shapeless. **II** *s.m.* (*Gastr.*) soufflé.
sfornare *v.t.* **1** to take* out of the oven. **2** (*fig.*) to turn (*o* churn *o* bring*) out.
sfornire *v.t.* to deprive.
sfornito *a.* **1** (*privo, sprovvisto*) without (*di qc.* s.th.), deprived (of), lacking (in). **2** (*mal fornito*) badly (*o* poorly) stocked: *negozio* ~ poorly stocked shop.
sfortuna *f.* **1** bad (*o* ill) luck. **2** (*infortunio, contrattempo*) misfortune; (piece of) bad luck.
sfortunato I *a.* **1** unlucky, unfortunate, luckless. **2** (*senza successo*) unfortunate, unsuccessful: *un film* ~ an unsuccesful film. **II** *s.m.* unlucky person.
sforzare *v.t.* **1** (*sottoporre a sforzo*) to force, to strain: ~ *gli occhi* to strain one's eyes. **2** (*costringere*) to force, to compel, to oblige. **3** (*forzare*) to force (open); (*scassinare*) to break* open. **sforzarsi** *v.i.pron.* **1** (*adoperarsi in un intento*) to strive*, to try (hard), to do* one's best (*o* utmost). **2** (*iron. fam.*) to strain (*o* kill) o.s.: *attento a non sforzarti troppo!* mind you don't kill yourself!
sforzo *m.* **1** (*fatica*) effort, strain. **2** (*Mecc., Fis.*) stress, strain. ▭ (*iron.*) **bello** (*o che*) *~!* that didn't take much effort!; **fare** *uno* ~ to make an effort; (*impegnarsi*) to make an effort, to try hard, to do one's best; *non* **fare** *sforzi* don't strain yourself; **mettere** *sotto* ~ to put under stress; **senza** ~ effortlessly, without (any) effort; ~ *di* **volontà** effort of will.
sfottere *v.t.* (*pop.*) to take* the mickey out of.
sfracellare *v.t.* to smash, to shatter, to crush. **sfracellarsi** *v.i.pron.* to smash (to pieces), to be smashed.
sfrangiare *v.t.* to fringe, to fray (into a fringe).
sfrattare *v.t.* **1** to evict, to turn out. **2** (*cacciare*) to send* away.
sfratto *m.* (*Dir.*) eviction order, notice to quit. ▭ **dare** *lo* ~ *a qd.* to give s.o. an eviction note; **ricevere** *lo* ~ to receive an eviction note.
sfrecciare *v.i.* to dart, to flash, to shoot*; (*rif. a veicoli*) to speed*, to shoot*; (*fam.*) to whiz.
sfregamento *m.* **1** rubbing, friction. **2** (*massaggio*) massage; (*frizione*) rubbing.
sfregare *v.t.* **1** to tub, to scratch. **2** (*per pulire*) to rub; (*per lucidare*) to polish, to shine*; (*lavando*) to scrub. **3** (*massaggiare*) to massage; (*frizionare*) to rub. ▭ ~ *un fiammifero* to strike a match.
sfregiare *v.t.* **1** (*deturpare*) to disfigure. **2** (*rif. a quadri e sim.*) to deface.
sfregiato *a.* disfigured.
sfregio *m.* **1** disfigurement; (*cicatrice*) scar. **2**

(*taglio, graffio*) slash, gash, cut, scratch.

sfrenare *v.t.* **1** to take* the brake off, to release the brake of. **2** (*fig.*) to unbridle, to unleash, to give* free play to, to let* loose: ~ *la propria fantasia* to give free play to one's imagination. **sfrenarsi** *v.i.pron.* (*scatenarsi*) to let* o.s. go, to break* loose.

sfrenatezza *f.* **1** wildness, lack of restraint. **2** (*concr.*) wild behaviour.

sfrenato *a.* **1** (*rif. a cavalli*) unbridled. **2** (*fig.*) (*smodato*) unbridled, unrestrained: *ambizione sfrenata* unbridled ambition. **3** (*fig.*) (*senza ritegno*) immoderate, intemperate.

sfriggere, **sfrigolare** *v.i.* to sizzle, to hiss.

sfrigolio *m.* sizzling, hissing.

sfrondare *v.t.* **1** to strip of leaves, to prune. **2** (*fig.*) to prune, to cut* down: ~ *un articolo* to prune an article. **sfrondarsi** *v.i.pron.* to shed* (*o* lose*) leaves.

sfrondato *a.* **1** bare, stripped of leaves. **2** (*fig.*) (*ridotto all'essenziale*) pruned.

sfrontatezza *f.* impudence, effrontery, shamelessness.

sfrontato I *a.* impudent, brazen, shameless. **II** *s.m.* impudent (*o* cheeky) person, brazenface.

sfruttamento *m.* **1** utilization, exploitation. **2** (*l'approfittare degli altri*) exploitation, taking advantage: ~ *eccessivo* overexploitation.

sfruttare *v.t.* **1** to make* use of, to utilize, to exploit. **2** (*fig.*) (*trarre vantaggio dal lavoro altrui*) to exploit, to take* advantage of. **3** (*mettere a profitto*) to make* the most of, to exploit: ~ *il proprio talento* to make the most of one's talent. **4** (*rif. a terreni*) to overwork, to exhaust.

sfruttatore *m.* exploiter, profiteer. □ ~ *di donne* pimp.

sfuggente *a.* **1** fleeing. **2** (*fig.*) slippery, evasive, shifty: *sguardo* ~ evasive look. □ **fronte** ~ receding forehead; **mento** ~ receding chin.

sfuggevole *a.* fleeting: *immagine* ~ fleeting image; (*passeggero*) transient, transitory.

sfuggire I *v.t.* to avoid, to shun. **II** *v.i.* **1** (*scappare*) to run* away, (*lett.*) to flee*; (*sottrarsi*) to escape, to elude (*a qc.* s.th.): ~ *alla cattura* to escape capture. **2** (*scampare*) to escape. **3** (*scappare inavvertitamente*) to slip: *gli è sfuggito il coltello di mano* the knife slipped out of his hand; (*rif. a parole e sim.*) to escape, to slip out. **4** (*far passare senza notare*) to escape attention, to pass unnoticed, to slip by. □ ~ *di* **mano** to slip from one's hands, to drop; *mi è sfuggito di* **mente** it slipped my mind; *lasciarsi* ~ *un'***occasione** to miss an opportunity; *lasciarsi* ~ *un* **segreto** to let out a secret.

sfuggita *f.* (*scappata*) short visit. □ *di* ~ quickly, fleetingly.

sfumare I *v.t.* **1** (*rif. a colori*) to tone down, to shade off, to soften; (*rif. a disegni: mediante lo sfumo*) to stump, to shade off (with a stump), to soften. **2** (*rif. a suoni*) to fade (out), to diminish gradually. **3** (*fig.*) to nuance. **4** (*rif. a capelli*) to trim, to taper. **II** *v.i.* **1** (*dileguarsi*) to dissolve, to disappear: *la nebbia sfuma lentamente* the fog is disappearing slowly. **2** (*fig.*) (*andare in fumo*) to vanish, to fade away, to disappear; (*andare a monte*) to fail, to come* to nothing; (*fam.*) to fall* through. **3** (*digradare d'intensità: rif. a colori*) to shade (off), to fade; (*rif. a suoni*) to diminish, to die (*o* fade) away. **4** (*perdere la precisione dei contorni*) to fade, to become* hazy (*o* blurred), to blur, to grow* indistinct: *i profili dei monti sfumavano nella nebbia* the outlines of the mountains faded into the mist.

sfumato *a.* **1** (*svanito, perduto*) vanished, faded (away), lost: *occasione sfumata* lost opportunity. **2** (*Pitt.*) (*rif. a colori*) soft, (delicately) shaded.

sfumatura *f.* **1** (*rif. a colori*) toning down, shading off, softening; (*tonalità*) shade, tone, nuance. **2** (*rif. a suoni*) fading (out). **3** (*rif. al tono della voce*) tone, hint, touch: *una* ~ *d'ironia* a hint of irony. **4** (*fig.*) nuance. **5** (*nel taglio dei capelli*) tapering.

sfuriata *f.* **1** (*sfogo violento*) outburst (of anger), fit of rage (*o* temper), temper tantrum. **2** (*rimprovero aspro*) tirade, sharp reproof, (*fam.*) telling off. **3** (*tempesta breve e violenta*) storm, burst; (*rif. a vento*) gust. □ *fare una* ~ *a qd.* to fly into a (*o* lose one's) temper with s.o.; (*fare un rabbuffo*) to scold s.o.

sfuso *a.* **1** (*liquefatto*) melted. **2** (*che si vende sciolto*) loose, in bulk.

sgabello *m.* **1** stool. **2** (*per i piedi*) footstool.

sgabuzzino *m.* closet; store-room.

sgambettare *v.i.* **1** (*muovere le gambe*) to kick (one's legs). **2** (*camminare a piccoli passi*) to toddle.

sgambetto *m.* **1** trip. **2** (*Sport*) trip(ping). □ *fare lo* ~ *a qd.* to trip s.o. (up); (*fig.*) to oust s.o.

sganasciarsi *v.r.*: ~ *dalle risa* to split* one's sides with laughter.

sganciamento *m.* **1** release, unhooking. **2** (*Ferr.*) uncoupling. **3** (*rif. a bombe*) releasing, dropping.

sganciare *v.t.* **1** to unhook, to unfasten. **2** (*Ferr.*) (*staccare*) to uncouple. **3** (*rif. a bombe*) to release, to drop. **4** (*fam.*) (*sborsare denaro*) to fork out. **sganciarsi** *v.i.pron.* **1** (*sciogliersi dal gancio*) to come* unhooked. **2** (*staccarsi*) to come* uncoupled. **3** (*fam.*) (*riuscire a liberarsi*) to manage to get away (*da* from), to get* rid of. **4** (*Mil.*) to disengage o.s. (*da* from).

sgancio *m.* release.

sgangherato *a.* **1** unhinged, off its hinges. **2** (*sfasciato*) rickety, ramshackle. **3** (*fig.*) boisterous, coarse: *riso* ~ boisterous laughter.

sgarbatezza *f.* **1** (*qualità*) rudeness, poor manners *pl.* **2** (*azione sgarbata*) impolite action (*o* behaviour).

sgarbato *a.* **1** (*privo di garbo*) coarse. **2** (*poco cortese*) rude, ill-mannered.
sgarbo *m.* impolite action (*o* behaviour). □ *fare uno ~ a qd.* to be rude to s.o.
sgargiante *a.* (*rif. a colori*) gaudy, showy; (*appariscente*) showy, flashy, lurid: *una gonna ~* a lurid skirt.
sgarrare *v.i.* (*sbagliare*) to be (*o* go*) wrong, to be mistaken. □ *non ~ di un minuto* to be dead on time.
sgattaiolare *v.i.* to slip (*o* steal*) away, to sneak, to slink* (*anche fig.*): *~ via* to sneak off.
sgelare *v.t./i.* to thaw, to melt* (*anche fig.*); (*rif. a frigoriferi*) to defrost.
sgelo *m.* thaw.
sghembo I *a.* **1** (*storto*) crooked. **2** (*obliquo*) oblique, slanting. **II** *avv.* **1** crookedly. **2** (*obliquamente*) obliquely, slantingly.
sghignazzare *v.i.* **1** to laugh sarcastically (*o* scornfully), to sneer (*di* at). **2** (*ridere sguaiatamente*) to guffaw.
sghignazzata *f.* **1** sarcastic (*o* sardonic) laughter, sneering. **2** (*risata sguaiata*) guffaw.
sghimbescio *a.*: *a* (*o* di) *~* (*storto*) crookedly; (*obliquamente*) obliquely, on the slant, askew.
sghiribizzo *m.* whim, fancy.
sgobbare *v.i.* (*fam.*) **1** to slave, to slog, to kill o.s. **2** (*scol.*) to swot, to grind*.
sgobbata *f.* (*fam.*) **1** drudgery; (*fam.*) slavery. **2** (*scol.*) swotting, grind. □ *fare una ~* to put one's nose to the grindstone.
sgobbone *m.* (*fam. spreg.*) **1** drudge, plodder, slogger. **2** (*scol.*) swot, grind.
sgocciolare I *v.t.* **1** to (let*) drip. **2** (*vuotare fino all'ultima goccia*) to drain, to empty to the last drop. **II** *v.i.* to drip, to trickle.
sgocciolatura *f.* **1** dripping. **2** (*gocce cadute*) drippings *pl.*, drops *pl.* **3** (*macchia*) spot, stain (from drippings).
sgocciolio *m.* dripping.
sgocciolo *m.* dripping. □ (*fig.*) *essere agli sgoccioli* to be (*o* have) nearly finished.
sgolarsi *v.r.* to yell (*o* shout) o.s. hoarse; (*cantando*) to sing* o.s. hoarse.
sgomberare I *v.t.* **1** (*evacuare*) to evacuate. **2** (*traslocare*) to vacate, to move out of. **II** *v.i.* to move.
sgombero *m.* **1** (*trasloco*) move, removal. **2** (*Mil.*) (*rif. a luoghi*) abandoning of a position.
sgombrare I *v.t.* **1** (*liberare*) to clear; (*vuotare*) to empty. **2** (*evacuare*) to clear, to leave*. **3** (*lasciare libero un appartamento*) to move out, to vacate. **4** (*fig.*) (*liberare*) to clear, to free: *~ l'animo dai pregiudizi* to clear the mind from prejudice.
sgombro[1] (*Zool.*) → **scombro**.
sgombro[2] **I** *a.* **1** clear; (*vuoto*) empty. **2** (*fig.*) free. **II** *s.m.* → **sgombero**.
sgomentare *v.t.* to dismay, to daunt. **sgomentarsi** *v.i.pron.* to be dismayed (*o* daunted).
sgomento I *s.m.* dismay, consternation. **II** *a.* dismayed.
sgominare *v.t.* to rout, to put* to flight.
sgonfiamento *m.* deflating, deflation; (*rif. a pneumatici e sim.*) going flat.
sgonfiare *v.t.* **1** to deflate, to let* the air out of. **2** (*fig.*) to deflate, to bring* (*o* take*) down. **sgonfiarsi** *v.i.pron.* **1** to deflate, to go* flat (*o* down), to flatten. **2** (*perdere il gonfiore*) to go* down. **3** (*fig.*) to be deflated; (*fam.*) to be taken down a peg or two: *al primo insuccesso si è sgonfiato* at his first failure he was deflated.
sgonfiato, **sgonfio** *a.* **1** deflated, flat; (*rif. a pneumatici*) flat. **2** (*Med.*) gone down, reduced.
sgorbio *m.* **1** (*macchia d'inchiostro*) blot. **2** (*scarabocchio*) scribble, scrawl. **3** (*disegno malfatto*) daub. **4** (*fig.*) (*persona brutta*) ugly person, (*fam.*) fright.
sgorgare *v.i.* **1** to gush (out), to spout, to spurt. **2** (*fig.*) (*uscire in gran quantità*) to flow (*o* pour) out: *le lacrime le sgorgavano dagli occhi* tears poured from her eyes.
sgozzare *v.t.* **1** to cut* (*o* slit*) the throat of. **2** (*macellare*) to butcher, to slaughter (*anche fig.*).
sgradevole *a.* unpleasant, disagreeable.
sgradevolezza *f.* unpleasantness, disagreeableness.
sgradito *a.* **1** unwelcome, unwanted, undesirable. **2** (*spiacevole*) unpleasant, disagreeable.
sgraffignare *v.t.* (*pop.*) **1** (*portare via*) to take*. **2** (*rubare*) to steal*, to pilfer; (*fam.*) to pinch.
sgrammaticato *a.* (*rif. a un testo*) containing grammatical errors. □ (*rif. a persone*) *è molto ~* his grammar is poor.
sgranare *v.t.* **1** (*staccare i grani*) to shell. **2** (*sbucciare*) to shell, to hull. □ *~ gli* **occhi** to open one's eyes wide; *~ il* **rosario** to tell one's beads.
sgranchire *v.t.* to stretch. □ *sgranchirsi le gambe* to stretch one's legs.
sgranocchiare *v.t.* to munch.
sgrassaggio *m.* removal of grease (*o* fat).
sgrassante I *a.* degreasing. **II** *s.m.* degreasing agent, degreaser.
sgrassare *v.t.* **1** (*togliere il grasso*) to remove the grease (*o* fat) from; (*schiumando*) to skim (the fat off). **2** (*togliere macchie di grasso*) to remove grease spots from.
sgravare I *v.t.* **1** (*alleggerire*) to lighten. **2** (*fig.*) to relieve, to ease (*da* of), to free (from). **3** (*rif. a oneri fiscali*) to relieve (of), to free (from). **II** *v.i.*, **sgravarsi** *v.r.* **1** (*partorire*) to give* birth. **2** (*liberarsi*) to relieve o.s.
sgravio *m.* **1** lightening. **2** (*rif. a imposte e sim.*) relief. □ *~ fiscale* tax allowance, tax abatement.
sgraziato *a.* clumsy, awkward, ungraceful.

sgretolamento *m.* shattering, crumbling, smashing.
sgretolare *v.t.* to shatter, to crumble, to smash (to pieces). **sgretolarsi** *v.i.pron.* to crumble, to fall* to pieces, to break* up.
sgretolato *a.* smashed, shattered, broken up; (*rovinato*) crumbling.
sgretolio *m.* **1** shattering, crumbling. **2** (*rumore*) grinding.
sgridare *v.t.* to scold, to rebuke; (*fam.*) to tell* off.
sgridata *f.* scolding, (*fam.*) lecture; (*fam.*) telling-off.
sgrondare **I** *v.i.* to drain, to drip. **II** *v.t.* to drain, to let* drip.
sgroppare *v.i.* (*rif. a cavalli*) to buck.
sgroppata *f.* **1** buck(ing), buck jump. **2** (*cavalcata*) short gallop.
sgrossare *v.t.* **1** to whittle (down). **2** (*abbozzare*) to rough-cast*, to rough-hew*. **3** (*fig.*) (*insegnare i primi rudimenti*) to teach* the rudiments to. **4** (*tecn.*) to rough. **sgrossarsi** *v.i.pron.* (*dirozzarsi*) to become* more refined, to acquire better manners.
sgrossatura *f.* **1** cutting (*o* whittling) down. **2** (*abbozzo*) rough-casting, rough-hewing. **3** (*tecn.*) roughing.
sgrovigliare *v.t.* to unravel (*anche fig*).
sguaiataggine *f.* coarseness, uncouthness, vulgarity.
sguaiato *a.* course, uncouth.
sguainare *v.t.* to unsheathe.
sgualcire *v.t.* to crumple, to crease, to crush; (*rif. a vestiti*) to wrinkle, to crease. **sgualcirsi** *v.i.pron.* to wrinkle, to crease.
sgualcito *a.* **1** crumpled, creased, crushed. **2** (*rif. a vestiti*) wrinkled, creased.
sgualdrina *f.* (*spreg.*) trollop, strumpet, harlot.
sguardo *m.* look, glance. ▭ **al** *primo* ~ at the first glance; (*a prima vista*) at first sight; *cercare qd.* **con** *lo* ~ to look around for s.o.; **dare** *uno* ~ to have a look, to take a glance (*o* look); *non* **degnare** *qd. di uno* ~ (*disprezzarlo*) to ignore s.o.; **distogliere** *lo* ~ *da qd.* to look away from s.o.; **evitare** *lo* ~ *di qd.* to avoid s.o.'s eyes; **fissare** *lo* ~ *su qc.* to gaze at s.th.; ~ **fisso** stare; **gettare** *uno* ~ to give a look; ~ *d'***insieme** overall view; **sollevare** *lo* ~ to look up, to raise one's eyes.
sguarnire *v.t.* **1** (*privare di difesa*) to dismantle. **2** (*privare di ornamenti*) to take* the trimmings off, to strip.
sguarnito *a.* **1** dismantled; defenceless. **2** (*privo di guarnizioni*) untrimmed, plain.
sguattera *f.* scullery-maid, dishwasher.
sguattero *m.* scullery-boy, dishwasher.
sguazzare *v.i.* **1** to splash about; (*nel fango e sim.*) to wallow. **2** (*fig.*) (*trovarsi a proprio agio*) to feel* at home, to be in one's element. ▭ ~ *nell'oro* to be rolling in money.
sguinzagliare *v.t.* **1** (*sciogliere dal guinzaglio*) to unleash, to let* loose. **2** (*fig.*) to set* on (the track of).
sgusciare[1] *v.i.* **1** (*scivolar via*) to slip: ~ *tra le dita* to slip through one's fingers; (*cadendo*) to drop. **2** (*sfuggire*) to escape, to get* (*o* slip) away: *è sgusciato via inosservato* he slipped away unobserved. **3** (*fig.*) (*sottrarsi a qc. di sgradito*) to wriggle out, to be slippery.
sgusciare[2] *v.t.* **1** (*levare dal guscio*) to shell. **2** (*rif. a noci e sim.*) to crack.
sgusciato *a.* shelled.
shampoo *m.* shampoo: *fare lo* ~ to shampoo.
shock *m.* (*Med.*) shock.
si[1] *m.* (*Mus.*) B, si.
si[2] **I** *pron.rifl.* **1** (*masch.*) himself; (*femm.*) herself; (*rif. a soggetto neutro*) itself; (*indef.*) oneself: *per lavarsi sono necessari acqua e sapone* to wash oneself one needs soap and water; *pl.* themselves. **2** (*coi riflessivi apparenti, quando il rifl. funge da compl. di termine: si traduce general. con l'aggettivo possessivo corrispondente*): ~ *è asciugato le mani?* did he dry his hands?; *i bambini* ~ *sono lavati i denti* the children brushed their teeth. **3** (*con i verbi intransitivi pronominali: general. non si traduce*): ~ *alza* he gets up; *perché* ~ *arrabbia?* why is he getting angry? **II** *pron.recipr.* each other, one another (*a volte non si traduce*): ~ *aiutano sempre l'un l'altro* they always help each other. **III** *pron.indef.* (*nelle forme impersonali*) one, they, people, we, you: ~ *dice che* ... they (*o* people) say that ...; *non* ~ *sa mai* you never know, one never can tell. **IV** *particella passivante* (*la frase viene tradotta nella forma passiva*): (*qui*) ~ *parla inglese* English is spoken here; (*qui*) ~ *riparano scarpe* shoes are repaired here.
sì[1] **I** *avv.* **1** yes. **2** (*davvero*) really: *questa* ~ *che è bella!* this is really beautiful! **3** (*in correlazione con ma: non si traduce, oppure si usa la forma enfatica del verbo*): *l'ho visto* ~, *ma per poco tempo* I did see him, but only briefly. **4** (*Tel.*) (*pronto*) hello!, yes! **II** *s.m.* **1** yes. **2** (*voto favorevole*) aye. **3** (*assenso*) yes, agreement: *non me ne andrò se prima non avrò ottenuto il tuo* ~ I won't leave until I get your agreement. ▭ ~ **certamente** (o *certo*) yes of course; **credo** (o *penso) di* ~ I think so; ~ **davvero** yes really (*o* indeed); **dire** *di* ~ to say yes; (*affermare*) to say (it is) so, to think so; **e** ~ *che* and yet: *e* ~ *che l'avevo avvertito* and yet I had warned him; **ma** ~*!* (yes) of course!, certainly!; ~ *e* **no**: 1 yes and no, perhaps, maybe; 2 (*in un certo modo*) in some ways: *ti è piaciuto?* – ~ *e no* did you like it? – in some ways; 3 (*circa*) about, approximately; *uno* ~ *e uno* **no** (*agg.*) alternate, every other; (*avv.*) alternately; **pare** *di* ~ it seems so; **rispondere** *di* ~ to say yes, to agree; **speriamo** *di* ~ let's hope so.
sì[2] *avv.* (*lett.*) (*così*) so.
Si = (*Chim.*) *silicio* silicon.
sia *congz.* **1** (*nelle supposizioni*) whether ... or: ~ *che tu lo voglia* ~ *che non lo voglia*

whether you like it or not. **2** (*proponendo un'alternativa*) either ... or: ~ *lui* ~ *un altro, per me è indifferente* either him or someone else, it doesn't matter to me. **3** (*entrambi*) both ... and: *verremo* ~ *io che mia moglie* both my wife and I will come.

siamese *a./s.m.* Siamese. □ *fratelli* **siamesi** Siamese twins; **gatto** ~ Siamese (cat).

Siberia *N.pr.f.* (*Geog.*) Siberia.

siberiano *a.* **1** (*della Siberia*) Siberian. **2** (*fig.*) (*freddissimo*) icy, freezing, bitterly cold.

sibilante I *a.* sibilant, hissing. **II** *s.f.* (*Fonetica*) sibilant.

sibilare *v.i.* to hiss, (*lett.*) to sibilate.

sibilla *f.* sibyl (*anche fig.*).

Sibilla *N.pr.f.* Sibyl.

sibillino *a.* **1** (*Stor.*) Sibylline, Sibyllic. **2** (*fig.*) enigmatic: *sorriso* ~ enigmatic smile.

sibilo *m.* **1** hiss(ing). **2** (*fischio*) whistle, whistling.

sicario *m.* hired assassin, killer.

sicché *congz.* **1** (*di modo che*) (and) so. **2** (*e perciò*) so (that), therefore: *si è messo a piovere* ~ *sono tornato* it began to rain so I came back.

siccità *f.* drought, dry weather.

siccome *congz.* as, since, because.

Sicilia *N.pr.f.* (*Geog.*) Sicily.

siciliano *a./s.m.* Sicilian.

sicomoro *m.* (*Bot.*) sycomore.

sicura *f.* safety, safety catch: *mettere la* ~ to put on the safety.

sicuramente *avv.* **1** (*in modo sicuro*) safely. **2** (*certamente*) certainly.

sicurezza *f.* **1** safety, safeness, security. **2** (*garanzia*) security. **3** (*qualità di chi è sicuro di sé*) skill, ability; (*sicurezza di sé*) (self-) confidence, (self-)assurance: *guidare con* ~ to drive with skill. □ **di** ~ safety-, security-: *spilla di* ~ safety-pin; *margine di* ~ safety margin; *misura di* ~ precautionary measure; ~ **internazionale** international security; **motivi** *di* ~ security (*o* safety) reasons; **per** *maggior* ~ for safety's sake, to be on the safe side; ~ **pubblica** public safety; *agente di* **pubblica** ~ policeman.

sicuro I *a.* **1** safe, secure: *qui siamo sicuri* we're safe here; (*tranquillo*) confident. **2** (*che non presenta pericoli*) safe: *un viaggio* ~ a safe trip; (*ben difeso*) secure, well -defended, inviolable. **3** (*che sa con certezza*) sure, certain, positive: *sei* ~ *di ciò che dici?* are you sure of what you are saying? **4** (*che mostra abilità*) skilled, skilful, good, clever: *è* ~ *nel maneggiare le armi* he's skilled (*o* good) at handling arms. **5** (*fidato*) real, true, genuine, reliable. **6** (*deciso, fermo*) steady, sure, firm. **7** (*certo: rif. a cose previste*) certain, sure, assured, inevitable. **II** *avv.* (*certamente*) certainly, of course, positively. □ *essere* **al** ~ *da qc.* to be safe from s.th.; **di** ~ certainly, surely; (*fam.*) **essere** (o *mostrarsi*) ~ *del fatto proprio* to know what one is about; ~ *di* **sé** self-confident; *andare* **sul** ~ to take no risks.

siderale *a.* **1** (*Astr.*) sidereal. **2** (*molto freddo*) icy.

sidereo *a.* (*Astr.*) sidereal.

siderurgia *f.* (*Met.*) iron metallurgy; iron and steel industry.

siderurgico I *a.* iron-, of the iron and steel industry: *stabilimento* ~ ironworks. **II** *s.m.* steel-worker.

sidro *m.* cider, cyder.

siepe *f.* hedge.

siero *m.* (*Biol.*) serum. □ ~ *del latte* whey.

siesta *f.* siesta, (afternoon) nap.

siffatto *a.* (*tale*) such.

sifilide *f.* (*Med.*) syphilis.

sifone *m.* siphon, syphon.

Sig. = *Signore* Mister (Mr).

sigaraio *m.* **1** (*venditore*) cigar and cigarette seller. **2** (*operaio*) worker in a tobacco factory.

sigaretta *f.* cigarette. □ *sigarette* **estere** imported cigarettes; ~ *con* **filtro** filter-tip(ped) cigarette; ~ *senza* **filtro** non-filter (*o* regular) cigarette; ~ **lunga** king-size cigarette.

sigaro *m.* cigar.

sigg., **Sigg.** = *Signori* **1** Gentlemen. **2** (*Comm.*) (Dear) Sirs (*abbr.* Messrs.).

sigillare *v.t.* to seal.

sigillo *m.* seal. □ *applicare un* ~ *a qc.* to affix (*o* set) a seal to s.th.; to seal s.th.

sigla *f.* **1** initials *pl.*, letters *pl.* **2** (*forma abbreviata*) abbreviation. □ (*Rad., TV*) ~ *musicale* signature (tune), theme song; (*nella pubblicità*) jingle.

siglare *v.t.* to initial, to put* one's initial to.

Sig.na = *Signorina* Miss.

significare *v.t.* **1** (*voler dire*) to mean*: *che cosa significa questa parola?* what does this word mean? **2** (*simboleggiare*) to stand* for, to symbolize. **3** (*fig.*) (*avere importanza, valere*) to mean*, to matter.

significativo *a.* meaningful, significant: *contributo* ~ significant contribution.

significato *m.* **1** meaning, sense, purport. **2** (*fig.*) (*importanza, valore*) importance, significance. □ *senza* (o *privo di*) ~ meaningless.

signora *f.* **1** lady, woman (*pl.* women). **2** (*appellativo: seguito dal cognome*) Mrs; (*am.*) Ms: *la* ~ *Rossi* Mrs Rossi; (*seguito dal nome: non si traduce*): *parlo con la* ~ *Maria?* am I speaking to Maria?; (*seguito dal titolo: non si traduce*): *la* ~ *contessa* the Countess; (*usato assolutamente: di solito non si traduce*): *scusi* ~ excuse me; (*da parte di un sottoposto*) madam; *pl.* ladies *pl.* **3** (*donna sposata*) married woman. **4** (*pred.*) (*sposata*) married (woman), Mrs.: ~ *o signorina?* Mrs or Miss?, are you married or single? **5** (*moglie*) wife, (*pop.*) missus: *il signor Bianchi e* ~ Mr Bianchi and his wife, Mr and Mrs Bianchi. **6** (*padrona di casa*) lady of the house. **7** (*donna di classe*) lady. **8** (*lett.*) (*padrona, dominatrice*) mistress. □ **fare** *la* ~

to live like a lady (*o* queen); (*epist.*) **gentile** ~ Dear Madam; (*epist.*) **gentile** ~ *Maria Rossi* (*sulla busta*) Mrs Maria Rossi; (*formula iniziale*) Dear Mrs Rossi; (*epist.*) **gentili** *signore* Mesdames; (*Rel.*) **Nostra** *Signora* Our Lady; *signore e* **signori** *buona sera* good evening ladies and gentlemen.

signore *m.* **1** (*uomo*) gentleman (*pl.* –men), man (*pl.* –men). **2** (*appellativo: seguito dal cognome*) Mr: *il signor Rossi* Mr Rossi; (*seguito dal nome e assol.: non si traduce*): *permette ~?* may I?; (*da parte di un sottoposto*) sir. **3** *pl.* gentlemen *pl.*; (*rif. a uomini e donne*) ladies and gentlemen *pl.* (*spesso non si traduce*); (*rif. a una coppia*) Sir ... Madam: *buona sera signori* good evening Sir, good evening Madam. **4** (*padrone di casa*) master. **5** (*uomo raffinato*) gentleman (*pl.* –men). **6** (*uomo benestante*) rich man (*pl.* –men). **7** (*padrone, sovrano*) lord, master. **Signore** *m.* **1** (*Dio*) Lord, (Lord) God. **2** (*esclam.*) good Lord, good gracious, my goodness. ☐ (*epist.*) **egregio** ~ Dear Sir; (*epist.*) **egregio** *signor Mario Rossi* (*sulla busta*) Mr Mario Rossi; (*formula iniziale*) Dear Mr Rossi; (*epist.*) **egregi** *signori* Dear Sirs, (*am.*) Gentlemen; **far** *vita da* (*gran*) ~ to live like a lord; (*epist.*) **gentili** *signori* Dear Sirs, (*am.*) Gentlemen; (*Rel.*) **nostro** *Signore* Our Lord.

signoreggiare I *v.t.* (*lett.*) (*dominare*) to rule (over), to lord it (over). **II** *v.i.* to rule, to dominate (*su qc.* s.th., over s.th.), to hold* sway (over).

signoria *f.* **1** (*dominio*) rule, mastery, dominion. **2** (*Stor.*) signoria, seign(i)ory. **Signoria** (*titolo d'onore*) Lordship: *Vostra Signoria* Your Lordship; (*rif. a una donna*) Ladyship.

signorile *a.* **1** good-class, high-class, exclusive, elegant. **2** (*raffinato*) refined; (*rif. a uomini*) gentlemanlike; (*rif. a donne*) ladylike.

signorilità *f.* **1** elegance, urbanity. **2** (*raffinatezza*) refinement, courtliness.

signorina *f.* **1** young lady, girl. **2** (*appellativo*) Miss: *la ~ Bianchi* Miss Bianchi; *la ~ Maria* (Miss) Mary; (*con un titolo: non si traduce*); (*usato assolutamente*) miss. **3** (*donna nubile*) unmarried (*o* single) woman (*pl.* women); (*burocr.*) spinster. **4** (*rif. a impiegata, cameriera*) girl; (*vocativo*) Miss; (*cameriera di ristorante*) waitress; (*vocativo*) waitress, Miss. **5** (*padroncina*) young mistress.

signorino *m.* master, young gentleman (*pl.* –men).

signorotto *m.* (*spreg.*) squire, country gentleman (*pl.* –men).

Sig.ra = *Signora* Mistress (Mrs, Ms).

silenziatore *m.* silencer; (*am.*) muffler.

silenzio *m.* **1** (*quiete*) silence, still(ness), hush. **2** (*il tacere*) silence: *ascoltare in ~* to listen in silence. **3** (*fig.*) (*discrezione, segretezza*) secrecy, discretion, silence: *ti raccomando il ~* please maintain secrecy; (*dimenticanza, oblio*) oblivion, silence. **4** (*Mil.*) lights-out, taps *pl.* (costr. sing.). ☐ **fate** *~!* stop talking!, (be) quiet!, (*fam.*) shut up!; **in** ~ in silence; **restare** *in ~* to keep silent; *~ di* **tomba** deathlike silence.

silenzioso *a.* **1** silent, quiet, still. **2** (*che non fa rumore*) noiseless, silent: *passi silenziosi* silent steps. **3** (*rif. a persone*) silent, quiet.

silfide *f.* (*Mitol.*) sylph (*anche fig.*).

silhouette *fr.* [silw'ɛt] *f.* **1** silhouette. **2** (*corpo, linea snella*) slim (*o* svelte) figure.

silicato *m.* (*Min.*) silicate.

silice *f.* (*Min.*) silica.

silicio *m.* (*Chim.*) silicon.

silicone *m.* (*Chim.*) silicone.

silicosi *f.* (*Med.*) silicosis.

sillaba *f.* syllable.

sillabare *v.t.* to syllabify.

sillabario *m.* (*abbecedario*) primer, spelling-book.

sillabazione *f.* syllabi(fi)cation.

sillabico *a.* syllabic.

sillogismo *m.* (*Filos.*) syllogism.

silo *m.* silo, (storage) bin, (*am.*) elevator.

siluramento *m.* **1** (*Mil.*) torpedoing (*anche fig.*). **2** (*fig.*) (*allontanamento, rimozione*) ousting, dismissal; (*fam.*) sack(ing); (*fam.*) firing.

silurante *f.* (*nave silurante*) torpedo-boat.

silurare *v.t.* **1** to torpedo. **2** (*fig.*) (*rimuovere da un incarico*) to remove (from one's post), to oust; (*fam.*) to sack; (*fam.*) to fire. **3** (*far fallire*) to torpedo, to sabotage.

siluro *m.* (*Mar., mil.*) torpedo.

silvestre *a.* (*lett.*) wood(s), woodland, sylvan.

Silvia *N.pr.f.* Sylvia.

simbiosi *f.* (*Biol.*) symbiosis: *vivere in ~* to live in symbiosis.

simbiotico *a.* symbiotic.

simboleggiare *v.t.* to symbolize, to stand* for.

simbolico *a.* symbolic(al).

simbolismo *m.* symbolism (*anche Arte*).

simbolista *s.m./f.* symbolist.

simbolo *m.* symbol. ☐ (*Rel.*) ~ *apostolico* Apostle's Creed.

simbologia *f.* simbology.

similare *a.* similar, suchlike.

simile I *a.* **1** like (*a qd.* s.o.), similar (to), (*pred.*) alike: *il burro e la margarina sono simili* butter and margarine are alike. **2** (*tale*) such, like this (*o* that), of this (*o* that) sort: *una cosa ~* such a thing, a thing like this. **3** (*Geom.*) similar. **II** *s.m.* fellow (-man), fellow-creature. ☐ *qualcosa di ~* something like that.

similitudine *f.* **1** (*Retorica*) simile. **2** (*Geom.*) similarity.

similmente *avv.* similarly, likewise.

similpelle *f.* imitation leather, leatherette.

simmetria *f.* symmetry.

simmetrico *a.* symmetric(al).

simonia *f.* simony.

simpatia *f.* **1** liking: *avere* (o *sentire* o *provare*) *~ per qd.* to have a liking for (*o* to like) s.o. **2** (*qualità*) niceness. ▭ **andare** *a simpatie* to be partial; **cattivarsi** *la ~ di tutti* to make o.s. popular with everybody; *è* **entrato** *subito nelle simpatie del suo capo* his boss took him at once.

simpatico[1] *a.* (*di persona*) nice, likeable, genial; (*di cosa*) nice, pleasant; agreeable: *era molto attraente e simpatica* she was very attractive and likeable; *era incredibilmente ~* he was terribly nice; *un ~ biglietto* a pleasant note. ▭ **mi** *è molto ~* I like him very much; **riuscire** ~ to be popular; **trovare** *~ qd.* to take to s.o.

simpatico[2] *m.* (*Anat.*) (*grande simpatico*) sympathetic nervous system.

simpatizzante **I** *a.* sympathizing, supporting. **II** *s.m./f.* sympathizer.

simpatizzare *v.i.* **1** to take* a liking (*con* to): *i due ragazzi simpatizzarono subito* the two boys took to each other at once. **2** (*con una causa, un partito*) to sympathize.

simplex *m.* (*Tel.*) individual line.

simposio *m.* symposium (*anche fig.*).

simulacro *m.* **1** (*immagine*) simulacrum (*pl.* simulacra). **2** (*fig.*) (*parvenza*) appearance, semblance, simulacrum.

simulare *v.t.* **1** to feign, to simulate, to pretend, to make* a show (*o* pretence) of. **2** (*tecn.*) to simulate.

simulatore *m.* **1** simulator, pretender. **2** (*tecn.*) simulator.

simulatorio *a.* false, mock, pretended, simulated.

simulazione *f.* feigning, pretence, simulation.

simultaneità *f.* simultaneousness, simultaneity.

simultaneo *a.* simultaneous: *traduzione simultanea* simultaneous translation.

sinagoga *f.* synagogue.

sincerarsi *v.i.pron.* (*accertarsi*) to make* sure, to assure o.s. (*di* of), to ascertain (s.th.).

sincerità *f.* sincerity, honesty, frankness, straightforwardness. ▭ **con** ~ sincerely, with sincerity; *con* **tutta** ~ in all sincerity.

sincero *a.* **1** sincere, honest, true: *un amico ~* a true friend; *risposta sincera* honest answer. **2** (*in formule di cortesia*) sincere, heartfelt: *le mie più sincere congratulazioni* my sincerest congratulations. **3** (*genuino, puro*) pure, genuine. ▭ *essere ~ con qd.* to be honest (*o* frank) with s.o.

sinché → **finché**.

sincopare *v.t.* (*Mus., Ling.*) to syncopate.

sincope *f.* **1** (*Med.*) syncope. **2** (*Ling., Mus.*) syncopation.

sincronia *f.* synchrony. ▭ *in ~* contemporaneously, at the same time.

sincronismo *m.* synchronism. ▭ *con* (o *in*) ~ synchronized.

sincronizzare *v.t.* to synchronize.

sincronizzatore *m.* synchronizer.

sincronizzazione *f.* synchronization.

sincrono *a.* synchronous (*anche tecn.*).

sincrotone *m.* synchroton.

sindacale *a.* **1** (*dei sindacati*) trade-union-, union-; (*am.*) labor-union-: *contrattazione ~* trade-union bargaining. **2** (*di revisione contabile*) auditorial, audit.

sindacalismo *m.* (trade-)unionism.

sindacalista *m./f.* (trade-)unionist, trade-union representative; (*am.*) (labor-)unionist, (*am.*) labor-union representative.

sindacare *v.t.* **1** to check, to control, to verify; (*rif. alla contabilità*) to audit. **2** (*fig.*) (*criticare*) to criticize.

sindacato *m.* **1** (*di lavoratori*) (trade-)union; (*am.*) labor union. **2** (*Econ.*) syndicate. ▭ *~ dei datori di lavoro* employers' association.

sindaco *m.* **1** mayor. **2** (*Dir.*) syndic. ▭ *~ di* **Londra** Lord Mayor of London; ~ **revisore** *dei conti* auditor.

sindone *f.* shroud. ▭ *Sacra Sindone* Holy Shroud.

sindrome *f.* (*Med.*) syndrome.

sinedrio *m.* (*Stor.*) Synedrion.

sinfonia *f.* (*Mus.*) symphony (*anche estens.*).

sinfonico *a.* symphony-, symphonic.

singhiozzare *v.i.* **1** (*piangere*) to sob. **2** (*avere il singhiozzo*) to have (the) hiccups, to hiccup.

singhiozzo *m.* **1** sob. **2** (*fenomeno respiratorio*) hiccup. ▭ (*fig.*) *a ~* (o *singhiozzi*) by fits and starts.

singolare **I** *a.* **1** (*unico nel suo genere*) singular, unique, outstanding. **2** (*caratteristico, particolare*) strange, peculiar, special: *ha un modo ~ di camminare* he has a strange way of walking. **3** (*insolito, raro*) singular, uncommon, rare, unique. **4** (*Gramm., Filos., Dir.*) singular. **II** *s.m.* **1** (*Gramm.*) (*numero singolare*) singular. **2** (*Sport*) singles *pl.* (costr. sing.).

singolarità *f.* **1** singularity, singleness, uniqueness. **2** (*originalità, peculiarità*) originality, distinctiveness. **3** (*fig.*) (*eccezionalità, rarità*) rarity, rareness, singularity. **4** (*fig.*) (*stranezza*) peculiarity, eccentricity, strangeness.

singolarmente *avv.* **1** (*a uno a uno*) individually, separately, singly, one by one. **2** (*in particolare*) particularly, (e)specially, singularly.

singolo **I** *a.* **1** (*separato dagli altri*) single, individual. **2** (*destinato a una sola persona*) single, for one (person): *cabina singola* single cabin, cabin for one. **II** *s.m.* **1** individual. **2** (*Tel.*) individual line. **3** (*Sport*) singles *pl.* (costr. sing.).

singulto *m.* **1** hiccup. **2** (*rif. al pianto*) sob.

sinistra *f.* **1** (*mano sinistra*) left hand. **2** (*parte sinistra*) left, left-hand side: *andare a ~* to turn left. **3** (*Pol.*) left. ▭ **a** ~ (*stato*) on the left(-hand side); (*moto*) to the left, leftwords; **di** ~ left; (*Pol.*) left, left-wing: *uomo di ~* left-winger; (*Pol.*) **estrema** ~ extreme left, far left.

sinistrare *v.t.* to damage, to cause damage to.

sinistrato **I** *a.* damaged. **II** *s.m.* victim. ▭ ~

di **guerra** war victim; **zona** *sinistrata* disaster area.
sinistro I *a.* **1** left, left-hand: *il piede* ~ the left foot. **2** (*fig.*) (*infausto*) sinister, ominous. **II** *s.m.* **1** (*disgrazia*) accident, casuality, mishap. **2** (*nella box*) left. ▭ (*Assicurazioni*) *liquidare un* ~ to settle a claim.
sinistroide *a./s.m./f.* (*spreg., Pol.*) leftist.
sinistrorso *a.* left-hand(ed), counter clockwise.
sino I *prep.* **1** (*rif. a tempo*) until, till, up to: *ti aspetto* ~ *a stasera* I'll wait for you until this evening. **2** (*rif. a luogo*) as far as, to. **II** *avv.* (*persino, anche*) even, actually.
sinodo *m.* (*Rel.*) synod.
sinologia *f.* sinology.
sinologo *m.* sinologist.
sinonimia *f.* (*Ling.*) synonimy.
sinonimo I *a.* synonymous. **II** *s.m.* synonym.
sinora *avv.* (*finora*) so far, until now, up to now; (*in frasi negative*) so far, yet.
sinottico *a.* synoptic(al): *tavole sinottiche* synoptic tables.
sinovia *f.* (*Anat.*) synovia.
sinoviale *a.* synovial.
sinovite *f.* (*Med.*) synovitis.
sintassi *f.* (*Gramm.*) syntax.
sintattico *a.* syntactic(al).
sintesi *f.* **1** synthesis. **2** (*sunto*) summary, résumé. ▭ *in* ~ (*sommariamente*) in summary, summing up; (*in poche parole*) in brief, in a few words, in short.
sintetico *a.* **1** synthetic, concise, brief, terse: *stile* ~ terse style. **2** (*Chim., tecn.*) synthetic: *fibre sintetiche* synthetic fibres; (*fam.*) synthetics.
sintetizzare *v.t.* **1** to synthesize. **2** (*riassumere*) to summarize.
sintetizzatore *m.* (*Mus.*) synthesizer.
sintomatico *a.* symptomatic (*anche fig.*).
sintomo *m.* symptom (*anche fig.*).
sintonia *f.* **1** (*Rad.*) tuning. **2** (*fig.*) agreement, tune. ▭ *in* ~ *su* tuned in to.
sintonizzare *v.t.* (*Rad.*) to tune in. **sintonizzarsi** *v.i.pron.* to be tuned in.
sintonizzatore *m.* (*Rad.*) tuner.
sintonizzazione *f* (*Rad.*) tuning.
sinuosità *f.* sinuosity.
sinuoso *a.* **1** winding, sinuous. **2** (*rif. al corpo femminile*) curvaceous.
sinusoidale *a.* (*Geom.*) sinusoidal.
sinusoide *f.* (*Geom.*) sinusoid.
sionismo *m.* Zionism.
sionista *m./f.* Zionist.
sipario *m.* curtain, drop-curtain; (*dipinto*) drop-scene. ▭ (*Teat.*) **alzare** *il* ~ to raise the curtain; **cala** *il* ~*!* curtain!
sire *m.* (*lett.*) Sire.
sirena[1] *f.* **1** (*Mitol.*) mermaid. **2** (*fig.*) siren. ▭ (*fig.*) *canto di* ~ siren song.
sirena[2] *f.* (*segnale*) siren, whistle. ▭ ~ *d'***allarme** alarm, warning siren; (*Mar.*) ~ *da* **nebbia** foghorn.
Siria *N.pr.f.* (*Geog.*) Syria.
siriano *a./s.m.* Syrian.
siringa *f.* **1** syringe. **2** (*Mus.*) pan-pipe, syrinx. **3** (*Gastr.*) piping bag.
sisma *m.* (*Geol.*) earthquake, seism.
sismico *a.* seismic.
sismografo *m.* seismograph.
sismologia *f.* seismology.
sistema *m.* **1** system: ~ *solare* solar system. **2** (*pop.*) (*modo di fare, condotta*) behaviour, way of acting, conduct: *che sistemi sono questi?* what kind of behaviour is this?; (*metodo*) way, method. ▭ (*Mecc.*) ~ *di* **ingranaggi** gearing; ~ *di* **lavoro** work(ing) method; ~ **metrico** *decimale* (decimal) metric system; ~ **monetario** *europeo* European monetary system; (*Geog.*) ~ **montuoso** mountain system (*o* chain); ~ **nervoso** nervous system.
sistemare *v.t.* **1** to systematize, to reduce to a system, to organize. **2** (*mettere a posto*) to arrange; (*fam.*) to fix; (*riordinare*) to (put* in) order, to tidy (up). **3** (*risolvere, definire*) to settle: ~ *una questione* to settle a matter. **4** (*collocare, alloggiare*) to settle, to put*: ~ *i bambini in una pensione* to put the children in a boarding house. **5** (*procurare un lavoro adatto*) to find* work (*o* employment) for, (*fam.*) to fix up (with a job). **6** (*rif. a ragazze: maritare*) to marry off (well), to settle. **7** (*fam.*) (*dare una lezione*) to settle the hash of, (*fam.*) to fix. **sistemarsi** *v.r.* **1** to get* settled (*o* fixed up). **2** (*trovare un lavoro*) to find* employment, to get* work (*o* a job). **3** (*rif. a ragazze: prendere marito*) to get* married, to marry. ▭ ~ *i conti* to settle a score (*o* an account).
sistematica *f.* systematics (costr. sing.); study of systems.
sistematico *a.* **1** systematic(al). **2** (*metodico*) methodical, regular.
sistemazione *f.* **1** arrangement. **2** (*definizione, composizione*) settlement, settling. **3** (*alloggio*) accommodation, lodging. **4** (*lavoro, impiego*) job, work, employment. **5** (*matrimonio*) marrying-off.
sistemista *s.m./f.* systems-player.
sistole *f.* (*Fisiologia*) systole.
sito I *s.m.* (*lett.*) place, site. **II** *a.* (*lett. burocr.*) situated, located.
situare *v.t.* **1** (*porre*) to put*, to place, to set*. **2** (*collocare*) to situate, to locate.
situazione *f.* **1** situation, state (of affairs). **2** (*circostanza*) situation, position, circumstance.
slabbrare *v.t.* **1** to chip (*o* break*) the edge (*o* rim *o* lip) of. **2** (*rif. a ferite*) to open, to enlarge. **slabbrarsi** *v.i.pron.* **1** (*rif. a vasellame*) to chip at the edge. **2** (*rif. a ferite*) to open, to gape.
slabbratura *f.* **1** chipping (of the rim). **2** (*rif. a ferite*) opening, gaping. **3** (*parte slabbrata*) torn edge (*o* rim).
slacciare *v.t.* to unlace, to untie, to undo*, to unfasten: ~ *le scarpe* to unlace one's shoes;

(*bottoni*) to unbutton; (*una chiusura lampo*) to unzip. **slacciarsi** *v.i.pron.* to come* unlaced (*o* untied *o* undone *o* unbuttoned), to get* loose.

slalom *m.* (*Sport*) slalom.

slanciare *v.t.* to throw*, to fling*, to hurl. **slanciarsi** *v.i.pron.* **1** to throw* o.s., to fling* o.s., to hurl o.s. (*contro, su* on, upon, at). **2** (*fig.*) (*protendersi*) to soar, to reach (up).

slanciato *a.* slender, slim.

slancio *m.* **1** (on)rush, dash, bound, leap; (*rincorsa*) run: *prendere lo* ~ to take a run. **2** (*fig.*) (*accesso, impeto*) fit, outburst, rush. □ *di* ~ with a leap (*o* dash); (*fig.*) on impulse.

slargare *v.t.* to widen, to broaden, to make* wider. **slargarsi** *v.i.pron.* to widen, to spread*.

slargo *m.* widening, wider part. □ *parcheggia dove c'è uno* ~ park your car where the road widens.

slattare *v.t.* to wean.

slavato *a.* **1** (*sbiadito*) faded, washed out: *colore* ~ faded colour; (*pallido*) pale, wan, colourless, (*fam.*) washed out. **2** (*fig.*) (*scialbo, incolore*) dull, dreary, flat; (*inespressivo*) dull, wooden.

slavina *f.* snowslide, snow-slip.

slavo **I** *a.* Slavic, Slavonic, Slav. **II** *s.m.* **1** (*lingua*) Slavic (language). **2** (*abitante*) Slav.

sleale *a.* **1** disloyal, treacherous, faithless: *amico* ~ disloyal friend. **2** (*non corretto*) unfair.

slealtà *f.* **1** disloyalty, treachery. **2** (*mancanza di correttezza*) unfairness.

slegare *v.t.* to untie, to loose(n), to unfasten, to unbind*, to undo*. **slegarsi** *v.i.pron.* to get* loose.

slegato *a.* **1** untied, loose, unfastened, unbound, undone. **2** (*fig.*) (*sconnesso, incoerente*) incoherent, disjointed, disconnected.

slip *m.* **1** (*mutande da uomo*) briefs *pl.*; (*da donna*) briefs *pl.*, panties *pl.* **2** (*costume da bagno maschile*) (bathing-)trunks *pl.*

slitta *f.* **1** (*Sport*) sleigh, sledge; (*am.*) sled. **2** (*tecn.*) slide, guide, runner. □ **andare** *in* ~ to sleigh (*o* to sledge); **cane** *da* ~ sled-dog.

slittamento *m.* **1** sliding, slip(ping), skid(ding); (*rif. a veicoli*) skid(ding). **2** (*Econ.*) fall. **3** (*tecn.*) (*scorrimento*) slipping.

slittare *v.i.* **1** (*andare in slitta*) to sleigh; to sled(ge). **2** (*scivolare*) to slide*, to slip, to skid; (*rif. a veicoli*) to skid. **3** (*fig.*) (*deviare*) to slide*, to stray, to deviate. **4** (*Econ.*) to slide*, to slump.

s.l.m. = *sul livello del mare* above sea level.

slogare *v.t.* to dislocate. **slogarsi** *v.r.apparente* to sprain: *slogarsi una caviglia* to sprain one's ankle.

slogatura *f.* dislocation.

sloggiare **I** *v.t.* **1** (*sfrattare*) to evict, to turn out. **2** (*cacciare via*) to drive* away (*o* out), to dislodge, to throw* out. **II** *v.i.* to move out (*o* away), to go*, to leave*: ~ *dal proprio ufficio* to move out of one's office.

slovacco *a./s.m.* Slovak, Slovakian.

sloveno *a./s.m.* Slovene, Slovenian.

Sm = (*Chim.*) *samario* samarium.

smaccato *a.* (*esagerato*) excessive, sickening.

smacchiare *v.t.* to remove stains from, to clean.

smacchiatore *m.* stain-remover, spot-remover.

smacchiatura *f.* removal of stains, cleaning: ~ *a secco* dry-cleaning.

smacco *m.* let-down. □ *subire uno* ~ to be in for a let-down.

smagliante *a.* dazzling, radiant (*anche fig.*); (*rif. a colori e sim.*) bright, brilliant.

smagliarsi *v.i.pron.* **1** (*rif. a calze*) to ladder, to run*. **2** (*rif. all'epidermide*) to stretch, to develop stretch marks.

smagliatura *f.* **1** ladder, run. **2** (*Med.*) stretch mark.

smagnetizzare *v.t.* to demagnetize.

smagnetizzazione *f.* demagnetization, demagnetizing.

smagrire **I** *v.t.* (*rendere magro*) to (make*) thin. **II** *v.i.*, **smagrirsi** *v.i.pron.* to get* (*o* grow*) thin.

smaliziare *v.t.* to make* crafty (*o* wily); (*fam.*) to teach* a thing or two. **smaliziarsi** *v.i.pron.* to become* adept; (*fam.*) to learn* a thing or two, to smarten up.

smaliziato *a.* (*scaltrito*) cunning, crafty, shrewd, knowing.

smaltare *v.t.* **1** to enamel; (*a vetro*) to glaze. **2** (*Cosmetica, tecn.*) to varnish.

smaltatura *f.* **1** (*atto*) enamelling; (*effetto*) enamel. **2** (*Ceramica*) (*atto*) glazing; (*effetto*) glaze.

smaltimento *m.* **1** (*digestione*) digestion. **2** (*Comm.*) (*vendita*) disposal, sale; (*svendita*) selling off. **3** (*deflusso*) discharge, disposal. □ ~ *dei rifiuti* waste disposal.

smaltire *v.t.* **1** (*digerire*) to digest. **2** (*Comm.*) to dispose of, to sell*; (*svendere*) to sell* off. **3** (*far defluire*) to dispose of, to discharge. □ ~ *la sbornia* to sleep it off.

smalto *m.* **1** enamel. **2** (*Ceramica*) glaze. **3** (*oggetti di smalto*) enamels *pl.*; (*lavoro in smalto*) enamel-work. **4** (*Cosmetica*) (*per unghie*) (nail-)polish, nail-varnish. **5** (*dei denti*) enamel. **6** (*fig.*) freshness, spontaneity. □ *pentolame di* ~ enamel ware.

smancerie *f.pl.* **1** (*atteggiamenti, modi leziosi*) affectedness, affected ways *pl.*, affectation. **2** (*effusione esagerata*) mawkishness, simpering.

smangiare *v.t.* to corrode, to eat* away (*o* into). **smangiarsi** *v.i.pron.* **1** to be eaten into, to corrode. **2** (*fig.*) (*struggersi*) to be consumed (*o* eaten up).

smania *f.* **1** (*agitazione*) agitation, restlessness. **2** (*fig.*) (*desiderio intenso*) great desire, longing, craving. □ **avere** *la* ~ *addosso* to be restless, to have the fidgets; **dare** *in smanie* to rave, to rage.

smaniare *v.i.* **1** (*essere eccitato*) to be restless (*o* agitated), to toss about. **2** (*essere furioso*) to rave, to rage, to storm. **3** (*fig.*) (*desiderare ardentemente*) to long, to yearn, to crave.
smanioso *a.* **1** (*bramoso*) longing, eager, craving, thirsting (*di* for), (*fam.*) dying. **2** (*che esprime smania*) frenzied, agitated.
smantellamento *m.* dismantlement.
smantellare *v.t.* **1** to dismantle, to demolish, to pull (*o* tear*) down. **2** (*fig.*) to demolish, to refute, to break* down.
smarcare *v.t.* (*Sport*) to free from marking.
smargiassata *f.* **1** bragging, boasting. **2** (*bravata*) showing off, bravado.
smargiasso *m.* show-off, braggart, boaster. □ *fare lo* ~ to brag, to boast.
smarrimento *m.* **1** (*lo smarrire*) loss. **2** (*lo smarrirsi: rif. a persone*) getting lost. **3** (*turbamento*) confusion, bewilderment, dismay.
smarrire *v.t.* **1** (*non riuscire a trovare*) to mislay*. **2** (*perdere*) to lose*. **smarrirsi** *v.i.pron.* **1** (*rif. a persone*) to get* lost, to lose* one's way, to lose* o.s. **2** (*rif. a cose*) to get* lost, to go* astray, to be mislaid. **3** (*fig.*) (*confondersi*) to be at a loss, to be puzzled.
smarrito *a.* **1** mislaid; (*perso*) lost: *ufficio oggetti smarriti* lost-property office. **2** (*fig.*) (*turbato*) confused, bewildered, at a loss; (*attonito*) dazed, stunned.
smascellarsi *v.i.pron.* to dislocate one's jaw. □ (*fig.*) ~ *dalle risa* to split one's sides with laughter.
smascheramento *m.* unmasking (*anche fig.*).
smascherare *v.t.* **1** to unmask. **2** (*fig.*) (*rif. a persone*) to unmask; (*rif. a cose*) to expose, to disclose. **smascherarsi** *v.r.* **1** to unmask o.s., to take* off one's mask. **2** (*fig.*) (*rivelarsi*) to reveal one's true nature.
SME = *Sistema Monetario Europeo* European Monetary System.
smembramento *m.* dismemberment, break up.
smembrare *v.t.* to dismember, to break* up.
smemorataggine *f.* **1** forgetfulness. **2** (*dimenticanza*) lapse of memory.
smemorato *a.* **1** forgetful. **2** (*distratto, sbadato*) absent-minded, scatter-brained.
smentire *v.t.* **1** (*negare*) to deny. **2** (*sbugiardare*) to give* the lie to; (*rif. a fatti e sim.*) to belie, to prove wrong. **3** (*ritrattare*) to retract, to recant, to take* back. **4** (*venir meno*) to let* down, to be untrue to (*o* unworthy of), to belie. **smentirsi** *v.r.* to be untrue to o.s., to be inconsistent. □ *non smentirsi mai* to be always the same.
smentita *f.* denial; (*ritrattazione*) recantation.
smeraldo *a./s.m.* emerald.
smerciabile *a.* (*Comm.*) saleable, marketable.
smerciare *v.t.* to sell*, to dispose of; (*svendere*) to sell* off.
smercio *m.* sale. □ *c'è un grande ~ di questo prodotto* this product sells fast (*o* like hot cakes).
smerigliare *v.t.* **1** to polish with emery. **2** (*Mecc.*) to grind*, to lap. **3** (*rif. a vetro*) to frost.
smerigliatura *f.* **1** (emery-)polishing. **2** (*Mecc.*) lapping, grinding. **3** (*rif. a vetro*) frosting.
smeriglio *m.* (*Min.*) emery.
smerlare *v.t.* (*Cucito*) to scallop.
smerlatura *f.* scalloping.
smerlo *m.* scallop. □ *punto a* ~ buttonhole stitch.
smettere *v.t.* **1** to stop, to leave* off, to cease, to give* up. **2** (*non indossare più*) to cast* off. □ *devi ~ di* **fumare** you must give up smoking; *ha smesso di* **piovere** it has stopped raining. ‖ *smettila!* stop it!
smidollato *a.* **1** (*vuotato del midollo*) marrowless. **2** (*fig.*) (*privo di carattere*) spineless.
smilitarizzare *v.t.* to demilitarize.
smilitarizzazione *f.* demilitarization.
smilzo *a.* **1** slim, slender. **2** (*fig.*) slight, meagre.
sminuire *v.t.* **1** to diminish, to lessen. **2** (*fig.*) to belittle, to play down. □ ~ *i meriti di qd.* to detract from s.o.'s merits, to belittle s.o.
sminuzzare *v.t.* **1** to break* into small pieces; (*tritare*) to mince; (*tagliuzzare*) to cut* up; (*sbriciolare*) to crumble. **2** (*fig.*) (*esporre con minuzia*) to go* into all the details of. **sminuzzarsi** *v.i.pron.* to break* into fragments (*o* bits).
smistamento *m.* **1** sorting (out). **2** (*Ferr.*) shunting; (*am.*) switching. **3** (*Sport*) pass(ing).
smistare *v.t.* **1** to sort (out): ~ *la corrispondenza* to sort the mail. **2** (*Ferr.*) to shunt; (*am.*) to switch. **3** (*Sport*) to pass.
smisurato *a.* **1** immeasurable, boundless. **2** (*infinito*) infinite, endless. **3** (*grandissimo*) enormous, immense.
smitizzare *v.t.* to demythologize.
smobilitare *v.t.* (*Mil.*) to demobilize.
smobilitazione *f.* (*Mil.*) demobilization.
smoccolare **I** *v.t.* to snuff (out). **II** *v.i.* (*volg.*) (*bestemmiare*) to swear*.
smoccolatoio *m.* snuffers *pl.*
smoccolatura *f.* **1** snuffing (out). **2** (*parte dello stoppino*) snuff.
smodato *a.* immoderate, unrestrained.
smoderatezza *f.* immoderateness, immoderation, excess: *mangia con* ~ he eats to excess.
smoking *m.* (*abito*) dinner jacket; (*am.*) tux(edo).
smontabile *a.* dismountable, that can be dismantled (*o* disassembled), demountable.
smontaggio *m.* disassembly, dismounting, dismantling.
smontare **I** *v.t.* **1** to dismantle, to disassemble, to dismount. **2** (*far scendere da un veicolo*) to set* (*o* put*) down, to drop (off). **3** (*Edil.*) to dismantle, to take* down (*o* to pieces). **4** (*fig.*) (*far perdere l'entusiasmo*) to

dampen. **5** (*Oreficeria*) to remove from its mounting (*o* setting), to unset*. **II** *v.i.* **1** (*scendere*) to come* (*o* go*) down, to descend; (*dal tram e sim.*) to get* off (*da qc.* s.th.), to alight, to get* down (from); (*da un'automobile*) to get* out (of); (*da cavallo*) to dismount (from). **2** (*staccare dal lavoro*) to stop (work); (*fam.*) to clock out. **smontarsi** *v.i.pron.* **1** (*scoraggiarsi*) to lose* heart; (*perdere l'entusiasmo*) to cool down. **2** (*Gastr.*) (*rif. a panna, uova*) to drop.

smorfia *f.* **1** grimace, wry face: *fare una* ~ to make a grimace (*o* wry face), to grimace. **2** (*moina*) simper, simpering. □ *fare una* ~ *di dolore* to wince with pain.

smorfioso *a.* affected, mincing, simpering. □ *fare la smorfiosa* (*civettare*) to flirt.

smorto *a.* **1** (*rif. a persone: pallido*) (deadly) pale, wan: *diventare* ~ to turn pale. **2** (*rif. a colori*) dull, colourless, pale.

smorzamento *m.* **1** (*rif. a suoni*) deadening, lowering, muffling; (*rif. alla luce*) shading, dimming; (*rif. a colori*) toning down. **2** (*fig.*) (*rif. a sentimenti*) quenching. **3** (*Fis.*) damping.

smorzare *v.t.* **1** (*attenuare: rif. a suoni*) to deaden, to muffle; (*rif. alla luce*) to shade, to dim; (*rif. a colori*) to tone down. **2** (*fig.*) (*reprimere*) to dampen: ~ *l'entusiasmo di qd.* to dampen s.o.'s enthusiasm. **3** (*Fis.*) to damp. **4** (*spegnere*) to estinguish, to put* out. **smorzarsi** *v.i.pron.* **1** to fade (away). **2** (*rif. a suoni*) to die away.

smottamento *m.* (*Geog.*) landslide.

smottare *v.i.* to slip, to slide* down.

smozzicare *v.t.* **1** to break* up; (*tagliando*) to cut* up. **2** (*fig.*) to break* up, to mangle. **3** (*rif. alla pronuncia*) to mumble.

smunto *a.* **1** (*pallido*) pale, wan: *viso* ~ wan face. **2** (*rif. a guance*) gaunt.

smuovere *v.t.* **1** (*spostare*) to move, to shift: ~ *un masso* to shift a boulder; (*rif. a terreno*) to turn. **2** (*fig.*) (*distogliere*) to dissuade, to deter, to discourage. **3** (*fig.*) (*spronare*) to rouse, to stir. **4** (*fig.*) (*riuscire a commuovere*) to move, to touch, to affect. **smuoversi** *v.i.pron.* to move, to budge (*anche fig.*).

smussare *v.t.* **1** to round off, to smooth: ~ *un angolo* to smooth a corner. **2** (*rendere meno affilato o appuntito*) to blunt. **3** (*fig.*) (*rendere meno aspro*) to smooth, to soften. **smussarsi** *v.i.pron.* to become* blunt.

smusso *m.* **1** rounding off, smoothing. **2** (*parte smussata*) smoothed (*o* blunted) part. **3** (*Falegnameria*) chamfer, bevelled (*o* chamfered) edge.

Sn = (*Chim.*) *stagno* tin.

snaturare *v.t.* **1** to pervert the nature of, to denatur(aliz)e. **2** (*estens.*) to change, to alter, to distort: ~ *una teoria* to distort a theory. **snaturarsi** *v.i.pron.* to change one's nature, to be denatur(aliz)ed.

snaturato *a.* **1** perverted, unnatural: *idee snaturate* unnatural ideas. **2** (*fig.*) (*cattivo*) cruel, wicked, heartless: *madre snaturata* cruel mother.

snazionalizzare *v.t.* to denationalize.

snazionalizzazione *f.* denationalization.

s.n.c. = *società in nome collettivo* general partnership.

snellezza *f.* **1** slenderness, slimness. **2** (*agilità*) nimbleness, agility, deftness.

snellimento *m.* **1** making slender (*o* slim), slimming. **2** (*fig.*) (*l'accelerare*) speeding up.

snellire *v.t.* **1** to give* a slim figure to, to slim. **2** (*far sembrare più snello*) to make* look slim(mer), to slim. **3** (*fig.*) (*rendere più rapido, più efficiente*) to speed* up: ~ *il traffico* to speed up the traffic. **4** (*fig.*) (*semplificare*) to simplify. **snellirsi** *v.i.pron.* to grow* slim.

snello *a.* **1** (*sottile*) slender, slim. **2** (*agile*) agile, nimble, deft. **3** (*fig.*) easy, fluent, smooth.

snervante *a.* **1** enervating, exhaustive, debilitating. **2** (*che rende nervosi*) exasperating.

snervare *v.t.* **1** to enervate, to debilitate, to weaken. **2** (*rendere nervoso*) to get* on the nerves of. **snervarsi** *v.i.pron.* to become* enervated.

snervato *a.* enervated, weak, feeble, debilitated.

snidare *v.t.* **1** (*rif. ad animali*) to drive* out, to rouse; (*rif. a volatili*) to flush. **2** (*rif. a persone*) to drive* out, to flush out, to dislodge: ~ *un terrorista* to flush out a terrorist.

sniffare *v.t.* (*rif. a droga*) to sniff.

sniffata *f.* (*rif. a droga*) sniff.

snob **I** *s.m./f.* snob. **II** *a.* snobbish.

snobbare *v.t.* to snob.

snobismo *m.* snobbishness, snobbery.

snocciolare *v.t.* **1** (*fig.*) (*dire rapidamente*) to pour out; (*dire apertamente*) to tell*. **2** to stone, to remove the stone (*o* kernel) from.

snodabile *a.* hinged, jointed.

snodare *v.t.* **1** to unknot, to undo*, to untie: ~ *una fune* to untie a knot in a rope. **2** (*rendere elastico*) to loosen (up), to make* supple. **snodarsi** *v.i.pron.* **1** (*slegarsi*) to come* loose (*o* untied). **2** (*avere un andamento sinuoso*) to wind*, to meander: *il fiume si snoda nella pianura* the river winds (*o* meanders) across the plain. **3** (*diventare elastico*) to loosen (up).

snodato *a.* **1** unknotted, undone, untied, loose. **2** (*agile, sciolto*) loose. **3** (*snodabile*) jointed.

snodo *m.* **1** (*Mecc.*) articulation, (articulated) joint. **2** (*di autostrade*) turn-off.

snudare *v.t.* (*lett.*) (*estrarre un'arma dal fodero*) to unsheathe, to draw*.

soave *a.* gentle, sweet, soft.

soavità *f.* gentleness, sweetness, softness.

sobbalzare *v.i.* **1** to jerk, to jolt, to bump. **2** (*trasalire*) to start, to jump, to give* a start (*o* jump): ~ *di paura* to jump with fear.

sobbalzo *m.* **1** jerk(ing), jolt(ing). **2** (*trasali-*

mento) start, jump. ▭ *a sobbalzi* in jolts.
sobbarcare *v.t.* to burden, to load down: ~ *qd. di responsabilità* to load s.o. down with responsibilities. **sobbarcarsi** *v.r.* to take* upon o.s., to undertake* (*a qc.* s.th.).
sobbollire *v.i.* to simmer (*anche fig.*).
sobborgo *m.* suburb; outskirts *pl.*
sobillamento *m.* instigation, incitement.
sobillare *v.t.* to stir up, to instigate, to incite.
sobillatore *m.* instigator.
sobrietà *f.* **1** sobriety, moderateness, temperance. **2** (*semplicità*) sobriety, simplicity. **3** (*concisione*) concision, restraint.
sobrio *a.* **1** sober. **2** (*temperante nel mangiare e nel bere*) abstemious. **3** (*fig.*) moderate, sober, temperate, simple.
Soc. = *Società* company (Co.).
socchiudere *v.t.* **1** to half-close. **2** (*rif. a porte e sim.*) to leave* (*o* set*) ajar.
soccombere *v.i.* **1** to succumb, to give* way (*o* in), to yield. **2** (*morire*) to die, to succumb.
soccorrere *v.t.* to help, to succour, to rescue.
soccorritore *m.* helper; (*chi salva*) rescuer.
soccorso *m.* **1** assistance, help(ing), (*lett.*) succour(ing); (*il salvare*) rescue, rescuing. **2** (*Med.*) aid. **3** *pl.* (*Mil.*) reinforcements *pl.* ▭ **prestare** ~ *a qd.* to help (*o* aid) s.o.; **pronto** ~ first-aid (station); (*negli ospedali*) casualty ward, emergency ward; *cassetta di pronto* ~ first-aid kit; ~ **stradale** road assistance.
socialdemocratico I *s.m.* Social Democrat. **II** *a.* Social Democratic.
socialdemocrazia *f.* **1** (*partito*) Social Democratic party. **2** (*movimento*) Social Democracy.
sociale *a.* **1** social: *doveri sociali* social obligations. **2** (*che tende al benessere sociale*) social, welfare-: *assistente* ~ social worker; *servizi sociali* welfare works; social services. **3** (*che concerne un'associazione*) club-, association-. **4** (*Comm.*) of a firm (*o* company), firm's, company-, corporate: *anno* ~ corporate year. ▭ **assicurazioni** *sociali* social securities; **capitale** ~ corporate capital; **quota** ~ share, quota; **ragione** ~ company's (*o* corporate) name.
socialismo *m.* (*Pol.*) Socialism.
socialista *a./s.m./f.* Socialist.
società *f.* **1** society, community. **2** (*associazione*) society, association, club: ~ *sportiva* sports club. **3** (*società mondana*) (high) society. **4** (*Econ., Dir.*) company, society, partnership; (*am.*) corporation. ▭ **abito** *da* ~ evening dress; ~ *in* **accomandita** *semplice* limited partnership; **alta** ~ high society; ~ **anonima** joint-stock company; (*am.*) corporation; ~ *per* **azioni** joint-stock company; (*am.*) corporation; *la* ~ *dei* **consumi** the consumer society; **fare** ~ *con qd.* to go into business with s.o., to set up a partnership; ~ **finanziaria** commercial credit company, finance company; holding (company); **giochi** *di* ~ parlour (*o* party) games; (*Stor.*) *Società delle* **Nazioni** League of Nations; ~ *a* **responsabilità** *limitata* limited liability company.
socievole *a.* **1** social. **2** (*affabile, cordiale*) sociable, friendly. ▭ *essere poco* ~ to be unsociable.
socievolezza *f.* sociability.
socio *m.* **1** (*Comm.*) partner, associate: ~ *anziano* senior partner. **2** (*membro*) member; (*rif. a società scientifiche o accademiche*) fellow: ~ *a vita* life member. ▭ *prendere qd. come* ~ to take s.o. in partnership.
sociologia *f.* sociology.
sociologico *a.* sociological.
sociologo *m.* sociologist.
soda *f.* **1** (*Chim.*) soda, sodium carbonate. **2** (*acqua di soda*) soda(-water). ▭ ~ *caustica* caustic soda, sodium hydroxide.
sodalizio *m.* society, association.
soddisfacente *a.* satisfactory, satisfying.
soddisfare I *v.t.* **1** (*accontentare*) to satisfy, to please, to gratify: ~ *il pubblico* to please the public. **2** (*appagare*) to satisfy, to gratify, to meet*: ~ *un desiderio* to gratify a wish. **3** (*adempiere*) to fulfil, to comply with, to meet*: ~ *una richiesta* to comply with a request; (*pagare*) to pay* (off), to satisfy. **4** (*riparare*) to make* amends (*o* up) for, to make* good, to atone for: ~ *un'offesa* to atone for an offence. **II** *v.i.* to fulfil, to meet*, to satisfy, to comply (with): ~ *a una richiesta* to satisfy a request.
soddisfazione *f.* **1** satisfaction, gratification. **2** (*gioia*) satisfaction, pleasure. **3** (*riparazione*) satisfaction, redress: *ricevere* ~ *di un'offesa* to obtain satisfaction for a wrong. **4** (*pagamento*) payment, satisfaction. ▭ (*iron.*) *bella* ~*!* that's small comfort!; (*am. fam.*) big deal!
sodezza *f.* firmness, compactness; (*durezza*) hardness; (*solidità*) solidity.
sodio *m.* (*Chim.*) sodium.
sodo I *a.* **1** firm, compact, hard. **2** (*rif. alle uova*) hard-boiled. **3** (*fig.*) (*solido*) sound, firm: *una soda preparazione di base* a sound grounding. **II** *avv.* **1** hard: *picchiare* ~ to hit hard. **2** (*profondamente*) deeply, soundly: *dormire* ~ to sleep soundly. **III** *s.m.* (*terreno fermo*) hard (*o* firm) ground. ▭ (*fig.*) *venire al* ~ to come to the point.
sodomia *f.* sodomy.
sodomita *m.* sodomite.
sodomitico *a.* sodomitic(al).
sofà *m.* sofa.
sofferente *a.* suffering (*per, di* from). ▭ *essere* ~ *di* to suffer from.
sofferenza *f.* suffering, pain, anguish.
soffermare *v.t.* to stop, to hold*. **soffermarsi** *v.i.pron.* **1** to stop (a little), to linger, to pause. **2** (*fig.*) (*indugiare*) to dwell* (*su* upon), to linger (over).
sofferto *a.* **1** suffered, endured, borne. **2** (*fig.*) (*sentito*) deeply felt.
soffiare I *v.i.* **1** to blow*. **2** (*ansare*) to blow*,

to puff (and pant). **3** (*rif. a venti: spirare*) to blow*. **4** (*rif. a felini*) to hiss. **5** (*gerg.*) (*fare la spia*) to play the spy, to spill* the beans, to tip off; (*gerg.*) to sing*. **II** *v.t.* **1** to blow*, to puff. **2** (*fig.*) (*sottrarre con astuzia*) to steal*, to take* away; (*fam.*) to pinch. **3** (*nei giochi*) to huff. **4** (*il vetro.*) to blow*. ▭ ~ *nel* (*o sul*) **fuoco** to blow the fire; (*fig.*) (*fomentare*) to fan the flames; ~ *come un* **mantice** to (puff and) pant; *soffiarsi il* **naso** to blow one's nose; (*Sport*) ~ *la* **palla** to steal the ball.

soffiata *f.* **1** puff. **2** (*gerg.*) (*delazione*) tip(-off).

soffice *a.* **1** soft. **2** (*Agr.*) loose.

soffietto *m.* **1** bellows *pl.* (costr. sing.) (*anche Fot.*). **2** (*Giorn.*) puff. ▭ *a* ~ folding: *porta a* ~ folding door.

soffio *m.* **1** breath, puff. **2** (*Med.*) murmur. **3** (*rumore leggero, ronzio*) buzz, murmur. ▭ (*fig.*) *in un* ~ in an instant, in a flash, in the twinkling of an eye.

soffione *m.* **1** blow-pipe. **2** (*Geol.*) fumarole. **3** (*Bot.*) dandelion.

soffitta *f.* attic, loft, garret.

soffitto *m.* ceiling.

soffocamento *m.* suffocation, choking, stifling (*anche fig.*): *morire di* ~ to die of suffocation, to be chocked to death.

soffocante *a.* suffocating, stifling, choking.

soffocare **I** *v.t.* **1** to suffocate, to smother, to choke (*anche fig.*): ~ *qd. di baci* to smother s.o. with kisses. **2** (*fig.*) (*reprimere*) to suppress, to stifle, to repress; (*rif. alla voce e sim.*) to choke; (*rif. alle fiamme*) to smother, to put* out. **II** *v.i.* to suffocate, to smother, to stifle: *qui si soffoca* it is stifling here. ▭ (*fig.*) ~ *uno* **scandalo** to hush up a scandal; (*fig.*) ~ *una* **rivolta** *nel sangue* to drown a revolt in blood.

soffregare *v.t.* to rub (gently).

soffriggere *v.t./i.* (*Gastr.*) to fry slowly, to brown.

soffrire **I** *v.t.* **1** to suffer (from), to endure: ~ *atroci dolori* to suffer terrible pain. **2** (*sopportare, tollerare*) to bear*, to stand*, to suffer, to endure. **II** *v.i.* **1** to suffer. **2** (*essere soggetto a un disturbo*) to suffer (*di* from). **3** (*essere danneggiato*) to be damaged, to suffer.

soffritto *m.* soffritto (lightly fried mixture of onions and herbs).

soffuso *a.* (*lett.*) (*cosparso*) suffused, spread. ▭ *volto lievemente* ~ *di rossore* slightly flushed face.

Sofia[1] *N.pr.f.* Sophia.

Sofia[2] *N.pr.f.* (*Geog.*) Sofia.

sofisma *m.* (*Filos.*) sophism (*anche estens.*).

sofista *m./f.* sophist.

sofisticare **I** *v.i.* **1** to use sophisms, to argue sophistically. **2** (*criticare pedantemente*) to cavil, to quibble, to split* hairs. **II** *v.t.* to adulterate, to doctor.

sofisticato *a.* **1** adulterated: *burro* ~ adulterated butter. **2** (*fig.*) (*ricercato*) sophisticated.

sofisticazione *f.* **1** adulteration: *sofisticazioni alimentari* food adulteration. **2** (*raffinatezza eccessiva*) sophistication.

sofisticheria *f.* **1** sophistry. **2** (*ragionamento complicato*) hair-splitting, sophistry.

sofistico *a.* **1** (*Filos.*) sophistic(al). **2** (*fig.*) (*pedante*) cavilling, captious.

soggettista *m./f.* (*Cin., Rad., TV*) script-writer.

soggettivismo *m.* **1** subjectivity, subjectiveness. **2** (*Filos.*) subjectivism.

soggettivista *m./f.* subjectivist (*anche Filos.*).

soggettività *f.* subjectivity, subjectiveness (*anche Filos.*).

soggettivo *a.* subjective (*anche Gramm.*).

soggetto[1] *a.* **1** (*sottoposto*) subject (*a* to). **2** (*obbligato*) liable: ~ *a tassa* liable to tax, taxable. **3** (*predisposto*) subject, prone, inclined: ~ *a raffreddori* prone to colds. **4** (*dipendente*) dependent (on).

soggetto[2] *m.* **1** (*argomento*) subject, (subject-) matter, topic. **2** (*Gramm., Med., Filos., Dir.*) subject. **3** (*persona*) person; (*tipaccio*) fellow, bad lot. ▭ (*Teat.*) *recitare a* ~ to act extempore, to extemporize.

soggezione *f.* **1** (*sudditanza*) subjection. **2** (*imbarazzo, disagio*) embarrassment, uneasiness; (*timore riverente*) awe. ▭ *avere* ~ *di qd.* (*sentirsi imbarazzato*) to feel uneasy (*o* embarrassed) in s.o.'s presence; (*averne timore riverente*) to stand in awe of s.o.

sogghignare *v.i.* to sneer, to grin sarcastically.

sogghigno *m.* sneer, sarcastic (*o* sardonic) grin.

soggiacere *v.i.* **1** to be subject (*o* liable) (*a* to), to submit. **2** (*soccombere, cedere*) to yield.

soggiogare *v.t.* to subjugate, to subdue.

soggiornare *v.i.* to stay; (*lett.*) to sojourn.

soggiorno *m.* **1** stay; (*lett.*) sojourn. **2** (*stanza di soggiorno*) living-room, sitting-room. ▭ **permesso** *di* ~ residence permit; **tassa** *di* ~ visitor's tax.

soggiungere *v.t.* to add.

soggolo *m.* **1** wimple. **2** (*di berretto militare*) chinstrap. **3** (*parte dei finimenti*) throat-band, throat-latch.

sogguardare *v.t.* **1** (*guardare di sottecchi*) to look out of the corner of one's eye, to eye furtively, to shoot* a sideways glance. **2** (*guardare di sfuggita*) to steal* a glance at.

soglia *f.* threshold (*anche fig.*) ▭ (*fig.*) *essere alle soglie* to be near.

soglio *m.* (*lett.*) throne, seat: ~ *pontificio* papal seat.

sogliola *f.* (*Zool.*) sole.

sognante *a.* **1** dreamy: *occhi sognanti* dreamy eyes. **2** (*vago, irreale*) dream(-like), unreal.

sognare **I** *v.t.* **1** to dream* of. **2** (*desiderare ardentemente*) to wish, to have dreams of. **3** (*fig.*) (*desiderare, vagheggiare*) to wish, to dream*, to long (for). **4** (*fig.*) (*pensare, immaginare*) to dream*, to think*, to imagine. **II** *v.i.* to dream* (*di* of, about). **sognarsi** *v.i. pron.* to dream*. □ (*fig.*) ~ *a occhi aperti* to daydream. ‖ *non sognartelo!* don't even dream of it!; *mi pare di* ~ I must be dreaming; (*fam.*) *vorrà dire che me lo sono sognato* I must have dreamt it; *non me lo sono mica sognato* I didn't dream it up.

sognatore I *s.m.* **1** dreamer. **2** (*chi sogna a occhi aperti*) daydreamer. **II** *a.* **1** dreaming. **2** (*fig.*) dreamy.

sogno *m.* dream (*anche fig.*). □ *un paesino* **di** ~ a dream village, a delightful (*o* enchanting) little village; **fare** *un* ~ to have a dream; **nemmeno** (o *neanche*) *per* ~ I wouldn't dream of it!; *un* ~ *ad* **occhi** *aperti* a reverie, a daydream; *sogni d'***oro** sweet dreams!

soia *f.* (*Bot.*) soya bean; (*am.*) soy bean. □ **germogli** *di* ~ soya shoots; **latte** *di* ~ soymilk.

sol *m.* (*Mus.*) G, sol.

solaio *m.* (*Edil.*) **1** floor. **2** (*soffitta*) attic, loft. **3** (*abitabile*) garret.

solamente *avv.* only, just, merely. □ *non* ~ ... *ma anche* not only... but also.

solare[1] *a.* **1** (*Astr.*) solar, sun-, of the sun, sun's: *raggi solari* sun's rays. **2** (*di protezione contro il sole*) sun-: *crema* ~ sun-cream.

solare[2] *v.t.* → **suolare**.

solario *m.* (*Edil.*) solarium.

solatio *a.* (*lett.*) sunny.

solatura → **suolatura**.

solcare *v.t.* **1** to plough, to furrow: ~ *le onde* to plough the waves; (*rif. a lampi*) to streak. **2** (*lasciare solchi*) to furrow (*anche fig.*): *le lacrime le solcavano il viso* her face was streaked (*o* furrowed) with tears.

solcatura *f.* ploughing, furrowing.

solco *m.* **1** furrow, drill, streak. **2** (*incavatura*) rut, track. **3** (*scia*) wake. **4** (*fig.*) (*grinza, ruga*) furrow, wrinkle. **5** (*fig.*) (*traccia*) mark, sign. **6** (*Mecc.*) groove. □ **a** *solchi* in drills; *i solchi di un* **disco** the grooves of a record.

soldataglia *f.* (*spreg.*) mob of soldiers, soldiery.

soldatesca *f.* soldiers *pl.*

soldatesco *a.* soldierly, soldierlike.

soldatessa *f.* (female) soldier.

soldatino *m.* (*giocattolo*) tin (*o* lead) soldier.

soldato *m.* soldier. □ **andare** (*a fare il*) ~ to enlist, to join up, to join the army; ~ *di* **fanteria** infantryman, foot-soldier; **fare** *il* ~ to be (*o* serve) in the army; ~ **semplice** private (soldier).

soldo *m.* **1** (*quantità minima di denaro*) penny; (*am.*) cent; farthing. **2** *pl.* (*quattrini*) money; (*fam.*) lolly; (*am. fam.*) dough. **3** (*servizio*) service, pay: *essere al* ~ *di qd.* to be in s.o.'s pay. □ (*fam.*) *essere alto quanto un* ~ *di* **cacio** to be knee-high; *roba da* **pochi** *soldi* worthless (*o* cheap) stuff; (*fam.*) junk; **quattro** *soldi* little money; *avere un* **sacco** *di soldi* to have a lot of money; (*fam.*) to be loaded (*o* rolling in money); *essere* **senza** *un* ~ to be penniless; (*fam.*) not to have a bean.

sole *m.* **1** sun. **2** (*luce solare*) sun, sunlight, sunshine. □ (*fig.*) *avere qc.* **al** ~ to own some property; (*fig.*) *essere* **chiaro** *come il* ~ to be as clear as day(light); **colpo** *di* ~ sunstroke; **da** ~ sun-: *occhiali da* ~ sun-glasses; (*fig.*) *alla* **luce** *del* ~ (*apertamente*) openly, for all to see; **pieno** *di* ~ sunny; *in* **pieno** ~ in bright sunshine; **prendere** *il* ~ to sunbathe; **senza** ~ sunless.

soleggiare *v.t.* to place (*o* put* out) in the sun, to sun.

soleggiato *a.* sunny.

solenne *a.* **1** solemn: *rito* ~ solemn rite. **2** (*grave*) solemn, grave. **3** (*iron.*) (*matricolato*) utter, downright, thorough, real. **4** (*molto forte*) sound, (al)mightly, hearty. □ *un* ~ *imbroglione* scoundrel.

solennità *f.* **1** solemnity. **2** (*concr.*) (*festa solenne*) holiday, solemnity, feast-day. □ **con** ~ solemnly, with solemnity; ~ **religiosa** religious holiday (*o* feast-day).

solennizzare *v.t.* to solemnize.

solere *v.i.dif.* to be in the habit of, to be used (*o* accustomed) to: *sono soliti uscire alle 8 del mattino* they are used to get out at 8 a.m.; (*solo al passato*) would, to use to: *solevano uscire tutte le sere* they would (*o* used to) go out every night. □ *come si suol dire* as people usually say; *come suole accadere* as usually happens.

solerte *a.* (*lett.*) (*alacre*) active, brisk, industrious, willing, hard-working; (*diligente*) diligent.

solerzia *f.* (*diligenza*) diligence, industry.

soletta *f.* **1** (*nelle calze*) foot, stocking sole. **2** (*nelle scarpe*) (*suola interna*) inner sole, insole. **3** (*Edil.*) slab.

soletto *a.*: *solo* ~ all alone.

solfa *f.* (*fig.*) same old story.

solfara *f.* sulphur deposit.

solfatara *f.* (*Geol.*) solfatara, sulphurous volcano.

solfato *m.* (*Chim.*) sulphate.

solfeggiare *v.t.* (*Mus.*) to sol-fa.

solfeggio *m.* (*Mus.*) solfeggio, sol-fa.

solforazione *f.* (*Chim.*) sulphuration.

solforico *a.* (*Chim.*) sulphuric: *acido* ~ sulphuric acid.

solfuro *m.* (*Chim.*) sulphide.

solidale *a.* **1** solid, in agreement (*con* with): *essere* ~ *con qd.* to be in agreement with s.o.; *gli scioperanti erano solidali su questo punto* the strikers were solid on this issue. **2** (*Dir.*) (*rif. a debitore*) jointly and severally liable.

solidarietà *f.* **1** solidarity. **2** (*Dir.*) solidarity, joint (and several) liability.

solidarizzare *v.i.* to solidarize.

solidificare *v.t.* to solidify, to harden. **solidificarsi** *v.i.pron.* to solidify, to harden.

solidificazione *f.* solidification, hardening.
solidità *f.* **1** solidity, firmness. **2** (*fig.*) solidity, soundness. **3** (*rif. a colori*) fastness.
solido I *a.* **1** (*Geom., Fis.*) solid. **2** solid, firm. **3** (*forte, robusto*) strong, stout, sturdy, tough. **4** (*fig.*) (*serio, ben fondato*) solid, sound: *una ditta solida* a solid firm. **5** (*di colori*) fast. **II** *s.m.* (*Geom.*) solid (figure). □ (*Dir.*) *in* ~ jointly and severally.
soliloquio *m.* soliloquy.
solista I *s.m./f.* (*Mus.*) soloist. **II** *a.* solo.
solistico *a.* solo, soloistic.
solitario I *a.* solitary, lonely, lonesome: *una strada solitaria* a lonely road. **II** *s.m.* **1** (*Oreficeria*) solitaire. **2** (*gioco di carte*) patience; (*am.*) solitaire.
solito I *a.* **1** usual, customary: *troviamoci al* ~ *posto* let's meet at the usual place. **2** (*spreg.*) usual, (*fam.*) same old: *è il* ~ *bugiardo* he is the same old liar. **3** (*nelle espressioni ellittiche: si traduce facendo ricorso ad espressioni idiomatiche*): *ne ha fatta una delle solite* he has been up to one of his usual tricks. **II** *s.m.* **1** (*abitudine*) habit, custom, usual practice: *secondo il mio* ~ as my custom is. **2** (*stessa persona*) same, same (old) person. **3** (*solita cosa*) the usual. □ (*fam.*) *siamo* **alle** *solite* it's (*o* we're back to) the same old story, here we go again; (*fam.*) **come** *al* (o *il*) ~ as usual; **di** ~ usually, generally, as a rule; **essere** ~ *fare qc.* to be used (*o* accustomed) to doing s.th.; (*solo al passato*) to use to, would : *a Londra ero* ~ *passeggiare nei parchi* when I was in London I used to (*o* I would) go for walks in the parks.
solitudine *f.* **1** solitude, loneliness. **2** (*luogo solitario*) solitude, wilderness.
sollazzare *v.t.* to entertain, to amuse. **sollazzarsi** *v.i.pron.* to amuse o.s., to enjoy o.s.
sollazzo *m.* **1** (*lett.*) amusement, fun; recreation. **2** (*zimbello*) laughing-stock.
sollecitare *v.t.* **1** to press for, to request urgently, to urge. **2** (*chiedere con insistenza*) to solicit, to press for. **3** (*Mecc.*) to stress.
sollecitazione *f.* **1** solicitation, entreaty, (urgent) request. **2** (*fig.*) (*stimolo*) stimulus, incentive. **3** (*Mecc.*) stress.
sollecito I *a.* **1** (*premuroso*) solicitous, careful; (*che agisce senza indugio*) prompt, quick. **2** (*fatto con premura*) prompt, quick, speedy: *risposta sollecita* prompt reply. **II** *s.m.* (*burocr., Comm.*) **1** reminder. **2** (*lettera sollecitatoria*) letter of reminder, follow-up; (*a un debitore*) dunning letter.
sollecitudine *f.* **1** promptness, dispatch, readiness, speed, alacrity. **2** (*cura*) solicitude, care, attentiveness, thoughtfulness. □ *con* ~ quickly, with dispatch, promptly.
solleone *m.* **1** dog-days *pl.* **2** (*grande calura*) (intense) summer heat.
solleticare *v.t.* **1** to tickle: ~ *i piedi a qd.* to tickle s.o.'s feet. **2** (*fig.*) (*stimolare*) to tickle, to stimulate, to arouse, to whet: ~ *la curiosità di qd.* to arouse s.o.'s curiosity.
solletico *m.* **1** tickle. **2** (*fig.*) prick, spur, stimulus. □ **fare** *il* ~ *a qd.* to tickle s.o.; **soffrire** *il* ~ to be ticklish.
sollevamento *m.* **1** (*il sollevare*) raising, lifting. **2** (*il sollevarsi*) rising, rise. **3** (*Geol.*) folding. □ (*Sport*) ~ *pesi* weight lifting.
sollevare *v.t.* **1** to raise, to lift (*anche fig.*); (*con argani e sim.*) to hoist, to heave*; (*con manovelle e sim.*) to wind* up. **2** (*fig.*) (*presentare, far sorgere*) to raise, to bring* up, to put* forward (*o* in the way): ~ *un'obiezione* to raise an objection. **3** (*fig.*) (*alleggerire*) to relieve, to ease, to disburden (*da* of). **4** (*dare conforto*) to cheer, to comfort, to relieve. **5** (*fig.*) (*far insorgere*) to rouse, to stir up, to raise. **sollevarsi** *v.i.pron.* **1** (*levarsi in alto*) to (a)rise*. **2** (*rizzarsi*) to get* up, to rise* (up), to arise*: *sollevarsi da terra* to get up from the ground. **3** (*fig.*) (*insorgere*) to rise* (up), to rebel, to revolt. □ *mi hai sollevato da un gran* **peso** you've taken a great weight off my shoulders; ~ *lo* **spirito** (o *il morale*) *a qd.* to boost s.o.'s morale.
sollevatore *m.* **1** lifter. **2** (*Mecc.*) lift; (*idraulico*) hoist.
sollevazione *f.* (*insurrezione*) (up)rising, rebellion, insurrection.
sollievo *m.* relief, comfort. □ *con* **mio** *grande* ~ to my great relief; **essere** *di* ~ *a qd.* to be a relief to s.o.
solo I *a.* **1** (*pred.*) alone, by oneself: *essere sempre* ~ to be always alone. **2** (*preceduto dall'art.: unico, singolo*) only, (only) one, single: *credere in un* ~ *Dio* to believe in only one God. **3** (*soltanto*) only, just: *ancora un minuto* ~ just (*o* only) one more minute. **4** *pl.* (*preposto a un sost.: solamente, nessun altro che*) only, just: *rivista per soli uomini* magazine for men only. **5** (*di più cose che diventano uno*) one, single: *i fanciulli gridavano a una sola voce* the boys shouted with one voice. **6** (*non ripetuto, non replicato*) just one, one ... only: *fammi un* ~ *fischio* give me just one whistle. **7** (*che vive da solo*) living alone; (*non sposato*) single. **8** (*in senso spirituale: abbandonato*) forsaken, lonely, lonesome. **9** (*semplice, senz'altro*) mere, alone, only, just: *al* ~ *pensiero rabbrividisco* I shudder at the mere thought. **10** (*esclusivo*) sole. **II** *avv.* **1** only, just, merely. **2** (*appena, non prima*) only, just: ~ *una volta* just once. **3** (*restrittivo*) only, but, just: *è bello,* ~ *un po' caro* it's lovely, but a little expensive. **III** *s.m.* only one. **IV** *congz.* only, but, yet: *ho telefonato,* ~ *non ho trovato nessuno* I phoned but I didn't get any answer. □ (*Mus.*) **a** ~ solo, unaccompained; (*pop.*) ~ *come un* **cane** all alone; ~ **che**: 1 only, but, just, it's just that, the only trouble (*o* thing) is that: *vorrei andarci,* ~ *che non mi bastano i soldi* I'd like to go, only I don't have enough money; 2 (*purché*) provided that, if only; 3 (*se non fosse che*) if

it were not that; **da** ~ alone, by oneself; **da** ~ *a* ~ in private, tête-à-tête; **non** ~ not only; (*come aggiunta*) that's not all; *non* ~ ..., *ma anche* not only ..., but also; (*enfat.*) not only ..., but even; (*in frasi negative*) not only ..., but ... either; **se** ~ if only; ~ **soletto** all (*o* quite) alone, all on one's own (*o* by oneself).

solstizio *m.* (*Astr.*) solstice.

soltanto *avv.* **1** only, just, alone. **2** (*appena*) only, just, barely, merely.

solubile *a.* soluble. ▭ ~ *in* **acqua** water -soluble, soluble in water; **caffè** ~ instant coffee.

solubilità *f.* solubility.

soluzione *f.* **1** (*Chim., Mat.*) solution. **2** (*spiegazione*) solution, answer, explanation. **3** (*decisione*) decision. **4** (*compromesso, accordo*) settlement, arrangement. ▭ ~ **acquosa** water solution; *la* ~ *di un* **indovinello** the answer to a riddle; ~ **pacifica** peaceful settlement; **venire** *ad una* ~ to take a decision.

solvente *a./s.m.* (*Chim., Comm.*) solvent. ▭ **reparto** *solventi* (*in ospedale*) pay-beds (in a hospital); ~ *per* **unghie** nail-polish remover.

solvenza *f.* (*Comm.*) solvency.

solvibile *a.* (*Comm.*) **1** (*che può pagare*) solvent. **2** (*che può essere pagato*) payable.

solvibilità *f.* (*Comm.*) solvency; (*affidabilità*) reliability.

soma *f.* pack, load, burden. ▭ *bestia da* ~ pack animal.

Somalia *N.pr.f.* (*Geog.*) Somaliland.

somalo **I** *a.* Somalian. **II** *s.m.* Somali.

somaro *m.* (*Zool.*) ass (*anche fig.*); donkey.

somatico *a.* (*Biol.*) somatic.

somigliante *a.* similar (*a* to), like (s.o.), (*pred.*) alike. ▭ *un ritratto* ~ a faithful portrait.

somiglianza *f.* resemblance, similarity, likeness.

somigliare *v.i.* to resemble, to look like (*a qd.* s.o.), to be similar (to); (*rif. a membri di una stessa famiglia*) to take* after (s.o.). **somigliarsi** *v.r.recipr.* to look alike, to be alike (*o* similar), to resemble e.o. ▭ *somigliarsi come due gocce d'acqua* to be like two peas in a pod.

somma *f.* **1** (*Mat.*) (*addizione*) addition. **2** (*risultato di un'addizione*) sum, (total) amount. **3** (*quantità di denaro*) sum (of money), amount (of money). **4** (*complesso risultante dall'insieme di più cose*) (sum) total, sum, whole (amount).

sommamente *avv.* (*grandemente: davanti a verbi*) greatly, extremely; (*davanti ad aggettivi*) extremely, most.

sommare **I** *v.t.* to add (up, together), to sum. **II** *v.i.* (*ammontare*) to amount. ▭ *tutto sommato* all (things) considered.

sommarietà *f.* summariness.

sommario[1] *a.* **1** summary, concise, brief. **2** (*Dir.*) summary.

sommario[2] *m.* **1** (*compendio*) summary, brief account; résumé. **2** (*indice*) index; table of contents.

sommergere *v.t.* **1** (*inondare*) to submerge, to flood. **2** (*far affondare*) to sink*. **3** (*fig.*) (*colmare*) to overwhelm, to cover.

sommergibile **I** *a.* submergible, submersible. **II** *s.m.* (*Mar.*) submarine: ~ *atomico* nuclear-powered submarine.

sommergibilista *m.* submariner.

sommesso *a.* **1** (*sottomesso*) submissive, meek. **2** (*rif. a suoni*) soft, low, subdued.

somministrare *v.t.* **1** to give*, to administer. **2** (*scherz.*) (*rif. a schiaffi e sim.*) to deal*, to deliver, (*fam.*) to land. ▭ (*Rel.*) ~ *un sacramento* to administer a sacrament.

somministrazione *f.* **1** administration, giving. **2** (*cosa somministrata*) supply, provision.

sommità *f.* summit, peak, top (*anche fig.*).

sommo **I** *a.* **1** (*altissimo*) very high (*o* tall); (*il più alto*) highest, tallest, topmost. **2** (*il più elevato*) supreme, highest: *il* ~ *Pontefice* the Supreme Pontiff. **3** (*fig.*) (*massimo*) (the) greatest, (the) highest, prime, extreme, top: *una questione di somma importanza* a question of prime importance; *il* ~ *bene* the greatest good. **4** (*fig.*) (*eccellente*) excellent, outstanding, great: *poeta* ~ outstanding (*o* great) poet. **II** *s.m.* summit, peak, top (*anche fig.*). ▭ *in* ~ *grado* to the highest degree.

sommossa *f.* (up)rising, revolt, insurrection.

sommovimento *m.* **1** agitation. **2** (*rif. a movimenti sismici*) tremor. **3** (*tumulto*) tumult.

sommozzatore *m.* diver, frogman (*pl.* –men).

sonagliera *f.* bell-harness, collar with bells.

sonaglio *m.* (jingle-)bell; (*rif. a slitta*) sleigh-bell, jingle-bell. ▭ (*Zool.*) *serpente a sonagli* rattlesnake.

sonante *a.* (re)sounding. ▭ *moneta* ~ ready cash.

sonare → **suonare**.

sonata *f.* **1** (*Mus.*) sonata. **2** *per tutti gli altri signif.* → **suonata.**

sonato → **suonato**.

sonatore → **suonatore**.

sonda *f.* **1** (*Med.*) probe; sound. **2** (*in miniera*) drill. **3** (*Mar.*) (*scandaglio*) sounding-line, sounding-lead. ▭ ~ **lunare** moon (*o* lunar) probe; ~ **meteorologica** weather sonde.

sondaggio *m.* **1** sounding. **2** (*fig.*) (*indagine*) survey, poll, inquiry. **3** (*Med.*) probe, sounding. **4** (*in miniera*) drilling, boring. ▭ (*fig.*) **fare** *un* ~ *presso qd.* to sound s.o. out; ~ *di* **mercato** market probing; ~ *dell'***opinione** *pubblica* public opinion (*o* Gallup) poll.

sondare *v.t.* **1** to sound. **2** (*fig.*) to sound (out), to investigate, to inquire, to probe. **3** (*in miniera*) to drill, to bore.

sondino *m.* (*Med.*) tube.

soneria → **suoneria**.

sonetto *m.* (*Metrica*) sonnet.

sonnacchioso *a.* drowsy, sleepy.

sonnambulismo *m.* somnambulism, sleepwalking.

sonnambulo *m.* somnambulist, sleepwalker.
sonnecchiare *v.i.* to doze, to drowse, to nod.
sonnellino *m.* nap, doze; (*fam.*) forty winks. □ *fare un* ~ to take a nap, to nap.
sonnifero I *s.m.* (*Farm.*) sleeping pill; (*pozione*) sleeping potion (*o* draught). **II** *a.* soporific, somniferous, sleep-inducing.
sonno *m.* **1** sleep. **2** (*desiderio, bisogno di dormire*) sleep(iness), drowsiness. □ **avere** ~ to be sleepy (*o* drowsy); **cascare** *dal* ~ to be asleep on one's feet; (*Med.*) **cura** *del* ~ sleep therapy; **dormire** *di un* ~ *profondo* to be sound asleep; *avere il* ~ **duro** to be a deep sleeper; (*fam.*) to sleep like a log; (*fig.*) ~ **eterno** eternal repose; **malattia** *del* ~ sleeping sickness; (*fig.*) **mettere** ~ *a qd.* to send s.o. to sleep, to make s.o. sleepy; **parlare** *nel* ~ to talk in one's sleep; **prendere** ~ to get to sleep; **rubare** *le ore al* ~ to burn the midnight oil.
sonnolento *a.* sleepy, drowsy, somnolent (*anche fig.*).
sonnolenza *f.* **1** sleepiness, drowsiness. **2** (*fig.*) (*pigrizia, torpore*) torpor, lethargy, sluggishness. **3** (*Med.*) somnolence.
sonorità *f.* **1** sonorousness, resonance, sonority. **2** (*Acustica*) acoustics *pl.* (costr. sing.).
sonorizzare *v.t.* **1** (*Fonetica*) to sonorize, to voice. **2** (*Cin.*) to add the sound-track(s) to.
sonorizzazione *f.* **1** (*Fonetica*) sonorization. **2** (*Cin.*) adding the sound-track(s).
sonoro *a.* **1** sound: *effetti sonori* sound effects; *onde sonore* sound waves. **2** (*rumoroso*) resounding, loud. **3** (*fig.*) (*altisonante*) sonorous; resounding: *una sonora sconfitta* a resounding defeat. **4** (*Fonetica*) sonorous, voiced. □ **cinema** ~ sound film; (*fam.*) the talkies; (*Cin.*) **colonna** ~ sound track.
sontuosità *f.* sumptuousness.
sontuoso *a.* sumptuous.
sopire *v.t.* **1** to put* (*o* send*) to sleep. **2** (*fig.*) (*placare*) to placate, to appease, to soothe.
sopore *m.* **1** drowsiness, light sleep. **2** (*stato patologico*) sopor.
soporifero *a.* **1** soporiferous, soporific, sleep -inducing. **2** (*fig., lett.*) (*noioso*) dull, boring.
soppalco *m.* (*Edil.*) **1** lowered ceiling of a room to create extra space. **2** (*soffitta*) loft.
sopperire *v.i.* **1** (*provvedere*) to provide (*a* for), to meet* (s.th.): ~ *ai bisogni della famiglia* to meet the family's needs. **2** (*supplire*) to make* up.
soppesare *v.t.* to weigh (*anche fig.*).
soppiantare *v.t.* to supplant, to usurp, to oust.
soppiatto *a.*: *di* ~ (*di nascosto*) stealthily; *entrare di* ~ to steal in.
sopportabile *a.* bearable, tolerable.
sopportare *v.t.* **1** (*reggere*) to support, to sustain, to bear*. **2** (*fig.*) (*patire*) to bear*, to endure, to suffer. **3** (*fig.*) (*tollerare*) to stand*, to take*, to put* up with: *ha dovuto* ~ *le sue infedeltà* she had to put up with his infidelities; *non sopporto che tu dica queste cose* I wont't stand your saying that.
sopportazione *f.* **1** endurance. **2** (*tolleranza*) patience, tolerance, forbearance. □ *la mia* ~ *ha un limite* I can't bear it any longer.
soppressione *f.* **1** (*revoca*) suspension, suppression. **2** (*abolizione*) abolition. **3** (*scioglimento*) dissolution. **4** (*uccisione violenta*) killing, liquidation: ~ *un testimone* to eliminate a witness.
sopprimere *v.t.* **1** (*eliminare*) to eliminate, to suppress, to delete. **2** (*abolire*) to abolish, to do* away with: ~ *una carica* to do away with a post; (*rif. a leggi*) to repeal. **3** (*rif. alla censura*) to cut* (out). **4** (*uccidere*) to kill, to eliminate, to liquidate.
sopra I *prep.* **1** (*con contatto*) on, upon: *la casa sta* ~ *la collina* the house stands on the hill. **2** (*senza contatto o con contatto per esprimere rivestimento*) over: *il ponte* ~ *il fiume* the bridge over the river; *mettere un cappotto* ~ *le spalle* to throw a coat over one's shoulders. **3** (*al di sopra di*) above; beyond: *essere al di* ~ *di ogni sospetto* to be above (*o* beyond) suspicion; ~ *zero* above zero. **4** (*per esprimere superiorità, autorità, governo*) over: *regnare* ~ *molti popoli* to rule over many peoples. **5** (*oltre, più di*) over, more than; (*rif. all'età*) over, more than, older than, past: *essere* ~ *la cinquantina* to be over (*o* past) fifty. **6** (*per indicare vicinanza immediata*) on, near: *l'albergo è proprio* ~ *il lago* the hotel is right on the lake. **7** (*al di là da*) beyond, to the north of: *i monti* ~ *Torino* the mountains to the north of Turin. **8** (*al piano superiore*) over, above: *ha la casa* ~ *il negozio* his flat is over the shop. **9** (*moto: dal basso in alto*) onto. **II** *avv.* **1** on here; on there; above, on top. **2** (*al piano di sopra*) upstairs: *abitano* ~ they live upstairs. **3** (*precedentemente*) above, previously, before: *come* ~ as above. **III** *s.m.* (*parte superiore*) top, upper part; (*lato superiore*) top (*o* upper) side; (*rif. a vestiti*) upper part, top. □ *di* **cui** ~ abovementioned, aforesaid; **di** ~: 1 above, next: *il piano di* ~ the floor above, the next floor; 2 (*rif. alla parte superiore di un edificio*) upstairs: *una stanza di* ~ an upstairs room; *essere* (o *stare*) ~ **pensiero** to be lost in thought; **più** ~ farther up; **prendere** ~ *di sé* to undertake; **stare** ~ *a qd.* (*essergli superiore*) to be over s.o.; **uno** ~ *l'altro* one on top of another.
soprabito *m.* overcoat, topcoat.
sopracciglio *m.* (*Anat.*) eyebrow.
sopracciliare *a.* (*Med.*) superciliary; of (*o* near) the eyebrow.
sopraccitato *a.* (*burocr.*) above-mentioned, aforesaid.
sopraccoperta I *s.f.* **1** bedspread, coverlet. **2** (*Legatoria*) dust-jacket, (book-)cover. **II** *avv.* (*Mar.*) on deck.
sopraddetto *a.* above-mentioned, aforesaid.
sopraelevato → **soprelevato.**

sopraffare *v.t.* to overwhelm, to overcome*, to overpower.
sopraffazione *f.* **1** overwhelming, overpowering. **2** (*sopruso*) abuse of power, bullying.
sopraffino *a.* **1** extra fine, first-rate, first class, best quality-. **2** (*fig.*) expert, excellent, exquisite: *gusto* ~ exquisite taste.
sopraggitto *m.* (*Cucito*) overcasting. □ *fare il* ~ to overcast.
sopraggiungere *v.i.* **1** (*arrivare*) to arrive, to come*. **2** (*giungere inaspettatamente*) to turn up, to arrive (*o* come*) unexpectedly. **3** (*accadere*) to turn up, to arise*.
sopraindicato *a.* (*burocr.*) above-mentioned, aforesaid.
sopralluogo *m.* (*ispezione*) on-the-spot investigation (*o* inspection).
soprammobile *m.* knick-knack, trinket.
soprannaturale *a./s.m.* supernatural.
soprannome *m.* nickname.
soprannominare *v.t.* to nickname.
soprannumero *a./s.m.* supernumerary. □ **in** ~ supernumerary, (in) excess; ~ *di* **personale** staff redundancy.
soprano *m.* (*Mus.*) soprano.
soprappassaggio *m.* (*am.*) overpass, overbridge, flyover.
soprappensiero *avv.* absent-mindedly, lost in thought.
soprappiù *m.* extra, surplus. □ *in* (o *per*) ~ besides, in addition.
soprapprezzo *m.* extra charge, surcharge.
soprascarpa *f.* overshoe.
soprassalto *m.* start, jump. □ *di* ~ with a start.
soprassedere *v.i.* to postpone, to delay, to defer, to put* off (*a qc.* s.th.).
soprattacco *m.* (*di scarpe*) heel-piece; (*se di metallo*) heel-plate.
soprattassa *f.* **1** additional tax; extra tax; surtax. **2** (*Poste*) (additional charge for) postage due.
soprattutto *avv.* **1** above all, most of all. **2** (*specialmente*) particularly, especially.
sopravanzare **I** *v.t.* (*superare*) to surpass, to exceed. **II** *v.i.* to be left (over), to remain.
sopravvalutare *v.t.* to overestimate, to overrate.
sopravvalutazione *f.* overestimation, overrating.
sopravvenire *v.i.* **1** (*sopraggiungere*) to arrive suddenly (*o* unexpectedly); (*arrivare per caso*) to turn up. **2** (*capitare*) to occur, to happen.
sopravvento **I** *avv.* (*Mar.*) (to) windward; upwind. **II** *s.m.* **1** (*Mar.*) windward (side). **2** (*fig.*) (*predominio, superiorità*) upper hand, superiority. □ *prendere il* ~ to get the upper hand.
sopravvissuto **I** *a.* surviving. **II** *s.m.* survivor.
sopravvivenza *f.* survival, outliving.
sopravvivere *v.i.* **1** to survive, to outlive (*a qd.* s.o.). **2** (*fig.*) to live on.
soprelevare *v.t.* **1** (*Edil.*) to raise; (*di un piano*) to add a floor (*o* storey) to. **2** (*Strad., Ferr.*) to superelevate, to bank.
soprelevato *a.* **1** (*Edil.*) raised. **2** (*Strad., Ferr.*) elevated, banked, superelevated.
soprelevazione *f.* **1** (*Edil.*) raising; (*di un piano*) addition of a floor (*o* storey); (*parte soprelevata*) part raised (*o* built on); (*piano*) floor (*o* storey) added. **2** (*Strad., Ferr.*) superelevation.
soprintendere *e deriv.* → **sovrintendere** *e deriv.*
sopruso *m.* abuse of power. □ **fare** *un* ~ *a qd.* to bully s.o.; **ricevere** *un* ~ to be abused.
soqquadro *m.* disorder, confusion; (*fam.*) mess. □ *mettere a* ~ to turn upside-down (*o* topsy-turvy).
sorbettiera *f.* ice-cream machine.
sorbetto *m.* (*Gastr.*) sorbet.
sorbire *v.t.* **1** to sip. **2** (*fig. scherz.*) (*sopportare con rassegnazione*) to put* up with.
sorcio *m.* (*pop.*) (*topo*) mouse. □ (*fig.*) *far vedere i sorci verdi a qd.* to make things very hard for s.o.
sordastro *a.* hard of hearing, slightly deaf, deafish.
sordidezza *f.* **1** (*sozzura*) filthiness. **2** (*fig.*) (*turpitudine*) sordidness, baseness. **3** (*fig.*) (*spilorceria*) meanness.
sordido *a.* **1** (*sporco*) filthy, sordid. **2** (*turpe*) sordid, base. **3** (*fig.*) (*avaro*) mean.
sordina *f.* (*Mus.*) mute. □ *in* ~ softly: *cantare in* ~ to sing softly; (*fig.*) (*nascostamente*) on the sly.
sordità *f.* deafness.
sordo **I** *a.* **1** deaf. **2** (*fig.*) (*smorzato*) dull, muffled, stifled: *rumore* ~ dull sound. **3** (*fig.*) (*insensibile*) deaf, unresponsive. **4** (*fig.*) (*tacito*) veiled, secret, hidden: *un* ~ *rancore* a veiled rancour; (*rif. a dolori*) dull, aching. **5** (*Fonetica*) unvoiced, hard. **II** *s.m.* deaf person; *pl.* the deaf (costr. pl.). □ ~ *come una* **campana** as deaf as a post, stone-deaf; **fare** *il* ~ to turn a deaf ear.
sordomuto **I** *a.* deaf and dumb. **II** *s.m.* deaf mute.
sorella *f.* **1** sister (*anche fig.*). **2** (*Rel.*) (*monaca*) nun-sister; (*appellativo*) Sister.
sorellastra *f.* half-sister; stepsister.
sorgente **I** *a.* rising: *la luna* ~ the rising moon. **II** *s.f.* **1** (*acqua che sgorga*) spring: ~ *termale* thermal (*o* hot) spring; (*punto d'origine*) source (*anche Fis.*). **2** (*fig.*) source, origin.
sorgere *v.i.* **1** to rise* (*anche fig.*): *il sole sorge alle sei* the sun rises at six. **2** (*scaturire: rif. ad acque*) to spring*, to rise*. **3** (*fig.*) (*nascere*) to (a)rise*, to spring* (up). **4** (*fig.*) (*apparire*) to arise*, to loom (up), to come* (*o* crop) up: *sono sorte delle difficoltà* some problems have cropped up. □ (*fig.*) **far** ~ to bring about, to cause, to raise: *far* ~ *un dubbio a qd.* to raise a doubt in s.o.'s mind; *al* ~ *del* **sole** at the rising of the sun.

sorgivo *a.* spring-: *acqua sorgiva* spring water.
soriano *m.* (*Zool.*) (*gatto soriano*) tabby (cat).
sormontare *v.t.* **1** to rise* above, to surmount; (*rif. ad acque*) to overflow. **2** (*fig.*) (*superare*) to surmount, to overcome*.
sornione I *a.* sly, sneaky. **II** *s.m.* slyboots.
sorpassare *v.t.* **1** (*oltrepassare: rif. a veicoli*) to overtake*. **2** (*superare in altezza*) to be higher than; (*rif. a persone*) to be taller than. **3** (*fig.*) to surpass, to outdo*, to excel.
sorpassato *a.* out-of-date, old-fashioned.
sorpasso *m.* (*Strad.*) overtaking. ▭ **divieto** *di* ~ no overtaking; **effettuare** *un* ~ to overtake.
sorprendente *a.* surprising, astonishing.
sorprendere *v.t.* **1** (*cogliere inaspettatamente*) to (take* by) surprise, to come* upon, to catch*, to overtake*: *ci sorprese la pioggia* we were caught in the rain. **2** (*stupire, meravigliare*) to surprise, to astonish, to amaze. **sorprendersi** *v.i.pron.* (*meravigliarsi*) to be surprised (*o* amazed) (*di* at, by), to wonder (at).
sorpresa *f.* **1** surprise: *fare una ~ a qd.* to give s.o. a surprise. **2** (*stupore, meraviglia*) surprise, amazement, astonishment. ▭ **con** ~ (*sorpreso*) in surprise; (*meravigliato, stupito*) in amazement, in wonder, wonderingly; **di** ~ by surprise; (*all'improvviso*) suddenly, unexpectedly.
sorreggere *v.t.* **1** (*sostenere*) to support, to hold* up. **2** (*fig.*) (*essere d'aiuto*) to sustain, to buoy up. **sorreggersi** *v.i.pron.* (*reggersi in piedi*) to stand* upright, to stay on one's feet.
sorridente *a.* smiling (*anche fig.*).
sorridere *v.i.* **1** to smile: *~ dell'ingenuità di qd.* to smile at s.o.'s ingenuousness. **2** (*fig.*) (*arridere*) to smile (*a* on), to favour (s.o.). **3** (*fig.*) (*piacere*) to appeal, to please, to like (costr. pers.): *l'idea non mi sorride* this idea doesn't appeal to me. ▭ ~ **a** *qd.* to smile at s.o.; *la* **vita** *mi sorride* life seems good to me.
sorriso *m.* smile (*anche fig.*).
sorsata *f.* gulp, draught.
sorseggiare *v.t.* to sip.
sorso *m.* draught, sip, gulp. ▭ (*a*) ~ **a** ~ in sips; **bere** *in un* ~ to drink at one gulp.
sorta *f.* sort, kind. ▭ **di** ~ what(so)ever, of any kind, at all: *non c'è differenza di* ~ there is no difference (at all); **ogni** ~ *di articoli* all kinds of articles; *della* **stessa** ~ of the same kind; (*spreg.*) (*rif. a persone*) tarred with the same brush.
sorte *f.* **1** (*destino, fato*) fate, destiny. **2** (*destino individuale*) lot, fate. **3** (*evento fortuito*) chance, opportunity: *ho avuto la ~ di conoscerlo* I had the opportunity of meeting him. ▭ *estrarre* (o *tirare*) **a** ~ to draw lots; **buona** ~ good luck; **meritare** *una ~ migliore* to deserve better; *la sua ~ è* **segnata** his fate is sealed; **tentare** *la* ~ to try one's luck; **toccare** (o *venire*) *in ~ a qd.* to fall to s.o.'s lot.
sorteggiare *v.t.* (*estrarre a sorte*) to draw*; (*assegnare tirando a sorte*) to draw* lots for.
sorteggio *m.* drawing (of lots), draw. ▭ *assegnazione per* ~ assignment by lots.
sortilegio *m.* sorcery, magic, witchcraft. ▭ *fare un* ~ to cast a spell.
sortire[1] *v.t.* (*lett.*) **1** (*avere in sorte*) to be endowed with. **2** (*ottenere, produrre*) to have, to get*, to achieve.
sortire[2] *v.i.* **1** (*uscire per sorteggio*) to be drawn. **2** (*pop.*) (*uscire*) to go* out. **3** (*Mil.*) (*effettuare una sortita*) to make* a sortie.
sortita *f.* **1** (*Mil.*) sortie, sally. **2** (*uscita spiritosa, arguzia*) sally, witty remark, quip.
sorvegliante *m./f.* **1** watchman (*pl.* –men), keeper. **2** (*sovrintendente*) overseer, superintendent, supervisor. ▭ ~ *ai* **lavori** work supervisor; ~ **notturno** nightwatchman.
sorveglianza *f.* **1** supervision, surveillance, overseeing. **2** (*vigilanza*) watch, guard: *~ notturna* nightwatch. ▭ (*Dir.*) *~ speciale* police supervision (*o* surveillance).
sorvegliare *v.t.* **1** (*controllare*) to supervise, to oversee*, to watch over. **2** (*vigilare*) to watch over, to look after, to keep* watch (*o* an eye) on.
sorvolare *v.t./i.* **1** to fly* over. **2** (*fig.*) (*tralasciare*) to pass over, to overlook, (*fam.*) to skip. ▭ *sorvoliamo* (*lasciamo perdere*) let's skip it.
sorvolo *m.* flying over; flyover.
S.O.S. *m.* S.O.S. (*segnale internazionale di richiesta di soccorso*) (*anche fig.*): *lanciare l'~* to send out an S.O.S.
sosia *m.* double: *essere il ~ di qd.* to be s.o.'s double.
sospendere *v.t.* **1** (*appendere, attaccare in alto*) to hang* (up), to suspend. **2** (*fig.*) (*interrompere*) to suspend, to break* off, to interrupt; (*cessare*) to stop, to discontinue: *~ i pagamenti* to stop payment. **3** (*rimandare*) to put* off, to postpone, to defer, to adjourn: *~ la partenza* to put off one's departure; *~ la seduta* to adjourn the session. **4** (*fig.*) (*privare temporaneamente di una carica, escludere*) to suspend, to remove: *~ un alunno dalla scuola* to suspend a boy from school.
sospensione *f.* **1** suspending, suspension, hanging (up). **2** (*fig.*) (*interruzione*) suspension; (*rif. a riunioni e sim.*) postponement, adjournment; (*cessazione*) stoppage, stopping, suspension. **3** (*Dir., burocr., Scol.*) suspension. **4** (*Chim., tecn.*) suspension.
sospensorio *m.* (*Sport*) jockstrap.
sospeso *a.* **1** (*appeso*) hanging, suspended (*a* from). **2** (*fig.*) (*interrotto*) suspended, broken off; (*cessato*) discontinued, stopped; (*rinviato*) postponed, deferred; (*rif. a riunioni e sim.*) adjourned. ▭ (*fig.*) *~ a un* **filo** (o *capello*) hanging by a thread; **in** ~: 1 (*burocr.*) in abeyance, not attended to, not dispatched, pending: *tenere in ~ una pratica* to hold a matter in abeyance; 2 (*rif. a conti*)

outstanding, unpaid; 3 (*fig.*) in suspense, anxious: *tenere in* ~ *qd.* to keep s.o. in suspense (*o* on tenterhooks); *essere* ~ **tra** *vita e morte* to hover between life and death.

sospettabile *a.* suspectable, liable to suspicion.

sospettare I *v.t.* **1** to suspect (*anche estens.*): ~ *qd. di un furto* to suspect s.o. of a theft. **2** (*supporre, pensare*) to think*, to suspect. **II** *v.i.* **1** to suspect: ~ *di qd.* to suspect s.o. **2** (*diffidare*) to be suspicious (*di* of), to distrust (s.o.).

sospetto I *s.m.* **1** (*dubbio*) suspicion, mistrust. **2** (*presentimento*) suspicion, misgiving. **II** *a.* **1** suspicious, suspect, under suspicion: *un rumore* ~ a suspicious noise. **2** (*dubbio*) doubtful. □ *senza* ~ unsuspicious, unsuspecting.

sospettoso *a.* suspicious.

sospingere *v.t.* (*lett.*) to drive*, to push.

sospirare I *v.i.* to sigh, to heave* a sigh (*anche fig.*). **II** *v.t.* **1** (*desiderare*) to long (*o* yearn) for, to sigh for. **2** (*attendere con ansia, struggersi*) to wait a long time for, to wait anxiously for. □ ~ **per** *qd.* (*esserne innamorato*) to sigh for s.o.; **farsi** ~ (*farsi attendere*) to keep people waiting for one; (*farsi vedere raramente*) to make o.s. sought after.

sospiro *m.* sigh.

sospiroso *a.* **1** sighing, full of sighs. **2** (*triste, malinconico*) melancholy, plaintive.

sosta *f.* **1** stop(ping), halt(ing). **2** (*riposo*) rest. **3** (*fig.*) (*pausa*) pause, stop, break; (*tregua*) respite. **4** (*Strad.*) parking. □ (*Strad.*) **divieto** *di* ~ no parking; **fare** *una* ~ (*fermarsi*) to stop; (*riposare*) to have a rest; **senza** ~ (*senza interruzione*) non-stop, without a break.

sostantivare *v.t.* to substantivize, to use as a noun.

sostantivo *m.* (*Gramm.*) noun, substantive.

sostanza *f.* **1** (*materia*) substance, material, matter. **2** (*fig.*) (*essenza*) essence, substance, pith. **3** (*valore nutritivo*) nutritive (*o* food) value. **4** *pl.* (*patrimonio*) substance, possessions *pl.*, property. □ ~ **alimentare** foodstuff, food; **in** ~ in substance; (*insomma*) in short, to sum up, in conclusion; ~ **organica** organic matter; *di* **poca** ~ (*di scarso valore nutritivo*) having little nutritive value; (*fig.*) unsubstantial.

sostanziale *a.* **1** (*Filos.*) substantial. **2** (*essenziale*) basic, essential.

sostanzialità *f.* substantiality.

sostanzioso *a.* **1** (*nutriente*) nourishing, rich, substantial. **2** (*fig.*) pithy.

sostare *v.i.* **1** (*fermarsi*) to stop, to halt. **2** (*fare una pausa*) to have a break, to stop, to pause.

sostegno *m.* **1** support, prop (*anche fig.*). **2** (*tecn.*) support, brace, standard. □ *a* ~ *di* supporting; (*fig.*) in support of.

sostenere *v.t.* **1** (*reggere, portare su di sé*) to support, to hold* up, to sustain: *se non l'avessi sostenuto sarebbe caduto* if I hadn't supported him he would have fallen. **2** (*fig.*) (*aiutare, soccorrere*) to help out, to back up, to stand* by, to support; (*difendere, patrocinare*) to support, to stand* up for, to uphold*, to defend. **3** (*fig.*) (*affermare con convinzione*) to assert, to maintain. **4** (*prendere su di sé*) to bear*, to take* upon o.s.: ~ *le spese* to bear expenses. **5** (*mantenere in forze*) to strengthen, to sustain, to help. **6** (*sopportare*) to stand*, to bear*, to endure. **7** (*resistere, fare fronte a*) to resist. **8** (*Comm.*) (*mantenere alto*) to support: ~ *i prezzi* to support prices. **sostenersi** *v.r.* **1** (*appoggiarsi a un sostegno*) to hold* (*o* prop) o.s. up, to support o.s., to lean* (*a* on); (*stare in piedi*) to stand* (up). **2** (*fig.*) (*mantenersi in forze*) to keep* (o.s.) going, to sustain o.s., to keep* up one's strength. □ ~ *la* **concorrenza** to stand up to competition; ~ *un* **confronto** to bear comparison; ~ *la* **conversazione** to keep the conversation going; ~ *un* **esame** to take (*o* sit) for an exam; (*Teat.*) ~ *una* **parte** to act a role, to play a part; ~ *una* **prova** to stand a test; ~ *lo* **sguardo** *di qd.* to stand up to s.o.'s gaze.

sostenibile *a.* **1** (*fig.*) (*tollerabile*) tolerable, supportable, bearable. **2** (*fig.*) (*plausibile*) plausible, tenable, sustainable.

sostenitore I *s.m.* supporter, backer. **II** *a.* contributing, supporting.

sostentamento *m.* support(ing), maintenance, sustenance: *mezzi di* ~ (means of) sustenance.

sostentare *v.t.* to support, to maintain. **sostentarsi** *v.r.* to keep* o.s.; (*nutrirsi*) to live, to feed* o.s. (*di* on).

sostenutezza *f.* reserve(dness), stiffness, stand-offishness.

sostenuto *a.* **1** (*riservato*) reserved. **2** (*freddo*) aloof, stiff, distant, stand-offish. **3** (*Econ.*) steady, continuing high (*o* stable); (*che tende al rialzo*) stiff, upward; (*in Borsa*) bullish. □ (*in Borsa*) **cambi** *sostenuti* stiff rates of exchanges; **spese** *sostenute* expenses incurred.

sostituire *v.t.* **1** (*rimpiazzare*) to replace, to put* in the place of. **2** (*prendere il posto di: rif. a persone*) to substitute for, to stand* in for; (*fare le veci di*) to act for; (*rif. a cose*) to take* the place of, to replace; (*usare al posto di*) to substitute.

sostitutivo *a.* substitutive (*anche Med.*).

sostituto *m.* **1** substitute, representative, deputy; (*assistente*) assistant. **2** (*Teat.*) understudy. □ (*Dir.*) ~ *procuratore* (*GB*) Assistant Public Prosecutor; (*USA*) Assistant District Attorney.

sostituzione *f.* substitution, replacement. □ **in** ~ *di* (*rif. a cose*) in the place of, instead of; (*rif. a persone*) to replace, in place of, as a substitute for; ~ *di* **persona** impersonation.

sostrato *m.* substratum (*pl.* –ta) (*anche fig.*).
sottaceto I *a.* (*Gastr.*) pickled. **II** *avv.* by pickling. **III** *s.m.pl.* (*collett.*) pickles *pl.* ▭ *conservare* ~ to pickle.
sottacqua *avv.* underwater, under the water. ▭ (*fig.*) *lavorare* ~ (*tramare*) to scheme, to be underhand.
sottana *f.* **1** (*gonna*) skirt. **2** (*sottoveste*) slip, petticoat. **3** (*fam.*) (*abito talare*) (priest's) cassock. **4** *pl.* (*scherz.*) (*donne*) women *pl.*, (*fam.*) skirt: *correre dietro alle sottane* to be a skirt-chaser. ▭ (*fig.*) *stare sempre attaccato alle sottane della mamma* to be tied to one's mother's apron strings.
sottecchi *avv.*: *guardare di* ~ *qd.* to glance furtively at s.o., to steal* a look at s.o.
sottendere *v.t.* (*Geom.*) to subtend.
sotterfugio *m.* subterfuge, expedient.
sotterramento *m.* burial, putting underground.
sotterranea *f.* (*metropolitana*) underground (railway), (*fam.*) tube; (*am.*) subway.
sotterraneo I *a.* underground, subterranean (*anche fig.*): *passaggio* ~ underground passage. **II** *s.m.* **1** (*scantinato*) basement, cellar. **2** *pl.* (*prigioni sotterranee*) dungeons *pl.*
sotterrare *v.t.* **1** to bury, to place (*o* lay*) underground: ~ *un tesoro* to bury a treasure. **2** (*Agr.*) (*rif. a semi*) to sow*, to plant.
sottigliezza *f.* **1** thinness; (*snellezza*) slimness, slenderness. **2** (*fig.*) (*acutezza*) keenness, sharpness, acuteness. **3** (*fig.*) (*sofisticheria*) cavil, quibble, nicety, subtlety.
sottile *a.* **1** thin, fine: *parete* ~ thin wall. **2** (*leggero*) fine: *polvere* ~ fine dust. **3** (*esile, snello*) slender, thin, slim. **4** (*fig.*) (*rif. all'aria*) thin, light. **5** (*fig.*) (*acuto*) keen, sharp, acute, penetrating: *ingegno* ~ keen mind; *vista* ~ sharp sight. **6** (*fig.*) (*arguto*) shrewd, acute, subtle. **7** (*fig.*) (*cavilloso*) quibbling, hair-splitting. ▭ (*fig.*) *andare* (o *guardare*) *per il* ~ to split hairs.
sottilizzare *v.i.* to make* (over-)subtle distinctions, to split* hairs, to subtilize.
sottintendere *v.t.* **1** (*tralasciare di esprimere*) to leave* out, to leave* unexpressed; (*tacere*) to pass over in silence. **2** (*implicare*) to imply, to involve. **3** (*intendere qc. non espresso*) to infer, to understand*: *la risposta lascia* ~ *il suo consenso* his answer allows one to infer his consent.
sottinteso I *a.* implicit, understood, clear. **II** *s.m.* implied reference; (*allusione*) allusion, hint. ▭ è (o *resta*) ~ it is understood; **parlare** *per sottintesi* to let s.th. be understood; **senza** *sottintesi* openly, plainly.
sotto I *prep.* **1** under (*anche fig.*): *la lettera è* ~ *il giornale* the letter is under the paper; *ha dieci operai* ~ *di sé* he has ten workers under him; *l'Italia* ~ *Mussolini* Italy under Mussolini; ~ *scorta* under escort; *presentarsi* ~ *falso nome* to present o.s. under a false name; ~ *la minaccia di un pericolo* under the threat of a danger; (*più in basso*) below: ~ *il ginocchio* below the knee. **2** (*meno di, al di sotto di*) under, below, less than: *una ragazza* ~ *i vent'anni* a girl under twenty (years of age); *vendere qc.* ~ *costo* to sell s.th. below cost; ~ *il livello del mare* below sea level. **3** (*a sud di*) south of: *il 35° parallelo* ~ *l'equatore* the 35th parallel south of the equator. **4** (*in espressioni di tempo: durante*) at ... time, during, at: ~ *gli esami* at exam-time. **5** (*Gastr.*) in: *funghi* ~ *olio* mushrooms in oil. **II** *avv.* **1** underneath, below, beneath; (*più giù*) (down) below. **2** (*al piano inferiore*) downstairs, down. **3** (*sotto il vestito*) underneath. **4** (*a piè di pagina*) below. **5** (*esclam. fam.*) come on, (*fam.*) get down to it, (*fam.*) get moving: ~, *tocca a te* come on, it's your turn. **III** *a.* below, underneath: *la riga* ~ the line below; (*inferiore*) lower. **IV** *s.m.* (*parte inferiore*) lower part, bottom. ▭ **andar** ~: 1 to go down; 2 (*entrare sotto le coperte*) to get under the bedclothes; 3 (*essere investito*) to be hit (*o* run over), to be knocked down; (*fig.*) *essere* ~ *le* **armi** to be in the army; ~ *l'***azione** *di qc.* under the effect of s.th., through s.th.; ~ **condizione** *di* up(on) condition that; **di** ~: 1 lower, underneath, below: *lo strato di* ~ the lower layer, the layer underneath; 2 (*al piano inferiore: stato*) downstairs; (*moto*) downstairs, down; 3 (*fuori di casa*) down below, out in the street; 4 (*dal di sotto*) from (down) below, from underneath; (*fig.*) *c'è* ~ *qc.* there's s.th. behind this (*o* underneath); ~ **giuramento** on oath; ~ **mano** within easy reach; (*fig.*) *di* ~ **mano** underhand, on the sly; *mettere* ~ *i* **piedi** to tread underfoot (*anche fig.*); *camminare* ~ *la* **pioggia** to walk in the rain; **più** ~ farther down, lower down; (*rif. a scritti: in seguito*) farther on, below; *essere* ~ **processo** to be on trial; ~ **sotto** deep down; **vedi** ~ see below; ~ **vuoto** vacuum-: *cibo conservato sotto* ~ vacuum-packed food.
sottoascella *f.* (*Sartoria*) (dress-)shield.
sottobanco *avv.* (*di nascosto*) secretly, surreptitiously, stealthily; (*rif. alla vendita di merci*) under the counter.
sottobicchiere *m.* coaster; (*di vetro o metallo*) (glass-)stand; (*piattino*) saucer.
sottobosco *m.* (*Bot.*) underwood, undergrowth, underbrush.
sottobottiglia *m.* coaster, bottle-stand; (*centrino*) mat.
sottobraccio *avv.* arm-in-arm. ▭ ~ *a qd.* arm-in-arm with s.o.; **prendere** *qd.* ~ to take s.o.'s arm.
sottocchio *avv.* before one's eyes, in front of one. ▭ *tenere qc.* ~ to keep an eye on s.th.
sottoccupazione *f.* underemployment.
sottochiave *avv.* locked (*o* shut) up, under lock and key. ▭ *chiudere* ~ *qc.* to lock s.th. up.
sottocipria *m.* (*Cosmetica*) foundation (cream).

sottoclasse *f.* (*Biol.*) subclass.
sottocoda *m.* (*finimento di cavalli*) crupper.
sottocoperta **I** *avv.* (*Mar.*) below (deck). **II** *s.f.* lower deck, underdeck.
sottocosto **I** *avv.* below cost (price). **II** *a.* selling below cost (price).
sottocutaneo *a.* (*Med.*) subcutaneous.
sottofondo *m.* **1** (*Edil.*) foundation, substructure. **2** (*Cin., Acustica*) background sound. **3** (*sfondo*) background (*anche fig.*). □ *in* ~ background-.
sottogamba *avv.* lightly: *prendere* ~ *qc.* to take s.th. lightly, to make light of s.th.
sottogonna *f.* petticoat.
sottogoverno *m.* (*Pol.*) abuse of party patronage in the State administration.
sottogruppo *m.* subgroup.
sottolineare *v.t.* **1** to underline, to underscore. **2** (*fig.*) (*mettere in rilievo*) to stress, to emphasize, to underline.
sottolineatura *f.* **1** underlining, underscoring. **2** (*fig.*) stressing. **3** (*concr.*) underline, underscore.
sottolio *a./avv.* (*Gastr.*) in oil.
sottomano *avv.* **1** (*a portata di mano*) to (*o* on *o* at) hand, within easy reach. **2** (*fig.*) (*di nascosto*) on the quiet, stealthily.
sottomarino *a./s.m.* submarine.
sottomesso *a.* **1** subdued, subject(ed): *popoli sottomessi* subject peoples. **2** (*deferente*) submissive, obedient; (*docile*) yielding.
sottomettere *v.t.* **1** (*assoggettare*) to subdue, to subject, to put* down. **2** (*ridurre al proprio volere*) to subject, to make* submit. **3** (*fig.*) (*subordinare*) to subordinate. **4** (*presentare*) to submit: ~ *un caso al giudizio di qd.* to submit a case to s.o.'s judgement. **sottomettersi** *v.i.pron.* to submit.
sottomissione *f.* **1** subjugation, subjection, subduing. **2** (*remissività*) submission, submissiveness.
sottomultiplo *m.* (*Mat.*) submultiple.
sottopassaggio *m.* **1** (*Strad.*) underpass. **2** (*Ferr.*) subway. □ ~ *pedonale* subway.
sottoporre *v.t.* **1** (*fig.*) (*costringere a qc. di spiacevole*) to subject, to impose. **2** (*presentare*) to submit: ~ *qc. all'esame di qd.* to submit s.th. to s.o. for examination. **sottoporsi** *v.i.pron.* **1** (*subire*) to undergo*, to go* through (with). **2** (*sobbarcarsi*) to undertake*, to take* on, to subject o.s. (to). □ *sottoporsi a una operazione* to undergo an operation.
sottoposto *m.* subordinate, dependent.
sottoprodotto *m.* (*Econ., Comm.*) by-product.
sottoproletariato *m.* lumpenproletariat.
sottordine *m.* (*Biol.*) sub-order. □ *in* ~ (*subordinato*) subordinate, dependent, inferior; (*di secondaria importanza*) of minor importance.
sottoscala *m.* space under a staircase.
sottoscritto *a./s.m.* (*burocr.*) undersigned: *io* ~ I the undersigned.
sottoscrittore *m.* subscriber, underwriter.
sottoscrivere *v.t.* **1** (*firmare*) to sign, to subscribe (to). **2** (*fig.*) (*aderire*) to subscribe (to), to support, to underwrite*: ~ *un prestito* to subscribe to a loan.
sottoscrizione *f.* **1** signature, signing. **2** (*pubblica raccolta di fondi o di firme*) subscription.
sottosegretario *m.* undersecretary.
sottosopra *avv.* **1** upside-down. **2** (*fig.*) (*in grande disordine*) upside-down, topsy-turvy, in (great) disorder. **3** (*fig.*) (*in grande turbamento*) in confusion, in a turmoil.
sottospecie *f.* **1** (*Biol.*) sub-species. **2** (*spreg.*) (lower) species.
sottostante *a.* underneath, underlying, down below.
sottostare *v.i.* **1** (*sottomettersi*) to submit, to yield, to give* in. **2** (*fig.*) (*sottoporsi*) to undergo*, to subject o.s.
sottosuolo *m.* **1** subsoil. **2** (*seminterrato*) basement.
sottosviluppato *a.* underdeveloped.
sottotenente *m.* (*Mil.*) second lieutenant; (*Mar.*) sublieutenant.
sottoterra *avv.* underground.
sottotetto *m.* (*soffitta*) attic, loft; (*mansarda*) garret.
sottotitolo *m.* subtitle (*anche Cin.*); (*Giorn.*) subheading.
sottovalutare *v.t.* to underestimate, to underrate. **sottovalutarsi** *v.r.* to underrate o.s.
sottovaso *m.* saucer (for a flowerpot).
sottovento *avv./s.m.* leeward.
sottoveste *f.* slip, petticoat.
sottovoce *avv.* in a low voice, softly, in an undertone.
sottrarre *v.t.* **1** (*togliere*) to remove, to take* away. **2** (*liberare, salvare*) to save, to rescue. **3** (*rubare*) to steal*, to pilfer, to purloin: ~ *qc. a qd.* to steal s.th. from s.o. **4** (*Mat.*) to subtract. **5** (*detrarre*) to deduct: ~ *le spese* to deduct expenses. **sottrarsi** *v.i.pron.* (*sfuggire*) to escape; (*evitare*) to avoid, to shirk: *sottrarsi al proprio dovere* to shirk one's duty.
sottrazione *f.* **1** removal, taking (away). **2** (*Mat., Filos.*) subtraction.
sottufficiale *m.* **1** (*Mil., Aer.*) non-commissioned officer. **2** (*Mar.*) petty officer.
sovente *avv.* (*spesso*) often.
soverchiare *v.t.* **1** (*fig.*) (*superare*) to surpass, to outdo*. **2** (*fig.*) (*opprimere*) to crush, to overwhelm. **3** (*fig.*) (*rif. a grida*) to shout down.
soverchieria *f.* act of oppression (*o* tyranny), abuse (of power), outrage.
soverchio *a.* (*eccessivo*) excessive, over-, immoderate: *zelo* ~ excessive (*o* excess of) zeal.
soviet *m.* Soviet. □ *Soviet Supremo* Supreme Soviet.
sovietico *a./s.m.* Soviet: *Unione Sovietica* Soviet Union.

sovrabbondante *a.* (super)abundant.
sovrabbondanza *f.* (super)abundance. □ *in* ~ in great profusion (*o* plenty).
sovrabbondare *v.i.* to abound (in).
sovraccaricare *v.t.* **1** to overload, to overburden. **2** (*fig.*) to weigh down: ~ *qd. di lavoro* to weigh s.o. down with work, to overwork s.o. **3** (*tecn.*) to overload.
sovraccarico I *a.* **1** overloaded, overburdened. **2** (*fig.*) (*oberato*) weighed down. **II** *s.m.* **1** overload, overweight. **2** (*fig.*) excessive burden. □ *essere* ~ *di lavoro* to be overwhelmed with work.
sovraesporre *v.t.* (*Fot.*) to overexpose.
sovraffaticare *v.t.* to overtire. **sovraffaticarsi** *v.i.pron.* to overtire o.s.
sovraffollare *v.t.* to overcrowd.
sovraffollato *a.* overcrowded. □ *lo stadio era* ~ *di tifosi schiamazzanti* the stadium was packed with shouting fans.
sovralimentazione *f.* **1** overfeeding. **2** (*tecn.*) supercharging.
sovrana *f.* sovereign.
sovranità *f.* sovereignty (*anche fig.*).
sovrano I *a.* **1** sovereign: *stato* ~ sovereign state. **2** (*fig.*) (*sommo*) supreme, sovereign. **II** *s.m.* **1** sovereign, monarch; (*re*) king. **2** *pl.* (*re e regina*) king and queen.
sovrappassaggio *m.* (*Strad.*) flyover; (*am.*) overpass.
sovrappeso *m.* overweight, excess weight.
sovrappopolare *v.t.* to overpopulate.
sovrappopolazione *f.* overpopulation.
sovrapporre *v.t.* **1** to superimpose, to superpose: ~ *due figure* to superimpose two figures. **2** (*mettere sopra*) to put* (*o* place) over, to lay* on (top of). **3** (*Geom.*) to superpose. **sovrapporsi** *v.i.pron.* to be superimposed, to be (*o* lie*) over, to overlap.
sovrapposizione *f.* superimposition (*anche fig.*).
sovrastare *v.t./i.* **1** to rise* (*o* tower) above, to dominate (s.th.); (*guardare dall'alto*) to overlook (s.th.). **2** (*fig.*) (*essere imminente*) to be imminent (*o* impending). **3** (*fig.*) (*superare*) to surpass, to be over (*a qd.* s.o.), to be superior (to).
sovrastruttura *f.* **1** (*tecn.*) superstructure. **2** (*fig.*) (*inutile aggiunta*) useless adjunct.
sovreccitabile *a.* overexcitable.
sovreccitare *v.t.* to overexcite. **sovreccitarsi** *v.i.pron.* to become* overexcited.
sovreccitazione *f.* overexcitement.
sovrimpressione *f.* **1** (*Fot., Cin.*) superimposed exposure, double-exposure. **2** (*Tip.*) overprint(ing).
sovrintendente *s.m./f.* superintendent, supervisor. □ ~ *alle antichità e belle arti* Head of the Monuments and Fine Arts Service.
sovrintendenza *f.* **1** superintendence, supervision. **2** (*ente*) Service; Government Office.
sovrintendere *v.i.* to superintend, to supervise (*a qc.* s.th.): ~ *ai lavori* to supervise the works.
sovrumano *a.* superhuman (*anche fig.*).
sovvenire I *v.t.* (*venire in aiuto*) to help. **II** *v.i.* **1** (*provvedere*) to take* care of. **2** (*venire in mente*) to come* to mind, to occur: *mi sovviene che* it occurs to me that.
sovvenzionare *v.t.* (*sussidiare*) to subsidize; (*finanziare*) to finance.
sovvenzione *f.* subsidy, grant(-in-aid), financial support: ~ *statale* State subsidy, Government aid.
sovversione *f.* subversion, overthrow(ing).
sovversivo *a./s.m.* subversive.
sovvertimento → **sovversione**.
sovvertire *v.t.* to subvert, to overthrow*, to overturn.
sovvertitore I *s.m.* subverter, overthrower. **II** *a.* subversive.
sozzo *a.* filthy, foul, dirty (*anche fig.*).
sozzura *f.* **1** (*l'essere sozzo*) filthiness. **2** (*sporcizia*) filth. **3** (*fig.*) foulness, filth, loathsomeness.
S.p.A. = *Società per Azioni* Joint Stock Company (*GB* Co. Ltd.; *USA* Inc.).
spaccalegna *m.* woodcutter.
spaccapietre *m.* (*Strad.*) stonebreaker.
spaccare *v.t.* **1** to cut*, to split*, to cleave*: ~ *le pietre con lo scalpello* to split the stones with a chisel. **2** (*rompere*) to break*; (*con l'accetta e sim.*) to chop (up), to cut*. **spaccarsi** *v.i.pron.* to split*, to cleave*, to break*. □ (*pop.*) ~ *la* **faccia** (o *il muso*) *a qd.* to bash s.o.'s face; ~ *il* **minuto** to be dead on time; *questo orologio spacca il* **minuto** this watch keeps perfect time; *c'è un sole che spacca le* **pietre** the sun is scorching; (*fam.*) *o la* **va** *o la spacca* it's do or die.
spaccata *f.* (*Ginn.*) splits.
spaccato I *a.* **1** split, cut, cleft; (*rif. a legna e sim.*) chopped. **2** (*screpolato*) cracked. **3** (*rotto*) broken. **4** (*fig.*) (*vero e proprio*) real, thorough, out-and-out. **5** (*fam.*) (*uguale*) just like, the (spitting) image of: *quel ragazzo è suo padre* ~ that boy is the dead spit of (*o* just like) his father. **II** *s.m.* (*Arch.*) vertical section.
spaccatura *f.* split, fissure, crevice.
spacciare *v.t.* **1** (*vendere*) to sell* (off). **2** (*mettere in circolazione*) to put* about (*o* into circulation), to pass. **3** (*diffondere*) to spread* (about), to put* about. **4** (*far passare*) to pass off: ~ *ottone per oro* to pass off brass as gold. **5** (*fam.*) (*dichiarare inguaribile*) to give* up (all hope for), to despair of (the life of). **spacciarsi** *v.r.* to pass o.s. off, to pretend. □ ~ *droga* to peddle (*o* push) drugs.
spacciato *a.* (*fam.*) **1** (*dichiarato inguaribile*) given up, done for. **2** (*pop.*) (*rovinato definitivamente*) ruined, done for.
spacciatore *m.* **1** distributor. **2** (*di droga*) pusher, peddler.
spaccio *m.* **1** (*vendita*) sale. **2** (*rivendita, negozio*) shop, (*am.*) store; (*nelle caserme, fab-*

briche e sim.) canteen. **3** (*diffusione di cose illecite o false*) pushing: ~ *della droga* pushing drugs.
spacco *m.* **1** split, cut, tear; (*crepa*) crack. **2** (*fenditura*) fissure, crevice. **3** (*Moda*) slit.
spacconata *f.* bragging, boasting, (*fam.*) big talk.
spaccone *m.* bragging, boaster, big talker.
spada *f.* **1** sword (*anche fig.*). **2** (*nella scherma*) épée. **3** *pl.* (*nelle carte da gioco*) spades *pl.* ☐ (*fig.*) **difendere** *a* ~ *tratta* to stand up vigorously for s.o.; (*fig.*) *passare a* **fil** *di* ~ to put to the sword; (*Zool.*) **pesce** ~ swordfish; **sguainare** *la* ~ to draw one's sword.
spadaccino *m.* swordsman (*pl.* –men).
spadino *m.* dirk.
spadista *m.* (*Sport*) fencer.
spadroneggiare *v.i.* to lord it, to play (*o* act) the master, to be domineering (*o* bossy).
spaesato *a.* lost, bewildered.
spaghetti *m.pl.* (*Alim.*) spaghetti.
spagliare *v.t.* to remove the straw (covering) from. **spagliarsi** *v.i.pron.* to lose* the straw (covering).
Spagna *N.pr.f.* (*Geog.*) Spain.
spagnoletta *f.* **1** spool, reel (of silk or cotton). **2** (*arachide*) peanut.
spagnolo **I** *a.* Spanish. **II** *s.m.* **1** (*lingua*) Spanish. **2** (*abitante*) Spaniard; *pl.* the Spanish (costr. pl.).
spago[1] *m.* string, twine. ☐ (*fig.*) *dare* ~ *a qd.* (*incoraggiarlo*) to give s.o. rope.
spago[2] *m.* (*fam., scherz.*) fright, funk.
spaiare *v.t.* to split* (*o* break*) up, to separate.
spaiato *a.* odd.
spalancare *v.t.* to throw* open, to open wide, to fling* open. **spalancarsi** *v.i.pron.* to open wide, to burst* open.
spalancato *a.* wide open. ☐ *restare a bocca spalancata* to gape.
spalare *v.t.* to shovel.
spalata *f.* shovelling.
spalatore *m.* shoveller.
spalla *f.* **1** (*Anat.*) shoulder. **2** *pl.* (*dorso, schiena*) back. **3** (*Alim.*) shoulder. **4** (*Sartoria*) shoulder. **5** (*fig.*) (*retro*) back, rear: *prendere il nemico alle spalle* to take the enemy from the rear. **6** (*di una collina*) shoulder. **7** (*Edil.*) abutment. **8** (*Teat.*) straight man, stooge. ☐ **a** ~ on one's back (*o* shoulders); ~ **a** ~ shoulder to shoulder; **alle** *spalle di qd.* behind s.o.; *assalire qd.* **alle** *spalle* to fall on s.o. from behind (*o* the rear); (*fig.*) *avere qd.* **alle** *spalle* to have s.o. behind one (*o* backing one up); *ridere* **alle** *spalle di qd.* to laugh at s.o. behind his back; **alzare** *le spalle* to shrug (one's shoulders); **guardarsi** *alle spalle* to protect one's rear; (*fig.*) to protect o.s. against the unexpected; *farsi* **largo** *a forza di spalle* to shoulder one's way; (*fig.*) *mettere qd. con le spalle al* **muro** to put s.o. with his back to the wall; (*fig.*) *essere con le spalle al* **muro** (*non aver scampo*) to have one's back to the wall; **su** *con le spalle!* stand up straight!; **voltare** *le spalle a qd.* to turn one's back on s.o. (*anche fig.*).
spallata *f.* **1** push (*o* shove) with the shoulder. **2** (*alzata di spalle*) shrug (of the shoulders).
spalleggiare *v.t.* to back up, to support. **spalleggiarsi** *v.r.recipr.* to back e.o. up, to support e.o.
spalletta *f.* **1** (*parapetto*) parapet. **2** (*Edil.*) jamb.
spalliera *f.* **1** (*rif. a sedie, divani e sim.*) back. **2** (*del letto: testata*) head(board); (*dalla parte dei piedi*) foot(board). **3** (*di giardino*) espalier. **4** (*Ginn.*) (*anche spalliera svedese*) wall bars *pl.*
spallina *f.* **1** (*Mil.*) epaulet(te). **2** (*di abito*) shoulder-strap. **3** (*imbottitura*) shoulder-pad(ding).
spalluccia *f.* (*fam.*) *fare spallucce* to shrug (one's shoulders).
spalmare *v.t.* **1** to spread*, to smear; (*rif. a unguenti e sim.*) to rub (*o* put*) on, to apply. **2** (*ricoprire*) to coat, to cover. **spalmarsi** *v.r.* to smear (*o* spread*) o.s. (*di* with); (*con creme e sim.*) to apply, to rub (*o* put*) on.
spalto *m.* **1** (*bastionata*) glacis, bastion. **2** *pl.* (*gradinate*) terraces *pl.*
spampanato *a.* (*rif. a fiore*) overblown.
spanare *v.t.*, **spanarsi** *v.r.* (*tecn.*) to strip.
spanciata *f.* **1** (*panciata*) belly flop. **2** (*fam.*) (*scorpacciata*) big feed, (*fam.*) bellyful. ☐ (*pop.*) *fare una* ~ *di qc.* to stuff o.s. with s.th.
spandere *v.t.* **1** (*stendere*) to spread*. **2** (*versare involontariamente*) to pour out, to spill*, to shed*. **3** (*diffondere*) to diffuse, to give* out (*o* off). **4** (*fig.*) (*divulgare*) to spread*, to divulge. **5** (*scialacquare*) to squander. **spandersi** *v.i.pron.* **1** to spread*. **2** (*fig.*) (*divulgarsi*) to be spread (*o* divulged).
spanna *f.* span. ☐ (*scherz.*) *essere alto una* ~ to be knee-high.
spappolamento *m.* crushing.
spappolare *v.t.* to (reduce to) pulp, to mash; to crush; (*maciullare*) to mangle. **spappolarsi** *v.i.pron.* to become* pulpy (*o* mushy), to be reduced to a pulp; to be(come*) crushed; to be mangled.
spappolato *a.* pulpy, mushy; crushed.
sparachiodi *f.* staple gun.
sparare *v.t.* **1** to fire, to shoot*: ~ *una revolverata* to fire a shot. **2** (*fig. fam.*) (*dire cose esagerate*) to tell* (in an exaggerated way), to talk big. **spararsi** *v.r.* to shoot* o.s. ☐ (*fam.*) *spararle* **grosse** to talk big, to tell tall stories; ~ *a* **salve** to fire salvoes.
sparata *f.* **1** (*atto*) shooting, firing, discharging. **2** (*effetto*) shot, discharge. **3** (*fig.*) (*smargiassata*) brag(ging), boast(ing).
sparato[1] *a.* (*pop.*) (*veloce*) fast, quick, like a shot.

sparato[2] *m.* (*di camicia*) shirt-front.
sparatore *m.* shooter.
sparatoria *f.* **1** exchange of shots; shoot-out. **2** (*susseguirsi di spari*) shooting.
sparecchiare *v.t.* to clear (the table).
spareggio *m.* **1** (*nei giochi di carte*) deciding game. **2** (*Sport*) play-off. **3** (*Econ.*) (*disavanzo*) deficit, loss.
spargere *v.t.* **1** to scatter, to strew*. **2** (*rif. a persone: sparpagliare*) to scatter, to spread*. **3** (*diffondere*) to give* out (*o* off), to shed*, to diffuse: ~ *calore* to give off heat. **4** (*versare*) to pour (out), to spill*, to shed*. **5** (*fig.*) (*divulgare*) to spread*: ~ *voci* to spread gossip. **spargersi** *v.i.pron.* **1** to scatter, to spread* (out). **2** (*fig.*) (*diffondersi*) to spread*. □ ~ **sale** *su qc.* to sprinkle salt on s.th., (*fig.*) ~ **sangue** to shed (*o* spill) blood.
spargimento *m.* **1** scattering, strewing. **2** (*diffusione*) shedding. **3** (*versamento*) pouring (out), spilling, shedding. □ (*fig.*) ~ *di sangue* bloodshed.
sparire *v.i.* **1** to disappear, to vanish. **2** (*non essere più visibile*) to disappear, to fade away. □ (*fig.*) ~ *dalla* **faccia** *della terra* (*morire*) to take leave of the world; **far** ~ (*occultare*) to hide, to conceal; (*rubare*) to steal, to rob, (*fam.*) to pinch; (*consumare*) to go through; (*uccidere*) to kill.
sparizione *f.* disappearance.
sparlare *v.i.* to speak* ill (*di* of), (*fam.*) to run* down (s.o.).
sparo *m.* shot, report.
sparpagliamento *m.* scattering.
sparpagliare *v.t.* to scatter, to throw* about. **sparpagliarsi** *v.i.pron.* to scatter, to be scattered.
sparso *a.* **1** scattered, strewn. **2** (*lett.*) (*cosparso*) strewn. **3** (*versato*) shed, spilled. **4** (*sciolto*) loose. □ *in ordine* ~ in open order.
spartano *a./s.m.* Spartan (*anche fig.*).
spartiacque *m.* (*Geog.*) watershed; (*am.*) divide.
spartineve *m.* (*Strad., Ferr.*) snowplough; (*am.*) snowplow.
spartire *v.t.* **1** (*dividere in parti*) to divide up, to share (*o* parcel) out, to split* (*o* carve) up. **2** (*separare, dividere*) to separate, to part, to divide. **3** (*rif. a capelli*) to part. □ (*fig.*) *non aver nulla da* ~ *con qd.* to have nothing to do with s.o.
spartito *m.* (*Mus.*) score.
spartitraffico *m.* (*Strad.*) traffic island, safety island; (*am.*) safety zone.
spartizione *f.* division, dividing up, sharing out. □ ~ *del mercato* market sharing.
sparuto *a.* **1** emaciated, gaunt, haggard. **2** (*fig.*) (*esiguo*) scant(y), meagre.
sparviero *m.* **1** (*Zool.*) sparrow-hawk. **2** (*Edil.*) mortarboard.
spasimante *m.* (*scherz.*) (*innamorato*) lover, suitor, wooer, (*lett. scherz.*) swain.
spasimare *v.i.* **1** to be racked with (spasms of) pain. **2** (*estens.*) (*soffrire*) to suffer: ~ *di* (*o dalla*) *sete* to suffer thirst. **3** (*fig.*) (*desiderare ardentemente*) to long, to yearn, to crave. □ ~ *per qd.* (*essere innamorato*) to be (head over heels) in love with s.o.
spasimo *m.* spasm (of pain), pang, agony.
spasmo *m.* (*Med.*) spasm.
spasmodico *a.* **1** (*Med.*) spasmodic(al). **2** (*fig.*) (*angoscioso*) agonizing, distressing.
spassare *v.t.* (*divertire*) to amuse, to entertain. **spassarsi** *v.r.* to have fun (*o* good time). □ *spassarsela* to have the time of one's life.
spassionato *a.* dispassionate, impartial, unbiased.
spasso *m.* **1** (*divertimento*) fun, entertainment, lark. **2** (*scherz.*) (*persona spassosa*) wag, (*fam.*) scream. □ **andare** *a* ~ to go for a walk; (*a zonzo*) to loaf; **che** ~*!* what a lark!; **essere** *a* ~ to be out for a walk; (*pop.*) **trovarsi** *a* ~ (*essere disoccupato*) to be unemployed (*o* out of work), to be (*o* to go) on the dole.
spassoso *a.* amusing, entertaining.
spastico *a./s.m.* (*Med.*) spastic.
spato *m.* (*Min.*) spar.
spatola *f.* spatula.
spauracchio *m.* **1** (*spaventapasseri*) scarecrow. **2** (*fig.*) bugbear, bogeyman (*pl.* –men), bugaboo.
spaurire *v.t.* to frighten, to scare. **spaurirsi** *v.i.pron.* (*spaventarsi*) to be frightened (*o* scared).
spavalderia *f.* **1** arrogance, boldness, (*fam.*) cockiness. **2** (*bravata*) boast, bragging.
spavaldo *a.* arrogant, cocky, cocksure, bold. □ *fare lo* ~ to be a show-off (*o* braggart).
spaventapasseri *m.* scarecrow (*anche fig.*).
spaventare *v.t.* **1** to frighten, to scare. **2** (*estens.*) (*preoccupare*) to frighten, to worry, to alarm. **spaventarsi** *v.i.pron.* to be(come*) frightened (*o* scared *o* terrified), to take* (*o* get* a) fright.
spaventevole *a.* **1** frightening, frightful, fearful. **2** (*orribile*) terrible, horrible, dreadful, awful.
spavento *m.* **1** fear, fright, scare. **2** (*persona, cosa molto brutta*) fright. □ **brutto** *da fare* ~ frightfully ugly; (*enfat.*) **morire** *di* (o *dallo*) ~ to be scared to death.
spaventoso *a.* **1** frightful, dreadful, frightening. **2** (*grande, incredibile*) tremendous, incredible, fantastic.
spaziale *a.* space-, spatial: *era* ~ space age; *tuta* ~ space suit; *volo* ~ space flight.
spaziare I *v.i.* **1** to roam, to wander. **2** (*fig.*) to range, to rove. **II** *v.t.* (*Tip.*) to space.
spaziatura *f.* (*Tip.*) spacing.
spazientire *v.t.* to make* s.o. lose his (*o* her) patience. **spazientirsi** *v.i.pron.* to lose* one's patience.
spazientito *a.* out of patience.
spazio *m.* **1** space: *la conquista dello* ~ the conquest of space. **2** (*posto*) room, space. **3** (*distanza*) distance. **4** (*rif. a tempo*) space,

lapse (*o* period) of time (*spesso non si traduce*): *fece la traduzione nello* ~ *di tre giorni* he did the translation in (the space of) three days. **5** (*Geom., Mus., Tip.*) space. ▭ *nello* ~ *di un* **anno** in a year, in a year's time; (*entro un anno*) within a year; ~ **pubblicitario** advertising space; *venditore di* ~ **pubblicitario** space broker; *in un breve* ~ *di* **tempo** in a short time, soon; ~ **vitale** living space.

spaziosità *f.* **1** spaciousness, roominess. **2** (*ampiezza*) width, breadth.

spazioso *a.* **1** spacious, roomy. **2** (*ampio*) spacious, wide, broad.

spazzacamino *m.* chimneysweep(er).

spazzaneve *m.* snowplough; (*am.*) snowplow.

spazzare *v.t.* **1** to sweep* (*anche fig.*); (*rif. a stanze*) to sweep* out. **2** (*portar via*) to sweep* away, to remove. **3** (*fig.*) (*togliere di mezzo, distruggere*) to wipe out, to sweep* away: ~ *i pregiudizi* to wipe out prejudice. ▭ ~ *via* (*dissipare*) to dispel, to dissipate; (*fare piazza pulita*) to make a clean sweep.

spazzata *f.* quick sweep(ing).

spazzatura *f.* **1** rubbish, garbage; (*am.*) trash; (*l'immondizia spazzata*) sweepings *pl.* **2** (*fig.*) (*cosa spregevole*) rubbish, dirt.

spazzino *m.* street-cleaner, road-sweeper, (*am.*) garbage collector.

spazzola *f.* brush (*anche El.*). ▭ *capelli tagliati* **a** ~ crew-cut hair; ~ *per* **abiti** clothes-brush; *dare un* **colpo** *di* ~ *a qc.* to give s.th. a quick brush; (*Aut.*) *spazzole del* **tergicristallo** windscreen wipers.

spazzolare *v.t.* to brush: *spazzolarsi bene i denti* to brush one's teeth clean.

spazzolata *f.* quick brush(ing).

spazzolino *m.* (*da denti*) toothbrush.

spazzolone *m.* scrub(bing)-brush; (*per lucidare*) floor-polisher.

speaker *ingl.* ['spi:kər] *m.* **1** (*Rad., TV*) newscaster; newsreader; (*nello sport*) commentator. **2** (*GB, USA*) (*presidente della camera*) Speaker.

specchiarsi **I** *v.r.* to look at o.s. in the mirror. **II** *v.i.pron.* (*riflettersi*) to be reflected (*o* mirrored).

specchiato *a.* (*esemplare*) exemplary, model-, upright.

specchiera *f.* (*Arredamento*) **1** (large) mirror. **2** (*tavolino con lo specchio*) dressing-table.

specchietto *m.* **1** (*da borsetta*) (handbag)-mirror. **2** (*prospetto riassuntivo*) table. ▭ (*fig.*) ~ *per* **allodole** lure, decoy, bait; (*Aut.*) ~ **retrovisore** rear-view mirror.

specchio *m.* **1** mirror, (looking-)glass. **2** (*fig.*) (*immagine*) mirror, image. **3** (*fig.*) (*esemplare*) example, model, pattern. **4** (*fig.*) (*prospetto*) table; (*am.*) schedule. ▭ ~ *d'***acqua** sheet (*o* stretch) of water; *pulito* **come** *uno* ~ spotlessly clean, spick-and-span; ~ *del* **lago** surface of the lake; ~ **magico** magic mirror; **stare** *allo* ~ to preen o.s. in front of the mirror.

speciale *a.* **1** special: *numero* ~ special issue; *provvedimenti speciali* special provisions. **2** (*di qualità superiore, scelto*) special, premium, best quality-.

specialista *m./f.* **1** specialist, expert. **2** (*medico specialista*) specialist.

specialistico *a.* **1** specialistic, specialist-. **2** (*rif. a medico*) specialist-, specialist's, by (*o* of) a specialist.

specialità *f.* **1** (*competenza, settore*) special(i)ty, field. **2** (*prodotto caratteristico, piatto tipico*) special(i)ty. **3** (*Sport, Mil.*) speciality. ▭ ~ *farmaceutica* pharmaceutical preparation.

specializzare *v.t.* to specialize. **specializzarsi** *v.r.* to specialize, to become* a specialist (*o* an expert), to become* specialized.

specializzato *a.* specialized, skilled: *operaio* ~ skilled worker.

specializzazione *f.* specialization.

specialmente *avv.* (e)specially, particularly.

specie **I** *s.f.* **1** kind, sort, type: *che* ~ *d'uomo è costui?* what kind of man is he? **2** (*aspetto*) (outward) form, aspect: *apparve sotto* ~ *di angelo* he appeared in the form of an angel. **3** (*Biol.*) species. **II** *avv.* especially, particularly, in particular. ▭ *una* ~ **di** a sort (*o* kind) of, some sort of; **fare** ~ *a qd.* to surprise s.o.; *della* **peggior** ~ of the worst kind (*o* type *o* sort); **sotto** ~ *di* under the appearance of, in the form of; ~ **umana** humankind, mankind.

specifica *f.* (*Comm.*) detailed list.

specificabile *a.* specifiable.

specificare *v.t.* **1** to specify, to state precisely. **2** (*elencare dettagliatamente*) to list in detail.

specificazione *f.* specification. ▭ (*Gramm.*) *complemento di* ~ genitive case.

specificità *f.* specificity.

specifico **I** *a.* **1** specific: *preparazione specifica* specific preparation. **2** (*particolare*) specific, particular. **3** (*preciso*) specific, precise. **4** (*Biol., Med., Fis.*) specific: *peso* ~ specific weight. **II** *s.m.* (*Med.*) specific.

specimen *lat. m.* specimen.

specola *f.* observatory.

speculare[1] *v.i.* **1** (*indagare con l'intelletto*) to speculate. **2** (*Econ.*) to speculate. **3** (*estens. spreg.*) (*sfruttare una situazione*) to take* advantage (*su* of), to exploit (s.th.). ▭ (*Econ.*) ~ *in* **Borsa** to speculate on the Stock Exchange; ~ *al* **rialzo** to bull, to go bull; ~ *al* **ribasso** to bear, to go a bear.

speculare[2] *a.* specular, mirror-.

speculativo *a.* speculative (*anche Econ.*).

speculatore *m.* (*Econ.*) speculator. ▭ ~ *al* **rialzo** bull, short-seller; ~ *al* **ribasso** bear, long-buyer.

speculazione *f.* **1** speculation (*anche Econ.*). **2** (*spreg.*) gamble, play: ~ *politica* political gamble. ▭ (*Econ.*) *fare una* ~ *in Borsa* to take a flier on the Exchange.

spedire *v.t.* to send*, to dispatch: ~ *un pacco* to send a package; (*inoltrare*) to forward;

(*per posta*) to post, to mail, to send*; (*via mare*) to ship. □ ~ *a mezzo* **corriere** to send through a courier; (*pop.*) ~ *qd. all'altro* **mondo** to send s.o. to kingdom come, to bump s.o. off; ~ *a mezzo* **raccomandata** to send by registered mail. ‖ (*Poste*) *spedisce Mario Rossi* from Mario Rossi.

speditezza *f.* **1** promptness, readiness; (*celerità*) speed, quickness. **2** (*nel parlare, nello scrivere*) fluency.

spedito *a.* **1** (*svelto*) quick, fast. **2** (*sciolto*) fluent, easy: *pronuncia spedita* fluent pronunciation.

speditore *m.* sender, dispatcher, forwarder.

spedizione *f.* **1** (*invio*) dispatch; forwarding; (*per posta*) mailing; (*via mare*) shipping; (*via aerea*) air cargo, air freight. **2** (*impresa scientifica* o *militare*) expedition. □ *fare una* ~ to send a consignment, to forward, to ship.

spedizioniere *m.* shipping (*o* forwarding) agent, forwarder.

spegnere *v.t.* **1** to extinguish, to put* out: ~ *il fuoco* to put out the fire; (*soffiando*) to blow* out. **2** (*fig.*) to stifle, to kill. **3** (*con interruttore*) to switch off. **4** (*rif. ad apparecchi elettrici, gas, motori*) to turn off. **5** (*smorzare*) to muffle, to weaken, to lessen. **6** (*pagare i debiti*) to pay* off, to extinguish; to settle. **spegnersi** *v.i.pron.* **1** to go* (*o* burn*) out. **2** (*rif. a corrente, gas e sim.*) to go* out; (*rif. a macchine e sim.*) to stop, to stall. **3** (*fig.*) (*venir meno*) to fade (*o* die) away; (*scomparire*) to die. **4** (*fig.*) (*morire*) to die, to pass away. □ (*fig.*) ~ *la* **sete** to quench one's thirst; ~ *una* **sigaretta** (*schiacciandola*) to stub out a cigarette.

spelacchiare *v.t.* to tear* (patches of) the hair (*o* fur) off. **spelacchiarsi** *v.i.pron.* to lose* (patches of) hair (*o* fur).

spelacchiato *a.* **1** (*che ha pochi peli*) mangy, scruffy, scanty-haired. **2** (*logoro*) worn-out, threadbare, shabby, mangy.

spelare **I** *v.t.* to remove the hair from. **II** *v.i.*, **spelarsi** *v.i.pron.* to lose* fur (*o* hair).

speleologia *f.* spel(a)eology.

speleologo *m.* spel(a)eologist.

spellare *v.t.* **1** to skin, to flay. **2** (*produrre un'escoriazione*) to skin, to scrape, to graze. **3** (*fam.*) (*chiedere prezzi esosi*) to fleece. **spellarsi** *v.i.pron.* to peel.

spellatura *f.* **1** skinning, flaying. **2** (*escoriazione*) graze, scrape.

spelonca *f.* **1** (*caverna*) cavern, cave. **2** (*fig.*) (*abitazione tetra*) hole, hovel.

spelta *f.* (*Bot.*) spelt.

spendaccione *m.* spendthrift.

spendere *v.t.* **1** to spend*: *spende troppo* (*denaro*) *per i vestiti* she spends too much (money) on clothes. **2** (*fig.*) (*sprecare*) to waste, to throw* away: ~ *il fiato* to waste one's breath. □ ~ *una buona* **parola** *per qd.* to put in a good word for s.o.; (*fam.*) ~ *e* **spandere** to spend money like water; to squander one's money.

spendereccio *a.* spendthrift, lavish.

spennacchiato *a.* plucked.

spennare *v.t.* **1** to pluck. **2** (*fig. fam.*) (*chiedere prezzi esosi*) to fleece. **spennarsi** *v.i.pron.* to lose* feathers; (*fare la muta*) to moult.

spennata *f.* plucking.

spennellare *v.t.* to paint.

spennellata *f.* **1** painting. **2** (*tratto di pennello*) stroke of the brush.

spennellatura *f.* painting.

spensieratezza *f.* light-heartedness, thoughtlessness.

spensierato *a.* carefree, light-hearted, happy-go-lucky.

spento *a.* **1** put out, (*pred.*) out; (*che si è spento*) (*pred.*) out, burnt-out: *il fuoco è* ~ the fire is (*o* has gone) out; (*estinto*) extinct: *vulcano* ~ extinct volcano. **2** (*rif. ad apparecchi elettrici, corrente, gas, macchine e sim.*) (*pred.*) off: *tutte le luci erano spente* all the lights were off. **3** (*fig.*) (*smorzato*) dull, dead: *colori smorzati* dull colours; (*privo di vivacità*) lifeless, dull. **4** (*morto*) lifeless, dead. **5** (*rif. a calce*) slaked, quenched.

spenzolare *v.t./i.* to hang*, to dangle.

sperabile *a.* to be hoped. □ *è* ~ *che* it is to be hoped that, let us hope that.

speranza *f.* hope (*anche estens.*). □ *di* **belle** *speranze* promising, up-and-coming: *un giovane avvocato di belle speranze* an up-and-coming young barrister; **con** *la* ~ *di fare qc.* in the hope of doing s.th.; **deludere** *le speranze di qd.* to dash s.o.'s hopes; *avere una* **mezza** ~ *di riuscire* to have a fair chance of succeeding; **oltre** *ogni* ~ beyond all hope; **pieno** *di speranze* hopeful, full of hope; **vivere** *di speranze* to live on hope; **vivere** *nella* ~ *che succeda qc.* to live in hope of s.th. happening.

speranzoso *a.* hopeful, full of hope.

sperare **I** *v.t.* **1** to hope (for): *spero che succeda qc.* I hope for s.th. to happen; *lo spero* I hope so. **2** (*aspettarsi*) to expect. **II** *v.i.* to hope, to trust, to place one's confidence (*in qd.* in s.o., *in qc.* for s.th.): ~ *in Dio* to trust in God. □ *speriamo* **bene** let's hope for the best; *tutto la* **fa** ~ it looks very promising (*o* hopeful); **far** ~ *qc. a qd.* to make s.o. hope for s.th.; *spero di* **no** I hope not; ~ *di* **sì** to hope so.

sperdersi *v.i.pron.* **1** to lose* one's way, to get* lost. **2** (*fig.*) to become* (*o* get*) lost, to lose* one's sense of direction.

sperduto *a.* **1** (*smarrito*) lost, astray. **2** (*isolato*) isolated, out-of-the-way. **3** (*fig.*) (*a disagio*) lost, bewildered, ill at ease.

sperequazione *f.* disproportion, inequality: ~ *salariale* inequality of pay.

spergiurare *v.i.* to commit perjury, to perjure o.s., to forswear* o.s.

spergiuro[1] **I** *a.* perjured, forsworn. **II** *s.m.* perjurer.

spergiuro[2] *m.* (*falso giuramento*) perjury.
spericolato I *a.* reckless, foolhardy: *guidatore* ~ reckless driver. **II** *s.m.* daredevil, reckless person.
sperimentale *a.* experimental: *teatro* ~ experimental theatre.
sperimentare *v.t.* **1** to experiment, to test, to try out. **2** (*fig.*) (*mettere alla prova*) to (put* to the) test, to try. **3** (*tentare*) to try, to attempt.
sperimentato *a.* **1** (*esperto*) experienced, expert, tried. **2** (*conosciuto per esperienza, efficiente*) (well-) tried, proved, tested.
sperimentatore *m.* experimenter.
sperimentazione *f.* experimentation.
sperma *m.* (*Biol.*) sperm.
spermatozoo *m.* (*Biol.*) spermatozoon (*pl.* spermatozoa).
speronare *v.t.* (*Mar., Aut.*) to ram: *la mia macchina ha speronato un camion* my car rammed against (*o* into) a lorry.
speronata *f.* **1** (*Mar.*) ramming. **2** (*colpo dato con lo sperone*) spurring.
sperone *m.* **1** spur (*anche Geol.*). **2** (*Zool.*) (*di cani e bovini*) dewclaw.
sperperare *v.t.* **1** to squander, to dissipate. **2** (*estens.*) (*consumare malamente*) to waste, to dissipate.
sperperatore *m.* squanderer, dissipater.
sperpero *m.* squandering, dissipation; (*spreco*) waste.
spersonalizzare *v.t.* to depersonalize. **spersonalizzarsi** *v.i.pron.* to lose* (*o* give* up) one's personality.
spersonalizzazione *f.* depersonalization.
sperticarsi *v.i.pron.* to exaggerate, to overdo* (*in qc.* s.th.), to lavish (s.th.): ~ *in complimenti* to lavish compliments.
sperticato *a.* exaggerated, excessive, overprofuse.
spesa *f.* **1** expenditure, expenses *pl.* **2** (*costo*) cost. **3** (*acquisto*) purchase, buy; (*acquisti giornalieri*) shopping: *andare a fare la* ~ to do the shopping. □ **a** *spese di* at the expense of (*anche fig.*): *ho imparato a mie spese* I learned at my expense; *non* **badare** *a spese* to spare no expense; *spese d'***esercizio** running costs, (*am.*) operating costs; *spese* **extra** extra charges, extras *pl.*; (*fig.*) **far** *le spese di qc.* to pay for s.th.; *spese* **generali** overheads *pl.*, general (*o* regular) expenses; **meno** *le spese* excluding expenses; *spese* **minute** petty charges (*o* expenses); **nota** *spese* (*per trasferta*) expense account; **per** *una* ~ *di* at a cost of; **più** *le spese* plus expenses; *con* **poca** ~ at little expense; (*fig.*) (*con poca fatica*) without much effort; *spese* **postali** postage; *spese* **pubbliche** public (*o* government) expenditure; *spese di* **spedizione** forwarding (*o* shipping) costs; *spese di* **trasporto** (*rif. a merci*) transport charges, freight(age), carriage; (*rif. a passeggeri*) fare(s); *spese* **vive** out-of-pocket expenses; **vivere** *alle spese di qd.* to live off s.o.
spesare *v.t.* to pay* (*o* reimburse) the expenses of: *il nostro personale in trasferta all'estero è completamente spesato* our personnel abroad have all expenses paid.
spesso I *a.* **1** (*denso*) thick: *nebbia spessa* thick fog. **2** (*fitto, folto*) thick, dense: *un bosco* ~ a dense wood. **3** (*di notevole spessore*) thick: *un'asse spessa tre centimetri* a board three centimetres thick. **4** (*frequente*) frequent, repeated. **II** *avv.* often, frequently. □ **molto** ~ very often (*o* frequently); (*fam.*) ~ *e* **volentieri** very often.
spessore *m.* **1** thickness. **2** (*tecn. concr.*) distance spacer (*o* piece), shim, wedge.
spettabile *a.* respectable, honourable. □ *alla* ~ **Direzione** The Manager; ~ **ditta** *Bianchi* Messrs. Bianchi.
spettacolare *a.* spectacular.
spettacolarità *f.* spectacularity.
spettacolo *m.* **1** show, play, entertainment: ~ *di varietà* variety show. **2** (*rappresentazione*) performance. **3** (*vista che suscita notevole impressione*) sight, spectacle. □ ~ **cinematografico** film (*o* motion-picture show), (*fam.*) movies *pl.*; (*fig.*) **dare** ~ *di sé* to make a spectacle of o.s.; **mondo** *dello* ~ show business; (*am.*) showbiz; ~ **pomeridiano** matinée; ~ **teatrale** play.
spettacoloso *a.* **1** spectacular. **2** (*fam.*) (*eccezionale*) spectacular, fantastic, extraordinary.
spettante *a.* due.
spettanza *f.* **1** (*competenza*) concern. **2** (*Comm.*) (*somma dovuta*) (amount) due. □ *essere di* ~ *di* (o *a*) *qd.* to be s.o.'s concern (*o* business); (*burocr.*) to lie within s.o's province.
spettare *v.i.* **1** (*competere per dovere*) to be the duty (*o* concern) (*a* of), to be up to. **2** (*essere di pertinenza*) to be the concern (*o* business), to be for (*o* up to): *non spetta a te decidere* it is not for you to decide. **3** (*appartenere per diritto*) to be due, to have the right (costr. pers.), to be entitled (costr. pers.): *gli spetta un terzo dell'eredità* he is entitled to a third of the estate.
spettatore *m.* **1** spectator. **2** *pl.* audience, spectators *pl.* **3** (*testimone*) witness.
spettegolare *v.i.* to gossip.
spettinare *v.t.* to dishevel (*o* ruffle) the hair of, (*fam.*) to mess up the hair of. **spettinarsi I** *v.r.* to make* one's hair untidy, to dishevel (*o* ruffle) one's hair. **II** *v.i.pron.* to get* one's hair dishevel(l)ed.
spettinato *a.* dishevelled, uncombed, with unkempt hair.
spettrale *a.* **1** ghostly, ghost-like, spooky. **2** (*Fis*) spectral, spectrum
spettro *m.* **1** ghost, spectre, spook. **2** (*fig.*) spectre. **3** (*Fis.*) spectrum.
spettroscopia *f.* (*Fis.*) spectroscopy
spettroscopico *a.* (*Fis.*) spectroscopic
spettroscopio *m.* (*Fis.*) spectroscope.
speziale *m.* **1** spice-seller. **2** (*pop. ant.*) (*farmacista*) chemist; (*droghiere*) grocer

speziare *v.t.* to spice, to flavour with spices.
spezie *f.pl.* (*Gastr.*) spices *pl.*
spezzare *v.t.* **1** to break*: ~ *il pane* to break the bread. **2** (*staccare rompendo*) to break* (*o* snap) off. **3** (*fig.*) (*dividere in due o più parti*) to break* (*o* split*) up. **spezzarsi** *v.i. pron.* to break* (*o* snap) off. □ (*fig.*) *mi si spezza il cuore* my heart is breaking.
spezzatino *m.* (*Gastr.*) stew.
spezzato **I** *a.* broken. **II** *s.m.* (*abito*) sports jacket and trousers.
spezzettamento *m.* breaking up (*anche fig.*).
spezzettare *v.t.* **1** to break* up (*o* into small pieces), to divide into fragments; (*tagliando*) to cut* into small pieces; (*spaccando*) to chop. **2** (*fig.*) to break* up, to fragment.
spezzone *m.* **1** (*Mil.*) incendiary bomb. **2** (*Cin.*) strip of blank film.
spia *f.* **1** spy. **2** (*rif. a bambini*) telltale. **3** (*informatore della polizia*) (police) informer. **4** (*fig.*) (*indizio*) sign, evidence. **5** (*di porta, ecc.*) spy-hole, peep-hole. **6** (*tecn.*) (*lampada spia*) pilot light; (*indicatore d'emergenza*) warning light. □ (*Aut.*) ~ *dell'***acqua** water temperature gauge; **fare** *la* ~ to play the spy; **fare** *la* ~ *contro qd.* to inform on s.o.; (*Aut.*) ~ *dell'***olio** oil window (*o* indicator).
spiaccicare *v.t.* **1** to squash, to crush. **2** (*ridurre in poltiglia*) to (squash to a) pulp. **spiaccicarsi** *v.i.pron.* **1** to squash. **2** (*diventare poltiglia*) to become* a pulp.
spiacente *a.* sorry: *siamo spiacenti dell'accaduto* we are sorry about what happened.
spiacere **I** *v.i.impers.* **1** (*provare rammarico*) to be sorry (costr. pers.), to regret (costr. pers.): *mi spiace, ma devo dire di no* (I'm) sorry, but I must say no; (*provare contrarietà*) not to like (costr. pers.): *mi spiace il tuo modo di fare* I don't like your behaviour. **2** (*in formule di cortesia*) to mind (costr. pers.): *se non ti spiace, vorrei andare* if you don't mind I'd like to go. **II** *v.i.* to upset*, to displease, to grieve (*a qd.* s.o.): *il vostro contegno spiace a tutti* your behaviour upsets everyone.
spiacevole *a.* **1** unpleasant, disagreeable. **2** (*increscioso*) regrettable, unfortunate.
spiaggia *f.* (sea-)shore, beach.
spianamento *m.* levelling.
spianare *v.t.* **1** to (make*) level, to make* even. **2** (*rendere liscio*) to smooth, to smooth out, to plane: ~ *la fronte* to smooth one's brow. **3** (*rif. a pasta e sim.*) to roll out. **4** (*puntare*) to level, to aim: ~ *il fucile contro qd.* to level one's gun at s.o. **5** (*radere al suolo*) to raze (to the ground), to flatten. **6** (*fig.*) to smooth (out, away), to straighten out. **spianarsi** *v.i.pron.* to become* smooth, to smooth down (*anche fig.*). □ (*fig.*) ~ *la strada a qd.* to smooth s.o.'s way.
spianata *f.* esplanade.
spianatoia *f.* pastry-board.
spianatrice *f.* (*Mecc.*) grader.
spiano *m.*: (*fig.*) *a tutto* ~ (*senza limite*) to the utmost, as hard as one can; (*senza interruzione*) non-stop, without a break.
spiantato **I** *a.* penniless. **II** *s.m.* pauper.
spiare *v.t.* **1** (*osservare*) to spy (on): ~ *il nemico* to spy on the enemy; (*indagare*) to spy out, to investigate. **2** (*ascoltare di nascosto*) to eavesdrop (*o* spy) on. **3** (*aspettare*) to watch (*o* wait) for.
spiata *f.* denouncement; (*fam.*) tip-off.
spiattellare *v.t.* to tell*, to blab, to blurt out.
spiazzo *m.* **1** open space (*o* ground), esplanade. **2** (*radura*) clearing.
spiccare **I** *v.t.* **1** to detach, to cut* off; (*rif. a fiori, a frutta*) to pick, to pluck. **2** (*compiere un movimento brusco*) to take*, to do*, to give*: ~ *un salto* to take a leap, to give a jump. **3** (*pronunciare distintamente*) to pronounce distinctly. **4** (*Dir.*) to issue: ~ *un mandato di cattura* to issue a warrant of arrest. **5** (*Comm., burocr.*) (*emettere*) to emit, to issue: ~ *un assegno* to issue a cheque. **II** *v.i.* **1** (*dare nell'occhio*) to catch* the eye, to be striking. **2** (*distinguersi*) to stand* out (*tra* among, from), to tower (over). □ ~ *il volo* to take wing; (*fig.*) to take (to) flight.
spiccato *a.* **1** (*marcato*) marked, unmistakable: *uno* ~ *accento siciliano* a marked (*o* strong) Sicilian accent; (*notevole, singolare*) great, remarkable: *avere uno* ~ *senso dell'umorismo* to have a remarkable sense of humour. **2** (*nitido, distinto*) sharp, clear, distinct.
spicchio *m.* **1** (*di agrumi*) segment, piece; (*di aglio*) clove. **2** (*fetta a forma di spicchio*) piece, slice. □ **fare** *a spicchi* to cut in pieces; ~ di **luna** crescent (moon).
spicciarsi *v.i.pron.* (*sbrigarsi*) to hurry (up): *spicciati!* hurry up!
spicciativo *a.* **1** (*sbrigativo*) quick, hurried. **2** (*brusco*) brusque, rough.
spiccicare *v.t.* **1** (*staccare cose appiccicate*) to unstick*, to detach. **2** (*articolare*) to utter, to say*: *non riesce a* ~ *una parola* he can't say a word. **spiccicarsi** *v.i.pron.* **1** (*staccarsi*) to come* off (*o* away). **2** (*fig.*) (*liberarsi*) to get* away (*da* from), to get* rid (of).
spiccio **I** *a.* **1** (*sbrigativo*) quick, hasty; (*brusco*) brusque, abrupt: *modi spicci* abrupt ways. **2** (*spicciolo*) small, loose: *denaro* ~ small (*o* loose) change. **II** *s.m.pl.* (small) change. □ *andare per le spicce* to go straight to the point.
spicciolato *a.*: *alla spicciolata* (*uno alla volta*) one at a time; (*pochi alla volta*) a few at a time.
spicciolo **I** *a.* small, loose. **II** *s.m.pl.* (small) change, small coins.
spicco *m.* conspicuousness; (*risalto*) prominence, relief. □ *far* ~ (*risaltare*) to catch the eye, to stand out; (*essere superiore*) to tower.
spider *m./f.* (*Aut.*) sports-car.

spidocchiare *v.t.* to delouse, to remove lice from.
spiedino *m.* (*Gastr.*) spit.
spiedo *m* (*Gastr.*) spit, skewer. ▭ *allo* ~ on the spit.
spiegabile *a.* explainable, explicable.
spiegamento *m.* (*Mil.*) deployment.
spiegare *v.t.* **1** to unfold, to spread* (*o* open *o* lay*) out: ~ *la tovaglia* to spread out the tablecloth; (*srotolare*) to unroll; (*rif. a vele, a bandiere*) to unfurl. **2** (*fig.*) (*far capire*) to explain; (*esporre commentando*) to expound, to explain; (*interpretare*) to interpret. **3** (*giustificare*) to account (for). **4** (*Mil.*) to deploy: ~ *le truppe* to deploy the troops. **spiegarsi** *v.r.* **1** (*rendersi conto*) to understand*: *non riesco a spiegarmi il suo comportamento* I can't understand his behaviour. **2** (*farsi capire*) to explain o.s., to make* o.s. clear. **3** (*recipr.*) (*venire a una spiegazione*) to have a frank talk, to clear things up. ▭ ~ *le* **ali** to spread one's wings; (*fam.*) **mi** *spiego* (*voglio dire*) let me explain; (*fam.*) **mi** *spiego?* (*capisci?*) do you see what I mean?; *non* **so** *se mi spiego* need I say more?
spiegato *a.* **1** unfolded, spread out, opened out; (*srotolato*) unrolled; (*rif. a vele o bandiere*) unfurled. **2** (*fig.*) (*chiarito*) explained, cleared up.
spiegazione *f.* explanation; (*commento*) commentary; (*interpretazione*) interpretation. ▭ **avere** (o *venire a*) *una* ~ *con qd.* to talk things out with s.o.; **dare** ~ *di qc. a qd.* to account to s.o. for s.th.
spiegazzare *v.t.* to crease, to crumple, to rumple.
spiegazzatura *f.* **1** creasing. **2** (*piega*) crease.
spietatezza *f.* **1** pitilessness, mercilessness. **2** (*inesorabilità*) ruthlessness.
spietato *a.* **1** pitiless, merciless; ruthless. **2** fierce: *una concorrenza spietata* a fierce competition. ▭ *fare una corte spietata a una ragazza* to court a girl persistently.
spifferare I *v.t.* (*fam.*) to blab, to blurt out. **II** *v.i.* (*rif. al vento*) to whistle (through a crack).
spiffero *m.* (*fam.*) draught; (*am.*) draft.
spiga *f.* (*Bot.*) spike, ear.
spigato *a.* (*tessuto*) herring-bone. ▭ *tessuto* ~ herring-bone fabric.
spighetta *f.* (*Sartoria*) trimming, braid.
spigliatezza *f.* self-confidence, self-possession, self-assurance.
spigliato *a.* **1** (*disinvolto*) self-confident, self-possessed, self-assured. **2** (*agile*) nimble.
spignorare *v.t.* (*riscattare*) to redeem; (*rif. a cosa data in pegno*) to take* out of pawn.
spigola *f.* (*Zool.*) seabass.
spigolare *v.t.* to glean (*anche assol. e fig.*).
spigolatura *f.* gleaning. ▭ *spigolature di cronaca* news picked up here and there.
spigolo *m.* **1** corner. **2** (*Geom.*) edge. ▭ (*fig.*) *smussare gli spigoli del proprio carattere* to soften the harshness of one's character.
spigoloso *a.* **1** angular. **2** (*fig.*) (*ossuto*) bony. **3** (*fig.*) (*scontroso*) difficult, rough, unmanageable.
spilla *f.* brooch; (*lunga e piatta*) pin: ~ *da* (o *per*) *cravatta* tie-pin. ▭ ~ *da balia* (o *di sicurezza*) safety-pin.
spillare *v.t.* **1** to tap, to broach: ~ *una botte* to broach a cask. **2** (*far uscire*) to draw* (off), to tap. **3** (*fig.*) (*cavar fuori*) to tap: ~ *quattrini* to tap s.o. for money; to squeeze.
spillo *m.* **1** pin. **2** (*per forare la botte*) tap-borer; (*foro*) tap-hole. ▭ **a** ~ pin-, needle-: *valvola a* ~ needle valve; **tacchi** *a* ~ stiletto heels.
spillone *m.* **1** (*per capelli*) hairpin. **2** (*per cappelli*) hatpin.
spilluzzicare *v.t.* (*mangiucchiare*) to pick at; to nibble.
spilorceria *f.* **1** stinginess, niggardliness. **2** (*azione da spilorcio*) niggardly action.
spilorcio I *a.* miserly, stingy, niggardly. **II** *s.m.* miser, skinflint, niggard.
spilungone *m.* (*fam.*) lanky person; (*fam.*) beanpole.
spina *f.* **1** (*Bot.*) thorn; prickle. **2** (*Zool.*) (*aculeo*) spine, quill: *le spine del riccio* the quills of a hedgehog. **3** (*fig.*) (*angustia, cruccio*) pain, grief. **4** (*lisca*) (fish-)bone. **5** (*cannella della botte*) tap, spigot; (*foro*) bunghole. **6** (*El.*) plug. **7** (*tecn.*) plug; (*perno*) pin. ▭ *birra* **alla** ~ draught beer; (*fig.*) *avere una* ~ *nel* **cuore** to have a thorn in one's flesh (*o* side); (*Anat.*) ~ **dorsale** backbone, spine; ~ *di* **pesce** fish-bone; *a* ~ *di* **pesce** herring-bone-; (*fig.*) *essere* (o *stare*) **sulle** *spine* to be on tenterhooks.
spinacio *m.* (*Bot.*) spinach (*solo sing.*).
spinale *a.* (*Anat.*) spinal.
spinare *v.t.* (*rif. a pesce*) to bone, to fillet.
spinato *a.* **1** barbed: *filo* ~ barbed wire. **2** (*a spina di pesce*) herring-bone-.
spinello *m.* (*gerg.*) joint.
spingere I *v.t.* **1** to push, to shove: ~ *il carro* to push the cart. **2** (*condurre*) to drive* (*anche fig.*): *la corrente ha spinto la barca fuori rotta* the current has driven the boat off course. **3** (*far penetrare*) to drive* (*o* thrust* *o* push) in. **4** (*premere*) to press, to push. **5** (*fig.*) (*portare*) to drive*, to load*: ~ *qd. alla disperazione* to drive s.o. to despair. **6** (*fig.*) (*stimolare*) to spur (on), to urge, to incite, to push. **7** (*fig.*) (*andare oltre un limite ammissibile*) to carry, to push: *ha spinto la sua sfacciataggine fino a chiedermi del denaro* he carried his cheek to the point of asking me for money. **II** *v.i.* (*esercitare una pressione*) to press. **spingersi** *v.i.pron.* **1** (*inoltrarsi*) to advance, to venture. **2** (*fig.*) (*arrivare*) to go* as far as.
spino *m.* (*Bot.*) **1** (*pianta spinosa*) thorn-bush. **2** (*spina*) thorn.
spinoso *a.* **1** thorny, prickly, spiny. **2** (*fig.*) (*irto di difficoltà*) thorny. **3** (*fig.*) (*scabroso*) ticklish, awkward.

spinotto *m.* (*Mot.*) piston pin, gudgeon pin; (*am.*) wrist pin.
spinta *f.* **1** push, shove, thrust. **2** (*pressione*) thrust, pressure, force: *la ~ del vento* the force of the wind. **3** (*Fis.*) thrust. **4** (*fig.*) (*stimolo*) incentive, spur, stimulus. **5** (*fig.*) (*aiuto*) backing; (*fam.*) pull. **6** (*fig.*) (*incremento*) boost, impulse. ▭ *~ inflazionistica* boost of inflation.
spinterogeno *m.* (*Mot.*) (battery-)coil ignition; (*distributore*) distributor.
spintone *m.* hard push, shove.
spiombare *v.t.* to unseal.
spionaggio *m.* espionage.
spioncino *m.* peep-hole, spy-hole.
spione *m.* (*spreg. scherz.*) squealer; sneak.
spionistico *a.* spy-: *attività spionistica* spy activity.
spiovente I *a.* **1** sloping: *tetto ~* sloping roof. **2** (*che ricade giù*) drooping: *baffi spioventi* drooping moustache. **II** *s.m.* **1** (*di tetto*) slope. **2** (*calcio*) drop shot. ▭ *spalle spioventi* stooping shoulders.
spiovere I *v.i.impers.* to stop raining. **II** *v.i.* **1** (*scolare*) to run* off, to flow down (*da qc.* s.th., from s.th.). **2** (*lett.*) (*ricader giù*) to flow (*o* hang*) down, to fall* (down).
spira *f.* **1** spiral, coil. **2** (*rif. a serpente*) coil. **3** (*El.*) loop, turn.
spiraglio *m.* **1** chink, narrow opening. **2** (*striscia di luce*) gleam, glimmer (*anche fig.*); (*soffio d'aria*) breath (of air). **3** (*fig.*) (*speranza di riuscita*) hope, chance. ▭ *uno ~ di speranza* a gleam of hope.
spirale *f.* **1** (*Mat.*) spiral. **2** (*Orologeria*) hairspring. **3** (*Med.*) IUD (intra-uterine device). ▭ **a** ~ spiral, winding: *scala a ~* spiral stairs *pl.*; (*Econ.*) *~ dei* **prezzi** price spiral.
spirare[1] **I** *v.i.* **1** (*soffiare*) to blow*. **2** (*emanare*) to emanate, to come* (*da* from). **II** *v.t.* **1** (*emanare*) to give* off, to exhale. **2** (*fig.*) to radiate, to give* off, to express. ▭ (*fig.*) *che* **aria** *spira?* which way is the wind blowing?; (*fig.*) *per voi qui non spira un buon* **vento** it's unhealthy for you here.
spirare[2] *v.i.* **1** (*morire*) to pass away, to breathe one's last. **2** (*fig.*) (*finire*) to come* to an end; (*scadere*) to expire, to run* out.
spiritato *a.* **1** possessed. **2** (*estens.*) wild, frantic: *sguardo ~* wild look.
spiritello *m.* (*folletto*) elf, goblin.
spiritico *a.* spiritualistic, spiritistic.
spiritismo *m.* spiritualism, spiritism.
spiritista *m./f.* spiritualist, spiritist.
spirito *m.* **1** spirit: *Dio è puro ~* God is pure spirit. **2** (*animo*) mind, spirits *pl.*: *presenza di ~* presence of mind. **3** (*arguzia*) wit; (*senso dell'umorismo*) sense of humour. **4** (*fantasma*) ghost, spook. **5** (*alcool*) spirit, alcohol: *ciliege sotto ~* cherries in alcohol. ▭ **a** ~ spirit-: *fornello a ~* spirit-stove; *~ di* **corpo** esprit de corps; team spirit; (*Teol.*) *gli spiriti* **dannati** the damned (costr. pl.); **di** ~ (*spiritoso*) witty: *battuta di ~* witty remark, (*fam.*) wisecrack; (*fam.*) *un uomo di ~* a good sport; **fare** *dello ~* to try to be witty; *quella casa è* **frequentata** *dagli spiriti* that house is haunted; *~ di* **parte** partisan spirit; **privo** *di ~* (*permaloso*) with no sense of humour; (*Teol.*) *Spirito* **Santo** Holy Spirit; (*Stor.*) Holy Ghost.
spiritosaggine *f.* witty remark, witticism, (*fam.*) wisecrack.
spiritoso *a.* **1** witty. **2** (*iron.*) funny.
spirituale *a.* spiritual.
spiritualismo *m.* (*Filos.*) spiritualism.
spiritualità *f.* spirituality.
spiritualizzare *v.t.* to spiritualize.
spiumare *v.t.* to pluck.
spizzicare *v.t.* to nibble, to pick at.
spizzico *m.*: *a ~* (o *spizzichi*) little by little, a little at a time.
splendente *a.* shining, bright, glowing: *volto ~ di felicità* face glowing with happiness.
splendere *v.i.* **1** to shine* (*anche fig.*). **2** (*luccicare*) to sparkle, to glitter.
splendido *a.* **1** bright, shining, radiant: *sole ~* bright sun. **2** (*estens.*) (*mirabile*) splendid, magnificent, gorgeous, marvellous: *una giornata splendida* a gorgeous day; (*fastoso*) splendid, magnificent, sumptuous. **3** (*fig.*) (*eccezionale*) brilliant, splendid.
splendore *m.* **1** (*luminosità*) brightness, brilliance, radiance: *lo ~ del sole* the brightness of the sun. **2** (*fig.*) (*fulgore*) splendour, radiance, bloom. **3** (*fig.*) (*fasto*) splendour, pomp, magnificence. **4** (*fig. concr.*) (*persona o cosa molto bella*) beauty, splendour. ▭ *che ~ di ragazza!* what a beautiful girl!, what a beauty!
spocchia *f.* haughtiness.
spodestare *v.t.* **1** to deprive of power, to oust. **2** (*detronizzare*) to dethrone, to depose.
spoetizzare *v.t.* (*disincantare*) to disenchant, to disillusion.
spoglia *f.* **1** slough, cast-off skin. **2** *pl.* (*poet.*) (*salma*) mortal remains *pl.* **3** *pl.* (*bottino di guerra*) spoils *pl.*, booty. ▭ (*scherz.*) *sotto mentite spoglie* under a false name; in disguise.
spogliare *v.t.* **1** (*svestire*) to undress, to strip. **2** (*togliere elementi accessori*) to strip; (*saccheggiare*) to strip, to rob. **3** (*defraudare*) to rob, to cheat. **4** (*fig.*) (*privare*) to deprive, to divest: *~ qd. dei suoi diritti* to deprive s.o. of his rights. **5** (*fare lo spoglio*) to sort out, to go* through. **spogliarsi** *v.r.* **1** to undress, to take* one's clothes off; (*completamente*) to strip, to undress. **2** (*rif. a serpenti: mutare pelle*) to cast*, to shed*, to slough off. **3** (*perdere*) to lose*, to shed* (*di qc.* s.th.). **4** (*fig.*) (*privarsi*) to deprive (*o* divest) o.s. (*di* of): *spogliarsi dei propri averi* to strip oneself of all one's possessions.
spogliarellista *f.* stripper, strip-teaser.
spogliarello *m.* strip-tease.
spogliatoio *m.* dressing-room; (*nelle scuole*) locker room, cloakroom.

spoglio[1] *a.* **1** (*squallido, nudo*) bare, bleak: *casa spoglia* bleak house; (*rif. a piante*) bare, naked. **2** (*fig.*) (*libero*) free (*di* from).

spoglio[2] *m.* sorting out; (*esame*) examination, study; (*selezione*) selection, culling. ▭ *fare lo* ~ *della* **corrispondenza** to sort out the mail; ~ *delle* **schede** (o *dei voti*) checking and counting of votes; *fare lo* (o *procedere allo*) ~ *dei* **voti** to count the votes.

spola *f.* (*navetta*) shuttle. ▭ (*fig.*) *fare la* ~ *da un luogo all'altro* to shuttle (*o* commute) from one place to another; (*rif. a mezzi di trasporto*) to shuttle (*o* ply) between two places.

spoletta *f.* **1** (*nelle cucitrici*) bobbin, spool. **2** (*Artiglieria*) fuse.

spoliazione *f.* stripping, depriving, taking away.

spoliticizzare *v.t.* to make* non-political, to deprive of any political implication.

spolmonarsi *v.i.pron.* to shout o.s. hoarse; (*parlare a voce molto alta*) to talk at the top of one's lungs.

spolpare *v.t.* **1** to remove the flesh from, to take* the meat off, to pick: ~ *un osso* to pick a bone clean. **2** (*fig.*) (*spillare denaro*) to fleece, (*fam.*) to skin.

spolverare *v.t.* **1** to dust; (*con la spazzola*) to brush; (*con l'aspirapolvere*) to vacuum; (*fam.*) to hoover. **2** (*spolverizzare*) to dust, to sprinkle. **3** (*fam.*) (*mangiare con avidità*) to wolf, to gobble (up).

spolverata *f.* **1** dusting; (*con la spazzola*) brush(ing); (*con l'aspirapolvere*) vacuuming; (*fam.*) hoover(ing). **2** (*lo spolverizzare*) dusting, sprinkling.

spolveratura *f.* **1** dusting. **2** (*fig.*) (*infarinatura*) smattering.

spolverino *m.* **1** (*soprabito*) dust-coat; (*am.*) duster. **2** (*spazzoletta dei barbieri*) neck-brush.

spolverizzare *v.t.* **1** (*cospargere*) to dust, to sprinkle. **2** (*nel disegno*) to pounce.

sponda *f.* **1** (*riva: di mare*) shore, beach; (*di lago*) shore; (*di fiume o canale*) bank: *la* ~ *del fiume* the river-bank, the riverside. **2** (*bordo*) edge: *la* ~ *del letto* the edge of the bed. **3** (*parapetto*) parapet; (*ringhiera*) railing. **4** (*rif. a carri*) board, panel, side.

spondeo *m.* (*Metrica*) spondee.

sponsali *m.pl.* (*lett.*) nuptials *pl.*

spontaneità *f.* spontaneity, spontaneousness.

spontaneo *a.* **1** spontaneous: *offerta spontanea* spontaneous offer. **2** (*istintivo*) instinctive, spontaneous. **3** (*rif. a persone: naturale, franco*) natural, unaffected, open. ▭ *di mia spontanea volontà* of my own free will.

spopolamento *m.* depopulation.

spopolare **I** *v.t.* to depopulate; (*rendere deserto*) to empty (of people). **II** *v.i.* (*avere successo*) to draw* the crowds, to be a success (*o* hit). **spopolarsi** *v.i.pron.* **1** to be depopulated. **2** (*diventare deserto*) to empty, to become* deserted (*o* empty).

spora *f.* (*Biol., Bot.*) spore.

sporadicità *f.* sporadicity.

sporadico *a.* (*saltuario*) occasional, sporadic; (*raro*) rare, isolated.

sporcaccione **I** *a.* (*pop.*) dirty, filthy (*anche fig.*). **II** *s.m.* **1** dirty (*o* filthy) person; (*fam.*) slob; (*rif. a donne*) slut, slattern. **2** (*persona turpe*) dirty person, filthy wretch.

sporcare *v.t.* **1** to (make*) dirty, to soil; (*macchiare*) to stain. **2** (*fig.*) (*deturpare*) to sully, to soil, to foul, to tarnish. **sporcarsi** *v.r./v.i.pron.* **1** to dirty o.s., to get* dirty. **2** (*fig.*) to soil (*o* sully) o.s., to dirty one's hands.

sporcizia *f.* **1** dirtiness, filthiness. **2** (*concr.*) dirt, filth. **3** (*fig.*) (*azione turpe*) foul (*o* sordid *o* base) action.

sporco **I** *a.* **1** dirty, filthy. **2** (*imbrattato*) stained, soiled (*spesso si traduce con l'aggettivo appropriato*): *scarpe sporche di fango* shoes splashed (*o* spattered) with mud, muddy shoes. **3** (*fig.*) (*turpe, immorale*) dirty, filthy, sordid, obscene: *barzelletta sporca* dirty joke. **4** (*fig.*) (*cattivo*) guilty, dirty, bad: *avere la coscienza sporca* to have a guilty conscience. **II** *s.m.* dirt, filth (*anche fig.*). ▭ (*fam.*) *farla sporca* to behave badly (*o* disgracefully); (*fam.*) to do dirty.

sporgente *a.* protruding, projecting, protuberant: *denti sporgenti* protruding (*o* buck) teeth; (*rif. agli occhi*) protuberant, bulging.

sporgenza *f.* **1** projection, protrusion. **2** (*Edil.*) projection, overhang; ledge.

sporgere **I** *v.i.* **1** (*venire in fuori*) to protrude, to stand* (*o* stick*) out. **2** (*Edil.*) to project, to jut out, to overhang*. **II** *v.t.* to put* out, (*fam.*) to stick* out, to hold* (*o* stretch) out. **sporgersi** *v.r.* (*protendersi in avanti*) to lean* (*o* stretch) forward; (*protendersi in fuori*) to lean* out: *è pericoloso sporgersi dal finestrino* it is dangerous to lean out of the window. ▭ ~ **denuncia** to lodge an accusation; ~ **reclamo** to put forward a complaint.

sport *m.* sport: *fare dello* ~ to go in for sport. ▭ **amante** *dello* ~ (*agg.*) sports-loving; (*sost.*) keen sportsman (*f.* –woman); ~ **invernali** winter sports; **per** ~ for (*o* out of) fun.

sporta *f.* **1** (*sacca*) (shopping) bag; (*cesta*) (shopping) basket. **2** (*quantità*) bag(ful); (*cesta*) basket(ful).

sportello *m.* **1** door. **2** (*rif. ad aperture in una porta*) wicket. **3** (*negli uffici*) counter, window. ▭ ~ *della cassa* teller's counter (*o* window).

sportivo **I** *a.* **1** sports-: *notiziario* ~ sports news; *giacca sportiva* sports jacket. **2** (*che pratica lo sport*) sporting, sports-: *uomo* ~ sporting man, sportsman (*pl.* –men). **3** (*che si interessa di sport*) sporting, interested in sport; (*fam.*) sporty. **4** (*estens.*) (*leale*) sportsmanlike, fair: *un atteggiamento* ~ a sportsmanlike attitude. **II** *s.m.* sportsman (*pl.* –men). ▭ *moda sportiva* sportswear.

sposa *f.* **1** bride. **2** (*moglie*) wife; (*lett.*)

spouse. □ (*lett.*) **andare** ~ *a qd.* to become s.o.'s wife; **da** ~ bridal, wedding-: *abito da* ~ wedding-dress; ~ **novella** newly-wed; **promessa** ~ fiancée; (*lett.*) betrothed.

sposalizio *m.* wedding, nuptial ceremony.

sposare *v.t.* **1** to marry; (*lett.*) to wed. **2** (*dare in moglie*) to give* (in marriage), to marry (off). **3** (*unire in matrimonio*) to marry. **4** (*fig.*) (*aderire con entusiasmo*) to espouse, to embrace: ~ *una giusta causa* to embrace a right cause. **sposarsi** *v.r.recipr./i.pron.* **1** to marry (*con qd.* s.o.), to get* married (to); (*lett.*) to wed (s.o.). **2** (*fig.*) (*armonizzare*) to go* well together, to match.

sposo *m.* **1** (bride)groom. **2** (*marito*) husband, (*lett.*) spouse. **3** *pl.* (*coppia appena sposata*) newlyweds *pl.* □ (*Rel.*) **mistico** ~ mystical Bridegrooom; **promesso** ~ fiancé, (*lett.*) betrothed; (*Lett.*) *I promessi sposi* The Betrothed.

spossante *a.* **1** (*faticoso*) laborious, wearing, fatiguing: *lavoro* ~ laborious work. **2** (*sfibrante*) exhausting, wearing: *caldo* ~ exhausting heat.

spossare *v.t.* **1** to exhaust, to tire (out), to wear* out, to weary. **2** (*debilitare*) to weaken, to enfeeble, to wear* out, to enervate. **spossarsi** *v.i.pron.* to become* exhausted, to exhaust o.s., to grow* weak.

spossatezza *f.* exhaustion, weariness.

spossato *a.* **1** (*sfinito*) weary, exhausted, worn-out. **2** (*fiacco, debole*) weak, feeble, limp.

spossessare *v.t.* to dispossess; to deprive.

spostamento *m.* **1** (*atto*) moving, shifting; (*effetto*) move, shift. **2** (*trasferimento*) transfer, movement. **3** (*differimento*) postponement, deferment; (*variazione*) change, shift: *uno* ~ *d'orario* a change in the timetable. **4** (*tecn.*) displacement. □ ~ *d'aria* air blast.

spostare *v.t.* **1** to move, to shift; (*in frasi negative*) to budge: *non sono riuscito a* ~ *il tavolo* I couldn't budge the table. **2** (*disporre diversamente*) to arrange differently; (*collocare fuori posto*) to move (*o* get* *o* put*) out of place. **3** (*trasferire*) to transfer, to move. **4** (*differire*) to postpone, to put* off, to defer; (*variare*) to change, to shift. **spostarsi** *v.i.pron.* **1** to move (over, up), to shift; (*general. in frasi negative*) to budge. **2** (*cambiare sede*) to move (around, about), to travel (*o* go*) about.

spostato **I** *a.* ill-adjusted. **II** *s.m.* misfit.

spranga *f.* **1** bar, crossbar. **2** (*catenaccio*) bolt.

sprangare *v.t.* to bolt, to bar.

spratto *m.* (*Zool.*) sprat.

sprazzo *m.* **1** (*raggio*) flash; gleam (*anche fig.*): ~ *di luce* flash of light; *uno* ~ *d'orgoglio* a gleam of pride. **2** (*fig.*) (*intuizione improvvisa*) stroke: *uno* ~ *di genio* a stroke of genius; (*fam.*) a brainwave.

sprecare *v.t.* to waste, to squander, to fritter away: ~ *il denaro* to waste (*o* squander) money. **sprecarsi** *v.i.pron.* to waste (*o* spend*) one's energy. □ (*fam.*) *ti sei proprio sprecato per arrivare in tempo!* you didn't exactly kill yourself to get here on time!

spreco *m.* waste, wasting.

sprecone *m.* waster, spendthrift, squanderer.

spregevole *a.* despicable, contemptible.

spregiare *v.t.* to disdain, to scorn, to despise.

spregiativo **I** *a.* **1** disparaging, derogatory: *termine* ~ derogatory term. **2** (*Gramm.*) pejorative. **II** *s.m.* (*Gramm.*) pejorative.

spregio *m.* insult, affront: *fare uno* ~ *a qd.* to insult (*o* affront) s.o. □ **in** ~ *a qd.* as a slight to s.o.; **in** ~ *a qc.* in contempt of s.th.

spregiudicatezza *f.* **1** freedom from prejudice. **2** (*spreg.*) (*mancanza di scrupoli*) unscrupulousness.

spregiudicato *a.* **1** unprejudiced, unbiased. **2** (*spreg.*) (*privo di scrupoli*) unscrupulous.

spremere *v.t.* **1** to squeeze, to squash: *succo di pompelmo appena spremuto* freshly squeezed grapefruit juice. **2** (*fig.*) (*spillare denaro*) to squeeze, to bleed*. □ *spremersi il cervello* (*o le meningi*) to rack one's brain.

spremiagrumi *m.* lemon (*o* citrus fruits) squeezer.

spremitura *f.* squeezing; (*schiacciatura*) pressing, squashing; (*delle olive*) crushing.

spremuta *f.* **1** squeeze, squash. **2** (*bibita*) fresh (fruit) juice. □ ~ *d'arancia* orange juice (*o* squash).

spretarsi *v.i.pron.* (*Rel.*) to leave* the priesthood.

spretato *a.* unfrocked.

sprezzante *a.* **1** scornful, contemptuous, disdainful. **2** (*altezzoso*) haughty, arrogant.

sprezzo *m.* (*disprezzo*) scorn, contempt, disdain. □ *con* ~ *del pericolo* heedless of the danger.

sprigionare *v.t.* to emit; (*rif. a calore, raggi, odori*) to give* off, to send* forth (*o* out). **sprigionarsi** *v.i.pron.* to emanate, to issue; (*con violenza*) to burst* out; (*rif. a liquidi*) to gush out.

sprimacciare *v.t.* to fluff (*o* shake*) up.

sprint *m.* **1** (*Sport*) sprint: ~ *finale* final sprint. **2** (*ripresa*) acceleration. □ *quel* **corridore** *ha molto* ~ that runner is a sprinter; **vettura** ~ sports car, fast car.

sprizzare *v.t.* **1** to squirt, to spurt: ~ *sangue* to spurt blood. **2** (*fig.*) (*manifestare, esprimere*) to display, to be bursting with. □ ~ **gioia** to burst with joy; ~ **scintille** to sparkle.

sprizzo *m.* **1** squirt, spurt. **2** (*fig.*) flash, spark.

sprofondamento *m.* (*affondamento*) sinking; (*crollo*) collapse.

sprofondare **I** *v.i.* **1** to fall* (in), to collapse, to give* way. **2** (*affondare in qc. di cedevole*) to sink*. **3** (*formare una voragine*) to give* way, to sink*. **4** (*fig.*) (*lasciarsi sopraffare*) to be overcome (*o* overwhelmed) (*in* by), to give* way (to). **II** *v.t.* to throw* (*o* cast*) down. **sprofondarsi** *v.r.* **1** (*abbandonarsi su qc.*) to sink*: *sprofondarsi in una poltrona* to sink into an armchair. **2** (*fig.*) to be absorbed (*o* engrossed), to immerse o.s. (in).

sproloquio *m.* rigmarole, rambling talk.

spronare *v.t.* **1** to spur. **2** (*fig.*) (*stimolare*) to spur (on), to urge (on), to prod.

spronata *f.* **1** spurring, touch of the spurs. **2** (*fig.*) (*incitamento*) push, spurring on, prod.

sprone *m.* **1** spur. **2** (*fig.*) (*stimolo*) spur, incentive, stimulus. **3** (*Sartoria*) yoke. □ *a spron battuto* at full speed, at a gallop; (*fig.*) (*senza indugio*) without delay.

sproporzionato *a.* **1** disproportionate, out of proportion. **2** (*fig.*) (*eccessivo*) excessive.

sproporzione *f.* disproportion, lack of proportion.

spropositato *a.* **1** (*sproporzionato*) disproportionate, out of proportion. **2** (*troppo grande*) enormous, huge, too big, out of all proportion.

sproposito *m.* **1** (*cosa grave, deplorevole*) dreadful action, something awful (*o* drastic). **2** (*grave errore*) mistake, blunder, error; (*fam.*) howler. **3** (*fam.*) (*eccesso*) enormous amount; (*troppo*) too much. □ **a** ~ (*inopportunamente*) at the wrong time (*o* moment); (*non pertinente*) off (*o* beside) the point, irrelevant(ly): *parlare a* ~ to speak irrelevantly, to be (*o* go) off the point; **costare** *uno* ~ to be frightfully expensive; **pagare** *qc. uno* ~ to pay through the nose for s.th.

sprovvedutezza *f.* **1** (*mancanza di cultura o doti intellettuali*) ignorance. **2** (*fig.*) (*inettitudine*) helplessness.

sprovveduto *a.* **1** (*insufficientemente dotato*) lacking (*di* in), ill-equipped (with), short (of). **2** (*fig.*) (*impreparato*) unprepared. **3** (*fig.*) (*ingenuo*) artless.

sprovvisto *a.* lacking (*di* in), without, having no (s.th.), short (of). □ *cogliere qd. alla sprovvista* to catch s.o. unawares, to take s.o. by surprise.

spruzzare *v.t.* **1** to spray, to sprinkle. **2** (*senza intenzione*) to splash, to spatter. **spruzzarsi** *v.r.* to splash (*o* spatter) o.s., to get* splashed.

spruzzata *f.* **1** spraying, sprinkling. **2** (*fig.*) (*pioggia passeggera*) light shower.

spruzzatore *m.* **1** spray(er), sprinkler. **2** (*nebulizzatore*) atomizer, nebulizer, vaporizer, spray(er). **3** (*Mot.*) jet.

spruzzo *m.* spray, sprinkling; (*rif. alle onde*) spray; (*di fango e sim.*) splash. □ *a* ~ spray-: *pistola a* ~ spray gun.

spudoratezza *f.* shamelessness, impudence, (*fam.*) cheek.

spudorato **I** *a.* shameless, brazen, impudent. **II** *s.m.* shameless person, brazen-face; (*rif. a donne*) hussy.

spugna *f.* **1** sponge (*anche Zool.*). **2** (*tessuto*) towelling, terry (cloth). **3** (*pop.*) (*beone*) soaker; (*fam.*) boozer. □ ~ **abrasiva** brillo pad; (*pop.*) **bere** *come una* ~ to drink like a fish; (*fig.*) **dare** *un colpo di* ~ *a qc.* to put s.th. out of one's mind; (*Sport*) **gettare** *la* ~ to throw in the sponge (*o* towel).

spugnatura *f.* sponging.

spugnosità *f.* sponginess.

spugnoso *a.* spongy: *osso* ~ spongy bone.

spulciare *v.t.* **1** to pick the fleas off. **2** (*fig.*) (*esaminare minuziosamente*) to scrutinize, to examine minutely (*o* meticulously). **3** (*Inform.*) to debug. **spulciarsi** *v.r.* to look for fleas on o.s., to rid* o.s. of fleas.

spuma *f.* **1** foam, froth. **2** (*bevanda*) effervescent (*o* fizzy) soft drink. **3** (*Min.*) meerschaum.

spumante **I** *s.m.* (*Enologia*) sparkling wine. **II** *a.* **1** foaming, frothing, frothy. **2** (*Enologia*) sparkling.

spumeggiante *a.* **1** foaming, frothing, frothy. **2** (*rif. a bevande gassate*) effervescent, bubbly, fizzy; (*rif. al vino*) sparkling. **3** (*fig.*) sparkling.

spumone *m.* (*Gastr.*) **1** meringue. **2** (*gelato*) spumone.

spumoso *a.* foamy, foaming, frothy.

spunta *f.* **1** (*Comm.*) reconcilement, reconciliation. **2** (*segno*) tick. □ *fare la* ~ *dei conti* to reconcile accounts.

spuntare[1] **I** *v.t.* **1** to break* the point of, to blunt: ~ *la matita* to break the point of the pencil. **2** (*tagliare la punta*) to cut* the tip off; (*rif. a piante, capelli e sim.*) to trim. **3** (*staccare ciò che è appuntato*) to undo*, to take* out (*o* off); (*togliendo gli spilli*) to unpin. **4** (*fig.*) (*superare, vincere*) to overcome*, to get* round. **II** *v.i.* **1** (*cominciare a nascere, anche rif. a peli e sim.*) to appear, (to begin*) to grow*; (*germogliare*) to sprout. **2** (*sorgere*) to rise*, to come* up. **3** (*apparire improvvisamente*) to appear (*o* come* out) suddenly. **spuntarsi** *v.i.pron.* **1** (*perdere la punta*) to lose* (*o* break*) the point. **2** (*smussarsi*) to get* blunt. □ *gli spuntano i primi* **denti** he is cutting his first teeth; *spunta il* **giorno** day is breaking. ‖ *spuntarla* (*averla vinta*) to succeed in getting one's way; *spuntarla su qd.* to get the better of s.o.; *ha finito per spuntarla* he made it in the end.

spuntare[2] *v.t.* (*burocr.*) to tick off.

spuntare[3] *m.* (*il sorgere*) rising. □ *allo* ~ *del* **giorno** at daybreak, at dawn; *lo* ~ *del* **sole** sunrise.

spuntato *a.* (*con la punta rotta*) without a point; (*senza punta*) blunt.

spuntatura *f.* **1** cutting off the tip, trimming. **2** (*parte spuntata*) tip, end, stump.

spuntino *m.* snack; (*fam.*) nibble: *fare uno* ~ to have a snack.

spunto *m.* **1** (*Teat.*) cue. **2** (*estens.*) (*idea*) idea; (*suggerimento*) cue, hint. **3** (*di vino*) sourness, sour taste.

spuntone *m.* **1** (*spina*) thorn; (*punta*) spike,

point. **2** (*di roccia*) rock spike; spur.

spurgare *v.t.* to clean, to clear (out). **spurgarsi** *v.i.pron.* to clear one's throat and spit.

spurgo *m.* **1** cleaning, clearing (out); (*rif. a tubature e sim.*) clearing, freeing; (*il vuotare*) bleeding, draining. **2** (*concr.*) drainings *pl.* **3** (*catarro espettorato*) phlegm, spit.

spurio *a.* **1** illegitimate, spurious: *figlio* ~ illegitimate child. **2** (*non genuino*) spurious, false: *un'argomentazione spuria* a spurious argument.

sputacchiare *v.i.* **1** to spit* continuously, to keep* spitting. **2** (*emettere schizzi di saliva*) to splutter.

sputacchiera *f.* spittoon.

sputare *v.t./i.* to spit* (*anche fig.*). □ *sputa* **fuori**! spit it out! (*anche fig.*); (*fig.*) *sputa l'***osso**! drop it!, give it back!; (*fig.*) *sono riuscito finalmente a* ~ *il* **rospo** I finally got it off my chest; ~ **sangue** to spit blood; (*fig.*) (*faticare molto*) to sweat blood; (*fig.*) ~ **veleno** to speak spitefully; **vietato** ~ no spitting.

sputasentenze *m./f.* (*spreg.*) wiseacre; (*am.*) know-it-all.

sputo *m.* **1** (*saliva*) spittle, spit. **2** (*espettorato*) sputum, expectoration.

sputtanare *v.t.* (*volg.*) to slander. **sputtanarsi** *v.i.pron.* to prostitute o.s.

squadernare *v.t.* to spread* (open), to display.

squadra[1] *f.* set-square; (*am.*) triangle. □ *essere fuori* (*di*) ~ to be out of plumb, to be crooked; (*fig.*) to be out of sorts.

squadra[2] *f.* **1** (*Mil.*) squad. **2** (*Mar. mil., Aer. mil.*) squadron. **3** (*gruppo*) group, squad, team. **4** (*Sport*) team. □ **a** *squadre* team-: *lavoro a squadre* team work; ~ *del buon* **costume** vice squad; ~ **mobile** flying squad.

squadrare *v.t.* **1** to (make*) square. **2** (*fig.*) (*osservare attentamente*) to look at squarely, to face squarely.

squadrato *a.* **1** square. **2** (*rif. a pietre, legno*) squared. □ *viso* ~ square face.

squadratura *f.* squaring.

squadriglia *f.* (*Mil.*) squadron.

squadrone *m.* (*Mil.*) squadron.

squagliare *v.t.* to melt*; (*rif. alla neve*) to melt*, to thaw. **squagliarsi** *v.i.pron.* to melt*; to liquefy; to thaw. □ (*fam.*) *squagliarsela* to steal (*o* sneak) away, (*fam.*) to clear off.

squalifica *f.* disqualification (*anche Sport*).

squalificare *v.t.* to disqualify (*anche Sport*). **squalificarsi** *v.r.* to bring* discredit on o.s.

squallido *a.* dreary, drab, dingy; (*con connotazione di sporcizia*) squalid.

squallore *m.* dreariness, drabness, dinginess; (*con connotazione di sporcizia*) squalor.

squalo *m.* (*Zool.*) shark.

squama *f.* **1** (*Anat., Zool., Bot.*) squama (*pl.* squamae). **2** (*scaglia*) scale.

squamare *v.t.* to scale. **squamarsi** *v.i.pron.* **1** to scale. **2** (*Med.*) to desquamate.

squamoso *a.* **1** (*coperto di squame*) scaly. **2** (*Med., Anat.*) squamous.

squarciagola *m.*: *a* ~ at the top of one's voice.

squarciare *v.t.* to tear*, to rend*, to rip. **squarciarsi** *v.i.pron.* to be torn (*o* rent).

squarcio *m.* **1** tear, rent; (*falla*) hole, leak; (*breccia, varco*) breach. **2** (*ferita*) gash. **3** (*fig.*) (*brano*) passage, excerpt.

squartamento *m.* quartering.

squartare *v.t.* **1** to quarter. **2** (*Macelleria*) to cut* up (*o* to pieces), to chop up.

squassare *v.t.* to shake* violently.

squattrinato I *a.* penniless; (*fam.*) hard up. **II** *s.m.* penniless person.

squilibrare *v.t.* **1** to throw* off balance, to unbalance. **2** (*privare dell'equilibrio psichico*) to derange. **squilibrarsi** *v.i.pron.* to lose* one's balance.

squilibrato I *a.* **1** unbalanced. **2** (*pazzo*) (mentally) unbalanced, mentally deranged. **II** *s.m.* lunatic.

squilibrio *m.* **1** unbalance, lack of balance; (*sproporzione*) disproportion. **2** (*squilibrio mentale*) mental derangement.

squillante *a.* shrill, sharp, high.

squillare *v.i.* **1** (*rif. a campane, campanelli*) to ring*. **2** (*rif. a trombe*) to blare.

squillo *m.* **1** sharp sound. **2** (*di tromba*) blare, blast. **3** (*di campanello*) ring. □ (*fam.*) *ragazza* ~ call girl.

squinternare *v.t.* **1** to take* (*o* pull) to pieces. **2** (*fig.*) to upset*.

squinternato I *a.* **1** in (*o* taken to) pieces. **2** (*fig.*) eccentric, deranged. **II** *s.m.* eccentric (*o* strange) person. □ *un libro* ~ a book with pages loose.

squisitezza *f.* **1** (*rif. a cibi e bevande*) deliciousness. **2** (*finezza*) exquisiteness, refinedness. **3** (*cosa squisita*) dainty, delicacy.

squisito *a.* **1** (*rif. a cibi e bevande*) delicious, excellent; (*enfatico*) exquisite. **2** (*di modi*) delightful, delicate; (*di gusto*) refined, excellent; (*enfatico*) exquisite.

squittio *m.* squawk; squeak; squeal.

squittire *v.i.* **1** (*rif. a pappagalli e sim.*) to squawk. **2** (*rif. a topi*) to squeak. **3** (*scherz. spreg.*) (*rif. a persone*) to squeal.

Sr = (*Chim.*) *stronzio* strontium.

sradicare *v.t.* **1** to uproot. **2** (*fig.*) (*estirpare*) to eradicate, to root out, to extirpate.

sragionare *v.i.* **1** to be illogical (*o* irrational). **2** (*vaneggiare*) to rave; to talk nonsense.

sregolatezza *f.* **1** (*smodatezza*) immoderation, immoderateness, intemperance. **2** (*azione sregolata*) dissoluteness, dissolute behaviour.

sregolato *a.* **1** (*smodato*) immoderate, intemperate. **2** (*dissoluto*) dissolute.

S.r.l. = *Società a responsabilità limitata* Limited liability (Company) (Co. Ltd.).

srotolare *v.t.*, **srotolarsi** *v.i.pron.* to unroll, to uncoil.

stabbio *m.* **1** (*recinto*) fold, pen. **2** (*porcile*) (pig)sty.

stabile I *a.* **1** stable, firm, steady: *fondamenta*

stabili stable foundations. **2** (*fig.*) (*costante*) stable, constant: *temperatura* ~ constant temperature. **3** (*fig.*) (*fisso*) permanent, fixed, steady: *avere un posto* ~ to have a steady job; (*con posto fisso*) permanent. **4** (*sicuro*) safe, steady. **II** *s.m.* **1** (*bene immobile*) immovable property; real estate. **2** (*fabbricato*) building; (*casa*) house. **3** (*teatro stabile*) civic theatre. **III** *s.f.* (*Teat.*) (*compagnia stabile*) civic (*o* resident) company.

stabilimento *m.* factory, works *pl.* (costr. sing. o pl.), plant. ▭ ~ **balneare** bathing establishment; ~ **siderurgico** iron and steel works *pl.*; ~ **termale** thermal baths *pl.*; (*fam.*) spa; ~ **tessile** textile mill.

stabilire *v.t.* **1** to settle, to establish, to set*: ~ *un primato* to establish a record. **2** (*fissare*) to decide, to establish, to fix: ~ *un prezzo* to fix a price. **3** (*effettuare, realizzare*) to make*, to establish: ~ *un collegamento* to make a connection. **4** (*accertare*) to establish, to ascertain, to find* out. **stabilirsi** *v.r.* to settle, to establish o.s.: *stabilirsi a Roma* to settle in Rome. ▭ *in* **data** *da stabilirsi* at a date to be fixed; **resta** *stabilito che* it is agreed that.

stabilità *f.* **1** stability, firmness, steadiness. **2** (*estens.*) (*l'essere fisso*) permanence.

stabilizzare *v.t.* to stabilize (*anche fig.*). **stabilizzarsi** *v.i.pron.* to become* stable (*o* settled), to settle.

stabilizzatore *s.m.* (*Mar., Aer., Aut.*) stabilizer. ▭ ~ *economico* economic stabilizer.

staccabile *a.* detachable. ▭ *foglio* ~ loose leaf.

staccare I *v.t.* **1** to remove, to take* off (*o* out *o* down), to detach: ~ *un'etichetta* to remove a label. **2** (*sganciare*) to unhook. **3** (*fig.*) (*separare*) to separate, to divide. **4** (*spiccare*) to pick, to pluck: ~ *un fiore* to pick a flower. **5** (*strappare*) to tear* off, to pull off (*o* out *o* away): ~ *un foglio* to tear out a page. **6** (*scucire*) to take* (off), to unstitch. **7** (*sciogliere, slegare*) to loosen, to unfasten. **8** (*pronunciare distintamente*) to pronounce distinctly, to enunciate (*o* articulate) clearly. **9** (*Sport*) (*distanziare*) to outdistance, to leave* behind, to draw* away from, to outstrip. **10** (*El.*) to disconnect, to cut* out. **II** *v.i.* **1** (*risaltare*) to stand* out, to show* up (*da* against). **2** (*fam.*) (*terminare di lavorare*) to finish work, (*fam.*) to knock off. **staccarsi** *v.i.pron.* **1** (*venir via*) to come* off (*o* away). **2** (*strapparsi*) to come* off (*o* away), to get* torn off. **3** (*allontanarsi*) to move away (*o* off), to break* (*o* come*) away. **4** (*fig.*) (*dividersi, separarsi*) to separate, to part. **5** (*fig.*) (*allontanarsi spiritualmente*) to withdraw*, to become* detached (*o* cut off), to retire (*da* from); (*rif. ad abitudini e sim.*) to grow* away (from). ▭ ~ *un* **assegno** to tear off a check; ~ *qc. con un* **morso** to bite s.th. off; *non poter* ~ *gli* **occhi** *da qd.* to be unable to take one's eyes off s.o.; (*Tel.*) ~ *il* **ricevitore** to lift (*o* pick up) the receiver.

staccionata *f.* **1** fence, stockade. **2** (*Equitazione*) hurdle.

stacco *m.* **1** detachment, removal. **2** (*fig.*) (*intervallo*) break, gap, interval, pause. **3** (*differenza accentuata*) great (*o* marked) difference; (*risalto*) relief, prominence; (*rif. a colori*) contrast.

stadera *f.* steelyard, lever scales *pl.* ▭ (*Mecc.*) ~ *a ponte* weigh-bridge.

stadio *m.* **1** (*Archeologia, Sport*) stadium. **2** (*fig.*) (*periodo, fase*) stage, phase: ~ *di sviluppo* stage of development. **3** (*tecn.*) stage.

staffa *f.* **1** stirrup. **2** (*sottopiede*) foot-strap; (*delle ghette*) strap. **3** (*nelle calze*) heel. **4** (*Anat.*) stirrup(-bone). ▭ **bicchiere** *della* ~ stirrup-cup; (*fam.*) one for the road; (*fig.*) **perdere** *le staffe* to lose one's temper, (*fam.*) to fly off the handle; (*fig.*) *tenere il* **piede** *in due staffe* to run with the hare and hunt with the hounds.

staffetta *f.* **1** courier, dispatch rider. **2** (*Sport*) relay race.

staffilare *v.t.* **1** to lash, to flog, to whip. **2** (*fig.*) to lash out at.

staffilata *f.* **1** lash, stroke (of the whip). **2** (*fig.*) (*critica aspra*) lashing (*o* biting) criticism.

staffile *m.* **1** stirrup-strap. **2** (*sferza*) strap, whip, lash.

staffilococco *m.* (*Biol.*) staphylococcus (*pl.* –ci).

stagflazione *f.* (*neol.*) (*Econ.*) stagflation.

stagionale *a.* seasonal: *lavoro* ~ seasonal work.

stagionare *v.t.* **1** to season. **2** (*lasciar maturare*) to mature, to ripen.

stagionato *a.* **1** seasoned: *legno* ~ seasoned wood. **2** (*anzianotto*) elderly.

stagionatura *f.* **1** seasoning. **2** (*maturazione*) maturing, ripening.

stagione *f.* **1** season. **2** (*estens.*) (*condizioni meteorologiche*) weather. **3** (*rif. all'agricoltura*) time, season. **4** (*Teat.*) season. ▭ **alta** ~ high season; **bella** (o *buona*) ~ good weather; **di** ~ in season: *frutta di* ~ fruit in season; ~ **estiva** summer(-time); **fine** ~ end of the season: *saldi di fine* ~ end-of-season sales; **fuori** ~ out of season; (*primaticcio*) early: *frutto fuori* ~ early fruit; (*tardivo*) late; **mezza** ~ between season; ~ **morta** slack season.

stagliarsi *v.i.pron.* (*profilarsi*) to stand* out, to be silhouetted.

stagnaio *m.* (*calderaio*) tinker, tinsmith; (*am.*) tinman (*pl.* –men).

stagnante *a.* stagnant (*anche fig.*): (*Econ.*) *la domanda è* ~ demand is dull.

stagnare[1] *v.t.* **1** (*ricoprire di stagno*) to tin (-plate). **2** (*saldare con lo stagno*) to solder. **3** (*chiudere ermeticamente*) to make* watertight.

stagnare[2] **I** *v.i.* **1** to stagnate (*anche Econ.*);

(*rif. all'aria: essere ferma*) to be stagnant. **2** (*fig.*) to be stagnant (*o* sluggish *o* slack *o* at a standstill). **II** *v.t.* to stop (the flow of), to staunch.
stagnazione *f.* (*Econ.*) stagnation.
stagno[1] *m.* (*Chim.*) tin.
stagno[2] *m.* pond, pool.
stagno[3] *a.* watertight; (*a tenuta d'aria*) airtight.
stagnola *f.* tinfoil; (*per cioccolatini, sigarette, ecc.*) silver paper.
staio *m.* (*unità di misura*) bushel → **Appendice.**
stalagmite *f.* (*Geol.*) stalagmite.
stalattite *f.* (*Geol.*) stalactite.
stalla *f.* **1** stable; (*per bovini*) cowshed; (*per equini*) stable. **2** (*fig.*) pigsty.
stallatico *m.* (stable) manure, dung.
stalliere *m.* groom, stableboy, stableman (*pl.* –men).
stallo *m.* **1** seat; (*nei cori*) (choir-)stall. **2** (*negli scacchi*) stalemate. **3** (*Aer.*) stall. □ (*fig.*) *situazione di* ~ stalemate, deadlock.
stallone *m.* stallion, stud(-horse).
stamane, **stamani**, **stamattina** *avv.* this morning.
stambecco *m.* (*Zool.*) ibex.
stamberga *f.* hovel, rat-hole.
stambugio *m.* cubby-hole.
stame *m.* **1** (*filo*) thread; (*dell'ordito*) yarn. **2** (*lana*) fine carded wool. **3** (*Bot.*) stamen.
stampa *f.* **1** (*tecn.*) printing (*anche Fot.*): *macchina per la* ~ printing press. **2** (*Giorn.*) press: *comunicato* ~ press release. **3** (*riproduzione, anche in fotografia*) print; (*incisione*) engraving. **4** *pl.* (*Poste*) printed matter, (*am.*) prints *pl.* □ **agenzia** *di* ~ news agency; **andare** *in* ~ to go to press; **circolo** *della* ~ press club; **conferenza** ~ press conference; **dare** *alle stampe* to send for printing (*o* to the press); **errore** *di* ~ misprint; (*am.*) typo; **essere** *in corso di* ~ to be printing (*o* in the press); (*Giorn.*) ~ **estera** foreign press; **silenzio** ~ news black-out; **tribuna** ~ press gallery.
stampante *f.* (*di computer*) printer.
stampare *v.t.* **1** (*Tip., Fot.*) to print. **2** (*estens.*) (*pubblicare*) to publish, to print. **3** (*coniare*) to coin. **4** (*con la pressa*) to press; (*fucinare*) to forge; (*rif. a materie plastiche*) to mould. **5** (*lasciare un'impronta*) to print, to leave* the mark of. **stamparsi** *v.i.pron.* (*fig.*) (*restare impresso*) to be impressed (*o* imprinted). □ ~ *un* **bacio** to plant a kiss; ~ *qc. in* **mente** *a qd.* to impress s.th. on s.o. ‖ (*visto*) *si stampi* imprimatur, passed for printing.
stampatello *m.* block (*o* capital) letters *pl.*
stampato **I** *a.* printed. **II** *s.* **1** *pl.* printed *sing.* **2** (*tessuto*) printed material. **3** (*modulo*) form.
stampatore *m.* printer, pressman (*pl.* –men).
stampatrice *f.* (*Cin., Tip.*) printing-machine.
stampella *f.* crutch.
stamperia *f.* printworks *pl.* (costr. sing. o pl.).
stampigliare *v.t.* to stamp.
stampigliatura *f.* **1** (*atto*) stamping. **2** (*effetto*) stamp.
stampino *m.* **1** stencil. **2** (*arnese per bucare il cuoio*) punch. **3** (*Gastr.*) mould.
stampo *m.* **1** mould: ~ *per budino* pudding mould. **2** (*fig.*) (*tempra, qualità*) kind, sort, type: *gente dello stesso* ~ people of the same kind. **3** (*Met.*) die, mould. □ (*fig.*) *d'***antico** ~ of the old school (*o* stamp); (*fig.*) **fatto** *con lo* ~ mass-produced; (*fig.*) *se ne è* **perso** *lo* ~ they don't make them like that any more.
stanare *v.t.* **1** to drive* out, to rouse. **2** (*fig.*) (*far uscire*) to get* (*o* draw*) out.
stanca *f.* (*Geog.*) slack water.
stancare *v.t.* **1** to tire, to weary, to fatigue. **2** (*fig.*) (*fiaccare*) to weaken, to tire out. **3** (*fig.*) (*annoiare, infastidire*) to tire, to bore, to weary. **stancarsi** *v.i.pron.* **1** (*affaticarsi*) to get* tired (*o* worn-out), to tire, to (grow*) weary. **2** (*annoiarsi, infastidirsi*) to get* (*o* be) tired, to grow* weary (*di* of); (*fam.*) to get* (*o* be) fed up (with), (*fam.*) to get* (*o* be) sick (about).
stanchevole *a.* tiring, wearisome.
stanchezza *f.* **1** tiredness, fatigue, weariness. **2** (*fig.*) (*tedio*) tiredness, boredom.
stanco *a.* **1** tired, weary (*anche fig.*). **2** (*fig.*) (*annoiato, tediato*) tired, bored (*di* of), (*fam.*) fed up (with); (*infastidito*) tired, weary, (*fam.*) sick (*di* about), (*fam.*) fed up (with). □ ~ *morto* dead tired; (*stufo*) sick and tired.
standardizzare *v.t.* **1** to standardize (*anche fig.*). **2** (*unificare*) to unify.
standardizzato *a.* standard(ized); (*prodotto in serie*) mass-produced; (*unificato*) unified.
standardizzazione *f.* standardization; (*produzione in serie*) mass-production.
standista *m./f.* **1** (*chi allestisce uno stand*) stand designer. **2** (*espositore*) stand-holder.
stanga *f.* **1** bar, beam. **2** (*fam.*) (*persona alta e magra*) beanpole. **3** (*nelle stalle*) bar. **4** (*nei passaggi a livello*) barrier. **5** (*nelle carrozze: timone*) shaft. **6** (*nell'aratro*) beam (of a plough).
stangare *v.t.* **1** (*picchiare con la stanga*) to beat*, to thrash. **2** (*fig.*) (*far pagare eccessivamente*) to bleed*. **3** (*scol.*) (*bocciare*) to fail; (*dare un cattivo voto*) to give* a bad mark to.
stangata *f.* **1** (*colpo*) blow (with a bar). **2** (*fig.*) (*spesa superiore al previsto*) blow; (*danno economico*) blow, hard knock. **3** (*fig.*) (*bocciatura*) failing mark, bad result. **4** (*Sport*) shot.
stanghetta *f.* **1** (small) bar. **2** (*degli occhiali*) earpiece. **3** (*chiavistello*) bolt. **4** (*Mus.*) bar (line). □ *occhiali a* ~ spectacles.
stanotte *avv.* **1** tonight. **2** (*la notte passata*) last night.
stante *prep.*: *a sé* ~ separate, apart, distinct.

□ (*fig.*) *seduta* ~ immediately, at once.

stantio *a.* **1** stale; (*rif. a sostanze grasse*) rancid. **2** (*fig.*) old, stale, obsolete.

stantuffo *m.* (*Mecc.*) piston; (*di pressa idraulica*) plunger.

stanza *f.* **1** room: *cercare una* ~ to look for a room. **2** (*Mil.*) military post. □ ~ **ammobiliata** furnished room; (*Mil.*) **essere** *di* ~ *a* to be stationed in; ~ *di* **passaggio** hallway.

stanziabile *a.* appropriable, allocatable.

stanziale *a.* **1** permanent, sedentary. **2** (*Zool.*) non-migratory, resident.

stanziamento *m.* **1** allocation, budgeting. **2** (*fondi di bilancio*) appropriation, budget.

stanziare *v.t.* to allocate, to budget, to earmark, to appropriate: ~ *fondi* to allocate funds. **stanziarsi** *v.i.pron.* **1** (*stabilirsi*) to settle (down); to establish o.s. **2** (*Mil.*) to be quartered (*o* stationed).

stanzino *m.* (*ripostiglio*) storeroom, lumber -room; (*spogliatoio*) dressing-room.

stappare *v.i.* to uncork.

stare *v.i.* **1** (*rimanere*) to stay, to remain, to be: ~ *al sole* to stay in the sun; (*in piedi*) to be, to stand*: ~ *alla finestra* to be at the window; (*a sedere*) to be (sitting), to sit*, to be seated: ~ *a tavola* to be (*o* to sit) at table; (*in posizione orizzontale*) to be, to lie*: ~ *a letto* to be in bed. **2** (*essere, trovarsi: con determinazioni di luogo*) to be: ~ *a casa* to be at home; (*rif. a posizioni geografiche e sim.*) to lie*, to be (located): *la fattoria sta a pochi chilometri dal paese* the farm is (located) a few kilometres out of the town; *le montagne stanno a nord* the mountains lie to (*o* are in) the north. **3** (*essere*) to be: *stando così le cose, me ne vado* if that's the way things are (*o* matters stand) I am leaving. **4** (*rif. a salute, condizioni economiche e sim.*) to be: *come stai? – sto bene* how are you? – I'm fine. **5** (*rif. ad abiti e sim.: di misura*) to be, to fit: *come ti stanno queste scarpe? – mi stanno strette* how do these shoes fit? – they are tight; (*di colore*) to suit. **6** (*vivere, abitare stabilmente*) to live: *sto con i miei genitori* I live with my parents; (*essere ospite*) to stay, to be the (*o* a) guest. **7** (*consistere*) to be, to lie*: *la difficoltà sta nello scegliere il momento giusto* the problem lies in picking the right moment. **8** (*dipendere*) to depend (*in* on), to be up (to): *se stesse in me* if it were up to (*o* depended on) me. **9** (*seguito da un gerundio: per indicare lo svolgersi dell'azione*) to be: *sta studiando* he's studying. **10** (*Mat.*) to be: *10 sta a 5 come 8 sta a 4* 10 is to 5 as 8 is to 4. **starci 1** (*entrarci, essere contenuto*) to hold* (costr. pers.), to be held (*o* accommodated), to contain (costr. pers.): *in quella bottiglia non ci stanno due litri* that bottle does not hold (*o* contain) two litres. **2** (*essere d'accordo, accettare di partecipare*) to agree, to accept, to join; (*fam.*) to count in: *per diecimila lire ci sto* I agree to ten thousand lire. **starsene 1** (*essere*) *se ne stava tutto solo* he was all alone. **2** (*rimanere*) to stay, to remain, to keep*: *domenica me ne starò a casa tutto il giorno* I'm going to stay at home all day on Sunday. □ ~ **a** (+ *inf.*) to be (+ *ger.*): *stanno tutti a guardare la televisione* they're all watching television; *stammi* **a** *sentire* listen to me; ~ **a** *vedere*: 1 to (wait and) see: *staremo a vedere come si metteranno le cose* we'll (wait and) see how things turn out; 2 (*iron.*) to bet: *sta a vedere che non verrà affatto* I bet he won't show up at all; ~ **a** (+ *sost. o pron.*): 1 (*attenersi*) to obey, to stick to: ~ *ai regolamenti* to obey the rules; 2 (*rimettersi*) to rely on; 3 (*spettare, toccare*) to be up (*a* to), to be (for): *non sta a te giudicarlo* it's not for you to judge him; ~ **con** (*convivere*) to live with; (*parteggiare*) to side (*o* be) with, to be on the side of; ~ *a* **cuore** to matter, to have at heart (costr. pers.); *il* **fatto** *sta che* the fact is (*o* remains) that; ~ *sulle* **generali** to stick (*o* keep) to generalities; ~ *in* **guardia** to be on one's guard; ~ **per** (+ *inf.*) to be just about (*o* going) to, to be on the point of: *il treno sta per partire* the train is (just) about to leave; *come stai a* **quattrini**? how are you off for money?; *non* ~ *in* **sé** *dalla gioia* to be beside o.s. with joy; *non poter* ~ **senza** *fare qc.* to have to keep busy; *non può* ~ **senza** *fumare* he can't manage (*o* get along) without smoking; *sono stato* **su** *tutta la notte a studiare* I stayed (*o* was) up all night studying; ~ **su** *con lo spirito* to keep one's spirits up; ~ **sulle** *sue* (*fare il sostenuto*) to be aloof (*o* stand-offish); (*fam.*) to keep (o.s.) to o.s.; *non sa* ~ *a* **tavola** he has no table-manners; *sta'* **zitto**! shut up!

starna *f.* (*Zool.*) grey partridge.

starnazzare *v.i.* **1** to flutter, to flap. **2** (*fig. scherz.*) (*fare chiasso*) to make* noise, (*fam.*) to squawk.

starnutire *v.i.* to sneeze.

starnuto *m.* sneeze, sneezing.

stasare *v.t.* to unclog, to unstop.

stasera *avv.* this evening, tonight.

stasi *f.* **1** (*Med.*) stasis (*pl.* stases). **2** (*fig.*) (*arresto*) standstill. **3** (*Econ.*) stagnation, standstill. □ ~ *delle attività economiche* economy slowdown.

statale I *a.* state-, government-, of the state, government(al): *scuola* ~ state school. **II** *s.m./f.* (*impiegato statale*) civil servant, government employee; *pl.* civil service, civil servants *pl.* **III** *s.f.* (*Strad.*) highway; (*am.*) federal highway. □ **ente** ~ government body; **partecipazione** ~ state shareholding.

statalizzare *v.t.* to nationalize, to put* under state control.

statalizzazione *f.* nationalization.

statica *f.* (*Mecc.*) statics *pl.* (costr. sing.).

staticità *f.* **1** static nature (*o* quality). **2** (*immobilità*) motionlessness, stillness.

statico *a.* static (*anche Fis.*).

statista *m.* (*Pol.*) statesman (*pl.* –men) (*anche estens.*).
statistica *f.* statistics *pl.* (costr. sing.).
statistico *a.* statistical; (*Fis.*) static.
stato[1] *m.* **1** (*modo di essere*) state, condition: *in buono* ~ in good condition; ~ *di salute* state of health. **2** (*lo stare*) state: *verbi di* ~ verbs of state. **3** (*condizione economica e sociale*) position, social condition, status. **4** (*aspetto esteriore*) state: *non puoi uscire in questo* ~ you can't go out in this state (*o* looking like this). **5** (*Dir., burocr.*) state; (*stato civile*) civil status. **6** *pl.* (*Stor.*) (*assemblea*) States *pl.*, Estates *pl.* **7** (*Stor. fr.*) estate. **8** (*Chim., Fis., Med.*) state. ▭ (*Dir.*) ~ *d'***accusa** committal for trial; *essere in* ~ *d'***accusa** to be committed for trial, to lie under a charge; ~ *d'***animo** mood, frame of mind; (*Dir.*) ~ *d'***arresto** arrest, detention: *in* ~ *d'arresto* under arrest; ~ *d'***assedio** state of emergency; *ufficio di* ~ **civile** Registry Office; ~ *di* **conservazione** state of preservation; *in buono* ~ *di* **conservazione** well-preserved; ~ *delle* **cose** state of affairs (*o* things); (*circostanze*) circumstances *pl.*; ~ *di* **famiglia** family (*o* civil) status; (*certificato*) civil status certificate; (*Fis.*) ~ **gassoso** gaseous state; ~ *d'***incoscienza** unconsciousness; *essere in* ~ **interessante** to be pregnant; (*fam.*) to be with child; (*Mil.*) ~ **maggiore** (General) Staff; (*Dir.*) ~ *di* **necessità** jeopardy; (*Fis.*) ~ **solido** solid state; (*Stor.*) **terzo** ~ (*borghesia*) third estate.
stato[2] *m.* (*Pol.*) **1** State, state. **2** (*territorio*) state, country. ▭ **affare** *di* ~ affair of state; (*fig.*) *farne un* **affare** *di* ~ to make a mountain out of a molehill; ~ **assistenziale** welfare state; **colpo** *di* ~ coup (d'état); **di** ~ State-, state-: *religione di* ~ state religion; *Stato* **Pontificio** Papal State; *Stati* **Uniti** *d'America* United States of America.
statore *m.* (*tecn.*) stator.
statoreattore *m.* (*Aer.*) ramjet.
statua *f.* statue. ▭ *statue di* **cera** waxworks *pl.*; **essere** (o *sembrare*) *una* ~ (*essere immobile*) to be (*o* stand) as still as a statue.
statuario *a.* **1** statuary. **2** (*fig.*) (*maestoso, solenne*) statuesque, majestic.
statuetta *f.* statuette.
statunitense I *a.* United States-, of the United States; (*abbr.*) U.S. **II** *s.m./f.* United States citizen.
statura *f.* **1** height, stature: ~ *media* average height. **2** (*fig.*) (*levatura morale*) stature, prestige. ▭ *essere di alta* (o *alto di*) ~ to be tall.
statutario *a.* **1** statutory, statute-: *legge statutaria* statutory law. **2** (*costituzionale*) constitutional.
statuto *m.* **1** statute: ~ *dei lavoratori* statute of labourers. **2** (*costituzione*) constitution. **3** (*complesso di deliberazioni*) by-laws *pl.* **4** (*di un gruppo o di un'istituzione*) charter.
stavolta *avv.* (*fam.*) (*questa volta*) this time.
stazionamento *m.* **1** (*Strad.*) parking. **2** (*sosta*) stopping, standing.
stazionare *v.i.* **1** (*Strad.*) to be parked. **2** (*sostare*) to stop, to stand*.
stazionario *a.* stationary (*anche fig.*). ▭ *la* **situazione** *è stazionaria* no major changes can be reported; **temperatura** *stazionaria* constant temperature.
stazione *f.* **1** station; (*stazione ferroviaria*) (railway) station; (*am.*) (train) depot. **2** (*località di soggiorno*) resort: ~ *balneare* seaside resort; (*luogo di cura*) health resort; (*stazione termale*) spa. **3** (*ambiente o attrezzature per prestazioni particolari*) station. ▭ ~ *degli* **autobus** bus station; (*am.*) bus depot; ~ **invernale** winter sports resort; ~ **meteorologica** weather -station; ~ *di* **polizia** police station; (*am.*) station house; ~ **radio** radio station; (*Aut.*) ~ *di* **rifornimento** petrol station; (*am.*) gas (*o* filling *o* service) station.
stazza *f.* (*Mar.*) tonnage.
stazzare *v.t.* **1** (*Mar.*) to measure (*o* gauge) the tonnage of. **2** (*avere una stazza*) to have a tonnage of.
stazzo *m.* pen; (*ovile*) fold.
stazzonamento *m.* creasing, crumpling.
stazzonare *v.t.* to crease, to crumple.
stearina *f.* (*Chim.*) stearin.
stecca *f.* **1** bar, stick, rod, stake. **2** (*del busto*) (whale)bone; (*del ventaglio*) rod, slat; (*dell'ombrello*) rib. **3** (*del biliardo*) cue. **4** (*Med.*) (*per fratture*) splint. **5** (*confezione di sigarette*) carton. **6** (*stonatura*) false (*o* wrong) note.
steccare I *v.t.* **1** to fence (in). **2** (*Med.*) to splint, to immobilize with splints. **II** *v.i.* **1** (*nel biliardo*) to miscue. **2** (*stonare: cantando*) to sing* a false note; (*suonando*) to play a false note.
steccato *m.* **1** fence. **2** (*staccionata*) stockade, pen.
stecchetto *m.* small stick. ▭ *a* ~: 1 (*a corto di cibo*) short of food (*o* with little food): *stare a* ~ to have little food; 2 (*a corto di denaro*) short of money; (*fam.*) hard up.
stecchino *m.* (*stuzzicadenti*) toothpick.
stecchire I *v.t.* (*fig.*) (*uccidere sul colpo*) to kill outright (*o* on the spot). **II** *v.i.*, **stecchirsi** *v.i.pron.* **1** (*diventare secco*) to dry up. **2** (*diventare rigido*) to become* stiff (*o* rigid).
stecchito *a.* **1** (*rinsecchito*) dried up (*o* out). **2** (*magrissimo*) skinny, (*fam.*) thin as a rake (*o* beanpole). ▭ *morto* ~ stone-dead; (*fam.*) dead as a doornail.
stecco *m.* **1** twig. **2** (*bastoncino*) stick. **3** (*fig.*) (*persona magrissima*) beanpole, bag of bones.
stecconata *f.*, **stecconato** *m.* fencing, paling, stockade.
Stefania *N.pr.f.* Stephanie.
Stefano *N.pr.m.* Stephen, Steven.
stele *f.* (*Archeologia*) stele.
stella *f.* **1** (*Astr.*) star. **2** (*immagine, oggetto a*

forma di stella) star. **3** (*sorte, destino*) star, fate, destiny. **4** (*rif. a persone*) lucky-star, (good) angel. **5** (*diva*) star. □ (*Bot.*) ~ **alpina** edelweiss; (*fig.*) **andare** *alle stelle* (*rif. a prezzi*) to go (*o* become) sky-high, to rocket; (*rif. a merci*) to become very expensive; ~ **cadente** shooting star; ~ **polare** Pole star, North Star; **portare** *qd. alle stelle* (*esaltarlo*) to praise s.o. to the skies; *notte* **senza** *stelle* starless night.

stellare *a.* **1** (*Astr.*) stellar, star. **2** (*a forma di stella*) star-shaped, star, star-like.

stellato *a.* **1** starry, star-spangled, starlit; *cielo* ~ starry sky. **2** (*simile a stella*) star-like, star-shaped, star. □ (*USA*) *la bandiera stellata* the Star-Spangled Banner.

stelletta *f.* **1** (*asterisco*) asterisk, star. **2** *pl.* (*Mil.*) stars *pl.*

stellina *f.* (*divetta*) starlet.

stelloncino *m.* (*Giorn.*) short newspaper item.

stelo *m.* **1** (*Bot.*) stem, stalk. **2** (*sostegno*) stand: *lo* ~ *della lampada* the lamp-stand. **3** (*tecn.*) shaft, stem.

stemma *m.* (*Araldica*) coat of arms, arms *pl.*; armorial bearings *pl.*

stemperare *v.t.* **1** (*diluire*) to dilute; (*sciogliere*) to dissolve; (*rif. a colori*) to mix, to distemper. **2** (*Gastr.*) to mix. **stemperarsi** *v.i.pron.* **1** (*Met.*) (*perdere la tempera*) to become* soft (*o* untempered). **2** (*fig.*) (*sciogliersi, struggersi*) to melt*.

stempiarsi *v.r.* to thin at the temples.

stempiatura *f.* receding hairline.

stendardo *m.* standard, banner.

stendere *v.t.* **1** (*allungare*) to stretch (out), to extend: ~ *le braccia* to stretch out one's arms. **2** (*svolgere*) to spread* (out), to lay*, to stretch out: ~ *la tovaglia* to spread the tablecloth. **3** (*sciorinare*) to hang* out: ~ *il bucato* to hang out the washing. **4** (*stirare*) to roll (out): ~ *la pasta* to roll out the dough. **5** (*spalmare*) to spread*. **6** (*mettere a giacere*) to lay* (down). **7** (*abbattere, tramortire*) to knock flat (*o* down), to floor, to fell. **8** (*mettere per iscritto*) to draw* up, to draft. **9** (*rilassare*) to relax. **stendersi** **I** *v.r.* **1** (*allungarsi*) to stretch out, to extend. **2** (*mettersi a giacere*) to lie* (down), to stretch out. **II** *v.i.pron.* (*estendersi*) to spread* out, to extend, to stretch.

stendibiancheria *m.* clothes horse.

stenditoio *m.* **1** (*locale*) drying-room. **2** (*incastellatura*) clothes drier (*o* rack).

stenodattilografia *f.* shorthand-typing.

stenodattilografo *m.* shorthand-typist.

stenografare *v.t.* to write* (*o* take*) down in shorthand.

stenografia *f.* shorthand, stenography; (*fam.*) steno.

stenografico *a.* **1** shorthand-, stenographic(al). **2** (*stenografato*) shorthand-, in shorthand, written (*o* taken) down in shorthand.

stenografo *m.* stenographer.

stenosi *f.* (*Med.*) stenosis.

stentare *v.i.* to have difficulty (*o* trouble) (*a* in), to find* it hard (to), to be hardly able (to): *stentavo a riconoscerlo* I could hardly recognize him.

stentato *a.* **1** (*eseguito faticosamente*) laboured. **2** (*pieno di stenti*) hard, poverty-stricken, of poverty: *vita stentata* hard life, life of poverty. **3** (*sforzato*) forced, stiff, unnatural: *sorriso* ~ forced smile; (*rif. a opere letterarie*) stilted, stiff: *prosa stentata* stilted prose. **4** (*che cresce a fatica*) stunted, scrubby.

stento *m.* **1** hardship. **2** *pl.* (*miseria*) poverty, privation, straitened circumstances *pl.* **3** (*difficoltà*) difficulty. □ **a** ~ barely, hardly, with difficulty (*o* trouble): *si regge in piedi a* ~ he can barely stand; *una* **vita** *di stenti* a life of poverty (*o* hardship).

stentoreo *a.* (*lett.*) stentorian.

steppa *f.* (*Geog.*) steppe.

sterco *m.* dung, excrement.

stereofonia *f.* stereophony.

stereofonico *a.* stereophonic, (*fam.*) stereo.

stereoscopia *f.* (*Ott.*) stereoscopy.

stereoscopico *a.* (*Ott.*) stereoscopic.

stereoscopio *m.* (*Ott.*) stereoscope.

stereotipare *v.t.* (*Tip.*) to stereotype.

stereotipato *a.* (*fig.*) (*convenzionale*) stereotyped, conventional; (*non spontaneo*) fixed, frozen, stiff.

stereotipia *f.* (*Tip.*) stereotype.

sterile *a.* **1** sterile, infertile, barren (*anche Agr.*). **2** (*fig.*) (*improduttivo, inutile*) sterile, useless, vain: *sforzi sterili* vain efforts. **3** (*Med.*) (*sterilizzato*) sterile, sterilized, aseptic: *soluzione* ~ sterile solution.

sterilità *f.* sterility, infertility, barrenness.

sterilizzare *v.t.* to sterilize.

sterilizzatore *m.* sterilizer.

sterilizzazione *f.* sterilization.

sterlina *f.* (*lira sterlina*) pound (sterling).

sterminare *v.t.* to exterminate, to destroy.

sterminatezza *f.* immensity, boundlessness.

sterminato *a.* immense, boundless.

sterminatore **I** *s.m.* exterminator, destroyer. **II** *a.* exterminating, destroying.

sterminio *m.* **1** extermination, wiping out (*anche Mil.*). **2** (*fam.*) (*enorme quantità*) huge amount. □ *campo di* ~ extermination camp.

sterno *m.* (*Anat.*) sternum, breastbone.

sterpaglia *f.* brushwood.

sterpaia *f.*, **sterpaio** *m.* scrubland.

sterpo *m.* **1** (*ramoscello secco*) dry twig. **2** *pl.* scrub, underbrush.

sterrare *v.t.* to excavate, to dig* up (*o* out).

sterratore *m.* excavator, digger.

sterro *m.* **1** excavation, excavating, digging up (*o* out). **2** (*terra asportata*) excavated (*o* loose) earth, diggings *pl.*

sterzare *v.t.* to steer; (*voltare*) to swerve (*anche fig.*).

sterzata *f.* (*lo sterzare*) steering; *effetto*) sharp turn, swerve (*anche fig.*).

sterzo *m.* (*Aut.*) steering-gear; (*volante*) steering-wheel.

stesso I *a.* **1** (*medesimo*) same: *oggi danno lo ~ film di ieri* they are playing the same film today as yesterday. **2** (*rafforzativo, posposto a un sost.: proprio, in persona*) in person, personally: *il ministro ~ è intervenuto alla cerimonia* the minister personally (*o* himself) attended the ceremony; (*anche, persino*) even: *i suoi stessi avversari lo hanno ammesso* even his enemies admitted it. **3** (*rafforzativo, posposto a un pron. pers. soggetto*): *io ~* I myself; *tu ~* you yourself; *essi stessi ci hanno accompagnato* they themselves came with us. **4** (*rafforzativo, posposto a un pron. rifl.*) -self: *me ~* myself; *te ~* yourself; *gli egoisti pensano solo a se stessi* selfish people think only of themselves. **5** (*rafforzativo, posposto a un aggettivo poss.*) own: *questo va contro i suoi stessi interessi* this goes against his own interests. **6** (*rafforzativo, posposto a un avv.*) very, right: *vorrei farlo oggi ~* I would like to do it this very day. **7** (*proprio*) very, exact, precise: *sono le sue stesse parole* they are his very words. **II** *pron.dimostr.* **1** (*la stessa persona*) same person: *sono sempre gli stessi a protestare* it's always the same people who complain. **2** (*con valore neutro: la stessa cosa*) same (thing). **III** *avv.* (*ugualmente*) anyway, anyhow, just (*o* all) the same: *ci andrò lo ~* I'll go just the same. □ *fa* (o *è*) *lo ~* (*non importa*) it doesn't matter, it's all the same.

stesura *f.* **1** (*compilazione*) drawing up, drafting, writing. **2** (*redazione*) draft, version.

stetoscopio *m.* (*Med.*) stethoscope.

stia *f.* chicken-coop, hutch.

stigma *m.* **1** (*Bot., Zool.*) stigma. **2** (*marchio*) brand, mark, stigma.

stigmate → **stimmate**.

stigmatizzare *v.t.* (*biasimare*) to stigmatize, to censure.

stilare *v.t.* (*burocr.*) to draw* up, to draft.

stile *m.* style, manner: *non è nel suo ~ agire così* it's not his style (*o* like him) to act that way. □ **avere** (*dello*) ~ to have style; to be stylish; *non* **avere** ~ to lack style; **in** *grande* ~ in (great) style, on a grand scale; *essere* **in** ~ to be stylish (*o* in style); *mobili* **in** ~ period furniture; (*Sport*) ~ **libero** free style.

stilettare *v.t.* to (stab with a) stiletto.

stilettata *f.* **1** stab. **2** (*fig.*) (*impressione dolorosa*) pang, pain.

stiletto *m.* stiletto, stylet.

stilista *m./f.* **1** stylist. **2** (*creatore di moda*) dress designer, fashion designer; stylist.

stilistico *a.* stylistic(al).

stilizzare *v.t.* to stylize.

stilizzazione *f.* stylization.

stilla *f.* (*lett.*) (*goccia*) drop, bead. □ (*a*) ~ *a* ~ drop by drop.

stillare I *v.t.* to ooze, to exude. **II** *v.i.* **1** (*gocciolare*) to drip, to drop, to trickle. **2** (*trasudare*) to ooze, to exude. □ ~ *sudore* to drip with sweat.

stillicidio *m.* **1** (continual) dripping of water. **2** (*fig.*) constant trickle.

stilo *m.* **1** (*Stor.*) (*strumento per scrivere*) stylus (*pl.* styluses). **2** (*pugnale, stiletto*) stiletto, stylet. **3** (*Zool.*) style, stylus.

stilografica *f.* (*penna stilografica*) fountain -pen.

stilografico *a.* fountain-, fountain-pen: *inchiostro ~* fountain-pen ink.

stima *f.* **1** (*valutazione*) appraisal, estimate, assessment, (e)valuation: *~ dei danni* estimate of damages. **2** (*buona opinione*) esteem, regard, respect, good opinion: *degno di ~* worthy of esteem (*o* respect). □ **avere** *grande ~ di qd.* to hold s.o. in high esteem; to have a high opinion of s.o.; to think highly of s.o.; **fare** *la ~ di qc.* to appraise (*o* estimate) s.th.

stimabile *a.* **1** (*valutabile*) estimable, appraisable, assessable. **2** (*rispettabile*) estimable, worthy of esteem (*o* regard *o* respect), respectable.

stimare *v.t.* **1** (*valutare*) to estimate, to appraise, to assess, to evaluate. **2** (*reputare*) to consider, to hold*, to believe, to esteem. **3** (*apprezzare*) to hold* in high (*o* great) esteem (*o* regard *o* respect), to think* highly of. **stimarsi** *v.r.* to consider o.s., to think* o.s.: *stimarsi fortunato* to consider o.s. lucky, to think one is lucky.

stimmate *f.pl.* **1** (*segno distintivo*) stigma, brand, mark. **2** (*Med., Rel.*) stigmata *pl.*

stimolante *a.* stimulating.

stimolare *v.t.* **1** (*incitare*) to incite, to urge, to stir, to prod, to stimulate. **2** (*risvegliare una reazione*) to whet, to sharpen: *~ l'appetito* to whet the appetite.

stimolatore I *s.m.* **1** stimulator (*anche Med.*). **2** (*Farm.*) stimulant. **II** *a.* inciting, stimulating. □ (*Med.*) *~ cardiaco* pacemaker.

stimolo *m.* **1** (*sollecitazione*) stimulus (*pl.* stimuli), incentive, spur, goad. **2** (*bisogno fisico*) pang(s), prick, sting: *lo ~ della fame* the pangs of hunger. **3** (*Fisiologia*) stimulus. □ *sotto lo ~ di* driven (*o* roused) by; under the influence of.

stinco *m.* (*Anat.*) shin(-bone). □ (*fig.*) *non essere uno ~ di santo* to be no angel (*o* saint).

stingere I *v.t.* **1** (*scolorire*) to discolour. **2** (*far sbiadire*) to (make*) fade: *il sole stinge i colori* the sun makes colours fade. **II** *v.i.*, **stingersi** *v.i.pron.* (*sbiadire*) to fade.

stipare *v.t.* to pack, to cram. **stiparsi** *v.i.pron.* to crowd, to throng, to swarm.

stipendiare *v.t.* to pay* (a salary to).

stipendiato I *a.* salaried. **II** *s.m.* salaried worker (*o* employee).

stipendio *m.* salary, wages *pl.*, (*am.*) pay. □ **aumento** *di ~* increase in salary; ~ **iniziale** starting salary; ~ **netto** take-home pay.

stipite *m.* **1** (*Edil.*) jamb: *~ della porta* door

-jamb. **2** (*Bot.*) (*fusto*) trunk. **3** (*fig.*) (*ceppo*) stock, line, family.
stipo *m.* (*mobile*) cabinet.
stipulante I *a.* (*Dir.*) contracting. **II** *s.m./f.* (*Dir.*) contracting party.
stipulare *v.t.* (*Dir.*) **1** (*concludere*) to enter into, to make*, to contract. **2** (*stendere*) to draw* up, to draft.
stipulazione *f.* (*Dir.*) (*il concludere*) stipulation; (*lo stendere*) drawing up.
stiracalzoni *m.* trouser-press.
stiracchiare I *v.t.* **1** to stretch: ~ *le gambe* to stretch one's legs. **2** (*fig.*) (*forzare il significato*) to force, to strain, to distort. **II** *v.i.* (*mercanteggiare*) to bargain (*su* over), to haggle. **stiracchiarsi** *v.r.* to stretch (o.s.).
stiracchiato *a.* **1** (*sforzato*) forced, strained; (*storto*) distorted, twisted. **2** (*stentato*) stilted, stiff.
stiramento *m.* **1** stretching. **2** (*Med.*) sprain, strain, twisting. **3** (*tecn.*) stretching.
stirare *v.t.* **1** to stretch. **2** (*rif. a biancheria*) to iron: ~ *una camicia* to iron a shirt; (*rif. a vestiti*) to press: ~ *una giacca* to press a jacket. **3** (*assol.*) to do* the ironing, to iron. **stirarsi** *v.r.* (*fam.*) to stretch (o.s.). □ *farsi* ~ *i* **capelli** to have one's hair straightened; **indumenti** *che non si stirano* wash-and-wear (*o* no-iron *o* drip-dry) garments.
stirata *f.* quick ironing (*o* pressing).
stiratrice *f.* ironer; (*con il ferro a vapore*) presser.
stiratura *f.* **1** stretching. **2** (*con il ferro da stiro*) ironing, pressing. **3** (*Med.*) sprain(ing), strain(ing), twisting.
stireria *f.* **1** (*negozio*) ironing-shop. **2** (*locale*) ironing-room.
stiro *m.* **1** ironing, pressing. **2** (*tecn.*) stretch(ing). □ **da** ~ ironing: *tavolo da* ~ ironing-board; **ferro** *da* ~ iron; (*a vapore*) steam iron; (*elettrico*) electric iron.
stirpe *f.* **1** (*schiatta, famiglia*) stock, family, race. **2** (*origine, discendenza*) descent, extraction, birth, origin: *di nobile* ~ of noble birth. **3** (*Dir.*) descendants *pl.*, offspring, progeny.
stitichezza *f.* (*Med.*) constipation, costiveness.
stitico I *a.* constipated, costive. **II** *s.m.* person suffering from constipation.
stiva *f.* (*Mar., Aer.*) hold.
stivaggio *m.* (*Mar.*) stowage.
stivale *m.* boot. □ ~ *da* **caccia** hunting -boot; (*spreg.*) *scrittore dei* **miei** *stivali!* writer, my foot!
stivaletto *m.* ankle-boot; (*da donna*) bootee, ankle-boot.
stivalone *m.* jack-boot.
stivare *v.t.* (*Mar., Aer.*) to stow.
stizza *f.* anger, temper, vexation. □ **avere** (*o provare*) ~ *per qc.* to be angry at s.th.; **con** ~ angrily, in a temper.
stizzire I *v.t.* to make* angry (*o* cross), to vex. **II** *v.i.*, **stizzirsi** *v.i.pron.* to become* (*o* get*) angry, to lose* one's temper, (*fam.*) to fly* off the handle.
stizzito *a.* angry, cross, in a temper.
stizzoso *a.* **1** irascible, irritable, short -tempered. **2** (*che dimostra stizza*) angry, cross, peevish: *parole stizzose* peevish words.
stoccafisso *m.* **1** (*Gastr.*) dried cod, stockfish. **2** (*fam.*) (*persona magra e secca*) beanpole.
stoccata *f.* **1** thrust, stab. **2** (*nella scherma*) straight thrust. **3** (*fig.*) (*battuta pungente*) cutting remark, gibe, taunt. □ *dare una* ~ *a qd.* to taunt s.o.
Stoccolma *N.pr.f.* (*Geog.*) Stockholm.
stoffa *f.* **1** (*tessuto*) material, fabric, cloth. **2** (*fam.*) (*dote naturale*) stuff, makings *pl.*, what it takes: *ha la* ~ *del giornalista* he has the makings of a journalist (*o* he is the stuff of a journalist); *c'è della* ~ *in lui* he has what it takes.
stoicismo *m.* (*Filos.*) stoicism.
stoico *a./s.m.* stoic.
stoino *m.* mat; (*davanti a una porta*) doormat.
stola *f.* stole.
stolaga *f.* (*Zool.*) loon.
stolido *a.* (*lett.*) dull, stupid, foolish.
stoltezza *f.* **1** foolishness, stupidity, silliness. **2** (*azione stolta*) stupidity, foolish action.
stolto I *a.* foolish, stupid, silly. **II** *s.m.* fool, simpleton.
stomacare *v.t.* to turn the stomach of, to sicken, to make* (feel) sick (*anche fig.*). **stomacarsi** *v.i.pron.* to be nauseated (*di* by), (*fam.*) to get* sick (of).
stomachevole *a.* **1** sickening, nauseous. **2** (*fig.*) (*disgustoso*) disgusting, revolting, (*fam.*) sickening.
stomaco *m.* **1** (*Anat.*) stomach, (*fam. infant.*) tummy. **2** (*fig.*) (*coraggio*) courage, nerve, grit, (*fam.*) guts *pl.* □ (*fam.*) **dare** *di* ~ to throw up; *avere uno* ~ *di* **ferro** to have a cast-iron stomach; *a* ~ **pieno** on a full stomach; **rivoltare** *lo* ~ to turn one's stomach; *avere qc.* **sullo** ~ to have s.th. sitting on one's stomach.
stonare *v.t./i.* **1** (*Mus.*) (*rif. a suonatori*) to play out of tune (*o* off-key); (*rif. a cantanti*) to sing* out of tune (*o* off-key). **2** (*fig.*) (*contrastare*) to be out of keeping (*o* place), to clash; (*rif. a colori e sim.*) to clash, not to go* (with), not to match (s.th.).
stonato *a.* **1** (*Mus.*) false, off-key, out of tune. **2** (*fig.*) false, clashing. **3** (*fig.*) (*sconcertato, turbato*) upset, bewildered. □ (*fig.*) *essere* ~ to be out of sorts.
stonatura *f.* **1** false (*o* wrong) note. **2** (*fig.*) incongruity. □ (*fig.*) *essere una* ~ to be wrong (*o* out of place); (*rif. a colori*) to clash, not to go, to look wrong.
stop *m.* **1** (*nei telegrammi*) stop. **2** (*Strad.*) (*segnale*) stop sign; (*ingiunzione verbale*) halt.
stoppa *f.* tow. □ *di* ~ tow-, towy, tow-like;

(*estens.*) (*biondo e irsuto*) flaxen, like straw: *capelli di* ~ flaxen hair.
stoppia *f.* stubble, stubbles *pl.*
stoppino *m.* **1** wick. **2** (*miccia*) slow-match.
stopposo *a.* **1** towy, towlike. **2** (*estens.*) (*rif. a capelli*) coarse. **3** (*fig.*) (*filaccioso, fibroso*) stringy; (*rif. a carne*) stringy, tough.
storcere *v.t.* **1** to twist, to wrest, to wrench: ~ *il braccio a qd.* to twist s.o.'s arm. **2** (*fig.*) (*alterare*) to twist, to distort. **storcersi** *v.r.* to twist, to writhe: *storcersi dai dolori* to writhe in pain. ▭ (*fig.*) ~ *la* **bocca** (o *il muso*) to make a wry face, to twist one's mouth; (*fig.*) ~ *il* **naso** to turn one's nose up.
stordimento *m.* **1** stunning, daze, bewildering; (*dovuto a bevande alcoliche*) befuddling, dulling. **2** (*stato di turbamento*) dizziness, dullness.
stordire *v.t.* **1** to stun, to daze; (*rif. a bevande alcoliche*) to befuddle, to dull (the senses of); (*rif. a rumore*) to stun, to deafen. **2** (*fig.*) (*sbalordire*) to stun, to stupefy. **stordirsi** *v.r.* to lose* o.s., to forget* (o.s.); to let* o.s. go.
storditaggine *f.* **1** carelessness, absent-mindedness, thoughtlessness, heedlessness. **2** (*errore commesso per storditaggine*) blunder.
stordito **I** *a.* **1** stunned, dazed, bewildered, stupefied. **2** (*distratto, sbadato*) careless, absent-minded, scatter-brained, heedless. **II** *s.m.* scatter-brain, thoughtless person.
storia *f.* **1** history: ~ *della letteratura italiana* history of Italian literature; *una lezione di* ~ a history lesson. **2** (*serie di vicende*) story. **3** (*narrazione, racconto*) story, tale, account: *una* ~ *d'amore* a love story. **4** (*faccenda, questione*) matter, affair, question, business: *in questa* ~ *io non c'entro* I haven't got anything to do with this matter. **5** (*spesso al pl.: fandonia*) (tall) stories *pl.*, tales *pl.*, fibs *pl.*, nonsense; (*pretesto, scusa*) excuse, pretext. **6** *pl.* (*tergiversazioni, smorfie*) fuss *sing.*: *non fare tante storie* don't make such a fuss. **7** *pl.* (*esclam.*) (stuff and) nonsense, humbug, rubbish. ▭ **passare** *alla* ~ to go down in history; ~ **romanzata** historical novel; ~ **sacra** sacred history; *è la* **solita** ~ it's the same old story.
storicismo *m.* (*Filos., Econ.*) historicism.
storicità *f.* historicity.
storico **I** *a.* **1** historical: *opera storica* historical work. **2** (*memorabile*) historic, memorable, to be remembered. **II** *s.m.* historian.
storiella *f.* (*aneddoto*) (funny) story, anecdote; (*barzelletta*) joke; (*frottola*) (tall) story.
storiografia *f.* historiography.
storiografo *m.* historiographer.
storione *m.* (*Zool.*) sturgeon.
stormire *v.i.* to rustle.
stormo *m.* **1** (*rif. a uccelli*) flock, flight. **2** (*gruppo di persone*) crowd, swarm, band. **3** (*Aer.*) flight formation. ▭ **a** *stormi* in flocks; **suonare** *a* ~ to ring the tocsin (*o* alarm-bell).
stornare *v.t.* **1** (*allontanare*) to avert, to ward off, to avoid: ~ *il pericolo* to avert danger. **2** (*dissuadere, distogliere*) to dissuade, to divert, (*fam.*) to put* off. **3** (*Comm.*) (*nella contabilità: trasferire*) to transfer; (*rettificare*) to reverse. **4** (*Comm.*) to write* off; to cancel: ~ *un contratto* to cancel a contract.
stornellare *v.i.* to sing* stornelli.
stornellata *f.* singing of stornelli.
stornello *m.* (*Mus.*) stornello (*pl.* stornelli).
storno[1] *a.* (*Zootecnia*) dappled grey.
storno[2] *m.* (*Comm.*) write-off; (*annullo*) cancellation.
storno[3] *m.* (*Zool.*) starling.
storpiare *v.t.* **1** (*rendere storpio*) to cripple, to maim. **2** (*fig.*) (*esprimere male*) to mangle, (*fam.*) to murder; (*pronunciare male*) to mispronounce. **storpiarsi** *v.i.pron.* to become* crippled (*o* lame).
storpiatura *f.* **1** (*atto*) crippling, laming, maiming; (*effetto*) lameness. **2** (*cosa storpiata*) bungle, botch. **3** (*fig.*) (*cattiva pronuncia*) mangling; mispronunciation.
storpio **I** *a.* crippled, lame. **II** *s.m.* cripple; lame person.
storta[1] *f.* sprain, twist, wrench. ▭ *prendere una* ~ *alla caviglia* to sprain one's ankle.
storta[2] *f.* (*Chim.*) retort.
storto **I** *a.* **1** crooked, twisted, bent: *un chiodo* ~ a bent nail; (*rif. a occhi*) squint, crossed; (*rif. a gambe*) bandy. **2** (*fig.*) wrong, false, mistaken: *idee storte* mistaken ideas. **II** *avv.* **1** crookedly. **2** (*di traverso*) obliquely, askew, awry. ▭ *guardare* ~ *qd.* to squint at s.o.; (*fig.*) to give s.o. a nasty look.
stortura *f.* **1** crookedness, twistedness. **2** (*fig.*) mistakenness, wrongness, falseness.
stoviglie *f.pl.* dishes *pl.*, crockery *sing.* ▭ *lavare le* ~ to wash up.
strabico **I** *a.* (*rif. a persone*) squint-eyed, cross-eyed; (*rif. a occhi*) squint, cross(ed). **II** *s.m.* squint-eyed (*o* cross-eyed) person.
strabiliante *a.* marvellous, amazing.
strabiliare **I** *v.t.* to astound, to stun, to dumbfound. **II** *v.i.* (*meravigliarsi*) to be amazed (*o* astonished).
strabismo *m.* (*Med.*) strabismus, squint.
strabocchevole *a.* huge, enormous, vast.
strabuzzare *v.t.*: ~ *gli occhi* to roll one's eyes.
stracarico *a.* overladen, overloaded, overburdened (*di* with).
stracciaiolo *m.* ragman (*pl.* –men), rag-merchant, rag-and-bone man.
stracciare *v.t.* **1** to tear*; (*facendo a pezzi*) to tear* up. **2** (*Sport*) to beat*, (*fam.*) to lick. **stracciarsi** *v.i.pron.* to tear*, to rend*, to rip.
stracciato *a.* **1** torn, rent, ripped: *foglio* ~ torn sheet; (*fatto a pezzi*) torn up. **2** (*rif. a persone*) ragged, tattered, in rags, in tatters.
straccio[1] *m.* **1** rag. **2** *pl.* (*indumenti logori*) rags *pl.*, tatters *pl.* **3** (*cencio per pulire*) rag;

cloth; (*per spolverare*) duster, dust-cloth; (*per pavimenti*) floor-cloth. **4** (*fam.*) (*persona malridotta*) wreck. □ (*fam.*) *uno* ~ *di* **marito** an apology for a husband; **passare** *lo* ~ *in* (o *per*) *terra* to wipe the floor.
straccio[2] *a.* waste, odd: *carta straccia* waste paper.
straccione *m.* ragamuffin, ragged fellow, tatterdemalion.
straccivendolo → **stracciaiolo**.
stracco *a.* (*fam.*) **1** (*sfinito*) tired out, worn -out. **2** (*esaurito*) dying, lukewarm, faint.
stracotto I *a.* (*Gastr.*) overcooked, overdone. **II** *s.m.* (*Gastr.*) braised meat, stew. □ *cotto e* ~ overdone; (*fig.*) head over heels in love.
stracuocere *v.t.* to overcook, to overdo*.
strada *f.* **1** road, way; (*di città*) street, road. **2** (*via non selciata*) way, path; (*vicolo*) lane, alley. **3** (*percorso*) way, route; (*cammino: a piedi*) walk; (*in macchina*) drive, trip, journey. **4** (*fig.*) path, way: *mettersi sulla buona* ~ to go the right way. **5** (*fig.*) (*mezzo, metodo*) way, method, means *pl.* (costr. sing. o pl.). □ **andare** *per la propria* ~ to go on one's way; **cambiare** ~ to take another road, to go another way; ~ *di* **campagna** country road; (*se stretta*) (country) lane; ~ *a doppia* **carreggiata** dual carriageway; (*am.*) two-lane road; **chiedere** *la* ~ *a qd.* to ask s.o. the way; **codice** *della* ~ Highway Code; **da** ~ (*volgare*) gutter-, coarse, vulgar; **di** ~ street-, road-: *ragazzo di* ~ street urchin; *donna di* ~ street-walker; ~ *in* **discesa** downhill road; ~ **facendo** on the way; *che* ~ **fai**? which way are you going?; **fare** *una* ~ (*percorrerla*) to go along a road; **fare** ~ *a qd.* to show s.o. the way; (*fig.*) to pave the way for s.o.; **fare** *molta* ~ to go (*o* come) a long way (*anche fig.*); **farsi** ~ (*aprirsi un passaggio*) to clear a way (*o* path); (*fig.*) (*raggiungere il successo*) to make one's way, to do well for o.s.; **farsi** ~ *fra la folla* to push one's way through the crowd; ~ **ferrata** railway; (*am.*) railroad; **fuori** (*di*) ~ (*su strada sbagliata*) off the route, on the wrong road; (*fuori pista*) off the road; (*fig.*) (*in errore*) on the wrong track; (*fig.*) **mettere** *qd. sulla* (o *in mezzo alla*) ~ to turn s.o. out on the street; *a* **mezza** ~ halfway (there); (*fig.*) *essere in* **mezzo** *a una* ~ (*essere privo di mezzi*) to be down and out; *la città è a un* **miglio** *di* ~ the town is a mile away (*o* off); **per** *la* ~ along the way (*o* road); ~ **principale** main road; ~ *in* **salita** uphill road; ~ **sbarrata** blocked road; ~ *a* **senso** *unico* one way road (*o* street); ~ **statale** trunk-road, national road; **su** ~ road-: (*Aut.*) *corsa su* ~ road-race; *l'***uomo** *della* ~ the man in the street; ~ *senza* **uscita** cul-de -sac, blind-alley, dead end.
stradale I *a.* **1** road-: *lavori stradali* road works. **2** (*del traffico*) road-, traffic-: *incidente* ~ traffic accident. **II** *s.f.* (*anche polizia stradale*) traffic police; (*am.*) highway patrol. □ *carta* ~ route map.
stradario *m.* street-guide; road-book.
stradino *m.* road-worker, roadman (*pl.* –men).
stradone *m.* wide road; (*am.*) boulevard.
strafalcione *m.* blunder; (*fam.*) howler.
strafare *v.i.* to do* too much, to overdo* (things).
straforo *m.*: *di* ~: 1 (*di nascosto*) secretly, on the quiet (*o* sly), in secret; 2 (*indirettamente*) indirectly, in a roundabout way; *entrare di* ~ to sneak (*o* slip) in.
strafottente *a.* arrogant, insolent.
strafottenza *f.* arrogance; insolence.
strage *f.* **1** slaughter, massacre; (*carneficina*) carnage, butchery. **2** (*distruzione*) havoc, ruin. □ (*fig.*) *fare grande* ~ *di* to play havoc with.
stragrande *a.* very large, enormous. □ *la* ~ *maggioranza* the great majority.
stralciare *v.t.* **1** (*eliminare*) to remove, to take* out (*o* away *o* off). **2** (*Comm.*) (*mettere in liquidazione*) to wind* up, to liquidate.
stralcio *m.* **1** removal, taking out (*o* away, off). **2** (*estratto*) extract, excerpt. **3** (*Comm.*) (*liquidazione*) winding up, liquidation; clearance sale. □ (*Dir.*) **legge** ~ transitional law; **vendere** *a* ~ to sell at bargain prices; (*fam.*) to sell off.
strale *m.* (*poet.*) dart, arrow (*anche fig.*).
stralunare *v.t.* to roll.
stralunato *a.* **1** rolling, staring (wildly). **2** (*sconvolto*) very upset, troubled, beside o.s.
stramaledire *v.t.* to curse with all one's strength.
stramazzare *v.i.* to fall* (heavily), to drop (down): ~ *a terra* to fall to the ground.
stramberia *f.* **1** eccentricity, oddness, strangeness. **2** (*azione stramba*) strange action, odd thing, eccentric behaviour; (*rif. a discorsi*) odd remark.
strambo *a.* odd, strange, peculiar, eccentric.
strame *m.* (*Agr.*) hay, straw.
strampalato *a.* strange, odd, outlandish; (*fam.*) weird; (*illogico*) illogical: *ragionamento* ~ illogical way of thinking; (*rif. a persone*) eccentric, outlandish, strange, peculiar, odd.
stranezza *f.* **1** strangeness, oddness, peculiarity; (*l'essere insolito*) unusualness, uncommonness. **2** (*atto strano*) strange (*o* odd) thing to do, odd behaviour (*o* ways *pl.*); (*discorso strano*) odd (*o* peculiar) remark, strange thing to say.
strangolamento *m.* **1** strangling. **2** (*effetto*) strangulation.
strangolare *v.t.* to strangle, to throttle; (*strozzare*) to choke. **strangolarsi** *v.i.pron.* to strangle (o.s.), to choke.
strangolatore *m.* strangler.
straniero I *a.* foreign: *lingua straniera* foreign language; *legione straniera* Foreign Legion. **II** *s.m.* **1** (*chi appartiene a uno stato estero*) foreigner; (*burocr.*) alien. **2** (*nemico*) enemy.
stranito *a.* **1** (*turbato*) uneasy, restive. **2** (*intontito*) befuddled, dazed.

strano *a.* **1** strange, odd; queer; (*insolito*) unusual, uncommon. **2** (*rif. a persone*) strange, odd, eccentric, bizarre. ▭ ~ *a dirsi* oddly enough, strange to say.
straordinarietà *f.* extraordinariness, uncommonness.
straordinario I *a.* **1** extraordinary, exceptional, unusual. **2** (*speciale*) special: *treno* ~ special train. **II** *s.m.* (*burocr.*) (*lavoro straordinario*) overtime; (*compenso*) overtime (pay). ▭ **edizione** *straordinaria* special issue; fare *lo* ~ to work on overtime.
straorzare *v.i.* (*Mar.*) to yaw.
straorzata *f.* (*Mar.*) yaw.
strapagare *v.t.* to overpay*.
straparlare *v.i.* to talk nonsense, to rave.
strapazzare *v.t.* **1** (*maltrattare*) to ill-treat, to ill-use, to mistreat; (*rimproverare*) to scold, to dress down. **2** (*trattare con scarso riguardo: rif. a cose*) to treat badly, to mishandle. **strapazzarsi** *v.r.* to drive* o.s., to tire (*o* wear*) o.s. out.
strapazzata *f.* **1** (*violenta sgridata*) scolding, dressing-down, (*fam.*) telling off. **2** (*faticata*) fatigue, strain. ▭ *dare* (o *fare*) *una* ~ *a qd.* to give s.o. a dressing-down, to reprimand s.o. severely.
strapazzo *m.* fatigue, strain, effort. ▭ *da* ~ work(ing)-: *vestiti da* ~ working clothes; (*fig. spreg.*) worthless, third-rate.
strapieno *a.* **1** (*pieno zeppo*) full to overflowing (*di* with), brimful (of), packed (with). **2** (*che ha mangiato troppo*) full up.
strapiombare *v.i.* **1** to be out of plumb (*o* the perpendicular), to lean*. **2** (*sporgere*) to overhang*, to jut (out).
strapiombo *m.* **1** overhanging, jutting out. **2** (*parte rocciosa sporgente*) overhanging rock, bulge, projection. ▭ *a* ~ overhanging, jutting (out).
strapotente *a.* extremely (*o* very) powerful.
strapotere *m.* excessive power.
strappalacrime *a.*: (*fam.*) *storia* ~ tear-jerker.
strappare *v.t.* **1** (*togliere con la forza*) to tear* away, to snatch, to pull away; (*lottando*) to wrest, to wrench. **2** (*portar via rompendo*) to tear* (off), to rip (off); (*staccare*) to tear* (*o* pull *o* break* *o* pluck) off: ~ *un ramo* to break off a branch. **3** (*lacerare, fare uno strappo in qc.*) to tear*, to rip, to rend*, to make* a tear (*o* hole) in; (*rompere in più parti*) to tear* up (*o* to pieces): ~ *il giornale* to tear up the newspaper; (*rif. a filo, spago, e sim.*) to break* (in two). **4** (*svellere, estirpare*) to pull up, to uproot, to tear* up; (*rif. a capelli e sim.*) to tear*, to rend*; (*rif. a penne*) to pluck; (*rif. a denti*) to pull out, to extract. **5** (*fig.*) (*carpire*) to wring*; (*con l'astuzia*) to worm, to draw*, to get*; (*con lusinghe e moine*) to coax, to wheedle, to cajole; (*con la forza*) to wring*, to extort: ~ *un segreto a qd.* to wring a secret from s.o. **strapparsi** *v.i.pron.* to tear*, to rip, to split*, to get* torn; (*rompersi*) to break*. ▭ ~ *gli* **applausi** to draw cheers (*o* applause); (*fig.*) ~ *il* **cuore** *a qd.* to wring s.o.'s heart; (*fig.*) *parole che strappano il* **cuore** heartbreaking (*o* heart-rending) words; (*fig.*) ~ *le* **lacrime** *a qd.* to move s.o. to tears; ~ *qd. alla* **morte** to snatch s.o. from the jaws of death.
strappo *m.* **1** (*strattone*) pull, snatch, tug. **2** (*lacerazione*) tear, rent, rip. **3** (*fig.*) (*infrazione*) break (*a* from), breach, infringement (of); (*eccezione*) exception: *fare uno* ~ *alla regola* to make an exception to the rule. **4** (*Med.*) (*strappo muscolare: atto*) sprain; (*effetto*) dilaceration. **5** (*sollevamento pesi*) clean and jerk. **6** (*fam.*) (*passaggio in macchina*) lift. ▭ **a** *strappi* jerkily, fitfully, by fits and starts; **dare** *uno* ~ *a qc.* to snatch (at) s.th.; (*tirare*) to tug (*o* pull) at s.th.
strapuntino *m.* folding seat.
straricco *a.* (*fam.*) extremely (*o* very) rich.
straripamento *m.* **1** (*atto*) overflowing, flooding. **2** (*effetto*) overflow, flood.
straripare *v.i.* to overflow (its banks), to flood.
Strasburgo *N.pr.f.* (*Geog.*) Strasbourg.
strascicare I *v.t.* **1** to trail; (*a fatica*) to drag; (*rif. ai piedi, alle scarpe*) to shuffle. **2** (*fig.*) (*tirare per le lunghe*) to drag out, to spin* out, to protract; (*non riuscire a liberarsi*) to be unable to shake off, to drag out. **3** (*fig.*) (*pronunciare lentamente*) to drawl. **II** *v.i.* to trail, to sweep*. **strascicarsi** *v.r.* to drag o.s. (along). ▭ ~ *le gambe* to drag one's legs.
strascichio *m.* shuffling, dragging.
strascico *m.* **1** dragging. **2** (*parte del vestito*) train. **3** (*fig.*) (*seguito, conseguenza*) after-effects *pl.*, aftermath, wake. **4** (*fig.*) (*pronuncia strascicata*) drawl. **5** (*sbavatura delle lumache*) trail. ▭ (*Pesca*) *rete a* ~ trawl net.
stratagemma *m.* **1** (*Mil.*) stratagem. **2** (*estens.*) (*astuzia espediente*) stratagem, trick.
stratega *m.* strategist.
strategia *f.* **1** (*Mil.*) strategy. **2** (*fig.*) strategy, cunning.
strategico *a.* **1** (*Mil.*) strategic(al). **2** (*fig.*) strategic(al), cunning, clever.
stratificare *v.t.* to stratify, to form (*o* arrange) in strata. **stratificarsi** *v.r.* to stratify, to form strata.
stratificazione *f.* stratification.
stratiforme *a.* stratiform.
stratigrafia *f.* **1** (*Geol.*) stratigraphy. **2** (*Med.*) sectional radiography; tomography.
strato *m.* **1** layer, coat, coating: *uno* ~ *di polvere* a layer of dust; *uno* ~ *di vernice* a coat of paint. **2** (*tecn.*) layer. **3** (*fig.*) (*ceto*) stratum (*pl.* strata), level, class. **4** (*Meteor.*) stratus. **5** (*Geol.*) stratum, bed, layer. ▭ *a strati* in strata (*o* layers), layered, stratified.
stratosfera *f.* (*Astr.*) stratosphere.
stratosferico *a.* stratospheric (*anche fig.*).
strattone *m.* violent pull, sharp tug (*o* jerk), wrench. ▭ *a strattoni* jerkily.
stravagante I *a.* eccentric, odd, strange,

weird. **II** *s.m./f.* odd (*o* strange) person, (*fam.*) character.

stravaganza *f.* **1** eccentricity, oddness. **2** (*concr.*) odd behaviour, eccentric ways *pl.*

stravecchio *a.* **1** very old. **2** (*Alim.*) (*stagionato*) aged. **3** (*Enologia*) vintage-, mellow: *vino* ~ vintage wine.

stravedere *v.t./i.* to see* wrongly. ▭ (*fig.*) ~ *per qd.* to see s.o. through rose-coloured spectacles; (*fam.*) to be crazy about s.o.

stravincere *v.t.* **1** to beat* hollow; (*fam.*) to lick. **2** (*assol.*) to win* hands down (*o* all along the line).

straviziare *v.i.* to revel, to indulge in revelry.

stravizio *m.* excess; (*nel mangiare*) excessive eating, overeating; (*nel bere*) excessive drinking, overdrinking; (*rif. alla vita sessuale*) debauchery; (*gozzoviglia*) revelry.

stravolgere *v.t.* **1** (*rif. al volto*) to contort, to twist. **2** (*fig.*) (*turbare profondamente*) to trouble, to upset*, to affect deeply. **3** (*fig.*) (*travisare*) to twist, to distort, to misrepresent.

stravolto *a.* **1** contorted, twisted: *lineamenti stravolti dall'ira* features contorted with anger. **2** (*fig.*) (*profondamente turbato*) deeply upset.

straziante *a.* **1** racking, tormenting, excruciating: *dolori strazianti* excruciating pains. **2** (*angoscioso*) agonizing, piercing. **3** (*fig.*) heart-rending, harrowing: *una lettera* ~ a heart-breaking letter.

straziare *v.t.* **1** (*tormentare*) to torture, to rack; (*dilaniare*) to tear* apart (*o* to pieces). **2** (*affliggere profondamente*) to torment, to torture, to harrow, to agonize. ▭ (*fig.*) ~ *il* **cuore** to be heart-rending; ~ *il* **cuore** *a qd.* to break s.o.'s heart; *questa musica mi strazia le* **orecchie** this music is torture to (*o* grates on) my ears.

strazio *m.* **1** (*scempio*) torture, tearing (apart), lacerating. **2** (*fig.*) (*tormento*) torment, torture, agony. **3** (*fam.*) bore, pest, pain in the neck.

strega *f.* **1** witch; (*maga, fattucchiera*) sorceress. **2** (*fig. spreg.*) (*donna malvagia*) shrew; (*donna brutta e vecchia*) (old) hag, crone, witch.

stregare *v.t.* **1** to bewitch, to cast* (*o* put*) a spell on. **2** (*fig.*) (*ammaliare*) to bewitch, to enchant.

stregone *m.* wizard; (*mago*) magician, sorcerer.

stregoneria *f.* witchcraft, sorcery.

stregua *f.*: *alla* ~ *di* on a level with; by the same standard as; *alla stessa* ~ by the same standard, in the same way.

strelitzia *f.* (*Bot.*) bird-of-paradise flower.

stremare *v.t.* to exhaust, to wear* (*o* tire) out.

stremo *m.* utmost, extreme. ▭ *essere* (*ridotto*) *allo* ~ to be at the end of one's strength.

strenna *f.* present, gift: *strenne natalizie* Christmas presents.

strenuo *a.* valiant, brave: *una strenua resistenza* a valiant resistance.

strepitare *v.i.* **1** to make* a loud (*o* deafening) noise, to crash, to roar. **2** (*gridare forte*) to yell, to shout.

strepitio *m.* din.

strepito *m.* loud (*o* deafening) noise, crash, roar. ▭ (*fig.*) *fare* ~ to be all the rage.

strepitoso *a.* **1** (*fragoroso*) deafening, thunderous, roaring: *applausi strepitosi* thunderous applause. **2** (*fig.*) (*favoloso*) sensational, outstanding, smashing.

streptococco *m.* (*Biol.*) streptococcus (*pl.* –cocci).

streptomicina *f.* (*Farm.*) streptomycin.

stretta *f.* **1** (firm) hold, grip, grasp, clasp, clench: *liberarsi dalla* ~ *dell'avversario* to free o.s. from the opponent's grasp. **2** (*fig.*) (*turbamento, emozione*) pang (of grief), stab (of pain). **3** (*passaggio angusto*) narrow passage; (*burrone, gola*) gorge, ravine. ▭ ~ *al* **cuore** sharp (*to* stab of) pain in the heart; (*fig.*) pang (of grief); *sentire una* ~ *alla* **gola** to have a lump in one's throat; *dare una* ~ *di* **mano** *a qd.* to shake hands with s.o.; **mettere** *qd. alle strette* to put s.o. in a spot, to drive (*o* push) s.o. to the wall.

strettamente *avv.* **1** tight(ly). **2** (*in modo riduttivo*) strictly: ~ *parlando* strictly speaking.

strettezza *f.* **1** tightness, narrowness. **2** (*fig.*) (*ristrettezza*) poverty, (financial) straits *pl.*, straitened circumstances *pl.*

stretto **I** *a.* **1** (*non largo*) narrow: *una strada stretta* a narrow street. **2** (*rif. a vestiti e sim.: non ampio*) tight, close-fitting: *scarpe strette* tight shoes. **3** (*serrato*) tight, fast: *nodo* ~ tight knot. **4** (*molto vicino, addosso*) close (*a* to): *stare stretti l'uno all'altro* to be close to e.o. **5** (*rigoroso*) strict, rigorous; (*preciso*) exact, precise: *attenersi allo* ~ *significato di un termine* to stick to the exact meaning of a word. **6** (*unito, legato*) bound, tied, linked (*da* by): *essere* ~ *da un'amicizia con qd.* to be bound to s.o. by friendship. **7** (*vicino, intimo*) close, near: *parenti stretti* close (*o* near) relatives. **8** (*rif. a dialetti: puro, schietto*) pure. **9** (*con valore limitativo*) bare, strict: *lo* ~ *necessario* the bare minimum (*o* necessities). **10** (*Fonetica*) close: *pronuncia stretta* close pronunciation. **II** *s.m.* (*Geog.*) straits *pl.* (costr. sing.), strait: *lo* ~ *di Gibilterra* the strait of Gibraltar. ▭ *avere il* **cuore** ~ *dall'emozione* to be downhearted (*o* sad at heart); *a* **denti** *stretti* with clenched teeth (*anche fig.*); *con i* **pugni** *stretti* with clenched fists.

strettoia *f.* **1** (*Strad.*) narrowing in the road, bottleneck. **2** (*fig.*) (*situazione difficile*) difficult (*o* tricky) situation; (*fam.*) tight spot.

striare *v.t.* to streak, to stripe, to striate.

striato *a.* striped, streaked; (*Scient.*) striated.

striatura *f.* streaking, striping.

stricnina *f.* (*Chim.*) strychnine.

stridente *a.* **1** strident, harsh, shrill: *suono* ~ strident (*o* harsh) sound. **2** (*fig.*) (*contrastante*) conflicting, clashing. **3** (*fig.*) (*con valore rafforzativo*) blatant: *contrasto* ~ blatant (*o* direct) contrast.

stridere *v.i.* **1** (*strillare*) to shriek, to screech, to utter a shrill (*o* piercing) cry; (*rif. ad animali*) to squeak; (*rif. a insetti*) to chirp. **2** (*cigolare: rif. a porte e sim.*) to squeak, to creak, to grate; (*rif. a catene e sim.*) to clank, to rattle, to screech. **3** (*fig.*) (*contrastare*) to clash, to (be in) contrast (with), to go* against (s.th.).

stridio *m.* **1** shrieking, screeching. **2** (*cigolio*) squeaking, creaking, grating; (*rif. a freni*) squealing, screeching.

strido *m.* shriek, shrill (*o* piercing) cry, screech.

stridore *m.* **1** screech(ing), shrill sound, squeal. **2** (*di catene e sim.*) screeching, rattling; (*di freni*) screech, squeal.

stridulo *a.* **1** (*acuto*) strident, shrill, harsh; *voce stridula* shrill voice. **2** (*che emette suoni striduli*) strident, stridulous.

striglia *f.* currycomb.

strigliare *v.t.* **1** to curry(-comb). **2** (*sgridare*) to rebuke, to scold, to rail at, to dress down; (*fam.*) to tell* off. **strigliarsi** *v.r.* (*scherz.*) to groom o.s., to spruce o.s. up.

strigliata *f.* **1** curry-comb, currying. **2** (*fig.*) (*rimprovero*) rebuke, scolding, dressing down, (*fam.*) telling off.

strillare *v.i.* **1** to shriek, to yell, to scream, to screech. **2** (*parlare a voce alta*) to shout, to yell.

strillo *m.* scream, shriek, sharp (*o* shrill) cry.

strillone *m.* newspaper-seller, newsboy, news -vendor.

striminzito *a.* **1** (*misero*) shabby, poor: *un vestito* ~ a shabby dress. **2** (*magro*) thin, skinny; (*stentato*) stunted.

strimpellare *v.t.* (*rif. a strumenti a corda*) to strum, to thrum; (*rif. a strumenti a tastiera*) to pound, to bang on.

strimpellatore *m.* (*di strumenti a corda*) strummer, thrummer; (*di strumenti a tastiera*) pounder, thumper.

strinare *v.t.* **1** (*stirando*) to singe, to scorch. **2** (*pollame*) to singe.

strinatura *f.* scorch (mark).

stringa *f.* (*laccio*) lace; (*per scarpe*) (shoe-)lace.

stringare *v.t.* **1** to lace (up), to tie (up) tight. **2** (*fig.*) to condense, to make* concise.

stringatezza *f.* conciseness, concision, terseness.

stringato *a.* (*conciso*) concise, terse: *scritto in stile* ~ written in a terse style.

stringente *a.* **1** (*urgente, impellente*) pressing, urgent. **2** (*serrato*) convincing, cogent, stringent.

stringere **I** *v.t.* **1** (*serrare fortemente*) to clasp, to hold* tight(ly), to clutch: *mi strinse cordialmente la mano* he clasped my hand cordially. **2** (*avvicinare fra loro due cose*) to press (together), to squeeze (together). **3** (*premere dolorosamente*) to pinch, to be (too) tight: *queste scarpe stringono i piedi* these shoes are pinching my feet. **4** (*rimpicciolire, restringere*) to take* in: *far* ~ *un vestito* to have a dress taken in. **5** (*concludere*) to make*, to contract, to enter into, to stipulate: ~ *un patto* to make a pact. **6** (*avvitare*) to tighten, to screw tight. **7** (*riassumere in sintesi*) to summarize, to sum up: ~ *un discorso* to summarize a speech. **8** (*lett.*) (*impugnare, brandire*) to grasp, to brandish. **II** *v.i.* **1** (*incalzare, urgere*) to be pressing, to press, to be (running) short: *il tempo stringe* time is pressing. **2** (*essere stretto*) to be (too) tight. **stringersi** *v.r.* **1** (*accostarsi*) to squeeze (o.s.), to press (o.s.). **2** (*restringersi: per fare spazio*) to squeeze together. □ ~ **amicizia** *con qd.* to strike up a friendship with s.o.; *stringersi* **attorno** *a qd.* to press (*o* crowd *o* throng) round s.o.; ~ *la* **cinghia** to tighten one's belt (*anche fig.*); (*fig.*) ~ *il* **cuore** to wring (*o* break) one's heart; ~ *i* **denti** to clench one's teeth; (*fig.*) to grit (*o* clench) one's teeth; ~ *la* **mano** *a qd.* to shake s.o.'s hand (*o* hands with s.o.); ~ *i* **pugni** to clench one's fists; *stringersi nelle* **spalle** to shrug one's shoulders; ~ *i* **tempi** (*accelerare*) to speed things up; *i* **tempi** *stringono* time is getting short. ‖ *stringi stringi* in short, all in all, to sum up, when you get down to it.

stringimento *m.* tightening. □ (*fig.*) ~ *di cuore* heavy heart.

striscia *f.* **1** strip, slip: *una* ~ *di carta* a strip of paper. **2** (*larga riga*) stripe. **3** (*traccia*) trace, streak: *una* ~ *di sangue* a streak of blood. □ **a** *strisce* striped; (*Strad.*) *strisce* **pedonali** pedestrian (*o* zebra) crossing *sing.*

strisciante *a.* **1** crawling, creeping. **2** (*fig.*) (*adulatore*) fawning, obsequious, servile. □ (*Econ.*) *inflazione* ~ creeping inflation.

strisciare **I** *v.i.* **1** to creep*, to crawl; (*rif. ad aerei e sim.*) to skim. **2** (*sfregare contro*) to graze, to scrape (s.th.): *ho strisciato col parafango contro il muro* I grazed the wall with the mudguard. **3** (*fig.*) (*ossequiare servilmente*) to crawl, to fawn. **II** *v.t.* **1** to drag, to scuff, to shuffle: ~ *i piedi per terra* to drag one's feet (along the ground). **2** (*sfiorare, graffiare*) to graze, to scrape. **strisciarsi** *v.r.* to rub (o.s.), to rub (up).

strisciata *f.* **1** grazing, brushing. **2** (*segno*) streak.

striscio *m.* **1** (*lo strisciare i piedi ballando*) shuffle. **2** (*segno*) mark, scrape; (*tocco o colpo di striscio*) graze. **3** (*Med.*) smear (test). □ *di* ~ slightly, superficially, grazing: *la pallottola lo colpì di* ~ the bullet just grazed him.

striscione *m.* banner: ~ *pubblicitario* advertising banner. □ (*Sport*) ~ *di arrivo* (finishing) tape.

stritolamento *m.* grinding, crushing.

stritolare *v.t.* to grind*, to crush. **stritolarsi** *v.i.pron.* to be shattered, to shatter, to smash to pieces.
strizzare *v.t.* **1** to wring* (out): ~ *i panni* to wring out the clothes. **2** (*spremere*) to squeeze. □ ~ *l'occhio a qd.* to wink at s.o.
strizzata *f.* **1** (*rif. a panni bagnati*) wringing (out). **2** (*spremitura*) squeezing.
strizzatina *f.* wink: *dare una* ~ *d'occhi a qd.* to give s.o. a wink, to wink at s.o.
strofa, **strofe** *f.* (*Metrica*) strophe.
strofinaccio *m.* (*per spolverare*) dust-cloth, duster; (*per i piatti*) dishcloth; (*per i pavimenti*) floorcloth.
strofinamento *m.* rubbing.
strofinare *v.t.* **1** to rub; (*per lucidare*) to polish; (*per pulire*) to rub, to clean. **2** (*strisciare sfregando*) to rub, to scrape. **strofinarsi** *v.i.pron.* to rub (up) o.s. □ ~ *un fiammifero* to strike a match.
strofinio *m.* (repeated) rubbing.
strombatura *f.* (*Arch.*) splay.
strombazzare *v.t.* **1** to trumpet. **2** (*fig.*) to boast; to crow (over, about s.th.). □ (*fig.*) ~ *i propri meriti* to blow one's own trumpet.
strombazzatura *f.* trumpeting; (*fig.*) crowing.
strombettare *v.i.* **1** to play the trumpet badly, to blare. **2** (*suonare il clacson*) to sound one's horn; (*fam.*) to hoot, to honk.
strombettata *f.* **1** blare of trumpets. **2** (*Aut.*) hooting; honking.
strombettio *m.* **1** blaring of trumpets. **2** (*Aut.*) honking.
stroncare *v.t.* **1** to break* (*o* tear*) off. **2** (*fig.*) (*affaticare, prostrare*) to wear* (out), to exhaust, to drain of all strength. **3** (*fig.*) (*porre fine*) to cut* short, to end (abruptly), to put* a stop to, to halt; (*uccidere*) to kill. **4** (*fig.*) (*reprimere*) to put* down, to crush: ~ *una rivolta* to crush a rebellion. **5** (*fig.*) (*criticare spietatamente*) to slash, to tear* to pieces, to slate.
stroncatura *f.* (*critica acerba*) slating (criticism).
stronzio *m.* (*Chim.*) strontium.
stronzo *m.* (*volg.*) turd. □ (*volg.*) *sei proprio uno* ~*!* you turd!
stropicciamento *m.* rubbing.
stropicciare *v.t.* **1** to rub; (*rif. a piedi*) to shuffle, to scuffle. **2** (*fam. region.*) (*sgualcire*) to wrinkle, to crease. **stropicciarsi** *v.i.pron.* (*volg.*) (*non curarsi*) not to give* a damn.
stropiccio *m.* **1** (continual) rubbing. **2** (*rumore*) sound of rubbing; (*di piedi*) shuffling (*o* scuffing) noise.
strozzare **I** *v.t.* **1** to strangle, to choke. **2** (*fig.*) (*soffocare*) to suffocate, to choke, to smother. **3** (*fig.*) (*prestare a usura*) to lend* money on usury to. **II** *v.i.* (*rif. a cibi: rimanere in gola*) to choke, to strangle. **strozzarsi** *v.i.pron.* **1** to be choked. **2** (*estens.*) (*restringersi*) to become* narrower.
strozzatura *f.* **1** strangling, choking, throttling. **2** (*restringimento*) narrowing. **3** (*di strada*) bottle-neck.
strozzinaggio *m.* (*usura*) usury, (*fam.*) loan-sharking; money-grubbing.
strozzino *m.* **1** (*usuraio*) usurer; (*fam.*) loan-shark. **2** (*estens. spreg.*) fleecer; (*fam.*) blood-sucker.
struccare *v.t.* to remove the make-up of. **struccarsi** *v.r.* to take* off one's make-up.
struggente *a.* agonizing; longing: *uno sguardo* ~ a longing look.
struggere *v.t.* **1** (*fondere con il calore*) to melt*. **2** (*fig.*) (*consumare lentamente*) to consume, to destroy, to eat* up; (*rif. a desiderio intenso*) to consume. **struggersi** *v.i.pron.* **1** (*fondersi*) to melt*. **2** (*fig.*) (*languire*) to pine (away), to languish, to waste away. □ *struggersi dal* **dolore** to eat one's heart out; *struggersi dalla* **voglia** *di fare qc.* to be longing to do s.th.
struggimento *m.* **1** (*fig.*) (*desiderio intenso*) longing, yearning, pining. **2** (*fig.*) (*tormento*) torment, agony, anguish.
strumentale *a.* instrumental, instrument-: *musica* ~ instrumental music; (*Aer.*) *volo* ~ instrumental flight. □ (*Econ.*) *beni strumentali* capital goods.
strumentalizzare *v.t.* (*fig.*) to take* advantage of, to exploit.
strumentalizzazione *f.* exploiting, taking advantage of.
strumentare *v.t.* (*Mus.*) to instrument, to orchestrate.
strumentazione *f.* **1** (*Mus.*) instrumentation, orchestration. **2** (*apparecchiatura*) instruments *pl.*, instrumentation.
strumentista *m./f.* instrumentalist.
strumento *m.* **1** (*arnese*) tool, implement. **2** (*apparecchio, strumento musicale*) instrument: *strumenti ottici* optical instruments. **3** (*fig.*) (*mezzo*) instrument, means; vehicle. **4** (*Dir.*) instrument; deed. □ (*Mus.*) *strumenti ad* **arco** string(ed) instruments, strings *pl.*; *strumenti di* **bordo** (*Mar.*) ship's instruments; (*Aer.*) flight instruments; (*Mus.*) *strumenti a* **fiato** wind instruments.
strusciare *v.t./i.* **1** to scrape, to rub. **2** (*strascicare i piedi per terra*) to shuffle, to drag, to scuff. **strusciarsi** *v.r.* **1** to rub (o.s.). **2** (*recipr.*) to rub against e.o. **3** (*fig.*) (*adulare*) to fawn (on), to toady.
strusciata *f.* rub, scrape.
strutto *m.* (*Alim.*) lard.
struttura **1** structure (*anche tecn.*): ~ *sociale* social structure; ~ *portante* carrying structure. **2** (*ossatura*) structure, framework. **3** (*Edil.*) construction: ~ *in ferro* steel construction.
strutturale *a.* structural.
strutturalismo *m.* (*Ling.*) structuralism.
strutturare *v.t.* to structure, to give* a structure to: *un saggio abilmente strutturato* an intelligently structured essay.
strutturazione *f.* structuring, organization.

struzzo *m.* (*Zool.*) ostrich. ▭ *fare lo* (o *la politica dello*) ~ to play ostrich, to bury one's head in the sand.

stuccare[1] *v.t.* **1** to stucco, to plaster. **2** (*chiudere con lo stucco*) to putty.

stuccare[2] *v.t.* **1** (*nauseare*) to nauseate, to make* sick, to sicken. **2** (*fig.*) (*infastidire, seccare*) to bore, to tire.

stuccatore *m.* stucco-worker; plasterer.

stuccatura *f.* **1** plastering, stuccoing; (*rif. a finestre*) puttying. **2** (*strato di stucco*) (layer of) plaster, stucco; (*rif. a finestre*) putty.

stucchevole *a.* **1** cloying, sickly, sickening, nauseating. **2** (*fig.*) tiresome, annoying.

stucco *m.* **1** (*per lavori di muratura*) (common) stucco, plaster; (*per legno e sim.*) plaster; (*per finestre*) putty. **2** (*Arte*) stucco-(work). ▭ (*fig.*) *rimanere* (o *restare*) *di* ~ to be dumbfounded, to be left speechless.

studente *m.* **1** (*di scuola media*) pupil, schoolboy (*f.* –girl); (*am.*) student. **2** (*Univ.*) (university) student, undergraduate. ▭ ~ *di medicina* medical student.

studentesco *a.* **1** schoolboy- (*f.* schoolgirl-), school-: *gergo* ~ schoolboy slang. **2** (*Univ.*) student-, university-.

studiacchiare *v.t./i.* to study listlessly (*o* fitfully).

studiare I *v.t.* **1** to study; (*all'università*) to study, to read*. **2** (*indagare, esaminare*) to seek* to understand, to study. **3** (*preparare, predisporre*) to study, to prepare, to think* out: ~ *un piano di lavoro* to prepare a work plan. **4** (*escogitare*) to think* up, to devise: *le studia tutte per non lavorare* he is always thinking up some new way of getting out of work. **5** (*esercitarsi in qc.*) to practise: ~ *il pianoforte* to practise the piano. **6** (*misurare, controllare*) to weigh, to measure: ~ *le parole* to weigh one's words. **II** *v.i.* to go* to school, to study; (*all'università*) to go* to university (*o* college), to have a university education. **studiarsi** *v.r.* **1** (*osservarsi con attenzione*) to observe o.s. **2** (*recipr.*) to observe (*o* watch) e.o.

studiato *a.* **1** (*misurato*) studied, deliberate: *parole studiate* studied words. **2** (*affettato*) studied, affected: *gesti studiati* affected gestures. **3** (*intenzionale*) studied, deliberate, intentional: *studiata noncuranza* studied indifference.

studio *m.* **1** study(ing): *lo* ~ *dell'inglese* the study of English. **2** (*indagine, ricerca*) study, studies *pl.*, research. **3** (*scritto, trattato*) study, paper. **4** (*lavoro preparatorio, progetto*) (preliminary) study, plan. **5** *pl.* (*Scol., Univ.*) studies *pl.* **6** (*Mus.*) study, étude. **7** (*Arte*) (*bozzetto*) study, sketch. **8** (*stanza*) study; (*di artista o fotografo*) studio. **9** (*ufficio di professionista*) office; (*rif. a medici*) consulting room. **10** (*Rad., TV, Cin., Teat.*) studio. ▭ **allo** ~ under study; ~ **legale** law firm, solicitor's office; (*Econ.*) ~ *di* **mercato** market study (*o* survey); *al* **termine** *degli studi* after leaving school; (*all'università*) after getting one's degree; **titolo** *di* ~ degree; qualification.

studiolo *m.* **1** (small) studio. **2** private room.

studioso I *a.* **1** dedicated (*di* to), interested (in). **2** (*diligente*) hard-working, studious, diligent: *un ragazzo* ~ a hard-working boy. **II** *s.m.* scholar.

stufa *f.* stove; (*elettrica o a gas*) heater.

stufare *v.t.* **1** (*fam.*) (*seccare, annoiare*) to bore, to annoy, to tire. **2** (*Gastr.*) to stew. **stufarsi** *v.i.pron.* (*fam.*) to be (*o* get*) sick (*di* of), to be fed up (with).

stufato *m.* (*Gastr.*) stew.

stufo *a.* (*fam.*) sick (and tired) (*di* of), fed up (*di* with). ▭ *essere* ~ *e* **arcistufo** to be fed up to the back teeth; *essere* ~ *da* **morire** to be bored to death.

stuoia *f.* mat.

stuoino *m.* doormat.

stuolo *m.* host, crowd, swarm, band, group.

stupefacente I *a.* **1** astonishing, amazing, stupefying. **2** (*Med.*) stupefactive, stupefacient. **II** *s.m.* drug, narcotic; (*fam.*) dope.

stupefare *v.t.* to astonish, to amaze, to stupefy. **stupefarsi** *v.i.pron.* to be astonished (*o* stupefied).

stupefatto *a.* astonished, amazed, stupefied. ▭ *mi ha lasciato* ~ he left me dumbfounded.

stupendo *a.* wonderful, marvellous; (*fam.*) gorgeous.

stupidaggine *f.* **1** stupidity. **2** (*atto stupido*) stupidity; (*detto stupido*) stupid remark, nonsense, stupidity; (*errore stupido*) stupid mistake. **3** (*cosa da poco*) (mere) trifle.

stupidità *f.* stupidity.

stupido I *a.* stupid, foolish; (*fam.*) thick-headed, (*fam.*) dumb. **II** *s.m.* stupid person, fool, dolt; (*fam.*) blockhead.

stupire I *v.t.* (*meravigliare*) to stupefy, to amaze, to astonish, to astound. **II** *v.i.*, **stupirsi** *v.i.pron.* to be astonished (*o* amazed), to be (very) surprised (*di* at), to be stupefied (by): *non c'è da stupirsi* there's nothing to be surprised at.

stupore *m.* amazement, astonishment, wonder: *con suo grande* ~ to his astonishment.

stuprare *v.t.* to rape.

stupratore *m.* rapist.

stupro *m.* rape.

stura *f.* uncorking, opening. ▭ *dare la* ~ (*rif. a bottiglie*) to uncork, to open; (*fig.*) to give vent (*a* to), to open up.

sturabottiglie *m.* (*cavatappi*) corkscrew.

sturalavandini *m.* plunger.

sturare *v.t.* **1** (*rif. a bottiglie*) to uncork; (*rif. a botti*) to unbung. **2** (*liberare una conduttura ostruita*) to unplug, to unclog.

stuzzicadenti *m.* **1** toothpick. **2** (*fam.*) (*persona molto magra*) beanpole.

stuzzicante *a.* **1** (*stimolante*) stimulating, arousing, exciting. **2** (*che stimola l'appetito*) appetizing, tasty. **3** (*eccitante*) exciting, stirring.

stuzzicare *v.t.* **1** to pick (at), to poke (at). **2** (*fig.*) (*punzecchiare*) to tease, to taunt, to goad. **3** (*fig.*) (*stimolare*) to excite, to (a)rouse.

su I *prep.* **1** (*con contatto: stato*) on: *la penna è sulla scrivania* the pen is on the desk; (*moto*) on, on to, onto: *metti il giornale sulla sedia* put the newspaper on the chair. **2** (*senza contatto o con contatto per esprimere rivestimento*) over: *un ponte sul fiume* a bridge over the river; *metti uno scialle sulle spalle* throw a shawl over your shoulders. **3** (*al di sopra di, più in alto di*) above: *a mille metri sul mare* one thousand metres above sea-level. **4** (*per esprimere superiorità, autorità, governo*) over. **5** (*lungo*) on, by: *sul lungomare* on the sea-front; *una città sul mare* a city by the sea; (*affacciato su*) on to, onto, over: *questa finestra dà sul giardino* this window looks out onto the garden. **6** (*moto*) on, on to, onto: *salire sull'autobus* to get on the bus; (*contro*) on, at: *il cane si gettò sul mendicante* the dog leapt at the beggar; (*verso*) towards. **7** (*circa, pressappoco*) about, around, approximately, roughly: *essere sulla sessantina* to be about sixty; (*rif. a tempo*) at, (at) about, (at) around: *sul far della sera* at twilight. **8** (*intorno a, riguardo a*) about, concerning, regarding, on: *discutere sulla situazione economica* to argue about the economic situation. **9** (*nei complementi di modo o maniera*) to, on, upon, at: *scarpe fatte ~ misura* shoes made to measure; *spedire qc. ~ richiesta* to send s.th. on request; (*oltre*) after: *debiti ~ debiti* one debt after another; (*secondo*) following, after, on: *~ mio consiglio* on my advice. **10** (*con valore esclusivo*) out of, in: *nove volte ~ dieci* nine times out of ten. **11** (*rif. a libri, giornali e sim.: in*) in: *l'ho letto sul giornale* I read it in the newspaper. **II** *avv.* **1** (*stato*) (up) above: *gli uffici sono ~* the office are above; (*moto*) (up) above, up. **2** (*al piano superiore: stato*) upstairs; (*moto*) upstairs, up: *vieni ~!* come on up! **3** (*indosso*) on: *metti ~ il cappotto* put your coat on. **4** (*negli ordini: in alto*) up: *~ le mani!* hands up! **5** (*esortativo: suvvia*) come on; (*am. fam.*) let's go. □ *~ e* **giù** up and down; (*avanti e indietro*) back and forth, up and down, to and fro; *~ per* **giù** (*pressappoco*) more or less, roughly, about, approximately; **in** ~: 1 (*verso l'alto*) up(wards): *guarda in ~ e lo vedrai* look up and you'll see it; 2 (*al nord*) up: *da Roma in ~* from Rome up; 3 (*movimento verso valori più alti*) up, on: *i bambini dai sei anni in ~* children from six up, children over (*o* from the age of) six; **mettere** ~ : 1 (*rif. a persone: aizzare*) to turn against; 2 (*rif. a cose*) to set up: *mettere ~ casa* to set up house; **mettere** ~ *famiglia* to marry; *sul* **momento** (*immediatamente*) immediately right away; (*lì per lì*) at first, there and then; ~ **per** (*lungo*) up: *si arrampicò ~ per il muro* he climbed up the wall; ~ *due* **piedi** on the spot, there and then; **più** ~ further up, higher up; **qui** (o *qua*) ~ up here; *sul* **serio**: 1 (*davvero*) really; 2 (*seriamente*) seriously; ~ **su** right up, (all the) way up.

suadente *a.* (*lett.*) **1** (*che persuade*) persuasive, convincing. **2** (*allettante*) tempting, attractive.

sub *m./f.* (*Sport*) skin-diver.

subacqueo I *a.* underwater, submarine: *pesca subacquea* underwater fishing; *cavo ~* submarine cable. **II** *s.m.* **1** skin-diver. **2** (*sommozzatore*) (deep-sea) diver.

subaffittare *v.t.* to sublease, to (sub)let*.

subaffitto *m.* sublet, sublease.

subaffittuario *m.* sublessee, subtenant.

subalpino *a.* (*Geog., Biol.*) subalpine.

subalterno *a./s.m.* subordinate, subaltern.

subappaltare *v.t.* to subcontract.

subappalto *m.* subcontract.

subbuglio *m.* (*confusione*) uproar, turmoil, tumult; (*disordine*) confusion, disorder, chaos.

subconscio, **subcosciente** *a./s.m.* (*Psic.*) subconscious.

subcontinente *m.* (*Geog.*) subcontinent.

subdolo *a.* underhand, shifty, deceitful, sneaky.

subentrare *v.i.* to take* over (*a* from), to take* the place (of), to replace, to follow (on) (*anche fig.*): *al suo posto subentrò un giovane impiegato* he was replaced by a young employee.

subire *v.t.* **1** (*essere costretto a sopportare*) to suffer, to meet* with, to endure. **2** (*sottoporsi a*) to have, to undergo*: *~ un'operazione* to undergo an operation. **3** (*sottostare*) to undergo*, to go* through, to experience: *~ un interrogatorio* to undergo an interrogation.

subissare *v.t.* **1** (*far precipitare in rovina*) to bring* down (in ruins). **2** (*fig.*) (*colmare*) to overwhelm, to load.

subisso *m.* **1** (*rovina, sfacelo*) ruin, collapse. **2** (*fam.*) (*grande quantità*) crowd, host, mass, heap.

subitaneità *f.* suddenness.

subitaneo *a.* sudden; (*repentino*) unexpected.

subito *avv.* immediately, at once, (*fam.*) right away: *vieni qui ~* come here at once; *torno ~* I'll be back right away (*o* in a moment). □ ~ **dopo** immediately after(wards), straight (*o* just) after; ~ **prima** just before.

sublimare I *v.t.* **1** (*esaltare*) to exalt, to raise, to sublime. **2** (*Fis., Chim.*) to sublime, to sublimate. **3** (*Psic.*) to sublimate. **II** *v.i.* (*Chim.*) to sublimate, to sublime.

sublimato *m.* (*Chim.*) sublimate.

sublimazione *f.* sublimation.

sublime I *a.* **1** (*eccellente*) sublime, excellent, magnificent, outstanding: *un artista ~* a sublime artist. **2** (*lett.*) (*alto, elevato*) high, lofty. **II** *s.m.* sublime.

subnormale *a.* (*Med.*) subnormal.
subodorare *v.t.* to get* wind of, to smell*, to sense.
subordinare *v.t.* to subordinate.
subordinato I *a.* **1** (*dipendente*) dependent (*a* on), subject (to), subordinate (to). **2** (*Gramm.*) subordinate. **II** *s.m.* subordinate. ▭ *lavoratore* ~ employee.
subordinazione *f.* **1** (*dipendenza*) dependence, subjection. **2** (*Gramm., Filos.*) subordination.
subordine *m.*: (*Dir.*) *in* ~ (*subordinatamente, in dipendenza*) subject, depending; (*in via subordinata*) secondarily.
subsonico *a.* (*Aer.*) subsonic.
substrato *m.* **1** (*Biol.*) substrate. **2** (*Ling., Filos.*) substratum (*anche fig.*).
subtropicale *a.* (*Geog.*) subtropical.
subumano *a.* subhuman.
suburbano *a.* suburban.
suburbio *m.* suburb.
succedaneo I *a.* acting as a substitute (for), (*lett.*) succedaneous. **II** *s.m.* (*surrogato*) substitute, surrogate; (*lett.*) succedaneum.
succedere *v.i.* **1** (*subentrare, seguire*) to succeed, to follow, to come* after (*a qd.* s.o.). **2** (*accadere*) to happen, to take* place, to occur: *sono cose che succedono* these things (will) happen. **succedersi** *v.i.pron.* to follow on, to follow one another, to occur in succession. ▭ *che ti succede?* what's the matter with you?
successione *f.* **1** succession (*anche Dir., Pol.*). **2** (*serie ordinata*) succession, sequence, series. ▭ (*Stor.*) **guerre** *di* ~ Wars of Succession; (*Dir.*) ~ **testamentaria** testamentary succession.
successivo *a.* **1** (*seguente*) following (*a qc.* s.th.), after, subsequent (to): *il giorno* ~ the following (*o* next) day, the day after. **2** (*uno dopo l'altro*) successive, consecutive.
successo *m.* **1** success: *riportare* ~ to have (*o* meet with) success, to be successful. **2** (*assol.*) (*teatrale e sim.*) success; (*fam.*) hit. ▭ **avere** ~ *con le donne* to be a lady-killer; *un* **uomo** *di* ~ a successful man.
successore I *s.m.* successor. **II** *a.* succeeding, successive, succession-.
succhiare *v.t.* **1** to suck. **2** (*assorbire*) to absorb, to draw* (in), to suck. **3** (*sorbire*) to sip. ▭ ~ *il* **latte** to suck milk; (*fig.*) ~ *il* **sangue** *a qd.* to bleed s.o. white.
succhiata *f.* suck.
succhiello *m.* (*Falegnameria*) gimlet.
succhiotto *m.* dummy; (*am.*) pacifier.
succinto *a.* **1** (*rif. a indumenti*) scant(y); (*rif. a persone: con le vesti succinte*) scantily dressed. **2** (*fig.*) (*conciso*) concise, brief.
succo *m.* **1** juice. **2** (*fig.*) essence, main (*o* essential) point, pith, gist: *il* ~ *della questione* the gist of the matter; the point. ▭ ~ *di* **frutta** fruit-juice; (*Fisiologia*) ~ **gastrico** gastric juice.
succosità *f.* juiciness, succulence.
succoso *a.* **1** juicy. **2** (*fig.*) (*sostanzioso*) pithy.
succube *m./f.* **1** slave, person dominated by s.o. **2** (*Occultismo*) succubus.
succulento *a.* **1** succulent, juicy: *un'arancia succulenta* a succulent orange. **2** (*estens.*) (*gustoso*) succulent, tasty.
succursale *f.* branch (office): ~ *di banca* bank branch office.
sud I *s.m.* south. **II** *a.* south, southern: *polo* ~ South Pole; *emisfero* ~ southern hemisphere.
sudafricano *a./s.m.* South African. ▭ *Repubblica Sudafricana* Republic of South Africa.
sudamericano *a./s.m.* South American.
Sudan *N.pr.m.* (*Geog.*) Sudan.
sudanese *a./s.m.* Sudanese.
sudare I *v.i.* **1** to sweat, to perspire: *mi sudano le mani* my hands are perspiring. **2** (*fig.*) (*faticare molto, lavorare sodo*) to work hard, to labour; (*fam.*) to sweat. **II** *v.t.* **1** (*trasudare*) to ooze, to sweat. **2** (*fig.*) (*guadagnare con fatica*) to toil, (*fam.*) to sweat. ▭ ~ **freddo** to be in a cold sweat; (*fig.*) ~ **sangue** to sweat blood.
sudario *m.* **1** sudarium (*pl.* sudaria) (*anche Rel.*). **2** (*lenzuolo funebre*) shroud.
sudata *f.* **1** sweat(ing). **2** (*fig.*) (*sforzo, fatica*) (great) effort, toil; (*fam.*) sweat. ▭ *fare una gran* ~ to sweat (all over); (*fig.*) to sweat blood.
sudaticcio *a.* sweaty, damp.
sudato *a.* **1** sweaty: *mani sudate* sweaty hands. **2** (*fig.*) (*guadagnato con fatica*) hard -earned. ▭ ~ *fradicio* bathed in sweat.
suddetto *a.* above-mentioned, above, aforesaid.
suddito *m.* subject.
suddividere *v.t.* **1** to subdivide, to split*. **2** (*dividere*) to divide.
suddivisione *f.* **1** subdivision. **2** (*divisione*) division.
sudiceria *f.* **1** dirtiness, filthiness. **2** (*concr.*) dirty thing; (*collett.*) dirty things *pl.*, muck, filth, filthiness. **3** (*fig.*) (*atto indecente*) indecency, indecent behaviour; (*discorso indecente*) indecent (*o* dirty) talk, foul language.
sudicio I *a.* **1** (*sporco*) dirty, filthy, grimy: *viso* ~ dirty face. **2** (*fig.*) (*indecente*) indecent, smutty, obscene, dirty. **3** (*spreg.*) dirty, filthy, foul; (*fam.*) lousy. **II** *s.m.* filth, dirt, grime.
sudicione *m.* dirty (*o* filthy) person; (*fam.*) pig (*anche fig.*), slob.
sudiciume *m.* dirt, filth, muck.
sudista *a./s.m./f.* (*Stor. am.*) Confederate.
sudorazione *f.* (*Fisiologia*) perspiration, sweating.
sudore *m.* **1** sweat, perspiration. **2** (*fig.*) (*fatica*) hard work, toil, sweat. ▭ **asciugarsi** *il* ~ *dal volto* to wipe the sweat from one's face; **grondante** *di* ~ pouring sweat; (*fam.*) all in a sweat; **stille** *di* ~ beads of sweat.
sudorifero *a.* sudorific.

sudoriparo *a.* (*Fisiologia*) sudoriparous, sweat-.

sud-ovest *m.* south-west.

sufficiente **I** *a.* **1** enough, sufficient. **2** (*adeguato*) enough, sufficient, adequate (*di solito si completa in modo idiomatico con un aggettivo*): *queste non sono scuse sufficienti* these excuses are not good enough. **3** (*presuntuoso*) presumptuous, conceited; (*borioso*) arrogant, haughty: *tono* ~ arrogant tone. **II** *s.m.* **1** enough. **2** (*Scol.*) pass(mark).

sufficienza *f.* **1** adequacy; sufficiency (*da usarsi solo se preceduto dall'art. indeterminativo*). **2** (*boria*) conceit; self-importance; conceit. **3** (*Scol.*) pass(mark): *ho avuto la* ~ I got a bare pass mark. ▭ **a** ~ enough: *mangiare a* ~ to eat enough; *con* **aria** *di* ~ with a conceited air (*o* conceitedly); **tono** *di* ~ condescending (*o* patronizing) tone.

suffisso *m.* (*Ling.*) suffix.

suffragare *v.t.* **1** to support, to bear* out, to uphold*. **2** (*Rel.*) to pray (*o* intercede) for.

suffragetta *f.* suffragette.

suffragio *m.* **1** (*diritto di voto*) suffrage, vote. **2** (*Rel.*) suffrage. ▭ **messa** *in* ~ *di qd.* Mass offered for (the soul of) s.o.; ~ **universale** universal suffrage.

suffumigio *m.* (*Med.*) suffumigation.

suggellare *v.t.* **1** (*lett.*) (*sigillare*) to (close with a) seal. **2** (*fig.*) to seal, to confirm.

suggello *m.* **1** (*lett.*) (*sigillo*) seal. **2** (*fig.*) seal, pledge, token, sign.

suggerimento *m.* suggestion, advice: *per* ~ *di qd.* at s.o.'s suggestion, on s.o.'s advice.

suggerire *v.t.* **1** to suggest; (*a bassa voce*) to prompt, to hint. **2** (*consigliare*) to suggest, to propose. **3** (*Teat.*) to prompt.

suggeritore *m.* (*Teat.*) prompter: *buca del* ~ prompter's box, prompt-box.

suggestionabile *a.* suggestible.

suggestionabilità *f.* suggestibility.

suggestionare *v.t.* to influence. **suggestionarsi** *v.i.pron.* to be influenced. ▭ *si lascia facilmente* ~ he is very easily influenced.

suggestione *f.* **1** (*Psic.*) suggestion. **2** (*estens.*) (*influenza*) influence; (*suggerimento*) suggestion. **3** (*fig.*) (*fascino*) charm, fascination.

suggestivo *a.* **1** evocative, impressive, effective, charming: *un luogo* ~ a charming spot. **2** (*Dir.*) leading: *una domanda suggestiva* a leading question.

sughero *m.* (*Bot.*) cork-oak. ▭ *di* ~ cork-.

sugna *f.* pork fat; suet.

sugo *m.* **1** (*Gastr.*) (*salsa*) sauce; (*prodotto durante la cottura della carne*) gravy. **2** (*succo*) juice. **3** (*fig.*) (*essenza*) (main) point, essence, gist, pith: *non c'è* ~ *a scherzare con lui perché non è spiritoso* it's not much fun jocking with him because he has no sense of humour.

sugosità *f.* **1** juiciness, succulence. **2** (*fig.*) pithiness.

sugoso *a.* **1** (*succoso*) juicy, succulent. **2** (*fig.*) pithy.

suicida **I** *s.m./f.* suicide. **II** *a.* suicidal.

suicidarsi *v.r.* to commit suicide, to take* one's life.

suicidio *m.* suicide (*anche fig.*).

suino *a./s.m.* (*Zool.*) pig; (*lett.*) swine. ▭ *carne suina* pork.

sulfamidico *m.* (*Farm.*) sulphonamide, sulpha drug.

sulfureo *a.* sulphur(e)ous, sulphur-.

sultano *m.* sultan.

sultanato *m.* sultanate.

sunto *m.* summary, résumé.

suo **I** *a.poss.* **1** (*di lui*) his: *alcuni suoi parenti* some of his relatives, some relatives of his; (*di lei*) her: *la madre e* ~ *figlio* the mother and her son; (*neutro: rif. a cose o animali*) its: *ogni frutto ha la sua stagione* every fruit has its season. **2** (*suo proprio: di lui*) his own: *l'ha scritto di* ~ *pugno* he wrote it in his own hand; (*di lei*) her own; (*neutro: rif. a cose o animali*) its own. **3** (*pred.*) (*proprietà, possesso: di lui*) his: *questo libro è* ~ this book is his; (*di lei*) hers. **4** (*forma di riguardo*) your: *ho ricevuto la Sua lettera* I have received your letter; (*nelle formule di chiusura delle lettere*) yours, yours truly. *Suo Mario Carli* yours truly, Mario Carli. **5** (*nelle espressioni ellittiche: di lui*) his; (*di lei*) her: *ognuno vorrà dire la sua* (*opinione*) everyone will want to have his (own) say; (*epist.*) yours: *la ringrazio per la sua* (*lettera*) *del* ... I thank you for yours of ... **6** (*preceduto dall'art. indeterminativo: di lui*) of his: *un* ~ *amico* a friend of his; (*di lei*) of hers: *un* ~ *libro* a book of hers; (*genitivo: di lui*) of him; (*di lei*) of her. **II** *pron.poss.* (*di lui*) his: *la mia camera è più grande della sua* my room is larger than his; (*di lei*) hers. **III** *s.m.* **1** (*averi, beni: di lui*) his (own) property; (*di lei*) her (own) property: *ha dilapidato tutto il* ~ he squandered all his property. **2** *pl.* (*parenti: di lui*) his relatives *pl.*, his family; (*di lei*) her relatives *pl.*, her family; (*genitori: di lui*) his parents *pl.*; (*di lei*) her parents *pl.*; (*sostenitori, seguaci: di lui*) his followers *pl.*, his supporters *pl.* (*di lei*) her followers *pl.*, her supporters *pl.* ▭ *a* **ciascuno** *il* ~ to each his own; *non c'è* **nulla** *di* ~ there is nothing of his (in it); *Sua* **Maestà** Her (His) Majesty; (*voc.*) Your Majesty; **pagare** *del* ~ to pay out of one's own pocket; *a* ~ **tempo** (*rif. al futuro*) in due course; (*rif. al passato*) originally; *è* **una** *delle sue* there he goes again.

suocera *f.* **1** mother-in-law (*pl.* mothers -in-law). **2** (*spreg. scherz.*) (*donna bisbetica*) nagger.

suocero *m.* **1** father-in-law (*pl.* fathers-in -law). **2** *pl.* (*suocero e suocera*) mother- and father-in-law (costr. pl.); (*fam.*) in-laws *pl.*

suola *f.* sole. ▭ ~ *di corda* rope (*o* hemp) sole.

suolare *v.t.* **1** (*mettere la suola*) to sole. **2** (*rifare la suola*) to resole.

suolatura *f.* **1** soling. **2** (*risolatura*) resoling.

suolo *m.* **1** ground. **2** (*terreno*) earth, soil. ▭ (*lett.*) *il patrio* ~ one's native land.

suonare **I** *v.t.* **1** (*rif. a strumenti musicali, dischi e sim.*) to play: ~ *il violino* to play the violin; (*rif. a strumenti a fiato*) to play, to blow*. **2** (*rif. a persone: eseguire suonando*) to play, to perform: ~ *un ballabile* to play a dance-tune. **3** (*rif. a strumenti: dare il segnale*) to sound: *la tromba suona il silenzio* the trumpet is sounding "lights out". **4** (*rif. a campane, campanelli*) to ring*. **5** (*battere le ore*) to strike*; (*con rintocchi di campana*) to chime. **6** (*fam.*) (*picchiare*) to give* a thrashing (*o* hiding) to, to wallop: *se quel disgraziato mi capita fra le mani gliele suonerò a dovere* if I ever catch the rascal, I'll really wallop him. **II** *v.i.* **1** (*rif. a strumenti musicali, dischi e sim.*) to play. **2** (*rif. a campane, campanelli*) to ring*; (*scampanellare, tintinnare*) to tinkle, to jingle; (*rif. a sveglia*) to ring*, to go* off; (*rif. a telefoni*) to ring*. **3** (*rif. alle ore*) to strike*: *sono appena suonate le cinque* it has just struck five. **4** (*rif. a parole*) to sound: *questa frase suona male* this sentence sounds wrong. ▭ ~ *il* **clacson** to sound (*o* toot) one's horn; ~ *a* **distesa** to peal; ~ *a* **festa** to chime; ~ *a* **martello** to ring the tocsin; ~ *a* **morto** to toll (the knell); ~ *a* **orecchio** to play by ear. ‖ (*fam.*) *se le sono suonate di santa ragione* they beat e.o. up badly.

suonata *f.* **1** ringing; (*suono singolo*) ring. **2** (*fam.*) (*imbroglio*) swindle. **3** (*fam.*) (*bastonatura*) thrashing, hiding.

suonato *a.* **1** (*rif. a ore*) past, after: *sono le nove suonate* it's past nine. **2** (*rif. agli anni: compiuti*) (well) over, past: *ha cinquant'anni suonati* he is past fifty. **3** (*toccato*) pixilated.

suonatore *m.* player, musician. ▭ ~ **ambulante** strolling (*o* street) musician; (*fam.*) *buona* **notte** (*ai*) *suonatori!* (and) that's that!

suoneria *f.* **1** (*di orologio*) alarm. **2** (*Tel.*) bell.

suono *m.* **1** sound (*anche Fis.*): *il* ~ *della sua voce* the sound of his voice; *la velocità del* ~ the speed of sound; *barriera del* ~ sound barrier. **2** (*tono*) tone, sound. ▭ *l'attore fu accolto a suon di fischi* the actor was hissed off the stage.

suora *f.* **1** (*Rel.*) nun, sister. **2** (*titolo*) Sister.

super **I** *a.* premium. **II** *s.f.* (*Aut.*) premium grade petrol (*o* motor fuel); (*am.*) premium grade gas(oline).

superabile *a.* surmountable, that can be overcome.

superaffollato *a.* overcrowded; (*fam.*) jam-packed.

superalcolico **I** *a.* (*Enologia*) high alcohol content, alcoholic; (*am. fam.*) hard. **II** *s.m.* spirits *pl.*; (*am.*) hard liquor.

superalimentazione *f.* overfeeding, supernutrition.

superallenamento *m.* (*Sport*) overtraining.

superamento *m.* **1** (*l'oltrepassare*) exceeding, being (*o* going) beyond. **2** (*il superare*) overcoming, getting through (*o* over), passing: *il* ~ *di un esame* getting through an exam. **3** (*sorpasso*) pass(ing), overtaking. ▭ (*Inform.*) ~ *di capacità* overflow.

superare *v.t.* **1** (*essere superiore, andare oltre un dato limite*) to exceed, to surpass (*anche fig.*): ~ *le aspettative di qd.* to surpass s.o.'s expectations; (*rif. all'età*) to be over: *ha superato la quarantina* he is over forty. **2** (*percorrere*) to cover: ~ *grandi distanze* to cover long distances; (*attraversare*) to cross. **3** (*sorpassare*) to pass, to overtake*. **4** (*fig.*) (*essere più bravo*) to surpass, to outdo*. **5** (*sostenere qc. di difficile, di pericoloso*) to get* through (*o* over), to pass: ~ *una malattia* to get over an illness. **6** (*fig.*) (*vincere, battere*) to overcome*, to get* the better of. **7** (*Mar.*) (*rif. a imbarcazioni a vela*) to overhaul. ▭ ~ *in* **grandezza** to be larger than; ~ *in* **numero** to be more than; ~ *in* **peso** to outweigh.

superato *a.* **1** (*non più valido*) obsolete, old: *teorie superate* obsolete theories. **2** (*antiquato*) out-of-date, old-fashioned.

superbia *f.* conceit, haughtiness; (*arroganza*) arrogance.

superbo *a.* **1** conceited, haughty; (*arrogante*) arrogant. **2** (*fig.*) (*grandioso, eccellente*) magnificent, grand, splendid, superb. **3** (*fig.*) (*altissimo, eccelso*) lofty, high.

supercarburante *m.* premium grade (*o* high -octane) petrol; (*am.*) premium grade gas(oline).

supercolosso *m.* (*Cin.*) supercolossal production.

superdonna *f.* superwoman (*pl.* –women), superior woman.

superdotato *a.* (highly-)gifted, highly-endowed.

superego *m.* (*Psic.*) superego.

superficiale *a.* **1** superficial, surface-: *ferita* ~ superficial wound. **2** (*fig.*) (*rif. a persone: che non approfondisce*) superficial, shallow. **3** (*fig.*) (*rif. a cose: rapido, sbrigativo*) superficial, hasty. **4** (*Fis., tecn.*) surface-: *tensione* ~ surface-tension.

superficialità *f.* superficiality (*anche fig.*). ▭ *con* ~ superficially.

superficie *f.* **1** surface: *la* ~ *del mare* the surface of the sea. **2** (*Mat., Geom.*) surface; (*area*) area. **3** (*fig.*) (*apparenza, esteriorità*) surface, appearance. ▭ **alla** ~ on the surface (*anche fig.*); (*Geom.*) ~ **quadrata** square area; ~ **terrestre** (o *della terra*) earth's surface; ~ **totale** total area; ~ **utile** useful (*o* useable) surface.

superfluo **I** *a.* superfluous, unnecessary. **II** *s.m.* surplus, excess, extra.

superiora *f.* (*Rel.*) Mother Superior.

superiore **I** *a.* **1** (*rif. a qualità, a capacità*) superior, greater, more, better: *ha una forza* *di volontà* ~ *alla mia* he has more will-power than I have. **2** (*più alto, più elevato*) higher, above: *essere di statura* ~ *alla media* to be above average height. **3** (*che è situato più sopra*) upper, above: *il labbro* ~ the upper lip. **4** (*al di sopra*) above, beyond: *essere* ~ *ai pettegolezzi* to be above gossip. **5** (*di grado superiore*) senior, superior, upper. **6** (*più avanzato*) advanced, higher: *istruzione* ~ higher education. **7** (*assol.*) (*ottimo*) first class, high-quality, superior; (*altamente dotato*) superior, gifted, talented. **8** (*Geog.*) (*settentrionale*) northern, north. **II** *s.m.* **1** superior. **2** (*Rel.*) (Father) Superior. ▭ **arti** *superiori* upper limbs, arms *pl.*; **essere** ~ *a qd.* to rank above s.o.; *essere* ~ *di* **numero** to be superior in number.

superiorità *f.* superiority.

superiormente *avv.* at (*o* on) the top, above, on the upper part.

superlativo *a./s.m.* superlative (*anche Gramm.*).

superlavoro *m.* overwork.

supermercato *m.* supermarket.

superminimo *m.* (*Econ.*) extra bonus to wage floor.

supernutrizione *f.* supernutrition, overfeeding.

superpotenza *f.* (*Pol.*) superpower.

supersonico *a.* supersonic: *velocità supersonica* supersonic speed; *aereo* ~ supersonic plane.

superstite **I** *a.* surviving (*anche fig.*). **II** *s.m./f.* survivor.

superstizione *f.* superstition.

superstizioso *a.* superstitious.

superstrada *f.* motorway; (*am.*) superhighway, (*am.*) expressway.

superuomo *m.* superman (*pl.* –men).

supervisione *f.* supervision, supervising.

supervisore *m.* supervisor.

supino[1] *a.* **1** on one's back, face upwards, supine. **2** (*fig.*) supine, servile.

supino[2] *m.* (*Gramm.*) supine.

suppellettile *f.* (*collett.*) furnishings *pl.*; (*di una casa*) household furnishings (*o* goods) *pl.*

suppergiù *avv.* about, roughly, approximately, more or less.

supplementare *a.* **1** supplementary, additional: *volume* ~ supplementary volume. **2** (*straordinario*) extra, special, additional. **3** (*Geom.*) supplementary. ▭ *treno* ~ special (*o* relief) train.

supplemento *m.* **1** (*aggiunta*) supplement, addition. **2** (*rif. a prezzi e sim.*) extra (charge), surcharge. **3** (*Edit.*) (*pubblicazione*) supplement: *il* ~ *di un dizionario* the supplement to a dictionary; ~ *a colori di un quotidiano* colour supplement of a newspaper.

supplente **I** *a.* temporary, substitute. **II** *s.m./f.* **1** substitute. **2** (*Scol.*) temporary teacher, supply teacher.

supplenza *f.* **1** temporary post. **2** (*Scol.*) temporary (*o* supply) teaching post. ▭ *fare una* ~ to act as a substitute.

suppletivo *a.* supplementary, additional, extra. ▭ *corso* ~ continuation course, refresher course.

supplica *f.* **1** plea. **2** (*istanza*) petition, request. **3** (*Rel.*) supplication, entreaty.

supplicante **I** *a.* begging, beseeching, imploring, supplicant. **II** *s.m./f.* petitioner, supplicant.

supplicare *v.t.* to beseech*, to entreat, to implore, to beg.

supplice, **supplichevole** *a.* imploring, beseeching, suppliant.

supplire **I** *v.i.* to compensate (*a* for), to make* up (*a* for). **II** *v.t.* to substitute (*qc. con qc.* s.th for s.th.), to stand* (o fill) in for, to take* the place of.

supplizio *m.* **1** torture, torment. **2** (*pena di morte*) capital punishment, death penalty. **3** (*fig.*) (*grave patimento*) torment, agony.

supponente *a.* haughty.

supponenza *f.* haughtiness.

supponibile *a.* supposable, assumable, presumable.

supporre *v.i.* **1** (*ammettere*) to suppose, to assume: *supponiamo che tu abbia ragione* let us suppose (*o* say) you are right. **2** (*immaginare*) to suppose, to imagine; (*credere, pensare*) to suppose, to believe, to guess, to think*, to presume. ▭ *suppongo di* **no** I suppose not; *suppongo di* **sì** I suppose so; I guess so.

supporto *m.* **1** (*sostegno*) support; (*di cuscinetti a sfere e sim.*) bearing. **2** (*puntello*) prop, support. **3** (*Pitt., Fot.*) support. **4** (*fig.*) support, prop: ~ *morale* moral support.

supposizione *f.* supposition, assumption, conjecture.

supposta *f.* (*Farm.*) suppository.

suppurare *v.i.* (*Med.*) to suppurate, to fester.

suppurativo *a.* (*Med.*) suppurative.

suppurazione *f.* (*Med.*) suppuration.

supremazia *f.* **1** (*potere supremo*) supremacy. **2** (*preminenza*) pre-eminence, superiority.

supremo *a.* **1** supreme: *Corte Suprema* Supreme Court. **2** (*fig.*) (*massimo, sommo*) great(est), highest, utmost: *con* ~ *sprezzo del pericolo* with the utmost contempt for danger. **3** (*fig.*) (*estremo*) last: *il giudizio* ~ the Last Judgement.

surclassare *v.t.* to outclass.

surgelare *v.t.* to (deep-)freeze*.

surgelato **I** *a.* (*Alim.*) (deep-)frozen. **II** *s.m.* (deep-)frozen food.

surmenage *fr.* [syrmə'na:ʒ] *m.* **1** mental strain (*o* fatigue); (*superlavoro fisico*) overwork. **2** (*Sport*) overtraining.

surreale *a.* surrealist(ic), surreal.

surrealismo *m.* (*Arte*) surrealism.

surrealista *m./f.* surrealist.

surrealistico *a.* surrealist(ic), surreal.

surrenale *a.* (*Med.*) suprarenal.

surrene *m.* (*Med.*) suprarenal gland, adrenal gland.
surriscaldamento *m.* superheating, overheating.
surriscaldare *v.t.* **1** to overheat. **2** (*Fis., tecn.*) to superheat, to overheat. **3** (*fig.*) to make* too hot (*o* excited *o* fiery), to overheat. **surriscaldarsi** *v.i.pron.* (*Mecc.*) to be(come*) overheated.
surrogare *v.t.* (*sostituire*) to replace, to substitute: ~ *qc. con* (o *a*) *qc.* to substitute s.th. for s.th., to replace s.th. by s.th.
surrogato *m.* **1** substitute; replacement; ersatz: ~ *del caffè* coffee ersatz. **2** (*estens.*) (*ripiego*) expedient, makeshift.
Susanna *N.pr.f.* Susan.
suscettibile *a.* **1** susceptible (*di* of, to): ~ *di miglioramento* susceptible of improvement, improvable. **2** (*rif. a persone: permaloso*) oversensitive, touchy.
suscettibilità *f.* susceptibilities *pl.*, susceptibleness, touchiness.
suscitare *v.t.* **1** (*causare*) to cause, to give* rise to, to bring* about. **2** (*destare*) to arouse, to kindle, to stir up. □ ~ **ammirazione** to excite admiration; ~ *il* **riso** to provoke laughter; ~ **scalpore** to create a sensation.
susina *f.* (*Bot.*) plum.
susino *m.* (*Bot.*) plum-tree.
susseguente *a.* (*successivo*) subsequent, following, next, after.
susseguire *v.t./i.* to follow, to come* after. **susseguirsi** *v.i.pron.* to follow e.o., to come* in succession. □ *un susseguirsi di avvenimenti a* rapid succession of events.
sussidiare *v.t.* **1** (*sovvenzionare*) to subsidize. **2** (*aiutare*) to help, to aid, to assist.
sussidiario I *a.* **1** auxiliary, complementary; (*raro*) subsidiary. **2** (*Econ.*) subsidiary. **3** (*Mil.*) reserve: *truppe sussidiarie* reserve troops. **II** *s.m.* (*Scol.*) (*libro*) primer. □ (*Strad.*) *fermata sussidiaria* additional stop.
sussidio *m.* **1** (*aiuto, soccorso*) help, aid. **2** (*aiuto in denaro*) grant, subsidy. □ *sussidi* **audiovisivi** audio-visual aids; ~ *di* **disoccupazione** unemployment benefit; (*fam.*) dole; *percepire il* ~ *di* **disoccupazione** to be on the dole.
sussiego *m.* superciliousness, priggishness.
sussiegoso *a.* supercilious, priggish, self -righteous.
sussistenza *f.* **1** subsistence: *mezzi di* ~ means of subsistence. **2** (*Mil.*) subsistence, subsistence money (*o* allowance); (*corpo*) commissariat.
sussistere *v.i.* **1** (*esistere*) to exist, to be. **2** (*essere valido*) to be valid (*o* sound).
sussultare *v.i.* **1** to start, to jump: ~ *di spavento* to start with fear. **2** (*sobbalzare*) to shake*, to tremble.
sussulto *m.* **1** start, jump. **2** (*scossa*) shock, tremor.
sussultorio *a.* (*Geol.*) sussultatory.
sussurrare I *v.t.* **1** to whisper, to murmur. **2** (*dire nascostamente in tono di critica*) to insinuate, to make* insinuations. **II** *v.i.* **1** to whisper, to murmur; (*stormire*) to rustle. **2** (*fig.*) (*criticare, sparlare*) to gossip (*contro* about), to backbite*.
sussurrio *m.* whispering, murmuring; (*rif. a foglie e sim.*) rustling.
sussurro *m.* whisper, murmur; (*fruscio*) rustle.
sutura *f.* (*Chir.*) suture.
suturare *v.t.* (*Chir.*) to suture.
suvvia *intz.* come on.
svagare *v.t.* **1** (*ricreare*) to cheer (up), to amuse. **2** (*distrarre*) to distract. **svagarsi** *v.i. pron.* (*ricrearsi*) to amuse o.s., to relax; (*divertirsi*) to enjoy o.s., to have fun.
svagatezza *f.* (*lett.*) **1** (*spensieratezza*) thoughtlessness, heedlessness. **2** (*distrazione*) absent-mindedness; (*disattenzione*) lack of attention.
svagato *a.* inattentive, heedless; (*assente*) absent-minded.
svago *m.* **1** amusement, diversion, recreation. **2** (*ciò che svaga*) amusement, entertainment.
svaligiare *v.t.* to rob; (*fam.*) to clean (out); (*con effrazione*) to burgle.
svaligiatore *m.* robber; (*con effrazione*) burglar. □ ~ *di appartamenti* house-breaker.
svalutare *v.t.* **1** (*Econ.*) to devalue, to devaluate, to depreciate. **2** (*fig.*) (*sminuire*) to belittle, to depreciate. **svalutarsi** *v.i.pron.* **1** (*Econ.*) to be devalued, to fall* in value. **2** (*Comm.*) to depreciate.
svalutazione *f.* **1** depreciation, depletion. **2** (*Econ.*) devaluation. □ ~ *della moneta* currency devaluation.
svampito *a.* (*svanito*) absent-minded.
svanire *v.i.* **1** (*dileguarsi*) to disappear, to vanish, to fade (away). **2** (*perdere l'odore*) to lose* its scent (*o* aroma). **3** (*fig.*) (*indebolirsi*) to die down, to fade (away), to grow* weaker.
svanito I *a.* **1** (*che ha perso l'odore*) that has lost its scent (*o* aroma). **2** (*fig.*) (*stordito*) not quite all there. **3** (*fig.*) (*scomparso, sfumato*) vanished, disappeared. **II** *s.m.* absent -minded (*o* distracted) person.
svantaggiato *a.* at a disadvantage: *essere* ~ *da* (o *per*) *qc.* to be at a disadvantage on account of s.th.
svantaggio *m.* **1** disadvantage, drawback: *tornare a* ~ *di qd.* to be to s.o.'s disadvantage. **2** (*danno*) detriment, disadvantage. **3** (*inferiorità*) handicap, disadvantage, snag. **4** (*Sport*) handicap: *essere in* ~ *di sei minuti* to have a six-minute handicap.
svantaggioso *a.* disadvantageous, unfavourable.
svaporare *v.i.* **1** to evaporate. **2** (*perdere l'odore*) to lose* its scent (*o* aroma). **3** (*fig.*) (*svanire*) to die away, to fade (*o* pass) away.
svariato *a.* (*diverso*) various, different; (*numeroso*) many: *svariate persone* many people.

svarione *m.* blunder; (*fam.*) howler.

svasare *v.t.* **1** (*rif. a piante: cambiare di vaso*) to repot. **2** (*allargare*) to flare (*anche Sartoria*).

svasato *a.* flared: *una gonna svasata* a flared skirt.

svasatura *f.* **1** (*il cambiar vaso*) repotting. **2** (*l'allargare*) flaring (*anche Sartoria*).

svastica *f.* swastika.

svecchiamento *m.* modernization, renewal; (*am.*) up-dating.

svecchiare *v.t.* to bring* up-to-date, to modernize, to renew, to update.

svedese **I** *a.* Swedish. **II** *s.* **1** *m.* (*lingua*) Swedish. **2** *s.m./f.* (*abitante*) Swede. □ *fiammiferi svedesi* safety matches.

sveglia *f.* **1** (*ora della sveglia*) time for getting up, getting-up time. **2** (*segnale*) (early) call. **3** (*orologio a sveglia*) alarm(-clock): *mettere la ~ alle sette* to set the alarm-clock for seven. **4** (*Mil.*) reveille. □ *~ telefonica* telephone waking service.

svegliare *v.t.* **1** to wake* (up); (*lett.*) to awake*. **2** (*fig.*) (*scuotere dal torpore*) to wake* up, to stir, to rouse; (*scaltrire*) to wake* up, to alert; (*am. fam.*) to wise up. **3** (*fig.*) (*eccitare, suscitare*) to (a)rouse, to stir, to whet. **svegliarsi** *v.i.pron.* **1** to wake* (up); (*lett.*) to awake(n). **2** (*fig.*) (*uscire dal torpore*) to rouse o.s.; (*scaltrirsi*) to wake* up; (*am.fam.*) to wise up. **3** (*fig.*) (*manifestarsi*) to reawaken, to reappear; (*fam.*) to crop up (again). □ *sveglia!* wake up! (*anche fig.*); *svegliarsi in ritardo* to oversleep.

sveglio *a.* **1** (*pred.*) awake; (*alzato*) up. **2** (*fig.*) (*pronto, svelto*) alert, quick. **3** (*fam.*) (*scaltro*) sharp, smart, cunning. □ *perfettamente ~* wide-awake.

svelare *v.t.* to reveal, to disclose, to show*, to give* away. **svelarsi** *v.r.* to reveal (*o* show* *o* prove) o.s., to give* o.s. away.

svellere *v.t.* (*lett.*) **1** (*sradicare*) to tear* up, to pull up; (*rif. ad alberi*) to uproot. **2** (*fig.*) to root up, to wipe (*o* drive*) out, to eradicate.

sveltezza *f.* **1** (*rapidità*) quickness, speed, swiftness, rapidity. **2** (*fig.*) (*prontezza d'ingegno*) quickness, sharpness, smartness. **3** (*snellezza*) slenderness, slimness.

sveltire *v.t.* **1** (*rendere più pronto, disinvolto*) to wake* up, to sharpen the wits of. **2** (*rendere più spedito*) to make* quicker (*o* easier), to speed* up: *~ il traffico* to speed up traffic; (*semplificare*) to simplify: *~ una procedura* to speed up a procedure. **3** (*rendere snello, sottile*) to slim, to make* slimmer. **sveltirsi** *v.i.pron.* **1** to wake* up, to become* quicker (*o* more alert); (*fam.*) to wise up. **2** (*diventare più spigliato*) to polish one's manners; to come* out of one's shell.

svelto *a.* **1** (*rapido*) quick, fast, swift, brisk, speedy, rapid. **2** (*che si prepara velocemente*) quick: *una pietanza svelta* a quick dish. **3** (*pronto d'ingegno*) quick, alert, bright, smart. **4** (*sottile, snello*) slender, slim, svelte. **5** (*esclam.*) (be) quick, quickly, hurry up. □ **alla** *svelta* quickly, fast; (*in fretta*) in a hurry, hastily, hurriedly; *~ di* **lingua** gossipy, backbiting; *~ di* **mano** (*incline al furto*) light-fingered; (*pronto a usare le mani*) free with one's fists (*o* hands).

svenare *v.t.* **1** to cut* (*o* sever *o* slash) the veins of. **2** (*fig.*) to bleed* dry. **svenarsi** *v.r.* to slash (*o* sever *o* cut*) one's veins.

svendere *v.t.* **1** to sell* below cost (*o* at a loss). **2** (*rif. a rimanenze*) to clear, to sell* off.

svendita *f.* **1** below cost sale. **2** (*rif. a rimanenze*) selling off, clearance (sale): *~ di fine stagione* end-of-season (clearance) sale. □ *prezzi di ~* break-up prices.

svenevole *a.* mawkish, maudlin; (*fam.*) s(l)oppy.

svenevolezza *f.* **1** mawkishness; (*fam.*) s(l)oppiness. **2** *pl.* (*comportamento svenevole*) affectation.

svenimento *m.* faint, fainting fit; (*lett.*) swoon.

svenire *v.i.* to faint, to lose* consciousness, to pass out; (*lett.*) to swoon. □ *mi sento ~* I feel (as if I'am going to) faint.

sventagliare *v.t.* to fan, to wave. **sventagliarsi** *v.r.* to fan o.s.

sventagliata *f.* **1** fanning. **2** (*scarica, raffica*) burst, volley.

sventare *v.t.* (*far fallire*) to thwart, to foil, to block, to prevent: *~ una congiura* to foil a plot.

sventatezza *f.* **1** (*sbadataggine*) rashness, recklessness, thoughtlessness. **2** (*atto sventato*) oversight.

sventato *a.* **1** (*imprudente: rif. a persone*) rash, reckless; (*sbadato*) careless, heedless, thoughtless. **2** (*distratto*) absent-minded, scatter-brained.

sventola *f.* **1** (*ventola*) fire-fan. **2** (*fig.*) (*schiaffo*) slap, smack. **3** (*nel pugilato*) swing. □ *orecchie a ~* sticking out ears.

sventolare **I** *v.t.* **1** to wave, to flutter: *~ un fazzoletto* to wave a handkerchief. **2** (*agitare per fare vento*) to shake*, to fan. **II** *v.i.* to wave, to flutter. **sventolarsi** *v.r.* (*farsi vento*) to fan o.s.

sventolio *m.* waving, fluttering.

sventramento *m.* **1** disembowelment, gutting. **2** (*squarciamento*) tearing (apart), ripping up. **3** (*fig.*) demolition.

sventrare *v.t.* **1** to disembowel, to draw*, to gut. **2** (*squarciare*) to tear* (apart). **3** (*fig.*) (*demolire: rif. a costruzioni*) to demolish, to pull down, to gut.

sventura *f.* ill (*o* bad) luck, misfortune: *~ volle* as ill luck would have it. □ *per colmo di ~* to crown (*o* top) it all.

sventurato *a.* unlucky, unfortunate.

svenuto *a.* in a faint; unconscious.

sverginamento *m.* defloration, deflowering.

sverginare *v.t.* to deflower.

svergognare *v.t.* **1** to (put* to) shame, to disgrace. **2** (*smascherare*) to unmask, to show* up.
svergognato *a.* **1** ashamed, put to shame. **2** (*spudorato*) shameless, impudent, brazen.
svergolare *v.t.* (*tecn.*) to twist; (*piegando*) to bend*. **svergolarsi** *v.i.pron.* to become* twisted; (*piegandosi*) to bend*.
svernare *v.i.* **1** to (spend* the) winter. **2** (*Mil.*) to go* into winter quarters.
sverniciare *v.t.* to remove paint from.
sverza *f.* splinter, chip.
svestire *v.t.* **1** to undress, to strip. **2** (*fig.*) (*togliere*) to take* away, to strip. **svestirsi** *v.r.* to undress (o.s.), to get* undressed.
svettare I *v.i.* (*lett.*) (*ergersi*) to rise* (up), to stand* out. **II** *v.t.* (*Silvicoltura*) to poll(ard), to lop (the crowns of).
Svezia *N.pr.f.* (*Geog.*) Sweden.
svezzamento *m.* weaning.
svezzare *v.t.* to wean. **svezzarsi** *v.i.pron.* to break* (*o* get* rid of) a habit.
sviamento *m.* **1** (*lo sviare*) deviation, diversion; (*lo sviarsi*) wandering, straying. **2** (*in senso morale*) leading astray, corruption; (*il traviarsi*) going astray.
sviare *v.t.* **1** to avert, to ward off, to divert: ~ *l'attenzione di qd.* to divert s.o.'s attention. **2** (*fig.*) (*allontanare*) to draw* away, to turn aside (*o* away). **3** (*far deviare*) to put* on the wrong track, to lead* astray, to mislead*. **4** (*fig.*) (*corrompere*) to lead* astray, to corrupt. **sviarsi** *v.i.pron.* **1** (*uscire di strada*) to lose* one's way. **2** (*fig.*) to go* astray. □ ~ *il discorso* to get off the point.
svignarsela *v.i.pron.* to beat* it; to sneak away.
svigorire *v.t.* to weaken, to enfeeble (*anche fig.*). **svigorirsi** *v.i.pron.* to become* weak(er), to lose* (one's) vigour.
svilimento *m.* **1** debasement. **2** (*Econ.*) (*svalutazione*) devaluation.
svilire *v.t.* **1** to debase. **2** (*svalutare*) to devalue. **svilirsi** *v.i.pron.* to decline in value; to drop in value.
sviluppare *v.t.* **1** (*trattare ampiamente*) to develop, to expound, to work out. **2** (*far aumentare gradatamente*) to develop, to expand, to build* up, to increase: ~ *il commercio* to build up trade; (*rinvigorire*) to strengthen, to develop: *lo sport sviluppa le membra* sport strengthens the limbs. **3** (*suscitare, produrre*) to cause, to produce: *la scintilla ha sviluppato un incendio* the spark caused a fire; (*sprigionare: rif. a gas*) to emit, to discharge, to release. **4** (*tecn.*) to develop, to generate: *il nuovo motore sviluppa 300 cavalli vapore* the new engine generates 300 horse-power. **5** (*Fot., Mat.*) to develop. **svilupparsi** *v.i.pron.* **1** to develop: *il ragazzo si è sviluppato molto tardi* the boy developed very late; (*di giovane donna*) to menstruate (for the first time). **2** (*crescere*) to grow*; (*rinvigorirsi*) to develop, to strengthen. **3** (*aumentare, progredire*) to expand, to increase, to grow*, to develop; (*espandersi*) to expand, to spread* out: *la sua ditta si è molto sviluppata nel periodo fra le due guerre* his business expanded rapidly between the wars. **4** (*manifestarsi aumentando gradatamente d'intensità*) to break* out: *si è sviluppato un incendio* a fire broke out; (*sprigionarsi: rif. a gas*) to be emitted.
sviluppatore *m.* (*Fot., Chim.*) developer.
sviluppo *m.* **1** development, growth. **2** (*espansione*) expansion, development. **3** (*svolgimento, trattazione più estesa*) development, working out. **4** (*Fot.*) development; (*bagno di sviluppo*) developer. **5** (*Mat., Geom.*) development. **6** (*tecn.*) generation. □ **dare** *grande ~ a un'industria* to expand (*o* boost) an industry; (*Fisiologia*) **età** *dello ~* puberty; *in* **via** *di ~* developing, in the course (*o* process) of development: *paesi in via di ~* developing countries.
svincolamento *m.* **1** unbinding, release. **2** (*Comm.*) (*sdoganamento*) clearance.
svincolare *v.t.* **1** (*liberare da un vincolo*) to release, to (set*) free. **2** (*Econ.*) to redeem. **3** (*Comm.*) (*sdoganare*) to clear. **svincolarsi** *v.r.* to free o.s., to get* free: *svincolarsi da una stretta* to free o.s. of a grip.
svincolo *m.* **1** (*Comm.*) (*sdoganamento*) clearance. **2** (*Strad.*) motorway crossing, turn-off.
sviolinare *v.t.* (*fam.*) to soft-soap, to flatter.
sviolinata *f.* (*fam.*) (*adulazione sfacciata*) flattery; soft-soap.
svirilizzare *v.t.* (*infiacchire*) to emasculate, to weaken, to enfeeble.
svisare *v.t.* to distort, to twist, to alter.
sviscerare *v.t.* (*esaminare a fondo*) to examine (*o* go* into) thoroughly, to dissect.
sviscerato *a.* **1** (*appassionato*) passionate, deep. **2** (*spreg.*) (*eccessivo*) effusive.
svista *f.* oversight, slip.
svitare *v.t.* to unscrew.
svitato I *a.* (*scherz.*) (*strambo*) with a screw loose, screwy, nutty. **II** *s.m.* nut; (*am. fam.*) screwball. □ *è uno ~* he has a screw loose.
svizzera *f.* (*Gastr.*) hamburger.
Svizzera *N.pr.f.* (*Geog.*) Switzerland.
svizzero *a./s.m.* Swiss.
svogliatezza *f.* **1** unwillingness, listlessness. **2** (*pigrizia*) laziness, indolence. □ *con ~* listlessly.
svogliato *a.* **1** unwilling, listless. **2** (*indolente*) lazy, indolent, idle, slack.
svolazzare *v.i.* to fly*, to flit, to flutter.
svolazzo *m.* (*ornamento superfluo*) flourish, embellishment.
svolgere *v.t.* **1** to unwind*, to uncoil: ~ *una matassa* to unwind a skein; (*srotolare*) to unroll. **2** (*trattare per esteso*) to develop, to unfold. **3** (*fig.*) (*attuare*) to develop, to work out; (*esplicare*) to carry on (*o* out). **svolgersi** *v.i.pron.* **1** to unwind*, to become* unwound; to unroll. **2** (*fig.*) (*accadere, aver luogo*) to occur, to happen, to come* about, to take* place: *ecco come si svolsero i fatti*

this is how things went; (*procedere*) to proceed, to go* on (*o* off). **3** (*essere ambientato*) to be set. ▭ (*Scol.*) ~ *un tema* to write a composition.

svolgimento *m.* **1** (*lo svolgere, lo svolgersi*) unwinding; (*lo srotolare, lo srotolarsi*) unrolling. **2** (*trattazione*) development, treatment. **3** (*fig.*) (*attuazione, progressione*) development, working out; (*l'esplicare*) carrying on (*o* out). **4** (*andamento*) course. **5** (*Scol.*) (*rif. a. un componimento*) development (of a composition).

svolta *f.* **1** turning: *divieto di* ~ no turning. **2** (*concr.*) (*curva*) turn, curve, bend. **3** (*fig.*) turning-point. **4** (*fig.*) (*cambiamento*) change. ▭ (*Strad.*) **divieto** *di* ~ *a destra* no right turn; ~ **pericolosa** dangerous curve ahead.

svoltare *v.i.* to turn: ~ *a destra* to turn (to the) right.

svoltata *f.* turn(ing).

svuotare *v.t.* **1** to empty. **2** (*fig.*) to empty, to deprive: ~ *una frase d'ogni significato* to empty a sentence of all meaning.

T

t,[1] **T** *f./m.* (*lettera dell'alfabeto*) t, T: *a T* T-shaped. □ (*Tel.*) ~ *come Torino* T for Tommy; (*am.*) T for Tare.

t[2] = *tonnellata* ton(s).

Ta = (*Chim.*) *tantalio* tantalum.

tabaccaio *m.* tobacconist.

tabaccheria *f.* tobacconist's (shop).

tabacchiera *f.* snuff-box.

tabacco *m.* (*Bot.*) tobacco plant, (*da fumo*) tobacco. □ **color** ~ tobacco(-colour); **fiutar** ~ to take snuff; ~ *da* **pipa** pipe tobacco; **presa** *di* ~ pinch of snuff.

tabagismo *m.* (*Med.*) tabagism.

tabella *f.* table; (*prospetto*) schedule; (*elenco*) list. □ ~ *di* **marcia**: 1 (*Sport*) schedule; 2 (*fig.*) work schedule; ~ **retributiva** salary scale.

tabellone *m.* (*per le affissioni*) notice-board, billboard.

tabernacolo *m.* tabernacle.

tabloide *m.* **1** (*Farm.*) tablet. **2** (*Giorn.*) tabloid.

tabù *a./s.m.* taboo (*anche estens.*): *argomento* ~ taboo subject.

tabulato *m.* printout.

TAC = *Tomografia Assiale Computerizzata* Computerized Axial Tomography (CAT).

tacca *f.* notch, cut. □ **fare** *tacche in qc.* to notch s.th.; *uomo di* **mezza** ~ man of medium height; (*fig.*) man of little worth.

taccagneria *f.* stinginess, meanness.

taccagno **I** *a.* stingy, mean, tight-fisted. **II** *s.m.* miser, stingy person.

taccheggiare *v.t./i.* to shoplift.

taccheggiatore *m.* shoplifter.

taccheggio *m.* shoplifting.

tacchetto *m.* **1** (*di scarpa da donna*) stiletto heels. **2** (*rif. a scarpe da football*) stud, thin heel.

tacchino *m.* (*Zool.*) turkey(-cock). □ *diventare rosso come un* ~ to become as red as a lobster.

tacciare *v.t.* to accuse, to tax, to charge: ~ *qd. di qc.* to accuse s.o. of s.th., to tax (*o* charge) s.o. with s.th.

tacco *m.* **1** (*di calzatura*) heel. **2** (*pezzo di legno per sostegno*) block. □ *tacchi* **alti** high heels; *scarpe con tacchi* **alti** high-heeled shoes; (*fam.*) **alzare** *i tacchi* to show a clean pair of heels; *tacchi* **bassi** low heels.

taccuino *m.* notebook; pocket-book.

tacere **I** *v.i.* **1** (*stare zitto*) to keep* (*o* be) quiet: *non sa* ~ he can never keep quiet. **2** (*smettere di parlare*) to stop speaking, to be silent. **3** (*fig.*) (*essere immerso nel silenzio*) to be silent, to be calm (*o* still): *nel giardino tutto tace* all is still in the garden. **II** *v.t.* **1** (*non dire*) to say* nothing about, to be silent about, not to say* a word about. **2** (*non rivelare*) not to mention, to withhold*. □ **far** ~ to silence, to make keep quiet, to hush; (*fig.*) to silence; **mettere** *a* (o *in*) ~ to hush up. ‖ *taci!* (do) be quiet!, hold your tongue!, (*fam.*) shut up!

tachicardia *f.* (*Med.*) tachycardia.

tachimetro *m.* (*Aut.*) speedometer, tachometer.

tacitamente *avv.* **1** (*segretamente*) secretly, in secret. **2** (*senza una manifestazione espressa di volontà*) tacitly.

tacitare *v.t.* **1** to silence. **2** (*Comm.*) to pay* off.

tacito *a.* **1** (*silenzioso*) silent. **2** (*non manifesto*) tacit. □ *un* ~ *accordo* a tacit agreement.

taciturno *a.* taciturn, reserved: *carattere* ~ taciturn character.

tafano *m.* (*Zool.*) horsefly, gadfly.

tafferuglio *m.* **1** (*rissa*) brawl, scuffle. **2** (*scompiglio*) uproar, tumult.

taffettà *m.* (*tessuto*) taffeta.

taglia *f.* **1** price, reward: *sul suo capo pende una forte* ~ there is a heavy price on his head. **2** (*corporatura*) build. **3** (*di indumento*) size; (*taglia forte*) outsize. **4** (*riscatto*) ransom. □ *di media* ~ (*rif. alla corporatura*) of medium size (*o* build); (*rif. alla statura*) of average height.

tagliacarte *m.* paper-knife.

taglialegna *m.* woodcutter.

tagliando *m.* coupon; (*scontrino*) voucher, slip.

tagliare **I** *v.t.* **1** to cut*: *mi sono tagliato un dito* I cut my finger; (*a fette*) to slice. **2** (*rif. a carni*) to carve: ~ *un pollo* to carve a chicken. **3** (*interrompere*) to cut* (off) (*anche fig.*): ~ *i rifornimenti* to cut off supplies. **4** (*intersecare*) to cut* across, to intersect, to cross: *questa strada taglia la nazionale* this road cuts across the main highway. **5** (*abbreviare*) to cut*, to shorten: ~ *un articolo* to shorten an article. **6** (*censurare*) to cut*, to censor. **7** (*Sport*) to cut*: ~ *una palla* to cut a ball. **II** *v.i.* **1** (*essere affilato*) to cut*, to be sharp: *questo coltello taglia bene* this knife is very sharp. **2** (*seguire il cammino più breve*) to cut*, to take* a short cut: *tagliammo per i campi* we cut across the field. **tagliarsi I** *v.r.* to cut* o.s. **II** *v.i.pron.* (*rif. a tessuti*) to split*. ▭ *farsi* ~ *i* **capelli** to have one's hair cut; ~ *le* **carte** to cut (the cards); (*fig.*) ~ *la* **corda** to cut and run; (*fig.*) *tagliar* **corto** to cut short; ~ *a* **metà** to cut in two (*o* half); ~ *a* **pezzi** to cut to pieces (*o* bits); ~ *una* **siepe** to trim a hedge; ~ *le* **spese** to cut expenses; (*rif. ad automobilisti*) ~ *la* **strada** *a qd.* to cut in on s.o.; ~ *la* **testa** *al toro* to settle the question once and for all; ~ *un* **vino** to blend a wine.

tagliatelle *f.pl.* (*Alim.*) noodles *pl.*

tagliato *a.* **1** cut: *capelli tagliati corti* hair cut short. **2** (*fig.*) (*incline*) cut out (*per* for), suited (to): *non è* ~ *per questa professione* he is not cut out for this profession.

tagliatore *m.* cutter.

taglieggiare *v.t.* to levy a tribute on.

tagliente *a.* **1** (*affilato*) sharp: *una lama* ~ a sharp blade. **2** (*mordace*) cutting, biting, sharp.

tagliere *m.* cutting-board.

taglierina *f.* (*tecn.*) paper cutter.

taglio *m.* **1** cutting; (*l'asportare, l'amputare*) cutting off. **2** (*effetto del tagliare*) cut: *mi sono fatto un* ~ *al dito* I have a cut on my finger. **3** (*foggia, linea*) cut, style: *un vestito di ottimo* ~ a well-cut dress. **4** (*parte staccata da un intero*) piece: *un* ~ *di seta* a piece of silk; *un* ~ *di carne* a cut of meat; (*quantità di tessuto per confezionare un indumento*) length. **5** (*parte tagliente*) edge. **6** (*fig.*) (*soppressione*) cut: *i tagli della censura* censorship cuts. **7** (*Cin., Oreficeria*) cut. **8** (*Agr.*) mowing, cutting: ~ *del fieno* mowing of hay. **9** (*rif. a bosco*) cutting down, clearing. ▭ **biglietti** *di grosso* ~ high-denomination notes, (*am.*) big bills; **biglietti** *di piccolo* ~ low-denomination notes, (*am.*) small bills; ~ *dei* **capelli** hair-cut; **di** ~ (*per dritto*) on edge, edgeways; *a* **doppio** ~ double-edged (*anche fig.*); **farsi** *un* ~ *alla mano* to cut one's hand; **ferita** *da* ~ cut, gash; ~ **netto** clean cut; (*fig.*) *dare un* ~ **netto** *a qc.* to make a clean break with s.th.; ~ **profondo** gash, deep cut; **scuola** *di* ~ dressmaking school; ~ *alla* **spesa** *pubblica* cut in public expenditure; ~ *dei* **vini** blending (*o* mixing) of wines.

tagliola *f.* trap, snare (*anche fig.*).

taglione *m.* (*Stor.*) retaliation.

tagliuzzare *v.t.* to cut* up, to cut* to bits (*o* shreds); (*rif. a carne e verdure*) to chop up; (*a dadini*) to dice.

tailleur *fr.* [ta'jœ:r] *m.* suit, (tailored) costume.

talaltro *pron.indef.m.* (*in correlazione con taluno*) others *pl.*

talare *a.*: *veste* ~ (priest's) cassock.

talassemia *f.* (*Med.*) thalassemia.

talco *m.* (*Chim.*) talc. ▭ ~ *in polvere* talcum powder.

tale I *a.dimostr.* **1** (*di questa o quella maniera*) such, of this (*o* such a) kind, like this: *le sue lettere sono tali che non meritano risposta* letters like his do not deserve a reply; *non l'avrei creduto capace di una* ~ *azione* I wouldn't have believed him capable of such an action. **2** (*così grande*) (*seguito da un sostantivo*) such (a); (*seguito da un aggettivo*) so: *come puoi sopportare una* ~ *villania?* how can you put up with such rudeness?; *il freddo è* ~ *che non oso uscire* it is so cold that I daren't put my nose outside. **3** (*preceduto da questo, quello: per indicare una persona o oggetto determinato*) that: *hai parlato con quella tal persona?* did you speak to that person? **4** (*questo*) this (*pl.* these): *con tali parole mi ha congedato* with these words he dismissed me; (*quello*) that (*pl.* those). **5** (*al sing., preceduto dall'art. indeterminato: un certo*) certain: *un* ~ *dott. Carli* a certain Dr. Carli. **II** *pron.dimostr.* **1** (*questa, quella persona*) the one, the person: *io sono il* ~ I am the person. **2** (*preceduto dall'art. indeterminato: persona indeterminata*) someone: *c'è un* ~ *di là che ti aspetta* there's someone waiting for you over there. **3** (*preceduto da quello: persona nota*) person, man (*f.* woman): *è tornato quel* ~ *di ieri sera* that man from last night is here again. ▭ *in tal* **caso** in this (*o* such a) case; *alla tal* **ora** at such and such a time; ~ *il* **padre** ~ *il figlio* like father like son; *a tal* **punto** to such a point; ~ (*e*) **quale** (*identico*) exactly like this, just so; (*testualmente*) exact(ly): *è* ~ *quale sua nonna* she is just like her grandmother. ‖ *il* (o *la*) *tal dei tali* so-and-so; *il signor tal dei tali* Mr. what's-his-name, Mr. so-and-so.

talea *f.* (*Bot.*) cutting.

talento *m.* **1** (*capacità*) talent. **2** (*persona dotata di talento*) talented person. ▭ *pieno di* ~ very talented, of great talent.

talidomide *m.* (*Farm.*) thalidomide.

talismano *m.* talisman, charm.

tallio *m.* (*Chim.*) thallium.

tallo *m.* (*Bot.*) thallus; (*germoglio*) sprout.

tallonare *v.t.* **1** to pursue closely, to chase. **2** (*Sport*) to heel.

talloncino *m.* coupon; (*scontrino*) slip, voucher: ~ *di vendita* sales slip.

tallone *m.* **1** (*Anat.*) heel. **2** (*nelle calze*) heel. ▭ (*fig.*) ~ **d'***Achille* Achilles' heel; **girare** *sui talloni* to turn on one's heels.

talmente *avv.* (*con aggettivi avverbi*) so; (*con verbi*) so much: *è* ~ *gentile* he is so kind; *lo amo* ~*!* I love him so much!

talora *avv.* sometimes, at times.

talpa *f.* (*Zool.*) mole. ▭ **cieco** *come una* ~ as

blind as a bat; **color** ~ mole grey.

taluno **I** *pron.indef.* **1** (*qualcuno*) someone, somebody, some: *come già aveva detto ~ dei presenti* as some of those present had already said. **2** *pl.* (*alcune persone*) some *pl.*, some people *pl.*: *taluni gli danno ragione* some people say he is right. **3** (*in correlazione con talaltro*) some *pl.*: *~ gli crede, talaltro no* some believe him, others don't. **II** *a.* (*alcuni*) some: *taluni storici affermano che* some historians say that.

talvolta *avv.* sometimes, at times: *come ~ avviene* as sometimes happens.

tamarindo *m.* (*Bot.*) tamarind; (*bevanda*) tamarind drink.

tambureggiamento *m.* **1** drumming. **2** (*fig.*) hammering.

tambureggiare *v.i.* **1** to drum. **2** (*fig.*) to hammer.

tamburellare *v.i.* to drum.

tamburello *m.* **1** (*Mus.*) tambourine. **2** (*gioco*) tamburello.

tamburino *m.* drummer-boy.

tamburo *m.* **1** (*Mus.*) drum. **2** (*suonatore*) drummer. **3** (*nelle armi*) cylinder. **4** (*tecn., El.*) drum. □ **a** *~ battente* (*subito*) immediately, at once; **battere** *il ~* to beat the drum; (*fig.*) to blow the (*o* one's) trumpet; **pistola** *a ~* revolver.

tamerice *f.* (*Bot.*) tamarish.

Tamigi *N.pr.m.* (*Geog.*) Thames.

tamponamento *m.* **1** (*Strad., Ferr.*) crash(ing), collision, running into: *~ di una macchina* running into a car, collision with a car. **2** (*Chir.*) tamponage. □ (*Aut.*) *~ a catena* pile-up.

tamponare *v.t.* **1** (*Strad., Ferr.*) to run* (*o* crash, bump) into, to collide with: *~ un'automobile* to run into a car. **2** (*Chir.*) to tampon.

tampone *m.* **1** plug, wad, pad. **2** (*cuscinetto per timbri*) ink-pad; (*di carta assorbente*) blotter. **3** (*Chir.*) plug. **4** (*Inform.*) buffer. **5** (*assorbente igienico*) tampon.

tam-tam *m.* (*Mus.*) tom-tom.

tana *f.* **1** den, lair (*anche fig.*); (*scavata nel terreno*) burrow: *la ~ dei banditi* the robbers' den. **2** (*fig.*) (*stamberga*) hovel, den, hole.

tanca *f.* tank.

tandem *m.* tandem (bicycle).

tanfo *m.* **1** stench, stink, (*fam.*) pong. **2** (*odore di muffa*) musty smell.

tangente[1] *a./s.f.* (*Geom.*) tangent.

tangente[2] *f.* (*percentuale illecita*) protection money; (*bustarella*) bribe; (*percentuale*) rake off. □ *racket delle tangenti* protection racket.

tangenza *f.* (*Geom.*) tangency.

tangenziale **I** *a.* (*Geom.*) tangential. **II** *s.f.* **1** (*Geom.*) tangent (line). **2** (*Strad.*) ring road; (*am.*) beltway, belt highway.

tanghero *m.* boor, bumpkin, lout.

tangibile *a.* tangible (*anche fig.*).

tangibilità *f.* tangibility (*anche fig.*).

tango *m.* tango.

tanica *f.* tank.

tannico *a.* tannic.

tannino *m.* (*Chim.*) tannin.

tantalio *m.* (*Chim.*) tantalum.

Tantalo *N.pr.m.* (*Mitol.*) Tantalus. □ (*fig.*) *far soffrire il supplizio di ~* to tantalize o.s.

tantino **I** *avv.* **1** a little, a (little) bit: *dammene un ~* give me a bit. **2** (*davanti ad agg.: un poco*) little, somewhat: *era un ~ seccato* he was a little annoyed. **3** (*davanti ad agg.: abbastanza*) a little, rather, somewhat: *è un ~ antipatico* he is rather unpleasant. **II** *s.m.* little, bit: *un ~ di carne* a little (*o* bit of) meat; (*rif. a. liquidi*) drop.

tanto **I** *a.indef.* **1** (*molto*) much (*pl.* many), a lot (of): *ho ~ lavoro* I have a lot of work; *abbiamo tante preoccupazioni* we have many worries. **2** (*così grande*) so much, such: *c'è tanta miseria nel mondo* there is so much poverty in the world; (*così a lungo*) so long: *dove sei stato ~ tempo?* where have you been for so long (*o* such a long time)?; (*in così grande numero*) so many, all those (*o* these), such a lot (of): *a che ti servono tante matite?* why do you need so many pencils?; (*in così grande quantità*) so much: *perché vuoi ~ pane?* why do you want so much bread? **3** (*in correlazione con che e da*) so much (*pl.* so many), such: *hanno tanti soldi che soddisfano tutti i loro capricci* they have so much money (that) they can satisfy all their whims. **4** (*in correlazione con quanto: in proposizioni positive*) as much (*pl.* as many): *ho tanti libri quanti lui* I have as many books as he has; (*in proposizioni negative*) so much (*pl.* so many): *non ho tanti vestiti quanti ne hai tu* I haven't so many dresses as you. **5** (*altrettanto*) as much (again), so much (*pl.* so many); *pl.* as many (again), so many: *ci comportiamo come tanti sciocchi* we are behaving like so many fools. **II** *pron.indef.* **1** a lot, much: *chi ha ~ e chi niente* some have much and others nothing; (*intensivo*) so much, such a lot: *come puoi mangiare tanto?* how can you eat so much? **2** (*in correlazione con quanto*) as much: *prendine ~ quanto ne vuoi* take as much as you want. **3** (*ciò, questo*) this, that: *~ ti dovevo* that is what I owed you. **4** *pl.* (*molte persone*) many (*o* a lot of) people; (*in correlazione con quanti*) as (*o* so) many: *non sono tanti quanti speravo* there aren't as many as I hoped. **III** *avv.* **1** (*così, talmente: con agg. e avv. e in locuzioni con valore consecutivo*) so: *è ~ giovane!* she is so young!; *è ~ sciocco da non capire* he is so silly (*o* such a fool) that he does not understand; (*con i verbi*) so much, very much, so, (*spesso si traduce con* to do): *mi piace ~* I like it so much, I do like it. **2** (*in correlazione con quanto, con agg. e avv.: in proposizioni positive*) as: *è ~ bella quanto modesta* she is as beautiful as she is modest; (*in proposizioni negative*) so, as: *non è ~ diligente quanto suo fratello* he is not so (*o* as) hard-working as his brother; (*per esprimere una corrispondenza*) the more: *~ più vali quanto più sai* the more you know the more you are worth; (*con i verbi*) as much; so much: *non studia ~ quanto dovrebbe* he does not study so (*o* as) much as he should. **3** (*sia ... sia*) both: *vorrei comprare ~ il registratore quanto il giradischi* I should like to buy both the tape-recorder and the record player. **4** (*dinanzi a comparativi*) so much the: *~ meglio* so much the better. **5** (*soltanto, solamente*) just: *~ per cambiare* just for a change; *per una volta ~* just for once. **6** (*per molto tempo*) (for) a long time; (*in frasi negative e interrogative*) (for) long: *non ho lavorato ~* I didn't work long; (*intensivo*) (for) such a long time, (for) so long: *è ~ che ti aspetto* I have been waiting such a long time for you. **7** (*con valore moltiplicativo*) as much, as: *tre volte ~* three times as much; *è grande due volte ~* he is twice as big. **IV** *congz.* **1** (*comunque: a volte non si traduce*) however, but, though: *ho fatto di tutto, ~ so già che non otterrò nulla* I did everything I could but I know that it won't get me anywhere. **2** (*per concludere con un concetto negativo*) anyway, after all, (*spesso non si traduce*): *è inutile strillare, ~ non ti sente nessuno* it's no use shouting, no one will hear you. **V** *s.m.* so much: *un ~ al chilo* so much per kilo. ☐ **a** *~* (*a tal segno*) so far: *arrivare a ~* to go so far; *tanti* **auguri** best wishes; *fare ~ di* **cappello** *a qd.* to take off one's hat to s.o. (*anche fig.*); ~ **che** (*fino al momento in cui*) until, till; (*per tutto il tempo che*) as long as; **con** *~ di* (*si deve far ricorso ad espressioni idiomatiche*): *ascoltare qd. con ~ d'orecchi* to listen attentively to s.o.; *guardare con ~ d'occhi* to gaze wide-eyed; **da** *~* (*da tanto tempo*) for (such) a long time, so long; **di** *~ in ~* from time to time, occasionally; *a* **dir** *~* at the (ut)most; **dopo** *~ studiare* after all that studying; *è già ~ se* it's something if; (*fam.*) *~ di* **guadagnato** all (*o* so much) the better; **ogni** *~* every few; (*saltuariamente*) every now and then: *ogni tanti* (o *tante*) every so many, every few; *il fenomeno si ripete ogni tanti giorni* the phenomenon is repeated every few days; *~* **più** *che* all the more so, especially as: *è inutile avvisarlo, ~ più che è probabile che non venga* it's useless to tell him especially as he probably won't come anyway; *ci voleva ~* **poco** it took so little (doing); *ne ha* **prese** *tante!* (*di botte*) he got such a (*o* a real) thrashing!; *ho* **quel** *~ che mi consente di vivere* I have just enough to live on; **senza** *tante cerimonie* without ceremony (*o* much ado).

tapioca *f.* (*Bot.*) tapioca.

tapiro *m.* (*Zool.*) tapir.

tappa *f.* **1** (*luogo di sosta*) halting place, halt, stop (*anche Mil.*). **2** (*sosta*) halt, stop: *fare una ~* to make a stop. **3** (*percorso tra una sosta e l'altra*) stage, lap (*anche fig.*): *le tappe della civiltà* the stages (in the progress) of civilization. ☐ **a** *tappe* in stages, in laps (*anche fig.*): *corsa a tappe* race in laps; *a piccole tappe* in short stages; (*fig.*) **bruciare** *le tappe della carriera* to have a rapid career; (*Sport*) *~ a* **cronometro** timed lap.

tappabuchi *m.* (*scherz.*) stopgap.

tappare *v.t.* **1** (*chiudere*) to close (up), to block (up): *~ la finestra* to block up the window; (*otturare*) to stop (up), to close (up), to plug. **2** (*con un tappo di sughero*) to cork: *~ un fiasco* to cork a flask. **3** (*tenere chiuso*) to shut*, to hold*, to stop: *tapparsi il naso* to hold one's nose. **tapparsi** *v.r.* (*rinchiudersi*) to shut* o.s. (up): *se ne sta tappata nello studio per ore* she shuts herself in her study for hours. ☐ (*fig.*) *~ un buco* (*pagare un debito*) to pay a debt.

tapparella *f.* rolling shutter.

tappetino *m.* **1** rug, mat. **2** (*zerbino*) (door)mat.

tappeto *m.* **1** carpet; (*tappetino*) rug, mat. **2** (*per tavoli*) (table)cloth. ☐ **bombardamento** *a ~* carpet bombing; *~* **erboso** lawn; *~ di* **gomma** rubber mat; (*Sport*) **mettere** *al ~* to knock down; (*fig.*) **mettere** *una questione sul ~* to bring up a question; *~* **verde** (*tavolo da gioco*) gaming-table; (*il panno*) green baize.

tappezzare *v.t.* **1** (*rif. a pareti: con carta*) to paper; (*con arazzi*) to hang* (with tapestry), to tapestry. **2** (*rif. a mobili e sim.*) to upholster, to cover: *~ di velluto una poltrona* to cover an armchair in velvet.

tappezzeria *f.* **1** (*rif. a pareti*) (wall)paper; (*stoffa*) tapestry, hangings *pl.* **2** (*rif. a mobili e sim.*) upholstery, cover(ing). ☐ (*fam.*) *fare da ~* (*nelle feste da ballo*) to be a wall -flower.

tappezziere *m.* **1** (*chi riveste poltrone e sim.*) upholsterer. **2** (*chi riveste pareti*) decorator, paperhanger.

tappo *m.* **1** stopper; (*di sughero*) cork; (*da bottiglia*) cap. **2** (*estens.*) (*oggetto che ostruisce*) plug. **3** (*scherz.*) (*persona bassa*) (*fam.*) tubby person.

TAR = *Tribunale Amministrativo Regionale* Regional Administrative Court.

tara *f.* **1** tare: *~ d'uso* customary tare; *~ presunta* estimated tare. **2** (*malattia, anomalia*) hereditary defect (*o* taint). ☐ (*fig.*) *fare la ~ a qc.* to take s.th. with a pinch of salt.

tarantella *f.* (*danza*) tarantella.

tarantola *f.* (*Zool.*) tarantula.

tarare *v.t.* **1** to tare. **2** (*tecn.*) to calibrate. **3** (*Fis.*) to set*.

tarato *a.* **1** tared. **2** (*tecn.*) calibrated. **3** (*fig.*) (*affetto da tara ereditaria*) tainted with a hereditary defect. **4** (*fig.*) (*degenerato*) degenerate.

taratura *f.* **1** assessment of tare. **2** (*tecn.*)

calibration. **3** (*Fis.*) calibration, standardization.

tarchiato *a.* thickset, sturdy.

tardare I *v.i.* **1** (*essere in ritardo*) to be late: ~ *a un appuntamento* to be late for an appointment. **2** (*indugiare*) to delay, to be late: ~ *a rispondere* to delay in replying; ~ *in un pagamento* to be late (*o* in arrears) with a payment. **II** *v.t.* to delay.

tardi *avv.* late: *alzarsi* ~ *la mattina* to get up late in the morning; *arrivare* ~ to be late. ☐ **è** ~ it's late; **far** ~ to be late: *si è fatto* ~ it is (*o* has got) late; (*restare alzato fino a tarda ora*) to stay up late; *a* **più** ~*!* see you later!; *al più* ~ at the latest; **presto** *o* ~ sooner or later; **sul** ~ late.

tardivo *a.* late: *un inverno* ~ a late winter; (*che viene troppo tardi*) tardy, belated: *pentimento* ~ tardy repentance; *riconoscimento* ~ belated recognition.

tardo *a.* **1** (*lento*) slow: ~ *nel muoversi* slow in moving, slow-moving. **2** (*fig.*) (*ottuso, poco sagace*) slow(-witted), dull. **3** (*che viene troppo tardi*) tardy: *un* ~ *aiuto* tardy help. **4** (*avanzato nel tempo*) late: *nella tarda mattinata* late in the morning; *a notte tarda* late at night.

targa *f.* **1** plate: ~ *di porta* name-plate. **2** (*Aut.*) (number-)plate, (*am.*) (license) plate. ☐ ~ *di riconoscimento* identification tag.

targare *v.t.* (*Aut.*) to give* a number-plate to; (*immatricolare*) to register.

tariffa *f.* tariff, rate; (*rif. ai trasporti pubblici*) fare: *tariffe ferroviarie* railway fares. ☐ ~ **doganale** customs tariff; ~ **fissa** fixed rate (*o* tariff); ~ **intera** full fare; **mezza** ~ half fare; ~ **postale** postal rate (*o* tariff); ~ **ridotta** reduced fare; ~ **speciale** special rate.

tariffario I *a.* tariff-, of (*o* in) rates: *aumento* ~ rise in tariffs (*o* rates); (*rif. a trasporti pubblici*) fare-. **II** *s.m.* tariff, price-list; rate book.

tarlare *v.i.*, **tarlarsi** *v.i.pron.* (*rif. a tarli*) to get* worm-eaten; (*rif. a tarme*) to get* moth-eaten.

tarlato *a.* worm-eaten, wormy.

tarlo *m.* **1** (*Zool.*) woodworm. **2** (*fig.*) pangs *pl.*: *il* ~ *della gelosia* the pangs of jealousy.

tarma *f.* (*Zool.*) moth.

tarmare *v.i.*, **tarmarsi** *v.i.pron.* to get* moth -eaten.

tarmicida *m.* moth-killer.

tarocco *m.* tarot.

tarpare *v.t.*: ~ *le ali a qd.* to clip s.o.'s wings.

tarsia *f.* marquetry, inlaying.

tarso *m.* (*Anat.*) tarsus.

tartagliare *v.i.* to stutter, to stammer.

tartaro[1] *m.* (*Chim.*) tartar.

tartaro[2] *a./s.m.* Tartar. ☐ (*Gastr.*) *salsa tartara* tartar(e) sauce.

tartaruga *f.* **1** (*Zool.*) tortoise; (*di mare*) turtle. **2** (*materiale*) tortoise-shell. **3** (*fam.*) (*persona lenta*) slowcoach. ☐ *lento come una* ~ as slow as a tortoise (*o* snail).

tartassare *v.t.* (*fam.*) to ill-treat, (*fam.*) to put* through it (*o* the mill). ☐ *siamo tartassati dal fisco* we are harassed by taxation.

tartina *f.* (*Gastr.*) canapé.

tartufato *a.* truffled.

tartufo *m.* **1** (*Bot.*) truffle. **2** (*Zool.*) (*mollusco*) warty venus.

tasca *f.* pocket. ☐ **conoscere** *qc. come le proprie tasche* to know s.th. like the back of one's hand; **pagare** *di* ~ *propria* to pay out of one's own pocket; (*pop.*) *avere le tasche* **piene** *di qc.* (*esserne stufo*) to be fed up with s.th.; (*fig.*) **starsene** *con le mani in* ~ to stay with one's hands in one's pockets; (*fig.*) **svuotare** *le tasche di qd.* (*fargli spendere tutto*) to clean s.o. out; *a me non* **viene** *nulla in* ~ I get nothing out of it.

tascabile I *a.* pocket: *edizione* ~ pocket edition. **II** *s.m.* pocket book.

tascapane *m.* haversack (*anche Mil.*).

taschino *m.* breast pocket.

tassa *f.* **1** (*Econ.*) tax; (*dazio*) duty; (*pedaggio*) toll: ~ *di successione* estate duty; ~ *di consumo* excise duty. **2** (*per iscrizione a scuole, ecc.*) fee: *tasse scolastiche* school fees. ☐ ~ *di* **circolazione** road tax; ~ sugli **spettacoli** entertainment tax.

tassabile *a.* taxable, subject (*o* liable) to tax.

tassametro *m.* taximeter, meter.

tassare *v.t.* **1** to tax: ~ *in proporzione al reddito* to tax in proportion to one's income. **2** (*rif. a imposte*) to levy a duty on. **3** (*fissare l'imponibile*) to assess, to tax. **tassarsi** *v.r.* to contribute, (*am. fam*) to chip in: *per aiutarla ci siamo tutti tassati* to help her we all chipped in.

tassativamente *avv.* strictly, absolutely.

tassativo *a.* definite, absolute.

tassazione *f.* **1** taxation. **2** (*il gravare d'imposte*) imposing of a duty. ☐ *soggetto a* ~ taxable; (*rif. a imposte*) dutiable, subject to duty: *merci soggette a* ~ dutiable goods.

tassellare *v.t.* **1** (*mettere tasselli*) to dowel. **2** (*tagliare un pezzo a forma di tassello*) to cut* out a wedge from.

tassello *m.* **1** plug, block; (*per fissare chiodi e sim.*) nog. **2** (*pezzo a forma di tassello*) wedge.

tassì *e deriv.* → **taxi** *e deriv.*

tassidermia *f.* taxidermy.

tassista *m./f.* taxi-driver, cab-driver.

tasso[1] *m.* (*Zool.*) badger.

tasso[2] *m.* (*Bot.*) (European) yew tree.

tasso[3] *m.* rate. ☐ ~ *di* **crescita** growth rate; ~ *d'***inflazione** inflation rate; ~ *d'***interesse** interest rate; ~ *di* **natalità** birthrate; ~ *di* **sconto** rate of discount, discount rate.

tassonomia *f.* taxonomy.

tastare *v.t.* **1** to touch, to feel*. **2** (*toccare con un bastone e sim.*) to sound, to probe. ☐ ~ *il* **polso** *a qd.* to feel (*o* take) s.o.'s pulse (*anche fig.*); (*fig.*) ~ *il* **terreno** to put out feelers.

tastiera *f.* keyboard.

tasto *m.* **1** key (*anche Inform.*). **2** (*fig.*) (*argomento*) subject, topic: *questo* ~ *è meglio lasciarlo stare* we'd better not touch on that subject. ▭ (*fig.*) **battere** *sempre lo stesso* ~ to harp on the same thing all the time; ~ *di* **correzione** edit key; ~ **funzionale** (o *di funzione*) function key; (*fig.*) **toccare** *il* ~ *giusto* to strike the right note.

tastoni *avv.* gropingly, feeling one's way (*anche fig.*). ▭ **a** ~ gropingly; **camminare** ~ to grope (one's way).

tata *f.* (*fam.*) nanny.

tattica *f.* tactics *pl.* (costr. sing.).

tattico *a.* tactical (*anche fig.*).

tattile *a.* tactile.

tatto *m.* **1** touch: *riconoscere qc. al* ~ to recognize s.th. by (its) touch. **2** (*fig.*) tact. ▭ (*fig.*) **con** ~ (*agg.*) tactful; (*avv.*) tactfully: *agire con* ~ to behave tactfully; (*fig.*) **mancanza** *di* ~ tactlessness; (*fig.*) **senza** (o *privo di*) ~ tactless.

tatuaggio *m.* tattoo(ing).

tatuare *v.t.* to tattoo. **tatuarsi** *v.r.* to tattoo o.s.

taumaturgo *m.* thaumaturge.

taurino *a.* taurine, of a bull, bull- (*anche fig.*): *collo* ~ bull neck.

tauromachia *f.* bullfight, tauromachy.

tav. = *tavola* table.

tavella *f.* (*Edil.*) lath brick.

taverna *f.* (*osteria*) tavern, wine shop, pub.

tavola *f.* **1** (*asse*) plank, board: *un pavimento di tavole* a plank floor. **2** (*mobile*) table. **3** (*tabella*) table; (*indice di libro*) table of contents. **4** (*Arte*) (*quadro su legno*) tablet, panel (painting): ~ *votiva* votive tablet. **5** (*illustrazione*) figure; (*fuori testo*) plate. ▭ (*esclam.*) **a** ~*!* dinner's ready!; **alzarsi** *da* ~ to leave (*o* get up from) the table; **amare** *la buona* ~ to be a gourmet; **apparecchiare** *la* ~ to set the table; ~ **calda** snack-bar; **mettere** *in* ~ to put on the table: (*fig.*) *mettere le carte in* ~ to put one's cards on the table; **mettersi** *a* ~ to sit down at (the) table; ~ **pitagorica** multiplication table; **portare** *in* ~ to serve (up); ~ *da* **pranzo** dining(-room) table; ~ **rotonda** round table; (*fig.*) round table discussion (*o* conference).

tavolaccio *m.* plank-bed.

tavolata *f.* table(ful); (*cena di gruppo*) dinner party.

tavolato *m.* **1** (*rif. a pareti*) wainscot(ting), panelling. **2** (*tipo di pavimento*) plank floor.

tavoletta *f.* **1** (*assicella*) board, plank. **2** (*pezzo di sostanza alimentare*) bar: *una* ~ *di cioccolata* a chocolate bar. ▭ (*Aut.*) *andare a* ~ to press the accelerator to the floor; (*am.*) to step on the gas.

tavoliere *m.* **1** (*Geog.*) tableland, plateau. **2** (*scacchiera*) chessboard. **3** (*da biliardo*) billiard table.

tavolino *m.* **1** small table. **2** (*scrittoio*) desk, writing-table. **3** (*nei caffè*) (café-)table. ▭ **al** ~ in theory, (*fam.*) on paper; ~ *da* **notte** bedside table.

tavolo *m.* **1** table. **2** (*per studiare, scrivere e sim.*) desk: ~ *d'ufficio* office desk. ▭ ~ *da* **cucina** kitchen table; ~ *da* **disegno** drawing table (*o* desk); ~ *da* **lavoro** desk; (*tecn.*) work-bench; ~ *dei* **negoziati** negotiating table; ~ **operatorio** operating-table.

tavolozza *f.* (*Pitt.*) palette (*anche estens.*).

taxi *m.* taxi; (*am.*) cab.

tazza *f.* **1** cup. **2** (*quantità*) cup(ful): *bere una* ~ *di brodo* to drink a cup of broth. **3** (*vaso della latrina*) toilet bowl. ▭ ~ *da* **caffè** coffee-cup; ~ *da* **tè** teacup.

tazzina *f.* small cup.

Tb = (*Chim.*) *terbio* terbium.

TBC = *tubercolosi* tuberculosis.

Tc = (*Chim.*) *tecnezio* technetium.

TCI = *Touring Club Italiano* Italian Touring Club.

te *pron.pers. m./f.* **1** (*oggetto e preceduto da preposizione*) you: *ho chiamato* ~ *e non lui* I called you not him; *l'ho visto con* ~ I saw him with you; *non mi ricordo di* ~ I don't remember you; (*te stesso*) yourself: *devi decidere da* ~ you must decide by yourself. **2** (*soggetto: in espressioni esclamative*) you: *povero* ~*!* poor you!; (*in forme comparative*) you: *è alto quanto* ~ he's as tall as you (are). **3** (*compl. di termine*) you: ~ *l'ho detto io* I told you.

tè *m.* (*Bot.*) tea: *una tazza di* ~ a cup of tea; *l'ora del* ~ tea-time. ▭ **bustina** *di* ~ teabag; ~ *delle* **cinque** five-o'clock tea; *sala* **da** ~ tea-room; **prendere** *un* ~ to have a cup of tea; **servizio** *da* ~ tea-service.

Te = (*Chim.*) *tellurio* tellurium.

teatrale *a.* **1** theatrical, theatre-: *compagnia* ~ theatre (*o* theatrical) company. **2** (*fig.*) (*esagerato, artificioso*) theatrical, dramatic. ▭ *prima* ~ first night.

teatralità *f.* theatricalism.

teatrante *m.* (*fam. spreg.*) tub-thumper; ham.

teatrino *m.* **1** (*gioco per bambini*) toy theatre. **2** (*di marionette*) puppet theatre.

teatro *m.* **1** theatre; (*palcoscenico*) stage. **2** (*edificio*) theatre, playhouse. **3** (*spettacolo*) play, performance, theatre: *andare a* ~ to go to the theatre. **4** (*pubblico*) house, audience: *ricevere l'applauso di tutto il* ~ to be applauded by the entire house. **5** (*complesso di opere drammatiche*) theatre, plays *pl.*, drama: *il* ~ *greco* Greek drama. ▭ ~ *all'***aperto** open-air theatre; ~ **comico** comedy; **darsi** *al* ~ to dedicate o.s. to the theatre; (*fare l'attore*) to go on the stage; **di** ~ stage-, theatre-: *attore di* ~ stage actor; ~ **esaurito** full house; (*sui cartelloni*) sold out; ~ **lirico** (*edificio*) opera-house; (*genere*) opera; ~ **stabile** permanent (*o* civic) theatre.

teca *f.* **1** reliquary. **2** (*Anat.*) theca.

tecnezio *m.* (*Chim.*) technetium.

tecnica *f.* **1** (*pratica*) technique: ~ *della pittura* painting technique. **2** *tecnologia*) technics *pl.* (costr. sing *o* pl.). ▭ (*Inform.*) *tecniche informative* software.

tecnicismo *m.* technicality.
tecnico **I** *a.* technical: *termini tecnici* technical terms. **II** *s.m.* **1** technician: ~ *elettronico* electronics technician. **2** (*operaio specializzato*) technician, engineer: ~ *del suono* sound engineer.
tecnigrafo *m.* drafting machine.
tecnocrate *m.* technocrat.
tecnocratico *a.* technocratic.
tecnocrazia *f.* technocracy.
tecnologia *f.* technology.
tecnologico *a.* technological: *divario* ~ technological gap.
tedesco *a./s.m.* German.
tediare *v.t.* **1** (*infastidire*) to bother, to annoy. **2** (*annoiare*) to weary, to bore.
tedio *m.* **1** tediousness, boredom. **2** (*fastidio*) trouble, bother.
tedioso *a.* **1** (*fastidioso*) troublesome, tedious. **2** (*noioso*) boring, tedious.
tegame *m.* **1** (frying-)pan. **2** (*quantità*) pan(ful). □ *uova al* ~ fried eggs.
teglia *f.* baking-pan, baking tin.
tegola *f.* **1** (*Edil.*) tile. **2** (*fig.*) (*improvvisa disgrazia*) blow, bolt.
tegumento *m.* (*Anat., Bot.*) integument.
teiera *f.* teapot. □ *copri* ~ tea cosy.
teismo *m.* theism.
tel. = *telefono* telephone.
tela *f.* **1** cloth, fabric: *rilegatura in* ~ cloth binding. **2** (*tela da pittore*) canvas; *dipinto su* ~ painted on canvas; (*quadro su tela*) canvas, painting, picture. □ ~ *da* **camicie** shirting; ~ **cerata** oilcloth; (*rilegatura*) **in** ~ clothbound, cloth-; ~ *da* **lenzuola** sheeting; ~ *di* **lino** linen; ~ *di* **ragno** cobweb, spider's web.
telaio *m.* **1** (*Tessitura*) loom. **2** (*tecn.*) frame (*anche Pitt.*): ~ *di finestre* window-frame. **3** (*Aut.*) chassis (*pl. inv.*). **4** (*Edil.*) framework. **5** (*Tip.*) chase. □ ~ *della bicicletta* bicycle frame.
telato *a.* linen(-finish): *carta telata* linen paper.
teleabbonato *m.* (*TV*) television subscriber.
telecamera *f.* camera.
telecomandare *v.t.* (*El., Rad.*) to operate by remote control.
telecomandato *a.* remote control-, operated by remote control.
telecomando *m.* remote control.
telecomunicazioni *f.* telecommunications *pl.*
telecronaca *f.* (*TV*) television (*o* TV) report, telecast. □ *trasmettere in* ~ to telecast.
telecronista *m.* television (*o* TV) commentator.
telediffusione *f.* (*TV*) telecasting.
teleelaborazione *f.* (*Inform.*) teleprocessing.
telefax *m.* fax: *mandare per* ~ to fax.
teleferica *f.* cableway.
telefilm *m.* (*TV*) telefilm.
telefonare *v.t./i.* to telephone, to call (on the telephone), to ring* up (*a qd.* s.o.), (*fam.*) to phone. □ *ti telefonerò* I'll give you a ring (*am.* buzz).
telefonata *f.* (tele)phone call *o* ring. □ **fare** *una* ~ *a qd.* to phone (*o* call *o* ring up) s.o., to give s.o. a ring (*o* call) (*am.* buzz); ~ **interurbana** long-distance call; ~ *in* **teleselezione** direct-dial call; ~ **urbana** local call.
telefonia *f.* telephony.
telefonico *a.* telephone-, telephonic, (*fam.*) phone-. □ **cabina** *telefonica* telephone box, call box, phone booth, phone box; **elenco** ~ telephone book (*o* directory); **rete** *telefonica* telephone network.
telefonista *m./f.* (telephone) operator, switchboard operator.
telefono *m.* telephone, (*fam.*) phone. □ *essere* **al** ~ to be on the phone; ~ **amico** crisis center; *dare un* **colpo** *di* ~ *a qd.* to give s.o. a ring (*o* a buzz); *essere* **desiderato** *al* ~ to be wanted on (the) phone; ~ **duplex** party line; ~ *a* **gettone** coin-box (phone); ~ **interno** interphone; ~ *da* **muro** wall phone; **parlare** *per* ~ to talk on the phone; ~ **pubblico** public phone; **resti** *al* ~*!* hold the line!; **rispondere** *al* ~ to answer the phone; ~ *a* **tastiera** push-botton telephone.
telefoto *f.* telephoto(graph).
telefotografia *f.* telephotography.
telegenico *a.* (*TV*) telegenic.
telegiornale *m.* (*TV*) television news, (*fam.*) news.
telegrafare *v.t.* to telegraph, (*fam.*) to wire; to cable.
telegrafia *f.* telegraphy. □ ~ *senza fili* wireless telegraphy.
telegrafico *a.* **1** (*del telegrafo*) telegraph-, telegraphic: *filo* ~ telegraph wire; *palo* ~ telegraph pole (*o* post). **2** (*fig.*) (*conciso*) brief, concise.
telegrafista *m./f.* telegraph(ic) operator, telegraphist.
telegrafo *m.* **1** telegraph. **2** (*ufficio*) telegraph office. □ ~ *da* **campo** field telegraph; ~ *senza* **fili** wireless telegraph; **per** ~ by telegram (*o* cable).
telegramma *m.* telegram, (*fam.*) wire; (*via cavo*) cable. □ ~ *d'***auguri** greetings (*o* congratulatory) telegram; ~ *di* **condoglianze** telegram of sympathy (*o* condolences); ~ *per l'***estero** foreign telegram; ~ *per l'***interno** domestic telegram; ~ *con* **risposta** *pagata* reply-paid telegram.
teleguidare *v.t.* to operate by remote control.
teleguidato *a.* remote control: *missile* ~ remote control missile.
telematica *f.* telematics *pl.*
telenovela *f.* soap (opera).
teleobiettivo *m.* telephoto lens.
teleologia *f.* teleology.
teleologico *a.* teleological.
telepatia *f.* telepathy.
telepatico *a.* telepathic.
teleria *f.* linen and cotton goods. □ *negozio di* ~ draper's (shop).

telericevente *a.* television receiving.
teleromanzo *m.* TV serial.
teleschermo *m.* (television) screen.
telescopico *a.* telescopic(al), telescope-.
telescopio *m.* telescope.
telescrivente *f.* teletype. □ *trasmettere per* ~ to teletype.
teleselezione *f.* direct dialing (system).
telespettatore *m.* (tele)viewer.
teletrasmettere *v.t.* to televise, to telecast*.
teletrasmettitore *m.* teletransmitter.
teletrasmissione *f.* telecast, television programme.
teletrasmittente I *a.* of television broadcasting. **II** *s.f.* television (broadcasting) station.
televideo *m.* teletext.
televisione *f.* **1** television, (*fam.*) TV; (*apparecchio*) television set. **2** (*trasmissione televisiva*) television (programme): *guardare la* ~ to watch television. □ ~ *in* **bianco** *e nero* black and white television; ~ *via* **cavo** cable television; ~ *a* **circuito** *chiuso* closed circuit television; ~ *a* **colori** colour television; **trasmettere** *per* ~ to televise, to telecast; **vedere** *alla* ~ to see on television (*o* TV).
televisivo *a.* television-, (*fam.*) TV-.
televisore *m.* television (set), (*fam.*) TV, (*fam.*) telly.
telex *m.* telex. □ **servizio** ~ telex (service); **trasmettere** *via* ~ to telex.
tellina *f.* (*Gastr.*) clam.
tellurico *a.* (*Geol.*) telluric: *movimenti tellurici* telluric movements.
tellurio *m.* (*Chim.*) tellurium.
telo *m.* **1** length of cloth (*o* material *o* fabric): *lenzuolo a due teli* sheet made with two lengths of cloth. **2** (*pezzo di tela*) piece of cloth (*o* fabric *o* material). **3** (*Sartoria*) gore.
telone *m.* **1** large piece of canvas cloth. **2** (*copertone*) tarpaulin. **3** (*Teat.*) (*sipario*) curtain.
tema[1] *m.* **1** (*argomento*) theme, subject, topic. **2** (*Scol.*) (*componimento*) composition. **3** (*Ling.*) theme. **4** (*Mus.*) theme, motive, motif. □ ~ *d'***attualità** topical subject (*o* issue); (*scol.*) **fuori** ~ off the subject, digressing; **svolgere** *un* ~ to write a composition.
tema[2] *f.* (*lett.*) (*timore*) fear.
tematica *f.* (*Lett.*) (main) themes *pl.* □ *è un saggio dalla* ~ *complessa* it's an essay that covers complex and assorted themes.
tematico *a.* (*Ling., Mus., Lett.*) thematic.
temerarietà *f.* rashness, recklessness, temerity.
temerario *a.* rash, reckless, foolhardy.
temere I *v.t.* **1** (*avere timore di*) to fear, to be afraid of, to dread: *temo di scivolare* I'm afraid I'm going to slip. **2** (*rifuggire da*) not to stand*, to suffer from, to be affected by: *i vecchi temono il freddo* old people suffer from the cold. **II** *v.i.* to be worried (*o* anxious) (*per* about), to fear, to be afraid (for): ~ *per la salute di qd.* to be worried about s.o.'s health; *non* ~! don't worry! □ *teme il* **calore** keep cool; *non* ~ **confronti** not to fear competition: *un prodotto che non teme confronti* a product that does not fear competition; *non* ~ *le* **difficoltà** to be undaunted by difficulties; *temo di* **no** (o *temo di* **sì**) I'm afraid not (*o* I'm afraid so); *teme l'***umidità** keep dry.
temibile *a.* to be feared, fearful.
tempera *f.* **1** (*tecnica pittorica*) tempera; (*dipinto*) tempera painting. **2** (*nell'industria*) temper. □ **a** ~ distemper; **dipingere** *a* ~ to distemper.
temperamatite *m.* pencil-sharpener.
temperamento *m.* **1** (*indole*) temperament, disposition. **2** (*forza di carattere*) temperament, character. □ *differenze di* ~ temperamental differences.
temperanza *f.* moderation, temperance, restraint.
temperare *v.t.* **1** (*mitigare*) to mitigate, to temper. **2** (*fare la punta*) to sharpen. **3** (*Met.*) (*temprare*) to temper.
temperato *a.* **1** temperate. **2** (*moderato*) temperate, moderate: *essere* ~ *nel bere* to be a moderate drinker. **3** (*Mus.*) tempered.
temperatura *f.* temperature; (*punto critico*) point. □ **abbassamento** *di* ~ drop in temperature; ~ **ambiente** room temperature; ~ *di* **congelamento** freezing point; ~ **normale** standard temperature; (*Med.*) **prendere** *la* ~ *a qd.* to take s.o.'s temperature.
temperino *m.* penknife, pocketknife.
tempesta *f.* **1** storm. **2** (*fig.*) storm, turmoil. □ (*fig.*) *c'è* **aria** *di* ~ it looks as if a storm is brewing; *essere* **in** ~ to be stormy (*anche fig.*); ~ *di* **mare** sea-storm; ~ *di* **neve** snowstorm, blizzard; ~ *di* **sabbia** sandstorm.
tempestare I *v.t.* **1** (*investire, percuotere*) to batter, to storm, to rain (blows upon). **2** (*ornare fittamente*) to stud. **3** (*importunare*) to bombard: ~ *qd. di domande* to bombard s.o. with questions. **II** *v.i.impers.* to storm, to rage.
tempestato *a.* studded: *un braccialetto* ~ *di pietre preziose* a bracelet studded with precious stones.
tempestivamente *avv.* **1** (*al momento giusto*) at the right time. **2** (*in tempo*) in time.
tempestività *f.* timeliness.
tempestivo *a.* timely, well-timed.
tempestoso *a.* **1** stormy: *una notte tempestosa* a stormy night. **2** (*fig.*) stormy, wild.
tempia *f.* (*Anat.*) temple.
tempio *m.* temple (*anche fig.*).
tempo *m.* **1** time. **2** (*periodo, epoca*) time(s), day(s), age: *è passato il* ~ *della spensieratezza* the carefree days are over. **3** (*tempo atmosferico*) weather: *che* ~ *fa?* what's the weather like? **4** (*parte di spettacolo*) part: *fine del primo* ~ end of the first part. **5** (*fase*) stage, phase: *la spedizione sarà effettuata in due tempi* the expedition will be carried out in two phases. **6** (*Mus.*) (*misura, battuta*) beat, measure, bar; (*cadenza*

ritmica) time, tempo: *a ~ di valzer* in waltz time; (*parte di una composizione*) movement: *una sinfonia in quattro tempi* a symphony with four movements. **7** (*Gramm.*) tense: *il ~ futuro* the future (tense). **8** (*Sport*) (*ciascuna delle fasi del gioco*) half: *segnare un gol nel primo ~* to score a goal in the first half. **9** (*di motore*) stroke. **10** (*usato con valore di preposizione: entro*) in, within: *~ un'ora* in one hour's time. ☐ (*Mus.*) **a** ~ in time; **altri** *tempi!* those were the days!; *cose d'***altri** *tempi* old-fashioned things; *con l'***andare** *del ~* as time goes (*o* went) by; *il buon ~* **antico** the good old days; **battere** *il ~* to beat time; (*con le mani*) to clap time; *il ~ si mette al* **bello** it is clearing up; *per* **breve** ~ for a short time (*o* while); (*fig.*) *fare il* **buono** *e il brutto (o cattivo)* ~ to lord it, to do as one pleases; (*fam.*) *~ da* **cani** foul (*o* nasty, miserable) weather; **col** ~ in time; *con i tempi che* **corrono** in this day and age; **dare** *~ al ~* one must be patient; *a ~* **debito** at the right time; *poco ~* **dopo** a short while afterwards; *tempi* **duri** hard times; (*qualche*) ~ **fa** some time ago; *poco ~* **fa** a short time ago; (*Mus.*) *andare* **fuori** ~ to get out of time; *~ della* **giovinezza** youth; **guadagnare** ~ to gain time; (*tirare le cose in lungo*) to play for time; *~ di* **guerra** wartime; *arrivare* **in** ~ to arrive in time; *fare* **in** *~ a fare qc.* to have (enough) time to do s.th.; *non sei più* **in** ~ you're too late; ~ **libero** free (*o* leisure, spare) time; **metterci** ~ to take time; *ai* **miei** *tempi* in my time (*o* day); **molto** ~ plenty (*o* a lot) of time; (*in frasi negative e interrogative*) long, much time: *non ci vuole molto ~* it doesn't take long; **nel** *~ che* while; **nel** *~ di un mese* in a month's time, in a month; *~ di* **pace** peacetime; **passare** *il ~* to spend one's time; **per** ~ (*presto*) in time; (*di buon'ora*) early; **perdere** (*il*) ~ to waste (one's) time; *non c'è ~ da* **perdere** there's no time to lose; *un impiego a ~* **pieno** a full-time job; **poco** ~ little time, not long; *ho* **poco** ~ I haven't long (*o* much time); *per* **poco** ~ for a short time; **previsione** *del ~* weather-forecast; **prima** *del ~* early; *poco ~* **prima** a short time before; molto ~ **prima** a long time before; *nei* **primi** *tempi* at the beginning (*o* outset); *per* **qualche** ~ for some time, for a while; **quanto** *~?* how long?: *quanto ~ ci vuole?* how long does it take?; *è* **questione** *di ~* it's a matter of time; **senza** ~ timeless; *al ~* **stesso** at the same time; *a* **suo** ~ (*rif. al passato*) originally; (*rif. al futuro*) in due course (*o* time); (*al momento giusto*) when the time comes; *fare il* **suo** ~ (*rif. a persone*) to have had one's day; (*rif. a cose*) to be old-fashioned (*o* out-of-date); **tanto** ~ so long, such a long time; *da* **tanto** ~ for such a long time; *in questi* **ultimi** *tempi* lately; **un** ~ once; *in ~* **utile** in (good) time.

temporale[1] *a.* **1** (*Gramm.*) of time, temporal. **2** (*terreno*) worldly. ☐ **beni** *temporali* worldly goods; **potere** ~ temporal power.

temporale[2] *a.* (*Anat.*) temporal: *arteria ~* temporal artery.

temporale[3] *m.* (thunder)storm: *minaccia un ~* a storm is threatening.

temporalesco *a.* storm-, stormy.

temporaneo *a.* temporary.

temporeggiamento *m.* temporization.

temporeggiare *v.i.* to temporize.

tempra *f.* **1** (*tecn.*) (*atto*) tempering; (*effetto*) temper. **2** (*fig.*) (*costituzione fisica*) constitution; (*temperamento*) temperament, character.

temprare *v.t.* **1** (*tecn.*) to temper. **2** (*fig.*) (*rendere forte*) to strengthen, to toughen. **temprarsi** *v.r./i.pron.* to be strengthened, to grow* strong (*o* tougher).

tenace *a.* **1** (*adesivo*) adhesive; (*viscoso*) viscous, thick: *colla ~* thick glue. **2** (*fig.*) tenacious, resolute: *essere ~ nelle proprie opinioni* to be firm in one's views.

tenacia *f.* tenacity.

tenacità *f.* tenaciousness (*anche tecn.*).

tenaglia *f.* **1** pincers *pl.* **2** (*per denti*) (dental) forceps. **3** *pl.* (*pop.*) (*chele*) pincers *pl.*, claws *pl.* ☐ *a ~* pincerlike.

tenda *f.* **1** curtain: *tirare la ~* to draw the curtain. **2** (*Mil., Sport*) tent: *~ da campo* field tent. **3** (*protettiva*) awning. ☐ ~ **canadese** pup tent; *~ del* **circo** circus tent; **dormire** *sotto la ~* to sleep under canvas; **levare** *le tende* to break camp; (*fig.*) (*andarsene*) to pack up and go; (*Med.*) *~ a* **ossigeno** oxygen-tent; **piantare** *le tende* to pitch one's tent; (*fig.*) to settle down.

tendaggio *m.* hangings *pl.*, curtains *pl.*

tendenza *f.* **1** (*attitudine*) bent; (*inclinazione naturale*) inclination, tendency, leaning. **2** (*orientamento*) tendency, trend: *le ultime tendenze della letteratura* the latest trends in literature. ☐ (*Dir.*) *~ a* **delinquere** tendency to crime; *~ del* **mercato** market trend.

tendenziosità *f.* tendentiousness.

tendenzioso *a.* tendentious, biased.

tendere **I** *v.t.* **1** to stretch, to tighten: *~ un elastico* to stretch a rubber band. **2** (*porgere*) to hold* out: *~ le braccia a qd.* to hold out one's arms to s.o. **3** (*estens.*) (*preparare, predisporre*) to set*, to lay*, to prepare: *~ un'insidia a qd.* to set a trap for s.o. **II** *v.i.* **1** (*aspirare, mirare*) to aim (*a* at), to aspire (to). **2** (*propendere*) to be inclined (*a* to), to tend (towards, to): *tende a essere lunatico* he is inclined to be moody. **3** (*modificarsi verso una determinata condizione*) to get*, to become*: *il tempo tende al brutto* the weather is getting worse. **4** (*rif. a colori, sapori, odori*) to be on the... side, to be somewhat (*o* rather) ...: *questa pietanza tende al dolce* this dish is on the sweet side. ☐ *~ l'***arco** to draw a bow; (*Pol.*) *~ a* **destra** to lean to the Right; *~ la* **mano** (*per salutare*) to offer one's hand; (*per chiedere l'elemosina*) to

hold one's hand out; (*fig.*) (*aiutare*) to give a hand; (*fig.*) ~ *l'***orecchio** (*prestare attenzione*) to lend an ear.
tendina *f.* curtain.
tendine *m.* (*Anat.*) tendon.
tenditore *m.* (*Mecc.*) turnbuckle.
tendone *m.* **1** (*di negozi e sim.*) awning; (*di circo e sim.*) tent. **2** (*arredamento*) (large) curtain.
tendopoli *f.* camp, tent city.
tenebre *f.pl.* dark(ness) (*anche fig.*). □ *con il favore delle* ~ under the cover of darkness.
tenebroso *a.* **1** dark, dim, gloomy. **2** (*fig.*) (*misterioso*) dark, obscure.
tenente *m.* (*Mil.*) lieutenant. □ ~ **colonnello** lieutenant-colonel; ~ **generale** lietuenant -general; ~ *di* **vascello** lieutenant (senior grade).
tenenza *f.* (*Mil.*) lieutenancy.
teneramente *avv.* tenderly.
tenere I *v.t.* **1** to hold*: ~ *in mano un libro* to hold a book (in one's hand). **2** (*prendere*) to take*: *tieni!* take this! **3** (*mantenere, conservare, tenere in una determinata posizione o condizione*) to keep*: *tenga pure il resto* keep the change; ~ *fede alla parola data* to keep one's word; ~ *le mani in tasca* to keep one's hands in one's pockets. **4** (*portare*) to wear*, to keep*: ~ *la camicia sbottonata* to wear one's shirt open. **5** (*contenere*) to hold*: *il serbatoio tiene venticinque litri* the tank holds twenty-five litres. **6** (*non lasciar passare: rif. a liquidi e gas*) to hold* back, to keep* in (*o* out). **7** (*di veicolo*) to hold*: ~ *bene la strada* to hold the road well. **8** (*seguire una direzione*) to keep* to, to follow (*anche fig.*): ~ *la destra* to keep to the right; ~ *la stessa linea di condotta* to follow the same course of behaviour. **9** (*occupare*) to take* up: *l'autocarro teneva tutta la strada* the truck took up the whole road; (*occupare per serbare*) to keep*, to save: *se doveste arrivare prima, tenetemi il posto* should you get there first, save a place for me. **10** (*considerare*) to think*, to consider: *non lo tengono in nessun conto* they think very little of him. **II** *v.i.* **1** (*resistere*) to hold* out, to last; (*rif. a cose*) to hold*: *il catenaccio non tiene più* the chain doesn't hold any more. **2** (*rif. a recipienti*) to be sound (*o* leak-proof). **3** (*essere valido*) to hold* up, to be valid: *non c'è scusa che tenga* no excuse is valid. **4** (*parteggiare*) to back (up), to support: ~ *per* (o *da*) *qd.* to back s.o. up, to support s.o. **5** (*dare importanza*) to care (*a* about): *tiene molto al vestiario* she cares a lot about clothes. **tenersi** *v.r.* **1** (*reggersi*) to hold* (*a* on to): *tenersi agli appositi sostegni* to hold on to the straps. **2** (*mantenersi*) to keep*, to be: *tenersi pronto* to be ready. **3** (*seguire una determinata posizione*) to keep*, to stay: *tenersi lontano dalla costa* to keep away from the coast. **4** (*attenersi*) to follow (*a qc.* s.th.), to keep*, to stick* (to): *tenersi alle prescrizioni del medico* to follow the doctor's orders. **5** (*trattenersi*) to hold* o.s. back, to keep* o.s.: *non poteva tenersi dal ridere* he couldn't keep himself from laughing. □ ~ **a** (+ *inf.*) (*volere*) to want: *tengo a dichiarare che non sono d'accordo* I want to state that I don't agree; ~ **allegro** to keep happy; ~ *in* **ansia** to make anxious (*o* worried); (*fig.*) ~ **banco** to be the centre of attention; ~ *una* **carica** to hold office; ~ *una* **conferenza** to deliver a lecture; ~ *i* **conti** to keep the accounts; *tener* **conto** *di qc.* to take s.th. into consideration; ~ *a* **dieta** to keep to a diet; (*fig.*) ~ **duro** (*perseverare*) to stand fast; ~ *in* **equilibrio** to balance; (*fig.*) ~ *al* **fresco** to keep in the cooler; *tenersi in* **guardia** to keep on one's guard; ~ **informato** *qd.* to keep s.o. informed (*o* up-to-date); ~ **lontano** *qd.* to keep s.o. at a distance; ~ *le* **mani** *a posto* to keep one's hands to o.s.; (*Mar.*) ~ *il* **mare** to be seaworthy; ~ **presente** *qc.* to keep (*o* bear) s.th. in mind; (*fig.*) ~ *qd. in* **pugno** to have s.o. in the palm of one's hand; ~ *un* **segreto** to keep a secret; ~ *in* **sospeso** *qc.* to keep s.th. pending; ~ **testa** *a qd.* to stand up to s.o.
tenerezza *f.* tenderness (*anche fig.*); (*gesti teneri*) acts of tenderness.
tenero I *a.* **1** tender, soft: *carne tenera* tender meat. **2** (*rif. a colori: pallido*) soft, pale: *verde* ~ soft green. **3** (*fig.*) (*facile alla commozione*) soft, tender; (*affettuoso*) fond, loving, tender: *teneri sguardi* fond looks. **II** *s.m.* **1** (*parte tenera*) tender (*o* soft) part. **2** (*fig.*) (*affetto*) affection, tenderness. □ **c'è** *del tenero tra loro* there is a feeling of tenderness between the two of them; **essere** *di cuore* ~ to be soft-hearted; *fin dalla più tenera* **età** from the most tender years.
tenia *f.* (*Zool.*) taenia, tapeworm.
tennis *m.* tennis: *giocare al* ~ to play tennis. □ **da** ~ tennis-: *campo da* ~ tennis-court; ~ *su* **prato** lawn-tennis; ~ *da* **tavolo** table tennis.
tennista *m./f.* tennis-player.
tennistico *a.* tennis-.
tenore *m.* **1** (*tono*) tenor, substance. **2** (*Mus.*) tenor. □ ~ *di vita* standard of living.
tenorile *a.* tenor–: *voce* ~ tenor voice.
tensioattivo I *a.* surface-active. **II** *s.m.* surfactant.
tensione *f.* tension (*anche fig.*). □ (*El.*) *ad* **alta** ~ high-tension-; *a* **bassa** ~ low-tension- ~ **nervosa** (nervous) tension; ~ **sociale** social tension; (*El.*) *essere* (o *trovarsi*) **sotto** ~ to be live (*o* hot).
tentacolo *m.* tentacle.
tentare *v.t.* **1** to try, to attempt. **2** (*fig.*) (*cercare di corrompere*) to tempt. **3** (*fig.*) (*allettare*) to tempt, to allure. **4** (*mettere alla prova*) to try, to test, to prove: ~ *l'onestà di qd.* to test s.o.'s honesty. □ ~ *la* **fortuna** to try one's luck; *tentarle* **tutte** to leave no stone unturned.

tentativo *m.* attempt, try: *fare un* ~ to make an attempt, to have a try; ~ *di suicidio* suicide attempt.
tentatore *m.* tempter.
tentazione *f.* temptation. □ **avere** *la* ~ *di* to be tempted; **resistere** *alla* ~ to resist (*o* overcome) temptation.
tentennamento *m.* **1** shaking. **2** (*fig.*) hesitation, wavering: *dopo molti tentennamenti* after much hesitation.
tentennare *v.i.* **1** to be unsteady, to shake*. **2** (*fig.*) (*essere incerto*) to waver, to hesitate, to be undecided.
tentoni *avv.* gropingly (*anche fig.*). □ *camminare a* ~ to grope (*o* feel) one's way.
tenue I *a.* **1** (*pallido*) pale, light, soft: *un* ~ *rosa* a soft pink; (*debole*) faint, tenuous. **2** (*fig.*) (*esiguo*) tenuous, faint, slight: *una* ~ *speranza* a faint hope. **II** *s.m.* (*Anat.*) (*intestino tenue*) small intestine.
tenuità *f.* **1** (*sottigliezza*) thinness. **2** (*debolezza*) faintness, feebleness.
tenuta *f.* **1** (*capacità*) capacity: *il serbatoio ha una* ~ *di trenta litri* the tank has a thirty-litre capacity (*o* holds thirty litres). **2** (*guarnizione*) seal: ~ *a secco* dry seal. **3** (*possedimento rurale*) farm, estate; (*am.*) ranch. **4** (*divisa*) uniform, dress. **5** (*Aut.*) (*tenuta di strada*) road holding. □ (*tecn.*) **a** ~ *di* -tight, -proof: *a* ~ *d'acqua* watertight; *a* ~ *d'aria* airtight; (*Mil.*) **alta** ~ full dress (*o* uniform); ~ *di* **lavoro** working clothes *pl.*; ~ **stagna** watertight seal; *a* ~ **stagna** watertight.
tenutario *m.* (*di una casa chiusa*) manager of a brothel; (*di bische*) manager of a gambling-house.
tenuto *a.* (*obbligato*) held, obliged, bound. □ **essere** ~ *a fare qc.* to be obliged (*o* have a duty) to do s.th.; **siamo** *tenuti a rispondere* we must reply.
teocratico *a.* theocratic.
teocrazia *f.* theocracy.
teologale *a.* theological.
teologia *f.* theology: ~ *della liberazione* liberation theology.
teologico *a.* theological.
teologo *m.* theologian.
teorema *m.* theorem.
teoretico *a.* theoretical.
teoria *f.* **1** theory (*anche estens.*): *formulare una* ~ to formulate a theory; *in* ~ in theory. **2** idea, opinion, theory: *le tue teorie su quel problema sono interessanti* your ideas on that problem are interesting. **3** (*lett.*) procession; line: *una lunga* ~ *di auto* a long line of cars.
teorico I *a.* theoretic(al). **II** *s.m.* theorist, theoretician.
teorizzare *v.t.* to theorize.
teosofia *f.* theosophy.
teosofico *a.* theosophical.
teosofo *m.* theosopher.
tepore *m.* warmth (*anche fig.*).
teppa, **teppaglia** *f.* hooligans *pl.*, mob.
teppismo *m.* hooliganism; hoodlumism.
teppista *m.* hooligan, tearaway; hoodlum.
teppistico *a.* of a hooligan.
terapeutico *a.* therapeutic.
terapia *f.* therapy. □ ~ *di* **gruppo** group therapy; ~ **preventiva** preventive treatment, prophylaxis; ~ *del* **sonno** sleep cure; ~ *d'***urto** intensive treatment.
terapista *m./f.* therapist.
terbio *m.* (*Chim.*) terbium.
Teresa *N.pr.f.* Therese, Theresa.
tergicristallo *m.* (*Aut.*) windscreen-wiper.
tergiversare *v.i.* to prevaricate, to beat* about the bush.
tergiversazione *f.* prevarication, beating about the bush.
tergo *m.* (*lett.*) back. □ **a** ~ (*di dietro*) behind; **vedi** *a* ~ please turn over, P.T.O.
terital *m.* (*tessuto*) terylene.
termale *a.* thermal. □ *sorgente* ~ termal spring.
terme *f.pl.* **1** spa, watering place. **2** (*Archeologia*) baths *pl.*, thermae *pl.*
termico *a.* (*Fis.*) thermal: *resistenza termica* thermal resistance.
terminabile *a.* terminable.
terminale I *a.* **1** terminal: *stazione* ~ terminal (station), terminus. **2** (*rif. a malati*) terminal: *un malato* ~ a terminal patient. **II** *s.m.* **1** (*tecn.*) (*parte estrema*) terminal. **2** (*Inform.*) terminal: ~ *video* video terminal, display unit. **3** (*di aeroporto*) (air)-terminal.
terminare I *v.t.* to finish, to end, to conclude: ~ *la lettura di un libro* to finish reading a book; *terminò gli studi a diciotto anni* he concluded his studies at eighteen. **II** *v.i.* to end: *lo spettacolo termina a mezzanotte* the show ends at midnight; *il romanzo termina bene* the novel ends happily.
terminazione *f.* **1** (*estremità*) end, termination. **2** (*Ling.*) ending.
termine *m.* **1** (*confine, limite*) limit, border, bound(ary). **2** (*punto estremo*) end: ~ *della strada* the end of the road. **3** (*spazio di tempo*) time, (given) period, (*spesso non si traduce*): *il lavoro sarà eseguito nel* ~ *di un mese* the work will be done within (the period of) a month; (*giorno*) date of expiry. expiry (*o* final) date, term (day). **4** (*modo, condizione*) way, term: *le cose stanno in questi termini* things are this way (*o* like this). **5** (*meta, punto d'arrivo*) goal, aim. **6** (*elemento*) term, element: *i due termini di un paragone* the two terms of a comparison. **7** (*parola, vocabolo*) term, word. □ **a** ~ time-, term-: *contratto a* ~ time contract; **aver** ~ to end; *a* **breve** ~ short-term-: *prestito a breve* ~ short-term loan; (*Gramm.*) **complemento** *di* ~ indirect object; (*Comm.*) ~ *di* **consegna** delivery term (*o* date); *in tutta l'***estensione** *del* ~ in every sense of the word; **fissare** *un* ~ to set a term; *a* ~ **fisso** at a fixed time; ~ **improrogabile** dead-line;

in *altri termini* in other words; *a termini di* **legge** according to the law, by law; *a* **lungo** ~ long-term-; **mezzi** *termini* compromise *sing.*; *parlare senza* **mezzi** *termini* not to mince one's words; ~ *di* **pagamento** date of payment; **porre** ~ *a qc.* to put an end to s.th.; ~ *di* **preavviso** (period of) notice; **portare** *a* ~ *qc.* to bring s.th. to (a) conclusion; *nel* ~ **prescritto** within the prescribed term, by the appointed date; ~ *di* **presentazione** term (*o* dead-line) of presentation; ~ **ultimo** dead-line; **volgere** *al* ~ to draw to an end.

terminologia *f.* terminology.

termite *f.* (*Zool.*) termite.

termocoperta *f.* electric blanket.

termodinamica *f.* (*Fis.*) thermodynamics *pl.* (costr. sing. o pl.).

termodinamico *a.* (*Fis.*) thermodynamic(al).

termoelettricità *f.* (*Fis.*) thermoelectricity.

termoelettrico *a.* thermoelectric.

termoforo *m.* (electric) heating pad.

termoisolante *m.* heat insulator.

termometro *m.* thermometer: *il* ~ *segna zero* the thermometer reads zero.

termonucleare *a.* (*Fis.*) thermonuclear.

termoregolatore *m.* (*tecn.*) thermoregulator.

termoregolazione *f.* (*Biol.*) thermoregulation.

termos *m.* thermos, flask.

termosifone *m.* radiator. □ *riscaldamento a* ~ central heating.

termostatico *a.* thermostatic.

termostato *m.* thermostat.

terna *f.* **1** triplet, tern. **2** (*lista di tre nomi*) list (of three candidates).

ternario *a.* **1** (*di tre sillabe*) three-syllable-. **2** (*Chim., Min.*) ternary.

terno *m.* tern, set of three winning numbers. □ (*fig.*) *prendere* (o *vincere*) *un* ~ *al lotto* to hit the jackpot.

terra *f.* **1** (*pianeta*) earth. **2** (*in contrapposizione al mare, all'aria*) land: *una stretta lingua di* ~ a narrow point of land. **3** (*paese*) land, country: *nostalgia della* ~ *natale* homesickness for one's native land. **4** (*mondo, vita terrena*) earth, world. **5** (*sostanza naturale incoerente*) earth, soil: *un sacco di* ~ a bag of earth; (*argilla, creta*) clay; (*terriccio*) loam: *vasi in* ~ clay pots. **6** (*terreno coltivabile, campagna*) land, earth, soil: *arare la* ~ to plough the land; ~ *fertile* fertile soil; *i frutti della* ~ the fruits of the soil. **7** (*estens.*) (*suolo*) ground; (*pavimento*) floor: *dormire per* ~ to sleep on the floor. **8** (*possedimento rurale, fondo*) (piece of) land, estate. □ **a** ~ (*stato*) on the ground; (*moto*) to the ground: *buttare qd. a* ~ to knock s.o. to the ground; (*El.*) **collegare** *a* ~ to earth; (*fig.*) **essere** *a* ~ (*mal ridotto*) to be in bad shape; (*depresso*) to be in low spirits; (*finanziariamente rovinato*) to be broke; *avere una* **gomma** *a* ~ to have a flat tyre; (*El.*) **messa** *a* ~ earthing; ~ *di* **nessuno** no-man's-land; **per** *mare e per* ~ by land and by sea; (*fig.*) high and low; **per** ~: 1 (stato) on the ground; 2 (moto) (on) to the ground; *mettere* **piede** *a* ~ to set foot on the ground; (*fig.*) *stare coi* **piedi** *in* (o *sulla*) ~ to have one's feet on the ground; **raso** ~ grazing (*o* skimming over) the ground; *Terra* **Santa** Holy Land; **sotto** ~ underground; (*fig.*) ~ **terra** prosaic, pedestrian: *essere* ~ *terra* (*essere limitato intellettualmente*) to be prosaic (*o* pedestrian); **toccare** ~ (*Mar.*) (*approdare: rif. a persone*) to land, to go ashore; (*rif. a navi*) to come alongside; (*Aer.*) (*atterrare*) to land; (*Mar.*) ~ *in* **vista**! land ho!

terracotta *f.* terra-cotta: *statuine di* ~ terra-cotta statues, terra-cottas; *vasellame di* ~ earthenware.

terraferma *f.* **1** mainland, continent: *città di* ~ mainland town. **2** (*in contrapposizione al mare*) dry land.

terraglia *f.* (*Ceramica*) **1** pottery. **2** *pl.* (*oggetti*) earthenware.

terrapieno *m.* **1** embankment, bank: ~ *stradale* road embankment. **2** (*Mil.*) rampart.

terrazza *f.* **1** terrace (*anche Geol., Agr.*). **2** (*superficie scoperta all'ultimo piano*) roof garden; (*senza piante*) flat roof; (*am.*) roof terrace.

terrazzare *v.t.* to terrace.

terrazzino *m.* balcony.

terrazzo *m.* terrace.

terremotato I *a.* devasted (*o* hit) by an earthquake. **II** *s.m.* earthquake victim (*o* refugee).

terremoto *m.* **1** (*Geol.*) earthquake. **2** (*fig.*) (*persona irrequieta*) live wire. □ ~ **ondulatorio** undulatory quake; **scossa** *di* ~ earth tremor; ~ **sussultorio** sussultatory earthquake.

terreno[1] *a.* **1** earthly, worldly. **2** (*che è al livello del suolo*) ground(-floor): *piano* ~ ground floor.

terreno[2] *m.* **1** land, country, ground: ~ *montuoso* mountainous country (*o* land). **2** (*terra coltivabile*) land, earth, soil: *dissodare il* ~ to plough up the land. **3** (*fondo, podere*) (piece of) land, plot (of land), (real) estate. **4** (*zona*) ground, land, area: *perlustrare il* ~ to patrol the area. **5** (*campo di battaglia*) (battle)field. **6** (*fig.*) (*argomento*) field: *non posso seguirti su questo* ~ I can't keep up with you in that field. **7** (*Sport*) (sports) ground, (playing-)field; (*pista*) track. □ ~ **alluvionale** alluvial soil; ~ **argilloso** clayey (*o* loamy) soil; ~ *da* **costruzione** building plot; **dissodare** *il* ~ to till land; ~ **fabbricabile** building site (*o* ground); (*fig.*) **guadagnare** ~ to gain ground; ~ *da* **pascolo** pasture (land); **perdere** ~ to lose ground (*anche fig.*); (*Sport*) ~ **pesante** heavy track; (*fig.*) **preparare** *il* ~ to prepare the ground; **tastare** *il* ~ to sound the ground; (*fig.*) to put out feelers.

terreo *a.* ashen, wan, sallow.

terrestre I *a.* terrestrial, of the earth, earth's. **II** *s.m./f.* earthling, inhabitant of the Earth.

terribile *a.* **1** terrible, fearful, dreadful: *faceva un caldo* ~ the heat was terrible; (*straordi-*

nario) tremendous, great: *forza* ~ tremendous strength. **2** (*spietato*) pitiless, cruel, terrible.
terriccio *m.* soil, loam.
terrier *m.* (*Zool.*) terrier.
terriero *a.* landed: *proprietà terriera* landed property, estate. ▭ *proprietario* ~ landowner.
terrificante *a.* terrifying.
terrificare *v.t.* to terrify.
terrina *f.* **1** (*recipiente*) bowl. **2** (*Gastr.*) terrine.
territoriale *a.* territorial: *acque territoriali* territorial waters.
territorialità *f.* territoriality.
territorio *m.* territory.
terrore *m.* terror. ▭ **avere** ~ *di qc.* to be terrified of s.th.; **incutere** ~ *a qd.* to strike s.o. with terror; **pieno** *di* ~ terror-struck.
terrorismo *m.* terrorism.
terrorista *m./f.* terrorist, (*fam.*) bomber.
terroristico *a.* terroristic.
terrorizzare *v.t.* to terrorize.
terrorizzato *a.* terror-stricken, terror-struck.
terroso *a.* earthy.
terso *a.* **1** clean, clear, limpid. **2** (*fig.*) (*limpido, forbito*) terse.
terza *f.* **1** (*Scol.*) (*rif. alle scuole elementari*) third form (*o* class), (*am.*) third grade; (*rif. alle scuole medie*) third form (*o* class) (of middle school), (*am.*) ninth grade. **2** (*Aut.*) third (gear). **3** (*Mus.*) third.
terzetto *m.* **1** (*Mus.*) terzetto, (vocal) trio. **2** (*scherz.*) (*gruppo di tre persone o cose*) trio.
terziario I *a.* **1** (*Geol.*) Tertiary. **2** (*Med., Econ.*) tertiary. **II** *s.m.* **1** (*Geol.*) Tertiary (period). **2** (*settore economico*) service industries.
terziarizzazione *f.* (*neol.*) tertiarization.
terzina *f.* (*Metrica, Mus.*) triplet.
terzino *m.* (*Sport*) (full)back. ▭ ~ **destro** right-back; ~ **sinistro** left-back.
terzo I *a.* third. **II** *avv.* thirdly, third. **III** *s.m.* **1** (*ordinale*) third. **2** (*frazionario*) third (part). **3** (*terza persona*) third (person). **4** *pl.* (*altri*) third parties *pl.*, others *pl.* **5** (*Dir.*) third party; outsider. ▭ *per* **conto** *terzi* on behalf of third parties; *il* ~ **mondo** the third world; *roba di terz'***ordine** third-rate junk; (*Giorn.*) *la terza* **pagina** the literary page.
terzogenito *a./s.m.* third-born.
terzultimo *a./s.m.* last but two.
tesa *f.* brim: *cappello a larga* ~ wide -brim(med) hat.
tesaurizzazione *f.* (*Econ.*) hoarding.
teschio *m.* skull.
tesi *f.* thesis, dissertation. ▭ ~ *di* **dottorato** doctoral thesis; ~ *di* **laurea** degree thesis; (*fig.*) **sostenere** *una* ~ to uphold an idea.
tesina *f.* (*Univ.*) paper.
teso *a.* **1** taut, tight. **2** (*come riflesso di tensione psichica*) tense: *avere i nervi tesi* to have tense nerves. **3** (*proteso*) outstretched, stretched (*o* held) out, out: *con la mano tesa* holding one's hand out. ▭ *con gli orecchi tesi* with ears pricked up; (*rif. ad animali*) with cocked ears.
tesoreria *f.* treasury, treasure house.
tesoriere *m.* treasurer.
tesoro *m.* **1** treasure; treasury. **2** (*luogo in cui vengono conservati oggetti preziosi*) treasure; (*in una banca*) vault. **3** (*erario pubblico*) treasury. **4** (*fig.*) (*cose preziose*) treasure; resources: *tesori artistici* art treasure. **5** (*persona amata*) treasure, jewel; (*fam.*) sweetheart; (*fam. am.*) sweetie pie; honey. **6** (*opera enciclopedica*) thesaurus. ▭ (*Econ.*) **buono** *del* ~: 1 (*a breve termine*) Treasury bill; 2 (*a lungo termine*) Exchequer stock; **far** ~ *di qc.* to treasure s.th. up; *il* **ministero** *del* ~ the Exchequer; **valere** *un* ~ to be worth a fortune.
tessera *f.* **1** (*cartoncino*) card: ~ *di socio* membership card. **2** (*documento d'identità*) identity card, (*fam.*) I.D. card; (*lasciapassare*) pass: ~ *di giornalista* press pass (*o* card). **3** (*nei mosaici*) tessera (*pl.* tesserae). ▭ (*Ferr.*) ~ *d'***abbonamento** season-ticket, (*am.*) commutation ticket; ~ *del* **partito** party (membership) card.
tesseramento *m.* **1** (*iscrizione*) enrolment. **2** (*razionamento*) rationing.
tesserare *v.t.* **1** to give* a (memhership) card to; (*rif. a partiti*) to give* a (party) card to. **2** (*assoggettare a razionamento*) to ration.
tesserato I *a.* **1** having a membership card; (*iscritto al partito*) holding the party card. **2** (*razionato*) rationed. **II** *s.m.* member.
tessere *v.t.* to weave*. ▭ ~ **congiure** to weave plots; ~ *le* **lodi** *di qd.* to sing s.o.'s praises; *il* **ragno** *tesse la sua tela* the spider spins its web.
tesserino *m.* **1** (*documento d'identità*) identity card. **2** (*rif. ad associazioni*) membership card.
tessile I *a.* textile. **II** *s.m.* **1** (*operaio*) textile worker. **2** *pl.* (*collett.*) (*prodotti tessili*) textiles *pl.*
tessitore *m.* weaver.
tessitura *f.* **1** weaving. **2** (*stabilimento*) weaving factory (*o* mill). **3** (*fig.*) (*trama, intreccio*) plot.
tessuto *m.* **1** cloth, fabric, material: ~ *di seta* silk (material). **2** *pl.* (*collett.*) textiles *pl.*, fabrics *pl.*, soft goods *pl.* **3** (*fig.*) (*intreccio*) tissue, web; (*trama*) plot. **4** (*Biol., Anat.*) tissue: ~ *connettivo* connective tissue; ~ *muscolare* muscolar tissue. ▭ ~ **acrilico** acrylic material; ~ *per* **fodere** lining fabric; ~ **misto** union; **negozio** *di tessuti* draper's shop; (*fig.*) ~ **sociale** social fabric.
test *ingl. m.* test: ~ *attitudinale* aptitude test. ▭ (*Med.*) ~ *di* **gravidanza** pregnancy test; ~ *d'***intelligenza** intelligence test; ~ *a* **scelte** *multiple* multiple choice test.
testa *f.* **1** head (*anche estens.*). **2** (*fig.*) (*mente, cervello*) head, mind, brain: *lavoro di* ~ brain work; (*riflessione*) thought, thinking:

fare le cose senza ~ to act without thinking. **3** (*estremità di un oggetto*) head, end: *la* ~ *di un chiodo* the head of a nail, the nail head. **4** (*parte anteriore*) head, front: *in* ~ *al treno* at the front of the train. □ **a** ~ each, per head, a head: *il prezzo è di mille lire a* ~ the price is one thousand lire each; *essere* **alla** ~ *di un movimento* to be at the head of a movement; (*fig.*) *a* ~ **alta** with one's head held high; (*fig.*) *a* ~ **bassa** with bowed head, crestfallen; (*fam.*) *non sapere dove* **battere** *la* ~ not to know which way to turn; (*Mot.*) **battere** *in* ~ to knock; (*fig.*) ~ **calda** hothead; (*fig.*) **colpo** *di* ~ rash action; ~ *o* **croce** (*gioco*) heads or tails; (*fig.*) **dare** *alla* ~ to go to one's head; *un vino che dà alla* ~ a heady wine; **di** ~ leading: *gruppo di* ~ leading group; (*Sport*) *segnare* **di** ~ to head it into the goal; (*fam.*) ~ **dura** (*persona testarda*) obstinate (*o* stubborn) person; *avere la* ~ **dura** to be obstinate (*o* stubborn); **entrare** *in* ~ to understand (costr. pers.); to keep in mind: *questa dimostrazione non mi entra in testa* I can't understand this demonstration; **fare** *di* ~ *propria* to do as one chooses; (*fig.*) *far* **girare** *la* ~ *a qd.* (*fare innamorare*) to make s.o. lose his head (for one); (*fig.*) *avere qc.* **in** ~ to have s.th. in mind, to intend; (*fig.*) *essere* **in** ~ to be in the lead, to lead: *era in* ~ *al corteo* he was leading the parade; (*fam.*) ~ *di* **legno** (*persona sciocca*) blockhead; (*persona cocciuta*) stubborn person; **levare** *qc. di* ~ *a qd.* to get s.th. out of s.o.'s head; **mal** *di* ~ headache; (*fig.*) **mettere** *qc. in* ~ *a qd.* to put s.th. into s.o.'s head; (*fig.*) **mettersi** *alla* ~ *di* to place o.s. at the head of; **nascondere** *la* ~ *nella sabbia* to bury one's head in the sand; (*fig.*) *avere la* ~ *fra le* **nuvole** to have one's head in the clouds; (*fig.*) *vivere con la* ~ *fra le* **nuvole** to be a daydreamer; (*fig.*) *fare una* ~ *come un* **pallone** *a qd.* (*stordirlo*) to talk s.o.'s head off; (*fig.*) **passare** *per la* ~ to come into one's head (*o* mind); (*fig.*) **perdere** *la* ~ to loose one's head; *sentirsi la* ~ **pesante** to feel heavy-headed; *dalla* ~ *ai* **piedi** from head to toe; *avere la* ~ *a* **posto** to be clear-headed; (*fig.*) *essere una* ~ *di* **rapa** to be a blockhead; (*fig.*) **rompersi** *la* ~ to rack one's brains; *a* ~ **scoperta** bare-headed; (*fig.*) *tagliare la* ~ *al* **toro** to settle the matter once and for all; (*fam.*) ~ **vuota** (*persona sventata*) empty-headed person.

testa-coda *m.* (*Aut.*) about-turn, (*am.*) about-face: *fare un* ~ to do an about-turn.

testamentario *a.* testamentary.

testamento *m.* will, (will and) testament: *fare* ~ to make one's will. □ **ereditare** *per* ~ to inherit under a will; (*Dir.*) **lasciare** *qc. per* ~ *a qd.* to bequeath s.th. to s.o., to leave s.th. to s.o. by (*o* in one's) will; (*Bibl.*) **Nuovo** (o *Vecchio*) *Testamento* New (*o* Old) Testament; **scrivere** *il* ~ to write one's will.

testardaggine *f.* obstinacy, stubbornness.

testardo **I** *a.* obstinate, stubborn, headstrong: ~ *come un mulo* as stubborn as a mule. **II** *s.m.* obstinate (*o* stubborn) person.

testare[1] *v.i.* (*Dir.*) to make* one's will.

testare[2] *v.t.* (*Marketing*) to test.

testata *f.* **1** (*colpo*) blow with the head. **2** (*parte anteriore*) head: ~ *del letto* bedhead. □ ~ *del* **giornale** newspaper heading; (*estens.*) newspaper; ~ **nucleare** nuclear warhead.

teste *m./f.* (*Dir.*) witness.

testè *avv.* (*lett.*) just now.

testicolo *m.* (*Anat.*) testicle.

testiera *f.* **1** (*finimento del cavallo*) headstall. **2** (*testata di letto*) bedhead.

testimone *m./f.* witness (*anche Dir.*): *fare da* ~ *a qd.* to act as witness for s.o.; *chiamare qd. a* ~ to call s.o. to witness. □ ~ *a* **carico** witness for the prosecution; ~ *a* **discarico** witness for the defence; *testimoni di* **Geova** Jehovah's Witnesses; *essere* ~ *di* **nozze** to be the best man at s.o.'s wedding; ~ **oculare** eyewitness.

testimoniale *a.* (*Dir.*) testimonial, of a witness.

testimonianza *f.* **1** testimony, evidence; (*deposizione*) testimony, deposition. **2** (*estens.*) (*attestato, prova*) evidence, token: *a* (o *in*) ~ *della mia stima* as a token of my esteem. □ **dire** (o *fare*) *falsa* ~ to give false testimony; **rendere** (o *fare*) ~ *di qc.* to testify (*o* bear witness) to s.th.

testimoniare **I** *v.t.* **1** to testify, to give* testimony: ~ *il falso* to give false testimony. **2** (*fig.*) to testify, to be evidence of. **II** *v.i.* to testify, to bear* witness. □ *essere chiamato a* ~ to be called to (*o* as a) witness.

testina *f.* **1** (*Gastr.*) calf's head. **2** (*Inform.*) head: ~ *di lettura* read head; ~ *di scrittura* write head; ~ *stampante* print head. □ ~ *del* **giradischi** head; ~ **magnetica** magnetic head.

testo *m.* **1** text. **2** (*opera*) work: *i testi classici* classical works, the classics. **3** (*Scol.*) (*libro*) (text-)book: ~ *di storia* history book. □ **fare** ~ (*rif. a persone*) to be an authority; (*rif. a un'opera*) to be the standard work; *traduzione con* ~ *a* **fronte** translation with original text on opposite page; (*Edit.*) **tavole** *fuori* ~ plates *pl.*; ~ **pubblicitario** advertising copy.

testone *m.* **1** (*persona ostinata*) obstinate (*o* stubborn) person. **2** (*fig.*) (*persona stupida*) block-head, dolt.

testuale *a.* **1** textual. **2** (*preciso, fedele*) exact, precise, very: *mi disse queste testuali parole* these were his precise (*o* very) words.

testualmente *avv.* literally.

testuggine *f.* (*Zool.*) tortoise; (*tartaruga marina*) turtle.

tetano *m.* (*Med.*) tetanus.

tetraedro *m.* (*Geom.*) tetrahedron.

tetraggine *f.* gloom.

tetragono **I** *a.* **1** (*Geom.*) tetragonal. **2** (*fig.*) (*irremovibile*) steadfast, firm, unshakable. **II**

s.m. (*Geom.*) tetragon, quadrangle.
tetrapack *m.* cardboard container.
tetro *a.* gloomy, dismal.
tettarella *f.* **1** teat. **2** (*estens.*) (*succhiotto*) dummy; (*am.*) pacifier.
tetto *m.* roof (*anche estens.*): *essere senza* ~ to be without a roof over one's head, to be homeless. ▭ (*Aut.*) ~ **apribile** sun roof; ~ *a* **mansarda** mansard roof; (*Aut.*) ~ **scorrevole** sliding roof.
tettoia *f.* **1** roof(ing), cover; (*tetto sporgente sopra porte e sim.*) canopy, porch roof. **2** (*tettoia di stazione*) platform roofing.
tettonica *f.pl.* tectonics (costr. sing.).
tettuccio *m.* (*Aer.*) canopy.
teutone *m.* (*Stor.*) Teuton.
teutonico *a.* teutonic.
Tevere *N.pr.m.* (*Geog.*) Tiber.
TG = *Telegiornale* Television News.
Th = (*Chim.*) *torio* thorium.
thermos *m.* thermos (flask).
ti *pron.pers.* **1** (*te: compl. oggetto*) you: ~ *vedo* I see you. **2** (*a te: compl. di termine*) (to) you: *cosa* ~ *ha detto?* what did he say to you? **3** (*riflessivo*) yourself, (*spesso non si traduce*): ~ *sei lavato?* have you washed (yourself)?
Ti = (*Chim.*) *titanio* titanium.
tibia *f.* (*Anat.*) tibia, shin-bone.
tic I *intz. onom.* click. **II** *s.m.* **1** click. **2** (*Psic.*) (*anche tic nervoso*) tic.
ticchettare *v.i.* to click; (*rif. a orologi e sim.*) to tick; (*rif. a macchine per scrivere*) to tap; (*rif. alla pioggia*) to patter.
ticchettio *m.* clicking; (*rif. a orologi e sim.*) ticking; (*rif. a macchine per scrivere*) tapping; (*rif. alla pioggia*) pit-a-pat (*o* pitter-patter).
ticchio *m.* **1** (*capriccio*) whim, fancy. **2** (*tic nervoso*) tic.
ticket *m.* **1** (*rif. a farmaci*) prescription charge. **2** (*per mensa*) luncheon voucher.
tictac *m.* tick-tack; (*rif. a orologi*) tick-tock. ▭ *fare* ~ to tick-tack; (*rif. a orologi*) to tick-tock, to tick.
tiepidezza *f.* lukewarmness, tepidness.
tiepido *a.* lukewarm, tepid (*anche fig.*).
tifare *v.i.* **1** to be a fan of (s.o., s.th.). **2** (*estens.*) (*parteggiare*) to side (with).
tifo *m.* **1** (*Med.*) typhus fever. **2** (*fam.*) (*entusiasmo fanatico*) (wild) enthusiasm. ▭ (*fam.*) *fare il* ~ *per qd.* to be s.o.'s fan.
tifone *m.* (*Meteor.*) typhoon.
tifoso I *a.* **1** (*Med.*) suffering from typhus. **2** (*fam.*) (*fanatico*) enthusiastic, fanatic(al): *essere* ~ *di un cantante* to be fanatic about a singer. **II** *s.m.* **1** (*Med.*) sufferer from typhus. **2** (*acceso sostenitore*) fan: *un* ~ *del calcio* a football fan.
tiglio *m.* **1** (*Bot.*) lime(tree). **2** (*infuso*) lime tea.
tigna *f.* (*Med., Veterinaria*) tinea, ringworm.
tignola *f.* (*Zool.*) moth.
tignoso *a.* **1** (*Med.*) affected with ringworm. **2** (*avaro*) mean, stingy.
tigrato *a.* striped, streaked. ▭ *gatto* ~ tabby (cat).
tigre *f.* (*Zool.*) tiger (*f.* tigress). ▭ ~ *di carta* paper tiger.
tigrotto *m.* (*Zool.*) tiger cub.
tilde *m./f.* (*Fonetica, Tip.*) tilde.
timballo *m.* **1** (*Gastr.*) timbale; (*in crosta*) pie. **2** (*Mus.*) timbal, kettledrum.
timbrare *v.t.* to stamp; (*rif. a francobolli*) to postmark.
timbratura *f.* stamping; (*Poste*) postmarking.
timbro *m.* **1** (rubber-)stamp. **2** (*Mus., Acustica*) timbre, tone-colour. ▭ **mettere** *il* ~ to stamp; ~ **postale** postmark; ~ *a* **secco** embossing stamp.
timidezza *f.* **1** timidity. **2** (*comportamento timido*) shyness, bashfulness. ▭ *con* ~ shyly.
timido *a.* **1** shy, bashful: *è troppo timida per parlare* she's fàr too shy to speak; *un* ~ *sorriso* a bashful smile. **2** (*timoroso*) timid.
timo[1] *m.* (*Anat.*) thymus.
timo[2] *m.* (*Bot.*) thyme.
timone *m.* **1** (*Mar.*) rudder, helm. **2** (*Aer.*) rudder. **3** (*nei carri*) shaft; (*nell'aratro*) beam. ▭ (*fig.*) **essere** *al* ~ *dello stato* to govern (*o* lead) the nation; **prendere** *il* ~ to take the helm (*anche fig.*).
timoniere *m.* **1** (*Mar.*) helmsman (*pl.* –men), steersman (*pl.* –men). **2** (*Sport*) cox(swain).
timorato *a.* conscientious, scrupulous. ▭ ~ *di Dio* God-fearing.
timore *m.* **1** fear, dread. **2** (*preoccupazione*) worry, fear. **3** (*soggezione, rispetto*) awe: *avere* ~ *di qd.* to be in awe of s.o. ▭ *timor di* **Dio** fear of God; *senza timor di* **Dio** godless; **per** ~ *che* for fear that, lest: *per* ~ *di scivolare mi sono aggrappata alla ringhiera* I had to grab the ironrail lest I slipped off; **per** ~ *di* for fear of; ~ **reverenziale** reverential fear, awe; **senza** ~ fearless.
timoroso *a.* **1** fearful, timid. **2** (*preoccupato*) worried, afraid.
timpano *m.* **1** (*Mus.*) kettledrum. **2** (*Anat.*) tympanum, eardrum. **3** (*Arch.*) tympanum. ▭ (*fam.*) *essere* **duro** *di timpani* to be hard of hearing; (*fam.*) **rompere** *i timpani a qd.* to deafen s.o.; *un* **sibilo** *che rompe i timpani* an ear-splitting whistle.
tinca *f.* (*Zool.*) tench.
tinello *m.* (small) dining-room.
tingere *v.t.* **1** to dye. **2** (*macchiare*) to stain, to spot. **tingersi I** *v.r.* **1** to dye (o.s.): *tingersi i capelli* to dye one's hair; (*dipingersi*) to paint (o.s.). **2** (*macchiarsi*) to stain (o.s.), to spot (o.s.). **II** *v.i.pron.* (*colorarsi*) to turn, to grow*.
tino *m.* vat, tub.
tinozza *f.* **1** tub. **2** (*per il bucato*) (wash-)tub.
tinta *f.* **1** (*colore*) colour: *in tutte le tinte* in all colours; (*sfumatura*) shade. **2** (*materia colorante*) dye; (*per muri e sim.*) paint: *dare una mano di* ~ to put on a coat of paint. **3** (*fig.*) colour: *descrivere qc. a fosche tinte* to paint s.th. in dark colours. ▭ (*fig.*) **calcare**

le tinte to exaggerate; *dramma a* **forti** *tinte* sensational play, melodrama; **mezza** ~ half -tone, half-shade.

tintarella *f.* (*fam.*) (sun-)tan. ▭ *prendere la* ~ to get (sun-)tanned.

tinteggiare *v.t.* to paint; (*imbiancare*) to whitewash.

tinteggiatura *f.* painting; (*imbiancatura*) whitewashing.

tintinnare *v.i.* to tinkle, to jingle.

tintinnio *m.* tinkling, jingling.

tinto *a.* **1** dyed; (*pitturato*) painted. **2** (*macchiato*) stained. **3** (*colorato leggermente*) tinged. **4** (*imbellettato*) painted.

tintore *m.* **1** dyer. **2** (*chi lava a secco*) (dry-)cleaner.

tintoria *f.* **1** (*laboratorio*) dye-works *pl.* **2** (*negozio per il lavaggio a secco*) dry-cleaner's (shop), cleaner's (shop).

tintura *f.* **1** (*atto*) dyeing. **2** (*soluzione colorante*) dye. **3** (*Farm., Chim.*) tincture: ~ *di iodio* (tincture of) iodine.

tipaccio *m.* scoundrel, rogue.

tipico *a.* typical. ▭ *è* ~ *di tuo fratello!* that's your brother all over!

tipo I *s.m.* **1** (*genere*) type, kind, sort: *merce d'ogni* ~ goods of every kind. **2** (*modello, esemplare*) type, model, specimen. **3** (*forma esemplare, razza*) type (*anche fig.*). **4** (*fam.*) (*un tale*) fellow, chap; (*am.*) guy. **5** (*Tip.*) type. **II** *a.* **1** (*tecn.*) standard: *impianto* ~ standard installation. **2** (*Statistica*) typical. **3** (*fatto a imitazione di qc.*) -type, imitation: *pelle* ~ *camoscio* chamois-type leather, imitation chamois leather. ▭ *sei un* **bel** ~*!* you're a fine one!; **essere** *un* ~ (*essere originale*) to be a character; *di* **nuovo** ~ of a new kind; *quella* **ragazza** *è un* ~ that girl has plenty of pep; **sul** ~ *di* (*simile a*) like.

tipografia *f.* **1** typography. **2** (*stabilimento*) printing plant (*o* works *pl.*).

tipografico *a.* typographic(al). ▭ (*fam.*) *errore* ~ typo.

tipografo *m.* typographer; (*compositore*) type -setter.

tipologia *f.* tipology.

TIR = (*fr. Transports Internationaux Routiers*) *Trasporti Internazionali su Strada* International Road Transport.

tiraggio *m.* (*tecn.*) draught.

tiranneggiare *v.t./i.* to tyrannize (*anche estens.*).

tirannia *f.* tyranny.

tirannicida *a.* tyrannicide.

tirannicidio *m.* tyrannicide.

tirannico *a.* tyrannical.

tirannide *f.* tyranny.

tiranno *m.* tyrant.

tirante *m.* **1** tie. **2** (*per calzature*) pull strap. **3** (*Edil.*) tie-beam.

tirapiedi *m.* (*fam. spreg.*) hanger-on, minion.

tirare I *v.t.* **1** to pull, to draw*; (*trascinare*) to drag; (*con forza, con uno strattone*) to tug: ~ *qd. per i capelli* to pull s.o. by the hair; ~ *un carretto* to pull a cart; ~ *la tenda* to draw the curtain. **2** (*tracciare*) to draw*: ~ *una linea* to draw a line. **3** (*scagliare*) to throw*, to hurl, to cast*: ~ *sassi* to throw stones; (*assestare*) to give* (*o si deve ricorrere ad espressioni idiomatiche*): ~ *un calcio a qd.* to give s.o. a kick. **4** (*stampare*) to print; (*duplicare, spec. con fotocopiatrice*) to run* off: ~ *mille copie di un libro* to print a thousand copies of a book. **5** (*attirare*) to draw*, to attract. **II** *v.i.* **1** to draw*: *la stufa non tira bene* the stove does not draw well. **2** (*rif. a vento e sim.: soffiare*) to blow*. **3** (*rif. a indumenti e sim.: stringere*) to be (too) tight. **4** (*far fuoco*) to shoot*, to fire: ~ *con il fucile* to shoot with a rifle. **5** (*Sport*) (*effettuare un tiro*) to shoot*: ~ *a* (*o in*) *rete* to shoot a goal; (*nella scherma*) to fence. **6** (*fig.*) (*mirare, tendere*) to aim (*a* to), to be after (s.th.): *tira ai soldi* he is after the money; (*rif. a colori*) to border (*a* on), to verge (*a* on) (*o si deve ricorrere ad espressioni idiomatiche*): *blu che tira al verde* blue verging on green, greenish blue. **7** (*risparmiare*) to economize, to save. **8** (*rif. ad armi*) to have a range. **tirarsi** *v.r.* to draw* (o.s.); to pull (o.s.); to move: *tirarsi in disparte* to draw aside. ▭ *tirarsi* **addosso** *le critiche di tutti* to make o.s. the object of everyone's criticism; (*fig.*) *tira* **aria** *di tempesta* there's a storm brewing; ~ **avanti** (*proseguire il cammino*) to go on; (*fig.*) (*campare*) to keep going; ~ **avanti** *con poco* to scrape up a living; *come va? – si tira* **avanti** how are you? – getting along all right; ~ *in* **ballo** *qd.* to drag s.o. in; (*fam.*) ~ *a* **campare** to keep going somehow; (*fig.*) ~ *la* **carretta** to work hard; to drudge; (*fig.*) ~ *la* **cinghia** to tighten one's belt; ~ *il* **collo** *a un pollo* to wring a chicken's neck; (*pop.*) ~ *le* **cuoia** to kick the bucket; ~ **dritto** to keep right on; (*fig.*) (*tendere alla meta prefissa*) to head straight for one's goal; (*fig.*) ~ *il* **fiato** to draw breath; ~ *una* **fucilata** to fire a shot; ~ **fuori** (*estrarre*) to draw (out), to pull (out), to produce; ~ **giù** (*calare, abbassare*) to lower, to let (*o* bring) down: ~ *giù il sipario* to lower the curtain: (*buttare in basso*) to throw down; *tirarsi* **indietro** to draw back (*anche fig.*); ~ *a* **indovinare** to take a (wild) guess; (*fig.*) ~ **innanzi** to go one's own way; (*vivacchiare*) to keep going; ~ *a* **lucido** to polish; (*fig.*) ~ *qc. in* **lungo** to take a long time over s.th.; (*indugiare*) to delay s.th.; (*fig. fam.*) *tira e* **molla** shilly-shallying; ~ *qd.* **per** *la manica* to tug at s.o.'s sleeve; ~ *sul* **prezzo** to bargain; ~ *un* **respiro** *di sollievo* to give a sigh of relief; ~ *le* **reti** to haul in the nets; ~ *le* **somme** to add up; (*fig.*) to come to a conclusion; ~ *a* **sorte** to draw lots; ~ **su** to pull up; (*sollevare*) to lift up; (*fam.*) (*allevare*) to bring up, to raise; *tirarsi* **su**: 1 (*alzarsi*) to get up; 2 (*fig.*) (*riaversi*) to get on one's feet again, (*fam.*) to pick up; ~ **via**

to take (*o* pull) away; (*fig.*) (*fare senza impegno*) to rush, to botch.

tirassegno *m.* target-shooting; (*luogo*) shooting-range.

tirata *f.* **1** pull, tug. **2** (*azione compiuta senza interruzione*) go: *abbiamo fatto tutto il lavoro in una* ~ we did all the work in one go. **3** (*invettiva*) tirade. ▭ **dare** *una* ~ *a qc.* to give s.th. a tug; ~ *d'***orecchi** ear-pulling.

tirato *a.* **1** (*teso*) taut, tight. **2** (*avaro*) stingy, tight. ▭ ~ *a* **lucido** shining; (*fam.*) (*elegante*) smart; **sorriso** ~ forced smile; *un lavoro* ~ **via** a botch (up).

tiratore *m.* shot: ~ *scelto* marksman (*pl.* –men), sharpshooter. ▭ (*Mil., Parl.*) *franco* ~ sniper.

tiratura *f.* (*Tip.*) printing; (*numero di copie*) run; (*estens.*) edition; (*rif. a giornali*) circulation: *la prima* ~ *è esaurita* the first edition is out of print. ▭ ~ *di bozze* proof-pulling.

tirchieria *f.* stinginess, tight-fistedness.

tirchio I *a.* stingy, tight(-fisted). **II** *s.m.* miser.

tiremmolla *m.* (*fam.*) **1** hesitation, indecision, (*fam.*) shilly-shally(ing). **2** (*persona incostante*) inconsistent person.

tiretto *m.* (*region.*) drawer.

tiritera *f.* rigmarole.

tiro *m.* **1** (*trazione*) draught. **2** (*animali che tirano un veicolo*) team; (*carrozza*) coach, carriage: ~ *a quattro* coach and four. **3** (*rif. alle armi da lancio*) shooting; (*colpo, sparo*) shot. **4** (*estens.*) (*lo scagliare*) throwing; (*mossa*) throw. **5** (*fig.*) (*scherzo spiacevole*) trick, turn. **6** (*Mil.*) (*fuoco*) fire. ▭ *essere* **a** ~ to be within range; (*fig.*) (*essere a portata di mano*) to be on hand; ~ **alto** (*Mil.*) high fire; (*Sport*) high shot; ~ *con l'***arco** archery; ~ *al* **bersaglio** target practice; (*luogo*) shooting-range; *cavalli* **da** ~ draught horses; ~ *alla* **fune** tug-of-war; (*Sport*) ~ *al* **piattello** clay-pigeon shooting; ~ *al* **piccione** pigeon shooting; (*Sport*) ~ *in* **porta** goal shot; (*Mil.*) ~ **radente** grazing fire; (*fig.*) *a un* ~ *di* **schioppo** within short range, a stone's throw from; *i tiri della* **sorte** the tricks of fortune.

tirocinante *m./f.* trainee, apprentice.

tirocinio *m.* **1** apprenticeship: *fare* ~ to do one's apprenticeship. **2** (*nelle professioni*) training.

tiroide *f.* (*Anat.*) thyroid (gland).

tiroideo *a.* thyroid(al).

tirolese *a./s.m./f.* Tyrolese.

tirrenico *a.* Tyrrhenian.

Tirreno, Mar *N.pr.m.* (*Geog.*) the Tyrrhenian Sea.

tisana *f.* tisane, herb tea.

tisi *f.* (*Med.*) consumption, tuberculosis.

tisico I *a.* **1** (*Med.*) consumptive, tubercular. **2** (*estens.*) (*rif. a piante: stentato*) stunted. **II** *s.m.* (*Med.*) consumptive.

titanico *a.* titanic.

titanio *m.* (*Chim.*) titanium.

titano *m.* titan (*anche fig.*).

titillare *v.t.* to titillate, to tickle (*anche fig.*).

titolare I *a.* regular, official. **II** *s.m./f.* **1** proprietor, owner (*anche Dir.*): ~ *di una ditta* proprietor of a firm. **2** (*chi occupa un ufficio avendone il titolo*) official, office holder. **3** (*Scol.*) regular teacher; (*Univ.*) (full) professor, holder of a chair. ▭ ~ *d'***impresa** principal; ~ *di* **polizza** policy-holder.

titolo *m.* **1** title. **2** (*Giorn.*) (*testata*) headline. **3** (*titolo onorifico*) title. **4** (*titolo di studio*) qualification. **5** (*diritto acquisito*) right, claim, title. **6** (*epiteto ingiurioso*) name: *dare dei titoli a qd.* to call s.o. names. **7** (*fig.*) (*motivo, ragione*) reason, motive, ground: *a che* ~ *mi dici questo?* for what reason are you telling me this? **8** (*Econ.*) security; (*azione*) share; *pl.* stock(s); (*obbligazione*) bond: *titoli a reddito fisso* fixed return securities. **9** (*Chim.*) titre; (*am.*) strength. ▭ **a** ~ *di* as, for, out of: *a* ~ *di premio* as a prize; *titoli* **azionari** stock(s), shares *pl.*; (*Giorn.*) ~ *di* **colonna** column heading (*o* title); ~ *di* **copertina** cover title; *a* ~ **gratuito** free (of charge); ~ **obbligazionario** bond; *a* ~ **personale** personally, in a personal capacity; ~ *al* **portatore** bearer bond; *titoli di* **stato** state bonds, government stock; *titoli di* **studio** educational qualification (*o* record); (*Cin.*) *titoli di* **testa** (o *di coda*) credit titles; *a* ~ **ufficiale** officially, in an (*o* one's) official capacity; *a* ~ **ufficioso** unofficially.

titubante *a.* (*incerto*) irresolute, undecided; (*esitante*) hesitant.

titubanza *f.* hesitation, indecision.

titubare *v.i.* to hesitate, to waver.

tizianesco *a.* (*Pitt.*) Titianesque. ▭ *biondo* (o *rosso*) ~ Titian (red), auburn.

tizio *m.* (*fam.*) fellow, chap, bloke: *è venuto un* ~ *per te* someone came to see you. ▭ *un* ~ **qualunque** a nobody; *Tizio, Caio e* **Sempronio** Tom, Dick and Harry.

tizzone *m.* brand.

Tl = (*Chim.*) *tallio* thallium.

Tm = (*Chim.*) *tulio* thulium.

to' *intz.* (*fam.*) **1** (*prendi, tieni*) here you are, here, take (this): ~, *prendi quest'arancia* here, take this orange. **2** (*esclam.*) (*guarda un po'*) well, I say, hey.

toast *ingl.* ['toust] *m.* toasted sandwich.

toboga *m.* toboggan.

toccante *a.* touching, moving.

toccare I *v.t.* **1** to touch; (*palpare*) to feel*: *si toccò la fronte* he felt his forehead. **2** (*giungere, raggiungere*) to touch, to reach: ~ *il fondo* to touch bottom (*anche fig.*). **3** (*rif. all'età*) to be almost: ~ *la settantina* to be almost seventy. **4** (*fare scalo*) to call, to stop; (*rif. ad aerei*) to land. **5** (*riguardare*) to concern, to regard. **6** (*fig.*) (*trattare brevemente*) to touch on: *toccherò questo argomento* I will touch on this subject. **7** (*impressionare, commuovere*) to touch, to move. **8** (*fig.*) (*fare o dire cose che recano danno*) to do* (*o* say*) s.th. against, to touch: *guai* *a toccarlo nei suoi interessi!* there'll be trouble if you do anything against his interests! **9** (*fig.*) (*offendere, ferire*) to touch, to wound, to cut*: ~ *qd. sul vivo* to cut s.o. to the quick. **II** *v.i.* **1** (*toccare in sorte*) to fall* (to), to befall* (s.o.); (*capitare: rif. a cose spiacevoli*) to happen (to): *gli è toccato ancora di dover lavorare durante il fine settimana* he happened again to have to work over the weekend. **2** (*spettare di diritto*) to have the right (costr. pers.), to be entitled: *il premio tocca a me* I am entitled to the prize; (*spettare di dovere*) to be up to (*a qd.* s.o.): *tocca a te mantenere la famiglia* it's up to you to support the family. **3** (*essere il turno*) to be the turn (*a* of): *tocca a te lavare i piatti* it's your turn to do the washing up. **4** (*essere costretto*) to have to (costr. pers.), to be obliged (*o* forced) to (costr. pers.): *mi toccò tacere* I had to keep quiet. **toccarsi** *v.r.recipr.* to touch (e.o.). ☐ *non toccar* **cibo** not to touch food; (*fig.*) ~ *il* **cielo** *con un dito* to be in the (*o* one's) seventh heaven; (*fig.*) ~ *il* **cuore** *di qd.* to touch (*o* move) s.o.; *gli* **estremi** *si toccano* extremes meet; (*fam.*) *tocca* **ferro***!* touch wood!; (*fig.*) ~ *il* **fondo** *di qc.* to sink to the depths of s.th.; (*fig.*) ~ *con* **mano** *qc.* to see s.th. with one's own eyes; ~ *in* **sorte** *a qd.* to fall to s.o.'s lot.

toccasana *m.* cure-all, panacea (*anche fig.*).

toccata *f.* **1** touch. **2** (*Mus.*) toccata.

toccato *a.* **1** (*Sport*) touché (*anche fig.*). **2** (*fam.*) (*picchiatello*) touched, (*am.*) pixilated.

tocco[1] *m.* **1** touch, touches *pl.*: *dare l'ultimo ~ a qc.* to put the last (*o* finishing) touches to s.th. **2** (*colpo*) knock, blow. **3** (*rintocco: di campane, di orologi*) stroke. **4** (*l'una*) one (o'clock), one p.m.: *è suonato il ~* it has struck one. **5** (*Arte, Mus.*) touch. ☐ (*fig.*) *il ~ magico* the magic touch.

tocco[2] *a.* **1** (*rif. a frutta: ammaccato*) bruised. **2** (*pop.*) (*picchiatello*) touched, (*am.*) pixilated.

tocco[3] *m.* hunk, chunk: *un ~ di carne* a hunk of meat. ☐ (*pop.*) *un bel ~ di* **donna** (o *ragazza*) a buxom woman; (*pop.*) *un ~ d'***uomo** a strapping fellow.

tocco[4] *m.* **1** (*cappello da donna*) toque. **2** (*copricapo accademico*) mortarboard (square) cap.

toeletta → **toletta**.

toga *f.* (*di giudici, professori e sim.*) gown. ☐ (*fig.*) *indossare la ~* (*diventare magistrato*) to become a judge; (*diventare avvocato*) to become a lawyer.

togliere *v.t.* **1** to take* off, to take* away, to remove: ~ *un quadro dalla parete* to take a picture off the wall; (*rif. a indumenti*) to take* off. **2** (*liberare da*) to (set*) free: ~ *qd. dalla schiavitù* to free s.o. from slavery; (*rif. a situazioni spiacevoli*) to get* out: *mi hai tolto da un bell'impiccio* you got me out of a nice fix. **3** (*sottrarre*) to subtract, to take*: ~ *tre da sei* to subtract (*o* take) three from six. **4** (*abolire*) to abolish, to remove: ~ *un divieto* to abolish a prohibition. **5** (*impedire*) to prevent, to stop: *sei raffreddato ma ciò non toglie che devi fare i tuoi compiti* if you have a cold that doesn't stop you from doing your homework. **togliersi I** *v.r.apparente* (*levarsi: rif. a indumenti*) to take* off, to remove: *togliersi le scarpe* to take off one's shoes. **II** *v.r.* to get* off, to get* away, to get* out: *togliti!* get out! ☐ *togliersi un* **capriccio** to satisfy a whim; **ciò** *non toglie che mi piace ancora* I still like it (though); ~ *a qd. un'***idea** *dalla testa* to get an idea out of s.o.'s head; ~ *di* **mezzo** *qd.* (*allontanarlo*) to get s.o. out the way; (*fig.*) (*ucciderlo*) to kill s.o.; ~ *la* **parola** *a qd.* to cut s.o. short; *togliersi qd. dai* **piedi** to get rid of s.o.; *togliti dai* **piedi***!* get out of the way!, (*fam.*) scram!; *togliersi la* **soddisfazione** *di fare qc.* to have (*o* give s.o.) the satisfaction of doing s.th.; *togliersi la* **vita** to take one's life; ~ *la* **voglia** *di fare qc.* to take the pleasure out of s.th.

Tokio *N.pr.f.* (*Geog.*) Tokyo.

tolda *f.* (*Mar.*) deck.

tolemaico *a.* Ptolemaic.

toletta *f.* **1** (*mobile*) dressing-table. **2** (*gabinetto*) toilet, lavatory. **3** (*lavarsi e vestirsi*) toilet: *far ~* to make one's toilet. **4** (*abito e acconciatura femminile*) toilet(te).

tollerabile *a.* tolerable, bearable.

tollerante *a.* tolerant.

tolleranza *f.* **1** (*rispetto alle idee altrui*) tolerance, toleration. **2** (*comprensione*) understanding. **3** (*tempo d'indugio consentito*) grace, respite; (*divergenza ammessa*) tolerance. **4** (*capacità di sopportare il dolore*) tolerance, endurance. ☐ *casa di ~* brothel.

tollerare *v.t.* **1** (*sopportare: rif. a cose*) to put* up with, to bear*, to tolerate: ~ *il freddo* to tolerate the cold; (*in frasi negative*) to tolerate, to stand* for; (*rif. a persone*) to put* up with, to stand*. **2** (*permettere*) to tolerate, to allow, to have: *non tollero che tu risponda così a tua madre* I won't have you answer your mother back that way. **3** (*ammettere*) to tolerate, to allow; (*considerare con indulgenza*) to be indulgent towards.

tomaia *f.*, **tomaio** *m.* (shoe) upper.

tomba *f.* tomb, grave (*anche fig.*): ~ *di famiglia* family tomb. ☐ *essere* **muto** *come una ~* to be as silent as the grave; (*fig.*) *essere con un* **piede** *nella ~* to have one foot in the grave; *portare un* **segreto** *sino alla ~* to carry a secret to the grave.

tombale *a.* tomb-, grave-: *pietra ~* tombstone, gravestone.

tombino *m.* manhole-cover.

tombola[1] *f.* tombola: *giocare a ~* to play tombola; *far ~* to win the tombola prize.

tombola[2] *f.* (*fam.*) (*ruzzolone*) tumble, fall.

tombolo *m.* (*lavoro femminile*) lace-pillow.

Tommaso *N.pr.m.* Thomas.

tomo *m.* **1** (*volume*) tome. **2** (*fam.*) (*tipo*) character, sort.
tomografia *f.* (*Med.*) tomography: ~ *assiale computerizzata* computerized axial tomography.
tonaca *f.* **1** (*dei frati*) frock; (*con cappuccio*) cowl; (*delle monache*) nun's dress (*o* habit). **2** (*dei preti*) cassock, soutane. ▭ (*fig.*) **gettare** *la* ~ (*alle ortiche*) to dismiss from priesthood; **vestire** *la* ~ (*farsi frate*) to take the habit (*o* cowl); (*farsi prete*) to enter the priesthood.
tonale *a.* (*Mus.*) tonal.
tonalità *f.* **1** (*gradazione di colore*) shade, tone. **2** (*Mus., Pitt.*) tonality.
tondeggiante *a.* roundish.
tondeggiare *v.i.* to be round(ish).
tondello *m.* **1** round. **2** (*Numismatica*) planchet, coin blank.
tondino *m.* **1** (*sottobicchiere*) (glass) mat. **2** (*Edil.*) iron rod.
tondo I *a.* **1** round. **2** (*rif. parti del corpo: tornito, pieno*) round, full: *guance tonde* full cheeks. **II** *s.m.* **1** round; (*lastra*) round plate (*o* disk). **2** (*forma circolare*) circle. **3** (*Pitt., Scultura*) tondo. **4** (*Tip.*) Roman type. ▭ *parlare* **chiaro** *e* ~ to speak bluntly; *fare* **cifra** *tonda* to make a round figure; **in** ~ in a ring (*o* circle), (a)round: *girare in* ~ to move round; *un mese* ~ **tondo** a full month; (*Scultura*) (*a*) **tutto** ~ in full relief.
tonfo *m.* thud, plop; (*rif. a cosa che cade in acqua*) splash, plop. ▭ *fare un* ~ to (make a) thud; (*cadendo in acqua*) to (make a) splash.
tonica *f.* (*Mus.*) keynote, tonic.
tonico *a./s.m.* (*Mus., Ling., Farm.*) tonic: *acqua tonica* tonic water.
tonificare *v.t.* to invigorate, to brace.
tonnato *a.*: (*Gastr.*) *vitello* ~ veal with tunny sauce.
tonnellaggio *m.* (*Mar.*) tonnage.
tonnellata *f.* (*unità di misura*) ton → **Appendice.** ▭ ~ **di** *stazza* register ton; ~ *di stazza* **lorda** gross ton; ~ *di stazza* **netta** net ton.
tonno *m.* (*Zool.*) tunny(-fish), tuna. ▭ ~ *sott'olio* tunny-fish in oil.
tono *m.* **1** tone: *in* ~ *scherzoso* in a joking tone. **2** (*carattere stilistico*) tone, style: *un discorso di* ~ *elevato* a speech with a lofty tone. **3** (*rif. a colori: gradazione*) shade, tone: *toni caldi* warm tones. **4** (*Mus., Med.*) tone. ▭ (*Mus.*) **calare** *di* ~ to fall in pitch; (*fig.*) **cambiare** ~ to change one's tune; **dare** ~ (*rinvigorire*) to brace, to invigorate; (*fig.*) to give tone; (*fig.*) **darsi** ~ to strike an attitude; (*Mus.*) *essere* **fuori** ~ to be out of tune (*anche fig.*); (*fig.*) *essere* **giù** *di* ~ not to be o.s.; *essere* **in** ~ to fit; **rispondere** *a* ~ (*a proposito*) to answer to the point; (*per le rime*) to answer back.
tonsilla *f.* (*Anat.*) tonsil: *farsi togliere le tonsille* to have one's tonsil out.
tonsillectomia *f.* (*Chir.*) tonsillectomy.
tonsillite *f.* (*Med.*) tonsillitis.
tonsura *f.* (*Rel.*) tonsure.
tonto I *a.* stupid, dull. **II** *s.m.* blockhead. ▭ *fare il finto* ~ to play dumb.
top *m.* (*Moda*) camisole, top.
topaia *f.* **1** rat's nest. **2** (*fig.*) *stamberga*) hovel.
topazio *m.* (*Min.*) topaz.
topica *f.* gaffe, blunder, faux pas; slip: *fare una* ~ to commit a gaffe, to make a slip (*o* blunder).
topicida *a./s.m.* ratsbane.
topo *m.* (*Zool.*) mouse (*pl.* mice), (*ratto*) rat. ▭ (*fig.*) ~ *d'***albergo** hotel thief; (*scherz. fig.*) ~ *di* **biblioteca** bookworm; ~ **campagnolo** field mouse; (*fig.*) *far la* **fine** *del* ~ to be caught like a rat in a trap.
topografia *f.* topography.
topografico *a.* topographical.
topografo *m.* topographer.
Topolino *N.pr.m.* Mickey Mouse.
toponimo *m.* toponym.
toponomastica *f.* toponymy.
toppa *f.* **1** (*pezza*) patch. **2** (*serratura*) lock; (*buco della serratura*) keyhole. ▭ *mettere una* ~ *a qc.* to patch s.th. up (*anche fig.*).
torace *m.* (*Anat.*) thorax; (*petto*) chest.
toracico *a.* thoracic, chest-.
torba *f.* peat.
torbidezza *f.* turbidity, turbidness.
torbido I *a.* **1** (*rif. a liquidi*) turbid, cloudy, muddy. **2** (*fig.*) dark, turbid: *sguardo* ~ dark look. **II** *s.m.* something fishy: *c'è del* ~ *in questa faccenda* there is something fishy about this. ▭ (*fig.*) *pescare nel* ~ to fish in troubled waters.
torbiera *f.* (*Geog.*) peat-bog.
torcere *v.t.* **1** to twist. **2** (*piegare, curvare*) to bend*: ~ *un ferro* to bend a rod. **3** (*storcere*) to twist, to wring*. **4** (*strizzare*) to wring* (out): ~ *la biancheria* to wring out the washing. **torcersi** *v.r.* to writhe, to twist: *torcersi dal dolore* to writhe in agony. ▭ (*fig.*) *non* ~ **capello** *a qd.* not to hurt a hair of s.o.'s head; ~ *il* **collo** *a qd.* to wring s.o.'s neck; *dare del* **filo** *da* ~ *a qd.* to make things hard for s.o.; *torcersi dalle* **risa** to split one's sides with laughter.
torchiare *v.t.* **1** to press. **2** (*fam.*) to grill.
torchiatura *f.* pressing.
torchio *m.* press. ▭ (*fig.*) **essere** *sotto il* ~ to be under pressure; (*fig.*) **mettere** (o *tenere*) *qd. sotto il* ~ to put pressure on s.o.; (*sottoporlo a un interrogatorio serrato*) to grill s.o.; ~ *da* **stampa** (hand) press; ~ *per* **uva** wine press.
torcia *f.* torch: ~ *elettrica* electric torch, flash-light.
torcicollo *m.* stiff-neck.
tordo *m.* (*Zool.*) thrush.
toreare *v.i.* to fight* bulls.
torello *m.* (*Zool.*) young bull, bullock.
torero *m.* bullfighter.
Torino *N.pr.f.* (*Geog.*) Turin.

torio *m.* (*Chim.*) thorium.

torma *f.* **1** (*di persone*) throng, swarm. **2** (*di animali*) herd.

tormalina *f.* (*Min.*) tourmaline.

tormenta *f.* (*Meteor.*) snowstorm.

tormentare *v.t.* **1** to torture, to torment (*anche estens.*). **2** (*estens.*) (*infastidire*) to torment, to pester, to annoy: *smettila di ~ tua sorella* stop tormenting your sister. **tormentarsi** *v.r.* to torment o.s.; (*preoccuparsi*) to worry.

tormentato *a.* **1** tormented, tortured. **2** (*irrequieto*) anxious, restless.

tormentatore *m.* tormentor.

tormento *m.* **1** torment, agony, murder (*anche estens.*): *queste zanzare sono un vero ~* these mosquitoes are murder. **2** (*pop.*) (*persona o cosa fastidiosa*) pest.

tormentoso *a.* **1** tormenting, painful. **2** (*estens.*) (*fastidioso*) tormenting, troublesome.

tornaconto *m.* profit, advantage, benefit. □ **averci** *il proprio ~* to find s.th. profitable, to get s.th. out of it; **esserci** ~ to be profitable: *non c'è ~* it doesn't pay.

tornado *m.* (*Meteor.*) tornado.

tornante *m.* (*Strad.*) hairpin bend. □ *strada a tornanti* road full of hairpin bends.

tornare *v.i.* **1** to return, to get* back; (*venire di nuovo*) to come* back: *tornate presto* come back soon; (*andare di nuovo*) to go* back: *~ al proprio posto* to go back to one's seat; (*essere di ritorno*) to be back. **2** (*ricomparire*) to come* (*o* be) back: *gli è tornata la febbre* his temperature has come back. **3** (*ridiventare*) to become* (*o* be) again: *l'abito è tornato come nuovo* the dress is like new (again). **4** (*ricominciare*) to start again, to begin* again: *torna a piovere* it has started to rain again. **5** (*fam.*) (*essere, riuscire*) to be, to prove (to be): *~ utile* to be useful, to prove of use. **6** (*fam.*) (*risultare esatto*) to be right (*o* exact): *il conto non torna* the bill is not right. □ ~ *in* **aereo** to fly back; **ben** *tornato!* welcome back!; ~ *alla* **carica** to insist; ~ *a* **casa** to go (*o* come) home; ~ **comodo** to be convenient; ~ *di* **corsa** to rush (*o* hurry) back; ~ **dentro** to come (*o* go) back in; ~ *a* **dire** to repeat; ~ *a* **galla** to (come to the) surface again; (*fig.*) to come up (*o* to light) again; ~ **giù** to go (*o* come) back down; ~ **indietro** to go back (*anche fig.*); ~ *di* **moda** to come back into fashion; ~ *a* **onore** *di qd.* to do s.o. credit; ~ *sui propri* **passi** to retrace one's steps; ~ *in* **possesso** *di qc.* to get s.th. back; ~ *a* **proposito** to be just right; (*al momento giusto*) to come at the right time; (*fig.*) ~ *al* **punto** *di partenza* to go back to the starting (*o* beginning) point; ~ *in* **sé** to regain consciousness; (*fig.*) (*ravvedersi*) to come to one's senses; ~ **su** *un argomento* to go back to a subject; (*fig.*) ~ *sulla retta* **via** to mend one's ways: ~ *in* **vita** to come back to life.

tornasole *m.* (*Chim.*) litmus: *cartina al ~* litmus paper.

tornata *f.* (*seduta*) session, meeting.

torneo *m.* **1** (*Stor.*) tournament, tourney; (*giostra*) joust. **2** (*serie di gare*) tournament: *~ di bridge* bridge tournament. □ ~ *a squadre* team competition.

tornio *m.* (*Mecc.*) lathe.

tornire *v.t.* **1** (*tecn.*) to turn (on a lathe). **2** (*fig.*) to polish.

tornito *a.* **1** turned. **2** (*estens.*) (*di forme rotonde*) shapely: *gambe tornite* shapely legs. **3** (*fig.*) (*armonioso*) (well-)turned, polished: *una frase tornita* a well-turned phrase.

torno *m.*: *di ~* around; *togliti di ~* get out of the way; *levarsi di ~ qd.* to get rid of s.o.

toro *m.* (*Zool.*) bull. **Toro** *N.pr.m.* (*Astr.*) Taurus. □ (*fig.*) **prendere** *il ~ per le corna* to take the bull by the horns; **tagliare** *la testa al ~* to settle the matter (once and for all).

torpedine[1] *f.* (*Zool.*) electric ray, torpedo fish.

torpedine[2] *f.* (*Mar. mil.*) torpedo (*pl.* –es).

torpediniera *f.* (*Mar. mil.*) torpedo-boat.

torpedone *m.* (*Aut.*) (motor-)coach.

torpido *a.* **1** torpid. **2** (*fig.*) (*pigro*) torpid, sluggish.

torpore *m.* **1** torpor. **2** (*fig.*) (*pigrizia*) torpor, sluggishness.

torre *f.* **1** tower. **2** (*negli scacchi*) rook, castle. **3** (*Mar. mil.*) turret. □ *edificio* **a** ~ tower; (*fig.*) ~ *d'***avorio** ivory tower; (*Bibl.*) ~ *di* **Babele** tower of Babel; ~ *di* **comando** conning tower; (*Aer.*) ~ *di* **controllo** control tower; ~ *di* **guardia** watch tower; (*Astron.*) ~ *di* **lancio** launching (*o* rocket-assembly) tower; *Torre di* **Londra** Tower of London; ~ *di* **trivellazione** derrick.

torrefare *v.t.* to roast.

torrefazione *f.* **1** roasting. **2** (*negozio*) coffee shop; coffee house.

torreggiare *v.i.* to tower (*su* over).

torrente *m.* **1** torrent (*anche estens.*): *~ di lava* torrent of lava. **2** (*fig.*) torrent, flood, stream.

torrenziale *a.* torrential.

torretta *f.* turret.

torrido *a.* torrid.

torrione *m.* **1** (*di castello*) keep, donjon. **2** (*Mar., Mil.*) turret mast.

torrone *m.* (*Gastr.*) torrone (kind of nougat).

torsione *f.* **1** twisting. **2** (*tecn., Mecc.*) torsion. **3** (*Tessitura*) twist. **4** (*Ginnastica*) twist.

torso *m.* **1** core. **2** (*busto*) trunk, torso. **3** (*Scultura*) torso. □ *a ~ nudo* bare-chested.

torsolo *m.* (*di frutta*) core; (*del cavolo*) stalk.

torta *f.* cake; (*crostata*) tart; (*ricoperta di pasta*) pie. □ (*fig.*) **dividersi** *la ~* (*spartirsi il bottino*) to split the loot; ~ **gelato** ice-cream cake; ~ *di* **mele** apple-pie; **miscela** *per ~* cake-mix.

tortiera *f.* baking tin. □ ~ *a* **cerniera** spring-form tin; ~ *con il* **fondo** *staccabile* raised-base cake tin.

tortiglione *m.* spiral. ▭ *a* ~ spiral.
tortile *a.* spiral, twisted.
tortino *m.* (*Gastr.*) vegetable pie; (*se con carni*) meat (*o* fish) pie.
torto[1] *m.* **1** wrong: *riparare un* ~ to right a wrong. **2** (*colpa*) fault. ▭ **a** ~ wrongly; **a** ~ *o a ragione* right or wrong; **avere** ~ to be wrong; **far** ~ *a qd.* to do s.o. wrong; *avere* ~ **marcio** to be absolutely wrong; *essere dalla* **parte** *del* ~ to be in the wrong; **riconoscere** *i propri torti* to recognize one's faults; *non ha* **tutti** *i torti* he's not altogether wrong.
torto[2] *a.* **1** twisted. **2** (*piegato*) bent. **3** (*storto*) twisted, crooked.
tortora *f.* (*Zool.*) turtledove.
tortuosità *f.* tortuosity (*anche fig.*).
tortuoso *a.* **1** tortuous (*anche fig.*). **2** (*spreg.*) devious.
tortura *f.* torture (*anche estens.*).
torturare *v.t.* **1** to torture. **2** (*fig.*) to torment, to torture: *la gelosia lo tortura* he is tormented with jealousy. **torturarsi** *v.r.* to fret, to worry. ▭ *torturarsi il cervello* to rack one's brains.
torvo *a.* surly, grim.
tosaerba *m./f.* (lawn-)mower.
tosare *v.t.* **1** to shear*: ~ *una pecora* to shear a sheep; (*rif. a cani*) to clip. **2** (*estens.*) (*tagliare pareggiando*) to clip, to trim. **3** (*scherz.*) (*tagliare i capelli molto corti*) to crop.
tosatore *m.* (*di pecore*) shearer; (*di cani*) clipper.
tosatrice *f.* clippers *pl.*
tosatura *f.* **1** (*di pecore*) (sheep-)shearing; (*di cani*) clipping. **2** (*scherz.*) (*taglio dei capelli*) (hair-)cut.
toscano **I** *a.* Tuscan. **II** *s.m.* **1** Tuscan. **2** (*sigaro*) toscano (kind of strong cigar).
tosse *f.* cough. ▭ **accesso** *di* ~ coughing fit; **colpo** *di* ~ cough; ~ **convulsa** whooping cough.
tossicchiare *v.i.* to cough (discretly).
tossicità *f.* toxicity.
tossico **I** *a.* toxic, poisonous. **II** *s.m.* poison, toxic.
tossicodipendente **I** *a.* drug addicted. **II** *s.m./f.* drug addict.
tossicodipendenza *f.* drug addiction.
tossicologia *f.* (*fam.*) toxicology.
tossicologo *m.* toxicologist.
tossicomane *m./f.* drug addict; (*chi si inietta in vena*) mainliner.
tossicomania *f.* drug addiction (*o* habit).
tossire *v.i.* to cough.
tostacaffè *m.* roaster.
tostapane *m.* (electric) toaster.
tostare *v.t.* **1** (*torrefare*) to roast: ~ *il caffè* to roast coffee. **2** (*abbrustolire*) to toast.
tostatura *f.* **1** toasting. **2** (*torrefazione*) roasting.
tosto *a.* **1** hard. **2** (*energico, in gamba*) smart. ▭ *faccia tosta* cheek: *avere la faccia tosta* to be cheeky.
tot *a.* so many *pl.*: ~ *lire* so many lire.
totale **I** *a.* total. **II** *s.m.* total: *fare il* ~ to find the total, to cast (*o* add) up; (*importo*) (sum) total, amount. ▭ (*contabilità*) ~ *complessivo* final footing.
totalità *f.* **1** (*interezza*) totality. **2** (*numero complessivo*) whole. ▭ *nella* ~ *dei* **casi** in all cases; *la* ~ *dei* **presenti** all those present.
totalitario *a.* **1** complete, whole, absolute. **2** (*Pol.*) totalitarian: *regime* ~ totalitarian regime.
totalitarismo *m.* (*Pol.*) totalitarianism.
totalizzare *v.t.* to total, to reach a total of; (*nello sport*) to score (a total of): ~ *sei punti* to score (a total of) six points.
totalizzatore *m.* totalizator.
totano *m.* (*Zool.*) flying squid.
totem *m.* totem.
totocalcio *m.* football pool(s), (*fam.*) pools *pl.*: *giocare al* ~ to do the pools; *vincere al* ~ to have a win on the pools.
tournée *fr.* [tuˈrne] *f.* (*Teat., Sport*) tour: *andare in* ~ to (go on) tour.
tovaglia *f.* tablecloth.
tovagliolo *m.* (table) napkin, serviette.
tozzo[1] *a.* (*rif. a persone*) stocky, thickset, stumpy; (*rif. a cose*) squat, stumpy.
tozzo[2] *m.* (*pezzo*) piece. ▭ (*fig.*) *guadagnare un* ~ *di* **pane** to earn a crust of bread; (*fam.*) **per** *un* ~ *di pane* (*per poco*) for a song.
tra → **fra** .
traballante *a.* **1** (*rif. a persone*) staggering, tottering. **2** (*rif. a cose*) shaky, rickety. **3** (*fig.*) wavering, unsteady: *fede* ~ wavering faith.
traballare *v.i.* **1** (*rif. a veicoli*) to stagger, to totter. **2** (*rif. a cose*) to be unsteady, to be shaky (*o* rickety): *il tavolino traballa* the table is rickety. **3** (*fig.*) to waver.
trabeazione *f.* (*Arch.*) trabeation.
trabiccolo *m.* (*scherz.*) ramshackle (*o* rickety) vehicle.
traboccante *a.* overflowing (*di* with).
traboccare *v.i.* **1** to overflow; (*in seguito a bollore*) to boil over: *il latte è traboccato* the milk has boiled over. **2** (*rif. a recipienti, luoghi chiusi*) to be overflowing (with). **3** (*fig.*) to be overflowing, to be brimming (with): *il mio cuore trabocca di gioia* my heart is overflowing with joy. ▭ (*fig.*) *è la goccia che fa* ~ *il vaso* it's the last straw.
trabocchetto *m.* **1** trap, pitfall. **2** (*fig.*) (*tranello*) trap; (*difficoltà dissimulata*) snag, trick. ▭ **cadere** *in un* ~ to fall into a trap; **domanda** ~ trick question.
tracagnotto **I** *a.* squat, stocky, thickset. **II** *s.m.* squat (*o* stocky) person.
tracannare *v.t.* to gulp down.
traccia *f.* **1** track, trail. **2** (*orma umana*) (foot) print, footmark, tracks *pl.*; (*orma animale*) spoor, tracks *pl.* **3** (*estens.*) (*segno, indizio*) trace, sign: *scomparire senza lasciar* ~ *di sé* to disappear without leaving a trace.

4 (*schizzo, abbozzo*) sketch; (*schema*) outline. **5** *pl.* (*Chim., Med.*) traces *pl.*: *tracce di sangue* traces of blood. ▭ (*fig.*) **essere** *sulle tracce di qd.* to be on s.o.'s trail; (*fig.*) **falsa** ~ wrong track; *seguire una* **falsa** ~ to be (*o* get) off the track; (*Chim.*) **in** *tracce* in traces; ~ **luminosa** (*di proiettili*) luminous trail; **seguire** *le tracce di qd.* to be on s.o.'s track.

tracciante **I** *a.* tracer, tracing. **II** *s.m.* tracer (*anche Med.*). ▭ *proiettile* ~ tracer bullet.

tracciare *v.t.* **1** to trace, to mark (out). **2** (*estens.*) (*disegnare*) to draw*, to sketch; (*rif. a diagrammi e sim.*) to lay* (*o* map) out. **3** (*fig.*) (*abbozzare*) to outline, to sketch (out). ▭ ~ *un* **cerchio** to describe a circle; ~ *a grandi* **linee** to outline; ~ *un* **programma** to map out a programme.

tracciato *m.* **1** plan, layout; (*disegno*) drawing, sketch. **2** (*Statistica*) graph.

trachea *f.* (*Anat.*) trachea, windpipe.

tracheale *a.* (*Anat.*) tracheal.

tracheite *f.* (*Med.*) tracheitis.

tracolla *f.* shoulder-strap. ▭ **a** ~ shoulder-: *borsetta a* ~ shoulder bag; **portare** *la borsa a* ~ to carry one's bag on one's shoulder.

tracollo *m.* **1** (*rif. a bilance*) dipping, weighing down. **2** (*fig.*) (*crollo*) collapse, breakdown; (*rovina finanziaria*) crash. ▭ ~ *della* **Borsa** stock-exchange crash; **subire** *un* ~ to be (financially) ruined.

tracoma *m.* (*Med.*) trachoma.

tracotante *a.* arrogant, haughty, overbearing.

tracotanza *f.* arrogance, haughtiness.

tradimento *m.* **1** treachery, betrayal. **2** (*Dir.*) treason: *alto* ~ high treason. ▭ **a** ~ treacherously; (*imprevedibilmente*) by surprise; *cogliere a* ~ to take by surprise; **commettere** *un* ~ *contro qd.* to betray.

tradire *v.t.* **1** to betray (*anche estens.*): ~ *la patria* to betray one's country; *non* ~ *la propria stanchezza* to betray no signs of one's fatigue. **2** (*mancare alla fede coniugale*) to be unfaithful to. **3** (*fig.*) (*venir meno*) not to keep*, to fail in: ~ *una promessa* not to keep a promise. **4** (*fig.*) (*falsare*) to distort, to misrepresent. **tradirsi** *v.r.* to betray o.s., to give* o.s. away.

traditore **I** *s.m.* traitor, betrayer: ~ *della patria* traitor to one's country. **II** *a.* treacherous.

tradizionale *a.* traditional.

tradizionalismo *m.* traditionalism.

tradizionalista *m./f.* traditionalist.

tradizione *f.* tradition: *rompere la* ~ to break with tradition; *una famiglia che ha delle tradizioni* a family with (many) traditions. ▭ *per* ~ by tradition.

traducibile *a.* translatable. ▭ **non** ~ untranslatable; *un* **testo** *difficilmente* ~ a text that is difficult to translate.

tradurre *v.t.* **1** to translate: ~ *dal francese in inglese* to translate from French into English. **2** (*condurre*) to take*: *l'imputato fu tradotto in carcere* the defendant was taken to prison; (*trasferire*) to transfer. ▭ ~ *in* **atto** to put into effect; ~ *alla* **lettera** to translate literally (*o* word for word); ~ **liberamente** to translate loosely (*o* freely).

traduttore *m.* translator.

traduzione *f.* **1** translation: *una* ~ *dall'italiano in latino* a translation from Italian into Latin. **2** (*trasporto di detenuti*) transfer. ▭ ~ **libera** free (*o* loose) translation; ~ **simultanea** simultaneous translation.

traente *m.* (*Econ.*) drawer.

trafelato *a.* panting, breathless, (*pred.*) out of breath.

trafficante *m./f.* **1** trader, dealer. **2** (*spreg.*) trafficker: ~ *di stupefacenti* drug trafficker.

trafficare *v.i.* **1** (*commerciare*) to deal*, to trade, to traffic. **2** (*affaccendarsi*) to bustle about, to busy o.s. ▭ ~ *con qd.* to deal with s.o.

traffico *m.* **1** traffic, trade: ~ *di stupefacenti* traffic in drugs, drug traffic. **2** (*Strad., Ferr., Aer.*) traffic. ▭ ~ **aereo** air traffic; ~ **cittadino** city traffic; ~ **ferroviario** rail traffic; ~ **intenso** heavy traffic.

trafiggere *v.t.* **1** to run* through, to pierce, to transfix. **2** (*fig.*) to pierce.

trafila *f.* **1** (*burocr.*) (official) procedure: *la pratica seguirà una lunga* ~ the matter will involve a lengthy procedure. **2** (*filiera*) die (plate), drawplate.

trafilare *v.t.* (*Mecc.*) to draw*.

trafiletto *m.* (*Giorn.*) paragraph.

trafittura *f.* **1** (*ferita*) (stab) wound. **2** (*fitta*) sharp (*o* piercing) pain.

traforare *v.t.* **1** to pierce, to perforate; (*trivellare*) to bore, to drill; (*aprire una galleria*) to tunnel (through), to make* a tunnel in. **2** (*eseguire un lavoro di traforo*) to do* fretwork on; (*in legno*) to cut* (with a fretsaw). **3** (*lavori a maglia*) to embroider in open -work.

traforo *m.* **1** piercing, perforation; (*trivellatura*) boring, drilling; (*il fare una galleria*) tunnelling. **2** (*galleria*) tunnel. **3** (*lavoro a fori*) fretwork. **4** (*su stoffa*) openwork. **5** (*attrezzo*) jigsaw.

trafugare *v.t.* to filch, to purloin, to steal*.

tragedia *f.* **1** (*Lett.*) tragedy (*anche fig.*). **2** (*scenata*) scene, fuss: *non è il caso di fare tante tragedie* there's no need to make such a fuss.

tragediografo *m.* tragedian, dramatist.

traghettare *v.t.* to ferry.

traghettatore *m.* ferryman (*pl.* –men).

traghetto *m.* **1** (*il trasporto*) ferrying. **2** (*luogo*) ferry. **3** (*nave traghetto*) ferry(-boat). ▭ ~ *per* **automobili** car ferry; ~ **ferroviario** train ferry; ~ **fluviale** river ferry.

tragicità *f.* tragicalness (*anche fig.*).

tragico **I** *a.* (*Lett.*) tragic (*anche fig.*): *attore* ~ tragic actor. **II** *s.m.* tragedian. ▭ (*fam.*) **fare** *il* ~ to make a mountain out of a molehill; (*fam.*) **prendere** *qc. sul* ~ to dramatize s th.

tragicomico *a.* (*Lett.*) tragicomic(al) (*anche fig.*).
tragicommedia *f.* (*Lett.*) tragicomedy (*anche fig.*).
tragitto *m.* **1** (*viaggio*) journey; (*traversata*) crossing, passage: *un ~ di quattro ore* a four hours' journey. **2** (*strada, percorso*) way, route: *lungo il ~* on the way.
traguardo *m.* **1** (*Sport*) (*punto d'arrivo*) winning-post; (*linea*) finishing line; (*nastro*) finishing tape: *tagliare il ~* to cross the finishing line, to breast the tape. **2** (*fig.*) goal, aim: *raggiungere il proprio ~* to achieve one's goal.
traiettoria *f.* trajectory.
trainare *v.t.* **1** to pull, to drag; (*rimorchiare*) to tow. **2** (*fig.*) to drag.
traino *m.* **1** (*il trainare*) pulling, dragging, drawing; (*il rimorchiare*) towing. **2** (*veicolo senza ruote*) sled, sledge, sleigh. **3** (*carro*) wagon; (*insieme di carri*) wagon train. **4** (*carico*) load. □ *da ~* draught: *animali da ~* draught animals.
tralasciare *v.t.* **1** (*interrompere*) to stop, to interrupt. **2** (*omettere di fare*) to omit, to fail, to neglect. **3** (*omettere*) to leave* out, to omit: *~ alcuni particolari* to leave out some details.
tralcio *m.* (*Bot.*) shoot; (*della vite*) vine-shoot.
traliccio *m.* **1** (*di tessuto*) ticking, ticken. **2** (*graticcio*) trellis, lattice. **3** (*pilone a traliccio*) pylon: *~ d'alta tensione* high-tension pylon.
tralice *avv.*: *in ~* slantwise, obliquely; *guardare qd. in ~* to look askance at s.o.
tram *m.* tram(car), (*am.*) streetcar: *andare in ~* to go by tram.
trama *f.* **1** (*di tessuto*) weft, woof. **2** (*fig.*) (*macchinazione*) plot, conspiracy. **3** (*fig.*) (*intreccio*) plot: *la ~ di un romanzo* the plot of a novel.
tramandare *v.t.* to hand down: *~ di padre in figlio* to hand down from father to son.
tramare *v.t.* to plot, to scheme.
trambusto *m.* turmoil, bustle.
tramestare **I** *v.t.* to turn topsy-turvy. **II** *v.i.* **1** to rummage. **2** (*assol.*) (*far disordine*) to turn everything topsy-turvy.
tramestio *m.* bustle, stir.
tramezzare *v.t.* **1** (*interporre*) to insert, to interpose. **2** (*separare con un tramezzo*) to partition (off).
tramezzino *m.* (*Gastr.*) sandwich.
tramezzo *m.* partition.
tramite **I** *s.m.* (*via, mezzo*) means. **II** *prep.* (*per mezzo di*) by, by means of, through: *~ la posta* by post. □ *fare* **da** *~* to act as intermediary; **per** *il ~ di qd.* through s.o.
tramoggia *f.* hopper.
tramontana *f.* north wind. □ **a** *~* north(ward); (*fig.*) **perdere** *la ~* to lose one's bearings.
tramontare *v.i.* **1** (*Astr.*) to set*, to go* down. **2** (*fig.*) (*avere fine*) to come* to an end; (*dileguarsi*) to fade, to die out. □ *al ~ del sole* at sunset.
tramonto *m.* **1** setting; (*del sole*) sunset. **2** (*fig.*) fading, decline. □ **al** *~* at sunset; (*fig.*) on the wane; *dall'***alba** *al ~* from dawn to dusk.
tramortire **I** *v.t.* to stun. **II** *v.i.* to faint, to lose* consciousness.
tramortito *a.* **1** (*privo di sensi*) unconscious, senseless. **2** (*stordito*) stunned.
trampoliere *m.* (*Zool.*) wading bird, woder.
trampolino *m.* (*Sport*) **1** (*pedana*) diving-board, springboard. **2** (*nel salto con gli sci*) ski-jump. □ (*fig.*) *fare da ~ a qd.* to be a stepping-stone for s.o.
trampolo *m.* stilt.
tramutare *v.t.* **1** to change, to turn, to transform. **2** (*trasferire*) to transfer. **tramutarsi** *v.i.pron.* to change (*in* into), to turn (*in* into, to).
trance *ingl.* [tra:ns] *f.* trance: *cadere in ~* to fall into a trance.
trancia *f.* (*Mecc.*) (*cesoia*) shears. *pl.*; (*cesoiatrice*) shearing-machine.
tranciare *v.t.* (*Mecc.*) to cut*; (*con cesoie*) to shear*.
trancio *m.* (*Gastr.*) slice.
tranello *m.* trap: *tendere un ~ a qd.* to set a trap for s.o.
trangugiare *v.t.* **1** to gulp (down). **2** (*fig.*) to swallow.
tranne *prep.* except (for), but (for): *c'erano tutti ~ lui* they were all there except him, everyone but him was there. □ *~ che* except (for), but (for): *fa tutto ~ che lavorare* he does everything except work.
tranquillante **I** *a.* calming, soothing; (*che tranquillizza*) reassuring. **II** *s.m.* (*Farm.*) tranquillizer.
tranquillità *f.* **1** calm(ness), stillness, peacefulness. **2** (*calma*) tranquillity, calm. **3** (*sicurezza*) confidence, peace of mind. □ **con** *~* calmly; *per* **mia** *~* for my own peace of mind; *per* **sua** *~* to set his mind at rest.
tranquillizzante *a.* reassuring.
tranquillizzare *v.t.* **1** to calm, to make* calm. **2** (*rassicurare*) to reassure. **tranquillizzarsi** *v.i.pron.* **1** (*mettersi quieto*) to calm down. **2** (*rassicurarsi*) to be reassured.
tranquillo *a.* **1** (*calmo*) calm: *il mare è ~* the sea is calm. **2** (*quieto, silenzioso*) quiet, peaceful, tranquil. **3** (*sereno*) serene, tranquil, easy; (*sicuro*) sure, confident: *coscienza tranquilla* easy conscience. □ *stia ~* don't worry, take it easy.
transalpino *a.* transalpine.
transatlantico **I** *a.* transatlantic. **II** *s.m.* (*nave*) liner.
transazione *f.* **1** compromise, arrangement. **2** (*Dir.*) settlement, composition. **3** (*Comm.*) transaction. □ *~ amichevole* friendly composition.
transcontinentale *a.* transcontinental.

transenna *f.* **1** barrier. **2** (*Arch.*) transenna (*pl.* –ae).
transessuale *a./s.m.* transsexual.
transetto *m.* (*Arch.*) transept.
transfert *m.* (*Psic.*) transfert.
transfuga *m.* **1** (*lett.*) (*disertore*) deserter. **2** (*Pol.*) renegade.
transigere *v.i.* **1** (*Dir.*) to reach (*o* come* to) a settlement. **2** (*venire a patti*) to reach an agreement, to come* to terms, to compromise; (*cedere*) to yield, to give* in: *non posso ~ su questo punto* I cannot give in on this point.
transistor *m.* (*El.*) transistor. □ *radio a ~* transistor radio.
transitabile *a.* practicable, passable.
transitabilità *f.* practicability.
transitare *v.i.* to pass (through a place). □ *è proibito ~ in questa piazza* no transit through this square.
transitivo *a.* (*Gramm.*) transitive.
transito *m.* transit. □ **divieto** *di ~* no thoroughfare; **in** ~ in transit; ~ **interrotto** road closed; **permesso** *di ~* transit visa; ~ **riservato** *ai pedoni* pedestrians only.
transitorietà *f.* transitoriness, temporariness.
transitorio *a.* **1** (*passeggero*) transitory, transient. **2** (*provvisorio*) temporary, transitory.
transizione *f.* transition. □ *governo di ~* caretaker government.
transoceanico *a.* transoceanic.
tran tran *m.* (*fam.*) routine.
tranvai (*pop.*) → **tram.**
tranvia *f.* tramway, tramline.
tranviario *a.* tram: *linee tranviarie* tramlines.
tranviere *m.* tramway employee; (*conducente*) tram-driver; (*bigliettaio*) tram-conductor.
trapanare *v.t.* **1** to drill, to bore. **2** (*Chir.*) to drill; (*rif. al cranio*) to trepan.
trapanazione *f.* **1** drilling, boring. **2** (*Chir.*) drilling; (*rif. al. cranio*) trepanation.
trapano *m.* **1** (*Mecc.*) drill. **2** (*Chir.*) trephine. **3** (*dentistico*) drill.
trapassare **I** *v.t.* to pierce, to run* through. **II** *v.i.* **1** (*passare attraverso*) to pass; (*rif. alla luce*) to filter. **2** (*lett.*) (*morire*) to die, to pass on (*o* away).
trapassato *m.* (*Gramm.*) past perfect, pluperfect. □ *i trapassati* the dead (costr. pl.).
trapasso *m.* **1** (*passaggio*) passing. **2** (*fig. lett.*) (*morte*) death, passing away. **3** (*Econ., Dir.*) transfer, conveyance: *~ di proprietà* transfer of property.
trapelare *v.i.* **1** (*filtrare*) to leak (*o* ooze) out. **2** (*fig.*) (*rivelarsi*) to get* out (*o* round), to become* known. □ *senza lasciar ~ nulla* without letting anything out.
trapezio *m.* **1** (*Geom.*) trapezium, (*am.*) trapezoid. **2** (*Ginn.*) trapeze.
trapezista *m./f.* trapeze artist.
trapezoidale *a.* trapezoid(al).
trapiantare *v.t.* to transplant. **trapiantarsi** *v.i. pron.* to emigrate (*in* to), to settle (in): *trapiantarsi all'estero* to settle abroad.
trapianto *m.* **1** (*Agr.*) transplanting, transplantation. **2** (*Biol., Chir.*) transplant: *~ del cuore* heart transplant.
trappola *f.* trap, snare (*anche fig.*). □ *far cadere in ~ qd.* to catch s.o. in a trap.
trappoleria *f.* (en)trapping, (en)snaring.
trapunta *f.* quilt.
trapuntare *v.t.* **1** (*ricamare*) to embroider. **2** (*lavorare a trapunto*) to quilt.
trapunto *a.* **1** (*ricamato*) embroidered. **2** (*fig.*) dotted: *cielo ~ di stelle* sky dotted with stars, star-spangled sky.
trarre *v.t.* **1** (*tirare*) to draw*, to pull: *~ una barca a riva* to pull a boat ashore. **2** (*estrarre*) to draw*, to pull (*o* take*) out. **3** (*condurre, portare*) to take*: *il colpevole fu tratto in prigione* the culprit was taken to prison. **4** (*ricavare*) to get*, to obtain, to draw*: *~ vantaggio da qc.* to get a benefit from s.th. **5** (*emettere*) to give*: *~ un sospiro di sollievo* to let out (*o* heave) a sigh of relief. **6** (*Econ., Comm.*) to draw*, to issue: *~ una cambiale* to draw (*o* issue) a bill of exchange. **trarsi** *v.r.* to draw*, to move: *trarsi in disparte* to draw (*o* step) aside. □ *~ in* **arresto** to arrest; *~ in* **errore** to mislead; *~ qd. d'***impaccio** to get s.o. out of trouble; *~ in* **inganno** to deceive; ~ **origine** to originate; *~ a* **sorte** to draw lots.
trasalimento *m.* start, jump.
trasalire *v.i.* to (give* a) start: *~ per lo spavento* to start with fright.
trasandato *a.* shabby, slovenly: *essere ~ nel vestire* to be shabby.
trasbordare **I** *v.t.* **1** (*Ferr.*) to transfer. **2** (*Mar.*) to tran(s)ship; (*rif. a persone*) to transfer. **II** *v.i.* to change.
trasbordo *m.* **1** (*Ferr.*) transfer. **2** (*Mar.*) tran(s)shipment; (*rif. a persone*) transfer.
trascendentale *a./s.m.* (*Filos.*) transcendental. □ (*fam.*) *non è niente di ~* there's nothing special about it.
trascendente **I** *a.* **1** (*Filos.*) transcendent. **2** (*Mat.*) transcendental. **II** *s.m.* transcendent.
trascendere **I** *v.t.* to surpass, to go* (*o* be) beyond, to exceed. **II** *v.i.* (*eccedere*) to go* too far; (*lasciarsi trasportare*) to lose* control of o.s.
trascinare *v.t.* **1** to drag (*anche estens.*): *~ i piedi* to drag one's feet. **2** (*fig.*) (*tirare per le lunghe*) to drag out. **trascinarsi** **I** *v.r.* to drag o.s. (along). **II** *v.i.pron.* (*andare per le lunghe*) to drag on. □ (*fig.*) *trascinarsi* **dietro** to drag o.s. along; (*acquisire alla propria causa*) to win over; *~ con* **sé** (*portare come conseguenza*) to bring, to cause; ~ **via** to pull (*o* drag) away; (*rif. ad acqua e sim.*) to sweep away.
trascolorare *v.i.*, **trascolorarsi** *v.i.pron.* **1** to change colour. **2** (*rif. a persone: impallidire*) to (grow*) pale.
trascorrere **I** *v.t.* to spend*, to pass. **II** *v.i.* to pass, to go* by, to elapse.

trascorso *m.* mistake, fault. □ *trascorsi giovanili* youthful escapades.
trascrivere *v.t.* **1** (*copiare*) to transcribe, to copy (out). **2** (*Ling.*) to transcribe, to transliterate: ~ *foneticamente* to transcribe phonetically. **3** (*Mus.*) to transcribe. **4** (*Dir.*) to register. □ ~ *qc. in bella copia* to make a fair copy of s.th.
trascizione *f.* **1** (*copiatura*) transcription, copying; (*copia*) transcript, copy. **2** (*Ling.*) transcription, transliteration. **3** (*Dir.*) registration.
trascurabile *a.* negligible.
trascurare *v.t.* **1** to neglect: ~ *lo studio* to neglect one's studies. **2** (*non tenere conto di*) to overlook, to disregard; (*tralasciare*) to neglect, to omit, (*fam.*) to skip. **trascurarsi** *v.r.* to let* o.s. go.
trascuratezza *f.* carelessness, negligence; (*disordine*) untidiness. □ *con* ~ negligently, carelessly.
trascurato *a.* **1** (*abbandonato*) neglected, uncared for: *giardino* ~ neglected garden. **2** (*che agisce con trascuratezza*) careless, negligent; (*disordinato*) untidy.
trasecolare *v.i.* to be astonished (*o* amazed *o* astounded). □ *far* ~ to astonish, to amaze.
trasferibile *a.* **1** transferable (*anche Dir.*). **2** (*girabile: rif. ad assegni e sim.*) negotiable: *non* ~ not negotiable. **3** (*di disegno autoadesivo*) dry transfer (*attr.*).
trasferibilità *f.* **1** transferability (*anche Dir.*). **2** (*rif. ad assegni e sim.*) negotiability.
trasferimento *m.* **1** transfer: *fare domanda di* ~ to ask for a transfer. **2** (*trasloco*) removal, move. **3** (*cessione*) transfer, conveyance (*anche Dir.*). **4** (*Econ.*) transfer: ~ *di fondi* transfer of funds.
trasferire *v.t.* **1** (*rif. a persone*) to transfer; (*rif. a cose*) to transfer, to (re)move. **2** (*cedere*) to transfer (*anche Dir., Econ.*): ~ *denaro su un conto* to transfer money to an account. **trasferirsi I** *v.r.* to move: *mi sono trasferito a Londra* I moved to London. **II** *v.i.pron.* to remove: *i nostri fornitori si sono trasferiti a Roma* our suppliers have removed to Rome.
trasferta *f.* **1** transfer. **2** (*indennità*) travelling allowance, travel expenses *pl.* **3** (*Sport*) away match. □ **essere** *in* ~ to be on duty travel; (*Sport*) **giocare** *in* ~ to play an away match.
trasfigurare *v.t.* **1** to transfigure. **2** (*fig.*) to transfigure, to transform. **trasfigurarsi** *v.i.pron.* to be transfigured.
trasfigurazione *f.* transfiguration.
trasfondere *v.t.* **1** to transfuse. **2** (*fig.*) (*infondere*) to instil, to imbue.
trasformabile *a.* **1** transformable. **2** (*Aut.*) convertible.
trasformare *v.t.* to transform, to change. **trasformarsi** *v.i.pron.* to change, to turn, to be transformed (*in* into).
trasformatore *m.* transformer (*anche El.*).
trasformazione *f.* transformation, change: *subire trasformazioni* to undergo changes.
trasformismo *m.* transformism.
trasformista *m./f.* **1** (*Pol.*) transformist. **2** (*Teat.*) quick-change artist.
trasfusione *f.* (*Med.*) (blood) transfusion.
trasgredire *v.t./i.* to transgress, to disobey, to infringe, to break*: ~ *un ordine* to disobey an order; ~ *una legge* to break a law.
trasgressione *f.* trasgression, breaking, infringement.
trasgressore *m.* transgressor, breaker.
traslato *a.* figurative, metaphoric(al).
traslazione *f.* **1** (*trasferimento*) transfer, removal. **2** (*Dir., Econ.*) transfer, conveyance. □ (*Fis.*) *moto di* ~ motion of translation.
traslitterare *v.t.* to transliterate.
traslitterazione *f.* transliteration.
traslocare I *v.t.* to transfer: ~ *un impiegato* to transfer an employee. **II** *v.i.*, **traslocarsi** *v.i.pron.* to move: ~ *in periferia* to move to the outskirts.
trasloco *m.* (*cambiamento di casa*) move; (*trasporto di masserizie*) removal. □ *impresa di traslochi* removal company.
traslucido *a.* translucent.
trasmettere *v.t.* **1** to transmit, to pass on: ~ *una malattia* to transmit a disease; (*tramandare da una generazione all'altra*) to hand down (*o* on). **2** (*mandare*) to send*; (*inoltrare*) to forward. **3** (*comunicare*) to convey: ~ *una notizia a qd.* to convey news to s.o. **4** (*Dir.*) to convey, to transfer. **5** (*Rad.*) to broadcast*. **6** (*TV*) to telecast*. **trasmettersi** *v.i.pron.* to be transmitted (*o* passed on); (*tramandarsi*) to be handed down. □ *trasmettersi per* **contagio** to (be) spread by infection; (*Rad.*) ~ *in* **ripresa** *diretta* to broadcast live; (*TV*) to telecast live.
trasmettitore *m.* (*Rad., TV*) transmitter.
trasmigrare *v.i.* **1** to transmigrate; (*emigrare*) to emigrate. **2** (*rif. a uccelli*) to migrate.
trasmigrazione *f.* **1** transmigration; (*emigrazione*) emigration. **2** (*rif. a uccelli*) migration.
trasmissibile *a.* transmissible; (*per eredità*) inheritable.
trasmissione *f.* **1** transmission (*anche Fis., Mecc.*): ~ *di poteri* transmission of powers. **2** (*Rad.*) broadcast(ing); (*programma*) broadcast (programme). **3** (*TV*) telecast(ing); (*programma*) television programme, telecast. □ ~ **dati** data communication; ~ **diretta** (*TV*) live telecast; (*Rad.*) live broadcast; ~ **indiretta** (*Rad.*) recorded broadcast (*o* programme); (*TV*) recorded programme (*o* telecast); ~ **meccanica** mechanical drive; (*Psic.*) ~ *del* **pensiero** thought transference; (*Rad.*) ~ **pubblicitaria** radio commercial; (*TV*) television commercial; ~ **radiofonica** broadcast; ~ **televisiva** telecast.
trasmittente I *a.* transmitting (*anche Tel., Rad.*). **II** *s.f.* **1** (*Rad.*) (*stazione trasmittente*) transmitting (*o* broadcasting) station. **2** (*apparecchio*) transmitter.

trasmutare *v.t.* to transmute, to transform.
trasognato *a.* dreamy, absent-minded: *avere un'aria trasognata* to look absent-minded.
trasparente I *a.* transparent. **II** *s.m.* transparency.
trasparenza *f.* **1** transparence, transparency. **2** (*fig.*) transparence.
trasparire *v.i.* **1** (*rif. alla luce*) to shine* through; (*rif. a oggetti non luminosi*) to show* through; (*palesarsi*) to appear. **2** (*fig.*) to shine*, to reveal. ▭ (*fig.*) *lasciar* ~ to betray.
traspirare *v.i.* **1** to transpire. **2** (*sudare*) to sweat*. **3** (*trapelare*) to leak out.
traspirazione *f.* sweat, sweating; perspiration.
trasporre *v.t.* to transpose.
trasportabile *a.* transportable, conveyable; (*rif. a malati e sim.*) able to be moved.
trasportare *v.t.* **1** (*portare*) to transport, to carry, to take*: ~ *la merce* to transport the goods; *è stato trasportato in ospedale* he was taken to the hospital. **2** (*fig.*) (*trascinare*) to transport, to carry away: *si lasciò* ~ *dall'ira* he let himself be carried away by anger. **3** (*spingere*) to drive*: *la corrente ha trasportato la barca al largo* the current drove the boat offshore. **4** (*Mus.*) to transpose.
trasportatore *m.* **1** (*vettore*) haulier, haulage contractor. **2** (*tecn.*) conveyor, carrier. ▭ ~ *a nastro* conveyor belt.
trasporto *m.* **1** transport(ation), carriage, conveyance. **2** (*rif. a malati, morti e sim.*) carrying, transport. **3** (*trasferimento*) transfer. **4** (*fig.*) (*impeto*) transport: *in un* ~ *d'ira* in a transport of rage. **5** (*fig.*) (*entusiasmo, passione*) transport, rapture. ▭ ~ **aereo** air transportation; ~ *per* **ferrovia** rail transport(ation); ~ **fluviale** river transportation; ~ **funebre** funeral procession; (*esequie*) funeral; ~ **interno** inland transport; ~ **marittimo** carriage by sea; ~ **merci** freight; **mezzi** *di* ~ means of transportation; ~ **pagato** carriage paid; ~ **passeggeri** passenger transport; *trasporti* **pubblici** public transport *sing.*; ~ **stradale** road transport; (*traffico di merci*) road freight.
trasposizione *f.* transposition.
trastullarsi *v.r.* **1** (*divertirsi*) to amuse o.s.; (*giocare*) to play. **2** (*perder tempo*) to waste time, to fritter away one's time.
trasudare I *v.i.* to ooze, to transude, to seep. **II** *v.t.* **1** to ooze, to transude: *la ferita trasudava pus* the wound was oozing pus. **2** (*fig.*) (*lasciar trapelare*) to reveal, to disclose.
trasversale I *a.* **1** transverse, transversal. **2** (*che attraversa*) cross-: *via* ~ crossroad. **II** *s.f.* **1** (*Geom.*) transversal (line). **2** (*via traversa*) crossroad. ▭ *in senso* ~ transversely.
trasvolare I *v.t.* to fly* (over, across), to cross. **II** *v.i.* (*sorvolare*) to barely touch (*su* on), to pass (over) quickly.
trasvolata *f.* (*Aer.*) **1** flight, air crossing. **2** (*volo senza scalo*) non-stop flight.
tratta *f.* **1** trade. **2** (*Comm.*) draft, bill (of exchange): *onorare* (*disonorare*) *una* ~ to honour (to dishonour) a bill. ▭ ~ *dei negri* the slave trade.
trattabile *a.* **1** negotiable: *prezzo* ~ negotiable price. **2** (*fig.*) (*affabile*) tractable: *una persona* ~ a tractable person. **3** (*Chim., tecn.*) treatable.
trattamento *m.* **1** treatment: ~ *di favore* special treatment. **2** (*rif. ad alberghi, ristoranti e sim.*) service. **3** (*retribuzione*) pay(ment), remuneration. **4** (*tecn., Chim., Med.*) treatment. ▭ ~ *di* **bellezza** beauty treatment; ~ *a* **freddo** cold-treating; (*Inform.*) ~ *delle* **informazioni** data processing; ~ **medico** medical treatment; *ha avuto il* ~ *che* **meritava** he got what he deserved.
trattare I *v.t.* **1** (*discutere*) to deal* with, to treat; (*negoziare*) to negotiate: ~ *l'armistizio* to negotiate the armistice. **2** (*comportarsi in un determinato modo*) to treat: ~ *qd. con gentilezza* to treat s.o. kindly. **3** (*adoperare, maneggiare*) to handle. **4** (*lavorare una sostanza*) to work. **5** (*Comm.*) to deal* in: *la nostra ditta tratta i laminati plastici* our firm deals in laminated plastics. **6** (*tecn., Chim., Med.*) to treat. **II** *v.i.* **1** to be about (*di qc.* s.th.), to deal* (with): *di che cosa tratta il film?* what is the film about? **2** (*discutere*) to negotiate (*di qc., su qc.* s.th.): ~ *della resa* to negotiate the surrender. **3** (*discutere per accordarsi sul prezzo*) to bargain. **4** (*avere relazioni*) to have to do, to deal* (*con* with). **trattarsi I** *v.r.* to treat o.s., to live: *trattarsi bene* to do (*o* treat) o.s. well, to look after o.s. **II** *v.i.impers.* to be a matter (*o* question) (*di* of), to be about (s.th.): *si tratta di questo* this is what it's about; *non si tratta solo di te* it's not a question of you alone. ▭ ~ *qd. da* **fratello** to treat s.o. like a brother; (*fig.*) ~ *qd. con i* **guanti** to handle s.o. with kid gloves; ~ **male** *qd.* to treat s.o. badly; **modo** *di* ~ way of treating.
trattativa *f.* negotiation. ▭ *trattative in* **corso** negotiations under way; **essere** *in trattative* to be negotiating.
trattato *m.* **1** (*opera*) treatise. **2** (*Dir.*) treaty: ~ *di pace* peace treaty.
trattazione *f.* treatment: *fare una* ~ *esauriente di un argomento* to treat (*o* deal with) a topic exhaustively.
tratteggiare *v.t.* **1** (*segnare a tratti: nel disegno*) to hatch, to sketch. **2** (*abbozzare*) to sketch (out), to outline (*anche fig.*).
tratteggiato *a.* **1** sketched: *un disegno ben* ~ a well sketched drawing. **2** (*ombreggiato*) shaded, (cross-)hatched. **3** (*fig.*) (*descritto*) drawn.
tratteggio *m.* **1** (cross-)hatching. **2** (*linea a tratti*) broken line.
trattenere *v.t.* **1** (*far restare*) to keep* (back), to have stay. **2** (*frenare*) to hold* back (*anche fig.*): ~ *le lacrime* to hold back one's tears. **3** (*astenersi dal consegnare*) to keep*

to hold*. **4** (*detrarre*) to withhold*: ~ *una somma sullo stipendio* to withhold a part of one's salary. **5** (*intrattenere*) to entertain. **trattenersi** *v.r.* **1** (*rimanere, fermarsi*) to stay: *quanto ti tratterrai a Roma?* how long will you stay in Rome? **2** (*fig.*) (*astenersi*) to stop (o.s.), to restrain o.s., to keep* (o.s.). □ ~ *il* **respiro** to hold one's breath; ~ *il* **riso** to smother one's laughter.

trattenimento *m.* (*spettacolo*) entertainment: ~ *musicale* musical entertainment; (*festa*) party.

trattenuta *f.* (*Econ.*) deduction; (*su un prestito*) stoppage; holdback. □ ~ **fiscale** withholding (tax); ~ *per il* **fondo** *pensioni* superannuation contribution.

trattino *m.* **1** (*nelle parole composte*) hyphen; (*per introdurre un discorso diretto*) dash. **2** (*nel disegno a tratteggio*) hatch.

tratto[1] *m.* **1** stroke: *un ~ di penna* a stroke of the pen. **2** *pl.* (*fig.*) (*lineamenti*) features *pl.*: *tratti marcati* marked features. **3** (*pl.*) (*elementi caratteristici*) features *pl.*, characteristics *pl.*: *tratti di un'epoca* the characteristics of an age. **4** (*parte, segmento*) part, segment; (*di tubazione, cavo*) length, piece. **5** (*modo di trattare*) ways, manners. **6** (*fig.*) (*brano di manoscritto*) passage; excerpt. **7** (*nel gioco degli scacchi*) move: *avevo il ~* it was my move. □ *un ~ di* **mare** an expanse of sea; *un ~ di* **strada** a stretch; **tutto** *d'un ~* all of a sudden (*o* suddenly).

tratto[2] *a.* drawn.

trattore[1] *m.* (*Aut.*) tractor.

trattore[2] *m.* (*oste*) inn-keeper, restaurateur.

trattoria *m.* inn, restaurant.

trattorista *m.* tractor driver.

trauma *m.* (*Med.*) trauma, traumatism. □ ~ **cranico** head injury; ~ **psichico** psychic trauma.

traumatico *a.* traumatic.

traumatizzante *a.* traumatizing (*anche fig.*).

traumatizzare *v.t.* to traumatize (*anche fig.*).

traumatologia *f.* (*Med.*) traumatology; accident surgery.

travagliare *v.t.* to afflict, to torment, to trouble. **travagliarsi** *v.r.* to be tormented (*o* distressed).

travagliato *a.* afflicted, troubled. □ *una vita travagliata* a life of torment (*o* suffering).

travaglio *m.* **1** suffering, pain, distress: ~ *interno* inner suffering. **2** (*Med.*) pains *pl.* upset: ~ *di stomaco* stomach upset. □ ~ *di parto* labour; (*ant.*) travail.

travasare *v.t.* **1** to decant, to pour (out, off): ~ *il vino in bottiglie* to pour the wine into bottles. **2** (*fig.*) (*versare*) to pour. **travasarsi** *v.i.pron.* to overflow, to spill*.

travaso *m.* **1** pouring (out, off), decanting. **2** (*Med.*) effusion. □ (*fam.*) ~ *di bile* outflow of bile.

travatura *f.* **1** trussing. **2** (*concr.*) (*insieme di travi*) beams *pl.*

trave *f.* beam, girder; (*di sostegno*) truss. □ ~ *in* **ferro** iron beam; ~ *di* **legno** wooden (*o* timber) beam; ~ *del* **soffitto** ceiling joist.

traveggole *f.pl.*: *avere le ~* to take (*o* mistake) one thing for another.

traversa *f.* **1** (*trave*) crosspiece. **2** (*via traversa*) (cross)road, (cross)street: *prendi la seconda ~ a destra* take the second road (*o* turning) on the right. **3** (*lenzuolo*) drawsheet. **4** (*Mecc.*) crossbar. **5** (*Ferr.*) (railway) sleeper.

traversare *v.t.* **1** to cross, to go* across: ~ *la strada* to cross the street. **2** (*passare da parte a parte*) to go* (*o* pass) through, to pierce.

traversata *f.* **1** crossing. **2** (*viaggio, navigazione*) crossing, passage; (*in aereo*) flight, trip. **3** (*a nuoto*) crossing.

traversia *f.* mishap, trouble, trial: *abbiamo superato molte traversie* we have overcome many trials.

traversina *f.* (*Ferr.*) sleeper; (*am.*) tie.

traverso I *a.* cross, transverse, crosswise. **II** *s.m.* **1** side, width. **2** (*Mar.*) beam. □ **di** ~ crosswise; (*obliquamente*) sideways (on), slantwise; *andare* **di** ~ (*rif. a cibi*) to go down the wrong way; (*fig.*) (*non avere successo*) to go wrong; **guardare** *di ~* to give a nasty look.

travertino *m.* (*Min.*) travertin(e).

travestimento *m.* disguise.

travestire *v.t.* to disguise. **travestirsi** *v.r.* to disguise o.s.: *travestirsi da mendicante* to disguise o.s. as a beggar.

travestitismo *m.* transvestitism.

travestito I *a.* disguised, in disguise. **II** *s.m.* transvestite.

travet *m.* (*pop.*) petty clerk.

traviamento *m.* **1** (*il traviare*) leading astray; (*il traviarsi*) going astray. **2** (*effetto*) aberration, corruption.

traviare *v.t.* to lead* astray, to corrupt. **traviarsi** *v.i.pron.* to go* astray.

traviato *a.* corrupt(ed).

travisamento *m.* distortion, alteration, misrepresentation.

travisare *v.t.* to distort, to alter, to misrepresent.

travolgente *a.* overwhelming; overpowering.

travolgere *v.t.* **1** to sweep* (*o* carry) away: *il fiume travolse il ponte* the river swept the bridge away. **2** (*investire*) to run* down (*o* over). **3** (*fig.*) to overwhelm.

trazione *f.* **1** traction (*anche Med.*). **2** (*Mecc.*) traction, drive. □ (*Aut.*) ~ **anteriore** front-(wheel) drive; (*Aut.*) **doppia** ~ four-wheel drive; (*Aut.*) ~ **posteriore** rear(-wheel) drive.

tre I *a.* three. **II** *s.m.* **1** (*numero*) three. **2** (*nelle date*) third: *il ~ luglio* the third of July, July the third. □ **a** ~ *a* ~ three by three; *siamo* **in** ~ there are three of us; **tutt**'*e* ~ all three.

trebbiare *v.t.* (*Agr.*) to thresh.

trebbiatore *m.* thresher.

trebbiatrice *f.* threshing-machine, thresher.

trebbiatura *f.* **1** threshing. **2** (*tempo*)

threshing season, threshing time.

treccia *f.* plait, (*am.*) braid. □ *farsi le trecce* to plait one's hair.

trecentesco *a.* fourteenth century-; (*rif. all'Italia*) Trecento-.

trecentesimo *a./s.m.* three-hundredth.

trecento *a./s.m.* three hundred. **Trecento** *m.* fourteenth century; (*rif. all'arte e alla letteratura italiana*) Trecento.

tredicenne I *a.* (*attr.*) thirteen-year-old; (*pred.*) thirteen years old. **II** *s.m./f.* thirteen-year-old boy (*f.* girl).

tredicesima *f.* (*tredicesima mensilità*) Christmas bonus.

tredicesimo *a./s.m.* thirteenth.

tredici I *a.* thirteen. **II** *s.m.* **1** (*numero*) thirteen. **2** (*nelle date*) thirteenth.

tregua *f.* **1** (*Mil.*) truce. **2** (*fig.*) rest, break, respite. □ ~ *d'***armi** truce; *non* **dare** ~ to give no peace (*o* respite); **senza** ~ without (a moment's) respite; (*ininterrottamente*) non-stop, ceaselessly.

tremante *a.* trembling, shaking: ~ *di paura* trembling with fear; (*per il freddo*) shivering.

tremare *v.i.* to tremble, to shake*: *tremava per lo spavento* he was trembling with fear; (*per il freddo*) to shiver, to tremble; (*per l'orrore*) to shudder. □ ~ **da** *capo a piedi* to shake from head to foot; **far** ~ (*scuotere*) to shake; (*fig.*) (*incutere paura*) to make tremble (with fear); ~ *come una* **foglia** to tremble (*o* shake) like a leaf; *mi tremano le* **gambe** my legs are shaking.

tremarella *f.* (*fam.*) shivers *pl.* □ **avere** *la* ~ to be quaking (*o* shaking) in one's boots; *far* **venire** *la* ~ *a qd.* to give s.o. the shivers.

tremendo *a.* **1** tremendous, dreadful, frightful: *un* ~ *incidente* a frightful accident. **2** (*molto spiacevole*) terrible, awful: *fa un caldo* ~ the heat is terrible. □ *avere una fame* (o *una sete*) *tremenda* to be awfully hungry (*o* thirsty).

trementina *f.* turpentine, turps.

tremila *a./s.m.* three thousand.

tremito *m.* **1** trembling, shaking; (*per il freddo*) shivering, (*per l'orrore*) shudder. **2** (*Med.*) tremor.

tremolante *a.* **1** trembling, shaking. **2** (*rif. a luce, aria*) shimmering; (*rif. a fiamme*) flickering; (*rif. a stelle*) twinkling.

tremolare *v.i.* to tremble, to shake*; (*rif. a luce, ad aria*) to shimmer; (*rif. a fiamme*) to flicker; (*rif. a stelle*) to twinkle.

tremolio *m.* **1** trembling, shaking. **2** (*rif. a luce, aria*) shimmering; (*rif. a fiamme*) flickering; (*rif. a stelle*) twinkle.

tremore *m.* tremor.

treno *m.* train. □ **andare** *in* ~ to travel by train; ~ **bestiame** cattle train; **cambiare** ~ to change trains; *arriverò* **con** *il* ~ *delle undici* I shall be coming by (*o* on) the eleven o'clock train; ~ **diretto** through train; ~ **espresso** express train; (*Aut.*) ~ *di* **gomme** set of tyres; ~ **locale** local train; ~ **merci** goods (*o* freight) train; ~ **navetta** shuttle train; *il* ~ *è in* **orario** the train is on time (*o* schedule); **perdere** *il* ~ to miss one's train; **prendere** *il* ~ to catch the train; ~ **rapido** express (train); **salire** *sul* ~ to get on the train; ~ **viaggiatori** passenger train.

trenta I *a.* thirty. **II** *s.m.* **1** (*numero*) thirty. **2** (*nelle date*) thirtieth: *il* ~ *luglio* the thirtieth of July. □ *gli* **anni** ~ the thirties *pl.*; *aver* **compiuto** *i* ~ to be thirty (years old); **essere** *sui* ~ to be about thirty.

trentenne I *a.* (*attr.*) thirty-year-old; (*pred.*) thirty years old. **II** *s.m./f.* thirty-year-old person.

trentennio *m.* thirty years *pl.*, thirty-year period.

trentesimo *a./s.m.* thirtieth.

trentina *f.* about thirty. □ *aver passato la* ~ to be over thirty.

trepidante *a.* anxious, trembling.

trepidare *v.i.* to be anxious (*o* worried).

trepidazione *f.* trepidation, anxiety. □ **con** ~ anxiously; **pieno** *di* ~ anxious, in great trepidation.

treppiede, **treppiedi** *m.* tripod; (*appoggia pentole*) trivet.

trequarti *m.* (*giaccone*) three-quarter-length coat.

tresca *f.* **1** (love-)affair. **2** (*intrigo*) intrigue, plot.

trescare *v.t.* **1** to have an affair. **2** (*ordire intrighi*) to intrigue, to plot.

trespolo *m.* **1** trestle; (*per uccelli*) perch. **2** (*fig.*) (*veicolo in cattivo stato*) jalopy.

tressette *m.* tressette (traditional Italian card game).

triade *f.* triad.

triangolare *a.* triangular.

triangolo *m.* **1** triangle. **2** (*pannolino per neonati*) napkin; (*am.*) diaper. **3** (*Strad.*) red (warning) triangle.

tribolamento *m.* tribulation, suffering.

tribolare I *v.t.* to torment. **II** *v.i.* to suffer, to grieve. □ **far** ~ to torment, to torture, to afflict; (*fam.*) *ha* **finito** *di* ~ his sufferings are over.

tribolato *a.* tormented, in distress; (*pieno di affanni*) hard, troubled, painful: *vita tribolata* hard life.

tribolazione *f.* tribulation, suffering.

tribordo *m.* (*Mar.*) starboard.

tribù *f.* tribe.

tribuna *f.* **1** (*podio rialzato*) tribune, platform; (*palco rialzato*) gallery: ~ *della stampa* press-gallery; (*nei campi sportivi e sim.*) stand; (*tribuna principale coperta*) grandstand. **2** (*Arch.*) tribune. □ ~ *d'***onore** V.I.P. stand; ~ *dell'***orchestra** bandstand.

tribunale *m.* **1** (law-)court, court of justice (*o* law); (*per problemi giuridico-amministrativi*) tribunal: *stare in* ~ to be in court. **2** (*palazzo di giustizia*) lawcourt(s). **3** (*autorità*) court, Court: *portare davanti al* ~ to take to Court. □ ~ **civile** civil court, court of

equity; *il* ~ *di* **Dio** the Tribunal of God; ~ **militare** court-martial, military court; ~ *per i* **minorenni** juvenile court; ~ **penale** criminal court; ~ *del* **popolo** revolutionary court; ~ **supremo** supreme court.
tributare *v.t.* to render, to bestow, to pay*.
tributaria *f.* excise and revenue police.
tributario *a.* **1** tax-, taxation, fiscal, financial. **2** (*soggetto al pagamento di un tributo*) tributary.
tributo *m.* **1** (*imposta*) tax, tribute; rate: *tributi locali* local rates (*o* taxes). **2** (*fig.*) tribute. ▭ **assoggettare** *a* ~ to lay under tribute; **imporre** *un* ~ to levy a tax.
tricheco *m.* (*Zool.*) walrus.
triciclo *m.* tricycle.
tricipite **I** *a.* (*Anat.*) triceps-, tricipital. **II** *s.m.* (*Anat.*) triceps muscle.
tricologia *f.* trichology.
tricologo *m.* trichologist.
tricolore **I** *a.* tricolour, three-coloured. **II** *s.m.* **1** (*bandiera tricolore*) tricolour. **2** (*bandiera italiana*) Italian tricolour, Italian flag.
tricromia *f.* (*Tip.*) **1** (*procedimento*) three -colour process. **2** (*riproduzione*) three-colour print.
tric-trac *m.* (*gioco*) backgammon.
tridente *m.* **1** (*forcone*) pitchfork. **2** (*arma*) trident.
tridimensionale *a.* (*Ott.*) three-dimensional, three-D, 3D.
triedro **I** *a.* (*Geom.*) trihedral. **II** *s.m.* trihedron.
trielina *f.* (*Chim.*) trichloroethylene.
triennale *a.* three-year-, triennial.
triennio *m.* (period of) three years, triennium.
trifoglio *m.* (*Bot.*) clover; (*emblema dell'Irlanda*) shamrock.
trifolato *a.* (*Gastr.*) thinly sliced and cooked with oil, garlic and parsley.
trifora *f.* (*Arch.*) three mullioned window.
trigemino **I** *a.* **1** triplet: *parto* ~ triplet birth. **2** (*Med.*) trigeminal. **II** *s.m.* (*Anat.*) trigeminal (nerve).
trigesimo *a.* thirtieth. ▭ *nel* ~ *della morte di qd.* on the thirtieth day after s.o.'s death.
triglia *f.* (*Zool.*) mullet. ▭ (*fam.*) *fare l'occhio di* ~ *a qd.* to make sheep's eyes at s.o.
trigliceride *m.* (*Chim.*) triglyceride.
trigonometria *f.* (*Mat.*) trigonometry.
trigonometrico *a.* trigonometric(al).
trilaterale *a.* trilateral.
trilingue *a.* trilingual.
trilione *m.* (*un milione di bilioni* = 10^{18}) **1** (*ingl.*) trillion. **2** (*am.*) quintillion.
trillare *v.i.* to trill.
trillo *m.* trill; (*rif. a campanelli*) ring.
trilobato *a.* **1** (*Biol.*) trilobate. **2** (*Arch.*) trefoil.
trilogia *f.* (*Lett.*) trilogy.
trim. = *trimestre* term.
trimestrale *a.* quarterly.
trimestre *m.* **1** quarter. **2** (*Scol.*) term. **3** (*rata trimestrale*) quarterly instalment.
trimotore **I** *a.* trimotor. **II** *s.m.* (*Aer.*) trimotor (plane).
trina *f.* lace.
trincare *v.t.* (*pop.*) to swill.
trincea *f.* **1** (*Strad., Ferr.*) cutting. **2** (*Mil.*) trench: *guerra di* ~ trench warfare.
trinceramento *m.* entrenchment.
trincerare *v.t.* to (en)trench. **trincerarsi** *v.i. pron.* **1** to entrench o.s. **2** (*fig.*) to take* refuge: *trincerarsi nel silenzio* to take refuge in silence. ▭ *trincerarsi dietro un pretesto* to find an excuse.
trincetto *m.* (*per calzature*) shoe (*o* cobbler's) knife.
trinchetto *m.* foremast.
trinciante *m.* carving knife.
trinciapollo *m.* poultry shears *pl.*
trinciare *v.t.* **1** (*tagliare*) to cut* (up). **2** (*scalcare*) to carve.
trinciato *a.* cut (up), chopped (up).
trinciatrice *f.* cutter, shredder.
trinciatura *f.* **1** cutting (up), shredding. **2** (*concr.*) shreds *pl.*, cuttings *pl.*
trinità *f.* trinity (*anche Teol.*).
trinomio *a./s.m.* (*Mat.*) trinomial (*anche fig.*).
trio *m.* trio.
triodo *m.* (*El.*) triode.
trionfale *a.* triumphal.
trionfante *a.* triumphant.
trionfare *v.i.* **1** to triumph, to prevail: ~ *sui nemici* to triumph over one's foes; *far* ~ *la giustizia* to make justice prevail. **2** (*fig.*) (*ottenere un successo*) to be a (great) success, to be successful. **3** (*fig.*) (*esultare*) to exult, to triumph.
trionfatore *m.* triumphant victor.
trionfo *m.* **1** triumph (*anche fig.*). **2** (*successo*) (great) success. **3** (*centrotavola*) centrepiece. ▭ **accogliere** *qd. in* ~ to greet s.o. in triumph; **essere** *portato in* ~ to be borne in triumph; **ottenere** *un* ~ to triumph.
tripartire *v.t.* to divide into three (parts).
tripartito *a.* tripartite.
tripartizione *f.* tripartition, division into three.
triplicare *v.t.*, **triplicarsi** *v.i.pron.* to triple.
triplicazione *f.* tripling, triplication.
triplice *a.* triple. ▭ (*Stor.*) *Triplice* **Alleanza** Triple Alliance; *in* ~ **copia** in triplicate.
triplo **I** *a.* triple, three times as much (*o* great), threefold: *una somma tripla* three times as much money (*o* the sum); (*tre volte più grande*) three times as big (*o* large). **II** *s.m.* triple, three times *pl.*; (*tre volte tanto*) triple, three times as much: *guadagna il* ~ *di me* he earns three times as much as I do.
tripode *m.* tripod.
trippa *f.* **1** (*Gastr.*) tripe. **2** (*scherz.*) (*pancione*) pot(-belly); paunch.
tripudiare *v.i.* to rejoice, to exult.
tripudio *m.* rejoicing, exultation.
triregno *m.* (papal) tiara.
trireme *f.* (*Mar.*) trireme.
tris *m.* **1** three (of a kind). **2** (*gioco*) noughts and crosses.

trisavola *f.* great-great-grandmother.
trisavolo *m.* great-great-grandfather.
trisillabo I *a.* trisyllabic. **II** *s.m.* (*parola*) trisyllable.
triste *a.* **1** sad. **2** (*che causa tristezza*) sad, sorrowful, unhappy. **3** (*misero, squallido*) bleak, gloomy, dreary: *una casa* ~ a dreary house.
tristezza *f.* **1** sadness, unhappiness. **2** (*fatto che affligge*) sorrow, affliction.
tristo *a.* **1** (*malvagio*) wicked. **2** (*meschino*) poor, mean. **3** (*sventurato*) wretched, hapless.
tritacarne *m.* mincer, meat-chopper, mincing machine.
tritaghiaccio *m.* ice-crusher.
tritare *v.t.* **1** to mince. **2** (*pestare*) to pound.
tritarifiuti *m.* disposer, garbage-disposal unit.
tritato *a.* minced: *carne tritata* minced meat.
tritatutto *m.* mincer, mincing machine.
trito *a.* **1** minced. **2** (*pestato*) pounded. **3** (*fig.*) (*risaputo*) trite, commonplace, stale: *argomenti triti* trite subjects. ▭ (*fig.*) ~ *e ritrito* trite, hackneyed.
tritolo *m.* (*Chim.*) trinitrotoluene (T.N.T.).
tritone *m.* **1** (*Mitol.*) Triton, triton. **2** (*Zool.*) newt.
trittico *m.* triptych.
triturare *v.t.* to triturate; (*macinare*) to grind*.
triunvirato *m.* triumvirate (*anche estens.*).
triunviro *m.* triumvir.
trivalente *a.* (*Chim.*) trivalent.
trivella *f.* **1** (*in falegnameria*) auger. **2** (*per roccia*) drill.
trivellazione *f.* drilling: ~ *sottomarina* offshore drilling. ▭ *torre di* ~ derrick.
trivello *m.* (*in falegnameria*) auger.
triviale *a.* (*volgare*) vulgar, coarse, ribald: *un commento* ~ a coarse remark; *un barzelletta* ~ a ribald joke; *usare un linguaggio* ~ to use a coarse language.
trivialità *f.* (*volgarità*) volgarity, coarseness· (*scurrilità*) obscenity, lewdness.
trizio *m.* (*Chim.*) tritium.
trofeo *m.* trophy. ▭ ~ *di* **caccia** hunting trophy; ~ *di* **guerra** war trophy.
troglodita *m./f.* troglodyte (*anche fig.*).
trogolo *m.* trough.
troia *f.* (*volg.*) **1** (*scrofa*) sow. **2** (*fig.*) (*donnaccia*) slut, bitch.
tromba *f.* **1** (*Mus.*) trumpet; (*suonatore*) trumpet(-player). **2** (*Mil.*) bugle; (*suonatore*) bugler. **3** (*Aut.*) horn. ▭ **a** ~ (*a imbuto*) funnel-shaped; (*Meteor.*) ~ *d'***aria** tornado; (*mulinello*) whirlwind; ~ *dell'***ascensore** lift -well; (*Anat.*) ~ *d'***Eustachio** Eustachian tube; (*Anat.*) ~ *di* **Fallopio** Fallopian tube; (*fig.*) *dare* **fiato** *alle trombe* to trumpet (*o* announce); (*Meteor.*) ~ **marina** waterspout; (*fam.*) **partire** *in* ~ to go off at full steam; ~ *delle* **scale** stair-well.
trombare *v.t.* (*scherz.*) (*bocciare*) to reject; (*a scuola*) to fail.
trombata *f.* (*scherz.*) (*bocciatura*) failure.
trombetta *f.* small trumpet; (*giocattolo*) toy trumpet.
trombettiere *m.* (*Mil.*) bugler.
trombettista *m.* (*Mus.*) trumpet(-player).
trombo *m.* (*Med.*) thrombus (*pl.* thrombi).
trombone *m.* **1** (*Mus.*) trombone; (*suonatore*) trombone(-player). **2** (*fig.*) windbag. **3** (*Bot.*) daffodil. **4** (*schioppo con canna corta*) sawed off shotgun.
trombosi *f.* (*Med.*) thrombosis.
troncamento *m.* **1** cutting (*o* chopping) off; (*lo spezzare*) breaking (*o* snapping) off. **2** (*Ling.*) apocopation, apocope.
troncare *v.t.* **1** to cut* (*o* chop) off; (*spezzare*) to break* (*o* snap) off: ~ *un ramo* to snap off a branch. **2** (*fig.*) (*interrompere*) to cut* (*o* break*) off, to cut* short: ~ *la conversazione* to break off a conversation. **3** (*Ling.*) to apocopate. ▭ ~ *la* **parola** *in bocca a qd.* to cut s.o. short; ~ *gli* **studi** to drop out.
tronchese *m./f.* (*Mecc.*) nippers *pl.*, clippers *pl.*
tronchesina *f.* nail clippers *pl.*
tronco[1] *a.* **1** (*troncato, mozzo*) cut (*o* chopped) off, cut. **2** (*spezzato*) broken off; (*interrotto*) cut short. **3** (*Geom., Metrica*) truncated. **4** (*Ling.*) apocopate(d). ▭ *licenziamento in* ~ summary dismissal.
tronco[2] *m.* **1** (*Bot., Anat.*) trunk. **2** (*tratto*) section: ~ *ferroviario* railway section; *costruire un* ~ *di strada* to build a road section. ▭ **capanna** *di tronchi* log cabin; *il* ~ *di una* **colonna** the shaft of a column; ~ *di* **cono** truncated cone.
troncone *m.* stump.
troneggiare *v.i.* to tower (*su* over).
tronfio *a.* **1** conceited, puffed up. **2** (*ridondante*) pompous.
trono *m.* throne (*anche estens.*): *salire al* ~ to ascend the throne. ▭ **abdicare** *al* ~ to abdicate; (*fig.*) **sedere** *sul* ~ (*regnare*) to be on the throne.
tropicale *a.* (*Geog.*) tropical. ▭ *zona* ~ torrid zone, the tropics *pl.*
tropico *m.* (*Geog., Astr.*) tropic. ▭ ~ *del* **Cancro** Tropic of Cancer· ~ *del* **Capricorno** Tropic of Capricorn.
troposfera *f.* (*Meteor.*) troposphere.
troppo I *a.indef.* too much; *pl.* too many: *hai fatto troppi errori* you made too many mistakes. **II** *avv.indef.* **1** too much: *parla* ~ he talks too much. **2** (*con aggettivi e avverbi*) too: *è* ~ *intelligente per farlo* he's too smart to do that. **3** (*molto assai*) very, only too: *sa anche* ~ *bene quello che dovrebbe fare* he knows very (*o* only too) well what he should do. **III** *s.m.* **1** too much: *non mi sembra di aver chiesto* ~ I don't think I've asked for too much. **2** *pl.* (*troppe persone*) too many. **3** (*rif. al tempo*) too long: *ho aspettato già* ~ I have already waited too long. ▭ **di** ~ too many: *ho bevuto qualche bicchiere di* ~ I had a few glasses too many; *uno di noi due è di* ~ there is one too many of us here;

questo **è** *~!* this is too much!; (*scherz.*) *troppa* **grazia** it's too much of a good thing.

trota *f. pl. inv.* (*Zool.*) trout.

trottare *v.i.* **1** to trot. **2** (*estens.*) (*camminare velocemente*) to trot (along).

trottata *f.* **1** trot. **2** (*fig.*) brisk walk.

trottatoio *m.* trotting-track.

trottatore *m.* trotter.

trotterellare *v.i.* (*rif. a cavalli*) to trot, to jog; (*rif. a persone, a bambini*) to toddle (along).

trotto *m.* trot. ☐ **al** *~!* at a trot!; **andare** *al* (*o di*) ~ to trot; **corsa** *al* ~ trotting race.

trottola *f.* top. ☐ (*fam.*) *girare come una* ~ to spin like a top.

trottolino *m.* (*scherz.*) (*bambino vivace*) lively child.

troupe *fr.* [trup] *f.* (*Teat., Cin.*) troupe.

trovare *v.t.* **1** to find*. **2** (*riuscire ad avere*) to find*, to get*, to have: ~ *lavoro* to get a job. **3** (*conquistare*) to achieve, to win*: *in questa impresa troverai fama e gloria* you will achieve fame and glory in this undertaking. **4** (*incontrare*) to meet*. **5** (*escogitare*) to think* (*o* make*) up; (*scoprire*) to find* (out), to discover: ~ *il colpevole* to find the culprit. **6** (*sorprendere*) to catch*: *lo trovarono mentre rubava* he was caught stealing. **7** (*riconoscere, riscontrare*) to find*: *lo hanno trovato colpevole* he was found guilty. **8** (*pensare, reputare*) to think*, to believe (*anche assol.*): *questo cappello mi sta bene, non trovi?* this hat looks well on me, don't you think (*o* doesn't it)? **trovarsi I** *v.i.pron.* **1** (*essere, stare*) to be; (*essere per caso, capitare*) to find* o.s., to (happen to) be: *mi trovavo a passare di lì* I was just (*o* happened to be) passing by there; (*essere in una certa situazione*) to be, to find* o.s.: *trovarsi nei guai* to be in trouble. **2** (*sentirsi*) to get* on: *come ti trovi nel nuovo ufficio?* how are you getting on in your new office? **3** (*essere situato*) to be, to be situated, to lie*, to stand*. **4** (*essere in vendita*) to be (on sale): *questo detersivo si trova dappertutto* this detergent is on sale everywhere. **II** *v.r.recipr.* (*incontrarsi*) to meet*; (*riunirsi*) (*fam.*) to get* together: *troviamoci stasera a casa mia* let's get together tonight at my house. ☐ *trovarsi a proprio* **agio** to feel at ease (*o* home); **andare** *a* ~ *qd.* to go to see s.o., to call on s.o., to pay s.o. a visit; *trovarsi* **bene** *con qd.* to get on (*o* along) well with s.o.; **come** *trovi quel disco?* how do you like that record?; ~ **da** to have ... to : *trova sempre da ridire* he always has to criticize; ~ *una* **scusa** to find an excuse; **venire** *a* ~ *qd.* to come and see s.o.

trovarobe *m.* (*Teat.*) property-man (*pl.* –men), prop-man.

trovata *f.* (good *o* great) idea, (*fam.*) brain-wave: *è stata proprio una* (*bella*) ~ that was really a great idea; (*espediente, ripiego*) expedient.

trovatello *m.* foundling.

truccare *v.t.* **1** (*acconciare con il trucco*) to make* up. **2** (*preordinare un risultato*) to rig, (*fam.*) to doctor (up): ~ *i risultati di una votazione* to rig the results of an election. **3** (*Aut., Mot.*) to soup up. **truccarsi** *v.r.* **1** (*travestirsi*) to disguise o.s. **2** (*imbellettarsi*) to make* (*o.s.*) up, to put* make-up on. ☐ ~ *le* **carte** to fix (*o* mark) the cards; ~ *i* **dadi** to load the dice.

truccatore *m.* (*Cin., Teat.*) make-up man.

truccatura *f.* **1** making up. **2** (*concr.*) make-up, cosmetics *pl.* **3** (*Aut., Mot.*) souping up.

trucco *m.* **1** (*inganno*) trick (*anche Fot.*). **2** (*con cosmetici*) make-up: *rifarsi il* ~ to put on fresh make-up.

truce *a.* fierce; threatening.

trucidare *v.t.* to slaughter, to slay*.

truciolo *m.* shaving.

truffa *f.* fraud, swindle. ☐ **commettere** *una* ~ to commit fraud; *essere* **vittima** *di una* ~ to be defrauded (*o* swindled).

truffaldino I *s.m.* swindler. **II** *a.* swindling, fraudulent.

truffare *v.t.* to cheat, to swindle. ☐ *rimanere truffato* to be swindled (*o* cheated).

truffatore *m.* cheat(er), swindler.

truppa *f.* **1** troop(s): *truppe d'assalto* assault troops; *truppe d'occupazione* occupation troops. **2** (*fig.*) troop: *una* ~ *di studenti* a troop of students. ☐ *truppe da* **sbarco** landing forces; **uomini** *di* ~ troops (*o* ranks).

tse-tse *f.* (*Zool.*) tsetse fly.

TT = (*Comm.*) *trasferimento* (o *bonifico*) *telegrafico* telegraph transfert.

tu I *pron.pers.* **1** you: ~ *l'hai visto?* have you seen him?; *sei stato* ~*?* was it you? **2** (*lo stesso*) yourself, the same: *non sembri più* ~ you don't seem the same any more. **II** *s.m.* familiar form (of you): *dare del* ~ *a qd.* to use the familiar form when speaking to s.o. ☐ *stare a* ~ *per* ~ *con qd.* to be face to face with s.o.; (*in privato*) in private.

tuba *f.* **1** (*Mus.*) tuba. **2** (*cappello*) top-hat.

tubare *v.i.* to coo (*anche fig.*).

tubatura, tubazione *f.* piping, pipes *pl.* ☐ ~ *dell'***acqua** water pipes *pl.*; ~ *del* **gas** gas pipeline; ~ *di* **scarico** waste pipes *pl.*; (*Mot.*) gas-exhaust pipe; ~ **sotterranea** underground pipeline.

tubercolare *a.* (*Med.*) tuberculous, tubercular.

tubercolina *f.* (*Med.*) tuberculin.

tubercolo *m.* (*Med., Bot.*) tubercle.

tubercolosario *m.* sanatorium (for tubercular patients).

tubercolosi *f.* (*Med.*) tuberculosis, (*fam.*) TB.

tubercoloso I *a.* (*Med.*) tuberculous, tubercular. **II** *s.m.* tuberculosis case, TB patient.

tubero *m.* (*Bot.*) tuber.

tuberosa *f.* (*Bot.*) tuberose.

tubetto *m.* tube.

tubino *m.* **1** (*abito*) sheath (dress). **2** (*cappello*) bowler (hat).

tubo *m.* **1** pipe, tube. **2** (*Anat.*) canal, tube. □ ~ *dell'*acqua water pipe; ~ **catodico** cathode-ray tube; (*Anat.*) ~ **digerente** alimentary canal; (*pop.*) *non me ne* **importa** *un* ~ I don't care a fig; ~ *al* **neon** neon tube; (*Mot.*) ~ *di* **scappamento** exhaust pipe; ~ *di* **scarico** drain pipe.

tubolare I *a.* tubular. **II** *s.m.* tubular tyre.

tucano *m.* (*Zool.*) toucan.

tuffare *v.t.* to dip, to plunge. **tuffarsi** *v.r.* **1** to plunge, to dive: *tuffarsi in mare* to plunge into the sea. **2** (*gettarsi verso il basso*) to leap* (down): *tuffarsi nel vuoto* to leap into space. **3** (*Aer.*) (*scendere in picchiata*) to (nose-)dive. **4** (*fig.*) (*lanciarsi, precipitarsi*) to dive, to plunge (*in* into): *tuffarsi nella mischia* to dive into the fray. **5** (*fig.*) (*sprofondarsi*) to bury o.s. (in); (*rif. a vizi e sim.*) to throw* o.s. (into), to give* o.s. up (to).

tuffata *f.* dip, plunge.

tuffatore *m.* diver, plunger.

tuffo *m.* **1** (*il tuffare*) dip, plunge; (*il tuffarsi*) dive, jump (into the water). **2** (*breve bagno*) dip. **3** (*fig.*) (*forte emozione*) throb, jolt. **4** (*Sport*) dive. **5** (*Aer.*) nose-dive. □ (*fig.*) *provai un* ~ *al* **cuore** my heart missed (*o* skipped) a beat; **gara** *di tuffi* diving contest; (*Sport*) ~ *di* **partenza** racing dive; (*Sport*) ~ *di* **testa** straight header.

tufo *m.* (*Min.*) tufa.

tugurio *m.* (*abitazione*) hovel; (*ambiente*) hole.

tuia *f.* (*Bot.*) thuja.

tulio *m.* (*Chim.*) thulium.

tulipano *m.* (*Bot.*) tulip.

tulle *m.* (*tessuto*) tulle.

tumefare *v.t.* to cause to swell. **tumefarsi** *v.i. pron.* to swell* (up).

tumefatto *a.* swollen.

tumefazione *f.* (*Med.*) swelling, tumidity.

tumido *a.* (*lett.*) **1** (*gonfio*) swollen, tumid. **2** (*carnoso*) thick, fleshy: *labbra tumide* thick lips.

tumorale *a.* (*Med.*) tumoral, tumour-.

tumore *m.* (*Med.*) tumour. □ ~ **benigno** benign tumour; ~ **maligno** malignant (*o* cancerous) tumour.

tumulare *v.t.* to bury, to entomb.

tumulazione *f.* burial.

tumulo *m.* **1** (*Archeologia*) tumulus (*pl.* tumuli). **2** (*sepolcro, tomba*) tomb, grave.

tumulto *m.* **1** uproar, turmoil. **2** (*agitazione di popolo*) riot, (up)rising. **3** (*fig.*) tumult, turmoil.

tumultuante I *a.* riotous. **II** *s.m./f.* rioter.

tumultuare *v.i.* to riot.

tumultuoso *a.* **1** rowdy, uproarious: *seduta tumultuosa* rowdy session. **2** (*fig.*) tumultuous, turbulent.

tundra *f.* (*Geog.*) tundra.

tungsteno *m.* (*Chim.*) tungsten.

tunica *f.* tunic (*anche Anat., Bot.*).

Tunisi *N.pr.f.* (*Geog.*) Tunis.

Tunisia *N.pr.f.* (*Geog.*) Tunisia.

tunisino *a./s.m.* Tunisian.

tunnel *m.* (*Strad., Ferr.*) tunnel. □ ~ **ferroviario** railway tunnel; (*Aut.*) ~ *di* **lavaggio** (tunnel) car-wash; ~ **stradale** road tunnel.

tuo I *a.poss.* **1** your: *il* ~ *gatto* your cat; *molti tuoi compagni* many of your friends, many friends of yours; (*tuo proprio*) your own: *guarda il libro* ~ look at your own book. **2** (*usato predicativamente*) yours: *la casa è tua* the house is yours. **3** (*nelle espressioni ellittiche*) your (*seguito dal sostantivo sottinteso*): *ho ricevuto la tua* (*lettera*) *del dieci maggio* I received your letter of the tenth of May. **II** *pron.poss.* yours: *mio padre è più vecchio del* ~ my father is older than yours. **III** *s.m.* **1** (*averi, beni*) means *pl.* (costr. sing. o pl.), property (of your own), what you have: *non hai niente del* ~*?* have you nothing of your own?; (*ciò che ti spetta di diritto*) what is yours. **2** *pl.* (*parenti*) your relatives *pl.*, your family, (*fam.*) your people: *come stanno i tuoi?* how is your family?; (*genitori*) your parents *pl.*; (*seguaci*) your followers *pl.* □ *questo* ~ **amico** this friend of yours; *a* **casa** *tua* at your house, at home.

tuonare *v.i.impers.* to thunder (*anche fig.*).

tuono *m.* thunder (*anche fig.*).

tuorlo *m.* yolk: *un* ~ *d'uovo* an egg yolk.

turacciolo *m.* stopper; (*di sughero*) cork.

turare *v.t.* to plug, to stop; (*con sughero*) to cork. **turarsi** *v.i.pron.* (*intasarsi*) to be(come*) blocked (*o* stopped *o* plugged). □ (*fig.*) ~ *la* **bocca** *a qd.* to silence s.o.; (*fig.*) ~ *un* **buco** to pay a debt; *turarsi il* **naso** to hold one's nose.

turba[1] *f.* **1** rabble, mob. **2** *pl.* (*masse di gente*) crowd, moltitude.

turba[2] *f.* (*Med.*) disorder: *turbe nervose* nervous disorders.

turbamento *m.* **1** disturbance, disturbing. **2** (*inquietudine, smarrimento*) perturbation, anxiety.

turbante *m.* turban.

turbare *v.t.* **1** (*disturbare*) to disturb, to trouble: ~ *una riunione* to disturb a meeting. **2** (*sconvolgere, sconcertare*) to upset*, to derange. **turbarsi** *v.i.pron.* **1** to grow* (*o* get*) upset; (*preoccuparsi*) to grow* (*o* get*) worried. **2** (*annuvolarsi: rif. al cielo*) to cloud over.

turbato *a.* **1** disturbed, troubled. **2** (*sconvolto*) upset.

turbina *f.* (*tecn.*) turbine. □ ~ *a* **gas** gas turbine; ~ **idraulica** water (*o* hydraulic) turbine; ~ *a* **reazione** reaction turbine; ~ *a* **vapore** steam turbine.

turbinare *v.i.* to whirl (*anche fig.*).

turbine *m.* **1** whirlwind. **2** (*estens. fig.*) whirl: *il* ~ *della danza* the whirl of the dance. □ ~ *di* **neve** snowstorm; ~ *di* **sabbia** sandstorm.

turbinio *m.* **1** whirling. **2** (*fig.*) (*tumulto, agitazione*) whirl.

turbinoso *a.* whirling (*anche fig.*).

turbocisterna *f.* (*Mar.*) turbine-driven tanker.
turbocompressore *m.* (*tecn.*) turbocompressor, multistage centrifugal blower.
turboelettrico *a.* turbo-electric.
turboelica *m.* (*Aer.*) turbo-prop, turbo-propeller engine.
turbogetto *m.* (*Aer.*) **1** turbo-jet engine. **2** (*aereo a turbogetto*) turbo-jet.
turbolento *a.* **1** turbulent, unruly: *scolaresca turbolenta* unruly pupils. **2** (*fig.*) (*burrascoso*) stormy, troubled, turbulent.
turbolenza *f.* **1** turbulence (*anche Scient.*). **2** (*sfrenatezza*) unruliness.
turbonave *f.* turbine steamship.
turboreattore → **turbogetto**.
turchese *a./s.m./f.* turquoise.
Turchia *N.pr.f.* (*Geog.*) Turkey.
turchino *a./s.m.* deep blue.
turco I *a.* Turkish. **II** *s.m.* **1** (*lingua*) Turkish. **2** (*abitante*) Turk. □ *sedere* **alla** *turca* to sit cross-legged; **bestemmiare** *come un* ~ to swear like a trooper; **caffè** ~ Turkish coffee; **fumare** *come un* ~ to smoke like a chimney; **parlare** (*in*) ~ to speak double Dutch.
turgidezza *f.* turgidity.
turgido *a.* **1** turgid, swollen: *acini d'uva turgidi* swollen grapes. **2** (*fig.*) (*ampolloso*) turgid, bombastic, pompous. **3** (*rif. a parti del corpo*) full: *labbra turgide* full lips.
turibolo *m.* (*Lit.*) thurible.
turismo *m.* tourism. □ **Ente** *per il* ~ Tourist Board; **fare** *del* ~ to travel, to tour; ~ *di* **massa** mass tourism.
turista *m./f.* tourist.
turistico *a.* tourist: *classe turistica* tourist class. □ **agenzia** *turistica* travel agency; **assegno** ~ traveller's cheque; **giro** ~ sightseeing tour; **operatore** ~ tour operator.
turnista *m./f.* shift worker.
turno *m.* **1** (*di lavoro*) shift: *avere il* ~ *di notte* to be on nightshift. **2** (*guardia: rif. a militari*) guard; (*rif. a custodi, personale ospedaliero*) duty. **3** (*volta*) turn: *è il tuo* ~ it's your turn. □ **a** ~ in turn(s), by turn(s); (*rif. al lavoro*) in shifts; *lavorare* **a** ~ to do shift-work; **aspettare** *il proprio* ~ to wait one's turn; **di** ~ on duty: *essere di* ~ to be on duty; **fare** *a* ~ *a fare qc.* to take (it in) turns to do s.th., to do s.th. by turns.
turpe *a.* foul, shameful, vile; (*spudorato*) shameless, indecent; (*sconcio*) filthy, disgusting.
turpiloquio *m.* foul (*o* obscene) language, (*fam.*) dirty talk.
turpitudine *f.* **1** turpitude, foulness, vileness; (*azione turpe*) turpitude, shameful act. **2** (*discorso osceno*) obscene language, foul talk.
turrito *a.* towered; (*ricco di torri*) many-towered.
tuta *f.* overalls *pl.* □. ~ *di* **amianto** asbestos suit; (*Mil.*) ~ **mimetica** camouflage; ~ **spaziale** spacesuit; ~ **sportiva** tracksuit.
tutela *f.* **1** defence, protection. **2** (*Dir.*) guardianship. □ **a** ~ *di* in defence of; ~ **ambientale** environmental protection (*o* conservation); ~ *delle* **bellezze** *naturali* conservation of nature; ~ *del* **consumatore** consumer protection; (*Dir.*) ~ *dei* **diritti** safeguarding (*o* protection) of one's rights; ~ *di* **minori** guardianship of minors; ~ *del* **patrimonio** *artistico* preservation of works of art; (*Dir.*) *essere* **sotto** ~ to be under protection (*o* guardianship); *essere* **sotto** *la* ~ *di qd.* to be s.o.'s ward; **uscire** *di* ~ to come of age.
tutelare[1] *v.t.* to protect, to defend, to safeguard. **tutelarsi** *v.r.* to protect (*o* safeguard) o.s.
tutelare[2] *a.* **1** guardian-: *angelo* ~ guardian angel. **2** (*Dir.*) tutelary: *giudice* ~ tutelary judge.
tutina *f.* (*per bambini*) rompers *pl.*; romper suit.
tutore *m.* (*Dir.*) guardian (*anche estens.*). □ *fare* **da** ~ *a qd.* to be s.o.'s guardian; ~ *della* **legge** policeman (*pl.* men); *tutori dell'***ordine** (*pubblico*) police *sing.* (costr. pl.).
tutorio *a.* (*Dir.*) tutelary.
tuttavia *congz.* yet, nevertheless, however, still, but: *non te lo meriti,* ~ *farò il possibile* you don't deserve it, but I'll do whatever I can; ~ *è meglio che tu lo sappia* however it's better for you to know about it.
tutto I *a.indef.* **1** all; (*intero, completo*) the whole (of); (*per tutto, in tutto*) throughout: ~ *il giorno* all day; *per* ~ *il giorno* all day (long), throughout the day; *tutta l'Italia* all (*o* the whole of) Italy; *per tutta l'Italia* all over (*o* throughout) Italy; *durante* ~ *l'inverno* for the whole winter. **2** *pl.* all: *tutti questi giornali* all these newspapers. **3** *pl.* (*ogni singolo*) every, every one of; (*ciascuno*) each; (*qualunque*) any: *vado in ufficio tutti i giorni* I go to the office every day; *tutte le professioni sono belle* any profession is nice. **4** (*seguito da pron. pers.*) all: *tutti noi* (*sogg.*) all of us; we all; (*compl.*) us all. **5** (*seguito da un numerale*) all: *tutt'e tre* all three; *li ho salutati tutti e cinque* I greeted all five of them; (*seguito dal numero due*) both: *sono venuti tutti e due* both of them came, they both came. **6** (*intens.*) all, quite: *mi parlò con tutta libertà* she spoke quite freely to me. **7** (*soltanto*) all, only, nothing but, mere: *sono tutte chiacchiere* it's all (*o* mere) talk, it's only (*o* nothing but) gossip. **8** (*in espressioni ellittiche: si traduce in modo idiomatico*): *pensarle tutte* to think of everything possible. **II** *pron.indef.* **1** (*ogni cosa*) everything: *penso a* ~ I think of everything; (*qualsiasi cosa*) anything: *è capace di* ~ he is capable of anything; (*la cosa più importante*) everything: *i soldi non sono* ~ money is not everything. **2** *pl.* everyone, everybody, all; (*ciascuno*) each (one): *lo sapevano tutti* everybody knew, they all knew; *sono arrivati tutti?* has everyone arrived? **III** *avv.* **1** (*inte-*

ramente) quite, exactly, just, completely. **2** (*intens.*) (*seguito da un agg.*) all, very, quite: *lo trovai* ~ *sconvolto* I found him very upset; *con le mani tutte screpolate* with her hands all chapped. **IV** *s.m.* all, everything, the whole thing, (*fam.*) the lot: *il* ~ *costa diecimila lire* the whole thing costs ten thousand lire. ▭ **a** ~ *il 31 dicembre* up to and including December 31st; *tutt'***altro** anything but, far from: *è tutt'altro che furbo* he is anything but cunning; (*niente affatto*) not at all, not in the least: *sei convinto? – tutt'altro* are you convinced? – not at all: ~ **ciò** *che* everything (that), all (that): ~ *ciò che vedi è suo* all you see is his; ~ **considerato** all (things) considered; ~ *al* (o *il*) **contrario** just the opposite; *di* ~ **cuore** whole-heartedly; **del** ~ completely, quite, entirely: *ora è finito del* ~ now it's completely finished (*o* all over); *non* **del** ~ not completely, not entirely; *fare* **di** ~ (*fare ogni sforzo*) to do all (*o* everything) one can; *saper fare* **di** ~ to be an all-rounder; **in** ~ (*complessivamente*) in all, altogether; **in** ~ *e per* ~ completely, entirely, quite; *tutt'***intorno** all around (*o* about); *in tutti i* **modi** (*comunque*) in any case, anyhow, anyway; ~ **muscoli** very muscular; *essere* ~ **naso** to be all nose; *o* ~ *o* **niente** (it's) all or nothing; *a tutt'***oggi** up to now, until today, so far; *il* ~ **per** ~ everything; *tutt'al* **più** at (the) most: *saranno stati tutt'al più una ventina* there must have been about twenty of them at most; (*al più tardi*) at the latest; **prima** *di* ~ first of all; *è di una fedeltà a tutta* **prova** his faithfulness is well-tried; *vestito di* ~ **punto** perfectly dressed; *tutti* **quanti** *i partecipanti* all the participants; *dovete venire tutti* **quanti** you must all come; ~ **quanto** (*intero*) all, whole, entire; (*pron.*) everything, (*fam.*) the lot; **questo** *è* ~ that's all, (*fam.*) that's it; ~ **sta** *nell'andare d'accordo* the most important thing is to get on with each other; *tutt'a un* **tratto** *è sparito* suddenly (*o* all of a sudden) he disappeared; *andare a tutta* **velocità** to go at full (*o* top) speed; *una* **volta** *per tutte* once and for all; *tutte le* **volte** *che* every time (that).

tuttofare *a.* general: *domestica* ~ maid of all work.

tuttora *avv.* still.

TV = *Televisione* Television.

U

u, U[1] *f./m.* (*lettera dell'alfabeto*) u, U. □ (*Tel.*) ~ *come Udine* U for Uncle (*anche am.*).

U[2] = (*Chim.*) *uranio* uranium.

ubbia *f.* **1** (*timore infondato*) groundless fear; (*fisima*) whim, fancy. **2** (*pregiudizio*) prejudice.

ubbidiente *a.* obedient.

ubbidienza *f.* obedience. □ **dovere** ~ *a qd.* to owe s.o. obedience; **ridurre all'**~ to reduce to obedience.

ubbidire *v.i.* **1** to obey (*a qd.* s.o.): ~ *ai genitori* to obey one's parents. **2** (*ottemperare*) to comply (with), to obey (s.th.): ~ *alle leggi* to comply with the law.

ubbriacare *e deriv.* →**ubriacare** *e deriv.*

ubertoso *a.* (*lett.*) fertile.

ubicato *a.* located.

ubicazione *f.* location, site.

ubiquità *f.* ubiquity.

ubriacare *v.t.* to make* drunk, to intoxicate, (*anche fig.*). **ubriacarsi** *v.i.pron.* to get* drunk, to become* intoxicated.

ubriacatura *f.* intoxication (*anche fig.*).

ubriachezza *f.* drunkenness, intoxication. □ *guidare in stato di* ~ to drive while under the influence of alcohol.

ubriaco I *a.* drunk, intoxicated (*anche fig.*). **II** *s.m.* drunk, drunken person. □ *essere* ~ *fradicio* to be dead (*o* blind) drunk, (*am. sl.*) to be bombed.

ubriacone *m.* drunkard.

U.C. = *Ufficio di Collocamento* Employment Bureau.

uccellagione *f.* **1** bird-catching, fowling. **2** (*concr.*) (*uccelli catturati*) bag (of birds), game birds *pl.* (caught).

uccellare *v.i.* to fowl.

uccelliera *f.* aviary.

uccello *m.* **1** (*Zool.*) bird. **2** (*volg.*) (*pene*) cock, prick. □ ~ **acquatico** waterfowl; (*fig.*) *essere uccel di* **bosco** to be nowhere to be found; *il* **canto** *degli uccelli* birdsong; ~ *in* **gabbia** caged bird; ~ **lira** lyre bird; ~ *di* (o *del*) **malaugurio** bird of ill omen; ~ **migratore** migratory bird; ~ *di* **passo** bird of passage, migratory bird; ~ **rapace** bird of prey; ~ *di* **richiamo** decoy (bird); **vista** *a volo d'*~ bird's eye view.

uccidere *v.t.* **1** to kill; (*assassinare*) to murder. **2** (*estens.*) to kill (off): *il gelo ha ucciso le piante* the frost killed the plants. **3** (*Macelleria*) to slaughter. **uccidersi** *v.r.* **1** to kill o.s., to commit suicide. **2** (*recipr.*) to kill e.o. □ ~ *qd. con una* **fucilata** to shoot s.o. (dead); ~ *qd. col* **veleno** to poison s.o.

uccisione *f.* killing; (*assassinio*) murder.

ucciso I *a.* killed; (*assassinato*) murdered. **II** *s.m.* **1** victim, dead person. **2** *pl.* the dead (costr. pl.); (*assassinato*) murdered person.

uccisore *m.* killer; (*assassino*) murderer.

Ucraina *N.pr.f.* (*Geog.*) Ukraine.

udibile *a.* audible.

udienza *f.* **1** (*solenne*) audience; (*fam.*) hearing: *dare* ~ *a qd.* to give s.o. a hearing. **2** (*Dir.*) hearing, sitting. □ (*Dir.*) ~ *a porte* **aperte** hearing in open court; (*Dir.*) ~ *a* **porte** *chiuse* (*rif. a cause civili*) hearing in chambers; (*rif. a cause penali*) trial in camera; ~ **pubblica** public audience.

udire *v.t.* **1** to hear*. **2** (*venire a conoscenza*) to hear* (of), to learn*.

uditivo *a.* auditory, of hearing: *condotto* ~ auditory canal; *facoltà uditiva* faculty (*o* power) of hearing.

udito *m.* (sense of) hearing. □ *essere* **debole** *d'*~ to be hard of hearing; *avere l'*~ **fine** to have acute (*o* keen) hearing.

uditore *m.* **1** hearer, listener. **2** (*Univ.*) non -examination student, (*am.*) auditor.

uditorio *m.* audience; listeners *pl.*

uf(f), uffa *intz.* ouf, off.

uff. = *ufficio* office, bureau.

ufficiale[1] *a.* official.

ufficiale[2] *m.* officier (*anche Mil.*); official: *ufficiali governativi* government officials. □ ~ *dell'***aeronautica** air-force officer; **allievo** ~ cadet officer; **alti** *ufficiali* high-ranking officers; ~ *di* **carriera** regular officer; (*Dir.*) ~ **giudiziario** bailiff; **grand'**~ great officer; *ufficiali* **inferiori** lower-ranking officers; ~ *di* **marina** naval officer; **pubblico** ~ public official; ~ **sanitario** health officer; ~ *di* **stato** *civile* registrar.

ufficialità *f.* official nature (*o* character).

ufficio *m.* **1** (*dovere*) duty. **2** (*carica*) office: *assumere un* ~ to take office; (*funzione*) office, position, post: *sospendere qd. da un* ~

to suspend s.o. from a post. **3** (*organo burocratico*) office: ~ *delle imposte* tax office. **4** (*luogo di lavoro*) office. □ ~ **acquisti** buying (*o* purchasing) office; ~ *dell'***anagrafe** registry (office); **buoni** *uffici* good offices (*o* services): *grazie ai buoni uffici di qd.* through (*o* thanks to) s.o.'s good offices; ~ **cambi(o)** exchange (office); (*in banca*) foreign exchange (*o* currency) department; ~ *di* **collocamento** employment exchange; labour exchange; (*am.*) employment agency; **d'**~ of-fice-: *orario d'*~ office hours; (*ufficialmente*) officially; (*Dir.*) **difensore** *d'*~ counsel for the defence appointed by the court; ~ **funebre** office for the dead; ~ **informazioni** inquiry office, information bureau, information desk; ~ (*del*) **personale** personnel office (*o* department); ~ **pubblico** public (*o* government) office; *per* **ragioni** *d'*~ (*per servizio*) on official matters (*o* business); (*in qualità o veste ufficiale*) in one's official capacity; ~ **stampa** press office; ~ **stranieri** aliens' office; (*Comm.*) ~ **vendite** sales office (*o* department).

ufficiosità *f.* unofficial nature.

ufficioso *a.* unofficial, semi-official. □ *in via ufficiosa* unofficially.

uffizio *m.* (*Rel.*) office. □ (*Stor.*) *il Santo Uffizio* the Holy Office.

ufo[1]: *a* ~ free (of charge), gratis; (*alle spalle di altri*) off others, at others' expense: *mangiare a* ~ to live off others (*o* at others' expense).

ufo[2] *m.* UFO; (*estens.*) (*disco volante*) flying saucer.

ufologia *f.* ufology.

ufologo *m.* ufologist.

Uganda *N.pr.f.* (*Geog.*) Uganda.

ugello *m.* (*tecn.*) nozzle.

uggia *f.* (*noia, tedio*) boredom; (*fastidio, molestia*) nuisance, bother. □ *avere in* ~ *qd.* to dislike s.o.

uggiolare *v.i.* to whine, to whimper.

uggiolio *m.* whining, whimpering.

uggiosità *f.* dullness, tediousness; (*molestia*) tiresomeness; (*rif. al tempo*) gloominess.

uggioso *a.* **1** (*noioso*) boring, tedious; (*rif. a tempo*) dull, gloomy. **2** (*molesto*) tiresome.

Ugo *N.pr.m.* Hugh.

ugola *f.* (*Anat.*) uvula (*pl.* uvulae/uvulas). □ (*ant.*) **bagnarsi** *l'*~ to wet one's whistle; *avere un'* ~ *d'***oro** to have a beautiful voice.

uguaglianza *f.* equality.

uguagliare *v.t.* **1** to make* equal (*o* level), to level, to equalize. **2** (*essere pari*) to equal. **3** (*giungere allo stesso livello*) to equal, to match: ~ *il proprio maestro* to equal one's master. **uguagliarsi** *v.i.pron.* (*essere uguale*) to be equal.

uguale I *a.* **1** the same, identical, like, equal (to): *due penne uguali* two pens that are exactly the same, two like pens. **2** (*uniforme*) even; (*liscio, piano*) even, flat. **3** (*Geom.*) congruent. **II** *s.m./f.* equal, peer (*anche fig.*): *non ha l'*~ he has no equal (*o* peer). □ (*Comm.*) ~ *al* **campione** up to sample; **essere** ~ (*non fare differenza*) to make no difference; **senza** ~ unequalled, matchless, peerless.

uh *intz.* (*per esprimere meraviglia*) oh; (*per esprimere disgusto*) ugh; (*per esprimere dolore*) ah, oh.

U.I.C. = *Ufficio Italiano Cambi* Italian Foreign Exchange Office.

ulcera *f.* (*Med.*) ulcer: ~ *duodenale* duodenal ulcer; ~ *gastrica* gastric ulcer.

ulcerare *v.t.* **ulcerarsi** *v.i.pron.* to ulcerate.

ulcerazione *f.* (*Med.*) ulceration.

ulceroso *a.* (*Med.*) ulcerous.

Ulisse *N.pr.m.* Ulysses.

uliveto *m.* (*oliveto*) olive-grove.

ulivo *m.* (*Bot.*) (*olivo*) olive(-tree).

ulna *f.* (*Anat.*) ulna.

Ulster *N.pr.f.* (*Geog.*) Ulster.

ulteriore *a.* further.

ulteriormente *avv.* further on.

ultimamente *avv.* recently, lately.

ultimare *v.t.* to complete, to finish (off), to bring* to an end.

ultimatum *m.* (*Pol.*) ultimatum (*anche estens.*): *dare l'*~ *a qd.* to give s.o. an ultimatum.

ultimazione *f.* completion, finishing (off).

ultimo I *a.* **1** last. **2** (*recentissimo*) latest: *l'ultima moda* the latest fashion; *le ultime notizie* the latest news. **3** (*estremo*) far(thest), extreme. **4** (*più in alto*) last, top: *abitare all'*~ *piano* to live on the top floor. **5** (*più in basso*) bottom, last. **6** (*che non ha alcuna importanza*) lowest, last, poorest: *il lavoro è l'ultima sua cura* work is the last thing he worries about. **7** (*in una classifica e sim.*) bottom. **II** *s.m.* the last: *dal primo all'*~ from first to last; (*in una classifica e sim.*) bottom, last: *è l'*~ *della classe* he is last in the class. □ *l'*~ *dell'***anno** the last day of the year, New Year's Eve; *essere l'*~ **arrivato** to be (*o* come) last; (*fig.*) to be a newcomer; **da** ~ (*alla fine*) at the end; **fino** *all'*~ to the last, until the end; **in** ~ in (*o* at) the end; *l'*~ **limite** *possibile* the utmost; *l'*~ *del* **mese** the last day of the month; ~ **nato** last–born; (*Giorn.*) *le ultimissime della* **notte** the late night news; **per** ~ last; **quest'**~ (*il secondo di due*) the latter; **sapete** *l'ultima?* have you heard tne latest (joke)?; (*burocr.*) ~ **scorso** last: *la mia lettera del cinque maggio* ~ *scorso* my letter of May the fifth last; *negli ultimi* **tempi** lately.

ultimogenito *a./s.m.* last-born.

ultra *fr.* [yl'tra] **I** *s.m.* (*oltranzista*) extremist, ultra. **II** *a.* extremist.

ultracorto *a.* (*Rad.*) ultrashort.

ultrapotente *a.* **1** (*potentissimo*) very powerful. **2** (*Rad., Mot.*) high-power(ed).

ultrasensibile *a.* hypersensitive.

ultrasonico *a.* ultrasonic, supersonic.

ultrasuono *m.* (*Fis.*) ultrasound.

ultraterreno *a.* celestial; heavenly.
ultravioletto I *a.* (*Fis.*) ultraviolet. **II** *s.m.* ultraviolet (radiation).
ululare *v.i.* to howl, to ululate.
ululato *m.* **1** howling, ululation. **2** (*urlo prolungato o lamentoso*) howl, wail.
umanamente *avv.* **1** humanly: *è ~ impossibile* it's humanly impossible. **2** (*con umanità*) humanely: *trattare qd. ~* to treat s.o. humanely.
umanesimo *m.* **1** (*Stor., Lett.*) Humanism. **2** (*estens.*) humanism.
umanista I *s.m./f.* (*Stor.*) humanist. **II** *a.* humanist(ic).
umanistico *a.* **1** (*Stor.*) humanist(ic). **2** (*classico*) classical: *studi umanistici* classical studies, humanities.
umanità *f.* **1** human nature, humanity. **2** (*genere umano*) humanity, mankind. **3** (*sentimento*) humanity, humaneness.
umanitario *a.* humanitarian.
umanitarismo *m.* humanitarianism.
umanizzare *v.t.* **umanizzarsi** *v.i.pron.* to humanize.
umano I *a.* **1** human. **2** (*comprensivo*) humane. **II** *s.m.* human.
umanoide *m.* humanoid.
Umberto *N.pr.m.* Humbert.
umettare *v.t.* to moisten, to damp(en).
umidiccio *a.* dampish, wettish. ▭ *mani umidicce* clammy hands.
umidificare *v.t.* to humidify, to moisten.
umidificatore *m.* humidifier.
umidità *f.* **1** humidity, damp(ness). **2** (*contenuto idrico*) moisture: *l'~ del terreno* soil moisture (*o* humidity).
umido I *a.* **1** damp, humid; moist. **2** (*Meteor., Geog.*) humid: *clima ~* humid climate. **II** *s.m.* **1** (*umidità*) damp(ness). **2** (*Gastr.*) (*carne al sugo*) stewed meat. ▭ (*Gastr.*) **in** ~ stewed, in casserole; *cuocere* **in** ~ to stew.
umile I *a.* **1** humble; (*sottomesso*) submissive. **2** (*rif. a grado sociale: semplice*) humble, lowly. **3** (*povero, modesto*) poor, humble, mean; (*meschino*) lowly, mean: *i lavori più umili* the mean jobs. **II** *s.m./f.* humble person.
umiliante *a.* humiliating.
umiliare *v.t.* to humiliate, to humble, to mortify. **umiliarsi** *v.r.* to humble (*o* humiliate) o.s.
umiliazione *f.* humiliation.
umiltà *f.* **1** humility. **2** (*qualità di ciò che è umile*) humbleness; unpretentiousness.
umore *m.* **1** (*liquido biologico*) humour: *~ acqueo* aqueous humor. **2** (*linfa*) sap. **3** (*fig.*) (*disposizione*) mood, humour, spirits *pl.*: *essere di ~ nero* to be in a black mood. ▭ **buon** ~ good mood (*o* humour); (*allegria*) high (*o* good) spirits *pl.*: *essere di buon ~* to be in a good mood (*o* high spirits); *essere di* **cattivo** ~ to be in a bad mood (*o* low spirits).
umorismo *m.* humour.
umorista *m./f.* **1** person with a strong sense of humour. **2** (*scrittore*) humorist.
umoristico *a.* **1** humorous. **2** (*divertente*) funny, witty, humorous: *una storiella umoristica* a funny story. ▭ **giornale** ~ humorous magazine; **spirito** ~ sense of humour.
un → **uno**.
una I *art.f.* → **uno**. **II** *s.f.* (*ora*) one (o'clock): *è l'~* it is one o'clock.
unanime *a.* unanimous.
unanimità *f.* unanimity. ▭ *all'~* unanimously.
una tantum *f.* (*imposta straordinaria*) tax to be paid once for all. ▭ *gratifica ~* non-recurrent bonus.
uncinare *v.t.* to hook.
uncinato *a.* hooked. ▭ *croce uncinata* swastika.
uncinetto *m.* crochet-hook. ▭ *lavorare all'~* to crochet.
uncino *m.* hook. ▭ *a ~* hook-shaped, hooked.
undicenne I *a.* (*attr.*) eleven-year-old; (*pred.*) eleven years old. **II** *s.m./f.* eleven-year-old boy (*f.* girl).
undicesimo *a./s.m.* eleventh.
undici *a./s.m.* eleven.
UNESCO = *Organizzazione educativa, scientifica e culturale delle Nazioni Unite* United Nations Educational, Scientific, and Cultural Organization.
ungere *v.t.* **1** to oil, to grease; (*con creme e sim.*) to apply cream to; (*impomatare*) to put* ointment on. **2** (*insudiciare di grasso*) to make* greasy, to get* grease on. **3** (*fig.*) (*adulare*) to flatter, (*fam.*) to butter up. **4** (*assol.*) to be greasy: *questa crema non unge* this cream is non-greasy. **5** (*insignire d'una dignità con olio consacrato*) to anoint. **ungersi I** *v.r.* (*spalmarsi di grasso*) to rub o.s., with oil, to apply oil. **II** *v.i.pron.* (*macchiarsi di grasso*) to get* grease on o.s.
ungherese *a./s.m./f.* Hungarian.
Ungheria *N.pr.f.* (*Geog.*) Hungary.
unghia *f.* **1** (*Anat.*) nail; (*della mano*) (finger) nail; (*del piede*) (toe)nail. **2** (*artiglio*) claw; (*di rapace*) talon; (*zoccolo*) hoof. **3** (*minima grandezza o distanza*) inch. ▭ (*fig.*) **avere** *qd. tra* (o *sotto*) *le unghie* to have s.o. in one's clutches; (*fig.*) **capitare** *sotto le unghie di qd.* to fall into s.o.'s clutches; ~ **incarnita** ingrown nail; **mangiarsi** *le unghie* to bite one's nails; (*fig.*) **mettere** *fuori le unghie* to show one's claws.
unghiata *f.* scratch. ▭ *dare un ~ a qd.* to give s.o. a scratch; (*rif. ad animali*) to claw s.o.
unguento *m.* ointment, unguent.
unicamente *avv.* only, just, merely.
UNICEF = *Fondo Internazionale di Emergenza per l'Infanzia delle Nazioni Unite* United Nations International Children's Emergency Fund.
unicellulare *a.* (*Biol.*) unicellular.

unicità *f.* uniqueness.
unico I *a.* **1** only, one, sole: *è figlio* ~ he's an only child. **2** (*solo, esclusivo*) sole, exclusive: *agente* ~ sole agent. **3** (*singolo*) single: *binario* ~ single track. **4** (*ineguagliabile*) unique, unequalled: *è un artista* ~ he's a unique artist. **II** *s.m.* only one, only person: *sei l'*~ *a saperlo* you're the only one to know. ☐ (*Teat.*) **atto** ~ one-act play; *è più* ~ *che* **raro** it's rare to the point of being unique; (*Strad.*) **senso** ~ one way; *il mio* **solo** *ed* ~ *amico* my one and only friend.
unicorno *m.* unicorn.
unidimensionale *a.* one-dimensional.
unidirezionale *a.* unidirectional; one-way.
unifamiliare *a.* one family-, for a single family.
unificabile *a.* unifiable.
unificare *v.t.* **1** (*riunire*) to unite, to join (together); (*fondere*) to merge. **2** (*ridurre a un tipo unico*) to unify: ~ *la scuola elementare* to unify the elementary school; (*standardizzare*) to standardize.
unificazione *f.* **1** unification. **2** (*standardizzazione*) standardization.
uniformare *v.t.* **1** to make* uniform. **2** (*render conforme*) to adapt, to adjust (*a* to). **uniformarsi** *v.r.* to adapt, to adjust, to conform (*a* to).
uniforme[1] *a.* **1** uniform; (*piano*) even: *terreno* ~ even ground. **2** (*monotono*) unchanging, monotonous: *esistenza* ~ unchanging existence. **3** (*Fis.*) uniform.
uniforme[2] *f.* uniform. ☐ (*Mil.*) **alta** ~ full -dress uniform; **in** ~ in uniform, uniformed.
uniformità *f.* **1** uniformity; evenness: *l'*~ *del terreno* the evenness of the ground. **2** (*concordia, unanimità*) agreement, accord, unanimity.
unigenito *a.* (*Teol.*) only-begotten.
unilaterale *a.* unilateral, one-sided.
unilateralità *f.* one-sidedness.
unione *f.* **1** (*associazione, federazione*) union, association: ~ *sindacale* labour union. **2** (*coalizione*) coalition, union: *l'*~ *delle sinistre* the coalition of the left. **3** (*fig.*) (*concordia*) unity, harmony, concord: *in questa famiglia c'è una perfetta* ~ in this family there is perfect harmony. **4** (*Pol.*) union. ☐ ~ **coniugale** union; ~ **doganale** Customs union; *Unione delle* **Repubbliche** *Socialiste Sovietiche* Union of Soviet Socialist Republics; *Unione* **Sovietica** Soviet Union.
unire *v.t.* **1** to unite, to join (*anche fig.*): ~ *tutte le forze* to unite all forces. **2** (*collegare, mettere in comunicazione*) to join, to connect. **3** (*ravvicinare*) to bring* (*o* put* *o* draw*) together: ~ *due tavoli* to put two tables together. **4** (*fig.*) (*rif. a persone: stringere con vincoli morali o legali*) to bind*, to unite. **5** (*aggiungere*) to add: ~ *l'interesse al capitale* to add interest to capital. **unirsi I** *v.r.recipr.* **1** to unite, to join up (*o* together). **2** (*accordarsi, armonizzarsi*) to blend, to harmonize, to go* well. **II** *v.r.* (*accompagnarsi, mettersi insieme*) to join up (*a* with), to join (s.o.): *ci unimmo a loro per andare al cinema* we joined them to go to the cinema. ☐ *unirsi in* **matrimonio** to get married, to marry; *unirsi in* **società** to enter into partnership.
unisex *a* unisex.
unisono *m.* (*Mus.*) unison (*anche fig.*). ☐ (*Mus.*) *all'*~ in unison (*anche fig.*).
unità *f.* **1** unity. **2** (*identità, concordia*) unity, accord. **3** (*concr.*) (*singolo oggetto*) unit. **4** (*Mat., Mil.*) unit. ☐ (*Inform.*) ~ **centrale** *di elaborazione* central processing unit (CPU); (*Inform.*) ~ *a* **disco** disk drive; ~ *di misura* measure; ~ **monetaria** monetary unit; (*Inform.*) ~ *a* **nastro** *magnetico* magnetic tape unity; (*Inform.*) ~ **periferica** peripheral device.
unitamente *avv.* unitedly; (*insieme, congiuntamente*) together (*a* with), with (s.th.).
unitario *a.* unitary. ☐ *prezzo* ~ average price.
unito *a.* **1** united, joined. **2** (*stretto da vincoli morali o legali*) close, united: *una famiglia molto unita* a very close family. **3** (*uniforme, privo di disegni*) solid: *una stoffa di tinta unita* solid colour fabric.
universale *a.* universal: *legge* ~ universal law; (*di tutto il mondo*) universal, world-: *storia* ~ world history; (*generale*) general. ☐ *Giudizio Universale* Final Judgement.
universalità *f.* universality.
università *f.* university: *l'università di Milano* Milan University. ☐ *andare all'*~ to go to (the) university.
universitario I *a.* university-: *corsi universitari* university courses. **II** *s.m.* university student.
universo *m.* universe.
univoco *a.* unambiguous, univocal: *affermazione univoca* unambiguous statement.
uno I *a.num.* one, a: *ha un figlio maschio e due femmine* she has a son and two daughters. **II** *s.m.* **1** (*Mat.*) one: ~ *più* ~ *fa due* one plus one equals two. **2** (*seguito da un partitivo*) one: ~ *di voi* one of you. **III** *pron.indef.* **1** (*un tale, una certa persona*) someone, a person; (*fam.*) a fellow (*o* chap): *c'è* ~ *che ti aspetta* there's someone waiting for you. **2** (*uno qualunque, qualsivoglia*) one: ~ *di questi giorni verrò a trovarti* one of these days I'll pay you a visit. **3** (*con valore impersonale*) one, you, a person, anyone: *se* ~ *vuole, può ottenere tutto* if a person really tries hard, he can get anything. **IV** *art.indef.* **1** (*davanti a consonante*) a; (*davanti a vocale*) an. **2** (*circa, più o meno*) about, roughly, some: *ci vorrà una mezz'ora* it will take about half an hour. ☐ **a** ~ *a* ~ one by one; ~ *dopo l'***altro** one after another; *l'*~ *e l'***altro** (*entrambi*) both (*costr. pl.*); *l'*~ *o l'***altro** either (*costr. sing.*); *né l'*~ *né l'***altro** neither (*costr. sing.*); (*con verbo negativo*) either (*costr. sing.*): *non mi piace né l'*~ *né l'***altro** I

don't like either (of them); *non me ne va* **bene** *una* everything is going wrong; *per* **dirne** *una* just to give you an example (*o* idea); *ne ha* **fatta** *una delle sue* he's gone and done it again; *marciare* **per** ~ to march in single file; ~ **più** ~ *meno* what's one more or less; (*eufem.*) *una di* **quelle** (*prostituta*) a street -walker; *gli uni* **sì**, *gli altri no* some yes, others no; ~ **solo** just one, one only; ~ *dei* **tanti** one of the many; *essere* **tutt'**~ (*essere la stessa cosa*) to be all the same; ~ *per* **volta** one at a time.

unto[1] **I** *a.* (*di grasso*) greasy; (*di olio*) oil -stained; (*sporco*) dirty. **II** *s.m.* (*Rel.*) anointed. □ ~ *e bisunto* all greasy, filthy.

unto[2] *m.* **1** (*grasso*) grease: *una macchia d'*~ a grease spot. **2** (*Gastr.*) fat; (*condimento grasso*) dripping. □ *essere sporco d'*~ to be greasy (*o* fat-stained).

untume *m.* grease; (*di grassi alimentari*) fat.

untuosità *f.* **1** greasiness, oilness. **2** (*fig.*) (*ipocrisia*) unctuousness, oilness.

untuoso *a.* **1** greasy, oily. **2** (*ipocrita*) unctuous, oily.

unzione *f.* (*Lit.*) unction: *estrema* ~ Extreme Unction.

uomo *m.* **1** man (*pl.* men). **2** (*essere umano*) man, human being. **3** (*individuo*) man, fellow: *c'è un* ~ *alla porta* there's a man at the door. **4** (*pop.*) (*marito, amante*) man, husband. □ ~ *d'***affari** businessman (*pl.* –men); ~ *alla* **buona** simple (*o* plain) fellow; ~ *di* **chiesa** (*ecclesiastico*) churchman; (*uomo molto religioso*) religious man; ~ *di* **colore** coloured man; **da** ~ man's, men's: *abito da* ~ man's suit; **da** ~ *a* ~ man to man; ~ *di* **fatica** labourer; ~ *di* **fiducia** reliable person; (*braccio destro*) right-hand man; *essere l'*~ *del* **giorno** to be the man of the moment; ~ *di* **legge** (*avvocato*) lawyer; (*giurista*) jurist; ~ *di* **lettere** learned man; ~ *di* **mare** seaman; sailor; ~ *di* **mondo** man of the world; *un* ~ **nuovo** an upstart; ~ *di* **paglia** (*prestanome*) dummy, figure-head; ~ *di* **parola** man of his word; **per** (*soli*) *uomini* for men (only); ~ **rana** frogman; ~ **sandwich** sandwichman; ~ *di* **spirito** wit, wag; *l'*~ *della* **strada** the man in the street.

uopo *m.* (*lett.*): *all'*~ in case of necessity (*o* need); (*a tale scopo*) for such a purpose; *esser d'*~ to be necessary.

uosa *f.* (*ghetta*) gaiter.

uovo *m.* **1** egg. **2** *pl.* (*uova di pesce e sim.*) roe, spawn. **3** (*Biol.*) egg, ovum. □ *uova da* **bere** fresh eggs; *l'*~ *di* **Colombo** the obvious solution (to the problem); ~ *alla* **coque** soft -boiled egg; ~ *di* **giornata** new-laid egg; ~ **marcio** bad (*o* rotten) egg; ~ **pasquale** Easter egg; (*fig.*) **rompere** *le uova nel paniere a qd.* to upset s.o.'s plans; ~ **sbattuto** beaten egg; ~ **sodo** hard-boiled egg; *uova* **strapazzate** scrambled eggs; ~ *al* **tegamino** fried egg.

upupa *f.* (*Zool.*) hoopoe.

uragano *m.* **1** (*Meteor.*) hurricane. **2** (*fig.*) storm: *un* ~ *di applausi* a storm of applause.

uranio *m.* (*Chim.*) uranium.

urbanesimo *m.* urbanization.

urbanista *m./f.* town (*o* city) planner.

urbanistica *f.* town-planning.

urbanistico *a.* town-planning-.

urbanità *f.* urbanity; courtesy.

urbanizzare *v.t.* to urbanize.

urbanizzazione *f.* urbanization.

urbano *a.* **1** city-, town-, urban: *mura urbane* city walls. **2** (*fig.*) urbane, courteous, polite: *modi urbani* polite manners.

urea *f.* (*Chim., Biol.*) urea.

uretere *m.* (*Anat.*) ureter.

uretra *f.* (*Anat.*) urethra.

urgente *a.* **1** urgent, pressing: *necessità* ~ pressing need. **2** (*Poste, Tel.*) urgent.

urgenza *f.* urgency. □ *in* **caso** *d'*~ in (case of) an emergency; **d'**~ urgently; **fare** ~ *a qd.* to press (*o* urge) s.o.; *ho* ~ *di* **parlargli** I badly need to speak to him.

urgere *v.i.* **1** (*essere necessario al più presto*) to be needed urgently: *urge un medico* a doctor is needed urgently. **2** to be urgent (*o* pressing): *necessità che urgono* needs which are pressing, urgent needs.

urico *a.* (*Chim.*) uric: *acido* ~ uric acid.

urina *f.* urine. □ *analisi delle urine* uranalysis.

urinare *v.i.* to urinate.

urinario *a.* (*Anat., Med.*) urinary.

urlare **I** *v.i.* **1** (*rif. ad animali*) to howl. **2** (*rif. all'uomo*) to cry (out), to scream: ~ *di dolore* to scream with pain; (*alzare la voce*) to shout, to yell. **II** *v.t.* **1** (*chiamare*) to shout (out), to yell. **2** (*cantare a voce spiegata*) to sing* at the top of one's voice.

urlatore **I** *a.* howling. **II** *s.m.* **1** shouter. **2** (*cantante*) pop singer.

urlio *m.* **1** shouting, howling. **2** (*estens.*) howling, shrieking.

urlo *m.* **1** (*rif. ad animali*) howl. **2** (*grido umano*) cry, shout, howl, yell; (*strillo*) shriek. **3** *pl.* (*estens.*) (*parole, esclamazioni violente*) yelling. **4** (*suono acuto e prolungato*) howl(ing), wail(ing): *l'*~ *della sirena* the wailing of the siren.

urna *f.* **1** ballot-box. **2** (*vaso*) urn: *urna cineraria* cinerary urn (*o* vase). □ *andare alle urne* to go to the polls.

urogallo *m.* (*Zool.*) capercaillie.

urologia *f.* (*Med.*) urology.

urologo *m.* (*Med.*) urologist.

urrà **I** *intz.* hurrah: *hip, hip, hip,* ~*!* hip, hip, hurrah! **II** *s.m.* hurrah, cheer: *un* ~ *per il nostro eroe* three cheers for our hero.

URSS = *Unione Repubbliche Socialiste Sovietiche* Union of Soviet Socialist Republics.

urtante *a.* irritating, annoying.

urtare **I** *v.t.* **1** to knock (against, into), to bump (into). **2** (*fig.*) (*indispettire*) to annoy, to irritate. **II** *v.i.* to bump (*contro, in* into), to knock (against, into), to run* (into, up against): ~ *contro un albero* to run into a tree. **urtarsi** *v.r.* **1** (*recipr.*) to collide (with e.o.). **2** (*fig.*) (*venire a contrasto*) to fall* out.

urtata *f.* knock; (*spinta*) push.

urticante *a.* urticant.

urto *m.* **1** (*spinta*) push, shove. **2** (*collisione, scontro*) collision, crash: ~ *di navi* collision between ships. **3** (*fig.*) (*contrasto*) conflict, clash: ~ *d'interessi* conflict of interests. **4** (*Mil.*) attack, assault: *sostenere l'~ del nemico* to withstand the enemy attack. □ (*Farm.*) **dose** *d'~* massive dose; **entrare** *in ~* to collide; **essere** *in ~ con qd.* to be at odds with s.o.; ~ **frontale** head-on collision; **mettersi** *in ~ con qd.* to fall out with s.o.; **terapia** *d'~* push therapy.

uruguaiano *a./s.m.* Uruguayan.

Uruguay *N.pr.m.* (*Geog.*) Uruguay.

u.s. = *ultimo scorso* last (month).

USA = *Stati Uniti d'America* United States of America.

usanza *f.* **1** custom: *una vecchia* ~ an old custom. **2** (*abitudine*) habit. □ **è** (*buona*) ~ it is a polite custom; *da noi* **vige** *questa* ~ it is customary among us.

usare I *v.t.* **1** (*adoperare*) to use, to make* use (*qc.* of s.th.): ~ *il coltello* to use a knife. **2** (*con un oggetto astratto*) to exercise, to act (with): ~ *prudenza* to exercise prudence; ~ *molta attenzione* to act very carefully. **3** (*portare abitualmente*) to wear*: *d'inverno uso la pelliccia* I wear my fur in the winter. **4** (*avere la consuetudine di*) to be used (*o* accustomed) to, to be in the habit of, to be the custom (*costr. impers.*). **II** *v.i.* **1** (*servirsi*) to make* use, to avail o.s. (of). **2** (*essere di moda*) to be the (*o* in) fashion, to be fashionable. □ **come** *s'usa* as the custom is; ~ *una* **cortesia** *a qd.* to do s.o. a favour; ~ *il proprio* **diritto** to exercise one's rights; ~ *le* **mani** (*picchiare*) to use one's hands; ~ **modi** *raffinati* to have refined ways; ~ **pazienza** to be patient; ~ *la* **testa** to use one's head; ~ **violenza** *a qd.* to force s.o.

usato I *a.* **1** used. **2** (*consumato*) worn(-out); (*di seconda mano*) second-hand. **3** (*in uso*) used, in use: *i metodi usati in una scuola* the methods in use in a school. **4** (*abituato*) used, accustomed, trained: *uomini usati al lavoro* men accustomed to work. **II** *s.m.* (*ant.*) (*solito*) ordinary. □ *mercato dell'~* second-hand market.

uscente *a.* **1** ending, closing: *l'anno ~* the closing year. **2** (*burocr.*) outgoing, retiring: *il preside ~* the outgoing headmaster. **3** (*Gramm.*) ending: *tema ~ in "a"* stem ending in "a".

usciere *m.* usher.

uscio *m.* door. □ ~ *di* **casa** front (*o* street) door; **farsi** *sull'~* to come to the door; *mettere qd.* **fuori** *dell'~* to turn s.o. out.

uscire *v.i.* **1** (*andare fuori*) to go* out (*di, da* of), to leave*: *il treno esce dalla stazione* the train is leaving the station; (*venir fuori*) to come* out. **2** (*scendere da mezzi di locomozione*) to get* off (*da qc.* s.th.), to get* out (of): *esci dalla macchina* get out of the car. **3** (*allontanarsi*) to leave*, to break* away: ~ *dal gruppo* to leave the group. **4** (*essere dimesso*) to be discharged (*da* from), to come* out (of): ~ *dall'ospedale* to be discharged from hospital. **5** (*emanare, scaturire: rif. a liquidi*) to flow (out), to run*: *l'acqua esce dal rubinetto* the water flows from the tap; (*rif. a gas e sim.*) to come* (out). **6** (*estens.*) (*sporgere da una superficie*) to protrude, to stick* out: *il chiodo esce di qualche centimetro dalla porta* the nail is sticking a few centimetres out of the door. **7** (*essere sorteggiato*) to come* out (*o* up), to be drawn: *il suo nome è uscito per primo* his name was drawn first. **8** (*apparire inaspettatamente*) to spring*, to come* (*di* from): *di dove sei uscito?* where did you spring from? **9** (*dire all'improvviso, sbottare*) to come* out (*con, in* with), to let* out, to give* (s.th.): ~ *in una battuta scherzosa* to come out with a wisecrack; ~ *in un grido* to give (*o* let out) a cry. **10** (*essere pubblicato*) to come* out, to be published (*o* issued). **11** (*lasciare uno stato per passare a un altro*) to leave* (behind), to drop (s.th.): ~ *dall'infanzia* to leave one's childhood behind. **12** (*provenire*) to come* from: *esce dalla migliore università italiana* he comes from the best Italian university. **13** (*Ling.*) (*terminare*) to end. □ ~ *in* **automobile** to go out in the car; *uscir di* **bocca** to slip out; ~ *di* **casa** to leave the house; ~ *dai* **gangheri** to fly off the handle; ~ *dalla* **legalità** to be illegal; ~ *di* **mano** (*sfuggire, cadere*) to slip (*o* drop *o* fall) out of one's hands; ~ *di* **mente** to slip one's mind: *mi era uscito di mente* it had slipped my mind; ~ *dagli* **occhi** (*rif. a cosa che non si sopporta più*) to be fed up with; ~ *a* **passeggio** to go out for a walk; ~ *di* **scena** (*rif. ad attori*) to exit; (*fig.*) (*rif. a personaggi importanti*) to leave the scene; (*fig.*) ~ *di* **sé** to fly into a rage; ~ *dal* **seminato** to digress, to wander off (*o* from) the point; ~ *di* **senno** to go mad; *è uscito il* **sole** the sun has come out; ~ *di* **soppiatto** to steal out; ~ *di* **strada** to go off the road. ‖ *uscirne* (*cavarsela*) to come out of it, to emerge: *ne è uscito con onore* he emerged with honour; (*fig.*) *di qui non si esce* there's no way out of this; *esci!* (*fuori*) get out!

uscita *f.* **1** (*l'andar fuori*) going out; (*il venir fuori*) coming out; leaving. **2** (*passaggio per cui si esce*) exit, way out: *l'~ della stazione* the station exit. **3** (*emanazione: di liquidi*) (out)flow; (*di gas e sim.*) outlet: ~ *d'aria* air outlet. **4** (*scarico, sbocco*) outlet. **5** (*fig.*) (*scappatoia*) way out, solution. **6** (*motto di spirito*) witty remark, crack. **7** (*Comm.*) (*spesa*) outlay, expense. **8** (*Ling.*) ending. **9** (*Inform.*) output. □ (*Strad.*) ~ **autocarri** lorry turn-off; **buona** ~ (*gratifica*) gratuity;

giorno *d'*~ day off, free day; **libera** ~ time off duty (*anche Mil.*): *essere in libera* ~ to be off duty (*o* out on a pass); ~ **secondaria** back exit; ~ *di* **sicurezza** emergency exit; **vietata** *l'*~ no exit.

usignolo *m.* (*Zool.*) nightingale.

USL = *Unità Sanitaria Locale* Local Health Unit.

uso[1] *m.* **1** use: *pronto per l'*~ ready for use. **2** (*pratica, esercizio continuo*) practice: *le lingue s'imparano con l'*~ languages are learnt by practice. **3** (*usanza, costume*) custom, usage. **4** (*voga, moda*) fashion. **5** (*Dir.*) (*consuetudine*) customary law, custom. □ **a** ~ *di qd.* for (the use of) s.o.: *classici a* ~ *della gioventù* classics for young people; **all'**~ *di* after the... fashion (*o* style): *all'*~ *cinese* in the chinese way (*o* fashion); (*Ling.*) ~ **comune** everyday language; ~ *e* **consumo** wear and tear; *per proprio* ~ *e* **consumo** for one's own (*o* personal) use; *usi e* **costumi** usage and custom; **d'**~ usual, habitual; **essere** *in* ~ to be the custom; (*Farm.*) *per* ~ **esterno** for external use only; **fare** ~ *di qc.* to use s.th., to make use of s.th.; **fare** ~ *di narcotici* to take drugs; **fare** *buon uso di qc.* to get good wear out of s.th.; **fuori** (*d'*) ~: 1 (*inservibile*) unserviceable, useless: *mettere fuori* ~ to make unserviceable; 2 (*guasto*) out of order; 3 (*rif. a parole, espressioni*) obsolete, no longer in use; ~ **indebito** unlawful use; ~ **legittimo** lawful use; **mettere** *in* ~ to put (in)to use; ~ *della* **parola** (power of) speech; (*Dir.*) *di* ~ **pubblico** for public (*o* general) use; ~ *della* **ragione** use of reason; *fotografia* ~ **tessera** passport photograph; *per* **tutti** *gli usi* all-purpose-; **venire** *in* ~ to come into fashion (*o* usage).

uso[2] *a.* (*lett.*) (*abituato*) used, accustomed.

ussaro *m.* (*Mil., ant.*) hussar.

ustionare *v.t.* to burn*; (*con un liquido*) to scald, to burn*. **ustionarsi** *v.r.* to burn* (o.s.); (*con un liquido*) to scald (*o* burn*) o.s.

ustionato *a.* burnt; scalded.

ustione *f.* burn; (*fatta con un liquido*) scald, burn.

ustorio *a.*: *specchio* ~ burning glass.

usuale *a.* usual, common.

usucapione *m.* **1** (*Stor., Dir.*) usucaption. **2** (*Dir.*) adverse possession.

usufruire *v.i.* to benefit (*di* by, from), to profit (by), to take* advantage (of): ~ *di uno sconto* to take advantage of a discount; (*valersi*) to avail o.s. (of).

usufrutto *m.* (*Dir.*) usufruct, right of user: *dare qc. in* ~ *a qd.* to give s.th. to s.o. in usufruct.

usufruttuario *a./s.m.* (*Dir.*) usufructuary.

usura[1] *f.* usury. □ *a* (o *con*) ~ at interest (*anche fig.*): *prestare denaro a* ~ to lend money at interest.

usura[2] *f.* (*tecn.*) wear (and tear).

usuraio *m.* **1** usurer, money lender. **2** (*estens., spreg.*) (*avaro*) miser, skinflint.

usurpare *v.t.* to usurp.

usurpatore *m.* usurper.

usurpazione *f.* usurpation.

utensile[1] *a.*: *macchina* ~ machine tool.

utensile[2] *m.* **1** utensil: *utensili da cucina* kitchen utensils. **2** (*attrezzo*) tool, implement, utensil: *gli utensili del falegname* the carpenter's tools. **3** *pl.* (*collett.*) tools *pl.*, equipment.

utensileria *f.* **1** (*utensili*) tools *pl.* **2** (*officina*) tool-room.

utente *m./f.* **1** user: ~ *della strada* road user. **2** (*consumatore*) consumer: ~ *del gas* gas consumer. **3** (*del telefono*) (telephone) subscriber; (*della radio e televisione*) licence -holder.

utenza *f.* **1** (*rif. a gas e sim.*) consumption, use. **2** (*collett.*) (*insieme degli utenti*) users *pl.*, consumers *pl.*; (*del telefono*) subscribers *pl.*; (*della radio e televisione*) licence holders *pl.*

uterino *a.* (*Anat.*) uterine.

utero *m.* (*Anat.*) uterus, womb.

utile I *a.* **1** useful, helpful: *rendersi* ~ *a qd.* to make o.s. useful to s.o. **2** (*vantaggioso*) useful, good: *un consiglio* ~ good advice. **II** *s.m.* **1** advantage, benefit, profit: *pensare al proprio* ~ to think of what (benefit) one can get out of s.th. **2** (*Econ.*) profit, profits *pl.*, gain; *pl.* (*reddito*) income, revenue: *gli utili di un'azienda* a company's income. □ **posso** *essere* ~ may I help you?; *in* **tempo** ~ within the time limit; **unire** *l'*~ *al dilettevole* to mix business with pleasure.

utilità *f.* **1** usefulness, utility. **2** (*vantaggio*) profit, benefit. **3** (*Econ.*) utility. □ *di* **nessuna** ~ of no use; *essere di* **poca** ~ to be of little use; ~ **pubblica** public interest: *per ragioni di pubblica* ~ in the public interest.

utilitaria *f.* (*Aut.*) utility car, (*am.*) compact car.

utilitario *a./s.m.* utilitarian.

utilitarismo *m.* utilitarianism.

utilitarista *m./f.* utilitarian.

utilitaristico *a.* utilitarian.

utilizzabile *a.* utilizable.

utilizzare *v.t.* to make* use of, to utilize.

utilizzazione *f.* use, utilization.

utilizzo *m.* (*burocr., tecn.*) utilization.

utopia *f.* utopia.

utopista *m./f.* utopian.

utopistico *a.* utopian.

uva *f.* (*Bot.*) grapes *pl.*: *raccogliere l'*~ to pick grapes. □ **chicco** *d'*~ grape; **festa** *dell'*~ grape festival; **grappolo** *d'*~ bunch of grapes; ~ **passa** raisins *pl.*; (*Bot.*) ~ **spina** gooseberry; **succo** *d'*~ grape juice; (*Bot.*) ~ **sultanina** sultana raisins *pl.*; ~ *da* **tavola** table (*o* dessert) grapes *pl.*

uvetta *f.* raisins *pl.*

uxoricida *m./f.* uxoricide.

uxoricidio *m.* uxoricide.

V

v,[1] **V**[1] *f./m.* (*lettera dell'alfabeto*) v, V: *a V* V-, V-shaped. ▭ (*Tel.*) ~ *come Venezia* V for Victor (*anche am.*).
v.[2] = *vedi* see.
V[2] = **1** (*Chim.*) *vanadio* vanadium. **2** *volt* volt.
va' *intz.* go on, (well I) never, (*fam.*) come off it: *t'hanno promosso? ma ~!* you passed your exam? well I never!
vacante *a.* vacant: *posto* (o *sede,* o *carica*) ~ vacancy.
vacanza *f.* **1** holiday; (*am.*) vacation; *andare in ~* to go on holiday; (*giorno di permesso*) day off: *prendersi un giorno di ~* to have a day off. **2** (*del Parlamento*) recess; (*di tribunali, università*) vacation, (*fam.*) vac. **3** (*raro*) (*l'essere vacante*) vacancy. ▭ *oggi* **è** ~ today is a holiday; **essere** *in ~* to be on holiday (*o* vacation); **far** ~ (*avere ~*) to have a holiday; (*assentarsi dal servizio*) to take time off; (*per un giorno*) to take (*o* have) a day off; (*mancare a scuola*) to stay away from school; *vacanze* **natalizie** Christmas holidays; *vacanze* **pasquali** Easter holidays; **periodo** *delle vacanze* holiday-time; *vacanze* **scolastiche** school holidays.
vacca *f.* cow. ▭ ~ *da latte* milk (*o* dairy) cow, (*fam.*) milker.
vaccaio *m.* cowherd, cowman (*pl.* –men).
vacchetta *f.* (*pellame*) cowhide.
vaccinare *v.t.* to vaccinate, to inoculate.
vaccinazione *f.* vaccination, inoculation: *fare la ~* to be vaccinated (*o* inoculated).
vaccino I *a.* cow's, cow-, vaccine: *latte ~* cow's milk. **II** *s.m.* (*Med.*) vaccine: ~ *antipoliomielite* polio vaccine.
vacillamento *m.* **1** (*rif. a persone*) swaying, tottering, staggering. **2** (*rif. a cose*) wobbling; (*rif. a fiamma, luce e sim.*) flickering, wavering. **3** (*fig.*) wavering.
vacillante *a.* **1** (*rif. a persone*) unsteady, tottering, swaying, staggering: *passo ~* unsteady step. **2** (*rif. a cose*) wobbling; (*rif. a fiamma, luce e sim.*) flickering; wavering. **3** (*fig.*) (*instabile*) unsteady, tottering, wavering. **4** (*fig.*) (*incerto, malsicuro*) wavering, shaky, faltering: *fede ~* wavering faith.
vacillare *v.i.* **1** (*rif. a persone*) to sway, to stagger; (*enfatico*) to totter: *raggiunse vacillando la sedia più vicina* she tottered to the nearest chair. **2** (*rif. a cose*) to wobble: *il tavolo vacilla* the table is wobbling. **3** (*rif. alle gambe*) to shake*, to be unsteady: *vacilla sulle gambe* he is shaky on his legs. **4** (*rif. a fiamma, luce e sim.*) to flicker, to waver: *la luce vacillò e si spense* the light flickered and went on. ▭ *la mia* **memoria** *vacilla* my memory wavers; *il* **trono** *vacilla* the throne is tottering.
vacuità *f.* vacuity, emptiness (*anche fig.*).
vacuo *a.* empty, vacuous.
vademecum *m.* vade-mecum.
vagabondaggio *m.* **1** wandering; roaming. **2** (*Dir.*) vagrancy. ▭ *darsi al ~* to take to the road.
vagabondare *v.i.* **1** to be a vagabond (*o* tramp); (*Dir.*) to be a vagrant. **2** (*andare in giro senza meta*) to wander (about), to roam. ▭ ~ *con la fantasia* to give one's imagination free play.
vagabondo I *a.* vagabond, vagrant, roving. **II** *s.m.* **1** (*giramondo*) vagabond, wanderer. **2** (*spreg.*) (*fannullone*) idler, loafer.
vagamente *avv.* vaguely.
vagare *v.i.* to wander, to rove, to roam: ~ *per il mondo* to roam the world.
vagheggiare *v.t.* **1** (*guardare con amore*) to gaze at lovingly. **2** (*estens.*) (*pensare col desiderio*) to long (*o* yearn) for; (*sognare*) to dream* of: ~ *la gloria* to dream of glory.
vaghezza *f.* **1** vagueness. **2** (*lett.*) (*capriccio*) fancy, longing, desire: *se ti punge ~ di ...* if you feel like (+ *ger.*).
vagina *f.* (*Anat.*) vagina.
vaginale *a.* (*Anat., Med.*) vaginal.
vaginismo *m.* (*Med.*) vaginismus.
vaginite *f.* (*Med.*) vaginitis.
vagire *v.i.* to wail, to whimper.
vagito *m.* vagitus; wail.
vaglia[1] *m.* money order: ~ *bancario* bank draft; ~ *postale* postal order. ▭ **fare** *un ~* to make out a money order; **incassare** *un ~* to cash a money order.
vaglia[2]: *di ~* (*di valore*) of worth, worthy; (*capace*) skilful.
vagliare *v.t.* **1** to sift, to sieve: ~ *la ghiaia* to sieve gravel; (*spulare*) to winnow, to fan: ~ *il grano* to winnow grain. **2** (*fig.*) (*considerare attentamente*) to weigh (up), to sift. ▭ ~

i pro e i contro to weigh the pros and cons.

vagliatura *f.* **1** sifting, sieving; (*spulatura*) winnowing. **2** (*concr.*) (*materiale di scarto*) siftings *pl.*

vaglio *m.* **1** sieve, sifter. **2** (*fig.*) (*esame attento*) close examination, sifting, scrutiny; (*selezione*) sorting out.

vago[1] **I** *a.* **1** vague, faint, uncertain. **2** (*lett.*) (*leggiadro*) graceful, charming. **II** *s.m.* vagueness. □ **rimanere** *nel* ~ to be too vague; **tenersi** *nel* ~ to stick to general terms.

vago[2] *m.* (*Anat.*) vagus (nerve).

vagoncino *m.* **1** (*carrello*) trolley. **2** (*di telefe-riche e funivie*) cable car. **3** (*in miniera*) wagon, ore car.

vagone *m.* **1** (*Ferr.*) (*per viaggiatori*) (railway) carriage, (railway) coach, (*am.*) passenger car; (*per merci*) (goods) wagon, (*am.*) freight car. **2** (*contenuto di un vagone*) wagon-load. **3** (*fam.*) (*gran quantità*) heap, pile. □ ~ **frigorifero** refrigerated wagon; ~ **letto** sleeping-car, wagon-lit, sleeper; ~ **postale** mail van, (*am.*) mailcar; ~ **ristorante** dining-car.

vaio I *s.m.* (*pelliccia*) vair (fur). **II** *a.* blackish -grey; (*screziato*) dark-speckled.

vaiolo *m.* (*Med., Veterinaria*) smallpox, variola.

vaioloso I *a.* variolous, smallpox-. **II** *s.m.* variolous patient.

val = *valuta* currency.

valanga *f.* **1** (*Geol.*) avalanche. **2** (*fig.*) shower, flood: *una* ~ *di regali* a shower of gifts; (*rif. a parole e sim.*) flood; (*rif. ad applausi, critiche e sim.*) storm (of applause, criticism, ecc.).

valdese *a./s.m./f.* (*Rel.*) Waldensian. □ *i Valdesi* the Waldenses.

valente *a.* skilful, capable, talented.

valentia *f.* skill, capability, prowess.

valentuomo *m.* worthy man.

valenza *f.* (*Chim., Biol.*) valence, valency.

valere I *v.i.* **1** (*aver merito, pregio: rif. a persone*) to be good (*o* clever *o* skilful): *un tecnico che vale molto* a very good technician; (*aver valore, prezzo: rif. a cose*) to be worth: *questa macchina vale diversi milioni* this machine is worth several million lire. **2** (*contare*) to count for; to weigh: *uomini così non valgono niente* such men count for nothing. **3** (*avere forza legale o logica*) to be valid, to be in effect (*o* force), to hold* good: *questa legge non vale più* this law is no longer in force; *vale ancora questo passaporto?* is this passport still valid? **4** (*essere utile, giovare*) to be of use, to be good (*o* a help), to serve (a purpose): *a nulla valsero i consigli del padre* the father's advice served no purpose. **5** (*equivalere, spesso col compl. oggetto*) to be worth, to be equal (to): *uno scudo valeva cinque lire* one escudo used to be worth five lire. **6** (*nei giochi: essere valido, essere regolare*) to be valid. **7** (*importare*) to be of use, to matter, to make* a difference: *che vale?* what use is it?, what does it matter?, what difference does it make? **II** *v.t.* (*procurare, procacciare*) to bring*, to earn: *la sua condotta gli valse un severo rimprovero* his behaviour earned him a sharp reproof. **valersi** *v.i.pron.* to use, to make* use of, to take* advantage of: *valersi della propria autorità* to use one's power. □ *vale a* **dire** that is to say, it's the same as saying, that means; (*fig.*) **far** ~ to assert; **far** ~ *la propria autorità* to make one's authority felt; **far** ~ *i propri diritti* to assert one's rights; **far** ~ *le proprie ragioni* to make o.s. heard; **farsi** ~ to make o.s. felt; to assert o.s.; (*fig.*) *non* ~ *un* **fico** (*secco*) not to be worth a brass farthing; **non** *vale!* that's not fair!; *vale tant'***oro** *quanto pesa* it (*o* he) is worth its (*o* his) weight in gold; ~ *la* **pena** to be worth (it), to be worth-while (*o* worth the trouble); *non ne vale la* **pena** it's not worth it; *roba che vale* **poco** worthless stuff; **tanto** *vale che ti dica tutto* I might as well tell you everything.

valeriana *f.* (*Bot., Farm.*) valerian.

valevole *a.* (*valido*) valid, good. □ *questa corsa è* ~ *per il campionato* this race counts for the championship.

valgo *a.* (*Med.*) valgus.

valicabile *a.* passable, that may be crossed.

valicare *v.t.* to cross, to pass (*o* go*) over.

valico *m.* **1** crossing, passing (over). **2** (*concr.*) pass(age), crossing-place; (*passo montano*) (mountain) pass: ~ *alpino* Alpine pass.

validità *f.* **1** validity: *il biglietto ha la* ~ *di tre giorni* the validity of the ticket is three days, the ticket is valid for three days. **2** (*efficacia*) effectiveness, efficacy.

valido *a.* **1** valid, sound, well-grounded. **2** (*efficace*) effective, efficacious: ~ *aiuto* great (*o* real) help. **3** (*forte, vigoroso*) strong, powerful. □ *contributo* ~ substantial contribution.

valigeria *f.* **1** (*negozio*) leather-goods shop. **2** (*fabbrica*) leather-goods factory.

valigia *f.* suitcase, (*fam.*) case, (*am.*) (traveling-) bag; *pl.* suitcases *pl.*, luggage, (*am.*) (traveling-) bags *pl.*; (*collett.*) baggage. □ ~ **diplomatica** diplomatic bag; **disfare** *le valigie* to unpack; **fare** *le valigie* to pack.

valigiaio *m.* **1** (*fabbricante*) leather-goods manufacturer. **2** (*venditore*) leather-goods seller.

vallata *f.* (large) valley.

valle *f.* **1** (*Geog.*) valley; (*poet.*) dale. **2** (*depressioni paludose*) marshes: *la valli di Comacchio* the marshes of Comacchio. **3** (*lett.*) vale: ~ *di lacrime* vale of tears. □ *a* ~ (*rif. a fiumi*) downstream, downriver (*di* from), below (s.th.): *il Tevere a* ~ *di Roma* the Tiber below Rome; (*da un monte e sim.*) down(hill): *scendere a* ~ to go down(hill).

valletta *f.* (*TV*) (compère's) assistant.

valletto *m.* **1** (*Stor.*) valet, footman (*pl.* –men). **2** (*usciere*) usher.

valligiano *m.* valley dweller, (*lett.*) dalesman (*pl.* –men).

vallo *m.* (*Stor.*) rampart, wall.

vallone *m.* (*Geog.*) deep (*o* narrow) valley.

valore *m.* **1** (*pregio*) value, worth. **2** (*prezzo*) value, price: *acquistare* ~ to increase in value. **3** (*importanza, significato, validità*) importance, significance, meaning, validity: *poche persone si sono rese conto del* ~ *di questa scoperta* few people realized the significance of this discovery. **4** (*Mat., Fis., Mus.*) value. **5** *pl.* (*oggetti di valore*) valuables *pl.* **6** (*funzione*) function, use: *participio con* ~ *di aggettivo* participle with the function of (*o* used as) an adjective, participle used adjectivally. **7** (*coraggio*) valour, bravery, courage. **8** authority, expert, brain: *nel suo campo è un* ~ he's an authority in his field. **9** (*Econ.*) (*titoli e azioni*) securities; *pl.* stock: *Borsa valori* Stock-Exchange. **10** (*di monete, banconote*) denomination. □ ~ *d'***acquisto** purchase (*o* buying) value; ~ **affettivo** sentimental value; *imposta sul* ~ **aggiunto** (*IVA*) value-added tax (VAT); **atto** *di* ~ act of valour; *non* **avere** ~ to be of no value (*o* worth); ~ **bollato** revenue stamp; ~ **civile** civil bravery; (*Comm.*) ~ **contabile** book value; *non* **dare** ~ *a qc.* to attach no importance to s.th.; **di** ~ (*rif. al valore venale*) valuable, of (great) value: *oggetti di* ~ valuable objects, valuables; (*rif. a persone*) of great merit, leading, expert: *un avvocato di* ~ a leading lawyer; ~ **legale** (*di monete*) nominal (*o* par) value; ~ *di* **mercato** market value; *medaglia al valor* **militare** medal for military valour; ~ **nutritivo** food (*o* nutritional) value; **perdere** ~ to go down in value, to be worth less, to become less valuable; **scala** *di valori* scale of value; **senza** ~ worthless, of no value, worth nothing.

valorizzare *v.t.* **1** to exploit, to use to advantage, to turn to account: ~ *le risorse naturali di un paese* to exploit the natural resources of a country. **2** (*aumentare di valore*) to increase the value (*qc.* of s.th.), to make* (s.th.) more valuable: ~ *un terreno* to increase the value of a piece of land. **3** (*dare maggior risalto*) to enhance, to bring* (s.th.) out: *questi abiti non valorizzano affatto il suo aspetto* these clothes do nothing to enhance her appearance. **valorizzarsi I** *v.r.* (*di persone*) to make* the best of o.s. **II** *v.i.pron.* (*di beni*) to increase in value.

valorizzazione *f.* **1** (*sfruttamento*) exploitation, utilisation. **2** (*rif. a persone*) bringing out the value (of); (*rif. a cose*) making the most of. **3** (*aumento di valore*) increase in value.

valoroso I *a.* **1** brave, valiant, valorous, courageous. **2** (*valente*) able, skilled, good, top-rate. **II** *s.m.* brave (*o* valiant) person.

valuta *f.* (*Econ.*) **1** currency, money: ~ *cartacea* paper money. **2** (*tempo per la decorrenza degli interessi*) value: ~ *immediata* value this day; *con* ~ *primo gennaio* interest to run from January the first. □ ~ **aurea** gold currency (*o* standard); ~ **debole** soft (*o* weak) currency; ~ **estera** foreign currency (*o* money); ~ **forte** hard currency; (*Econ.*) ~ (*a corso*) **legale** legal tender.

valutabile *a.* assessable, that can be estimated (*o* valued): *una perdita non facilmente* ~ a loss that can't be easily estimated.

valutare *v.t.* **1** to appraise, to assess, to evaluate, to value. **2** (*calcolare*) to calculate, to reckon, to compute: ~ *le entrate di qd.* to estimate s.o.'s income; (*calcolare approssimativamente*) to estimate, to judge: ~ *la distanza tra due città* to estimate the distance between two towns. **3** (*tenere in considerazione*) to evaluate, to consider: ~ *una persona* to evaluate a person. **4** (*vagliare, soppesare*) to appraise, to judge, to estimate, to weigh up: ~ *il pro e il contro* to weigh the pros and the cons; ~ *un rischio* to estimate a risk.

valutario *a.* monetary, money-: *norme valutarie* monetary regulations.

valutazione *f.* appraisal, (e)valuation, estimation, estimate, reckoning. □ *un* **errore** *di* ~ an error in judgement; ~ **fiscale** tax assessment; ~ *del* **lavoro** job evaluation.

valva *f.* (*Zool., Bot.*) valve.

valvola *f.* **1** valve. **2** (*El.*) (*fusibile*) fuse: *è saltata una* ~ a fuse has blown. **3** (*Rad.*) valve, (*am.*) tube: *un apparecchio a cinque valvole* a five-valve set, (*am.*) a five-tube set. **4** (*Anat.*) valve. □ ~ *d'***arresto** stop valve; ~ *della* **camera** *d'aria* inner tube valve; ~ **cardiaca** cardiac valve; (*Mecc.*) ~ *a* **farfalla** throttle; ~ *di* **sicurezza** (*Mecc.*) safety-valve; (*El.*) safety fuse; (*fig.*) safety-valve, way of letting off steam.

valvolare *a.* (*Med.*) valvular.

valzer *m.* waltz: *ballare il* ~ to (dance the) waltz. □ ~ *lento* (o *inglese*) hesitation waltz.

vamp *ingl. f.* vamp.

vampa *f.* **1** blaze, flame. **2** (*ondata di calore*) burst of heat, blast (of hot air). **3** (*arrossamento del volto*) flush, blush. □ **avere** *le vampe in viso* to get hot flushes; ~ *del* **sole** blaze of the sun.

vampata *f.* **1** blaze. **2** (*folata*) burst (of flame), blast: *una* ~ *d'aria calda* a blast of hot air. **3** (*fig.*) (*di passioni*) burst. **4** (*scalmana*) (hot) flush.

vampeggiare *v.i.* to blaze, to flame.

vampiro *m.* **1** vampire. **2** (*fam.*) (*speculatore*) blood-sucker, vampire. **3** (*Zool.*) vampire (bat).

vanadio *m.* (*Chim.*) vanadium.

vanagloria *f.* vainglory, boastfulness.

vanaglorioso *a.* vainglorious, boastful.

vanamente *avv.* (*inutilmente*) in vain, uselessly, to no avail.

vandalico *a.* vandal(ic).

vandalismo *m.* vandalism.

vandalo *m.* (*fig.*) vandal.

vaneggiamento *m.* raving (*anche estens.*).

vaneggiare *v.i.* to rave, to talk wildly: ~ *nel*

delirio to be raving in delirium.
vanesio I *a.* vain, conceited. **II** *s.m.* fatuous conceited fool.
vanga *f.* spade.
vangare *v.t.* to spade, to dig* (up, over): ~ *il campo* to dig the field.
vangelo *m.* **1** Gospel, gospel. **2** (*fam.*) (*verità sacrosanta*) gospel truth.
vanificare *v.t.* to frustrate, to thwart.
vaniglia *f.* (*Bot.*) vanilla.
vanigliato *a.* vanilla-: *zucchero* ~ vanilla sugar.
vaniloquio *m.* idle talk, nonsense, (*fam.*) twaddle.
vanità *f.* **1** vanity: *fare qc. per* ~ to do s.th. out of vanity. **2** (*inutilità*) uselessness.
vanitoso *a.* vain, conceited.
vano I *a.* **1** vain, idle, ineffectual, empty: *vane minacce* empty threats; *fare tentativi vani per fare qc.* to make ineffectual attempts to do s.th. **2** (*frivolo*) foolish, silly: *vani discorsi* foolish talk. **II** *s.m.* **1** (*spazio*) space. **2** (*cavità*) hollow, opening; ~ *della finestra* window opening. **3** (*ambiente, locale*) room. ☐ ~ *dell'***ascensore** lift-shaft; (*Aut.*) ~ **motore** motor compartment; **rendere** ~ to make useless.
vantaggio *m.* **1** (*condizione favorevole*) advantage. **2** (*profitto*) benefit, advantage, profit: *trarre* ~ *da qc.* to take advantage of s.th., to benefit by s.th. **3** (*distacco di tempo o di spazio*) lead. **4** (*Sport*) lead; (*abbuono*) start: *dare un* ~ *a un concorrente* to give a competitor a start. ☐ **andare** *in* ~ to take the lead: **essere** *in* ~ to have the (*o* be at an) advantage; (*Sport*) to be ahead, to be in the lead; *essere in* ~ *per tre a due* to be leading by three to two.
vantaggioso *a.* advantageous, favourable.
vantare *v.t.* **1** to boast of (*o* about), to brag of (*o* about), to praise. **2** (*avanzare una pretesa fondata*) to claim, to make* a claim to: ~ *diritti su qc.* to set up a claim to s.th. **vantarsi** *v.r.* to boast, to brag (*di* about, of). ☐ (*fam.*) *non faccio per vantarmi* I don't want to boast, I don't mean to brag.
vanteria *f.* boasting, bragging.
vanto *m.* boast; (*il vantarsi*) boasting. ☐ (*iron.*) **bel** ~*!* fine thing!; **è** *il* ~ *della sua famiglia* he is the pride of his family.
vanvera: *a* ~ haphazardly, at random: *parlare a* ~ to talk through one's hat.
vapore *m.* **1** vapour; (*vapore acqueo*) steam. **2** (*nave a vapore*) steamer, steamboat. ☐ **a** ~ steam-: *caldaia a* ~ steam-boiler; (*Gastr.*) **cuocere** *a* ~ to steam; **ferro** *a* ~ steam-iron; *a* **tutto** ~ (*con gran celerità*) at full (*o* top) speed, full steam ahead.
vaporetto *m.* steamer, small steamboat.
vaporizzare I *v.t.* **1** to vaporize (*anche Fis.*). **2** (*tecn., Cosmet.*) to steam. **II** *v.i.*, **vaporizzarsi** *v.i.pron.* (*evaporare*) to evaporate.
vaporizzatore *m.* **1** (*evaporatore*) evaporator; (*per i termosifoni*) humidifier. **2** (*nebulizzatore*) atomizer. **3** (*Fis.*) vaporizer.
vaporizzazione *f.* **1** (*evaporazione*) evaporation. **2** (*nebulizzazione*) vaporization.
vaporosità *f.* flimsiness, gauziness, vaporousness; (*di capelli*) fluffiness.
vaporoso *a.* flimy, gauzy; (*di capelli*) fluffy: *un abito* ~ a flimsy dress.
varare *v.t.* **1** (*Mar.*) to launch (*anche fig.*). **2** (*Dir.*) to pass: ~ *una legge* to pass a law (*o* act).
varcare *v.t.* **1** to cross, to pass: ~ *la soglia* to cross the threshold. **2** (*fig.*) (*oltrepassare, superare*) to overstep; to exceed; (*rif. all'età*) to be over, to pass.
varco *m.* opening; (*passaggio*) passage, (narrow) way: *aprirsi un* ~ *tra la folla* to push one's way through the crowd. ☐ (*fig.*) *aspettare qd. al* ~ to lie in wait for s.o.
vare(c)china *f.* bleach, chlorine.
variabile I *a.* variable, varying, changeable, fluctuating, unsettled, unsteady: *mercato* ~ unsteady market; *clima* ~ changeable (*o* variable) climate. **II** *s.f.* (*Mat.*) variable. ☐ *il* **barometro** *sta sul* ~ the barometer says variable; **vento** ~ variable (*o* shifting) wind.
variabilità *f.* variability, changeability: *indice di* ~ variance.
variante I *a.* varying, changing. **II** *s.f.* **1** variant. **2** (*estens.*) variation, alternative.
variare I *v.t.* to vary, to change: ~ *la disposizione dei libri* to change the arrangement of the books; (*diversificare*) to diversify. **II** *v.i.* to vary (*di* in), to change (in s.th.); to differ. ☐ **per** ~ for a change; *mi* **piace** ~ I like to change (*o* variety).
variato *a.* varied, changing.
variazione *f.* **1** change, variation, alteration: *introdurre qualche* ~ *nel programma* to make some changes in the programme. **2** (*oscillazione*) (*Econ.*) fluctuation: *variazioni dei cambi* fluctuations in changes. ☐ *variazioni congiunturali* short-term changes.
varice *f.* (*Med.*) varix, varicose vein.
varicella *f.* (*Med.*) chicken pox.
varicoso *a.* (*Med.*) varicose: *vene varicose* varicose veins.
varie *f.pl.* (*spese varie*) miscellaneous expenses. ☐ (*Comm.*) ~ *ed eventuali* any other business (AOB); sundries.
variegato *a.* **1** variegated; (*venato*) veined. **2** (*policromo*) many-coloured, varicoloured.
varietà I *f.* **1** variety; range; (*differenza*) difference, diversity: ~ *di opinioni* difference of opinions. **2** (*assortimento*) variety, assortment. **3** (*concr.*) (*oggetto dotato di caratteristiche proprie*) variety, kind, sort. **II** *m.* **1** (*Teat.*) variety; (*am.*) vaudeville. **2** (*Rad., TV*) variety show. ☐ **attore** *di* ~ showman; **attrice** *di* ~ showgirl; **teatro** *di* ~ musichall.
vario I *a.* **1** varied; (*diverso*) various, different; varied: *l'ho incontrato in varie occasioni* I met him on various occasions. **2** (*diverso, numeroso: col sost. al pl.*) various, several, numerous: *l'ho visto varie volte* I saw him

several times; *in varie circostanze della vita* in various circumstances in life. **3** (*instabile, mutevole*) changeable, variable. **4** (*Comm.*) miscellaneous, sundry: *articoli vari* sundry articles; *merci varie* miscellaneous merchandise. **II** *pron.indef.pl.* (*diverse persone*) various (*o* several) people *pl.*, a number of people.

variopinto *a.* many-coloured, multicoloured.

varo[1] *m.* **1** (*Mar.*) launch(ing). **2** (*fig.*) (*rif. a leggi*) passing.

varo[2] *a.* (*Med.*) varus.

Varsavia *N.pr.f.* (*Geog.*) Warsaw.

vasaio *m.* **1** (*fabbricante*) potter. **2** (*venditore*) pottery-seller.

vasca *f.* **1** basin; (*serbatoio, cisterna*) tank, cistern. **2** (*vasca da bagno*) bath, bathtub, tub. **3** (*lunghezza di una piscina*) length: *fare due vasche* to swim two lengths. **4** (*Ind.*) tank, vat. ▭ ~ *dei pesci* fish-tank; fish-pond.

vascello *m.* (*Mar.*) vessel. ▭ *capitano di* ~ sea-captain.

vascolare *a.* (*Anat., Bot.*) vascular.

vaselina *f.* (*Chim.*) vaseline.

vasellame *m.* (*di porcellana*) china; (*di terracotta*) earthenware, crockery; (*di metallo prezioso*) plate; (*di vetro o cristallo*) glassware.

vaso *m.* **1** (*recipiente*) vase, pot, vessel: ~ *di porcellana* porcelain vase; (*vaso da fiori di terracotta*) flowerpot; (*barattolo*) jar. **2** (*orinale*) chamber-pot, (*fam.*) jerry, (*am.*) slop jar. ▭ (*Fis.*) *vasi* **comunicanti** communicating vessels; (*fig.*) **portare** *vasi a Samo* to carry coals to Newcastle; (*Anat.*) ~ **sanguigno** blood-vessel.

vasodilatatore *m.* (*Med.*) vasodilator.

vassallaggio *m.* **1** (*Stor.*) vassalage. **2** (*fig.*) servitude, bondage.

vassallo I *s.m.* **1** (*Stor.*) vassal. **2** (*fig.*) (*suddito*) subject, subordinate. **II** *a.* vassal: *stato* ~ vassal state.

vassoio *m.* tray; (*di servizio*) salver.

vastità *f.* **1** vastness (*anche fig.*). **2** (*estensione*) expanse, extent.

vasto *a.* **1** vast, huge; (*ampio*) large: *una vasta sala* a large room. **2** (*fig.*) wide, broad; large: *una vasta cultura* a wide culture; *su vasta scala* on a large scale; *di vasta portata* of great moment.

vate *m.* (*lett.*) **1** (*profeta*) prophet. **2** (*poeta*) poet.

vaticinare *v.t.* (*lett.*) to foretell*, to predict.

vaticinio *m.* (*lett.*) prediction, foretelling.

vattelappesca *avv.* (*fam.*) (*chi lo sa*) goodness knows, who can tell?, how should I know?

ve[1] *pron.pers.* (*a voi*) (to) you: ~ *lo diedi* I gave it to you.

ve[2] *avv.* there: *di quadri così non* ~ *ne sono molti* there are not many pictures like this; ~ *l'ho messo io* I put it there.

vecchia *f.* old woman. ▭ *da* ~ 1 old, old woman's: *mentalità da* ~ old woman's mentality; 2 (*in età senile*) as an old woman, in her old age.

vecchiaccia *f.* old witch, hag.

vecchiaia *f.* **1** old age. **2** (*collett.*) (*i vecchi*) the old (costr. pl.), the aged (costr. pl.). ▭ (*fig.*) *essere il bastone della* ~ *di qd.* to be the staff of s.o.'s old age.

vecchio I *a.* **1** old: *diventare* ~ to grow old. **2** (*che dura da molto tempo*) old, long -standing: *una vecchia amicizia* a long -standing friendship; *un* ~ *cliente* an old client. **3** (*non fresco, stantio*) old, stale; (*rif. al pane*) stale. **4** (*stagionato*) seasoned: *legno* ~ seasoned wood; (*rif. al vino*) mellow; (*d'annata*) vintage. **5** (*pratico, esperto*) old, experienced, practised: *un* ~ *marinaio* an old salt. **6** (*usato*) old, used: *bottiglie vecchie* old bottles; (*rif. a vestiti*) old, worn; (*di seconda mano*) used, second-hand: *libri vecchi* second-hand books. **II** *s.m.* **1** old man; *pl.* the old (*costr.pl.*), the aged (*costr.pl.*), old people *pl.*, old folks *pl.* **2** (*ciò che è vecchio*) old, old things *pl*: *il* ~ *e il nuovo* the old and the new. **3** (*come epiteto*) elder, senior: *Catone il* ~ Cato the Elder. **4** *pl.* (*fam.*) (*genitori*) parents *pl.*, (*fam.*) folks *pl.*; (*antenati*) ancestors *pl.*, forbears *pl.* ▭ (*pop.*) ~ *come il* **cucco** as old as the hills; **da** ~: 1 old, old man's: *mentalità da* ~ old man's mentality; 2 (*in età senile*) as an old man, in his old age; **ferro** ~ scrap iron; *più* ~ *di* **Matusalemme** as old as Mathuselah; **più** ~ older; (*rif. a componenti della stessa famiglia*) (*fra due*) elder; (*fra più di due*) eldest.

vecchiotto *a.* (*fam.*) rather old.

vecchiume *m.* (*spreg.*) old rubbish; junk.

vece *f.* place, stead. ▭ **fare** *le veci di qd.* to take over from s.o., to act in s.o.'s place; **in** ~ *di* in the place of, for: *in mia* ~ in my stead (*o* place), for me; *il* **padre** *o chi ne fa le veci* the father or whoever takes his place.

vedere[1] *v.t.* **1** to see*: *l'hai visto passare?* have you seen him go by? **2** (*esaminare, leggere*) to see*, to look at, to read*, to examine: *hai visto il giornale di oggi?* have you seen today's paper? **3** (*incontrare*) to see*, to meet*, to run* into: *l'ho visto ieri alla partita* I ran into him at the game yesterday. **4** (*prevedere*) to see*, to foresee*: *non vedo prospettive molto piacevoli* I don't foresee very pleasant prospects. **5** (*avere il senso della vista; usato spesso con l'avv. ci*) to see*: *ci vedi con questa luce?* can you see with this light? **6** (*accorgersi, capire*) to see*, to understand*: *non vedo come possa aiutarti* I don't see how how I can help you. **7** (*cercare, tentare*) to try, to see*: *vedrò di darti un aiuto* I'll try and help you, I'll see if I can help you. **8** (*decidere, risolvere*) to decide, to see* to: *non so che dire, veda Lei* I don't know what to say, you decide. **9** (*risultare, apparire*) to show*. **vedersi I** *v.r.* to see* o.s.: *si vide nello specchio* he saw himself in the mirror; (*guardarsi*) to look at o.s. **II** *r.recipr.* to see* e.o.; (*incontrarsi*) to meet*, to see* e.o., (*fam.*) to get* together: *ci vedremo lunedì alle cinque* see you at five on Monday. **III** *r. apparente* **1** can (*o* to be able to) see: *si vede subito che è inglese* you can see at once that he's English; *da qui si vede il mare* you can see the sea from here. **2** (*farsi vedere*) to be seen, to turn (*o* show*) up: *si vede ancora la cicatrice?* does the scar still show?; *non si è ancora visto* he hasn't shown up yet. **3** (*loc. verbale con valore di: evidentemente*) evidently, clearly, it's obvious that: *se non è venuto si vede che non ha potuto venire* if he hasn't come then evidently he wasn't able to. □ **avere** *a che* ~ to have to do, to have a connection (*con* with); *non* **avere** *nulla a che* ~ *con qd.* to have nothing to do with s.o.; *vederne delle* **belle** to see all sorts of things; (*fig.*) ~ **bene** (*capire*) to (quite) see, to understand perfectly, to realize; (*fam.*) *vedersela* **brutta** to feel all is lost; (*ma guarda*) **chi** *si vede!* (just) look who's here!; (*fig.*) *veder(ci)* **chiaro** to get to the bottom of s.th., to see clearly into a matter; *non ci vedo* **chiaro** *in questa faccenda* there's s.th. odd about all this; (*fam.*) *se ne vedono di tutti i* **colori** one sees all kinds of things; ~ *per* **credere**! seeing's believing!; **far** ~ to show: *fammi* ~ *come funziona questo giradischi* show me how to work this record player; (*in tono minaccioso*) to show, to let see a thing or two: *gliela farò* ~ *io!* I'll show him!; **farsi** ~ to show o.s.; (*farsi visitare*) to have o.s. examined (*o* looked at): *mi farò* ~ *dal dottore* I'll have myself examined by a doctor; ~ **lontano** to have far sight; (*fig.*) to be far-sighted; (*fig.*) ~ *la* **luce** (*nascere*) to be born; ~ **male** to have poor (eye)sight, not to see well; (*considerare sfavorevolmente*) to disapprove (*qd., qc.* of s.o., of s.th.), to dislike (s.o., s.th.); (*fig.*) *non* ~ *più in là del proprio* **naso** to see no further than the end of one's (own) nose; ~ *qd. di buon* **occhio** to approve of s.o., to look well (*o* favourably) on s.o.; *non* ~ *l'***ora** to look forward to (+ *ger.*) to long: *non vedo l'ora di vederti* I'm longing to see you; *mi* **pare** *di vederlo (me lo immagino)* I can picture him; (*fig., fam.*) *non vederci* **più** (*perdere l'autocontrollo*) to lose one's temper (*o* self-control); *non* **poter** ~ *qd.* to be unable to stand (the sight of) s.o.; (*fam.*) *non vederci dalla* **rabbia** to be in a blind rage; **stare** *a* ~ (*guardare*) to watch; (*attendere*) to (wait and) see; (*rif. a fatto inammissibile*) to bet: *stai a* ~ *che sarà promosso* I bet you that he'll pass; *chi s'è visto s'è* **visto** that's that, that's the end of it. ‖ *vedremo!* we'll see!; *con te me la vedrò più tardi* I'll deal with you later; *ci vediamo!* be seeing you!, see you!, (*am.*) so long!; *vedi un po' tu* (*pensaci tu*) you see to (*o* take care of) it, I leave the matter to you; (*decidi tu*) you decide, I'll leave the decision to you, it's up to you; *vedi* (*nei rimandi*) see; *vedetevela voi!* you settle things for yourselves!, sort the matter out between you!; *vediamo!* let's see!; *vedrai che avevo ragione io* I'am right, you'll see.

vedere[2] *m.* (*il vedere*) seeing; (*vista*) sight. □ *a mio* ~ according to me; to my mind.

vedetta *f.* **1** look-out; (*torre*) look-out tower. **2** (*sentinella*) look-out, vedette. **3** (*Mar. mil.*) (*battello*) vedette-boat, patrol-boat. **4** (*Cin.*) star. □ **di** ~ on the look-out; *stare* **in** ~ to be on the look-out (*anche fig.*).

vedova *f.* widow: *rimanere* ~ to be left a widow. □ ~ *bianca* grass widow.

vedovanza *f.* (*l'essere vedova*) widowhood; (*l'essere vedovo*) widowerhood.

vedovile *a.* (*di vedova*) of a widow, widowed; (*di vedovo*) of a widower, widower's. □ *stato* ~ widowhood.

vedovo I *a.* **1** widowed: *madre vedova* widowed mother. **2** (*fig.*) (*privo di persone o cose*) bereft, deprived. **II** *s.m.* widower: *rimanere* ~ to be left a widower.

veduta *f.* **1** view. **2** (*panorama*) view, sight, panorama. **3** *pl.* (*fig.*) (*idee, opinioni*) views *pl.*, ideas *pl.*, opinion. □ ~ **aerea** bird's-eye view, view from the air; (*fotografia*) airview, aerial photograph; (*fig.*) *di* **ampie** (o *larghe*) *vedute* broad-minded; (*fig.*) **larghezza** *di vedute* broad-mindedness.

veemente *a.* vehement, violent.

veemenza *f.* vehemence, violence.

vegetale I *a.* vegetable: *regno* ~ vegetable kingdom. **II** *s.m.* **1** vegetable. **2** *pl.* (*collett.*) plants *pl.*, vegetables *pl.*

vegetare *v.i.* to vegetate (*anche fig.*).

vegetariano *a./s.m.* vegetarian.

vegetativo *a.* vegetative.

vegetazione *f.* vegetation.

vegeto *a.* **1** (*rigoglioso*) flourishing, thriving. **2** (*fig.*) vigorous, strong, robust. □ (*fig.*) *vivo e* ~ hale and hearty.

veggente *m./f.* (*indovino*) soothsayer, seer; (*chiaroveggente*) clairvoyant.

veglia *f.* **1** waking, wakefulness. **2** (*rif. a malati*) vigil, watch. □ ~ *funebre* wake.

vegliardo *m.* venerable old man.

vegliare I *v.i.* **1** to stay awake, to stay up. **2** (*fare la veglia*) to keep* watch (*o* vigil): ~ *al capezzale di qd.* to sit up beside a sick person, to keep vigil at s.o.'s bedside. **II** *v.t.* to watch over, to keep* (a) vigil over. □ ~ *un morto* to wake a dead person.

veglione *m.* ball; dance; (*ballo in maschera*) masked ball.

veicolo *m.* **1** (*mezzo di trasporto*) vehicle, conveyance. **2** (*Chim., Med.*) carrier. **3** (*fig.*) vehicle, medium: ~ *di informazione* vehicle for information. □ ~ *a tre* **ruote** three -wheeler; ~ **spaziale** spaceship, spacecraft.

vela *f.* **1** sail; *pl.* sail *sing.*, sails *pl.*: *vele maggiori* lower sails. **2** (*Sport*) sailing. **3** (*Arch.*) web; vaulting cell. □ **a** ~ sailing, sail-: *barca a* ~ sailing boat, (*am.*) sailboat; **ammainare** *le vele* to strike (*o* to lower) the sails; **far** ~ (*salpare*) to set sail; *andare a* **gonfie** *vele* to be under full sail; (*fig.*) to go at a fine pace; *gli affari vanno a* **gonfie** *vele* business is booming; **issare** *le vele* to hoist the sails; **spiegare** *le vele* to unfurl the sails; **volo** *a* ~ gliding; (*Arch.*) **volta** *a* ~ dome (*o* cap) vault.

velame *m.* (*Mar.*) sails *pl.*

velare *v.t.* **1** to veil. **2** (*fig.*) (*offuscare, annebbiare*) to veil, to cloud, to dim; (*rif. a suoni*) to muffle. **3** (*fig.*) (*nascondere, celare*) to hide*, to conceal: ~ *le proprie intenzioni con pretesti* to conceal one's intentions with pretexts. **velarsi I** *v.r.* to veil (o.s.), to wear* a veil: *velarsi il volto* to veil one's face. **II** *v.i.pron.* (*fig.*) (*annebbiarsi*) to grow* dim (*o* misty): *gli occhi gli si velarono di lacrime* his eyes were dimmed with tears (*o* grew misty); (*rif. alla voce*) to thicken, to grow* husky.

velatamente *avv.* covertly. ▭ *mi ha fatto ~ capire che...* he gave me to understand that...

velato *a.* **1** veiled (*anche fig.*): *donna velata* veiled woman. **2** (*rif. a suoni*) muffled; dampened; (*rif. a occhi*) dim(med), veiled; (*di lacrime*) misty; (*rif. alla voce*) thick, husky. ▭ *calze velate* sheer stockings.

velatura *f.* **1** (*Mar.*) sails *pl.*, sail, canvas. **2** (*Aer.*) lifting surface.

veleggiare *v.i.* **1** (*Mar.*) to sail. **2** (*Aer.*) to soar, to glide.

velenifero *a.* venomous, poisonous.

veleno *m.* poison; (*di animali*) venom (*anche fig.*). ▭ **amaro** *come il* ~ as bitter as gall; (*fig.*) **sputar** ~ to give vent to one's spite.

velenosità *f.* poisonousness, venomousness (*anche fig.*).

velenoso *a.* **1** poisonous, venomous (*anche fig.*). **2** (*nocivo*) harmful. ▭ *lingua velenosa* spiteful tongue.

veletta *f.* (*Moda*) (hat-)veil.

velico *a.* sailing, sail-.

veliero *m.* sailing ship (*o* vessel). ▭ ~ *a tre alberi* three-master.

velina *f.* **1** (*carta velina*) flimsy (paper), onion -skin. **2** (*copia su carta velina*) carbon copy. **3** (*Giorn.*) press release.

velivolo *m.* aeroplane, aircraft, airplane, (*fam.*) plane.

velleità *f.* **1** fancy, wish, velleity. **2** (*mira ambiziosa*) ambition, aspiration.

velleitario *a.* **1** fanciful, wishful: *aspirazioni velleitarie* wishful thinking. **2** (*troppo ambizioso*) foolishly ambitious; over ambitious.

vello *m.* (*lett.*) fleece.

vellutato *a.* velvety, velvet-like: *occhi vellutati* velvety eyes. ▭ *pelle vellutata* velvet-smooth skin.

velluto *m.* (*tessuto*) velvet. ▭ (*fig.*) **camminare** *sul* ~ (*senza incontrare ostacoli*) to be on velvet; (*tessuto*) ~ *a* **coste** corduroy; ~ *di* **cotone** velveteen; **di** ~ velvet: *guanti di* ~ velvet gloves; (*fig.*) velvety, velvet(-like), soft and smooth; ~ *di* **seta** silk velvet.

velo *m.* **1** veil (*anche fig.*): *mettersi il* ~ to wear a veil. **2** (*tessuto*) voile. **3** (*strato sottile*) veil, film, touch, thin layer: *un ~ di cipria* a touch (*o* dusting) of powder; (*rif. a vernice, tinta*) light coat (of paint). **4** (*Anat.*) velum (*pl.* vela). ▭ (*fig.*) **deporre** (o *lasciare*) *il* ~ to leave the convent; (*Mecc.*) ~ *d'***olio** film of oil; (*fig.*) **prendere** *il* ~ (*farsi monaca*) to take the veil; ~ *da* **sposa** bridal veil; (*fig.*) **stendere** *un ~ sopra qc.* to draw a veil over s.th.

veloce I *a.* **1** fast, quick, rapid, speedy, swift: ~ *come il vento* (o *fulmine*) as fast as the wind, as quick as lightning. **2** (*fugace*) fleeting. **II** *avv.* fast, quickly, rapidly, swiftly, speedily: *fuggire* ~ to flee quickly.

velocemente → **veloce** *avv.*

velocista *m./f.* (*Sport*) sprinter.

velocità *f.* **1** speed, quickness, swiftness, velocity, rapidity. **2** (*Fis.*) velocity, speed: *ad una ~ di 110 km all'ora* at a speed of 110 km per (*o* an) hour. **3** (*Mot.*) (*marcia*) gear. ▭ **acquistare** ~ to pick up speed; **aumentare** *la* ~ to increase speed, to speed (up); **bassa** ~ low speed; (*Aut.*) **cambio** *di* ~ gear-box; (*am.*) transmission; ~ *di* **crociera** cruising speed; **eccesso** *di* ~ speeding; **limite** *di* ~ speed-limit, maximum speed; (*Inform.*) ~ *di* **memorizzazione** storing velocity; **perdere** ~ to lose speed, to slow down; (*Fis.*) ~ *del* **suono** velocity (*o* speed) of sound, sound velocity; ~ **supersonica** supersonic speed (*anche fig.*); (*Inform.*) ~ *di* **trasmissione** line speed.

velodromo *m.* (*Sport*) cycle-track; (*stadio*) cycle-racing stadium.

ven. = *venerdì* Friday.

vena *f.* **1** (*Anat.*) vein. **2** (*venatura*) vein(ing): ~ *del marmo* vein in marble; (*del legno*) grain. **3** (*Geol., in miniera*) vein; lode: *una ~ d'oro* a vein of gold; (*di carbone*) seam; (*di acqua*) spring. **4** (*fig.*) (*estro*) vein, talent, gift; (*ispirazione*) inspiration: *la sua ~ poetica si è esaurita* his poetic inspiration has dried up. **5** (*stato d'animo*) mood, vein: *oggi non sono in ~ di studiare* I'm not in the right mood to study today. ▭ (*fig.*) **essere** *in ~ di fare qc.* to feel like doing s.th.; (*fig.*) **essere** *in ~ di scherzare* to be in the mood for jocking; (*fig.*) *non avere* **sangue** *nelle vene* to be chicken-hearted; **tagliarsi** *le vene* to cut (*o* slash) one's wrists; (*fig.*) *una ~ di* **umorismo** a streak of humor.

venale *a.* **1** (*che si può vendere*) for sale, selling. **2** (*fig.*) venal: *politici venali* venal politicians. ▭ (*Comm.*) **prezzo** ~ current selling price; **valore** ~ market value.

venalità *f.* venality.

venato *a.* **1** veined; (*rif. a legno*) grained. **2** (*fig.*) veined, tinged (*di* with).

venatorio *a.* hunting: *stagione venatoria* hunting season.

venatura *f.* **1** vein(ing); (*del legno*) grain. **2**

(*fig.*) vein, trace, streak. **3** (*delle foglie*) venation.

vendemmia *f.* vintage, grape harvest; (*tempo*) vintage, time; grape harvest; (*quantità d'uva raccolta*) (grape) harvest.

vendemmiare I *v.i.* to gather (*o* harvest) grapes. **II** *v.t.* to harvest, to gather: ~ *l'uva* to harvest grapes.

vendemmiatore *m.* vintager, (grape-)harvester, (grape-)picker.

vendere *v.t.* to sell* (*anche fig.*): *questo libro si vende bene* this book sells well; ~ *una casa* to sell a house; ~ *il proprio onore* to self one's honour. **vendersi** *v.r.* to sell* o.s. ▭ ~ *all'***asta** to sell by auction, to auction (off); ~ *il proprio* **corpo** to sell one's body; *ho pazienza* **da** ~, *ma* ... I've plenty (*o* no lack) of patience, but ...; *ha salute* **da** ~ he is bursting with health; *hai ragione* **da** ~ you're absolutely right; (*fig.*) ~ **fumo** to talk big; ~ *all'***ingrosso** to sell whole-sale; to sell in bulk; ~ *al* **minuto** to (sell) retail; ~ *a* **peso** to sell by weight; ~ *a* **peso** *d'oro* to sell dear(ly); ~ *a* **rate** to sell on hire-purchase; to sell by instalments. ‖ (*fam.*) *te la vendo come l'ho comprata* I'm just passing on what I've heard; *vendesi* for sale, on sale.

vendetta *f.* revenge, vengeance: *per* ~ in (*o* out of) revenge. ▭ **far** ~ *di* to take revenge for, to revenge; **gridare** ~ to cry out for vengeance; (*scherz.*) (*rif. a cose maltrattate o fatte male*) to be outrageous.

vendibile *a.* sal(e)able; marketable.

vendicare *v.t.* to avenge, to revenge: ~ *col sangue* to avenge in blood. **vendicarsi** *v.r.* to avenge (*o* revenge) o.s., to take* revenge (*di* for).

vendicativo *a.* revengeful, vindictive.

vendicatore I *s.m.* revenger, avenger. **II** *a.* (re)vengeful, avenging.

vendita *f.* sale, selling; (*smercio*) sales *pl.*: *la* ~ *diminuisce* sales are dropping off; *il personale addetto alle vendite* sales personnel. ▭ ~ *all'***asta** auction (sale), sale by auction; **atto** *di* ~ bill of sale; **condizioni** *di* ~ terms of sale; ~ *per* (o *a*) **contanti** cash-sale; ~ *per* **corrispondenza** mail-order; ~ *al* **dettaglio** retail sale; ~ *a* **domicilio** door-to-door selling, house-to-house sale; *essere* **in** ~ to be on (*o* for) sale: *in* ~ for sale, on sale; ~ *di* **liquidazione** clearance sale; **prezzo** *di* ~ selling price; **punto** *di* ~ point of sale; ~ *a* **rate** selling on hire-purchase (*o* the instalment plan); ~ *di fine* **stagione** end-of-season sale.

venditore *m.* seller, vendor. ▭ ~ **ambulante** pedlar, hawker; (*porta a porta*) door-to-door salesman; ~ *all'***ingrosso** wholesaler; ~ *al* **minuto** retailer.

venduto I *a.* **1** sold. **2** (*fig.*) corrupt, sold: *uomo* ~ corrupt man. **II** *s.m.* (*Comm.*) goods sold (*pl.*).

venefico *a.* poisonous.

venerabile *a.* venerable.

venerabilità *f.* venerability, venerableness.

venerando *a.* venerable.

venerare *v.t.* **1** (*Rel.*) to venerate. **2** (*estens.*) to revere: ~ *la memoria di qd.* to revere s.o.'s memory.

venerazione *f.* veneration, reverence. ▭ **avere** ~ *per qc.* to show reverence to s.o.; **degno** *di* ~ venerable; *essere* **oggetto** *di* ~ to be venerated.

venerdì *m.* Friday. ▭ (*scherz.*) *gli* **manca** *qualche* ~ he has a screw loose; (*Rel.*) **Venerdì Santo** Good Friday.

Venere *N.pr.f.* (*Astr., Mitol.*) Venus. **venere** *s.f.* (*bella donna*) beauty, beautiful woman: *non è una venere, ma è simpatica* she is no beauty, but she's nice.

venereo *a.* venereal: *malattie veneree* venereal diseases.

Venezia *N.pr.f.* (*Geog.*) Venice.

veneziana *f.* (*tipo di tenda*) Venetian blind.

veneziano *a./s.m.* Venetian.

venia *f.* (*lett.*) forgiveness, pardon: *chiedo* ~ I apologize.

veniale *a.* venial: *peccato* ~ venial sin.

venire *v.i.* **1** to come*: *vieni a trovarmi* come and see me. **2** (*giungere, arrivare*) to come*, to arrive: *finalmente è venuta l'estate* summer has come (*o* is here) at last. **3** (*provenire*) to come* (*da* from), to be sent. **4** (*derivare, avere origine*) to come*, to be descended (from). **5** (*presentarsi*) to get*, to have (costr. pers.), to come*, to occur; to arise*: *cosa ti viene in mente?* what has got into your head?, what has come over you? *quando verrà l'occasione* when the opportunity arises. **6** (*avere, sentire*) to get* (costr. pers.), to feel* like (costr. pers.): *mi sta venendo fame* I'm getting hungry; to be overcome (*o* seized): *mi venne una gran malinconia* I was overcome by sadness. **7** (*avere contratto: rif. a malattie e sim.*) to catch*, to get*: *gli è venuto un raffreddore* he caught a cold. **8** (*passare a discutere*) to pass on: *veniamo ora al punto principale* now, let's pass on the main point. **9** (*riuscire*) to turn out, to come* out (*o* on): *com'è venuto il lavoro?* how did the work come out?; ~ *bene* to turn out well. **10** (*Mat.*) (*ottenere come risultato*) to come* out at, to come* to, to work out at: *ho fatto la somma e mi viene sessantotto* I have done the sum and it works out at (*o* the result is) sixty-eight. **11** (*uscire, essere estratto*) to be drawn, to come* out. **12** (*costare*) to cost*. **13** (*ricorrere*) to fall*, to come*: *quest'anno la Pasqua viene presto* Easter comes early this year. **14** (*toccare, spettare*) to be due, to have, to get*: *vi vengono mille lire per ciascuno* you get a thousand lire each. **15** (*fam.*) (*ricordare*) to remember (costr. pers.), (*fam.*) to come* to s.o.'s mind: *non mi viene* it won't come (to me). **16** (*seguito da ger.: azione in svolgimento*) to be: *viene cantando* he is singing; (*azione ripetuta, continuata*) to keep* (on): *veniva dicendo* he kept saying, he would continually say. **17** (*come ausiliare: essere nella forma passiva*) to be: *i suoi quadri vennero ammirati da tutti* his paintings were admired by all. **18** (*fraseologico*) (*di solito si traduce facendo ricorso a espressioni idiomatiche*): *che cosa mi vieni a raccontare?* what on earth are you saying?; ~ *a conoscenza di qc.* to learn (*o* hear) of s.th. ▭ **a** ~ to come, future: *nei secoli a* ~ in the centuries to come; ~ **addosso** (*investire*) to hit, to run over; *un continuo* **andare** *e* ~ a continual coming and going; ~ **avanti**: 1 (*avanzare*) to come forward; 2 (*entrare*) to enter, to come (*o* go) in; **come** *vien(e) viene* it doesn't matter, whatever happens, we'll take it as it comes; (*fam.*) happen what may; ~ **da** (*aver voglia*) to feel like (costr. pers.), to want (costr. pers.): *mi viene da piangere* I feel like crying; ~ **dopo** to follow, to come after, to be after (*o* behind); ~ *al* **dunque** to get to the point; **far** ~: 1 (*andare a chiamare*) to (go and) call; 2 (*mandare a chiamare*) to send for, to call (for); 3 (*ordinare*) to order, to have sent (*o* brought): *l'ho fatto* ~ *dall'Inghilterra* I had it sent from England; 4 (*provocare*) to cause, to make, to give: *far* ~ *l'appetito a qd.* to whet s.o.'s appetite; ~ *ai* **fatti** to get down to facts; *venir* **fuori** to come out (*da* of), to emerge (from) (*anche fig.*); *venir* (*o venirsene*) **fuori** *con qc.* to come out with s.th.; ~ *a* **galla** to rise (*o* float) to the surface; ~ **giù** to come down, to descend; (*cadere*) to fall (down), to come down; ~ **incontro** *a qd.*: 1 to come towards s.o.; 2 (*attenderlo all'arrivo*) to meet s.o.; *cercherò di venirle* **incontro** *sul prezzo* I'll meet you halfway on the price; *venir* **meno**: 1 (*mancare*) to fail, to lose; 2 (*svenire*) to faint; 3 (*non adempiere qc.*) not to fulfil (*o* keep) s.th., to fail in (*o* to do) s.th.; 4 (*violare qc.*) to break s.th.; ~ *al* **mondo** to come into the world, to be born; *non mi viene la* **parola** I can't think of the word; ~ *a* **prendere**: 1 (*rif. a cose*) to come for (*o* to get); 2 (*rif. a persone*) to come for (*o* to get), to call for, to pick up, to collect; **quanto** *viene?* how much does it cost?, how much is it?; ~ *a* **sapere** *qc.* to learn (*o* hear about) s.th., to get to hear of s.th.; ~ **su**: 1 to come up; 2 (*crescere*) to grow; 3 (*rif. a persone: diventare grande*) to grow up; ~ **su** *dal nulla* to be a self-made man; ~ **via**: 1 to come away; 2 (*andare via*) to go away: 3 (*scomparire*) to come out, to go, to disappear: *queste macchie non vengono via* these spots won't come out; 4 (*staccarsi*) to come off: *ti è venuto via un bottone* one of your buttons has come off; 5 (*uscire*) to come out: *il tappo non vuole* ~ *via* the cork won't come out; *mi verrebbe* **voglia** *di dirglielo* I feel like telling him.

venoso *a.* (*Med.*) venous.

ventaglio *m.* fan. ▭ **a** ~ fan-; *coda* **a** ~ fantail; **aprire** (o *aprirsi*) *a* ~ to fan (out).

ventata *f.* **1** gust (of wind), blast. **2** (*fig.*) (*moto improvviso e violento*) surge, wave, gust: *una crescente* ~ *di scontento e di rabbia* a mounting wave of dislike and anger.

ventennale **I** *a.* **1** (*che dura un ventennio*) twenty-year (*attr.*); that lasts twenty years. **2** (*che ricorre ogni venti anni*) coming (*o* that occurs) every twenty years. **II** *s.m.* (*ventesimo anniversario*) twentieth anniversary.

ventenne **I** *a.* (*attr.*) twenty-year-old; (*pred.*) twenty years old. **II** *s.m./f.* twenty-year-old person.

ventennio *m.* (period of) twenty years.

ventesimo *a./s.m.* twentieth.

venti **I** *a.* twenty. **II** *s.m.* **1** (*numero*) twenty. **2** (*nelle date*) twentieth. ▭ *sono le* ~ it is eight o'clock p.m.

venticello *m.* breeze.

venticinque *a./s.m.* twenty-five.

venticinquennio *m.* **1** (period of) twenty-five years. **2** (*anniversario*) twenty-fifth anniversary.

venticinquesimo *a./s.m.* twenty-fifth.

ventilare *v.t.* **1** to air, to ventilate: ~ *una stanza* to air a room. **2** (*fig.*) (*proporre*) to propose; to ventilate. **3** (*Agr.*) to winnow.

ventilatore *m.* fan, ventilator.

ventilazione *f.* **1** ventilation. **2** (*Agr.*) winnowing.

ventina *f.* about (*o* around, some) twenty; score: *una* ~ *di persone* around twenty people; *abbiamo ricevuto più di una* ~ *di lettere* we've received scores of letters.

ventiquattro *a./s.m.* twenty-four.

ventiquattrore *f.* **1** (*valigetta*) overnight bag (*o* case), overnighter. **2** (*Sport*) twenty-four -hour race.

ventitré *a./s.m.* twenty-three.

vento *m.* **1** wind: *tirava un forte* ~ a strong wind was blowing. **2** (*flusso d'aria*) air, air current (*o* flow). **3** (*tecn.*) (air) blast. ▭ **a** ~ wind-: *mulino a* ~ windmill; *giacca a* ~ wind-cheater, wind-jacket, wind-breaker; *con i capelli* **al** ~ with her (*o* his) hair blowing (*o* flying) in the wind; (*scherz.*) *qual* **buon** ~ *ti porta?* what good fortune brings you here?; *il* ~ **cambia** the wind is changing (*o* shifting); **colpo** *di* ~ gust (*o* puff) of wind; (*raffica*) squall, blast of wind; **contro** ~ against the wind; (*fig.*) against the stream (*o* tide); ~ **debole** gentle (*o* slight) wind; **far** ~ *a qd.* to fan s.o.; ~ **favorevole** fair (*o* favourable) wind; (*fig.*) **gridare** *ai quattro venti* to shout s.th. from the roof-tops; ~ *del* **nord** northerly (wind), north wind; (*fig.*) **parlare** *al* ~ to waste one's breath; (*Mar.*) ~ *in* **poppa** aft (*o* stern) wind; *navigare* (o *procedere*) *col* ~ *in* **poppa** to sail before the wind (*anche fig.*); **sotto** ~ leeward; ~ *di* **terra** land wind; **tira** ~ it's windy, it's blowy; **veloce** *come il* ~ as swift as the wind.

ventola *f.* fire-fan, fan.

ventosa *f.* **1** (*tecn.*) suction cup, sucker. **2**

(*Zool.*) sucker. **3** (*Med.*) cupping glass.
ventosità *f.* windiness.
ventoso *a.* **1** windy. **2** (*spazzato dal vento*) windswept.
ventrale *a.* ventral; abdominal.
ventre *m.* **1** (*pancia*) belly, stomach; (*addome*) abdomen. **2** (*estens.*) (*grembo materno*) womb. **3** (*fig.*) (*parte rigonfia di un oggetto*) belly. **4** (*fig.*) (*interno, cavità*) bowels *pl.*, depths *pl.*: *nel ~ della terra* in the bowels of the earth. ▭ **mal** *di ~* stomach-ache; (*fig.*) **riempirsi** *il ~* to fill one's stomach (*o* belly).
ventresca *f.* (*Alim.*) belly of tuna (in olive oil).
ventricolare *a.* (*Anat.*) ventricular.
ventricolo *m.* (*Anat.*) ventricle.
ventriera *f.* body-belt.
ventriglio *m.* gizzard.
ventriloquio *m.* ventriloquism.
ventriloquo *m.* ventriloquist.
ventura *f.* (*destino*) chance; (*fortuna*) (good) luck, fortune. ▭ **andare** *alla ~* to take one's chance; **compagnie** *di ~* mercenary troops; **soldati** *di ~* soldiers of fortune.
venturo *a.* coming, future, next: *sabato ~* next Saturday. ▭ (*burocr., comm.*) *prossimo ~* next.
venuta *f.* coming, arrival: *dopo la ~ di Cristo* after the coming of Christ.
venuto *m.* comer. ▭ **nuovi** *venuti* newcomers; *il* **primo** *~* the firstcomer: *non è il primo ~* he's not exactly a nobody.
vera *f.* **1** (*dei pozzi*) well curb. **2** (*anello matrimoniale*) wedding-ring.
verace *a.* **1** truthful, true: *racconto ~* truthful story. **2** (*autentico*) real.
veracità *f.* truthfulness, (*lett.*) veracity.
veramente *avv.* **1** really, truly, indeed: *è ~ malato* he is really ill. **2** (*tuttavia, nondimeno*) actually: *~ io non ho detto ciò* actually I never said that. **3** (*a dire il vero*) to tell* the truth, as a matter of fact: *~ preferirei andare* as a matter of fact I'd rather go.
veranda *f.* (*Edil.*) veranda(h).
verbale[1] *a.* **1** (*orale, a voce*) verbal, spoken: *ordine ~* verbal order. **2** (*Gramm.*) verbal.
verbale[2] *m.* **1** record, report; (*di una riunione e sim.*) minutes *pl.*: *redigere un ~* to draw up the minutes. **2** (*resoconto fatto per la polizia*) statement: *firmare il ~* to sign the statement. ▭ *~ di* **contravvenzione** offence report; **mettere** *a ~* to put on record; *~ di una* **seduta** records of a meeting.
verbalizzare *v.t.* to put* on record, to report; (*rif. a dibattiti, assemblee, ecc.*) to minute. ▭ *~ gli atti di un'assemblea* to record the proceedings.
verbalizzazione *f.* recording.
verbalmente *avv.* verbally, orally; by word of mouth.
verbena *f.* (*Bot.*) vervain, verbena.
verbo *m.* **1** (*Gramm.*) verb. **2** (*ant.*) (*parola*) word. **il Verbo** (*Teol.*) the Word; God.
verbosità *f.* (*lett.*) verbosity, wordiness.
verboso *a.* verbose, wordy.
verdastro *a.* greenish.
verde I *a.* **1** green: *un prato ~* a green meadow. **2** (*non ancora maturo*) green, unripe: *frutta ~* green fruit. **3** (*estens.*) (*fresco*) green, young, fresh, tender; (*rif. a legna*) green, unseasoned. **4** (*livido*) green, livid (*anche fig.*): *~ d'invidia* green with envy. **5** (*in urbanistica*) park-and-garden-; open: *zona ~* parks and gardens, open spaces: (*a prato*) grass-, green; grassy: *una ~ distesa erbosa* a grassy meadow. **II** *s.m.* **1** (*colore*) green (colour). **2** (*vegetazione*) green, lawn; (*zona verde*) parks and gardens *pl.*, open spaces *pl.*: *~ pubblico* public parks and gardens; *vivere in mezzo al ~* to live amongst the green. **3** (*Pol.*) green: *il partito dei Verdi* the Green Party; (*fam.*) the Greens. ▭ *~* **acqua** aqua green; *i verdi* **anni** one's salad days: *nei miei verdi anni mi innamoravo facilmente* in my salad days I fell in love easily; *~* **bottiglia** bottle-green; *~* **chiaro** light green; *senza un* **filo** *di ~* without a blade of grass; (*Tel.*) **linea** *~* free phone; *~* **oliva** olive-green; *~* **pisello** pea-green; (*fam.*) **ridursi** *al ~* to lose all one's money, (*fam.*) to go broke; **tappeto** *~* green, baize; (*fig.*) gambling table; (*fam.*) **trovarsi** *al ~* to be penniless, (*fam.*) to be broke *(*o* hard up).
verdeggiante *a.* verdant, green.
verdeggiare *v.i.* (*essere verde*) to be verdant (*o* green); (*diventare verde*) to turn (*o* become*) green.
verderame *m.* verdigris.
verdetto *m.* **1** (*Dir.*) verdict: *~ dei giurati* verdict of the jury; *pronunciare un ~ contro* (o *a favore di*) *qd.* to bring in a verdict against (*o* for) s.o. **2** (*fig.*) (*giudizio*) opinion, judgement. **3** (*Sport*) decision. ▭ *~ di* **assoluzione** verdict of not guilty; *~ di* **condanna** verdict of guilty.
verdognolo *a.* greenish.
verdone *s.m.* **1** (*uccello*) greenfinch. **2** (*pesce*) blue shark.
verdura *f.* greens *pl.*, (green) vegetables *pl.* (*anche Gastr.*).
verecondia *f.* bashfulness; modesty.
verecondo *a.* bashful; modest.
verga *f.* **1** (*bacchetta lunga e sottile*) rod, cane, (*flessibile*) birch. **2** (*barra di metallo*) bar, rod: *~ d'oro* gold bar. **3** (*ramo sottile d'albero*) twig.
vergare *v.t.* **1** (*rigare*) to line, to draw* (*o* rule) lines on. **2** (*scrivere a mano*) to write* (by hand).
vergata *f.* blow (*o* stroke) with a rod.
verginale *a.* virginal, virgin: *pudore ~* virgin modesty.
vergine I *s.f.* **1** virgin. **2** (*lett.*) (*fanciulla, giovinetta*) young girl. **Vergine 1** (*Rel.*) Virgin (Mary). **2** (*Astr.*) Virgo. **II** *a.* virgin(al): *terreno ~* virgin land; *olio ~ d'oliva* virgin olive-oil.
verginità *f.* verginity.

vergogna *f.* **1** shame: *arrossire di* ~ to blush with shame. **2** (*riserbo, soggezione*) shyness, bashfulness. **3** (*disonore, onta*) dishonour, shame, disgrace. **4** (*esclam.*) shame (on you). ▭ **avere** ~ to be ashamed; (*essere timido*) to be shy, to be embarrassed (*o* bashful); *non* **avere** ~ *di nessuno* to be shameless; **che** ~*!* what a disgrace!, how awful!; **essere** *la* ~ *di qd.* to be a disgrace (*o* dishonour) to s.o.; **rosso** *di* ~ blushing (with shame); **senza** ~ shameless.

vergognarsi *v.i.pron.* **1** to be (*o* feel*) ashamed (*di* of): *mi vergogno di te* I am ashamed of you. **2** (*provare ritegno*) to be shy, to be bashful; to be (*o* feel*) ashamed: *mi vergogno di chiederglielo* I am too shy to ask him for it. ▭ *vergognati!* shame on you!; *far vergognare qd.* to shame s.o., to put s.o. to shame.

vergognoso *a.* **1** ashamed (*pred.*). **2** (*timido*) shy, bashful: *un bambino* ~ a shy child. **3** (*che è causa di vergogna*) shameful, disgraceful.

veridicità *f.* truthfulness.

veridico *a.* truthful.

verifica *f.* **1** control, check; (*esame*) examination, inspection. **2** (*Mat.*) check. **3** (*Econ.*) audit(ing); (*Comm.*) *salvo vista e* ~ subject to approval on examination.

verificabile *a.* **1** verifiable. **2** (*controllabile*) checkable, controllable; (*accertabile*) ascertainable.

verificare *v.t.* **1** to check, to double-check, to control; (*lett.*) to verify. **2** (*Comm.*) to audit: ~ *i conti* to audit the accounts. **3** (*tecn.*) to calibrate. **verificarsi** *v.i.pron.* **1** (*avvenire*) to happen, to occur, to take* place. **2** (*avverarsi*) to come* true.

verificatore *m.* verifier, checker, tester. ▭ ~ *dei conti* auditor.

verismo *m.* (*Lett.*) verism; realism.

verista *m./f.* (*Lett.*) verist; realist.

veristico *a.* verist(ic); realistic.

verità *f.* truth; (*giustezza*) truth(fulness). ▭ **dire** *la* ~ to tell the truth; *a* (o *per*) **dire** *la* ~ to tell (you) the truth; **in** ~ really, truly; ~ **lapalissiana** self-evident truth; *la* **macchina** *della* ~ lie-detector; *la sacrosanta* ~ the (pure) truth, (*fam.*) the honest truth; **siero** *della* ~ truth drug.

veritiero *a.* (*vero*) truthful, veracious; true.

verme *m.* (*Zool.*) worm (*anche fig.*). ▭ **nudo** *come un* ~ stark naked; (*fam.*) ~ **solitario** (*tenia*) tapeworm; ~ *di* **terra** earthworm.

vermiforme *a.* vermiform.

vermifugo I *a.* (*Farm.*) vermifugal. **II** *s.m.* vermifuge.

vermiglio *a./s.m.* (*lett.*) vermil(l)ion.

vermut *m.* vermouth.

vernacolo *a./s.m.* vernacular.

vernice *f.* **1** paint; (*trasparente*) varnish; (*lacca*) lacquer. **2** (*pelle verniciata*) patent leather: *una borsa di* ~ a patent leather bag. **3** (*fig.*) (*apparenza superficiale*) gloss, veneer. **4** (*inaugurazione: d'una mostra d'arte*) private view, vernissage, varnishing day. ▭ "~ **fresca**!" "*wet paint*"; ~ *a* **fuoco** stove enamel; *dare una* **mano** *di* ~ to give a coat of paint; ~ *a* **smalto** enamel (*o* hard gloss) paint.

verniciare *v.t.* to paint; (*con vernice trasparente*) to varnish; (*laccare*) to lacquer. ▭ ~ *a* **pennello** to paint (with a brush); ~ *a* **spruzzo** to spray (paint).

verniciata *f.* painting; (*con vernice trasparente*) varnishing. ▭ *dare una* ~ *a qc.* to paint s.th., to give s.th. a coat of paint.

verniciatore *m.* **1** painter, varnisher. **2** (*apparecchio*) varnishing-machine; (*a spruzzo*) spray-gun.

verniciatura *f.* **1** painting; (*con vernice trasparente*) varnishing; (*laccatura*) lacquering. **2** (*effetto*) paint. **3** (*fig.*) (*conoscenza superficiale*) smattering; (*falsa apparenza*) veneer, gloss.

vero I *a.* **1** real, true. **2** (*effettivo, reale, proprio*) real; (*genuino*) genuine, veritable: *il* ~ *colpevole sono io* I am the real culprit; *questo è* ~ *champagne* this is genuine French champagne. **3** real, out and out, downright, proper: *sei un* ~ *farabutto* you're an out and out rascal. **4** (*esatto*) right, correct: *questo non è il* ~ *titolo* this is not the correct title. **II** *s.m.* **1** (*verità*) truth, true. **2** (*natura, realtà*) life: *dipingere dal* ~ to paint from life. ▭ **come** *è* ~ *che sto qui* as true as I'm standing here; **com'***è* ~ *Dio* as God is my witness; (*fam.*) cross my heart; *di* ~ **cuore** from the bottom of one's heart, whole-heartedly; **dire** *il* ~ to tell the truth; (*non*) **è** ~*?* (*spesso si rende con costruzioni interrogative*): *ti sei trovato bene,* (*è*) ~*?* you had a good time, didn't you?; *ti piace il gelato,* (*è*) ~*?* you like ice-cream, don't you?; *non ti piace il gelato, vero?* you don't like ice-cream, do you?; **essere** *nel* ~ to be right; **fosse** ~*!* if only it were true!; *non mi* **par** ~ I can't believe (it), it is too good to be true; ~ *e* **proprio** real, out and out; (*fam.*) proper; **racconto** *dal* ~ true story; **tant'***è* ~ *che* in fact, indeed.

verone *m.* (*poet.*) (*balcone*) balcony; (*loggia*) loggia.

verosimiglianza *f.* likelihood, probability, (*lett.*) verisimilitude.

verosimile *a.* likely, probable, (*lett.*) verisimilar: *un racconto* ~ a likely story.

verricello *m.* winch, windlass; capstan.

verro *m.* (*Zootecnia*) boar.

verruca *f.* (*Med., Bot.*) verruca, wart.

verrucoso *a.* verrucose, warty.

vers. = (*Comm.*) *versamento* payment.

versaccio *m.* **1** catcall, rude noise. **2** (*boccaccia*) face, grimace: *fare i versacci* to pull faces.

versamento *m.* **1** (*il versare*) pouring; (*lo spargere*) shedding, spilling. **2** (*pagamento*) payment. **3** (*deposito di denaro: azione*) deposit(ing), paying in, banking; (*somma*) deposit: ~ *su un conto* deposit in an account. **4** (*Med.*) effusion. □ **distinta** *di* ~ paying-in slip; **ricevuta** *di* ~ credit slip.

versante *m.* (*pendio*) slope, versant.

versare[1] *v.t.* **1** to pour: ~ *la farina nella ciotola* to pour the flour in the bowl. **2** (*rovesciare*) to spill*: ~ *il latte sulla tovaglia* to spill the milk on the tablecloth. **3** (*riversare, far affluire*) to empty, to discharge: *il Po versa le acque in mare* the Po empties its waters into the sea. **4** (*estens.*) (*spargere*) to shed*, to spill*: ~ *lacrime* to shed tears. **5** (*Econ.*) (*pagare*) to pay*; (*depositare*) to deposit, to pay* in, to bank. **versarsi** *v.i.pron.* **1** to spill*, to be spilled. **2** (*traboccare*) to overflow, to flow (*o* pour, spill*) over. **3** (*riversarsi*) to pour, to stream, to swarm: *la gente si riversa per le strade* people are pouring into the streets; (*rif. a fiumi e sim.*) to flow, to empty. □ ~ *un* **acconto** to make a down payment, to pay a deposit; ~ *in* **deposito** to deposit; ~ *la* **minestra** to serve (*o* ladle out) the soup.

versare[2] *v.i.* (*essere, trovarsi*) to be: ~ *in pericolo di vita* to be in danger of one's life.

versatile *a.* versatile: *mente* ~ versatile mind.

versatilità *f.* versatility.

versato *a.* **1** (*che ha inclinazione*) cut out, having a bent (*in* for). **2** (*esperto, pratico*) versed, expert, skilled: *essere* ~ *negli affari* to be a skilled businessman.

verseggiatore *m.* writer of verse, versifier.

versetto *m.* (*Bibl.*) verse.

versificare *v.t./i.* to versify.

versificazione *f.* versification, versifying.

versione *f.* **1** (*traduzione*) translation: ~ *dal latino in italiano* translation from Latin into Italian. **2** (*modo di narrare, d'interpretare un fatto*) version, account, interpretation. **3** (*tipo*) version, model. □ *secondo la sua* ~ by his own account.

verso[1] *m.* **1** (*Metrica*) line (of verse), verse. **2** *pl.* (*composizione poetica*) verse, verses *pl.*, poem; (*poesia*) poetry. **3** (*voce caratteristica: di animali*) cry, call; (*spesso si traduce con un termine specifico*): *il* ~ *dell'asino* the donkey's bray; (*di uccelli*) cry, call, song; (*di venditori ambulanti*) cry. **4** (*suono*) sound, noise, cry: *un* ~ *di rabbia* an angry sound. **5** (*estens.*) (*gesto*) gesture; (*smorfia*) grimace. **6** (*senso di una direzione*) direction, way, course. **7** (*rif. a legno*) grain; (*rif. a stoffa*) nap. **8** (*modo, maniera*) way, manner, means *pl.* (costr. sing. *o* pl.): *non c'è* ~ *di persuaderlo* there's no means of persuading him. □ **in** *versi* verse (*attr.*), in verse: *composizione in versi* verse composition; **lasciar** *andare le cose per il loro* ~ to let things take their course; *versi* **liberi** free verse *sing.*; **per** *un* ~ ..., *per l'altro* ... in one way (*o* respect) ..., in another ...; **per** *un* (*certo*) ~ in a way; (*o*) **per** *un* ~ *o per l'altro* in one way or another; **per** *ogni* ~ in all ways, from all points of view; (*fig.*) **prendere** *qd. per il suo* ~ to handle s.o. in the right way; (*fam.*) **prendere** *qd. per il* ~ *sbagliato* to rub s.o. up the wrong way; **rifare** *il* ~ to mimic; (*Metr.*) *versi* **sciolti** blank verse *sing.*; (*fig.*) **trovare** *il* ~ *di fare qc.* to find a way (*o* method) of doing s.th.

verso[2] *m.* (*parte posteriore: di foglio o libro*) verso; (*di moneta o medaglia*) reverse.

verso[3] *prep.* **1** (*in direzione di*) toward(s); ...ward(s) (*come suffisso*); in the direction of: ~ *nord* northwards; ~ *ovest* westward(s); ~ *l'alto* upward(s); *veniva* ~ *di me* he was moving towards me; *guardare* ~ *qd.* to look in s.o.'s direction. **2** (*contro*) against, (up)on: *avanzare* ~ *il nemico* to advance upon (*o* against) the enemy. **3** (*temporale*) toward(s), about: *ci vediamo* ~ *le sette* we'll meet at about seven; ~ *il tramonto* towards sunset. **4** (*vicino a*) near: *la sua casa è* ~ *il mare* his house is near the sea. **5** (*fig.*) to; by: *è molto gentile* ~ *di me* she is very kind to me. **6** (*fig.*) (*nei confronti di*) to, towards, with: *l'amore* ~ *i genitori* love towards one's parents. □ ~ *l'***alto** upward(s), up; *andiamo* ~ *l'***autunno** autumn is near; ~ *il* **basso** downward(s), down; ~ **dove** *siete diretti?* where are you going (*o* bound for)?; ~ *l'***esterno** outward(s), out; ~ *l'***interno** inward(s), in.

vertebra *f.* (*Anat.*) vertebra (*pl.* -ae).

vertebrale *a.* (*Anat.*) vertebral.

vertebrato *a./s.m.* (*Zool.*) vertebrate.

vertenza *f.* controversy, dispute, litigation: *comporre una* ~ to make up a difference. □ ~ **giudiziaria** litigation, lawsuit, court case; ~ **sindacale** labour (*o* union) dispute.

vertere *v.i.* to deal* (with) to concern, to be about (s.th.).

verticale **I** *a.* vertical, upright. **II** *s.f.* **1** vertical. **2** (*Sport*) handstand. **3** (*nelle parole crociate*) down. □ *pianoforte* ~ upright piano.

verticalità *f.* verticality, verticalness.

vertice *m.* **1** (*sommità*) top, summit. **2** (*fig.*) (*apice*) apex, height, peak: *al* ~ *della carriera* at the peak of one's career. **3** (*Pol.*) summit. **4** (*Geom.*) vertex. □ (*Pol.*) **incontro** *al* ~ summit-meeting; **organizzazione** *al* ~ top-level management.

vertigine *f.* **1** dizziness, giddiness; (*attacco*) fit of giddiness. **2** (*Med.*) vertigo: *soffrire di vertigini* to suffer from vertigo. □ **a** *una velocità che dà le vertigini* at a dizzy speed; **ho** *le vertigini* I feel dizzy (*o* giddy); *far* **venire** *le vertigini* to make one dizzy (*o* giddy).

vertiginoso *a.* **1** dizzy(ing), giddy, vertiginous: *altezza vertiginosa* giddy height; *velocità vertiginosa* dizzy speed. **2** (*fig.*) (*che frastorna*) stanning, whirling.

verve *fr.* [vɛrv] *f.* verve, liveliness. □ *pieno di* ~ full of verve (*o* dash).

verza *f.* (*Bot.*) savoy (cabbage).

vescica *f.* **1** (*Anat.*) vesica, bladder: ~ *urina-*

ria urinary bladder. **2** (*bolla cutanea*) blister.
vescicola *f.* (*Anat.*) vesicle.
vescicolare *a.* vesicular (*in tutti i signif.*).
vescovado *m.* (*edificio*) bishop's palace.
vescovato *m.* **1** (*dignità*) bishopric. **2** (*durata della carica*) episcopate.
vescovile *a.* bishop's, episcopal.
vescovo *m.* (*Rel.*) bishop.
vespa[1] *f.* wasp; (*am. fam.*) yellow jacket. □ **nido** *di vespe* wasps' nest; **vitino** *di* ~ wasp waist.
vespa[2] *f.* (*scooter*) (motor)scooter, Vespa.
vespaio *m.* wasps' nest; (*fig.*) hornets' nest: *sollevare un* ~ to stir up a hornets' nest.
vespasiano *m.* public urinal.
vespero *m.* (*lett.*) (*sera*) evening.
vespertino *a.* (*lett.*) (*della sera*) vespertine, evening-.
vespro *m.* **1** (*ant., poet.*) (*sera*) evening, eventide. **2** (*Lit.*) vespers *pl.*
vessatorio *a.* vexatious; oppressive. □ **misure** *vessatorie* harassing measures; **sistemi** *vessatori* oppressive systems.
vessazione *f.* oppression, harassment, vexation.
vessillifero *m.* **1** (*Stor.*) vexillary, standard -bearer. **2** (*fig.*) (*antesignano*) fore-runner, precursor.
vessillo *m.* standard, flag, banner (*anche fig.*).
vestaglia *f.* dressing-gown, robe.
vestaglietta *f.* (*vestito semplice da donna*) frock, simple dress; (*da casa*) house-dress, house-frock.
veste *f.* **1** (*abito*) dress, garment. **2** *pl.* clothes *pl.*, clothing, garments. **3** (*estens.*) (*forma, aspetto*) guise, clothing, appearance: *in* ~ *di pastore* in the guise of a shepherd. **4** (*estens.*) (*copertura, rivestimento*) covering. **5** (*fig.*) (*qualità, funzione*) capacity: *nelle vesti di ministro* in one's capacity as minister. □ ~ *da* **camera** dressing-gown; (*estens.*) **in** ~ *di* as, in one's capacity as: *in* ~ *d'amico* as a friend; *in* ~ *ufficiale* in one's official capacity; ~ **talare** cassock, priest's habit; ~ **(tipo)grafica** layout; *avere* ~ **ufficiale** to have (official) authority, to be authorized.
vestiario *m.* wardrobe, clothes *pl.* □ *capo di* ~ article of clothing, garment.
vestibolare *a.* (*Anat.*) vestibular.
vestibolo *m.* **1** (*Archeologia*) vestibule. **2** (*atrio*) vestibule, hall, lobby. **3** (*Anat., Zool.*) vestibule.
vestigia *f.pl.* (*lett.*) remains *pl.*, relics *pl.*
vestire[1] **I** *v.t.* **1** to dress: ~ *un bambino* to dress a baby. **2** (*provvedere delle vesti necessarie*) to clothe (*anche fig.*): *a mala pena riesce a nutrire e a* ~ *la sua famiglia* he can barely feed and clothe his family. **3** (*mettere indosso, indossare*) to put* on, to wear*. **4** (*avere indosso, portare*) to wear*, to have on: *veste sempre colori chiari* she always wears light colours. **5** (*rif. ad abiti: adattarsi al corpo*) to fit: *questa giacca ti veste bene* this jacket fits you well; (*stare bene*) to suit, to become*, to be becoming on. **II** *v.i.* **1** to dress, to wear*: ~ *di verde* to dress in green, to wear green. **2** (*adattarsi alla persona*) to fit; (*stare bene*) to suit (*a qd.* s.o.), to be becoming (on). **vestirsi** *v.r.* **1** to dress (o.s.), to get* dressed. **2** (*vestire in un certo modo*) to dress, to wear*, to put* on: *vestirsi con abiti pesanti* to dress in (*o* put on) heavy clothes. **3** (*travestirsi*) to dress up, to disguise o.s.: ~ *da fantasma* to dress up as a ghost. **4** (*provvedersi di vestiti: da un sarto*) to have one's clothes made (by); (*in un negozio*) to buy* (*o* get*) one's clothes (at). **5** (*fig.*) (*rivestirsi*) to be covered (*di* with): *i prati si vestono di fiori* the fields are covered with flowers. □ ~ **bene** to dress well; *vestirsi in* **borghese** to wear civilian clothes; ~ *la* **divisa** to wear (a) uniform; (*diventare soldato*) to join the army; *vestirsi a* **festa** to spruce up: *si erano vestiti a festa per il ricevimento* they spruced up for the party; *vestirsi di* **lana** to wear woollen clothing; ~ *a* **lutto** to wear mourning; *vestirsi in* **maschera** to wear fancy dress; ~ *alla* **moda** to dress fashionably, to wear fashionable clothes; ~ *in modo* **sportivo** to dress casually.
vestire[2] *m.* **1** (*vestiario*) clothes *pl.*, clothing. **2** (*modo di vestire*) way of dressing.
vestito[1] *a.* **1** dressed, clothed. **2** (*ricoperto*) covered (*di* with), (*lett.*) clad (in): *un muro* ~ *d'edera* an ivy-clad wall.
vestito[2] *m.* **1** (*capo di vestiario*) article of clothing, garment; (*da uomo*) suit; (*da donna*) dress, frock; (*a due pezzi*) suit, costume. **2** *pl.* clothes. □ ~ *da* **cerimonia** formal clothes; (*abito con giacca*) dress and jacket; *vestiti* **invernali** winter clothing (*o* wear); *vestiti da* **lavoro** work clothes, overalls; ~ *di* **nozze** (*rif. alla sposa*) wedding dress, bridal gown; (*rif. allo sposo*) wedding suit; ~ *da* **sera** evening dress; *vestiti* **sportivi** sportswear; (*fam.*) casuals *pl.*; ~ *da* (o *di*) *mezza* **stagione** between-seasons suit (*o* dress), (*am.*) spring and fall suit (*o* dress).
vestizione *f.* (*Rel.*) clothing, taking the habit; (*di una suora*) taking the veil.
veterano *a./s.m.* **1** (*soldato anziano*) veteran, old soldier; (*ex combattente*) ex-serviceman (*pl.* –men), (*am.*) veteran. **2** (*fig.*) veteran, old hand: *un* ~ *dello sci* a veteran skier.
veterinaria *f.* veterinary medicine (*o* science).
veterinario **I** *s.m.* veterinarian, veterinary surgeon, (*fam.*) vet. **II** *a.* veterinary.
veto *m.* (*Dir.*) veto (*anche estens.*): *porre il* ~ *a qc.* to put a veto on s.th., to veto s.th. □ *diritto di* ~ right of veto; veto power.
vetraio *m.* **1** (*chi lavora il vetro*) glassmaker; (*soffiatore di vetro*) glassblower. **2** (*chi applica i vetri*) glazier.
vetrario *a.* glass: *industria vetraria* glass industry.
vetrata *f.* **1** (*parete*) glass wall; (*porta*) glass door. **2** (*finestra*) window; (*di chiesa*) stained-glass window.

vetrato *a.* glazed. □ *carta vetrata* glass-paper; (*tecn.*) sandpaper.
vetreria *f.* **1** (*stabilimento*) glassworks *pl.* (costr. sing.). **2** (*oggetti di vetro*) glass (ware).
vetrificare *v.t./i.*, **vetrificarsi** *v.i.pron.* to vitrify.
vetrificazione *f.* vitrification.
vetrina *f.* **1** (*di negozio*) shop-window. **2** (*di museo e sim.*) glass-case, show-case; (*credenza a vetri*) cabinet. □ **allestire** *una* ~ to dress a window; **guardare** *le vetrine* to go window-shopping; **mettere** *in* ~ to put in the window.
vetrinista *m./f.* window dresser.
vetrinistica *f.* (*neol.*) window-dressing.
vetrino *m.* (*per il microscopio*) slide.
vetrioleggiare *v.t.* to vitriolize.
vetriolo *m.* vitriol.
vetro *m.* **1** glass. **2** (*oggetti di vetro*) glass-work, glassware. **3** (*lastra di vetro*) sheet (*o* plate) of glass; (*di finestra*) pane of glass. □ **a** *vetri* glass: *porta a vetri* glass door; ~ **blindato** bullet-proof glass; ~ **infrangibile** laminated (*o* safety) glass; (*am.*) shatter-proof glass; **pulire** *i vetri* to clean the windows; ~ **smerigliato** frosted (*o* ground) glass.
vetrocemento *m.* (*Edil.*) glass concrete.
vetroso *a.* vitreous, glassy.
vetta *f.* peak, summit, top (*anche fig.*).
vettore **I** *s.m.* **1** (*Mat., Fis.*) vector. **2** (*Astr.*) (*razzo vettore*) carrier (*o* mother) rocket. **3** (*Dir., Comm.*) carrier, haulage contractor. **4** (*Med.*) vector, carrier. **II** *a.* vector, carrier: *raggio* ~ radius vector.
vettoriale *a.* (*Mat.*) vector (*attr.*), vectorial. □ *calcolo* ~ vector calculus.
vettovaglia *f.* provision, supply.
vettovagliamento *m.* (*spec. Mil.*) provisioning, victualling.
vettovagliare *v.t.* to provision, to supply (with provisions or food), to victual.
vettura *f.* **1** (*carrozza*) carriage, coach: ~ *di piazza* hackney-carriage, cab. **2** (*autovettura*) (motor)car, (*am.*) automobile. **3** (*carrozza ferroviaria*) coach, carriage, (*am.*) car; (*carrozza tramviaria*) tram, (*am.*) streetcar. □ ~ *a* **cavalli** horse-drawn carriage; (*Aut.*) ~ *da* **corsa** racing-car; (*Ferr.*) ~ **diretta** through carriage; *vettura d'***epoca** vintage car; (*Ferr.*) *signori,* **in** *~!* all aboard!; ~ **pubblica** taxi (-cab), (*am.*) cab; (*Aut.*) ~ *di* **serie** mass -produced car; (*Aut.*) ~ *da* **turismo** touring car.
vetturino *m.* cabman (*pl.* –men), coachman (*pl.* –men).
vetusto *a.* ancient, (very) old.
vezzeggiamento *m.* **1** (*atto*) petting, fondling, caressing. **2** (*effetto*) caress.
vezzeggiare *v.t.* to fondle, to caress, to pet.
vezzeggiativo **I** *a.* (*Gramm.*) of endearment: *forma vezzeggiativa* form of endearment. **II** *s.m.* form of endearment; (*nome*) pet name.
vezzo *m.* **1** (*abitudine*) habit: *fare qc. per* ~ to do s.th. from force of habit. **2** *pl.* (*smancerie*) affectation, affected (*o* mincing) ways *pl.* **3** (*collana*) necklace: ~ *di perle* string of pearls.
vezzoso *a.* **1** (*leggiadro*) charming; (*grazioso*) pretty. **2** (*lezioso*) affected, mincing.
V.F. = *Vigili del Fuoco* Fire Brigade.
vi **I** *pron.pers. 2° pers.pl.* **1** (*compl. oggetto*) you: ~ *ho visto ieri* I saw you yesterday. **2** (*compl. di termine*) (to) you: *non* ~ *do niente* I won't give you anything. **3** (*riflessivo*) yourselves *pl.* (*spesso non si traduce*): *lavatevi* wash yourselves; *alzatevi!* get up!; (*reciproco: fra due*) each other; (*fra più di due*) one another: ~ *conoscete?* do you know one another? **II** *pron.dimostr.* it, this, that (*spesso non si traduce*): *non* ~ *è differenza* there is no difference. **III** *avv.* **1** (*lì*) there: ~ *andrò domani* I shall go there tomorrow. **2** (*qui*) here: *mi trovo bene in questo albergo e* ~ *rimarrò ancora* I like this hotel and I shall stay on here. □ ~ **è** there is; ~ **sono** there are.
via[1] **I** *s.f.* **1** (*strada*) road; (*rif. a quelle romane antiche*) way; (*strada urbana*) street, road. **2** (*sentiero, pista*) path, track: *una* ~ *tra i campi* a path through the fields. **3** (*percorso*) way, course, itinerary, route: *sulla* ~ *di casa* on the way home. **4** (*fig.*) (*mezzo, possibilità*) way, means *pl.*: *le strade del Signore* the ways of the Lord. **5** (*fig.*) (*modo di vivere*) path, road, track: *tornare sulla retta* ~ to return to the (straight and) narrow path. **6** (*fig.*) (*modo di agire*) channel(s): *agire per* ~ *diplomatica* to act through diplomatic channels. **7** (*Med.*) tract, duct: *le vie biliari* the bile duct. **II** (*con valore di preposizione*) **1** (*passando per*) via: *un biglietto per Vienna* ~ *Brennero* a ticket for Vienna via Brenner. **2** (*per mezzo di*) by, via: ~ *radio* by radio. □ ~ *d'***accesso** approach; ~ **aerea** airway; (*Poste*) airmail: *per* ~ *aerea* by air; (*Poste*) by airmail; (*fig.*) *per* **altra** ~ in another way; *in* ~ **amichevole** as a friend, out of friendship; (*fig.*) **aprire** *nuove vie* to pave the way, to open new avenues; *la* ~ *della* **droga** the drug route; *in* ~ **eccezionale** as an (*o* by way of) exception, exceptionally; *vie di* **fatto** violence: *passare* (o *scendere*) *a vie di fatto* to resort to violence, to come to blows; (*fig.*) **in** ~ on the way: *essere in* ~ *di guarigione* to be on the way to recovery; **indicare** *la* ~ *a qd.* to tell s.o. the way; *ricorrere alle vie* **legali** to take legal action; ~ **libera** clear road (*o* way): *avere* ~ *libera* to have one's way clear; (*fig.*) to be free; *dare* ~ **libera** *a* to give way to; (*fig.*) to open up the way to; ~ **mare** by sea; *a* **mezza** ~ halfway (there); ~ *di* **mezzo** middle course (*o* way); *per* ~ **orale** by mouth, orally; (*fam.*) **per** ~ *di* (*a causa di*) because of, on account of; **prendere** *una* ~ to take a road (*o* path); ~ **privata** private road; *in* ~ **provvisoria** provisionally, on a temporary basis; (*Anat.*) *vie* **respiratorie**

respiratory tract *sing.*; (*Med.*) *per* ~ **rettale** by the rectum, rectally; *non c'è* ~ *di* **scampo** there is no way out (of it); *in* ~ **sperimentale** as an experiment; **tentare** *tutte le vie* to explore every avenue; ~ *di* **transito** through road; (*fig.*) *per vie* **traverse** by underhand means; *in* ~ **ufficiosa** unofficially; (*Anat.*) *vie* **urinarie** urinary tract *sing.*; ~ *d'***uscita** way out (*anche fig.*).

via[2] **I** *avv.* **1** away, off: *correre* ~ to run off; *buttare* ~ to throw away; *vattene* ~*!* go away! **2** (*assol.*) off, away, out (*si aggiunge il verbo sottinteso completandolo*): *si alzò di scatto e* ~ *di corsa* he leapt up and off he went. **II** *intz.* **1** (*per scacciare*) off (*o* away) with you!, get out of here! **2** (*per incoraggiare*) come on, come now (*spesso non si traduce*). **3** (*per esprimere incredulità e sim.*) go on, (*fam.*) get along with you. **4** (*per fare fretta*) come on, quick(ly), hurry: ~, *che si fa tardi* hurry up, it's getting late. **5** (*per dare il segnale di partenza*) go: *pronti,* ~*!* ready, go! **III** *s.m.inv.* (*segnale di partenza*) starting signal, start: *al* ~ at the starting signal. □ *e* **così** ~ and so on; **dare** *il* ~: 1 to give the starting signal; 2 (*fig.*) (*iniziare*) to start: *dare il* ~ *ai lavori* to start work; *dare il* ~ *a una discussione* to open a debate; *e* ~ **dicendo** and so on; (*fam.*) **essere** ~ to be away; (*essere uscito di casa*) to be out; **ma** ~*!* go on!; *e* ~ *di questo* **passo** and so on; **prendere** *il* ~ to start; ~ **via**: 1 gradually, little by little: *va* ~ *via migliorando* he is improving gradually; 2 (*a mano a mano*) as: ~ *via che verranno* as they arrive.

viabilistico *a.* (road) traffic-, road-.

viabilità *f.* **1** road conditions *pl.*, state of the road(s). **2** (*rete stradale*) roads *pl.*, road network. **3** (*norme sul traffico*) traffic regulations *pl.*

viadotto *m.* viaduct.

viaggiante *a.* travelling. □ (*Ferr.*) *personale* ~ train crew, trainmen *pl.*

viaggiare I *v.i.* **1** (*rif. a persone*) to travel, to journey, to make* a trip: ~ *in treno* to travel by train; ~ *per mare* to voyage, to travel by sea. **2** (*rif. a veicoli*) to run*, to go*, to travel. **3** (*rif. a merci*) to travel, to be carried (*o* transported). **4** (*fare il commesso viaggiatore*) to travel: ~ *in pellami* to travel in hides. **II** *v.t.* to travel (over, round). □ ~ *per* **affari** to travel on business; ~ *in prima* **classe** to travel first class; ~ *in* **orario** to run on time; ~ *come* **pendolare** to commute; ~ *a* **rischio** *del destinatario* to be carried at consignee's risk.

viaggiatore I *s.m.* **1** traveller. **2** (*passeggero*) passenger. **3** (*commesso viaggiatore*) commercial traveller, (*am.*) travelling salesman (*pl.* –men). **II** *a.* travelling. □ *piccione* ~ carrier pigeon.

viaggio *m.* **1** journey, trip; (*per mare*) voyage; (*in aereo*) flight; (*turistico*) tour. **2** *pl.* travels *pl.* **3** (*tragitto, cammino*) trip; journey; (*in aereo*) flight; (*per mare*) crossing, passage. □ ~ *d'***affari** business trip; **agenzia** *di viaggi* travel-agency; ~ *d'***andata** outward journey; (*in aereo*) outward flight; ~ *d'***andata** *e ritorno* return journey (*o* round trip); ~ *in* **automobile** drive, journey by car; **buon** ~*!* bon voyage!, have a nice journey (*o* trip)!; **fare** *un* ~ to take (*o* make) a journey, to go on a trip; (*sl.*) (*drogarsi*) to go on a trip; *hai* **fatto** *un buon* ~*?* did you have a good trip?; *essere* **in** ~ to be on a journey; (*in navigazione*) to be at sea; ~ **inaugurale** maiden voyage; **mettersi** *in* ~ to set out; ~ *di* **nozze** honeymoon; ~ *di* **piacere** pleasure trip; ~ *di* **ritorno** return trip, journey home; (*in aereo*) return flight; (*Astr.*) ~ **spaziale** space trip; ~ *in* **treno** train trip (*o* journey).

viale *m.* **1** avenue, (*am.*) boulevard. **2** (*nei giardini*) path, walk. **3** (*viale d'accesso*) drive.

viandante *m./f.* (*lett.*) wayfarer.

viario *a.* road (*attr.*): *rete varia* road network.

viatico *m.* viaticum.

viavai *m.* **1** coming and going: *c'era un gran* ~ *di gente* there were people coming and going. **2** (*confusione*) bustle.

vibrafono *m.* vibraphone.

vibrante *a.* **1** vibrant, vibrating, resonant. **2** (*fig.*) (*fremente*) quivering, trembling (*di* with). □ *parole vibranti di sdegno* words ringing with scorn.

vibrare I *v.t.* (*assestare*) to deal*, to strike*, to deliver: ~ *un colpo* to deal (*o* strike) a blow. **II** *v.i.* **1** to vibrate. **2** (*fremere*) to vibrate, to tremble, to quiver (*di* with).

vibratile *a.* vibratile.

vibrato *a.* strong, forceful, vehement: *vibrata protesta* strong protest.

vibratore *m.* vibrator (*anche tecn.*).

vibratorio *a.* vibratory, vibrating.

vibrazione *f.* **1** vibration. **2** (*fig.*) (*fremito*) quiver(ing), trembling, vibration.

viburno *m.* (*Bot.*) snowball.

vicariato *m.* (*Rel.*) **1** vicariate. **2** (*sede*) vicar's residence.

vicario *m.* **1** vicar. **2** (*di vescovo*) suffragan. □ (*Rel.*) ~ *apostolico* vicar-apostolic: *il* ~ *di Cristo* (*il papa*) the Vicar of Christ.

vice *m./f.* deputy, vice, substitute.

vice console *m.* vice-consul.

vicedirettore *m.* (*in un'azienda*) assistant manager; (*in una scuola*) assistant headmaster; (*in un giornale*) assistant editor.

vicemadre *f.* foster-mother.

vicenda *f.* **1** (*avvicendamento*) succession, alternation. **2** (*caso, evento*) event, circumstance. □ **a** ~ (*scambievolmente*) each other, one another; (*a turno*) in turn, by turns; **alterne** *vicende* changing fortunes.

vicendevole *a.* mutual, reciprocal.

viceparroco *m.* (*Rel.*) parochial vicar.

viceprefetto *m.* **1** subprefect. **2** (*nei collegi*) deputy rector.

vicepreside *m./f.* (*Scol.*) assistant headmaster (*f.* –mistress), assistant principal.

vicepresidente *m./f.* vice-president; (*di comitato e sim.*) vice-chairman (*pl.* –men); deputy chairman (*pl.* –men).
viceré *m.* viceroy.
vicesindaco *m.* deputy mayor.
viceversa *avv.* **1** vice versa; (*rif. a viaggio di ritorno*) back, return: *Firenze-Roma e* ~ Florence-Rome and back. **2** (*fam.*) (*invece*) but, and instead.
vichingo *a./s.m.* (*Stor.*) Viking.
vicinanza *f.* **1** nearness, closeness, proximity. **2** *pl.* (*dintorni*) environs *pl.*, vicinity; neighbourhood: *c'è una banca nelle vicinanze?* is there a bank in the neighbourhood. □ *in* ~ *di* near: *in* ~ *del fiume* near (*o* close to) the river.
vicinato *m.* **1** neighbourhood. **2** (*collett.*) (*vicini*) neighbours *pl.*, neighbourhood: *le donne del* ~ the women in the neighbourhood.
vicino I *a.* **1** (*rif. a spazio*) near(by), close, near at hand, neighbouring: *la città vicina* the nearby city. **2** (*accanto*) next: *la stanza vicina* the next room; *casa vicina* house next -door. **3** (*rif. a tempo*) near, approaching, at hand: *l'inverno è* ~ winter is near (*o* coming). **4** (*fig.*) (*simile*) similar, near, close. **5** (*uno accanto all'altro*) side by side. **II** *avv.* **1** (*a poca distanza*) near(by), close (by), near at hand: *abitano qui* ~ they live nearby; *farsi* ~ to draw near, to approach, to come close(r). **2** (*accanto*) beside: *siediti* ~ *a me* sit down beside me. **III** *s.m.* **1** neighbour: ~ *di tavola* neighbour at table. **2** *pl.* neighhours *pl,* neighbourhood. □ ~ **a** near (to), close to, in the vicinity of; (*presso*) by, near (by), beside: *sedere* ~ *al fuoco* to sit by the fire; ~ *di* **casa** neighbour; (*nella casa accanto*) next-door neighbour; **da** ~ at close quarters, from close up; **da** ~ *e da lontano* from far and near; *conoscere qd.* **da** ~ to know s.o. well; **essere** ~ *ai sessanta* to be nearly sixty; **essere** ~ *al vero* to be close to the truth; (*fig.*) **essere** ~ *a qd.* to be near (*o* close to) s.o.; **farsi** ~ to come (*o* draw) near, to come up, to approach; *accadde* **qui** ~ it happened near here; **stammi** ~ keep close to me, stay near me.
vicissitudini *f.pl.* vicissitudes, ups and downs.
vicolo *m.* alley, lane. □ ~ *cieco* blind-alley (*anche fig.*).
video I *s.m.* (*TV*) **1** video, vision: *interferenza al* ~ interference on the video. **2** (*schermo*) screen. **3** (*Inform.*) display unit. **II** *a.* video: *segnale* ~ video (*o* picture) signal.
videocassetta *f.* videocassette.
videogioco *m.* video game.
videoregistratore *m.* video recorder, (*fam.*) video.
videoregistrazione *f.* video recording.
videotelefono *m.* video telephone, video phone.
vidimare *v.t.* (*burocr.*) to authenticate, to certify, to visa; (*con la firma*) to sign; (*con un bollo*) to stamp. □ ~ *un passaporto* to visa a passport.
vidimazione *f.* (*burocr.*) authentication, certification; (*visto*) visa.
Vienna *N.pr.f.* (*Geog.*) Vienna.
viepiù *avv.* more and more, increasingly.
vietare *v.t.* to forbid*; to ban, to prohibit, to prevent. □ **nulla** *vieta che gli scriva* there's nothing to stop me from writing to him; **nulla** *ti vieta di partire* nothing prevents you from leaving.
vietato *a.* forbidden, prohibited, banned: *un film* ~ a banned film. □ *vietata l'***affissione** post (*o* stick) no bills; ~ **ai** *minori di 14 anni* children under fourteen not admitted; ~ **calpestare** *le aiuole* (please) keep off the grass; *è* ~ **fumare** no smoking; ~ *l'***ingresso** no admission, no admittance, keep out; ~ *il* **passaggio** no throughfare; **senso** ~ no entry; **sosta** *vietata* no parking; *è* ~ **sporgersi** do not lean out.
Vietnam *N.pr.m* (*Geog.*) Vietnam.
vietnamita *a./s.m./f.* Vietnamese.
vigente *a.* (*Dir.*) in force. □ **leggi** *vigenti* laws in force; **norme** *vigenti* current provisions.
vigere *v.i.* to be in force, to be current.
vigilante *a.* vigilant, watchful.
vigilanza *f.* **1** (*sorveglianza*) vigilance, care; (*controllo*) supervision, care, control. **2** (*rif. alla polizia*) surveillance, supervision. □ ~ **notturna** nightwatch; *essere* **sotto** *la* ~ *di qd.* to be under s.o.'s supervision; (*Dir.*) ~ **speciale** surveillance.
vigilare I *v.t.* **1** (*sorvegliare*) to supervise, to watch (over), to keep* a watch (*o* an eye) on; (*controllare*) to control. **2** (*rif. alla polizia*) to keep* under surveillance (*o* observation). **II** *v.i.* to see* (to), to keep* watch (over); (*essere vigile*) to be on the alert (*o* one's guard, the watch).
vigilato *a.* watched, guarded, under supervision; (*dalla polizia*) under surveillance (*o* observation), watched. □ ~ *speciale* person under police surveillance.
vigilatrice *f.* supervisor: ~ *d'infanzia* camp supervisor; ~ *scolastica* school nurse.
vigile I *a.* watchful, vigilant, alert. **II** *s.m.* policeman (*pl.* –men) (*fam.*) bobby, (*fam.*) cop. □ ~ *del fuoco* fireman; (*corpo*) *vigili del fuoco* fire-brigade, (*am.*) fire department.
vigilia *f.* **1** (*sera precedente*) eve, night before; day before. **2** (*Rel.*) vigil; (*digiuno*) fast: *osservare la* ~ to fast. □ ~ *di* **Capodanno** New Year's Eve; ~ *di* **Natale** Christmas Eve.
vigliaccheria *f.* **1** cowardice; (*bassezza*) baseness. **2** (*azione vigliacca*) cowardly action; (*azione vile*) base (*o* mean) action.
vigliacco I *a.* cowardly, (*fam.*) yellow. **II** *s.m.* coward.
vigna *f.* vineyard. □ *coltivare a* ~ to plant with vines.
vignaiolo *m.* vine-dresser.
vigneto *m.* vineyard.
vignetta *f.* (*Tip.*) **1** (*fregio*) vignette. **2** (*illu-*

strazione) sketch; (*umoristica*) cartoon.

vignettista *m./f.* illustrator; (*di vignette comiche*) cartoonist.

vigore *m.* **1** (*forza vitale*) vigour, vitality, (*fam.*) vim. **2** (*fig.*) (*forza*) vigour, force, strength: *il ~ della mente* mental vigour; *essere nel pieno ~ delle proprie forze* to be at the full height of one's strength. **3** (*validità legale*) force, effect, validity. □ (*Dir.*) *andare* (*o entrare*) *in ~* to come into force; to become effective; *rimettere in ~* (*rif. a leggi e sim.*) to put back in force.

vigoria *f.* vigour, force, strength, energy (*anche fig.*).

vigorosità *f.* vigorousness, vigour; (*forza*) strength.

vigoroso *a.* vigorous, strong; (*rif. a vino*) full -bodied.

vile I *a.* **1** (*codardo*) cowardly. **2** (*estens.*) mean, low, base, infamous: *un ~ tradimento* a base threachery; *comportamento ~* infamous conduct. **3** (*che vale pochissimo*) cheap, worthless: *merce ~* cheap (*o* shoddy) goods. **4** (*scherz.*) (*rif. a denaro, oro e sim.*) filthy: *~ moneta* filthy lucre. **II** *s.m./f.* coward. □ **metallo** ~ base metal; *di vili* **natali** of low birth.

vilipendio *m.* **1** contempt, scorn, abuse. **2** (*Dir.*) public defamation (*o* insult).

villa *f.* **1** (*casa di campagna*) country-house, villa. **2** (*casa di città*) town-house.

villaggio *m.* **1** village. **2** (*Edil.*) village, town: *~ del fanciullo* Boy's Town. □ *~ turistico* holiday camp.

villanata → **villania**.

villania *f.* **1** rudeness, bad manners *pl.*, incivility, ill-breeding. **2** (*villanata*) rudeness, rude action, incivility.

villano I *s.m.* **1** boor, lout. **2** (*contadino*) peasant, countryman (*pl.* –men). **II** *a.* **1** (*maleducato*) rude, ill-mannered; (*rozzo*) rough, boorish, loutish, uncouth: *modi villani* loutish (*o* uncouth) manners. **2** (*offensivo*) insulting, offensive: *parole villane* insulting words.

villeggiante *m./f.* holiday-maker, (*am.*) vacationer.

villeggiare *v.i.* to have (*o* spend*) a holiday (*a, in* at, in), to go* for one's holidays (to); to vacation.

villeggiatura *f.* **1** holidays *pl.*, holiday, (*am.*) vacation: *andare in ~* to go on (*o* for a) holiday; *essere in ~* to be on holiday, (*am.*) to be on vacation; (*rif. alle vacanze estive*) summer holidays *pl.* **2** (*tempo*) holidays *pl.*, holiday-time. □ *luogo di ~* holiday resort.

villetta *f.* **1** (*città*) little detached house. **2** (*in campagna*) cottage.

villino → **villetta**.

villosità *f.* **1** hairiness, shagginess. **2** (*Anat., Bot.*) villosity.

villoso *a.* **1** hairy, shaggy. **2** (*Anat., Bot.*) villous.

viltà *f.* **1** (*codardia*) cowardice, faint-heartedness. **2** (*atto*) cowardly act (*o* action).

viluppo *m.* tangle (*anche fig.*).

vimine *m.* wicker: *una sedia di ~* a wicker chair.

vinaccia *f.* (*Enologia*) marc.

vinacciolo *m.* grape-seed, (grape-)pip.

vinaio *m.* wine-seller, wine-merchant, vintner.

vincente I *a.* winning. **II** *s.m./f.* winner: *puntare su un ~* to pick a winner.

Vincenzo *N.pr.m.* Vincent.

vincere I *v.t.* **1** (*sconfiggere*) to conquer, to defeat, to vanquish: *~ il nemico in battaglia* to vanquish the enemy in battle. **2** (*sopraffare, superare*) to overcome*: *fu vinto dalla commozione* he was overcome by emotion. **3** (*risultare superiore*) to beat*; (*rif. a qualità*) to outdo*, to surpass (*oppure si traduce con* to be *seguito dal comparativo dell'aggettivo appropriato*): *~ qd. in bellezza* to be more beautiful than s.o.; *~ qd. in bontà* to outdo s.o. in goodness. **4** (*guadagnare, ottenere*) to win*: *~ un premio* to win (*o* gain) a prize. **5** (*dominare*) to master, to overcome*: *~ le proprie passioni* to master one's passions. **6** (*nei giochi*) to win*: *~ una partita* to win a game; (*rif. al compagno di gioco: battere*) to beat*. **II** *v.i.* **1** to gain a victory (*su* over), to defeat, to beat* (s.o.): *~ su qd.* to gain a victory over s.o. **2** (*prevalere*) to win*, to prevail: *la maggioranza vinse* the majority won. **vincersi** *v.r.* (*dominarsi*) to control o.s. □ *~ qd. in* **astuzia** to outwit s.o.; *~ un* **concorso** to win a competition; *~* **per** *tre a zero* to win (*o* lead) by three points to nil; *~ un* **processo** to win a case; (*fig.*) *~ un* **terno** *al lotto* to have a stroke of luck. ‖ *vincerla* to get the better of s.o.; to get the upper hand.

vincita *f.* **1** win. **2** (*somma vinta*) winnings *pl.* □ ~ **al** *gioco* win; **fare** *una ~ al lotto* to win at lotto: *fare una ~ di un milione* to win a million lire.

vincitore I *s.m.* winner. **II** *a.* winning, victorious. □ *il ~ di un premio* the prize winner.

vincolante *a.* binding.

vincolare *v.t.* **1** (*obbligare*) to bind*, to oblige: *~ qd. con un giuramento* to bind s.o. with an oath. **2** (*Econ.*) to tie up: *~ denaro* to tie up money; (*in un conto vincolato*) to place in a fixed deposit account (*o* on fixed deposit). □ *deposito vincolato* term (*o* fixed) deposit, deposit account, (*am.*) time deposit.

vincolo *m.* **1** (*legame*) bond, tie (*anche fig.*). **2** (*Dir.*) (*servitù*) obligation, encumbrance. **3** (*Econ., Mecc.*) constraint, restraint. □ ~ **coniugale** conjugal tie; ~ **contrattuale** contractual obligation; *vincoli di* **sangue** blood ties; **sotto** *~ di giuramento* under oath.

vinicolo *a.* wine-; (*che produce vino*) wine -producing: *regione vinicola* wine-producing region.

vinificare *v.i.* (*Enologia*) to make* wine.

vinificazione *f.* **1** wine-making. **2** (*trasforma-*

zione del mosto in vino) vinification.
vinile *m.* (*Chim.*) vinyl.
vinilico *a.* (*Chim.*) vinyl.
vinilpelle *f.* leatherette.
vino *m.* wine. ☐ ~ **annacquato** watered (-down) wine; ~ *d'***annata** vintage wine; ~ **invecchiato** mellow (*o* matured) wine; ~ *di* **marca** brand-name wine; ~ *di* **mele** cider; ~ *da* **pasto** table wine; ~ **rosato** (o *rosatello*) rosé; ~ **secco** dry wine; ~ **sofisticato** adulterated wine; ~ *da* **taglio** strong wine used for blending; *il* ~ *gli ha dato alla* **testa** the wine's gone to his head.
vinto *m.* loser. ☐ **darla** *vinta a qd.* to let s.o. have his way; **darsi** *per* ~ to give in; to give up the flight (*anche fig.*); *avere* **partita** *vinta* to get one's way.
viola[1] **I** *s.f.* (*Bot.*) violet. **II** *s.m./a.* violet. ☐ ~ **mammola** sweet (*o* garden) violet; ~ *del* **pensiero** pansy.
viola[2] *f.* (*Mus.*) viola.
violacciocca *f.* (*Bot.*) gillyflower; stock. ☐ ~ *gialla* wallflower.
violaceo *a.* violet, purple.
violare *v.t.* **1** to violate (*anche estens.*): ~ *il segreto epistolare* to violate the privacy of letters. **2** (*forzare*) to break* into: ~ *i sigilli* to break the seals. ☐ ~ *la* **legge** to break (*o* to infringe) the law; ~ *un* **trattato** to transgress a treaty.
violatore *m.* **1** (*profanatore*) profaner, violator, desecrator. **2** (*trasgressore*) breaker: ~ *del giuramento* oath-breaker.
violazione *f.* **1** (*profanazione*) profanation, violation, desecration. **2** (*trasgressione*) breach, breaking, violation, infringement: ~ *di una promessa* breaking of a promise. ☐ ~ *del* **contratto** breach of contract; ~ *di* **domicilio** housebreaking; ~ *di* **territorio** territorial violation; trespassing.
violentare *v.t.* **1** to use violence on, to force, to coerce. **2** (*rif. a donne*) to rape.
violentatore *m.* (*di donne*) rapist.
violento I *a.* **1** violent (*anche fig.*). **2** (*fig.*) vehement, furious: *un discorso* ~ a vehement speech; *una tempesta violenta* a furious storm. **II** *s.m.* violent fellow, tough, (*fam.*) toughie. ☐ *luce violenta* strong light.
violenza *f.* **1** violence (*anche fig.*), fury, vehemence: *usare* ~ *a qd.* to do violence to s.o. **2** (*Dir.*) (*violenza carnale*) rape. ☐ **costringere** *qd. a qc. con la* ~ to force s.o, to do s.th.; (*Dir.*) ~ **privata** duress, coercion; **ricorrere** *alla* ~ to resort to violence; **usare** ~ *a se stesso* to do violence to o.s.
violetta *f.* violet.
violetto *a./s.m.* violet.
violinista *m./f.* violinist, violin-player, (*fam.*) fiddler.
violino *m.* (*Mus.*) **1** violin, (*fam.*) fiddle. **2** (*suonatore*) violin: *primo* ~ first violin. ☐ *chiave di* ~ treble clef, G clef.
violoncellista *m./f.* (*Mus.*) violoncellist, 'cellist.
violoncello *m.* violoncello, 'cello.
viottolo *m.* path, lane.
vipera *f.* (*Zool.*) viper (*anche fig.*). ☐ *avere una lingua da* ~ to have a viperish tongue.
viperino *a.* **1** (*di vipera*) viperine, viperous, viper's. **2** (*fig.*) (*velenoso*) viperish, viperous.
viraggio *m.* **1** (*Aer.*) turn(ing); **2** (*Chim.*) colour change. **3** (*Fot.*) toning.
virago *f.* **1** masculine looking woman, mannish woman. **2** (*lett.*) virago.
virale *a.* (*Med.*) viral.
virare I *v.t.* (*Mar.*) to haul, to heave* (in): ~ *un cavo* to heave a cable. **II** *v.i.* **1** (*Mar.*) to tack, to veer. **2** (*Aer.*) to turn. **3** (*Chim.*) to change colour. **4** (*Fot.*) to tone. ☐ (*Mar.*) ~ *di bordo* to veer around; to come about.
virata *f.* **1** tacking, coming about. **2** (*Aer.*) turn(ing). **3** (*nel nuoto*) turn.
virginale[1] *a.* (*lett.*) (*virgineo*) virginal.
virginale[2] *m.* (*Mus.*) virginal, virginals *pl.*
virgola *f.* **1** (*Gramm., Tip., Mus.*) comma. **2** (*Mat.*) point: *nove* ~ *cinque* nine point five; *zero* ~ *sei* point six. ☐ *non cambiare una* ~ not to change a word.
virgoletta *f.* **1** little comma. **2** *pl.* inverted commas *pl.*, quotation marks *pl.*: *tra virgolette* in inverted commas, in quotes. ☐ **aprire** (o *chiudere*) *le virgolette* to open (*o* to close) inverted commas; to quote, to unquote; *virgolette di* **ripetizione** ditto marks.
virgulto *m.* (*lett.*) **1** (*pianta giovane*) young plant. **2** (*pollone*) (side-)shoot, sucker. **3** (*fig.*) scion.
virile *a.* manly, virile, masculine (*anche fig.*). ☐ **età** ~ manhood; *una* **donna** *dall'aspetto* ~ a mannish woman; (*fig.*) **stile** ~ vigorous style.
virilità *f.* **1** (*rif. all'età biologica*) virility, manhood. **2** (*qualità dell'uomo virile*) virility. **3** (*fig.*) manliness.
virilmente *avv.* like a man, manfully.
virtù *f.* **1** virtue. **2** (*qualità, dote*) virtue, good quality. **3** (*proprietà attiva*) virtue, power, property: *le* ~ *terapeutiche delle erbe* the healing virtues of herbs. ☐ **in** ~ *di* in (*o* by) virtue of, by means of: *in* ~ *della legge* in virtue of the law; *un* **modello** *di* ~ a paragon of virtue; **per** ~ *di* (*per opera di*) in (*o* by) virtue of, by, through.
virtuale *a.* **1** (*potenziale*) potential, possible: *vincitore* ~ potential winner. **2** (*Scient.*) virtual.
virtuosismo *m.* virtuosity (*anche spreg.*).
virtuoso I *a.* virtuous. **II** *s.m.* (*artista*) virtuoso.
virulento *a.* virulent (*anche fig.*).
virulenza *f.* virulence (*anche fig.*).
virus *m.* (*Biol.*) virus.
visagista *m./f.* cosmetician; beautician.
viscerale *a.* **1** (*Med.*) visceral. **2** (*fig.*) visceral, deep-down. ☐ *dolori viscerali* abdominal pains.
visceri *m.pl.* viscera *pl.*, entrails *pl.*, intestines *pl.*, bowels *pl.*; (*di animali*) entrails *pl.* ☐

nelle viscere della terra in the bowels of the earth.

vischio *m.* **1** (*Bot.*) mistletoe. **2** (*pania*) bird-lime.

vischiosità *f.* viscosity, stickiness.

vischioso *a.* (*appiccicoso*) viscous, sticky.

viscidità *f.* **1** viscidity. **2** (*fig.*) sliminess.

viscido *a.* **1** viscid, slimy. **2** (*fig.*) slimy, slippery.

viscidume *m.* (*spreg.*) slimy.

visciola *f.* (*Agr.*) sour cherry; morello.

visconte *m.* viscount.

viscontessa *f.* viscountess.

viscosa *f.* viscose.

viscoso *a.* **1** (*appiccicoso*) sticky, gluey, viscous. **2** (*Fis.*) viscous.

visibile *a.* **1** visible, that may be seen: ~ *a occhio nudo* visible to the naked eye. **2** (*fig.*) (*evidente*) evident, obvious, clear.

visibilio *m.* (*fam.*) (*grande quantità*) great number, host. □ **andare** *in* ~ to go into ecstasies (*o* raptures); **mandare** *in* ~ to throw into raptures.

visibilità *f.* visibility: *buona* (o *scarsa*) ~ high (*o* poor) visibility.

visiera *f.* **1** (*nei berretti*) peak, (*am.*) visor. **2** (*Mil., ant.*) visor.

visionare *v.t.* **1** (*vedere in anteprima*) to preview; (*proiettare*) to screen. **2** (*prendere visione di*) to examine, to inspect.

visionario I *a.* visionary. **II** *s.m.* **1** visionary. **2** (*sognatore*) (day)dreamer.

visione *f.* **1** sight, vision, view. **2** (*esame*) examination: *ricevere un campione in* ~ to receive a sample for examination. **3** (*apparizione*) vision: *avere le visioni* to have visions. **4** (*concezione*) idea, view, outlook. **5** (*Cin.*) run, showing. □ (*Cin.*) **prima** ~ first run (*o* showing); **seconda** ~ rerun.

visir *m.* (*Stor.*) vizier.

visita *f.* **1** visit, call: *fare una* ~ *a qd.* to pay s.o. a visit (*o* call), to visit (*o* call on) s.o. **2** (*persona che visita*) visitor: *ho avuto molte visite* I had a lot of visitors. **3** (*visita turistica*) visit, tour: ~ *di una città* tour of a city, sightseeing tour. **4** (*ispezione*) inspection; (*controllo*) check: ~ *doganale* Customs inspection. **5** (*del medico: esame*) (medical) examination; (*di controllo*) check-up. **6** (*visita di leva*) medical (examination) for call-up, (*am.*) draft check-up. □ ~ *di* **convenienza** duty call; ~ *di* **cortesia** courtesy call; *biglietto* **da** ~ visiting card; **essere** *in* ~ *da qd.* to be visiting (*o* on a visit to) s.o.; ~ **fiscale** medical control on employees on sick leave; **marcare** ~ to report sick; (*scherz.*) to attend sick parade.

visitare *v.t.* **1** (*andare a trovare*) to visit, to call (up)on, to go* and see*, to pay* a visit (*o* call) to. **2** (*rif. a medici*) to examine; to visit; (*fare il giro delle visite*) to do* one's rounds, to make* one's house calls. **3** (*rif. a luoghi*) to visit, to tour: ~ *un museo* to visit a museum. □ **andare** *a farsi* ~ *dal medico* to have a medical examination; *mi ha fatto* ~ *la* **città** he showed me over (*o* round) the town, he took me on a tour of the town; ~ *un cliente* to visit a customer.

visitatore *m.* visitor; caller.

visivo *a.* visual. □ *campo* ~ field of vision.

viso *m.* face. □ *a* ~ **aperto** (*francamente*) openly, frankly; (*fig.*) *fare* **buon** ~ *a qd.* to welcome s.o.: *fare buon* ~ *a cattivo gioco* to make the best of a bad job; **dire** *qc. sul* ~ *a qd.* to say s.th. to s.o.'s face; **guardare** *in* ~ *qd.* to look s.o. in the face (*o* eye), to look straight at s.o.; *fare il* ~ **lungo** to sulk, to pull a long face; ~ **pallido** paleface.

visone *m.* (*Zool.*) mink.

visore *m.* (*Fot.*) viewer.

vispo *a.* lively, sprightly.

vissuto I *a.* **1** experienced. **2** (*provato per esperienza*) real: *storie di vita vissuta* stories taken from real life. **II** *s.m.* conscious past experiences; life experiences; (*estens.*) past. □ *un uomo* ~ a man who has been around.

vista *f.* **1** (*facoltà visiva*) sight, eyesight; (*il vedere*) sight: *disgraziatamente non ha la* ~ *buona* unfortunately his eyesight is poor; *avere una* ~ *buona* to have a good sight; *alla sua* ~ *svenne* at his sight, she fainted. **2** (*panorama*) view, panorama: *camera con* ~ a room with a view; *dalla terrazza si gode una* ~ *stupenda delle Alpi* from the terrace there is a superb panorama of the Alps. **3** (*punto di vista*) view: ~ *dall'alto* top view; ~ *di fianco* side view; ~ *di fronte* front view; ~ *in sezione* sectional view. □ (*Econ.*) **a** ~ at sight: *effetti a* ~ sight bills; *pagabile a* ~ payable at sight; (*Mil.*) *sparare* **a** ~ to shoot on sight; ~ **corta** short sight: *essere di* ~ *corta* to be short-sighted; **di** ~ by sight: *conoscere qd. di* ~ to know s.o. by sight; **esame** *della* ~ eye-test; *avere qc.* **in** ~ to plan s.th.; to have prospects; **in** ~ *di* (*in considerazione di*) in view of, in consideration of; *essere* **in** ~ to be in sight (*o* view): *la costa è in* ~ the coast is in view; *è una persona molto* **in** ~ he is a person very much in the public eye; he is a very well-known person; *mettersi* **in** ~ to draw attention to o.s.; ~ *d'***insieme** overall (*o* general) view; (*fig.*) *avere la* ~ **lunga** to be far-sighted; *a* ~ *d'***occhio** as far as the eye can (*al passato* could) see; (*sotto gli occhi di qd.*) before one's very eyes, visibly: *ingrassava a* ~ *d'occhio* he put on weight before my very eyes (*o* visibly); ~ **parziale** partial view; **perdere** *di* ~ *qd.* to lose sight of s.o.; *a* **prima** ~ at first sight: *innamorarsi a prima* ~ to fall in love at first sight; *suonare a* **prima** ~ to sight-read; **punto** *di* ~ point of view.

vistare *v.t.* (*burocr.*) **1** (*mettere il visto*) to visa: ~ *un passaporto* to visa a passport. **2** (*autenticare*) to approve, (*fam.*) to o.k.

visto I *a.* seen. **II** *s.m.* **1** visa, approval, (*fam.*) o.k.: *apporre il* ~ *a qc.* to give s.th. one's approval, to approve s.th. **2** (*su un passaporto*) visa. □ **ben** ~ well-liked, popular; ~ **che** seeing that, since, as; ~ *d'***entrata** entry visa; **mal** ~ disliked, unpopular; ~ *d'***uscita** exit visa.

vistosità *f.* showiness, gaudiness, flashiness.

vistoso *a.* **1** (*appariscente*) showy, gaudy, flashy, garish: *colori vistosi* gaudy colours. **2** (*ingente*) huge, considerable.

visuale I *a.* visual: *osservazione* ~ visual observation. **II** *s.f.* view.

visualizzare *v.t.* to visualize.

visualizzazione *f.* **1** visualization. **2** (*Inform.*) display: *unità di* ~ video-display unit.

vita[1] *f.* **1** life; (*tempo in cui si vive*) life, lifetime; (*modo di vivere*) life, way of living: ~ *di campagna* country life (*o* living). **2** (*vitalità*) vitality, life, energy, vigour: *una persona piena di* ~ a person full of life (*o* vitality). **3** (*fig.*) (*animazione*) liveliness, animation, life: *le strade sono piene di* ~ the streets are full of animation. **4** (*costo della vita*) cost of living; (*il necessario per sostenersi*) living; livelihood: *la* ~ *oggi è cara* nowadays the cost of living is very high; *devono guadagnarsi la* ~ *in qualche modo* they have to earn a living somehow; *guadagnarsi la vita traducendo* to earn one's livelihood by translating. **5** (*essere vivente*) life: *non si lamentano perdite di vite umane* no lives were lost. □ **a** ~ life, lifelong, for life: *socio a* ~ life member; *senatore a* ~ senator for life; *l'***altra** ~ the (life) hereafter; **aspettativa** *di* ~ life expectancy; ~ *da* **cani** dog's life; *se ti è* **cara** *la* ~ if you want to stay alive; **dare** *la* ~ *per qd.* to give (up) one's life for s.o.; **dar(e)** ~ *a un progetto* to start a project; (*fig.*) *avere una* **doppia** ~ to lead a double life. *che* **dura** *una* ~ lifelong: *un'amicizia che dura una* ~ a lifelong friendship; **durata** *della* ~ life-span; **fare** *la bella* ~ to lead a life of pleasure; *essere in* **fin** *di* ~ to be at death's door; ~ **futura** future life; *essere* **in** ~ to be alive; *rimanere* **in** ~ to stay alive; (*sopravvivere*) to survive; *tenere* (o *mantenere*) **in** ~ to keep alive; ~ **intima** inner life; **lotta** *per la* ~ struggle for life; ~ **media** average life; (*fig.*) *sapere* ~, **morte** *e miracoli di qd.* to know all there is to know about s.o.; **mutare** ~ to begin a new life; ~ **natural** *durante* for the rest of one's life(time); **ragazza** *di* ~ prostitute; *non dar* **segno** *di* ~ to show no signs of life; **senza** ~ (*agg.*) lifeless; **tenore** *di* ~ standard of living.

vita[2] *f.* waist: ~ *da vespa* wasp-waist. □ **punto** *di* ~ waistline; *avere la* ~ **snella** to have a slim waist; **su** *con la* ~*!* hold yourself straight!; (*fig.*) cheer up!, chin up!

vitale *a.* vital (*anche fig.*): *questioni vitali* vital matters, matters of vital importance. □ *spazio* ~ living space.

vitalità *f.* **1** vitality (*anche fig.*). **2** (*Med., Biol.*) viability.

vitalizio I *a.* life, lifelong: *rendita vitalizia* life annuity; (*rif. a cariche*) lifelong, for life. **II** *s m.* life annuity.

vitamina *f.* (*Biol.*) vitamin.

vitaminico *a.* vitaminic, vitamin: *carenza vitaminica* vitamin deficiency.

vite[1] *f.* (*Bot.*) grape(vine). □ ~ *del Canadà* Virginia creeper, woodbine.

vite[2] *f.* **1** screw. **2** (*Aer., Sport*) spin: *cadere a* ~ to go into a spin (*o* corkscrew dive). □ **a** ~ (*filettato*) screw-: *un tappo a* ~ a screw -cap; **allentare** *una* ~ to loosen a screw; ~ **femmina** female screw; ~ *senza* **fine** worm (screw); ~ **maschia** male screw; **stringere** *una* ~ to tighten a screw.

vitella *f.* **1** heifer. **2** (*Gastr.*) veal.

vitello *m.* **1** calf. **2** (*Gastr.*) veal. **3** (*pelle*) calf(skin): *guanti di* ~ calf gloves. □ ~ *di latte* suckling calf.

vitellone *m.* **1** fatted calf, (*am.*) steer. **2** (*Macell.*) veal. **3** (*pop.*) (*giovanotto ozioso e fatuo*) loafer, good-for-nothing.

viticcio *m.* (*Bot.*) tendril.

viticolo *a.* (*Agr.*) viticultural; grape-grower.

viticoltore *m.* viticulturist, vine-grower.

viticoltura *f.* **1** viticulture, vine-growing. **2** (*scienza*) viticulture.

vitigno *m.* (species of) vine.

vitreo *a.* vitreous, glassy (*anche fig.*): *uno sguardo* ~ a glassy stare.

vittima *f.* **1** (*Rel.*) (sacrificial) victim, sacrifice. **2** (*chi perisce in sciagure*) victim, casualty. **3** (*succube*) victim, prey: *restar* ~ *di un intrigo* to be the victim of a plot. □ **essere** (o *rimanere*) ~ *d'un incidente* to be (involved) in an accident, to be an accident victim; **fare** *la* ~ to play the victim.

vittimismo *m.* **1** (*Psic.*) persecution complex. **2** (*estens.*) self-pity.

vittimistico *a.* self-pitying. □ *atteggiamento* ~ attitude of self-pity.

vitto *m.* **1** (*cibo*) food. **2** (*in alberghi*) board. □ ~ *e alloggio* board and lodging.

vittoria *f.* **1** victory. **2** (*Sport*) win. **3** (*fig.*) (*successo*) victory, triumph, success. □ **cantare** ~ to crow over a victory; *avere la* ~ *in* **pugno** to be sure of victory; (*Sport*) ~ *ai* **punti** win on points.

Vittoria *N.pr.f.* Victoria.

vittoriano *a.* (*Stor.*) Victorian: *epoca vittoriana* Victorian age.

Vittorio *N.pr.m.* Victor.

vittorioso *a.* victorious; winning.

vituperare *v.t.* to vituperate, to revile, to abuse.

vituperio *m.* **1** insult, abuse: *coprire qd. di vituperi* to shower s.o. with insults. **2** (*causa d'infamia*) disgrace, shame.

viva *intz.* hurray, hurrah; (*seguito da un nome*) long live, hurrah for, three cheers for: ~ *il re!* long live the King!

vivacchiare *v.i.* to get* along, to scrape a living, to manage: *come va? - si vivacchia* how are things going? – we're getting along.

vivace *a.* **1** lively, vivacious, sprightly. **2** (*rif.*

a luce, colori) bright, brilliant. **3** (*acuto*) quick: *intelligenza* ~ quick intelligence.

vivacità *f.* **1** liveliness, vivacity. **2** (*rif. a luce*) brightness, brilliance. □ ~ *d'ingegno* brightness.

vivaio *m.* **1** (*di pesci*) fish pond, hatchery. **2** (*Bot.*) nursery. **3** (*fig.*) nursery, breeding -ground.

vivanda *f.* food.

vivente I *a.* living, (*pred.*) alive: *è il massimo pianista* ~ he's the greatest living pianist; *essere ancora* ~ to be still alive. **II** *s.m./f.* living being; *pl.* the living (costr.pl.).

vivere[1] **I** *v.i.* **1** to live, to be alive. **2** (*abitare*) to live: *vive in campagna* he lives in the country. **3** (*campare*) to live (on), to subsist: *non avere abbastanza per* ~ not to have enough to live on; ~ *di carne* to live on meat. **4** (*perdurare*) to live, to last, to exist: *la sua fama vivrà eternamente* his fame will live on for ever. **5** (*godere la vita*) to live, to enjoy life, (*fam.*) to live it up: *lui sì che ha vissuto!* he has really lived it up!, he has had a good time! **II** *v.t.* **1** (*trascorrere*) to live, to lead*, to spend*: ~ *una vita tranquilla* to live a peaceful life. **2** (*fare l'esperienza*) to live (through), to experience, to go* through. □ **cessare** *di* ~ to die; ~ *alla* **giornata** to live from hand to mouth; ~ *di* **rendita** to live on one's private income; **saper** ~ to have savoir vivre; ~ *da gran* **signore** to live like a lord; ~ *alle* **spalle** *di qd.* to live off s.o.; (*fig.*) **stare** *sul chi vive* to be on the look-out. ‖ (*Tip.*) *"VIVE"* stet.

vivere[2] *m.* living, life; (*modo di vivere*) (way of) living, life-style: *per amor del quieto* ~ for the sake of a quiet life.

viveri *m.pl.* food *sing.*; victuals *pl.*, provisions *pl.* □ *tagliare i* ~ to cut off supplies.

vivezza *f.* **1** (*vivacità*) liveliness, vivacity (*anche fig.*). **2** (*luminosità*) brightness, brilliance.

vivido *a.* **1** (*vivace*) lively, vivid. **2** (*intensamente luminoso*) bright.

vivificare *v.t.* to vivify; to enliven (*anche fig.*).

vivificatore I *s.m.* vivifier. **II** *a.* vivifying.

vivificazione *f.* vivification; enlivening.

viviparo *a.* viviparous.

vivisezionare *v.t.* **1** to vivisect. **2** (*fig.*) to examine minutely (*o* thoroughly).

vivisezione *f.* vivisection (*anche fig.*).

vivo I *a.* **1** living, alive (*pred.*), live (*attr.*): *è ancora* ~ he is still alive; *pesci vivi* live fish. **2** (*vivace*) lively, vivacious: *occhi vivi* lively eyes. **3** (*acuto*) lively, quick, sharp, bright: *ingegno* ~ lively (*o* quick) mind. **4** (*acceso, animato*) lively, keen; (*intenso*) deep, strong, great. **5** (*rif. a luci, colori*) bright, brilliant; (*rif. al fuoco*) burning, blazing: *cuocere qc. a fuoco* ~ to cook s.th. on a blazing fire. **II** *s.m.* **1** living person; *pl.* the living (costr. pl.). **2** (*carne viva*) living flesh. **3** (*fig.*) (*punto essenziale*) heart, core: *entrare nel* ~ *della discussione* to get to the heart of the matter. □ **al** ~ vivid, true to life: *ritrarre al* ~ to paint true to life; *non c'era* **anima** *viva* there wasn't a living soul; **dal** ~ from life; (*rif. a trasmissione in diretta*) live; (*fig.*) **farsi** ~ to turn up; (*dare notizie di sé*) to write, to hear from; *non si è più* **fatto** ~ we haven't heard anything further from him; *a viva* **forza** by sheer force; **pungere** *qd. nel* ~ to wound s.o. to the quick; (*epist.*) *con i più vivi* **ringraziamenti** with my deepest thanks; ~ *e* **vegeto** hale and hearty, (*fam.*) alive and kicking.

viziare *v.t.* **1** to spoil*, to (over) indulge. **2** (*corrompere moralmente*) to lead* astray, to corrupt, to deprave. **3** (*rif. ad aria*) to make* stale (*o* foul); to vitiate. **4** (*Dir.*) (*infirmare*) to vitiate, to invalidate. **viziarsi** *v.i.pron.* to become* spoiled.

viziato *a.* **1** spoilt. **2** (*rif. ad aria*) stale, foul. **3** (*Dir.*) vitiated, invalidated.

vizio *m.* **1** vice; (*cattiva abitudine*) vice, bad habit: *il* ~ *del gioco* the vice of gambling. **2** (*difetto*) flaw, defect, fault: ~ *di fabbricazione* manufacturing defect. **3** (*Med.*) vitium, defect. **4** (*Dir.*) vice, flaw, defect. □ (*Med.*) ~ **cardiaco** organic heart defect; ~ *di* **forma** error of form; **levare** *a qd. il* ~ *di qc.* to cure s.o. of a bad habit.

vizioso I *a.* **1** depraved, dissolute; vicious; (*corrotto*) corrupt. **2** (*Dir.*) vitiated, vicious. **II** *s.m.* debauchee, profligate. □ *circolo* ~ (*anche fig.*) vicious circle.

vizzo *a.* withered; (*appassito*) faded.

v.le = *viale* boulevard, avenue.

vocabolarietto *m.* pocket dictionary.

vocabolario *m.* **1** dictionary: ~ *inglese-italiano* English-Italian dictionary. **2** (*lessico*) vocabulary, lexicon.

vocabolo *m.* word.

vocale[1] *a.* vocal, vocalic: *musica* ~ vocal music.

vocale[2] *f.* (*Gramm.*) vowel.

vocalico *a.* (*Ling.*) vocalic, vowel.

vocalismo *m.* vocalism.

vocalità *f.* (*Mus.*) vocality.

vocalizzare *v.t.* to vocalize.

vocalizzazione *f.* (*Ling., Mus.*) vocalization.

vocalizzo *m.* (*Mus.*) vocalization.

vocativo *a./s.m.* (*Gramm.*) vocative.

vocazione *f.* **1** vocation, calling. **2** (*inclinazione naturale*) inclination, bent: *avere* ~ *per la musica* to have a bent for music.

voce *f.* **1** voice: *il timbro della* ~ the tone of voice; (*rif. ad animali*) cry, call; (*di uccello*) song: *la* ~ *del cane* the dog's cry. **2** (*suono*) sound, voice: *la* ~ *del violino* the sound of the violin; (*rumore, fragore*) sound, roar, rumble: *la* ~ *del mare* the roar of the sea. **3** (*fig.*) (*diceria*) rumour: *voci infondate* groundless rumours. **4** (*vocabolo*) word; (*lemma*) entry, headword. **5** (*elemento d'un elenco*) item, heading. **6** (*esclam.*) speak up, louder. **7** (*Gramm.*) (*forma verbale*) part; voice, form (of a verb). **8** (*Mus.*) voice, part.

□ **a** ~ directly, personally, orally; ~ **alta** high voice; *ad* **alta** ~ aloud: *pensare ad alta* ~ to think aloud; ~ **bassa** low voice; (*roca*) hoarse voice: *a* ~ *bassa* in a low voice, softly; *voci* **bianche** treble voices; (*fig.*) *avere* ~ *in* **capitolo** to have a say in the matter; (*avere autorità*) to carry weight; *un* **fil** *di* ~ a faint voice; *essere* **giù** *di* ~ to be out of voice; ~ *di* **gola** throaty voice (*anche Mus.*); *a* **gran** ~ in a loud voice; **gridare** *con quanta* ~ *si ha in corpo* to shout at the top of one's voice (*o* lungs); ~ **grossa** (*rude*) gruff (*o* rough) voice; (*fig.*) *fare la* ~ **grossa** to speak in a threatening tone; *a* **mezza** ~ in a low voice; (*Mus.*) ~ *di* **petto** chest voice; *a* **piena** ~ at the top (*o* pitch) of one's voice; **sotto** ~ in a low voice, in an undertone. ‖ ~*!* speak up!

vociare[1] *v.i.* to shout, to bawl.

vociare[2] *m.* shouting, bawling.

vociferare *v.i.* **1** to shout, to bawl, to yell. **2** (*spargere una voce*) to rumour: *si vocifera che ...* it is rumoured that ...

vocio *m.* shouting; clamour; yelling.

vodka *f.* vodka.

voga[1] *f.* (*Mar.*) **1** rowing. **2** (*colpo di remo*) stroke.

voga[2] *f.* (*moda*) fashion. □ *essere in* ~ to be fashionable, (*fam.*) to be in.

vogare *v.i.* (*Mar.*) (*remare*) to row, to oar.

vogata *f.* **1** (*atto*) rowing; (*effetto*) row. **2** (*singola spinta*) stroke.

vogatore *m.* **1** rower, oarsman (*pl.* –men). **2** (*attrezzo*) rowing-machine.

voglia *f.* **1** (*desiderio*) wish, desire (*di* for); (*capriccio*) fancy, whim, wish. **2** (*buona volontà*) will, willingness: *non ha molta* ~ *di lavorare* he has little will to work. **3** (*macchia della pelle*) birth-mark: ~ *di fragola* strawberry birth-mark. □ **avere** ~ *di qc.* to want s.th., to feel like s.th.; (*bramare qc.*) to long for s.th., (*fam.*) to be dying for s.th.; *di* **buona** ~ (*volentieri*) with a will, willingly, gladly, cheerfully; *fare qc.* **contro** ~ to do s.th. unwillingly (*o* against one's will *o* reluctantly); **morire** *dalla* ~ *di qc.* to be longing (*o* dying) for s.th.; *far* **venire** *la* ~ *di far qc.* to make s.o. want to do s.th.; *mi* **viene** ~ *di ridere* I feel like laughing.

voglioso *a.* desirous, longing; eager.

voi *pron.pers.* **1** (*soggetto*) you: ~ *sì che avete ragione* you are right. **2** (*oggetto*) you: *abbiamo scelto* ~ we have chosen you. **3** (*preceduto da preposizione*) you: *uscirò con* ~ I'll go out with you. **4** (*forma di cortesia*) you. □ **da** ~ (*a casa vostra: stato*) with you, at your house; (*moto*) to your house (*o* place); (*nel vostro paese*) in your country (*o* parts), where you live; **dare** *del* ~ *a qd.* to address s.o. using the second person plural (as a polite form).

voialtri *pron.pers.m.pl.* you, you people (*o* folks).

vol. = *volume* volume.

volano *m.* **1** shuttlecock; (*gioco*) badminton. **2** (*tecn.*) fly-wheel.

volant *fr. m.* (*Vest.*) flounce, frill, volant.

volante[1] *a.* flying: *disco* ~ flying saucer; *otto* ~ roller-coaster. □ *indossatrice* ~ free lance model.

volante[2] *f.* (*polizia*) flying squad.

volante[3] *m.* (*Aut.*) (steering-)wheel: *mettersi al* ~ to take the wheel.

volantinaggio *m.* leafleting. □ *fare* ~ to leaflet.

volantino *m.* leaflet, handbill.

volare *v.i.* **1** to fly* (*anche Aer., fig.*): *l'aereo volava a bassa quota* the plane was flying low; *il tempo vola* time is flying. **2** (*estens.*) (*librarsi nell'aria*) to fly* (off, away); to blow* (off *o* away): *mi è volato il cappello* my hat flew off. **3** (*fig.*) to rain, to fly*: *volarono insulti* insults flew thick and fast. **4** (*sfrecciare, correre velocemente*) to speed* (along), to fly* (along); to shoot* along: *le automobili volavano sull'asfalto* the cars were speeding along the motorway; (*precipitarsi di corsa*) to rush. □ ~ *in* **aria** to fly about (*o* through the air); **far** ~ to fly: *far* ~ *l'aquilone* to fly a kite; (*rif. al vento*) to blow away: *il vento mi ha fatto* ~ *il palloncino* the wind has blown my balloon away; *non si sente* ~ *una* **mosca** you could hear a pin drop (*o* leaf stir); ~ **via** to fly off (*o* away).

volata *f.* **1** flight (*anche fig.*). **2** (*fig.*) (*corsa veloce*) rush, dash. **3** (*Sport*) final sprint. **4** (*Mil.*) muzzle. □ **di** ~ in a rush, at top speed: *ci vado di* ~ I'll rush there; **vincere** *in* ~ to sprint home to win.

volatile I *a.* (*Chim.*) volatile. **II** *s.m.* **1** (*uccello*) bird. **2** *pl.* (*collett.*) winged creatures *pl.*; (*uccelli*) birds *pl.*

volatilità *f.* (*Chim.*) volatility.

volatilizzare *v.t./i.* to volatilize. **volatilizzarsi** *v.i.pron.* **1** (*rendersi irreperibile*) to vanish, (*fam.*) to disappear into thin air. **2** (*Chim.*) to volatilize.

volente *a.* wanting, wishing. □ ~ *o nolente* willy-nilly.

volentieri *avv.* **1** willingly, gladly. **2** (*nelle risposte*) certainly, with pleasure, I shall be glad to, I'd like. □ *ascolto* ~ *la musica classica* I like (*o* love, enjoy) listening to classical music.

volere[1] *v.t.* **1** to want, to wish: *non voglio che ti comporti così* I don't want you to behave like that. **2** (*gradire, preferire*) to like, to prefer, to please: *fa' come vuoi* do as you like; *come volete* just as you like; (*essere disposto a*) will, to be willing, to want: *vuoi fare due passi con me?* will you come for a walk with me? **3** (*desiderare intensamente*) to want, to long: *suo padre lo vuole medico* his father wants him to become a doctor; (*esigere*) will, to insist on: *voglio essere obbedito* I will be obeyed; (*per esprimere un desiderio irraggiungibile o non raggiunto*) to wish (+ *cong. se riferito al pres. o al pass.;* + *condiz. se riferito al futuro*): *vorrei essere ricco* I wish I were rich; *vorrei che mi scrivesse* I wish he would write to me. **4** (*avere intenzione di*) to mean*, to be going to, to want, to intend: *che cosa vuoi fare da grande?* what do you want to do when you grow up? **5** (*decidersi, anche rif. a cose o animali; specialmente in frasi negative*) will, (*scherz.*) to refuse: *oggi questo motore non vuole funzionare* this engine won't (*o* refuses to) go today. **6** (*richiedere, pretendere*) to want, to expect: *si può sapere che cosa vuoi da me?* might I know what you want of me? **7** (*chiedere un determinato prezzo o compenso*) to want, to charge, to ask: *quanto vuoi per questo anello?* how much do you want for this ring? **8** (*rif. a una persona: cercare*) to want, to look for: *ti vuole tuo padre* your father wants you; *chi volete?* who are you looking for? **9** (*comandare, stabilire*) to will, to decree: *Iddio lo vuole* God wills it, it is God's will; *il destino ha voluto che morisse giovane* the fate willed that he should die young. **10** (*in formule di cortesia*) to want, will: *vuoi ancora un po' di torta?* do you want (*o* will you have *o* would you like) some more cake?; (*nell'offrirsi di fare qc.*) shall: *vuoi ch'io apra la finestra?* shall I open the window? **11** (*aver bisogno di*) to need, to require, to want: *un malato che vuole continua assistenza* a patient who needs constant care. **12** (*Gramm.*) (*richiedere, reggere*) to take*: *una preposizione che vuole il dativo* a preposition that takes the dative. **13** (*assol.*) to wish, to want, will: *chi vuole esca* whoever wishes may go out, whoever wants to go out may do so. **14** (*permettere, consentire*) to let*, to allow. **15** (*ritenere, credere*) to think*, to hold*: *vuoi che non ci sia nessuno disposto ad aiutarlo?* do you think there isn't anyone who would help him?; (*tramandare*) to say*, to state, to have it: *come vuole la leggenda* legend has it that. **16** (*essere imminente, probabile*) to be going to, to look (like): *vuol piovere* it looks like rain. □ *neanche* **a** ~ not even if you try (*o* want to); *ci vuole ben* **altro** it would take (a lot) more than that; ~ **bene** *a qd.* (*amare*) to love s.o.: *si vogliono molto bene* they love e.o. dearly; (*avere affetto per qd.*) to be fond of s.o.; *farsi* **ben** ~ *da qd.* to win s.o.'s favour (*o* esteem); *che vuoi* (*o vuole, volete*)*!* (*introducendo una scusa o giustificazione*) there it is, there you are, well (*a volte non si traduce*): *che volete, non sempre uno riesce a dominarsi* well, one can't always control o.s.; **come** *vuoi che sia già pronto?* how do you expect it to be ready so soon?; **Dio** *voglia* God grant; *se* **Dio** *vuole* God willing: *se Dio vuole, ce l'abbiamo fatta* thank God, we've made it; **Dio** *non voglia* (*scongiurando*) heaven (*o* God) forbid; *come* **Dio** *volle* (*finalmente*) at last, finally; *voler* **dire** to mean: *che cosa vuol dire questa parola?* what does this word mean?; *l'ho visto ieri, voglio dire l'altro ieri* I saw him yesterday, I mean the day before yesterday; *volevo ben* **dire** I knew (it), as was to be expected; ~ **male** *a qd.* to dislike s.o.; ~ **piuttosto** (*preferire*) to prefer, would rather; **qui** *ti voglio* now let's see what you can do (*o* are worth); *non vorrei* **sbagliarmi** I hope I'm not wrong; **senza** ~ accidentally, without meaning to, unintentionally. ‖ *vuoi ... vuoi* (*sia ... sia*) both ... and; *volerci, volercene* (*essere necessario*) to need (costr. pers.), to want (costr. pers.), to take (costr. pers. *o* impers.), to be necessary (costr. impers.): *ci vuole un bel coraggio a dire cose simili* it takes some nerve to say such things; (*rif. al tempo*) to take (costr. pers. o impers.); *ci vuole pazienza* one must be patient; *ce n'è voluto!* it took some doing (*o* effort, *o* time)!, that was quite a job!; *volerne a qd.* (*serbargli rancore*) to have a grudge against s.o., to hold s.th. against s.o., to bear s.o. ill-will: *non volermene, non intendevo offenderti* don't hold it against me, I didn't mean to offend you.

volere[2] *m.* (*volontà*) will, wish(es).

volgare **I** *a.* **1** (*rif. a persone*) vulgar, common, unrefined; (*rif. a cose*) vulgar, coarse. **2** (*Ling.*) vulgar. **II** *s.m.* (*Ling.*) vernacular; (*italiano volgare*) (vulgar) Italian.

volgarità *f.* **1** vulgarity, coarseness, commonness. **2** (*atto, parole*) vulgarity. □ *dire* ~ to use foul language.

volgarizzare *v.t.* to popularize, to present in popular form.

volgarizzatore *m.* (*divulgatore*) popularizer.

volgarizzazione *f.* (*divulgazione*) popularization.

volgere[1] **I** *v.t.* **1** to turn (*anche fig.*): ~ *lo sguardo verso qd.* to turn one's eyes on s.o. **2** (*dirigere*) to direct, to head: ~ *i passi verso un luogo* to direct one's steps towards a place. **3** (*fig.*) (*dedicare*) to devote: ~ *le proprie cure a qd.* to devote one's attentions to s.o. **4** (*tradurre*) to turn, to translate. **II** *v.i.* **1** to turn, to bend*. **2** (*tendere*) to get*, to become*, to tend: *il tempo volge al brutto* the weather is getting worse (*o* breaking); *la giornata stava volgendo alla fine* the day was drawing to a close; (*rif. a colori*) to verge: ~ *al rosso* to verge on red. **volgersi** *v.r.* to turn: *volgersi indietro* to turn round, to look back (over one's shoulder). □ ~ *al* **peggio** to worsen, to get worse, to take a turn for the worse; ~ *qc. a proprio* **vantaggio** to turn s.th. to one's own advantage.

volgere[2] *m.* passing: *col* ~ *degli anni* with the passing of the years.

volgo *m.* common people, low classes *pl.*; (*plebaglia*) populace, mob.

voliera *f.* aviary.

volitivo *a.* **1** strong-willed. **2** (*che denota volontà*) volitive, volitional.

volo *m.* **1** flight (*anche fig.*). **2** (*caduta*) fall:

un ~ *dal quinto piano* a fall from the fifth floor. □ **al** ~ at once, (*fam.*) straight off the mark: *ha capito al* ~ he understood at once; **alzarsi** *in* ~ to take wing, to fly up; (*rif. ad aerei*) to take off; ~ **cieco** blind (*o* instrument) flying; **fare** *un* ~: 1 to fly (*anche fig.*); 2 (*cadere*) to fall, to plummet (*o* hurtle) down; 3 (*fig.*) (*fare una scappata*) to rush, (*fam.*) to fly, to dash; ~ *in* **picchiata** nosedive; **prendere** *il* ~ (*di uccello*) to take flight; (*di persona*) to make off, to escape; (*di cosa: sparire*) to disappear; ~ *senza* **scalo** non-stop flight; ~ **spaziale** space flight; *a* ~ *d'***uccello** (*dall'alto*) from on high, from above; (*fig.: superficialmente*) quick, hasty; (*Sport*) ~ *a* **vela** sailplaning, gliding.

volontà *f.* **1** will: *di mia spontanea* ~ of my own will. **2** *pl.* (*disposizioni testamentarie*) last will (and testament), last wishes *pl.* □ **a** ~ at will; at pleasure; (*nelle ricette*) to taste; **buona** ~ willingness, (good)will; **forza** *di* ~ will-power, strength of will; **senza** ~ lacking will, having no will-power.

volontariato *m.* **1** voluntary unpaid apprenticeship. **2** (*Mil.*) voluntary service.

volontario **I** *a.* **1** voluntary, intentional. **2** (*costituito da volontari*) volunteer. **II** *s.m.* volunteer. □ **donatore** ~ *del sangue* blood doner; (*Dir.*) **omicidio** ~ wilful murder (*o* intentional manslaughter); **partire** ~ to volunteer.

volonteroso *a.* willing, eager.

volpe *f.* **1** (*Zool.*) fox; (*la femmina*) vixen. **2** (*fig.*) (*persona astuta*) old fox; (*fam.*) slyboots. □ ~ **argentata** silver fox; **caccia** *alla* ~ foxhunt; (*lo sport*) foxhunting; ~ *del* **deserto** fennec, desert fox; (*fig.*) *una* **vecchia** ~ a sly old fox.

volpino **I** *a.* **1** (*di volpe*) fox's: *muso* ~ fox's muzzle. **2** (*fig.*) (*scaltro*) foxy, foxlike: *astuzia volpina* foxy wiliness. **II** *s.m.* (*cane volpino*) Pomeranian dog.

volpone *m.* (*fig.*) old fox.

volt *m.* (*El.*) volt.

volta[1] *f.* **1** (*momento*) turn: *questa è la* ~ *tua* it's your turn. **2** (*turno, il ripetersi*) time: *era la prima* ~ *che lo vedevo* it was the first time I had seen him. **3** (*circostanza*) time: *ti ricordi quella* ~ *a Milano?* do you remember that time in Milan? □ **a** *mia* ~ in (my) turn; *tre volte* **al** *giorno* three times a day; **alla** ~ at a time: *pochi alla* ~ a few at a time; *sono partiti* **alla** ~ *di Venezia* they have left for Venice; **alle** *volte* at times; *un'***altra** ~ another time; (*ancora una volta*) again, once more; *questa è la* ~ **buona** this is it; (*fam.*) *una* **buona** ~ (*finalmente*) once and for all; (*fam.*) *gli ha* **dato** *di* ~ *il cervello* he has gone out of his mind; **di** ~ *in* ~ each time; **due** *volte* twice; *tutti* **in** *una* ~ all at once; **ogni** ~ *che* (*ogni qualvolta*) every time (that); **per** *l'ennesima* ~ for the umpteenth time; **più** *volte* several times; *il* **più** *delle volte* most times, usually; **poche** *volte* seldom, not often; **quante** *volte?* how many times?, how often?; **senza** *pensarci due volte* without a second thought; *tre volte* **su** *quattro* three times out of four; *per l'***ultima** ~ for the last time; **una** ~ once: *una* ~ *all'anno* once a year; (*prima, in un tempo passato*) once: *una* ~ *queste cose non succedevano* these things didn't use to happen once; (*nelle fiabe*) once upon a time; **una** ~ *per sempre* (o *tutte*) once and for all; *non sei più quello d'***una** ~ you are not your former self (*o* what you used to be); **ancora** *una* ~ once again, once more; **una** ~ *o l'altra* one of these days, sooner or later; (*fam.*) **una** ~ *che* (*temporale*) once; (*causale*) now.

volta[2] *f.* **1** (*Arch.*) vault. **2** (*Anat.*) roof, vault: ~ *del palato* roof of the mouth. □ **a** ~ vaulted; ~ **celeste** vault of heaven; ~ *a* **crociera** cross-vault.

voltabile *a.* (*non com.*) turnable.

voltafaccia *m.* volte-face (*anche fig*).

voltagabbana *m./f.* weathercock, turncoat.

voltaggio *m.* (*El.*) voltage.

voltaico *a.* (*El.*) voltaic.

voltare **I** *v.t.* **1** to turn; (*rigirare*) to turn round: ~ *la barca* to turn the boat round; (*rivoltare*) to turn (over): ~ *la pagina* to turn over the page. **2** (*oltrepassare, girare*) to turn: ~ *l'angolo* to turn (*o* round) the corner. **II** *v.i.* (*mutare direzione*) to turn. **voltarsi** *v.r.* to turn: *voltarsi indietro* to turn back. □ *volta* **pagina** please turn over, P.T.O.; (*fam.*) change the subject; *voltarsi e* **rivoltarsi** to toss and turn; (*fig.*) *non* **sapere** *dove voltarsi* not to know who to turn to (*o* which way to turn).

voltastomaco *m.* (*fam.*) **1** nausea. **2** (*fig.*) (*ripugnanza, ribrezzo*) repugnance, disgust. □ *dare* (o *far venire*) *il* ~ *a qd.* to make s.o. feel sick.

voltata *f.* turn(ing); (*curva*) bend.

volteggiare *v.i.* **1** to fly* about; to circle (*spec. Aer.*). **2** (*Equitazione*) to do* trick -riding (*o* acrobatic riding). **3** (*Ginn.*) to vault.

volteggio *m.* **1** (*Equitazione.*) trick-riding. **2** (*Ginn.*) vault. **3** (*Aer.*) turning over.

volto *m.* **1** (*viso*) face (*anche fig.*); (*espressione*) countenance: ~ *espressivo* expressive countenance. **2** (*fig.*) (*aspetto*) appearance, aspect.

voltolare *v.t.* to roll. **voltolarsi** *v.r.* to roll about (*o* over and over); (*nel fango*) to wallow.

voltura *f.* **1** (*rif. a registri catastali*) registration, transcription. **2** (*Econ.*) (*operazione di trasferimento*) reverse entry, transfer. □ *fare una* ~ to make a transfer deed.

volubile *a.* **1** (*incostante*) fickle, inconstant. **2** (*rif. a tempo*) changeable, variable: *tempo* ~ changeable (*o* unsettled) weather. **3** (*Bot.*) voluble, twining.

volubilità *f.* inconstancy, fickleness.

volume *m.* **1** volume (*anche estens.*): *il* ~ *di*

un solido the volume of a solid; *un'opera in dodici volumi* a work in twelve volumes. **2** (*massa*) bulk, quantity, amount. □ **abbassare** *il* ~ *della radio* to turn down (the volume of) the radio; (*Econ.*) *il* ~ *degli* **affari** turnover, billing; net sales; *di* **gran** ~ bulky, massive, voluminous; ~ *del* **traffico** volume of traffic; (*Econ.*) *il* ~ *delle* **vendite** total sales, sales turnover.

voluminosità *f.* voluminosity, bulkiness.

voluminoso *a.* bulky, huge: *un pacco* ~ a bulky parcel.

voluta *f.* **1** (*spira*) volute, spiral, coil. **2** (*Arch.*) volute.

voluttà *f.* voluptuousness.

voluttuario *a.* unnecessary, non-essential.

voluttuosità *f.* voluptuousness, voluptuosity.

voluttuoso *a.* voluptuous.

vomere *m.* **1** (*Agr.*) ploughshare. **2** (*Anat.*) vomer.

vomitare *v.t.* **1** to vomit, to throw* up, to be sick, (*fam.*) to puke. **2** (*estens.*) (*emettere con violenza*) to vomit, to spew, to spout, to belch: ~ *fuoco* to spew fire.

vomito *m.* **1** (*atto*) vomiting. **2** (*concr.*) vomit. **3** (*fig.*) nausea, disgust. □ **avere** *il* ~ to vomit, to be sick, to throw up; **conato** *di* ~ retch; *mi* **viene** *il* ~ I feel sick, I think I'm going to throw up; (*fig.*) I feel nauseated (*o* sick).

vongola *f.* (*Zool.*) clam.

vorace *a.* greedy, voracious, ravenous. □ *uomo* ~ glutton.

voracità *f.* greed, voracity (*anche fig.*).

voragine *f.* gulf, chasm, abyss.

vorticare *v.i.* to whirl, to swirl, to eddy.

vortice *m.* **1** (*d'aria*) vortex, whirlwind. **2** (*d'acqua*) vortex, whirlpool, maelstrom. **3** (*fig.*) vortex, swirl, whirl, turmoil, maelstrom.

vorticoso *a.* vortical, whirling, swirling. □ *danza vorticosa* giddy dance.

vostro I *a.poss.* **1** your: *i vostri libri* your books; (*enfatico*) (*vostro proprio*) your own. **2** (*usato predicativamente*) yours: *questa casa è vostra* this house is yours. **3** (*forma di riguardo*) your: *vostra eccellenza* Your Excellency. **4** (*nelle espressioni ellittiche*) your (*seguito dal sostantivo sottinteso*): *sono dalla vostra (parte)* I am on your side; *ne avete fatta un'altra delle vostre (birbonate)* you've been up to another of your tricks. **5** (*epist.*) yours. **II** *pron.pers.* yours: *i miei fiori sono più belli dei vostri* my flowers are more beautiful than yours. **III** *s.m.* **1** (*averi*) (what is) yours, your own; (*beni materiali*) your property, your possessions *pl.* **2** *pl.* (*genitori*) your parents *pl.*; (*parenti*) your family, your relatives *pl.*, (*fam.*) your folks *pl.*; (*amici*) your friends *pl.*; (*seguaci*) your supporters *pl.*, your followers *pl.*

votante I *m./f.* voter. **II** *a.* voting.

votare I *v.t.* **1** (*dare il voto*) to vote: ~ *un partito* to vote a party. **2** (*dedicare*) to devote, to dedicate (*a* to): ~ *la propria esistenza alla famiglia* to devote one's life to one's family. **3** (*sottoporre a votazione*) to put* to the vote, to take* a vote on. **4** (*approvare*) to pass: *il progetto di legge è stato votato* the bill has been passed. **II** *v.i.* **1** to vote; to give* one's vote: ~ *per qd.* to vote for s.o. **2** (*mettere ai voti*) to put* to the vote. **votarsi** *v.r.* to devote o.s., to dedicate o.s. □ ~ *per* **alzata** *di mano* to vote by show of hands; **andare** *a* ~ to go to vote (*o* the polls); ~ *per* **appello** *nominale* to vote by roll-call; ~ **contro** *una proposta* to vote down (*o* against) a proposal.

votazione *f.* **1** (*atto*) vote, voting; (*effetto*) vote: *la* ~ *ci è stata favorevole* the vote was in our favour. **2** (*Scol.*) marks *pl.*, (*am.*) grades *pl.* □ **passare** *alla* ~ to proceed to take a vote; ~ **segreta** (o *per scrutinio segreto*) (secret) ballot.

votivo *a.* votive.

voto *m.* **1** (*Rel.*) vow: *mantenere un* ~ to keep a vow. **2** (*cosa che si offre in voto*) votive offering. **3** (*manifestazione di volontà*) vote: *dare il proprio* ~ to (give one's) vote; (*votazione*) vote, voting. **4** *pl.* (*collett.*) vote. **5** (*Scol.*) mark, (*am.*) grade. □ **ai** *voti!* put it to the vote!; **dare** *il proprio* ~ *a qd.* to vote for s.o.; *avere* **diritto** *di* ~ to have the right to vote; (*Parl.*) ~ *di* **fiducia** vote of confidence; (*Univ.*) **laurearsi** *col massimo dei voti e la lode* to graduate summa cum laude; **mettere** *ai voti qc.* to put s.th. to the vote, to take a vote on s.th.; ~ **nullo** invalid vote; *a* **pieni** *voti* with full marks, with flying colours.

V.P. = *Vice Presidente* Vice President.

vs = *vostro* yours.

v.s. = *vedi sopra* see above.

VT = *Vecchio Testamento* Old Testament.

vulcanico *a.* **1** volcanic. **2** (*fig.*) dynamic, brilliant, exuberant.

vulcanismo *m.* (*Geol.*) volcanism.

vulcanizzare *v.t.* to vulcanize.

vulcanizzazione *f.* vulcanization.

vulcano *m.* **1** (*Geog.*) volcano. **2** (*fig.*) (*di persona*) person with a lively imagination; dynamic person. □ ~ **attivo** active volcano; ~ **spento** extinct volcano.

vulcanologia *f.* volcanology.

vulcanologo *m.* volcanologist.

vulnerabile *a.* vulnerable (*anche fig.*). □ *punto* ~ weak spot (*anche fig.*).

vulnerabilità *f.* vulnerability (*anche fig.*).

vulnerare *v.t.* (*lett.*) **1** (*ferire*) to wound, to hurt*. **2** (*fig.*) (*offendere, ledere*) to offend, to violate.

vulva *f.* (*Anat.*) vulva.

vuotaggine *f.* emptiness, vacuity.

vuotare *v.t.* **1** to empty; (*prosciugare*) to drain: ~ *uno stagno* to drain a pond. **2** (*sgomberare*) to clear (*o* turn) out, to empty: ~ *la casa* to clear out the house; ~ *le tasche* to empty (*o* turn out) one's pockets; (*rif. a* *ladri*) to rob, (*fam.*) to clean (out). **vuotarsi** *v.i.pron.* to empty: *la sala si vuota* the room is emptying. □ ~ *il sacco* to spill the beans.

vuoto I *a.* **1** empty: *a stomaco* ~ on an empty stomach. **2** (*non occupato*) vacant, unoccupied; free: *posto* ~ vacant seat. **3** (*privo*) devoid, void (*di* of), lacking, -less, empty: ~ *di senso* senseless. **4** (*fig.*) empty, shallow: *discorsi vuoti* empty talk. **II** *s.m.* **1** emptiness, void (*anche Filos.*). **2** (*Fis.*) vacuum. **3** (*cavità*) hollow, hole, cavity. **4** (*spazio libero*) void, air, space. **5** (*recipiente vuoto*) empty: *vuoti a rendere* returnable empties. **6** (*fig.*) (*mancanza, carenza*) gap, void: *colmare un* ~ to fill a gap. **7** (*fig.*) (*vuotaggine*) emptiness, shallowness, vacuity. **8** (*Tip.*) (*spazio in bianco*) blank. □ (*fig.*) **a** ~ (*inutilmente*) uselessly, to no end, in vain, to waste one's breath: *parlare a* ~ to talk in vain, to waste one's breath; (*Aer.*) ~ *d'***aria** air-pocket; **assegno** *a* ~ bad cheque, (*fam.*) dud (*o* flash) cheque; **cadere** *nel* ~ to fall, to hurtle (*o* plunge) down; *un'***esistenza** *vuota* an aimless life; (*Mecc.*) **girare** *a* ~ to idle; *a* **mani** *vuote* empty-handed; ~ *di* **memoria** failure of memory: *ho avuto un* ~ *di memoria* my mind went blank; ~ **spinto** high vacuum: *conservare sotto* ~ *spinto* to vacuum-pack: (*fig.*) *ho la* **testa** *vuota* my mind is a complete blank.

W

w, W[1] *f./m.* (*lettera dell'alfabeto*) w, W. □ (*Tel.*) ~ *come Washington* W for William (*anche am.*).
W[2] = **1** *viva!* long live! **2** (*Chim.*) *wolframio* (o *tungsteno*) tungsten.
walzer *ted. m.* (*Mus.*) (*valzer*) waltz.
water-closet *ingl.* ['wɔ:tərklɔzit] *m.* lavatory, toilet; (*fam.*) loo.
watt *m.* (*El.*) watt.
wattora *f.* (*El.*) watt-hour.
WC = *gabinetto* lavatory, toilet, (*fam.*) loo.
welter *ingl.* ['weltər] *m.* (*Sport*) welterweight.
western *ingl.* ['westərn] *m.* (*Cin.*) western.
würstel *m.* (*Gastr.*) frankfurter.

X

x, **X**[1] *f./m.* (*lettera dell'alfabeto*) x, X: (*Mat.*) *asse* ~ x-axis, abscissa; *gambe a* ~ bandy legs; *raggi* ~ X-rays. □ (*Tel.*) ~ *come Xanthia* X for Xmas; (*am.*) X for X.

X[2] = *Cristo* Christ.

Xe = (*Chim.*) *xeno* xenon.

xeno *m.* (*Chim.*) xenon.

xenofobia *f.* xenophobia.

xenofobo I *a.* xenophobic. **II** *s.m.* xenophobe.

xilofonista *m./f.* (*Mus.*) (*silofonista*) xylophonist, xylophone-player.

xilofono *m.* (*Mus.*) (*silofono*) xylophone.

xilografia *f.* xylography.

xilografo *m.* xylographer.

X-terapia *f.* (*Radiologia*) X-ray therapy, radio-therapy.

Y

y, **Y**[1] *f./m.* (*lettera dell'alfabeto*) y, Y: (*Mat.*) *asse* ~ y-axis, ordinate. ▭ (*Tel.*) ~ *come York* Y for Yellow; (*am.*) Y for Yoke.
Y[2] = (*Chim.*) *ittrio* yttrium.
yacht *ingl.* [jɔt] *m.* yacht.
yak *ingl.* [jæk] *m.* (*Zool.*) yak.
Yb = (*Chim.*) *itterbio* ytterbium.
yiddish *a./s.m.* (*Ling.*) Yiddish.
yoga *a./s.m.* yoga.
yogurt *m.* (*Alim.*) yogurt, yogh(o)urt.
yole *f.* (*Mar.*) **1** (*nave mercantile*) jolly-boat, gig, yawl. **2** (*imbarcazione sportiva*) gig.
yo-yo *ingl. m.* Yo-yo.
yprite *f.* (*Chim.*) mustard gas.

Z

z, Z[1] *f./m.* (*lettera dell'alfabeto*) z, Z. ☐ (*Tel.*) ~ *come Zara* Z for Zebra (*anche am.*).
Z[2] = *numero atomico* atomic number.
zabaione *m.* (*Gastr.*) eggnog, zabaglione.
Zaccaria *N.pr.m.* Zachariah, Zacharias.
zacchera *f.* splash (of mud), muddy stain.
zaffare *v.t.* **1** to bung, to stop (up). **2** (*Med.*) to plug; (*tamponare*) to tampon.
zaffata *f.* **1** (*cattivo odore*) stench; (*fam.*) pong. **2** (*getto di liquido*) splash, spurt.
zafferano *m.* (*Bot.*) saffron (crocus).
zaffiro *m.* sapphire.
zaffo *m.* **1** (*nelle botti*) bung. **2** (*Med.*) (*tampone*) tampon, plug.
zagara *f.* (*Bot.*) orange-blossom.
zaino *m.* **1** rucksack, knapsack, haversack. **2** (*Mil.*) knapsack, kit-bag.
zampa *f.* **1** (*Zool.*) leg; (*piede*) foot; (*zoccolo*) hoof; (*rif. ad animali che hanno artigli o unghie*) paw: *le zampe del gatto* the cat's paws. **2** (*scherz.*) hand, paw: *giù le zampe!* hands off! ☐ (*Zool.*) *zampe* **anteriori** (*gambe*) forelegs *pl.*; (*piedi*) forepaws *pl.*, forefeet *pl.*; (*fam.*) *zampe di* **gallina** (*rughe*) crow's -feet; (*calligrafia illeggibile*) scrawl; (*Zool.*) *zampe* **posteriori** hindlegs *pl.*; *camminare a* **quattro** *zampe* (*carponi*) to crawl, to go on all fours.
zampata *f.* **1** blow with a paw. **2** (*orma*) track, footprint. ☐ *dare zampate* to paw.
zampettare *v.i.* **1** (*rif. ad animali*) to trot, to scamper. **2** (*scherz.*) (*rif. a bambini*) to toddle, to trot.
zampetto *m.* (*Macelleria*) trotter; foot.
zampillare *v.i.* to gush, to spurt.
zampillo *m.* jet, gush, spurt.
zampino *m.* paw. ☐ (*fig.*) **avere** *lo ~ in qc.* to have a hand in a matter; (*fig.*) **mettere** (o *ficcare*) *lo ~ in una faccenda* to poke one's nose into a matter.
zampirone *m.* **1** fumigator (for mosquitoes). **2** (*scherz.*) poor-quality cigarette.
zampogna *f.* (*Mus.*) bagpipe, pipe.
zampognaro *m.* piper.
zangola *f.* churn.
zanna *f.* (*rif. a elefanti, cinghiali, trichechi*) tusk; (*dente di grossi carnivori*) tooth (*pl.* teeth): *le zanne dell'orso* the bear's teeth; (*rif. a cani e lupi*) fang.
zannata *f.* **1** (*colpo di zanna*) blow with a tusk; (*morso*) bite. **2** (*segno lasciato dalla zannata*) tooth-mark, fang-mark.
zanzara *f.* **1** (*Zool.*) mosquito. **2** (*fig.*) (*persona fastidiosa*) nuisance, (*fam.*) pest.
zanzariera *f.* mosquito net.
zappa *f.* **1** (*Agr.*) hoe. **2** (*Mil.*) sap. ☐ (*fig.*) *darsi la ~ sui piedi* to cut one's own throat.
zappare *v.t.* to hoe.
zappata *f.* blow with a hoe.
zappatore *m.* **1** hoer. **2** (*Mil.*) sapper.
zappatura *f.* hoeing.
zar *m.* (*Stor.*) czar, tsar, tzar.
zarina *f.* czarina, tsarina.
zarismo *m.* czarism, tsarism.
zarista *a./s.m./f.* czarist, tsarist.
zattera *f.* raft: ~ *di salvataggio* life raft.
zavorra *f.* **1** (*Mar., Aer.*) ballast. **2** (*fig.*) (*peso inutile*) dead-weight, lumber; (*rif. a scritti e discorsi*) padding; (*rif. a persone*) dead weight. ☐ *gettar via la ~* to jettison ballast.
zavorrare *v.t.* to ballast.
zazzera *f.* long hair, mane; (*fam.*) mop.
zebra *f.* **1** (*Zool.*) zebra. **2** *pl.* (*Strad.*) zebra crossing.
zebrato *a.* **1** striped. **2** (*Strad.*) zebra: *attraversamento ~* zebra crossing.
zebù *m.* (*Zool.*) zebu.
zecca[1] *f.* mint. ☐ *nuovo di ~* brand-new.
zecca[2] *f.* (*Zool.*) tick.
zecchino *m.* sequin: *oro ~* pure gold.
zefiro *m.* zephyr, breeze.
Zelanda *N.pr.f.* (*Geog.*) Zealand.
zelandese I *s.m./f.* Zealander. **II** *a.* of Zealand.
zelante *a.* zealous (*di* for), eager. ☐ *troppo ~* over-keen, over-conscientious.
zelo *m.* zeal (*di, per* for), eagerness.
zenit *m.* (*Astr.*) zenith.
zenzero *m.* (*Bot.*) ginger.
zeppa *f.* (*cuneo*) wedge.
zeppo *a.* (*gremito*) packed, crammed, bursting (*di* with). ☐ *pieno ~* packed full.
zerbino *m.* (door)mat.
zerbinotto *m.* dandy, (young) fop.
zero I *a.num.* zero, nought: *il termometro segna ~ gradi* the thermometer indicates zero degrees. **II** *s.m.* **1** (*numero*) nought, naught, zero, cipher: ~ *virgola due* (nought) point

two. **2** (*fig.*) (*niente*) nothing, nil, zero, nought: *la sua opinione non conta uno* ~ his opinion counts for nothing. **3** (*Fis.*) zero, zero-point. **4** (*al telefono*) o. **5** (*Sport*) nil, zero; (*nel tennis*) love: *vincere per due a* ~ to win two-nil. □ (*fig.*) **essere** *a* ~ to be at rock-bottom; **rapare** *a* ~ to shave s.o.'s head; (*fig.*) **ridursi** *a* ~ to have nothing left, to be down to nothing; (*Meteor.*) **sopra** (*lo*) ~ above zero; **sotto** (*lo*) ~ below zero.

zeta *f./m.* zed; (*am.*) zee. □ (*fig.*) *dall'a alla* ~ from A to Z.

zia *f.* aunt, (*fam.*) auntie, (*fam.*) aunty.

zibaldone *m.* **1** (*spreg.*) muddle, hotchpotch, jumble. **2** (*Lett.*) (*libro o quaderno d'appunti*) notebook.

zibellino *m.* (*Zool.*) sable.

zibetto *m.* **1** (*Zool.*) zibet, civet. **2** (*sostanza odorosa*) civet.

zigano *a./s.m.* Tzigane.

zigolo *m.* (*Zool.*) bunting.

zigomatico *a.* (*Anat.*) zygomatic.

zigomo *m.* cheekbone; (*Anat., Scient.*) zygoma (*pl.* zygomata): *zigomi sporgenti* high cheekbones.

zigote *m.* (*Biol.*) zygote.

zigrinare *v.t.* **1** (*rif. a pellame*) to grain. **2** (*Mecc.*) to knurl. **3** (*rif. a moneta*) to mill, to reed.

zigrinatura *f.* **1** (*rif. a pellame*) graining. **2** (*Mecc.*) knurling. **3** (*rif. a moneta*) milling, reeding.

zigrino *m.* (*tipo di pelle*) shagreen.

zigzag *m.* zigzag. □ *camminare a* ~ to zigzag.

zigzagare *v.i.* to zigzag.

zimbello *m.* **1** decoy. **2** (*oggetto di scherno*) laughingstock, butt: *essere lo* ~ *di tutti* to be a general laughingstock.

zincare *v.t.* to (coat with) zinc, to galvanize.

zincato *a.* zinc-coated, galvanized.

zincatura *f.* zinc-coating, galvanization. □ ~ *elettrolitica* zinc plating, cold (*o* electrolytic) galvanizing.

zinco *m.* (*Chim.*) zinc.

zingaresco **I** *a.* gypsy-, gipsy-. **II** *s.m.* (*lingua degli zingari*) Romany, Gypsy.

zingaro *m.* gypsy, gipsy, Romany. □ *vita da* ~ wandering (*o* gypsy) life.

zinnia *f.* (*Bot.*) zinnia.

zio *m.* uncle; *pl.* (*zio e zia*) uncle and aunt. □ (*scherz.*) ~ *d'America* rich uncle.

zipolo *m.* (*della botte*) spigot, bung.

zirconio *m.* (*Chim.*) zirconium.

zirlare *v.i.* to whistle.

zirlo *m.* (thrush's) whistle.

zitella *f.* spinster, (*spreg., scherz.*) old maid. □ *è ancora* ~ she is still on the shelf.

zitellone *m.* (*spreg., scherz.*) old bachelor.

zittio *m.* hissing.

zittire *v.i./t.* to hiss; to silence, to hush.

zitto *a.* **1** quiet, silent. **2** (*esclam.*) be (*o* keep) quiet, hush, (*fam.*) shut up. □ **stai** ~*!* (be) quiet!, (*fam.*) shut up!; **stare** ~ to keep (*o* be) quiet; ~ **tu***!* hold your tongue!, sh! ‖ *zitto* ~ as quiet as a mouse.

zizzania *f.* **1** (*Bot.*) (bearded) darnel, cheat. **2** (*fig.*) (*discordia*) discord.

Zn = (*Chim.*) *zinco* zinc.

zoccolare *v.i.* (*pop.*) to clatter (along) in clogs; to clump about.

zoccolo *m.* **1** clog. **2** (*Zool.*) (*unghia*) hoof. **3** (*zolla di terra*) clod; (*di neve*) lump. **4** (*sostegno*) support. **5** (*Edil.*) socle; (*di una parete*) wainscot; (*battiscopa*) skirting(-board). **6** (*El.*) cap, socket.

zodiacale *a.* zodiacal: *segni zodiacali* signs of the zodiac.

zodiaco *m.* (*Astr.*) zodiac.

zolfanello *m.* (sulphur) match; (*cerino*) vesta.

zolfo *m.* (*Chim.*) sulphur.

zolla *f.* **1** clod, turf. **2** (*zolletta*) lump.

zolletta *f.* lump: ~ *di zucchero* lump of sugar.

zompare *v.i.* (*fam.*) to jump.

zompo *m.* (*fam.*) jump.

zona *f.* **1** (*striscia, fascia*) zone, band, belt. **2** (*regione*) zone, region, area. **3** (*di città*) district. □ ~ **climatica** climatic zone; ~ **commerciale** trade area; (*in una città*) business district; ~ **depressa** depressed area; ~ **disco** time-limit parking area; ~ **industriale** industrial area (*o* district); ~ *d'***influenza** sphere of influence; ~ **militare** military zone; ~ *per* **parcheggio** parking lot; ~ **pedonale** pedestrian precinct; ~ **periferica** suburban area; ~ **residenziale** residential district (*o* area); ~ **sottosviluppata** underdeveloped (*o* backward) area; ~ **verde** civil park area.

zonzo: *andare a* ~ to wander about, to stroll around, to saunter.

zoo *m.* (*fam.*) zoo; zoological garden.

zoofilo **I** *a.* zoophilous. **II** *s.m.* zoophilist.

zoologia *f.* zoology.

zoologico *a.* zoological: *giardino* ~ zoological garden, zoo.

zoologo *m.* zoologist.

zoom *ingl.* [zu:m] *m.* (*Cin., TV*) zoom lens.

zootecnia *f.* zootechny, zootechnics *pl.* (costr. sing. o pl.).

zootecnico **I** *a.* zootechnic(al). **II** *s.m.* zootechnician. □ *patrimonio* ~ livestock resources *pl.*

zoppicante *a.* **1** limping. **2** (*traballante*) shaky, rickety, unsteady. **3** (*fig.*) shaky, weak: *è* ~ *in matematica* he is weak in mathematics. **4** (*rif. a ragionamenti e sim.*) unsound, lame.

zoppicare *v.i.* **1** to (walk with a) limp, to hobble, to be lame: ~ *con il piede destro* to be lame in one's right foot. **2** (*essere traballante*) to be shaky (*o* rickety *o* unsteady). **3** (*fig.*) (*essere debole*) to be shaky (*o* weak *o* poor): *zoppica in chimica* he is shaky in chemistry, his chemistry is poor. **4** (*fig.*) (*rif. a ragionamenti e sim.*) to be unsound (*o* lame).

zoppiconi *avv.* with a limp, limping.

zoppo **I** *a.* **1** (*rif. a gambe*) lame: *essere* ~ *da* *un piede* to be lame in one leg. **2** (*traballante*) shaky, rickety, unsteady. **3** (*fig.*) (*difettoso*) defective, faulty. **II** *s.m.* lame person, cripple. ▭ **andare** (o *camminare*) ~ to (walk with a) limp; **rimanere** ~ to be lamed.

zoticaggine *f.* (*spreg.*) roughness, boorishness.

zotico **I** *a.* (*grossolano*) rough, boorish, uncouth, yahoo, coarse. **II** *s.m.* boor, lout.

Zr = (*Chim.*) *zirconio* zirconium.

zuavo *m.* (*Stor.*) Zouave. ▭ (*Vest.*) *calzoni alla zuava* knickerbockers *pl.*; plus fours *pl.*

zucca *f.* **1** (*Bot.*) pumkin, (*am.*) squash. **2** (*usata come recipiente*) gourd, calabash. **3** (*fig. scherz.*) (*testa*) head, (*fam.*) pate, (*fam.*) nut. ▭ (*scherz.*) ~ **pelata** bald pate, (*fam.*) billiard ball; *sei* **proprio** *una* ~*!* you really are a fat-head!

zuccata *f.* (*scherz.*) blow with the head, butt.

zuccherare *v.t.* to sugar, to sweeten; (*cospargere di zucchero*) to (sprinkle with) sugar.

zuccherato *a.* **1** sugared, sweetened: *acqua zuccherata* sugared water; (*pieno di zucchero*) with plenty of sugar. **2** (*fig.*) (*mellifluo*) sugary, honeyed, sweet.

zuccheriera *f.* sugar-basin, sugar-bowl.

zuccherificio *m.* sugar refinery.

zuccherino **I** *a.* **1** sugar-, sugary, sweet: *sostanza zuccherina* sugary substance. **2** (*dolce*) sweet, sugary: *una mela zuccherina* a sweet apple. **II** *s.m.* **1** piece of sugar. **2** (*caramella*) sweet, (*am.*) candy, sugarplum.

zucchero *m.* sugar. ▭ ~ *di* **canna** cane sugar; ~ **caramellato** caramel, caramelized sugar; ~ **filato** spun sugar, (*am.*) cotton candy; ~ **greggio** brown sugar; ~ *a* **velo** icing sugar; ~ *in* **zollette** lump (of sugar).

zuccheroso *a.* sugary (*anche fig.*).

zucchetto *m.* **1** (*copricapo degli ecclesiastici*) zucchetto. **2** (*papalina*) skullcap.

zucchina *f.*, **zucchino** *m.* (*Bot.*) small (vegetable) marrow, courgette; (*am.*) zucchini *pl.*

zucconaggine *f.* stubbornness, mulishness, (*fam.*) pigheadedness.

zuccone **I** *s.m.* **1** (*testa grossa*) big head. **2** (*fig.*) (*persona ottusa*) dunce, dullard; (*fam.*) thickhead; (*persona caparbia*) stubborn (*o* mulish) person, (*fam.*) pigheaded person. **II** *a.* dull, slow-witted, (*fam.*) thick.

zuffa *f.* scuffle; (*litigio violento, rissa*) brawl, fight.

zufolare **I** *v.i.* **1** to pipe. **2** (*fischiare*) to whistle. **II** *v.t.* (*fischiettare*) to whistle.

zufolata *f.* piping; whistling.

zufolio *m.* piping.

zufolo *m.* (*Mus.*) flageolet.

zulù **I** *s.m./f.* **1** Zulu. **2** (*fig.*) (*zoticone*) lout, boor. **II** *a.* Zulu.

zumare *v.i.* (*Cin., TV*) to zoom.

zumata *f.* (*Cin., TV*) zoom.

zuppa *f.* **1** soup. **2** (*fig. spreg.*) (*miscuglio disordinato*) muddle. **3** (*cosa noiosa*) bore. ▭ (*Gastr.*) ~ **inglese** trifle; *se non è* ~ *è* **pan** *bagnato* it's six of one and half a dozen of the other; ~ *di* **pesce** fish-soup; ~ *di* **verdura** vegetable soup.

zuppiera *f.* (soup)tureen.

zuppo *a.* soaked, wet. ▭ ~ *fradicio* drenched, wet through, soaking.

Zurigo *N.pr.f.* (*Geog.*) Zurich.

zuzzurellone, **zuzzurullone** *m.* (*fam. region.*) romp, rollicking person.

APPENDICE

I. Aggettivi numerali

1. *Numeri cardinali*

0	nought, zero	zero
1	uno, una	one
2	due	two
3	tre	three
4	quattro	four
5	cinque	five
6	sei	six
7	sette	seven
8	otto	eight
9	nove	nine
10	dieci	ten
11	undici	eleven
12	dodici	twelve
13	tredici	thirteen
14	quattordici	fourteen
15	quindici	fifteen
16	sedici	sixteen
17	diciassette	seventeen
18	diciotto	eighteen
19	diciannove	nineteen
20	venti	twenty
21	ventuno	twenty-one
22	ventidue	twenty-two
23	ventitré	twenty-three
24	ventiquattro	twenty-four
25	venticinque	twenty-five
26	ventisei	twenty-six
27	ventisette	twenty-seven
28	ventotto	twenty-eight
29	ventinove	twenty-nine
30	trenta	thirty
31	trentuno	thirty-one
32	trentadue	thirty-two
33	trentatré	thirty-tree
40	quaranta	forty
50	cinquanta	fifty
60	sessanta	sixty
70	settanta	seventy
80	ottanta	eighty
90	novanta	ninety
100	cento	a/one hundred
101	cent(o)uno	a/one hundred and one
105	centocinque	a/one hundred and five
150	centocinquanta	a/one hundred and fifty
200	duecento	two hundred
300	trecento	three hundred
400	quattrocento	four hundred
500	cinquecento	five hundred
600	seicento	six hundred
700	settecento	seven hundred
800	ottocento	eight hundred
900	novecento	nine hundred
1000	mille	a/one thousand
1001	mille uno	a/one thousand and one
1002	mille due	a/one thousand and two
1100	mille cento	one thousand one hundred, eleven hundred
1150	mille centocinquanta	one thousand one hundred and fifty, eleven hundred and fifty
1200	mille duecento	one thousand two hundred, twelve hundred
1900	mille novecento	one thousand nine hundred, nineteen hundred
2000	duemila	two thousand
3000	tremila	three thousand
10000	diecimila	ten thousand
100000	centomila	a/one hundred thousand
1000000	un milione	a/one million
1000000000	un miliardo	a/one milliard, *am.* billion

2. *Numerali ordinali*

1°	primo	first
2°	secondo	second
3°	terzo	third
4°	quarto	fourth
5°	quinto	fifth
6°	sesto	sixth
7°	settimo	seventh
8°	ottavo	eighth
9°	nono	ninth
10°	decimo	tenth
11°	undicesimo/ decimoprimo	eleventh
12°	dodicesimo/ decimosecondo	twelfth
13°	tredicesimo/ decimoterzo	thirteenth
14°	quattordicesimo/ decimoquarto	fourteenth
15°	quindicesimo/ decimoquinto	fifteenth
16°	sedicesimo/ decimosesto	sixteenth
17°	diciassettesimo/ decimosettimo	seventeenth
18°	diciottesimo/ decim(o)ottavo	eighteenth
19°	diciannovesimo/ decimonono	nineteenth

20°	ventesimo	twentieth	**101°**	centunesimo/ centesimoprimo	hundred and first
21°	ventunesimo/ ventesimoprimo	twenty-first	**105°**	centocinquesimo/ centesimoquinto	hundred and fifth
22°	ventiduesimo/ ventesimo-secondo	twenty-second	**150°**	centocinquan-tesimo	hundred and fiftieth
23°	ventitreesimo/ ventesimoterzo	twenty-third	**200°**	du(e)centesimo	two hundredth
			300°	trecentesimo	three hundredth
30°	trentesimo	thirtieth	**400°**	quattrocentesimo	four hundredth
31°	trentunesimo/ trentesimoprimo	thirty-first	**500°**	cinquecentesimo	five hundredth
			600°	se(i)centesimo	six hundredth
32°	trentaduesimo/ trentesimo-scondo	thirty-second	**700°**	settecentesimo	seven hundredth
			800°	ottocentesimo	eight hundredth
			900°	novecentesimo	nine hundredth
40°	quarantesimo	fortieth	**1000°**	millesimo	(one) thousandth
50°	cinquantesimo	fiftieth	**2000°**	duemillesimo	two thousandth
60°	sessantesimo	sixtieth	**3000°**	tremillesimo	three thousandth
70°	settantesimo	seventieth	**100000°**	centomillesimo	(one) hundred thousandth
80°	ottantesimo	eightieth			
90°	novantesimo	ninetieth	**1000000°**	milionesimo	(one) millionth
100°	centesimo	(one) hundredth	**2000000°**	duemilionesimo	two millionth

3. *Numerali frazionari*

1/2	mezzo	one/a half	**2/5**	due quinti	two fifths
1.1/2	uno e mezzo	one and a half	**1/6**	un sesto	one/a sixth
1/3	un terzo	one/a third	**1/7**	un settimo	one/a seventh
2/3	due terzi	two thirds	**1/8**	un ottavo	one/a eighth
1/4	un quarto	one/a fourth, one/a quarter	**1/9**	un nono	one/a ninth
			1/10	un decimo	one/a tenth
3/4	tre quarti	three fourths, three quarters	**1/20**	un ventesimo	one/a twentieth
			1/100	un centesimo	one/a hundredth
2.1/4	due e un quarto	two and a quarter	**1/1000**	un millesimo	one/a thousandth
1/5	un quinto	one/a fifth			

4. *Numerali moltiplicativi*

doppio	double, twice, twofold, dual	**ottuplo**	eightfold, octuple
triplo	triple, treble, threefold	**nonuplo**	ninefold
quadruplo	fourfold, quadruple	**dieci volte maggiore (*o* tanto)**	tenfold, decuple
quintuplo	fivefold, quintuple	**undici volte maggiore (*o* tanto)**	elevenfold
sestuplo	sixfold, sextuple	**centuplo**	hundredfold, centuple
settuplo	sevenfold, septuple		

II. Pesi e Misure

1. *Misure di lunghezza*

mm	millimetro	millimetre (mm)	1 mm =	0.001 393 6 yard 0.003 280 9 foot 0.039 370 79 inch
cm	centimetro	centimetre (cm)	1 cm = 10 mm =	0.3937 inch
dm	decimetro	decimetre (dm)	1 dm = 10 cm =	3.9370 inches

m	metro	metre (m)	1 m = 10 dm =	1.093 6 yard 3.280 9 feet 39.370 79 inches
dam	decametro	decametre (dam, dkm)	1 dam = 10 m =	10.9361 yards
hm	ettometro	hectometre (hm)	1 hm = 10 dam =	109.3614 yards
km	chilometro	kilometre (km)	1 km = 1000 m =	1 093.637 yards 3 280.869 3 feet 39370.79 inches 0. 621 37 British or Statute Mile
M	miglio nautico	nautical mile	1 M = 1852 m	

2. *Misure di superficie*

mm^2	**millimetro quadrato**	**square millimetre (sq.mm)**	**1 mm^2** =	0.000 001 196 square yard 0.000 010 764 1 square foot 0.001 55 square inch
cm^2	**centimetro quadrato**	**square centimetre (sq.cm)**	**1 cm^2** = 100 mm^2 =	0.15499 square inch
dm^2	**decimetro quadrato**	**square decimetre (sq.dm)**	**1 dm^2** = 100 cm^2 =	15.499 square inches
m^2	**metro quadrato**	**square metre (sq.m)**	**1 m^2** = 100 dm^2 =	1.1960 square yard
dam^2	**decametro quadrato**	**square decametre (sq.dam)**	**1 dam^2** =	1 square
hm^2	**ettometro quadrato**	**square hectometre (sq.hm)**	**1 hm^2**	
km^2	**chilometro quadrato**	**square kilometre (sq.km)**	**1 km^2** =	100 hectares 1.000 000 square metre 247.11 acres 0.3861 square mile

3. *Misure agrarie di superficie*

ca	centiara	centiare (ca)	1 ca = 1 m^2	
a	ara	are (a)	1 a = 100 m^2 =	119.6011 square yards 1076.4103 square feet
ha	ettaro	hectare (ha)	1 ha = 100 a =	2.4711 acres

4. *Misure di volume*

mm^3	**millimetro cubo**	**cubic millimetre**	**1 mm^3** =	0.000 061 cubic inch
cm^3	**centimetro cubo**	**cubic centimetre**	**1 cm^3** = 1000 mm^3 =	0.06102 cubic inch
dm^3	**decimetro cubo**	**cubic decimetre**	**1 dm^3** = 1000 cm^3 =	61.0253 cubic inches
m^3	**metro cubo**	**cubic metre**	**1 m^3** = 1000 dm^3 =	1.3079 cubic yard 35.3156 cubic feet
TS	tonnellata di stazza	register ton	**1 TS** = 2.832 m^3 =	100 cubic feet

5. *Misure di velocità*

m/ora, m/h	metro all'ora	metre per hour	1 m/h =	3.281 feet/hr.
m/sec., m/s	metro al secondo	metre per second	1 m/s =	3.281 feet/s.
km/ora, km/h	chilometro all'ora	kilometre per hour	1 km/h =	0.62137/hr. Statute Mile
km/sec., km/s	chilometro al secondo	kilometre per second	1 km/s =	0.62137/s. Statute Mile
	nodo (= 1852, 28 m/h)	knot (kt)		

6. *Misure di capacità*

ml	millilitro	millilitre (ml)	1 ml = 1 cm³ =	(GB): 16.89 minims (USA): 16.23 minims
cl	centilitro	centilitre (cl)	1 cl = 10 ml =	(GB): 0.352 fluid ounce (USA): 0,338 fluid ounce
dl	decilitro	decilitre (dl)	1 dl = 10 cl =	(GB): 3.52 fluid ounces (USA): 3.38 fluid ounces
l	litro	litre (l)	1 l = 10 dl =	(GB): 1.75980 pints, 0.22009 imperial gallon (USA): 1.05667 liquid quarts, 0.26418 gallon
dal	decalitro	decalitre (dal)	1 dal = 10 l =	(GB): 2.1998 gallons (USA): 2.6418 gallons, 0.28379 bushel

7. *Pesi*

mg	milligrammo	milligram	1 mg =	0.01543 grain
cg	centigrammo	centigram	1 cg =	0.1543 grain
dg	decigrammo	decigram	1 dg =	1.543 grains
g	grammo	gram	1 g =	15.4323 grains
dag	decagrammo	decagram	1 dag =	0.3527 ounce (avdp.) 0.321 ounce (troy)
hg	ettogrammo	hectogram	1 hg =	3.527 ounces (avdp.) 3.215 ounces (troy)
kg	chilogrammo	kilogram	1 kg =	2.2046 pounds (avdp.) 2.6792 pounds (troy)
q	quintale	quintal	1 q =	(GB): 1.9684 hundred weight (USA): 2.2046 hundred weights
t	tonnellata	tonne, metric ton	1 t =	(GB): 0.9842 long ton (USA): 1.1023 short ton

III. Segni e Simboli

1. *Segni d'interpunzione e altri simboli*

,	virgola	comma
;	punto e virgola	semi-colon
:	due punti	colon
.	punto	full stop; (USA) perlod
?	punto interrogativo	question mark
!	punto esclamativo	exclamation mark; (USA) exclamation point
’	apostrofo	apostrophe
“ ”	virgolette	quotation marks; quotes; inverted commas
( )	parentesi	brackets; parentheses
-	trattino	hyphen
–	trattino medio	en dash
/	barra (obliqua)	solidus; slash; slant; virgule
*	asterisco	asterisk
&	e commerciale	ampersand
´	accento acuto	acute accent
`	accento grave	grave accent

2. *Simboli matematici*

Simbolo	Italiano	English
$+$	più	plus
$-$	meno	minus
$\pm$	più o meno	plus or minus
$\times$	(moltiplicato) per	multiplied by
$\div$, :	diviso (per)	divided by
$=$	è uguale a	is equal to
$\equiv$	è identico a	is identically equal to
$\neq$	è diverso da	is not equal to
$\sim$	è simile a	is similar to
$\approx$ $\simeq$	è approssimativamente uguale a	is approximately equal
$>$	è maggiore di	is greater than
$<$	è minore di	is less than
$\geqslant$	è maggiore o uguale a	is greater than or equal to
$\leqslant$	è minore o uguale a	is less than or equal to
( )	parentesi (tonde)	parentheses
[ ]	parentesi quadre	brackets
{ }	graffe	braces
∞	infinito	infinity
$\sqrt{\ }$	radice (quadrata) di	(square) root of
°	gradi	degrees
′	minuti	minutes
″	secondi	seconds
%	per cento	per cent
‰	per mille	per thousand

Finito di stampare nel mese di febbraio 1990
da Arnoldo Mondadori Editore - Stab. NSM - Cles (TN)
per conto della RCS Sansoni Editore S.p.A., Firenze